JN192720

2017（平成29年）

都政新報縮刷版

第6264号～第6362号

都政新報社

2017（平成29年）縮刷版　総目次

都政

区市町村政

区政

市町村政

読者のひろば

人物欄

教育ひろば

コラム欄

各種講座

行政特集・広告

都政

■新春企画

■社説

■視点

■追跡

■論壇

■東京最前線

○組織のメリハリ 17年度都職員定数

○ＩＴ・電子化

○人事異動方針・分析

○都春期幹部異動分析

○都夏期幹部異動分析

○おつかれさまでした 退職局長からの一言

○折り返し点の戦略 五輪組織委員会幹部に聞く

○五輪への航海図

○東京マラソン財団

■都市整備局

区市町村政

■区市町村共通の話題

区政

■特別区

○中央防波堤埋立地帰属問題

○横綱相撲分析　23区新年度予算案

○民泊インパクト　住宅宿泊事業法案に見る功罪

○特別区　予想される顔ぶれ　第20回都議選

市町村政

読者のひろば

■読み物・随想等

■都政の潮流

■区政の潮流

■都～区トーク

■とうきょうと川柳会

■『都庁俳句』作品抄

■シネマ夢倶楽部　オススメシネマ

人物欄

教育ひろば

■Essay

■多様性を生きる　オリンピック・パラリンピック教育

■TOKYO2020の先へ　未来へつなぐ　オリパラ教育

■書評

コラム欄

■都政の東西

各種講座

■職員教養講座29年度　東京都管理職選考

■職員教養講座30年度　東京都管理職選考

○29年度都管理職選考　直前対策と出題予想

○東京都管理職選考　29年度試験問題の解説

行政特集・広告

都政新報

発行所 都政新報社
〒160-0023 東京都新宿区西新宿7-23-1 TSビル
(総務・読者) 03-5330-8781
(企画広告) 03-5330-8784
(編　集) 03-5330-8786
(出　版) 03-5330-8788
(ファクス) 03-5330-8808
購読料 月1,730円(税込)
毎週火・金曜日発行
ただし、祝日は休刊

紙面から

あの感動を東京で

東京五輪まで あと1300日

(上)リオデジャネイロパラリンピックの閉会式で。熱狂と感動は東京大会に引き継がれた＝2016年9月19日
(左)リオ大会の凱旋パレードで笑顔を見せる内村選手ら＝16年10月7日、中央区

史上最多の41個のメダルを獲得し、快挙を成し遂げた。昨年のリオ五輪で日本選手団が新たな歴史の1ページを作り、日本中がメダルラッシュに沸いた。

リオ大会を振り返ると、熱狂と感動がよみがえってくる。男子体操の個人で見事な逆転劇を起こし、44年ぶりに2連覇を達成した内村航平選手。バドミントンの女子ダブルスではドラマチックな大逆転で初の金メダルを獲得した高橋・松友ペア。一方、女子レスリングでは、4連覇にあと一歩及ばず、銀メダルに泣く吉田沙保里選手の姿も印象的だった。

メダルの色は問わず、ひたむきに打ち込む選手の姿が人々の胸を打った。あの感動をもう一度、東京大会でも味わいたい。それが都民や国民の願いだろう。

東京大会の開催まで昨年末で1300日を切った。野球・ソフトボール、空手など5競技18種目が追加され、リオ以上のメダルにも期待がかかる。大会に向けた選手の育成は欠かせない。

併せて、多くの国と地域の選手が参加することができる環境づくりも必要だ。リオ大会では、内戦などで他国に逃れた難民10人が選手団として初めて結成。祖国からの出場はかなわなかったが、国際オリンピック委員会から選ばれたことは世界中に希望を与えた。

東京大会ではどんなおもてなしをして、どんなメッセージを発信するのか。国、都、組織委員会などが知恵を出し合い、具体化することが求められている。

小池知事はリオから五輪フラッグを受け取り、4年に1度の祭典に向けた準備が本格化している。競技会場の見直し問題で、関係者の間に混乱が起きたが、コストを削減した意義は大きい。

小池知事は新設する有明アリーナの周辺をスポーツの場とする「有明レガシーエリア」構想を打ち出した。コスト削減だけでなく、大会後の活用策も視野に入れることで、競技施設を負の遺産にさせないためのアイデアだろう。

小池知事は五輪のコンセプトを「サステイナブル（持続可能性）」と標榜する。それは単純に東京大会のコストを削減するだけではなく、2024年以降もこのスポーツの祭典が世界中で感動を与え続けるために、オリンピック・パラリンピックそのものを持続可能なものにすることにつながる。

多くの都市が「東京に続きたい」と開催に手を挙げる大会の実現こそが、世界のレガシーになる。都が担う役割は大きい。

新春随想

労働時間革命は都庁から全国へ

株式会社ワーク・ライフバランス代表取締役　小室淑恵

日本は「人材奪い合い時代」に突入しました。労働力人口の減少だけでなく、一人当たりが労働に割ける時間の減少が起きています。団塊世代が退職後、職場を支えているのは団塊ジュニア世代ですが、彼らは晩産化の影響で、自分の育児が終わらないうちに、団塊世代の介護が始まるという特徴を持っており、日本企業はそれを見込んでいませんでした。デイサービスなどは延長ができず、ヘルパーを頼んだとしても、保育以上に帰宅時間がシビア。今年は団塊世代が70代に入り、大きな介護の波が来ます。現時点の影響ですら、嵐の前の静けさに過ぎないのです。

私はかつて資生堂で育児休業女性を復帰支援する新規事業の立ち上げに携わった際、お客様獲得のために会社四季報の上から順番に電話を掛けるような、長時間労働をしていました。

転機は上司が代わったことでした。当時としては珍しく「とにかく定時になったら帰れ」と言うタイプの人で、あるとき残業している私を見つけ、とても叱られました。翌日から「俺より早く帰れ」と言われ、しぶしぶ書類やPCを持ち出して隠れ残業をしていました。

ですが、会社から出ただけで、友人と夕食を取ってから仕事をしようかなという気持ちが生まれました。友人との会話では、「うちも女性活用を進めているよ」とあっさりと人事部を紹介され、翌日即アポが取れたことも。また、余裕ができたことで新しい発想が生まれ、人事担当や女性活躍推進の勉強会などニーズが生まれるところに足を運び、効率よくお客様とつながりができました。机の上で電話をしていた自分は、悪気があって残業をしていたわけではありませんが、視野が狭く自分のやり方だけが正しいと思い込んでいました。

仕事以外の時間のインプットが増えれば、仕事でのアウトプットも増えます。ワーク・ライフ・バランスという言葉の罠は、例えばワークが7でライフが3など、総量10の中でバランスを取るイメージが抱かれがちなこと。実際には「ワーク・ライフ・シナジー」。ライフが7になれば、仕事も7になる。総量を増やすことができるのです。

東京都が取り組む20時完全退庁の取り組みは非常に重要です。私が900社をコンサルティングして気付いたことは、長時間労働の企業は行政と何かしらのやりとりが多い企業だということです。

理由は二つあります。一つは行政手続きが煩雑であり、膨大な事務作業が必要なこと。もう一つが、国会や都議会などの会期中、拘束される職員の仕事が深夜まで及ぶことです。自分でコントロールできない仕事があると、時間管理の感覚がおかしくなり、実際には議会がない時期でも一年中管理なく働いてしまうのです。そして、関係先の企業に対しても深夜にメールを送ったり、金曜日に仕事を投げて、月曜日までにやらせたりしてしまいます。

都道府県庁をはじめとする行政機関は、その土地の大企業のようなもの。地域全体の長時間労働の引き金になっています。ピラミッドの頂点の働き方を変えなければならないのです。

行政職員の働き方に上限が付けられれば、「こんなに煩雑な行政手続きをやるのはお互いによくない」と気付くことができます。自分たちの労働時間が限定されたときに、仕事を根本的に見直すことができる。これは全国民、全都民に関わる手続きが簡略化するわけですから、多くの人の働き方に影響するので率先してやるべきです。

私の親しい都庁職員は忙しく、職員同士の夫婦も本当に大変そうです。本来は自分の生活がなければお客様、都民の生活の困りごとについて課題が見えなくなってしまうのですから、都庁の職員こそが豊かなライフを持ち、課題意識を高く持てることが重要でしょう。

長時間労働是正のために人事担当がすべきことは、評価形態を整え、管理職の評価基準に部下の総労働時間を加えることです。同じアウトプットでも、限られたリソースの中でどれだけ効率的に最大の価値を生み出すことができるか。仕事量が多く、残業を減らすのが物理的に困難と感じる職場でも、それが評価につながるとなれば変わるものです。

一方、職員側は、残業の要因を「仕事量が多すぎる」「取引先が急な依頼をしてくる」などの外部のせいだと思い、自分は迷惑をこうむっていると考える人が多くいます。私たちが企業に対して提案しているのが、「朝メール」「夜メール」の導入です。毎朝、一日の仕事のやり方を15分程度でブレークダウンし、夜にそれを振り返る。急な飛び込み仕事も、自分の段取り不足であったりする。毎朝仕事の優先順位と見込み時間を立てる力を養い、夜に振り返り、内的要因を発見していくと着実に毎日の仕事の仕方が変わるのです。

加えて、必要のない業務を廃止すること。「やめるリスク」をとることが必要です。都民へのサービス低下につながるのでは、という危惧がありますが、実際には望まれていない過剰なサービスも多いものです。以前、さいたま市をコンサルティングした際、もっとも忙しかった保育課では、「保育所の空き状況」を受付前に貼り出しただけで仕事量が激減しました。多くの人は空き状況の確認をするために窓口に列を作っており、空き状況さえ分かれば十分だったのです。本当に相手が望む、必要なものは何なのか、人的労力はないままサービス向上につなげるための発想が求められます。

東京には全国の若者が集まります。出産期の若者を集め、長時間労働をさせて少子化を招くことはとても罪深いことです。いま、政府の働き方改革実現会議が3月までに結論を出すことが決まっています。全国の若者を預かる都こそ、率先して長時間労働是正に取り組むべきです。

長時間労働はかつて「勝つために必要なこと」でしたが、既に「負ける要因」になっています。長時間労働によって勉強の時間が無くなり、集中力が切れてミスをする。それを断ち切ることが必要です。日本は転換期を20年見誤っており、あと1～2年のうちに変われるかどうかが生き残りを左右するのです。

私たちの余命は長く、仕事生活の30年と同じ長さの人生が定年後も続きます。その人生全体の評価をするのは、組織ではなく家族。定年後の先で家族から「待っていたよ」と言われるような、人生トータルの戦略を考えていきましょう。

こむろ・よしえ＝株式会社ワーク・ライフバランス代表取締役社長。900社以上の企業へのコンサルティング実績を持ち、残業を減らして業績を上げるコンサルティング手法に定評があり、残業削減した企業では業績と出生率が向上している。「産業競争力会議」民間議員など複数の公務を兼任、2児の母。

2017夏の陣　都議選42選挙区情勢

7月22日に任期満了を迎える都議会。各党は今夏の都議選に向けて準備を進めている。4日時点で自民党は51人、公明党は23人、共産党は28人、民進党は36人、生活者ネットワークは4人、日本維新の会は9人、社民党は1人の公認候補を擁立した。小池知事は新党の旗揚げなどにも言及し、自身の政経塾から40人程度を擁立する見通しだ。昨年末には自民党の3人が会派を離脱し、小池派を結成。これに同調する動きがあるのかとともに、自民がどこまで議席を死守できるかが焦点となる。（年齢は6日時点。敬称略）

■千代田区（定数1）

2月5日に投開票される区長選を控え、いまだに名乗りを上げた候補者がいない選挙区となっている。区長選は立候補表明した現職に対し、自民が対立候補の擁立を模索しており、小池知事が現職を支援する意向を示したことで、「小池対自民」の代理戦争の様相となり、都議選に関しては共産や民進などを含めた各勢力が沈黙を保っているのが実情。

自民党都連前幹事長の内田茂の去就が最大の焦点。現在7期目で、前回13年選挙後に今期中の勇退をほのめかしたが、現時点で態度を明らかにしていない。区長選では、都庁OBで中央大学教授の佐々木信夫の擁立に動いたが、佐々木は党千代田総支部の臨時大会で出馬辞退を表明。前回と同様、区長選後の態度表明が見込まれており、区長選の結果が大きく影響しそうだ。

■中央区（定数1）

石島　秀起　57　自新
立石　晴康　75　無現⑧

小池知事が移転を延期した築地市場のある注目の1人区で、09年の旧民主議席獲得を除き、85年に1人区になって以降、自民の立石の指定席になっている。だが今回、自民は現職区議で前回の都議選でみんなの党から出馬した石島を公認。公認を得られなかった立石は無所属で選挙に挑む構えだ。

共産、民進などは野党共闘を模索しているが、候補者選定で難航している。小池派からの擁立の動きもあり、関係者は「自民、共産、民進、小池派、現職の最大5人が立候補する可能性もある」と話す。

■港　区（定数2）

来代　勝彦　71　自現③
菅野　弘一　58　自現①
大塚　隆朗　57　民元③

93年に2人区になって以降、前回初めて自民が2議席を独占した選挙区。

自民は来代と菅野の現職2人を公認し、2議席堅持を狙う。前回は野党候補が4人出馬して当選ラインが下がり、両者合わせて約3万票で当選となった。

共産は97年以降初の議席獲得を狙うが、候補者選定が難航している。

民進は01年から都議を3期務め、地元で精力的に活動を続ける元職の大塚を公認し、捲土重来を期す。

小池派では「希望の塾」に通う現職区議の動向などに注視。元職の菊地正彦は知事選で小池を応援し、「常在戦場」と話す。

「小池新党」の動向次第で一気に激戦に
（画像は一部処理しています）

■新宿区（定数4）

秋田　一郎　50　自現③
大門　幸恵　47　自現①
古城　将夫　36　公新
大山とも子　61　共現⑥

定数4のうち、自民、公明、共産が1議席ずつ分け合い、残り1議席の獲得争いが焦点となってきた選挙区。

中央区　小池派動けば波乱も

■墨田区（定数3）

桜井　浩之　50　自現②
川松真一朗　36　自現①
加藤　雅之　52　公現②
伊藤　大気　38　共新

前回と同じく、自2、公、共、民、維がそれぞれ候補者を擁立する公算が大きい。

自民は桜井と川松の現職2人を公認。小池新党の出方によっては2議席の維持が厳しくなる。

公明は現職の加藤を公認し、指定席の維持に臨む。

共産は党墨田地区都政対策委員長で「放射能から子どもを守る会」代表などを務める新人の伊藤を擁立する。

民進は09年以来の失地回復を狙うが、公募で手を挙げた新人1人を選考中。

維新は元区議で元衆院議員の木村剛司が東京14区支部長を務めており、公認候補の擁立に向けて候補者を公募中。

■江東区（定数4）

山崎　一輝　44　自現②
高橋　恵海　48　自新
細田　勇　55　公新
畔上三和子　61　共現②
野上　幸絵　46　民現③

自民は現職の山崎に続く2人目の公認候補として、現江東区議の高橋を公認。前回選挙では2人目の候補が決まらないままだったが、今回は世論の風当たりが厳しい中でも自民党の方針に従った形だ。山崎は自身の地盤が盤石であり、党勢拡大に向けた選挙戦を展開する方針。だが、山崎は「戦い方が正しいかどうか、結果を見なければ分からない」と話し、知事サイドの出方も警戒して楽観視しない。

民進は、前回みんなから公認を受けた現職の野上を公認。一方で4年前に民進から立候補して敗れた大澤昇も出馬に向けて調整を行っている。本人は民進公認にはこだわらない意向で、小池知事に対しても「是々非々」で臨む姿勢だ。

公明は5期の木内良明が引退し、現区議の細田を公認。共産は現職の畔上を公認している。

（新宿区）前回13年の本選で初めて2議席を確保した自民は、秋田と大門のいずれも現職の2人を公認した。区議出身の大門は吉住健一の区長転出に伴う昨年7月の補選で初当選。公明の推薦を得るなどして議席を守った。前回本選で2人が獲得した計約3万6千票が目標となる。

公明は現職3期の吉倉正美が勇退し、党都本部広報宣伝局次長の古城を後継に擁立する。党のおひざ元として約2万票の基礎票を持ち、盤石の組織で議席確保を図る。

共産は現職6期で都議団幹事長の大山を公認した。党の顔として知名度が高く、過去6回の選挙では安定して2万票前後を獲得している。

民進は現時点で公認候補を発表していない。昨年の補選と13年の本選に擁立した元職2期の猪爪まさみが連敗したことを受け、年齢面などからも別の候補者擁立を模索する動きがある。

このほか、昨年の補選で約2万4千票を獲得した小池知事の元秘書の森口司は現在、「希望の塾」の塾生で、動向が注目される。

■品川区（定数4）

田中　豪　53　自現③
山内　晃　48　自現①
伊藤　興一　55　公現③
白石　民男　34　共現①
阿部祐美子　52　民新
神谷　俊宏　35　維新

定数4人の枠を巡って、自2、公、共、民、維の公認候補6人に加え、「希望の塾」に通う現職区議も立候補を模索する激戦区。前回は民主が2人の候補を出し、票が割れて共倒れとなった。

自民は現職の田中と山内を擁立した。山内は会派を離脱し、公認取り消しになるかが焦点。

公明は現職の伊藤を公認し指定席の維持を狙うが、昨年の参院選では党派別得票数が共産と拮抗しており、基礎票の減少傾向をどこまで抑えられるかにかかる。

国政や都政の追い風を受ける共産は、現職の白石を公認。前回、民主2人の擁立で票割れし当選ラインが下がり、約1万5千票を獲得し初当選した。

民進は前回の反省を踏まえ、新人で現職区議の阿部1人に公認を絞り、失地回復を狙う。

維新は新人で元都職員の神谷を擁立。前回は、維新とみんななどで分け合った浮動票を取り込み、若い候補で議席獲得を目指す。

そのほか、「希望の塾」に通う無所属の現職区議が立候補に向け情勢を見極めている。

■文京区（定数2）

中屋　文孝　51　自現③
増子　博樹　57　民元②
福手　裕子　39　共新

定数2は自民、民進系で分け合うことが多いが、ここに共産党が食い込む激戦区の一つ。小池新党が絡めば、展開は予断を許さない。

自民が公認した中屋は、党都連最高顧問・深谷隆司の元秘書。民主に風が吹いた09年選挙で落選したが、13年に返り咲き、4期目を狙う。

共産は、3期務めたベテランの小竹紘子が引退し、新人の福手に議席死守を託す。15年に区議に初当選した若手で、区議の支援を受けながら初当選を目指す。

民進は増子を公認した。13年選挙では約2千票差で涙をのみ、返り咲きを期す。元区議会議長の政策通。

■台東区（定数2）

和泉　浩司　60　自現①
中山　寛進　44　民現①
小柳　茂　44　共新

保守が強い土地柄で、定数2を自民と民進が分け合い、共産が挑む構図が続いている。

自民は党都連最高顧問の深谷隆司の愛弟子で、昨年7月の補選で初当選した和泉を公認した。補選の際には、人選を不服とする区議に一時造反の動きがあったが、深谷らを中心に分裂を阻止。以降は盤石の組織力だが、「懸念は小池陣営。地域では具体的な名前も上がり始めている」と警戒を強める。

共産は一昨年の区長選、昨年7月の補選に続き、党地区都政対策委員長の小柳を擁立した。基礎票は最大で1万票弱で、追い上げを目指す。

民進は現職1期の中山を公認し、引き続き議席の確保を目指す。元衆院議員の中山義活の長男として区議時代から知名度が高く、元都議会議長の中村明彦の後継として立候補した前回13年選挙では、逆風の中、次点に5千票の大差を付けて2位当選した。

中野区　定数1減で激戦区に

■渋谷区（定数2）

前田　和茂　47　自現①
折笠　裕治　59　共新
浜田　浩樹　38　民新
大津　浩子　57　無現④

自民は元都議の村上英子が区長選に立候補したことに伴い、昨年7月の補選で当選した元区議会議長の前田を公認した。

共産は党地区副委員長の折笠を擁立し、議席奪取を狙う。

民進は元区議の浜田を擁立。7月の補選に出馬したが1万票余の差で涙をのみ、再挑戦になる。

大津は「後援会も無所属で出ることを期待している」と話し、5期目を狙う考えを明らかにした。大津はかつて民主党に所属していたが、13年の都議選で公認漏れとなり、無所属で議席を勝ち取った経緯がある。

■目黒区（定数3）

鈴木　隆道　65　自現③
栗山　芳士　47　自現①
齋藤　泰宏　53　公現②
星見　定子　59　共新
伊藤　悠　40　民元②

定数3だが、自民2と公明、共産、民進各1がひしめく激戦区。

自民は13年に引き続き、2人を公認した。鈴木は元衆院議員・小坂徳三郎の秘書で区議を5期務めたベテラン。栗山も元衆院議員・越智通雄の秘書を経て区議に。前回の選挙で初当選した。保守票の食い合いになり、混戦が予想される。

公明は齋藤を公認した。前回はトップ当選だったが、危機感を持って3期目をうかがう。衆院議員・北側一雄の元秘書。

共産は、区議の星見を立てる。衆院東京5区で出馬予定だったが、都議選に回った。01年に失って以来の議席獲得に挑戦する。

民進の伊藤は13年に落選した元職。小池政治塾にも顔を出し、返り咲きを狙う。

■中野区（定数3）

川井　重勇　68　自現⑤
高倉　良生　59　公現③
浦野　智美　36　共新
西澤　圭太　37　民現②

議会改革により、定数が4から3となり激戦区となった。

自民は川井が6選を狙う。自民は09年の選挙まで2人を擁立し、1議席にとどまることも多かったが、前回選挙では川井に一本化。3万票程度の基礎票があり、今回も都議会議長の知名度を生かして選挙戦に臨む。

公明は4選を目指す高倉を公認。同党は安定した支持基盤の下、毎回2万票以上を獲得しており、今回も手堅く票を固めていく考え。

共産は現職で5期目の植木紘二が今期で引退を表明し、中野区議2期目の浦野を擁立した。民主が躍進した09年の選挙では議席を落としており、定数が1減となる今回も激しい議席争いが見込まれる。

民進は西澤が3選を目指す。衆院議員の長妻昭の元秘書で、民主から初めて都議選に出馬した09年はトップ当選を果たした。長妻の高い知名度も生かしながら選挙戦に臨む構え。

■大田区（定数8）

鈴木　晶雅　58　自現④
神林　茂　64　自現③
鈴木　章浩　54　自現③
遠藤　守　49　公現③
石井真由美　50　公新
佐藤　伸　42　共新
藤田　綾子　42　共新
森　愛　39　民新
澤田　大作　37　民新
柳ヶ瀬裕文　41　維現②

8議席を現新10人が入り乱れて争う。自民は昨年7月の都議補選で当選した山森寛之を含め、4議席を保持しているが、票の食い合いを避けるために山森の公認を見送った。山森は「経験・実績を踏まえて3人を公認したと理解している。年明け以降、大田総支部や都連での協議の上で判断されるので、本戦に向けて準備したい」と話し、自民からの出馬に意欲を見せている。

公明は、6期目の藤井一から新人で党本部女性局次長の石井に代替わりし、当選を目指す。共産は現職の可知佳代子が勇退し、新人で区議3期目の佐藤と看護師の藤田が出馬。前回1人に絞って臨んだ選挙戦から8年ぶりの複数擁立に転換し、議席拡大が果たせるかが焦点だ。

民進は同党の田中健が衆院選出馬のために辞職した都議補選で、山森に4千票差で敗れた森を含む二人の新人を擁立し、議席回復を目指す。維新からは2期目の柳ヶ瀬が公認を受けた。

■世田谷区（定数8）

三宅　茂樹　66　自現⑤
大場　康宣　69　自現②
小松　大祐　39　自現①
栗林のり子　62　公現②
里吉　ゆみ　49　共現①
山口　拓　44　民元②
関口　太一　41　民元
岡本　京子　59　ネ新
稗島　進　39　維新
桜井　純子　53　社新

公明の中嶋義雄が北多摩第三に国替えし、有力候補は1人抜けるが、8人区で現時点で10人がしのぎを削る激戦区。自民は三宅、大場、小松の3人の現職を擁立。大場は党籍を残したまま会派を離脱したが、公認取り消し覚悟で臨む。

公明は、15年の世田谷区議選の総得票数が前回と比べて減っており、栗林のみを公認して当確を期す。

共産は過去に議席を失うこともあったが、里吉が再選を目指す

民進は前回選挙と同じ顔触れで、山口と関口の2人を立てた。09年の都議選では、当時の民主が3議席を獲得したが、前回は議席を失った。

生活者ネットの西崎光子は、3期で勇退するという会派の方針通り、今期限りで引退する。当初は擁立した新人に辞退され、ネット内から4期目を推す声もあったが、世田谷・生活者ネットの元事務局長の岡本を立てた。

維新は、公明の遠山清彦の参院議員時代の秘書を務めた稗島を擁立した。社民は、ネットの世田谷区議を3期務めた桜井を公認した。

1期目の塩村文夏は「（出馬するかどうか）後援会に伝えていないので話すことはできない」としている。都議を2期務めた後藤雄一は支援者から出馬を求められているが、「（出馬は）考えていない」と明かした。

■杉並区（定数6）

早坂　義弘　48　自現③
小宮　安里　40　自現②
松葉多美子　54　公現③
原田　暁　41　共新
田中　朝子　57　民現①
西村　正美　53　民新
小松　久子　63　ネ現①
永井　寿也　43　維新

定数6に毎回10人以上が乱立する激戦区。自民は現職の早坂と小宮を擁立。自民は01年から1議席にとどまっていたが、11年4月の補選で小宮が当選し、前回選挙は上位を独占した。ただ、元々リベラル色が強い選挙区であり、議席死守のハードルは低くはない。

公明は松葉を擁立。同党は毎回2万3千～2万6千票を獲得しており、安定した支持基盤で4選を狙う。

共産は5期務めた吉田信夫が引退し、後継に杉並区議4期目で区議団幹事長を務める原田を擁立。議席維持を目指す。

民進は現区長の田中良らが97年から守ってきた議席を前回選挙で失った。今回、民主と維新の党の合流で民進となった現職の田中朝子と、前参議院議員で歯科医の西村を擁立。西村は01年の都議選に自由党から立候補したが落選した。前回選挙で次点に泣いた門脇文良は党が出馬を打診したが本人が辞退した。

生活者ネットは1期目の小松を公認。同区に地盤を持つネットだが、基礎票は1万8千票前後と当選ライン前後で厳しい戦いが見込まれる。

維新は新人の永井を擁立した。民間企業勤務を経て起業。14年12月の衆院選には維新公認で兵庫4区から出馬するも次点となった。

■豊島区（定数3）

堀　宏道　52　自現①
長橋　桂一　60　公現④
米倉　春奈　28　共現①
泉谷　剛　51　元②

小池知事のおひざ元の選挙区であり、小池政経塾から候補者を擁立すれば、混戦となる模様。自民が擁立した堀は16年の都知事選で、小池知事ではなく党の推薦候補を応援した。知事を支援した自民区議からは堀を支援しないとの声が出ており、小池塾が刺客を送り込むのは確実。

公明は前幹事長の長橋を擁立。同党は知事との連携を選択肢の一つに挙げ、知事の支援を受ければ、基礎票に加えて安定した戦いが見込まれる。

13年選挙で12年ぶりに議席を取り戻した共産は再選を目指す米倉を公認し、議席死守で臨む。

民進は、前回選挙で涙をのんだ泉谷に公認を出す予定。泉谷は「日本新党で小池知事と一緒だった。出来ることなら連携はしたい」と話す。

■北　区（定数3）

高木　啓　51　自現③
大松　成　56　公現③
曽根　肇　64　共現⑤
音喜多　駿　33　無現①

09年、13年の過去2回はいずれも現職が敗れる乱戦で、今回から定数が4から1減の3になることもあり、激しい選挙戦が予想される。

自民は現職3期で都議会幹事長を務める高木を公認した。前回は追い風を背景に都連が2人擁立を検討したが、09年に保守分裂選挙となった反省から高木に一本化しており、今回も組織を固めて1議席の確保に備える。

公明が公認した党都本部議会局次長の大松は現在3期目。過去3回の選挙は安定した選挙戦を進めて3万票前後の得票となっている。今回も基礎票を生かした戦術で議席確保を目指す。

共産は5期のベテランで都議団副団長の曽根を公認した。民主が躍進した09年に落選したが、前回は約2万5千票の基礎票を守って返り咲きを果たした。

前回選挙にみんなの党から出馬し、1万3千票余りを獲得して初当選した現職の音喜多は、小池政経塾を運営する政治団体「都民ファーストの会」の会計責任者を務めており、「北区から出（馬す）る予定だが、所属政党など今後の状況による」と話している。

民進は前回選挙で現職2人を擁立したが、共倒れで議席を失っており、現時点で公認候補を発表していない。

葛飾区 現職区議の動向注目

■荒川区（定数2）
崎山　知尚　51　自現②
慶野　信一　40　公新
相馬　堅一　62　共新
滝口　学　46　民元①

定数が2となった93年以降の6回の選挙のうち5回が自公で議席を占めている。名乗りを上げた4人は、いずれも昨年11月の区長選で候補者の応援の前面に立ち選挙モードに入っている。

自民の崎山は現在2期目。元都議・元区長で現在区議の藤澤志光の元秘書から区議4期を経て05年選挙で初当選。09年は民主の風で次点に泣いたが、前回13年は保守層を取りまとめ、トップ当選した。

公明は現職7期の元都議会副議長・鈴木貫太郎が勇退。後継として衆院議員・太田昭宏の元秘書の慶野を擁立する。鈴木は区長の西川太一郎との盟友関係で知られ、党の基礎票1万2千～1万3千に対し、2万票を超える得票で当選を重ねてきた。西川とのパイプを着実につなぎたいところ。

共産は区議8期の相馬の擁立を決めた。昨年4月の区議選、11年区議選がトップ当選、2位当選で地元の知名度が高く、1万票強の基礎票を上積みし、自公の牙城の切り崩しを目指す。

民進は元職の滝口が捲土重来を期す。昨年の区議選の民主の得票は6千票程度にとどまり、当選ラインの2万票に向けて追い上げを図る。

■板橋区（定数5）
松田　康将　40　自現①
河野　雄紀　46　自現①
橘　正剛　63　公現③
徳留　道信　64　共現①
宮瀬　英治　39　民現①

自民は前回の選挙で初当選した2人を公認した。党都連会長の下村博文のおひざ元だけに落とせない選挙区だ。河野は元区議、松田は下村の元秘書で、13年選挙ではいずれも3万票以上を獲得している。

公明は都議会で政調会長を務める橘を公認した。前回はトップ当選を果たしており、手堅く4期目を狙う。

共産も前回に引き続き徳留を公認し、議席死守を目指す。都議は1期目だが、党都委員会の役職を長く経験してきたベテラン。

民進は、みんなの党出身の宮瀬を公認した。地元総支部などによると、党の公認候補は1人に絞る考え。

元職の熊木美奈子は現在も民進党員だが、「知事選で反党行為があった」（区議）などとして、総支部の顧問から外れている。小池政治塾に参加し、出馬を模索していると見られている。

■練馬区（定数6）
山加　朱美　63　自現④
柴崎　幹男　60　自現①
小林　健二　47　公現②
戸谷英津子　53　共新
浅野　克彦　42　民現②
藤井　智教　41　民新
菊地　靖枝　53　ネ新
山田　一義　50　維新

自民は5選を狙う山加と再選を目指す柴崎を公認した。4期目の高橋和実が今期限りで勇退し、後継者を探している。

公明は09年、13年選挙でいずれもトップ当選を果たした小林を擁立し、3期目をうかがう。共産は5期目の松村友昭が今期で引退し、練馬区議の戸谷にバトンタッチし、議席維持を託した。

民進は前回選挙で、1人が体調不良で出馬を辞退し、浅野だけを擁立したが、今回は区議の藤井にも公認を出し、2議席獲得に挑む。

生活者ネットは09年選挙で現職から新人に道を譲ったが、議席を死守できなかった。区議の菊地を擁立し、8年ぶりの議席獲得を目指す。

維新も前回選挙で2人を立てたが共倒れとなった。今回は区議の山田が初議席獲得を目指す。

■足立区（定数6）
髙島　直樹　66　自現④
發地　易隆　40　自現①
中山　信行　58　公現③
薄井　浩一　56　公新
斉藤真里子　41　共新
大西　智　55　民現③
鈴木　勝博　59　維元①

定数6に対し、現時点で7人が名乗りを上げている。

自民は前回に続き、髙島と發地の現職2人を公認した。髙島の返り咲きが命題だった前回は、各種団体票を集中した髙島が5万5千票を超える得票でトップ当選。發地も元都議5期の三原將嗣の地盤を引き継ぎ、3位で初当選を果たした。髙島は今期、都議会議長を経て、都知事選後に党都連幹事長に就任。党の顔として、まずは地元での2議席確保を目指す。

公明は現職3期の中山と、勇退する元都議会副議長の友利春久の後継として新人で区議5期の薄井の2人の擁立を決めた。6万票近い基礎票を背景に安定した選挙戦となる見通し。

共産は前回2位当選で2期目の大島芳江が勇退し、後継に党地区役員の斉藤を公認した。昨年5月の区長選に出馬し、現職との一騎打ちに敗れたが、同時執行の区議選は計4万1千票を獲得しており、大島からの着実なバトンタッチで優位に立ちたいところ。

民進は現職3期の大西を公認した。前回は逆風の中、2万3千票余りを獲得。得票数は初当選した09年選挙からは半減となったものの、最後の1枠に滑り込んでおり、議席の死守を目指す。

維新は元職1期の鈴木を公認した。09年選挙で民主から出馬し、トップ当選を果たしたが、前回の13年は3月に維新に転じ、大西に約2千票差で涙をのんだ。捲土重来を期す戦いとなる。

■葛飾区（定数4）
和泉　武彦　48　自現②
舟坂　誓生　68　自現①
野上　純子　63　公現④
和泉　尚美　54　共現①
米山　真吾　46　民新

都議選後の11月ごろに区議選を控え、現職区議が複数人立候補し、乱立傾向にある選挙区。

自民は現職2人を公認した。2議席を維持してきた同党だが、小池派や維新など、現職区議らの動向次第では、元区議で現職の舟坂にとっては厳しい選挙となる。

公明は、4期連続トップ当選の現職の野上を公認し、盤石の態勢。

共産は、現職の和泉を公認。基礎票を固めるが、前回は民、み、維などの票割れによる当確で、浮動票の取り込みにも注力する。

民進は、前回次点で元職の伊藤正樹が衆院東京17区の党公認内定候補になったのを受け、現職区議の米山を擁立した。

そのほか、態度を表明していないが、「希望の塾」生で前回と12年の都議補選にみんなから出た現職区議の梅田信利や、前回維新から出馬した現職区議の小林等など、現職区議らの動向が注目される。

■江戸川区（定数5）
田島　和明　66　自現⑥
宇田川聡史　52　自現③
上野　和彦　64　公現③
田之上郁子　46　民元①
上田　令子　51　無現①

前回、民主が2人擁立した結果、民主を除く、自2、公、共、みの候補者が当選した選挙区で、今回は民進が公認を1人に絞り激戦模様。

自民はベテランの田島と都議会自民党前幹事長の宇田川の現職2人を公認。組織票を固め、2議席堅持を目指す。

公明は前回と05年トップ当選の現職の上野を公認し、必勝態勢だ。

共産では現職の河野が勇退する意向を示しており、現在、地区委員会で候補者を検討中。

民進は09年トップ当選で前回次点だった元区議で元職の田之上に公認を絞り、返り咲きを狙う。

前回、みんなから出馬した会派「かがやけ」の現職上田は、「知事与党」をバックに区内全域で票を掘り起こし、再選に挑む。

都民の審判は今回、どう下されるのか（画像は一部処理しています）

都議選では初となる18歳と19歳の投票行動も気になるところ

北多摩第3 自民候補擁立が焦点

■八王子市（定数5）
伊藤　祥広　47　自新
鈴木　玲央　39　自新
東村　邦浩　55　公現④
清水　秀子　65　共現⑤
安藤　修三　36　民新
両角　穣　54　無現①

自民は1次公認で、前八王子市長の黒須隆一の都議時代に秘書を務めた伊藤を擁立した。現在4期目で幹事長経験者の相川博は、都連や支援者から出馬するよう求められているが、今期限りで勇退する意向を示しており、伊藤を後継指名した。2期目の近藤充も出馬する意向はなく、選挙地盤が重なる市議2期目の鈴木を公認した。

公明と共産は組織票があり、有利に戦える選挙区の一つ。公明は幹事長の東村を立て、前回と同様にトップ当選を目指す。共産は清水に公認を出し、6選をうかがう。

民進は09年選挙で2議席を獲得し、前回は候補を1人に絞ったが、146票差で次点に泣き、議席を失った。今回は八王子市議の安藤を立て、議席奪還に挑む。

両角は元市議で前回、みんなの党から立候補し、初当選を果たした。16年の都知事選で小池知事を支援し、小池新党か地域政党などが立ち上がれば、公認候補として出馬する予定。

■立川市（定数2）
清水　孝治　51　自現①
浅川　修一　61　共元①
酒井　大史　48　民現④

自民と民主（現・民進）が1議席ずつを「指定席」として守ってきた。共に現職を公認した。自民の清水は市議を4期務め、宮崎章の地盤を引き継いで2期目に挑む。民進は、都議会で党幹事長を務めた酒井を公認した。5期目を狙う。

共産は前回、地区委員長を擁立したが、今回は元職の浅川を立てた。浅川は市議を6期務め、97年に都議に当選。共産はそれ以降、議席を獲得できていない。

■武蔵野市（定数1）
島崎　義司　50　自現①
松下　玲子　46　民元②

定数1を自民現職と民進元職が争う。前回選挙では800票差で松下が次点に泣いた。民進と接近する小池知事の動向次第では状況が大きく変わるが、松下は「知事の姿勢は評価しており、協力したい気持ちはあるが、先方の動きが分からない」と首をかしげる。

共産も候補者擁立に向けて調整を行っているが、まだ時間がかかる見通し。関係者には野党共闘を模索する動きもあるが、「候補者選定を進め、調整が必要になれば対応する」（党武蔵野三鷹地区委員会）意向だ。

■三鷹市（定数2）
中村　洋　45　民現②

自民は5期務めた議長経験者の吉野利明が「節目」として引退する意向を固めた。既に関係者に意思を伝えているが、続投を求める声も多い。後継は未定で、地元の選考委員会が政治活動の経験者などを含めて検討中。三支連会長は吉野が引き続き務めるという。

民進は、中村が3期目を狙う。中村は東芝出身で、行政書士の資格を持つ。三鷹市議を2期務めた。

共産は「候補者を出す方向で検討中」（地区委員会）だが、民進などの選挙協力について「政策的に一致できれば」と否定しない。

同選挙区では三鷹市議の伊沢桂子（市民の党）が01年から2期務めたが、「何とも言えない」と言葉を濁す。

■青梅市（定数1）

自民は5期務めているベテランの野村有信が態度を明らかにしていない。支援者からは出馬要請があるものの、小池知事側の出方を警戒して判断を保留している模様だ。本人は自身の年齢を示唆しており、引退する可能性もある。

民進は候補者の擁立を目標に検討中だが、元都議の山下容子総支部長によると、「今の時点では白紙に近い状態」。

共産も「候補を立てて戦う予定」（地区委員会）としているが、民進党との協力も模索している。

同選挙区で05年に無所属で出馬し、民主（当時）ベテランの尾崎正一を28票差で破った備邦彦は昨年3月、公職選挙法違反による公民権停止で市議を失職している。

■府中市（定数2）
鈴木　錦治　61　自現①
小山　有彦　41　民現②

自民と民主系が議席を分け合ってきた選挙区。両党はいずれも現職を公認した。

自民の鈴木は市議を4期務め、市議会議長を経験したベテラン。民進の小山も元市議（2期）で、国会議員の浅尾慶一郎の秘書を務めた。

共産も候補者を出す方向。「早くしなければ」（市議団）と話しており、調整を急いでいる。

■昭島市（定数1）
内山　真吾　36　民新

過去には、マドンナブームの89年に社会党が、また、民主党に追い風が吹いた09年に民主が推薦する元生活者ネット市議が当選したが、それ以外は自民が議席を握っている。自民の現職神野次郎は21区の衆院議員小田原潔の元秘書。地元出身ではない落下傘候補だが、保守が強い土地柄を生かして再選を狙う可能性もある。4日時点で公認は出ていない。

市議の内山は15年4月の統一地方選挙でトップ当選を果たしており、知名度は高い。保守の地盤が近年、変化しているとの声もある。非自民で一本化を図れば勝算は高くなるが、共産は現在、独自候補擁立を模索している。

■町田市（定数4）
吉原　修　61　自現④
小磯　善彦　61　公現④
池上　友一　31　共新
今村　路加　48　民現③
海老沢由紀　42　維新

定数1増に伴い、4人区となる。自民は方針に基づき2人目の候補を擁立できるかが焦点。町田総支部では候補者選定を進めているが、関係者からは「都議会自民党の置かれた状況は厳しい。できれば現職一本で勝負したい」と擁立に否定的な見方もある。

民進は現職の今村を公認、議席の保持を狙う。共産は新人で現市議の池上を擁立し、定数増への滑り込みを図る。

維新は新人の海老沢を擁立。前回都議選では同党から世田谷区に出馬、最下位に沈んでいる。

■小金井市（定数1）
木村　基成　47　自現①

4年前の都議選では最後に当選が決まった小金井は、自民の地盤の弱さが目立つ。前回で次点だった西岡真一郎はその後民主を離党し、現在は小金井市長を務める。

今回、民進・共産は野党統一候補の擁立に向けて検討を開始している。都議会自民党を離脱した木村と小池知事との連携や自民公認の行方が焦点だ。

■小平市（定数2）
髙橋　信博　69　自現③
齋藤　敦　50　民現③

自民、民主（現・民進）が1議席ずつを分け合う選挙区。4月の小平市長選は民進系の現職に自民、公明両党が推す新人が挑む構図で、今回も自民、民進の対決が軸となる。

自民は都議会で総務会長を務める髙橋を公認した。市長選と連動して支持を訴える考え。民進も同じく現職の齋藤を立てる。元総務会長。いずれも4期目を目指す。

共産も候補者を立てる方向で、検討を急いでいる。

■日野市（定数2）
中野　昭人　48　共新
菅原　直志　48　民新

6期務めている自民ベテランの古賀俊昭はまだ党都連に公認申請していないといい、「熟慮中」と話した。総支部で協議中といい、早期に結論を出したい考え。

民進は日野市議の菅原直志（市民クラブ）を擁立する。市議を6期務めている。現職は新井智陽だが、NTT労組が支援しないことを決め、議員団や労組役員などがゼロベースで議論したところ、菅原の名前が挙がったという。新井智陽は出馬の意向について、「言えない」とこぼした。

共産は、同じく日野市議の中野を公認した。09年まで計3期務めた村松美枝子以来の議席奪還を目指す。

■西東京市（定数2）
山田　忠昭　68　自現④
石毛　茂　63　民現③

自民も民進も共に1次公認で名前が上がり、手堅い顔触れ。2月にある市長選では、自民の推薦を得て公明にも推薦依頼している現職に対し、民進は市議レベルで支援に回る見通しで、都議選とは構図が異なる。自民も民進も都議選に関しては、市長選が終わってからの勝負というのが関係者の共通認識だ。

共産は、候補者はほぼ固まったが、発表は1月下旬か2月上旬を予定している。

市議会の4人で構成する「統一会派みらい」のうち3人は小池塾に参加しており、塾生からの候補擁立や「小池新党」の結成などとの連動も注目される選挙区だ。

■西多摩（定数2）
田村　利光　49　自新
島田　幸成　48　民現②

自民は現職で4期目の林田武が引退し、現在、林田の秘書で自民党福生総支部青年部長の田村が後継となる。田村は地元では会社社長として名が知られている。自民は旧秋川市長の臼井孝と福生を地盤とする林田で2議席を分け合っていた。今回は2人擁立による分裂選挙を避けるため、3市3町1村の全地区で田村での一本化合意にこぎ着けた。

民進からは、元都議の島田久を父に持つ島田幸成が09年に出馬して初当選し、3期目を目指す。

■南多摩（定数2）
小礒　明　64　自現⑤
石川　良一　64　現①
谷口　浩二　44　維新

自民と生活者ネットが守っていた議席に09年は民主、13年は維新が割って入った。多摩市を地盤とする自民の小礒は、稲城市にも一定の支持層を持ち、6期目をうかがう。

前回、維新として初議席を獲得した石川は、現在所属する民進からの公認は出ていないが、出馬に意欲を見せている。稲城市長を5期20年務め、稲城での知名度は抜群。

共産は若手新人候補の擁立を目指して人選を進めており、多摩市域を中心にした浸透で初議席を狙う。

維新は今回も新人を立てた。生活者ネットはチャンスがあれば候補擁立も探るが状況は厳しい。

■北多摩第一（定数3）
北久保眞道　63　自現①
谷村　孝彦　53　公現④
尾崎あや子　58　共現①
鈴木　龍雄　47　民新

前回選挙は、自民と公明が手堅く議席を決める一方、民主は元職が無所属で出馬し、公認の新人との間で票が割れ、議席を逃した。今回、民進は人選を慎重に進めており、政治経験はないが若手の新人候補に1本化して雪辱を期す。公明の谷村は過去、安定した戦いぶり。前回、民主から議席を奪った共産は豊洲問題での存在感の発揮を背景に再選を目指す。生活者ネットは09年以降、候補を立てておらず、今回も擁立を見送る方向。

■北多摩第二（定数2）
興津　秀憲　59　民元①
山内　玲子　61　ネ現②

自民と生活者ネットが議席を守っていたが、民主の興津が返り咲きを狙い、混戦模様が避けられない。民主が圧倒的な強さを見せた09年には2議席目を巡って生活者ネットと自民の間で接戦が繰り広げられ、自民が議席を落とす波乱があった。13年には自民と生活者ネットの組み合わせが復活。

同選挙区は国立市と国分寺市からなっている。自民はまだ公認を出していないが、国分寺総支部は国分寺市議を2期務め現職の高椙健一を推す考えで、市長の急逝で12月に市長選挙が行われた国立総支部でも高椙擁立に賛同する見通しだ。

■北多摩第三（定数3）
中嶋　義雄　67　公現⑤
井樋　匡利　53　共新
尾崎　大介　42　民現③
澤井　慧　33　維新

定数是正により1増の3人区となり、自民が2人を擁立するかが焦点。自民は現在1期目の栗山欽行の公認を出しておらず、複数の調布市議が出馬に意欲を示しており、候補者を調整中という。

公明は現職の空白区で、悲願の初議席を獲得するため現世田谷区選出の中嶋を擁立。党本部や東京都本部の代表からそれぞれ出馬を要請され、国替えを決めた。

共産は調布市議5期目の井樋を立てた。

民進は現幹事長の尾崎を擁立。地元での人気は高く、4選を目指す。日本維新の会は人材紹介会社の澤井を公認。

■北多摩第四（定数2）
野島　善司　67　自現④
原　紀子　51　共新
山下　太郎　43　民現④

過去4回の選挙で、自民の野島、民進の山下が議席を維持しており、今回も手堅い選挙戦を展開すると見られる。

野島は東久留米市議会議長や市助役などを歴任した政策通。山下は衆院議員・菅直人の元秘書を務めた経歴を持つ。2人は共に都議会で党幹事長を務めた。

共産は、東久留米市議会で副議長を務める原を擁立した。原は同市議を5期務めており、初めて都議選に挑む。

■島部（定数1）
三宅　正彦　44　自現②
綾　亨　64　共新

自民が安定的に議席を守っている選挙区で、衆院議員・石原宏高の元秘書の三宅が3期目を目指す。

共産は党地区役員の綾を立てた。民進はまだ候補者を固めていない。

前回は自民、民主系、共産の三つどもえとなったが、三宅が圧勝している。

TSK
月島機械株式会社
代表取締役社長　山田和彦
本社　東京都中央区晴海三-五-一
電話〇三(五五六〇)六五四一

伊豆諸島間ヘリコミューター
東京愛らんどシャトル
オンライン予約を開始しました。
東邦航空予約センター
TEL 04996-2-5222
東邦航空オンライン予約
http://tohoair-tal.jp

皆さんの加入をお待ちしています。
―都、区退職者の「交流」の場―
○主催事業……各種講演会(参加無料)、施設見学会、囲碁大会、ゴルフ大会、法律・税務の無料相談(月1回)、会報(年4回)・名簿(3年に1回)発行
○サークル活動…俳句、短歌、川柳、囲碁、謡曲、書道など
○施設利用……誰でも、何時でも気軽に利用できる会議室・談話室を備えています。(会議室は有料)
(一社)東京都交友会
会長　檜垣正已
〒101-8611 東京都千代田区神田駿河台2-11-1 駿河台サンライズビル2階
電話 03-3518-6455(代)　FAX 03-3518-6456
ホームページ　http://www.tokyoto-koyukai.or.jp
メールアドレス　office@tokyoto-koyukai.or.jp

都弘済
一般財団法人
東京都弘済会
理事長　中田清己
東京都中央区湊一-十二-十一
八重洲第七長岡ビル四階
電話(三五五一)〇三〇一(代表)
ホームページ http://www.tokyoto-kosaikai.or.jp

公益財団法人
東京都島しょ振興公社
理事長　浜川謙夫
〒105-0022 東京都港区海岸一-四-十五
島嶼会館二階
電話〇三(五四七二)六五四六

一般財団法人
東京都人材支援事業団
理事長　秋山俊行
〒160-0021 東京都新宿区歌舞伎町二丁目44番1号
東京都健康プラザ「ハイジア」12階
電話〇三(五二九二)七〇〇四

東京都競馬株式会社
代表取締役社長　山口一久
本社　東京都大田区大森北一-六-八
電話(五七六七)九〇五五(代表)

―税務のお役に立ちます―
公益財団法人
東京税務協会
理事長　宮下茂
東京都中野区中野四-六-一五
中野都税事務所内
電話(三二二八)七〇一一(代表)
FAX(三二二八)七八七八

芸術文化の振興と都市の歴史及び文化の継承・発展のために
公益財団法人
東京都歴史文化財団
理事長　日枝久
東京都墨田区横網一-四-一
電話(五六一〇)三五〇〇(代表)

あなたの生涯スポーツを応援します!
公益財団法人
東京都スポーツ文化事業団
理事長　並木一夫
東京都渋谷区千駄ヶ谷一-十七-一
(東京体育館)
電話(五四七四)二一一四

株式会社東京スタジアム
代表取締役社長　田崎輝夫
〒182-0032 東京都調布市西町376番地3
電話(042)440-0555
http://www.ajinomotostadium.com

日本自動車ターミナル株式会社
代表取締役社長　関谷保夫
東京都千代田区平河町二-七-九
電話(三五五六)〇七八一(代)
FAX(三五五六)〇七八八

想像から創造へ、まちづくりのパートナー
TOSHIZUKURI
公益財団法人
東京都都市づくり公社
〒192-0904 東京都八王子市子安町四-七-一
サザンスカイタワー八王子七階
電話〇四二(六八六)一三〇一

JKK
お客様に喜ばれ、地域に喜ばれることが、私たちの喜びです。
東京都住宅供給公社
東京都渋谷区神宮前五-五三-六七
電話　〇三(三四〇九)二二六一(代表)

一般社団法人
東京都トラック協会
会長　千原武美
東京都新宿区四谷三-一-八
電話(三三五九)六二五一
http://www.totokyo.or.jp/

公益財団法人
東京都防災・建築まちづくりセンター
理事長　室木眞則
東京都渋谷区渋谷二-十七-五
シオノギ渋谷ビル
電話(五四六六)二〇〇四(代表)

UCR
株式会社
建設資源広域利用センター
代表取締役社長　小林清
東京都渋谷区渋谷二-一七-五
シオノギ渋谷ビル10F
電話〇三(六四二七)三三〇一
FAX〇三(五四六四)七〇二五

TODENKYO
一般社団法人東京電業協会
会長　江川健太郎
東京都港区元赤坂一-七-八
電話〇三(三四〇三)五一八一

環境負荷の少ない都市の実現を目指して
公益財団法人
東京都環境公社
理事長　影山竹夫
東京都墨田区江東橋四-二六-五
電話(三六四四)二一八九(代表)
FAX(三六九九)一四〇九
http://www.tokyokankyo.jp

東京熱供給株式会社
東京都千代田区九段南四-八-八
日本YWCA会館
電話(三二八八)四二六一
FAX(三二八八)四一六六

東京都国民健康保険団体連合会
理事長　福永正通
〒102-0072 東京都千代田区飯田橋三丁目五番一号
東京区政会館十一階
電話　〇三(六二三八)〇〇一一(大代表)
http://www.tokyo-kokuhoren.or.jp

公益財団法人
東京都中小企業振興公社
理事長　井澤勇治
東京都千代田区神田佐久間町一-九
電話(三二五一)七八八六
http://www.tokyo-kosha.or.jp

公益財団法人 東京しごと財団
あなたのしごと探しを応援します!
働きやすい職場環境整備をお手伝いします!
公益財団法人
東京しごと財団
理事長　坂巻政一郎
東京都千代田区飯田橋三-一〇-三
東京しごとセンター8階
電話　〇三(五二一一)二三一〇

本年も、人々に憩いと安らぎを
TOKYO PARKS
公益財団法人
東京都公園協会
東京都新宿区歌舞伎町二-四四-一
東京都健康プラザ「ハイジア」九階・十階
電話　〇三(三二三二)三〇一一(代表)
http://tokyo-park.or.jp

公益財団法人
東京都道路整備保全公社
理事長　横溝良一
東京都新宿区西新宿二-七-一
小田急第一生命ビル二十階
電話〇三(五三八一)三三六一(代表)
http://www.tmpc.or.jp

VISIT 東京ZOO
公益財団法人
東京動物園協会
会長　貫洞哲夫
代表理事(常務理事)　滝澤達
東京都台東区池之端二-九-七
池之端日殖ビル七階
電話(三八二八)二一四三(代表)
http://www.tokyo-zoo.net/

TOKYOのみらいへ〜つなぐ・つながる〜
一般社団法人
東京建設業協会
会長　飯塚恒生
副会長　伊藤寛治
副会長　秋場俊一
副会長　梅原保
専務理事　松村博
東京都中央区八丁堀二-五-一
電話(三五五二)五六五六(代表)
FAX(三五五五)二一七〇

一般社団法人
東京都中小建設業協会
会長　山口巖
東京都新宿区新宿二-一〇-七
(TOMビル五階)
電話(三三五六)七七一一(代表)

東京港湾運送事業協同組合
理事長　中山正男
副理事長　守田敏則
東京都港区芝浦三-五-三八
(港協会館)
電話(三四五二)三八一一〜六
FAX(三七九八)一四〇四

一般財団法人
東京港湾福利厚生協会
会長　永澤利雄
副会長　山本儀久
副会長　外園賢治
専務理事　齋藤博
東京都港区海岸三-九-一五
電話(三四五二)六三九一
FAX(三四五一)六五八五

一般社団法人
東京港運協会
会長　鶴岡純一
副会長　中山正男
副会長　永澤利雄
副会長　喜多澤昇
副会長　田原典人
副会長　坪田光男
副会長　松川一裕
専務理事　笹川文夫
常務理事　今村秀彦
理事・事務局長　宮永泰博
理事・労務部長　若山孝光
東京都港区海岸三丁目二十六番一号 パーク芝浦4F
電話　〇三(五四四四)二一五一
FAX　〇三(五四四四)〇八六六

臨海ホールディングスグループ
〜臨海副都心の未来を描く〜
株式会社 東京臨海ホールディングス
株式会社 東京テレポートセンター TOKYO TELEPORT CENTER INC.
東京港埠頭株式会社
TOKYO BIG SIGHT
ゆりかもめ YURIKAMOME Inc.
東京臨海熱供給株式会社
台場・青梅・有明エリアの総合的なご案内
東京お台場.net
東京 お台場　検索
東京お台場 FreeWiFi
臨海副都心で利用できる無料WiFi
・周辺施設やイベント情報の検索に!
・ゆりかもめ全駅で利用可能!

HAT
八丈島空港ターミナルビル株式会社
代表取締役社長　石山明久
東京都八丈島八丈町大賀郷二八三九-二
電話〇四九九六(二)三三一一(代)
http://hachijoapo.net

ビル賃貸・管理・不動産鑑定
東京交通会館ビル
交通会館一之江ビル
交通会館瑞江ビル
交通会館篠崎ビル
有楽町イトシア
株式会社東京交通会館
取締役社長　飯塚延幸
〒100-0006
東京都千代田区有楽町2-10-1
TEL(3212)2931(代表)
http://www.kotsukaikan.co.jp/

HATO BUS
株式会社はとバス
代表取締役社長　中村靖
〒143-8512 東京都大田区平和島五-四-一
電話〇三(三七六一)八一一一
FAX〇三(三七六一)七六〇〇

安全・安心・快適な「都営交通」
私たちは、「都営交通のサポーター」として
お客様のニーズにお応えします
一般財団法人
東京都営交通協力会
東京都江東区大島五-一〇-一〇
セントラルプラザ大島3F
電話(五六〇九)二四〇〇
FAX(五六〇九)二二六五

都営交通の安全・安心を保守の面から支えています
TKS
東京交通サービス株式会社
東京都中央区東日本橋一-九-七
電話〇三(五八三三)七七三六
FAX〇三(五八三三)七七四二

豊かな経験とトータルな技術力でライフ・ラインを守ります。
水源から蛇口まで
東京水道サービス株式会社
代表取締役社長　増子敦
東京都新宿区西新宿六-一四-一
(新宿グリーンタワービル)
電話(五三二〇)九三五〇(代表)
FAX(五三二〇)九三五七

管路等施設情報の処理を通して水道下水道技術をサポートします
ams
水道マッピングシステム株式会社
東京都新宿区内藤町八七番地
電話(三三五七)三〇二〇
FAX(三三五七)三〇六六
http://www.ams-k.co.jp

東京都水道局パートナー企業
確かなサービスで水と人の未来を創る
株式会社PUC
代表取締役社長　小山隆
本社　東京都新宿区西新宿六-五-一
電話(三三四三)四五六〇
http://www.puc.co.jp

和で築き、技で育むTGS
TGS
東京都下水道サービス株式会社
東京都千代田区大手町二-六-二
電話(三二四一)〇七一一(代表)
FAX(三二四一)〇七六六
http://www.tgs-sw.co.jp

TSE
東京下水道エネルギー株式会社
東京都中央区新富一-七-四
阪和別館ビル9階
電話(五五四一)〇七〇〇
FAX(五五四一)〇一九一
http://tse-kk.co.jp/

下水道維持管理に貢献する
下水道メンテナンス協同組合
理事長　前田正博
事務理事　西澤正彦
〒100-0004 東京都千代田区大手町二-六-二
(日本ビル3F)
電話(三二七九)四三八一(代表)
FAX(三二七九)〇一九三
http://www.gesui-mente.or.jp

TSFA
一般社団法人
東京下水道設備協会
会長　片岡啓治
副会長　松木晴雄
専務理事　東郷展
東京都新宿区西新宿三-二-十一
(新宿三井ビル2号館)
電話〇三(三三四六)三〇五一(代表)

公益社団法人 **東京都教職員互助会**

理事長 中村長年
三楽病院長 阿川千一郎

東京都千代田区神田駿河台二丁目五番地
〇三（三二九三）三九八一（代表）
〇三（五二八二）一四八九（外来予約）
〇三（五二八二）八三三一（人間ドック予約）

東京厚生信用組合

理事長 稲村久仁雄

東京都新宿区西新宿六—一二—一八
電話（三三四二）二四一五（代表）
FAX（三三四二）四一六三

自治・分権を拓く
イマジン出版株式会社

代表取締役 片岡幸三

東京都文京区音羽一—五—八
電話（三九四二）二五二〇
FAX（三九四二）二六二三
http://www.imagine-j.co.jp/

東京ソフトウエア株式会社

代表取締役社長 柴田税

本社 東京都新宿区大久保一—一四—一五
電話（三二〇〇）二六三一（代表）
FAX（三二〇〇）七五二八

宣伝・情報発信をお手伝いします
media K center
株式会社きかんし

代表取締役社長 佐藤操

本社 東京都江東区辰巳二—八—一二
電話（五五三四）一一三四（代表）

新聞発送・印刷と電子版配信サービス
株式会社東伸社

東京都江東区森下三—一二—一五
丸八倉庫 高橋2号倉庫
電話〇三（五六三八）〇二五〇
FAX〇三（五六三八）〇二五一

MORIMOTO
モリモト印刷株式会社

代表取締役社長 森元勝夫

東京都新宿区東五軒町三—一九
電話（三二六八）六三〇一（代表）

有限会社山広印刷所

取締役社長 山本良介

東京都荒川区東尾久一—一七—八
電話（三八九二）五九六四
FAX（三八一九）二四九二

《メンタルヘルス対策》
『すべての人が活き活きと働ける環境づくり』を目指したEPAサービスを提供します。
NSTG New System Technology Globalist
エヌエスティ・グローバリスト株式会社

代表取締役社長 山本直

お問合せは、子会社 ウェルエイドジャパン株式会社
電話（六三二一）三七五一
FAX（五九四九）四七一五
http://www.wel-aid.jp

相続や譲渡など、税金の事は何でも質問して下さい。
小島会計事務所

税理士 小島勝司

東京都大田区大森北四—一二—一五
電話（三七六六）三五九五
FAX（三七六六）六七九五

循環型社会への貢献のために
TOKYO ECO SERVICE
東京エコサービス株式会社

代表取締役社長 佐藤良美

東京都港区浜松町一—十—十七 KOYO BUILDING 2階
電話（五四〇二）五三七一（代表）
FAX（五四〇二）五三八七

東京都労働組合連合会

執行委員長 西川晋司
執行委員一同

特別区職員労働組合連合会

執行委員長 吉川貴夫
副執行委員長 髙木龍二
〃 安田直美
書記長 宇賀神浩
企画調査担当部長 嵯峨範子
賃金対策担当部長 石川敏明
組織担当部長 坂内和彦
教育宣伝担当部長 牧野和宣

東京都庁職員労働組合

執行委員長 関根範明
副執行委員長 野沢徹
副執行委員長 君島淳一
書記長 山下勇
役職員一同

自治労東京都庁職員労働組合

執行委員長 巴辰也
副執行委員長 山下勇
副執行委員長 野沢徹
書記長 陣野誠一

東京自治労連

中央執行委員長 荻原淳
副中央執行委員長 堀内俊男
〃 田原聖子
〃 椎橋みさ子
書記長 喜入肇

東京都教職員組合

執行委員長 金子秀夫
執行副委員長 糀谷陽子
〃 平間輝雄
書記長 木下雅英
書記次長 髙橋秀和
執行委員・書記一同

東京都高等学校教職員組合

執行委員長 藤野正和
副執行委員長 田中未緒
書記長 数本正男
書記次長 富崎豊和
賃対部長 菅谷知由

東京交通労働組合

執行委員長 安田潔
副執行委員長 宮崎昌治
書記長 福田智
書記次長 佐藤尚宣

全水道東京水道労働組合

中央執行委員長 渡邉洋
副執行委員長 山崎治
〃 高橋克行
〃 久保敏聡
書記長 諸隈行
書記次長 水野信宏
中央執行委員 寺嶋尚豊
〃 中川崇

自治労連・東京水道労働組合

中央執行委員長 神岡光雄
副執行委員長 吉田正弘
〃 野中耕一
書記長 鶴岡秀將

東京都庁職員労働組合本庁支部

支部長 濱岡稔
副支部長 長谷部健治
書記長 根岸利光
会計 君島淳一

都庁職経済支部

支部長 野地喜徳
副支部長 大嶋英行
書記長 斎藤修二
会計 櫻井修

都庁職養育院支部

支部長 岡地博美
副支部長 杉森知子
書記長 河原崎利行
会計 倉内恵子

都庁職衛生局支部

支部長 若梅晶子
副支部長 高橋一人
副支部長 奥山領華
書記長 矢吹義則
書記次長 横坂泰子
会計 大須賀佳代子

都民医療の充実と、安全安心の医療を！
都庁職病院支部

支部長 千葉かやと
副支部長 三母明己
〃 五十嵐博子
書記長 大利英昭
会計 阿部馨

都庁職建設支部

支部長 秋山孝之
副支部長 大野久男
副支部長 福島和美
書記長 宮崎猛
会計 大野久男

都庁職住宅支部

住まいは人権

支部長 伊東輝

新宿区西新宿二—八—一 第二庁舎20階
電話（五三二〇）七四二二
FAX（三三四五）一六五二

都庁職教育庁支部

支部長 中野正明
副支部長 春原智明
書記長 風間隆行
書記次長 矢島一男
会計 望月政雄

新宿区職員労働組合

執行委員長 丸山琴江

新宿区歌舞伎町一—四—一
電話（五二七三）四五八一

文京区職員労働組合

執行委員長 大谷昇
副執行委員長 石澤清光
〃 鈴木佐千子
書記長 山野井友和
書記次長 内村行則
会計 平井資浩

台東区職員労働組合

執行委員長 東坊城敦代

東京都台東区東上野四—五—六
電話（五二四六）一四六三
FAX（三八四四）一五七六

墨田区職員労働組合

執行委員長 菊地利行

墨田区吾妻橋一—二三—二〇（区役所内）
電話〇三（三六二四）八一七七
FAX〇三（三六二二）一四一〇

目黒区職員労働組合

執行委員長 木全繁太郎

目黒区上目黒二—一九—一五
電話〇三（三七一三）七〇九七
FAX〇三（三七一三）八五九九

大田区職員労働組合

執行委員長 栗原勉
副執行委員長 古橋智代子
〃 木村栄司
書記長 坂内和彦
会計 清水俊光
書記次長 塩谷安史
〃 西山康彦

世田谷区職員労働組合

執行委員長 藤本康博

世田谷区世田谷四—二一—二七 世田谷区役所内
電話（三四一三）二七六七（直通）
FAX（三四一三）五一二七

中野区職員労働組合

執行委員長 古林明郎
副執行委員長 新山弘一
〃 五味純一
書記長 清家美佐子
会計 村崎雄三
ほか役職員一同

杉並区職員労働組合

杉並区阿佐谷南一—一五—一

豊島区職員労働組合

執行委員長 市川康世

〒171-0022 豊島区南池袋二—四五—一 区役所7F
電話〇三（三九八〇）八〇二七
FAX〇三（三九八〇）九五〇〇

北区職員労働組合

委員長 児玉治
副委員長 秋山力雄
副委員長 奥村純子
書記長 内藤和男
書記次長 小林昇
会計 栗野正芳

荒川区職員労働組合

執行委員長 籠谷勝治
副委員長 北野幸市
〃 髙田巳喜男
書記長 竹澤康光
会計 稲葉国雄

板橋区職員労働組合

執行委員長 村木正弘
副執行委員長 清水重治
〃 帖佐真澄
書記長 大瀧欣昌
書記次長 堀内俊男
会計 内田政男

足立区職員労働組合

執行委員長 鈴木俊治
副執行委員長 星野昌史
〃 堀幸裕
〃 小磯扶佐子
書記長 深澤健一
書記次長 二見清一
会計 飯塚浩一

葛飾区職員労働組合

委員長 松村誠治
副委員長 須能信一
〃 島田智宏
〃 山田伸子
〃 石渡大介
書記長 佐々木珠
会計 井上昭

江戸川区職員労働組合

執行委員長 伊藤定夫
副執行委員長 宇賀神浩
〃 富永秀樹
〃 眞利子律子
書記長 橋本憲太
書記次長 稲田祐一
会計 小林義明

安全、安心、安定的な清掃事業を確立しましょう！
東京清掃労働組合

中央執行委員長 桐田達也
副中央執行委員長 中里保夫
副中央執行委員長 坂本浩明
書記長 染裕之
書記次長 多田修一郎
ほか中央執行委員一同

「橋を透して見た風景」

五輪から100年後の東京

継承したい都の遺産

いよいよ2020年東京五輪まで残り3年半となった。五輪で訪れる多くの観光客に向け、東京の観光資源を発掘し磨くことが喫緊の課題となっているが、一方で現在供用されている都内のインフラには100年前からのものもある。その象徴が隅田川に架かる橋だ。同様な観点で五輪後の100年後の東京に残すもの、継承しなければいけないインフラ、人材等について、元副知事で現在、明治大学教授の青山佾氏と『橋を透して見た風景』（都政新報社刊）の著者の紅林章央氏に語ってもらった。

＝司会・出版部次長　岸史子

くればやし・あきお＝都建設局橋梁構造専門課長。1959年生まれ。85年入都。最初の職場は西多摩建設事務所。建設局道路建設部、道路管理部、多摩都市整備本部などに勤務。奥多摩大橋、多摩大橋を始め、多くの橋やゆりかもめ、中央環状品川線などの建設に携わる。著作に『100年橋梁』『歴史的鋼橋の補修・補強マニュアル』『日本の近代土木遺産』（土木学会共著）など。

あおやま・やすし＝明治大学公共政策大学院教授。1943年生まれ。67年東京都経済局に入り、都市計画局課長、高齢福祉部長、計画部長、政策報道室理事等を経て、99年から03年まで副知事。04年から明治大学教授。著書に『都市のガバナンス』（三省堂）『痛恨の江戸東京史』（祥伝社）『世界の街角から東京を考える』『小説後藤新平』（学陽書房）など。博士（政治学）。

――青山先生は著作『都市のガバナンス』で、「後藤新平が残したものを私たちは今も使っているが、私たち世代は何を残せるか」という投げ掛けをされています。まず、後藤新平が残したものは現代の私たちにとってどんな存在なのでしょうか。

青山　後藤新平が震災復興で残したものは大きく分けて三つあります。一つは今日のテーマである橋。隅田川を橋の博物館にするということで、いろいろなデザインの鉄の橋を造り、自動車時代になっても使われている。

二つ目は道路。靖国通りや昭和通りは今日、東京の主要な骨格道路をなしている。同時にプランだけでは、震災復興計画の延長線上にある1号線から8号線までの環状道路構造を放射道路に組み合わせるという都市構造自体は震災復興のもの。環1から環5が昭和2年で、その後数年して環6から環8を加えた。東京市の骨格道路構造を決め、今日に至っている。

三つ目は日比谷公会堂。そのほか公園や生活施設など他にたくさんあるが、主なものはこの三つだと思います。

――今も意識しないで使っているものが多いですね。今回、紅林さんがまさに橋の技術者に光を当てて、私たちに教えてくださいました。

紅林　建設局では今、橋の長寿命化に取り組んでいます。橋の寿命はよく50年と言われていますが、適切に補強することで100年以上伸ばしていこうという試みです。その中でもメーンとなるのは関東大震災の復興で架けられた隅田川の橋梁群です。当初、建設時の設計基準などが分からなくて、これらの橋は当然弱いものだと思っていましたが、検討を始めてみると意外にも補修する箇所が少ない。調べたら当時の基準が出てきた。地震に対しては、戦後一般的に用いられてきた基準の約2倍の基準強度を持っていました。重さ（荷重）に対しても、今の基準の約2倍です。これでは壊れないはずです。当時書かれたものに、「今は大八車しか通らないが、将来は車社会になる。そのために備えておく」という文言が入っている。当時の技術者はすごいなと思いました。

青山　実際にもうすぐ100年ですからね。4～5年前に紅林さんに、お茶ノ水橋や聖橋は架け替えないで大丈夫かと愚問を投げ掛けたら、架け替えたらもっと弱くなると言われました。

紅林　戦前の橋は強いです。将来を見越してそれを造り上げた人たちはすごい。また彼らを選んだ後藤新平も、すごいと感じました。

青山　橋は単に川を渡るというよりも、むしろ都市構造を変える。川を挟んだ違う風土、自然を持った地域がつながるわけで、まさに架け橋。人々の交流の元になる。美濃部都政時代に橋を架けようとした時、フランツ・ファノンの言葉を引用して、「住んでいる人々が賛成しないなら橋は架けないほうが良い」と言ったが、まさに橋はその後、100年の交流を規定するもの。都市構造と人々の交流を橋が決めるので、極めて地方自治的なことなんですよね。まさに自治の議論をしないとできない。

紅林　確かに架け橋ですね。

青山　私は東京の橋の著書三部作がこれで完成したと思っている。一つは石川悌二の『東京の橋』、そして鈴木理生の『江戸の橋』、そして紅林さんの『橋を透して見た風景』。どれも橋と地域の歴史を語っている。紅林さんの本は技術者たちがどういう考え、思想で造ったかという雰囲気や心意気がとても伝わってくる。三部作は全て都の職員が書いたもの。都庁の職員はそういうことをきちんと伝えていくべきだし、誇りにすべきです。

「スペクタクル」が潮流

紅林　青山先生は昨年、新聞のコラムに、入都の動機を「環状7号線の陸橋を見て、こういう仕事をしてみたかったため」とお書きになっていました。

青山　そう、動機は橋です。1964年に五輪があり、環7の工事が始まった。完成する前に、高円寺陸橋や大和陸橋に上れた。橋の上から見た東京の風景がこれはすごいと。当時は低い建築ばかりだったので橋の上から東京が見渡せた。都が造ったと知って、こういう仕事をやりたいと入都した。

面白い地方自治の話がありまして、ライシャワーが日本大使で、ジョン・F・ケネディが大統領だった頃です。まだ日本の家屋はバラックばかりで密集して住んでいるのに対して、代々木公園にあったワシントンハイツは米軍住宅が青々とした芝生の上に点在している。五輪で世界の人がこんな姿を見たら、いまだに米軍は日本を占領していると言われるといって、五輪の直前になって急にワシントンハイツを返還して選手村にすることが決まった。すると政府は、「選手村が朝霞でないのであれば環7はいらない」と言いだした。そしたら都議会が旗を立てて国会に押し掛けて、環7は五輪が来ても来なくても必要な道路だと押し切った。環7は生活のための道路として造った。

紅林　都議会が頑張ったんですね。確かに五輪では直接的には必要なかったですからね。

青山　自治体の考えを国に対してきちんと要求していく自治の歴史だと思う。美濃部都政になって、環7は公害道路で、道路は公害なので外環は造らないと凍結宣言に至りましたが、環7が悪いのではなく、外環を造らないから環7や環8が混む。

紅林　私は環7沿いに住んでいますが、中央環状品川線が出来てから交通量が減りました。山手通りも混まなくなった。環状方向の幹線が大事なのはよく分かります。

青山　もう一つ、橋は住民自治であるという点で言えば、永代橋の歴史が紅林さんの著書に詳しく書いてある。江戸時代に最初は幕府直轄だったが、維持補修費がかかるので民営化したわけです。そしたら維持補修費が出せずに落橋して約800人が亡くなり、慌てて直轄に戻した。結局、道路や橋は、税できちんと運営しないと料金収入だけでやっていくのは無理だということを示している。

紅林　民営化の流れも一部にありますが、やはり基幹となるものはきちんと税で賄っていくべきだと思います。本当に江戸時代の歴史を教訓にしていかねばならないと思います。

青山　私は昭和42年に都庁に入り、その年に美濃部都政になりました。美濃部都政では市民参加が言われ、市民参加と行政責任を対置する形で論争していた時代に育った。どちらが良いというのではなく、どうバランスを取っていくかだと思う。民意は自分たちの利益になることにお金を使いたい面が強く、将来投資を怠りがちになる。1980年代から2000年代の初めにかけてニューパブリックマネジメント（NPM）が行政学の世界を席巻した。サッチャリズムやレーガノミックスなど小さな政府が良く、行革して民営化した方がうまくいくというのがはやった。市場原理に基づく結果重視主義。だけど私たちは市民参加論と行政責任論の論争で育っているので、それは違うと。市場原理でさばけないもの、意思決定できないものが世の中にはたくさんある。そのために税や行政や政治があるんでしょうという論。

――都庁も行革に力を入れた時期がありました。

関東大震災での（旧）吾妻橋の被災状況を伝える絵葉書。吾妻橋の木造の床は焼け落ちたが、鉄骨は無事であったことが分かる

青山　都庁も時代に合わせて変えていかなければならないのは確かなので、行革は常に必要。だけど何でも結果重視主義で評価するのは駄目。民主主義のプロセスが大事で、NPMを無批判に導入することは駄目だというので都庁はやってきた。NPMに傾斜しすぎて失敗した自治体の典型が震災の時の神戸市だ。当時の市長が神戸株式会社に傾きすぎて、震災対策がおろそかになったと書いている。都庁は神戸市ほど民営化に傾かなかった。

今回の豊洲新市場の地下空間の話も、結論から言えば空洞を設けることは正しい。建物下も盛り土したら、当時の民主党政権で検討されていたモニタリングができないのでモニタリング空間は必要だ。だけど、それを市場長にも技術会議にも上げずに、正しいからという結果重視主義で進めた。プロセスを軽視しているわけですよ。今の都庁はもしかしたら市場原理か、結果が良ければよいという考え方に毒されている可能性があるのではという話がOBの中でよく出ています。

――昨年末には、五輪の競技施設の計画見直しが問題になりました。

青山　私は3施設ともきちんとお金をかけて良いものを造るべきだと思っている。経費を削減することが絶対的な価値ではなく、コストをかけて良いものを造るという両面からきちんとしたほうが良い。ただし公的ガバナンス論から言うと、これまで五輪にこれだけお金をかけるということに対してオープンな議論が行われてきたのか、プロセスが公開されてきたのかというと疑問だ。だから知事選を機会にこういう議論が起こったのは良かったと思う。

――青山先生は海の森を五輪の遺産にすべきとのお考えですね。

青山　アテネ五輪が失敗してからレガシー論が盛んになってきた。それまでは五輪の立候補計画書は最初にはサスティナビリティーを書くのが当たり前だった。それがレガシーを重視するようになったんですが、今、五輪の世界で議論しているのはスペクタクル（光景、情景）で第三の柱になりつつある。

東京大会のスペクタクルは何があるのかと。例えば北京の場合はメーン会場の「鳥の巣」のそばにハスが咲いている小さな池があるが、そこから切り取ったスペクタクルが素晴らしい。鳥の巣がどれだけ使われているかという批判もあるが、都心域にある場所ですごいスペクタクルを作ったことが評価される。ロンドンもメーンスタジアムのデザインは平凡だが、リー川から見ると美しく見える。それからザハ・ハディドのアクアティクスセンターも、とても美しく見える。そういうスペクタクルが五輪後もロンドンの売りになる。東京もレガシー論として、いかに使うかという議論もよいが、同時にどういうスペクタクルを世界にアピールするか。人々の心に残り、世界にアピールするのは、やはり風景なんです。

――64年五輪のスペクタクルは何だったのでしょうか。

青山　どういう風景を残したのかと聞かれますが、ないんですよ。世界にアピールしたスペクタクルが。世界のオリンピックがスペクタクル論をやっているので今度は残さないといけない。五輪を都市として評価する立場からすると、『オリンピックシティーズ』という世界の都市学者が各都市の五輪を書いている英文の本がある。私も東京のパートを書いていて、スペクタクルに海の森を挙げた。海の森の写真を見せると、これはすごいと言われる。海を隔てて超高層ビルが見える。東京の近代的な都市の中で埋め立て地に森を造った。しかも寄付金でボランティアが植林した。40㍍の丘を造り、ここに上れば都心が海を隔てて一望できると。これは素晴らしい光景だ。スペクタクルとして評価される。

紅林　私はザハ・ハディドの新国立競技場が見たかったと思っています。コルビュジエの西洋美術館が世界遺産となりました。脚光を浴びるようになって、今後たくさんの観光客が来るようになるでしょう。もしかしたらザハ・ハディドの競技場であればスペクタクル的に絵になるものが出来たのではないかと。ザハ・ハディドの建築は世界中にファンがいるから見に来る人も多かったに違いないと思います。

（7面につづく）

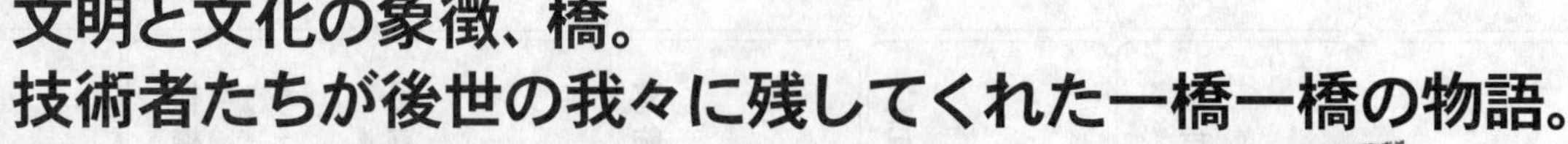

新春対談

橋の魅力、技術職の魅力

青山　私もかつて、世界のザハ・ハディドの建築を見て歩きました。北京の金融特区にある大きな複合オフィスビルも、ベンチャービジネスがたくさん入居している。ソウルの東大門のデザインプラザも、あれほど巨大な用途のない建築物をソウル市民が造ったのはすごいと思う。それ自体がデザインで用途がないんですから。

紅林　あの形、面白いですよね。ザハ・ハディドはドバイなどで橋も造っています。あまりうまくないと思いますが（笑）。

──次の五輪で残すものとして海の森を挙げられましたが、歴史がある東京の橋もアピールしたいですね。

紅林　海外から来た人に船で橋を案内することがありますが、東京でこんなに面白い橋があったのかという反応が結構あります。もっとアピールしたい。

青山　震災復興で架けた隅田川の橋が、もうすぐ100年になる。デザインも素晴らしく、数も多い。「隅田川の橋の博物館自体を世界遺産に」と本の最後に書いていますが、私もそうなればと思っている。

今回の五輪では、橋などのインフラではなく、むしろきちんとした良い競技場を造る。東京に足りないのは、スポーツの競技場と劇場やコンサートホール。成熟社会でこれから文化芸術を楽しむのに、地方に比べて圧倒的に人口割りで足りない。仮設で1500億円かけて造るよりも、イベントホールやコンサートホールなどを造るべきだ。

紅林　20世紀初めのいろいろな形の橋を一堂に見られるのは世界中で東京しかありません。パリにもたくさん橋はありますが、400年間の歴史の中で築かれてきたものです。

青山　そう。パリではアレクサンドル3世橋が良いですね。装飾がすごい。ロンドンならタワーブリッジ。あれは今でもロンドンのスペクタクルで、ロンドンの象徴。ニューヨークと言えばブルックリンブリッジ。

──もっと永代橋や清洲橋、吾妻橋も東京の象徴としてPRしていければいいですね。

青山　東京の都市計画をやると、必ず橋が出てきます。11月の都市計画審議会で、多摩川の下流に架ける橋が議題になった。多摩川の中流は橋が密なのに、下流はまばら。鈴木都政時代に、中流は対岸も東京都なので一生懸命、多摩川中流プロジェクトをやった。一体化するという思想があった。橋は地域と地域の交流を決定するものなんです。決して交通の利便性のためだけではない。そういう重要性を五輪を機会に議論する。この本の最後の主張にもつながり、とてもいいと思う。

──紅林さんは入都されてから橋に関わられたのですか。

紅林　トータルすると橋以外の方が長いかもしれません。今の職の前は中央環状品川線のトンネルをやっていました。でも、橋はずっと好きでした。趣味は全国の橋の写真を撮って歩くことです。

──都庁に入ってから橋が好きになったのですか。

紅林　入都は西多摩建設事務所で、3年目に奥多摩大橋という斜張橋を計画させられました。今はコンサルに任せますが、当時は自分で計画図面を書きました。それからとりこになりました。当時の副所長に「君たち技術職はうらやましいね。書いたものが実際にモノになって100年残るんだから」と言われたことを覚えています。本当にたくさんやらせてもらいました。1年に橋の設計を3本とか。今では考えられない量ですが、非常に鍛えられました。

青山　昨年2月に亡くなった土木の石川金治さん（93～94年の都技監）と昔、管理職試験の面接員をやったことがある。その時、石川さんが土木の人にとても厳しい。「土木をきちんと育てないと、都に技術は継承されていかない」と。

紅林　石川さんは大学の先輩です。石川さんは建設局では川のエキスパートとして有名ですが、都庁には橋をやりたくて入ったと私におっしゃっていました。

青山　石川さんや紅林さんみたいに、技術が継承されていくことが大切です。

──都が橋を設計できたのは何年くらいまでですか。

紅林　今でも計画は役所で立てます。若い職員には、その面白さを分かってもらいたい。橋の構造物を決められるのは民間ではできない。すごい魅力のある職場だと思います。

必要な行政コスト

──行政の現場では紅林さんのような専門性がある職員が少なくなっていることが指摘されています。人事委員会委員長でもある青山先生はどのように見ていますか。

青山　紅林さんみたいな人がいるということが専門課長制度の、ある意味、モデルだと思う。人事制度も成熟社会に入り、世の中に合わせて徐々に改革していくことが必要。こういう人事制度だというのを前提に働いているので、その信頼感の中で少しずつシフトしていくことが求められる。専門職制度は長期間かけて作ってきました。例えば、滞納整理は最初はなかった。今は専門的なノウハウ、技法が必要ということで専門課長になっている。時代に合わせて充実しているわけですが、そのためには、橋梁なら紅林さんがいますというようなモデルが大切。少し前は建築職は採用できなくて困っていたが、今は都庁の建築は割と人気になって大勢の人が応募してくれる。それは建築で活躍している人が多いから。紅林さんみたいな人がいると橋梁や土木の人にとっては良いと思う。

青山　読者にトラス橋とアーチ橋の構造の違いを説明してもらえませんか。震災復興に絡めて。

紅林　トラス橋というのは実は一番経済的な構造です。例えば永代橋をトラス橋で架けたら、建設費は3分の1で済んだと思います。ところが経済的であるが故に構造的な弱点があって、鉄材が1カ所でも破損すると落橋してしまう。10年ほど前に米国のミネアポリスで高速道路の橋が落ちたことがあります。あれもトラス橋でした。鉄材がたった1カ所切れただけで橋が崩壊した。トラス橋はその怖さがあります。

青山　あの時、オバマ大統領が就任演説で、私たちはアメリカの橋を架けなければならないのかと演説したのを覚えています。

紅林　本来なら安いものを選びます。震災復興では、隅田川に全部トラス橋を架けた方が経済的で、景観的にも統一が取れて良いという人もいました。ところが、太田圓三や部下の橋梁課長の田中豊は『金じゃない、安全性・耐久性だ。そのためにはアーチ橋だとか盤鈑桁構造だ』と。一枚の大きな板の構造であれば、少しくらい鉄材が欠けても落ちない。橋の形を決める時、今は経済性を優先しますが、当時は経済性の比較はしていません。その場所に何が適しているか、何が安全かなどで決めていました。

青山　震災復興の橋にトラス橋はなかったと書いてありますね。

紅林　復興局は架けませんでした。東京市は下町で架けましたが、周りの土地が低く構造的にトラス橋しか架けられなかったからです。復興局が架けた150橋の中には一つもない。徹底しています。経済性ではなかった。

青山　そうした発想が現代でも大切ですね。100年後のことを考えたらね。ところで、著書には関東大震災で橋は焼け落ちたが、地震で壊れたものはなかったと書いていますね。

紅林　阪神・淡路大震災の時に高速道路が横倒しになって、橋は地震に弱いと思っている人が多いと思います。ところが調べてみたら、東京では関東大震災で地震の揺れで落ちた橋は一つもなかった。明治の中頃に、内陸地震としては日本で一番大きいと言われるマグニチュード8の濃尾地震がありました。先代の永代橋などは、その被害状況を踏まえて、構造的弱点を補強して出来ています。当時の技術者はすごかったのだなと思います。よく関東大震災以降に震度法が取り入れられるようになって、地震の耐震設計が出来たと言われていますが、実はその前からあったのです。

青山　お金をかけるところはかけて、良いものを残していく発想があったから、100年前に造ったものを私たちは使える。現代でいうと、道路公団民営化委員会が高速道路の維持補修費を大幅に削減すべきであるという答申を出したのが02年。都はその頃、維持補修を検証し、どれだけ費用がかかるかアピールした方がいいとしていた時代に、道路公団は真逆のことを書いていたので大丈夫なのかと議論をした記憶がある。その10年後に笹子トンネルの崩落事故が起きた。打音検査を怠っていたという検証報告が出ているが、むしろ今の日本は高度経済成長期に造ったものが40～50年経って、次々と老朽化する時期なので、それをきちんと維持補修していくという発想、それに相当のお金を割いていく発想が必要です。

紅林　そうですね。高度経済成長期は経済性を重んじた時代。だから戦前の構造物よりも弱い。隅田川の橋は100歳だし、これから100年でも全く大丈夫ですが、戦後に造られた橋はそこまで持つか疑問です。

青山　『橋を透して見た風景』という書名は、地域自治の在り方や後世に何を残すかなど、見た風景の中でいろいろなことを議論する素材を提供している。

紅林　また今、経済性のみが重視されるようになっているところが心配です。構造でいうと桁橋しか架けなくなっています。せっかく日本には吊り橋とか素晴らしい技術力があるのに、このような状況が続くと、それがなくなってしまう。

清洲橋の橋詰め広場。江戸時代は延焼遮断帯として防火の役割を果たした。今は都市に設けられた貴重な空間で、隅田川の景観にとってなくてはならないものになっている

パブリックデザインの重要性

青山　石川傍二の『東京の橋』に、1976年に東京の橋が7682橋あると書いてある。今は1万を超えてますかね。

紅林　5千橋くらいです。そのうち都の管理橋は1200橋です。当時よりも減ってます。

青山　桃園川とかいくつか暗渠化したのがありますからね。

紅林　建設局の管理橋数が一番多かったのは戦後直後かもしれません。

青山　多分、橋の増減が東京の歴史を示していると思う。面白いのは、震災の時に東京は7000橋持っていて、地震による落橋はなく、火災で焼けたのが半分の350橋と書いてある。今は増えているでしょう？

紅林　そうですね。ただ、当時の東京市の管理エリアは今よりも小さいですから。そのエリアに限ると減っているかもしれません。今は島まで入れたオール東京で1200橋ですから。

青山　人道橋ってありますよね。東京にいくつあるんですか。

紅林　建設局管理で100橋ぐらいあります。

青山　みんな知っているのは桜橋ですよね。鈴木都政時代の。

紅林　有名ですね。隅田川で唯一の人道橋。

青山　ロンドンではミレニアムブリッジですよね。スペインのビルバオにもあります。結構、世界各国に人道橋があって、大抵、観光資源になっている。

紅林　橋には造形美があり、彫刻に通じるものがあります。ヨーロッパでは、単に渡るためのものではなく、デザイン的に優れたものが増えています。ここ20年来の傾向です。この分野では日本は完全に遅れています。

青山　橋だけではなくてパブリックデザイン一般において、日本は遅れている。デザインというのは使い勝手も含まれる。英語のデザインは設計思想そのもの。パブリックデザインをもっと議論しないといけない。橋が一番、日本でパブリックデザインを考えている。橋詰広場とか、歩道を広く取るとか。典型的なのは秋葉原とお茶の水を結ぶ昌平橋。昌平橋も震災復興ですか。

紅林　いえ、あれはその前です。大正12年の7月に出来ました。

青山　大正12年に造った橋を私たちは渡っているわけですが、昌平橋は歩道の方が大きいんです。だから、お茶の水と秋葉原をつなぐ機能はすごい。千代田区のまちづくり協議会でやっているのは、「ソラシティ」とか「ワテラス」ができて御茶ノ水駅と一体化した。そういうパブリックデザインにとって橋は要。橋は渡るためのものではなく、街と街の架け橋であり、人々の交流を象徴して、地域を一体化するもので、人がどう渡れるかが重要。橋詰め広場には高札を立てたり情報コミュニケーションの機能があった。そこに文化的・芸術的なデザインが加わることで、橋がその街の象徴になっていく。

──まさに橋も一体化で考えていくべきなんですね。

青山　今よりも大正時代の東京のほうがパブリックデザインにこだわっていた。世界的な潮流としてはパブリックデザインなんです。ユニバーサルデザイン以上にはやっている。五輪の経費も大いに議論すべきだが、もっと大事なものがある。この機会にパブリックデザインをきちんと議論しなければいけない。観光客が五輪で東京に来て見るのは街の風景なので。

──昌平橋もそういう目でもう1回見てみます。

紅林　正確に言うと、車道橋と人道橋に分かれています。上流側の人道橋は、関東大震災前は鉄道専用橋でした。

青山　ああ、市電だ。

紅林　そうです。関東大震災後に市電を道路の真ん中に持ってきて、市電の橋を歩道に転用し下流側にも人道橋を架けました。

青山　上流側は初めからあって、市電の橋が歩道になったんですか。

紅林　そうです。上流側の元市電橋の側面にはレンガタイルが貼られていたので、下流側の新設拡幅した人道橋の側面にもレンガタイルを貼って同じデザインにしたのです。決して機能だけではなくデザインも考えていたんですね。

──ぜひそうした視点をオリンピックにも持って、街の風景を残していきたいですね。ここから発信していければと思います。本日はありがとうございました。

神田川に架かる昌平橋。中央の車道（写真左）を挟んで両側に歩行者専用の橋が架かる。上流部側（写真右）は元々、市電の橋だった＝千代田区

実行プラン実現へ粘り強く
「改革は都庁進化の道筋」
知事新年あいさつ（要旨）

小池知事は4日、都職員に対する新年あいさつで、昨年末に策定した「実行プラン」を粘り強く進めることや、元東京市長の後藤新平の著作から一文を引用して積み重ねの大切さを説いた。同時に、新しい発想を業務に取り入れることも求め、「皆さんとならば、都民の夢、希望を必ず実現できる、そんな都政を作っていけると確信している」と語った。

「都民ファースト」の旗印の下、私は皆さんの先頭に立って、これまで見たこともないような都政作りに挑んでいく。東京の置かれた現状を今一度しっかりと認識する必要がある。

近い将来に訪れる人口減少、急速に進行する高齢化、首都直下地震は30年以内に70%の確率で起こると言われている。また、台風などの自然災害も気候変動の影響で年々激甚化している。福岡市での道路の陥没事故、新潟県糸魚川市の大火災もひとごとではない。

海外に目を転じれば、法人税の大幅な軽減を打ち出すであろう（米国の）トランプ新政権の誕生を控え、国際的な都市間競争を勝ち抜くことで更なる成長を目指す東京にとって、世界は強力なライバルになる。

都は、これまでの延長線を超えて、新たな発想を取り入れながらいくつもの山を越えていかなければならない。気を引き締めて、緊張感を皆さんと十分に共有していきたい。

昨年末に発表した『実行プラン』は「都民ファーストでつくる新しい東京」と名付けた。政策の大義を分かりやすくかみ砕き、都民の共感を呼ぶ形でまとめたプランだ。そして、夢あふれる東京の未来像を明確にした、まさに都民と共に作る未来への航路、道しるべとなるものだ。

これから私たちに問われるのはプラン実現への「実行力」だ。まずはそれを担保する予算をしっかりと固めなければならない。予算とは、都民の共感と納得を呼び、現実に成果につながるものになっているかどうかが重要。予算策定では、三つの「シティ」実現に向けて、教育などの機会の格差、町の段差をなくす努力を中心に進めていく。

昨年8月の就任の際、できない理由を探すのではなく、できる方法を考えてほしいとお願いをした。これからの時代、自分の業務や部署の守備範囲だけで解決できる問題などないと思っていただきたい。酉年の幕開けで、一人ひとりが鳥の目を持って、全体を俯瞰しながら行政・民間・都民の力をいかに引き出し、より良い東京を作り上げていくかを考え抜いて頂きたい。発想豊かに、一緒に未来作りのムーブメントを起こしていきたい。

都政がかつてないほど脚光を浴びる中、情報公開を肝とする改革を進め、幅広い課題を掘り起こしたつもりだ。こうした変化に戸惑いを覚えた人も多かったと思うが、全ては都民の共感を追い風に、政策をスピーディーに進めていく組織へと都庁をさらに進化させる道筋だ。局長と毎週開催しているマネジメント本部でも率直な議論を重ね、一体感が出てきたように感じている。改革の意識が確実に根付いてきたと感じる。

いよいよ、東京大会の2020年まであと3年となった。オリンピック・パラリンピックでは大会のコストを出来るだけ縮減する一方で国民、都民の一体感、ワクワク感を高めていきたい。

その一環として、使わなくなった携帯電話やパソコンなど、いわゆる都市鉱山から、金銀銅の計5千個のメダルの材料を集めていく。回収準備が整ったら、まずは都庁の職員の皆さんから協力を頂きたい。

エコな五輪グッズとして江戸前風呂敷やエコバッグの制作も進んでいる。これらは都として、組織委員会の収入アップに協力するものだ。「誰がコストを負担するのか」ではなく、「コストを縮減すると同時にどうやって収入を増やしていくか」という前向きな態度で臨みたい。

平均超勤時間は一昨年に比べ一人当たり3時間減少するなど、皆さんの努力の成果は数字に表れている。早く退庁し、仕事以外の時間を充実させて自分のスキルアップにも生かして頂きたい。育児・介護を始め、家族や友達と過ごす、趣味や自己研鑽に没頭する、生活も仕事も充実させる働き方を都庁から広げていこう。新たな一年の始まりをチャンスとして、今一度自らの時間の使い方を見直して頂きたい。

関東大震災からの復興に向け、大風呂敷とも言われた大胆な発想を広げた後藤新平の本の中に、「一に一を加えて億とす。これ、根気なり」という言葉がある。1足す1を続けていくと、万、億となる。目標に向かって一歩一歩進むことの大切さを説いている。希望に満ちた一年も実行プランに掲げた夢あふれる東京の未来像も、コツコツと一つ一つ、根気の作業の先に成し遂げられる。

皆さんとならば、都民の夢、希望を必ず実現できる、そんな都政を作っていけると確信している。新しい東京に向かって一日一日を積み重ねながら、共に頑張っていきたい。

酉年だけに「鳥の目で全体を俯瞰して」と職員に呼び掛けた＝4日

社説
東京大改革の先に展望がある年に
試される職員の底力

2016年は、都政にとってまさに激動の1年だった。舛添前知事が「政治とカネ」をめぐる問題でワイドショーの格好のネタとなり、6月に引責辞任。急きょ行われた都知事選では、自民党都連の意思決定過程をブラックボックスと批判し、築地市場の豊洲移転を「いったん立ち止まって考える」と公約した小池知事が圧勝した。

就任後に東京大改革を標榜し、情報公開や超勤縮減のほか、議会審議における会派との事前調整の見直し、政党による復活予算要望の廃止、都議が開くパーティー出席への「節度ある対応」など、議会と執行機関の関係にメスを入れた。

かつて石原知事が都庁に週2日しか登庁せず、役人や側近にほとんどの案件を丸投げしていた実態が問題になったが、小池知事はその点、休む間もなく働き続けている。就任から数日後にリオ五輪に出張し、都内も檜原村や奥多摩町から小笠原村まで細かく視察した。そのタフな精神力と勤勉な態度は、評価して良いだろう。

■課題先送りの1年目

ただ、そうした働きぶりが都政にとってプラスとなっているかと言えば、必ずしもそうは見えない。

市場移転に関しては、早くて17年冬から18年春に、環境アセスをやり直した場合はさらに1年先に移転の環境が整うとの日程を明らかにしたが、業者への補償、環状2号線の仮設整備など、莫大なコストの無駄を新たに生み出した。移転の可否の判断も保留したままだ。

また、豊洲新市場の盛り土問題を巡る「必罰人事」は都庁内に動揺をもたらし、士気低下を招いた。先行きを明示しない破壊的な改革は、不安と混乱しかもたらさないことを改めて浮き彫りにした。移転延期は、今もはなはだ疑問の残る政治判断であり、知事にはきちんと着地させる責任がある。

リオ五輪が終わり、東京大会まで3年半となったが、この1年は五輪成功に向けて着実に歩を進めたとは言い難い。五輪の競技会場の見直しでは、計400億円以上の削減につながったと自賛しているが、数字合わせの一面は否定できず、ボート・カヌー競技場候補地の宮城県登米市をはじめ、小池知事のパフォーマンスに付き合った自治体は、体よくはしごを外された。

また、都外の五輪競技実施に関わる費用負担の問題でも、他自治体から「当初の話と違う」と一斉に反発を買った。五輪の成功は、東京だけで成し遂げられるものではなく、他自治体との緊密な連携と信頼関係の構築に向け、開催都市の首長として率先して汗をかくのは当然である。

■未来への航海図

行政の既定路線を覆す行動が目につく中で、昨年12月末に小池都政の「航海図」となる中長期的な実行プラン「都民ファーストでつくる『新しい東京』」が策定された。たたき台として14年12月の「東京都長期ビジョン」があったとはいえ、短期間で実行計画をまとめたスピードは評価できる。

具体的な政策目標は、長期ビジョンに掲げた360項目から4割増しとなる500項目とし、きめ細かく取り組む姿勢も打ち出した。「実効性を勘案した上で、極力高い水準に設定した」と政策企画局が説明するように、今後は政策の推進力が問われる。実行プランの目標設定にはチャレンジングなものが多く、従来の延長線から、さらに一歩も二歩も上を行く取り組みが欠かせない。いい意味で知事のリーダーシップを見てみたい。

■小池新党

昨今の言動を推し量ると、知事が最もご執心なのは、夏の都議選のようだ。自らが立ち上げた政治塾「希望の塾」や知事選で応援してくれた区議らが中心となる「都民ファーストの会」を引き合いに出し、「小池新党」について「ある意味、もう出来ている」と公言している。

都民の高い支持をバックに勢いづく知事の政治活動に対し、公明党、民進党などは早くも連携を志向している。東京大改革に共感を表明している公明党は、友党として長年、協力関係にあった自民党との関係を見直し、自民党内からも都議3人が離脱して新会派を結成するなど、都議選を視野に入れた動きが活発化している。

知事就任半年、決して安定軌道に乗ったとは言えない都政で、知事自らが都議会自民党を「仮想敵」と見なして選挙区に対立候補を擁立する動きには、一体、何のために知事になったのか、いぶかる声をよく聞く。

行政の現場では、通常の行政サービスを滞りなく進めるのはもちろんのこと、五輪の先の東京の将来課題等についても対応していかねばならない。浮ついて落ち着かない今の都政だからこそ、都庁の組織力、職員の底力が試される。

世間の耳目は、人目を引く知事の行動や都議選での勢力争いに集まるが、東京大改革の前途に展望があることを実感できる年になることを期待したい。

都議会
自民から3人が離脱
都議選を視野　離党せず新会派結成

都議会自民党の都議3人が会派を離脱し、12月28日に新会派「新風自民党」を立ち上げることを表明した。現在2期目の大場康宣氏（世田谷区）と1期目の山内晃氏（品川区）、木村基成氏（小金井市）で、都議会自民党の高木啓幹事長に同日、離脱届を提出した。自民党は離党しない考え。3人は今夏の都議選に向け自民党の公認候補となっているが、「公認を返上する発想は毛頭ない」（木村氏）と話している。

同日午後に記者会見を開き、離脱の理由として「都民感覚の政治の実現」を掲げた。大場氏は「都議は自由で民主的な環境の中で議論し、都民の利益となる結論を導き出す役目がある。目的を達成するため、会派を結成することとなった」と説明した。

記者から都議会自民党では自由闊達な意見交換ができないのかと問われると、「今まで重鎮の方々には感謝しているが、1期・2期生の中で自由闊達な議論をし、より都民感覚に近い判断を都政の場で行っていきたい」（木村氏）との思いをにじませた。

例えば、第4回定例都議会では市場会計決算を認定とする自民に対し、他会派が反対を表明し、不認定となった。山内氏は「あの部分もいろんな意見、考えがあったと思う。私は（認定すること）はどうなのかなという考えはあったが、会派の一員なので従った」などと漏らした。

4定の所信表明では小池知事が議員に対し、「改革を進める意欲溢れる皆様と共に歩んでまいりたい」と呼び掛ける場面があった。小池知事は3人の離脱を受けて、「改革の流れが都議会にも伝わりつつあるなと思う。非常に勇気がいったと思うが、改革を一緒に目指していければ大変うれしい」とコメントした。

また、都議選での応援に関しては「勇気に報いることはしっかり考えなければならない」と語った。

正式な会派結成は、都議会自民党が3人の離脱届を提出した後、新会派結成届を提出することになるが、4日時点で都議会自民党から3人の離脱届は出されていない。また、3人は「自民会派の中で同調する人がいたら増やしていきたい」（大場氏）との考えを示すが、表立った同調の動きは現時点で見られない。

自民党都連では昨年末に3人の対応をどうするか話し合ったが、結論は出なかったという。今月中に改めて対応を話し合う予定。

都議会自民党は、都知事選の候補者選定を巡り、1998年7月から翌年9月まで「都議会自由民主党」と「自由民主党東京都議団」に分裂したことがあった。

小池知事
都議会各会派にあいさつ
「いろいろ案練っていた」

小池知事は4日、都議会各会派控室に年頭のあいさつ回りを行った。昨年末に都議会自民党から3人の都議が離脱を表明し、新会派「新風自民党」を立ち上げる都議とも廊下で面会し、あいさつ回り終了後、今夏の都議選に向けた準備を進めていることを明かした。

「今年もよろしくお願いします」。都議会自民党の会派控室を訪れた知事は、集まったベテラン都議らと笑顔で年始のあいさつを交わした。幹部都議から正月の過ごし方を問われた知事は「寝正月」と答えて笑わせながらも、「東京のためにいろいろ案を練っていた」と話し、都議からは「一緒に（やりましょう）」と声が掛かった。

会派回り終了後、知事は年末年始に国政時代の24年間分の書類を整理したことに触れ、「日本新党時代の資料も出てきた。候補者選びで、どこ（の選挙区）に誰を張り付けるかということを昔もやっていたと思い出した」と、都議選での候補者擁立に向けた意欲もにじませた。

その上で、都議選に向けた「新風自民党」などとの連携を問われると、「素晴らしい候補者の方々に手を挙げてもらっている。お互いに潰し合いのないようにしなければならない」として、今後は知事の掲げる東京大改革への志などを確認しながら、選定を進める考えだ。

都教育庁
児童の下半身触り
小学校教諭を処分

都教育庁は12月28日、勤務校の女子児童の下半身を触り、児童に不快感を与えたとして区立小学校の男性教諭（32）を停職6月の処分にした。

男性教諭は、女子児童を指導している際、スキンシップと称し臀部や太ももに触れるなどした。

都予算編成
財務局査定を公表
898億円を削減

都財務局は12月27日、同局による新年度一般会計予算の査定結果を公表した。予算編成の見える化の一環の取り組みで、初の試み。

各局の当初要求額は7兆766億9800万円だったが、財務局査定後は6兆9868億7500万円と898億2300万円を削減した。実行プラン公表前の昨年12月16日時点での数字であるため、プランの一部の事業が含まれていない。

同局査定結果では、1億円以上の増減となった事業は計89項目あった。このうち、最も増加した事業は産業労働局の金融支援（38億円増）で、地域の金融機関が中小企業に融資した実績を踏まえた。一方、最も削減額が大きかったのが同局の技術支援（150億円減）。これまで4年分を一括で出捐していたが、PDCAサイクルの観点から単年度ごとに予算を盛り込んだことによる減。

知事査定はこれまでの4日程度から8日程度に増やし、各局長の話を聞きながら進められる。5日からスタートし、16日まで開かれる予定。

都交通局
申請書類偽造し看護休暇を取得

都交通局は12月27日、休暇の申請に必要な書類を偽造したとして男性主事（50）を停職3日の処分にした。男性主事は子供の自宅看護のため2010年から13年の間に数回看護休暇を取得していたが、書類を通院していたかのように偽造し、休暇申請を行っていた。

また、同局は同日、男性主事（50）を停職1日にした。男性主事は15年12月、都営バス運行中に赤信号に気付かず走行し自転車に接触。自転車を運転していた女性に脳挫傷などの重傷を負わせた。

■都人事異動

1日付　◎印昇任

【部長級】▽総務局情報政策担当部長（総務局情報通信企画部サイバーセキュリティ担当課長＝情報政策担当部長事務代理）吉野正則▽中央卸売市場事業支援担当部長（政策企画局政策担当部長）西坂啓之

【課長級】▽総務局情報通信企画部サイバーセキュリティ担当課長（元シスコシステムズ合同会社エンタープライズ・システムエンジニアリングSEマネージャー）萩原隆幸▽総務局人事部局務担当課長＝都人材支援事業団派遣（オリンピック・パラリンピック準備局総合調整部局務担当課長＝東京オリンピック・パラリンピック競技大会組織委員会派遣）三浦塔子▽生活文化局総務部調整担当課長（生活文化局消費生活部消費者情報総括担当課長）千葉実佐子▽都市整備局都営住宅経営部局務担当課長＝西部住宅建設事務所建設課長（都市整備局都営住宅経営部特命担当課長）山崎明子▽中央卸売市場管理部事業支援担当課長（中央卸売市場葛西市場場長）竹内宏幸▽中央卸売市場管理部局務担当課長＝葛西市場場長（総務局人事部局務担当課長＝都人材支援事業団派遣）村松哲

◆医師・研究・医療福祉系

【部長級】▽多摩総合精神保健福祉センター副所長＝広報援助課長事務取扱（松沢病院精神科医長）◎橋本直季

【課長級】▽監察医務院監察医室監察医長（東京慈恵会医科大学法医学講座准教授）酒井健太郎▽産業労働局農林水産部特命担当課長（産業労働局農林水産部担当課長＝都農林水産振興財団派遣）小嶋禎夫▽墨東病院内科医長（東邦大学医学部卒後臨床研修／生涯教育センター副センター長）吉原彩▽松沢病院内科医長（多摩総合医療センター呼吸器科非常勤医師）阪下健太郎

◆都退職　12月31日付

【部長級】▽多摩総合精神保健福祉センター副所長＝広報援助課長事務取扱　野崎伸次

【課長級】▽松沢病院精神科医長　中村亮介

寺井　百合子さん（てらい・ゆりこ＝寺井康芳・台東区議の母）12月29日死去、98歳。通夜は9日午後6時から、告別式は10日正午から、いずれも本性寺（台東区清川1の1の2☎03・3873・0611）で行われる。

五輪への航海図 ⑭② TOKYO 2020　開催まで あと1295日　V1の発表①

上限は固まったが…

組織委員会が昨年末に発表した大会予算の「バージョン1（V1）」で総経費が1・6兆～1・8兆円と固まった。内訳は、競技会場などのハード系で6800億円、輸送・警備・ITなどのソフト系で8200億円を計上した。

主体別では、組織委が5千億円で収支均衡させ、都や国、地方自治体の負担分は予備費を含めて1・1兆～1・3兆円。役割分担は未整理だが、組織委は大会運営の主体であり、都や国などには行政施策の一環として大会運営の前提となる環境・条件整備を求めるという考え方に基づいて整理したという。

組織委の武藤敏郎事務総長は「大会準備を加速させるため、立候補ファイルでは明確にされていなかった全体像を示した」と説明し、「関係者との役割分担、計画の具体化、更なるコストカット、将来への有効な投資といった視点に基づき、検討を進めていきたい」と述べた。今後、「V1」をたたき台として議論が始まることになる。組織委としては、まず都の考え方を聞いた上で、他の関係自治体との協議も始まるというスタンスだ。

■東京大会予算の全体像（V1）

	組織委	都・国など	計
ハード（会場関係）	900億円	5900億円	6800億円
恒久施設	–	3500億円	3500億円
仮設等	800億円	2000億円	2800億円
エネルギー	100億円	400億円	500億円
ソフト（大会関係）	4100億円	4100億円	8200億円
輸送	100億円	1300億円	1400億円
セキュリティー	200億円	1400億円	1600億円
テクノロジー	550億円	450億円	1000億円
運営	500億円	500億円	1000億円
管理・広報	800億円	100億円	900億円
マーケティング	800億円	100億円	900億円
その他	1150億円	250億円	1400億円
予備費	–	1000億～3000億円	1000億～3000億円
計	5000億円	1.1兆～1.3兆円	1.6兆～1.8兆円

総予算を巡っては、これまでIOCがコストの縮減を強く要求。調整の過程で「単価が高い。国際価格等で調達できれば、もっと安くなるのでは」という問題提起もあった。中村英正企画財務局長は「物価、特に建築費をどう見るのかは非常に難しい。安全性・確実性を重視し過ぎて、いたずらにコストを増やすのはいけないのではないかという指摘をいただき、物騰などは抑制的に反映させている」と明らかにし、今後、V2予算に向けて「実現可能であれば反映したい」と精査する考え。IOCのジョン・コーツ調整委員長は中村局長らをねぎらいつつ、「更なる節約のチャンスを見つけ、予算額を最適にする努力を今後も傾注したい」と意欲を示している。

協議の「座組」ができたことは大きな前進だ。ただ、今後もコストの高騰には厳しい視線が注がれるほか、仮設の費用負担には関係自治体が強く反発しており、調整は至難。政府は丸川珠代五輪相が「国が負担する理由を説明する必要がある」とひとごとのように述べており、このまま負担を押し付け合う構図が続けば、大会機運に水を差しかねない。

昇任試験対策のページ

29年度 職員教養講座《28》
東京都管理職選考対策

会計に関する知識

新年を迎え、試験まで4カ月余りとなりました。年度末にかけて仕事が忙しくなる受験者も多いかと思いますが、「今年は必ず合格する」という決意で、悔いの残らないようしっかりと準備を進めていきましょう。

「会計に関する知識」は、「会計の原則や財務諸表の読み方など会計に関する基礎的・実務的な事項を出題する」とされており、これまでは企業会計原則、簿記の仕訳、財務諸表分析などが出されています。

東京都では、平成18年度に全国に先駆けて新しい公会計制度を導入し、複式簿記・発生主義会計の考え方を加味した官庁会計制度の改革を進めてきました。その後、国でも検討が進められ、現在は全国の自治体に取り組みが波及しています。今、会計に関する知識は、都政運営、自治体経営を担う者にとって必要不可欠な知識と言っても過言ではありません。試験での出題数が少ないこともあり、つい後回しになりがちですが、これを機会に基礎を身に着けましょう。

過去の出題

過去の出題内容は次の通りです。同科目が導入された平成16年度以降、毎年2問の出題で推移しています。

《平成23年度》
○資産評価
○損益会計
《平成24年度》
○財務諸表
○複式簿記の仕訳
《平成25年度》
○複式簿記の仕訳
○純資産
《平成26年度》
○企業会計原則
○財務諸表分析
《平成27年度》
○企業会計原則(棚卸資産の評価方法)
○企業会計原則(経過勘定)
《平成28年度》
○IFRS
○財務諸表分析

学習方法

出題数が少ないため、あまり時間をかけたくないという人も多いのではないでしょうか。試験では基礎的な知識があれば解ける問題が多いので、出題の多い分野を中心に効率的に学習を進めていくようにしましょう。

この科目は大きく分けて、▽企業会計原則▽簿記▽財務諸表分析――の3分野から出題されています。以下、それぞれの分野の学習のポイントを記載します。

(1) 企業会計原則

企業会計とは、企業の経営活動を一定のルールに従って貨幣額で記載し、その経済的情報を報告する会計を指します。企業会計は、さらにその目的別に外部の利害関係者に向けた財務会計と、内部の経営管理者に向けた管理会計に大別できます。今回は、財務会計を中心に説明します。

企業会計では、期末の時点の財産や借金残高を示す貸借対照表と、一定期間の会社の利益を表す損益計算書が中心となる財務諸表を作成します。財務諸表を作る基準が企業会計原則と呼ばれています。この企業会計原則は、一般原則、損益計算書原則、貸借対照表原則、注解に分けられます。試験対策としては、それぞれの原則の内容を押さえておきましょう。

また、企業会計は社会経済情勢や国際的な流れを踏まえて、新たな原則が頻繁に適用されていますので、近年の動向もつかんでおくことが重要です。

(2) 簿記

簿記は一定のルールに基づき、企業の経済的取り引きを会計帳簿に記録することを言います。企業会計の簿記は複式簿記・発生主義会計と呼ばれる方式ですので、従来の官庁会計の単式簿記・現金主義会計とは異なります。

複式簿記は、まず仕訳のルールと主な勘定科目を理解し、覚えることが重要となります。仕訳とは、取り引きが発生する度に、勘定科目と金額を記帳することを言います。仕訳で最も重要なことは、勘定科目が資産、負債、純資産、収益、費用という5グループに分けられ、各グループの勘定科目が増加(減少)した時、左側(借方)か右側(貸方)に同じ金額を記帳することです。前提として、各勘定科目が5グループのどこに属するか覚えましょう。

5グループの増加(減少)が借方、貸方のどちらに記載されるのか、基本的な考え方を身に着けるためにも、練習問題を解く必要があります。一定期間に記帳した仕訳を集約することで財務諸表が作られるため、この仕訳の基本的な考え方が分かると、財務諸表の仕組みの理解が進むと思います。

(3) 財務諸表分析

財務諸表分析とは、財務諸表の数値を使って、会社の経営成績(収益性)や財政状態(安全性)を様々な角度から分析することです。各財務指標の計算方法と、その意味を理解することが大事になります。

財務指標は数多くありますが、それぞれの指標の関連性が強いため、基本となる指標をまず記憶して、類似の指標は相違点を理解していく勉強方法が効率的でしょう。

参考図書

「経営」「行政管理」といった分野と結び付く知識も多いため、学習に当たってはこうした科目にも対応した参考書を活用するとよいでしょう。公務員試験用の問題集も、解説が充実しているものは参考書としても使えるので便利です。

また、会計に関しては、分かりやすく解説した入門書が多く市販されています。取っ付きにくいと感じる場合は、自分に合うものを一読しておくと、その後の理解も進みやすいと思います。試験の難易度はそれほど高くありません。専門書は問題を解く上では特に必要ないでしょう。参考図書等の例を挙げます。

○『行政管理・経営・会計―民間経営に学ぶ(実戦シリーズ)』(都政新報社)
○『行政管理・会計基本問題集300問』(公人の友社)
○『公務員Vテキスト会計学』(TAC出版)
○『公務員試験新スーパー過去問ゼミ4・会計学』(実務教育出版)
○『会計のことが面白いほどわかる本 会計の基本の基本編』(KADOKAWA/中経出版)
○『「財務4表」の読み方が面白いほどわかる本』(KADOKAWA/中経出版)

さらに、会計に関する情報は、インターネット上でも多く閲覧できます。監査法人や証券会社のホームページには様々な解説や用語集などが掲載されており、簿記検定3級の学習サイトなどでは、簿記の仕組みが分かりやすく解説されています。

都の複式簿記・発生主義会計は平成21年度以降、出題はありませんが、関連する内容が行政管理の分野で出題されています。また、平成27年1月には総務省が「統一的な基準による地方公会計の整備促進」を通知したので、会計管理局のホームページにある「東京都の新たな公会計制度解説書」や、総務省の「統一的な基準による地方公会計マニュアル」も念のため確認しておくとよいでしょう。

簿記の仕訳や財務諸表分析は、2年に1回程度のペースで繰り返し出題されていますので、例示した参考書や問題集を活用して、基礎的な問題を解けるようにしておくことをお勧めします。

キーワード

出題が予想される分野ごとに、キーワードとポイントを掲載します。

【企業会計原則】

(1) 一般原則
①真実性の原則
②正規の簿記の原則
③資本と利益の区別の原則
④明瞭性の原則
⑤継続性の原則
⑥保守主義の原則
⑦単一性の原則

この7原則が一般原則となります。これに準ずるものとして、企業会計原則注解に定められる「重要性の原則」があります。

(2) 損益計算書原則

損益計算書の作成を定めた原則です。収益や費用は、その収入や支出があった時ではなく、経済価値が増加したり減少した時に計上する発生主義の原則や、費用・収益を発生源泉に従って明瞭に分類し、収益と関連する費用を対応させる費用収益対応の原則などがあります。

(3) 貸借対照表原則

貸借対照表の作成に関する原則です。取得原価主義や時価主義などの資産の評価原則や、資産の取得原価を各事業年度に費用配分する原則などがあります。

(4) 新たな会計制度

新たな会計制度として、国際会計基準審議会(IASB)が設定する会計基準である国際財務報告基準(IFRS)などがあります。IFRSは近年、EUなどを中心に採用する国が拡大したことを受け、日本国内でも導入に向けた議論が進んでいます。

(5) 財務諸表の種類

財務諸表は上場企業のホームページなどから実際の財務諸表を見ると、イメージしやすくなります。主な財務諸表を挙げます。

①損益計算書(P/L)
一会計期間の企業の経営成績を明らかにしたものです。全ての収益と費用を表示し、企業活動の純成果となる利益を示します。

②貸借対照表(B/S)
決算時点での企業の財政状態を明らかにしたものです。全ての資産、負債、純資産の現在高を表示し、資産は調達した資金の運用形態を表し、負債と純資産は資金の調達源泉を表します。

③キャッシュ・フロー計算書(C/F)
一会計期間の企業の資金の増減を明らかにしたものです。営業活動、投資活動、財務活動の3区分があり、営業活動によるキャッシュ・フロー計算書には、直接法と間接法という二つの表示方法があります。

④株主資本等変動計算書(S/S)
平成18年の会社法施行に伴い導入された計算書となります。純資産の前期末から当期末残高までの移動を示します。資本金・資本剰余金・利益剰余金などの項目ごとに、前期末残高・当期変動額・当期末残高を表示します。
・当期変動額は、「新株の発行」「剰余金の配当」など変動事由ごとの増減を記載します。

【簿記】

ここでは、仕訳のパターンと代表的な勘定科目を理解することに絞って記載します。

(1) 仕訳のパターン
①左側(借方)に記帳
▽資産の増加
▽負債の減少
▽純資産の減少
▽費用の発生
②右側(貸方)に記帳
▽資産の減少
▽負債の増加
▽純資産の増加
▽収益の発生

(2) 主な勘定科目の例
①資産
i流動資産
▽現金・当座預金・受取手形・売掛金・未収金・棚卸資産(商品・原材料等)
ii固定資産
(ア)有形固定資産
▽土地・建設仮勘定・建物
(イ)無形固定資産
▽のれん・特許権・借地権
(ウ)投資その他の資産
▽投資有価証券・長期貸付金
iii繰延資産
▽創立費・開業費・開発費・株式交付費・社債発行費
②負債
i流動負債
▽支払手形・買掛金・未払金・預り金
ii固定負債
▽社債・長期借入金・退職給付引当金
③純資産
i株主資本
▽資本金・資本剰余金・利益剰余金・自己株式
ii評価・換算差額等
▽その他、有価証券評価差額金
iii新株予約権
▽新株予約権
④収益
▽売上・受取利息・有価証券売却益・固定資産売却益
⑤費用
▽仕入・給料・減価償却費(定額法・定率法)・支払利息・有価証券売却損・固定資産売却損

【財務諸表分析】

(1) 収益性分析
①総資産利益率(ROA)=当期純利益÷総資産
▽投下された資産がどれだけの利益を獲得したかを示す
②自己資本利益率(ROE)=当期純利益÷自己資本(純資産)
▽自己資本に対してどれだけの利益が生み出されたかを示す
③総資産回転率=売上高÷総資産
▽資産が有効に活用されている度合いを示す
④固定資産回転率=売上高÷固定資産
▽土地、建物などへの投資で、どのくらい効率的に売り上げを上げているかを示す
⑤売上高利益率=利益÷売上高
▽企業活動の効率性を示す指標で、総利益率や営業利益率などがある

(2) 安全性分析
①流動比率=流動資産÷流動負債
▽短期的な支払能力を判断する指標
②当座比率=当座資産÷流動負債
▽流動比率よりも厳格に短期支払能力を判断する指標
③固定長期適合率=固定資産÷(固定負債+自己資本〈純資産〉)
▽固定資産への投資が、どれだけ長期資金で賄われているかを示し、自己資本だけを分母とする「固定比率」と合わせ、長期的な資金繰りの安定性を図る指標
④自己資本比率=自己資本(純資産)÷総資本
▽調達した資本の内、自己資本が占める割合

特別区 管理職試験講座 11
Ⅰ類択一・記述 Ⅰ・Ⅱ類論文 29年度

Ⅰ類択一

地方公務員制度①

はじめに

地方公務員法は、自治体職員に適用される服務規律や勤務条件、身分保障等の条件を定めたものです。特別職管理職選考の択一問題では、全40問中で6問出題されています。

行政法や地方自治法に比べると出題数が少ないですが、地方公務員法は規定内容が具体的で、多くの問題が繰り返し出題されています。効率的に学習して、確実に得点源にしましょう。

なお、平成28年4月1日の地公法改正により退職管理規定が追加されましたが、実際の試験でも早速出題されました。今後も最新の改正内容から出題される可能性が高いので、注意しましょう。

出題傾向

出題数が6問となった平成21年度以降の出題項目を別表にまとめました。

これまで出題された分野を地公法の条文構成に沿って六つに分け、それぞれの出題傾向について見ていきます。

【総則・人事機関】

平成28年度に「特別職」から出題され、平成26・27年度に「人事委員会・公平委員会」から出題されています。

【任用】

「欠格条項」「職員の任用」「条件付採用または臨時的任用」のいずれかから、平成27年度を除き毎年出題されています。

【分限・懲戒】

平成22年度以降、「分限処分」「懲戒処分」から、毎年交互に、必ず1問出題されています。

【服務・退職管理】

この分野は、各年度で1問出題されています。「秘密を守る義務」「職務専念義務」「政治的行為の禁止」「争議行為等の禁止」などの細目からバランス良く出題されています。

【福祉及び利益の保護】

「勤務条件に関する措置要求」「不利益処分に関する審査請求」から、毎年交互に、必ず1問出題されています。

【職員団体・罰則】

「職員団体と当局との交渉」から、平成23年度を除き毎年1題出題されています。

学習方法

十分な時間が取れるのであれば、基本書や参考書で法全体の基本的な知識を頭に入れ、その上で問題を繰り返し解き、知識を定着させる方法が最も適当だと思いますが、多くの方が仕事・子育て等で学習時間を確保することが難しいと思います。効率的に学習を進めるポイントについて説明します。

(1) 1冊の問題集を繰り返し解く

効率的に学習するには、1冊の問題集を繰り返し解くことをお勧めします。問題集は解説が充実しているものを選びましょう。私は都政新報社の『実践150題』を使いました。まずは1度解説を読みながら全問を解き、2回目からは解説を読まずに解きます。正誤の判定を正しくできなかった選択肢にはチェックをしておき、解説を読みます。次はチェックした選択肢だけを解いていきます。何度も間違えてしまう選択肢は、苦手な箇所になるので、試験直前にまとめて復習すると得点アップにつながります。

(2) 時間の有効活用

まとまった時間が取れなくても、通勤時間や昼休みの時間などを有効活用すれば、十分時間は確保できるものです。隙間時間を活用して、少しずつでも着実に勉強を進めていきましょう。

参考図書

◆問題集
『地方公務員法実践150題』(都政新報社)
『地方公務員法101問』(学陽書房)
『地方公務員法よく出る問題108問』(公職研)

問題集を使用するに当たっては、出版日や改訂の版数にも注意して、最新の法改正などの内容が収録されているものを選びましょう。

◆基本書・参考書
『楽しく学べる「地方公務員法」教室』(公職研)
『完全整理 図表でわかる地方公務員法』(学陽書房)
『地方自治ポケット六法』(学陽書房)

項目	年度	21	22	23	24	25	26	27	28
総則	一般職、特別職	○							○
人事機関	人事委員会、公平委員会		○	○			○	○	
任用	欠格条項		○			○			
	職員の任用	○		○					○
	条件付採用または臨時的任用	○			○		○		
職階制						○			
給与、勤務時間、その他の勤務条件	給与または勤務時間				○			○	
分限及び懲戒	分限処分			○		○		○	
	懲戒処分		○		○		○		○
服務	法令等及び上司の職務上の命令に従う義務								
	秘密を守る義務	○				○			
	職務専念義務				○				
	政治的行為の制限		○				○		
	争議行為等の禁止							○	
	営利企業従事制限			○					
退職管理									○
福祉及び利益の保護	公務災害補償								
	勤務条件に関する措置要求	○		○		○		○	
	不利益処分に関する不服申立て(審査請求)		○		○		○		○
職員団体	職員団体と当局との交渉	○	○		○	○	○	○	○
罰則	罰則規定			○					

出題のレベル

例年、基礎知識を問う標準的な設問が多く出題されています。よく出題される分野から2問を取り上げますので、今の理解度を確認してみてください。

例題

【例題1】

地方公務員法に規定する分限処分に関する記述として、妥当なのはどれか。

① 職員が採用される以前に刑事事件に関し起訴されているにもかかわらず、その事実を知らずに採用し、後において起訴の事実を知った任命権者は、当該職員を休職処分にすることができない。

② 職員は、地方公務員法で定める事由による場合でなければ、その意に反して、降任されず、人事委員会規則で定める事由による場合でなければ、その意に反して、降給されることがない。

③ 任命権者は、収賄事件で起訴された職員に対して、分限休職と分限降任の二つの処分を併せて行うことができる。

④ 任命権者は、休職を命ぜられて休職中の職員から自発的に退職の願い出があった場合、これに対し依願退職を発令することはできず、復職を命ずることなく、休職のまま退職させることができない。

⑤ 任命権者は、職員が、心身の故障のため長期の休養を要する場合においては、その意に反して、当該職員を降任することができる。

【例題2】

地方公務員法に規定する勤務条件に関する措置の要求に関するA~Dの記述のうち、妥当なものを選んだ組み合わせはどれか。

A 勤務条件に関する措置の要求権は、職員に限り認められるものであり、退職者は職員たる地位を有しないので、退職手当支給について、措置の要求をすることができない。

B 条例の規定により当然に支給されなければならない赴任旅費が支給されない場合に、その支給を求めることは、勤務条件に関する措置の要求の対象とはならない。

C 人事委員会が既に判定を下した事案とその要求の趣旨及び内容が同一と判断される事項を対象として、同一人から再び措置の要求が提起された場合でも、一時不再理の原理を適用して、措置の要求を却下することはできない。

D 勤務条件に関する措置の要求があったときの人事委員会または公平委員会による判定は、要求者の要求事項以外の事項に関しても行うことができる。

① AB
② AC
③ AD
④ BC
⑤ BD

解説

【解説1】 正答③

① 誤り。採用以前から起訴されている事実があり、採用後にそれが判明した場合でも、休職処分にすることができる(行実昭37・6・14)。

② 誤り。条例で定める事由による場合でなければ、その意に反して降給されることはない(地公法第27条第2項)。

③ 正しい(行実昭43・3・9)。

④ 誤り。依願退職を発令することは差し支えなく、また、この場合、復職を命ずることなく、休職のまま退職させて差し支えない(行実昭27・10・24)。

⑤ 誤り。降任ではなく、休職することができる(地公法第28条第2項第1号)。

【解説2】 正答②

A~Dの各項目の正否は、次の通り。

A 正しい(行実昭29・11・19)。

B 誤り。勤務条件に関する措置の要求の対象となる(行実昭35・10・3)。

C 正しい(行実昭34・3・5)。

D 誤り。要求者の要求事項のみについて行われるものである(行実昭28・12・10)。

小池都政

8割の期待と2割の不安

評論家／「PLANETS」編集長　宇野常寛

一体どこの、誰が、2016年の「主役」が小池百合子になると想像していただろうか。彼女は淡々と機会を狙っていたのだと、今でこそ前提として語られているが、ほとんどの都民が、国民が、まあ、はっきり言えば永田町の権力闘争に敗れたタレント議員の体のいい転出先として都知事の椅子が選ばれたくらいの認識だったはずだ。

しかし、選挙戦が始まるとすぐに雲行きが変わってきた。どうやら自民党の一部勢力が、それも半ば公然と小池を支持しているという「うわさ」がささやかれ始めた頃には既に事実上の勝敗は決していたと言えるだろう。私も含め、大半の人間が小池百合子を過小評価していた。そして、彼女には相応の準備が完了していたはずだ。幕を開けた小池劇場の展開はご存じの通り。市場移転、五輪施設――小池「都知事」は次々とカードを切り、「都政のうみ」を絞り出し始めた。

私は朝のワイドショーのコメンテーターを務めているが、この秋はほとんど「週刊小池百合子」とも言える状態だった。

改革勢力が力尽きた20年

私はこの「小池劇場」について8割の期待と2割の不安を抱いている。8割の期待とは小池百合子と来るべき小池新党が、平成の改革勢力の最後のともしびとして機能することだ。

小沢一郎、小泉純一郎、橋下徹――この国の「失われた20年」とは、同時に平成の改革勢力たちが戦後的縁故資本主義の弊害を廃するべく、構造改革に着手し、いずれも道半ばで力尽きた20年だった、とまとめることができるだろう。比喩的に述べれば、ここ数年は消去法で「みんなの党」に投票していた都市部の20代、30代の受け皿となり得る数少ない現時点における選択肢として、小池新党は機能し始めていることは間違いない。

そして2割の不安とは、小池百合子がこうした過去の改革勢力と同様にポピュリズム志向が強いことだ。私がポピュリズムに依存した戦略に懐疑的なのは、それが少数意見を尊ぶ民主主義の精神に反するからでもなければ、現代におけるデマゴーグ政治の危険性に敏感であるからでもない。単に方法論としてのポピュリズムには持続性の点で疑問が大きいからだ。

先に挙げた平成の改革勢力の担い手たちの失敗は、守旧派の組織動員に対してポピュリズムで対抗しようとしたことにある。マスメディア上のイメージコントロールを器用にこなし、「風」を吹かせて無党派層を取り込む、という戦略の長期的な脆弱さは、この20年で十二分に証明されたはずだ。「風」に吹かれて票を投じた有権者は次の選挙では簡単に別の風に吹かれてしまう。彼らは「風」に吹かれやすい都市部の無党派層をテレビポピュリズムで「動員」することはあっても、決して「組織化」することはなかった。そして長期的には守旧派の組織票的盤石の前に敗北していったというのが私の理解だ。

小池百合子とその新党は、早くもその陥穽に陥ろうとしているように私には思える。それが「2割の不安」の正体だ。テレビワイドショーとそこに付和雷同するソーシャルメディアを舞台に展開される小池劇場――その中身は至って空疎だ。盛り土の有無も、ヨット競技上の地理的な位置も、問題の本質でもなんでもない。小池の目的はこれらのカードを切ることで、事実上の談合が常態化している都政の利権構造を白日のもとに晒し、一掃することだ。これなくして東京都という「地方」を平成改革勢力の牙城することなど、不可能であることも明白だ。しかし、メディアは連日（まあ、テレビ局の人間の考える事などその程度のものなのだが）盛り土が何センチあれば事足りるのか、といった技術的な問題を詳細に解説し、何かを報じた気になっている。そして小池サイドもそれで良しとしている。テレビポピュリズムを駆動する燃料であればそれで良しとする割り切りの産物なのだろうが、ここにやはり、かつての平成改革勢力のプレーヤーたちと同種のメディア・コントロール依存的な戦略の欠陥と認識の甘さも感じなくはない。

目に見える形での変革

私の提言はシンプルだ。小池百合子とその新党は長期戦を視野に入れ、今から支持層の組織化を開始すべきだ。都市部の無党派層（若年層を多く含む）は組織化できない、故にポピュリズムが有効なのだ、というのがこの種の議論の「常識」的な前提なのだろうが、この20年で社会は大きく変化している。政治的イシューも入れ替わり、情報環境は動員とコミュニティー形成の手法を書き換えている。

小池はその支持層のうち自覚的で能動的な層――前述した「消去法で〈みんなの党〉に投票していた20代、30代のホワイトカラー層」――を中心に組織化を図るべきだ。彼らを中心にその支持層を目に見えるものとして少しずつ拡大していくこと――。この積み重ねなくして、持続的な「改革」は不可能だろう。

もちろん、このプランは私たち都民のボトムアップの「運動」なくして実現は不可能だ。国内において、どの政治勢力もその代弁者たり得ていない20代、30代のホワイトカラーは年金の不公平、保育所不足、介護不安など、世代的な（連帯以外難しい）、様々な政治的イシューを共有し、そしてインターネット以降の情報環境への高い適応と、その結果、発生した新しいライフスタイルをも共有している。

比喩的に述べれば、共働きを前提にするが故に高い家賃を払い、職住近接を選択し、それでも「保活」に苦しめられるこの層と、前述の「消去法で〈みんなの党〉に投票していた層」は大きく重なるはずだ。むしろ、代弁者を持たないこの層こそが積極的に小池新党を取り込むべきですらあるだろう。

小池支持層の組織化を

さて、その上で私が小池都政に期待することを簡単に述べたい。それは端的に述べれば、東京ローカルに実現しなかった改革後の日本を現出させることだ。なんだったら、（個人的には嫌いなエリアだが）港区や渋谷区だけでもよい。そこはシェアリングエコノミーが推進され、外国人労働者の滞在制限が緩和される特区で構わない。

そこは「〜してもいい」という条項のリストが並んでいる特区ではなく（この形式でやるとかえって面倒が増えるだろう）、「〜しなくてもいい」という条項のリストが並んでいる特区であることが望ましい。

この国がもはや「国」という単位で変革していく予感を持っている人間は少ないだろう。小規模でも、限定的でもいい。私たちは今、目に見える形での変革とその成果を欲している。そしてその小さな、しかし、目で見て手で触れ得る成果を最も短期間に、明確に出し得る土壌があるのはこの東京という肥大した都市の、まだかすかに残る余剰部分にしかないように思えるのだ。

もちろん、課題は多い。前述したポピュリズム依存の問題だけではない。例えば、小池都知事は以前から極右団体「日本会議」との関係がうわさされ、いまだに保守系に支持者の多い疑似科学のひとつ「親学」に対し肯定的な発言が見られたとする報道もある。かつての橋下徹がそうであったように、教条主義的左翼への批判意識や、この種の圧力団体への「アピール」のため、この種の反動的発言を行い、大きくその歩みを後退させるといった可能性もまだ捨てきれない。

まさに「維新」がそうであったように、今、急速に拡大しつつある小池「新党」にこの種の安易な言動に走る「地雷議員」候補がいないとも限らない。繰り返すが、小池百合子は平成改革勢力最後の生き残りだ。先人が何をなし得て、そして何を、なにゆえになし得なかったのか。その徹底検証を前提にことを進めていただきたいと切に願う。

大勢の職員らの歓迎を受け、都庁に初登庁した小池知事。「あくまで都民ファースト、都民が第一」と語り、自身が本部長となる「都政改革本部」を設置する考えを表明した＝昨年8月2日、都庁で

開場を控えた豊洲新市場を就任後初めて視察に訪れた小池知事。8月末には「安全性」「事業費」「情報公開」の3点を挙げて、築地市場の豊洲移転延期を発表した＝昨年8月16日、豊洲新市場で

うの・つねひろ＝評論家。1978年生まれ。批評誌〈PLANETS〉編集長。著書に『ゼロ年代の想像力』（早川書房）、『リトル・ピープルの時代』（幻冬舎）、『日本文化の論点』（筑摩書房）、石破茂との対談『こんな日本をつくりたい』（太田出版）、『静かなる革命へのブループリント　この国の未来をつくる7つの対話』（河出書房新社）など多数。京都精華大学ポップカルチャー学部非常勤講師、立教大学兼任講師。「スッキリ！！」（日本テレビ、2015年4月〜）のコメンテーターなどを務める。

風流戯画草紙

作・橋本裕之

お正月に 百人一首
朝ぼらけ〜〜 有明の月と見るまでに〜〜
負けるが勝ちってこともあるのよ

都政新報

発行所　都政新報社
〒160-0023 東京都新宿区西新宿7-23-1 TSビル
（総務・読者）03-5330-8781
（企画広告）03-5330-8784
（編集）03-5330-8786
（出版）03-5330-8788
（ファクス）03-5330-8808
購読料 月1,730円（税込）
毎週火・金曜日発行
ただし、祝日は休刊

紙面から

自民3人が新会派結成

都議選の選挙区事情も背景

追跡

都議会自民党の大場康宣氏、山内晃氏、木村基成氏の3人が昨年12月28日、離党せずに新会派「新風自民党」を旗揚げすると発表した。自由闊達な議論を行い、政策を展開するのが目的と話すが、自民党執行部への不信が引き金となった。小池知事は3人の会派離脱を歓迎し、選挙応援に乗り出す構えだ。今夏の都議選を視野に他にも自民党から同調する動きが続くかは不透明な状況だ。

「昨年内に新会派を結成する予定はなかった」。こう打ち明けたのは都議会自民党を離脱し、新会派「新風自民党」を立ち上げた3人のうちの1人だ。「本当は会派を作るのは年明けでもよかった」と打ち明けた。

3人が12月28日に会見を開いた前日、自民党幹部からマークされかかっていた1人のもとに1本の電話があった。不穏な動きをしているのか確認をしてきたという。情報が漏れ始めたことに危機感を持ち、3人は急きょ会派離脱を決めた。

3人は2015年8月から1年間、自民党政調会の副会長を務めた。その1人は、小池知事の初登庁時に、自民党控室での出迎えが2人だけだったり、第4回定例都議会の代表質問で質問通告をしないことに批判を浴びたことへの不満を募らせた。4定の一般質問で、「頭の黒いネズミは誰か」とただした自民党に対して、「これが都民与党の自民党の質問なのか」と強い疑念を抱き、現執行部体制と同一歩調を取ることはできないと判断した。

ただ現段階では、新風自民党は立ち上がっていない状況だ。12月28日、3人は都議会自民党の高木啓幹事長に会派離脱届を提出した。新会派の立ち上げには、自民党が会派構成を57人にする届け出を議長に提出しなければならないが、6日時点で出されていない。

12月29日、都議会自民党は緊急総会を開き、対応を話し合ったが、3人の処分を求める声や党籍は残してもいいとの意見もあり、結論は出なかった。

年明け早々の4日、都議会自民党の高木幹事長、崎山知尚政調会長、高島直樹前議長と新風自民の3人が会談。自民党からは「宙ぶらりんではいけないから、早めに結論を出したい」などの回答があったという。

3人には自民党から今夏の都議選の公認が出ているが、公認を辞退するつもりはなく、仮に公認取り消しになった場合でも影響はないと見ている。都議選で小池知事の応援を受ける公算が大きいからだ。新会派結成の会見後、3人は知事室に出向き、小池知事に都議会自民党からの離脱を報告した。和やかなムードの中、知事からは「勇気を出して離脱してくれた。力を貸す」などとエールを受け、大いに歓迎されたという。

3人の選挙区を見ると、木村氏が当選した小金井市は、元々、自民が弱い選挙区で、前回の選挙で単独選挙区になった1989年以降、24年ぶりに自民が議席を獲得した。山内氏が当選を果たした品川区は自民党候補2人を擁立し、厳しい選挙戦を強いられるとの指摘がある。新風自民党の一人は「小池塾から刺客を立てられると当選が危なくなる」と述べ、都議選も意識した会派離脱であることを暗に示した。

都議選では、知事と2連のポスターを作成する可能性はあると言及したが、小池知事が準備を進める地域政党や新党には入党する予定はないと断言する。

自民党内で、新風自民党に同調する動きは不透明だが、都庁内では「都議選が近付かないと具体的な動きはないのではないか」との憶測が流れる。

「小池新党」として、希望の塾などから40人程度を擁立するとの報道があるが、知事周辺は「人数はまだ何とも言えないが、議会の質問の作成力など人物の質を見ていきたい」と話している。議員経験者には身体検査を実施する考えだ。

都議会自民党からの離脱会見に臨んだ3議員（左から木村氏、大場氏、山内氏）＝12月28日、都庁で

知事の予算査定スタート

都税収入・一般会計ともマイナスに

小池知事初の新年度当初予算案を編成する知事査定が5日にスタートした。来年度予算の都税収入は海外経済の減速などの影響を受けて企業収益が低下し、6年ぶりにマイナスとなる見通しだが、5兆円台は確保できる見込み。来年度の一般会計の予算規模も5年ぶりのマイナスとなり、6兆9千億円台半ばとなる。政策的経費である一般歳出も5年ぶりの減になる。知事は「無駄の排除」として執行率の悪い事業を中心に見直しを行うとともに、三つの「シティ」に沿った350以上の新規事業を盛り込むなど、メリハリのついた予算を目指す。知事査定は16日まで行われ、25日に臨時会見を開き、予算案を発表する見通しだ。

例年は知事査定で「予算原案」をまとめ、その後、都議会からの復活予算要望を受けて予算案を策定するが、今回は知事が復活予算の仕組みを廃止したことで、知事査定の結果がそのまま予算案となる。

予算編成では投資的経費として、昨年末に発表した新たな実行プランで掲げた三つの「シティ」の政策に沿って事業を積み上げる。多摩地域に新たな観光振興センターを整備するなどの観光施策や、少子高齢化対策、東京五輪に向けた施設整備や災害に強い都市づくりなどに重点を置き、過去最高の計350項目以上の新規事業が盛り込まれる見通し。

知事は初日の査定終了後、「予算規模でも一般歳出でもマイナス予算となるが、これは厳しく事業の必要性、経費をチェックした結果」と話し、ワイズ・スペンディング（賢い支出）の取り組みを強調。全事業に終期を設けることで事業評価を徹底し、700億円の財源を確保して新規事業に充てる方針だ。

また、監理団体の事業についても、これまで複数年にわたる事業は予算をまとめて出捐することが多かったが、今後は基本的に単年度で必要額を計上する。経費の正確な執行を行い、技術の進歩など社会の変化を踏まえたチェック体制を敷く考えだ。

今回の知事査定は、例年の4日間から倍の8日間行われる。「無駄の徹底排除」を掲げる知事は執行率の悪い事業を中心に見直しを進めると見られ、財務局幹部は「将来予測と実際の事業評価の食い違いがある事業などを細かくチェックすることになる」と話す。

一方で、「例年と査定の雰囲気は大きく違う。今回は昨年末に行った各団体へのヒアリングも反映する必要があり、作業には時間がかかるだろう」（同幹部）と話す通り、小池知事が都議会の要望による復活予算という緩衝材を廃止し、直接各団体へのヒアリングを実施したことで、より予算編成を吟味する必要が生じていることも査定期間が倍になった要因の一つだ。

今回の予算案では会派・団体から受けた要望から取捨選択を行う必要があり、知事にこれまで以上の説明責任が生じることになる。逆に「しっかりとした予算を組めば、都議選を控えた議会は知事への攻め手を欠くことになる」と分析する庁内の声もあり、予算編成の推移を見守る。

都議会情勢が不安定化する中で、当初予算も議会対策の色が濃くなるが、ある職員は「当初予算は行政運営の要。政争の具に使われるのはたまらない」とこぼした。

■ペーパーレスも導入

今回の知事査定ではペーパーレス化を導入。一組500枚超の紙資料をタブレットで閲覧できるデータに変え、約1万5千枚程度の紙を節約した。

各席のタブレットは連動しており、担当者の説明に合わせて自動でページがめくられるなど、利便性も高い。図表もカラーで表示されるため、「使い勝手は良いのではないか」（幹部）と好印象だ。ただ、「液晶を見続けるので、目が疲れるのは仕方がない」。

小池知事は「ノンペーパーはテレワークにもつながる。新しい時代に向けての一つの取り組みだ」と話し、こうした技術革新が職員の多様な働き方の一助になるとの見方を示した。

ペーパーレス化に伴い、査定では各席にタブレットが設置された＝5日

公文書データを無料提供

小池知事　情報公開条例を改正へ

小池知事は6日の記者会見で、来年度の早い時期に情報公開条例を改正する考えを示した。改正の方向性として、ICTを活用した公文書データの無料提供や公文書開示手数料の改定が柱となる。12日の都情報公開・個人情報保護審議会に改正の方向性が諮問され、審議される。

ICT活用では、都民から請求のあった公文書データを無料提供する。提供方法は、電子メールやファイル転送サーバーなどが想定されるが、同審議会の委員の意見などを踏まえながら検討を進める。小池知事は「ITを使えばどこでも見られる。結果的に（手数料は）無料となる。紙の文化を超えて、巷で普通に行われているような方法で情報公開を行う」と話した。

また、閲覧で現行1枚10円かかる手数料を廃止し、写しはモノクロを1枚20円から10円に、カラーを1枚100円から20円に見直す。他県の手数料の最低額に設定した。

都の情報開示決定総件数は07年度以降に急増し、11年度には最多の1万1635件に上った。最大の増要因は工事設計書の開示請求だったが、設計書の一部をCDに保存し、13年度から都庁の都民情報ルームで貸し出しを試行。その後、開示件数は減少に転じた。15年度は1万441件で、この文書量（約90万枚）を段ボール箱（2500枚入り）に換算すると360箱分に相当する。

知事の海外出張　運用指針を決定

都はこのほど、知事の海外出張に関する運用指針を決定した。舛添前知事の高額海外出張費が問題となり、小池知事の意向を踏まえながら、都政改革本部の内部統制チームが指針を検討した。

舛添前知事は、海外出張の目的が不明瞭だったが、指針では重要な国際会議や行事、姉妹都市との友好・協力強化、重要な施策推進による顕著な成果など合理的な理由がある場合に限っている。

航空機では、前知事はファーストクラスを中心に利用していたが、知事はビジネスクラスまでの利用に改める。指定職を除く随行職員はエコノミークラスの利用に制限している。

宿泊するホテルに関しては、知事給与条例などの宿泊料規定額の支給とするが、高騰する場合は複数の事業者から提案を受け、最安値の宿泊先を選定する。前知事が宿泊したスイートルームは使用しないことが盛り込まれた。

立川に観光情報センター整備

都観光プラン中間まとめ

都産業労働局は、新たな観光産業振興実行プランの中間まとめを公表し、11日まで意見を募集している。最終のまとめを経て年度内に新たなプランを策定する意向だ。

同プランは昨年末に策定した都全体の実行プランと連動し、訪都外国人旅行者数を2020年までに2500万人、24年までに3千万人と倍増させる目標を掲げた。また、外国人リピーター数は20年までに1500万人、外国人旅行者の都内消費額は同年に2兆7千億円とすることを目指す。

ハード面では、多摩地域の新たな観光情報センター整備を盛り込んだ。同センターは立川駅近郊に整備する予定で、現在知事査定中の来年度当初予算には整備・運営経費で約2億6千万円が盛り込まれる見込み。今年6月の開所を目指す。そのほか、19年度までに歩行空間へのデジタルサイネージを100基、無料WiFi用のアンテナを700基設置する。

訪都外国人旅行者数はこの10年間で約2・6倍に増加し、都内消費額は1兆円を突破している。今後国内の少子高齢化が進む中で、観光産業が担う役割は増すと見られ、同プランでは観光産業の生産性向上や人材育成、新たな観光資源の開発などの中長期的な取り組み方針をまとめている。

◆海外発信へ新アイコン

都は東京の魅力を海外に発信するため、新たなアイコンとキャッチフレーズを作成する。小池知事が6日の定例記者会見で方針を示し、今後発注方法やスケジュールについて検討を進める。

都は東京の魅力を国内外に発信するブランディング事業として、現在「&TOKYO」のロゴを使用している。小池知事は昨年11月、ロゴの費用対効果や、今後のPR方法について検討するために「東京ブランドのあり方検討会」を立ち上げ、調査を開始した。

検討会委員からは「&TOKYO」を評価し、更なる浸透を進めるべきとの意見の一方、海外での認知度の低さや抽象的であることなどを問題視し、新たなロゴやキャッチフレーズを作るべきとの提案が上がっていた。

知事は「&TOKYO」について「海外からは分かりにくいとの声がある」と話し、海外発信に向けた新たなアイコンなどが必要とする一方、「（&TOKYOは）既に色々なところで使われており、廃止するという意味ではない」と説明し、旧ロゴも継続して使用していく方針を示した。

都政の東西

離脱の教訓

「新会派を結成するに当たり、共通する志がある」。都議会自民党から離脱した1、2期目の3人が開いた新会派「新風自民党」の結成会見で、会長の大場康宣氏は、こう力を込めた。

3人は「都民感覚の政治の実現」をうたうが、「都民与党」を自認する自民党と方向性は何ら変わらない。都庁内では、会派を離脱しなくても「志」を実現できたのではないかとの見方もある。

大場氏は会見で「都議会議員は自由で民主的な環境の中で議論し、都民の利益となる結論を導き出す役目がある」と会派離脱の理由を説明した。自民党内では自由闊達な議論ができないと暗に示した格好だ。4日に都議会自民党の幹部らと新風自民党の3人が会談した。自民党幹部は、これまで3人が党内でほとんど発言しなかったことを指摘したという。

これに対し、新風自民党の1人は本紙の取材に、「自民党内には発言しにくい雰囲気がある」と本音を明かした。例えば、自民党が都知事選の推薦候補を総会で決める際、結論ありきだったという。「執行部の方針に従わないといけないような感じがある。正直に自分たちの考えを示せば、お叱りを受けることになっただろう。この状態で発言しなくなるのは仕方がない」と話した。

若手が発言しにくい背景には、これまで会派の意思決定を長く重鎮に委ねてきた事情もあるだろう。ただ、会派内の不満がくすぶれば、さらに小池知事に同調する動きが出ないとも限らない。良薬は口に苦しというが、自民党の良さは党内の異論を受け止める度量の広さにある。さらに風通しの良い組織に改善することが期待されている。

穴句ジョーク

小池都知事、初の予算知事査定 〝不必要な予算はザッパリ切る〟

小池語録に感染した主計部職員
「当選1年目はどの知事も 〝ハリメリをつけた重点的予算〟 というんですよ！」

文京区

「性の多様性」念頭に業務

窓口事務など対応指針案

文京区は性的少数者に配慮した行政サービスを目指し、区職員と教職員向けの対応指針案を取りまとめた。区によると、自治体がこうした対応指針を定めるのは全国初で、窓口や電話での区民対応で注意することや、学校現場で気を付けるべきことなどを盛り込んだ。13日までパブリックコメントを実施しており、年度内の策定を目指す。瀬尾かおりダイバーシティ推進担当課長は「社会で性的マイノリティーやLGBTなどに関する周知が進む中、自治体には性の多様性を念頭に置いた行政サービスが求められる」と話している。

区は2013年度に制定した区男女平等参画推進条例に性的指向や性自認に関する条項を設けているが、具体的な対応や配慮が必要な課題などは明記していなかった。対応指針案では、▽区民への対応▽学校など子供を取り巻く環境での対応▽職場としての対応――の3項目ごとに場面に応じた対応を示した。

区民対応では、生物学上の性別と自らの性認識が一致しない人に配慮し、窓口業務で本人確認が必要な際には、性別が周囲の人にわからないよう、名前を声に出さずに書類の指差しで確認することを義務付けた。呼び出しの際には番号対応を基本とし、フルネームを呼ぶ必要がある場合には、あらかじめ本人の了承を取るか、事前に呼び方を決めることとした。

申請書類などの性別欄は原則として削除する。法令で義務付けされているものや男女平等施策の調査など事務の特性上必要な場合は、十分に説明を行い、区独自の調査など可能な場合は「その他の性自認」の欄を設けることとしている。

災害発生時の対応にも言及した。自らの性的指向や性自認を表明（カミングアウト）している性的少数者が同性パートナーの所在を確認した際に法律上の親族でないことを理由に情報提供を拒否されたケースや、カミングアウトしていない人が性自認に合った衣類の配布が受けられなかったケースなどを踏まえ、地域防災計画や避難所運営マニュアルの修正の際には可能な限り配慮を盛り込むこととした。

また、公共施設では、「誰でもトイレ」や「誰でも更衣室」など性別で区別しない施設を有効とした上で、その施設のみの利用を強制して性自認に合った施設の利用を認めないことがないよう留意することとした。具体的な対応は、施設の使用人数などに応じて個別に検討するとしているが、スポーツ大会などで多くの人が更衣室を利用する場合は使用時間を事前に決めることや、別のスペースを確保することなどを例示した。

子供を取り巻く環境に関しては、全ての教職員が正しい理解に基づいて子供や保護者の相談に対応できるよう、学習会や校内研修を強化する。いじめや差別の有無にかかわらず、性的指向や性自認に関する悩みは、自己肯定感の阻害要因になりやすいとして、子供の発達段階に応じた人権教育を行い、進路指導の際に性的少数者の社会人の体験を話してもらうなど、多様な生き方を学ぶ機会を検討する。

性別で異なる制服や水着などは、一元的な対応を行わず、児童・生徒の希望に応じてジャージ着用などを認めることとした。性自認に合わないとして、本名ではなく通称名の使用を希望する場合は、本人や保護者との相談の上で、使用を認める方向で検討する。

職場環境に関しては、区セクハラ等防止対策委員会の機能を拡充して相談体制を強化する。また、本人に了承を得ないまま他者に伝える「アウティング（暴露）」を防ぐため、同僚や上司から相談を受けた際に適切な対応が分からない場合は本人のプライバシーに配慮した上で外部の専門機関に相談する。福利厚生では、職員互助会で同性パートナーへの給付を行っている世田谷区などの先進事例を参考に検討を進める。

瀬尾ダイバーシティ推進担当課長は「性の多様性を尊重する意識は浸透してきているが、具体的な行動が分からない職員も少なくない。これまでは各課の代表者を対象として研修を行っていたが、来年度は全職員に拡大し、性の多様性に配慮した行政サービスを進めたい」と話している。

区は対応指針の策定に先立ち、15年5月に性的少数者に関する啓発カードを全職員に配布した

区議会4定

41件の意見書を可決

駅ホームドア設置など

23区の第4回定例区議会が昨年12月22日までに閉会し、18区議会で意見書41件、決議2件の計43件を可決した。最も多かったのは、ホームドアの設置などに関する駅ホームの安全対策を求める意見書で、9区議会が可決。憲法論議の推進や過労死・過労自殺対策などに関する意見書も出された。意見書・決議の可決数が多かったのは、江東、足立の2区議会で6件、新宿区議会で4件、文京区議会で3件。目黒、大田、世田谷、渋谷、杉並の5区議会は0件だった。

最も多くの区議会が可決した意見書は、ホームドアの設置と、視覚障害者用の点字ブロックのうちホームの内側を判別するのに役立つ「内方線付き点状ブロック」の整備促進を求めるもので、港、新宿、文京、中野、北、板橋、練馬、足立、葛飾の9区議会が可決した。第3回定例区議会でも、墨田、江東、荒川の3区議会が同様の意見書を可決している。

昨年8月、東京メトロ銀座線青山一丁目駅で、盲導犬を連れた視覚障害者の男性がホームから転落し、死亡。10月には近鉄大阪線河内国分駅でも同様の死亡事故が発生した。

国土交通省によると、2016年3月末現在、1日の利用者が10万人以上の260駅のうち、ホームドアを設置しているのは82駅（整備率32％）、利用者1万人以上では2131駅のうち445駅（整備率21％）で、内方線付き点状ブロックの整備率は、利用者10万人以上の駅で66％、同1万人以上で56％となっている。

こうした現況から各区議会は、危険個所の速やかな実態調査の実施や、危険性の高い駅のホームドアの設置、内方線付き点状ブロックの全駅整備などを国に要望した。

国は昨年12月、全国22の鉄道事業者などと構成する「駅ホームにおける安全性向上のための検討会」の中間取りまとめで、ホームドアは原則20年度までに利用者10万人以上の整備条件を満たしている全駅で設置、内方線付き点状ブロックは18年度までに利用者1万人以上の全駅で整備する方針を示している。

新宿、江東、荒川、葛飾、江戸川の5区議会が可決したのは、「地域防災力の向上と災害に強い防災拠点の整備を求める意見書」。大地震や大水害などに対し、▽被災者支援システムの全自治体への完備・普及▽自治体を超えた河川流域ごとのタイムラインや避難行動に直結するハザードマップの作成▽公衆無線LANの設置▽マンホールトイレの整備促進▽福祉避難所の環境整備や防犯体制の強化――などを国に求めた。

地方議会の低投票率や、議員の担い手不足対策に関する意見書もあった。北、荒川の2区議会は国に対し、幅広い層からの政治参加や地方議会の人材確保を目指し、地方議会議員の厚生年金加入に関する法整備の早急な実現を要請する意見書を可決した。

過労死問題なども

単独の区議会で可決した意見書では、墨田区議会が、大手広告代理店電通の女性社員が過労などを苦に自殺したことを受け、「過労死や過労自殺の根絶に向けた長時間労働などを規制する法整備に関する意見書」を可決。「残業時間の上限を法律で明記し、企業に守らせることが不可欠」として、国に対し、年間労働上限時間の設定や、次の勤務時間まで一定の休息時間を設ける「インターバル規制」の創設、違法な長時間労働への罰則強化などの法整備を求めた。

品川区議会は、羽田空港機能強化案で示されている都心上空飛行経路に対し、国と区の十分な協議や、教室型説明会を含む区民への具体的な説明を国へ求める意見書を可決した。

中野区議会は、「国会における憲法論議の推進と広く国民的議論の喚起を求める意見書」を可決。現行憲法の国民主権、平和主義、基本的人権の尊重の3原則を堅持した上で、国内外の激変する情勢などに対処するため国に対し、国民的議論の喚起などを求めた。

複数区議会が可決した主な意見書

意見書	可決した区議会
ホームドアの設置と内方線付き点状ブロックの整備促進を求める意見書等	港、新宿、文京、中野、北、板橋、練馬、足立、葛飾
地域防災力の向上と災害に強い防災拠点の整備を求める意見書	新宿、江東、荒川、葛飾、江戸川
地方議会議員の厚生年金への加入を求める意見書	北、荒川
精神障害者に対する公共交通機関の運賃割引の適用を求める意見書	中央、江東

その他の主な意見書

意見書	可決した区議会
国会における憲法論議の推進と広く国民的議論の喚起を求める意見書	中野
過労死や過労自殺の根絶に向けた長時間労働などを規制する法整備に関する意見書	墨田
インクルーシブ教育の構築に向けた教育環境整備に関する意見書	足立
羽田空港飛行経路についての意見書	品川

港　区

再開発事業の効果を検証

事後評価、事業者提案項目も

港区は、市街地再開発事業の効果を検証する事後評価制度の来年度の導入に向け、制度素案の区民意見募集を11日から実施する。こうした制度は全国的にも珍しく、23区では2011年に策定した荒川区に次いで2例目。

同制度は市街地再開発事業で整備した公共施設や建築物、建築敷地の事業効果を確認・評価し、今後の再開発計画の支援や指導に活用することなどが狙い。

評価対象は、市街地再開発事業のうち区が補助金を交付する事業で、事業完了後、原則5年以内に各年度1地区ずつ評価を実施。当面は六本木3丁目地区や虎ノ門・六本木地区など事業完了済みの3地区を対象とし、その後、現在事業実施中の地区の評価を行う。

評価指標は、▽全事業共通▽事業目的別▽事業者提案――の3分類。評価は「最良」「優良」「良」の3段階で行い、項目別評価と併せて総合的な評価も行う。

全事業共通は道路・公園の整備水準や耐火率、不燃領域率などで、事業目的別は周辺景観との調和や地域資源の活用状況、地域のシンボル性などを設定。事業者提案は、地域コミュニティーや街の文化の継承など、事業者独自の独創的な取り組みなどを想定している。結果は区のウェブサイトなどで公表する。

街づくり支援部の大久保光正再開発担当課長は、先行する荒川区との違いについて、「評価項目を各地区の事業者に提案してもらう仕組みや、区民や学識経験者、区職員で構成する事後評価委員会で評価を行うことなどが特徴」と話す。

武井雅昭区長は、「より良いまちづくりにつながるよう、効果的な事業を実施する上での指導・誘導のポイントなどを補っていきたい」と意欲を示した。

来年度、事後評価対象の六本木3丁目地区

江東区

区役所で恒例の獅子舞

頭噛みつき「厄落とし」

江東区の仕事始め恒例の獅子舞が4日、庁舎2階区民ホールで笛や太鼓のお囃子とともに披露され、山崎孝明区長ら多くの見物人らが新年を祝った。披露したのは同区砂町地区に江戸時代から伝わる「砂村囃子」を継承する砂村囃子睦会の会員11人。区役所での獅子舞は、1973年から続いているという。

砂村囃子に合わせて新年を祝う「寿獅子」を演じ、獅子が山崎区長ら見物人の頭を次々と噛みつく仕草で回る「厄落とし」も行った。大木や岩を大勢で運ぶ時などに歌う仕事歌「木遣」を披露した後、最後は三本締めで締めくくった。

64年に発足した砂村囃子睦会は、94年に都文化功労表彰を受賞。砂村囃子は95年に江東区無形民俗文化財（民族芸能）の指定を受けている。

獅子舞にみかんを手渡す山崎区長

記者席

臥薪嘗胆の願掛けの成果は

○……都庁は4日の知事年頭あいさつから正式な仕事始めとなったが、知事と都議会の攻防は今夏の都議選を見据えて休むことを知らない。昨年末には都議会自民党から3都議が離脱し、新たな会派を立ち上げると宣言した。

小池知事はいまだに都民から高い人気を得ており、都議選に向けて追い風が吹いている。反面、都議会自民党に対する逆風は当面弱まりそうにない。年末年始の会合でも、若手議員に対しては支援者や親族から小池知事との関係に関する叱咤の声が飛んだとのこと。

一方、会派離脱を表明した都議の1人は「支援者からは『よくやった』と声を掛けられた」と笑顔。夏までに何が明暗を分けるのか、混迷の1年が幕を開けた。

○……「7月まで一滴も飲まないことにしました！」。小池知事が5日の都労連旗開きのあいさつで声高らかに宣言した。「臥薪嘗胆で、『都民ファースト』を実現するための心意気」と禁酒の理由を説明した。

小池知事は国会議員時代の2009年、自民党が政権を失った際に「臥薪嘗胆ヘア」と名付け、高校時代から伸ばしたことのない髪を政権復帰まで伸ばし続けたことがある。臥薪嘗胆の願掛けは、知事の中で逆境に打ち勝つ必勝法になっているのかもしれない。

○……品川区は区立全10図書館で4日から「本の福袋」を始めた。今年で2回目で、練馬区や中野区なども同様の取り組みを行っている。

図書館員が「大河ドラマ予習しませんか」「やる気スイッチオン!!」などテーマや年齢別に3冊の本を選び、全館合計で大人向け271セット、子供向け264セットを用意した。貸し出し期間は通常と同じく2週間。品川図書館の木村浩一館長は「今まで知らなかったジャンルを深掘りしてほしい」と話す。

トランプ次期米大統領の誕生など今年を占うキーワードの一つは「不確実性」だろう。都政でも、昨年来の東京五輪や豊洲新市場の移転問題に加え、今年は都議選がある。本の「不確実性」なら心躍らせ楽しめるのだが。

庁舎跡地の愛称を公募

開発エリア一帯対象に

豊島区

豊島区は1日、劇場を中心としたにぎわい施設の整備を進める庁舎跡地エリア一帯の愛称の公募を始めた。区都市整備部によると、エリア一帯のPRとブランディングが目的で、施設名称には別途、ネーミングライツ（命名権）の導入を計画しているという。

庁舎跡地では、区と76年6カ月間で総額191億円の定期借地契約を結んだ民間事業者が複合ビル2棟の建設を進めており、隣接する区民センターの建て替えと併せて整備する「八つの劇場」を中心に、2020年春のグランドオープン以降はエリア一帯で年間1千万人の集客を想定している。

公募では、「1000万のきらめく物語が生まれるまち」という区が設定したコンセプトに沿ったエリア一帯の愛称を2～10文字程度で募集し、愛称の考え方や愛称に込めた思いを200字以内でまとめてもらう。応募資格は、日本国内在住で、国籍は問わない。募集期間は2月7日までで、賞金は最優秀作品（1点）が50万円、優秀作品（2点）が10万円。新庁舎のデザインを手掛けた建築家の隈研吾氏や漫画家の里中満智子氏ら有識者7人が3月をめどに審査する。

高野之夫区長は「公募で決まったサンシャインシティのように、区が目指す国際アート・カルチャー都市のシンボルとして、広く親しまれる愛称になれば」と期待を寄せた。

ストライプの壁面が印象的な庁舎跡地エリア3棟の完成予想模型

漱石山房記念館

9月24日に開館

新宿区

新宿区は4日、文豪の夏目漱石が生涯を終えた早稲田南町の旧宅「漱石山房」跡地で整備を進める「漱石山房記念館」を9月24日に開館すると発表した。今年は漱石生誕150年で、区は当初、2月の開館を予定していたが、昨年に行った試掘調査で近代期の建物基礎遺構が出土し、調査のため開館時期を延期していた。

区文化観光課によると、漱石は晩年を過ごした旧宅で、「三四郎」や「こゝろ」「道草」などの代表作を執筆した。全国初の本格的な漱石記念館となる同施設では、書斎や客間、ベランダ式回廊など旧宅の一部を再現。図書室や講座室、カフェなどを併設し、区が所蔵する『道草』の草稿などの資料を公開する。

文化観光課の担当者は「漱石の記憶が残る場所として、未来に継承していく」と話している。

訂正　12月27日付6面の年表・特別区12月で、板橋区が老朽建築物等対策条例を施行したのは22日でした。

2020年オリパラへ 島しょの希望ここにあり

年が明け、2020年東京オリンピック・パラリンピックまで残り3年余りとなった。都内の島しょ地域でも、大会開催をきっかけにスポーツ振興や地域活性化を望む声が高い。今大会で正式種目として決定したサーフィンとスポーツクライミングにゆかりのある新島村、三宅村に寄稿してもらった。

新島村▼▼▼サーフィン パワーある波と最高の水質

「サーフィンが東京オリンピックの正式種目に！」昨年8月のリオデジャネイロで行われたIOC総会において全会一致で決定。世界中のサーファーの夢がかなった瞬間でした。

現在、世界のサーフィン人口は3500万人、日本国内では200万人と言われています。この、多くの人を魅了するスポーツは地球が相手です。サーフィンは、まず波に乗るために自力で沖にたどり着かなければ始まりません。スキーのようなリフトはありませんので我が身だけが頼りです。

少し格好をつけた言い方をすれば、これを何年も続けるうちに忍耐力や「あきらめない心」が備わってきます。しかし、人間の思い通りにならない大自然なので、そう簡単には乗れません。何もかも忘れて自然（波）を理解することに集中します。幾度も失敗を繰り返してようやく1本の波を捉えることができます。それほど深く難しいので、乗れた瞬間の気持ちは他に例えようのないくらい喜びと興奮でいっぱいになります。

それがサーフィンであり、人の心を引き付けて離さない魅力の一つでもあります。また近年は、小さい波なら比較的簡単に乗れるロングボードの人気により、定年退職された方が始めるなど、子供から高齢者まで幅広く楽しめるようになりました。このように様々な人たちから愛されるサーフィンだからこそ、今後オリンピックに新しい風（価値観）を吹かせることができるかも知れません。

ところで、私たちが暮らしている東京の島・新島は、深くサーフィンと関わってきました。今から70年以上前に「瀬つかし」と呼ばれる波乗りが盛んでした。荒波で出漁できない時に伝馬船の船板を浮き具にして波に乗ります。昔から誰もがサーファーであり、中でも上手に乗れる人は皆から尊敬されました。

昭和40年代に入り、島の東側にある羽伏浦海岸ではパワーあふれる波がブレークするため、ここを世界に誇れるサーフィンポイントとしてPRしていこうと考えました。1970年には世界のトッププロと日本のプロとの合同大会が開催され、その後、世界プロツアー大会や数々の国内のプロアマ大会を行ってきました。このように歴史を積み重ねていくうちに、新島は世界有数のサーフィンアイランドとして知れ渡るようになり、今も国内外から多くのサーファーが訪れてくれます。

昨年6月に「2020年東京オリンピックサーフィン競技招致委員会」を立ち上げ、競技会場の誘致活動を行ってきました。誘致に当たっては四つの柱を掲げました。

一つ目は都内に最高の競技会場があるということ。前述した実績に裏付けされた世界に誇れる波と東京都が毎年行っている海水浴場水質検査で常に最高評価であるAAの結果が出ている透明度抜群の環境の海があります。ここで世界のトップアスリートに気持ち良く最高の演技をしてもらい、ご覧になられた世界の方にサーフィンの素晴らしさと日本の自然の美しさを知ってもらいたい。

特にサーフィンが初めてオリンピック種目となり、注目されるわけですからロケーションによっては与える印象がまったく違うため、最高の舞台を用意することは開催国・都市の責任であると考えました。

二つ目は宿の受け入れは一町村だけでなく東京諸島で協力して受け入れるということです。他にも民間の客船を利用することも視野に入れました。

三つ目はセキュリティー経費の節約です。島で開催されれば入口はごく限られていますので港と空港をしっかりと守れば対応できます。

最後の四つ目は「東京」オリンピック・パラリンピックです。何としても東京都内でやるべきと考えたからです。

結果はご承知のとおりです。しかし、決まった限りは競技の成功を祈るとともに応援していくつもりです。

新島は日本が誇るサーフィンアイランドです。引き続きサーフィンを島の宝として大切にします。その結果として世界からサーファーの人波が押し寄せてくれることを期待します。

（新島村産業観光課長　富田浩章）

国内外から多くのサーファーが訪れる
©Kuni Takanami Photography

三宅村▼▼▼スポーツクライミング 身体と脳を使う爽快感

三宅村は2000年6月から始まった雄山の噴火活動により、同年9月に全島民が島外避難を余儀なくされ、4年5カ月に及ぶ避難生活を経て05年2月に避難指示が解除されて、島民は念願の帰島を果たしました。

帰島し、島での生活を再開した者は避難前の約7割となり、また来島される観光客数も避難前の約5割に減少した中、村では釣りやダイビング、バードウォッチングといった自然を生かしたアクティビティーの他に、雨天でも楽しめるアクティビティーとしてスポーツクライミングに着目しました。

島内に3校ずつあった小中学校が07年度にそれぞれ1校ずつに統廃合された際、廃校となった施設の再利用策として、11年度に旧坪田中学校体育館を「三宅村レクリエーションセンター」と改め、館内にクライミング（ボルダリング）ウォールを整備しました。

当初、同センターは利用に当たり、事前のクライミング講習会の受講を必須としていたため、主な利用者は島民となり、クライミング好きな島民が定期的に集まるなど、スポーツクライミングは島内で年々大きな盛り上がりを見せるようになりましたが、一方で当初の目的であった観光客など来島者の利用は増えませんでした。

このため、14年度に更衣室やトイレなどの施設改修、翌15年度に新たに六つのクライミング（リード、ボルダリング）ウォールを増設するなど、センター全体をクライミング施設として再整備するとともに、午前11時から午後8時まで（木曜定休）、誰でも利用できるよう運営体制を改善し、現在は島民だけでなく多くの観光客の方々にも利用される施設となっています。

こうした中で、2020東京オリンピック・パラリンピック大会の追加種目にスポーツクライミングが選ばれたことは、島民のオリンピック参加・協力への機運醸成が大きく図られるとともに、三宅島の復興に大きく寄与すると期待されることから、村は15年12月に都とオリンピック・パラリンピック組織委員会に対し、20年大会のスポーツクライミング競技会場の三宅島誘致の要望書を提出いたしました。

スポーツクライミングは腕力を必要とするイメージがあると思いますが、誰でも手軽に行えるスポーツです。全身運動で柔軟性やバランス感覚はもちろん、程よい筋肉も身につきます。また、登る前に手順をイメージして、パズルを攻略していくように脳を使うスポーツでもあります。設定されたルートをいかに攻略するか、集中力を高め、身体全体と脳を使いゴールを目指し、登りきった後に爽快感や達成感を得ることができるのも魅力の一つです。

20年東京オリンピック・パラリンピック大会の開催まであと3年半。島内でのクライミング熱も高まり、三宅村レクリエーションセンターには平日の夕方になると仕事を終えた方たちが集まり、週末ともなると日中から子供連れの家族の顔も見られるようになりました。小学校ではオリンピック教育の一環として、学校の体育館内にボルダリング用ウォール1面を設置し、授業の中で活用しています。三宅島からスポーツクライミング競技選手が誕生する日も夢ではありません。

都内でも数多くのクライミングジムが存在し、国内大会や世界大会も行われていますが、三宅島の施設も、また、競技大会の開催や、20年大会の合宿地や選考競技会などで幅広く利用していただけることを期待しています。

（三宅村観光産業課長　宮下亮）

圧倒的なハングが魅力の上級者専用メーンウォール

市長会と町村会

市町村総合交付金の増額要望
都予算の知事ヒアリングで

復活予算の廃止に伴い、小池知事の都来年度予算に対する各種団体へのヒアリングが行われ、都市長会と都町村会は、それぞれ市町村の財源補完制度となっている市町村総合交付金の500億円への増額を重ねて要望した。小池知事は「地域の実情に即した支援ができないか精査しながら対応したい」と述べた。

両団体へのヒアリングは昨年12月16日に実施された。市長会からは会長の並木心羽村市長のほか、副会長の長友貴樹調布市長、監事の石阪丈一町田市長が出席した。並木会長は市長会の予算要望に対する知事の見解を尋ね、とりわけ市町村総合交付金の予算確保や500億円への増額を要望。市町村総合交付金について、「復活予算の廃止という一連の手続きの変更で、どのような影響が出るのか、各市とも危惧している」と訴えた。

市町村総合交付金は、2006年度に創設された。財政状況、徴税や人事給与の取り組みなどの行革努力、ソフトとハード含めた振興施策の観点から配分される。

14年度予算では473億円（復活額27億円）、15年度は483億円（同30億円）、16年度は490億円（同35億円）が付いた。17年度予算では、495億円が総務局案として提示されている。

小池知事は予算要望全般について、「市長会の予算要望の考え方は既に各局に検討を指示している。これからも多摩の振興をもっと加速できないか、積極的に取り組みたい」と前向きに応じた。

市町村総合交付金については「市の財政に直結する話。よく精査しながら地域の実情に即した効果的な支援ができないか」との考えを示した。「多摩格差」の現状を認識していることにも触れ、「要求にはしっかり対応していきたい」と述べた。

長友市長、石阪市長とともに市町村総合交付金が経営努力も求める制度になっている点に言及。「我々も緊張感を持って当たっていきたい」（長友市長）、「町田市民病院の医師の人事考課は大変だったが、やらないと削られる。経営の指標にもなっている」などと語った。

続いて行われた町村会との意見交換では、町村会から、会長の河村文夫奥多摩町長、副会長の広瀬久雄御蔵島村長、前会長で顧問の坂本義次檜原村長が出席した。

河村会長も市長会と同様に市町村総合交付金の底上げを要望。「13の町村は財政が非常に脆弱。これが命綱」と訴えた。同交付金は使い勝手が良く、各自治体それぞれの特徴を出すことができる利点があるとし、「ぜひ今年は私たちの願望である500億円という目標に知事の英断をしていただきたい」と述べた。

これに対し、小池知事は、市長会への回答と同様、地域の実情に即した効果的な支援とニーズのしっかりした精査をするとした。

このほか、河村会長は島のコミュニティーヘリコプターや島しょ振興公社への財政的支援、福祉保健局の包括補助の予算確保の2点を要望した。

広瀬村長は島の状況を説明し、「昨年の小池知事の三宅島と御蔵島への来訪が島民に喜びを与えた」と述べた。また、20年東京オリンピック・パラリンピックに向けて、三宅島のスポーツクライミング、新島のサーフィンが競技会場としては外れたものの、強化練習などでの利用ができないか、誘致活動への支援を求めた。

そのほか、御蔵島でのオオミズナギドリの激減など島の生態系が変化していることを指摘。伊豆七島の生態系の本格的な調査に国や都の力添えを訴えた。交通の問題では、ヘリポートを自力で整備するのは難しいとして、国や都の予算措置を求めた。

意見交換会では、島焼酎特区の話も出た。河村会長は小池知事が率先して特区実現に向けて動いてくれたとして感謝を表明。坂本村長は、数少ない地元の資源をいかに生かすかの実例として、ジャガイモを使った焼酎を村外で製造してきたことを説明した。「（特区で）地元生産となれば、ジャガイモの作付面積も増え、休耕の畑が生かされ、農業振興にもつながる」と喜んだ。

小池知事は「福祉施策の充実も大変重要なテーマ」と話し、福祉保健局の包括補助事業への対応を約束。「一つずつ島の魅力を自分で見に行きたい」と述べ、「オリンピック・パラリンピックの事前キャンプ開催に向けた支援も念頭に進めたい。これからも良い成功例を出してもらい、互いに刺激し合うような町村会であり続けてほしい」と激励した。

小池知事は今月29日に大島と利島を訪れ、大島町では椿まつりのオープニングセレモニーに参加、利島村では小中学校を見学する予定。

新庁舎と新福祉会館建設で市長
小金井市 「21年度竣工」方針表明

小金井市の西岡真一郎市長は、懸案となっている新庁舎と新福祉会館の建設について2021年度の竣工を目標とする方針を明らかにした。12月20日の第4回定例市議会本会議で表明した。現在、リースの第二庁舎の賃貸借契約は新庁舎の竣工後の適切な時期までとし、関連予算と更なる検討の成果などについては第1回定例会で示す。

また、新庁舎の建設予定地である旧蛇の目ミシン工場跡地にある清掃関連施設の再整備については「慎重かつ丁寧に進める」こととした。

新庁舎建設事業の財源計画案によると、設計や建設工事などに伴う支出合計は62億9800万円、財源は庁舎建設基金繰入金や地方債、リースの第二庁舎の返還金7億円などを充てることで合計67億2900万円とし、余剰財源4億3100万円が生じると見込んでいる。

一方、新福祉会館建設事業の財源計画案では、設計や建設工事などで合計16億5624万9千円を見込み、財源は地域福祉基金繰入金、地方債などにより、支出と同額とする見通しを立てた。

企画財政部は「極力一般財源を投じることなく、地方債を最大限活用し、残りは基金などを充当する内容」と説明する。

西岡市長は庁舎や福祉会館を含む公共施設6施設の複合化を公約に当選した。庁内の複合化検討チームが旧蛇の目ミシン工場跡地での庁舎、福祉会館、図書館の配置などを示した最終報告書を昨年8月にまとめたが、スケジュールや財政計画などが示されていないとして議会から批判が続出。西岡市長は昨年10月の第3回市議会定例会で「ゼロベースで見直す」としていた。

新庁舎と新福祉会館は整備優先度が高いとされている。新庁舎の建設予定地は旧蛇の目ミシン工場跡地だが、新福祉会館については未定で、それぞれ単体で整備するか、複合化するかは現時点で固まっていない。

小平市長選

小林市長が4選出馬表明
多選自粛解禁「マンネリ化なし」

任期満了に伴い来年4月2日告示、9日投開票される小平市長選で12月20日、現職の小林正則市長（64）が4選を目指して出馬を表明した。民進党の推薦を得ており、共産、自由、社民の各党と生活者ネットにも推薦を依頼している。

小林氏は2005年の市長選で当時の市長の高齢多選批判をして初当選。3期までとする多選自粛宣言をしていたが、今回の出馬については「毎回、初挑戦のつもりで新しい気持ちでマニフェストを作っている。マンネリ化や人事の硬直化などもない」と話した。

これまでに認可保育所を17カ所新設してきた実績を語り、公約として、待機児童解消を掲げた。母子家庭や父子家庭の支援、子ども家庭支援センターやファミリーサポートセンターの充実強化、市の女性幹部職員の積極的な登用、西武線小川駅西口や小平駅北口の再開発なども進めるとした。

また、コミュニティービジネスをサポートする中間支援事業を行うNPO法人への補助を通じて、地域の課題解決を促す市民事業にも力を入れたいとしている。

小林氏は1952年生まれ。産業能率大学卒。菅直人衆議院議員などの秘書を経て、小平市議2期、都議3期を務めた。05年4月に小平市長に初当選。13年の前回選挙では、民主、共産、生活、社民、生活者ネットの推薦を受け、自民、公明、みんな、維新推薦の前市議を大差で破り、3選を決めた。

同市長選には市議の松岡篤氏（31）も出馬を表明している。現在、自民から推薦を得ており、公明にも推薦を依頼中。

日野市長選

大坪市長が再選出馬表明
「子育て支援など進める」

任期満了に伴い4月9日告示、16日投開票される日野市長選で、現職の大坪冬彦市長（59）が12月27日、再選を目指して無所属で立候補することを表明した。自民、公明、民進、社民、生活者ネットに推薦を依頼する。

同日の出馬会見で大坪氏は、少子高齢化を見据えた地域コミュニティーの活性化や健康長寿のまちづくり、小金井市、国分寺市との共同可燃ごみ処理施設の建設推進などを1期目の実績として挙げ、「4年間の高い評価を得て、引き続き行うべきとの声に押され、決意を固めた」と語った。

2期目の公約として、待機児童解消などの子育て支援、自然環境の保全、子供の貧困対策やごみ処理の広域化の推進など6項目を掲げた。

やり残した課題として、市民に効果が浸透するまでの健康長寿のまちづくりの推進や地域包括ケアの充実のほか、老朽化しているが住宅地の中にあって現在地では建て替えができない市営火葬場の問題などにも取り組む意欲を見せた。

大坪氏は1957年生まれ。一橋大学経済学部卒。81年に日野市役所に入庁し、資産税課長、高齢福祉課長、健康福祉部長、まちづくり部長などを歴任。馬場弘融前市長の後継として、13年4月の市長選で自民、民主、公明、社民、生活者ネットの推薦を受けて共産推薦候補を破り、初当選を果たした。

同市長選への出馬表明は大坪氏が初めて。

国分寺市長選

井澤市長が再選出馬表明
「道筋は付けたが道半ば」

7月12日に任期満了を迎える国分寺市長選で、現職の井澤邦夫市長（66）が12月26日、再選を目指して無所属で立候補することを表明した。

この日、開かれた記者会見で井澤氏は国分寺駅北口再開発や新庁舎建設などの課題を挙げ、「一定の道筋は付けたが道半ば。引き続き責任を持って担当したい」と述べた。

新庁舎建設の鍵を握るのが、財政的な裏付けだ。井澤氏はこれまでも財政再建に力を入れており、庁舎建設に向けても一定のめどは付いたとしているが、課題の一つに財政健全化も挙げ、基金の一層の積み増しなどに意欲を見せる。

井澤氏は1950年生まれ。中央大学法学部卒。生命保険会社、建設会社勤務を経て、2005年市議補選に初当選し、連続3回当選。11年4月から13年5月まで議長を務めた。星野信夫前市長の後継指名を受けた同年6月の市長選挙では、自民、公明、維新の推薦を受けて三つどもえを制した。

同市長選への出馬表明は井澤氏が1人目。

市長がイクボス・ケアボス宣言
武蔵野市

武蔵野市の邑上守正市長は4日の職員向け年頭あいさつで、自ら率先して仕事と生活を楽しむ組織のリーダーになるとして「イクボス・ケアボス宣言」をした。

ケアボスの「ケア」は、育児、介護、自らのマネジメントを指している。育児・介護などの支援制度を職員に活用するよう促し、制度を活用する職員を応援する。また、ワーク・ライフ・バランスに配慮した質の高い働き方ができる組織づくりや業務改革に取り組み、市民サービスを向上させるとしている。

市長の宣言を受けて、31日には管理職を対象にイクボス・ケアボス宣言研修を実施し、賛同する管理職職員も宣言をしていく。

年頭あいさつの終了後には、14年度から例年行っている「よい仕事表彰」の市長賞を発表。学校の改修工事の情報をエクセルを利用して一元管理できるよう効率化し、正確性を向上させた教育部教育企画課の大原正樹主任が受賞した。

前田教育長が退任 職務代理に宮田教委
西東京市

西東京市は12月20日、同日付で前田哲教育長（58）が退任したと発表した。理由は「一身上の都合」としている。

同市では新教育委員会制度に基づく新教育長として2015年7月から前田氏が着任していた。

退任に伴う職務代理者は、教育委員会の規定で5人の委員の互選により、あらかじめ指名されていた宮田清藏氏（75）が務めている。

12月の第4回市議会定例会で自民市議から前田氏のパワハラ疑惑を指摘する質問が出されていた。市教委は実態把握のため、職場環境についての調査を検討している。

■国立市人事異動

1月1日付

【課長級】▽政策経営部市長室長兼オンブズマン準備担当課長（政策経営部市長室長）松田周平

都超勤縮減

1人当たり10時間削減も

主税局など5局を表彰

都総務局はこのほど、「残業削減マラソン」がスタートした昨年10月の前年同月比の超勤縮減率の上位5局を発表し、「スタートダッシュ賞」として表彰した。入賞した各局は意識改革に注力しており、退庁時間から逆算して仕事をする環境ができつつあるという。一方、局の壁を超えた業務も増えていくことが予想され、局をまたいだ取り組みも求められている。

教育庁地域支援部では、退庁時間を示すカードをパソコンに掲示し、職員の意識改善を図っている＝都庁第一本庁舎で

1位の主税局は、超勤縮減「モデル職場」の総務部の主な取り組みとして、午後5時以降の定例会議・打ち合わせの原則禁止や、従来の全庁の定時退庁日に加えて各課の担当ごとに定時退庁日を設定するなど、前年同月比41・4％、一人当たり9・9時間の超勤縮減に成功した。

同局職員課は「管理職が率先して定時退庁に努め、退庁しやすい雰囲気を作ったことが超勤縮減につながった」と分析。

また、前年には他自治体の職員を受け入れて地方税徴収のノウハウをレクチャーする「税務の達人」の準備で超勤が増えていたが、事業が軌道に乗り残業が減ったことも大きいという。

一人当たり10・5時間の超勤縮減を達成した2位の港湾局は、勤務時間外の他部署との打ち合わせや、午後3時以降の資料要求の原則禁止、指示の明確化などを徹底し、毎月各係レベルで効果を検証して改善に当たっている。

同局人事担当は「一般会計の知識だけでは賄えない事業会計のデータベースの拡充など、超勤縮減の方法を部下から提案されることもある」と話し、職員の意識の高まりを感じているようだ。

3位の教育庁では、「一業務一改善」を同庁総務部の目標にし、職員個人や各部署で取り組みを徹底した。

例えば総務部では精神・知的障害者を雇用し、軽作業を任せる「チャレンジ雇用」の職員を積極的に活用し、郵送物の宛名ラベル貼りや袋詰めで2～3時間の業務時間を削減した。職員からは「業務が重なった時など、協力を仰ぎやすい雰囲気になった」という声も上がる。

オリンピック・パラリンピック準備局は、リオ大会が終了し、東京大会の準備の本格化に加え、都政改革本部の競技会場の見直し作業に追われたが、4位入賞と健闘した。

「これまで誰もやったことのない業務を、いかに効率よく進めるかに苦労した」（総務課）と話す。

管理職も部下が作った資料を見て、初めて内容を細部まで理解できることもある中、部下とのコミュニケーションを重視し、作業内容や期限を具体的に指示し、スケジュール管理の見直しに努めたという。

■意識の継続を

小池知事は4日の新年のあいさつで「上司に気兼ねすることなく帰れていますか」と改めて職員に尋ねた。継続的な超勤縮減には、高まった意識の継続が不可欠だ。予算・人事を始め、業務量の増える年度末にかけて、どこまで取り組みに実効力を持たせられるかが課題となる。

また、超勤縮減への取り組みでは、他部署との打ち合わせや資料要求などの時間指定を行った部署も多いが、知事は「これからの時代、自分の業務や部署の守備範囲だけで解決できる問題などない」とも述べており、これまで以上に局や部署の壁を超えた業務が増えることも想定される。今後は部署や局の壁を超えた超勤縮減の取り組みや調整も必要になりそうだ。

総務局は「半年に1回ほどのペースで表彰し、またそれ以外にも適宜、超勤縮減率などを公表し『残業ゼロ』の機運をさらに高めていきたい」（職員支援課）と話す。

都労連旗開き

「都政支えるのは職員」

労働環境の改善要望

「様々な意見の出せる組織風土は極めて大事」などと語る西川委員長＝5日、都庁第一本庁舎32階で

都労連は5日、2017年新春旗開きを都庁第一本庁舎32階の職員食堂で開いた。西川晋司執行委員長は昨年の賃金闘争を「かつてないほど都政が注目を浴びた中での闘争だった」と振り返り、扶養手当の見直しや行（一）1級の号給カットなどを争った交渉の労をねぎらうとともに、「都政の信頼回復、都民のための都政、それを担う職員のために全力を尽くす」と抱負を語った。

また、小池知事が年末に策定した「実行プラン」に触れ、「政策を具体化し、都政を根幹から支えるのは紛れもなく職員だと確信している」と訴えながら、賃金や労働環境について「職員がやりがいと誇りを持ち、安心して業務に従事することで『都民ファースト』の都政が実現できる」と改善を強く求めた。

長時間労働の問題については、社会的に注目されている過労自殺を「極めて悪質で、経営者側の論理が色濃く出ている」と強く批判。午後8時完全退庁を始めとする都が行う超勤縮減には、賛否両論の意見があるとしながらも、「これを契機とし、抜本的かつ恒常的な長時間労働の削減に努めることが必要」と述べ、実効性のある制度改革を求めた。

旗開きに出席した小池知事は今年のキーワードに「働き方改革」を挙げ、「国がもたもたしている間に、都庁で示していきたい」と意欲を示した。

知事は「私たちを取り巻く環境は日進月歩で変わっており、都も変わっていかなければならない」と強調した上で、同日行われた新年度予算知事査定の資料のペーパーレス化に言及。「育児や介護に当たっている職員が、都庁に来なくても仕事ができるテレワークの一歩につながった」との考えを示した。

また、昨年設置した職員目安箱にパワハラやマタハラの投稿があったことにも触れ、「職員が満足のいく職場にしたい」と改革の決意を語った。

都労連に対しては、これまでの労使交渉に敬意を示し、「賃金の確保はもちろんだが、働き方の質を高める都労連であってほしい」と要望した。

特区連旗開き

人事制度確立に精力を

吉川委員長が年始の抱負

吉川委員長や西川区長会会長らが鏡割り＝6日、千代田区

特区連は6日、新春旗開きを千代田区内のホテルで開き、約140人の関係者が出席した。

吉川貴夫委員長は冒頭、行政系人事制度の改正に関する報告を受けて始まる労使交渉に言及し、「管理監督職の不足は行政運営上の極めて深刻な課題となっている」と指摘。国・他団体に比べて異なる任用制度の運用が生涯賃金水準を低いものにしているとして、「職層構成比の大きな違いが管理監督職の過重な負担を生じている」と訴えた。仕事と家庭の両立が可能となる働き方の実現も求められているとして、「区民サービスの向上に資する人事制度の確立に向けて精力的に取り組む」と決意を示した。

また、「格差拡大への不満が既存の体制を揺さぶり、社会を不寛容が覆っている」とした上で、「貧困と格差が拡大している中で、労働者全体の賃金底上げが極めて重要な課題になっており、公務員賃金闘争の社会的役割も増している」と強調。「『公的サービスの産業化』と称した公務労働の破壊や『地方創生』と称した地方自治に逆行する動きが強まる中で、区民を大切にし、喜ばれる仕事をするための公務労働と自治権の拡充を特別区全体の力で作り出していかなければならない」と呼び掛けた。

来賓の西川太一郎区長会会長は「納税者に対して素晴らしい（行政）サービスでお返しするのは大事なこと。皆でやりましょう」と呼び掛け、同時に「皆さんが理不尽な思いを持たないようにしっかりやっていく」と表明。

「皆さんと一緒に23区を輝かしい所にして、全国連携の成果を上げてウインウイン」でやっていけるように」と語り、作家・武者小路実篤の「君は君　我は我也　されど仲よき」という言葉を引いて労使の健闘を誓い合った。

都福祉保健局

梅毒患者、2年で3倍

若者の啓発活動に本腰

都内の梅毒患者報告数が増え続けている。6日に公表された都感染症情報センターの調査結果によると、昨年の都内の梅毒患者報告数は1672人で、2002年に感染症法に基づく調査が始まって以来、過去最高だった15年の1044人を大幅に上回り、2年前の3倍超となった。

特徴的なのは10～20代の若い女性の新規感染で、患者数は14年の64人から4倍以上の282人まで増加し、女性患者全体の約6割を占めている。

また、患者全体の感染経路にも変化があり、15年に初めて「異性間性的接触」が「同性間性的接触」を上回った。

感染拡大の原因について、同局健康安全部は「まだ明確ではないが、SNSにより特に若い世代で違法な性的サービスのハードルが下がっているのではないか」と推測する。

日本では戦後、抗生物質の発達により梅毒は「過去の病気」として見られがちで、若い世代が気づかないまま感染させているケースもある。

同局は今年度から啓発活動に力を入れており、学校や医療機関に配布しているリーフレットには、梅毒患者が増えていることを記載。教育庁とも連携しながら児童・生徒への啓発活動を行っており、「適切に治療すれば根治できる病気で、検査すれば必ず発見もできる」と周知し、対策と原因究明を急いでいる。

MEMO　梅毒　梅毒トレポネーマに感染することで発症する全身性疾患。主に性的接触によって感染する。数年がかりで進行し、時期により症状が異なる。初期は感染部位や全身に発疹や腫れが見られるが、進行すると骨や筋肉の腐敗や神経症状が発症。失明したり、死に至る場合もある。初期は痛みがなく、数カ月～数年ほど症状がない状態が続くため、治療をしない患者も少なくない。

SNSで高額契約

エステを業務停止

都生活文化局

SNSで仲良くなった若い女性に借金をさせ、高額なオイルマッサージの契約を結ばせていたとして、都生活文化局はこのほど、特定商取引法に基づき、エステ事業者「Laura」などを経営する田村未弥子代表に1年間の一部業務停止を命じた。

同事業者はSNSのミクシィを利用して、20～30代の女性に「何でも話せる友達を作りたい」などと近付き、「エステに興味はあるか」などとマッサージに誘った上で、消費者金融などで借金をさせて高額な契約を結ばせていた。相談者の平均契約額は約219万円。13年6月～16年9月に1億円余を売り上げていた。

田村代表は、同局が12年6月に業務停止命令を出した別のサロン事業にも関与。警視庁に逮捕された前歴があるにもかかわらず、同様の営業活動を繰り返したという。同局は「SNSをきっかけに仲良くなった人から高額な商品やサービスを契約させられたというトラブルが後を絶たない」（取引指導課）として注意を呼び掛けている。

都環境局・福祉保健局

食品ロスの削減で

防災備蓄食品配布

食べられるのに廃棄される「食品ロス」削減の一環として、都は賞味期限が近付いている防災備蓄食品を社会福祉法人や都民などに配布する。

都が配布するのは2月末と4月末に賞味期限を迎えるアルファ化米やクラッカー計約67万食。食品ロス削減のモデル事業に取り組む環境局と、災害時の避難者向けの備蓄を担当する福祉保健局が連携し、社会福祉法人や都民に無料で提供することにした。これまでは期限切れの直前に地域の防災訓練で配布したり、期限が切れた後に家畜の飼料として使用していたが、結果的に大半が廃棄に回っていたという。

今回、アルファ化米を中心に約32万食は既に社会福祉法人や「フードバンク」などに提供するめどが付いており、更に2月末に賞味期限を迎えるクラッカー約10万食を都立動物園や水素情報館などの各施設、マラソン祭りや耐震キャンペーンなどのイベントで都民に配布する。

併せて都内の社会福祉法人やNPO、自治会などの団体にも提供する予定。転売しないことや賞味期限内に食べ切ることなどが条件で、都庁と多摩環境事務所（立川市）で引き渡すほか、宅配便の着払いでも対応する。

小池知事は6日の定例記者会見で、「防災備蓄の重要性と食べ物の大切さを都民に考えてほしい。残りの備蓄食品も引き受けてくれる配布先を探すなどして出来る限り有効に活用する」と述べた。環境局では今年度、民間団体と連携して食品ロス削減のモデル事業に取り組んでおり、小池知事は防災備蓄食品を有効活用する「東京方式」のシステムを構築していく考えも示した。

調布、町田両市の

都計道を事業化

都建設局

都建設局はこのほど、調布3・4・18号狛江銀座吉祥寺線（調布市）と町田3・4・18号能ヶ谷根岸線（町田市）について、国土交通省から都市計画事業の認可を取得した。調布3・4・18号は調布市柴崎1丁目から深大寺南町3丁目までの740㍍の区間で道路の幅を6㍍から12～16㍍に拡幅する。事業費は38億円。町田3・4・18号は町田市野津田町の600㍍の区間で同じく幅9㍍から20㍍に拡幅する。事業費は18億円。電線類の地中化や街路樹の植栽も行う。

宮部　民夫さん（みやべ・たみお＝元都労連執行委員長）12月27日死去、88歳。

五輪への航海図
TOKYO 2020
143
開催まで あと1291日

V1の発表②

立候補段階との乖離

「自らの財源額では賄えなくなったから、負担を都や政府、関係自治体に求めたのではないかという報道があるが、これは事実と異なる」。大会組織委員会の武藤敏郎事務総長は12月の記者会見で、このように述べた。

東京大会の経費は立候補ファイル上、約8千億円だったが、V1予算では1・6兆～1・8兆円と大きく乖離。費用の膨張が問題視されたことから、「立候補段階の数字と、実際の大会経費は次元が異なる」という考え方を改めて強調した形だ。2012年ロンドン大会でも立候補ファイルでは約8千億円だったのに対し、実際にかかった経費は2・1兆円であるとしている。

ではなぜ、こうした乖離が生じるのか。

組織委は「立候補ファイルでは都や国などの運営経費はほとんど計上されていないが、実際には警備・輸送などの行政経費がかかっている」と説明する。立候補時点でも行政によるソフトの役割は分かっているが、ごく限られた金額しか計上されていない。東京大会で言えば、V1では4100億円を計上したが、立候補ファイル時点では500億円にとどまっている。

4者協議はテレビ会議を通じて行われた＝16年12月21日、港区

ハード部門でも、立候補ファイル上は都・国などの負担分として4千億円としていたが、V1では5900億円に増えた。恒久施設の整備費は「夢の島ユース・プラザ・アリーナA／B」など一部会場の新設を取りやめたこともあって減少したが、仮設の整備費が800億円から2800億円に増えている。

これは会場変更に伴い、幕張メッセ（千葉市）やさいたまスーパーアリーナ（さいたま市）など既存会場を使用することになったため。工事費の単価が上昇したこともあるが、本体工事以外に設計費や植栽・仮設トイレなどの周辺整備費が新たに織り込まれた。

立候補段階では各都市ともに、警備・輸送・テクノロジーなどに関してある程度、抽象的な考え方しか持っておらず、東京が不当に低く見積もったというわけではない。ただ、精緻な積算が困難であることを差し引いても、実態とかけ離れた金額が流布されている側面は否定できず、招致レースで公的部門を含めた積算ルールを確立しなければ、今後も同様の混乱は続くだろう。

昇任試験対策のページ

主任試験講座

平成29年度　15

地方自治制度 ②

前回に引き続き地方自治制度の確認をしていきます。

（三）第二編　普通地方公共団体

1　通則（第5条～第9条の5）

普通地方公共団体の廃置分合及び境界変更の手続き（第6条、第7条）や、境界又はその変更に関する都道府県知事による調停や裁定の手続き（第9条～第9条の5）等が細かく規定されています。これらについては、都道府県と市町村の関係という視点も併せ、条文の記載をよく確認してください。

第8条には、市及び町の要件が規定されています。第12章の大都市等に関する特例（指定都市と中核市の要件等）と併せて覚えると良いでしょう。

2　住民（第10条～第13条の2）

市町村の区域内に住所を有する自然人、法人は、国籍のいかんを問わず、当該市町村の住民となります。住民は法律の定めるところにより、その属する普通地方公共団体の役務の提供を等しく受ける権利を有し、その負担を分任する義務を負います。

ただし、住民の選挙権（第11条）、条例の制定改廃請求権及び事務の監査請求権（第12条）、議会の解散請求権及び主要公務員の解職請求権（第13条）等の参政権や直接請求権は、日本国民であることが要件です。

3　条例及び規則（第14条～第16条）

普通地方公共団体は、法令に違反しない限りにおいて第2条第2項の事務（地方公共団体の事務）に関し、条例を制定することができます。

また、普通地方公共団体の長は、法令に違反しない限りにおいて、その権限に属する事務に関し、規則を制定することができます。

条例と規則は別個の自治立法の形式であり、法律と法律に基づく政令のような関係にはありません。そのため、条例、規則双方の所管事項の競合が起こり得ますが、地方団体の長等、執行機関の専属的権限に属する事項以外について競合する場合には、条例が優先されます。

普通地方公共団体は、義務を課し、または権利を制限するには、法令に特別の定めがある場合を除くほか、条例によらなければなりません。また、法令に特別の定めがあるものを除くほか、条例中に、条例に違反した者に対して刑罰（2年以下の懲役若しくは禁錮、100万円以下の罰金、拘留、科料または没収の刑）または5万円以下の過料を科する旨の規定を設けることができます。

一方、規則では、規則に違反した者に対して5万円以下の過料を科する旨の規定を設けることができます。

条例及び規則の効力の範囲は、原則として当該地方公共団体の区域内で、住民か否かを問わず効力を及ぼしますが、職員の給与に関する条例のように、属人的に適用される条例もあります。

条例または規則が法令に違反する場合、原則として当該規定は無効となります。

4　選挙（第17条～第19条）

日本国民である年齢満20歳以上の者で引き続き3カ月以上、市町村の区域内に住所を有する者は、その属する普通地方公共団体の議会の議員及び長の選挙権を有します。

また、普通地方公共団体の議会の議員の選挙権を有する者で年齢満25歳以上の者は、当該普通地方公共団体の議員の被選挙権を有します。

なお、都道府県知事及び市町村長の被選挙権は、それぞれ年齢満30歳以上及び25歳以上の日本国民であれば足り、在住要件はありません。

選挙権・被選挙権については、年齢要件・存在要件を整理しておきましょう。

5　直接請求（第74条～第88条）

直接請求には、①条例の制定・改廃請求（第12条第1項、第74条）②事務監査請求（第12条第2項、第75条）③議会の解散請求（第13条第1項、第76条）④議員、長の解職請求（第13条第2項、第80条、第81条）⑤主要公務員の解職請求（第13条第2項・第3項、第86条）があります。

試験ではこれらの細かな要件が問われます。請求に必要な署名数、請求先、必要な措置、一部の制限事項の観点から、表にまとめて整理すると良いでしょう。

まずは、請求に必要な署名数です。①及び②については当該普通地方公共団体の選挙権を有する者（住民全般ではありません）の50分の1以上の連署が、③～⑤については、3分の1以上（選挙人総数が40万を超え80万以下の場合にあっては、40万を超える数に6分の1を乗じて得た数と40万に3分の1を乗じて得た数とを合算して得た数、その総数が80万を超える場合にあっては、80万を超える数に8分の1を乗じて得た数と40万に6分の1を乗じて得た数と40万に3分の1を乗じて得た数とを合算して得た数）の連署が必要となります。

次に請求先です。①及び⑤は長に、②は監査委員に、③及び④は選挙管理委員会が請求先となります。

続いて必要な措置です。①については、20日以内に議会を招集し、意見を付けて付議することとなり、②については、請求に係る事項を監査し、結果を報告することとなります。③及び④については選挙人の投票に付し、過半数の同意で解散または解職となり、⑤については議会に付議し、在職議員数の3分の2以上の出席、4分の3以上の同意により解職となります。

最後に一部の制限事項等についてですが、①は、地方税の賦課徴収や分担金・使用料・手数料の徴収に関するものは対象となりません。②については、税額等単なる事実の公開請求等は監査の請求と解されません。③～⑤については、請求のできない期間（選挙や就職の日から1年間または6カ月間）があります。

なお、事務の監査請求（第75条）については、目的や趣旨・対象事項・請求の方法・期間・監査後の措置等について、住民監査請求（第242条）と比較しながら覚えると良いでしょう。

6　議会（第89条～第138条）

議会については今回と次回の2回に分けて説明します。今回は、①定数から⑧招集及び会期までの部分について説明します。

①定数（第90条、第91条）

普通地方公共団体の議員定数は条例で定めることとされています。23年度の改正により、人口段階別の上限数に係る制限は撤廃されました。

②任期（第93条）

普通地方公共団体の議会の議員の任期は、4年とされており、補欠議員は、前任者の残任期間在任することとされています。

任期が満了すれば議員の身分を喪失しますが、任期満了以外の主な身分喪失事由としては、議会の解散請求の成立（第78条）、議員の解職請求の成立（第83条）、議会の許可による辞職（第126条）、兼業禁止職への就任（第92条、第92条の2）、被選挙権の喪失（第127条）等が挙げられます。

③議決権（第96条）

議会の議決権は、第96条に議決事件として制限列挙されています。具体的には、条例の制定・改廃、予算の決定、決算の認定、地方税の賦課徴収または分担金・使用料・加入金・手数料の徴収に関すること、条例で定める契約の締結、条例で定める財産の取得・処分等が列挙されています。

なお、これらのほか、条例で議決事件を定めることができます。23年度の法改正により、法定受託事務に係る事件についても、政令で定めるものを除き、条例で議決事件として定めることができるようになりました。

④予算の増額修正（第97条第2項）

予算の提出権は長のみが有していますが、議会は増額して議決することができます。具体的には、減額には制限がない一方、増額については長の予算の提出の権限を侵さない範囲で認められています。修正の手続きは、修正の動議（第115条の3）によります。また、予算修正の議決に対し、長には再議（第176条、第177条）による対抗手段があります。

⑤検査及び監査の請求（第98条）

議会は、当該普通地方公共団体の事務（例外規定あり）に関する書類及び計算書を検閲し、長やその他の執行機関に報告を請求して、当該事務の管理、議決の執行及び出納を検査することができます。

また、監査委員に対し監査を求め、結果の報告を請求することができます。

⑥意見書の提出（第99条）

議会は、当該普通地方公共団体の公益に関する事件につき、国会または関係行政庁に意見書を提出することができます。ここでいう関係行政庁とは、意見書の内容について権限を有する行政機関（国、地方の別を問わない）であり、裁判所は含まれません。

⑦調査権（第100条）

議会は、当該普通地方公共団体の事務（例外規定あり）に関する調査を行い、特に必要のある場合には、選挙人その他の関係人の出頭及び証言並びに記録の提出を請求することができます（24年度の改正により、これら請求することができる場合は、特に必要があると認めるときに限るものとされました）。出頭または記録の提出の請求を受けた選挙人等が、正当な理由がなく出頭等をしないときには、罰則が科されます。

⑧招集及び会期（第101条～第102条の2）

議会の招集は、長が行います。議会には定例会と臨時会があります。定例会は毎年、条例の定める回数招集します。臨時会は、必要がある場合において、その事件に限り招集します。臨時会の招集は、（イ）議長が議会運営委員会の議決を経て、または、（ロ）議員定数の4分の1以上の者が、会議に付議すべき事件を示して長に対して請求することができます。長は、請求のあった日から20日以内に議会を招集しなければなりません。なお、24年度の改正により、臨時会の招集請求に対して長が招集しないときは、（イ）の場合には議長が臨時会を招集することができること、（ロ）の場合には議長が臨時会を招集しなければならないこととされました。

臨時会に付議すべき事件は、長が（前述のとおり招集請求に対して長が招集しないときは議長が）あらかじめ告示しなければなりませんが、緊急を要する事件があるときは、直ちにそれを付議することができます。

なお、24年度の改正により、条例で、定例会・臨時会の区分を設けず、通年の会期とすることができることとなりました。

議会の会期、延長、開閉に関する事項は、議会が定めます。

◇

次回は、議会の⑨議長及び副議長（第103条～第108条）部分から、引き続き地方自治法をもとに地方自治制度について確認していきます。

29年度 主任・係長 論文講座 15

都主任選考

改正内容 ①

都人事委員会事務局は昨年12月、主任級職選考の論文の出題例について発表しました。主任級職として求められる能力を実証する機能をこれまで以上に高めるために課題文に資料等を添付し、課題抽出と解決策の提案力などを確認することとしています。「都政に関する出題」（都政もの）、「職場に関する出題」（職場もの）ともに1～4点程度の資料が添付される予定で、受験者は資料から課題を抽出・分析した上で、具体的な解決策を考えていく問題意識や問題解決力、論理的に論述する表現力が更に問われることになります。

では早速、どのような出題形式となるのか、出題例を見てみましょう。なお、出題例は今年度の問題を基にしたものとなっています。

【都政もの】（AⅠ類のみ）

東京は、少子高齢化、人口減少社会の将来的な到来、首都直下地震の脅威などの様々な課題への対応が求められています。このようなことを踏まえて、東京に住む誰もが安心して暮らせる都市を実現するために、どのような取り組みを行うべきか、次の（1）、（2）に分けて述べてください。

（1）都民が安心して暮らせる東京を実現するために何が課題か、資料を分析して課題を抽出し、簡潔に述べてください。（300字以上500字程度）

（2）（1）で述べた課題に対して、都は具体的にどのような取り組みを行っていくべきか、その理由とともに述べてください。（1200字以上1500字程度）

資料としては、①エリア別の都政への要望②性・年齢別の都政への要望や③具体的な要望施策（生活文化局「都民生活に関する世論調査」）が添付されています。

都政への要望上位5位（エリア別）

（%）

	n	1位	2位	3位	4位	5位
全体	1,805	高齢者 53.5	防災 48.6	治安 48.1	医療・衛生 41.7	行財政 27.1
区部（計）	1,179	高齢者 51.7	治安 49.8	防災 48.9	医療・衛生 40.5	行財政 27.5
センター・コア	313	治安 47.9	防災 46.0	高齢者 45.7	医療・衛生 32.9	交通安全 26.8
区部東部・北部	386	高齢者 55.4	治安 48.4	防災 45.3	医療・衛生 43.0	交通安全 25.4
区部西部・南部	480	防災 53.8	高齢者 52.5	治安 52.1	医療・衛生 43.3	行財政 30.8
市町村部（計）	626	高齢者 56.9	防災 48.1	治安 45.0	医療・衛生 43.9	行財政 26.5
多摩東部	233	高齢者 54.5	防災 48.5	治安 44.6	医療・衛生 36.5	行財政 24.9
多摩中央部北	98	高齢者 64.3	防災 54.1	治安／医療・衛生 44.9		消費生活 25.5
多摩中央部南	250	高齢者 53.6	防災 50.0	治安 46.8	防災 45.6	行財政 29.2
多摩西部・島嶼	45	高齢者 71.1	防災／医療・衛生 46.7		治安 37.8	行財政 35.6

出典：都生活文化局「都民生活に関する世論調査」（平成28年7月調査）より抜粋

また、人事委員会から示された注意事項は以下の通りです。

・（1）では、都政を取り巻く社会経済状況を踏まえ、広い視野から問題意識を持って資料を解釈、分析し、都の取り組むべき課題を述べて、出題意図に合わせた課題設定を論理的に行えるかを問うことを主眼に置いている。

・（2）では、課題の解決策として、新たな取り組みを提案するか、または現在の都が行っている事業に対する改善策等を述べてもよい。いずれにしても、具体的で実現性のある取り組みを述べる必要がある。また、取り組みの重要性、必要性などを踏まえて実現に向けた詳細な内容を論述することが望ましい。

・論文出題例の中で、「資料を分析して課題を抽出し」と例示している。これは「○○が□%から△%に増えた（減った）」等の事実の論述に終始することを期待しているのではなく、図表等から分かる重要なポイント（例えば、地理的な特徴や取り組みに対する要望など）は何かを論述してもらいたいという趣旨である。

・都民が安心して暮らしていくために、資料の中から抽出する課題は、資料に挙げられている項目のうち、いずれか一つから選定すればよい。あるいは、各項目に共通する課題を設定しても差し支えない。

以上の注意事項を踏まえて対策を考察します。「都政もの」では各局の事業に対する理解に加えて、普段から東京都に対する知識を蓄えておくことが説得力のある論文を書くためには必要となります。例えば、今回の例題では、資料1の「区部西部・南部」で「防災」が多いのは、「木密住宅が密集しているから？」など、自らの知識を交えて考察することが求められます。

「職場もの」についても言えることですが、職員ハンドブックや各局の事業等を普段から把握しておくことは必要です。また、択一試験の出題分野の「都政実務」「都政事情」の知識も論文試験で資料を分析する際の重要なバックグラウンドとなるので、学習しておくことが望ましいと言えます。

問題意識、問題解決力の向上に向けては、普段の業務を漫然とこなすのではなく、例えば目の前の資料一つひとつについても、「なぜなのか」「どうしてこういった動きをしているのか」など、考えながら眺める癖をつけていくことが必要です。これらの積み重ねが課題の抽出力の向上、ひいては論文の質の向上につながります。

◇

次回は、「職場もの」の例題と勉強方法、評価の低い事例などについて概説をしていきます。

カレントトピックス 29年度 15

都政事情

■観光産業振興のプラン策定へ（2016年11月24日）

有識者らで構成する「東京の観光振興を考える有識者会議」が昨年11月24日に開催され、今年度末までに新たな「東京都観光産業振興実行プラン2017」を策定することが明らかになった。

24日の会議で示されたたたき台では、観光産業の生産性向上を目指して、マーケティングなどの導入、SNSからの観光関連のビッグデータの収集などが例示された。

観光実行プランは、2020年に向けた実行プランを踏まえ、具体的な数値目標などを設定する。12月下旬の中間まとめの公表を経て、パブリックコメントなどを実施する。このプランは毎年度改定し、当面の施策だけでなく、基本的な理念や今後の方向性、中長期的な目標を盛り込む。

■20時完全退庁の実施状況（2016年11月25日）

都は昨年11月25日、午後8時完全退庁に伴う本庁職員の残業削減の取り組み状況を公表した。

午後8時退庁開始後の1カ月間の状況では、8時半以降の退庁者は1日平均890人で、本庁職員の1割以下だった。最も多い日は1108人に対し、最も少なかったのは594人。一方、午後8時半以降の退庁者の平均退庁時刻は午後10時40分で、一部では遅くまで残業する実態がうかがえた。

職員からは「帰りやすい雰囲気ができた」「付き合い残業がなくなった」「仕事のやり方が変わった」など肯定的な声が上がる一方、「質の低下が心配」「残業せざるを得ない仕事もある」「もっと抜本的な超勤縮減の対策が必要」という問題提起もあった。

■予算編成で団体ヒアリング（2016年12月12日）

来年度の予算編成に各種団体の意見や要望を反映させるため、小池知事による団体ヒアリングが昨年12月12日から始まった。これまで、都議会が各種団体の要望を踏まえた復活予算を小池知事が廃止した措置。

団体ヒアリングは都の補助金か委託料を1億円以上計上している団体を基本に、▽都民生活向上に関連する▽業界意見を代表する▽専門性を活用し都政に寄与する――基準と各局の推薦を踏まえ、東京都医師会、築地市場協会など57団体に絞り込んだ。また、東京都市長会と町村会の3団体も合わせると60団体に上る。

知事による団体ヒアリングは12～14日、16日、19～20日の6日間で行われたほか、都議会の各会派からの要望は21日に実施された。都は、団体や政党からの要望を踏まえ、年明けの知事査定を経て、1月下旬に予算案を発表する予定。

読者のひろば

遥かなるギアナ高地

南米見聞録 −1−

▼ベネズエラ

ブラジル、アルゼンチンなどの南米諸国を旅してきたが、私の旅は、いつも新鮮さとはかなさが同居している。旅先で会う人、自然、文化、すべてが初めてであるが、遠き南米大陸に来る機会は今後まずない故、二度と会うことのない人、二度と訪れることのない地と思って旅してきた。南米紀行、私にとっては最初で最後という一期一会の旅である。

南米を旅する際は、悲観的に準備し、楽観的に旅することを心がけている。準備段階では悪い治安を想定した心構えと用意をしている。現地のホテルでは最初に必ず三つの質問をしている。お勧めの観光地はどこか、お勧めのレストランはどこか、そして治安の悪いエリアはどこか。一方、いざ旅に出ると準備万全だから、あとは楽観的に行動している。ところが、時として楽しい気分にさせてくれない国があることも南米の現実である。

◇

ブラジルから中米パナマ経由でベネズエラまでの空路。空からカリビアンブルーに染まる海を見ていると、突如として様相が変化する。ベネズエラの首都カラカスに近づくにつれ、陸地の海岸沿いに無数のファベーラ（スラム街）が見えてきた。無垢（むく）で紺碧（こんぺき）なカリブ海とファベーラの赤茶けた家屋、その海と陸のコントラストが異様なほど不釣り合いな印象を受けた。

カナイマ湖畔から眺めるギアナ高地。1994年ユネスコ世界自然遺産に登録

現在、南米でも特に政治不安、治安悪化、インフレなど懸念要素が山積している国と言えば、ベネズエラであろう。かつては豊富な石油資源の恩恵を受け経済発展を遂げたが、新社会主義を掲げ反米路線を貫くチャベス大統領は、貧富拡大、インフレ、生活物資の不足を招来し、任期半ばに急逝する。チャベス路線を継承するマドゥロ政権は、現在まで内政混乱の突破口を見いだせない状況にある。

ベネズエラの地を踏むと悲観的な旅にならざるを得ないことがいくつも待ち構えていた。オリノコ川沿いの中枢都市プエルト・オルダスでは、多くの華奢（きゃしゃ）な作りの看板や信号機が前日の強風で倒れて道路を邪魔していた。白線のない道路は中央がどこなのか分からず、こちら側も対向車側も適当なレーンで運転していた。ガススタンドに常時ガソリンがあるわけではなく、私が訪れた配給日には長蛇の車列になっていた。レストランのメニューを見ると料金印字がなく、料金表が別紙で付いてきた。理由を尋ねると、物価が乱高下し、料金が日々変わるためメニューと一緒に印刷することができないとのことであった。わずか10ドルを両替すると現地通貨が札束になって返ってきて、とても財布に収まらない。余った現地通貨をドルに戻すことは不可能とのことであった。

◇

治安悪化、物資不足のベネズエラ。しかし、この国の魅力は手つかずの自然である。前門に虎がいようと後門に狼がいようと、遥かなるギアナ高地を見たいという抑えきれない感情にいざなわれ、この地に来た。断崖が垂直に立ち上がるテーブルマウンテンを地上から見上げると、巨大な軍艦が大地に座礁しているように見える。またそれらを上空から見下ろすと、マウンテンが枯山水に散在する石のように、例えるならギアナ高地全体が京都龍安寺の石庭のように見えてくる。

世界最長の落差を持つエンジェル・フォール

そして旅のハイライト。カナイマ国立公園からセスナ機で飛び立つこと30分。雲の切れ間から眼下にアンヘルの滝が見えてきた。別名エンジェル・フォール。落差979メートルの滝はあまりにも高すぎて途中で霧に変わり、滝壺なき大地にライシャワーのごとく降り注いでいた。

夕暮れ時、夕日はその岩肌と水滴を輝かせ、やがてギアナの地平線に落ちていく。ギアナは20億年以上の地形変化で形成された大地であるが、神が降臨して創造したものと錯覚するほどの神秘性を感じる。畏敬（いけい）の念を抱かざるを得ない。一期一会の旅、遭うは別れの始め。二度と見ないであろうこの情景を何度も脳裏に焼き付けた。

この国がより平和であれば世界トップクラスの観光大国になることは間違いないであろう。帰路で再び見たカリビアンブルーの海は悲哀なほど美しかった。

（ブラジル在住　白鳥謙治）

◇　◇　◇

昨年夏のリオデジャネイロオリンピック・パラリンピックの熱狂は、今も記憶に残っています。在リオデジャネイロ日本国総領事館に都から派遣され、南米初のオリンピックを現地で体感した白鳥謙治さんに南米各地を旅行したときの見聞録を寄稿してもらいました。全10回のシリーズです。

（編集部）

2万年前の謎

世界遺産 ラスコー展〜クロマニョン人が残した洞窟壁画〜

国立科学博物館

なぜあんなに深くて暗い洞窟の、しかも梯子が必要なほど高い天井にまで？ 何の目的で？ 誰が見たのか？ 絵が意味するものは？ しかも20世紀になって登場した抽象画を、なぜ2万年も前の彼らが描いていたのか？

分からないことばかりだ。絵があまりに素晴らしいので。かえって、なぜ？の疑問が湧いてくる。

分からない点では大人も子供も同じ。だから子供と一緒に出掛けてほしい。そして奔放な推理力を競い合ってほしい。宇宙人が描いたものでないことだけは確からしいけど。

全長200メートル余、深さは20メートルほど。ラスコーは今、完全閉鎖されている。だが人類の至宝だから、誰もが観られるように正確な復元が行われた。

展示会場にも、精度1ミリ以下で復元された二つの空間がある。岩肌が凹凸で見にくいから、照明を落とし、特殊な光で絵の線刻を浮き立たせてくれるサービスもある。洞窟全体の有り様が分かる構造模型もあって、どの空間も、壁画も、立体的に把握できる。

使った顔料も分かってきた。洞窟内に残されていた、線刻のための彫器や、真っ暗な洞窟内を照らすためのランプや、何の目的だったのか諸説ある槍（やり）の穂先などは、その制作過程を映像で見せている。ランプは岩の塊から、槍の穂先はトナカイの大きな角から丁寧に刳り出している。

実物大で再現される壁画「黒い牝ウシ」
©SPL Lascaux international exhibition

絵は集団による共同作業だった。食べ物ほかで、作業をサポートしてくれる大きな集団もあったはずだ。

ではそもそも彼らは何者だったのか？ 絵描きだったのか呪術師だったのか？ どちらにせよ、高度な技を共有し継承する専門家集団だったらしい。

現世人類の祖先のうち、アフリカから北上してトルコあたりまで来たところで、西に向かった子孫が、壁画を描いたクロマニョン人だ。ネアンデルタール人と共生した時期もあったという。その一家らしい復元模型もある。まるでアウトドアライフが好きな現代人みたいだ。

自然環境は大違いだった。マンモス、サイ、トナカイ、ホラアナライオン、野生ヤギ、ウマ、ウシほか。オオツノジカの骨格標本も展示されている。その巨大さにのけぞる。彼らは、こんな動物を相手にしていたのだ。

分かったものもある。だが皆目分からないものもある。典型が、狭い入り口を降下したところにあった「井戸状の空間」だ。長い槍に貫かれて腸が露出している野牛のような動物。その角で突かれたのか、男が倒れている。両手の指はそれぞれ4本。ペニスは勃起。傍らには鳥の形をつけた投槍器があり、後ろにはサイが。サイの尻尾のところに六つの黒点。

特別な意味を感じさせるこのシーンに、様々な仮説が立てられてきた。この像も原寸で復元されている。その前に立ち、想像力を全開にして、彼らの世界に入っていってほしい。

◇

特別展「世界遺産 ラスコー展〜クロマニョン人が遺した洞窟壁画〜」は2月19日まで国立科学博物館で開催。ハローダイヤル03・5777・8600。この招待券を5組10名様にプレゼントします。Eメールで件名を「ラスコー展希望」とし、〒、住所、氏名を明記の上、henshu@toseishimpo.co.jpまでお申し込みください（17日必着）

ミニガイド

◆環監未来塾・第10回講演会（文京区職員自主研究活動）　▷内容　衛生監視員の仕事をおもしろくする文章術のススメ▷講師　中部博氏（ノンフィクション作家）▷日時　1月20日㈮午後7時〜8時半▷場所　文京シビックセンター16階職員研修室▷定員　30人（申し込み先着順）▷参加費　無料▷申し込み先　文京区文京保健所生活衛生課医薬係中臣☎直通＝03・5803・1226　内線＝2826

◆神代植物公園講演会「古文献でふりかえる江戸の園芸文化」　▷日時　1月22日㈰午後1時半〜3時半（1時から受付開始）▷会場　神代植物公園植物会館2階集会室▷講師　篠澤勝氏（株式会社都市計画研究所）▷参加費　無料（入園料別途）▷定員　60人（当日先着順）▷問い合わせ　神代植物公園サービスセンター☎042・483・2300

◆井の頭自然文化園彫刻館特設展〜Art and the Zoo Vol.3〜西浦裕太作品展「カレラトイクトコ」　▷内容　風景をかたちにし、そこに登場する動物をモチーフとした木彫彫刻作品▷日時　2月14日㈫〜5月14日㈰午前9時半〜午後4時半▷場所　井の頭自然文化園動物園（本園）彫刻館B館▷問い合わせ　井の頭自然文化園☎0422・46・1100

都政新報

発行所 都政新報社
〒160-0023 東京都新宿区西新宿7-23-1 TSビル
〈総務・読者〉 03-5330-8781
〈企画広告〉 03-5330-8784
〈編集〉 03-5330-8786
〈出版〉 03-5330-8788
〈ファクス〉 03-5330-8808
購読料 月1,730円(税込)
毎週火・金曜日発行
ただし、祝日は休刊

紙面から

中小ビルに「グリーンリース」促進

都環境局 LED照明 都施設にも

都はLED照明の普及を進めるため、新たに「グリーンリース」の普及促進を図る。中小テナントビルのオーナーとテナントが省エネ化の削減効果を分け合う同制度は、今年度から4カ年計画で事業予算6億円のモデル事業を実施しているが、環境政策に力を入れる小池都政下で来年度予算では更なる助成の上乗せを図る方針だ。照明のLED化は寿命が長く省エネルギー化の効果が高い一方で、初期導入費用などが普及のネックになっている。昨年末に策定した2020年までの実行プランではLED推進に向けた具体的な数値目標を定めており、てこ入れには都全体のLED化を進めたい知事の狙いが反映されている。

「グリーンリースという言葉だけは聞いたことがあったが、自分にもメリットがあることがよく分かった」。昨年10月、都民ホールで行われた「グリーンリース」の普及促進に向けたセミナーに参加したビルオーナーからは、そんな前向きな声が相次いだ。省エネ化に取り組むビルの事例紹介などを行う同セミナーには、定員の300人を大きく超える参加希望があり、省エネ化への意識の高さがうかがえた。

グリーンリースは、LEDなどの省エネ機器をビルに導入する際、光熱費削減などの恩恵をビルオーナーとテナントで分け合う仕組み。これまではビルオーナーが改修費用をかけてLEDを導入しても、光熱費削減の効果はテナントのみが受けることになり、導入の足かせになっていた。削減効果の一部をオーナーに還元すれば、省エネ化工事のきっかけになる。

国は昨年度末にグリーンリースの普及に向けたガイドラインを策定。都は他の自治体に先駆けて、中小ビルを対象にグリーンリース契約に基づく改修の費用を助成するモデル事業を開始した。国の事業費助成が単年度なのに対し、都事業は4年間継続し、利便性も高い。昨年10月に受付開始後、既に数件の助成申請があるという。来年度は、ビル共用部分の省エネ化にも助成を拡大するなど、更なる拡充を図る。

小池知事は「(共用部分を含め)ビル全体のLED省エネ化を積極的に後押ししていく」と話す。

一方で、新たな取り組みであるグリーンリースは理解が進んでおらず、ビルオーナーとテナントの関係によっては、契約時のコミュニケーションが難しい場合も多い。都環境局地球環境エネルギー部は「まずはグリーンリースという言葉の知名度を上げていきたい」(中小規模事業所対策担当)と話している。

■都有施設で率先導入

LED照明の普及に向けては、都の率先行動も求められている。現在、都有施設での普及率は数パーセントにとどまっているが、都は実行プランで20年までに「おおむね100%」に引き上げる目標を掲げている。都庁内ではリニューアル工事に合わせて順次LED化を進めているが、今後は出先機関や事務所などでも、改修を急ピッチで進めることになる。

LEDは電球とは光の性質が異なり、切り替えによって色味や印象が変わることもあるが、「切り替えについての意見はまったくない。多くの人が気付いていないのではないか」(地球環境エネルギー部計画担当)。技術革新が進み、LED照明の質が向上している側面もあるという。

一方で、機械室や書庫など年間の点灯時間が少ない施設ではLED化工事による削減効果が見込めず、都立病院なども病室での工事が難しく例外となる見込み。

知事は来年度予算査定の中で、「LEDは電気代が安く、10カ月当たりから(導入費用の)元が取れる」と説明。「投資効果の高い公共施設のLED化に重点的に予算を配分し、都自らが省エネを率先して強化していく」と話し、今後予算規模などを精査した上で、LED活用を来年度予算の目玉に据える方針だ。

染小紋を制作した富田篤氏(中央)や公式エンブレム作成者の野老朝雄氏に商品の説明を受ける小池知事=11日

「段階的に午後8時退庁を」

矢島洋子・三菱UFJリサーチ&コンサルティング主席研究員に聞く

昨年10月から都庁舎で開始した午後8時完全退庁。職員からは「付き合い残業がなくなった」など前向きな声がある一方、「退庁時間を午後8時に設定するのは厳しい」といった否定的な意見も聞かれる。午後8時退庁を巡る課題や実現に向けた取り組みなど、三菱UFJリサーチ&コンサルティングの主席研究員でワーク・ライフ・バランスなどに詳しい矢島洋子氏に聞いた。

——都庁の午後8時退庁をどう受け止めますか。

目標退庁時間を設定するのは有効だが、実効性には懸念がある。午後8時という目標と、これまでの実態との乖離(かいり)が大きいのではないか。働き方改革の取り組みには、いくつか段階がある。

第1段階はノー残業デーの設定や休暇の計画取得だ。これらは個人の意識に働き掛ける取り組みで一定の効果は得られる。ただ、この取り組みだけを導入している企業の多くは取り組みが形骸化する。なぜなら企業において仕事は個々人で完結するものではなく、上司や他部署の同僚等の理解を得て仕事の予定を調整できなければ帰れない局面が多くあるからだ。そこで第2段階は、組織内でのスケジュールの共有やカバー体制によって、互いの協力で目標の時間に帰れるようにしたり、休暇中に仕事の電話やメールが来ないようにする。会議を時間外に設定しない等の合意も重要だ。

第3段階は組織的に業務削減したり、仕事の進め方を効率化することだ。会議や資料作成の省力化を図り、優先順位をつけて一部の仕事からは組織的に手を引く。これには職場単位と、組織全体で行うレベルがある。三つのステップを踏んで残業を減らしていかないと隠れ残業や持ち帰り残業が発生する。

——午後8時退庁には否定的な声もあります。

一般職員の立場からすれば、業務そのものを減らしてくれないと早く帰れないという気持ちがある。職場レベルではない組織全体のレベルでの業務削減が期待される。トップダウンで実施するなら、業務改善などの第3段階から取り組むという手もある。それには一般職員に「午後8時に帰れ」というだけではなく、各局の幹部クラスに向けて業務の見直し指示を出せるかがポイントになる。

——いきなり都全体の構造改革に取り組むのは難しそうですが。

確かに。人が不足しているとする現場にも、実際には、かなりの非効率があるので、大きな組織ではまず現場の効率化を進めないと、組織全体の業務削減の判断に踏み込めないのが実情だ。人が足りないと言いつつ、人を投入しても残業が減らない組織運営をしている管理職が少なくない。休暇は人が増えれば取りやすくなる面はあるが、残業が発生する要因は人数の問題ではないことも多い。

——そうした状況は都でも同じことが言えますか。

同じだと思う。ただ、難しいのは営業など外部から評価される仕事と、管理部門など内勤との違いだ。売り上げや契約件数など定量的に成果を測れる方が仕事の優先度を付けやすく、効率化に対する個人のモチベーションも上がるので取り組みやすい面がある。もちろん、定量的な評価でも、効率化につれて組織目標を上げられては意味がないが。内勤の場合、定性的な評価が主で、個人単位での評価もしにくいため、仕事の効率化も進めにくい面がある。

都庁は全体に評価が難しい職場と言える。事業や予算面での定量目標に加え、仕事の質をはかる指標を設定し、組織や個人の評価にうまく結びつけ、時間ではなく成果で評価されるという風土を醸成することが必要だ。

——育児休業や育児短時間勤務利用は増えているが、職場の理解を得にくいとも聞きます。

もはや取得するのは当たり前の時代で、「短時間勤務だから」と主張しなければ帰れない状況を問題にすべきだ。多くの管理職は短時間勤務の人のマネジメントを全くしていない。短時間勤務者の時間制約を前提とした上で、期待役割に見合った仕事を与え、適切に評価するよう人事からマネジメントの方針やノウハウを提供することが必要。

——管理職には高い能力が求められそうです。

日本の管理職は、短時間勤務のマネジメントが難しいと答える割合が高いが、管理職へのヒアリングを行う中で、短時間勤務のマネジメントを苦としない管理職の共通点が見えた。例えば、職場のA氏が他部署に異動し、B氏が後任となった時、普通はA氏の仕事をB氏に引き継いで終わりだが、できる管理職はA氏とB氏の経験や能力の違いを考慮し、ほかのメンバーを見渡して全体の仕事の割り振りを変える。こうしたマネジメントが当たり前にできるようになれば、短時間勤務者ももっと活躍できるようになる。

——管理職のマネジメント次第では、午後8時退庁も実現できますか。

いきなりは無理だが、3年後に8時退庁完全化を目指すなど目標に向けてステップを踏んでいけば可能だ。小池知事が始めたことは非常に大事。ただし、いきなり目標達成を期待するのではなく、今回トライしてみてできない部署には、できない理由をありのままに検証させ、計画を出させるなど段階的に詰めていく形が必要。午後8時退庁を意識することでこれまでの仕事の進め方などに多くの気付きがあると思う。今すぐできないことを責めるのではなく、この気付きもまずは大事な成果とみなして見直しにつなげてほしい。

やじま・ようこ=慶応大学法卒。内閣府男女共同参画局男女共同参画分析官などを務めたほか、文部科学省の女性のライフプランニング支援総合推進事業委員、都男女平等参画審議会委員などを歴任。中央大学大学院戦略経営研究科客員教授。

冗句ジョーク

「いいなー、こちとら20時退庁のおかげで、お酒が増えた!」——都職員

小池知事、7月都議選までの断酒宣言

もう一軒!

五輪組織委 伝統工芸で公式グッズ

小池知事「商品販売で収入増を」

東京オリンピック・パラリンピック競技大会組織委員会は11日、伝統工芸や最先端技術を使用した公式商品「ジャパンプレミアム」の第一弾の販売を開始した。日本の技術や伝統・文化を世界に発信するとともに、売上の数パーセントは組織委の収益にもなる。だが、公式商品はIOCとの契約から海外展開が難しいなど販売面での制限もあり、収益増や世界への発信には課題もある。

販売を開始したのは、東京オリンピックとパラリンピックのエンブレムをモチーフにした「東京染小紋風呂敷クロス」と「横浜捺染(なっせん)トートバッグ」の計4種類。それぞれ伝統技法で五輪エンブレムの組市松紋を意匠した。

都の伝統工芸である染小紋の技法で制作されたクロスは高品質な絹を使用し、肌触りが良く、スカーフなどとしても使用できる。一方、トートバッグは海外の知識と日本の伝統技法が融合した「横浜捺染」で、繊細な柄を表現した。

販売開始を受けて、都庁で組織委や制作者から商品の紹介を受けた小池知事は、その場でクロスをスカーフとして着用してみせ、「素敵なものができあがった。作品に心がこもっている」と商品を賞賛。「組織委の財政を良くしていただきたい」と話し、最大1・8兆円に上る大会経費の分担が取り沙汰される中で、都として組織委の収入増に協力していく姿勢を示した。

海外発信には課題も

同商品は公式オンラインショップで販売し、将来的には実店舗での販売も検討する。組織委は今後も同シリーズの商品を販売していきたい考えだが、IOCとの契約の関係上、販売は国内に限られ、海外への伝統・技術の発信には課題も残されている。

また、今回販売するクロスとトートバッグは、いずれも手作りであるため生産個数も限られるという。商品展開を所管する東京2020ライセンシング事務局は、海外の販売について「現状では予定はない」としながらも対応を検討する方針で、「売上目標や収益は単純計算できないが、日本の技術を活用した質の高い商品を用意していきたい」と話している。

都政の東西

希望ある年に

年末年始は公的機関が休業したり、日雇いの仕事が減るなど、生活に苦しむ人にとっては厳しい時期だ。今年も民間支援団体などが都内の台東区・山谷や新宿、渋谷、池袋を始め、各地で越年の宿泊相談や炊き出しを行った。

しかし、のど元過ぎれば熱さを忘れると言うのか、新年を祝う正月気分の陰に隠れ、リーマンショック直後に年越し派遣村が報じられた時のようにはニュースにならなかった。

貧困を巡る問題で今年特に注目したいのが、2018年度に本格実施される低所得世帯の大学生などに対する返済不要の国の給付型奨学金制度だ。14年8月に閣議決定された子供の貧困対策大綱によると、生活保護世帯の大学や短大への進学率は19・2%で、一般世帯に比べてはるかに低い。より高度な学問や知識を身に着けることは、自立や自活の道につながる。給付型奨学金は月2万円など額についての是非もあるが、進学に悩んでいた若者を後押しするきっかけにはなるだろう。

さらにNPO法人自立生活サポートセンター・もやいの大西連理事長は、大学に進学した子供を生活保護から外す世帯分離の制度が保護世帯の生活を厳しくしている問題点を指摘し、「世帯内就学」への運用変更も訴えている。

生きていく上では「食」も重要だ。最近では自治体がNPO法人などと協力し、家庭で余っている食品を持ち寄って福祉団体や施設に提供するフードドライブを行う例も増えてきた。武蔵村山市では、消費者意識の高揚を目的に開催された企画展で集まった食品が「こども食堂」に提供された。

生活を支える制度の充実と、地域や社会の善意で好循環が生まれる年にしたい。

VRで防災疑似体験 国内初の新型車配備

都新年度予算に計上

都は来年度、所有する起震車の老朽化に伴い、1台を「バーチャルリアリティー防災体験車」として更新するため、1億3千万円の新規予算を盛り込む。

同体験車は、振動や熱、臭いを発する座席と、ヘッドマウントディスプレーに表示される映像によって、震災や火災、水害などの災害を疑似体験することができる。サブ機能として、車両の外側に設置した大型ディスプレーの映像によって、多くの参加者に災害の恐ろしさや重要性を伝えることも可能だ。

同体験車を整備するのは東京都が国内で初。小池知事は「都内のあちこちを回ることになり、人気になるのではないか」と話し、都民にとって魅力ある訓練環境を整備し、地域での新たな訓練参加者を掘り起こす方針だ。配備後は、訓練未実施地域の町会などに出向く予定。

訂正 1月6日号3面の選挙区情勢の記事で、町田市の共産党公認予定候補は池川友一氏でした。おわびして訂正します。

世田谷区

庁舎設計で有識者委設置

全面改築か一部保存 審査踏まえ判断

世田谷区は10日、老朽化や狭小化などで現在地での施設更新を計画する区本庁舎と世田谷区民会館の設計の審査を行う有識者委員会を立ち上げると発表した。委員会は16日に初会合を開き、プロポーザル方式で行う設計発注の具体的な実施方法や審査基準、情報開示の在り方などを議論する。区は4月にプロポーザルを公告し、審査委員会が9月までに民間提案を審査して保坂展人区長に報告。10月の基本設計開始を予定する。保坂区長は「ようやくスタートラインに立った」と語った。

委員会は、青山佾明治大学公共政策大学院教授や出口敦東京大学大学院教授ら、行政や都市計画、建築、環境、防災などの分野の有識者7人で構成。4月のプロポーザル公告から2～3回程度会合を開き、事業者提案を審査し、順位を明確にした上で保坂区長に報告する。

区が12月に策定した整備基本構想に基づき、区民協働の考え方や施工・工程計画への対応能力などを重点評価項目に盛り込む見通し。

本庁舎と区民会館の更新を巡っては、日本近代建築を代表する建築家の前川國男が手掛けた現庁舎の保存や建物配置の継承を盛り込んだ配置案を2015年9月に取りまとめたが、災害対応機能の不安や経費の増大、工事の長期化などを理由に区議会が反発。これを受け、昨年4月に有識者や区民で構成する整備基本構想検討委員会を設置し、改めて庁舎機能の在り方などを議論してきた。

整備基本構想では、「区民自治・交流を育んできた現庁舎棟の空間特質を継承する」として、一部保存に含みを持たせたが、検討委員会では「全面解体して新庁舎を建設するのが最も効率的」「建築的価値を否定するわけではないが、機能を十分発揮できるかという観点を入れながら議論すべき」などの意見も挙げられていた。

区総務部では「空間特質の継承も含めて総合的に審査してもらう。空間特質だけを特別扱いすることは想定していない」としており、保坂区長は「多くの要望にできるだけマルチに応えられるような形に着地できれば」と話している。

責任ある決断を

【解説】 前区長時代からの懸案として曲折を経た本庁舎等整備問題。有識者委員会の設置に当たり、保坂区長は「来年度はいよいよ具体的に動き始めることになる」と語った。

区は昨年12月に有識者と区民による検討委員会が取りまとめた報告書に基づき、パブリックコメントや区民ワークショップなどを経て整備基本構想を策定した。保坂区長は「決まった図面はなく、あえて考え方をまとめることで、設計者に創意工夫を凝らしてもらう。選定過程の開示を心掛け、区民とのプロセスの共有を図り、様々な要求を可能な限り満たしていい」と話し、今回新たに設置する有識者審査委員会も可能な限り議論を開示する姿勢を強調した。

構想検討委を設置した今年度は、特に保坂区政が掲げる「参加と協働」を強く意識して進めてきた印象だ。

その一方で、焦点となっていた現存施設の保存活用を巡っては、「空間特質の継承」という表現にとどめ、保存を明言しなかったものの、基本構想に示した配置イメージ6案に現存施設を一部保存したケースを盛り込んでおり、設計の事業者提案に結論を委ねた感は否めない。

庁舎整備で有識者による審査を行うのは決して珍しくはないが、結論が先送りされた問題が残っている状態で外部委員が設計の順位を明確化するのは、「決められない区政」を印象付けることになりはしないか。

区民の参加と協働を進めることは自治体共通の課題だが、そのことで行政が果たすべき責任がなおざりになってはならない。保坂区長が下す責任ある決断に区長としてのリーダーシップが問われることになるだろう。（米）

建物とピロティで囲まれた「空間特質」を象徴する区役所の中庭

ツアーフラッグやオリンピアンの競技用具などを見学する区民ら＝10日、大田区本庁舎で

23区で巡回スタート

五輪フラッグツアー

23区での東京2020オリンピック・パラリンピックフラッグツアーが9日、大田区からスタートした。6月16日の千代田区まで23区を巡回する。大田区ではきょう13日まで区本庁舎1階で展示している。

9日の成人の日に開いたツアーフラッグを受け取るセレモニーは、「成人のつどい」と併せて大田区総合体育館で開催。松原忠義区長や大森昭彦区議会議長、新成人の代表者がオリンピックとパラリンピックのツアーフラッグを引き継いだ。アンバサダーは今回成人した区民が生まれた1996年開催のアトランタ五輪競泳女子100㍍背泳ぎなどに出場した中村真衣さんが務めた。

区本庁舎では、ツアーフラッグとともに、「リオの風を浴びたフラッグが、東京にやってきた。フラッグの上陸は、始まりの合図」として、「いよいよあなたの街に、オリンピック・パラリンピックがやってきます」と書かれた併設パネルを展示。リオ大会に出場した区ゆかりのオリンピアンの間宮佑圭選手（女子バスケットボール）や熨斗谷さくら選手（新体操）、パラリンピアンの高田千明選手（陸上）の貴重な競技用具なども並んでいる。

14日には品川区でセレモニーが開かれる。都オリンピック・パラリンピック準備局によると、フラッグツアーの巡回順は、64年東京五輪の聖火リレーのコースを参考にして決めた。小池知事がリオで受け取ったオリジナルフラッグは、都庁第一本庁舎2階に展示している。

大田区スポーツ推進課の担当者は「リオ五輪までは東京五輪に触れる機会は少なかったが、フラッグツアーは東京五輪に触れる良いきっかけになる」と期待を語った。

フラッグツアーの日程（23区）

区名	式典	展示
大田	1/9	1/9～1/13
品川	1/14	1/15～1/20
目黒	1/21	1/21～1/27
北	1/29	2/18～2/24
渋谷	1/30	1/30～2/3
港	2/4	2/4～2/10
板橋	2/11	2/12～2/17
豊島	2/25	2/25～3/3
文京	3/4	3/4～3/10
葛飾	3/12	3/11～3/17
江戸川	3/18	3/18～3/24
足立	3/27	3/25～3/31
荒川	4/2	4/3～4/7
墨田	4/15	4/15～4/21
世田谷	4/23	4/24～4/28
練馬	5/13	5/15～5/19
杉並	5/20	5/22～5/25
江東	5/21	4/24～4/28
新宿	6/3	6/3～6/9
千代田	6/10	6/10～6/16
台東	調整中	4/10～4/14
中央	調整中	4/29～5/5
中野	調整中	5/27～6/2

品川区

要介護度改善で奨励金

事業者にインセンティブ

要介護度が1段階改善されると介護報酬が減額される介護保険制度。事業者がサービスを提供して要介護度を改善しても報酬が減る仕組みのため、制度の改定を求める声が上がっている。都内でも独自の対応策に取り組む自治体が出始め、品川区は、利用者の要介護度が改善した施設を対象に、奨励金を交付する事業を実施。江戸川区も同様の仕組みを導入している。昨年12月には先行する全国の自治体が、国に提言書を提出した。現場の声は厳しい財政下の国に届くのか。より良い介護サービスを目指し工夫を重ねる自治体の取り組みを探った。

品川区が実施している「要介護度改善ケア奨励事業」は、1年に1回、6月に申請を受け付け、要介護度が改善した月にさかのぼり、最大12カ月間奨励金を介護事業者に交付する仕組み。交付額は、要介護度1段階の改善につき月額2万円で、1段階改善すると減額になる介護報酬約2万2千円を区が独自に補塡する。2015年度は計98人分の1438万円を支出した。

区は奨励事業実施の効果に、施設職員のモチベーション向上や、法人全体で改善に取り組む機運の醸成などを挙げる。

同区は介護の質の向上を目指し、03年度から区内の特別養護老人ホーム（特養）や介護老人保健施設（老健）、特定施設と構成する「施設サービス向上研究会」で自己評価シートの開発・運用を行っている。奨励交付金の申請は、同研究会の加入が条件で、特養と老健は区内全施設が加入している。

自己評価シートは、▽日常生活援助サービス▽地域連携▽設備・環境▽マネジメント――の4分類で構成し、「利用者への言葉づかい」「医療機関との連携」「車椅子や介護ベッドの定期的メンテナンス」「ケース会議などの開催」など、質問数は128項目で、3段階で評価する。どれも現場の意見などを踏まえた項目で、毎年度改良を加えている。

同シートは施設職員の約7割が記入し、区が集計して施設にフィードバックする。それを受け、施設長が評価の総括や課題抽出、対応策などを整理した上で、研究会で評価結果などの情報を共有する。区は毎年3月に調査結果報告書を作成・公表している。

区福祉部の永尾文子参事（高齢者福祉課長事務取扱）は「こうした取り組みの成果を目に見える形で施設側に還元したいという思いが、要介護度改善ケア奨励事業につながった」と、制度導入の経緯を振り返る。

また23区では、江戸川区が区内全特養と老健施設で同様の支援事業を16年度から導入している。予算規模は6千万円で、16年4月から7月期は計41人の請求があり、交付決定額は1200万円だった。品川区と同じく実施要綱に基づき事業を実施している。

区福祉部の永塚正佳介護保険課長は「介護報酬改定などで事業者の経営が厳しい中、法人の安定した経営に寄与できれば」と話す。

厚生労働省の古屋範子副大臣（左）に提言書を手渡す大森雅夫岡山市長（左から2番目）、濱野健品川区長（同3番目）ら

先行自治体が国に提言

介護事業者へのインセンティブ付与を行っている全国7自治体で構成する「介護サービス質の評価先行自治体検討協議会」は昨年12月20日、より質の高い介護サービスが提供される仕組みの創設に向けた提言書を厚生労働省に提出した。介護給付費の増大を抑えるのが喫緊の課題と指摘し、要介護度を改善すると介護報酬が減少する、成果と報酬が不一致の現行の仕組みを問題視した。

提言書では、介護事業所のサービスの質を評価する仕組みや、要介護度が改善した場合に介護報酬を加算する制度の創設などを要望し、品川区が独自に作成した介護サービスの自己評価シート（簡易版）なども併せて提示した。

同協議会は、在宅介護特区の指定を受けている岡山市が働き掛け、独自の取り組みを行う自治体間の情報共有や国への政策提言などを目的に2015年11月に設立した。

岡山市は、介護保険料の伸びを高齢者増加率以下に抑制することなどを目標に掲げている。

同市医療政策推進課の担当者は「21年度の介護報酬改定まで視野に入れている。目的の一つの提言書は示したが、今後も協議会を開催し、情報交換などを行っていきたい」と今後を見据えている。

MEMO

介護報酬 事業者が利用者（要介護者・要支援者）に介護サービスを提供した場合に、その対価として事業者に支払われるサービス費用。現行では、5段階の要介護度が1段階改善されると約2万2千円介護報酬が減り、事業者の改善意欲を阻害することが問題視されている。原則、報酬の1割は利用者負担で、9割は介護保険料と国や自治体の公費から支払われる。サービスごとに設定され、事業所のサービス提供体制や利用者の要介護度、サービスにかかる時間などに応じて加算・減産される仕組み。厚労大臣が社会保障審議会の意見を聞いて定め、3年ごとに見直される。

総合アプリをリリース「プッシュ通知」実装

葛飾区

葛飾区はきょう13日、ごみや観光などの行政情報を集約したスマートフォン向け総合アプリの配信を開始する。利用者が選択した分野などの情報を区側から直接配信するプッシュ通知機能を備えたのが特徴。利用者は知りたい分野や区のおすすめ情報などを気軽に受け取ることができる。

分野は「観光・産業」「くらし（ごみ・リサイクル、環境）」「妊娠・子育て」「防災・防犯」の四つで、観光ツアーコースや、資源・ごみの品目一覧、電子母子手帳、ハザードマップの掲載など多機能を備えている。

そのほか、ごみ収集カレンダーやイベントカレンダーなどの機能を用意。外国人観光者などの利用を想定して、英語と中国語、韓国語にも対応している。

来年度以降、福祉情報の拡充など新分野を追加する方針。

キユーピーと連携協定 子供の孤食対策などで

渋谷区

渋谷区は11日、区内に本社がある食品製造大手の「キユーピー㈱」と包括連携協定を結んだと発表した。

協定は昨年12月27日付で、期間は2019年3月末まで。区が子供の孤食対策などを目的として、社会福祉協議会や民間企業などと連携して実施している「こどもテーブル」事業の食事メニュー提案や、高齢者の健康づくりに向けた食生活に関する情報提供、食品ロスなどの環境課題への対応での協力などを盛り込んだ。

区は今年度から「シブヤ・ソーシャル・アクション・パートナー協定」と銘打ち、区内企業との包括連携協定の締結を進めており、今回で7社目となる。区経営企画課では「今後も多様な主体との協働を進め、地域課題の解決に努めたい」と話している。

◆元臨時職員の男を逮捕

◇中野区◇

中野区は11日、元臨時職員の男（29）が住居侵入と区個人情報保護条例違反の疑いで警視庁に逮捕されたと発表した。男は既に女性5人に対する強制わいせつと住居侵入の罪で起訴されており、区役所での勤務で不正に閲覧した住民記録を基に、区内に住む女性の自宅マンションに侵入したと見られている。

区によると、男は区の臨時職員として2014年10月から15年3月まで区民サービス管理部戸籍住民分野で街区表示板の実態調査補助業務を担当。16年3月に再雇用され、同年7月まで同じ部署でマイナンバーカードの交付準備作業や住民記録システムを使用する転出証明書の交付作業を行っていた。男は業務で使用するシステムのアクセス権限を悪用し、女性の個人情報を複数回にわたり、不正に閲覧したと見られており、システムサーバーに閲覧履歴が残っていたという。

区は個人情報を扱う臨時職員を採用する際、就業に伴って得た個人情報を退職後も悪用しない守秘義務を課す誓約書の提出を求めており、男も提出していた。

田中大輔区長は「区民に多大な心配と迷惑を掛ける事案で、心からおわびする。捜査に協力するとともに、区としても事実関係を調査し、厳正に対応する」とのコメントを発表した。

記者席

小池新党、AKBにも触手

○……元AKB48総監督の高橋みなみさんが11日に放送されたTOKYO FMのラジオ番組『これから、何する?』で小池知事へのインタビューに挑んだ。

若者の意見を都政に反映させるため、東京のビジョンを語る若者の懇談会を設置すると語った小池知事は、高橋さんに「みなみさん、どうですか。（懇談会に）入ります?」と勧誘。高橋さんは戸惑いながらも、「行きたいです」と即答した。小池知事は今月中にも初会合を開く考えで、「詳細は別途ご連絡を」とその場で即決した。かつて300人弱のアイドルグループを率いた高橋さん、そのうち小池新党の目玉になるかも?

○……個人住民税を毎月の給与から天引きして納める特別徴収を来年度から徹底するため、都庁第一本庁舎1階に事業者に特別徴収の申請を促す啓発パネルがお目見えした。

地方税法では、個人住民税は特別徴収が原則だが、事業者側には従業員が個人で払う普通徴収との選択制という認識が強く、督促状が届いて初めて未納に気付くケースも多い。

現在、都民税の徴収率は払い忘れや滞納で92%ほど。法人事業税などの約98%と比べると低く、未納者には年貢の納め時といったところか。

○……八王子市の石森孝志市長は今年の干支の酉年生まれ。仕事始めの4日の年頭訓示では、酉が夜明けを知らせる鳴き声から縁起がいいことになぞらえ、「八王子がさらに発展する1年にするよう、さらなる活躍を」とあいさつした。

今年は八王子市にとって市制100周年を迎える節目の年。100周年記念事業として、2月の市民フォーラムを始め、4月の大相撲八王子場所、5月のボルダリング・ワールドカップとイベントが目白押しで、9月には「全国都市緑化はちおうじフェア」も開かれる。

年男の石森市長。昨年、プレ記念事業を実施して注目を集めていることや万全の準備を整えていることに触れ、「前向きに情熱を持って市政に取り組んでほしい」と奮起を促した。

東京最前線

◆山形県知事選、初の連続無投票　山形県知事選は5日、無投票で現職の吉村美栄子氏が3選を決めた。2013年の同知事選から2回連続での無投票は同県で例がなく、全国でも2例しかない。吉村氏は「県民党」を掲げる非自民系だが、県議会最大会派の自民党を刺激しない「あいまい戦術」で選挙を制した。

◆学校トイレを洋式化　石川県小松市は、災害時に避難所となる小中学校体育館のトイレを洋式化し、来年度中に整備率を9割に高める。地域の観光施設についても、地元町会に改修費を補助して洋式化への整備を進める。洋式トイレは高齢者や障害者への負担が軽く、増加傾向にある外国人客にも配慮した。

◆庁舎建設されず提訴　滋賀県高島市の本庁舎が、同市が発足した2005年の市条例に定められた地域に建設されていないとして、市民105人が損害賠償を求めて大津地裁に提訴した。同市では13年に本庁舎建設計画の凍結を掲げた福井正明市長が当選しており、暫定庁舎の増改築を進めている。

◆島に野犬・野良猫　兵庫県淡路島では、犬や猫の屋外飼育や放し飼いによって野犬や野良猫が改善せず、横ばいの状況になっている。県内で収容された犬の23％が島内のもので、飼い主からの持ち込みが多い。ペットの避妊手術を行わずに屋外飼育を行う例が目立ち、島内には野犬も確認されている。

◆「常若婚」をＰＲ　三重県と伊勢市、日本航空は新たな観光プログラム「常若婚」を企画・推進する。「常若」は伊勢神宮に伝わる精神で、常に感謝の心を持ち、思いやりを大切にするという意味を持つ。人生の節目などにパートナーとの絆を深める旅として企画した。今後は機内誌や広告でＰＲを行う。

◆オスプレイ「原因究明を」　佐賀県の山口祥義知事は、昨年12月に在日米軍のオスプレイが不時着事故を起こしたことを受けて、防衛省幹部に申し入れた。オスプレイ配備では同県佐賀空港への移転計画があり、知事は「県民の安全安心に関わる問題だ」として、県民への説明責任を果たすよう求めている。

◆シカ増加に危機感　富山県の立山・室堂（標高2450㍍）で昨年10月にニホンジカが初めて確認され、県は特別天然記念物のニホンライチョウへの悪影響を懸念している。南アルプスではシカの増加に伴いライチョウの餌が食べ尽くされ、生息数減につながっている。県はシカの駆除・捕獲を強化する考え。

◆議会改革案を批判　佐賀県多久市の区長会は、定数を1減し、その分、議員報酬を引き上げることを盛り込んだ同市議会の改革案を批判し、定数2減を求める意見書を議会に提出した。市民の声を聞かずに答申をまとめたことも批判し、議会側が将来的に必要とした政務活動費も容認しない立場を示した。

◆未利用資源を活用　福島県福島町は漁業組合や総菜メーカーと連携し、通常廃棄される同町産「早摘み昆布」の商品化・全国販売に乗り出す。これまで一部を加工・販売したところ、やわらかい食感が評判を呼び、都内料亭からも注文が寄せられており、未利用資源の活用によって地域経済の活性化を狙う。

選挙プランナーの眼　地方政治の舞台裏から㉛

都議選の風と新党の戦略は

明けましておめでとうございます。昨年は参議院選挙やアメリカ大統領選挙など、日本でも世界でも多くの選挙が行われました。今年も知事選や都議選など注目を集める大型選挙が立て続けに行われます。一年の始まりに際して、改めて昨年の選挙を振り返りつつ、今年一番の注目選挙について述べてみたいと思います。

一寸先は闇の1年

昨年3月には民主党と維新の党が合流し、衆参両院で156人が参加する新党「民進党」が正式に旗揚げとなりました。6月には政治資金流用を始めとする公私混同問題の責任を取り、舛添要一知事が辞任。ワイドショーが連日報道したことなどもあって、都政の行く末に関心が高まりました。

7月には第24回参院選が行われ、自民、公明両党など改憲勢力が全議席の3分の2を超える165議席を獲得しました。その一方で、民進党と共産党を中心とした「野党共闘」は32の1人区で11勝するなど一定の成果を上げました。

また、18歳以上に選挙権年齢が引き下げられた初の国政選挙となり、事前に心配されていた違反などもなく、18歳、19歳の投票率が過去の20歳、21歳の投票率よりも極めて高かったことは喜ばしく、主権者教育の効果と可能性を感じました。

そして7月末に行われた都知事選では、小池百合子氏が291万票の支持を得て初当選。就任後もマスコミの大きな注目を集め、都民から高い支持を得ています。

9月には民進党代表選挙が行われ、蓮舫氏が代表に選出されました。その最中には、台湾籍との「二重国籍」問題が発覚。蓮舫氏の対応のつたなさもあって、いまだにこの問題はくすぶっています。民進党の支持率が伸び悩む一因と言えるでしょう。

海外では、6月にイギリスのEU離脱の是非を問う国民投票が行われ、僅差で離脱票が上回ったことで、国際社会に動揺が広がりました。そして11月には全世界が注目するアメリカ大統領選挙が行われ、大方の予想を覆してドナルド・トランプ氏が第45代大統領に選ばれました。

得票数では全米で280万票を超える差でヒラリー・クリントン氏がトランプ氏を上回っていましたが、接戦州を制したトランプ氏が選挙人数で勝りました。今月20日に就任式が行われ、トランプ氏が正式にアメリカ大統領に就任する予定です。

こうして振り返ってみると、昨年一年は世界でも日本でも大きな変化があったことが分かります。少なくとも一年前は小池都政の誕生など誰も予想ができませんでした。まさに「一寸先は闇」の一年であったと思います。

今年の注目選挙

相次ぐ大型首長選

今年、最も注目が集まるのは夏に予定されている都議会議員選挙ですが、他にも一年を通して数多くの地方選挙が予定されています。

知事が任期満了を迎える都道府県は、宮城、秋田、山形、茨城、千葉、岐阜、静岡、兵庫、広島の9県あり、同じく政令指定都市では仙台、さいたま、千葉、横浜、川崎、名古屋、堺、神戸、岡山の9市あります。来るべき衆院選の時期を占う意味でも、これらの地方選挙の動向から目を離すことができません。

都議選では、小池知事と都議会自民党との闘いに、早くも注目が集まっています。都議選は約1360万人の都民を代表する127人の議員を選ぶ大型選挙です。

昨年12月には議員報酬削減の条例案を巡り、都議会自民党と公明党にあつれきが生じました。公明党は30年以上にも渡って続いてきた自公連立の解消を宣言し、都政に激震が走りました。年末には3人の都議が自民党会派を離脱するなど、都議会の勢力図は大きく変わりつつあります。

更には小池知事と民進党が選挙協力の協議を始めることで合意したとの報道もありました。民進党は36人の公認候補予定者を決めていると報じられていますが、共倒れを防ぐために1人区などで調整の余地を残しているようです。

2月5日に投開票される千代田区長選挙は、都議会自民党が現職に対抗馬を擁立する方針で、今後を占う上で注目です。

過去2回の都議選は、その時の「風」に大きく影響されてきました。

かつて政権交代が起こった2009年の都議選では、当時の民主党が54議席を獲得し、「都議会のドン」と呼ばれる内田茂氏も26歳の新人候補に惜敗。しかし、第2次安倍政権発足後の13年の都議選では、自民党が59議席を獲得して党勢を回復。民主党は15議席まで大幅に議席を減らしました。

大阪では11年の大阪府議選で橋下徹知事（当時）が率いた大阪維新の会が、109議席中57議席を獲得して大きく躍進した事例もあります。

最近のマスコミ報道や「選挙ドットコム」の議席予想では、小池新党の獲得議席は30～50議席と予想されています。自民党は大きく議席を減らし、公明党は全員当選、民進党や共産党、維新の会、生活者ネットワークは小池新党の勢いに隠れ、存在感を示せないというのが大方の予想です。

小池新党の獲得議席は小池知事の支持率や小池新党の選挙戦略によっても変わりますが、どちらにせよ躍進する可能性は高いと考えています。

選挙戦略で言えば、公認候補の擁立にこだわるのか、それとも自民党の議席を減らすために民進党、共産党との調整に重きを置くのかによって戦い方は大きく異なりますので、注目しています。

なお最後になりましたが、私は「希望の塾」の選挙対策講座で講師を務めることが内定していますが、小池新党の選挙戦略や候補者選定には一切関わっていないことをお伝えしておきます。

（㈱ダイアログ代表取締役　松田馨）

都政ダイジェスト（12月16日～31日）

▼小池知事は16日、五輪のバレーボール会場を有明アリーナにすることを表明した。

▼小池知事は20日、就任後初のタウンミーティングを行い、女性活躍について都民と議論した。

▼都産業労働局は21日、観光産業振興実行プランの中間まとめを公表した。

▼都とIOC、政府、組織委は21日、4者協議を開催し、五輪の総経費の概算などを公表した。

▼小池知事は21日、来年度予算編成に向けて都議会の各会派からのヒアリングを実施した。

▼小池知事は22日、「2020年に向けた実行プラン」を発表した。

▼都教委は22日、来年度の都立学校での組み体操は原則休止することを決定した。

▼都財務局は27日、初の試みとして来年度予算の同局査定結果をホームページに公開した。

▼都病院経営本部は27日、都立・公社病院の電子カルテシステムの蓄積データの利活用に向けた検討委の中間まとめを公表した。

▼都議会自民党の都議3人が28日、同会派を離脱し「新風自民党」を立ち上げると表明した。

今年の出来事

2017年は選挙イヤー

都内12区市町村で首長選

2017年は、都議選や区市長選など17選挙が控え、選挙イヤーとなる。五輪では、仮設競技場の負担割合などが当面の最大の課題。築地市場の移転の可否も早ければ冬に判断が示される見通しで、激動の一年となりそうだ。

2017年に予定される主な出来事

1月20日	トランプ氏が米大統領就任
2月19日	アジア冬季競技大会が開催（～26日）
24日	月末金曜日に早期退社を促す「プレミアムフライデー」が導入
3月 7日	ワールド・ベースボール・クラシックが開催（～22日）
4月10日	東京都庭園美術館が11月中旬まで休館
11日	Windows Vistaの延長サポート終了
5月 3日	日本国憲法施行から70年
6月 1日	郵便はがきが62円に値上げ
7月16日	新潟県中越沖地震から10年
22日	都議会の任期満了
8月 2日	小池知事の就任1年
9月 1日	八王子市誕生から100年
月内	漱石山房記念館が開館
月内	2024年五輪開催都市が決定
10月中	東京五輪・パラリンピックの自動車用ナンバープレートの交付開始
11月 9日	大政奉還から150年
12月30日	日本の地下鉄開業90年

選挙

今年の都内自治体の選挙のうち、激戦が予想されるのが夏の都議選。小池知事が自身の政経塾「希望の塾」などから候補を擁立し、自民党の議席をどの程度奪取できるかが焦点となる。

希望の塾は7日から候補者選考を開始している。都議選の出馬を目指す塾生を対象にした「都議選対策講座」の筆記試験が実施され、政策立案に関わることを希望する塾生も含めて1600人が申し込んだ。小池知事は選考のポイントを「勝てる候補に尽きる」と強調した。

一方、都議会自民党は3人が会派を離脱すると表明し、同調する動きがあるか注目される。ある幹部は「知事と新年のあいさつが行われた4日は、自民が全員に招集をかけたが、1期生が控室にほとんど来なかったようだ。理由は分からないが」と述べ、3人の会派離脱に同調する動きではないかとの憶測も流れる。

都議選後の議会構成に関して、ある幹部は「自民党と小池シンパで勢力が拮抗するのではないか。そうなれば、議会運営は安定せず、混乱するかもしれない」と戦々恐々とする。

都議選の日程はまだ決まっていないが、任期満了を迎える前日（7月21日）までの30日以内に執行されるため、投開票日は6月25日、7月2日、9日、16日の4案が想定される。2013年の選挙日程は同年1月に決定したことから、早ければ今月25日の選挙管理委員会で固まる見通しだ。

都議選以外の区市町村の首長と議員選挙は、2月5日投開票の千代田区と西東京市の首長選を皮切りに、葛飾区、国分寺市など14区市町村で12の首長選など計16選挙が実施される予定。中でも千代田区長選は、小池知事が「都議会のドン」と指摘した内田茂氏のおひざ元で、都議選の前哨戦になる。

今夏の都議選は都民の関心が高く、投票率が増えるとの見方がある（画像は一部処理しています）

五輪

東京五輪の恒久施設の整備費問題は昨年に決着したが、今後は仮設施設の建設費の負担割合が課題となる。仮設施設などの経費は約2800億円と推計され、組織委は800億円を負担し、残りを都や国などに負担するよう求めている。

組織委員会の武藤敏郎事務総長は「都外に建設する施設で国や都の一部負担があってもおかしくない」との見解を示したように、国や都の負担は避けられそうにない。

都政改革本部の五輪調査チームは昨年9月、都が1500億円まで負担するとの案を提示したが、都議会から批判を浴びた。都が負担する「大義」を模索し、それに対して都民の共感が得られるかが課題となる。

3月までに負担割合は結論を出す予定だ。都外の自治体からは財政負担に否定的な声が多いが、大会期間中は経済的効果が見込まれ、受益があることから、応分の負担が求められる。

都外自治体の新年度予算の審議中に負担割合が議論されるため、仮に自治体の負担が求められた場合は必要な予算を計上することは時間的に間に合わない。施設だけではなく、輸送やセキュリティーなどの経費も含めて、新年度に補正予算が組まれることになる。

9月にはIOC総会が開かれ、2024年夏季五輪の開催都市が決定する。パリ、ブダペスト、ロサンゼルスの3都市が立候補している。その開催都市との関係や連携強化が必要になる。

市場

築地市場の移転延期で、業者への補償が4月から始まる。中央卸売市場は法制的見地と損失の実態を踏まえ、「客観的で公平性のあるスキーム」を今月中に公表する予定だ。

築地市場協会は昨年12月19日、新年度の予算編成に向けた団体ヒアリングで、「補償のフレームづくりに市場協会の声が果たしてどの程度反映されるのかを非常に危惧している」と訴えている。資金繰りの悪化で事業者が倒産した場合は、誰が責任を取るのかなど具体策も問われることになりそうだ。

築地市場を移転するかどうかの判断は、環境アセスメントの一部変更であれば最短で今冬にも移転する環境が整う見通しだ。市場協会は「土壌の安全性が確認されれば、移転の可否、移転の時期の判断はつくのではないか」などと指摘し、早期に決断するよう求めた。

小池知事は専門家会議や市場問題プロジェクトチームなどの意見を踏まえ、移転の可否などを総合的に判断するとの従来の考えを曲げず、これまで公表した行程表に沿って進めていくと見られる。

節目

多くの節目を迎える年でもある。

7月16日には、新潟県中越沖地震から10年目となる。マグニチュード6・8の地震は柏崎市や刈羽村などで最大震度6強を観測した。死者は15人、重軽傷者は2345人で、ライフラインは新潟県で電気が地震発生から2日後、水道は約半月後に復旧した。

さらに、フジテレビが台場に移転してから20年（3月10日）、JRグループが発足してから30年（4月1日）、コカ・コーラの日本での販売開始から60周年（5月8日）、東京スカイツリーの開業から5年（5月22日）、八王子市の誕生から100年（9月1日）、ブラックマンデーから30年（10月19日）、ゲームソフト「ファイナルファンタジー」の発売から30年（12月18日）などがある。

また、Windows Vistaの延長サポートが4月11日で終了するため、注意が必要だ。

都民ファーストでつくる「新しい東京」

2020年に向けた実行プランの概要

小池知事は昨年12月22日に「都民ファーストでつくる『新しい東京』～2020年に向けた実行プラン」を発表した。小池都政下で初の総合的な計画となる同プランは、小池知事が公約に掲げた三つのシティの実現に向け、23の政策の柱を位置づけた。小池知事が「航路」と位置づける実行プランの概要を特集する。

プラン策定の考え方

■東京を取り巻く状況

小池都政下で初めての総合的な計画となる「都民ファーストでつくる『新しい東京』～2020年に向けた実行プラン～」は、都民ファーストの視点に立ち、「セーフ シティ」「ダイバーシティ」「スマート シティ」を実現し、「新しい東京」をつくるため、「東京都長期ビジョン」策定後の社会経済情勢や都民ニーズの変化等を的確に踏まえ、東京が抱える課題の解決や東京の更なる成長創出の推進を図る新たな計画として策定された。

東京を取り巻く社会経済情勢や都政に対する都民ニーズは日々変化・多様化し、そのスピードは勢いを増している。人工知能（AI）や自動運転技術などの科学技術の飛躍的な進歩による経済活動や都民生活の変革、低炭素社会の実現を始めとする環境政策の充実など、新たな政策の構築が必要とされる社会的変動が生じている。また、恒常的な長時間労働や出産か仕事かを選択しなくてはならない社会の仕組みなど、人々の暮らし方や生き方、考え方を根本的に改め、人口減少社会においても東京が持続的に成長を続けていくため、誰もがいきいきと活躍し、人生と仕事を調和させ、物心共に豊かに暮らせる成熟した社会の実現に向けた政策の展開が求められている。

都は、こうした様々な社会の動向や人々の考え方の変化をしっかりと捉え、それに則した政策を的確に展開していかなければならず、今まさに都民ファーストの都政が求められている。

また、東京2020オリンピック・パラリンピック競技大会を、史上最高の大会として成功裏に終えるためには、万端にわたり準備を怠りなく進めていかなければならない。

一方で首都直下地震への備え、待機児童の解消など子供を安心して産み育てられる環境の整備、超高齢化の進行に対応する医療・介護基盤の整備など、東京が直面している課題は変わることはなく、その解決に向けた政策の更なる充実と加速化が求められている。

■新たなプランの策定

都は、長期ビジョンを2014年12月に策定し、東京の都市力や都民生活の向上につながる様々な施策を実施している。

その中で、今まさに東京が抱えている課題を迅速かつ的確に解決へと導いていくと同時に、社会経済情勢や都民ニーズの変化を的確に捉え、東京2020大会の成功とその先の東京の未来への道筋を明瞭化し、東京の更なる成長を創出する必要がある。このため、これまでの延長線を超えた新たな発想に基づいた政策を積極的に立案し、常に都政を前に進めていかなければならない。

そこで、長期ビジョンが示す大きな政策の方向性を継承しつつ、都民ファーストの視点に立ち、大義ある政策を都民の共感を呼ぶ形で積極的かつ計画的に展開するため、2017（平成29）年度から2020（平成32）年度までの新たな4カ年の実施計画として、「都民ファーストでつくる『新しい東京』～2020年に向けた実行プラン～」を策定した。

■「3つのシティ」を実現し「新しい東京」をつくる

都民と共に本プランを進めたその先に目指していくものは、「新しい東京」、すなわち、①誰もが安心して暮らし、希望と活力を持てる東京②成長を生み続けるサステイナブルな東京③日本の成長エンジンとして世界の中で輝く東京をつくることである。

この「新しい東京」をつくるため、「セーフ シティ」「ダイバーシティ」「スマート シティ」の三つのシティを実現し、東京の課題解決と成長創出のために、都の様々な政策を総動員して取り組んでいく。

4カ年の政策展開

■「3つのシティ」の実現

「セーフ シティ」

安全・安心は、都民の希望と活力の大前提となるものである。都民の生活、命、財産がしっかりと守られ、その安心感が東京の活気とにぎわいを生み出す。そして、都民一人ひとりが、活気あふれるまちに愛着と誇りを感じ、自ら率先して地域の安全・安心を守っていくことにつながっていく。これこそが、安全・安心・元気な「セーフ シティ」の目指す姿である。「セーフ シティ」の実現に向けて、七つの政策の柱を示し、それらを具体化する諸事業を展開していく。

「ダイバーシティ」

安全・安心なまちの実現、そして、そこから導かれる自分たちのまちへの愛着や誇りといった都民の意識や思いは、都民の毎日の生活や都民一人ひとりの活躍の基盤となる。

その強固な基盤の上に、誰もが希望や活力を持って存分に活躍できる都市に東京を進化させていくこと、それが「ダイバーシティ」、すなわち、「女性も、男性も、子供も、高齢者も、障害者も、誰もが希望を持っていきいきと生活できる、活躍できる都市」「多様性が尊重され、温かく、優しさにあふれる都市」の実現を目指すものである。

「ダイバーシティ」の実現に向けて、八つの政策の柱を示し、それらを具体化する諸事業を展開していく。

「スマート シティ」

誰もがいきいきと生活できる、活躍できる都市・東京は、サステイナブル、持続可能な成長を続ける都市、「スマート シティ」でなければならない。そのため、IoT（Internet of Things）、AI、FinTech（フィンテック）など、今後の成長分野の発展を加速化させるタイムリーな政策を果敢に展開し、世界のメガシティーとして、日本の首都・経済のエンジンとして、大都市が抱える課題を解決し、国際的な都市間競争に勝ち抜く成長を生み続ける東京を実現していく。

そこで、八つの政策の柱を示し、それらを具体化する諸事業を展開していく。

■分野横断的な政策の展開

「東京2020大会の成功に向けた取り組み」「多摩・島しょ振興」については、「セーフシティ」「ダイバーシティ」「スマート シティ」に掲げる様々な政策を、効果的・重層的に展開していく。

「東京2020大会の成功に向けた取り組み」

東京2020大会の成功は、東京が持続可能な成長をしていくためのてこであり、ソフト・ハード面での確かなレガシーを次世代に継承していかなければならない。

（5面に続く）

解説

都民ファーストの都政への具体的な道筋、「未来への航路」

小池知事が初めて策定する総合的な計画、「都民ファーストでつくる『新しい東京』～2020年に向けた実行プラン～」が昨年12月22日に発表された。

知事就任から約5カ月。この間、「東京大改革」の掛け声の下、五輪競技会場の見直しや市場の移転問題に焦点が当たってきたが、思い返せば、就任後初めての定例記者会見において表明されたのが、新たな4カ年計画、実行プランの策定だった。東京2020大会の開催や、東京の人口減少局面を前に、都政の課題をどのように整理し、解決に向けて都政をどう前に進めていくのか、その道筋を示すのがこの実行プランである。都政の課題は幅広い分野にわたる。実行プランは、「都民ファーストでつくる『新しい東京』」と名付けられたが、劇場型に終始することなく、地道に進めていく政策にも光を当て、都民ファーストを貫いて着実に実行していかなければならない。

実行プランは、2年前に策定された「東京都長期ビジョン」の現行の3カ年の実施計画（2015年度～17年度）に代わる新たな計画として策定された。長期ビジョンが示す政策の大きな方向性を継承するものとされている。

中心となるのが、「セーフ シティ」「ダイバーシティ」「スマート シティ」の「3つのシティ」を実現するための4カ年の政策展開である。

しかし、今回のプランでは、それにとどまらず、「東京の成長戦略の方向性」と「Beyond2020～東京の未来に向けて～」（東京の未来像）を同時に打ち出している。実施計画に位置付けられるプランではあるが、都民の共感を得て進めるための内容をフルセットで示そうとする都の意気込みの表れであろう。

知事は、実行プランを都民ファーストの都政への具体的な道筋、「未来への航路」と称した。抜錨（ばつびょう）して大海に乗り出し、方角を見失わずに「新しい東京」をつくっていけるのか、しっかりとした航路の跡を残すことができるのか、取り組み状況を常に注視していかなければならない。

「新しい東京」に向けた4カ年の政策展開

実行プランでは、都民と共に「新しい東京」を目指していくとし、「新しい東京」を①誰もが安心して暮らし、希望と活力を持てる東京②成長を生み続けるサステイナブルな東京③日本の成長エンジンとして世界の中で輝く東京――と定義している。そして、「新しい東京」をつくるため、「セーフ シティ」「ダイバーシティ」「スマート シティ」の「3つのシティ」を実現し、東京の課題解決と成長創出のために、都の様々な政策を総動員して取り組むとした。

4カ年の個々の政策展開については、長期ビジョンの取り組みを更に進化・加速させ、都民ファーストの視点で、大義ある政策を都民の共感を得ながら積極的かつ計画的に展開するという。

長期ビジョンでは約360あった政策目標が約500に拡大されている。このうち新規が約200、前倒し・上方設定が約50と、合わせて全体の半分に及ぶ。短い検討期間でこれらを打ち出したことについては評価したい。

総論でも触れられている通り、都政を取り巻く社会経済情勢や都民ニーズの変化・多様化は日々スピードを増している。人工知能や自動運転技術などの科学技術の飛躍的な進歩が現実味を帯びてきた今、それらを都政においていち早く取り込み、都民生活の向上につなげていくことができるのか。また、恒常的な長時間労働や出産か仕事かを選択しなくてはならない社会の仕組みを根本的に変えていくことができるのか。その第一歩となる実行プランは、今後の都政において重要な役割を担っているといえよう。

東京の成長戦略の方向性

今回注目すべきなのは、「東京の成長戦略の方向性」を打ち出したことである。国際金融の取り組みや中小企業の振興などは、長期ビジョンでも強調されてきた分野ではあるが、これらをまとめ、成長戦略の方向性として打ち出したのは、都として初めてという。

「Challenge4 東京の挑戦」には、「都内GDP120兆円」や「世界の都市ランキング1位」などの意欲的な数字が並ぶ。これらは政策目標ではなく、文字どおり「挑戦」の位置付けではあるが、明確に提示した以上、都民、各方面からは目標として捉えられ、実現への道筋を求められる日が来ることは間違いない。

また、「東京の挑戦」に向け、今後具体的に展開していく戦略として、①金融（Finance）②イノベーション（Innovation）③強みを伸ばす（Rise）④誰もが活躍（Success）⑤最先端技術（Technology）――の五つを立て、それぞれの頭文字から「Strategy5 "FIRST戦略"」と名付けている。語呂合わせもウイットに富み、小池知事らしくて大変面白い。

今回の成長戦略は「方向性」を打ち出したものだが、これにとどまらず、更に内容に厚みを付け、各政策を進化・発展させていく必要があるのではないか。今後の展開を期待したい。

Beyond2020

もう一つ、都として初めて打ち出したのが「Beyond2020～東京の未来に向けて～」（東京の未来像）である。単独の章立てで構成されており、長期ビジョンに掲載された「20XX年 東京はこんな街」がコラムに位置付けられていたのと対照的だ。

東京の明るい未来像を想像することが、これまでの延長線を超えた政策の立案とその推進力となる共感を呼ぶことにつながっていくことを狙って、この章は設けられたという。

「テレワークなど多様な働き方が進み、通勤ラッシュは過去の話」「自動運転技術の進歩により、道路の渋滞や交通事故がゼロ」となった東京は魅力的だ。また、未来像の検討に当たり、短い期間の中で、都の若手職員によるワークショップや都立学校における出前授業を実施するなど、これまでの計画策定にない様々な工夫を凝らしている。

しかし、都の行政計画として初めての試みであるだけに、先述の狙いどおりの効果があるのかについてはまったくの未知数だ。どう都政に生かされていくのか、今後に注目したい。

問われる「実行力」

知事は実行プランの発表において、「プランは出して終わりではない」とし、PDCAの重要性を強調した。政策目標は、長期ビジョンよりも更にきめ細かく、かつ可能な限り数値化するとともに、4年間のより具体的な計画（工程表）を作成したとしている。

確かに、長期ビジョンの3カ年の実施計画の工程表と比べると、年度ごとのステップアップがより分かる記載が増えている。都民ファーストの視点の下、「都政の見える化」を進める都政の真骨頂ともいえるが、その分、都民からの厳しい目にさらされることにもなる。都は「各年度の事業の進捗や事業実施によって得られた成果を客観的に把握・検証・評価」し、都民ファーストの視点から、その評価結果を公表」するとしている。ぜひ都民に分かりやすい形で公表するとともに、仮に進捗のよくない事業があった場合の十分な原因究明と的確な課題解決、そして、社会経済状況の変化に合わせた柔軟な対応を求めておく。

東京の人口について、本プランの推計ではピークが2025年となり、長期ビジョンの2020年と比べて5年後ろ倒しになった。しかし、今後訪れる東京の人口減少の問題や、急速な高齢化とそれに伴う社会保障関係費の増高に対して、都が正面から向き合っていく必要があることに変わりはない。

実行プランを基に、今後、都民ファーストの都政がどのように進められていくのか、また、小池知事が初めて編成する来年度予算が、実行プランを力強く前に進める予算となるのか、しっかりと注目したい。（鳴）

＜「都民ファーストでつくる『新しい東京』～2020年に向けた実行プラン～」の策定コンセプト＞

意義

「3つのシティ」を実現し、「新しい東京」をつくる

計画期間：2017（平成29）年度～2020（平成32）年度

- ◆ 都民ファーストの視点に立った、今後の都政の具体的な政策展開を提示
- ◆ 社会経済情勢の変化に着実に対応するとともに、東京2020大会の成功とその先の東京の未来への道筋を明瞭化
- ◆ 東京都長期ビジョンが示す政策の大きな方向性を継承しつつ、東京が抱える課題の解決や東京の更なる成長創出に資する、新規性・先進性を持つ政策を積極的に立案

体系・コンセプト

新しい東京
- ① 誰もが安心して暮らし、**希望と活力を持てる東京**
- ② 成長を生み続ける**サステイナブルな東京**
- ③ 日本の成長エンジンとして**世界の中で輝く東京**

3つのシティ
- **セーフ シティ**　もっと安全、もっと安心、もっと元気な首都・東京
- **ダイバーシティ**　誰もがいきいきと生活できる、活躍できる都市・東京
- **スマート シティ**　世界に開かれた、環境先進都市、国際金融・経済都市・東京

東京2020大会の成功　多摩・島しょの振興

東京2020大会の成功に向けて、競技会場や選手村等の整備、暑さ対策、セキュリティー・テロ・防災対策などの大会の開催・運営に不可欠な取り組みだけでなく、バリアフリー化の推進、ボランティアの育成、多言語対応など、東京を訪れる人々を迎える準備を着実に進めていく。

「多摩・島しょの振興」

活気ある東京をつくっていくためには、東京の人口の3分の1、面積では3分の2を占める多摩・島しょ地域の発展が欠かせない。多摩・島しょの振興においては、それぞれの地域が持つ特性や課題に的確に対応する取り組みを展開しなければならない。

具体的な政策の方向性として、多摩地域においては、交通インフラの整備促進、産業集積の維持・発展、多摩ニュータウンなど地域の再生、森林の保全、福祉・医療サービスの拡充などを進めていく。

また、島しょ地域においては、都市とは異なる魅力を生かした観光資源の開発や基幹産業である水産業の振興、固有種など生態系の保護、津波や火山災害をはじめとする防災対策の強化などに取り組んでいく。

東京の成長戦略の方向性

東京は首都として、さらには、日本経済の中心として、これまでの日本の発展に貢献してきた。東京の更なる成長創出を図る観点で、国際金融・経済都市の実現、特区等を活用した外国企業の誘致、さらに、東京の産業の基盤を支える中小企業の活性化などに積極的に取り組んでいくことは、日本の持続的成長に向けた東京の責務である。とりわけ、来る東京2020大会を成功に導き、東京さらには日本全体の発展につなげていかなければならない。

そのためには、2020年以降のサステイナブル、持続可能な成長を目指し、積極果断な成長戦略を推進するための方向性を明確にする必要がある。

そこで、①都内GDP120兆円②訪都外国人旅行者数2500万人③都民の生活満足度70%④世界の都市ランキング1位——という四つの挑戦（「Challenge4　東京の挑戦」）を掲げた。

そして、それに向けた具体的な戦略（Strategy）として、①金融（Finance）②イノベーション（Innovation）③強みを伸ばす（Rise）④誰もが活躍（Success）⑤最先端技術（Technology）を立て、それぞれの頭文字をとって「Strategy5 "FIRST戦略"」とした。

これは「東京が世界で一番になる」「我が国の成長創出のために東京が先頭に立って挑戦する」という、東京の意気込みを示すものである。

今回提示するのは、2020年以降のサステイナブルな成長を目指すための方向性である。本プランで示す戦略の方向性の下に、今後とも各政策を絶えず成長させていく必要がある。

「Beyond2020」

■東京の未来像

社会経済情勢の変化や科学技術の飛躍的な進歩、人々の価値観の多様化など、世の中は絶えず様々な変化が生じている。こうした社会の動きに遅れることなく、常にアップデートされた政策を展開し、東京の持続的成長を維持していくためには、現状を的確に分析するとともに、時代の潮流のその先に何があるのかということを洞察する目を持つことが必要である。

そこで、本プランでは、具体的な4カ年の政策展開に加えて、長期的視点に立った展望として、2020年の更にその先に目を向け、明るい東京の未来像の一端を「Beyond2020～東京の未来に向けて～」として描いた。

夢あふれる東京の未来像を大胆に想像することは、これまでの延長線を超えた政策の立案とその推進力となる共感を呼ぶことにつながっていく。そうした人々の共感が、東京が持つ底力を呼び起こし、首都直下地震などの災害リスクや人口減少、超高齢社会の進行などの不安な将来予測を乗り越え、今後東京が直面する様々な課題を解決していくための大きな原動力となる。

今の時代を生きる我々の最大の責任は、子や孫の世代に希望あふれる明るい未来を引き継ぐことであり、本プランで掲げた様々な取り組みはその未来に向けた力強い歩みの第一歩となるものである。

■東京の将来人口推計

平成27（2015）年国勢調査による人口を基準に、2060年までの東京の人口を推計すると、東京の人口は、今後もしばらく増加を続け、2025年の1398万人をピークに減少に転じるものと見込まれる。平成22（2010）年国勢調査に基づいて実施した長期ビジョンにおける推計（2014年12月）では、人口のピークは2020年の1336万人であったが、今回の推計ではピークが5年後ろ倒しになるとともに、ピーク時の人口も増加している。

また、2015年の東京の老年人口の割合（高齢化率）は22・7%であるが、今後、更に高齢化が進み、2025年には23・3%となる見込みである。東京では2015年から2060年までに全国の後を追うように急速に高齢化が進んでいく。その速度と規模は、より先鋭的なものであり、社会保障関係費の増高など深刻な問題が生じることが予想される。

さらに、合計特殊出生率は、近年上昇傾向にあり、2015年には1・24まで回復したが、依然として都道府県別でみると最低の水準となっている。社会を支える人口が減少していくことは、経済的な側面をはじめ、様々な面で大きな影響を及ぼしていく。

こうした人口減少の問題に対して、都としても正面から向き合う必要がある。

プランの着実な実行

■PDCAサイクルの運用

本プランでは、PDCAサイクルを適切に実施していくための仕組みを従前の計画と比較して更に工夫を凝らし、策定段階から組み込んだ。具体的には、可能な限り数値化した約500項目の政策目標を定めるとともに、4カ年の政策展開について具体的な工程を示すことで、各政策における年度別の進行を明瞭化した。

本プランの推進に当たっては、これらに基づいた適切な進行管理を行うことで、各年度の事業の進捗や事業実施によって得られた成果を、客観的に把握・検証・評価を行っていく。

そして、都民ファーストの視点から、その評価結果を公表し、都民と認識を共有した上で、その後の事業展開や予算措置に反映させていくPDCAサイクルをしっかりと回し、本プランで掲げた各政策の着実な推進を図っていく。

また、このPDCAサイクル内で発生した新たな課題に対しては、的確に問題点を洗い出し、政策を常に改善していくことで、持続的に本プランのバージョンアップを進め、都民サービスの向上につなげていく。

■都民と共に築く東京の未来

都は、50年、100年後の未来にも思いをはせ、その遠い将来へ連綿と続いていく政策の骨格をつくり、今、東京で暮らし働く都民のため、そして、子や孫の世代のために、東京がいつまでも光り輝き続けることを目指して、現状にとどまることなく、前進し続けなければならない。

「これからもっと東京は良くなる」と都民が希望を持てる都政を展開する。そして、日本の未来を明るく照らす「新しい東京」を、都民の共感を得ながらつくっていく。そのための第一歩、礎となるのが、今回策定した「都民ファーストでつくる『新しい東京』～2020年に向けた実行プラン～」である。

策定経緯の特徴

■プラン策定会議の開催

プラン策定に向けた全庁的な議論を行うため、知事、副知事、教育長及び各局長等が一堂に会する庁内会議を開催し、プラン策定に係る議論を行った。

また、プランの策定過程の透明性を確保するため、会議次第、プラン全体に係る資料、当日の議論のまとめ等を会議終了後、速やかにホームページ上に公開するとともに、議事概要と全ての会議資料は本プランの公表に合わせて公開した。

■都立学校における出前授業等

生徒の社会参画意欲を育むため、都立高校を東京都職員が訪問し、プランのコンセプトや主要政策の方向性を教材として、生徒が東京の将来について考える「出前授業」を実施した。また、高等部のある特別支援学校において、生徒会の生徒等から意見を募集した。

■若手職員によるワークショップ

2020年の更にその先の明るい東京の未来を検討するため、東京都の20代から30代の若手職員によるワークショップを開催した。

「 2020 年に向けた実行プラン 」の構成

1　都民FIRST（ファースト）の視点で、3つのシティを実現し、新しい東京をつくる

東京 2020 大会の成功とその先の東京の未来への道筋を明瞭化

【計画期間】2017（平成29）年度～2020（平成32）年度

新しい東京

① 誰もが安心して暮らし、**希望と活力を持てる東京**

② 成長を生み続ける**サステイナブルな東京**

③ 日本の成長エンジンとして**世界の中で輝く東京**

セーフ シティ　ダイバーシティ　スマート シティ

2　「FIRST戦略」が示す、首都東京の成長戦略

東京が日本の成長のエンジンとして、サステイナブル、持続可能な成長に向けて、「東京の成長戦略」の大きな方向性を提示

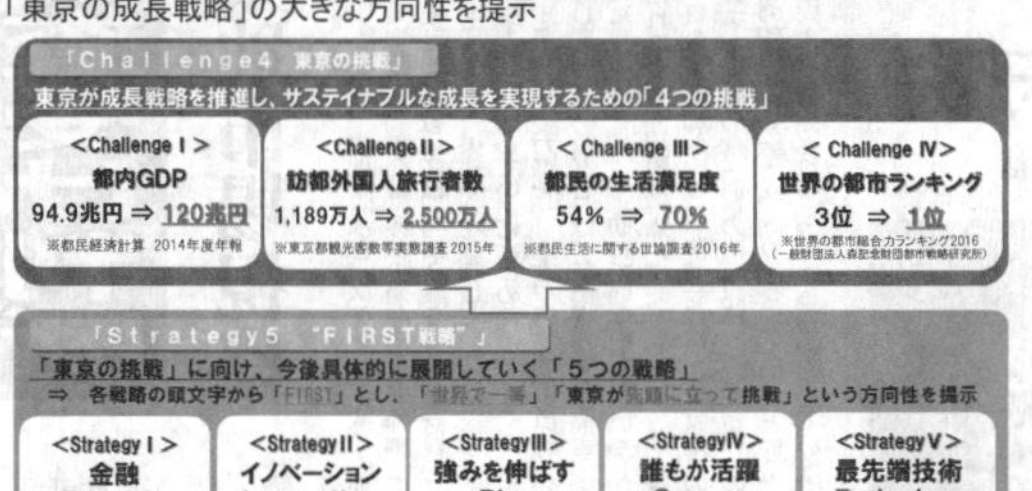

3　東京のFUTURE　明るい東京の未来像の一端を描く「Beyond2020　～東京の未来に向けて～」

・平成 27 年国勢調査に基づく2060 年までの人口・世帯数の推計、将来の人口展望

・科学技術の進歩や個人の意識の大きな変化などを通した明るい東京の未来像の一端を提示

【 東京の未来に大きな影響を与える　事柄の例】

○科学技術の進歩（ＩoＴ、ＡＩ、自動運転、ロボット等）　○働き方・ライフスタイルなどの大きな変化

○規制緩和　○人口減少、超高齢社会の進展　○東京 2020 大会の成功とレガシーの継承

「3つのシティ」と政策の柱

セーフ シティ　もっと安全、もっと安心、もっと元気な首都・東京

政策の柱１	地震に強いまちづくり
政策の柱２	自助・共助・公助の連携による防災力の向上
政策の柱３	豪雨・土砂災害対策
政策の柱４	都市インフラの長寿命化・更新
政策の柱５	まちの安全・安心の確保
政策の柱６	まちの元気創出
政策の柱７	多摩・島しょ地域のまちづくり

ダイバーシティ　誰もがいきいきと生活できる、活躍できる都市・東京

政策の柱１	子供を安心して産み育てられるまち
政策の柱２	高齢者が安心して暮らせる社会
政策の柱３	医療が充実し健康に暮らせるまち
政策の柱４	障害者がいきいきと暮らせる社会
政策の柱５	誰もが活躍できるまち
政策の柱６	誰もが優しさを感じられるまち
政策の柱７	未来を担う人材の育成
政策の柱８	誰もがスポーツに親しめる社会

スマート シティ　世界に開かれた、環境先進都市、国際金融・経済都市・東京

政策の柱１	スマートエネルギー都市
政策の柱２	快適な都市環境の創出
政策の柱３	豊かな自然環境の創出・保全
政策の柱４	国際金融・経済都市
政策の柱５	交通・物流ネットワークの形成
政策の柱６	多様な機能を集積したまちづくり
政策の柱７	世界に開かれた国際・観光都市
政策の柱８	芸術文化の振興

分野横断的な政策の展開

東京2020オリンピック・パラリンピック競技大会の成功に向けた取り組み　／　多摩・島しょの振興

小池知事

豊洲移転　地下水調査受け判断

延期後初めて築地市場視察

小池知事は12日早朝、築地市場（中央区）を視察した。施設の老朽化の状況などを確認したほか、市場業界団体の幹部らとも懇談。業界団体からは「一日も早く移転問題を解決してほしい」と年度内の判断を求める声が上がったのに対し、知事は専門家会議が今週末に発表する地下水モニタリングの調査結果を踏まえて判断する考えを改めて強調した。知事が築地市場を視察するのは、昨年8月に豊洲新市場（江東区）への移転延期を決定してから初めて。

小池知事は業界団体幹部の説明を受けながら、水産・青果の競りなどを見学。「現場ならではの雰囲気を味わったが、廊下を見ても歴史を感じさせ、老朽化している。築地の問題点も改めて確認した」と感想を述べた。

知事の視察は業界側が「豊洲移転問題解決の突破口にしたい」とかねてから求めており、それに応じた形。

知事と業界との懇談では、築地市場協会の伊藤裕康会長が「安全・安心は最も重要。専門家会議を再招集して土壌汚染対策の検討を指示したことは賛成だ」と知事の判断に理解を示す一方、「移転の可否や時期が分からない。不安に駆られた宙ぶらりんの状態でいつまで待てば良いのか」と訴え、年度内の判断を求めた。

東京魚市場卸協同組合（東卸）の伊藤淳一理事長は「『出来れば築地で商売を続けたい』というのがほとんどの組合員の思いだが、施設も老朽化し、食品の衛生上の問題も現実に迫っていることを勘案して結論を出してほしい」と要望。築地東京青果物商業協同組合の泉未紀夫理事長も「移転が延期になり、青果部全体が脱力感で過ごしている。知事の力で脱力感を排除してほしい」などと訴えた。

これに対し、知事は「一日も早く結論を出したい」と応じつつ、「消費者の観点から安全・安心は何よりも優先されるべき。スケジュール感、移転の是非も含めて、専門家会議を境に判断材料を確認したい」と述べるにとどめた。

他方、業界側から見れば、新市場の絵姿が描き切れていないとの思いも強い。

伊藤会長は「移転延期の決定以降、物流や買い回り、交通アクセスといった議論が中断している」と指摘し、「（都と業界が）共同経営者として将来の卸売市場の姿を共有し、より良い市場を目指して努力することが求められる」と主張した。

今回の視察は終始、歓迎ムードで進み、知事が「補償はヒアリングの内容をベースにスピーディーに結論を出したい」と述べるなど、業者への配慮を強くにじませる内容となった。一方、業界側には施設の老朽化を印象付ける思惑もあり、伊藤会長は報道陣に「知事は築地の問題をきちんとつかんでいることが理解できた」と振り返った。その上で、「（移転の）決断の時期がいちばん大事」と述べ、年度内の判断を改めて求めた。

威勢のいい掛け声が飛ぶ中、青果の競りを見学する小池知事＝12日早朝、中央区

清掃労組旗開き

「現場力が住民生活守る」

桐田委員長が新年の決意

東京清掃労組は11日、千代田区内のホテルで新春団結旗開きを開いた。桐田達也執行委員長は冒頭のあいさつで、昨年発生した熊本地震に言及。「災害が発生すると自治体の役割が重要になる。熊本地震でも自らが被災者である職員が被災状況の確認や避難所の運営、炊き出しに休むことなく対応した」と振り返り、「自治体の現場力が住民の生活と生命を守る。清掃労組も、このことを自治研活動を通じて発信していきたい」と強調した。

桐田委員長はまた、南スーダンでの自衛隊の「駆け付け警護」や、安倍首相の真珠湾訪問に触れ、「自衛隊が海外で武力を行使することが戦争につながるのではないか」と問題提起。寛容性を失った排他的な社会が広がりつつあるとして、「対立、戦争、格差、差別のない、誰もが等しく安心して平和で暮らせる社会に向けて歩みを進めなければならない」と決意を示した。

酉年にかけて「平和の鳩が獰猛なハゲタカの餌食になってはならない」とし、「良質な公共サービスを住民とともに作り上げ、全ての労働者の労働条件を向上させ、皆が安心して働ける社会に向けて、組合員一丸となって邁進する」と訴えた。

来賓として駆け付けた区長会の西川太一郎会長は、「世界に冠たる東京の清掃事業の担い手として、これからも力を発揮してほしい」と組合員らを激励。「日頃、現場の仕事はご苦労が多いと思うが、大事に過ごしてほしい」と日々の業務をねぎらった。

鏡割りをする桐田委員長、西川区長会会長ら＝11日、千代田区

都庁職旗開き

「都民本位の都政実現を」

超勤縮減で対応苦慮も

都庁職は6日、2017年新春旗開きを都庁第一本庁舎32階の職員食堂で開催した。関根範明執行委員長は「舛添前知事の辞任や、五輪競技会場見直しなど様々な問題が起きる中で、職員は一日たりとも都政を停滞させることはなかった」と敬意を示し、「都庁職は職場組合員の声を大切にし、複雑化・多様化する都民要望に応える都民本位の都政の実現と、職員が安心して、やりがいをもって働ける職場作りへ奮闘する」と決意を語った。

都の超勤縮減対策に対しては、「職場では仕事量が減るどころか、様々な問題に対する対応や自律的改革などで逆に仕事が増え、こうした状況の中で対応に苦慮している」と述べ、「職場を精査した上で業務量に見合った人員配置など、『実効性のある超勤縮減の取り組みを行いたい』」と語った。

また、昨年末策定された「実行プラン」で推進する「ライフ・ワーク・バランス」に触れ、「生活と仕事の両立は必要だと考えるが、職員の労働時間の変更については労使協議事項」と述べ、「一方的な変更は認められない」と強調した。

多羅尾光睦総務局長は、3年後に迫った五輪開催や高齢化社会、インフラ更新など山積する都政の課題に対し、「課題の解決に重要なことは、職員一人ひとりが安心して働き、能力を最大限発揮できる職場作り」と強調し、実現に向け力を尽くす考えを示した。

また「働き方改革」については、「改革が、ある人やある職場には適合しても、他の人にはそうでない場合があり非常に難しい課題だが、試行錯誤を尽くして実のあるものにしていきたい」と語った。

「都政が注目を浴びる中、大変厳しい賃金闘争だった」と昨年を振り返る関根委員長＝6日、都庁第一本庁舎で

NT再生にスタジアムを

ひと

多摩ニュータウンスタジアムをつくる会会長（元都職員）

高田（たかだ）　一夫（かずお）さん

南多摩尾根幹線道路の全線4車線化に向けて、都が道路整備方針を見直したことが積年の思いに火を付けた。谷戸沢処分場にサッカー場を造る運動が実って、2013年の東京国体の会場に。そして現在、多摩市に3万人収容のスタジアム建設をと旗を振っている。

昨年創部50周年を迎えた都庁サッカー部の初代監督・主将で、全国自治体職員サッカー連盟の創設者。多摩ニュータウンの1期生として、1972年には子供からシニアまでが活動する多摩サッカークラブを立ち上げ、多摩市サッカー協会を設立。生涯スポーツとしてのサッカーを掲げ、多摩シニアサッカー連盟をつくり、ねんりんピックサッカー西東京代表の監督兼選手として全国を飛び回った。「76歳まで現役を続けたが、ひざを痛めてしまい、今は太極拳にはまっている」と笑う。

都職員の時代から住民自治に着目。自らも97年に多摩ニュータウン学会、00年には多摩ニュータウン再生機構の設立に奔走した。機構理事長を務めた時には「おわら風の盆」をパルテノン通りに出現させた立役者だ。

日本サッカー協会75周年記念事業『日本のサッカースタジアム―今日そして明日』の上梓は、イングランドでのスタジアム見学が発端。長年、同協会施設委員・国体実施委員、都サッカー協会施設委員長としての実践が実ったものでもある。

15年7月に「多摩ニュータウンスタジアムをつくる会」を発足。東京ヴェルディと日テレ・ベレーザのホームタウンとして、市立多摩東公園内の陸上競技場改修計画に併せて、公民連携によるPFI方式での建設を目指し、民間事業者から多摩市へ提案させた。

「プロスポーツという地域資源を活用し、スタジアムという媒体を通して、まちづくりや地域活性化につなげていきたい」と話す。

多摩スタは「道の駅」を観客席バックスタンド下に設置し、年間を通して市民の交流や街のにぎわいにつなげる、日本で初めての試みでもあり、水素ステーションもと夢は広がる。「尾根幹線の整備はまさに『天の時、地の利、人の和』を得た思い」と力を込める。

「様々なことを手掛け、最後は地元に収斂し、卒業試験のつもり。多摩ニュータウンのランドマーク、再生のシンボルにしたい」（門）

愛知県生まれ。中大法卒。南多摩区画整理事務所副所長で都を退職後、65歳まで交通事故相談に携わる。現在はマンション管理クリニック「高田経営法務事務所」所長。2男1女は独立。妻と。78歳。

都財務局

予防保全で長寿命化

都有施設管理の全庁方針

都財務局は10日、都が所有・管理する都有施設の総合管理方針の素案をまとめた。施設管理に関する全庁的な方針を策定するのは今回が初めてで、計画期間は策定から10年間。

計画では、橋梁や地下鉄など施設の多くが今後10〜20年で老朽化や改修の時期に差し掛かり、維持更新経費に膨大な経費が必要になることや、2020年東京五輪競技会場など今後新たに整備する施設への対応を考慮した。

施設の維持管理では予防保全型管理を推進し、耐久性や耐候性に優れた新技術・新工法の採用により施設の長寿命化を図り、ライフサイクルコストの削減や更新時期の平準化などを達成する。

また、高齢化の進行に対応するためのユニバーサルデザインの推進やLED照明、太陽光発電の採用など環境負荷低減への取り組みなど、施設の機能に都の施策を反映することも盛り込んだ。

未利用の都有地や施設統合で創出した用地の利活用については、国や区市町村、監理団体や民間業者との連携も視野に入れ、都政の喫緊の課題に応じた効果的な活用をするとしている。

防災機能の強化では、公共建築物の更なる耐震化に加え、帰宅困難者や停電対策の非常用電源の確保や津波や高潮による浸水対策も位置付けた。

このほか、部署の壁を越えた横断的なOJTによる職員の技術力の向上や計画的な維持更新に向けた用地確保、施設の統廃合の実施方針、情報公開の方針なども盛り込まれている。

方針の策定は、国が13年、「インフラ長寿命化基本計画」を閣議決定し、各地方公共団体に行動計画策定を要請したことを受けたもの。現在は建築物の種類ごとに施設管理方針を策定しているが、それらの要点を抽出・整理し、全庁的に体系化した。今後は、施設管理に関する全庁的な会議体を設置し、策定した方針を検証する予定。都技術会議など既存の会議とも連携し、情報共有を図るとしている。

同局は、24日まで都民意見を募集し、年度内に方針を策定する。

都営住宅の工事で予定価格積算誤る

都都市整備局

都都市整備局は6日、西部住宅建設事務所で入札を行った都営住宅の緑地整備工事で入札後に予定価格の積算に誤りがあったと発表した。

誤りがあったのは、東久留米市内の都営住宅の工事。支給品費相当額を加味せず、予定価格よりも約44万円過少に見積もっていた。入札参加者からの質問で判明した。同局では契約解除に向けて相手方と協議中で、工事を再発注する予定。積算に当たりチェックリストを見直すなどして再発防止を図る。

■豊島区人事異動

1日付

【課長級】▽文化商工部東アジア文化都市推進担当課長　小澤弘一文化商工部長事務取扱▽文化商工部東アジア文化都市推進担当課長心得＝文化商工部文化デザイン課文化施策担当係長兼務（区民部高齢者医療年金課高齢者医療年金担当係長）　副島和哉

酒井　満平さん（さかい・まんぺい＝元奥多摩町議会議長）5日死去、83歳。

V1の発表③

オールジャパンのはずが

10日、首相官邸。やや緊張した面持ちの小池知事は、安倍首相が入ると笑顔を作り、握手を交わした。すかさず手に持っていた東京オリンピック・パラリンピックのバッジを首相のスーツに着け、蜜月ぶりをアピール。報道陣に対し、「オールジャパンで協力して大会を成功に導くように確認した」と説明した。

これまでの大会準備は「オールジャパン」とは言えない状況が続いている。特に仮設の整備を巡っては、大会組織委員会が昨年末、2千億円を都や地元自治体、国で負担する案を提示。各自治体はこれに反発し、立候補ファイルに基づいて組織委が負担するよう求めた。セーリング競技を受け入れる神奈川県の黒岩祐治知事は「費用分担がまだ決まっていないのは異常な事態だ」と訴え、来年度の予算編成を控えて「タイムリミットは過ぎている」と切実な声を上げる。

組織委の森喜朗会長は「都知事選と会場見直しで、この問題に着手できなかった」と協議の遅れを陳謝。「都が入らないと話し合いが始められない」との見解を示した。森会長は「何とか迷惑のかからないようにやりたい」としつつ、神奈川県の地元漁業者への補償問題を引き合いに、「費用負担の例を一つ作るといろいろな所に広がっていく。奉仕でやってほしい」と持論も展開。一方、黒岩知事は「県民に対して説明できる協議のプロセスが重要だ」としており、認識の隔たりが浮き彫りになっている。

黒岩神奈川県知事が森会長に要請書を手渡した＝16年12月、港区

サッカー予選に関しては、宮城県の村井嘉浩知事が「県が仮設を負担するのは筋が通らない」と直訴。これに森会長は「組織委ができる前に、都と競技団体で決まったこと。我々に言うのは筋が違う」と反論し、村井知事は記者団に「非常に無責任な言い方」と批判するなど、対立が顕著だ。

都は年度内に負担の大枠を固めたい考えだが、調整は難航が予想される。東京大会の会場を「外出し」する形になるため、都が一部を負担する考え方はあり得るが、都幹部は「（各県の仮設会場は）地方に受益がある。都税を入れるにしても、都民の共感が大事だ」とし、「東京大会は都にレガシーを残すだけでなく、日本のポテンシャル（潜在力）の底上げにつながる。国に支援を求める必要もある」と指摘する。

29年度 職員教養講座 東京都管理職選考対策 《29》

行政管理 ①

今回から、「行政管理」を3回にわたって解説します。「行政管理」の出題数は平成22年度以降8問で、全択一問題（40問）の2割を占めているため、重要度の高い科目です。この科目で問われる知識は、日頃の業務と直結するものが多く、今後の都政の一翼を担っていくことが期待される人材には必要不可欠なものと言えます。そのため、管理職選考では行政管理の問題が多く出題されていると考えられます。難易度は高くありませんので、十分な対策をして、得点源にしていきましょう。

出題の傾向

出題分野は、行政改革や行政参加の仕組みや動向を踏まえた行政運営の在り方に関する事項になります。過去5年間（平成24～28年度）の出題は、別表の通りです。

平成28年度の出題は、行政改革、行政参加、行政理論（行政学）の分野から、過去に出題されたキーワードが再び出題されました。その他に、直近で法改正のあった「行政不服審査法」と「行政手続法」が出題されました。別表を見ると、重要なキーワードは数年おきに出題されていることが分かるので、過去の出題分野を分析し、さらに法改正などは日頃から最新の動きを十分に把握しておく必要があります。

また、今年度も選択肢の一部に、都の情報セキュリティ対策（都の制度）を問う出題がありました。このような都の制度や動向と国の制度や区市町村の関係などを関連付けた出題は、年度によって出題数は異なりますが、平成23年度以降継続しており、都の制度や動向も十分に把握することが求められます。

勉強方法

出題範囲が広いため、限られた時間の中で全てを網羅するのは非常に難しい科目です。まずは、過去に出題された分野や参考図書をベースに主要なキーワードを把握し、続いて問題集や過去問を繰り返し解きながら基礎を固め、知識を定着させていきましょう。

また、日頃から新聞やインターネットを通して、行政管理に関する最新情報の収集を継続的に行うとともに、東京都のホームページや「とちょうーi」からも情報収集し、都の制度や動向を把握すると良いでしょう。行政学は、基本的な内容が問われますので、行政学の基本書や公務員試験の教材などを参考に重要論点を集中的に学習すると効果的です。

参考図書としては、以下のものがあります。

○実践シリーズ『行政管理・経営・会計 民間経営に学ぶ』（都政新報社）
○『行政管理・会計基本問題集300問』（公人の友社）
○公務員試験 新スーパー過去問ゼミ4 行政学（実務教育出版）
○首相官邸、内閣府、総務省、東京都等のホームページ

過去の出題①行政改革②行政評価③行政参加④その他

年度	出題問題	①	②	③	④
24	地方公共団体に関する国の関与				○
	公務員の賄賂				○
	行政責任				○
	個人情報保護制度			○	
	人事制度・人事評価		○		
	公益通報者保護法	○			
	インクリメンタリズム	○			
	官僚制				○
25	外部監査制度		○		
	公共サービス改革法	○			
	公益法人制度改革	○			
	情報公開制度			○	
	オンブズマン制度			○	
	国と地方公共団体との間の紛争処理				○
	行政手続				○
	情報セキュリティ対策				○
26	総合特区	○			
	PFI法	○			
	指定管理者制度	○			
	地方独立行政法人	○			
	住民投票			○	
	国と地方の協議の場に関する法律				○
	地方公共団体の財政の健全化に関する法律	○			
	行政コスト計算書				○
27	行政評価法		○		
	NPM	○			
	公共サービス改革法	○			
	特定非営利活動法人			○	
	行政手続法に定める意見公募手続き			○	
	個人情報保護制度			○	
	政策決定				○
	地方公共団体に関する国の関与				○
28	行政不服審査法			○	
	行政手続法				○
	情報セキュリティー対策				○
	国家戦略特区	○			
	官僚制				○
	オンブズマン制度			○	
	行政責任				○
	住民投票			○	

キーワード

《行政改革》
公益法人改革、公務員制度改革、地方分権改革、独立行政法人制度、指定管理者制度、公共サービス改革法、PFI、PPP、NPM、規制改革、電子自治体・電子政府、内部統制、財政健全化法、公益通報制度

《行政評価》
政策評価、事業評価、PPBS、包括外部監査、公会計制度、アウトカム、アウトプット

《行政参加》
住民投票、情報公開制度、個人情報保護制度、パブリックコメント、パブリックインボルブメント、オンブズマンシステム、アダプトシステム、タウンミーティング、住民参加型市場公募地方債、NPO法人

それでは過去に出題の多いキーワードを中心に問題を解いてみましょう。問題を解いた後は、参考図書やホームページでキーワードに関する全体像を把握してください。

問題

【問題 1】
地方独立行政法人に関する記述として、妥当なものはどれか。

① 地方独立行政法人の設置に当たっては、法人を設立する地方公共団体の長が、中期目標を定めなければならないが、中期目標の設定に関して議会の議決を経る必要はない。

② 地方独立行政法人は、中期目標及び中期計画を作成後、公表しなければならない。

③ 都では、地方独立行政法人の評価を行うため、知事の付属機関として、財務局に東京都地方独立行政法人評価委員会を設置している。

④ 東京都地方独立行政法人評価委員会には、三つの分科会が設置され、各々の分科会で専門的事項の審議や各事業年度における法人の業務実績の評価を実施している。

⑤ 特別地方独立行政法人の職員は地方公務員法が適用されるが、平成28年4月に地方公務員法及び地方独立行政法人法の一部を改正する法律が施行されたことにより、これまで一部適用除外であった「給与、勤務時間その他勤務条件に関する事項」「職員団体に関する事項」が全て適用対象となった。

【問題 2】
PPBSに関する記述として、妥当なものはどれか。

① PPBSは、米国連邦政府が各省庁の事業計画と予算との関係を一層合理化しようとしたもので、ニクソン大統領により全省庁に導入された。

② PPBSは、特定の目的を達成する政策の複数の代替案について事前に費用対効果を比較検討し、最善の代替案を選択するものである。

③ PPBSは、長期的な計画策定と短期的な予算編成とを切り離し、予算編成については長期的な計画策定にとらわれず、資源配分に関する組織体の意思決定を合理的に行う手法である。

④ PPBSは、事前に設定された目標事業量が実際にどれだけ達成されたかについて、現場の管理者に評価・報告を求め、これを次年度以降の事業計画に反映させる手法である。

⑤ PPBSは、全ての事業について、ゼロから出発して予算編成を行う手法であり、徹底した経費の見直しが可能である。

【問題 3】
政策過程に関する次の記述のうち、妥当なものはどれか。

① イーストンの唱えた政治システムモデルでは、政治家は政権を獲得・維持することを目指し、そのために必要な有権者の政治的支持を獲得するために互いに競い合うため、有権者が要求する水準以上の政策を実現することになるとしている。

② ダウンズは、有権者は自己の効用を最大化することを目的として行動するという仮定の下に、有権者の政党の選択について論じた。

③ ウィルダフスキーは、多様な利益集団が相互に利益を主張し合うことが、結果的に公共の利益に合致した合理的な政策決定をもたらすとするリンドブロムの多元的相互調節の理論に対して、現実にはあらゆる集団利益が均等に代表されることはないため、公共の利益が達成されることはないと反論した。

④ エチオーニの混合走査法モデルでは、有限な組織の資源を効率的に活用するために全ての政策について綿密な分析を加える必要があると主張した。

⑤ アリソンは、人間の合理性には限界があるとして合理的選択論を修正し、政策決定者は少数の政策案のみを比較考慮した上で、一定の満足度をもたらす政策を選択すると主張した。

解説

【解説 1】 正答 ④
① 誤り。議会の議決を経なければならない。
② 誤り。中期目標は、地方公共団体の長が公表する。
③ 誤り。総務局に設置されている。
④ 正しい。
⑤ 誤り。地方独立行政法人は、企業的経営により、公共性の高い事務・事業を効率的かつ効果的に行うという点で地方公共団体とは異なる性質を有するため、引き続き適用除外である。

【解説 2】 正答 ②
① 誤り。当初、国防予算の編成に限り導入していたが、ジョンソン大統領の下で全省庁に導入された。
② 正しい。
③ 誤り。PPBSは、長期目標を達成するために中期計画を立て、そのもとで立案された毎年度の施策に合理的な予算を配分していく手法であるため、長期的な計画策定と短期的な予算編成は結びついている。
④ 誤り。PPBSではなく、「目標による管理（MBO）」に関する説明である。
⑤ 誤り。PPBSではなく、「ゼロベース予算（ZBB）」に関する説明である。

【解説 3】 正答 ②
① 誤り。政治システムモデルでは、入力と出力の間でバランスが取れている時にシステムが安定すると想定され、政治家は有権者が要求する水準に見合った政策を実現するよう行動し、この場合、有権者も政治家も共に満足して、システムは安定する。
② 正しい。
③ 誤り。ウィルダフスキーは、多様な利益集団が相互に利益を主張し合い、妥協が成立する時に全員に満足を与える公共の利益が実現される（多元的相互調節の理論）とし、リンドブロムと同様の理論に達した。
④ 誤り。重要な政策決定の場合に限り、綿密な分析を加え、その他の決定については、インクリメンタリズムを適用し、既存の政策に必要最小限の変更を加えていくべきとした。
⑤ 誤り。サイモンに関する記述である。アリソンは、合理的行為者モデル、組織過程モデル、官僚政治モデルの三つのモデルを用いて、アメリカの外交政策決定過程を分析した。

昇任試験対策のページ

特別区 管理職試験講座 12

Ⅰ類択一・記述 Ⅰ・Ⅱ類論文 29年度

地方公務員制度 ②

Ⅰ類択一

今回は、地方公務員制度の第2回目となります。演習問題を5問出題しますので、確実に正誤の判別ができるよう、該当箇所に線を引きながら解いていきましょう。また、制限時間以内に解答できるように、1問当たり約2分を目指しましょう。

問題

【問題 1】
地方公務員法に規定する人事委員会に関する記述として、妥当なのはどれか。

① 人事委員会は職員に対する給与の支払いを監理することができるが、この場合の監理は給与の支払いのみについてであって、任命権者の給与決定の枠内まで入って監理することはできない。

② 人事委員会は、職員の苦情処理に関する事務を事務局長に委任することができ、事務局長は人事委員会から委任された権限を再委任することができる。

③ 人事委員会は、その事務処理に伴う必要な予算の執行権限を有するため、その支出命令を発することができる。

④ 人事委員会の会議で決定すべき事項は、会議を招集することなく、持ち回りによって決定することもできる。

⑤ 人事委員会に事務局を置き、事務局に事務局長その他の事務職員を置くが、人事委員会事務局に特別職の臨時または非常勤の嘱託員を置くことはできない。

【問題 2】
地方公務員法に規定する人事評価に関する記述として、妥当なのはどれか。

① 職員の人事評価は公正に行われなければならず、任命権者は人事評価を任用、給与その他の人事管理の基礎として活用することができるが、分限に活用することはできない。

② 任命権者は職員の執務について定期的に人事評価を行わなければならず、人事委員会は当該人事評価の結果に応じた措置を講じなければならない。

③ 人事評価の基準及び方法に関する事項その他人事評価に関し必要な事項は、人事委員会が定める。

④ 任命権者が地方公共団体の長及び議会の議長以外の者であるときは、人事評価の基準及び方法に関する事項その他人事評価に関し必要な事項について、人事委員会に協議しなければならない。

⑤ 人事委員会は、人事評価の実施に関し、任命権者に勧告することができる。

【問題 3】
地方公務員法に規定する懲戒処分に関する記述として、妥当なのはどれか。

① 職員が職務上の義務に違反し、または職務を怠った場合は、懲戒処分として戒告、減給、休職または免職の処分をすることができる。

② 職員の懲戒の手続き及び効果は、法律に特別の定めがある場合を除いて、条例または規則で定めなければならない。

③ 職員が刑事事件に関し起訴された場合は、懲戒処分として停職または免職の処分をすることができる。

④ 職員は、地方公務員法で定める事由による場合でなければ、懲戒処分を受けることがない。

⑤ 職員が全体の奉仕者たるにふさわしくない非行のあった場合においては、当該職員が死亡した後でも懲戒免職することができる。

【問題 4】
地方公務員法に規定する職務専念義務に関する記述として、妥当なのはどれか。

① 職員が職務に専念する義務は、当該職員に割り振られた勤務時間以外においても課せられることがある。

② 勤務時間中に勤務条件の措置に関する要求をすることは、法的には職務に専念する義務に関する規定に違反しない。

③ 職員は、法律または条例に特別の定めがある場合を除いて、その勤務時間及び職務上の注意力のすべてをその職責遂行のために用い、当該地方公共団体がなすべき責を有する職務にのみ従事しなければならない。

④ 市町村の職務専念義務の特例条例において、職免の承認を与える者を任命権者またはその委任を受けた者と規定している場合は、県費負担教職員の職免の承認権者は都道府県教育委員会である。

⑤ 職員団体と地方公共団体の当局との適法な交渉は、勤務時間中においても行うことができるため、当該交渉を行うに当たって職務専念義務の免除について承認を得る必要はない。

【問題 5】
地方公務員法に規定する政治的行為の制限に関する記述として、妥当なのはどれか。

① 職員は、特定の政党等を支持し、またはこれに反対する目的をもって、政治的行為をしてはならないが、当該職員の属する地方公共団体の区域外においては、文書等を地方公共団体の庁舎等に掲示することができる。

② 職員は、公の選挙において特定の人を支持し、またはこれに反対する目的をもって、投票をするように、またはしないように勧誘運動をしてはならないが、当該職員の属する地方公共団体の区域外においては、勧誘運動をすることができる。

③ 職員団体の業務にもっぱら従事する職員は、地方公務員法に規定する政治的行為の制限を受けない。

④ 職員が法律の制定自体に反対する目的をもって、署名運動を企画し、または主催する等、これに積極的に関与した場合は、政治的行為を制限した地方公務員法の規定に抵触する。

⑤ 選挙公報に推薦人として名を連ねる行為は、政治的行為として制限される勧誘運動には該当しない。

解説

【解説 1】 正答 ①
① 正しい（行実昭27・9・30）。
② 誤り。再委任することはできない（行実昭27・1・25）。
③ 誤り。予算の執行権限は有せず、長に対し支出命令を事実上要求し得るに過ぎず、支出命令は長の部課により発せられるものと解される（行実昭26・8・15）。
④ 誤り。持ち回りで決定することはできない（行実昭34・3・27）。
⑤ 誤り。特別職の臨時または非常勤の嘱託員を置くことができる（行実昭37・8・6）。

【解説 2】 正答 ⑤
① 誤り。分限にも活用できる（地公法第23条）。
② 誤り。人事委員会ではなく任命権者である（同法第23条の2第1項、第23条の3）。
③ 誤り。任命権者が定める（同法第23条の2第2項）。
④ 誤り。地方公共団体の長に協議しなければならない（同条第3項）。
⑤ 正しい（同法第23条の4）。

【解説 3】 正答 ④
① 誤り。休職ではなく停職である（地公法第29条第1項）。
② 誤り。条例で定めなければならない（同条第4項）。
③ 誤り。分限休職とすることができる（同法第28条第2項）。
④ 正しい（同法第27条第3項）。
⑤ 誤り。死亡した職員を懲戒免職することはできない（行実昭40・1・28）。

【解説 4】 正答 ③
① 誤り。勤務時間以外にはない（行実昭26・12・12）。
② 誤り。法律または条例に特別の定めがない限り、職務専念義務違反になると解する（行実昭27・2・29）。
③ 正しい（地公法第35条）。
④ 誤り。市町村教育委員会である（行実昭44・5・15）。
⑤ 誤り。承認を得なければならない（同法第55条第8項、行実昭41・6・21）。

【解説 5】 正答 ②
① 誤り。区域外においても禁止されている（地公法第36条第2項第4号）。
② 正しい（同項第1号）。
③ 誤り。政治的行為の制限を受ける（行実昭26・3・9）。
④ 誤り。抵触しない（行実昭27・7・29）。
⑤ 誤り。勧誘運動に該当する（行実昭37・7・11）。

読者のひろば

悠久のパタゴニア

南米見聞録 −2− ▼アルゼンチン

プンタ海岸のペンギン

アンデス山脈からの冷風が山裾を滑り落ち、低木を優しく冷やしながら揺らしていく。足元に冷房を当てられた感覚である。自然や動植物に興味がある旅人に勧める南米の地域を挙げるのなら、ここパタゴニアかガラパゴス諸島であろう。

パタゴニアは南緯40度付近を流れるコロラド川以南の地域を言い、日本の約3倍の面積を持つ。北部パタゴニアはパンパと呼ばれる大草原地帯である一方、南部パタゴニアは氷河に代表される数多くの国立公園があり南極大陸にも近い。

◇

大西洋に突き出たバルデス半島は、北部パタゴニアを代表する自然保護区で動植物の宝庫であり、1999年に半島全体がユネスコ世界自然遺産に登録された。

バルデス半島では、多くの動物との出会いがあった。フェリーで沖合まで出航すると、ほどなくして白と黒の2色の肌を持つドルフィンの群れに出会い、船との追いかけっこがしばらく続いた。岩海岸ではゾウアザラシやオタリアの雄たけびを聞き、大草原ではグアナコの群れも見ることができた。

プンタ海岸が印象深い。2万以上のおびただしい数のペンギンが海岸や陸地を埋め尽くしていた。「ペンギンファースト」のこの海岸では、人は指定された遊歩道以外歩くことができない。ボウリングのピン程度の大きさで常に上を向いているペンギンに近づくと、想像以上に荒い呼吸音であることに気づく。

◇

南部パタゴニアの玄関口、エル・カラファテ。かつて訪れたニュージーランド南島のクイーンズタウンもそうであったが、氷河の街はとても洗練され、きれいである。アルヘンチーノ湖とその湿地帯には、多数のフラミンゴと放牧された一頭の白馬がいた。例えるなら日本画家の東山魁夷の世界に迷い込んだような気分にさせた。

カラファテ郊外の氷博物館、その地下には世界唯一の氷河バーがある。壁、テーブル、椅子など、すべてが氷河の水で作られている。マイナス10度の世界であるため、防寒着を貸与され、制限時間は30分と決められている。スコッチウイスキーを氷のグラスに入れて数杯飲むと、ほどなくして寒さは吹き飛んだ。

カラファテ近郊には数多くの国立公園がある。パタゴニアを代表するスペガッティーニ氷河は湖に崩れ落ちるため、陸路ではなく2時間の船上クルーズの旅となる。航行中、最初は小さな流氷が浮遊していたが、氷河に近づくにつれ10階建てのビルに匹敵するような巨大な氷河が次々と現れ、かなりの迫力であった。

氷河トレッキングのできるペリト・モレノ氷河では、金属製の爪の付いたアイゼン靴を履き氷河の上を2時間ほど歩いた。無数の深いクレバスがあり少し危険を感じたが心地よい運動となった。最後は一緒に歩いたガイドや外国人と氷河をロックにしたウイスキーを飲んだ。

ペリト・モレノ氷河の先端部近くにある展望台では、全長35㌔、先端の幅5㌔、高さ60㍍の圧巻の景観を見ることができる。1日2㍍の前進が氷河先端部の崩落を引き起こす。轟音とともに崩れ落ちる瞬間の氷河を何度か見ることができた。

崩れ落ちた氷は形をなくし水となり蒸発して雲となり雨となり地上へ舞い降り再び氷となる。途方もない時間をかけて輪廻転生を繰り返している。青き輝きを放つ氷河は、この先端部で氷としての数万年の旅路の終焉を迎える。最期に砕け散るその姿は豪快で潔い。

（ブラジル在住　白鳥謙治）

㊤スペガッティーニ氷河から流れる巨大な流氷
㊦ペリト・モレノ氷河の先端部。1981年ユネスコ世界自然遺産登録

週末回遊計画　とっておきのまち歩き①

さあ、歴史と水辺が感じられる品川区へ

品川区企画部副参事　中島秀介

新シリーズの栄えあるトップバッターですので、品川区シティプロモーションのキャッチコピー「わ！しながわ」のように、「わ！」と感じていただける、とっておきの品川区のまち歩きコースをご紹介します。

ただ、40歳をやや過ぎ、健康が気になるお年頃になった筆者としては、週末に歩くなら「健康的にまち歩きを」ということで、『品川区ウォーキングマップ～私の散歩道』からピックアップしてみました。

このウォーキングマップは2000年度に発行されましたが、「散歩が楽しいまち　しながわ」の魅力をアピールするために16年4月に刷新。新たに六つのコースを加え、区外の方も楽しめる21のコースを掲載しています。その中でも今回は「区長のおすすめ」の「運河と天王洲アイルコース」を歩いてみましょう。

道のりは約4・5㌔（約5625歩）、所要時間は約1時間20分。おにぎり2個分ほど（371㌔㌍）の運動になりますよ。品川区を初めて訪れる方にも分かりやすいコースで、歴史や史跡、水辺、そして桜がきれいに咲く春が特にお勧めです。

スタートは、京浜急行電鉄品川駅から各駅停車で二つ目の新馬場駅北口。新馬場駅はホームがとても長いので改札口をお間違えなく！

8分ほど東に歩くと、最初のスポットである「聖蹟公園」に到着。ここは旧東海道第一の宿であった品川宿の本陣跡にある公園です。公園の名称は、明治天皇の行在所（外出時の仮御所）になったことに由来しています。ちなみに、ここ旧東海道周辺の商店街は品川区が推進している「英語少し通じます商店街」プロジェクトに取り組んだ商店街です。区では東京2020オリンピック・パラリンピックを見据え、少しの英語におもてなしの気持ちを込めて、外国人観光客を迎える雰囲気を地域全体で作っていく取り組みを進めています。

さて、旧東海道を北上し10分ほど歩くと、次のスポットである「品川浦」に着きます。ここの船だまりは、1987年に区民投票で選ばれた「しながわ百景」の一つです。停留しているたくさんの屋形船と、その後ろに控えるビル群は、「わ！あたらしい、わ！なつかしい」と感じることができる、まさに「品川区ならでは」と言える風景です。

そのまま映画『シン・ゴジラ』にも登場する八ッ山橋を訪れたくなりますが、ぐっと我慢して東へ。しばらく歩くと天王洲橋から、少～しだけ港区にお邪魔して楽水橋を渡り、南に足を運ぶと特徴的なデザインの天王洲ふれあい橋が見えてきます。渡ると品川区に戻り、そこは天王洲エリア。筆者が大学生（平成ひと桁）の時にデートで度々歩いた水辺のボードウォークは今も健在。01年に、りんかい線の天王洲アイル駅も開業し、さらに便利になってオシャレさも増した天王洲エリアでは、アートやグルメのイベントが数多く開催されています。天王洲ふれあい橋のたもとにある、ビールの種類が豊富な「T・Y・HARBOR」に寄りたくなるのをまたぐっと我慢。そう言えば、あの世界的に有名なアーティスト「デヴィッド・ボウイ」の回顧展（DAVID BOWIE is）が4月9日まで寺田倉庫G1ビルにて開催されています。東アジアでも、天王洲でしか見られない期間限定の展覧会も途中に立ち寄ってみてはいかがですか。

さて、天王洲アイルを後にして、南に下ると「東品川海上公園」があります。ここは水辺が感じられる公園で、ミッフィーをモチーフにした花壇や屋上庭園もあり、親子で訪れても楽しいスポットです。先ほどの「天王洲ふれあい橋」とともに、ドラマを撮影している光景を見かけることがありますよ。もしかしたら、お気に入りの俳優さんに出会えるかもしれませんね。

品川区ウォーキングマップでは、そのまま目黒川沿いを歩き、新馬場駅に戻ってウォーキング終了。ですが、時間によってはお腹もすいたり、ポカポカ陽気だと汗もかいたりしますよね。お腹を満たすなら「そば処　いってつ」（北品川1・30・23）で「品川宿そば」はいかがですか。さっぱりと汗を流すなら、「北品川温泉・天神湯」（北品川2・23・9）で、地下100㍍からくみ上げられた黒湯の天然温泉を楽しむことができますよ。

いかがでしたか？品川区では、水辺を生かした舟運など、都市型観光を積極的に進めています。今回のコースを参考に、新しさと懐かしさが共存して、色とりどりの魅力が感じられる品川区を歩いていただき、「健康！観光！一石二鳥！」となればうれしいです。

品川区ウォーキングマップの無料アプリはiOS版、Android版で利用できます。ウォーキングに必要な距離・経路を測る機能のほか、他のユーザーとスポットへの到着を競うゲーム機能などコンテンツが盛りだくさんです。QRコードからダウンロードしていただき、品川区のまち歩きを楽しんでください！

（広報広聴課シティプロモーション担当主査事務取扱）

◇　◇　◇

『週末回遊計画』では、区市のシティーセールス担当や広報担当などに、我が街とっておきのまち歩きコースを紹介してもらいます。歴史や伝統、文化、お祭り、観光名所、若者が集まるメッカから外国人観光客に人気のスポットまで、週末に歩いてみたくなるまち歩きコースを写真や地図などを使って紹介します（月1回掲載）。＝編集部

北品川の釣り船

東品川海上公園

わ！しながわ

デヴィット・ボウイ回顧展　4月9日まで天王洲で開催

世界9都市を巡回し、160万人以上を動員した「デヴィット・ボウイ大回顧展『DAVID BOWIE is』」が8日から、品川区天王洲にある寺田倉庫G1ビルで始まった。

回顧展では、デヴィット・ボウイのキャリアを網羅する300点以上の貴重な衣装などのアイテムが展示されているほか、ヘッドホンを装着して音と映像を合わせて鑑賞する体験型の観覧を楽しむことができる。また、日本オリジナル展示では、1983年に公開した映画『戦場のメリークリスマス』の共演者によるインタビュー映像も上映される。5日の特別先行内覧会に参加した中川原史恵品川区副区長は、共に品川区を盛り上げようという気持ちを込めて、特設サインボードに「Wa！Shinagawa」とメッセージを寄稿した。

デヴィット・ボウイ回顧展は4月9日（日）まで開催。休館日は毎週月曜日。午前10時から午後8時まで開館（金曜は午後9時まで）。料金は一般2400円、中高生1200円、小学生以下は無料。

メッセージを寄稿する中川原副区長

●○ミニガイド●○

◆公共施設のこれからを考えるシンポジウム「どうする　どうなる　どうしたい！？青梅の公共施設」　▷日時　1月22日㈰午後2時～4時半▷場所　青梅市役所2階204～206会議室▷参加費　無料▷定員　150人▷基調講演　公共施設マネジメント・「拡充」から「縮充」への発想転換▷講師　南学氏（東洋大学客員教授）▷パネルディスカッション　コーディネーター：南学氏　パネリスト：倉斗綾子氏（千葉工業大学創造工学部デザイン科学科准教授）、高橋正氏（青梅市自治会連合会会長）、小澤順一郎氏（青梅商工会議所会頭）、浜中啓一氏（青梅市長）▷問い合わせ先　青梅市企画部公共施設再編担当☎0428・22・1111

◆公益社団法人東京自治研究センター月例フォーラム　▷内容　2017年度東京都予算案▷講師　早川八十氏（都財務局主計部財政担当課長）▷日時　2月1日㈬午後1時半～4時15分▷会場　新宿住友ホール・スカイルームＲＯＯＭ７（大江戸線都庁前駅Ａ６出口直結、丸ノ内線西新宿駅徒歩４分）▷参加費　千円（会員は無料）▷問い合わせ先　公益社団法人東京自治研究センター☎03・6256・9912

◆ＮＰＯフォーラム自治研究セミナー　▷日時　2月3日㈮午後7時～9時▷会場　千代田区和泉橋区民館5階洋室Ｄ（ＪＲ秋葉原駅昭和通り口下車徒歩2分）▷演題　離島・半島観光の現状と課題▷講師　古賀学氏（松蔭大学観光メディア文化学部教授）▷会費　一般千円　会員500円▷問い合わせ先　☎090・6472・4673三島

都政新報

発行所　都政新報社
〒160-0023 東京都新宿区西新宿7-23-1 TSビル
（総務・読者）03-5330-8781
（企画広告）03-5330-8784
（編集）03-5330-8786
（出版）03-5330-8788
（ファクス）03-5330-8808
購読料　月1,730円（税込）
毎週火・金曜日発行
ただし、祝日は休刊

紙面から

3人の会派離脱容認 知事との対決回避へ

自民党都連

自民党都連は12日、都議会自民党から離脱し、新会派「新風自民党」を立ち上げる考えを表明した3人と都連で面会し、会派離脱することを正式に容認した。今月中に新会派が誕生する見通しだ。3人は離党処分を受けなかったことから、執行部に不満を持つ自民党議員がなだれ打つ可能性もある。都議会自民党からは、執行部が会派運営を見直さない限り、3人に同調する動きは止められないとの見方もあり、都議会自民党は正念場を迎えている。

都議選の公認は維持

「会派が分かれている議会もある。（3人の会派離脱は）問題ない」。自民党都連は新風自民党との面会で、3人が離党せずに会派離脱することを認め、今夏の都議選の公認取り消しも行わない考えを伝えた。面会で執行部から会派離脱を決めた理由をただされた一人は「発言しづらい環境があった」と返答したという。

話し合いは終始、穏便に進められ、開始から1時間近くが経過して、3人は都連の部屋から出てきた。新風自民党会長の大場康宣氏は本紙の取材に対し、「一区切りがついた。今後は（小池知事への）緊急提言も出てくると思うので、それに集中できる」と話した。

面会後、都連の下村博文会長は報道陣の取材に対し、「都議会での判断であり、都連がどうこう言う立場ではない。都議会自民党として今月中に事務的な対応をすると思う」と述べた。

都連の判断は、3人と選挙連携の意向を示す小池知事との対立を避けた形だ。ベテラン自民党都議の一人は「反党行為をしていないから党員であるのはいいが、公認は返上しないといけないのではないか。公認を取り消したら（小池知事の）思うつぼだが、総支部での調整が必要」と吐露した。

記者から会派離脱を表明した3人に同調する懸念があるのかとの質問に対し、下村会長は一人ひとりに丁寧に対応する必要性に触れ、「都連として都議会自民党執行部と一緒に対応することを考えていきたい」と語り、都連も懐柔に乗り出す構えだ。

離脱同調に含みも

離脱に同調する表立った動きはまだない。だが、小池知事は民放番組で「3人に続く方々も多数いるという話も聞いている」と述べ、水面下で知事サイドとやり取りしていることを暗に示した。

そうした知事の発言を裏付けるような動きもある。昨年12月、日比谷公園内の松本楼で、会派離脱を表明した3人を含む傍流の自民党都議11人が集まったという。出席した一人は「誘われて行ったら多くの議員がいた。会派を離脱しようという話は出なかった」とした上で、都議会自民党執行部による会派運営への不満や疑念が噴出したことを明かした。

また、出席した別の都議は「選挙を間近に控え、3人が会派を離脱したのは理解できる。有権者から選ばれた職責は、いたずらに知事と対峙するだけでは果たせない。執行部が会派運営を見直して議員の不満を解消できなければ離脱は続くと思う」と警鐘を鳴らした。その上で、自民党都議が集まった会合に関し、「打ち上げ花火では終わらない」と含みを残した。

一方、自民党主流派の一人は「（会派運営に不満がある議員は）最初9人だったと聞いている。選挙事情があるから、水面下で動いているのだろう」と見ている。会派運営に関しては、「自由闊達に議論している。上層部に怒られても議論を重ねるのが公選公務員だ」と指摘した。

下村会長は「都議会自民党執行部に都連に来てもらい、執行部の意見や思いを近々に聞きたい」と語り、都連が会派運営の在り方に関与する可能性を示した。

自民党都連の下村会長らと面会し、都議会自民党離脱の理由を説明した3人＝12日

五輪会場 関係自治体と調査チーム

都外の競技施設 必要要件など情報共有

東京五輪の競技会場を有する関係自治体と都などが参加する連絡協議会幹事会の初会合が13日に開かれ、都外の競技会場で必要な経費などを精査する作業チームを設置することが全会一致で決まった。都外の競技会場を巡っては、全体経費が膨らむ中で役割分担や費用負担の詳細が決まっておらず、各自治体は会場や周辺整備の費用を押し付けられることを警戒している。今回の作業チームでは費用分担そのものは議論しないとしているが、各自治体の会場整備に必要な経費や業務内容を精査・共有することで、停滞感のある大会準備を加速させる狙いがある。

設置が決まった作業チームは、国や五輪組織委員会、都、関係自治体で構成し、自治体ごとに設置する。原則として部長級職員で構成する関係自治体等連絡協議会幹事会のメンバーが参加するが、検討内容によっては実務担当者も参加する予定だ。

早急に取り組むのが、競技会場の整備や仮設施設などの業務内容や経費の精査だ。会場はIOCが定める国際基準をクリアすることが必要だが、現時点で求められる要件や仕様がはっきりしておらず、各自治体は改修などの予算措置を行うことができない状況。また、会場周辺の輸送やセキュリティーも各自治体が必要な業務を取りまとめる。

2月まで作業チームによる検討を進め、組織委から各道県に説明して情報を共有。整備内容などを精査する。2月中旬に開かれる協議会幹事会で作業状況を取りまとめ、来年度以降に各自治体ごとの検討内容を精緻化していく方針だ。

一方、作業チームでは費用負担や役割分担そのものは議論せず、あくまでも必要となる業務内容の情報を提供・共有することを目的としている。実際に各自治体が費用を負担するのか、仮設施設の整備を誰が担うのかなどは、国と都、組織委による3者協議の進捗を待つ必要がある。

小池知事は各自治体の来年度予算審議などの関係から年度内に負担の大枠を定めたい考えを示すが、ある関係自治体の担当者は「当初予算には（競技会場の）老朽化対応など最低限の経費を計上し、補正で対応する予定。どういう数字が必要なのか、説明がないと分からない」と話し、早期の対応を求めている。

試される主導的役割

【解説】作業チームは、昨年12月26日に関係自治体の首長らが都庁を訪れ、費用負担に関する共同要請を行った際、小池知事の提案で設置が進められた。翌27日から山本隆副知事らが各自治体を訪問し、「大会を成功に導くため、会場となる県や市の協力が欠かせない」と連携強化を求めて歩いた。自治体側からは改めて費用負担を拒否する姿勢が示されたが、山本副知事は「費用負担の前段階の話」と説明し、あくまで情報や認識の共有が目的との立場を示すにとどめた。

実務のトップの副知事を直接派遣した背景には、開催都市としての責任を果たし、「主導的な役割を担う」（小池知事）ことを示す意図がある。副知事は今回の協議会幹事会などに直接は関わらないが、費用負担の協議が進めば、トップレベルの個別協議などが必要になる可能性もある。

各自治体で必要となる経費の大枠が決まれば、いよいよ「誰が負担するか」の議論が本格化する。負担の行方に加え、押し付け合いの様相を呈する後ろ向きのレースでも都が主導的役割を果たすことになるのかも焦点だ。都庁幹部は「負担は政治の問題」と断言し、都が費用を補塡する可能性も現実味を増す。負担が都民に降りかかるにせよ、関係自治体に協力を求めるにせよ、理解と納得を得ることが不可欠だ。ここで前向きな結論を導くことができるかが、大会に向けた機運にも影響を与えることになる。（南）

小池知事 全39市町村長を直接ヒアリング

小池知事は13日の会見で、都内の39市町村の首長と行財政運営の課題や要望を意見交換すると発表した。日程は土日を除く2月10日〜15日を予定している。

新年度予算編成に向けて、小池知事が昨年12月にヒアリングした東京市長会と町村会から多摩・島しょの共通の要望が示されたが、多摩地域には森林が多くを占める自治体がある一方、繁華街を抱える自治体もあるなど地理的条件が異なり、取り組みや要望に違いがあるため、知事が首長一人ひとりを個別にヒアリングすることとした。

知事は「できることは迅速に実行して、新しい東京づくりを盛り上げていきたい」と語り、多摩・島しょ振興に反映させる考えを示した。

ベンゼンなど基準値超過 モニタリング継続し原因究明

豊洲新市場 地下水調査

豊洲新市場の地下水モニタリングの最終調査で、基準値を超えるベンゼンやシアンなどが検出された。14日に築地市場で開かれた専門家会議（座長＝平田健正放送大学和歌山学習センター所長）で、「暫定値」として報告された。平田座長は「今までの傾向と違っている。なぜだろう」と困惑を示し、原因究明に乗り出す考えを示した。最終調査の結果を踏まえるとしていた小池知事の市場移転可否の判断に遅れが生じそうだ。

最終調査は昨年11月21日から12月2日、豊洲新市場の201カ所の観測井戸から採水して実施。この結果、ベンゼンが35カ所、シアンが39カ所、ヒ素が20カ所で基準値を超えた。前回調査でベンゼンやヒ素が検出された計3カ所から急増しており、ベンゼンは基準値の最大79倍、ヒ素が同3・8倍だった。

専門家会議では東北大学教授の駒井武委員が、不検出が基準値となっているシアンに対し、「ガソリンスタンドでも見られない現象が起きた。慎重に調べていく必要がある。あり得るのは採水した時に土の粒子が入ることで地下水（の有害物質の）濃度が上がること」と指摘。平田座長は「急激に（有害物質の）濃度が上がることを検証する必要があり、明確な結論を出せない」と述べ、専門家会議の委員が地下水の採取や分析などに立ち合い、地下水のモニタリングを継続する考えを示した。

ベンゼンなどが検出された井戸の大半は主要施設下で、都幹部は「原因究明だけでなく、対策工事の有無などの検証も必要だろう」と話した。

小池知事は14日、「専門家会議が科学的な分析を進める」と語り、専門家会議の見解を受けて移転の可否を判断する考えだ。

29日にリニューアル 開架式本棚を拡充へ

都立多摩図書館

小池知事は13日の会見で、都立多摩図書館を今月29日に立川市から国分寺市に移転し、リニューアルオープンすると発表した。

施設規模の拡大に伴い、雑誌は約6千タイトル、児童・青少年関連の図書は約8万タイトルを自由に閲覧できるよう開架式の本棚を拡大する。

雑誌コーナーである「東京マガジンバンク」では、1万7千タイトルを所蔵し、国内の公立図書館で最大級規模となる。児童・青少年図書は22万冊を所蔵する。

平日の閉館時間は午後9時までとなり、小池知事は「画期的ではないかと思う。仕事帰りの方にも利用いただける」と話した。

都政の東西 風呂敷が結ぶ

東京オリンピック・パラリンピック競技大会組織委員会が、11日に販売を開始したオフィシャルグッズの「風呂敷」と「トートバッグ」。風呂敷は1万1千円、バッグは5300円と、決して安価ではないが、インターネットのみでの販売にもかかわらず、即日完売した。

11日には同商品の発売に合わせて、エンブレム制作者の野老朝雄さんと、染小紋の伝統工芸士の富田篤さんが都庁を訪れ、小池知事に商品をアピール。富田さんは「スカーフ兼風呂敷と呼んでほしい」と話し、持参した七宝焼きのスカーフ留めとともに知事にプレゼントした。

実はこの訪問は、組織委ではなく都庁側が主体で設定したという。小池知事は13日の会見でも組織委の収入増のために協力を惜しまない姿勢を示し、「都からも商品を発案していく」と意気込んで見せた。今回の即日完売も「知事効果」があったかもしれない。

五輪大会準備では小池知事就任以前から、旧エンブレムの撤回や新国立競技場の見直しなど、ネガティブな話題が先行している。更に、小池都政下で繰り広げられた競技場見直し問題は、「各自治体・組織の間に禍根を残しかねない」（都庁幹部）事態だ。大会まで残り3年半、関係者間でポジティブな協力体制が不可欠なのは言うまでもない。

知事が「費用の分担で眉間に皺を寄せるよりは、こういう方向性のほうが楽しいのではないか」と積極的に商品をPRする姿勢は、関係改善に向けたメッセージにも映る。商品販売の収益効果は微々たるものだろうが、大会の成功に向けて、冷えた関係を結びつける風呂敷の効果に期待したい。

都新年度予算 サイバー対策で新規事業 五輪見据え企業を支援

都は東京五輪の開催で国内へのサイバー攻撃のリスクが高まる可能性があることから、来年度予算に警視庁のサイバーセキュリティー対策強化として22億円を計上する。現在は捜査部門や技術部門などが分散しているセキュリティー関連部門を集約し、複雑化するサイバー空間の脅威に対する捜査体制を強化する。

また、ロンドン五輪では公式サイトや大会スポンサー企業などを対象にサイバー攻撃が発生したことから、スポンサー企業などを対象に対処訓練を実施する。加えて、金融や電力、空港など、重要なインフラの基幹系システムに対する攻撃を想定し、事業者に対して机上訓練を実施する。こうした対策には3100万円を盛り込んだ。

中小企業に対しては、サイバーセキュリティーを含めた危機管理対策を促進するため、3億円を計上。発災やサイバー攻撃などを受けた際に業務を継続するため、BCP（事業継続計画）を策定した企業に対し、社員などの安否確認システムや自家発電システムの整備費用を助成する仕組みを作る。また、サイバー攻撃対策に取り組む中小企業に対し、コンサルタントの導入やIT関係機器の更新などの費用を助成し、対策を支援する。

五輪の機運醸成へ ボランティア表彰

都が社会貢献大賞

都は東京五輪開催に向けてボランティア文化を醸成するため、ボランティア活動を積極的に行う企業・団体などを表彰する「共助社会づくりを進めるための社会貢献大賞」を創設し、13日に初の受賞企業・団体を発表した。

大賞を受賞した企業は日本電気株式会社（NEC）で、約1万人の社員が参加して生物多様性保全や障害者スポーツの普及などに取り組んだことが評価された。教育機関で大賞に選ばれた明治学院大学は、港区と連携して地域活動のリーダーを育成する「チャレンジコミュニティ大学」を運営してきたことが認められた。

民間団体からは、東京マラソン創設時から警備などに協力してきた江東区町会連合会、家族同士による育児サポートに取り組んできた「35（産後）サポネットin荒川」がそれぞれ選ばれた。

小池知事は22日に行われる都ボランティア活動推進協議会で、受賞者を表彰する。

川句ジョーク

豊洲市場の地下水モニタリングの最終調査結果に関係者一同、口あんぐり

「測るたび、熱は下がらず　豊洲風邪」

個人情報悪用 対応に苦慮

職員体制など対策に課題も

中野区元臨時職員逮捕

中野区の元臨時職員の男（29）が住民記録システムを悪用し、わいせつ目的で女性の住居への侵入を繰り返したとして、11日に区個人情報保護条例違反などの疑いで警視庁に逮捕された。事件を受け、区は再発防止に向けた検討を本格化させている。23区では過去に大田区や練馬区などで職員が住民情報を悪用したケースがあり、両区が対策を強化。一定の成果を上げている。マイナンバーの導入などで住民の個人情報保護に対する意識が高まり、各自治体に更なる意識の向上が求められる一方、職員体制など課題も少なくない。

「業務状況に特に問題はなく、まさか情報を悪用しているとは考えもしなかった」――中野区戸籍住民分野の伊藤正秀副参事は元臨時職員の逮捕に動揺をにじませた。

元職員の男は昨年4月から7月まで、郵送された転出届の住所確認業務を担当しており、住民記録システムを閲覧して申請書に記入された住所のチェックを行っていた。

区戸籍住民分野の職員は業務上、ほぼ全員が住民記録システムのアクセス権限を持つため、臨時職員の採用時には誓約書の提出を求め、全職員に個人情報保護に関する研修を行っているという。

その半面、大半の業務でシステムを利用しており、アクセス数が膨大で閲覧内容のチェック体制は不十分だった。区は職員が不正に情報を閲覧しないよう、監視態勢の強化に向けた検討を進めている。

住民基本台帳やマイナンバー制度など、戸籍住民事務の大半で住民記録のシステムを利用するため、アクセス権限を持つ職員を少人数に限定することは難しく、チェックを強化するにも一定の人員が必要になる。伊藤副参事は「個人情報を取り扱う事務は正規職員に限定すべきという意見もあるが、正規職員だけでは現在の業務量もうまく回らない。正規・臨時を問わず、業務を担当する職員に対し、地道に意識啓発を進めることが前提になる」と話す。

根絶は難しく

個人情報の悪用は他の区市町村にとって決して対岸の火事ではない。職員が個人情報を悪用したケースは過去にもあり、こうした区では再発防止のために新たな対策を行っている。

大田区では、15年6月に区のシステムで女性の個人情報を2千回以上閲覧したとして納税課職員の男が逮捕された。事件を受け、管理職によるシステムの閲覧履歴の監視を強化し、新たな対策として、不正利用が疑われる事例の発見に効果的な履歴確認の抽出条件を各部署に通知しているという。取り組みを職員に周知することで抑止効果がある半面、履歴のデータ量が膨大なため、目が行き届かない可能性もあるという。

区の情報セキュリティ担当者は「個人情報保護の基本は継続した対策で、とにかく継続することで膨大な情報量を処理する中での気付きが生まれる」と話している。

練馬区では、区民の女性が転入届に記入した携帯電話番号を不正に入手し、書類不備を装って女性と会い、ストーカー行為に発展した再任用の男性職員を15年9月に懲戒免職処分にした。これを受け、区は個人情報を取り扱う全職員への研修を実施。書類不備がある場合は窓口対応した担当者とは別の職員に業務を引き継いで対応するよう業務手順を変更した。

両区では問題発生以降、大きなトラブルは起こっていないが、悪用を根絶する抜本的な対策は難しいのが実情だ。

中野区の伊藤副参事は「具体的な対策の検討を進めているが、システムや監視の強化などの業務の運用改善で悪用を完全になくすのは難しく、職員が高い意識を持って業務を進めることが重要」と頭を悩ませる。

豊島区

午後7時に一斉消灯

働き方見直し業務改善

豊島区は16日、本庁舎と出先機関の執務スペースを午後7時に一斉消灯する取り組みを始めた。超過勤務の抑制や業務の効率化が狙いで、区職員の超過勤務時間の1割減を目指す。

一斉消灯は、区民が利用可能な会議室を除く全執務スペースが対象。消灯後に再度点灯する場合は、原則として午後8時まで認め、当日の午後5時までに課長級への申請を義務付ける。午後8時には完全消灯とするが、それ以降も使用する場合は部長級の許可を義務付ける。

区は14年に民間研究団体に23区で唯一の消滅可能性都市と指摘されたことを機に、ワーク・ライフ・バランスの推進を重要課題の一つに設定。昨年5月に管理職級で構成する「ワークスタイル検討プロジェクトチーム」を立ち上げ、業務改善を進めてきた。

背景には、職員の平均超過勤務時間が年々増加している実態がある。2013年度は月平均7・8時間だったが、14年度は8・5時間、15年度は9・2時間と増加が続いており、繁忙期には月80時間を超える職員もいるという。

行政経営課の山野邊暢課長は「同一課内でもグループで超過勤務時間に差がある。一斉消灯を通じ、組織全体での勤務時間の平準化を図るとともに、民間の働き方改革にもつながれば」と話している。

足立区

下妻市と災害時応援協定

避難者を相互に受け入れ

足立区は13日、茨城県下妻市と災害時の相互応援協定を締結した。災害発生時の避難住民の相互受け入れや物資の提供、職員の派遣などを盛り込んだ。

下妻市は2015年9月の関東・東北豪雨による鬼怒川の決壊で大きな被害を受けた。足立区は国などが試行運用する荒川下流域タイムラインに北、板橋区と共に14年の検討開始当初から参加。大規模水害時の広域避難を検討する江東5区の協議会にも参加している。13年に下妻市のアンテナショップが北千住駅前に開設されたことを機に、民間レベルでの交流が進んでおり、今回の協定につながったという。

区危機管理室では「下妻市との距離は約70キロで、遠すぎず、同時被災の可能性も低い。実効的な協定になる」と期待を述べた。

協定書を交わす近藤やよい区長と稲葉本治市長＝13日、足立区役所で

記者席

陣営とメディアに思惑の違い

○……「自民党が小池知事に協力しないのはなぜ？」。ある自民党都議は新年会で、支援者からこんな疑問をぶつけられたという。さらに、「公明党はちゃんと協力しているではないか」と嫌味も言われる始末。サンドバッグ状態だったようだ。

一方、民進党都議の一人は新年会で、小池知事の政経塾に通っていると支援者に伝えると大歓迎され、小池新党から出るよう促されたという。さらに、小池塾生を理由に新年会が昨年よりも数カ所増えたと明かす。

酒が入った支援者から本音が漏れた形だが、共通しているのは小池知事との協力関係だ。都議も支援者も小池知事に飲まれすぎていないか。

○……13日に開かれた与謝野信氏の千代田区長選出馬会見。会場には与謝野氏と安倍首相、丸川珠代五輪担当相の3連ポスターが張り出された。

昨年12月に出馬表明した現職の石川雅己氏の背後には、小池知事との2連ポスターが掲出され、地元選出都議で自民党都連前幹事長の内田茂氏と小池知事の「代理戦争」の様相を印象付けた。同じ代理戦争ならば、五輪開催で火花を散らす女性政治家同士の戦いにしようという狙いだろうか。

もっとも、報道陣からは、会見に姿を見せなかった内田都議に関する質問が集中。メディアが描く代理戦争の主役は、やはり内田都議のようだ。

○……「定年延長を絶対にものにしようと思っている」。6日の特区連の旗開きで来賓あいさつに立った区長会の西川太一郎会長は、「こういうところで何か言って、それが書かれると困るから言いませんが…」と前置きをしつつ、こう切り出した。

と言うのも西川会長に先立ち、特区連の吉川貴夫委員長が弊紙の西川会長発言に触れてあいさつしたため。それでも西川会長は「人事院総裁を呼んでもらい、75歳定年延長を目指そうじゃないですか」とキッパリ。「ただし給料はある程度、モデレート（適度）になると思う。でも何もしないよりはずっといい」と話し、意欲を示した。

2017年区市町村選挙▼2区7市3町村で首長選

2017年は、千代田、葛飾の2区と、西東京、羽村、小平、日野、国分寺、武蔵野、東久留米の7市、瑞穂、青ヶ島、利島の3町村で任期満了に伴う首長選が行われる。千代田区と羽村市では現職が5選出馬を表明するなど、今年の首長選も現職を軸とした選挙戦が中心となる見通しだ。また、葛飾区、小金井市、あきる野市、青ヶ島村の4区市村では議員選挙が行われる。

2017年　区市町村の首長選挙日程

区市町村名	告　示	投開票	任期満了
千代田区	1月29日	2月5日	2月7日
西東京市	1月29日	2月5日	2月17日
羽村市	3月19日	3月26日	4月25日
小平市	4月2日	4月9日	4月10日
日野市	4月9日	4月16日	4月26日
瑞穂町	4月18日	4月23日	5月15日
国分寺市	―	―	7月12日
青ヶ島村	―	―	9月30日
武蔵野市	―	―	10月8日
葛飾区	―	―	12月18日
利島村	―	―	11月30日
東久留米市	―	―	1月19日

23区

小池知事との対決軸も注目

■千代田区長選

2月5日に投開票が行われる。

昨年までに現職4期の石川雅己氏（75）と新人で会社員の五十嵐朝青氏（41）の2氏が、いずれも無所属での出馬の意向を示している。自民党も候補者選定を進めていたが、13日、与謝野馨元財務相のおいで会社員の与謝野信氏（41）の擁立を発表した。

自民党の候補者選定を巡っては、昨年10月に党総支部が公募を行ったが、選定に至らなかった。12月には中央大学教授の佐々木信夫氏の擁立で固まったかに思われたが、党総支部の決起大会で佐々木氏が出馬を辞退。一時は不戦敗の可能性もささやかれたが、都連が昨年末、党政経塾生の与謝野氏に打診し、擁立にこぎ着けた。

与謝野氏は13日の出馬会見で、「お世話になった千代田区に恩返しがしたい。現役世代の生活者の視点で区政に向き合いたい」と出馬動機を説明。公約として▽安全・安心▽国際化▽文化・芸術――の三つの日本一を掲げた。石川区政に対しては、「様々な評価はあるが、4期16年の実績は素晴らしい」と述べ、「都知事選を見て、相手の悪口をぶつける選挙は有権者の共感を得られないと感じた。フェアな選挙戦にしたい」と語り、政策を訴える姿勢を強調した。

与謝野氏の立候補表明に伴い、石川氏と与謝野氏の事実上の現新一騎打ちの構図が固まったことになる。

石川氏は選挙を前に区議会との対立が深刻化しており、徒手空拳の戦いが見込まれる半面、与謝野氏は区議会会派の自民党区議団10人、新しい千代田・自民4人、ちよだの声2人のうち1人の計15人が支援する。

一方、石川氏は小池知事との共闘を表明しており、空中戦で優位に立つとの見方が強い。また、自民党が共闘を想定していた公明党は、都議会の動向を考慮して与謝野氏の推薦を見送り、自主投票とする公算が大きい。

与謝野氏を推薦する自民党の総支部長が前都連幹事長の内田茂都議であることから、小池知事と内田都議の代理戦争との見方が広がっているが、両氏はいずれも「代理戦争とは考えていない」としている。

共産党は野党共闘による候補者選定を進めてきたが、擁立を断念した。

自民党推薦での出馬を表明した与謝野氏（右）。会見に党総支部長の内田都議の姿はなかった＝13日、如水会館で

■葛飾区長選

現時点で具体的な動きはないが、現職の青木克德氏（67）の3選出馬が予想される。

青木氏は政権交代で民主に風が吹く中、09年の区長選で自民の推薦を受け初当選。自民の現職区議出馬で保守が分裂し、公明は自主投票の中での選挙だった。13年の再選時には自民、公明、民主の推薦で、共産推薦候補との一騎打ちを圧勝した。区議会では自、公、民の与党体制が続いており、前回に続き、青木氏と共産候補の一騎打ちになる公算が大きい。

13年度から10年間を期間とする基本計画では、主要プロジェクトに協働の推進や子育て支援の充実などを掲げ、青木氏は今月4日に開催した区の賀詞交歓会などで、「区民や事業者、区との協働により住みやすい街をつくっていく」と強調。区職員の間では、青木氏の3選出馬は既定路線との見方が広がっている。

一方、共産党の新井杉生葛飾地区委員長は「庁舎移転を含めた立石駅北口再開発や、児童館の統廃合などが争点になる」と話し、「候補者の検討はまだしていないが、野党共闘の候補者を探求していく」と候補者擁立の方針を示した。

荒川区　福井県の魅力をＰＲ

「水仙娘」が表敬訪問

「ぜひ福井に足を運んでください」―福井県の観光ＰＲを行っている「水仙娘」の３人が11日、荒川区の西川太一郎区長を表敬訪問し、県花の水仙や名産の越前ガニなどの魅力をアピールした。

区は西川一誠福井県知事が04年に訪問したことを機に、県との交流を開始。区最大のイベント「川の手荒川まつり」では福井特産の焼き鯖寿司の販売が行われ、区の高齢者団体が県を訪問するなどの交流事業を進めている。

水仙娘の西穂乃果さん、濱下恵理子さん、中野沙耶さんの３人は、「冬にしか楽しめない魅力など、１人でも多くの人に福井を知ってもらえれば」と西川区長に越前水仙を贈呈。西川区長は「たいへん美しいお嬢様たちと水仙の素晴らしい香りで区が明るくなった」と感謝を述べた。

水仙娘の３人から水仙をプレゼントされ、ご満悦の西川区長＝11日、荒川区役所で

子育て中の女性支援 ハローワークと連携

大田区立図書館

大田区は20日、区立下丸子図書館でハローワークと連携した就職セミナーを開催する。対象は近い将来働くことを考えている子育て中の女性。区によると、図書館とハローワークが連携してイベントを開催するのは珍しいという。

ハローワーク大森マザーズコーナー職員が、就職活動や就労開始時の生活パターンの変化などを解説。1日のタイムスケジュールを確認し、どれだけ仕事の時間に充てられるかなどを参加者と考える。セミナー後には、ハローワーク職員が個別に相談に応じる場も予定している。

同図書館は昨年7月に「子ども・子育て支援特設コーナー」を開設。医学や就労支援、料理など育児や生活関連の本を中心にそろえ、子育て中の母親などを支援している。また、子育てに悩みを抱える人などの相談を受け、近隣幼稚園やハローワークなど関係機関を紹介する事業も展開している。

下丸子図書館の内田有里館長は「より生活に身近な図書館にまず来てもらい、育児と就労を両立できる範囲で、社会との関わり方など将来のことを考えてもらえれば」と期待を語った。

市町村

現職の出馬表明相次ぐ

■西東京市

今月29日に告示、2月5日に投開票される。現職の丸山浩一氏(69)が再選出馬を表明している。既に自民党の推薦を得ており、公明党も推薦する方向だ。共産党は16日、前回と同じく同党西東京市委員長の杉山昭吉氏(67)の擁立、推薦を発表した。

丸山氏は前回の市長選で自民、公明の推薦を受け、共産推薦候補などとの三つどもえを制した。4年の任期中は、医師としての経歴も生かし、保健・医療・福祉などの健康施策を始め、災害対策や環境対策、子育て支援、教育環境の充実、地域コミュニティーの再構築などを推進してきた。健康応援都市のさらなる推進や子育て、高齢社会への対応などを掲げている。

民進党は、前回の選挙で民主党が市議レベルで丸山氏の支援に回り、今回も同様の図式が想定されることから、事実上の信任投票になる見通し。

■羽村市

都市長会会長も務める現職の並木心氏(72)が5選を目指して立候補を表明している。共産党は候補擁立に向けて模索している。前回の選挙では、自民、民主、公明の推薦を得た並木氏が2度目の無投票当選を果たした。

羽村市では羽村駅西口土地区画整理事業の推進が長年の課題となっている。3月19日に告示、26日に投開票される。

■小平市

自民党の推薦を得て、公明党にも推薦依頼をしている市議の松岡篤氏(31)、現職で4選を狙う小林正則氏(64)が名乗りを上げている。小林氏は民進党の推薦を得ており、共産、自由、社民の各党と生活者ネットにも推薦を依頼している。

2005年の選挙で、現職の高齢多選批判をして初当選した小林氏は、多選自粛宣言をしていたが、「毎回、初挑戦の気持ち。マンネリ化していない」などとして、4期目を目指す。公約に待機児童解消や女性幹部職員の登用、西武線小川駅西口や小平駅北口の再開発などを掲げている。

対する松岡氏は若さを武器に市の停滞感打破を訴える。近隣市に負けないエネルギッシュなまちづくり、「小平出身だから活躍できた」と言えるような教育を行う「小平ブランド」の人材育成、市役所業務改革などを目指す。

前回選挙では、民主、共産、生活、社民、生活者ネットの推薦を受けた小林氏が、自民、公明、みんな、維新推薦の前市議を大差で破った。4月2日に告示され、9日に投開票となる。

候補者の演説に耳を傾ける有権者。今年はどのような選挙戦が展開されるのか

■日野市

現職の大坪冬彦氏(59)が再選を目指して出馬を表明している。前回にならい、自民、公明、民進、社民、生活者ネットに推薦を依頼する方向だ。健康長寿のまちづくりの推進、子育て支援、子供の貧困対策などに加え、老朽化しているが住宅地の中にあり、現在地での建て替えができない市営火葬場の問題などにも取り組むとしている。前回選挙は、共産推薦候補を破り、初当選した。今回も共産党は候補を擁立する方向で検討を進める。4月9日に告示、16日に投開票される。

■瑞穂町

4月18日告示、23日投開票の瑞穂町長選に向けては、表向き目立った動きは見られず、現職の石塚幸右衛門氏(76)は態度表明をしていない。石塚氏は前回選挙で、自民の推薦と公明の支持を得て、新人との一騎打ちを202票差で制した。現在4期目で年齢なども踏まえ、進退表明が注目される。

瑞穂町には金属製品の加工製造を行う小規模事業者が多い。後継者不足で廃業も出ている中、圏央道青梅インターチェンジ周辺の産業集積地の活性化や企業誘致への取り組みが期待されている。

■国分寺市

7月12日に任期満了を迎える国分寺市では、現職の井澤邦夫氏(66)が再選出馬を表明した。

市の重要課題は国分寺駅北口再開発と新庁舎建設だ。井澤氏は「一定の道筋は付けたが道半ば」として、基金の積み増しなどに意欲を見せている。前回選挙では自民、公明、維新の推薦を受けて三つどもえを制した。

■青ケ島村

任期満了日は9月30日。現職の菊池利光氏(63)は、現在4期目。前回は12年ぶりの選挙で3期の実績を強調し、当選を果たした。2017年度の与党税制改正大綱では島焼酎特区が盛り込まれ、青ケ島村でも珍重されている「幻の焼酎」とも言われる「初垂れ(はなたれ)」の島内限定販売が可能になる。今後、ブランド化で観光振興に弾みを付けたいところだ。また、火山島で噴火の際には全島避難を余儀なくされる。災害時に備え、都など関係諸機関との調整や連絡体制の確立も課題となっている。

■武蔵野市

10月8日に任期満了を迎える。現職で3期目の邑上守正氏(59)の態度表明がいつになるのかが注目される。区部に近い武蔵野市では、保育所の土地の確保が難しくなっており、今後も人口が微増していく中で待機児童対策が欠かせない。

■利島村

11月30日が任期満了日。現職の前田福夫氏(73)は現在1期目。前回選挙は前村長の任期途中の辞職に伴い行われ、前田氏のほかに立候補の届け出がなく、無投票で初当選した。利島村では、15年にトビモンオオエダシャクが大発生し、島特産の椿油の生産への影響が懸念されたが、駆除を続け、椿林は一部で回復傾向にある。交通アクセスに関しては、冬場の船の欠航などが見られ、就航率の向上も課題だ。

■東久留米市

任期満了は18年1月19日。前回選挙は13年12月に実施。現職の並木克巳氏(47)は現在1期目で、前回は自民の推薦、公明の支持で共産推薦候補などとの三つどもえを制した。財政の健全化や上の原地区のまちづくり推進などが市政課題。

西東京市

庁舎統合方針を決定

田無庁舎広場に仮庁舎

西東京市は6日、庁舎統合方針を決定したと発表した。取り壊す予定の保谷庁舎の一部機能の移転先として、2019年度に田無庁舎の市民広場に仮庁舎を建設して暫定的に対応する。最終的な庁舎統合は、33年度を目途とし、統合庁舎の位置は、市の中心エリアを想定している。

保谷庁舎は18年度に築50年の耐用年数を迎える。同市は、保谷庁舎を取り壊し、防災・災害機能は同庁舎周辺に、市民サービスは田無庁舎周辺に再配置する方針案を15年に発表。同案では、田無庁舎周辺の用地として、庁舎に隣接する中央図書館と田無公民館を田無駅北口の市民会館に合築複合化し、創出される跡地の活用を想定していた。しかし、その後、この3施設の複合化に複数の案が出され、現在も検討が続いている。

そのため市は、保谷庁舎機能移転先の代替案として、最も実現性が高く、保谷庁舎の老朽化と耐震対応を早期に図ることができる田無庁舎市民広場に仮庁舎を整備することとした。昨年11月に方針案の改定版として変更内容を公表し、パブリックコメントなどを経て決定した。

暫定的な対応に関するコストは、保谷庁舎の解体工事費が約3・9億円、保谷庁舎の防災・災害機能を移転する東分庁舎などの改修工事費が約2・4億円、市民サービス機能を移転する仮庁舎の建設工事費がリース方式を想定して約7・3億円と試算。田無庁舎敷地の緑化・外構等整備工事費なども含めると、合計で約15・7億円となる見通しだ。

統合庁舎については、19年度から23年度にかけて位置を検討、決定する。1万5千平方㍍の敷地が必要となるが、現在は市中心エリアに未利用市有地はない。今後の公共施設の適正配置や有効活用の取り組みを通じて、市有地の創出や用地取得の財源確保に務め、民有地も含めて検討する必要がある。

保谷庁舎の跡地利用は、統合庁舎の位置の検討や決定も視野に、総合戦略や公共施設等総合管理計画に基づいて暫定的な活用を含めて検討する。最終的には保谷庁舎敷地にある他の公共施設の更新も見据えた跡地活用案を改めて検討することにしている。

西東京市の2庁舎体制の解消は、長年の懸案となっている。市民サービスの点では、関連のある部署が両庁舎に分散していたり、複数の用件で来庁した市民が庁舎間の移動を余儀なくされ、どちらの庁舎に行けばよいか分かりにくいなどの問題がある。職員を重複して配置するため、人件費や庁舎間の移動経費など財政面での課題も指摘されている。

これまで庁舎統合を巡っては、23年度までの統合を想定して示された田無庁舎への2種類の統合案、保谷庁舎への統合案、新たな用地統合案の4案もあった。今回、決定した市民広場を活用して保谷庁舎機能を移転する暫定的な対応方策について、市企画政策課は「23年度までに庁舎統合を実現する四つの整備方策と比較しても、これまでの数多くの市民の意見に沿ったもの。保谷庁舎の課題を解決するとともに、2庁舎体制の課題についても一定程度解消できる」としている。

第4回定例市議会

65件の意見書・決議を可決

地域防災力向上など求める

多摩26市の第4回定例市議会が昨年12月22日までに閉会し、17市議会で意見書60件、決議5件を可決した。

最も多かったのは、地域防災力の向上と災害に強い防災拠点の整備を求める意見書で、立川、三鷹、調布、小金井、多摩の5市議会が可決した。昨年は4月に熊本地震が起き、8月以降は複数の台風により、北海道や東北を中心に甚大な被害に見舞われた。意見書は、被災者支援システムの全自治体への完備・普及や学校区単位での自主防災コミュニティーの組織化、訓練の実施など地域防災力の向上を図るよう国に求めた。大規模水害から住民の命と暮らしを守るための自治体の枠を超えた流域ごとのタイムラインの作成や適切な避難勧告・指示発令のための体制構築なども訴えている。

また、昨年8月に東京メトロ銀座線で盲導犬を連れた視覚障害のある男性がホームから転落して死亡する事故が起きたことを受け、第3回定例市議会では鉄道駅の安全対策強化やホームドア設置の推進を強く求める意見書が5市議会で可決されたが、第4回定例市議会でも、八王子、立川、東村山、多摩の4市議会が、ホームドアの設置と「内方線付き点状ブロック」の整備促進を求める意見書を可決した。

ホームドアの設置に当たっては、全ての鉄道駅でホームの危険箇所の実態調査を速やかに行い、転落の危険性が高い駅については、現在計画中の駅と併せて速やかな設置を実現することなどを国に要望している。

地方議会議員の厚生年金への加入を求める意見書は、八王子、府中、町田の3市議会が可決した。近年、地方議員は都市部を中心に専業化が進んでいるが、統一地方選挙の投票率は低下傾向で住民の関心は低く、地方議員のなり手不足も深刻な問題となっている。そのため、幅広い層からの政治参加や地方議会における人材確保の観点から、地方議員の厚生年金加入のための法整備を早急に実現するよう国などに求めた。

大手広告代理店電通の女性社員が過労自殺したことを受け、長時間労働が社会問題となっている。小金井市議会は、政府が法案提出している裁量労働制の拡大は企業の労働時間管理責任をあいまいにするとして、長時間労働を是正する法的規制の強化を求める意見書を国に提出。多摩市議会も二度と過労死・過労自殺が起きない社会を作るため、労働基準法第36条の改正などを求める意見書を可決し、退社から翌日の出社まで11時間を確保するインターバル規制の導入などを国に要請した。

東久留米市議会は憲法問題について、国民的議論の動向を見据えて拙速な憲法改正発議を行わないことを国などに求める意見書や、統合型リゾート(IR)整備推進法に反対し、廃止を国に求める意見書などを可決した。

昨年12月に沖縄県名護市沖で起きた米軍のオスプレイの事故に関連しては、東久留米市議会が墜落事故の原因究明を求める意見書を国に提出。また、羽村市議会は、安全性の確認がないまま横田基地に飛来・配備しないことを求める決議、清瀬市議会も原因究明と再発防止、安全性が確認されるまで飛行中止や迅速で正確な情報提供を日米両政府に求める決議を可決した。

東久留米市教委

中央図書館に指定管理者

今後の運営方針を決定

東久留米市教育委員会の2017年第1回定例会が12日、市内の成美教育文化会館で開催され、今後の市立図書館の運営方針として、中央図書館に指定管理者を導入することなどが決定された。図書館への指定管理者の導入は23区では進んでいるが、多摩地域での導入例は立川市、武蔵野市、青梅市など少数で、慎重な自治体が多い。

市教委は、市が15年8月に策定した財政健全経営計画実行プランや教育委員会事務局内に設置した第2次東久留米市立図書館のあり方に関する検討委員会の報告を踏まえ、今回の運営方針を策定した。

同市では既に地区館に指定管理者が導入されている。方針では、中央図書館にも指定管理者を導入する理由について、今年度末で市の正規司書職員が全員退職することに触れ、「今後、目指す図書館像を実現し、良好な図書館サービスを市民に安定的に提供するためには民間の活力を可能な限り活用する必要がある」などとした。

17年度から新たな運営方法の開始に向けた準備を始め、21年度から中央図書館と地区館を一体的に運営する指定管理者を導入する。

同検討委員会の報告では、指定管理者導入の短所として、市の関与が希薄になり、現場の課題やニーズ、市の方針や計画などの情報共有に時間がかかることや、選書や除籍などの市の方針・基準を理解してもらう必要性などが指摘されていた。

運営方針は、市は図書行政の主体であり、目指す図書館像の実現に向けて、図書館施策を立案、実施するとともに市民に対して説明責任を持つことと、選書や除籍については、実務は指定管理者に委ねる一方、市はその基準を示し、最終確認と定期的な評価を行うなどとした。

運営方針は、教育長のほか、4人の教育委員による採決で賛成4、反対1で決定された。反対した委員は「中央図書館への業務委託拡大なら分かるが、今の段階で指定管理に移行するのは問題がある。パブリックコメントで97%が反対している。納得いく説明が必要」などと意見を述べた。

「東久留米の図書館を考える会」からは指定管理者制度導入方針の撤回を求める請願が10日付で出され、受理されているが、直原裕教育長は「次回以降に図りたい」とした。

多摩地域では、図書館に指定管理者制度導入の検討を予定する市がある一方で、専門性やサービスの満足度などの点から直営を維持する市も多くある。

国も昨年11月25日の経済財政諮問会議で高市早苗総務相が、業務改革を実施している地方団体の経費水準を地方交付税の基準財政需要額の算定に反映するトップランナー方式から、図書館管理など5業務を外す方針を示した。業務改革として指定管理者制度の導入を検討課題としていたが、導入を見送ることにした理由について、地方団体から「教育機関、調査研究機関としての重要性に鑑み、司書、学芸員などを地方団体の職員として配置することが適切」との意見があることなどを挙げている。

調布市

市長が退庁促す放送

時間外勤務の縮減へ

調布市は1月から、午後10時以降の時間外勤務を原則禁止した。定時退庁を進めるため、毎日午後8時と10時及びノー残業デーの毎週水曜日の業務終了直前に長友貴樹市長による退庁促進メッセージも放送している。

市長による退庁促進メッセージは事前に収録した内容で、市役所本庁舎と教育会館で放送し、チャイムを鳴らす。「市長の長友です」と切り出し、午後8時には「そろそろ仕事を切り上げましょう。すぐに終了できない職員は出来るだけ30分以内をめどに退庁するよう努めてください」、10時には「深夜勤務による心身の疲労や明日以降の業務効率への影響を考えて、本日の業務を終了し、速やかに退庁してください」と促す内容となっている。

調布市では時間外勤務時間数が年々増加。2012年度は職員1人当たり年間118・8時間だったのが、13年度は167・9時間、14年度は173・2時間で26市中4番目に多かった。14年度を基準年とし、18年度までに40時間減らして133・2時間にする目標を掲げた。市人事課は「今後、削減効果を検証していきたい」としている。

国分寺市

24年度までの基本構想策定

「国分寺市ビジョン」

国分寺市は新たな基本構想「国分寺市ビジョン」を策定した。期間は2017年度から24年度まで。市民アンケートの実施や市民ワークショップ、国分寺市ビジョン会議、パブリックコメントなどを経て、昨年12月22日の第4回定例市議会本会議で可決された。

市の最高規範である自治基本条例の下、長期的な視点に立ち、市民や事業者とともに描く共通の目標として「未来のまちの姿」などを定めた。

「未来のまちの姿」は、「魅力あふれ ひとがつながる 文化都市国分寺」を掲げた。目標達成年度は8年後の24年度とする。

また、「分野別の都市像」として、「ひとと文化を育むまち」(子供・学び・文化)、「活躍できる成長のまち」(地域振興)、「いきいき健やかなまち」(保健・福祉)、「心安らぐ快適な住まい」(暮らし・環境)、「未来につながる持続可能なまち」(公共経営)の五つを定めた。

今後はビジョン実現のための施策や指標、取り組み方針などを定める「国分寺市ビジョン実行計画」の検討を行っていく。

TAMA手箱

◇郵便局と協定締結　福生市

福生市は18日、あきる野郵便局と地域協定を締結する。郵便局ネットワークを活用した地域連携は西多摩地区では初の取り組みで、安全・安心なまちづくりを進めることが狙い。

協定の内容は、地域見守り活動の協力、不法投棄の情報提供、道路状況の情報提供の三つ。地域見守り活動では、業務中に高齢者や子供などの異変を発見した際の情報提供を行う。不法投棄と思われる廃棄物を発見した時や道路の亀裂、陥没、土砂崩れなどの損傷を発見した場合にも情報提供を行う。

◇高齢者を見守り　小金井市

小金井市は19日、民間事業者13社と高齢者等の見守りに関する協定を締結する。

同市はこれまで新聞販売協同組合、小金井郵便局、都水道局のほか、民間事業者9社と見守り協定を締結し、地域全体での見守りネットワークを強化してきた。

今年度新たに生活協同組合「パルシステム東京」など13社と協定を結び、よりきめの細かいネットワークの構築を図る。協力団体は、協定に基づき、高齢者等の見守り、安否確認、声掛け、緊急事態などへの対応を行い、安全確保の上で必要と判断した時には直接、警察署や消防署など関係機関に通報する。

都立・公社病院

診療データで医療水準向上

駒込病院で試行　臨床研究活用も

都立・公社病院の診療データを臨床現場での医療水準の向上に生かそうと、都病院経営本部は年度内にも診療データの利活用に向けた病院現場での試行に入る。約7千床の診療データを有効活用し、臨床現場での診療支援や研究・治験に役立てることが主な目的で、「診療データバンク構想」の検討委員会（委員長＝橋本廸生・日本医療機能評価機構執行理事）が中間まとめで明らかにした。ただ、データの精度の向上や個人情報保護との兼ね合いなど、課題も多い。検討委では試行結果や国の動向などを踏まえて検討を重ねる予定。

取り組みの柱は、全都立・公社病院の電子カルテシステムに集められた診療データを集約し、臨床現場での医療水準の向上や先進医療、臨床研究・治験に役立てること。例えば診療では、過去の症例データを分析することで、患者に必要な検査を医療従事者に促すなど、根拠を持った診療に役立ててもらうなどの活用が想定されている。

「中間のまとめ」では診療データバンクの機能として、①診療支援②治験・臨床研究支援③経営マネジメント支援④医療ビッグデーター─の四つの項目を挙げている。

同本部ではまず、都立駒込病院（文京区）で試行し、各項目について効果を検証。診療データを抽出・分析する対象業務は今後、技術的な難易度や現場の要望などを考慮して選定することになる。

例えば、重い副作用が生じる薬剤の投与中には、薬剤の血中濃度を定期的に検査する必要があるが、診療データを使って定期検査状況を管理することで、未実施の検査があった場合にアラートを表示し、医師の診療をサポートすることなどをイメージしている。また、肺塞栓に関するリスク評価や血液検査などのデータを蓄積し、発症の予兆となる条件を分析するなど、臨床研究に生かすことも例示されている。

駒込病院では既に、試行前の「パイロット事業」として手術室の稼働状況の分析などに取り組み、診療科・術式ごとに手術室の予約時間と実際に使用した時間が分かるレポートを作成。手術の待ち時間の短縮や、患者の出血量・予後の状態と合わせた評価につなげる可能性も見いだしている。

ただし、データを活用する上での課題も多い。都立・公社病院の診療データは、入力内容のフォーマット・用語が統一されていないため、現場レベルで取り組みの有効性を理解してもらい、データを抽出しやすいようカルテの記載ルールや入力内容を統一するなど、データの精度を向上させ、集計・加工しやすくする工夫が欠かせない。

また、個人情報保護法改正に伴い、新たに「要配慮個人情報」が規定され、「病歴」が含まれている。その取り扱いについては政令やガイドラインで規定されることになっており、国の動向を注視するという。

病院経営本部では15年度、全ての都立・公社病院で電子カルテが導入されたのをきっかけに、「データが有効活用できないか」という問題意識から検討を開始。将来的にはビッグデータとして、より詳細な治療実績のデータを自動的に抽出し、患者が医療機関を選択する際の参考にしてもらうなどの使用方法も構想している。

■診療データの活用方法（イメージ）

・抗菌薬スクリーニング
尿道留置カテーテルを挿入／患者
炎症反応の数値をスクリーニング、異常値になると警告／CRP／診療データバンク
尿道炎と判断、抗菌薬の投与を指示／医師

・疾病予兆分析
リスク評価や血液検査などのデータを蓄積／データの蓄積／診療データバンク
肺塞栓発症の予兆となる条件を分析／分析／医療者
予兆把握のノウハウを蓄積、診療支援に／データの活用

「ボール投げ」苦手に

児童・生徒の体力調査

都教育庁

児童・生徒の体力・運動能力は上昇傾向にあるものの、「握力」「ボール投げ」の成績は低下──。こんな実態が都教育庁が12日に発表した2016年度の体力・運動能力などの調査結果で分かった。

同庁は今年度内にも、「基礎体力の向上」「投げる力の強化」に向けて、学習方法や運動内容など体育授業・部活動で活用できるガイドラインを作成し、全公立学校に配布する方針。担当者は「握力とボール投げについては全国的な傾向もあるが依然として低いので、特に意識しながらいろいろな取り組みを進めたい」としている。

調査結果は都が「統一体力テスト」を開始した11年度以降、全学年ともに向上傾向にあり、「体力合計点」の平均値も上昇。全児童・生徒を対象に調査を行い、各校が結果を踏まえて指導した成果としている。ただ、全国と比較すると、小5は14年度以降、男女共に全国平均を超えているが、中2では全国平均を大きく下回っている。また、スマートフォンなどの使用時間が長い児童・生徒ほど総合評価で下位層が多いことも分かり、運動の意欲向上や生活習慣の改善が課題になっている。

同庁は中学生の体力向上に向け、モデル校の「スーパーアクティブスクール」（62校）で指導法の工夫や運動部活動加入の推進といった取り組みを充実させるとともに、小学校の段階から生活習慣の定着・改善にも取り組む。

軟弱地盤で地下水対策

都営大江戸線勝どき駅拡張工事　ライフラインへの影響も配慮

現場最前線

都交通局都営地下鉄大江戸線勝どき駅（中央区）の利用者増加に対応するため、2011年からホーム増設とコンコースを拡張・一体化する大規模改修工事を行っている。市街地の地下鉄工事では昨年11月、福岡市で大規模な陥没事故が発生。福岡駅前の道路に空いた大穴は、埋め戻して再び舗装されるまでの1週間、人や車の通行を妨げ、電気や水道、通信設備を遮断した。都ではどうような安全対策を講じているのだろうか。勝どき駅で事故対策を取材した。

地上から、地下の建設現場へ続く細いタラップを降りていくと、むき出しになったパイプが目の前に飛び込んできた。駅躯体の上部に走る水道管や電線の通る管など、周辺に林立するオフィスビルやマンションにつながるライフラインの一部だ。将来、駅のホーム階になる地下約18㍍部分まで降りると、駅構内を支える2㍍を超える柱が並んでいた。

「工事で一番気を付けなければならないのは、地下水の浸入」と話すのは、地下鉄改良工事事務所の山本良司所長。施工箇所の勝どき周辺は埋め立て地で、地盤が非常に軟弱だ。工事には地表から約18㍍の深さまで掘る必要があったが、1・5㍍ほどで地下水が湧き出てきたという。山本所長は、「掘削時は地下水がどんどん出てきて、沼のようになった」と当時を振り返る。

福岡市の工事は「ナトム工法」という、山岳地帯など堅い地盤にトンネルを掘る時などに用いられる工法で行われていた。地盤そのものの保持力を利用し掘り進めるのが特徴で、汎用性が高く様々な工法と組み合わせることができる半面、何らかの原因で地盤がトンネルの空間を支えられなくなると一気に崩壊するリスクもある。一方、勝どき駅改良工事では「開削工法」を採用。強固な土留め壁や鉄骨で地盤を支えながら掘る工法で、福岡市のような大規模陥没事故が起きることはほぼ無いが、それでも軟弱な地盤での工事のため、崩落などの事故への対策、特に地下水には常に気を使ったという。

崩落防止のために土留め杭を打ち込み、さらに全長200㍍を超える施工箇所のほぼ全てを遮水性のある土留め壁で覆い地下水の侵入を防いだ。特に地盤の弱い箇所や突発的な湧き水が出る箇所には薬液を注入し地盤を補強しながら作業に当たった。水道管などが土留めを貫く箇所は、壁を木製にし、薬液で壁の裏側の土を固めてライフラインに影響が出ないようにしている。

重機を現場に入れるのにも苦心したという。地下水で沼のようになったという掘削底には鉄板を敷き、作業ができるよう工夫した。

「電気・水道管などのライフラインへの影響や、近隣の民有地、地上を通行中の車や歩行者への配慮など、気を付けることはたくさんある」と山本所長。地上部の沈下や、土留め壁の傾きや変形などの数値を頻繁に確認するなど、周辺の環境には最新の注意を払っている。すぐ隣で運行中の地下鉄にも影響が出ないように、あらかじめ仮設の防護壁を築き、撤去した壁のコンクリート片などが線路や駅に落ちないようにしている。

今後は、既設の部分と新設部分との境界の壁を撤去した後、埋め戻しの作業に入る。地表から2・5㍍以深の部分は、土に水とセメントを混ぜた「流動化処理土」で地盤を強固にし、埋め戻した後も陥没などの事故が起きないようにする。

都営地下鉄は、現在営業中の109㌔のうち約4割は40年以上前に開業しており、トンネルや施設の老朽化対策で、今後はさらに地下の工事が増えていく。

「事故を防ぐには、やるべきことをやることと、小さな変化を見逃さないようにすることが大切」と山本所長は語る。

水道管などのライフラインは自重で曲がらないようつり上げている＝大江戸線勝どき駅（中央区）

「偽ヤフー」に注意

架空請求の手口調査

都生活文化局

都生活文化局はこのほど、インターネット検索大手の「ヤフー」をかたって架空請求を行う業者についての相談が増えたことを受け、消費者庁と共に手口の調査を行った。

問題の業者は「ヤフー」「ヤフー総合窓口」などを自称し、SMSで「有料動画閲覧の履歴があり、本日中の登録解除がない場合は法的措置へ移行する」とのメッセージを送信。消費者が送信先に電話すると、「有料動画サイトの延滞料金の未払いがあるが、いずれは過払い金として返還する」などと告げ、支払いを求めるという。「他の有料動画サイトでも未払いがある」などとして、更なる支払いを求めるケースも報告されている。

この事業者のメッセージには電話番号以外の情報がなく、電話転送会社などを利用して発信元を分からないようにしているため、社名や所在などの詳細は不明なままだという。

都内では昨年5月から10月にかけて165件の相談が都消費生活総合センターなどに寄せられており、同局は消費者へ注意を呼び掛けている。

下水道管強度試験

業者がデータ捏造

都下水道局

老朽化した下水道管の補強工事で、工事を受注した業者が管を構築するモルタルの強度試験結果の報告書に不正があったことが明らかになった。都下水道局が13日、発表した。

不正な報告書を提出していたのは、足立建設工業㈱（豊島区）。同社が2012～15年に着工した計116件の工事のうち19件でモルタルの強度試験結果の数値を改ざんしたり、資料を捏造したりしていた。「モルタル圧縮強度の不正行為がある」との匿名の情報提供を受けた同局職員が試験機関に確認したところ、押印の位置などにわずかな差異があり、不正が発覚したという。

不正が見つかった工事のうち8件は、同局が管に必要な強度があることを確認しており、残りの11件は基準を満たしているか調査中。不正が確認できなかった97件も試験機関に報告書の再発行を依頼するなどして調査している。

業者は不正行為について、「把握していなかったが、社内の調査では複数の管理職が関与していたと報告を受けている」などと話しているという。

同局は試験結果報告書を試験機関から直接送付させるなど、再発防止策を検討している。

バンドで不審者対策

持ち込み飲料検査も

東京マラソン財団

東京マラソン財団は11日、2月26日に行われる東京マラソン2017の警備救護プロジェクトを発表した。

今回から新たにランナーやボランティアなどにQRコード入りの「セキュリティーリストバンド」を配布。スタートエリアで参加資格を認証し、不審者の入場を防ぐという。また、これまでより解像度の高い監視カメラの導入や、警備員の増強、特別観戦エリア招待者席の入場時には飲料検査機を使った持ち込み飲料の検査を実施し、セキュリティーの強化に当たる。

危機管理対策では、ランナーやスタッフなど参加者を対象とした緊急時の確認用ポータルサイトを開設。災害や事件の発生時には事務局、参加者双方からの情報発信が可能で、素早い情報共有が可能になるという。

配水管工事で

作業員が死亡

都水道局

都水道局は11日、同局が発注した大田区内の水道管敷設替工事で作業員一人が死亡する事故があったと発表した。

死亡したのは工事を受注した池田建設㈱の下請け業者の男性作業員（62）。11日の午後3時ごろ、覆工板のつり上げ作業中にバランスを崩して倒れた重機の下敷きになり、病院に搬送されたが、その日のうちに死亡が確認された。

■都人事異動

16日付◎印昇任

【局長級】▽オリンピック・パラリンピック準備局理事＝パラリンピック準備調整担当（青少年・治安対策本部総合対策部長＝オリンピック・パラリンピック調整担当部長兼務）◎延與桂

【部長級】▽青少年・治安対策本部総合対策部長＝オリンピック・パラリンピック調整担当部長兼務（人事委員会事務局試験部長）森山寛司▽人事委員会事務局試験部長（総務局局務担当部長＝東京都人材支援事業団派遣）櫻井和博

■局長級昇任者の略歴

延與桂氏

延與　桂氏　3A　昭和36・8・9生まれ、東京大教育。59荏原病院、10生活文化局副参事、18建設局企画調整課長、20知事本局参事、24スポーツ振興局競技計画担当部長、26オリ・パラ準備局大会準備部長、28青少年・治安対策本部総合対策部長

五輪への航海図 145

TOKYO 2020

開催まで あと1284日

マスコット選定㊤

動画や着ぐるみの展開も

五輪組織委員会はきょう17日、大会の公式マスコットの選考方法を検討する「選考検討会議」を開催する。座長はエンブレム制作にも関わった宮田亮平文化庁長官。組織委が開発するブランドに助言する「ブランドアドバイザリーグループ」のメンバーのほか、動画やキャラクターに詳しい専門家、若者目線を持つタレントとして中川翔子さんの名前も。同会議はエンブレム制作の「準備会議」に相当する位置付けで、選考プロセスは3月を目途にIOCの承認を得たい考えだ。

組織委によると、マスコットは選手や観客を歓迎する大会の「アンバサダー」だ。予算の制約もあるが、用途は▽大会案内・競技紹介ツール▽ライセンス商品▽スポンサー企業のマーケティング▽アニメ・ゲーム・SNS──などを想定。組織委によると、ライセンス商品販売でもマスコット関連の比率が高いといい、収入アップには重要なアイテムになる。また、エンゲージメント（国民参画）やPRの観点から動画や着ぐるみの展開も欠かせない。

デザインはIOCが五輪ムーブメントを若者に広げたい意向もあり、子供たちに人気の出そうなものを推奨。感情を表現するポーズのバリエーションや、陸上や水泳など各競技のパターンが必要になる。

選定プロセスでは、国内の意匠権や商標権、ネーミングに関して国内外の商標権を取るハードルもある。リオデジャネイロ大会では約400案のネーミングを調査し、商標を取ることができたのは3案のみ。マスコットを大会600日前に発表したが、アイデアの募集から決定までに2年1カ月を要したという。

多岐にわたる条件をクリアする必要がある一方、国民の理解を得ながら進める透明性・参加性も求められ、マーケティング局の中尾潤次長は「マスコットのデザインだけでなくキャラクターやストーリーなどの専門性と、エンゲージメントという二つの特性を満たす選考プロセスを作らなければならない」と話す。マスコットの最終決定にはIOC/IPC理事会の承認が必要で、最終的な発表は2018年以降になる見通し。中尾次長は「PRやグッズ展開を考えるとなるべく早く発表したい」と話す。

リオ大会のオフィシャルショップではマスコット「ヴィニシウス」のグッズを販売＝16年9月

昇任試験対策のページ

主任試験講座　平成29年度 16

地方自治制度 ③

今回も引き続き地方自治制度の確認をしていきます。

6 議会（第89条～第138条）

議会については前回、①定数から⑧招集及び会期までの部分について説明していますので、続きから確認していきます。

⑨議長及び副議長（第103条～第108条）

議会は、議員の中から議長及び副議長1人を選挙しなければならず、議長は、議場の秩序の保持、議事の整理、議会の事務の統理を行い、議会を代表することとされています。

議長に事故があるとき、または議長が欠けたときは、副議長が議長の職務を行うこととされており、議長及び副議長ともに事故があるときは、仮議長を選挙し、議長の職務を行わせることとされています。

なお、議長及び副議長の選挙を行う際に議長の職務を行う者がいないときは、年長の議員が臨時に議長の職務を行うこととされています。

⑩委員会（第109条～第111条）

24年度の改正で、委員会に関する規定は簡素化され、委員の選任方法、在任期間等、従来法律で定めていた事項を条例に委任することとされました。

議会は、条例で常任委員会・議会運営委員会・特別委員会を置くことができます。各委員会の機能の違いを整理しておきましょう。

常任委員会は、その部門に属する普通地方公共団体の事務に関する調査を行い、議案、請願等を審査します。

議会運営委員会は、議会の運営に関する事項、議会の会議規則・委員会に関する条例等に関する事項、議長の諮問に関する事項の調査を行い、議案、請願等を審査します。

特別委員会は、議会の議決により付議された事件を審査します。

また、委員会は、議案を文書により提出することができます（予算については除外）。

なお、議会の議決により付議された特定の事件については、閉会中も審査することができます。

⑪議員の議案提出権（第112条）

議員は、議員定数の12分の1以上の者の賛成により、議会の議決すべき事件につき、議会に議案を提出することができます（予算については除外）。なお、議案は文書で提出しなければなりません。

⑫定足数（第113条）

議会は、議員定数の半数以上の議員（議長を含む）が出席しなければ、会議を開くことができません。ただし、除斥のため半数に達しないときや、同一の事件につき再度招集してもなお半数に達しないとき等の例外規定があります。

⑬議事の公開の原則及び秘密会（第115条）

議会の会議は、原則公開とされています。ただし、議長または議員3人以上の発議により、出席議員の3分の2以上の多数で議決したときは、秘密会を開くことができます。

⑭公聴会の開催及び参考人の招致（第115条の2）

24年度の改正で、従来は委員会に限られていた公聴会の開催、参考人の招致が本会議においてもできることが明文化されました。

⑮表決（第116条）

議事は、出席議員の過半数で決します。このとき議長は議決に加わりませんが、可否同数のときは議長が決します。

また、特別多数議決として次のものがあります。

イ　出席議員の3分の2以上の同意が必要な場合

事務所の位置に関する条例の制定・改廃（第4条）、秘密会の開会（第115条）、議員の資格の決定（第127条）、条例・予算に関する再議（第176条）、一部公の施設の廃止等（第244条の2）。

ロ　議員数の3分の2以上の出席で、その4分の3以上の同意が必要な場合

主要公務員の解職請求（第87条）、議員の除名（第135条）、長の不信任議決（第178条）

ハ　議員数の3分の2以上の出席で、その過半数の同意が必要な場合

議会解散後の長の不信任議決（第178条）

ニ　出席議員全員の同意が必要な場合

議会の選挙における指名推選による当選人の決定（第118条）

なお、特別多数議決の場合は、議長に採決権はなく、議長も議決に加わります。

⑯会議不継続の原則（第119条）

会期中に議決に至らなかった事件は、次の会期に継続しません（閉会中の委員会の継続審査は例外）。

7 執行機関（第138条の2～第202条の9）

①長の地位・権限（第139条～第180条の4）

長の任期は4年で、国会議員等との兼職・関係私企業との兼業等の禁止規定があります。長は、当該地方公共団体を統轄・代表し、事務を管理・執行します。担任事務は第149条に、議会への議案の発案、予算の調製と執行、地方税の賦課徴収等が概括列挙されていますが、そのほか、規則制定権（第15条）、職員の指揮監督権（第154条）、管理に属する行政庁の処分の取り消し・停止権（第154条の2）等、様々な権限を有します。

②長と議会の関係（第176条～第180条）

イ　長の再議（第176条、第177条）

長は議会の議決等に異議があるとき、それを拒否して再審議等を求めることができます（再議制度）。再議は以下の場合に認められます。

①議会の議決について異議があるとき（一般再議）（24年度の改正により、対象が条例・予算以外の議決事件〈総合計画など〉にも拡大）②越権・違法な議決または選挙に対する再議または再選挙③義務費の削除減額議決に対する再議④非常災害対策費または感染症予防費の削除減額議決に対する再議――の四つの場合（24年度の改正により、収支不能議決に対する再議の規定は廃止）です。

このうち、①の場合、議決の送付を受けてから10日以内に理由を示して再議に付することができ、その他の場合は、長は理由を示して再議に付しまたは再選挙を行わせなければなりません。再議に付した場合は、①のうち、条例・予算に係る再議では、再議に付された議決と同じ議決が出席議員の3分の2以上に同意された場合に、条例・予算以外の議決に係る再議では、出席議員の過半数に同意された場合に、その議決が確定します。②の場合、再議決または再選挙になお越権等が認められるときは、再議決等のあった日から21日以内に総務大臣等へ審査を申し立てることができます。さらに、当該審査の裁定に不服があるときは、議会または長は、裁定のあった日から60日以内に裁判所へ出訴することができます。③の場合、再議決でなお削除し、または減額したときは、長はその経費を支出することができます。④の場合、再議決でなお削除し、または減額したときは、長はその議決を不信任の議決とみなすことができます。

ロ　不信任議決と長の処置（第178条）

議会は長に対し不信任の議決をすることができます。不信任議決は議員数の3分の2以上の者が出席し、4分の3以上の者の同意が必要で、議決をしたときは、直ちに議長からその旨を長に通知しなければなりません。この場合、長は、通知を受けた日から10日以内に議会を解散することができます。議会を解散しない場合、長は10日を経過した日に職を失います。解散した場合においても、その後初めて招集された議会において、議員数の3分の2以上の者が出席し、過半数の者の同意により再び不信任の議決があったときは、議長からの通知があった日に職を失います。再度議会を解散することはできません。

ハ　長の専決処分（第179条、第180条）

長は、議会が成立しないときや、会議を開くことができないとき等の四つの場合に専決処分を行うことができます。これは議会の議決が必要な事件について、その議決がなくとも処分できる制度で、法定による処分（第179条）と、議会の委任による処分があります（第180条）。24年度の改正により、副知事・副市町村長の選任を専決処分の対象から除外する規定が追加されるとともに、条例・予算に関する専決処分について議会が不承認としたときは、長は必要と認める措置を講じ、議会に報告しなければならないこととされました。

③副知事・副市町村長（第161条～第167条）

都道府県に副知事を、市町村に副市町村長を、長が議会の同意を得て選任します。定数は条例で定めますが、条例で置かないこともできます。任期は4年ですが、任期中においても、長は解職することができます。副知事及び副市町村長は、長を補佐し、長の命を受け政策及び企画をつかさどり、その補助機関である職員の担任する事務を監督し、長の職務を代理します。退職については、長の職務を代理する副知事または副市町村長の場合は議会の議長へ、それ以外の副知事または副市町村長の場合は長へ申し出なければなりません。

④会計管理者（第168条～第171条）

会計管理者は、職員のうちから長が一人を命じます。会計管理者は、当該普通地方公共団体の会計事務をつかさどるとされており、具体的な会計事務は第170条に例示されています。会計管理者の事務を補助させるため出納員その他の会計職員を置きますが、町村においては出納員を置かないことができます。出納員その他の会計職員についても、職員のうちから長が命じます。

⑤行政委員会（第138条の4、第180条の5～第202条の2等）

行政委員会とは、長から独立した執行機関で、都道府県必置のものと市町村必置のものがあります。行政委員会は、法令・条例・規則に違反しない限りにおいて、その権限に属する事務に関し、規則その他の規程を定めることができますが、予算の調製や執行、議案の提出等の権限がありません。また、組織や定数、公有財産等に関する事項について、長との協議を要し、長から勧告を受ける旨の事項も定められています。

次回も、引き続き地方自治法をもとに地方自治制度について確認していきます。

29年度 主任・係長 論文講座 16

改正内容 ②

前回に引き続き、都主任級職選考の論文問題の改正について概説します。今回は「職場もの」の出題例です。

【職場もの】（AⅠ類、AⅡ類共通）

下記の事例と資料を分析し、次の（1）、（2）に分けて述べてください。

（1）設問の職場における、C主事の育成と施設の円滑な業務運営を行う上での課題について、簡潔に述べてください。（300字以上500字程度）

（2）（1）で述べた課題に対して、今後、あなたはどのように課題解決に向けて取り組んでいくべきか、主任に期待される役割を踏まえて、具体的に述べてください。（1200字以上1500字程度）

あなたは、ある事業所で施設運営を担当する主任として本年4月に配属された。

あなたと一緒に施設運営担当に配属された新規採用職員のC主事は、業務を行う際に独断で仕事を進めることが多く、周囲と連携・協力せず、組織として仕事を行う心構えが全くできていない様子であった。これについて、A課長代理から何度も指導を受けたが、Cは自分のやり方を正しいと思い込み、改める様子はなかった。

こうした状況から、次第にCの業務停滞の影響が事業所の内外に見られるようになり、Aはその対応策に着手することにした。

その一方で、あなたはCやCの仕事の一部をフォローしているB主事からそれぞれ不満を打ち明けられるなど、施設運営担当の業務改善の必要性や職場環境の悪化を痛感していた。

この問題では、資料として①事業所の組織図②C主事の行動と関連する出来事③担当者の残業時間④事業所に寄せられた苦情等の件数・内訳――が資料として出ています（資料2、3は別表のとおり）。また、人事委員会から示された注意事項は以下の通りです。

・（1）の課題、（2）の解決策ともに新規採用職員の育成と円滑な業務運営との二つの視点を踏まえて記述することが必要である。

・新たな事態への対応、課長代理を中心としたチーム（組織）での対応を行うなどの具体的な対応策を論述することが必要である。

・「報・連・相」等の職場の基本的ルールの習得や周囲との連携・協力をしながら組織で仕事を行うことの重要性について、新規採用職員がいかにして早期に自覚するように指導するか、チューターとしての指導と主任としての役割を踏まえて論述することが必要である。

・マニュアルの整備やチューターとしての立場だけの論述では不十分であり、事例で設定されている新規採用職員の状況等に応じた改善指導やフォローの実施などについて具体的な取り組みを提示することが必要である。

以上の注意事項を踏まえて対策を考察します。

「職場もの」は各資料のポイントを的確につかみ、レジュメにまとめる練習から始めることが合格への近道と言えるでしょう。例えば今回の例題では、Cの業務停滞が残業時間や苦情件数に表れていること、Cの業務を請け負ったBの業務についても苦情の内訳から一部停滞が見られることなどを的確に読み取り、整理することが必要となります。

資料2　C主事の主な行動及び関連する出来事

4月	・新規採用職員として管理課に配属される（他企業での勤務経験なし）。
	・主任（あなた）が、C主事のチューターとなる。
	・A課長代理から、担当する業務の説明と指示を受ける。
	・担当業務について、課長代理等に相談することなく独断で進めてしまうとともに、遅れが散見されるようになる。
	・業務の進捗に関する上司への報告はない。
	・施設利用に関するPRポスターを作ったが、難解な長文で分かりづらい。
	・マニュアルにない新たな業務に取り掛かるに当たり時間がかかり、業務が停滞する。
	・A課長代理から度々指導を受ける。
	・〇〇〇事業所全体の運営にも支障が見られるようになり、C主事の業務の一部を主任（あなた）とB主事とで分担するようになる。
	・C主事に対するA課長代理の指導に関して、C主事が主任（あなた）に不満を漏らす。
7月	・B主事の担当業務が増えて、B主事が日常的に不満を漏らすようになる。

資料3　施設運営担当の月別合計残業時間

時間
140
120
100
80
60
40
20
0
4月　5月　6月　7月
A課長代理　あなた（主任）　B主事　C主事

評価の低い事例

人事委員会事務局では出題例の提示に併せて、評価の低い事例や注意事項等も示しています。

・（1）で課題と関連性の薄い論述が大部分を占めているもの。↓問題文と関連の薄い論述（都の置かれた状況の過度に詳細な記載等）が大部分を占め、問題文に対する解答が極端に短い場合は減点の対象とする。

・（1）で論述した具体的な内容を、（2）で繰り返し論述しているもの。↓（2）で問われている内容に対する論述ではなく、単なる重複であると見られる場合は減点の対象とする。

・（2）で論述した取り組みが課題解決のために関連の薄い事項となっているもの。↓取り組みの必要性などが十分に論述されず、課題解決のために効果が薄いと判断された場合は減点の対象とする。

また、特に職場に関する問題では、設定された職場における具体的な取り組みを論述することが必要である。

なお、人事委員会によると、評価対象外の事項として、受験者自身が主任級職に昇任する上での決意を挙げています。決意表明は評価の対象とせず、設問で問われていることに対し、十分に字数を使って論述するよう求めています。

都人事委員会事務局試験課長の話

今回改正された試験方式は、自らの視点で課題を抽出・分析し、解決策を考えていく問題意識や問題解決力、論理的に論述する表現力の更なる向上が求められていることを踏まえ、課題文に資料を添付したものです。

言うまでもなく、改正された試験問題で必要とされる問題の本質を読み取る能力等は主任級に限らず、今後都民の様々な期待に応えるために仕事をする上では、どのような職場でも役立つものとなります。

今回の試験方式の改正を今後に役立つ能力向上のチャンスとして捉え、日々の業務や勉強の中で地道な努力を重ねた人が合格できる試験です。

また、主任級職選考まで十分な時間があります。皆さんが果敢に選考に臨み、突破されることを期待しています。

都主任選考

29年度 カレントトピックス 16

経済事情

■GDP成長率は実質1・5%の見通し
（2016年12月20日）

政府は昨年12月20日、2017年度の政府経済見通しを閣議了解した。

GDPの成長率は、物価変動の影響を除いた実質で前年度比1・5%、生活の実感に近い名目で2・5%とした。16年度見込みの実質1・3%、名目1・5%と比べ、高い伸びを見込んだ。

政府は、雇用情勢や所得環境の改善が続き、国内需要が高まるとみている。個人消費が実質で0・8%増、設備投資は3・4%増になると見込み、世界経済の回復で輸出も3・2%増になると予想した。

17年度の名目GDPは、553・5兆円と過去最高を見込む。政府は20年ごろに600兆円まで引き上げる目標を掲げている。

消費者物価の上昇率は1・1%で、16年度見込みの0・0%から伸びる見通しだ。原油価格の上昇でエネルギー関連の値上がりが予想されるほか、景気回復で需給が引き締まり、デフレ脱却に向けた前進が見られそうだ。

■イタリアの銀行が自力再建を断念
（2016年12月22日）

多額の不良債権を抱え、先行きが危ぶまれているイタリア3位の民間銀行「モンテ・デイ・パスキ・ディ・シエナ」は昨年12月22日、50億ユーロ（約6150億円）の増資による自力再建を断念した。イタリア政府は同日夜、資本不足に陥った銀行の救済に活用できる200億ユーロ（約2・5兆円）規模の基金を設立すると表明した。

2010年に深刻化した欧州債務危機以降、くすぶり続けてきたイタリアの銀行問題は、大きな節目を迎えた。モンテ・パスキは今後、政府の監督下で新たな経営再建計画を策定し、年明けに公表するという。

モンテ・パスキは欧州の大手行では最も自己資本が脆弱で、破綻すればイタリア発の金融不安を引き起こしかねないとして警戒されていた。

EUのルールでは、銀行に公的資金を注入する場合、株主や大口預金者、銀行債の保有者らにも一定の負担を求めることが原則だが、EU側も「（個人の老後資金に対する）補償が必要だという点には同意する」としており、容認すると見られる。

■日経平均が大発会で4年ぶり上昇
（1月4日）

2017年最初の取り引きとなった4日の東京市場では、世界景気が拡大するとの期待から株式市場への資金流入が鮮明になった。

日経平均株価は大発会として4年ぶりに上昇し、昨年来高値を更新。米ダウ工業株30種平均は史上初の2万ドルに迫る。

トランプ次期米大統領の経済政策への期待に米国や中国の経済指標の改善が重なり、投資家が株など値動きの大きい資産に資金を投じる姿勢を強めている。

日経平均の4日終値は昨年末比479円（2・5%）高の1万9594円で昨年来高値を更新。大発会の上げ幅としては1996年の749円（3・8%）高以来21年ぶりの大きさだ。

円相場も一時、昨年末比1円近く安い1ドル＝118円台前半まで下落した。昨年末まで相場変動を警戒して取り引きを控えていた海外投資家の買いは輸出株のほか、資源や銀行株にも向かったとされる。

読者のひろば

最後の秘境アマゾン

南米見聞録 −3− ▼ブラジル

㊤マナウス中央市場で見かけたピラニア
㊦ジャングル奥地の樹上コテージ

南緯3度に位置するブラジル北部の都市マナウスは、太陽熱が真上から突き刺すような暑さであった。19世紀末、天然ゴムで大繁栄したマナウスは、アマゾン川の河畔にあり活気があった。地球上の熱帯雨林の半分を占め、日本の15倍の広さを持つ秘境アマゾンは、今でも新種の生物や文明との接触を拒む先住民が多く住み、2000年にはユネスコ世界自然遺産に登録された。マナウスに来る観光客は、市内観光のほか、うっそうと生い茂るジャングルの奥地に行く人も多い。

市内では19世紀末のゴムブームで富を得た欧州移民が建てた豪華なアマゾナス劇場、パリの市場を模したリスボア市場などを見た。市場ではマンゴー、マラクジャ（パッションフルーツ）、カジュー（日本では種のカシューナッツがおなじみであるが、ブラジルでは果実をジュースにして飲む）など、種類豊富なトロピカルフルーツが積まれていた。日本でも人気のアサイーやガラナはアマゾン原産である。大きなうろこを靴べらや爪研ぎとして利用するピラルクーやピラニアなど、日本で見かけない魚も多く陳列されていた。

コロンビア水源の黒色のネグロ川とペルー水源の黄土色のソリモインス川がマナウスで合流しアマゾン川となる。川の合流地点では色が交わらず、くっきりとした境界線が数十㌔続く。双方の川の温度、流速、成分などが全く異なるためであり、確かに手を入れると水温の違いが分かった。非常に不思議な光景であった。

◇

私はアマゾン奥地で数泊過ごすことにした。車とボートを乗り継ぎ3時間、アマゾン川支流の河畔に茂る木々、その地上20㍍の高さにコテージが現れた。

なぜこんな木の上に作ったのか聞くと、雨季には水かさが15㍍上がり水上コテージになるとのこと。私は乾季に訪れたため、ハックルベリー・フィンのような樹上生活を余儀なくされた。

部屋の床はきしむがシャワーやトイレもあり、床下からむき出しの排水管が処理施設まで延びていた。手作り感満載であるが、思ったより快適に過ごせた。朝はカワセミの鳴き声で目を覚まし、窓を開けると色鮮やかなコンゴウインコが寄ってきた。一番大きなコテージは食堂となっており、樹上の遊歩道で各コテージが結ばれていた。空中散歩している気分になった。

朝の食堂では、その日のツアーがホワイトボードに掲示され、宿泊客は好きなツアーを選択でき、数泊滞在しても飽きなかった。ジャングル散策ではタランチュラ、アリ塚、天然ゴムの木などを見た。牛肉を餌にしたピラニア釣りも経験した。その日の夕食には釣れたピラニアがフライとして出てきたが、骨が多く食べるところが少なかった。

ナイトクルーズで捕獲したカイマンを持つ少女

夜、カイマン（ワニ）を見に行くクルーズに参加した。大人のカイマンは体長6㍍もあるため現地ガイドは子供のカイマンを捕まえる。懐中電灯で水辺を照らすとカイマンの目が無数に光った。ガイドは両目の間隔で大人と子供を区別し、その間隔の狭い光に近寄り、素手で子供のカイマンを簡単に捕獲していた。

最終日の早朝、ジャングルに昇る朝日を見るためボートを漕いだ。途中、ピンクイルカのジャンプを何度も見かけた。きれいな朝日とジャングルを包む薄白い朝霧を見ていたら、あれは朝霧ではないとガイドからあっさり否定された。森林伐採や焼畑農業による煙とのこと。現在、加速度的に進むアマゾンの開発は、地球の生態系に大きな影響を及ぼすという。最後の秘境アマゾン、地球上から秘境が消える日はそう遠くないのかもしれない。

（ブラジル在住　白鳥謙治）

東京国際フォーラム開館20周年「感謝を力に、感動を形に。」

東京国際フォーラムは、1997年1月10日に、東京で初めての「コンベンション&アートセンター」として、丸の内の旧都庁舎跡に誕生し、今年1月、開館満20周年を迎えました。これも皆様のご支援、ご協力のたまものと心より感謝いたしております。

思いが突き動かした

東京国際フォーラムは、国内最大級5012人収容の劇場型ホールを始めとする大小八つのホール、34の会議室、シンボリックなガラス棟、緑がすがすがしい地上広場、飲食店、ショップ、美術館などから構成されています。

斬新なデザインの東京国際フォーラム

抜群のアクセスの良さを持つ恵まれた立地条件、都心型MICEにふさわしい高規格な施設・設備といったハード面の強みと、これまで研鑽し蓄積したノウハウを発揮し、開館以来20年間で8万件超の催事にご利用いただくとともに、地域ににぎわいをもたらす主催事業を展開してきました。また、ガラスのアトリウムなど他に類を見ない斬新なデザインに象徴されるように、建築物としても高い評価を受けており、国内外から多くの観光客も訪れ、今日では年間約2300万人に上る多くの皆様にご来館たまわり、多様な情報と文化を発信しています。

これまでの歩みを振り返ると、そこには常に「都民の皆様の貴重な財産である東京国際フォーラムの機能・魅力を最大限に発揮し、その役割を最大限に果たす」という強い〝思い〟がありました。

85年の「東京都シティ・ホール建設計画基本構想」の発表から、日本初の国際建築家連合（UIA）公認国際公開設計競技、設計、建設、97年の開館、開館後数年の黎明期、03年の株式会社化、「ラ・フォル・ジュルネ・オ・ジャポン『熱狂の日』音楽祭」の開催といった主催事業に大きく踏み出した05年、09年からの10カ年計画による大規模修繕、11年の東日本大震災における帰宅困難者の受け入れ、17年の開館20周年など、様々な節目で、その時々に東京国際フォーラムに関わった人たちを突き動かしたものは、そういった〝思い〟ではなかったかと思います。

アニバーサリーイヤー

今年は都民の皆様を始め、これまで東京国際フォーラムをご愛顧、ご支援くださった皆様に感謝の気持ちを表すとともに、次の時代に進む東京国際フォーラムの姿をご覧いただくため、「感謝を力に、感動を形に。」をキャッチフレーズに、開館20周年記念事業を展開してまいります。このキャッチフレーズには「20年間の感謝の念を原動力にして、更なる感動を形にすることで応えていく」という私たちの思いが込められています。

アニバーサリーイヤーの幕開けを飾る記念事業・第1弾は、元日から開催した「J－CULTURE FEST にっぽん・和心・初詣」。日本文化の多彩な魅力を楽しむ〝感謝のフェスト〟で、〝伝統と革新〟がテーマの公演プログラムと、日本の伝統的なお正月を体験、発見できるテーマパークを開催しました。年明け早々にもかかわらず、約8万人の皆様にご来場いただき、場内はお正月らしい華やかな雰囲気に包まれました。

「J-CULTURE FEST　にっぽん・和心・初詣」正月テーマパーク

J－CULTURE FESTに続き、祝祭感を表し花火をイメージした華やかな開館20周年記念館内装飾（通年）、東京都産の花々を使ったフラワーモニュメント展示（1月）、20年の感謝を込めて地上広場を飾るフラワーガーデン（3月中旬～4月中旬）、東京国際フォーラムにまつわる思い出やエピソードを一般から募るエッセイコンテスト（3月締め切り）、ネオ屋台村スーパーナイト・参加型スペシャルプログラム（夏ごろ）、記念写真展（12月）、開館20周年のフィナーレを飾る「光のインスタレーション」（12月）など、年間を通して様々な記念事業を用意し、皆様をお待ちしています。詳細は弊社HP（http://www.t-i-forum.co.jp/）をご覧ください。

お客様目線で改善努力

東京国際フォーラムは、東京2020オリンピック・パラリンピック競技大会では、ウエイトリフティングとパワーリフティングの会場に予定されており、大会の成功はもとより、機運の醸成や文化プログラムの推進に取り組んでいきます。また、東京が世界に誇る都心型MICEやアートセンターとして、その機能をいかんなく発揮し、地域、東京、ひいては日本の発展に貢献していくよう努力していきます。そのためには、従業員一人ひとりがお客様目線に立ち知恵を絞り、たゆまぬ改善努力を続けていくことが大切であると考えています。

皆様とともに進化する東京国際フォーラムに、これからもどうぞご期待ください。

（㈱東京国際フォーラム　広報課長　佐藤悦子）

第2回まちなか観光メッセを開催

まち歩きをテーマにシンポも　世田谷区

世田谷まちなか観光交流協会と公益財団法人世田谷区産業振興公社は21日の午前10時から午後5時まで、三軒茶屋キャロットタワー（世田谷文化生活情報センター）で第2回世田谷まちなか観光メッセを開催する。

まち歩きコースコンテストでは、区民や区内団体からの応募作品を展示。提案者によるプレゼンテーションを行い、「まちなか観光大賞」「まちなか観光優秀賞」を決定する。また、世田谷の名所などを描いたポストカードと、区内の福祉作業所・デザイナー・パティシエなどが協働して作ったクッキーをギフトセットにして展示・販売する。ミニイベントコーナーでは、フラワーアレンジメント講座、包丁研ぎ講座、お手玉講座、お手玉づくりなどバラエティーに富んだイベントを行う。カフェコーナーでは、「世田谷みやげ2017」に新規指定された人気の店が出張販売する。

午後1時半からのシンポジウムは、『まち歩きで味わう世田谷の魅力～海外からの来訪者も視野に～』と題して、まち歩きをキーワードに来訪者を引き付ける情報発信や、おもてなしについて話し合い、世田谷らしいまちなか観光を考える。アド街ック天国のコメンテーターなどでもお馴染みの山田五郎氏（評論家）が基調講演を行うほか、商店街理事長、電鉄会社課長、大学准教授を加えたパネルディスカッションを実施する予定。先着70人で、当日10時から5階会場で整理券を配布する。

●○ミニガイド●○

◆世田谷文学館連続講座「夢と綺想の球体・澁澤龍彦」　▷日時と内容　2月4日㈯「澁澤龍彦の宇宙誌」巖谷國士氏（仏文学者）　2月18日㈯「澁澤龍彦の想像の画廊」酒井忠康氏（世田谷美術館館長）　2月25日㈯「澁澤龍彦と70年代の高校生」中沢けい氏（作家）▷会場　世田谷美術館講堂（世田谷区砧公園1の2）▷時間　午後2時～3時半▷参加費　各回500円▷定員　各回150人▷申し込み方法　各開催日の2週間前（必着）までに往復ハガキに①講座名・開催日②参加者氏名（2人まで連名可）・住所・電話番号③返信面に代表者の氏名・住所を明記し、世田谷文学館「連続講座　澁澤龍彦」係まで。1講座につき1通▷申し込み・問い合わせ先　〒154・0002世田谷区下馬4の27の14世田谷文学館仮事務所　☎03・5374・9111（世田谷文学館は4月21日まで休館しています。申し込みハガキは仮事務所まで。会場は世田谷美術館）▷主催　公益財団法人せたがや文化財団世田谷文学館▷協力　世田谷美術館▷後援　世田谷区、世田谷区教育委員会

都政新報

発行所 都政新報社
〒160-0023 東京都新宿区西新宿7-23-1 TSビル
〈総務・読者〉03-5330-8781
〈企画広告〉03-5330-8784
〈編集〉03-5330-8786
〈出版〉03-5330-8788
〈ファクス〉03-5330-8808
購読料 月1,730円(税込)
毎週火・金曜日発行
ただし、祝日は休刊

紙面から

小池知事インタビュー 「コスト感覚研ぎ澄まして」

小池知事が就任して間もなく半年が経つ。この間、築地市場の移転延期や五輪競技会場の見直し、議会との関係再構築、都庁改革など、休む間もなく取り組みを進める小池知事に日本中が注目している。小池知事に就任半年の感想と今後の展望などを聞いた。

来年度予算 「格差と段差の解消」

――国政の場から地方自治体のトップに就任して半年が経ちます。改めて感想を。

とてもやりがいがあります。いくつも大臣を経験しましたが、設置法によって壁がきちっと決められていて、乗り越えるのは本当に大変なんです。だから私、総裁選に出まして、自分で全体をやろうと思っていたので。その意味で都知事は全体をカバーし、全体に責任を持つということでとてもやりがいがある。

――都庁職員の働きをどう評価しますか。

非常にしっかりと私の方針をのみ込んで、的確に対応してくれています。これまでと勝手が違うということもあろうかと思いますが、そこは皆さん、真剣にサボタージュもせず、されているかもしれないけど、でも非常によくやってくれて、とても信頼を置いています。これまで2回の定例議会を経て、その間に都政を確実に前に進めるという共通の目的を知事と職員が共有できたからに他ならないと思っています。

――一方で課題や職員への注文は。

国政との最大の違いは財源の話。東京の場合は財源もさることながら、それに対してどのような予算付けをしていくか、絶対的に違うところです。それだけに、逆に言えばコスト感覚、それから投資感覚をより研ぎ澄ませる必要になってくると思います。そのベースは、都民から見てどうなのかということ。そのためにオリンピックの予算を削っていく。一方で投資をすべきところはしっかり投資をする。

――具体的に投資すべき部分とは。

エネルギー小国の首都ということを考えれば、最大のエネルギーは人材です。例えば教育の機会や格差、女性が働く場合の格差、若者の機会の格差、こういった格差とパラリンピック・オリンピックを控えて、まちの段差を解消し、バリアフリーにしていきたい。予算編成の真っ最中ですが、「格差と段差」をなくしていくことを大きなテーマにしていこうと思います。

――これまでの取り組みでは市場の移転延期や議会との対立などに注目が集まり、待機児童対策の補正予算はありましたが、地方自治体としての政策の打ち出しが弱い印象もあります。

それはメディアの問題だと思います。むしろ日本は怒涛のようなメディアの流れがかえって、日本全体の内向き志向を加速させていると思っていますね。

――逆にメディアを利用してきたのは小池知事のような気がしますが。

利用はしていません。むしろコンテンツを提供している。テレビなどは随分、制作費を削減していますよね。

――都庁改革を進めていますが、進展具合をどう見ていますか。

スピーディーに取り組む部分と時間をかけるところと両方あります。スピーディーに取り組むところは例えば、かつて知事資料はA3(判)だった。それを一晩でA4(判)に変えました。今はノンペーパーです。知事査定の時は1枚も紙はありませんでした。これこそ働き方改革のベースになるテレワークを定着させるということの第一歩が進められているということですね。こういったことを報じないのはメディアの責任だと思わない?

――では、時間をかけて改革する部分は。

中長期は女性の活躍ですね。すでに女性の職員の女性の比率が4割に近くなっている。(女性職員)全体の2割に近い数字が管理職というのは、組織として非常に高いと思います。これは数年後に更に高くなっていくので、絵に描いただけの女性活躍ではなく、都庁における女性の活躍というのは日本のモデルケースになるという自信はありますね。

――都庁改革では、議会の議案に対する事前調整の見直しも進めていますが、職員には戸惑いも見られます。

それは、これまでがおかしかっただけの話。当たり前にするだけの話です。

都議選 「市場移転問う機会」

――知事選で「市場移転を立ち止まって考える」と主張しましたが、公約には掲げていませんでした。民意を問うお考えは。

どう判断するかはそちらの自由ですが、私の主張は10年前から変わっていません。

――ベンゼン等が基準値を超える地下水のモニタリング調査結果が出ました。改めて移転についての考えは。

(最終調査結果の)数字が出てしっかりと厳しく受け止めていきたいと思っています。判断については専門の方々に議論していただいて、再調査もするということですけども、再調査は数カ月がかかるというんですね。私はやはり、業界の方々、業者の方々からすればこれでさらに判断が延びるということで、今後に対しての不安感が増していると感じています。調査結果をしっかりかみ締めたい。

――市場移転は長い時間をかけて関係者と調整し決定した事項です。「新政権だから見直し」では、行政の継続性からも都民に不安、不信感を抱かせませんか。

サンクコスト(埋没費用)に当たるかどうかを客観的に判断したいと思います。

――あくまでコストの問題ということですか。

もちろんですね。

――市場移転は今夏の都議選の争点になるとの発言もありましたが、どう考えていますか。

これまで関わってきた人にしっかりとこれまでの経過を聞いてみたいということもあります。今後どうするかについて、(都議選で)都民に伺うのは一番良い機会ではないでしょうか。

――ありがとうございました。

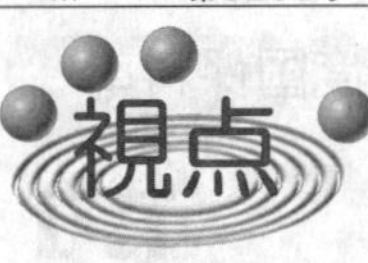

「地上は安全」広まらず

豊洲の水質調査結果

豊洲新市場の地下水モニタリングの最終結果が波紋を広げている。基準値を最大79倍超過したベンゼンなどの有害物質が72カ所から検出され、前回の3カ所から急増した。14日の専門家会議(座長=平田健正放送大学和歌山学習センター所長)では、委員も「経験のない現象」として、原因を特定できなかった。

都が平田座長に地下水モニタリングの最終結果を報告したのは専門家会議の4日前だ。平田座長は「(4日間で)『評価しろ』と言われても……(無理)」と困惑を示しつつも、想定される要因として「地下水が動いた」との見解を示した。

都は昨年10月に一定の地下水位を超えると排水する地下水管理システムを稼働して排水を開始したが、揚水井戸の周囲にある地下水が井戸に染み出し、敷地内の地下水が動いたとの見解だ。結果、地下に残っていた高濃度の有害物質が一気に広がったと見ている。また、地下水を採取した際に、土の粒子が混入して有害物質の濃度が高くなる可能性も否定できない。

今回の結果は数値の急激な悪化など腑に落ちない部分も多く、検証を待つ必要がある。だが、データの数値が正しいならば、これまで土壌汚染対策で新市場の安全性を訴えてきた都にとって、盛り土問題に続く信用失墜につながりかねず、重く受け止めなければならない。都は信頼回復に向け作業を急ぐ必要がある。

市場業者は都に対して「本当に信用できない。改ざんがあったと疑われても仕方がない」と批判している。都は1~3回目の地下水調査は地下水管理システムを請け負った業者、4~8回目は各街区の建設会社、9回目は一般競争入札で選定した業者に発注した。都は全ての調査方法を検証する方針だ。専門家会議の委員が基準値超過の井戸など計30カ所前後での採水に立ち会い、分析は豊洲の地下空間を調査している環境管理センター、都環境科学研究所、入札で選ぶ業者によるトリプルチェックで行い、専門家会議はデータの整合性を確認する。結果は3月に開く専門家会議に報告する予定だ。

都の検証が今後、急ピッチで進むことになるが、一方で、現段階で危険性だけが強調されている状況には危機感も覚える。平田座長は14日の専門家会議で、地下水が汚染されていても「地上部は安全」と強調し、食の安全に影響はないとの見解を示している。地下水に含まれるベンゼンなどは揮発するが、主要施設の大気中に含まれるベンゼン濃度は基準値を下回っているからだ。平田座長は事実上の安全宣言を出しているが、「一般の消費者は納得してくれない」と苦笑した。庁内からも「地下水を巡る懸念は基準値を上回る限り、払拭できない」との声が聞かれる。

「地上は安全」と強調する専門家会議の平田座長=14日、築地市場で

消費者が必要以上に不安を募らせる背景の一つが報道だ。基準値超の有害物質が検出されたことを大々的に報じる姿勢に、都の幹部は「危険をあおりすぎて、都民が冷静に判断することができなくなる。このままでは豊洲移転の理解は都民から得られなくなる」と危機感を募らせる。

本来であれば、行政のトップとして冷静な対応を呼びかけるのが小池知事の役割のはずだが、知事は「食料品を扱う市場では、(安全・安心は)高い水準を消費者、事業者からも求められる」と暗に豊洲の安全性に疑義を示し、平田座長の「地上部は安全」との見解ともずれが生じている。知事は市場移転を都議選の争点の一つになるべきとの見解を示す。

これまでも市場は移転の是非を巡り、政争の具にされてきた経緯があり、豊洲を都議選の争点にすれば、市場業者を困惑させるだけだ。築地市場協会の伊藤裕康会長はこう訴えた。「ベンゼンなどの基準値超過の原因究明を先行すべきだ。(何も究明されていないのに)都議選の争点にするのはおかしいと思う。はっきりと(真意を)知事に伺いたい」(石)

都来年度予算

私学助成を拡充へ

年収760万円未満を対象

小池知事は16日、都内私立高校の平均授業料(44万2千円)の補助対象を年収760万円未満の世帯まで拡大すると明らかにした。新年度予算に138億円を盛り込んだ。拡充分(80億円)の原資は予算の見直しで捻出し、現行の私立高校への補助は減額しない考え。

対象は、都内外の私立高校などに通う都内在住の生徒(約16万7千人)のうち、約5万1千人で、対象の世帯年収は都が補助する現行制度と同じとした。

私立高の授業料補助は、公明党が年収910万円未満の世帯に対象を拡大するよう求めていた。小池知事は「公明党から『これでいこう』ということで話が整った」と水面下で調整し、決定したと明かした。党の要求には及ばなかったが、公明党のベテラン都議は「党サイドの要望に予算を付けてくれて歓迎している」と絶賛。「(要求水準に向け)段階を踏んでいけばいい」との考えを示した。

一方、公明党の要望に否定的な立場だった自民党の都議は「今は何とも言えない」と述べるにとどまった。

さらに、英検などの外部試験を受ける都立高校生に返済不要の給付金を支給する。対象は世帯年収350万円未満で、3万5千人。新年度予算に約17億円を計上する。

各会派が再検証要請

都議会 豊洲の地下水汚染問題で

豊洲新市場の地下水から基準値を超えるベンゼンなどが検出されたことを受けて、都議会各会派が都に要請を行った。検証によって関係者の不安払拭を求める自民党に対し、他会派からは移転時期や可否そのものに踏み込んだ意見が相次ぐなど、温度差が明らかになった。都議会では23日と31日に開かれる予定の豊洲移転問題特別委員会でも調査結果の報告を受け質疑を行う。

自民党は16日、高木啓幹事長名で小池知事に対し緊急の申し入れを行い、過去のモニタリング調査の実施状況を検証し、実施機関名を含めて公表することや、専門家会議の下で再調査し、原因を究明して今後の道筋を明らかにするよう要請した。

また、豊洲移転問題特別委の山﨑一輝委員長は調査結果を「正直なところ驚いている」と受け止め、特別委で検証が必要との見解を示した。

公明党は移転可否の判断に踏み込んだ。15日、同党幹部らが小池知事に再調査と原因究明を要請。東村邦浩幹事長は「移転ありきで(再調査)作業をするのではなくて、まずは安全安心が大前提だ。その上での知事の判断もしっかりしていただきたい」と、移転可否判断の後ろ倒しなども視野に慎重な対応を求めた。

一方、共産党は16日、知事に「移転の抜本的な再検討」を行うよう申し入れた。曽根肇副団長らは、豊洲の土地購入に関わった関係者を証人喚問する必要性を示すとともに、盛り土が汚染された可能性が強いとして「都の安全対策のどれもが破綻状態であることは明白」と断じて、移転中止を要請した。

都議会民進党は14日に尾崎大介幹事長が「移転問題を根本から再検証していきたい」とする談話を発表。豊洲特別委で移転決定当時の責任者の参考人招致を求め、「委員長の理解と協力が得られない場合は、百条委員会の設置を他会派に働きかける」と強い姿勢で臨むことを強調した。

都政の東西

あと半年

都議選が半年後に迫った。今の時期からワイドショーが取り上げること自体、異例だが、小池知事の就任で都政への関心は高まる一方で、今回の選挙は今まで以上に世論を色濃く反映した戦いになるだろう。

小池知事側がイメージするのは、93年の日本新党の躍進だ。投票率は51・43%で、同党は20議席を確保した。また、09年に民主党(当時)が大勝した選挙も記憶に新しい。投票率は54・49%。告示数日前に公認を受けた新人が千代田区で自民の重鎮を破るなど、候補者を出すだけで当選する勢いがあった。

知事側は、都議会自民党を「東京大改革」の抵抗勢力と位置付けて議席減を狙う。定数1の選挙区で自民に対抗馬を立てるのは当然として、定数6~8の選挙区では複数擁立も視野に入れる。浮動票頼みとは言え、今の小池人気と注目度が続けば侮れない。ただ、知名度がものを言う都知事選と異なり、都議選では候補者の地力が問われる。余程、綿密に計算しなければ割を食うのは非自民の各党である。

一方、自民は元々、勝ち過ぎの状態にあり、議席数の目減りは避けられないが、改選後に主導権を握るには公明と共に過半数を維持できるかが焦点だ。公明も小池知事に急接近したとは言え、新党と共に過半数を形成できなければ都議会を回すのは容易ではない。副議長ポストを守れるかも判断材料になるはずだ。

「国政の先行指標」「リトマス試験紙」と言われる通り、都議選の結果は都政だけにとどまらない。現状、安倍首相の支持率は高いが、小池新党が躍進した時に知事がどう出るか、また「自民党が敗れる」という空気を政権が許すかどうかも問われよう。天下分け目の戦いまで、あと半年だ。

冗句ジョーク

小池知事、女性政策について〝モットーやスローガンではない、身のある成果を上げる〟

都庁上司「キミ、よくがんばった! キミならもっともっとやれるよ!」

部下職員「……」

2017年度国保料率

前年度比7252円の大幅値上げ

高額医薬品の浸透背景に

特別区長会（会長＝西川太一郎荒川区長）は16日の総会で、国民健康保険の2017年度基準料率を決めた。基礎分と後期高齢者支援分から算出した被保険者1人当たりの年間保険料は前年度比7252円増の11万8441円となった。被保険者の高齢化や高額医薬品の利用拡大で療養給付費が大幅増の見通しとなったことを受け、段階的に進めている高額療養費の賦課総額算入を当初計画の84％算入から見直し、75％算入にとどめたが、算定方式を旧ただし書き方式に変更した11年度以降で最大の値上げとなった。

5年間の特別区国保基準料率の推移

基礎分＋後期高齢者支援金分

	17年度	16年度	15年度	14年度	13年度
所得割：均等割	58:42	58:42	58:42	58:42	58:42
所得割率	9.43%	8.88%	8.43%	8.47%	8.36%
均等割額	49,500円	46,200円	44,700円	43,200円	41,400円
賦課限度額	730,000円	730,000円	690,000円	670,000円	650,000円
1人当たり保険料	118,441円	111,189円	106,545円	103,103円	98,465円
減額措置前				103,501円	99,248円
差額				398円	783円
対前年度（金額）	＋7,252円	＋4,644円	＋3,442円	＋4,638円	＋3,188円
減額措置前比			＋3,044円	＋4,253円	＋574円
対前年度（率）	＋6.52%	＋4.36%	＋3.34%	＋4.71%	＋3.35%
減額措置前比			＋2.94%	＋4.29%	＋0.58%

介護納付金分

	17年度	16年度	15年度	14年度	13年度
均等割額	15,600円	14,700円	14,700円	15,300円	15,000円
賦課限度額	160,000円	160,000円	160,000円	140,000円	120,000円

23区では18年度の国保広域化に向け、高額療養費の賦課総額算入を段階的に進めており、保険料の増額が続いていた。16年度に改定したロードマップでは、16年度に100分の67、17年度に100分の84、18年度に全額を賦課算入する計画だった。

しかし、現役世代の社会保険加入が進み、国保加入者の高齢化が進展。これに加え、がん免疫薬「オプジーボ」の適用拡大など高額医薬品の利用が進み、1人当たりの年間療養給付費が前年度比で6028円に上る見通しとなった。

これを受け、16日の区長会総会では、出席した区長から保険料負担軽減のための高額療養費の賦課算入率の増加を小さくする意見と、18年度の引き上げ額が大きくなると して算入率をロードマップ通り100分の84とする意見が出され、正副会長預かりとなった。その後、同日中に西川会長と武井雅昭港区長、坂本健板橋区長の両副会長が協議し、算入率を100分の75にとどめることを決めた。

基礎分と後期高齢者支援金分の賦課割合は、所得割58対均等割42で13年度から5年連続で据え置きとした。国は所得割などの応能負担と均等割りなどの応益負担の賦課割合を50対50にするよう求めているが、療養給付費の増加の影響が特に低所得者に大きいと判断したと見られる。

所得割率は0・55ﾎﾟｲﾝﾄ増の9・43％。均等割額は3300円増の4万9500円とした。賦課限度額は国に政令改正の動きがないことから2年連続で73万円に据え置いた。

介護納付金分は、均等割額と賦課限度額を23区で統一している。均等割は900円増の1万5600円で、介護保険2号被保険者の40～65歳の社保加入増や、国が納付金を算出する際の係数を引き上げたことなどが要因。賦課限度額は3年連続で16万円とした。

一方、医療費の適正化に向けては、23区が一体となって事業を進めることによるスケールメリットを生かす方向性を確認。18年度の広域化以降も23区全体での事業実施を見据えて具体的な検討を進める方針だ。

国保制度改革を巡っては、区長会は昨年12月26日に厚生労働省に対して緊急要望を実施。高度医療機関の集積や高額医薬品の使用拡大、転出入率の高さなどの課題を強調し、5項目で構成する要望書を提出した。

具体的には、▽定率国庫負担割合の引き上げや調整交付金の財政調整分の別枠化などによる国庫負担の充実▽低所得者層への一層の負担軽減▽子育て世帯の経済的負担を目的とした区市町村の補助制度に対する財政措置▽高額医薬品の低価格化やジェネリック医薬品の使用促進など医療費抑制に向けた措置▽国保広域化の際の激変緩和策の実施と安定運営に向けた財源措置――を求めた。

千代田区長選

五十嵐氏が出馬表明

区民全員参加の区政を

任期満了に伴い、29日に告示、2月5日に投開票される千代田区長選で、元人材コンサルタントで政治団体代表の五十嵐朝青氏（41）が16日、無所属での立候補を表明した。「党利党略に縛られない区政に転換する」として、政党への推薦依頼は行わないという。

五十嵐氏は「区民よりも国や都に目を向けている印象で、豊富な資源や人材を施策に生かし切れていない」と現区政を批判。「30代や40代を中心として区民全員が区政で活躍できる環境を作りたい」と意欲を述べた。

主要施策としては、週1回の区民との直接対話や定例区議会後の区民報告会の開催、477人の潜在的保育所待機児童の解消に向けた事業所への託児所併設支援、ITを活用した町会活動支援などを提示。区の2010年度の定住率が34・9％で23区中18位だったことを踏まえ、25年度までに定住率50％突破を目標に掲げる。

五十嵐氏は1975年生まれ。東京大学法学部卒。人材コンサルタント会社など区内の民間企業に12年間勤務した。弟は茨城県つくば市の五十嵐立青市長（38）。

同区長選には現職4期の石川雅己氏（75）、与謝野馨元財務相のおいで会社員の与謝野信氏（41）が立候補の意向を表明しており、五十嵐氏が3人目。

記者席

インタビューで逆にバッサリ

○……「皆さんも頭を切り替えた方がいいんじゃない？」「これまでの延長線の質問ばかりですね」。小池知事へのインタビュー中、厳しい指摘が飛んだ。議会対応や選挙に話が及んだ時だ。返答に窮していると、「これでエッセーが書けます。こういう質問ばっかりだって」と笑った。

連日、メディアの新年インタビューを精力的にこなす知事だが、今夏の都議選に話が及ぶことが多いようだ。政策の話などと違い、とたんに厳しい反応になる。その鋭い切れ味に、知事のスピード感ややぶれない姿勢、押しの強さの一端を感じた。だが、せっかくの知事の発信力だ。メディア批判のエッセーより、政策の打ち出しに力を注いでもらいたい。

○……「私も頭の中が宇宙でいっぱいになりました」。NHK全国学校音楽コンクールで4年連続の金賞を受賞した日野市立七生緑小学校合唱団が17日、小池知事を表敬し、合唱曲「未確認飛行物体」を披露した。子供たちの伸びやかな歌声に知事は感動し、涙を浮かべる場面も。「なんだか皆さんに壮大なお話を聞かせてもらっているようだった」と絶賛した。

当日、小学生たちが校名にかけた緑のシャツを着ていたことも知事にとってはポイントだったようだが、いつも毅然とした知事の思わぬ涙は、関係者にとっても「未確認」なものだった。

○……渋谷区は来月、ウェブサイトをリニューアルする。トップページには基本構想で示したキャッチコピー「ちがいをちからに変える街。渋谷区」を大々的に配置し、基本構想をサイト訪問者にアピールする。

品川区も先月、23区初のSNSをトップページに埋め込んで表示するデザインに変えた。変更に伴い、同区はフェイスブック（FB）とユーチューブの公式アカウントを取得。FBの運用は葛飾区を参考にしたが、同区はトップページについて、全ページ訪問者に占める割合が1割に満たないと分析し、デザインにはこだわらない構えだ。区によって対応は様々。今後の「独自路線」の展開が楽しみだ。

台東区

SNS活用で産業振興

海外へ発信　23区初の試み

台東区は1月17日からの3日間、タイの若者の流行の発信源となっている女優らを招き、SNSから区内のものづくり企業の情報を発信してもらうPR事業を行った。同区では観光振興でも同様の取り組みを行っているが、産業振興に光を当てたのは23区で初となる。区内中小企業の販路拡大や海外進出を後押しする。

訪れたのは女優のペンさん、ネットアイドルのサヌクさん、女優・モデルのドリームさんの3人。文房具やかばん、健康雑貨店を回ったほか、着物や和食も体験し、SNSで発信した。来月には、3日間の体験を電子書籍化するとともに、3人が紹介した商品をタイの百貨店で展示・物販することも予定している。

PR事業は、民間企業グループによるマーケティング調査の一環で実施。調査主体の代表企業「㈱michi1」の工藤真奈歩PR事業部ゼネラルマネジャーは「SNSを介したマーケティングの効果は明らかになっていない。電子書籍、リアルの場とも組み合わせて効果を検証し、販促ビジネスモデルの構築につなげたい」と狙いを話し、「産業と観光を絡めやすい台東区は絶好の事例になる」と語る。

台東区産業振興事業団支援課の生島健太郎担当係長によると、SNSを見た人による商品購入に加え、寄せられた感想を基にした製品改善につなげたい考えで、「他区のものづくり企業と連携して発信力を高めることも考えている」と意気込む。

同区は観光情報のSNS発信のために海外著名人を招いた実績があり、観光課の担当者は「取り上げられた後に外国からの来店があった事例も聞こえてくるので、効果が出ているのでは」と受け止めている。

インク作りを体験するペンさん（中央）とサヌクさん（左）＝18日、区内の文具店・カキモトで

葛飾区

フロア中央に総合案内窓口

新庁舎整備「中間まとめ」で

葛飾区は17日、京成押上線の立石駅北口地区の再開発に関する地区計画の原案を公告した。区は再開発と一体で新庁舎の移転整備を計画しており、同日、新庁舎整備基本計画の中間まとめ案を区議会総務委員会に報告。新庁舎整備の基本方針を示した。同地区の再開発に向け「立石駅北口地区再開発研究会」が発足したのは1997年。立石駅の連続立体交差事業が昨年5月に着工したのを追い風に、足掛け20年でいよいよ再開発計画が本格化してきた。

立石再開発の地区計画原案も

再開発地区は、庁舎移転予定の東街区と、住宅がメーンの西街区、バスの発着場3カ所とタクシー乗り場6カ所を整備する交通広場の3地区で構成する。

施行区域の面積は約2・2ﾍｸﾀｰﾙで、東街区には地上13階・地下3階、高さ75ﾒｰﾄﾙの建物を整備。敷地面積は約4650平方ﾒｰﾄﾙで、容積率は700％。

西街区の建物は、地上36階・地下2階の高さ約125ﾒｰﾄﾙ。敷地面積は約7130平方ﾒｰﾄﾙで、容積率は800％。容積率は空地と住宅の確保で、東街区は200％、西街区は300％割り増しとなる。

新庁舎は東街区の建物の3階から13階に入る計画。また、西街区の住戸数は約600戸を見込んでおり、東街区1階・2階と西街区1階から3階には商業施設と銀行や郵便局などの「公益サービス」施設を位置付けた。

再開発地区の地下には、駐車場（約210台）や、自転車駐輪場（約1420台）、バイク置き場（70台）を設ける。区の職員用駐輪場は、新庁舎の近くに確保するよう今後検討する。

また、地区内には防災広場を含む五つの広場を配置するとともに、地区周辺に歩行者専用道路を整備する。

こうした地区計画原案を策定した区は17日、地権者など利害関係者を対象に、同地区再開発に関する初めての説明会を開催。約100人が来場した。

同日は阪神・淡路大震災の発生した日でもあり、参加者からは、同大震災や先月22日に発生した新潟県糸魚川市の大火災を引き合いに、「立石にいつ起きてもおかしくない」と、防災に関する意見が多く出た。

再開発計画を進める「立石駅北口地区市街地再開発準備組合」が掲げる同地区の課題は、▽建物の老朽化▽狭い道路▽広場や緑の少なさ――の3点で、緊急車両が入れないなど防災上の課題も多く抱える。

一方で再開発に反対する意見も根強い。準備組合によると、再開発に関する地権者同意率は約7割で、約3割が反対や中立の立場だという。反対派からは、「準備組合の説明が不足している」「自分たちの意見を主張する場がない」などの不満の声が上がった。

区は今後、6月から7月ごろの都市計画決定（変更）告示を目指して手続きを進める方針で、準備組合では、2022年度の竣工を目指している。

新庁舎の基本方針

区の新庁舎整備基本計画の中間まとめ案では、14年10月策定の「総合庁舎整備基本構想」のうち、設計に入る前に示す必要のある項目に絞り、基本方針を示した。

東街区の建物3階から5階を「総合窓口ゾーン」とし、上層階に一般窓口、災害対策、事務室、区議会の各ゾーンを配置する。

総合案内窓口は、12年に新庁舎が竣工した町田市役所を参考に、3階フロアの中心に設置。吹き抜けは4階から5階に絞り、全フロアの中心を吹き抜けにすると、方向感覚を失うなど利用者の利便性が低下すると判断した。

そのほか、災害時を想定し、非常用発電設備や蓄電池設備、都市ガスによるサブ発電設備（コージェネレーションシステム）の導入など電源の複合化や、特殊部材や装置を使用する制震構造か免震構造にする方針を提示。全国自治体の先進事例を挙げ、ICT技術を活用した区民サービスの提供も柱に据えた。

現庁舎は1962年の建築。区は、築60年になる22年度をめどに新庁舎竣工を目指している。

計画地南側から見た立石駅北口地区再開発のイメージ図。新庁舎は東街区に入る計画

板橋区

「ごみ屋敷」撤去を開始

空き家特措法に基づき

板橋区は17日、空き家対策特別措置法に基づき、同区内で初めて行政代執行による2階建て木造家屋1棟の撤去を開始した。特措法による建物の撤去は葛飾、品川区に続き23区で3例目。

区建築指導課によると、撤去する家屋は築約60年で老朽化し、建物が大きく傾いている。ごみが敷地外にはみ出した状態の「ごみ屋敷」で、95年ごろから悪臭や虫の大量発生などで周辺住民からの苦情が相次ぎ、区が指導を続けていた。

家屋で一人暮らしをしていた男性が15年3月に死亡し、親族が相続を放棄したことを受け、区は16年7月に家庭裁判所に相続財産管理人の選定を申し立て、翌8月には家屋を特定空き家に認定。相続財産管理人の弁護士が選定されたことを受け、行政代執行に向けた手続きを進めていた。

敷地約170平方ﾒｰﾄﾙに残されたごみは約130ﾄﾝに上り、傾いた家屋をごみが支えている状態という。ごみの搬出に1カ月以上かかる見通し。敷地が接道していないため、重機の使用が難しく、ごみの搬出量も多いことから、経費は1980万円に上る。相続財産管理人が敷地を清算し、区の撤去費用に充てたい考えだが、区建築指導課では「接道していないため、実勢価格を大きく下回る見通しで、全額回収は難しい」と話している。

家屋の撤去に向けて手作業でごみを運び出す区職員ら＝17日、板橋区成増で

北区

パトロール手引きを発行

自主防犯活動の効率化に

北区は16日、『ホットスポット・パトロールマニュアル』を発行した。地域に潜む犯罪が起こりやすい場所「ホットスポット」に焦点を当て、イラストを用いて分かりやすく紹介している。自主的な防犯活動の効果と効率を上げるのに役立ててもらう。

マニュアルは、立正大学の小宮信夫文学部教授が提唱する「犯罪機会論」を基に作成。犯罪の発生要因として、「場所の雰囲気」に着目し、具体例として高い塀が並んでいる道、落書きが多い場所などを挙げる。

現時点で区に登録している自主的なパトロール団体は、町会・自治会やPTAなど66団体1170人に及ぶ。13年度から小宮教授と協働して実習を行ってきた。加藤富男危機管理課長は「誰にでも見やすいように作ったので、気軽に活用してほしい。パトロール団体数を増やし、犯罪認知件数を減らしていければ」と期待をかける。

マニュアルは、登録団体に配布したほか、同区危機管理課窓口でも入手できる。発行部数は600部。区のウェブサイトにも掲載している。

大田区

小規模保育所を断念

住民が環境変化危惧

大田区は、同区中馬込に今年4月に予定していた小規模保育所の開設計画を中止することを決め、13日に区議会こども文教委員会に報告した。地域との調整が不調に終わったことが理由で、区の認可後に開設計画が中止になるのは同区で初。

区によると、地域住民は待機児童問題や運営予定事業者の事業内容に理解は示したものの、「今の環境を変えてほしくない」と主張し、入り口論で調整が難航。事業者と区が、二重サッシの改修工事などの対策案を提示したが、納得を得られなかった。

開設予定地は、都営地下鉄浅草線馬込駅から徒歩約10分の閑静な住宅街の一画にある戸建ての空き家。事業者は、現在23区で二つの保育所を運営している社会福祉法人檸檬会で、施設定員は1歳児7人、2歳児10人の予定だった。

今回の事態を受け、区こども家庭部の近藤正樹待機児童担当課長は「今後はより一層丁寧に、保育所開設に向けた調整を進めていく」と話している。

「人づくりは教育にあり」

小中一貫教育と「ふるさと科」で紡ぐ学び

岩手県大槌町教育長　伊藤　正治

教育の「不易」を実感

月日は、少しの戸惑いもなく時を刻み、あの日から間もなく6度目の春を迎える。

2011年3月11日、地震発生からものの30分もしないうちに押し寄せた巨大津波は、瞬時にして町の全てをのみ込み、流し去った。

教育もまた例外とならなかった。

震災は大槌町に壊滅的な被害をもたらし、子供たちにも大きな影響を与えるとともに、計り知れない悲しみと深い心の傷を負わせた。

小学校4校と中学校1校を失ったが、再建の見通しは針の先ほども持ち得なかった。

しかし、学校再開までの道程の中で、「学校は子供たちのためにある。教師は子供たちのためにいる」という教育の不易を実感するとともに、教育の原理原則はどんな状況であっても揺らぐことはないという、教師集団の高い意識を肌で感じた。

そのような思いの実現を可能にしてくれたのは、全国から寄せられた物心両面にわたる心温まる支援であった。

発災から3週間が過ぎた4月2日、東京都教育庁特別支援教育推進担当部長の前田哲先生（前西東京市教育長）が見えられ、学校再開に向けての支援のお話をいただいた。

支援は指導主事、事務方をグループに2週間を1サイクルに6月上旬まで続いた。本来であれば授業支援に力を貸していただくべきところ、現場の混乱から組織体制が整わず、文房具、教材等の支援物資の分類整理の作業をやむなしとした。

被災直後であり、町内には宿泊施設は皆無で、盛岡市から車で2時間半かけて通われた。この紙面をお借りし、改めて感謝申し上げたい。

「創造」をキーワードに

震災からの教育の復興は、大槌町の教育行政の基本理念である「まちづくりは人づくりにあり、人づくりは教育にあり」に基づき、ふるさとの将来そのものを創造する人材の育成を目的とした。

そのために、従来の教育システムをさらに充実させ、小学校と中学校がより連携を深め、学校・家庭・地域住民が総合的に子供を育む仕組みとして小中一貫教育の導入を決めた。被災後再編し、義務教育学校に移行した、施設一体型の「大槌学園」と既存の小中による施設分離型の「吉里吉里学園」の2形態による一貫教育をスタートさせた。「何もかも無くなった今だからこそできる」という発想は、逆境をチャンスに変えてくれた。

両学園共通の目指す一貫教育の柱として次の3点を掲げた。

①義務教育9年間を計画的・継続的に学ぶことのできる学びの保障

②復興・防災を基盤とした「生きる力」「ふるさと創生」の教育の推進

③学校・家庭・地域住民の参画による教育活動の推進

そして、それぞれの中心要素として「4・3・2制の学年区分」「ふるさと科の設置」「コミュニティ・スクールの指定」を位置づけた。

「9年を貫く学び」は授業・短学活・家庭学習に大槌型の基本スタイルを設定し、子供たちの主体的、協働的な学びを保障する。学期末に行う「学習・家庭学習アンケート」により検証し、課題の把握と改善を図る。

「ふるさと科」は、大槌の先人たちが長い歳月をかけて作り上げ受け継いできた伝統、文化、人と人とのつながりを学ぶ特設の科目である。

震災前から取り組んできた「ふるさと」の再評価と再構築だけでは本当の意味の復興につながっていかない。新しい「ふるさと」をどう構築していくか、「創造」こそがキーワードである。

ふるさと科の学習を通して、「ふるさとに生まれた誇り」を持ち、ふるさとの歴史、自分の慣れ親しんだ郷土の伝統、そして、文化を「我がこととして」語ることができ、全国に発信できる人材を育成する。「ふるさと科」は、座学ではなく、実践を通じて義務教育9年間にわたる計画的で系統的な学びである。

そのような学びを下支えする仕組みとして、両学園をコミュニティ・スクールに指定した。大槌町の将来を担いうる人材の育成は、町ぐるみで考え、実践する教育が基盤であると考えたところである。

豊かな育ち・確かな学び

これまで学校教育は、学校の敷地内で完結するものとして営まれてきた。学校は、教育のプロという自負のもとに、排他的、閉鎖的な空間を形作ってこなかっただろうか。これまでの実践にすがりつき、子供たちにとってよりよい学びの在り方を探り、自らも変わろうとしてきただろうか。

コミュニティ・スクールは、そのような学びに対する見方、考え方を変えようとするものである。さらに一歩進めて、学校と家庭や地域、あるいはNPOや大学等の多様な主体との協働で、子供たちに「豊かな育ち」と「確かな学び」を保障する場を作ろうとするものである。

震災前から当町においても地域社会を支えていた紐帯（ちゅうたい）が弱まり、人と人とのつながりが一昔前に比べれば格段に薄くなっていた。そこに加えて、津波による教育コミュニティーの崩壊は致命的であった。

だからこそ、学校・家庭・地域がそれぞれの責任を果たし、それぞれ補完し合う中で地域総ぐるみで子供たちに生きる力を育み、ふるさとの明日を担う人材を育てなければならない。

その取り組みを確かなものにするための仕組みとして、各学園に設置された「学校運営協議会」、さらにその両者を束ねる「大槌町コミュニティ・スクール協議会」（子ども支援部会・学校地域協働部会・学校地域安全部会の3部会構成）において、年3回の評価・検証を行い、学校経営の改善を図る。

町の再生をかけた挑戦

2016年9月、海が見える高台に造られた大槌学園には、「井戸端会議室」と「PTCA（PTAにCommunity＝地域住民が加わる）室」が置かれ、常駐する学校支援地域コーディネーターが地域と学校を結ぶ。

小中一貫教育を縦糸に、コミュニティ・スクールを横糸に、学校はもとより町民総がかりで織りなす教育を推進し、子供たちが大人になったとき、私たち大人世代から引き継いだ課題をしっかり解決できる力を培っておかなければならない。

大槌町における小中一貫教育、コミュニティ・スクールの導入は、東日本大震災からの教育の復興のみならず、これまで学校教育が抱えてきた諸課題解決のための選択肢の一つであり、町の再生をかけた挑戦でもある。

◇

東日本大震災での九死に一生を得た体験を乗り越え、大槌町の子供たちの教育に取り組む伊藤教育長。5年に及ぶ仮設校舎を経て、町産の木材を多用した大槌学園での学びがスタートし、吉里吉里学園と共に、地域と一体となって小中一貫教育に取り組んでいる。まちづくりの根幹は人づくりと、教育に尽力する教育長に寄稿をお願いした。（編集部）

いとう・しょうじ＝1948年岩手県大槌町生まれ。71年岩手大学を卒業し、岩手県内の公立学校の教諭・教頭として勤務。96年からワシントンD・C補習授業校校長として海外子女教育に携わる。帰国後、大槌町内の小・中学校の校長を務め、2008年より現職。

大槌学園の8年生が「ふるさと科」の授業で、地元の水産加工業の方を講師に80本の新巻鮭を作り上げた

教育ひろば

オリンピック・パラリンピック教育　多様性を生きる 21

第3部　各学校現場での取り組み③

東久留米市立南中学校（上）

本物との出会いは生き方の羅針盤

「国際社会で活躍する日本人の育成」が本校のオリンピック・パラリンピック教育の目標の一つだ。そして、2016年度は「日本人としての自覚と誇りの涵養（かんよう）」をテーマにオリパラ教育を推進している。グローバル化が進展する中、次世代を生きる子供たちには、多様性を理解し異なる文化をもつ人々と協調していく態度を身に着けることが求められる。異文化理解は自国の文化理解が基盤。そこでまずは、子供たちが日本の良さを理解し美徳を身に着け、日本人としての自覚と誇りをもてる教育を推進する必要があると考えている。

昨年度、本校は全教科・領域でオリンピック・パラリンピックを題材とした指導を計画的、系統的に行う教育プログラムを研究開発した。「数学」では、陸上競技の投てき種目で物体の速度や加速度、落下の速度を、関数y＝ax²を用いて考察する」など、オリパラを題材とした学習は様々な教科で広がり深まっていく。そのプログラムを基に、今年度は例えば、理科で教科書にある〝下町ボブスレー発進!〟から、日本の町工場の高度な技術力を知るなど「日常的な指導」の中で触れ、特別活動でブラジル大使館の外交官からリオ大会での文化交流を学ぶなど「特設した時間」で学習を深めるオリパラ教育を展開している。

本校ではオリパラ教育を進める上で、「本物に触れる」ことを重視している。昨年度と今年度の2年間で本校を訪れたゲストティーチャーは実に17人。室伏広治さんや田中理恵さん、岩清水梓選手などのオリンピアンや、リオで活躍した辻沙絵選手などのパラリンピアン、五輪マラソン銀メダリストのエリック・ワイナイナ選手など外国人アスリート、そしてアメリカ大使館やブラジル大使館の一等書記官などだ。講話では決まって日本や外国の文化、海外遠征の経験や外国人から見た日本の良さを語ってもらっている。子供たちはスポーツの素晴らしさに加え、講師の体験や実生活の中から日本の良さを感じとっている。

何よりも、子供たちは本物に触れることで、憧れや夢を具体的にイメージすることができるようになる。そして、そのことが今後の自分の行動の仕方や生き方を考えることにつながっていく。事後の生徒の感想からは、「失敗しても前を向き続けることの大切さを実感した」など、講師の生き方が子供たちの考え方に大きく影響していることがうかがえる。

こんなこともあった。毎年2学期末から、高校受験のために3年生と面接練習をしている。「今、頑張っていることは何か」と、ある生徒に問うと、「アスリートの〝継続は力なり〟という言葉が強く印象に残っている。運動は苦手だけどその日以来、毎日家に帰ってからランニングをしている」。卒業の日、その保護者から、受験前日も受験の日もランニングを欠かさなかったことを聞いた。そして、「我が子に可能性を感じた」とも話してくれた。

トップアスリートなど「本物」を学校に招くことは難しいという話をよく聞く。しかし、社会貢献活動の一環として、スポーツを通した教育プログラムを学校に提供している企業やクラブチームは少なくない。東京都などの選手を派遣する制度を活用することもできる。また、招聘（しょうへい）を交渉するに当たって学校の目的が明確であれば話をしっかり聞いてくれるところも多く、目標が共有できれば招聘は実現できる。だから本校では多くの「本物」の講師を招くことができている。私も子供たちと一緒に貴重な経験をさせてもらっている。

（東久留米市立南中学校　校長　川上智）

ブラジル大使館の外交官との交流＝16年11月

総合学科高校

キャリア教育で進路実現

10校の生徒が成果を発表

都立の総合学科高校10校が一堂に会し、第4回となる「教育活動成果発表会」が昨年12月17日、晴海総合高校を会場に開催された。中井敬三教育長を始め都教育庁から多くの来賓が参列し、生徒たちはこれまでの活動の成果を堂々と披露した。

全国大会にも出場している青梅総合高校和太鼓部の圧巻のバチさばきで開幕。主催の都高等学校総合学科教育研究会会長の庄司一也・晴海総合校長は「プレゼンテーション力の高さに注目してほしい」と話し、中井教育長は「意識調査によると、総合高校の生徒は自らの将来についての意識が高いという。開校以来積み上げてきたキャリア教育の成果が表れたものだ」とあいさつした。

世田谷総合演劇部の生徒が総合学科の特色を寸劇で紹介した後、各校が発表。つばさ総合の生徒は、セクシャルマイノリティーの認知度などについて学内でアンケートを行い、教員が常に生徒を見守っていることを実感。「ジェンダーを学ぶことは自分を学ぶこと。自分は自分」と語った。町田総合は1人が「日本の風習と子供」について、1人は進路に目指す「言語聴覚士」について、課題研究の成果を発表。葛飾総合の生徒はサックスプレーヤーという夢をかなえるために「私だけの時間割」で日々を積み重ねていきたいと話した。世田谷総合の生徒は「スターリングエンジン」を製作。「永遠に価値を失わず、10～20年後に生活を変えるかもしれないエンジンなので、名前だけ覚えて帰ってください」と会場を沸かせた。ユネスコスクールに加盟する杉並総合は、文科省の「トビタテ！留学ジャパン」に選抜された生徒らがインドネシアでのボランティア活動を報告。お金では買えない豊かさを知ったなどと語った。

王子総合の生徒は、東野圭吾の『容疑者xの献身』が長く支持される理由を仮説を立てて考察。青梅総合は12人の2年生が演劇仕立てで、「産業社会と人間」の授業を通して自らがどう成長していったかを発表した。晴海総合の生徒は、ミズクラゲにも五感があることを知って生態を観察。生命科学分野への進学を決めたという。若葉総合は、芸術表現系列で演劇分野を2年間学んだ3年生が「人に笑顔や元気を与える」という演劇の力そのままに、即興劇で会場を笑いの渦に巻き込んだ。

東久留米総合は3人の1年生が「ドリームプランプレゼンテーション」の授業で、25歳の自分に向けて、その夢の実現のために努力していくことを力強く語った。

東久留米市の直原裕教育長は「中学生を送り出す立場から発表を聞き、身の周りや日本社会、世界との関わりなどに問題意識を持って探求していく姿は素晴らしく、その中で表現力も身に着けている。世界平和にも言及し、すごいと思った。これからの社会を生きる力を身に着けていることがよく分かり、安心して中学生を総合学科高校に送り出せる」と講評。

さらに、都教育庁に在職中、都立高校改革の一環で総合学科の構想作りに関わったとし、「20年経つと日本の社会も世界も大きく変わる。学校教育についても、社会から求められる時代の要請をしっかり受け止めて変えるべきは変えなければいけないと思う。それと共に、総合学科設置の理念は20年の時の試練を受けても色あせていないと思うことができた。目指していたものが形になっていて、これからの時代でも有意義であると確信した」などと話した。

回を重ねることに、生徒のプレゼン能力の高さと、将来の自分のために努力する姿を感じさせる発表会になっていた。

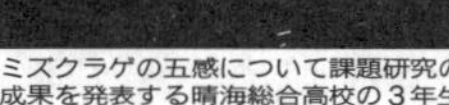

ミズクラゲの五感について課題研究の成果を発表する晴海総合高校の3年生

教育じてん 73

心豊かな児童・生徒を育成するために

都教育委員会では、東京都における学校教育の一層の充実に資するため、1984年度から「東京都教育委員会児童・生徒表彰」を実施し、善行や優れた活動を行った都立・公立学校（園）に在学する幼児、児童及び生徒を表彰し、広くこれを顕彰しています。

2016年度の表彰者については、1月12日に行われた定例教育委員会で報告され、合計315件の候補の中から、表彰審査会を経て、幼稚園3件、小学校71件、中学校59件、高等学校65件、特別支援学校・特別支援学級13件の合計211件の表彰者及び表彰団体が決定しました。本稿では表彰基準ごとに、表彰が決定した児童・生徒等の善行や優れた活動をいくつか紹介します。

事例1「基準①　地道な活動を継続的に行い、他の児童・生徒等の範となる者」＝夏休み期間中に自主的に登園し、ほぼ毎日、飼育動物や栽培物の世話をした（幼稚園）、様々なボランティア活動に積極的に参加し、他の生徒から大きな信頼を得た（中学校）。

事例2「基準②　当該児童・生徒、団体が行った活動が契機となり、その効果が波及し、他の児童・生徒等の具体的な行動や取り組みに良い影響を与えた者」＝海外留学の成果を学校内外で発表したことにより、国際理解や地域課題に関わる生徒が増加した（高等学校）、パソコン関係の3種目の検定1級に合格したことにより、他の生徒の受験・合格者が増加した（特別支援学校）。

事例3「基準③　環境美化活動や福祉活動、伝統・文化の継承活動、奉仕活動、子供会等、地域における活動を継続的に実践した者」＝定期的な継承活動の実施や夜神楽での披露を通し、地域の舞を継承している（小学校）。

事例4「基準④　スポーツ・文化活動において著しい成果を上げた者」＝第13回全国中学生弓道大会で、近的競技の個人男子の部で優勝した（中等教育学校）、16年度障害者雇用支援月間ポスター原画募集の小学生絵画の部で厚生労働大臣賞を受賞した（特別支援学校）。

事例5「基準⑤　人命救助またはこれに類する行為を行った者」＝通学時に、鉄道内の急病人に対して適切な処置を行い、人命救助を実施した（高等学校）。

今年度の児童・生徒の皆さんの素晴らしい善行を改めて称賛するとともに、今後も、こうした地道な努力や他の子供たちへの模範となる優れた活動が、都内の学校に広がっていくことを期待します。

Essay エッセー 50

若き（？）校長の悩み

呼びつけたわけでもないのに3年生が昼休みにやってきた。神妙な顔つきで謝る彼は、「校長先生がお忙しいにもかかわらず、お時間をとっていただいた面接練習をさぼってしまい、申し訳ありません」という。

3年生の受験に備えて毎朝7時半から面接練習をしているが、その日、予定の時刻になっても彼は来なかったのだ。担任がしっかり指導してくれたのだろう。大きな体を縮こませるようにしている。担任に感謝しつつ、改めて面接練習を行うと生徒に告げる。廊下に出る彼を担任が待っていた。

こんな時、生徒にとって校長は絶対的な存在だ。人格が高潔かどうかに関係なく、校長という地位は敬いの対象になっていることを校長になって改めて知った。教員は校長を利用して、社会生活の決まりや礼儀を教えればよい。

経験が浅くても、こうした指導がうまくできる教員はいる。生徒の社会性を伸ばすことは教員の大事な役割の一つである。年配の教員から学んだのかもしれない。幸いにして私はこうした教員に恵まれている。おそらく、今回の謝罪も、「校長先生はお忙しいのに生徒のために云々」と、担任が生徒に言ってきかせたのだろう。

職員室には文化がある。先輩教師が若手教師に技術を伝え、若手は教師としての感性を磨いていく。職員室の文化が健全であれば、学校は必ず良くなる。

話は変わるが、昨年、社会問題にもなった新入社員の過労死である。あの事件報道を聞いて、おそらくどこの学校でも職員室の話題になった。

「学校もブラックよね」職員のささやく声を聞きながら、校長は悩む。どこまでもサービスするのが日本社会の風潮のようになった今、学校だけがその流れから独立して存在することはできるだろうか。

学校には教師を目指す大学生がたくさんやってくる。教育実習生や教育学部の学生ボランティアである。彼らと話をすると、教師になりたいという素直な夢に触れることがある。

「子供が好き」「かつて自分を導いてくれた恩師に憧れた」「教えることが好き」。教育の原点にいるような彼らの純粋な気持ちを聞くと、思わず、「教師の仕事って素晴らしいだろう」と答えてしまう。

教育とは見返りを求めない無償の行為だと大学生に言ったことがある。新規採用されて学校に赴任してきた教師には、やりがいのある素晴らしい仕事に就いたことをたたえる。

自分の仕事に誇りをもってほしい。一方で、若い教員が追い込まれて離職するような教育現場を変えていかなければならない。相反する複雑な感情を抱えて校長の悩みは深まるばかりだ。

今日も面接練習がある。校長室に入ってくるだけで緊張して右手と右足が一緒に出てしまう生徒をほほえましく思う。子供のために苦労をすることはいとわない。職員と一緒に苦労することもいとわない。悩みつつ歩いていくのが現場監督たる校長の仕事だと思っている。

（小金井市立緑中学校　校長　神田正美）

非常勤にも手当支給を

総務省研究会が提言　「一般職」移行も

地方公務員の臨時・非常勤職員や任期付職員の任用などの在り方について検討していた総務省の有識者研究会（座長＝高橋滋・法政大学教授）がこのほど、報告書をまとめた。非常勤職員について、補助的・定型的な業務や労働者性の高い職は「一般職」で任用することや、給料・手当を支給できる給付体系に移すことなどを提言しており、地方自治体の人事政策に大きな影響を与える内容となっている。

報告書では地方自治体の臨時・非常勤職員が増加傾向にある中、制度の趣旨に沿わない任用や処遇上の課題があると指摘。現行では「非常勤職員には報酬と費用弁償を支給する」と規定され、期末手当などの支給ができないため、一般職非常勤職員に給料・手当を支給できる給付体系に移行するよう提言した。

任用上は、事務補助職員などを本来は専門性が高い職員を想定している「特別職」として任用しており、「一般職」の任用が進んでいない実態があるとして、①「特別職」を専門性の高い委員・顧問などに限定する②臨時的任用職員を国と同様、「常勤職員の代替」に限定する③「一般職」の採用方法・服務規律などを明確化し、労働者性の高い非常勤職員は「一般職」で任用し、地方公務員法に基づく人事管理を行う――ことを求めた。

また、これらの制度改正について全ての地方自治体で適正な対応が図られるよう、可能な限り法改正を目指すことを提言。総務省は今通常国会での法改正の検討に入っている。

報告書では「地方自治体が具体的な見直しを行うために、2年程度の準備期間を設けるべき」としており、全国の自治体は今後、臨時・非常勤職員制度の在り方について抜本的な検討を迫られることになる。

都内自治体を見ると、都では15年度、同省の通知を受けて一般職非常勤職員制度を創設。一定の専務性を持つ非常勤職員の多くが一般職に移行し、地方公務員法に基づく人事管理を徹底することとした。一方、区市町村では同制度を導入している例は少数となっている。地公法上、一般職非常勤職員制度は明文化されていないため、特別職で任用するケースも多いと見られている。

都総務局は報告書について、「任用面では都がこれまで進めてきた方向性と同じだが、給付体系については新たな課題になる」との認識を示し、「国の動向を注視しつつ、必要な検討を行いたい」。特別区も人事担当課長会などで対応を協議すると見られるが、ある区の担当者は「一般職非常勤制度そのものの導入も進んでいない中で悩ましい」と打ち明ける。

一方、職員団体にとっては、非常勤職員への手当支給は長年の課題であり、今回の報告書に一定の評価をしている。

地方自治体の臨時・非常勤職員及び任期付職員を巡っては、総務省が09年と14年の二度にわたって制度の趣旨や勤務の内容に応じた任用・勤務条件を確保できるように通知を発出。特に14年には、労働者性が高い職を一般職で任用することや、任期付職員の活用などを促していた。同研究会はこれまでの経緯や臨時・非常勤職員の実態、民間労働法制や国における「同一労働同一賃金」の動向などに関し議論を行うとともに、地方自治体、経団連、職員団体等に対してヒアリングを実施していた。

MEMO　地方自治体の臨時・非常勤職員　臨時的・補助的な業務や特定の学識・経験を要する職務に、任期を限って任用する職員。厳しい地方財政が続く中、教育・子育てなどの行政需要への対応に伴い、全国では2005年の約45万6千人から16年の約64万5千人に約19万人増加している。専門性の高い委員・顧問を想定した「特別職非常勤職員」と、労働者性の高い「一般職非常勤職員」、正規職員の代替という性格が強い「臨時的任用職員」に分かれる。

自転車事故防止

全販売店で啓発義務化へ

ヘルメット着用で新保険も

都は2月1日から施行する自転車安全利用条例に合わせ、都内全ての自転車販売事業者に、交通ルールなどのチェックシートを提供する。店頭で交通ルールやマナーなどを啓発することを義務化し、事故防止につなげることが狙いだ。

施行に先立ち、都は17日に、au損害保険㈱と自転車商防犯協力会とともに「自転車安全利用啓発の促進に関する協定」を締結した。締結式には、都が啓発隊に任命したアイドル「さくら学院」のメンバーも登場し、安全利用を呼び掛けた＝写真。

また、au損保は同日、自転車の死亡事故に対する新たな保険を販売開始した。ヘルメット着用中の自転車死亡事故に対して補償を上乗せするもので、国内で初めての取り組み。自転車の死亡事故は自動車事故に次いで多いが、6割が頭部への損傷が原因。昨年7月に都と結んだ自転車の安全利用に関する協定に基づき、ヘルメット着用による安全促進に取り組むため、商品を開発した。同社が販売する全ての自転車保険にセットされる。

住政審

子育て支援に空き家活用

住宅マスタープラン素案で

都住宅政策審議会（会長＝小林秀樹・千葉大学大学院教授）は17日、都の住宅施策をまとめた「都住宅マスタープラン」（2016～25年度）の素案を審議した。プランは、都内の空き家の有効活用や少子高齢化への対策、地域特性を踏まえた施策などが柱。

子育て支援では、子育て世帯への安定した住宅供給の促進を打ち出した。具体的には、子育て中の若い家族が世帯人数やライフスタイルの変化に応じて必要な広さの住宅を安く確保できるよう、区市町村を通じて空き家などの改修費を事業者に補助し、子育て世代のための住宅としての活用を推進する。さらに、子供の独立などで手広になった高齢者の住宅を借り上げ、子育て世代に転貸する民間事業の普及に努めるとした。

子育て環境の整備にも力を入れる。都立公園で野外体験ができる広場の整備や、地元のニーズに応じた保育園の設置に取り組むほか、都営住宅の抽選で子・親世帯が同居する入居者を優遇する。

背景には国の調査で、理想の子供数を持たない理由として「家が狭いから」が約1割に上ったことや、共働き世帯が5割を超え、就業中に子供を預ける場所の確保など子育て環境のニーズがある。

高齢者への対応では、住宅のバリアフリー化や高齢者向けの安否確認・緊急時対応などのサービスが付いた高齢者住宅（サ高住）を拡充する。サ高住は、家賃や整備費の高さが利用拡大への障壁となっていたが、事業者に家賃や整備費を補助する区市町村に財政支援を行うなど、供給を促進する。

また、区市町村や地域密着型サービス事業者との連携による地域のニーズを踏まえたサービスの実施や、高齢者が様々な住民と生活できるよう、一般世帯向け住宅と高齢者向け住宅の併設も盛り込んだ。高齢者が老人ホームなどの施設ではなく、住み慣れた地域で介護や医療、生活サポートを受けられる地域包括ケアシステムを踏まえた。

まちづくりでは、4～5階建ての団地の一体化などで用地を創出し、子育て支援施設や高齢者向け住宅の建設、緑化の促進や民間施設の誘致も含めた地域特性に応じたまちづくりを展開するとした。老朽化などの課題が生じている住宅団地へは、区市町村や住居者へ団地再生の事例などを紹介するセミナーを実施するとともに、段階的・部分的な建て替えや改修を円滑化する仕組みの充実などを国へ要請する。

このほか、空き家抑制のため相続の問題など空き家所有者の抱える課題の分析や住宅の耐震化、環境性能の高いエコハウスの普及なども計画に盛り込んだ。

既存住宅のバリアフリー化や空き家を含めた既存ストックの有効活用、不動産業やNPOなどの多様な主体・分野との連携、地域ごとの課題に応じた施策の展開の三つの視点を取り入れ、施策に反映させたという。

都市整備局は1月下旬から都民意見を募集し、区市町村や国との協議を経て、今年度中に計画を策定する予定。

アラブ外交使節団が知事を表敬

都庁で「イフタール」開催検討

小池知事は17日に都庁を訪れた在京アラブ外交団と会談し、得意のアラビア語を交えながら歓迎のあいさつを行った＝写真。

知事はエジプトへの留学経験などからイスラム通として知られており、国会議員時代には首相官邸での「イフタール」を提案した。イスラム教の断食月（ラマダン）中に行われる日没後の食事で、今でも首相官邸では毎年6月ごろに開催されており、世界各国の駐日イスラム外交団などが参加している。知事は今後、イフタールを都庁で開催することも検討するという。

知事と会談した外交団団長のサミル・モハメッド・カミース大使（イエメン）は、東京五輪を控えた時期に初の女性都知事として小池知事が就任したことを歓迎し、外交団としての協力を約束。また、東京と、都市化や人口増に直面するアラブ諸国には共通の課題があるとして、教育や高齢者福祉などの分野で「日本の経験に学びたい」と話した。

都総務局

島しょの津波対策など

職員表彰で10組受賞

都総務局は17日、職務で有益な提案や功績を上げた職員、組織を対象にした職員表彰を都庁第一本庁舎で行い、多羅尾光睦局長が10組に表彰状を授与した＝写真㊤。

総合防災部では、島しょの町村ごとに「津波避難計画モデル」を作成した防災計画課と、震災などの災害に備えた備蓄推進イベントを行い、備蓄品の収納術や料理レシピの紹介などで普及啓発に努めた防災管理課が受賞した。

昨年10月に開所した「とちょう保育園」を所管する（一財）都人材支援事業団の経営企画課は、働く保護者を支援し、企業や自治体関係者へノウハウを提供するなど、多方面に影響を与えたことが評価された。

このほか、昨年2月に「国際優秀つばき園」の認定を受けた都立大島公園の椿園を所管する大島支庁職員、東日本大震災の復興支援派遣で、5年目の任期更新を行った土木・建築職の任期付き職員24人、「都犯罪被害者等支援計画」の第三期計画を策定した人権部人権施策推進課などを表彰した。

都職員共済組合

マイナンバー制度準備も

都職員共済組合は16日、戸山庁舎（新宿区）で職員表彰を行い、昨年1月からのマイナンバー制度への対応などの2事業で、5組織が受賞した＝写真㊦。

マイナンバー制度への対応では、総務課が事前の情報収集に努め、必要な対応の助言や提案を行ったことが評価された。民間のマイナンバー管理キットを同組合用にカスタマイズし、マイナンバーの安全管理や認知度向上につなげたことも受賞理由となった。

また、15年12月から導入された50人以上の事業所の職員にストレスチェックを義務付ける制度への対応で、健康管理参事医や健康増進課が関係機関との協議を重ねストレスチェック実施スキームを構築し、職員のメンタルヘルス向上に大きく貢献したと評価された。

熊本・大分観光ルート

海外メディアで発信

都産業労働局

都産業労働局は12日、都と熊本県、大分県を結ぶ観光ルートを作成したと発表した。

熊本県はフランス、大分県はイギリスを対象にしており、2019年ラグビーW杯の九州開催を見据え、ラグビー人気の高い国をターゲットにした。大分県では海外メディアを招聘した体験旅行も行う。

都は昨年11月から、熊本地震の復興支援の一環として訪都外国人が熊本、大分も訪れるよう両県や航空会社などと連携し、誘致事業を行っている。今後はHPの開設や海外雑誌での広告を行うなど、PRに努める。

マルチ商法で

3カ月業務停止

都生活文化局

都生活文化局は17日、リゾートクラブの会員権の販売でマルチ商法を行っていた㈱リゾネット（中央区）に対し、3カ月の一部業務停止を命じた。

同社の会員は「お茶しませんか」などと知人を呼び出し、「旅行を楽しんで収入も得られる」などとうたう資料を読ませて説明会に参加させ、断っても複数の会員で執拗な勧誘を重ね、契約に結びつけていたという。同社は新規会員の勧誘をした会員にはボーナスを支払っていた。

同社に関する相談は昨年度までに都内で213件寄せられており、都の調査で発覚した。

過去1年で2割が

ボランティア活動

都生活文化局

都生活文化局が18日にまとめたボランティア行動実態調査結果で、過去1年間の都民の「ボランティア行動者率」は22・9％だった。性別では男性の方が低く、年代別では20～30代の若い世代が低かった。

ボランティア活動に関心を持つ都民は50％だったが、ボランティア活動をしていない理由は、「時間に余裕がない」が約6割。参加を希望する活動では、子供を対象とした活動や東京五輪関連のボランティアが多かったという。

調査対象は10歳以上の都民5千人。都ではボランティア行動者率40％を目指している。

五輪への航海図 ⑭⑥　TOKYO 2020

開催まで　あと1281日

マスコット選定㊦

「はるかに難易度高い」

過去大会のマスコットを見ると、開催都市と国の歴史・自然・文化を反映させているものが多い。

2016年リオ大会の「ヴィニシウス」は、黄色いネコ科の動物で、ブラジルの動物の多様性を表現したという。名前はブラジル音楽の巨匠に由来する。

大会中は着ぐるみが競技会場などで活躍。観客が写真を撮ってSNSで発信するなど、好循環が生まれた。2分程度のアニメ7話を動画サイトで配信し、大会のPRに貢献。東京の担当者は「SNS時代にふさわしいキャラクターだったのでは」と評価する。

12年ロンドンは一つ目が特徴的な「ウェンロック」。スタジアム建設に使われた鉄片から出来た人形という設定で、名前はクーベルタン男爵が五輪の着想を得たとされる英国中部の街にちなんだ。08年北京の「福娃（フーワー）」は、パンダやチベットカモシカ、ツバメなどをモチーフにした5人の子供たち。5人それぞれに名前があり、並べると「北京へようこそ」という歓待のメッセージを持たせている。

過去大会でも好評だったのが、1992年バルセロナ大会の「コビー」。世界的デザイナーのハビエル・マリスカルがイヌをモチーフに制作した。初期は賛否があったが、次第に人気を得て、世界中でアニメが放送されるなど、ストーリーやキャラクター設定の評価が高かったという。

「世界中が注目する方法で選んでいけたら」と中川翔子さん＝17日、港区©Tokyo 2020 Shugo Takemi

パラリンピックでは過去、手足がないキャラクターも考案されているが、最近はハンディキャップの表現は避けられているようだ。

東京では17日に「選考検討会議」が発足し、応募要項や審査ステップについての議論がスタート。座長の宮田亮平文化庁長官は、「愛される、心に残る、勇気を持てるマスコットを選んでもらえれば」とあいさつした。

組織委には旧エンブレムが「パクリ疑惑」で白紙撤回に追い込まれた苦い経験があり、この日の会議では「マスコットははるかに難易度が高い。炎上必至という予感がする」（夏野剛・慶大院特別招聘教授）という意見も出た。日本はキャラクターやアニメなどの「先進国」であるだけに、海外からの期待も強い。選考に慎重を期しながら東京ならではのキャラクターを創り上げる、難しい作業が待っている。

29年度 職員教養講座《30》

東京都管理職選考対策

行政管理②

前回に引き続き、行政管理に関する問題とそれに対する解説を掲載します。問題を解いた後、参考図書やホームページなどでキーワードに関する全体像を把握してください。

問題

【問題4】

個人情報保護制度等に関する記述として、妥当なものはどれか。

① 大学その他の学術研究を目的とする機関若しくは団体またはそれらに属する者が、学術研究のために個人情報を取り扱う場合、個人情報保護法に定める個人情報取扱事業者の義務規定は適用されない。

② 個人情報保護法では、事業活動に利用している個人情報が3千人分以下の事業者は、個人情報取扱事業者に該当せず、義務の対象から除外されている。

③ 「行政機関の保有する個人情報の保護に関する法律」は、国及び地方公共団体を対象としている。

④ 「東京都個人情報の保護に関する条例」では、実施機関は、東京都規則で定めるところにより、保有個人情報を取り扱う事務を開始する時は、保有個人情報を取り扱う事務の名称、目的、記録項目、保有個人情報の対象者の範囲等について知事に届け出なければならないとし、保有個人情報を取り扱う事務を廃止する時も、あらかじめ届け出なければならないとしている。

⑤ 「行政手続きにおける特定の個人を識別するための番号の利用等に関する法律」の制定により、個人番号その他の特定個人情報の有用性に配慮しつつ、その適正な取り扱いを確保するために必要な措置を講じることを目的として、平成28年1月1日に特定個人情報保護委員会が発足した。

【問題5】

行政機関が行う政策の評価に関する法律（以下「政策評価法」という）に関する記述として、妥当なものはどれか。

① 政策評価制度は、平成13年6月に政策評価法が制定されたことにより、国の行政機関で導入され、その後、地方公共団体で導入された。

② 政策評価法の対象となる行政機関は、原則として国の全ての行政機関であり、会計検査院や人事院といった独立性の高い機関も含まれる。

③ 行政機関は、基本計画及び実施計画に基づき、事後評価を行わなければならないが、国民生活若しくは社会経済に相当程度の影響を及ぼすこと、または当該政策がその実現を目指す効果を発揮するまでに多額の費用を要することが見込まれ、かつ、評価の手法が開発されているもので、政令で定める政策を決定するときには、総務省による事前評価を行わなければならない。

④ 総務大臣は、2以上の行政機関の所掌に関係する政策であってその総合的な推進を図る見地から総務省が行う政策評価に関連して、独立行政法人の業務について、書面により、または実地に調査することができる。

⑤ 行政機関の長は、作成した評価書を速やかに総務大臣に送付し、当該評価書及びその要旨を公表しているため、政策評価等の実施状況にかかる政府による国会への報告及び公表は求められていない。

【問題6】

指定管理者制度に関する記述として、妥当なものはどれか。

① 普通地方公共団体は、条例の定めるところにより、法人その他の団体を指定して公の施設の管理を行わせることができるが、この場合、当該団体の指定後すみやかに普通地方公共団体の議会の承認を得なければならない。

② 指定管理者制度では、公の施設の管理を行う指定管理者の業務について、施設の使用許可等の処分のほか、使用料の強制徴収、過料の賦課徴収についても対象となる。

③ 都では、指定管理者の指定期間は、施設の目的及び性格を考え合わせ、都民サービスの安定的な提供及び向上が図られるとともに経営の効率化も十分に見込まれる期間として、原則5年、最長で10年としている。

④ 都では、指定管理者制度を導入した平成18年度以降、第三者の視点を含めた「指定管理者管理運営状況評価」を毎年実施しているが、これまで評価区分B（管理運営が一部良好ではない）となった施設は一つもない。

⑤ 都では、指定管理者の選定に当たり、公募実施にもかかわらず応募事業者が存在しなかった施設に限り、特命による指定管理者の選定を可能としている。

【問題7】

競争の導入による公共サービス改革に関する法律（以下「公共サービス改革法」という）に関する記述として、妥当なものはどれか。

① 内閣総理大臣は毎年度、公共サービス基本方針を見直し、必要が生じた時は、あらかじめ国の行政機関等の長などと協議して変更案を作成し、閣議の決定を求めなければならない。

② 国の行政機関等の公共サービスに係る官民競争入札の実施その他の競争の導入による公共サービスの改革の実施の過程について、その透明性、中立性及び公正性を確保するため、会計検査院に官民競争入札等監理委員会を置くこととしている。

③ 公共サービス改革法は、公共サービスの質の維持向上と経費削減を図る観点から、地方公共団体に対しても同様に、法に基づく入札を義務付けている。

④ 公共サービス改革法は、地方公共団体の長が実施する官民競争入札及び民間競争入札に対する地方自治法の「契約」の節の規定の適用を妨げないとしている。

⑤ 民間事業者が落札者となった場合、当該公共サービスに従事する者には守秘義務が課せられるが、刑法その他の罰則の適用については、公務に従事する職員とはみなされない。

【問題8】

地方自治体に対する国の関与に関する記述として、妥当なものはどれか。

① 国は、普通地方公共団体に対して、是正の要求や資料の提出の要求などの関与を行うことができるが、これらの関与は法律またはこれに基づく政令に定められていなくても行うことができる。

② 総務大臣は、都道府県知事の求めによらず、当該都道府県の組織及び運営の合理化に資するために適切と認める技術的な助言及び勧告をすることができる。

③ 各大臣は、都道府県知事の自治事務の執行が法令の規定に違反している場合は、裁判等の一定の手続きを経て、都道府県知事に代わって当該違反の是正を行うことができる。

④ 国地方係争処理委員会は、内閣府に置かれ、国の関与に関して不服のある地方公共団体からの審査の申し出を受けて、審査し、国の行政庁に対する勧告等を行う機関である。

⑤ 国地方係争処理委員会は、国の関与について審査の申し出があった場合、その審査の権限は、国の関与の適法性審査に限定され、関与の当・不当の判断には及ばない。

【問題9】

行政手続法に定める意見公募手続きに関する記述として、妥当なものはどれか。

① 意見公募手続きの対象には法律に基づく命令または規則のほか、審査基準や処分基準など、処分をするかどうかを判断する基準は含まれるが、行政指導に関する指針は含まれない。

② 意見公募手続きでは、他の行政機関が意見公募手続を実施して定めた命令等と実質的に同一の命令等を定めようとする場合も含めて例外なく意見公募手続きを実施するものとされている。

③ 意見公募手続きでは、命令等制定機関は、当該命令等の公布後30日以内に、提出意見及び提出意見を考慮した結果を公示しなければならない。

④ 意見公募手続きで提出された意見は、当該命令等を定めるに際して十分に考慮されなければならず、考慮されなかった意見については、その理由が意見の提出者に個別に通知される。

⑤ 地方公共団体は、命令等の制定について、行政手続法に定める意見公募手続きの趣旨にのっとり、公正の確保と透明性の向上を図るために必要な措置を講ずるよう努めなければならない。

解説

【解説4】　正答①

① 正しい。

② 誤り。3千人分ではなく、5千人分以下の事業者は、個人情報取扱事業者に該当せず、義務の対象外である。なお、改正個人情報保護法（平成29年5月全面施行予定）では、5千人分以下の個人情報を取り扱う事業者についても個人情報保護法の義務の対象とされている。

③ 誤り。地方公共団体は対象となっていない。

④ 誤り。保有個人情報を取り扱う事務を廃止したときは、遅滞なくその旨を知事に届け出なければならないとしている。

⑤ 誤り。特定個人情報保護委員会を改組して、平成28年1月1日に個人情報保護委員会が発足し、マイナンバーの適正な取り扱いの確保を図るための業務を引き継ぐとともに、新たに個人情報保護法を所管し、個人情報の有用性に配慮しつつ、その適正な取り扱いの確保に関する業務を行うこととなった。

【解説5】　正答④

① 誤り。平成8年に三重県が政策評価制度を最初に導入した。

② 誤り。対象となる行政機関は、内閣府、宮内庁、国家公安委員会、警察庁、各省、公正取引委員会、公害等調整委員会と規定されており、会計検査院や人事院は対象機関とならない。

③ 誤り。総務省ではなく、政策を所管する行政機関で実施する。

④ 正しい。

⑤ 誤り。政府は、政策評価等の実施状況及びこれらの結果の政策への反映状況に関する報告書を作成し、国会へ提出し公表しなければならない。

【解説6】　正答③

① 誤り。指定管理者の指定をする時は、あらかじめ議会の議決を経なければならない。

② 誤り。使用料の強制徴収、過料の賦課徴収は対象とならない。

③ 正しい。

④ 誤り。平成26年度は1施設、24年度は2施設、23年度は4施設、21年度は1施設である。

⑤ 誤り。「東京都指定管理者選定等に関する指針」で、施設の状況に鑑み、競い合いなどによる効果が十分発揮されないと考えられる場合等には特命選定を可能とし、その場合の要件を定めている。

【解説7】　正答④

① 誤り。内閣総理大臣ではなく、総務大臣である。

② 誤り。会計検査院ではなく、総務省に設置されている。

③ 誤り。地方公共団体に対し、法に基づく実施を義務付けてはいない。

④ 正しい。

⑤ 誤り。刑法その他の罰則の適用について、法令により公務に従事する職員とみなされる。

【解説8】　正答②

① 誤り。国の普通地方公共団体に対する関与は、法律またはこれに基づく政令によらなければならない。

② 正しい。

③ 誤り。代執行は、都道府県知事または市町村長の法定受託事務の管理執行等について一定の要件のもとにできるが自治事務についてはできない。

④ 誤り。内閣府ではなく、総務省に置かれている。

⑤ 誤り。自治事務に関しては、関与の不当か否かの判断まで審査権が及ぶ。

【解説9】　正答⑤

① 誤り。行政指導に関する指針も含まれる。

② 誤り。行政手続法第39条第4項に例外規定がある。

③ 誤り。当該命令等の公布と同時期に提出意見及び提出意見を考慮した結果等を公示しなければならない。

④ 誤り。意見公募手続きの結果の公示は、電子政府の総合窓口のウェブサイトを利用して行われ、個別での通知については定められていない。

⑤ 正しい。

昇任試験対策のページ

特別区 管理職試験講座 13

Ⅰ類択一・記述　Ⅰ・Ⅱ類論文　29年度

地方公務員制度③

Ⅰ類択一

今回は、地方公務員制度の最終回となります。過去に実際の試験で出題された問題の中から、出題傾向を踏まえて5問ピックアップします。本番のレベルを実感するとともに、正解できなかった問題については条文や行政実例を確認し、しっかりと復習しておきましょう。

問題

【問題1】

地方公務員法に規定する欠格条項に関する記述として、妥当なのはどれか。

① 地方公共団体で懲戒免職の処分を受け、当該処分の日から2年を経過していない者は、処分を受けた地方公共団体以外の地方公共団体であっても、一般職の職員となることができない。

② 人事委員会の委員の職にあって、採用試験の受験を阻害したことにより、懲役刑に処せられた者は、地方公共団体の一般職の職員となることができないが、罰金刑に処せられた場合は、いかなる場合であっても職員となることができる。

③ 禁錮以上の刑に処せられ、その刑の執行猶予中の者を誤って一般職の職員として採用した場合、その採用は当然に無効であり、採用後その者が職員として行った行為が有効となることは一切ない。

④ 破産宣告を受けた者は、欠格条項に該当するので、その者を一般職の職員として正式に任用することはできず、職員となった後にこの宣告を受けた者は、当然にその職を失う。

⑤ 成年被後見人または被保佐人は、どちらも欠格条項に該当するので、地方公共団体の一般職の職員となり、または地方公共団体の競争試験若しくは選考を受けることができない。

【問題2】

地方公務員法に規定する条件附採用または臨時的任用に関する記述として、妥当なのはどれか。

① 行政不服審査法に基づく不利益処分に関する不服申し立ての規定は、条件附採用期間中の職員に適用されるが、臨時的に任用された職員には適用されない。

② 人事委員会を置く地方公共団体の任命権者は、条件附採用期間中の職員について、職員採用の日から6カ月以内に、職務遂行能力の実証が得られない場合、人事委員会の許可を得て、条件附採用期間をさらに1年間延長できる。

③ 臨時的に任用された職員は、勤務条件について不服がある場合、人事委員会に対し勤務条件に関する措置要求を行うことはできないが、職員団体若しくは労働組合を結成し、または加入することはできる。

④ 臨時的に任用された職員は、一般職の職員であっても、地方公務員法に定める分限の規定が適用されないが、条例で分限についての事項を定めることができる。

⑤ 人事委員会を置く地方公共団体において臨時的任用を行うことができるのは、緊急の場合または臨時の職に関する場合に限られる。

【問題3】

地方公務員法に規定する秘密を守る義務に関する記述として、妥当なのはどれか。

① 職員は、秘密を守る義務に違反して職務上知り得た秘密を漏らしてはならないが、その職を退いた後は、秘密を守る義務は課されない。

② 職員は、職務上知り得た秘密を漏らしてはならないが、職務上知り得た秘密とは、職員の職務上の所管に属する秘密に限定され、職務上の所管に属さない個人的な秘密が含まれることはない。

③ 職員は、法令による証人、鑑定人となり、職務上の秘密に属する事項を発表する場合においては、任命権者の許可を受けなければならないが、任命権者は、法律に特別の定めがある場合を除くほか、当該許可を拒むことができない。

④ 秘密を守る義務に違反して職務上知り得た秘密を漏らした職員は、刑罰の対象となるが、当該秘密を漏らすようにそそのかした者は、刑罰の対象となることはない。

⑤ 人事委員会の権限によって行われる調査、審理に関して、職員が職務上の秘密に属する事項を発表する場合には、任命権者の許可を受ける必要はない。

【問題4】

地方公務員法に規定する不利益処分に関する審査請求に関するA～Dの記述のうち、妥当なものを選んだ組み合わせはどれか。

A 職員は、その意に反して不利益な処分を受けたと思うときは、任命権者に対し処分の事由を記載した説明書の交付を請求することができるが、その説明書には、当該処分につき、人事委員会または公平委員会に対して審査請求をすることができる旨及び審査請求ができる期間を記載しなければならない。

B 不利益処分に関する審査を請求した職員が退職した場合において、その退職によって請求の利益が失われることのないものについては、人事委員会は、審査を行わなければならない。

C 職員の意に満たない昇給発令は、職員に不利益を与えるものではないと思料されるので、不利益処分ではないが、定期昇給が行われなかった場合は、具体的処分があったといえるため、不利益処分の審査の対象となる。

D 人事委員会は、懲戒その他その意に反すると認める不利益な処分を受けた職員から審査請求を受理したときは、直ちにその事案を審査し、当該職員から請求がなくても口頭審理を行わなければならない。

① A B
② A C
③ A D
④ B C
⑤ B D

【問題5】

地方公務員法に規定する職員団体と地方公共団体の当局との交渉に関する記述として、妥当なのはどれか。

① 地方公共団体の当局は、登録職員団体から、職員の勤務条件に関し適法な交渉の申し入れがあった場合、その申し入れに応ずべき地位に立つ必要があるが、非登録職員団体の場合には適法な交渉の申し入れがあったとしても、非登録職員団体は当局と交渉を行う能力がないため、当局はその申し入れに応じてはならない。

② 職員団体と地方公共団体の当局との交渉に当たっては、職員団体と当局との間において、議題、時間、場所をあらかじめ取り決めて行うものとするが、交渉に当たる者の員数及び氏名については、あらかじめ取り決める必要はない。

③ 職員団体は、特別の事情があるときは、役員以外の者を交渉の代表者として指名することができるが、その指名する者は、当該交渉の対象である特定の事項について交渉する適法な委任を当該職員団体の執行機関から受けたことを文書によって証明できる者である必要はない。

④ 職員団体と地方公共団体の当局との交渉において、予備交渉で定めた事項に適合しないこととなったとき、または他の職員の職務の遂行を妨げ、若しくは地方公共団体の事務の正常な運営を阻害することとなったときは、当局、職員団体のいずれの側からも交渉を打ち切ることができる。

⑤ 職員団体は、法令、条例、地方公共団体の規則及び地方公共団体の機関の定める規程に抵触しない限りにおいて、職員の勤務条件に関し、当該地方公共団体の当局と書面による団体協約を締結することができる。

解説

【解説1】　正答⑤

① 誤り。他の地方公共団体であれば可（行実昭26・2・1）。

② 誤り。罰金刑も該当（地公法第16条第4号、第61条第3号）。

③ 誤り。その者の行った行為は、事実上の公務員の理論により有効（行実昭41・3・31）。

④ 誤り。破産宣告を受けたことは欠格条項に該当しない（同法第16条各号）。

⑤ 正しい（同条第1号）。

【解説2】　正答④

① 誤り。条件付採用期間中の職員にも適用されない（地公法第29条の2第1項）。

② 誤り。人事委員会は条件付採用の期間を1年に至るまで延長することができる（同法第22条第1項）。

③ 誤り。措置要求を行うことができる（同法第46条）。

④ 正しい（同法第29条の2第2項）。

⑤ 誤り。任用候補者名簿がない場合も行うことができる（同法第22条第2項）。

【解説3】　正答③

① 誤り。退職後も守秘義務は課される（地公法第34条第1項）。

② 誤り。所管外でも職務上知り得た秘密は含む（行実昭30・2・18）。

③ 正しい（同条第2項、第3項）。

④ 誤り。そそのかすことも刑罰対象となる（同法第62条）。

⑤ 誤り。許可を必要とする（行実昭26・11・30）。

【解説4】　正答①

A～Dの各項目の正答は次の通り。

A 正しい（地公法第49条第2項、第4項）。

B 正しい（行実昭37・2・6）。

C 誤り。定期昇給が行われなかった場合も、具体的処分があったのではないので、審査の対象とならない（行実昭29・7・19）。

D 誤り。不利益な処分を受けた職員から請求があったときは、口頭審理を行わなければならない（地公法第50条第1項）。

【解説5】　正答④

① 誤り。非登録職員団体との交渉も、恣意的にこれを拒否しないよう努めるべきとされている（地公法第55条、逐条解説）。

② 誤り。員数は、あらかじめ取り決める必要がある（地公法第55条第5項）。

③ 誤り。文書によって証明できる者でなければならない（地公法第55条第6項）。

④ 正しい（地公法第55条第7項）。

⑤ 誤り。団体協約締結の権利はない（地公法第55条第2項）。

読者のひろば

普通の女性も議員になれる社会に

WOMAN SHIFT代表　本目さよ

20～30代の女性の地方議員がどれくらいいるかご存知ですか？

国際的な競争力をつけるためにも、一億総活躍を進めるためにも政治の世界―仕組みをつくる場所―での多様性も重要です。多様性の第一歩として分かりやすいのは、まずは性別です。地方議会における女性議員の比率は、特別区議会で27%。全国の平均が12・4%で、都道府県議会・町村議会は10%未満となっています。少しずつ増えてはきているものの、人口の半分が女性であることを考えると少ないと言わざるを得ません。

それでは、世代の多様性はどうでしょうか？

40歳以下は足しても10%に満たないのに対して、50代だけで40%程度まで達しています。50代以上で70%にもなります。

それでは、この少ない「女性×若手議員」は？

全人口に対する20～30代の女性の割合が13%に対して、40歳未満の女性議員はたった1%未満しか存在しない現状です。被選挙権が25歳からであることを念頭においても、それでも少ない割合です。

女性議員が少ないのはなぜ？

二つ要因が考えられます。まず一つは、女性が政治家にそもそもなろうと思わないこと。

なぜなのか？

「議員を知らない」「かっこいいと思わない」「やりがいが分からない」「何をやっているか分からない」「セカンドキャリアがない」「ハードルが高い」――など様々な理由が考えられますが、ハードルが高くてもたくさんの人がなりたいと思う職業があります。それはアイドルです。成功するのは一握り、相当難易度が高いし、華やかに見えても本当に大変だと思われるのですが、希望する人はあとを断ちません。

そして、もう一つの要因が政治家になっても辞めてしまうことです。

20～30代の女性議員の中で2期目の選挙に出なかった人が3割以上います（WOMAN SHIFT調べ・都内）。選挙に出て落選したのではなく、自ら選挙に出ないという選択をしました。理由は様々であると思いますが、考えられるのは、①独特のルール②男性社会③ロールモデルがいない④広い意味での「政治経験」が少ない⑤清濁併せのむのが苦手――こういったことがハードルになっているのではないかということ。

都議会でセクハラやじが話題になったことがありますが、あれを見て、なんて古いんだろうかと思われた方も多かったのでないでしょうか。

たばこ部屋や飲みの席で物事が決まったり、暗黙のルールがあったりと、そのルールを教わる機会が少ない女性にとっては、政策を実現するために不利な状況である可能性があります。

そこで、立ち上げたのが、「女性が動かす」という意味の「WOMAN SHIFT」です。ミッションは「政策実現ができる女性議員を増やし、地方議員を女性のキャリアの選択肢の一つにすること」。せっかく選挙というハードルを超えて議員となった女性が、本人が望む以外の理由で議員を辞めるのだとすれば、そこはサポートをしていきたいと考え、以下のことに取り組みました。

現在、WOMAN SHIFTは、月に1回の勉強会を通じて二つのことを学んでいます。

①理解される方法を学ぶこと

場面ごと（会派を決める、一般質問をする、視察、地域活動等）に政策を実現するために心掛けていることをワークショップで若手女性議員同士で共有します。暗黙のルールを学ぶ場やツールづくりに取り組みます。この暗黙のルールをオールドボーイズネットワークと言います。長く男性社会だった組織や企業で共有されてきた独特の文化や雰囲気のことを指します。

②協働者をつくる・つくる手法を学ぶこと

政策や悩みの共有・相談等、そして協働者のつくり方を知るためにワークショップで各自治体の政策を共有と共に意見交換しています。また、①のスキルやコツも同時にワークショップでシェアする場を設定することで、仲間意識を育てています。

マニフェスト大賞審査員特別賞に

今までも、様々な女性の方々が道を切り開いてくれました。だからこそ、女性議員の数も徐々に増えてきましたし、諸外国に比べて遅いとはいえ、着実に進んできています。恐らく、つらい思いもして、歯を食いしばって耐えてきたこともあると思います。強くならざるを得ない場面も多くあったと思います。心から敬意を表します。

その上で、私たちが今取り組みたいのは、「普通」の女性でも政策実現ができるようになること。それらの取り組みが評価され、2016年のマニフェスト大賞で箭内道彦さんの審査員特別賞をいただくことができました。

「WOMAN SHIFT」のミッションは、「政策実現ができる女性議員を増やし、地方議員を女性のキャリアの選択肢の一つにすること」。これまでは、今いる女性議員のサポートをすることで、女性議員を減らさない活動に取り組んできました。今後はさらに、より積極的に女性議員を増やす活動にも取り組んでいきたいと思います。

大学や高校で超党派複数の女性議員による講演・ワークショップや、ウェブサイトでの発信等、様々なことに取り組んでいきます。まずは「議員というキャリアがあるんだな～」と知ってもらうところから。講演やワークショップのご依頼も受けていこうと思います。

女性議員が増えることは、多様な議員がいることへの第一歩であり、多様な議員が議会に市民の代弁者としていることが、すべての人にとって暮らしやすい社会になると信じています。

（台東区議会議員）

マニフェスト大賞の北川正恭審査委員長（早稲田大学マニフェスト研究所顧問）とWOMAN SHIFTメンバー

薫風緑樹のサンティアゴ

南米見聞録 －4－ ▼チリ

バルパライソの街並み。2003年ユネスコ世界文化遺産登録

大西洋岸のブラジルに住む私にとって、太平洋を見たのは1年ぶりであった。チリの首都サンティアゴから車で1時間、太平洋岸のビーニャ・デル・マルというサンティアゴ市民の避暑地に着いた。ここはチリのアカプルコと称され、多くの人が美しい海でくつろいでいた。この街の隣にチリ最大の港町バルパライソがある。中世の時代から重要な貿易港として栄え、カラフルな建物が並び、丘陵地帯にはケーブルカーが設置されていた。

私見であるが、南米の主要都市を訪れてみて、一番住みたいと感じたのはサンティアゴである。魅力的な避暑地を持つサンティアゴは治安がよく、市内も奇麗で歩きやすい。旧市街には中世の歴史的建造物や多くの博物館・美術館がある。何よりも私が気に入ったのは食である。太平洋に縦長に接するチリは日本と同様、海の幸が豊富である。中央市場内のレストランで食べたソパ・デ・マリスコス（魚介類スープ）は、魚の旨味が溶け出して日本人好みの味であった。

加えて、言わずと知れたワイン大国。その気候と地理的環境から、チリのボデガ（ワイナリー）はサンティアゴ郊外に集中している。ドン・メルチョーの銘柄で世界的に有名なコンチャ・イ・トロのボデガでは、広大なブドウ畑や地下貯蔵庫の見学、テイスティングなどで楽しませてくれた。

しかし、この平和なサンティアゴには決して忘れられない悲壮な歴史が刻まれている。

◇

あの日、ここで何が起きたのか。

サンティアゴを訪れたのは11月。大統領府のモネダ宮殿は、南半球の初夏の日差しを浴び荘厳に照り輝いていた。宮殿前の広場のベンチでは男女が語り合い、ビジネスマンはさっそうと闊歩し、チリ国旗が心地よく薫風にたなびいていた。あの日の出来事がなかったかのような平和な情景である。広場を歩くと木洩れ日の中にひっそりと銅像がたたずんでいた。彼の名は元チリ大統領サルバドール・アジェンデ。

1970年、自由選挙により世界で初めて合法的に社会主義政権が誕生し、大統領となったアジェンデであったが、軍部や富裕層と対立した。東西冷戦下、アメリカはキューバ危機の教訓から南米に社会主義政権が誕生したことに強い危機感を抱いた。当時のニクソン大統領は、チリに経済制裁を行う一方、軍部や反政府勢力を裏で支援し、チリは内憂外患の時代に突入した。

南米の9・11。73年9月11日、ピノチェト将軍率いる軍部は、アジェンデがいるモネダ宮殿を一斉攻撃し軍事クーデターを起こした。最後まで抗戦したアジェンデだが、多勢に無勢、炎上するモネダ宮殿内で生涯を閉じた。当時、宮殿は大砲撃を受けたが、今は改修され、当時を思い起こす弾痕もなかった。冷戦終了後、チリを支援する意義がなくなったアメリカは、ピノチェト政権を見放し、彼は90年に大統領を辞任した。

いつの時代にも大国に翻弄されてきた中南米諸国の歴史。大航海時代にはスペインやポルトガルに征服され、冷戦中は政治イデオロギー対立によるアメリカの介入を受け、現在はTPPに象徴される多国間自由貿易体制にドナルド・トランプ大統領が異議を唱える。

折しも、モネダ宮殿を訪れた日の夜、アジェンデの盟友であったキューバのフィデル・カストロ死去のニュースが流れた。アジェンデ、チェ・ゲバラ、そしてカストロ、反米の旗手がまた一人逝った。

（ブラジル在住　白鳥謙治）

㊤コンチャ・イ・トロの地下にあるワイン貯蔵庫
㊦薫風にたなびくチリ国旗とモネダ宮殿

創造精神が共振する空間

粟津則雄コレクション展“思考する眼”の向こうに　練馬区立美術館

アートの収集は何かと難しい。何をコレクションしているかで美術館の格が決まる。良い作品を持っていると世界から注目され、逆に有名作家でも二級品が多いと、ネームバリューを収集しているのかと冷笑される。

扱っているのが“美”だから、評価が割れるのは当然。高価なものが多いので、価格を知った市民から批判を浴びることも。また年を経るにつれ評価が乱高下するのも普通。アートの収集は難しく厳しい仕事だ。

収集者がはっきりしている個人コレクションの場合はより微妙。やっかみも混じるのか、“眼”は確かか？目的はアートなのか？など、あられもない言葉が飛び交ったりする。“美”には理不尽がつきまとう。

――だがこの個人コレクションは別格。眼を覚まされる。

見開かれた眼が鮮烈なルドンのエッチング《キリスト》。続いて、絵具の厚塗りを特色とした宗教画家・ルオーの《辱められるキリスト》。そしてシャガール、ジャック・ヴィオン、タピエス、アレシンスキーらの版画へ。どれもその作家を象徴する作品だ。個人コレクションとしてはかなりの出費だっただろうと、下世話な想像もしたくなる。

だが、西脇順三郎となると話は別。現代日本最大の詩人にして4度のノーベル文学賞候補者。本当は画家になりたかったという巨人がひそかに描いていた水彩画。それがどうしてここに？　当人との特別な関係がなければ譲渡などあり得なかったはずだ。

駒井哲郎も意外な作品に出会う。代表作と定評のある作品ではない。だが確かに傑作。彼にこんな作品があったのかと、眼を覚まされる。評価が分かれた池田満寿夫の着色ブロンズも、ここで見せられるととても良い。

やがて展示空間全体に貫かれているコレクターの透徹した“眼”が意識される。作品はその精神と深く共振している。コレクターは粟津則雄氏。文芸評論家、美術評論家、翻訳家。

この人の仕事で、たとえばフランス詩人ランボー。頂点を極めた直後に詩を放棄。恩人で大詩人のベルレーヌを絶望とアブサン中毒の淵に追い込み、自分はアフリカでの荒稼ぎへ。

70年代、ランボーがブームになったとき、繊細・華麗な日本語を競う多くの翻訳が出た中で、一番信頼されたのがこの人の訳語だった。師と仰いだ小林秀雄の仕事につながる、多くのランボー論も書いた。

ブランショの翻訳が35歳のときだったことにも驚く。この思想家の先鋭的な仕事をこんなに早く紹介していたのだ。氏の導きによって“読む”ことを教えられた人は多い。

その仕事は、詩人論、文学論、美術論へと広がっていく。そのとき書斎に架けられていたのがこれらの作品だ。井上長三郎、麻田浩、久保卓司、田淵安一など、創造精神を共有していた人たちである。

コレクションは当美術館に寄贈された。「粟津則雄著作集」が完結したことから、うち50点余が公開。一階展示室だけの企画だが、それで十分。満足感は深い。

2月12日まで開催。

オディロン・ルドン《キリスト》1887年

ミニガイド

◆都庁写真部写真展　▷部員の日頃の研さんの成果を発表する写真展。加えて、写真部の大野成郎さんのアラスカの写真を特大版で展示▷場所　新宿プロムナードギャラリー（地下道「ワンデーストリート」内に展示）観覧自由▷日時　1月27日㊎まで午前6時～午後10時45分

◆多摩の魅力発信講座「多摩地域と防災―安心できる街づくりを目指して―」　▷首都大学東京の鈴木毅彦教授と市古太郎准教授が講師となり、講演とパネルディスカッションを通して多摩地域で起こり得る災害とその対策について考える▷日時　2月12日㊐午後2時半～5時15分▷会場　首都大学東京南大沢キャンパス講堂小ホール▷定員　先着150人（要事前申し込み）▷申し込み・問い合わせ先　HP(http:tmu-rao.jp/information/3490/)　☎042・677・2728▷主催　首都大学東京総合研究推進機構URA室▷共催　八王子市

◆いきいきシルバー活躍応援フェスタ　▷三遊亭好楽さんの講演やシルバー人材センター紹介コーナー、家事・子育て応援コーナーなど▷日時　3月12日㊐　午後1時～4時半（講演は午後1時～2時半）▷会場　江戸東京博物館▷講演会の定員　500人（要事前申し込み）▷参加費　無料▷参加資格　都内在住で60歳以上▷申し込み方法　住所・氏名・年齢・性別・電話番号・シルバー人材センター会員登録状況（会員・非会員）・三遊亭好楽講演参加希望を記入の上、はがきまたはファクスで（2月22日必着）。〒150・0011　渋谷区東3・15・6百百代ビル2階　いきいきシルバー活躍応援フェスタ事務局　☎03・5464・9688　FAX03・6418・0563▷主催　公益財団法人東京しごと財団

都政新報
発行所　都政新報社
〒160-0023 東京都新宿区西新宿7-23-1 TSビル
〈総務・読者〉03-5330-8781
〈企画広告〉03-5330-8784
〈編　　集〉03-5330-8786
〈出　　版〉03-5330-8788
〈ファクス〉03-5330-8808
購読料 月1,730円(税込)
毎週火・金曜日発行
ただし、祝日は休刊

紙面から

輸送ルート策定へ方針示す

五輪輸送連絡調整会議

2020年東京五輪の輸送計画などについて協議する輸送連絡調整会議の第2回が20日、都庁で開催された。選手や関係者、観客を競技会場に運ぶ輸送ルート設定は、大会に向けた課題の一つだ。同日の会議では、関係者の役割や責任、目標などを定める輸送運営計画の素案を今年初夏ごろに策定することや、大会中に企業に時差出勤を求めるなど交通需要マネジメント（TDM）の方向性が示された。また、情報を統括する「輸送センター」を大会期間中に設置するための検討を開始する方針だ。

大会では、選手など大会関係者を選手村から競技会場まで運ぶ関係者輸送ルートと、観客を駅から競技会場まで運ぶ観客輸送ルートの2種類が必要になる。会議では、特に関係者の輸送に使用するルートについて「安全性、定時制を考慮して、高速道路を主に設定する」「一般道では4車線以上の道路を優先して選定する」などの基本的な考え方を示した。

一方で、都内で道路を輸送専用にして規制すると、それ以外の箇所に車が集中して渋滞が発生する恐れもある。そのため、全ての箇所に専用ルートを設定するのではなく、道路利用者の行動を変える交通需要マネジメント（TDM）の手法を活用することを打ち出した。

円滑な輸送を実現して都市交通への影響を抑えるため、リオデジャネイロ五輪などでは大会期間中に休日を設定するなどTDMの手法を取り入れた。法的な問題も含め、東京でどのような対策が可能かは今後の検討課題だが、混雑が予想される地域や時間帯ごとに、企業や業界団体に時差出勤を依頼することや、大会期間中の休暇取得促進などが具体的な取り組みとして例示された。

大会期間中の輸送全体を統括する中枢となるのが、都と組織委が中心となり、交通関係事業者などの参画を求める予定の「輸送センター」だ。リオ大会では2010年の水害を契機に設置した「都市オペレーションセンター」で全体の交通状況を把握し、必要に応じて対策を指示していた。東京でどの程度の規模の輸送センターが必要になるかは現段階で未定だが、機能面では大会輸送の情報を統括・発信して広く理解を求めることや、関係者や観客の輸送を円滑に実施することが役割となる。

今後、都と組織委は輸送連絡調整会議を適宜開催しながら、初夏ごろまでに輸送運営計画の素案を策定する方針だ。

東京独自の課題解決へ

【解説】大会期間中の輸送ルート設定は開催都市共通の課題だが、東京大会では特に大きな問題となる。他の都市ではオリンピックパークなどの形で競技会場が集約されていたが、東京大会では競技会場が広範囲に分散しているためだ。また、メディアセンターや関係者用のホテルもそれぞれ別の場所にあり、輸送ルートが複雑化・大規模になる懸念がある。

同会議では関係者や有識者の意見も採り入れながらルートの選定を進めていくが、一方でTDMの検討や輸送センターを設置し、事業者などの協力を得ながら交通全体のコントロールを検討することになる。

リオ大会ではオリンピックに合わせて地下鉄や高速道路、BRTを整備するなどインフラを強化するとともに、市長の権限で学校の長期休暇の時期を変更したり、開会式・閉会式などを休日化することで渋滞を減少させた。

休日化が可能かは今後の検討課題だが、インフラの拡充が難しく物理的な障壁が多い東京では、大会の円滑な運営や都市機能の保持のため、ソフト面での思い切った取り組みも不可欠だ。法律や規制の壁を超えるために、関係者間で一層連携を進めることが課題解決への近道となる。（南）

都職員の働き方改革

ペーパーレス化へ始動

局務報告で導入検討

都がペーパーレス化の本格導入に乗り出した。新年度予算編成作業で各局要求などを精査する知事査定に、資料を閲覧するタブレット端末を初めて導入。都は、各局が知事に説明する局務報告などでもタブレットを活用することを検討している。都では既にペーパーレス化を試行している局もあり、資料作りで職員の負担が軽減した利点の一方、「端末にメモ書きしても自席で閲覧できない」「資料の全体を見られない」などの課題も見受けられる。職員がタブレットに慣れるまでには時間がかかりそうだ。

＝4面に関係記事

新年度予算編成の知事査定でタブレットが導入された＝5日、都庁第一本庁舎42階で

「知事は極めてご満悦だった」。都幹部職員の一人は、新年度予算編成の知事査定に初めて臨んだ小池知事の表情をこう振り返った。知事の意向を受けてタブレット端末を導入したことが理由のようだ。知事は6日の会見で、情報公開条例の一部改正を説明していたが、突如、知事査定でのタブレット導入に脱線し、ペーパーレス化に前のめりの姿勢が垣間見られた。

都庁第一本庁舎42階の一室で5日から始まった知事査定では、急きょ部屋にWiFiが設置された。配備されたタブレットのiPadからサーバーにアクセスし、資料を閲覧する仕組みだ。

全8日間の日程で、1人当たり500枚の用紙が必要だったが、タブレットの導入で1万5千枚を節約するとともに、コピー代も削減した。従来の知事査定では、職員が資料をコピーした後、1枚1枚不備がないかチェックしていたが、今回は印刷の手間がなくなり、職員の作業の効率化に役立った。タブレットで資料を閲覧し、議論するスタイルは都職員にはなじみがないが、知事査定は滞りなく進んだという。

小池知事によると、ペーパーレス化は職員の働き方改革の一環でもあり、最終的にはインターネットを活用して自宅などで仕事するテレワークにつなげたい考え。知事はペーパーレス化に向け、「グローバルな会社だったら当たり前にやっていることを都政でしっかり進めていく」と語り、知事査定にとどまらず、庁内の会議などに広める考えを示した。

都が次にペーパーレス化の導入を検討しているのが局務報告だ。現在、各局がA4判の資料で知事に説明しているが、今後はタブレットを活用して議論を進めていくことになりそうだ。幹部職員の一人は「ペーパーレス化は時代の流れであり、庁内に広めないといけない」と前向きにとらえている。

各局のペーパーレス化の取り組み状況を見ると、下水道局が14年末から、情報セキュリティー委員会など情報システム担当が主催する会議で試行中だ。使用する端末は、マイクロソフトのタブレットパソコン「サーフェス」で、2014年12月に12台、翌年度からは30台をリースしている。

紙の使用量を削減でき、資料の印刷の手間が省けたが、話し手と聞き手の端末上の資料を同時に表示する「同期」機能がない上、端末上にメモ書きした資料を自席で見られないなどの課題が明らかとなった。同局は「職員にペーパーレス化を広めるにはサーフェスだけでは難しい」と判断し、こうした課題を解決するシステムの導入を目指している。

ペーパーレス化に向け、従来の事務手続きを見直した例もある。中央卸売市場は2回目以降の専門家会議の傍聴者を募る際、インターネットでの申し込みに限定した。はがきなどと比べネット申請の方が手軽であるため、広く傍聴者を募集することができると判断した。同市場では、総務局の電子申請システムを活用し、申し込み者の一覧が自動的に作成され、職員の省力化につながり、今後も率先してペーパーレス化に取り組む考え。

全庁的なペーパーレス化に向けては課題も少なくない。資料を共有化するには都庁内にWiFiを設置し、タブレットを配備しなければならないが、サーバーに接続して資料を閲覧する方法では不正アクセス対策も求められ、情報管理の徹底など職員研修が必要となる。

また、事業局の幹部は「日刊紙のデジタル版を契約したが、紙面全体を一目で確認できず、使いにくかった。1カ月で契約を解除した」とのエピソードを披露し、職員がタブレットなどに慣れるまで時間を要すると見ている。さらに、別の幹部は「紙ではないと見にくい資料はA3判だろう」と述べ、当面は紙の資料と共存させる必要があると指摘した。

豊洲用地購入

石原元知事の賠償責任検証

住民訴訟の対応方針見直し

豊洲新市場の用地取得に当たり、石原元知事に約578億円を損害賠償請求するよう都に求めた住民訴訟に関し、小池知事は20日、訴訟対応方針を見直す考えを明らかにした。知事は「事実関係を明らかにすることは都政を改革し、緊張感を持って適正な都政運営を行う上で不可欠」と説明している。

同訴訟は用地取得の際に石原元知事が土壌汚染対策費の負担を考慮しなかったことが裁量権を乱用、逸脱し、地方自治法に違反しているとして、都民が12年5月に東京地裁に提訴。これまで21回の口頭弁論が行われており、都側は石原元知事に損害賠償責任はないと反論していた。

小池知事は豊洲新市場の地下水モニタリングの最終調査結果に触れ、「驚くべき数値が出た。これまでと同じ対応でいいのかという疑問が生じてくる」として、住民訴訟への対応方針を「立ち止まる」と強調した。

対応方針の見直しで、弁護団を刷新。知事から見直しを指示された都政改革本部の加毛修特別顧問によると、都が同本部の弁護士にも依頼し、弁護団は10人近くで編成する。2月9日の口頭弁論を4月初旬まで延期し、準備書面を作成する考え。

準備書面の作成に当たり、売買契約など事実関係の解明、証拠の収集、石原元知事の賠償責任の有無などで関係職員を事情聴取するが、石原元知事を対象にするかは決めていない。加毛氏は「都に有利、不利ではなく、都民に正しい知識を提出する見地から事実関係を明らかにしたい」と語った。

これまで小池知事は石原元知事に対して盛り土問題の質問状を送ったが、ゼロ回答だった。訴訟の対応方針見直しについて、小池知事は「石原氏が『安全な土地にする』『日本の技術を使えばいいんだ』と述べたが、こうした（地下水から基準値超過の有害物質が検出された）状況になり、これらのことを明確にしていく」と話した。

東京芸術文化評議会

文化プログラムの助成拡大

海外への発信力強化へ

小池知事は19日、アーティストなどの有識者で構成する東京芸術文化評議会に初めて出席した。同会議は2020年の東京五輪に向け、都が行う文化プログラムなどを協議している。同日は来年度以降の新たな取り組みとして、20年に開催予定の「東京2020フェスティバル（仮称）」の企画をアーティストから公募することや、文化プログラムの助成制度を拡充し、先端技術と芸術文化の融合や都民主体の大規模な文化活動への支援が示された。誰でも無料で参加できる文化プログラムの例として、東京駅の駅舎での大規模なダンスイベント開催などが提示された。

都は独自の文化プログラムとして、昨年度から「東京キャラバン」や「TURN」などのリーディングプロジェクトをスタートしているが、周知が不十分との声もある。プロデューサーの秋元康委員は「文化祭のように頑張ってやるけれど、その時だけになってはいけない」と話し、メディアの活用や広報を強化することが必要と語った。また、㈱日生基礎研究所研究理事の吉本光宏委員も、文化プログラムに広報の仕組みを組み込むことが必要と話すなど、広報を強めるべきとの意見が相次いだ。

小池知事は「お客が何語を理解するのか確認し、少なくとも英語で広報することが重要。その上で、コンテンツとしての芸術・芸能を知らしめないといけない」と海外を見据えた広報を強化する方針を示し、「広告業界で言う『暗闇でウインクしても意味がない』だ。これまでの東京キャラバンやTURNなどが活躍していることをいかに知らしめるかが都の役割だ」と受け止めた。

また、同評議会では、障害者などの芸術活動「アール・ブリュット」についても、渋谷のトーキョーワンダーサイトを作品の展示拠点として普及啓発を図ることや新たな作家の発掘を進めるなどの方向性が示された。

また、20年に向けて、「TURN」との連携を図ることなども提言された。

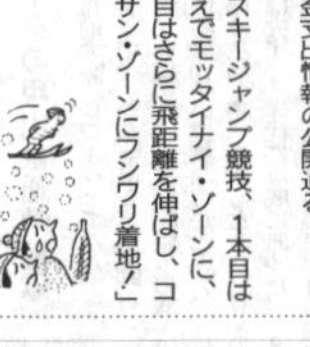
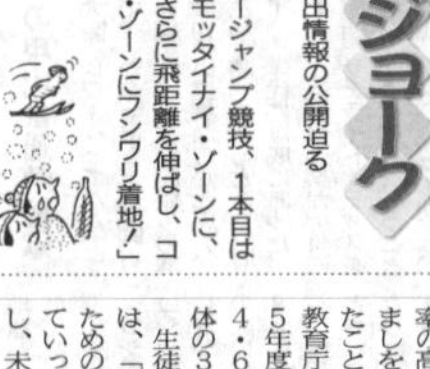

冗句ジョーク

小池知事、公金支出情報の公開迫る

「小池選手のスキージャンプ競技、1本目は軽くK点越えでモッタイナイ・ゾーンに、おっと2本目はさらに飛距離を伸ばし、コマッタオバサン・ゾーンにフンワリ着地！」

都政の東西

思いを一つに

「自治体間連携は首長の号令だけでは進まない。連携で最も難しいのは、実動部隊が共通認識を持つことだ」――区長会が特別区全国連携プロジェクトの一環として19日に開いた全国連携シンポジウムで、京都府綾部市の立藤聡秘書広報課長が指摘した。

昨年4月に続く2回目となる今回のシンポジウムでは、「共存共栄の全国連携～交流人口の拡大と観光」をテーマに、連携事業の実動部隊となる課長級職員らによるパネルディスカッションが行われた。開始当初は事業紹介が中心で、研修そのものの雰囲気だったが、時間が経つにつれ、職員の本音が垣間見られる発言も出るようになった。

綾部市の立藤課長の発言は特に印象に残った。綾部市は京都府北部7市町の観光協会が統合参加して昨年6月に全国で初めて設立した「海の京都DMO」に参画。来月には「森の京都DMO」の立ち上げを計画しており、観光振興に力を入れているが、現時点では「うまく動き出せていない」として、組織内での連携構築を課題に挙げた。「例えば物販を行う場合、複数の事業課が調整を行わなければならないが、各課が共通認識を持つためのすり合わせを行うことだけでも難しい」と実情を明かし、組織内でコンセンサスを得ることの重要性を強調した。

全国連携を進める組織として区長会を見た場合、近い将来、移住も視野に入れた地方との自治体連携を進める杉並区や豊島区と、それ以外の21区の間で、同じ課題に直面することはあり得ない話ではない。23区が今後も思いを一つにし続けることができるのか、連携の輪が全国に広がりつつある今だからこそ、23区全体で考えたい課題だ。

都懇談会

東京の未来・可能性 若手17人が意見交換

小池知事は20日の会見で、東京未来ビジョン懇談会を開催すると発表した。芸能界など各界の著名人が東京の未来や可能性に関して、自由闊達に議論し、都の政策形成に新たな発想を取り入れるのが目的。

メンバーは17人で構成し、元AKB48の高橋みなみさん、俳優の伊勢谷友介さん、長谷部健渋谷区長らが名を連ねている。1回目の会合は30日を予定しているが、小池知事は「カメラの前で話すのが苦手なメンバーもおり、当日の取材方法は調整したい」と話した。

小池知事

工業高校の生徒激励 「まずは小志達成を」

小池知事は20日、都立足立工業高校を視察した。実習風景などを見学し、資格取得などの目標に向かう生徒らを激励した。

視察は、知事が昨年10月に設置した職員から業務改善などの提案を受ける目安箱に、同校の中退率の高さから生徒への励ましを望む声が寄せられたことを受けたもの。都教育庁によれば、2015年度の同校の中退率は4・6％で、工業高校全体の3・4％と比べ高い。

生徒らと懇談した知事は、「大志を抱き、その為の『小志』を達成していってほしい」と講話し、未来の東京を支える人材にエールを送った。

「知事支援」が構図に影響

都心決戦 混迷の千代田区長選 上

任期満了に伴い、29日に告示、2月5日に投開票される千代田区長選。現職で5選を目指す石川雅己氏（75）、新人で外資系証券会社勤務の与謝野信氏（41）＝自民推薦＝、新人で政治団体代表の五十嵐朝青氏（41）の3氏がいずれも無所属で出馬する意向を明らかにしている。今選挙では、現職の高齢多選の是非が最大の争点の一つと見られていたが、石川氏が小池知事の支援を取り付けたことで様相は一変。今夏の都議選の代理戦争として注目が集まる半面、現区政の是非を問う政策論争は影を潜めつつある。混迷する千代田区長選を上下2回でひも解く。

小池インパクト

靖国通りから1本路地を入ると、そのポスターが貼ってあった。新聞やテレビ、雑誌などで見ない日は無い人気女性知事と現職4期のベテラン区長が笑顔で握手を交わす2連ポスターだ。「小池知事とは考え方が近く、何となくあうんの呼吸でこう（選挙協力）なった」――石川氏は昨年12月8日に開いた出馬会見で、小池知事とのタッグ誕生の経緯を尋ねた記者を煙に巻いた。

小池知事との協力関係の予兆は、昨年7月の都知事選の時に見られていた。知事選では世田谷、豊島、練馬区を除く20区の区長が「区長会有志」として自民推薦候補の支援に回ったと見られていた。当時の関係者によると、自民推薦候補は支援表明を受け、有志区長を訪問して直接選挙協力を呼び掛けたが、石川氏だけには訪問しなかったという。

「（内田茂）都連幹事長（当時）と石川区長の関係を考えれば当然だろう」（関係者）。自民候補の応援演説でマイクを握る有志区長がいる一方、石川氏は終始沈黙を保っていた。

昨年秋ごろに小池知事と石川氏の協力関係が取り沙汰され始めた一方で、前回13年区長選での雪辱を期す自民は候補者選定が難航。10月には総支部が候補者公募に踏み切ったが、選定には至らなかった。新たに白羽の矢を立てた都庁OBの佐々木信夫中央大学教授は、小池知事との代理戦争となっていることなどを理由に、12月17日の総支部臨時大会で出馬辞退を表明。曲折を経て、ようやく今月13日の与謝野氏の出馬表明にこぎ着けた。

小池知事が区長選に参画する影響はこれだけにとどまらない。昨年12月の都議会のあり方検討会を発端に、自公が都議会での協力関係を解消し、公明が知事に歩み寄る中、区長選での自公協力体制も吹き飛んだ。公明区議は「自民とは長らく協力関係を築いてきたが、今回に限っては都本部の意向もあり、（与謝野氏の）推薦は難しい」と語る。その一方で、「石川氏を推薦することもない。自主投票になるだろう」と話しており、難しい対応を迫られている実情を浮き彫りにした。

前回選挙で12年ぶりに候補者を立て、今回も候補者選定を進めていた共産は、13日に確認団体名でコメントを出し、擁立断念を発表した。共産は区議3人が民進系会派の区議ら3人と共に統一候補の擁立を目指していた。コメントでは小池知事に関する直接的な言及はなかったが、「都議選に反自民の立場で（6人が）可能な協力を進めることで一致しており、一致点を尊重することが何よりも大切と考え、区長選は自主投票とした」としており、小池知事が都議選で重要選挙区に位置付ける同区での動向を見定めた動きとなることが予想される。

その一方で、小池知事の存在が対立候補側にプラスに働いた面もある。

自民が擁立する与謝野氏のおじは、財務相や官房長官などを歴任した元衆院議員の与謝野馨氏。09年の政権交代で自民が下野した翌10年に新党を結成して除名処分を受け、これに伴って区議会も分裂。前回の区長選では与謝野派区議でつくる区議会会派「新しい千代田」が石川氏の実質的な支援に回った。

「新しい千代田」は前回区長選直後に石川区政と決別し、昨年4月には自民に復党。会派合流は行わなかったものの、「反石川」で一致し、区長選への準備を進めていたが、昨年12月の第4回区議会定例会での決算認定を巡って意見が対立。一時は再分裂もうわさされたが、与謝野氏擁立で、ようやく自民が一枚岩となった格好だ。与謝野陣営で選対幹部を務める区議は「（馨氏の）党の除名は解除されていないが、支部単位では既に戻ってきてもらっている。問題ない」と語る。

小池知事の「参戦」が各陣営の選挙戦略を左右する中、小池知事は22日、石川陣営の総決起大会に出席。「区民ファーストで改革を進めてきた石川区長と共に東京大改革を前に進めるか、後退するのか。区民が真の改革者を選ぶのを応援する」と語り、支援を呼び掛けた。小池知事は選挙告示の29日に大島町での視察を終えた後、石川氏の応援に駆け付けるという。

区長選の構図を根本から揺るがした「小池インパクト」。区民の関心を呼び起こすことにつながるだろうか。

石川氏は小池知事との2連、与謝野氏は安倍首相と丸川珠代五輪担当相との3連ポスターで有権者にPR＝19日、飯田橋2丁目で

全区が「1」以上に

93年の統計開始以来初

23区の合計特殊出生率

子育て・教育 対応急務

2015年の23区の合計特殊出生率が1993年に都が統計値を公表して以来、初めて全区で1以上になったことが16日、都福祉保健局がまとめた「東京都人口動態統計年報（確定数）」で分かった。23区全体の合計特殊出生率は1・22で、93年以来、初めて1・2を突破した。人口の都心回帰や東京一極集中が先鋭化する中、各区はこぞって積極的な子育て施策に取り組むが、若年人口の急増で新たな行政ニーズも発生している。

23区の合計特殊出生率が最も低かった05年の0・95から上昇の一途をたどり、07年には1・01と00年以来7年ぶりに1以上に回復。その後も順調に伸び続け、今回1・2を超えた。

数値が高い区は、港（1・44）、中央（1・43）、江戸川（1・42）、江東（同）の順。人口千人当たりの年間出生児数の割合である出生率は、中央（14・1）、港（13・1）、千代田（10・5）、江東（10・2）の順で、近年の都心回帰の傾向が反映された。

港区や中央区、江東区の臨海部では、ファミリー世帯向けを中心とした超高層マンションが林立。中央区が15年に実施した区民意識調査では、転入理由として「交通の利便性の良さ」（26・8％）や「結婚のため」（17・8％）の回答が多く、こうした新婚世帯などの流入が、合計特殊出生率上昇の要因の一つと考えられる。

合計特殊出生率の急上昇は同時に、新たな行政ニーズを生む。

港区では待機児童対策とともに、小学校児童数増加への対策にも迫られ、人口が急増する臨海部の芝浦港南地区で、小学校新設の計画が進んでいる。また6月には民間ビルを借り上げ、保育定員100人、学童定員200人規模の施設を同地区に開設する予定だ。

同区子ども家庭課は、「今後の人口増加を見据え、地区ごとにメリハリをつけて子供を産み育てやすい環境整備に取り組んでいく」と、地区ごとで異なる人口増加・構成に即した対策の必要性を強調する。

充実した子育て支援や23区内で相対的に低い地価などにより、昨年まで首位だった江戸川区は3位に陥落。だが同区は05年を除き93年以来、1・3〜1・4台を維持しており、今回も前年比で0・3ポ増加した。

同区健康部は「人口規模の大きい区は、（合計特殊出生率）算定の母数となる女性の数が多く、人口規模の小さい区に比べて効果が出にくい面もある」と分析した上で、「こうした数字に一喜一憂することなく、地域の方々と協力し、総合的に子育てしやすい環境を整えていく」と語った。

一方、値の低かった区は、豊島（1・00）、新宿（1・02）、中野（1・03）、目黒（1・04）、杉並（同）の順。いずれも経年的に値が低く、新宿区（子ども家庭課）や目黒区（政策企画課）は「他区に比べ、若年単身世帯の女性が多く、数値が下振れしやすい」と分析している。

豊島区は14年に民間有識者組織「日本創成会議」の推計で、2040年に20代〜30代の若年女性が半減して人口を維持できない「消滅可能性都市」に23区で唯一、位置付けられたのを受け、若年女性の声を施策に反映させる「女性にやさしいまちづくり」や、空き家・空き室などの遊休不動産を活用して都市再生などにつなげる「リノベーションまちづくり」などを展開。「持続発展都市」を目指した取り組みを進めているが、前年から微減となった。

同区の担当者は「対策は進めているが、前回と同水準になった。きちんと状況分析し、今後対応していく」と話す。

また、新宿、中野、杉並の3区は93年以来、初めて1以上になった。合計特殊出生率の増加について、新宿区は「15年の国勢調査で有配偶者世帯の増加が分かった。これが要因の一つではないか」と捉えている。

23区の合計特殊出生率

区名	15年	05年	増減
港	1.44	0.79	0.65
中央	1.43	0.86	0.57
江戸川	1.42	1.26	0.16
江東	1.42	1.10	0.32
足立	1.41	1.17	0.24
葛飾	1.38	1.17	0.21
荒川	1.33	1.06	0.27
墨田	1.30	1.07	0.23
千代田	1.30	0.75	0.55
練馬	1.24	1.02	0.22
品川	1.23	0.88	0.35
台東	1.23	0.92	0.31
北	1.22	0.97	0.25
大田	1.21	1.00	0.21
板橋	1.19	1.01	0.18
文京	1.17	0.79	0.38
世田谷	1.12	0.79	0.33
渋谷	1.08	0.70	0.38
杉並	1.04	0.71	0.33
目黒	1.04	0.71	0.33
中野	1.03	0.75	0.28
新宿	1.02	0.79	0.23
豊島	1.00	0.76	0.24
23区全体	1.22	0.95	0.27

MEMO 合計特殊出生率

1人の女性が生涯に産むと見込まれる子供の数。15歳から49歳までの女性の年齢別出生率を合計して算出する。人口を維持できる水準は2.07とされる。2015年の全国値は1.45で、都は1.24。

中野区

個人情報悪用で対策方針

執務室に監視カメラ設置へ

中野区は、元臨時職員の男が住民基本台帳（住基）システムを悪用したとして逮捕された事件を受け、住基システムを閲覧できる端末がある執務室に監視カメラを設置するなどの対策をまとめた再発防止方針を19日に発表した。監視カメラの設置は年度内に実施するという。

区経営室によると、事件を受けて17日に田中大輔区長をトップとして部課長級で構成する危機管理等対策会議を開催し、方針をまとめた。住基システムが閲覧可能な端末は、区本庁舎や区保健所、すこやか福祉センター4カ所、地域事務所5カ所の執務室に合計約300台配置しており、全ての端末と使用者を監視できるように設置する。カメラの機種や設置台数、配置方法、予算措置などは今後検討するという。

これに併せ、別の職員のログインIDやパスワードを使った「なりすまし」の防止策として、管理方法を見直した上で、近く導入予定だった生体認証システムを再検証し、安全対策を強化。操作・閲覧履歴の効果的なチェック方法などを再検討する。

また、区は臨時職員を対象に2月上旬に緊急研修を実施。正規職員や委託事業者も含めた個人情報を扱う担当者のメモ用紙や個人所有の携帯電話などの管理状況を調査した上で、業務時の順守事項を強化する。

区経営室行政管理担当の田中謙一副参事は「二度と個人情報の悪用を許さない気持ちで、他自治体に参考にしてもらえるような再発防止策を進めていきたい」と話している。

区長会

千葉県町村会と協定

交流人口増加で連携

特別区長会（会長＝西川太一郎荒川区長）は19日、千葉県町村会（会長＝岩田利雄東庄町長）と連携協力協定を締結した。区長会が進める特別区全国連携プロジェクトの一環で、締結は北海道町村会、京都府市長会・町村会、青森県市長会・町村会に続く6団体目。

荒川区が発起人となって設立した自治体連合「幸せリーグ」に千葉県酒々井町が参加しており、千葉県町村会の理事を務める小坂泰久酒々井町長が協定締結を呼び掛けたという。

西川会長は「小坂町長の尽力で協定締結に至ったのは大変光栄なこと」と感謝を述べ、「互いの地位特性を生かし、創意工夫を凝らして連携を深めていきたい」と期待を述べた。

岩田会長は「以前は臨海学校の開催地として23区との関係が深かったが、最近は近くて遠い印象だった。住民にとって互いを身近に感じられるような連携を進めたい」と語った。

協定では、住民同士の交流促進などを目的に連携を進めるため、必要に応じて協議の場を設けることを盛り込んだ。両団体は今後、具体的な事業の検討を進める方針。

協定を締結し、固く握手を交わす岩田会長（右から4人目）と西川会長（同5人目）

荒川区

前欧州理事会議長が表敬訪問

「俳句のまち」見て回る

区内各地に俳人ゆかりの地を抱える荒川区に18日、前欧州理事会議長のヘルマン・ファンロンパイ氏が表敬訪問した。同氏は日EU俳句交流大使でもあり、俳句の普及活動に精力的に取り組んできた功績が認められ、「平城遷都1300年記念アジアコスモポリタン賞」を受賞。荒川区と親交のあった俳人・西村英俊氏の薦めもあり、15日の授賞式に出席するために来日した折に訪問が実現した。

当日は、松尾芭蕉が東北へ旅立つ際の出発点となった「奥の細道矢立て初めの句」の句碑、区が南千住駅前に設置した松尾芭蕉像などを視察。最後に区庁舎で西川太一郎区長らと語らい、「温かいおもてなしを受けた。これからも俳句振興に努めていきたい」と話した。

同区は15年に「荒川区俳句のまち宣言」を出し、それまで局地的にPRしてきた俳句にまつわる名所を統一的に宣伝する体制へ切り替えた。区民が俳句に触れ、親しんでもらえる機会や場を用意することで、区に愛着を感じてもらい、定住化促進などにつなげる考えだ。また、俳句のユネスコ無形文化遺産への登録を目指す運動にも加わっている。

視察後に俳句を詠むファンロンパイ氏
＝18日、荒川区庁舎で

中央区

55年ぶり15万人突破

定住人口20年で倍増

中央区の人口が13日、1962年以来55年ぶりに15万人を突破した。地上げや底地買いなどバブル景気の影響で一時は7万2千人にまで減少したが、それから約20年で倍増した。13日現在の人口は15万83人で、区は2024年にも20万人を突破すると予測している。

区が誕生した47年当時の人口は11万7千人。その後、復員や戦災復興により人口が急増し、53年に17万2千人のピークを迎えた。しかし、高度経済成長や郊外での宅地造成、バブル経済の影響などで95年にかけて人口が減少し、都心の空洞化や地域活力の低下が深刻化した。

こうした事態を受け、区は88年に「定住人口回復対策本部」を設置し、住環境の整備を中心に総合的な施策を展開した。00年前後からは臨海部の月島地区で超高層マンションの建設が本格化。30代〜40代のファミリー世帯転入の受け皿となり、人口急増の要因となった。同地区の人口は、24年にも区全体の5割を超える見通し。

区民部の石川英利区民生活課長は「ファミリー世帯の増加傾向は今後も続く。子育てや教育など新たな行政ニーズに適切に対応していきたい」と話している。

記者席

テレワークの現実は通勤地獄

○……橋下徹前大阪市長がツイッターで、豊洲新市場問題を連続して投稿している。19日も「豊洲市場は法令上の安全対策は完了している」と指摘。もっぱら批判の矛先は専門家会議に向いている。しかし、07年の都知事選で土壌汚染を指摘された石原元知事が設置したのが専門家会議。「法令上の安全対策」で済むなら、専門家会議の議論など必要ない。根本的にちゃぶ台をひっくり返す議論だが、これに維新の国会議員などが賛同するからややこしい。では、都議選で維新は移転推進を公約に掲げるのだろうか。候補者の顔触れを眺めながら武者震いが止まらない。

○……都外の自治体にテレワークの実施状況を尋ねたところ、意外に多かったのが「テレワークってなんですか?」という逆質問。日本ではまだ馴染みの薄い言葉なのかと思い、調べてみると1980年代には既にあった。当時は企業が郊外にサテライトオフィスを作り、業務を行うことが中心。バブル期には、賃料が高騰した都市部にオフィスを構えることを嫌った企業が、通勤時間の削減など働きやすさのアピールを兼ねて実施したそうだが、バブル崩壊でブームは収束。多くのサテライトオフィスは閉鎖に追い込まれた。残ったのは郊外に家を構えたサラリーマンの通勤地獄だけだったようだ。

○……昨年は大島が「ゴジラ」で揺れた。ゴジラ像の設置は実現しなかったが、三原山の火口付近には、1984年公開の映画『ゴジラ』で同山火口に落とされたゴジラの「たたり」とも言われる2年後の噴火で生まれた「ゴジラ岩」が健在。車では行くことができず、駐車場に車を止めてから1時間ほど遊歩道を歩かなければならないが、今回の騒動をプラスに変えて、観光名所としてさらに売り出したいところだ。2013年の土砂災害で通行不能になっていた御神火スカイラインも昨年9月に開通し、記念の自転車の登坂レースのヒルクライム大会が開かれるなど明るい話題も徐々に増えてきた大島。豊かな自然資源を生かし、再興してほしい。

都立多摩図書館
国分寺市に移転オープン

立川市錦町にあった都立多摩図書館が29日、国分寺市泉町に移転オープンする。旧館の蔵書を引き継ぎ、公立図書館としては国内最大級の雑誌と子供の読書活動を推進する児童書や青少年資料の提供が柱となっている。個人への資料の貸し出しは行っていないが、開架冊数は、雑誌が旧館の11倍、児童書類が2.5倍になるほか、連続公開セミナー「東京マガジンバンクカレッジ」などサービスも大幅拡充している。

雑誌と児童書の情報拠点

所蔵雑誌は外国語雑誌1400タイトルを含む約1万7千タイトル。日本の公立図書館で全国初の雑誌集中サービス「東京マガジンバンク」をスタートさせた旧館の蔵書を引き継いでいる。週刊誌、総合誌、文芸誌などの一般雑誌のほか、学術雑誌や手に入りにくい日本各地の地域情報誌など様々な分野の雑誌をそろえている。特に女性誌と鉄道雑誌を重点的に収集している。

旧館の11倍に当たる最新1年分の約6千タイトルを開架する。明治期以来のあらゆるジャンルの約6600タイトルの創刊号コレクションもある。古い雑誌も合本せず現物のまま保存しており、紙質や色などを通して時代を感じることができるのが特徴だ。

閉架書庫内の雑誌は、同一タイトルの連続した号を数年分まとめて利用できる大量出納サービスを行う。

また、児童書や青少年資料、児童書の研究書など約22万冊を所蔵。都内の子供の読書活動推進の拠点としての資料提供も大きな役割だ。

開架は旧館の2・5倍の約8万1500冊を予定。学校や図書館関係者向けの児童書選書コーナーには、新刊1年分の約4500冊を展示する。

平日の開館時間は、従来は午前9時半から午後7時までだったが、午前10時から午後9時までとし、1時間30分延長する。

開架の拡充に加えて、新たなサービスとして行うのは「東京マガジンバンクカレッジ」。「雑誌総合」「多摩」「鉄道」の三つのテーマを設け、市民が参加できる講演会などを定期的に開催し、雑誌の世界を探索していく。

3月12日のキックオフ記念講演会では、元『POPEYE』編集長で江戸川大学教授の清水一彦氏、中央大学教授の辻泉氏、関西学院大学教授の難波功士氏が雑誌の魅力や可能性などについて語る。

セミナーや子供専用相談カウンターも

児童・青少年関係では、幼児・児童を対象とした子供専用の相談カウンターを新設するほか、1、2歳児対象の読み聞かせの「おはなし会」に加え、新たに0、1歳児と保護者を対象にした「わらべうたの会」も設ける。学校に対しては、調べもの支援の学習講座や読み聞かせハンドブックの配布、区市町村立図書館への講師派遣や研修を引き続き実施。また、新しく読み聞かせボランティア育成講座の開催も企画している。同図書館では「区市町村の図書館と連携し、特別支援学校に読み聞かせに行く人の育成などにも力を入れたい」と話す。

小説家・劇作家の山本有三氏の旧蔵書である図書約1万3500冊と雑誌約300誌や、都内団体に貸し出しも行う16ミリ映画フィルム約9400巻も所蔵している。

施設内には研修会や講演会などで利用可能なセミナールーム、カフェも併設された。

オープン当日は、女優で作家の中江有里さんによるトークイベント、移転オープン記念バックヤードツアー、小学生を対象としたバックヤードツアーとおはなし会を実施する。

オープン記念展示として、「オリンピック・パラリンピック」をキーワードに東京五輪が開催された1964年のグラフ誌から2020年に向けたビジュアルな国内外の雑誌を集めた展示や、明治期から現代に至るまでの絵本の歴史を追いながら絵本と世界のつながりを探る展示も5月10日まで行われる。

広くて明るい児童書のコーナー

大島町の観光施策
次なる期待は「自転車」
ゴジラ像設置断念で

2013年10月の台風による土砂災害から3年余りが経った大島町。新たな観光の目玉にしようと町が計画したシン・ゴジラ像の設置は、町民などの反対で昨年末に三辻利弘町長が断念を表明した。町が次に期待するのは自転車だ。昨年はアジア選手権や全日本選手権という大きな大会も実施され、島を訪れるサイクリストも増えてきた。今月29日には椿まつりのオープニングセレモニーに小池知事が出席する。島が注目されるチャンスでもあり、観光振興につなげようと期待が高まっている。

リオ五輪アジア出場枠をかけた戦いが繰り広げられたアジア自転車競技選手権大会ロードレース女子＝2016年1月23日、大島町提供

■知事が29日に来訪

「土砂災害からの復旧復興に向けて歩んでいる。元気な姿を見に来てほしい」。29日から始まる伊豆大島椿まつりのPRのため、今月11日にミス大島らと都庁を訪れた三辻町長はこう述べた。

小池知事は29日に椿まつりのオープニングセレモニーに出席した後、土砂災害現場の献花台を訪れるほか、都立大島公園、都立大島高校椿園も視察する。13年の大島土砂災害では死者36人、行方不明者3人など甚大な被害が出た。1階部分に土砂が流れ込み、現在は休業しているホテル椿園代表取締役の清水豊典さんは「小池知事は、あんこさんの姿をすると聞いている。島民は楽しみにしている」と語る。

町観光産業課の野村昌宏課長は「知事来訪に向けて、都の行政部、大島支庁と連絡を取り合っている。島の期待度は高まっている」と話す。

■「ゴジラ」との縁

昨年、話題を呼んだ東宝製作の映画『シン・ゴジラ』。大島町は、地方創生加速化交付金8千万円に町の一般財源1千万円を加えた9千万円で伊豆大島火山博物館の敷地内に高さ約10㍍の「シン・ゴジラ像」の設置を計画。昨年11月の臨時議会では霧の噴出や照明などに必要な約1億円の追加費用を可決した。しかし、大幅な増額に町民らが反対署名運動を行い、12月26日には2400人分が集まった。

地元で歓迎の総意が得られていない状況を憂慮した東宝は計画見直しを申し入れ、12月27日に開かれた臨時議会で三辻町長が計画断念を表明。

「大島町の長期低迷している観光産業、経済成長を考えた場合、早急に本プロジェクトに代わる次の戦略を考え、施策展開を図らなければならない」とのコメントを発表した。

大島を訪れる観光客は離島ブームだった1973年の約84万人をピークに減少傾向にあり、近年は約20万人台で横ばいが続いている。

大島とゴジラは縁が深い。1984年公開の『ゴジラ』のラストシーンでは、ゴジラは三原山の噴火口に誘導されて落とされる。89年公開の『ゴジラVSビオランテ』では三原山の噴火口から復活する。その間、86年には、三原山が噴火して流れた溶岩からはゴジラにそっくりな形の「ゴジラ岩」も誕生しており、観光名所になっている。

野村課長は「ゴジラを起爆剤にと考えた。残念だが、来年度は次の手を考えなくては」と話す。

■再起をかけて

「次の手」として有力なのが、自転車だ。

昨年は1月にアジア選手権、6月に全日本選手権のロードレースが大島で開催された。両大会とも女子はリオオリンピックへの出場をかけたもので白熱した競技が展開された。大会で使用された都道と町道の周回コースのほか、災害被害から復旧した町道の御神火スカイライン、海岸沿いのサンセットパームラインなども含め、起伏に富んだコースが人気で、サイクリストの来訪も増えているという。

町は17年度も、1～2回の自転車のイベントを企画している。大会は一般の人が参加できるレベルとし、町の交通に影響が出るような大規模な交通規制は控えたい考えだ。

火山や溶岩流など島の自然を見どころとする公園「伊豆大島ジオパーク」の推進も課題の一つ。島は、日本ジオパーク委員会によって、貴重な地質遺産を持つ「ジオパーク」として10年に初認定を受けた。しかし、4年に1度、地震や火山、地質などの専門家で構成される日本ジオパーク委員会の審査を受ける必要がある。審査項目は観光、教育、防災、資源の保全など多岐にわたるが、大島は14年の審査で活動が観光に偏っているとの判断から2年後に再審査を受ける「条件認定」と判断された。

その後、活動内容を見直し、伊豆大島ジオパーク推進委員会も増員。昨年12月に再審査に通って正式認定を受けることができた。伊豆大島ジオパークのキャラクターの名称も「ヒラリ」「ザブン」「ドカン」と決定。年明けからはツイッターとフェイスブックも始めるなど広くPRを展開していく方向だ。

土砂災害から3年余りが過ぎ、都が実施してきた通常料金よりも割安な伊豆大島・復興応援ツアーや、1人1泊につき3千円の宿泊費助成などの復興支援事業の継続が危ぶまれる中、町は独自の施策を打ち出していく必要性に迫られている。

「大島は観光の島。観光で潤ってくれれば、農業も漁業もにぎやかになる」（野村課長）。観光施策の成功がさらなる復興への試金石となりそうだ。

八王子市で全国緑化フェア
実施計画案まとまる
入場者数40万人見込む

八王子市が市制100周年記念事業の一つとして行う「全国都市緑化はちおうじフェア」の実施計画案がまとまった。主催は、同市と公益財団法人都市緑化機構。期間は今年9月16日から10月15日までの30日間で、富士森公園をメーン会場に、六つのサテライト会場、スポット会場などで入場者数約40万人を見込んでいる。事業費は約9億円。

実施計画案は、昨年12月26日に八王子市役所で開かれた同フェア実行委員会の総会で報告された。開催理念として、都市における「人」と「自然」の新たな調和の在り方を提案し、八王子ならではの「みどりの環境調和都市」を全国に発信するとした。

会場内は五つのゾーンと10のエリアで構成する。「花とみどりのヴィレッジエリア」には主催者によるテーマガーデンや自治体出展ガーデン、市民参加型の大花壇など多様な展示・出展庭園を集積する。

このうち、富士森公園を中心にサテライト会場などを8の字に回遊してほしいという願いを込めた「はちむすび」ガーデンは、里山から流れ出る八王子の豊かな水辺環境と豊かな里山の緑を表現する「八王子ガーデン」と、多摩地域の里山の在来植物を紹介する環境展示型の「多摩ガーデン」が一体となって構成される。市内全域で展開される各会場の構成が把握できるインフォメーション機能も盛り込む予定だ。

八王子市周辺で江戸防衛に従事した郷士集団にちなんで「八王子千人同心花壇」と名付けた花壇は、市民参加型とし、ガーデンデザイナーの指導の下に花とカラーリーフなど多様な植物の組み合わせでボーダーガーデンを提案する。花壇づくりを通じて、参加者の緑化技術と緑化知識をスキルアップすることで八王子市の緑化活動推進の人的レガシーづくりを目指す。

また、陸上競技場の100㍍走コースでは、市内で生産された100種類のペチュニアを使って花によるグラデーションで「八王子の100年」を表現する。様々な世代の市民が植栽などを行う参加型ガーデンとして計画する。

市内にある大学の学生が「みどりの環境調和都市」を提案するモデルガーデンや、ガーデンと飲食店が一体となったガーデンレストランやマルシェなどもある。

植栽は、秋の実りをイメージさせる黄・赤・橙のハーベストカラーの草花と、青白系の草花を中心としたシックでエレガントなデザインをイメージ。コスモスやキバナコスモス、チョコレートコスモス、シュウメイギク、ブロンズ系・シルバー系のカラーリーフやハーブ類、葉や穂花などを楽しむグラス類などによる演出を目指す。

植物の納品と施工時期は8月下旬から9月上旬を予定。メーン会場は約20万株を見込む。9月初旬ごろは最高気温が30度以上になると予想され、フェア期間を通して最高気温が25度以上となる可能性も高いため、気象条件に適合する植物選定を行い、病害虫の発生や植物の乾燥、蒸れなどに配慮する。

サテライト会場ではウエルカムゲート（西放射線ユーロード）、田んぼアート（道の駅八王子滝山）、つどいの森ハロウィン（片倉つどいの森公園）などを展開。

交通輸送では、JR八王子駅南口とメーン会場の間などでシャトルバスの運行も行う。

フェア終了後にレガシーとして継続する事業として、修景アドバイザーによる継続的な指導や学びの場を通じた地域での修景づくり、種や苗を育てる市民団体の増加、植樹プロジェクトなどを検討していく。

市都市緑化フェア推進室では、「実施計画案は固まっていない部分もある」と話し、内容をさらに詰めた上で、5月にも行う予定の次の実行委員会の総会で承認を得たいとしている。

2012年に開催された「全国都市緑化フェアTOKYO」の井の頭恩賜公園会場でのガーデンマルシェの様子。はちおうじフェアでもこうしたイメージを参考にしている

MEMO　全国都市緑化フェア　国民が緑の大切さを認識し、緑を守り、楽しめる知識を深め、緑がもたらす快適で豊かな暮らしがあるまちづくりを進めるための普及啓発事業。1983年から毎年、全国各地で開催されており、「はちおうじフェア」は第34回。第29回も東京で開かれ、2012年9月29日から10月28日までの間、上野恩賜公園や井の頭恩賜公園など都内六つのメーン会場で開催された。

福生市のPR動画2本
酒蔵アニメとラップ
加藤市長もダンス出演

福生市の魅力を発信するPR動画2本が同市ホームページで相次いで公開された。

10日に公開されたのはアニメーション『Tokyo SAKE Brewery（トウキョウ サケ ブリュワリー）』。六本木の外資系企業で働く女性が仕事を通じて、福生にある酒蔵2カ所を訪問するストーリーで、市内にある田村酒造場と石川酒造の代表も声優に挑戦している。アニメは福生市商工会が地方創生加速化交付金を活用して実施している「東京の酒」ブランドを基軸とした地域活性化事業の一環として制作された。シティセールス推進課は「日本語字幕版と英語字幕版の2種類を用意した。インバウンドの外国人などにも、基地以外の横田の顔も知ってほしい」と話し、日本の伝統文化である造り酒屋の魅力を福生から世界に発信している。

また、15日には、ヒップホップアーティストのマチーデフさんと晋平太さんが特別出演し、福生を紹介するミュージックビデオ『What's UP FUSSA（ワッツ アップ フッサ）』を公開。加藤育男市長を始め、延べ1000人を超える市民や子供たちが参加して、テンポのいいラップミュージックに乗ってダンスを披露している。

横田基地沿いの国道16号線にアメリカンテイストの店舗が並ぶ福生ベースサイドストリートや、1958年に建てられた米軍ハウスを利用したコミュニティースペース「フッサ アメリカンハウス」、文化の森の中にある茶室「福庵」、多摩川中央公園のほか、国登録有形文化財の旧ヤマジュウ田村家住宅などで撮影された。

秘書広報課は「延べ1000人を超える市民などみんなの力が集まってできたもの」と語り、見どころ満載のビデオをアピールしている。

市役所の庁議室でマチーデフさんらとダンスを披露する加藤市長（中央）

西東京市長選
杉山氏が出馬表明
「庁舎統合は立ち止まる」

任期満了に伴い、今月29日に告示、2月5日に投開票される西東京市長選で16日、共産党西東京市委員長の杉山昭吉氏（67）が無所属で立候補する意向を表明した。共産党と自由党が推薦し、前回、次点だった森輝雄市議と連携する。同市長選への出馬表明は、現職の丸山浩一氏（69）に次いで2人目。

杉山氏は前回2013年の選挙にも立候補している。同日の会見で、「この4年間、現市政は市民に寄り添ってこなかった」と批判。「国民健康保険料や保育料を引き上げるなど市民サービスを低下させた元になっている第4次行財政改革大綱を見直す」とした。

また、市は老朽化している田無庁舎市民広場に仮庁舎を建て、保谷庁舎は取り壊して33年度を目途に庁舎を統合する方針を決定しているが、杉山氏は仮庁舎や取り壊しに反対。「庁舎統合はいったん立ち止まる。保谷庁舎があと何年もつのか、耐震診断で耐久年数を明らかにした上で、もつのであれば手を加える」との考えを示した。

市民会館と中央図書館、田無公民館の合築複合化については、16年2月に基本プラン策定懇談会が示した4パターンの提言と「中央図書館機能については特に思い切った機能拡充を図るべき」という付帯意見を尊重し、「白紙に戻して再検討する」とした。市は提言や意見も踏まえ、3施設を市民会館敷地で合築複合化する案と、田無公民は現在地で改修し、市民会館と中央図書館の2施設を合築複合化する案などを内部で検討している。

杉山氏は1949年生まれ。小平職業訓練校卒。2009年に民間会社を定年退職し、現在、西東京市民のくらしをよくする会事務局長、全日本年金者組合西東京支部長などを務めている。

日野市協力のCDが他区でも
防犯・防災・交通安全音頭

日野市防犯協会会長の井上敏夫さんが作詞・作曲した防犯・防災・交通安全音頭を収めたCD＝**写真**＝が各地の地域イベントで活用されている。

このCDは、『防犯パトロール音頭』『あの街この街 防災音頭』『交通安全マナー音頭』の3曲が入っており、オリジナル・カラオケ付き。日野市、警視庁日野署、東京消防庁日野消防署が協力しているほか、『防犯パトロール音頭』と『交通安全マナー音頭』は警視庁音楽隊、『あの街この街 防災音頭』は東京消防庁音楽隊が演奏している。

振り付けの説明書付きで、盆踊りなど地域のイベントでの利用が可能だ。

同CDは他自治体でも活用が広がっており、台東区では日頃、防犯活動に力を注いでいる町会連合会会長がCDを知って「町会に配布できないか」と区に提案。区は今年度予算で1枚千円のCDを220枚購入し、昨年7月に区内199の町会に1枚ずつ配布した。

「意識醸成には、良いきっかけになるのではないか」（区民課）と話している。

昨年11月には、日野市産業まつりで東京消防庁音楽隊の演奏で日野市舞踊連盟や市民が『防災音頭』を踊るなどした。上野恩賜公園内の施設で毎月2回行われている踊りの練習会でもCDを使った稽古をしているという。日野市民も参加している。井上さんは「これからもCDを多方面で活用してほしい」と話している。

武蔵野市長選
10月1日に実施

武蔵野市選挙管理委員会は20日、10月8日に任期満了を迎える武蔵野市長選の日程について、9月24日告示、10月1日投開票と発表した。

12月2日現在の同市の選挙人名簿登録者数は12万2016人。

特別区行政系人事制度

課長級統合 全6層制に

区長会が最終報告了承

特別区長会は16日、人事・研修担当課長会が検討していた行政系人事制度の見直しに関する最終報告を了承した。新たに管理職の6級職（課長級）と7級職（統括課長）の職務の級を統合し、部長級への任用資格基準を「課長級6年」に短縮する。任用制度では現行の1～3級職（主事・主任主事）を廃止し、新1級職（係員）と新2級職（係長補佐）に再編する。2018年度の実施に向け、特別区の労使は今週にも協議を始めることになる。

今週中にも労使協議開始

■特別区の職務分類基準の再編

【現行】

職務分類基準	1級職	2級職	3級職（主任主事）	4級職（係長級）	5級職（総括係長）	6級職（課長級）	7級職（統括課長）	8級職（部長級）
任用資格基準	―	1級職 1～5年※1	2級職 4年	3級職 5年	4級職 7年※2	5級職 2年	6級職 6年	7級職 2年

【改正案】　現行1～3級職を1、2級職に再編／主査を改編／現行6、7級職を統合

職務分類基準	新1級職（係員）	新2級職（係長補佐）	新3級職（係長級）	新4級職（課長補佐）	新5級職（課長級）	新6級職（部長級）
任用資格基準	―	新1級職 5～9年※1	新2級職 5年	新3級職 7年※2	新4級職 2年	新5級職 6年

※1　採用区分別に異なる
※2　管試合格者は除く

特別区の行政系人事制度に関しては、副区長会が13年9月、人事・研修担当課長会に職務分類基準の見直しと給与制度の在り方について検討するよう下命。報告書では①任用制度②給与制度③管理職制度――について取り組み内容をまとめた。

このうち管理職制度では弾力的な任用管理を行うため、課長級・統括課長の級を「課長級」に統合。重要・困難な事務を処理する職が存在することを踏まえて、各区で課長級の中に「統括課長」の職を指定し、給与上の処遇差を管理職手当により設定できるようにした。

また、課長級・統括課長の級の統合や地方公務員法改正を踏まえ、各区の裁量を拡大する観点から、現行の部長級昇任選考は廃止し、各任命権者が人事評価を基本とした能力実証により昇任を実施する。

任用制度では、現行の1～3級職は廃止。総括係長・係長・係長級の職級構成は2層制を維持し、総括係長の名称を「課長補佐」に変更する。共通の職の指定基準を廃止し、各区が運用実態に合わせて課長補佐の職を指定する。

また、現行の係内主査を廃止し、スタッフ型の係長級職として「主査」を新設する。係長職の負担軽減と職員の経験・専門性を生かす狙い。現行の主査は係長の指揮命令を受ける関係にあり、職務・職責が不明確であることから、新たな主査では係長などと同等の職責とする。例えば、福祉事務所や課税担当など大規模な係で専門的な事務に従事したり、保育所など不規則な勤務職場で係長を代理したりする配置を想定している。

給与制度では、職務・職責の給与への反映を徹底し、職層間の水準にメリハリを付け、給与カーブの立ち上げ・フラット化により昇任インセンティブを拡大する方向。具体的には、給与カーブを早期に立ち上げ、管理監督職へ早期に昇任した場合の昇給効果を高めるなど、給与上のメリットを拡大する。

職務段階別加算・退職手当の調整額は、職に応じて設定しているため、職務分類基準の再編や任用制度の見直しに伴って検討が必要になる。

行政系人事制度の見直しは、昇任意欲の低下や係長職の確保が困難になる中、職務・職責にふさわしい給与処遇を実現し、弾力的な任用管理を進めるのが目的で、労使の協議は今週中にも始まる見通しだ。

特別区では係長職昇任選考の受験率低下に伴い、主任主事の職層別の職員構成比が全体の約45%を占める。特別区人事委員会が15年度に行った意識調査では、係長級以上への昇任を考えていない理由として「まだ経験が浅い」「家庭と仕事の両立が難しくなる」「職責に見合った給与処遇ではなく、割に合わない」などの意見が上がる。

報告書では主任主事の役割が不明確で、「係長の補佐」「後輩の指導・育成」などの役割が十分に果たされているとは言えないと指摘。今後10年間で6割以上の係長職が定年退職を迎える中、係長職の確保が困難であるとしている。

都教育施策大綱

給付型奨学金制度を創設

「新国際高校」開設も

都教育庁は20日、都教育施策大綱を策定した。東京の将来像と子供の目指すべき姿を示し、教育施策の重要事項として▽全ての子供が学び成長し続けられる教育の実現▽世界で活躍できる人材の育成▽障害のある子供のニーズに応える教育の実現――など8項目を提示した。

特に日本の貧困率の高さを挙げ、家庭の経済状況に左右されない教育環境を整える方針を示し、都独自の「給付型奨学金制度」を来年度にも創設する。公立・私立の生徒が対象。また、習熟度別指導などにより、反復学習や前の学年まで立ち戻って基礎学習を徹底する。ICTを生かして学習履歴の管理や学習状況の分析を進め、一人ひとりの課題に応じたきめ細かな指導も進める。

国際人材の育成では、語学力や国際感覚を備え、創造的・論理的な思考力を持つ人材を育成する「新国際高校（仮称）」を開設するなど、国際色豊かな教育環境を整備する。また、小学校英語教科化の先行実施や高校のマンツーマンのオンライン英会話学習、子供に海外生活や異文化を体感してもらう「英語村」（仮称）の開設など、「生きた英語」を学ぶ環境を充実させる。

障害のある子供のニーズ対応では、特別支援学校で芸術系大学と連携した文化活動の推進や障害者スポーツを通したスポーツ教育の推進などを盛り込んだ。

大綱は都の教育施策の方針を定めるもので、都では地方教育行政法の改正を受けて15年に初めて策定。小池知事が就任し、新たな大綱を策定した。

特別区職員採用

Ⅰ類一般は5月7日

職種「心理」を追加

特別区人事委員会は19日、2017年度の特別区職員のⅠ類採用試験（一般方式）を5月7日に行うと発表した。試験案内を3月6日に発表し、申込期間は4月1日から10日（郵送は同6日）まで。最終合格発表は技術系が7月31日、それ以外が8月7日。なお、Ⅰ類採用には職種「心理」を追加している。

Ⅰ類採用（土木・建築新方式）と経験者採用（1次）の試験日は9月3日。Ⅲ類採用（1次）は9月10日。試験案内はいずれも7月3日に発表し、申込期間は7月31日（郵送は同27日）まで。

身体障害者を対象とする採用選考（1次）は9月10日。選考案内を7月3日に発表し、申込期間は8月7日（郵送は同3日）まで。

特別区では3月5日、昭和女子大学（世田谷区）で合同説明会を開催する予定。申し込みは2月6日午後5時まで。技術職採用フォーラムは3月26日に明治学院大学白金キャンパス（港区）で。事前申込不要。

都水道局

多摩水道 4地域に再編

施設管理・整備で効率化

都水道局は19日、多摩水道連絡会を多摩水道立川庁舎（立川市）で開催し、「多摩水道運営プラン2017」（2017～20年度）の素案を多摩地区26市町の担当者に説明した。

プランでは多摩地区を、①奥多摩町などの山間地域②福生市など傾斜のある多摩川左岸西部③調布市や府中市など平坦な多摩川左岸東部④多摩市や町田市など丘陵部の多摩川右岸――の4地域に分け、地形の特徴や給水件数など地域ごとの特性を生かした水道事業を目指す。

例えば、給水件数が多い多摩川左岸東部では大規模な給水施設を整備し、多摩川左岸西部では傾斜に沿った配水計画を作ることでポンプの稼働台数を減らすなどし、省エネ化や維持管理の効率化を図る。

多摩地区では現在、武蔵野市や檜原村など4市村を除く26市町が、水道事業を都に事務委託しているが、浄水場などの施設は市町営水道時代に整備されたものが多く、市町ごとに小規模な設備が点在。維持管理や給水に非効率な面があり、スケールメリットを発揮できていなかった。また、これらの設備は建設から半世紀近く経過しているものも多く、近い将来、一斉に再整備の時期を迎えることも背景にある。

区部とのサービス格差の解消も柱の一つだ。多摩地区では現在、水道料金の請求書を郵送しているが、これを区部と同様に検針時に現地発行することで請求書が届く時間を短縮する。区部と多摩地区で別々に運営しているお客さまセンターも一元管理し、相互のバックアップ体制を充実させて住民対応の効率化を図る。

防災面では、浄水所や給水所の耐震補強を行うほか、自家発電機能と燃料タンクを整備し、大規模停電時にも安定した給水を可能にする。浄水所の上を覆うなどし、火山の噴火やテロによる異物混入を防ぐ。

今後、都民意見を踏まえて今年度中にプランを策定する予定。

都会計管理局

公金支出情報を公開

9月以降に一括して

都会計管理局は9月以降、全ての公金支出情報をホームページ上に公開する。税金がどのように使われているのかを都民に知ってもらうとともに、職員の意識を向上させ、「税金の有効活用（ワイズ・スペンディング）」に役立てる狙い。

年間約70万件の支出の情報について、支払部署・支払日・支払科目・支出額などを一括して公開する。4月以降、システム改修に入る予定。

一般会計・特別会計については会計管理局の財務会計システムを改修して公開する。公営企業会計はシステムが異なるが、各会計の所管局が公開できるような仕組みを構築するとした。

都環境局

CO_2排出管理で

個人情報が流出

都環境局は18日、事業所のCO_2排出状況などの管理簿に記載された396人分の個人名と住所が、希望していないにもかかわらず同局ホームページ上に掲載される事故があったと発表した。原因は現在調査中。

都が委託している事業所からの相談を受け付ける民間企業から、同局に連絡が入り発覚した。個人情報を公表するのは希望者のみとしていた。

同局は今後、情報が流出した人全員への謝罪を行うとともに、システムの不具合など原因究明に努め、再発防止に取り組む。

テレワーク

「同僚の理解を得ないと…」

利用者拡大に苦戦の自治体も

都が昨年末に策定した実行プランに盛り込んだ「テレワーク」。ICTを活用し、職場から離れた自宅などでの場所や時間にとらわれない働き方で、業務効率化や女性・高齢者の活躍支援策として期待されており、都職員への導入も検討が始まっている。国も、経済産業省が20日の通常国会から専用ネットワークを活用し、自宅で答弁書の作成を可能にするなど、取り組みがスタートした。全国では既に制度を実施している自治体もあるが、利用の促進などで課題も少なくないようだ。

「利用者の拡大が進まないのは、業務がテレワークになじまないところが多いからではないか」と話すのは、全国の政令指定都市で初めてテレワーク制度を導入した広島市の職員だ。

2010年、同市では、ワーク・ライフ・バランスの実現や業務効率化を目指し、職員にテレワーク制度を導入した。テレワークの継続的な実施で業務効率改善が見込まれることや、育児・介護に従事している職員などが要件で、個人所有のパソコンに所定のセキュリティー設定などを施し、自宅で書類作成などの業務をできるようにしている。だが、利用者が思うように広がらないことに苦慮している。

同市では定期的にテレワークを実施する「継続的実施」と、子供の急病など突発的な事情に対応するための「短期的実施」の2種類があり、このうち「継続的実施」の利用者は10年度には8人いたが、現在では1人だけになった。

同市のテレワークは1日単位の取得が条件で、書類作成やデータ入力など、テレワークに「なじむ」業務の割合が少ない部署では利用するのが難しい。また、書類作成などが多い部署でも2週間前の事前申請が必要であることや、ネット環境の整備やセキュリティーの設定も個人で行わなければならないことなど、制度面の厳しさもネックになっているようだ。担当者は「改善は考えているが、服務管理の観点から、あまり条件を緩くするのは難しい」と受け止める。

ICTを活用し、休憩スペースで打ち合わせをする職員＝豊島区提供

同じく利用者の拡大に悩むのが神戸市だ。15年9月から係長級以下の職員でテレワーク希望者にタブレット端末を貸与し、メールや外部アクセス用ファイルサーバーを活用して自宅で資料作成などをできるようにしたが、導入当初の利用者は子育て中の女性職員1人だけだった。昨年8月にテレワーク利用の「子育てまたは介護を行っていること」の要件を撤廃し、利用上限を週1日から週4日に増やしたところ、利用者は22人に増えたが、同市の担当者は「職場、特に同僚の理解が得られないと利用しづらい雰囲気があり、浸透したとは言い切れない」と話す。

■都幹部部で試行も

小池知事は6日の新年度予算案知事査定で、資料のペーパーレス化に関して「テレワークにつながる第一歩」と述べた。都では昨年11月に「働き方改革推進ミーティング」を設け、各局職員課長などが月1回程度、「ライフ・ワーク・バランス」の議論をする中で、テレワークも取り上げている。

現状では、「テレワーク」という言葉そのものが職員に浸透しておらず、他自治体や民間企業の実施状況の調査や、職員へのヒアリングで機運醸成に努めている段階。まずは今年度中に一部の幹部職員で試行することを目指しており、総務局は「スピード感を持って進めていきたい」（職員支援課）と話す。

一方、都庁内では、「テレワークを実施している職員の業務管理が難しい」「他部署との調整が必要な業務も多く、直接会わなくなるので管理職にはなじまないのでは」などの声も挙がっている。

庁舎内でのテレワークとしては、会議室を除く全ての執務スペースで無線LANを使えるようにするなどICT環境を整備した豊島区の例があるが、在宅勤務を含めたテレワークの本格導入に向けてクリアすべき課題は多そうだ。

五輪への航海図 (147)　TOKYO 2020　開催まで あと1277日

中小企業の商機

産業振興のレガシーに

東京大会に関して調達する物品・サービスの入札手続きを一括して行う入札・調達情報ポータルサイト「ビジネスチャンス・ナビ2020」のユーザー登録件数が23日までに1万3千件を超えた。4月以降、大会組織委員会の入札手続きは原則、ナビを通して行うことになっており、好調な滑り出しだ。8割が都内の中小企業という。

同サイトは、東京都中小企業振興公社などが運営。既に官公庁や民間の発注案件を掲載しているが、今後は組織委の調達案件も取り扱う。同様のポータルサイトは12年ロンドン大会でも開設され、体操競技用品や馬術用の帽子、マスコットキャラクターの着ぐるみ、選手村へのキッチン機材配給・施工・撤去などの物品・サービスを中小企業などが受注した。東京の組織委でも各競技会場のテント・座席・フェンスなどの仮設設備や開閉会式・聖火リレー・表彰式などのセレモニーで使う備品など、多岐にわたる案件が想定されている。

組織委としては「限られた予算の中で最大限の効果が発揮できるよう、必要なものを必要なだけ、必要な時に最も安い価格で調達する」ことを使命としており、国内外から広く取引先を求めたい考え。一方、公社としては大会後の「産業振興のレガシー」としての成長も見据えており、村西紀章事業戦略部長は「電子調達のプラットフォームを提供し、代表的な受発注支援サイトに成長させたい」と語る。

大会を商機と捉える中小企業を資金面で支援する取り組みも並行して始まっている。東京信用保証協会は、東京大会関連の工事・製品を受注する中小企業の保証料率を優遇するキャンペーンを展開中。ユーザー登録した企業は、都の制度融資と同等の保証料率が適用され、昨年末の時点で1275件・計約10億円分の保証を行った。

同協会はビジネスチャンス・ナビの入札・調達案件を受注した中小企業に対し、工事代金などを引き当てとした運転資金を2億8千万円まで融資する。ユーザー登録するだけで融資が受けられ（上限1千万円）、担当者は「都内の経済の活性化につなげられれば」と話す。

ビジネスチャンス・ナビのシステム（イメージ）

発注側：大会組織委員会（4月以降）／民間企業／官公庁　→入札　→民間調達案件などの掲載
ビジネスチャンス・ナビ2020：入札・調達情報　登録企業情報
受注側：都内・全国の中小企業など　入札参加／受注提案→　←情報提供

主任試験講座

平成29年度 ⑰

今回も引き続き地方自治制度の確認をしていきます。

8 財務（第208条～第243条の5）

自治法第9章には、予算・決算等の財務に関する規定が定められています。この分野は都政実務の分野としても出題されていますので、職員ハンドブックも参照しながら勉強するとよいでしょう。以下では頻出分野について確認します。

①予算（第210条～第222条）

一会計年度における一切の収入及び支出は、全てこれを歳入歳出予算に編入しなければなりません（総計予算主義）。また、長は毎会計年度予算を調製し、年度開始前に、議会の議決を経なければなりません。

予算は、歳入歳出予算、継続費、繰越明許費、債務負担行為、地方債、一時借入金、歳出予算の各項の経費の金額の流用から成ります。

②財産（第237条～第241条）

地方自治法では公有財産、物品及び債権並びに基金を財産といいます。

公有財産は、行政財産と普通財産に分類します。行政財産とは、普通地方公共団体において公用または公共用に供し、または供することと決定した財産をいい、普通財産とは、行政財産以外の一切の公有財産をいいます。

物品とは、普通地方公共団体の所有に属する動産で現金、公有財産や基金に属するもの以外のもの及び普通地方公共団体が使用のために保管する動産（政令で定める動産を除く）をいいます。

債権とは、金銭の給付を目的とする普通地方公共団体の権利をいいます。

基金とは、条例の定めるところにより、特定の目的のために財産を維持し、資金を積み立て、または定額の資金を運用するために設けるものをいいます。

③住民監査請求（第242条）

普通地方公共団体の住民は、長や委員会、職員の違法若しくは不当な公金の支出や財産の取得等がある（当該行為がなされることが相当の確実さをもって予測される場合を含む）と認めるとき、または違法若しくは不当に財産の管理等を怠る事実があると認めるときは、これらを証する書面を添え、監査委員に対し、監査を求め、当該行為を防止・是正し、若しくは怠る事実を改め、または普通地方公共団体がこうむった損害を補塡するために必要な措置を講ずべきことを請求することができます。

ここで住民とは、法人たると個人たるとを問いません（事務監査請求と違い、1人で請求可能）。また、請求期間には制限（1年）がありますが、正当な理由があるときはこの限りではありません。

監査委員は、請求があったときは監査を行い、請求に理由があると認めるときは、議会や長、職員等に対し期間を示して必要な措置を講ずべきことを勧告し、当該内容を請求人に通知し、かつ、公表することとされています

④住民訴訟(第242条の2、第242条の3)

住民監査請求の請求人は、監査の結果または勧告、勧告を受けた議会や長等が講じた措置に不服があるとき、または措置を講じないとき等は、裁判所に対し、違法な行為または怠る事実につき、訴えをもって各種請求を行うことができます。当該請求の期間には制限があり（第242条の2第2項）、当該期間は不変期間とされています。

9 公の施設（第244条～第244条の4）

公の施設とは、住民の福祉を増進する目的をもってその利用に供するための施設（道路、公園、交通機関、公会堂等）です。住民の福祉の増進を目的としない競馬場等や、住民の利用に供しない庁舎等は公の施設ではありません。

普通地方公共団体は、正当な理由がない限り、住民が公の施設を利用することを拒んではならず、また、利用することについて不当な差別的取り扱いをしてはなりません。

公の施設の設置及びその管理に関する事項は、法律等に特別の定めがあるものを除くほか、条例で定めるとされています。

地方自治制度 ④

公の施設の設置の目的を効果的に達成するために、普通地方公共団体は、条例の定めるところにより、法人その他の団体であって当該地方公共団体が指定するもの（指定管理者）に施設の管理を行わせることができます。指定管理者の指定は、期間を定めて行うものとされ、指定をしようとするときは議会の議決を経なければなりません。また、公の施設の利用に係る料金（利用料金）を指定管理者の収入として収受させることができます。当該料金は、条例の定めるところにより、あらかじめ当該普通地方公共団体の承認を受けて指定管理者が定めるものとされています（公益上必要がある場合を除く）。

なお、公の施設は、関係普通地方公共団体との協議により、区域外にも設置することができます。このとき、当該区域外に設置される地域の住民との間に使用関係が生じないときは、協議は要しません。また、他の地方公共団体との協議により、当該他の地方公共団体の公の施設を自己の住民の利用に供させることができます。

10 国と普通地方公共団体及び普通地方公共団体相互間の関係

①普通地方公共団体に対する国または都道府県の関与等（第245条～第250条の6）

ここでいう関与とは、普通地方公共団体の事務処理に関し、国の行政機関または都道府県の機関が行う、助言または勧告、資料の提出の要求、是正の要求、普通地方公共団体との協議等をいいます。

普通地方公共団体は、法律またはこれに基づく政令によらなければ、国または都道府県の関与を受け、または要することとされません（関与の法定主義）。また、関与を受ける場合にも、その目的を達成するために必要な最小限度のものとし、普通地方公共団体の自主性及び自立性に配慮しなければならないとされています。

また関与等について生じる国と普通地方公共団体、または地方公共団体相互間の係争処理については、第250条の7～第252条に定めがあります。

②連携協約（第252条の2）

平成26年度の改正により、連携協約制度が創設されました。

普通地方公共団体は、他の普通地方公共団体と連携して事務を処理するに当たっての基本的な方針及び役割分担を定める連携協約を締結できます。連携協約制度は自治体間の柔軟な連携を可能とし、より一層の広域連携を促進する制度として期待されています。

③事務の代替執行（第252条の16の2～第252条の16の4）

同じく平成26年度改正により創設された事務の代替執行は、普通地方公共団体の事務の一部を、当該団体の名において、他の普通地方公共団体の長等に管理・執行させる制度です。事務の責任・権限を元の団体に残したまま、代行させることができ、離島・山間地域の市町村の事務の都道府県による代行や、近隣市町村間の連携への活用が期待されています。

11 大都市等に関する特例

①大都市に関する特例（第252条の19～第252条の21）

政令で指定する人口50万人以上の市は、政令の定めるところにより、都道府県が処理することとされている事務の一部を処理することができます。

指定都市は、市長の権限に属する事務を分掌させるため、条例で、区を設けるものとされます。平成26年度改正により、区に代えて総合区を設け、議会の同意を得て選任される総合区長を置くことができるとされました。

また、指定都市及び都道府県の事務の処理について調整を行うために必要な協議をする指定都市都道府県調整会議を設置することとされました。（指定都市制度の見直しに関する改正法の施行日は、公布の日から起算して2年を超えない範囲内において政令で定める日とされており、地方自治法施行令等の一部を改正する政令〈平成27年政令第30号〉により平成28年4月1日とされています）。

②中核市に関する特例（第252条の22～）

政令で指定する人口20万人以上の市は、指定都市が処理することができる事務の一部を、政令で定めるところにより、処理することができます。平成26年度の法改正以前は30万人以上とされていましたが、20万人以上が要件であった特例市を廃止し、制度を中核市に一本化することとなりました。（この部分の改正法の施行日は平成27年4月1日です）。

12 外部監査制度（第252条の27～第252条の46）

地方公共団体のチェック機能の強化や、不適正な予算執行の問題への対処を目的に、外部の専門家により外部監査契約に基づいて行われる監査を外部監査といいます。外部監査契約には包括外部監査契約と個別外部監査契約の2種類があります。

包括外部監査契約は、外部監査人が選択した特定の事件について、契約期間内に1回以上監査します。対象団体は、都道府県、指定都市、中核市、条例で定めた市町村で、契約を締結する場合において、連続して4回、同一の者と契約を締結することはできません。

個別外部監査契約は、長、議長、住民等の要求に基づき、監査委員の監査に代えて行います。個別外部監査契約は、包括外部監査契約と異なり、外部監査人に監査テーマの選択権がありません。対象団体は条例で定めた普通地方公共団体で、個別外部監査の請求がある場合、監査委員は、直ちに請求の要旨を公表し、意見を付けて、当該普通地方公共団体の長に通知しなければなりません。長は、契約を締結する場合において、あらかじめ監査委員の意見を聴取し、議会の議決を経て、契約を締結します。

外部監査人は、善良な管理者の注意をもって、誠実に監査を行う義務を負い、監査の実施に関して知りえた秘密を漏らした場合は、刑罰の適用があります。

これまで、地方自治法を中心に地方自治制度の確認を行ってきました。第9章「財務」等の細目や、特別地方公共団体等、紙面の都合で紹介できなかった箇所もあります。問題集を解きながら、条文を必ず確認するようにしてください。

◇

次回（6月上旬掲載予定）からの地方自治制度は練習問題となります。

カレントトピックス 29年度 ⑰

社会事情

■出生数が初の100万人割れ（2016年12月22日）

厚生労働省は、国内で2016年に生まれた日本人の子供は約98万人の見込みと発表した。統計を取り始めた1899年以降、出生数が100万人を下回ったのは初めて。また、死亡数が出生数を上回る人口の自然減は10年連続となり、人口減に歯止めがかからない状況となっている。

人口動態統計の年間推計によると、出生数は前年より2万5千人少ない98万1千人、死亡数は前年より6千人多い戦後最多の129万6千人。その結果、人口は、自然減が戦後初めて30万人を超えた。

出生数は、269万7千人と最多となった1949年（第1次ベビーブーム）以降は増減を繰り返していたが、第2次ベビーブームの73年の209万2千人をピークに減少傾向が続いている。

20～30代の人口減少に加え、子育てにかかる経済的な負担から第2子を産む夫婦が減っており、少子化の進行が改めて浮き彫りになった。社会保障制度を維持していくためにも、人口減対策や子育て支援の充実が政府に一層求められている。

■東電が家庭向け都市ガス販売（2016年12月26日）

東京電力ホールディングスは、首都圏で2017年4月から家庭向けの都市ガス販売を始めると発表した。

昨年4月の電力小売りの全面自由化に続き、17年4月からは都市ガス会社も家庭で自由に選べるようになるため、電気とガスの「セット割」などでライバルの東京ガスに対抗する。

東電が狙う都市ガス市場は、東京ガス管内だけで1100万件の契約があり、東電は東京ガスより割安な料金を設定し、初年度に4万件の契約獲得を目指している。

ただ、東電はガス関連の機器を安全に扱うノウハウが不足しているため、保安業務は首都圏でLPガスや中堅都市ガス事業を営む日本瓦斯（ニチガス）に委託する予定だが、保安態勢を万全にするには一定程度の時間を要するため、販売開始が17年7月にずれ込むことも想定される。

■医療介護にビッグデータ活用（1月7日）

医療や介護に関連した個人の膨大な記録をビッグデータとして生かすため、厚生労働省は「データヘルス改革推進本部」を立ち上げた。本部長は塩崎厚労相が務める。

厚労省によると、ビッグデータを基に病気の最適な予防法などを分析するとともに、医療と介護の質向上や社会保障費を抑制する狙いがある。2020年度の本格稼働を目指す。

個人の医療と介護の情報は、診療報酬明細書（レセプト）の審査機関である社会保険診療報酬支払基金などから提供を受けた厚労省で個別に管理されている。新しい仕組みとして、健康診断の受診時期や結果だけでなく、その後にかかった病気の治療、要介護状態となり受けたケアの情報を追跡してまとめる考えだ。

また、個人を匿名化してデータを蓄積し、社会保険診療報酬支払基金などが分析を行うとともに、民間に提供して研究に生かしてもらうことも検討する。さらに、電子カルテのデータベース化なども進めていく予定。

昇任試験対策のページ

29年度 論文講座 主任・係長 17

添削 ①

新年を迎え、皆さんも新たな気持ちで仕事に取り組まれていることと思います。係長試験はまだ先のことのようにも思えますが、あと約8カ月、あっという間にやってきます。決意も新たに勉強をスタートさせましょう。

さて、これまで、係長論文に必要な課題の整理や論文の構成など、基本的なことを学んできました。今回からは、実際に書かれた論文を参考にして、3回にわたって論文の構成や問題点、表現などについて具体的に添削を行っていきます。

論文課題

「ワーク・ライフ・バランス向上と係長の役割」

特別区係長選考

論文の課題は「課題もの」と「役割もの」と大きく二つのパターンに分類されますが、この論文は「役割もの」と言えます。係長として、係組織の責任者としての様々な役割を果たしています。論文課題に対して、係長としてどう取り組んでいくかを述べていきます。

今回の課題は比較的簡潔明瞭なので、出題意図は捉えやすいかと思います。

論文例

1 区民福祉の向上のために

区政を取り巻く状況の変化が激しく、区民のニーズが多様化・高度化する中、職員は今まで以上に職務遂行能力の向上を求められている。

また、区政運営の中核を担ってきた団塊の世代が大量に定年退職を迎えるにあたり、これまで培ってきたスキルや知識等の継承が課題となっている。さらに区は、一層の区民福祉の向上のため、少数精鋭で最小の経費により最大の効果を上げることが求められている。

そのためには、組織の最小単位である係の活性化が不可欠であり、係の要である係長の役割は大きい。係長には、係員一人ひとりが心身共に健康で、自己の能力を最大限に発揮できるよう、係員のワーク・ライフ・バランスに目を向けた職場環境を整備することが求められている。

私は係長として、以下の3点に取り組んでいく。

2 係の要としての係長の役割

第一に、係員の心身両面の健康保持に尽力する。係員が抱える子育てや介護などのライフイベントや生活状況は様々であり、心身の健康状態もそれぞれ異なる。また、様々な要因により、精神疾患に罹患する職員も増加傾向にある。

そこで、私は係員の出勤状況や日頃の様子に目を配るとともに、積極的な声掛けを行う。また、面談等の機会を活用して悩みや困り事を把握し、早期に対応する。

さらに、年次有給休暇の取得が少ない職員には、休暇の取得を勧奨するほか、各種休暇制度について情報提供を行い、適切な活用を促す。こうして、係員が心身共にバランスを保てるよう支援する。

第二に、積極的な事務改善を実施する。

まず、職場の情報処理方法を見直すとともに、係全員での情報共有を徹底する。係内でデータやファイルの共有化を図り、書類や資料を探す手間をなくし、担当者不在時の代理対応を容易にする。

次に、ホームページなど区民への広報内容を見直す。表記を区民に分かりやすく改め、FAQ等を充実させ、問い合わせ件数の減少を図る。

これらの事務改善により、区民サービスの向上と同時に事務の効率化を実現し、超過勤務の縮減につなげる。

第三に、係内の意思疎通を良くし、確実な連携体制を構築する。区民ニーズに的確かつ迅速に対応するためには、係内の協力や担当者間の的確な連携が欠かせない。

そこで、私は朝礼以外にも定期的な係会を活用する。担当者が抱える課題を係全員で情報共有し、協力によって解決することで強固なチームワークを形成していく。また、係員が個々の予定や事務処理の進捗状況を共有し、それぞれが把握できるようにする。

それにより、係員間の協力体制が強化され、担当者のアクシデントによる急な休暇の際にも係対応が可能となる。

こうした職場づくりを進めることで、繁忙期や緊急対応時などにも、係が一丸となって対応できるようにする。

3 働きやすく活気ある職場を目指して

これまで以上に区民の負託に応え、区民福祉を向上させるために、効率的で良質な行政サービスの提供に全力を尽くさなければならない。そのためには、職員がその能力を最大限に発揮し、成長し続けることができる職場環境が必要となる。職員のワーク・ライフ・バランスの実現により、職員一人ひとりがやりがいと組織への帰属意識を高めることで、組織全体の力量を高める。

私は係長として、職員一人ひとりとしっかり向き合い、職場環境の整備に熱意を持って取り組んでいく。そのために、たゆまぬ努力を続けていく所存である。

論文添削と講評

さて、この論文を読んで皆さんはどのような印象を持たれたでしょうか。具体的に内容を見ていきましょう。

係長論文は区によって文字数に違いがありますが、千字から1600字程度が一般的です。

論文には4段構成もありますが、係長論文の文字数から考えると、この論文のような3段構成の方が適しています。章ごとの文字数ですが、仮に1500字の論文とすると序論300字、本論900字、結論300字というところでしょうか。バランスに注意しましょう。論文の内容を見ていきます。

序論はこれからどのような視点で、どのような主張を展開していくのかを予告していく部分ですから、職場で「ワーク・ライフ・バランス」を実現するために「係長」はどのような「役割」を果たすのかについての方向性を示します。論文では、「係員のワーク・ライフ・バランスに目を向けた職場環境の整備が求められている」とあるものの、「なぜ、ワーク・ライフ・バランスを実現させる必要があるのか」について説明が欲しいし、「目標・あるべき姿」の示し方ももう少し力強さが欲しいところです。

また、小見出しが「区民福祉の向上のために」となっていますが、「区民福祉」と「職員のワーク・ライフ・バランス」は直接つながるものではありません。序論の展開も区政の現状分析や社会・経済情勢を論じようといいますが、ワーク・ライフ・バランスをなぜ実現する必要があるのかを考えれば、必ずしもこうした大きな視点ではなく、職員に（あるいは働く者に）普遍的なテーマとして論じることも可能です。

なお、団塊の世代（昭和22～24年生）は、既に退職しており、事実認識に誤りがあります。事実やデータを引用する際は、誤りがないように注意してください。

次に本論を見ていきましょう。ここでは、ワーク・ライフ・バランス実現のために係長として取り組む3点を述べていきます。三つの取り組みが似通ったものにならないよう、異なった視点で論述するように工夫をしましょう。

この論文では、「係員の心身両面の健康保持」「積極的な事務改善」「係内の連携体制の構築」が書かれています。バランスは取れており、働きやすい職場づくりのために取り組むべきことの論述としてはよいのですが、ワーク・ライフ・バランス実現のための取り組みを述べるとなると表現に工夫の余地がありそうです。

「係員の健康保持のため積極的にコミュニケーションを図る」「係員の主体的な事務改善による残業時間の縮減や有給休暇の取得促進をする」「情報の共有化により職場ぐるみで生産性を高め無駄な仕事を減らす」など、ワーク・ライフ・バランス実現のストーリーが見えてくるような展開をしていくのがよいと思われ思います。

小見出しも、ワーク・ライフ・バランスの実現を意識していることを示した表現にしたいところです。

取り組みの内容は、字数の制限がありますが、なるべくイメージしやすい記述を心掛けましょう。例えば二つ目の取り組みに、「データやファイルの共有化」と記述がありますが、いささか漠然としており読み手にはピンときません。「ファイル名の付け方にルールを定める」「保存場所を明確化する」な[illegible]表現の工夫（具体[illegible]ージしやすくなり[illegible]

最後に結論部分[illegible]では、本論の主張[illegible]りとして、ワーク[illegible]バランスの実現に[illegible]での係長としての[illegible]しています。力強[illegible]ありますが、文字[illegible]とりもあるので、[illegible]イフ・バランスの[illegible]定着させるために[illegible]が率先して効率的[illegible]画的に休暇を取得[illegible]とをうたってみて[illegible]しょうか。ぐっと[illegible]すと考えます。

論文作成能力の向上のために

論文では、自分[illegible]られた字数で表現[illegible]相手に分かりやす[illegible]

読者のひろば

ねりまちレポーター始動

一人ひとりの気づきを地域の改善に

練馬区では、2016年10月1日から「ねりまちレポーター制度」を開始した。これは、街路灯の不点灯や粗大ごみの不法投棄、道路舗装の不具合、公園遊具の破損などを発見した区民が、スマートフォンの専用アプリを使って現場を写真撮影し、区に投稿する仕組みだ。

まちの不具合に迅速対応

区では、日頃から職員が区内を巡回して道路の不具合などの発見に努めているが、広い区内で完全なチェックは難しい上、不具合発生から発見までには、どうしても時間差が生じる。一方、地域住民は日々の生活の中で、いち早く不具合を発見することができる。不具合によって不利益を被るのは生活者である区民自身だ。そこで、区民と区とをICTの活用によってつなぎ、地域の一人ひとりの気づきをダイレクトに地域の改善に生かすことができるようになれば、区民と区との協働によるまちづくりが進むのではないかと考え、本制度を導入することとした。

「ねりまちレポーター」の仕組み

before【車止め破損】after

投稿された写真と対応後の写真は、原則として区ホームページに公開しており、対応前後の違いが一目で分かるようにしている。このことにより、区民と区、さらには区民同士の情報共有化（見える化）を図っている。

これまで、対応結果は情報提供者のみに報告しており、せっかくの区民の「気づき」や区の対応は、気づいた本人と区との2者以外に知られることはなかった。本制度導入後は、投稿や区の対応をホームページで公開することによって、どの地域でどのような不具合があったのか、そして区はどのように対応したのかを、誰でも知ることができるようになった。レポーター登録をしていない区民であっても、地域の問題に関心を持っていただく契機となることを願っている。

本制度の導入によって、区の対応が今までより迅速になった。これまで、手紙やメールでまちの不具合情報が寄せられた場合、寄せられた情報を基に地図を見て現場を推定し、確認に出かけていた。現場に着くまでは実際にどのような状況なのか分からず、寄せられた情報だけでは現場が特定できない場合は、情報提供者に電話やメールで改めて確認していた。

一方、本制度の投稿では、現場写真と共に、スマートフォンのGPS機能によって、現場の位置情報（地図上に現場がマーキングされている）も送信されてくるので、現場の特定に全く時間を要さない。さらに、写真によって現場の状況を事前に把握してから、現場に出かけることができる。

これまでも道路や公園等の現場担当者の対応はかなり早かったが、制度導入による業務効率化によって一層スピードアップしたと感じている。簡易な補修等であれば、翌日までに対応が完了していることも珍しくない。庁内の業務改善にもつながっている。

before【不法投棄】after

投稿者から感謝のメール

今年1月12日現在のレポーター登録者は903人で、事業開始以来の投稿数は227件に上る。区民には好意的に受け止められており、投稿者から感謝のメールが寄せられている。いたずら等の不適切投稿を心配していたが、現在まで皆無だ。また、都道に関する案件や、道路標識など警察署所管の案件等、区の所管でない案件が投稿された場合には、関係機関に情報提供している。各機関では可能な限り対応していただいており、心から感謝申し上げたい。

今後は、町会・自治会等の地域団体にも積極的に周知していく予定だ。より多くの区民に本制度を活用していただき、区民と区が一緒になって、住みよいまちづくりに取り組んでいきたい。

（練馬区区長室広聴広報課広聴担当係長　石森信雄）

『都庁俳句』作品抄（2月1日発行）

日向ぼこ先客の猫逐う仕儀に　伊達天
やはらかき胸に入り日の冬至かな　澤田信一
波郷墓所いつもの顔の雪ばんば　間中恵美子
名ばかりの渡し跡なり都鳥　内田香晴
喪の家に今盛りなる花八ッ手　内田英一
女子会の漬け物談義冬に入る　岩井恵子
着付け先ず妻から始む七五三　奥田弘學
鳥声の散らして行きぬ冬紅葉　鈴木征子
フェリー待つ行商の姿冬かもめ　武内利夫
枯萩や誰も訪はざる谷戸の寺　成戸寿彦
羽黒山寒灯つづく裏参道　神谷邦男
神無月迷子求めて鳴るチャイム　田澤しげお
たけだけし縄張競ふ冬の鵙　髙橋弘
羅漢様酔ふて候十二月　葛西美枝子
ひょっとしてなどと年末くじを買ふ　山口昭義
行平鍋に昨夜のおでんひとりの餉　片野信子
灯台の無人となりて冬田打つ　佐々木いつき

会員募集・見本誌月刊『都庁俳句』贈呈。連絡先　佐々木☎03・3956・6342

残照に輝くインカ帝国

南米見聞録 −5−

▼ペルー

ティティカカ湖。トトラで作った浮き島と舟

ペルーの首都リマから車で3時間、パラカスという街にある小さな飛行場に着いた。そこから12人乗りのセスナ機で乾燥した大地の上空を1時間ほど飛行した。ある場所の上空に来ると突然セスナ機が上下左右に意図的に旋回し、質の悪いジェットコースターに乗った気分になった。後悔先に立たず、ペルーで最初に訪れたナスカの地上絵は私にとって苦行となった。

有名なハチドリや宇宙人など、ナスカの大地に描く幾何学模様の地上絵は人が造るにしてはよく出来過ぎている感じがしたが、正直、後はあまり覚えていない。嘔吐寸前でありそれどころではなかった。

◇

今度はボリビアとの国境にあるティティカカ湖畔から船に乗った。湖の標高は3890㍍、汽船の航行する湖では世界最高地にある。ほどなくして湖上にあるテニスコート一面程度の島に着いた。

島といっても普通の島ではなく、トトラと呼ばれる水生植物を3㍍積み上げて造った浮き島である。この湖には住居のほか、学校、教会など大小合わせて数十個の浮き島があり、数百人が暮らしている。島、家、舟など全てトトラで作られており、歩くと足元が柔らかい。富士山より高い場所で暮らす子供たちが寄ってきて、元気よく歌や踊りを披露してくれた。

◇

インカ時代の建造物が数多く残る標高3400㍍の古都クスコ、少し歩いただけで頭痛、息切れ、疲労、脱力感を覚えた。どうやら恐れていた高山病にかかったらしい。携帯酸素ボンベを使用し、特効性があると言われているコカ茶をかみながらの旅となった。クスコ郊外から鉄道で3時間かけて標高2千㍍まで下り、終着駅の小さな村に着くと体調がかなり回復した。この村は日本の温泉街に似ており、濁流ウルバンバ川が暴れるように流れていた。深きアンデスの山奥、この先の尾根に空中都市があるとは誰も想像できなかっただろう。

ラ・ラヤ駅（南米最高所の鉄道駅で標高4335㍍）で出会ったアルパカを飼う少女

スペイン人の征服によりインカ帝国が滅亡して約400年後の1911年、その失われた都市はアメリカ人探検家ハイラム・ビンガムの発見により歴史の表舞台に登場した。早朝、つづら折りの道をシャトルバスで登り、初めて目にするマチュピチュ。本やテレビなど二次元の世界では何度も見ていて既視感はあるが、その朝霧のすがすがしさ、山間の深き緑、鳥のさえずり、草花の芳香などは実際に来て初めて体感できるものであった。とりわけ重厚緻密でカミソリ1枚通さないインカの石組みは、スペイン人が造ったクスコの石組みと全く異なるものであった。

ワイナピチュ山から見たマチュピチュ。1983年ユネスコ世界遺産（複合遺産）登録

マチュピチュに行く機会があれば、その背後にそびえるワイナピチュ山への登山をぜひお勧めしたい。入山は一日400人と限定されている。1時間かけて険しい山を登ると、視界が開け360度の大パノラマの中心に立つことができる。眼下に見えるマチュピチュ遺跡は、馬の背に乗った鞍のようにも見え、急傾斜の地形を生かして精緻に計算して作られていた。

幾重にも連なるアンデス山脈の稜線とそこにたたずむマチュピチュ。太陽神のインカ帝国、その太陽を浴びるとますます山に映える遺跡となり、遠き場所から眺めても精巧で堅牢無比な石組を確認できた。夕暮れ時、落日の残照がインカ帝国のプライドを今なお黄金に輝かせていた。

（ブラジル在住　白鳥謙治）

福島インサイドストーリー

役場職員が見た原発避難と震災復興

今井照　自治体政策研究会編著　公人の友社刊

本書は、原発避難と震災復興という緊急対応に直面した、4人の自治体職員による「証言録」である。

菅野利行氏（富岡町）は、国や県に頼らず、町の職員自身が判断し、原発事故へ対応した壮絶な経過を語っている。「できない困難があれば、できるように考える」という平時にも通用することが、実は一番の教訓であることを示している。

庄子まゆみ氏（南相馬市）は、市町村合併前の境界線と重なる避難区域を設定され、厳しい市民感情の葛藤を克服する取り組み、いら立つ市民に職員と力を合わせた温かな対応、「復興の姿は、私たちが市民とともに決めます」と国にきっぱりと断言したことを、まさに目の前のことのように記している。

渡部朋宏氏（会津美里町）は、姉妹都市及び災害時相互応援協定を結んでいた楢葉町との自治体間連携により避難住民の安全を確保した一方、「戻りたいが戻れない」という切実な声に向き合い、平時には疑うことのない「住民」「住所」の再定義の必要を提起している。

安藤充輝氏（国見町）は、復興の司令塔となる町役場のスピード感あふれる復旧プロセスを、総合行政システムを中心に述べている。住民に寄り添う「立ち止まって考える」復興とは異なる局面に、何をなすべきか、多くを学んだ。

最終章では、今井照氏（福島大学）が「基礎的自治体の基本的使命」である「住民の生命と安全を保障」した職員の行動を高く評価しつつ、増大する業務と疲弊する職員の実態を指摘する。「小規模自治体だからこそ」、市民が「市民生活と地域社会」によって立つ職員を、平時から「鍛え」、市民が守られるという教訓に、大都市ゆえに乗り越えなければならない困難を感じる。

私たちの仲間が困難に直面し、何をなしたかを満載した「一級の歴史資料」である本書が突きつける覚悟を、身をもって引き受けられるだろうか、否、受けねばならぬのだ。

本書とほぼ同時に、今井氏は金井利之氏との編著で『原発被災地の復興シナリオ・プランニング』（公人の友社）を出版している。ぜひこちらもお勧めしたい。

（大田区教育委員会教育総務部副参事〈教育政策〉　曽根暁子）

都政新報

発行所 都政新報社
〒160-0023 東京都新宿区西新宿7-23-1 TSビル
(総務・読者) 03-5330-8781
(企画広告) 03-5330-8784
(編　　集) 03-5330-8786
(出　　版) 03-5330-8788
(ファクス) 03-5330-8808
購読料 月1,730円(税込)
毎週火・金曜日発行
ただし、祝日は休刊

紙面から

都2017年度当初予算案

初の小池予算「3つのシティ」実現へ

一般会計 0.8%減の6兆9540億円

終期設定でメリハリ重視

=3面に都議会各会派談話、4面に「職員定数」

都は25日、2017年度の当初予算案を発表した。一般会計は6兆9540億円で前年度比570億円(0・8%)の減で、12年以来、5年ぶりに減少に転じた。都税収入も6年ぶりに減少する中で、全事業に終期を設けるなどして720億円を削減。一方で小池知事の選挙公約の「3つのシティ」実現に向けて基金を積極的に活用し、382の新規事業を立ち上げるなど「メリハリを付けた」(小池知事)点が特徴だ。今回の予算編成では、都民の声を反映する「都民ファースト」実現のため、各種団体や区市町村、都議会各会派などから知事が直接ヒアリングを行うなどプロセスを大幅に見直し、予算に反映した。各党の復活要望は廃止したため、今回の予算案をそのまま第1回定例都議会に提出する。

【一般会計】　(単位:億円、%)

区分	17年度	16年度	増減額	増減率
歳入	69,540	70,110	△ 570	△0.8
都税	50,911	52,083	△ 1,172	△2.3
歳出	69,540	70,110	△ 570	△0.8
一般歳出	50,642	50,933	△ 291	△0.6

【歳入の状況】

区分	17年度	16年度	増減額	増減率
都税	50,911	52,083	△ 1,172	△2.3
地方譲与税	2,346	2,443	△ 97	△4.0
国庫支出金	3,854	3,778	75	2.0
繰入金	3,807	2,296	1,511	65.8
都債	2,983	3,533	△ 551	△15.6
その他の収入	5,641	5,977	△ 336	△5.6
合計	69,540	70,110	△ 570	△0.8

【歳出の状況】

区分	17年度	16年度	増減額	増減率
一般歳出	50,642	50,933	△ 291	△0.6
経常経費	39,906	39,972	△ 66	△0.2
給与関係費	15,702	15,796	△ 94	△0.6
その他の経常経費	24,204	24,176	28	0.1
投資的経費	10,736	10,960	△ 225	△2.1
用地費	1,551	2,019	△ 469	△23.2
工事費	9,185	8,941	244	2.7
公債費	5,002	4,403	599	13.6
税連動経費等	13,896	14,575	△ 678	△4.7
集中的・重点的な政策展開のための基金積立	–	200	△ 200	皆減
合計	69,540	70,110	△ 570	△0.8

■歳入

企業収益の減少による法人2税の減などにより、都税収入は前年度比1172億円(2・3%)減の5兆911億円となった。11年から堅調な伸びを見せていた都税収入は6年ぶりに減収したが、5兆円台を確保した。都債の発行額は、前年度比551億円減の2983億円に縮小した。今後の人口構造の変化や社会資本ストックの維持更新需要など財政負担の増加を見据え、発行余力を残した。起債依存度は4・3%で前年度から0・7ポ低下し、健全化が進んだ。

16年度最終補正で基金を新設し、イノベーション創出基金に300億円、無電柱化推進基金に700億円を積み立てる。

実行プランに掲げた政策の実現のため、基金を積極的に活用し、「3つのシティ」実現に向け、各種基金から3394億円を取り崩す。これにより、繰入金は前年度比1511億円(65・8%)増の3807億円となった。

保育士キャリアアップ補助のために福祉先進都市実現基金から461億円を取り崩すほか、インフラ整備などのために社会資本等整備基金から1509億円を活用する。各種基金残高は17年度末で1兆2806億円、財源として活用可能な基金(財政調整基金)の残額は6229億円となる見込みだ。

■歳出

一般歳出は、前年度比291億円(0・6%)減の5兆642億円を計上した。経常経費は同比66億円減の3兆9906億円。主な減要因は給与関係費で、東京五輪の準備に向けて職員定数が増加する一方、退職手当の減により94億円の減となった。一方で、その他の経常経費は、少子高齢化対策や中小企業への支援など都政課題の対応が求められたことから、トータルで前年度と同水準となった。

投資的経費は前年度比225億円(2・1%)減の1兆736億円。無電柱化や、橋梁(きょうりょう)整備を始めとする社会資本ストックの老朽化対策など災害対策を進めるとともに、骨格幹線道路などのインフラ整備推進に財源を集中配分。一方で五輪競技会場となる武蔵野の森総合スポーツ施設の事業進捗による減などが影響し、13年ぶりのマイナスとなったが、分野別では、待機児童対策の充実などにより、福祉と保健が349億円の増となった。

公債費は過去に発行した都債の償還を進めた影響で、599億円(13・6%)増の5002億円を計上した。

■小池カラー

昨年8月の就任以降、小池知事が初めて編成した当初予算は、知事の掲げる「ダイバーシティ」「スマート シティ」「セーフ シティ」の実現に向けた施策展開を主軸とし、昨年末に策定した2020年に向けた実行プランに掲げた来年度事業を100%予算化している。

一方で、社会保障関係経費や、道路や橋などの社会資本ストックの維持更新経費など、将来的には財政需要の更なる増加が見込まれており、企業収益に左右されやすい不安定な歳入構造を抱える都財政は健全化が求められている。小池知事は今回、約4800の全事業に、継続・廃止など事業評価のタイミングの「終期」を設定し、PDCAサイクルの強化を図った。

事業評価の推進で無駄を省き、前年度の取り組みと比べ2・4倍増の約720億円の財源を確保。施策の見直し・再構築は574事業で、前年度からほぼ倍増した。併せて政策実現に向けて過去最高となる新規382事業を立ち上げた。

新規事業では、LED照明の導入促進に90億円を計上。LED電球を100万個用意し、家庭の白熱電球から無償交換するなど知事肝煎りの政策を盛り込んでいる。

また、昨年9月に126億円の補正を組んだ待機児童対策には新たに1381億円を計上し、保育士キャリアアップ補助の拡充や保育所の賃借料補助などを新規事業として盛り込んだ。保育所の整備促進や人材の確保・定着、利用者支援の充実などの取り組みにより、来年度は保育サービス利用児童数1万8千人分を整備する考え。昨年4月時点の待機児童数8466人を大きく超える受け皿を用意することで、将来需要も見越した抜本的な対策を図る。

無電柱化事業は、予算額では前年度比2億円増の251億円にとどまったが、財務局主計部は「条例制定や低コスト手法導入への支援など、取り組みの内容や力の入れ方が違う」と小池カラーを強調する。経費負担がネックとなる無電柱化事業で技術革新やイノベーションを促進し、取り組みを広げたい考えだ。

一方で、知事査定では技術革新を支援する産業労働局の「未来を拓くイノベーションTOKYOプロジェクト」や、避難所や学校、公園などに設置する環境局の「自立型ソーラースタンド普及促進事業」が減額されるなど、知事自身の事業評価も反映された。また、都立広尾病院の移転先とされていた国有地の旧こどもの城敷地購入経費は執行せず、16年度最終補正予算で減額補正する。来年度予算にも計上しない方針で、同院の移転に対する知事の意向が表れた形だ。

都予算案 分野別の主な事業

ダイバーシティ

保育士等のキャリアアップ補助を始めとする待機児童対策に1381億円を計上する。一方、特別養護老人ホーム整備費補助に198億円を付け、特養入居者を2690人分拡充するなど少子高齢化対策に取り組む。

障害者の地域生活の基盤として、グループホーム・短期入所事業所などを新たに75カ所整備する事業などに199億円を盛り込んだ。新規事業では、障害などで医療的ケアを必要とする児童と家族が地域で生活し続けることができるよう、入院からの在宅移行などの支援を推進する受け入れ態勢の充実を図る。16億円を計上する。

医療の充実や健康づくりの推進には、総額で155億円を盛り込んだ。東京五輪に向けた受動喫煙防止対策では、宿泊施設や飲食施設の分煙化のモデル事業によって受動喫煙に関する実態調査を行い、事業者の分煙を支援し、300施設への分煙設備補助を行う。12億円を投入した。

バリアフリーの観点では、都内公共施設などのトイレ洋式化に計38億円を計上。東京五輪に向けて、競技会場周辺駅や会場に向かうルートのバリアフリー化には、区市道への補助やフルフラットバスの導入など130億円を盛り込む。

知事が公約にも掲げた動物殺処分ゼロに向けた取り組みには、動物譲渡の拡大・推進や普及啓発の充実など1億円を計上した。

「ライフ・ワーク・バランス」の充実のため、職場以外で仕事を行うテレワークを推進。「テレワーク推進センター」の設置など普及促進や、関係経費の助成を行う。予算は21億円。女性活躍推進には11億円を盛り込み、多摩地域で子育て期の女性を対象に就業支援などを新たに展開する。

教育分野では、都立高校の生徒を対象に給付型奨学金を創設するとともに、私立高校の特別奨学金補助を拡充する。学力格差の解消などと合わせ、164億円を計上した。

スマート シティ

環境問題に解決に必要な資金を調達するため、国内自治体で初となる「グリーンボンド」(環境債)を発行する。総額は200億円で、調達金は東京五輪の競技施設の環境対策や都道の暑さ対策、都有施設や道路のLED化などに活用する。

新規事業では、家庭の白熱灯をLED電球に交換する啓発事業や、バス停留所へのソーラーパネル設置促進事業など、スマートエネルギー都市の実現に177億円を計上。持続可能な資源利用の促進のため、食品ロス削減の推進やレジ袋の抑制、使用済み物品の3R促進も新規に盛り込み、8億円を当てた。

豊かな自然環境の創出・保全のため、自然公園の整備や保全活動の促進を行う。前年度から100億円以上を拡充して429億円を盛り込んだ。

「世界に開かれた国際・観光都市の実現」には320億円を計上した。都庁舎などでプロジェクションマッピングを行うユニークベニューの推進をはじめとして、都立施設の利用を促進するほか、欧米豪を中心とした富裕層に向けた観光プロモーションを強化する。

また、受け入れ環境の充実のために75億円を盛り込み、東京観光情報センター多摩の整備や、民間事業者の多言語対応の取り組みなどを支援する。

国際金融都市・東京の実現では、新構想の策定や海外金融系企業の誘致に取り組むため、24億円を予算化した。海外で活躍する都内ベンチャー企業の展開を支援するため、他企業とのマッチングやクラウドファンディングを活用した資金調達を支援する。女性の起業を促す創業支援などと併せ、36億円を盛り込んだ。

中小企業への支援では、経営安定化支援事業を拡充し、3440億円を計上。また、都内農地の活用や、江戸東京野菜の生産流通拡大に、合わせて55億円を計上した。

セーフ シティ

知事が意欲を見せる無電柱化事業では、国が関係法を整備したのに合わせ、都道で電柱の新設を抑制することなどを盛り込んだ新条例の制定を検討する。同事業関連では251億円を盛り込んだ。啓発活動や、区市町村への支援などを行い、技術的・財政的な支援を拡充する。低コスト化に向けて民間開発における誘導策の検討にも着手する方針。

防災面では、木造住宅密集地域の不燃化・耐震化に900億円、特定緊急輸送道路沿道などの建築物の耐震化促進に310億円を計上した。頻発する集中豪雨に対応するため、豪雨対策に761億円、津波・高潮対策に611億円を投入する。

大規模災害時に自助の向上に向けては、女性防災人材育成事業や、女性視点の防災ブックの検討・作成、液体ミルクの備蓄・活用に向けた検討など、新たな観点から新規事業を盛り込んだ。バーチャルリアリティーを活用した新たな防災体験車の整備や自主防災組織への支援などを合わせ、111億円を計上している。

テロ・サイバーセキュリティー対策では、警察と民間事業者、地域住民との協働体制を構築し、テロを許さないまちづくりを推進するため、58億円を盛り込んだ。空港や電力など、重要インフラで分野別の演習を行うほか、東京五輪の関連事業者との共同訓練を実施する。中小企業に対しても標的型メール訓練を実施し、危機管理対策を促進する。

地域コミュニティーの活性化では、商店街の活性化に専門家を派遣する応援事業や、商店街の空き家の活用事業などに新たに取り組み、48億円を計上。地域力の向上では3億円を盛り込んで、町会・自治会の活動を支援する新規事業を立ち上げる。空き家問題に対しては区市町村と連携して情報共有・連携を強化し、老朽マンションの建て替えを促進する新制度を創設する。16億円を投入した。

多摩・島しょ

多摩・島しょ地域の振興には、2393億円を計上した。市町村総合交付金を10億円増額し、市町村の課題への対応支援を行う。多摩地域では、ものづくり創業の推進など、産業活性化を支援するために41億円を計上。地域特性を生かした観光・産業振興ネットワーク事業や、同地域におけるMICE拠点の育成支援などを行うとともに、多摩地域女性就業支援プログラムなどの新規事業を通して、地域を支える雇用と就業を促進していく方針だ。

島しょでは「魅力再発見」と「ブランド化」に向けて新たな活性化事業に取り組むほか、電気自動車の普及モデル事業を行う。海底光ファイバーケーブルの整備によるインターネットの利用環境改善などと合わせ、270億円を盛り込んだ。

オリ・パラ大会

東京五輪に向けた取り組みとして、東京オリンピック・パラリンピック競技大会組織委員会と連携した開催準備を加速させる。大会に向けた啓発事業では、携帯電話などの小型家電に含まれる金属、いわゆる都市鉱山を活用して大会メダルを作るプロジェクトに都が協力し、都民に回収を呼び掛ける。3千万円を計上した。

パラリンピックに向けた障害者スポーツの振興では、理解促進や普及啓発のほか、新たに大会に向けた選手の育成事業に取り組む。合わせて89億円を投入する。

都民に向けたスポーツ振興には21億円を計上。19年に開催するラグビーW杯の開催準備として、ファンゾーン運営計画の策定などに取り組む。

競技施設の整備には432億円を計上した。有明アリーナ、アクアティクスセンター、海の森水上競技場の計400億円の整備費見直しについては、設計変更などの詳細が固まり次第、補正などで対応する予定だ。

大会に向けたボランティア文化の定着のため、企業に対してボランティア休暇制度の整備を促進する。機運醸成や活動支援を行うことで、共助社会の実現を目指す。12億円を盛り込んだ。

五輪文化プログラムの展開のため、芸術文化の創造・発信に31億円を投入。芸術文化活動を行う「場の開放」や先進的なプログラムの構築に向けて、新たな取り組みを開始する。

都議選

小池新党が4人擁立

自民は2人が改革訴え

小池知事の政経塾「希望の塾」を運営する政治団体「都民ファーストの会」が23日、地域政党として活動を始め、都議選の1次公認候補に元かがやけTokyoの3人と豊島区議1人を擁立した。各候補は自民党と全面対決することになる。一方、メディアで会派離脱を明言した都議会自民党の立石晴康氏ら2人が新会派を立ち上げるか注目されていたが、25日の会見で会派を離脱せず、会派内に改革を呼びかけていくと発表。豊洲新市場問題の百条委員会の設置を提案し、改革派を印象付けたが、都議選では小池知事の支援を受ける考えはないという。

都民ファーストの会は地域政党として活動を始め、事実上の小池新党と位置付けられる。代表には野田数政務担当特別秘書が就任。小池知事は役職に就かず、都政課題の解決に専念する。

地域政党の旗揚げに伴い、都議会には、かがやけTokyoから名称を改めた都民ファーストの会東京都議団が発足。幹事長を務める音喜多駿氏、両角穣氏、上田令子氏の3人に加え、昨年の知事選で小池知事を応援した豊島区議会元議長の本橋弘隆氏の4人が1次公認を受けた。

小池知事との連携を強める公明党の都議は、「小池印が付けば、どんな人でも当確だろう」と話し、「特に3人区では競合しないように配慮してほしい」と注文した。

今回、都議選に初挑戦となる本橋氏は前回、豊島選挙区から出馬を検討していたが、現職で1期目の堀宏道氏と候補者選定の決選投票の末、敗れた経緯がある。本橋氏を支援する豊島区議の一人は「過去の恨み節はないと思う。保守票を食い合う可能性があり、楽な選挙にならないはず。着実にやっていくしかない」と気を引き締めている。

2次公認の発表は未定だが、希望の塾が7日に実施した都議選対策講座の筆記試験の合格者は約300人に上り、現在、選考が行われている。2月5日に筆記試験を追加実施する予定。同都議団は「擁立する人数は全く決まっていない。改革派勢力で都議会の過半数を目指す」と語った。

一方、都議会自民党から会派離脱した新風自民党の3人に続き、新たに離脱する議員が出るか焦点となる中、現8期目の立石氏がテレビの取材で、新会派を立ち上げる考えを明らかにした。だが、立石氏は会見で会派を離脱しない考えを表明。その上で、「自民党内で圧力をかけられ、発言しにくかった。知事が交代したから改革する絶好のチャンス」と話し、1期目で葛飾選挙区の舟坂誓生氏とともに24日の自民党総会後、会議室に残っていた議員に豊洲新市場問題などの真相究明を求める資料を配布し、賛同者を呼びかけた。

立石氏らは会見で、豊洲新市場問題などで百条委員会の設置を目指す考えを示した。都議会自民党内で百条委設置に向けた勉強会を開く予定で、「賛同者は2桁いるのではないか」(舟坂氏)との見通しを示した。舟坂氏は小池知事と「連絡を取っていない」と明言し、今後も連絡しないと強調。百条委の設置は「議会人としての活動」(舟坂氏)であり、都議選で知事の支援を受けるためのパフォーマンスではないという。賛同者の人数次第では自民党がさらに分裂する波乱含みの状態となっている。

都選挙管理委員会は25日、都議選の日程を6月23日告示、7月2日投開票と決定した。現時点で、自民党は52人、公明党は23人、共産党は29人、民進党は36人、生活者ネットと都民ファーストの会は各4人、日本維新の会は9人、社民党は1人の公認候補を擁立した。

新風自民党が結成 議運メンバー変更

都議会

都議会自民党は24日の総会で、昨年末に会派を離脱表明した3人が新会派を結成することを正式に容認した。同日付で結成した新風自民党の大場康宣会長は「共通の志である小池知事の東京大改革を進めるスタートラインに立てた」と話し、25日には小池知事に新年度予算の要望を行った。

都議会の会派構成人数は自民党57、公明党23、共産党17、都議会民進党14、民進党都議団4、都民ファーストの会東京都議団と生活者ネットワーク、新風自民党が各3、無所属が3となる。

年98億円の赤字 温度管理が影響

豊洲維持管理費

都は25日、豊洲新市場の在り方を検証する市場問題プロジェクトチームの会合を開き、豊洲開場後の収支は年98億円の赤字になるとの概算額を明らかにした。

豊洲開場後の総費用は支出を伴わない減価償却費を含めると年166億円で、使用料を含めた収益は68億円となる。100億円近い赤字になるのは維持管理費が影響しており、築地が年約15億円に対し、豊洲は生鮮品の温度管理を徹底したため、5倍の約76億円に上る。減価償却費を除いた総費用は95億円で、27億円の赤字に縮小する。

都は築地市場の売却費(4386億円)などを活用した場合、市場会計全体では10年以上運営可能としているが、それ以降は試算していない。

会合では委員から「想定通りの販売額で処分できるのか」などの疑問が出たが、都は環状2号線用地の単価に基づき試算したと話した。都は内部努力でコスト抑制に努める考えだ。

都の補償スキーム 初めて業者に説明

市場移転延期で

築地市場の移転延期に伴う業者への補償に関して、都は24日、具体的なスキームを市場関係者に初めて報告した。都はきょう27日に詳細を発表する予定だ。

補償の対象は豊洲新市場に向けて採用した人件費、新市場の維持管理に必要な光熱水費、冷蔵庫など設備のリース代など。豊洲新市場に移転し、新たなビジネスなどで得られたはずの「逸失利益」は対象外とした。

補償スキームは、都が業者をヒアリングした結果を踏まえ、弁護士などで構成する検討委員会で決定した。都は補償を補正予算で対応する考えだ。各業者が都に補償額を請求し、審査を経て、4月から支給を開始する予定。市場関係者の一人は「3月に決算を迎える会社が多い。補償額を確定してもらわないと決算ができない」と指摘した。

冗句ジョーク

小池知事、メリハリのついた予算案発表

職員目安箱

「庁議から戻った局長の説明、これってセクハラじゃないでしょうか?」

17年度都区財調フレーム

交付金総額は9528億円

円高影響で2年ぶり減

都総務局は25日、2017年度の都区財政調整フレーム案を発表した。財調交付金総額は前年度比2・3％減の9528億円で、円高による企業業績の悪化などを見込み前年度比で2年ぶりの減少となった。一方、基準財政収入額は1・7％減の1兆1232億円、基準財政需要額は2・0％減の2兆284億円で、ともに過去最大だった前年度を下回り、5年ぶりに減少した。需要額算定では、新規15項目や算定改善等29項目などを盛り込んだ。フレーム案は2月2日開催予定の都区協議会で正式合意される。

財調交付金9528億円のうち、95％を占める普通交付金は9052億円、災害など特別の財政需要に充てられる特別交付金は5％の476億円で、配分割合の変更はない。

財調交付金の原資の固定資産税と法人住民税（市町村民税法人分）、特別土地保有税の調整3税の当初見込みは、前年度比220億円（1・2％）減の1兆7472億円。固定資産税は122億円（1・0％）増の1兆1809億円だったが、昨年前半に円高が進んだことを受けて企業業績の悪化を予測し、法人住民税は342億円（5・7％）減の5662億円と見込み、固定資産税の増額分を上回った。

基準財政収入額では、特別区民税が人口増と雇用・所得環境の改善などで堅調に増額するとし、前年度比97億円（1・2％）増の8069億円を見込んだ。一方で、昨年の株価下落や投資信託の配当金減少などの金融経済情勢の影響を反映し、金融資産課税が大幅に減額。利子割交付金や配当割交付金、株式等譲渡所得割交付金で、前年度比218億円（50・0％）減の217億円とした。

基準財政需要額では、都が昨年9月に公表した待機児童解消緊急対策の対応経費を臨時的に算定するなどし、経常的経費が前年度比160億円（0・9％）増の1兆8081億円。投資的経費は、臨時的な改築工事費の算定終了などを受け、前年度比574億円（20・7％）減の2203億円とした。

新規項目では、待機児童解消緊急対策経費を31億円算定。認可外保育施設などの保護者負担軽減と、保育士宿舎借り上げ支援事業を対象とする。区側は「全区で実施している普遍的な事業のため、経常的な経費として標準算定すべき」と主張し、事業計画期間の5年間での標準算定を提案したが、都側は「現時点で各区の実施状況などを把握できる状況にない」などとし、臨時的算定で決着した。

算定充実項目では、区提案の運動施設管理運営費が68億円増で最も大きかった。経常的経費として、標準施設面積1平方ｍ当たりの指定管理料を設定して算定を充実させるとともに、投資的経費として新たに野球場や運動場、プールなどの大規模改修・改築について各区の実績から投資的経費である工事単価を設定した。

次いで増加額が大きかったのは、区立保育所管理運営費（公設民営委託経費）で54億円増。子ども・子育て支援新制度で創設された保育士の処遇改善加算などに伴う委託料を反映した。

事業費見直しの項目では、都提案の区営住宅維持管理費などを算定した。都営住宅の区への移管から一定期間が経過し、指定管理者の維持管理の状況などを反映したもので、3億円減となった。

算定方法の改善項目などでは、土木工事が56億円増、建築工事が193億円増となった。

区側は実態に即した算出方法の改善を提案。現行では、土木と建築ともに物価上昇率に応じて算定しているが、東日本大震災や東京五輪の需要増を受け、14、15年度の工事費が物価上昇率を大幅に上回っており、その分の算出方法を実態に即して改善した。次年度以降も反映するかは改めて協議する。

区側が提案していた保育所利用負担の算定見直しは、今回の協議では合意に至らなかった。

区側は23区の利用者負担の実態を検証。都内市部と同水準だったと結論付け、現行の国基準による算定を見直し、区の独自負担分も上乗せして算定すべきと都に提案していたが、都側は、地方交付税制度の算出でも使用している国庫負担金の積算基準が妥当との立場で、協議は平行線だった。

区長会事務局は今後、都が地方交付税を根拠に挙げたのを受け、「地方交付税では、『地域子育て支援事業』で各自治体の社会経済状況に対応した施策の需要額が確保されている。次年度の財調協議で、改めて保育所利用者負担の見直しを提案する」との方針を示している。

2017年度都区財政調整フレーム（案）

（単位：百万円、％）

区分			2017年度当初見込み	2016年度当初見込み	差引増減	増減率
交付金総額	調整税	固定資産税	1,180,919	1,168,746	12,173	1.0
		市町村民税法人分	566,245	600,458	▲34,213	▲5.7
		特別土地保有税	10	10	0	0.0
		計	1,747,174	1,769,214	▲22,040	▲1.2
	条例で定める割合		55％	55％	—	—
	当年度分		960,946	973,068	▲12,122	▲1.2
	精算分		▲8,152	2,503	▲10,655	—
	計 A		952,794	975,571	▲22,777	▲2.3
	内訳	普通交付金分A×95％	905,154	926,792	▲21,638	▲2.3
		特別交付金分A×5％	47,640	48,779	▲1,139	▲2.3
基準財政収入額 B			1,123,188	1,142,928	▲19,740	▲1.7
	特別区税	特別区民税	806,875	797,131	9,744	1.2
		軽自動車税	3,154	3,076	78	2.5
		特別区たばこ税	67,192	68,896	▲1,704	▲2.5
		鉱産税	0	0	0	0.0
		小計	877,221	869,103	8,118	0.9
	利子割交付金		3,014	4,498	▲1,484	▲33.0
	配当割交付金		11,133	24,536	▲13,403	▲54.6
	株式等譲渡所得割交付金		7,632	14,520	▲6,888	▲47.4
	地方消費税交付金		191,538	196,853	▲5,315	▲2.7
	ゴルフ場利用税交付金		33	27	6	22.2
	自動車取得税交付金		5,107	5,528	▲421	▲7.6
	地方特例交付金		4,204	3,862	342	8.9
	計		1,099,882	1,118,927	▲19,045	▲1.7
	地方揮発油譲与税		3,773	3,947	▲174	▲4.4
	自動車重量譲与税		9,390	9,011	379	4.2
	航空機燃料譲与税		903	814	89	10.9
	交通安全対策特別交付金		1,069	1,120	▲51	▲4.6
	合計		1,115,017	1,133,819	▲18,802	▲1.7
	特別区民税特例加減算額		▲4,910	▲4,322	▲588	—
	地方消費税交付金特例加算額		13,081	13,431	▲350	▲2.6
基準財政需要額 C			2,028,342	2,069,720	▲41,378	▲2.0
	経常的経費		1,808,085	1,792,072	16,013	0.9
	投資的経費		220,257	277,648	▲57,391	▲20.7
差引 C−B			905,154	926,792	▲21,638	▲2.3
交付額	普通交付金		905,154	926,792	▲21,638	▲2.3
	特別交付金		47,640	48,779	▲1,139	▲2.3
	計		952,794	975,571	▲22,777	▲2.3

（注）計数整理の結果、変動することがある

「前哨戦」に区民から異論

都心決戦　混迷の千代田区長選 下

「（都議選の）前哨戦とは何事か。区民にとっては区長選こそ本番だ」――区長選に関する連日の報道に業を煮やした区民から区広報広聴課に怒りの声が寄せられた。小池知事の支援候補と自民党の擁立候補の対決となった今回の区長選は、7月2日に投開票される都議選の前哨戦として全国的に注目を集める半面、区政課題や政策に関する議論が影を潜めていることに戸惑う区民も少なくない。

区長選には、小池知事の支援を受ける現職4期の石川雅己氏（75）、与謝野馨元財務相のおいで会社員の与謝野信氏(41)＝自民推薦、政治団体代表で弟が茨城県つくば市長の五十嵐朝青氏（41）の無所属3氏が名乗りを上げている。最大の争点は石川氏の高齢多選の是非と見られ、現職にいずれも41歳の新人2候補が挑む構図が固まってからは、その傾向が一層強くなると予想されていた。

しかし、与謝野氏は「新しい風を吹き込む」と訴える一方で、「知事選で相手候補や支援者の悪口は避けるべきと感じた」と話し、高齢多選批判を前面に出していない。選対幹部は「現職には新旧交代という言葉が効果的。現職と互角に戦うためには、選挙戦術として触れなければならない」ともどかしさを浮かべる。

また、五十嵐氏も「党利党略やしがらみに影響されない区政にすべき」と語り、既存政党の関与や長期政権による弊害を指摘しつつ、直接的な高齢多選批判は行っていない。

争点埋没

他方で、政策面で争点があるかと言えば、明確な対立軸は見当たらないのが実情だ。

石川氏は「区民に寄り添いながら進めてきたこれまでの施策を根付かせる」と訴え、保育所待機児童ゼロや、23区で唯一0～18歳を対象とする医療費無料制度、全国に先駆けて制定した路上喫煙禁止条例（生活環境条例）などの継続を公約の中心に据える。

中でも「小池カラー」が感じられるのが、2011年に区が全国で初めて達成した「飼い主のいない猫の殺処分ゼロ」の継続だ。小池知事は「動物殺処分ゼロ」を選挙公約に掲げており、「東京大改革の担い手」を印象付ける政策となっている。

これに対し、新人2候補は昨年9月に厚生労働省が公表した区の潜在的保育所待機児童が477人に上ったことを問題視しており、「真の待機児童ゼロ」を訴えるが、具体策を示すには至っていない。

両候補の主要施策を見ると、与謝野氏は「日本一の千代田へ」をスローガンに、親子サマーキャンプや在住外国人とのスポーツ交流イベントなどによる英語教育の推進、伝統文化と流行のファッション・アートが共存するまちづくりを主張し、五十嵐氏は週1回の区民直接対話の実施やICTを活用した町会活動の活性化などを挙げる。しかし、いずれも現区政の方針転換を訴える施策ではなく、充実させる施策分野の提示にとどまっている印象だ。

23区の首長選挙では現職優位の傾向が強く、都民人気が高い小池知事との連携を強調する選挙戦術も奏功し、石川氏が先行する展開が続いている。「前哨戦」ではなく「本番」となるような選挙戦となるか。区民の審判は目前に迫っている。＝おわり

区がボランティア団体との共同事業として実施している猫の譲渡会。小池知事の施策にも大きく寄与する事業だ＝16年2月、千代田区役所で

地裁判決

住民の損害賠償認めず

江戸川区スーパー堤防訴訟

国が進める江戸川区北小岩地区の「スーパー堤防」事業に対し、住民4人が国と区に1人100万円の損害賠償などを求めた訴訟の判決で、東京地裁は25日、訴えを棄却した。

岸日出夫裁判長は「通常の区画整理でも生じる影響で、限度を超える権利侵害とは言えない」と指摘。住民の生活上の不便を認めたが、肉体的・精神的負担は先行買収に応じれば回避可能とした。

国に対して求めた盛り土工事の差し止めは、昨年3月に工事が完了したのを理由に却下した。

弁護団の大江京子弁護士は判決を受け、「一つひとつ事実に基づいて反証し、高裁の判断を求める」と控訴の意向を示した。

同区では篠崎公園地区でも2025年度までにスーパー堤防の盛り土工事を完了させる計画が進む。区は判決後、「主張が全面的に認められた。今後も安全・安心のまちづくりを丁寧かつ力強く推進していく」とのコメントを発表した。

判決を受けて報道陣の取材に応じる原告の高橋新一さんら

特別区 17年度予算案

練馬区

都児相と連携で見守り訪問

区税増収も3年ぶりに減

一般会計＝2514億7723万円（前年度比3.3％減）	
主な事業	
ひとり親家庭支援事業	1億3824万円
独立70周年記念事業	1億3061万円
要支援家庭の見守り訪問支援	2644万円
子供施設への看護師配置	1031万円
地域おこしプロジェクト	347万円

練馬区は25日、都の児童相談所と連携して行う要支援家庭向けの見守り訪問支援事業の開始に2644万円を盛り込んだ2017年度当初予算案を発表した。都が児童相談所を運営することが前提の事業で、前川燿男区長は「児童相談所の区移管には一貫して反対しており、区の子ども家庭支援センターによる地域単位のきめ細かな支援と、都による広域的かつ専門的な対応を組み合わせることが現実的で必要なことだ」と力を込めて語った。

見守り訪問支援事業は、都の児童相談所からの逆送致案件など約200件が対象。区内5カ所に設置する区地域子ども家庭支援センターに常勤の専門相談員を1人ずつ配置し、案件ごとの支援計画を作成して定期的に訪問支援を行う。専門相談員は社会福祉士や臨床心理士などの有資格者を任用し、4月から訪問を開始する。

新年度予算案ではこのほか、ひとり親家庭を対象とする介護や医療などの資格取得に向けた給付金制度を月額最大6万9500円引き上げるなど総合的なひとり親家庭の支援策に1億3824万円、8月1日に板橋区からの分離独立70周年を迎えることを受けた記念事業費で総額1億3061万円を予算計上した。

歳出予算を性質別に見ると、投資的経費が前年度比32・0％減の191億9650万円で、公園整備に伴う用地取得が完了したことが要因。義務的経費は、人件費と公債費がいずれも減少したものの、保育所の定員拡大などで扶助費が増加し、2・5％増の1365億9961万円となった。

歳入は、堅調な企業業績を反映した所得増を見込み、特別区税が1・4％増の645億2977万円、特別区交付金が3・6％増の793億3642万円となった。繰入金は40・3％減の62億9664万円で、前年度に特定目的基金を整理したことが影響した。

セブン&アイ3社と包括連携協定を締結

足立区

足立区は25日、セブン&アイホールディングスグループの3社と「足立区の活性化に向けた包括連携協定」を結んだ。同グループ3社と一体的に協定を結ぶのは23区初という。

協定は、災害対策や高齢者支援など幅広い施策分野の連携を目的とし、今年度中に初期消火用のスタンドパイプを10店舗に設置し、来月25、26日には協定締結記念イベントを開き、認知症サポーターの養成講座を実施する。

区役所付近にあるデニーズで以前より食育の啓発活動に協力を得ていた縁で、協定締結に至った。

近藤やよい区長は「区内に広がる店舗が地域の安全・安心を届ける拠点として機能してもらえれば」と期待を述べた。

◆自転車シェアを開始

◇文京区◇

文京区は23日、自転車シェアリングの実証実験を開始した。先行実施する千代田、中央、港、新宿、江東の5区と相互乗り入れし、貸し出し・返却方法や料金体系は先行区と共通の方式を採用する。

自転車を出し入れする「サイクルポート」を文京シビックセンターや総合体育館を始めとした区有施設や公園、東京ドームなど計22カ所に配置し、約200台を運用する。1月17日から22日に試乗会を開き周知を図った。

区土木部管理課では、「東京五輪を控え、第三の公共交通機関として役割を担ってほしい」と期待を込める。今後は民間施設に働き掛け、ポート数を80カ所程度まで増やしたい考え。

記者席

知事を囲んで夜の「男子会」

○……「都議会自民党の会派を割って、競い合う」。同党の立石晴康氏は民放の取材に応じ、会派を離脱する考えを明言した。それから8日後、舌の根の乾かぬうちに自民党に残って、改革するという方針にトーンダウンした。

立石氏と舟坂誓生氏は25日の会見で今後は豊洲新市場問題の百条委員会設置に向けた勉強会を開き、その名を「都政改革・都政刷新の会」にすると明らかにした。自民党から離脱した3人が結成した新風自民党よりも改革を前面に打ち出した。

新風自民党の3人の平均年齢は54・7歳に対し、2人は71・5歳。ある都幹部がこう皮肉った。「新風自民党と比べてしまうと、2人が開く勉強会の名称は古風自民党になるのではないか」

○……小池知事が都庁の女性管理職らを集めて懇談する「女子会」に続いて、「男子会」も開催されることになった。局長級幹部らが複数回にわたって知事を囲むという。

女子会はランチ形式で、簡単な自己紹介が行われたが、男子会は夜に行われるとのこと。ある幹部は「男を集めるくらいだから、お酒を出すんじゃないの。お茶ってわけにはいかないのでは」と話していたが、都議選に向けて断酒を宣言している知事はノンアルコールでお茶を濁すのだろうか?

○……「児童相談所の区移管は自治権拡充の美辞麗句の下に進めるべき問題ではない」「実務上、広域行政にならざるを得ず、一部事務組合を作るなどの話になる。その場合、都が行うのとどう違うのか。全く理解できない」――23区で唯一、児相移管に反対する姿勢を明確にしている練馬区の前川燿男区長が25日の予算案発表会見で熱弁を振るった。

児相移管を巡っては、区長会を中心に検討が本格化しており、各区の新年度予算案に移管経費が計上されるかが注目点の一つとなっている。

前川区長からは、「（他区は）もう少し実務を勉強していただきたい」と踏み込んだ発言も飛び出した。児相移管問題は今後も波乱の展開となりそうだ。

東京最前線

◆電通入札参加停止へ　滋賀県は長時間労働をさせたとして、労働基準法違反の疑いのある電通に対し、県発注の事業への入札参加を近く停止する。県は今月中に開く審査会で正式に決定する。県は電通に4件の事業を委託しているが影響はないという。奈良県でも入札参加停止を検討している。

◆食品ロス削減へ　広島市は2月、食べられるのに廃棄される「食品ロス」を削減するキャンペーンを開始する。市内の飲食店やスーパーなど計400店を協力店として登録し、客の要望に合わせた量での提供、小分け販売に取り組んでもらう。市民には、チラシを全戸配布し、食品ロス削減を呼びかける。

◆災害弱者の名簿を事前提供　兵庫県は、災害時に自力避難が困難な高齢者らの名簿に関し、自主防災組織などが平時から把握できるように市町に事前提供を責務と定めた条例改正案を2月の定例会に提出する。名簿の事前提供は本人の同意が必要だが、意思表示がなければ同意とみなす。可決されれば全国初。

◆組立型ERを提供　福島県と段ボールを扱う神田産業は20日、災害時の物資協定に関する協定を締結した。震災時に軽量で強度のある段ボール製のパネルを組み立てる救急救命室（ER）などを優先的に提供する。組立型ERは高さ2.2㍍、幅3㍍、奥行き2㍍で、照明や空調などの取り付けも可能だ。

自治トピ
140

◆在宅育児に月3万円　鳥取県は2018年度から、0歳児を保育園に預けず在宅で育てる世帯に1人当たり月3万円を給付する制度を始める。在宅育児世帯への給付が導入されれば、全国初の取り組みとなる。支援期間は生後8週間を過ぎてから1歳になるまでの10カ月間を想定している。

◆小学校増築で保育所　横浜市は2017年度、待機児童対策として児童数増加に伴う市立小学校の増築に併せて認可保育所の整備を進める。大曽根小学校が第1号。これまで小学校の空き教室を認可保育所として整備してきたが、利用は少なかった。今回は子供の多い地域で整備するため、利用が見込まれる。

◆タニタの給食提供　川崎市は17日、健康測定機器メーカー「タニタ」が監修した給食メニューを市立中学校に提供すると発表した。2018年度から年4回提供し、定番メニューとするのは全国初。タニタが手掛ける給食は、野菜が豊富で塩分控えめで、かむ回数を増やすために野菜は大きめにカットする。

◆起業塾で定住促進　福島県矢祭町は2017年度から、起業などのノウハウを提供する塾「矢祭未来想成アカデミー」を開く。町で起業することなどが受講の条件で、退職した高齢者らの定住促進を目指す。創業支援などに詳しい学識経験者を講師に招き、年間で週2回程度の講義をしてもらう。

◆ヤフオクで船売却　和歌山県は16日、県の漁業取締船をネットオークション「ヤフオク」で売却するため、入札参加の申し込みを始めた。昨年12月まで県沿岸部でパトロールに使用していたが、新しい船を購入したため、売却を決断。10年にもオークションにかけた漁業取締船は約529万円で落札された。

動き出した「都民ファーストの会」

選挙プランナーの眼　地方政治の舞台裏から㉜

都議選占う千代田区長選

今月23日、小池知事の都知事選における確認団体であり、「希望の塾」を運営する「都民ファーストの会」が、今夏の都議選に向けて第一次公認候補4人の擁立を発表しました。また、これまで「小池新党」と言われてきた候補の受け皿として「都民ファーストの会」が地域政党として活動を始めることも発表されました。二元代表制への配慮から、小池都知事は地域政党の役職には就かず、代表には小池知事の政務担当特別秘書を務める野田数氏が就任しました。「都議選対策講座」の受講生として約300人が選抜されるなど、都議選への準備は着々と進んでいるようです。

投票・得票率も注目

夏の都議選を占う上で注目されているのが千代田区長選（1月29日告示、2月5日投開票）です。

小池知事の人気の前に対抗馬が見つからず、自民党都連の不戦敗かと思われた矢先、自民党は千代田区を地盤としていた与謝野馨元財務相のおいの与謝野信氏の擁立に成功。区内には与謝野氏と丸川珠代五輪相、そして安倍首相の顔写真が入った政治活動用ポスターが瞬く間に貼り出されました。自民党都連の支援のもと、与謝野氏は多数の千代田区議から支援を受け、告示前の活動を活発化させています。

現職の石川雅己氏は、小池知事との握手のポスターを貼り出し、キャッチフレーズも「区民ファースト」とイメージを重ねる戦略。22日の決起大会には小池知事も登場し、「都民ファーストの会」の役員も駆けつけるなど、小池新党の初陣として総力戦を挑む構えのようです。

千代田区は先の都知事選で小池知事の得票率が48・43%と、豊島区、中央区、港区に次いで4番目に高かった区です。知事就任後の支持率の高さからも、下馬評では石川氏優勢との見方が大勢を占めています。

ただ選挙は、投票箱が開くまで何が起こるか分かりません。圧勝ムードで支持者が投票へ行かず、落選したケースは枚挙にいとまがありません。期日前投票も含めて、支持層に対して確実に投票所まで足を運んでもらうための働き掛けは、自民党に長年のノウハウがあります。石川陣営は何度も接戦を制している歴戦の陣営だと思いますので、当然油断はないと思いますが、気を引き締めてかかる必要があるでしょう。

個人的には当落だけでなく、投票率と各候補の得票率にも注目しています。千代田区長選挙の過去3回の投票率は42%前半～43%後半と低迷しています。今回、全国的にも注目され報道量が増える中で、どの程度投票率が上がるのかは、夏の都議選における一つの参考値となるでしょう。

また、小池知事と内田茂都議の対決をあおる報道に隠れて、五十嵐朝青氏についてはあまり注目をされていませんが、候補者としてのタマの良さを指摘する声もあります。公開討論会で存在感を発揮できれば、五十嵐氏が一定の票を獲得する可能性もあり、各候補の得票率がどうなるのかも都議選を占う上で注目しています。

デマ対応の要諦

私は昨年12月に行われた大阪府泉大津市長選挙、今年1月に行われた大阪府四條畷市長選挙において、新人候補のサポートをしておりました。どちらも2期目の現職に挑む厳しい選挙戦で、かつ相手陣営の流すデマに苦しめられた選挙でした。デマに反論することは相手の土俵に乗ることであり、デマ自体を知らなかった人に告知してしまうリスクもあります。デマの反論に時間を割くと、本来訴えたかった政策や主張がかすんでしまうことにもなり、どう対応するのかは非常に難しい判断を迫られます。

デマへの対応の要諦は、そのデマによってこちらが支持を落としているかどうかを冷静に見極めることです。泉大津市長選挙においては、調査の結果、相手陣営のデマによって特に高齢女性層の支持が下がっていることが分かりましたので、演説の内容や話し方の修正、後半に配布するビラについては女性を意識した内容・デザインに変更するなどの対応を行い、見事当選を果たすことができました。

四條畷市長選挙では相手陣営のデマによる影響はあまりないと判断し、街頭活動やビラでの対応はしませんでした。現職陣営は「新人候補には共産党がバックについている」と街頭演説や個人演説会で訴えましたが、こうした事実無根のデマは、28歳の新人候補に同情票を呼び込み、現職の票を減らす結果になったのではないかと思います。新人候補の意見交換会に参加した人からすると、共産党も含めて何か政党の組織的な支援がないことはすぐに理解できたことでしょう。そうなると「デマで新人候補を攻撃しているのはけしからん」「新人候補が可哀想だ」という有権者心理が働き、結果として現職は票を減らしたのではないかと分析しています。

千代田区長選挙で追い上げる与謝野陣営としては、石川氏の多選批判や高齢批判を行うことも予想されます。ただ、私の経験ですが、特に女性は他候補への攻撃を嫌う傾向があります。それが事実に基づくものであっても、ネガティブキャンペーン自体を受け入れない方が多いので、女性からの支持率が高い小池知事を相手にする場合、政策論争ではなく批判が全面に出る選挙戦になれば女性票が離れていくのではないかと予想しています。そうした仮説も踏まえ、千代田区長選挙で3陣営がどのような選挙戦を展開していくのかを注視していきたいと思います。

（㈱ダイアログ代表取締役　松田馨）

都来年度予算に38億円

トイレ洋式化

「和式整備は先入観」利便性重視へ

25日に発表された来年度予算案で、都は都内公立学校や都営地下鉄駅、都有施設などのトイレを洋式化するために、今年度の8億円から大幅増の37億6700万円を盛り込んだ。一般家庭のトイレはほとんどが洋式であるにもかかわらず、公共施設や学校、公衆トイレには和式が多く残っている。増加する訪都外国人には使い方が分からず不便であるだけでなく、高齢者や障害者の障壁になっている。今後は学校や地下鉄駅などでいかに速やかな整備を進めるかが課題となる。

「トイレに行くことができず、健康を害している児童もいる」

昨年末に行われた予算編成の政党ヒアリングで、都議会公明党は公立学校のトイレ洋式化を重点項目の一つに掲げ、知事に対策を求めた。

NPO法人日本トイレ研究所の調査によれば、多くの児童が和式トイレに抵抗感を抱いており、小学生の5人に1人が便秘症状を抱えている。都内の教育現場で実際に健康被害が生じた事例はないが、小学校に入学後、慣れない和式トイレに困惑する児童が多く、学校側は入学後にリーフレットなどで和式の使い方を指導することもあるという。

国の調査によれば、都内の公立小中学校の洋式化率は54・2%と、全国平均の43・3%と比較して高い。設置者別の統計では、豊島区の小中学校で86・7%、調布市で91・4%が洋式化している一方、3割程度の自治体もあり、状況はまちまちだ。

また、学校のトイレ洋式化は、災害時に避難所となるために多くの人が使いやすい環境整備も重要な理由の一つだ。国も、多くの「トイレ難民」が発生した昨年の熊本地震の教訓を受け、今年度から公立学校での洋式トイレ整備率を調査している。小中学校のトイレ整備は区市町村が主体で、国から3分の1が交付される。都は来年度から、国の助成に上乗せして改修を進める方針だ。

他県でも洋式化を進める動きはあり、神奈川県などでは今年度から県立高校全トイレの洋式化に乗り出している。都教育庁も新設トイレは洋式化しているが、現在、都立高校の洋式普及率は46・4%にとどまる。教育庁は数年間で順次整備工事を行い、8割に引き上げる方針だが、衛生面などから和式トイレを残す要望もある。公衆トイレで便座に触れることのない和式を望む声は学齢が高いほど根強いという。

都内の公立小中学校でも洋式化の取り組みが進んでいるが、やはり和式トイレに一定の需要があり、都が昨年末に策定した実行プランでも、2020年までに公立学校のトイレのうち、洋式化の目標値は8割とした。

洋式化には、自治体だけでなく学校ごとにも温度差がある。ある小学校校長は「移動教室などで使用する施設には、和式しかない場合もある。児童が使い方を学ぶ機会を保つ必要がある」と話し、全洋式化には否定的な立場だ。

■誰もが快適な環境に

一方、洋式化を始めとするトイレ環境の整備は、外国人の増加という観点からも重要であるため、都営交通は東京五輪までに大江戸線環状部の駅トイレを全て洋式化する。現在、全都営地下鉄101駅でトイレは114カ所あり、洋式化達成率は約4割。20年までの3年間で約9割、21年度までの完了を目指す。利用客へのモニター調査でも洋式化の要望が強いことから、順次改修に取り組んでいる。

大江戸線では主に洋式化の整備のみを行うが、浅草線、三田線、新宿線では設備の老朽化が進んでいるため、全面改修を行いベビーチェアやパウダーコーナーの設置などグレードアップを進めている。

小池知事は「ダイバーシティ」の観点からも、東京大会までの3年間で誰もが使いやすい洋式トイレの整備を進めたい考えだが、課題は工事期間だ。改修中はトイレを使えず、学校などの施設では複数年で順次工事を行う必要がある。騒音などの懸念もあり、作業は長期休暇が中心になる見込みだ。

地下鉄のトイレ工事は更に条件が厳しく、工事は終電後から始発までの数時間に限られるなど、長期化する場合もある。トイレが使用できない期間は仮設トイレを用意する。

都内の公共施設で和式トイレが主流だった要因は、整備時の時代背景だけではなく、「公共トイレは和式が当然という先入観があった」（都有施設担当者）結果だという。3年後の祭典に向けて、またいつ来るとも分からない災害に備え、残された準備期間は少ない。

都営地下鉄駅で改修工事のために用意した仮設トイレ＝曙橋駅で

都議会各会派談話
予算案に好意的評価

都の2017年度予算案が25日に公表されたことを受けて、都議会5会派は談話を発表した。小池知事は今回の予算編成で復活要望を廃止し、関係団体や各会派から直接ヒアリングを行った上で、予算案に反映したが、復活要望廃止に強い抵抗を示していた自民党を含め、各会派からは予算編成に好意的な評価が相次いだ。

都議会自民党の高木啓幹事長は、昨年12月の知事によるヒアリングの際に「ラグビーW杯と五輪の成功に向けて」「産業と環境に関する取り組み」など5つの重点項目を中心に要望したことを踏まえ、今回の予算案を「我が党の提言を踏まえたもの」と評価。一方で引き続き五輪成功や豊洲市場の推進などの重要課題に取り組むとともに、予算案の内容を精査した上で、都議会で提言や質疑を行う姿勢を示した。

都議会公明党の東村邦浩幹事長は、予算全体を「我が党のこれまでの政策提言や要望が随所に反映されている」と絶賛。「抑揚の付いた予算案」と評するとともに、同会派が主張してきた高校授業料の公私間格差の是正について、今回の予算案で示された私立高校無償化の取り組みなどを高く評価した。

共産党都議団の大山とも子幹事長は予算案を「不要不急の大型開発が推進されている」と受け止める一方で、「福祉・教育などで施策の前進があったことは重要」と一定の評価を下した。また、待機児童対策での保育士給与引き上げや教育格差の是正などを高く評価したが、特別養護老人ホーム整備費の減額や幹線道路計画などの大型開発について反対する姿勢を示した。

都議会民進党の大西智政調会長は、無駄の排除による財源確保や行財政改革の断行などに取り組む今回の予算案を「私たちの主張に沿うもの」と受け止め、積極的な取り組みを高く評価。今回の予算編成で復活要望が廃止されたことについては、「影響は見られず、むしろ予算編成過程の透明化が図られ、充実した予算が措置されたものと考える」と評した。

都議会生活者ネットワークの西崎光子幹事長は、復活要望廃止を「慣例のように実施され、セレモニー化していた」と分析。市町村総合交付金や特別区都市計画交付金など、復活要望がなくても増額されていることを指摘した。予算案については、教育予算や女性支援など「これまで要望してきた『人への投資』が盛り込まれ、予算の表現についても都民や子供向けに分かりやすい」と評価した。

都政ダイジェスト

（1月1日～15日）

▼新年度予算編成に向け、各局の要望などを精査する知事査定が5日から始まった。

▼小池知事は6日、来年度の早い時期に都情報公開条例を改正する考えを示した。

▼都は6日、賞味期限が近付いている防災備蓄品を社会福祉法人などに配布すると発表した。

▼都財務局は10日、都有施設の総合管理方針の素案をまとめた。

▼小池知事が12日早朝、築地市場を視察した。

▼都教育庁は12日、2016年度の体力・運動能力などの調査結果を発表した。

▼都産業労働局は12日、都と熊本県などを結ぶ観光ルートを発表した。

▼東京五輪の都外競技施設の費用負担などを巡り、都や関係自治体などで構成する連絡協議会が13日に開かれた。

▼小池知事は13日、都内の全39市町村長から要望などを意見交換すると発表した。

▼都は14日、豊洲新市場の地下水モニタリングの最終結果で基準値を超過したベンゼンなどを72カ所で検出したと発表した。

17年度都職員定数

都全体で4年連続の増員

五輪準備・児童相談の充実図る

都総務局は25日、2017年度職員定数の概要を発表した。昨年12月に発表した「2020年に向けた実行プラン」に掲げる事業や東京五輪の開催準備に必要な人員を措置する一方で、内部努力も継続した結果、知事部局等と公営企業を合わせた都職員定数条例は前年度を187人上回り、3万8315人。学校職員、警察・消防を含めた都全体の総定数は前年度を758人上回り、16万7577人となった。総定数の増加は14年度以降、4年連続となる。

知事部局等の職員定数は、五輪招致決定以降、開催準備に係る人員を始めとして、各局からの増員圧力が続き、小池新知事の下での「実行プラン」の確実な実現に向けても執行体制の確保を求められていた。ただ、依然として民間の採用活動は活発で、官民問わず人材獲得競争が激しく、質・量ともに人材の確保が難しくなっていることなどから、厳しい査定が見込まれていた。

知事部局等と公営企業を合わせ、都条例に定める職員定数は187人増の3万8315人。条例上の定数は3年連続の増となる。知事部局等は前年度比135人の増で、増員が11局、減員が4局。公営企業では交通局が52人増だった。

主な増員項目では、五輪準備関係全体で約60人が措置された。内訳は、有明アリーナを始めとした競技施設や公園施設の整備などで財務、建設、港湾各局で計30人増、五輪準備局の体制強化で21人増など。なお職員定数には、五輪組織委員会などへの派遣職員は含まれていない。

五輪準備関係以外では、16年度に引き続き、児童相談所の体制強化で38人の大幅増（福祉保健局）となった。そのほか、全国育樹祭の開催準備で8人増（産業労働局）、患者支援センターの体制強化で5人増（病院経営本部）などがある。

一方、主な減員項目では、経済センサス活動調査の終了で14人減（総務局）、滞納整理事務の体制見直しで13人減（主税局）、都が施行する市街地整備事業の進捗に応じた体制見直しで7人減（都市整備局）などとした。

コンプライアンス推進部を新設

主な組織改正では、都のコンプライアンスを一層推進するため、総務局で行政監察室を改組し、コンプライアンス推進部を新設する。また、福祉保健局で児童へのきめ細かい支援に向け、人材育成や関係機関との連携を強化するため、児童自立支援施設に児童自立支援専門課長の設置を計画している。

教員、警察・消防も含めた総定数は758人増の16万7577人。学校職員は児童・生徒数の増加などに伴い、411人の増となった。警視庁は人身安全関連事案対策の強化などで114人の増、東京消防庁は救急隊の増強などで46人の増とした。

都の職員定数を巡っては、小池知事の就任後、「都民ファースト」の実現に向けた情報公開の推進など、従来にない業務への対応が必要となる一方、ライフ・ワーク・バランスを徹底し、働き方の見直しも求められており、これまで以上に効率的な執行体制による事業運営が必要となっている。

庁内からは「リオ大会が終了し、いよいよ五輪準備が加速化する。これまで以上に五輪準備に人員が必要となることはやむを得ないが、それ以外の重要な課題への対応もおろそかになることがないようにしていく必要がある」「都政の課題が複雑化・高度化する一方で人材の確保が難しい中、これまでの働き方を見直し、柔軟な事業執行により対応していくしかない」などの声が聞かれた。

総務局人事部は「五輪準備を始め、数多くの課題を着実に克服しなければならず、社会経済情勢を踏まえるとより一層、無駄を省き、生産性の向上を図る必要がある。業務の遂行に当たって、引き続き創意工夫を重ね、有効かつ最適なマンパワーの活用を進めていきたい」と話している。

2017年度 定数査定状況（知事部局等）

局名	16年度定数	17年度査定 増員	17年度査定 減員	17年度査定 差引	17年度定数
政策企画局	120	0	0	0	120
総務局	2,435	104	△77	27	2,462
財務局	434	7	△4	3	437
主税局	2,923	22	△31	△9	2,914
生活文化局	394	5	△4	1	395
オリンピック・パラリンピック準備局	229	39	△11	28	257
都市整備局	1,149	24	△28	△4	1,145
環境局	474	5	△3	2	476
福祉保健局	4,117	116	△84	32	4,149
産業労働局	1,233	57	△43	14	1,247
建設局	2,395	36	△20	16	2,411
港湾局	622	41	△24	17	639
会計管理局	115	1	△3	△2	113
青少年・治安対策本部	44	0	0	0	44
病院経営本部	6,814	34	△24	10	6,824
中央卸売市場	626	4	△6	△2	624
収用委員会事務局	30	8	△8	0	30
労働委員会事務局	38	0	0	0	38
知事部局計	24,192	503	△370	133	24,325
議会局	148	0	0	0	148
人事委員会事務局	63	0	0	0	63
選挙管理委員会事務局	25	0	0	0	25
監査事務局	89	0	0	0	89
教育庁	668	13	△11	2	670
海区漁業調整委員会事務局	5	0	0	0	5
行政委員会計	850	13	△11	2	852
合計	25,190	516	△381	135	25,325

都水道局

マツ枯れ対策など60題

事業研究発表会を開催

都水道局の研究発表会が24日から26日まで角筈区民ホール（新宿区）で開かれ、水源や防災、事務などに携わる職員が、業務を通じて行った調査や改善提案を論文にまとめて発表した。同会は職員の意識啓発や技術の向上などを目的に毎年開催しており、今回は計60題の発表があった。

水源管理事務所の高屋陽平さんは、小河内ダム周辺の寄生虫によるマツ枯れの対策について発表した。ダム周辺の森林を3地域に分け、それぞれ枯損マツの伐採や健全マツへの薬剤注入などの対策を行ったところ、薬剤注入したマツは1年後も9割以上が健全だったことが確認された。近年、小河内ダム周辺のマツ枯れによるダムへの倒木の流出や遊歩道の安全確保が問題となっていた。

研修・開発センターの野澤太一さんは、利用者が水道使用量をインターネットなどで確認できる水道版スマートメーターの技術・サービスの調査を発表。技術面では、フィールドワークを行い、近年利用拡大が進んでいる920メガヘルツの有効性を確認。サービス面では利用者へのアンケートで9割以上が「満足」と答え、一定の成果があったものの、調査期間の後半になるにつれ利用者が減少し、更なる内容の検討が必要とした。

このほか、砧浄水場外の取水施設の調査や、局内での財政面から分析した業務運営体制の提案などが出された。

都職員採用

Ⅰ類A・Bの試験 第1次は5月実施

都人事委員会は24日、2017年度の都職員採用試験の日程を発表した。大学院修了程度のⅠ類Aは5月14日、大学卒業程度のⅠ類B（一般方式・新方式）は5月7日に実施する。試験案内は3月7日から配布し、申し込みはインターネットが4月4日午前10時から10日午後3時まで、郵送が4月3日から7日（消印有効）まで。試験区分・採用予定者数は2月下旬に発表する予定。

キャリア活用採用選考の試験日は8月13日、Ⅱ類・Ⅲ類採用試験は9月10日、任期付職員採用試験は12月10日となる。

都監理団体所要人員計画

全33団体で1万1680人

観光・文化振興で体制強化

都総務局は25日、2017年度の都監理団体所要人員計画の概要を発表した。全33団体の所要人員は計1万1680人で前年度比186人の増。内訳は既存事業が49人増、新規や都からの移管事業が137人増となっている。

監理団体の所要人員計画で最も多く人員が措置されたのは、東京都下水道サービス㈱で前年度比35人増の767人。中部、南部両下水道事務所が所管するポンプ所の保全・管理業務や管路施設の点検・維持管理業務の移管などに伴うもの。

次いで多いのは㈱PUCで、21人増の606人となる。17年度から品川営業所の業務を移管するため。

東京水道サービスでも「特別計画排水作業」などの受託に伴い、執行体制を強化する。

（公財）東京都歴史文化財団はアーツカウンシル東京の文化プログラム事業の推進などで17人を新たに措置した。人員は295人となる。同財団は東京都美術館など都立文化施設の指定管理も受ける。

（公財）東京観光財団はMICEの受け入れ環境整備などで20人増の101人となる。

（公財）東京都保健医療公社は、多摩南部地域病院で看護体制を再編する。同病院ではICUの体制を取っていたが、診療報酬改定もあり、新たにICUと一般病床の中間的なハイケアユニット（HCU）の看護体制を取ることとした。同公社の人員は計2623人。

そのほか、（社福）東京都社会福祉事業団では、都の福祉職の引き揚げに伴い、監理団体の固有職員を増員する。人員は1002人で、うち都派遣は353人となる。

都春期幹部異動

管理職の不足傾向に拍車

五輪・都政改革・市場移転で

都総務局はこのほど、幹部人事担当課長会で2017年春期幹部異動方針を示し、26日から各局ヒアリングが始まった。今春は小池知事が就任して初めての幹部職員の定期異動となるが、管理職の数は不足が続いており、2020年オリンピック・パラリンピックの準備に加えて、都政改革本部や市場移転問題の対応などで需要が増している状況にある。各局ヒアリングは2月1日まで行われ、人事異動の内示は3月下旬、退職発令は3月31日、新任発令は4月1日のスケジュールとなる。

春期幹部異動は部課長級退職者の補充、各局の総務課長や枢要課長の交代が中心。今春の定年退職者は50人程度を見込んでいる。標準的なポストと年次は、総務課長などの本庁統括が15A、18B、20C。

今春で在職2年を迎える総務課長は、政策企画、総務、財務、生活文化、オリ・パラ準備、都市整備、港湾、水道、職員共済組合、労働委員会、収用委員会、選挙管理委員会各事務局の12局。福祉保健局と交通局は4月で通算3年を迎える。

その他の主な統括課長では、総務局人事課長が今夏で通算3年、財務局議案課長が今春で通算3年、総務局行政部市町村課長が今春で2年となる。

標準的な配置ポストと年次

区分	年次		
出先部長	13A	16B	
本庁統括	15A	18B	20C
本庁課長	21A	24B	20C
出先課長	23A	26B	

今春の幹部異動の基本的な考え方では、都政が直面する課題に即応するため、組織力・執行力を強化し、能力・業績だけでなく管理職の人材育成も重視した人事配置を推進する。小池知事の就任に伴い、①都民ファースト②情報公開③税金の有効活用（ワイズ・スペンディング）――の三つの観点から都政改革を進めていることも考え方として挙げた。

一方で、管理職の数は不足が続いており、兼務や事務取扱など、柔軟な配置管理や人管ポストの廃止などにより対応する必要があるとした。特に発令中の兼務・事務取扱は解消しないことが求められている。

都庁内では、20年大会が近付くにつれて業務量が増加することに加え、都政改革本部の発足で各局の中軸を担っていた幹部職員が事務局に送り込まれ、管理職の逼迫状況に拍車が掛かっているとの指摘がある。

また、豊洲新市場移転延期の対応では、開場というゴールが見えない中、想定よりも多くの土木・建築職が引き抜かれるなど、各局とも管理職不足に直面している状況にある。

在職年数の長期化を図るため、同一ポスト1年未満の職員は異動対象外。都全体としては短期在職での異動は極力抑える方向で、同一ポスト3年在職の推進という方向性は変わっていない。

勧奨退職については「管理職の需給バランスから引き続き抑制が必要」として、「組織上の必要性などを踏まえ、これまで以上により慎重に対応する」とした。

また、局事業に精通する人材の定年退職までの活用と、再任用フルタイム職員で補うことも求めている。再任用フルタイム管理職は現在、行政系（一般管理職）で約10人。

都庁議

昼休みの分散化 小池知事が指示

都は25日、2017年度予算案や職員定数の発表に当たって庁議を開いた。小池知事は冒頭、「東京大改革の先の『新しい東京』の実現に向け、幹部の皆さんと意識の共有をしたい」と呼び掛けた。

知事は予算査定について、「過去の慣例にとらわれることなく、真に有効な投資を見極めなければならない。就任以来の原則としてきた『ワイズ・スペンディング』を徹底しなければならないと改めて確信した」と述べ、758人増の職員定数については「必要な人員は確実に確保した」とした。

郵送や庁内ネットワークを通じて職員が知事に直接意見を伝えることができる職員目安箱についても言及。10月の設置以降、これまでに500件以上の意見が寄せられ、意見の中から昼休みの分散化や、ハラスメントに関して外部の弁護士に直接相談できる窓口設置を指示したことを明かした。小池知事は「今後の都政改革を進めるためにも、積極的に目安箱を活用してほしい」と求めた。

また、「実行プラン、予算案、強靱な体制、そして全庁的な一体感。準備は整った」と述べ、「若手の大胆で柔軟な発想を大事に」「職員の『ライフ・ワーク・バランス』の徹底を」と幹部に促した。

都庁第二本庁舎の食堂リニューアル

都人材支援事業団

都庁改修工事に伴い閉鎖されている第二本庁舎4階の職員食堂が2月1日、リニューアルオープンする。

食堂中央にはカフェコーナーを新設。パンや自家製サンドイッチを朝8時から販売する。ワンフロア全てを1事業者が営業し、北側は麺類、カレーなどの単品、南側は定食のコーナー。金曜日は定食のご飯を炊き込みご飯にできるなど、曜日別のサービスを実施する。メニューは肉・野菜・魚をバランスよく食べられる「バランスランチ」や、東京産の野菜を使用した「東京野菜ヘルシーランチ」などがある。座席数も増やし、新たにソファ席や一人席も設置する。

■都人事異動

2月1日付

◆医師・研究・医療福祉系

【課長級】▽病院経営本部経営企画部担当課長＝東京都保健医療公社派遣（墨東病院神経科医長）光定博生

◆都退職　31日付

【課長級】▽松沢病院内科医長　田邊一孝

梅沢　五十六さん（うめざわ・いそろく＝葛飾区議）23日死去、70歳。2011～13年に区議会議長。通夜は2月1日午後6時から、告別式は2日午前10時から、いずれも四ツ木斎場（葛飾区白鳥2の9の1☎03・3601・0424）で行われる。

五輪への航海図 148　TOKYO 2020　開催まで あと1274日

地下鉄バリアフリー

障害者でも利用しやすく

「一人で地下鉄に乗る際、列車とホームの隙間に車椅子の前輪が引っ掛かって止まってしまうかもしれない」

「車内放送が電車の音にかき消され、聞き逃すことがある。今、自分がどこの駅にいるのか分からなくなる時がある」

地下鉄を利用する障害者の悩みを解決できないか、交通局がバリアフリー対応の検討を始めた。昨年8月、都立文京盲学校と墨東特別支援学校の生徒に地下鉄の利用体験をしてもらったところ、こんな意見が上がったという。

駅係員はスロープ板を使用して車椅子の乗客を案内しているが、新宿線では今後、ホームドアの整備に合わせ、ホームと車両との隙間が広い場所に部材を設置するなど、隙間対策に取り組む方針。車内放送は、「放送のタイミングや音量などを確認しながら、乗客にとって最適な状態を検討する」とした。

ホームドアに関する要望も寄せられている。両側に線路がある島式のホームでは転落を防止するためだけでなく、ホームドア乗降口の片側に張られた点字シートを「両側に付けてほしい」。同局では三田線・大江戸線の全駅でホームドアの整備を済ませており、新宿線は2019年度までに21駅に整備する方針。浅草線は他社路線と相互直通運転を行い、乗り入れ車両が多いことから課題が多いが、東京五輪までに泉岳寺駅と大門駅で先行的に整備する。三田線・大江戸線は来年度、点字シートを乗降口の両側に取り付ける。

駅の施設では、場所によってトイレの水の流し方がセンサー式、レバー式と異なることから、「個室の扉に点字で流し方の表示を付けてもらえると、一人で利用しやすい」という意見が出され、同局は個室内の点字案内を順次、改善していきたいとした。「エスカレーター上り・下りの方向を音声案内してほしい」という要望もあり、健常者では気付きにくい視点は地下鉄だけでなくまちづくりにも生かしたい。

同局電車部は「意見を踏まえ、実現可能なものについては順次、改善を図っていく。今後も色々な意見を聞いてバリアフリーに反映させたい」（営業課）としている。

コンコースの案内板を点字で確認する生徒＝16年8月、都庁前

29年度 職員教養講座《31》

東京都管理職選考対策

行政管理 ③

今回は行政管理の最終回です。前回に引き続き、行政管理に関する問題と解説を掲載します。問題を解いた後、参考図書やホームページ等でキーワードに関する全体像を把握し、さらに知識を広げましょう。

問題

【問題 10】

NPM（ニュー・パブリック・マネジメント）に関する記述として、妥当なものはどれか。

① PPPとは、公共と民間のパートナーシップによって、公共サービスを民間に開放するものであり、民間資金の活用を図る手法であるPFIはPPPに含まれない。

② アウトカム指標とは、投入された資源で行政が提供したモノやサービスの量を表すものであり、政策評価において執行効率を評価する指標として導入されている。

③ PFIにおけるBOT方式とは、選定事業者が施設等を建設し、施設完成直後に公共施設等の管理者等に所有権を移転し、選定事業者が維持・管理及び運営を行う事業方式である。

④ PFIにおけるBTO方式とは、選定事業者が施設等を建設し、維持・管理及び運営し、事業終了後も選定事業者が施設の所有権を有する事業方式である。

⑤ PFIは、現在幅広い事業で導入されており、公立学校や刑務所などの公益性の高い施設も含まれている。

【問題 11】

情報公開制度に関する記述として、妥当なものはどれか。

① 行政機関情報公開法は、政府が説明責任を全うするとともに国民の的確な理解と批判の下にある公正で民主的な行政の推進に資することを目的としており、行政文書の開示請求者は、日本国籍を有していることが必要である。

② 行政機関情報公開法では、決裁や供覧等の事務処理が完了していない行政文書も、開示請求の対象から除外されない。

③ 都の情報公開条例では、開示請求対象の実施機関は、知事、各行政委員会、公営企業管理者、警視総監及び消防総監とし、都が設立した地方独立行政法人は含まれていない。

④ 都の情報公開条例では、開示請求対象の公文書に法令秘情報を除く非開示情報が記載されている場合であっても、公益上特に必要があると認めるときは、東京都情報公開審査会の判断により、実施機関は当該公文書を公開しなければならない。

⑤ 情報公開制度は、イギリスが世界で最初に導入したことに始まり、日本では、東京都が全国で初めて情報公開条例を制定し、国に先駆けて導入した。

【問題 12】

人事制度または人事評価に関する記述として、妥当なのはどれか。

① 職能資格制度は、職員が持つ職務遂行能力を等級化した職能資格によって処遇する制度であり、この制度の特徴として、人事評価、能力開発、配置・異動、及び賃金制度を連動させる仕組みであることが挙げられる。

② 複線型人事制度は、ライン管理職ポスト以外の昇進の道を確立し、高度な専門能力を持った人の育成、活用を図るために設けられた制度であるが、都においては、少数精鋭の執行体制のもと、分野を限定しない広範囲な知識・技術・経験が求められるため、当該制度の考え方は導入されていない。

③ 人事評価における評価者が陥りやすいエラーとして、ある評価項目が「優れている」場合、他の評価項目も「優れている」と評価してしまうことを「寛大化傾向」という。

④ 人事評価における評価者が陥りやすいエラーとして、被評価者の間に優劣の差をつけることを避けるため、標準レベルに評価の分布を集中させることを「対比誤差」という。

⑤ 人事評価における評価者が陥りやすいエラーとして、「高学歴の人は、職務遂行能力が高い」など、論理的に関係があると考えられる似たような評価項目同士で自分勝手な先入観により評価をしてしまうことを「ハロー効果」という。

【問題 13】

公益通報制度に関する記述として、誤っているものはどれか。

① 公益通報者保護法は、公益通報者の保護を図るとともに国民の生命、身体、財産その他の利益の保護に関わる法令の規定の順守をはかり、国民生活の安定及び社会経済の健全な発展に資することを目的としている。

② 公益通報者保護法における「行政機関」には、議会を除く地方公共団体の機関が含まれ、公益通報者からの通報に係る通報対象事実があると認めるときは、当該地方公共団体の機関は法令に基づく措置を取らなければならない。

③ 公益通報に係る通報対象事実について処分または勧告等をする権限を有しない行政機関に対して誤って公益通報がなされたときは、当該行政機関は公益通報者に対し、権限を有する行政機関を教示しなければならない。

④ 都では、公益通報制度を拡充し、新たに弁護士による外部窓口を設置するとともに、都民からの通報も受け付けることとした。

⑤ 都の公益通報制度では、東京都の事務または事業の管理、運営、執行等に係る行為について法令違反（都条例違反を含む）の疑いがあると考えられる場合のほか、都政への要望・意見及び都職員の接遇等に対する苦情についても通報対象としている。

【問題 14】

特定非営利活動促進法に定める特定非営利活動法人に関する記述として、妥当なのはどれか。

① 特定非営利活動とは、不特定かつ多数のものの利益の増進に寄与することを目的とするものであり、宗教の教義を広めることを主たる目的とすることはできるが、特定の公職の候補者若しくは公職にある者または政党を推薦し、支持し、またはこれらに反対することを目的とすることはできない。

② 特定非営利活動法人は、特定非営利活動以外の事業を行う場合、特定非営利活動に係る事業に関する会計から区分して経理しなければならないため、特定非営利活動以外の事業で生じた利益は、特定非営利活動以外の事業のために使用しなければならない。

③ 都では、法人設立の意思決定をした団体から法人設立認証申請書類を受理したときは、申請があった旨、申請年月日、申請した特定非営利活動法人名称、代表者氏名、主たる事務所の所在地及び定款に記載された目的を、『東京都公報』に掲載して公告している。

④ 都では、法人設立認証の申請、定款変更の認証申請及び合併の認証申請に必要な書類を受理した日から2カ月間、総務局の担当窓口において、誰でも縦覧することができる。

⑤ 設立の認証を受けた者が設立の認証があった日から6カ月を経過しても登記をしないとき、または、事業報告書等の提出を3年以上にわたり所轄庁へ行わないときは、所轄庁は法人設立の認証を取り消すことができるが、都では、平成27年度はこれらに該当する法人は存在しない。

【問題 15】

外部監査制度に関する記述として、妥当なものはどれか。

① 地方公共団体が、包括外部監査契約を締結する場合には、あらかじめ監査委員の意見を聴かなければならないが、議会の議決を経る必要はない。

② 地方公共団体が外部監査契約を締結できる者は、地方公共団体の財務管理、事業の経営その他行政運営に関し優れた見識を有する者であって、弁護士、公認会計士または税理士の資格を有する者に限られる。

③ 外部監査人は、監査を実施するに当たっては、監査委員にその旨を通知するなど相互の連絡を図るとともに、監査委員の監査の実施に支障を来さないよう配慮しなければならない。

④ 都での包括外部監査は、知事が毎会計年度、公認会計士など特定の個人と包括外部監査契約を締結し、特定のテーマについて選定するが、選定対象は都のみであり、都の関連団体は対象とならない。

⑤ 住民監査請求の請求権者は、年齢、国籍、選挙権、納税義務の有無を問わず、また、単独で請求することができるが、法人には認められていない。

解説

【解説 10】　正答⑤

① 誤り。PFIは、公共部門が独占してきた分野に民間部門の活力を導入し、両者の協力関係を創り上げようとするものであることからPPPに含まれる。

② 誤り。投入された資源で行政が提供したモノやサービスの量を表すのが「アウトプット指標」、投入された資源で行政が実現した具体的な成果を表すのが「アウトカム指標」である。

③ 誤り。BTO方式の説明である。なお、「BOT方式」とは、選定事業者が施設等を建設し、維持・管理及び運営し、事業終了後に公共施設等の管理者等に施設所有権を移転する事業方式である。

④ 誤り。BOO方式の説明である。なお、「BTO方式」は、選択肢③の通り。

⑤ 正しい。

【解説 11】　正答②

① 誤り。外国人も請求できる。

② 正しい。

③ 誤り。地方独立行政法人も含まれる。

④ 誤り。東京都情報公開審査会の判断ではなく、実施機関の判断により公開することができる。

⑤ 誤り。情報公開制度は、スウェーデンを起源とし、日本では、山形県金山町が最初に情報公開条例を制定し、導入した。

【解説 12】　正答①

① 正しい。

② 誤り。課長代理級職昇任選考で専門区分を、統括課長代理認定で政策区分を設け、専門性に着目した任用体系を整備している。

③ 誤り。「ハロー効果」の説明である。なお、「寛大化傾向」は、特定の能力や特性について実際より甘く評価してしまうことである。

④ 誤り。「中心化傾向」の説明である。なお、「対比誤差」は、評価者が自分自身を基準尺度として評価してしまうことである。

⑤ 誤り。「論理誤差」の説明である。なお、「ハロー効果」の説明は選択肢③の通り。

【解説 13】　正答⑤

① 正しい。

② 正しい。

③ 正しい。

④ 正しい。

⑤ 誤り。都政への要望・意見及び都職員の接遇等に対する苦情は対象としていない。

【解説 14】　正答③

① 誤り。宗教の教義を広めることを主たる目的とすることはできない。

② 誤り。特定非営利活動以外の事業で利益が生じたときは、その利益を特定非営利活動の事業のために使用しなければならない。

③ 正しい。

④ 誤り。総務局ではなく、生活文化局である。

⑤ 誤り。平成27年度で設立の認証を受けた日から6カ月を経過しても登記せず認証を取り消されたのは8団体、事業報告書を3年にわたり提出せず認証を取り消されたのは87団体である。

【解説 15】　正答③

① 誤り。議会の議決を経なければならない。

② 誤り。国の行政機関で会計検査に関する行政事務に従事した者等も含まれる。

③ 正しい。

④ 誤り。都の関連団体もテーマ選定の対象となる。

⑤ 誤り。個人だけでなく、法人にも認められている。

昇任試験対策のページ

特別区 管理職試験講座 14

Ⅰ類択一・記述　Ⅰ・Ⅱ類論文　29年度

Ⅱ類論文

勉強の仕方

1 即戦力の管理職

Ⅱ類選考の管理職に求められるのは、合格の翌年度から「即戦力」になる実践的能力です。管理職選考は、その能力を試される場でもあります。

管理職選考における口頭試問進出者は、筆記考査（事例式論文）と勤務評定の結果を総合して一定基準以上の人（事務＝合格予定者数の2倍程度、技術＝合格者相当数）とされています。合格者は、口頭試問受験者の筆記考査と勤務評定、口頭試問の成績を総合して決定とされています。平成28年度の口頭試問進出率は、事務78・8％、技術60％で、そのなかで合格率は、事務52・2％、技術93・3％となっています。

総括係長として日々の業務をこなしている実務経験の豊富な皆さんは、合格する可能性がかなり高いと言えます。しかし、論文試験ですので、ある程度の努力と準備、経験を論文に生かすための工夫が必要になります。

ここでは、私が実践した試験勉強のポイントと工夫をお伝えしたいと思います。少しでもこれから受験される方の参考になれば幸いです。

2 論文試験の概要

区で実際に起こり得る事例に対して、管理職としての対応や表現力、理解力、判断力などを問う出題となっています。事例式の論文で、文字数は1500字から2千字程度、回答時間は2時間です。事例に対する管理職としての対処法を中心に、事例に関する特別区の課題や、管理職としての心構えを論述する試験です。

実施要綱によると、評定基準は以下の通りです。

▽「問題意識」＝論文テーマに対して課題を的確に抽出し、分析しているか。

▽「理解力」＝幅広い視点で、事例についての問題点をとらえて課題認識しているか。

▽「判断力」＝課題の解決方法は、実現可能で妥当なものか。

▽「表現力」＝構成が論理的であるか。文章は分かりやすく、表現や語句の使い方は適切か。

▽「内容」＝高い見識と教養が見られ、充実しているか。

3 過去の出題事例

過去5年の出題事例は、次の通りです。

▽平成28年度＝「まちづくりと住民の合意形成」▽平成27年度＝「地域との連携による事業運営」▽平成26年度＝「区民施設再編に向けた地域住民との合意形成」▽平成25年度＝「民間事業者による施設建設の進め方」▽平成24年度＝「地域住民との合意形成」

例年、各区に共通する重要な課題が出題されています。

4 出題のパターン

出題は、ほぼパターン化されており、類似のケースが出題されています。

新任課長として配属された職場で、区民や議員、職員が絡んだトラブル事例が提示され、その事例のテーマについて、区政が抱える課題と事例の解決策を論じることになります。

事例に登場する人物もほぼ毎年同じで、自分の上司である部長と、意見が相違する部下の係長（庶務担当係長と事業担当係長など）、町会長、議員、マスコミなどです。事例についての解決策とこれらの登場人物への対応について、具体的かつ論理的に漏れなくまとめ上げます。

5 勉強のスケジュール

管理職選考の実施要綱は、例年4月に入って間もなく発表されます。Ⅱ類で受験する人は、この辺りから実際の受験を決断して申し込んだ人も多いと聞きます。論文のみの対策ですので、この時期からでもしっかり対策すれば十分に間に合うでしょう。ただし、言うまでもなく早めに取り組めば、ゆとりをもって対策を立てることが可能になります。

○5月まで　過去の傾向を分析

○6月～7月　過去の出題や特別区の現状から課題を抽出し、解決策を書き込みます。さらに序論と結論部分のまとめを用意します。

○8月　上司等に論文をみていただき推敲（すいこう）を重ねます。

○直前　完成した論文を時間内に書く練習をします。

6 論文作成の準備

○合格者の論文を読みます。まず、論文を書き始める前に過去の合格者の論文を読むことを勧めます。私もここから始め、通勤電車の中で読んでいました。これにより合格水準の内容と書き方が分かります。論文の構成や書き方は人それぞれで正解はありませんが、いかに書くかの参考になります。都政新報掲載記事の「特別区管理職試験講座」や、都政新報社発行の『特別区管理職試験Ⅱ類事例式論文必勝法』などを参考にするのが良いでしょう。

○論文作成に必要な情報を収集します。国や都などの広いレベルから特別区全体や自分の区の状況を様々な媒体を駆使して収集してください。新聞や都政新報などのほか、特別区自治情報交流センターは、行政に関する様々な書籍が取りそろえてあります。また、『区政会館だより』や特別区長会ウェブサイトなどから、特別区が現在抱えている課題が分かります。さらに、自分の区の課題や行財政運営の基本方針、世論調査の結果などは当然整理しておきましょう。さらに、管理職としての視点で、もっと良い方策はないか、効果的な解決策はないかなどを考えながら読んでください。

7 論文を書いてみる

○第2章と3章の部分の回答パターンを用意します。過去の出題事例や特別区の喫緊の課題について、いくつかの事例を予測し、解決策を整理しておきます。用意しておく事例が多ければ多いほど、試験の際に慌てることなく対応することができます。

○第1章と4章の部分の回答パターンを用意します。この部分は、国や都の動向を踏まえた特別区政の課題と、あるべき姿を総論的に記述し、それに対する管理職としての在り方を論ずる部分ですので、二つくらいのパターンを用意しておけば、ほとんどの事例に対応できます。

○時間を計って手書きの練習をします。私たちは、普段の業務において手書きで長い文章を書くことはありません。実際に2千字程度の論文を書いてみると、思った以上に労力を要します。本番同様に時間内に論文を書く練習を何回か行いましょう。

○書き上げた論文は必ず上司などに見てもらいましょう。自分の書いた論文を見せるのは恥ずかしいですが、最初から完璧な論文を書ける人はいません。第三者の視点で見ていただき、推敲を繰り返すことでより良い論文に仕上げましょう。

8 経験は武器となる

組織の要として、日々責任ある立場で仕事をされている皆さんは、試験勉強をする時間が取れないと感じるかもしれません。しかし、自分が今まで職員、係長として行ってきた区民対応や職員育成、これまで見てきた管理職の組織マネジメントや議会対応などは、論文を書く上で非常に大きな武器となります。あとは、その知識と経験を生かすために、試験まで少し時間がありますので、準備を整えておけばどのような問題にも対応できるでしょう。これらにかける時間は、管理職になるために必要な準備時間でもあります。管理職を受験する自分を見つめ直しながら、その視野を広げていってください。その上で、自信を持って試験に臨んでください。皆さんの健闘を祈ります。

読者のひろば

文学散歩の創始者・野田宇太郎
足で歩き、見て、記録する

「私はとある冬の日に、新しい東京の文學散歩を思ひ立つた。昭和二十五年十二月某日のことである」（「かどで」『新東京文學散歩』日本読書新聞　1951年）

今や「文学散歩」と言えば、作家や詩人の生家やお墓を巡るまち歩きとして多くの人たちに親しまれています。その地域に著名な作家がいれば、まち歩きコースにもなっています。

カメラを相棒に歩く

戦後、文学散歩というジャンルを確立した創始者が、野田宇太郎です。絵と文章、地図という組み合わせの元祖です。まさに、元祖・散歩の達人と言えるでしょう。

野田宇太郎が日本読書新聞で、『新東京文學散歩』の連載を始めたのは1951年1月。当時、第2次世界大戦の空襲で焦土と化した東京の撮影を、GHQは禁じていました。カメラがまだ高額な時代。野田は、石版画家の織田一磨とのコンビで、日本読書新聞紙上に月1回の特集企画として連載を始めました。

『新東京文學散歩』は連載中から人気を集めて、単行本化の声が読者から寄せられるようになりました。同年6月に出版された最初の『新東京文學散歩』は、索引を含めておよそ380ﾍﾟｰｼﾞに及ぶ大判の単行本で、定価は450円。野田はさらに継続的に文学散歩を続け、読者の携帯に便利な小型のポケット版を望む声に押されて、『新東京文學散歩増補訂正版』を出版しました。この文庫本はたちまちベストセラーとなりました。

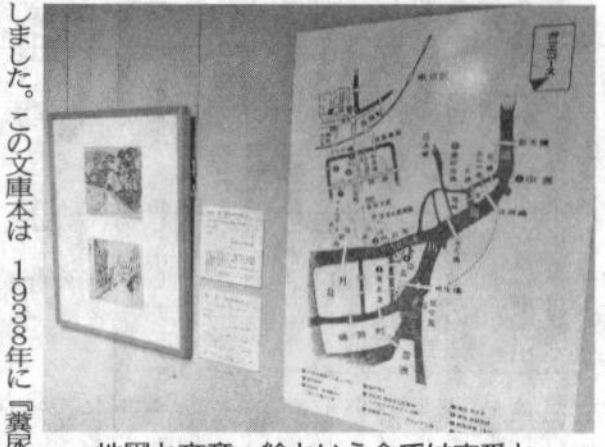
地図と文章、絵という今では定番となった文学散歩

野田は翌年、当時は高価だったカメラを手に入れました。野田の文学散歩スタイルは、トレンチコートにハンチング帽とマフラー。いつしか「散歩屋さん」「文学巡礼者」と呼ばれるほどに有名になりました。

そんな散歩の達人だった野田は、同時に優秀な編集者でもありました。

戦時中、友人の薦めで偶然読んだ下村湖人の自伝的小説『次郎物語』の原稿に魅せられ、小山書店の小山社長に出版を促し、これが国民的ベストセラーとなります。その初版の装幀をしたのが版画家の谷中安規でした。

『新東京文學散歩』は文庫化されてベストセラーに

1938年に『糞尿譚』で第6回芥川賞を受賞した火野葦平も野田が発掘した作家。前年、福岡県久留米市で発行されていた文芸同人誌『文學會議』に掲載されたものです。その誠実な仕事ぶりで、川端康成、志賀直哉、太宰治ら多くの作家の信頼を得ました。

文芸復興者としても知られ、62年には博物館明治村（愛知県犬山市）の設立に携わり、文学者の旧居移築や名著復刻に尽力しました。

野田は、昭和40年代後半に武蔵野市吉祥寺から町田市図師町に移り住み、「町田ペンの会」（現・東京町田ペンクラブ）の初代会長を務めるなど、町田とのつながりが深い人物です。東京の文学散歩に長年携わったにもかかわらず、これまであまりクローズアップされてくることはなかったと思います。

まち歩き特集の定番

町田市民文学館ことばらんどで21日から始まった「野田宇太郎　散歩の愉しみ――〈パンの会〉から文学散歩まで――」では、野田宇太郎の文学研究者としての足跡を、特に「文学散歩」と「パンの会」という二つのキーワードから検証し、詩人、編集者として活躍した幅広い仕事も紹介しています。

蛇足ではありますが、本紙でも『文学散歩　東京あちらこちら』（～昨年10月）や『散歩の達人　わが町ウオーキング』（～15年3月）などのまち歩きの連載が好評で、今年1月からは『週末回遊計画　とっておきのまち歩き』が始まっています。

時代が移り変わり、当時の東京とは様変わりしてしまいましたが、戦災で失われようとしていた東京の街並みや文学の足跡を記録に残そうとした野田宇太郎の思いは、今も雑誌や新聞などが取り上げる「まち歩き」の特集にも通じています。自分の足で歩き、見て、記録する野田の文学散歩は、今の東京を記録し、後世に伝える編集者としての神髄を感じました。

（編集部）

◇　◇

「野田宇太郎　散歩の愉しみ――〈パンの会〉から文学散歩まで――」▽会場　町田市民文学館ことばらんど2階展示室▽入場料　無料▽開館時間　午前10時～午後5時▽休館日　毎週月曜日（3月20日は開館）、毎月第2木曜日

福井県坂井市の美術・文化展
品川区と共催で28日から

品川区と福井県坂井市は28日から、「坂井市の美術・文化展　日本一幸福なまちからの贈り物　第2弾」をO美術館（大崎1の6の2大崎ニューシティ2号館）で開催する。

この展覧会は、特別区全国連携プロジェクトの連携事業として区と坂井市が共催。同市の伝統工芸である越前織や竹人形を始め、国内にわずか数人しか症例がない難病「高IgD症候群」を患いながらも自身の体験と想像を膨らませたユーモラスな作品を次々と生み出し、24時間テレビにも出演した竜連也さんの作品や、自然や農業、生活を生き生きと描いた、やまざきようこ氏の作品など数多くの品々を展示する。

福井県は「全47都道府県幸福度ランキング2011」で幸福度第1位となって以来、連続5位以内をキープしている。品川区とは、特別区全国連携プロジェクトをきっかけに様々な連携事業を行っている。

展覧会は1月28日㈯から2月5日㈰まで開催。開館時間は午前10時から午後6時半（入場は午後6時まで）。28日は午後1時開館、5日は午後5時半まで（入場は午後5時まで）。休館日は毎週木曜日。入場料は無料。

風流戯画草紙

作・橋本裕之

東京豊洲マラソン
ゴールが見えない
っていうか
ゴール遠ざかってないか？

とうきょうと川柳会

●1月の宿題1「料理」

押さえても実家の味が顔を出す　松尾タケコ

婿殿は料理の出来る人がよい　加藤　佳子

偉そうな男刻んで憂さ晴らし　マダム・モモ

☆コロッケがスキヤキ味で売られてる　川崎　信彰

●1月の宿題2「ラッキー」

砂山にダイヤを見つけ妻にする　信　寛良

その笑顔きっといい事引き寄せる　八丁堀孝子

オウンゴール攻めの姿勢があればこそ　菊地　順風

☆この人と山川越えて共白髪　松本　宗善

（☆印は選者の句）

とうきょうと川柳会のご協力で本紙読者からも川柳を募集します。2月の宿題は「豆」と「へいちゃら」で、それぞれ各3句以内を作句し、Eメールでhenshu@toseishimpo.co.jp宛てか、ハガキで編集部宛てにご応募ください。2月15日必着。

ミニガイド

◆都環境局主催・都民を対象としたテーマ別環境学習講座「身近な外来生物から考える東京の生物多様性」▷外来生物問題に関する基調講演や井の頭公園の取り組み紹介など▷日時　2月17日㈮　午後1時～4時半▷場所　深川江戸資料館2階小劇場（江東区白河）▷募集人数　定員200人（定員を超えた場合は抽選。定員に余裕があれば当日受付可）▷申し込み方法　都環境科学研究所HPから2月12日までに。http://www.tokyokankyo.jp/kankyoken/results/gakusyu-top/

サンパウロの蒼氓たち
南米見聞録 ―6― ▼ブラジル

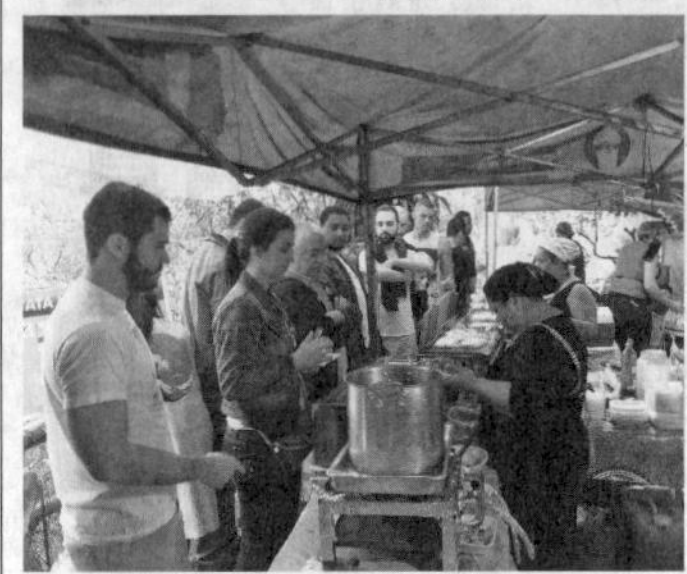
リベルダージ東洋人街の日本食屋台。焼きそば、たこ焼きなどが人気

1930年3月、神戸港は春雨にけぶっていた。丘の上の国立海外移民収容所へブラジル移民を乗せたトラックが次から次へとのぼっていく。移民たちは故郷の畑や家や長い苦闘の思い出を捨ててきた貧しい農民ばかりであった。

◇

第1回芥川賞を受賞した石川達三『蒼氓（そうぼう）』の冒頭内容である。当時ブラジルへ向かう日本人移民は神戸の移民収容所で8日間過ごした後、神戸港を発ち、太平洋経由で45日間、インド洋経路で60日間の航海の末、ブラジルのサントス港へ到着した。その後、港から鉄道で移民収容所のあるサンパウロへ連れていかれた。南米最大の都市サンパウロは、かつては日本人を含む多くの移民の玄関口となっていた。

アフリカ奴隷をコーヒー農園等の労働力にしていたブラジルは、19世紀後半の奴隷解放以降、多くの労働力を世界各国に求めた。一方、明治維新後の日本では、人口増加、農地改革、土地増税により、多くの農民は土地を奪われ、失業し、就職先を模索していた。この両国の労働需給バランスが相まって、1908年の移民船第一号「笠戸丸」以降、30万人の日本人がブラジルへ渡った。100年以上経った現在、ブラジルにおける日系人は190万人を数え、海外における最大の日系人社会を形成している。

ブラジルほど親日的な国は他にない。勤勉、真面目、教育水準の高い日本人は、当時多くの農場主から好んで雇われた。日本人はレタス、大根、オクラ、柿など多くの野菜や果物を持ち込み、品種改良を重ね、ブラジル人の生活水準を格段に向上させた。また、柔道や空手を普及させ、ブラジル人は礼儀を学んだ。

リオオリンピックのマスコットや聖火リレーのトーチをデザインしたのは、いずれも日系人であった。ブラジルにおける今日の日系人の活躍や日本人の評判の良さは当時、神戸港を発った無名の民、蒼氓たちの過酷な生活、壮絶な努力の上に成り立っている。

移民博物館に展示されている日本人移民の写真

◇

サンパウロの移民収容所は現在、移民博物館として一般公開されている。移民はこの収容所で数日間留置され、登録手続き、検疫などを受け、広大なブラジル耕地へ散らばっていったという。建物内を歩くと、当時移民が使った寝室、税関検査室、移民名簿などがあった。敷地内の一角には、サントス港から敷かれた線路と鉄道駅が今でも設置されていた。駅構内には当時下車したばかりの移民の写真があり、日本人移民の写真も何枚か見つけた。

「天の原ふりさけ見れば春日なる三笠の山にいでし月かも」

写真を見ていたら、ふと阿倍仲麻呂の歌が浮かんだ。移民たちはブラジルの月を見て、日本を想っていたのではないか。望郷の念は、奈良時代の遣唐使もブラジル移民も変わらないのであろう。

モルンビー墓地にあるアイルトン・セナの墓と筆者

◇

もう一つ、サンパウロで訪れたい場所があった。その英雄が眠るモルンビー墓地は郊外の小高い丘にあった。この墓地には墓石がなく、小さなプレートだけが故人の眠る芝生に無数に置かれていた。タクシーから降り、運転手に彼の墓を尋ねたところ、丘の山頂を指さした。そこにはたくさんの献花があり、容易に特定できた。墓地内で花を買い、彼の墓に手向けた。プレートには「神の愛より我を分かつものなし」と新約聖書の言葉が書かれていた。

1994年、F1レース中に事故死したアイルトン・セナ。親日家であったセナ、彼の遠き先祖も欧州からの移民だった。風が花びらをゆっくり揺らした。音速の彼方からマクラーレンホンダのエンジン音が聞こえてきた。

（ブラジル在住　白鳥謙治）

BOOK

『徴収事務のマネジメント』
行政を支える徴収現場の努力・実力

東京都税務事務研究会編著　都政新報社刊

「すごいね、この本!」。

本書を手に取って一読した知人は感心して言いました。

心構えからマネジメントまで、業務を丸ごと解説した欲張りな本だというのです。それまでの徴収業務のガイドは、制度の解説書ばかりであり、マネジメントや事故防止まで扱った本書は、本当に画期的でした。

その本書が改訂されました。キーワードは「きめ細かな滞納整理」。進化しつつある現場の実態を踏まえた、より一層「使える本」になっています。

本書の肝は、目標管理・行動管理・事案管理の3点セットで進行管理を行うということです。私は本書に学び、2015年度まで3年間、納税課長として実践に努めましたが、その経験は今も財産です。課長・係長の実務手引書として非常に参考になりました。

本書を最も薦めたい相手は、実は管理・監督者よりも若手職員です。徴収業務とは何か、どうチームで仕事を進めるものなのか。業務の全体像を本書ほど描き出している本は少なく、他業務の職員にも参考になる内容です。

本書を執筆しているのは東京都税務事務研究会。都主税局徴収部で日々、実務に携わっている方々です。

徴収指導課の小野誠課長いわく、「東京都主税局徴収部の持てるノウハウを全て詰め込んだ一冊」。本書を著して世に問い、徴収実務を高めていきたいという気概が伝わってきます。

冒頭の知人は民間人です。「公務員も、すごいね」。民間に負けない、自治体だからこその仕事をしていくために、異動しても本書を読み直しています。

（小金井市行政経営担当課長　堤直規）

定価　2300円+税。

都政新報

発行所　都政新報社
〒160-0023　東京都新宿区西新宿7-23-1　TSビル
〈総務・読者〉03-5330-8781
〈企画広告〉03-5330-8784
〈編　集〉03-5330-8786
〈出　版〉03-5330-8788
〈ファクス〉03-5330-8808
購読料　月1,730円（税込）
毎週火・金曜日発行
ただし、祝日は休刊

紙面から

変わらぬ自民党批判

新党の行方（上）　夏の都議選を占う

「みなさん、ご縁のある方が多くって」。昨年11月に開かれた都議会民進党の政治資金パーティーで、小池知事は同党の公認候補を見渡して懐かしむように語った。知事は「大澤（昇）さんもいらっしゃっているんですね」と驚いたように話した。1993年の都議選で日本新党公認で出馬し初当選した前都議の大澤昇氏は、同党の選対本部長を務めた小池知事とは同志だ。

都議会民進党の政治資金パーティーであいさつする小池知事＝昨年11月29日、京王プラザホテルで

成功体験

日本新党は93年の都議選で、松下政経塾出身者のほか、公募や推薦で候補を集めた。大澤氏は、同党の細川護熙代表とつながりのあった国会議員の秘書で、都議選に出馬するよう声がかかった。大澤氏が「落下傘候補は一人もいなかった」と振り返るように、同党の公認候補22人全てが地元出身だった。

また、党関係者による直談判もあった。同党の公認候補だった一人は党関係者から数回にわたって出馬を要請されたが、当初は自民党公認で出馬する予定で断っていた。だが、公認漏れとなり、「自民党と戦うしかない」と奮起して日本新党の公認を受けた。保守票を食う候補者選考をしていたことがうかがえる。

当時は、自民党への逆風が吹き荒れていた。92年に金丸信元副総裁が佐川急便からヤミ献金を受け、辞任する事態に発展。国会では、政治資金規正などを柱とした政治改革関連法案の可決を目指したが、自民党の反対で廃案に追い込まれた。

こうした中、日本新党は都議選で自民党批判を前面に打ち出した。同党の候補者の一人は駅頭で「過去のしがらみを引きずっている人たちに真の改革ができるのか」など聴衆に訴えかけ、追い風を吹かせようとした。

また、メディア戦略にも力を注ぎ、その中心人物が、ニュースキャスターから政治家に転身し、知名度のあった小池知事だった。この日のパーティーで知事は「午前中は尼崎市の市議選を応援して、午後は都議選をずっと応援して回った」と東奔西走した当時を振り返った。その様子は当時メディアにも大きく取り上げられ、元日本新党の関係者は「メディアへの露出を増やし、共感を集める小池知事のメディア戦略は巧みだった」と評価した。

都議選では、都民の共感を得ることに成功し、20議席を獲得。日本新党は94年に解党したが、勢いはそこまでだった。その後、日本新党は新進党となり、97年都議選では無所属などに転じた候補を除き、新進党候補者は全員落選した。平成の改革勢力のほとんどがそうであるように、新党が勢いを保つことは難しい。

日本新党の躍進念頭に

だが、都議選を前に、小池知事の頭には日本新党で勝利した時の成功体験があるようだ。

小池知事の政経塾「希望の塾」を運営する政治団体「都民ファーストの会」は地域政党化し、事実上の小池新党として旗揚げした。

都議選の1次公認として4人を公表し、今も候補者選考が続く。知事に近い議員は自民党の支援者を取り込む候補者の擁立を視野に入れていると話す。日本新党の時と同様に自民党を批判し、保守票の獲得を狙う戦略だ。自民から会派を離脱させ、知事の改革派勢力に取り込もうとする動きもある。

新年の都議会会派あいさつ回り後、年末年始の過ごし方を報道陣に問われた小池知事は、「日本新党時代の資料も出てきた。候補者を選ぶのに、どこ（の選挙区）に誰をはりつけるか、昔もやっていたと思い出した」と語った。

日本新党の戦術では、落下傘候補を選ばなかったが、都民ファーストの会都議団の一人は、「候補者全員が地元と縁があった方が良いが、各選挙区事情、候補者本人のキャリアや性格などを見て、有権者にインパクトを与えられるかどうかが重要」とし、落下傘候補を排除すべきではないとの見解を述べた。

小池知事は、改革派勢力で都議会の過半数を獲得する目標を掲げている。都民ファーストの会の公認候補は30～40人とも報じられているが、仮に40人の場合は全42選挙区の大半で擁立することになる。公明党や民進党との選挙協力が課題となり、定数の少ない選挙区では共倒れを防ぐため、統一候補の絞り込みが迫られる。知事との連携を強める公明党は3人区での調整に配慮するよう求めている。

民進党都議の一人は「候補を立てていない空白区があり、候補擁立見送りを求められたり、民進に公認取り下げ要請があるかもしれない」と危惧する。

都議選で都民ファーストの会が躍進しても、その後が課題だ。「小池人気」ではなく政策を基軸とした協力体制を敷かなければ、改革勢力はもろい関係になりかねないのは、これまでの歴史を見ても明らかだ。

その一方で、知事に勢いが続くと見る元都議は「小池知事は改革の抵抗勢力を批判し、自分の求心力に変えていくことができる」と述べ、都議会は安定勢力になるとの見通しを示した。

ただ、いずれにしても、今の小池知事の人気を見れば、知事と連携する会派が都議選で躍進するというのが大方の予想だ。小池知事が都議選後、都政改革の新たなメニューを出すと見る幹部は「都議選で躍進すれば、都民の信任を得たとして、大ナタを振るってくるかもしれない。都政はどうなるのだろうか」と不安視する。

■　■

6月23日告示、7月2日投開票の都議選で、小池知事は93年選挙の戦術を念頭に置いていると見られる。当時の日本新党や自民党などの戦いぶりを振り返りながら、小池新党を中心とした今夏の首都決戦を占う。

視点

誤解招く「赤字98億円」

豊洲市場の収支見通し

豊洲新市場開場後の収支は年98億円の赤字になるという試算結果が初めて明らかにされた。豊洲の在り方を検討する市場問題プロジェクトチーム（座長＝小島敏郎青山学院大学教授）の要請を受け、都がそろばんをはじいた。一般都民が赤字額を見れば、市場全体の安定経営に疑問を感じるかもしれないが、赤字額は不確定要素がある。

都の試算では、豊洲の年間収益が68億円、総費用が166億円となり、差し引き100億円近い赤字になる。収益の中心は業者に施設を貸す使用料と業者が売り上げに応じて支払う売上高割使用料だ。豊洲の使用料は43億円と、築地の40億円（15年度）とほぼ変わらない。

施設使用料の1平方㍍当たりの単価は11市場で同一であり、都が業者に使用指定した面積は豊洲が築地（21万3154平方㍍）を若干上回る程度。売上高割は豊洲開場後の実績がないため、新年度予算案の築地の売上高で算定したという。

豊洲では、取り扱い量が増えるよう環境整備を行っている。例えば、産地から輸送する大型トラックの待機駐車場は築地にほとんどないが豊洲に多く設置され、豊洲と取り引きする産地が増える可能性がある。

かつて市場に在籍していた幹部は「市場の取り扱い量を増やす目的で移転するため、築地と豊洲の売り上げが同じとは言えない。豊洲の年間収支を試算する前提条件をどう組み立てるかで結果は変わる。98億円という赤字額は都民に誤った情報開示になるのではないか」と指摘した。

歳出に関しても、今年4月から移転延期に伴う市場業者への補償金支払いが始まる予定だが、その補償額も試算には加味されていない。一方で、移転延期の期限が見通せないため、総費用は膨らむ可能性があることも否定はできない。

この試算結果は25日、市場問題プロジェクトチーム（PT）の会合で議論したが、その中では試算に懸念を示す声が目立った。小島座長は「豊洲の赤字で10市場の使用料がどんどん消えていく構造。豊洲が開場することで10市場が改築、機能強化の財源がなくなる危惧はある」と強調した。

都は市場問題PTで、豊洲の収支が赤字という試算結果をベースに市場会計全体の見通しを説明した。2018年度に豊洲が開場する条件で、都内全11市場の改修費などを年50億円、築地の売却費を4386億円などと見込んだ場合、10年後の市場会計には今とほぼ同じ1千億円以上が残るという。資金ショートせずに豊洲を運営可能と話す都と、小島座長との認識にはギャップがある。

築地市場を視察する小池知事。市場移転を巡り、総合的判断はどうなるのか＝12日

小池知事もコストを重視している。知事は27日の会見で、98億円の赤字額を「確定したものではない」と前置きしつつ、「（この30年間で）物流が革命的に変わり、市場の持続可能性をチェックする必要がある。市場会計の持続性と合わせて客観的に見ていく」と話し、豊洲移転中止はゼロではないことを暗に示した。

知事は08年の共著で築地再整備を主張し、市場問題PTも昨年11月、築地の耐震工事を実施して存続させる案を検討していると報道された。都は86年に築地再整備を決定したが、工事の長期化で断念した歴史がある。都幹部は「同じ議論を蒸し返そうとしているなら、意味がない。市場関係者が困るだけだ。豊洲に移転しなかった場合の影響を認識しないといけない」と強調した。

豊洲移転の前提条件は当初の「安全・安心」にコストの視点が加わり、着地点のハードルを知事自らが引き上げているようにも見えてならない。（石）

都中央卸売市場

積極的損失のみ対象

移転延期の補償スキーム

中央卸売市場は27日、豊洲新市場の開場延期によって市場関係者に発生した損失への補償スキームを発表した。

新市場に導入した設備を利用できない期間に生じる費用に関しては、購入した場合の価値消耗分や、リース導入の場合の契約料、契約解除に伴う違約金、新規に営業のために採用した人件費などが補償対象になる。また、築地市場で営業を続けるために発生する老朽化した設備修繕など、やむを得ず追加的に生じる費用も補償する。

延期による被害を軽減するため、豊洲新市場に導入した冷蔵庫などを築地に移設する設置運搬費や、今後豊洲新市場開場時に、再度移設する費用も補償対象とした。

一方で、移転延期による逸失利益などの消極的損害は補償の対象外とした。また、新市場での新法人設立費用や設計費なども、新市場が開場されれば無駄にはならないことから、「延期」である限り保証対象としない。

スキームを取りまとめた補償検討委員会による市場業者などへのヒアリングによれば、[illegible]場への総投資額は[illegible]0億円にのぼ[illegible]かかる費用の[illegible]れていないが[illegible]市場会計の「[illegible]立金」から捻[illegible]第1回定例都[illegible]予算案を提出[illegible]立金は201[illegible]時点で約67[illegible]

今後は2～[illegible]業者への説明[illegible]談に対応し、[illegible]受け付ける。[illegible]保証金の支払[illegible]る予定だ。

都政の東西

トップの判断

「サンクコストってご存知？」。小池知事へのインタビュー最中に質問が市場移転に及んだ時、知事から逆質問が寄せられた。経済用語で、事業などに投じた資金や労力で、事業から撤退しても回収できないコストを指す。事業の撤退時にはこのコストを考慮に入れないことが合理的とされている。

インタビューからほどなく、25日に開かれた市場問題PTの会議で、都は豊洲市場が開場した場合、年間約98億円の赤字になるとの試算を示した。折しも基準値を大幅に超過する有害物質が検出され、移転の行方が注目されている時だ。タイミングが良すぎる気がしないでもない。ただ、この数字は減価償却費を含んだもので、それを除いた赤字額は年間27億円という。サンクコストを重視するのであれば、減価償却費を判断材料にしないことは当然だ。まずは、いかに安全性を確保し、赤字幅を抑えることを考えるのが先決だろう。

だが知事の中では、どうも豊洲移転中止で結論が出ているように思えてならない。弊紙のインタビューでは移転の判断を「あくまでコストの問題」とし、市場に関して「10年前から主張は変わっていない」とも話した。小池知事は08年に出版した共著で築地再整備を主張している。

コスト面重視の判断も企業のトップなら当然だが、経済原則だけに寄らないのが行政だ。長い年月をかけ、市場関係者の合意形成を経て、様々な諸条件の中から導き出した豊洲への市場移転は、いわば最大公約数の妥協の産物でもある。たたけば埃は出るが、それでも行政として前に進めることが必要との判断だろう。民主主義とはそんなものだ。結論ありきでは「都民ファースト」の看板が泣く。

公明党の木内氏が死去

都議会で副議長を務めた公明党の木内良明氏（江東区選出）が26日、死去した。72歳だった。死因は多発性脳出血。

通夜は30日午後6時から、告別式は31日午前10時から11時30分まで。いずれもセレモ新小岩ホール（葛飾区奥戸4の12の21☎5670・4444）で行われる。喪主は長男の木内伸明さん。

木内氏は1944年9月23日生まれ。慶応大学法学部を中退。76年衆院選に公明党公認で初出馬したが落選。79年衆院選に再び出馬し初当選を果たし、3期務めた。その後、97年都議選に出馬し初当選。現在5期目だった。

これまで、都議会公明党政調会長（01～04年）、第36代都議会副議長（05～07年）、都議会公明党議員団顧問（05～07年、13年～現）、都議会公明党議員団長（0[illegible]公営企業会計[illegible]員会委員長（[illegible]任した。

木内氏の死[illegible]会派構成は都[illegible]が57人、都議[illegible]人、共産党都[illegible]都議会民進党[illegible]党都議団4人[illegible]ーストの会都[illegible]者ネットワー[illegible]民党、無所属[illegible]なった。

◆保育所の借[illegible]

待機児童解[illegible]として、都主[illegible]認可保育所な[illegible]る土地を有償[illegible]た地主を対象[illegible]税を全額免除[illegible]した。減免期[illegible]6年11月から[illegible]で。第1回定[illegible]提出する条例[illegible]決されれば、[illegible]り組みとなる[illegible]

これまでは[illegible]が認可保育所[illegible]した場合、非[illegible]が、今回は対[illegible]た。影響額は[illegible]円程度を見込[illegible]は保育所に貸[illegible]速することを[illegible]

穴句ジョーク

〝PRIME　都市観光・東京〟行け行けドンドンだけでは済まされぬリスクも?

「爆買い等の一過性、地震等災害被害の長期化、探さなければ無いほどの少ない観光資源、補助金行政の拡大・長期化等々」

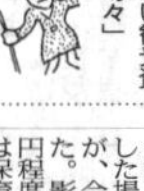

厄除け旅行に行ってくる!

千代田区長選が告示

現新三つどもえの争い

「代理戦争」の是非で舌戦

任期満了に伴う千代田区長選が29日に告示され、届け出順にいずれも無所属で、現職で5選を目指す石川雅己氏（75）、新人で政治団体代表の五十嵐朝青氏（41）、新人で元会社員の与謝野信氏（41）＝自民推薦＝の3氏が立候補した。小池知事の支援を受ける石川氏が「より良い区政と、より良い都政に力を」と呼び掛けたのに対し、五十嵐氏は「党利党略やしがらみのない区政を」と訴え、与謝野氏は「代理戦争という汚いものを持ち込んではならない」と主張。小池知事対自民党の代理戦争という構図の是非を巡って舌戦を交わした。投開票は2月5日に行われる。28日時点の選挙人名簿登録者数は4万8806人。

与謝野信氏

五十嵐朝青氏

石川雅己氏

■石川陣営

石川氏は神田神保町3丁目の選挙事務所前で出陣式を開き、支持者約70人が集まった。小池知事に近い自民党の若狭勝衆院議員や高野之夫豊島区長、河村たかし名古屋市長らが顔を見せた。

石川氏は、保育所待機児童、学童保育待機児童、0～18歳の医療費の「三つのゼロ」を挙げるなど4期16年の実績を強調。「区民に寄り添い、区民の声を政策に反映させてきた」と胸を張る一方、「区民と共に進めてきた政策を止めさせようという動きがある」と対立する自民党などを牽制。「今の政策をこれからも守り、育てていくことが、より良い都政にもつながる」と力を込めた。

■五十嵐陣営

五十嵐氏は神田小川町の事務所前で支持者約80人を前に第一声。茨城県つくば市長を務める弟の立青氏や同市議らが応援に駆け付けた。

「党利党略やしがらみのない、真の区民ファーストの区政を実現する」と語った五十嵐氏。強力な財政基盤を背景とした独自施策を評価しつつ、「区が持つ可能性を生かし切れていない」と指摘。町会活動の活性化や、潜在的保育所待機児童の解消などに向けた住民参加による施策づくりを公約に掲げ、「区民の行動で区政が変えられることを示す一歩にしたい」と呼び掛けた。

■与謝野陣営

与謝野氏は、神田神保町2丁目の事務所前で出陣式を開き、約70人が耳を傾けた。石原伸晃経済再生相や丸川珠代五輪相らが応援に入り、病気療養中のおじの馨氏もメッセージを送った。

公約に▽安心安全のまち▽国際化が進んだまち▽新旧文化が花開くまち――の「三つの日本一」を掲げ、潜在的待機児童の解消に向けた保育所の増設や、英語に親しむ環境の整備、伝統文化と最先端アートの共存と発信強化などを訴えた。

与謝野氏は「変化を恐れないでほしい。区外の人が憧れる千代田区を取り戻そう」と語り、政権交代を呼び掛けた。

「前哨戦」色濃く

【解説】「東京大改革を進めていくため、一つひとつの戦いを勝ち抜いていきたい」――午後5時40分、石川氏の応援に駆け付けた小池知事は、有楽町駅前に集まった約800人の聴衆に訴えた。

有楽町駅周辺に住む千代田区民はわずか20人と住民が少ない地域だが、商業施設が立ち並び、多くの都民でにぎわうエリアの一つだ。石川氏の演説会というよりも、小池知事の都議選に向けた訴えという印象が強く、聴衆も石川氏には反応が少なかったが、小池知事が姿を現した瞬間に歓声が上がった。

小池知事は終始石川氏を持ち上げ、区民への訴えというスタンスを崩さなかったが、「東京大改革を進める仲間をぶっちぎりで勝たせてほしい」「負ければ東京大改革を後退させる」と都議選への思いを強く感じさせる内容だった。

新人2候補の「反・前哨戦」の訴えをよそに、区長選は前哨戦の色合いをますます強めている。

小池知事が登場する約7時間前、石川陣営の出陣式は都民ファーストの会の面々が取り仕切り、知事の支援の下での都議選出馬を見据えてか、他区の自民区議の姿もあった。区長選の主導権を握るのは、3候補の誰でもなく小池知事であることを印象付けた選挙初日だったが、地域の将来を決める区長選の姿としては疑問も残る。3候補には区の将来像を示す論戦を期待したいが、小池知事の強力な存在感の前にかすんでいるのが実態だ。（米）

■過去の千代田区長選結果

2013年2月3日			（投票率42.27%）	
当	石川　雅己	無現④		8,287
	大山　恭司	無新	自公	7,023
	冨田　直樹	無新	共	1,433
	後藤　輝樹	無新		202
	坂上　輝也	無新		120
2009年2月1日			**（投票率43.66%）**	
当	石川　雅己	無現③	自公	9,254
	下田　武夫	無新	民	7,251

（四角囲みは推薦政党）

特別区 17年度予算案

板橋区

板橋版地域包括ケアを構築

3年ぶりに財調取り崩し

一般会計＝2069億円（前年度比2.1%増）	
主な事業	
保育定員459人増	8億426万円
板橋版地域包括ケア（特別会計）	5613万円
新中央図書館の設計	5606万円
貧困世帯向け無料学習塾の拡充	4337万円
農業基礎学習農園の整備	2152万円

板橋区は30日、2017年度当初予算案を発表し、高齢者が住み慣れた地域で一生を送る「エイジング・イン・プレイス（AIP）」という東京大学高齢社会総合研究機構が提唱する概念を取り入れた独自の地域包括ケアシステムの確立で、介護保険事業特別会計に5613万円を計上した。

具体的には、医療機関の診療科目や在宅診療の有無、介護施設のサービス内容などをリスト化し、地図情報としてインターネットで利用できる情報システムの構築で1343万円を計上。また、町会や民生・児童委員、介護事業者などで構成する「助け合い・支え合いの地域づくり会議」を今年度の5地区から17年度中に10地区に拡大させるため、会議の調整役を務める生活支援コーディネーターの配置に4270万円を盛り込んだ。

区は「板橋区版AIP」と銘打ち、医療や介護、予防、住まい、生活支援などの一体的な提供を目指すとともに、地域の元気な高齢者に地域包括ケアの担い手になってもらう取り組みを進めている。20年度までに区内全18地区で会議を立ち上げる方針。

坂本健区長は「2025年問題に先手を打つのが狙いで、全国にモデルを示したい」と意欲を示した。

このほか、主な事業として、中央図書館の区平和公園への移転整備に向けた設計費や貧困世帯の児童・生徒向けの無料学習教室「まなぶーず」の拡大費用などを計上した。

性質別歳出では、投資的経費が12・6%増の184億4000万円。区土地開発公社が先行取得したJR板橋駅板橋口用地の買い戻しが40億6600万円となったことが影響した。

歳入では、財政調整基金を21億9100万円取り崩す。特別区交付金などの交付金が減額となったためで、財調基金の取り崩しは3年ぶり。

どう届ける 正しい情報

自治体LGBT事業

当事者支援へ動き出す

渋谷区と世田谷区が2015年11月に同性カップルを結婚相当のパートナーと認める取り組みを始めてから1年以上が経った。性的少数者（LGBT）支援で先行する両区では、条例や要綱などの制度面の整備から、当事者の居場所づくりや正確な情報提供など、当事者に直接アプローチする事業に移行し始めている。一方で、一足飛びに当事者の支援に踏み出さず、慎重に対応を進める自治体が多いのが実情だ。

24日、渋谷区役所仮庁舎に隣接する複合施設「美竹の丘・しぶや」2階多目的ホール。100人を超える渋谷区の職員がLGBT基礎知識のプレゼンに耳を傾けていた。

講師は、昨年9月に着任した同区の永田龍太郎男女平等・ダイバーシティ推進担当課長。永田課長自身、同性愛者のゲイだと公表しており、当事者性やマーケティングの専門性が買われてアパレル大手のギャップジャパン㈱から転職した。永田課長は職員に向け、誰もがマイノリティーである「アライ＝支援者・理解者」になれると訴えた。

区は同日、LGBTがテーマの映画『彼らが本気で編むときは、』と事業連携することを発表。基本構想の柱の一つ「ダイバーシティ＆インクルージョン教育」の一環と位置付け、映画では同区初の「推奨作品」に選定した。同映画のポスターやチラシの作成で連携し、区立中学校に掲示・配布するとともに、LGBT基礎知識の授業や同映画の上映など「出張授業」を行う構想を練る。永田課長は「生徒や保護者に対し、性の多様性の理解促進を図っていきたい」と話す。

渋谷区は昨年11月、LGBT当事者の居場所づくりとして、コミュニティースペース「#渋谷にかける虹」事業を始めた。当事者同士の交流や、LGBTに関する正確な情報の提供などが目的だ。月1回の開催で、10代～60代まで幅広い世代の当事者が20人ほど集い、HIV予防などテーマに沿った専門家のプレゼンの後、ワークショップ形式でテーマへの理解や参加者らとの親睦を深めている。開催日は、ほかの会議室の貸し出しを禁止し、当事者のプライバシーに配慮している。

永田課長は、「参加者の方々は初対面。日常生活で不安を抱えている方も多く、会場の座席の配置を工夫するなど、当事者の方が安心して集まれる場づくりに努めている」と話す。

LGBTがテーマの映画との連携を発表する長谷部健渋谷区長（左）と荻上直子監督＝24日、渋谷区で

23区で渋谷区とともにLGBT対策に力を入れている世田谷区も、当事者のコミュニティースペースを開催している。三つの支援団体に事業を委託し、昨年度は6回開催し、今年度は5回の予定。同区は今後、年間を通じて毎月実施する方針だ。

世田谷区が昨年11月にまとめた性的マイノリティー当事者の実態調査（有効回答数965）では、質問項目「地域生活で困ったこと」で、「地域住民の無理解／ハラスメント」（35・5%）に次いで、「地域に相談できる場所がない」（34・6%）の回答が多く、地域に相談機能を求める当事者の要望が強いことが分かった。

区立男女共同参画センター「らぷらす」の担当者は、「実際に結婚式を挙げた同性カップルの当事者を講師に迎えるなどし、参加者からは『こういう場が欲しかった』という声が多い」と話す。

■理解促進が先決

ただ、本格的に当事者を対象にLGBT支援事業に乗り出すのは一部の自治体にとどまる。

職員・教員向けの性的少数者に関する対応指針をまとめている文京区では、同指針案のパブリックコメントで、6件中4件が「家族制度が壊れる」などと同案に反対する意見だったという。

同区の瀬尾かおりダイバーシティ推進担当課長は「現段階では、職員の末端まで正確な知識が浸透しているかは疑問」とこぼし、「今後も研修などを通じて受け入れ態勢を丁寧に整備する」と語る。当面は周知啓発を目的に、一般区民向けに定員10人～20人規模の講座を実施する考えだ。

LGBT支援で全国自治体のトップランナーである大阪市淀川区では13年9月、全国初のLGBT支援を宣言し、月2回のコミュニティースペースの開催や、年4回のLGBT当事者と区職員の意見交換会など、精力的に事業を行っている。

同区市民協働課の担当者は「まずは自治体職員への理解促進が先決。内部向けの研修をした上で、情報発信やイベント実施などの普及啓発に取り組むべき」と話している。

国立西洋美術館

世界遺産認定書を授与

文化庁から服部台東区長らへ

台東区内にある国立西洋美術館の世界遺産一覧表記載認定書伝達式が27日、文化庁内で開かれ、服部征夫台東区長、中井敬三都教育長、馬渕明子館長に対して、宮田亮平文化庁長官から認定書が手渡された。

長官自ら手製の銅鑼を鳴らし、服部区長（右から2人目）らを祝った＝27日、文化庁長官室で

伝達の際に、宮田長官から「西洋美術館を上野『文化の杜』新構想の旗印に」と激励を受けた服部区長は、「文化は地域と経済が活性化するための基になる。大切にしていきたい」と力を込めた。

国立西洋美術館は、フランス人建築家のル・コルビュジエが日本国内で設計した唯一の建築物。区民を中心とした10年に及ぶ運動が実り、昨年7月に都内で初めての世界文化遺産登録に至った。

馬渕館長は「国民と世界の財産になるので、保全しながら意味を伝えていきたい」と語り、中井教育長も2020年を見据えた「広報活動の大きな戦力になる」とした。

記者席

ネタ売り込み元の正体は

○……「これからも高速コースでいく」。27日の定例記者会見で、就任から半年を迎えた所感を問われた小池知事は、東京マラソンのコースになぞらえてそう答えた。

2月26日に開催される今年の東京マラソンは、コース設定を新たにしたことが特徴の一つ。起伏が少なく平坦なルートにすることで、「記録が狙える高速コース」としてトップランナーを招聘する。知事は都政でもスピード感を持って「東京大改革」に取り組む姿勢を強調した。

とはいえ、豊洲新市場問題や五輪競技場の費用分担など、都政課題は決して平坦ではない。激しい起伏を乗り越える、知事の脚力が問われることになる。

○……「東京五輪では3桁を超えることが予想される」。渋谷区の永田龍太郎男女平等・ダイバーシティ推進担当課長は、2020年の東京大会に出場する性的少数者（LGBT）の選手数についてこう語った。五輪憲章は14年12月に性的指向による差別禁止を根本原則に加え、リオ大会ではLGBTであると表明した選手は少なくとも50人超。ロンドン大会の23人に比べて倍増した。

都が30日に初開催した東京未来ビジョン懇談会には、くしくも小池知事と同じくダイバーシティを重要施策に掲げる長谷部健渋谷区長も名を連ねた。2020年に向け、LGBT支援が加速度的に進むかもしれない。

○……「ちょっと情報提供なんですが」。先日、匿名の男性から編集部に電話が寄せられた。千代田区長選の某陣営に対する内容で、おそらく相手陣営の関係者と思われるが、中身は「区民が置き去りになっている」といった苦情で、ネタには程遠いものだった。

小池知事と都議会自民党の代理戦争として報じられる選挙で、不満も分からないでもないが、なぜ出どころが推察される中身がない話をわざわざメディアに寄せてくるのかが引っ掛かった。マイナスにしかならないが、もしや、そう思わせるための相手陣営の罠ではないか。そんなことも思わせてしまう千代田区長選。ただの区長選ではないことは確かだ。

足立区

警視庁とテロ・災害覚書締結

全国初 来年度から具体化

足立区は26日、警視庁と「テロ及び災害対策事業の推進に関する覚書」を交わした。新年度より警視庁OB派遣など防犯・防災対策を事業化する。20年東京五輪も見据えたテロや災害に備え、自治体が警察機関と具体的な協働策を打ち出すのは全国でも初めて。

同日、両者は二つの事業を発表。一つ目の「危機管理アドバイザー制度」は、警視庁OBを区内4警察署に配置。主に中小民間企業を対象に不審者や不審物への対策を周知する。併せて、区は防犯カメラ設置などの安全対策経費の50%を助成する制度も準備する。

二つ目の事業では、区が区内100カ所に設置する災害用定点カメラの映像を、有事の際に限って警察と消防へ提供する。鉄道駅、河川や避難所付近など要所の状況をリアルタイムで共有し、早期の対策につなげる狙い。

近藤やよい区長は「東日本大震災で帰宅困難者対応が後手にまわった苦い経験が残っていた。また、区内に五輪会場はないものの、周辺区こそテロの危険にさらされやすいとの有識者の助言があった」と経緯を説明。警視庁との連携を高齢者や青少年対策にも広げる考えを明らかにした。

区長会

広島県町村会と協定

産業振興などで連携

特別区長会（会長＝西川太一郎荒川区長）は27日、広島県町村会（会長＝吉田隆行坂町長）と自治体間連携による地域の成長や住民交流の促進などを目的とする連携協力協定を結んだ。19日には千葉県町村会と協定を締結しており、広島県町村会が7団体目となる。

荒川区が発起人となって設立した自治体連合「幸せリーグ」に広島県熊野町が参加しており、同県町村会で副会長を務める三村裕史熊野町長を通じて協定締結に至ったという。締結式には、区長会から副会長の武井雅昭港区長と坂本健板橋区長、同県町村会から会長の吉田町長と副会長の三村町長、高田幸典大崎上島町長が出席した。

吉田会長は「広島県の9町は都市近郊や山間部、瀬戸内海沿岸など様々な場所に位置しているが、人口問題の克服や地域の活性化など共通の課題を抱えている。協定を契機に、産業や観光、文化など幅広い分野で息の長い連携にしたい」と意欲を示した。

武井副会長は「全国との交流で地域特性を学び合い、日本全体の元気につなげたい」と語り、坂本副会長は「平和教育を通じた交流など23区にも意義深い連携になる」と期待を寄せた。

締結式では出席した5人が固く握手を交わした＝27日、東京区政会館で

葛飾区選管

区長・区議選は11月5日告示内定

葛飾区選挙管理委員会は25日に開いた定例会で、葛飾区長および葛飾区議会議員（定数40）の選挙日程を11月5日告示、12日投票、13日開票と内定した。8月に正式決定する見通し。

16年12月2日現在の選挙人名簿登録者数は37万5997人（男性18万7805人、女性18万8192人）。

西東京市長選告示
現新2氏が立候補
庁舎統合などが争点に

任期満了に伴う西東京市長選が29日告示され、再選を目指す現職の丸山浩一氏(69)＝自民、公明推薦＝、新人で共産党西東京市委員長の杉山昭吉氏(67)＝共産、自由推薦＝の2氏がいずれも無所属で立候補を届け出た。合併から16年が経ち、選挙戦では庁舎統合問題などを争点に論戦が繰り広げられる。28日現在の選挙人名簿登録者数は16万6736人。2月5日に投開票される。

杉山昭吉氏　丸山浩一氏

■丸山陣営

丸山氏は、正午に西武線田無駅北口で第一声を上げた。自民、公明両党に加え、連合東京、市議会会派「民進党西東京」の推薦も得た。

国会議員や都議、市議、近隣首長らが応援に駆け付ける中、マイクを握った丸山氏は「まだやり残したことがある。みなさんの手でセカンドステージに立たせてもらえるなら、この4年間でやり残したこと、これからやりたいことを進めたい」と決意表明した。医師でもある丸山氏が一番に掲げるのが健康応援都市の実現だ。「WHO（世界保健機関）の健康都市連合にも加盟した。健康を施策の真ん中に据えて、市民のための市政を前に進めたい」と力を込めた。

まちのにぎわいづくりのほか、防犯、防災、地域包括ケアシステムの構築に欠かせない地域コミュニティーづくりの必要性も強調。「生活している市民の本気の地域づくりを応援する」と訴えた。待機児童・高齢者対策にも意欲を見せ、「市政を一人で動かすわけにはいかない。市民の負託があってこそ、約束事を進める私の大きな力になる」と支援を呼び掛けた。

■過去の西東京市長選の結果

2013年2月3日				（投票率36.93%）
当	丸山　浩一	無新	自公	30,291
	森　輝雄	無新		18,565
	杉山　昭吉	無新	共	8,402
2009年2月8日				**（投票率37.19%）**
当	坂口　光治	無現	民共社ネ	25,844
	保谷七緒美	無新	自	21,607
	内田　直之	無新		9,098

（四角囲みは推薦政党）

■杉山陣営

杉山氏は、午前11時に田無駅北口で第一声。共産党、自由党の国会議員や連携する森輝雄西東京市議らが応援演説に立った。現市政への批判を前面に出す杉山氏は「現市政は市民の意見や声を聞かない。強引な市政運営が行われている」と指摘。国民健康保険料や保育料、学童の育成料などの引き上げで市民の負担が増えていると主張した。

西東京市には現在、田無庁舎と保谷庁舎があり、1市2庁舎問題の解消に向けて庁舎統合方針を決定している。杉山氏は「多くの市民は2012年の意向調査で、二つの庁舎があることで基本的なサービスがしっかり受けられる、庁舎が近くて良いと意思表示した」と述べ、「いったん立ち止まり、（取り壊す予定の）保谷庁舎の耐震診断を実施する。無理やり一つにする結論ありきでなく、しっかり議論し、市民合意の形を進める」と約束した。

市民会館、田無公民館、中央図書館の合築問題も「合築方針は白紙に戻し、市民参加で再検討する」。

今の国の政治には「優しさがない」として、「市民の生活に寄り添う市政」を掲げた。

住宅政策連絡協議会が初会合
空き家や耐震化で情報交換

東京都市長会付属協議会として昨年11月25日に新たに加入が認められた多摩地域住宅政策連絡協議会の初会合が25日、東京自治会館で開かれた。同協議会を構成する多摩26市の住宅政策担当課長らが出席した。

初めに都都市整備局住宅政策推進部が都住宅マスタープラン素案について説明。同プランは2016年度から25年度までの10年間の施策の展開の方向を示すもの。子育て世代向けの公共住宅の供給や都営住宅・公社住宅建て替えに伴う創出用地の福祉インフラ整備への活用、住宅確保に配慮を要する都民の居住の安定、安全で良質なマンションストックの形成、耐震診断や耐震改修の促進、空き家などの既存ストックの活用といった住宅を巡る各種取り組みを掲げている。

都は今後、案を公表し、各区市町村への意見照会とパブリックコメントを行い、年度内の策定を目指す。

多摩26市の住宅政策担当課長らが一堂に集まった＝東京自治会館で

続いて、小金井市まちづくり推進課が空き家に関する相談窓口開設について説明した。

同市は、都が昨年3月に関係団体と協定を結び、順次開設した空き家の相談窓口を参考に、東京都宅地建物取引業協会や全日本不動産協会などの地元支部8団体と昨年11月に協定を結び、空き家に関する無料の相談窓口を開設した。それぞれの団体や金融機関が空き家の売買や賃貸、リフォームや改修工事、相続・登記、財産管理といった専門分野で市民の相談に応じている。

市が相談窓口開設への協力を求めたところ、「地域のことは地域の専門家が行うということで、各団体は非常に好意的な受け止めだった」といい、「窓口について市からの支出はない」と話した。

区市町村に策定が委ねられている空き家等対策計画については、日野市と町田市が策定済みで、現在、策定中の市や今年度、実態調査が終わり、来年度に計画の策定や条例化を検討している市がある。「市域に山間部や市街地などが含まれるため、地域によって特徴が様々。ひとくくりにはできない」と難しさを指摘する声もあった。

国は区市町村の「住宅耐震化緊急促進アクションプログラム」で17年度、戸別訪問で耐震改修した場合、一戸当たり30万円を加算する新規の補助事業を行う予定だが、出席した26市のうち3市はこの事業を利用する意向だ。

また、区市町村が、耐震化が必要な戸建て住宅の全戸訪問を建築士などの専門家に委託する場合、費用の2分の1を国、4分の1を都が負担する17年度から20年度末までの都制度は、26市中2市が活用を予定している。

住宅を巡っては、分譲マンション施策も大きな課題だ。住民の高齢化やマンションの老朽化が問題だが、合意形成の難しさなどから適正な管理が施されずに荒廃すると地域の住環境にも影響しかねない。

同協議会は今後、住宅を取り巻く諸課題への対策を話し合う。次回は5月ごろを予定している。

武蔵野市の学童と「あそべえ」
新年度から運営主体一体化
円滑な情報共有目指す

武蔵野市は2017年度から、学童クラブと放課後子供教室に準じる「地域子ども館あそべえ」の運営主体を一体化し、公益財団法人武蔵野市子ども協会に事業を委託する。二つの事業は同じ小学校内での活動だが、情報共有の面などで課題があった。一つの法人が双方の運営を担うことで、円滑な情報共有と丁寧な見守り、スタッフの処遇改善による人材の定着化も狙う。学童と放課後子供教室の連携は国も提唱しており、同市の試みは一つのモデルケースになりそうだ。

武蔵野市内には、小学校学区ごとに12の学童クラブがある。一方、「地域子ども館あそべえ」は、放課後子供教室に準じた事業で、やはり市内の全12小学校で実施されている。

いずれも市に雇用された職員が指導員や館長、スタッフを務めているが、新年度からは、公益財団法人武蔵野市子ども協会が両事業の運営を「地域子ども館」として一括して行う。

同協会は市の財政援助出資団体だ。市内で子育て支援施設「0123吉祥寺」などの運営を行ってきたほか、認可保育園の運営も11年度から始めている。児童青少年課は「二つの事業の情報が一本化されるほか、乳幼児など幼い子供の保育についても詳しく、新1年生の受け入れもより円滑になる」とメリットを話す。

学童と「あそべえ」の連携の必要性は、以前から指摘されていた。学童を利用する児童は「あそべえ」を利用することがあるが、指導員とスタッフで構成する学童と、館長とスタッフからなる「あそべえ」は組織が別々だ。実態として同じ校庭で遊んでいても、「あそべえ」側のスタッフには、学童に通う児童の情報が少ない。

対策として、市は08年度に当時の子ども家庭課で担当していた「あそべえ」の事業を学童を所管する児童青少年課に一本化。10年7月には市民や有識者からなる協議会を立ち上げ、二つの事業の連携についての検討を行った。

武蔵野市では、学童は4年生まで預かる障害児を除いて3年生までの利用とされており、4年生以降、「あそべえ」に移行するケースが多い。協議会では▽環境が変わるに当たって、障害があったり、特別な見守りが必要な子供について、特に情報共有が必要▽同じ低学年でも、互いにもっと自由に遊ぶことができる環境が必要▽親の就労状況によって、同じ学校に通う子供が寸断されてはならない――などが指摘された。

こうした議論を受けて、市は今年度、市内三つの小学校で、両機能を統括する「館長」を配置するモデル事業を実施している。3人の館長のうち、2人は現行の「あそべえ」館長経験者、1人は保育士資格があり、児童館勤務経験がある市職員を派遣。核となる館長の配置で、両機能と学校との間の情報発信が一本化され、スムーズになった。また、館長が日々、双方のスケジュールを確認することで、児童や職員の流れを共有でき、両事業の担当者間の情報共有も円滑になった。「あそべえ」で使う広い教室に学童のスタッフを呼んで、一緒にミーティングするケースもあるという。

それぞれ参加児童に対して、分け隔てない関わりを取ることができる体制が整いつつあり、トラブル時にも学校との迅速な連携など現場対応力の強化にもつながっている。

17年度からの体制は、「地域子ども館」館長として、市子ども協会の正規職員12人を配置する。協会所属の指導員やスタッフは学童と「あそべえ」合わせて200人を超える。特に学童指導員は54人から61人に増員される。現在の指導員は市の嘱託職員の身分だが、同協会は約半分を正規職員として雇用する。

一般に、学童の職員は他職種に比べて低賃金と不規則な勤務形態から希望者が少なく、離職率も高いと言われている。今回、安定した身分を求めて、他の自治体から応募する例もある。市は職員の定着化と人材育成、体制強化にも期待する。

今後の課題は一体化した年間計画の作成だ。二つの事業に携わるスタッフが顔を合わせる機会は増え、互いの理解度が高まることが予想される。

「さらに、現在、個別に計画している夏休みの縁日のようなイベントも合同で取り組む機会を増やせないか」と児童青少年課は話す。「運営体制を一体化したことによる評価は、保護者へのアンケートを実施するなど様々な方法で検証する。足りない部分はスタッフの研修を行うなど子供にとってプラスになるように努めたい」としている。

学童と放課後子供教室の連携は他の自治体でも課題になっている。調布市は15年度から、両事業を市内七つのエリアごとに小学校敷地内にある学童クラブ分室と放課後子供教室「ユーフォー」の事業の運営を同じ業者に委託。「ユーフォー」に未配置だった責任者を学童クラブと共通して置いたほか、個別に管理していた児童の情報を共有している。組織的にも、市長部局と教育委員会に分かれていた所管を15年度から市長部局の児童青少年課に一本化した。

ただ、調布市や武蔵野市は先行例で、26市全体を見ると、特に地域ボランティアの協力を必要とする放課後子供教室で人手不足などが課題となっており、学童と放課後子供教室の連携にまで至っていない現状もある。

15年度には学童の対象学年が小学校3年生から6年生までに拡大された。例えば武蔵野市は対象学年を経過措置で3年生までとしているため待機児童は出ていないが、6年生まで広げた市では待機児童数が急増したケースも見られ、両事業の円滑な運営と子供たちの放課後の受け皿づくりが急務となっている。

MEMO　学童クラブと放課後子供教室　学童クラブは、児童福祉法に基づき、保護者が就労などで昼間、家庭にいない児童を小学校の校舎敷地内の施設などで預かる放課後児童健全育成事業で、厚生労働省が所管する。放課後子供教室は全ての子供を対象とし、地域の人の協力を得て、学習やスポーツ、文化活動などの機会を提供する。小学校の余裕教室や校庭、図書室などを開放し、文部科学省が所管している。国は14年7月、全ての児童が放課後などを安全・安心に過ごし、多様な体験や活動を行うことができるように両事業の一体的または連携した実施に向けて「放課後子ども総合プラン」を策定し、総合的な放課後対策事業を区市町村に求めている。

小平市長選
水口氏が出馬表明
「都計道や再開発見直す」

任期満了に伴い、4月2日に告示、9日に投開票が行われる小平市長選で、市民団体共同代表の水口和恵氏(54)が24日、無所属での立候補を表明した。生活者ネットに推薦を依頼している。

水口氏は玉川上水と小平中央公園の緑を分断する都市計画道路の是非を問う住民投票を2013年5月に実現させた市民団体の共同代表を務めている。

出馬の動機について、水口氏は「住民投票は投票率が50%に達せず、不成立となり、投票用紙は開票されないまま焼却処分された。市民の声が反映されない市政はおかしいと感じた」と述べた。

現在、都が土地買収を進めている都市計画道路を始め、西武線小川駅と小平駅に建設が予定されている100㍍規模の高層マンションを含む再開発計画の見直しを掲げる。

減少する農地や緑地を市が買い取るための「みどり債」の発行のほか、子供の貧困対策として生活に困窮している家庭の就学援助の枠の拡大や、こども食堂への支援、子供や若者、高齢者の居場所づくりなども訴える。

水口氏は1962年生まれ。一橋大学大学院経済学研究科修了。民間会社勤務などを経て、フリーライターを経験し、現在は「小平都市計画道路に住民の意思を反映させる会」共同代表。

小平市長選には、市議の松岡篤氏(31)、現職で4選を目指す小林正則氏(64)が立候補を表明している。

市町村 17年度予算案

小金井市
庁舎と福祉会館新設へ
市税が0.7％の伸び

小金井市は23日、過去3番目の規模となる2017年度当初予算案を発表した。規模が大きくなったのは、人口増や税収の伸びなどが要因。

西岡真一郎市長は「限られた財源で全てを盛り込めたとは思っていないが、ごみ、庁舎、駅周辺まちづくり、保育の充実という小金井市の課題解決のため、最善を尽くした」と語った。

新庁舎建設事業では、執務環境調査委託に約828万円、新庁舎等建設計画調査委託に約1266万円の計約2095万円を盛り込んだ。執務環境調査は、来庁する市民が使いやすい窓口空間や職員が効率的に業務を遂行できる執務環境にするため、執務室の使用状況や勤務実態などを調査分析し、改善策を示す基本資料を作成する。建設計画調査は、庁舎建設予定地である旧蛇の目ミシン工場跡地の敷地を最大限活用する施設配置の検討を行い、規模に応じた建設費などを試算する。

（仮称）新福祉会館建設事業は、庁内で検討中の基本計画素案を基に、公募市民と学識経験者などで構成する市民検討委員会での検討を経て基本計画を策定する。委員への謝礼や計画策定支援委託料などとして1150万円を予算化した。

一般会計＝399億8200万円	（前年度比0.6%減）
主な事業	
武蔵小金井駅南口再開発	3億70万円
新庁舎建設事業	2095万円
（仮称）新福祉会館建設事業	1150万円
地域猫不妊手術の補助金等	244万円
空き家データベース構築委託	148万円

歳出予算を性質別に見ると、建設事業費が前年度より約14億円減の36億5748万円となる。武蔵小金井駅南口再開発関連の補償費の減などが影響している。扶助費は民間保育所への補助金などで約8億円増えて104億7901万円。

歳入は、雇用情勢の回復傾向を受けた納税義務者の増などで市税が前年度比0・7％増の206億9543万円を見込む。国庫支出金は6・6％減の65億302万円、繰入金は基金の取り崩しを活用し、25・4％増の11億8535万円を計上した。

高齢者の見守りネット 歯科医師会などと協定
町田市

地域に住む高齢者を見守るネットワークづくりを進めている町田市は25日、新たに公益社団法人東京都町田市歯科医師会、一般社団法人町田市薬剤師会、生活協同組合コープみらい、東都生活協同組合の4者と協定を締結した。配達や営業訪問時などに訪問先の高齢者に異変があった場合、市、警察、消防などに連絡する。

今回の協定により、協定締結先は523事業者となった。

6月11日に投開票
あきる野市議選

あきる野市選挙管理委員会は25日、任期満了に伴うあきる野市議会議員選挙の日程を決定した。6月4日に告示、11日に投開票される。同市の昨年12月2日現在の選挙人名簿登録者数は6万7679人。

授業の内容が「よく分かる」「どちらかといえば分かる」と回答した児童・生徒は増加傾向

2016年度 都学力調査

知識・技能の確実な定着を図る

「児童・生徒の学力向上を図るための調査」結果

都独自の今年度の「児童・生徒の学力向上を図るための調査」は、昨年7月7日に小学校第5学年の児童と中学校第2学年の生徒を対象に実施された。内容は、国語、社会、算数・数学、理科、英語（中学校のみ）の教科に関する調査と、児童・生徒質問紙調査、学校質問紙調査である。

資料1

習得目標値・到達目標値を設定

今年度の各教科の平均正答率は、小学校が国語73・8%、社会72・4%、算数62・5%、理科62・7%だった。また、中学校は国語71・1%、社会57・8%、数学56・7%、理科55・2%、英語55・6%だった。

都教育委員会では、学力調査の結果を分析するに当たり、2015年度から習得目標値（教科書の例題レベルの問題数）と到達目標値（教科書の練習問題レベルの問題数）を、全ての教科で設定している。

例えば、小学校国語では、教科書の例題レベルの問題である習得目標値の問題数は6問あり、それらの問題の平均正答率は80・0%だった。この結果は、教科の平均正答率より高いものの、教科書の例題レベルである基礎的・基本的な知識・技能の問題であることから、まだ定着が不十分な問題があると考えられる。教科によっては、習得目標値の平均正答率が教科の平均正答率より低い教科もあり、今後とも基礎的・基本的な知識・技能の定着を図っていく必要がある。

資料2

知識・技能に関する学習

資料2は「習得目標値の問題の中で定着が不十分な問題例」である。

小学校国語で「練る」という漢字が正しく書けた児童は61・8%（無解答17・3%）。社会で府県の正しい位置を選べた児童は55・2%（同1・5%）。算数で小数のかけ算が正しく計算できた児童は60・5%（同2・5%）。理科で星座早見（せいざはやみ）の正しい使い方を理解していた児童は41・6%（同1・4%）だった。

中学校国語で「家屋」という漢字が正しく読めた生徒は、30・7%（同4・7%）。社会でヨーロッパの国の正しい位置を選べた生徒は42・6%（同1・6%）。数学で比を使って正しく計算できた生徒は54・5%（同9・3%）。理科で花のつくりを正しく理解していた生徒は40・3%（同14・9%）。英語で時制にあう動詞を正しく書けた生徒は27・6%（同9・1%）だった。

これらの問題は正答率が低いだけでなく、小学校国語や中学校理科での無解答率の多さも目立つ。特に知識に関する学習は、授業で身に付けても継続的にそれを使っていかなくては忘れてしまいがちである。

このため「東京ベーシック・ドリル」などを活用して、繰り返し学習することで知識・技能の確実な定着を図っていく必要がある。

資料3

授業内容の理解度

資料3は、授業内容の理解度と平均正答率との関係についてである。

児童・生徒質問紙調査結果によると「授業の内容がどのくらい分かりますか」という質問に対して、「よく分かる」「どちらかといえば分かる」と回答した児童・生徒は増加傾向にある。

今年度の結果は、小学校では上から理科、算数、国語、社会の順になっており、理科、算数、国語については90%以上の児童が肯定的に回答している。中学校では、上から国語、数学、社会、理科、英語の順になっており、国語、数学については80%以上の生徒が肯定的に回答している。

下の表は、それぞれ回答した児童・生徒の平均正答率である。この表から、より肯定的な回答をした児童・生徒ほど正答率が高いことが分かる。

資料4

言語活動の充実

次に「思考力・判断力・表現力等を育むための言語活動の充実を図っていますか」という質問について経年変化を見ると、言語活動を「よく行った」「どちらかといえば行った」と回答した学校は、小学校・中学校ともに増加傾向にある。より肯定的な回答をした学校ほど正答率が高い。このことから、より一層指導方法を工夫することで学力向上を図っていくことが必要である。

今後の方向性

東京ベーシック・ドリルを電子化

今後の方向性について都教育委員会では、知識・技能の確実な定着を図るため、今後も「東京ベーシック・ドリル」等の活用による反復学習を進めていく考えだ。今年度末には「東京ベーシック・ドリル」を電子化したソフトを全小学校・中学校に配布し、放課後や家庭学習でも活用できるようにする。

思考力・判断力・表現力等の更なる育成のため「東京方式1単位時間の授業スタイル」に基づいた問題解決的な学習を進める。今年度はこのスタイルで授業公開・協議会を18回開き、500人程の教員が参加し、問題解決的な学習について理解を深めることができた。

習熟の程度に応じた指導を推進するため「ガイドライン」に沿った効果的な習熟度別指導を進める。ガイドラインでは、習熟の程度に応じてグループを編成し、教材や指導方法を工夫することを明記しており、より一層の個に応じた指導を推進する。

個に応じた指導の充実を図るため「ユニバーサルデザイン」の考えに基づいた指導を進める。どの学級にも、よりきめ細かい支援が必要な児童・生徒がいる。教室の環境整備、板書や発問の工夫など「どの子供にも分かりやすい授業」を行うための実践事例集を作成し、配布する予定である。

資料1 各教科の平均正答率と習得目標値の問題　（問題数と平均正答率）　習得目標値：教科書の例題レベルの問題

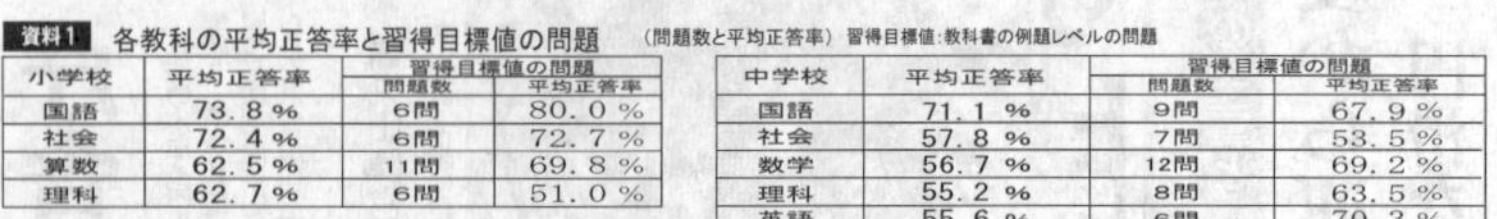

小学校	平均正答率	習得目標値の問題	
		問題数	平均正答率
国語	73.8%	6問	80.0%
社会	72.4%	6問	72.7%
算数	62.5%	11問	69.8%
理科	62.7%	6問	51.0%

中学校	平均正答率	習得目標値の問題	
		問題数	平均正答率
国語	71.1%	9問	67.9%
社会	57.8%	7問	53.5%
数学	56.7%	12問	69.2%
理科	55.2%	8問	63.5%
英語	55.6%	6問	70.3%

資料2 習得目標値の問題の中で定着が不十分な問題例（正答率の低い問題）

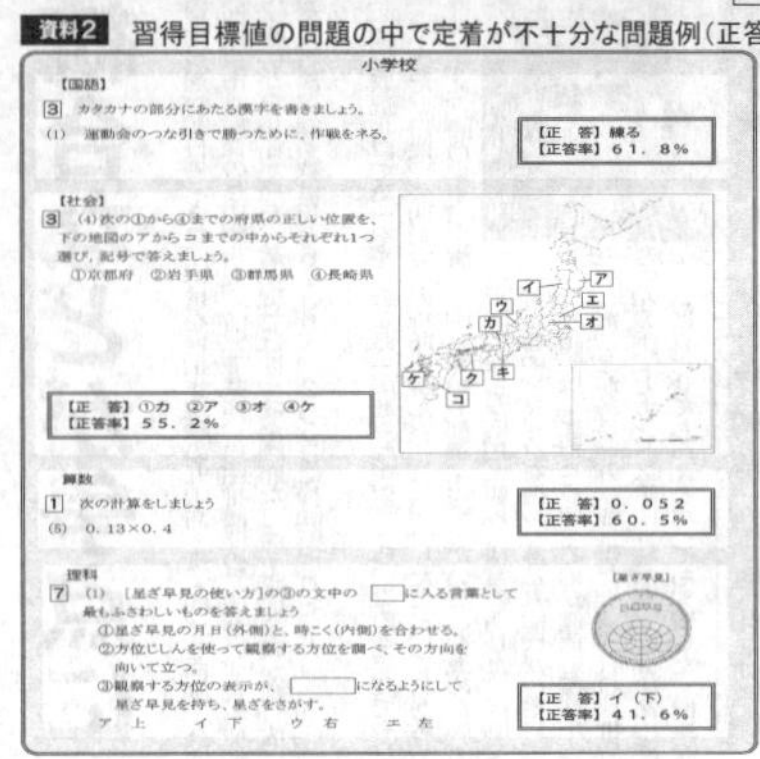

小学校

【国語】
3 カタカナの部分にあたる漢字を書きましょう。
(1) 運動会のつな引きで勝つために、作戦をネる。
【正 答】練る
【正答率】61．8%

【社会】
3 (4)次の①から④までの府県の正しい位置を、下の地図のアからコまでの中からそれぞれ1つ選び、記号で答えましょう。
①京都府 ②岩手県 ③群馬県 ④長崎県
【正 答】①カ ②ア ③オ ④ケ
【正答率】55．2%

算数
1 次の計算をしましょう
(5) 0．13×0．4
【正 答】0．052
【正答率】60．5%

理科
7 (1) ［星ざ早見の使い方］の③の文中の □ に入る言葉として最もふさわしいものを答えましょう
①星ざ早見の月日（外側）と、時こく（内側）を合わせる。
②方位じしんを使って観察する方位を調べ、その方向を向いて立つ。
③観察する方位の表示が、□ になるようにして星ざ早見を持ち、星ざをさがす。
ア 上　イ 下　ウ 右　エ 左
【正 答】イ（下）
【正答率】41．6%

中学校

【国語】
2 ＿を付けた漢字の読みをひらがなで書きなさい。
(2) 町のはずれに、古い西洋風の家屋が建っている。
【正 答】かおく
【正答率】30．7%

【社会】
3 (1) 地図中の①〜④の国名を、次のア〜エの中からそれぞれ1つ選び、記号で答えなさい。
ア ドイツ　イ イギリス
ウ フランス　エ イタリア
【正 答】①ア ②エ ③ウ ④イ
【正答率】42．6%

【数学】
1 (2)あるカフェオレが入っている容器の側面には、次のような栄養成分表示が書かれていました。
このカフェオレ 180mL に含まれるエネルギーは、何 kcal か答えなさい。

栄養成分表示（100mL当たり）	
エネルギー	40kcal
たんぱく質	0.8g
炭水化物	8.4g
ナトリウム	40mg

【正 答】72
【正答率】54．5%

【理科】
1 (1) 図1の①の部分の名称を答えなさい。
【正 答】めしべ
【正答率】40．3%

【英語】
6 英文が正しい文となるように下線部の語を適切な形で書きなさい。
(2) A: Is she eat a pancake?
B: No, she isn't. It's an okonomiyaki . It's from Japan.
【正 答】eating
【正答率】27．6%

資料3 授業内容の理解度と平均正答率との関係　―児童・生徒質問紙調査より―

◇「授業の内容はどのくらい分かりますか」

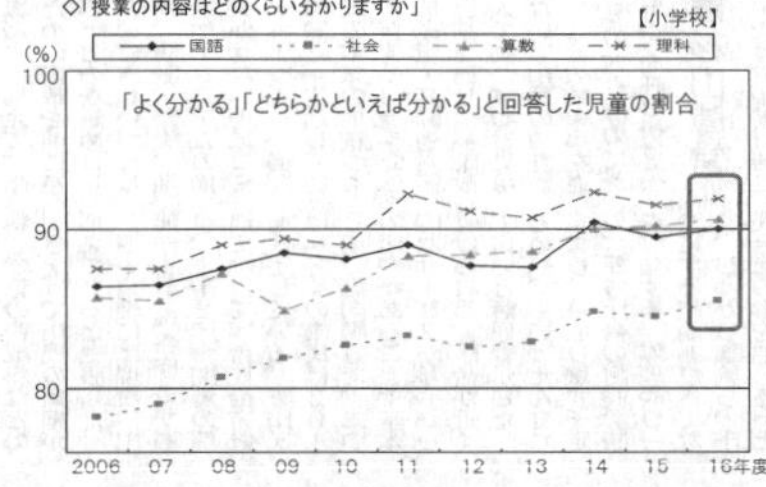

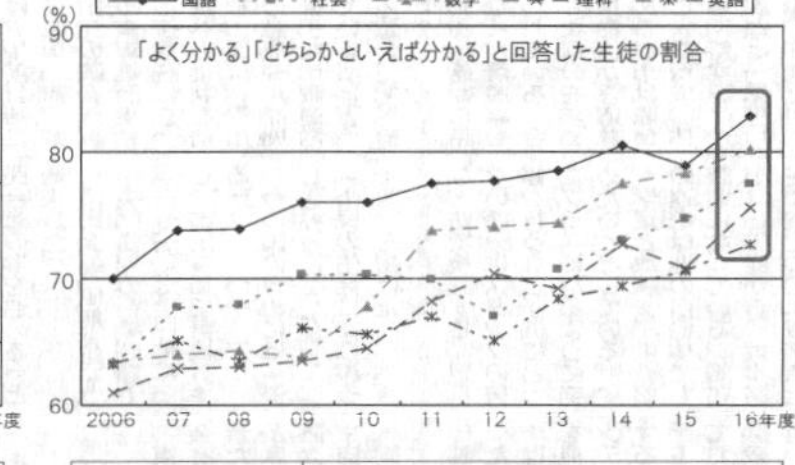

授業内容の理解度と平均正答率との関係	平均正答率(%)【小学校】			
	国語	社会	算数	理科
よく分かる	81.8	79.7	71.2	68.5
どちらかといえば分かる	70.9	69.5	59.0	59.4
どちらかといえば分からない	59.0	58.0	47.4	51.5
ほとんど分からない	46.3	44.5	36.5	40.1

授業内容の理解度と平均正答率との関係	平均正答率(%)【中学校】				
	国語	社会	数学	理科	英語
よく分かる	78.8	65.7	63.7	61.0	62.7
どちらかといえば分かる	70.0	57.0	55.4	54.2	54.5
どちらかといえば分からない	60.6	48.0	48.2	47.8	46.5
ほとんど分からない	51.8	38.0	40.4	39.8	39.7

資料4 ◇「思考力・判断力・表現力等を育むための言語活動の充実を図っていますか」

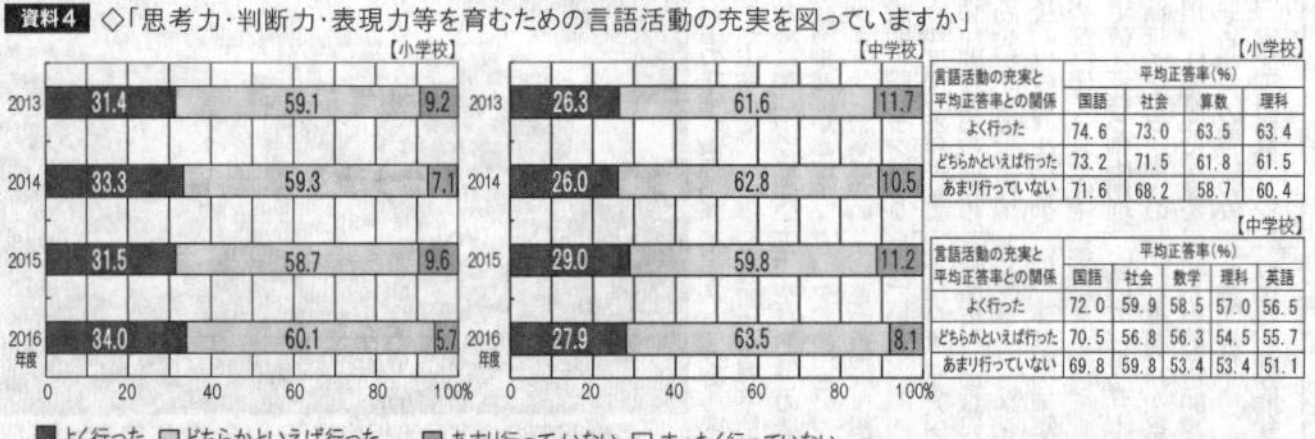

言語活動の充実と平均正答率との関係	平均正答率(%)【小学校】			
	国語	社会	算数	理科
よく行った	74.6	73.0	63.5	63.4
どちらかといえば行った	73.2	71.5	61.8	61.5
あまり行っていない	71.6	68.2	58.7	60.4

言語活動の充実と平均正答率との関係	平均正答率(%)【中学校】				
	国語	社会	数学	理科	英語
よく行った	72.0	59.9	58.5	57.0	56.5
どちらかといえば行った	70.5	56.8	56.3	54.5	55.7
あまり行っていない	69.8	59.8	53.4	53.4	51.1

学力ステップアップ推進地域指定事業

学力ステップアップ推進地域（以下「推進地域」という）として指定した区市町村に、3年間外部人材の派遣を行い、小・中学校の算数・数学、理科における教員の指導力向上、算数・数学における児童・生徒の基礎学力の定着を図る。さらに、推進地域での成果を全都に普及することにより、都内公立小・中学校の児童・生徒の基礎学力の定着を図る。

推進地域〈葛飾区・立川市・青梅市・福生市・東大和市・東久留米市・武蔵村山市・多摩市・羽村市・あきる野市〉

学校のマネジメント力の向上

福生市教育委員会 指導主事 森保 亮

東京都が「児童・生徒の学力向上を図るための調査」を始めたのは2003年度である。その頃の本市の教員は「学力の向上」以上に、健全育成上の課題解決に頭を悩ませていた。この状況の改善に向けて本市教育委員会では、健全育成に関する様々な施策を打ち出した。例えば、中学校入学直後に全ての1年生が2泊3日する宿泊行事「スプリングスクール」の実施や、教育相談体制の強化・整備等である。

このような施策を進めてきたことで、現在では健全育成上の課題は改善され、授業改善及び学力向上に向けた取り組みを推進できる教員が中心となり、全校でその取り組みが展開されている。

本市が学力向上に向けて最も重視していることは「学校のマネジメント力の向上」である。具体的には、各学校が学力調査等の結果から自校の児童・生徒の実態を正確に分析し、課題改善のために必要なカリキュラムや予算、人材、物品等をマネジメントする体制を構築できるようにするということである。

市教育委員会は「学力向上パートナーシップ事業」「学力ステップアップ推進地域指定事業」等の事業を活用し、各学校が「カリキュラム・マネジメント」を実施するために必要な予算や考え方を施策として提供してきた。ここでは、その施策を2点紹介する。

「福生市立学校の学力向上策」に基づく施策の推進

市教育委員会では、昨年3月に総合的な学力向上策として「福生市立学校の学力向上策」＝資料1＝を策定し、学力を向上させるために学校が取り組むべき「授業改善に必要な17の取り組み」や、1単位時間の授業の組み立て方を示した「学力を着実に育む授業者6つの取り組み」等を明示した。

学校がカリキュラム・マネジメントを進めていくためには、市教育委員会として市の現状や分析の視点を各学校に示す必要がある。本市では全国及び東京都の学力調査における成果や課題をまとめ、各学校が分析を行う視点を示したリーフレットを全教員に毎年配布し指導している。

さらに、本市では学力向上の視点として家庭学習に関する状況についても分析した。全国学力・学習状況調査等における質問紙調査結果から、家庭においても学力向上に対する意識を高めていく必要があると考え、昨年度から全児童・生徒の保護者や地域に向けた学力向上リーフレット「家庭での働きかけで学力アップを」＝資料2＝を作成、配布している。このリーフレットは、全国学力・学習状況調査の平均正答率を周知することが目的ではなく、学力調査の問題や質問紙調査からどのようなことを家庭で話題にすればいいのかについて示したものである。

資料1

資料2

また、本市では2015年度、2016年度の2年間、慶應義塾大学、凸版印刷株式会社と協働し、学力向上研究を行った。本研究では、小学校3年生の児童に一人1台タブレットを貸与し、学校で与えた算数の課題をタブレットで持ち帰らせ、家庭学習を行わせることでその定着を見る研究である。本研究による成果を踏まえ、今後は本研究の取り組みを市で事業化し、ICTによる学力向上の取り組みを推進していく。

カリキュラム・マネジメントの実施

「学校のマネジメント力の向上」に関する施策として、各学校が学力向上策に係るプレゼンテーションを行う機会を設定している。福生市が2015年度から3年間の地域指定を受けている「学力ステップアップ推進地域指定事業」では、本事業費の約80%を各学校に配当している。

本来ならば、各学校に配当する事業費について市教育委員会が使途を決め、均等に配分し、各学校は配分された予算の中で運用するのが通常であるが、本市では各学校が自校の学力向上に係る対策を検討したのち、必要な予算を市教育委員会に要求するという流れを取っている。その狙いは、学校が子供の課題をしっかり分析するとともに、学力向上に資する人材活用や教育課程編成について組織として考える機会を設定することである。

以前は、使途が決められた予算を執行するために何をするかという受け身の姿勢で学校経営を進めている校長が多かったが、本施策により各校長が自校の学力の分析や課題に応じた特色ある取り組みを積極的に行うようになった。学校経営で大切なことは、子供たちの実態に応じて人材配置や物品購入、教育課程を編成していくことである。

表1

2016年度

	国語	社会	数学	理科	英語
A層	26.0%	17.7%	14.6%	15.2%	30.1%
D層	26.2%	29.6%	26.0%	9.2%	22.7%

2012年度

	国語	社会	数学	理科	英語
A層	14.0%	14.5%	10.2%	12.9%	14.2%
D層	31.1%	35.5%	37.5%	32.5%	34.7%

福生市立中学校における5教科のA層、D層の割合の推移（東京都「児童・生徒の学力向上を図るための調査」より）

学力調査から見た学力向上策の成果

これらの取り組みの成果について、学力調査の結果から考察すると、上位層及び下位層が大きく改善していることが挙げられる。東京都は都全体の正答数分布を4分割し、上位25%をA層、下位25%をD層と定義している。表1を見てみると、東京都上位25%に属する正答数のライン、すなわちA層のラインを超えている本市生徒の割合が、2012年度に比べてどの教科も増えているとともに、D層のラインを下回っている生徒の割合が、どの教科も減っていることが分かる。

この層は、あくまで東京都全体の状況を相対的に分類した表であるが、全国学力・学習状況調査で東京都の学力が他道府県と比べて相対的に上がっているので、本市においても東京都に近づいていることは、相対的に見て学力が向上傾向にあると判断している。

また、学力が向上してきたことに伴い、児童・生徒の自己肯定感の向上が見られた。表2は、全国学力・学習状況調査における児童・生徒質問紙調査の結果の一部である。学力の向上と子供の自己肯定感の向上は互いに欠かせない要素であり、健全育成の面からしても成果として捉えている。

福生市における質問紙調査結果の経年変化の様子（全国学力・学習状況調査より）

自分にはよいところがあると思いますか。

	2008年	2013年	2016年
小学校	29.9	32.9	37.9
中学校	17.8	31.7	27.8

表2

現在の課題と今後の学力向上施策

これらの取り組みにより一定の成果は表れているものの、小学校では基礎的な計算問題等の「教科書例題レベル」問題における平均正答率が都全体よりも低い。基礎・基本が身に着いていない児童が多いことから、放課後学習等を実施し、個に応じた指導の一層の充実が必要である。

また、中学校では自分の考えを表現する等の知識を活用する問題について課題がある。講義形式の授業を見直し、生徒一人ひとりが自らの考えを表現する学習場面を増やす等の授業改善が急務だ。

今後とも「カリキュラム・マネジメントによる学力向上」の一層の推進を目指し、学校の実態に応じた具体的な取り組みを全校で展開していく。

人から人へ つながりで築く学力ステップアップ！

東久留米市教育委員会 指導主事 中里 直

本市では、東久留米市教育振興基本計画（改訂版）の柱の一つとして「確かな学力の育成」を掲げ、学力調査の結果分析及び授業改善の公表、東京ベーシック・ドリル活用の推進、子供土曜塾の実施など様々な施策を展開している。しかし、児童・生徒の基礎学力の定着が十分とは言えない現状がある。そこで小・中学校の算数・数学及び理科の基礎学力向上を目的として「学力ステップアップ推進地域指定事業」の指定を受けた。

そして、人から人へ心をつなぐ教育を大切にしたいと考え、東京都の事業趣旨に基づき、特に教員の指導力向上のための基礎学力定着アドバイザー派遣と、児童・生徒の基礎学力の定着を目的とした放課後等の算数・数学補習のための外部指導員派遣を取り組みの柱として実施した。

さらに、事業を2年間重点的に行う研究指定校を2015、2016年度と2016、2017年度に小・中学校2校ずつの4校、合計8校を指定し、アドバイザーと外部指導員を重点的に派遣した。今年度の派遣人数は、全小・中学校合計で外部指導員101人、アドバイザー21人である。以下に15、16年度の指定校の取り組みを紹介する。

外部指導員による算数指導＝写真1（本村小学校）

■本村小学校

算数の基礎学力向上のため、外部指導員を子供土曜塾やサマースクールに配置し、児童の補習指導を行った＝写真1。特に低学年を中心に配置し、つまずいている児童を支援した。また、教員がアドバイザーから授業の指導を受けたことで、教員の授業に対する意識が向上し、授業改善につながった。

特に算数で問題解決的な学習を取り入れたことで教員の授業展開の方法が確立し、児童は問題解決の流れに沿ってノートをまとめることができるようになった。さらに、教員が授業展開及び授業改善のポイントをまとめた内容についてアドバイザーから指導を受けることができたので、教員の課題の解決につながった。

算数と理科における授業改善の成果は、児童の声や学力調査等の結果から児童の意欲の高まり、理解の深まりを感じ取れた。しかし、応用問題の取り組みで成果が得られないことから、更なる手立てと時間が必要であると実感している。また、生活科などの他教科と連携すること、校内のOJT体制を一層整えることが課題として残っている。

■下里小学校

アドバイザーから授業の前後に指導を受けたことで、教員は系統的な指導を意識しながら授業に取り組むことができた。また、本校は全学年が単学級のため、アドバイザーから同じ教員が繰り返し指導や助言を受けることができ、指導力向上につながった。

算数では、アドバイザーの指導で「算数の指導改善10の視点」を作成し、指導に生かした。放課後等に学習教室を開催し、指導にあたる外部指導員は、東京ベーシック・ドリルの進捗（しんちょく）状況を示す個人カルテを活用し、個に応じた指導を実施した。また、担任がその結果を授業で活用し、児童の自己評価を含めて面談等で保護者に伝え、家庭との連携を図った。

理科では、アドバイザーが実技研修会を開催した＝写真2。その結果、授業で課題意識を明確にもつ児童や自分の考えを話す児童が増えた。また、理科授業の導入の工夫から生まれる児童の発想や課題意識を基に展開する指導方法は、他教科にもつながることを認識できた。教員が正しい知識をもって観察・実験に臨むことで、児童を理科嫌いにさせないことの大切さを実感した。

校内研修におけるアドバイザーの実験指導＝写真2（下里小学校）

■久留米中学校

数学では、アドバイザーから授業規律を確立し、生徒の興味・関心・意欲を高める授業づくりと、生徒が考え、伝え合う主体的・協働的な授業づくりの指導を受けた＝写真3。生徒が主体的に学ぶために、初めは生徒が一人で考え、次に少人数のグループで自分の考えを伝え合い、最後に各自で振り返るという授業展開が効果的だった。外部指導員による放課後や長期休業中の学習教室では、東京ベーシック・ドリルを活用し、全学年で中学校第1学年の計算問題に取り組んだ。

その結果、学習教室後のアンケートで8割以上の生徒が「分かるようになった」と答えた。また、本校で実施する家庭学習週間と併せ、家庭学習の習慣を定着できるように取り組んでいる。

グループワークを取り入れた数学授業＝写真3（久留米中学校）

理科では、アドバイザーが観察や実験を重視した授業改善に取り組んだ。第1学年では生徒が目的意識をもって観察や実験を行うこと、第2学年では生徒の発達段階に合わせた協働学習により汎用的な能力を養うこと、第3学年では科学的な根拠を踏まえ、論理的な思考による分析や判断をすることを目的とした授業を行った。2年間の実践により、生徒に知識を体系化させることで科学の基礎的な概念を身に着けさせる指導ができた。

■下里中学校

数学では、アドバイザーが問題解決的な学習の校内研修を行った。教員とアドバイザーが模擬授業を行い、教員は生徒が既習事項の復習で新たな解法に気付くことや、問題を図式化することで生徒の課題把握になることが分かった。アドバイザーから教員の使用方法の研修を受け、教員が生徒の授業への興味や集中を生み、学習意欲を育むことを改めて認識した。外部指導員を活用した放課後や長期休業中の学習教室を開催し、生徒に解き方のヒントを与える等の個別指導も行った。

ホワイトボードを活用した発表＝写真4（下里中学校）

理科では、アドバイザーの指導で授業の初めに本時の学習目標、終わりに学習のまとめの提示を徹底した。また、定期考査前に生徒が到達目標を作成し、学習のめあてや内容を明確にして学習に取り組めるように支援した。そのほか、授業ではホワイトボードを活用した班学習を行い、友達との意見交換により科学的な見方や考え方を深めた＝写真4。これらの取り組みによって授業で生徒の考える時間や教員の支援が増えたことで、教員同士の相談や情報交換の機会が多くなり、教員の意識が向上した。

成果と課題

2年間の成果発表会を市内全小・中学校教員対象に実施した。内容は、小・中学校の指定校4校の取り組み発表と市教育委員会とアドバイザーによるパネル・ディスカッションである＝写真5。

成果発表会における算数模擬授業＝写真5（本村小学校）

教員は、本事業が算数・数学及び理科における児童・生徒の問題解決的な学習や教員の新たな学びを取り入れた授業改善であることを再認識するとともに、これまで取り組んできたことが次期学習指導要領における資質・能力の育成に通じることを認識できた。

本事業終了後も、児童・生徒の基礎学力向上の取り組みや習得した指導方法等の活用・改善が継続的に行われることが求められる。各校の成果やアドバイザーの指導を活用し、児童・生徒の学力向上を図っていきたい。

特別区行政系人事制度

改正案巡り労使対立

特区連「係長職の負担軽減を」

特別区の行政系人事制度の改正案を巡って27日、区長会と特区連で団体交渉がスタートした。1～3級職を新1、2級に再編し、「係長補佐」を位置付ける改正案に対し、特区連は「他団体と比べて著しく小さい係長職の構成比を拡大することで、係長職の過重負担を軽減することが、管理監督職の確保のために有効だ」と主張。労使の認識の隔たりが浮き彫りになっている。

春闘前に攻防激化

行政系人事制度の見直しは、管理監督職を確保し、メリハリある人事・給与制度を促進することが趣旨。区長会側は「職の位置付けと運用実態の乖離などにより、主任主事の役割が不明確となっている」と説明したのに対し、組合側は管理監督職の不足の主因を「過重な職責」にあると分析。「特別区の係長職は本来の職責を超えた『過重な職責』を背負わされている。この不安が昇任をちゅうちょさせている主因だ」と述べ、「係長職層の構成比を拡大することで過重な負担を軽減し、仕事と家庭の両立が可能となり得る働き方を実現することが、管理監督職の確保のために有効な取り組みだ」と主張した。

職務分類基準に関しても、意見は隔たりが大きい。「各区当局が係長に過重な職責を強いておいて、主任主事がその補佐をしていないことを問題視するのは筋道が違う」と特区連は強く反発。「後輩の指導・育成をしようにも、職員の採用を抑制して後輩を指導する機会を生じさせなかったのも各区当局だ」と批判した。

改正案では新2級職（係長補佐）の定数管理を行うことも特徴だが、労使の意見は真っ向から対立する。

現在、係長職の6割以上が今後10年で定年退職を迎える一方、その間に係長級昇任の平均年齢に到達する31歳～40歳の職員は人員構成の「谷間」にあり、特区連は「誰もが係長職を担うことが可能な状況を作り出さなければ、行政運営に深刻な事態をもたらすこととなる」と指摘。「定数管理を行う必要はない」と主張している。

また、現行の「主査」を廃止し、スタッフ型の係長級の職として新たに「主査」を設置する改正案に対し、組合側は「担当係長との違いが明確ではない」と指摘。指揮命令系統の面からも、職場運営に支障を来す危惧がある」と反論した。

そのほか、労使は昇任制度に言及。区長会が新2級職への昇任選考を①41歳未満が受験できる「種別A」②同50歳未満の「B」③同53歳未満の「C」――の複線型に設定すると説明したが、組合側は「主任主事昇任選考の運用が職員の信頼を一定程度得ていることは、受験率の高さからも明らか」と評し、新2級職について「定数管理を理由とした昇任人数の抑制はあってはならない」と牽制した。

区長会は2018年4月の制度改正を目指しており、春闘団交を前に労使協議が始まった形。組合側は来週にも要求案を提出することとしており、労使の攻防は激しさを増しそうだ。

都男女平等参画審議会

キャリア形成の支援を

女性活躍推進で答申

東京都男女平等参画審議会（会長＝佐々木常夫・㈱佐々木常夫マネージメント・リサーチ代表）は26日、新たに策定する「東京都女性活躍推進計画」と、改定する「東京都配偶者暴力対策基本計画」を答申した。

現行の計画より「女性活躍」の視点を重視しているのが特徴。「女性活躍推進計画」では新たに女性の就業継続やキャリア形成の支援を盛り込み、出産・育児などのライフイベントと仕事が両立できる就業支援、離職せざるを得ない女性への再就職支援の取り組みの実行を求めた。『東京都女性活躍推進白書』によると、結婚・出産に伴い約6割の女性が退職している。

また、答申では女性が自らのキャリアを考えられるよう、働く女性同士や、女性のキャリア形成のモデルとなる人材との交流の場の必要性を示した。若者への啓発では、就業前からキャリアデザイン教育が重要とし、育児・介護などと仕事の両立に関する啓発を求めた。

「配偶者暴力対策基本計画」では、被害者の身近な地域で相談体制を強化するため、区市町村の配偶者暴力支援センターとの連携・情報共有や人材育成支援を求めた。現在、区市町村で配偶者暴力支援センターを設置しているのは12自治体にとどまっている。このほか、配偶者への暴力だけでなくデートDVや、子供の目の前での配偶者や親族に対する暴力（面前DV）への対策、外国人被害者の相談対応の充実も打ち出している。

都は今年度中に、二つの計画から構成される「東京都男女平等参画推進総合計画」を策定する。

小池知事は「『やっています』というタイトルだけでなく、実効性を高めて結果を出す」と強調した。

産廃処理業者対象 限定セミナー開催

都環境公社

都環境局と(公社)東京都環境公社はこのほど、都の優良性基準適合認定を取得した産廃処理事業者を対象にしたプレミアムセミナーを初めて開催した。認定事業者のレベルアップを支援して業界全体の底上げを図る狙い。

セミナーでは、経済評論家の勝間和代氏が日本経済の行方について、㈱船井総合研究所の廃棄物処理経営コンサルタントの貴船隆宣氏が経営と将来予測についてそれぞれ講演。貴船氏は、人口減少などにより廃棄物が減少しても業界の中で生き残るには顧客から選ばれる会社を目指すよう訴えた。

環境局からは古澤康夫・資源循環推進専門課長が登壇し、資源の制約や人口減少といった課題、東京五輪の持続可能性に配慮した調達コードなど五輪に向けた都の取り組みを説明。セミナー参加者らと共に、廃棄物処理業界の展望や人材獲得・育成などをテーマに意見交換した。

公社は来年度以降もニーズに合ったセミナーを開催し、優良認定事業者の成長を後押しすることで認定取得者の増加にもつなげていきたい考え。

認定制度は信頼できる処理業者情報の提供や産業廃棄物処理・リサイクルビジネスの発展などを目的に、都が公社を第三者評価機関に指定して実施している。

都産業労働局・中小企業公社

丸の内に創業支援拠点

「東京の活力の源泉に」

都産業労働局と(公社)東京都中小企業振興公社は27日、東京での創業・起業支援拠点として「TOKYO創業ステーション」を明治安田生命ビル内（千代田区丸の内）に開設した。創業の相談からビジネスプランの作成、事業化までをワンストップで支援する。

小池知事は26日のオープニングセレモニーで、「夢・意欲を持って創業される方々は東京の活力の源泉。東京・日本の経済を活性化していく場所にしたい」とあいさつした。

創業ステーションは2フロアで構成。都が運営する「スタートアップ・ハブ・東京」（1階）では、気軽に立ち寄ることができるラウンジスペースにコンシェルジュが常駐し、起業相談に対応。ほぼ毎日、起業関連イベントを開催するという。育児中も利用できるよう、予約制のキッズルームも用意した。

公社は2階で「創業ワンストップサポートフロア」を運営。創業支援に熟練したコンサルタントがビジネスプランの完成まで担任制でサポートする。女性の創業希望者に特化したコンサルティングや少人数制ゼミなどのメニューもそろえる。

創業ステーションには東京TYフィナンシャルグループ（FG）などの金融機関も参画。創業を担当する専任コーディネーターが融資相談を受け付け、行政だけでは難しい資金調達も支援する。

東京TYFGは都・公社の支援を受けた創業者に対する融資商品として「創業サポートローン」も取り扱う。都・公社が事業内容・成長可能性を評価した創業者に対し、運転・設備資金として500万円まで融資する。定期的に事業計画の進捗状況についてモニタリングを行い、継続的に支援する。

都内の開業率は4・6%台（2012年）で他の先進国と比べて低く、起業希望者の数も減少傾向にある中、東京を支える創業者を輩出していく考えだ。

医療現場の改善提案

「栄養サマリー」で地域連携

都病院経営本部などは25日、都立・公社病院や療育センターなど医療・福祉現場の改善を提案してもらう発表会を開き、病院・施設ごとに職員でつくる18グループが活動内容を報告した。最優秀賞は、退院後の食事に着目して地域連携に取り組んだ公社多摩北部医療センターで、昨年に続き「連覇」となる。発表会は患者サービスの向上や経営の効率化が目的で、今年度は229グループが取り組んだ。

腎機能の確認ツールも

最優秀賞に選出された多摩北部医療センター「チームたすき」のメンバー＝25日、都庁で

多摩北部医療センターのグループが作ったのは、退院後も患者に適した食事を取れるようにするための情報をまとめた「食事・栄養サマリー」。

同院では従来、患者の入院中の食事情報は電子カルテを通して「看護サマリー」に記載。転院先や在宅医療を行う診療所に送付していたが、管理栄養士は関与しないため、手入力の指示が多い場合などは転記されないなどの課題があった。また、同院独自の「リハビリ手帳」には言語聴覚士が食事情報を記載するが、全ての患者に発行してはおらず、内容も塩分・脂肪制限食など不十分な部分があった。

多数の食物アレルギーを持つ患者が転院してきた場合は、前施設の対応の詳細が分からず確認に手間取るなど、各施設の栄養部門間の情報交換に課題もあった。

こうした中、同院栄養科の山本亜矢子さん、大島真理子さんらのグループは、食事・栄養に特化したオリジナルの「栄養サマリー」を作成。これまで退院後に食事療法や栄養管理の実践が難しかったが、サマリーを通してケアマネジャーや訪問看護師に栄養食事指導の内容を伝えられるようになったという。

栄養科としては、接する機会が少なかった在宅療養を支える訪問看護師や言語聴覚士、転院先の管理栄養士などと情報交換できるようになったといい、他施設・他職種と協力して適切な栄養管理の継続に生かしたい考え。

優秀賞は、多摩総合、駒込、松沢の各病院。このうち松沢病院は、薬剤科の川瀬公一さん、北村郁さんらのグループが、入院患者の腎機能を簡単に確認できるツールを開発したという。

腎機能低下時には薬剤が過量投与になる恐れがあり、薬の投与量の調整が不可欠。しかし現行の電子カルテには腎機能を算出する機能がないため、これまでは腎機能を手計算でチェックしていたという。

同チームでは電子カルテ内の入院患者情報と腎機能の検査結果を連結させ、データベース化することで、全入院患者の腎機能を簡単に把握できるツールを開発。医療従事者の負担軽減につながり、肝機能や代謝異常症例への応用も始めているという。

また、多摩総合医療センターでは、結核患者らが多くの錠剤をこぼさずに飲むことができる「折り紙シート」を作成。駒込病院では、オリエンテーション動画のクオリティーを高め、退院支援を充実させる取り組みが評価された。

そのほか、敢闘賞には大久保、豊島、多摩南部、小児総合の各病院が、外部委員が審査する特別賞には大塚病院がそれぞれ選出された。

内藤淳病院経営本部長は「神は細部に宿ると言うが、日常のちょっとしたところに何を見いだすかが大事。各現場で努力して汗を流していただいていると感じた。都民にも信頼される存在であり続けるのではないか」と総括。東京都保健医療公社の三橋昇理事長は「取り組みをより深め、新たなスタートとしてブラッシュアップしてほしい」と激励した。

東京マラソン財団

大会に向け救命講習会

ランナーら1千人参加

（一財）東京マラソン財団は15日、「東京マラソン2017」（2月26日開催）に向けてランナーやボランティアを対象に、「1000人参加の普通救命講習会～身につけよう応急手当～」をすみだ産業会館（墨田区）で開催した。

救命の社会的インフラの輪を広げ、安全性を高めていくことが目的で、約1千人が参加。心肺蘇生の仕方やAEDの使い方について実践を交えて学び、最後は参加者全員に救命技能認定証が送られた。

参加者は東京マラソン2017に参加予定のランナーとボランティアで、心肺蘇生の実践に懸命に取り組んだ。

㊤心肺蘇生の指導を受けながら実践する参加者㊦「一緒に頑張りましょう」と荻原さん＝15日、墨田区

同財団の櫻井孝次理事長は「3万人以上参加する大会は死亡者が出てしまうと言われるが、東京マラソンは第1回大会より死亡事故がない。楽しいはずのマラソン大会で悲劇を生まないためにも、たくさんのAEDをコース上に設置しているが、実際に使える人がいないと効果がない。今日の講習を通して、いざという時に救命活動を行っていただければ」とあいさつした。

講習会では、スキー・ノルディック複合元オリンピック代表の荻原次晴さんが登場。上級救命技能認定証を取得している荻原さんは、心肺蘇生とAEDの処置方法を披露し、「東京マラソンでも心肺停止で倒れてしまった方もいたが、救護所やAEDによる素早い救命処置で、今では無事に社会復帰をされた。命を絶対に守りたいという熱い思いで今日の講習に取り組んでほしい」と激励した。

今大会にランナーとして参加予定の山田豊さん（横浜市、43歳）は、「ランナーが倒れた現場を通りかかった経験がある」といい、「AEDの講習は受けたが、実際にやれるかどうか不安に思い、何もできなかった。今回、知らない人と一緒に講習を受けたことで、自分の救命技術に自信が持てた。ランナーとしてトレーニングに励みつつ、有事に遭遇した際は助ける側になる」と意気込んだ。

また、今大会にボランティアとして参加予定の金城亜矢さん（東京都、43歳）は、「昨年もボランティアに参加したが、講習会は初めて。心肺蘇生やAEDの使い方を初めて知り、非常に勉強になった。ランナーとして参加した経験があり、サポートの重要性は実感している。ランナーの方に何かあった際は、自分から行動していきたい」と決意を話していた。

五輪への航海図 ⑭⑨

TOKYO 2020

開催まで あと1270日

受動喫煙対策

問われるリーダーシップ

五輪開催を控え、注目される論点の一つが受動喫煙対策だ。IOCは2010年以降、WHOと共同で「たばこのない五輪」を推進しており、五輪開催国での罰則付きの受動喫煙対策の導入は既に国際標準となっている。例えば、ロンドン、リオでは五輪開催を機に屋内施設は全面禁煙。ロンドンでは施設内はもちろん、オープンカフェのような屋根の下も全て禁煙と定められた。

日本は、施設管理者に対し受動喫煙防止の努力義務があるのみで、罰則付きの法律はない。WHOは日本の受動喫煙対策について昨年8月に「最低レベル」との評価を下した。

こうした実情を受け、厚労省は昨年10月、受動喫煙対策強化の「たたき台」を作成。屋内施設は原則禁煙とし、施設管理者には喫煙場所の位置を掲示するなどの義務を課す内容としている。違反した場合は罰則を適応することも盛り込んだ。塩崎恭久厚労相は「スモークフリー社会に向けて歴史的な第一歩を日本も踏み出さないといけない」と述べ、法令化を目指す考えを示したが、飲食業界などを中心に「商売が成り立たない」と反発は根強い。

都福祉保健局は14年、舛添前知事の屋内禁煙条例化の意向を受け、「都受動喫煙防止対策検討会」（座長＝安念潤司中央大学大学院教授）を設置。条例化を検討したが、「屋内全面禁煙」を主張する医療関係者と、あくまで「分煙」をベースに、一律規制に反対する飲食や宿泊などの業界団体が真っ向から対立。意見はまとまらず、「条例化を見据えて受動喫煙防止対策を再検討すること」「国に対し、全国統一的な法律での規制を働き掛ける」との妥協案を提出するにとどまった。

オリンピック開催都市の受動喫煙対策

開催年	開催都市	制定年 規模	内容	罰則
2004	アテネ	2000 法	【禁煙】医療施設・飲食店・職場など	
2006	トリノ(冬季)	2005 法	【禁煙】医療施設 【分煙】官公庁・教育施設・飲食店など	
2008	北京	2008 市条例	【禁煙】医療施設・教育施設 【分煙】官公庁・飲食店など	
2010	バンクーバー(冬季)	2008 州法	【禁煙】公共施設・職場・飲食店など	有
2012	ロンドン	2006 法	【禁煙】公共施設・飲食店など	
2014	ソチ(冬季)	2013 法	【禁煙】官公庁・医療施設・教育施設（飲食店などは対象外）	
2016	リオデジャネイロ	2009 州法	【禁煙】公共施設・飲食店など	

また、都議会も条例による一律規制に反発。都議会自民党は舛添前知事に対し、「禁煙・分煙が店頭でわかる自主的な取り組みを促し、利用者が選択できる仕組みづくりを進めること」と提言した。結局、業界団体と都議会の反発を受けた前知事は、条例化を見送らざるを得なくなった。

小池知事も条例化に意欲を示しているが、13日の定例会見で「国でまずきっちりと決めてもらえれば」と発言。国の動きを注視する構えだ。都庁はいまだ屋内全面禁煙でなく、「たたき台」で示されている官公庁の屋内禁煙を満たしていない状況。五輪開催都市としての知事のリーダーシップが問われることになる。

主任試験講座

平成29年度 ⑱

行政法 ①

はじめに

試験まではまだ時間がありますが、日々の業務をこなしながら複数の分野にわたる試験の準備を進めなければいけませんから、この時期から計画的に勉強を進めていくことが必要です。

今回から7回にわたり、行政法について勉強していきます。

平成18年度以降、行政法は都職員に特に必要な基礎知識として、出題数が大幅に増加しています。

行政法に苦手意識を持つ人もいると思いますが、業務を進める上で、行政法の知識は役立ちます。試験対策はもちろんのこと、業務に役立つ知識を吸収する好機と捉えて、前向きに取り組みましょう。

また、行政法は出題分野が比較的絞られており、効率的に学習することで得点源となりえます。本講座に加えて、問題集等を活用することにより、勉強を進めてください。

なお、近年いくつかの法令改正が行われたほか、新たな最高裁判所の判例がいくつか出ているので、条文や参考書、問題集等を活用する場合は、これらの内容が反映されているかを確認してください。

出題傾向

過去の主任試験における出題分野は下表のとおりです。

傾向として、行政行為、その他の行政行為、行政上の強制措置、行政事件訴訟からの出題が多いようです。なお、出題レベルは、条文や基礎的知識を理解していれば対応できるものが多く、重要な事項は繰り返し出題されています。

勉強方法

行政法は、平成17年度までは40問中3問出題されていましたが、平成18年度からは55問中7問の出題に増加しています。他の試験科目との兼ね合いもあるため、効率的に学習を進める必要があります。

試験対策という観点で見れば、基本書から学習を進めることは必ずしも効率的な学習方法とは言えません。問題演習を中心とした勉強をお勧めします。ただし、問題を解いた後は必ず解説を精読し、不明確な点は、判例付き六法や基本書で確認しておきましょう。

また、全ての選択肢について、なぜ正解なのか、誤りなのかを検証することで実力がつきます。

参考図書

問題集は何冊もこなす必要はありません。むしろ1冊の問題集を繰り返し解いた方が、確実に知識が身に着きます。本番までに3回解き、知識を吸収できれば、合格レベルに達することでしょう。以下に代表的な問題集等を例示しますが、他にもたくさんの問題集が刊行されていますので、書店で実際に手にとり、自分の学習スタイルに合うものを選んでください。なお、問題数は100問以上のものであれば十分です。

○問題集

・『行政法実戦一五〇題』都政新報社

・『行政法一〇一問』学陽書房

○参考書

・『行政法の要点』学陽書房

・『行政法要論（全訂第七版補訂二版）』原田尚彦、学陽書房

分野　年度	4	5	6	7	8	9	10	11	12	13	14	15	16	17	18	19	20	21	22	23	24	25	26	27	28
行政法の基本構造																									
行政法の法源					○											○		○	○				○		
行政組織																									
行政機関の種類					○											○		○			○			○	
行政庁の権限の委任、代理、専決					○															○					
行政立法																									
行政立法		○						○						○			○				○			○	
行政手続・情報公開																									
申請に対する処分の手続き																	○			○			○		
不利益処分の手続き																									
情報公開																						○			
行政行為																									
行政行為の効力										○				○			○					○			○
行政行為の種類																									
行政行為の学問上の分類															○				○						
無効な行政行為等																			○						○
行政行為の瑕疵（かし）																○							○		
行政行為の取り消しと撤回			○								○				○			○			○			○	
行政行為の附款				○					○			○					○				○				○
行政裁量														○											
裁量行為				○																					
その他の行政行為																									
行政計画													○			○				○			○		
行政契約							○					○			○		○				○			○	
行政指導	○														○				○			○			
行政上の強制措置・制裁措置																									
行政上の代執行		○																	○			○			○
即時強制															○			○		○		○			
行政罰																○		○					○		
行政上の強制執行と行政罰								○																	
行政処分等に関する補償																									
公権力の行使に基づく損害賠償															○		○			○			○		
公の営造物の設置または管理の瑕疵に基づく損害賠償							○						○					○						○	
損失補償	○					○					○					○					○				○
行政上の不服申立て																									
行政不服審査法に定める不服申し立て									○									○		○				○	○
行政不服審査法に定める教示			○													○			○			○			
行政不服審査法に定める裁決																									
行政事件訴訟法に定める執行停止													○			○					○				○
行政不服審査法に定める異議申し立て																									
行政事件訴訟																									
行政事件訴訟の種類						○						○						○				○			
行政事件訴訟法に定める抗告訴訟										○							○			○				○	
行政事件訴訟法に定める取消訴訟															○				○				○		

それでは、ここからは過去に出題された分野ごとに例題を解いてみましょう。今回は「行政行為の附款（ふかん）」です。

問題

【問題 1】

行政行為の附款に関する記述として、妥当なのはどれか。

① 条件とは、行政行為の効果を将来発生することの確実な事実にかからせる意思表示をいう。

② 期限とは、行政行為の効果を発生不確実な将来の事実にかからせる意思表示をいう。

③ 負担とは、許可や認可などをするにあたり相手方に特別の義務を命ずる意思表示を付加することをいう。

④ 附款が無効である場合に、その附款が重要な要素であっても行政行為全体が無効になることはない。

⑤ 附款は、附款を付すことができる旨法令が明文で定めている場合に限り付すことができる。

解説

【解説 1】　正答③

① 誤り。「行政行為の効果を将来発生することの確実な事実にかからせる意思表示」は、期限である。

② 誤り。「行政行為の効果を発生不確実な将来の事実にかからせる意思表示」は、条件である。

③ 正しい。負担とは、許可や認可などをするにあたり相手方に特別の義務を命ずる意思表示を付加することをいう。

④ 誤り。附款が無効である場合に、その附款が重要な要素である場合には、行政行為全体が無効になる。

⑤ 誤り。附款は、附款を付すことができる旨法令が明文で定めている場合に限られず、裁量権を有している場合にも付すことができる。

カレントトピックス 29年度 ⑱

政治事情

■2019年元日に新天皇即位で検討（1月11日）

政府は、2019年1月1日に皇太子さまが新天皇に即位する検討に入った。同時に元号を改め、改元の半年以上前に公表する方向性が示された。国民生活への影響を最小限に抑えるため、新元号は元日から始め、事前に公表することが望ましいと判断した。

政府は一代限りの退位を可能にする特例法案を20日召集の通常国会に提出する方針で、陛下の退位日は政令で定めることを法案に明記する。

陛下の退位日を定める政令は閣議決定前、皇族や首相、衆参両院の正副議長、最高裁長官らがメンバーを務める皇室会議に諮ることも検討中だ。

政府の有識者会議は23日に論点整理を公表する予定。論点整理では、退位を実現するための法整備として、①皇室典範改正による制度化②特例法制定③皇室典範の付則に根拠規定を置いた特例法制定—の3案に言及。その上で、特例法による一代限りの退位が望ましいとの認識を示す見通し。政府は論点整理や国会での議論を踏まえ、特例法案を大型連休前後にも提出する方針。

■日比が南シナ海安保で連携（1月12日）

安倍首相は、フィリピンのドゥテルテ大統領と、マニラのマラカニアン宮殿で約40分間会談した。両首脳はフィリピンが中国と領有権を争う南シナ海問題で、「法の支配」の重要性を確認し、日比両国が海洋安全保障分野で連携を強化する考えで一致した。また、安倍首相はフィリピンに今後5年間で官民合わせて1兆円規模の経済協力を行うことを表明した。

南シナ海問題を巡り、両政府は会談後、同海域で中国公船と対峙するフィリピン沿岸警備隊の人材育成支援や情報共有強化を盛り込んだ覚書を交換したほか、日本からフィリピンへの高速艇供与で正式合意した。

ドゥテルテ大統領は共同記者発表で、「引き続き、この地域の領海の安全を確保するため、法の統治を目指し、努力を進めていく」と強調した。一方の安倍首相は「南シナ海問題は、地域の平和と安定に直結する国際社会全体の関心事項だ。ドゥテルテ氏が比中関係の改善に尽力していることを歓迎する」と述べた。

■英国がEU単一市場から離脱（1月17日）

メイ英首相は、英国が欧州連合（EU）加盟国と無関税で貿易できるEU単一市場から完全に離脱する考えを表明した。焦点の移民規制について、メイ氏は優先する考えを示した上で、「移民数が多すぎれば、（不満が強まり）国民の移民制度への支持が揺らぐ」と述べ、EUから英国への移民を抑制すると強調した。EUから英国への移民は、東欧などから急増して2015年に約18万人に達し、移民に雇用が奪われるとの反発が強かった。

メイ氏はEU離脱後を念頭に「EUと大胆で野心的な自由貿易協定（FTA）を目指すことを優先する」と述べた。「他の国が行っているようなモデルを適用しない」とし、英国独自の自由度の高い新たな貿易自由化を目指す方針も示した。2年をめどとする交渉を踏まえたEUとの最終的な合意内容は、上下両院の採決にかける方針。英国は3月末までにEUに通知し、原則2年の交渉期間を経て19年春に正式に離脱する見通しだ。

29年度 主任・係長 論文講座 18

受験者の皆さん、論文対策は進んでいるでしょうか。今回も前回に引き続き、実際に書かれた係長論文を参考にして、添削を行っていきます。

論文課題

「これからの行財政運営と係長の役割」

今回の課題は、区政を取り巻く環境のうち「社会・経済情勢」について、現状と課題を正しく理解し、解決に向けた区政の動向を押さえる必要があります。

そのうえで、どういった係運営をしていくのかが具体的に書かれていることが求められます。

そのようなことを踏まえて、読んでみてください。

論文例

1 信頼される区政のための係長の役割

区の財政状況は、社会保障関係経費の増大や公共施設の改修・改築時期の集中により依然として予断を許さない状況にある。歳入面を見ると、区税収入は上向いてきたものの税制改正により特別区財政調整交付金は減少する見込みである。

その一方で、区政へのニーズは、区民の価値観やライフスタイルの多様化・複雑化、少子高齢化の進展などますます大きくなっており、適切に対応していく必要がある。

このような状況下、区民から信頼される区政を築くために、安定した財政基盤の確立と、これまで以上に効率的・効果的な行財政運営が不可欠である。係長は、最前線のリーダーとして、前例に捉われず自ら主体的に行動できる職員を育て、現状に甘んじず絶えず事務改善を行う組織を作るため、その役割がますます重要となってきている。

2 これからの行財政運営に対応するために

私は係長として、区民に求められる行財政運営を行っていくため、次の三つの事項に力点を置き日々の仕事に取り組んでいく。

第一に、区民サービスの不断の見直しを行うことである。前例踏襲により漫然と事業を継続すれば歳出の抑制は難しく、区民にとって真に必要な施策を展開できない恐れがある。

そこで、行政評価制度を活用して業務の見直しを行う。アンケート等で区民の声を積極的に聴き、それを成果指標として生かし、内部では関連部署も巻き込み、オフサイトミーティングにより行政評価の内容の充実を図る。

これにより、あるべき姿と現状のギャップを適切に把握し、場合によっては協働の推進や民間活力の更なる活用も含め、業務改善を検討することができる。

第二に、区民の要望に的確に対応できる職員の育成を図ることである。区民の視点に立ち、時には区民との協働により、真に必要なサービスを提供するためには、係員個々の業務遂行能力の向上は欠かせない。

そこで、職場内研修や勉強会を行い、係員に業務に必要な関連知識を習得させるとともに、事例討議を用いて自ら考え行動する力を育成する。また、係員に対し地域の会合や業務に関連するセミナー等に積極的に参加させ、様々な意見を吸収させる。

これにより、係員が幅広い視野で、自らが主体的に意欲を持って業務に取り組むことができるようになる。

第三に、意識や情報の共有ができる組織を作り上げることである。実務を担当する係員が業務の目標を理解していなければ、仕事は惰性に流されてしまう。また、職務遂行に必要な情報が係内に共有されていなければ、係員個々の能力が十分に発揮できず、組織として求められる役割を十分果たしえない。

そこで、定期的な係会議を実施し、係員の業務の進捗状況や課題を係内で共有する。煮詰まった状況においても第三者的視点から解決策が生み出されることもあり、活発なやり取りは職場の活性化にもつながる。また、日常においては、あいさつや声掛けを積極的に行い意見を言いやすい組織作りを行っていく。

こうして、意識や情報を共有し、組織力を育て、新たな課題へも果敢にチャレンジできる風土を醸成していく。

3 区民とともに歩む

地方自治体には最小の経費で最大の効果を上げなければならないという責務がある。厳しい財政状況の中でも区民の信頼に背くことは許されない。健全財政を維持しつつも区民サービスの向上を積極的に進める努力が必要である。そのためには、職員一人ひとりが最大限の能力を発揮できる環境を整備していかなくてはならない。

私は、係長として自己研鑽に励むとともに、職員の先頭に立って新たな課題にチャレンジし、区民と共に地域の課題を分かち合い解決策を模索していく所存である。

添削 ②

論文添削と講評

一見難しそうな論文課題です。皆さんは、この論文を読んでどう思われましたか。何か気づいた点がありますか。それでは、具体的に内容を見ていきましょう。

まず、序論「信頼される区政のための係長の役割」についてです。

ここでは、信頼される区政を築くために不可欠なものとして、①安定した財政基盤の確立②効率的・効果的な行財政運営——を挙げています。そのために係長は、①職員を育成し、②事務改善を行う組織を作ることが重要な役割である、と論じています。

論文の流れを見ますと、結論（第3章）の見出しが「区民とともに歩む」とされていますが、序論では触れられていないテーマであるため、唐突な印象を受けます。序論の職員育成の中に、「区民とともに歩む」要素を含めれば、結論へのつながりが良くなり、区民と協働し、区民の視点で考える職員の育成と組織作りを論じようとしていることが明確になるのではないでしょうか。

序論は、論文の導入部分です。受験者が何を論じようとしているのかを採点者に伝える重要な部分になります。序論の内容が論文全体の印象を決めますので、しっかりと書きましょう。

次に、本論「これからの行財政運営に対応するために」について見ていきましょう。

第一の「区民サービスの不断の見直し」では、行政評価制度の評価について、「アンケート等で区民の声を積極的に聴き」「成果指標として生かす」としていますが、行政自らが量的指標を設定し、健全な行財政運営に導かなくてはならないことがあるとすると、受験者の「効率的・効果的な行財政運営が必要」という主張からずれて読み取られる危惧があります。

また、関連部署を巻き込み、オフサイトミーティングを行うのは「誰か」が不明瞭です。最前線のリーダーとして、関係部署と積極的に関わり、業務改善の相乗効果も狙う、といった意気込みが記されていると、一層力強さが出てきて良いと思います。

第二の「職員の育成」では、幅広い視野で主体的に業務に取り組む職員の育成を目指した取り組みが書かれていますが、研修や事例検討、会合やセミナーへの出席だけでは、実践力に欠けるのではないかと思われます。職員が研修等で得た知識や様々な意見を、係長が関係部署を巻き込んだオフサイトミーティングで発表させる機会を提供したり、区民とともに課題を解決する場面を設定したりして、実践へとつなげる工夫があると、より主体性のある職員の育成につながると思います。

さらに、職員が「区民とともに歩む」という視点をもち、関係部署と連携する力をも持つことで、効果的な課題解決につながる、とまとめることができれば、説得力が増します。

第三の「意識や情報の共有ができる組織を作り上げる」では、「意識の共有」は、どの部分をもって、そう論じているのかが読み取りにくくなっています。論じている内容は「目標と情報の共有」ではないでしょうか。また、あいさつや声掛けについては、主語がありません。「係長が率先して行う」ことを書き、リーダーが組織作りを行うことを明らかにしてください。

なお、「煮詰まる」の本来の意味は「検討が十分にされて結論が出る状態」です。「行き詰まる」とするのが正しい用法となりますので、注意してください。

最後に、結論「区民とともに歩む」についてです。

ここは、「これからの行財政運営と係長の役割」という論文のうたい上げの章となります。

ここでは、「健全財政を維持しつつも区民サービスの向上を積極的に進める努力が必要である」「そのためには、職員一人ひとりが最大限の能力を発揮できる環境を整備していかなくてはならない」としています。ここまでは「行政評価の活用による業務の見直し」「自ら考え行動する職員の育成」「共有ができる組織作り」を論じていましたが、ここへきて「環境の整備」になってしまうのは、尻すぼみな印象を受けます。さらに、「区民と共に地域の課題を分かち合い、解決策を模索していく」と結んでいることで、論じ切れなかったものを、とりあえず盛り込んだようにも見えてしまいます。

「健全財政を維持しつつも区民サービスの向上を積極的に進める努力が必要である」に続いて、「そのために、職員が能力を最大限に発揮し、区民とともに課題を解決する組織を作っていかなければならない」としてみましょう。

そうしたうたい上げになっていれば、係長としての決意の中の「区民と共に」が自然に読み取ることができます。

全体を通して

「行財政運営と係長の役割」という一見難しそうな論文課題ですが、この論文例は、論点が大きくずれることなく論じられています。

①業務改善②人材育成③組織作り——を論じながら、今求められている様々な連携による課題解決や、区民との協働による課題解決を入れ込みながら論じることができると、より説得力のある論文になると思います。

限られた字数の中で、大事な要素を取り入れて、読み手に伝わるように論じるのは難しいことです。読み手に伝わる論文とは、テンポ良く、具体的に書かれたものです。読み手に伝わることが大切です。大勢の受験者の中から、これは、と思わせる論文に仕上げることができるよう、自己研鑽に努めてください。◇

次回も論文の添削を行っていきます。

特別区係長選考

読者のひろば

裾野が広がる訪日客へ
街の魅力でおもてなし
池袋インバウンド推進協力会

池袋駅地下で行われたキャンペーンの出発式。おそろいのTシャツでクーポンパスポートを配布した

「池袋インバウンド推進協力会」は、池袋エリア全体でインバウンド旅行者の取り込みを図っていくことを目的に2010年11月、ホテルメトロポリタンの総支配人を会長、サンシャインシティプリンスホテルの総支配人を副会長とし、近隣の東武百貨店池袋店、西武百貨店池袋本店、サンシャインシティ、ビックカメラ池袋地区、東急ハンズ池袋店、池袋マルイ、ルミネ池袋店の7社が集まり発足し、今年で7年目となります。

豊島区と豊島区観光協会の協力も得ながら、池袋を訪れる訪日外国人を対象に様々な取り組みを行い、池袋の魅力を発信しています。

16年には、都と民間業者が連携し東京の魅力の発信等を行う事業「東京ブランド推進プロジェクト」に採択され、東京ブランドロゴ「&TOKYO」を活用しながら、「Welcome to IKEBUKURO &TOKYO」プロモーションを実施しています。

16年9月には、毎年好評を博しているフリー冊子『池袋ガイドブック』をリニューアル発行しました。池袋の観光スポットを始め、外国人旅行者からのニーズが特に高い、マンガ・アニメ専門店やラーメン店にアミューズメント施設、百貨店や家電量販店などの池袋の魅力を紹介しています。発行部数は12万部。カラー44㌻で、英語、中国語（簡体字、繁体字）、日本語の4言語で発行し、池袋駅や同協力会の各施設、海外旅行博覧会、豊島区観光情報センター等で配布しています。

同年10月には、当協力会のホームページやSNSを開設し、池袋の魅力の再発信と回遊性の向上を図り、よりタイムリーな情報発信を開始し、街全体で"おもてなし"の強化に努めています。

池袋エリアの魅力体験

今年は初めて春節に合わせたプロモーションとして1月27日から3月31日の期間、池袋エリアの魅力を体験していただくことを目的に「"OMOTENASHI" CAMPAIGN」を開催します。

キャンペーン期間中は、池袋エリアの加盟店舗で利用できるお得なクーポンパスポートを発行します。クーポンパスポートは英語、中国語（繁体字・簡体字）の3言語表記で4万部を発行し、ホテルメトロポリタン、サンシャインシティプリンスホテルを始め、西武百貨店、百貨店棟の商業施設、池袋駅、豊島区観光情報センターなどで期間中配布します。また、ウェブ版のクーポンページも開設し、クーポンの利用促進を図っています。

さらに当協力会加盟会社と協力し、池袋を訪れた外国人の方々に池袋の魅力を深く感じていただくために、6種類の体験イベントを開催します。

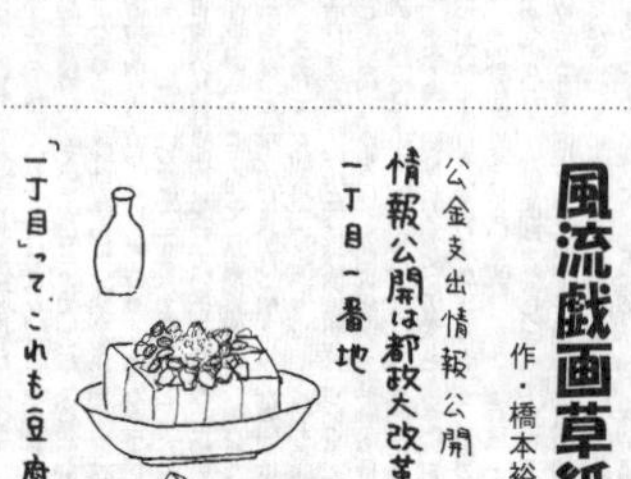
クーポンパスポートの配布を始めると、ちょうど外国人観光客の団体に遭遇

「豊島区外国語観光ボランティアガイドの会」の協力のもと、外国語ボランティアガイドが各イベントに同行し、英語または中国語での案内により、池袋の街歩きや伝統工芸体験、東武百貨店、西武百貨店のデパ地下案内、ホテルメトロポリタンでのマグロ解体ショーなど、池袋の魅力をより深く体感できるメニューをご用意し、外国人の皆様をお待ちしています。

このキャンペーンの実施を通して、池袋の魅力の再発信と回遊性の向上を図るとともに、街全体でのおもてなしを強化していきます。

クーポンパスポート配布

キャンペーン開始日の27日には、東武池袋駅構内にて、豊島区文化商工部や一般社団法人豊島区観光協会を始め当協力会の関係者が集まり、出発式を行いました。協力会会長の佐藤進ホテルメトロポリタン総支配人が「東京都、豊島区、池袋エリアの企業が、三位一体となり池袋を盛り上げていく」とあいさつ。その後、クーポンパスポートの配布や池袋地元キャラクター「えんちゃん」との記念撮影などが開催されました。ちょうどこれから街へ遊びに出ようとするアジアからの家族連れや若者たちにクーポンの説明や記念撮影に応じてもらい、良いスタートになりました。

これらの取り組みを通して、今後も継続して池袋の魅力を世界へ届け、訪日旅行者に池袋を楽しんでいただくために池袋が一体となり、おもてなしを続けていきたいと思っています。

（日本ホテル株式会社JR東日本ホテルズ事務局　佐藤大助）

天空の鏡ウユニ
南米見聞録 －7－ ▼ボリビア

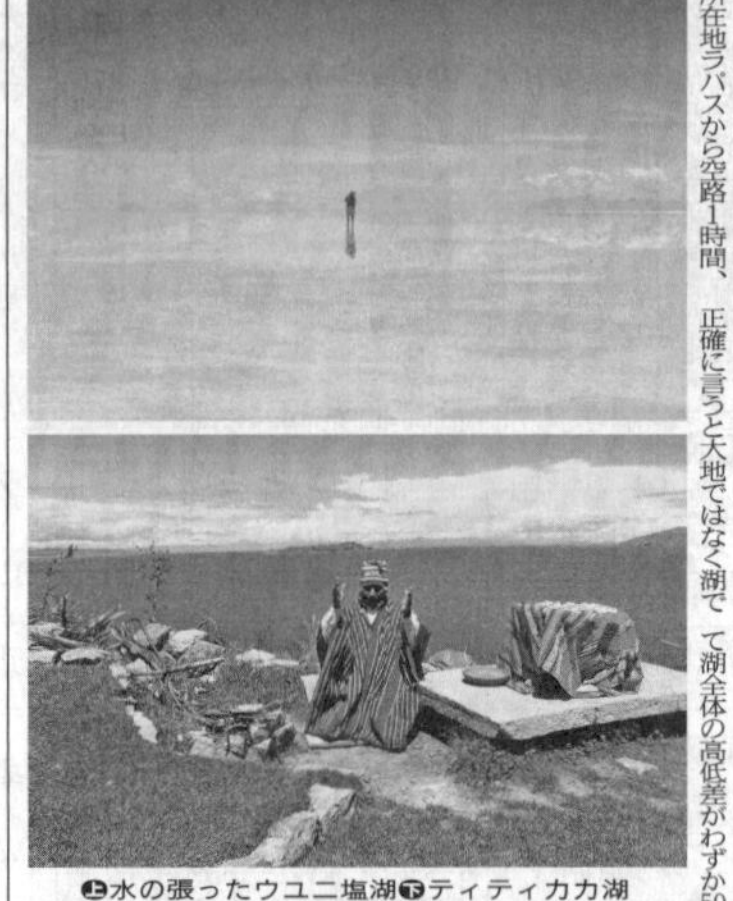
㊤水の張ったウユニ塩湖㊦ティティカカ湖「太陽の島」。祈りを捧げるインディヘナ人

ボリビアの立法府・行政府の所在地ラパスから空路1時間、眼下に白い大地が見えてきた。正確に言うと大地ではなく湖である。数百年前にアンデス山脈が隆起したとき、海底が海水ごと持ち上げられた。その後、海水が干上がり、塩が固まり、流れ込む川のないウユニ塩湖となった。標高3760㍍にある大塩湖は東京都の5倍、長野県とほぼ同じ広さを持ち、それでいて湖全体の高低差がわずか50㌢である。どこまでも真っ白で真っ平な世界である。

ウユニ塩湖上においては車両規制がなく、どこでも運転することが許されている。車で干上がった塩湖を移動すると塩の採掘現場があり、塩の小山ができていた。ウユニの塩は粗粒だが食用として安く売られている。しばらく行くと湖上に塩のホテルが現れた。現在は営業していないが、建物、内装、テーブル、椅子、全てが塩で造られていた。

◇

天空の鏡、地球最大の鏡とも言われるウユニ塩湖。湖が鏡のようになるには水が張っていなければならない。現地ガイドに聞くと、鏡のようになる雨季に日本人観光客が増えるとのこと。その上、日本人は星空が湖面に映る光景を見たくて、月明かりの薄い新月を選んで来るとのこと。私は雨季を選んで来たが、月の周期までは気にしていなかった。

ただし、雨季に来てもそう簡単に鏡のような塩湖を見ることができるわけではない。雨が降らない日が数日続くと、すぐ水が干上がり鏡にならない。一方で雨が降り過ぎて水かさが増せば、水が濁り鏡にならない。奇麗な鏡になるには水深3㌢が最適と言われている。また、無風で水面に波がないことも条件となる。加えて、水は広い湖の至るところに現れるものではない。水の張る場所は日によって頻繁に変わるため、その場所を現地ドライバーが見つけなければならず、彼らの経験や勘に左右される。つまるところ様々な好条件や運に恵まれないと鏡のような湖を見ることができない。私は現地ガイドから、前週に雨が少なく天空の鏡を見る確率は50%と言われた。

列車の墓。塩湖近くにあり、さびた列車が放置されている

期待半分で塩の大地を中央に向かって進むこと1時間、地平線の先が輝き出しドライバーの安堵（あんど）した表情とともに眼前に水が現れた。適度な水深、無風状態。そこに現れた光景は、水のない場所と全く違った世界であった。水の張ったウユニ塩湖は、空、太陽、雲、渡り鳥、車、そして自分自身、地上の全てのものが地球というキャンバスに完全に逆さまコピーされていた。地平線を挟んで上下対称、完璧なシンメトリーの世界。おそらく地球上どこを探してもここでしか見ることのできない絶景であろう。巨大な地球の鏡、それも磨き抜かれて一点の曇りもない鏡の上にいるような不思議な気分にさせてくれた。

◇

これほどの自然なのにいまだ世界遺産に登録されていない。近年、地下に大量のリチウムが埋蔵されていることが分かり、登録するとその採取ができないからだという。ただ、地元民は資源開発に反対しているとのこと。

国の発展に必要な開発と、損なわれる自然、得るものと失うもの、理想と現実、答えを出すのはそう簡単ではなさそうだ。

（ブラジル在住　白鳥謙治）

風流戯画草紙
作・橋本裕之

公金支出情報公開
情報公開は都政大改革の一丁目一番地
「一丁目」ってこれも豆腐？

学生目線の旅行商品案を発表
墨田区のものづくりを体験
2月11日に両国で

都産業労働局は2月11日、「すみだものづくり修楽旅行づくりプロジェクト」の商品発表会を「両国—江戸NOREN」（墨田区横網1の3の20）1階土俵前で開催する。

都では、都内の各地域から地域資源を活用するためのアイデア（企画案）を募集し、旅行者誘致につなげていく「地域資源発掘型実証プログラム事業」を実施している。今回、墨田区内の中学生や大学生、留学生を対象とし、墨田区のものづくりを実際に体験するプログラムが終了し、その成果として学生の目線で作成した旅行商品案を発表する。

これまでに、①墨田区のものづくりを知ろう。クイズやものづくり専門家講義②墨田区のものづくりを見学・体験。工場見学実施③修楽旅行商品のモデルコースづくり、発表用資料の作成——などを行ってきた。

発表会は午後1時から3時までで、観覧入場自由。当日は学生による修楽旅行商品の発表のほかに、墨田区のものづくり体験を紹介するプロモーションビデオの放映が行われる。

●○ミニガイド●○

◆シンポジウム「弁護士になりたい！って思ってるだけじゃ始まらない」　▷内容　第1部〈トークライブ〉「聞いてみよう。君の知らない弁護士の世界」ゲスト：恵俊彰（TBSドラマ『下町ロケット』で弁護士役）、菊間千乃（弁護士、第二東京弁護士会）、八代英輝（弁護士、東京弁護士会）、第2部〈パネルディスカッション〉「ますます広がる活躍のフィールド」各界の専門家をパネリストに招く。会場進行サポーターは元SKE48で女優の宮前杏実▷日時　3月18日㈯　午後1時～4時（開場0時半）▷場所　イイノホール（千代田区内幸町2の1の1）▷定員　500人（予約不要・参加無料）▷主催　日本弁護士連合会、東京弁護士会、第一東京弁護士会、第二東京弁護士会

◆講演会「介護で孤立しないために～ルポライターの取材からこれからの介護を考える」　▷日時　2月4日㈯　午後2時～4時（1時半開場）▷場所　田無公民館3階視聴覚室（西武新宿線田無駅南口より徒歩3分、西東京市中央図書館と同じ建物）▷定員　50人▷講師　山村基毅氏（ルポライター）▷申し込み方法　来館・電話・Eメールで西東京市中央図書館へ　☎042・465・0823　Eメール　lib-uketsuke@city.nishitokyo.lg.jp

都政新報

発行所 都政新報社
〒160-0023 東京都新宿区西新宿7-23-1 TSビル
〈総務・読者〉03-5330-8781
〈企画広告〉03-5330-8784
〈編集〉03-5330-8786
〈出版〉03-5330-8788
〈ファクス〉03-5330-8808
購読料 月1,730円(税込)
毎週火・金曜日発行
ただし、祝日は休刊

紙面から

百条委設置へ都議会で動き

豊洲市場問題を追及

豊洲新市場の地下水から基準値を超える有害物質が検出された問題で、都議会から強力な調査権限を持つ百条委員会の設置を求める動きが出始めている。都議会民進党は今月22日に開会する第1回定例都議会に百条委設置を提案する。自民党の都議2人が会派内で百条委の賛同者を呼びかけ、設置に躍起だ。今後は会派間の調整が行われることになるが、百条委による調査がふさわしいかどうかが焦点となる。

「小池知事就任後と就任以前の調査結果が違うのは不自然」。都議会民進党は1月31日の市場移転問題特別委員会終了後に会見を開き、知事就任後に豊洲新市場の地下水から基準値を超えたベンゼンなどが検出されたことに疑問を投げかけ、真相解明する百条委の設置を提案した。

民進党都議団も百条委の設置に賛成しており、石原元知事の側近である元副知事と東京ガスとの用地取得に至るまでの真相を解明するよう求めている。

豊洲問題を巡る百条委設置は、共産党が昨年10月に提案したが、同会派と無所属2人のみの賛成少数で否決された。同党都議の一人は「百条委の設置提案は拒否する話ではない」と個人的見解を述べ、誰を参考人招致するかなど詰める必要があるという。

一方、最大会派の都議会自民党は百条委設置に消極的で、市場問題特別委での調査を優先したい考えだ。

カギを握る公明党

こうした中、キャスチングボートを握るのが公明党だ。都議会公明党の東村邦浩幹事長は昨年10月時点で、「経済・港湾委員会でらちが明かないなら、設置を視野に入れる」との見解を示したが、現時点では明確に態度を表明していない。

同党都議は「（百条委について）総会などでの意見集約はしていない」と明かした。会派としては今後も市場問題の調査を行い、特別委で追及を続けるスタンスだが、専門家会議が地下水の再調査結果を出すまで、現時点では百条委に慎重な見方もある。

また、自民党（57人）も単独で過半数（64人）を維持していない中、会派内にも百条委を求める都議がいる。その一人、立石晴康氏は「第1回定例都議会に間に合うように提出したい」と述べ、他会派とも相談する考えを示す。公明党の動向次第では委員会設置が現実味を帯びる。

百条委が設置されれば、石原元知事や側近の元副知事、市場長、東京ガスの関係者などの出頭を求める可能性が高いが、現在、市場用地の購入に関する住民訴訟の裁判が進んでいる中で、石原氏が応じるかどうかは未知数だ。

都幹部職員は「百条委は着地点が少しでも見えて設置するのが普通だが、証拠がない状況で提案するのは違和感を覚える」と疑問を投げかけた。別の幹部は「百条委が設置されたら、職員が巻き込まれ、都政は停滞する可能性がある」とし、都議選前に職員が政争の具に巻き込まれることを懸念した。

MEMO　百条委員会　地方自治法100条に規定され、議会が設置する特別委員会。自治体の事務などに関して、関係者の出頭や証言、資料提出を求めることができ、拒否した場合には禁錮刑を含む罰則が科される。設置には出席議員の過半数の賛成が必要となる。都議会では2005年、都社会福祉総合学院の運営を巡り、百条委が設置され、石原元知事の側近の元副知事が虚偽の答弁をしたとして、偽証罪に認定された。

爪痕残す百条委

【解説】豊洲の地下水から基準値超過の有害物質が検出された調査結果を受け、市場関係者や世論は移転に懐疑的な見方が多い。百条委設置の賛否は、豊洲問題の真相究明を求める都民に対する踏み絵になると言える。

百条委は都政に対して爪痕を残しかねない。2005年の百条委で職員が知事サイドと議会サイドに分かれ、都政が混乱した。空振りに終われば議会が批判されかねず、百条委はもろ刃の剣と言える。

市場の移転や土地購入の経緯も、解明が必要との世論が高まる可能性がある。だが、現在直面しているのは「豊洲新市場への移転」の是非に直接関与しないことも事実だ。まずは問題となっている地下水の汚染の状況や安全性について、調査を進めることが最も都民の利益にかなう。今こそ「都民ファースト」が必要だ。（南）

ICT活用で新戦略策定

都総務局　大会契機に技術革新

都は来年度、ICTを活用した東京の魅力や行政サービスの向上を目指す指針となる新たな戦略を策定する。東京の持続的な成長に向けて、行政や中小企業のICT活用を更に加速するのが狙いで、オープンデータの活用や都市機能強化などに関する専門家の提言を盛り込む考えだ。

インターネットなどデジタルデータを活用したICTは、これまでもデジタルサイネージや公共無線LANの取り組みを進めており、都総務局は昨年2月、ICTの推進に関して現状や課題をまとめ、「適切」「有効」「安全」に留意することなどを都の方針として策定。その上で、都の中・長期的な施策などの基礎とするため、新たな戦略をまとめることになった。

懇談会座長で東京大学教授の坂村健氏は、都や事業者の持つあらゆるデータをオープンにし、「モノ」と「サービス」をつなげることで都市サービスの向上とコストの削減が両立可能と説明。ICTで様々なサービスが連携する「IoS（インターネット・オブ・サービス）」を追求し、東京がICT先進都市を目指すことを提唱した。具体的には、行政手続きの電子化による効率化や、高齢者や幼児の遠隔見守りなどへの応用も考えられるという。

また、公共データの共有に向け、都がオープンにしたデータをまとめたサイトを3月に公開する。都は20年までに保有する約4万件のデータを機械判読・二次利用可能な形でオープンデータ化する目標を掲げているが、昨年12月時点で公開されているのは2053件にとどまる。CSVなど機械判読に適した状態のものはそのうち2%のみだ。公開に合わせ、区市町村へも参加を促す。

今後、懇談会は今後1～2カ月に1度のペースで開催するほか、「公共データ活用分科会」「都市機能強化・東京の魅力向上分科会」を設置。分科会は非公開だが、坂村座長は必要に応じて知事の出席も求める意向だ。

都は懇談会が5月以降にまとめる提言を基に、新たなICT戦略を策定する。

五輪に向け積極姿勢

【解説】都がICT活用に積極的に取り組む理由の一つが、3年後に迫る東京五輪だ。

過去の五輪開催国では、大会を契機に交通システムなどへのICT導入が進んだ。ロンドンでは公共交通機関の情報をオープンデータ化することで、混雑情報などを伝えるアプリやサービスが誕生。民間サービスでの利便性向上や経済効果につながった。

だが、東京で他都市の取り組みを単純に横引きすることには課題もある。市営交通機関が主体だったロンドンに比べ、鉄道やバスなどの交通機関が複雑化し、運営事業者がそれぞれに情報を持っている。混雑状況などを公開すれば迂回路を選択される可能性もあり、事業者の競争領域に関わる情報の公開には積極的な協力が不可欠だ。

ICTの技術を活用したサービスの向上には小池知事も前向きで、懇談会を契機に都の技術活用は加速することが予想される。大きな夢を描きながら、目の前の課題をどのように解決していくか。鳥の目と虫の目で着実な取り組みを進めることが必要だ。（南）

都政の東西

築地ブランド

地元に開店以来通い続けている日本料理店がある。湘南の海に近い風光明媚（めいび）な場所で、地元の新鮮な魚介類や野菜を用いた日本料理を提供している。最近、店に顔を出すたびに話題になるのが、築地市場の移転問題だ。

先日もにぎわい継承のため中央区が整備した「築地魚河岸」を見てきたそうだが、「物足りなかった」と不満顔。やはり、場内でないと必要なものが手に入らないのだとか。だから、「移転が延期になって本当にありがたい」とほっと胸をなで下ろす。

「豊洲に市場が移転したら、豊洲に通いますか」と聞いてみると、「それはない」と断言した。土壌汚染問題が理由かと思いきや、別の理由だった。湘南からの交通アクセスを考えると、築地が距離的にも限界なのだという。

湘南でも地魚や湘南野菜が手に入る。店のメニューのほとんどは湘南産だ。それでも築地に通うのは、「築地に行けば、一通りのものが手に入る」からだ。それが豊洲で可能なのか、彼は不安を抱く。

「近くの市場では品ぞろえが少ない。例えば、おせち料理のイメージに合った重箱がなかったりする。築地は何でもそろう」

料理人は「安心」を最優先するが、地下水の環境基準で料理の素材を選ぶわけではない。その安心の中身は多種多様だ。小池都政誕生から半年、豊洲新市場のあら探しばかり目立つ。情報発信の中身に偏りがあって、どんな新市場になるのか、築地に通う料理人にまで届いていない。

店主はいつも、鬼のように辛い塩鮭を出してくれる。癖になる極辛だ。「築地で仕入れました」と笑顔で語る店主は、今も築地ブランドの継承を願っている。

新党に流れる保守票

新党の行方（下）　2017夏の都議選を占う

「マイタウン東京のまちづくりのために戦ってまいりたい」。1993年都議選の告示日、当時の宮沢喜一首相が自民党本部内の敷地で出陣式を開き、関係者を前に都議選への意気込みを語った。

首相はJR渋谷駅前で第一声を上げるはずだったが、自民党都連に応援演説を断られる異常事態となった。当時は金丸信元副総裁が佐川急便からヤミ献金を受け、批判が高まっていた最中。都議会自民党は政治改革が進まなければ総裁遊説を拒否する態度を示し、都連が歩調を合わせた。国政の課題だった政治改革は、都議選の争点にもなった。告示後に「政治改革断行」を訴えて2人が自民党を離党。うち1人が、台東区から出馬した中山義活元衆院議員だ。同党衆院議員の故鳩山邦夫氏の離党に同調した。

中山氏は離党後、日本新党の関係者から「出馬しないか」と打診されたが断ったという。中山氏は「鳩山さんは『日本新党に入ってもいい』と言ったが、十数年の人間関係があって、鳩山さんと同じ立場で改革をやりたかった」と振り返る。

告示後の離党は珍しく、マスコミが連日押し寄せ、中山氏の戦術などが報じられた。例えば、区内の掲示板に張ったポスターの「自民党公認」にシールを張って隠し、たすきにもガムテープを張り付け、自民党離党を強調。中山氏が「有権者は政治改革に敏感に反応した」と話すように、報道各社の台東区の世論調査では2位だったが、訴えが有権者に届き、トップ当選を果たした。

一方、豊島区の世論調査で1位だったのが豊島区から再選を目指した自民党の高野之夫氏（現豊島区長）で、当選圏外だったのが現職都議で自民党を離党し日本新党から出馬した故竹下孝雄氏だ。優勢だった高野氏だが、「落選の危機感はあった」と振り返る。定数が1減の3となる中、竹下氏と自民党候補2人が、保守票を食い合うからだ。

自民逆風

高野氏の戦術は女性票の掘り起こしだった。小野清子元参院議員から「女性票を獲得しないと勝てない」と助言され、小野氏を会長にした支援団体を立ち上げ、女性の支持を集めたが最下位当選だった。一方、竹下氏は無党派層の支持を得て、2位当選を果たし、下馬評を覆した。高野氏は「日本新党の風はすごかった。（今の小池新党への期待感は）93年当時と似ている感じがする」と語った。

内憂外患

7月の都議選を前に、事実上の小池新党である都民ファーストの会に既に追い風が吹いているとの世論調査結果がある。ある選挙区で、同会が候補を立てない場合は自民が独走する見通しだが、同会の公認候補が出馬すると保守票や浮動票が流れ、全体の3割程度の票を獲得し、トップ当選を果たすという。

都議会自民党では現在、離党する動きはないが、3人が会派離脱し、新風自民党を立ち上げた。うち1人は小池知事と握手する2連ポスターを地元に張り、残り2人はポスターを作成中だ。新風自民党は知事サイドと選挙協力の話し合いはしていないとするが、「推薦はもらえるはず」と見込んでいる。

これまで、自民党と公明党は都議選で協力関係にあったが、自公の決裂で影響が出るのは必至。公明党は昨年の都議補選などで自民党の推薦要請を受けて応援したが、補選前に舛添前知事の辞任を巡る対応で亀裂が入った。ある公明党都議は「昨年7月の都議補選で4人を応援しても、選挙後に何のあいさつもなかった。無礼千万だ。この状況下で（自民党幹部が）頭を下げて選挙協力を求めることとはあるのだろうか」と不満を口にする。公明党は知事との連携を進めている。

自民党は内憂外患の状況だ。党内では「正々堂々と小池新党と戦うしかない」と闘志を燃やす都議がいる一方、「もし可能であるならば、小池知事との2連ポスターを作りたい」と本音をもらす都議もおり、会派離脱に揺れている様子がうかがえる。

自民党に逆風が吹いた93年都議選では前回選挙よりも自民は1議席上回る44議席を獲得し、今回も逆風が吹く中で大負けはしないとの見方もある。一方、民進党都議は「09年都議選のように投票率が上がると自民が大負けするかもしれないが、新党が誕生すると割を食うのは民進党だ」と危機感を募らせる。

小池新党が躍進することが見込まれる今夏の都議選。日本新党に所属していた元都議は新党の反省点を生かすようにこう警鐘を鳴らす。「これまで都議会で新党の会派はまとまっていなかった。議員経験者がいなかったからだ。この課題を解決しないと新党が消滅した失敗の歴史を繰り返すだけだ」＝おわり

新年度予算の要望書を小池知事に手渡した自民党の高木幹事長＝昨年12月21日、都庁第一本庁舎で

冗句ジョーク

都議会1定を前にして、水面下で新市場関係百条委設置の動き

石原元知事を苦手とする幹部職員「ボクこの春に定年退職なんだよ、太陽の季節（2定）まで待ってくれない？」

◆ネットが4人目を公認

生活者ネットワークは1月31日、7月の都議選の公認候補を発表した。これまで3人の候補を擁立したが、4人目として世田谷区ネットの元事務局長の岡本京子氏を同選挙区に立てた。都議選に向けた政策集では、豊洲新市場への移転中止や、費用弁償の廃止など議会改革を盛り込んだ。

同日行われた交流会には小池知事が出席し、「連携すべきところは連携し、お叱りをいただくところはいただく」などとあいさつした。生活者ネットの西崎光子幹事長は小池新党との選挙協力に関して「議論していない」と語り、小池新党の政策集を見極めて判断する考えを示した。

他の政党では、民進党の公認を受けた文京区の増子博樹氏と目黒区の伊藤悠氏が離党届を提出。いずれも小池知事の政経塾「希望の塾」に参加し、都議選で知事の支援を受けたい考えだ。

公明党では、大田区から出馬する予定だった石井真由美氏が体調を崩し、現職の藤井一氏が出馬する。

共産党は西東京市に中村駿氏、江戸川区に河野百合恵氏を擁立した。

子供の社会不適応を予防

専門家と連携し、子育て能力向上

文京区

文京区は、来年度から社会不適応の予防に向けた親子支援事業「文京版スターティング・ストロング・プロジェクト（BSSプロジェクト）」を開始する。就学前教育が子供の発達障害予防や将来的な社会的利益に結び付くとする研究を基に、子育ての専門家と協力し、乳幼児期の子供の育成や親と教員の教育スキル向上を後押しする。区によると、全国的に見ても先駆的な取り組みで、新年度当初予算案に2144万円を計上した。

プロジェクトでは、保育所や幼稚園、児童館などを対象に区が行っている訪問事業を通じ、子供や親、教員に対応したプログラムを実施する。具体的には、発達教育に詳しい臨床心理士や言語聴覚士などに参画してもらい、子供向けにスキンシップを伴う遊びやグループ単位での遊び、感覚を養うための運動などをクラス単位で実施できるよう促すプログラムを実施。また、親を対象に、あやし方や抱き方を始めとした基本的な育児スキルの実践や啓発プログラムなどを予定する。

プロジェクトは、1月23日に「教育・研究交流連携事業に関する協定」を締結した東京大学大学院教育学研究科などの学術機関と協働で行い、当面は目標数値などを設定せず、連携体制を構築していく方針だ。

プロジェクト名の「ストロング」は、「人生の始まりこそ力強く」という意味で、経済協力開発機構（OECD）の研究報告書で用いられる。研究では、質の高い幼児期教育が人生を豊かにし、経済効果を生み出すとしており、3歳までにスキンシップや声掛けを繰り返すことが、社会生活を送る上で不可欠な感情をコントロールする力やコミュニケーション能力を育むのに効果的とする科学的データを示した。国は2018年度に改定を控える保育所保育指針にこうした研究を反映する方向で検討しているという。

成澤廣修区長は「幼・保・小連携を進めていく中で、小1プロブレムが課題となっている」と、事業化の経緯を説明した。

同区は15年4月に開設した教育センターで、これまで分かれていた福祉と教育の窓口を一本化したところ、15年度の相談件数が開設前の1・5倍に増加した。このうち約6割が社会生活への不安に関する相談で、現場で働く職員からも早急に取り組むべきとの声が出ていたという。

区教育委員会の久住智治教育推進部長は、両親が子育ての知識を十分持っていないケースが少なくないと指摘。「幼児期教育を充実させると、中学校以降の学習習慣の定着や社会参画まで見通せる。施策効果が見極めにくい事業との認識もあるが、長い期間研究され、科学的エビデンスもある。世界的なトレンドになるだろう幼児教育を先取りしていくのも良いのではないかと考えた」と語った。

発達障害者支援法が05年に施行されて以降、国や自治体が障害者支援を進めてきたが、障害者認定に至らない「発達が気になる」段階から早期に子育て支援を行うのは全国でも例がないという。

現場を担う区教育センターの安藤彰啓所長は「社会にとって有意義な事業。親や先生に子育てスキルを身に着けてもらうことで、問題が顕在化する前に予防をする。将来的にはセンターに頼らざるを得ないケースを減らしていければ」と力を込める。

BSSプロジェクトは就学前からの教育を充実させ、子供の成長や家庭を支援する（写真はイメージです）

港、文京、板橋区は21年度

新年度予算案に関連経費

児相開設目標

児童相談所（児相）移管問題で、港と文京、板橋の3区がいずれも2021年度を開設目標とする方針を明らかにした。23区では、世田谷、荒川、江戸川の3区が20年度の開設を計画しており、児相移管に向けた取り組みが広がっている。

港区は1日、児相機能を持つ「子ども家庭総合センター」を21年4月をめどに開設する方針を発表し、新年度当初予算案に整備計画費として3930万円を計上した。

整備候補地は東京メトロ表参道駅徒歩約3分の国有地（青山5丁目）で、11月の用地取得を目指し、国との交渉を進めている。来年3月に基本設計・実施設計に着手し、19年8月の着工を予定する。

文京区は1月31日に発表した新年度当初予算案で、児相整備候補地として今年度中の取得を目指す旧合同宿舎小石川住宅跡地（小石川3丁目）の施設解体経費などで2億2379万円を盛り込んだ。4月には児相所管部署と全庁的な検討組織を設置し、具体的な事務の実施方法などを検討。21年度中の開設を目指す。

板橋区は旧板橋第三小学校跡地内の体育館とプールを解体して児相を整備する方針を示し、1月30日に発表した新年度予算案に解体経費や施設整備基本計画の策定委託料など1400万円を計上した。

同跡地を暫定利用している「いたばしボローニャ絵本館」が中央図書館の移転新設に伴って移転することや、警察署などに近いことから候補地に選定。21年度中の開設を予定する。

北区赤羽体育館が開館

五輪事前キャンプ誘致へ

バリアフリー設備充実

北区赤羽体育館が1月29日に開館した。同区立3施設目の体育館で、全体をバリアフリー化するなどして障害の有無や世代にかかわらず区民のスポーツ参加を促す。2020年東京五輪の事前キャンプ誘致にも力を入れる考え。

施設には最新のバリアフリー水準を採用。施設全体の段差を解消し、障害者用の更衣室や駐車スペースを設けた。パラリンピック競技を含めた複数競技の国際大会が開催できる仕様を整え、区の東京オリンピック・パラリンピック担当課は「フェンシング協会とも協力し、フェンシングと車いすフェンシングの事前キャンプを誘致したい」としている。

同体育館は4階建てで、3階にメーンアリーナ、1階にサブアリーナや幼児向けの体育室、介護予防に効果のある機器を入れたトレーニングルームを配置。区内初の弓道場や中高生の居場所となる休憩スペースも設けた。

開館イベントのエキシビションで車いすフェンシングを紹介＝1月29日、北区赤羽体育館で

台東区

予約システムを開始

観光バス混雑緩和に

台東区は、1日から観光バス予約システムを開始した。浅草地域に立地する駐車場3カ所、乗車場2カ所の利用を予約制とする。浅草や上野など国内外から人気の高い観光地で問題となっている観光バスの滞留や混雑の緩和が狙い。

予約システムは会員制で、利用の3カ月前から1週間前までインターネットの専用サイトで予約を受け付ける。予約手続き完了後にプリントアウトした予約証を利用当日に提示してもらう。運営はタイムズ24㈱に委託する。

対象の駐車場は台東区民会館駐車場、浅草文化観光センター今戸駐車場、同清川駐車場の3カ所で計53台分。利用時間は10分単位で、料金は30分ごとに400円。事前に銀行振り込みなどで支払う。乗車場は二天門乗車場と東武浅草駅乗車場の2カ所で、同じく10分単位で予約を受け付ける。料金は無料。

区交通対策課の石川洋二課長は「混雑具合を見える化し、ピーク時間の分散化を促す」との狙いを示す。

13日に開会する第1回定例区議会に観光バス対策に関する条例案を提出し、基本計画を報告する。

大江戸線延伸で早期着工を要望

練馬区

練馬区が区議会や地域住民らと共に構成する大江戸線延伸促進期成同盟（会長＝前川燿男練馬区長）は1月30日、都に都営地下鉄大江戸線の延伸工事の早期着工などを求める要望書を提出した。昨年10月に開いた同盟の大会には約1200人が参加し、延伸区間の早期着工を求める決議を全会一致で可決していた。

要望書では、延伸区間の光が丘駅～大泉学園町駅（仮称）間の着工に向けた調査の早期開始や、都市計画道路補助230号線の用地取得による延伸区間の地下導入空間確保、区が計画する周辺道路や交通広場の整備などに対する支援などを求めた。

記者席

小池新党で割を食うのは

○……連日、マスメディアの報道は、小池知事と自民党都連との対立ばかりあおり、一部では小池新党の候補者が出そろってもいないのに早くも都議選の議席予測まで飛び出る始末だ。

5日投開票の千代田区長選では、小池知事が応援する現職候補と自民党推薦の新人候補との対決構図が注目され、結果次第では都議選に影響するという。ところが最近、自民党よりも民進党の雲行きの方が怪しい。

記者の耳には、既に報じられた都議選候補者以外にも民進党で「希望の塾」が開く「都議選対策講座」の参加者の名前が聞こえてくる。小池新党は、自民党と戦う前に民進党にトドメを刺すつもりだろうか。

○……「本当に良い立地過ぎて、起業家がハングリーにならないんじゃない？」。都が開設した起業家の卵を支援する「TOKYO創業ステーション」のオープニングセレモニーのトークセッションに招かれた経営者が、そうちゃかした。

確かに、丸の内の一等地、東京駅まで徒歩5分の好立地は、これから起業しようとする人にとってスタート地点というよりむしろ、「ゴール」と言えなくもない。先輩経営者の意見はもっともだ。

「この場所はゴールではない。東京から世界へ羽ばたけ」と、暗に激励しているのだと前向きにとらえたい。

○……都立多摩図書館が先月29日に立川から国分寺に移転オープンした。膨大な量の雑誌と児童書の蔵書が売りで、地域住民の関心も高く、初日は6500人が訪れ、ごった返した。

初日に訪れた地元の2人に感想を聞いた。2人とも、あまりの混雑で開架書庫は見ていないというが、「雑誌の閲覧コーナーは充実」との印象だった。ただ、「本を借りられないことは聞いてはいたが、やはり貸し出しがないのは残念」「雑誌に比べると子供の本の閲覧コーナーは手狭。もっと力を入れてほしい」「広過ぎるエントランス部分を、くつろいで読書できる部屋にしても良かったのでは」とも。都民からの声も取り入れて愛される図書館になってほしい。

特別区 17年度予算案

新規に子ども宅食支援

一般会計24年ぶり最大額

文京区

一般会計＝895億3400万円（前年度比8.5％増）	
主な事業	
児童相談所設置に向けた検討	2億2379万円
発達障害予防支援	2144万円
（仮称）宅食プロジェクト	2005万円
観光アプリ開発	1616万円
公衆浴場の継承支援	1125万円

文京区は1月31日、2017年度当初予算案を発表し、一般会計が24年ぶりに過去最大額を更新した。

新規事業では、ふるさと納税を活用する「（仮称）子ども宅食プロジェクト」を開始する。同プロジェクトは子供の貧困対策の一環。フードバンクやNPOらにコンソーシアムを組んでもらい、児童扶養手当などの受給世帯の中から希望する世帯へ食品を配送してもらう。食事を支援するのに加え、個別宅配を通して虐待などの早期発見にもつなげる。

予算に計上した2005万円はコンソーシアムへの補助に充てる。宅配事業にかかる経費は、個人や団体からインターネット上で募集するふるさと納税を財源に充てる。

成澤廣修区長は、ふるさと納税で賄う狙いについて「返礼品競争ではない、ふるさと納税の正しいあり方を示したい思いもあった」と話す。当初の目標金額は2千万円。

ほかに、区が開発するスマートフォン対応アプリケーションを活用した観光情報発信「文京区デジタルジャーニー」に1617万円を予算化。拡張現実（AR）機能を用いて、文京シビックセンターの展望ラウンジから望む史跡や庭園、寺社仏閣を紹介する。来年度中に開発し、18年度からの本格運用を見込む。このほか、後継者不足が問題となっている公衆浴場の事業承継支援を行う。

歳入は、特別区税が4・8%増の320億円で、人口増加により初めて300億円を超えた。特別区交付金が1・8%減の164億円。財政調整基金の取り崩し額は30%増の39億円。

性質別歳出では、義務的経費が0・8%増の414億円となった。保育経費や子供医療費助成などの増で、扶助費が2・8%増の194億2千万円となったことが影響した。投資的経費が56・4%増の160億円。春日・後楽園駅前地区の市街地再開発事業補助や教育の森公園施設改修工事などが増要因。

ふるさと納税「本来の姿に」

損失額は11億円規模に

杉並区

一般会計＝1780億5000万円（前年度比3.5％増）	
主な事業	
千人規模の保育定員拡大	9億5357万円
下高井戸公園の整備	3億5665万円
荻外荘公園の整備	2848万円
杉並版ふるさと納税制度	725万円
高齢者の口腔機能検査	619万円

杉並区は1月31日に発表した2017年度当初予算案で、ふるさと納税の返礼品を区内の福祉施設や被災自治体に寄付できる全国初のふるさと納税制度の創設に725万円を計上した。

新たな制度では、返礼品を受け取るか、福祉施設などに寄付するか決めてもらう。寄付者が返礼品の寄付を選んだ場合は、福祉施設や交流自治体など寄付相手を指定してもらい、区内事業者が製造する加工食品などから寄付する商品を選んでもらう。寄付者への返礼品は、障害者施設が生産する食品・工芸品や、高円寺阿波踊りの観覧席など交流人口の増加につながるサービスに限定する。

田中良区長は「税の原則が高級肉に蹂躙されているふるさと納税の現状を、見返りを求めない善意の行動という寄付本来の姿に戻さなければならない」と狙いを述べた。

保育所待機児童対策では、国有地や都有地などを活用した認可保育所11カ所の整備で1千人規模の定員拡大を図る。9億5357万円を盛り込んだ。また、区立保育所の園長経験者による巡回相談の開始で3131万円を計上した。

高齢者福祉では、認知症の一因とされる口腔機能の低下の防止策として、75～84歳の約3600人を対象とした口腔機能検査を行い、在宅サービスを行う介護スタッフら向けに口腔機能に関する事例検討会を開く。予算額は619万円。

このほか、4月8日に一部オープンする下高井戸公園（仮称）の出入り口の新設費用や、元首相の近衛文麿の旧宅「荻外荘」の復元に向けた整備基本計画の策定経費などを計上した。

性質別歳出では、投資的経費が公園整備や学校改築などで11・5%増の154億7900万円に膨らんだ。

歳入では、配当割交付金や地方消費税交付金などの減額見込みに伴い、財政調整基金を46億円取り崩す。

不登校対策で実態把握

3年連続で過去最大規模

足立区

一般会計＝2741億4200万円（前年度比0.4％増）	
主な事業	
竹ノ塚駅付近立体事業	20億1204万円
就学援助支給の前倒し	3924万円
中学校学力定着対策事業	3577万円
五反野駅前の無電柱化検討	1000万円
長期不登校の実態把握	122万円

足立区は1月31日、新年度当初予算案を発表した。区は昨年10月に新たな基本構想を策定しており、近藤やよい区長は「（2017年度は）新基本構想、新基本計画が本格的にスタートする年。今まで協働で進めてきた様々な施策を『協創』という切り口で更に充実させていく」と述べた。一般会計は3年連続で過去最大を更新した。

区が15年度から力を入れている子供の貧困対策では、就学援助事業の準要保護認定者（所得額が生活保護基準の1・1倍未満）に対し、これまで7月に支給していた中学校入学で必要な学用品費を入学前の2月に前倒しする。支給額は2万7千円で、支給開始は来年4月に入学予定の児童から。3924万円を計上した。学用品は制服やカバン、上履きなど。併せて無利子の小口貸付事業の返済期間を10カ月から20カ月に延長し、支援を充実させる。

また、不登校対策を強化し、家庭訪問による長期不登校の実態把握事業の新設で122万円を計上した。区内の不登校の子供は15年度、973人で、05年度の436人から倍以上となっており、職員1人を配置して18年度以降の施策立案に活用する。そのほか、スクールソーシャルワーカーを6人増員して15人とし、区立中学校全35校に派遣する。

東武伊勢崎線竹ノ塚駅の連続立体交差事業には20億1204万円を計上し、仮設の地下改札を整備して現在の橋上駅舎を移設する。

性質別の歳出では、扶助費が前年度比2・2%増の1千億円。私立保育所の運営費助成や障害者自立支援給付費の支給事業などを増額した。一方、投資的経費は連続立体交差事業や区営住宅更新事業の減額などで、前年度比12・9%減の357億円とした。

歳入では、区民税が前年度比2・6%増の417億円で、景気回復や特別徴収への加入促進策による堅調な伸びを見込んだ。

災害復興基金に380億円

都内初のがん対策2事業

港区

一般会計＝1661億5000万円（前年度比38.1％増）	
主な事業	
学校施設の整備	10億0883万円
保育士等宿舎借り上げ支援拡充	2億9127万円
児童相談所の整備	3930万円
区立がん在宅ケア支援センター準備	2644万円
テレビ会議システム運営	626万円

港区は1日、2017年度当初予算案を発表した。一般会計規模は前年度比38・1%の大幅増の1661億5千万円で、過去最大を更新した。震災復興基金の創設に伴い、財政調整基金から380億円を積み立てたことが要因。武井雅昭区長は「（災害後に）区がすべき支援に自主財源を用いて取りかかることが大きな効果を生む」と期待を寄せた。

災害復興基金は、災害直後から区が自主財源で復旧・復興に当たることを目的としている。震災対策基金を引き継ぎ、17年度の積立額は500億円となる。今後は計画的に積み立て、22年度までの目標積立額を1千億円としている。

主な事業では、がん対策で新たに2事業を打ち出し、区立がん在宅緩和ケア支援センターの開設準備に2644万円、がん治療に伴う外見ケア助成に309万円を計上。いずれも都内では初めて事業化する。

がん在宅緩和ケア支援センターは、がん患者とその家族の相談対応や緩和ケアに関する普及啓発、医療人材の育成などの機能を持たせる。来年4月に開設予定。第1回定例区議会に設置条例案を提出する。

外見ケア助成は、がん治療に当たる人が購入するウィッグと胸部補整具が対象。金額は3万円または購入経費の7割相当額のうち、額が低い方となる。

また、保育士などの保育従事職員用宿舎の借り上げ支援事業を拡充に、2億9127万円を充てる。区内にある宿舎を対象に3万円を上乗せする。

歳入は特別区税が4・4%増の725億5319万円、地方消費税交付金は8・3%減の128億3200万円。

性質別歳出は、義務的経費が1・8%増の439億5017万円。人口増の影響を受けて扶助費が5・5%増となったことが要因。投資的経費は新郷土資料館等複合施設整備が後押しし、49・5%増の248億2346万円。

児相整備に1億円計上

財調基金は取り崩さず

江戸川区

一般会計＝2403億3200万円（前年度比4.1％増）	
主な事業	
カヌー競技の普及啓発・練習場整備	9909万円
児童相談所の設計委託	9808万円
ひとり親家庭の子供学習支援	3455万円
子供の居場所づくり	3348万円
障害者スポーツの普及啓発	807万円

江戸川区は1日、新年度予算案を発表し、2020年度の開設に向けて準備を進めている児童相談所（児相）の設計と土質調査委託に9808万円を計上した。

児相整備予定地は、旧都下水道局東部第2下水道事務所跡地の都有地（中央3丁目）で、敷地面積は2285平方㍍。取得の方向で都と調整している。施設は一時保護所併設の地上4階建てにする方針で、区は来年度の工事着工を目指す。

多田正見区長は10年1月に区内で7歳の男子児童が虐待死した事件を振り返り、「児相の設置は悲願だった。これが達成できるので、最善の努力をしていく」と述べた。

子供関連事業では、ひとり親家庭の学習支援の対象に、新たに小学5・6年生と高校生を加えて3455万円を計上。また子供の居場所として、「上一色コミュニティセンター」に学習支援や子供食堂、キャリア教育、ワークショップ体験などを行う拠点を整備する。予算額は3348万円で、運営は民間委託する。

東京五輪に向けた取り組みでは、区内唯一の競技会場となっているカヌー・スラローム競技の普及啓発と練習場施設の整備に9909万円を盛り込んだ。19年度の完成を目指し、今年度は堰の設計や、堰の設置に向けた調査などを実施する。このほか、オランダ五輪委員会・スポーツ連合との連携事業など、障害者スポーツの普及啓発で807万円を新規に計上した。

歳入では、特別区税が前年度比4・9%増の515億5500万円。繰入金を前年度比31・0%増の38億円としたが、財政調整基金の取り崩しは5年連続で行わない。

性質別の歳出では、扶助費が認可保育所の開設などで前年度比7・8%増の925億円。投資的経費は、学校改築費やJR小岩駅再開発費の増額で、前年度比15・9%増の274億円とした。

訂正 1月27日付の練馬区17年度予算案の記事中、前年度比減となったのは5年ぶりの誤りでした。

進め「子供ファースト」

個々の学びを保障する不登校政策へ

NPO法人東京シューレ理事長　奥地　圭子

子供たちが創る活動

小池都知事は頑張っているなあと思う。東京都の政治は「都民ファースト」だという。分かりやすい表現である。では、子供の教育はどうだろう。「子供ファースト」をお願いしたい。

私は、都内にフリースクールを開校して、まもなく32年になる。フリースクールは学校外の居場所・学び場であり、やってくるのは不登校の子供たちだ。話をよく聞くと、この子が学校と距離をとるのは当然だな、と思えることがほとんどだった。「学校が怖い」「学校が苦しい」「学校に疲れちゃった」「私には合わない」などと感じながら、「でも行かないといけない」と必死で行って限度が来て休んでいる。

しかし、不登校は問題だと考え、先生はお迎えや電話で学校へ来させようと手を尽くす。親は休まれるのは困る、と怒ったりすかしたりしつつ、車で送ったり同伴登校したりする。玄関で柱にしがみついた指の1本1本を圧倒的な大人の力ではがされる時の絶望感は、聞いていてもつらい経験だ。そして、大抵の不登校の子は、皆が学校へ行っているのに、行けない自分はダメ人間だと深い自己否定感を抱え、つらい気持ちをゲームに打ち込むことで、何とか日々を過ごしている。

子供の状況や気持ちを無視して、ともかく学校復帰という方針は、「子供ファースト」ではないと思う。フリースクールは「子供ファースト」を考えている所が多い。親の都合や、教師の目標とする指導のためでなく、その子の意思や個性、ペースを尊重し、やりたいことを大切にする。また、大人が仕切るのでなく、フリースクールの活動を子供たちで話し合いながら創っていく。幸いなことに、フリースクールには不登校をした先輩たちが、どんな進路を作り、人生を歩んでいるのかよく見える。高校、大学、専門学校、留学、ものづくり職人、レストラン店長、イラストレーター、カメラマン、NPOスタッフと、まあいろいろやれるんだな、と分かる。あの人のように生きられたらいいな、という憧れも生まれる。スポーツや音楽、ゲームプログラミングや好きなことを思いきり楽しみ、あるいはゆっくり充電し、自信も持てるようになり、自分は自分でいいと肯定的にもなる。あんな苦しい時があったのに、素晴らしい成長力だなあという姿を見せて旅立っていく。これは、子供ファーストの環境の中で育ったものだと思う。

偏見からの脱却

フリースクールを作ったのは、学校を否定しているからではない。高い就学率を世界に誇り、戦後復興や高度成長に学校の果たした役割は大きいが、状況は変化していく。義務教育期間である小中学生の不登校だけでも2万6千人。多様な個性、多様な状況にある子供がたくさんいる時代に、学校のみで全ての子供の学び・育ちを保障しようということに無理があると思うのである。学校以外もありだよ、と幅を広げたい、という意味である。

当時の文部省が今で言う「不登校」に目を向け、学校基本調査を始めたのは1966年だから、昨年で50年経った。50年間、不登校は直すべき問題行動であり、学校復帰が熱心に求められた。しかし最近、不登校政策は変わり目にある。それを多くの人に知ってほしい。

まず昨年9月、「不登校は問題行動ではない」という通知が国から全国に出された。「不登校に関する調査研究協力者会議」の最終報告が昨年7月にまとめられ、それに基づいたもので、「不登校とは、多様な要因・背景により、結果として不登校状態になっているということであり、その行為を『問題行動』と判断してはならない」と述べ、「不登校児童生徒が悪いという根強い偏見を払拭（ふっしょく）し、不登校児童生徒に寄り添い共感的理解と受容の姿勢を持つこと」

そして、支援の視点は「学校に登校するという結果のみを目標にするのでなく」とある。

この変化は、2014年秋、フリースクール支援を検討するため安倍首相が東京シューレに視察に来られて以来、「フリースクールフォーラム」を国が開催したり、国の「フリースクール等検討会議」が設置されたりした流れに連なるもので、新しい教育の時代が始まるかも、という期待を持った。

多様な学びへ法整備

それを大きく後押ししたのが、議員立法による「義務教育の段階における普通教育に相当する教育の機会の確保に関する法律」への取り組みだった。元々、多様な学びを選択でき、公的支援も得られるようにと願って、フリースクール全国ネットワークから議員連盟に働き掛けていたものだが、法律を成立させるまでは本当に大変なのだな、ということがよく分かった。新法づくりに動き始めて9年目の昨年暮れ、無事成立した時は、「やっと」という熱い思いだった。とてもたくさんの人の協力で出来たのだった。

この法律は、教育機会が十分とは言えなかった人に国の責任で保障しますよ、というもので、主として不登校児童生徒への支援が述べられている。特にフリースクール、夜間中学、教育課程特例校などの他、家庭にいる子も対象で支援される。支援に当たっては、子供の意思を尊重し、年齢・国籍にかかわりなく、民間の意見を反映させた基本指針が作られる。特に、法律上初めて休養の必要性、学校外の場の学習の重要性が明記され、「子供ファースト」が一歩近づいた気がしている。これからどう生かしていくかが重要だと思う。

子供ファーストの都政へ

ところで、国のこうした動きと並行して東京都の「不登校・高校中退対策検討委員会」が開催され、16年2月に報告書がまとまった。

私も委員の一人であり自画自賛で申し訳ないが、この報告書はとてもいい。学校復帰のみでなく、民間との連携、個々の子供や保護者の状況に寄り添うなど従来の政策の幅を広げ、「子供ファースト」が感じられる。

「子供ファースト」は多様な学び方、成長の仕方を社会が認めてこそ実現できる。変わり目にある今、「子供ファースト」の都政がぜひ進んでほしいと思う。

おくち・けいこ＝1963年より22年間、公立小学校教員。我が子の不登校から深く学び、親の会「登校拒否を考える会」を始め、85年にフリースクール「東京シューレ」開設。現在、NPO法人フリースクール全国ネットワーク代表理事、NPO法人登校拒否・不登校を考える全国ネットワーク代表理事、NPO法人全国不登校新聞社代表理事などで活動。『フリースクールが「教育」を変える』など著書多数。

教育ひろば

オリンピック・パラリンピック教育　多様性を生きる　22

第3部　各学校現場での取り組み④

東久留米市立南中学校（下）

企業と共に創り上げる授業

本校がオリンピック・パラリンピック教育を進める上で重視しているのが「企業との連携」だ。きっかけは、昨年度本校で実施した日本コカ・コーラ社が推進する「Olympic Moves（オリンピックムーブス）」。中学生に運動を啓発しながら、2020東京大会を盛り上げるためのスポーツイベントで、東京では初、日本で2番目の開催となるメディアへのPRも行う一大事業だった。企業風土や学校にはない企業のものの考え方、仕事の進め方に触れるうちに、企業との連携は学校の経営改革や授業改善に資すると強く感じた。幸い、本市の教育長も理解を示し、企業との連携を強く後押ししてくれた。

今年度早々、企業と連携したオリパラ教育について本校の実績を含め、思いを文書にしてパナソニックに送付した。「詳しい話が聞きたい」。すぐに日程調整の連絡があり、わざわざ大阪本社から担当者が来校した。本校と企業とが連携して進めるオリパラ教育のスタートだった。

当該企業は既にオリパラを題材とした教育プログラムを開発している。本校ではそのプログラムを学校の実態に合わせてアレンジして指導計画の一部に組み込み、授業を行っている。例えば第2学年では、プログラム「多様性と国際理解～おもてなしを考える」（以下、プログラム）を活用した。次のような展開だ。

①マナー教室で職場体験に向けたビジネスマナーの学習②職場体験でそれぞれの職場での「おもてなし」を体験③日本人オリンピアンとの交流でこれまでの学習を踏まえて選手を「おもてなし」④「世界ともだちプロジェクト」で外国の文化や習慣を学習⑤外国人アスリートとの交流で茶道部が茶をたて振る舞うなど日本ならではの「おもてなし」を実践⑥都内めぐり遠足で都内の施設見学等から様々な「おもてなし」を発見⑦プログラムの活用＝日本の企業の「おもてなし」から学ぶ　⑧ブラジル大使館との交流で「おもてなし」の集大成を実践

本校は「日本人としての自覚と誇りの涵養（かんよう）」をテーマにオリパラ教育を進めている。企業との連携のメリットは何か。それは、敗戦から見事に復活を図り、戦後直後から絶え間なく続く経済成長を支えた日本の企業の理念、技術、実績、ノウハウなどから我が国の国民性の良さを学ぶことができることだ。子供たちはプログラムの中で、日本の企業がカメラやプロジェクターを設置する様子などソチ五輪の舞台裏の映像を視聴した。そして身近にある日本の企業の技術力や仕事に対する責任感、困難を知恵と努力で克服していく姿を目の当たりにして、社会貢献を含めた日本の企業の活動の実態を学ぶとともに、「自分には何ができるか」を考えるようになった。

企業との役割分担をこう考えている。企業は企業理念や技術、実績やノウハウなどの「学習材」を支援する。そして学校は、その「学習材」に教育的な価値付けをし、「教材」化し、企業と連携して子供たちを指導する。留意していることは、企業の教育コンテンツをそのまま使わない。生徒の実態や既習事項などを踏 [illegible]

（東久留米市立南中学校　校長　川上智）

企業のプログラムを活用した、第2学年の授業＝16年10月

狛江市立狛江第三中学校

狛江高校との連携で研究会

未来を拓く力の育成へ

中高連携の取り組みを通して「グローバル社会に必要な未来を拓く力の育成」を進める狛江市立狛江第三中学校（亀澤信一校長）の研究発表会が1月27日に行われた。

狛江市には、都立高校は狛江高校の1校だけ。その狛江高校と連携し、同校教員による出前授業や、高校での体験授業、女子のバスケットやバレーボール、男子テニスの部活動交流などを実施。さらに、狛江高校が28年間にわたってオーストラリアのキラウィ高校と交換留学を行っていることから、来日中の留学生を狛江三中に招き、交流会を実施するなどした。

こうした取り組みが都内の公立中学校で初めてオンラインスピーキングトレーニングの導入につながり、発表会では2年生の英語少人数授業で、インターネット電話サービスのスカイプを使用してフィリピンの現地インストラクターとマンツーマンでの会話の様子を公開＝写真。体験コーナーも設けられ、ベネッセコーポレーションの担当者の説明を受けながら、参加者もフィリピンとつないで会話を楽しんだ。

また、1年生の教室では国際理解を深めるための道徳の授業も公開した。

研究発表では、近くて遠い存在だった狛江高校との交流で、学習意欲が高まり、コミュニケーションが取れることで英語を楽しいと感じる生徒が学年が上がるにつれて高まり、狛江高校への進学や海外留学を希望する生徒が増えたという。

同市の柏原聖子指導室長は「教育の幅を広げる挑戦だった」とし、「未来を拓く力になることを期待する」などと講評。

狛江高校の教員から日比谷高校校長を最後に、現在は東洋大学京北中学高等学校の石坂康倫校長は、「国際人になるための教育」と題し、中高連携への期待を述べた。

キャリア教育で文部科学大臣表彰

杉並区立小学校など

キャリア教育の充実発展に尽力し、顕著な功績を上げた教育委員会や学校、PTA団体に贈られる「キャリア教育に関する文部科学大臣表彰」の第10回表彰式が1月17日、国立オリンピック記念青少年総合センターカルチャー棟で行われた。

杉並区では、桃井第三小学校と杉並第四小学校が受賞。桃井三小は総合の時間に学年の発達段階に応じたキャリア教育を行い、特に4年生は模擬会社を設立し、てぬぐいの商品企画から販売までを体験。杉並四小も「杉四カンパニー」という模擬会社を設立し、商品開発・販売をしている。

表彰を受け、桃井第三小学校の末永弘校長は、「児童が地域の多くの人々と関わり、街を好きになり、地域に貢献できる人材を育てたいと考え、『西荻大好き！』をテーマにキャリア教育を進めてきた。地域の人々と関わり合いながら学習することで、『生き方』そのものを生で学べ、保護者と地域・商店街との関わりも一層深まり、地域ぐるみで子供を育てる安全で安心なまちづくりにつながっていく。井出教育長の言う『いいまちはいい学校を育てる　学校づくりはまちづくり』の実現化だと思う。こうした考えで続けてきたキャリア教育の成果が杉並第四小学校と共に認められたことは名誉であり、大変うれしく思う。今後もより一層取り組みを進めていきたい」と語った。

この日は小学校19校、中学校22校、高校35校、特別支援学校9校など104件が受賞。都では小平市教育委員会と都立青井高校、赤羽商業高校、鹿本学園も表彰された。

表彰状を受ける桃井第三小学校の末永校長

教育じてん　74

東京の輝く未来を創造するために

1月20日の定例記者会見で、小池都知事から「教育施策大綱」の策定が発表されました。大綱は、東京都の教育の根本方針を定めたものであり、総合教育会議における知事と教育委員会との協議及びパブリックコメントを経て策定され、実施期間を2020年度までとしています。

新たな大綱には、東京の将来像や目指すべき子供たちの姿として、「誰もが自ら望む教育を受けられ可能性を伸ばせる社会の実現」「グローバル化の進展の中でたくましく生き抜く人間」「共生社会の中で多様性を尊重し積極的に社会的役割を果たす自立した人間」が掲げられています。

そして、その実現のために特に重要で優先的に取り組む事項として、①全ての子供が学び成長し続けられる教育の実現②新しい価値を創造する力を育む教育の推進③世界で活躍できる人材の育成④社会的自立に必要な力を育む教育の推進⑤悩みや課題を抱える子供に対するサポートの充実⑥障害のある子供たちの多様なニーズに応える教育の実現⑦オリンピック・パラリンピック教育の推進⑧子供たちの学びを支える教師力・学校力の強化――の八つの重要事項と今後の取り組みの方針がまとめられています。

主な内容ですが、全ての子供が学び成長し続けられる教育の実現として、誰もが安心して学び自己の可能性を伸ばすことができるよう都独自の給付型奨学金を創設すること、反復学習や放課後等の学習支援により生きる礎となる基礎学力を確実に身に着けさせる取り組みを推進することなど、学びのセーフティーネットを構築することが盛り込まれています。

また、世界で活躍できる人材の育成として、JETプログラム等の活用による実践的なコミュニケーション能力を育む外国語教育、外国人との交流を通して国際感覚を醸成する取り組み、地域人材を活用した日本の伝統・文化への理解を深める取り組みの推進が位置付けられています。

さらに、障害のある子供たちの多様なニーズに応える教育の実現として、小・中学校に順次導入される特別支援教室の円滑な運営に向けた区市町村への支援、特別支援学校における大学等と連携した芸術活動の推進等が示されています。

これからの東京、そして日本を担う子供たち一人ひとりの幸せな人生のために、大綱に基づく、より充実した教育施策が展開されることを望みます。

なお、大綱の全文は都教育委員会のホームページに公開されています。

Essay エッセー　51

一緒に調べよう、行動しよう

「ねえ、今、赤信号なのに進んでいったんだよ」

先日、電車に乗っていたら、靴を脱いで窓の外を見ていた3、4歳くらいの男の子がこう言いました。その子は、たいそう驚いてこう言ったのです。しかし、隣に座っていたその子のお母さんと思われる人は何とこう応えたのです。

「そんなことあるわけないでしょ！」

男の子は「絶対に赤信号だった。ぼくはこの目で見たんだ」とでも言いたげにしていましたが、そのうちまた景色に見とれ、さっきのことは忘れたかのようです。

たったこれだけの光景です。皆さんは、この光景をどう思いますか。わたしは、ただだ「もったいない」と言いたいです。何がもったいないというのでしょうか。それは、好奇心をくすぐる絶好のチャンスを逃したということです。赤信号なのに止まらずに進んでいることに気付いたことは大したものです。うそとは考えにくいでしょう。しかし、この子の場合、うそをついたことになってしまいました。子供の心情から考えると、この対応には大きな問題があると言えるでしょう。

鉄道によく乗っている方ならもうお気づきだと思いますが、実は赤信号で進んでいるのです。えっ、まさか。正確に言うと、電車が信号を通過する際、先頭にいる運転士から見れば信号は青（黄）に決まっていますが、先頭が通過するとすぐに信号は赤に変わるのです。ですから、何両かの編成の後ろの車両に乗っている人から見ると赤の信号を見ることになるというわけです。

子供の好奇心を刺激するか台無しにするかは、それを受け取った人の対応で決まる場合が少なくありません。しかも、その対応はそんなに難しくはないのです。ただひとことこう言えばよいのです。

「面白いことに気付いたね。一緒に調べよう（行動しよう）」

現在、学校では自ら課題を見つけ、自ら考え、よりよく問題を解決し、発信・行動する活動を重視しています。

現在、多摩市が推進している持続可能な開発のための教育（ESD）も、このような順を追って活動を行っています。この中で最も大切なのは、自ら課題を見つけることです。それが学習の推進力となっていくからです。冒頭の話で言えば「赤信号なのに進んでいった。それはなぜだ？　調べてみよう」という思考や行動です。

本校では、校地内にある森で6年生が課題を見つけ、その解決に向けて取り組んでいます。「たくさん樹木があるが、その名前をみんな知らない。どうしたらみんなに分かってもらえるか」「森を訪れる子が少ない。もっと大勢の子に訪れてもらうにはどうしたらよいか」という課題を解決しようと取り組んでいます。ここでも大切なのは、教師のこのひとことです。

「面白いことに気付いたね。一緒に調べよう（行動しよう）」

（多摩市立東寺方小学校校長　木下光彦）

書評

『いじめから脱出しよう！』

自分を守る方法12か月分

玉聞伸啓著

いじめの問題が後を絶ちません。いじめは、いじめを受けた人の心に長く深い傷を残し、人権を著しく侵害する社会全体にかかわる大きな問題です。

玉聞伸啓さんがまとめられた『いじめから脱出しよう！』は、玉聞さんが、子供の頃のいじめた経験、いじめられた経験、してこれまで800人以上の相談に応じてきた経験等を振り返り、いじめに対する対応策を4月から3月まで、月ごとに分けて紹介しています。相談事例、相談に対するアドバイス、いじめを受け始めた頃の対処の仕方、その後の過ごし方と続く内容構成と具体性は、その場面の様子が手に取るように分かり、気が付くと自分もその事例の対応策を考えています。

本書からは終始、玉聞さんの感性に基づく優しさや対応の明快さが伝わってきます。

4月、学級編制後の不安感がある中で発生したいじめについては、「この時期のいじめは長続きしないことが多いのです。なるべくたくさんの人と世間話ができる程度の関係になることです」と相談者に安心感を持たせる配慮が感じられます。

また、9月を開くと、「9月以降に始まるいじめは要注意です」「この時期からクラスの雰囲気は大きく変わります。いじめは秋に始まることが多いのです」と指摘し、「どこで・だれに何をされたか、何を言われたか」というメモを残しておくことの大事さを伝えています。

さらに、「いじめの構図」について男女別にその特徴を記しながら、集団のいじめから「脱出」するために何度でも親や先生にSOSを発信するようメッセージを送っています。

本書を読み終わって言えることは、相談者の気持ちを100％受け止める玉聞さんのいじめに対する姿勢が、また、具体的なアドバイスが読者を勇気づけるということです。

『いじめから脱出しよう！』を読み、共にいじめの問題を考え、行動する際の参考にしてほしいと考えます。

小学館刊。定価900円＋税。

（東大和市教育長　真如昌美）

■東京都予算案特集

2017年度東京都予算案の概要

東京都の2017年度予算案が1月25日に発表され、2月22日に開会する第1回定例都議会に提出される。17年度予算案は、小池知事が初めて編成した予算であり、都民の声を最大限、予算案に反映するため、知事自身による公開の場での各種団体ヒアリングを実施するなど、その編成プロセスから大きく見直しが行われた。約4800事業に終期を設定し、終期が到来したものについて事業評価を通じた事後検証を行うなど、PDCAサイクルを一層強化。一般会計全体の規模としては、6兆9540億円と、5年ぶりの前年度比マイナスとなった。一方で、「新しい東京」の実現に向けて必要な施策には思い切った投資をすることで、382件の新規事業を立ち上げるなど、メリハリのついた予算となっている。財務局が発表した資料をもとに、東京都17年度予算案を特集する。

予算編成の基本的考え方

○予算編成方針

「『新しい東京』の実現に向けた改革を強力に推し進め、明るい未来への確かな道筋を紡ぐ予算」と位置付け、次の点を基本に編成した。

1　「セーフ　シティ」「ダイバーシティ」「スマート　シティ」の三つのシティの実現に向け、東京が抱える課題の解決と成長創出のための施策展開を力強く進めること

2　全ての事業の総点検を実施し、無駄の排除を徹底して行うなど、都民ファーストの視点に立った財政構造改革の一層の推進を図ること

財政規模

財政規模（表1）のうち、一般会計の予算規模は、前年度比0・8%減の6兆9540億円、うち政策的経費である一般歳出は、前年度比0・6%減の5兆642億円、特別会計及び公営企業会計を含めた全会計の合計は、前年度比4・4%減の13兆542億円。一般会計の予算規模は5年ぶりの減となった。全ての事業の総点検を実施し、事業の必要性や経費の内容などを厳しく検証しながら、無駄の排除を徹底する一方で、明るい東京の未来をつくるための投資を積極的に行い、過去最高となる382件の新規事業を立ち上げるなど、メリハリのある予算配分を行った。

○歳入の状況（表2）

▽都税収入

都税収入は前年度比2・3%減の5兆911億円。企業収益の減少による法人2税の減などにより6年ぶりの減となった。

○歳出の状況（表3）

▽経常経費

経常経費は前年度比0・2%減の3兆9906億円。うち給与関係費は前年度比0・6%減の1兆5702億円。東京2020大会に向けた準備の推進などに伴い職員定数が増加するが、退職手当が減となることなどにより、前年度比94億円の減となった。

▽投資的経費

投資的経費は前年度比2・1%減の1兆736億円。東京2020大会に向け、競技施設等を着実に整備するとともに、無電柱化や社会資本ストックの老朽化対策など災害に強いまちづくりを推進する事業に財源を重点的に配分する一方、東京2020大会の選手村の用地所管換経費の減などにより、総額は13年ぶりの減となった。

▽目的別内訳（表4）

構成比が最も高い分野は福祉と保健（23・7%）、次いで教育と文化（21・9%）、警察と消防（17・7%）の順となっている。限られた財源を重点的・効率的に配分し、都民生活の質の向上に努めている。

予算のポイント

予算のポイントは、大きく次の2点。

1　「新しい東京」の未来を切り拓く戦略的な施策展開

東京を取り巻く社会経済情勢の変化や多様化する都民ニーズをしっかりと捉え、新たな発想に基づく実効性のある政策を戦略的に展開し、東京2020大会の成功とその先の東京の輝く未来への確かな道筋を切り拓いていく。

施策の体系は以下のように整理されている。

◇誰もがいきいきと活躍できる都市―「ダイバーシティ」の実現

◇日本の成長を牽引し世界の中で輝き続ける都市―「スマート　シティ」の実現

◇安全・安心でにぎわいにあふれる都市―「セーフ　シティ」の実現

◇東京2020オリンピック・パラリンピック競技大会の成功に向けた取り組み

◇多摩・島しょの振興

2　時代の変化に適応し得る健全な財政運営の推進

○将来を見据えた財政運営

都税収入は3年連続で5兆円台を確保しているが、過去には急激な景気の悪化などにより、1年で約1兆円の減収に見舞われるなど、元来不安定な構造である（グラフ1）。また、都の財源を不合理に奪う税制度の見直しにより、08年度から、これまでに約2・2兆円もの巨額の財源を奪われている。

こうした中でも、都政には東京2020大会の準備をはじめ、急速に進行する少子高齢化や社会資本ストックの維持更新への対応、東京が日本のエンジンとして国全体の成長につながる施策の展開など、様々な課題に果敢に取り組み、都政に課された使命を確実に果たしていかなければならない。こうした取り組みを将来にわたり安定的・継続的に進めていくためには、施策の効率性や実効性を向上させる自己改革を不断に行い、財政体質を弾力的で強靱なものへと変革し続けるとともに、中長期的な視点から備えを講じるなど、将来を見据えた財政運営を行っていく必要があるとしている。

そのため、事業評価を通じ、一つひとつの事業を厳しく検証し、無駄の排除を徹底して行うなど、事業の効率性や実効性を高める取り組みを一層推進。さらに、全ての事業に終期を設定し、終期が到来したものについて事業評価を通じた事後検証を行うシステムを導入することで、全ての事業の評価時期をルール化するとともに、マネジメント機能を強化した。

○基金の活用（表5）

16年度予算執行の総点検により、不用額となることが明らかな事項等の精査を行うことにより生み出された財源3092億円を基金に積み立て、17年度予算において「新しい東京」の未来を切り拓く施策を戦略的に展開するため、三つのシティ実現に向けた基金を3394億円取り崩すなど、積極的に基金を活用している。

○都債の活用

今後の人口構造の変化や社会資本ストックの維持更新需要などを見据え、将来世代の負担を考慮して都債の発行額を抑制、将来に向けての発行余力を培った。その結果、都債は前年度比15・6%減の2983億円となり、起債依存度は4・3%と低い水準を維持した。

事業評価の取り組み

限られた財源の中で都政の諸課題に的確に対応していくため、都は予算編成の一環として事業評価を実施し、一つひとつの事業の効率性・実効性を向上させる継続的な取り組み（マネジメントサイクル）を行っている。

これまで、関係部局と連携した専門的視点からのチェックや、新たな公会計手法の活用などを通じ、予算編成の過程で多面的な検証を行う取り組みとして着実に実績を積み重ねてきたが、今年度は新たに終期設定の徹底によるPDCAサイクルの強化などの取り組みを通じ、事業の効率性や実効性の向上に向けて、より多面的な視点から創意工夫を凝らした。

こうした取り組みにより、今年度は890件の評価結果を公表するとともに、評価の結果を通じて、約720億円の財源確保につなげた。

○事業評価の種類

▽事後検証による評価

▽自律的経費評価

▽施設整備評価

▽情報システム関係評価

▽監理団体への支出評価

▽報告団体への支出評価

▽執行体制の見直しを伴う事業評価

▽監査結果に基づき見直しを図る事業評価

▽PPP（官民連携）手法の検討を行う事業評価

▽資産分析を行う事業評価

▽複数年度契約の活用を図る事業評価

▽自律改革に基づく事業評価

○事業評価の実施例

▽事後検証による評価

・帰宅困難者対策（終期到来による事業の再構築）

〔現状・課題〕

都は、発災時の帰宅困難者対策として、一斉帰宅の抑制や官民の協力による一時滞在施設の確保などを推進しているが、目標である「20年度までに行き場のない帰宅困難者（92万人）の安全確保」に向けて、取り組みを加速させる必要がある。

〔対応〕

民間一時滞在施設の備蓄品整備に関する補助について、実績を踏まえ経費を精査する一方、確保済み施設への支援が中心だった施設安全確認アドバイザー派遣を新規確保に資する開設アドバイザー派遣制度に統合する。

また、主要ターミナル駅周辺での施設確保を推進するため、主要ターミナル駅周辺における施設整備補助の対象範囲を拡大（駅半径1キロメートル以内→同2・5キロメートル以内）するとともに、帰宅困難者の安全確保に向け、外部有識者を含めた検討会を立ち上げる。

こうした取り組みにより、帰宅困難者対策の一層の推進を図っていく。

▽情報システム関係評価

・固定資産評価におけるGISの導入（システム導入による業務の精度向上と効率化）

〔現状・課題〕

固定資産評価は都税収入の約30%を占める固定資産税等の課税の前提となる業務であり、複数の紙図面を用いて手作業による計測などで実施しているが、組織の少数精鋭化が進む中、評価精度を維持・向上し引き続き納税者の信頼を確保するとともに、紙図面の経年劣化や災害等による課税根拠図面の消失リスクに対応するため、業務のシステム化や紙図面の電子化を行う必要がある。

〔対応〕

他自治体で既に運用されている「固定資産GIS」の導入検討を行った結果、業務の精度向上や効率化、ペーパーレス化により、適正課税の更なる推進と評価・課税情報の確実な管理が図られるとともに、導入・運用経費を上回る経費縮減効果が見込まれることが判明した。そのため、正確かつ効率的な固定資産評価に向けてGISを導入し、固定資産評価業務の体制強化を図る。

▽PPP（官民連携）手法の検討を行う事業評価

・両国リバーセンタープロジェクト（定期借地方式による民間プロジェクト誘導）

〔現状・課題〕

都は、隅田川の両国エリアをにぎわい誘導エリアとして位置付けるとともに、「防災船着場整備計画」で災害時に物資輸送等の中継拠点となる両国船着場の再整備を予定しており、墨田区のまちづくり構想でも当エリアの観光振興を促進するとされているが、当エリアにおける都有地や区有地を有効活用し、水辺空間のにぎわいの創出及び防災性の向上に資するための事業について、公設方式のほか民間活力の導入も含めて検討した。

〔対応〕

事業実施に当たり、公設方式と民間活力（定期借地方式・区分所有方式）の導入について比較検討を行った結果、民間事業者の創意工夫を生かした施設整備によって、施策に掲げる新たなにぎわいの創出が期待できるため、民間活力の導入を図ることとした。その中でも定期借地方式は区分所有方式よりも土地貸付面積が広く、地代収入が多くなることなどから、コスト面で有利であることが判明したため、定期借地方式による民間活力の導入を図り、施策を実現していく。

▽自律改革に基づく事業評価

・タブレット端末の活用（効率的な行政運営の推進）

〔現状・課題〕

都は、行政運営の効率化に向けて、タブレット端末を試行的に導入し、効果検証を実施しているが、各局の窓口業務や監視業務等に導入した結果、現場出張の効率化やペーパーレスなどに大きな効果が得られたことから、今後は様々な業務に試行を展開し、更なる利活用方法の検証を実施していく必要がある。

〔対応〕

新たに各種会議等に試行を拡大するとともに、他自治体などでの活用事例を踏まえ、マネジメント層（本庁部長級以上の幹部職員）への活用を検証する。加えて、タブレット端末を用いたモバイルワーク導入に向けた検証を実施し、効率的で付加価値の高い仕事の進め方や、新たなワークスタイルの構築についても検討を進めていく。

【表1】財政規模　（単位：億円、%）

区分	2017年度	2016年度	増減額	増減率
一般会計歳入	69,540	70,110	▲570	▲0.8
うち都税	50,911	52,083	▲1,172	▲2.3
一般会計歳出	69,540	70,110	▲570	▲0.8
うち一般歳出	50,642	50,933	▲291	▲0.6
特別会計〔15会計〕	41,314	44,539	▲3,225	▲7.2
公営企業会計〔11会計〕	19,688	21,911	▲2,223	▲10.1
全会計合計〔27会計〕	130,542	136,560	▲6,018	▲4.4

＊　一般歳出とは、一般会計のうち公債費及び特別区財政調整会計繰出金、地方消費税交付金など税の一定割合を区市町村に交付する経費（税連動経費）などを除いた、いわゆる政策的経費のことをいいます。

【表2】歳入の状況（一般会計）　（単位：億円、%）

区分	2017年度	2016年度	増減額	増減率
都税	50,911	52,083	▲1,172	▲2.3
地方譲与税	2,346	2,443	▲97	▲4.0
国庫支出金	3,854	3,778	75	2.0
繰入金	3,807	2,296	1,511	65.8
都債	2,983	3,533	▲551	▲15.6
その他の収入	5,641	5,977	▲336	▲5.6
合計	69,540	70,110	▲570	▲0.8

【表3】歳出の状況（一般会計）　（単位：億円、%）

区分	2017年度	2016年度	増減額	増減率
一般歳出	50,642	50,933	▲291	▲0.6
経常経費	39,906	39,972	▲66	▲0.2
給与関係費	15,702	15,796	▲94	▲0.6
その他の経常経費	24,204	24,176	28	0.1
投資的経費	10,736	10,960	▲225	▲2.1
用地費	1,551	2,019	▲469	▲23.2
工事費等	9,185	8,941	244	2.7
公債費	5,002	4,403	599	13.6
税連動経費等	13,896	14,575	▲678	▲4.7
集中的・重点的な政策展開のための基金積立	―	200	▲200	皆減
合計	69,540	70,110	▲570	▲0.8

【表4】目的別内訳（一般会計）　（単位：億円、%）

区分	2017年度	構成比	2016年度	構成比	増減額	増減率
歳出	69,540	―	70,110	―	▲570	▲0.8
一般歳出	50,642	100.0	50,933	100.0	▲291	▲0.6
福祉と保健	12,017	23.7	11,668	22.9	349	3.0
教育と文化	11,073	21.9	10,962	21.5	111	1.0
労働と経済	4,815	9.5	4,886	9.6	▲71	▲1.5
生活環境	2,014	4.0	2,191	4.3	▲176	▲8.0
都市の整備	8,821	17.4	8,777	17.2	44	0.5
警察と消防	8,957	17.7	9,133	17.9	▲177	▲1.9
企画・総務	2,945	5.8	3,316	6.5	▲371	▲11.2

【グラフ1】都税収入の推移

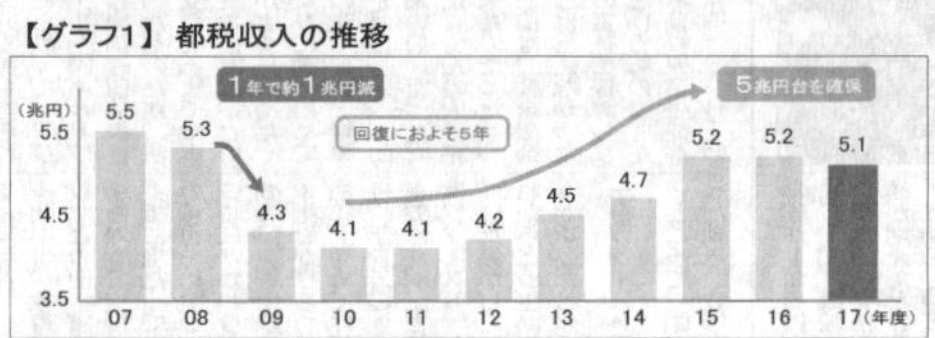

＊2015年度までは決算額、2016年度は最終補正後予算額、2017年度は当初予算額です。

【表5】基金の活用

≪三つのシティ実現に向けた基金≫　（単位：億円）

区分	取崩額	年度末残高	主な充当事業
ダイバーシティ	▲662	2,343	
福祉・健康安心基金	▲26	19	定期借地権の一時金に対する補助
人に優しく快適な街づくり基金	▲91	216	暑熱対策（路面の高機能化）
福祉先進都市実現基金	▲461	1,991	保育士等キャリアアップ補助
障害者スポーツ振興基金	▲84	116	障害者スポーツ観戦促進事業
スマート　シティ	▲1,641	4,450	
社会資本等整備基金	▲1,509	3,695	インフラ整備
芸術文化振興基金	▲12	76	文化プログラム事業
水素社会・スマートエネルギー都市づくり推進基金	▲55	300	スマートエネルギーエリア形成推進事業
おもてなし・観光基金	▲65	79	観光インフラ整備支援
イノベーション創出基金（仮称）	―	300	（平成30年度以降充当予定）
セーフ　シティ	▲826	2,489	
防災街づくり基金	▲757	1,857	耐震化・不燃化・豪雨対策
無電柱化推進基金（仮称）	▲69	631	都道の無電柱化
東京オリンピック・パラリンピック開催準備基金	▲265	3,525	競技施設の整備
小計	▲3,394	12,806	

≪財源として活用可能な基金≫　（単位：億円）

区分	取崩額	年度末残高	主な充当事業
財政調整基金	―	6,229	

主要な施策

三つのシティの実現に向けた施策の概要は以下のとおり。（具体的な施策例、予算案は、表6参照）

Ｉ　誰もがいきいきと活躍できる都市―「ダイバーシティ」の実現

東京を誰もが希望や活力を持って活躍できる都市に進化させていくため、待機児童対策やライフ・ワーク・バランスの推進などの取り組みを展開。

①子供を安心して産み育てられる環境の整備

多様な保育サービスの整備の加速、保育士等の処遇改善など待機児童解消に向けた取り組みのほか、安心して子供を産み育てられる環境整備や社会的養護の充実に取り組む。

②高齢者が安心して暮らせる社会の実現

地域包括支援センターの機能強化など高齢者の暮らしへの支援のほか、介護人材の確保・育成・定着や高齢者の多様なニーズに応じた施設やすまいの整備を推進。

③障害者がいきいきと暮らせる社会の実現

地域生活基盤の整備など障害者に対する生活支援を行うとともに、障害者の就労促進や医療的ケア児への対応に取り組む。

④医療の充実・健康づくりの推進

がん対策や総合的な難病対策を推進するとともに、安心して在宅で療養できる環境整備や救急医療提供体制の強化、都民の健康づくり、東京2020大会に向けた受動喫煙防止対策を推進。

⑤誰もが優しさを感じられるまちづくり

高齢者、障害者、外国人旅行者など、誰もが快適に利用できるトイレ環境の実現に向けトイレの洋式化を推進するとともに、ホームドア整備などのバリアフリー化、動物の殺処分ゼロの早期実現に向けた取り組みを推進。

⑥誰もが活躍できる社会の実現

テレワークの導入拡大に向けた取り組みなどライフ・ワーク・バランスの充実のほか、女性の活躍促進、非正規労働者の正規雇用化、中小企業などのニーズに応じた多様な人材確保の支援を推進。

⑦未来を担う人材の育成

家庭の経済状況に左右されることなく学び続けられる環境の整備など子供の資質や能力を伸ばす教育を推進するとともに、世界を舞台に活躍する国際感覚豊かな人材の育成、青少年の健全育成、特別支援教育を推進。

Ⅱ　日本の成長を牽引し世界の中で輝き続ける都市―「スマート　シティ」の実現

日本の成長のエンジンであり続けるサステイナブルな東京の実現のため、中小企業の技術革新や起業・創業の促進、インバウンドの増加に向けた東京のブランディングなど、東京の発展を加速化させる取り組みを果敢に展開。

①国際金融・経済都市の実現

国際金融都市・経済都市の実現に向けて、外国企業誘致の加速化を図るとともに、海外展開や起業・創業の促進、成長産業の育成や新たなイノベーション創出に向けた取り組み、中小企業の経営基盤の安定化、農林水産業の振興を図る。

②世界に開かれた国際・観光都市の実現

ＭＩＣＥの誘致・開催支援などに取り組むとともに、外国人旅行者等の受け入れ環境の充実や多彩な観光資源の開発・発信を推進。

③交通・物流ネットワークの形成

区部環状・多摩南北方向の道路、首都高速道路、東京外かく環状道路を着実に整備するとともに、鉄道の連続立体交差化、慢性的な交通渋滞解消に向けた取り組み、ソフト・ハード両面からの自転車総合対策、東京港の国際物流機能の強化を推進。

④スマートエネルギー都市の実現

高い省エネ効果を有するＬＥＤ照明の導入を促進するため、家庭におけるＬＥＤ照明の普及拡大などに取り組むとともに、家庭における省エネルギー対策、再生可能エネルギーの導入、水素社会実現に向けた取り組みを推進。

⑤快適で豊かな都市環境の形成

東京2020大会に向けた暑熱対策など快適な都市環境の創出に取り組むとともに、持続可能な資源利用の促進や豊かな自然環境の創出・保全に向けた取り組みを推進。

Ⅲ　安全・安心でにぎわいにあふれる都市―「セーフ　シティ」の実現

都民の希望と活力の大前提となる安全・安心を確保し、東京の活気とにぎわいを生み出していくため、無電柱化をはじめとする災害に強いまちづくりや、地域コミュニティーの活性化など、ハード・ソフト両面から総合的な取り組みを推進。

①地震が起こっても倒れない・燃えないまちづくり

「電柱のないまち」を目指し、都内全域で無電柱化を加速していくとともに、木造住宅密集地域の不燃化・耐震化、建築物の更なる耐震化に向けた取り組みを一層促進。

②水害に強いまちづくり

頻発する集中豪雨に対応し、浸水被害から都民を守るための取り組みや東京都防災会議による被害想定を踏まえた津波・高潮対策を強化。

③災害対応力の強化

地域防災力の更なる向上のため、女性防災人材の育成、消防団の更なる強化、一時滞在施設の確保・充実、震災復興体制の基盤整備など、自助・共助・公助の連携により災害への対応力を強化。

④まちの安全・安心の確保

世界一安全な都市の実現に向けたテロを許さないまちづくり、中小企業におけるサイバーセキュリティー対策の強化、都民及び東京を訪れる人々の安全を守る取り組みを推進。

⑤地域コミュニティーの活性化

空き店舗を活用したにぎわいの創出など地域コミュニティーを担う商店街の活性化を支援するとともに、地域力の更なる向上に向けた取り組み、豊かな住生活の実現に向けた取り組みを推進。

Ⅳ　東京2020オリンピック・パラリンピック競技大会の成功に向けた取り組み

東京2020大会の成功に向けて、大会競技施設の整備やボランティアの育成などの準備を加速させるとともに、ソフト・ハード両面でのレガシーを次世代に継承できるような取り組みを進め、大会の成功につなげる。

①東京2020大会の開催に向けた準備

東京2020大会を史上最高の大会とするため、開催準備を加速させるとともに、競技施設等を着実に整備。

②東京2020大会を契機としたスポーツ・文化・教育の振興

障害者がスポーツに親しめる環境整備を加速させるとともに、スポーツの振興、ボランティア文化の定着や芸術文化の創造・発信、オリンピック・パラリンピック教育を推進。

Ⅴ　多摩・島しょの振興

多摩・島しょ地域の持続的発展に向けて、多摩・島しょ地域が持つ特性や課題に対応した効果的・重層的な取り組みを展開。

①持続可能な暮らしやすいまちづくり

市町村に対する総合的な財政支援や地域の実情を踏まえた福祉・医療サービスの充実など、成熟社会に対応した行政サービスを展開するとともに、活力と魅力を高めるまちづくり、多摩地域の発展を支える都市インフラの整備、地域の特性を踏まえた総合的な防災対策を推進。

②豊かな資源を生かした地域の活性化

新たな観光情報センターの整備など多摩地域における観光案内機能の向上や多摩地域の産業を支える雇用と就業を促進するとともに、都民の財産である多摩・島しょ地域の豊かな自然環境を守る取り組み、教育・スポーツの振興を推進。

③島しょにおける個性と魅力あふれる地域づくり

インターネット利用環境を改善し、島しょ地域の一層の活性化を図るとともに、個性と魅力あふれる地域資源のブランディングを支援するなど、地域の発展に向けた振興策を積極的に展開。

【表6】主要な施策　―「新しい東京」の未来を切り拓く戦略的な施策展開―

（単位：億円）

Ｉ　誰もがいきいきと活躍できる都市―「ダイバーシティ」の実現	
① 子供を安心して産み育てられる環境の整備	**1,630**
○ 待機児童解消に向けた取り組み	1,381
・保育所等賃借料補助事業、企業主導型保育施設設置促進事業、保育士等キャリアアップ補助、保育士に対する居宅訪問型保育利用支援事業、認可外保育施設利用支援事業　など	
○ 子育て環境の充実	201
・不妊検査等助成、子供手帳モデルの検討　など	
○ 社会的養護の充実	47
・新生児委託推進事業　など	
② 高齢者が安心して暮らせる社会の実現	**587**
○ 高齢者の暮らしへの支援	347
・介護予防による地域づくり推進員の配置、東京都介護予防推進支援センター設置事業　など	
○ 介護人材の確保・育成・定着	42
・介護職員キャリアパス導入促進事業　など	
○ 高齢者のすまいの整備	198
・特別養護老人ホーム整備費補助、広域的に利用する特別養護老人ホームの整備に伴う地域福祉推進交付金、区市町村所有地の活用による介護基盤の整備促進事業、サービス付き高齢者向け住宅供給助成、認知症高齢者グループホーム整備に係るマッチング事業　など	
③ 障害者がいきいきと暮らせる社会の実現	**239**
○ 障害者に対する生活支援	199
・障害者・障害児地域生活支援3カ年プラン、障害者（児）施設防犯緊急対策事業　など	
○ 障害者の就労促進	24
・特色ある優れた障害者雇用の取り組みを行う企業の顕彰制度、企業CSR等連携促進事業　など	
○ 医療的ケア児への対応	16
・NICU等入院児の在宅移行支援事業、医療的ケア児支援事業　など	
④ 医療の充実・健康づくりの推進	**155**
○ がん・難病対策の推進	16
・難病相談・支援センター事業、難病対策地域協議会の運営、難病・がん患者就業支援事業　など	
○ 在宅医療の充実	47
・在宅医等相互支援体制構築事業　など	
○ 救急医療の充実	81
・救急隊の増強、転院搬送体制等整備事業　など	
○ 健康づくり・受動喫煙防止対策の推進	12
・受動喫煙防止対策の推進、宿泊・飲食施設の分煙化等モデル事業　など	
⑤ 誰もが優しさを感じられるまちづくり	**168**
○ トイレの洋式化の推進	38
・都営地下鉄駅におけるトイレの改良、公共施設におけるトイレの洋式化、公立学校トイレ整備　など	
○ バリアフリー化の推進	130
・ホームドア整備促進事業、鉄道駅エレベーター等整備事業、ユニバーサルデザインのまちづくり緊急推進事業　など	
○ 動物の殺処分ゼロに向けた取り組み	1
・動物譲渡推進事業、動物愛護相談センターの整備　など	
⑥ 誰もが活躍できる社会の実現	**181**
○ ライフ・ワーク・バランスの充実	21
・テレワーク等普及推進事業、働き方改革推進事業　など	
○ 女性の活躍推進	11
・「女性しごと応援テラス」の運営、多摩地域女性就業支援プログラム、地域で活躍する女性の活動紹介　など	
○ 多様なニーズに応じた雇用対策・就業支援	149
・正規雇用等転換促進助成事業、人材確保支援事業　など	
⑦ 未来を担う人材の育成	**558**
○ 子供を伸ばす教育の推進	164
・都立高等学校等における給付型奨学金の創設、私立高等学校等特別奨学金補助の拡充、学力格差解消に向けた取り組み　など	
○ 世界を舞台に活躍する人材の育成	69
・次世代リーダーの育成、私立高等学校海外留学推進補助　など	
○ 青少年の健全育成の推進	78
・スクールカウンセラー活用事業、教育支援センター機能強化モデル事業　など	
○ 特別支援教育の推進	246
・特別支援教育の推進、発達障害教育の推進　など	
Ⅱ　日本の成長を牽引し世界の中で輝き続ける都市―「スマート　シティ」の実現	
① 国際金融・経済都市の実現	**3,684**
○ 国際金融都市の実現・外国企業誘致の加速化	24
・外国企業発掘・誘致事業、金融系外国企業発掘・誘致事業　など	
○ 海外展開の促進	27
・医療機器の海外展開支援事業、江戸東京きらりプロジェクト　など	
○ 起業・創業の促進	36
・グローバル・ベンチャー創出プラットフォーム、創業支援拠点「TOKYO創業ステーション」の運営、多摩ものづくり創業の推進、女性ベンチャー成長促進事業　など	
○ 成長産業の育成・強化	103
・中小企業へのIoT化支援事業、次世代イノベーション創出プロジェクト2020　など	
○ 経営安定化支援等	3,440
・新・目指せ！中小企業経営力強化事業、事業承継・再生支援事業、地域の金融機関と連携した新たな金融支援策　など	
○ 農林水産業の振興	55
・東京の将来に向けた農地活用事業、江戸東京野菜生産流通拡大事業　など	
② 世界に開かれた国際・観光都市の実現	**320**
○ 外国人旅行者等の誘致	149
・MICE施設の受け入れ環境整備支援、都立施設におけるユニークベニューの推進、プロジェクションマッピングを活用したユニークベニューの推進　など	
○ 外国人旅行者等の受け入れ環境の充実	75
・観光経営・インバウンド対応力強化事業、外国人旅行者の多様な文化・習慣に関する受け入れ環境整備支援事業、外国人患者受け入れ体制整備支援　など	
○ 多彩な観光資源の開発・発信	96
・アニメ等コンテンツを活用した誘客促進事業、島しょ地域誘客促進事業、島しょ地域を活用した縁結び観光プロジェクト、東京ライトアップ発信プロジェクト　など	
③ 交通・物流ネットワークの形成	**2,048**
○ 区部環状・多摩南北方向の道路の整備等	870
・環状第2号線（中央区）、環状第5の1号線（豊島区）　など	
○ 首都高速道路の整備	46
・晴海線（中央区晴海～江東区有明 2017年度完成予定）　など	
○ 東京外かく環状道路の整備	295
・東京外かく環状道路の整備推進、外環の地上部街路整備　など	
○ 鉄道の連続立体交差化の推進	335
・京王京王線（世田谷区ほか）、西武新宿線・国分寺線・西武園線（東村山駅付近）　など	
○ 渋滞解消に向けた取り組み	73
・第3次交差点すいすいプラン　など	
○ 自転車総合対策	43
・自転車走行空間の整備、自転車ナビルート設置計画、自転車シェアリングの普及促進　など	
○ 東京港の物流機能の強化	387
・港湾機能の強化、臨港道路南北線の整備　など	
④ スマートエネルギー都市の実現	**177**
○ LED照明の導入促進	90
・家庭のLED省エネムーブメント促進事業、都有施設・道路照明・都営住宅のLED化、グリーンリース普及促進事業　など	
○ 家庭における省エネルギー対策の推進	28
・既存住宅における高断熱窓導入促進事業、エコハウス建築・改修に係る誘導策検討、東京都推奨エコハウスの普及促進　など	
○ 再生可能エネルギーの導入促進	3
・バス停留所ソーラーパネル等設置促進事業、自立型ソーラースタンド普及促進事業　など	
○ 水素社会実現に向けた取り組みの推進	55
・燃料電池バス対応水素ステーションに対する整備費補助、業務・産業用車両の水素利活用実証事業、業務・産業用燃料電池、純水素燃料電池等の水素利活用機器に対する補助　など	
⑤ 快適で豊かな都市環境の形成	**640**
○ 快適な都市環境の創出	203
・東京2020大会に向けた暑さ対策推進事業、暑さ対策の機運醸成、沿道環境等に配慮した路面の高機能化（遮熱性舗装等）、揮発性有機化合物（VOC）対策の推進　など	
○ 持続可能な資源利用の促進	8
・食品ロス削減の推進、レジ袋対策　など	
○ 豊かな自然環境の創出・保全	429
・花の都プロジェクト、新たな時代にふさわしい自然公園事業の推進　など	
Ⅲ　安全・安心でにぎわいにあふれる都市―「セーフ　シティ」の実現	
① 地震が起こっても倒れない・燃えないまちづくり	**1,461**
○ 無電柱化の推進	251
・無電柱化の推進、区市町村無電柱化補助　など	
○ 木造住宅密集地域の不燃化・耐震化	900
・木密地域不燃化10年プロジェクト、木造住宅密集地域整備事業、防災生活道路整備・不燃化促進事業　など	
○ 建築物の耐震化の促進	310
・緊急輸送道路沿道建築物耐震化促進事業、区市町村耐震化促進普及啓発活動支援事業　など	
② 水害に強いまちづくり	**1,371**
○ 豪雨対策	761
・中小河川の整備、下水道の整備　など	
○ 津波・高潮対策	611
・東京港海岸保全施設建設事業、東部低地帯における耐震・耐水対策の推進　など	
③ 災害対応力の強化	**111**
・女性防災人材育成事業、自主防災組織活動支援事業、女性視点の防災ブックの検討・作成、バーチャルリアリティー防災体験車（仮称）の整備　など	
④ まちの安全・安心の確保	**78**
○ テロ・サイバーセキュリティー対策	58
・東京国際空港テロ対処部隊庁舎（仮称）の整備、サイバー攻撃対策、中小企業サイバーセキュリティー対策の普及促進、中小企業における危機管理対策促進事業　など	
○ 身近な犯罪等への対策	20
・区市町村立公園における防犯カメラ整備補助、女性に対する犯罪被害防止講習会　など	
⑤ 地域コミュニティーの活性化	**66**
○ 商店街の活性化支援	48
・新・元気を出せ！商店街事業、商店街空き店舗活用事業、若手・女性リーダー応援プログラム　など	
○「地域力」向上に向けた取り組み	3
・地域の底力発展事業、地域活性化支援　など	
○ 良質な住環境の形成	16
・空き家対策連絡協議会、子育て支援住宅の整備促進空き家活用加算、マンション再生まちづくり制度（仮称）　など	
Ⅳ　東京2020オリンピック・パラリンピック競技大会の成功に向けた取り組み	
① 東京2020大会の開催に向けた準備	**483**
○ 東京2020大会の開催準備	50
・小型家電回収促進事業、大会開催に向けた着実な準備　など	
○ オリンピック・パラリンピック競技施設等の整備	432
・オリンピック・パラリンピック競技施設の整備、選手村の整備　など	
② 東京2020大会を契機としたスポーツ・文化・教育の振興	**166**
○ 障害者スポーツの振興	89
・都立学校活用促進モデル事業、障害者スポーツ選手育成事業　など	
○ スポーツの振興	21
・競技力向上事業、ラグビーワールドカップ2019の開催準備　など	
○ ボランティア文化の定着	12
・ボランティア休暇制度整備事業、「外国人おもてなし語学ボランティア」育成事業、観光ボランティアの活用　など	
○ 芸術文化の創造・発信	31
・文化プログラム事業等の推進、アーツカウンシル等による文化の創造・発信　など	
○ オリンピック・パラリンピック教育の推進	12
・オリンピック・パラリンピック教育の全校展開、パラリンピック競技応援校の指定、ボッチャ甲子園<東京版>（仮称）開催　など	
Ⅴ　多摩・島しょの振興	
① 持続可能な暮らしやすいまちづくり	**1,845**
○ 成熟社会に対応した行政サービスの展開	712
・市町村総合交付金、子育て推進交付金　など	
○ 活力と魅力を高めるまちづくり	88
・市街地再開発事業助成、土地区画整理事業助成　など	
○ 地域を支える都市インフラの整備	849
・多摩南北方向の道路の整備等、第三次みちづくり・まちづくりパートナー事業　など	
○ 地域の特性を踏まえた防災対策	196
・中小河川の整備、砂防施設等の整備　など	
② 豊かな資源を生かした地域の活性化	**277**
○ 産業の振興	41
・多摩地域におけるMICE拠点の育成支援、東京観光情報センター多摩（仮称）の整備、林業新規就労者育成支援事業、多摩ものづくり創業の推進、多摩地域女性就業支援プログラム　など	
○ 豊かな自然環境の保全	130
・ニホンジカ個体数管理、多摩の森林再生事業、新たな時代にふさわしい自然公園事業の推進　など	
○ 教育・スポーツの振興	106
・教育施設の整備、スポーツの振興　など	
③ 島しょにおける個性と魅力あふれる地域づくり	**270**
・島しょのインターネット環境改善、島しょの「魅力再発見」と「ブランド化」に向けた取り組み、島しょ地域誘客促進事業、島しょ地域を活用した縁結び観光プロジェクト、島しょ地域における電気自動車普及モデル事業　など	

指名停止なら五輪に支障も

電通の労基法違反、書類送検で

大手広告代理店の㈱電通が社員に違法な長時間労働をさせた疑いで書類送検された問題が、地方自治体にも波紋を広げている。1月、滋賀県や奈良県、京都府の3府県が相次いで入札の指名停止の措置を決めた。自治体以外ではJRAも指名停止を決定。電通は都から複数の事業を受注しており、特にオリンピック・パラリンピック準備にも深く関わっている。都では同社を指名停止としておらず、仮に指名停止となっても大きな影響はないとの認識を示すが、同社以上に五輪関係事業のノウハウを蓄積している代理店はなく、五輪に関するPR事業の多くを電通に頼ってきたひずみが出る可能性もある。

3府県は要項に措置明記

都では現在、五輪準備局が開設した障害者スポーツ推進の情報サイト「TEAM BEYOND」や、教育庁の五輪教育の情報サイトの運営など、広報・広告事業を中心に電通に発注しているが、財務局などによると同社の指名停止は検討していない。

都と3府県の対応の違いは、労基法違反の書類送検の措置が入札の指名停止の要項に明記されているかどうかだ。滋賀県と京都府の要項には、業者が法令違反により書類送検された場合の措置が明記されており、今回はこれに該当した。奈良県の要項はより明確で、「労基法違反」で書類送検された場合の措置について記している。

これに対し、都の指名停止の要項には、違反行為で社会的信用を失墜した場合の措置は記載されているが、起訴や逮捕、書類送検などの基準はない。財務局は「書類送検の段階では、白黒をはっきりつけられない」（契約調整担当）とし、現状を注視する考えだが、「起訴や逮捕など、次のステップに進めば検討せざるを得なくなる」との認識も示す。

指名停止した3府県では、特産品のPR事業や広報番組作成など、いずれも複数の事業を同社に発注しているが、各府県の担当者は「あくまで入札停止の措置のため、現在進行中の事業には影響はない」と話している。

仮に都で同社が指名停止となれば、最も影響が大きいのが五輪準備だ。五輪準備局は昨年の「TEAM BEYOND」やパラリンピック体験プログラムの「NO LIMIT SPECIAL GINZA&TOKYO」など、同社へ計10億円以上の事業発注をしており、都にノウハウのない大きなイベントなどの入札は企画提案型を採用している。同局は指名停止の影響に関して、「進行中の事業には影響はない」としつつも、「電通が指名停止になった時はクオリティーの低下がないように企画を精査するしかない」（契約管財担当）と話す。都庁内では、「広告業界は電通の『一強』の傾向が強まっている。五輪に関しては他の代理店にはノウハウがなく、影響は大きい」との見方もあり、指名停止となった場合は五輪準備に支障が出る恐れもある。

一方、五輪組織委員会は、同社とマーケティング専任代理店契約を結んでいる。組織委には取引指名停止の要項はなく、重大な法律違反があった場合などに個別に対応をすることになっている。

組織委は「現段階では指名停止や契約解除の措置は考えていない。経過を注視して、総合的に判断することになる」（広報局）と話し、取引停止になった場合の影響については「仮の話なので、答えられない」としている。

MEMO

都の入札指名停止の流れ　都の入札指名停止までの流れは、報道などから得た情報をもとに、対象となる業者に都がヒアリングを実施し報告書を請求後、月1回行われる都契約事務協議会で決定する。労基法違反で指名停止の場合は、1カ月以上9カ月以内の停止となる。

五輪組織委

霞ヶ関CCに改善要請

「女性も正会員に」

2020年東京五輪ゴルフ会場の霞ヶ関カンツリー倶楽部（埼玉県川越市）が正会員を男性に限定しているとして、大会組織委員会は2日、国際ゴルフ連盟と共に、同倶楽部に女性正会員を認めるよう要請した。

IOCは「現状は差別を認めないIOCの精神に反している」として組織委に改善を求めていた。五輪憲章は、人種、宗教、政治、性別などに基づくいかなる差別も認めないことを掲げているが、霞ヶ関CCの定款の細則には「正会員になれるのは男性」と記載され、女性は原則として日曜日はプレーできないという。

組織委の中村英正企画財務局長は1日、「IOCやIPCでも正式な決定のプロセスは経ているが、それとは別に、五輪憲章などにそぐわない点があるので、早急な対応をお願いしたい」と話した。

一方、小池知事も1日、都庁内で開かれた人権尊重についてのシンポジウムで「女性が正会員になり、自由にプレーするには多くのハードルがある。五輪憲章、東京大会でうたう課題を本当にクリアしているのか疑問」と指摘し、「せっかくスカートをはいている（女性の）大臣もいる。もっと明確に言うべきだ」と丸川珠代五輪相を暗に批判した。

東京マラソン財団

新ゴール・東京駅前でテロ対処訓練を実施

東京マラソン財団は1月29日、2017年大会で新たなゴール地点となる東京駅前・行幸通りでテロ対処訓練を開催し、約300人が参加した。

訓練では、ゴール地点の手荷物検査場で、固定式の金属探知機などによる検査を拒んだ不審者が爆発物とみられる不審物を持ち込んだ想定で、警備スタッフや大会ボランティアがランナーや観衆などを避難・誘導させ、爆発物処理班が放置された不審物を処理した。

また、不審車両がフィニッシュエリアに侵入することを想定し、銃器対策部隊と警備犬を出動させ、犯人を制圧する訓練も初めて実施した。同財団の櫻井孝次理事長は「今まで以上に警備に気を使い、安全・安心な大会運営を行っていきたい」と話した。

都労働委員会

松戸市立病院の団交　不当労働行為に認定

都労働委員会は1月30日、国保松戸市立病院（千葉県松戸市）の団体交渉における市側の対応を不当労働行為に認定し、市に再発防止を命じた。

命令書によると、市側は2013年、全関東単一労働組合などとの団交で、看護局看護科小児科病棟に2交代勤務の導入を提案。組合側は現場に精通した看護局職員の出席を求めたが、同職員は出席せず、交渉は合意に至らなかった。

一方、病院は同組合とは別の多数組合と合意に達し、同年6月から2交代勤務を試行。命令書では病院の対応について、「組合らの納得を得るような説明を尽くそうとする姿勢はなかった」と指摘し、不誠実な団交・支配介入に該当すると結論付けた。

都政改革本部

生産性向上へPT設置

仕事の仕方で改善検討

都は1日、都政改革本部会議を開催し、都庁ライフ・ワーク・バランス実現プロジェクトチーム（PT・仮称）の設置を決めた。都庁の働き方や仕事の仕方について、現場の声を踏まえて制度・運用の在り方を幅広く検討し、改善につなげるのが狙い。職員の能力開発を図り、都庁の生産性の向上も目指す。

小池知事は「都庁の中にいると世の中の変化に遅れてしまうようではいけない。自己研鑽（けんさん）は怠らなくやる。ライフ・ワーク・バランスの実現は人生の有意義さと共に、仕事そのものにも関わってくる」と訓示し、「生産性の高い都庁にしていく。都庁の変化が更に広がって社会的なムーブメントにまでつながるようにしたい」と述べた。

PTでの検討に当たっては、TAIMS端末を利用して全職員を対象とするアンケートを実施。仕事の進め方や能力開発に関して困っていることと、日頃の疑問、改善策などを募集した上で、課題を「見える化」し、優先順位を整理する。

「働き方改革」の検討事項としては、時差勤務の活用やテレワークの推進など柔軟な働き方のほか、フレックスタイムの導入、昼休みの分散取得や朝活・夕活の推進などを想定。「仕事の仕方」ではペーパーレス化や会議の効率化、庁内的な調査の簡素化・効率化、会議の記録化などが挙がっている。

PTでは実務者を中心とするワーキンググループ（WG）を設置し、5月ごろから検討に入る。PTの座長は中西副知事が務め、関係局のほか複数の特別顧問も加わる。

市場整備費膨張で報告

この日の会議では、内部統制PTが豊洲新市場の整備費の膨張について調査結果を報告。宇田左近特別顧問によれば、建設費は2011年から13年初頭にかけて、施設計画の甘さなどから990億円から1532億円に膨張し、13年以降は入札不調による予定価格の引き上げや落札価格の高止まりなどで2574億円に増えた。建設費は1平方㍍当たり49.1万円で、「都内の高級ホテルより高い」という。

小池知事は「高すぎる。途中で止める人がいなかったのではないか」と指摘し、今後は地下水の再調査にとどまらず、市場自体の持続性も調査する考えを示した。

都下水道局

大深度の清掃ロボ開発

技術開発推進計画を策定

都下水道局は1月27日、技術開発計画を具体化した「技術開発推進計画2016」（2016〜20年度）を策定した。

計画では、維持管理や環境対策など内容別に53の開発テーマを設定。このうち設備の維持管理では、大深度の下水道管を清掃するための作業ロボットを開発し、維持管理の無人化・省人化を図る。下水道管には地下50㍍に埋設したものもあるが、点検や清掃は主に人力で行っており、安全性の確保が課題となっている。

地球温暖化対策では汚泥焼却炉で発電した電力の更なる有効活用を目指す。

同局はこれまでも焼却炉の廃熱を使った発電機で、汚泥処理施設の電力を賄ってきたが、アンモニアなど水より沸点が低い液体を蒸発させて発電タービンを回す「バイナリー発電」を開発・導入し、余剰電力を水処理施設などにも利用する。

このほか、画期的な技術・アイデアの創造のため、産学公の様々な分野からの下水道事業に関する相談を受け付ける「技術開発相談窓口」をPRするなど、他分野との協力を進める。

計画は、ICT技術の積極的な活用と将来にわたる下水道の維持管理の二つの視点で策定。開発テーマは全て開始予定年度と終期を設定しており、重要性や緊急性を考慮し、それぞれの取り組みの優先順位を付けている。

今後は適宜、計画の点検・見直しを行い、必要に応じて開発テーマを再設定する。同局の大塚文昭技術開発課長は「日本の下水道界をリードしていきたい。全国の事業者の参考になれば」と話している。

都総務局

働き方改革でプラン改定

フレックス制の導入も

都総務局は1月30日、「都職員ライフ・ワーク・バランス推進プラン」（2017年2月〜21年3月）を策定した。都職員の「生活と仕事の調和」に向けた取り組みの方向性を示す計画で、特に「残業ゼロ」に向けた働き方改革を施策体系に組み込んだのが特徴。

プランでは、ライフ・ワーク・バランスを実現するためには長時間労働を防ぎ、生産性を高める働き方改革が鍵になるとして、より柔軟な勤務時間制度の導入などにより、制度面からも働き方改革を後押しする方針を示した。

具体的には、モバイル端末などを活用したテレワークについて、都の各職場の実態を踏まえながら在宅利用も含めた活用拡大に取り組むとしている。時差勤務はより幅広い時間帯から柔軟に選択できる制度・運用を検討する。

テレワークや時差勤務の利用を促進する一方、公務運営をどう確保していくかについての検討も深め、都庁の現場に沿ったフレックス制導入につなげる。併せて、公務員が柔軟に働くことができる勤務時間制度について、国に検討を働き掛ける。公務サービスを確保する観点から、人事院規則ではフレックスタイムは1カ月単位で勤務時間を割り振ることとされるが、フレックスタイムの週単位での運用や1年単位の変形労働時間制などの検討を促す。

また、管理職の姿勢・行動について、部下や同僚からの見方を本人にフィードバックし、「気付き」を通して現場マネジメントを強化する「360度フィードバック」を実施する。

介護と仕事の両立支援では、ノウハウをまとめた職員向けの『介護ガイドブック』を作成する。介護の基礎知識や都の両立支援制度、職員の体験談を掲載し、介護者をサポートするために職場・上司に必要な心構えも盛り込む。

育児中のキャリア形成では、妊娠・出産・育児休業などを理由とするハラスメントが発生しない職場づくりにも取り組む。

都は15年3月、「ワーク・ライフ・バランス推進プラン」を策定し、女性活躍推進法の制定に伴って16年3月に計画を改定したが、社会全体で「働き方改革」の議論が進み、電通など民間企業の過労死・長時間労働がクローズアップされる中、「残業ゼロ」に向けた取り組みなどを踏まえて計画を改定した。

なお、女性職員の活躍推進に向けては、行政系の管理職に占める女性の割合を20年までに20%に高め、更に向上させる目標を設定。行政系の管理職に占める女性職員の比率は19.3%（16年4月）で、全体の女性比率39.5%に比べて低いが、課長代理級は31.6%まで上昇している。

都教育庁

現金・財布窃盗で教諭2人懲戒免職

都教育庁は1月27日、現金や財布を盗んだとして、教諭2人を懲戒免職処分にした。

このうち区部の小学校の男性教諭（49歳）は2016年6月、勤務校で保護者のかばんから財布を盗んだ。教諭は保護者が集まる会合で荷物置き場として使っていた部屋に侵入し、財布1個を盗んだが、その現場を被害者が目撃。教諭は逃走したが捕まり、警察に引き渡された。

また、町田市立小学校の男性教諭（25歳）は同年10月、飲食店で隣り合わせた客のかばん内の財布から現金5万5千円を盗んだ。盗難に気付いた被害者に問いただされた教諭は逃走したが、交番の前で転倒し、事情を聞かれたという。

2人はいずれも起訴猶予処分を受けている。

そのほか、児童から徴収した学校教材購入費約34万円を紛失したとして、区部の小学校の男性教諭（27歳）を停職3月の処分にした。教諭は学年の会計責任者で、15年4月〜10月、各担任から現金を集めたが、金額の確認や貯金口座への入金を怠るなどし、代金の支払いを遅延させたという。

都福祉保健局

都内にインフル警報　患者数1週間で倍増

都福祉保健局は1月26日、医療機関のインフルエンザ患者の報告数が警報基準値を超えたと発表した。昨年度より2週早い警報発令となった。発表によると、1月16日〜24日の都内419の定点医療機関の平均インフルエンザ患者数は28.6人。前週の約2倍の数値となった。同局は昨年11月に流行開始を宣言しており、今年度の流行の特徴を「流行開始が早く、長い」（感染症対策課）とし、注意を呼び掛けている。

鈴木　義夫さん（すずき・よしお＝森田真一東大和市議の父）1日死去、82歳。

五輪への航海図 (150)　TOKYO 2020　開催まで あと1267日

首都の玄関口

クルーズ客船を迎える

2020年大会までに、都港湾局は世界最大級の大型クルーズ客船にも対応できる新客船埠頭の整備を進めている。場所は青海地区、船の科学館の南側。近年のクルーズ需要の増大や船舶の大型化に的確に対応するためだ。

世界のクルーズ人口は10年前から倍増し、2千万人を超えた。特にアジアはクルーズ人口の増加が顕著で、16年にクルーズ船で日本を訪れた外国人旅客数は前年比8割増の199万人。国土交通省は訪日クルーズ旅客数を20年に500万人に増やす目標を立てている。

東京港では現在、晴海埠頭で14万㌧級の客船を受け入れているが、大型のクルーズ客船はレインボーブリッジ（桁下高制限52㍍）を通過できず、水産貨物を扱う大井水産物埠頭で臨時的に入国審査・税関などの対応をせざるを得ない状況だ。

同局港湾整備部によると、新客船埠頭では寄港実績のない世界最大級の「オアシス・オブ・ザ・シーズ」（22万㌧級、乗客約5400人）も受け入れ可能。全長360㍍の同客船に対応し、岸壁延長を430㍍としている。新客船埠頭の水深は11.5㍍で、より喫水の大きい「クイーン・メリー2」（15万㌧級）にも対応できる。

新客船埠頭ターミナルビルの外観イメージ（港湾局提供）

新客船埠頭は当初は1バースで運用するが、繁忙期にも対応できるよう、2隻の客船を同時に着岸できる2バース体制を目指す。将来的には晴海客船ターミナルを廃止し、クルーズ客船の受け入れは新客船埠頭に集約する方針だ。

一方、ターミナルビルの設計コンセプトは、「首都の玄関口」。海の波や船の帆、伝統的な屋根の反りをイメージした外観が特徴で、内装には木材を使用するなど「日本らしさ」を演出する。

ボーディングブリッジは3カ所で、客船の規模によって使い分ける。CIQ（税関・出入国管理・検疫）を円滑に実施できる施設配置とし、観光案内機能も設置。ターミナルから都内の魅力ある観光地へ向かう乗客がスムーズに移動できるように工夫するという。

同局ではクルーズ船を誘致するため、海外クルーズ船社や代理店などへの営業活動にも取り組む。港湾経営部は「国際観光都市・東京の実現に向けて海外から観光客に来ていただければ」（広域港湾連携担当）と話す。

昇任試験対策のページ

職員教養講座 29年度 東京都管理職選考対策《32》

技術(生物)記述・論文

試験日まで、残すところ3カ月余りとなりました。種別Bを受験する皆さんは、仕事で責任ある立場にあるため忙しく、家庭では家族サービスもあり、勉強する時間を確保することは難しいと思います。これからの時期をどう過ごすかが大きなポイントとなってきますので、通勤時間や昼休みなど、時間の隙間をうまく利用して、勉強時間を確保してください。

平成23年度から生物と医化学が同じ選考区分となりましたが、出題数や内容は平成22年度までと同様になっています。

今回は「生物」について解説していきます。

◆記述試験

前半は基礎的な知識を問う問題で8題(うち生物4題)、後半は時事的な知識を問う問題で12題(うち生物が6題)の計20題(うち生物10題)出題されます。

平成21年度以降、設問は種別A、B共通となっています。種別Aでは前半2題、後半2題を、種別Bでは前半1題、後半3題を選択し、回答します。

出題傾向

出題される範囲は、生物学(植物学、植物生理学、動物学、昆虫学、生態学)、地学(土壌学、気象学)、時事問題、語句説明となっています。

例年、生物学3～4題、土壌学1～2題、気象学1～2題、時事問題3～4題、語句説明1題(平成25～28年度は出題されていません)が出題されています。

《平成24年度》

○前半

アレロパシーと遷移との関係、共生・寄生と生態的同位種、レッドリストカテゴリーの区分・基本概念と東京都レッドリスト、台風の暴風域・強風域と大きさの分類・強さの分類

○後半

土壌の連作障害の原因・対策と土壌浸食の原因・対策、「鳥獣の保護及び狩猟の適正化に関する法律」の目的と狩猟鳥獣・希少鳥獣と鳥獣保護区、「都立動物園マスタープラン」における「都立動物園の目指す姿と取り組みの方向」、農林漁業振興対策審議会答申「都民生活に密着した産業・東京農業の新たな展開について」に関する「都内産農畜産物の安全・安心の確保と地産地消の推進」と「都市農業・農地の制度の改善」、「都市計画公園・緑地の整備方針(改定)」に関する「事業化計画の検討対象」「優先整備区域の特徴と整備効果」と「センター・コア・エリアを対象とする民間都市開発との連携」、語句説明(生態系サービス、ミティゲーション、排他的経済水域、全国都市緑化フェアTOKYO、森林生態系保護地域、温室効果ガスのうち4題)

《平成25年度》

○前半

花芽形成に関する光周性と春化処理、動物の生得的行動とインプリンティング、気象学における前線の種類、土壌の団粒構造の特徴と生成・崩壊

○後半

生物進化に関する原核生物と真核生物における細胞構造の比較とゲノムの違い、「緑施策の新展開～生物多様性の保全に向けた基本戦略～」、景観法に基づく景観重要公共施設と「東京都景観計画」における景観基本軸及び景観形成特別地区、偏西風とその蛇行により起こる異常気象、施設土壌の特徴及び関連する作物の障害と施設土壌の診断及び改良、「東京農業振興プラン」の「東京農業の振興方向と施策展開」における「東京農業の特性を生かした産業力の強化」

《平成26年度》

○前半

植物の遷移及び極相・森林帯を区分、温室効果ガスと気候変動・サンゴの白化現象の原因と海洋生態系に与える影響、土壌のC/N比、気象の逆転層

○後半

環境影響評価法の一部改正・計画段階環境配慮書、立体都市公園制度・借地公園制度、緑地保全地域・特別緑地保全地区・緑化地域制度、土壌微生物、生物季節観測、「東京都エコ農産物認証制度」

《平成27年度》

○前半

「外来生物法」に定める特定外来生物の定義と取扱いに関する規制・改正外来生物法・「植栽時における在来種選定ガイドライン」の作成目的及び植栽植物分類、国立公園または国定公園の保護及び適正な利用を目的として定める公園計画の「規制計画」及び「事業計画」・近郊緑地保全区域及び近郊緑地特別保全地区についての届出等の手続き、台風の発生から消滅までの過程、土壌動物が植物生育に与える影響・土壌動物の大きさによる分類

○後半

「緑確保の総合的な方針」に関する既存の緑を守る方針・界わい緑化推進プログラム、水素社会の実現に向けた都の取り組み・水素ステーションの整備、公園施設長寿命化計画を策定する趣旨・策定手順・公園施設管理における予防保全型管理及び事後保全型管理、窒素循環、フェーン現象の仕組・日本の夏冬のフェーン現象、「森づくり推進プラン」

《平成28年度》

○前半

適応放散・収斂、植生調査における優占度と群度・自然植生と代償植生、土壌の三相分布・孔隙間率・真比重の値算出、日本の気候に影響を与える気団

○後半

「絶滅のおそれのある野生動植物の種の保存に関する法律」に定める保護増殖事業・生息域外保全、自然公園法における利用調整地区・「東京都自然公園利用ルール」、「国際的な観光拠点となる公園づくりプロジェクト」・「水と緑の骨格軸形成プロジェクト」、畑作の連作障害の原因・対策、集中豪雨の発生メカニズム・大雨特別警報・警報・注意報、「都市農業振興基本法」

対策

全般的には、生物学、地学の各分野の過去の出題傾向を把握し、幅広く基礎的な学習をすることが必要です。生物学は植物学、植物生理学、動物学、昆虫学、生態学と出題範囲が広いので、まずは過去の出題を整理し、用語をまとめ出題傾向をつかむと良いでしょう。次に、得意分野を中心に、大学受験用の参考書や大学教養課程の教科書などを参考に、内容理解に努めましょう。地学は、土壌学や気象学に関する過去の問題を参考に、その用語をまとめましょう。気象学は、大雪が降ったなど、その年の大きな気象状況が問題となることがあるので、その年の気象情報に注意することも必要かと思われます。

時事問題では、日頃から、公園緑地、農林水産行政等に関する都や国の動きを新聞やホームページなどで把握し、理解を深めておくことが重要です。また、社会的に話題になった生物、自然環境、公園緑地、農林水産関係の語句は押さえておく必要があります。

記述は、一定の水準に達すればパスできるので、得意分野などを丁寧に回答するように心掛けましょう。

◆B論文試験

生物分野は例年、公園緑地分野から1題、農林水産分野から1題が出題されます。それぞれの分野での時事的要素の高い問題が出題されていますが、根本的な課題は大きく変わらないので、一般的な論理展開では合格水準に達することは難しいです。出題の意図を踏まえ、自分の考えを論理的かつ具体的に論述することが求められています。

出題傾向

〈公園緑地分野〉

(24年度) 専門技術者の立場から、緑あふれる東京を再生していくためにどのように取り組むべきか。

(25年度) 防災や環境問題等の社会的要請を踏まえて、東京を緑豊かな魅力ある都市としていくためどのように取り組むべきか。

(26年度) 美しいまち東京を実現していくために、どのように公園や緑地等の整備を進めていくべきか。

(27年度) 緑の創出・保全を進め、潤い豊かで安らぎのある美しい都市を次世代に継承するため、都はどのような取り組みを進めるべきか。

(28年度) 集約型地域構造を視点とする都市づくりを進める中で、東京の緑を充実し、環境と調和した都市を実現するために、都はどのような取り組みを進めるべきか。

〈農林水産分野〉

(24年度) 都民に安全な農林水産物を供給し、さらに農林水産業を発展させていくためには、どのように取り組むべきか。

(25年度) 潜在力を生かし、東京の農林水産業をさらに発展させていくために、都はどのように取り組むべきか。

(26年度) 東京の農林水産業が、都民生活に密着し未来に向け発展していくために、都はどのような取り組みを進めていくべきか。

(27年度) 2020年の東京オリンピック・パラリンピックを契機に、東京の農林水産業を一層活性化していくため、都はどのような取り組みを進めていくべきか。

(28年度) 国内の農林水産物の価格低下などが予測されている中、東京の農林水産業を維持・発展させるために、都はどのような取り組みを進めていくべきか。

対策

論文対策としては、知事の施策方針・議会答弁、都の行政計画や審議会答申などを参考に標準的な論文を2～3本作成することが必要です。

論文は、問題意識、政策形成能力、論理性、表現力などの視点から評価されますので、評論家のような内容にならないように、「管理職としての具体的な考え」を自分の言葉で述べていきます。

作成した論文は、管理職などに必ず添削をお願いしましょう。この場合、技術系の管理職のみならず、事務系の管理職にも依頼して、様々な角度から意見をいただきながら、2度3度と添削を重ね、仕上げていきます。複数の意見を聞くことで、課題に対する見識が高まり、論文の完成度が向上します。また、独りよがりの考え方や論旨が一貫していない点、具体性の不足点や説明が不十分な点などが明らかになってきます。論文を1本仕上げると、論文作成の要領がつかめるので、次にテーマを変えて論文作成に取り組みましょう。

完成した論文は、必ず手書きで再現する練習をして下さい。試験では、2時間で2千字を書くことになっており、いざ書き出すと時間が足りなくなってしまう場合があります。時間配分の事前確認、誤字・脱字のチェックにもなります。

本番では、出題の趣旨を十分に理解し、それに沿った論文を書くことが重要です。試験では最初に、趣旨の理解に時間を割いてください。また、出題テーマが予想と異なったとしても諦めず、2～3本準備した論文の問題点と解決策の組み合わせ次第で論文は書けるので、柔軟な対応で臨んでください。

まだ試験まで約3カ月あります。今まで培ってきた知識と経験を再度整理し、不足しているところは補い、得意なところはさらに伸ばすことで、ぜひチャンスをつかみ取ってください。皆様のご検討を心よりお祈り申し上げます。

特別区 管理職試験講座 I類択一・記述 I・II類論文 29年度 15

II類論文

論文の書き方

1 事例式論文とは

事例式論文とは、区政を運営する上で、日常的に発生するであろう事例について、その事例を詳細に分析し、問題点を整理し解決策を指摘する論文です。特別区の管理職選考実施要項には、II類における採点の着眼点として、問題意識・理解力・判断力・表現力・内容について評価するとあります。

II類選考の受験者は、基本的には合格した翌年から管理職となる即戦力です。総括係長である皆さんは、実務経験に関しては区の中でも相当高いレベルにあります。論文を書く際には、これまで培ってきた知識や経験を最大限に発揮してください。

2 評価の対象と、なる能力

では、具体的にはどのような点が評価の対象になるのでしょう。

まず、問題意識については、論文のテーマに対して特別区の管理職としての視点で現状を認識しているか。また、問題意識に深さがあるか、などです。次に、理解力については、幅広い視点で事例について問題点をとらえ、管理職の視点で課題を認識しているか。判断力については、課題の解決方法は、特別区の管理職としての視点を持ち、かつ実現可能で妥当な方法か。表現力については、文章の構成が論理的かつ分かりやすく、表現や語句の使い方も適切か。さらに、内容については、論述内容に特別区の管理職としての高い見識と教養が見られ、充実したものであるか。などが採点のポイントになります。

3 論文の組み立て

論文の構成には、特に決まりはありませんが、4段構成にすると読みやすいので、それをお勧めします。また、各章の始めにはインパクトのある見出しをつけて、採点者に印象付けることも大切です。

各章ごとの字数は、全体で2千字程度が必要ですので、第1章が400字、第2章が600字、第3章が700字、第4章が300字程度でまとめると良いでしょう。問題には1500字以上2千字程度とありますが、1500字ぎりぎりだと、多少物足りなさを感じますので、極力2千字程度は書くよう心掛けてください。

なお、試験当日は、事例の分析を行った上で論文を書くことになりますが、2千字を書くだけでも1時間はかかります。仮に分析に30分、見直しに30分の時間的な余裕を持つとすると、第1章と第4章は数パターン用意しておくと良いでしょう。

4 各章の構成

第1章は、「そもそも論」になります。論文は、書き出し3行で勝負しろ、と言われるように、第一印象を決める重要な部分です。できれば、具体的な数字や現在の社会情勢、区政を取り巻く環境などを捉えたキーワードを入れると採点者に良い印象を与えることができます。具体的には、①現在、特別区に求められている課題や背景について、国や東京都の動向を踏まえて記述する②課題のあるべき姿について、自分の考えを述べる③管理職として、課題にどのように対処すべきかを述べる。特に、①については採点者に大きな印象を与えますので、区はもとより、都や国の社会的な情勢について、常にアンテナを張るよう心掛けてください。

次に、第2章です。ここでは、第1章で述べた視点を踏まえて、管理職としてのあるべき姿から、事例における問題点を順次指摘します。

具体的には、①課長の問題点②係長の問題点③組織全体の問題点——について記述すると整理しやすいと思います。この時、部長や町会長、区議会議員、他の部局の管理職など、様々な登場人物に対する問題点の整理も必要になってきます。

次に第3章では、第2章で指摘した問題点について、自分が課長であればどのように対処するかを緊急度、重要度順に、実際に行動する順番に従って記述します。

具体的には、①緊急対応度(対外的なことから)②短期的な対応策③中長期的な対応策——について記述してください。

最後に第4章では、第1章で提起した論点と対応して、行政としてのあるべき姿を再度主張し、管理職として積極的に取り組む姿勢を示してください。また、論文の最後では、管理職としての決意表明で力強く締めくくってください。

論文は評論ではありませんので、あくまでも自分が管理職になった立場で書くことが大切です。

5 論文作成時の留意点

最近の出題傾向としては、「あなたが○○課長であれば、どのように対応しますか」というように、管理職の視点で問題点を捉えた上で、解決策を示すことが求められています。つまり、第三者的に評論するのではなく、事例を当事者意識を持って真正面から受け止めることが大切です。具体的には、「私が○○課長であったら」ではなく「私は課長として」というように、あくまで管理職になりきって論じてください。

また、選考によって求められている人材は、予算や人材が厳しい状況にあっても次々と発生する課題に対して積極的な姿勢で解決する人材です。したがって、事例に登場する係長の消極的な発言に配慮しすぎた解決方法や、安易に予算、人員増を要求するような解決策は禁物です。課題の解決に向けた職場の積極的な体制を醸成し、管理職が自ら職員の先頭に立ってリーダーシップを発揮しながら、難局を乗り切る姿勢を示すような力強い文章を書くよう心掛けてください。

さらに、採点者に気を配る記述も大切です。採点者が、問題に関して知識があるとは限りません。あなたが普段、当たり前のように使っている専門用語やカタカナ用語を使う時には、その言葉が一般的なものかどうかについても配慮してください。また、一つのセンテンスの長さや用語の重複などについても、採点者の読みやすさを考慮することも必要です。

なお、論文作成はパソコンで入力すると、構成や字数の調整がしやすいというメリットがあるのでお勧めします。ただし、完成した論文は必ず自分の手で何回かは書いてみてください。実際に書くことで、忘れていた漢字があることや、論文を書くだけでどのくらいの時間がかかるのかが分かります。実際に時間を体感するだけで、試験当日の時間配分(分析・論文作成・読み返し)にも余裕が出てきます。

6 最後に

皆さんには総括係長として、豊富な知識と経験があります。自分が今まで職員、係長として経験した、区民対応や人材育成、課長や部長の議会対応や組織マネジメント等は、論文を書く上で大きな武器になります。もう一度、これまでの経験を思い起こしてください。試験までには、まだ十分時間がありますので、そのあたりを整理して準備を整えておけば、どのような事例にも対応できます。

今まで培ってきた知識や経験を最大限に発揮して、自信を持って試験に臨んでください。今回の講座を通じて、秋には、ひとりでも多くの方が合格されることを、心よりお祈りしています。

読者のひろば

寄らば大樹の陰―
外から見た小池都政

目安箱は外に開くもの

中学生の頃だったと思う。父から「新聞に何が書いてあるかなど意味がない。何が書いていないのかが問題だ」と言われた。至言である。

後日、それはさる社会主義国家に関する情報を巡り、かの地を「地上の楽園」と表現していた新聞社や評論家のことを揶揄するある思想家の著書によっていたことが分かった。当時はよく分かっていなかったが、大学に進学した頃、なるほどと得心した覚えがある。

翻って今の都政はどうだろうか。区行政に携わる立場から見ると、まさに今の都政は報道されていることしかやっていないのか、それとも伝えられていることは万分の1であり、実際には粛々と都政が進捗しているのかが分からない。少なくとも知事の施策決定における意思形成過程は、都議会自民党と同レベルのブラックボックスである。

知事は会見で「職員が自分の方針をよく理解してくれて都政が順調に進捗している」と言う。しかし、私が都庁職員から得た情報は全く違う。

少なくとも都区間の意思疎通は管が細くなった。まず、決定的に情報が入らなくなった。都側からの積極的な情報提供は消えた。区側から催促すると「まだ知事サイドに話していないので」。

そもそも、「知事サイド」という言葉がまかり通るところに問題がある。

ある都庁幹部が言っていた。「『そんなことを言うなら都政改革本部に言いつけるぞ』と言われると結構効き目があるんだよ」。もはや笑い話の次元だ。目安箱は外部に開くものであり、内部統制に使うのは愚の骨頂だ。

都区の役割分担の明確化を

五輪問題、豊洲新市場問題は都政課題のほんの一部である。都政は膨大であり、他に意を注ぐところがたくさんある。例えば、次に注目されているのは保育待機児童対策かもしれない。しかし、これもおかしな話だ。そもそも、待機児童対策は都の本来業務ではない。市区町村の固有事務だ。首相が言おうが、知事が言おうが、彼らは保育所を造るわけではない。単に予算を付けましたとのたまうだけだ。

「私は3年で解消するための予算を付けたのに、もう少し区市町村には努力していただきたかった」と発するのが今から見えている。

区市町村にも大きな問題がある。待機児童の定義について、国の方針に一喜一憂しているのは恥ずかしい。固有事務であるのだから自分たちで定義し、その結果について住民に説明すればよいのだ。そんなこともできないから、都道府県からの「上から目線」を跳ね返すことができない。

今後の都区間に一番、求められるものは何か。私は改めて役割分担の明確化を求めたい。

先日、都は来年度予算案を発表した。私の印象としては「変わり映えしないなあ」ということだ。知事がうれしそうに胸を張っているのは本来、基礎自治体の業務であり、広域自治体の長が言及すべきものではない。

従前の事業の名称変更と衣替えで新味に欠ける産業労働局の町会自治会予算はその典型だ。知事は、この予算が都議会議員のまちとの接着剤であり、街路灯予算等と併せて死守したいものであることを知っているか。そしてそれを容認したのか、伺いたいところだ。他の道府県知事の失笑が聞こえてくる。

情けないのは区長会も同じだ。あれだけ知事選で敵視していたのに、自分たちの選挙事情等で全面対決できない。結局、誰も本気ではないということが分かってよかったと言えなくもない。

私は都議会自民党のすり寄り以上に、区長会、市長会のすり寄りに興味がある。

都補助金、財調特別交付金の獲得合戦、その実態は区長の政治力とは何の関係もなく、23区平均して配分されているだけなのに、「○区だけは特別ですよ」と行政部から耳打ちされ、ほくそ笑む区長たちの顔が目に浮かぶ。

都民ファーストって何?

都区のあり方を考える時に避けては通れない都区制度の桎梏。これを後ろ向きに捉えるのか、それとも営々として築いてきた誇るべき歴史として理解するかが重要だ。結果として当面、都は道府県と異なり、45%の基礎自治体である。都知事は、そして都議選立候補予定者は、そのことを正しく理解しているだろうか。

知事は圧倒的な都民の支持を得てその座に就いた。今までの都政と違うというのなら、その方向性を明確に示さなければならない。都民ファーストなどという流行語の具体的な意味と内容を示す必要がある。アンブローズ・ビアス『悪魔の辞典・新編』における愛国者・愛国心を揶揄する意味合いは、都民ファーストなる言葉に対する評価にもそのまま通じるであろう。

「私は日本を愛しています」「私は東京を愛しています」「私は○区を愛しています」なる言葉の何たる空疎なことか。都民ファーストも同じ意味合いですよね。

……それを言っちゃあおしまいよ。

（大拙）

絶海の孤島イースター
南米見聞録 －8－ ▼チリ

ラノ・ララクのモアイ

旅先で欧米人と出会い、話すことがある。彼らに南米を旅する理由を尋ねると、未解明な文化や遺跡が多く、そのミステリー性が魅力なのだという。最も近い有人島との距離が2千㌔、蒼茫たる太平洋に浮かぶ絶海の孤島イースター。この小さな島に何のためにモアイを作ったのかいまだ謎であり、南米最大のミステリーと言われている。

◇

チリの首都サンティアゴから空路5時間半、そのイースター島に到着した。空港はタヒチへ向かう乗り継ぎ客と、入島する観光客とで混雑していた。私はラパ・ヌイ国立公園の入園料60US㌦を払い、許可証（5日間有効）を受け取って空港を後にした。

モアイだらけで住民は少ないという先入観があったが、街を歩くと少し違っていた。伊豆大島の2倍の広さを持つイースター島の人口は約6千人、学校、病院、教会もあり、子供もたくさんいた。観光地ゆえホテルやレンタカー店も数多く並んでいた。

この島には約千体のモアイ像があり、内陸や海岸など多くの場所にモアイが点在していた。中でも凝灰石の岩山にあるラノ・ララクはモアイの石切り場、言わばモアイ製造工場であり、かなりの数のモアイが山裾に散在していた。

ここだけで397体あるとのことだが、完全な状態で立っているモアイは少なかった。岩盤から切り抜かれる途中のモアイ、運搬中に壊れ放置されているモアイ、顔と胴体が分かれてしまったモアイなどもあり、当時の人々の石切り作業中や運搬中でのアクシデントや挫折の様子もうかがえた。平均的なモアイは身長4㍍、12㌧と言われ、椰子の木をモアイの下に敷き転がしたと言われているが、それにしても相当な重労働だったことであろう。

㊤日本の企業が再建したアフ・トンガリキのモアイ15体㊦太平洋を背に立つアナケナ海岸のモアイ。1995年ユネスコ世界文化遺産登録

なぜモアイを作ったのか、現地ガイドに聞いても催事説、墓碑説などあるが決定的でなくいまだ謎とのこと。19世紀に奴隷として多くの島民が連れ去られ人口が激減したため、文化伝承が断絶した。そのため、島の絵文字ロンゴロンゴが解読できないという。

◇

海岸沿いに横一列に壮麗と並ぶアフ・トンガリキのモアイ15体、元高校野球球児の私から見ると、甲子園の勝利チームが校歌斉唱しているように見えてしまう。

これらのモアイは1960年チリ大地震の際、津波で全て倒れてしまった。モアイ再建には大きな重機が必要で費用がかかり、また風化が進み修復中に壊れる可能性がある。そのため倒伏したモアイは再建されずそのまま放置されていた。このことを知った日本のクレーン会社が無償援助に乗り出し、日本からクレーンを搬入、モアイ像を建て直し、その後クレーンを島に寄贈した。今では日本とチリとの友好親善の象徴のモアイとなっている。

◇

イースター島に限らず、南米を旅すると日本人の様々な慈善活動や社会貢献に触れる機会があった。

野菜を食べる習慣のなかったマナウス（ブラジル）に野菜を普及させた日本人、マチュピチュ村（ペルー）の発展に尽力した日本人など、南米を見聞しながら実は多くの日本見聞をしてきた。

損得を超えて行動する日本人に通底するもの、そういうことを深く掘り下げて探究した多くの先人、司馬遼太郎などの作品を読むのも面白いと思う。国際化とは日本をもっと知ることではないかと思っている。

（ブラジル在住　白鳥謙治）

1300年の信仰と文化
春日大社 千年の至宝
東京国立博物館平成館

本稿読者に、何を置いてもお伝えしておかなければならないのは、2月14日（火）から19日（日）までの6日間、鎌倉から室町時代にかけての至宝とされる鎧・兜が4領、展示室に勢ぞろいすることである。無論、すべて国宝。

さらに同じ期間に、前期展示の呼び物の一つ、国宝「金地螺鈿毛抜形太刀」も見られる。恐らく二度とない機会である。

250件の出品作のうち、国宝と重要文化財が何と100件以上。そのうえ約3割が前期・後期で展示替えになる。見落としを防ぐには前・後期の両方に行くのが一番かも知れない。

朱の色も鮮やかな本殿・第二殿の社殿が復元されている。天井に届くかと思われる舞楽用の鼉太鼓も展示されている。

格式高い春日大社の秘宝が、なぜこれほど惜しげもなく公開されるのか? 昨年、大社では60回目の「式年造替」が行われた。約20年に一度の社殿の建て替えと修繕である。めったにないこの機会に、古神宝の数々が東京でも拝観できることになったのである。

春日大社は「平安の正倉院」と言われる。768年の本殿造営以来、一度も火災に遭っていないのだ。京都の社寺はしばしば、奈良でも皆無でなかった火事に、この神社は見舞われていないのである。奇跡なのだ。

平安時代以降は、権勢を誇った藤原氏の神社として信仰を集めてきた。だから、平安、鎌倉、南北朝時代の王朝美を伝える品々が特に豊富に収蔵されている。

神様への奉納品なので、最高の素材に最高の技がふるわれた。武具類も、実戦用というより神様に捧げるものだった。国宝、重文が珍しくない理由の一つだ。それらが、大切に保存されてきたのである。

意外なことに、関東にご縁のある神様である。大社第一殿の祭神が、今の茨城県・常陸の[illegible]から鹿に乗って大社を[illegible]蓋山に降臨した。神鹿の[illegible]こにある。

興福寺、東大寺より[illegible]つかずの自然の森に包ま[illegible]の平安と国民の繁栄を願[illegible]今では年間2200件以[illegible]が執り行われている。

その神威がいかに強力[illegible]を伝える話が『太平記』[illegible]勃発したトラブルへの幕[illegible]に納得できなかった大社[illegible]神木が京都の街に下ろさ[illegible]々は息をひそめて成り行[illegible]った。進展があったのか[illegible]神木は帰還した。そのと[illegible]基ほか、当代の有力者が[illegible]見送りに出たという。そ[illegible]威力だったのだ。

ご利益の数々を描いた[illegible]現記絵」は後代まで、名手[illegible]何度も描かれてきた。そ[illegible]な色彩に目を奪われる。[illegible]に捧げられた、遠くシル[illegible]を想わせる伎楽の衣装や[illegible]に能楽関連の品々にも引[illegible]

日本の歴史・文化への[illegible]深さにおいても別格の[illegible]る。それを直接感得でき[illegible]機会だ。大切にしたい。

特別展「春日大社　千年の至宝」は、3月12日まで（途中、展示替えあり）東京国立博物館平成館で開催。ハローダイヤル03・5777・8600。この招待券を5組10名様にプレゼント。Eメールで件名を「春日大社展希望」とし、〒、住所、氏名を明記の上、henshu@toseishimpo.co.jpまでお申し込みください（10日必着）

国宝　赤糸威大鎧（梅鶯飾）
鎌倉時代・13世紀　春日大社蔵
（1／17～2／19）

●ミニガイド●

◆菊池和子写真展「フクシマ漂流はつづく」　▷福島の「帰還困難区域とその周辺」を取材した菊池和子氏の写真展▷期間　2月17日㈮～26日㈰▷場所　茶房ひぐらし（入店の際は飲食の注文をお願いします）〒174・0072　板橋区南常盤台2の23の8　☎03・3959・1069　東武東上線ときわ台駅南口下車徒歩7分（定休日は月・木曜日、営業時間は火・水・金が午前8時半～午後3時、土・日が午前8時半～午後5時）

◆国分寺市第12回環境シンポジウム「国分寺の水辺を考える～緑と水のネットワークの構築に向けて～」　▷日時　2月4日㈯午後1時半～4時（午後1時開場、入場無料）▷会場　国分寺Lホール（国分寺駅ビル8階）▷講師　田畑貞壽氏（千葉大学名誉教授、玉川上水・分水網保全再生連絡会代表）「緑と水の保全再生～玉川上水分水網シンポジウムから～」　渡部一二氏（多摩美術大学名誉教授、水緑空間デザイン研究所代表）「玉川上水の分水路から～水空間の恩恵を受けるまちづくり～」

◆矢口の渡・歌舞伎ふるさとまつり　▷内容　多摩川諏訪囃子、秩父歌舞伎正和会による歌舞伎「神霊矢口渡　第三段　由良兵庫邸之場」。日本工学院の留学生を招待し、英語・中国語のセリフの対訳を配布▷日時　2月5日㈰午後1時～4時▷会場　大田区民センター音楽ホール（大田区新蒲田1の18の23、JR蒲田駅西口下車徒歩15分）▷対象　区民▷申し込み方法　当日午後0時半より先着順受付▷主催　蒲田西地区自治会連合会・神霊矢口渡実行委員会▷協賛　大田区、大田区教育委員会

都政新報

発行所　都政新報社
〒160-0023 東京都新宿区西新宿7-23-1 TSビル
〈総務・読者〉03-5330-8781
〈企画広告〉03-5330-8784
〈編　集〉03-5330-8786
〈出　版〉03-5330-8788
〈ファクス〉03-5330-8808
購読料 月1,730円（税込）
毎週火・金曜日発行
ただし、祝日は休刊

紙面から

都と金融庁 異例のタッグ

国際金融都市へ改革推進

都は新年度から、国際金融都市・東京に向けた当面の対応として、相続税の見直しや金融庁監修による英語版の解説書作成などを始める。いずれも国内初の取り組みという。小池知事が昨年11月に立ち上げた「海外金融系企業の誘致促進等に関する検討会」に金融庁が参加。規制官庁が規制緩和を進める立場から、金融構造の改革に乗り出すのは異例だ。

「NATO（北大西洋条約機構）の一員ではないが、NATO（No Action Talk Only）は駄目よ」

小池知事は1月25日、外国企業の誘致策などを紹介するセミナーで、こう話した。知事が自ら考えた造語「NATO」には、国際金融都市・東京を目指す構想を「有言不実行」で終わらせず、必ず成果を出すという強い思いが込められている。

小池知事は経済情報番組のニュースキャスターを務めた「経済通」だが、都幹部によると、構想は小池知事の発案ではなく、金融界の声に後押しされて打ち出したという。舛添前知事の東京国際金融センター構想も業界の声をくみ取ったものだった。

前知事が開いた国際金融センター推進会議は、東京を世界の金融拠点に成長させる方策の検討を目的としていたが、庁内からは自分を目立たすパフォーマンス的要素が強く、知事の口癖と言われている「NATOは駄目」は前知事に向けられているとの指摘がある。

一方、小池知事は昨年11月、「国際金融都市・東京のあり方懇談会」と「海外金融系企業の誘致促進等に関する検討会」を立ち上げた。金融の構造改革に主眼を置いたものだが、この中で規制緩和が加速することが見込まれる。同検討会の参加メンバーである金融庁の存在が大きいからだ。

金融庁は業界に規制をかける立場だが、規制緩和を柱に据えた会議体に入ること自体が異例と言える。都が参加を要請した際、金融庁の担当者は二つ返事で引き受けたという。背景には同庁が抱く危機感がある。

国内の資産運用会社数は342社（2015年）で、香港（1135社）、シンガポール（628社）の後塵を拝している。海外の金融系企業はリスクを負って資金を投入する「リスクマネー」に積極的で、誘致に成功すれば、国内の中小企業などにリスクマネーが投入され、活性化につながると期待されている。

海外金融系企業誘致の当面の対応が、1月末の国際金融都市のあり方懇談会で報告された。一つが、都が金融商取り引きに必要な手続きなどをまとめた解説書の英語版を金融庁監修で作成すること。もちろん、金融庁は規制官庁の立場から英語版の解説書を作成しているが、都は海外企業を呼び込むためのガイドラインを目指し、外国企業の視点に立って違法にならない対応などを盛り込む予定だ。

こうした規制緩和だけでは、企業誘致が劇的に増えるとは言えないが、日本は海外に向けて規制緩和を進めているというアピールになる。

海外の資産運用会社の誘致を阻む最大の要因は、法人税の「二重課税」だ。海外企業が日本に進出すると、法人税が課税されるが、日本のファンドに25%以上を出資した場合、子会社とみなされ、課税対象となる。全世界でも日本だけの制度であり、二重課税の解消は世界標準に向けた第一歩だ。実現するには、財務省の了承が必要になるが、都は金融庁とともに、二重課税の解消を財務省に要請する考え。金融庁は成長戦略を描く経済産業省とも協力して、財務省と協議すると見られ、都にとって金融庁の存在は援軍といえる。

小池知事が力を注ぐ国際金融都市・東京の復権を目指すには、知事が金融庁、業界団体だけでなく議会とも協力し、強力な推進力を発揮することが求められている。

国際金融都市を目指す懇談会であいさつする小池知事＝昨年11月

米トランプ政権 都政への影響は

アメリカ合衆国第45代大統領にドナルド・トランプ氏が就任してから2週間あまり。メキシコとの国境に壁を建設することやTPPからの永久離脱、特定国からの入国禁止など、矢継ぎ早に打ち出される大統領令は世界に混乱をもたらしている。その「米国ファースト」の姿勢は、海外旅行需要の変化や物価・地価の上昇など、都政にも影響を与えかねない。一方で、国際金融都市を目指す東京にとっては、米国からの人材流入など「絶好の機会」になるとの見方もある。

海外旅行需要に変化？

「メキシコにはウォール（壁）が作られるようだが、東京にはウォールストリートを作っていく」。小池知事は1月31日に開催した国際金融都市・東京の実現に向けた懇談会で、新大統領を引き合いに政策実現を強調した。

トランプ大統領就任直後から、知事は会見などで同氏の「米国ファースト」の動向を注視している。世界のダイナミックな変化は、都にも大いに影響を与えることが見込まれ、「対抗意識を燃やしているのでは」と話す都庁関係者もいる。

メキシコとの国境に壁が建設されれば、両国間の人の出入りは制限される。また、米国がムスリムの入国を制限した場合、同国で年間約710億ドルの損失につながるとの予測もある。「旅行先難民」の受け入れ先として、日本や東京が選ばれる可能性はある。都の観光産業振興プランでは、ムスリムの受け入れ態勢強化など、東京の魅力向上による海外旅行客の誘致に取り組む方針だ。

一方、トランプ政権の不寛容な態度は、西欧諸国の反発を招いている。都が新プランでターゲットに見据える「欧米豪の富裕層」が、国際政治の不安定化で渡航を控えるようになれば、世界的な「海外旅行不況」も懸念される。都庁幹部は「米国の反グローバリズムの本気度によっては、悪影響は避けられない」と話す。

地価・物価上昇に懸念

物価や土地価格の上昇も予想される影響の一つだ。トランプ氏就任後、米国への資金還流の期待から、為替市場では円安が進んだ。また、政権の保護主義により、米国内で大幅減税や大規模なインフラ投資が進むと見られている。これにより、米国内の資産家には余剰な投資資金が発生。海外投資が積極化し、東京都心の不動産価格上昇につながるとの観測がある。

都心の地価はこれまでも東京五輪への期待感などから上昇が続いてきたが、更にもう一段天井が上がれば、23区内の固定資産税が収入増となるが、都道拡幅などの用地の確保などに影響を及ぼすことも考えられる。実際に、地権者が地価上昇への期待から契約を渋ることは多い。

円安により物価が上昇すれば、短期的には都内の建設・工事費の上昇などに跳ね返る可能性がある。一方で、トランプ氏は日本経済に対して「円安誘導」を批判している。米政権の関税引き上げなどの保護政策が円高を引き起こせば、都内産業にも影響が出かねない。都税収入の多くは企業収益に左右されるため、「トランプショック」の行方は注視する必要がある。

金融人材流入のチャンス

一方で、トランプ政権の誕生はチャンスにもなり得る。国際金融都市・東京の実現を目指す懇談会では委員へのアンケート結果から、「トランプ政権の保護主義は、高度金融人材を東京に誘致する絶好の機会である」と報告された。保護政策を取る米国に対し、開かれた金融都市として東京が存在感を示すチャンスとの意見が多かったという。

トランプ政権は多国籍企業が海外に保持する利益を米国に還流させるため、法人税率の大幅な引き下げや海外資金への課税などの法人税改革を掲げている。だが、個々の政策の実現性は不透明感があり、投資先として不安定な政局は忌避される。

小池知事は、同政権が難民の入国禁止などを行っていることを踏まえ、「日本に『トランプ高度人材難民』が出てくる。そのような人たちが東京を目指すように、きちんとメッセージを発信していきたい」と語った。

その追い風を受けるために都は来年度、外国人材に対する在留資格特例の実現を国に要望し、国家戦略特区を活用したインターナショナルスクールの誘致など、受け入れ環境の充実に取り組む。今年4月から外国人駐在員に対する相続税制の見直しが行われ、課税対象を国内資産のみとすることもポジティブなメッセージとなる。この機を生かすことができるかどうかが、国際金融都市実現に向けた試金石となりそうだ。

トランプ政権の「米国ファースト」のメリット・デメリットを見据え、変わる世界に備えたスピード感を持った取り組みが求められている。

ワンダーウォールに終止符

小池知事 石原都政の転換進める

小池知事は3日の記者会見で、新人アーティストを発掘するために作品の発表の場を提供した「トーキョーワンダーウォール（TWW）」を終了すると発表した。代わりに、新たな現代美術の賞を創設する。石原都政の肝煎りで2000年に始めたTWWは今年度で幕を閉じる。

TWWでは、新人から公募した作品を著名アーティストらが審査し、入賞作を決定してきた。入賞作品は都庁第一本庁舎と議事堂を結ぶ渡り廊下などに展示してきた。小池知事はTWW終了の理由を「民間団体の公募事業が増え、一定の役割を果たした」と説明した。

その一方、都は2018年度に海外でも通用するアーティストの発掘、育成支援を行うため、新たな賞を創設する。

現在、若手アーティストの作品を展示する施設「トーキョーワンダーサイト（TWS）」は都内に3カ所あるが、このうちTWS渋谷を障害者などの芸術活動「アール・ブリュット」の拠点に再整備する。1月の有識者で構成する東京芸術文化評議会で方向性が示されていた。

都生活文化局は渋谷を選定した理由について、「現代美術の裾野を広げていくにはアール・ブリュットは重要。立地が良くアクセスしやすい渋谷が場所としてふさわしい」と語った。舛添都政では、多摩地域にアール・ブリュットを設ける計画もあったが、今は検討していないという。

TWS渋谷は今秋をめどにアール・ブリュットを暫定的に開設し、19年度のグランドオープンを目指している。

河川の桟橋撤去で代執行

都建設局 暫定係留施設完成で

都建設局はきょう7日から、墨田区竪川の河川区域を不法占有している桟橋を撤去する行政代執行を開始する。河川での代執行は、2013年に12年ぶりに築地川で執行して以来。

同桟橋と船舶は、釣り舟として営業しており、1995年に管理事務を所管する墨田区が占用を許可した。その際、都が将来的に暫定係留施設を作った時には同施設に移動する条件を付けていた。

その後、20年後の15年に施設が完成。都は16年11月30日付で不法係留船舶の自主移動を求める警告を行い、同年12月22日付で桟橋や通路の撤去を求めて戒告したが、期日を過ぎても履行されなかったため、都が1月25日付で代執行令書を送達した。

今後も自主撤去がされない場合、今月16日までの間に撤去を行う。費用は所有者から徴収する。不法係留されていた船舶の条例に基づく移動を予定していたが、所有者が自主移動したため見送られた。

前回の行政代執行は、地元からの請願などを受けて、中央区築地川の河川区域で不法係留施設や階段などを撤去。船舶を移動した。

船舶は自動車のように保管場所の確保が義務付けられておらず、都では河川には許可を得ていないプレジャーボートや営業用船舶など約400隻余りが違法に係留されている。保管場所の確保は所有者が行うことが原則だが、都建設局は放置船舶を減らすために暫定的な係留施設の整備を進めている。

都政の東西

パンドラの箱

築地市場最大の業界団体で地殻変動が起きた。水産仲卸で構成する東京魚市場卸協同組合（東卸）の1月末の理事長選で、移転慎重派の早山豊氏が現職の伊藤淳一氏を破った。移転推進派が負けるのは6年ぶりだ。

2011年6月、移転反対派の山崎治雄氏が東卸の理事長に就任し、移転中止の旗を降り続けたが実現しなかった。移転反対派の期待が強かった分、失望も大きく、1期2年の短命だった。その後、伊藤前理事長が就任し、東卸が機関決定した築地再整備を白紙撤回し、移転推進にかじを切った。伊藤氏が反対派を抑え込んだが、早山氏の当選で波乱含みとなっている。

早山氏は就任後のあいさつで「これからの方向性を話し合っていきたい」と述べ、完全な移転反対派でないことを印象付けた。都幹部は移転反対派が勢いづくと、市場移転に関する組合員の意向調査に踏み切るのではないかと警戒する。

意向調査を実施すれば、移転反対派と推進派に二分され、収拾がつかなくなる。豊洲の地下水から基準値を超える有害物質が検出された中で実施すれば、結果は反対派が多数を占める可能性が高い。その場合、東卸は築地再整備に傾くと見られる。意向調査はまさにパンドラの箱だ。

築地再整備は、都が決定したが、工事の長期化で頓挫した。環状2号線は築地の一部を活用するため、再整備しても現在の面積より狭くなり、海外輸出などビジネスチャンスは生まれない。築地市場の取り扱い高が減少傾向にあり、市場がさらに衰退すれば将来は保証されない。移転の議論を蒸し返すのではなく、業界発展に向けた反転攻勢に知恵を絞るべきだ。

国内旅行者6億人へ

産業労働局 観光振興で新プラン策定

都産業労働局はこのほど、新たな観光産業振興実行プラン「PRIME観光都市・東京」を策定し、2020年までに訪都国内旅行者を6億人、消費額を6兆円とする目標を掲げた。同じく外国人観光客は2500万人、消費額は2兆7千億円を目指す。

15年時点の訪都国内旅行者は5億1670万人。プランでは目標を達成するための施策展開として、「集客の高い観光資源の開発」「外国人観光客の受け入れ環境の向上」など、六つの戦略を掲げた。具体的な施策として、来年度は日本の建造物をライトアップすることで魅力を引き出し、集客につなげる取り組みや、外国人の関心が高いアニメやマンガなどのコンテンツを活用した観光振興を支援する。同実行プランは毎年度更新し、実績に応じて目標の引き上げなども検討する。

小池知事は昨年末に放送された紅白歌合戦で、都庁の壁面にプロジェクションマッピングが行われたことを引き合いに、「色々な工夫をすることで価値が高まる。民間の手法も取り入れ、野心的な目標を達成すべく実行プランを一つずつ進めていく」と話し、既存の都有施設などの価値を高めながら、観光誘致を進める考えを示した。

冗句ジョーク

小池都知事、待機児童問題に本格始動
〝どうきょう保育ほうれんそう〟窓口設置

「区長選応援グリーンピース！」
——敗北候補

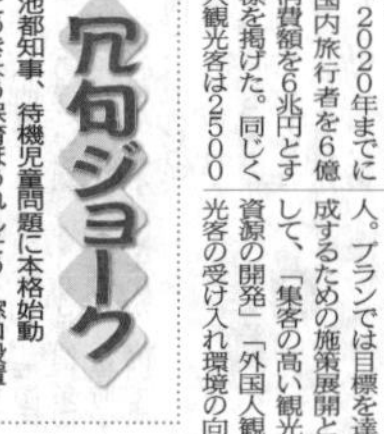

千代田区長選

石川氏が圧勝で5選

勢い増す小池旋風 自民大敗

任期満了に伴う千代田区長選が5日に投開票され、無所属の現職で小池知事が支援する石川雅己氏(75)が1万6371票を獲得し、無所属の新人で会社員の与謝野信氏(41)＝自民推薦＝と、無所属の新人で政治団体代表の五十嵐朝青氏(41)に大差を付けて5選を果たした。小池知事の参戦で、都知事選の前哨戦として注目が集まり、投票率は前回を11・4ポイント上回る53・67%で、単独選挙となった1981年選挙以降では最高の投票率となった。当日有権者数は4万7269人。

投票が締め切られた午後8時に石川氏の当選確実が報じられ、石川氏が小池知事ら支援者の待つ選挙事務所に到着。小池知事と握手を交わし、万歳三唱で勝利を祝った。石川氏は「今回の勝利は小池知事の支援のたまもの。今年の様々な政治ステージの第一のステップとして、このような結果をもらった」と勝因を分析。その上で「小池知事と共に、次の政治ステージに向けて知事の東京大改革を補佐し、力を尽くしていく」と、7月の都議選に協力する考えを示した。5期目の重要施策については教育と高齢者福祉を挙げ、「住み続けたいまちづくりを千代田区で進めることで、知事の東京大改革につなげたい」と力を込めた。

小池知事は「石川区長が区民ファーストの政治を貫いたことの結果で、これからも石川区政を応援していきたい」と祝福し、「東京大改革の新たな一歩としてエールをもらい、大きな責任をかみしめている」と語った。

一方、大差での敗戦となった与謝野氏は「ひとえに私の不徳。1月に入ってからの立候補準備となり、時間も足りなかったが、政策を伝える点で、政治家としての覚悟が足りなかった」と反省を述べた。都議選の前哨戦として、小池知事対自民党の選挙構図になったことに対しては、「相手陣営の戦略として、使えるものは何でも使うのは当然で、責任は自分にある」と静かに語った。

五十嵐氏は「組織も知名度もない中、仲間と共に思いを訴えてきたが、伝え切れなかった」と振り返り、「代理戦争の構図となり、候補者を並べて見てもらう選挙にならなかったのが残念」と悔しさをにじませた。

当選が確実となり、小池知事ら支援者と万歳三唱で喜ぶ石川氏＝5日、選挙事務所で

千代田区長選開票結果(投票率 53.67%)

当	16,371	石川 雅己	75	無現⑤	
	4,758	与謝野 信	41	無新	自
	3,976	五十嵐朝青	41	無新	

(四角囲みは推薦政党) ＝選管確定＝

「7月の政変」に現実味

【解説】「圧倒的大差で東京大改革を前進させよう」――小池知事は7日間の選挙期間のうち、4日間応援に入って訴え続けてきた。結果は、石川氏が65・2%の得票率で次点に3倍以上の大差を付ける圧勝。昨年7月の都知事選以降、衰えぬ小池旋風が示された形となった。

前回選挙と比較すると、より明確に見えてくる。石川氏と自民党擁立候補の争いが軸となった前回13年の区長選では、石川氏が8287票を獲得したのに対し、自民擁立候補の7023票など「反石川票」は合計で8778票だった。

これに対し、今回は石川氏が1万6千票を超えた反面、与謝野氏と五十嵐氏の合計得票数は8734票で、「反石川票」はほぼ横ばい。約8千人増えた投票者を石川氏がそのまま上乗せした形だ。

有権者の自民党離れも改めて浮き彫りになった印象だ。前回から2千票以上の得票減は、率にすると22・2ポイントの大幅減で、得票率はわずか19・0%にとどまった。ある政党の世論調査では、与謝野氏が出馬表明する直前段階で既に石川氏とトリプルスコアの大差が付いていたが、結果として得票差が3・44倍に上ったことは、小池知事が自民党支持層を大きく切り崩した証左といえよう。選対には入らなかったが、候補者選定に関わった内田茂都議の責任論も浮上しており、都議選に向けて自民党は大幅な戦略見直しを迫られた格好だ。

小池知事は7月の都議選に向け、「一つ一つの選挙区をつぶさに見ていく」と語った。投票率の大幅な底上げと、自民の組織固めを根本から覆した今回の結果からは、「7月の政変」が大きく現実味を帯びてきた印象だ。

区政に目を移すと、石川氏支持の区議は25人中わずか3人。依然として区議会との力関係が課題となる見通しだ。今回の圧倒的大差での勝利が議会との関係性にどのように影響するのかが注目点となるだろう。(米)

都区のトップが意見交換

小池知事 児相移管で「協力」明言

「今後も積極的に意見交換の場を設けたい」と区長にあいさつする小池知事＝2日、都庁第一本庁舎で

2日に都庁第一本庁舎で開かれた都区協議会終了後に、小池知事と23区の区長の意見交換会が開催された。前年度までは都区協議会に出席した知事、副知事、役員区長8人が協議会終了後に非公開で意見交換を行っていたが、小池知事の就任に伴い、メンバーを23区長に拡大し、公開での意見交換となった。

千代田と練馬の2区を除く21区が出席し、大田区は松原忠義区長の代理で幸田昭一副区長が出席した。テーマは都が昨年12月にまとめた実行プランで、出席区長からは子育てや教育、防災、まちづくりなどで要望や提言が相次いだ。

西川太一郎荒川区長は「各区の意見や要望に耳を傾けてもらったことには感謝するが、要望が必ずしも反映されていない『うらみ』がある」と『西川節』で苦言。実行プランで掲げる「3つのシティ」のうち、「ダイバーシティ」の分野として、児童相談所(児相)の移管問題に言及し、「(児童福祉)法改正を踏まえた区への円滑な移譲に向けた都の姿勢が示されていない。知事から一歩踏み込んだ見解をいただきたい」と要請した。

小池知事は20区長からの要望や提言を受け、全員の発言内容に触れながら回答。児相移管には、「設置に意欲的な区の意思を受け止め、引き続きしっかり協力していきたい」と語り、協議に前向きな姿勢を示した。

防災では、濱野健品川区長と花川與惣太北区長が、崖地の補修に関する支援制度の創設を提案したことを受け、「崖から飛び降りるのは得意だが」と会場の笑いを誘った上で、「補修についてもしっかり考えていきたい」と語った。

小池知事は「現場に最も近い区の意見を区長から直接聞き、盛り込むことで実行プランを都民ファーストの思いで実りあるものにしたい」と述べ、「今後はテーマ別の意見交換を含め、365日、機会を捉えて23区の話を聞きたい」と語った。

記者席

批判合戦、解決には百条委か

○……2日、都議会で行われた民進党公認内定者の意見交換会。松原仁都連会長は報道陣に、「まずは自力で戦うことが第一優先」と述べ、小池新党との連携はその後という認識を示した。

「私の名前が、ある新聞で(小池新党の)予備軍として書かれていたが、全くそんな事実はない」。松原会長は会議でこうした意見が出たと紹介し、「(都議選が)党全体に及ぼす影響を考えれば、石にしがみついてでも勝ち抜かなければ」と力を込めた。同党からは複数の離党者が出ている緊急事態だけに、松原会長からは不安払拭の姿勢が際立った。

○……「小池知事に会ったら、(そっぽを)向かれた」。石原元知事の側近の浜渦元副知事が2日、民放番組で豊洲新市場の用地取得の経緯を知事に話したかったと明かした。浜渦氏が都議会に百条委員会が設置されれば、証言する考えを示したのには驚きだ。浜渦氏は2005年の百条委で虚偽答弁し、当時の石原知事が「泣いて馬謖を切る」として失脚した。

馬謖は、「口先だけの男」とも評価されていたとされる。翻って、小池知事は「(浜渦氏に知事選の手伝いを)お願いしたことはない。都合のいい解釈をしていた」と石原氏の懐刀を切り捨てた。小池知事は、浜渦氏を平成の馬謖と言いたいのかも。

○……2017年度都区財政調整などを話し合う都区協議会後に開かれた小池知事と23区の区長の意見交換会。新たな都区連携への第一歩として、出席した区長はおおむね好意的に受け止めているようだ。昨年度までは非公開で役員区長8人と知事の懇談会が行われていたが、舛添前知事は懇談に積極的だったものの、石原元知事と猪瀬元知事は冒頭のあいさつを終えるとすぐに退室し、実質的には区長と副知事の懇談会となっていたという。

意見交換会では硬い表情の区長もおり、小池知事の就任から懸念された知事選での「しこり」を感じさせたが、7月の都議選を前に、小池知事が器の大きさをうまくPRした印象だ。

特別区 17年度予算案

江東区

義務教育学校を新設

一般会計12年連続で過去最大

一般会計＝1996億4200万円(前年度比5.8%増)

主な事業

義務教育学校の新設	108億9561万円
区道の遮熱性舗装	8847万円
五輪教育の推進	2023万円
公共サインガイドライン策定	1321万円
青少年の総合相談	548万円

江東区は2日、2017年度予算案を発表した。一般会計は12年連続で過去最大規模を更新。特別会計を合わせた総額は初めて3千億円を突破した。山崎孝明区長は「多くの五輪競技会場が整備され、世界中から注目を集める本区は、魅力あふれる街として更に発展を目指す」と述べた。

大規模マンション開発で人口が急増する有明地区に新設する「(仮称)第二有明小・中学校」の整備に108億9561万円を盛り込み、来年4月の開校を目指す。2万185平方㍍の敷地に、23区では品川区に続き2例目の小中一貫の義務教育学校となる。建物の内装・外装に加え、柱や屋根、床などの主要構造部の一部に、区の地場産業である木材を使用する。

また同地区では都市再開発の一環で、定員310人規模の認定こども園を20年4月開設に向けて整備し、就学前児童の需要増にも応える。経費は建設事業者が区に支払う「公共施設整備協力金」から減額するため予算化しない。

オリンピアン・パラリンピアンらを区立中学校全23校に招き、部活動単位で直接生徒に指導する五輪教育事業を新規に取り組む。小学校5・6年生を対象とした展示・体験施設「パナソニックセンター東京」での五輪学習・体験事業と合わせて、予算額は2023万円。

ひきこもりや人間関係・家庭環境などで悩む青少年に対するワンストップ相談窓口の新設に548万円を計上する。原則週3回、午後1時～5時に青少年交流プラザや区役所などで実施する。同様の事業は、世田谷区に次いで23区で2例目。

歳入では、人口増などの影響で特別区税が前年度比2・1%増の500億円、特別区交付金が15・3%増の571億円。性質別の歳出では、投資的経費が新設義務教育学校の整備費増を受け、前年度比36・2%増の344億円とした。

品川区

障害者拠点施設を整備

投資的経費、67億円減

一般会計＝1645億3600万円(前年度比2.0%減)

主な事業

障害児者総合支援施設の整備	11億3510万円
シティプロモーションサミット	3262万円
立会川・勝島地区まちづくりビジョン	810万円
八潮団地まちづくり検討	515万円
子ども食堂の開設等	161万円

品川区は2日、新年度予算案を発表し、区立品川児童学園跡地に整備する地域生活支援拠点の機能を担う「障害児者総合支援施設」経費に11億3510万円を盛り込んだ。地下1階・地上6階の建物で、4法人で構成する共同事業体が指定管理者となって運営する。8月着工予定で、2019年4月の開設を目指す。

品川児童学園が持っていた就学前児童などを対象とした児童発達支援センター機能に加え、新たに相談や訪問、ショートステイ事業を行う地域生活支援拠点機能、生活介護や就労機会などを提供する「日中活動の場」機能を持たせる。精神科クリニックや訪問看護機能を用意して医療連携するほか、地域に開かれた施設を目指し、アール・ブリュット展示室やレストランカフェも設ける。濱野健区長は、「窓をたくさん造って多方面から光が入る特色のある施設にする」と述べた。

都市整備では、1983年に入居が始まった八潮団地の在り方検討に515万円を計上した。自治会や独立行政法人都市再生機構など関係団体との勉強会の実施に加え、多摩ニュータウンなどの先進事例を調査する。また、東京五輪ホッケー会場の都立大井ふ頭中央海浜公園に近接する立会川・勝島地区のまちづくりビジョン策定に810万円を予算化した。

全国自治体が持ち回りで行っている「全国シティプロモーションサミット」事業に3262万円を計上。10月26～27日に区立総合区民会館で開き、自治体関係者らに事例紹介や情報交換の場を提供する。都内自治体では初の開催となる。

歳入では、特別区税が前年度比2・7%増の445億円。区債は学校用地取得で皆増となる11億2760万円とした。

性質別の歳出では、投資的経費が目黒駅前再開発事業や特別養護老人ホーム施設整備費などの大幅減で前年度比12・6%減の462億円とした。

世田谷区

児相20年度開設へ検討委

ふるさと納税で損失30億円

一般会計＝2987億9400万円(前年度比2.8%増)

主な事業

小田急線跡地の緑地整備	2億6471万円
産後ケアセンターの増床	1億6742万円
被災時のボランティア受け入れ	1223万円
燃料電池車と水素ステーション	655万円
児相開設に向けた検討委設置	206万円

世田谷区は2日、2017年度当初予算案を発表し、児童相談所(児相)の20年度開設に向けた有識者や区内の児童養護施設の関係者らを委員とする検討委員会の設置に206万円を計上した。

区は1月に児童相談行政の外部有識者5人で構成するアドバイザー会議を設置しており、新たな検討委員会にも参加してもらう。委員には里親会や医師会、弁護士会、民生・児童委員、障害者団体なども参加し、20人規模で区の特性に応じた児童相談行政の方向性を検討する。

小田急線の地下化に伴う鉄道上部利用では、緑道・緑地整備などで2億6471万円を計上した。区民参加で上部利用を検討する「北沢PR戦略会議」での議論を基に、緑地の整備や駅前広場予定地へのインフォメーションセンターの整備などを計画する。

エネルギー分野では、庁用車として使用する燃料電池車1台の購入と、大型トラック積載型の移動式水素ステーションの開設で655万円を盛り込んだ。

災害対策では、被災時のボランティア受け入れ態勢の構築で1223万円を計上。区内5地域に立地する大学の構内にボランティアのマッチングセンターを設ける方針で、新年度にコーディネーターの育成や区民への啓発を行う。

性質別歳出は、投資的経費が2・2%減の520億9千万円。児相整備予定の総合福祉センターが機能移転する梅ヶ丘拠点施設の用地取得費が減となったことが要因。

歳入では、ふるさと納税による特別区民税の損失額が30億円に上る見通しという。保坂展人区長は「ふるさと納税の本来の趣旨には賛同するが、影響額が加速度的に膨らんでいる。30億円の損失は学校1校分(の建設費)に相当し、明らかに限度を超えている」と語り、「損失は区民が埋めることになり、国はこうしたゆがみに対策を講じるべき」と提言した。

目黒区

過去最大の保育定員増

一般財源は12億円減

一般会計＝926億5210万円(前年度比0.4%減)

主な事業

待機児童対策	31億9274万円
児童福祉施設の新設	4億109万円
学童保育クラブ新設	8200万円
海外友好都市(2区)交流	533万円
区立公園防犯カメラ設置	152万円

目黒区は3日、新年度予算案を発表し、過去最大の718人の保育定員拡大となる待機児童対策に31億9274万円を盛り込んだ。

6園の賃貸型認可保育所開設で375人、国有地などを活用しての認可保育所3園開設で286人、認証保育所の認可化で57人の定員拡大を図る。また、2019年4月開設の認可保育所を視野に、5カ所の整備費補助経費で18年度の債務負担行為を設定する。限度額は9億2070万円。次年度の予算化をあらかじめ明示することで事業者の経営上の見通しを立てやすくするとともに、地域住民へ丁寧に事前説明し、合意形成を図りやすくすることが狙い。青木英二区長は、「あらゆる方法を活用しながら、待機児童対策を進める」と意欲を示した。

区内5地区のうち、西部地区と東部地区の需要超過が顕著である学童保育では、西部地区に2カ所の学童保育クラブを開設して定員を110人増やす。児童館併設型の「平町二丁目児童福祉施設」では、学童保育機能に加え、中高生が対象のプレイルームや音楽スタジオを設置する計画で、4億109万円を計上した。八雲地域には、定員40人の賃貸型学童保育を開設する。このほか、北部地区に区民からの寄付用地を活用した定員35人の学童保育施設も開設し、合わせて145人の定員を拡大する。

昨年6月に区立碑文谷公園で切断遺体遺棄事件が起きたことを受け、新たに東山公園と清水池公園に防犯カメラを設置する。東山公園が7機、清水池公園が8機で152万円を計上した。

歳入では、特別区税が前年度比0・4%増の426億円。一般財源は昨年の円高や株価低迷などを受けて12億円の減と見込み、財政調整基金から11億円繰り入れる。

性質別の歳出では、投資的経費が区立東山小学校改築工事費の減額の影響で前年度比14・5%減の76億円とした。

北区

新庁舎担当を新設

建設用地取得を控え

北区は来年度、新庁舎整備を担当する副参事ポストを総務部内に新設する。3日に開かれた区議会の企画総務委員会に報告した。来年度中に移転整備用地を取得できる見通しとなったことなどを受け、専任者を置く。

現在の区庁舎は6カ所に分散しており、最も古い第一庁舎中央棟が築55年で老朽化が進んでいる。11年に公表した基本構想では、現在地建て替えと移転整備を想定していたが、14年3月から国立印刷局王子工場用地への移転整備を第一候補として検討を進めており、15年8月に国立印刷局と取得に関する覚書を締結。取得交渉を行っている。

荒川区

保育士の確保で

独自奨学金制度

荒川区は、保育人材の確保と定着を目的に、保育士に対する独自の奨学金制度を来年度に創設する。3日に開かれた区議会文教・子育て委員会に報告した。来年度当初予算案に1690万円を計上する。

新たな制度では、対象者別に3種類の奨学金を設ける。大学や専門学校への入学予定者に対して、入学金および1年目の前期授業料相当額を貸し付ける「保育士入学準備奨学金」は、卒業後、区内の私立保育施設への5年間継続勤務を条件に返済を免除する。補助額は50万円以内。保育士を対象に入学前の費用を補助するのは都内初で、9月に開始予定。

また、区内の私立保育施設に勤務する常勤保育士の奨学金返済負担を実質ゼロにすることを目的に、日本学生支援機構の奨学金利用者を対象として年間20万円を上限に最長5年間補助する「保育士支援奨学金」を実施。ひとり親家庭の親または子で、母子父子福祉資金を利用する保育士に対しては、「ひとり親家庭等保育士支援奨学金」として、年額上限を30万円に引き上げる。いずれも4月に開始する。

西東京市長選

丸山氏が大差で再選

「20万都市、前へ前へ」

任期満了に伴う西東京市長選は5日、投開票が行われ、現職の丸山浩一氏（69）＝自民、公明推薦＝が、新人の共産党西東京市委員長の杉山昭吉氏（67）＝共産、自由推薦＝を破り、再選を果たした。合併から16年が経ち、選挙戦では庁舎統合問題なども争点になったが、市民の関心は薄く、投票率は32・90％で過去最低だった。当日有権者数は16万4271人。

丸山氏の選挙事務所では午後9時前から支持者らが集まり、開票状況を見守った。10時32分に当選が決まると拍手が沸いた。丸山氏は大きく両手を上げて笑顔で登場。「20万都市、止まるわけにはいかない。前へ前へと進んでいく。これからの4年間、健康都市実現に向けて市民と一緒に歩んでいきたい」と述べた。

当選を決めて、万歳三唱する丸山浩一氏（中央）＝西東京市田無町の選挙事務所で

丸山氏は1期目に、老朽化が進んだ保谷庁舎を将来的に取り壊し、田無庁舎広場に暫定的な仮庁舎を設けた上で、2033年度を目途に両庁舎を統合する方針を決定した。

相手陣営は庁舎統合方針の決定が「行政主導で市民の声を聞いていない」などと批判したが、丸山陣営は「批判には反論せず、正攻法でいく」として、WHO（世界保健機関）の健康都市連合への加盟を始めとする健康応援都市の実現に向けた1期目の実績を強調。自民、公明、民進党の16人の市議らの全面的な支援の下、徹底した組織戦を展開した。医師出身のネットワークを生かし、医師会や歯科医師会などの支援も得て、各種団体の推薦は60を超えた。期間中は谷戸、中町、ひばりが丘の市内3カ所で移動事務所を設け、病院や高齢者福祉施設にも顔を出し、朝は西武線5駅で駅頭に立ち、夜は個人演説会と精力的に活動。前回の3万2291票に約3200票上乗せした。

丸山市政の2期目は庁舎統合への具体的な道筋を付けることが大きな課題となる。19年度から23年度にかけての統合庁舎の位置の検討と決定が一つのヤマ場となりそうだ。また、市民会館、中央図書館、田無公民館の合築複合化についても、3施設を市民会館敷地で合築複合化する案と、田無公民館は現在地で改修し、市民会館と中央図書館の2施設を合築複合化する案などを内部で検討している段階で、市民が納得いく形での公共施設の再構築が望まれている。

杉山氏は前回市長選挙で次点だった森輝雄市議と連携。共産党、自由党のほか、昨年12月の国立市長選に立候補した元生活者ネット市議が第一声に駆け付けるなど「野党共闘」を標榜したが及ばなかった。「保谷庁舎取り壊しには市民の疑問の声がある。市民に説明と伝える努力を」と注文を付けた。

西東京市長選開票結果（投票率 32.90%）

	得票	氏名	年齢	党派・新旧	推薦
当	33,486	丸山　浩一	69	無現②	自公
	19,698	杉山　昭吉	67	無新	共由

（四角囲みは推薦政党）　＝選管確定＝

地域包括ケアや子育てに重点

永見理夫・国立市長に聞く

ながみ・かずお＝1949年生まれ。早稲田大学教育学部卒。74年に国立市役所に入庁し、企画財政課長、生活環境課長、福祉部長、企画部長などを歴任。定年退職後は、㈶くにたち文化・スポーツ振興財団事務局長を務め、2011年5月から副市長に就任し、佐藤市政の2期5年半を支えた。趣味はクライミング。国外の5千㍍級の「難壁」にも挑んできた。以前は冬の富士山にもよく登ったが、最近は「なかなか山に行けない」。早朝と昼休みのウオーキングが日課だ。妻と長女、2女、孫の5人暮らし。

佐藤一夫前市長の死去に伴い、昨年12月25日に投開票された国立市長選で、新人同士の一騎打ちの結果、約1万5千票余りを獲得して初当選を決めた永見理夫氏（67）。「佐藤市政を引き継ぎ、これまで通り市民に丁寧な行政を行っていく」と誓う。抱負などを聞いた。

――選挙を振り返っての感想をお願いします。

選挙戦を通じて、多くの市民と接することができた。参考になったし、選挙そのものを支えるために、いかに住民の力が必要であるか、その重みを感じた。

――選挙の事務所開きのあいさつで、「市民」という言葉が半分好きで、半分好きではないと言った意味は。

自治法では「住民自治」というが、「市民自治」という言葉を使う人たちがいる。バイアスという言葉は悪いが、市民という言葉で表わされる概念が住民の総意のように使われている部分がある。

行政は、住民の全体利益を常に念頭に置きながら、全体利益をどのように配分するか、大事にしていくものをどう大事にしていくのか、守らないといけないものをどう守っていくのか、共通理解を得ながら水準を上げていくことだと思う。

選挙は個別論を問う場ではないのではないか。個別の公約を掲げるよりは、その配分、考え方や政策を問うべきだと言った。

――相手陣営からは副市長、教育長に内部登用が多く、「市民の声が届いていない」と指摘がありました。

教育長は、法改正前は一般職の身分を有していた。教育行政の事務に精通している人が上がっていく。教育委員会で文化や学校行政のプロパーが合議体で議論していくのは極めてノーマルな姿だ。副市長は、政策発案者で最終決定者である市長を支え、財や人や資源を最適に配分するのが仕事。行政の幅広いプロパーの最後の姿としてあってもおかしくはない。

――市長については。

それは住民選択だから、誰がなってもいいのではないか。最近は多摩地域でも、行政職出身の首長が多い。

――選挙では「地域包括ケアと子育て支援の停滞は許されない」と訴えました。具体策は。

国立は、地域包括ケアが極めて進んでいる。特に在宅療養や認知症対策をきちんと進めなければならない。来年度予算でも、地域包括ケアを支える医療の分野や認知症対応の相談や対応強化などを入れている。子育てでは、子供の貧困の問題などでいくつか予算を盛り込んだ。抜本的な対策はないが、居場所の問題など充実を図っていく。

保育所の待機児童対策は、いたちごっこになっている。認可保育所の数を増やしたり、小規模保育所を作っても、それを上回る待機児童が出てしまう。そういう中で、幼児教育の預かり部分を充実して待機児童を吸収できるような新たな補助制度などを考えてみたい。

――周辺自治体では大規模な駅前再開発が進みます。国立のとるべき道は。

例えば、国分寺駅の北口再開発は必須だったのだろう。再開発で建物を一体化することで空間を生み出して、都市施設へ充当すると。ところが、国立駅の南口は、大正末期に駅前広場が設けられ、再開発整備する要素は、ほぼゼロ。国立は、さらに付加価値を付ける意味では、駅舎の再築や、文化や子育てゾーンの充実、より使い勝手の良いロータリーにすることなどだ。北口は来年から工事に入るが、ロータリーをさらに各幅整備して、駅前広場として利便性を高めることで、国立の個性は十分発揮できると考えている。

――職員へのメッセージを。

自分自身にも課しているが、誠実であるということ。それから、他者への尊敬。住民をリスペクトし、献身すること。さらに自分の言葉で言うと、「社会は孤独をもたらすが、孤独が社会を支えている」と思う。トップマネジャーになるほど、個人で判断しなければならないことがたくさんある。極めて孤独なことだが、ある意味でそれが社会全体を支えている。そういう強さ、心意気を一方では持っていることが肝心ではないか。

都市長会

都に緊急申し入れ

待機児対策の資産税免除巡り

「課税自主権の制約」と批判

都市長会（会長＝並木心羽村市長）は、都が保育所の待機児童対策として、保育施設に使うために貸し付けられた土地などの固定資産税を免除するとの趣旨の報道が流れたことを受け、都に対し、「課税自主権が制約を受ける」と批判し、説明と適切な対応を求める緊急の申し入れを行った。

一部報道があったのは1月初旬で、都が課税する特別区の区域で固定資産税を全額免除し、都内市町村が同様の措置を行った場合には税収減の補塡として交付金を交付する内容だった。

緊急申し入れは同月20日付。都からこの件に関しての明確な説明がないとした上で、「特別区での固定資産税免除措置の実施を決定したことが事実なら、市は住民から同様の施策の実施を迫られる。結果的に市の課税自主権が事実上制約を受けることになりかねない」と危惧を示した。

また、「固定資産税は市にとって重要な基幹税で、市に協議することなく減免措置を実施することは配慮を欠く」と都の姿勢を批判した。

さらに多摩26市は、過去にもこうした固定資産税に関する都の施策への対応に苦慮してきた経緯があると指摘。「都と市の信頼関係を損なう」との懸念を表明し、真偽を明らかにするとともに適切な対応を求めた。

これを受けて、都は26日に開催された都市長会全体会に目黒克昭主税局長と西村泰信行政部長が出席し、25日に都が発表した民有地を活用した保育所等整備促進税制の創設について説明した。

新たな制度は、待機児童の解消に向け、民有地を活用した保育所などの整備促進を税制面から支援するため、23区内で保育所などのために有料で貸し付けられた土地のうち一定要件を満たすものについて、固定資産税と都市計画税の減免措置を講じるという内容。

これに対し、複数の市長から「自治権の侵害で問題」「住民から要望があった際に説明がつかない」などと意見が出された。

都市町村課は「申し入れは真摯に受け止めて、丁寧に説明していく」としている。

9市首長が広域連携サミット

図書館や人事で相互交流を

9市の市長が顔をそろえた広域連携サミット＝立川市の統計数理研究所で

立川市とその近隣の昭島、小平、日野、国分寺、国立、福生、東大和、武蔵村山の8市の首長による「広域連携サミット2017」が1月31日、立川市内の統計数理研究所で開催された。

同様のサミットは2004年から07年にも開かれており、10年ぶり。

冒頭、立川市の清水庄平市長は「人口減少と少子高齢化社会の到来で、今まで経験したことがないような新たな課題が生まれてくる。コストダウンを図り、市民要望にも応えていくために広域連携を進めなければいけない」とあいさつした。

続いて、各市の市長が各市の特徴と魅力、課題について発言。その中から、共通のキーワードとして「子育て世代」「住みよいまち」が、また、悩みとして「公共施設の老朽化」などが浮かび上がった。

2巡目は広域連携によって解決できる施策や取り組みについて発言した。武蔵村山市の藤野勝市長は、各自治体の姉妹都市との交流の相互活用、9市間での人事交流や図書館の相互利用などを提案した。また、国立市の永見理夫市長は「国立市の人口の社会増減の移動先は、ほとんどがこの9市に府中市を加えた圏域内。この中で奪い合って発展性はあるのか」と問題提起し、むしろ各市の特徴あるサービスを共有化していく必要性を指摘した。

昭島市の臼井伸介市長は、都から04年に移管された昭島市総合スポーツセンター（旧都立多摩スポーツ会館）の老朽化に触れ、広域施設として9市が関与することに期待を示した。

最後に清水立川市長は、都がJR立川駅近くに計画する訪日外国人客向けの観光情報センターに地元自治体の情報発信スペースを加えるよう要望したことを明らかにした。

小池知事

大島と利島を訪問

献花や若手職員と懇談も

小池知事は1月29日、大島町と利島村を日帰りで訪問した。

大島町では、町役場で行われた伊豆大島椿まつりのオープニングセレモニーに参加。2013年の土砂災害に触れ、「数々の自然災害が起こり、その時に誰が何をしたのかを研究し、二度とそういったことが起こらないためには何をすべきなのか、島のみなさんが安心して暮らせるような島づくりに協力したい」と述べた。

また、「大島には、椿まつりを彩る世界有数の美しい椿や、雄大な三原山の風景、多彩な海の幸など、素晴らしい宝がたくさんある」と話し、都知事として「宝物探し」をして、島の魅力を磨き上げて世界に発信したいとの考えを示した。

土砂災害現場での献花に続き、大金沢の堆積工や御神火スカイラインから眼下に見えるメモリアル公園の整備計画などの説明を聞いた後、都立大島高校で町や都大島支庁の若手職員らと観光をテーマに懇談した。「島しょ地域誘客促進で予算を付けている。それぞれ島が競い合って、うちに来てくださいというのは知恵比べ。キョン対策と観光を一緒にしてみるなど柔軟な取り組みも重要かなと思う。頑張ってほしい」などと激励した。

国際ツバキ協会から国際優秀つばき園として認定された同校の椿園も見学した知事は、ヘリで利島村に移動した。児童・生徒数が31人の村立利島小中学校で子供たちの合唱や「利島の魅力」の発表を聞いた。椿や明日葉を英語で紹介したスピーチには、知事も「エクセレント（素晴らしい）」と感動。

利島港では、港湾の整備状況について大島支庁職員から説明を聞き、見送りの島民らに手に持った1輪の椿を振りながら島を後にした。

利島村で出迎えの保育園児らから花束を受け取る小池知事

旧国立駅舎再築へ

市がJRと土地売買契約

510平方メートルを買収

国立市は1日、旧国立駅舎再築のための用地の土地売買契約をJR東日本と締結した。

再築のための敷地約648平方メートルは、新しい国立駅舎の南側に位置し、同市東1丁目と中1丁目にまたがる。買収面積は、そのうち市道分を除いた510平方メートルで約6億6千万円。

1日から実施設計が始まっており、再築工事は2017年度から19年度、完成は20年2月末の予定だ。

再築事業では、防火地域に指定されている駅前に木造建築物を建てることになる。市は今後、都多摩建築指導事務所と協議を進め、都の建築審査会の同意を得る必要がある。

旧国立駅舎は大正期の木造旅客駅舎。赤い三角屋根に白い洋館風の外観で、明治から大正期にかけての典型的な構造技法が用いられるなど貴重な建造物であるとして、06年10月に市指定有形文化財に指定された後、JRの連続立体交差事業に伴い、同年11月に解体された。部材は同社から市に引き渡され、保管されている。

女子大生がデザイン

今月から使用を開始

日野市職員の名刺

日野市の職員が使用する名刺のデザインに、同市内にキャンパスを持つ実践女子大学の学生の作品が採用された。今月から使用が始まっている。

同市は2014年に実践女子学園と相互協力と連携に関する包括協定を結んでいる。今回は、シティーセールスを推進するため、名刺のデザインを実践女子大学に依頼した。庁内に設けた選考委員会により、12点の学生の作品の中から、2年生の布田江里奈さんの作品が選ばれた。

市の鳥であるカワセミと市の花である菊のイラストがあしらわれている。ロゴやキャラクターなどの画像を追加することもできる。市職員からは、柔らかみのあるデザインが好評という。

先月行われたお披露目会で紹介された新しい名刺デザイン

◇戦争体験を伝承　国立市

国立市は1月29日、「くにたち原爆・戦争体験伝承者育成プロジェクト」第2期生の開講式を市役所で行った。

同市は市内在住の原爆被爆者の体験と平和への思いを語り継ぐため、2015年に「くにたち原爆体験伝承者育成プロジェクト」を立ち上げた。これまでに第1期生19人の伝承者が誕生し、活動を行っている。

第2期生は市内外からの16人。より身近な視点から日常の平和の尊さを訴える狙いから、新たに東京大空襲の体験を語り継ぐ伝承者も育成する。

開講式では、永見理夫市長が「戦争の体験、悲惨さ、人権の侵害、そして何よりも戦争はあってはならないのだと、この強い意思を広く伝えてほしい」とあいさつ。講師となる広島と長崎の原爆、東京大空襲の体験者3人の紹介に続き、受講生は互いに自己紹介をして、活動への決意を固めた。

今後は月に1回ペースで15カ月間の研修を行う。研修終了後は地域の中で、講師が経験した戦争体験を語り伝えていく。

7月2日に投開票

国分寺市長選

国分寺市選挙管理委員会は2日、任期満了に伴う国分寺市長選挙の日程を発表した。

6月25日に告示、投票日は7月2日で即日開票される。立候補予定者説明会は、4月27日に国分寺市役所で行われる。

同市の昨年12月2日現在の選挙人名簿登録者数は10万1392人（男性4万9755人、女性5万1637人）。

都小委 時差勤務の拡充提案

午前7時始業、昼休み分散も

都と都労連は2日、小委員会交渉を開き、都は2017年4月1日からの勤務時間制度の見直しを提案した。現在、時差勤務を導入している本庁職場の全職員を対象に、新たに午前7時や午前11時の始業を認めることが柱。併せて昼の休憩時間も新たに時間帯を設定する。職員の「ライフ・ワーク・バランス」を推進するため、柔軟で多様な働き方に見直す狙いだ。また、ICTを活用した在宅勤務型テレワークについて、現行制度の範囲内で17年4月からの試行に踏み出す。

時差勤務に関しては、総務局が行った職員アンケートで、時差勤務を利用している職員・利用していない職員のそれぞれから「生活スタイルに合った勤務時間帯を確保できる」「業務上のコミュニケーションが困難」との回答が寄せられた一方、全体の3割超が「更に時間帯が拡大すれば利用したい」と回答した。また、職員目安箱には昼休みの分散化を求める声もあるという。こうしたニーズ等も踏まえ、都は見直しの提案を行った。

見直し案では、①午前7時～午後3時45分②午前10時30分～午後7時15分③午前11時～午後7時45分――の三つの勤務時間を新たに設定する。現在、午前7時30分から10時30分までの30分単位で6パターンある始業時間を、午前7時から11時までの9パターンに拡大する。公務運営を確保する観点から、午前8時30分・9時に始業するA・B班の職員の割合は最低6割程度とする。

休憩時間は、現行の正午～午後1時を原則としつつ、新たに午前11時30分～午後0時30分、午後0時30分～1時30分の時間帯を設定できるようにするほか、午前10時30分以降に始業する職員の休憩時間は午後1時～2時に。正午～午後1時の休憩時間を取る職員の割合を最低5割程度とする。

勤務時間と休憩時間とは一体とし、原則1カ月を単位に振り分けるが、育児・介護などの事情がある場合は1日単位の設定も認める。

また、この見直しに向けたトライアルとして、3月の1カ月間、昼休みの分散化を試行する。知事部局等の本庁の官庁執務型職場を対象に、午前11時30分からと午後0時30分からの昼休みも割り振ることができるようにする。各局で1部署以上が「モデル職場」として取り組みを実施し、所属長は本人の申し出に基づいて業務の実情に応じて割り振ることとなる。

都側はまた、在宅勤務型のテレワークの試行実施についても説明。各職員が通常割り振られている勤務時間に合わせ、自宅で仕事をする内容で、日を単位として最大週2日まで承認できるようにする。4月～8月の5カ月間、専用のパソコン端末5台を使い、約30職場で取り組む。

時間外勤務は原則として認めず、服務は自宅への出張扱いになる。また、セキュリティー確保のため、端末内に情報は残さないように設計する。

国では、総務省が民間企業への普及も見据えて他省庁に先駆けて在宅のテレワークを実施。昨年4～12月に本省の4割に当たる約1千人がテレワークを利用した。他道府県でも試行中を含め10県が導入しているという。

都労連は解明要求提出へ

都労連は都側の提案に対し、「業務に影響を及ぼすことを避けようとして時差勤務を利用しない職員がいることを受け止めるべきだ」と指摘。現行でも6パターンの勤務時間帯を更に三つ増やす上、昼休みが分散することから、「所属長が勤務時間帯・休憩時間を的確に把握できるのか」と疑問を呈した。

また、今回の提案が本庁職場に限定していることに触れ、「時差勤務をすることが難しい職場のワーク・ライフ・バランスの実現のため、都労連要求を実現すべき」と検討を求めた。提案は持ち帰り検討するとしたが、不明な点も多いとして、解明要求を提出する考えを示した。

テレワークに関しても、「都の職場で在宅勤務によるテレワークが可能な職員はごく少数」と言及。「情報管理のリスクや勤務時間管理の問題があり、拙速な導入には反対だ」と述べ、やはり解明要求を提出する方針を示した。

都労連はまた、勤務時間の変更が労使交渉事項であるにも関わらず、知事の一方的な発言が続いていると言及。「労使交渉を尽くし、労使合意により解決するのが都の労使関係だ」と強調した。

区小委 「全区で係長職の拡大を」

行政系人事制度 組合側が要求書

区長会と特区連は6日、小委員会交渉を開き、特別区の行政系人事制度の見直しに関して、特区連が要求書を提出した。

組合側は「提案には『管理監督職を適正に確保し』とありながら係長職の拡大が明記されておらず、特区連の考え方と大きく相違する」と指摘。「係長職の拡大がなければ過重負担は軽減されない」と訴え、全ての区で係長職の拡大を求めている。

併せて、新たな主査が昇任への経験不足の不安を解消できるよう、係長への育成期間の要素も含んだものとして位置付け、係長の不在時に代理できる「副係長制」を導入するよう求めた。

また、新2級職は主任主事を継承する位置付けとして、定数管理を行わないよう要求し、新2級職の名称を「主任」とするよう促した。

給与制度では、管理監督職の給与水準引き上げの原資について、「最終報告書には、新2級職以下の給与水準を引き下げて生み出すことを意図した内容が盛り込まれている」と指摘し、「区職員の7割の給与水準を引き下げることになり、看過できない」と釘を刺した。

新2級職の給与水準は、現3級職（主任主事）を下回らないようにすることも新たに要求。新2級職の退職手当の調整額（ポイント）・期末勤勉手当の職務段階別加算は、現3級職の水準を下回らないよう牽制した。特別区では、多数の職員が主任主事で定年退職を迎えることなどが背景にある。

新2級職昇任選考の種別・受験資格に関しては、「A」は現行の主任主事昇任選考の「短期」、「B」を「長期A」、「C」を「長期B」と、それぞれ同じ資格基準とするよう求めた。

都水道局 災害支援体制を常時確保

全国初の「救援隊」創設

大規模な災害が発生した際に被災地に速やかに給水・水道復旧の部隊を派遣できるよう、都水道局は3月、「東京水道災害救援隊」を創設する。応急の給水・復旧に対応する体制を常時確保し、（公社）日本水道協会の応援要請を介して被災地支援に即応できるようにすることが柱。国内の水道事業体としては全国で初めて。

「当番制」では断水に対応する応急給水部隊と施設・設備などの復旧のして5班（各2人）、漏水に対応する応急復旧部隊として4班（各6人）の計34人をリストアップしておき、すぐに派遣できる体制を整える。

更に「登録制」として、当番制を導入しない分野でも支援が円滑に行えるようにするための職員を局内で募集し、当番制を導入しない分野でも支援が円滑に行えるようにする。事前の研修受講で災害派遣活動のレベルを確保することも盛り込んだ。また、管路の復旧では東京都管工事工業協同組合など管工事業者4団体とも連携し、「実働部隊」と協力して支援に取り組む。被災地の状況に応じ、継続的な派遣もできるようにする。

同局は過去、阪神・淡路大震災で管工事業者を含め、給水・復旧で延べ1113人を派遣したのを始め、東日本大震災や熊本地震でも支援実績があるが、人員確保などに時間を要することから、「災害支援体制の強化は不可欠」と判断した。

小池知事は3日の定例記者会見で、「被災地で水の復旧は命に直結するので、一番先に確保しなければならない。災害の度に編成をするというよりは、より効率的に、すぐに動けるように支援体制を強化することが不可欠。災害の種類、現地のニーズによって体制を常時確保し、派遣する」と説明した。

消対審 「持続可能な消費」を推進

消費生活計画で答申

東京都消費生活対策審議会（会長＝後藤巻則早稲田大学大学院教授）は3日、総会を開き、2017年度に計画期間が終了する「東京都消費生活基本計画」と「東京都消費者教育推進計画」の改定についての答申内容を決定した。持続可能性のある消費や若年層・高齢者の消費被害の対策を求め、きょう7日、答申する。

持続可能な消費では、製造や販売の過程で環境汚染や不当な搾取があった商品を避け、エコ・リサイクル商品や、障害者施設で作られた商品を利用するなど、環境・社会問題に配慮した消費者の意識改革を都に求める。都はこれまでも、環境に配慮した商品やサービスの消費を啓発する「グリーンコンシューマー東京ネット」などを設立してきたが、障害者支援や不当労働など幅広い社会問題にも対応する。

消費者教育の推進では、通信技術の発達を踏まえた見直しを盛り込んだ。現在、都はインターネットを使った教材などを作成しているが、スマートフォンの普及や通信技術の進展に追いついておらず、一部の端末でウエブサイトが閲覧できないなどの課題がある。現在の通信事情に合った教材の作成に加え、作成した教材を長く活用することの重要性も示している。

また、国で18歳から成人と認める動きがあることにも言及。「18～19歳は未成年」という抑止力がなくなり、悪質な事業者が若年層をターゲットにする可能性も危惧され、若年層への消費者教育を充実させるよう求める。

東京都消費生活対策審議会は、総会で最終答申内容を決定した＝3日、都庁第二本庁舎31階

高齢者の消費被害防止では、区市町村や民生委員など、地域の関係機関で高齢者を支え、悪質業者から守る「見守りネットワーク」構築や、訪問販売・電話勧誘での被害を減らすため、高齢者の意思をあらかじめ事業者に伝えられる制度を構築する取り組みなどを推進する。

このほか、事業者に対しコンプライアンス意識を高めてもらう取り組みや、外国語での電話相談窓口の充実を検討するよう求める。

中嶋正宏生活文化局長は3日の総会で、「消費生活の充実は、実行プランに掲げる『3つのシティ』全てに関わってくること。答申を踏まえ、具体的な計画の改善に向けた取り組みを進めたい」と述べた。

産技大 キャリア再開支援入試実施

産業技術大学院大学は出産・育児・介護などを機に離職・休業した女性など、キャリアの再開を目指す受験生を対象に、「キャリア再開支援入試」を実施する。働き方改革や女性の活躍推進の機運を受けた取り組みで、試験日は3月4日。併せて、さわやか信用金庫の寄付による就学奨励金を創設し、入学生を支援する。奨励金は入学金の半額に当たる14万1千円。

3月6日には女性の学び直しによるキャリアの再スタートをテーマとしたシンポジウムを銀座フェニックスホール（中央区）で開催する予定。女優の菊池桃子さんが講演する。

都生活文化局 都公式ホームページで 8割「情報探しやすい」

都生活文化局は1月30日、都の公式ホームページ（HP）に関する都政モニター調査結果を発表した。同局は昨年、HPを約10年ぶりにリニューアルした（日本語版）が、利用者の約8割が目的のページを「探しやすい」と答えたという。

利用頻度は、「年数回程度、または必要なとき」が約5割で最多となり、「月1～2回程度」（12・6％）、「週1～2回程度」（4・0％）と続いた。約3割は「利用していない」と答えた。興味・関心のある情報としては、「都庁に寄せられた声への対応状況」「行政計画などの状況」「公金の支出内容」がそれぞれ約5割で上位で、政策の事業概要や予算の編成過程などが続いている。

充実してほしい情報では、「教育・福祉サービスなどの生活情報」「文化・スポーツなどのイベント情報」が約6割、「相談窓口などの情報」「まちづくり・環境などの都市基盤に関する情報」がそれぞれ約4割だった。

調査は、インターネットが使える20歳以上の都内在住者から公募し、性別・年代・地域などを考慮して500人を選んで行っている。

都財務局 保育所用の都有地 計111件を洗い出し

都有地を活用した保育所の整備に活用してもらうため、都財務局は3日、公営企業局を含めて全庁的に調査した結果、新たに計111件の都有地を洗い出したと発表した。内訳は区部73件、市部38件。都営住宅の敷地の一部や小規模な事業用代替地などが中心という。同局は区市町村に情報提供し、都のホームページにも掲載する。

昨年10月には第一弾として、財務局の未利用地121件を発表し、保育事業者からの問い合わせ窓口として、「とうきょう保育ほうれんそう」（福祉保健局）を開設していた。今後、区市町村への情報提供は年4回程度更新する。

小池知事は3日の定例記者会見で、「未利用地の情報提供を積極的に行い、区市町村、事業者に保育所の整備につなげてほしい」と呼び掛け、「あらゆる策を総動員し、待機児童ゼロに一歩でも近づくように努力をしていきたい」と述べた。

都有地ではこれまでに、旧千住消防署（足立区）跡地を区を通じて民間事業者に転貸することを検討している。旧杉並西清掃事務所杉並中継所跡地でも認可保育所を整備中で、17年4月の開園に向けて準備を進めている。

都産業労働局 商談会に302社 8県市と合同開催

都産業労働局は2日、さいたまスーパーアリーナ（さいたま市）で千葉県や横浜市など8県市と合同で中小企業支援の商談会を開催した。首都圏産業の国際競争力の強化が目的で、9回目となる今回は首都圏の中小企業を中心に302社が参加し、1千件を超える商談が行われた。

被災地支援の一環として熊本県・大分県の企業も参加した。

商談会は毎年、各都県市の持ち回りで開催している。

町田 英一さん（まちだ・えいいち＝東京福祉会理事、元都民生局長）3日死去、95歳。町田家と東京福祉会との合同葬で、通夜は11日午後6時、葬儀・告別式は12日午前10時30分～正午、江古田斎場（練馬区小竹町1の61の1☎03・3958・1192）で行われる。葬儀委員長は、原山陽一東京福祉会理事長。

五輪への航海図 (151) 携帯電話がメダルに

TOKYO 2020 開催まで あと1263日

「都市鉱山」の活用

不要になった携帯電話や小型家電から抽出されるリサイクル金属で五輪・パラリンピックのメダルを作ろうと組織委員会は4月、全国民にリサイクルを呼びかけるプロジェクトをスタートさせる。1日の理事会では回収の協力事業者として㈱NTTドコモと（一財）日本環境衛生センターを決定。全国の自治体やドコモショップを通じて回収するという。

理事会で、室伏広治スポーツ局長は「選手にかけるメダルに国民全体が参画できるプロジェクト。選手の思い入れも大きくなる」と話した。小池知事も、自ら3台の携帯電話を寄付すると意気込み、環境局は近く、都庁内に小型家電の回収ボックスを設置する予定だ。

過去の大会ではメダルの原材料は鉱山会社からの寄付で調達しており、メダルへのリサイクル金属の利用は2010年バンクーバー大会が初めてで、16年リオ大会でも利用された。しかし、いずれもメダルの一部にリサイクル金属が使われたのみ。東京大会では約5千個のメダルに必要な原材料全てをリサイクル金属で賄うとしており、過去に例がない。メダル作成のために国民にリサイクルを呼びかけるのも初めてだ。

記者会見でPRボードを掲げる、室伏スポーツ局長と谷本理事＝1日、虎ノ門ヒルズ

プロジェクトは必要総量が集まるまで続ける予定だが、組織委の中村英正企画財務局長は1日、「逆算していくと、（開催の）2年前には作り始めたい」と話しており、18年までには材料を確保する必要性を示した。

ただ、必要な量を確実に集めるのは簡単ではない。組織委によると、金・銀・銅全てのメダルに必要な金属は、製造時のロスを考慮すると約8㌧で、携帯電話に換算すると数百万台に上る。小池知事は「最低500万台の携帯が必要」とし、企画を提案した㈱NTTの鵜浦博夫社長は「約800万台は集める」と述べている。

ドコモは15年度に約417万台回収した実績があるが、消費者にとっては携帯電話やパソコンを中古販売店に売却するという選択肢もある。国全体でも小型家電リサイクル法の年間回収量の達成はできておらず、国は13年度の導入から3年で達成するとしていたが、昨年12月に18年度まで目標を先送りした。五輪への参加というエンゲージメントで、どこまで国民のリサイクルへの意欲をかき立てられるかが課題だ。

平成29年度 主任試験講座 19

行政法 ②

今回も前回に引き続き、「行政行為」の問題演習を行います。「行政行為」については頻出の分野ですので、確実な知識の習得に努めましょう。なかでも「行政行為の効力」については、行政法を理解する上で非常に重要な分野ですので、しっかりと勉強しておくことが大切です。

問題

【問題 2】

行政行為の効力に関する記述として、妥当なのはどれか。

① 行政行為の拘束力とは、形式的確定力とも言い、行政行為が違法な場合でも、一定期間経過後は、行政行為の相手方は、その効力を争うことができなくなることをいう。

② 行政行為の不可争力とは、行政行為が行われると、相手方はもとより、行政庁や第三者も行政行為が外形上存在することを認めなければならないことをいう。

③ 行政行為には不可変更力があり、異議申し立ての決定のような争訟裁断行為を、権限のある行政機関がいったん行った以上は、裁判所はその判断を取り消すことができない。

④ 行政行為には自力執行力があり、行政行為によって命ぜられた義務を国民が履行しない場合には、行政庁は、裁判所に訴えて確定判決を得た上で、行政行為の内容を実現することができる。

⑤ 行政行為は、公定力を有し、法律や条例の規定に違反しても、権限のある機関によって取り消されない限り有効とされ、国民を拘束する。

【問題 3】

行政行為の効力に関する記述として、妥当なのはどれか。

① 行政行為の不可変更力とは、正当な権限を有する機関がいったん判断を下した以上、自ら変更することができない効力をいうが、異議申し立ての決定など争訟裁断行為には不可変更力は一切認められない。

② 行政行為の不可争力とは、行政行為が無効である場合でも、法定期間を経過すると、相手方からは当該行政行為の効力を争うことができない効力をいう。

③ 行政行為の執行力とは、行政行為によって命ぜられた義務を国民が履行しない場合に、行政庁が裁判の判決により債務名義を得ることなく、義務の履行を強制し義務の内容を実現することができる効力をいう。

④ 行政行為の公定力とは、形式的確定力とも呼ばれ、正当な権限を有する機関が当該行政行為を取り消すまでは、相手方を拘束する効力をいう。

⑤ 行政行為の拘束力とは、行政行為がその内容に応じて相手方を拘束する効力をいうが、当該行政庁は拘束されない。

【問題 4】

行政計画に関する記述として、妥当なのはどれか。

① 行政計画が適法に変更または中止され、計画を信頼しその実現に協力した国民に不測の損失が及ぶ場合があるが、その損失に対する補償を定めた法律の例はない。

② 策定された行政計画に対し不服のある者は、その行政計画が法律上の拘束力をもつか否かにかかわらず、その取り消しを求めて訴えを提起することができると解されている。

③ 行政計画の策定に関して、行政庁の恣意を防止し、計画内容の正当性を確保するためには、民主的な手続きを確立する必要があることから、行政手続法に計画策定手続きに関する規定が定められている。

④ 行政計画の中には、行政機関のみならず、行政組織の外部にいる利害関係人に対しても法律上の拘束力をもつものがあり、その例として、地方公共団体の施行する土地区画整理事業における事業計画が挙げられる。

⑤ 行政計画は、内容の具体性により、行政の目標を示す目標計画と事業の具体的内容を示す実施計画とに区分され、地方自治法で市町村に策定が義務づけられている基本構想は、実施計画に属する。

【問題 5】

行政契約に関する記述として、妥当なのはどれか。

① 行政契約は、行政処分を行う場合と異なり、契約締結に当たって、平等原則や比例原則など法の一般原則が適用されない。

② 行政契約は、行政主体が当事者となることから、公法上の契約に限定されており、私法である民法や商法が適用されることはない。

③ 行政契約は、給付行政の分野だけでなく、規制行政の分野においても用いられ、その例として、公害防止協定がある。

④ 行政契約は、当事者の反対方向の意思表示の合致により成立する法行為であり、その例として、地方公共団体の組合設立行為がある。

⑤ 行政契約は、行政主体が行政目的達成の手段として締結する契約であり、締結には、必ず法律の根拠が必要である。

解説

【解説 2】　正答 ⑤

① 誤り。形式的確定力とも言い、行政行為が違法な場合でも一定期間経過後は、行政行為の相手方は、その効力を争うことができなくなることを「不可争力」という。

② 誤り。行政行為の不可争力とは、一定期間後は、その効力を争うことが許されなくなることを言う。不可争力とは、相手方が訴訟により取り消しを求めることを拒む力であって、行政庁が職権により、取り消しまたは撤回を行うことはできる。

③ 誤り。行政行為には不可変更力があり、異議申し立ての決定のような争訟裁断行為を、権限のある行政機関がいったん行った以上は、自らその判断を覆しえないことをいう。

④ 誤り。行政行為には自力執行力があり、行政行為によって命ぜられた義務を国民が履行しない場合には、行政庁は、裁判手続きを経ることなく、法律の定めるところにより行政行為の内容を実現することができる。

⑤ 正しい。行政行為は、公定力を有し、法律や条例の規定に違反しても、権限のある機関によって取り消されない限り有効とされ、国民を拘束する。

【解説 3】　正答 ③

① 誤り。行政行為の不可変更力とは、訴訟などで確認された行政行為は、たとえそれが違法であっても、行政庁がこれを取り消しあるいは変更し得ないことをいう。当然のことながら、異議申し立ての決定など争訟裁断行為には不可変更力が認められる。

② 誤り。行政行為の不可争力とは、法定期間を経過すると、相手方からは当該行政行為の効力を争うことができない効力をいう。しかし、当然のことながら、不可争力は、無効の行政行為には生じない。

③ 正しい。行政行為の執行力とは、行政行為によって命ぜられた義務を国民が履行しない場合に、行政庁が裁判の判決により債務名義を得ることなく、義務の履行を強制し義務の内容を実現することができる効力をいう。

④ 誤り。行政行為の公定力とは、重大かつ明白な瑕疵ある場合以外は、正当な権限を有する機関が当該行政行為を取り消すまでは、相手方を拘束する効力をいう。

⑤ 誤り。行政行為の拘束力とは、行政行為がその内容に応じて相手方や行政庁を拘束する効力をいう。

【解説 4】　正答 ④

① 誤り。行政計画の変更または中止により、計画を信頼しその実現に協力した国民に不測の損失が及ぶ場合には、国家賠償法は、不法行為責任を認め、その損失に対する補償を認めている。

② 誤り。行政計画が法律上の拘束力を持たない場合には、その取り消しを求めて訴えを提起することができないと解される。

③ 誤り。行政手続法には、行政計画の策定手続きに関する規定はない。

④ 正しい。行政計画の中には、行政機関のみならず、行政組織の外部にいる利害関係人に対しても法律上の拘束力をもつものがあり、その例として、地方公共団体の施行する土地区画整理事業における事業計画が挙げられる。

⑤ 誤り。行政計画は、内容の具体性により、行政の目標を示す目標計画と事業の具体的内容を示す実施計画とに区分され、地方自治法で市町村に策定が義務づけられている基本構想は、実施計画ではなく、目標計画に属する。

【解説 5】　正答 ③

① 誤り。行政契約は、行政処分を行う場合と同様に、契約締結に当たって、平等原則や比例原則などの法の一般原則が適用される。

② 誤り。行政契約は、公法上の契約と私法上の契約があるが、原則として、私法である民法や商法が適用されるが、公益と密接に関係するときには、私法上の契約がそのまま適用されず、公法上の契約が適用される。

③ 正しい。行政契約は、給付行政の分野だけでなく、規制行政の分野においても用いられ、その例として、公害防止協定がある。

④ 誤り。行政契約は、当事者の反対方向の意思表示の合致により成立する法行為である。地方公共団体の組合設立行為は行政契約ではない。

⑤ 誤り。行政契約は、行政主体が行政目的達成の手段として締結する契約であるが、締結には、必ずしも法律の根拠を必要としない。

カレントトピックス 29年度 19

都政事情

■予算編成で知事が団体ヒアリング

（2016年12月12日）

小池知事は新年度予算編成に各種団体の要望を反映させるため、60団体のヒアリングをスタートした。都議会が各種団体の要望を受け、復活予算として都に求めていた制度を廃止した措置だ。小池知事は11月の会見で、「長年、都政の予算編成の伝統とされてきた部分を大きく変えていくというのが都政改革の一端」と説明した。

昨年12月20日まで実施された団体ヒアリングは、都の補助金を年1億円以上受けている団体を基本に57団体を選定し、特別区長会なども含めると60団体に上る。翌21日は都議会の各会派の要望を受けた。ヒアリングは1団体当たり15分間で、やり取りは全て公開された。

■実行プランを策定

（2016年12月22日）

都は、小池都政で初めてとなる実施計画「2020年に向けた実行プラン」を発表した。計画期間は2017年度から20年度までの4年間。舛添都政時代に策定された東京都長期ビジョンの実施計画（15～17年度）に取って代わる。小池知事は実行プランを「未来への航路」と位置付けた。

政策目標は長期ビジョンの約360項目から約500項目に拡大した。4年間の政策展開として、知事の公約である「セーフシティ」「ダイバーシティ」「スマートシティ」を実現し、日本のエンジンとして成長し続ける「新しい東京」を目指す。

政策目標の達成度をチェックするため、「PDCA」サイクルを導入する。各局が4年間の具体的な工程表をまとめ、達成度を点検し、必要に応じて見直しを行っていくという。さらに、東京の成長戦略である四つの挑戦や、若手職員がまとめた20年以降の東京の将来像も提示している。

■都の中高生の握力が低下

（1月12日）

都教育庁は、都内の公立学校の全児童と生徒を対象にした2016年度の統一体力テストの結果を公表した。

調査は、文部科学省が指定した実技8種目で、握力、上体起こし、長座体前屈、反復横とび、持久走・20㍍シャトルラン、50㍍走、立ち幅とび、ハンド（ソフト）ボール投げ。

調査結果は都が開始した11年度以降、全学年ともに上昇傾向にあるが、特に中高生は握力、高校生男子は上体起こしの成績が低い傾向にある。

併せて、生活・運動習慣等の実態に関する調査も実施した。スマートフォンなどの使用時間が長い児童・生徒ほど、体力テストの総合評価で下位層が多いことも明らかとなった。

29年度 主任・係長 論文講座 19

添削 ③

今回は、前回までの論文添削を踏まえて、修正した論文例2題を見ながら総括していきます。

論文例1

「ワーク・ライフ・バランスと係長の役割」

1 ワーク・ライフ・バランスの実現の重要性

区民ニーズは多様化・高度化しており、職員は自身の能力を十分に発揮して対応しなければならない。出産や育児、介護などライフイベントを契機として職員がキャリア形成を断念することがあれば、それは区政にとって大きな損失である。そこで、我が区は平成28年3月、「○○区職員ワーク・ライフ・バランス推進計画」を策定した。当計画では仕事と家庭生活の両立を目標とし、達成するための取り組みを定めている。

職員は、それぞれの置かれた状況に応じて働き方のニーズが変動する。ワーク・ライフ・バランス実現のためには、組織の最小単位である係における細やかな取り組みが不可欠であり、係の要である係長の役割は大きい。係長には、係員一人ひとりに目を配り、職場環境を整備する責務がある。

2 係の要としての係長の取り組み

私は係長として、以下の3点に取り組んでいく。

第一に、係員の健康保持のために積極的にコミュニケーションを図る。係員の生活状況や抱えるライフイベントは様々であり、心身の健康状態もそれぞれ異なる。一人では対応しきれない問題を抱え、周囲に助けを求めることができない職員がいる可能性もある。

そこで、私は係員の出勤状況や日頃の様子に目を配るとともに、積極的なあいさつや声掛けを行う。また、必要に応じて個別に面談を行い悩みや困り事を把握し、早期に対応する。

さらに、年次有給休暇の取得が少ない職員には、余暇を楽しむことの重要性を説き、休暇の適切な活用を促す。こうして、係員が心身共にバランスを保てるよう支援する。

第二に、係員の主体的な事務改善により、超過勤務の縮減や休暇の取得促進を促す。

特に定型業務においては、前例踏襲で漫然と業務を行うことにより無駄が生じている可能性がある。

そこで、係員と共に業務内容・方法の点検を行い、改善点の有無を検討する。検討の結果、可能な業務に関しては削減や簡素化を推進する。

更に夜20時以降の残業禁止やシステムダウンなど強制的な取り組みも併せて行い、時間内で業務を終わらせるための工夫の実施を促す。

このように業務の生産性を高めることで、本来必要のない残業を減らし、休暇取得をしやすくする。

第三に、情報の共有化により意思疎通を良くし、確実な連携体制を構築する。

係員の中には、個人や家族の事情で休暇を取得したり、定時に帰宅することを心苦しく思う者も多い。個々の事情や抱えている業務の状況について、職場内で共有することが必要である。

そこで、共有のためのミーティングを、あえて職場から離れた場で実施する。業務の進捗状況だけでなく、個人や家庭の事情も話しやすいようにするためである。また、データや業務ファイルの保管場所を整理し、書類や資料を探す手間をなくす。このことにより担当者不在時の代理対応を容易とする。

このような取り組みにより係員同士協力のしやすい、風通しの良い職場づくりを進める。

3 ワーク・ライフ・バランスが実現できる職場を目指して

区は、どのような状況下であっても、区民のニーズを的確にとらえ、良質なサービスを提供しつづけなくてはならない。そのような持続可能な組織であるためには、全ての職員が仕事にやりがいを感じ、いきいきと活躍できなくてはならない。そのためには、ワーク・ライフ・バランスが実現できる職場環境の構築こそ必要不可欠である。

私は係長として、職員一人ひとりとしっかり向き合い、職場環境の整備に熱意を持って取り組んでいく。また、自ら効率的に働くことで残業の削減、休暇の積極的取得を実現し、ワーク・ライフ・バランスの取り組みに抵抗感のない職場をつくる。そのために、たゆまぬ努力を続けていく所存である。

講評

序論では、区政の現状分析を少なめにし、働く者の普遍的な課題としてワーク・ライフ・バランスについて論じるようにしました。何を論じたいかがより明確になったと思います。

また、本論では、係長としての取り組みと「ワーク・ライフ・バランスの実現」につながりが出て、説得力が増しました。結論部分もより積極的で力強いものとなり、係長を務めるにあたって必要な、何事も前向きに捉える力強さが表現されているかと思います。

論文例2

「これからの行財政運営と係長の役割」

1 信頼される区政のための係長の役割

区の財政状況は、社会保障関係経費の増大や公共施設の改修・改築時期の集中により依然として予断を許さない状況にある。歳入面を見ると、区税収入は上向いてきたものの税制改正により特別区財政調整交付金は減少する見込みである。

その一方で、区政へのニーズは、区民の価値観やライフスタイルの多様化・複雑化、少子高齢化の進展などますます大きくなっており、適切に対応していく必要がある。

このような状況下、区民から信頼される区政を築くために、安定した財政基盤の確立と、これまで以上に効率的・効果的な行財政運営が不可欠である。係長は、最前線のリーダーとして、区民とともに考え行動できる職員を育て、ニーズに対応できる組織を作るため、その役割がますます重要となってきている。

2 これからの行財政運営に対応するために

私は係長として、区民に求められる行財政運営を行っていくため、次の三つの事項に力点を置き、日々の仕事に取り組んでいく。

第一に、区民サービスの不断の見直しを行うことである。前例踏襲により漫然と事業を継続すれば歳出の抑制は難しく、区民が真に必要とする施策を展開できない恐れがある。

そこで、行政評価制度を活用して業務の見直しを行う。アンケート等で区民の声を積極的に聴き、それを成果指標として生かす。さらに内部では、最前線のリーダーとして、関連部署も含めたオフサイトミーティングを行い、財政的視点も加味した評価を実施する。

これにより、あるべき姿と現状のギャップを適切に把握し、協働推進や民間活力の活用も含め、業務改善を検討することができる。

第二に、区民の要望に的確に対応できる職員の育成を図ることである。区民の視点に立ち、時には区民との協働により、真に必要なサービスを提供するためには、係員個々の業務遂行能力の向上は欠かせない。

そこで、職場内研修や勉強会を行い、係員に業務関連知識を習得させるとともに、事例討議を用いて自ら考える力を育成する。また、係員に対し、地域の会合や業務に関連するセミナー等に積極的に参加させる。さらに、その成果を係内や関係者に発表させることで、様々な意見を自らの考えに取り込ませる。

これにより、係員が幅広い視野で、自らが主体的に意欲を持って業務に取り組むことができるようになる。

第三に、業務の目標や情報を共有できる組織を作ることである。実務を担当する係員が業務の目標を理解していなければ、仕事は惰性に流れてしまう。また、職務遂行に必要な情報が係内に共有されていなければ、係員個々の能力が十分に発揮できず、組織として求められる必要な役割を果たしえない。

そこで、定期的な係会議を実施し、係員の業務の進捗状況や課題を係内で共有する。行き詰まった状況においても第三者的視点から解決策が生み出されることもあり、活発なやり取りは職場の活性化にもつながる。また、日常においては、係長が率先してあいさつや声掛けを積極的に行い、意見を言いやすい組織づくりを行う。

こうして、意識や情報を共有し、組織力を育て、新たな課題へも果敢にチャレンジできる風土を醸成していく。

3 区民とともに歩む

地方自治体には最小の経費で最大の効果を上げなければならないという責務がある。健全財政を維持しつつも区民サービスの向上を積極的に進める努力が必要である。

そのために、係長は、適切な業務評価を行い、職員一人ひとりに向き合って育成に取り組み、職員が最大限の能力を発揮し、区民とともに課題を解決する組織をつくっていかなくてはならない。

私は、係長として自己研鑽に励むとともに、先頭に立って新たな課題にチャレンジし、係員と一丸となって、区民とともに地域の課題を解決していく所存である。

講評

序論については、区の財政状況を捉え、そこからどういった区政を築かなければならないのか、それを踏まえてどういった係運営を行っていこうと考えているのか、流れ良く書かれています。

本論については、主語を明らかにし、また取り組みの狙いとその効果とのつながりが整理されたことにより、内容に厚みと論文としての勢いが出てきました。

最後の結論部分では、序論との整合のとれたことで、意気込みが感じられます。

全体として、論じている内容に一貫性があり、流れの良い論文になりました。

論文の勉強は、日常の業務とかけ離れたものではありません。社会情勢や区政の課題、施策や取り組みと、自身の仕事とのつながりを、係長の視点で捉えてみましょう。仕事の視野が広がることと思います。

論文を書く作業は、業務の見直しや自身の仕事への取り組み姿勢を見直す良い機会です。また、論理立てて物事を捉える力もつきますので、面接対策にも通じます。

多忙な業務の中での勉強は大変ですが、係長として働くためのスキルアップと考え、取り組んでください。

特別区係長選考

読者のひろば

街の魅力発信
交流と連携を促進
世田谷まちなか観光交流協会が発足

世田谷区内には、新宿や渋谷といった大きな繁華街やスカイツリーのようなシンボル的な観光資源があるわけではない。世田谷の印象を尋ねると「閑静な住宅街」というイメージを持っている方が多い。しかし、実際には京王線、小田急線、東急線、それぞれに異なったまちの景観があり、下北沢のように若者や外国人に人気のまちがあったり、等々力渓谷や多摩川といった豊かな自然があったり、いくつもの顔をもっている。

世田谷美術館や文学館、静嘉堂文庫、長谷川町子美術館などの文化施設や134カ所ものにぎわいのある商店街、歴史好きが遠方からも訪れる豪徳寺や松陰神社、代官屋敷、活気あふれる祭りなど、多彩な魅力があふれるまちである。

世田谷の自然や歴史・文化、そこに育まれた豊かで魅力ある暮らしを誇りに思う区民が、区外から訪れた方と交流し、共に楽しむことを通じて地域の魅力に磨きがかかり、より住みやすい地域づくりにもつながっていくと考えている。世田谷区では、こうした地域の魅力をネットワークとしてつなぎ合わせて、まちをゆっくりと歩きながら再発見・再認識してもらう世田谷スタイルの「住んでよし、訪れてよし」の「まちなか観光」に取り組んでいる。

昨年の世田谷の魅力再発見ツアー（魚屋）

この世田谷ならではの「まちなか観光」を推進するため、昨年12月に区内で活動する大学、鉄道、出版メディア、NPO等の事業者や団体などを中心として「世田谷まちなか観光交流協会」が発足した。同観光協議会から発展したもので、事務局は（公財）世田谷区産業振興公社が担っており、会員同士が互いに連携しながら世田谷の魅力を再発見し、発信し、磨き上げ、新たに創造する活動を進めている。

これまでも会の活動をきっかけに、民間事業者による商品開発も実現している。具体的には世田谷線と小田急線のコラボレーションによる乗合切符の発行、さらには、旅行事業者による区内のまち歩きツアーが商品化されヒットするというような実例も生まれている。

1月21日には、区内の魅力を一堂に集めた第2回「まちなか観光メッセ」を開催した。会場では、「まち歩きコースコンテスト」に応募した24作品の展示やプレゼンテーション、表彰式が行われ、区民の参加・交流・体験がメッセのなかで実現できた。メッセ・シンポジウムには、『アド街ック天国』などテレビでお馴染みの山田五郎さんや商店街の理事長、鉄道関係者、大学准教授を迎え、世田谷らしい「まちなか観光」の目指すべきところについて、大いに語ってもらった。「自分たちが住む世田谷をもっと知ってもらい、世田谷を好きになってもらうことが大事」「商店街こそ世田谷が誇る観光資源、これを上手に生かすことが大事」といった「まちなか観光」の目指すべき姿について貴重な意見を頂くことができた。

山田五郎さんを迎えたシンポジウム

「まちなか観光メッセ」ではまち歩きコースコンテストの展示や表彰式も開催

2020年東京オリンピック・パラリンピック競技大会開催まであと3年半となった。区内では馬事公苑が馬術競技会場となり、大蔵運動場がアメリカ選手団のキャンプ地に指定され、また、世田谷区はアメリカ合衆国のホストタウンにも認定された。今後、国内外からの来訪者の増加が見込まれており、「まちなか観光」の推進によって、地域経済の活性化が図られることが期待されている。こうした状況を踏まえて、公社では、昨年4月から組織体制を強化するとともに、大手旅行雑誌の元編集長で観光まちづくりカウンセラーを務める方を観光アドバイザーとして迎え、専門的な立場から助言をもらっている。また、これまで以上に民間のノウハウを観光事業の充実に生かすため、公募による「観光課長」の選考を行っている。

これからの「まちなか観光」の取り組みであるが、区国際課や区内大学、商店街などと連携して、区内にある史跡や文化施設、魅力的な商店街などを巡るまち歩き・体験型観光ツアーを計画している。昨年は、日本人学生が留学生の通訳兼ガイド役となり、魚屋や老舗のみそ屋、史跡などを巡るツアーを試行したが、外国人目線で街の面白さを再発見するきっかけとなった。

2020東京大会に向けて、身近な風景の中にある世田谷の魅力を、区民や来訪者が共に楽しみながら回遊できる「まちなか観光」の取り組みを「世田谷まちなか観光交流協会」と共に進めていきたい。

（公益財団法人世田谷区産業振興公社常務理事・事務局長　安藤良徳）

シパキラの十字架
南米見聞録 -9-
▼コロンビア

コロンビアの首都ボゴタにある黄金博物館は、目がくらむほどの金の装飾品、仮面、土器などが所蔵されていた。

ボゴタは16世紀にスペイン人に征服されるまでは先住民族が高度な文明を築いた地域と言われている。彼らは純金の粉を体に塗り、黄金の装身具を身に着け、湖をいかだで漕ぎ、神に黄金の捧げものを贈っていたという黄金郷伝説（エル・ドラード）を生み出した。博物館内の「黄金のいかだ」が、その黄金郷伝説を伝えている。手のひらサイズのいかだには繊細な細工が施され、全く色あせず永遠の輝きを放っていた。

ボテロ博物館も印象深かった。世界的に有名なコロンビアの画家フェルナンド・ボテロが描くふくよかな人々、膨張した果物などの絵画や彫刻は見ていて楽しくなった。この博物館は無料であり、他にもピカソ、モネ、ルノワールなど、そうそうたる作品が所蔵されていた。ただ、旅の目的は金でも絵でもなかった。

◇

ボゴタから郊外へ車で1時間半、シパキラという岩塩鉱山の街に着いた。地下にある薄暗くひんやりとした岩塩の採掘場跡に入っていくと、坑道の左右に採掘後の空洞がいくつも見えてきた。

奥行きのある空洞、あまりない空洞など様々であった。ただ共通していることは、入り口から1、2、3と、一番奥の14まで各空洞に数字が付いており、各々塩で作られた十字架と祈祷台が置かれていた。イエス・キリストが死刑宣告を受けてから十字架で亡くなり葬られるまでの留（場面）は14ある。この地下坑道はキリストの受難を黙想しながら祈る信心業、十字架の道行（ヴィア・ドロローザ）となっている。

シパキラの採掘場跡は、地下の空洞を利用した壮大な岩塩教会であった。

コロンビアは敬虔なカトリック教徒が多い。かつての採掘作業は危険を伴っていたため、採掘者たちは心のよりどころとして採掘場内にいくつも十字架を作った。そして塩の採掘が終わった空洞を改修し、教会にして一般公開した。

向日性なきヴィア・ドロローザは第12留でキリストの死、第13留で十字架から降ろされ、第14留で安らかな聖墓に到達する。その最後の第14留に来た時、それまでとは全くスケールの異なる巨大な空洞が現れ、塩の大聖堂に到着した。奥の塩の壁に彫られライトアップされた十字架は、キリストの憐憫の情を包み込むほどの慈愛に満ちた輝きを放っていた。縦16㍍、横10㍍、地下にある十字架としては世界最大である。LEDライトでコロンビア国旗色の黄青赤に染まる大聖堂の壁や天井が、十字架をなお一層幻想的に浮かび上がらせていた。

静謐な塩の大聖堂と十字架、この最後の第14留だけは採掘後の空間を利用して大聖堂を作ったのではなく、大聖堂を作るために採掘したように私には思えた。

（ブラジル在住　白鳥謙治）

㊤シパキラ岩塩教会の大聖堂と十字架　㊦ボテロ博物館の「モナリザ」

黄金博物館の「黄金のいかだ」

資源循環組合

カヤネズミの地表巣発見
谷戸沢処分場に絶滅危惧種

東京たま広域資源循環組合は3日、同組合が管理する谷戸沢廃棄物処分場内（日の出町）で、絶滅危惧種のカヤネズミが冬に地表近くに作る地表巣が見つかり、その地表巣を利用するカヤネズミの姿を初めて撮影したと発表した。

カヤネズミは体重7～14㌘と日本では最も小さなネズミ。草原のイネ科などの葉を使ってボールのような球巣を作ることで知られているが、冬の生態はよく分かっていなかった。茅場（ススキやアシの草原）が減少したことでカヤネズミが激減し、2010年版東京都レッドリストには、区部・絶滅、北多摩・絶滅危惧Ⅰ類、南多摩及び西多摩・絶滅危惧Ⅱ類として登録されている。

今回、麻布大学いのちの博物館の高槻成紀氏の調査で、冬にカヤネズミが生活する地表巣を利用している姿も撮影された。これによって今後、カヤネズミの生態について、さらに多くのことが明らかになると期待されている。

谷戸沢処分場内では生態系の頂点とも言えるフクロウが営巣し、昨年春には2羽の雛が巣立った。フクロウはネズミを食べるため、この雛が育つには多くのえさが必要となる。高槻氏は「フクロウが営巣し、雛が巣立ったことは、その生息地にカヤネズミのような小さな生き物たちが豊富に暮らすようになっていることを示している」と指摘する。

谷戸沢処分場にはススキ群落が復活し、かつての武蔵野の面影を見ることができる。高槻氏は「最終処分場の跡地利用の在り方として各地に参考にしてもらえれば」とコメントしている。

地表巣を利用しているカヤネズミ

ミニガイド

◆第33回財政学校　▷日時　2月11日㊗㈯　午前10時～午後4時40分▷場所　主婦会館プラザエフ8階スイセン（千代田区六番町15、四ツ谷駅下車）▷参加費　2千円（会員は千円）▷内容　「2017年度国家予算案」「新公会計制度の活用方策」「東京都予算案を見る」「特別区予算の課題」「市町村予算の課題」▷問い合わせ　公益社団法人東京自治研究センター☎03・6256・9912

◆山﨑記念中野区立歴史民俗資料館企画展「おひなさま展」　▷期間　2月24日㈮～3月24日㈮▷場所　山﨑記念中野区立歴史民俗資料館（西武新宿線沼袋駅北口8分、都営大江戸線新江古田駅15分）▷開館時間　午前9時～午後5時（入館は4時半まで、入館無料）▷休館日　月曜日・第3日曜日

◆ライフ・ワーク・バランスフェスタ東京2017　▷日時　2月8日㈬午前10時～午後5時（開場9時45分）▷会場　東京国際フォーラムホールE（入場無料）▷内容　基調講演：「経営戦略としての〝働き方の見直し〟」樋口美雄氏（慶応義塾大学商学部教授）、東京ライフ・ワーク・バランス認定企業認定状授与式、パネルディスカッション「柔軟な働き方で生産性向上～働きやすい職場づくりと企業成長～」、トークセッション「ライフ・ワーク・バランスを実現するために求められる意識改革」▷主催　東京都▷共催　子育て応援とうきょう会議

都政新報

発行所　都政新報社
〒160-0023 東京都新宿区西新宿7-23-1 TSビル
〈総務・読者〉03-5330-8781
〈企画広告〉03-5330-8784
〈編　　集〉03-5330-8786
〈出　　版〉03-5330-8788
〈ファクス〉03-5330-8808
購読料 月1,730円(税込)
毎週火・金曜日発行
ただし、祝日は休刊
©都政新報社 2017

紙面から

限りなく透明な予算

小池流改革 ①　2017年度都予算案

「見える化」の一環として予算案を分かりやすくまとめた子供向け冊子を紹介する小池知事＝1月25日

「知事に直接話をする機会がもらえたことはありがたい。だが、もう少し工夫の余地があるのではないか」

今年度の予算編成から始まった知事による関係団体への直接ヒアリング。予算案発表後、ヒアリング対象者に話を聞くと、

見える化

知事に直接意見をぶつけられた手応えとともに、来年度以降への注文の声も上がった。

知事が来年度予算編成に当たって打ち出した改革は「予算編成の透明化」だ。これまでは各局の要望に基づき財務局の査定が行われた後、年明けに知事査定を行い、予算原案を策定。その後、都議会各会派が「復活要望」を提出し、200億円分の復活予算が付されて予算案となっていた。

復活要望は、都議会が各種団体などからの要望をまとめ、都に予算反映を求める仕組みだが、小池知事はこの復活要望を「馴れ合い」と非難して廃止し、特別区長会など60団体からのヒアリングを全面公開の場で行うことで、予算編成の「見える化」に乗り出した。

今回、ヒアリングでの要望内容の多くが予算化されたこともあり、対象団体はおおむね見直しを歓迎している。15分程度の短い時間だが「これまでの知事はやる気が疑わしい面もあったが、小池知事には期待が持てる」（社会福祉系団体会長）など、来年度以降も継続すべきとの声は共通している。また、「知事が要望事項外の事業の話を始めるなど、興味のある分野が分かって良かった」など、直接対話ならではの好感触もあったという。

一方で、今後への不安を漏らす団体関係者もいる。「これまでは都議会自民党に要望しておけば、事業について良く理解してもらっていたと思う。短時間のヒアリングで知事に伝わるのか」（教育系団体関係者）と不安視し、都幹部などによる複数回のヒアリングや知事への事前資料提出など、段階を踏んで要望を伝えられるよう工夫を求めた。

また、別の団体関係者は「要望先が都議会の会派ではなく、知事やその周辺など少人数に限られると、事前に直接相談のできる団体、有利な情報をもたらす団体が優先されるのではないか」と不審がる。「知事への直接ヒアリングは継続すべきだが、公正でオープンであってほしい。知事の意思決定がブラックボックスになることが怖い」と注文を付けた。

見えにくい独自色

関係団体へのヒアリングを開始したこともあり、都庁幹部は「団体から直接話を聞いた以上、予算編成の全責任は知事にあることが改めて示された。関係団体が不満を抱くようなものになれば、批判を一身に受けることになる」と話す。そうした状況もあり、来年度予算編成の知事査定は、例年の4日間から8日間に倍増。各事業の精査が行われた。

知事が査定の段階から繰り返してきたのが「予算のメリハリ化」だ。都税収入が6年ぶりの減額となる中で、事業の終期設定を全体の2割から全事業に拡大。PDCAサイクルを強化することで、前年度比2・4倍、過去最高額の720億円の財源を確保した。一方で、知事の公約となる「3つのシティ」を始めとする新規事業382件（829億円）を立ち上げた。

待機児童解消や無電柱化促進、国際金融都市構想など小池知事肝煎りの政策が随所に反映されているが、ある幹部は「『小池カラー』と呼べるほど特色がある内容ではない。良くも悪くも真面目な予算案だ」と分析する。予算編成を透明化するなどの過程が変わった一方で、完成した予算案そのものは代わり映えしないとの評価だ。それが「従来のやり方は問題がなかった」とするか「復活要望は必要がなかった」とするかは、都議会関係者の間で意見が分かれている。

例年と大きく変わった予算編成のために、知事だけでなく都庁職員にも大きな負担が掛かることになった。その甲斐もあって、各会派の要望もバランスよく取り入れた予算案には、知事が対立勢力に位置付ける都議会自民党からも批判の声は出ていない。

都庁幹部は「都議会で、予算案の是非は大きな争点にはならないだろう」と胸を撫で下ろす。一方で「編成過程も含め、（予算案は）すっかり政争の具になっている」とこぼした。

□　□

小池知事初の当初予算案は、知事の政策実現に向けた新規事業の拡充と事業評価による無駄の排除の2本柱が特徴となっている。待機児童対策や都市防災など喫緊の課題への対応が求められる一方で、7月の都議選に向けてつばぜり合いをする都議会との間では、予算案を挟んだにらみ合いも続いている。知事が掲げる「都民ファースト」を真に都民に届けることができるのか、来年度予算案を分析する。

千代田区長選から都議選へ

トリプルスコアの衝撃

内田都議は引退の可能性も

5日に投開票された千代田区長選は、現職が次点に大差で圧勝し、都議会の各会派に衝撃を与えている。小池知事が現職を支援した結果、新たな支持層の掘り起こしと保守層の切り崩しに成功し、前回と比べて現職の得票が倍増したからだ。7月の都議選では、事実上の小池新党である都民ファーストの会が60人以上の擁立を検討する中、現在の小池人気が維持すれば、単独過半数も現実味を帯びる。

「内田（茂）さん、一人の責任ではないと思う」。自民党都連の下村博文会長は7日、千代田区長選で同党推薦の与謝野信氏が敗れた責任は都連にあると語った。同党のベテラン都議も「内田さんは（神田淡路町など）下町、与謝野（馨）さんは麹町が地盤だが、票が伸び悩んだのは準備不足もある」と敗因を分析した。

同区長選での大敗を受け、一部のメディアは内田氏周辺の話として、同氏が7月の都議選に出馬せず引退する意向を固めたと報じた。だが、内田氏は7日に京王プラザホテルで開かれた「川井重勇都議を励ます会」に出席せず、去就は本人の口から語られていない。

都庁内からは「内田氏は今期で引退すると聞いていたので、7月の都議選に出馬しなくても驚きではない」との声が聞かれた。

広がる危機感

千代田区長選の結果は都議選の各選挙区に影響するとの見方が多い。小池新党は自民党の議席の切り崩しを狙うが、主流派の自民党都議は「政策論争で負けるのなら本望だが、選挙が危ないから知事にすり寄るのは、これまで育ててくれた自民党に砂をかけることになり、議員としての矜持に反する。正々堂々と戦う」と腹を据えている。

非主流派の自民党都議の一人も「小池新党から60人以上を擁立したら、全員が当選する可能性があるが、離党は考えていない」と明かした。

千代田区長選では、民進党支持者の7割程度が小池知事が支援する現職に投票し、自民党以上に危機感が強いのは民進党だ。小池知事は3日の会見で、同党との選挙協力に関して、「民進党（の候補）そっくりということは、全く考えていない」と語るなど、小池新党と民進党の選挙協力は全く進んでいない状況だ。

民進党の中には、小池知事が主宰する希望の塾に通う現職の区議や都議もおり、都議選対策講座の筆記試験の合否は分かれている。小池新党が公認候補を擁立することがほぼ確実視される選挙区で、筆記試験に不合格になった議員もいた。同党都議は「候補者調整で交渉が決裂したから、不合格になったのではないか」と解釈する。

合格になった民進党都議の一人は関係者から小池新党の公認を得るのではないかとささやかれているが、本紙の取材に対し「何も言えない。話せる時がきたら話す」と否定しなかった。

また、同じく塾生の民進党都議は「小池新党と自民党の戦いが焦点となる中、民進党の存在が埋没している。60人以上を立てたら、民進党候補が割を食う。情勢を見て対応するしかない」と離党に含みを持たせた。

一方、民進党に離党届を提出した元都議の増子博樹氏と伊藤悠氏ら4人が6日、都民ファーストの会の2次公認を受けた。増子氏は同会から打診されて離党を決意したと明かし、「支持者は歓迎してくれている」と語った。増子氏が1月26日に離党届を提出した中山義活元衆院議員は、小池知事の東京大改革を支援している立場でもあり、「（離党届を）否定することはできなかった」と胸中を語った。

共産党は千代田区長選の結果に驚きつつも、自民党への批判を強めて選挙戦に臨む考えだ。同党都議は「千代田区長選は都政改革を進めることへの賛成票と受け止めている。石原都政時代、豊洲の用地取得などを問題にしてきた。特に責任が重いのは移転を推進した自民党だ。共産党が何をしてきたのか訴えれば、支持が広がると確信している」と強調した。

小池知事との連携を進めている公明党は、民主党が躍進した2009年都議選の投票率（54・49%）を見据えている。同党都議は「当時の選挙は辛くも全員当選した。千代田区長選は知事の影響の大きさが確認できたので、気を引き締めないといけない」と話した。

都民ファーストの会は現在、候補者を選考中だ。希望の塾に通う都議は「都議選対策講座の筆記試験に合格した人は経歴もすごく、美人も多い。小池知事はビジュアル重視だと聞いている」と明かした。

同会の公認候補の一人は、「複数の候補者を擁立する選挙区でルックスの良い候補が立つと、千代田区選のように一人で大勝ちすると思う。残りの候補にどのくらい票が入るのか読めない。その時の情勢を見て、候補者数を決めないといけないのではないか」と話している。千代田区長選の結果は都民ファーストの会の候補にも不安を与える状況となっている。

都議選で当確が決まり、与謝野馨氏らと喜ぶ内田茂氏＝13年6月23日、選挙事務所で

冗句ジョーク

都内で回収された死亡野鳥から鳥インフルエンザの陽性反応、上野・多摩動物園等の一部鳥類の展示を順次中止へ

「間もなく春の異動かー、羽があったら私も飛び立って行きたいナー」――動物園職員

第1回定例都議会

当初予算案など85件提出

JKビジネスへの規制強化

都は22日に開会する都議会第1回定例会で、いわゆる「JKビジネス」やガールズバーなどを対象にした特定異性接客営業等の規制に関する条例を新設し、規制を強化する。8日に議案を都議会各会派に説明した。

都が本会議に提出を予定する議案は、予算案が30件、新設を含む条例案が31件、契約案が14件、事件案が10件の計85件。このほか収用委員会委員の再任など人事案が3件ある。また、豊洲新市場の移転延期に関し、関係事業者への補償の補正予算案がまとまり次第、追加提案する予定だ。

JKビジネス等の規制条例では、風営法の対象外となる「JKリフレ」や「JK散歩」などの営業に届け出義務を設けるほか、18歳未満が働くことを禁止。警視庁に営業停止命令や立ち入り検査などの監督権を付与し、罰則規定も設ける。

また、国民健康保険法の一部改正により2018年度から同事業が都道府県に移管されることを受けて、国保運営協議会条例を新設。来年度限りの協議会で、納付金の徴収に関することや運営方針の作成などが所掌事務となる。これに合わせ、これまでの国保委員会条例は廃止する。

契約案では、都立府中療育センターや都営住宅の改築工事請負契約のほか、環状7号線地下広域調節池の工事請負契約（702億円）を提出。白子川地下調整池と環7地下調整池を結ぶ延長5千㍍超のシールドトンネルを敷設する。

今定例会最大の焦点となる小池知事初の当初予算案は、一般会計1件、特別会計15件、公営企業会計11件を提出。16年度の最終補正予算として一般会計1件、特別会計2件を提出し、中途議決を行う。

新設の基金条例では、成長戦略を支えるイノベーション創出のための基金と、都道や区市町村道での無電柱化に向けた基金を新設する。今年度最終補正でイノベーション創出には300億円、無電柱化推進には700億円を積み立てる。

都議会本会議の会期は22日から3月30日。代表質問は28日、一般質問は3月1～2日に行われる。補正予算案や契約案の中途議決は同8日に行う予定だ。

埋設物管理者会議

事業者と意見交換

都建設局

都建設局は6日、無電柱化推進の取り組みや埋設物の安全管理などについて事業者などと意見交換を行う埋設物管理者会議を初開催した。

会議には小池知事を始め、民間の鉄道事業者、電力・ガス事業者などが出席。都からは建設局、交通局、水道局、下水道局が参加した。建設局は最先端技術を活用したトンネル点検や路面下空洞調査の取り組みのほか、無電柱化の推進状況を説明。事業者からは無電柱化推進のために「低コスト化」「整備期間の短縮」「機器のコンパクト化」などの課題が挙げられ、解決に向けた現在の検討状況が報告された。

小池知事は無電柱化促進のために「条例を準備したい」と意欲を示し、都道のみならず区市町村支援のための基金を設立することや、新たな支援メニューを来年度予算案に盛り込むことを報告した。

都政の東西

図書館の質は

東久留米市教委は、2021年度から全3館の地区図書館に加え、中央図書館にも一体的に指定管理者制度を導入する運営方針を決定した。パブリックコメントでは反対が97%の367件に上り、学校長や社会教育委員、民生・児童委員、公募市民らで構成する東久留米市立図書館協議会との議論も深めたとは言えず、拙速過ぎる感は否めない。

市民や関係者が特に危惧するのが高度な専門性を必要とする選書と除籍の問題だ。佐賀県武雄市や神奈川県海老名市では「TSUTAYA」の運営会社が指定管理者の図書館で、古い実用書や関連の薄い地域の本を置いたり、購入図書のジャンルの偏りなどの問題点が指摘されている。

現在、東久留米市の地区館を任されている㈱図書館流通センター（TRC）は、図書データの管理で定評があり、都内や全国の公立図書館での実績もある。しかし、裏返せば画一的な運営にもなりかねない。同市地区館では13年4月からの3年間で職員の離職率は44%。21年度からの契約は必ずしもTRCと結ぶとは限らないが、専門知識の蓄積は現場での課題だ。運営方針では「市は資料購入の決定と除籍の最終判断と定期的な評価・指導をする」としているが、選書と除籍の実務を負う指定管理者の責任は重い。

市教委での導入検討の過程では、全面的な指定管理ではなく、業務委託の拡大で済むのではという意見もあった。国も「図書館司書などは自治体職員が適切」との地方団体の声を受け止め始めた。

東久留米市の市立図書館は、自治会文庫を母体にした歴史がある。市民の中から生まれ、育まれた図書館の質をどう維持していくかが問われている。

豊島区

全国初の混合介護検討へ

モデル事業18年度に実施

豊島区は来年度から介護保険給付サービスと保険外サービスを利用者が併用できる「混合介護」の実施に向けた検討に着手する。新年度当初予算案に620万円を計上した。介護保険制度では原則として混合介護の実施を禁止していないが、保険給付と保険外サービスで「明確な区分」を求めており、一体的なサービス提供は難しいのが実情という。区は都と連携し、国家戦略特区制度による規制緩和の活用を予定。来年度に有識者や事業者、利用者らで構成する検討会議を立ち上げ、18年度に全国初のモデル事業実施を目指す方針。

政府の規制改革推進会議が混合介護の普及に向けた検討を進める中、都は昨年12月に開かれた国家戦略特区の合同区域会議で規制緩和の活用を提案。介護保険制度で運営主体となっている区市町村と具体化に向けた検討を進める方針を示していた。これを受け、豊島区がモデル事業の実施に手を挙げた形で、実現すれば全国初という。

混合介護では、例えば食事調理や衣類の洗濯を介護給付サービスとして行う際、介護サービス利用者ではない同居家族の食事や洗濯も保険外サービスとして同時に行う。利用料金は介護給付サービスの場合は1割負担か2割負担となるが、保険外サービスでは全額負担となる。

制度上は現在もサービス提供が可能だが、要介護認定による厳格な運用の下、介護給付サービスと保険外サービスを明確に区分することが求められている。区介護保険課によると、「給付サービスの調理が終わった後で保険外サービス用の調理を行ったり、介護保険と保険外サービスで洗濯機を2回に分けて使用する事業者もいる」という。

導入に向けては、利用者アンケートを実施し、新年度に立ち上げる検討会議でサービス内容や規模、価格設定などを検討する。また、併せてケアマネジャー向けの研修を行い、給付サービスと保険外サービスを併用した場合の給付費の区分けの徹底を図る。検討会議の報告を踏まえ、区が現在、策定作業を進めている18～20年度の第7期介護保険事業計画に混合介護のモデル事業を位置付ける方針。

区は混合介護の導入により、子育てと介護の「ダブルケア」などが問題となっている在宅介護での家族の負担軽減に役立てるとともに、介護事業者の経営改善による介護人材の待遇改善につなげたい考え。

高野之夫区長は「持続可能な制度運用に向け、積極的に取り組みたい」と話している。

中央区

保育所併設の立体公園

4層構造で19年開設へ

1・2階を保育所とする立体都市公園のイメージ図（中央区提供）

中央区は7日、都内初の立体都市公園制度を活用した保育所整備について、防災機能などを加えて、4階建ての構造とすることを明らかにした。同事業は昨年6月の補正予算で調査費用などを計上して具体化。当初は3層構造の1・2階に保育所を整備し、3階を公園とする予定だったが、新計画案では4層構造に変更した。

保育所は当初計画と同じく1・2階に設ける方針で、3階に空調整備や重機置き場、防災用品の備蓄庫用などのスペースを確保する。4階に設置する公園の防水対策など維持管理面からも3階のスペースが必要と判断した。

保育所は私立認可保育所とし、定員は70～80人を想定。来年度、運営事業者を選定する。整備予定地は銀座一丁目にある水谷橋公園で、都営地下鉄浅草線宝町駅や東京メトロ京橋駅、銀座一丁目駅に近接した利便性の良い場所にある。区は区民に加えて来街者向けの一時預かり事業も実施する方針だ。

区の昨年4月現在の待機児童数は263人で、前年同月比で144人増加した。区はこれを受け、保育定員拡大に向けて検討を開始。当初は水谷橋公園で特区を活用した保育所整備を検討したが、敷地面積（713平方㍍）の狭さから断念し、立体都市公園制度の活用に至った。

区は今後、来年度に施設設計を固め、18年度に着工して19年10月の開設を目指す。

江戸川区

千葉学園と協定締結

広域避難で越境連携

江戸川区は9日、学校法人千葉学園と大規模水害発生時に相互連携を図る「防災に関する基本協定」を同法人が運営する千葉商科大学で締結した。同区は海抜ゼロメートル地帯が広がり、大型台風や長雨など大規模水害時の区民の広域避難先として協力するのが狙い。区によると、自区外の民間団体とこうした協定を結ぶのは、大規模水害対策で連携を深める江東5区（墨田・江東・足立・葛飾・江戸川区）でも初めてという。

千葉商科大学は江戸川を挟んで同区と隣接する千葉県市川市国府台にキャンパスがある。区は市川市と結んだ災害時の協定で国府台を地域防災拠点に指定しており、産学官連携を進めていた同学園から区に申し出があった。

江東5区の人口は約260万人に上り、大水害時の広域避難の在り方が課題となっている。江東5区は今後、国や都、千葉県などに対して広域避難先の確保・調整や、排水機能の拡充などの要望を実施する考え。

足立区

生物園で鳥類展示を中止

鳥インフル検出受け

足立区内で回収されたオナガガモ1羽の死体から鳥インフルエンザが検出されたのを受け、同区は8日から、足立区生物園での鳥類展示を一時中止するなどの防疫措置を講じた。

展示中止のほかに、鳥類を展示している「オーストラリアドーム」を閉鎖し、靴裏を消毒するための消石灰を敷いたスペースを用意する。昨年12月から始めていた、毎週日曜日に開催しているふくろうへの餌付けイベントは哺乳類で代用して継続する。

オナガガモは3日に死んだ状態で回収され、7日に東京都からA型インフルエンザウイルスの陽性反応が出たと発表があった。

妊婦に無料乗車証

子育て世帯誘致へ

葛飾区

葛飾区は、妊婦向け無料バス乗車証「マタニティパス」を発行する。区内を巡る50路線が無料で利用でき、妊娠期の通院や日常生活をサポートする。子育て世帯の誘致につなげる狙いで、2017年度当初予算案に1200万円を計上した。

発行に当たり、都営バス、京成バス、東武バスら5社と連携。今後、事業者と詳細を詰めて今夏に協定を交わし、10月ごろから配布を開始する予定。使用期間は妊娠期にあたる10カ月間とする。

バス路線が区民の主要な移動手段になっていることから、区育成課の横山雄司課長は「区民の多くが利用する日本赤十字病院への通院に便利になるだろう」と効果を期待する。一方で、23区でも珍しい民間会社との取り決めになるだけに、料金負担を含む仕組みづくりが課題と話す。

記者席

殺し文句は「○○ファースト」

○……「日本にはなんでもあるけれど、希望がない。もう一つないものが乳児用の液体ミルクです」。知事は7日に内閣府で開かれた液体ミルクに関する関係者会合の冒頭で、村上龍の小説を引用しながら国内普及実現を求めた。

液体ミルクは災害時にお湯なしでも授乳が可能で、日常でも育児の負担軽減につながるとされている。国内では法律や規格が整備されていないため製造や流通がなく、海外からの輸入品は高額で、安全性にも懸念が残る。

知事は会合を主催した加藤勝信女性活躍担当相にも、小池節で「ぜひ、『赤ちゃんファースト』で考えてほしい」とダメ押し。

○……シナカモン、ビーチュウ、やたたま——。察しのいい人はお気付きかもしれないが、これらはゆるキャラの名前だ。

品川区は東京五輪の機運醸成や、区内開催競技の周知を目的に、五輪マスコットキャラクターを公募で決定。シナカモンはホッケー、ビーチュウはビーチバレー、やたたまは区が応援するプラインドサッカーのキャラで、高校生と小学生が原案制作者だ。区の久保田善行総務課長も「かわいらしいんですよ」と太鼓判を押し、区は来年度、着ぐるみを作成する予定。併せて区政70周年事業にも活用し、同キャラのラッピングバスを9月末まで都営と東急各1台運行する。リオ大会の年が過ぎ、いよいよ「東京」に向けて本格化。次年度以降の各区の取り組みに注目だ。

○……この時期恒例の明治安田生命が行う「理想の上司アンケート」。女性部門では水ト麻美アナや天海祐希さん、吉田沙保里さんなどが上位に名を連ねたが、絶大な人気を誇る小池知事が20位以内に入っていないのが意外だった。

文化人部門で理想の女性上司を選んだ理由では、「親しみやすさ」や「知性的・スマート」「実力」などを挙げる声が多かった。いずれも知事が兼ね備える要素で、なおさら謎は深まるばかり。アンケートはこの春の新社会人が対象。もしかすると若者には怖い印象があるのかも。

特別区 17年度予算案

荒川区

児相設計費用を計上

20年に荒川遊園新装へ

荒川区は6日、2017年度当初予算案を発表した。西川太一郎区長は「子育て環境の整備、介護予防、防災まちづくりの推進に取り組み、区民の幸福実感を一層高めたいとの決意を込めて『くらし・子育て・安心予算』と位置付けた」と話し、前年に次ぐ大型予算となった。

福祉法の改正を受け、20年度の設置を目標としている区立児童相談所の基本設計に着手する。2938万円を計上した。西川区長は「児相移管は区長会の悲願。都と対立するのではなく、協力していく」と話し、都と区がそれぞれの役割を果たす「構造シェアリング」が重要との認識を示した。設計と並行して、専門人材の確保と育成、都や関係機関との連携体制の構築を進める。

さらに、保育士への奨学金制度の創設などに1690万円を計上。都内初となる区内での継続勤務を条件に返済を免除する制度で、ひとり親世帯を対象にした返済支援などを用意し、人材確保と離職防止につなげる。

新規事業では、23区唯一の区立遊園地の荒川遊園のリニューアルに着手する。今年度は基本計画策定と設計費で7017万円を計上した。遊具や広場を刷新し、集客力を高める。閉園期間を設けず、段階的に整備する方針で、開園70周年を迎える20年のリニューアルオープンを目指す。

歳入は、特別区税が1・6%増の163億800万円。小・中学校改修のため、基金を前年度比65・8%増の62億3700万円取り崩す。特別区債は49・7%減の15億円を活用する。

歳出を性質別にみると、義務的経費が2・7%増の486億4千万円。私立保育所の運営費や障害者支援給付費の増額が押し上げた。一方で、普通建設事業費は34・4%減の74億4600万円。中央図書館や吉村昭記念文学館などが一体となった複合施設「ゆいの森あらかわ」の整備完了などを受けて大幅減に転じた。

一般会計＝951億2000万円（前年度比1.9%減）	
主な事業	
（仮称）日暮里地域活性化施設整備	4億2539万円
荒川遊園リニューアル	7017万円
児童相談所の設計・体制検討	2938万円
保育士への独自奨学金創設	1690万円
区内企業後継者育成・事業承継支援	1174万円

葛飾区

借上住宅以外へも助成

新金貨物線調査を再開

葛飾区は6日、当初予算案を発表した。予算規模は過去最大で、前年度からの伸び率5・8%は直近5年で最も高い。青木克徳区長は「人件費を抑制し、施設を見直す一方で、子育てなど需要のある事業に積極的に予算を付けた」と強調した。

保育人材確保に向け、従来の借り上げ住宅への助成に加えて、借り上げ以外へも住宅手当助成を開始する。5292万円を盛り込み、1人当たり年間12万円を事業者に給付する。借り上げ支援も対象を広げ、採用年数要件を撤廃し、栄養士を対象に加えた。7億3895万円を充てる。区の負担分は8分の1で、国や都の補助分と合わせて8分の7を賄う仕組みで、定着を促す。

並行して保育士の入職支援も充実する。経験者を「就職支援コーディネーター」として配置し、ハローワークや保育施設と連携して求人情報の紹介や研修などを実施する。地方に住む潜在保育士の発掘にも力を入れる考えで、関東近県へ勧誘パンフレットを配布する。

青木区長は「人材の確保には給与や処遇の面から総合的に取り組み、知ってもらうことが必要。PRしながら進めていきたい」と意欲を示し、「良好な保育環境は若手とベテランが相まってできる。人材育成が一番大事だ」と語った。

このほか、バスや鉄道路線の拡充を目指した調査費用2千万円を計上。JR東日本の新金貨物線の旅客化検討を再開する。

歳入は、特別区税が2・8%増の331億7501万円。特別区交付金が東新小岩三丁目第二公園の用地取得のため3・9%増額の716億円となった。

歳出は、義務的経費が私立保育所の運営費補助の増額などで6・2%増の1046億6700万円。普通建設事業費は14・6%増の175億1500万円。葛飾にいじゅくみらい公園の用地取得にかかる特別区債の満期一括償還で公債費33億円を計上したことが影響した。

一般会計＝1906億1000万円（前年度比5.8%増）	
主な事業	
多子世帯への給食費助成	1億1700万円
保育所職員住宅手当の事業者助成	5292万円
公共交通網の構築検討調査	2000万円
妊婦向け無料バス乗車証発行	1200万円
総合庁舎の基本計画策定	1200万円

台東区

中小海外進出支援を始動

全国初の観光バス条例

台東区は7日、2017年度当初予算案を公表した。一般会計総額は前年度比2・1%増で、過去最大規模を2年連続で更新した。服部征夫区長は「躍進」をキーワードに「将来を展望した事業を着実にできるよう予算編成をした」と話し、2年目の意欲を示した。

新規事業では、区内中小企業の海外進出に向けた区独自の支援をスタートする。東南アジア主要都市での展示会に地場産業や伝統工芸品を出展することなどを計画し、498万円を予算に盛り込む。また、個別企業の海外進出を後押しする目的で「新市場開拓支援助成金（海外展開枠）」を創設。市場調査などの費用を2分の1、最大100万円まで補助する。

海外進出支援はこれまで国や都、関係機関が担ってきただけに、区にとっては挑戦になる。区産業振興課の菅谷健治課長は「昨年から開催している産業フェアとも連動させ、特色ある企業を『台東区ブランド』として発信していく。広い視野をもって臨みたい」と話し、区産業振興事業団らとの協力を強化して推進するという。

迷惑駐停車が問題となっている観光バス対策では1億3819万円を計上し、誘導員を配置して乗・降車分離を促進する。第1回定例区議会へ全国初の条例の提出を控える。対策重点区域を指定するほか、発見した場合は指導・勧告するよう規定。罰則は設けずに、事業者の安全行動を促す。

歳入のうち特別区税は2・8%増の210億4334万円。企業収益などの減に伴い、特別区交付金は2・4%減の284億円。2年連続の大型予算に対応するため、繰入金は13・2%増の20億3245万円を見込む。

歳出は、投資的経費が31・4%増の104億7256万円。小学校改築や公共施設の大規模改修へ25億円を計上したのが主な増要因。義務的経費が人件費減により、2・5%減の540億0042万円となった。

一般会計＝988億円（前年度比2.1%増）	
主な事業	
区有施設照明のLED化	1億7651万円
観光バス駐車対策	1億3819万円
上野駅公園口周辺整備	1000万円
ふるさと交流ショップ開設	994万円
海外プロモーション推進	498万円

中央区

新庁舎移転整備で検討へ

一般会計 7年連続で過去最大

中央区は7日、新年度予算案を発表した。一般会計は7年連続で過去最大を更新。矢田美英区長は東京五輪に触れ、「選手村を擁する本区としては、区政の更なる飛躍・発展に向けて、絶好の機会に位置付けて最大限に生かしていきたい」と語った。

選手村予定地の晴海地区では大会後を見据え、同地区に新設する小・中学校の整備費に3921万円を盛り込んだ。開校は2023年度の予定で、17年度は基本設計に着手し、大会を挟んで21年度に着工する予定。敷地面積は約1・6㌶で、小学校は普通教室30学級、中学校は同15学級を想定している。同区は私立中学校への進学率が約5割のため、小中一貫校とはしない考え。選手村の施設は大会後、住居に転用し、同地区には新築するタワーマンションを含めて5632戸の住宅に約1万2千人の住民が入居する見込み。

また、新庁舎整備の在り方検討に400万円を計上した。24～26年度をめどに新庁舎を移転新築する方針を明らかにし、現地再整備は行わない考え。新年度は区有・公共施設の活用による候補地や新庁舎の機能、整備費用などの基本コンセプトの概要について、民間コンサルなどを活用して調査・整理する。現庁舎は1969年の竣工で、築48年が経過する。

新たな寄付の在り方検討として、返礼品に頼らない「中央区版ふるさと納税」の構築に向けて297万円を予算化した。昨年の区のふるさと納税の損失額は5億円で、17年は6億5千万円に膨らむ見込み。区内在勤者を中心にアンケート調査を実施して寄付金の使い道などの枠組みを構築し、18年度に運用を始める方針。

歳入では、区民税を人口増や雇用・所得環境の改善などで前年度比4・9%増の236億1516万円と見込んだ。

性質別の歳出では、投資的経費を小学校2校の増改築終了などで前年度比0・4%減の270億6959万円とした。

一般会計＝953億2171万円（前年度比0.3%増）	
主な事業	
保育所併設の立体都市公園整備	5047万円
晴海地区の小・中学校整備	3921万円
新庁舎整備の検討	400万円
晴海通り地下空間調査	300万円
中央区版ふるさと納税の検討	297万円

中野区

体育館の移転新設に着手

投資増で過去2番目の規模に

中野区は8日、2017年度当初予算案を発表した。中野体育館の移転新設の工事費や区役所新庁舎の基本設計費など施設整備関連予算の増額などで一般会計は過去2番目の予算規模となった。

新庁舎建設用地となっている中野体育館の移転新設では、実施設計と工事費で5億5355万円を計上した。19年度に竣工予定で、開設後、東京オリンピック・パラリンピックの大会期間中は開催競技の公式練習場として利用することを検討しているという。一方で、区民が利用できない期間をなくすため、現体育館の解体時期を当初計画の19年度からパラリンピック閉会後に延期。これに伴い、新庁舎の着工も20年度以降となり、新庁舎のオープン時期を当初計画の21年度から23年度に変更する。

田中大輔区長は「区民の体育館利用の問題だけでなく、（新庁舎の）工法面などの課題もあり、じっくり進めていこうと決断した」と述べた。

新庁舎整備では8958万円を計上。基本設計の着手とともに、業務の分析を行った上で新庁舎の総合窓口と区民サービスの在り方を検討する。

待機児童対策では、認可保育所12カ所と小規模保育施設6カ所の新設による1300人規模の定員拡大と併せ、1955万円を投じて新たな保育人材確保事業を行う。

具体的には、区内保育施設への就職が内定した保育士を対象に、1人当たり10万円の就職準備資金支援制度を創設。区が開催する就職説明会を通じて就業に至った場合は区内商品券やランチ・パスポートを配布する。

歳入では、ふるさと納税による損失額が7億円規模となるものの、特別区税は8億2920万円、率にして2・6%増の325億7670万円を見込む。

性質別歳出では、大規模公園4カ所の整備事業の本格化に伴い、投資的経費が20・5%増の171億5831万円となり、予算全体を押し上げた。

一般会計＝1293億4600万円（前年度比0.8%増）	
主な事業	
新体育館の設計・工事	5億5355万円
新庁舎の基本設計など	8958万円
学習指導支援員の配置	8017万円
児相設置に向けた心理職増員	2014万円
保育士向け就職準備支援	1955万円

豊島区

公衆トイレを全面改修

新規・拡充事業は過去最大

豊島区は8日、2017年度当初予算案を発表した。一般会計規模は対前年度比でマイナスとなったが、新規・拡充事業は全227事業で総額約80億9千万円となり、過去最大規模となった。

主な新規事業では、公園内トイレなど133カ所の公衆トイレの全面改修に着手する。「公衆便所からパブリックトイレへ」をコンセプトに、民間事業者との連携による建て替えや、設計施工一括方式による機能向上とコスト縮減などを行う。19年度までの3カ年計画で実施する方針で、予算額は7千万円。

高野之夫区長は「消滅可能性都市の指摘を受け、女性にやさしいまちづくりを進める中でトイレが課題に上がった。街の魅力向上の第一歩で、トイレの区長と呼ばれるくらいのスピード感で進めていく」と意欲を示した。

待機児童対策では、豊島都税事務所などが入る都豊島合同庁舎に定員30～50人規模の認可保育所を整備するなど、18年4月1日までに780人規模の定員拡大を図る。11億7723万円を盛り込んだ。また、認可保育所に入れない児童を対象に、認可保育所の保育料と同額の負担でベビーシッターを派遣する居宅訪問型保育事業を定員10人から80人に拡大する。3億67万円を計上した。

このほか、児童相談所の21年度開設を目指し、整備予定地とする長崎健康相談所の複合施設化に向けた設計費や虐待対応人材の増員などに9022万円、トキワ荘の復元に向けた施設設計に4053万円を計上した。

歳入では、特別区税が0・6%増の311億3100万円。繰入金は、4年連続で財政調整基金の取り崩しを行わず、7・5%減の37億1千万円。

性質別歳出では、投資的経費が44・5%減の138億6300万円。造幣局跡地の防災公園整備費が23億1533万円だったが、2校の学校建て替えが終了したことで大幅減となった。

一般会計＝1167億100万円（前年度比4.2%減）	
主な事業	
造幣局跡地の防災公園整備	23億1533万円
保育定員約780人拡大	11億7723万円
児相開設に向けた準備	9022万円
公衆トイレの改修	7000万円
トキワ荘の復元	4053万円

都議会特別委　市場問題解明へ参考人招致

石原元知事の対応が焦点

豊洲新市場の地下水から基準値を超過する有害物質が検出された問題などを受け、都議会特別委員会は7日、石原元知事らの参考人招致を全会一致で決めた。最大会派の自民党などが賛成したことで実現し、3月にも参考人招致する見通しだ。真相解明が進まなければ、自公は百条委員会の設置に傾く可能性がある。

石原氏は参考人招致に応じる構え＝12年10月25日、都庁第一本庁舎で知事退任を表明する石原氏

豊洲新市場移転問題特別委員会は、これまでの地下水の採取や測定方法などの検証、東京ガスから豊洲の用地を取得した経緯などの解明を進めるため、参考人招致が必要と判断した。石原元知事や側近の浜渦武生元副知事、専門家会議のメンバー、地下水を調査した業者らを招致する予定。

同委員会終了後、山崎一輝委員長（自民）が報道陣の取材に応じ、「専門家会議の調査結果が出た。豊洲のまち全体にも関わっているので、いろんな角度から話を聞いていかなければならない」と参考人招致を決定した理由を説明した。都が豊洲の用地取得を巡る住民訴訟の対応方針を見直したことを踏まえた対応ではなく、「議会の責任」として真相解明に当たると強調した。

同特別委ではこれまで、自民党と公明党が石原元知事の参考人招致に慎重な姿勢を示していた。だが、7日の特別委の理事会では、自公が「世間の関心が高まった」などと参考人招致に前向きな姿勢を示し、賛成に転じた。

特別委は、3月中に参考人を招致する方向で準備を進めるが、石原元知事らの日程を踏まえ、平日だけでなく休日にも行うことで各会派の理解を得た。

石原元知事は8日、報道陣に対して参考人招致に応じる考えを示している。百条委員会のように虚偽答弁しても偽証罪に問われることはないが、質問に正面から答えるかは不透明だ。共産党都議は「石原元知事がまともに答弁しなかったら、百条委員会を設置すべき」と主張する。

百条委員会の設置に関しては、自民党内でも立石晴康氏ら2人が会派内で設置を呼びかけており、一部で賛同する声が出ている。その一人は「議会は何もしていないと都民から思われてしまう。世論の関心事として百条委員会を設置するしかない」と話す。

民進党も設置に賛成の立場だ。同党の元国会議員は「百条委を設置するように民進党の都議に求めている。都民の共感を得たり、（都民ファーストの会から）推薦をもらううには百条委の設置が鍵になるのではないか」と本音を漏らす。

一方、立石氏らを除く自民党は明確に態度を表明しておらず、設置には慎重な意見も見受けられる。公明党も現時点で慎重な姿勢で、同党都議は「特別委の参考人を招致して真相が解明するかだ」と話す。だが、参考人招致で何も解明されなければ、百条委の設置にかじを切ることも考えられる。

本気度試される都議会

【解説】直近の都議会では、五輪特別委員会で特別顧問の上山氏らを参考人招致する動きがあったが、見送られた経緯がある。今回、市場特別委で自公を含め全会一致で参考人招致を決定したのは世論の影響が大きい。

五輪特別委では、競技会場の変更などが問題となり、見直し案をまとめた都政改革本部の五輪調査チームのメンバーを参考人招致すべきとの声が上がった。当初は自民党や公明党、共産党などが賛成していたが、昨年12月の五輪特別委では一転して参考人招致を見送ることを決めた。

五輪調査チームの提案を踏まえ、小池知事が3会場の見直しを指示したが、昨年12月に全て当初計画地での建設に決定した後、五輪調査チームは解散。共産党は参考人招致に反対の姿勢に転じた理由を「会場見直しを都が決定した後に五輪調査チームを参考人招致しても責任を問うことができない。もっと早い段階で話を聞くべきだったが、時機を逸した」と説明した。

自公が反対に転じた理由は、知事との摩擦を回避したとの見方が強い。五輪調査チームの責任を追及すれば、小池知事との対立を深めることになり、逆風が吹く自民党にとっては得策ではないからだ。また、公明党は知事と連携を進めており、知事サイドに配慮したのではないかと見られている。

それから2カ月が経った今回の豊洲問題を巡る参考人招致。全会一致で招致が決まった背景には問題の大きさに加え、千代田区長選の結果も後押しした。当初は小池知事の推す現職がトリプルスコアで勝利するとのメディアの情勢分析もあったが、それ以上の大差をつけた勝利のインパクトは大きい。

市場問題の先送りは7月の都議選に影響が出る恐れがあり、小池知事の改革路線を支持する世論の勢いに各会派は一気に「選挙モード」への切り替えを迫られた。そこに政局を巡る打算が入る隙間はない。ある都議は「千代田区長選の結果で、これまでの議会のやり方や改革が一気に変わると思う。（参考人招致は）一つの表れ」と分析する。

小池知事に是々非々の立場である都議はこう厳しく指摘した。「世論に背中を押されて参考人招致を始めるのではなく、都議会が分からないと思うことは調査するのが普通。五輪調査チームを参考人招致しなかったのは議会の死を意味すると思う」

7月に都議選を控える中、参考人招致を決めた都議会は、問題解明に向けた本気度が試されることになる。（石）

視点

小池旋風　勢いづく「選挙ファースト」

千代田区長選の結果は小池知事の勢いを如実に示した形となり、「政治の空気」を変えた。小池知事は現職の応援弁士として頻繁にマイクを握り、当選が決まると選挙事務所に駆け付けて「都民ファーストで進めることにエールを頂いた」と語った。ただでさえ現職有利で、普通にやれば勝てる選挙ではあったが、これを自分の選挙同然に「推進力」としてしまった。投票率は前回を11・4㌽上回る53・67%となり、有権者の引き付けにも成功したと言える。

自民党は小池知事との対立を回避する戦略を取っていたが、選挙期間中は自民推薦候補の応援に丸川珠代五輪担当相や石原伸晃経済再生担当相ら閣僚が入り、図らずも小池知事との対決を印象付けた。

都議選を念頭におけば、各議員とも知事との表立った対立は避けたいはずであり、自民にトリプルスコア以上の大差をつけて勝利した今、会派を問わず知事側になびく傾向が強まるだろう。選挙が近付くにつれて各党内が浮足立つに違いない。

今年の都議選で、知事は1993年の日本新党の成功体験をイメージしているかも知れないが、どちらかと言えば2009年の民主党が躍進した勢いに近いのではないか。

09年の都議選は、民主党（当時）が20議席増の54議席に大躍進し、自民、公明両党を過半数割れに追い込んだ。自民は現有の48議席から38議席に大きく後退。投票率は54・49%で平成に入って以降、1989年の消費税・マドンナブーム以来、2番目の高さとなった。

千代田区で民主党の新人が自民党都連幹事長（当時）を破ったことは衝撃的だったが、告示3日前に追加公認された3人のうち2人が当選したことも驚きだった。

■全選挙区に擁立？

年明けの時点で、小池新党が擁立する予定の候補者数は30～40人程度と見られていたが、今回の区長選の結果を受け、単独で過半数を獲得するために、64人以上の擁立を目指すとの観測も出ている。

64人を出すとなれば、全42選挙区で候補者を立てることはもとより、定数3～4の選挙区では2人、定数8の世田谷区や大田区では3人以上の擁立も視野に入れねばならない。

注目されるのは、連携を深める公明と競合する選挙区の扱いだろう。例えば、定数3の墨田区や豊島区は09年、民主の現職が4万票以上を獲得してぶっちぎりのトップ当選を果たし、自民が2万4千～2万6千票で2位に。公明は3位に滑り込み、共産は次点で涙を飲んだ。公明は安定的な支持基盤で全員当選が固いと言われるが、小池新党がこれらの選挙区に2人の候補を立てれば戦況は一転、厳しくなる。

一方、多摩地域では、民主、自民が議席を固める選挙区が多かったが、民主の候補は浮動票に支えられて自民を上回るケースが主だった。小池新党は保守票も食うはずだが、浮動票への影響がより大きく、民主の痛手は避けられない。

現時点では小池知事は「一つ一つの選挙区をつぶさに見る」「オーダーメードで確実な線を目指す」と冷静だ。ただ、都幹部の一人は「公明に配慮して候補者擁立を見送ることはしないのではないか」と見る。

■都議選後の空気

「新党」が多数を占める勢力になった時、都庁官僚が心配するのは「方向性が異なる議員たちを誰が束ねるのか」という点だ。

そもそも、議会は知事の駒ではない。知事側の出す政策のチェックや独自の政策立案が求められる。大阪維新の会がそうであったように、ぽっと出の議員らが一人のカリスマを盲信するようでは困る。

都議会で民主が多数を占めた当時、青少年健全育成条例の改正や築地市場移転問題を巡って、党内からは多数の造反者が出た。小池知事という実質的な「党首」がいればこそまとまっていられるが、個別の問題で判断を求められた時に会派の意思決定がままならず、空中分解するのではないか。

その意味で、都民ファーストの会が旧民主の中軸を担った元職を「即戦力」として公認したのは、現実的な判断とも言える。議会を回すには自民との交渉力が必要であり、各会派と対話できる議会人の存在が欠かせないからだ。

都政の外に目を移すと、都議選が政治の空気をどう変えるかにも目が離せない。

09年、東京から政権交代を訴えた民主は都議選後の衆院選で政権交代を果たした。今夏の都議選後、小池知事は何を見据えているだろうか。

今回の区長選を経て、小池知事の勢いは確実に増している。とは言え、自民も安倍首相の支持率が高く、知事との表立った対立を避けていることから、現時点で政権交代のような直接的な影響は想定しにくい。それでも都議選が国政に与えるインパクトは大きい。空気を見誤ると、自民党本体も無傷では済まない。（一）

東京最前線

◆宿泊税を検討　金沢市は来年度から市内での宿泊客に課税する「宿泊税」の導入検討を開始する。観光客の増加により影響を受けた市民生活の改善など対策費用に当てるのが目的だが、市議会では同市のイメージ悪化を懸念する声も上がる。宿泊税は都や大阪府が導入しているが、都道府県以外では例がない。

◆害獣駆除職員を採用　宮城県は来年度から、イノシシやシカなどの野生鳥獣の狩猟専門職員を採用する。採用枠は非常勤職員2人で、銃の扱いに長けた県警ＯＢを採用する方針。同県では毎年1億円以上の農作物被害があり、鳥獣駆除が課題となる一方、県猟友会の会員数は減少しており、独自採用に踏み切った。

◆政活費問題の議員が出馬　政務活動費を不正に取得していたとして昨年11月までに13人の議員が辞職した富山市議会で、4月に行われる任期満了に伴う市議選に、辞職した市議3人が立候補を表明した。いずれも元自民会派で、現在は離党している。地元などから出馬を求める声があったという。

◆電話で宿泊相談受け付け　福岡市は、国立大入試や大型コンサートが重なる時期に宿泊先を確保できない受験生が相次いでいる問題を受け、相談に応じる専用電話を開設した。インターネットで空き室状況を公開していない旅館やホテルの宿泊情報を提供するもので、約150施設に協力を要請している。

◆県境超えて広域避難　千葉県香取市と茨城県潮来市、稲敷市、神栖市は、利根川などの大規模水害に備えた広域避難連携協定を締結した。自治体が県境を超えて避難協定を結ぶのは珍しく、住民の避難先の選択肢が広がる。4市は今後、共通のハザードマップ作成や合同訓練を実施。避難計画も合同で策定する。

◆書類送検の医師を再雇用　北九州市と同市福祉事業団は、危険ドラッグ所持の疑いで書類送検され、依願退職した市立総合療育センターの医師を臨時職で再雇用した。医師は発達障害やうつ病の中高生を担当しており、同センター唯一の精神科医だったことから、「代わりの医師がいない」と判断した。

◆匿名相談者を伝達　福岡県教委の男性指導主事が、匿名で受けた相談者の実名を学校側に漏らし、当該生徒が不登校状態になっていることが分かった。同主事は県内中学校の女子生徒の保護者から、運動部顧問の指導が行き過ぎていると匿名で相談を受けた際、学校に実名を伝達。県教委は主事を厳重注意した。

◆飲酒運転を隠匿　岩手県遠野市の議員が飲酒運転により物損事故を起こした後、1カ月間事実を隠していたとして辞職した。同共産党市議は、市内の党事務所で酒を飲み、自家用車を運転し、ガードレールに接触した。翌日警察に事故を届け出たが、飲酒の事実は隠していた。今後同党県委員会で処分する。

◆夕張市が観光施設を売却　夕張市は9日、市が所有する観光施設を民間企業に売却する契約を結んだ。施設は「マウントレースイスキー場」「ホテルマウントレースイ」「ホテルシューパロ」、合宿施設の「ファミリースクールひまわり」の4施設で売却額は約2億3600万円。

都福祉保健局

動物愛護センター基本構想　移転・改築で開かれた施設へ

都福祉保健局は7日、都動物愛護管理審議会を開き、世田谷区八幡山の動物愛護相談センター本所を移転・改築することなどを盛り込んだ基本構想骨子案を報告した。今後、パブリックコメントを行い、年度内に最終版を策定する。

動物愛護相談センターは、動物の保護収容や飼養管理、譲渡、殺処分などを行うとともに、動物愛護や適正飼養などの啓発活動を行っている。世田谷区の本所は業務棟が1974年、事務棟が90年竣工で老朽化が激しい。また、時代の変化に伴い、センターに求められる機能を拡大する必要もあり、より広い敷地への移転・改築を検討している。

ペットの殺処分数は啓発などによって年々減少しているものの、ゼロとするためには健康な状態で飼養し、譲渡を拡大する必要がある。そのため、基本構想骨子案ではセンターを気軽に来所できる開かれた施設に転換し、新たな飼い主の出会いの場としての機能を強化する方針を盛り込んだ。

具体的な移転時期や場所は未定だが、都民の利便性や敷地面積、周辺環境などを踏まえ、複数の候補地で検討を行う。

特に、多くの動物を飼養し、殺処分を行うセンターにはマイナスイメージを持つ住民もいる。福祉保健局健康安全部は「新たなセンターは、これまでとは違う開かれた施設であることを、丁寧に説明していく必要がある」（健康危機管理推進担当）と話す。施設の老朽化に伴い早急な移転が必要である一方、「迷惑施設」との誤解を招かないよう、地域の理解を最優先にしていく考えだ。

都の動物愛護センターは大田区の城南島出張所（83年竣工）、日野市の多摩支所（84年竣工）も同様に老朽化しているが、まずは本所の移転を進めた上で、今後のあり方を検討していく考えだ。

◆「選挙プランナーの眼～地方政治の舞台裏から」は休みます。

都政ダイジェスト（1月16日～31日）

▼小池知事は16日、来年度予算で私学助成を拡大する考えを明らかにした。

▼小池知事は17日、在京アラブ外交団と都庁で面会し、イフタール開催に意欲を示した。

▼都生活文化局は19日、東京芸術文化評議会を開催し、小池知事が初めて出席した。

▼都は20日、新たな教育施策大綱を策定した。

▼小池知事は20日、石原元知事への損害賠償請求を都に求めた住民訴訟の対応方針を変更すると発表した。

▼小池知事は20日、都立足立工業高校を視察し、生徒らを激励した。

▼都と五輪組織委は20日、東京大会の選手や観客の輸送ルート策定の方向性を示した。

▼都議会自民党から離脱した3人の都議が24日、「新風自民党」を正式に結成した。

▼都は25日、小池知事就任後初となる来年度当初予算案を公表した。

▼都総務局は25日、来年度職員定数の概要を発表した。

▼都議会公明党の木内良明氏が26日に死去した。

▼都中央卸売市場は27日、豊洲新市場の開場延期に伴う市場事業者への補償スキームを発表した。

▼都産業労働局と東京都中小企業振興公社は27日、千代田区丸の内にTOKYO創業ステーションを開設した。

▼小池知事は29日、大島町と利島村を視察し、大島椿まつりのオープニングセレモニーに出席した。

▼都は30日、各界の若手著名人が東京の未来について話し合う東京未来ビジョン懇談会を初めて開催した。

▼都議会民進党は31日、第1回定例都議会で百条委員会の設置を求めると発表した。

▼都政策企画局は31日、国際金融都市・東京のあり方懇談会を開催した。

TOKYO MARATHON COURSE MAP

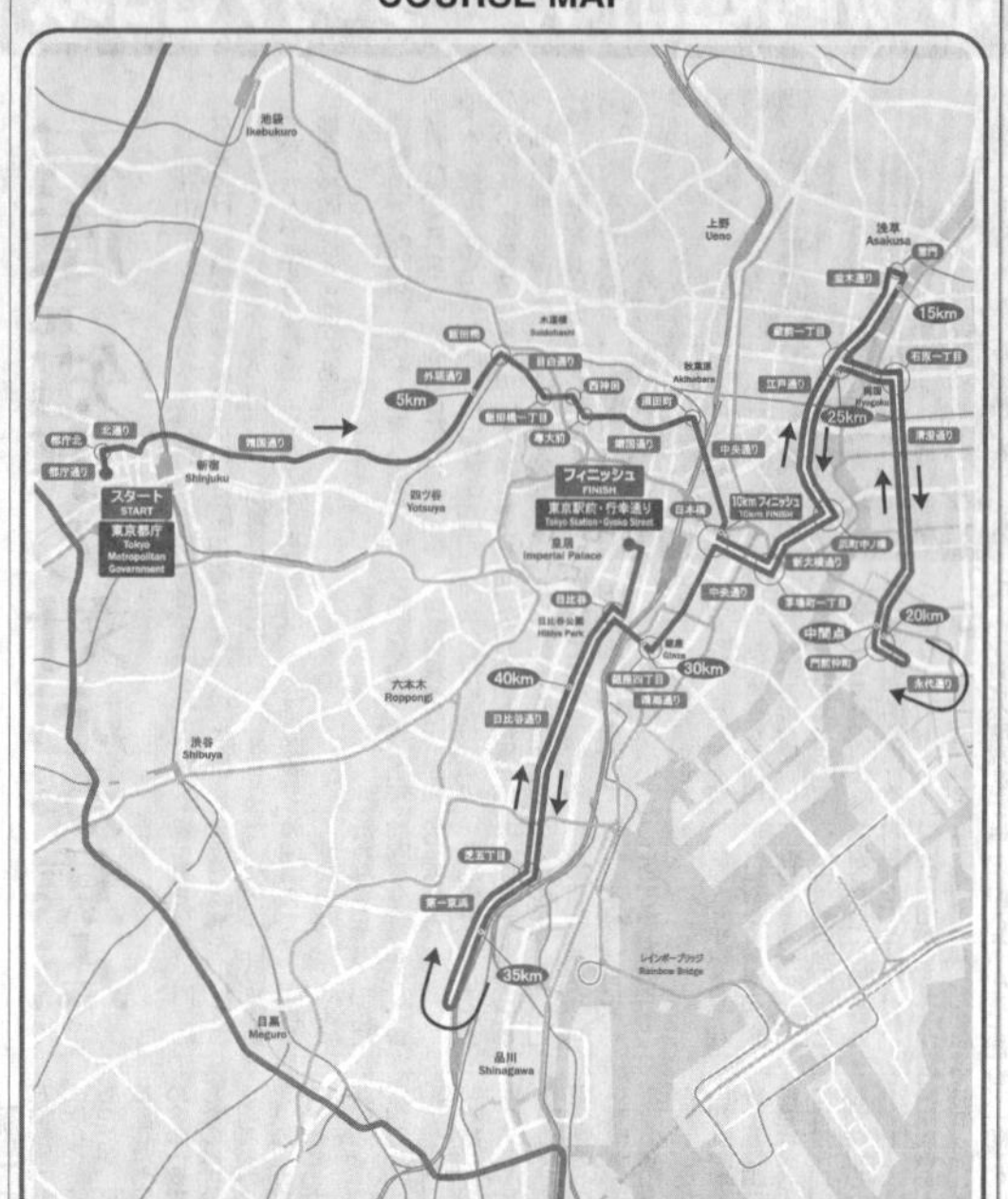

東京マラソン2017　2月26日（日）開催

「東京がひとつになる日。」

記録を狙える新コースに
警備・安全対策を強化へ

第11回目を迎える「東京マラソン2017」が26日(日)に開催される。今回はマラソンコースが大幅に変更され、フィニッシュ地点がこれまでの東京ビッグサイトから東京駅前・行幸通りに変わったのが最大の特徴。これに伴い、警備員が増員される一方、画像認識ソフトなど新たなシステムが導入されるなど、警備・安全対策が一段と強化される。また、ワールドパラアスレティックス公認の車いすマラソン国際レースを引き続き実施するほか、国内外の提携大会や学生陸上競技連盟から「準エリート」を招いたり、外国人ランナーへのおもてなしとしての多言語対応ボランティアの強化などに取り組む。

セキュリティリストバンドで本人確認も

マラソンのスタート　©東京マラソン財団

マラソンのスタート（青いナンバーカードは「準エリート」）　©東京マラソン財団

■新コース

今大会からコースが大幅に変更された。東京マラソン財団によると、この間、都心部では再開発などによって風格ある景観が形成される一方、競技面でも世界的なマラソンレースの高速化や車いすレースの国際化など状況が変化した。

そこで、今大会から「東京の素晴らしさを内外に一層アピールする」とともに、「記録をねらえる高速コースにする」という二つの視点から、コースを変更した。

新しいコースは、都庁を出発して飯田橋までは前回と同じだが、そこから神田、日本橋、浅草へと進み、蔵前橋で隅田川を渡って両国、門前仲町へ。そのあと永代通りの富岡八幡宮先を折り返して銀座に向かい、第一京浜の高輪二丁目先で再び折り返して日比谷へと進む。フィニッシュ地点は東京駅前の行幸通り。

走り終えた一般ランナーは日比谷通りのランナーサービスエリアを通って、日比谷公園に入り、園内に設けられたテント等で着替える。準エリート等一部のランナーについては反対側の日比谷通りを通って大手町サンケイプラザへ、またチャリティランナーは馬場先門交差点付近で手荷物を受け取り、MY PLAZAで着替えることになる。

■RUN as ONE

全国のマラソン大会と連携したこのプログラムでの参加ランナーは世界トップレベルのレースを体感。昨年からは新たに海外ランナーにも準エリートを設けた。また、国内大会とも広く提携し、各大会から選出された日本陸連登録者以外の一般ランナーにも参加の機会を提供している。

基準タイムをクリアし、記録を証明するための公式記録を提出できるランナーを準エリートとして受け付け、また今大会から学生にも「準エリート（学生）」の枠を新たに設けている。国内外と学生の準エリートと一般ランナーが参加することから、東京マラソン財団では「世界トップレベルのレースが体感でき、一般ランナーの競技力向上や全国的なマラソンムーブメントの盛り上がりが期待できる」としている。

今大会ではランナーの定員はマラソン、10キロ合わせて3万6千人とした。中でも一般エントリーは定員2万6370人に対し、32万1459人が応募。競争率は12・2倍と倍率としては過去最高を記録した。全体ではマラソン、10キロ合わせて32万2703人が応募した。

■警備・安全対策

ボストンマラソンでの爆破テロ事件以来、不測の事態に備えて進めてきた警備対策と、各拠点の特性を踏まえた警備・安全対策を強化していく。まずスタートエリアの安全対策では、金属探知機による手荷物検査を引き続き行い、ランナーを対象にリストバンドによる参加資格認証を実施して、「スタートエリアへのなりすましランナーや不審人物の進入を防止する」（東京マラソン財団）。

リストバンドは一度装着すると取り外しができず、東京マラソンEXPOのナンバーカード受け渡し時に、全ランナーに装着。「セキュリティQRコード」が印刷され、スタートエリアの入場ゲートで専用QRコードリーダーによって読み取ることで、参加資格確認と入場者数の把握が可能となる。

新たなフィニッシュエリアは大手町、丸の内、有楽町、日比谷という都心の繁華街のため、警備員や案内看板や資機材による十分な警備、雑踏対策を講じる予定。行幸通りのフィニッシュ観戦エリアについては安全上の配慮から一般観戦者の入場規制を実施する。

また、監査体制では、固定監視カメラの台数とウェアラブルカメラを携行した警備員を増加。新たに画像認識ソフトを利用した不審行動、不審物の探知や混雑状況の分析を行い、コース沿道や拠点の危機事案、雑踏事故の未然防止をはかる。

緊急時対応では、緊急時横断交差点などに緊急時案内スピーカーシステムを設置し、大規模災害など緊急事案が発生した際のランナーや沿道観衆の円滑な誘導策に活用する。さらに、安全・安心システムを導入し、有事におけるランナーやボランティア、大会スタッフの安否情報のスムーズな集約をはかる方針。

■関連イベント

新コースとなる今大会を盛り上げるため、大会前日の25日には「前日祭」を開催する。

東京マラソンEXPO2017会場（東京ビッグサイト西展示場）近くの臨海副都心シンボルプロムナード公園では、親子で走るファミリーラン（約1・5キロコース）や海外から来るランナーのおもてなしを行うフレンドシッププラン（約4キロコース）を実施。

また、新コースとなり、新しくなったフィニッシュエリアの丸の内仲通りでは、丸ビル一階のマルキューブで、「フィニッシュエリアを見に行こう！」と題したオフィシャルイベントを行う。具体的には丸の内駅伝2017、フレンドシップパレード、ステージイベントを予定している。

■チャリティ

チャリティ事業は2011年大会からスタートし、17年では4980件のチャリティがあり、寄付金総額は約3億1千万円（1月20日現在）に達した。

すでに定員3千人に達したが、寄付金募集は3月31日（金）午後5時まで行っている（一部寄付金を除く）。各寄付先事業のチャリティ・アンバサダーを、元女子マラソン日本代表の有森裕子さん、元サッカー日本代表の北澤豪さん、スポーツジャーナリストの増田明美さんらが務め、チャリティを盛り上げている。

東京マラソン財団では、2020年の東京オリンピック・パラリンピック開催決定を契機に、チャリティの寄付先として「スポーツレガシー事業」を立ち上げており、若手アスリートの人材育成・キャリア支援や障害者スポーツの振興、スポーツを軸とした被災地支援に使われている。

チャリティ「Run with Heart」の寄付金は、被災地支援やスポーツの振興事業、地球環境保全、世界の難民支援、難病の子供たちへのサポートなどに充てられる。東京マラソン財団では「大会を通じた社会貢献に取り組み、かつ寄付文化の醸成を図り、チャリティ文化が日本に根付くように地道な活動に取り組んでいきたい」と語っている。

※写真は全て2016大会

上 スタート地点での給水所
下 スタート地点の手荷物預りの様子　©東京マラソン財団

車いすエリート選手のレース前のウォームアップ　©東京マラソン財団

東京都連続立体交差事業 交通渋滞と地域分断の解消へ

西武鉄道

西武新宿線駅部を中心に工事を推進
東村山駅付近、中井〜野方駅間で踏切除去

西武鉄道では、新宿線の2カ所で連続立体交差事業を進めている。

東村山駅付近連続立体交差事業は、約4・5キロメートルの区間を高架化し、5カ所の踏切を除却する。

本事業の施工方法について駅部と駅間部に分けて紹介する。

駅部の施工順序については、初めに駅施設の仮設化を行い、仮設地下道に切り替えを行う。次に、既存の橋上駅を撤去し、営業線を運行しながら直上施工にて高架橋を構築する。そして、工事進捗に合わせ、新宿線（下り線）、国分寺線と西武園線、新宿線（上り線）の順で高架上に切り替えを行う。地平ホーム、仮設地下道を撤去した後、地中梁を施工して工事は完了となる。

駅間部の施工順序については、用地取得及び借地を行い、仮線施工にて高架橋を構築する。例として、新宿線では、最初に上下線を北側に移設し、南側に下り線高架橋を構築する。高架橋完成後、下り線を高架上に切り替える。続いて上り線の高架橋を構築し、高架上に切り替える。その後側道を整備し、工事は完了となる。

現在、新宿線、国分寺線、西武園線の駅間部では、用地取得及び借地を進めている。また、駅部では、高架橋の基礎部分にあたる杭の施工、ホームの仮設工事や工事に支障する線路設備の撤去および移設を行っており、今後は仮設地下道構築のための工事を進めていく。

また中井駅〜野方駅間連続立体交差事業は、約2・4キロメートルの区間を地下化し、7カ所の踏切を除却する。

本事業は、駅部と駅間部において施工方法が異なる。

駅部の施工順序については、新井薬師前駅部では用地取得を行い、現在駅の北側に地下駅を構築する。初めに土留工事を行い、続いて掘削工事、その後地下駅の構築を行う。沼袋駅部でも用地取得を行い、現在駅の直下に地下駅を構築する。同じく土留工事を行い、続いて工事桁支持杭を打設、その後線路を仮受けする。線路を仮受けしたのち、掘削工事を行い地下駅の構築を行う。

駅間部の施工順序については、シールド工法で施工を行う。シールド掘削機を使って地中を掘り進めていき、トンネルを構築する。

駅及びトンネルの構築が完了したのちに、線路を2線同時に地下へ切り替えて、地下化が完了する。

現在、新井薬師前・沼袋駅部を中心とした用地取得を進めるとともに、起終点の取付部及び沼袋駅部において仮設工事を進めている。取付部では軌道移設を行いながら、土留工事及び軌道仮受のための支持杭打設工事を実施している。また沼袋駅部では軌道仮受を行うための支持杭打設工事やホームの仮受を行うためのホームの仮設化工事を実施している。今後、用地取得の進捗に合わせ、早期完成を目指して工事を進めていく。

地域住民の期待を受け、社会的意義の大きいこれらの事業を一日も早く完了させるべく、地域住民の方々のご理解とご協力を得ながら、今後も安全を第一として鋭意工事を進めていく。

東村山駅付近 連続立体交差事業

中井駅〜野方駅間連続立体交差事業

小田急電鉄

複々線化に向け工事は最終段階
開かずの踏切9カ所を除去へ

小田急電鉄小田原線連続立体交差事業では、代々木上原〜梅ヶ丘駅間約2・2キロメートルの区間において地下式により道路と鉄道の立体交差化を行う。都道鮫洲大山線や茶沢通りを含む開かずの踏切9カ所を除却することで、慢性的な交通渋滞の解消や道路・鉄道の安全性向上、鉄道で分断されていた市街地の一体化を図る。

また、本連立事業は小田急電鉄による複々線化事業と一体的に進めている。小田急線の最混雑区間（下北沢〜世田谷代田）を含む区間を複々線化（鉄道を2線から4線に増設）することで、抜本的な輸送サービスの改善が図られることから、道路と鉄道の両面において整備効果の高い事業である。

構造形式は4線地下式（下北沢駅付近は2線2層構造）である。「1期工事」として、将来の急行線となる2線分のトンネルを先行構築し在来線を地下化することで、踏切を除却した後に、営業線の直上に残る2線分の緩行線トンネルと工事区間にある3駅（東北沢駅、下北沢駅、世田谷代田駅）を構築する「2期工事」を進める手順である。2013年3月に「1期工事」が完了しており、在来線地下化により工事区間にあった9カ所の踏切を除却した。現在は、17年度複々線化及び18年度事業完了に向け、2期工事を進めている。

京王井の頭線と交差する下北沢駅部は、小田急による営業線トンネル直上でのトンネル構築と、京王電鉄による京王井の頭線橋梁の架替工事を同時に進めている。工事と鉄道の安全確保が不可欠となることから、トンネルや線路の計測、有識者により構成される技術委員会での検証、京王電鉄との施工調整などによる安全管理のもとで工事を進めている。16年9月には全区間の掘削が完了しており、17年3月にはトンネル構築が完了する予定である。既にトンネル構築が完了している箇所では軌道・電気等の開業設備工事も進めており、17年度末の複々線化に向け工事は最終段階を迎えている。

鉄道利用者ならびに地元の期待に応えるべく、引き続き安全かつ確実に工事を進めていく。

下北沢駅交差部の工事状況（地下緩行線トンネル）

下北沢駅交差部の工事状況（地上）

京成電鉄

押上〜八広駅間が年度末で事業完了
四ツ木〜青砥駅間の工事に着手

京成電鉄では、押上線の押上駅〜八広駅間及び四ツ木駅〜青砥駅間でそれぞれ連続立体交差事業を進めている。

押上駅〜八広駅間の連続立体交差事業では、京成曳舟駅を中心とした延長約1・5キロメートル区間を、押上駅方の地下部から八広駅方の既設高架橋に取り付ける形で高架化することにより、道路と鉄道を連続立体交差化するとともに、側道の一体整備を行うものである。

本事業区間で交差する環状4号線（明治通り）など8カ所の踏切を除却することによって、道路ネットワークの形成促進のほか、慢性的な交通渋滞や踏切事故の解消を図るとともに、鉄道によって分断されていた地域の一体化が実現できるものである。

本事業の経緯は、1998年に都市計画決定し、2000年に事業認可を得た後、用地取得等を開始し、08年8月より本格的に工事を進めてきた。15年8月に下り線高架切り替えにより、上下線が高架化された。

これにより、明治通りなど事業区間の8カ所の踏切が除却され、踏切遮断による交通渋滞が解消されるとともに、鉄道の踏切事故がなくなり、安全・安定輸送確保にも大きく寄与している。また、京成曳舟駅周辺では、本事業を契機とした市街地再開発事業が行われ、高層マンション等が立ち並ぶ街へと変貌を遂げた。

本事業は、16年度が事業最終年度であることから、現在、側道整備工事や本事業で新たに創出された高架下空間における施設の整備を進めており、一部店舗が開業した。

四ツ木駅〜青砥駅間の連続立体交差事業では、京成立石駅を中心に延長約2・2キロメートル区間を、四ツ木駅方及び青砥駅方それぞれの既設高架橋に取り付ける形で高架化することにより、道路と鉄道を連続立体交差化し、本事業区間で交差する補助140号線（平和橋通り）や補助274号線など11カ所の踏切を除却するものである。

本事業の経緯は、2001年に都市計画決定し、03年に事業認可を得た後、用地取得等を開始し、15年12月に工事説明会を開催し、工事着手となった。

本事業による交通の円滑化や鉄道の安全・安定輸送といった事業効果の発現に向け、安全を最優先に工事を進めていく。

両連立事業ともに、地域の皆様のご理解、ご協力を得て、地域の発展に貢献していくとともに、安全で安定した輸送確保のために、関係機関と連携を図り事業の完成を目指している。

京成曳舟駅付近の側道及び高架下施設の整備状況

京成曳舟駅の現在の状況

都内の実績と現状

今年度は6路線8カ所で事業実施
これまでに395カ所の踏切を除却

都内には、今なお約1050カ所の踏切がある。このうちピーク時1時間当たりの遮断時間が40分以上のいわゆる「開かずの踏切」は200カ所以上あり、全国の約半数を東京都が占めている。

これらの踏切は、慢性的な交通渋滞や市街地の分断など都市機能の低下を招く大きな要因となっているほか、踏切遮断が救助・救援活動等の妨げになるなど安全で快適な都市活動の阻害要因ともなっている。

連続立体交差事業は、数多くの踏切を同時に除却することで道路ネットワークの形成を促進するとともに、交通渋滞や地域分断を解消し、地域の活性化や都市の防災性の向上に寄与する極めて効果の高い事業である。まちづくりの面からも鉄道沿線への民間投資の誘発や再開発事業の促進などにより、将来にわたって多面的で高いストック効果が期待できる。

連立事業は、道路整備の一環として東京都が事業主体となり、地元区市、鉄道事業者と連携して推進している都市計画事業である。事業費は、国が定めた要綱に基づき、都市計画事業施行者と鉄道事業者の負担割合が定められている。

このうち、都市計画事業施行者である東京都が負担する費用は、国土交通省の社会資本整備総合交付金を充当するとともに、鉄道の立体化による地域分断の解消や高架下の公共利用が図られるなど地元区市の受益も大きいことから、地方財政法に基づき、費用の一部を地元区市が負担することとしている。

この事業と併せて地元区市が中心となり、駅前広場や周辺の道路整備、高架下の駐輪場整備などの沿線まちづくりが一体的・総合的に進められ、鉄道、バスをはじめとする交通機関相互の連携や自転車の利用促進が図られるなど連立事業の効果を一層高めている。

また、鉄道事業者は、駅舎やホームの改良、バリアフリー化などの利便性の向上、複々線化による輸送力の増強等に取り組んでいる。

都ではこれまで着実に事業を進めてきたことで大きな成果を上げており、JR中央線や京急本線・空港線など43事業で395カ所の踏切を除却してきた。このうち、中央線では、三鷹〜立川駅間の13キロで地域分断が解消され、武蔵小金井駅周辺で本事業を契機に再開発事業が進むなど地域の発展に寄与している。

京急本線・空港線でも、第一京浜（国道15号）の踏切で780メートルの踏切渋滞の解消などにより交通の円滑化が図られるとともに、京急蒲田駅周辺の再開発事業の進展が地域の発展に寄与している。

2015年度は、8月に京成押上線（押上駅〜八広駅間）の高架化で6カ所の踏切を除却し、環状4号線（明治通り）の踏切で380メートルの踏切渋滞が解消された。現在、都では、西武新宿線や京王線など6路線8カ所で事業を実施し、JR埼京線（十条駅付近）などで新規事業化に向けて取り組んでいる。また、東武伊勢崎線（竹ノ塚駅付近）では、足立区が施行者となって事業を実施している。

他方、連立事業に伴う高架下利用についても、都は地元区市や鉄道事業者と連携して高架下の有効利用に取り組んでいる。地元区市による駐輪場や防災倉庫、図書館、鉄道事業者による商業施設や保育所など地域のニーズを踏まえた多様な活用により、利便性の向上やにぎわいの創出などが図られている。

多面的で高い事業効果があり、地元の期待も大きい事業だが、鉄道輸送の安全性と安定性を確保しつつ、営業線の線路に近接して施工しなければならないことなどから、完成までに長い期間と多額の費用がかかる。

事業を着実に推進するためには、安定的かつ継続的な財源確保が不可欠となる。都では、引き続き必要な財源確保に努め、地元区市や鉄道事業者と連携しながら連立事業を一層推進し、人とモノの流れをスムーズにし、安全で快適な都市東京の実現に取り組んでいく考えだ。

マネジメント・レビュー

部下・同僚の見方、本人に通知

都「気づき」で組織活性化

都総務局は来年度、課長級職員の日頃の姿勢・行動について、部下や同僚からの見え方を本人にフィードバックする「マネジメント・レビュー」を導入する。民間企業では評価に直接つなげている事例もあるが、都庁では係制廃止を踏まえた更なる効率的・効果的な組織運営や、超過勤務縮減など働き方改革の推進が求められる中、管理職のマネジメント力を向上させ、組織活性化につなげるのが狙い。同局は「上司と部下が、共に意欲と能力をより一層発揮できる執行体制を構築できれば」（人事部）と話す。

17年度から本庁課長で導入

マネジメント・レビューは、本庁の課長級職員が対象。課内の部下と同一部内の同僚課長から、対象者の課長についてアンケート形式で聞き、部長を通して結果を本人にフィードバックする。部下・同僚の職員はTAIMSでアンケートに答え、結果はシステムで集計。直属の部長が面談などを通して本人に通知し、指導・育成などに役立てる。部下が少ない場合には、職務上関連の深い職員を回答者に指定する。

具体的な質問内容は①執務姿勢②リーダーシップ③行動力・判断力④仕事の効率性⑤職員個々の把握⑥指導・育成⑦職員の士気向上⑧協調性⑨ライフ・ワーク・バランスの推進⑩ハラスメント防止——の10項目で、それぞれについて「その通りだと思う」から「全くそう思わない」まで5段階で回答する。

例えば、「仕事の効率性」では、仕事の優先順位や期限、求められる成果を踏まえ、効率的に仕事を進めているかどうかが回答の対象になる。また、「ライフ・ワーク・バランスの推進」では、超過勤務の縮減や休暇取得の促進に努めるなど、職員の事情に配慮した働き方の見直しを進めているかどうかが問われることになる。

マネジメント・レビューは、まず2年間、本庁で先行実施する計画。今年12月にアンケートを実施し、来年3月に本人にフィードバックする。結果を分析・検証した上で、出先事業所への導入や部長への対象拡大を検討するとした。

マネジメント・レビューについて、官房局のある課長は「部下に仕事を過度にさせて成果を上に報告するなど、上司と部下で評判が異なる管理職は少なくない。部下や同僚からの声を聞くことは大いに賛成」と歓迎する。「人事評価には結び付かないとのことだが、都庁組織の活性化のきっかけになるのでは」

また、事業局の課長は「民間でも導入しており、時代の流れ。ショックな意見もあるかも知れないが、前向きに捉えたい」と受け止めた。

一方、「厳しい意見が出た時に当事者にどう伝えるか、部長の手腕が問われる」という見方も。「うまく伝えられれば職場の改善につながるが、伝え方を間違えるとモチベーション低下の原因になりかねない」。また、「職場内で毎日、顔を合わせる職員からの意見になるだけに、匿名性への配慮が必要」という声もあった。

部下からの見方を本人にフィードバックする取り組みは近年、大企業を中心に民間企業で広がりつつあり、国でも働き方改革を加速させるために中央省庁への導入を検討中。地方自治体では、19府県・11政令市でこうした取り組みが見られる。

総務局は「仕事の進め方、部下との関わり、組織運営などについて日頃から接している部下や同僚の視点を届け、改めて職場の課題や課長自身の取り組み姿勢などに関する『気づき』を促すことで、より良い職場環境をつくり、都庁の力を更に高めていきたい」と話す。

マネジメント・レビューのイメージ

システムで集計

部長

フィードバック

課長（対象者）

アンケートに回答（匿名）

部下、部内の課長

主なアンケート項目
- 執務姿勢
- 仕事の姿勢
- 指導・育成
- ライフ・ワーク・バランス
- ハラスメント防止

17年度都管試要綱

合格予定者 4年ぶり大幅増

昨年度比15人増の154人に

筆記考査は5月28日

都人事委員会は7日、2017年度都管理職選考の実施要綱を発表した。要綱の内容はほぼ例年通りだが、合格予定者数は種別AとBを合わせて154人と、前年度を15人上回り、受験生にとってチャンスが増えた。管試の筆記考査は5月28日に実施。前年度よりも2週間程度後ろ倒しとなり、直前対策に注力できる日程となっている。

実施要綱では、種別Aの合格予定者数が46人で前年度比4人増、種別Bが108人で同11人増となった。合格予定者数が前年度比で増加するのは4年ぶり。人事委事務局は、「五輪準備の本格化を始め、『実行プラン』を着実に実施するために必要な組織需要と競争性を考慮して設定した」と説明する。

種別Aの合格予定者数の内訳を見ると、事務が37人、土木が4人、建築が2人、機械、電気、生物・医化学がそれぞれ1人となっている。種別Bでは、事務が77人、土木が16人、建築、機械、電気が各3人、生物・医化学が6人。Bの合格予定者数は、退職者の補充が中心で、例年通り受験生の課長昇任時点に必要とされる管理職数を見据え、需給バランスを踏まえて算定している。

口頭試問の進出者は、合格予定者数の1・5倍程度を予定。ただし、合格予定者数が1人の選考区分については同3人程度、合格予定者数が2人の選考区分については同2倍程度としている。

近年、都管試の合格予定者数は前年度を下回る傾向が続いていたが、4年ぶりに合格者数が大幅に増加することで、受験者にとっては好機の年になりそうだ。

都管理職選考の有資格者の受験率は、種別Aが30～40%程度で上昇傾向にあり、種別Bは1割程度でほぼ横ばい。ただ、性別で見ると、種別Aの有資格者のうち、男性の受験率は約50%、女性は約10%。種別Bでは男性が約20%、女性が約5%と、女性の比率が低い状態が続いている。人事委事務局は「任命権者とも調整の上、合格後のローテーション期間や管理職昇任後の『ライフ・ワーク・バランス』に向けた環境整備という視点も考慮して、合格予定者数を設定した。育児事情などがある人についても、物おじすることなく、積極的に受験してほしい」としている。

昨年度の都管試は立教大学で行われた＝16年5月

今年の管理職選考の筆記考査は5月28日に行われる。一昨年度はゴールデンウイーク明け直後、昨年度は5月中旬の日曜が試験日だった。新規採用試験の日程が5月に早まったことに伴い、14年度以前の日程に戻った形となる。

筆記考査後は、口頭試問の1回目が7月31日、8月1日の指定する一日、2回目が8月3～4日の指定する一日。合格発表日は同31日を予定している。

都主任選考は9月24日実施

都人事委員会

都人事委員会事務局は8日、2017年度主任級職選考を9月24日に実施すると発表した。6月下旬に要綱を発表する。合格発表は11月中旬を予定している。

都職員表彰

「新しい東京」賞創設

移動水族館車など26件

都は8日、2016年度の職員表彰を都庁第一本庁舎で行い、26件の事業を表彰した。小池知事就任後の初の職員表彰で、今年度から都民サービスへの貢献や困難な課題への挑戦を対象とした「『新しい東京』賞」を創設。葛西臨海水族園の「移動水族館」の取り組みと、下水道局の多摩地域の水再生センターの下水処理機能の強化の2事業が選ばれた。

小池知事を囲む職員表彰の受賞者ら＝8日、都庁で

昨年までの「春風賞」「秋霜賞」は廃止となった。

「移動水族館」は同園が園外での教育普及活動として15年から行っている事業で、全長約8㍍の専用トラックに約1・6㌧の水槽を2基搭載し、病院や福祉施設などからの要請を受けて出張展示していた。昨年7月までに計81件の施設を訪問し、病気や障害で来園が難しい子供たちに同園の生物の展示を楽しんでもらい、都民の教育に大きく貢献したことが評価された。

下水道局は、多摩川沿川6カ所の水再生センターを3本の連絡管で結び、下水処理機能の強化を図る取り組みが昨年11月に完了。連絡管の完成で汚泥・汚水の相互融通が可能になり、災害時の対応力の向上や、汚泥処理機の集約などによるコスト削減が見込まれる。03年度から長期にわたって取り組んだことが評価につながった。

このほか、市販の食品に含まれるアルミニウム量を簡単に分析する方法を開発した福祉保健局の研究グループや、イベントなどで都電荒川線の魅力をPRした交通局のPTなどが受賞した。

小池知事は「都民目線で最善を尽くすという志を周囲に広げ、後輩にも引き継いでほしい」と職員を激励した。

都総務局と渋谷区

避難情報をアプリで翻訳

帰宅困難者対策訓練

都総務局は7日、渋谷区などと合同で、首都直下型地震により渋谷駅周辺に多数の帰宅困難者が発生した場合の対策訓練を行った。都が区と合同で行う帰宅困難者対策訓練は今回で3回目。昨年、「帰宅困難者誘導ルール」を策定した。鉄道会社や周辺企業を含めた約4300人が参加した。

地震発生の放送と共に、一斉に身をかがめる訓練参加者＝7日、ハチ公前広場（渋谷区）

訓練は、東京湾北部を震源地とするマグニチュード7・3の直下型地震が発生したことを想定。地震による混乱で駅などに人が殺到することを防ぐため、渋谷駅前に集まった外国人を含む約650人の一般参加者を一時退避場所の代々木公園まで誘導した。

今回の訓練はIT技術を使った帰宅困難者への情報提供を実施したのが特徴。駅前のスクランブル交差点前の大型ビジョンに日本語・英語・中国語・韓国語で避難場所やルートを示したほか、渋谷区が開設した災害時に情報提供を行うポータルサイトのURLも表示した。また、センター街で放送された日本語の避難情報を、多言語に翻訳できるスマホ向けアプリを初めて導入した。

同局は「参加者から、『ビジョンから音声も出ると、より分かりやすくなる』などの意見をいただいた。より改善に努めていきたい」（事業調整担当）と話した。

川澄俊文副知事は講評で、「区と連携して帰宅困難者対策に当たりたい」と話した。

都課長代理選考

合格予定者数は640人

複線型任用体系が一層進展

都総務局は8日、各局人事担当課長代理会を開き、2016年度の統括課長代理認定選考及び課長代理級職昇任選考の合格予定者数を提示した。

統括課長代理は、課をまたぐ困難課題の解決や調整業務の中心役として、必要数を本庁各部や各事業所当たり数人と想定。合格予定者数は前年度同様、数年間かけて認定数を適正規模に縮減する観点から設定している。

都では、統括課長代理選考において職種に捉われず課題解決に資する人材を認定する観点から企画・調整区分、政策区分の2区分を設定。今年度の合格予定者数は、企画・調整区分が87人、政策区分が29人。人事部保留枠6人を含めると計122人となり、前年度比23人減となった。このうち職務分野や政策分野の専門性に着目して認定する政策区分では、職務・政策分野における区分の新規設置が一定程度進んだことで計41分野となり、前年度よりも8分野増加。合格予定者数についても、昨年度を上回る約25%を政策区分としている。

また、制度上、企画・調整区分から政策区分への区分替えが可能となっており、今年度の選考では約90人について区分替えを行う予定。都としては今後も専門性が高い人材については政策区分への区分替えを進める方向だ。

一方、課長代理選考については、有資格者数が4879人で前年度を389人上回った。合格予定者数は組織需要や欠員の状況などを考慮して決定し、事務311人、4大技術が171人、その他が138人。人事部保留枠を含めると、全体の合格予定者数は640人となり、前年度比37人増となった。また、職員の専門性に着目した専門区分の合格予定者は7区分・23人とし、前年度より4人増えている。なお、今年度から業務経験を積んだ職員の知識・専門性をより一層活用する観点から、選考対象者の年齢上限を58歳未満から60歳未満に引き上げている。

今年度の選考では、政策区分への区分替えなどにより、都が力を入れて取り組んでいる複線型任用体系の推進がより一層進展している。

マスコットを公募「開かれた形で」

五輪組織委

五輪組織委員会は6日、大会マスコットの選考検討会議（座長＝宮田亮平文化庁長官）を開き、デザインに一定の条件を付けた上で一般公募する方針を決めた。

同会議の生駒芳子副座長は「力のあるマスコットやキャラクターを生み出しているプロや、自由な発想を持った子供も参加できる。開かれた形でたくさんの方にチャンスを生かしてもらえれば」と話した。

無許可で家電回収業者を業務停止に

都環境局

都環境局は2日、同局の求めた業務報告を拒否した産業廃棄物処理業者の田中亮氏を1カ月の業務停止にした。執行は3月1日から。

同氏は「首都圏リサイクルセンター」の屋号を称し、家庭から冷蔵庫などの不用品を無許可で回収していた疑いがあり、同局が業務報告を求めたところ、拒否したため廃棄物処理法違反により業務停止となった。

平林實枝子さん（ひらばやし・みえこ＝平林俊実・都建設局河川部指導調整課長の母）1月29日死去、86歳。

初宿昭吉さん（しやけ・しょうきち＝初宿和夫・都教育庁都立学校教育部長の父）2日死去、88歳。

牛山鈴子さん（うしやま・れいこ＝元墨田区議会議員）3日死去、74歳。通夜は10日午後6時、告別式は11日午前11時から、いずれも町屋斎場（荒川区町屋1の23の4☎03・3892・0311）で行われる。

齋藤薫雄さん（さいとう・しげお＝元財務局長）4日死去、83歳。

人権の配慮

共生社会への起爆剤に

「日本人には大歓迎されたが、東京の街は障害者や高齢者、ベビーカーを押す人には非常に冷たい。助けが必要でも、視線を合わせてくれない。日本人は優しいと聞いていたのに」

1日、都庁で開かれた五輪・パラリンピックと人権を考えるシンポジウム。パネリストの一人、マセソン美季さんは、カナダ人の夫のこんな声を紹介した。

マセソンさんは1998年長野パラリンピックで、アイススレッジスピードレースの金メダリストだ。大学時代に交通事故に遭い、車椅子の生活に。帰国する度に自分が障害者であることを感じさせられるという。

マセソンさんが考える「共生社会」のポイントは、①一人ひとりが大切にされていると感じる②ありのままが認められる③どんな境遇の人にも平等な選択肢が与えられる——の3点。「2060年には4人に1人が75歳以上になり、今の当たり前が通用しなくなる。パラリンピックは社会変革の起爆剤になる。東京の街が大きく変革してくれることを願っている」と期待を込めた。

シンポジウムには英国、ブラジル両大使館首席公使も出席＝1日、都庁

パネルディスカッションでは、社会の「バリア」について議論。英国大使館のエリス首席公使は「英国で偏見に対する最も効果的な方法は、様々な背景、障害を持った人がテレビに出ることだった」と紹介し、「ドラマだけでなくニュースに出ることで、障害者も健常者と同じように扱われる」と提言した。

ブラジル大使館のサルキス首席公使は、自国が日系人を含めた「移民社会」であることに触れ、「人間の交流、目に見えないバリアに対応してはどうか。日常生活で社会の一員になりたいと思っている（外国）人は多い」と指摘した。

人権の尊重に関しては、五輪憲章でいかなる差別も受けることがないよう明記。東京大会は基本コンセプトでダイバーシティー（多様性）とインクルージョン（包摂）をうたう。「共生社会」に向けて、マセソンさんは「（助けを求める人に対して）最善でなくても一歩踏み出して柔軟に行動すると、社会が変わると思う」と話す。現場の声を受け止め、行政にも一歩踏み出した対応が求められる。

職員教養講座 《33》

29年度 東京都管理職選考対策

B事務（都市づくり）記述

2月に入り、都管理職選考の筆記試験まで3カ月余りとなりました。合格者に話を聞くと、種別B（記述と論文）を受験する場合、おおむね3カ月程度の集中した勉強で合格していることが多いようです。今日から3カ月間で効率よく勉強すれば、合格レベルに達することができますので、受験を迷っている方も、ぜひ前向きにチャレンジしてください。

今回から2回にわたり、「種別B事務（都市づくり）」の記述、論文対策を解説します。今回は記述対策です。

過去の出題

近年の出題を参照すると、記述問題の出題分野は、都市計画法（1題）、地方公営企業法（1題）、都市整備関係法（1題）、時事問題（3題）の計6題が出題され、そのうち2題を選択して解答します。

過去5年間の出題は分野ごとに次の通りです。

都市計画法

《平成24年度》
○市街化区域及び市街化調整区域

《平成25年度》
○都市計画事業の認可等の効果

《平成26年度》
○都市計画法に定める促進区域

《平成27年度》
○地域地区の意義及び種類

《平成28年度》
○都市施設

地方公営企業法

《平成24年度》
○管理者の権限、長に保留されている権限、長との関係

《平成25年度》
○地方公営企業法の適用を受ける企業の範囲

《平成26年度》
○企業管理規程

《平成27年度》
○管理者の選任及び身分取扱いについて

《平成28年度》
○平成26年度地方公営企業会計基準の見直しの概要

都市整備関係法

《平成24年度》
○PFI法に定める公共施設等運営権

《平成25年度》
○都市再生特別措置法に定める都市再生特別地区

《平成26年度》
○建築基準法に定める総合設計制度

《平成27年度》
○土地区画整理事業の目的及び施行者の種類

《平成28年度》
○土地収用法に定める土地調書及び物件調書の作成手続きの特例

時事問題

《平成24年度》
○京浜港の総合的な計画における貨物集荷策の展開・施設配置の考え方・交通体系のあるべき姿
○高齢者の居住の安定確保に関する法律の改正内容
○木密地域不燃化10年プロジェクト実施方針の基本的な考え方及び具体的な施策

《平成25年度》
○アクションプログラム2013の施策9にある事業者等との連携による首都にふさわしい景観の形成及び歴史・文化の継承による東京の魅力の向上
○東京都自転車走行空間整備推進計画の基本的な考え方、整備を進める四つの視点及び優先整備区間を選定する四つの視点
○不燃化特区制度の基本方針、不燃化特区の指定要件における区域の要件、コア事業の要件

《平成26年度》
○隅田川及び日本橋川における「かわてらす」の社会実験の目的、実験内容及び事業者の募集条件
○地震に関する地域危険度測定調査（第7回）における調査の目的及び地域危険度の概要
○東京都クルーズビジョン

《平成27年度》
○都市計画区域マスタープラン
○東京都無電柱化推進計画
○小笠原諸島振興開発計画における港湾及び道路の整備

《平成28年度》
○港湾の種類及び港湾運営会社と特例港湾運営会社の意義及び現況
○東京都住宅政策審議会答申「東京におけるマンション施策の新たな展開について」
○東京みちしるべ2020

勉強方法

勉強は過去の傾向を分析し、出題の予想を立て効率的に覚えていくことが重要です。しかし、ここ数年はこれまで繰り返し過去問が出題されてきた分野で異なる出題傾向も見られるため、仮に予想が外れた場合でも対応できるよう、複数の分野の対策を幅広く講じる必要があります。

都市計画法、地方公営企業法については毎年出題があり、出題傾向も予想がしやすいことから、まずはこの二つの法律から勉強に取りかかると良いでしょう。特に、都市計画法については都市づくり政策に対する理解の深度化につながり、論文の勉強にも役に立ちますので、早期に勉強しておくことをお勧めします。

一方で、都市整備関係法については出題範囲が広く予想しづらいため、日頃から関係する仕事に従事している方でないと対応が難しいようです。限られた時間で効率よく勉強するためには、まず他の分野をマスターすることを優先し、都市整備関係法については時間があれば学習するようにしましょう。

時事問題については、出題数が3題と多く、関係局のホームページや「とちょう―1」など、公開されている資料からある程度予想することが可能であるため、得点源としたいところです。ただし、時事問題だけに絞って勉強することはリスクが高いので避けた方が無難でしょう。

続いて、各出題項目について解説します。

都市計画法

これまで過去問が何度も出題されていますので、過去問の傾向を分析して出題を予想します。過去問のうち、近年出題がないものについては勉強しておいて損はないでしょう。なお、前回試験での出題「都市施設」についても、平成8年に出題された過去問であったため、しっかりと準備しておけば対応できるものでした。

また、国土交通省のホームページなどから都市計画法関連の最新動向などについて確認し、法令改正などがあった場合は、内容とともに背景や理由を模範解答に簡潔にまとめておきましょう。なお、模範解答を準備する際には宅建のテキストなどが役に立ちますので参考とすると良いでしょう。

地方公営企業法

これまで都市計画法と同様に過去問を中心に繰り返し出題されていましたが、ここ数年は傾向に少し変化が見られます。例えば、平成27年度試験では、頻繁に出題される「管理者」に関する内容であっても、「選任及び身分取扱い」に絞った出題でした。また、平成28年度試験では、条文そのものからの出題ではなく、平成26年度に見直した地方公営企業会計基準に関する出題でした。

勉強方法としては、過去問を分析して出題を予想するとともに、先ほどの「管理者」のように頻繁に出題されるキーワードについては、関連する条文や関係する情報などをまとめておくと良いでしょう。また、総務省のホームページなどから関係規則の改正など最新の動向をチェックし、改正の背景や理由を理解した上で模範解答にまとめましょう。

都市整備関係法

これまで、都市整備の基礎知識を問うものとして、都市整備関係の法律から出題されています。過去の出題を見ると、建築基準法、土地収用法、土地区画整理法、景観法、都市再開発法、PFI法、都市再生特別措置法など様々な法律から出題されています。

出題された内容が実際に従事する仕事に関連があった場合は、比較的回答できる内容だったという話も聞きますが、前述した通り大変予想を立てにくい分野であるため、あまり時間を取られるような勉強はお勧めしません。

時事問題

時事問題は、前年6月頃から当年3月頃までの計画や審議会答申、都市づくりに関する新たな制度などから幅広く出題されています。

まずは「とちょう―1」から、都市づくり関係局（都市整備局、建設局、港湾局）の発表記事をピックアップしていきましょう。さらに、関係局のホームページから、局の基本方針などで特に期間中に発表されたものなどを中心に報道発表資料を入手していきます。法令改正、審議会答申（中間のまとめも対象）、計画策定、新制度、話題の取り組み、知事の所信表明に盛り込まれた施策などは、基本的に押さえておきましょう。なお、特に大きな法改正があった場合などは、期間外であっても内容を把握しておくと良いと思います。

また、「2020年に向けた実行プラン」に盛り込まれた都市づくり関係事業については、プランに記載の内容だけでなく、局のホームページなどにより事業の目的や背景なども確認し、理解を深めておくことが重要です。これらは論文対策としても活用できますので、まず実行プランから勉強を始めても良いかもしれません。

情報収集したら、過去問の傾向から優先順位をつけていきます。予想順位の高いものから、模範解答を作成していきましょう。

模範解答の作成と暗記

記述の解答時間は1時間となっていますので、1題あたり約30分を解答に割けることができる計算です。しかし、試験会場で考えながら書くほどの時間の余裕はないため、事前に用意した模範解答をしっかり暗記し、それを正しく再現することが重要です。そのため、どのような模範解答を作るかも非常に大切なポイントです。

模範解答は、意義や背景、事業の効果などを盛り込み、600字程度に簡潔にまとめていきます。重要なキーワードや数値などもしっかり入れ込んでおくようにしましょう。模範解答を作成する上では、都の関係局ホームページだけでなく、関連する国のホームページなどに書かれている制度設立の趣旨や経緯なども参考になります。また、出来るだけ「自分の得意な言い回し」になるよう作成していくと、後の暗記がしやすくなります。

作成した模範解答は、紙に印刷して通勤途中などで効率的に暗記をしていきましょう。電車の中で資料を見て暗記することがはばかられる場合、スマートフォンに模範解答のデータを転送して覚えるという方法でも良いでしょう。自分に合った方法で、確実に暗記できるよう毎日継続することが大切です。最初はなかなか暗記ができなくても、継続することで少しずつ再現できるようになっていきます。まずは数を絞って確実に覚え、その後、余裕が出てきたら範囲を広げていくと良いでしょう。

試験まで1カ月を切ったら追い込み期間です。試験で使用する予定の筆記具を使い、覚えていない部分がどこなのかということを確認しながら手書きで再現します。試験でしっかり再現できるよう、重要なキーワードは何度も頭にたたき込んでいきましょう。

最後に

仕事や家庭で忙しい中、勉強の時間を確保することは正直大変ですが、少しの努力や工夫で勉強を習慣化することは可能です。これから3カ月間、勉強に取り組んだ分だけ確実に合格に近づきます。皆さんのご健闘をお祈りします。

昇任試験対策のページ

特別区 管理職試験講座 16

I類択一・記述　I・II類論文　29年度

II類論文

今回は、平成28年度に出題された事例式論文問題の全文を掲載し、分析を行います。

28年度問題分析

◇　◇

P区Q部R課は、公園整備、維持管理を主な業務とし、公園計画と調整業務を担当するS係と設計、工事及び維持管理を担当するT係とで構成されている。R課長は、この4月に着任した。

P区のA地区では、地域念願の防災機能を付加したA公園ができることになり、1年をかけて地域住民によるワークショップでA公園の全体像がまとまった。その一方で、近年A地区は集合住宅の建設により、子育て世帯の転入が増加している。

ある日、R課長はQ部長に呼ばれた。

Q部長「R課長も知っていると思うが、過日、保育所に入れなかった保護者たちが、署名を持って区長あての陳情書を提出に来た。これを受けた緊急の庁議で、区内施設などを活用して待機児童の解消に早急に取り組んでほしいと区長からの下命があった。ついては、R課長としても、特区制度を活用した公園における保育所設置の可能性を早急に検討してほしい。ただし、A公園については、過日の常任委員会で整備構想を報告して議会の了承を得ているので、慎重に対応するように」

R課長は、S係長とT係長を呼んで、Q部長からの指示を伝え、現状を確認した。

S係長「待機児童の話は聞いています。A地区は子育て世帯も増えていますし、A公園ならば面積的にも十分余裕がありますので、特区制度を活用すれば、需要の多い0、1歳児の小規模保育所の設置は可能だと思います。ワークショップの時も、参加者の一部から、保育所の設置の要望がありました」

T係長「保育所の必要性は分かりますが、ワークショップでやっとまとまり、議会報告も終えたところです。設計を目前にして、これから特区制度を活用した保育所設置の検討を始めたのでは当初予定している開園に間に合いません。現状の計画で進める方が良いと思います」

S係長「区の緊急課題ですから、区がリードして保育所設置を前向きに考えていくべきです。特区制度の活用によって工期が延びたとしても、保育所の設置はA地区の要望として出ていたので、私の経験的には住民の理解は得られると思います」

R課長は、T係長の意見も気になったが、庁議の方針でもあり、また経験豊富なS係長の判断を頼もしく思い、保育所の設置について前向きに検討を進めるよう指示して、話を終わらせた。

その後、住民説明会や議会対応等日々の案件に追われていたが、4月下旬、A地区の町会長から電話がかかってきた。

A地区町会長「今朝の新聞で公園に保育所が設置されていると報じられていた。これまでワークショップで話し合いを重ねてまとめた計画なのに、なぜ事前の説明がないのか。勝手に区の都合で公園計画を修正し、公園整備を進めるのであれば、もう二度と区には協力しないぞ」

R課長は、A地区町会長の発言に驚き、詳細を確認して連絡すると伝えて電話を切り、S係長とT係長を呼んで状況を確認した。

S係長「R課長が設置の方向で、ということだったので、特区制度の活用も含め、あらゆる方向から検討しています。新聞記事はR課長が不在の折、顔なじみの記者と廊下で雑談をしていたときに、正式な決定ではないとした上で話をしました」

T係長「今朝の新聞では、保育所の設置が決定したような書き方になっています」

R課長は、どうしてこんなことになったのかと思慮を巡らせていると、X議長から電話があり議長室に行くことになった。

X議長「私も地元なので、何度かワークショップに参加したが、A公園は防災機能を重視した公園として報告を受け、議会としても了承したはずである。保育所が足りないのは理解するが、議会に何の説明もないまま保育所設置の決定が新聞で示されており、このやり方は議会軽視ではないか」

R課長は混乱したまま自席に戻ると、Q部長から電話がかかってきた。

Q部長「子育て担当部長から、設置についての今後の進め方について相談したいとの電話があった。午後には副区長からも説明を求められている。私は設置の検討経過について何ら報告を受けていないが、できることは協力するから、今後の進め方を具体的に説明してくれ」

R課長は、思わぬ事態の急展開に、ただぼうぜんとするばかりであった。

特別区におけるまちづくりと住民の合意形成について、あなたの考えを述べた上で、あなたがR課長であれば、この事例においてどのように対処していくか、この事例に即して論じてください。

事例の背景

東日本大震災、平成28年熊本地震の発生により区民の震災に対する防災意識はより高まってきています。特別区では公共施設老朽化対策とともに、防災機能を備えた公園の整備など、防災力の強化が求められています。

一方で、我が国は少子高齢化とともに生産年齢人口の減少が続いています。今後は、女性活躍推進による雇用確保の取り組みや働き方改革などで区民のライフスタイルは着実に変化していくことが考えられます。特に、女性が働きながら安心して育児をすることができる環境を整備することは喫緊の課題となっています。

待機児童対策については、国家戦略特区による規制改革で、一定の基準を満たす場合は都市公園に保育所を設置することが可能となりました。

特別区は、地域の課題解決に向けて特区制度を活用するなど柔軟な発想で施策を推進していく必要があります。しかし、保育所建設には騒音問題や近隣住環境の変化を心配する地域住民に理解を求める粘り強い交渉が必要になるなど、どのように合意形成を図っていくのかが問われています。

事例の分析

本事例の問題点を、R課長、各係長、組織運営の3点に分類し、分析します。

第一に、R課長の問題です。

R課長は、Q部長から指示された「特区制度を活用した公園内における保育所設置の可能性」を検討するに当たり、A公園整備計画策定に至る経過を十分に把握しているとは言えません。また、Q部長から、計画案は常任委員会に報告し議会の了承を得ていることを踏まえ慎重に検討するよう指示されていますが、的確に各係長に伝えていません。各係長から現状の確認をしただけでS係長に前向きに検討するよう指示をしているなど、拙速に業務を進めています。また、Q部長に対して検討状況の報告も怠っています。

第二に、各係長の問題です。

S係長は、公園内への保育所設置の可能性ついて子育て担当部局との調整を行わず独断で検討を進めています。R課内でも情報共有が図られておらず、R課長に適時適切な状況報告をしていません。また、T係長は公園を設計、維持管理修正する立場にありながら、積極的に検討をするという姿勢が見られません。また、S係長は顔なじみの記者に正式な手続きを経ることなく情報を伝えているなど、情報管理に問題があります。

第三にR課の組織としての問題です。防災機能を付加したA公園整備に向けてR課として取り組んでいくという一体感に欠けています。また、新たな課題に迅速かつ的確に取り組んでいくためには、課長の強力なリーダーシップが必要です。R課長は着任早々とはいえ、明確な方針を示さないことでA地区町会長やX区議から叱責を受け、結果的に区政への信頼を損なう事態を招いてしまいました。

以上3点の問題点を挙げてみました。皆さんがR課長であるなら、短期的にどのように対応し、中長期の視点で、どのような人材を育成し、組織を運営していくでしょうか。

次回は、論文例と解説を掲載します。皆さんもぜひこの出題例に基づき、論文を作成してみてください。

読者のひろば

文化を紡ぐ矜持

南米見聞録 -10- ▼エクアドル

赤道直下の国エクアドルと言えばガラパゴス諸島で有名だが、首都のキト市街が1978年にユネスコ世界文化遺産の第一号に登録されたことはあまり知られていない。キト市街は狭いエリアに16世紀の植民地時代に建てられた建造物が集積している。石畳の緩やかな坂の上に映える教会、ライトアップされた建物群など、素晴らしい景観であった。

キト市民は純血のインディヘナ人や混血のメスティソが多く、南米の中でも特に先住民族の割合が高い。征服された側の彼らでも、征服した側のスペイン人が建てた建造物を誇りに思っている。87年の大地震で多くの建物が破損したが、市民は熱心に修復・保存に取り組んだという。

バシリカ教会から眺めるキト市街

一方で、キト市民は民族衣装を身にまとい、スペイン征服前のインカ時代の言葉や祭事を大切に引き継いでいる。こういった風習はエクアドルに限らず、多くの南米諸国で見かけた。アルゼンチン北部のサルタという小さな街の、ペーニャ(歌や踊りが見られるレストラン)で民族音楽を聴いていたときだった。終盤になると客も一緒に歌い踊り、その場に一体感が生まれ、地元の老夫婦も孫を連れて参加し始めた。お世辞にもうまい踊りとは言えないが真剣だった。生まれ育った街の歌や踊り、幼き日に教えられたものを背負い、静かに着実に次の世代に継承していく。

南米人と接すると、時に強烈なほどの郷土愛、世代を紡ぎ、歴史を紡ぎ、文化を紡ぐ矜持(きょうじ)を感じることがある。老夫婦は足元がふらつきながらも孫に上手に見せたく懸命だった。老いてなお必死に。

◇

南米大陸は、紀元前の文明から500年前のインカ文明まで様々な文明が発祥し滅亡した。彼らにとって文化・文明はその時代の人々が命がけで守らないと消滅し得るものと認識している。

㊤サルタの踊り(アルゼンチン)
㊦サルヴァドールの踊り(ブラジル)

一方で、南米は大航海時代のスペイン・ポルトガル人、アフリカ系移民、欧州移民、日本人など様々な人種民族を受け入れてきた。彼らは文化文明の発展には多様性や寛容性が必要なことも認容している。固有文化を引き継ぐ不変性と異文化を受け入れる可変性、対峙(たいじ)ではなく融合、不易流行、人々が守るべき遺産とはそういうものかもしれない。キト市民が守っている街のように。

振り返れば、南米の旅はどこへ行ってもその土地の歌や踊りとともにあった。大切なものを守ろうとする南米人の境涯に触れたとき、大自然を見るよりもはるかに心が揺さぶられた。

いつからか景色よりも彼らの姿や表情を撮る方が多くなった。南米の大地、そこで出会ったのは歌や踊りをしながら、同じ時代に生きていることを喜びとしていた多くの人々であった。

(ブラジル在住　白鳥謙治)

＝おわり

下草刈り(保全地域体験プログラム)

都環境局

「里山へGO!」を開設

保全活動の輪を広げる

多摩の森林、丘陵地の里山、市街地近郊の雑木林など、東京には今なお多様な自然が残されています。こうした東京の自然を身近に感じてもらうとともに、緑地保全ボランティアに興味を持った方にその活動の機会を提供するため、都は2015年7月に情報サイト「里山へGO!」を開設しました。

人の働きかけが不可欠

多摩の山地は、雨水を吸収して水源を保ち、川の流量を調節する「水源林」としての機能を有するほか、林業にとっても重要な地域です。丘陵地の谷戸地形を利用した田んぼや畑、雑木林からなる里山は、昔ながらの美しい風景を作り出し、多様な生きものが生息・生育できる環境を保っています。市街地の雑木林や用水沿いの樹林地は、地域に潤いを与える貴重な自然であるとともに、かつて人々の暮らしが自然と密接に関わっていたことを思い起こさせる場でもあります。

このように様々な恵みをもたらす森林や里山は、「間伐」や「下草刈り」など人が手を加えることで、良好な状態が保たれてきました。

例えば、間伐によって森林内が明るくなり、樹木の生育が促進されるほか、下草が繁茂し、土砂災害が防止されるなど、人の働きかけは自然環境の保全に不可欠な要素です。こうした森林や緑地の保全活動は、NPOや住民など様々な主体によって支えられていますが、近年は参加者の高齢化が進み、一部で活動の停滞も見られることから、新たな保全活動の担い手の確保と育成が急務となっています。

担い手の確保には、まずは未経験者の方に森林や里山での保全活動に参加してもらい、自然に親しんでもらうことが重要です。また、リピーターとして保全活動への参加を促すためには、ニーズに合った活動情報の提供など、参加希望者と活動フィールドをつなぐ取り組みも必要です。こうした取り組みを推進するため、情報サイト「里山へGO!」では保全活動に関する様々な情報を集約・発信しています。

サイトでは森林における間伐・枝打ち・植林などの林業体験や、里山での雑木林の下草刈り・竹林伐採・田んぼ作業など、多様な自然体験プログラムを紹介しています。

例えば、里山保全では田植えや稲刈りなど実際に体験できる内容の詳細や、過去の活動レポートを写真や解説を付けて紹介するなど、保全活動をイメージできるコンテンツとなっています。

また、初心者が一人でも安心して参加できるよう、活動の際の服装や持ち物についてイラストを使って分かりやすく解説しています。

さらに、希望する活動地域や活動内容をサイトに登録していただいた方には、登録者のニーズに応じたプログラムを定期的にメールで案内するサービスを実施しています。15年7月の開設以来、16年12月末までに400人を超える人たちに登録してもらいました。

担い手の育成が進む

「里山へGO!」を通じて保全活動に参加した方からは、様々な感想が寄せられています。

「里山の活動は、とても気持ち良かった。子供でも体験できる活動がたくさんあって、親子で楽しめました」(40代女性)、「皆で活動を楽しみながら、自然と人の共生について学ぶことができました。季節に合わせた活動で四季を感じられるのも良いですね」(30代男性)、「木や竹を伐り倒す爽快感と達成感がたまらなかった! リフレッシュもできて様々なことも学べて大満足です。次は友達を誘って参加します」(20代男性)といった声からも、皆さんが自然に親しみながら、保全活動に取り組んでいる様子がうかがえます。

こうした参加者の中には、リピーターとして10回以上も保全活動に参加している方や、地域の市民団体に加入した方も現れるなど、担い手の育成が進みつつあります。

今後も「里山へGO!」を通じて保全活動の輪を広げ、東京の貴重な自然環境の保全につなげていきたいと考えています。

(都環境局自然環境部)

東京の自然にタッチ
里山へGO!
里山へGO!
http://tokyo-satoyama.jp/

里山へGO!のホームページ

都〜区トーク

「らしく振る舞う」

今から20年近く前、総務部所属の筆者は局長と言葉を交わす機会が少なくなかった。ほとんどは仕事に直接関係のない雑談だったが、一つだけ今でも内容を覚えているものがある。

話はこうだ。局長の課長昇任時の職場は、ある特別区だった。当時、その課長職は歴代都職員の指定ポストであり、このことは職員だけでなく区議も知っていた。区議会では、委員会の答弁は基本的に課長が行う。事前に質問内容を教えてくれることはなく、都から来た課長に対して厳しく質問する区議もいたという。

その日の委員会でも苦しい答弁の連続だった。他の自治体を引き合いにネチネチ質問され、いよいよ答弁に困り、思わず「うちの区は大丈夫です!」と大きな声を出してしまった。本来なら、このような粗い答弁は許されるものではないが、質問した議員は怒り出すようなことはなかったそうだ。

委員会終了後、案の定、くだんの区議に呼び出された。何か言われるだろうと恐る恐る行ってみると、意外にも笑顔で迎えられた。局長いわく、「区議は、都から来た若造の課長が『うちの区』と言ってくれたことがうれしかったんだ」。

さて、この時期、課長への昇任切符を手に入れた方は、期待と不安が入り混じりながらも、充実した日々を過ごしていることだろう。

とはいえ、いま一つ実感が湧かないのではないだろうか。管理職になると何が変わるのか。

一つは仕事をする側から「させる」側になること。

もう一つは、自らの判断や発言は組織を代表するものであること。

とりわけ後者は肝に銘じておいた方がよい。実際に課長になってみると、なかなか思うように事を運べないのが現実だ。これまで未経験の仕事に苦労したり、配属が基礎自治体や監理団体などの場合、都庁とは異なる組織文化に戸惑うかもしれない。理屈で解決できない場面も少なくない。

こうした時、どのように対処するか。自身の経験から筆者のアドバイスは一言、「課長らしく振る舞う」。その方法は至って簡単だ。自分が手本にする管理職のまねをすればよい。

と、ここまで書いて、ふと考えた。自分は手本にされるような管理職だろうか。

(反面教師らしく振る舞う課長)

『都庁俳句』作品抄 (3月1日発行)

星の降る村がふるさと烏総松　葛西美枝子
布団干し昨夜の夢を叩きけり　奥田　弘學
冬枯のものみな命ためてをり　豊田真佐子
寒紅や気丈さ隠す若女将　武内　利夫
初夢の醒めてしばらく傍に母　内田　香晴
妻の顔映りし車窓去年今年　神谷　邦男
句敵の増えて嬉しく初句会　土井　湧輔
初日記わが歳ちちも兄も超す　大熊　虚阿
乗移る雲なき空へ梯子乗　伊　達　天
朝寒やしっかりと嚙む患者食　間中恵美子
路地裏の欠けたる鉢や福寿草　渡辺　正之
山の辺の暮れきるまでや梅探る　成戸　寿彦
鉄橋を渡り来る音初山河　山口　昭義
名城の崩れしままに年明くる　髙橋　弘
七種粥即席で済む老いひとり　中鉢　卓花
メビウスの帯のごとくに去年今年　上部　隆男
山吹の枯れて千貫かはづ句碑　佐々木いつき

会員募集・見本誌月刊『都庁俳句』贈呈。連絡先　佐々木☎03・3956・6342

●◎ミニガイド●◎

◆tokyo wonder site　TWS-NEXT@tobikan「クウキのおもさ」　▷青木真莉子、伊藤久也、友政麻理子の3人が、自然や物、人との関わりから生まれる「クウキ」をテーマに、作品を通して他者や自己の存在を顕在化させ、そこから見えてくる人間の心理や社会環境を考察する。展覧会初日の2月18日㈯には午後3時からアーティスト・トークを開催▷会期　2月18日㈯〜3月5日㈰▷会場　東京都美術館ギャラリーB▷開室時間　午前9時半〜午後5時半(入室は閉室の30分前まで、2月24日㈮、3月3日㈮は午後8時まで開室、2月20日㈪は休室)▷観覧料　無料

◆地中熱普及イベント「ビックリサイエンスショー『地中熱の秘密』」　▷科学講座の専門家が実験や体験を通じて、地球温暖化の仕組みや地中の熱の活用方法について分かりやすく解説することで、再生可能エネルギー活用の重要性等に関する理解を深める。親子で楽しく参加できる内容▷日時　3月4日㈯、5日㈰①午前11時〜②午後1時半〜③午後3時半〜(受付はいずれも20分前から)各40分、内容は全て同一▷場所　科学技術館4階1室「実験スタジアム」スタジアムL(地下鉄竹橋駅、九段下駅下車)▷対象　誰でも参加可能(講座内容は小学生以上を対象)▷定員　各回100人(当日受付、先着順)▷参加費　無料(科学技術館の入館料が必要)▷実施主体　都環境局

都政新報

発行所　都政新報社
〒160-0023 東京都新宿区西新宿7-23-1 TSビル
〈総務・読者〉03-5330-8781
〈企画広告〉03-5330-8784
〈編集〉03-5330-8786
〈出版〉03-5330-8788
〈ファクス〉03-5330-8808
購読料 月1,730円（税込）
毎週火・金曜日発行
ただし、祝日は休刊

紙面から

国家戦略特区

羽田周辺で自動走行実験

国内初「サンドボックス」活用へ

都は、政府で検討中の規制緩和策「サンドボックス特区」を活用し、大田区の羽田空港周辺で自動走行システムの実証実験を行う。10日に行われた東京圏国家戦略特別区域会議で知事が分科会の設置を提案。大田区や関係省庁、自動車・IT関連の民間事業者などが参加し、最先端技術の実用化に取り組む。自動車のアクセルやハンドル操作などを自動化するシステムは世界で研究が進められており、東京五輪開催を見据えて羽田空港周辺を日本・東京が誇る最先端技術のショーケースにする考えだ。

「サンドボックス特区」は、規制を設けずに実証実験などができる「砂場」を意味する制度。規制された分野で実証実験を行う際、通常は規制緩和の手続きが必要になるが、同特区内では規制をいったん停止し、緩和を待たずに意欲的な取り組みを進め、実験後に検証を行うことが可能。イギリスでは金融分野などで取り入れているが、国内では初の取り組みだ。対象エリアは羽田空港周辺の国土交通省航空局管轄道路で、道路使用許可などの手続きが大幅に緩和される。

ハンドル操作やアクセル・ブレーキを自動化し、運転手の操縦を必要としない自動走行システムは、「運転者による運転」を規定した現行の道路交通法や規制下では実験を行うことに障壁がある。

特区会議終了後、分科会提案について説明する小池知事＝10日

実証実験には技術を担うIT業界や自動車業界とともに、規制を管轄する総務省、経済産業省、国土交通省、警視庁などが参画することで、実験や実用化をスムーズに進める。

実験で目指すのは、加速・操舵・制動を全て運転者以外が行う完全自動運転（レベル4）。羽田空港周辺の大田区には宿泊施設が多く、空港からのバス輸送など、自動走行が活用できる場面が多い。また、1～2人乗りの超小型モビリティーによる自動走行や無人での輸送なども視野に入れているという。

課題となるのは自動走行技術に必要な地図情報の高度化（ダイナミックマップ）だ。交通規制などの交通管理情報、車両・歩行者など交通状況、周辺の環境情報などを統合したもので、IT技術で制御する自動走行に不可欠とされる。自動走行が可能な範囲を広げるためには、低価格で普遍性のあるデータベースの構築を進める必要があり、特区での検証に期待がかかる。

自動走行技術が市街地で実用化されれば、都内での交通渋滞の解消や、事故の減少などにつながり、今後の都市の在り方を大きく変える可能性がある。都は2020年の東京五輪に向け、高度な技術を大会以降のレガシーにすることも見据えている。

知事の求心力で実現へ

【解説】運転制御の自動化は、これまで、内閣府やIT業界が進める「自動走行」と、国交省や自動車業界が推進する「自動運転」の技術が、「完全自動化」と「運転環境の向上」という思想面での折り合いがつかず反目し合っていたという。今回、管理権限を持つ関係者が一堂に会する分科会が実現したことは、国内での研究・開発にとって大きな前進と言える。

国家戦略特区会議に分科会が設置されるのは、小池知事の求心力によるところが大きい。知事は昨年12月、庁内に特区での自動走行技術検討を指示し、関係局が調整を進めてきた。高い支持率と知名度を誇る知事が旗を振ったことで、各関係者の参画が実現したと言える。

分科会の事務局は都と内閣府の共同だが、「関係省庁や自動車業界の参加は小池知事の功績。東京五輪も控えており、主導権は都にある」（都幹部）との声が上がる。国が掲げる成長戦略のためには、政府と地域一体となって産業振興や技術革新を進めていく必要があるとされる。都幹部は「特区を活用し、地域の特性を生かして経済成長を促進していくことは、都にも国にも利益がある」と受け止める。

自動走行技術は渋滞や事故など都市が抱える課題を解決する可能性を秘めている。そして、特区に自動走行に関する最先端技術が集結する以上、これからの競争相手は世界となる。東京の玄関口である羽田空港から、世界に向けて威を示す絶好の機会になりそうだ。（南）

質問・答弁調整は禁止

小池知事　都議会と職員の関係正常化へ

小池知事は職員に対し、都議会の代表・一般質問を作成し、議員に持ち込まないよう指示した。知事は10日の会見で「質問は議会の最高の権能。行政が（質問作成に）関わるのは図式としておかしい」と疑問視し、都議会と職員の「なれ合い」を批判した。

職員にはこれまで、都議会代表・一般質問の原案を持ち込み、事前に調整し質問を作成するケースがあったという。今後は、職員から議員に質問するよう求める働き掛けや議員からの要請に応じた質問作成、答弁の内容や文言の調整は禁止した。3日の政策・総務担当部長会で報告された。

小池知事は同日の会見で「御用聞きして良い答えを出すのはおかしな話。（議会と職員を）当たり前の関係にする」と強調した。

ただ、事前調整を全否定しているわけではなく、質問作成で最低限必要な情報交換は容認している。

事業局の幹部職員は「第1回定例都議会前に突然の指示が来て、正直、戸惑っている」と本音を漏らす。また、別の幹部は「質問や答弁を調整した結果、議会は荒れることなく安定した。このやり方を否定すると、議会側にも都側にもいいことはないはず」と指摘し、「議会と丁々発止やり合うことになるかもしれないので、区議会などのように紛糾することは覚悟しないといけない」と語った。

官房系の職員は「質問を考えるのは議員の仕事という知事の指摘は正論だ。知事の指示だから従わないといけない」と割り切っている。

都政の東西

当たり前の関係

「議員から、『どんな質問をすればいい?』と丸投げされてさ……」。某自治体で議会対応を担当する知人から聞かされた苦労話だ。そこまで露骨な例はあまりないだろうが、的を得た質問作成のために議員と職員の事前の情報交換は不可欠だ。それが行き過ぎれば、答弁作成の丸投げも起こりうる。

小池知事は10日の会見で質問の丸投げや行き過ぎた答弁調整は行政とチェック機関である議会の関係性としておかしいとの認識を示し、「当たり前の議会と当たり前の行政の関係にしていきたい」と「正常化」の必要性を訴えた。

小池知事はこれまで、都議会に対して「改革」を促してきた。議会改革は議会が主導するべき事項だが、都幹部は「外部から刺激することで、さざなみを起こそうとしている」と分析する。議会に先駆けた知事給与の削減や、予算編成での復活要望枠の廃止、そして今回の答弁調整に関しても、根本は同じことだろう。

専門とする職員に質問作成を任せることは、議会側にとっても職員側にとっても労力を省けることは間違いない。だが、行き過ぎた効率化は形骸化を生み、形骸化が進めばそれは不必要なものとなる。行政の政策形成と議員による監視は地方自治の要であり、形骸化することは許されない。知事の考えは正論だろう。

だが、「当たり前の関係」に立ち返るために機能不全を起こしては元も子もない。正論を突き詰めれば、理事者と議会との間に必要な協力や連携まで否定しかねない。都幹部は「少なくとも、双方に萎縮は起こる」と危惧する。必要なのは、行政と議会の適切な距離感であり、対立ではないはずだ。まずは知事が範を示してほしい。

小池流改革②　2017年度都予算案

バラマキに富裕論再燃も

メリハリ

小池知事は新年度予算案の特徴を「一言で申し上げるならばメリハリ」と強調した。事業の再構築や見直しによる事業評価で減額した「メリ」は、過去最高の720億円に上った。都幹部職員は「『東京大改革』の名に恥じないコストカットだ」と評価した。

外添都政下でも、事業評価を通じて無駄を排除していたが、小池知事は全事業に「終期」を設けた点がポイントだ。これによって職員の意識改革が促され、事業見直しの動機付けが格段に強まった。

今年度に終期を迎える事務事業は全体の約2割（890事業）にとどまったものの、削減額が過去最高額となったのは今まで以上に精査したからだ。例えば、産業労働局の中小企業を対象にした技術支援では、4年分を一括計上していた事業を単年度に振り分けることで150億円の削減につなげ、新規事業を始める財源確保に寄与した。

一方、都税が6年ぶりにマイナスに転じる中、重点的に予算配分した「ハリ」のうち、新規事業数は過去最高の382件に達した。税収は前年度比1172億円減の5兆911億円となり、通常は都債発行額を増やして補塡するべきところだが、将来にツケを回さないため、都債は2983億円に抑制する代わり、基金（3394億円）などを新規事業の財源に充てた。単に来年度予算のメリハリではなく、近い将来訪れる人口減少社会などを見据えたバランス感覚も光る予算となった。

■賛否両論

一口にメリハリといっても、アプローチの仕方はそれぞれ異なる。予算編成に向けて各局の要求を判断する知事査定では、1千万円以上の増減があったのは計57事業。このうち「メリ」は10事業にとどまったのに対し、「ハリ」は47事業に上った。細かく既存事業を削減し、特徴のある新規事業に重点投資した姿勢がうかがえる。小池知事は「足すところはもっと足した」と査定のポイントを説明した。

知事査定で、財務局査定よりも105億円増と最も増額が大きかったのが保育士の待遇改善だ。現在、都内の保育士の月額給与に対し、都は2万3千円、国が1万5千円補助しているが、17年度は都が更に2万1千円を上乗せする。都庁内からは「国がやらないことを都が行う典型の取り組みだ。他県にも広がっていけばいい」と期待する声が出ている。

一方で、手厚い補助を懸念する声も少なくない。ある幹部職員は「東京に保育士が集中する可能性があり、地方からは不満が出るかもしれない」と危惧した。

実際に保育士給与の独自補助を行っていない埼玉県は都の補助を「保育士の奪い合いは自治体でなじまない」と問題視し、県内の保育士が都内に流れて、しわ寄せを受ける恐れがあると牽制している。

小池知事初の当初予算査定に臨む都職員＝1月5日

また、私学助成も賛否が分かれる。同助成は公明党が昨年11月、知事に私立高校の平均授業料の支給対象を世帯年収910万円未満に拡大するよう求めたが、予算案ではそれよりも150万円少ない760万円未満で着地した。しかし庁内からは「線引きが中途半端だから、補助を行う制限をかけなくてもよかった」「私学助成の財源を他の事業にも回す選択肢もあった」という声が出ている。

さらに、家庭の白熱電球2個を持参した都民に対し、LED1個と交換する取り組みの見方も庁内では分かれている。ある幹部は「省エネを進めるための先行投資だ」と必要性を強調するが、別の幹部職員は「私学助成もLED導入促進もバラマキでしかない」と批判する。

予算案では目玉の新規事業に脚光が浴びるが、一方で「バラマキ」には否定的な声が多い。管理職の一人は「地方から都は財源に余裕があると思われる。『東京富裕論』が再燃する懸念がある」と話す。

都教委

特別支援教育で新計画

社会の変化に対応促す

都教育委員会は9日、特別支援教育の新たな推進計画と第1次実施計画を策定した。特別支援学校に限らず、小学校から高校まで全ての学びの場での特別支援教育の実現・拡充を掲げたほか、新たに防災やスポーツ・芸術教育など、東京や社会の変化を見据えた教育を推進する。各事業に具体的な数値目標も掲げた。推進計画は2026年度まで、実施計画は20年度までが計画期間。

都内特別支援学校の在籍者数は現在約1万2千人で、知的障害を中心に今後10年間で2千人以上増えると推計されている。防災教育の分野では、地域や関係機関と連携した宿泊防災訓練の実施校を、現行の34校から全都立特別支援学校（58校）に広げ、26年度までに累計3万人の参加を目指す。また、一人通学の児童・生徒にGPS機器をもたせ、安全確保体制の構築を進める。

スポーツ教育推進校に指定した特別支援学校では、障害者スポーツの全国大会での入賞者やチームの数を、昨年度の3人・チームから35人・チームに増やす目標を掲げた。また、特別支援学校の体育館などの施設が障害者スポーツの拠点として活用できるよう、環境整備を進める。

芸術分野では、アートプロジェクト展への応募を全校に広げ、応募者を現在の830人から1200人に拡大する。都立3校を芸術教育推進校に指定し、芸術系大学と連携して表現力を伸ばす授業を実施するほか、全校で通学用のバスをラッピングして児童・生徒の優れた作品を掲載。在校生の意欲喚起とともに、都民の理解促進を図る考えだ。

一方、通常の都立高校に在籍する発達障害の生徒に向けた教育も拡充。対象の生徒が授業中に別プログラムを受け、学習や生活上の困難を改善するための指導方法（通級指導）を検討するため、18年度から都立秋留台高校をパイロット校に指定。今後の設置の仕組みなどを検証する。

小・中学校では、今年度中に都教委が発達障害教育に関する事例集を取りまとめ、各学校に配布する。事例集は都立高校でも活用し、ユニバーサルデザインの考え方に基づいて発達障害を含む全ての児童・生徒に分かりやすい授業や教室環境の整備を進める方針。

市場補償金で50億円

1定に補正予算提出

小池知事

豊洲新市場の移転延期に伴う補償金に関して、小池知事は17日の会見で、50億円を盛り込んだ補正予算案を第1回定例都議会に提出すると発表した。知事は「現時点での予算上の措置。必要に応じて追加の補正予算を行う。市場関係者に対し、誠実に補償を実施していくことに変わりはない」との考えを示した。

補償金の財源は市場会計の建設改良積立金を充てるが、目的外使用となるため、議会の議決が必要になる。

川柳ジョーク

都庁舎内に"メダル協力ボックス"を設置
都市鉱山の活用で五輪メダルの材料収集

「今回のメダルは噛まないでください、たまに電流が流れることがございます」
——東京オリ・パラメダル受賞者注意書

23区初の残薬調整支援

医療連携体制を生かして

墨田区

墨田区は来年度から、薬局薬剤師による残薬調整の支援に乗り出す。2017年度当初予算案に102万1千円を計上し、同区薬剤師会による「残薬バッグ」の利用促進や、普及啓発活動に補助する。これまで培ってきた医療・介護などの連携ネットワークを土台に、医療費圧迫の一因になっている残薬を抑える効果を期待する。23区では初めての取り組みになる。

「残薬」は認知症を患う高齢者が医師から処方された薬を飲み忘れたり、指定時間に飲めなかったりすることが発生の一因。厚生労働省によると医療費のうち薬剤費が2割を占める。日本薬剤師会は、残薬量が後期高齢者の分だけでも年間475億円に相当するとの推計を発表。残薬の発生抑制が膨れ続ける医療費の抑制につながる。

同事業では、まず患者自身が家にある残薬を「残薬バッグ」に詰めて薬局に持参。薬剤師が薬の内容を確認し、主治医と相談して本人が飲みやすい形や服用条件の薬に変更する。予算額のうち50万円を「残薬バック」2千個の作製費に、13万円を医療関係者への研修に充てる。

区のように残薬バッグを利用する取り組みは、福岡市や鹿児島県での先行事例がある。福岡市薬剤師会が13年に実施した調査結果によれば、処方箋1枚につき2割程度の薬剤費削減につながったという。

残薬調整の効果はコスト面にとどまらず、薬の重複や誤用による健康被害防止や患者自身が薬に対する理解を深めるきっかけになるとの指摘もある。区保健衛生担当の岩瀬均参事も「地域に身近な薬剤師が中心となって動いてもらえれば、高齢者が処方薬を適切に服用できるようになる」と事業効果への期待を示す。

ただし、効果を上げるには薬剤師と医師など他職種との連携が欠かせない。福岡市薬剤師会の木原太郎副会長は「残薬問題の改善も含めて地域医療を前進させるには、他職種の連携が不十分なところがある。関係者に限らず、行政や民間の協力が欠かせない」と話す。

同区は、高齢者の在宅療養促進の一環で、医師や薬剤師からケアマネジャーなどの関係者ネットワーク構築に力を入れてきた。同事業の始まりも、区内医療関係者からの残薬を問題視する声がきっかけになった。

福岡市でのバッグを活用した残薬調整（福岡市薬剤師会提供）

コンサートで災害訓練

演奏中に500人が避難　世田谷区民会館で

火災発生の非常放送を受け、避難を開始する出演者と観客＝9日、世田谷区民会館ホールで

世田谷区民会館を管理・運営する世田谷サービス公社は9日、コンサート中の災害発生を想定した「避難訓練コンサート」を行った。東京消防庁音楽隊が出演者として協力し、区民ら約500人が参加した。

訓練は、演奏中に震度5強の地震が起こり、館内で火災が発生したという想定で実施。非常放送で火災の発生が告げられると、職員が通路の段差位置を観客に伝えて誘導し、500人がホールから避難した。参加した区民は「多くの人が集まる場所での訓練に参加したのは良い経験になった」「慌てずに落ち着いて行動することが大切と感じた」などと話した。

東日本大震災以降、劇場施設の運営事業者がイベント開催と併せて訓練を行う動きが全国的に広がっており、世田谷区民会館での初開催に至った。公社では訓練結果を検証し、避難計画に反省させる考え。

施設見直しで計画素案

「貸室」照準、総量縮減へ

目黒区

目黒区は8日、財政再建の一環で2014年3月に策定した区有施設見直し方針の具体化に向け、「区有施設見直し計画」の素案を区議会の全常任委員会に報告した。素案では前期5年間の年次計画と後期5年間の取り組み目標を示すとともに、施設の快適性・安全性の確保と区民ニーズへの的確な対応を目指す姿勢を明らかにした。計画期間は2017～26年度の10年間で、5年ごとに見直す。

素案では計画の柱として、▽施設機能に着目した見直し▽低未利用スペースの有効活用の徹底▽区民センターの検討――の3点を挙げた。

施設機能の見直しでは、会議室や集会室など「活動場所提供機能」に着目して「貸室」の在り方を検討する。今回は区内全198部屋の貸室の利用状況や規模、定員などを施設単位で洗い出した。「調理室で会議をする」など柔軟な使用法も検討するとし、19年度までに方向性を固める。

低未利用スペースの有効活用では、小学校の一部活用による保育所整備など施設の複合化や多機能化を目指す。18年度までで利用状況を精査する。

築42年が経過する区民センターの検討では、目黒駅周辺のまちづくりや民活による改修手法、周辺施設との複合化など多角的に検討を進めるとした。前期期間は18年度まで課題整理、20年度まで基本的な方向性を検討し、21年度から後期にかけて具体的な取り組みを始めるとした。

計画ではそのほか、区内全施設を用途別などで27分類した上で整理し、10年間の計画を示した。

区は今後、15日から意見募集を始めるとともに、来月3日から順次、地域説明会を行い、6月の計画とりまとめを目指す。斎藤秀一施設改革推進課長は「丁寧に進めないとうまくいかない。まずは施設見直しの総論部分を住民にしっかりと周知していく」と話した。

記者席

テレワークの達人から学べ

○……菅直人元首相が都議選に向けて怪気炎を上げている。1月31日にブログで「豊洲は廃止、原発は廃炉」を求める市民運動を呼び掛けた。

これに武蔵野市選出の島崎義司都議がフェイスブックで「混乱を嗅ぎつけてハイエナが寄ってきた」と激怒。これにも菅氏は「豊洲が安全だと現時点で断定する島崎都議の見識を疑う」と反論した。

さらに島崎氏は専門家会議の見解を示して、豊洲市場の安全性を主張するなど、バトルが繰り広げられた。

再稼働に前のめりの安倍政権のもと原発の是非を都民に問うのは否定しないが、原発と豊洲（市場）を並べるセンスは最悪だ。

○……東京国際フォーラム（千代田区）で8日、「ライフ・ワーク・バランスフェスタ東京2017」が開催された。この企画、昨年までは「ワーク・ライフ・バランス」だったが、小池知事の意向を受けて名称が変更になった。

フェスタにはもちろん知事も参加。働き方改革の推進に取り組んだ都内13企業が表彰を受けたほか、知事自らテレワークを体験した。

ところで、石原元知事はかつて、週2日の登庁で業務をこなしていた。小池知事もこの際、そんな「達人」にテレワークのコツを教えてもらうのはどうだろうか。

○……佐賀県唐津市の市議会議員選挙で、同姓同名の「青木茂」氏が立候補。1月29日に投開票され、どちらも当選した。同市選管は名前のほかに年齢や現新の区別を加えた記載で対応した。先例として、1971年に当時の自治省から愛知県の選管委員長に対し、同姓同名の区別には「住所と職業を付記すべき」と回答があったのを参考にし、総務省の見解も聞いたという。

今月5日に投開票された西東京市長選では候補者2人の名字と名前がごちゃまぜになっている「混記」や候補者ではない人の名前が書かれているなどの無効票があった。都内市町村では今後、3月から4月にかけて首長選や議員選がラッシュ。選管の悩みは多そうだ。

特別区 17年度予算案

芸術支援にファンド活用

高架下に子育て施設整備

墨田区

墨田区は9日、新年度当初予算案を公表した。一般会計は3年連続で過去最大規模を更新した。山本亨区長は「すみだの夢実現に向けた着実な事業推進により、新たなステージを切り開く予算と位置付けた。夢実現プロジェクトを本格稼働し、行財政改革を推進する」と話した。

主な事業では、クラウドファンディングを活用した文化・芸術事業への助成制度を創設する。区が審査・採択した事業をふるさと納税サイトに掲載し、出資を募る。1億625万円を計上した。20年東京五輪に向けて区内の文化資源を生かした地域力向上につなげるのが狙いで、区の区民活動推進課の郡司剛英課長は「区内外から注目を集め、新ビジネスや雇用の創出を生み出す流れをつくりたい」と話す。案件規模は5千万円で、複数案件を支援する考え。

子育て支援の一環では、京成押上線連続立体化の高架下空間を活用して（仮称）子ども未来館を整備する。予算額は2億5600万円。乳幼児や小学生が安全に遊べる場所とし、中には隅田川や桜の木を模した空間と遊具を用意する。来年度に展示物・内装工事を施し、18年度の開設を目指す。

このほか、隅田川沿いの水辺活性化事業を計画。吾妻橋観光案内所を庁舎内へ移転するのに3639万円を充て、区内産品の展示・販売所などを併設させる。6月上旬に開設予定。イベントも定期的に開催する。

歳入は、特別区税が区民増加に伴い2・4％増の234億6500万円。基金を取り崩して区債を抑える方針で、繰入金は176・3％増の28億1635万円、区債は45・6％減の18億2100万円。

性質別歳出は、投資的経費が16・4％減の87億6774万円。北斎美術館、吾嬬第二中学校改築工事、京成押上線連立事業の大型事業3件が完了し、減額に転じた。義務的経費が1・0％増の578億4361万円。

一般会計＝1111億6800万円（前年度比0.7％増）

主な事業	
高架下子育て施設整備	2億5600万円
文化芸術活動への助成	1億625万円
水辺の観光機能強化	5639万円
外国人向けグルメツアー	250万円
薬剤師の残薬調整支援	102万円

新庁舎整備へ調査委託

「新たな一歩踏み出す予算」

北区

北区は9日に2017年度当初予算案を発表し、新庁舎建設に向けた計画策定準備調査に339万円を計上した。花川與惣太区長は「新庁舎建設に向けた新たな一歩を踏み出す予算になった」と胸を張った。

区は国立印刷局王子工場用地（王子1丁目）の一部を新庁舎の建設候補地として同局と交渉を進めており、新年度の早い時期に取得に向けた協定を締結する見通しとなったことを受け、予算計上に至った。4月に新庁舎整備の担当課長級ポストを新設し、協定締結後に建設基本計画の策定作業を開始する。

これに併せ、新庁舎建設候補地を含む王子駅周辺地域のまちづくりでは、先行地区の駅前エリアを対象とする整備計画の策定に向けたガイドラインの取りまとめで2500万円を盛り込んだ。

赤羽駅周辺の放置自転車対策では、1億3646万円を投じ、駅東口の「東本通り」歩道上に2500台規模の駐輪ラックを設置する。同駅周辺は15年度の放置自転車数が都内ワースト1位で、ラック設置により、商店街の買い物客の放置自転車を減らすのが狙い。

災害対策では、大地震の際に電気を自動で遮断する簡易型感震ブレーカーを木造密集地域の約1千世帯に無償配布する。避難行動要支援者名簿に記載がある世帯は取り付けも無償で行う。予算額は532万円。

このほか、赤羽、王子、田端駅の駅前公衆トイレの改修や、育児や介護などで離職した女性向けの再就職支援セミナーなどの事業費を計上した。

性質別歳出は、扶助費と公債費の伸びで義務的経費が3・5％増の775億9387万円。投資的経費が赤羽体育館の完成で24・3％減の167億3050万円。

歳入は、特別区税が2・2％増の283億9100万円。ふるさと納税の影響で約3億5千万円の減収を見込む。特別区交付金は1・2％減の485億円。

一般会計＝1468億2000万円（前年度比1.4％減）

主な事業	
赤羽駅東口に駐輪場整備	1億3646万円
女性向け就業支援	5832万円
駅前公衆トイレの改修	2586万円
感震ブレーカー無料配布	532万円
新庁舎建設に向けた調査	339万円

子供の貧困対策本格始動

一般会計　5年連続過去最大

大田区

大田区は10日、2017年度予算案を発表し、来月策定予定の「子どもの生活応援プラン」（子供の貧困対策計画）の推進事業に727万円を計上した。子供の貧困に関する意識啓発事業や同問題に取り組む地域活動団体の把握・整理などを行う。

意識啓発は職員向けと地域住民向けの2パターンで、担当職員による研修・講義や学識経験者らを交えた講演会形式などを想定している。地域住民の説明対象は、町内会や青少年対策地区委員会などとし、新年度から募集をして順次実施する考え。また、学習支援や赤ちゃん訪問など約30事業を重点事業に位置付けて推進するほか、区や関係機関・団体などで構成する「総合窓口ネットワーク機能」の構築にも着手し、子供たちを地域社会で包括する体制作りを目指す。

松原忠義区長は「子供たちがしっかりと自立できるような援助をしていきたい」と意欲を示した。

児童相談所開設に向け、こども家庭部に担当課長を設置するとともに、学識経験者や元児童相談所職員、弁護士らから助言を受ける方針を示した。予算額は助言の報酬費用で27万円。改正児童福祉法施行後5年の22年開設をめどに始動する。

空き家活用事業では、昨年6月に区民の遺贈で引き渡しを受けた空き家を「空家活用事業研究施設」と位置付け、共立女子大学と連携して地域活動団体などと社会実験を行う。効果的な活用策の研究が狙いで、1252万円を盛り込んだ。

一般会計規模は5年連続で過去最大を更新。歳入では特別区税が前年度比1・6％増の704億円。性質別歳出では、投資的経費を糀谷駅前の再開発事業終了などで前年度比3・8減の276億円とした。

一般会計＝2618億5894万円（前年度比1.7％増）

主な事業	
（仮称）勝海舟記念館の整備	4億681万円
新空港線整備主体の設立	1億8000万円
空き家活用研究施設の開設	1252万円
子供の貧困対策の推進	727万円
児童相談所開設準備	27万円

品川区

駅ビルに期日前投票所

投票率向上へ利便性UP

品川区は13日、期日前投票所をJR大井町駅直結の商業施設「アトレ大井町店」に設置することで㈱アトレ大井町店と協定を締結した。有権者の利便性を高め、投票率向上を図るのが目的で、駅ビルに期日前投票所を設置するのは23区初。7月2日投開票の都議会議員選挙から実施する。

期日前投票所は、アトレ大井町店3階の休憩スペース「セントラルガーデン」に設ける。大井町駅はJR京浜東北線と東急大井町線、東京臨海高速鉄道りんかい線が乗り入れるターミナル駅で、一日の乗降客は約20万人。

区は通勤・通学途中や買い物ついでの有権者に周知して投票率向上を目指し、アトレ側は企業の社会的責任（CSR）としての地域貢献とともに、新規顧客の取り込みを期待している。

区の期日前投票所は現在、本庁舎1カ所と地域センター13カ所の計14カ所体制で、今回の投票所で15カ所となる。区選挙管理委員会の工藤俊一事務局長は「18歳の有権者など新しい層に選挙をより身近に感じてもらえれば」と話している。

足立区

犯罪認知件数5千件台目標

高齢者保護体制を強化

足立区は、19年度に犯罪認知件数を5千件台まで引き下げる目標を発表した。7日に開いた関係者会議「足立区ビューティフル・ウィンドウズ運動（BWM）推進戦略会議」の場で表明した。

区内の刑法犯認知件数は近年減少を続け、2015年には48年ぶりの6千件台となった。これは、ピークの01年より約1万件少ない。この勢いに乗って、来年度のBWM実行計画では五輪前に5千件台の達成を目指す。

併せて、15年に過去最大の54・1％に達した体感治安も、さらに向上させるよう目標設定した。

認知件数の4割を占める自転車盗難件数の削減目標は、16、17年の2カ年で300件減を掲げており、16年時点で166件減少したため、残り134件の達成を目指す。

数値目標達成への取り組みと並行して警視庁との連携を拡充し、来年度から夜間・休日に保護した身元不明の高齢者が一時的に滞在できる施設を確保する。施設に預けることで、区職員や警視庁の人員が受け入れ先の紹介などに専念できるようにし、早期引き渡しを実現させる。

外環トンネル工事開始へ
地元4カ所で住民説明会

東京外かく環状道路（外環）本線トンネルの東名北工事で、シールドマシンによるトンネルの掘進工事が今月下旬にも始まるのを前に、世田谷区、三鷹市、武蔵野市、調布市の地元4カ所で2日から7日にかけて住民説明会が行われた。昨年11月に福岡市のJR博多駅前で起きた地下鉄トンネル工事による大規模な陥没事故を受けて、住民の間からは不安の声が相次いだ。

福岡の事故受け、不安の声

「福岡のような地盤の崩れが起きるのではないか」――。6日夜に武蔵野市立本宿小学校で開かれた住民説明会。集まった約50人の住民の間からは、陥没や劣化などを懸念する声が上がった。

説明に当たったのは、国土交通省とトンネル北行きを担当する中日本高速道路㈱、南行きを担当する東日本高速道路㈱、それぞれのトンネルの施工業者ら。

「シールドマシンで掘り進めながら、いわば茶筒の中でトンネルの壁（セグメント）を作ってしまう比較的安全な工法」「（一般的に）RC（鉄筋コンクリート）構造物で言えば、50年から100年持つものがある。日常的な点検管理で補修やメンテナンスを行い、寿命は延ばすことができる」などと説明した。

特に住民が不安視するのが、東名北工事と大泉南工事のトンネル接合部（武蔵野市・井の頭通り）や、緊急時に並行する反対側のトンネルに退避するために設けられる16カ所の横連絡抗の存在だ。接合部で事故が起きやすいとの懸念があり、「南北の接合部の説明がない」「止水対策は」「周辺の地質調査はしたのか」などの質問が集中した。

事業者側は「横連絡抗は、薬液注入工法と凍結工法を用いて、凍結して固くなった地盤を掘り進める」などと説明し、理解を求めた。

住民らは陥没の不安などを訴えた＝武蔵野市東町の市立本宿小学校で

※JCTとICはいずれも仮称

沿線の7区市の市民団体で構成する外環ネットは昨年12月5日、博多駅前の陥没事故を受けて、国と都、中日本高速道路、東日本高速道路宛てに事故の原因究明がなされるまで外環道工事の中止を求める文書を提出した。

「トンネル上及びその周辺に住む住民は、突然の陥没に見舞われる恐怖の中にいる」と訴え、「真相究明がなされ、対策が確実に見えてくるまで、外環道の工事中止を強く求める」としている。

外環ネットは、2012年2月に作業員5人が死亡した岡山県水島工業地帯での海底トンネル水没事故の教訓も生かすべきだと指摘する。同事故では、国交省が原因究明の委員会を組織しながら、「今もって真相を公表するに至っていない」という。一部報道などによると、トンネル先端付近の天井部分が崩落し、海水が流入。コンクリート製の内壁ブロック（セグメント）が激しく壊れたという。

事業者側は万が一の損害時に備えた補償の参考とするため、家屋調査を始めている。この日の住民説明会でも、建物内外の現状調査を行っているほか、工事の施工に起因する損傷が発生した場合には、供用1年後までに申し出れば家屋事後調査を行うなどの「必要な対応をする」と説明した。

しかし、この点についても住民からは「1年過ぎたらどうなるのか。大深度地下だと1年で影響が出るとは考えられない」と補償期間の短さを指摘する質問が出た。事業者側は「供用後1年を過ぎると維持管理段階になり、道路管理者で対応する」と応じた。

外環ネットは「長期的な被害補償の仕組みが示されていない」と問題提起する。「欠陥事故による被害が10年後や20年後に起きた場合、因果関係の証明は困難と思われ、施工事業者と管理事業者の間の責任転嫁で住民がたらい回しに遭うことも懸念される」としている。

東日本高速道路の担当者は「どこが責任を持って補償するか、住民から一元化を求められているが、被害が生じた要因などにより責任の所在が異なる可能性がある。一概に一元化することは難しい」と語った。

MEMO 東京外かく環状道路　都心から約15㌔の圏域を環状に連絡する延長約85㌔の道路。関越自動車道から東名高速までの約16㌔については、2007年に都市計画を高架方式から地下方式に変更。09年に事業化され、国と東日本高速道路、中日本高速道路が整備を進めている。トンネルの大部分は地下40㍍以深の大深度地下となる。東名北工事は世田谷区大蔵の東名側から直径約16㍍のシールドマシンを発進させる。武蔵野市吉祥寺まで約9㌔を2年余りかけて掘り進める予定。関越側の大泉南工事では、シールドマシンの発進台の基礎部分の土壌が砂礫や粘性土だが、層の厚みが想定と異なり、現在、作業工程を見直している。

丸山浩一・西東京市長に聞く
次世代に責任持つ政治を

任期満了に伴い5日に投開票された西東京市長選は、現職の丸山浩一氏(69)が自民党、公明党、民進党西東京の推薦を得て、共産党・自由党の推薦候補を破り、再選を果たした。合併市特有の課題である庁舎統合問題は争点として不明瞭で、市民の関心の薄さから過去最低の投票率でもあった。今後も公共施設の再編という大きな課題に向き合う丸山市長に2期目の抱負などを聞いた。

まるやま・こういち＝1947年11月生まれ。東京慈恵会医科大学卒。心臓血管外科医として臨床を重ね、83年に都立豊島病院心臓血管外科医長として入都。多摩小平保健所長、福祉保健局医療政策部長、都児童相談センター所長などを経て、2013年の市長選で初当選した。趣味はラグビーで、日本ラグビーフットボール協会の医務委員長を務めたほか、現在も関東ラグビーフットボール協会理事。娘2人は独立し、大学時代の同級生で眼科医の妻と暮らす。長女夫婦と孫3人は隣に住み、「スープの冷めない距離」。好きな言葉は「信頼・規範・絆」。

――選挙は前回に続いて、過去最低の投票率を更新しました。

11万人が投票に行かなかったわけだが、この4年間の評価を信任するか、しないかの意味付けもある。積極的に投票に行かなかった人も、4年間の市政に対して、また4年間やってくれとの意思表示でもあるのかなとも思う。

――相手候補は庁舎統合方針に反対を掲げました。

相手候補は前回の市長選で3位の人だが、次点だった人と連携したので、2人合わせると単純計算では2万7千票となるが、今回、それよりも低かった。私の得票数は10ポイント上がった。庁舎統合方針は昨年12月に最終決定を行ったが、保谷庁舎をなくしても、市民サービスが低下しないように周辺施設に機能を持たせることを庁内で検討しているほか、昨年12月にはマイナンバーカードを利用して、全国の主要なコンビニエンスストアで各種証明書を取得できるコンビニ交付サービスも始めた。

――市民会館、中央図書館、田無公民館の合築複合化も懸案です。

利用者からの陳情などもあり、基本プラン策定懇談会の提言なども踏まえた上で、庁内で再度、検討を行っている。方向性が出てきたら市民にお知らせする。市民の意見、議会の意見を聞きながら、年度を超える形にはなるだろうが進めていく。

――公共施設の再編は西東京市の重要課題です。

合併後10年間適用される合併特例債を活用した施設整備によって、西東京市の公共施設は増えた傾向がある。そうした中で、昭和40年代に建てられ老朽化した学校の建て替えも必要だが、一度にはできない。大事な税金を平準化しながら、効率的・公平的に市民に理解いただく形で公共施設の適正もしくは活用を決めていきたい。次世代に責任を持った政治、将来を見通した持続的な自治体経営が大事だと考えている。今は先送りしたり、立ち止まったりできる状況ではないので、決めることはきちんと決めていきたい。

――20万人都市です。中核市移行については。

昨年の国勢調査では20万人を超え、今年1月1日現在の住民登録は19万9790人となっている。しかし、このままずっと上がっていくわけではない。当市の人口ビジョンでは、オリンピック・パラリンピックが行われる2020年を過ぎると減少していく。こういうことを総合すると、今は中核市になるべきか検討する時期ではない。

――その他の市政課題で力を入れたいことは。

まちづくりは地域づくりだ。地域コミュニティー強化のため、南部地域をモデル地区にしたが、昨年2月には様々な団体や組織が連携協力する「南部地域協力ネットワーク」がやっと立ち上がった。別の地域でもスタートした。地域によって課題は違う。23区に住む人たちは守秘義務が守られることがアーバンシティーと考えるかも知れないが、当市は住宅都市で地域のコミュニティーは重要要素だ。市民の健康、まちの健康のため、行財政改革を前に進めたい。

小金井市

庁舎建設予定地が最有力
新福祉会館の候補地

小金井市の西岡真一郎市長は7日、新福祉会館の立地について、旧蛇の目ミシン工場跡地を最有力候補地と考えていることを表明した。新庁舎と共通の建設予定地となる。同日開かれた第1回定例市議会本会議の市長報告で述べた。

西岡市長は、福祉が求められる役割が大きく様変わりしたことに言及。「かつての限られた人たちへの支援にとどまらず、生活や暮らしを社会全体で支えることが期待されるようになってきている」として、新福祉会館について「保健福祉の総合的支援の充実」「地域における多様な交流や活動の推進」「参加と協働による地域福祉活動の推進」の三つの基本的な方向性を示した。

その上で、▽市域のいずれのエリアにも偏らないこと▽市民サービスの視点から申請手続きなどの窓口と近接していること▽施設利用者の交通動線や駐車場の確保が見込めること▽発災時の体制も含めた安全・安心の確保――などを立地条件に挙げ、新庁舎の基本理念のバックボーンに絆を深めるノーマライゼーションが掲げられていることなども踏まえ、「新福祉会館の建設場所について庁舎建設予定地とすることは一定、理にかなうもので、現時点では最も有力な候補地」とした。

2017年度の一般会計予算案では、新福祉会館建設に関連し、市民検討委員会の設置や建設基本計画策定経費などを計上している。西岡市長は「予算審議を通じて意見や助言をもらい、今後、立ち上げる庁内検討委員会で建設の基本計画素案を練り上げていく中で、適切に検討、対応する」と述べた。

旧蛇の目ミシン工場跡地には現在、清掃関連施設の空き缶・古紙等処理場が建っており、同施設の移転・再配置も含めた検討が課題となっている。

市長報告後の質疑では、庁舎建設予定地に清掃関連施設が残っている現状を踏まえると拙速であり、慎重で丁寧な議論が必要との意見が出されたが、最有力候補地を挙げたことを評価する声も半数以上を占めた。20日からの予算特別委員会で、市民検討委員会の設置など新福祉会館建設関連予算の審議が注目される。

東村山市

公共施設で都内初
駐輪場に宅配便ロッカー

東村山市の市営駐輪場で、公共施設では都内初となる宅配便ロッカーの利用が始まった。

宅配便ロッカーは、自宅で荷物が受け取れない場合に受け取り場所として利用できる。設置されたのは西武新宿線久米川駅北口地下駐輪場で、指定管理者のサイカパーキング㈱が駐輪場の空いたスペースの活用策として提案し、実現した。2日から利用されている。

ロッカーは26人分の荷物を預かることができる。駐輪場内を撮影する防犯カメラが付いており、上部には停電時のためのライト、アルミ製の体をくるむシートなどの防災対策品も備蓄。

設置費用などは、宅配ロッカー取扱者のパックシティ・ジャパン㈱が負担するため、市や指定管理者の負担はない。扱うのは、同社に出資するヤマト運輸㈱の宅配物で、ロッカーを使用するにはクロネコメンバーズに登録が必要だが、使用料は無料。

宅配便ロッカーのシミュレーションを行う渡部東村山市長

1月31日の設置式には渡部尚市長を始め、サイカパーキング㈱の森井清代表取締役社長、パックシティ・ジャパン㈱のリュケ・ジャン・ロラン代表取締役社長らが出席した。

今後は西武線の東村山駅西口地下駐輪場、久米川駅南口第1駐輪場、秋津駅第1駐輪場やJR新秋津駅第1駐輪場にも同様の宅配便ロッカーが設置される予定。

市町村 17年度予算案

八王子市

100周年事業に10億円
「未来に投資」積極予算

八王子市は7日、一般会計が2016年度に次いで過去2番目の規模となる17年度当初予算案を発表した。

石森孝志市長は「市制施行100周年の節目の年を市長として迎え、感慨深い」と述べ、予算の特徴を「100年を祝い、次の100年に向けて夢と希望のあるまちづくりを推進するため、人やまちの未来に投資する事業に重点を置いて編成した」と説明した。

主な100周年記念事業関連予算は、総額9億8966万円。そのうち、9月から10月にかけて富士森公園をメーン会場に開催される全国都市緑化はちおうじフェアの開催に7億9849万円を計上した。花と緑の祭典を市域全体で展開し、メーン会場のほか、市内6地域のサテライト会場で森のハイキングツアーや田んぼアートづくりなど各地域の特色を生かした事業を実施する。

子供や子育て世帯の支援も予算の柱の一つ。幼稚園児保護者の助成では、国制度、都制度の補助対象外である2歳児の保育料の一部を市独自に補助する。26市初の取り組みで、補助対象は77人を想定。補助金額は1人当たり月額3500円で162万円を充てる。

MICE誘致戦略の推進では、4月に発足する（仮称）八王子観光コンベンション協会の人件費やホームページ制作経費などを補助する。2705万円を盛り込んだ。

一般会計＝1971億円（前年度比0.8%減）	
主な事業	
全国都市緑化フェアの開催	7億9849万円
英語教育の充実	1億2282万円
学童待機児の居場所対策	3016万円
MICEの推進	2705万円
幼稚園児保護者の独自助成	162万円

性質別歳出は、扶助費が民間保育所の運営費助成などで2・0%増の696億3250万円。投資的経費は圏央道八王子西インターチェンジ関連の基盤整備の減などで13・7%減の167億386万円。

歳入は、税制改正による法人市民税の減などで市税が0・1%減の899億4407万円、国庫支出金が子供のための教育・保育給付費の増などで1・3%増の358億8622万円などとなっている。

多摩市

50歳以上に胃内視鏡検査
下水道を企業会計方式に

多摩市は9日、2017年度当初予算案を発表した。一般会計は1996年度に次いで過去2番目の規模。阿部裕行市長は「再選後の任期も残り1年。2期目の集大成として更に市政を前進させるため、積極的に取り組む」と語り、「生涯、生き生きと暮らし続けることができる健幸都市の創造を形にしていく」と述べた。

老いを迎えるに当たり、知っておくと安心につながる知識を習得できる「（仮称）ライフウェルネス検定」を実施する。公民館主催の「老年学講座」と連携し、市民意見を取り入れたテキスト作成などの事業を民間研究機関に委託する。遊歩道を活用したノルディックウオーキングのコースマップ作成や体験イベント経費などと合わせ、「健幸まちづくりの推進」に427万円を充てた。

生活習慣病予防では、現行の胃がん検診に50歳以上の市民を対象に指定医療機関で実施する胃内視鏡検査を加える。26市初の取り組みで、800人の受診を見込んで1630万円を盛り込んだ。

一般会計＝554億8000万円（前年度比1.9%増）	
主な事業	
認証保育所運営費補助	4577万円
胃がん検診での胃内視鏡検査	1630万円
多摩市サイン計画の改定	1268万円
洪水ハザードマップ更新など	1063万円
(仮称)ライフウェルネス検定実施など	427万円

保育環境の充実では、認証保育所運営費補助事業として4577万円を計上。認証保育所への保育料の補助額を増額するとともに、認証保育所に単願申請する利用者に入園料を補助することで待機児童対策を進める。

歳出の性質別を見ると、積立金が前年度より16億7864万円増の26億1430万円。旧愛宕小学校用地の都への売り払い収入の基金への積み立てが影響している。歳入では、市税が0・5%減の282億7490万円。企業の業績見込みが低調で市民税法人税割の大幅な減などが要因。

16年度まで特別会計だった下水道事業は17年度から地方公営企業法を適用し、経営の視点を重視する企業会計方式を導入する。

特別区児童相談所設置

人材確保・育成に課題

必要数確保に不安の声も

特別区で児童相談所（児相）を設置できる改正児童福祉法の成立を受けて、各区が児相設置に向け人材の確保・育成を始めている。現時点で22区が児相の設置を検討しており、千代田・世田谷・荒川・江戸川区などが2020年の開設を目指す考えを示すが、専門家からは「児相開設には、都と各区が足並みをそろえる必要がある」との指摘も出ている。

特別区の子ども家庭支援センターは、主に一般的な子育てサービスを担当しており、子育て相談や、子どもの一時預かりなどのニーズに応える業務が多い。

一方、児相は児童福祉法により親の承諾なしに虐待を受けた子供を一時保護することが可能。このため、児相職員の業務は、法的権限や機動力を期待されて警察や学校、区民からの非行・虐待通告の対応が多くを占め、高い専門性が求められる。

こうした中で、大きな課題になるのが人材の確保だ。特別区人事委員会は、来年度のI類採用試験（一般方式）と経験者採用選考の募集職種にそれぞれ「心理」と「福祉」を追加するとしている。同委事務局は「各区への児童相談所の設置に伴い、福祉分野の専門人材が求められている」（任用課）と説明する。

児相設置の準備を先行的に進めている区では、既に人材確保・育成に乗り出している。

世田谷区は現在、心理・福祉職の新規採用に加え、子ども家庭支援センターケースワーカーや保育士など、児童福祉司の関連資格保有者の活用で人材確保を検討している。人材育成では、他の児童福祉司を指導・教育する「児童福祉司スーパーバイザー」候補者を来年度から都児相に派遣し、複数年をかけて育成を図る方針。

荒川区は、都児相への派遣や心理職の積極採用に加え、「スーパーバイザー」については、都児相からベテラン職員の派遣を検討している」（児童相談所移管準備担当）としている。

千代田区は都児相への派遣に限らず、さいたま市や横浜市など、全国の自治体の児相への視察を行うほか、派遣も検討している。担当者は「長期の研修だけでなく、例えば会議などにも参加させてもらうなど、様々な場面で人材育成に励みたい」と話す。

一方、専門人材の確保・育成を不安視する声もある。都北児童相談所所長などを務めた奥田晃久明星大学特任准教授は「今のままでは必要数の確保は難しい」と指摘する。

都が1970年代後半、障害のある子供を地域で支える「福祉園」を都内各地に開設しようとした際、保育士を300人規模で募集をかけたが、都内だけでは必要数を満たすことができず全国へ採用の門戸を広げ、秋田県や新潟県、沖縄県からも採用したという経緯がある。奥田特任准教授は「児相と子ども家庭支援センターは、家庭への介入権を持つかどうかが決定的に違う。これまでの採用から脱却した全国に目を向けた取り組みが必要になるだろう」と話す。

他自治体から採用した職員が必ずしも「即戦力」になるとは限らないことも課題だ。自治体によっては、児相の職員の業務が細分化されている場合もあるからだ。

例えば大阪府は、虐待の通報が入った時に調査する「初動班」と、その後に子供を保護する「地域班」が分かれており、そうした場合、どちらか一方の業務しか経験がないという場合もある。現場に詳しい管理職の人材育成のシステムが不可欠になる。

小池知事は2日に開かれた都区協議会で、「（児相）設置に意欲的な区の意見をくみ取り、しっかり協議していきたい」と述べ、前向きな姿勢を見せたが、都福祉保健局は現状、「区側から具体的な提案を受けてから、対応を考える」（福祉保健局少子対策部）との構えを示す。

奥田特任准教授は「児相設置の各区の開設の年次プランに違いがあるとしても、同じルールの中で動き始めないと利用者、利用機関が混乱してしまう。児相に必要なのは、子どもを守る仕組み。例えば、夜中に児童を保護した警察は、どの自治体の児相に連絡すればよいのか分からなくなる。現場の混乱を避け、子どもが置いてきぼりにならないようにするには、都区が足並みをそろえ、同じルールの下で動くことが大切だ」と提言する。

都小委

時差勤務拡大で合意

昼休みの分散化も

都と都労連は10日、小委員会交渉を行い、都側が提案している本年4月からの時差勤務の拡大・昼休みの分散化について、合意した。今後、具体的な適用等詳細については各任命権者と単組で協議が行われる。

都側は日単位での勤務時間の割り振りに関する手続きなど、都労連からの「解明要求」に対して回答。時差勤務は育児・介護などの事情がある場合に日を単位として設定できるが、「あらかじめ所属長に申請し、公務運営に支障がなければ承認される」と説明した。

対象職場に関しては、「出先事業所は窓口職場が多いなどの実情もある」として、「今回はまず、既に多くの職場で6本の勤務時間帯を導入・運用している本庁職場を対象にしている」と答えた。今後、時差勤務などの運用実態について労使で検証した上で、今回は対象外とした職場での実施も視野に検討を進める考えを示した。

一方、都労連は「本当に職員のワーク・ライフ・バランスの推進にとって有効なのか検証が必要」などと指摘しつつも、「単組の交渉時間を確保する必要がある」として、都側提案を大枠で了承し、本庁職場に関係する都庁職など3単組と任命権者による交渉に委ねる考えを示した。3月から先行して行う昼休み分散化の試行に関しても、「提案と一体のもの」と受け止め、試行結果を労使交渉で確認するよう求めた。また、今回の見直しの対象外である事業所や学校などについても触れ、まずは日単位の時差勤務を本庁舎以外の職場でも可能とするなど、都労連要求の実現を強く求めた。

都側はまた、在宅勤務型のテレワークの試行に関する解明要求について「窓口対応など職場で行うことを要する業務でも、準備や事後の記録作成など、一部をテレワークで行える可能性がある」として原則、全ての業務を対象とし、幅広い業務で試行する考えを示した。都側は試行実施の結果を踏まえて本格実施に向けた検討を進める考え。

これに対し、都労連は「仕事の実態からかけ離れている」と指摘。本格実施に向けては、「労使交渉で試行結果を検証した上で議論が必要」と釘を刺した。今回の合意は、都庁の働き方改革を新たなステージに進めるものと言えそうだ。

都都市整備局

環2の通行許可

選手村工事車両

都都市整備局は10日、2020年東京五輪の選手村に関係する工事関係車両に限り、環状2号線の未開通区間の晴海・豊洲間（約1キロ）の通行を認めると発表した。選手村予定地では今年1月末、宿泊棟の建築工事が始まり、今後、工事車両の増加が見込まれることから、周辺交通や地域住民への影響を軽減するため。

通行開始の時期は、豊洲から晴海方向の搬入ルートが今月27日。逆方向の搬出ルートは3月末。交差点改良などの工事が完了した後に通行を開始する。

小池知事は10日の定例記者会見で、「地域の安全確保には努めるし、大会に向けて選手村の工事は確実に実施をしていく」と述べた。

18歳未満と性行為で男性教諭を懲戒免職

都教育庁

都教育庁は10日、インターネットで知り合った女性が18歳未満であることを知りながら性行為をしたとして、東久留米市立小学校の男性教諭(30)を懲戒免職処分とした。

教諭は2016年3月と4月の2度にわたり、都内と埼玉県内のホテルで女性と性行為をし、同9月に都と同県の青少年健全育成条例に違反した容疑で逮捕され、学校への連絡で発覚した。主事は既に起訴され、罰金40万円の略式命令を受けた。

また、多摩地域の小学校の男性教諭(61)は16年10月、勤務校の児童を抱きしめ、不快感を与えた上、児童に口止めをしたとして、停職3月の処分とした。教諭は音楽の教科を担当。「児童はピアノの伴奏を担当していたが他の楽器とリズムが合っていないことに気落ちしていたため、慰めるつもりだった」という趣旨の説明をしているという。

交際相手に暴行 主事を停職6月

都総務局は10日、交際相手の女性に暴力を振るい、全治3週間のけがを負わせたなどとして、産業労働局の男性主事(38)を停職6月の処分にした。総務局によると、主事は2016年6月、自宅で女性の後頭部を平手ではたくなどし、当初、暴行罪で通常逮捕されたが、後日、女性が診断書を提出して傷害容疑に切り替えられた。また、同局が事情聴取する過程で飲酒運転をしていたことも分かったという。

また、計23日の無断欠勤をした福祉保健局の男性主事(30)も停職6月の懲戒処分とした。勤務態度に問題はなく、業務上のストレスによる無断欠勤だったという。

そのほか、飲食店の看板を蹴って破損させた男性主事(28)と自家用車で人身事故を起こした男性主事(54)をそれぞれ停職5日の処分とした。

黒田 勉さん（くろだ・つとむ＝黒田祥之・都職員共済組合事務局長の父）6日死去、83歳。

都建設局・都市整備局

土砂法の課題解決へ

特別警戒区域で都独自基準

都建設局と都市整備局が土砂災害特別警戒区域の指定の基準を独自に定めた「東京ルール」が8日、職員表彰を受けた。このルールを基に、最近では1月、利島村の警戒区域の指定が完了した。国土交通省からも事実上の許可を得ており、こうしたルールの策定は全国の自治体で初めてという。

土砂災害防止法（土砂法）で定められた土砂災害特別警戒区域（レッドゾーン）では、住民の安全確保のため、角度30度以上、高さ5メートル以上の斜面や、斜面に面して土砂災害で倒壊の危険がある場所に建物を新築・改築する際には、コンクリートの壁を作ることが義務付けられている。

一方で、都市計画法・宅地造成等規制法では、35度までの斜面への建築は許可されており、二つの基準が重なる30度以上35度以下の斜面にある建物では、都市計画法などで建築許可を得ながらも、土砂法により壁を築かなければならない。実際に多摩ニュータウンを中心に30度以上の斜面に建てられた建物は数多く存在している。

都の独自ルール策定は、二つの基準の違いが原因で起こる都民の不利益を解消することが狙い。建設局の渡辺修土砂災害対策担当課長は「住民への説明会では、『理不尽だ』という不満が噴出した」と振り返る。現場の建設事務所に怒鳴り込んできた住民もいたという。

ルール策定に向け、建設局と都市整備局は連携して過去の都内の土砂災害の記録を洗い直した。その結果、角度30度以上の斜面でも水抜きなどの適切な整備がされていれば、擁壁などがなくても土砂災害が起きていないことが分かった。

東京ルールでは、①良好な斜面管理②造成斜面の上部からの崖崩れの恐れがない——の2点を条件に、土砂法の定める土砂災害特別警戒区域指定を保留できるよう定めた。5年に1度、建設局が斜面の水抜きや草刈りなど、適切な管理が行われているかどうかの確認をする。

同ルールを国土交通省に提案したところ、同省がレッドゾーン指定は都の基準で検討できるよう許可し、事実上の「お墨付き」を得たという。

ルールの策定により、多摩市や八王子市を中心にレッドゾーン指定数が約2割減り、壁を建築しなくてもよくなるなどの住民の負担が減った。渡辺課長は「都民の視点に立ち、都民の不満を解消するルールを作ることができた。都民の安全意識への啓発の期待もしている」と話す。

建設局は19年度までに、都内約1万5千カ所の区域の警戒区域指定を完了させる。

「復興五輪、機運盛り上げて」

小池知事が宮城県視察

小池知事は9日、宮城県庁で行われたフラッグツアーイベントに出席し、オリンピック・パラリンピック旗を村井嘉浩宮城県知事に手渡した＝写真。17日には岩手県も訪問する予定。

知事は記者団に「復興の役に立てるように五輪の機運を県内で盛り上げていただいて、ワクワク感を被災地の皆さんと共有したい」と述べ、競技会場として一時、海の森水上競技場からの変更が検討された長沼ボート場（登米市）への事前キャンプ誘致や、東北地方の観光PRに取り組む考えも示した。

イベントに先立ち、知事は県沿岸部の復興状況を視察。石巻市では、市内を一望できる日和山公園を訪れ、復興の進捗状況の説明を受けたほか、市内の情報交流館で都が派遣した若手職員5人と面会し、日々の業務をねぎらった。岩沼市では東日本大震災の発生直後、衆院議員時代にランドセルを送った小学生5人と再会し、お礼の手紙を受け取る場面もあった。

都医学研

ドーパミンの放出

新メカニズム発見

東京都医学総合研究所は6日、上野耕平副参事研究員と齊藤実参事研究員らのチームが、運動調節や学習記憶に関わる神経伝達物質「ドーパミン」の新しい放出メカニズムを、ショウジョウバエの脳を用いて見つけたと発表した。

これまでドーパミン放出の決定は神経細胞自身の活動によるとされていたが、ドーパミンを受ける側の神経細胞によっても決まることが分かったという。

ドーパミンは脳の重要な神経伝達物質の一つ。放出量が増大・減少すると、統合失調症やパーキンソン病といった脳の高次機能障害が起きることが知られ、健常者でも正常な放出調節が睡眠や記憶形成に不可欠とされるが、放出量がどのように調節されているのかはよく分かっていなかった。

研究チームはハエの脳を使って記憶形成時のドーパミン放出を調べたところ、脳内でドーパミンを受容する「キノコ体」と呼ばれる部位が興奮することで、周辺のドーパミン作動性神経からの放出が促されることを突き止めたという。

ドーパミン作動性神経は人間の統合失調症や認知症、パーキンソン病といった脳障害に関係することから、医学研では「研究成果は脳障害の原因解明に重要な手掛かりになる」とした上で、今後は「キノコ体」がどのようにドーパミン放出を決定しているか、また他の神経系にも同様の機構があるのかを解明していきたい考え。

研究成果は、英国科学誌『イーライフ』（電子版）に掲載された。

五輪への航海図 153

TOKYO 2020

開催まで あと1256日

オリンクック

病院食にも「五輪」を

大会期間中、選手や関係者を受け入れるオリンピック対応病院となる都立広尾病院（渋谷区）。その中に、五輪開催国にちなんだ病院食を提供し、患者を楽しませようというサークルがある。その名も「オリンクック隊」。リオ大会が開催中だった昨年8月、ブラジル料理を出したことを皮切りに、9月にギリシャ、1月にメキシコ料理を病院食にアレンジして提供した。中心メンバーは同病院栄養科の管理栄養士たち。その一人、能勢彰子さんは「和食中心で、変化を感じにくい病院食。広尾病院だからこそできる企画で、患者さんに食事を楽しんでもらいたい」と語る。

企画がスタートしてからは苦労の連続だった。献立を考え始めてから提供まで毎回、2カ月以上かかったという。

と言うのも病院食のため、塩分が多すぎたり刺激の強すぎる食材が使えないなど、多くの制約があるからだ。例えば、メキシコ料理に使われるサルサソース。本場はトマトソースに香辛料をふんだんに入れるため、スパイシーなのが特徴だ。風味を出すには香辛料は欠かせないため、オレガノパウダーやクミンパウダーなどの刺激が強すぎず、風味も楽しめる香辛料を選んだ。量も自宅で何度も調整し、同僚と味見を重ね、提供当日には江口直人院長にも試食してもらったという。

予算との兼ね合いも課題だ。通常、同病院の病院食は一食330円ほどで、予算内で収めようとすれば香辛料やオリーブオイルなど価格の高い材料は満足に使えない。そこで、ブラジル料理のソースはサラダ油とオリーブオイルを半分ずつ混ぜて作り、ギリシャ料理のためのヤギのチーズは、やや安価なカッテージチーズで代用するなど工夫を凝らした。

提供時には、国の特徴や食文化、当時の五輪のエピソードなどを紹介したメッセージカードを添えた。患者からは「ブラジル料理を味わえたことが思い出に残る」との声が上がるなど評判は上々。能勢さんは患者さんに「『病院食にこんな料理が出るんだ』と思ってもらえるのがうれしい」と笑う。

今後は年2～3回ほどのペースで、ドイツやカナダなど過去の五輪開催国の料理を提供する予定。また、通常の献立の企画で作った料理を1品加えるなど、より多くの患者に世界の料理を食べてもらえるように工夫していくという。

実際に提供された、メキシコのチキングリル焼きサルサ風ソース

主任試験講座 平成29年度 20

行政法 ③

今回は、「行政指導」「行政上の代理と権限の委任」及び「行政上の強制措置」の問題演習を行います。このうち、「行政上の強制措置」については、これまで頻繁に出題された論点なので、しっかりと確認しておいてください。

問題

【問題6】

行政指導に関する記述として妥当なのは次のどれか。

① 行政指導は、各省庁設置法などの組織法を根拠として行われる行政処分であるから、具体的な法律の根拠がなくても、抗告訴訟の対象となる。

② 行政指導は、法律の優位の原則に服さないので、行政指導に従って行った行為が実定法に違反する場合には、その行為の違法性を阻却する効力を有する。

③ 行政指導は、法律の根拠がなくても、建築指導要綱や住宅開発指導要綱など行政庁の内部規範に基づいて行われた場合には公定力を有する。

④ 行政指導は、規制的指導と助成的指導とに大別されるが、規制的指導については法律により文書で行わなければならないこととされている。

⑤ 行政指導は、行政庁が一定の行政目的を達成するために、助言、指導といった非権力的手段で国民に協力を求めて働き掛ける事実行為である。

【問題7】

行政庁の権限の委任、代理または専決に関する記述として妥当なのは、次のどれか。

① 専決は、行政庁がその補助機関に事務処理についての決定を委ねることであり、外部に対する表示もその補助機関の名で行われる。

② 権限の代理については、行政庁の意思による授権代理は認められておらず、法定事実の発生によって生ずる法定代理に限り認められている。

③ 権限の代理は、本来の行政庁の権限を他の行政機関が代理者として行使することであり、その行為は代理者である行政機関の行為としての効果を生じる。

④ 権限の委任においては、行政庁の権限の一部を委譲することは認められておらず、行政庁の権限の全部を委譲する場合に限って認められている。

⑤ 権限の委任は、法令に定められた行政庁の権限の一部を他の行政機関に委譲するものであるから、権限の委任には法令の根拠が必要である。

【問題8】

行政上の代執行に関する記述として妥当なのは、次のどれか。

① 代執行は、行政庁自ら行うほか、第三者にこれを行わせることができ、行政庁は執行に要した費用を義務者から徴収することができる。

② 代執行は、行政庁自らの裁量で行うことは許されず、あらかじめ裁判所の債務名義を獲得したのちに執行しなければならない。

③ 代執行は、行政庁が義務者の身体または財産に直接実力を加えて、行政法上の義務を履行させる作用を言い、行政罰の一形態であるとされている。

④ 代執行は、行政庁が一般統治権に基づき、過去の行政法上の義務違反に対して科す制裁をいい、行政上の強制執行の一形態であるとされている。

⑤ 代執行は、法律により直接命ぜられた非代替的作為義務または不作為義務が履行されない場合に、行政庁が行政代執行法に基づいて行う行政行為である。

【問題9】

行政上の強制執行または行政罰に関する記述として、妥当なのはどれか。

① 行政刑罰は、行政上の義務違反のうち特に反道義性・反社会性を有しているとして刑罰が科されるものであり、処罰手続きは全て刑事訴訟手続きによる。

② 行政上の秩序罰は、行政上の義務違反のうち軽微なものに科される金銭罰であり、例として、住民基本台帳法の届出義務違反に対する過料がある。

③ 強制徴収は、一定の期間内に義務を履行しない場合に過料を科すことを通告し、義務者を心理的に圧迫して義務の履行を促す作用をいう。

④ 直接強制は、行政上の代替的作為義務の不履行があった場合に、行政庁自らが義務者のなすべき行為をなし、その費用を義務者から徴収する作用をいう。

⑤ 代執行は、行政上の金銭給付義務の不履行があった場合に、義務者の財産に実力を加えて、義務が履行されたのと同一の状態を実現する作用をいう。

解説

【解説6】　正答⑤

① 誤り。行政指導は行政処分ではないので、抗告訴訟の対象とならない。

② 誤り。行政指導は、原則として法律の優位の原則に服さないので、行政指導に従って行った行為が実定法に違反する場合でも、その行為の違法性が阻却されることはない。

③ 誤り。行政指導は、法律の根拠がなくても、建築指導要綱や住宅開発指導要綱など行政庁の内部規範に基づいて行われる。しかし、行政指導は事実上の作用であって、行政行為に当たらないので、公定力は有しない。

④ 誤り。行政指導は、規制的指導と助成的指導のほか、調整的指導の三つがある。規制的指導であっても、文書に限らず口頭の場合もある。それが権力的規制に近い働きをする場合には、原則として法律の根拠が必要である。

⑤ 正しい。行政指導は、行政庁が一定の行政目的を達成するために、助言、指導といった非権力的手段で国民に協力を求めて働き掛ける事実行為である。

【解説7】　正答⑤

① 誤り。専決は、行政庁がその補助機関に事務処理についての決定を委ねることであり、外部に対する表示は長の名で行われる。

② 誤り。権限の代理については、行政庁の意思による授権代理と法定事実の発生によって生ずる法定代理がある。

③ 誤り。権限の代理は、本来の行政庁の権限を他の行政機関が代理者として行使することであり、その行為は本来の行政庁の行為として効果が生じる。

④ 誤り。権限の委任においては、行政庁の権限の一部を委譲することは認められるが、行政庁の権限の全部を委譲することは認められない。

⑤ 正しい。権限の委任は、法令に定められた行政庁の権限の一部を他の行政機関に委譲するものであるから、権限の委任には法令の根拠が必要である。

【解説8】　正答①

① 正しい。代執行は、行政庁自ら行うほか、第三者にこれを行わせることができ、行政庁は執行に要した費用を義務者から徴収することができる。

② 誤り。代執行は、行政庁自らの裁量で行うことは許される。あらかじめ裁判所の債務名義を獲得したのちに執行しなければならないものではない。

③ 誤り。代執行は、代替的作為義務の履行がない場合に、行政庁が義務者の身体または財産に直接実力を加える作用を言い、強制執行の一形態であるが、行政罰の一形態ではない。

④ 誤り。行政庁が一般統治権に基づき、過去の行政法上の義務違反に対して科す制裁を「行政罰」という。

⑤ 誤り。代執行は、代替的作為義務が履行されない場合に行われる。法律により直接に命ぜられた非代替的作為義務または不作為義務が履行されない場合に、その履行を強制するのは「執行罰」である。代執行は、行政庁が行政代執行法に基づいて行う行政行為であるが、個々の法律に代執行について定めたものも少なくない。

【解説9】　正答②

① 誤り。行政刑罰は、行政上の義務違反であるが、特に反道義性・反社会性を有しているとして刑罰が科されるものではない。処罰手続きは原則として刑事訴訟手続きによる。

② 正しい。行政上の秩序罰は、行政上の義務違反のうち軽微なものに科される金銭罰であり、例として、住民基本台帳法の届出義務違反に対する過料がある。

③ 誤り。「一定の期間内に義務を履行しない場合に、過料を科すことを通告して義務者を心理的に圧迫して義務の履行を促す作用」は、執行罰である。

④ 誤り。「行政上の代替的作為義務の不履行があった場合に、行政庁自らが義務者のなすべき行為をなし、その費用を義務者から徴収する作用」は、代執行である。

⑤ 誤り。「行政上の金銭給付義務の不履行があった場合に、義務者の財産に実力を加えて、義務が履行されたのと同一の状態を実現する作用」は、強制徴収である。

カレントトピックス 29年度 20

経済事情

■貿易収支が6年ぶり黒字（1月25日）

財務省が発表した2016年の貿易統計によると、輸出額から輸入額を差し引いた貿易収支は4兆741億円の黒字だった。貿易黒字となるのは6年ぶり。主な要因として、原油安や円高の影響などで輸入額が減少したことが挙げられる。

日本の輸出額は7・4%減の70兆392億円で、4年ぶりに前年を下回った。為替レートの平均が1ドル約109円と、前年の1ドル121円から大幅に円高になった影響が大きいとされる。主力の鉄鋼が22・5%減、自動車が5・9%減と落ち込んだ。

輸入額は、15・9%減の65兆9651億円で、2年連続で減少した。原油安を背景に、マレーシアなどからの液化天然ガスが40・4%減、原油を含む「原粗油」が32・4%減と大幅に減少した。

トランプ米大統領が問題視する対米国の貿易黒字は、前年比4・6%減の6兆8347億円と2年ぶりに減少したが、国別では最大だった。

■20年度財政収支は8・3兆円の赤字（1月25日）

政府の経済財政諮問会議で、内閣府が今後10年程度の経済財政の見通しをまとめた「中長期の経済財政に関する試算」を提示した。

財政健全化へ向けた指標となる国と地方の基礎的財政収支は、2020年度に8・3兆円の赤字となり、昨年7月時点の試算（5・5兆円の赤字）より悪化すると見込んだ。政府は20年度の黒字化目標を掲げているが、達成はより困難になった。

基礎的財政収支は、借金に頼らずに税収などで、社会保障や公共事業などの政策経費をどれだけ賄えているかを示す指標。赤字額が大きいほど財政が悪化していることを示す。

試算によると、18年度の基礎的財政収支は13 [illegible] 赤字で、GDP比 [illegible] となり、1%程度 [illegible] とした中間目標に [illegible] 昨秋までの円高で [illegible] 中心に業績が悪化 [illegible] や、消費が伸び悩 [illegible] 税収が想定より下 [illegible] 20年度は対GDP [illegible] %の赤字となる。[illegible] は25年度になる見 [illegible]

■日銀総裁が米政 [illegible] 視 [illegible]

日銀の黒田総裁 [illegible] 決定会合後の記者 [illegible] ランプ米大統領の [illegible] 注視する考えを強 [illegible]

新政権発足後、[illegible] な動きが目立ち、[illegible] の転換といったた [illegible] 上。トランプ政権 [illegible] を一定程度評価し [illegible] きに警戒感をにじ [illegible]

同日発表した国 [illegible] 見通しは上方修正 [illegible]

29年度 主任・係長 論文講座 20

添削 ①

課題

下記の事例と資料を分析し、次の（1）、（2）に分けて述べてください。

あなたは、ある事業所で施設運営を担当する主任として本年4月に配属された。

あなたと一緒に施設運営担当に配属された新規採用職員のC主事は、業務を行う際に独断で仕事を進めることが多く、周囲と連携・協力をせず、組織として仕事を行う心構えが全くできていない様子であった。これについて、A課長代理から何度も指導を受けたが、Cは自分のやり方を正しいと思い込み、改める様子はなかった。

こうした状況から、次第にCの業務停滞の影響が事業所の内外に見られるようになり、Aはその対応策に着手することにした。

その一方で、あなたはCやCの仕事の一部をフォローしているB主事からそれぞれ不満を打ち明けられるなど、施設運営担当の業務改善の必要性や職場環境の悪化を痛感していた。

（1）設問の職場における、C主事の育成と施設の円滑な業務運営を行う上での課題について、簡潔に述べてください。（300字以上500字程度）

（2）（1）で述べた課題に対して、今後、あなたはどのように課題解決に向けて取り組んでいくべきか、主任に期待される役割を踏まえて具体的に述べてください。（1200字以上1500字程度）

都主任選考

資料1　○○○事業所の組織図

- 所長
  - 管理課長
    - 課長代理（庶務担当）── ○○○ ○○○
    - 課長代理（経理担当）── ○○○ ○○○
    - A課長代理（施設運営担当）
      - 主任（あなた）　企画調整、年間計画作成、その他
      - B主事　施設維持、施設利用者調整、その他
      - C主事　施設利用者に対する広報、施設利用申請等受付、その他
  - ○○課長 ── 課長代理（□□担当）── ○○○

資料2　C主事の主な行動及び関連する出来事

4月 → 7月

- 新規採用職員として管理課に配属される（他企業での勤務経験なし）。
- 主任（あなた）が、C主事のチューターとなる。
- A課長代理から、担当する業務の説明と指示を受ける
- 担当業務について、課長代理等に相談することなく独断で進めてしまうとともに、遅れが散見されるようになる。
- 業務の進捗に関する上司への報告はない。
- 施設利用に関するPRポスターを作ったが、難解な長文で分かりづらい。
- マニュアルにない新たな業務に取り掛かるに当たり時間がかかり、業務が停滞する。
- A課長代理から度々指導を受ける。
- ○○○事業所全体の運営にも支障が見られるようになり、C主事の業務の一部を主任（あなた）とB主事とで分担するようになる。
- C主事に対するA課長代理の指導に関して、C主事が主任（あなた）に不満を漏らす。
- B主事の担当業務が増えて、B主事が日常的に不満を漏らすようになる。

論文例

（1）

設問の職場において、C主事の育成と施設の円滑な業務運営を行っていくためには、次の三つの課題に取り組む必要がある。

第一に、Cの意識改革である。Cは「報・連・相」等の職場の基本的なルールを守れておらず、業務に支障を来している。さらに、これについてAから指導を受けたが改める様子がない。このように、仕事の基本的な心構えに対する意識が低いままでは、Cを育成し早期戦力へ育てることは難しい＝①。よってCの意識改革を行うことが急務である。

第二に、情報共有の促進による業務の効率化である。設問の職場では、Cの業務停滞の影響で、苦情件数が増加し、迅速な対応が必要となっている。一方、Cのフォローで他の職員の業務量は増大して忙しい。このように苦しい時こそ、職員間でお互いの課題を共有し、連携して効率的に業務を進める必要がある。

第三に、職場の意思疎通の活性化である。事例の職場では、BやCが職場に対する不満を口にしており、苦しい場面で協力し合う機運に欠けている。これは、日頃から職員同士の意思疎通が少なく、良好な人間関係が構築されていないからと考える。このような状況だと、組織一丸となって業務に取り組むことができない。また、組織全体で新規採用職員を育成しようという意識も生まれにくい＝②。

（2）

私は、（1）で述べた課題に対して、主任として下記の通り取り組む。

1　OJTを通したCの意識改革＝③

私は、Cの意識改革を図るため、チューターとしてCの業務の進捗（しんちょく）状況を見守り、適宜フォローやアドバイスを行う。

具体的には、Cと相談しながら、Cが現在抱えている業務を洗い出し、それらの期限や課題等を一覧にまとめた進行管理表を作成し共有する。私は、進行管理表をもとに、適宜Cの仕事の進み具合を確認する。そして、進捗状況が思わしくない場合はCをフォローし、必ず仕事を期限内に終えるよう指導する。また、Cが仕事に行き詰まっている様子であれば、声を掛け相談に乗るとともに、AやBに相談する機会を作り、周囲の意見を聞いた上で仕事を進めていくよう促す。更に、Cが完成させた成果物が不十分な出来である時は、単に修正するよう指導するのではなく、同じ目線で内容について議論をし、より良い内容にできないか一緒に考えていく。

このように、仕事への取り組み姿勢を自ら示していくことで、Cに職場ルールの順守や周囲との協力の重要性を自覚させていく。

2　担当会の開催による情報共有の促進＝④

私は、施設運営担当の情報共有を促進するため、担当会を開催することをAに提案する。

担当会では、私は司会・進行を務める。まず、冒頭で、Aから増加する苦情件数への対応が急務であること、一方で残業時間が増えており、更なる連携・業務の効率化が必要であることを話していただき、担当内で課題の共通認識を図る。その後、各担当者から業務の進捗状況、課題、今後の見通し等を報告してもらう。お互いの業務の状況を把握することで、仕事の重複や手戻りを防止することが可能となる。また、私はBの残業時間が一番多いこと、Bが多忙になってから、担当業務である施設利用者調整に係る苦情が急増したことを報告し、Bへの負担が過剰となってい [illegible]

資料3　施設運営担当の月別合計残業時間

時間（0〜140）／4月・5月・6月・7月

凡例：A課長代理　あなた（主任）　B主事　C主事

資料4　○○○事業所における苦情等の件数の推移及び6月・7月の苦情等の内訳

○○○事業所における苦情等の件数の推移

件（0〜14）／4月・5月・6月・7月

[illegible] 具体的には、自らあいさつや声掛けを行い、明るく風通 [illegible] ケーションを励行する。

このような取り組みによ [illegible]

解説

[illegible] 場における問題や解決策を述べる出題です。評価項目は [illegible] が、職場ものでは、いくつかのテーマが繰り返し出題されています。具体的には、論文例の「人材育成」や「業務改善」を始めとして、「チームワーク」「コミュニケーションの活性化」「新規事業への対応」「都民対応」といったものです。この傾向は今後も続くと思われますので、これらのテーマについては問題点と解決策をレジュメ形式で準備しておくと良いでしょう。

講評

今回の設問のテーマは、「人材育成」「業務の円滑化」です。

本論文例では、（1）で設問の職場における課題について述べています。そして、（2）で具体的な解決策と論文のまとめを述べ、全体で3 [illegible]

[illegible] 必要です。また、[illegible] 述した内容を（2 [illegible] し論述している [illegible] 対象となりますの [illegible] 法についても注意 [illegible] い。

まず、③では、[illegible] ターとしていかに [illegible] くか、設問の事例 [illegible] 容を踏まえて具体 [illegible] れています。ただ [illegible] まの内容ではCの [illegible] なた」が独断で進 [illegible] めなくもありませ [illegible] 求められる重要な [illegible] として課長代理の [illegible] ますので、適宜 [illegible] 相談しながらCの [illegible] 施するとした方が [illegible] う。具体的には、[illegible] 容の冒頭部分を [illegible] 相談しながら」に [illegible] また、中盤の「自 [illegible]

両国地域でも区の魅力を発見！

墨田区企画経営室　菅沼　竜一

私は墨田区役所へ入庁して7年目。今では報道担当として毎日のように墨田区の街へ出向き、いろいろな方へ取材している。おかげさまで、墨田区の名所・名品など多くの魅力に触れることができ、日々新しい発見ばかり！　さて、今日はどこへお邪魔しようか？

東京スカイツリー内にある「産業観光プラザ　すみだ　まち処」（押上1・1・2、東京スカイツリータウン・ソラマチ5F）で取材してから、江戸文化が根付く両国界隈を散策してみよう！

東京スカイツリーを背に、押上駅から墨田区南部方面へ区内循環バスに乗ること約20分。降り立ったのは、子供たちの元気な声が響き渡る公園と一体になった「すみだ北斎美術館」（亀沢2・7・2）。

墨田区で生まれた世界的絵師・葛飾北斎を区民の誇りとして永く顕彰するとともに、地域の産業や観光へも寄与する地域活性化の拠点として昨年11月22日にオープンした。建築界のノーベル賞とも言われているプリツカー賞を受賞した経歴もある妹島和世氏が設計。淡い鏡面のアルミパネルを使用した外壁が周囲の景色を映し出し、外から館内の様子をうかがえる地域に開かれた美術館である。

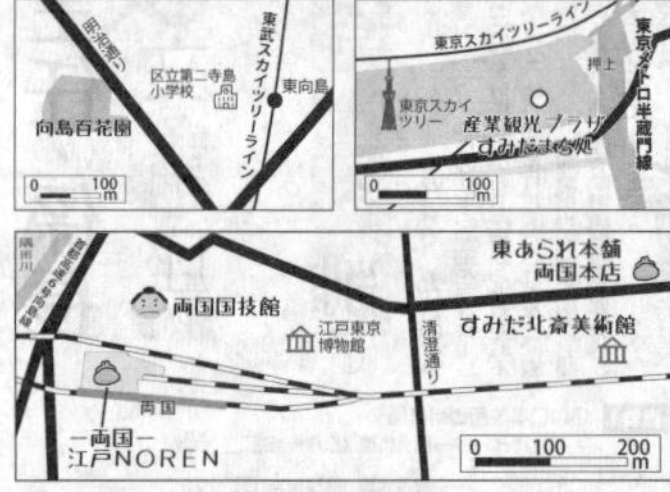

すみだ北斎美術館

館内には、芸術に詳しくない私でも見たことのある北斎の代表作「冨嶽三十六景」や、白黒写真を基に推定復元された「須佐之男命厄神退治之図」などが展示されている。

様々なテーマで北斎作品に迫る企画展も必見。現在行われている企画展は「開館記念展Ⅱ　すみだ北斎美術館を支えるコレクター～ピーター・モースと楢崎宗重　二大コレクション～」（4月2日まで開催）。世界有数の北斎コレクターであったピーター・モース氏と浮世絵研究の第一人者である楢崎宗重氏が生涯をかけて集めた珠玉の名品を約130点公開する。ぜひ多くの方にご覧いただきたい！

すみだ北斎美術館を堪能した私は、その向かいに位置する「東あられ本舗」（亀沢2・15・10）の香ばしい味が癖になる〝北斎揚げ〟を頬張りながら、北斎通りを両国駅方面へ歩くこと約10分。相撲の聖地「両国国技館」（横網1・3・28）が見えてきた。

相撲を愛する方であれば知らない人はいないこの施設。実は相撲以外にも活用されている！　その一つが2月19日に行われる「国技館5千人の第九コンサート」。今年で33回目となるこの第九コンサートは、国内でも最大規模で、墨田区の冬の風物詩としても定着している。今年も約5千人のメンバーが心を一つにして高らかに歌い上げ、国技館を揺るがすような「歓喜の歌声」が響きわたるだろう。

つながる墨田区

週末回遊計画

とっておきのまち歩き②

両国国技館を出てすぐの場所に位置するJR両国駅から、浅草に近い隅田川沿いの庁舎へ帰ろうと思ったが、駅近くで何やらにぎわっている施設がある。昨年11月25日にオープンしたばかりの「―両国―江戸NOREN」（横網1・3・20）だ。

〝粋な江戸の食文化を楽しむ。〟をコンセプトに、江戸の食文化や伝統を楽しむことができる12の和食店が集結！　江戸時代に両国（旧日本所元町）で握りずしを考案した「華屋与兵衛」のすしを堪能できる「政五ずし」。そして、両国に来たらちゃんこ！　それを味わえる「ちゃんこ霧島」などが軒を連ねている。

江戸NOREN

館内は江戸の町屋を意識した開放的な吹き抜けが広がっており、まるで江戸にタイムスリップしたかのような気分にさせる。さらに、両国観光案内所も併設されているので、両国をまち歩きする際にはぜひとも最初に立ち寄りたい。

さて今日は両国界隈を訪れたが、やっぱり何回来ても魅力がたくさんの場所！　しかも26日に行われる「東京マラソン2017」で、今年からこの地域を多くのランナーが走ることになった。人情味ある地元の方々や観光客などの声援によって、ランナーの足が軽くなること間違いなし！

明日はどこへ出かけようか　向島百花園（東向島3・18・3）で開催中の「梅まつり」（3月5日まで開催）にでも行って、甘酸っぱい香りに癒やされてくるか。

（広報広聴担当報道・シティプロモーション担当主事）

ミニガイド

◆隅田川上流への誘導から始まる奥浅草モニターツアー（都産業労働局・地域資源発掘型実証プログラム事業）　▷内容　池波正太郎の世界観をテーマに奥浅草の歴史ある地を巡り、待乳山聖天で金原亭馬生師匠の落語を楽しむ▷対象　ツアーの趣旨を理解し、アンケート等に協力できる一般の方▷実施日　（第1回）2月22日(水)　（第2回）2月23日(木)▷実施時間　午前10時半～午後2時半▷募集人員　各回15人▷参加費　無料▷実施概要　（集合）あみ清船着場（吾妻橋）→山谷堀広場→待乳山聖天（落語）→長昌寺→本性寺→妙亀塚→お化け地蔵→玉姫稲荷→吉原大門→吉原神社→吉原弁財天→浅間神社（解散）▷申し込み　ファクスにて受付　FAX03・3837・5709（定員に達し次第受付を終了、先着順）▷問い合わせ　奥浅草観光連携協議会運営事務局（㈱アド・インターフェース）☎03・3839・5229

◆都立中央図書館シリーズ展示「～東京2020オリンピック・パラリンピックに向けて～『世界中の国のこと　もっと知ろう！』第3回オセアニア・アジアPart1編」　▷開催期間　3月3日(金)～5月7日(日)午前10時～午後8時（土日祝日は午後5時半まで）▷休館日　3月17日(金)、4月6日(木)、4月21日(金)▷場所　都立中央図書館4階企画展示室（入場無料、地下鉄広尾駅1番出口から徒歩8分、麻布十番駅から徒歩20分、有栖川宮記念公園内）▷展示内容　オーストラリア、ソロモン諸島、ツバル、台湾、韓国、インドネシア等、34の国と地域に関する本を集め、国別に展示する。ガイドブック、世界遺産、料理、音楽、歴史、スポーツ、自然等、多様な資料を展示。各国紹介パネルの展示や関連ビデオも上映▷今後の予定　第4回　2017年5～7月　アジアPart2編

読者のひろば

PFI コンセッション
アベノミクス、小池都政の行方㊤

PFIとコンセッションの革命性

日本版TUPE研究会代表　石田　誠

安倍政権の支持率は1月末の時点で60%を超え、歴代内閣でトップの長期政権になる勢いである。一方、ケチな舛添氏から引き継いだ小池知事も、自民党に所属しながら都議会自民党に敵を絞るというパフォーマンスを見せ、高い支持率を得て7月の都議会議員選挙を迎える。安倍、小池両氏に共通する政策の一つにPFIをはじめとする公共施設整備・公共サービスの民営化がある。3回のシリーズでこの問題を巡る安倍政権と小池都政の行方を追う。

PFI事業の性格と特徴

PFI（Private Finance Initiative）法は1999年に成立した。その特徴は、国や自治体が行ってきた公共施設整備と公共サービスについて、民間のノウハウ、技術力、資金力などを活用して、設計、建設、改修、維持管理、運営の全部または一部を民間事業者に委ねることにある。

そして、PFIが従来型の公共事業と異なる点は、民間事業者が行政側の個別発注の請負業者としてではなく、民間事業者の「創意工夫」を尊重するため、これに障害となる法、条例、規則等の規制は廃止・変更する「規制緩和」をすることにある。

つまり、事業の進め方の主導権について官と民の立場が逆転して、日本の歴史的、経済学的、行政的にもこれまでなかった「革命的転換」――パラダイムシフト（発想の転換）することを意味する。

コンセッション、民間事業者への譲渡

PFI法が成立する以前から、PFI方式を絶賛していた菅直人氏は、自らが総理となって「新成長戦略」の中で、コンセッション方式（公共施設等運営権制度）として公共施設等運営権制度を11年に創設した。

これによる公共サービスの性格が変わること、公務員等の新たな雇用問題が生じることについて、労働組合側も問題意識が極めて弱いこともあり、結果として何の付帯決議も付けずに可決されている。

コンセッションという用語はPFI法の中にはないが、世界的・マスコミ的に独り歩きしている。

その特徴は、▽公共インフラの運営権を民間企業に売って代金を得る▽金融機関・投資家などは運営権を財産として担保にすることができる▽民間企業は利用料金などから収益を得ることができる――というものである。

自民党政権に移行した後、安倍政権は、15年3月に仙台空港をコンセッション適用の第1号とし、空港6件、上水道6件、下水道6件、道路1件を設定するとともに22年までに事業規模を2～3兆円とする目標を立てた。

15年6月14日、人口20万人以上都市のインフラ整備はPFIを原則にする骨太方針を閣議決定した。

PFI事業はインフラ事業のみならず、公共複合的施設も含むことから、既に図書館、博物館、保育所、介護施設、動物園、公園など対象は多岐にわたっている。

第3セクターの失敗

安倍政権は、PFIの事業化に当たって、第三セクター方式（失敗）の反省をふまえ、官民の適切なリスク分担を明確にしつつ、事業性の検証を行うよう指示している。

全国自治体にある第三セクターは、収益性を上げることを第一の目的にしていないこともあり、収益はプラスマイナスゼロなら良い方で、実際は税金の補助・補填が前提になっている。また、この組織には「天下り」など別の問題が指摘されている。

今日、少子高齢化の時代に伴い税収が大きく減り、社会資本の老朽化が進み、更新が喫緊の課題である。公共サービスを持続的に向上させるために、国と自治体は公共施設の運営権を民間企業に譲渡・売却する。これを受けた民間企業は、民間の資金力・技術力・ノウハウ等による経営を行い、利益を得る。

一方、国と自治体は並行して、公務員を民間企業に「転籍」（非公務員化）させ、人件費を減らすことを目指す。このことを議会で決めることによって労使関係も変わり、労働組合は加速度的に弱体化するだろう。

PFI・コンセッション事業の拡大は、日本の社会の在り方を根本から変えるのではないか。

◇　◇　◇

石田誠氏は1948年東京都生まれ。日本版TUPE（事業譲渡と雇用保護法案）研究会代表。元自治労東京都本部副委員長。PFI法案が1999年成立する前に、その特異性と対応について全国で最初に発表した。

（編集部）

東京都美術館

水の都のルネサンス

ティツィアーノとヴェネツィア派展

ヴェネツィアは、短時間で船が造れる先端技術を備えた造船ドックを持っていた。海戦で壊れた部分をまるごと取り替えられる、ユニット構造の軍船も作っていた。交易にも軍事にも迅速に対応した。

年頃になると少年は航海に出た。冒険ではなく、取引を学ぶためだ。早くからバランスシートによる簿記を使っていた。リスクを伴う仕事だから、損益状況を即時に把握するためである。為替業務や金融を担う銀行も、早くから機能していた。王政や世襲権力による独占と停滞と腐敗を嫌い、共和制を採用した。任期が限られた総督が、通商、外交、軍事、内政のために働いた。

宗教や言語、通貨、生活習慣の違いにも柔軟に対応した。イスラム国やビザンチン帝国ともうまくつきあった。機に乗じて首都・コンスタンティノープルを攻略するようなこともしたが。

元は異民族の侵攻を受け、陸地を追われた人々が湿地に構築した人造都市だった。生活の糧は海から得なければならなかった。異文化理解がなければ発展はなかった。異国の知識や技術を取り込み、自ら発明もした。東方から導入した、街角のオープンテラスで苦い飲み物をすするヴェネツィアのカフェは、ヨーロッパの憧れになった。

遠く黒海まで販路を開き、フランドルやイギリスまで商圏を伸ばした。ナイル河経由で没薬・乳香などの香料も商っただろう。やがて、この都市は、交易と軍事で地中海の東に君臨し、「アドリア海の女王」と呼ばれるようになった。

富の蓄積はヴェネツィア・ルネサンスを開花させる養土になった。絵画ではベッリーニ、ヴェロネーゼ、ティントレット、とりわけティツィアーノである。

全盛期の彼の工房は、イタリアはおろかヨーロッパ各地からも注文が殺到した。素描を学ぶともっと良かったのにと、巨匠・ミケランジェロが嫉妬まじりのコメントを残している。

明るい光に包まれた、大胆で豊かな色彩がヴェネツィア派絵画の特色。バラ色に染まる肌とイタリア人を象徴するとされる顔の彼の作品《フローラ》がその典型だ。

日本初公開の《ダナエ》も、ギリシャ神話由来の美女。教会の恐ろしい規範から、女性のヌードは神話のベールで包まなければならなかった。だが、神にしてはリアルではないか？　モデルが実在したのではないか？　なぜ奔放な裸身に金貨がふりそそいでいるのか？　ヴェネツィア文化は異国趣味と自由な爛熟・退廃においても先進的だったのである。

ダ・ヴィンチ、ボッティチェリ、カラヴァッジョなどルネサンスの至宝をふんだんに見せてもらえた「日伊国交樹立150周年」企画の真骨頂である。ヴェネツィア絵画の真髄を伝える作品群を通して、今回もその恩恵に浴したい。

日伊国交樹立150周年記念「ティツィアーノとヴェネツィア派展」は4月2日まで東京都美術館で開催中。この招待券を5組10名様にプレゼントします。Eメールで件名を「ティツィアーノ展希望」として「tenohi@toseishimpo.co.jp」までお申し込みください（22日必着）。

ティツィアーノ・ヴェチェッリオ《フローラ》1515年頃、フィレンツェ、ウフィツィ美術館
©Gabinetto Fotografico del Polo Museale Regionale della Toscana

都政新報

発行所 都政新報社
〒160-0023 東京都新宿区西新宿7-23-1 TSビル
〈総務・読者〉03-5330-8781
〈企画広告〉03-5330-8784
〈編　　集〉03-5330-8786
〈出　　版〉03-5330-8788
〈ファクス〉03-5330-8808
購読料 月1,730円（税込）
毎週火・金曜日発行
ただし、祝日は休刊

紙面から

質問調整禁止の余波

追跡

第1回定例都議会の開会を目前に控え、小池知事は職員が都議会に質問を持ち込まないよう指示した。議員の要望に基づき、職員が質問を作成するのも禁止されているが、答弁調整などを全否定しているわけではなく、必要最低限の意見交換は容認している。今後は手探りの状態で議員が質問を、職員が答弁を作成することになるが、質疑と答弁がかみ合うのかなど、急激な「改革」に戸惑う職員も少なくない。

急激な見直しに戸惑いも

1通のメールが今月2日、政策企画局から各局の総務部長に届いた。翌日に緊急会議を開催するという通知で、内容は事前に知らされなかった。出席した総務部長の一人は、同局から知事の指示として職員が都議会に質問を持ち込まないよう説明を受けたと話し、「知事から指示が出たタイミングがなぜ、この時期だったのか分からない」と首をかしげた。

会議前日の1日から2日にかけて、各局が自民党に重要課題を説明する会議が開かれており、知事から都議会の質問を巡る指示が出たのはその直後だった。小池知事は就任後から職員が作成した質問を都議会に持ち込んでいることを認識していたと見られる。幹部職員の一人は「知事周辺から知事に伝わっているはず」と話した。

小池知事は10日の会見で、「質問を職員側に投げることは、行政と議会との関係が非常に分からなくなる」と問題意識を示した。庁内では「国会のように必要最低限の調整にとどめ、質疑することを念頭に置いたのではないか」との見方がある。

政策企画局は自民党や公明党などに対し、職員による議員への質問持ち込み、議員の要請に応じた質問作成を行わない方針を伝えた。ただし、小池知事は必要最低限の意見交換や答弁調整は容認している。

第1回定例都議会が22日に開会するのを前に、自民党幹部は「質問と答弁がかみ合わなかったら再質問になり、議場は大混乱する」と警鐘を鳴らした上で、「議論の中身を深めるためにも、これまで通り、職員とは意見交換を行う」との考えを示した。

同党は都政の主要課題の現状などを確認するため、具体的なテーマを各局に示し、現状・経緯や課題、対応などを4本柱とする資料を各局から提出させた。同党では、執行部がこれを参考に代表質問を作成する。

一方、公明党幹部は知事の指示に賛成の立場だ。質問の持ち込み禁止などを「自分たちで質問を作成しているから大賛成」と明かした上で、必要最低限の答弁調整については「政策を前に進めるためにやり取りするのは当たり前の話」との見解を示している。

知事の指示は、議会側よりも職員側に波紋が広がっている。都幹部は「筆が遅い議員もいるので、職員が答弁を作るのに時間がかかった。従来のやり方ができれば、質問を調整して作業時間を短縮することは可能だったが、最低限の意見交換にとどまると困るのは職員だ」と肩を落とした。

庁内では、知事の指示は「正論」と受け止められているが、7月の都議選をにらみ、政治的な意味合いが強いと見る向きも多い。「知事と議会のどちらの顔色をうかがって仕事しているのかと言われている感じがする。知事の指示は踏み絵のようだ」

事業局の幹部は「都議会への質問持ち込みは『和をもって貴しとなす』の言葉通り、都庁文化を表す」と語った上で、「都議会での質疑は『芝居』などと批判されているが、議会を混乱させないための知恵でもある。必要最低限の意見交換や答弁調整が認められたのは救いだが、政策が前進するかどうかは懸念がある」と本音を漏らす。

都議会での質疑を巡る慣例を見直すのは初めての試みだ。都政で「改革」がキーワードになる中、議会と職員の関係の在り方にも都民の関心が高まっている。小池知事は「当たり前の議会と行政の関係にしていく」と明言するように、7月の都議選後も単なるパフォーマンスで終わらないか注視する必要がある。

自民党の代表質問の答弁に窮した小池知事に、安藤副知事がすかさず駆け寄った＝昨年12月7日

都議会民進系2会派

合流し「東京改革」結成

議会改革へ各会派独自提案

都議会民進党（旧民主）は14日、これまで別会派だった民進党都議団（旧維新）と合流し、会派名を「東京改革議員団」に改めると発表し、議長に届け出た。15日の都議会議会運営委員会で報告された。両会派の全都議18人が所属し、17人の共産党都議団を抜いて都議会第3党になる。

都議会民進党幹事長で、新会派でも幹事長を務める尾崎大介氏は、豊洲新市場移転問題で都民から都議会への信頼回復のためにスピードを重視し、「真相究明に向けた力を集め、自民党と対峙（たいじ）していく」と方針を示し、今後は生活者ネットや無所属都議との合流も視野に入れていくとした。

これまで別会派として活動してきたため政策的な違いはあるが、「小異を捨てて大同につく。豊洲新市場、五輪の問題、議会改革という大きなテーマで大まかに一致している」（尾崎氏）と話し、小池知事の政策とも共鳴しながら、議会で存在感を示していく考えだ。

議会改革案出そろう

新会派「東京改革」は同日、独自の議会改革関連条例案を公表。▽議員報酬を1年間30％削減▽費用弁償を完全撤廃▽政務活動費支給額を60万円から50万円に引き下げ、透明化する――などの改革案を盛り込んだ。

既に都議会公明党や共産党都議団も独自の改革案を示しており、各会派は15日の都議会運営委員会理事会に議会改革案を提案した。

政務活動費の50万円への減額と透明化や、議員表彰の簡素化などは各会派とも一致している。一方で独自の改革案として都議会公明党は▽議員報酬は1年間20％削減▽費用弁償は島しょを除き廃止――などを提案。共産党都議団は▽議員報酬25％減▽費用弁償を廃止し実費化▽公用車使用や海外都市調査の見直し――などを掲げた。

同日の理事会では議論に至らず、各会派の提案を受けて持ち帰りとなった。公明党などは都議会本会議開会日の22日の議決を求めており、同日までに臨時の理事会を開き、結論を出せるかが焦点だ。

都議会自民党の高木啓議運委員長は委員会終了後の会見で、「7月までの限られた任期の中で議会改革の成果を出す必要がある」として、各会派の提案を調整する考えを示した。「今定例会で結論を見なければ、議会改革はできない」と決意を話した。

議会改革を掲げて合流した東京改革議員団の面々＝14日

小池流改革③　2017年度都予算案

財源確保

ちりも積もれば720億円

2007年度の予算編成からスタートした都の事業評価。「東京大改革」を掲げる小池知事にとっては、この事業評価も改革の対象となった。

これまで約2割の事業には終期が設定されていなかったが、見直し期限のなかった残る約8割の事業も含め、全事業に1～5年の終期を設けた。庁内からは「一度事業を始めたら、なかなか見直せないのが課題だったが、終期設定で見直そうという流れになった」という意見が出た。

今回、終期を迎えて見直した事業の一つが帰宅困難者対策だ。前年度比約10億円を削減した。都は20年度まで、震災時、帰宅困難者の一時滞在施設として開放する公的機関と民間施設を合わせて92万人分の確保を目指しているが、16年7月時点の達成率は目標の3割強にとどまる。今後は一時滞在施設の民間施設に加えて、民間の新規確保でもアドバイザー派遣を開始する。庁内からは「帰宅困難者対策はメスを入れにくい事業だが、予算を減らして事業を再構築したのは前向きな見直しだ」と評価の声が聞かれた。

ただ、一律的な終期の設定には戸惑いも見られ、「設定した終期は事業の計画期間とズレており、整合性が取れていない」との声も聞かれた。今回新たに終期を設定した事業の見直しは来年度から本格化する。

■賢い支出

また、財務局が「見える化」の一環で昨年末に初めて公表したのが、同局による査定の結果だ。各局の当初要求総額（7兆766億9800万円）を898億円下回る6兆9868億7500万円となった。

中でも削減額が150億円と最も多かったのが産業労働局の中小企業を対象にした補助金だ。同局は4年分を一括要求したが、財務局査定では1年分しか計上されなかった。小池知事の意向を受けて見直した。

補助金の一括要求には一長一短がある。メリットは都議会での議決が1回で済み、補助金の申請件数が増えた場合は年度間での調整が可能になること。また、補助金による成果は一定期間を過ぎないと分からないが、一括要求によって継続的な事業運営が可能となる。反面、期間途中の事業見直しが難しいことがデメリットとなる。改革は事業の継続よりも見直しに力点を置いたと言えそうだ。

今回の財務局査定は例年以上に厳しかったという。補助金を削られた事業局の幹部は「財務局から執行率を厳しく見られ、知事と同様に『ワイズスペンディング（賢い支出）』を重視していた。補助金を削減され、関係者に説明するのが難しかった」と振り返る。

また、財務局査定で各局の事業費は細かく削減された。別の幹部は「100万円など細かく削られた。『ちりも積もれば山となる』との発想で過去最高の720億円の財源を確保できたと思う。財務局が重箱の隅をつつくような査定をするのは初めてではないか」と語った。

小池知事の初となる予算編成では、対外的に見直しをアピールするため、財務局が必死に事業費を削減したとの見方がある。「結果を出せなければ財務局は立つ瀬がなかったはずだ」と分析する幹部もいた。

幹部職員の一人は「予算は新規事業をアピールするだけでなく、無駄を排除していると情報発信するのも重要。今回、都民に対して事業見直しのPRができた」との認識を示した。

一方、事業の見直しは、単に削減額を積み上げるだけでなく、都民サービスの向上などに結びつけられるかが重要だ。「見直しのための見直し」になっていないか、厳しくチェックすることも議会の役割となる。

予算が削減された帰宅困難者対策。東日本大震災では鉄道が運転を見合わせ、バス亭に長蛇の列ができた＝2011年3月11日、新宿駅西口前で

都政の東西

正論だが

23区が新年度当初予算案を発表する中、ふるさと納税による各区の税収減に注目が集まっている。

注目のきっかけとなったのは、田中良杉並区長が1月31日の記者会見で語った「肉食」発言だ。田中区長は「肉食欲をそそって基幹税を流出させる現状はモラルハザードに他ならない」と怒りをあらわにし、高級肉などの返礼品競争が過熱する現状を批判。同区の来年度の「損失」額は約11億円に上る見通しで、「行政需要に必要な税が肉に持っていかれるのは見過ごせない」と憎々しく語った。

世田谷区の発表も衝撃的だった。保坂展人区長は損失額が30億円に達する見通しを示し、「学校1校の建て替え費用に相当し、明らかに限度を超えている」と苦言を呈した。区の今年度の損失見込み額は16億5千万円で、一定規模の認可保育所を1カ所整備できる額に及んでいる。このままのペースで損失額が拡大し続けた場合、既存事業の見直しに発展しかねないだろう。

しかし、いやらしい見方をすると、各区の損失額が膨らんでいるにもかかわらず、区税収入自体は前年比でプラスとなっており、影響の大きさが見えにくい。霞が関方面から「税収は問題ないではないか」とささやく声が聞こえてくるかのようだ。

23区は損失額を具体的に示すことで問題提起した。23区の主張は正論で、住民サービスの原資となるべき住民税が住民に行き渡らない状況を正さなければならない。しかし、東京一極集中という現状が地方から正論と向き合う姿勢を奪っていることも事実だ。

23区の損失は大きな問題だが、「損をしているからよろしい」と受け取られないような配慮も必要になるだろう。

都福祉保健局

都内保育施設が不正受給

社福法人に返還を指導

都は14日、社会福祉法人夢工房が運営する目黒区と港区の認可保育所で不適切な支出や報告があったとして、委託費など合わせて約4千万円を都や自治体に返還するよう指導・通知した。

問題となったのは、同法人前理事長の妻による私的流用などの不適切な支出や、事業実績報告の改ざん疑いなど。加えて、施設長にも就任していた同妻が業務に専従しないまま、運営委託費の加算分を不正に受け取っていた。

前理事長の妻は、娘宅の家具・家電製品を購入して領収書を分割、別の品名に書き換えて保育所にかかる経費であるかのように処理して、都内保育施設から支出していた。同妻は1月末に懲戒解雇されているが、都は同法人の不適切な支出について徹底調査し、損害額142万円を返還請求することを指導。再発防止に取り組むよう求めている。

保育施設の運営では、延長保育の利用時間などを一部手入力し、事業実績を改ざんしていた疑いがあり、都民間社会福祉施設サービス推進費補助金等のうち、約1681万円を返還するよう通知。また、施設長が業務に専従しないまま所長設置加算分など、運営委託費計2480万円を目黒区と港区に返還するよう指導した。うち2分の1が国費、4分の1が都費に当たる。

今回問題が発覚したのは、昨年5月に同法人が他県で運営する施設で私的流用などが確認され、都が7月に一般指導検査、9月に特別指導検査などを行ったことが発端。福祉保健局によると、2012年度以降、新設の保育所については開設後1年で検査や調査を行っているが、同保育所は11年度に開設しており、対象となっていなかった。

都議選

自民党が2人に公認
小池新党は4人追加

自民党都連は13日、都議選の公認候補として新たに2人を発表した。北多摩第三では、同党の調布市議が出馬に意欲を燃やしていたが、現職の栗山欽行氏に候補を一本化した。三鷹市では、現職の吉野利明氏が今期限りで勇退し、同市議の加藤浩司氏を後継指名した。同党は現職48人、新人6人の計54人を擁立した。

また、「都民ファーストの会」は14日、現職の区議と市議の計4人に公認を出した。4人は保坂三蔵元参院議員の長男の保坂真宏氏（台東区）、馬場信男氏（足立区）、佐野郁夫氏（小平市）、関野杜成氏（東大和市）。これにより同会の候補は計12人となった。

冗句ジョーク

都議会・都議選を前にして、都民ファーストの会への各党すり寄り目立つ

「まずいなー、トランプ大統領の例でいうと〝小池ファーストの会〟になるのが心配？」

――予感職員

足立区

子供向け食育を強化

「格差是正の一方向に」

足立区は、子供に正しい食生活を習慣付けて糖尿病リスクを減らす取り組みに着手する。食育基本法に基づく区食育推進計画を改定し、「糖尿病対策アクションプラン」の関連計画として幼稚園・保育所から小・中学生を対象とした「おいしい給食・食育対策編」を策定する。素案のパブリックコメントを24日まで行い、3月下旬に計画を策定し、4月から事業に着手する。14日に定例会見を開いた近藤やよい区長は「これまで高齢者向けだった糖尿病対策を子供向けに大きくかじを切る」と力を込め、抜本的な改善につなげる姿勢を示した。

区こころとからだの健康づくり課によると、区民の平均健康寿命は都平均と比べ、約2歳低い。主な要因の一つが糖尿病患者の多さで、糖尿病に関する区民1人当たりの医療費が23区ワースト1位という。区の調査によると、区民1人当たりの野菜摂取量は平均約233㌘で、都平均よりも約50㌘少なく、国が目標とする350㌘の3分の2にとどまっており、糖尿病リスクにつながっているという。

新たな計画では、子供の食育から食生活の改善を図ろうと、これまでは乳幼児期と学齢期に分けて行ってきた食育事業を一本化。食事の際に、米や肉などよりも先に野菜を食べることで肥満リスクが緩和され、糖尿病の予防につながるという調査結果に基づき、「ひと口目は野菜から」を合言葉として幼児期から習慣付ける。また、区立保育所などで野菜を炒めるなどの簡単な調理体験を行い、児童の食事への関心を高める。

小・中学生に関しては、食育の一環で力を入れる「おいしい給食推進事業」を通じて野菜の摂取を促す。また、生徒が目玉焼きやみそ汁などの簡単な調理ができるよう、区が実施している幼児向け調理体験も強化する調理機会の充実を図るとともに、統一カリキュラムとして、各校の家庭科教諭の提案を基に「足立ベーシック献立作成・調理実習学習指導案」を策定する。「区が上から指図するのではなく課題を提示し、具体策は現場で考え、実行してもらう」(渡邊勇おいしい給食担当課長)方針で、指導案は2018年度からの全校展開を目指し、今年度は内容の検討と試行を重ねる。来年度予算案に学童保育室30室と都立高校9校での料理教室の開催費用など187万円を盛り込んだ。

馬場優子こころとからだの健康づくり課長は「料理をしたことがある子供は食への関心も高くなる傾向がある」と話し、子供の頃から自分の健康を考える習慣を付けることが親世代にも良い影響を与え、好循環を生み出すと指摘する。

計画では、中学校卒業までに▽望ましい食習慣の習得▽栄養バランスの良い食事の選択▽炊飯やみそ汁、目玉焼きなどの簡単な自炊ができること——の3項目を「あだち食のスタンダード」と位置付けて最終目標に掲げる。指標として、22年度までに簡単な朝食を自分で作れる割合を100%(今年度76%)に、食事の時に野菜から食べ始める子供の割合を90%(15年度11・5%)とする。

事業化の背景には、同区が抱える子供の貧困や健康寿命の問題などがある。区の調査では適正体重の子供の減少や野菜摂取量の不足、家庭での食育の困難さなどが浮き彫りになっており、近藤区長は「食の面から経済的な格差を是正していく一つの方向性として打ち出していきたい」と力を込めた。

豊島区

罹災証明発行で訓練

他自治体の職員も参加

豊島区は15日、首都直下地震の発生を想定した罹災証明書の発行訓練を行った。訓練には都内外の47自治体や研究機関から約250人が視察に訪れ、このうち約30人が被災者役として訓練に参加した。

訓練では、応急危険度判定の後、発災から約2週間後に行う家屋の1次調査の結果に基づく罹災証明書の単純発行訓練と、2次調査を希望する被災者の申し込み対応訓練を行った。

昨年4月に発生した熊本地震では、外観確認で行う1次調査で「半壊」や「一部損壊」と判定された世帯が、屋内の立ち入り調査を行う2次調査前に修理を希望するケースが多発。災害対策基本法で罹災証明書の交付は区市町村事務と規定されているが、対応は自治体任せとなっており、課題となっていた。

2次調査申し込み訓練は、他自治体の職員の熱演もあって緊迫した展開に=15日、豊島区本庁舎で

2次調査申し込み訓練では、被災者役の他自治体の職員が「2次調査前に修理したい」と要望。区の職員は「被害状況の確認のため、可能であれば修理しない方が望ましいが、難しい場合は写真を撮って確認できるようにしてほしい」などと回答の仕方を確認した。

区は訓練結果を検証し、罹災証明書の発行と受援に関する計画に反映させる方針。

記者席

名残惜しい専門誌との別れ

○……都議会民進系2会派が14日、合流を表明した。新会派の名称は「東京改革議員団」。会派名について、尾崎大介幹事長は「今まで改革のスピードが遅れていた状況を、本気で改革していくんだという強い思いを込めた」と力を込めた。

ただ、いかにも小池知事の「東京大改革」を印象づけたい狙いも透けて見える。都庁内には「改革を言うのなら、『新党改革』を使えばよかったのに」との声も。いや、さすがにそれだと前知事をほうふつとさせて逆効果か。

○……「残念の一言」。1968年創刊の都政専門誌『都政研究』が3月発売号で廃刊になるのを受け、都幹部はしみじみ語った。多くの幹部は「人事異動の記事が面白かった」と振り返る。

春と夏の都人事異動を巡って、局長級、部課長級の枢要ポストの候補を実名入りで予想し、職員の関心を集めた。「都政研究に名前が載ると、予想が当たることもあったが、そのポストに就任できないとのジンクスもあった」と苦笑する幹部もいた。別の幹部によると、当たるも八卦、当たらぬも八卦で、占いみたいなものだという。

『都政研究』の廃刊を受け、「都政新報がその役割を引き継ぐのでしょ」と多くの幹部から指摘を受けた。今後も職員に取材を重ねて、都政研究しなければと肝に銘じた。

○……千代田区は18〜19日に「ちよだ猫まつり2017」を開く。同区が全国に先駆けて達成した「猫殺処分ゼロ」を象徴するイベントで、今や区で屈指の人気行事に成長したが、今回は小池知事が18日に視察に訪れることが決まった。これまで以上に盛況となることが予想される。

区長選で蜜月関係を強調した小池知事と石川区長。今回の視察は、小池知事が公約に掲げる「ペットの殺処分ゼロ」に向けた取り組みのPRが目的だが、都議選に向けた「地ならし」との見方もできる。区長選で自民支持層を大きく切り崩した小池知事。今回の視察はネコ科の頂点に君臨するライオンが全力で狩りに臨む姿をほうふつとさせる。そういえばライオンの狩りはメスが担当するのだったか。

文京区

銭湯の存続支援へ

後継者に事業経費補助

文京区は、区内に残る銭湯を存続させるため、事業継続に対する総合的な支援事業を始める。融資利子の全額補給を含む五つのメニューを用意し、新年度の当初予算案に1125万円を計上した。区によれば都内初の取り組みという。

新たな支援メニューは、資金や経営ノウハウの不足を補うことで後継者を確保することがねらいで、親族以外の後継者にも適用できるのが特徴。事業を引き渡す側と受け継ぐ側の双方を支援する。

具体的には、従来から中小企業などを対象にしてきた融資あっせん制度の補給分を全額に引き上げる。また、土地や建物の賃料、改修・改築費用、経営資金を補助する。賃料補助は月額10万円を上限に1年間とし、それ以外は事業費の2分の1、最大1千万円までとする。

現オーナーが事業を継続する前提で受け取っていた区補助金は、後継者を見つけて事業を続けるめどが立てば返済を免除する。併せて、税や建築などの専門家を派遣し、資金繰りや土地の利用方法など、多様な経営相談に応じる。

区内の公衆浴場は1996年に26軒だったが、06年には16軒に減少し、現在は7軒になった。都の調査によると、廃業者の約3割が後継者がいないことを理由に挙げている。公衆浴場の存続に向けては、各区が高齢者や子供などを対象に入湯料を割り引く制度を設けるなどの利用促進策を打ち出している。

銭湯は観光資源としても注目されることから、承継支援が制度化されれば事業を多角化しようとする事業者の声も聞こえているという。保健衛生部・文京保健所の吉田雄大生活衛生課長は「銭湯のオーナーは、経営から運営まで切り盛りすることが多く、一人で悩みを抱え込みやすい。後継者を探し出す道を示すことで、事業継続につなげたい」と話す。

特別区 17年度予算案

新宿区

若年代対象に広聴拡充

五輪関連事業に20億円超

新宿区は14日、2017年度当初予算案を発表し、18〜39歳の若者年代向けの広聴拡充に156万円を盛り込んだ。

具体的には、公募と住民基本台帳から無作為抽出した若者計60人をメンバーとする「しんじゅく若者会議」を7月に立ち上げる。政策課題ごとに設定したテーマでグループディスカッションを実施し、意見を取りまとめた上で、吉住健一区長と意見交換を行う。これに並行し、区内外の若者世代200人にインターネットによるアンケート調査を行い、居住と来訪の両面から区の将来像を検討する。

一般会計＝1445億8600万円(前年度比0.5%減)	
主な事業	
漱石山房記念館の開設	6億3315万円
新宿駅東西自由通路の整備	1億5328万円
大学連携による商店街振興	608万円
若者向け広聴制度の拡充	156万円
民泊対策の検討	43万円

吉住区長は「若者世代の人口は全体の40%を占めるが、区政モニターを募集した場合の応募は4%程度で、若者の意見を区政に反映させるとともに、区政への参画を促したい」と語った。

9月24日にオープンする「漱石山房記念館」では、施設建設費や展示制作費などで6億3315万円を計上。区が所蔵する夏目漱石の草稿や代表作の一つ『道草』の初版本などを展示する。

また、五輪関連事業は、パラリンピック公式競技のボッチャとゴールボールの体験や小・中学生向けの英語キャンプなどの機運醸成事業に加え、新宿駅東西自由通路の整備助成や観光バスの駐車対策など「好機と捉えて実施する事業」で計20億4107万円を計上した。

このほか、大学と連携した商店街振興事業や民泊対策の検討などを予算計上した。

ふるさと納税による損失額として9億2400万円を見込んだが、歳入では特別区税が前年度比で14億9700万円、率にして3・5%増の446億1900万円となった。

性質別歳出では、保育定員増などで義務的経費が0・7%増の774億9400万円。投資的経費は教育施設整備の終了で20・3%減の111億6600万円となった。

渋谷区

基本構想の周知図る

都区財調 7年ぶりに不交付へ

渋谷区は14日、新年度予算案を発表し、昨年10月に策定した新基本構想の周知・啓発事業に8200万円を計上した。長谷部健区長は「次の20年を見据えて区のテーマを『ちがいをちからに変える街。渋谷区』と設定した。その実現のために組んだ予算」と力を込めた。

一般会計＝926億5200万円(前年度比9.6%増)	
主な事業	
ICT教育の推進	7億8200万円
基本構想の周知	8200万円
ハウジングファースト事業	2800万円
帰宅困難者の誘導支援	1500万円
ダイバーシティーの推進	1100万円

22日にリニューアルする区公式ウェブサイトとは別に基本構想専用のウェブサイトを開設し、「成熟した国際都市」や「ダイバーシティ&インクルージョン」などの構想で掲げたビジョンの実現に向けた施策情報を発信するとともに、区民や来街者らの意見集約に活用する。意見集約ではワークショップも実施し、周知・啓発に加えて区の未来像を参加者に考えてもらう。基本構想のアンバサダー役として人工知能(AI)を構築する先駆的な取り組みも実施する。

区が力を入れている性的少数者(LGBT)支援などのダイバーシティ推進では、2015年11月に発行を始めた同性パートナーシップ証明書の受領者や申請の事前相談者らへの追跡調査を行い、施策改善につなげる。LGBT当事者の「コミュニティスペース」事業では、新たに相談体制機能を強化して緊急性の高い参加者への対応に備える。さらに、LGBTのイベントにブースを出展する新規事業など計1100万円を充てた。

区が今年度から始めた路上生活者の社会復帰を目的に、住まいの確保を最優先に支援を行う「ハウジングファースト」事業には2800万円を盛り込んだ。13日現在、借り上げシェルター入居者は19人で、次のステップの一般アパート入居者は13人という実績が上がっており、来年度も継続して支援する。

一般会計規模は過去最大で、初めて900億円を突破した。歳入は、特別区税が前年度比1・2%増の470億円。特別区交付金は都区財政調整の普通交付金を7年ぶりの不交付と予測し、同15・2%減の13億円と見込んだ。性質別歳出では、投資的経費を特別養護老人ホームの整備などで前年度比46・8%増の129億円とした。

23区議会

「予算議会」が開会

千代田は改選後初の定例会

23区の定例区議会が3月2日の渋谷区議会まで順次開会する。今回は2017年度当初予算案を審査する「予算議会」で、特別委員会での議論が行われる。昨年の予算議会では、千代田、墨田、世田谷の3区議会が16年度一般会計当初予算を修正可決しており、審議の行方が注目される。

各区議会共通の議案では、特別区長会が国民健康保険の17年度基準料率を了承したことに伴う条例改正案の審議が行われる。また、育児・介護休業法の改正に伴い、勤務時間の一部を要介護者の介護に充てることができる「介護時間」の設定を目的とした条例改正案が提出される。

区独自の議案では、台東区が13日開会の定例区議会に観光バス対策を目的とした全国初の条例案を提出した。観光バスの乗降場所を指定し、監視員と誘導員を配置して路上での駐停車を抑制する。罰則規定は設けず、指導や勧告を通じて観光バス事業者に協力を呼び掛ける。

港区は15日開会の定例区議会に都内初となる区立のがん在宅緩和ケア支援センターの設置条例案を提出した。がん患者の在宅生活の質の向上を目的とした相談・交流事業などを行う拠点施設として、18年4月の開設を目指す。

他方で、千代田区議会は石川雅己区長の5選後、初の定例区議会の開催となる。28日に石川区長の招集あいさつを予定しており、議会側の対応が焦点となる。

2月定例区議会の会期予定

区議会名	会期
千代田	2/28〜
中央	2/28〜3/30
港	2/15〜3/14
新宿	2/17〜3/22
文京	2/13〜3/23
台東	2/13〜3/27
墨田	2/15〜3/30
江東	2/21〜3/30
品川	2/22〜3/28
目黒	2/17〜3/22
大田	2/17〜3/24
世田谷	2/22〜3/28
渋谷	3/2〜
中野	2/16〜3/27
杉並	2/13〜3/16
豊島	2/17〜3/27
北	2/22〜3/22
荒川	2/14〜3/15
板橋	2/15〜3/23
練馬	2/8〜3/15
足立	2/22〜3/28
葛飾	2/15〜3/27
江戸川	2/21〜3/24

港区

プレミアムフライデーで商店街のまち歩きツアー

国や日本経団連が企業などに対して月末の金曜日に午後3時の退社を促す「プレミアムフライデー」を24日に初めて実施することを受け、港区は同日夕方にイベントを実施して後押しする。プレミアムフライデーは、有給休暇やフレックスタイム制などを活用した早期帰宅により、買い物や観光などで個人消費の底上げを図るのが狙い。

麻布十番商店街では観光ボランティアガイドによるまち歩きツアーを実施する。日程は24日午後4時〜5時半。同商店街の老舗たい焼き店やせんべい店、寺社仏閣などを巡り、新たな街の魅力発見や消費促進につなげる。対象者は限定しないが、区は区内在勤の社会人らの参加を期待している。

区オリジナル法被を着た観光ガイドが麻布十番商店街を案内する

1月13日から実施している区内大使館を巡る「大使館等周遊スタンプラリー」でも特別メニューを用意した。24日には訪問可能な大使館にイランやモザンビークなど4館を追加し、オリジナルスタンプや館内見学、茶菓子の提供などで参加者をもてなす。

重富敦観光政策担当課長は「プレミアムフライデーを観光振興のチャンスと捉えて今後も企画を打っていきたい」と話している。

主権者教育を考える 上

公立高校の実践から

社会参画する資質・能力を育む

若年層で上回った18歳投票率

2014年6月、公職選挙法が60年ぶりに改正され、18歳に選挙権年齢が引き下げられたのは周知のとおりである。そして昨年7月に実施された参院選、都知事選にて18歳選挙権がついに実施された。

気になる投票率だが、全世代の平均が54・70%だったのに対し、18・19歳の投票率は46・78%であった。もう少し詳細に見てみると、18歳が51・28%、19歳が42・30%であり、20代の投票率が35・56%、30代が44・11%という結果であった。読者の方々はこの数字を見て、どう感じるだろうか。もう少し18歳の投票率が高く出るのではないかと思った方もいるかと思うが、18歳と19歳の投票率が20代、30代よりも高く、また47都道府県全てにおいて18歳の投票率が19歳の投票率を上回ったことを考えると、学校における主権者教育の成果が強く表れているとみてもいいのではないだろうか。

今回、学校現場においてどのような主権者教育が行われているのか、実践報告を交えながら、3回に分けて報告させていただきたい。

§　§

参院選、都知事選が終わり、投票率が公表された時、私は授業で18歳選挙権についての振り返りを行った。その時のある生徒の言葉が忘れられない。全体の投票率が54・70%ということを告げると、ある生徒が「選挙権を持っている人が投票に行かないのはおかしい。私たちは投票をしたいのにすることができないのに」と強く主張した。在日韓国人であるその生徒は18歳になっていたが、有権者ではない。選挙権がないということ以上に、選挙権を持っているにもかかわらず選挙に行かない大人たちへの不満をあらわにした瞬間であった。

本校は在京外国人入試を導入しており、一定数の外国人籍の生徒が在籍している。外国籍の生徒、二重国籍の生徒、日本国籍は有しているが海外生活が長く日本語を流暢（りゅうちょう）に話すことが不自由な生徒、人種も宗教だけでなく、考え方が違って当たり前の環境の学校である。このような環境の中で生活する生徒に、具体的には選挙権を有することができない生徒に、どのような主権者教育を行えばいいのだろうか。

主権者教育とは、どのような教育なのか。この文章を読んでいる人の中には、「主権者教育＝模擬投票」「主権者教育＝投票率を高める教育」と考えている方もいることだろう。様々な考え方があるかと思うが、近年では主権者教育はシチズンシップと関連付けて考えられており、「模擬選挙やマニフェスト学習」「社会的価値判断力・意思決定力を育成する学習」「政策づくり学習」「話し合い活動」「請願書を書く」「模擬議会」、選挙管理委員会による「出前講座」といった実践が積み重ねられてきている。

そのような中、私は「課題を多面的・多角的に捉え、自らの意見を形成し、根拠をもって自らの考えを主張・説得し、また合意形成を図る力を育む」ことが主権者教育のあるべき姿であると考えている。もっと端的に書けば、社会のことを考え、社会参画する資質や能力を育む教育こそが主権者教育であると考え、様々な実践を行っている。

具体的には、主権者教育は①制度説明②リテラシー③話し合い（ディスカッション）④合意形成⑤政策作り⑥請願⑦模擬選挙⑧模擬議会――の八つに分類できると考え、これらを年間を通して学ばせることを意識している。有権者になることで、していいこと、してはいけないことといった「知識」を教えることも大事だろう。また、実際に投票箱に投票用紙を入れる「模擬選挙」も必要なことだろう。しかし本当に大切なことは、新聞やテレビなどの情報をしっかりと判断するメディアリテラシーの能力を育むこと、ディスカッションを通して、自分の意見をしっかりと話したり、相手の意見を聞く能力を育むこと、そしてその上で合意形成の訓練をし、政策提案をし、模擬投票を行うというような教育があるべき主権者教育だと考える。

（都立国際高等学校主任教諭　宮崎三喜男）

◇

宮崎氏は2003年に入都し、都立本所高校から蒲田高校を経て現職。12年から東京都公民科・社会科教育研究会事務局長。文科省、法務省、厚労省などでも委員を務めている。（編集部）

2016年 衆議院議員選挙 年齢層別投票率（%）　全体投票率 54.70

18～19歳	20～24	25～29	30～34	35～39	40～44	45～49	50～54	55～59	60～64	65～69
46.78	33.21	37.91	41.85	46.37	50.30	55.13	61.51	65.00	68.16	71.65

都立鹿本学園

魅力ある肢知併置校を目指して

開校から3年の研究成果を公開

都立鹿本学園は肢体不自由と知的障害教育の両部門を併置し、それぞれに小学部と中学部を持つ特別支援学校として23区内で初めて開校した。教育活動の向上を目指して開校の年から全教育課程の研究成果を公開しており、今年度も「魅力ある肢知併置校を目指してⅢ～アクティブ・ラーニングに挑む！～」を主題に第3回全国公開研究会を10日に開催。北海道から沖縄まで約200人が参加した。

一人ひとりが個性を発揮し、輝かしい未来をつかむために日々の学びと真剣に向き合おうと「向学虹輝」を校訓とする同学園。田村康二朗統括校長は学校概要の説明で、昨年の公開研で大きな反響があったというVTRを流した。「この子はいつも眠っているね」と10年間、授業中も目を閉じたままだった高等部2年の生徒が、専門家の支援を受けて週に数日5分～10分の個別学習を行うことで、視線を向けるようになり、顔つきも変わっていく様子がリアルに捉えられていた。

直接的には文字・数・言葉の指導が難しい児童生徒にも発達段階に応じた考える力を育てる学習が必要だとして、「考える力を育てる基礎学習」を研究テーマとした授業では、小学部で見本と同じ絵カードを選択する学習を、中学部では絵カードと文字の関係を、それぞれスモールステップで個別学習する様子が公開された。

分科会では授業者の発表後、元都教員で現在は「つばき教育研究所」理事長の宮城武久氏の指導で、同校教員と参加者が向かい合い、コップと積み木の描かれた絵カードを使って「同じの概念形成」の学習に取り組んだ。

宮城氏は、指導のポイントを▽子供に間違わせない▽スモールステップで確実な定着を▽小さな反応を見逃さない――ことだとし、特に子供の0・何秒といったわずかな目の動きを見逃さず、「そうだね！よく分かったね」などと心から褒めることだと強調。「できた」という達成感・自己肯定感が子供たちの将来を豊かにするとした。

他に、「プロから学ぶ！話し方、伝え方の極意」「一人でできる！児童が一人で学べる授業づくりのポイント」「構造化で動く、分かる、励む！作業学習」の分科会も。

セミナーでは、「本を読みたくなる全校活動…年間貸出1万冊の秘密」を担当教諭が発表。田村校長は自ら司会に立ち、本との出会いがいかに大切か熱い思いを語った。

「しかもと図書館」の総称で、肢体不自由教育部門棟に「えほんの散歩道」と名付けた図書館があり、その前の廊下にも表紙を見せた本がゆったりと並べられている。本がぎっしり並ぶ本棚では、肢体不自由の子供は本を取り出すことができない。本を絶えず入れ替えて、興味を持たせるのもポイントという。中・高等部向けの「よりみちライブラリー」も廊下に設けられ、透明な袋に入れて絵を見せるように工夫した「かみしばいステーション」も。知的部門棟に図書館を設置しなかったのは、肢体部門棟に来て一緒に本を楽しんでもらいたいからという。

フリーソフトを使ったバーコードシステムで、簡単に本を借りることができる。読書を習慣づけるため、「読書マラソン」などの取り組みも。寄付を募って年間50万～70万円分の新刊を購入。子供の興味が湧かない本はどんどん捨てていくという。レファレンス機能を強化し、資料の多様化を図り、改革を止めないことが、年間1万冊の貸し出しを可能にしている。

意欲を引き出し、頑張る力を育みたいと設置した「にじの部屋（おもちゃライブラリー）」の紹介もあり、ごほうびとして与えられるチケットで貸し出してもらえる。機能別に7種類に分類したおもちゃを大きなサイコロで選び、何が出るか期待も高まる。セミナーでは、参加者が実際にサイコロを使って、おもちゃを借りる体験もした。

おもちゃで遊ぶことを期待して、着替えや荷物整理が早くなり、係活動に取り組めるようになった。また、要求を自ら伝えるようになるなどの成果が見られるという。

セミナーでも、「ICT活用～ICT機器で授業改善&情報モラル」など四つを展開。また校内見学ツアーで、235人もの教職員を擁する職員室や最新設備の教室などの他、両棟の連絡通路で児童生徒の作品を展示する「ピクチャープロムナード」などを、校長らの案内で見て回った。

学園は今回の報告と、質問やアンケートでの質問・要望など全てに回答し、3月10日までにHPに掲載すると約束して公開研を終えた。

「にじの部屋」でのおもちゃの貸し出しを体験する参加者

教育じてん 75

心を一つにたすきをつなぐ

第8回となる中学生「東京駅伝」大会が2月5日、調布市にある味の素スタジアム・都立武蔵野の森公園特設集会コースで開催されました。気になる空模様も一時の小雨にとどまり、23区26市1町の50チームが今年もそれぞれの地域代表として切磋琢磨（せっさたくま）する勇姿を見せてくれました。

本大会は、区市町内の中学校から、それぞれ選抜された2年生チームによる男女別の駅伝競走であり、男子の部は17人の選手で計42・195キロ、女子の部は16人の選手で計30キロの距離でたすきをつないでいきます。学校や部活動の垣根を越えて互いに目標に向けて高め合うことにより、中学校期における健康増進・持久力等の体力向上、公正・協力等の態度の育成、努力・忍耐力等の精神力の向上に資することをねらいとして毎年行われています。

今年度は新たな取り組みとして、都内公立学校児童・生徒による開閉会式における「オリンピック賛歌」の合唱、各区市町村における前年度までの最高記録を更新したチームの特別賞としての表彰が位置付けられました。また当日は、出場選手への応援活動として、調布市、三鷹市、府中市の中学校の生徒や日本体育大学応援部・チアリーディング部の学生が演奏や演技を行い、大会に花を添えてくれました。結果は、男子チーム、女子チームが共に優勝した江戸川区が総合優勝し、新たに設けられた特別賞は、男子19チーム、女子18チームが受賞しました。

出場選手が、他のチームと競うとともに自分たちの先輩の記録とも闘うといった、二つの目標に挑んだ今回の大会。パンフレットに示された「目標は、本区のベスト記録更新です。代表選手としての誇りをもって、応援してくださった方々の期待をエネルギーに替えて、寒風の中、チームの熱い思いをたすきに込めて走ります」「学校や部活動がそれぞれ違う私たちが、共に練習することでまとまり、チームとして成長できたのは貴重な経験になりました。市内の全中学生の代表という思いをもち、堂々と走ります」という各チームの生徒の言葉に、大会の意義が表されていました。

仲間とともに目標に向かってやり遂げる経験をした生徒たち、それを支えた周囲の人々。それぞれのチームで、みんなの心がひとつになった一日でした。

小金井市教育の日

PTA主催の講演会も

小金井市は8日、教育委員会と教育研究会、市立小中学校PTA連合会の共催で、「小金井教育の日」を小金井第一小学校で開催。教職員や保護者、地域住民など468人が参加した。

第一部で、中学校理科部の教員が「分かる・できる・活かす授業の教材研究」として開発した教材を使った授業を紹介。小・中合同の特別支援教育部は「教材や支援の実際について～視覚的支援のアプローチを中心に」で、障害のあるなしにかかわらず、全ての児童生徒に分かりやすいユニバーサルデザインの考え方が大事などと話した。

第二部では、市立中学校5校の生徒会役員33人が「SNSの利用によるトラブルとその対処法について考える」をテーマに交流＝写真。生徒は事前に▽スマートフォン・携帯電話の利用率▽ネット利用に関するルール作りの状況▽SNSによるトラブルの状況▽スマートフォン等の使用時間と学力の関係▽睡眠時間と精神状態の関係――のデータを基に考えを深めており、しっかりした発言が続いた。「ネットで攻撃され、自分からやめてと言えない場合、誰に相談するか」に対し、親や友達に続いて先生に相談するとの声に、「ぜひ信頼できる先生に相談してほしい」と司会者。各校から、生徒会が中心となってトラブルに対処していく決意が示された。

山本修司教育長は「内容も充実し、態度も立派だった」と講評。自分は被害を受けていないが、友達が被害を受けたという生徒が33人中9人いたことに、「教委としても手を打たなくてはいけないが、夜9時以降はSNSの使用を禁止するルールを設けることについてどう思うか」と投げ掛けた。「中・高校生なら自分で物事を捉えて考えて行動すべき。僕たちの考えでは不要だと思う」と答えが返り、拍手が沸いた。教育長は「今のところはやるつもりはない。今日の意見を学校の皆に伝えて、友達関係を作ってほしい」と話した。

第三部はPTA連合会の主催で、明蓬館高校共育コーディネーターの南雲明彦氏による「ボク、学習障害と生きてます～気づきから、理解へ～」の講演会を開催した。

今なら早くに分かっただろうが、21歳の時に学習障害の一つであるディスレクシア（読み書き障害）と判明。困難さは抱えていたが、6年生の時に応援団長をやってみないかと担任から言われ、「何もかも自信がなかったが、絶対できると言い続けてくれた」と振り返る。また、「ありがとうと感謝を伝えられることが、ここにいていいんだ、誰かの役に立ててるんだと感じることができた」。中学校では担任の勧めで生徒会に入ったという。

高校で一転、「学校に行ってたなら普通はできるよ」と言われ、「僕は普通じゃないんだ」と自傷行為に走ったりした。出会ったカウンセラーが「絶対、大丈夫」と言い続けてくれ、回復していったと話す。「人間同士のつながりを強固にしていって、SOSを発されたら、その手を放してはいけない。そんな大人が地域にあふれたらいいな」と語った。

教育ひろば

オリンピック・パラリンピック教育　多様性を生きる 23

第3部　各学校現場での取り組み⑤

武蔵村山市立第三小学校

全校で「豊かな国際感覚の醸成」を

今年度、都内の全公立学校が推進校としてオリンピック・パラリンピック教育を実施することとなり、その中で本校は「豊かな国際感覚の醸成」をテーマに、重点校として教育活動を行った。

昨年10月28日には、武蔵村山市の特色ある学校づくり推進校として「人との関わりを大切にし、豊かに表現できる児童の育成～グローバル人材育成に向けたオリンピック・パラリンピック教育の充実～」を主題に研究発表会を開催。オリパラ教育と関連付けた全学級の授業を公開した。

数々のエピソードやドラマがあったリオデジャネイロオリンピック。東京オリンピック・パラリンピック競技大会組織委員会の依頼で、「OBRIGADO」（ポルトガル語でありがとう）の人文字を全校児童で作り、閉会式のセレモニーに映像で参加した。自分たちが描いた人文字が紹介されることは、子供たちのオリンピックへの意識が高まったと同時に、保護者・地域の方に我が事のように喜んでいただいた。世界を舞台に行われていることが自分たちと無関係ではなく、つながっていると強く感じることができた。これは予想以上に大きな収穫だった。

低学年は、外国の昔話から、その国の服装や風景などを世界地図上にまとめたり、国旗の色や形の意味を調べたり、図画工作の専科教諭と連携して想像上の国の国旗を作ったりした。児童が、その国の文化に触れ、国旗にはその国を象徴する意味があることを理解する楽しい活動となった。低学年が描いた絵は子供らしくほほ笑ましいもので、まさに国際感覚の醸成にふさわしいと感じた。

中学年は、青年海外協力隊への参加経験がある教員が、バヌアツ共和国との連携を図り、絵手紙やビデオを通じて交流した。またスカイプでの直接対話を通し、「映像を見ただけで、バヌアツの人が優しい人だと思った。日本のことを知ってもらえてよかった」と感想があった。リアリティーのある交流には、子供たちが目を輝かせ、真剣に向かう姿が見られた。

さらに、「アートマイル国際交流壁画共同制作プロジェクト」に申し込み、4年生が大きなブルーシート半面に富士山や桜などを描き、フランスへ送った。もう半面にはフランスの小学生が自国を紹介する絵を描く。夢のあるダイナミックな交流で、完成した作品を見るのが楽しみである。

高学年は、筑波大学客員教授で元客室乗務員の江上いずみ先生から、おもてなしの心と所作を学んだ。外国の方に対しての姿勢や握手・礼の仕方など、学校の授業だけでは得られない貴重な体験となった。

また、国際理解支援協会の「留学生が先生」プログラムに参加。ウズベキスタン、中国、韓国、メキシコ、ブラジル、インドネシアから6人の留学生が来校するに当たって、事前に調べたことを模造紙にまとめ、歓迎の掲示物を作成した。

留学生は、教室で自国の文化や日本との関係、留学の目的、将来の夢などを話し、「できると信じて努力していけば、必ずできるということを伝えたい」と力強く語ってくれた。ある児童は「私も将来、留学して世界で仕事をしてみたい」と感想を書いていた。高学年にとって進路や将来を考える絶好の機会となった。最後に留学生と全校児童で交流集会をもち、各国の特色あるジャンケンをみんなで体験し、思い出に残る楽しい交流会となった。

子供たちは、これら様々な取り組みを通して、日本と外国の違いや文化に触れ、国際感覚を広げられたと確信する。

国際理解教育とは、これまでの学習と違う特別なことをするのではなく、各教科、道徳、特別活動、総合的な学習の時間等にそれを組み込み、自分たちが世界とつながっているというダイナミックな夢を感じさせる活動である。2020東京大会をグローバルな視点を大きく広げる有意義な機会と捉え、豊かな国際感覚の醸成をさらに推進していく。

（武蔵村山市立第三小学校長　前川潤）

バヌアツ共和国の小学生とスカイプを活用して交流

Essay エッセー 52

「羽田と共に」という思い

私が勤務する「都立つばさ総合高等学校」は、京浜急行・空港線の大鳥居駅の近くにあります。23区内の都立高校では南端に所在し、2キロほど先には羽田空港があります。広大な敷地に、開放感のある校舎と多様な教室、全天候型400メートルトラック、二つのアリーナ等、さながら大学のような教育環境の中で、生徒たちは個々の夢と希望の実現に向けた自分だけの時間割を組み立て、のびのびと学んでいます。

古くから地元に住む人々は、本校の一帯を文教地区と呼んでいます。その名の通り、本校と地続きに大田区立萩中小学校、区立出雲中学校、都立城南職業能力開発センター大田校があります。道路を挟んだ向かいには、野球場2面と屋内外に二つのプール等のスポーツ施設や、交通安全・防災教育施設を備えた自然豊かな萩中公園があります。つまり、教育機関が集中するラージエリアを形成しているのです。このような恵まれた環境は、どのようにしてできたのでしょうか。

1945年のこれから春を迎えようとする頃、本校の一帯は空襲で工場も家も焼け、一面焼け野原となりました。その後、この地区に駐留の連合軍が、かまぼこ型の兵舎を建て並べました。何千人もの兵士が暮らし、羽田飛行場の拡張工事に従事したそうです。やがて飛行場が完成し、連合軍は引き上げ、兵舎も解体され、跡地は公園緑地に指定されました。最初は、この公園緑地に競馬場やオートレース場を建設する案が浮上したようです。しかし、地元の人々の強い反対でそれは立ち消えになりました。

終戦後、急激にこの地域の人口が増え、学校が不足する事態に陥りました。教室不足のために二部授業を行う小学校や運動場のない学校もありました。地元の人々から、羽田の町を発展させていくためには何と言っても教育が大切という声が上がり、この場所を文教地区にしようという話にまとまったのです。このような地域の温かい支援を受けて、次々と各学校が開校していきました。

初めに49年、出雲中学校が移転してきました。55年には萩中小学校が開校しました。61年には城南職業能力開発センター大田校の前身である大田技術専門学校が移転してきました。67年には都立羽田高校と都立羽田工業高校が同じ年に開校します。そして、2002年には、この2校を発展的に統合し、「つばさ総合高校」が誕生したのです。

都立高校では唯一、ひらがな表記の校名「つばさ」を漢字で表すと、「羽」に「田」に「共」を組み合わせて「翼」と書きます。即ち「羽田と共に」という思いが込められているものと考えられます。本校の所在地の住居表示は「本羽田」であります。当然のことながら、各学校とは盛んに交流しているともに、羽田空港と連携した教育活動も展開しています。

地域の先人たちが教育に注いだ情熱と期待に応えるよう、子供たちには学習活動に邁進し、地域社会に貢献する人間になってほしいと、いつも励ましています。

（都立つばさ総合高等学校校長　仁井田孝春）

教育面は第1、第3、第5金曜日掲載

都包括外部監査

監理団体との役割分担求める

建設局を対象に実施 防災対策推進も

2016年度都包括外部監査報告書が15日、佐久間清光公認会計士から小池知事に提出された。今年度のテーマは建設局とその監理団体の事業。効率性・経済性などを検証した結果、指摘は17件、意見は84件で、局が所管する監理団体との役割分担や組織の在り方について検討を求めたほか、木造住宅密集地域の不燃化対策を含めた防災対策事業を推進するよう求める意見を付している。

今回の監査で特に取り上げられたのが、監理団体の在り方だ。同局は道路整備保全公社・動物園協会・公園協会の3団体を所管しているが、局が本来業務の一部を団体に委託するなど業務・役割分担が徹底されていない部分があるとして、整理するよう求めた。

具体的には、「本来、『都が実施する業務』に区分されている用地取得・無電柱化事業の一部が道路整備保全公社に委託されている」と指摘。また、局が直営で管理・運営している恩賜上野公園(台東区)と井の頭恩賜公園(武蔵野市・三鷹市)について、「監理団体または民間に移管する余地がある」と述べた。動物園に関しては、「数値目標などを設定した具体的な計画がない」ことを指摘し、局が役割を果たすよう求めている。

監査では、監理団体の組織の在り方にも言及。検討結果を都民に開示し、最適な組織形態について説明責任を果たすよう提言した。①恩賜上野公園・同動物園②葛西臨海公園と同水族園(江戸川区)③井の頭恩賜公園と同自然文化園—について検討し、動物の飼育という特殊性はあるものの「複数の動物園・公園を一体的に管理運営することが効率的・効果的サービスに資する」との意見を付している。併せて、都立動物園・水族園の地方独立行政法人化について、外部の意見も踏まえて検討するよう促した。

一方、局が優先して実施すべき事業を選択し、人的資源を集中的に配分することも要望。防災対策について、「土砂災害防止事業や木造住宅密集地域の不燃化対策(特定整備路線)が遅れ、進捗率が十分とは言い難い」と指摘し、部単位ではなく局全体で横断的に調整した上で、局としての中・長期計画を策定して事業を推進するよう求めた。

入札・契約に関しては、監理団体に対し、安易な特命随意契約や分割発注を見直すよう指摘。道路整備保全公社・動物園協会では人間ドック・健康診断業務を「特定契約」で委託しているとして、契約の競争性・透明性を確保するよう促した。また、公園協会では合理的な理由なく業務を分割し、発注しているケースが見られるとして、単数見積処理を行うために安易に契約を分割しないよう、契約の事務処理の見直しを求めた。

監査ではそのほか、都営駐車場の今後の在り方を検討するよう提言した。昭和通り沿いの八重洲・日本橋・宝町・新京橋・東銀座の5駐車場は開設から50年以上が経過し、設備が老朽化。今後、大規模改修を行う必要があるが、当時に比べると周辺の駐車場はピーク時でも供給過多の状況にあるとして、大規模改修前に規模の縮小やPFIなどを含めた在り方を検討するよう求めている。

社福審

福祉人材対策で意見具申

離職防止策の重要性提言

東京都社会福祉審議会(委員長=高橋紘士・高齢者住宅財団理事長)は14日、地域包括ケアを支える人材について、定着しやすい職場環境づくりなどを提言する意見具申案をまとめた。介護保険法や障害者総合支援法などの法律・制度に基づいて提供される「フォーマルサービス」と併せて、法律・制度に捉われずボランティアや地域住民が活動する「インフォーマルサポート」でも人材確保の方向性を強く打ち出したのが特徴。

地域包括ケアを進める上では、専門的な支援を行う「フォーマルサポート」と、日常生活を支える「インフォーマルサポート」との連携と協働が必要になっている。このうち「フォーマルサービス」では人材の定着に向けた職場づくりを重視。「仕事を続けたい」と思っても法人や施設・事業所の理念や運営の在り方、職場の人間関係を原因として離職する現状があるとして、マネジメント層が職員の心身の健康状態や家庭状況を的確に把握し、対応するよう促している。介護職員の離職状況を見ると、7割以上が3年以内で辞めており、「採用直後の離職防止に重点を置いた取り組みが重要」としている。

また、若者から高齢者まであらゆる世代に対して人材確保に取り組み、人材の裾野を広げることを提言した。就業していない有資格者や転職者が就労しやすい労働環境を整備するよう求めている。

一方、「インフォーマルサポート」では、地域住民などの力を引き出せるよう専門職と対等な関係で活動できる場をつくり、空き家などの既存資源を活用しやすくする仕組みづくりの重要性を強調した。

活動を活性化させるため、フォーマルサービスとの間を結び付けるコーディネート役の養成も求めている。

意見具申では、行政や事業者、地域住民など各主体に期待される行動にも言及。このうち都に対しては、地域包括ケアシステムを担う人材確保に向けて縦割りでなく横断的な視点で検討し、福祉人材対策を絶えず評価・検証しながら改善するよう要望。区市町村には地域の特性に応じて資源を柔軟に活用しながら、高齢者・障害者などの区分に捉われずに支援できるよう、人材対策に主体的に取り組むよう求めた。

豊洲市場移転問題

石原氏ら 3月参考人招致へ

移転経緯の報告 当局に要求

豊洲新市場用地の土地取得経緯を明らかにするため、都議会豊洲市場移転問題特別委員会は14日に理事会を開き、石原元知事、浜渦武生元副知事を含む参考人を3月18～20日に招致することを全会派一致で決めた。3月中に市場当局から豊洲に決定するまでの経緯の報告を受けた上で審議することなども決定した。また、都中央卸売市場は同日の委員会で、開場延期に伴う事業者補償などについても説明した。

参考人には、石原元知事らのほかに、豊洲市場の用地を売却した東京ガス㈱の担当者や、築地市場再整備を検討していた当時の都職員、専門家会議のメンバーなどを検討している。同特別委の山崎一輝委員長(自民)は「都民が知らない事実もある。幅広い参考人を招致する」と述べ、豊洲市場移転に関わる経緯を明らかにする構え。

また、石原元知事らの証言内容によっては、反論する参考人を3月20日以降に招致する可能性も示唆した。

市場移転の経緯に関わる参考人の選定に当たっては、3月11日に都中央卸売市場からの報告を受け、豊洲新市場の用地取得以前から現在に至るまでの経緯を明らかにした上で、正式に招致を打診する予定。同市場の報告に先駆け、3月4日に地下水モニタリング業者10社を参考人招致することも決定した。また、2月25日に豊洲新市場の委員会視察を専門家会議の平田健正座長を交えて行うことも決まった。

石原元知事を参考人招致することは既に7日の同特別委で決定していたが、招致の時期を巡って各会派の調整が難航したという。

■補償相談室を開設

同日の委員会では、都中央卸売市場が事業者への補償や、豊洲新市場の開場後の市場会計の収支などについて報告した。

豊洲新市場を含む全11市場の収支試算に関し、同市場は「減価償却費を除く経常損益がほぼ均衡し、豊洲新市場開場後10年間は体系として運営可能な資金を保有できる」と説明。試算では市場使用料収入が現行のままで、日常的な市場の運営で賄えると強調した。

同市場が13日に開設した補償の個別相談室は、職員2人体制の最大6ブースで対応し、申請に関する書類作成をサポートするなど、丁寧に応じている。担当者は「補償基準に適合するかを職員が確認し、法律や会計の専門家の審査会を経た上で補償金を支払う」と説明した。

このほか、事業者に補償金が支払われるまでの「つなぎ融資」に約230件の申し込みがあり、このうち約160件に融資を実行したことや、1回目の補償金の支払いを4月以降早期に完了し、その後は四半期ごとに実施する考えを明らかにした。

都病院経営本部

広尾病院の役割など検討継続

医療機能・規模を見極め

都病院経営本部は13日、都立広尾病院(渋谷区)の役割・機能の検討を継続すると、都立病院経営委員会(委員長=大道久・日本大学名誉教授)に報告した。同病院は2023年度に共済青山病院跡地に加えて隣接する国有地の「こどもの城」跡地を取得して移転する計画で、今年度予算案に用地取得費として約370億円を計上していたが、今年度の購入は見送る。

同病院の役割・機能を検討している「首都災害医療センター(仮称)基本構想検討委員会」では、新病院の整備に当たり、総務省の「新公立病院ガイドライン」や地域医療構想などの動向、病床利用率が回復途中にある現状などを踏まえるよう求める意見が出ている。また、施設の老朽化対応や「基幹災害拠点病院」としての機能強化、求められる医療機能・規模を見極めた上で、整備手法の実現性などの視点で検討を進める必要があるとして、丁寧な議論を重ねる必要があると判断した。

検討委では、中核となる医療機能として①救急医療②島しょ医療③災害医療—の3点で整理。救急医療では医師が集まる「病院の魅力」を作ることを提言した。また、同病院が「強み」としている外傷系・循環器系などを生かすことに加え、地域のニーズを踏まえて小児科系・産婦人科系への期待を挙げた。

■経営力向上で諮問

都病院経営本部はまた、都立病院の経営力向上について経営委員会に諮問した。「新公立病院改革ガイドライン」を受けて、コストパフォーマンスの視点での検証も必要になると判断した。新たに検討部会を設置し、9月までに最終報告を示す予定。

都医学研

子宮頸がんワクチン効果判定キット開発

東京都医学総合研究所は6日、芝崎太参事研究員らが子宮頸がんワクチンの効果を簡単に判定するキットを開発したと発表した。血液1滴を採取するだけで、ワクチン接種後に血液中で上昇する「パピローマウイルス16型」「同18型」に対する抗体の量を15分以内に測定できるという。

子宮頸がんは8割以上の患者で「ヒトパピローマウイルス」が検出されるが、3回のワクチン接種で少なくとも約8年間の発症予防効果が実証されており、更に20年間は抗体の量が維持されると推定されている。ただ、抗体の上昇度には個人差があると見られ、厚生労働省は来年度から、ワクチン接種後の血中抗体価のサーベイランス(調査監視)を実施する予定。

同研究所は「キットはサーベイランスに役立つだけでなく、将来的にはクリニックなどでも抗体のチェックが簡便に行える」と見ている。

キットは、東京バイオマーカー・イノベーション技術研究組合(理事長=田中啓二・医学研所長)の組合員企業のほか、臨床共同研究施設として都立駒込病院小児科などとの産・官・学・医の連携で開発され、研究成果は米国科学雑誌『プロスワン』(電子版)で発表された。

子宮頸がんワクチンは国内では2009年と11年に製造販売認可が下り、延べ330万人以上に接種されたが、重篤な副反応も報告され、厚生労働省は現在、ワクチン接種の推奨を控えている状況にある。

都環境局

アホウドリの繁殖 聟島でヒナが孵化

都環境局は13日、小笠原諸島聟島でアホウドリの産卵・孵化に成功し、ヒナを確認したと発表した。聟島でヒナの誕生を確認するのは2例目。ヒナが孵化したのは、2008年に人工飼育により巣立った1羽と、野生のアホウドリのつがい。12年から5期連続で産卵が確認された場所で、山階鳥類研究所の研究員が先月、巣から約300㍍離れた地点から望遠鏡で確認した。

都庁各局

高病原性鳥インフルを確認

野鳥監視強化、国調査に協力

都環境局は15日、足立区で見つかった野鳥の死骸から「高病原性」の鳥インフルエンザウイルス(H5N6亜型)が確認されたと発表した。都内で野鳥から同型のウイルスが検出されたのは初めて。

国立環境研究所が7日に検査をしたところA型インフルエンザウイルス遺伝子陽性であることが分かり、環境省は発生地周辺10㌔圏内を「野鳥監視重点区域」に指定。環境局は野鳥の監視を強化しており、対応を継続するほか、環境省の「野鳥緊急調査チーム」による現場調査にも協力する。

また、産業労働局では都内の養鶏農家などに対し、異常時の早期通報や家禽(かきん)舎付近の清掃、靴底の消毒など、飼養衛生管理対策を徹底するよう通知。港湾局では港湾施設の巡回の頻度を上げるなど、各局とも野鳥の監視を強化している。

更に、恩賜上野動物園(台東区)などでは9日以降、鳥類の展示中止の範囲を拡大。動物舎出入り口などでの靴底の消毒徹底に加え、一部の鳥類を隔離するなど対応に追われている。

同型のウイルスは1925年、都内の養鶏農家で発生した記録があるという。小池知事は15日、「野鳥の監視強化を継続し、国や関係自治体と連携して緊張感を持って対応していく」とするコメントを発表し、むやみに野鳥に触れないよう呼び掛けている。

都庁に小型家電の回収箱

メダル製作に協力呼びかけ

2020年東京オリンピック・パラリンピックのメダルを携帯電話などの小型電子機器から製作するため、都は16日、回収ボックスを設置した。小池知事はセレモニーで、携帯電話3個を投入=写真。10日の定例記者会見では、「私の(携帯電話)が金メダルになっていると思うと、それだけで参加意欲が湧くのでは」と話し、都民に協力を呼び掛けている。

回収するのは新宿区のルールに準じ、①携帯電話②デジタルカメラ③ポータブルビデオカメラ④携帯音楽プレーヤー⑤携帯ゲーム機⑥ポータブルカーナビ⑦電子辞書⑧電卓⑨リモコン・ACアダプター・ケーブルなど付属品—の9品目。

大会で必要なメダルの数は金、銀、銅合わせて約5千個とされ、携帯電話で換算すると約2千万個。都庁第二本庁舎1階北側のコンビニ隣の回収ボックスで、午前9時半～午後5時半まで回収を受け付ける。

五輪への航海図 TOKYO 2020 ⑮④

開催まで あと1253日

オープンデイズ

NOCが会場を視察

各国・地域のオリンピック委員会(NOC)の視察団が5～7日、東京大会の競技会場を視察した。組織委員会が準備状況を報告する「NOCオープンデイズ」で、オーストラリアやブラジルなど13カ国の計32人が参加した。NOCの公式訪問は昨年11月から始まり、個別に対応してきたが、会場視察という形でグループ訪問を受け入れるのは今回が初めてだ。

視察団は東京体育館(渋谷区)などの競技会場を見学したほか、選手村(中央区)から会場への距離・移動時間などを確認。1964年大会のレガシーが残る「ヘリテッジゾーン」では、参加者から「50年前の施設がこれだけきれいに残っている。20年大会で使うのは素晴らしいこと」と感動を持って受け止められたという。

「選手村に入った途端、アンテナがビリビリしたのを感じた」と振り返るのは村里敏彰国際渉外局長。NOCとしては、いかに自国の選手団に高いパフォーマンスを発揮させるかが最大の関心事で、既に戦略を練っているという。「滞在環境が気になるだろうし、チームをどのように割り振るのかイメージしているのだろう」

東京体育館を視察するNOCの担当者ら=6日、渋谷区 ©Tokyo 2020 Uta MUKUO

一行は都外の伊豆ベロドローム(静岡県伊豆市)や江の島ヨットハーバー(神奈川県藤沢市)も訪問したが、気になるのは東京からの輸送や競技場に近い宿舎の有無。選手村分村に関する質問もあったという。

組織委によると、プログラムに参加したNOCのうち、豪州のダニエル・ウッドワード氏は「日本は技術面や運営面の正確さに定評があるので、テクノロジーを駆使して選手たちの活躍する姿を届けてほしい」と要望。オランダのテクニカルディレクターのマウリッツ・ヘンドリックス氏は「過去のレガシーを含めた会場と新しい会場を融合した開催地全体のコンセプトは見事」と話していたという。

組織委としては、「多くの国のNOCが一堂に集まることは、互いの状況や過去大会の情報を交換するよい機会となる」(国際渉外局)と捉えており、各NOC/NPCの関心事を各FAに伝え、準備状況をフィードバックするのが大きな役割になる。組織委は2019年まで五輪で5回、パラリンピックで2回にわたり、各NOC/NPC受け入れを予定している。

29年度 職員教養講座 東京都管理職選考対策《34》

今回は、都市づくりの論文対策を解説します。実施要綱を見ると、口頭試問の対象は記述の成績が一定基準に達した人のうち、論文と勤務評定を総合して成績が一定以上(合格予定者の1.5倍程度)となっています。論文は合格水準に達しないと通過できないため、大変厳しい試験ですが、しっかり勉強していきましょう。

論文試験は2題出題されるうち、1題を選択します。最終的に論文は3本程度用意し、当日の出題に合わせて内容を修正できるよう、複数のレジュメを準備しましょう。

過去の出題

これまでの出題傾向を見ると、出題される2問のうち1問は都市づくりの総論(インフラ更新、交通・物流ネットワーク強化、空港・港湾機能強化など)の課題、残り1問は都市づくりの個別課題が多いようです。過去5年間の出題は次の通りです。

《平成24年度》

(1) 東京では、都心の拠点駅周辺に人々や車両が集中して混雑や渋滞が発生しているほか、都市再生のポテンシャルの高い地域において細分化された街区が今なお残る状況にあります。東京を更に高機能な都市へ進化させ、多くの人が快適に訪れることのできるまちを創出していくための課題と方策について、あなたの考えを論じなさい。

(2) 公園・緑地は、市街地にゆとりと潤いを与え、魅力ある観光資源となるほか、ヒートアイランド現象の緩和や震災時の避難場所など、都市活動を支える重要なインフラとしての役割も担っています。こうした公園・緑地などの豊かな自然を保全、創出し、次世代へ継承していくための課題と方策について、あなたの考えを論じなさい。

《平成25年度》

(1) 東京は、世界一の都市として都市機能の一層の向上が求められる一方、都市施設等の耐震化や老朽化対策が喫緊の課題となっています。東京の安全性を世界に示し、世界の人々を引き付ける活力と魅力あふれる東京を実現していくため、都はどのような取り組みを行っていくべきか、あなたの考えを論じなさい。

(2) 社会経済情勢の大きな変化、世帯構成やライフスタイルの変化などにより、都民の住まいに対するニーズも多様化・高度化しています。こうした変化に的確に対応し、首都東京にふさわしい、安全・安心で、豊かな潤いのある住生活を実現するため、都はどのような取り組みを行っていくべきか、あなたの考えを論じなさい。

《平成26年度》

(1) 魅力あふれる都市東京を創造していくためには、東京の歴史や文化、地域の個性や特性を生かしたまちづくりを進めていくことが必要です。都民や地域の多様な主体と連携しながら、快適な環境や美しい景観を備え、人々を魅了する東京を実現するため、どのような取り組みを行っていくべきか、あなたの考えを論じなさい。

(2) 道路などの交通基盤は、都市の骨格を形成し、物流の柱になると同時に、人々の日常生活を様々な面で支える重要な都市基盤です。日本全体が元気になるよう、東京が世界一の都市を目指し、都市力を高め、持続的な進化を続けていくため、どのように交通基盤整備を行っていくべきか、あなたの考えを論じなさい。

《平成27年度》

(1) 東京では、2020年のオリンピック・パラリンピック大会を成功させるとともに、そのレガシーを生かしつつ、更なる数十年先を見据えた都市づくりが求められています。今後、2020年大会を契機として、東京の活力を更に高めていくために、都が取り組むべき都市基盤整備の課題と方策について、あなたの考えを論じなさい。

B事務(都市づくり)論文

(2) 世界一の都市を目指している東京にとって、安全・安心はその礎となるものですが、東京は、首都直下地震を始め、風水害など様々な自然災害の脅威にさらされています。自助・共助・公助の力を結集し、都民の生命・財産を守り、高度な防災都市、東京を実現していくための課題と方策について、あなたの考えを論じなさい。

《平成28年度》

(1) 2040年代の東京は、人口減少や更なる高齢化が見込まれる一方で、技術革新が進んでいることも予測されます。東京が経済活力を維持し、都民生活の質を向上させ、持続的な発展を続けるため、都はどのような都市を目指し、どのように都市づくりを進めるべきか、あなたの考えを論じなさい。

(2) 自然が身近にある大都会ということが、東京の大きな魅力となっています。中でも東京の水辺は、江戸の昔からにぎわいにあふれ、独特の情緒を醸し出してきました。水辺の魅力を創出し、東京を再び「水の都」としてよみがえらせるための課題と方策について、これまでの都の取り組みを踏まえつつ、あなたの考えを論じなさい。

論文の構成

管理職選考実施要綱では、評定要素として「問題意識」「政策形成力」「論理性」「表現力」を挙げています。「問題意識」では、出題の背景を正しく理解し、都政の課題を提起した上で、管理職の立場から論じているかどうかが問われます。「政策形成力」は、課題への具体的な解決策であり、解決策が現実的で論文全体に矛盾がないことが必要となります。「表現力」は、誤字・脱字がなく、一つの文章が短く簡潔に表現されていることが求められます。

分量は1500字以上2千字程度とされています。内容を充実させるには2千字程度が一つの目安になるでしょう。1500字未満の論文は採点の対象外となるので注意してください。

論文の構成は「起承転結」の4段構成が一般的で、それぞれ400字、600字、700字、300字程度を目安に作成します。なお、一つの文章は60字程度を目安に、簡潔にまとめていきましょう。各章の最初には、内容を的確に示す「小見出し」を付けます。

「起」は、自分の問題意識を読み手にしっかり伝えることが目的となります。都市づくりに関する社会情勢や都政の実態を踏まえた上で、都がその問題に取り組む理由を明確にします。採点者は、まずこの章から書き手の力量を図りながら採点を開始します。

「承」では、前段の問題意識を受けて、具体的な課題を三つ挙げていきます。重要度の高い課題から提示し、課題に挙げた理由、課題の影響、数値などを盛り込みながら簡潔にまとめましょう。

「転」は、「承」で挙げた三つの課題に対応した具体的な解決策をそれぞれ順に示します。ここでは、主に「政策形成力」「論理性」を意識し、更にどのような効果があるのかまで論じることが必要です。時には、事業の円滑な推進のための地道な取り組みなども盛り込み、真新しいアイデアを提案する必要はなく、都や他の自治体などの取り組みを踏まえた実現性の高さが重要となります。

「結」は、これまでの主張を少し高い視点から総括する形で、東京の課題に対し、どのような姿勢で解決していくのかをまとめましょう。何度も書いていると論文の型ができ上がります。管理職として自ら先頭に立つ意欲がにじみ出るような文面に仕上げましょう。

勉強方法

論文はとにかく何度も書いて慣れていくことが重要です。あれこれ悩むよりも、自分がイメージしやすいテーマで一度書いてみることをお勧めします。先輩から合格論文を入手し、全体のイメージの参考にしましょう。

論文では、情報収集が重要です。知事の所信表明や予算案を押さえるとともに、2020年に向けた実行プラン、国や各局の事業方針などから、都市づくりに関する「課題」や「解決策」を抽出し、論文に反映していきます。このように資料を調べて論文に反映するという作業が基本になります。

また、実際に論文を書いてみると想定より字数が増える傾向があるため、文字数を調整していく作業が必要になります。内容が伝わりやすい簡潔な文章に仕上げるには何が必要かを考えましょう。意外と時間のかかる作業ですが、論理的で分かりやすい論文作成には大変重要な過程ですので、じっくり取り組むようにしましょう。

論文が完成したら、上司などに添削を依頼します。添削者が指摘する内容をしっかりと理解して修正していくことが重要です。そのため、出来るだけ遠慮なく話すことができる上司や管理職候補者(2人程度)に添削の依頼をしておきましょう。第三者の目で見ることで論文に何が足りないのか、説得力ある文章にするためには何を意識すれば良いのかが分かってきます。限られた時間の中で論文を合格水準に近付けるには、添削と修正を重ねていくことが重要です。これを繰り返すことで、論文の完成度が飛躍的に向上していきます。

記述と同様、試験まで1カ月を切ったら追い込みとなります。本番で使用する筆記具で論文を書き、試験時間や手書きの感覚をつかんでおきましょう。試験時間は思ったより短いことや、文章を書くことで手が疲れたり、痛くなったりするので、レジュメや論文作成の時間配分を確認しましょう。また、予想通りに出題されるとは限らないので、試験本番では出題を踏まえて暗記した論文を再構成する必要があります。試験前はレジュメのキーワードを中心に覚え、柔軟に対応できるようにしておきましょう。

論文対策は、大きな都政の課題に対し、様々な資料から個別課題とその解決策を考え、最終的に採点者を説得できるレベルにまで完成度を上げていかなければなりません。それは、日頃の業務ともよく似ており、これまでの仕事の経験が生きると思います。これから試験までの3カ月間、勉強を継続するのは大変ですが、最後は気合いで乗り切るしかありません。頑張ってください。

昇任試験対策のページ

特別区 管理職試験講座 Ⅰ類択一・記述 Ⅰ・Ⅱ類論文 29年度 17

Ⅱ類論文

論文例

1 区民との協働によるまちづくり

国は、国家戦略特区による規制緩和策を打ち出すなど、特別区を取り巻く情勢は確実に変化している。特別区は地域を担う基礎的自治体として、地域の様々な課題を迅速かつ的確に解決していかなければならない。一方、防犯・防災対策や子育て支援、東京オリンピック・パラリンピックの開催など課題は山積している。このような状況の中、様々な施策の実施に向け、効果的に財源配分を行い、成果を着実に実らせなければならない。そのために、区は区民に積極的に情報提供を行い、計画段階から区民の参加を求なければならない。

管理職は常に社会情勢を把握するとともに、区民ニーズの変化をつかみ、組織として柔軟な対応ができるよう組織目標の明確化、共有化を図らなければならない。その上で、リーダシップを発揮し、組織一丸となって課題を解決することが重要である。

2 組織マネジメントの欠如した管理職

このような視点から本事例を見ると、次の問題点が指摘できる。

第1に、R課長は管理職としての組織マネジメント能力が欠如している。A公園の整備構想策定にあたって、地域住民と区との間で1年間にわたりワークショップが開催された経過を軽視している。また、既に常任委員会でA公園整備構想の報告を行っているにもかかわらず、その重要性を係長に伝えることなく保育所設置の可能性について検討を指示している。さらに、係長会では十分な議論もせず、意見が相違する係長間の調整も行っていない。係長に任せたまま報告を求めることなく進行管理も行っていない。

第2に、係長が職責を果たしていない。S係長は、保育所設置の可能性について独断で検討を進め、R課長に進捗状況の報告を怠っている。また、検討段階にもかかわらず、顔見知りとは言え新聞記者に区の政策形成過程の情報を伝えるなど、情報管理の重要性を全く理解していない。T係長は、公園を設計、維持管理内容を修正する立場にありながら、積極的にS係長と調整することもなく、区の喫緊の課題であるという認識が欠如している。

第3に、R課が組織一体となって積極的に業務に取り組む姿勢に欠けている。組織目標やR課長の方針が明確に示されていないため、各係で情報共有や協力体制が構築されていない。そのため、各係長の認識が相違したまま検討が進み、結果として区民や関係者の信頼を損ねている。

3 区民との信頼回復に向けて

私は課長として区民と協働したまちづくりを進めるため以下のように対応する。

第1に、Q部長にこれまでの経過を報告し、A公園への保育所の設置について、今後早急に検討案をまとめ報告することでQ部長の了承を得る。次に、緊急の係長会を開催し、改めて期日を区切り、A公園への保育所設置が可能か検討を指示する。次に、A地区町会長とX議長を訪ね混乱を招いた不手際をわび、A公園に保育所を設置することは区の決定事項ではないこと、特区制度を活用した公園への保育所の設置が可能か検討している段階であることを伝える。また、検討の結果、保育所設置が可能である場合には、地元への丁寧な説明を行うことや議会で改めて承認いただくためのご理解とご協力をお願いする。新聞社へも保育所設置の検討内容については今後情報提供することを伝え、区のホームページに経過と謝罪を掲載する。

第2に、S係長に、子育て担当部局と連携し、A公園への保育所建設の必要性を確認するよう指示する。また、特区制度を活用する場合の手続きを国や都に確認するよう指示する。T係長には、S係長と連携し保育所建設の大まかなスケジュールを作成するよう指示する。また、正式決定前の情報はたとえオフレコであっても外部に提供することがないよう徹底させる。

第3に、組織目標を職員全体まで浸透させる。そのためには、係長会を有効に活用し、庁議及び管理職会議の情報を積極的に提供し、進行管理や情報管理の重要性について理解させ、意識改革を図る。また、各係で適時職員に事例発表させるなど、業務内容の相互理解を醸成するとともに職員のスキルアップを図る。

4 地域に住み続けたいまちづくりを目指して

特別区には常に新しい課題が生起している。画一的になりがちな行政の対応だけでは限界が出てきている。厳しい財政状況が続く中で、区民が住みたい、住み続けたいと思うまちづくりのためには、区民との連携、協働をより一層推進しなければならない。そのため管理職には、社会の変化を見渡す広い洞察力に基づく適切な判断力、適切な指導力が不可欠である。

私は、管理職として職員の意欲と能力を最大限に引き出し、組織の連携、協力体制を強化していく。そして、職員の先頭に立ち、区民から信頼される区政運営のために、不退転の気持ちで進む覚悟である。

28年度論文解説

解説

論文例は、4段構成とし、2千字程度でまとめてみました。

第1章は、事例の背景、特別区が抱える課題、課題解決のための区の役割、課長が果たすべき役割を記述します。人口減少時代に入り、防災対策や子育て支援など限られた財源の中で最大限の効果が発揮できるよう事業を進めていかなければなりません。地域の課題を解決するためには区民との協働が必要であること、その中で課長がどのような役割を果たすべきかを記述しました。

第2章は事例における問題点を指摘します。論文例ではR課長、各係長、組織の3点に分けて指摘しました。R課長は、組織の責任者として現状の認識不足とマネジメント能力が欠如しています。S係長、T係長はそれぞれの職責を果たしておらず、連携もしていません。

第3章は、第2章で指摘した問題点について自分が課長であればどのように対処するか、具体的な対応策を実際に行動する順番で記述します。まず、Q部長に現状を報告するとともに、今後の対応策を伝え了承を得ます。次に緊急の係長会を開催し、期日を区切って保育所設置が可能か検討を指示します。そして、X議長及びA地区町会長に不手際について謝罪し、保育所設置は検討段階であることを伝えます。また、新聞社にも正しい情報を伝え、区のホームページに経過の報告や区民に対して謝罪を掲載します。次に中期的な対応として、両係の協力体制を構築し、定期的に係長会を開催し、それぞれの事業の進捗状況を報告させます。また職員の育成についても記述します。

第4章は、第1章の記述と矛盾しないよう、区政のあるべき姿を再度主張し、課長として積極的に取り組むなど決意表明をします。

これが基本的な論文構成と考えます。第1章と第4章は、国、東京都の動向を踏まえた特別区の課題と在るべき姿を総論的に論じます。それに対する管理職としての姿勢、決意を論述しますので、どのような事例でも対応できる文章を準備しておいてください。

試験当日は、初めて見る事例に対して、考えながらの文章作成は規定時間内に書き切れないことも予測されます。特に第1章及び第4章については、あらかじめ何パターンか用意しておくことを勧めます。どのような分野の事例にも対応できるように、日頃から管理職の視点で様々な課題の解決策を考えておくことが重要です。先輩管理職の添削を受け、所属自治体の勉強会などの模試に積極的に参加し、時間配分を把握した上で本番に臨んでください。皆さんのご健闘をお祈りしています。

読者のひろば

大阪は上下水道から始まった

PFI◎コンセッション
アベノミクス、小池都政の行方㊥

今年4月から大阪市の下水道事業が、PFI（民間資金等の活用による公共施設等の整備等）・コンセッション（公共施設等運営権制度）導入により、運営会社へ譲渡される。このため筆者は昨年12月上旬、下水道を中心に上水道、動物園、公園、道路などの事業について実態調査するため、大阪府・市と愛知県の労使関係者を訪れた。

「財政危機」と都構想

2009年7月16日、平松邦夫大阪市長（当時）は法人市民税の落ち込みなどの理由により、12年度以降、年210億～610億円の財源不足が発生し、15年度には累積赤字が1860億円に達し、自治体の破産＝「財政再生団体」に転落する恐れがあると発表した。このため職員給与の平均5％カットなど2年間で総額約650億円の歳出削減などを行った。

この財政危機が争点となった11年の大阪市長選挙において、大阪府知事であった橋下徹氏は「大阪都構想」「教育基本条例案」「職員基本条例案」等を掲げて、民主、自民、共産から支持・支援を受けた現職の平松氏を破り当選した。

15年5月17日、橋下徹前大阪市長が提唱した大阪市を廃止し、5特別区を設置する「大阪都構想」について住民投票が行われ、僅差で反対が賛成を上回った。このため「大阪都構想」は廃案となり、2度と浮上しないかに見えた。

しかし、その後、11月22日に行われた府市首長ダブル選挙で橋下氏の路線を引き継ぐ吉村洋文元衆院議員が次点に19万票の差で当選した。また、府知事選挙では現職の松井一郎府知事も当選した。その結果もあって現在、「都構想」は若干修正されながら再提案・説明されている。

新市長の市政改革計画

吉村市長は昨年11月、大阪市政改革計画をまとめたが、その特徴は「大阪は東京との二つのエンジンで日本経済を牽引できる」と明記されているように、大阪のみならず東京とともに全国に発信すると述べている。この表現は、吉村市長、上村信一顧問らが安倍政権と綿密な調整を取っていることを意味している。

また「地下鉄・バス事業や水道事業を始めとした民間開放を推進し、公共施設の整備に当たっては、PPP/PFI手法の活用などを促進する」として以下列挙している。

1　各事業の経営システムの見直し

・地下鉄＝民営化のため準備会社の設立
・バス＝大阪シティバス㈱の経営基盤強化の取り組み推進
・水道＝公共施設等運営権制度（コンセッション）導入のため、定款等の作成の準備
・下水道＝公共施設等運営権制度（コンセッション）を行う新組織の設立及び職員の転籍（非公務員化）
・幼稚園、保育所を民間移管
・文化施設（博物館）＝（非公務員）地方独立行政法人化
・一般廃棄物（収集輸送）＝普通ごみ収集、家庭系における全品目、粗大ごみ収集に加え、古紙・衣類収集にも民間委託範囲を拡大
・市場＝本場及び東部市場は指定管理者制度導入。南港市場は民間活力の活用手法について継続検討

2　民間活力の活用手法の検討

▽PFI手法を活用した公共施設の整備を進める▽海老江下水処理場、新しい美術館の整備事業

なお、学校給食調理業務は委託を推進する。

14年11月19日には大阪市戦略会議で、「水道事業における公共施設等運営権制度活用実施プラン」が発表された。

① 15年度中に「職員への労働条件等提示、職員意向調査等」「労働組合との協議交渉」をする。

② 基本方針案では15年度を目途に、市が100％出資する運営会社に料金の徴収から維持管理、施設更新まで水道事業の業務全般を引き継ぐ予定であったが、実施方針では16年度に後ろ倒しとなった（ただし、その後内容は変えないが、議会対応のため更に2年程度延期することになっていると修正）。なお、3～5年後、一部株式を民間企業に売却する。

③ 運営会社の子会社で海外等の新規事業展開を担う会社には、民間企業から50％超の出資を募る。

④ 実施方針では、運営会社が減価償却費相当分（約3千億円）＋運営権対価（約千億～1500億円）を支払い、市はそれを既存企業債の償還と市側の運営コスト（モニタリング費用、資産保有上の支出等）に充てることとしている。

⑤ 現在の水道局職員は原則、運営会社へ転籍し、運営会社の正社員となる（転籍時に退職金が市から支払われる）。

※なお、「運営会社は、一定期間、転籍社員の現給与を保証することになっているが、その後、組織の効率化を目指し、人員の削減を実施する。「1608人↓千人以下」「削減手法案としては、市長部局への段階的な転出や国内外での新規ビジネスによる職域の拡大が挙げられる」としている。

筆者が市側に確認したところ、「転籍」（非公務員化）に伴い、万が一「同意しない職員」が現れた場合は、「解雇（分限免職）となる」が、その場合、「整理解雇の4要件」に反しないと市は認識していると述べた。

※「整理解雇の4要件」とは、①人員整理の必要性②解雇回避努力義務の履行③被解雇者選定の合理性④手続きの妥当性――となっている。

大阪から東京へ

旧大阪維新の会（代表・橋下徹前市長）は12年、「維新八策」として「公務員の身分保障の廃止」を盛り込んでいる。これを受けたように、12年5月30日、大阪府市統合本部は府立5病院と大阪市立3病院で働く医師や職員計約5300人を非公務員化する方針を決定し、14年10月1日をもって大阪市立の3市民病院を（非公務員型）地方独立行政法人に移行した。

こうした大阪市の行政改革・民営化を進めてきた大阪市の顧問の上山信一慶大教授が小池都政の特別顧問となったが、既に彼は表に立ってかじを切っている。

（日本版TUPE研究会代表　石田誠）

2013年都議選で日本維新の会公認候補の応援に駆け付けた橋下徹前大阪市長

ゆっくり動く乗り物で
都バスの走る風景⑦

ある年、馬とすれ違う。

交通局巣鴨自動車営業所　二坂　英之（絵と文）

人生には上り坂、下り坂、「まさか」があると言われるが、バスに乗車すれば少なくとも上り坂と下り坂は経験できる。

文京区の千駄木にある団子坂。この坂道を運行するバス路線は草63系統。池袋駅と浅草寿町とを結ぶ、都バスとしては比較的長距離を走る路線である。幕末から明治期にかけ、菊人形（全身を菊であしらった等身大の人形）を見せる小屋が坂の両側に並び、大層なにぎわいを見せたとのこと。今でこそ片側1車線の道路になっているが、菊人形全盛時代の団子坂の道幅は2間半。現在の尺度では5㍍にも満たず、勾配もかなりきつかったそうである（現在でも緩やかとは言えないが）。

個人的な話だが、団子坂には印象的な思い出がある。それは、バスに乗務中、馬とすれ違った体験である。

とある年の秋。池袋駅方向の運行で、不忍通りから団子坂下の交差点を右折。道路は混雑していたので、団子坂の途中でしばらく停車していた。すると、反対車線から、色とりどりの装束に身を包んだ行列がゆっくりと坂道を下ってきた。一目で祭礼と分かった。山車や神輿が荘厳に進む中、茶系で小ぶりの馬が見えた。さらに、白馬が馬車を引いていた。

この行列が、根津神社の例大祭、しかも4年に一度の神幸祭の巡行だと知ったのは、入庫して帰宅した後であった。小ぶりの馬は、神職が乗る日本古来の木曽馬。白馬が引く馬車に乗っていたのは、宮司（神社の代表を務める神職）とのことである。

その時の自分の驚きぶりがどれほどであったか。的確に表現する言葉が見つからないのがもどかしい。

とにもかくにも、山手線の内側で路線バスに乗務していて馬とすれ違った場面は、まるで夢のようであり、月日が経っても記憶している。

確かにその日は乗務前の点呼において、「沿道で祭礼があり、人出が見込まれるため、通常以上に安全に配慮すること」との指示はあったはず。とはいえ、馬と邂逅することはまったく想定していない。

高層ビルの立ち並ぶ副都心で蒸気機関車に遭遇したような、そんな気分であった。

団子坂上には、かの森鴎外が明治25年から亡くなる大正11年まで居住していた観潮楼の跡があり、現在では文京区立森鴎外記念館が建っている。鴎外の生きた時代にも、はたして団子坂には山車やみこし、木曽馬や白馬の巡行はあったのだろうか。

バスのなかった、いにしえの時代に思いをはせつつ、私は今日も団子坂を慎重に上る。

休館中の現美が街に出る

地元在住作家らが作品展示

清澄白河で

休館中の東京都現代美術館が街に出て、近隣の様々な拠点と協力し、アーティストや住民とまちの魅力を掘り起こすイベントが清澄白河エリアで11日から始まった。

東京都現代美術館は大規模改修工事で休館しており、2019年度中に再開する予定。清澄白河エリアは、江戸時代からの深川の歴史や古き良き下町の風景が残っている一方、多くの作家が生活の拠点にしており、新しい文化発信の場にもなっている。

主な展示は、工場跡地や地域拠点を活用した7カ所の「MOTスペース」で行われる。コーヒー・ロースタリーやカフェ、商店街などに点在する「MOTスポット」の小さな展示も楽しむことができる。地域の拠点と東京都現代美術館が協働する「フェロー・プロジェクト」や、地域のクリエーティブな拠点の他、「地域パートナー」が独自に行うプログラムもある。

「深川資料館通り商店街協同組合事務所（MOTスペース3）」では、清澄白河に住む佐野文彦が「無形の中心」となる空間を作り出す。今年の深川八幡祭りに奉納するために熟成させている酒の映像が映し出されており、周辺に設置されたモニターには地域の各所からの風景がライブ中継されている。

「赤い庇の旧印刷所の1階（MOTスペース4）」では、写真家の松江泰治が、新木場から運河を上り、湾岸地域から清澄白河地区までを撮影した空撮作品や、豊洲運河と小名木川という二つの運河の風景を捉えたパノラマ写真を展示している。

清澄白河で一点物の日傘のブランドを手掛けるひがしちかのアトリエCoci la elle（コシラエル本店）（MOTスポットR）では、作った日傘が彼女の中で擬人化していく空想の物語を描いた手作りの1冊の絵本を手に取ることができる。

毎週土曜、日曜、祝日には午後2時から3時まで同美術館のガイドスタッフがMOTスペースの一部で待ち受け型トークを行う。

■MOTサテライト　2017春　往来往来
▽会期　2月11日㈯㊗～3月20日㊊▽会場　清澄白河駅周辺
◉MOTスペース▽開催日時　木・金・土・日・祝　午前11時～午後6時▽観覧料　無料▽主催　東京都、東京都現代美術館・アーツカウンシル東京（公益財団法人東京都歴史文化財団）▽後援　江東区

㊤ひがしちか（Coci la elle）
㊦松江泰治《JP－13　02》2016年

●◎ミニガイド●◎

◆**東京都葛西臨海水族園・大人のためのスイート講演会Episode 3　「オスとメスのつきあい方」**
▷内容　第1部「オスとメスのつきあい方の多様性～配偶システムの話」狩野賢司氏（東京学芸大学教授）、第2部「素っ気ないけど円満なイシヨウジの一夫一妻」曽我部篤氏（弘前大学助教）▷日時　3月11日㈯午後1時半～4時半▷対象　18歳以上▷場所　葛西臨海水族園本館2階レクチャールーム▷定員　80人▷料金　無料▷応募方法　Eメールで申し込み。【宛先】osumesu@tokyo-zoo.net【件名】オスとメス【本文】参加者全員の氏名（ふりがな）・年齢、代表者の住所・氏名・電話番号▷締め切り　2月28日送信分まで有効

◆**産業技術大学院大学シンポジウム～女性の学び直しによるキャリアの再スタート～**　▷日時　3月6日㈪午後2時～4時（受付午後1時半～）▷定員　200人▷参加費　無料▷会場　銀座フェニックスプラザ2階フェニックスホール（中央区銀座3の9の11紙パルプ会館）▷特別講演　菊池桃子氏（女優、戸板女子短期大学客員教授）▷申し込み先　URLから申し込み（定員になり次第締め切り）http://aiit.ac.jp/event_news/view/234　㈱アイフィス▷主催　公立大学産業技術大学院大学

◆**ギャラクシティの鉄道DAY・鉄道模型サークル関急車輌による「鉄道模型を運転しよう」**
▷日時　2月19日㈰午前10時～午後5時半（午後5時受付終了）▷場所　ギャラクシティ　ホワイトあとりえ　東武スカイツリーライン西新井駅東口より徒歩3分）▷対象　どなたでも（未就学児は保護者同伴）▷料金　無料▷申し込み　当日直接会場へ。

都政新報

発行所　都政新報社
〒160-0023 東京都新宿区西新宿7-23-1 TSビル
〈総務・読者〉03-5330-8781
〈企画広告〉03-5330-8784
〈編　　集〉03-5330-8786
〈出　　版〉03-5330-8788
〈ファクス〉03-5330-8808
購読料 月1,730円（税込）
毎週火・金曜日発行
ただし、祝日は休刊

紙面から

小池知事の新年度予算案

石原・舛添銘柄にメス

知事が交代するたびに前知事の事業が転換され、職員が対応に追われるケースが続いている。小池知事が就任してから、舛添都政で作成した観光ボランティアのユニフォームだけでなく、都道のシャンゼリゼ通り構想など事業の見直しが進められている。また、石原都政時代に始めた「トーキョーワンダーウォール」（TWW）は廃止となり、石原・舛添銘柄の事業が転機を迎えている。

東京のブランドのあり方検討会でユニフォームを批評するコシノヒロコさん＝昨年11月25日、都庁で

見直し目立つ観光施策

新年度予算案では、観光産業振興に164億円を計上し、前年度比7・3％増となった。小池知事の関心のある分野の一つであり、これまでの舛添銘柄の転換が目立った。

一例が、欧米のように午後10時以降に芝居やコンサートなどが楽しめるナイトライフ事業だ。舛添前知事は昨年1月の会見で「夜の東京のエンターテインメントが少ない」と問題意識を示し、美術館や博物館の開館時間の延長やニューヨークのブロードウェーのような劇場街を東京に造る構想を打ち出していた。

一方、小池知事の予算案では、「ナイトライフ観光の構築」として、東京を訪れた外国人にナイトライフを楽しめる施設やスポットを紹介する事業に見直した。産業労働局は「観光情報誌は玉石混交で、外国人に知られていないものを拾い上げていない」と説明する。前知事のブロードウェー構想のようなハコモノ整備は見送られた。

街中のライトアップも同様だ。前知事は「パリ、ニューヨーク、ロンドンに比べて、（東京は）夜の街のライトアップが足りない」と不満を述べたが、具体的な取り組みは何も進まなかった。一方、同じくライトアップに関心を持つ小池知事は来年度予算案に民間事業者などが保有する施設をライトアップする際の補助制度を盛り込んだ。小池知事と前知事の関心事は似ているが、産業労働局は「前知事の継承ではない」と説明し、事業は別物との認識だ。

製作からまだ2年足らずだが、小池知事が見直す考えを示した観光ボランティアのユニフォーム。職員からは「もったいない」との声の一方、「問題ない」との意見も聞かれた。「消耗品でいずれ在庫がなくなる。新しいユニフォームの製作は税金の無駄遣いとは言えないはず。どんなデザインに仕上がるのか見ものだ」との期待もあった。

海外視察に大ナタ

舛添前知事が辞任するきっかけの一つになった海外出張。成果が見えない中で海外出張を繰り返し、航空機のファーストクラスや海外ホテルのスイートルームを利用する「豪遊」が集中砲火を浴びた。

都が昨年12月に決定した知事の海外出張に関する運用指針では、ビジネスクラスまでの利用にとどめ、スイートルームを使用しないことを盛り込んだ。また、新年度予算案では、海外出張費が前年度比で約8割減の4300万円となった。

舛添都政では、環状2号線の新橋―虎ノ門間の地上部分（新虎通り）にパリのシャンゼリゼ通りのようなオープンカフェなどが並ぶまちづくり構想を掲げた。小池知事は知事選前の会見で、「海外のものまねを東京でやる必要は全くない」と批判。新年度予算案でも計上しなかった。

石原マターも刷新

石原都政時代、都は2006年度に沖ノ鳥島に漁礁を設置したが、新年度予算案では撤去費として約7億円が計上された。都は小笠原諸島の漁協と協力し、漁業活動を始めることで、同島周辺が日本の排他的経済水域であることを国内外に訴える狙いがあった。

漁礁撤去は14年4月に決定。産業労働局は漁礁の耐用年数（約10年）などを理由に、当時の舛添知事に撤去を説明したところ、「分かりました」と了承を得たという。

沖ノ鳥島は東京から約1800㌔離れ、波が荒く、撤去工事が難航する恐れがあるため、入念な準備が必要だった。最大で水深3千㍍近くの漁礁は現在、3個設置しているが、海上保安庁などと協議して工法を決め、14～15年度に基本・実施設計を行い、今年3～5月に撤去する予定。

撤去は産業労働局の検討を経て決定し、政治的な意味合いは帯びていないが、結果的に石原銘柄を転換する形となった。

また、小池知事は「TWW」を廃止すると発表した。幹部職員は「尖閣諸島の基金など残る石原銘柄はどうするのだろうか」と注視している。

知事の関心事つかめず

【解説】　小池知事は就任後、各局の事業説明で舛添前知事を念頭に置いた質問を繰り返していた。知事は説明を受けた事業が舛添前知事の時から検討していたかを各局に確認。幹部職員が「知事就任後に検討を始めた」と説明すると、感嘆の声を上げて大いに喜んだという。事業刷新への強い思いが伝わる。

ただ、舛添銘柄の中でも明暗は分かれた。例えば、舛添前知事の発案で始めた迎賓施設「延遼館」は、新年度予算案に計上されず、一方で東京湾に水上バスなどを運行させる舟運や東京のブランド豚「トウキョウX」の生産拡大は存続となった。

小池知事は前知事の事業全てが見直しありきのスタンスではないことがうかがえる。

事業局の幹部は「知事の興味があると思った取り組みを説明したが、関心が薄いこともあった。何に興味があるのか、よくつかめない」と戸惑いを見せる。

小池知事が展開している「東京大改革」も、メスを入れる試みは多いが、一から作り上げる取り組みはあまり見受けられない。改革以外に何をやりたいか不明瞭との声が庁内から漏れる中、知事が標榜する「都民ファースト」を事業としてどう具体化するかが急務となっている。（石）

小池流改革④　2017年度都予算案

待機児童対策

「なりふり構わぬ」予算措置

小池知事が就任後、真っ先に取り掛かったのが待機児童対策だった。昨年9月の補正予算に120億円を盛り込んで緊急対策の嚆矢とし、来年度予算案でも目玉事業として待機児童解消に向けた取り組みを位置づけた。

都税収入の減などで予算全体がマイナスとなる中、子育て環境の整備に前年度比418億円増の1630億円を計上。保育サービス利用児童数を1万8千人増やす目標を掲げた。保育所整備そのものは区市町村の所管だが、都がこれまで以上に関わっていく「決意」を表した形だ。

保育関係予算で最も大きな拡充が、保育士の待遇改善のためのキャリアアップ補助事業だ。都内保育士に対して4万4千円相当の処遇改善を行い、3万円の国の上乗せ額と合わせ、幼稚園教諭や栄養士など、他の福祉職との給与格差解消を図る。

保育士の低賃金は、地価や賃貸価格の高い都内で施設運営費がかさみ、人件費に跳ね返っていることが一因とされる。

自治体による給与の上乗せには、他県からは「東京一人勝ちにつながる」と批判の声もある。関東圏で保育需要が高まる中、自治体間で人材の奪い合いにつながりかねない危惧があるからだ。

福祉保健局少子社会対策部は「都の事業は単なる賃金改善ではなく、保育士が長く働ける仕組みを事業者が整備することが前提」と説明する。施設側が財務状況や賃金モデルを公表し、保育士のキャリアアップの仕組みを示すことで、都が給与改善を補助するというハードルがある。

待遇改善の新たな取り組みが、認可外の居宅訪問保育（ベビーシッター）の経費の一部補助だ。保育士離職の原因の多くが妊娠・出産であることから、保育士が育休からスムーズに職場に復帰できるよう復職を支援する。

認可保育所に入れるまでのつなぎとしてシッター利用を補助するもので、都はこれまで安全面の理由などから居宅訪問保育には手を付けてこなかったが、待機児童解消のためにあらゆる保育サービスの活用が必要と判断した。

一方で、ベビーシッターは料金が高く、訪問保育が普及していない日本では利用率が伸びるか不透明な部分もある。事業が有効に機能するかも含め、挑戦的な取り組みだ。

■特効薬打ち尽くし

「子育て重視」の姿勢を鮮明に表した小池知事の予算だが、新規事業は一握りで新鮮味は薄い。

都はこれまでも認証保育所の制度化をはじめ、保育定員の確保に向けた取り組みを進めており、「既に特効薬は打ち尽くした」との見方もある。都庁幹部は「用地確保や人材支援など、都としてなりふり構わず事業を進めており、これ以上新たな取り組みを探すのは難しい。今後は今ある仕組みを拡充し、使い勝手の悪いものを改善するなど、整理が必要ではないか」と話す。国や都、区市町村が関わる保育関連の補助制度は多種多様で、都担当者によれば「区市町村や都の職員が一度では覚えきれないこともある」（少子社会対策部）という。

制度の効率化を進めることで、申請業務や報告などの負担が軽減されれば、それが本分である保育サービスの充実につながる可能性もある。また、女性の活躍推進に向けては託児所やベビーカー置き場の充実、企業内保育所など、多様な保育の場の提供・確保も求められる。知事が普及に意欲を燃やすテレワークも、家庭での育児などの選択肢を増やすことにつながる。

積極的な予算の先には、そうしたスマート化や新たな着眼点などパラダイムシフトが求められそうだ。

「小池知事と語る東京フォーラム」で設けられた託児スペース＝昨年12月、都庁第一本庁舎5階で

百条委設置で合意

都議会、新市場問題の真相究明へ

都議会議会運営委員会は20日に理事会を開き、豊洲新市場移転に関する問題について、地方自治法第100条に基づく委員会の設置を主要4会派が提案した。定例会開会日の22日に本会議に動議を提出する方向で、調整を行う。

百条委を設置する場合、既存の委員会とのすみ分けが課題になる。豊洲新市場用地を東京ガスから購入した経緯や、地下水から環境基準を超える汚染物質が検出された問題に関して、これまで経済・港湾委員会や豊洲市場移転問題特別委員会でそれぞれ調査が進められており、特別委は来月にも石原元知事らの関係者を参考人招致する方針を示している。

東京改革議員団などは、特別委の要綱を改定して百条委の権限を付与することで委員会を一本化することを求めている。一方、百条委と特別委では権限が異なり、参考人に対する意味合いや重みが異なることから、都議会として選択肢を残すべきとする会派もあるという。

百条委での調査項目や委員数についても各会派で主張が異なるため、22日の議運理事会に向けて各会派間の調整を行い、定例会初日での提出を目指す。

高木啓議運委員長は20日の理事会後、「主要4会派が設置要綱案を出しているので、百条委は間違いなく立ち上がる。みんなで努力をして成案を作っていく。まとまらないということはないだろう」と説明した。

また、同理事会では議会改革についても協議。議員報酬の2割削減や費用弁償の廃止などを盛り込んだ公明党案をベースに、全議員による共同提案の形で調整を進める方針で全会一致した。

百条委員会の設置を巡っては、これまで東京改革議員団（旧民進党）や共産党が設置を求めていた一方、自民、公明は慎重姿勢を示していた。そうした中、自民は野村有信氏を会長とする11人が16日、百条委員会の設置を求める「有志の会」を結成し、高木啓幹事長あてに趣意書を提出していた。呼びかけ人は立石晴康氏、古賀俊昭氏、小礒明氏、来代勝彦氏、桜井浩之氏、近藤充氏、舟坂誓生氏、發地易隆氏で、同日に野島善司氏、三宅茂樹氏も参加した。

都政の東西

焦る各党

交渉に含みを持たせつつも他党に威圧感を与えるには十分な、絶妙な言い回しだった。「目標は高く、現実は着実に」。小池知事は15日の会見で、都議選で単独過半数を狙うのか問われ、こう答えた。

自身の口からは「過半数」との言葉を発していない。それでも各党の焦りは議会改革案に表れている。

都議会の各会派は14日までに、議員報酬の削減や費用弁償の廃止を訴える独自案をそれぞれ発表。議員報酬の削減は20～30％と幅があるが、民進系2会派は合流を表明した上で「改革を阻んでいるのは自民党」と名指しで批判し、あえて「小池知事の改革に共鳴している」と主張するなど、党が置かれた危機的状況を如実に示す内容となった。

印象的だったのは、各会派が「都政、都議会に対する不信や疑問の声が頂点に達した」と声高に訴えたことだ。確かに今まで議会改革に向けた議論が後手に回ってきた印象は否めず、小池知事が自らの給与半減を断行したプレッシャーは大きいが、都議選を控えて各会派の「公約」がエスカレートしている節がある。

そして自民党。分派したメンバーに離党の動きがあるほか、11人の「有志」が16日、豊洲移転を巡って百条委員会の設置を執行部に求めるなど、存在感を示そうという思惑も垣間見える。

昨年末、ある自民都議に去就を尋ねると、「千代田区長選の結果次第」と冗談めかして話していたが、確かに選挙後に動きは加速している。

小池新党の候補はまだ12人だが、この間、週1回ペースで候補者を公認し、世間の目を引き付ける意図も見て取れる。知事側が単独で過半数を目指す中、各党が焦るほど「小池劇場」にのまれていく。

都議会

自民2人が離党 小池新党に合流

都議会自民党から離脱し、新会派「新風自民党」を立ち上げた3人のうち2人が20日、自民党に離党届を提出した。2人は1期目の山内晃氏（品川区）と木村基成氏（小金井市）で同日、都民ファーストの会東京都議団に合流した。現在は自民の公認を得ているが、都民ファーストの会公認での出馬を目指す。

一方、2期目の大場康宣氏（世田谷区）は16日、自民党都連の下村博文会長と面会し、離党しない考えを伝えた。

また、自民党都連は16日、都議選の公認候補として、6期目の古賀俊昭氏（日野市）と1期目の高椙健一氏（北多摩第二）の2人を発表した。同党公認候補は20日現在、山内、木村氏を含めて現職50人、新人6人の計56人。

冗句ジョーク

都庁舎昼休み改革、良い事だけでないかも？

最終組の不安
男性職員「安い定食売り切れ、限定メニューも売り切れ！」
女性職員「人影チラホラ、婚期遅れちゃう！」

江東区民泊訴訟

住民の安心　どう守る

区の権限確認　司法の場で

原告「現行制度は時代遅れ」

民泊営業の自治体の許可権限を巡り昨年12月に江東区が提訴された訴訟の第1回口頭弁論が16日、東京地裁で開かれた。原告は都内在住の弁護士。江東区内に購入したマンションの一室で民泊営業を始める計画だったが、区から旅館業法上の許可を受けられず、「民泊は旅館業法の旅館業に該当しない」として、区の許可権限に関する確認を求めて提訴した。旅館業法の許可を受けずに営業する、いわゆる「違法民泊」への住民からの苦情はここ1、2年で急増しており、自治体は対応に苦慮している。

「民泊を旅館業法で規制するのは時代遅れ。国民の権利を制約するもので許されない」。原告の石原一樹氏は証言台の前でそう陳述した。

旅館業法が成立したのは1948年。結核などの感染症対策が大きな課題の一つだった戦後間もない混乱期で、公衆衛生面からの取り締まりの強化が目的だった。原告側が同法を「時代遅れ」とする根拠だ。

原告は併せて現行制度が想定する客室数・宿泊者数にも着目。民泊の宿泊者数は「おおむね4人以下が通常」と主張し、旅館業法や同施行令では、ホテルは「10室以上」、旅館は「5室以上」、簡易宿所は「多人数」と規定されていると指摘する。

こうした背景を踏まえ、原告は「民泊とは単独または限定的な人間関係に結ばれた旅人が短期間泊まるもの」とした上で、「公衆衛生の確保の観点から必要不可欠な浴槽や水洗便所もある」と訴え、原告が計画する民泊営業は旅館業法の業態ではなく、江東区の許可を受ける義務はないと主張する。

原告は購入した江東区内のマンションの一室（23平方㍍）で、定員は大人2人、子供2人の計4人とし、1日利用5千円、1回の清掃料金5500円で民泊営業を始める計画だった。

被告の江東区は原告の主張に対し、「法律上の争訟に当たらない」「義務付けの訴えの要件を充足していない」として、原告が民泊営業を開始していないことなどを理由に、訴訟の却下を求めていく構えだ。

苦情対応に苦慮

「住民の安全・安心を守るのが我々の使命。この訴訟には勝たないわけにはいかない。全力を挙げて区の正当性を訴えていく」――山﨑孝明区長は2日の新年度予算案の会見で訴訟への意気込みを示した。

2014年度に1件だった旅館業に関する江東区への苦情件数は、15年度に5件、今年度は1月末現在で55件に達する。保健所の担当者は「週に1件以上のペース。しかも1件に何度も足を運んで対応しなければならず、手間が大きい」と話す。

民泊への対応に苦慮しているのは江東区だけではない。新宿区は昨年度95件だった民泊の苦情件数が、今年度は1月末現在で既に198件。区保健所の担当者は「苦情が寄せられれば、宿泊料金の支払いや、インターネット仲介サイトの利用など現地で任意調査するが、所有者や管理者と連絡が取れないことも多く、郵便受けに書面を入れるなどして対応している」と述べ、民泊の取り締まりは一筋縄ではいかないのが実情だ。

「現行の旅館業法の欠点は、許可を受けていない物件への立ち入り調査の権限がないこと」。月平均約50件の苦情が寄せられる渋谷区の豊田理香生活衛生課長は、現行制度の課題をこう指摘する。江東区の訴訟の原告が主張するように、制度が想定していなかった「民泊」という新しい業態を前に、行政の現場は苦慮している。

来月上旬の閣議決定に向けて検討が進む「住宅宿泊事業法案」、いわゆる「民泊新法」に対し、特別区長会は今月3日、区長への民泊事業者に関する権限及び日数制限と用途地域制限に関する条例制定権の付与を国に要請した。時代遅れの制度に揺れる自治体や住民。民泊が地域社会に受け入れられるまでの道のりは平坦ではない。

「この訴訟には勝たないわけにはいかない」と述べる山﨑区長＝2日、江東区防災センター

板橋区

元ホタル館職員と和解へ

免職取り消し区議会が審査

板橋区は、「板橋ホタル生態環境館」（ホタル館）で飼育業務を担当していた元資源循環部環境課主事の阿部宣男氏（61）に対する2014年3月28日付の懲戒免職処分を取り消す方針を固めた。区は処分取り消しや退職金の支払いなどを盛り込んだ議案を15日に第1回定例区議会に上程しており、今後、企画総務委員会で議案審査が行われる。区人事課では、「免職は重いとする地裁の心証がくみ取れたことを踏まえ、和解議案の提出に至った」と話している。

東京地裁の和解勧告に基づき、開会中の第1回定例区議会に議案を提出した。勧告によると、区は阿部氏の懲戒免職処分を取り消し、16年3月31日付で定年退職したこととして、満額の退職金約1966万円と解決金約352万円を阿部氏に支払う。また、阿部氏がホタル館で長年にわたってホタルの飼育に従事してきたことや、13年まで開催していた夜間特別公開と累代飼育に関する特許の取得に尽力したことを区として認めるとしている。

その一方で、区が処分理由に挙げた阿部氏が行った事務処理に関し、区の処分指針に該当する行為があったことを阿部氏側が認めることも盛り込まれた。

区は処分説明書で、阿部氏が▽区の意思決定を経ずに事業者と契約を締結した▽権限がないにもかかわらず、区の収入となる特許料を免除した▽施設の施錠を第三者に行わせたにもかかわらず、自ら施錠したと虚偽の報告を行った――などと処分理由を挙げたが、区人事課によると、どの事務処理が処分指針に該当するかは和解勧告では示されなかったという。

処分を巡っては、阿部氏が14年6月に区に対し、処分取り消しと慰謝料550万円を求める訴訟を東京地裁に提起。処分時期と並行して区がホタル館の閉鎖を検討していたことから、阿部氏の代理人は「ホタル館つぶしの結論ありきの処分」と批判していた。区はホタル館を15年3月に閉鎖。累代飼育に関する特許も権利放棄していた。

阿部氏は処分取り消しを求める訴訟と並行し、区に対し、12年4月から14年1月までの期間、午前6時から翌午前1時までの勤務を行っていたとして、残業代など計約6千万円の支払いを求めて訴訟を起こしていた。昨年12月の第4回定例区議会では、区が解決金500万円を支払って和解する議案が反対1人、退席1人を除く賛成多数で可決された。

残業代の和解では、委員会審査の際に区の監督責任で厳しい指摘が上がった一方、「和解を受け入れなければ更なる不利益が想定される」（自民）、「原告側の訴えはほとんど認められていないが、重く受け止めるべき」（公明）などの意見が出され、区に対する理解の声もあった。

これに対し、今回の懲戒免職処分を巡る和解議案は、阿部氏側の主張が大きく反映されている点が特徴で、今後行われる委員会審査での厳しい追及は避けられない見通しだ。議案は3月7日に開かれる本会議で採決が行われる予定。

懲戒免職処分前にホタル館で飼育業務を行っていた阿部氏＝13年12月14日

特別区　17年度予算案

広域連合

区市町村負担は2475億円に

特別会計総額5.5%増

東京都後期高齢者医療広域連合は、2017年度当初予算を決定した。被保険者数の増に加えて医療費の適正化や健康年齢の増進を目的とした事業費が増額し、特別会計は前年度比5・5%増の1兆3113億8612万円、一般会計は4・2%増の46億2343万円。区市町村が療養給付費と保険料を負担する額は4・5%増の2475億506万円となる。

連合によると、来年度の被保険者数は、今年度より約5万人多い146万5千人で、1人当たりの医療給付費は年間88万3928円（前年度と比べ約2万円増）となる見通し。これらを算定基準とした。

医療費を計上する特別会計の歳入内訳は、区市町村支出金が4・4%増の2627億2116万円、都支出金が5・8%増の1096億1212万円、国庫支出金は6・0%増の3471億8136万円を計上。現役世代の負担分に当たる支払基金交付金は5822億7630万円にのぼる。

繰入金は2・6%増の82億8731万円で、人件費増額や事業推進に対応するため財政調整基金は前年と同額の42億円を取り崩し、一般会計から40億8731万円を繰り入れる。

歳出は、新規に健康診断や医療機関の受診を勧める事業に着手するための保険事業費に6・3%増の50億7521万円を予算化。総務管理費は4・7%増の38億6602万円。ジェネリック医薬品の拡充促進や診療報酬明細書（レセプト）の件数が増加したことが要因。

事務手続きにかかる費用を計上する一般会計の歳出は、民生費が40億8731万円。特別会計に繰り出す負担金が増え、5・5%増となった。被保険者証の一斉更新期が過ぎたため、情報政策費が17・9%減の1億4493万円になった。歳入は財調から3億6500万円を取り崩し、区市町村の負担を42億4828万円に抑える。

国が表明している保険料軽減特例の段階的な見直しの影響を反映した予算額は、21日の臨時会に補正予算として提出する予定。

練馬区

コンビニ交付の利用を

番号カード使い体験会

練馬区はマイナンバーカードを使った証明書のコンビニ交付の利用を促すことを目的に、22日から区本庁舎や集会施設など17カ所で体験会を開く。

体験会はマイナンバーシステムを運用する地方公共団体情報システムとマルチコピー機のメーカーの協力を受けて実施。自治体職員を対象とした研修向けに開発されたデモンストレーション用のマイナンバーカードを使い、実物のマルチコピー機を操作してダミーデータの証明書を交付してもらう。体験会は2回に分けて行い、参加者全員が操作できるようにする。

区によると、マイナンバーカードの交付開始に伴い、今年度からコンビニ交付をスタート。区内約230店舗で利用可能となったが、高齢者を中心に「マルチコピー機の使い方が分からない」「マイナンバーカードの安全性に不安がある」などの意見が区に寄せられていた。区戸籍住民課の丸山慎一課長は「マルチコピー機を実際に使ってみることで、操作が簡単であることを実感してほしい」と話している。

マイナンバーカードを使ったマルチコピー機での証明書交付を実演する区職員

千代田区

猫まつりに知事来場

殺処分ゼロモデルに

千代田区は、猫の譲渡会などを行う「ちよだ猫まつり2017」を18日と19日に開催した。猫の殺処分ゼロの啓発イベントで、同区は6年連続で達成している。動物の殺処分ゼロは、千代田区長選でタッグを組んだ石川雅己区長と小池百合子知事が共通して示している政策の一つ。

小池知事は18日のイベント開会に当たってあいさつし、昨年度に都全体の犬猫の殺処分件数が203件まで下落していることを紹介。「譲渡システムを構築しながら、中長期的には愛情をもって育てることの大切さを教えていきたい。千代田区をモデルにしながら東京都全体でしっかり取り組んでいく」と話した。

石川区長は「千代田区の取り組みが全体に広がるようにという思いもあり、知事に来ていただいた」と、知事を招いた経緯を説明。「動物は癒やしだ。超高齢化社会になると、ますます入所施設で動物が求められる状況になるだろう」と意義を示した。

並んで猫愛護をアピールする石川区長（右）と小池知事（左）＝18日、千代田区役所で

文京区

熊本県上天草市と「湯島」を縁に協定

文京区は17日、熊本県上天草市と相互協定を結んだ。「湯島」の地名が両自治体にあるのをきっかけに、今後は住民交流の促進、観光、産業、防災へと幅を広げていく。

上天草市内にある湯島は、市中心部の西側に位置する離島。同日の協定式に臨んだ堀江隆臣市長は「過疎に悩まされてきた地域だが、地方とのネットワークが強い文京区を通して色々な地域と連携を結び、交流人口を増やしていきたい」と期待を寄せた。

成澤廣修区長は「東京23区は特別区全国連携プロジェクトを推進している。日本に二つしかない地名のつながりで、自治体間が結び付く意義は大きい。災害時の連携もポイントになる」と話した。

両自治体は区内に旧熊本藩主の細川家の屋敷跡があることなどを背景に、「天草四郎観光協会」が文京梅まつりに参加するなどの民間交流があった。昨年4月の熊本地震では区の民間団体が義援金を贈った経緯もある。

目黒区

東アジア3都市間交流

中学生派遣し今夏実施

目黒区は、北京市東城区とソウル特別市中浪区との3自治体間でのスポーツ交流の実現に向けて調整を進めている。実施時期は今夏で、場所は東城区の予定。東アジアの友好関係のある3都市で国際交流を深め、東京五輪に向けた機運醸成を図るのが狙い。

交流するスポーツの種目は天候に左右されない室内スポーツで調整中。区は決定した種目を行う区立中学校の2年生、男女各10人を派遣する予定だ。以前は小学生同士による年賀状のやり取りや、絵画の交換などを行っていたが、実際に相手国に派遣するのは初めてという。

東城区（旧崇文区）とは1991年に友好都市協定を締結。中浪区とは友好増進・交流協力の覚書を交わしており、友好都市協定の締結に向けて調整を図っている。

青木英二区長は「アジアの自治体との草の根交流は非常に大事。次代を担う子供たちにアジアを通して世界を知ってほしい」と話している。

記者席

歌に表れる各区の独自色

○……豊洲新市場に始まり、ワンダーサイトや延遼館の復元、観光案内ガイドの制服など、石原元知事や舛添前知事の銘柄刷新が目立つ小池知事。この次に見直されるのは何だろうか。特に豊洲新市場を巡って対決姿勢を強める石原氏銘柄では、新銀行東京や東京マラソン、三宅島のバイクレース、尖閣諸島の基金などがあるが、いずれも刷新という感じではなさそう。

そういえば「日の丸・君が代」の通達もあったが、式典や定例記者会見時に日の丸への一礼を忘れない小池知事だ。2人の感覚は意外にも近そうで、見直しは考えにくい。くれぐれも見直しのための見直しではなく、前向きな改善を願いたい。

○……東京五輪で選手に贈られるメダルに携帯電話内の金属部品などの「都市鉱山」を活用するため、16日から都庁第二本庁舎1階に協力ボックスが設置された。同日は約250人が計834個の電子機器を投入。メダル5千個のためには最低500万台の携帯電話が必要だという。

携帯電話を回収するボックスは都立足立工業高校の生徒らが作成し、これまでの投入数が自動的に表示される機能付き。自分の1台が500万分の1にカウントされるのは、なかなか感慨深い。1300万都民の協力を得ることは、大会成功の最低ラインだ。500万台という数にひるんでいる場合ではない。

○……作曲・カジヒデキ、歌・野宮真貴――。渋谷区は基本構想の周知事業の一環で、歌と動画を制作した。歌のタイトルは周知キャンペーン名と同じく「YOU MAKE SHIBUYA」。両者とも長谷部健区長と交友があり、昨年4月開局の区内対象のコミュニティーFM「渋谷のラジオ」でもパーソナリティーを務め、90年代を中心に流行した「渋谷系」アーティストの代表格だ。

一方で大田区は区制70周年を契機に区のイメージソングを制作。こちらも作詞・湯川れい子、作曲編曲・千住明、歌・夏川りみと、渋谷区に劣らず豪華な顔触れだ。両区とも区のカラーがにじみ出るようで実に面白い。

都の多摩・島しょ関連予算

産業振興や観光に重点

市町村総合交付金500億円に

都の2017年度当初予算案が固まった。多摩・島しょの振興関連の予算は約2393億円となり、対前年度比で約193億円の増加。産業振興や観光関連での新規事業が目立つ。市町村総合交付金は都市長会や都町村会の要望通り増額され、500億円の大台に乗った。復活予算を廃止した小池知事は、代わりに実施した各種団体へのヒアリングの中で、市長会と町村会に対して多摩・島しょへの積極的な支援を約束していたが、その言葉をほぼ裏付ける内容となっている。

市町村に対する総合的な財政支援を行い、行財政基盤の安定・強化や多摩・島しょ地域の一層の振興を図る市町村総合交付金は使途が特定されない一般財源で、使い勝手の良さから市町村の評判が良い。首長らからの強い要望を踏まえ、前年度の490億円から500億円に増額された。

都は厳しい市町村財政の状況を鑑みて、16年度最終補正予算案でも市町村の緊急課題などへの対応で同交付金490億円に10億円を上乗せし、1年前倒しで要望に応じている。

新年度予算案で新規に盛り込まれた事業の中で、特に目立つのが産業振興や観光関連だ。

多摩のものづくり創業の推進では、2億5600万円を予算化した。多摩地域での起業を活性化するため、産業サポートスクエア・TAMAを活用した支援や民間インキュベーションラボの整備を支援する。起業に関心のある人を対象にしたセミナーの実施やコンサルティングなどで創業までをサポートするほか、実験装置を備えたラボ併設の起業のための施設の整備費を補助する。

多摩地域でのMICE拠点の育成支援では、会議や宿泊、商業施設などのMICE受け入れ施設が集積するエリアをモデル地区として1地域選定し、MICE拠点として育成する。1700万円を計上した。

JR立川駅近隣に外国人旅行者などに対応する東京観光情報センター多摩（仮称）を整備する費用は約7700万円を見込む。

林業では、後継者難を背景に新規就労者などの育成のため、基礎的な作業の体系的な研修の実施に2600万円を盛り込んだ。

多摩地域女性就業支援プログラムは、子育て世代の若い年齢層が自宅から近い場所での就労を希望するという多摩地域特有のニーズに応じて、マザーズハローワーク立川と連携し、セミナーや職務実習などの支援を行う。対象は約50人を想定し、予算額は3千万円。

自然と調和した観光には11億1700万円を盛り込んだ。中でも、島しょ地域誘客促進事業は旅行者の誘致を図り、地域での消費喚起に結び付ける狙いで、島しょ地域で共通に利用できる旅行券を12万セット発行する。

島しょ地域を活用した縁結び観光プロジェクトは、船を使って島しょ地域を観光して巡る婚活ツアーで、モニターツアー2ルートを実施した上で民間事業者による20コースの商品化につなげる。

島しょ関連ではそのほか、「魅力発見」と「ブランド化」に向けた取り組みで、1500万円を計上。島しょの隠れた魅力を再発見し、ブランドの構築を支援する。ブランディングやマーケティングの専門家などによる有識者会議運営費などに充てる。

島しょ地域における電気自動車普及モデル事業は3千万円を計上。複数の島で数台の電気自動車を使って実証実験を行い、モデルケースとする。自然豊かな島の環境保全につなげ、再生可能エネルギーの利用も含めて可能性を探る狙いがある。

これら新規事業のほか、都市インフラの整備では、多摩南北方向の道路の整備などで約213億円が付いた。東村山3・3・8号線が29億3千万円、小平3・2・8号線が28億4100万円、国分寺3・2・8号線が19億7700万円などとなっている。第3次みちづくり・まちづくりパートナー事業は、小金井3・4・1号線の6億9200万円など10市15カ所で13億3千万円を計上。

また、鉄道の連続立体交差化の推進は約80億円で、そのうち、西武新宿線東村山駅周辺で約77億円を見込んでいる。市町村土木補助は56億1400万円で前年度と同額。

そのほか、区市町村に関連した予算として、福祉保健区市町村包括補助事業が318億7500万円（前年度比増減なし）、新・元気を出せ！商店街事業が42億5200万円（同5億5200万円増）などとなっている。

都立大島高校の椿園を視察する小池知事。島しょ地域の「宝物」の発掘や観光へのテコ入れも予算の目玉だ＝1月29日、大島町で（都大島支庁提供）

瑞穂町

石塚町長が引退の意向

杉浦副町長は退任

瑞穂町の石塚幸右衛門町長(76)は20日までに、4月18日告示、23日投開票の同町長選には出馬せず、今期限りで引退する意向を固めた。「3期で辞めるつもりだったが、4期目に出馬したのは後継者の人選がまとまらなかったため」としている。

石塚氏は1940年生まれ。民間会社勤務、町議を経て、2001年の町長選で初当選し、現在4期目。

一方、同町の杉浦裕之副町長（63）が20日付で退任した。理由は「一身上の都合」だが、石塚氏引退を受け、町長選に向けた準備と見られている。

杉浦氏は1954年生まれ。78年に瑞穂町役場に入庁し、財政課長、企画財政課長、企画総務部長などを歴任した。2009年10月から副町長を務め、13年に再任。今年9月30日までが任期だった。

同町長選ではこのほか、現職町議や過去3回の町長選で石塚氏に挑んだ元町議などの名前も挙がっている。

児童ら996人食中毒症状

立川市　学校給食が原因か

多摩立川保健所が調査中

立川市教育委員会は18日、市立小学校7校の児童や教職員らが嘔吐や腹痛などの症状を訴えたと発表した。20日正午までに症状が現れたのは7校の全児童2818人のうち921人と教職員75人の計996人。7人が入院したが、うち2人は退院を確認した。都多摩立川保健所は17日の学校給食が原因の集団食中毒の疑いがあるとみて調べている。

市教委によると、7校にはいずれも同市泉町にある学校給食共同調理場で調理した給食が提供されていた。多摩立川保健所は18日早朝、調理場に立ち入り検査し、17日の給食で使われた食材や調理済みの料理などを調べている。同日の献立はミルクパン、牛乳、鶏肉のトマト煮、パセリポテト、フルーツポンチだった。

学校給食共同調理場はPFI方式で整備運営され、2013年4月から給食の提供をスタート。現在は市内小学校20校のうち、自校方式で給食をまかなっている7校を除く13校を2グループに分けて別々の献立を作っている。今回の7校は同一グループだった。

衛生面では毎朝、調理員の体調を目視や口頭でチェックするほか、調理場に入る前には手を洗い、白衣に着替え、エプロン、帽子、マスク、手袋をはめ、ほこりの侵入を防ぐエアーカーテンを通過する。今月、調理員や給食配送の運転手、清掃員などを対象にノロウイルス検査を実施。全員が陰性だった。同調理場からの給食は20日から24日まで停止している。

梅の里再生「スタート」

法人市民税が8.5％増

青梅市

青梅市は16日、2017年度当初予算案を発表した。同市ではプラムポックスウイルス（PPV）の被害で多くのウメの木が伐採されたが防除対策を進め、市梅の公園を含む梅郷・和田町の2地区で昨年、再植栽が認められた。浜中啓一市長は「梅の里再生のスタートの年。落ち込んでいた市民の気持ちを奮い立たせ、一丸となって市政全体に思いが伝わっていくようにしたい」と述べた。

梅の里再生事業では、緊急防除対策、ウメ農家への支援、梅まつりの実施や梅の里再生PRなどの経費で9297万円を計上した。引き続き、強化地区内の悉皆調査や消毒を実施するほか、梅の里再生に向けたPR用物品の作成などを行う。市は強化対策地区内の農地の再植栽樹数を、現在の2千本から20年度には3500本とし、梅の公園内の植栽樹数を同600本から1200本とすることを目指す。

新生涯学習施設建設事業は予算額3億3359万円。同施設は老朽化した青梅市民会館、社会教育施設の釜の淵市民館と永山ふれあいセンター、11地区ごとにある市民センターの一つである青梅市民センターの4施設を再編統合するもので、約3千平方㍍に活動室や多目的ホールなどの機能を盛り込む。設計や青梅市民会館の解体工事、代替施設利用団体への助成などの費用に充てる。

鳥獣被害対策は316万円を予算化した。イノシシなどの捕獲檻の購入のほか、昨年多く出没したクマの追い払いや調査経費として、東京都猟友会青梅支部への委託料も盛り込んだ。

性質別の歳出は、人件費が定年退職手当の減などで4・3％の減となる一方、扶助費は2・0％の増。歳入は市税が1・0％増。法人市民税が8・5％の伸びを示した。

一般会計＝485億円（前年度比1.8％減）

主な事業	
新生涯学習施設建設事業	3億3359万円
梅の里再生事業	9297万円
防災行政無線の整備	402万円
クマなど鳥獣被害対策	316万円
墓地公園内樹林墓地の設計委託	300万円

市民活動センターを開設

投資的経費が大幅増

府中市

府中市は16日、2017年度当初予算案を発表した。一般会計は前年度に続き1千億円を超え、過去最大。7月に府中駅南口再開発ビルに開設予定の市民活動センター関連予算などで膨らんだ。

高野律雄市長は「同センターを拠点にまちのにぎわいと活力、経済的な効果を上げ、市民協働を推進したい」と話した。

市民活動センターの整備事業費として、59億468万円を充てる。再開発ビルの5階と6階に整備し、誰でも自由に利用できる市民活動交流スペースや登録制の団体活動作業スペース、市政情報センター、消費生活相談室などのほか、有料施設としてスタジオや会議室も備える。

2年連続で26市ワースト1位となった待機児童解消に向けては18年4月に開設予定の私立認可保育所4施設への補助で6億3729万円を計上した。合計で230人の定員確保を見込む。

多様化する保育ニーズに対応するため、新たに定期利用保育事業を実施する私立幼稚園への補助金交付として696万円を予算化した。

9月から供用開始となる給食センター新築事業費は47億6006万円を盛り込んだ。新築工事費や監理委託料、備品購入費などとなっている。

歳出の性質別では、扶助費が2・6％増の300億954万円。障害者自立支援給付費や私立保育所の運営費補助などの増が影響している。投資的経費は21・8％増の180億7987万円を見込む。

歳入では、市税が納税義務者数の増や家屋の新築による固定資産税の増などで1・3％増の491億7554万円。繰入金は公共施設整備基金繰入金の増などが影響し、29億6116万円増え、市債は市民活動センター購入事業債の増などに伴い51・9％増。

一般会計＝1046億円（前年度比3.6％増）

主な事業	
市民活動センター整備事業	59億468万円
給食センター新築事業費	47億6006万円
私立保育所施設整備費	6億3729万円
ラグビーのまち府中推進事業	1849万円
幼稚園定期利用保育事業	696万円

市町村 17年度予算案

認可保育所を7園新設

市長選控え、骨格予算

小平市

小平市は10日、2017年度当初予算案を発表した。4月に市長選を控え、一般会計は骨格予算となっている。小林正則市長は「子育て世代の流入が続く中、若い人が住みよいまちにしてほしいとの希望が多い。保育所の大幅な新設や子育て中の女性の就労支援などを盛り込んだ」と語った。

私立認可保育所の新設には8億947万円を充当する。新たに開園する7園分の委託費で、これにより、市内の私立認可保育所は26園から33園に増え、定員は419人の増となる。

子育て中の女性の就労促進事業には861万円を計上。女性が社会で活躍できるよう、在宅でのテレワークやコミュニティービジネスなどによる創業を支援する。NPOや株式会社などで立ち上げる任意団体に対し、作業スペースの整備やスキルアップ研修の実施費用などに補助する。

スクールソーシャルワーカーは、中学校全8校に加えて小学校への配置や長期休業中の支援を現状より強化し、配置日数を年間75日から100日に拡充する。予算額は309万円。

B型肝炎任意予防接種事業には77万円を盛り込んだ。昨年10月から始まった1歳未満の乳児対象の定期接種を受けそびれた16年4月から7月生まれの子供を対象に実施する。約100人の利用を見込んでいる。

歳出の性質別の内訳は、扶助費が民間保育所運営費や障害者自立支援給付費の増加などに伴い2・8％増の208億8663万円。歳入の根幹をなす市税は4・3％増の157億8009万円。個人市民税は納税義務者の増加、法人市民税は大手法人の業績が堅調であるため、いずれも増となる。

一般会計＝608億9700万円（前年度比1.8％減）

主な事業	
私立認可保育所の新設	8億947万円
生ごみの再資源化	1349万円
子育て中の女性の就労支援	861万円
スクールソーシャルワーカーの拡充	309万円
B型肝炎任意予防接種	77万円

ブラウンバッグで服薬指導

再開発保留床処分を計上

国分寺市

国分寺市は13日、一般会計が過去最大の2017年度当初予算案を発表した。再開発ビルで市が権利を保有する保留床の処分金を計上したため規模が膨らんだ。井澤邦夫市長は「人に優しいということを中心に据えて、市民の生命と財産をしっかり守りたい」と語った。

ブラウンバッグ運動事業に36万円を充てる。薬剤師が中心となり患者が服用する薬の飲み忘れや飲み合わせをチェックし、患者に適切な服薬指導を行う運動で、米国で茶色の袋に薬を入れて薬局に持ち込むよう働き掛けたことに由来する。国分寺市薬剤師会の協力でバッグを作成・配布し、残薬整理などを支援。医療費適正化にもつなげる。

運転免許を自主返納した65歳以上の高齢者にコミュニティーバス「ぶんバス」の無料パスを支給する。約千人を想定し、窓口対応の臨時職員人件費やパス作成の材料費などで75万円を計上した。

こくぶんじ青空ひろば事業は市内の公園を活用して午前中は乳幼児など、午後は主に小・中学生の遊び場・居場所を作る。539万円を盛り込んだ。

JR国分寺駅北口再開発ビル5階の公益フロア整備には6億6166万円を計上。また、史跡武蔵国分寺跡など市内の観光スポットに迷わずたどり着けるよう、観光案内看板を237万円かけて5基設置する。同市で初めてクラウドファンディングを活用する。

歳出性質別では、扶助費が保育所入所児委託料や生活保護費の増で8・8％増の116億437万円。歳入では市税が2・4％増の225億9248万円、繰入金が再開発特別会計からの保留床処分に伴う余剰金などで約75億円増加した。同処分金の活用で、財政調整基金に約43億円、庁舎建設関連の基金に約21億円を積み増した。

一般会計＝495億8811万円（前年度比21.4％増）

主な事業	
公益施設整備事業	6億6166万円
こくぶんじ青空ひろば事業	539万円
観光案内版設置事業	237万円
高齢者免許自主返納支援	75万円
ブラウンバッグ運動事業	36万円

認可保育所5園新設へ

市税が堅調、2.1％増

武蔵野市

武蔵野市は15日、2017年度当初予算案を発表した。市民文化会館改修事業や武蔵野クリーンセンター建設事業などの減で前年度比4・8％減。邑上守正市長は「人口は今後も微増する。待機児童解消は大きな課題。一人ひとりを大切に多様性を力に平和と自治を育む予算とした」と述べた。

待機児童対策では、18年4月の認可保育所5園の開設に向けて、8億2847万円を予算化した。1カ所当たり定員60人で300人の定員増。同時期の認証保育所3園の新規開設での定員増120人と合わせ、420人分の確保を計画している。

市制施行70周年を迎えるに当たっては、記念事業として合計3200万円を計上。そのうち、武蔵野アール・ブリュット2017の開催に303万円、中島飛行機や戦争関連の新規収蔵資料展（仮称）の開催に524万円を充てる。

昨年7月に相模原市の障害者施設で起きた殺傷事件を受けて、高齢者・障害者施設の防犯対策の充実に900万円の予算を付けた。防犯カメラや110番直結非常通報装置などを設置する運営法人に対し、一定の上限額の2分の1を補助する。特別養護老人ホームや障害者グループホームなど17施設を想定している。

高等学校等修学支援は1296万円を盛り込んだ。経済的理由で高校への進学が困難な家庭への支援として入学準備金を毎年度5万円、修学給付金を6万円支給する。

性質別の歳出は、物件費が学童クラブ事業運営委託の増などで8・1％増の155億5641万円。投資的経費は36・2％減の82億3994万円。

歳入では、市税が納税義務者数の増や企業業績の上向きなどで2・1％増の399億4154万円を見込んでいる。

一般会計＝635億4800万円（前年度比4.8％減）

主な事業	
認可保育所５園新規開設	8億2847万円
高等学校等修学支援	1296万円
障害者施設等に防犯カメラ等設置	900万円
中島飛行機と戦争関連資料展	524万円
武蔵野アール・ブリュット開催	303万円

市センター地区の検討開始

生活保護費が減の見込み

東村山市

東村山市は15日、一般会計が前年度に次ぎ過去2番目の規模となる2017年度当初予算案を発表した。渡部尚市長は「財政環境が厳しい中、東村山創生に向けて積極的に編成した」と語った。「まちづくりの好循環を加速化する予算」と位置付けている。

市センター地区整備構想の検討費として377万円を盛り込んだ。将来的な市役所の建て替えや市役所周辺での連続立体交差事業などの都市基盤整備を見据え、市役所を中心としたセンター地区のコンセプトや必要な機能について、課題の整理や検討を進める。

生活困窮者と被保護者就労支援事業では、金銭管理が不得手なケースの相談に応じる支援などを拡充する。3766万円を計上している。

また、市の魅力を発信するためのプロモーション動画を制作し、映画館で上映前のCM（シネアド）として放映する委託料として435万円を予算化した。

昨年夏の台風で浸水被害が集中した前川沿川の被害軽減に向けて、川底に堆積した土砂の大規模な除去作業を行う。7千万円を盛り込んだ。

歳出性質別の内訳を見ると、投資的経費が中学校の特別教室の空調設備工事の減などにより、18・8％減の39億2088万円。目的別では民生費の生活保護費が2・1％減の64億6628万円。

歳入では、市税が0・2％微増し、205億4274万円。税連動型交付金は軒並み減となり、地方交付税も1・8％減。繰入金は財政調整基金や公共施設等再生基金などからの繰り入れで27・7％増となっている。

一般会計＝530億5864万円（前年度比1.8％減）

主な事業	
前川浚渫工事	7000万円
生活困窮者など就労支援事業	3766万円
シネアド動画制作・放映業務委託	435万円
中国・蘇州市と子供スポーツ交流	395万円
市センター地区整備構想の検討	377万円

多摩初の居宅訪問型保育

一般会計　給食センター完成で縮小

東大和市

東大和市は14日、過去3番目の一般会計規模となる新年度予算案を発表した。尾崎保夫市長は「日本一子育てしやすいまちづくりの実現に向け、施策をさらに推進させ、同時に高齢者や障害者など全ての人にとって住みよい街となるよう取り組む」と力を込めた。

市の柱である子育て施策では、民間認可保育所の移転新築費に6億4041万円を盛り込んだ。移転新築するのは2施設で、定員は合わせて84人増の予定。そのうち1施設では、施設移転後の建物を活用して、定員70人規模の学童保育所を整備する方針も示し、1694万円を予算化した。

また、重度障害児の家庭を支援するため、多摩26市で初となる居宅訪問型保育事業の実施に831万円を計上した。事業者は社会福祉法人鶴風会で、傘下の東京小児療育病院が担う。募集開始は来月1日から。定員は1人で、対象年齢は1歳以上の未就学児の予定。

市の指定文化財である旧日立航空機株式会社変電所の保存・修復に向けた整備指針の調査委託料には99万円を盛り込んだ。第二次世界大戦時の米軍からの攻撃跡が残る建物を保存し、平和事業に活用する。昨年10月からは同事業用のふるさと納税の受け付けを開始。寄付金は「旧日立航空機株式会社変電所基金」に積み立てる方針で、360万円を見込んだ。

性質別の歳出では、投資的経費が今年度に工事が完了した学校給食センターの整備費減で前年度比65・7％減の12億5537万円となった。歳入は市税が同1・2％増の125億円。市債は学校給食センター工事完了で同57・6％減の11億9200万円と見込んだ。

一般会計＝304億6700万円（前年度比5.9％減）

主な事業	
民間保育所の移転新築	6億4041万円
学童保育所の施設整備	1694万円
居宅訪問型保育	831万円
高齢者の介護予防インセンティブ	464万円
旧日立航空機㈱変電所の調査	99万円

大型複合施設に着工

臼井市政初の予算「職員一丸で」

昭島市

昭島市は15日、2017年度予算案を発表した。昨年10月の市長選で初当選した臼井伸介市長が編成する初の予算で、一般会計は過去4番目の規模。臼井市長は「市長に就任してから4カ月が経過した。職員一丸となって『住んでみたい 住みつづけたい 昭島』のまちづくりに邁進する」と決意を示した。

市立つつじが丘南小学校跡地に整備予定の「（仮称）教育福祉総合センター」の工事費用などに3億8313万円を盛り込んだ。昭島市初の本格的な複合施設で、蔵書数約40万冊の図書館や郷土資料室、カフェなどを設ける新築棟と、教育センターや子ども家庭支援センター機能などを持たせる校舎棟、約3800平方㍍のアリーナなどを整備する体育館棟の3棟で構成する。校舎棟には、教育・福祉の総合窓口を設置する方針で、子供への切れ目ない支援を提供する。このほか、76台分の駐車場も完備する。敷地面積は1万9563平方㍍。20年3月の開館を目指し、今年9月に着工予定。

20年度以降の焼却処理体制が課題のごみ処理事業では、ごみの減量や資源化の推進で新規5事業を計上した。そのうち、ごみ分別アプリの導入で78万円を予算化。分別方法や収集時間などを確認しやすくし、減量・資源化につなげる。また、啓発用のチラシやマグネットシートなども作成する。市は現在、西多摩衛生組合への加入に向け、調整を行っている。

性質別の歳出では、投資的経費がJR中神駅自由通路整備費減で前年度比32・0％減の41億2940万円。歳入は市税が前年度比0・8％減の190億7440万円。昨年の円高基調を受け、法人市民税を同18・4％減の2億7590万円と見込んだ影響が大きい。

一般会計＝416億円（前年度比6.3％減）

主な事業	
JR東中神駅自由通路等整備	12億208万円
(仮称)教育福祉総合センター整備	3億8313万円
(仮称)児童発達支援センター整備費補助	400万円
ごみ減量啓発チラシ等作成	200万円
ごみ分別アプリの導入	78万円

全公用車に記録装置設置

職員が前向きになれる編成に

清瀬市

清瀬市は16日、2017年度当初予算案を発表した。渋谷金太郎市長は「財政は厳しい状況だが、職員が現場力を生かして前向きに取り組む予算編成ができた」とした。

主な事業では、一部の公用車に設置していたドライブレコーダーを全車に搭載する。未設置の67台分の装置購入費122万円を盛り込んだ。車内の音声と運転手目線の映像を録画できる。この5年で物損件数が増加傾向にあり、議会からも指摘が出たことで全車導入に踏み切った。田村文義総務課長は「まずは職員の安全意識が向上すると期待している。また、トラブルが起きた際に検証できるのも利点」と話す。

子育て施策の一環では、妊娠期から子育て期の切れ目のない支援を展開する「ネウボラ」に着手するため1449万円を計上する。新規に妊娠期や産後うつの支援を始めるなど、市民が気軽に相談できる機会を広げる。

新庁舎建設事業には8015万円を計上。基本設計とコンサルタントの委託費に充てる。新庁舎は現在地の隣地を取得して建てる計画で、17年度に基本設計、18年度に実施設計をまとめ、19年度に着工。21年5月の移転を目指す。

歳入のうち市税は、0・7％増の92億6582万円。繰入金は11・5％増の5億1410万円で、財政調整基金の取り崩し額が4億円を占める。国の予算減額分を負担するため、市債を5・6％増の14億5400万円発行する。

性質ごとの歳出は、義務的経費が0・7％増の173億8433万円。扶助費が1・4％増加したことなどが要因。投資的経費は1・0％増の12億2110万円。市道0115号線の歩道拡幅整備工事費、清瀬消防署の建設用地取得が押し上げた。

一般会計＝280億8200万円（前年度比0.5％減）

主な事業	
新庁舎の基本設計	8015万円
「ネウボラ」事業	1449万円
病児の無料送迎	900万円
公用車に記録装置設置	122万円
重文「清瀬のうちおり」展開催	49万円

副校長の管理職手当増額

業務に忙殺、担い手不足が課題

都教育庁

都教育庁は来年度、副校長の管理職手当を増額する。業務の多忙さと、それに伴う教育管理職選考の受験者減少が深刻な課題となる中、副校長の待遇を改善し、少しでも担い手の増加につなげる狙いだ。現場には学校経営でやりがいを感じる現役の副校長がいる一方、教育管理職選考に合格しても主幹教諭の職にとどまる教員もおり、現場からは勤務環境の改善を求める声が上がる。

管理職手当支給規則の改正は4月1日付。副校長の手当を現行から8400円アップの月額8万7700円に増額する。行政系の管理職手当は出先課長が8万円で、それに準じた。再任用は同6200円アップの5万3千円となる。昨年の都人事委員会勧告で、「副校長の役割が変化している状況が見られるため、職責などの変化に応じた処遇の検討が必要」とする意見が付されたことを受けて判断した。

背景にあるのは、副校長の担い手不足だ。教育庁によると、昨年の教育管理職選考の募集では約120人が不足した。実際には再任用を活用して対応し、管理職選考の合格後にはローテーション期間があるため、すぐに欠員に直結するわけではないが、都の教育管理職選考の倍率は1倍台と低迷しており、「管理職に向かない教員が昇任してしまう」という声もある。

副校長の役割は学校教育法上、校長を助けて校務を担い、児童・生徒の教育も行うことと規定されるが、実際には保護者の対応や教育委員会の調査依頼の回答など広範だ。

多摩地域のある中学校の副校長の1日は、午前6時半に登校し、校内を点検することから始まる。特に月曜は念入りに、生活指導主任との連絡や校長・主幹教諭との打ち合わせが続く。午後は授業の観察や教員らとの連絡が重なる。生徒がいじめや暴力事件を起こせば警察署の事務官との面談に駆り出され、夜まで保護者対応が必要になる。

小学校の場合は副担任がいないことから、雑用も多い。児童が体調不良で嘔吐すればその処理に走り、授業で職員室に教員がいなくなれば留守番に。若手教員が精神的な体調不良を訴えれば、医師との連絡や職場復帰に向けた訓練も準備する。

最も煩雑なのが、文部科学省や教育委員会などによる調査依頼の対応だ。五輪教育やICTの導入など新たな取り組みが始まれば、その都度、報告書のとりまとめは副校長の役回りになる。

副校長らで作る「全国公立学校教頭会」の調査によると、時間と労力を費やしている職務として、小・中学校ともに「文書処理・各種調査依頼への対応」が極端に多く、中学校では約8割を占めた。アンケート項目としては、いじめや体罰、不登校、特別支援教育、防災教育などがあり、その数も増加傾向にあるという。

この副校長は「ベテランであればルーチンワークをこなせるが、新任1～2年目の副校長は、仕事に慣れるまでかなり大変だ」と指摘。一方で「多忙感より達成感の方が大きい。『番頭役』の副校長がしっかりしていれば、学校の組織全体がうまく回る。極力、明るく振る舞っている」とも話す。

管理職手当の増額は現場には朗報だ。ただ、「処遇改善だけでは副校長減少の歯止めにはなりにくいのではないか」という見方もある。

都内では、江東区と武蔵村山市が都のモデル事業として、学校事務の共同実施を試行。武蔵村山市では二つの拠点校に共同事務室を設立するなどし、「副校長や教員の職務の軽減につながっている」（市教委）と言い、前出の副校長は「こうした取り組みが各区市町村で定着すれば、副校長の職務の負担が軽減され、学校経営や教職員の育成に携わることができる時間が長くなり、副校長のなり手も増えるのではないか」と話す。

都教育庁は副校長の負担軽減に向けて、有識者らで作る「都におけるチームとしての学校の在り方検討委員会」の報告を受けて対策を検討する方針。担当者は「教育管理職選考の受験者数の減少も課題。打てる手を打ち、教育管理職の確保に努めたい」と話す。

肝がん罹患率減少目標

肝炎対策指針で改定案

都福祉保健局

都福祉保健局は16日、2017年度以降の肝炎対策指針の改定案をまとめた。厚生労働省の指針改正などを踏まえ、肝硬変・肝がんへの移行を減らすことを目標に設定したのが特徴で、肝がんの罹患率をできるだけ減少させる指標を新たに設定。肝炎ウイルス検査の受検促進や検査結果が陽性だった場合のフォローアップ、早期で適切な医療の受診など、肝炎総合対策を推進する。区市町村によるB型肝炎ワクチン定期接種の円滑な実施を支援し、肝炎ウイルス感染の予防にも努める。

感染予防に関する普及啓発では、母子感染や乳幼児期の水平感染のほか、ピアスの穴開け、タトゥー(刺青)、性行為などで感染する可能性など、都民に感染経路を啓発していく。特に、国内で報告が増えている「急性B型肝炎」は、成人期の感染でも慢性化しやすいことを周知する。肝炎ウイルス検査の受検勧奨や定期検査費用の助成などによる重症化予防も図る。

そのほか、医療提供体制・人材育成では、肝炎の診療で中核的な役割を担う幹事医療機関（14カ所）や、このうち肝疾患診療連携拠点病院（2カ所）に付設した「肝疾患相談センター」による取り組みなどを記載している。

同局では12年に策定した同指針に基づいて受検勧奨や医療費助成などの対策を進め、15年度までに約127万6千人が検査を受け、延べ約4万9千人が医療費助成を利用するなどの成果が出たが、ウイルス感染に気づいていない人も多いとされる。

同局では3月9日まで都民意見を募集している。

首都圏の水道支援

横浜市・川崎市と連携で

都水道局

都水道局は20日、横浜市・川崎市と連携し、他の水道事業体への技術提供などを支援する覚書を締結した。大規模な水道事業体が連携して他の事業体に対する支援を行うのは全国で初めて。支援の対象となるのは、山梨県を含む首都圏の水道事業体。具体的な支援策では施設の統廃合技術の提供や、研修での職員の育成などを予定している。

支援に当たっては、3事業体は共同の会議体「国内貢献プラットフォーム」を開設。都の多摩地域の水道事業体の統合や、横浜市が行うPFIを活用した施設の整備、川崎市の浄水場の集約・再編技術など、それぞれの事業体のノウハウを生かして支援する。

厚生労働省は昨年10月、全国の水道事業の広域化を図る改正水道法の骨子をまとめており、それを受けての会議体の開設となった。

全国の水道事業体では、人口減少による料金収入の減少や、職員の高齢化などが原因で老朽化・耐震化への対策の遅れや技術の維持・継承が困難などの問題を抱えている。

同審議会は今後、PR方法や各事業体のニーズを調査し、来年度から順次、支援をスタートする。

電通を1カ月指名停止

広報事業2件に影響

五輪組織委

五輪組織委員会は15日、労働基準法違反の容疑で書類送検された大手広告代理店の㈱電通を3月14日までの1カ月間、指名停止にした。労基法違反で指名停止にするのは、今回が初めて。

指名停止期間に同社に関係する可能性のあった事業は広報関係の2件で、金額は約1億円。入札は同社を除いて予定通り行われる。

組織委は1月に同社から労基法違反についての報告を受けており、その際、同社に対し業務改善報告書の提出を求めていた。組織委は「既に業務改善報告は確認しているが、社会的影響や責任の大きさを考え、指名停止にした」（広報局）としている。

指名停止は新規案件のみで、現在進行中の事業や、組織委に出向している同社社員には影響はないという。

残業削減マラソンで主税局など5局表彰

都総務局

都総務局は16日、超過勤務の縮減を目指す「残業削減マラソン」の開始3カ月の実績を表彰するライフ・ワーク・バランス賞で、金賞に主税局、銀賞に人事委員会事務局、銅賞に教育庁が入ったと発表した。以下、港湾局、環境局が続いている。2016年10～12月の対前年同期超勤縮減率を基準に、上位5局を表彰した。主税局の縮減時間は計9・0時間で、縮減率は38・1％だった。

特色ある取り組みとして▽会議は原則30分以内、人数の最小化▽時間＝コスト意識を徹底するスケジュール管理▽部独自のライフ・ワーク通信の配信――などが挙がった。

「人と人とのつながり」重視へ

都立公園の多面的活用で中間まとめ

公園審

都立公園を、人と人とのつながりができる場に――。東京都公園審議会（会長＝山田勝巳・日本公園緑地協会顧問）は16日、都立公園の多面的な活用の推進方針と都立武蔵野公園（府中市・小金井市）の再整備計画に関する答申の中間まとめを発表し、来園者同士が触れ合える公園づくりや、都市と一体となった公園の整備を提案した。施設の管理・運営には民間団体のノウハウを取り入れることも提言している。

都の公園整備はこれまで、施設管理の充実や防災機能の向上、緑化など、主に設備面での整備を重視してきたが、都民の価値観の変化により物質的な豊かさよりも生活の質の向上を求めるニーズが高まっている。

中間のまとめではこうした変化を捉え、来園者の多様なニーズに応えて居心地良く過ごすことができる公園づくりを提案している。公園の使い方や過ごし方の幅を広げることにより、来園者から人気を高め、来園者同士の交流の活性化につなげるのが狙い。

同審議会が示す今後の都立公園の具体的なイメージでは、広場や林に椅子や敷物を置き、飲食をしながらくつろげるカフェやレストランの設置、全天候型の屋根付きバーベキュー場の開設、季節に合わせた花畑の整備などを例示した。

公園と都市との一体化の観点からは、従来のようなフェンスなどに囲まれた都市から独立した公園ではなく、民間が開発した広場と公園が一体となったエリアを構築することを推進。公園内に設置したカフェが新たなコミュニティー形成の場となることや、緑や防災機能など公園の持つ機能が周辺地域に波及するなどの考えを示した。

また、これまで以上に施設整備・運営に民間のノウハウを取り入れることが必要と提言。景観を維持して地域の価値を高めたり、良好な空間を作るエリアマネジメント活動などが民間団体の間で広がっていることに着目しており、公園の景観やコミュニティーの形成などで連携が可能としている。

都と民間の役割分担では、緑の形成や防災機能など、公園そのものが持つ機能の向上は行政が、施設・サービスの導入や管理・運営は民間が担うことが適当とした。このほか、連携した民間団体が収益の一定割合を都へ提供することなども盛り込んだ。

一方、都立武蔵野公園の再整備計画では、計画コンセプトに「広がりのある風景づくり」と「人とその活動が交差する拠点づくり」の視点を新たに追加。現在、住宅地となっている公園南側は「武蔵野の緑と彩りのゾーン」とし、植物の知識を学んだり、ガーデニングの体験ができる花畑を整備し、来園者同士が交流できるようにする。

また、公園内に流れる野川の北側は、広場や川などの空間が一体となった「はけの風景ゾーン」とし、地域在来の動植物の保存の場とするとともに、自由に散策できる畑などを作り緑化植物の役割や管理技術を学べる見本園としての活用も図る。このほか、BMXが可能なスポーツ施設も整備する。

同審議会は今後、都民意見を反映させた後、5月に答申内容を決定する。

パーキンソン病変 小型霊長類で再現

都医学研

東京都医学総合研究所は8日、長谷川成人研究員らのグループがパーキンソン病やレビー小体型認知症の特徴的な病変を、小型の霊長類であるマーモセットの脳で再現できたと発表した。

パーキンソン病やレビー小体型認知症では脳内の「αシヌクレイン」と呼ばれるたんぱく質が異常を来し、それが広がることで病気が発症・進行するとされる。長谷川研究員らは2頭のマーモセットの脳の線条体に異常型の「αシヌクレイン」を接種する実験を行い、3カ月後に脳の病変を調べたところ、様々な部位への脳内伝播と、パーキンソン病に関連する脳の部位として知られる「黒質ドーパミン神経」の変性を確認したという。

医学研によると、異常型の「αシヌクレイン」の異常を検出する試薬が開発できれば、どの部位にどの程度の病変があり、進行に伴ってどのように広がるか予測でき、病変の拡大を抑える薬剤の開発も期待できるという。

都人権プラザが再オープン 身近なバリアを実体験

都の人権啓発の拠点となる「東京都人権プラザ」が16日、港区内にリニューアルオープンした＝写真。

施設は1階の展示室・セミナールームと2階の図書資料室・相談室で構成。町のジオラマにタブレット端末をかざし、クイズで日常生活の中にある人権課題を楽しみながら学べるコーナーや、視界が遮られるゴーグルや重りを身につけて高齢者や障害者、妊婦などが感じている「バリア」を体験できるゾーンなど、来館者が人権課題に気づくきっかけとなる展示をしているのが特徴。オリンピック・パラリンピックと人権をテーマに、競技用の車椅子やボールなどを触ることもできる。

同日の開所式では、中西充副知事が「子供や若者など幅広い都民を対象に、様々な人権課題について気づき、理解し、体験し、交流することを通じて、自ら考えてもらうことを目指している。港区とも密接に連携し、地域や住民のニーズに即した事業展開を行い、人権啓発の拠点にふさわしい役割を果たすことを目指す」とあいさつ。早速、施設を訪れた地元の小学校の児童らが身近な人権課題を体験した。

都人権プラザは元々、台東区橋場1丁目に立地していたが、人権の尊重を広く浸透させる必要があることや施設が老朽化していることを受け、港区芝2丁目に移転した。

五輪への航海図 155

TOKYO 2020

開催まで あと1249日

オリンピック教育

世界の多様性を学ぶ

15日、板橋区立蓮根第二小学校。体育館に集まった小学生約50人に、世界各国の人々の暮らしを写した写真が配られた。裏にはそれぞれの国のあいさつと、見たことのない少数言語が書かれている。児童たちは写真を見て「何をしているんだろう」「日本と似ている」など興味津々。都教育庁による「オリンピック・パラリンピック教育」のひとこまだ。

五輪教育は全ての子供が東京大会に関わり、大会後もオリンピックの精神をレガシーとして残そうと、都内約2300校の全公立校で行われている。ボランティア精神や国際感覚の育成、障害者の理解など様々な目的で、実際の体験を重視しているのが特徴だ。

同小学校のワークショップは、6年生を対象にした「世界がもし100人の村だったら」がテーマ。世界の人々の多様性について学び、国際感覚や平等を考えるのが狙いだ。写真の裏に書かれたあいさつを使い、同じあいさつをする児童を探すことで言語の違いを体感させた。また、ひもで作った円の中に、大陸ごとに分かれて人口密度の違いを学んだ。特にアジアの国に割り当てられた児童は「狭い」と口にし、アジア地域の人口過多について身をもって学んだようだ。

児童は世界の多様性について、身をもって学んだ＝15日、蓮根第二小学校で（板橋区）

ワークショップの途中、講師が少数言語で「座ってください」と書かれたボードを掲げた。多くの児童は素直に座ったが、一部は立ったまま。教育格差を実感できるよう、一部の児童に配られた写真には、文字の意味は書かれていなかったのだ。講師が「今立っている人は、読み書きができない人です」と言うと、児童は「おいていかれた気分」と漏らし、世界の教育格差について考えるきっかけになった様子だった。

6年生の担任の杉山抄祐里教諭は「実際にロールプレイング形式で、教科書では学べない体験ができている。こうした授業を通して、国際感覚を身に着け世界に目を向けてもらいたい」と話す。児童たちは「ボランティアに参加してみたい」「外国人と仲良くなってみたい」と口にした。

教育庁の荒川元邦教育推進担当課長は「実際に子供たちが楽しんで学んでいる姿を見ると、オリンピックを東京で開催する意味があると感じる」と語る。五輪教育は20年度で終了するが、ボランティア精神や世界について学ぶ取り組みは大会後も続けるという。

主任試験講座

平成29年度　21

はじめに

今回から、地方公務員法（以下「地公法」）について勉強します。全7回のうち前半3回で基礎知識の確認を行い、後半4回（7月頃掲載予定）で練習問題を解き理解を深めていきます。

地公法は、地方公務員の任用や勤務条件、分限、服務等の基本事項を定めた法律です。単に主任試験対策としてだけではなく、地方公務員として仕事をしていく上で基本となる大変重要な法律ですから、基礎知識を押さえた上で、繰り返し問題集に取り組み、正しい知識を身に着けてください。

勉強方法と参考図書

実際の過去問を解いて出題傾向や特徴を確認した上で、参考書で基本的な論点を押さえながら、問題集を繰り返し解いてください。

以下に、参考図書を紹介しておきます。このほかにもありますので、書店で見比べ、自分に合ったものを活用してください。

○地方公務員法の要点（学陽書房）
○やさしくわかる地方公務員法（学陽書房）
○地方公務員法101問（学陽書房）
○地方公務員法　実戦150題（都政新報社）
○1日10分地方公務員法（都政新報社）
○地方公務員法基本問題集300問（公人の友社）

なお、全65条と短い法律ですので、必ず条文に目を通してください。

また、平成28年4月に改正地公法が施行されました。改正の内容は多岐にわたりますので、その内容（人事評価制度の導入や退職管理の適正確保など）を踏まえて、基礎知識の学習を行うよう（間違っても、改正前の内容で学習することのないよう）気を付けましょう。

地公法の解説

第1章　総則

1　目的（1条）

地公法は、地方公共団体の人事機関、地方公務員の人事行政（任用、人事評価、給与、勤務時間その他の勤務条件、分限・懲戒、服務、退職管理、研修、福祉及び利益の保護、団体等）に関する根本基準を確立することにより、地方行政の民主的かつ能率的な運営並びに特定地方独立行政法人の事務及び事業の確実な実施を保障し、地方自治の本旨の実現に資することを目的としています。

2　一般職と特別職（3条）及び地公法の適用（4条）

地公法では、地方公務員を一般職と特別職に分類しています。一般職とは、特別職に属する職以外の一切の職をいい、①一般行政職員②公営企業職員・単純労務職員③教育公務員④警察職員・消防職員等——が含まれます。

また、特別職の具体的な職については、3条3項に限定列挙されており、次のように分類されます。

①住民またはその代表の信任によって就任する職

ア　公選によるもの

地方公共団体の長、議会の議員、農業委員会の一部の委員等

イ　議会の選挙によるもの

選挙管理委員会の委員

ウ　議会の議決若しくは同意を得て選任されるもの

副知事・副市町村長、監査委員、教育委員会の委員、人事委員会・公平委員会の委員等

②非専務職

諮問機関として設置する審議会の臨時または非常勤の委員、臨時または非常勤の顧問・参与・嘱託員、非常勤の消防団員・水防団員等

③自由任用職

地方公営企業の管理者及び企業団の企業長、特定地方独立行政法人の役員、地方公共団体の長・議会の議長等の秘書で条例で指定するもの等

地公法は、一般職に属する全ての地方公務員に適用されますが、特別職に属する地方公務員には原則として適用されません。また、その他の違いとしては、①一般職は成績主義の原則が全面的に適用されるが、特別職は必ずしも適用されない②一般職は原則定年に達するまで任用される（終身職）が、特別職は任期がある——などが挙げられます。

地方公務員制度①

第2章　人事機関

地方公共団体の人事機関は、任命権者と人事委員会（または公平委員会）の2種類があります。

1　任命権者（6条）

任命権者とは、職員の任命、人事評価、休職、免職及び懲戒等の任命権の行使を行う者で、知事など地方公共団体の長、議会の議長、選挙管理委員会、代表監査委員、教育委員会、人事委員会及び公平委員会、警視総監などが該当します。

2　人事委員会・公平委員会（7〜12条）

人事委員会は都道府県及び指定都市において、公平委員会は人口15万人未満の市町村、地方公共団体の組合においてそれぞれ必置とされています。また、特別区と人口15万人以上の市は、人事委員会または公平委員会を設置することが義務付けられています。

①　権限（8条等）

人事委員会の権限は、その性質から、次のように分類されます。

イ　準司法的権限

人事行政の専門的機関であり、任命権者と職員との間の中立的機関であるため、任命権者と職員との間の紛争に関し、これを裁定する機能（準司法的権限）を有しています。具体的には、勤務条件に関する措置要求の審査（8条1項9号、47条）、不利益処分についての審査請求の審査（8条1項10号、49条の2第1項、50条）、職員団体の登録の取り消しに関する口頭審理（8条1項12号、53条7項）の三つです。

ロ　準立法的権限

人事委員会は独立した行政機関として人事委員会規則を定立する権限（準立法的権限）を有しています。主なものとして、人事委員会の権限の委任に関する規則（8条3項・4項）、人事委員会の議事に関する規則（11条5項）、任命の方法の基準に関する規則（17条2項）等があります。

ハ　行政権限

人事委員会は行政機関であるため、準司法的権限及び準立法的権限のほか、各種の行政権限を行使します。主なものは、8条1項各号に掲げるもののほか、職員に関する条例の制定・改廃に関し議会及び長に意見を申し出ること（5条2項）、採用候補者名簿の作成（21条1項）、臨時的任用の承認（22条2項）、給料表に関する議会及び長に対する報告及び勧告(26条)、職員団体の登録・取り消し（53条5項・6項）、職員団体の解散の届け出の受理（53条10項）等です。

なお、公平委員会も、人事委員会と比較すると限定されていますが、準司法的権限、準立法的権限及び行政権限を有しています。

②　委員（9条の2）

人事委員会及び公平委員会は3人の委員で組織し、任期は4年です。人事委員会の委員は常勤または非常勤、公平委員会の委員は非常勤です。

委員会の委員は人格が高潔で、地方自治の本旨及び民主的で能率的な事務の処理に理解があり、かつ、人事行政に関し識見を有する者のうちから、議会の同意を得て、地方公共団体の長が選任します。

また委員は①2人以上が同一政党に属することとなった場合②心身の故障のため職務の遂行に堪えないと長が認める場合③職務上の義務違反その他委員たるに適しない非行があると長が認める場合——を除いて、その意に反して罷免されることはありません。

第3章　職員に適用される基準

1　任用の根本基準（15条）

職員の任用は、受験成績、人事評価その他の能力の実証に基づいて行わなければならず、これが成績主義（メリットシステム）または能力実証主義と呼ばれる基本原則です。

2　欠格条項（16条）

次の①から⑤までのいずれかに該当する者は、条例で特例を定めた場合を除き、職員となること、職員としての身分を継続して保持すること、または競争試験・選考を受けることができません。

①成年被後見人または被保佐人②禁錮以上の刑に処せられ、その執行を終わるまでまたはその執行を受けることがなくなるまでの者③当該地方公共団体において懲戒免職の処分を受け、当該処分の日から2年を経過しない者④人事委員会または公平委員会の委員の職にあって、地公法第60条から第63条に規定する罪を犯し刑に処せられた者⑤憲法施行の日以後において政府を暴力で破壊することを主張する政党その他の団体を結成し、またはこれに加入した者

3　任命の方法（17条）

職員の職に欠員が生じた場合、任命権者は、採用、昇任、降任または転任のいずれかの方法で職員を任命することができます。採用は、人事委員会（競争試験等を行う公平委員会を含む）を置く地方公共団体においては競争試験によるものとし（人事委員会の承認があれば選考も可）、人事委員会を置かない地方公共団体においては競争試験または選考により行います。

4　試験機関（18条）

競争試験とは、特定の職につけるために、不特定多数の者の中から競争によって選抜する方法で、選考とは、特定の個人が特定の職につく適格性を有するかどうかを判定する方法です。

5　条件付採用及び臨時的任用（22条）

職員の採用は、臨時的任用または非常勤職員の任用を除き、全て条件付であり、採用後6カ月間良好な成績で職務を遂行し、はじめて正式に採用されます。なお、この期間に能力の実証が得られない客観的事情があるときは、人事委員会等は、その期間を1年まで延長することができます。

条件付採用期間中の職員は、正式採用の職員とは異なり、分限に関する規定（27条2項、28条1項から3項まで）が適用されない（29条の2第1項）ので、労働基準法に違反しない限り、降任、免職、休職及び降給することができます。また、不利益処分に対する審査請求が認められていないので（29条の2第1項）、分限処分または懲戒処分を受けたときに人事委員会または公平委員会に救済を求めることができません。ただし、勤務条件に関する措置要求は可能であり、職員団体に加入することもできます。

臨時的任用は、17条による正式任用の特例であり、①緊急の場合②臨時の職に関する場合③採用候補者名簿がない場合——に限り、任命権者が6カ月を超えない期間で職員を任用することができます。また、必要な場合は、さらに6カ月を超えない期間に限り、1回だけ延長することができますが、正式任用に際して、いかなる優先権も認められません。

また、臨時的任用職員についても、条件付採用期間中の職員と同じく、分限に関する規定の適用はなく、不利益処分に対する審査請求も認められません（29条の2第1項）。

次回も引き続き地方公務員法の基礎知識を確認します。

昇任試験対策のページ

29年度　主任・係長　論文講座　21

添削②

都主任選考

都政に関する出題

AI類

東京は、少子高齢化、人口減少社会の将来的な到来、首都直下地震の脅威などの様々な課題への対応が求められています。このようなことを踏まえて、東京に住む誰もが安心して暮らせる都市を実現するために、どのような取り組みを行うべきか、次の(1)、(2)に分けて述べてください。

(1)都民が安心して暮らせる東京を実現するために何が課題か、資料を分析して課題を抽出し、簡潔に述べてください。（300字以上500字程度）

(2)(1)で述べた課題に対して、都は具体的にどのような取り組みを行っていくべきか、その理由とともに述べてください。（1200字以上1500字程度）

資料1　都政への要望上位5位—エリア別　（%）

	n	1位	2位	3位	4位	5位
全体	1,805	高齢者 53.5	防災 48.6	治安 48.1	医療・衛生 41.7	行財政 27.1
区部（計）	1,179	高齢者 51.7	治安 49.8	防災 48.9	医療・衛生 40.5	行財政 27.5
センター・コア	313	治安 47.9	防災 46.0	高齢者 45.7	医療・衛生 32.9	交通安全 26.8
区部東部・北部	386	高齢者 55.4	治安 48.4	防災 45.3	医療・衛生 43.0	交通安全 25.4
区部西部・南部	480	防災 53.8	高齢者 52.5	治安 52.1	医療・衛生 43.3	行財政 30.8
市町村部（計）	626	高齢者 56.9	防災 48.1	治安 45.0	医療・衛生 43.9	行財政 26.5
多摩東部	233	高齢者 54.5	防災 48.5	治安 44.6	医療・衛生 36.5	行財政 24.9
多摩中央部北	98	高齢者 64.3	防災 54.1	治安／医療・衛生 44.9		消費生活 25.5
多摩中央部南	250	高齢者 53.6	医療・衛生 50.0	治安 46.8	防災 45.6	行財政 29.2
多摩西部・島しょ	45	高齢者 71.1	防災／医療・衛生 46.7		治安 37.8	行財政 35.6

出典：東京都生活文化局「都民生活に関する世論調査」（平成28年7月調査）より抜粋

資料2　都政への要望上位5位—性・年齢別　（%）

	n	1位	2位	3位	4位	5位
全体	1,805	高齢者 53.5	防災 48.6	治安 48.1	医療・衛生 41.7	行財政 27.1
男性（計）	878	高齢者 49.5	治安 48.1	防災 46.1	医療・衛生 38.6	行財政 29.3
18・19歳	12	治安 50.0	行財政／交通安全／少子化・子供 41.7			防災／医療・衛生／学校教育 33.3
20代	78	治安 38.5	行財政 35.9	防災 33.3	少子化・子供 32.1	高齢者 28.2
30代	119	治安 51.3	防災 40.3	医療・衛生 34.5	少子化・子供 33.6	交通安全 26.1
40代	160	治安 56.3	防災 43.8	高齢者 41.3	行財政 31.3	環境／医療・衛生 30.0
50代	161	高齢者 55.9	防災 51.6	治安 48.4	医療・衛生 38.5	行財政 35.4
60代	172	高齢者 63.4	防災 52.9	治安 44.2	医療・衛生 42.4	行財政 27.9
70歳以上	176	高齢者 67.6	医療・衛生 51.7	防災 47.2	治安 46.0	交通安全 29.0
女性（計）	927	高齢者 57.2	防災 51.0	治安 48.2	医療・衛生 44.6	行財政 25.1
18・19歳	6	行財政／高齢者 50.0		職業能力開発、雇用対策／消費生活／少子化・子供 33.3		
20代	83	治安 49.4	防災 45.8	少子化・子供 37.3	医療・衛生 31.3	行財政／交通安全／高齢者 26.5
30代	116	防災 48.3	治安 46.6	少子化・子供 43.1	高齢者 41.4	医療・衛生 32.8
40代	190	防災 50.0	治安 48.9	高齢者 46.3	医療・衛生 43.7	学校教育 28.9
50代	157	高齢者 64.3	防災 58.6	医療・衛生 51.6	治安 51.0	行財政 30.6
60代	175	高齢者 70.9	防災 60.6	治安 49.1	医療・衛生 49.1	消費生活 30.3
70歳以上	200	高齢者 72.0	医療・衛生 49.5	治安 46.0	防災 42.5	消費生活 27.0

出典：東京都生活文化局「都民生活に関する世論調査」（平成28年7月調査）より抜粋

資料3　具体的な要望施策

1　高齢者対策　（%）（n＝965）

項目	%
介護保険サービスの質的向上	31.7
特別養護老人ホーム等施設サービスの充実	23.7
訪問介護・通所介護等在宅サービスの充実	18.1
サービス付き高齢者向け住宅等高齢者が自立するための住まいの確保	14.4
介護予防及び高齢期の健康づくり	10.2
その他	0.7
無回答	1.1

2　防災対策　（%）（n＝878）

項目	%
防災都市づくり（道路の整備や建築物の耐震化・不燃化等）	44.4
災害時の活動体制の充実	39.0
防災対策に関する普及・啓発活動の充実	8.2
風水害対策	6.5
その他	0.8
無回答	1.1

3　治安対策　（%）（n＝369）

項目	%
警察官によるパトロールの強化	24.5
子供等に対する犯罪が起こりにくい環境の整備	21.3
テロ対策等新たな犯罪への取組	21.1
外国人による犯罪の防止	12.0
防犯設備の設置等に対する支援	10.6
少年犯罪・少年非行の防止	9.1
その他	0.7
無回答	0.8

4　医療・衛生対策　（%）（n＝752）

項目	%
安心できる医療の確保	38.3
医療施設の整備	22.7
救急医療体制の整備	15.7
がん予防・医療対策	10.0
食品の安全対策	4.5
生活習慣病予防対策	3.5
花粉症などのアレルギー対策	2.9
新型インフルエンザやエイズ等感染症対策	0.8
その他	0.9
無回答	0.7

5　行財政　（%）（n＝490）

項目	%
都税の適正な徴収と使用など財政の健全化	66.7
行政と民間との協働の推進や行政分野の民間開放	11.8
業務の効率化の推進など業務改革の推進	11.8
組織、人事制度など執行体制の整備	5.5
都区制度を含む自治制度の見直し	2.2
その他	1.4
無回答	0.4

出典：東京都生活文化局「都民生活に関する世論調査」（平成28年7月調査）より抜粋

①

東京は、首都直下地震の危機に常にさらされていることに加え、2020年以降、転入者が転出者を上回る社会増の縮小と、死亡数が出生数を上回る自然減の拡大が見込まれ、少子高齢化の進展と併せ、かつてない困難な時代を迎える。この局面を乗り切り、都市として成長を続け、誰もが安心して暮らせる都市を実現するためには以下の課題に取り組むべきと考える。

第一に、高齢者が安心して暮らせる社会づくりを推進する。資料1の「都政への要望上位5位」では、全体の53・5%の都民が高齢者対策の施策を要望しており、誰もが安心して暮らせる都市の実現は急務である。

第二に、高度な防災都市の実現を挙げる。資料3には課題ごとの具体的な要望施策が挙げられているが、「防災対策」では「防災都市づくり」「災害時の活動体制の充実」を求める声が80%以上を占めており、首都直下地震の危機にさらされる東京が、安心して暮らせる都市となるためには、より具体的・実効的な防災計画が必要である。

第三に、子育てしやすい都市づくりを挙げる。資料2では、10〜30代の男女ともに「少子化・子供」が5位以内に入っており、若い世代は子育てに不安を抱えていることが見て取れる。

(2)

1　高齢者が安心して暮らせる社会づくり

東京では、2025年に都民の4人に1人が高齢者となる見込みである。この超高齢社会の下で、多くの高齢者を地域で支えていくためには、出来る限り高齢者が健康で、元気に生活を送れることが望ましい。

そこでまず、高齢者の健康づくりを推進する。具体的には、適切な量と質の食事や、取り組みやすい運動を普及啓発し、生活習慣を改善する。また、就業やボランティア等の社会参加を促すことで、精神的にも充実した生活を送れるよう支援していく。

次に、地域包括ケアシステムの構築支援を行う。具体的には、高齢者が住み慣れた地域で暮らせるよう、介護・医療施設等が、ICTの活用等により情報を共有・連携することで、介護や医療、生活支援などを一体的に提供する仕組みを都内全域に広げる。都は、コーディネーターとして関係団体と協議を進めるとともに、研究や先進事例の周知を行う。

以上により、高齢者が健康を維持し、住み慣れた地域で安心して暮らせるようになる。

2　高度な防災都市の実現

日本は他国と比べ地震多発国であり、東京都においても今まで首都直下地震や海溝型地震を想定し、様々な対策を講じてきた。しかし、現状では巨大地震が発生した場合、少なからず被害が発生すると見込まれている。

このため、高度な防災都市の実現を図る。具体的には、都独自の災害情報システムを強化し、災害発生直後の被害状況を都民に迅速・正確に伝えられるよう整備する。また、老朽化したインフラの更新や都市施設の耐震化を徹底し、被害を最小限にするとともに、木造住宅地域の解消に取り組む区や住民を人材、税制面で支援し、緊急輸送道路を確保する。さらに、防災隣組の認定や住民が参加できる防災訓練を拡大することにより、地域共助による被害の減少化を図る。

これにより、大災害時でも被害を最小化でき、安心・安全な都市として、東京の魅力を高めることが可能となる。

3子育てしやすい都市づくり

少子化対策を促進するため都は、ワーク・ライフ・バランスの推進及び保育サービスの拡充を図るべきと考える。具体的には、中小企業等が行うモバイルワーク環境や事業所内保育施設の整備費用を助成し、子育て世代が働きやすい職場環境づくりを支援する。また、先進的な取り組みを行っている企業を認定・表彰し、その活動を都のHPやSNS等で広く発信し、ワーク・ライフ・バランスの普及を図る。更に、鉄道事業者と連携し、通勤時等に利用しやすい駅ナカ保育所の整備の促進や、病児・病後児保育等の多様な保育サービス、民間企業の企業内保育所の設置促進などを展開する。

これらの取り組みにより、子育てをしながら安心して暮らし、成熟都市東京の持続的成長を支える社会を実現する。

4　都政を担う主任となるために

都はこれまでも厳しい社会経済情勢の中、限りある内部資源を有効に活用して、成長を続けてきた。今後も、以上のような取り組みをはじめとして、社会経済情勢のめまぐるしい変化に的確に対応していかなければならない。そのために、私は、都の将来像を意識しながら日々の業務に向き合うとともに、主任として課長代理を補佐し、高い実行力とスピード感を持って職務に全力を尽くす決意である。

解説

今回はいわゆる「都政もの」の事例です。都政ものは、都の施策に関する一定の知識が必要であり、事前の準備に時間を要する一方、出題テーマを捉えることができれば、準備の成果が如実に反映され、高得点が期待できるのが特徴です。「都政もの」の論文採点において、採点者は以下の4点の項目を評定の対象とします。①「問題意識」（出題テーマに対して都政または局全体を視野に入れた高い問題意識を持っている）②「問題解決力」（課題について様々な角度から分析を行った上で、具体的かつ実現性の高い解決策が論じられている）③「論理性」（解答（1）の内容を踏まえて、解答（2）が論じられている）④「表現力」（自分の考えを分かりやすい表現で論理的に伝えている）。

近年の出題傾向を見ると、都政が直面する喫緊の課題に絡めて、比較的抽象的なテーマが設定されています。そのため、将来的に継続する大きなテーマを複数用意し、臨機応変な対応ができるようにしておきましょう。課題の選定には、実行プランや、過去の主任・管理職試験、知事の施政方針・所信表明等を参考にし、旬なキーワードをおさえておくとよいでしょう。

論文作成の具体的な対策ですが、まず、合格答案を読み込み、自分に合った論文の型を見つけることが重要です。また、合格答案を読む際は、優れた表現や言い回しに着目し、論文を書く際に参考とするとよいでしょう。また、来年度からの出題傾向の変更を踏まえ、世論調査などのデータから、課題を抽出する練習もしておきましょう。

また、論文を書き始める前には、レジュメを作成してください。「課題の背景」「課題解決に向けた都の施策の方向性」「施策の必要性」「具体的で実現性の高い施策」「施策により見込まれる効果」を中心にまとめていきましょう。これらを的確に捉えたレジュメができれば、論理性のある論文に仕上げることができます。レジュメが完成したら、論文を書いてみましょう。その際、あいまいな表現は極力避け、平易な表現に努めることを心掛けましょう。書き終えたら、何度も読み返すとともに、必ず管理職や上司の添削を受け、納得がいくまで練習することが重要です。

講評

まず、(1)では、キーワードである「少子高齢化」「人口減少社会の到来」「首都直下地震」についての課題を資料から抽出し、「東京に住む誰もが安心して暮らせる都市の実現」に向け、各課題に対して、「課題の背景」「課題解決に向けた都の施策の方向性」を述べる必要があります。この際、与えられた資料を分析し、課題を抽出する必要があるため、課題の根拠として資料から数字を拾い上げています。自分の考え方が読み手に伝わるように丁寧に論じることが大切です。

(2)では、一つ目の取り組みとして、高齢者への対策が挙げられています。今回提示された資料3では、「介護保険サービスの質的向上」「特別養護老人ホーム等施設サービスの充実」が上位に挙がっています。そのため、高齢者が住み慣れた地域で暮らすことのできる都市づくりの観点で論じるのであれば、それらを踏まえた具体的な施策の記述が必要になります。

二つ目の取り組みとして、高度防災都市の実現を挙げています。日本は他国と比べて地震が多いと書かれていますが、誰もが安心して暮らせる都市を目指す上で、特に東京で高度な防災都市を実現する必要性の記述が弱いです。「東京は外国人の滞在も多いが、海外の都市と比べて地震が多いため、外国人が安心して滞在できるようにするためには、一層の防災対策が急務である」など、理由をよりはっきりと書いた方が良いと思います。なお、高度防災都市の実現は、日本特有の弱点の克服の意味合いが強いため、魅力的な国際都市をPRする取り組みを記述する順番としては、より後ろの方が良いと思います。

三つ目には、子育て支援策を挙げています。「少子化・子供」への要望は、今回の資料で40代以上には上位5位には入っておらず、こうした偏りが顕著な課題を論じるには、「なぜそれが必要なのか」というより具体的な根拠が必要になります。また、都政への要望の3位に入っている「治安対策」を取り上げ、テロへの対策や子供を犯罪から守る施策を論じたほうが出題者の意図により即していると言えます。与えられた資料から的確に課題を抽出する訓練が、常日頃から必要になってきます。

最後のまとめについては、自らの決意表明を簡潔明瞭にまとめるとともに、これまでの内容を総括するなど、論文の締めくくりにふさわしい工夫をしてください。

受験生の皆さんは、日々の業務と並行して勉強を進めなければいけませんが、常日頃から情報収集を怠らずに、頑張ってください。

カレントトピックス　29年度　21

社会事情

■TPP発効は絶望的（1月21日）

トランプ米大統領は1月20日（現地時間）の就任式直後、ホワイトハウスのホームページで外交や貿易に関する6項目の主要政策を発表し、公約通り環太平洋経済連携協定（TPP）から離脱する方針を正式に表明した。トランプ大統領は「強固で公平な協定により、貿易は我が国の成長のために活用できる」として、「その戦略はTPPからの離脱によって始まる」と強調した。

さらに、北米自由貿易協定（NAFTA）の再交渉を求める方針も示し、参加国のカナダとメキシコが交渉を拒めば、NAFTAから離脱することも打ち出した。TPPの発効には米国の批准が不可欠で、TPPは発効が不可能となる。TPPを成長戦略の柱としてきた安倍政権は、戦略の見直しを迫られる。

一方で、外交・安全保障政策では、「米国の国益と安全保障を最重視する」ことを基本方針に掲げ、米軍の軍事力再構築を進めていく方針を打ち出した。

■消費者物価が4年ぶり下落（1月27日）

2016年の全国の消費者物価指数（15年＝100）は、価格変動の大きい生鮮食品を除く指数が99・7となり、前年より0・3%下落した。消費者物価指数は4年ぶりに下落した。

下落の主な要因は原油安が影響し、ガソリンや電気代、ガス代などが軒並み下落しており、エネルギー全体で前年比10・2%落ち込み、指数を大きく押し下げた。このほか、洗濯機や掃除機など家庭用耐久財はマイナス3・5%、テレビはマイナス4・1%となった。その他は、衣料や教養娯楽サービスなど幅広い費目で上昇している。

同時に発表した昨年12月の全国の指数（生鮮食品を除く）は99・8で、前年同月より0・2%下落し、10カ月連続のマイナスとなった。ただ、原油安の影響は徐々に縮小してきており、下落幅は前月（0・4%）より縮小となる。内訳でも、ガソリンが2年1カ月ぶりに上昇に転じた。

石油輸出国機構（OPEC）が減産に合意し、原油価格が持ち直していることから、エコノミストの間では今後、エネルギー価格が徐々に消費者物価を押し上げていくとの見方が多い。

■人口1億人割れは2053年ごろ（2月1日）

国立社会保障・人口問題研究所が5年に1度公表する日本の将来推計で、総人口が1億人を割るのは2053年ごろで、前回推計時より5年遅くなるとの見通しを発表した。出生率の上昇が見込まれ、人口減が鈍化すると予測した。

研究所を所管する厚生労働省によると、合計特殊出生率が前回の推計より上昇する見通しになった。30代以上の女性の結婚や出産が増えている兆しがあるため、合計特殊出生率は50年後に1・44程度で前回推計時の1・35から伸びると推計。

そのため、15年に1億2709万人だった人口は53年頃に1億人を割り込み、65年には8800万人程度になる。前回の推計では1億人を割り込むのは48年頃で、60年には8674万人まで減る見通しが示されており、人口減少のペースが緩やかになるとしている。

読者のひろば

税金が資本化する道筋

PFI コンセッション　アベノミクス、小池都政の行方 下

小池都知事は就任後、都政改革本部を立ち上げ、特別顧問に大阪府市の行政改革に実績のある上山信一慶大教授、小島敏郎青山学院大教授らを配した。今後、どのような「改革」の筋書きが用意されているのだろうか。

新国立と有明アリーナ

安倍政権は昨年11月、東京五輪の新国立競技場について、独立行政法人「日本スポーツ振興センター（JSC）」が大会後も所有しながら運営権を民間業者に売却する「コンセッション方式」を採用する方針を固めた。

一方、小池知事は12月16日、東京五輪会場見直しについて、有明アリーナを新設する方針を表明し、結局、見直しの対象となった3会場とも元の計画通りに戻した。この時、小池氏は特に有明アリーナについて、大会後に「資本化」し、民間企業に運営権を売却（コンセッション）すると述べた。

PFI関係者は、バレー競技が終われば改築し、コンサートや各種イベントを開催すれば、アジアを中心に世界中からファンが集まって、1万5千人以上の席を埋められ、その収入で会場施設建設、維持管理等にかかった費用の穴埋めは十分可能だと説明している。

小池知事が発言した「資本化」とは、上山信一氏が大阪で実践した理論に基づいている。コンセッションでは、税金が「資本」として発揮される。民間企業に事業譲渡することは、単なる「委託」ではない。この仕組みについては、拙著『非正規は正規を規定する』を参照願いたい。

豊洲市場のPFI案

小池氏が都知事になり、改めて豊洲の土壌汚染問題を明らかにしたことについては評価するが、その「透明性・情報公開」の手法には疑問がある。

小池知事は、石原、浜渦氏を「敵」として特定し、都議選に利用しようとする思惑が感じられる。小池氏の選挙を応援した猪瀬氏あるいは前任者舛添氏のみならず、先の千代田区長選で小池氏の応援を受けて5選した石川雅己区長は、都港湾局長時代に豊洲問題の当事者であった。なぜ説明を求めないのか。

また、土壌汚染調査結果の公表のやり方も公正さを欠いている。例えば、ベンゼンが環境基準の79倍超であるとしても、08年の専門家会議は「70年間、同じ部屋に居続けていて揮発したものを吸い続けた場合、10万人に1人の割合でがんが発症する可能性がある」とした基準を示している。横浜国立大の浦野紘平名誉教授など他の環境科学者によると、環境基準とは本来の危険値より10倍厳しく設定しており、豊洲の調査結果は問題ないと評価している。

昨年11月の4者協議でバレーボール会場の見直しにこだわった小池知事だったが、結局、有明アリーナ新設に落ち着いた

小池知事は、調査結果について総合的な分析と評価を十分行わないまま、マスコミにいきなり発表している。そのスタンスはポピュリズムであり、行政の長として慎重さを欠き、業者をはじめ社会的に動揺を与えている。

築地市場再築案を検討する場合、10年以上の工期を要するが、その間築地が開放型であるため、鳩やネズミ等の小動物によるウイルス性の衛生問題が起きる可能性が高い。

また、昭和20年から約10年間、米進駐軍がこの市場の4分の1を占領して大きなランドリーとして使用し、化学物質が大量に流されたため、土壌調査をすべきである。

さらに、同市場の地下には1954年のビキニ環礁核実験による「放射能マグロ」が埋められたが、その後、場所が特定できず、その汚染も不明である。

このように、豊洲だけでなく築地も汚染や風評被害もあり、業者の中には中央卸売市場の組織再編をしてほしいとの意見が多くなっている。

中央卸売市場は、鈴木都政時代からの積年の課題だ。中央卸売市場は、開設者は自治体だが、地方卸売市場は民間でも開設が可能だ。単に「卸売市場」という名称であれば、行政の認可は不要だ。このため、現在の卸売市場法の下でも、豊洲卸売市場に運営権を設定し、民間に譲渡することができる。

石原都知事時代、約15年前に豊洲移転に伴い、市場をPFI方式で行う案が浮上したことがある。このため、筆者は築地市場の組合員とともに調査研究をしたが、その後、土壌汚染が厚い壁となりPFI案は頓挫した。

しかし、小池知事は、小島教授を責任者とした豊洲市場問題プロジェクトチームを設置し、再び市場のPFI・コンセッション化も含めて検討を始めた。1月に入り、豊洲移転を白紙にして築地を再築すべきだという意見が浮上しているといわれているが、情報公開して業者らの意見を反映すべきだ。

大阪の行革を東京へ

上山氏は、著書『続・自治体改革の突破口』の中で「役所は空き地や老朽建物など膨大な遊休資産を持っている」「民間事業者に〝丸投げ〟してみること」「公園整備と一体で商業施設を誘致する」「大阪より12年遅れで始まった東京都の改革」と述べ、東京都の行政改革・民営化に意欲を見せている。

恐らく、東京五輪後に生じる大借金返済のため、東京でもコンセッションが本格始動するのではないか。そのため、都議選後、2〜3年かけて全職員に研修を受けさせ、公務員の身分を取り除かれることを「認識」「同意」する準備に入るのではないのか。仮に小池都政がそんな筋書き通りに進めば、PFI・コンセッションを進めてきたアベノミクスは大勝利ではないだろうか。

（日本版TUPE研究会代表　石田誠）

＝おわり

人はいくつになっても学び、変わることができる

記録映画『まなぶ』監督　太田直子

東京都千代田区立神田一橋中学校。神保町駅から徒歩3分ほど、ビル街の片隅にあるこの小さな学校に毎月2回の休日、高齢の生徒たちが通っているのをご存知でしょうか。平均年齢82歳、通信教育課程に在籍するれっきとした中学生です。

重い教科書を入れたかばんをリュックに入れたり、カートでガラガラと引きずったりしながら、嬉々とした顔で登校する生徒たち。「学校に来るのが楽しみです」という声を聞きながら、2009年から14年までの足かけ5年、私はこの学校の面接授業に通い、ビデオカメラでの撮影を続けてきました。

その映像をもとにこのたびドキュメンタリー映画『まなぶ　通信制中学　60年の空白を越えて』（92分　グループ現代）を作りました。

公立中学校に通信教育課程が誕生したのは戦後、新制の義務教育制度ができた翌年の1948（昭和23）年。日本国憲法26条にうたわれた、全ての国民は教育を受ける権利を持つという理念の下、戦後の混乱期、制度の狭間で中学3年の義務教育を受けられなかった人たちのために作られました。

当初は全国80を超える学校に併設された通信教育課程ですが、年々、その対象者は減り、今残っているのは、大阪府天王寺市の天王寺中学校と東京都の神田一橋の2校のみ。しかし天王寺は国数英理社の5教科の履修に限られており、全教科を学べて中学校の卒業資格を得られるのは、今や全国で神田一橋中学校ただ一つなのです。

学ぶことは楽しい

当初、私の頭にあったのは、「それなりの人生経験を積んできた人たちが、なぜ今更、学校に通うのか」という素朴な疑問でした。学びたいのなら公民館での生涯学習やカルチャーセンターと、巷には生涯学習の機会があふれているではないかと。

しかし、それは本当に無知ゆえの浅はかな問いであったことを、生徒さんたちの人生を垣間見るにつけ、思い知らされたのです。

小学校卒業後、丁稚奉公に出された先で、夜間中学に行かせてやるという約束が守られず、朝から晩まで働き詰めだったという70代の男性は、3年働いた後、自暴自棄になって飛び出し、全国を転々と流れ歩いていました。人間不信に陥っていた彼は、学校に入学当初はぶっきらぼうで、カメラの撮影を快く思ってはくれませんでした。

しかし、中学校で学び始めて3年目、「仏のようになった」と本人が語るほどとげとげしさがなくなり、周囲とうちとけて話ができるようになりました。若い頃、それができていたら、肉体労働ばかりをせずにすんだであろう、心細やかで几帳面な性格の男性です。

その彼が、「もっと早くに、せめて30代、40代…。でも、どうにもならなかった」と絞り出すように語った言葉を、私はこの社会でしっかりと受け止めなくてはならないと思いました。同じような苦しみを抱える人たちを新たに生み出してはならないのです。学ぶのに遅いということはない。けれど人生には限りがある。それでもなお……。

十代の多感な時期に学校で学ぶことのできなかった人たちが、人生の終盤を迎えて、どうしても手に入れたかったもの。それが、学校にはありました。

撮影を通じて、私自身も人生の先輩である生徒の皆さんから、多くのことを学ばせてもらいました。その中でも、心を揺さぶられた言葉があります。

「学ぶことは楽しいですよ。知らないことだらけですもん。知らないことだらけってことに今まで気づかずにきたんですよ、70過ぎまで」

70代の女性が語ったこの言葉を、私は、つい知ったかぶりして話をしてしまう自分への戒めとして、そして学びへの謙虚な姿勢として胸に刻みました。

だから学校で、学ぶことの基礎を教えてもらったと女性の言葉は続きます。果たして今の学校は、十代の生徒にとってそのような場所になっているでしょうか。

義務教育確保法の成立

映画に登場する人たちは皆、義務教育未修了者です。昨年末、「義務教育の段階における普通教育に相当する教育の機会の確保等に関する法律」、略して「義務教育確保法」が国会で成立し、今年2月14日より施行されました。

この法律によって義務教育未修了者の受け皿である夜間中学の拡充、さらに通信教育などで毎日は学校に通えないけれど月に2度なら登校できるといった人たちへの義務教育の保障が進むことになるのではないかと期待しています。映画もこの法律の施行とともに、広がっていくことを願ってやみません。

記録映画『まなぶ』に登場する通信制中学で学ぶ人たち

映画『まなぶ　通信制中学　60年の空白を越えて』（92分　グループ現代）3月25日〜連日午前10時半より新宿K's cinema（03・3352・2471）にて上映。　ウェブサイト www.film-manabu.com

太田直子氏　1964年生まれ。高校非常勤講師、書籍編集などの仕事を経て映像の仕事に携わる。前作の『月あかりの下で　ある定時制高校の記憶』は2010年度文化庁映画賞ほか各賞を受賞し、高い評価を得ている。

「猫本」約100冊貸し出し

千代田図書館

猫の日（2月22日）に合わせ

千代田区は、2月22日の「猫の日」に合わせて千代田図書館で「猫本」約100冊の展示・貸し出しを行っている。

同区では「人と動物の共生」を進めており、2011年には全国に飼い主のいない猫の「殺処分ゼロ」を実現し、6年が経過した現在も継続している。その活動の一環として今月18日と19日には収益（協賛金・寄付等）が飼い主のいない猫の医療費などに活用される「ちよだ猫まつり」が区役所で開催された。

千代田図書館では、猫のことを知る本を始め、猫が登場する小説やノンフィクション、写真集など のほかに猫の飼い方などを含めた動物との共生に関する本を、子供向けと一般向けに分けて展示している。

期間は今月24日まで。一般向けは9階のテーマ展示コーナーに約70冊、子供向けは10階の児童展示コーナーに約30冊を用意している。

千代田図書館は、千代田区役所の9・10階。地下鉄九段下駅から徒歩5分。

猫の日は「ニャン、ニャン、ニャン」と「2、2、2」の語呂に合わせ、一般社団法人ペットフード協会主催の猫の日制定委員会が1987年に制定した。

●○ミニガイド●○

◆東日本大震災復興支援コンサート　▷日時　3月5日(日)　午後2時〜4時(開場　午後1時半)　▷会場　めぐろパーシモンホール小ホール（東急東横線都立大学駅から徒歩7分）▷料金　全指定席千円▷出演者　第1部：気仙沼市民吹奏楽団とヤマハ目黒吹奏楽団による混成楽団、第2部：熊谷育美、岡本優子、中目黒小学校合唱団▷チケット取り扱い　めぐろパーシモンホールチケットセンター、チケットぴあ、イープラス▷主催　公益財団法人目黒区芸術文化振興財団

都政新報

発行所 都政新報社
〒160-0023 東京都新宿区西新宿7-23-1 TSビル
(総務・読者) 03-5330-8781
(企画広告) 03-5330-8784
(編集) 03-5330-8786
(出版) 03-5330-8788
(ファクス) 03-5330-8808
購読料 月1,730円(税込)
毎週火・金曜日発行
ただし、祝日は休刊
©都政新報社 2017

紙面から

百条委 12年ぶりに設置

石原元知事を証人喚問

第1回定例都議会が22日に開会し、豊洲新市場の移転問題を調査するため、地方自治法第100条に基づく調査特別委員会が全議員の総意で設置された。いわゆる百条委員会が設置されるのは12年ぶり。同日に委員会を開催し、桜井浩之氏（自民）を委員長に選任した。強力な権限を持つ百条委の設置により、都民の不信感が募っていた不透明な市場問題にメスが入るが、今後は石原元知事ら証人喚問のスムーズな実施や、問題が究明されるかなど、委員会の実効性が問われることになる。

豊洲問題の追及、正念場

百条委での調査項目は、築地市場から豊洲新市場への移転決定の経緯や、東京ガスからの土地売買に関する経緯、市場建物下に盛り土がされていなかったこと、建設工事の契約事務など。一方で、議会関係者によれば「一部会派が強く抵抗したため、百条委の調査項目には地下水モニタリング調査に関しては明記されなかった」という。

当初は「特別委での参考人招致などを踏まえて設置するべき」などの慎重論が議会内で多数で、早期の設置が疑問視されていたが、自民党会派内で11人の都議が16日に「有志の会」を立ち上げ、百条委の設置を会派内で働き掛けるなど設置推進派が勢いを増し、公明党も慎重な態度から方針転換を迫られた。

委員構成は都議会自民党11人、都議会公明党4人、東京改革議員団3人、共産党都議団3人、生活者ネットと都民ファーストが各1人で計23人。多くの会派が既存の豊洲新市場移転問題特別委員会のメンバーを中心に選出したが、自民党は11人のうち桜井浩之氏と島崎義司氏のみが特別委の委員で、新たに百条委の設置に前向きだった野村有信氏や舟坂誓生氏らを選出した。

今後、百条委の設置に伴って豊洲市場移転問題特別委は閉会すると見られるが、現時点では百条委と併置されている。特別委が3月4日から開始する関係者の参考人招致についても、どちらの委員会で行うかは未定だ。一方で、今月25日に予定している特別委の豊洲新市場の視察は、百条委と特別委が合同で行うことが決定した。

豊洲特別委の扱いは現時点で未定だが、百条委の調査項目には特別委が行っている地下水モニタリング調査や業者への補償問題が含まれておらず、百条委や常任委員会に引き継ぐかも含め、調整が必要になりそうだ。

百条委はきょう24日の理事会で、今後の調査内容などを審議する予定。

問われる実効性

【解説】今回の調査特別委の設置に当たって、議会内では慎重な意見が根強かった。百条委の権限の強さには、それに見合う成果が求められるからだ。

百条委設置を求めてきた共産党都議団の幹部は「本丸は石原元知事」と話す。虚偽を話せば偽証罪に問える百条委員会の場で追及を行えば、「新市場問題の闇を暴くことができる。それは信頼を失った都政において、疑惑の再発防止にもつながる」と確信する。

一方で、ハレーションを心配する声もある。ある自民党の幹部は、議会の権能である百条委員会そのものは「必要ならば行うべきだ」としながら、「究明すべき真実はどこにあるのか。それを特別委の参考人招致などで明らかにしてから、百条委でただすのが筋だ」と話す。権限が大きければ起こす波風も大きく、事態をコントロールできる環境でなければ関係者に禍根だけを残す事態にもなりかねない。

地方議会の裁判所とも言える百条委に、モニタリング作業を行った一般社員や専門家会議のメンバーを呼ぶことがふさわしいのかという問題もある。「あまりにも専門的な分野のことは委員らも判断がつかず、調査ができない。今回挙げた調査項目は何がしかの結果が必要になるが、果たしてできるのか」（議会関係者）と懸念する。

12年前の百条委は、自民党が委員会設置から疑惑追及の先頭に立ち、副知事の更迭へと着地させた。今回、百条委は立ち上がったが、現段階では議論の着地点や筋道を見定め、牽引することができていないのが実情だ。

慎重論が主流だった自民党から「有志の会」として百条委設置を求めたメンバーに、着地点はどこにあるのか聞くと、「落とし所はあるはずだが、頭の中にある答えは、メンバーでも、それぞれ違うかもしれない」。

新市場の闇の向こうは、まだ見えない。（南）

行政改革プラン策定へ

官民の役割分担や人事制度が柱

第1回定例都議会が22日に開会し、小池知事は施政方針で都庁の行革プランとなる「2020改革プラン」（仮称）を策定する考えを表明した。小池知事が掲げる「東京大改革」を進めるのが狙い。都の行革プランは、石原都政時代に「行財政改革実行プログラム」（06～08年度）を策定して以降、作られていない。

小池知事は行革プランに関して、働き方改革などを盛り込んだ「2020年に向けた実行プラン」と「対をなす」と位置付けた上で、▽業務の効率化▽官民の適切な役割分担▽監理団体の戦略的活用▽時代に合った人事制度や執行体制の見直し——などを盛り込む考えを示した。4月から検討を開始する予定。

「執行体制の見直し」では、知事がライフ・ワーク・バランスを進めていることから、フレックスタイムやテレワーク、テレビ会議の導入などを念頭に置いていると見られる。

また、「官民の役割分担」では、官民連携や民営化事業の全般を指すPPP（パブリック・プライベート・パートナーシップ）などの活用が想定される。「官民の役割分担」では、都政改革本部の上山信一特別顧問が橋下徹大阪市政時代に上下水道や地下鉄など民営化に向けた議論を行っていたことから、都でも同様の見直しが進められるとの見方が以前からあった。

都総務局は「内容や策定時期などは、これから詳細を詰める」と話している。

一方、庁内からは「具体的に何をやりたいのか分からない」との声が目立つが、人事制度に取り組む考えを示したことに、「監理団体への幹部職員のへの再就職を見直すのではないか」「監理団体にOBではなく現役の幹部を送り込むのではないか」との憶測も出ている。

石原都政行革プランは、2000年12月の都庁改革アクションプラン、03年11月の第2次アクションプラン、06年7月の行財政改革実行プログラムがあり、いずれも定数削減や給与見直し、監理団体数の見直しなどを盛り込んでいた。06年からの実行プログラムでは、「新しい公」として官民連携などを柱に据え、地方独立行政法人や指定管理者制度などを導入している。

定例会開会にあたり、施政方針表明を行う小池知事＝22日

都政の東西

都民ファーストの姿

全てが小池知事の手のひらで転がっているかのようだ。

知事選時から対決姿勢を鮮明にしていた自民に対し、世論の風当たりがどんどん強まる中、都議会公明党が自民との長年の友党関係を解消。自民からは3人が会派を離脱し、内部から「改革派」が気勢を上げる。小池知事が記者会見で、党としての民進との連携を「考えていない」と話した直後、民進系2会派が合流し、会派名を「東京改革」に変更。小池知事を支持する姿勢を鮮明にした。

「私、風を読むのではなく、風を作るんです」。立候補表明時にこう語った知事。これだけ見事に実践するとは感服するほかない。

一方で、そんな知事に翻弄されっぱなしの都議会。

「是々非々ではない。是々だよ」。東京改革の議員に知事へのスタンスを聞くと、議会のチェック機能を放棄したかのような言葉が返ってきて耳を疑った。

また、知事と連携を強める公明党からは、「もはや連携とは呼べない」との嘆きも漏れる。都議選で候補者のすみ分けを期待するも、千代田区長選で知事が支援した現職が圧勝劇を飾ると、知事サイドから「小池新党で40議席擁立」の声も漏れ伝わってくる。まさに政局だ。

小池知事の支持率は依然として高いが、その評価は行政のトップとしての評価ではなく、小池劇場をプロデュースする「政治家・小池百合子」としての評価に思えてならない。だが、政局に長ける小池知事によって議会が骨抜きになり、機能不全に陥るのであれば、都民にとっては不幸以外の何物でもない。

この状況は果たして「都民ファースト」と呼べるのだろうか。

五輪仮設費 都も負担

小池知事施政方針 「スピーディーな整備に」

小池知事は22日の施政方針表明で、東京五輪の仮設競技場の建設費を巡り、都が負担する考えを明らかにした。知事は21日に山本副知事に対し、自治体が所有する施設も含め、都が負担することを排除せずに検討するよう指示した。小池知事は報道陣の取材に応じ、「よりスピーディーに準備を進める一つのきっかけになればと思っている」と述べ、国や都、組織委員会などの仮設競技場の負担割合の協議を加速させる目的がある。

また、東京五輪に向けて、受動喫煙防止の法制化の動きを注視しつつ、都民の意識、飲食店や宿泊施設の実態などを調査し、対策の準備を行う考えを表明した。

都内で特別養護老人ホームの整備では、土地の確保が最大のネックとなっているため、23区と比べて土地を確保しやすい市町村で地域のニーズを超えて特養を整備した場合はインセンティブを設ける仕組みを始める。

このほか、文部科学省の天下りのあっせん問題を踏まえ、幹部職員の再就職と監理団体の在り方をセットで検証する考えを示した。公立学校の教育管理職の不足が深刻化する中、3月に管理職の確保をテーマに総合教育会議を開催する。

◆議会改革条例が可決

都議会は22日、議員報酬の削減や費用弁償の10万円減額などを盛り込んだ議員改革関連条例案を全会派が提案し、全会一致で可決した。成立した3条例はそれぞれ、議員報酬の20％を4月から1年間削減、政務活動費の10万円減額と全面公開、費用弁償を島しょを除き全廃する内容。

議会改革関連条例は、都議会公明党、共産党都議団、東京改革議員団がそれぞれ独自案を提案しており、公明党案をベースに各会派が一致した。

小池流改革 ⑤ 2017年度都予算案

子供の貧困

希薄な税収減の危機感

小学校で虫歯と診断された一人親家庭の児童が1年間、治療を受けていないという通報が学校から足立区に寄せられた。区職員が自宅に向かうと、応対した母親は「乳歯だから抜けると思っていた」と話した。この母親も子供の時に乳歯が虫歯になり、治療を受けずに育ったという。親から子への貧困の連鎖の一端だ。

区幹部は「貧乏は経済的な困窮だが、貧困はそれだけではなく、社会的孤立や健康上の問題など生活全般にわたる課題。進学や就職にも影響する」と説明する。

貧困の連鎖を断ち切るため、足立区は2015年8月から子供の学習支援などを行う「居場所」作りを始めた。都などの補助金を活用し、NPOなどに運営を委託する「居場所」は足立区と江戸川区に各3カ所ある。23区で先進的に取り組む足立区では、中学生を対象に学校の予習や復習だけでなく、学力が低い子供に小学校の学習内容を教える。昨年度は26人全員が高校に進学した。

「居場所」では、読書、映画・音楽鑑賞などのほか、屋外でのキャンプや職業訓練など多様な体験を行う。「居場所」に通う中学生は一人親家庭が大半で、子供は自宅に引きこもりがちになるため、多くの体験ができていない。「居場所」での体験は興味の幅を広げ、将来の仕事などを考えるヒントになりそうだ。

今後は居場所を拡大したい考えだが、足立区は公費を投入せずに民間主導の運営に期待を示す一方、NPOは公費や補助金がないと運営は厳しいと悲鳴を上げる。両者の思いのギャップをどう解決するかが課題となっている。

■連携不足

「居場所」を増やす新たな試みとして、都福祉保健局は来年度から、孤食などの子供に食事や安心な場所を提供する子供食堂に補助を始める。ただし、区市町村が「居場所」の運営を委託した事業者と子供食堂が連携した場合に限る。

同局は「これまで区市町村による子供食堂への補助には積極的ではなかった」と課題を示し、都の取り組みで「居場所」が増えると想定する。区の担当者も「事業者が居場所づくりと食事支援も同時に行うのは難しいので、『居場所』と子供食堂の連携につながる可能性がある」と期待する。

都は子供の貧困対策として、これまでも生活保護世帯への自立や子供の学習、一人親の資格取得などの支援を行ってきたが、十分に活用されていない課題があった。都はその一因を学校と自治体の福祉部門との連携不足にあると見ている。

学校の教員の中には、「居場所」に通うと「他校の生徒とつながり、非行に走るのではないか」との懸念があり、「居場所」などの対象者に声を掛けづらいとの意見がある。一方で、福祉部門からは、授業の補習は学校の教員が行うことから、補習も行う「居場所」に通ってほしいと求めづらいとの声も出ている。

貧困の連鎖に歯止めをかけるため、子供の居場所で学習支援を行う＝足立区内で

福祉保健局は、新年度から学校と福祉部門をつなぐコーディネーター役を設置した区市町村に人件費を補助する。自治体の人口規模に応じて1～4人の非常勤職員相当の助成を見込む。

学校と福祉の連携は自治体間で温度差があるが、連携不足のままでは貧困の連鎖は加速する。厚労省によると、平均的所得の半分未満で暮らす子供の割合は12年に6人に1人となり、過去最悪を更新。将来的に少子高齢化が進み、社会保障費の負担が重くなる中、子供の貧困が拡大すると、高齢者を支えられなくなる上、自治体の税収も減る恐れがある。自治体は危機感を持って、揺りかごから墓場まで受け継がれる貧困に手を打つことが求められる。

冗句ジョーク

小池知事施政方針、「格差」と「段差」を解消する施策等、大義溢れる予算案になりました

「下命を受けて部下に説明したら格段に難しいと言い返されました」——局長

杉並区 「フレイル予防」に着手

高齢者の口腔機能改善で

杉並区は、高齢者の健康づくりを目的に、来年度から23区で初めて「フレイル予防」に着目した口腔機能チェック事業を開始する。フレイルは、要介護リスクが高まった高齢者の健康状態を示す用語で、厚生労働省や東京大学高齢社会総合研究機構などが周知を図っているが、社会への浸透が進んでいないのが実情で、23区では「フレイル」という用語を使用することに対して慎重な姿勢が目立つ。杉並保健所では「まずはフレイルについて知ってもらうことが第一」と課題を指摘する。

杉並区が来年度から開始するのは、75～84歳の高齢者約360人を対象とする口腔機能チェック事業。食事中にむせやすくなったり、食事に時間がかかるなど加齢による身体的な機能の低下に加え、食事が面倒に思えるなどの精神的な問題や、他人と食事をとる機会がないなどの社会的な問題などに対し、改善指導を行う。3カ月後に再度チェックを行い、フレイルの状態となっているか判定する。

チェックと併せて講演会を開き、区民への周知を進めるとともに、在宅医療を行っている医師や介護職員、管理栄養士を対象とした口腔機能の事例検討会を開き、現場のスキルアップを図る。

杉並保健所によると、口腔機能のチェック事業は他の自治体でも行われているが、地域社会への参加を呼び掛けるなど社会的な問題に焦点を当てたフレイルの見地からの事業は23区初という。椎名恵子地域保健・医療連携担当課長は「まずは口腔機能を起点としてフレイルに対する理解を広げ、将来的には区民が自発的にフレイル予防に取り組むような環境作りにつなげたい」と話している。

杉並区が65歳以上を対象に実施する口腔機能教室事業の様子。区は今後、フレイル予防の観点から再構築する方針だ

「浸透進まず」他区は慎重

杉並区がフレイル予防に着手する一方で、23区では「フレイル」という用語の使用に慎重な姿勢が目立つ。

中野区は昨年11月の区報にフレイル予防に関する記事を掲載したが、現在は積極的な周知を行っていないという。区地域支えあい推進室は、社会への周知が進んでいない現状に加え、「介護予防・日常生活支援総合事業の実施に当たって国が示している基本チェックリストと、フレイルの状態を示すチェックリストの項目が異なる」として、介護保険制度との定義の違いを指摘する。

また、来年度から「エイジング・イン・プレイス」という欧米の概念を取り入れた高齢者支援事業に着手する板橋区は、「高齢者を対象とする事業で新たな用語を使用する場合、丁寧に周知を図ることが重要」と問題提起する。

MEMO　フレイル　高齢者の健康状態を示す用語で、「加齢とともに心身の活力が低下し、生活機能障害、要介護状態、死亡などの危険性が高まった状態」と定義される。健常な状態と要介護状態の中間に位置する状態で、英語の「frailty」が語源。医学や介護の分野では「虚弱」と表現されているが、「不可逆的な衰えという印象を与える」として、日本老年医学会が2014年5月に提唱した。高齢者の健康状態の悪化を▽筋力低下や摂食量の減少など身体的問題▽認知機能や判断力の低下など精神的問題▽引きこもりや孤食などの社会的問題――の3つの側面から捉えており、特に社会的問題に焦点を当てているのが特徴。

荒川区ら80自治体参加

健幸都市連合が発足

自治体間連携を促進

住民が健やかで幸せに暮らせる地域社会「健幸都市」を目指す自治体らが組織する「日本健幸都市連合」が20日、発足した。発足人の荒川区らが幹事となり、同日時点で31都道府県の80区市町村が加入。自治体同士が連携することで、暮らしの質の底上げ・発展を目指す。

2020年までは▽医療費適正化▽食生活の改善▽健康につながるまちづくり――の3項目を重点的な取り組みと位置付ける。活動内容は、担当者レベルでの学習・交流機会を設け、地方での会合も計画しているという。「健幸都市度」を設定し、向上の指標として今後、効果の見える化を図る。手始めに、各自治体が現在行っている医療・福祉事業などを紹介する事例集を7月に発表する。

代表幹事の西川太一郎荒川区長は「医療費の低減だけでなく、健康のために都市の在り方を変える契機にしたい」と意欲を示す。

都内からは港区、中野区、板橋区、葛飾区、多摩市、奥多摩町が参加し、大学や関係団体も協力する。事務局によると、「将来的に、都道府県や民間事業者との連携も欠かせない状況になる。参加者は区市町村に限っていない」と話す。

一方、不参加の区からは、活動方針が区政の現状と合わないことを理由に挙げる声がある。自治体間連携事業を充実させるには、多くの自治体の参画が必要になり、まずは4年間でネットワークを盤石とし、目に見える成果を出すことが課題となる見通しだ。

特別区 17年度予算案

千代田区　保育事前研修に補助創設

規模は5年ぶりマイナス

千代田区は22日、2017年度当初予算案を公表し、一般会計が5年ぶりに前年度比マイナスとなった。石川雅己区長は「投資的経費の減によりマイナスとなったが、子育てサービス施策などは充実している」と説明した。

主な事業では、子育て支援として、旧和泉橋出張所を解体した跡地に認可保育所を整備するため、解体経費9300万円を計上。解体後は、整備事業者を選定して保育施設を整備・運営してもらう。19年度中の開設を目指す。

また、区内に保育所を開設する事業者が行う職員の事前研修費補助を創設。対象期間は最長で開設までの6カ月間で、経験と役職ごとに日額7400円～1万400円を助成する。保育人材の確保に対する手当を厚くし、新しい事業者の誘致につなげるのが狙い。

障害者支援では、昨年10月に23区で初めて制定した障害者意思疎通条例に基づき、区や区内事業者が開催する講演会などで手話通訳や要約筆記をする支援者の派遣経費を補助する。補助額は1回につき5万円。併せて、出張所にタブレット端末を配備し、遠隔手話通訳を可能とする。総額400万円を充てる。

（仮称）区立麹町仮住宅の建設着手に6億1706万円を計上。区営四番町住宅と四番町アパートを建て替える際の仮移転先に利用するため、旧千代田保健所麹町庁舎を解体した跡地で建設を計画している。

歳入は、特別区民税が11・7％増の131億1043万円。繰入金は15・2％減の74億1388万円となった。財調の取り崩しは行わない。

歳出は性質別にみると、投資的経費が21・0％減の84億6331万円。区営東松下町住宅の完成で約22億円減額した。義務的経費は0・1％減の179億7058万円。

一般会計＝546億7300万円（前年度比2.1％減）

主な事業	
麹町仮住宅の整備	6億1706万円
旧出張所用地への保育所誘致	9300万円
猫の去勢・不妊手術助成	600万円
新規保育所事前研修助成	500万円
障害者の意思疎通支援	400万円

特別区競馬組合　JBC、2年ぶり開催へ

03年度以来の1200億円超

特別区競馬組合の2017年度当初予算が20日の同組合議会定例会で全会一致で可決された。一般会計は03年度以来14年ぶりに1200億円を超える大型予算となった。同組合の斉藤弘常勤副管理者は定例会で、「大井競馬場の魅力を高めるとともに、競馬事業の継続的な発展に努めて収益を最大限に上げ、特別区への財政貢献という使命を果たしていく」と意気込みを示した。

2年ぶりに開催するダート競馬の祭典「JBC競走」の広報・イベント経費に1億1298万円を盛り込んだ。広報では、テレビCMの放映や、昨年12月の東京大賞典でも行ったBS放送でのテレビ中継などを予定しており、レース当日にはイベントを行う。開催日は11月3日で、「JBCクラシック」「JBCスプリント」「JBCレディスクラシック」の重賞競走（JpnI）3レースを実施する。同3競走の実施には3億4495万円を計上した。

大型連休の5月2、3日には、千葉県にある船橋競馬と協同開催する計画を示し、2276万円を予算化した。当日は船橋競馬場で昼間、大井競馬場で夜間に開催。体験型のスポーツイベントも行う方針で、多数の集客が見込める祝日開催の連携で収益確保を図る。

日本中央競馬会（JRA）との連携事業にも力を入れ、年末開催の売り上げ拡大策に5400万円を充てる。JRAの年内最終開催は12月28日、大井競馬は同月29日で、それぞれ有馬記念と東京大賞典の実施日。年末年始を競馬一色に染め上げる方針のJRAと連携した広告事業を展開し、売り上げ拡大と認知度向上を目指す。

収入では、勝馬投票券発売収入が近年の利用者増やJBC競走の実施などで、前年度比9・5％増の1141億8523万円と見込んだ。支出では、広告宣伝費がJBC競走やJRAとの連携事業の展開などで、前年度比13・9％増の17億6160万円となった。

16年度、15年ぶりに1区1億円を回復した特別区への分配金は、決算時の収益に基づき決定・分配する。

一般会計＝1208億9708万円（前年度比9.5％増）

主な事業	
投票端末機の更新	4億8824万円
JBC競走の実施	3億4495万円
JBC競走の広報・イベント	1億1298万円
JRAとの年末開催連携	5400万円
船橋競馬との協同開催	2276万円

記者席

やっと真打ち登場も五里霧中

○……豊洲市場問題を巡って都議会の百条委員会設置が22日に決まった。いよいよ築地市場の豊洲移転を決めた張本人である石原元知事が公の場に登場する。

これまで幾度も小池知事からの面会要請を断り、質問への回答では「記憶にない」「浜渦に任せた」を繰り返してまともな回答をしてこなかった石原氏である。今回も、会見すると言ったり、しないと言ったり、自宅前で報道陣に会うたびに発言が二転三転するのだから、どこまで信用できるのやら。

「この場をお借りして」と、リンゴの木がどうとか、ホーキングがどうとか、どこかで聞いたような説法を繰り返されては、議会の威厳が損なわれると思うのだが。

○……「今日明日とは言わないが、できれば廃止してもらえるのが一番いい」――。過度な返礼品も目立つ「ふるさと納税」。寄付額より、住民税などの控除額が多い多摩地域の首長の間では評判が悪い。新年度に4億円の赤字を見込む町田市の石阪丈一市長は、制度的にひずみがある」と指摘し、「修正するか、修正が難しければやめてしまうくらいのことをやってほしい」と語る。

ほかにも、「生まれた所に寄付したいよりも産物を求めるために納めている。国には反省してもらいたい」（小林正則小平市長）。寄付額で健闘する国立市さえも「とんとんか少しマイナスか」（永見理夫市長）と嘆く。そんな中、地元のサンリオなどと連携して街に来て良さを知ってもらう多摩市や、地元野菜の収穫体験などを提供する狛江市の試みはなかなかだ。生かす道はないだろうか。

○……長野県のJR白馬駅前の定食屋には、今も98年長野五輪のマスコット「スノーレッツ」のぬいぐるみが飾られている。店主は「古くなったけど、記念だから」と話し、当時の思い出を語ってくれた。

東京五輪のマスコットも20年間、定食屋に飾られ、五輪の思い出を紡ぐ存在になるかもしれない。「盗作が発覚して、実は二代目なんだ」という話が出てこないことを祈る。

区民とともに施策を育む

石川雅己・千代田区長に聞く

5日に投開票された千代田区長選で、5選を果たした石川雅己区長（76）。絶大な人気を誇る小池知事から全面的な支援を受けたことで、全国的にも注目が集まった区長選となった。若い2候補の高齢多選批判を物ともせず、次点にトリプルスコアを付けて圧勝した。選挙期間中から、「これまでの施策を守り育てていきたい」と実績を強調してきた石川区長に5期目の抱負を聞いた。

――「代理戦争」に注目が集まった分、政策論争が埋没した印象もありました。

メディアが報道したことで、投票率は53・67％と、単独の自治体選挙としては珍しいほどに上がった。選挙戦では区民に対して政策で判断してほしいと繰り返して伝えてきた。政策が吹き飛ぶようなことはなく、有権者に選んでもらえたと思っている。

――4年前の選挙戦では「集大成」とする発言もありましたが。

時間をかけて作るものもある。任期中に集大成ができるかは分からない。

――3年後の東京五輪に向けては。

バリアフリーに加えて、障害者と健常者が様々な方法で意思疎通できるようにしていくのが、五輪精神にのっとる多様な地域社会の形成につながる。昨年の第3回定例区議会では関連条例を制定し、役所内でも手話対応や筆談用ボードを置くなどの対応を始めた。区内企業や官公庁へも広げ、レガシーとしていきたい。

――小池都知事が「東京大改革」の一環で進めている「働き方改革」への考えは。

週2日のノー残業デーで超勤時間は減ってきている。仕事の必要性とそれに応じた時間配分を判断する管理職に女性を登用するのが改革に寄与するだろう。女性は出産や子育てで一定の制約を受けることで、仕事のやり方や時間管理を身に着けているからだ。

――「情報公開」については。

03年に公益通報制度を立ち上げ、内部の不正・違法を訴えれば外部の弁護士に調べてもらう制度を都内でも先駆けて設けた。訴えた人も不利益処分にしないよう制度設計してある。私自身も訴えられるかもしれないが、自ら客観的に、公平・公正に努めている。現実や事実をよく見つめるスタイルは知事と共通するところだ。

――厚生労働省から潜在待機児童の指摘を受けました。

算定に含まれている認証保育所は、認可保育所とも質の面では遜色ない上に、保育時間が長く、ニーズは高い。待機の概念に入れるなどとんでもない。兄弟を同じ園に入れたいなどの要望を満たす必要はあるが、特定園のみを希望している人も待機扱いされるのはおかしい。

――区道と都道で街路樹の伐採中止を求める住民要望が出ていますが、保存を目指す区と伐採に理解を求める都で対応が分かれています。

道路を整備する際に一番肝心なのは沿道に住む人や働く人の意見で、これまでも話し合いながら進めてきた。従来の方針を変えるつもりはないし、都も同じ方向を向きつつあると聞いている。

――選挙戦では区長支持が区議25人中3人にとどまりましたが、圧勝を受けて議会対応をどう進めますか。

数の問題ではない。役所も区議会も、究極的には「区民本位」で物事を判断している。この観点に立ち戻れば一定の合意形成ができる最も象徴的なのは予算だが、部分的に削減などをする修正予算はどこでも起こり得ることだ。全体としては議会と合意をして進めることができている。

――職員へメッセージを。

今回の選挙を通じて、今まで取り組んできた施策を育てていきたいと訴え続けてきた結果、区民の賛意を得て当選した。職員とともに作り上げ、実施してきた政策が評価を得たと認識している。これからも同じ思いで仕事をしていこうと伝えたい。優秀な若手職員を、幹部とともに次の区政を担う人材として育てていかなくてはならない。

いしかわ・まさみ＝1941年生まれ。東京都立大学法経学部卒業。63年に入都し、千代田区企画課長、都港湾局長、福祉局長などを経て、01年に区長選に初当選し、現在5期目。最近気に入った本は、心理学者のアドラーの著書。息子2人が独立し、妻と2人暮らし。

中央区　基本構想審議会が答申

「人が集まる粋なまち」

中央区基本構想審議会（会長＝竹内誠・江戸東京博物館名誉館長）は20日、おおむね20年後を目標とする区の基本構想案を矢田美英区長に答申した。区は6月の第2回定例区議会に同構想案を提出し、議決後の来年2月をめどに2018～27年度が計画期間の基本計画を策定する方針。

構想案では区の将来像を「輝く未来へ橋をかける　人が集まる粋なまち」と設定。「江戸以来の伝統文化を育みながら未来を創造し、住み・働き・集うすべての人々が、幸せを実感し誇りを持てる都心『中央区』をつくっていく」とした。

将来像の実現に向けた基本的な方向性は、▽「中央区スタイル」を確立し、世界に輝く東京を創造▽歴史と伝統を継承し、多彩な魅力があふれる美しいまちを形成▽誰もがあこがれ、住みたい・働きたい都心の実現▽未来を切り拓く力を育む「創造の場」▽多様な絆が融合した「プロアクティブ・コミュニティ」の確立――の五つとし、施策の柱に据える。

築地市場の移転問題に関しては、「移転を予定している」など審議過程で修正を加えて対応した。区企画部（都心再生・計画担当）の御郷誠副参事は「6月の区議会までに都が方針を変更すれば、審議会と相談した上で議会への提出方法などを検討する」と話している。

答申で握手を交わす矢田区長（左）と竹内会長＝20日、中央区役所

都議会4会派幹事長に聞く　予算案審議と百条委設置

22日に開会した第1回定例都議会。小池知事の初となる予算案は2020年の実行プランと連動し、今後の小池都政の4年間の方向性を固める上で重要な審議となる。また、都議選をにらんで設置された百条委の行方も都政を前に進める視点でどう運営していくかが問われる。22日現在での百条委設置を巡る動き、予算案などの評価を4会派の幹事長に聞いた。

自民党・高木啓氏

百条委は重い意思決定

――小池知事初の当初予算案をどう見るか。

執行率を含め、最終的な評価は来年の今ごろ問われることになるが、全体としてマイナス予算の中で、適格な予算編成になっていると思う。我が党の要望も多く取り入れられている。

――前任の舛添知事の予算との違いは。

小池知事も長期ビジョンを踏襲しており、実行プランは長期ビジョンを「三つのシティ」に組み替えたものと理解している。東京を世界で一番の都市にするという大目標に向かっているのは同じで、ブレはないと考える。

――予算案への注文や提言などは。

我々が取り組んできた地域の底力再生事業は、アドバイザー派遣事業などを加え、前年度2億円に7千万円を増額した。我々の政策を知事も評価し、上乗せいただいたことに感謝したい。今後は執行率が100％に近づくよう、申請手続きの簡素化などを提言していく。

――豊洲新市場問題では移転延期に伴う補償費なども盛り込まれた。

知事が移転延期を決めたわけで、事業者に対する補償は当然。今後は移転への条件整備をしていかなければならない。基本的には豊洲か築地かを選ぶことになる。都には新市場移転を前提に作ってきたものがたくさんある。しっかりと問題点を洗い出し、議論を集約していきたい。

――石原元知事の参考人招致や百条委設置を求める声もある。

本日、百条委員会が設置された。我が党をはじめ全議員が提案者となったことは、議会として重い意思決定だ。特別委員会での成果を引き継ぎ、しっかりと調査を進める。特別委員会の参考人招致で名前が挙がった方々は、原則、百条委員会でもお話を聞くことになる。

――東京五輪についてはどのように取り組むか。

一番の危惧は、五輪に対する機運が盛り下がっている感じがすること。大会に向けた知事のコンセプトやテーマをしっかり打ち出し、もう一度機運を醸成し、夢と希望にあふれる五輪を創り出していかなければいけない。

――都議選に向けた戦略は。

我々の4年間の実績として、「東京を世界で一番の都市に」という公約が一歩一歩政策として実を結んでいる。都議選を巡る情勢は流動的で、厳しい戦いだ。複数選挙区では、他候補との戦いというよりも、自分たちがどう頑張れるかということが問われる。マスコミの皆さんも、都政がどうあるべきか、4年間の実績をしっかりと分析してほしい。

公明党・東村邦浩氏

石原氏の言動で百条へ

――新年度予算案をどう見ているか。

評価している。公明党として教育の投資、子育て支援、高齢者福祉、難病支援に柱を置いた要望を行い、大きく前進した。これまでとは違い、知事に直接、政策や予算の要望ができた意義は大きい。

――年収910万円未満の世帯を対象に私立高校の授業料の実質無償化を小池知事に対し、要望した。

公立高校に通う年収910万円未満の世帯には国の就学支援金が出ていて、実質無償である。高校生が学校を選択できる機会を増やし、公私の格差をなくしたいと思った。財源を確保するために学校への補助を削れないので、今回は760万円未満でのんだ。私立高校全体の36％しかカバーできていないため、次は910万円未満を目指したい。

――五輪組織委員会への議会のチェックが十分に果たせない課題がある。

一番の問題は組織委員会の経費。支払い手数料が90億円で、経費の9割を占めている。支払い手数料には、集めた協賛金からIOCに払うロイヤリティーがある。協賛金は組織委員会が集めるのではなく、電通に委託し、支払い手数料を払っている。評議員会が組織委員会の経費をチェックしているが、都議会の代表は入っていない。議会から代表を入れるか、説明する仕組みを都に作れと言っている。経費はレガシーとして残らないので、一番チェックが必要。どの委員会で追及するか検討している。

――市場問題では百条委員会の設置について賛成に回った。

豊洲市場移転問題特別委員会で疑問や疑惑を解明できない時は百条委員会をやるべきだと言ってきた。石原元知事が記者会見をするかしないか二転、三転し、参考人招致もはぐらかされてしまうのではないかという議論が会派内でされて、石原元知事に対しては百条委でやるべきと判断した。ただ、豊洲の地下水再調査の結果など食の安全は、特別委員会で引き続き議論しようというすみ分けの提案をした。

――議員報酬削減など身を切る改革は公明党案で一本化した。

自民党との紆余曲折もあり、難しい局面だったが、各党が汗をかいて歩み寄ってくれたことに感謝している。

――都議選では小池新党と連携するのか。

政策的には知事と連携を取っているが、既に都民ファーストの会はどんどん候補者を擁立している。公明党としてはきついが頑張るしかない。公明党が今までやってきた政策と改革で都民に信を問いたい。

東京改革・尾崎大介氏

議会の信頼回復目指す

――予算案や編成過程見直しへの評価は。

就任後初の予算だが、我々がこれまで主張してきた人への投資などが広い分野で盛り込まれており、非常にいい予算案だ。復活予算は都民に分かりづらいものだったので、廃止されたことで都民にとって良かった。各会派の予算要望を都民に公開できたことも歓迎している。

――都庁では答弁調整を禁止する動きもある。

質問通告を事前に行わないのは議会の進行上望ましくないが、確かに、行政との間で馴れ合いの度を超えてしまっている部分も散見されていた。もちろん、本会議ではスムーズな進行のために、最小限の通告などは必要だろう。いろいろな部分でカバーしていけば、禁止の影響はない。

――新市場問題はどう臨むか。

小池知事になった途端に水質調査で基準値を大幅に超える汚染物質が出たことは、都民にとって不自然。なぜ結果が変わったのか説明しなければいけない。いま、現実的に一番切迫しているのは市場関係者。移転をするのかしないのかを含めたロードマップを示す必要がある。不安以上に生活への打撃があるので、補償費が示されたことは良かった。

――既に建物が完成している。移転の是非は。

3月の再調査結果が出るまでの経過を見ていきたいと思っているが、我々は民主党の当時、築地の現在地再整備も含めて複数の選択肢を検討した。そのことを都民に示しつつ、方向性を示していきたい。移転を断念する場合、6千億円に上るサンクコストをどうするのかが問題だ。

――百条委はどの部分で追及するか。

都議会では豊洲市場移転問題特別委の設置後も、どうにもスピードが遅い。我々は盛り土問題でも煮え湯をのまされてきており、失敗は許されない。百条委での追及は、失墜した都議会の信頼回復への唯一の道だ。

――会派の結成に当たり、自民党への対決姿勢を鮮明にした意図は。

これまで改革を阻んできたのは自民党だ。豊洲への移転が決定した8年前は、自民党にも煮え湯をのまされた。我々は馴れ合いをしてきたつもりはないが、小池知事のスピード感に連動して議会活動を転換していく必要がある。

――都議選は厳しい戦いも予想される。

我々は前回都議選で大敗し、そこから党勢が回復しているとは言い難い。だが、これまで地域で根差した活動を行い、議会でもだんだん人物も育ってきている。東京改革という新会派を結成したことを契機に、様々な戦略を立てていく必要がある。

共産党・大山とも子氏

真相究明役割問われる

――予算案についての評価は。

不要不急の開発は若干減ったが、進める予算だ。一方、福祉面などでは我々が訴えてきた施策や、都民の声を反映した前進があった。特に保育士の待遇改善や難病支援、鉄道駅のバリアフリーなどは重要。私学助成の拡大や、商店街支援対策での専門家派遣などは今後も充実させていきたい。

――舛添前知事の予算との違いは。

五輪経費も削減したし、保育も教育も前都政と比較して前進面がある。また、知事の海外出張費が8割削減された。私たちが石原元知事時代から指摘した豪華海外出張が改められたことも重要だ。

――不十分な点は。

今回、13年ぶりに投資的経費を減らしたが、反対住民の多い道路建設計画を見直したわけではない。保育士以外の福祉職の待遇改善や、少人数学級の導入なども課題だ。また、特別養護老人ホームの整備費が減るなど、高齢者福祉が不十分だ。

――編成過程にも変化が見られた。

復活要望は形骸化していた。都として必要な予算なら最初から付けておけばいい。今回、団体ヒアリングは比較的大きな団体のみを対象にしていたが、会派としては幅広い団体から要求を聞き、それを都に要望していく。

――1定では豊洲新市場も争点になる。

新市場の問題は、都議会が真相究明の役割を果すことができるかが問われる。なぜ土壌汚染がある土地に生鮮食品を扱う市場を移転させたのか、なぜ整備費が6千億円近くに膨れ上がったのかなど、百条委で明らかにしなければならない。

――地下水の汚染は市場本体の安全性と関係しないとの見方もある。

都が行っている調査では多くの箇所が調べられておらず、汚染があるかどうかも分からない。コンクリートで封じ込めても、直下型地震や経年劣化でひび割れることもある。安心・安全を何よりも大事にすべき市場として、豊洲への移転は無理筋。今の日本の技術力であれば築地の現在地再整備ができるはずだ。

――市場業者への補償は市場会計から捻出されるが、是非は。

新市場問題は都の失政。市場会計の洗い出しを含め、使用料値上げや業者の負担につながらないよう、行われるべきだ。

――都議選では波乱も見込まれる。

前回都議選で、私達は8議席から17議席に倍増し、認可保育所の大増設や市場・五輪問題の追及など、都政を一定動かしてきた実感はある。都民にとってより良い改革を進めるためには、共産党都議団を大きくすることが大切だと有権者に分かってもらうことが重要だ。

東京最前線

選挙プランナーの眼　地方政治の舞台裏から㉝

小池新党と都議選

躍進の鍵は候補者調整にあり

2月5日に投開票を迎えた千代田区長選挙は全国的な注目を集め、投票率は前回よりも11・4％上昇しました。選挙戦の最中は五十嵐朝青氏の健闘も伝わってきており、無党派層の票が多少割れることから、私は「石川雅己氏の得票数は与謝野信氏の2倍強」と予想していましたが、ふたを開けてみれば3・4倍という結果に驚いています。

有力な対抗馬が出た選挙で、ここまでの差をつけて圧勝することは選挙の常識では考えられないことでした。この結果を受け、来る都議会議員選挙で「都民ファーストの会」が躍進する可能性について述べたいと思います。

知事人気続く

「都議選までは4カ月以上もある。小池知事人気が夏まで持つのか」と否定的に見る声も根強く聞こえてきます。振り返ると、2008年に橋下徹氏が大阪府知事に当選し、メディアの注目を集め始めた頃にも、「橋下人気は一時的なブーム。長続きしない」と同じことが言われていました。橋下氏への高い支持はその後も続き、3年後の11年には維新の会は大きく議席を伸ばしました。東京都でも同様の現象は十分に起こり得ると考えられます。

4月に入ると小池知事のカラーが色濃く反映された18年度予算が執行されます。都の恵まれた財源を背景に、知事選の際に掲げた公約を実行していく姿は有権者から高評価を受けることでしょう。4月以降は新しい予算によって実際に自分たちの生活が変化していくことを感じる都民も増えると予想されます。

加えて、豊洲移転問題でも百条委員会の設置が決まり、今後もマスコミ・有権者からの注目を集めるものと予想されます。都議選に向けてテレビや新聞などの報道量が高いまま維持されると、小池知事や都民ファーストの会への期待はさらに高まることも予想されます。

「都民ファーストの会」は都議選においてどれだけ議席を獲得できるのか。千代田区長選挙以前は、主に二つの理由から「一定の議席はとれるものの、そこまでの躍進は難しい」という指摘が散見されていました。

1点目は「小池知事の人気は他の選挙の得票にはつながらない」という主張です。首長の人気が必ずしも議会議員選挙に直結しないことは、03年の長野県議選で当時の田中康夫知事が支援した候補に落選が続いたことなどから、よく指摘されることです。

これまでは、仮に小池知事の人気が都議選まで続いたとしても、「都民ファーストの会」の候補に小池知事を支持する有権者の票がどこまで流れるかは分からない、むしろ少ないという指摘がありました。しかし今回の千代田区長選挙におけるNHKの出口調査を見ると、小池都政を支持する有権者の7割が現職の石川氏に投票しています。もちろん石川氏には現職としての知名度もあり、これまでの実績を評価する有権者も多かったと思われますが、一つの傾向として、小池知事が応援する候補へ多くの有権者が投票することが証明されたと言えます。

2点目は「都議選は1人区が少ないため議席を大幅に増やすことは難しい」という指摘です。衆院選でおなじみの1人区は、複数人区と比べて「風」の影響を受けやすく、当選者の入れ替わりが起こりやすいという特徴があります。

	都議選	大阪府議選	大阪市議選
1人区	7	31	
2人区	15	15	6
3人区	7	2	8
4人区	5	4	2
5人区	3	1	6
6人区	3		2
8人区	2		

一方、都議選では1人区が42選挙区中7しかなく、たとえ風が吹いても議席を増やすのは難しいとの意見が見受けられました。大阪維新の会が議席を伸ばした11年を振り返ると、表のように53選挙区のうち1人区が31ある大阪府議選では単独過半数を獲得していますが、1人区が全くない大阪市議選では86議席中33議席にとどまっています。

しかしながら、朝日新聞が今回の千代田区長選で行った出口調査によれば、小池知事を支持すると答えた人は84％に達しています。こうした高い支持率を背景に、候補者を性別や年齢、地域などで細かく調整することができれば、複数人区で2議席以上を獲得することも可能になってくるでしょう。

受講生の熱意

私はこれまで2回、希望の塾の「都議選対策講座」の講師を担当させていただきました。小池知事は講座の中で、「ビギナーズラックで勝てるのは一度だけ」と話されていましたが、私も「風に頼らず、候補者自身がどれだけ汗をかいて地盤を作れるかが重要」と説明しています。受講生は非常に熱心で、講義後に記入をお願いした資料を見ても、優秀な方が集まっていると感じています。

都民ファーストの会は、これまでの第三極・地域政党ブームの中で数々のトラブルがあったことを客観的に分析し、慎重に準備を進めている印象があります。単独過半数に向けて、連携する公明党への配慮と、底堅い支持を持つ共産党とのすみ分けを考えながら、どのように候補者調整を行うかが今後の鍵となってくるでしょう。

（㈱ダイアログ代表取締役　松田馨）

都政ダイジェスト　(2月1日～15日)

▼都は1日の都政改革本部で都庁ライフ・ワーク・バランス実現プロジェクトチームの設置を決めた。

▼小池知事は3日、トーキョーワンダーウォールを廃止すると発表した。

▼都財務局は3日、保育所整備に活用する都有地を新たに111件発表した。

▼都建設局は6日、埋設物管理者会議を初めて開いた。

▼都と渋谷区などは7日、合同で帰宅困難者対策訓練を実施した。

▼都は8日の職員表彰で、「新しい東京」賞など26件を表彰した。

▼小池知事は10日、豊洲新市場への移転延期に伴う補償金50億円を盛り込んだ補正予算案を第1回定例都議会に提出すると発表した。

▼都病院経営本部は13日の都立病院経営委員会で、広尾病院の役割・機能の検討を継続すると報告した。

▼都環境局は15日、足立区で見つかった野鳥の死骸から高病原性の鳥インフルエンザウイルスを確認したと発表した。

自治トピ 140

◆ふるさと納税で返礼中止　埼玉県所沢市は20日、ふるさと納税の返礼品の提供を今年度末で終了すると発表した。ふるさと納税で返礼品を廃止する自治体は珍しい。藤本正人市長は「返礼品の終わりなき競争」を理由に挙げ、返礼品中止を決断した。ふるさと納税は今後も継続する考えだ。

◆スマホでストレス管理　神奈川県は2月末から、スマホを活用した県職員のストレスチェックの実証実験を始める。職員がスマホに録音した音声を基に、東京大学大学院が音声データを分析し、発話時点の心の状態などを数値化する。職員にメンタルヘルス疾患の自覚や予防を促すのが目的。

◆職員が鳥獣被害対策に　埼玉県飯能市は、市職員による鳥獣被害対策隊を組織する。駆除を行う地元の猟友会の高齢化が進む中、市職員の発案でサルやシカなどの捕獲、被害を防ぐ防除などに取り組む。職員が狩猟免許を取得することも可能だ。3月に隊員を募集し、4月から活動を始める予定。

◆公立高で学舎制導入　京都府教育委員会は20日、公立高校の統合・再編に当たり、「学舎制」を導入すると発表した。「学舎制」は2つの学校を統合・再編する際、1つの学校として運営するが、各校舎を存続させ、生徒はどちらかの学校を受験する。少子化が進む中での取り組み。

プレミアムフライデー

自治体への広がり鈍く

観光振興の動きはあるが…

月末の金曜日に仕事を午後3時に切り上げる「プレミアムフライデー」が、きょう24日からスタートする。内需拡大と働き方改革を同時に実現しようという政府と経団連が主導するキャンペーンだが、自治体への広がりは鈍く、都でも積極的な動きは見られない。働き方改革の面でも、各職場や職員の意識次第となりそうだ。

現在、プレミアムフライデーに賛同し、イベントなどに使用できるロゴマークの申請をしている企業などは約3200団体で、このうち自治体は7団体。都は申請しておらず、都内自治体では港区のみが申請している。

港区では、プレミアムフライデーを有効に活用してもらおうと、区公認観光ボランティアガイドによる麻布十番商店街の街歩きツアーなどを企画している。担当者は「観光振興のチャンスと捉えている」（産業振興課）と話す。

一方、都の関連施設では東京都美術館（台東区）が特別展の開催に合わせ、閉館時間を午後5時半から午後8時まで延長している。同キャンペーンと直接関係はないものの、生活文化局は「プレミアムフライデーをきっかけに、夜の美術館に足を運んでくれれば」（文化振興部）と話す。

ただ、それ以外ではプレミアムフライデーに関する目立った動きは都内自治体では見られない。

働き方改革に力を入れる小池知事だが、プレミアムフライデーについては16日の定例会見で、「早く帰ってスポーツを楽しんだりすれば、人生が充実するのでは。そのきっかけづくりには良いことではないか」と賛意を示した上で、「都庁は曜日を決めるのではなく、まずは午後8時退庁を徹底したい」と述べた。

総務局は「普段の超勤縮減の一環として、月末が近くなれば庁内のメルマガなどでプレミアムフライデーを周知する」（職員支援課）とし、月末の金曜日に年次休暇や時間休を取得するよう推奨するが、具体的な目標は定めないという。

職員の反応はどうか。ある本庁課長は「せっかくの機会なので、時間休を取得しようと思う」と話す。「職場でも休暇取得を呼び掛けており、残業削減のきっかけにはなるのでは」。一方で、別の男性課長は「政府主導のキャンペーンで、知事も乗り気ではないようだし、職場でもそれほど意識はしていない」と素っ気ない。中には「プレミアムフライデーの開始を知らなかった」という声もあり、職場や職員によって温度差が顕著なようだ。

同キャンペーンに賛同し、観光イベントを企画している港区でも、区役所の働き方改革につなげる動きはない。担当者は「今後検討するかもしれないが、窓口業務が多いため、急な実施は難しいだろう」（人事課）と話す。

■積極的な自治体も

都内自治体では反応が鈍いプレミアムフライデーだが、全国では積極的に推進する自治体もある。

静岡市は同キャンペーンを機に、「官民連携で働き方改革を推進していく」（商業労政課）ことを掲げ、市内の企業に呼び掛けて実施、この結果、約130企業が働き方改革への具体的な取り組みを記した宣言書を市へ提出したという。

また、同市役所も月末の金曜日は「3割以上の職員の休暇取得」を目標に掲げた。窓口業務に従事する部署や、繁忙期など月末の休暇取得が難しい場合には、第2、第3金曜日に休暇を取得するなどし、部署の実情に合わせて調整する。

富山県氷見市でも職場で同様の取り組みを行う。同市の担当者は「3カ月のローテーションで回し、全職員が年4回は休暇を取れる体制をつくる」（総務課）としている。

ただ、こうした自治体は少数派で、多くの自治体は静観の構えだ。旗振り役の経済産業省は「プレミアムフライデーの取り組みを先進的に行っている自治体の取り組みをまとめ、他の自治体にも周知していく」（流通政策課）としている。

都産業労働局

人材育成で生産性向上に

職能開発計画　若年者支援も

都産業労働局は20日、第10次東京都職業能力開発計画（2016〜20年度）の案をまとめた。人材育成を通じて企業の生産性を高め、若者・女性・高齢者など多様な人材の職業能力開発を進めることなどが柱。

中小企業の生産性を向上させるため、製造現場で生産工程の「見える化」など「カイゼン」の中心となる人材を育成し、企業内での実践を支援。職能開発センターと東京都中小企業振興公社が連携を強化し、生産性の向上に向けて切れ目なく支援することを盛り込んだ。

中小企業同士のつながりを生かしたネットワークづくりにも取り組む。職能開発センターを拠点に、ネットワークの継続的な取り組みと自立化に向けて、訪問指導・助言などのアフターフォローを実施する。また、業界団体と連携し、中小企業の優れた取り組みの視察をコーディネートする。

計画期間中には城南職業能力開発センター大田校の改築を予定しているが、実習場を中小企業などに貸し出し、技術・技能の習得を支援するほか、ニーズに即した教材の共同開発に取り組む。

高校中退者や非正規労働者など、若年者の状況に応じた職業能力開発にも力を入れる。複数業種の基本作業と就業基礎を組み合わせた「ジョブセレクト科」を城東職能開発センターだけでなく、多摩地域にも広げる。また、同センターには発達障害に知見のある専門家を配置しているが、他のセンター・校にも展開し、訓練のサポート体制の強化を検討するとした。

出産・育児などで離職した女性の再就職を支援するため、東京しごとセンター内の「女性しごと応援テラス」で就業相談や職業紹介などを行うほか、職場実習などの支援プログラムを実施。職業訓練期間中の託児サービスなど、女性が職業訓練を受けやすい環境の整備を検討していく。

都行政監査

各局の契約履行で支援を

財務事務の内部統制で意見

都監査委員は22日、都議会第1回定例会に2016年の行政監査や財政援助団体等監査など3報告書を提出した。

行政監査では、財務に関する事務（会計・物品管理・公有財産・契約）の内部統制がテーマになり、各局の業務委託契約・企画提案方式の事務について財務局が支援を充実させるよう求めた。

各局の業務委託契約では受注者から提出させるはずの書面が不足していたり、書面で取り交わす必要がある確認事項が口頭で行われるなど、担当者の理解不足が要因とみられる事例があり、これまでの監査でも不適切な事例が指摘されていると言及。他の契約に関する履行確認の事例などを参考に業務委託契約に有益な情報提供を要望した。

企画提案方式では各局が提案された企画書をそのまま採用し、履行完了の確認に必要な仕様を明らかにしていない事例や、広報PRなどに使用する映像の作成などイメージを伝えて修正を加えているが指示内容が記録されていない事例があったとして、履行の確認に重要な議事録や指示書の作成・保管に関する情報提供などを促した。行政監査ではそのほか、会計審査についてのリスク低減に向けた対応も要望した。

工事が設計・施工の各段階で技術的に正しく行われているか検証する工事監査では、1684件が対象となり、指摘・意見などは34件、金額ベースで約1億4千万円だった。このうち斜面の法面（のりめん）保護で適切な工法を取っていなかった産業労働局の設計や、地面の掘削作業で確実な安全対策を取っていなかった港湾局の施工などの事例を指摘した。

財政援助団体等監査では補助金などが交付された団体を始め計154団体を監査し、指摘・意見などは87件。金額ベースでは約16億9千万円となった。このうち学校法人や社会福祉法人など計9団体に交付した補助金・分担金について、対象経費の算定の誤りなどにより計1194万円が過大に交付されていることが分かり、返還を求めるとともに、各局に交付事務の改善を促した。また、商業ビルの管理や駐車場の経営を手掛ける㈱多摩ニュータウン開発センターについて、中長期的な経営判断が行えるよう、長期修繕計画を策定し、長期的な資金需要を把握するよう要望した。

つけ爪用の接着剤から 商品テストで有害物質

都生活文化局

都生活文化局は21日、つけ爪やまつげエクステンション用の接着剤など25点について家庭用品規制法に準じた商品テストを行った結果、全ての商品から有害物質のホルムアルデヒドの検出を確認したと発表した。成分などの表示が一切ない商品もあったという。つけ爪などの接着剤に関しては法規制がないことから、同局は消費者庁に対して安全対策を要望している。また、接着剤には成分特性に応じた試験法の検討が必要であることも分かったという。

つけ爪・まつげエクステンションに関して、都の相談窓口には2015年度、「充血し、涙が出る」などの相談が6件あったという。同局は「異常を感じたら使用を中止し、水で洗い流して医療機関を受診して」と呼び掛けている。

換気口用フィルター 販売業者に業務停止

都生活文化局

都生活文化局は17日、住宅の換気口用のフィルターを販売していた事業者に6カ月の一部業務停止命令を出した。「換気口の点検に来た」など設備点検を装い、「フィルターは洗ったら効果がなくなる」などと、うそを言って販売していた。2015年の1年間で約2100万円を売り上げていたという。

高野　享司さん（たかの・たかし＝元都立富士森高校長）8日死去、80歳。

今井　裕隆さん（いまい・ゆたか＝元都水道局長）12日死去、82歳。

中嶋　理さん（なかじま・おさむ＝元都衛生局長・福祉局長）13日死去、82歳。

社説

予算審議と百条委員会

改めて試される議会の権能

第1回定例都議会が22日に開会した。焦点は、小池知事が編成した予算案に対する審議のはずだったが、豊洲市場の用地取得の経緯などを巡り、都議会で12年ぶりに百条委員会が設置され、世間の耳目はそちらに集まっている。

だが、来年度予算は、単なる単年度の予算にとどまらず、昨年12月に策定した実行プランの初年度の予算でもあり、五輪を契機に東京をバージョンアップさせていく上で大切な意味を持つ予算だ。政局に振り回されることなく、五輪後の人口減少社会を見据えて、しっかりした論戦を望みたい。

■メリハリの意味

まず来年度予算についてである。新知事就任後の初めての予算というのは、公約実現のための新規事業等が盛り込まれ、往々にして歳出圧力は高まる。特に都議選年ともなれば、なおさらである。そうした中で一般会計予算は、対前年度比0・8％減の6兆9540億円と手堅い。マイナス予算は、実に5年ぶりである。

全4800事業に終期を設け、事業の評価時期をルール化するなどの見直しを行うことで約720億円を捻出。他方で基金を3394億円取り崩すなどして財源を確保し、都債発行を抑制した。歳入の根幹をなす都税収入の6年ぶりの減を見越して堅実性のあるフレームと言える。

歳出面では、待機児童対策や給付金の創設、働き方改革など、「人」に着目した事業に予算を手厚く配分した。こうしたところには、小池知事の思いが見て取れる。LEDの普及やフードロス対策など、環境先進都市に向けた施策展開もある。

「一言で言えば、メリハリのついた予算」。小池知事はこう評し、「無駄は徹底して排除し、必要な政策には思い切った予算をつける」とコメントしている。確かに事業を細かく見直して経費をコツコツ削減したが、一方で築地市場の移転延期に伴う行政コストの発生など巨額の無駄を生む都政運営になっていないか、大局的な観点での議論が必要だ。

また、小池知事が終了を宣言した文化施策「トーキョーワンダーウォール」など「石原銘柄の刷新」では政治的意図ありありで、メリハリの意味も違ってくる。事業開始から16年が経過し、新人アーティストの発掘を目的とした賞は役割を終えたというのは理解できるが、代わりに創設する新たな賞との違いは何なのか。折しも3年後の東京五輪に向け、文化プログラムを盛り上げていかなければならない時期である。

終期を設定した事業の見直しについてもチェックが必要だ。文化事業などは効果測定が難しく、また、内容によっては成果が出るまで時間がかかるケースもある。予算にメリハリをつけるには、事業特性を踏まえた適切な評価が重要になる。東京大改革の御旗のもと、見直し自体が目的化していないか、そうした視点でのチェックがあってもいいだろう。

■司令塔は

今回の都議会百条委員会は、言い方は悪いが、踊らされての設置のように映る。当初、自民・公明は慎重な姿勢を示していたが、世論の盛り上がりに押し切られる形で設置に転換した。設置が決まる前、慎重派のベテラン都議は「議会の権能として百条委の設置は否定しないが、一足飛びに証人喚問ではなく、まずは参考人招致から行うのが筋。そこで解明されなければ、初めて百条委になる」と語っていた。百条委員会の重み、影響を考えれば正論だが、それが通らないほど追い詰められているともいえる。何を解明するかの前に、まず設置ありきだった流れが物語るように、都議選を意識して改革姿勢をアピールすることが先行した感は否めない。

強い調査権限を持つ百条委員会は、いわば議会による裁判のようなものだ。2005年の時も今回同様、くしくも都議選年の第1回定例都議会だった。前回と異なるのは、12年前は自民党から仕掛けた百条委だったのに対し、今回は自民党が受身であることだ。だからというわけではないだろうが、メンバーをみると司令塔不在のように思えてならない。

強い調査権限を持つ百条委員会だけに、筋道を立てて運営し、きちんと結果を出さなければ、かえって都民・国民の不信を加速させる。百条委員会の設置は「もろ刃の剣」であることを声を大にして言いたい。

現下の都政は「小池劇場」により、かつてないほど注目が集まる。百条委員会がワイドショーの格好のネタとなり、全国区の話題となるだろう。だが、全会派一致で設置を決めた以上、信頼を回復し、都政が前に進む契機としなければならない。議会に課せられた責任だ。

■改革の先

最後に知事の政治姿勢について一言述べたい。施政方針演説で都政の目指すべき方向性として、スローガンの「東京大改革」を強調。「『透明化』を根付かせ、これまでの延長線を超えた『新たな発想』を常に生み出すために自律改革を重ね、都政の手法と体質を変える」と語った。

確かに情報公開は随分と改善された。だが、小池知事がどこに向かおうとしているのか、改革の先を見定めるのは難しい。

例えば、五輪で「準備に万全を期すため、組織委員会、国、関係自治体との連携を密にして対応していく」と語っているが、目にするのは連携よりも組織委員会や国との対立構図である。五輪まで3年少しと迫る中、知事のいう五輪の「ワクワク感」は高まっているとはいえない。

都庁内では「都議選に勝つことしか眼中にないのでは」という声をよく耳にする。知事自身、都労連の新年旗開きで「7月まで臥薪嘗胆（がしんしょうたん）で禁酒する」とあいさつした。知事が臥薪嘗胆すべきは、都民受けの悪い判断であっても行政の長として責任を持って行うことである。今の都政は、ハイパーポピュリズムになっていないだろうか。

五輪への航海図 (156)

TOKYO 2020

開催まで あと1246日

ラグビーW杯

1年前の一大イベント

昨年6月、東京スタジアム（調布市）。ラグビー日本・スコットランド両代表のテストマッチは、約3万4千人の観客で熱気に包まれた。東京大会の前年、2019年のラグビーワールドカップ（W杯）を控え、都オリンピック・パラリンピック準備局はこの試合をノウハウ取得の機会と捉え、観客動線や混雑状況などを確認。三鷹、府中、調布の地元3市や大学などのボランティアにも協力を得て、大会運営の経験を積んだ。

本大会に向けた課題の一つが、会場の交通アクセス対策だ。テストマッチでは試合開始の前後、京王線が人身事故で運転を見合わせたこともあり、調布インターチェンジ（IC）付近で全車両の約4割をタクシーが占めた。試合後も最寄りの飛田給駅周辺が混雑し、ピーク時には駅構内で滞留。甲州街道では東京スタジアム出入り口付近から調布IC付近まで渋滞が発生したという。

W杯では収容人数の5万人に加え、「ファンゾーン」の来場者数も見込んだ対策が求められ、シャトルバスの往路・復路の運行やJR中央線方面への路線などの輸送計画を検討するほか、滞留者を分散させる工夫が必要になりそうだ。Jリーグはリピーターの観客が多く、迂回（うかい）ルートを知っている人も多いが、ラグビーではスタジアムを初めて訪れる観客も多いと見られ、同局としては事前に複数のルートを周知したい考え。

昨年のテストマッチでは、隣接する広場などで「ラグビーフェスティバル」を同時開催。ラグビーの体験イベントや飲食ブースが好評だったという。一方、会場への行き方が分かりにくいなど、動線に課題も見つかった。

交通・輸送以外では、東京スタジアムでは開幕戦が行われるため、スポンサーなどにおもてなしのサービスを提供する「ホスピタリティー施設」が不可欠になる。同局の会場運営計画案によると、メーンスタンド側のレセプションルームに加え、バックスタンドや武蔵野の森総合スポーツ施設のメーンアリーナ棟を利用する。

具体的な試合日程が決まるのは今秋以降で、土屋太郎ラグビーワールドカップ準備担当部長は「他都市や組織委員会と調整しつつ、国際試合を通じて熟度の高い計画にしていきたい」と話す。

テストマッチに併せて行われたラグビーフェスティバル＝16年6月、調布市

昇任試験対策のページ

29年度 職員教養講座 東京都管理職選考対策 《35》

技術（医化学）記述・論文

管理職選考の受験を予定している人の中には、年度末が近づくことで業務が多忙となり、なかなか勉強時間を確保することが難しいと思います。限られた時間で効率的、効果的に勉強するためには出題傾向を把握することが重要です。今回は、「生物・医化学」のうち「医化学」分野の過去5年間の出題傾向などを解説します。

◆記述試験

出題数は、主に基礎的知識を問う前半8題（うち医化学4題）、主に時事的な知識を問う後半12題（同6題）の計20題（同10題）で、種別A、B共通となっています。種別Aは前半、後半各2題を、Bは前半1題、後半3題を選択して回答します。

出題傾向

「医化学」は大きく分けて「保健医療」の分野と「環境・上下水道」の分野に大別でき、例年、前半・後半ともにほぼ半数ずつ出題されており、どちらかの分野で全て答えられるようにしておくことが重要です。

しかし、平成28年度の「環境・上下水道分野」は後半で2題のみの出題であったため、3問を選択しなければいけない職種Bの場合、「環境・上下水道分野」のみでは設問数が足りませんでした。そのため、「保健医療」と「環境・上下水道」のどちらかに重点を置きつつも、他の分野の出題にも対応できるよう準備しておく必要があります。

■保健医療

保健医療の分野は、前後半合わせて24年度から26年度までは毎年5題、27年度と28年度は7題ずつ出題されています。さらに、三つの行政分野に区分すると、「医療・保健（疾病対策、感染症対策など）」が0～3問、「健康・安全（健康づくり、食品・薬の安全など）」が1～4問、「環境・衛生（生活・環境の衛生、動物愛護など）」が0～1問の出題となっており、傾向は一定していません。3分野全てをくまなく学習する必要はありますが、食品の安全に関する事項は必ず1題は出題されていますので、特に対策が必要です。

この分野は、長期計画や法令改正に伴った出題のほか、特に時事的に話題となった事項とそれに関連する事項の出題が目立ちます。例えば、重症熱性血小板減少症候群（SFTS）の国内発生を受けて、チクングニア熱とQ熱も含めた昆虫媒介感染症の設問が、大村氏のノーベル賞受賞を踏まえ、28年度にはオンコセルカ症を含む獣畜共通感染症の設問が出題されています。他にも、学校での食物アレルギー事故、危険ドラッグに起因した自動車事故、デング熱の国内発生を受けた設問（媒介蚊のヒトスジシマカではなく、都ホームページに掲載されていたアカイエカの設問となっています）も見受けられます。いずれの設問も都のホームページへの記載内容でほぼ回答できるようになっており、新聞などで時事的事項を認識して、関係局のホームページで最新の動向を確認することが効率的と思われます。

①医療・保健

《24年度》1題
ウイルス感染症（麻しん、RSウイルス感染症の説明、主な症状、感染経路、予防方法）

《25年度》3題
感染症の病原体、チクングニア熱・SFTS・Q熱の感染経路等、東京都結核予防推進プラン

《26年度》出題なし

《27年度》1題
COPD（気管支ぜん息との比較、症状及び予防法）

《28年度》3題
疫学（宿主要因と環境要因、症例対照研究とコホート研究）、感染症の感染経路・症状・予防対策（狂犬病、腸管出血性大腸菌感染症、オンコセルカ症）、感染症法（一種及び二種病原体等の全疾患名と規制の概要）

②健康・安全

《24年度》4題
後発医薬品（特徴や安定供給への取り組み等）、食品衛生法（生食用食肉の規格基準、表示基準）、食品の放射性物質、東京都食育推進計画

《25年度》1題
ボツリヌス食中毒

《26年度》4題
アレルギー物質食品表示（特定原材料及び特定原材料に準ずるものの説明、表示の免除）、農薬（定義、ADI、登録保留基準）、「東京都健康推進プラン21（第二次）」（総合目標、重点分野の目標等）、ヒスタミンによる食中毒（症状、発生の仕組み、予防法）

《27年度》3題
食中毒（機序と原因菌、アニサキスの特徴、症状及び予防法）、危険ドラッグ（危険性、東京都長期ビジョン）、食品のカビ毒（カビの発育条件、カビ毒とカビの組み合わせ等）

《28年度》3題
栄養（体内のアミノ酸プール、たんぱく質の化学的評価法）、食品表示法（法施行前の3法律と表示法の目的、機能性表示食品）、医薬品の分類（販売従事者と特定販売）

③環境・衛生

《24年度》出題なし

《25年度》1題
アレルギー（分類、アドレナリン自己注射等）

《26年度》1題
動物の愛護及び管理に関する法律（終生飼養の徹底、動物の飼養及び保管に関する基準と対象動物等）

《27年度》1題
蚊の対策（アカイエカの生活史、健康危害、蚊の防除）

《28年度》1題
熱中症（メカニズム、症状、予防）

■環境・上下水道

環境・上下水道の分野は毎年3～6題が出題されています。そのうち上水道と下水道から1題ずつ出題され、その他は環境分野からの出題となっています。

環境では、大気、水環境、化学物質、廃棄物、分析法といった幅広い分野から出題されるため、全てを解答するには広範な知識が求められます。一方、国や都の近年の取り組みに関する問題が多く出題される傾向もあります。まずは得意分野の基礎的な法令や分析、処理の概要をしっかり固めた上で、新聞などで国の動きを押さえつつ、都のホームページを一通り確認して、最近の都政の動向を把握する必要があるでしょう。

上下水道では、水道関連と下水道関連が毎年1題ずつ出題されており、水道では浄水処理に関する問題が、下水道では下水処理と水質規制が多く出題されています。そのため、浄水処理・下水処理の原理を理解し、さらに下水道の水質規制の基礎を押さえておくことが重要です。このほか、都政の最新の話題なども出題されるため、都のホームページで最新の動向を確認することも重要と言えます。

①環境

《24年度》4題
環境影響評価法（目的、対象事業等）、放射線（種類と透過力、モニタリングポスト）、ガスクロマトグラフ質量分析法（原理、VOCの測定方法）、環境省局地的大気汚染の健康影響に関する疫学調査報告書（調査目的、内容、結果）

《25年度》3題
大気中の微小粒子状物質（PM2・5の特徴、発生源と生成、環境基準と非適用地域）、PRTR（対象事業所、対象物質及び報告内容）、地下水汚染（法及び施行令改正概要）

《26年度》3題
水銀（ヒトの健康への影響、水銀に関する水俣条約、大気・水・土壌への放出等）、VOC対策（特徴、事業者のメリット、アドバイザー派遣制度）、PCB廃棄物対策（特徴、処理、適正保管）

《27年度》2題
環境負荷の少ない社会づくり（水素社会の実現に向けた取り組み、水素ステーションの整備）、アスベスト（特性及び用途、3疾患）

《28年度》1題
環境基準（物質と発生源及び健康影響）

②上水道（毎年1題）

《24年度》
トリハロメタン（説明、生成能、浄水処理での生成抑制方法）

《25年度》
放射性物質（物理学的・生物学的半減期、水道水中の放射性物質管理目標）

《26年度》
水道設備（貯水槽水道の適正管理、直結給水方式と貯水槽水道方式の比較）

《27年度》
浄水処理（高度浄水処理、おいしさに関する水質目標）

《28年度》
水道水源林の働き

③下水道（毎年1題）

《24年度》
東京湾の水質保全及び下水の高度処理（流域下水道整備総合計画と水質改善目標、高度処理の除去対象物質と除去プロセス）

《25年度》
ビルピット臭気対策（臭気発生メカニズム、硫化水素測定方法、新規設置時の臭気対策）

《26年度》
水質管理責任者（業務、資格）

《27年度》
下水の処理（下水排除方式と特徴、活性汚泥法の概要と影響を与える要因）

《28年度》
区部下水道事業（震災対策に関する取り組み方針）

◆B論文試験

論文試験を合格するためには、都の現在の取り組みを踏まえた上で、自分の考えを政策提案として論理的、説得力を持って論じることが求められます。医化学分野では例年、「保健医療」と「環境・上下水道」からそれぞれ1問出題されており、27年度ではいずれも専門技術者としての立場から考えを論じることが求められています。

出題傾向

①保健医療分野

《24年度》
都民の食の安全・安心の確保に向けた、都の食中毒予防への取り組み

《25年度》
一般医薬品や食品のインターネット販売に対する消費者の安全・安心のための取り組み

《26年度》
グローバル化や地球環境の変化を見据えた上での、感染症の脅威から都民の生命と健康を守るための取り組み

《27年度》
都民が主体的に健康づくりに取り組むとともに、生涯にわたり健康に暮らせる環境を実現するための取り組み

《28年度》
都民が栄養バランスに優れた健康的な食生活を送り、また東京を訪れる多くの人々が安心して東京の食を楽しむための取り組み

②環境・上下水道分野

《24年度》
東日本大震災での放射能汚染に対する都民の安全・安心な生活確保のための取り組み

《25年度》
大気環境の一層の改善を進めていくための取り組み

《26年度》
安全で快適な水環境を確保していくための取り組み

《27年度》
スマートエネルギー都市を創造し、快適で豊かな環境を次世代に引き継いでいくための取り組み

《28年度》
東京湾の水質を更に改善し、都民が安心して東京湾の水に親しみ、また多様な生き物と共生できる豊かな海となる取り組み

論文対策

論文が合格水準に達するには、専門技術職の立場から、最新の都政の現状を踏まえて、論文の一定の形式の中で、自分の考えを政策提案として論理的で説得力を持って論じることが必要です。医化学分野では出題される範囲が広いため、設問を事前に予測することは難しいと思いますが、過去、社会的に大きな話題となった出来事などを基に出題されていることから、記述試験対策での時事問題や法令改正等の情報収集で特に重要と思われる事項は、関連する都の取り組みを把握し、それを踏まえた上で政策提案について課題といくつかの解決策を3セット作成しましょう。本番では、レジュメをいかに早く作成できるかが論文の完成度を左右しますので、より多くの分野でレジュメを作成し、レジュメ作成に慣れるとともに、回答の引き出しを多く作っておきましょう。

また、レジュメから論文を完成させる技術を磨き、どのような出題に対してもしっかりした構成で説得力がある論文を書けるような文章力を身に着けておきましょう。

筆記試験まで3カ月です。まだ間に合いますので、悔いが残らないように準備を進めてください。

特別区 管理職試験講座 18

Ⅰ類択一・記述　Ⅰ・Ⅱ類論文　29年度

Ⅱ類論文

平成27年度問題分析

今回は、平成27年度に出題された事例式論文問題の全文を掲載し、分析を行います。

◇　◇

P区Q部R課は、産業振興を主な業務とし、課の庶務と工業振興を担当するS係と商店街振興を担当するT係とで構成されている。

R課長とT係長は、この4月に着任し、ようやく引き継ぎも終わった4月中旬、R課長はQ部長に呼ばれた。

Q部長「A地域では、地域のにぎわいを取り戻すために、夏休みに商店街と連携した新たなイベントを行うことになっている。イベントのプランについては、昨年度に地元商店街を含め、食を中心とするプランで地域の意見をまとめたところだ。そのプランを具体化するために、関係団体への協力依頼を早急に行ってくれ。区長からは、A地域への大型スーパーの進出に伴い、商店街振興には例年にも増して力を入れて取り組むようにと指示がある。それから、前任の課長から引き継いでいると思うが、X区議もこのイベントの実施に力を注いでいることを忘れないように」

R課長は、早速、S係長とT係長を呼んでQ部長の指示を伝え、進捗状況を確認した。

T係長「関係団体へのイベントの参加協力は順調に進んでいます。しかし、地元のNPOが一部の商店街の意向を受けて、イベントの参加に当たり、伝統産業展を加えたプランの修正を要望してきています。意外といい内容かもしれません。意見を採り入れたらどうかと考えています」

S係長「それはやめた方がいいですよ。前任の係長が昨年度、何度も商店街や地元自治会と話し合い、ようやくまとめ上げたプランですから」

T係長「確かに今のプランでも、商店街や地域の意見を反映したイベントの開催は可能であると思いますが、夏まで時間もありますし、柔軟な対応が必要だと考えます。それに予算的にも問題はありません。新たなプランを見れば、商店街や地域の関係者もきっと納得してくれるはずです。説得できる自信があります」

S係長「商店街振興は、T係の担当なので、最終的にはT係長とR課長の判断になると思います。繰り返しますが、私は慎重に対応すべきだと思います」

R課長は、S係長の意見も気になったが、T係長のやる気を頼もしく思い、プランの見直しを進めながら、イベントの実施に向けて関係団体に協力を求めていくように指示し、話を終わらせた。

5月中旬、B商店街会長から電話がかかってきた。

B商店街会長「イベントのプランの見直しが決まったと聞いたぞ。これは本当か。皆で話し合ってようやく決めた内容をそんなに簡単に変えていいのか。昨年、C商店街会長には、予算や人員配置の面からC商店街の要望を諦めてもらうなどした経緯がある。今さらどういうつもりだ」

R課長は、B商店街会長の剣幕に驚き、詳細を確認して連絡すると伝えて電話を切り、早速、S係長とT係長を呼んで説明を求めた。

T係長「R課長の指示のとおり、NPOの意見を反映しながらプランの見直しを進めています。当初の食を中心としたプランとは大きく変わりましたが、係員に頑張ってもらい、間もなく完成します。先日、別件でB商店街会長に会う機会がありましたので、プランの変更について情報提供をしました」

S係長「R課長、そういえば、例のNPOのホームページにも夏のイベントのプランが変更されるという記事があります。NPOの伝統産業展の案も載っています」

R課長がいつの間にそこまで話が進んだのかと驚いていると、Q部長から呼び出しの電話がかかってきた。慌てて部長室に行くと、Q部長の横にはX区議が座っていた。

X区議「区が、地元商店街の意見を聞かないまま、一度まとまったイベントのプランを見直していると、B商店街会長は怒っている。どうやら一部の商店街は、NPOの案に乗り気で、プランの見直しに大賛成と言い出している。ここで地元の商店街が分裂したら、イベントの実施は見送らざるを得ないのではないか。夏までに時間もない。区長は、この話を知っているのか」

Q部長「このイベントの件で、B商店街会長が区長のところに来ることになったそうだ。私も区長から説明を求められている。イベントのプランの見直しなど何も聞いていないぞ。いったいどうなっているのか、きちんと説明したまえ」

R課長は、思わぬ事態の展開に、自分の仕事に対する甘さを痛感していた。

特別区における地域との連携による事業運営について、あなたの考えを述べた上で、あなたがR課長であれば、この事例の状況においてどのように対処していくか、この事例に即して論じてください。

事例の背景

区内の小売業の売上額の減少や店舗の後継者不足などで、商店街では深刻な課題を抱えています。一方で、商店街には地域におけるコミュニティーの拠点として、若年層から子育て世代、高齢者まで幅広い世代が訪れるように魅力を発信していく必要があります。空き店舗の有効活用や集客力のあるイベントの開催など、地域の特色を生かした商店街の活性化に向けて、区がどのように支援していくのかが求められています。

一方で、区民ニーズは今後ますます多様化・複雑化することが見込まれます。

このような状況の中、区は、にぎわい・ふれあいのある商店街の整備に向けて、真摯に関係者の意見に耳を傾け、連携して事業を運営していく必要があります。魅力ある商店街を区内のみならず区外に向けて積極的に情報発信を行い、何度も訪れたくなる商店街として支援していかなければなりません。

事例の分析

本事例の問題点について、管理職として求められるマネジメントの視点から、R課長、各係長、組織全体の3点に整理し、分析します。

第1に、R課長の問題点です。R課長には、このイベント開催の重要度の認識が欠けています。Q部長から区長の指示を聞かされているにもかかわらず、経過の確認や各係長と深い意見交換もせず、T係長の意見を安易に受け入れ、プランの見直しを指示しています。関係団体との調整もT係長に任せたまま、その後の状況確認も怠っています。マネジメントの観点からは、状況判断に欠けていると言えます。

第2に、各係長の問題点です。T係長は区民との協働を円滑に進めていく上で欠かせない、地元住民との信頼関係を軽視しているばかりか、前任係長が関係団体と築き上げたプランを周囲に相談もせず独断で変更しています。S係長は意見するものの、最終的には自らの係の仕事ではないという、ある種、無関心な態度を取っており、係間の調整を図るという庶務担当係長の役割を果たしていません。これらは、R課長の明確な指示がなされていないことが一因に挙げられます。

第3に、組織上の問題点です。R課は課内のコミュニケーションが不足し、各係間の連携もなく、課題解決に向けて組織が一丸となって取り組む姿勢が欠けています。

これらの問題点を踏まえ、皆さんがR課長なら、どのように問題を解決していくか、組織マネジメントの観点から考えていけば良いと思います。

次回は、論文の回答例と解説を掲載します。皆さんもこの出題例に基づき、論文を作成してみてください。

読者のひろば

東京最南端の事業所へ

都小笠原支庁母島出張所長　吉野正禎

「母島出張所長ですか!?」

上司から内示を受けたとき、思わず声を上げてしまいました。出張で母島を訪れたときの記憶がよみがえります。

母島といえば、内地から千㌔以上離れ、一般人が定住している島としては東京最南端の島です。航空路が開設されていませんので、定期船での移動になります。「おがさわら丸」で24時間かけて小笠原の行政・経済の中心地である父島に行き、更に「ははじま丸」に乗り継いで2時間のロケーションです。

面積は北区程度、人口は約470人です。集落は港周辺に集約されていて、商店が3店舗、飲食店が5～6店舗、信号機もない、とにかく小さくて不思議な島だったことを思い出しました。

新造船ははじま丸

家族と離れ単身赴任

妻と子供たちを説得しましたが、「母島行かな～い」と言われ、あえなく単身赴任です。慌ただしく準備し、4月1日、竹芝桟橋で万歳三唱されて乗り込みます。

船がゆっくりと岸壁から離れていくと、見送りに来た妻は意外にも号泣しています。船に乗り合わせたのは、他の赴任職員と家族を合わせると数十人。揺れる船内で食事をしていると、まるでこれから集団移住するような錯覚に陥ります。

父島に到着すると、ほとんどの職員らはここで赴任となります。私たち残り数人は、ははじま丸に乗り継ぎます。出港するとすぐに島影が見えてきますが、なかなか到着しません。現代の船をもってしてもこんなに時間がかかるのに、初めて母島にたどり着いた人々はどのような気持ちだったのだろうと考えを巡らせていると、やっと港が見えてきました。

歓迎セレモニーが催され、職員住宅で荷ほどき、翌日にはさっそく島内視察とあいさつ回りです。母島出張所長としての赴任生活が慌ただしく始まりました。

自己紹介が遅れましたが、小笠原支庁母島出張所長の吉野と申します。2002年度に都庁に採用されて以降、主に総務局を中心に勤務し、今年度4月に管理職に昇任し、母島に赴任となりました。最初はどうなるかと思った赴任生活ですが、約11カ月が経過し、少しは島民としてなじみつつあります。

集落を望む小剣先での筆者

独自の進化を遂げた島

母島は今から約4400万年前に形成され、一度も陸続きになったことがない海洋島です。日本列島が大陸から離れたのが今から1万年前ですから、その古さが分かります。独自の進化を遂げた母島は、ハハジマメグロ、ハハジマノボタン、ハハジマトベラなどの固有動植物が生息しています。

母島出張所からは、南の海を眺めることができます。現代の母島は定期航路の終着点ですが、かつてはハワイ、パラオ、北マリアナ諸島などとの交流があったようです。

小笠原の歴史を簡単に振り返ると、安土桃山時代に小笠原貞頼が発見し（諸説あり）、江戸時代に欧米系住民が住み始め、明治時代に日本領となり、内地への冬季野菜の出荷などで大いに繁栄しました。

硫黄島の戦いが有名ですが、戦時中は母島を含む小笠原全体に日本軍が駐留し、戦況の悪化とともに、一般島民が強制疎開となりました。戦後、小笠原が日本に返還されましたが、欧米系住民が居住していた父島と異なり、母島はジャングル化していたことなどから、父島から遅れること4年、1972年に帰島が始まりました。小笠原振興開発特別措置法に基づき、小笠原の復興及び開発が行われ、現在に至っています。

母島ってどんなところ？というのが読者の皆さんの率直な印象だと思います。小笠原は、11年に世界自然遺産に登録され、一躍脚光を浴びました。しかし、内地の方々にとって、「母島」はまだまだ未知の世界かもしれません。ぜひ、この機会に母島のことを知ってもらいたいと思います。

次回は、母島のコミュニティーについて触れていきたいと思います。

◇　◇　◇

小笠原諸島の母島は、一般人が定住している東京最南端の離島。小笠原村の中心で、おがさわら丸が行き来する父島を知る人はいても、母島はあまり知られていないのではないでしょうか。都小笠原支庁の母島出張所長である吉野正禎さんに母島での仕事や生活などについて4回に分けて執筆してもらいました。

（編集部）

"ラ・ダンス"テーマに約350公演

「熱狂の日」音楽祭2017

5月4日～6日

日本最大級のクラシック音楽祭「ラ・フォル・ジュルネ・オ・ジャポン『熱狂の日』音楽祭」（LFJ）が、今年もゴールデンウイークの5月4日から6日までの3日間、東京国際フォーラムを中心に大手町・丸の内・有楽町エリアで開催される。今年で13回目を迎える同音楽祭は、「ラ・ダンス　舞曲の祭典」をテーマに約350公演を開催し、来場者数は前年並みの約43万人を見込んでいる。

音楽祭の概要を解説するルネ・マルタン氏（左）と梶本眞秀氏＝14日、東京国際フォーラムで開かれた記者発表

公演数は、無料公演を含めて約350公演。主催は㈱東京国際フォーラム。アドバイザリー・コミッティーは、ラ・フォル・ジュルネ・オ・ジャポン熱狂の日音楽祭実行委員会（名誉委員長＝小池知事、委員長＝高木茂三菱地所㈱相談役）となっている。

東京の他に4月28日から30日まで、新潟と琵琶湖でも同じテーマで「ラ・フォル・ジュルネ」が開催される。

東京国際フォーラムでは、六つの会場で122の有料公演を展開。八角形の野外特設ステージ「地上広場キオスク」では、アマチュアや音大生を中心とした無料コンサートを予定。「こどもたちの音楽アトリエ」を今年も実施する。世界中から集まった有料公演出演のアーティストが若手演奏家に直接指導を行う「マスタークラス」や、多彩なゲストを講師に迎えた講演会も行われる。ワインのソムリエのようにクラシック音楽に関する質問や相談を受ける「ソムリエカウンター」も設置される。

周辺エリアでは、丸の内の商業ビルのイベントスペースなど特設ステージで、㈱三菱地所主催による無料コンサートを開催。大手町・丸の内・有楽町・銀座エリアのLFJに協賛する企業団体の施設などを会場とした若手演奏家の無料コンサートも予定されている。

プレイベントとしては、千代田区立日比谷図書文化館の自主事業「日比谷カレッジ」で、初心者向け音楽講座を4月5日と同12日の午後7時から開催する。

■躍動感あふれるプログラム

今年のテーマは「ラ・ダンス　舞曲の祭典」。「舞曲」と「リズム」を切り口にルネサンスから今日まで600年間のパノラマを展開する今年のLFJは、宮廷舞曲や民俗舞踊を取り入れた傑作から、20世紀以降のジャズやロック、ワールド、ミュージックに触発された作品、さらにはタンゴやフラメンコ、和太鼓やジャズまで、躍動感あふれる多彩なプログラムが並んでいる。打楽器が活躍する曲や、スペイン・中南米の作曲家の曲がたくさん演奏されるのも今年の特徴だ。

2017年は、フレンズ制度の改定を行った。これまでは登録無料の「熱狂の日フレンズ」というメールマガジン会員に限定して先行販売期間に限って手数料無料でチケットを購入できたが、今年から「先行限定」からシフトし、誰でも、いつでも、手数料無料でチケットを購入できる「LFJチケット販売サイト」を新たに構築した。このサイトの利用登録者を「LFJフレンズ」とし、チケット販売に関するメールマガジンを発行。20日から先行抽選販売を始めている。

また、ホールAの券種を3区分に変更する。これまではS席とA席の2区分のみだったが、もう少しリーズナブルにチケットを購入したいという要望を受けて、B席を加えた3区分とした。

記者発表では、仏国ナントで本場のラ・フォル・ジュルネを体感した八塩圭子さん（フリーアナウンサー）の体験談も

さらに、ホールAの朝一番の公演は、3日間とも子供同伴でも可能な「0歳からのコンサート」を開催する（16年は1公演のみ）。

■国や人種の違い飛び越える

KAJIMOTO代表取締役社長で、アーティスティック・プロデューサーの梶本眞秀氏は、トランプ米国大統領の誕生や、英国のEU離脱などを挙げた上で、「世界中で自分の国だけ、自分の人種だけ、自分の宗教だけという考えが強くなってきている。これはとても危険。大戦の前は必ずそういう空気になっていた」と指摘。LFJについて、「人種の違い、宗教の違い、国の違いを、音楽を通して飛び越えた空間・時間を共有する場所を作ろうとしている」と語った。

アーティスティック・ディレクターのルネ・マルタン氏は「踊り出したくなるような楽曲が演奏され、様々な民族のリズムや色彩があふれる音楽祭になる」と話した。

（編集部）

●◯ミニガイド●◯

◆渋谷区ふれあい植物センター企画展「落ち葉プールであそぼう」　▷内容　落ち葉をたくさん入れた大きなビニールプールに入ることができる▷日時　2月26日㈰まで午前10時～午後6時（5時半最終入場）▷休園日　毎週月曜日（祝日の時は翌日の平日）▷費用　無料（入園料が別途必要）▷入園料　100円▷場所　渋谷区ふれあい植物センター（渋谷駅から徒歩12分）

◆都環境局・公益財団法人東京都環境公社「住宅用太陽光発電メンテナンスセミナー」　▷住宅用太陽光発電システムのメンテナンス方法や手軽にできる光熱費の削減などについて事例を交えて紹介するセミナー▷日時　3月12日㈰午前10時～11時半▷場所　武蔵野公会堂第1・第2合同会議室（JR・京王吉祥寺駅南口より徒歩約2分、武蔵野市吉祥寺南町1の6の22）▷定員　50人（先着順）▷参加費　無料▷対象　誰でも参加可▷申し込み　「TOKYO太陽エネルギーポータルサイト」から（3月10日午前12時まで）http://tokyosolar.jp/

◆東京都結婚応援イベント「TOKYO縁結日2017」　▷小池知事によるあいさつや、「家族になる事」をテーマに元格闘家でタレントの高田延彦氏による基調講演、イラストエッセイストの犬山紙子氏のトークショー、パネルディスカッションなど▷日時　3月4日㈯午後1時～5時▷会場　東京国際フォーラム・ホールB7▷入場料　無料▷主催　東京都

海苔の一大産地を巡る

まち歩きイベント開催

大田区

大田区と京急電鉄㈱、京急観光㈱は3月11日、大森周辺の海苔問屋を巡る「大森海苔ウォーク」の第4弾を開催する。

大森は、昭和30年代まで海苔養殖の発祥の地として栄えた。現在でも海苔問屋や商店が数多くあり、海苔取引や販売の中心地になっている。区では昨年、「大森海苔」の「ふるさと名物応援宣言」を行い、「大森海苔」の地域ブランドの育成・強化を図っている。

コースは、大田区産業プラザPiOを起点に、梅屋敷駅周辺商店街、三輪厳嶋神社（大森海苔の守護神）、するがや通り（旧羽田道）、三原通り（旧東海道）、平和島駅、大森駅周辺商店街を経て、「BIG FUN平和島」に至る約9㌔。かつての海苔の一大産地として栄えた大森の風情や活気を感じることができる。コース上では、海苔問屋での先着プレゼントや特別販売、商店街ではウォーク限定の海苔を使った弁当や軽食も販売される。

参加費は無料。事前申し込みは不要で、コース上に設定した3カ所のスタンプを集めると、ゴール地点でミネラルウオーターと、「天然温泉平和島」特別優待券をプレゼントする。

当日は、大田区産業プラザPiOに集合。受付時間は午前10時半から12時で、ゴール締め切りは午後3時半。

都政新報

発行所 都政新報社
〒160-0023 東京都新宿区西新宿7-23-1 TSビル
〈総務・読者〉03-5330-8781
〈企画広告〉03-5330-8784
〈編　集〉03-5330-8786
〈出　版〉03-5330-8788
〈ファクス〉03-5330-8808
購読料 月1,730円(税込)
毎週火・金曜日発行
ただし、祝日は休刊

紙面から

都議会百条委員会

議論の入り口で紛糾

4党合意に認識のズレ

市場問題を巡る都議会の百条委員会の理事会が24日に開かれたが、証人喚問の日程を決めるのに難航し、休憩中の調整など10時間以上を費やした。紛糾した発端は、豊洲市場移転問題特別委員会の日程を百条委が引き継ぐとの主要4会派の合意に対し、各会派の認識に齟齬が生じていたこと。各会派は都議選をにらみ、市場問題の争点化を回避する思惑もあり、真相を解明できるかが焦点だ。

百条委の理事会が行われた第4委員会室。24日午前11時30分すぎに都議の一人がいら立った表情で「最悪だ」と吐き捨て、委員会室を後にした。

理事会では、百条委設置に関する主要4党の合意に対し、会派の認識のずれが浮き彫りとなり、すぐに休憩に入った。百条委での証人喚問の日程を決めるはずだったが、議論の入り口でつまずいた。

民進党系会派の東京改革によると、「4党合意」は21日、▽百条委を設置する▽設置後は速やかに特別委員会を閉じ、特別委員会の参考人招致などの日程を百条に引き継ぐ──という内容だった。自民党と公明党、東京改革の代表が集まって合意した後、共産党にも報告し了承を得た。

だが、百条委の理事会では、公明党が日程の引き継ぎで会派間の合意はしていないと主張し、紛糾する要因となった。自民党と公明党の幹部が話し合い、4党合意による日程の継承を確認。その後、特別委の日程を引き継ごうとしたが、今度は自民党が日程を変更できないかと提案するも反対されたため撤回。公明党は特別委の日程を継承することを了承せず、3月18日～20日のいずれかで石原元知事と浜渦武生元副知事を証人喚問する前に東京ガスの関係者など外堀を埋めてから調査すべきと主張した。最終的には3月11日に予定していた都の報告を証人喚問に変更することで折り合った。

午後9時40分ごろに再開し、証人喚問の日程を決めた百条委の理事会＝24日、第4委員会室で

石原・浜渦両氏の証人喚問は現在、3月19、20日で調整している。東京ガスと豊洲の用地取得の交渉に当たった浜渦氏は任期満了前に副知事を更迭されており、都幹部職員の一人は「浜渦氏は土地取得に最後まで関わっていない。自己保身に走ったら、都幹部OBも証人喚問されかねない」と懸念する。

また、豊洲への移転を推進してきた自公への厳しい見方もある。ある幹部職員は「元都議なども証人喚問に発展する可能性がある。主要会派で無傷でいられるのは共産党ぐらいではないか」と話した。

百条委では、豊洲新市場の施設下に盛り土がなかった問題も調査する。都職員らでまとめた第2次自己検証報告書では、11年8月の中央卸売市場新市場整備部の部課長会で盛り土なしの方針を決めたと結論付けたが、強い調査権限を持つ百条委では、方針を決めた「犯人探し」が徹底して行われると見られる。

都議会では05年にも百条委が設置されたが、当時と今回は設置までの経緯や目的が大きく異なる。05年は浜渦氏が社会福祉総合学院の補助金を予算案に盛り込みながら、あたかも不正があるかのように答弁したことに対し、自民党が不正の疑いのある予算を提案したことを「おかしい」と問題視し、不正の有無を調査するために設置された。今回は豊洲の土地取得の経緯などが不透明なだけで、明確な疑惑がない中での百条委設置となり、問題が解明されない可能性もある。

小池知事は市場問題が都議選の争点になるべきとの考えを示している。こうした動きを懸念する都議の一人は「百条委で新たな事実を明らかにして、都議選で市場問題の争点をいかに消せるかがポイントだ」と話す。一方、都議選をにらんだ百条委のため、厳しい追及となることは避けられない。05年の百条委は職員に混乱をもたらし、都政の停滞につながったが、そうした事態が繰り返されることが懸念される。

内田都議が引退表明

自民都連の内規や高齢理由に

都議会自民党の内田茂都議(77)は25日、千代田総支部の総務会後に報道陣の取材に応じ、7月の都議選に出馬せず、今期限りで勇退する考えを表明した。党都連の内規と高齢を理由に挙げた。内田氏は現在7期目で、都議会議長や自民党都連幹事長などを務めた。

都連の内規では、都議の任期中に80歳を超えてはいけないと定めている。また、持病の脳梗塞の手術を受けたが回復せず、会合でのあいさつもつらかったと話した。内田氏は「一昨年の暮れに(引退を)決断した」と明かした。さらに、2月の千代田区長選で党推薦候補が小池知事が支援した現職にトリプルスコア以上の大差で敗戦したことを受け、千代田総支部長を引責辞任するが、「自民党に育てられたから、自民党のために政治活動していく」と述べ、政界引退はしない考えを示した。

内田氏は会見で、「選挙は終わった後の収め方だと思っている。負けたからといってすぐに妥協することは教わっていない」と話し、小池知事には「二元代表制の世界に飛び込んできたのだから、そのことをわきまえて知事をやってもらいたい」と注文した。

内田氏の引退に伴い、今後は7月の都議選の後継候補選びが焦点になり、内田氏らでつくる選考委員会で公認候補を決定する。都幹部職員は「小池知事は内田氏引退を実績に挙げて勢いづくだろう」と漏らした。

12年間使用許可なく 仮設施設で違法状態

築地市場

築地市場の移転問題を検証する市場問題プロジェクトチーム(PT)の会合が23日に開かれ、築地の全ての仮設施設で建築基準法の使用許可を2005年以来12年間、取っていなかったことが分かった。

問題の仮設施設は築地再整備を進めていた際に1991年から順次、設置した正門仮設駐車場、仮設卸売場棟など全35棟。再整備は市場業者から営業に支障が出るとの苦情が相次ぎ、96年に頓挫した。その後も仮設施設を使用するため、98年に都都市整備局に2度目の使用許可を申請。期限が切れた05年以降は許可申請せず、都は建築基準法違反の状態が続いていた理由を調査している。

使用許可を取得しなければ大規模工事の建築確認が受けられず、大規模工事の際は、仮設施設を壊さなければならない。今後、使用許可申請の準備を進める考え。

また、築地の施設6棟が震度6強程度の揺れに耐えられる「IS値0・6以上」を満たしていなかったことも判明。同市場は業者の営業活動に配慮し、耐震工事ができなかったと説明。同PTの小島敏郎座長は耐震性を「大きな課題」と指摘した上で「築地の業者がどのくらい協力し、望むのかがポイント」と話した。

都政の東西

溶ける政党

都議会からついに民進党の看板が消えた。新しい会派名は「東京改革議員団」。旧民主党系と旧維新系が合流し、議席数は共産党を一つ上回ったが、小池人気にあやかりたいという気持ちが伝わり過ぎて逆に埋没して見えないだろうか。

小池知事率いる地域政党「都民ファーストの会」は全選挙区への候補者擁立を狙っている。7月の都議選でまともにぶつかれば民進党はひとたまりもない。

最近は野党共闘で存在感を発揮する共産党も、小池旋風の影響を受ける。2013年都議選での躍進は、複数の候補者を立てた民主党の共倒れに助けられたものだ。ほとんどの政党が「親小池」を競う中、無党派層を奪われれば、厳しい闘いを強いられる。

そして、いち早く与党宣言した公明党も例外ではない。都民ファーストの会が全選挙区に独自候補を擁立すれば当然、そのあおりを食う。

仮の話をしても仕方ないが、万が一、都議選で都民ファーストの会だけで過半数の64議席を獲得したとしよう。自民、公明、民進、共産だけで残りの63議席を分け合う。想像を絶する光景だ。

政党の存在意義とは何だろうか。都知事選で対立候補を担いだ政党が、こぞって小池知事にすり寄る。既成政党は溶けてなくなるか、守旧派のレッテルを張られて少数に追い込まれる。都政における政党政治の終わりの始まりを見ているようだ。

そんなことを考えているうちに、豊洲市場移転の是非を住民投票で問う構想が風のうわさで聞こえてきた。これが本気なら、つくづく政治家が馬鹿にされていると思う。これでいいのかと、〝守旧派〟の一人として先生方に問い掛けたい。

小池流改革⑥ 2017年度都予算案

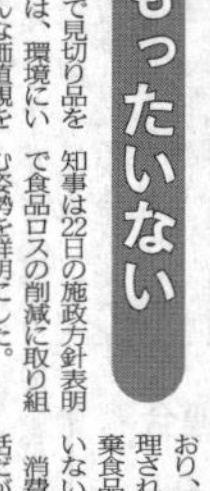

もったいない

小池ブームをチャンスに

「スーパーで見切り品を安く買うことは、環境にいいこと」。そんな価値観を広げるため、都は昨年度、都内のスーパーで賞味期限の近い製品を選ぶよう啓発する「フードレスキュー」などのイベントを行い、「食品ロス」の問題に本腰を入れ始めた。来年度予算では、関係事業者への実態調査やキャンペーンの推進などに新規予算1億円を盛り込んでいる。

国内で1年間に捨てられる食品の総量は630万㌧に上る。「都民が1年間に食べる量に匹敵する」。小池知事は22日の施政方針表明で食品ロスの削減に取り組む姿勢を鮮明にした。

都の実行プランでは、2030年までに食品ロスを半減させる目標を立てた。都内で1年間の食品ロスは12年度時点で約30万㌧とされているが、食品は流通段階で賞味期限が近付いた食品を扱わない「3分の1ルール」という習慣が根付いており、産業廃棄物として処理される分も含めると、廃棄食品の全体像はつかめていないのが実情だ。

消費者への啓発は末端の話だが、これまで見えにくかった流通段階の食品ロス対策の取り組みも重要だ。

都は来年度、食品流通事業者などの「ステークホルダー会議」を開き、食品ロスが生まれる仕組みそのものに踏み込む。賞味期限が近付いた商品の扱いに関しては、事業者だけではなく、消費者にも理解を深める働き掛けの必要がある。

一方、食品ロス対策で一歩進んだ取り組みが始まっているのが、都や行政の防災備蓄の活用だ。まとまった数を一度に購入するため、今年1月には年度中に賞味期限を迎えるアルファ化米やクラッカー67万食を都内施設などで配布した。

自治体が持つ膨大な非常食を活用する仕組みを構築できれば、廃棄コストの減などにつながる可能性もある。

今回配布したアルファ化米は、福祉施設などで食事として提供されたが、クラッカーは主食にならないため、イベントなどでの配布が中心だった。災害時用の非常食はスープや副菜など多様化しており、環境局資源循環推進部は「今後は購入段階で、賞味期限前の活用も含めた考え方も求められるようになるかもしれない」(管理課)と話す。

■レジ袋に「因縁」も

小池知事は「もったいない」社会の実現に並々ならぬ意欲を燃やす。

来年度の目玉事業の一つが、レジ袋の削減だ。新規予算額3600万円を盛り込み、スーパー・コンビニや消費者、区市町村などによる協議会を設置し、無償配布ゼロに向けた検討を開始する。

知事とレジ袋には因縁もある。小池知事が環境大臣を務めていた06年に容器包装リサイクル法が改正された際、検討されていたレジ袋有料の義務化は見送られた。事業者の一部から、レジ袋の提供は憲法に定められる営業の自由の範疇であるとの反発があったためだ。

「憲法違反」の懸念もあり、全国チェーンのコンビニが都内でのみ袋を有料化・廃止するのは難しいとの見方もある。一方で、東京が先鞭をつけることになれば、取り組みが全国に波及することになる。

都内スーパーではレジ袋の削減が進んでいるが、完全な有償化には至っていない＝26日

都幹部は「消費者側が『レジ袋は要らない』と考えることが、事業者を動かすことになる」と分析する。その上で、「知事は風穴を見つけてピンポイントでキャンペーンを打ちたいはず。事業者の協力を取り付けるためにも、影響力の大きい小池知事は、大きな前進力になる」と期待を寄せた。知事にとっても、元環境大臣の面目躍如となりそうだ。

持続可能な社会の向こうにあるのは、少子高齢化が進んだ東京の未来だ。生産人口の減少により大量生産・大量消費を継続することが不可能な以上、生活をどのように変えていくかが問われる。

資源循環部管理課は「『もったいない』は『せこい』ではない」と強調する。それが浸透したときが持続可能な社会の幕開けだ。

「チーム学校」体制　多様な人材活用へ

都教育庁

都教育委員会は23日、都における「チームとしての学校のあり方」について検討委員会から報告を受けた。学校運営の組織を、個々の人材の多能化から、多様な人材との協働に転換することが主なポイント。また、業務が多忙でなり手がいないことが問題となっている副校長を支援する人材配置などを盛り込んだ。

「チームとしての学校」は、一体的なマネジメントの下で人材の多様性を生かした教育を行う組織体制を指す。報告では、人材の不足を始めとする学校現場の現状と課題をまとめ、教員を中心とした学校組織から、多様な専門人材と連携・協働しながら対応していく新しい学校観を明示した。

その上で、副校長の業務の見直しと、マネジメント力を発揮できる環境づくりを行うべきと指摘。運営事務や広報など「仕事の丸抱え」の状況を改善し、マネジメントや教員の指導に注力できるよう、校務専門の副校長や行政系管理職などの配置が必要とした。

一般教員についても、業務の明確化を提言。特に負担感が大きい部活動は、外部人材の競技専門家の活用や、スポーツ指導を行うNPOや会社への委託などを挙げた。また、学校と地域との連携を強め、双方に「コーディネーター」を配置して、放課後の活動や教育への協力を求める環境整備も進めるべきとしている。

副校長の業務の見直しは、勤務環境の改善が求められており、来月9日の教育総合会議では、校長や副校長らが出席し、業務内容の適正化について知事や教育委員らと意見を交換する。

究句ジョーク

東京都初の結婚応援イベント〝TOKYO縁結日2017〟3月4日開催

「都職員だけでいっぱいになった」

──主催者

訂正　17日付の「都政の東西」で、ふるさと納税による世田谷区の今年度影響額約16億5千万円は、認可保育所5カ所の整備相当額でした。

世田谷区

区営住宅 同性カップル可に

条例改正案を1定に提出

世田谷区は、区営住宅など区の公的住宅の入居資格要件に、現在は認めていない同性カップルを加える条例改正案を22日開会の第1回定例区議会に提出した。28日の都市整備常任委員会で審査が行われる予定。条例案が可決された場合、23区では渋谷区に次いで2例目、全国では那覇市、三重県伊賀市に続く4例目となるが、合計議席数で過半数を占める自民・公明両会派は22日の代表質問で、「議論の余地がある」「時期尚早」などと慎重な姿勢を示しており、議案の成否は不透明な情勢だ。

区が第1回定例区議会に提出したのは、区営住宅、区立ファミリー住宅、区立高齢者借り上げ集合住宅の入居資格などを定めた条例改正案3件。いずれの住宅も、入居申請で同居予定者の資格要件を親族や事実婚の関係にある異性のパートナーと定めており、要件に含まれていない同性パートナーは入居申請ができない状態となっている。

条例改正案では、同居予定者の資格要件に同性の人を追加。申請の際には、戸籍抄本や独身証明書の提出を義務付け、入居者双方に入居相手以外の異性との婚姻関係がないことを確認し、同居者の関係性を陳述書に記載してもらうことで、同性カップルに公的住宅の門戸を開く。

対象となる公的住宅は、2人以上の入居を原則とする区営住宅が1453戸、区立ファミリー住宅が49戸、単身入居を基本とする区立高齢者借り上げ住宅55戸のうち4戸。条例改正案が可決した場合、いずれも4月1日に施行する。

区は昨年の第3回定例区議会で条例改正に向けた検討を進める方針を示していた。住宅課では、「基本計画で多様性の尊重を掲げ、不動産事業者に性的少数者の入居に理解を求めてきた半面、公的住宅には入居できない状況が続いている。性的少数者を優遇するのではなく、申請すらできない状況を是正するのが狙い」と条例提案の意図を強調する。

22日に行われた第1回定例区議会の代表質問では、自民、公明、民進・社民、共産の4会派が条例改正案へのスタンスを示した。

民進・社民と共産は条例改正案に賛同する考えを示した。民進・社民の羽田圭二氏は「多様性を認め合い、人権への理解を深めるには具体的な施策が必要で、区営住宅にようやく同性パートナーを盛り込んだ意義は大きい」と評価。共産の中里光夫氏は「同性パートナーが区営住宅で暮らせる条件を整えるのは当然。重要な議案」と述べた。

これに対し、公明の津上仁志氏は「今定例会に突然提出されるのは明らかに拙速。なぜ区議会も含めた議論の場を提起しなかったのか」と批判。「地域住民や当事者と意見交換し、根幹の部分をしっかりと定めた上で住宅などの様々な問題に対応すべき」と指摘した。

また、自民の山口裕久氏は、条例案に対する直接的な言及は行わなかったものの「議会を軽視するかのように、まだまだ議論の余地がある条例改正案が提出された」と述べ、保坂展人区長への対決姿勢を鮮明に示した。

条例改正案はきょう28日に都市整備常任委員会で審査が行われる予定。合計議席数が過半数を占める自民・公明の両会派が今定例会での条例改正に慎重な姿勢を示したことで、委員会審査の行方が注目される。

豊島区職員互助会

同性パートナーに給付金

病気見舞金は23区初

豊島区職員互助会は、配偶者や事実婚状態の異性パートナーを対象とする病気見舞金と結婚祝い金を、同性パートナーの場合にも給付する方針を固めた。5月16日に開く総会で正式に決定する。互助会事務局の区人事課によると、結婚祝い金は渋谷、世田谷に続き3区目で、病気見舞金は23区初という。

正式決定後は、異性のパートナーと同様に戸籍証明書を提出してもらい、互いに独身であることを確認した上で、事実婚状態の場合に結婚祝い金として1万5千円、パートナーが入院した場合は病気見舞金として1万円を給付する。

一方、弔慰金に関しては配偶者のみを対象とし、事実婚の異性パートナーを給付対象に含めていないことから、今後、給付の在り方を含めて検討するとしている。

広域連合

区一般財源負担額は34億円

国軽減見直し影響を試算

東京都後期高齢者医療広域連合は21日の臨時議会で、国の保険料負担軽減特例の見直しに伴う2017年度補正予算案を提出し、賛成多数で可決された。区市町村の影響額が示され、このうち23区の一般財源負担額は合計で約34億円となる見通し。

厚生労働省が示している特例見直しでは、年収153万円から211万円の世帯に行っている所得割の負担軽減措置を今年度の5割から17年度に2割に削減し、18年度には撤廃する。元被扶養者の均等割への軽減措置も、今年度の9割から17年度に7割、18年度に5割とし、19年度に撤廃する。

補正予算では、来年度特別会計の歳入予算で国庫負担金の減額分約14億円を区市町村支出金で賄うように組み換えた。補正後の国庫支出金は3457億6333万円、区市町村支出金は2641億4880万円になる。

また、歳出予算で特例措置の見直しを周知するための広報活動経費として960万3千円を追加計上した。

区が軽減措置の4分の1相当額を一般財源から支出する「保険基盤安定負担金」の推移をみると、増額が最も多いのは足立区で1518万円増の3億3233万8千円。増加分の経費は各区が補正予算案を編成して対応することになる。

都広域連合によると都全体で、被保険者の所得割が現行の5割から2割になる人数は14万7千人で、影響額は10億8千万円。1人当たりの負担増加額は年間7347円になる。

元被扶養者の見直し対象者数は約5万1千人、影響額は3億5千万円。1人当たりの年間増加額は6836円になるという。

17年度保険基盤安定負担金の区一般財源負担額　（単位：千円）

区名	負担額	増減分
千代田	13,877	▲167
中央	37,043	966
港	62,296	1,693
新宿	104,714	2,039
文京	67,806	809
台東	76,141	1,487
墨田	116,413	3,100
江東	189,748	8,434
品川	135,966	4,257
目黒	81,085	1,600
大田	262,757	8,669
世田谷	272,996	7,476
渋谷	62,149	1,470
中野	113,312	2,333
杉並	183,604	3,286
豊島	97,221	2,344
北	170,335	4,428
荒川	95,011	2,801
板橋	223,013	8,987
練馬	277,272	9,926
足立	332,338	15,180
葛飾	218,207	7,268
江戸川	256,016	13,614
23区合計	3,449,320	112,000

千代田区

来年度に道路整備方針

住民との協議円滑化に

千代田区は、神田警察通りの歩道拡幅整備が中断している問題を受け、来年度に道路整備方針を定める。基本的な考え方を事前に示しておくことで、住民との協議を円滑化する狙い。中断の原因となった街路樹についても含める考えで、並行して区道沿いの樹木診断に着手する。

方針は、環境、防災、景観、緑化などの観点からも留意した計画とするよう道路条件ごとに示す。段差解消を始めとする安全面や外国人が観光に訪れた際にも望ましい方向性を盛り込む。来年度当初予算案に策定経費600万円を計上した。

並行して、区道の街路樹木の診断に着手する。樹木の診断調査は、3年かけて全5千本を調査する。1カ年目の経費として3756万円を投じる。倒壊した際に道路をふさぐ危険性が大きい、幹回りの太い樹木から優先的に進める。

神田警察通りの整備を巡っては、車線数を4車線から3車線に減らして歩道を拡幅する工程で、伐採を前提にイチョウの枝を剪定したことに対して一部の住民が反発。着手から約1年半経った昨年8月に工事を中断していた。

昨年第3回定例区議会に陳情が出され、整備内容を見直すことや計画的に樹木医の診断を実施して維持管理に取り組むこと、街路樹の在り方を含めた指針を策定することなどを決め採択された。

江東区　風評被害広がる豊洲地区

新市場の土壌汚染で誤解

区長「イメージダウン計り知れない」

豊洲新市場の土壌汚染問題により「豊洲地区全体が汚染されているという風評被害をもたらし始めている」として、地域住民らが不安の声を上げ始めている。江東区や江東区議会は都に対し、風評被害対策の実施を強く要望。区議会は21日の第1回区議会定例会で全会一致で対策を求める意見書を可決した。同区では市場移転延期を巡り、「豊洲ぐるり公園」の開園が見送りになるなど、まちづくり停滞の要因にもなっており、問題が長期化すれば影響はますます大きくなるという声も出ている。

「汚染された豊洲という印象が全国に広がっている」――豊洲地区町会自治会連合会の小安勤会長は顔をしかめた。

市場移転延期問題が連日のように報道される中、「豊洲」という言葉が独り歩きしている。「豊洲地区の端っこのことでしょ」と、あまり自覚していない住民がいる一方で、土壌汚染の問題が旧東京ガス工場跡地に建設した新市場のみならず、豊洲地区全体のことのように捉えられる誤解が広がる。小安会長の言葉はそうした豊洲住民の実感を代弁している。

小安会長が豊洲地区で営む寝具店の客からは、「北海道に住む親から『豊洲は汚染されている』と聞いて心配している」と電話があった」との声も聞かれるという。

こうした状況の中、江東区議会は21日、都に対する「豊洲市場の土壌汚染による風評被害への対応を求める意見書」を全会一致で可決。都が土壌汚染に関する情報を発信する際、新市場建設地がガス工場の操業跡地だったことを明示するなど、風評被害の拡大防止と払拭のための対応を強く求めた。

「汚染された豊洲」という風評被害の影響とともに、新市場の開業延期は地域産業やまちづくりの進捗にも影を落としている。

豊洲新市場の開場予定日だった昨年11月7日。地元商店会の豊洲商友会は、開発を進めてきた地ビール「豊洲蜂蜜エール」の地元飲食店での販売を開始した。豊洲商友会の渡辺哲三会長は「市場移転を前提にしていたが、先行きが見えなかったので先送りせず、販売に踏み切った」と語る。

渡辺会長は豊洲ぐるり公園を活用した地域活性化の構想も練る。東京五輪の開催を見据え、新市場のある豊洲6丁目を囲う形で造られた同公園に、地ビールの醸造所併設の飲食店を開業するプランだ。

だが市場移転の延期に伴い、公園の開園時期は未定のまま。当初は市場の開場と併せて一部開園、今年4月に全面開園の予定だったが見通しは立たず、渡辺会長の構想も宙に浮いている。

同公園には遊歩道などの散歩道のほか、桟橋や水陸両用バスのスロープも造られ、既に完成済みだ。渡辺会長は「桟橋を利用してカヌーで子供たちが遊ぶなど、少しでも明るい話題を提供したい」と先を見据える。

こうした影響は豊洲地区の不動産市況にも波及している。同地区は半径約1キロ圏に小学校が3校あるなど、近年の高層マンションの建築ラッシュを受け、人口が急増中。東京五輪の会場にも近く、晴海や勝どき、有明などとともに不動産市場は活況を呈していた。

だが市場移転延期を受け、不動産価格の上昇幅は鈍化。豊洲地区のある不動産屋の店長は「ベンゼンなどの風評被害よりも、街の形成が進まない影響が大きい。特に新市場に近接するマンションの価格の伸びが大幅に鈍っており、周辺に比べ1000～1500万円ほどの開きがある」と明かす。

先行きが見えない市場移転で地域住民らの目算は大きく狂う。「一番困るのは市場が豊洲に来ないこと」――小安会長もこう口をそろえる。

山崎孝明江東区長は8日の区議会清掃港湾・臨海部対策特別委員会で都に対し、「江東区はある意味被害者。区のイメージダウンは計り知れない」と怒りをあらわにし、一日も早い知事の安全宣言を強く求めた。いまだ不透明な市場移転への道筋。地域住民らの不安が晴れる日はいつになるのだろうか。

竣工している豊洲ぐるり公園の水陸両用バス用スロープと桟橋。早期利用を求める声は大きい＝21日、江東区豊洲

記者席

とんだプレミアムフライデー

○……24日に開かれた市場問題を巡る都議会百条委員会の理事会が午前11時30分過ぎに休憩となり、再開したのは午後9時40分を回っていた。この間、百条委の証人喚問の日程などを巡り、各会派が水面下で調整した。休憩の間、都議から「話が進展した」「振り出しに戻った」など状況説明を受け、長丁場になると覚悟。午後3時を過ぎると、ある都議も「今日は（午後3時に帰宅する）プレミアムフライデーなのに……」とぼやきも漏れた。

理事会が終了後、桜井浩之委員長が報道陣の取材に応じ、終わったのは午後10時すぎ。職員にとっては残業代が出ると思えば「プレミアムフライデー」と言えなくもない。

○……政府や日本経団連などが主導して24日に初めて実施されたプレミアムフライデー。企業などに早めの退社を促し、消費拡大を図るのが目的だが、周知や取り組みの状況を見ても、見切り発車の印象が強い。

要因の一つは働き方改革との整理が付いていない点だ。早めに退社するために、業務調整が必要になる職場も多い。過重労働の是正に苦心する中、どのように時間を捻出してもらうのだろうか。

また、飲食や小売業界などには過重労働の要因になりかねないため、どのように目配りするかも重要になる。次のプレミアムフライデーは年度末の3月31日。今後を占う試金石となりそうだ。

○……「野菜から先に食べよう、目玉焼きくらいはつくれるようになろう」。足立区が来月の策定を目指している糖尿病対策アクションプランでは、ターゲットとする小学生でも理解できる具体的な目標が設定されている。

記者会見で同プランを説明していた近藤やよい区長が、「『足立区の男性はおいしい料理が作れるのね』と言われるように」と言った瞬間、笑みをこぼした。

不思議に思ったが、後ほど聞いた話で合点がいった。庁内で話す際には「顔がまずくても」という枕ことばがついていたそうだ。区民の母、のような印象を受けた。ただし母の枕ことばには、「グレート」が付きそう。

港区

54年ぶり人口25万超

20年間で10万人増加

港区の住民基本台帳人口が15日付で25万人を突破した。25万人を超えるのは1963年以来54年ぶり。区の人口が最も少なかった96年の15万人弱からわずか20年で人口が10万人増加した。このペースで増加が進めば、来年中にも過去最高を更新する見込みだ。

区の最多人口は59年の25万6355人。それ以降、人口は減少傾向となり、20年後の79年には20万人を下回った。その後も不動産バブルによる地上げの影響などで減少傾向は続き、バブル経済崩壊後の96年に14万9971人で底を打った。しかし近年、臨海部の芝浦港南地区を中心にファミリー世帯向けの高層マンションの建設が進み、人口が急増。2010年には20万人を超え、今回の25万人突破に至った。

企画経営部の新宮弘章区長室長は「11年に創設した政策創造研究所（自治体シンクタンク）を活用しながら、人口増加に伴う行政ニーズをいち早く察知して先手を打っていく」と話している。

足立区

書類放置し、払い遅れ

主事を6カ月減給

足立区は23日、個人情報が書かれた申請書類を自席にしまい込み、申請者に対する書類や還付金の発行を遅らせたなどとして、区福祉部の男性主任主事（58）を減給10分の1（6カ月）の懲戒処分にした。

区人事課によると主事は12年4月から配属された同部署で、ひとり親家庭に対する医療費助成などの申請書類約960件を自席の下に置いた紙袋の中に放置。このうち約21件の書類が未処理のもので、32万円分の支払いが遅れたという。残る約940件も保管すべき場所での管理を怠っていた。

このほか、回収した医療証や事案決定書など920件も放置されたままだった。

別の職員が供覧書を探している際に紙袋を発見し、発覚した。就任以降関わっていた課長らへの事情聴取を経て、同日の懲戒処分に至った。

江戸川区

コンビニで戸籍証明書

住所地が区外でも対象

江戸川区は27日、マイナンバーカードなどを利用した戸籍証明書のコンビニ交付サービスを開始した。コンビニに設置された多機能端末機での証明書発行サービスの一環。本籍地が同区にあるが住民票は他の自治体にある人に対しても、23区で初めて戸籍証明書をコンビニ交付できるようにした。

取得が可能になったのは、戸籍全部事項証明書（戸籍謄本）、戸籍個人事項証明書（戸籍抄本）、戸籍の附票の写しの3種類。区に住民票のない利用者は、セブンイレブンの端末などで事前に利用登録申請し、区の承認を受けた後に利用可能となる。申請から承認までは開庁日で中4日。

区はこれまで、住民票の写しと印鑑登録証明書をコンビニ交付の対象としており、昨年1月25日の開始から先月末日までに、合計で2万1025枚の交付実績がある。サービスを受けられるコンビニは、全国約4万8千店舗、区内約230店舗。

区生活振興部の上野晴彦区民課長は「これまでは窓口で待たせることも多かったが、これからは身近なコンビニで待たずに取得できるようになる」と話している。

東村山市が包括施設管理委託

多摩26市で初めて導入

東村山市は、多摩26市で初めて、箱ものの公共施設を対象に包括施設管理委託の導入を決めた。2018年度の導入を目指す。各課が施設ごとに個別業務を契約していたものを包括化して1件の契約とし、監督業務を担う民間事業者に任せる。業務の効率化や管理の適正化などを統一的に行うことで事務の負担軽減につなげるほか、公民連携による付加価値も生まれるとしている。

同市は現在、施設管理に関する30業務について、34課が約750件の業務委託契約を結んでいる。昨年秋から庁内で包括化が可能な契約についてヒアリングを行い、指定管理者による運営や長期継続契約などを除き、24課の約450件の契約を一本化することとした。

市施設再生推進課が監督事業者と契約を締結するが、監督事業者が全ての業務を実施するわけではなく、従来の業者が監督事業者と契約を結ぶことも想定している。業務内容はガラス清掃やトイレ清掃、空調補修、建物管理、建物清掃、自動ドアの保守点検などで、人件費を中心に少なくとも2千万円のコスト削減を見込む。

17年度から20年度までを期間とする包括施設管理業務委託事業として、17年度当初予算案に債務負担行為8億2800万円を盛り込んだ。18年度からの3カ年で毎年度2億7600万円を見込んでいる。

事業者の選定方法はプロポーザル方式で、公募の際には可能な範囲で市内業者活用を求め、地域経済の循環も促す。6月に業者を選定し、優先交渉権者を決定。9月に優先交渉権者と市で詳細を協議し、18年3月に契約を締結したい考えだ。

市の公共施設は200を超え、60%以上が築30年以上となっており、老朽化対策が待ったなしの状況だ。具体的な施設名を挙げての統廃合などの計画は今後の長期的課題としており、今回の包括施設管理委託は、計画が具体化するまでの間、施設を効果的に管理するための手段となる。施設再生推進課は「職員が契約のための一連の事務に取られていた時間を、施設でのイベント企画や利用者との意見交換など生産性のある本来の管理業務に回すことができる」とメリットを話す。

包括施設管理委託の先行自治体としては、香川県まんのう町、千葉県我孫子市、同県流山市などがある。多摩地域では、府中市が道路や街路樹の包括管理委託を市中心部に限り、14年度から16年度まで試行的に導入している。

日野市長選

磯崎氏が出馬表明

「待機児ゼロ実現する」

任期満了に伴い、4月16日に投開票される日野市長選で、元中学校教員の磯崎四郎氏(64)が24日、無所属での立候補を表明した。共産党に推薦を依頼している。

磯崎氏は現市政を「市民生活を無視した行財政改革路線で、保育、教育、福祉など市行政の責任を果たすことが困難」と批判。「大型計画への投資をやめ、150億円超の基金を活用し、貧困と格差から市民生活を守る」と訴える。「日野の待機児問題は深刻」と待機児ゼロの実現、小金井・国分寺市との3市共同ごみ処理施設建設計画の白紙撤回、18歳までの子供や高齢者の医療費無料化なども掲げる。磯崎氏は1953年生まれ。東京大学教育学部卒。教員生活の傍ら教職員組合活動に携わってきた。同市長選への出馬表明は現職の大坪冬彦氏(59)に次いで2人目。

ノロ起因の食中毒で

都が給食調理場処分

立川市立小学校7校の児童や教職員が食中毒症状を訴えた原因を調べていた都多摩立川保健所は24日、給食が原因の食中毒と断定した。患者の共通食は給食のみで、同日までに40人の患者の便からノロウイルスを検出した。都は給食を提供していた同市学校給食共同調理場を同日から3日間の供給停止処分とした。

立川市は学校給食を3月の学期末まで停止。再発防止対策検討委員会を設置して4月の新学期までに対策を講じるほか、児童の体調管理と心のケアに努める。

市長選と同日程に

小平市議補選

小平市選挙管理委員会は20日、欠員1となっている市議会議員の補欠選挙を4月9日投開票の市長選挙と同時に行うと発表した。欠員は、市議の松岡篤氏(31)が市長選への出馬に伴い、17日付で辞職したことにより生じた。

市町村 17年度予算案

新清掃工場事業者選定へ

扶助費や繰出金が増額

立川市

立川市は17日、2017年度当初予算案を発表した。一般会計の規模は、立川駅西側新自由通路整備事業負担金の減などで前年度よりも16億5千万円減少した。

清水庄平市長は「一般財源の確保が困難で厳しい財政状況。経常経費の圧縮が必須で、市民生活に直結するものを優先し、施策の優先順位を厳しく精査した」と述べた。

立川基地跡地の昭島市境に建設予定の新清掃工場関連では、建設準備事業費として9079万円を見込む。16年度策定の整備基本計画に基づき、事業者選定を開始するとともに生活環境影響調査、都市計画決定などの手続きや土地所有者である国からの用地取得を進める。

待機児童対策では、認可保育所の新設と建て替えを各1園行う。保育士の処遇改善のため、宿舎の借り上げ支援などと合わせ4億1730万円を予算化した。16年4月時点で196人の待機児童がいたが、17年4月に認証保育所も含めて定員160人分を拡大。18年4月には新たに302人の定員増とする計画だ。

食品ロスの削減に向け、宴会での適量注文の呼び掛けや食べ残しがないメニュー、持ち帰り用パックを提供する「食べきり協力店」の登録など、事業系ごみ減量に378万円を計上。また、交通結節点の立川駅周辺などの公共サイン整備方針の構築や案内サイン調査で808万円を盛り込んだ。

歳出の性質別では、扶助費、物件費、繰出金が増額で、その他は減額となった。扶助費は保育所の施設型給付費などが増えて2・8%増。繰出金は介護保険や後期高齢者医療事業への繰り出しが増加。歳入は市税が1・2%増。国庫支出金、都支出金は減の見込み。

一般会計＝717億8400万円
(前年度比2.2%減)

主な事業	
民間保育所施設整備など	4億1730万円
小学校トイレ改修	2億5299万円
新清掃工場建設準備	9079万円
ターミナル駅案内サイン調査	808万円
食品ロス削減などごみ減量	378万円

余裕保育所にバスで送迎

投資的経費23・5%の増

町田市

町田市は17日、2017年度当初予算案を発表した。石阪丈一市長は「子供・子育て施策を第一に考えた」と語った。

送迎保育ステーション事業に7050万円を計上。小田急線町田駅周辺にステーションを設け、定員に余裕のある保育所などへバス2台で児童を送迎する。ルートは2ルートで、1ルート当たり2、3施設を巡る。送迎前後にステーションで子供を預かり、延長保育も行う。自宅や勤務地と保育所が離れていても利用しやすくする狙いがある。10月から事業を始める。

野津田公園スポーツの森整備では、19年のラグビーワールドカップ、2020年の東京オリンピック・パラリンピックのキャンプ地誘致もにらみ、市立陸上競技場を改修する。大型映像装置の整備工事や観客席増設の基本設計、ラグビーゴールポールの設置を予定。公園拡張区域の整備も含め、11億8424万円を盛り込んだ。

空き家対策には931万円を充当。子供や高齢者などを対象とした事業の拠点となる地域活性化施設に改修する経費の2分の1を上限100万円(集会施設は500万円)で補助し、町内会や自治会が空き家を借りて集会施設に利用する場合は、月額賃料の2分の1を上限10万円で補助する。

歳出の性質別は、扶助費が障害者サービス給付事業費や生活保護費の増で1・4%増の487億8011万円。投資的経費が南町田駅周辺地区拠点整備事業の増などで23・5%増え、122億6445万円。歳入は市税が1・5%増の683億2788万円。都支出金では保育所入所児童数の増などに伴い、子育て推進交付金が4億2千万円の増額を見込む。

一般会計＝1461億5702万円
(前年度比4.2%増)

主な事業	
南町田駅周辺地区拠点整備	17億4643万円
野津田公園スポーツの森整備	11億8424万円
送迎保育ステーション	7050万円
多摩都市モノレール延伸促進	6818万円
空き家対策	931万円

高齢者の「フレイル」予防

計画見直しで物件費増

西東京市

西東京市は20日、2017年度当初予算案を発表した。丸山浩一市長は「税連動型交付金の減で厳しい予算編成となったが、健康応援都市として市民の健康を守るとともに、市財政の健康も意識した」と語った。

主な事業では、東京大学高齢社会総合研究機構と連携し、高齢者の「フレイル」予防事業を開始する。フレイルは、高齢者が加齢による筋力や認知機能などの低下により、生活機能障害や介護のリスクが高い状態にあることを指す「虚弱」に替わる用語で、健康と要介護の中間的な概念として国が周知を進めている。

新たな予防事業は、同機構のプログラムに基づき、発声や片足立ちなどで機能測定するとともに、社会参加などの聞き取りを行い、フレイル状態にあるかをチェックする。チェック役の市民サポーターを養成後、市内全4地域で2回ずつ実施する。予算額は199万円。

また、URひばりが丘団地をモデル地域として「地域医療福祉拠点」の検討に着手する。団地内で自治会などと連携して実施する介護予防事業などを通じて検討を行うとして、21万円計上した。

このほか、仮庁舎の基本設計など庁舎暫定統合に2887万円、下野谷遺跡の保存活用計画の策定やPRに6752万円、GPSを活用したごみ収集ルートの見直しに1490万円を計上した。

性質別歳出では、総合計画の見直しに伴う委託料の増で、物件費が前年度比3・6%増の151億5704万円となった。歳入では、学校の大規模改修や臨時財政対策債の増で、市債が同17・7%増の48億1240万円となった。

一般会計＝702億2900万円
(前年度比0.3%増)

主な事業	
下野谷遺跡の保存活用	6752万円
庁舎の暫定統合	2887万円
ごみ収集ルート見直し調査	1490万円
フレイル予防プログラム	199万円
地域医療福祉拠点モデル検討	21万円

防災食育センターがオープン

扶助費は減も高水準

福生市

福生市は22日、一般会計が前年度に次いで過去2番目の規模となる2017年度当初予算案を発表した。防災食育センターの整備などで規模が大きくなった。子育て世代の定住化を進める加藤育男市長は「子育て、教育、高齢者福祉など市民満足度が感じられるような積極的な予算編成になった」と力を込めた。

9月にオープンする防災食育センターは、平常時は市内小中全10校に3800食の給食を配食。災害時には、災害発生後4日目以降の最低3日間、市内の避難生活者に1人当たり1日1回おにぎり2個と温かい汁物を提供する。避難所機能を持ち、帰宅困難者の一時滞在場所、支援物資や応援部隊の受け入れ拠点にもなる。17年度は整備費約16億8千万円を計上した。車両や調理場の管理運営費なども含めると関連経費は総額で19億5597万円となっている。

子育て関連では、26市で初めて、認証保育所利用者への保育料補助上限額を撤廃し、入園料も補助する。市内認可保育所を申請しても利用できなかった人が対象で、これまで認可保育所との差額支給は月額3万8千円が上限だったが上限額をなくす。利用者は認可保育所と同じ保育料で認証保育所を利用できる。認証保育所運営助成事業として3751万円を充てる。

市立小学校3年生全員と教員にタブレット端末450台を貸与し、基礎学力の定着や学力向上を図る。小学校教育環境整備支援事業として1283万円を盛り込んだ。

歳出性質別は、扶助費が前年度比0・8%減も生活保護費の増で76億898万円。歳入では市税が1・1%増。都支出金は市町村総合交付金の増を見込み、10・8%増。

一般会計＝248億1000万円
(前年度比0.3%減)

主な事業	
防災食育センター整備関連	19億5597万円
認証保育所運営助成	3751万円
証明書等コンビニ交付事務	1722万円
中心市街地活性化推進支援	1707万円
小学校教育環境整備支援	1283万円

次世代育成へ子供施策

ごみ有料化で物件費増

国立市

国立市は21日、2017年度の当初予算案を発表した。前市長の後継として昨年12月27日に就任した永見理夫市長は「予算を固めるのに関わったのは実質10日くらい。どこまで私のカラーを出し切れたかというのはある」としながらも、「政策の考え方は示せたのではないか」と述べた。

妊娠時の面談や子育てに関する疑問、複合的な課題を抱える保護者の相談などに応じる子ども総合相談窓口を開設する。多くの課題を抱える世帯は面談後も担当の保健師が継続支援する。出産・育児支援の育児パッケージの配布などと合わせ、992万円を計上した。

子供の貧困対策は予算額226万円。食や学習支援など子供の居場所づくりに取り組む団体などに支援するほか、子ども総合相談窓口で貧困の連鎖と関わる離婚家庭の養育費について相談を受け付ける体制を構築する。

在宅での医療提供体制確立に向け、医療提供の現状や課題を分析し、将来的な医療と介護の連携の在り方や市の施策に関する地域医療計画を策定する。事業費は1千万円。

国立ブランドの向上では、国立駅周辺道路・広場を1億1326万円かけて整備するほか、南部地域関連で1億3817万円を予算化。狭あい道路の整備の推進、農地や緑地などの自然環境を残すため、谷保の原風景基金にさらに積み立てる。

歳出の性質別は、扶助費が4・2%増え、物件費が9月からのごみ有料化に向けたごみ袋の作成などで10・6%増。歳入では、市税が2・5%増の一方、税連動交付金が軒並み減となり、財政調整基金の取り崩し増につながった。

一般会計＝290億3000万円
(前年度比0.3%減)

主な事業	
南部地域整備と谷保の原風景保全	1億3817万円
国立駅周辺道路・広場整備	1億1326万円
地域医療計画策定	1000万円
子ども総合相談窓口開設など	992万円
子供の貧困対策	226万円

子育て支援拠点を整備

林道崩落で災害復旧費増

あきる野市

あきる野市は20日、2017年度当初予算案を発表した。澤井敏和市長は「安心・安全なまちづくりを進めるために、子育て支援などを重点として編成した」と語った。

子育て支援拠点の整備には予算額6992万円を充てる。16年度は、あきる野ルピア2階に子ども家庭支援センター、母子・父子自立支援及び女性相談窓口、ファミリー・サポート・センターを移転。今月27日には子育て支援総合窓口を開設した。17年度は第2期として、子育てひろば、一時預かりスペース、トイレ・授乳室などを整備する。

病児・病後児保育室の整備も行う。公立阿伎留医療センターの敷地内に設けるもので、18年4月から保育士などを配置する。1億1919万円を盛り込んだ。運営には日の出町も加わることが予定されている。

胃がんの原因の8割はピロリ菌と言われる中、特にピロリ菌除菌の効果が高いとされる若年層を対象にピロリ菌検診を実施する。20・25・30・35・39歳の市民約4500人を対象とし、約900人の受診を見込む。388万円を計上し、胃がんやピロリ菌の知識向上を図るとともに、あきる野市医師会や公立阿伎留医療センターなどの協力の下、二次検査や除菌につなげていく。

歳出の性質別は、扶助費が生活保護費の医療扶助の減などで、4・6%減少した。普通建設事業費は民間保育所の建て替えや増築などの影響で13・9%の増。災害復旧事業費は昨年8月の台風9号での林道の路肩や車道の崩落被害などに伴い1516万円の増となる。

一般会計＝308億5723万円
(前年度比1.0%増)

主な事業	
病児・病後児保育室整備	1億1919万円
子育て支援拠点整備	6992万円
ソーラー外灯整備事業	605万円
若年層ピロリ菌検診	388万円
特定不妊治療費助成	325万円

上の原地区市道を整備

ごみ有料化で手数料が増

東久留米市

東久留米市は23日、2017年度当初予算案を発表した。一般会計は過去最大で前年度比約7億円の増。並木克巳市長は「子ども・子育て支援の経費に市の一般財源から新たに約5億円を投入し、重点的に配分した」と話し、「健全な財政運営と持続的成長の好循環に向けて、戦略的に投資する予算」と位置付けた。

17年4月には私立認可保育所を1園新設、1園定員拡大し、保育運営費として25億9886万円を計上した。小規模保育事業所は認証保育所などからの移行も含めて5園を新設する。また、18年4月の開設に向けて、私立保育所新築1園、改築1園の施設整備費の補助や幼稚園の一時預かりでの都の補助事業の活用なども行う。

旧市立幼稚園跡地に新児童館を18年4月に開館する。17年度は新設工事費などとして4億1264万円を盛り込んだ。延べ床面積約500平方㍍の平屋建てとなる。

市内北東部の上の原地区のまちづくりは、東久留米市の地方創生につながる重要施策とされている。整備中の都市計画道路と同地区を結ぶ市道229−1号線の整備、上の原地域住民の生活道路である市道203号線の拡幅工事を実施する。17年度は合わせて2億824万円を予算化した。

歳出では、児童館新設、保育運営費や小規模保育給付費などの増により、民生費が前年度比で9億5311万円増の見込み。

歳入では個人市民税、法人市民税、固定資産税とも増加。使用料及び手数料の2億4456万円増は、7月からのごみ有料化に伴う手数料が要因。

一般会計＝412億6100万円
(前年度比1.7%増)

主な事業	
私立認可保育所運営経費	25億9886万円
新児童館整備事業	4億1264万円
上の原地区市道整備	2億824万円
公園施設長寿命化対策工事	5038万円
国語力ステップアップ学習	379万円

庁舎建て替えへ検討本格化

防災公園等完成で投資減

三鷹市

三鷹市は17日、2017年度当初予算案を発表した。清原慶子市長は市役所東側の東京多摩青果㈱三鷹市場跡地で整備を進めてきた「三鷹中央防災公園」と「元気創造プラザ」が4月1日にオープンすることを踏まえ、「完成で立ち止まるのではなく、市民や大学、企業との新たな協働による次のステージへの予算を組んだ」と説明した。

主な事業では、三鷹中央防災公園と元気創造プラザの管理運営で6億8299万円を計上した。公園の地下にはメーンアリーナや武道場などを備えた総合スポーツセンターを整備。元気創造プラザは、総合防災センターや福祉センターなど四つの機能の複合施設として運用する。

築52年が経過した市本庁舎に関しては、建て替えに向けた基本構想の策定に1393万円を計上した。三鷹まちづくり総合研究所が6月に最終報告をまとめる予定で、新年度は庁舎利用環境調査を行う。

このほか、働き方改革では企業への社会保険労務士の派遣などで181万円を計上。調布基地跡に調布、府中市と共同設置する障害者施設の事業者選定委員会の立ち上げで46万円を計上した。

性質別歳出では、三鷹中央防災公園などの整備完了に伴い、投資的経費が36・1%減の59億2560万円となった。

歳入では、個人市民税が1・4%増の196億8519万円となる一方、ふるさと納税で同約2%に当たる3億6千万円の損失を見込み、新年度からクレジットカード決済による寄付制度を開始して損失抑制を図る考え。予算は5万円。

一般会計＝676億1987万円
(前年度比2.8%減)

主な事業	
三鷹中央防災公園等管理運営	6億8299万円
庁舎等建設基本構想の策定	1393万円
三鷹版働き方改革応援	181万円
調布基地跡地福祉施設の検討	46万円
クレジットカード寄付の導入	5万円

多摩川河川敷にドッグラン

臨財債が33・8%増

狛江市

狛江市は20日、2017年度当初予算案を発表した。高橋都彦市長は予算案の特徴について、「人口は8万人を超え、まだ増えている。子育て世帯の流入が多く、待機児童対策が必要。予算的にも公有地もほとんどない制約の中でも工夫を凝らした」と述べた。

保育所運営費負担金などは総額25億4350万円となる。待機児童解消に向けて新たに5施設を開園し、保育定員を255人拡大する。認証保育所等入所児童保護者負担軽減のための補助金の補助単価の引き上げや保育従事職員の宿舎借り上げ支援なども盛り込んだ。

9月に開催予定の(仮称)市民音楽祭関連では、市観光協会への補助や狛江エコルマホールを運営する狛江市文化振興事業団への業務費などとして880万円を計上。同ホールでのクラシックを中心としたコンサートに加え、狛江駅前三角地ではジャンルを問わないステージ公演や屋台などが予定されている。

多摩川利活用は事業費3900万円を予算化した。多摩川河川敷を利用して市内初のドッグランを開設する。縦横30㍍の区画を二つに仕切り、フリースペースと小型犬用とする。3月から5月にかけて整備し、6月オープンの予定。また、国の治水対策として予定される土手の最頂部の舗装整備に併せ、歩行者空間や沿道に環境に配慮した保水性舗装を施し、熱環境の改善、ヒートアイランド現象の緩和に努める。

歳出の性質別を見ると、新設保育所開設による定員拡大などで扶助費が11・7%増。歳入では市税が2・4%増え、市債のうち臨時財政対策債が33・8%増加した。

一般会計＝266億9000万円
(前年度比0.4%増)

主な事業	
保育所運営費負担金など	25億4350万円
狛江駅前三角地の整備	4613万円
ドッグランなど多摩川利活用	3900万円
(仮称) 市民音楽祭の開催	880万円
第一小学校増改築の整備	843万円

調布駅前広場整備を推進

国・都支出金が増加

調布市

調布市は21日、一般会計が過去最大となる2017年度当初予算案を発表した。保育所の待機児童対策に伴う施設整備などの影響で規模が膨らんだ。調布駅周辺には、この秋に3館の民間商業施設の開設も予定され、街は変貌を遂げつつある。長友貴樹市長は「市民とともに街の将来像を着実に前進させられる編成ができた」と述べた。

調布駅前広場の整備では2億300万円を予算化した。京王線地下化に連動した南北一体のまちづくりを推進し、にぎわいや交流、潤いと安らぎのある駅前広場を北側から段階的に整備を進める。17年度はロータリーを東に向けて拡幅する。

待機児童対策では800人規模で定員を増やすため、認可保育所10園と分園1園の開設誘致を目指す。予算額21億7600万円を盛り込んだ。

義務教育就学児医療費助成では市単独助成分で2600万円を計上した。就学前の乳幼児の医療費は現在無料、小学1年生から中学3年生までは一定所得以上の世帯で医療費の3割が自己負担だが、10月からは小学校の1年生から3年生までの所得制限を撤廃する。自己負担がない非課税世帯を除き、1回の通院で一律上限200円となる。拡充分は1900万円。

オリパラへの取り組みでは、小中学生のスポーツ大会や教室、ボッチャに親しむイベント開催などを推進する。500万円を充てる。

扶助費は市立保育所運営事業費の増などで6・2%の増。義務的経費全体では4・6%伸びている。歳入では、市税が2・1%増、国庫支出金が13・6%、都支出金が12・8%の増加を見込んでいる。

一般会計＝886億5000万円
(前年度比3.9%増)

主な事業	
待機児童対策の推進	21億7600万円
クリーンセンター機能の再編・移転	5億8400万円
調布駅前広場の整備	2億300万円
義務教育就学児医療費助成	2600万円
オリ・パラに向けた取り組み	500万円

消防本部がドローン整備

一般財源が2.5%の減

稲城市

稲城市は23日、2017年度当初予算案を発表した。高橋勝浩市長は「財政事情は厳しいが、優先順位の高いものから進める」とし、東日本大震災や熊本地震などを踏まえ、「危機管理、震災対策、安全安心の確保など、防災対策に積極的に取り組む」と述べた。

小型無人航空機(ドローン)の活用に向けて78万円を盛り込んだ。ドローン1機の購入、運用のための市消防本部職員の講習、保険料などに充てる。火災の延焼状況の把握や多摩川の水難救助などでの活用を想定する。

ドローンは住宅密集地では規制されるが、国土交通省のガイドラインでは捜索や救助では飛ばすことができるとしている。同市は島しょを除き、都内で唯一、単独消防本部を持つ強みを生かし、予算が通れば同省に許可申請を行う。高橋市長は「ドローンが入ればかなりの機動力」と期待を寄せる。

避難施設へのWiFi整備では、「いなぎFree Wi−Fi」を避難所となる小中学校や「コミュニティ防災センター」など32施設に5年かけて整備する。17年度は市内中学校全6校が対象で65万円を計上した。

老朽化した学校給食共同調理場第一調理場の南山東部への建て替え移転事業には1467万円を充てる。市内小中学校のうち11校分の6500食を配食する。20年9月に稼働予定。

歳出の性質別は、扶助費が3・6%増で義務的経費を押し上げた。投資的経費は第二小学校大規模改修などの減で41・1%減。歳入では市税が1・5%増も、地方消費税交付金の減などで一般財源が2・5%減った。

一般会計＝321億4000万円
(前年度比7.4%減)

主な事業	
認可保育所等の児童数拡充	23億1055万円
iバス路線の充実	9940万円
学校給食第一調理場建て替え移転	1467万円
小型無人航空機(ドローン)の整備	78万円
避難施設へのWiFi整備	65万円

都庁行革プラン

業務の効率化など組上に

職員数一律削減とは一線

小池知事は22日の施政方針表明で、行政改革の計画として「2020改革プラン（仮称）」を策定する考えを明らかにした。都では2006年度を最後に行革のプランを策定していないが、「実行プラン」の対を成す計画として、業務の効率化や官民の役割分担、監理団体の戦略的な活用、人事制度や執行体制の見直しに取り組む考えを示した。併せて、文部科学省の組織的な再就職あっせんが社会的に注目を集める中、都庁OBの再就職についても検証するという。

元幹部の再就職も検証

歴代知事の行政改革

知事	行政改革	期間	職員数	主な内容
鈴木俊一	第1次行政改革	（79～83年度）	△9255人	退職手当支給月数上限の引き下げ、特勤手当の削減
	第2次行政改革	（84～84年度）	△4154人	
	第3次行政改革	（87～90年度）	△5069人	
	不断の行政改革	（91～95年度）	△4607人	
青島幸男	行政改革大綱・行政改革プラン	（96～98年度）	△8429人	特勤手当の削減
石原慎太郎	危機突破のための行政改革（都庁改革アクションプラン）	（99～03年度）	△5875人	職員給与の削減、特勤手当の削減
	第2次都庁改革アクションプラン	（04～06年度）	△5651人	
	行財政改革実行プログラム	（07～09年度）	△4006人	昇給制度の見直し、特勤手当の削減
小池百合子	2020改革プラン（仮称）	（17～20年度？）		業務の効率化、官民の役割分担、監理団体の活用、人事制度・執行体制の見直し

鈴木都政から石原都政の行政改革を振り返ると、共通するのは都庁の「スリム化」だ。職員数の削減や退職手当の支給月数見直し、特勤手当の削減などに取り組んだ。特に1990年頃に始まったバブル崩壊により都税収入は3年間で約1兆円減少し、都債の大量発行で財政再建団体の寸前まで陥る中、石原都政では「危機突破のための行政改革」を策定し、2～5%の給与カットに踏み切った。警察・消防や学校の教職員を含めた職員数は1970年代の約22万人から約16万人に減少している。

石原都政下では、「監理団体改革実施計画」「行財政改革実行プログラム」などにより団体の統廃合も進め、団体数は00年度の62団体から33団体にまで削減した。

スリム化一辺倒の流れが変わったのは、職員4千人減を掲げた「行財政改革実行プログラム」（06～08年度）以降。財政再建を果たし、削減数よりも「質」が重視されるようになった。

さらに五輪準備や少子高齢社会対策などに伴う業務量の増加で、15年度には職員定数が41年ぶりに増加に転じるなど、当時とは状況が一変している。

プランの具体的な内容は未定だが、庁内では知事の言う「行革」は、「現状や過去の経緯を分析し、他都市・団体を比較する中で方向性を出していくのではないか。従来のような一律削減とは違ったやり方になると思う」（本庁部長）と捉えられている。「育児・介護・共働きの職員が当たり前になる中、どういう形であれば組織が効率よく機能するか考える必要がある」（本庁課長）と言う幹部もいる。

一方で、小池知事は都幹部の再就職についても検証する考えを表明した。念頭にあるのは、文科省による再就職のあっせんだ。

文科省では1月、元局長が私立大学に再就職した際、組織的にあっせんした事実が判明。「天下り」のあっせんを禁じる国家公務員法違反疑いの事例を、政府の「再就職等監視委員会」が28件指摘し、同省は17件が同法違反だったと報告した。安倍首相はこの問題を受け、全省庁を対象に再就職状況を検証するよう指示するなど、波紋を広げている。

これに対し、地方公務員法では再就職のあっせんを規制していないが、都では16年、都独自の規制を上乗せし、外部有識者でつくる「退職管理委員会」が都の事業に密接に関わるものとして承認した監理団体などに対してのみ、人材を推薦することとしている。知事は「第三者委によるチェックなどの運用を行っているが、再度、監理団体のあり方と併せて検証する」としている。

監理団体を巡っては、これまでの行革による職員数削減に伴い、行政の現場の仕事を手広く引き受けている現状もある。都は従来、監理団体を「都政グループ」として、行政の重要なパートナーと位置付けてきた。

都議会には「民間でできる仕事を、OBが再就職する監理団体が受注している」と捉え、「次のターゲットは監理団体と天下り」と主張する議員がいるほか、上山信一特別顧問らは大阪府市の行革に深く関わり、都のプラン策定にも関与すると見られている。

都幹部の一人は「監理団体は実際に都政の現場を担い、各団体職員はそれぞれ工夫もしていて、知事もその役割自体は認識していると思う」とした上で、「行政の機能としてその役割をどう捉えるか、整理し切れているわけではない。文科省の問題もあり、『天下り』とたたけば都民に受けるかも知れないが、OB人材を社会でどう生かすかという視点も含め、冷静な議論が必要なのではないか」と指摘する。

都福祉保健局

困窮家庭6割が食糧買えず

子供の生活実態を調査

困窮家庭の約6割は食糧が購入できず、約2割は公共料金の滞納経験あり――。都福祉保健局が23日に発表した子供と子育て家庭の経済状況の調査でこんな実態が浮き彫りとなった。

同調査は「子供の生活実態調査」。墨田・豊島区、日野・府中市に住む小学5年生、中学2年生、16～17歳の高校2年生に相当する年齢の子供とその保護者を対象に昨年8月～9月にかけて実施した。

調査によると、困窮層の家庭では約6～7割が必要な食糧、約8割が必要な衣類を金銭的な理由で購入できなかった経験が過去1年間にあった。栄養面でも偏りが見られ、小学5年生と中学2年生の約7割以上が給食以外で野菜を毎日食べているが、困窮層に限ると約6割にとどまり、大きく差が出る結果となった。また、約2割の家庭で電気や水道などの公共料金の滞納経験があることも判明した。

学習状況では、授業が「分からない」と答えた小学5年生の子供は、一般層が約1割だったのに対し、困窮層では3割を超えた。中学2年生、16～17歳では一般層でそれぞれ約2割、約3割だったが、困窮層では約5割で、困窮層の子供が学習に支障を感じていることが分かった。

また、困窮層の小学5年生の約4割が「自分専用の勉強机がない」、16～17歳の困窮層の約2割が「自宅で宿題ができる場所がない」と答えた。

このほか、「孤独を感じることがある」「いじめられた経験がある」と答えた困窮層の子供の割合は一般層に比べて高く、子供の自己肯定感や友人関係にも影響が見られた。

一方で、困窮している家庭の保護者ほど食事や学習などの行政の支援を知らないことも明らかになった。結果を踏まえ同局は「子育てサポート情報普及推進事業」を来年度から立ち上げ、子育て支援策の周知を強化する。また、区市町村に向け「子供の貧困対策支援事業」も新たに開始。専任職員を配置し、支援ニーズの調査や教育や福祉の関係機関との連携などを行う区市町村を支援する。

ひと

教育現場に手話を取り入れた

社会福祉法人東京愛育苑金町学園（福祉型障害児入所施設）園長（元都立大塚ろう学校校長）

濱崎（はまざき）　久美子（くみこ）さん

「手話言語法」制定の機運が高まり、「ようやく手話が市民権を得てきた」と言うが、園長を務める金町学園では、職員も子供たちにも手話が公用語だ。

中学校家庭科教諭の資格が取れたという都立立川短大を、住み込みで働きながら卒業。小学校教師の夢をかなえたくて神奈川県で助教諭になり、大学に通わせてもらって教諭となった。「申し訳なかったが、世話になった人のいる東京に戻りたかった」と都を受験。

「子供は普通にしゃべるから手話はできなくても大丈夫」と、ろう学校から誘われた。「聞こえない子供が、相手の唇の動きを読んで言葉を理解することは無理だとすぐに分かった」。子供は手話を使うのに、教室では口話を強制していた。

小学校の言葉の教室に異動後も手話を学び続けた。JICAからスリランカのろう学校に派遣され、都に戻ったが、「現場は何も変わっていなかった」。

教頭として石神井ろう学校に。「高等部だけなので、生徒は自由に手話を使っていた。生活指導などで生徒に直接話し掛けられるので重宝がられ、楽しかった」。校長で赴任した足立ろう学校は指文字を使っていて、「手話は意味を持つ漢字、指文字はひらがなのようなもの。併用するのが望ましいんです」。

ろう教育は、準ずる教育として教科書も同じなのに学力は遅れていた。大塚ろう学校では、「事実の通り見せなくては羊頭狗肉になる。耳が聞こえなくても能力的には差がないことを証明しよう」と説き、教員らが外部講師を呼んで手話を学ぶ研修の素地を作った。

学校を遊び場にと始めた土曜クラブなどで様々な人がつながっていき、NPO法人大塚クラブに結実。初代理事長も務めた。遊びの体験が授業を後押しするのだと、教員の理解も深まったという。

足立ろう学校には、当時のろうあ児施設金町学園の子供たちも通学していた。「問題があっても施設の生活には触れないようにした。それは後々まで心の痛みとして残っていた」と、園長を引き受けて13年。今は子供が主役で笑いの絶えない学園となっている。

この学園が来年3月には閉園に。新たな場づくりに奔走する日々だが、職業教育や施設を終えた後のグループホームもと意気軒昂。波乱万丈の人生は今後も続きそうだ。（門）

徳島県生まれ。05年に都を退職して現職。同業の夫は、都を辞めてスリランカに同行。補聴器の修理などを10年余り続けて2年前に亡くなった。「いい人生を送ったと思う」

都水道局

民有林を積極購入へ

水源林保全で実施計画

都水道局は21日、水源林の管理に関する施策をまとめた「みんなでつくる水源の森実施計画（案）」（2017～20年度）を策定した。民有林を積極的に購入し、民間とともに多摩川上流域の水源林を保護するのが目的。

水源林の購入では、小河内ダム（奥多摩町）や付近の主要河川に近く、降雨などで土砂が流れ込む危険の高い地域約2千㌶を重点地域に指定し、所有者に対して売却を働き掛ける方針を打ち出した。購入した土地では倒木の除去や保全作業に必要な歩道の整備を行うなど、森林の再生に取り組む。

所有者の同意を得られない森林や、相続の繰り返しで所有者が不明になっている森林に関しても、同局が指導するなど保全に関与していく考えだ。

同局はこれまでも、ボランティアによる「多摩川水源森林隊」の活動の促進などで民有林の保全を図ってきたが、昨年6月に改訂した「水道水源林管理計画」で荒廃した民有林への対策を盛り込んだことを受け、より積極的な購入を促進する実施計画が必要となった。

森林を管理する上で都民や企業などとの連携も位置付け、都民に水源林への関心を持ってもらうための「都民サポーター制度」を新たに創設。メールマガジンの配信や水源林の訪問イベントなどを行う。

企業向けには水源林のネーミングライツを売却する予定。費用は1㌶当たり50万円で、購入した企業は同局ホームページなどに記載され、森林保全活動などの社員研修や企業の広報にも利用できる。一口10万円の協賛金制度も導入し、収入は水源林保全に活用するという。

このほか、大学と連携してシカなどによる食害対策の研究や、周辺自治体との共同イベントの実施などを検討している。

新コースを3万6千人が快走

東京マラソン2017

第11回目となる東京マラソン2017が26日に開催され、約3万6千人のランナーが晴天の下、都心を駆け抜けた。

今回からゴールが東京ビッグサイト（江東区）から東京駅（千代田区）に変更。起伏が少なく、好記録が期待された通り、ケニア出身のウィルソン・キプサングさんが国内大会での最高記録となる2時間3分58秒で優勝した。

警備体制も例年以上に強化。ランナーはQRコード入りのリストバンドを付けて不審者の入場を防ぎ、ベスト装着型のカメラを装備した警備員も倍増し、特別招待ブース入場時には空港などで使用される飲料物検査機が導入された。

スターターを務めた小池知事は「東京駅をバックにゴールを突き抜ける選手の姿は、世界に向けての東京の大きなPRになる」。東京五輪へ向け、「こうした体制が約1カ月続くのは大変だが、今大会でのボランティアなどの一体感を見て、対応できると確信した」と強調した。

今回が東京マラソン初出場だという30代の男性ランナーは「景色もよく、沿道の応援に押されて気持ち良く走ることができた」と話した。

東京駅をバックにゴールを駆け抜けるランナーたち＝26日、千代田区

首都大学東京

理事長に島田慶大名誉教授

小池知事は24日の定例記者会見で、首都大学東京の新理事長に島田晴雄・慶応大学名誉教授が就任すると発表した。3月末で任期満了を迎える川淵三郎氏の後任で、任期は4月1日から4年間。

小池知事は「大学の経営について優れた見識を持っていることから就任要請となった。上野（淳）学長などと協力をしながら国際都市東京としての強みを生かして、首都大学東京ならではの魅力を更に高めていくことを期待する」と述べた。

島田氏は1943年2月21日生まれ。65年3月に慶大経済学部を卒業し、74年に米ウィスコンシン大学博士課程修了。慶大教授、㈱富士通総研経済研究所理事長、千葉商科大学学長などを歴任した。現在、（公財）日本国際フォーラム理事長、（公財）日本フィルハーモニー交響楽団会長を務める。

川淵氏は猪瀬都政下の13年4月に理事長に就任していた。

都下水道局

マレーシアの人材育成支援

マレーシアの下水道事業の人材育成を支援しようと、東京都下水道サービス㈱（TGS）と（独）国際協力機構（JICA）が22日、業務委託契約を締結した。JICAが行う発展途上国の人材育成事業「草の根技術協力事業」に都下水道局が提案して実現した事業で、同局が実施団体としてTGSを指定した。

マレーシア国下水道公社の職員約30人を都に招き、同局の水再生センターや汚泥処理プラント、下水道技術実習センターで設備運営や維持管理の研修を行う。期間は2018年9月まで。

TGSは14年からマレーシアの下水道設備の設計・建設を支援しており、「深層式反応槽」など、狭い土地でも下水処理が可能な都独自の技術を使った設備を建設。それらを運営・維持管理できる現地職員の育成が必要となっていた。

■都人事異動

3月1日付

【部長級】▽議会局管理部長＝管理部広報課長事務取扱（議会局管理部長）新美大作

◆医師・研究・医療福祉系

【課長級】▽福祉保健局障害者施策推進部担当課長＝特命（福祉保健局障害者施策推進部担当課長＝東京都社会福祉事業団派遣）高梨愛子

◆都退職　28日付

【部長級】▽オリンピック・パラリンピック準備局局務担当部長＝東京オリンピック・パラリンピック競技大会組織委員会派遣　平山哲也

【課長級】▽議会局管理部広報課長　臼井建

◆医師・研究・医療福祉系

【課長級】▽病院経営本部経営企画部担当課長＝東京都保健医療公社派遣　泉尾雅子

石井　文夫さん（いしい・ふみお＝木村博子・都西多摩保健所長の父）21日死去、90歳。

2020フェスティバル

地方の伝統芸能生かせ

五輪・パラリンピック開催国で行われる文化・芸術プログラム「文化オリンピアード」。東京五輪でも、開催数カ月前から日本全国で大会を盛り上げる「東京2020フェスティバル（仮称）」が行われる。五輪組織委員会の文化・教育委員会（委員長＝青柳正規東京大学名誉教授）は24日、その取り組みの方向性について検討した。

組織委は、全国の自治体や学校、公益法人など団体が文化、教育、スポーツなどの様々な分野で大会に参加する「東京2020参画プログラム」の集大成として、多くのステークホルダーと共に大会の機運を最大限に高め、フェスティバルが歴史に残るプロジェクトになることを目指している。

フェスティバルのイメージは、文化・芸術を中心に都市空間や世界遺産での大規模イベントに加え、地方の文化や伝統芸能と聖火リレーを連動させた企画、障害者の社会参加や子供の芸術活動など福祉や教育に向けたプロジェクトを展開すること。

委員会では、服飾デザイナーのコシノジュンコ委員が「地方にはすごい祭りがたくさんある。日本の祭りを世界に広めるいいチャンス」と、日本全国の祭りを取り入れることを提案。華道家の池坊専好委員は「一般社会では五輪といえばスポーツの祭典で、文化の祭典ということはまだなじみが薄い」と述べ、文化オリンピアードの周知徹底を促した。

第4回文化・教育委員会で、東京2020フェスティバルについて議論した＝24日、虎ノ門ヒルズ（港区）で

12年ロンドン大会でも、同様のフェスティバルが開催された。「Once in Lifetime（一生に一度きり）」のビジョンを打ち出し、世界的な指揮者と交響楽団による野外コンサートや、各国の言語や手話でのシェイクスピアの演劇、国内の数千人のダンサーがトラファルガー広場に集まるダンスイベントなど、約3万3千のアクティビティーが行われ、204の国と地域から2千万人以上が参加したという。ロンドン・リオ大会の文化プロジェクトを現地で研究した㈱ニッセイ基礎研究所吉本光宏理事は「フェスティバルの成功こそが、文化オリンピアードの成否の鍵になる」と語った。

今後は、有識者や都や政府などでワーキンググループを立ち上げ、内容や役割分担を検討し、18年8月にIOCへプロジェクト案を提出する。

主任試験講座

平成29年度　22

地方公務員制度②

前回に引き続き、地方公務員法（以下「地公法」）の基礎知識の確認をします。

第3章　職員に適用される基準

6　平等取扱の原則（13条）及び情勢適応の原則（14条）

職員に適用される基準の通則として、平等取扱の原則と情勢適応の原則とが定められています。

① 平等取扱の原則

全ての国民は、地公法の適用について、平等に取り扱われなければならず、人種、信条、性別、社会的身分若しくは門地によって、または政治的意見、政治的所属関係（憲法施行の日以後において、憲法またはその下に成立した政府を暴力で破壊することを主張する政党その他の団体を結成し、またはこれに加入した者の場合を除く）によって差別されてはなりません。なお、「国民」は日本国籍を有する者を意味するものであり、それ以外の者は含まれないと解されています。

② 情勢適応の原則

地方公共団体は、給与、勤務時間その他の勤務条件が社会一般の情勢に適応するように、随時、適当な措置を講じなければなりません。これは、労働基本権の制限に対する代償措置と考えられています。なお、人事委員会は随時、講ずべき措置について議会及び長に対し勧告することができます（14条2項）。

7　任用の根本基準（15条）及び人事評価の根本基準（23条）等

① 任用の根本基準

職員の任用は、地公法の定めるところにより、受験成績、人事評価その他の能力の実証に基づいて行われなければなりません。

② 人事評価の根本基準

職員の人事評価は、公正に行われなければなりません。

そして、任命権者は、人事評価を任用、給与、分限その他の人事管理の基礎として活用するものとしています。職員の執務については、その任命権者が定期的に人事評価を行わなければならず、人事評価の基準及び方法に関する事項その他人事評価に関し必要な事項は、任命権者が定めることとなっています。さらに人事委員会は、人事評価の実施に関し、任命権者に勧告することができます。

③ 標準的な職及び標準職務遂行能力

任命権者は、職制上の段階及び職務の種類に応じて「標準的な職」を定め、標準的な職の職制上の段階に応じて、その職務を遂行する上で発揮することが求められる能力として「標準職務遂行能力」を設定する。

また、職員の任用（採用・昇任・降任・転任）に当たって、任命権者は、任命しようとする職の属する職制上の段階の「標準的な職」に係る「標準職務遂行能力」及び適正を有すると認められる者かどうかを判断する。

8　給与、勤務時間その他の勤務条件（24条等）

地公法上、勤務条件とは、民間の労働関係法規における「労働条件」に相当するもの、すなわち、給与、勤務時間のような職員が地方公共団体に対して勤務を提供するに当たっての諸条件で、職員が自己の勤務を提供し、またはその提供を継続するかどうかの決心をするに当たり、一般に当然に考慮の対象となるべき利害関係事項であるものを指すと解されています。

① 勤務条件に関する原則

イ　条例主義の原則（24条5項）

職員の給与、勤務時間その他の勤務条件は条例で定める必要があります。ただし、地方公営企業職員・単純労務職員については労働協約が締結できるため、条例主義の適用がなく、給与の種類と基準のみ条例で定めます。

ロ　情勢適応の原則（14条）

ハ　平等取扱の原則（13条）

前述6のとおりです。

② 給与決定の原則

イ　職務給の原則（24条1項）

職員の給与は職務と責任に応ずるものでなければなりません。現在、各給料表の級や管理職手当などによって実現されています。

ロ　均衡の原則（24条2項）

職員の給与は、生計費並びに国及び他の地方公共団体の職員並びに民間事業の従業者の給与その他の事情を考慮して定めなければなりません。

現在、人事委員会勧告などによって実現されています。

ハ　条例主義の原則

前述①イのとおりです。

③ 給与支給の原則

イ　重複給与支給の禁止（24条3項）

職員は、他の職を兼ねる場合においても、これに対して給与を受けてはなりません。

ロ　通貨払い・直接払い・全額払いの原則（25条2項）

職員の給与は、法律または条例により特に認められた場合を除き、通貨で、直接職員に、その全額を支払わなければなりません。

9　給料表に関する報告及び勧告（26条）

人事委員会は、毎年少なくとも1回、給料表が適当であるかどうかについて、地方公共団体の議会及び長に同時に報告しなければなりません。

また、給与を決定する諸条件の変化により、給料表に定める給料額を増減することが適当であると認めるときは、あわせて適当な勧告をすることができます。

10　分限処分（27条、28条、49条）

職員の身分保障を前提としつつ、公務能率の維持及びその適正な運営の確保という目的から、職員の意に反する不利益な身分上の変動をもたらす処分を行うことができます。職員の行為に対しての道義的責任を問う懲戒処分（後述）とは異なります。

① 種類

次の4種類があります。

イ　免職　職を失わせる処分です。身分を失わせる点では懲戒処分の免職と同じですが、処分の目的や退職手当の支給の有無などにおいて異なります。

ロ　休職　職員に職を保有させたまま、一定期間職務に従事させない処分です。職務に従事させない点では懲戒処分の停職と同じですが、処分の目的や、停職の場合は給与が支給されないなどの点で異なります。

ハ　降任　職員が現に有している職よりも下位の職に任命する処分をいいます。

ニ　降給　職員が現に決定されている給料の額よりも低い額の給料に決定する処分です。なお、ハの降任処分により給料が下がることは、降給ではありません。

条件付採用職員及び臨時的任用職員については、地公法上の分限に関する規定の適用がありません。これらの職員に関する分限は、条例で必要な事項を定めることができます（29条の2）。

② 事由

イ　降任・免職

地公法で定める次の事由に該当する場合に、降任または免職することができます（27条2項、28条1項）。

○人事評価または勤務の状況を示す事実に照らして、勤務実績が良くない場合

○心身の故障のため、職務の遂行に支障があり、またはこれに堪えない場合

○前述の場合のほか、その職に必要な適格性を欠く場合

○職制若しくは定数の改廃または予算の減少により廃職または過員を生じた場合

ロ　休職

地公法で定める次の事由または条例で定める事由に該当する場合に、休職することができます（27条2項、28条2項）。

○心身の故障のため、長期の休養を要する場合

○刑事事件に関し起訴された場合

ハ　降給

条例で定める事由に該当する場合に、降給することができます（27条2項）。

③ 手続及び効果

手続及び効果は、法律に特別の定めがある場合のほか、条例で定めなければなりません（28条3項）。法定事項としては、処分説明書の交付義務があり、処分事由のほか、人事委員会または公平委員会に対する審査請求ができる旨及び審査請求をすることができる期間を記載する必要があります（49条）。

なお、休職と降任の二つの処分を併せて行うことは可能と解されています。

11　懲戒処分（27条、29条、49条）

懲戒処分とは、職員の職務上の義務違反、その他公務員としてふさわしくない非行がある場合などに、職員の道義的責任を問うための制裁として行う不利益処分を言い、公務における規律と秩序を維持することを目的としています。懲戒処分は、地公法に定める事由がある場合に限り、行うことができます。なお、分限処分とは異なり、条件付採用職員及び臨時的任用職員にも、懲戒処分の規定は適用されます。

① 種類

次の4種類があります。

イ　免職　職員としての身分を失わせる処分です。

ロ　停職　職員を懲罰として職務に従事させない処分です。停職期間中はいかなる給与も支給されません。

ハ　減給　一定の期間、給料の一定割合を減額して支給する処分です。分限処分の降給とは異なり、給料の基本額そのものを変更するものではありません。

ニ　戒告　規律違反の責任について、将来を戒める処分です。

② 事由

任命権者は、次の場合に限り、懲戒処分を行うことができます。

○地公法若しくは同法の特例を定めた法律（57条）またはこれに基づく条例、地方公共団体の規則若しくは地方公共団体の機関の定める規程に違反した場合

○職務上の義務に違反し、または職務を怠った場合

○全体の奉仕者たるにふさわしくない非行があった場合

なお、懲戒処分を行うかどうか、いずれの処分を行うかは、裁量権の範囲を逸脱した場合を除き、任命権者が裁量によって決定します。また、分限処分と懲戒処分は、同一の事由にそれぞれの処分を重ねて行うことができるとされていますが、一つの義務違反に対し、2種類以上の懲戒処分の併科は不可と解されています。

③ 手続及び効果

手続及び効果は、法律に特別の定めがある場合のほか、条例で定めなければなりません（29条4項）。なお、条件付採用職員及び臨時的任用職員に対する懲戒処分については、法律上、処分説明書の交付及び審査請求の教示を行うこととはされておらず、行政不服審査法も適用されません（29条の2）。

12　定年による退職（28条の2、28条の3）

職員が定年に達したときは、その日以後の最初の3月31日までの間の条例で定める日に退職します。これは、本人の意思にかかわらず当然に退職させる制度で、臨時的任用職員、任期付任用職員及び非常勤職員には適用されません。ただし、特別の事情によるときは、定年後1年を超えない範囲内で引き続き勤務させることができます。この定年延長は無制限に認められるものではなく、定年退職日の翌日から起算して3年を超えることはできません。

13　定年退職者等の再任用（28条の4～28条の6）

任命権者は、定年退職者、定年延長の後退職した者及び定年退職日以前に退職した者のうち定年退職者に準ずるものとして条例で定める者を、1年を超えない任期で採用（再任用）することができます（1年を超えない範囲で更新が可能であり、条例で認める限り何回でも可）。この再任用制度には、常時勤務を要する職と、短時間勤務の職があり、前者は条例で定める定数に含まれますが、後者は直接条例で定める定数の対象とはなりません。

◇

次回も引き続き地方公務員法の基礎知識を確認します。

29年度 主任・係長 論文講座 22

添削③

都主任選考

職場に関する出題　AⅠ類、AⅡ類共通

下記の事例と資料を分析し、次の（1）、（2）に分けて述べてください。

あなたは、ある事業所で施設運営を担当する主任として本年4月に配属された。

あなたと一緒に施設運営担当に配属された新規採用職員のC主事は、業務を行う際に、独断で仕事を進めることが多く、周囲と連携・協力せず、組織として仕事を行う心構えが全くできていない様子であった。これについて、A課長代理から何度も指導を受けたが、Cは自分のやり方を正しいと思い込み、改める様子はなかった。

こうした状況から、次第にCの業務停滞の影響が事業所の内外に見られるようになり、Aはその対応策に着手することにした。

その一方で、あなたはCやCの仕事の一部をフォローしているB主事からそれぞれ不満を打ち明けられるなど、施設運営担当の業務改善の必要性や職場環境の悪化を痛感していた。

（1）設問の職場における、C主事の育成と施設の円滑な業務運営を行う上での課題について、簡潔に述べてください。

（300字以上500字程度）

（2）（1）で述べた課題に対して、今後、あなたはどのように課題解決に向けて取り組んでいくべきか、主任に期待される役割を踏まえて、具体的に述べてください。

（1200字以上1500字程度）

資料3　施設運営担当の月別合計残業時間

時間　0　20　40　60　80　100　120　140

4月　5月　6月　7月

A課長代理　あなた（主任）　B主事　C主事

資料4　○○○事業所における苦情等の件数の推移

件　0　2　4　6　8　10　12　14

4月　5月　6月　7月

資料5　○○○事業所における苦情等の件数の推移及び6月・7月の苦情等の内訳

6月の苦情等の内訳

その他 8%
職員の対応に関するもの 17%
広報内容に関するもの 42%
施設利用申請に関するもの 33%

7月の苦情等の内訳

その他 9%
職員の対応に関するもの 9%
施設利用者調整に関するもの 18%
広報内容に関するもの 37%
施設利用申請に関するもの 27%

（1）

人材育成を効果的に進め、職員の能力を高めることで、行政課題への的確な対応が可能となる。しかし、人材育成が円滑に進まない原因として、次の3点がある。①

第一に、Cは「報・連・相」等の基本的なルールを守れておらず、業務に支障を来している。また、これについてAから指導を受けたが、改める様子がない。それにより、業務の進行管理が不十分となり、苦情の増加につながっている。②

第二の原因は、OJTの重要性が職場内に十分に根付いていない点である。Cは、業務に係る情報や知識が不足しているにもかかわらず、職員を即戦力として育成する意識が低く、組織的なサポートができていない。結果として、PR文を作成させても長文で分かりにくいものとなってしまい、それについての苦情の増加、そのフォローによる超過勤務の増加が起こっている。③

第三の原因は、職場内のコミュニケーションが不足している点である。仕事はチームで進めるものであり、立場を超えて気兼ねなく話し合える雰囲気が職場には必要である。しかし、設問の例ではBとCがそれぞれ不満を口にし、両者間での円滑なコミュニケーションが取れていないことが読み取れる。④

（2）

1　人材育成と業務円滑化のために

私は、設問の職場の抱える課題を解決するために、以下の行動に取り組む。

第一に、新規採用職員の意識改革である。組織目標に対する新規採用職員の役割を説明し、業務の位置付けを認識してもらう。また、新規採用職員の能力を早期に把握し、課長や係長と相談しながら、職員に応じた業務目標や能力開発目標を具体的に設定する。その目標は係内で共有し、係全体で新規採用職員を育成する意識を持つ。そして、業務の進捗状況や目標の達成状況を新規採用職員が報告する場を定期的に設ける。順調に達成できた内容は評価し、仕事への意欲を盛り立てる。遅れや問題が発生している場合にはフォローする体制をつくる。

その結果、新規採用職員は、組織としての目標を意識しながら効率的に業務を進めることができる。⑤

第二に、OJTを充実させ、業務の基本知識や処理方法などを体系的に習得できるよう職場内研修を実施する。研修資料は、業務マニュアルとして整理し、日常的に誰もが活用できるものとする。日々の業務では、課長や係長と相談した上で、新規採用職員が主担当となった業務に、主任またはベテラン職員を副担当として配置する。新規採用職員の自主性を尊重しながら、疑問点や難解な事案が発生した場合は、随時、副担当が助言や指導を行う。その際、答えをすぐ教えるのではなく、調べ方や考え方を助言し、自ら考える力を育てる。

日常業務を通した能力開発により、実践力が養え、新規採用職員の早期育成が図れる。加えて、職務遂行に必要な知識、ノウハウを職場で共有し、継承することができる。⑥

第三に、職場内のコミュニケーション不足を解消する。より発言しやすい職場とするために、会議や打ち合わせでは、まず私が率先して発言する。その後に新規採用職員に質問を投げかけることで、その意見を引き出す。また、日頃から積極的に新規採用職員に話しかけ、仕事の話や日々のニュースなど様々な話題で意見を交換する。さらに、新規採用職員の人間関係が広がるよう、係以外の人とも接する機会を多く設ける。

職員同士の情報交換が盛んになることで、お互いの考え方や問題意識を認識することができ、協働意識を育むことができる。また、情報を正確に伝達し、共有することや、調整をスムーズに行うことも可能となる。⑦

2　職場を支える主任として

都政を取り巻く環境は、今後も激しく変化していくことが予想される。少数精鋭の執行体制が求められる中、様々な課題に迅速かつ柔軟に対応するためには、新規採用職員を即戦力とすることが不可欠である。

人材育成は、1人の努力では推進できない。周囲の職員が連携、協力して育成することで、組織力の強化につながり、課題への対応力が向上する。

職員の能力を高め、質の高い都政運営を実現するため、私は、新規採用職員の育成と業務の円滑化に率先して取り組む決意である。⑧

解説

主任級選考の「職場に関する問題」は事例式となっています。事例の状況に即して論述することが求められており、その際、与えられた資料を参考に課題を抽出し、それを的確に論じる必要もあります。

状況が設定されているため、受験者の記述内容も類似したものが多くなり、採点に差が付きにくくなっています。一度に多くの論文を読む採点者の立場からすれば、論理的で表現が平易で、一読して理解しやすい論文が最低限求められます。

加えて、設問に対する解決策が通り一遍ではなく、経験に根ざした具体性の高いものであることや、解決策がもたらす効果と副作用にまで言及されていれば理想的です。

カレントトピックス　29年度　22

政治事情

■介護保険で一部3割に引き上げ（2月7日）

政府は、「地域包括ケアシステム強化法案」を閣議決定した。一定の所得以上の高齢者が介護サービス利用時に払う自己負担割合を2018年8月から3割に引き上げる介護保険法、障害者総合支援法と社会福祉法の各改正案などが含まれる。

厚生労働省によると、介護サービスの自己負担が3割に引き上げられるのは現在、2割負担している人のうち年収340万円（年金収入のみの場合は344万円）以上の単身者、年収463万円以上の夫婦世帯となる。対象は利用者の約3％（約12万人）という。

要介護度を維持・改善した市町村を財政的に支援する仕組みも18年度から導入する。[illegible]

■日米経済対話を新設（2月10日）

[illegible]

■北ミサイルで安保理が非難声明（2月13日）

[illegible]

豊洲築地問答

豊洲は危険？築地は安全？

土壌と地下水を比較してみたら？

主任君Y　こんにちは、きょうは豊洲市場のことをいろいろ教えてください。

OB氏Z　なんだ、妙にかしこまって。何でも話してあげるよ。

Y　単刀直入に伺います。豊洲移転はもう「ナシ」なんですか。

Z　いきなり来たね。今年1月の専門家会議で地下水モニタリングの第9回結果が発表された。ベンゼンが環境基準の79倍、全体では201カ所のうち72カ所で基準超過ってのが痛かった。最後の最後でドカンと出た。専門家会議も「あり得ない」と説明を保留した。以後、世の中的には「豊洲はもう駄目だな」って雰囲気がどんどん強まっている。

Y　79倍はさすがにヤバいですよね。

Z　まあ、一般的な都民感覚からすると、そうなるな。だが、かつてベンゼン4万3千倍だったのが3ケタ低くなったと考えれば見方も違ってくる。

Y　いやいや、それはいくら何でも無理筋でしょ。

Z　ふむ、環境基準とは地下水の場合なら毎日2ℓを70年間飲み続けて……。

Y　あ、それ、都議会の豊洲市場移転問題特別委員会で何度も質疑してましたよね。でも、全然、説得力ないですよ。だって結局、汚染は残ってるってことでしょ。

Z　おい、汚染をゼロにするだなんてことは誰も言っておらん。市場当局はこれまでも「環境基準以下」と何度も委員会などの場で答弁している。この「環境基準以下」でさえ、土壌汚染対策法からすれば義務ではない。汚染物質が直接人体に触れたり体内に入らなければ、土地を覆ってしまえばいいだけ……。

Y　（やれやれ、これまた、議会答弁の受け売りか）

Z　ん？　何か言ったか。

Y　いや、別に。それよりZ先輩、いくら安全を強調しても都民を説得できていません。このままじゃ豊洲に投じた税金5800億円がパアってことですよ。

Z　ちょっと待ってくれ。税金？　中央卸売市場は独立した特別会計だってことぐらい、主任の君なら常識だろ。市場会計は基本、市場業者からの使用料で賄われている。だから都民の税金が無駄になることはない。

Y　でも、使用料だけで巨額の事業費を払えるんですか？

Z　まあ、いろいろあってね。企業債、つまり借金もしているし、頼みの綱は何と言っても豊洲移転後の築地売却だ。築地が売れなければ市場会計の破綻は不可避さ。

Y　え～っ、ちまたでは築地の再整備の話が盛り上がってますよ。うちのお袋なんか「豊洲は絶対ダメ、築地は日本の文化」なんて息巻いてますよ。

Z　どうも世の中、そうらしいね。

Y　ただし、築地を造り替えるとなれば土地売却費は見込めないし、第一、出来上がった豊洲はどうするんですか？

Z　頭が痛いな。まず言っておくが、市場の営業を続けながらの再整備は地球が逆回転しても出来ないっ！

Y　きっぱり言い切りましたね。

Z　築地の現在地再整備は過去2回検討された。一度は実際に仮工事が始まったが、遅延遅延の末に頓挫した。

Y　どうしたんですか？　設計がいけなかった？

Z　それもあったかもしれないが、問題は業界調整。一時的にでも営業を止めて仮店舗に移転してまた新しい場所に戻って……結局、不平不満がたまって収拾がつかなくなった。市場の日々の商いと改修工事は元来、両立しないものらしい。

Y　でも、既に再整備の具体案がちらほら出てきていますよ。

Z　うむ。だが市場を甘く見ちゃいけない。必ずヤケドをする。ヤケドで済めばいいが、雰囲気に流されて築地再整備に手を付ければ取り返しのつかないことになる。

Y　ずいぶん深刻な話になっちゃいましたね。

Z　深刻ついでに言えば、仮に業界調整ができても、まず場内に残るアスベストの処理が立ちはだかる。そして工事の前提として、環境確保条例で地歴調査と必要に応じての土壌調査が義務付けられる。

Y　なるほど。それで？

Z　第五福竜丸のマグロが埋まっている逸話は有名だ。ま、これはこれとして、問題は築地の歴史に関わる。明治期、築地の土地には海軍の学校、兵器工場、病院などがあった。終戦後は一部を進駐軍に接収され、クリーニング施設や修理工場が建っていたんだ。これは知る人ぞ知る周知の事実だがね。

Y　へえ、そうなんですか。

Z　つまり、あくまで可能性の話だが、築地の地下からは豊洲より多くの種類の汚染物質が検出されるかもしれないんだ。

Y　な～んだ、それなら築地もちゃんと調べればいいじゃないですか。

Z　おっ、きょう初めて正論を吐いたね。これまで豊洲のデメリットばかりが喧伝されてきた。地下空間しかり、地下水管理しかり。反比例して築地の株は上がる一方だ。だが、本当にそれでいいのか。築地はアスベストや土壌汚染の他に耐震化の問題も抱えている。そろそろ私たちは頭を冷やして、豊洲と築地を同じ土俵に乗せて比較すべき時に来たんじゃないのかな。その手始めが築地の土壌と地下水の調査なんだよ。

Y　なるほど、僕もきょう初めてZ先輩の考えに納得がいきました。では、きょうの問答をまとめます。豊洲がそんなに「危険」だと言うのなら、「安全」な築地でも土壌調査と地下水調査を実施して、正々堂々と同じ条件下で比較検証して白黒つけましょう——こんな感じでしょうか。

Z　大変良くできました。

（とある都政研究家）

風流戯画草紙

作・橋本裕之

●○ミニガイド●○

◆坂本龍馬のお別れ会〝新しいお別れのカタチ〟体験イベント「龍馬Story」　▷内容　東京都青山葬儀所の指定管理者である日比谷花壇グループと、お別れ会プロデュースサービス「Story」を運営する㈱鎌倉新書がタイアップして、青山葬儀所で執り行うお別れ会を疑似体験できる▷日時　3月10日㈮午後1時開場、午後2時～4時まで開催予定▷場所　東京都青山葬儀所▷参加費　無料▷応募条件　坂本龍馬や幕末好き、お別れ会に関心がある人など▷募集人数　100人（申し込み多数の場合は抽選）▷応募方法　「龍馬Story参加応募ページ」から　https://e-stories.jp/topics/ryoma-story/

読者のひろば

小笠原 母島日記②

〝がじゅした〟でつながる絆

母島の社交場といえば、集落の中心にある大きなガジュマルの下（通称がじゅした）です。昼間はママ友の交流の場、夕方は仕事帰りの情報交換の場、そして夜は宴会の二次会会場になります。

〝がじゅした〟でたたずんでいると島民がやってきて、そこから交流が始まります。

母島はコミュニティーが小さいので、道端で人に出会うと、たいていあいさつをしてくれます。車に乗っている人からもあいさつされます。飲食店に行けば知り合いばかり、イベントに参加すれば知り合いばかりです。

皆さん気さくです。母島は、旧島民以外にも赴任者や移住者が多く、島民の入れ替わりもあり、多様性があります。新しく来島した島民を快く受け入れてくれる気質があるのかもしれません。

島民の憩いの場となっているガジュマルの樹

所長、女神さまになる

母島には内地のようなきらびやかな娯楽はありませんが、様々なイベントがあります。返還祭、神社例祭、南洋踊り体験会、海開き、海岸清掃、音楽イベントなどなど。毎週のようにイベントがあるので飽きません。

私も様々な行事に参加しました。クリスマス子供大会では、「女神さま」役を務めました。大好評で、以降、子供たちに「女神さま～♪」と呼ばれ、一時期ちょっとした人気者になりました。元日には、一般人が行ける場所としては「日本一早い初日の出」を見に行くイベントがあり、私も都道最南端から1時間ほど歩いた「母島小富士」から御来光を拝みました。さらに、当日は「海びらき」もあります。少々冷たいですが、とても気持ちよく泳ぐことができました。

赴任してしばらくすると、「部活に入りましたか？」と島民の方から聞かれます。母島ではスポーツ活動も盛んです。バドミントン部、野球部、サッカー部、卓球部、バレーボール部、ゲートボール部、テニス部などがあります。ゲートボールは年4回大会が行われ、多くの老若男女が参加します。私はバドミントン部に入りました。

父島と母島のスポーツ交流試合も開催されます。夜は体育館で大宴会です。その日の試合や練習方法などを酒の肴に盛り上がり、最後に全員で望郷歌を唄います。スポーツを通じた交流は素晴らしいと感じたひと時でした。

休日はゆったりと生活できます。鳥のさえずりで目が覚め、気の赴くままに泳ぎにいきます。釣った魚を焼いて食べたり、竹を割って流しそうめんを楽しんだりしている島民もいます。

ボニンブルーに染まった海は胸に迫ります。ほんの数メートル泳ぐと目の前にサンゴが現れてきます。海に沈む夕日もロマンチックです。夜になれば、月明かりを街灯がわりに帰ることができます。新月の夜は、星空観察にもってこいです。時期によっては、南十字星の一部や、流星群を観察することができます。

山にはクマ、ヘビなどの獰猛な動物はいません。ピークシーズンでも内地のように海浜が大混雑になるということもありません。

脇浜なぎさ公園にて家族と海水浴

理想の生活を過ごす楽園

オンはきちんと働き、オフはのんびりと。母島は理想の生活を過ごすことができる楽園なのかもしれません。最近は赴任希望者が少なくなっているという話も聞きますが、「住めば都」。一生に一度は遠隔地で生活してみるのもいいのではないでしょうか。

ちなみに、夏に家族が遊びに来てくれました。泳いだり、ハイキングをしたりと楽しそうでした。母島では、夏休みのラジオ体操を毎日実施しています。子供たちも頑張って早起きしていました。家族も母島の温かさを感じたようです。

家族が母島から帰るとき、妻は、ははじま丸の船上で島の皆さんにいつまでも手を振りながら号泣していました。

次回は母島の食べ物や生活環境について触れたいと思います。

（都小笠原支庁母島出張所長　吉野正禎）

謎の技術に迫った

並河靖之七宝展　東京都庭園美術館

ポスターやチラシから想像していたサイズより実物はかなり小さい。小さいということは、文様がそれだけ細かいということ。まずそれが驚異だ。

プリントアートでも、光学技術で焼きつけた図でもない。手なのだ、手と眼の業なのだ。繊細にして膨大な技を積み重ね、色彩豊かな花鳥風月の世界を表現している。こんなことが可能なのか。しかもこれほど魂のこもった作品が、量産体制の中で作られていたとは。

明治の七宝家・並河靖之（1845～1927年）。工房が閉じられ、当人が亡くなり、技を伝承する人もいないまま、製品だけが残された。それがどんな技で作られたのかの謎とともに。

当館学芸員が5年にわたって追跡、研究、解明した成果である。没後90年にして実現した初の大規模回顧展。下絵を発掘したことから制作過程が明らかになり、並河七宝の実像が浮き彫りになった。

有線七宝と呼ぶらしい。小さな花や蝶の柄でも、その輪郭を0・5ミリ以下の細い銀線でふちどり、その銀線の枠内に釉薬を流し込む。一つひとつの細密な作業を繰り返し、全体に文様が入ったところで焼成、最後に表面の凹凸がなくなるまで研磨する。

焼き物にしては文様が細部までくっきりと出ている。漆にしては透明感が高い。七宝と聞いても、特有のモザイク状凹凸がないので、何で作られているのか分からない。

その秘密はまず釉薬にある。焼成するとガラスの透明感が生まれ、角度によって微妙に変化する、並河釉薬の特色だ。

その釉薬が一体何種類あったのか分からないという。例えば一枚の葉の微妙な色のグラデーションも、何種類かの釉薬を使い分けて表現した。色鮮やかな花鳥の図案を引き締めている地の「黒色透明釉薬」も独自のもの。

銀線で囲わないで、広い地を作るのも至難の技という。銀線の枠がないと、焼成のとき釉薬が垂れてしまう。その難題もクリアしていた。

異能の人と言っていいだろう。元は武士だった。それが未知の世界に飛び込んだ。目的は輸出用の工芸品を作ること。全てゼロから始めた。

量産品だったのに、妖しいまでに美しいのは、それだけ彼が求めた美の理想が高く、それを形にする技術の追究に妥協がなかったということだろう。パリ万博を始め内外の有力賞を受賞、日本を代表する工芸家になった。最盛期の工房は100人の職人を抱え、海外からの見学者がひきも切らなかったという。

ほとんどが輸出されたので国内に残っているものは少ない。イギリスの名門、ヴィクトリア・アンド・アルバート博物館からの一時里帰り品もある。

学芸員の、伝えたい、知ってほしい、という熱い思いが伝わってくる会場だ。

◇

「並河靖之七宝展　明治七宝の誘惑—透明な黒の感性」は4月9日まで都庭園美術館で開催中。この招待券を10組20名様にプレゼントします。Eメールで件名を「並河靖之展希望」とし、henshu@toseishimpo.co.jpまでお申し込みください（3月8日必着）。なお、同館はバリアフリー強化のため、4月10日～11月中旬まで全面休館となる。

並河靖之　藤草花文花瓶
並河靖之七宝記念館蔵

都政新報

発行所 都政新報社
〒160-0023 東京都新宿区西新宿7-23-1 TSビル
(総務・読者) 03-5330-8781
(企画広告) 03-5330-8784
(編集) 03-5330-8786
(出版) 03-5330-8788
(ファクス) 03-5330-8808
購読料 月1,730円(税込)
毎週火・金曜日発行
ただし、祝日は休刊
©都政新報社 2017

紙面から

都議会代表質問

「親小池」にシフト
都議選にらみ目立つ提案型

都議会第1回定例会の代表質問が2月28日に行われ、各会派から当初予算案や豊洲新市場問題に関する質問が相次いだ。小池知事は今定例会で「質問調整の禁止」を打ち出したが、大きな混乱はなく、各会派からは知事の政策への評価や提案型の質問が目立った。豊洲新市場問題に関しては各会派から知事の移転可否の判断や真相究明に向けた態度を問う質問があったが、来年度予算編成そのものを問う質問は少なく、都議選を前に「親小池」が色濃く表れた。

「議員と議会の自己満足に終わってはならない」。代表質問に立った自民党の高木啓氏は冒頭、2月22日に議員報酬の削減や費用弁償の廃止などの議会改革条例を全議員の賛成で可決した成果を都民に還元するため、「個人都民税の10%減税」を打ち出した。

都の個人都民税収入額は年間約8800億円で、10%の減税は880

自民党の代表質問で小池知事に対して、個人都民税の減免の見解などを質問する高木幹事長

億円に当たる。高木氏は知事給与の削減や新年度予算編成で720億円の歳出削減がされていることも挙げて「改革の成果を直接都民に体感していただく」と主張した。

都議会公明党の松葉多美子氏は、都の指定管理者制度の多くを監理団体に委託している点を指摘し、抜本的な見直しによる行財政改革を知事に提言した。

一方、東京改革議員団の尾崎大介氏は、五輪会場整備の経費負担で、競技場を有する自治体から反発が上がっていることを、「五輪組織委の森会長が原因。身を処すべきだ」と批判しながら、都民の参加意識を高めるために民間からの寄付を募り、増収を図るべきだと進言した。

共産党都議団の畔上三和子氏は都市計画道路について、最優先で事業化されている特定整備路線や外環道計画を「石原都政以来の大型開発」であるとして、小池都政下での抑制や再検討を申し入れた。

小池知事は自民党の減税提案に対し、都民税の減税は収入が多い人ほど恩恵が大きく「税の公平性の観点から問題がある」と指摘。減税によって東京富裕論に拍車がかかる懸念もあるとして、慎重な態度を示した。

公明党の監理団体への指摘については、「情報公開の推進や経営目標評価制度の見直しなどの新たな改革に着手している」とした上で、4月から策定を開始する「2020改革プラン」で監理団体の在り方について検証し、指定管理者制度の運用方法についても検討する方針を示した。

共産党の質問に対して、知事は延焼遮断帯の整備などは喫緊の課題であるとした上で、「生活、命、財産を守るためのもの」との認識を示し、一刻も早く整備する姿勢を強調。関係者の理解を得るために努力を続ける方針を示した。

市場問題で温度差も 踏み込んだ答弁なし

各会派からは豊洲新市場問題に関する質問も相次いだ。各会派の移転に対するスタンスが表れたが、百条委での石原元知事らへの追及が控える中、踏み込んだ答弁は見られなかった。

自民党の高木氏は、新市場の建屋が昨年末に建築基準を満たすことが認められた検査済証が発行されたにもかかわらず、公表されていなかったことを指摘。その上で、市場移転は「豊洲か築地かという二者択一であり、第三の道はない」との認識を知事に求めたが、知事は、検査済証は「市場当局のホームページで公開する予定」、移転については「専門家の検証や市場業者、都民の意見も参考に総合的に検討・判断する」などとかわした。

移転判断の基準については、公明党の松葉氏も知事に所見を求めたが、「総合的な判断」と述べるにとどまった。同会派は移転後の築地市場売却額の試算についても市場当局にただしたが、土壌汚染や安全性、土地購入経緯について踏み込んだ指摘はしなかった。

東京改革の尾崎氏や共産党の畔上氏は、移転決定の経緯や当時の最高責任者について質問。市場当局は青島知事時代に再整備や移転の意見が出始め、石原都政下で豊洲移転決定が正式に決まった経緯などを説明した。

また、東京ガスからの土地購入が都民に損害を与えていなかったかについて、知事は一連の交渉過程を開示し、今後市場用地の住民訴訟に対して売買契約を精査することで、「用地取得の経過や問題の所在が明確になる」との考えを示した。

豊洲新市場

モニタリング調査 入札結果は非公開

小池知事は2月28日の都議会本会議で、豊洲新市場のモニタリング調査会社を入札で決定した際の落札価格や落札率について、契約事務規則により公開しない方針を示した。自民党の高木啓氏の代表質問に答えた。

高木氏は、入札で調査業者を選んだ第9回の調査で、環境基準を大きく超える有害物質が検出されたことなどから、採水方法などに疑問を呈し、入札が調査の質を担保できていたかをただした。

知事は調査契約の適正性は「仕様概要、履行確認で担保すべき」と話し、入札過程は問題視しない意向を示した。

都政の東西

一元代表制

豊洲新市場への移転は一体、誰が判断するのだろうか。小池知事は2月22日の施政方針表明で、「都民の意見も参考に総合的に判断する」と述べ、都民に移転の是非を問う住民投票を実施するとも取れるような考えを示した。

小池知事は1月の希望の塾で市場移転の判断を巡り、「私が結論を出すわけではない。都民が時には判断に参加いただく」と強調した。「都民ファースト」を掲げる知事が民意を排除できないという見方もある一方で、知事が自ら総合的に判断すると発言していた当初と比べ、トーンダウンしたとの指摘もある。

住民投票は選挙だ。候補者一覧の掲示板が不要となるだけで、都知事選や都議選のように区市町村は投票所を立ち上げ、投票立会人も配置しなければならない。そのため、住民投票の執行費用は50億円かかる都知事選と大差ないのではないかとの見方がある。開催するだけの費用対効果があるかが問われている。

住民投票は最終手段だ。知事が豊洲移転の中止か推進か考えを明示した上で、都民や都議会で議論が起こり[illegible]でも結論を出せなけれ[illegible]に信を問うべきだ。知[illegible]転の是非に全く触れず[illegible]投票の実施を先決する[illegible]議会軽視以外の何物[illegible]い。都幹部は「これで[illegible]代表制ではなく、『一[illegible]制』と言われても仕方[illegible]知事は議会ときちんと[illegible]い、議論を尽くす必要[illegible]と指摘する。

議会の議決が必要と[illegible]民投票はポピュリズム[illegible]素が強いことから、議[illegible]エック機能が問われて[illegible]議会は知事による住民[illegible]提案を視野に入れ、今[illegible]題を整理して論戦に備[illegible]きだ。

小池流改革⑦ 2017年度都予算案

市場移転

業者との議論生煮え

築地市場講堂で市場関係者の怒りが爆発した。都と市場関係者でつくる新市場建設懇談会が1月24日に非公開で開催され、都が移転延期に伴う補償スキームを初めて説明したところ、批判が相次いだという。

補償スキームは、弁護士らで構成する補償検討委員会が1981年の最高裁判例などを基に策定した。沖縄県宜野座村が工場誘致を決定した後、誘致に反対する村長が当選し、建設を断念した事業者が村を相手取って損害賠償訴訟を提起。最終的に最高裁は具体的に発生した損害(積極的損害)に対し、賠償金を支払うよう村に求めた判決だ。

移転延期による積極的損害として、購入した設備が劣化した「価値減耗分」、設備リース料に加えて、築地での営業継続で追加発生する設備の維持管理費などを対象とした。一方、将来にわたり見込まれた逸失利益は補償の対象外となった。

市場業者は補償スキームの構築に判例を参考にしたことを批判した上で、購入した設備に関して、「価値減耗分」の補償ではなく、豊洲への移転時期が不透明な中で都が設備をいったん買い取るべきと要望した。さらに、逸失利益が補償されない理由をただしたが、都側からはほとんど説明がなかった。議論が尽くされた印象は薄いが、市場関係者は補償の先送りはできないと判断し、補償スキームを了承せざるを得なかった。

都中央卸売市場は「議論はいろいろあるが、補償がスタートできないのはどうかと思っている。移転延期の長期化や中止など状況が変われば、補償スキームは見直すことになる」と強調した。

■積立金の行方

新年度の市場会計規模は373億3700万円で、うち市場移転延期に伴う築地での光熱水費などで約19億円、11市場全体の補修額で約8億5千万円、地下水調査など豊洲開場前の安全検証費で約2億5千万円などを盛り込んだ。

市場業者への補償額はこれとは別に、今年度の補正予算案で対応したもので、50億円を盛り込んだが、これに対し、自民党が追及した。2月28日の代表質問で、同党の高木啓幹事長が50億円の根拠をただしたが、村松明典市場長は「損失額は詳細に見込めない」などと答弁。問題視した高木幹事長は再質問で、「とりあえず50億円を計上したというのは自治体の予算を知る者としてなかなか理解できない」と批判し、知事に答弁を求めたものの、知事も市場長の答弁をほぼなぞっただけだった。

50億円の算出根拠は不明だが、不足した場合は追加で補正予算案を提出する考えだ。補償金は神田市場など4市場の売却益の一部を積み立てた改良工事積立金から捻出する予定で、補償金に充てると目的外使用となるため、都議会の議決が必要となる。

同積立金の残高は昨年度末で約675億円ある。築地以外でも老朽化した市場が多く、改修費には積立金が活用されるため、移転延期が長期化して、築地市場の関係者の補償金が膨張すると、積立金が枯渇するリスクが高くなる。

過去に市場に在籍した都幹部は、「既に市場関係者から豊洲での設備を買い取るよう要望が出ているようだ。豊洲移転が中止になれば、都が設備などを買い取らなければならない事態になるはず。積立金はいくらあっても足りなくなる」と警鐘を鳴らした。

移転延期の長期化や中止により、この積立金が底をついた場合、代替財源の確保が最大の課題となる。幹部職員は「一般会計から賄う事態になれば、都民の理解は得られるのか」と疑問を投げかけた。

豊洲の地下水から基準値を超える有害物質が検出され、最短で今冬としていた移転時期はさらにずれ込む恐れもある。先行きが見えない事業者の不安解消に加え、補償金の財源枯渇という事態が想定される中、小池知事は豊洲移転の中止か推進か早急に判断することが求められる。

築地市場協会の要望に対し、考えを示す小池知事＝昨年12月19日、都庁第一本庁舎で

築地に土壌汚染の恐れ
環2の工事で判明 米軍クリーニング工場跡など

都が築地市場の敷地の一部で土壌汚染の疑いがあるとの調査結果をまとめていたことが2月28日に分かった。米軍のドライクリーニング工場の跡地で、有害物質が検出される可能性がある。また、中央卸売市場が環境局に土地履歴の調査に関する届け出をせずに、築地市場で耐震補強工事などを行っていたことも明らかになった。

環状2号線の工事に向け、都建設局が2015年9月から16年3月にかけて、築地市場内の建設予定地の履歴を調査した結果、同地にドライクリーニング工場などがあったことを確認。有機溶剤が使用された疑いがあり、同局が昨年3月に土壌汚染の可能性があると環境局に土地利用の履歴等調査届出書を提出したが、公表していなかった。

一方、豊洲の土壌汚染がクローズアップされ、都民などから築地の地歴に関する問い合わせが相次ぐ中、環境局が中央卸売市場に地歴を確認したところ、同市場が土地利用の履歴等調査届出書を環境局に提出していなかったことが判明した。

01年施行の都環境確保条例では、3千平方㍍以上の敷地で耐震工事などを行う場合、届け出を義務付けているが、同市場は駐車場の耐震補強工事や増築工事など全8件の届け出をしていなかった。同市場は届け出の失念か環境確保条例の認識不足ではないかと話す。

環境局は築地の地歴を踏まえ、土壌汚染の疑いのある敷地を調査するよう同市場に指導する考えだ。現時点で8件のうち、海軍造兵廠などがあった場所などで土壌汚染の疑いがある。仮に小池知事が築地再整備にかじを切った場合、環2の建設候補地を含め土壌汚染対策工事の是非が焦点になりそうだ。

小池知事は2月28日の代表質問後、報道陣に「築地はコンクリートでカバーされ、汚染はないという認識。豊洲は(地下水の問題もあり)築地と同じ観点で見るわけにいかない」と語った。

築地東卸

豊洲への移転「現時点でなし」

築地市場の水産仲卸業者でつくる東京魚市場卸協同組合(東卸)の新執行部が1日、初めて記者会見を開き、現時点で豊洲新市場に移転する考えはないことを明らかにした。今後の方針は未定だが、豊洲の地下水再調査の結果などを踏まえ、小池知事がどう判断するか注視して考える模様。

東卸は組織の見直しを進め、豊洲移転に向けて検討していた引越準備委員会を一時凍結する一方、市場対策本部を新設。移転先が豊洲でも築地でも対応できるよう検討すると見られる。

さらに、築地市場の耐震強度不足問題で、新理事長の早山豊氏は「耐震能力をどこまで高めればいいのかという問題が出てくる」と話した。

都議会百条委

石原氏、20日に証人喚問 東ガス会長らも出頭要求

豊洲市場移転問題に関する調査特別委員会(百条委員会)は1日、豊洲新市場の用地購入の経緯などについて調査するため、石原元知事らの証人喚問日程を決定した。

浜渦武生元副知事を19日に、石原氏は20日に出頭要求する。また、それに先立つ11日に福永正通元知事と大矢實元市場長のほか、東京ガスの元取締役会長の上原英治氏、市野紀生氏、現会長の岡本毅氏、代表取締役社長の広瀬道明氏、元副社長の伊藤春野氏ら5人を証人喚問する。

都関係者の証人に対しては、職務上の秘密を含む事項について尋問するために小池知事の承認を求めることも決定した。

冗句ジョーク

今都議会、各党は小池人気にあやかろうとすり寄る姿勢見せるも、都知事は是々非々

「アモーレ、アモーレ!」――議員各位

設計費など予算計上本格化

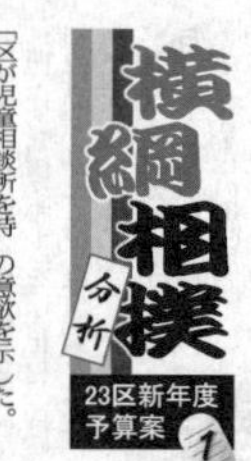

23区の2017年度当初予算案が出そろった。地方からの人口流入に支えられた強固な財政基盤を背景に、児童福祉法改正で設置可能になった児童相談所（児相）や待機児童対策などの子育て支援、団塊の世代が後期高齢者となる2025年問題を見据えた高齢者福祉、3年後に迫った五輪と首都直下地震などの災害対策を踏まえたまちづくりなど、山積する課題を正面から受け止めた「横綱相撲」の予算案となった印象だ。一方で、都区財調財源の縮小やふるさと納税による区税損失の拡大などの不安要素も見え隠れする。全9回で各区の予算案を検証する。

区立児童相談所

「区が児童相談所を持つことが子どもの最善の利益になるよう、区の特性を生かした効果的な児童相談行政を実現したい」――世田谷区の保坂展人区長は2月2日の予算案発表記者会見で力を込めて語り、児相開設への意欲を示した。

改正児童福祉法が昨年5月に参院本会議で可決・成立し、23区が児童相談所設置市に加わったことを受け、練馬区を除く22区が設置の意向を示した。世田谷区は荒川区、江戸川区と共に、児相設置希望22区で最速となる20年度の開設を目標に掲げる。

世田谷区は、区総合福祉センターの機能移転後跡施設に区立児童相談所の開設を計画。5カ所の総合支所に設置する子ども家庭支援センターで地域ごとに相談に当たり、乳児期家庭訪問を始めとする母子保健事業や地域の活動団体による子育て支援事業などと一体となった切れ目のない児童相談行政の構築を目指す。

新年度予算案では、外部有識者や区内の児童養護施設、里親会、医師会、弁護士会、民生・児童委員、障害者団体などの代表者をメンバーとする検討委員会の設置で206万円を計上。体制整備や事業の在り方などを多角的な視点から検討する。また、320万円を投じて児相勤務経験者を専門員として配置する。

7月に総合福祉センターの施設利用の基本構想を策定し、改修設計に着手する方針で、設計費は補正予算で対応する。

世田谷区と同じ最速グループの荒川、江戸川両区は設計費を予算化した。荒川区は旧峡田ひろば館跡地と隣接地の計約1千平方㍍に整備する区立児童相談所の設計で2380万円を計上した。また、外部有識者アドバイザーを加えた児相の運営方法などの検討に387万円を盛り込んだ。江戸川区は旧都水道局用地に整備する区立児童相談所の設計費として9808万円を盛り込んだ。

このほか、21年度開設を目指す港・文京・中野・豊島・板橋区などが設計費や整備予定地の既存施設の解体などの関連経費を予算計上した。

区立児相の開設に向けた事業の予算化が進む中、都との協議に関しても進展が見られた。

都は昨年12月に各区の児相設置計画の確認作業について、モデル的に2～3区の確認作業を行い、区長会を通じて他の設置希望区に情報共有を図る方針を示した。都福祉保健局によると、専門人材や一時保護所や児童養護施設などを含めた施設の確保などを確認するという。これを受け、区長会は2月16日の総会で世田谷区、荒川区、江戸川区を先行3区とすることを確認した。

先行3区などが豊かな財政基盤を生かして施設整備の課題をクリアしつつある中、児相設置に向けた最大の課題の一つが専門人材の確保だ。

小池知事は2月2日の都区協議会で「設置を希望する区に引き続き協力する」と語り、都が11カ所の児相で区職員を毎年約20人程度受け入れて行っていた児童福祉司研修を来年度は35人に拡大。人材育成に協力する姿勢を示した。

しかし、設置希望の22区で必要となる児童福祉司は計287人に上り、都の派遣研修だけでは各区が掲げる開設目標時期までに人材育成が間に合わない可能性が高い。

また、国の児相運営指針によると、児童福祉司のうち5人に1人を5年程度の実務経験を持つスーパーバイザーとしなければならないが、20年度開設を目指す先行3区は区職員の育成で条件を満たすことが難しい。このため、都や国などの人的支援が欠かせないのが実情だ。

都福祉保健局は「改正児童福祉法は『設置できる』規定で、設置主体の区が人材育成を行うのが原則。都の専門人材の長期的な派遣や身分の切り替えなどは想定していない」と述べ、法改正以前と同様の姿勢で臨む考えを示す。

一方、区長会を中心とする23区の移管準備連絡調整会議は「都協議課題」を設定しており、今後、先行3区の確認作業と並行して都との協議を打診する見通しだ。

先行3区などが施設整備費を予算化し、区立児相開設に向けた取り組みを加速させる反面、人材育成で不透明な状況が続けば「仏作って魂入れず」になりかねない。都区には「権限争い」に終始することなく、「子供を守る大人」としてふさわしい姿勢で協議に臨み、協力体制を構築することが求められる。

世田谷区が機能移転後に改修工事を行い、区立児童相談所として活用する区立総合福祉センター

新庁舎予定地 正式決定へ

北区　23年度に売買契約

北区は、新庁舎の建設予定地の第一候補としてきた国立印刷局王子工場用地について、土地を所有する独立行政法人国立印刷局との協議がまとまったのを受け、区として正式決定する手続きに移行する。パブリックコメントや議会承認を経て、6月の決定及び印刷局との協定締結を目指す。印刷局が既存建物を除却してから区に引き渡すスキームを想定し、売買契約を結ぶのは2023年度になる見込みだという。2月28日の建設委員会、1日の企画総務委員会に報告した。

建設予定地は、国立印刷局王子工場用地の西側の約1万4千平方㍍。「お札と切手の博物館」などが立地し、明治通りに面する。14年から協議を開始し、15年8月に用地の一部取得に関する覚書を交わしていた。

区によると、費用分担は、区が印刷局施設の動産移転費用や建物解体費用などを、印刷局が敷地整備費用を負担することで合意する方針。このほか、▽売買契約は23年度をめどに締結する▽区が取得する敷地は印刷局が更地にして引き渡す――などを取り決めるという。

決定までのスケジュールは、10日から1カ月間パブリックコメントを実施し、5月に実施結果を議会に報告。その後、議員からの意見聴取を経て、6月の企画総務委員会で審議・了承を受ける構え。

パブリックコメントで、選定に至る経緯を紹介するとともに、移転整備と現在地での建て替えの条件比較を改めて示した。移転整備では、分散庁舎を解消できる点や、区が重点事項に位置付ける王子駅周辺まちづくりに寄与する点などを利点に挙げる一方、現在地建て替えと比較してコストが40億円増になる点を課題とした。試算によると移転整備の場合の事業費は280億円で、現庁舎敷地を売却した費用を充てても220億円。現在地整備は180億円となる。

比較には、従来候補地に挙げていた都立産業技術研究センター跡地や区立小中学校跡地は見込みが立たないとして除外している。

新庁舎を巡っては、12年3月に新庁舎建設基本構想を策定して以降、建設地が決まっていないため、機能の在り方を庁内で検討するにとどまっていた。移転先の正式決定後、基本計画の策定作業に着手する。

一方、計画は前進したものの、15年にスタートした基本計画に掲げた24年度までの完成は厳しい見通しとなった。事業期間は取得から3年程度かかると見込んでいる。

移転整備予定地の国立印刷局王子工場用地。移転決定に向けてパブコメが始まる

目黒清掃工場に新規着工

売電価格下落で収入減

特別区 17年度予算案　清掃一組

東京二十三区清掃一部事務組合の2017年度予算が2月27日の第1回定例組合議会で全会一致で可決された。予算規模は00年度以降の平均の770億円を下回った。管理者の西川太一郎荒川区長は組合議会で「歳出の削減とともに、自主財源の積極的な確保に努めた。区民が衛生的な環境で安心して生活が送れるよう取り組んでいく」と述べた。

清掃工場の建設に163億373万円を盛り込んだ。来年度、工事を行う清掃工場は杉並、光が丘、目黒の3工場。目黒清掃工場は着工年度で11億5020万円を新規に計上した。杉並清掃工場は9月に竣工予定で、竣工後に環境影響事後調査を行う。

清掃工場の建て替え時期をずらして財政負担を平準化するため、工場の延命化に初めて着手する。初年度は有明清掃工場が対象。薬剤供給装置の取り替えなど設備・機器や建物の更新・改修を行う。3億5200万円を盛り込んだ。工期は19年度まで。

焼却炉停止の要因である水銀への対応を強化するため、清掃技術訓練センターに薬剤の調査・研究を行う専用の分析室を新規に設置する。予算額は6614万円。

国際交流事業では、独立行政法人国際協力機構（JICA）の委託を受け、地元住民にごみ分別手法などを伝える草の根技術協力事業をインドネシアのジャカルタ特別州で行う経費に2320万円を計上。また、13～15年度に同事業を実施したマレーシアなどへの組合議会議員らの海外視察経費に1844万円を盛り込んだ。

歳入では、諸収入が電力の小売り自由化による売電価格下落の影響などで前年度比9・7%減の92億2128万円と見込んだ。23区の分担金・負担金は6・2%増の334億円、繰入金は162・5%増の48億9800万円とし、全額財政調整基金を充てる。歳出では、清掃費の施設整備費が前年度比33・1%増の186億7105万円となり、光が丘と目黒清掃工場の建設費、有明清掃工場の延命化経費、中央防波堤の不燃・粗大ごみ処理施設の建設計画費などが上振れ要因となった。

一般会計＝735億5500万円（前年度比6.2%増）

主な事業	
清掃工場の建設	163億373万円
有明清掃工場の延命化	3億5200万円
不燃・粗大ごみ処理施設の建設	1億619万円
薬剤等分析室の設置	6614万円
草の根技術協力事業	2320万円

渋谷区　「隣人祭り」で地域活性化

町会加入促進へ条例案も

渋谷区は、役員の高齢化や固定化、加入者の減少に悩む町会・自治会（町会）支援の一環として、孤独死対策としてフランスで始まった「隣人祭り」を6月4日に開催する。区によると、自治体が隣人祭りを主催するのは23区で初めてという。

隣人祭りは地域住民同士の交流を目的に、持ち寄りでの食事会やパーティーを催すもの。パリ市内のアパートで高齢者が孤独死したのを機に1999年、アパートの中庭で住民が交流のために開いたことを受け、パリからフランス全域に拡大し、現在では世界的な広がりを見せている。

隣人祭りの実施に向け、区は「渋谷おとなりサンデー事業」の公募型プロポーザルを実施中で、月内に事業者を決定する。祭りの準備・運営や区公式ウェブサイトでの事例紹介に加え、事業の継続性を目指して地域でのコーディネーターの育成業務などを委託する。

区はまた、2月2日の第1回定例区議会に「新たな地域活性化のための条例」案を提出した。同案は町会に対する区の責務として、人的・財政的支援や、法人格取得の際の技術的支援を盛り込むとともに、区民や町会、事業者などの役割を明らかにし、町会を制度的に位置付けるのが目的。不動産仲介業者やマンション管理組合には、町会加入促進や活動内容の周知などへの協力を努力義務とする。23区では品川区が同様の条例を制定している。

渋谷区地域振興課は「財政面や人的な支援の要請が強い。総会や防災訓練など、行事への支援の在り方などを検討していく」と話している。

地域住民の顔の見える関係作りを目指す（イメージ）

記者席　また一つ消えた昭和の姿

○……「知事会見で一言、『職員に配慮を』と言ってもらえれば状況は変わるかも知れないが」。都中央卸売市場の現場の職員が漏らした一言だ。ワイドショーなどで豊洲市場移転が取り上げられる度に、局内に設けた電話窓口に苦情が殺到するのだという。盛り土問題に端を発した一連の苦情に対し、持ち回りで電話を受けるが、「クレームを受け続けていると、その日の仕事ができなくなる」。精神的に追い込まれる職員もいるという。

今月に発表予定の地下水調査結果は「芳しくない」との見通しもあり、窓口は今回も火を噴く恐れがあるが、業務を円滑に回すためにも冷静な反応を呼び掛けるリーダーの一言が欲しいところ。

○……都議会代表質問で、都議会自民党は都民税減税という思い切った施策を突如提案し、傍聴席を驚かせた。東京改革議員団はそんな自民党に対して「改革を阻んできた」と真っ向から批判し、対決姿勢を鮮明にした。「選挙に向けて、各会派とも生き残りをかけているのだろう」と都幹部。当初予算案はおおむね評価が高く、市場問題も百条委に委ねられ攻め手を欠く中で、議会は揺れている。

知事答弁中には実際に地震が起き、議場がざわつく場面も。大山鳴動して……とならないよう、議会の真価が問われている。

○……渋谷区内に唯一残されていたくみ取り便所、いわゆる「ボットン便所」が姿を消した。円山町の戸建て住戸にあったが一昨年、居住者の男性が死亡。建物が昨年8月に解体され更地になったのを機に、区は今月2日、第1回定例区議会に「水洗便所助成条例を廃止する条例」を提出した。名実ともにトイレの水洗化率が100%となり、助成制度はお役御免となった。

2016年3月末現在、くみ取り便所がない区は、千代田、中央、港、文京、台東、荒川の6区。一方で多い区は、足立（299戸）、葛飾（281戸）、江戸川（177戸）の順だが、新宿は2戸、墨田と豊島は3戸となっており、こうした区のボットン便所が姿を消すのは時間の問題か。

中央区　「築地魚河岸」支援継続　6月まで賃料3分の1

中央区は、築地市場移転後の街のにぎわいの維持などを目的に昨年11月に開業した商業施設「築地魚河岸」への財政支援を継続する方針を固めた。同施設を巡っては、市場移転の延期を受けて当初予定の10月15日開業を約1カ月延期し、鮮魚や青果など場内市場との二重営業になる仲卸業者への支援をしていた。

区は、施設の管理運営を委託している一般財団法人中央区都市整備公社に対し、1月まで実施していた使用料負担の免除を来年度末まで延長する。都が市場移転の最短スケジュールを今冬から来春としていることに対応した。

今年1月まで賃料を無償としていた入居者に対しては、2月以降、賃料を約3分の1とし、標準的な区画賃料は、同施設東側の小田原橋棟が6万6960円、西側の海幸橋棟が5万7240円となる。都中央卸売市場条例の仲卸業者売場使用料を準用した。都が豊洲新市場の環境アセスメント実施の有無を判断する予定の6月まで支援を継続し、それ以降は改めて検討する。

文京区　新シンボルマークを発表　野老朝雄氏がデザイン

文京区は2月27日、区制70周年を記念したシンボルマークを発表した。デザインは、2020年東京オリンピック・パラリンピック競技大会の公式エンブレムを制作した野老朝雄氏が手掛けた。区は1951年に制定し、区民に親しまれてきた区の紋章と共存させながら、区民活動などで積極的に使ってもらうよう広めていく。

野老氏は「シンボルマークは、花をイメージした柔らかいデザイン。自身も感銘を受けていた紋章と同じく『文』の字をかたどった」という。66年前に紋章を考案した千葉一彦氏も「どの方向から見ても『文』に見える。複合的、変幻自在に表現できるマーク」とお墨付きを与えた。

エンブレム制作者として一躍脚光を浴びた野老氏が区内在住だった縁で、昨秋に成澤廣修区長自ら作成を依頼。15日に使用範囲などを規定する要綱を制定し、本格活用に入る。成澤区長は「紋章は公式行事などで使い続ける。シンボルマークの使い道は区民とともに考えていきたい」と話している。

シンボルマークを手掛けた野老氏（右）と成澤区長＝27日、文京区役所で

世田谷区　保護措置対象の住所　誤って加害者に通知

世田谷区は2月28日、ドメスティックバイオレンス（DV）やストーカー、児童虐待の被害者保護措置の対象者となっている女性の住所を記載した臨時福祉給付金支給申請書を別居している加害者に誤って送付したと発表した。

区臨時福祉給付金担当課によると、加害者が昨年11月に別居中の女性と2人分の支給申請書の再交付を区に求めた際、女性が保護措置対象者であることを確認せず、女性の住所を記載した申請書を加害者に送付した。12月に加害者が区に申請書を提出した際に発覚し、女性は緊急避難先に滞在後、2月中旬に転居した。女性に被害はないという。

区は女性に謝罪し、一時避難や転居に要した費用の示談交渉を行っており、再交付システムに保護措置対象者情報を表示する改修を行うとともに、再交付の際には本人確認を徹底するなどの再発防止策を実施する。

訂正　2月28日付の東京都後期高齢者医療広域連合の記事で、国の保険料軽減特例の見直しを受けた2017年度補正予算の区一般財源負担額は34億円ではなく1844万円でした。表の「保険基盤安定負担金」は当初予算のもので、今回の補正予算には関わりのないものです。

教育ひろば

主権者教育を考える
公立高校の実践から 中
議論を深めて政策提案

私は主権者教育を①制度説明②リテラシー③話し合い(ディスカッション)④合意形成⑤政策作り⑥請願⑦模擬選挙⑧模擬議会――の八つに分類し、実践を行っている。今回はそのいくつかを紹介したい。

リテラシーを育む授業

リテラシーを育むためには様々な考えや意見があることをしっかり理解することが前提で、そのためには読解力を身に着けることが大切である。

本授業は、「新聞記事を読み込み、グループで見出しを考え、そして発表する」という授業展開である。なお教材は見出しを空欄にした新聞記事を使用し、興味を抱くようにスポーツ記事(高校野球)を選択した。

見出しを付けるためには新聞記事を読み込まなければならない。新聞記事の内容をよく理解し、大事なポイントを抽出して、それをさらに短い言葉で表現する。ここにこの授業の一番のねらいがある。見出しをつけ、発表するために新聞記事をじっくり読む。この訓練こそが、主権者としての第一歩であると考える。

グループで新聞記事の見出しを考える生徒

話し合い(ディスカッション)を中心とした授業

《テーマ例》「選挙の投票率の低下に関して、選挙を棄権した人に罰則を設ける考え方がある。このことについて、賛成か反対かの立場をはっきりさせて論じなさい」

知識を習得してからディスカッションをするのが一般的だが、本実践では最初からディスカッションに取り組ませている。ディスカッションは知識がある生徒が圧倒的に有利に話を進められるので、発言できずに悔しい思いをした生徒は次回から自発的に勉強してくるようになるためだ。ディスカッションを通して基礎的な知識も伸びるのである。ディスカッションの中で、現実社会と教科書の知識がつながることも大きな成果となる。

ディスカッションで目指すのは、知識を広げることともに、広い視野を持ち、多面的・多角的に物事を捉えることである。相手の意見を聞き、異なる意見を排除するのではなく、それらを踏まえて自らの意見を再構築するのは、主権者となるに当たり必要となる力であろう。

政策作り

私は授業を通して常に「どのような社会を望むのか」を考えるよう指導しているが、本授業では実際に提案をさせることを目的としている。社会参画は主権者教育の大きな柱であると考えるからである。そのような中、「子育てしやすい環境作り」と「持続可能な社会保障制度とするには」という課題を与え、政策提言の授業を実践した。

あるグループでは「子育てと仕事の両立が難しいから、子供を産みたくない女性が多いのでは」との仮説から議論が始まり、打開策として保育所の増設に話が進んだ。しかし、議論を進める中で「保育所を増やしても保育士がいなければ意味がない」「保育士資格を持っているのに、保育士として働いていない人が相当数いる」などの点に気付き、「待遇が安定している公務員の保育士を増やす」「公立高校に保育科を新設する」などの提案が出された。さらに、「父親に育休を取得させる制度の拡充を図り、積極的に取り組む企業に国が助成金を出したらどうか」など、話し合いを通して、より深い提案が出るようになった。

また、あるグループは少子高齢化に伴う世代間格差の問題に着目し、「社会全体の問題なのに、若い世代に負担を強いている気がする」と指摘し、その打開策として「高齢者にも負担してもらえる消費税の税率を引き上げ財源を確保し、その一方で、公的年金の受給額を減らし、子育てなどの若者支援の充実に回す」との提案が出された。

どちらのグループも、社会的な課題を読み取り、話し合うことで、その問題の複雑さ、難しさに気付き、さらに「どのような社会にしていくべきか」という視点を持ちながら議論を進めていくことで、より深く社会を考察でき、現実的かつ具体的な政策提案が行えるようになった。

(都立国際高等学校主任教諭 宮崎三喜男)

危険を予測し回避できる能力を
全国・都学校安全教育研究大会を開催

東日本大震災からまもなく6年。昨年は熊本地震も発生した。自然災害だけでなく交通安全や生活安全、SNSや組み体操の危険性など、安全教育がますます重要となる中、第41回全国・東京都学校安全教育研究大会が「自他の生命を尊重し、安全のための行動ができる幼児・児童・生徒の育成～危険を予測し、自ら回避できる能力を育成するために」を主題に2月17日、北海道から沖縄まで約400人以上が参加し、江東区立第一大島小学校で開催された。

記念講演に立った文部科学省安全教育調査官の吉門直子氏は、学校防災の参考資料『「生きる力」を育む防災教育の展開』などで身に着けた知識を行動に結び付けるため、教育課程の中でしっかり学ぶことを強調。次期学習指導要領に向けて、安全で安心な社会づくりのために必要な力は「どのような内容に関する学びが資質・能力の育成につながるのかを可視化し、教育課程全体を見渡して確実に育んでいくこと」とされ、カリキュラム・マネジメントの確立や、アクティブ・ラーニングの視点での授業改善により、各学校段階を通じて教科横断的に体系的に学ぶ重要性を述べた。

災害が多発する日本で生活する上で、児童生徒自身に「生き抜く力」とともに「安全な社会をつくる」ための知恵と行動力を身に着けさせる安全教育は「生き方を学ぶ教育」であり、「安全文化」を創造するとした。

学校安全ポータルサイト「文部科学省×学校安全」を活用してほしいとし、「児童生徒の命を預かっているという自覚を再認識した学校の安全管理の徹底」を求めた。

公開授業では、5年生は「安全に過ごすために必要なことを幼稚園児に伝えよう」と各グループが趣向を凝らし、区立大島幼稚園の園児に発表。ランドセルを背負わせ、集団登校では「登校班に遅刻しない」「帽子は安全のためでもあるので、しっかりかぶって登校する」。また、校庭で安全に楽しく遊ぶために、道具を正しく使って片付けることや譲り合うことなどを寸劇で教えた。

幼稚園児が小学校で安全に過ごすために必要なことを教える5年児童

第一大島小では「生命を守るために危険を予測し、安全のための行動ができる児童の育成」をテーマに安全教育を推進。①日常的な安全指導②定期的な安全指導③安全教育――を柱に、全体・年間計画を定め、避難訓練も予告なしを含めて年11回行っている。発表では、これらを通して自らの安全だけでなく、他者や社会の安全にも配慮できる児童の育成につながり、「明るい子・考える子・助け合う子」という同校の教育目標を目指すことができると語った。実際に教職員や児童には変容が見られるという。

大島幼稚園のテーマは「自分の身は自分で守る幼児を育てるための災害安全指導の工夫～こんな時どうする?を考え、素早く動ける幼児の育成」。ほとんどが高層住宅に住み、エレベーターや自転車で移動する生活で、長い距離を歩けず階段の上り下りがスムーズにできないなどの実態があった。滑らかな身のこなしができ、体幹のしっかりした幼児を育てたいと、アヒル歩きやカマキリのポーズなどを取り入れた防災体操を2年前に考案し、体力が付いてきた。

今年度は災害時に大人がそばにいるとは限らないため、「こんな時どうする?」を考えられる幼児の育成に取り組んだ。▽イメージがもてるような環境▽ちょっと難しいと思える環境▽選べる環境――を常に設定して運動遊びを実践した。教職員や保護者は自分の身を守り動けることが子供の命を守ることにつながることに気付いたという。

この日は、東大地震研究所の平田直教授や日本体育大学の三宅良輔教授による地震や組立体操についての講演も行われ、安全教育への意識が高まる研究大会となった。

オリンピック・パラリンピック教育 多様性を生きる 24
第3部 各学校現場での取り組み⑥

都立府中けやきの森学園(上)
努力する心・連帯の心を育む

2013年9月、「スポーツには世界と未来を変える力がある」という大会ビジョンの下、第32回オリンピック・パラリンピック東京大会の開催が決定した。本校は東京都教育委員会から、14年度「オリンピック教育推進校」、15年度「オリンピック・パラリンピック教育推進校」、16年度「オリンピック・パラリンピック教育重点校」の指定を受け、肢体不自由教育部門、知的障害教育部門ともに全校を挙げて取り組んでいる。

全体計画を作成し、各学部の年間指導計画に内容を位置づけて、計画的・継続的に取り組んで3年になる。障害の重い、軽いにかかわらず、全ての子供たちが教育活動の中で何らかのかたちで関わること、体験的学習や生活に身近な学習になることを重視しながら、オリンピック・パラリンピックの意義について学べるように進めている。

都の「オリンピック・パラリンピック教育」実施方針にその意義として「年齢、国籍、文化の違いや障害の有無などにかかわらず、あらゆる人々が互いの人権を尊重し合い、共に力をあわせて生活する共生社会を実現していく」と示されているが、このことはこれまで特別支援教育が大切にしてきたことであり、本校の教育目標「豊かな感性と自分を表現する力の育成」「仲間を大切にし、共に活動する力の育成」にも重なるところが多い。私たちにとってオリンピック・パラリンピック教育は、何ら特別な教育ではなく、日常の普段の教育活動をより豊かにしていくとの思いがある。スポーツへの関心を高める学習、日本や外国の文化の理解、交流学習などを通して多様性を認め合う態度や他者への思いやりの心を養う学習をあらゆる教科等に関連付けて実施している。

白糸台小学校の児童との交流及び共同学習で、ボッチャに取り組んだ

例えば、体育などの時間に、児童・生徒に合わせた教材・ルール等、必要な調整を行い、ウエイトリフティング、ボッチャ、ハンドサッカー、ゴロ卓球、陸上競技(長距離走やジャベリックスロー)、ツリークライミング、シッティングバレー、サッカー、ソフトボール、レスリング等、様々なスポーツに取り組む。パラリンピックの正式種目シッティングバレーは、ボールを風船に変えたりネットの高さを調整したりして、誰もが参加できるユニバーサルスポーツとして展開した。調整することによってスポーツへの参加の機会が広がり、また公平性が担保できることに気づける生徒も少しずつ増えてきた。

また、交流校の児童と一緒にオリンピックについて調べ学習をしたり、小学校の児童が車椅子に乗り、本校の児童がルールを教えてボッチャを体験したりするなど、一緒に活動することを通してお互いの違いや良さに気付ける学びを大切にしている。

近隣にある東京外国語大学の留学生との交流では、それぞれの国の言葉であいさつする自己紹介ゲーム、動物の鳴き声を世界各国で比べたり、民族衣装を着て本場の舞踊を見せてもらったり、日本の伝統的な遊びを紹介したりするなど、まさに多様性を学んでいる。

児童・生徒も教員も皆、スポーツは大好きだが、体育という一分野に限らず、オリンピック・パラリンピックの理想とする精神、より高みに向かって努力する心、友和や連帯の心を全ての教育活動を通して学んでいきたい。

(東京都立府中けやきの森学園校長 山口真佐子)

Essay エッセー 53
出会い、別れ、そして再び…

「○○先生へ。3年間ありがとうございました。無事、卒業することができました。これも全て○○先生、3年間自分の担任をしてくれた□□先生、自分を叱ってくれた先生がいたからだと思います。俺は○○先生が二中に来てくれて本当に良かったと心から思っています。本当に感謝の気持ちでいっぱいです。本当にありがとうございました。自分の人生の中で一番良い先生が最後で良かったです!」

一昨年の卒業式当日、卒業する男子生徒が朝早く登校し、自分が過ごしていた特別教室の黒板に残していったメッセージ。この生徒は皆と一緒に教室で勉強することがなかなかできずにいた。問題行動もあり、個別に教員が粘り強く関わり、支援し続けた。同級生から一緒に卒業式に出ようとの働き掛けがあり、皆と一緒に参列し卒業していった。

学校はだれもが必ず通る場。学校では毎年、様々な出会いと別れがある。そして、学校が再び会う場であることを感じたことがある。

私が東京都の教員として採用され生徒の前に立ったのは1980年。当時、テレビでは『3年B組金八先生』が放映されていた。赴任した中学校はそのドラマの舞台にもなっている下町のある地区。期待と緊張の中、1学年の担任を受け持ち教員生活が始まった。まもなく同区内の中学校が校内暴力で新聞に大きく取り上げられる。自分の赴任した学校にもその兆しがあった。翌年の同じ時期、私のいた学校で対教師暴力が発生、新聞でも報道された。それからは沈静化に向けた対応の日々。私は当時2学年の担任をしていた。対応に追われ、落ち着かない学校の中でもまじめに取り組んでいる生徒がいる。その生徒に全力を注ぎきれないことがとても心苦しかった。その後、2学年の生徒が生徒会の中心となり、在校生が力を合わせ、学校を立て直す活動をする。様々な関係の方々の協力もあり、1年間で学校は落ち着きを取り戻した。

その立役者になった生徒と仕事の関係で再会する機会が巡ってくる。当時の生徒が教員になり現在、都の学校や教育委員会で仕事をしているのだ。一人は教育庁指導部統括指導主事として都庁で仕事をしている。もう一人は行政職を経て副校長を務めている。中学生当時、学校で様々な生徒と向き合う教員の苦しい場面を多く見ていたことだろう。教師とは苛酷な職業と映っているのではないかと思っていたが、当時の生徒の中には、教師になっている者がこの他にもいる。

意外なことであるが、うれしくもある。なぜ教員になったのか、一人の教え子に尋ねてみた。

「教師になろうと思ったのは中学校で正義を貫こうとし、妥協しない先生方の姿を見たから。そして一般の生徒が安全に安心して暮らすことができたのは先生方のおかげと思ったから。また、先生方の仲が良く、楽しそうに見えたのです」

私は彼らに胸を張れるような行動ができていたとは思っていない。がむしゃらなだけだった。でも確かに教員チームの力はあった。力のない私が仕事を続けられたのも同期の新規採用教員、先輩教員の支えがあったから。そして、苦しい時、最も私の支えになっていたのは生徒の存在だ。

学校では様々な出会いと別れがある。人生を生き抜いていくときの支えになるのが学校での生活と心得て、私たちは生徒が卒業後主体的に生きていけるよう支援を続けていく。

(立川市立立川第二中学校長 常盤隆)

清瀬市 命の教育フォーラム
「命の本」でビブリオバトルも

教育の根幹に「命の教育」を据え、事業を展開している清瀬市。いじめが後を絶たない中で、より一層、命を大切にする子供たちを育てていかなくてはならないと、2月18日にアミューホールで今年度の「命の教育フォーラム」を開催した。

坂田篤教育長は「私たちからまず小さな行動を起こしましょう」と、人に寄り添い、自分の命を大切にしてほしいとあいさつ。清瀬第十小学校の3年生は「蚕の学習から学んだこと」を発表した。同校は2003年度からボランティアの支援で蚕学習に取り組んでいる。発表の6人は、1ミリほどの卵が幼虫となり、桑の葉を食べて、どんどん大きくなっていく様子に感動。「毎日、ケースにたまった糞を掃除して快適に過ごせるようにした」「繭を作る時は踊っているように頭を振っていて、頑張れという気持ちになった」「繭の中でどんなことを考えているんだろう」などと語った。

間違った葉を与えて蚕を死なせてしまった児童は「もう一回チャンスをもらえて、亡くなった命を絶対に無駄にしないという気持ちで真剣に世話をした。蚕が応援してくれていると思った」と発言。「大切に大切に育てた繭を熱湯に入れるのはとても悲しかったが、蚕の分までしっかり生きようと思った」などと感想が述べられ、「ありがとう、蚕さん」と感謝の言葉を伝えた。

後半は、中学生によるビブリオバトル。市では今回、命について考えることができる「命の本」を70冊リスト化し、夏休み前に全中学生に配布、参加者を募った。「知的書評合戦」と言われ、5分間で観客にその本を読みたいと思わせなければならない。バトラーの7人はタイムが刻まれる中、緊張しながらも堂々と発表を行った＝写真。

観客が一番読みたいと思う「チャンプ本」を選ぶ際には、配られたリモコンで番号を押した。37票を獲得した『夏の庭』(湯本香樹実)を発表した清瀬3中の1年生は、「主人公は身近な人の死を経験し、軽く考えていた死が重く、とてもつらいことだと学ぶ。私は今の世の中は間違っていると思う。人が死ぬというニュースが毎日流れるのに何の関心も示さない。時には死ねとか消えろとか不適切な言葉が飛び交う。当たり前じゃないことが当たり前になっている。おかしいと思いませんか」と訴えた。

2位は『えんとつ町のプペル』(にしのあきひろ)で12票だった。清瀬5中の2年生は、この絵本が4年半をかけ、イラストレーター33人が協力してできたとし、「絵がすごいだけでなく内容も深い。久しぶりに泣いた大人もいたそう。子供が読むより、逆に大人に読んでほしい」と語った。

3位の『君の膵臓を食べたい』(住野よる)は9票。清瀬2中の2年生は「命とはちゃんと生きること。人と心を通じ合うこと。私たちは明日の命の保証はないが、悔いのない人生だったと一瞬を大切に生きることだと感じた」と発表した。

経済的困難な家庭を支援
サポート校で特別奨学金
NPO高卒支援会

不登校中学生や高校中退者の居場所として塾やサポート校を運営するNPO法人高卒支援会は、新たに経済的困難な家庭への支援活動を開始するとして2月24日、講演と説明会を行った。

会場は新宿エルタワー18階の㈱東京リーガルマインド。同社が昼間の空き教室を無償で提供し、池袋の養老乃瀧㈱も開店前の店舗を教室に提供。また、「新宿区子ども未来基金」「大和証券福祉財団」の支援を得て、サポート校の学費を77万円程度に抑えたという。

さらに、世帯年収が760万円未満の20人を対象に授業料を30万～42万円とする特別奨学金制度を来年度から設ける。選考期間は4月11日まで。面接と作文と人物像を重視して選考するという。

リーガルマインドの反町雄彦代表取締役社長は「高校では勉強をやらされている感が強いが、資格の勉強は実務につながる。司法書士など学歴要件がないものもある。資格を目指して勉強する姿を見ることで、将来にもつながっていくのではないか」と、今後も教室を提供していくと語った。

特別奨学金の募集要項は高卒支援会☎03・5937・0513まで。

教育じてん 76
都立特別支援学校アートプロジェクト展

都教育委員会は、都立特別支援学校に在籍する児童・生徒一人ひとりが有する芸術に関する才能の発掘と一層の伸長を図るために、芸術教育の推進に取り組んでいます。その取り組みの一環として、昨年度に引き続き、今年度も「第2回東京都立特別支援学校アートプロジェクト展 私の色、私の形、私の輝き」を2月20日から3月6日までの期間で港区北青山にある伊藤忠青山アートスクエアで開催しています。

このアートプロジェクト展は、児童・生徒の素晴らしい才能をより多くの人に知ってもらい、障害者及び障害者アートに関する理解促進を図ることを目的としている展覧会です。今回は都立特別支援学校58校に在籍する児童・生徒から830点の応募があり、東京藝術大学美術学部の協力による審査を経て選ばれた50点の多様な作品が展示されています。

会場に足を踏み入れてみると、全ての作品が個性あふれる魅力的な作品で、創った子供たちの内面の世界が描かれているとともに独自の視点が表されている、見る人の目を釘付けにする素晴らしい作品ばかりでした。一例の紹介ですが、「キラキラ山にある千年に一度しか見られないキラン花」という題名で描かれた絵には、作品中に可憐に光る星形の紙が散りばめられており、「かるた『……つつみたい。』」という題名で作られたかるたには、「つつむ」というキーワードを取り入れた文やその内容を表す絵が個性豊かに描かれていました。また、「松井駅周辺」という題名の絵には、俯瞰的に見た駅周辺の街の様子が大変詳細に丁寧に描かれており、「鈴鳴り帽子(かぶってみてね)」という題名の作品には、鮮やかな色で装飾された帽子に幾つもの可愛らしい鈴が付けられていました。

さらに、作品の素晴らしさだけでなく、全ての展示に工夫が凝らされていました。これは展示に当たり、東京藝大美術学部の教授や学生の方々等に協力をいただき、一つひとつの作品の額や台を個別に作成するとともに、照明や作品配置についても、作品の良さをより引き立てるようにと時間をかけて検討した成果であるとのことでした。

様々な人の関わりによって創り上げられたアートプロジェクト展。開催は3月6日までですので、ぜひ、都立特別支援学校の児童・生徒の才能あふれる作品をご覧いただき、子供たちの個性や思いを感じてみてはいかがでしょうか。

固定資産評価の簡素化提案

職員の業務量削減目指す

都主税局

都主税局は2月27日、有識者ら6人で構成する「固定資産評価に関する検討会」（座長＝小松幸夫早稲田大学創造理工学部建築学科教授）を開き、大規模建造物の固定資産評価の簡素化に向けて、総務省へ提出する報告書案を取りまとめた。近年、都では床面積10万平方㍍以上の大規模建造物が増加しているが、現行の評価方法が複雑で評価に約2年かかる場合もあった。新たに提案した方式では分かりやすい基準とし、事務作業の短縮や納税者の理解を進める狙いがある。

検討会が新たに提案したのは、建物の取得額や工事原価などを活用し、固定資産を評価する方式。

国が定めた現行の評価方式は、建物の建築資材を図面から1点ずつ洗い出し、加算していく方法だったが、精緻な評価が可能な一方、職員の事務負担が重く、評価までに膨大な時間が必要だった。

例えば、虎ノ門ヒルズは約5万5千点の建築資材で建設されており、コンクリートや鉄骨、鉄筋の数量を洗い出して評価を終えるまでに1年10カ月を要した。また、民間のディベロッパーからも「評価方法が不透明」との声が上がっており、その説明にも大きな労力がかかっていた。

新方式では、建築資材の洗い出しの部分を、建設時の見積もりを参考にした建物の取得額や、用途や面積などで割り出す「標準的工事原価」で代替するため、事務作業量は大幅に減り、ディベロッパーからの理解も得られやすい利点があるという。

現行の評価方法との公平性の観点では、新方式での評価の前に一定の基準で建物を絞り込み、現行の方法と等価となるようにする。例えば、駐車場のように面積の割に実際の建設設備が少ないケースや、発注者と受注者との関係性により取得額が標準的な価格と乖離している場合は、新方式を採用しないこととした。

新方法で、既存の建物を使い現行の評価方式との比較分析をした結果、絞り込んだ建物の約8割で現行評点との乖離が15%以内に収まった。主税局は「絞り込みの方法を研究し、統計的な手段を用いれば更に評価の精度を上げることは可能」（計画課）と話している。

また、検討会では建物1棟を主体構造と、照明や空調などの設備に分けて評価する方式も提案した。

照明や空調、トイレなどの建設設備は、建物全体の価格の約3割程度にもかかわらず、使用している資材の多さなどから評価に係る業務量は全体の約6割と多く、アンバランスな状況があった。

そこで、建設設備部分にのみ取得額や標準的工事原価を使う新方式を導入。主体構造の評価は現行方式を残したままである上、評価の際に用途などで建物を絞り込む必要がないため現行方式での評価との乖離が少なく、公平性の観点で信頼性が高いという。

同局は、4月をめどに今回の報告書案を正式に決定し、早期に総務省へ提出する。

都内の床面積10万㎡以上の建物の新築件数

（棟） 45 40 35 30 25 20 15 10 5 0

96～00　01～05　06～10　11～15　16～20（年）

■10万～20万　■20万～30万　▨30万～　※16～20は建設中も含む

公明「政府も応分負担を」

五輪準備 組織委のチェック体制構築

都議会代表質問

都議会代表質問ではオリンピック・パラリンピック準備の費用負担について、各会派が取り上げた。松葉多美子氏（公明）は「ロンドン大会でも政府が大きな負担をしている」と述べ、政府が応分の負担をするよう主張。大会組織委員会の運営については、収支を都と都議会、国がチェックできる仕組みを求めた。畔上三和子氏（共産）は立候補ファイルでの記載を念頭に、「組織委は仮設整備への責任を果たそうとしているとは思えない」と批判した。

小池知事は「国は当然担うべきセキュリティー対策などに尽力することはもちろん、会場が所在する自治体の支援など、役割は極めて大きい」とし、「国にもしっかりその役割を果たすよう期待している」と述べた。

都はこれまで、閣議了解による枠組みに固執することなく、財政面を含む全面的支援を求めている。

組織委に関しては、「都・国・組織委の3者が常に緊密に連携し、効率的な調達の実施や統一的に執行をチェックし、マネジメントできる体制を構築する」と答弁。大会運営面での計画づくりから仮設施設の整備などの具体的な業務執行に至るまで組織委に関与し、大会準備の各段階で丁寧に都民に説明する考えを示した。併せて、スポンサーの獲得などにより、組織委が更なる収入確保に努めるよう求める考えも示した。

一方、尾崎大介氏（改革）はゴルフ会場の霞ヶ関カンツリークラブ（埼玉県川越市）に関し、女性が正会員になれない問題があることを踏まえ、若洲ゴルフリンクス（江東区）への変更を含めた見直しを求めた。これに対し、知事は「関係者が連携して解決に向けて取り組んでおり、その推移を見守りたい」と述べるにとどまった。

若洲ゴルフリンクスについては、大規模なコース改造が必要であることに加え、観戦や放送、運営用のスペースの確保が困難であるとして、「五輪の会場としては課題がある」との認識を示した。

そのほか、塩見清仁五輪準備局長は「選手や観客の輸送、ボランティアの育成、標識・サインなど全ての準備が本格化する中、あらゆる分野でパラリンピックの視点を十分に取り入れる」と述べた。

キャリア活用採用 公園整備など新設

都職員採用

都人事委員会は2月28日、来年度の都職員採用の区分と予定人数を発表した。全体の採用予定数は前年度比128人減の1316人。

来年度からキャリア活用採用選考の職種に「林業」と「公園整備」を新設。採用予定人数は各2人。森林土木工事や都市公園の計画などの経験がある人材を募集する。

また、欠員が出た際に速やかに人員を確保したいという病院経営本部の意向を受け、これまで人事委で行ってきた「臨床検査」の採用を同本部の独自採用に変更した。

航空機事故の被害者救済

障害者施設の安全確保も

都議会代表質問

【航空機事故の被害者救済】 斎藤真人港湾局長は、都営空港を離着陸した航空機が都内で事故を起こした場合に被害者を迅速に救済する制度を創設する考えを明らかにした。被害者の生活再建のため、住宅の建て替えや補修の資金を貸し付けるほか、一時金の交付も検討する。高木啓氏（自民）に答えた。

航空機事故では原因究明に時間がかかり、責任を負うべき加害者が特定されないため、被害者が長期間救済されないケースが出ている。

【自画撮り被害対策】 女子中高生らがインターネットを介して脅されるなどし、自分の裸などを撮影した写真を送る「自画撮り被害」が拡大しているとして、廣田耕一青少年・治安対策本部長は「青少年問題協議会で、悪質な働き掛け行為自体を条例で規制することを含め、実態に即した効果的な未然防止策を検討していただく」と述べた。

加害者は他者になりすましたり、執拗に働き掛けたりして、子供の判断能力の未熟さに付け込む悪質な行為が目立つが、現行法制度では規制対象にならないケースが多いという。同本部は学校・警察などと連携し、ネット利用の危険性に関する普及啓発を強化する。

【障害者施設の安全確保】 昨年7月、神奈川県相模原市の障害者施設「津久井やまゆり園」で起きた殺傷事件に絡み、梶原洋福祉保健局長は来年度、入所・通所施設やグループホームなどの防犯カメラや非常通報装置、電子錠、防犯ガラスなど、防犯設備の整備を支援する考えを表明した。同局では事件を受け、所管する全施設に改めて緊急時の職員体制の整備や施設設備の点検、危機管理マニュアルの策定など、安全管理を徹底するよう通知している。

【私立高校特別奨学金】 年収760万円未満の世帯を対象に私立高校の授業料を実質無償化する「私立高校等特別奨学金」の拡充に関し、公明党の松葉氏は「実質無償化に便乗して授業料の引き上げが行われれば、事業の趣旨を損なう」と指摘し、対応をただした。

中嶋正宏生活文化局長は、「授業料の適正化を図る」と説明。私学は各校が学費を自主的に決めるが、変更には知事への届け出が必要。同局は値上げを予定する高校から事前に事情を聞き、毎年、学費の値上げ状況等を公表しているほか、「私立学校経常費補助」の交付に当たって評価項目の一つに「学費」の項目を設け、授業料の超過額に応じて交付額を減らしている。なお、通信制高校への適用には「詳細な実態を調査する」とした。

【食品ロス削減】 遠藤雅彦環境局長は流通・小売り段階の食品ロス削減に向けて実態調査を行い、関係事業者などから成る「ステークホルダー会議」を立ち上げる方針を明らかにした。松葉氏に答えた。2030年度までに食品ロス半減を達成する「東京方式」の確立を目指す。

【動物愛護相談センターの改修】 小池知事は動物愛護相談センターについて、「動物の譲渡や普及啓発などの機能を強化し、新しい飼い主への懸け橋となる施設にしたい」とのイメージを語った。センターは現在、都内に3カ所あり、特に老朽化が進み、手狭な本所（世田谷区）を移転改築する計画。来年度に基本設計に入る。新施設では動物の健康やストレスに配慮した飼養環境を整え、ボランティア団体と連携して動物の譲渡会を行うスペースを設ける。

【都市計画道路】 邊見隆士都技監は都市計画道路の在り方に関し、2018年度をめどに基本方針をまとめる方針を示した。来年度から地元区市町と共に検討を進める。都市計画道路の中には、計画幅員まで完成していないものの既に必要な交通機能が確保されている路線や、沿道のまちづくりの状況に変化が想定される路線があるとしている。都はこれまで、おおむね10年ごとに事業化計画を策定。現在の第4次事業化計画に基づく事業により、今後約20年間でネットワークの約8割が完成するという。

【建築物の耐震化】 特定緊急輸送道路沿道建築物の耐震化に向け、邊見都技監は来年度末を目途に更なる耐震化の促進策をまとめる考えを示した。1月に学識経験者などから成る検討委員会を設置している。都はこれまでに沿道建築物の96%で診断を行い、このうち約半数で設計に至っている。「戸別訪問によるローラー作戦を加速させた上で、新たな視点から賃貸ビルのテナントの協力を引き出すなどの取り組みも必要」とした。

組織のメリとハリ 1

17年度都職員定数

内部統制強化で部を新設

都は都議会第1回定例会に、2017年度の都職員定数条例改正案を提出した。知事部局等と公営企業を合わせた職員定数は前年度を187人上回る3万8315人となり、3年連続の増。小池知事は1月の庁議で、「予算と同様にメリハリをつけて、効率的な体制に向けた不断の努力の一方で、必要な人員は確実に確保した」と説明し、「実行プラン」の推進や東京オリンピック・パラリンピック開催準備に必要な人員を措置したという。各局の職員定数の増減や組織改正を分析する。

総務局

局定数2463人（104増77減、差し引き27増）

総務局の実際の査定結果は74増、77減で前年度比3人減の981人となった。これ以外に新年度に確定する五輪関連事業などの人員として、30人が定数を管理する同局に一時的に計上されており、この分もカウントすると、差し引き27増となる。

組織改正では、都のコンプライアンスを推進するため、行政監察室を改組し、新たに「コンプライアンス推進部」を設置する。28人を措置した。

これまでは服務事故などの発生を未然に予防するための行政監察が主な取り組みだったが、各局・各制度所管部門と連携し、都政全般の業務を対象に「コンプライアンス監察」を実施し、日常的な内部統制を強化する。コンプライアンス推進課の1課体制となる。

総合防災部には新たに4人を措置した。2020年オリンピック・パラリンピックを見据え、災害対策本部体制の強化、応援・受援体制の整理などを進め、都の災害対応能力を向上させる。同部では実災害や防災訓練等で把握した課題を、対策の実効性向上につなげる仕組みづくりを進めるとともに、風水害などへの対策を深化させていくため、体制を拡充する。

情報通信企画部では2増とし、情報通信施策の推進に向けた執行体制を強化する。都の施策で有益なICTを各局の事業にマッチングさせ、導入・活用を図るのが狙い。

そのほか、都庁舎の警備強化に向けて総務部で1増とした。セキュリティーゲートや監視カメラの運用などにより警備体制を強化する方針だ。

一方、減要因では、経済センサス活動調査が終了し、統計部の時限措置を解消し、14減としている。

同局の石橋浩一総務課長は「都のコンプライアンスを推進するため部を新設するなどの組織改正を行ったが、行政改革、働き方改革、区市町村振興、防災対策など、取り組むべき課題が山積していることから、現在の組織体制をしっかり活用しながら、メリハリを付けて来年度も積極的に対応していきたい」と話している。

財務局

五輪会場整備へ体制強化

局定数437人（7増4減、差し引き3増）

局全体の査定結果は3増。各部別では建築保全部で4増、財産運用部1減、経理部と主計部は増減なしだった。

各部の増減を見ると、建築保全部は6増2減。建築、機械、電気を各2増とし、オリンピック・パラリンピック競技施設の整備を着実に推進するための執行体制を強化する。17年度は水泳競技会場となるアクアティクスセンターなどの工事が本格化するほか、大井ホッケー競技場、有明テニスの森などの工事に着工する。一方、都庁舎の改修工事の進捗を踏まえて庁舎整備課では執行体制を見直し、2減となった。

主計部は事業評価の時限的な取り組みを引き続き拡充するため1増1減。全ての事業に終期を設定し、事業評価による見直し・再構築を促す。

財産運用部は「都有施設等総合管理方針」の策定に伴う人員措置について時限的な措置が終了した。

同局の糸賀宏平人事担当課長は「一部で定数減を求められたものの、おおむね局事業の理解が得られた査定結果となった」とした上で、「五輪競技施設の整備を始めとした喫緊の課題に迅速・確実に取り組むための体制整備は引き続き重要。今後とも局事業を取り巻く動向などを注視し、所要人員の確保による執行体制の整備と効率的な業務運営に努める」と話した。

都庁職本庁支部の濱岡稔支部長は「本庁支部関係の職場での人員増は五輪関連の事業に特化され、一方で時限措置の終了で大幅減となったものがある」と指摘。「新たな事業の発生などで業務量は増大しており、超勤縮減を職場や職員の工夫のみに求めることに根本的なゆがみが生じている」と批判し、職場要求に基づく適切な人員確保と職場環境の整備、人事任用制度改善、退職者不補充の撤回と計画的な職員の採用などを求めている。

また、「各職場で非常勤職員の業務負担が大きくなっている」とし、非常勤・常勤職員の均等待遇実現や雇用の安定に向け、賃金・雇用条件の改善を求める考えも示した。

無電柱化計画策定支援

市町村交付金額を公表

都議会一般質問

【無電柱化の推進】 区市町村による主体的な無電柱化推進計画の策定を促すため、都は来年度、補助制度を拡充し、計画の策定に必要な調査について財政支援を行う。西倉鉄也建設局長が田中豪氏（自民）に答えた。

【市町村総合交付金】 谷村孝彦氏（公明）は市町村総合交付金について、財源補完制度として維持しながら交付額決定を透明化するよう求めた。

小池知事は「市町村長との意見交換の結果を踏まえつつ、自ら交付額を決定し、市町村別の交付額を初めて公表する」と答えた。市町村長や都議会の意見を聞きながら、算定の透明化を含めた交付額決定の在り方を検討するとしている。

【受動喫煙対策】 小池知事は「スモークフリーへの取り組みは世界的な潮流だ」とした上で、「国の（法制化の）動きを注視しつつ、都民の意識や飲食店・宿泊施設の調査を行うなど、対策に向けた準備を加速させる」と述べた。和泉武彦氏（自民）に対する答弁。

【快適通勤ムーブメント】 満員電車の混雑緩和に向けた「快適通勤ムーブメント」で、都は鉄道事業者に対し、早朝の電車利用者に対するポイント付与や「混雑の見える化」などの取り組みを働き掛ける。企業などには時差出勤やテレワークを要請し、ピーク時混雑の分散化を図る。邊見都技監は「取り組みを夏季の一定期間に一斉に行うことで、出来るだけ多くの利用者に快適な通勤を実感してもらう」と述べた。栗山芳士氏（自民）への答弁。

【電通の過重労働】 米倉春奈氏（共産）は大手広告代理店・電通の過労死に言及し、長時間労働の厳格な規制を求めた。小池知事は「深夜に及ぶ長時間労働が当たり前という働き方は、もはや限界で、転換が必要」と述べ、企業・経営者団体に対して長時間労働の削減を呼び掛ける考えを示した。

指名停止の措置については、武市敬財務局長が「書類送検段階のため、検察の判断を待ち、都として起訴の事実が確認できれば『指名停止等取扱要綱』に定める基準にのっとり、手続きを進める」と述べた。

【社会的養護】 今村路加氏（改革）は児童福祉司・児童心理司の大幅な増員や家庭的養護の目標達成に向けた施策を求めた。小池知事は「社会的養護の下にある子供も出来るだけ家庭と同じ環境で養育されることが望ましい」との認識を示し、「児相の体制強化を図りながら、養育家庭を始めとした家庭的養護を進める」と述べた。福祉保健局は来年度、里親交流支援員の配置など、乳児の養育家庭などへの支援体制を強化する。

盗撮・横領で2人を免職

都教育庁

都教育庁は2月27日、盗撮をした豊島区の男性教諭と、横領を行った杉並区の女性主事の2人を懲戒免職にした。

盗撮したのは豊島区立清和小学校の男性教諭（58）。同教諭は昨年7月、都内の駅構内で前を歩いていた女性のスカートの中を持っていたデジタルカメラで盗撮した。

杉並区立桃井第二小学校の女性主事（43）は、2013年から14年の間に3回、自宅用の日用品の領収書を偽装し、約3万6千円を横領していた。

飯田 恭之さん（いいだ・やすゆき＝元羽村市収入役）2月22日死去、76歳。

聖火リレーの検討

被災地含め全国回る

聖火リレーのテーマやルート策定方法を協議する検討委員会が2月24日に発足した。ルートの選定はこれからだが、東日本大震災や熊本地震などの被災地も含め、47都道府県を回ることが前提になるという。

聖火リレーはオリンピックとパラリンピックで微妙な違いがある。五輪ではギリシャのオリンピアで採火した聖火を100日以内でつなげる形で、IOCの規定では「聖火は神聖なものであり、分けて運んではならない」としている。一方、パラリンピックは英国ストーク・マンデビルと開催国の数カ所で「聖火フェスティバル」を行い、開催都市に集めて聖火リレーに入る。

ルートを走るのは聖火ランナーだけでなく、警備やスポンサーを含めた関係車両約20台の隊列だ。2016年リオデジャネイロ大会では、先行・本体・後押の3隊列で構成。警察のバイクが先導し、コカ・コーラや日産などスポンサーのトラックなどが続く「先行車」、聖火ランナーと並走するガードランナー（警察官）のほかに本部・スタッフや報道・記録の車両などの「本体車」、消防・救護など「後押車」で、各隊列の間には聖火ランナーを配置・回収するバスが走る。

ランナーの人数や1人が走る距離に制約はないが、五輪では時速4～6㌔で走るとすればオペレーション上、1日約100人、200～300㍍ずつ走る計算になる。全行程をランナーがつなぐわけではなく、リレーと車移動を繰り返しながら各都市を転々とするイメージだ。リオ大会では95日間をかけて1万2千人のランナーが約2万㌔を結び、ロンドン大会では70日間をかけて8千人が約1万2875㌔を走った。

聖火の到着を祝う「セレブレーション（祝典）」というイベントを毎日1～2回行うことも定められ、聖火が午後7時ごろに目的地に到着すると、自治体とスポンサーがショーを繰り広げる。

検討委は今後、聖火リレーのコンセプトについて議論を重ね、五輪は今年8月、パラリンピックは来年2月にIOC／IPCに提出する予定。ルートは過去大会の場合、大会の1年ほど前に大枠が固まり、その後、組織委とスポンサーがそれぞれランナーの募集を始めることになる。

聖火トーチを手にリオ市内を走る河合純一さん（左）＝16年9月©Tokyo 2020 / Uta MUKUO

29年度 職員教養講座 東京都管理職選考対策 《36》

政治経済等事情 ①

政治経済等事情の択一試験の出題数は例年8題です。全40問に占める割合は2割に上るため、この分野での正解率が択一の通過に大きく影響すると言っても過言ではありません。

都の役割の一つに、首都として国を牽引することが挙げられます。管理職は都政だけでなく、国内外の政治や経済にも意識を向けつつ、都の施策を立案する必要があります。政治経済等事情を単なる試験対策として勉強するのではなく、管理職試験の合格後を見据え、世間の動向を敏感に捉えながら政治経済への幅広い知見を身に着けていくことを心掛けましょう。

政治経済等事情は、常日頃からアンテナを高く張って情報収集する積み重ねが求められますが、効率的に学習することで短期間のうちに知識を身に着けることも十分可能です。この講座では、重要トピックに関する問題演習を中心に進めていきますので、うまく活用して高得点の獲得につなげてほしいと思います。

平成28年度の出題数は例年通り8問でした。29年度も同様の出題数が見込まれます。よく出題されるテーマは、主要な政府方針、予算、法律の制定や報告書、各省庁が発表している白書や調査結果、最高裁判所などの重要な判決、国際会議です。また、地方自治体に影響を及ぼしたトピック、社会的関心の高い国内外の金融・経済情勢も必ず理解してください。

例年、試験前年の6月からその翌年3月までの出来事から出題される傾向が多く見受けられます。過去の経緯も含めて勉強すると理解が深まるでしょう。

過去の出題

過去5年間の出題は次の通りです。

《平成24年度》
▽科学技術白書▽中小企業白書▽「世界人口白書」及び「日本の将来推計人口」▽最近の最高裁判所の判決▽COP17▽日中首脳会談▽我が国の経済財政指標▽在日米軍再編に関する日米両政府の共同報道発表

《平成25年度》
▽子ども・若者白書▽経済財政白書▽最近の最高裁判所の判決▽G20財務相・中央銀行総裁会議▽米国大統領・連邦議会議員選挙▽COP18▽政府・日銀の金融政策▽税制改正大綱

《平成26年度》
▽通商白書▽労働経済白書▽地方自治法▽社会保障制度改革国民会議の最終報告書▽APEC首脳会談▽イランの核問題を巡る協議及び「第一段階の措置」▽国家安全保障戦略▽国の当初予算

《平成27年度》
▽観光白書▽防災白書▽スコットランドの独立の是非を問う住民投票▽APEC首脳会議・首脳会談▽最近の最高裁判所の判決▽COP20▽特定秘密保護法▽税制改正大綱

《平成28年度》
▽子供・若者白書▽経済財政白書▽最近の米国の状況▽マイナンバー法▽ノーベル賞▽TPP▽G20▽国の当初予算

学習方法

政治経済等事情の学習は、初めに過去の出題傾向を大まかに把握した上で、新聞や雑誌、インターネットなどを活用して継続的に情報収集していく方法が効率的です。新聞を購読している受験生であれば、重要な記事を切り抜いてまとめておくスクラップも有効です。

より短い時間で試験対策に取り組みたい場合は、要点がまとまった市販の参考書を活用して学習する方法もあります。また、関心の高い分野は、インターネットなどで周辺情報を補いつつ、都政と関連付けをしながら学習していくことで、論文対策にもつながります。

参考図書

参考となる資料などを紹介します。

『月刊新聞ダイジェスト』（新聞ダイジェスト社）は、毎月の各新聞社の記事が分野別にまとめられており、1カ月の社会動向を容易に把握できます。特に、巻頭にある「今月の重要ニュース」は、要点がコンパクトにまとめられているので便利です。

また、『最新時事用語&問題』（新聞ダイジェスト社）は、主に就職試験向けとなりますが、白書や政治経済のトピックをまとめているのが特徴です。

国の動向を確認する際は、首相官邸ホームページの「資料集」を見ると、閣議案件や内閣提出法案のほか、「白書」の一覧も掲載されています。全体像を理解するという意味では概要版で事足りますが、重要なトピックは、出来る限り本文にも目を通しておくとより理解が深まるでしょう。

問題

【問題 1】

昨年6月に政府が発表した『ニッポン一億総活躍プラン』に関する記述として、妥当なものはどれか。

① 一億総活躍社会の実現のため、「戦後最大の名目GDP500兆円の実現」「希望出生率2・0の実現」「介護離職ゼロの実現」の目標を掲げ、この三つの的に向かって新しい三本の矢を放つとしている。

② 女性の活躍は、一億総活躍の中核に位置づけられており、2017年4月から施行される女性活躍推進法に基づき、企業における女性活躍のための行動計画の策定・情報公表などを推進するとともに、テレワークの普及やセクハラ・マタハラの防止に向けた取り組み等を推進することとしている。

③ 新たな第一の矢は、「希望を生み出す強い経済」であり、イノベーションと働き方改革による生産性の向上により、内需を拡大していくとしている。

④ 介護の環境整備のため、介護の受け皿として、現行計画等から上乗せして、2025年までに約10万人を整備するとともに、介護人材の処遇について、キャリアアップの仕組みを構築し、月額4万円相当を改善するとしている。

⑤ 一億総活躍社会の実現には、働き方改革が重要としており、非正規社員と正社員の賃金格差を是正する「同一労働同一賃金」を実現するために、労働契約法等など関係3法の一括改正を検討することとしている。

【問題 2】

昨年5月に開催されたG7伊勢志摩サミットに関する記述として、妥当なのはどれか。

① 「G7伊勢志摩首脳宣言」では、世界経済の状況について、イギリスのEU離脱等による先行き不透明感はあるものの、世界経済は堅調に回復しているとの認識を示した。

② 今回のG7サミットには、2014年のクリミア危機以降不参加だったロシアが3年ぶりにオブザーバーとして参加した。

③ G7サミットでは、世界経済、移民及び難民、貿易、気候などの具体的な分野におけるG7の行動をとりまとめた「伊勢志摩経済イニシアティブ」に合意し、G7が、より強固な長期の世界的成長の基盤を整えつつ、現在の経済的諸課題に共同で対処することを誓約した。

④ G7サミットでは、重要課題として「質の高いインフラ投資」について議論を行い、日本は、世界全体に対して今後10年間で総額約1千億ドル規模の質の高いインフラ投資を実施していく旨を表明した。

⑤ G7サミットでは、「持続可能な開発のための2030アジェンダ（SDGs）」採択後初めて開催されるG7サミットでもあることから、「安全保障」に焦点を当てつつ、SDGsの推進及びアフリカの開発について議論を行った。

解説

【解説 1】 正答 ⑤

① 誤り。三つの目標は、「戦後最大の名目GDP600兆円の実現」「希望出生率1・8の実現」「介護離職ゼロの実現」である。

② 誤り。女性活躍推進法の施行は2016年（平成28年）4月。それ以外の記述は正しい。

③ 誤り。イノベーションと働き方改革による生産性の向上と労働力の確保により、サプライサイドを強化するとともに、経済の好循環を回し続け、潜在的な需要を掘り起こして、内需を拡大していくとしている。

④ 誤り。2020年代初頭までに約50万人を整備するとともに、介護人材の処遇について、キャリアアップの仕組みを構築し、月額1万円相当を改善するとしている。

⑤ 正しい。

【解説 2】 正答 ③

① 誤り。世界経済の状況については、世界経済の回復は続いているが、成長は引き続き緩やかでばらつきがあり、世界経済の見通しに対する下方リスクが高まってきているとの認識で一致した。

② 誤り。ロシアは、2014年に参加資格を停止されて以降、G7サミットには参加していない。

③ 正しい。

④ 誤り。今後5年間で総額約2千億ドル規模の質の高いインフラ投資を実施していく旨を表明した。

⑤ 誤り。「保健」や「女性の活躍」に焦点を当てつつ、SDGsの推進及びアフリカの開発について議論を行った。

昇任試験対策のページ

特別区 管理職試験講座 19
I類択一・記述 I・II類論文 29年度

27年度論文解説

Ⅱ類論文

今回は、平成27年度に出題された課題の論文例を掲載し、論文作成のポイントを解説します。

論文例

1 地域住民とのパートナーシップの構築

特別区の歳入は、景気動向の変動や法人住民税の一部国税化などで依然として厳しい状況が続いている。さらに、少子高齢化に伴う就労人口の減少も重なり、地域経済の停滞にさらに大きな影響を及ぼすことが懸念されている。今こそ特別区は、限られた財源の中で優先順位をつけて選択と集中を行い、効果的な政策に財源を配分する必要がある。

こうした状況の中、区民の期待と信頼に応える区政運営を行っていくためには、地域の実情を的確に把握し、区民との合意形成のもと、地域の潜在力を結集し、協働して課題を解決していくことが重要である。

そのため管理職には、前例にとらわれない広い視野と区民目線で地域に向き合い、区民とともに知恵を出し合って、多様な価値観を施策に反映していくことが求められる。また、どのような課題に対しても強力なリーダーシップを発揮し、職員の能力を最大限に生かして課題解決する組織マネジメントを実行しなければならない。

2 危機意識の欠如した職場

本事例には、地域と連携しての組織マネジメントをしていない。Q部長から商店街振興には例年にも増して力を入れて取り組むよう、区長から指示されていることを聞いているにもかかわらず、地域の実情やこれまでの経過確認を行っていない。また、各係長と十分な協議もせず、T係長の意見を簡単に受け入れ、プランの見直しを決め、明確な指示も出さずにT係長に任せるばかりか、プランの見直しをQ部長に報告もしていない。さらに、その後の進捗状況の確認等、適切な業務進行管理を怠っている。R課長は、重要課題に対する認識が欠如し、管理職の責務を果たしていない。

第2に、各係長が職責を果たしていない。T係長は、区民との信頼関係を軽視し、合意形成を築く努力を怠っている。そればかりか、業務は独断専行型で、R課長への報告、相談を行っていない。

S係長は、プランの見直しについて意見を述べるものの、業務遂行はT係長に任せきりにするなど、協調性がなく、係間の調整を図るという庶務担当係長の役割を果たしていない。これらは、各係長に対するR課長の指導不足も一因となっている。

第3に、R課は組織内のコミュニケーションが不足し、十分な情報共有がされていない。そのため、課長はもとより、各係長間においても事業の進捗状況が把握できていない。さらに、事業計画に対する組織目標が明確に徹底されていないため、目標達成に向け組織が一丸となって力を発揮する連携・協力体制が整っていない。これはまさに、組織をまとめ上げるべくR課長のリーダーシップが欠如していることが原因である。

3 区政の信頼回復に向けて

これらの問題点に対し、私は課長として、次のような対応を図る。

第1に、これまでの検討経緯等について、早急に前任の課長・係長及びT係長から情報収集し、現状の問題点を精査する。そして、問題解決に向けた調整案と組織の対応方針を明確にしてQ部長に報告し、関係者への対応策の了承を得る。その上で、B商店街会長宅へ出向き、事業の進め方に対する不手際について謝罪するとともに、今後は商店街及びNPO等関係団体との合意形成に基づき事業を進めていくことを十分に説明し、信頼回復を図り、今後の対応について理解と協力を得る。

第2に、緊急の係長会を開催し、組織の対応策を明確に示す。その上で、各係の役割を再認識させ、課全体が連携・協力し組織力を高めて課題に取り組む体制を構築する。

そして、各係長に的確な指示を与えるとともに、事業の進捗状況の報告を随時命じ、組織が一体となった業務進行管理をしていく。

第3に、係長会を定例化し、課内のコミュニケーションの向上を図り、情報共有を徹底する。そして、課題に対して常に共通認識を持ち、一丸となって取り組む強固な組織を構築する。また、日頃から職員とのコミュニケーションを良好に保ち、職員相互の信頼感を高め、課内の連携・協力体制を継続的に強化していく。

4 区民の期待と信頼に応えるために

ライフスタイルの多様化が進む中、区政に対する区民の期待と関心は一層高まっている。山積する課題に果敢に取り組み、区民の信頼を得るためには、限られた財源の中でも創意工夫を重ね、更なる区民満足度の向上を図るとともに、区民と良好なパートナーシップを築いていくことが重要である。

私は管理職として、どのような課題に対しても最後までやり切るという組織マネジメントに積極的に取り組む。そして、強力なリーダーシップを発揮し、職員の意欲と能力を最大限に引き出しながら組織力を高め、組織の連携・協力体制を強化していく。また、区政を担う組織の一員として、常に職員の先頭に立ち、安心、安全な区政の実現に向け、全力で挑んでいく覚悟である。

解説

論文例は4段構成とし、2千字程度でまとめてみました。

第1章は、事例の背景、特別区が抱える課題、それらの課題解決のための区の役割、管理職が果たすべき役割を記述します。今回は、限られた財源の中で的確な区政運営をしていくためには地域住民との協働が重要であること、その中で管理職としてどのような役割を果たすべきかを記述しました。

第2章では、それらを承けて事例における問題点を指摘します。論文例では、R課長、各係長、組織の3点に分けて考察してみました。組織の責任者たるR課長の重要課題に対する認識不足とマネジメント能力の欠如、T係長、S係長の職務に対する姿勢、組織として共通認識の形成、情報共有がなされていないこと等を問題点として挙げながらも、同時にR課長の管理職としての問題点をも指摘しました。

第3章は、第2章で指摘した問題点について、自分がR課長であれば実際にどのように対処するか、緊急度や重要度を時系列に照らし、早急に対応するものから中長期的に対応するものへと順に記述します。

第4章は、第1章の記述と矛盾しないよう、区政のあるべき姿を再度記述し、締めくくりに管理職としての決意を力強く表明します。

これが基本的な論文構成と考えますが、第1章と第4章は、現在特別区に求められている課題や背景の総論と、それらに対する管理職としての姿勢や取り組み、決意を記述する部分ですので、どのような事例に対しても対応できるような文章をあらかじめ用意しておくことをお勧めします。また、問題点と対応策についても、考察のパターンを決めておくことと、何より必ず課長としての視点で記述することが重要です。試験本番では思ったより時間が早く経過していきます。事前に準備した文章が使えれば、それだけで時間に余裕が生まれ、落ち着いて試験に臨めます。万が一、時間が少なくなって自分の思い通りの文章にならないとしても、必ず最後まで書き上げてください。日々の職務をこなしながらの試験勉強になりますが、体調管理にも気を付けて頑張ってください。

読者のひろば

母なる恵みをいただく

甘い！

母島のミニトマトを初めて食べたとき、その甘さにびっくりしました。母島では農業が盛んです。パッションフルーツ、トマト、島レモン、マンゴーなどが生産されています。バナナは至る所に自生しています。青い房を収穫して吊るしておくと数日で黄色くなります。食べてみると、とても濃厚です。

カカオの試験栽培も始まっています。近いうちに東京産チョコレートが食べられるようになるかもしれません。

ウミガメの煮込みにやみつき

母島の海の幸と言えば、カンパチ、アオリイカ、イセエビなどがありますが、オススメはやはりウミガメです。〝煮込み〟が名物です。「えっ？　ウミガメ食べるんですか？」とびっくりする方も多いですが、母島特有の甘い味付けがやみつきになります。

ウミガメは産卵された卵が夏ごろに孵化します。夜に浜辺に行くと、孵化した子ガメが海に向かって歩いていく姿を見ることができます。保護活動も行われていて、産卵された卵の採取・子ガメの放流などが実施されています。

親ガメの放流

冬になるとホエールウォッチングが楽しめます。12月くらいからクジラが出没しはじめ、ピークシーズンは至るところで飛び跳ねるようになります。

母島に赴任していた先輩から「海ばっかり入っていると遊びに来ていると思われるぞ」とアドバイスしてもらったため、赴任当初はハイキングばかりしていました。世界自然遺産地域ですので、様々な固有動植物を観察することができます。ガイドさんと一緒に歩くと山のことだけでなく、島内のことも色々と教えてくれます。

私は母島最高峰の乳房山（463㍍）が大好きです。海抜ゼロメートルからの登山ですので、高尾山くらいのイメージでしょうか。山麓から山頂まで、動植物が移り変わっていくので飽きません。頂上からの景色は絶景です。晴天時には遠く父島を眺めることができます。

ちなみに父島は母島島民にとって都会です。人口は母島の4・5倍、店舗や飲食店の数も桁違いです。港周辺は無電柱化が進み、道路が広くとてもきれいな街並みです。

おがさわら丸の入出港に連動

母島の生活は、およそ6日間に1回、父島に入港するおがさわら丸のスケジュールに連動しています。おがさわら丸の入港日は、生鮮食料品を求める島民で商店は混雑します。農業者や漁業者はおがさわら丸の出港日に合わせて仕事をしています。入港中は集落がにぎやかになり、観光業者は忙しくなります。その一方で、おがさわら丸が出港してしまうと、島は静かになります。

私が赴任前に一番心配だったのは散髪でしたが、島内に理容室があり、1カ月に2日間営業しています。もちろん自分で丸刈りにしている人も多いようです。

やはり、離島暮らしは不便なこともあります。遠隔地ですので、どうしても物価は高くなります。赴任当初は日用品やガソリンは高く感じました。ただ、島ではそれほどお金を使わないので次第に慣れてしまいました。郵便事情にも制約があり、新聞などは数日分がまとめて配達されます。また、台風の来襲も大変です。家でじっとしているしかありません。おがさわら丸が欠航してしまうと、物資が届かなくなるので、商店が品薄になってしまいます。

2011年に光ファイバーが導入されて島民の生活は大変便利になりました。様々なものがインターネットで瞬時に購入できます。私は単身赴任ですので、スカイプで家族と話します。まさに光ファイバーの恩恵です。ついつい口うるさく説教してしまうので、最近は子供たちに敬遠されてしまっていますが……。

さて、最終回は、我々の業務とこれからの母島について触れたいと思います。

（都小笠原支庁母島出張所長　吉野正禎）

乳房山の頂上で

専門家の視点

オープンデータの波に自治体はどう向き合うのか

昨年12月7日に「官民データ活用推進基本法」が可決・成立した。この法律では、国や自治体、民間企業が保有する「官民データ」を適正かつ効果的に活用することで、行政運営の効率化、地域経済の活性化などを目指すことを基本理念として掲げている。

この法律、名前こそ「官民データ活用」とあるが、実体は行政機関の保有データを公開し、利活用を促す「オープンデータ」関連だけでなく、AI（人工知能）やIoT（インターネットによる機器連携）、個人番号カード普及・活用までを包含した基本法である。

やや羊頭狗肉の感もあるが、これまで自治体が自らの発意で取り組んできたオープンデータに法的根拠が示されたことは大きな前進だろう。

■自治体オープンデータの現状

自治体のオープンデータへの取り組みは簡単ではない。産学官民、それぞれの論点がかみ合わないのだ。

産学→官では「もっと自分たちの利益追求（研究成果）に寄与する様々なデータの提供を望む」と期待を寄せ、逆に官→産学では「提供データには正確性の担保や他者の権利を侵害しない配慮が必要であり、そのコストの受容は困難。そもそも効果が不明なものに公金をかけられない」と慎重に構えている。

民→官ではオープンデータの取り組みを歓迎しつつも、「オープンデータは行政サービスの一つに過ぎない。データの公開よりも、実のある結果が欲しい」と意見が多様化する。官→民では「国からの委任事務や法定受託事務を処理するだけで手いっぱい。それでも住民から要求があれば動きたいが、オープンデータ化という漠然とした要求には応えづらい」というのが本音だろう。

他の自治体の先行事例も誤解されやすい。事例の多くは即物的な成果（新たなサービスやシステム）を伴うため、成果自体への期待が大きくなりがちだ。その実態は行政主導の新しいサービスの提供でしかない場合もあり、これでは従来の情報化投資と何も変わらない。

■港区アプリコンテストから得られた知見

このような状況の中、港区では昨年11月にオープンデータアプリコンテストを開催した。目的は港区のオープンデータ施策の推進に寄与する素晴らしいアイデアを区内外から募り、今後の施策の参考にするためである。そのため、完成したアプリだけでなく、アプリに関するアイデアの応募も受け付けた。

私も審査委員の一人として応募作品に全て目を通させてもらった。その中で二つの知見を再確認しておきたい。

①データと情報の違い

データとは「客観的な事実を示す数値、文字などで表した資料」であり、情報とは「目的に寄与するデータ、データを元に編集された資料」である。つまり、データが編集され、意味を伴うことにより情報となる。

オープンデータと従来の情報公開制度を混同するのは、データと情報の違い、関係についての理解不足によるのかもしれない。

自治体が保有する情報は、行政事務のために編集されたものである。そのため、その態様は市民に向けたものではない。そもそも情報公開制度は行政事務の透明性を説明するためのものであり、公開情報の再利用は制度の外にある。

また、情報として編集する前のデータが、常に再利用可能な形式で存在しているわけではないことにも留意すべきだ。非定型のデータを職員の能力や経験を元に編集している業務もあり、それらは現時点でオープンデータになじまない。

ところが現在のオープンデータは、自治体がデータをどれだけ公開するかという議論に偏っている。

職員がわざわざ手作業で公開用のデータを作成しているという話を聞くと、このような運用を職員に強いるオープンデータは、行政事務の阻害要因にしか見えない。

他の自治体とデータの公開状況を競うことをせず、地道な業務改革に取り組み、通常の行政事務の副産物として公開可能なデータが生み出される仕組みを構築すべきだろう。

②オープンデータは誰のための取り組みか

自治体が生成した情報資産は、原理的には納税者たる住民のものである。そのため、他者の権利を侵害せず、公共の福祉に反しない限り、求めに応じて公開するものであろう。データも同様である。

ただ、公開するのはあくまでも素材としてのデータであり、市民が望むままの情報を提供することではない。「細かな要望はきっと行政が何とかしてくれる」という住民からの期待にも応えるべきなのかもしれないが、あくまでもデータの提供を受ける側のスタンスは「行政に代わって（あるいは行政と競合して）新たなサービスやシステムを自ら作る立場」であり、行政に依存することではない。

その意味でオープンデータは、それを自ら編集することができる人のための取り組みである。そこにはデータを提供する行政と利活用する側の役割分担が求められるのだろう。

オープンデータの成否は案外このような認識を共有することから始まるのではないだろうか。

※本稿は私個人の意見であり、私が所属する機関の意見を代表するものではありません。

（佐賀県情報企画監、港区情報政策監〈CIO補佐官〉　川口弘行）

ちりめん細工で約千点
おひなさま展を開催中
江東区で5日まで

江東区の東大島文化センターは5日まで、第11回東大島おひなさま展「童と遊ぶちりめんの世界」を開催している。入場無料で、午前9時から午後6時まで。

展示されているのは、区内で活動する自主グループ「ちりめん細工　江戸の針」などのメンバー約60人が制作した〝ひなのつるし飾り〟や今年の干支である酉など約千点。ひなのつるし飾りは、約5～10㌢の人形や金魚、鶴などを糸でつないだもので、ちりめんならではの温かみや風合いを感じさせる作品。中には、つるされた毬にお内裏様とおひな様が入っているものもある。同飾りの長さは数十㌢から160㌢ほど。このほか、干支にちなんだニワトリとひよこの作品や、世界各国の服装をしている童たちなど、色とりどりのちりめん細工がずらりと並び、見応えのある展示となっている。

「ちりめん細工　江戸の針」は、区内各文化センターを中心に活動している自主グループ。月に1～2回の講習会を経て、自宅でも作業を行い、1年かけて約千点の作品を完成させた。同グループの代表で、日本玩具博物館（兵庫県姫路市）で講師を務める三好裕子さんは「1年かけてメンバーが丹精込めて作ったちりめん細工の作品をたくさんの人に楽しんでもらいたい」とコメントしている。

今回で11回目を迎える同展は、来年度、同センターが改修工事を行うため休止する。

●○ミニガイド●○

◆町田駅周辺の「歩きたい」まちづくり実証実験〝ちびヒロ〟
▷内容　商店街の道路空間を活用してちびっこが気軽に遊べ、大人もまち歩きの途中でほっと一息休憩できる広場「ちびヒロ」を開催する▷日時　3月13日㈪～17日㈮午前11時半～午後4時（雨天中止）▷会場　町田市民フォーラム（原町田4の9の8）前の路上▷主催　町田市▷後援　町田市中心市街地活性化協議会▷協力　㈱町田まちづくり公社・原町田4丁目商店会

◆中央区立郷土天文館「タイムドーム明石」企画展「江戸の装いと出土遺物」　▷内容　遺跡から出土した頭から足元までの装いに関連する出土遺物を紹介▷日時　3月20日㈪㊗まで　（火～金）午前10時～午後7時、（土日）午前10時～午後5時（閉館30分前まで入場可能）▷会場　中央区立郷土天文館特別展示室▷入場料　無料▷休館日　毎週月曜（祝日の場合は開館し、翌日休館）

とうきょうと川柳会

●2月の宿題1「豆」

豆つまむ確かな箸に安堵する　きんぎょ

豆もやし空の広さを知ってるか　横塚　隆志

福は内義理と人情で鬼も内　遠藤香代子

☆内視鏡豆つぶほどの謎を追い　大戸　和興

●2月の宿題2「へいちゃら」

献体をしよう切っても痛くない　永井　天晴

へいちゃらさ妻には負けてやる度量　佐野　和利

へいちゃらなふりの涙はマル秘です　八丁堀孝子

☆大丈夫ママの怒りは一過性　横塚　隆志

（☆印は選者の句）

とうきょうと川柳会のご協力で本紙読者からも川柳を募集します。3月の宿題は「朗報」と「拭う」で、それぞれ各3句以内を作句し、Eメールでhenshu@toseishimpo.co.jp宛てか、ハガキで編集部宛てにご応募ください。3月13日必着。

BOOK

『現役 精神科産業医が教える「うつ」からの職場復帰のポイント〔第2版〕』

吉野聡・宇佐見和哉著　秀和システム刊

うつ病が、気分の落ち込みや意欲低下を特徴とする心の病気であることは、よく知られるようになりました。しかし、うつ病の職員への関わり方が分からないという声も、度々聞かれます。

本書を執筆した吉野聡医師、宇佐見和哉医師は、東京都の健康管理医として、心の病気を抱える職員がより円滑に職場復帰するため、本人や所属職場からの疑問に答えてきました。

このアドバイスが随所に散りばめられているのが本書であり、疾病の説明だけでなく、働く人がうつ病になったらどうすれば良いかが示されています。

吉野医師からの例えで、肉離れを起こしたマラソン選手は、初めは治療に専念し、回復段階に応じて徐々に負荷をかけていき、復帰してからもしばらくは再発に注意するのであり、働く人のうつ病も同じようなステップを踏んでいく、という話があります。

本書では、より具体的に要治療期、リハビリ期、職場環境調整期、再発予防期の4段階ごとの目標と課題が示されています。

また各段階で本人自身をはじめ、職場や家族がとるべき役割も説明されています。

身体の病気やけがと比べ、心の病気の回復のためには医学的治療だけでなく、本人の認知・思考のスタイルを改善することや、復職時の環境調整も大事です。

心の病気により職員の遂行能力が低下したための社会的損失は大きく、不適切な対応で本人も周りもダメージから立ち直れない残念な事例があるかもしれません。

一方、適切に関われば本人・職場の双方にメリットになることからも、職場でのメンタルヘルス対策向上は欠かせない課題です。

そして心の病気でも、身体の病気やけがと同じように、適切なアプローチでより円滑な回復が図れます。

本書はうつ病から職場復帰する道筋が示されているだけでなく、職場のメンタルヘルス対応力向上のためのヒントがたくさん詰まっており、全ての人にお勧めします。

（都共済こころの健康相談室　江藤力）

都政新報

発行所 都政新報社
〒160-0023 東京都新宿区西新宿7-23-1 TSビル
(総務・読者) 03-5330-8781
(企画広告) 03-5330-8784
(編集) 03-5330-8786
(出版) 03-5330-8788
(ファクス) 03-5330-8808
購読料 月1,730円(税込)
毎週火・金曜日発行
ただし、祝日は休刊
©都政新報社 2017

紙面から

築地市場
未知数の土壌汚染に動揺
都が青果門付近で調査へ

かつて米軍のドライクリーニング工場や海軍造兵廠などがあった場所に開設された築地市場。豊洲新市場の土壌汚染問題が解決しない中、築地にも土壌汚染の疑いがあると都が公表したことで業者に動揺が広がっている。今後、築地で土壌汚染が確認された場合、環状2号線の建設や築地市場の売却にも影響を及ぼす恐れがありそうだ。

＝4面に関係記事

環状2号線の建設現場で土壌汚染の疑いのある場所もある＝昨年9月23日、築地市場で

東京魚市場卸協同組合（東卸）の早山豊理事長は、1日の会見で困惑した表情を浮かべた。記者から築地市場の土壌汚染の疑いがあることへの見解を問われたためだ。早山氏は、土壌汚染の疑いが問題視されると、築地で日常的に営業するのが困難になりかねず、「困った問題になる」と吐露した。

土壌汚染の疑いは、築地市場の敷地の一部のみである。例えば、米軍のドライクリーニング工場には有機溶剤「ソルベント」のタンクがあり、土壌に残留している可能性がある。また、兵器を製造した海軍造兵廠もあり、鉛などが検出される恐れもある。さらに、場所は特定されていないが、米国の水爆実験で第五福竜丸が被曝した際、水揚げされたマグロなどが埋められており、都庁内から「豊洲よりも危険ではないか」と危惧する声がある。

小池知事は、築地市場の地面はコンクリートで覆われているので安全性に問題はないと説明するが、築地の青果門付近で実施している環状2号線の建設工事への影響が懸念される。この近くには現在も都の衛生検査所があり、築地で扱う食品に含まれる添加物、残留農薬、水銀などを検査するために薬品を使っており、同検査所の下水道管が青果門に向かって敷設されている。衛生検査所は「害を与える有機溶媒などは専門業者に処理を委託し、それ以外は中和したり、薄めたりした薬品を下水管に流している」と述べた。

都は東京五輪後に築地市場地下で環2のトンネル整備を始め、それまでは豊洲移転後に築地市場内と築地川沿いに青果門などから築地大橋までの暫定道路を整備することから、青果門付近の土壌汚染の有無を調査する予定。環2を所管する建設局によると、有害物質が低濃度であれば、「慎重に土を掘って搬出する対策を取る」と話した。

一方で築地の土壌汚染は豊洲移転後の財政状況にも影響を与える可能性がある。中央卸売市場は環2の建設予定地の売却益を370億円と見込んでおり、環2の土地の評価額をベースに築地市場の売却の概算額を算定すると4586億円で、土壌汚染と埋蔵文化財の調査費を差し引くと4386億円となる。だが、中央卸売市場は築地の売却で敷地内を調査した結果、土壌汚染が確認されると、「土地評価に影響を与える可能性がある」との考えを示し、売却の概算額が絵に描いた餅になることを警戒する。

不明瞭な両市場の違い

【解説】築地の土壌汚染が問題になるのは今回が初めてではない。2009年の都議選で豊洲移転中止を掲げた民主党が第一会派に大躍進し、晴海地区に市場を仮設して築地を再整備する案などを提案した。だが、築地で土壌汚染の調査を行い、有害物質が検出された場合、コスト膨張や工期長期化が想定され、最終的に築地再整備案は実現しなかった。

築地市場の土壌汚染は未知数だ。環2の建設に向けて、都は今後、青果門付近で汚染の有無を調査する予定だが、基準値を超える有害物質が検出された場合、ドライクリーニング工場や海軍造兵廠などがあった場所での汚染の有無に関心が集まるのは避けられない。

都が築地で土壌汚染の疑いがあると発表した後、小池知事は2月28日の代表質問後に「築地はコンクリートでカバーされ、安全性に問題はない」と述べ、火消しに走った。

その上で、地下水から基準値を超える有害物質が検出された豊洲と同一視しないよう警鐘を鳴らした。

コンクリートで覆われているのは築地も豊洲も変わりがない上、豊洲では地下水の有害物質が気化して大気中で検出されていないのに、地下水を問題にして築地と豊洲を区別する理由が判然としない。小池知事が築地に固執していることがうかがえるが、築地と豊洲の安全性を巡る明確な違いを都民や市場業者に分かりやすく説明することが求められている。（石）

都議会一般質問
豊洲新市場の安全性 知事と自民に隔たり

小池知事は2日の都議会一般質問で、土壌汚染に関し、「コンクリートやアスファルトで覆われており、法令上の問題はなく、人の健康に影響を与えることもない」との考えを示した。自民党の川松真一朗氏の質問に答えた。

一方、小池知事は豊洲新市場の安全性について、「法令上の措置はしている」としつつも、安全・安心が確保されているとの認識を示さず、「食の安全・安心が確保された市場の実現」を目指すと話した。

自民党の高木啓幹事長は一般質問後、「（豊洲で）地下水の利用は全く想定されていない。地上と地下は分けて考えるべき」と主張し、土壌汚染対策法上の処置は適切に実施しているとの考えを示した。

専門家会議の平田健正座長が1月の会合で「地上は安全」と指摘し、地上と地下を切り離すべきと述べていたのに対し、知事は1月の会見で「地下と地上を分けるのを理解いただくのはなかなか難しい」と話していた。

都議会特別委
豊洲地下水調査で業者に異なる指示

都議会の豊洲市場移転問題特別委員会が4日に開かれ、豊洲の地下水を調査した業者を参考人招致し、都が過去8回と9回目で異なる検査方法を指示していたことが分かった。過去8回の調査では、観測井戸にたまった地下水を取り除く「パージ」を行った翌日以降に採水していたが、9回目はパージ当日に201カ所の井戸の大半で採水した。このうち1カ所は「パージ」した地下水そのものを分析したが、有害物質は検出されなかった。都はスピードを優先したと説明している。

石原元知事会見
豊洲移転「みんなで決めた」
小池知事の責任追及も

石原元知事が3日、都内で会見を開き、豊洲への市場移転決定当時の最高責任者として自身の裁可責任を認めるとともに、「迷走、混乱に対する責任は今の都知事にある」と移転延期を決断した小池知事を批判した。一方で、市場移転の決定そのものは「都庁全体の責任」であるとして、自身の判断については「専門外だった」「部下に任せていた」などの釈明を繰り返した。

市場移転については、「私が知事に就任する以前から、都の関係部局では豊洲地区以外で移転先の適当な候補地がないとの考えで一貫していた」と説明。関係部局や専門家会議、都議会など「みんなで決めたこと」と話し、責任は「都庁全体にある」とも話した。

都は2011年に東京ガスと協定書を結び、同社に土壌汚染対策費用の負担を求めない「瑕疵担保責任の放棄」を取り決めている。この契約について石原氏は「部下を信頼して、言われるがままにうなずき、判子を押した」と釈明した。

一方で、豊洲新市場には危険はないとして、早急に移転を進めるべきと主張。「移転しないならそれを（住民訴訟で）告発すべきだと思う」と知事の責任に言及した。

都幹部は「『専門家ではない』というのは現職時からの常套句」と説明し、釈明に意外性はないと話す。「取材して裏を取っていればもっと指摘ができたはずだが、記者の質問が十分ではなかった。百条委でも石原氏のスタンスは変わらないので、都議会は相当準備してかからないと、何も成果が得られないのではないか」と懸念を示した。

前川区長「とばっちり」 石原氏会見内容に反論

前川燿男練馬区長は3日に会見を開き、同日の石原元知事の会見で自身が「浜渦元副知事の後に交渉に携わった」などとされたことに反論した。

前川氏は東京ガスと都が交渉を行っていた2002年から知事本局長を務め、05年に退職後、東京ガスに再就職していた。都と東ガスが瑕疵担保責任の放棄で合意したのは退職から6年後の11年。

前川氏は、退職後は交渉に携わっていないと明言した上で、05年当時から石原、浜渦氏との関係が悪化していたと説明。一部報道で「豊洲問題の戦犯」などとされることについて、「とばっちり。いい加減にしてほしい」と憤りを見せた。

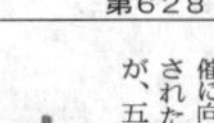

小池流改革 ⑧
2017年度都予算案

五輪準備
求められる機運盛り返し

「コンパクトな五輪」から「世界一の大会」、そして「サステイナブルな大会」へ――。残り3年に迫る東京五輪は、招致決定から既に3人の知事が準備に関わり、その都度、方針が変遷してきた。選手村周辺に競技施設を集中させる当初の計画から、他県も含めて会場を分散させる方針へと転換し、総経費の膨張も問題視されている。

来年度予算案で、五輪開催に向けた準備として計上されたのは483億円だが、五輪関連施策は昨年末の実行プランで「分野横断的な施策」として扱われ、新年度予算でも関連事業が各局の予算にちりばめられている。どの事業を「五輪関連」とするかによって五輪の予算額は変動する。

例えば、各局を横断する取り組みの一つが、五輪開催を見据えた外国人受け入れ環境整備だ。テーマの一つが多言語対応で、都庁ホームページや文化財周辺の説明などは外国語表記が浸透しつつあるが、分かりづらいとの意見が寄せられている。

都の観光振興有識者会議の委員を務める㈱小西美術工藝社社長のデービット・アトキンソン氏は「英語として文法的に正しくても、中身が無茶苦茶なものもある」と指摘し、日本語を直訳するのではなく、ネイティブなライターによる執筆が必要だと話す。

多言語対応は管轄が建設局や交通局、産業労働局といった各局に分かれており、現時点で多言語化の基準などを方針転換する動きはないが、「直訳で分かりづらい」との指摘は受けている。各局の担当者間で情報を共有しており、各セクションで対応していく」（五輪準備局総合調整部連携推進課）予定だ。

また、新年度予算で3千万円を計上し、「都市鉱山で五輪メダルを作る」と知事が積極的に取り組む小型家電回収事業は開催準備費に盛り込んだが、所管するのは五輪準備局ではなく環境局であり、廃棄物の回収は区市町村が行うもの。都庁での回収も新宿区の協力があってこそであり、来年度は更に多くの自治体の協力を得ることで範囲を広げていく。

一方で、海の森水上競技場などの施設整備見直しによる削減額は設計変更などの手続きが必要なため反映されておらず、会場整備費が前年度比100億円減の432億円となったのは、用地所管換経費の減などの影響が強い。「大会そのものをサステイナブルにする」と宣言する小池知事の成果が表れるのはこれからと言えそうだ。

■「無駄」と「必要経費」

五輪を契機とした取り組みは、大会後もレガシーとして残る。都幹部は「大会という期限が決まっているものの、環境整備などは都が行うべき取り組み。いわば先行投資だ」と説明する。知事が言う「コストではなくインベストメント」とはそうした後利用を踏まえた考え方だが、「持続可能な大会」を目指すために経費の抑制は大きな課題だ。4会場の見直しも、その意味では前進だった。

一方で、徹底した経費抑制とともに同時に達成しなければならないのが機運醸成だ。都議会からは「組織委や国との確執によって、五輪に向けた機運が盛り下がっている。もう一度、一致団結して大会成功を目指す雰囲気を作らなければならない」との声が上がる。

小池知事は2月22日の施政方針表明で、他県の仮設競技場整備については「都も負担することを排除せず検討する」との立場を示した。これまで経費削減を訴えてきたことで「前進がない」との批判も浴びたが、「国と組織委との3者協議も含め、都が先導しようという意思の表れだ」（都庁職員）と説明する。

無駄はとことんまで削り、必要なものは積極的に負担する。大会成功に向けて、大所高所に立った「賢い支出」の実行が求められている。

IOCのデブリーフィングで、サステイナビリティーの重要性を訴える小池知事＝16年11月28日

冗句ジョーク

小池知事、石原元知事の相次ぐ記者会見に都民の受け止め方も多種多様

「座右の書の違いだな」――書籍評論家

小池現知事「失敗の本質」
石原元知事「成功の本質？」

都政の東西
多様性と包摂

ダイバーシティ&インクルージョン。直訳すれば、多様性と包摂だ。この二つを区政の中心に据える渋谷区は先月、基本計画を策定し、こう記した。「多様な人々の『ちがい』を受容し、個々の能力（『ちから』）を引き出すことのできる街こそが、未来にわたって発展し続けていける」

現代社会は誰しもが他者からの「承認」を欲求する時代だ。なぜ人々は承認を欲するのか。近代以降の歴史的背景を整理したカナダ出身の政治哲学者、C・テイラーは、社会的な階層秩序の崩壊と、それに伴う「自分が何者か」という問い、つまりアイデンティティー問題の内面化の二つに要因を見いだした。こうして現代人は自らのアイデンティティーの承認を積極的に他者に求める必要性に迫られる。

渋谷区の「ダイバーシティ&インクルージョン」を象徴するのが性的少数者（LGBT）支援の取り組みだ。日本の人口の7・6%がLGBTだという民間調査結果もあり、これまで政策課題に上らなかったこと自体、不思議なくらいだ。だが裏を返せば、1970年代を中心とした女性解放運動のウーマンリブよろしく、LGBT当事者が「承認せよ」と声を上げ、社会がそれを受容したからこそ、可視化され、一部の自治体が応え始めたのだ。

それでもこの問題が難しいのは、必ずしも支援を必要としない当事者もいるということ。NPO法人虹色ダイバーシティの橋本竜二さんは「『カミングアウトがいいこと』という風潮は疑問。どう思うかは個人の気持ち次第だ」と語る。一括りにせず、LGBT内の多様性を承認してこその「ダイバーシティ&インクルージョン」なのだろう。

守れ！都市農地

経営や人材確保をサポート

都市農地を有する区で保全に向けた支援が活発化している。15年度に都市農業振興基本法が制定され、都市農業の重要性を評価する機運が高まる反面、経営面や人材面などが課題となり、23区の都市農地面積は減少の一途をたどる。こうした中、練馬区は新年度予算案で観光農園やマルシェイベントなどへの支援事業を拡充。板橋区は基礎的な農業技術を指導する農業体験学校の開設を計画するなど、農地保全の取り組みが広がっている。

摘み取り体験を楽しめる練馬区内の観光農園。年間約3万人が訪れるという＝練馬区提供

練馬区　観光農園を支援
板橋区　基礎学習の場を

23区で最大の農地面積を有する練馬区では、区内31カ所のブルーベリー農園を中心に、キウイフルーツやミカンなどの摘み取り販売を行う観光農園約40カ所と果樹直売所約60カ所を「練馬果樹あ る（カジュアル）ファーム」と位置付け、支援を拡充する。来年度は、苗木作りや来場者向け通路の整備などの経費を一部補助し、将来的にイチジクやカキなど収穫できる果樹を増やすとともに、紹介冊子を作成するなどPRを強化する。

また、生産農家が主催するマルシェ（販売）イベントを支援する「ねりマルシェ」事業も拡充。来年度は今年度の10カ所22回を上回る実施を目指し、生産農家に開催を働き掛け、区ウェブサイトなどでイベント情報の周知を進める。

区都市農業課によると、10年1月に249・4㌶だった区の農地面積は15年1月には215・6㌶に減少。バブル期と比較するとペースは鈍化しているものの、減少傾向が続いているという。営農者数は07年度の1178人から14年度には千人を下回り、16年度には910人に減少した。

浅井葉子都市農業課長は「農地、農家数いずれも減少傾向が続いているが、裏を返せば、資産目的で農地を保有していた農家が淘汰され、やる気のある営農者が残ったと言える。農家の経営力向上を支援し、その恩恵を区民や来街者にも感じてもらいたい」と語る。

他方で、担い手不足の解消に乗り出したのが板橋区だ。農業の基礎技術を指導する農業体験学校の18年度開設に向け、17年度予算案に基礎学習農園の整備費など2280万円を盛り込んだ。

区によると、区内37カ所の区民農園は申し込み競争率が最高2・59倍で人気が高い反面、区内営農者数は、05年度の408人から10年度は340人、15年度は170人と減少に歯止めが掛からない状態が続いている。

こうした状況を受け、区は16年度から10年間を期間とする産業振興構想にこれまでは盛り込まれていなかった都市農業分野を新たに位置付け、計画的に後継者対策に乗り出す方針を明確化。将来的に農業経営や専門技術を学べる都市農業公園を整備することを目標に、まずは担い手となり得る人の裾野を広げるため、農業体験学校の開設を決めたという。

区の農業施策を担当する糸久英則赤塚支所長は「深刻な後継者不足への対策を進める上で、従来の血縁関係頼みのやり方は通用しない。農業への関心を担い手づくりにつなげるには、息の長い取り組みが必要」と話している。

葛飾区　旧職員寮を宿泊施設に

民活で観光活性化

葛飾区の旧職員寮が宿泊施設に生まれ変わり、18日にオープンする。区の低未利用施設を民間事業者に貸し付けてリノベーションし、観光拠点として地域活性化につなげるのが狙い。

部屋の造りは生かし、旅行者の楽しめる空間を創出した＝3日、葛飾区で

施設名は「SHIBAMATA FU-TEN Bed and Local」。18日に開業する部分の客室数は33部屋、定員74人。料金は1人当たり4千円～5500円と、低予算の旅行を考える宿泊者や海外バックパッカーらの集客を見込む。

構造部はそのまま残し、各部屋の入り口部に土間を設けるなど、日本の家屋や街並みをイメージした内装を採用することで、地域との連続性を意識した造りとした。

旧職員寮は2005年に廃止して以降は倉庫として活用していたが、築40年が経過し、新たな活用策を検討していた。区は観光施設への転用を見込んで、総務省主催のリノベーション提案競技に参加。㈱R.projectが運営を受注した。区が事業者に15年間賃貸借し、年間1062万円を徴収する。

区政策経営部の生井沢良範課長は、公共施設管理について「区が抱える470以上の公共施設を十分に使い切る体制を構築する必要がある。いかに区民サービスを提供するかの観点から事業手法を選んでいく」と話す。

中央区　カプセルホテル規制へ

銀座、地元の意向受け

中央区は地元団体などの意向を受け、銀座地区でのカプセルホテルの開設を規制するため、同地区の地区計画を変更する方針を固めた。対象地区は銀座1～8丁目で、今月末までに都市計画原案の公告・縦覧を行う方針。7月の告示を目指す。

原案では、ホテルの宿泊室内の床面積基準を新たに定め、一室の定員が3人以上の場合、定員が1人増えるごとに面積を5・5平方㍍大きくするように規制する。

基準を定めるに当たっては、国際観光ホテル整備法の規定を準用。同法施行規則では、定員1人の宿泊室の面積を9平方㍍としているが、2人以上の場合は一律13平方㍍としており、定員3人以上の基準を独自に定めた。

併せて区は、騒音防止や地域の交流スペースを増やすため、ロビー面積が狭小なホテルや、事実上のラブホテルに対する規制も設ける。ロビーが1階以外にあったり道路に面していなかったりする建物や、ロビー面積が宿泊室の合計定員に対して10分の4を下回る建物の建築を禁止する。

カプセルホテルを巡っては、銀座通連合会や地元町会などで構成する全銀座会などから、「銀座の魅力ある街並み形成に反する」と懸念の声が上がっていた。同地区には現在、2軒のカプセルホテルがあるという。

松村秀弦地域整備課長は「地元団体との協議を踏まえ、今回の規制に踏み切った。商業の街として美しく個性ある街並みの形成に向け、良質なホテルの誘導を促していきたい」と話している。

カプセルホテルを規制する区域

内堀通り　有楽町　日比谷公園　外堀通り　中央通り　昭和通り　新大橋通り　晴海通り　新橋　銀座1～8丁目

記者席

印象の悪さ残した会見だが

○…責任回避とも取れる発言から集中砲火を浴びた石原氏の3日の会見。「座して死を待つつもりはない」と意気込んだが、言いたかったことは移転を止めている小池知事の不作為という一点のようだ。ただ、移転の決定が築地再整備の検討結果、市場審議会の答申、土壌処理についての専門家会議の回答などの総意に基づいていたのはその通りで、当時を知るOB幹部職員からは「印象論はともかく、言いたいことは述べたのでは。本来は賛成してきた自民や公明が言うべき話」との声も聞かれた。政局優先、決断先送りの姿勢についても、しかりだ。

○……奥多摩の山中を歩いていると、よく東京都レンジャーの注意書きを目にする。「凍結時は滑りやすくなります」「ここを直進しても駅まで出られます」など、マニアックな道にもあって驚かされる。都レンジャーは石原元知事が作った制度だ。発起人でもある登山家の野口健氏はブログで、石原氏が辞める前にレンジャーを責任ある「専門委員」の立場にしたが、舛添前知事は非常勤職員に戻してしまい、「現場を大切にしない判断に大変失望した」と嘆く。小池知事は環境相時代にレンジャー制度を作り、「現場を守るレンジャーの重要性をよく理解している」と期待する。さて、石原銘柄の行方は。

○……第二次世界大戦後の混乱期にソ連占領下のドイツのヴリーツェン市で献身的にチフスの治療に当たった末、自身もチフスにかかって37歳の命を閉じた八王子市出身の医学者・肥沼信次博士。両市は博士の功績を称え、八王子市の市制100周年記念を機に海外友好交流協定締結に向けた話を進めている。

8日は博士の没後71周年の命日。ヴリーツェン市では慰霊式が行われる。日本でも八王子市内で追悼行事が行われ、遺族である博士の弟・栄治氏の次女とともに博士をしのぶ。博士とヴリーツェンの絆を描いた絵本の中学校への贈呈や創価大学学生らによる博士の生涯を描いた演劇『71年目の桜』も上演される。今、博士が残した足跡が多くの人を突き動かしている。

子供の貧困

横綱相撲　分析　23区新年度予算案②

自己責任から自己実現へ

「この問題への取り組みは、決して低所得者対策ではない。『貧困』と『貧乏』は違う」。子供の貧困施策でいち早く個別計画を策定した足立区の秋生修一郎子どもの貧困対策担当部長はこう述べる。

近年、にわかに社会問題化し、自治体の政策課題に急浮上した「子供の貧困」。どの自治体も急ごしらえで施策立案に奔走しており、23区も例外ではない。新年度予算案でも部局横断的な取り組みや施策の方向性を打ち出す区が多く出始めた。

だが、「貧困」という言葉を直接用いている区は少ない。誤解を招く恐れがあるからだ。

「貧しくて生活が苦しいこと」「乏しく欠けていること」——「貧困」という言葉を広辞苑で引くと、こう説明がある。この二つ目の定義が「貧困＝貧乏」を連想させる。

足立区が「乏しく欠けている」と想定するのは、フランスの社会学者、ピエール・ブルデューが提唱した▽経済資本（お金など）▽文化資本（言葉づかいや学歴など）▽社会関係資本（地域社会との信頼関係など）——の三要素。こうした背景から子供の貧困対策は、経済的な支援だけでなく、人とのコミュニケーションの取り方や居場所づくりなど、地域ぐるみでの取り組みをセットで進める必要があり、まさに総力戦での対応が求められる。区は新年度、6歳児への虫歯予防対策や、中学校入学の就学助成の前倒しなどを新たに実施する方針だ。

足立区に続き、月内にも個別計画を策定予定の大田区。貧困の連鎖を断つために、地域ぐるみで対応に当たる「社会的包摂」という概念を旗印に掲げ、新年度は地域への意識啓発に力を入れる。担当職員による勉強会や、学識経験者を交えた講演会などを予定するとともに、区職員への研修も行う。

福祉部の石川里香子ども貧困対策担当副参事は「『子供の貧困』に対するイメージは人それぞれ。地域の力で子供たちの未来が明るくなるよう、この問題への共通意識の醸成に努めていく」と力を込める。中長期的には、区に総合窓口機能を持たせた地域社会のネットワーク体制を構築する考えだ。

個別計画に関しては、北区も月内に策定予定。墨田区は新年度予算案に380万円計上し、都が実施した「子供の生活実態調査」のデータを詳細分析して計画を策定する。

広がる学習支援

2日、江戸川区はひとり親家庭全7千世帯に対し、学習支援事業の案内などを入れた封筒を発送した。

江戸川区は昨年3月、「〝子どもが輝く未来〟に向けて」と銘打ったプランを策定。子供施策の方針を整理し、学習環境の充実を柱の一つに据えた。

これに伴い、区は今年度、対象別に七つの学習支援事業を開始したが、新年度は新たにひとり親世帯向けの2事業を追加するとともに、会場の拡充も図る。また都が実施する「子どもの居場所創設事業」を活用し、23区では初となる公共施設での居場所づくりにも乗り出す。

区児童女性課は「自己肯定感が低い子や、人とのコミュニケーションの仕方が分からない子もいる。ただ、事業を進める中で確実に笑顔が増え、活気が出てきた。今後もいろいろな大人と関わって人間性が広がるような支援をしていきたい」（担当者）と話す。新たな居場所事業では、キャリア教育やワークショップにも力を入れる方針だ。

品川区が13年度から開始した学習支援事業。自己実現につなげるのが狙いだ

学習支援事業は江戸川区に限らず多くの区で取り組んでいる。

品川区は2013年度から、ひとり親家庭の小学4年生～高校生を対象に、月2～3回の学習支援を実施しているが、新年度は大学などへの進学を目指す高校生を対象に、学習支援ボランティア付きの自習室を開設する。予算額は432万円。場所はJR大井町駅前の区立総合区民会館「きゅりあん」の一室で、平日の午後6～8時に行う。

子供食堂のネットワーク構築支援なども始める方針で、廣田富美恵子ども家庭支援課長は「区で実施している他の事業との整合性を図りながら、ゆくゆくは学習支援や子供食堂などを融合させていきたい」と展望を語る。

「自己責任でなく自己実現できるよう、支援を続けたい」。そう話すのは、品川区や江戸川区をはじめ7区の学習支援事業を受託しているNPO法人キッズドアの西山太郎事業開発部長だ。号砲が放たれたばかりの子供の貧困対策。支援を受けた子供たちが支援する側に立つような「負の連鎖の反転」に向け、各区の取り組みは続く。

敬老事業再構築　検討会設け課題抽出

千代田区

千代田区は来年度、敬老事業の再構築に着手する。公募区民らで構成する検討会を立ち上げ、約1年かけて課題を抽出して改善方針をまとめ、2018年度からの新事業実施を目指す。高度経済成長期から続く制度を見直し、超高齢化社会に合った事業とする考えで、拡充か削減かの方向性を含めて検討する。

再構築の対象となる敬老事業は、▽敬老祝金の贈呈▽敬老入浴券の交付▽敬老会の開催——の3事業。いずれも高齢者の外出促進などを目的としているが、現状との隔たりが見られるという。

検討に当たっての視点の一つが事業の執行率だ。例えば、公衆浴場を無料で利用できる「敬老入浴券」は65歳以上の区民で希望する人に年間最大44枚を交付しているが、15年度の対象者1万1272人のうち交付申請者率は57・4％で、使用率は43・6％。実際に使っているのは交付対象者全体の4分の1に過ぎないのが実情だ。

75歳以上の節目に支給している「敬老祝金」はほぼ配布できている一方で、「交付金よりも高齢者施策の充実を」と辞退する声が一部で上がっている。また、マンションが増え、町会単位での配布が負担になっているとの意見も出ているという。

高齢介護課では、「既存制度には賛否両論がある。誰もが公平に、利用しやすい制度にしていきたい」と話している。

臨時福祉給付金を非対象者に誤支給

杉並区

杉並区は2日、臨時福祉給付金を給付対象ではない38人に誤って支給したと発表した。誤支給総額は17万4千円で、区は対象者に電話で謝罪し、納付書を送付して返金を呼び掛ける。

臨時福祉給付金は個人住民税（均等割）の非課税者に3千円、障害・遺族基礎年金受給者に3万3千円を支給しているが、扶養親族がいる場合は給付対象外となる。区保健福祉部によると、区の委託事業者が作成した給付対象者のシステムプログラムにミスがあり、区外に扶養親族がいるケースを扶養親族なしとしてデータ作成していた。2日に事業者が区に連絡して発覚し、システムは改修済みという。

区保健福祉部では、「事業者に検証テストの徹底を求めるとともに、区として事業者との連携を密にして再発防止に努める」（臨時給付金担当）としている。

防災行政無線
難聴対策に地域性
簡易受信機貸与や受信状況調査

地震などの災害時、区市町村は防災行政無線を放送するが、音声が聞こえにくい難聴地域も多い。そうした中、土砂災害警戒区域を多数抱える青梅市は簡易受信機（トランシーバー）の無償貸与を進めている。大型マンションの開発などで新たな難聴地域が発生している自治体もあるが、屋外スピーカーの増設には地域の合意も課題となる。稲城市はラジオタイプの戸別受信機による受信状況調査を行い、効果を見極めたい考えだ。東日本大震災から11日で6年を迎えるのを前に防災行政無線の難聴対策の現状を探った。

スピーカー増設は合意に難しさも

青梅市は2017年度当初予算案に防災行政無線の整備として402万円を計上した。防災無線の難聴地域対策として、山間部を抱える成木地区の100世帯に簡易受信機を無償貸与する予定だ。

同市では、10年度から防災行政無線のデジタル化を進め、13年度に完了した。それでも住宅の高気密化や大雨などにより、聞こえにくい状況は依然として残っている。スピーカーも増設してきたが、「いわば迷惑施設で、建てたいところに建てられない」（防災課）現状がある。

放送内容を繰り返す電話応答サービスも導入済みだが、電話の利用を周知しても、高齢者にはなかなか浸透しない。

そんな中、簡易受信機の無償貸与は16年度の予算で平溝地区の70世帯分を初めて予算化した。防災課は「今後も地区ごとに入れていきたい」と話す。同市には山間部に土砂災害警戒区域が多く存在する。居住者の安全を確保するためにも、「早急な取り組みが必要」としている。

丘陵地が市域の半分以上を占める稲城市では、山を切り崩した宅地造成や開発が進む。市内57カ所にスピーカーを設置しているが、スピーカーからの距離や地形に限らず、特に住宅の高気密化の影響で、難聴地域は市内全域でみられるという。同市では15年度にデジタル化が完了。それに先立つ14年度からは防災行政無線の無料のテレホンサービスも実施している。放送内容が地域の広報などの場合には利用は少ないが、台風などの非常時には100件を超す利用がある。

だが、「電話サービスは外の放送を耳にして、自分から電話をかけない限り、聞くことができない」（防災課）。スピーカーが鳴っても屋内では気が付かない場合もある。同市は中継局やスピーカーの増設をする一方で、ラジオタイプの戸別受信機の配備を想定して、市内全域で受信状況調査を行っている。15年度には209件、16年度も10台の戸別受信機を使って、ほぼ同規模で実施中だ。

■市街地の悩み

一方、市街地が広がる国分寺市では、近年の大型マンションの開発などによって、新たな難聴地域が生じている。市防災安全課は市内41カ所あるスピーカーの調査をした結果、約10カ所で難聴が判明した。そのうち国分寺駅周辺など5カ所では実際に住民から聞こえにくいとの訴えがある。同課は年1回の保守点検を実施。スピーカーの出力を上げたり、向きを変えたり、調整をする一方、スピーカーの増設も視野に入れる。デジタル化に向けた準備をしつつ、「今後、スピーカー設置の同意を得られるよう、地域に出向いて説明していくことになるだろう」と話す。

同市でも他市同様、放送内容を電話で聞くことができる防災無線ダイヤルインやケーブルテレビと協力し、有料で防災行政無線を配信するサービスを行っている。「難聴対策はトランシーバー的なものによる戸別対応が一番かもしれないが、難聴地域だけの配備では不公平感もあり、全世帯対応が望ましい。一方で、若い世代が防災行政無線にどれだけ頼っているか未知数な部分もある」と悩ましさを語る。

土砂災害警戒区域や多摩川の氾濫のおそれがある地域などに比較すると避難勧告を出す確率も低い。多摩地域は、都市化が進んだ住宅密集地の平坦部から急傾斜地を含む丘陵部や山間部など様々で、防災行政無線の難聴対策も地域性に応じた対応が求められている。

市町村 17年度予算案

武蔵村山市
都市核地区に約16億円
一般会計規模、過去最大

武蔵村山市は2月24日、一般会計が過去最大となる2017年度当初予算案を発表した。小中学校冷房化など施設整備で普通建設事業費が大幅に増えたのが規模拡大の要因。六つの特別会計を合わせた総額も過去最大。

藤野勝市長は介護や障害者関連経費が増えているとし、「かつてないほど厳しい予算編成で、生みの苦しみを味わった」と述べた。力を入れた点として、多摩都市モノレールの延伸に関連し、多額の予算を投入している特別会計での区画整理事業や昨夏の台風被害を受けての雨水対策などを挙げた。

都市核地区土地区画整理事業は、多摩都市モノレールの上北台駅から箱根ヶ崎までの延伸を見越し、新駅が予定される榎地区周辺の土地区画整理事業を進めるもので、同事業特別会計で事業費15億9060万円を計上した。建物移転調査費や道路築造などに充てる。

同市では昨夏の台風9号で床上5軒、床下15軒の被害が生じた。雨水対策として、市道B－7号線など3路線で3678万円を盛り込み、道路下に雨水浸透槽を増設する。

16年度から18年度にかけてマンホールトイレを全小中学校や市民総合センターなど計15カ所に75基設置する計画で、来年度は小中学校など5カ所に設置する。下水道事業特別会計での予算額は3200万円。

性質別の歳出は、消費的経費の扶助費が5・3%増の107億2179万円。投資的経費では普通建設事業費が67・1%増を見込み、13億7546万円。歳入では、市税が0・7%と微増。国庫支出金と都支出金は補助金を伴う扶助費関連経費の増が影響し、それぞれ8・6%、2・8%伸びた。

一般会計＝275億1654万円（前年度比2.7%増）	
主な事業	
都市核地区土地区画整理事業	15億9060万円
温泉施設大規模改修	1億2534万円
市道への雨水浸透槽設置	3678万円
マンホールトイレ設置	3200万円
児童館親子ひろば事業	70万円

日野市
学生の団地居住で活性化
法人市民税が34・8%減

日野市は2月27日、2017年度当初予算案を発表した。4月の市長選を控え、次期市長のための政策予備費として3億円を計上。骨格予算となっている。大坪冬彦市長は「様々な分野で若者の力を日野市の力に変えていく施策を展開する」と語った。

その一つが明星大学と連携した地域活性化事業。高齢化率が40%を超える高幡台団地の3部屋を利用して、同大の新2年生が住むシェアハウスとし、1部屋当たり月額3万円を補助する。108万円を予算化した。団地内で行われるイベントに学生が参加し、手伝うことを通じて地域全体の活性化につなげる効果を期待する。

生活困窮世帯の子供たちの居場所や学び合いの場は15年からスタートして現在3カ所あり、週2回の中学生を対象にした高校進学を目指した学習支援と夕食の提供、同じく週2回の小・中・高校生を対象にしたコミュニケーション能力の育成や社会習慣、学習習慣の定着を目指した支援、夕食提供を行っている。17年度は1カ所を増設する。3175万円を計上した。

（仮称）旭が丘公共施設の整備には8368万円を盛り込んだ。地域住民の集会室機能のほか、晩年を旭が丘地区で過ごした作詞家の巽聖歌の資料展示なども予定する。

新可燃ごみ処理施設周辺環境整備には1億3626万円。新施設へのごみ搬入車両の専用路の整備や公園整備などに充てる。児童館・学童クラブの充実では、児童館運営業務委託で夏休みの開館時間の拡大などを実施する。

歳出性質別では、扶助費が生活保護費の増などで5・1%増加。歳入では法人市民税が円高による大手企業の収益減などで34・8%の減を見込み、市税全体では1・6%の減となる見通し。

一般会計＝612億6000万円（前年度比0.4%減）	
主な事業	
児童館・学童クラブ充実	6億680万円
新可燃ごみ処理施設周辺環境整備	1億3626万円
（仮称）旭が丘公共施設整備	8368万円
生活困窮世帯の子供の学習等支援	3175万円
明星大学学生の団地居住補助	108万円

羽村市
組織横断的に発達支援
過去最大規模も法人税減

羽村市は2月24日、2017年度当初予算案を発表した。一般会計規模は過去最大だが、法人市民税は15・6%減の見込み。並木心市長は「企業が出ていくなどあるが、市内企業は上方修正への意欲もある。シティープロモーションや中小企業の誘致策など新しい施策を組み込む中で頑張っていける」と説明。事務事業の見直しや職員の意識改革も含めた人材育成、市内の多様な担い手との連携に力を入れたいとし、「行財政改革の指針に基づいて、必要なものは行い、不必要なものは削っていく」と話した。

発達支援体制の構築には3926万円を充てる。乳幼児期から成人期まで切れ目のない発達支援を目指し、保健・医療、福祉、教育などの各分野が連携して組織横断的な体制を構築する。特に就学前の0歳児から5歳児での支援で日常生活の困難さが改善されるケースもあり、臨床心理士2人が幼稚園や保育所に就学前の巡回相談に赴くほか、3カ月から4カ月児健診時の心理相談を開設する。

シティープロモーションの実施は、予算額1126万円。市の魅力を発信するイベントの開催や専用サイトのサーバー使用料、公式キャラクター「はむりん」の絵柄入りのオリジナルナンバープレート作成などを予定。市観光協会の組織・機能強化では、4月からの一般社団法人への移行に伴い、職員人件費やウェブサイト管理費などに784万円を盛り込んだ。

羽村駅西口土地区画整理事業は特別会計で10億170万円、羽村市動物公園は開園から39年が経ち、老朽化した管理棟や外柵の改修などに1億5377万円を予算化した。

性質別の歳出は扶助費が4・9%増、普通建設事業費が羽村駅自由通路拡幅施工委託料などの増に伴い57・1%の大幅増。歳入は市税が1・2%減で、法人市民税の減は円高基調で輸出関連企業を中心とした収益環境の厳しさなどを勘案した。

一般会計＝226億6000万円（前年度比3.4%増）	
主な事業	
羽村駅西口土地区画整理事業	10億170万円
羽村市動物公園改修など	1億5377万円
発達支援体制の構築	3926万円
シティープロモーションの実施	1126万円
観光協会の組織・機能強化支援	784万円

奥多摩町
日本一のトイレへ清掃委託
下水道などへ繰り出し増

奥多摩町は2月10日、2017年度当初予算案を発表した。若者や外国人など観光客の増加を背景に「日本一きれいなトイレのまち」を目指し、観光用公衆トイレ総合清掃委託に984万円を計上した。自治会や個人に委託していた清掃業務を一元化し、町内の事業者に20カ所のトイレ清掃を委託する。このほか、22カ所の観光トイレの改修設計などに2千万円を盛り込んだ。

少子化定住化対策では、保育料利用助成や学校給食費助成など15項目からなる子育て支援事業に加え、17年度は若者世代を対象にした若者住宅を小丹波地区に2棟4戸、大丹波地区に1棟3戸を建設する。合わせて1億8200万円を計上した。

山の日イベント事業は予算額200万円。都内で最も高い雲取山の標高2017メートルと西暦2017年の数字が合致することから記念イベントを実施する。防災では避難勧告を出した昨年8月の台風9号で目立った被害はなかったが、災害時に備え、非常持ち出し用品購入費として2860万円を予算化した。リュックサックタイプで町内の全2200世帯分を用意し、各世帯に配布する。

古里小学校水道直結化事業では約1400万円を充てる。18年度には氷川小学校で実施する予定。

性質別の歳出では、扶助費の保育所措置費が2600万円の増加。普通建設事業費では、コミュニティー施設の原生活館建設事業が4300万円の皆増。繰出金は介護保険と償還がかさむ下水道事業への繰り出しの増で3・9%の伸びを見込む。歳入では、町税が0・02%の微減。国庫支出金が臨時福祉給付金の減などで12・9%減、都支出金が市町村土木費補助金の減などで1・1%減。

一般会計＝62億円（前年度比0.3%減）	
主な事業	
若者住宅建設事業費	1億8200万円
災害時非常持ち出し用品購入	2860万円
古里小学校水道直結化	1400万円
観光用公衆トイレ総合清掃委託	984万円
山の日イベント事業	200万円

立川市のノロ食中毒
原因は「きざみのり」
都「衛生管理の徹底を」

都福祉保健局は2月28日、立川市学校給食共同調理場が調理し、提供した給食で起きたノロウイルスによる食中毒について、食材の仕入れ先に保管されていた「きざみのり」からノロウイルスを検出したと発表した。

きざみのりは、大阪市の㈱東海屋が製造したもので、2月16日の給食の親子丼に使われていた。食中毒の発生後、大阪市は製造者に回収を指導し、製造者は2016年12月10日から17年2月27日までに販売した製品を自主回収している。

製品にどのようにしてノロウイルスが感染したかの経路は、大阪市の保健所が調査しているが、これまでに製造者からのりを刻む作業を請け負った業者が素手でのりを扱っていたことや、体調が悪いのに作業をしていたことなどが報じられている。

今年1月に和歌山県御坊市で起きた集団食中毒や、2月に児童らが食中毒症状を訴えた小平市の二つの小学校でも同じきざみのりが使われていたことが判明している。

立川市は小中学校の給食などでの「のり」の使用を当面、控えると発表。2日には専門家らで構成する再発防止対策検討委員会の初会合を開き、今回の食中毒事案の概要や学校給食調理場の事業、再発防止について情報共有と意見交換した。

都福祉保健局健康安全部は「原材料の製造加工の過程では、衛生的な手袋の着用など衛生管理の徹底が不可欠」と話す。作業に従事している人は健康管理に留意し、不調などで医療機関を受診してウイルス感染が疑われる場合には、定期的に検便をし、「ウイルスが検出されなくなったことを確認することが基本」という。仮に体調が思わしくない人がいる場合には食材や調理器具に触れる作業からはずれるなどの工夫も必要と指摘する。

ノロウイルスは一度発症すると症状が治まっても数週間は便からウイルスが検出されることもある。また、体の不調を感じず、検便結果が陰性であってもウイルスを持っているケースもある。そのため、同部は「手洗いと手袋の使用を徹底し、特にトイレ使用後には丁寧に手を洗うことが必要」としている。

あきる野市

山岳連盟などと協力合意
ドローン活用の山岳救助

あきる野市はこのほど、公益社団法人東京都山岳連盟などと無人航空機「ドローン」を活用した山岳救助に関する連携・協力についての合意書を締結した。

同市と締結したのは、都山岳連盟のほか、日本山岳救助機構合同会社、ドローンメーカーのDJI JAPAN㈱、ドローンの広告販売代理店の㈱スカイシーカー。2月23日に市役所で調印式を行った。

合意内容は、山岳救助でのドローンの活用、調査研究と技術開発に関することでは、DJI JAPANが遭難救助に必要となるシステムと機器の開発などに取り組むと明記。

また、山岳救助に用いるドローンを安全かつ効率的に操作できる人材の育成に関しては、都山岳連盟と日本山岳救助機構合同会社、スカイシーカーが、正しい知識や正しい操作方法、必要な技術の習得を兼ね備えた操縦者の育成を、あきる野市の秋川渓谷戸倉体験研修センター（通称「戸倉しろやまテラス」）で行うこととしている。

あきる野市を含む５者が調印を行った＝２月23日、市役所で

合意書の締結は山岳連盟から働き掛けがあった。山岳遭難は2015年には全国で3千件を超え、死者・行方不明者も300人以上だった。行方不明者の捜索を継続して行う場合は親族の自己負担となり、多くの人手と多額の費用が必要となる。ドローンを活用すれば、広範囲を短時間で捜索することも可能で、携わる人も操縦者と記録映像を確認する人など少数で済む。市は「観光客の安全・安心にもつながる」と協力に合意した。

ドローンの操縦は住宅密集地の上空では規制されているが、あきる野市内は山林部が多く、禁止区域はごく一部。市は災害時や害獣対策などにドローンの活用を検討している。昨年10月には操縦できる職員を育てるため、パイロットチームも立ち上げた。現在、若手職員を中心に約30人が所属し、災害現場の撮影や観光PR映像撮影などの事業に生かすための操縦訓練を行っている。

都市長会

新会長に長友調布市長
新役員体制決まる

都市長会の全体会が2月27日に開かれ、5月からの新会長に調布市の長友貴樹市長の就任が決まった。長友氏は64歳。日本貿易振興会（JETRO）勤務を経て、2002年に市長に初当選し、現在4期目。

副会長は、立川市の清水庄平市長、小平市の小林正則市長、三鷹市の清原慶子市長が再任され、監事を務めていた武蔵野市の邑上守正市長が新任となる。

監事は町田市の石阪丈一市長が再任、東村山市の渡部尚市長が新任。

任期はいずれも今年5月1日から19年4月30日までの2年間。現在、会長の羽村市の並木心市長は任期満了で会長を退任する。

部会長は4月の市長会議で会長が委嘱する。

市長に不信任案
賛成少数で否決

小平市議会

小平市議会は2月28日、小林正則市長に対する不信任決議を否決した。

決議は、政和会の磯山亮氏、無会派「ムサシ」の伊藤央氏、同「都民ファーストの会小平」の佐野郁夫氏、同「緑の党こだいら」の橋本久雄氏の4人が提出。挙手採決の結果、賛成が不信任決議の可決に必要な出席議員21人中4分の3の16人に満たず、賛成少数で否決された。

決議は2005年に多選自粛を公約に掲げて初当選した小林市長が、直後に開催された市議会臨時会で自らの任期を「3期12年」と宣言したことを指摘。その後も市議会の場で宣言を「尊重している」との答弁を重ねていたにもかかわらず、昨年12月に4選を目指して出馬表明をしたとして、「公約を破った責任は極めて重い。市政への拭い切れない不信感を植え付けた。これ以上、市政運営のかじ取りを任せることはできない」などとしていた。

築地市場

移転暗礁 揺らぐ食品衛生

施設面で国際基準取得厳しく

築地市場（中央区）の豊洲移転の行方が混沌とする中、食品衛生管理に「黄信号」がともっている。厚生労働省が数年以内に国際基準「HACCP（ハサップ）」を全ての食品事業者に義務化する方針を示しているのに対し、同市場では施設的な制約で認証を受けるのが難しい状況だからだ。豊洲市場ではHACCPを取り入れた品質・衛生管理を行う予定だったが、このまま移転が暗礁に乗り上げれば、「東京ブランド」の維持にも支障が出かねない。

「卸売市場は全国の産地から新鮮な旬の食材を集め、都民や東京への来訪者に供給する重要な役割を果たしている」。小池知事は2日の都議会一般質問でこう強調し、「日本の食文化を支える役割を果たすことで、東京の魅力向上に貢献していく」と続けた。

現在、コンクリートの下の土壌汚染が注目を集めている豊洲新市場。しかし移転が危ぶまれる中、食品衛生管理という別の問題も浮上している。厚労省によるHACCP導入の方針は、市場の卸・仲卸業者なども例外ではなくなるからだ。

HACCP認証は業務工程の中でいかに危害を取り除けるかが鍵。施設的な要件は課されていないが、築地市場は施設が高温・風雨など外的なリスクにさらされやすいことに加え、物流のルートも狭隘で、認証に必要な衛生対策を取るのが難しいという。

中央卸売市場によると、築地には認証を取得した仲卸業者はいない上、認証は一度取得すれば永続的に認められるわけではなく、国によっては抜き打ちを含めた定期的な検査があり、衛生管理の維持が厳しくチェックされる。最近では一業者の衛生管理だけでなく施設全体の作業環境も含めて考慮する傾向にあるといい、一人の業者がくわえ煙草でターレに乗っていれば市場全体が厳しく見られることになる。

豊洲新市場では閉鎖型の施設で商品に応じた温度管理を行い、塵埃やネズミなどによる被害を防ぐほか、売場の出入り口には前室を設けて消毒できるようにするなど、衛生面に配慮して設計。ソフト面でも、HACCPに準じた監視・記録が可能とする品質・衛生管理マニュアルを作成していた。それでもHACCP認証取得には手洗いなどの細かな衛生管理を徹底する必要があるといい、築地ならなおさらだ。

2020年オリンピック・パラリンピックが近づき食品衛生管理に対する国際的な視線もシビアになる中、都中央卸売市場では築地市場の卸・仲卸の全事業者にマニュアルの内容を周知する講習会を開催し、基準にのっとった衛生管理を実践できているか検証する取り組みを始めているが、施設的に限界もあるのが実情だ。厚労省は中小事業者を対象に緩和措置も予定しているが、都の担当者は「国際的な流れとしてはHACCPがスタンダードになりつつある中、築地でHACCPを取得するのは現状では厳しい」と言い切る。

HACCPは国によって厳しさが異なる。欧州はアジア諸国に比べても厳しい基準を採用していることで知られ、現在は中央卸売市場を介さずに産地から直接、輸出せざるを得ない状況。欧米を中心に海外輸出のハードルが厳しくなっているのは事実で、中央卸売市場の食品衛生管理には厳しいハードルが課されている。

マグロが競りにかけられる水産卸売場＝1月、築地市場

MEMO

HACCPの義務化　HACCP（Hazard Analysis and Critical Control Point）は、原材料の調達から製品の出荷・提供までの全過程で食品の製造方法を見直し、異物混入などの危害をあらかじめ分析・管理する手法。危害要因の分析や管理基準の設定など厳しい要件が課される。

厚生労働省はHACCPを全ての食品関連事業者に義務付ける方針で、2018年の通常国会に食品衛生法などの改正案を提出する予定。小規模事業者などは記録の簡易化など、要件を緩和する方向。

組織のメリとハリ 2

17年度都職員定数

滞納減少で体制見直し

主税局

局定数2914（22増31減・差し引き9減）

主税局は昨年度に引き続き減査定となった。

増要因では好景気の影響で業務量が増加していることから新宿、豊島、八王子の3都税事務所で各1増となる。特に個人による不動産貸し付け業や請負業で課税業務が増えているという。

本庁では現年分徴収強化のために個人都民税対策課で2増。個人都民税は区市町村税と併せて各区市町村が徴収しているが、現場では徴収部門の人員が少なく、ノウハウも蓄積が難しいため支援に当たる。このほか総合支援システムのメーンサーバーの更新を2018年に迎え、システム管理課に2人を措置する。

一方、主な減要因では、都全体の滞納発生件数が減少傾向にあることから、執行体制を見直す。13都税事務所で各1減。マイナンバー対応では、データ整備の進捗を受けて徴収指導課で1減、軽油引取税事務では特別徴収義務者の減に伴って江東都税事務所で1減とした。

藤浩之組織定数担当課長は「厳しい査定だったが、優先順位の高い部署にはおおむね応えてもらえた。特に都税事務所の個人事業税業務は繁忙期に多くの超過勤務を余儀なくされていた」と評価。一方、「厳しい削減を求められた部門もあり、きめ細やかな納税者対応やライフ・ワーク・バランスが課題。マンパワーを最大限生かせるよう組織力を発揮したい」と述べた。

税務連合の真田光次支部長は「近年、2～3桁の減が続く中、来年度は1桁減にとどまったが、職場要求とは大きく乖離している。滞納整理部門は特別な理由なく大幅減となった」と批判。「保育施設の減免処置や超過勤務対策の人員は触れられていない」と指摘する。

地域活動支援など増員

生活文化局

定数395（5増4減・差し引き1増）

主な増員として都民生活部では地域活動推進課に1人を措置する。「地域の底力発展事業助成」の申請件数の増や審査内容の高度化などに対応するとともに、24年度までに都民のボランティア行動者率を40％に引き上げる目標を掲げ、ボランティア活動推進に向けた様々な事業を展開する。さらに、「多文化共生推進指針」に掲げた取り組みを進めるため、同課に国際交流担当の課長代理を引き続き措置することとした。

文化振興部では様々な主体が連携・参加できる先駆的な文化プログラムを展開し、芸術文化の魅力を国内外に発信するため、企画調整課に1人を措置。

消費生活総合センターでは高齢者に対する消費者被害防止の普及啓発を行うため、活動推進課に高齢者見守り・連携担当の課長代理を引き続き措置した。

一方、主な減員では文化振興部でホール・劇場等問題に関する検討会議の運営、調査等の執行体制を見直すため、企画調整課で1減としている。

折原健太人事担当課長は「局事業に対する注目度がこれまで以上に高まる中、執行体制としては厳しい状況が続くが、実行プラン対応に関する増要求が認められ、政策を展開するための体制強化を図ることができた」とコメントしている。

都庁職経済支部の大嶋英行副支部長は「定数削減の攻撃はあったが、結果的に回避することができた。最低限の人員は確保できたのではないか」と話した。

都議会一般質問（2日目）

無電柱化へ区市町村支援

AYA世代のがん対策も

【無電柱化の推進】

区市町村道の無電柱化について、西倉鉄也建設局長は「道幅の狭い道路に対応できる技術開発やコスト縮減を図ることが重要」と述べ、来年度に区市町村への補助制度を拡大し、狭い道路に低コスト手法を導入する区市町村を財政支援する方針を示した。小宮安里氏（自民）に対する答弁。

同局は1月、東京電力やNTTなどと「無電柱化低コスト技術検討会」を設置。材料の見直しや電線などの埋設の深さを浅くする手法、電線共同溝のコンパクト化に向けた検討を進めている。

【AYA世代のがん対策】

思春期・若年成人（AYA世代）のがん患者支援について、梶原洋福祉保健局長は「心理社会的な問題や教育の問題などに関する相談支援体制や、緩和ケア提供体制などを含めた総合的な対策の在り方を検討する必要がある」と述べ、「都小児がん診療連携協議会」などで検討を進める考えを示した。

国は2015年度から、AYA世代固有の課題を明らかにするための厚生労働科学研究を進めている。遠藤守氏（公明）に答えた。

同局はまた、次期の「がん対策推進計画」に緩和ケアの推進を盛り込む方針。来年度は「都がん対策推進協議会」の下にがん医療・緩和検討部会を設置し、取り組みを検証する。

【障害者就労支援】

都の職場における障害者への「合理的配慮」に関し、多羅尾光睦総務局長は「各所属の管理職を窓口とした相談体制を整備した上で、定期的に職員の意向の把握に努めている」とし、「読み上げソフトの導入や手話通訳による支援など、具体的な対応を充実させている」と説明した。昨年4月の障害者雇用促進法改正を受けた対応。山内玲子氏（ネット）に答えた。

【医療ケア児の支援】

小池知事は医療的ケアが必要な障害児の支援について、通所施設や保育所などで受け入れられるよう、看護師の配置を推進する考えを明らかにした。来年度、「障害児福祉計画」を策定する方針も示した。

日常生活や集団生活への適応訓練などの療育を行う「児童発達支援事業所」で医療的ケア児の受け入れを促進するため、福祉保健局は来年度、看護師配置のモデル事業を実施する。音喜多駿氏（都民）への答弁。

【JKビジネス規制】

JKビジネスやガールズバーなどを対象にした「特定異性接客営業規制条例」に関し、沖田芳樹警視総監は「一部で性的サービスが行われているなど、福祉犯罪の温床になっている。青少年の健全育成に影響を及ぼしている」などと指摘し、違法行為の取り締まりを徹底する考えを示した。大津浩子氏（深呼吸）に答えた。

「誰と一緒に五輪見る?」

都が結婚応援イベント

「（都庁では）仕事を効率よく進め、自分のスキルアップや出会いの時間は大切にしようと提案している」と小池知事＝4日、東京国際フォーラム（千代田区）

都政策企画局は4日、結婚を応援するイベント「TOKYO縁結日」を初めて開催した。小池知事が掲げる「ダイバーシティ」に向けた取り組みで、結婚したい人を社会全体で応援する機運を高め、一歩を踏み出すきっかけにしてもらう狙い。約3千人が参加した。

小池知事は「2020年東京五輪を誰と一緒に楽しみますか。多くのカップルが五輪を楽しんで頂く流れを作っていきたい」とあいさつ。「テレワーク」を含めた働き方改革を引き合いに、「五輪期間中は交通状況にも影響するので『テレワーク月』にして、五輪を皆でサポートして頂くために20年を目指して、徐々に働き方を変えたい」と述べた。

イベントでは、元格闘家の高田延彦さんが自身の結婚や家族について講演。婚活やメークに関する情報提供ブースなどが設けられた。

都港湾局

離島港湾工事で積算ミス

最低制限価格 類推容易

都港湾局は1日、島しょ部での港湾工事で過去5年間に4件の積算ミスがあったと発表した。ミスがあったのは、大島町の離岸堤改良・建設工事など。材料費や資材の運搬費の計算に誤りがあったという。同局は今後、技監をトップとするプロジェクトチーム（PT）で対策を検討し、再発防止を徹底する。

一方、島しょ部での港湾工事を巡っては、積算ミスの有無にかかわらず複数の企業が最低制限価格に極めて近い額で入札するケースが多いことも分かった。

同局によると、最低制限価格の設定額は非公表だが、算出式は公表されており、工事によって異なるものの直接工事費や共通仮設費、現場管理費などに一定の計数をかけて積算される。業者は事前に公表される「予定価格」を基に、過去に発注された類似の工事の内訳などを参考にして独自に積算。近年では業者が使う積算ソフトの精度が向上し、最低制限価格を類推しやすくなっていると見られている。特に離島港湾工事は毎年度、同様のものが継続して発注されていることから、予定価格などから推定しやすい特徴があるという。

小池知事は3日の定例記者会見で、「入札契約手続きの改善など然るべき対応を準備している」と述べた。

偽DMMの架空請求

都内で相談2千件超

都生活文化局

都生活文化局は2月28日、動画配信サイト運営業者のDMMをかたって架空請求を行う業者に関する相談が増えていることを受け、手口の調査を消費者庁と協力して行った。

同社をかたる架空請求業者に関する相談件数は2月までに都内で2千件を超えており、ここ1年間で激増している。

問題となっている業者は「DMM総合窓口」などを自称し、「有料動画閲覧の履歴があり、本日中の登録解除がない場合は法的措置へ移行する」とのメッセージを送信。消費者が送信先に電話すると、「有料動画サイトの延滞料金の未払いがあるが、誤作動の可能性もある。いったん払えば後で戻る」などと告げ、支払いを求めている。支払った金額は返還されることはなく、更なる支払いを求める場合もあるという。

この事業者メッセージには電話番号以外の情報がなく、また電話番号も電話転送会社などを利用し発信元を分からないようにしているため、社名や所在などの詳細は不明となっている。

昨年12月にも、同局は㈱ヤフーをかたる架空請求業者の調査を行っており、双方の手口は非常に似ているという。

同局は「ショートメッセージを使って消費者の不安をあおり、電話転送で身元を隠すなど、架空請求業者の手口は巧妙になってきている」（取引指導課）としており、消費者へ注意を呼び掛けている。

採用予定数が最多

「心理」36人程度

区Ⅰ類採用

特別区人事委員会は3日、2017年度のⅠ類採用試験の実施について発表し、採用予定数は1377人程度で過去最多となった。事務は前年度比40人増の980人程度。技術では土木造園（土木）が49人程度、土木造園（造園）が16人程度、建築が55人程度など。17年度からの心理は36人程度を予定している。1次試験は5月7日に実施し、最終合格発表は技術系が7月31日、それ以外は8月7日。

五輪への航海図 (159)

開催まで あと1235日

TURN2

交流が生むアート

3日、東京都美術館。白いレースに囲まれた5畳ほどのスペースに、寝室をほうふつとさせるベッドとテーブルが置かれていた。スペース内では来館者が小さな絵を描いており、天井からはそれがいくつもぶら下がっている。普段の清閑とした館内とは異なる雰囲気だ。

健常者と障害者がアートを通じて交流を図る五輪・パラリンピック文化プログラム「TURN」の1シーンで、アーツカウンシル東京の主催。「TURN」の中核を成す「交流プログラム」では、画家や写真家、ダンサーなど様々なアーティストが福祉施設やフリースクールを訪問し、入所者と向き合い人間関係を築きながら新しい作品を生み出している。

先のスペースは、観覧者が作品を体験することで完成する「コミュニケーションアート」。東京藝術大学の今井さつきさんが「夢を描く部屋」をテーマに制作した。精神的疾患のために引きこもりや不登校の経験がある人が通うフリースクール「シューレ大学」（新宿区）への訪問が発想のきっかけになったという。「朝起きて苦しみを感じたとき、もう一度寝たらどんな夢を見るのか、目が覚めたらどんな景色が広がっていてほしいのかを描いてもらいたい」（今井さん）。学生が描いた絵の一つに、涙を浮かべた瞳に喜ぶ家族が映る絵があった。学生の心中を表現しているのだという。

アーティストの永岡大輔さんの作品。「食堂が球体だったら」がテーマ＝3日、東京都美術館（台東区）

板橋区立小茂根福祉園を訪問したダンスパフォーマーの大西健太郎さんは、「光」をテーマに展示を行った。光を反射するテープを体に付け、動くことでスクリーンに光の模様が浮かび上がる仕掛けだ。施設利用者のアクティブさから発想を得たという。「何か困りごとがあると、『どうしたの？』『大丈夫？』とすぐに声が飛んでくる。外から来た人がすごく入りやすい」

このほかにも、障害者福祉施設の子供たちがビニール傘に思い思いの絵を描いた作品や、とろみのある水を飲むことで、嚥下障害を持つ高齢者の気持ちを体験できるブースなど、様々な展示が館内を彩った。

アーツカウンシルの担当者は「アーティストが各施設の独特の空気に触れ、異なる背景や習慣を持った人同士が出会うことで新しい発想を得て生み出したアクション」と話す。五輪に向けて多様性社会の実現を目指す。

主任試験講座

平成29年度 23

前回に引き続き、地方公務員法（以下「地公法」）の基礎知識の確認をします。

第3章 職員に適用される基準

14 服務（30条～38条）

地公法では、30条で服務の根本基準を規定した上で、次のとおり具体的な義務・制限を課しています。

① 法令等及び上司の職務上の命令に従う義務（32条）

職員が職務を遂行するに当たっては、法令、条例、規則等に従い、かつ、上司の職務上の命令に忠実に従わなければなりません。

なお、職務命令に重大かつ明白な瑕疵がある場合には、その職務命令は無効となり、これに従う義務はありません。また、階層的に上下の関係にある二以上の上司が同一事項について異なる職務命令を発したときは、上位の上司の職務命令が優先します。

② 信用失墜行為の禁止（33条）

信用失墜行為には、職務上の行為のみならず、直接職務に関係のない職員の個人的な行為（勤務時間外の飲酒運転など）も含まれます。なお、信用失墜行為は懲戒処分の対象となる場合があります。

③ 秘密を守る義務（34条）

職員は、職務上知り得た秘密を漏らしてはなりません。職員がその職を退いた後も同様です。秘密には、「職務上知り得た秘密」と「職務上の秘密」があります。前者は職員が職務の執行に関連して知り得た秘密、後者は職員の職務上の所管に関する秘密を指し、後者は前者の一部です。守秘義務違反となった場合は懲戒処分の対象となるとともに、1年以下の懲役または3万円以下の罰金に処せられます（60条2号）。また、この規定は退職した者に対しても適用され、退職した者が秘密を漏らした場合は、懲戒処分に付すことはできないが、刑事罰の対象になります（60条2号）。

④ 職務に専念する義務（35条）

職員が、勤務時間中に勤務条件に関する措置要求をする場合や、兼業の許可等を受けた場合などは、当然に職務専念義務が免除されるものではなく、別途承認を受けなければなりません。

⑤ 政治的行為の制限（36条）

公務員の政治的中立性を保障することで、地方公共団体の行政の公正な運営を確保することを目的に、職員の政治的行為を次のように制限しています。ただし、単純労務職員・公営企業職員（管理職等を除く）には適用されません。

○政党その他の政治的団体の結成に関与し、若しくはこれらの団体の役員となってはならず、またはこれらの団体の構成員となるように、若しくはならないように勧誘運動をしてはなりません。これらは、目的や区域を問わず禁止されています。

○特定の政党その他の政治的団体等を支持し、または反対する目的をもって、あるいは公の選挙または投票において特定の人または事件を支持し、またはこれに反対する目的をもって、次に掲げる政治的行為をしてはなりません。

イ 公の選挙または投票において投票するように、またはしないように勧誘運動をすること

ロ 署名運動を企画・主宰する等積極的に関与すること

ハ 寄付金その他の金品の募集に関与すること

ニ 文書または図画を地方公共団体等の庁舎、施設等に掲示し、または掲示させ、その他地方公共団体等の庁舎、施設、資材または資金を利用し、または利用させること

ホ その他条例で定める政治的行為

ただし、ニ以外は、当該職員の属する地方公共団体の区域以外では制限されません。

⑥ 争議行為等の禁止（37条）

職員は、地方公共団体の機関が代表する使用者としての住民に対して、同盟罷業、怠業その他の争議行為をし、または地方公共団体の機関の活動能率を低下させる怠業的行為をしてはなりません。また、何人もこのような違法な行為を企て、またはその遂行を共謀し、そそのかし、若しくはあおってはいけません。

地方公務員制度 ③

⑦ 営利企業等の従事制限（38条）

職員は任命権者の許可を受けなければ、▽営利企業の役員を兼ねること▽自ら営利企業を営むこと▽報酬を得て事業・事務に従事すること――はできません。なお、非営利団体から報酬を受ける場合も、「報酬を得て事業・事務に従事すること」に該当する。

15 退職管理（38条の2～38条の7）

営利企業等に再就職した元職員は、離職前5年間に在籍していた地方公共団体の執行機関等の職員に対して、当該地方公共団体等と当該営利企業等またはその子法人との間の契約等事務について、離職後2年間、離職前5年間の職務上の行為をする、またはしないように要求し、または依頼してはなりません。また、地方公共団体の長の直近下位の内部組織の長等（局長等）の場合は、離職前5年間より前についても規制対象となるなど、様々な規定が存在します。

これらの規定に違反した者は罰せられます（60条4項～8項）。

また、職員は、上記により禁止されている要求または依頼を受けた時は、人事委員会または公平委員会にその旨を届けなければなりません。

任命権者は、職員または職員であった者に、上記規定に違反する行為を行った疑いがあると思料する時は、その旨を人事委員会または公平委員会に報告しなければなりません。また、任命権者が当該事案に関して調査を行う時は、人事委員会または公平委員会に通知しなければなりません。

16 勤務条件に関する措置の要求（46条～48条）

人事委員会または公平委員会への勤務条件に関する措置の要求は、職員の勤務条件が労働契約や団体交渉の結果に基づく労働協約によって定められないなど、職員の労働基本権が制限されていることの代償措置として、職員の勤務条件を維持し、改善し、その適正化を図ることを目的とする制度です。

① 措置要求権者（46条）

措置要求ができる者は、条件付採用職員や臨時的任用職員も含めた一般職の職員ですが、公営企業職員や単純労務職員等は措置要求をすることができません。

② 措置要求の対象となる内容（46条）

措置要求の対象は、給与、勤務時間その他の勤務条件であり、広範に及びます。過去の事項についての要求や、現在の勤務条件を変更しないという不作為の要求も可能です。ただし、職員定数や予算の増減などの管理運営事項については対象となりません。

③ 審査及び審査の結果執るべき措置（47条）

人事委員会または公平委員会は、措置要求があった場合は、事案について口頭審理その他の方法により審査を行い判定します。判定結果に基づいて、人事委員会または公平委員会の権限に属する事項については、自らこれを実行し、その他の事項については、その事項に関し権限を有する地方公共団体の機関に対し、必要な勧告をしなければなりません。勧告に法的拘束力はありませんが、勧告を受けた機関はこれを尊重すべき政治的、道義的責任を負います。

なお、措置要求の手続き等に関し必要な事項は、人事委員会または公平委員会の規則で定めなければなりません（48条）。

17 不利益処分に関する審査請求（49条～51条）

職員の身分保障を実効あるものとするため、行政上の救済手続きとして不利益処分に関する審査請求の制度が設けられています。

① 不利益処分に関する説明書の交付（49条）

任命権者は、職員に対し、懲戒その他その意に反すると認める不利益な処分（以下「不利益処分」という）を行う場合は、その職員に対し、処分事由を記載した説明書を交付しなければなりません。また、職員は、意に反して不利益処分を受けたと思うときは、任命権者に対し説明書の交付を請求することができ、請求を受けた任命権者は、その日から15日以内に説明書を交付しなければなりません。

② 審査請求権者（49条の2）

審査請求ができるのは、不利益処分を受けた職員です。しかし、条件付採用職員、臨時的任用職員（29条の2）、公営企業職員や単純労務職員などは除外されます。なお、退職処分に関する限り退職者も含まれます。

③ 審査請求期間（49条の3）

審査請求は、処分があったことを知った日の翌日から起算して3月以内にしなければなりません。また、処分があったことを知らなかった場合でも、処分の日の翌日から1年を経過したときは、これを行うことができません。

④ 審査及び審査の結果執るべき措置（50条）

人事委員会または公平委員会は、不利益処分に関する審査請求を受理したときは、直ちにその事案を審査しなければなりません。また、審査結果に基づいて、その処分の承認、修正、取り消し等の措置を講じなければなりません。必要がある場合には、任命権者に必要かつ適切な措置を行うよう指示します。これに故意に従わない場合は、罰せられます（60条3号）。なお、審査請求の手続き等は、人事委員会規則または公平委員会規則で定めなければなりません（51条）。

⑤ 審査請求と訴訟との関係（51条の2）

不利益処分を受けた職員は、人事委員会または公平委員会に対し審査請求を行い、その裁決または決定を経た後でなければ、原則として処分の取消訴訟を提起することができません。

18 職員団体（52条～56条）

職員団体とは、職員がその勤務条件の維持改善を図ることを目的として組織する団体またはその連合体を言います。職員団体は、当該団体の職員が主体になって組織されていればよく、それ以外に若干の非職員が加入していたとしても差し支えないと解されています。管理職員等も職員団体を結成することはできますが、管理職員等と管理職員等以外の職員とは同一の職員団体を組織できません。また、警察職員及び消防職員は、職員団体の結成及び加入はできません（52条）。

① 職員団体の登録（53条）

職員団体は、人事委員会または公平委員会に登録を申請することができます。登録の効果としては、▽当局が登録職員団体からの適法な交渉の申し入れに対して、応じるべき地位に立つこと▽登録職員団体の役員は、任命権者の許可を得て、専らその業務に従事すること（在籍専従）ができること▽人事委員会または公平委員会へ申し出ることによって法人格が認められること――があります。

② 交渉（55条）

交渉事項は、給与、勤務時間、その他の勤務条件です。施策の立案、定数、予算等の管理運営に関する事項は、交渉事項とすることはできません。また、交渉は職員団体と地方公共団体の当局が議題等必要な事項をあらかじめ取り決めて（予備交渉）行います。予備交渉を経ないで本交渉の申し入れがあった場合等は、当局は交渉を拒否できます。

◇

3回にわたり、基礎知識を確認してきました。後半4回（7月掲載予定）では、練習問題を解きながら基礎知識の定着を図ります。

カレントトピックス 29年度 23

都政事情

■都男女平等参画審が答申（1月26日）

東京都男女平等参画審議会は、策定する都女性活躍推進計画と、改定する都配偶者暴力対策基本計画を小池知事に答申した。

女性活躍推進計画では、▽均等な雇用機会▽女性の就業支援▽職場での嫌がらせ問題に対する相談体制の充実▽育児や介護を理由とする離職者への再就職支援――などを盛り込んだ。

一方、配偶者暴力対策基本計画では、▽配偶者暴力の早期発見体制の充実▽被害者の相談や保護体制の充実▽総合的な自立支援の展開――などを求めた。

答申を受けた小池知事は「提言が実効性をもった政策に結びつくように、行政、民間、隅々まで浸透し、実践されていくことが重要」と述べ、今年度中に二つの計画で構成する都男女平等参画推進総合計画を策定することを明らかにした。

■都ICT戦略を策定へ（1月30日）

今後の都のICT施策に向けて、有識者らでつくるICT先進都市・東京のあり方懇談会（座長＝坂村健東京大学教授）が開催された。2012年のロンドン五輪前に公共交通機関の情報をオープンデータ化することでアプリ開発などにつながったことを踏まえ、東京五輪を3年後に控える中、都も積極的にICTを活用する考えだ。

懇談会で、坂村座長は東京がICT先進都市を目指すよう提唱した。行政手続きの電子化だけでなく、高齢者や幼児の遠隔見守りなどにも応用が可能になるとの考えを示した。

懇談会は今後、1～2カ月に1回のペースで開催する。懇談会の下には公共データ活用と都市機能強化・東京の魅力向上の両分科会を設置。分科会は非公開となる。懇談会が5月以降にまとめる提言を基に、都は新たなICT戦略を策定する方針だ。

■都職員表彰をリニューアル（2月8日）

都は、2016年度の職員表彰を都庁第一本庁舎で実施し、新設の「新しい東京」賞など26件を表彰した。舛添都政時代に創設された春風賞と秋霜賞は廃止となった。

「新しい東京」賞は、都民サービスへの貢献や困難な課題への挑戦を行った職員などが対象となり、葛西臨海水族園の「移動水族館」と、下水道局の多摩地域の水再生センターの下水処理機能の強化の2事業が選ばれた。

移動水族館は、病院や福祉施設などからの要請を受け、専用トラックで水槽を運び、病気などで来館が困難な子供に同園の生物の展示を楽しんでもらう取り組み。一方、下水処理機能の強化では、多摩川沿川6カ所の水再生センターを3本の連絡管で結び、汚泥・汚水の相互融通が可能になり、災害時の対応力の向上などにつながる。この仕組みは全国初という。

小池知事は「公務員の原点である『公のために尽くす』『都民目線で最善を尽くす』といった志を周囲に広げ、後輩にも引き継いでいってほしい」と職員を激励した。

昇任試験対策のページ

29年度 主任・係長 論文講座 23

都主任選考

都政に関する出題

AⅠ類

東京は、少子高齢化、人口減少社会の将来的な到来、首都直下地震の脅威などの様々な課題への対応が求められています。このようなことを踏まえて、東京に住む誰もが安心して暮らせる都市を実現するために、どのような取り組みを行うべきか、次の(1)、(2)に分けて述べてください。

(1) 都民が安心して暮らせる東京を実現するために何が課題か、資料を分析して課題を抽出し、簡潔に述べてください。（300字以上500字程度）

(2) (1)で述べた課題に対して、都は具体的にどのような取り組みを行っていくべきか、その理由とともに述べてください。（1200字以上1500字程度）

添削 ④

(1)

2020年をピークに東京の人口は減少に転じると予測され、都市の活力が中長期的に低下していくことが懸念されている。

都は、この現実と向かい合い、誰もが意欲と能力を発揮できる全員参加型の社会を構築することで、東京を更に成長させなければならない。また、そのような環境を構築することは、成熟都市東京の成長のみならず、都民が生きがいや自信を抱き、誰もが安心して暮らせる社会の実現にもつながっていくと考える。

以上を踏まえ、人口減少社会を迎えても成熟の中で成長を続け、都民誰もが夢や希望を持てる社会を実現するため、都は以下の3点の課題に取り組むべきと考える。第一に、東京を高度な防災都市とするための、耐震改修の促進である。第二に、保育所を整備し、待機児童を解消することである。第三に、高齢者が能力を発揮できる環境を整え、その社会参加を促進することである。

(2)

一 耐震改修の推進

旧耐震基準建物の耐震化が進まない理由として、住宅所有者が耐震化の効果などについて十分な知識を有していないことが考えられる。また、住宅所有者は高齢者が多く、改修しても何年住むことができるのかという思いから改修に踏み出せないといった理由も挙げられる。

そこでまず、各種補助制度の活用や、住みながら耐震改修を実施する工法等についてワンストップで相談できるアドバイザーを都が養成する。育成したアドバイザーは各世帯に派遣し、耐震改修に関する様々な相談に応じることで、耐震化に向けた住宅所有者の行動を後押ししていく。

また、高齢世帯への対応として、耐震改修と同時に実施する2世帯住宅へのリフォームに対しても補助を実施する。住宅を次世代に引き継ぐというメリットにより、高齢世帯が所有する住宅の耐震化を促進していく。

以上の取り組みとともに、震災による被害想定や最新の改修工法などを多様な媒体を用いて分かりやすく伝えることで、住宅所有者の意識を啓発し、東京を震災に強い安全・安心な都市にしていく。

二 待機児童の解消

保育所の整備がニーズに追いつかない主な理由は、東京の地価が高く、土地を確保しにくいことにある。

そこで、都営住宅などの建て替えに伴い創出される都有地のうち、保育所整備に適した土地を事業者に安価で貸し出し、用地確保を支援する。また、従業員向けの保育所を所有する企業が定員の一定割合を地域に開放する場合には、通常の運営費補助とは別に上乗せ補助を実施するなど、保育事業者だけでなく企業の力も活用しながら、待機児童の解消を進めていく。

保育所の整備が進まない理由には、保育士の給与水準が低く、人材の確保・定着が困難なことも挙げられる。この状況を改善するためには、保育士の処遇を改善していく必要がある。保育事業者が、保育士のキャリアアップの環境を整備し、キャリアを給与に反映させる仕組みを導入した場合、保育士の給与改善に要する経費の一部を補助する。また、こうした保育事業者とその取り組み内容を積極的に周知し、保育所での勤務を希望する人や、離職した有資格者の就職・復職を支援していく。

これらの取り組みにより、待機児童の解消を進め、安心して子育てができる環境を作っていく。

三 高齢者の社会参加の促進

本格的な人口減少が見込まれる中、東京を成長させていくためには、高齢者の一層の社会参加が急務である。一方、高齢者は、経済的理由のみでなく、社会貢献や地域とのつながり等の多様な理由で就業を希望している。

そこで都は、高齢者がこれまで培ってきた能力を更に発揮し、活躍できる環境を整備すべきと考える。具体的には、65歳以上の求職者を対象に、有用な人材を探している都内中小企業等とのマッチングを行い、職場体験等を支援することで、高齢者の更なる就業促進を図る。また、退職前に得た専門知識を生かして起業を希望する高齢者に対し、創業時に必要な資金を低利で融資し、活発な創業活動を支援する。さらに、ボランティアやNPO活動に関する情報を、都のHPや広報等で広く発信し、高齢者の地域活動参加を促進する。

安心して生活できる東京の実現は都民の願いであり、その中で「旧耐震基準建物の耐震化」「待機児童の解消」「高齢者対策」は欠かせない取り組みである。これらを着実に進めるためには、職員一人ひとりが能力や専門性を高めた上で、組織が一丸となって課題に立ち向かう必要がある。私は、チームの核となる主任として、広い視野と情熱を持ち、課題解決に向けて全力を尽くす決意である。

解説

都政ものの論文に対する採点の基本的な考え方は以下のとおりです。

一、出題テーマに対して都政または局全体を視野に入れた幅広い問題意識を持っていること。

二、様々な角度から課題を分析した上で、具体的かつ実現性の高い解決策が述べられていること。

三、解答(1)の内容を踏まえて、解答(2)が論じられていること。

四、自分の考えを分かりやすい表現で論理的に伝えていること。

一については、知事の所信表明や実行プランなどで、都の基本的な考え方や主要施策を押さえておくことが重要です。都の方向性から逸脱している論文は評価が低くなります。都の基本認識をベースとして、自分自身の問題意識を掘り下げていきましょう。

二については、各行政分野で都が策定している計画や各種検討委員会の報告書などをヒントにしながら考えていきましょう。

福祉・環境・産業・文化等のうち、3～5分野から課題と解決策をまとめたレジュメを一本ずつ用意しておくと良いでしょう。注意すべき点は、国や区市町村が担うべき範囲について、都が主体となって進めていくという論理展開です。国や区市町村との役割分担を正しく把握した上で、都として打ち出すべき施策を記述しましょう。また、過大な財政負担や人的資源を伴う施策についても、実現可能性の観点から低い評価につながりやすいので注意が必要です。

また、来年度からは資料添付され、その中から課題の根拠を拾い出す必要があります。

三については、(1)と(2)の論理展開に整合がとれている必要があります。(1)で取り上げていない論点について、(2)で言及しないよう気をつけましょう。

四についてですが、論理的な読みやすい文章を書くためには練習が必要です。新聞の社説欄を要約した後に、それに対する自分の意見を端的に論述する練習などはとても効果的です。その際、1文が長くならないように意識してください。読点でつながった長い文章は主語・述語・修飾語の関係が読み取りづらく、理解しにくいものです。一つの文章は60字程度でまとめると読みやすくなります。

また、実践的な技術として、論理展開の型を決めてしまうのも効果的です。(2)で論述する課題に対する取り組みについて、多くの人は取り組みを三つ論述すると思います。その際に、例えば「課題の提示→課題の分析→分析に基づく具体的な対策の提示→対策の効果」というように、各取り組みに関する論理展開の型をそろえます。そうすることで、論理の飛躍も回避できますし、読み手側が次の論理展開を予想しやすくなり、読みやすい文章になります。型に決まりはありませんので、何本か論文を書いてみて、自分が書きやすい型を見つけると良いでしょう。

講評

それでは、本論文例を見ていきましょう。

(1)では出題テーマについての「問題意識」を示すことが求められます。本問では、まず「人口減少社会が都政にもたらす影響」の基本的認識を示す必要があります。論文例では、人口減少が都市活力の低下につながる旨の記述がありますが、これに追加して「労働力人口の減少が見込まれるため」などと記述できれば、より高い「問題意識」を示すことができます。

次に「人口減少が都政にもたらす影響を踏まえ、東京の持続的成長と夢や希望を持てる社会を実現するために都が目指すべき方向性」の基本的認識を示す必要があります。この点については、論文例の通り「人口が減少していく中では、これまで以上に都民一人ひとりが能力を発揮できる環境を創出することが、東京の持続的成長と夢や希望の持てる社会の実現につながっていく」といった記述ができれば良いと思います。

最後の段落では3点の課題を挙げていますが、やや唐突な印象を受けます。そのため、その前段で「しかし、現在の東京では、働きたくても結婚等を機に退職する女性が多く、また高齢者は支えられる存在と捉えられがちで、その意欲と能力を生かし切れていない。さらに都内の非正規雇用者は増加傾向にあり、不安定な生活から将来の希望を持てない者もいる」といったように、3点の課題の背景、理由を記述しましょう。

次に(2)についてです。(2)では、(1)で示した三つの課題について、それぞれに対応する解決策を記述していきます。

まず一つ目の柱から見ていきます。「資産の継承」という観点を取り入れた耐震化への取り組みはオリジナリティーもあり、評価できます。一方で、耐震化改修アドバイザーについては、これを都が育成し、派遣するとあります。その専門性から、育成を都が担うことについては納得できますが、派遣業務を担うのは基礎自治体である区市町村の役割なのではないでしょうか。派遣に当たっては、区市町村が実施主体になることを前提として、都が区市町村とどのように連携していくかを論じるべきでしょう。

次に第二の柱についてです。第一、第三の柱では、課題分析を一段落目で記述し、二段落目で対策を記述するという流れになっています。一方、第二の柱では、課題分析（土地確保）→対策→課題分析（人材確保）→対策という流れになっており、読み手によっては混乱します。他の柱と書きぶりをそろえ、人材確保に対する課題分析を第一段落に記述すれば、手戻り感がなく、冒頭で課題の全体像も明らかになり、読みやすい文章になるでしょう。

記載されている対策は妥当なものですが、都が既に実施しているものです。自分なりの視点を加えることができれば、より評価が高まるでしょう。例えば、既存補助金でカバーできていない部分を分析し、その部分に対する横出し・上乗せ補助を考えてみるといった、踏み込んだアプローチをしてみてください。

また、安心して生活するためには「安心して子育てできる環境の整備」が必要であることは多くの人が納得します。だとすると、第二の柱を「保育」だけに絞るのか、保育以外の子育て支援策にも広げるのかについても検討する必要があるでしょう。

最後に、第三の柱についてです。「高齢者の社会参加の促進」が挙げられています。ここでは「その策を採用する理由」を分析した上で「具体的で実現性の高い策」が記述されており、「問題解決力」の項目で一定の評価を得られると思います。しかし、確かに資料1、2で高齢者への対策が上位に来ていますが、資料3では介護サービスの充実が要望の上位を占めており、「社会参加」は論点がずれているように思えます。まとめ部分は、論文全体の要約を行うところなので、簡潔に書くことが重要です。また、これまでのまとめなので、まとめ以前に取り上げていない内容を論じることは避けるべきです。文字数に余裕があれば、主任としての決意を記述すると、論文全体に締まりが出ると思います。

読者のひろば

持続可能な島づくり

「わ〜！」と叫んで飛び起きました。母島に津波が襲ってくる夢を見ました。やはり危機管理には人一倍気を使います。都庁管理職は島に一人です。母島に赴任していた先輩から、「島生活は24時間仕事だぞ」と言われました。

小笠原支庁母島出張所は、新宿から最も距離的・時間的に離れた事業所です。都営住宅、道路・河川、港湾施設などの維持管理や自然環境、農業関係など様々な業務を担っています。

最も気を使うのが、危機管理です。台風来襲や地震・津波などがあれば、職員総出で対応することになります。未明に土砂災害警戒情報が発令され、慌てて出勤したこともありました。また、医療体制に限界があるので、生命に危急に重大な影響のある患者さんなどは、自衛隊機などによる内地への搬送が必要になり、我々も調整業務を担っています。要請から内地の病院に収容されるまで平均9時間余りです。島民はどうしても医療的なリスクを負って生活しています。

世界自然遺産の保全についても、重要な役割を担っています。自然環境の利用と保全との両立などに向けたより一層の普及啓発が求められています。希少動植物の保護・増殖はもちろんのこと、公共工事を実施する際にも、自然環境に配慮した施工を行う必要があります。

小笠原支庁母島出張所

定住し続けられる島に

さて、これまで母島の現状についてつらつらと書いてきましたが、これからの母島はどうなっていくのでしょうか。

小笠原は、排他的経済水域等の確保など国家的役割を担っているため、一般住民が定住し続けられる島づくりが不可欠です。日本復帰以降、小笠原振興開発特別措置法に基づき様々な事業が実施され、社会資本の整備や産業の振興等において、相応の成果を上げてきました。私の目から見ても、現在の母島は活気があると思います。内地から母島に憧れて、期間限定で働きにやってくる若者が絶えません。そのまま定住する人もいます。観光客についても、世界自然遺産登録による効果はピークを過ぎたものの、今年度は新造船の就航もあって、再び増加傾向に転じているようです。

しかし、この状況がいつまでも続くとは限りません。母島にも少子高齢化や財政難といった不安要素が押し寄せてくるはずです。そのような中、母島が経済的に少しでも自立していくための取り組みが求められています。

母島には観光、農業、漁業などの島内産業があるため、それらの産業を効率的に伸ばしていく必要があります。例えば、母島の農業は高価格で販売できる農作物があるにもかかわらず、土地や担い手の不足から潜在的な力を発揮しきれていません。そこで、島内の遊休地をうまく活用していくなどの取り組みが求められます。

行政もインフラ整備を効率的に実施していく必要があります。帰島直後に整備したインフラは今後、更新期を迎えていきます。島内の建設業者も限られているため、都、村などが連携して、計画的に整備していく必要があると思います。

小笠原返還からまもなく50周年を迎えます。今後も多くの人々に愛され、笑顔が絶えない母島であってほしいと願っています。

母島出張所のメンバーたちと

一生に一度は母島へ

さて、4回にわたって連載してきましたが、読者の皆さま、母島のことを少しは知っていただけたでしょうか。ぜひ一生に一度は母島に足を運んでいただきたいと思います。きっと何かしらの財産を得ることができることでしょう。

最後に、建てたばかりの住宅をメンテナンスするなど一人で家を守ってくれている妻と、あまり文句を言わずお行儀よくしてくれている子供たちに感謝して筆を擱きたいと思います。ありがとうございました。

（都小笠原支庁母島出張所長　吉野正禎）

＝おわり

日本と真逆、非正規が正規に

ソウル市の労働政策を学ぶ

2月14〜16日、韓国から労働政策専門家の韓国労働社会研究所の金鐘珍研究委員を招き、「ソウル市労働政策の展開とその意義」と題した研究会及び公開講座を開催した。研究会は、龍谷大学矢野・脇田研究グループが招聘元となり、公開講座は私どもNPO法人官製ワーキングプア研究会が主催、参議院議員会館会議室で開催した。その際のキム研究委員のレポートを中心にソウル市の労働政策についてレポートする。

■独自のマニフェスト政治

韓国では244ある自治体の中で、ソウル市を筆頭に広域自治体（道、特別市）の光州市、京畿道、忠清南道、基礎的自治体である安山市、牙山市、城南市で画期的な労働行政が行われている。だが、日本ではその事実がほとんど知られていない。

2011年10月に弁護士で社会活動家の朴元淳氏がソウル市長に就いてから自治体政策は大きく転換した。1期目の公約は「5大市政目標」として、①堂々と享受できる福祉②共に豊かになる経済③共に創造する文化④安全で持続可能な都市⑤市民が主体になる市政——を掲げ、さらに「3大核心公約」に、①環境にやさしい無償給食②ソウル市立大学の授業料半額③公共部門非正規職の正規職化——を挙げた。

後者については1期で達成、前者については公約に関する内部評価及び外部評価が実施され、数値による達成度が公表される。これは韓国独自の「マニフェスト政治」として、この10年で定着している。今回は労働政策を主に紹介する。

12年、筆者はソウル市で7千人規模の非正規職員を正規職化する計画が進行しているとの情報を得て訪問調査して以降、継続的に調査してきた。1期目の重点的労働政策がソウル市の公共部門で働く非正規労働者の雇用安定と処遇改善で、非正規化やアウトソーシングが進む日本の自治体とは真逆な政策に転換した。

韓国の公務員制度は日本と異なり、公務員は基本的に行政職で、競争試験で採用され、正規職である。一方、庁舎、地下鉄、病院、駐車場、公園、道路の維持管理、清掃などのサービスや現業部門では、公務員ではなく労働契約に基づく労働者が採用されている。多くが不安定雇用、低賃金状態に置かれており、改善の対象がそれらの労働者だ。また、業務委託部門についても業務内容などを精査し、本来直営で行う業務と判断した部門については直営化した。代表例はコールセンターで、ソウル市及び25行政区の広範囲な業務に関する問い合わせや苦情対応を数業者が受託しているが、直営に戻すという結論に至っている。

結果、5年間で8830人が直接雇用、無期契約職に転換している。韓国では非正規労働者保護法が日本に先立ち実施されているが、2年間の非正規雇用から無期雇用に転換されるものの賃金などの処遇は据え置かれたままで、揶揄的に「中期職」と呼ばれている。

それに対してソウル市は、賃金表を導入して給与や手当を引き上げ、福利厚生などを改善した。市庁舎清掃労働者には従来の通行証に替えて「公務職証」を交付し、休憩室などの環境を改善。労働者は誇りを取り戻し、労働意欲が向上したなどの成果をヒアリングで直接うかがった。

この正規職化では経費が増えるどころか削減されたことも明らかにされている。業者委託化の際の消費税、諸経費などが不用となり、賃金アップなどと相殺しても削減効果が出ているという。

■総合的な労働政策へ

1期目は非正規労働者対策が中心だったが、15年4月に「労働政策基本計画」を策定して以降、「総合計画」（16年4月）、「革新対策」（16年9月）と、2期目はより総合的な労働政策へと踏み込んでいる。その基調は「労働尊重特別市ソウル」で、「労働者の権利利益保護」と「使用者の模範的な役割の確立」を二大目標に、脆弱労働者（女性、青少年、高齢者、障がい者、外国人、中小零細事業場労働者）の権利保護、労働基本権の保障、雇用の質改善、共生・協力の労使関係構築を政策課題にしている。労働者権益保護条例、生活賃金条例、感情労働者保護条例、勤労者理事条例が次々と制定されている。

個々に詳細な報告はできないので要約するが、生活賃金条例は、最低賃金をはるかに上回る生活ができる賃金を委員会で決定、適用する制度で、13年以降全国的に進み、16年12月段階で85自治体が制度化している。接客や住民対応で過度のストレスに置かれることが多い「感情」労働に関しても注目し、既に日系欧米系企業労使が実施している先進例を参考に感情労働条例を制定した。

ブラックバイトなどと呼ばれている青少年アルバイトに関しても、アルバイト権利章典を社団法人外食業中央会と共同協力協約書を締結するなど、経営者自らが労働環境改善を進めるようにした。ソウル市内のファストフードやカフェではアルバイトを始める青少年に労働条件を詳細に示し、それを順守する取り組みを進め、チェックする労働権利保護官、労働オンブズマンが区ごとに配置された。

最終的な仕上げになると思われるのが、労働時間短縮だ。ソウル市と出資団体では20年には完全週40時間労働を実現する目標を掲げ、4月から市立病院と信用保証財団で試行に入る。韓国ではいわゆる36協定はなく、例外26分野以外は週52時間が上限だ。それを週40時間、年1800時間台に引き下げる。

試行2職場では1日2時間前後の時短を行い、正規職を前者60人、後者27人採用する。つまりワークシェアリングと雇用創出だ。基本給を少し引き上げるものの年収が減るので労組との協議が半年続いた結果の合意だったという。

他にも多くの取り組みが行われているが、紙面の関係で報告は割愛する。

金鐘珍研究委員を迎えた公開講座＝2月16日、参議院議員会館で（提供：脇田滋）

■共通点が多い日韓

では、日本ではどうか。自治体が国マターとされる労働政策にどこまで関与できるか、人件費や定数管理をどうするか、など多くの疑問や意見があるだろう。だが、法制度が類似し、非正規労働者問題が深刻化しているなど共通点が多い日韓なのだから、参考例として検討する価値は十分にある。働き方改革や非正規地方公務員の処遇改善を目的とする地方公務員法や地方自治法改正法案が検討されている今こそ絶好の機会だ。

なお、NPO法人官製ワーキングプア研究会では、改正法案に関する研究会及びソウル市に関する情報提供などを予定している。問い合わせは当会サイト（http://kwpkb.fc2.com/）をご参照ください。

（NPO法人官製ワーキングプア研究会理事長　白石孝）

『都庁俳句』作品抄（4月1日発行）

太鼓橋渡るその先梅盛り	髙橋　弘
春眠をむさぼりにけり妻の留守	山口　昭義
雪女新幹線は停らぬ駅	伊　達　天
残雪の谷の木霊の堅さかな	成戸　寿彦
日脚伸ぶピアノの上のうす埃	岩井　惠子
白梅や鎌倉古道日の匂ひ	武内　利夫
舞ふ獅子を暫し眠らせ江戸囃子	木村　裕子
病めばなほ命惜しむや寒卵	奥田　弘學
ふる里を問はず語りや笹子鳴く	内田　香晴
春近し機関車並ぶ梅小路	神谷　邦男
試歩のため玄関に置く冬帽子	間中恵美子
晩酌の頃合ひもよし蜆汁	田澤しげお
寒紅や白寿の友を偲ぶ会	鈴木　征子
ことのほか冬草の根の深きかな	早津　満子
新任の教師待つ島冬隣	豊田真佐子
春の色お絵描き帳にあふれたる	山崎三樹夫
褒められて山笑ひけり峠の碑	佐々木いつき

会員募集・見本誌月刊『都庁俳句』贈呈。連絡先　佐々木☎03・3956・6342

都政新報

発行所　都政新報社
〒160-0023 東京都新宿区西新宿7-23-1 TSビル
(総務・読者) 03-5330-8781
(企画広告) 03-5330-8784
(編集) 03-5330-8786
(出版) 03-5330-8788
(ファクス) 03-5330-8808
購読料 月1,730円(税込)
毎週火・金曜日発行
ただし、祝日は休刊
©都政新報社 2017

紙面から

帰りたい、だけど…

止まった時計　震災6年目の福島 上

3月の冷たい空気と静寂が街を包む。人の気配はない。今も残る震災で傾いた民家。中をのぞくと天井がはがれ落ち、家具が散乱していた。福島県、JR浪江駅前。道路を挟んだ向かいには荒れ果てた居酒屋のテナントビルがあり、そこが街の中心部だったことをうかがわせる。街中から離れると、草木が生い茂り、森のようになった田畑。東日本大震災から6年経った今も浪江町は震災から時が止まったままだ。案内をしてくれた浪江町の職員は「かつては祭りなどが盛んで、隣の南相馬市からも多くの買い物客が訪れていた」とやるせなさをにじませる。

◇

2日、福島県からの避難者を主に受け入れている東雲住宅（江東区）の1階集会室。避難者たちが週2回集まって交流を図る「しののめサロン」では、一日早いひな祭りが行われていた。桜餅とひなあられが配られ、避難者たちはみな笑顔だ。しかし、笑顔の裏には住宅支援を打ち切られる将来への不安、そして荒廃する故郷への思いと帰れない現実がある。

「これからどうしたらいいのか分からない」。浪江町からの避難者の半谷千代子さん(78)は、そう寂しげに笑った。

東雲住宅の避難者たちは、1日早いひな祭りを楽しんだ＝2日、東雲住宅（江東区）で

国は、3月から4月にかけて浪江町・富岡町・川俣町・飯舘村の住居制限区域と避難指示解除準備区域を解除する予定だ。しかし、各自治体が実施するアンケートでは、多くの避難者が「解除後も戻らない」と答えている。半谷さんもその一人だ。

半谷さんの自宅は津波の被害は免れたが、福島第一原発事故のために6年にも及ぶ避難生活を余儀なくされている。子供は既に結婚して都内の別の場所に住んでおり、今は1LDKの部屋での一人暮らしだ。

「戻っても誰もいない。ここにいれば友人もいるし、孫にもすぐに会える」と半谷さん。今では住宅内だけにとどまらず、区内の歌唱サークルやボランティア活動に参加し、避難後にできた友人も多い。東京に住み続けることを望んでいるが、都内のマンションは家賃が高く、借りることはできないという。県の決めた自主避難者の住居期間は今月末まで。有償で2年間延長できるが、その後については「できればここにずっと住まわせてほしい」と口にした。

昨年7月に避難指示が解除された南相馬市小高区からの自主避難者で、「東雲の会」の副代表を務める三沢宏造さん(74)も、「戻らない」と考えている一人だ。同区の住民の帰還率は、現時点で約1割。三沢さんは、「店も病院もなく、戻ったとしても生活ができない」と話す。地元では居酒屋を営んでいた。今は貯金と国民年金に頼る生活が続く。自宅と店は、ネズミやイタチ、イノシシに荒らされ放題となったため、既に取り壊したという。

三沢さんは、特に若い世代は被災地に戻らないだろうと考えている。「避難してもう6年。若者は避難先で仕事を見つけ、生活している。そうなると、高齢者ばかりになり、街として機能しなくなる」。ただ、「長く住んできた土地で、先祖のお墓もある。街が元通りになるなり、生活ができるようになるなら皆戻りたいと思っているよ」と本音も漏らした。

福島の避難指示区域では、放置され、荒れ果てた家屋が今も残る＝6日、福島県浪江町で

三沢さんはまた、自主避難者への住宅支援打ち切りに対し、不公平感を募らせている避難者もいるとも明かした。東日本大震災の避難民の調査をしている福島大学の今井照教授は「通常の自然災害からの復興計画を原発事故に運用しようとしているため、こうした問題が起きる」と指摘。「放射能の影響は何十年先にならないと分からない。避難指示が解除されても、県は避難先での住宅支援は続けるべき」と提言する。

「北国の春」

ひな祭りの余興のカラオケでは、避難者の一人が千昌夫の『北国の春』を歌っていた。春の訪れとともに故郷に思いをはせる歌。歌った理由を尋ねると、「好きな歌だから」と笑顔で答えた。帰りたい、だけど帰れない――そんな思いを歌に込めた気がした。

◇　◇

11日、東日本大震災から6年が経過する。政府の集中復興期間も終わりを迎え、避難指示の解除を進めている。県も自主避難者への無償住宅支援を打ち切り、避難者の帰還を促す方針。しかし、避難者には「戻らない」選択をする人も多い。復興への道を歩み出そうとしている今、被災者たちは何を思うのか。

無電柱化

鍵握る区市町村への促進

小池流改革⑨　2017年度都予算案

日本では、桜の木とほぼ同じ数の約3500万本あるとされる電柱。小池知事が昨年10月の関東地方知事会でこう例示した上で、電柱だらけの現状を「電線病」と指摘し、出席者の笑いを誘った。

都内では都道と区市町村道の電柱が2013年度末時点で約75万4千本あり、そのうち区市町村分が9割超の約69万5千本を占める。都内の無電柱化率は全国で最も高く、5%近い。都道では整備対象の2328㌔に対し、無電柱化した割合は15年度末で38%の886㌔と進んでいるが、さらに無電柱化率を高めるには区市町村道での推進が欠かせない。

区市町村道で無電柱化が進んでいない背景には、重い財政負担と技術面のノウハウ不足がある。

無電柱化は1㌔当たり5億3千万円かかり、このうち道路を管理する自治体の負担は3億5千万円に上る。都は新年度予算案で、区市町村への支援などを盛り込んだ無電柱化推進に251億円を計上し、前年度比2億円増にとどまった。

小池知事は1月の会見で、「無電柱化の技術革新を大々的に行わなければ、お金をつぎ込んでも距離を稼げない」と説明した。

区市町村の無電柱化補助には8億円を計上。区市町村が18年度までに低コストの工法を導入して無電柱化する路線の整備費は、都が全額補助する。国は低コスト化の一環で、電線を地中に浅く埋める「浅層化」を挙げている。従来は深さ80㌢の地中に電線を埋設していたが、35㌢部分での埋設が可能となる。掘削量が減ればコスト削減になるが、各自治体は車の荷重に耐えられるかなどを検証する必要がある。

技術面のノウハウに関しては、建設局が区市町村から提供を求められている状況だ。区市町村で無電柱化を進めるための検討会を設置した際に同局の担当者が出席し、低コスト化に向けた情報を提供する。同局は「無電柱化の一歩を踏み出すきっかけにしてほしい」と呼び掛けている。

これに対し、ある区の担当者は「歩道がない幅の狭い区道を無電柱化しようと考えている。低コスト化の手法は現時点で導入する予定はない」と述べ、区の実態に即した予算を計上するよう求めている。こうした現場の要望にどう応えていくかが無電柱化推進のカギになりそうだ。

■手引策定へ

一方、都都市整備局は新年度から緊急車両の通行などが可能な防災生活道路を中心に、無電柱化を進めるための課題を調査する。東日本大震災では、約5万6千本の電柱が道路に倒壊し、人命救助の妨げとなった。防災生活道路の中でも幅4㍍以上6㍍未満の道路で無電柱化を進める場合は、地上変圧器「トランス」が幅を取り、「迷惑設備」となるため、設置場所を巡って住民が対立し、調整に難航する。

幅6㍍の道路で無電柱化に成功した北品川商店街（品川区）では、コンパクト化したトランスを街路灯の上部に設置することで住民の合意形成に至った。だが、地上部に設置する場合と比べ、数倍コスト高になることから、普及していない。都市整備局はこうした事例を参考にしつつ、来年度中に防災生活道路などで無電柱化の手引を策定する考えだ。同局は建設局や区市町村とも連携し、「無電柱化にやる気になっている自治体にノウハウを提供していきたい」と意気込む。

都が打ち出した対策は既設の電柱をなくす内容だが、新設への対応も求められている。道路が整備されるたびに電柱は増設され、毎年約7万本が設置されているという。新年度に策定し、今後の方向性を示す都無電柱化推進条例で、民間を対象に電柱の新設に歯止めをかけられるかが試される。

＝おわり

東日本大震災では電柱が折れ、危険な状態となった＝2011年3月22日、岩手県宮古市で

都議会

最終補正予算など中途議決

市場モニタリングに疑惑も

都議会は8日に本会議を開き、2016年度の最終補正予算などの中途議決を行い、全議案を可決した。

討論では、共産党の徳留道信氏が新客船埠頭整備への反対を表明。加えて、4日に都議会豊洲市場移転問題特別委員会で行われたモニタリング調査会社への採水方法などの質疑によって、「これまでの調査に疑惑が持ち上がった」と主張。「1～8回目の採水は時間をかけ過ぎ。数値に影響が出たのではないか」と話し、真相究明を求めた。

また、生活者ネットワークの西崎光子氏は「1～9回目のやり方は都の指示に一貫性がなく、実施してきたモニタリングの意味も信頼性も揺らぐ事態」であるとして、特別委での継続した調査の必要性を強調。条例案には全て賛成を表明した。

一方、都議会自民党の柴崎幹男氏は、補正予算を高く評価して全条例案に賛成するとともに、各種事業の着実な進捗を求めた。14日からの予算特別委員会審議で「都民与党として、豊洲市場の移転や五輪の開催準備を始め、都の諸課題に全力で取り組んでいく」ことを表明した。

都議会公明党の斉藤泰宏氏は、補正予算での福祉先進都市実現基金への積立や、無電柱化推進基金設置などを評価。東京改革からは西沢圭太氏、都民ファーストの会からは木村基成氏が討論に立ち、全条例への賛成を表明した。

◆豊洲特別委を継続

4日の同委で豊洲新市場の地下水調査を行った9回目の業者がこれまでと異なる手順で採水していたことを踏まえ、豊洲市場移転問題特別委員会が6日、当初予定していた同特別委の廃止をせずに継続することを決めた。今後は手順変更の経緯や理由などを解明するため、都職員や地下水調査を行った業者から意見聴取する予定。

1～8回目の調査を行った業者は観測井戸の地下水を取り除く「パージ」を実施してから翌日か翌々日以降に採水していたが、基準値を大きく超える有害物質を検出した9回目では業者が都の指示によりパージから20～30分後に採水していた。

◆新党が千代田で擁立

事実上の小池新党である都民ファーストの会は8日、都議選の公認候補3人を発表した。千代田区選挙区に元警視総監の樋口建史氏の長男の樋口高顕氏を擁立した。同区では自民党の内田茂氏が今期限りで引退を表明しており、同党都連が候補者選定を進めている。同会はほかに港区にフジテレビ社員の入江伸子氏、杉並区に教育コンサルタントの茜ケ久保嘉代子氏を公認した。公認候補は15人となった。また、共産党は小平市に介護施設所長の鈴木大智氏を擁立した。候補者は32人。

石原氏が「記憶違い」　会見内容を一部訂正

豊洲移転問題

石原元知事は7日、豊洲新市場の土地取得などに関する会見の内容を一部訂正すると発表した。会見では、2011年の豊洲の土地売買契約締結まで、知事本局長だった前川燿男練馬区長が交渉役を担当したかのように話したが、「記憶違いなどで誤りだった」と訂正。

また、石原氏は豊洲移転延期を決定した小池知事に対し、「豊洲市場は安全で小池知事こそ移転させない不作為の責任がある。このまま無策を続けるなら、法的手続きも検討せざるを得ない」として、弁護士に準備させているとした。これに対し、小池知事は「中身を精査していきたい」と話した。

都政の東西

次はあなたかも

立川市と小平市で発生したノロウイルスによる集団食中毒。どちらも原因は、大阪の製造業者の「きざみのり」だった。親子丼や炊き込みご飯、きんぴらご飯に使われていた。大量な摂取でなくても、特に立川市では嘔吐（おうと）などの症状を訴えた児童が千人規模となる被害につながった。感染力が強く、微量の摂取で発症するノロウイルスの怖さを印象付けた。

被害が拡散するため感染経路の特定は難しいが、必要不可欠だ。今回は仕入れ先に保管されていたきざみのりから検出されたノロウイルスと、患者の便や吐しゃ物から検出したノロウイルスとの遺伝子配列検査の結果が一致。さらに、のり製造業者がのりの裁断・梱包作業を委託している加工所に対して大阪市が実施したふき取り検査でも同じ遺伝子型のノロウイルスが検出され、同加工所は食品衛生法違反で営業禁止となった。

感染経路を突き止める作業の上では人権尊重も求められる。2007年の感染症法改正では、国や地方公共団体による施策は、患者などが置かれている状況を深く認識した上で、「人権を尊重しつつ」推進すべきとした。従来の「人権に配慮しつつ」との表現よりも一歩踏み込んだ。食中毒で言えば患者への検便協力依頼、ウイルスが検出された調理従事者の職場復帰への配慮などが相当する。都の食品危機管理担当は「次はあなたかもしれない」と当事者意識を持つように指摘する。

立川市の再発防止検討委員会では「用便後、流す際にふたをしないとノロウイルスが空間を90分程度漂ってしまう」など具体的な注意喚起や対策も提案されている。健康管理と人権に基づく衛生管理の意識が皆に欠かせない。

冗句ジョーク

受験シーズンも後半、受験生を子に持つ都職員は仕事も手に付かず

「質問通告と答弁調整は絶対必要だ！」
――都職員

災害時の受援体制

物資受け入れで仕組み検討

人的支援は「都を注視」

東日本大震災が示した多くの課題のうち、昨年4月の熊本地震で浮き彫りになったのが、国や他自治体などによる物資の支援や応援職員派遣などの受け入れ、いわゆる「受援体制」の整備だ。23区では防災担当課長会が来年3月を目標に、都と連携して物資輸送に関する具体的な仕組み作りを進めている。また、派遣職員や災害ボランティアの受け入れなど人的支援の面でも一部の区で新たな取り組みが始まっているが、受援体制の構築に向けてはまだまだ課題が山積している印象だ。

「物資集積所の手前で十数時間待った後、別の施設に移動して積み下ろし作業を行った。市職員と自衛隊の連携も取れていない様子だった」——23区防災担当課長会で今年度の幹事を担当する北区防災課の坂本大輔課長は、熊本市への救援物資輸送をこう振り返る。

熊本地震では、救援物資の拠点集積所となったスタジアムで荷下ろしや積み替えなどの作業が滞り、必要なタイミングで物資が避難所に行き渡らなかった。防災担当課長会では2015～16年度の2カ年で備蓄物資の充実をテーマに検討を進めてきたが、熊本地震の教訓から物資輸送体制に検討をシフト。都と協力し、来年3月までに報告書をまとめることを決めた。

各区で検討を進める中、改めて災害時の物資輸送の課題を洗い出す過程で、備蓄方法や拠点集積所への大型トラックの搬入路など多くの課題が見つかった。北区では民間物流企業の担当者に備蓄施設を見学してもらったところ、評価は「0点」だったという。備蓄物資を床に直接積み上げていたため、運び出す場合に手作業となり、大量の支援物資が届けられた場合に作業のボトルネックとなるためだ。手動式フォークリフトとパレットと呼ばれる台を使い、少人数かつ短時間で搬出入作業ができるよう助言を受けた。

坂本課長は「区市町村と都で合計3日分の水や食料などを備蓄することとしているが、都の備蓄物資をさばくことができなければ、国のプッシュ型支援物資や他自治体の救援物資の受け入れどころの話ではない。被災者に物資を届けるのは区の責務。民間事業者のノウハウを生かして態勢を整えたい」と話す。

熊本地震の際にスタジアムで支援物資の積み下ろしができず、約15㌔離れた「アクアドームくまもと」で搬入作業を手伝う北区職員＝区提供

■民間連携に活路

民間事業者との連携では、複数の区で具体的な取り組みが始まっている。

世田谷区は昨年11月にヤマト運輸と災害時の救援物資に関する協定を結び、被災時に大田区内にある同社の物流拠点「羽田クロノゲート」の一部スペースを区の救援物資集積所として提供してもらうこととした。物資の管理や避難所での受け入れ態勢が整うまでの一時保管など、平時の配送業務の経験を生かしてもらう。

練馬区は2月に東京都トラック協会練馬支部との災害時協力協定を見直し、物資集積所での在庫管理や搬出入作業など具体的な業務を盛り込んだ。また、区の災害対策本部に物流コーディネーターを派遣してもらい、物資輸送業務についてアドバイスをもらう。区は同支部に無線機を設置し、災害発生直後から情報共有できるようにする。港区や渋谷区なども物資に関する民間事業者との協定締結に向けた検討を進めているという。

こうした民間との連携は、災害ボランティアの分野にも広がっている。

足立区は2月に区社会福祉協議会、東京青年会議所と災害ボランティアの募集や受け入れ、ボランティアセンターの受け入れに関する3者協定を締結した。全国にネットワークを持つ青年会議所の組織力を生かし、早期にボランティアを迎え入れて復旧作業に当たってもらう。

世田谷区は5総合支所管内にある大学と協定を結び、キャンパス内にボランティアマッチングセンターを設置する。区内全94カ所の避難所をセンターのサテライトと位置付け、それぞれに合計約1500人配置するボランティアコーディネーターの養成講座を来年度から開始する。

■都が職員受援検討

一方で、他自治体からの派遣職員の受け入れでは、いずれの区も検討段階にとどまっている。

足立区は15年度に区地域防災計画を修正し、受援計画の項目を追加。先進自治体の神戸市の事例を参考に、応援が必要な業務や活動期間などを記載した「受援シート」を作成し、支援要請を行う方針を示しているが、業務の洗い出しなど具体的な検討は来年度以降に本格化させる方針だ。新宿区も受援に関する項目を地域防災計画に盛り込んでいるが、詳細な記載は今後の検討課題という。

背景には、東日本大震災を機に、国が中心となって構築した職員派遣の仕組みで、都道府県が要請の取りまとめ役を務めることがある。各区は都が進める受援体制の拡充作業を注視しているのが実情だ。都総務局は、各区との意見交換を複数回にわたって行うなど人的支援に関する具体的な手順を検討しており、「区市町村のニーズを把握した上で応援が必要な業務を洗い出し、全国の自治体に知ってもらうとともに、役割分担や手続きを明確にするなど受援体制の整備を進めていきたい」（総合防災部）と話している。

江戸川区

宅地の地耐力不足が判明

スーパー堤防、引き渡し目前で

江戸川区で国が整備を進める高規格堤防（スーパー堤防）のうち、地権者らへの引き渡しに向け区が宅地造成を実施している同区北小岩1丁目東部地区の一部で、家屋や盛り土の荷重に対する宅地の地耐力不足が判明したことを受け、区は住民への土地の引き渡しを延期すると決めた。計画では、今月末までに地権者に対して全68戸を引き渡す予定だった。

区は1月下旬、同地区の一部で地耐力不足を確認した。区の区画整理課によると、14日まで調査を続けて原因を特定した上で報告するとしているが、同地区の元々の地盤の一部が軟弱地盤層であることに起因する可能性が高いという。区は3月末までの宅地引き渡しを目指して昨年12月26日から順次、宅地造成整備の終了した区画の地耐力調査を実施していた。

同問題の審議が行われた7日の予算特別委員会では、委員から「地権者への一日も早い引き渡しを求める。国には毅然とした態度で臨んでほしい」（太田公弘氏・公明）、「残念でならない。次の事業での再発防止を求める」（田中寿一氏・区議会自民）、「事業の根幹を揺るがす。スーパー堤防の上に住宅を造るのが妥当なのか改めて検討してほしい」（本西光枝氏・ネット）などの意見が上がった。

同地の一部はかつて水田だったことが古地図などで確認され、同事業ではこれまでも埋設されていた江戸川の水を引き込む用水路（ヒューム管）の撤去や、地権者の立ち退きの遅れなどで計画が遅滞していた。当初の引き渡しは昨年5月の予定だった。

区は2月上旬、国土交通省との協議で国交省が同問題への対策を講じることで確認し、区と国交省は2月28日、地権者らに地耐力調査結果を報告した。地権者からは、引き渡し時期が延びることへの不快感が示されるとともに、「どのような改良工事を行うのか」「引き渡しはいつ頃になるのか」などの声が上がったという。

7日からは国も調査に加わり3班体制で実施しており、今月中旬にも改めて地権者らに説明会を開く予定。引き渡しの延期期間は現在、約2カ月の見通しだが、全容の解明を受けて改めて検討する。

スーパー堤防の上に宅地造成を行う北小岩1丁目東部地区。写真奥に江戸川が流れる＝7日

記者席

まさに命懸けの百条委員会

○……豊洲移転問題を調査する都議会百条委員会では、今月中に開会が決まっている4日間、医者を控室に常駐させる。証人の中には80歳を超える高齢者がおり、長時間にわたる質疑や追及に追い詰められた末、倒れる恐れがあるからだという。一方、質問する議員にも高齢者がおり、同様の事態にならないかと不安の声が都議から漏れる。

今回の百条委は明らかな疑惑があるわけではなく、豊洲の土地取得の経緯など、どこまで真相が解明されるかは不透明だ。万が一、証人喚問の初日となる11日に誰かが倒れた場合、百条委の審議内容よりも倒れたことの方が大きく報じられてしまうという、議員にとっては『最悪の事態』も懸念される。

○……石原元知事が3日の記者会見から1週間もしないうちに、発言内容を訂正した。

築地市場移転が決まった当時、都庁担当として取材していた自分ですら記憶があいまいな部分が多いから、老いた石原氏ならなおさらだろう。記憶違いで前川練馬区長に責任を押し付けておきながら、百条委には前川氏を呼べという。無責任というより支離滅裂だ。

会見では「私は素人なので司、司で下に任せざるを得ない」と釈明していた。新銀行東京の破綻で責任を問われた時にも、石原氏は「組織として司、司の責任がある」と逃げていたのを思い出した。絶対に上司にしてはいけない人だ。

○……災害時の受援体制に関する取材を進める中で、昨年5月に熊本で都区派遣職員を現地取材した時のことを思い出した。

都区の職員が集合場所に到着し、会議室に案内されたが、なかなか市の担当者が現れない。市の部課長級が階段を駆け上る音が響いたのは約30分後。応援業務が判然としない説明から現地の混乱を感じたのか、都区の職員は「首都直下地震の対応を具体的に考える必要がある」「対岸の火事ではない」と表情を引き締めていた。

受援体制の構築に向けては、被災地派遣を経験した職員の生の声が大きな意義を持つ。被災地での業務と同様に活躍してほしい。

横綱相撲　分析　23区新年度予算案 3

公助に財源積極投入

防災・まちづくり

東日本大震災を契機に自助・共助の考え方が広まった一方で、公助への期待は相変わらず大きい。区民にとって最も身近な公助を担う23区は、来年度当初予算案で潤沢な財源を生かした早期復旧費用の確保や面的ハード整備を進める。

港区の2017年度一般会計当初予算案は1661億5千万円で、前年度と比べて38・1％増の大型予算となった。要因は新しく設置した震災復興基金への積立金380億円の計上で基金を組み換えたことだ。

同基金は応急・復旧期に必要な経費を蓄えておく目的で、国や都の補助が出ない私道や商店街道路舗装復旧などへの対応を想定している。武井雅昭区長は「区が自主財源を用いてすぐに支援に取りかかれる」と効果を期待する。来年度は財政調整基金を取り崩して積立金に充当するが、18年度以降は計画的に積み立てを行い、22年度末までに発災後5年間に必要な経費の半額と試算する1千億円の積み立てを目指す。

品川区は都内初となる災害復旧特別会計を編成。災害発生後1～2カ月間に必要な避難所運営や被災状況調査、公共施設の災害復旧費、被災家屋解体・撤去費用への適用を想定。16年度に立ち上げた災害復旧基金からの繰入金を財源に15億円計上する。

面的ハード整備が前進

昨年、法整備された無電柱化事業には、ほとんどの区が乗り出しているが、現場では区道特有の課題に直面している。豊島区の松田芳隆道路整備課長は「区道は道路幅員や地下空間が狭く、国道や都道とは違う難しさがある」と話す。

こうした課題へのノウハウの蓄積を目的に、同区は15年度から調査・設計に取りかかっている巣鴨地蔵通りをモデル事業に位置付け、他地区の事業化につなげる考え。当初予算案に1億3125万円を計上した。

また、20年東京五輪会場を抱える区では、会場周辺の無電柱化を計画しており、墨田区は両国国技館周辺、大田区と品川区は大井ホッケー競技場周辺、世田谷区は馬事公苑周辺で準備を進める。

無電柱化モデル事業地の巣鴨地蔵通り＝豊島区

災害時の一時的な避難場所になる公園・広場の整備も進む。荒川区は、宮前公園の整備工事に着手するため1億2700万円を予算案に盛り込んだ。3・3㌶の中に保育所や図書館などを併設するのに加え、防災設備のマンホールトイレやかまどベンチ、隅田川から初期消火用水源を取る「永久水利」設備を兼ね備えているのも特徴だ。大木浩道路公園課長は「被災時に広場で過ごすことができれば、避難生活のストレス緩和にもつながる」と阪神・淡路大震災や東日本大震災での教訓を生かしたと説明する。

荒川区のような大規模敷地が確保できない中での工夫もみられる。江東区は新年度予算案に5530万円を計上し、不燃化特区制度を活用して「北砂三・四・五丁目地区」内の公園整備を始動。

葛飾区は、数千平方㍍単位で区内に「防災活動拠点」を点在させる計画で、来年度は4カ所の整備に8900万円を充てる。長谷川豊公園課長は「各拠点で防災訓練を開くことなどで、有事に住民同士で助け合う関係が築ける」と意義を示す。

東京都は、国土交通省が示している「地震時等に著しく危険な密集市街地」が全国で最も多い。不燃化事業を始め、防災事業に率先して取り組んできたものの、抜本改善につながるハード整備事業は「総論賛成、各論反対」に陥りやすい。「拠点を造った後にしっかりと魂を入れる」（長谷川公園課長）ことが肝要だろう。整備効果を見える化して示すことが次の道を開く。防災・減災へ立ち止まることなく、トップランナーであり続ける必要がある。

板橋区議会

元職員との和解案可決

懲戒免職処分取り消しへ

板橋区が「板橋ホタル生態環境館」で飼育業務を担当していた元男性主事を2014年3月に懲戒免職処分とし、元主事が処分を不服として区を提訴した問題で、同区議会は7日の本会議で、東京地裁の和解勧告に基づき、処分を取り消す議案を賛成多数で可決した。28日に和解が成立する見通し。

勧告などによると、区は元主事の懲戒免職処分を取り消し、16年3月31日付で定年退職したとして満額の退職金約1966万円と解決金約352万円を元主事に支払う。

また、13年まで行っていたホタルの夜間特別公開や累代飼育に関する特許取得に元主事が尽力したことなどを区として認めることとする。

区が処分理由に挙げた6項目の事務処理に関し、区の処分指針に該当する行為があったことを元主事側が認めることも盛り込まれたが、遡及して処分は行わないという。

採決では、民進1人、市民クラブ1人が退席。「全容が解明されていない」と主張する共産8人と、「区の責任の取り方が示されていない」「和解は区民の利益にならない」などとして無所属2人が反対したが、自民、公明、退席者を除く民進、市民クラブの賛成多数で可決した。

夜に避難路確認促す

11日に河川敷イベント

荒川河川事務所と2区

関東地方整備局荒川下流河川事務所と北区、足立区は11日、「荒川ライトアップ2017」を開催する。震災発生時の一時的な避難場所となる荒川河川敷で夜間に防災イベントを開くことで、地域住民に夜間に避難するイメージを確かめてもらう。

同イベントは昨年から始まり、2回目の今回は東日本大震災や熊本地震のパネル展示を行う。岩淵リバーステーション（北区）付近と足立区都市農業公園前付近の2カ所では、3D映像による土石流の疑似体験や降雨体験車での集中豪雨体験などを実施する。

また、輸送拠点の岩淵リバーステーションから芝川水門までのクルージングでは、ライトアップした河川敷を水上から眺めてもらう。

荒川下流河川事務所では、「夜は河川敷が暗く、普段行くことはあまりないと思うが、このイベントをきっかけに雰囲気を知ってもらえれば」と話している。

中央清掃工場を停止

水銀濃度規制値超え

清掃一組

東京二十三区清掃一部事務組合は6日、中央清掃工場2号焼却炉で水銀濃度が自己規制値を超えたとして3日午後7時53分、同炉を停止したと発表した。

清掃一組によると、同日午後5時3分に排ガス水銀濃度の上昇を確認し、午後7時、煙突入り口の水銀濃度の1時間平均値が規制値をわずかに上回った。清掃一組は今後、水銀の付着による設備汚染状況の調査を実施した上で、再稼働に向けて清掃などの対策を講じる。

水銀が付着したまま稼働すると水銀が飛散し、煙突から外気へ放出される可能性があるという。汚染レベルが高い場合は、設備を入れ替える必要があるが、今回はその可能性は低いとしている。

清掃一組は2月13日にも練馬清掃工場1号焼却炉を水銀濃度の超過で停止していたが、同月28日に再稼働させた。

施設管理部技術課は「原因は分からないが、可燃ごみの分類ではない水銀を含んだ不適正なごみが混入したとみられる」と話している。

大田区

18区立公園に設置へ

「はねぴょん」遊具に

大田区は区公式PRキャラクター「はねぴょん」の幼児向け遊具を13日から順次、区立公園に設置する。中馬込児童公園と西蒲田公園を皮切りに、今月末までに6カ所の公園に各1基設ける方針。同区は区内を18地区に分けて特別出張所を置いているが、各地区1基の設置に向け、来年度は残る12地区での設置を進める計画だ。

取り付ける遊具は、3～6歳の児童を対象とした、またいで乗り、前後に揺らして遊ぶ「リンク遊具」。定期的に実施している同遊具の改修に合わせて交換する。今回のオリジナル遊具の製造に当たっては、同区蒲田に本社を構えるテック大洋工業㈱が担った。価格は1基40万円。

明立周二都市基盤管理課長は「区制70周年を記念して作った『はねぴょん』を区民に広く知ってもらうとともに、この遊具を目当てに子供たちが公園に足を運んでもらえたら」と期待を語った。

区公式キャラクター「はねぴょん」のオリジナル遊具

都議会百条委

「2者間合意」の解明へ

キーマンは浜渦元副知事

都議会で豊洲市場移転問題を調査する百条委員会があす11日に開かれ、元副知事や東京ガスの幹部ら11人を証人喚問する。都が東京ガスの工場跡地をなぜ選んだのか、汚染処理を巡る都と東京ガスによる「2者間合意」が存在したのかなど疑問点がある。11日の百条委では、都と東ガスへの質疑は計6時間で、どこまで解明が進むかが焦点となっている。

11日の百条委では、証人として都から福永正通元副知事と大矢實元中央卸売市場長の2人、東京ガスから広瀬道明社長や上原英治元会長ら9人が呼ばれる。

同日の証人喚問では、都が東京ガスの土地を購入しようとした理由や経緯の解明がポイントの一つだ。都の交渉記録によると、東京ガスと交渉に当たっていた福永氏は2000年6月、「豊洲用地は工場跡地で、大変な改善費用を要する」ことなどへの考えを東京ガスから問われたが、「新市場の着工時期までにはその処理が完了することが必要」と述べるにとどまった。都が豊洲移転を決定したのは01年12月で、用地取得までの都の意思決定などが適切だったのかが百条委でただされることになりそうだ。

都と東京ガスは水面下で豊洲の用地取得を巡る交渉を重ねる中で、01年7月に豊洲の汚染処理の範囲などを水面下で了承した「2者間合意」が存在したかどうかなど百条委で議論される見通しだ。

「2者間合意」という文言は、03年5月の打ち合わせで東京ガスが触れ、都の交渉記録に初めて登場した。この時、都から土壌汚染対策を広く求められた東京ガスは「2者間合意で土壌汚染処理対策は今の計画で良い旨確認しているし、当時の局長や部長も了解しているはずだ。だから、東京ガスは売買に応じた」と主張し、都が求めた更なる対策に応じない考えを示した。

このやり取りから、都が土地購入後に新たに土壌汚染が発覚した場合、東京ガスの瑕疵担保責任の免除が「2者間合意」に盛り込まれていた可能性があることを暗に示している。だが、「2者間合意」の詳細な交渉記録は都に残されておらず、東京ガスの元幹部らの証言が頼りになる。「2者間合意」の交渉役である浜渦武生元副知事の証人喚問を19日に控える中で早くもヤマ場を迎える。

共産党は「浜渦氏がキーマンで、その責任が明確になれば、豊洲の土地購入費を巡り、石原氏に損害賠償請求するよう都に求めた住民訴訟と同様に、浜渦氏を相手取り提訴されるのではないか」と見通す。

東京ガスの瑕疵担保責任の免除に関して、石原元知事は3日の会見で、昨年に都から送付された質問状で初めて知り、東京ガスとの協定書に押印した記憶もないと話した。公明党は「知事がほぼ全ての文書に押印しているわけではなく、調印式は開いていないだろう」と分析。豊洲の盛り土問題と同様に誰が東京ガスの瑕疵担保責任の放棄を判断し、押印したのか、豊洲の盛り土問題と同じように「犯人捜し」が行われる可能性がある。

百条委のメンバーの一人である自民党都議は「瑕疵担保責任は、土壌汚染の事実を隠して、都が購入した後に見つかったケースが該当すると思う。だが、今回は東京ガスも都も土壌汚染があることを分かっていて売買契約を締結したのだから、都が東京ガスの瑕疵担保責任を免除するのは当然ではないか」と指摘。百条委では、都が免除した正当性が問われそうだ。

11日の百条委の大量の資料は9日に各会派に提出。民進党系の会派の東京改革は「証人に『覚えていない』と連発されたら、不毛な質疑で終わってしまう。出てきた資料を精査しないといけない」と身構える。

都と東ガスの質疑は3時間ずつ行われるが、各会派の質問時間は1グループあたり自民党が58分、公明党が30分、東京改革と共産党が各27分、都民ファーストの会都議団と生活者ネットワークが各19分。各会派からは代表質問などと比べて短いとの不満が漏れる中、真相解明できるかは不透明なままだ。さいは投げられた今、各会派の手腕が試されている。

社会福祉総合学院の運営費を巡る都議会百条委員会で証言する浜渦氏。今回の百条委でもキーマンとなる＝2005年3月29日

都オリ・パラ準備局

大会の経済波及効果32兆円

全国で194万人の雇用誘発も

都オリンピック・パラリンピック準備局は6日、2020年の東京五輪開催による経済波及効果が全国で約32兆円に達するとの試算を公表した。

試算対象は招致が決定した13年から、大会10年後の30年まで。大会開催による需要増加額や、投資による生産や付加価値などを算出した経済波及効果を推計した。

試算によれば、都内では大会に直接関わる投資や支出による直接的効果が2兆円、大会後のレガシーを見据えた取り組みなどによるレガシー効果が12兆円で、合計約14兆円の需要増加を見込んだ。直接的効果には恒久施設整備費の3500億円や、仮設整備とインフラ、輸送、セキュリティなどの大会運営費1兆600億円が含まれる。新規施設や選手村の後利用、インフラ整備などによるレガシー効果は2兆2572億円と推計した。

また、大会による経済波及効果は、都内で20兆4407億円、全国で32兆3179億円と試算。大会に伴う雇用誘発数は、都内で約130万人、全国では約194万人となると見込んだ。

事業所のCO_2排出量 26%減の1227万トンに

都環境局

都環境局は3日、事業所に二酸化炭素の排出削減を義務付けたキャップ&トレード制度で、第2計画期間（2015～19年度）の初年度の実績を発表した。約1300事業所の二酸化炭素の平均排出量（基準排出量）と比べて、26%減の1227万トンとなった。今回の削減量は前年度比16万トンで、都庁舎の年間排出量の7倍に相当する。

10～14年度の第1計画期間では、キャップ&トレード制度の始動期間として、オフィスの二酸化炭素削減率を8%（工場6%）に低く設定したが、第2計画期間は定着期間として17%（同15%）に引き上げた。今回の各事業所の実績が今後も継続した場合、目標が達成可能な事業所は全体の78%に上る見通しだ。残りの事業所は現時点で目標達成が厳しいことから、さらに対策が必要となる。

また、同局は地球温暖化対策の優れた「トップレベル事業所」に9事業所を認定した。この中では、オフィスビルの窓の内部に薄膜状の太陽光パネルを差し込み、採光しながら発電する事業所に加えて、オフィスの天井から机まで全ての照明をLED化する企業などが選ばれた。

選挙プランナーの眼

地方政治の舞台裏から㉞

定数2で小池派独占も

都議選42選挙区分析①

夏の都議会議員選挙に向けて、今の時期から各マスコミが議席予想を掲載していきます。かく言う私も先日、夕刊フジ紙上にて議席予想を担当させていただきました。

「まだ候補者も出そろっていないうちからどうして議席予想ができるのか」と不思議に思われる方もいらっしゃるでしょう。私の予想では都民ファーストの会が大躍進する結果になっていたことから、「妄想だ」という批判の声もいただきました。

議席予想の手法を少しだけお話しますと、まず過去の選挙結果の分析から始めます。都議選であれば過去の都議選の結果はもちろん、衆参の国政選挙やそれぞれの基礎自治体の議会議員選挙についても調べます。それぞれの選挙区において有権者がどんな投票行動をとってきたか、無党派層や各政党支持層の投票行動を踏まえ、そこに最新の世論調査の結果を組み合わせて予想しています。

ちなみに世論調査において、候補者が確定していない場合は「○○党の公認候補」といった設問を設定します。こうした聞き方になりますので、都民ファーストの会については、候補者が確定したときに更に伸びる可能性もあれば、失速する可能性もあります。これからどういった方が公認候補として発表されるのかによって、会への期待値も変化していくでしょう。

本連載では今回から数回にわたって42選挙区それぞれの状況について私見を述べたいと思います。

■千代田区（定数1）

まずは千代田区です。都議選における最大注目選挙区と言われていましたが、内田茂氏（自民）の引退に伴って、構図が確定していません。都民ファーストの会は8日に候補者を決定しましたが、自民党は未定という状況です。ただ、直近の千代田区長選挙の結果を見るにつけ、都民ファーストの候補者が選挙戦を有利に進めることが予想されます。マスコミの注目度も高いことから、自民党、都民ファーストの会ともに目玉候補が擁立される可能性があり、注目しています。

■中央区（定数1）

中央区は自民党の新人と都民ファーストの会の公認候補者による実質的な一騎打ちが予想されます。中央区は昨年の知事選で小池知事の得票率が50%を超えた選挙区です。昨今の支持率を見ても小池知事の人気が高いため、都議選でも都民ファーストの会の候補が優勢と予想されます。

■港区（定数2）

港区は前回の都議選では自民党が2議席を独占し、自民党圧勝の象徴的な選挙区でした。しかし前回の知事選では、中央区と同じく小池知事の得票率が非常に高くなっていました。また、過去の都議選の選挙結果を分析すると、毎回の選挙結果の振れ幅が大きい選挙区であることがわかります。

特に2009年に民主党が躍進した選挙から13年に自民党が大勝した選挙で、大きく票が流れる「振り子現象」が起きていました。風の影響を受けやすい選挙区であり、逆風下において2人の候補者を立てると票が割れる可能性が高いため、自民党現職の2人は苦戦が予想されます。都民ファーストの会が他党と連携し、候補者調整を行えば、2議席を獲得する可能性もあります。

■新宿区（定数4）

新宿区の前回都議選では、1位が公明党、3位が共産党の候補でした。公明党、共産党がそれぞれ固い支持基盤を持っている選挙区です。前回2議席を獲得した自民党は苦戦が予想されます。現状では都民ファーストの会が優勢だと予想されますが、候補を2人立てるかどうかによって、構図が大きく変わります。

■文京区（定数2）

文京区は都民ファーストの会の公認候補者が決定しています。現状では、都民ファーストの候補が優勢だと予想されますが、昨今の国政選挙を見ても共産党が強い地域であり、共産党の新人候補がこれからどこまで支持を伸ばせるかによって、自民党現職との激しい2位争いが展開されそうです。個人的には、文京区のように共産党の支持が底堅い選挙区で、都民ファーストが2人目を擁立するかどうかに注目しています。

■台東区（定数2）

同じく2人区の台東区も、都民ファーストの会の公認候補者が一歩リードと予想されます。2番手を自民党と民進党の現職が競り合う展開ですが、共産党があまり強くない選挙区ですから、都民ファーストが2人目を擁立すれば2議席獲得の可能性があります。

◇　◇

情勢は日々変化しています。特に、都民ファーストの会の公認候補が出そろえば、構図が一気に固まりますので、4月以降はマスコミ各社も独自に世論調査を行い、また議席予想が注目されるのではないかと思います。本連載では次回も引き続き、都議選選挙区の分析をお届けします。

（㈱ダイアログ代表取締役　松田馨）

都政ダイジェスト

（2月16日～28日）

▼都福祉保健局は16日、2017年度以降の肝炎対策指針の改正案をまとめた。

▼東京都人権プラザが16日、港区内でリニューアルオープンした。

▼都水道局は20日、横浜市と川崎市と連携し、首都圏の水道事業体に技術支援する覚書を締結した。

▼都議会の最大会派である自民党から離脱し、新会派「新風自民党」を立ち上げた3人のうち2人が20日、自民党都連に離党届を提出した。

▼都産業労働局は20日、第10次都職業能力開発計画案をまとめた。

▼都水道局は21日、水源林の管理に関する施策をまとめた「みんなでつくる水源の森実施計画案」を発表した。

▼都議会は22日、豊洲移転問題を調査する百条委員会の設置を全会一致で決定した。

▼都議会は22日、議員報酬の20%削減、費用弁償の10万円減額などを盛り込んだ議員改革関連条例案を全会一致で可決した。

▼小池知事が22日の施政方針表明で、都の新たな行革プラン「2020改革プラン」（仮称）を策定することを明らかにした。

▼小池知事が22日の施政方針表明で、東京五輪の仮設競技場の建設費を負担する考えを示唆した。

▼都福祉保健局などは23日、子供の生活実態調査を公表した。

▼都教育委員会は23日、都の「チームとしての学校のあり方」に関し、検討委員会から報告を受けた。

▼小池知事は24日の会見で、首都大学東京の理事長に島田晴雄慶応大学名誉教授を据える人事を発表した。

▼都議会自民党の内田茂都議が25日、7月の都議選に出馬せず、今期限りで引退することを表明した。

▼固定資産評価に関する検討会が27日に開かれ、大規模建築物の固定資産評価に関して、国への報告書案を都に提出した。

▼都が築地市場の敷地内に土壌汚染の疑いがあるとの調査結果をまとめていたことが28日に分かった。

東京最前線

◆市役所を再建へ　岩手県陸前高田市は、東日本大震災で被災した市役所の再建場所を、中心市街地に近い市立高田小学校跡地とする条例改正案を市議会に提出した。現在は高台の仮庁舎で業務を続けており、高田小跡地は震災で津波浸水域だったことから、安全性を不安視する声も上がっている。

◆防災ヘリを有償化　埼玉県は県が所有する防災ヘリコプターに救助された山岳遭難者から、燃料費分の手数料を徴収するよう条例を改める。自治体が防災ヘリによる救助を有償化するのは全国初で、来年1月から施行される予定。遭難者に一定の負担を求めることで、無謀な登山を抑止する狙いがある。

◆「指差し」で外国人対応　和歌山県湯浅町は、外国人観光客へ対応するための「指さしコミュニケーションノート」を作成し、町内の旅館や土産物店向けに無料配布を開始した。シートには英中韓の3カ国語で、外国人が指差しで意思を伝える質問リストと、従業員側の回答表現などが記載されている。

◆ボランティア5400人　2020年の東京五輪に向けた埼玉県の推進委員会は、会場周辺で案内業務などを行う「会場関連ボランティア」を、5400人確保する計画案をまとめた。来年夏から募集を開始する。同県はサッカー会場となる埼玉スタジアム2002など、4会場を有している。

◆駅前ホテルに免除制度　神奈川県藤沢市は東京五輪セーリング競技会場の江ノ島周辺でホテル不足が見込まれることから、藤沢駅北口に来年開業するホテルの固定資産税や都市計画税を2分の1に減免する。期間は5年間。市内にはホテルが10軒程度しかなく、優遇措置で客室不足を解消したい考え。

◆2人目の保育料免除　栃木県芳賀郡茂木町は来年度から、2人目の子供の保育料を全額負担する。新年度予算に2千万円を計上した。これまでは長子と同じ保育所に入園した場合のみ負担していたが、今後は条件がなくなる。同町は県内で最も人口減少が激しく、定住促進が課題になっている。

◆「トキ米」要件追加　新潟県佐渡市は、農薬などの半減や冬場の水田に水を張るなど、トキの育成に配慮した条件で認証している「朱鷺と暮らす郷づくり認証米」の要件に、あぜ道で除草剤を使わないことを新たに加える。虫などがトキの重要な餌になるためで、認証米の付加価値を高める目的。

◆食品ロスを推計　富山県は県内で年間発生する「食品ロス」を2万8千トンとする推計値を初めてまとめた。実態調査に基づいた試算で、6割が飲食店から、4割が一般家庭から排出していた。また、残渣や調理くずを含む食品廃棄物は、事業者で年間7万8千トン、一般家庭で9万1千トンと推計した。

◆ゲーム動画でPR　京都府宇治市がテレビゲーム風のPR動画を作成し、公開を開始した。平安貴族が敵を倒しながら同市の名所を回る内容で、ゲームに親しんできた子育て世代をメーンターゲットにしている。あえて一昔前のゲーム機風に作られたが、市議からはPR効果を疑問視する声も上がっている。

薄れる記憶 消えぬ爪痕

被災地を襲う「2つの風」

東日本を襲った未曽有の震災から11日で6年が経過し、被災地の傷跡は、ゆっくりと癒え始めている。そうした中で、凄惨な災害の記憶を風化させないよう、都は継続的な支援を呼び掛ける。復興が道半ばである東日本への支援は、「復興五輪」を掲げた2020年の東京大会に向けて、都にとっての課題でもある。だが、残り3年で果たして「復興」はかなうのか。風化と風評の「二つの風」はどう防ぐべきなのか。進む震災の記憶の風化と、被災地に対する都の取り組みを追った。

6年目の光と影

3・11 風化する記憶（上）

「まだ完全復興していないことを知ってほしい」「6年前の過去のことだと思ってほしくない」――。昨年度、岩手県の復興局に派遣された歴史文化財団の吉成恵子さんは、被災者へのアンケート業務などに携わった。そこで感じたことが、震災の記憶が風化することへの恐れだった。

「県や国の応援もあり、復興は着実に進んでいる印象。一方で、避難生活を続けている人へのケアなど、道半ばな部分もある」と吉成さんは明かす。仮設住宅での生活から元の地域への帰還が進むにつれて、その後の生活での孤立化など新たな問題も発生している。マンパワーの不足に対応するためにも、職員派遣も含めた継続的な支援が必要だ。

そんな現地の思いに反して、被災地から離れた東京では震災の記憶が薄れ始めていると感じる。

「3・11の時期には思い出すが、普段は報道も減った。日常生活がある中でいつまでも震災を覚えていることは難しいが、教訓を残していく必要がある」

都内では震災直後に盛んな報道が行われ、計画停電の実施などで防災意識が高まったが、今では落ち着きを見せている。だが、福島県産農産物の価格は下がったまま戻らず、風評の根深さを感じさせる。

災害支援では風化防止と同時に、風評被害という「二つの風」に取り組む必要もある。「被災地では、災害が風化してほしくないという思いと同時に、それにより風評が起こるという矛盾した懸念がある」。中央卸売市場築地市場管理課の大越隆博さんは、福島県で支援に携わった経験をそう話す。

派遣先では、避難指示を受けている12市町村の将来プランの設計に携わった。産業、農業、人材育成など各分野の道筋を定めるため、各自治体の首長の意見を集約し、復興庁も交えた3者で将来像を模索した。

原発事故を経験した福島県の復興は、他の被災県と比べても困難さが際立つ。廃炉作業も控え、いまだに福島県産農作物への風評被害も深刻だ。「風化防止」を銘打ったイベントで、収まりかけた風評が復活することへの懸念は根強い。

「被災地の光と影、両方を伝える必要がある」と大越さんは話す。廃炉作業が困難であることは変わらないが、「最近は調査によって事故の全容がつかめてきた。何も分からなかった時よりも前に進んでいる」。

同県では復興に向けた人材育成も進み、福島県産のアイスクリームが人気を呼ぶなど、ポジティブな状況も生まれつつある。

■復興五輪に向けて

小池知事は3日、東京国際フォーラムで行った東日本大震災の風化防止イベントに出席し、「復興は着実に進んでいると肌で感じた」と被災地を視察した感想を話した。

同イベントは都が主催し、昨年度に初開催。懸念される震災の記憶風化を防ぎ、支援の継続を呼び掛けることが大きな目的だ。今回は青森・岩手・宮城・福島県が主催する復興フォーラムと同時開催し、「都は知事の発信力を生かし、4県はNPOの報告や企業の草の根活動を伝えることで、相乗効果を発揮する」（総務局復興支援対策部）ことも狙う。また、被災地支援課では交通局や産業労働局と連携した物産展や産直市などを開催し、官民一体となったイベントなどで復興の後押しを続けている。

風化防止イベントも、2020年の東京五輪まで継続して開催し、復興支援対策部は支援を呼び掛けていく方針だ。特に、釜石市でラグビーW杯が開催される岩手では、19年に向けて前倒しでの復興機運も高まっているという。

進む復興と、道半ばの現状――。6年目の被災地支援は、その両面を伝えることが求められている。

仙台名物の「せり鍋」を試食し、「食べて応援」を呼び掛ける小池知事＝3日、復興応援イベントで

区団交

労使の隔たり依然大きく

行政系人事制度で対立

区長会と特区連は6日、団体交渉を行い、行政系人事制度について協議した。

今回、焦点になったのは、新3級職とする係長級の拡大や、係長級のスタッフ職とする新たな「主査」の活用など。区長会は各区の事情や考え方が異なるとして、「割合は各区が決定すべき」と説明。新たな「主査」は、「各区がそれぞれの事情を踏まえて決定すべき」としつつ、主査として経験を積んだ上でライン係長に任用、係長の不在時に代理したりする例を示した。新2級職については、「各区が組織上の必要数を算出する定数管理が必要な職」との認識を示した。

これに対し、組合側は「係長職の職員構成比の問題も全区共通の課題となるはず」と指摘し、全ての区で「級格付者」の退職者数を目安に係長職層を拡大するよう改めて要求。新たな主査については「女性職員やベテラン職員の活用につながる柔軟で多様な配置が必要。係長の職務などを代理できる副係長制の導入を明確化すべき」と提案した。新2級職については、「特別区職員の中軸たる職であり、職務に精励する全ての職員が担うべき職。定数管理にはなじまない」と重ねて批判した。

この日の団交では昇任制度も俎上に上がり、区長会は若手を対象とする「種別A」からベテラン対象の「C」まで、三つの選考種別を設ける改正内容を改めて示した上で、「各区で様々な工夫をすることが可能となり、より効果的な人材育成につながる」と説明。新2級職への昇任者数についても、「各区が組織上の必要数を算出すべき。昇任率を基本に算出することは適当でない」と述べた。

一方、組合側は「現行の主任主事昇任選考の『短期』は、昇任を目指す職員の大多数が受験する仕組み。合格者の7割が受験資格を得てから3年以内に合格している」と指摘し、「現行でも早期の人材発見・育成は可能だ」と反論した。

現行制度では良好な勤務成績を収める職員であれば40歳までに主任主事に到達できるのに対し、区長会は「40歳までに新2級職に到達することは制度上、担保することは困難」としたため、組合側は反発し、労使の対立は先鋭化している。労使は2017年の特別区人事委員会勧告に向けて今年度中の任用制度での大筋合意を目指すが、両者の隔たりは依然大きく、解決の見通しは立っていない。

粘り強い取り組みを呼び掛ける吉川委員長＝7日、区政会館

特区連定期大会

自主的・主体的な決着を

17年度活動方針を決定

特区連は7日、定期大会を開き、2017年度の活動方針を決定した。

吉川貴夫執行委員長は冒頭のあいさつで、行政系人事制度の改正に言及し、「基本的な部分で労使の意見に極めて大きな乖離が生じている」との認識を表明。「管理監督職の不足問題を全区共通の課題と位置付けて、その解決策を検討しながら、実施は各区判断ということでは、23区全体の制度を改正する必要は全くない」と厳しく指摘した。

また、「現行の主任主事昇任から絞り込み、昇任年齢を遅らせ、生涯1級係員職を生み出す対応に他ならない」と批判した。

特別区人事委員会については、「例年以上に重要な課題となる」と強調。配偶者手当の見直しに加え、行政系人事制度改正の任用部分で労使合意に至った場合、新給料表の勧告が行われるため、「露骨な幹部職員優遇」を許さない対応が課題になるとの見解を示した。

臨時・非常勤職員制度に関しては、昨年末の総務省研究会の報告よりも後退する内容で法改正が行われるとして、「特別区共通基準に影響するので、法改正を受けて必要な検討を行う」とした。

吉川委員長は昨年末の地方財政審議会が地方公務員数の削減について「限界にきている」と意見したことなどを引き合いに、「積み重ねてきた一つひとつの取り組みが従来型の公務労働破壊・公務公共サービスの市場化の流れに対する逆流を作りつつある」と評し、来年度も特別区の自主的・主体的な決着を積み重ねる方針を示した。

17年度の活動方針では賃金確定闘争で、首都圏で働き、生活する区職員の実態を反映した勧告を行うよう特別区人事委員会への働き掛けを強めるほか、行政系人事制度改正への対応、扶養手当の改善、技能系・業務系人事・給与制度の改善に向けて取り組む。非常勤職員の処遇改善を求める方針も盛り込んだ。なお、行政系人事制度の改正に関して、「特区連の要求こそが、制度改正の目的である管理監督職の確保に結実するものだ」とする、要求実現を目指す大会決議を上げた。

役員改選では、宇賀神浩書記長（江戸川）が副委員長に、高木龍二副委員長（渋谷）が書記長にそれぞれ回った。

都技術会議

資産活用で新施策提案へ

技術者のOJT冊子作成も

都技術会議（座長＝邊見隆士都技監）は6日、第95回会合を開催し、「制度の枠を超えたより良い施策の実現」「ストック効果の分析・PR」について検討内容を報告した。いずれも今年度に新設した「より良い社会資本の整備と有効活用部会」の活動内容で、下水熱の利用拡大や道路整備に合わせた用途容積変更時期の見直しなど、新たな施策について検討する方針を示した。

「制度の枠を超えたより良い施策の実現」では、新たな施策の候補として、資産を有効活用する「縦軸」、組織間で連携する「横軸」、役割の変化に応じて使い方を変更する「時間軸」で施策を検討する。

例えば「縦軸」では、法改正で下水道管渠内に熱交換器が設置できるようになったことを踏まえ、下水熱利用の更なる拡大を目指す。下水は気温に比べて「夏は冷たく、冬は温かい」という特性があり、下水道局では後楽ポンプ所（文京区）が地域冷暖房として熱供給している事例がある。

「横軸」では、都市整備局と建設局が道路整備に合わせた沿道の用途容積の変更時期見直しについて検討し、「時間軸」では港湾エリアで閉鎖中の橋梁の遊歩道化を検討することなどを盛り込んだ。

「ストック効果の分析・PR」では、社会資本整備・ストックが果たす効果の「見える化」を図るため、全庁的な『ストック効果事例集』を作成するほか、海外に技術を発信することを目的にインフラの見学会を開催するなど、PRに取り組む方針を確認した。

同部会ではまた、建設の担い手の減少が予測される中、官民を挙げて建設業界の魅力向上、イメージアップについて検討することも決めた。

一方、「技術力維持向上部会」では、若手の人材育成を主眼に、都庁の技術者の在るべき姿・理想像を掲げ、『OJTハンドブック（技術職版）』を作成する方針を示した。ベテラン職員が減少する一方、新規採用者数が急増していることなどが背景にある。

両部会はいずれも6月の技術会議に向けて施策の実現性や方向性について報告する予定。

外務長に山元氏任用

リオ総領事など歴任

水越氏の後任

山元毅氏

都総務局は10日付で、外務長にリオデジャネイロ総領事の山元毅氏を充てる人事を発令する。2016年2月に就任した水越英明氏の後任。

山元氏はアルゼンチン大使館公使や在ウィーン国際機関日本政府代表部公使などを歴任している。前任の水越氏は9日付で退職した。

山元毅氏 昭和37年12月23日生まれ、同志社大学卒。60外務省入省、14総合外交政策局科学原子力課国際科学協力室長、20在アルゼンチン日本国大使館参事官、23同公使、在ウィーン国際機関日本政府代表部公使、26在リオデジャネイロ総領事館総領事

第一生命と包括協定

7項目で連携・協力

都政策企画局

都政策企画局は6日、第一生命保険㈱と複数の政策分野にまたがって包括的・横断的に協力する「ワイドコラボ協定」を締結した。同協定の第一号となる。

同社と連携するのは、健康増進や文化・スポーツ振興、ライフ・ワーク・バランスなど7項目。「都民ファースト」の視点に立った都政運営を効果的に進めるため、企業が持つ資源を生かすのが狙い。

小池知事は「豊富な経営資源を活用していただき、都民の健康づくり、ライフ・ワーク・バランスなどの範を示してほしい」と協力を要請。第一生命の渡邉光一郎社長は「ベストプラクティスのモデルとなるようにしたい」と応じた。

管渠の補修工事で予定価格積算ミス

都下水道局

都下水道局は8日、西部第二下水道事務所で入札を行った管渠補修工事で予定価格を約907万円多く積算するミスがあったと発表した。1工種で誤って28倍の単価を設定したのが原因。入札参加者から設計内容について質問があり、再度計算したところ誤りが判明した。同局は「正しい予定価格によれば、他の入札者が受注する可能性があった」として、入札の公平性を踏まえて契約解除に向けて協議を行い、工事を再発注する予定。同局は積算に当たってのチェックリストを見直すなどし、再発防止を図る。

男児の全裸撮影で教職員を懲戒免職

都教育庁

都教育庁は8日、浴場で男児を盗撮した東大和市の小学校勤務の男性教諭（45）を懲戒免職にした。撮影した動画2点を自宅のパソコンに保存し、児童ポルノ禁止法違反で逮捕・起訴され、現在拘留中。

また、飲食店店員を押し倒したり、他人の自転車を盗んだ江戸川区の特別支援学校の男性教諭（37）を懲戒免職にした。

松下 節子さん（まつした・せつこ＝松下隆弘・都政策企画局理事の母）4日死去、87歳。

◆シリーズ「組織のメリとハリ～17年度都職員定数」は休みます。

五輪への航海図 TOKYO 2020 (160)

開催まで あと1232日

スポーツマネジャー

常駐にIOCの強い意向

IOCの強い意向があったという。五輪組織委員会に籍を置き、IOCや国際競技連盟（IF）などの意向を聞きながら競技運営の企画や準備に当たる「スポーツマネジャー」の常駐化だ。

スポーツマネジャーは、各競技団体が競技の運営責任者として組織委に推薦し、IOCやIF・NFとの連絡役を担う。全33競技に配置する予定だが、現在は22人にとどまる。

「IOCはスポーツマネジャーこそ一番重要だということだった。（早期に）常駐化したい」

組織委の森喜朗会長は2日、IOCとのプロジェクトレビュー（事務折衝）後の記者会見で、こう説明した。組織委のスポーツマネジャーは現在、常勤・非常勤が混在し、中には教員など他の仕事を抱えながら必要に応じて出勤し、組織委が日給や時間給を支払う「アルバイト」的な位置づけの職員もいるという。大会準備の本格化に伴って競技ごとに詳細な調整が増えることが予想され、IOCとも協力して準備することになるため、プロジェクトレビューを経て「片手間にはできない」というのが関係者の共通認識になったようだ。

「IOCと歩調を合わせ、いい考え方がまとまってきた」と森会長＝2日、虎ノ門ヒルズ

「アルバイトのつもりで日当か時間給を与えるというやり方では足りなければならない。きちんとした報酬を支払い、人に必要なことを向けることができる」と森会長。

組織委は今後、スポーツマネジャーの専任化に向けて細部を詰めるとともに、4月からは28人に増やすという。

五輪だけではない。スポーツマネジャーはパラリンピックの各競技でも必要になるが、現在、組織委に在籍するのはボッチャや車いす子バスケットボール、5人制サッカーなどごくわずか。特にパラ競技は五輪に比べて組織が小さく、どのように人材を充てるかも検討課題だ。

スポーツマネジャー以外にも、リオデジャネイロ大会では各競技会場の整備を担当する「ベニューマネジャー」を配置。両者が対になり、オーバーラップしながら準備を進めていた。東京では未だが、ベニューマネジャーの位置付けも明確化する準備に重要になりそうだ。

29年度 職員教養講座

東京都管理職選考対策

《37》

政治経済等事情 ②

引き続き、問題演習を行っていきます。

問　題

【問題 3】

昨年5月に国土交通省が発表した『観光白書』の内容に関する記述として、妥当なのはどれか。

① 2015年の訪日外国人旅行者数は、対前年比47・1%増の1974万人であり、3年連続で過去最高を更新した。この数値は、2014年の「外国人旅行者受入数ランキング」で、世界で16位、アジアで5位に相当するものである。

② 国連世界観光機関（UNWTO）発表の世界観光動向によると、国際観光客到着数の欧州のシェアは過半を占めており、過去10年で上昇傾向にある。また、アジア太平洋のシェアは、過去10年で4・4ポ増と、特に著しい成長を見せている。

③ 外国人旅行者の1人当たり旅行消費額の国際比較では、日本は1406ドル（2014年）であり、外国人旅行者受け入れ数の多いアメリカ、中国、フランスに比べ低い数値となっている。

④ 2015年の日本人の海外旅行者数は1621万人と、2年ぶりに減少した。その要因としては、円安が進行し、現地での買い物も含めた旅行代金が上昇したことによる割高感が挙げられている。

⑤ 昨年3月に政府が発表した「明日の日本を支える観光ビジョン」では、2020年の訪日外国人旅行者数3千万人、消費額10兆円等の新たな目標を定めるとともに、必要な施策を「3つの視点」から整理し、「10の改革」をとりまとめた。

【問題 4】

昨年6月に厚生労働省が発表した『労働経済の分析（労働経済白書）』の内容に関する記述として、妥当なのはどれか。

① 2015年度の名目賃金は、一般労働者の所定内給与の増加が寄与したことなどにより2年ぶりの増加となった。また、一般労働者の名目賃金は、3年ぶりの増加となり、パートタイム労働者の時給は、2015年度平均で1069円となっている。

② 2015年度平均で完全失業率は3・3%と19年ぶりの低水準、有効求人倍率は1・23倍と24年ぶりの高水準となるなど、雇用情勢は着実に改善している。

③ 産業別の労働生産性の推移の国際比較では、日本は、飲食サービス業の実質労働生産性の上昇率は主要国並みである。一方で、製造業の上昇率は主要国で最も高いものの、水準は最も低くなっている。

④ 日本の労働生産性の特徴として、ソフトウェア等のIT関連である情報化資産、人的資本への投資が大きいことが強みであるとしている。

⑤ 2012年度の就業構造基本調査によると、60歳以上有業者のうち「現在の仕事を続けたい」という者が8割を超えている一方で、60歳以上の者で起業を希望する者は、直近10年で減少傾向となっている。

【問題 5】

昨年9月にラオスで行われたASEAN関連首脳会議に関する記述として、妥当なのはどれか。

① 日・ASEAN首脳会議では、安倍首相から、北朝鮮ミサイル発射などの挑発行動に対して、国際社会は断固たる対応をとるべきであり、安保理決議の厳格な履行をASEANも後押ししてほしい旨の発言があったが、拉致問題の早期解決に向けた取り組みについては言及がなかった。

② 日・ASEAN首脳会議では、安倍首相から南シナ海に関し、比中仲裁判断は、国連海洋法条約上当事国を法的に拘束し、両当事国がこの判断に従い平和的解決につながることを期待する旨の発言をし、南シナ海における中国の主権を否定した仲裁裁判所の判決の重要性を訴えた。

③ 日・ASEAN首脳会議で、安倍首相は東南アジア各地でテロが相次いでいることを受けて、今後3年間で100億円規模の支援、5000人の人材育成を行うなど、ASEAN各国のテロ対策への支援策を示した。

④ ASEAN首脳会議では、最近の南シナ海情勢に関して、各国の首脳が中国を名指しして深刻な懸念を表明した。

⑤ ASEAN首脳会議では、2015年の創設以来、具体的な進捗（しんちょく）がなかったASEAN経済共同体（AEC）について進展が期待されていたが、首脳会議の中で議論はなかった。

【問題 6】

最近の欧州の情勢に関する記述として、妥当なのはどれか。

① 昨年6月にイギリスで、欧州連合からの離脱の是非を問う国民投票が行われ、開票の結果、離脱派が残留派を僅差で上回った。地域別では、主に地方部では残留派が優勢であり、一方、都市部では離脱派が優勢であった。

② 今年1月、イギリスのメイ首相は、国民投票の結果を受け、EU単一市場からの離脱を表明し、EUと自由貿易協定（FTA）を結び、離脱後もイギリスの企業がEU単一市場に最大限アクセスできるようにすると述べた。

③ 昨年12月にイタリアで憲法改正の是非を問う国民投票が実施され、賛成票が反対票を上回り、今後、憲法改正に向けた手続きを進めていくこととしている。

④ 2015年11月にパリで同時多発テロが起きたフランスでは、事件から1年が経過し、昨年11月に緊急事態宣言が解除された。

⑤ ロシアでは、昨年9月に下院選挙が実施され、国内経済の低迷を背景に、与党「統一ロシア」は議席を減らしたが、過半数は辛うじて確保した。

解　説

【解説 3】　正答 ①

① 正しい。

② 誤り。国際観光客到着数における欧州のシェアは過半を占めるが、徐々に減少している。

③ 誤り。外国人旅行者の1人当たり旅行消費額の国際比較（2014年）では、アメリカ2371ドル、中国1023ドル、フランス662ドル、日本1406ドルとなっている。アメリカは、遠方からの外国人旅行者を多く取り込んでおり、平均宿泊数も長く、消費額が高い傾向にある。

④ 誤り。2015年の日本人の海外旅行者数は1621万人と、3年連続で減少した。要因としては、円安傾向の継続やテロなどの地政学リスクが考えられる。

⑤ 誤り。2016年3月に発表した「明日の日本を支える観光ビジョン」では、2020年の訪日外国人旅行者数4千万人、消費額8兆円等の新たな目標を定めている。

【解説 4】　正答 ②

① 誤り。2015年度の名目賃金は、一般労働者の所定内給与の増加が寄与したことなどにより2年連続の増加となった。また、一般労働者の名目賃金は、3年連続の増加となり、パートタイム労働者の時給は、2015年平均で過去最高水準の1069円となっている。

② 正しい。

③ 誤り。日本は、製造業の実質労働生産性の上昇率は主要国並みである一方、飲食サービス業の上昇率は主要国の中では最も高いものの、その水準は最も低くなっている。

④ 誤り。日本の労働生産性を高めるためには、ソフトウェア等のIT関連である情報化資産や人的資本への投資を増加させることが我が国の課題であると指摘している。

⑤ 誤り。60歳以上の者で起業を希望する者は、2002年の10・7万人から2012年の17・3万人へと大幅に上昇している。

【解説 5】　正答 ②

① 誤り。安倍首相からは、拉致問題の早期解決のために各国の一層の理解と協力が必要であるとの発言があった。

② 正しい。

③ 誤り。安倍首相からはテロ対策として、今後3年間で450億円規模の支援、2千人の人材育成を行う旨、表明した。

④ 誤り。ASEAN首脳会議では、南シナ海情勢に対して深刻な懸念は示されたが、中国に配慮し、直接的に中国に対する非難は行わなかった。

⑤ 誤り。ASEAN首脳会議では、ASEAN経済共同体（AEC）について、議長声明で更なるインフラ整備や域内各国間の経済格差是正を掲げた2025年までの統合深化を強調した。

【解説 6】　正答 ②

① 誤り。主に、都市部では残留派が優勢であり、スコットランドなどの地方部では離脱派が優勢であった。

② 正しい。

③ 誤り。国民投票では、イタリアのレンツィ首相が提唱した憲法改正案が否決され、首相は辞任した。

④ 誤り。フランスでは、昨年7月にもニースでテロ事件が発生するなど、「テロの脅威がまだ続く可能性が高い」ことから、緊急事態宣言は今年の7月まで延長されている。

⑤ 誤り。昨年9月に実施されたロシア下院選挙は、与党「統一ロシア」が343議席と議席数の4分の3以上を獲得し、プーチン大統領の政権基盤は一段と盤石なものとなった。

昇任試験対策のページ

特別区 管理職試験講座 20

I類択一・記述　I・II類論文　29年度

I類論文

論文式試験とは

出題された論文テーマに対する状況認識、問題意識、文章の論理性、構成力、表現力等について、特別区の管理職としての適切な視点で、ふさわしい能力を有するか否かを検証するものです。

①出題形式

問題は2題出題され、1題を選択します。字数は1500字～2千字程度、解答時間は2時間です。

②論文テーマ

社会事象、行政課題から1題ずつ出題される傾向があります。幅広い範囲からテーマが選ばれていますが、どのような立場からも論述することができるものになっています。出題の背景や意図を正しく理解して、一貫性ある論理展開で論旨を明確に表現してください。

評定のポイント

特別区人事委員会事務局の管理職選考受験勧奨用冊子『明日の区政を担う管理職員を目指して』にありますが、評定基準は、個別項目として問題意識、論理性、構成力、独自性・表現、全体項目として完成度です。

①問題意識

▽論文テーマに対して、特別区の管理職としての視点で課題設定ができているか。

▽論文テーマに対して、正確な状況認識をしているか。

▽問題意識に幅広さや深さを感じるか。

②論理性

▽論述内容に説得力があるか。論旨が明快であるか。

▽論理に幅広さ、奥行きがあるか。

③構成力

▽論文の体裁となっているか。論理展開ができているか。

④独自性・表現

▽自分の言葉で論述しているか（評論家になっていないか）。

▽論文の表現が豊かか。語句の使い方は適切か。

⑤完成度

▽特別区の管理職としての視点があり、当事者意識を持つ論文であるか。

▽昇任への意欲の強さを感じさせる論文であるか。

▽論文全体から、管理職へのセンスやリアル感がうかがえ、今後の伸びしろ、期待を感じさせる論文であるか。

論文のポイント

①全体構成

字数は1500字～2千字程度です。それを2時間以内に書き上げなければなりません。一般的には、まず出題テーマから3点程度の論点を見いだし、問題点と解決策を論述し、最後にまとめ（結語）をするのが良いと思います。4段構成で、読み手にとっても明確な論理展開と感じられるからです。

②レジュメの作成

論文の書き方

論文式試験のみならず、記述式試験にも共通することですが、実際に書き始める前に、論文の全体構成、論旨の流れをレジュメにしてみましょう。問題用紙にはレジュメに用いるために十分な余白があります。レジュメは、ナンバリングと簡単な項目（単語）の羅列で十分ですので、自分の論旨や論理展開、いわゆる骨格を明らかにしてみてください。ここでしっかりと組み立てることによって、論旨の流れの整合性や論点の発見、漏れ、重複等をチェックすることができます。

およそ2千字を書きあげる時間を自分なりに決めておいて、それまではレジュメの作成にじっくり取り組んだ方が良いと思います。良いレジュメができるかどうかが合格答案になるか否かを左右するとも言えるので、あせらずレジュメを作成してみてください。

③簡潔・明瞭な表現

簡潔で明瞭な文章表現が大切です。難解な用語や言い回しをすると採点者は要旨を理解しにくくなりますので、避けましょう。主語と述語がかみ合っていない文章も散見されます。特に文章が長すぎると読みにくく、要旨が伝わらないので、なるべく1文60字以内を目安として簡潔な表現を心掛けてください。意識的に、段落を適度に分けてみましょう。

これは試験当日のみではなく、日頃から起案や資料を作成するときにも心掛けると良いでしょう。より分かりやすい表現を意識して、簡潔に文章を書くように常に注意しましょう。

④小見出しの活用

章ごとに適切な小見出しを付けることで、各章の要旨や論理展開が明確になります。小見出しは、なるべく短い言葉で端的に表現できるようにしましょう。

⑤特別区の管理職の視点

特別区の管理職として行政課題に取り組むという視点を忘れずに論じてください。評論家のような文章は避けましょう。特別区の職員としていかに課題を解決するのか、当事者意識を持って論じてください。例えば、緊急性があるものについては、その解決の必要性についてもしっかり記述しましょう。

⑥区政批判を避けること

特別区の管理職の視点を持つこととも関連しますが、単なる行政批判や区政批判は避けましょう。現状の課題をしっかりと分析したうえで、評論家ではなく、自ら課題に取り組む姿勢を見せてください。

実際の書き方

①第1章（序章）

問題文から出題意図を的確に把握し、背景や現状を分析し、あるべき姿を設定します。あるべき姿と現状とのギャップから課題を設定し、解決のための方向性を示すのが理想的な手法と言われています。第1章は、論文の印象を決め、評価の左右につながる部分です。明快な論理展開と表現力で他の論文との差別化を図れるように採点者にアピールしましょう。

②第2章（問題点）

第1章で示した課題について解決可能な問題点を挙げます。3点程度が良いでしょう。「問題は次の3点である。第一に〇〇である」と問題点を示し、「〇〇では△△が不十分である」とします。3点挙げる問題点については、多角的な捉え方が望ましいです。また課題として大きいものから（記述するボリュームが多いものという視点でもいいでしょう）先に提示しましょう。

③第3章（解決策）

第2章で示した問題点について、具体的な解決策を記述します。「解決策は次の3点である。第一に〇〇を実施する」と記述し、「〇〇により△△が可能になる」と解決策の効果を論じます。

第1章で設定した目標を達成する解決策を明示できれば、説得力のある論文となるでしょう。

④第4章（結語）

第1章～第3章の内容を総括し、今後の展開や将来像等に言及して結語とします。ここで、管理職としての意気込み、責任感をしっかりと示していきます。

ここまでに指定の文字数を満たしているのかにも十分留意してください。

文字数が足りない場合は、減点対象となりますので、最低限文字数はクリアするように心掛けましょう。

読者のひろば

5万7千人の生き埋め者を私たちは生存救出できるのか

都政策企画局計画部計画担当課長　上村淳司

多くの犠牲者が倒壊した家屋の生き埋めになった＝提供・神戸市

生き埋めのまま焼死

阪神・淡路大震災の教訓集を読んでいると、倒壊した家屋に生き埋めのまま火災に巻き込まれ焼死した犠牲者の話が出てくる。こうした惨状が教訓として残されているのは、必死で助け出そうとした家族などの目前で亡くなっているからだ。

言うまでもなく、災害時における自治体の最大責務は人命救助である。これに優先する責務はない。だが、多くの自治体職員は、人命救助は警察・消防・自衛隊が行うのであって、自分たち（役所）の仕事ではないと考えているのではないだろうか。確かに、地域防災計画や災害対応マニュアルで、この最大責務が特筆大書されているとは言い難い。

筆者が危惧するのは、倒壊した家屋に生き埋めとなった住民が、意識のあるまま火災に包まれていく同時刻に、その住民が避難するはずだった避難所では、自治体の職員が炊き出しに使う湯を沸かすため、慣れない手付きでバーナーに火を着けようと一生懸命になっている状況だ。

生存救出は24時間以内

東京都の被害想定によると、首都直下地震では建物倒壊によって約5万7千人が生き埋めとなる（東京湾北部地震・冬18時発生）。ここで簡単なシミュレーションをしてみよう。

まず、生存救出のタイムリミットと言われる発災から72時間以内に生き埋め者全員の救出を目標とする。これを達成するための活動条件は、①1人当たりの救出時間は6時間②1人を救出するために15人のマンパワーが必要（救出前の情報収集や救出後の搬送を含む）③救出活動は2交代で休息を取りながら実施――の3点とする。以上に基づき試算すると、救出活動のマンパワーとして14万人が必要となる。

ただし、実際には次の点に留意が必要だ。まず、一般に発災から72時間が生存救出のタイムリミットと言われているが、早朝に発生した阪神・淡路大震災では、発災当日と比べ2日目では生存救出率が3分の1に激減している（近畿地方整備局『阪神・淡路大震災の経験に学ぶ』）。つまり、生き埋め者の生存救出は発災当日（24時間以内）が勝負となる。

さらに、倒壊した家屋に長時間挟まれていたことが明らかな場合は、クラッシュ症候群への対処が必要だ。DMAT（災害派遣医療チーム）等が必要な処置を行うまでは本格的な救出に着手できず、救出後は一刻も早く医療機関へ搬送しなければならない。

倒壊した家屋には火災が迫る＝提供・神戸市

救助部隊だけでは不足

以上を踏まえ改めて試算すると、5万7千人の生き埋め者全員を本気で生存救出したければ、24時間以内に救出できるよう、少なくとも43万人のマンパワーが必要となる。さらに、これとは別に想定される負傷者約9万人の救護もある。生き埋め者の救出活動の半分と見積もって22万人。全体では65万人のマンパワーが必要だ。

一方、国の計画によると、首都直下地震発生時には、被災地である1都3県に対して、全国から警察・消防の応援部隊が3万人、自衛隊の災害派遣部隊が11万人投入される。ただし、これらの部隊が被災地へ直ちに集結できるわけではない。しかも、警視庁4万6千人、東京消防庁等1万8千人、消防団2万2千人がフルに活動し、全国からの派遣部隊を全て都内に投入したとしても最大規模で22万6千人にしかならない。

自治体職員が率先行動

神戸市が発行した『阪神・淡路大震災の概要及び復興』には、住民による救出活動の写真が掲載されている。阪神・淡路大震災では、倒壊した家屋から救出された者の8割が家族や地域住民の共助によるものだった。これを教訓に自治体が行う普及啓発では、住民共助による救出救護や消火を積極的に求めている。

ならば、私たち自治体職員は、災害時にこそ身をもって住民共助を促すため、現場で救出救護や消火など率先して行動すべきではないだろうか。

都と区市町村を合わせて自治体の職員は約19万人いる（警察・消防を除き、教育を含む）。この中には、人命救助に直結する活動を任務とする職員もいるが、そうではない職員も万単位でいるはずだ。職員だけの率先行動が心もとないのであれば、東京消防庁と連携し、地元の消防団と合同で活動することも考えられる。

また、避難所運営など人命救助以外の活動は、受援を主体とした体制で実施すればよい。

災害応急対策活動とは、突き詰めて言えば、「ヒトとモノを動かすこと」である。つまり「数は力なり」だ。災害対策本部がある役所の執務室で、たとえ1万人の職員がどれだけ仕事をしようと、現場で救出救護や消火に従事するマンパワーが不足すれば死傷者は確実に増え続ける。自治体職員も被災者の救出救護や消火など現場で積極的に活動し、住民共助を促すべきというのが本稿の趣旨だ。そのためには資機材（ジャッキ、バール、消防ポンプ、投光器など）を使いこなせるよう日頃からの訓練が重要である。

そこで本稿の結びに当たり、次の言葉を記しておきたい。「平時にできないことは災害時にもできない」

フクシマ漂流は続く～あの日から～

写真家　菊池和子

住民を拒否する大地

福島原子力発電所の爆発を教訓にして、世界の流れは脱原発へと向かいつつある。しかし、日本国内ではあたかも安全になって、人々は帰還できる条件が整ってきているかのように宣伝されている。だが、「避難解除」された地域に戻る人は少なく、特に若い世代はほとんどいない。放射能の恐怖と避難の困難さに耐えたフクシマの人々は語らずとも本質を見抜いているように思う。

東京など公衆の被曝限度は年間1ミリシーベルト、放射線管理区域（レントゲン室など）での基準値は年間5ミリシーベルト、しかも18歳以下入室・飲食禁止である。この6年間で確かに空間線量は下がったが、フクシマでは除染で20ミリシーベルト以下になった所を避難解除しており、学校の開校計画もある。放射線管理区域より高い区域への帰還である。あなたが被災者ならどうするだろうか？

思い出の美田（大熊町　2016年6月）

「帰還困難区域」となっている原発立地自治体や、放射能プルーム（雲）が濃く流れた地域では、今でも立ち入りが制限され、許可を受けての一時帰宅だ。同行したとき私が目にした光景は、地震で散乱し、余震でさらに崩れ、獣被害に遭った住居や大地の惨状だった。避難した住民が遠方から一時帰宅しても片付ける気力も湧かず、ただため息をついて帰るという。放射能に汚染された大地は人を受け付けない。

双葉町恒例のダルマ市（いわき市　2017年1月）

失った地域コミュニティー

人々と地域をつないできたものは何だろう。それは、行政区の存在や神社の祭り、伝統芸能が大きな役割を担ってきたと思う。人々が全国に散ってしまった関係で行政区を解散したところも多い。それでも故郷への断ち難い思いをつなぐものとして「祭り」を仮設住宅で行い、伝統芸能を復活させて何とか自身の存在意義も含めて確認したいと奔走した人たちがいる。

大熊町の「熊川稚児鹿(しし)舞」、双葉町の「女宝財(ほうさい)踊り」、浪江町の「請戸田植え踊り」の三つを今まで取材したが、それぞれの再興に至る道のりは苦労の連続だった。

まず、会員の避難先を探すのが大変だった。携帯番号は知らず、自治体もプライバシー配慮で教えず、人づてに探し出した。道具を津波で失くしたり、放射能汚染で持ち出せなかったりもした。遠距離に避難した人たちが集まって練習するのも一苦労だ。まして、奉納舞が、奉納する神社を失ったケースもある。それでも、再興を願った原動力は仲間と会えること、地域の人々に喜んでもらえることだった。再興はしても、後継者を含めて持続させていくのは至難のことである。

ランドセルの少女は今年大学生（双葉町　2016年5月）

フクシマは終わらない

一度排出されてしまった放射能は、半減期が30年というセシウム137ばかりではない。測定の難しい核物質も多い。6年前の爆発の上に、今なお汚染水は増え続け、壊れた建屋や排気筒からは放射能が空中に散っている。これからの廃炉作業は人が死に至るほどの高線量の場所に近づき、収束方法は五里霧中だ。30キロ圏、20キロ圏が次々避難解除されてきたが、作業中に万が一、再び危機状況に陥ったら、帰還した人々を無事に逃がす方策は立っているのだろうか。また、甲状腺がんになった子供が183人にもなった。最近の傾向として、子供ばかりでなく老人の患者、男性の患者も多いという。

帰還困難区域には、自宅やその周辺に中間貯蔵施設ができる。もう故郷に帰れないと頭では分かっているが、心の整理がつかない人も多い。3世代、4世代で暮らしてきた家族は崩壊した。5～6年も暮らした仮設を出て、復興住宅へ移っても、家賃の発生ばかりでなく、一からのコミュニティー作りに体力・気力が続くかを心配している。

平和の中の生活文化

特別展「江戸と北京―18世紀の都市と暮らし―」

江戸東京博物館

会場の随所で〝ほっこり〟感にひたれる展覧会だ。たとえば北京の『閙学童図』―「学習中に騒ぐ学童」と江戸の『近世職人絵尽』―「寺子屋の様子」。姿勢正しい勉強に耐えられなくなった子供たちが室内で大暴れしている。勉強嫌いはどこの子供も同じなのだ。怒っているのか諦めているのか分からない先生の表情も似ている。

江戸の長屋と北京の「胡同」の住宅模型も、世間話や夫婦げんかの声が立ち上がってくるようで、庶民の生活空間には大きな違いがないと思わせてくれる。

そして『五毒肝兜』―「端午の節句用腹掛」。中国の文様は漫画っぽく図案化された虎だが、日本の腹掛は金太郎さんに熊だろう。江戸でこの年中行事の主役は鯉のぼり。歌川広重『名所江戸百景　水道橋、駿河台』ではそれが画面いっぱいに翻っている。

なんと最上級官僚登用試験・「科挙」で使われたカンニングペーパーが出品されている。古今東西最難関の試験だったその答案も。人間技とは思えない正確無比な手書き文字の連なり。これでも首席ではなかったというのだ。

圧巻は故宮博物院からの全長63メートルにも及ぶ『乾隆八旬万寿慶典図巻』（下巻）。乾隆帝80歳の祝賀行事に湧く市中を、色彩豊かに描いた超大作で国外初出品という。

乾隆帝の祖父・康熙帝の60歳祝賀行事を記録した『万寿盛典』も。展示されているのは全120巻の書物のうちの図版の部分で、これだけでもつなぎ合わせると50メートル余になる。モノクロ図版だが、人々の生活の細部まで描き込まれていて、見始めると離れられなくなる。

この図を参考にした痕跡を残しつつも、情景はがらりと一変、日本橋を中心とした江戸の街の様子を全長12メートルの絵巻で色鮮やかに表現しているのが『熈代勝覧』。ベルリン国立アジア美術館から来ている。

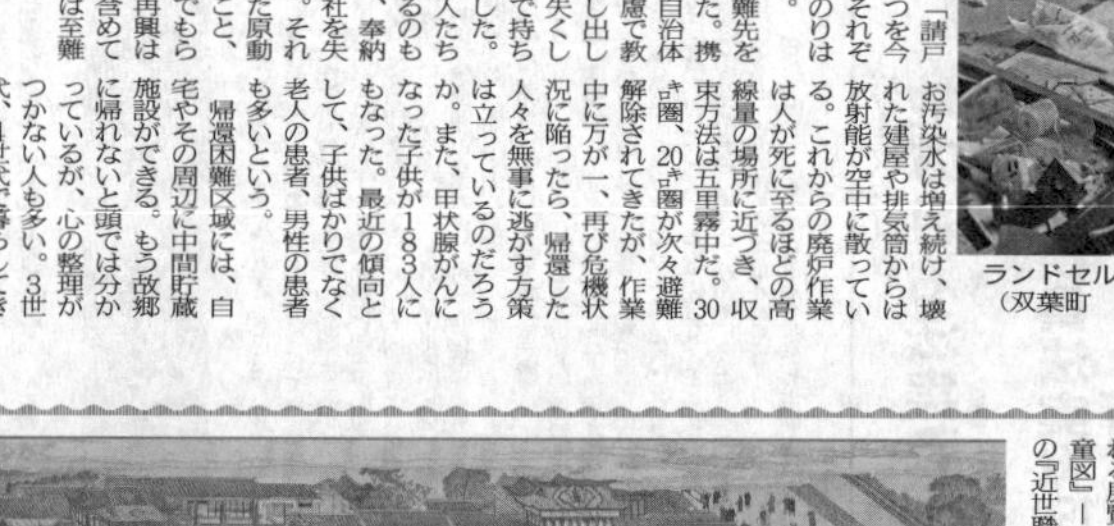

「乾隆八旬万寿慶典図巻」清時代・1797年（嘉慶2）中国・故宮博物院蔵

北京市・首都博物館との共同企画。一級文物を含む116件が日本初公開。景徳鎮窯『青花御窯廠図磁器板』ほか、見逃してはならない数々の品が並ぶ。

大規模な企画だが身近に感じられるのは18世紀を中心にした、二つの都市の生活文化を見せているから。「住まう」「商う」「装う」「育てる」「学ぶ」「歳時」のテーマのもと、権威主義的で見栄っ張りの男の世界に代わって、庶民、女性、子供が前面に出ている。本音の世界だ。

無論、都市の構造から人々の装束や髪型まで相違点も多い。だがそれでも互いに通い合うことが。

一番共通しているのは、どの展示物にも平和が感じられること。清朝と徳川幕府はほぼ同時に始まり、安定した治世を続けた。北京の街の看板『回回』はイスラム教徒のための軽食堂。江戸の街では天秤棒で担いで移動した食い物「屋台」が。二つの首都の消費都市として成熟した様子を伝えている。

◇

特別展「江戸と北京―18世紀の都市と暮らし」は4月9日まで江戸東京博物館で開催。この招待券を5組10名様にプレゼントします。Eメールで件名を「江戸と北京展希望」とし、〒、住所、氏名を明記の上、henshu@toseishimpo.co.jpまでお申込みください（17日必着）。

都政新報

発行所 都政新報社
〒160-0023 東京都新宿区西新宿7-23-1 TSビル
〈総務・読者〉03-5330-8781
〈企画広告〉03-5330-8784
〈編　集〉03-5330-8786
〈出　版〉03-5330-8788
〈ファクス〉03-5330-8808
購読料 月1,730円(税込)
毎週火・金曜日発行
ただし、祝日は休刊

紙面から

都議会百条委 水面下交渉の一部明らかに

浜渦元副知事が主導

都議会で豊洲新市場移転問題を調査する百条委員会が11日に開かれ、都と東京ガスの元幹部ら11人を証人喚問した。この中では、浜渦元副知事の指示を受けた都の元幹部が東京ガスに土地の売却を迫っていたことや、都と東京ガスによる二者間合意が行われていたことなど水面下での交渉の一端が明らかとなった。水面下の交渉を解明するカギを握っている浜渦氏の証人喚問は19日に行われる。

11日の百条委では、各委員から豊洲の土地取得を巡る都と東京ガスの水面下の交渉に質問が相次いだ。1999年11月に当時の福永正通元副知事が東京ガスに豊洲工場跡地の売却を打診。東京ガス側は当初、再開発計画を進めており否定的な姿勢を示したが、都の交渉役が00年10月に浜渦氏に代わると、4カ月後に東京ガスと協議に入るための覚書を締結し、交渉が急展開したことが注目されている。

東京ガスの広瀬道明社長は百条委で、「進めている計画を止めるのは（都が土地を購入するという）ある程度の確証がないと次の段階に進めず、難しい判断だったと思う」と当時の幹部の決断を推察し、副知事交代が急展開の要因ではないと否定した。

11日の都議会百条委で、都と東京ガスの水面下交渉に関して、質問する公明党の上野委員

上野和彦委員（公明）らは、東京ガスが提出したメモを基に水面下交渉の真相を追究。00年12月に当時の都政策報道室（現政策企画局）理事の赤星経昭氏が浜渦氏の指示を受け、石原知事が安全宣言をしないと東京ガスにとって土壌汚染のある土地の価格が下がり困るだろうとして、東京ガス側に「安全宣言で救済するから、（土地売却の）結論を出せ」と強く迫ったと説明。東京ガスのメモには「脅された」と赤裸々な記述も残されていた。上野委員から事実確認を求められた当時の都中央卸売市場長の大矢實氏は「承知していない」と証言。上野氏が赤星氏の証人喚問を求めた。

焦点になったもう一つの水面下交渉が瑕疵（かし）担保の免責に関する01年7月の都と東京ガスによる二者間合意だ。上野委員は東京ガスが工場跡地の土壌汚染処理を行う代わりに、東京ガスが再開発で計画していた豊洲ふ頭の防潮堤護岸整備を都が実施するとの内容だったとして、大矢氏に事実確認を求めた。だが、これに対しても大矢氏は「承知していない」と回答し、究明には至らなかった。

この瑕疵担保免責は11年3月の協定書に盛り込まれている。吉田信夫委員（共産）は、免責の理由を東京ガス会長の岡本毅氏に質問。東京ガスの岡本氏は、都の環境確保条例に基づき102億円を負担したのに加えて、都の要請で78億円を支出し、「なすべき負担はした。法的に全ての責任を果たした」と説明した。今後は、都側に免責にした理由を質問する考え。

問われる解明の意義

【解説】今回の百条委の各会派の資料請求で、豊洲の土地取得の水面下交渉の一端が明らかになった。

例えば00年12月の都と東京ガスによる打ち合わせ資料では、赤星氏が浜渦氏の指示で石原氏による豊洲の安全宣言を出す代わりに土地取得に応じるよう「裏取引」を持ちかけようとしていたことが判明した。今後は裏取引が実在したかどうか、19日に予定される浜渦氏の証人喚問で何を証言するかがポイントになる。

また、資料では、都と東京ガスによる二者間合意の存在が明るみになった。本来、東京ガスが行うべき工事を都が全額肩代わりし、東京ガスが土壌汚染対策を行う合意に至った。だが、土壌汚染対策で、東京ガスが180億円を負担したのに対し、都は土壌汚染処理に860億円を投入。この中には、地下水管理システムなどの整備費も盛り込まれており、純粋な土壌汚染処理費は479億円となる。

二者間合意では、有害物質の基準値の10倍以上の場所を浄化することなどが盛り込まれている。過去に市場に在籍していた都幹部は、東京ガスの追加の負担額（78億円）は十分ではないかと分析する。

都と東京ガスの水面下交渉の一部が資料から明らかにされた一方、東京ガスの土壌汚染対策の免責の経緯などは、東京ガスなどの元幹部からの証言では真相解明に至らなかった。だが、仮に問題があったとしても、契約上の不備のため、百条委の結論によって豊洲に移転する根拠が失われることにならない。真相を解明する意義が問われている。（石）

百条委（11日）一問一答

11日の百条委での主なやり取りは以下の通り。

――石原元知事に対して、築地の現在地再整備に関し、どんな説明を行ったのか。

【大矢元市場長】（老朽化した築地市場の）理解をあまり得られていなかったので、築地を視察してもらった。現場を案内し、再整備が困難と説明した。石原元知事は「古くて狭くて危ない。大矢、何とかしてくれ」と言った。

――築地の土壌汚染をどの程度認識していたか。

【福永正通元副知事】認識していなかった。

――豊洲市場の現在の認識は。

【大矢氏】豊洲への移転決定は間違っていなかった。科学技術を持って有害物質を封じ込めることができる。

【福永氏】豊洲が科学的に安全であれば開設することを願う。

――土壌汚染は重要なテーマだったのではないか。

【大矢氏】都に売ってもらうのが第一の戦略目標だった。

――豊洲移転は青島都政から引き継いだのか。

【大矢氏】それはちょっと違う。「（豊洲移転は）既定路線だった」と話した石原元知事は誤解していると思う。

――（東京ガスとの交渉前）石原元知事に汚染の深刻さを報告してしかるべき。

【大矢氏】報告していない。

――浜渦氏の指示を受けた赤星氏が豊洲の土地を安全宣言して土地の値下がりをカバーする代わり、豊洲の土地の売却を決断するよう求めたのは政治的圧力だ。

【福永氏】承知していない。

【東京ガスの丸山隆司氏】この内容は分からない。赤星氏が折衝に来たのは知っている。

――なぜ土壌汚染対策費で78億円を負担したのか。

【丸山氏】都から申し入れを受け、解決金として一つの区切りをつけたかった。

――浜渦氏が交渉役になり、すぐに東京ガスの計画を転換できたのはなぜか。

【東京ガスの伊藤春野氏】裏約束はない。協力してほしいと言われたからだ。

民進現元2人 離党届を提出

都議選

7月の都議選で民進党の公認を受けていた現職の中山寛進氏と元職の田之上郁子氏が9日までに離党届を提出した。中山氏は会派離脱をしない考えだ。1月に同党の元職2人が離党し、事実上の小池新党である都民ファーストの公認を受けて以降、離党に歯止めがかからない状況だ。

中山氏は9日、東京2区の松尾明弘総支部長に離党届を提出し、地元の台東区議などで構成する総支部会議で了承を得た。中山氏は「都議選では、無所属になって幅広い支持を集めたかった」と理由を説明している。東京改革議員団に残り、都民ファーストの会の公認を受けるかは「分からない」と語った。

一方、8日に東京16区の初鹿明博総支部長らに離党届を提出した田之上氏は、支援を広げるのが目的と話している。田之上氏は希望の塾の都議選対策講座を受講していたが、都民ファーストの会の公認を受けるかどうかは決めていないという。

台東、江戸川両区では、都民ファーストの会が既に公認候補を擁立しており、中山氏と田之上氏が『小池印』となれるかは不透明な状況だ。

島しょの魅力を発見 「宝島」推進委が発足

都総務局

都総務局は9日、伊豆諸島・小笠原諸島の島々の観光資源や埋もれた魅力を見つけ出し、島しょ経済を持続可能なものにすることを目指した「東京宝島推進委員会」を初開催した。

第1回目の会合では、ブランディング企業であるグラムコ株式会社代表取締役社長の山田敦郎氏と、楽天株式会社上級執行役員の河野奈保氏（代理＝城戸幸一郎氏）らがプレゼンテーションを行った。

山田氏は小池知事が内閣特命大臣時代に携わった「沖縄美ら島ブランド委員会」や、大分県の「関あじ関さば」の例を引きながら、地域全体の暮らしをブランド化する手法を解説。

河野氏はインターネット活用策として、通販サイト「楽天市場」で特産品を販売する地方創生の事例を紹介し、旅行者データから属性を分析して収益につなげる手法を提案した。

委員らの意見交換では「島の振興は、島民の暮らしや文化を壊すことなく進めるべき」との声も上がった。

都政の東西 心の傷痕

東日本大震災から6年間で、総計150万人以上のボランティアが被災3県で活動を行った。中でも大きな力を発揮したのが、学生ボランティアだ。3・11の発災後、ボランティア活動の単位化なども相まって、関東圏からも多くの学生が被災地に向かい、支援や復興活動に従事した。

発災直後と6年目の現在では、被災地の置かれている状況は違う。災害の傷痕が癒えつつある中で、地域に戻り、喪失感や孤独感に再びさいなまれる高齢者も多い。学生による「聞き書き」ボランティアがつらかった体験談やエピソードを聞き取ることで、心が軽くなることもあるという。

東京で悲惨な記憶が薄れても、被災地の人々はまだ震災によって苦しんでいることを忘れてはいけない。被災地での災害支援を担当した経験のある区職員は、「高齢者はゆっくりと耳を傾けることで、様々なことを話してくれた」と振り返る。

一方で、難しいのが震災を体験した子供たちの心の傷だ。震災直後の子供たちは、ボランティアスタッフに甘えたり、人との触れ合いを求めることが多いという。「子供は大人のように恐怖やつらさを言葉にすることができない。邪険にせず、一緒に遊んであげることもボランティアだ」という学生の言葉が印象に残った。

東日本大震災の後には、テレビで津波を想起させる映像が自粛されるなど、被災者の心の傷に配慮した対応が取られた。都内に避難している被災者も、いまだに地震のたびに体が強張ることがあるという。「震災を風化させてはいけない」とは、部外者の言葉だ。当事者にとっては、到底過去のものではない。

住民が戻る街に

止まった時計 震災6年目の福島 下

昨年10月、浪江町役場前にオープンした仮設商業施設「まち・なみ・まるしぇ」。飲食店や生鮮食品店、コインランドリーなど10店舗が営業し、現在、町内で食事ができる場所はここ以外には国道沿いにある一軒のコンビニしかない。町の職員や工事・除染業者が主な客層だが、「どの店も経営は厳しい」と浪江町商工会の金澤文隆会長はつぶやく。

金澤会長は仮設商業施設で、浪江町のアンテナショップを営業。今は隣の南相馬市から通っている。アンテナショップのオープンに当たり鶏卵業者や陶器屋など、町内約600業者に声を掛けたが、出展してもいいと返事があったのは当初、一業者だけだったという。「人がおらず商売にならない」と断られたのがほとんど。諦めずに一軒ずつ訪問して回り、何とか19業者に入ってもらえた」と振り返る。ただ、「赤字も出ているが、誰がどう補償してくれるかも決まっていない。税の優遇措置がなくなれば廃業する業者も多いだろう」と嘆く。

◇

人が足りない

「どうしてお父さんばかり行かされるの?」という家族の声が、派遣元の自治体に届いたという。人不足に悩むのは、行政の側も同じだ。「被災自治体の職員は本当に足りていない。他自治体からの派遣は減少していく一方」と語るのは、福島県の岸孝志市町村行政課長。その表情には、疲労がにじんでいた。

都からは現在、計26人の職員が福島県に出向している。その一人、近藤明・都被災地支援福島県事務所調整担当課長は「県庁は日曜でも明かりがともっていることがほとんど」と話し、職員の苦労をおもんぱかる。

来年度、福島県と県内の被災自治体が要望している応援職員は計290人だが、2月の時点で192人しか決まっていない。特に土木などの技術職が不足しているという。「派遣元も技術職が少ない上、『一度限り』という条件付きで来てくれる職員も多い。そういった人を再び呼び寄せるのは難しい」と肩を落とす。

復興に向けて奮闘する被災地職員だが、彼ら自身もまた被災者だ。

6日に役場機能を復活させた富岡町の遠藤博生課長補佐は、郡山市から2時間かけて通勤している。避難した両親と同居しているが、高齢の両親を置いていくわけにはいかず、富岡町内にある自宅の修繕が終わるまではこの生活を続けるという。ただ、業者に依頼してはいるが、着工のめどは立っていない。遠藤課長補佐は「避難指示区域内での作業を嫌がる業者もあり、請け負ってくれる業者に集中してしまう」と話す。

浪江町の金山信一課長補佐は先週、南相馬市のアパートから浪江町に引っ越してきた。家族は約80キロ離れた県内の本宮市に避難しているが、当面は浪江町で単身赴任をする。「子供たちは小学生の時に避難した。今では高校生と中学生だが、避難先で友達もできているので」と寂しげだ。

浪江町の中心地付近は、3月31日に避難指示が解除される。金山課長補佐は復興に向け、「帰還した人の中からリーダーになる人が現れ、コミュニティーを作ってほしい」と話す。住民の帰還を決して楽観してはしていない。しかし、こう力を込めて語った。「住民の『こういう町なら帰ってもいい』という声をよく聞いて、まちづくりをしていきたい。帰ってきた住民らと共に」

◇　◇

国道6号線を車で走ると、広大な荒れ地が沿道に広がる。そこはかつて田園地帯で、夏になれば稲の緑が風に揺れる、風光明媚な場所だったという。時折姿を見せる、緑色のシートの下には、放射能の除染残土が山積みになっている。多くが田畑などの地権者に許可を得た「仮置き場」にあり、まるで住民の帰還を阻む土塁のようだった。止まったままのフクシマの時計。針が再び動き出すのは、いつのことになるのだろうか。＝おわり

昨年10月にオープンした「まち・なみ・まるしぇ」を紹介する金山課長補佐＝6日、福島県浪江町

食品ロス削減へ円卓会議 デンマーク大臣らと協議

小池知事は7日、デンマーク王国環境食料大臣のエスベン・ルンデ・ラーセン氏らと食品ロスなどの環境施策について、生産・流通を始めとする関係事業者などを交えて話し合う「環境円卓会議」を都庁で開催した。

デンマークは国策として食品ロス対策や再生可能エネルギーに取り組んでおり、会議ではラーセン大臣が、国家として食品ロス対策を行う道義的責任を説明し、企業や学校教育での取り組みなどを紹介した。

小池知事は都として防災備蓄食品を配布する取り組みや目標を説明。会議後、知事は「生産から流通、消費者意識がつながることが重要」と話し、今後の取り組みにつなげる考えを示した。

川柳ジョーク

若者の消費者被害の防止策、小池流で若手都職員12人でノーギャラ、ノー制作費で完成
「まんまとダマされた…」――当該職員

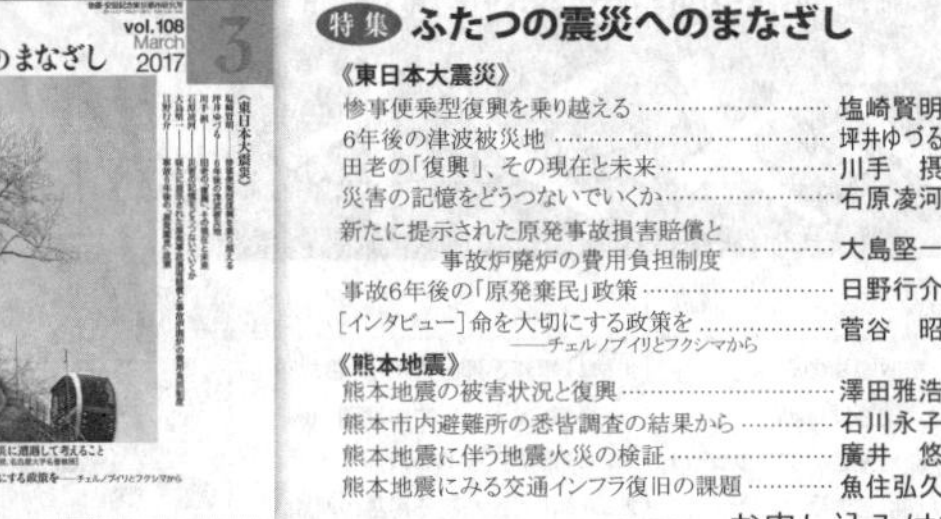

江東区

苦悩する若者を支援

相談事業を大幅拡充

新たに当事者訪問も

江東区は、来年度から悩みを抱える青少年のワンストップ相談窓口の開設に乗り出す。区は試行事業を踏まえて2015年度から「引きこもり」の若者に限定した相談事業を行っているが、対象を大幅に拡充。人間関係に悩む若者などへの総合的な相談事業体制を構築し、「生きづらさ」を抱える若者への早期支援に取り組む。こうした事業を行うのは世田谷区に次いで23区で2例目。トップランナーの世田谷区では、着実に成果が上がってきている一方で、新たな課題も浮上している。

江東区が開設するワンストップ相談窓口は、引きこもり状態の若者に加え、人間関係に悩みを抱える若者や不登校傾向のある若者など、「引きこもり」に限定せず、対象者を大幅に広げて実施する。おおむね15～40歳未満の区内在住・在学・在勤者が対象で、小林愛青少年課長は「気軽に相談にきてもらえるようにしたい」と話す。現行の事業を行う中で、発達障害の影響や不登校の経験、親の暴力など、引きこもりになる以前に支援を図る必要性があると認識して事業を拡充した。

相談の回数も大幅に増やす。16年度は、豊洲シビックセンターなどでの出張相談も含めて全28回だが、17年度は約150回に拡大。区役所内の専用ブースで週2回、青少年交流プラザで週1回行うほか、出張相談も隔月で実施する方針。同プラザは、旧青少年センターの大規模改修で来月、リニューアルオープンする施設だ。

併せて、相談窓口の開設時間を1時間延長し、午後1～5時に拡充するとともに、相談の枠を1回80分として1日3枠とする。

来所した当事者の家族らと相談した上で、来年度は新たに当事者への訪問相談も実施する。このほか、居場所づくり事業や、今年度、引きこもり状態を脱した元当事者らを講師に招いて行った講演会も引き続き実施する予定。今回の総事業経費として新年度予算案には548万円を計上した。

区は現在、障害者支援課や保健所、若者・女性しごとセンターなどの庁内関係部署や児童相談所などと年2回の連絡会を開き、情報共有や支援の引き継ぎなどを図っており、小林課長は「いろいろな悩みを抱えた若者がいる。利用者に対し、関係機関が担う最良の支援につなげるのが目的であり、課題でもある」と語る。

悩める若者や当事者の家族らに対し、講演会も開いている＝16年5月、江東区文化センター

10代の利用少なく

一方、先行する世田谷区は、今年9月で4年目に入る。単年度の予算規模は約5千万円で、江東区の約9倍だ。子ども・若者育成支援推進法で定める「子ども・若者支援地域協議会」も設置し、関係機関との連絡・調整を密に取っている。

世田谷区は「メルクマールせたがや」と銘打ち、元区立中学校を改修したインキュベーション施設「IID世田谷ものづくり学校」で、月曜～土曜の午前10時～午後6時まで開いている。同施設には、若者サポートステーションなど就労支援事業を行う施設も入居しており、区は「若者総合支援センター」として一体的に運営している。

メルクマールせたがやの柱は、▽相談支援▽居場所支援▽家族会▽他機関連携――の四つ。

相談支援は、午前10時～午後5時50分で1枠50分。相談件数は月200件ほどで、17年2月末現在、継続的な利用へ移行したのは約270人に上るという。居場所支援の登録者数は30人を超えており、リラクゼーションなど日程を定めたプログラムや、カードゲームや雑談などの自由な時間など、利用者のニーズに合わせたメニューを用意している。

区は今後、SNSの利用などによる周知活動の強化や、利用割合の少ない10代の若者と早期につながる仕組み作りにも取り組む考え。区の調査によると、若ければ若いほど次のステップに向けて動き出すまでの期間が短い傾向にある。

「朝起きて朝食を食べ、出掛けることから始まる」――世田谷区若者支援担当課の担当者はこう述べる。悩みや課題を抱える若者に対しては、「普通」の日常生活を送ることのできる「土台作り」への支援も求められ、中長期的な時間軸を持って取り組む必要がある。

大田区

勝海舟記念館 開館延期へ

資料数、想定外の4千点超

大田区は2018年12月の開館に向けて取り組みを進めてきた「（仮称）勝海舟記念館」の開館時期を約半年延長し、19年夏に変更したことが分かった。7日の区議会地域産業委員会に報告した。

7月の予定だった同記念館の着工は、12月に延期する方針。新年度予算案に計上した予算額4億681万円に変更はない。

区は見直しの理由として、▽収蔵資料の想定外の増加▽研究価値の高い資料の購入と調査研究▽文化庁の補助金事業の活用――の3点を挙げた。

区は今年度、207点の勝海舟関連資料を購入したが、昨年12月、購入や寄託により公開に活用できる資料が4千点を超えることが判明。さらに、これらの多くが非公開資料だったため、資料の整理や研究、目録作成に当初計画より時間を要することが分かった。現在、兼任の学芸員1人で行っている調査・研究体制は、専任1人、兼任2人体制（いずれも学芸員）に強化する方針。

文化庁の補助金は、「文化財建造物等を活用した地域活性化事業」の枠組みを活用する方針だが、今年4月の交付決定には至らず、新年度の補正予算枠での獲得を目指す。

伊藤明江文化計画・施設担当副参事心得は「資料によっては諸説あり、他の関連資料などと比較する必要がある。新発見が出てくる可能性もある。非公開資料が多いので、資料の公開に向け、神経を使って研究していく」と話している。

同記念館は、勝海舟に関する全国初の文化施設。勝海舟が同区の洗足池周辺に構えた別荘の移転地（洗足池の東側）に建設され、現在、国登録有形文化財に指定されている「旧清明文庫」を改修して整備する計画で、隣接地には管理棟を新設する。

勝海舟記念館に改修予定の旧清明文庫。21日まで埋蔵文化財の調査を行っている＝10日、大田区南千東

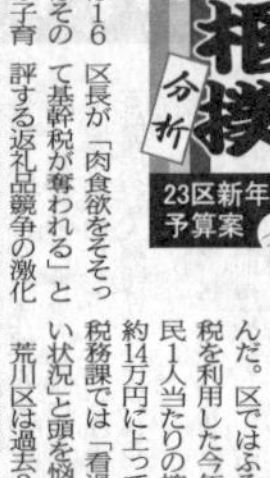

損失200億円超 税収の2%に

「2015年度は16 53億円、16年度はその2倍くらい。地方の子育てや教育、まちおこしに使われ、活性化しているところが出てきている」――菅義偉官房長官は2月24日、総務相時代に制度構築したふるさと納税の成果に胸を張った。

都市部への人口流出が続く中、地方支援の一環として08年度税制改正でスタートしたふるさと納税制度。だが、田中良杉並区長が「肉食欲をそそって基幹税が奪われる」と評する返礼品競争の激化により、23区への影響も年々大きくなっている。

23区の税務担当者によると、ふるさと納税に伴う区税収入の損失額は、23区合計で少なくとも207億円に上ることが分かった。税収の2%に相当する額となっており、危機感を強める区も少なくない。

港区は来年度の損失額を税収の3・2%に相当する23億4千万円と見込んだ。区ではふるさと納税を利用した今年度の区民1人当たりの控除額が約14万円に上っており、税務課では「看過できない状況」と頭を悩ませる。

荒川区は過去3年間の寄付金控除額の伸び率から試算し、税収の3・4%に相当する5億5200万円の損失を見込んだ。税務課では「テレビCMなどで、ふるさと納税を利用していなかった区民に広がる可能性がある」と分析する。

渋谷区の損失額は今年度の2倍程度となる約14億6千万円の見通しだ。税務課では「このままエスカレートすれば、政策経費への影響は避けられない」と指摘する。

こうした状況に対し、23区は「制度本来の趣旨に立ち返るべき」との考えで一致しているが、対応を巡っては取り組みに違いがみられる。

杉並区は影響額が約11億円に上ることを受け、返礼品も寄付することができる独自のふるさと納税制度を創設し、寄付文化の醸成を図る。田中区長は1月31日の会見で、「見返りを求めないのが本来の寄付文化のはずだ。返礼品競争に参戦するつもりはない」と語気を強めた。

影響額が23区最大の約30億円に達する見通しの世田谷区では、区税の増収見込み額が約8億円にとどまった。保坂展人区長は2月2日の会見で、「影響額が更に拡大すれば、サービスの維持に支障を来すのが明らか」と懸念を示す一方、「被災地への支援という形での使い方は必要」と語り、返礼品競争には参入せず、寄付文化の醸成を目的としてふるさと納税制度を活用する考えを示した。

特定施策の財源として限定的にふるさと納税を活用する動きも広がっている。

墨田区は昨年11月にオープンした「すみだ北斎美術館」の整備などを目的にふるさと納税制度を活用。今年度の寄付収入額が約4億3千万円となり、23区で唯一、ふるさと納税の損失額を上回る見通しとなった。区は来年度、民間団体や企業などが行う文化芸術活動や地域活性化につながる事業を対象に、ふるさと納税制度を活用したクラウドファンディングの仕組みを構築する。返礼品は事業を行う団体などに提案してもらう。

また、文京区は子供の貧困対策の一環として来年度から開始する「宅食プロジェクト」の財源としてふるさと納税制度を活用する。

他方で、新たな寄付制度の創設に向けて検討する動きもある。

葛飾区は現在、寄付に対して返礼品を設けていないが、来年度は区内特産品や伝統工芸品などを返礼品とするか、検討を進める。中央区は区内在勤者ら約千人を対象にアンケートを行い、返礼品に頼らない形で寄付を促せる手法がないか調査する。

ふるさと納税制度を巡っては、高市早苗総務相が返礼品に過剰な費用がかかっているケースや商品券など換金性が高いケースなどを止めるよう、全国の自治体に働き掛けを進めている一方、「制度創設者」の菅官房長官は「一定程度の競争は必要なこと」として、制度の抜本的な見直しは行わない考えを示している。

ふるさと納税による影響額が区税収入の2%相当額と聞くと、「地方への恩返し」として、それほど大きな問題ではないと考える人もいるかもしれない。23区では、ふるさと納税の影響により、事業の中止や延期につながった事例はなく、横綱級の財政力で損失を受け止め切っている印象だ。

しかし、今後も減収が拡大し続ける場合、そうは言っていられなくなるだろう。23区全体が真っ向からふるさと納税制度の土俵に上がる日は遠くないかもしれない。

ふるさと納税

ふるさと納税の17年度影響見込み額　（百万円、%）

区名	区税収入	前年度比	影響額	対区税比
千代田	17,050	9.0	460	2.7
中央	26,675	4.3	650	2.4
港	72,553	4.4	2,340	3.2
新宿	44,619	3.5	924	2.1
文京	32,040	4.8	898	2.8
台東	21,043	2.8	350	1.7
墨田	23,465	2.4	400	1.7
江東	50,015	2.1	1,200	2.4
品川	44,479	2.7	800	1.8
目黒	42,640	0.4	900	2.1
大田	70,444	1.6	1,100	1.6
世田谷	118,597	0.6	3,000	2.5
渋谷	46,995	1.2	1,460	3.1
中野	32,577	2.6	700	2.1
杉並	63,800	1.7	1,100	1.7
豊島	31,131	0.6	700	2.2
北	28,391	2.2	350	1.2
荒川	16,308	1.6	552	3.4
板橋	44,652	0.7	680	1.5
練馬	64,530	1.4	925	1.4
足立	47,236	2.6	400	0.8
葛飾	33,175	2.8	209	0.6
江戸川	51,555	4.9	612	1.2
23区合計	1,023,970	2.3	20,710	2.0

足立区

胎児期から予防対策を

データヘルス計画策定

足立区は、ビッグデータを生かして健康増進を図る「データヘルス計画」を策定し、妊婦の胎児期からの健康目標を定める。区ジェネリック・保健事業推進担当課によると、特定健康診査の対象となる40～74歳への対応に主眼を置く自治体が多い中で、胎児期から青年期にかけての指標を設定したのは都内でも珍しいという。

データヘルス計画は、保険者が管理する特定健康診査の結果や診療報酬明細書（レセプト）などの電子データを集約・分析し、健康増進施策に反映することで、健康寿命の延伸と医療費や削減につなげるのが狙い。

健康寿命を現在の男性76・4歳、女性81・0歳から全国平均の男性78・2歳、女性83・2歳に引き上げることを目指す。

今後4年間の具体的な指標では、未熟児の割合を9%未満に抑える。これに向け、未熟児を生むリスクが高い傾向にある、体格を表す指標のBMI値が18・5を下回る「やせ妊婦」とならないよう電話や訪問での指導を実施する。

また、全ての小学生が朝食を取ることや、虫歯のある3歳児を現在の14・8%から10%に抑えることなどを盛り込み、学校などとも連携して普及啓発に取り組む。生活習慣病を早期に予防し、壮年期以降の重症化予防につなげる。

区は、所管課として新年度に「データヘルス推進課」を福祉部内に新設。子育て支援や教育などの所管課が保有する子供から成人までのデータを一元的に管理する。

五十嵐隆ジェネリック・保健事業推進担当課長は、「区の健康水準は低い。若いうちから健康な生活を送るよう事業を展開していく」と説明する。

ファミリーマートと防犯防災で協定締結

練馬区

練馬区は9日、防犯や防災での協力を目的に、ファミリーマートと協定を締結した。同社とは豊島区が2月に災害時の物資供給で協定を結んでおり、防犯分野での締結は区市町村としては練馬区が全国初という。

協定では、防犯対策として区が1日4台で行っている青色パトロール車の巡回の際、駐車場がある51店舗と周辺地域の安全情報を共有する。また、児童・生徒が犯罪に巻き込まれる可能性がある場合に逃げ込む場として区が指定する「ひまわり110番」に79店舗を加える。

防災では、大地震などの災害発生時に避難所の食料品や日用品が不足した場合、同社の物流拠点から区の物資集積所2カ所に救援物資を搬送する。区内店舗は可能な限り営業を継続する。区は同社に道路情報を伝えるとともに、同社の物資輸送車両が優先的に通行できるよう協力する。

区危機管理課の生方宏昌課長は「区民の防犯意識は高く、区としても取り組みを強化していきたい」と話している。

予算特別委を中断し シェイクアウト訓練

杉並区議会

杉並区が首都直下地震を想定して10日に実施したシェイクアウト（一斉行動）訓練で、同区議会は予算特別委員会を中断して訓練に参加した。

シェイクアウト訓練は、大人数が一斉に頭を守って低い姿勢を取る米国発祥の訓練で、区は東日本大震災を受け、2012年から毎年3月11日に実施している。

訓練では、緊急地震速報の訓練放送が流れると同時に、予算特別委に出席していた区議や理事者ら約130人が一斉に資料で頭を守りながら机の下に身を隠していた。

訂正　10日付「災害時の受援体制」の記事で、練馬区が東京都トラック協会練馬支部と災害時協力協定を締結したのは、16年11月でした。

記者席

復興五輪の吉報を被災地に

○……「復興支援が我々の重要な役割だと思っているので、努力していきたい」。東日本大震災から6年を迎え、五輪組織委員会の武藤敏郎事務総長は記者団にこう語った。

復興五輪という意味では、野球・ソフトボールの福島県開催が目玉。現在、県営あづま球場（福島市）を前提に、世界野球・ソフトボール連盟(WBSC)と調整中といい、武藤総長は今週のIOC理事会（平昌）で承認を得たい意向を示した。

組織委はこれまで被災県でのフラッグ歓迎セレモニーを始め、参画プログラムとして民俗芸能承継などを支援してきたが、節目の時期に更なる吉報を届けられるか。

○……「最良のタイミングで最善の判断を行いたい」――大田区の松原忠義区長は8日の区議会予算特別委員会でこう述べた。「タイミング」とは、江東区と協議中の中央防波堤埋立地の帰属を巡る調停申請に、いつ踏み出すのかということ。

松原区長は先月23日の第1回定例区議会本会議でも、「しかるべき『その時』を見極めながら、法に定められた手続きにより適切に対処していく」と答弁している。

一方、江東区の山﨑孝明区長も今定例区議会で負けじとこう答弁した。「本埋立地が歴史的沿革等から判断すれば本区に帰属すべきであることは明らか。協議が平行線をたどるようであれば、調停申請を検討する」

しかるべき「その時」は刻一刻と迫っている。

○……トリプルスコアの衝撃から1カ月。千代田区では、石川区政5期目で初めての定例区議会が開会した。7日の代表質問で自民会派から議会との関係性を問われた石川区長は、山登りに例えて「目指すべき場所は同じだが、登り方は様々だ」と応じた。

都知事への感謝をあらわにした当選コメントへの批判を含んだ質問も出た。区幹部は「区政の場に、いつまで選挙戦の話を持ち出すのか」と嘆息をもらす。

行政と議会の命綱はつながっている。登るペースを合わせようとしなかったり、足の引っ張り合いに終始するだけでは目指すべき頂上が遠のくばかりだ。

税連動交付金減で苦心

春よ来い　㊤　26市当初予算案の分析

26市の2017年度当初予算案が出そろった。一般会計の規模は、多くの市で過去最大だった16年度を下回った。歳出面では社会保障関連経費が増え続ける一方、歳入面では税連動交付金の減が大きな特徴となっている。一般財源が不足する中で財政調整基金などの取り崩し額にも影響が見られた。26市へのアンケートを基に予算編成の裏側を3回に分けて分析する。

一般会計規模・市税

一般会計規模は、民間保育所運営費や障害者自立支援給付費の増などの影響により、16年度は15市で過去最大だったが、17年度は15市が対前年度比マイナスとなった。ただ、過去10年間で3番目以上の規模となった市が多く、扶助費の増加が規模を押し上げている傾向は続いている。

歳入の根幹である市税でマイナスを見込んだのは、16年度と同じく5市にとどまった。雇用情勢の回復による納税義務者数の増や給与所得の伸びなどで個人市民税が増えると見込んだ市が多い。ただ、青梅市、多摩市などのように生産年齢人口の減による個人市民税の減を挙げた市もある。都市部に近く、人口が増えていく市もある一方で、市によっては少子高齢化の影響がうかがえる。

歳入面のマイナス要因で特徴的なのが税連動交付金の減少だ。

「税連動交付金が軒並み減っている」。東村山市の渡部尚市長は当初予算案の会見でそう説明した。

税連動交付金は、利子割交付金、配当割交付金、株式等譲渡所得割交付金、地方消費税交付金、自動車取得税交付金とゴルフ場利用税交付金が相当する。経済の動きによって増減することから、17年度の都による税連動交付金の見積もりは、利子割交付金、配当割交付金、株式等譲渡所得割交付金を中心に目減りした。マイナス金利や事業の減収、株売買収益の減などが影響している。

東村山市の税連動交付金は対前年度で6億円余り減る見通しだ。財政課は「これまで税連動交付金は地方消費税の引き上げで14、15、16年度と上がってきていた。前年度並みを期待していたのだが」と肩を落とす。減額分は財政調整基金が頼りとなる。16年度は8億円弱の取り崩しだったが、17年度は約12億円を取り崩す。決算では剰余金の半分を財政調整基金に戻すが、「12億円も取り崩すような状況が続くと困ることになる」と語る。

八王子市では、過去の税制改正の影響で法人市民税を減と見込む。16年度は税制改正があっても企業業績の伸びを期待し、増収を見込んでいた。しかし、さほど実績が上がらず、17年度は抑え目の見積もりとした。市税が0・1%、額にして1億2500万円減る一方で、税連動交付金も約16億円の減少となる。財政課は「使途が特定されない極めて貴重な一般財源。16億円の減は非常に大きな影響がある」と話す。

多摩市は地方交付税の不交付団体だけに、一般財源である税連動交付金の減少が直接、響いてくる。同市の17年度当初予算案は旧小学校用地を都に売却した財産収入で一般会計規模がプラスになったが、それを除けば実質的にはマイナス予算。法人市民税が一部企業の業績動向と法人実効税率引き下げの影響もあって17・5%減、市民税全体では3億4千万円余り減となる中で、税連動交付金の約2億円の減収は大きな痛手だ。

都からの同交付金の見込みの通知は、同市が歳出の1次内示をした後だった。その段階で歳出を削るのは難しい。そのため、歳入で基金の取り崩しを増やし、従来は慣例で見込んでいなかった特別交付税も計上するなどの調整で乗り切った。

国や都からの交付金が重要な位置を占める26市の当初予算案。本格的な春の訪れを前に発表されたその内容は、一部春色の一方で、ぶり返した春寒も感じさせる。

26市の一般会計規模と市税

（単位：百万円、％）

市名	一般会計		市税	
	予算額	前年度比	税額	前年度比
八王子	197,100	▲0.8	89,944	▲0.1
立川	71,784	▲2.2	38,485	1.2
武蔵野	63,548	▲4.8	39,941	2.1
三鷹	67,619	▲2.8	37,290	1.4
青梅	48,500	▲1.8	20,326	1.0
府中	104,600	3.5	49,175	1.2
昭島	41,600	▲6.3	19,074	▲0.8
調布	88,650	3.9	44,474	2.1
町田	146,157	4.2	68,327	1.5
小金井	39,982	▲0.5	20,695	0.6
小平	60,897	▲1.8	30,830	2.6
日野	61,260	▲0.4	29,381	▲1.6
東村山	53,058	▲1.8	20,542	0.2
国分寺	49,588	21.4	22,592	2.4
国立	29,030	▲0.3	14,823	2.5
福生	24,810	▲0.3	8,013	1.1
狛江	26,690	0.4	12,120	2.4
東大和	30,467	▲5.9	12,462	1.2
清瀬	28,082	▲0.5	9,265	0.7
東久留米	41,261	1.7	16,597	0.5
武蔵村山	27,516	2.7	10,191	0.7
多摩	55,480	1.9	28,274	▲0.5
稲城	32,140	▲7.4	15,074	1.5
羽村	22,660	3.4	10,702	▲1.2
あきる野	30,857	1.0	10,676	1.9
西東京	70,229	0.3	31,473	0.7

※小平市と日野市は骨格予算

八丈島地熱発電

新事業者にオリックス

「地域の意見反映」が条件

八丈町が公募していた東京電力に代わる新たな地熱発電事業者にオリックス㈱（港区）が選定され、9日、町と協定を結んだ。

協定は、同町が目指すクリーンアイランドの実現に向けて締結された。八丈町地域再生可能エネルギー基本条例では、基本理念として、地域再生可能エネルギーの活用に当たっては、地域固有の資源であることを念頭に、地域経済や持続性に配慮することなどを定めている。協定はこの基本理念にのっとり、町の再生可能エネルギーである地熱資源について、発電を始めとした利用を促進することを目的としている。

オリックスは、八丈町再生可能エネルギー事業に関するガイドラインに基づき、事業者公募で採用された事業実施計画を適切に実行する。一方、町は条例の基本理念に基づき、地熱の利用を積極的に推進するために必要な協力を行うこととしている。

オリックスは金融サービスに加え、環境エネルギーサービスも手掛けており、地熱発電では、オリックスグループが運営するホテルで、自家用では国内最大規模となる地熱発電所を所有・運営している。

公募はプロポーザル方式で行われ、2次審査で企画提案書などの提出があった6者の提案内容を「事業スキーム」「臭気対策」「地域貢献の取り組み」の3点から総合的に評価した結果、同社が選ばれた。

地域貢献の取り組みでは、最高点の事業者が10・49点だったが、同社は10・15点で3番目の得点。専門家らで構成する審査会は「八丈島固有の資源を活用した地熱発電事業について地域とともに発展させていくことが不可欠」との見解を示した上で、選定に当たっては、「町と協議の上、地域の意見を広く吸収し、反映させていく仕組みを構築すること」という条件を付した。

同社の提案内容は、発電容量が4444キロワットで運転開始時期は試運転も含めて2022年度を予定している。

既存の「八丈島地熱発電所」は東電初の地熱発電所として1999年に運転を開始したが、20年近くが経ち、更新が必要となった。公募には島民出資による合同会社も応募し、利益の一部を島の教育や観光などに還元する提案をしていた。

町田市

「5カ年計画17―21」を策定

人口減少などに取り組み

町田市はこのほど、2012年度から21年度が計画期間の基本計画「まちだ未来づくりプラン」の後期実行計画に当たる「5カ年計画17―21」を策定した。人口減少、社会保障関連経費の増による構造的な収支不足、20年東京オリンピック・パラリンピックの開催決定という三つの環境変化と課題に対し、重点事業と行政経営改革プランを通じて取り組んでいく。

「まちだ未来づくりプラン」は、12年度からの前期実行計画が16年度で終了する。この間、市を取り巻く環境は大きく変化した。

環境変化の一つが生産年齢人口の減少と超高齢化だ。人口推計の結果、20年をピークに人口が減少することが判明。25年には高齢者の5人に3人が後期高齢者となり、35年には生産年齢人口の割合が約57%となる。

また、社会保障関連経費の増加による構造的な収支不足も課題だ。25年には団塊の世代が後期高齢者となり、医療・介護給付、生活支援のニーズはピークを迎える。生産年齢人口の減少とも相まって、収支不足は年々拡大する見通しだ。

他方で公共施設の維持管理コストは増大し、15年から25年までの年平均の維持管理費はこれまでの10年と比較して1・8倍の125億円となる。

三つ目の課題が、オリンピック・パラリンピック。スポーツの祭典であると同時に、社会、環境、都市、経済も含めた5分野で遺産（レガシー）としての効果を残すことが重要となる。市としてもスポーツや文化、経済、観光などあらゆる分野で振興を進め、「オール町田」でまちの魅力向上と地域活性化に取り組む。

「5カ年計画」では、それぞれの課題への対策を示した。人口減少対策では、若年層の定住促進に向けた教育・保育施設の整備、放課後の充実した活動・居場所づくりの推進、まちの魅力を向上させる中心市街地活性化推進、町田薬師池公園四季彩の杜の整備、健康寿命の延伸などを挙げた。

構造的な収支不足の拡大への対策としては、新たな地域協働の推進や市役所業務の生産性の向上、公共施設再編の推進などを列挙。

また、五輪の開催決定を受けて、アスリートやホームタウンチームとの連携、文化プログラムの推進を図る。市制60周年となる18年から東京オリンピック・パラリンピックが開催される20年までの3年間で、地域への愛着や誇りの醸成を目指して企画や実施する事業を支援することも計画している。

八王子市が魅力発信

公式特設サイトを開設

八王子市は1日、八王子で暮らす魅力を発信する特設サイト「都会にないもの　田舎にないもの　ここにある。」を開設した。

サイトのコンセプトは、自然との近さやまちの個性が楽しめる八王子ならではのライフスタイルの発信。日常生活の便利さや住みやすさだけでなく、八王子らしい暮らし方の魅力を「ここが三ツ星」として紹介している。

三ツ星のポイントは、▽高尾山を始め、すぐそこにアウトドアフィールドが広がる山や川との近さ▽中央道・圏央道が交差し、多くの鉄道路線が乗り入れている東西南北へのアクセスの良さ▽個性的な店舗があり、地産地消がかなう食の魅力。市内で暮らす人のインタビュー記事や市にゆかりの著名人による対談なども盛り込んだ。

また、併せて、「Colorful Life―Hachioji City―」「好きと暮らす日々。―まちが好き。山が好き。―」という2本のシティープロモーション動画も公開。市民ライター14人が八王子ライフをつづるフェイスブック「itsumono(いつもの)」の記事を「くらし」「グルメ」「店ぶらり」などジャンルごとに読むことができるようにアーカイブ化も行った。

動画もフェイスブックのアーカイブ記事も特設サイトからアクセスできる。

国立市が包括連携協定

西都ヤクルト販売㈱と

国立市は10日、西都ヤクルト販売㈱と包括連携協定を締結した。

協定の内容は、▽健康増進と食育▽子育て支援と青少年の健全育成▽環境対策と緑化推進▽教育と人材育成など8項目。

ヤクルトグループは1967年、国立市谷保（現在の同市泉）に乳酸菌研究の拠点としてヤクルト本社中央研究所を設立した。2016年4月には、「森と水の中の研究所」を基本コンセプトとした研究棟の建て替えや新規建設が完了し、市の企業誘致指定企業にもなっている。

これまでも両者は、高齢者の見守りや、雨水タンクの提供や共同事業「おなか健康プロジェクト」を実施するなど様々な連携、協力を行ってきた。「おなか健康プロジェクト」は今年度からの取り組みで、乳児が遊ぶ「子育てひろば」にヤクルトグループの企業内保育士を月1回程度招いて軽い運動をしたり、市の保健センターで妊婦向けに便秘解消法の講習会なども行ってきた。

今後、地域での課題が複雑、多様化する中で、まちづくりを共にさらに進めていくため、同グループ内で国立市を管轄している同社との包括連携協定が実現した。

副市長に小泉氏

小金井市

小金井市議会は9日、副市長に都都市整備局担当部長の小泉雅裕氏(49)を選任する人事案に同意した。4月1日付で就任する。任期は4年間。

小泉氏は1967年生まれ。東京経済大学経営学部卒。92年に都庁に入庁。小笠原支庁産業課長、都市整備局都市基盤部調整課長などを経て現職。

同市は2人副市長制で上原秀則副市長は2016年5月20日に就任。川上秀一副市長が同年6月30日付で退任して都に戻ってからは1人欠員の状態が続いていた。

市町村　17年度予算案

瑞穂町

新庁舎建設工事に着手

大型建設事業で規模拡大

瑞穂町は2月21日、2017年度当初予算案を発表した。前年度に続いて不交付団体となり、歳入の減額が見込まれる中、歳出では新庁舎の建設開始など予算規模は拡大した。

新庁舎建設には5億円を計上した。庁舎の一部で耐震不足が判明し、現在地での建て替えを進めている。三つある庁舎のうち、一つは更地化されており、二つ目も取り壊して、現在の駐車場用地と合わせた敷地に新庁舎を建設する。仮移転先となる町民会館等改修工事費も3194万円を予算化した。

第二中学校の校庭の芝生化工事は1億5714万円を盛り込んだ。町では、11年度から小中学校の校庭芝生化を進めてきた。今回の整備により、町内全小中学校での芝生化が完了する。

神奈川県相模原市の障害者施設で起きた殺傷事件を受けて、町で維持管理する障害者施設4施設に警察への非常通報装置を設置する。1施設1台で予算額は152万円。また、同じ障害者施設に防犯カメラも設置する。1施設当たり4台とし、子ども家庭支援センターへの3台設置と合わせて計19台分として323万円も計上した。

20年までが計画期間の「水・緑と観光を繋ぐ回廊計画」に沿って、観光案内サインの設置を進める。日本語と英語表記とし、17年度は5基の設置に501万円を充てる。

多摩都市モノレール基金は、同モノレールの箱根ヶ崎方面への延伸を見越し、沿線自治体の出資金負担に備えるため、新たに創設。8500万円を積んだ。

歳入では町税が1・1%減。国庫支出金が16・5%、都支出金が6・7%増加した。歳出では、新庁舎建設のほか、校庭芝生化工事などの建設事業、公共施設の各種修繕、社会保障関連経費の増加などが見られる。

一般会計＝144億4600万円（前年度比5.2%増）

主な事業	
新庁舎建設工事	5億円
二中校庭芝生化工事	1億5714万円
多摩都市モノレール基金	8500万円
観光サイン設置	501万円
障害者施設への非常通報装置設置	152万円

日の出町

小中学校トイレを洋式化

地方交付税が25・6%増

日の出町は2月23日、2017年度当初予算案を発表した。

都が17年度当初予算案でトイレの洋式化に37億円余りを予算化する中、町は小学校3校、中学校2校の全小中学校のトイレの洋式化に向けた調査委託料として、計50万円を盛り込んだ。

また、新たに農業者のビニールハウスなどの施設整備補助として5565万円を計上。町内を走る無料の福祉バスと民間バス路線の一体的なルートの再構築のための計画策定に570万円を予算化した。

文化の森周辺に建設が予定される（仮称）総合文化体育センターの基本計画策定委託には370万円を充てる。幸神入林道開設事業には2千万円。

性質別の歳出は、扶助費が年金生活者等支援臨時福祉給付金の皆減などで0・7%減の17億8377万円。補助費は、3・9%増の18億606万円。農業者への施設整備補助事業の皆増や西秋川衛生組合の負担金の増加が影響している。繰出金は、下水道事業特別会計への繰り出しは減となる一方、国民健康保険、介護保険、後期高齢者医療の各特別会計への繰り出しが増え、全体では、0・8%増の11億3819万円の見込み。

歳入では、町税が町民税、固定資産税ともに増となり、総額では25億7038万円で前年度に比べて2・3%の増収となる見通し。ただ、個人所得は年金への移行者が増加傾向にあることから、今後の町民税は減少していくことが想定される。地方交付税は法人住民税の法人税割の皆減などで基準財政収入額の減の幅が大きく、25・6%増を見積もった。国庫支出金は保育所整備交付金の皆増などで6・6%増、都支出金は5・6%増とした。

一般会計＝89億3000万円（前年度比0.2%増）

主な事業	
農業者施設整備補助	5565万円
幸神入林道開設事業	2000万円
地域交通計画作成委託料	570万円
総合文化体育センター基本計画策定委託料	370万円
小中学校トイレ洋式化調査委託料	50万円

檜原村

先進安全自動車購入を補助

近隣に温浴施設で入湯税減

檜原村は2月24日、2017年度当初予算案を発表した。

全国的に高齢者の自動車事故が多い現状を踏まえ、先進安全自動車購入費補助金を設ける。村では車は生活の足であり、免許返納支援ではなく、追突防止機能が付いた自動車の購入費を購入価格の3分の1（上限50万円）の補助とした。10人の利用を見込み、500万円を充てる。

じゃがいも焼酎の製造事業では、予算額500万円を計上。国家戦略特区による酒税法の規制緩和で、地元での製造に道筋が付いた。工場設備や製造に従事する専門人材の確保、体制づくりの調査委託などを予定する。

また、村の福祉総合施設「やすらぎの里」への間伐材を利用した木質バイオマスボイラー1台の設置には1億4800万円を盛り込んだ。村営住宅用地造成事業では、子供が成長しても住むことができるよう、従来よりも床面積の広い住宅を上元郷地区に8戸建設する。7千万円を予算化した。豊富な森林資源を生かした木育・木材産業推進には200万円を充当する。

性質別の歳出は、扶助費が前年度比で8・9%増の2億2887万円。保育所運営費の補助や特別養護老人ホームの建て替えに伴う入所者の自己負担を軽減するための助成の増などが押し上げた。普通建設事業費は木質バイオマスボイラー設置に伴い、30・2%増の6億5771万円。

歳入では、村税が前年度の一時的な高額収入の納税者も見込まれないため、0・9%の減を見込み、1億9647万円。入湯税は197万円で5・9%の減。近隣の高尾山に温浴施設ができたことなどが影響しているとみられる。都支出金は5・4%増の13億6128万円。繰入金は財政調整基金を3億6200万円、公共施設整備基金を1億円取り崩すなどで62・4%増の4億7350万円とした。

一般会計＝35億9300万円（前年度比5.8%増）

主な事業	
木質バイオマスボイラー設置事業	1億4800万円
村営住宅用地造成事業	7000万円
じゃがいも焼酎等製造事業調査業務	500万円
高齢者先進安全自動車購入費補助金	500万円
(仮称)木育・木材産業推進構想策定事業	200万円

◆まちづくり会社を設立　府中市関連の7団体

府中市は、中心市街地のエリアマネジメントを担うまちづくり会社「一般社団法人まちづくり府中」の設立を発表した。

7団体が集まり、昨年12月21日付で設立。出資金は500万円で、市が300万円、むさし府中商工会議所が150万円、㈱フォルマが30万円、府中市商店街連合会と府中観光協会が各10万円を拠出した。

「記憶」から「仕組み」へ

6年目の光と影　3・11 風化する記憶 (下)

避難所で自転車を借り、神戸市内へ向かうと凄惨な状況が目の前に広がった。家屋が倒れて道が塞がっている。住宅街では散乱したブロック塀により、ほんの100メートル先にも進めない。木造の家屋は柱が折れ、一階部分がまるごと潰れたものもあった。「東京でも同じことが起こる」。背筋が寒くなった。

1995年1月17日――。22年前のその日、死者6434人を数えた阪神・淡路大震災が、兵庫県を中心とした関西地域を襲った。東日本大震災が起きるまでは国内最悪の震災だったが、「当時は幼い職員も多く、今では状況を知らない人も多い」。荒川区広報課の奥田徹さんは、震災から2週間後に被災地支援のため兵庫県西宮市に駆け付けた一人だ。

当時、区では職員派遣の制度がなく、「ボランティア研修」の位置付けで職員など5人が参加。目の当たりにしたのは、被災地の悲惨な状況と、災害発生時の支援の難しさだった。

奥田さんらが支援活動を行った避難所は、西宮市の神原小学校。隣接する団地などから220人が避難していた。飲料水の確保や炊き出し、燃料やトイレ用水の確保など、復旧の遅れているライフラインの確保が主な支援内容だ。

被災地では支援側の混乱もあった。県や市の各組織が縦割りで支援を行うため、1日に医師が何人も健康診断に来たり、炊き出しの予定が滞ることもあった。

情報や連携不足が顕著に表れたのが、慢性的な渋滞だ。避難所へ向かう車の多くが、救援物資を運ぶものだった。物資は西宮市役所に運ばれた上で各避難所などに配布される。「なぜ被災地の真ん中に荷物を集積する必要があるのか」。救援物資という「善意」が機能不全をもたらす状況に歯がゆさを感じた。

東日本大震災が教訓となった帰宅困難者対策訓練＝2月7日、渋谷区で

東日本大震災でも、物資の搬送遅延や避難所でのトラブルなどの問題が発生した。緊急時の物資搬送や地域ごとの自助の取り組みは、進んでいるとは言い難い。「本来、補給物資は被災地の外に集積し、避難所に送るのが効率的。だが、そうした広域的な取り組みは区市町村単位では難しい」と奥田さんは話す。震災の経験を仕組みや施策として生かすことができるかが問われる。

防災行政の経験を持つ都の課長級幹部は「阪神・淡路大震災は被災地支援のターニングポイント。以降、自治体間の職員派遣の仕組みも進んでいった」と振り返る。木密地域の不燃化や延焼遮断帯の整備も、同震災の被害の大きさから取り組みが活発化した。

■教訓を生かせるか

都が「東日本大震災の風化防止」に取り組むのは、被災地が東京から比較的近郊であること、原子力発電所などの恩恵を、首都圏が受けてきたという事情が大きい。それでも、「他の震災は風化していないのか」という懸念の声は都庁職員からも挙がる。

奥田さんによれば、阪神・淡路大震災の後、東日本大震災のように「風化防止」が声高に叫ばれることはなかったという。今では阪神・淡路大震災の話をする機会も少なくなったが、当時は区職員間での情報共有も盛んに行われ、「確かに大震災の記憶は風化しているが、地域防災計画などに生かされている部分もある」。

「風化防止」と叫ぶだけではなく、6年前の東日本大震災や過去の震災から何を学ぶことができるのか。総務局総合防災部では、東日本大震災を受けて、帰宅困難者対策を強化するため、企業などに物資の備蓄などを努力義務として課している。また、小池知事の肝煎りで、来年度から女性視点の防災ブックの作成や女性防災人材育成などの検討も始まる。

前出の都幹部は「帰宅困難者や避難所の体制も大切だが、まずは人命救助が一番の責務。被災時には救助のための人手が圧倒的に足りない中で、現場が自ら動き、自助の機能を発揮できるかが重要になる」と警鐘を鳴らす。「もっと命を守ることを真剣に考えるべきだ」

風化防止の先には、凄惨な記憶を確かな防災につなげることが求められている。　＝おわり

都事故検証委

認可外保育所の巡回強化を

「うつ伏せ寝」死亡で報告書

認可外保育施設「キッズスクウェア日本橋室町」（中央区）で昨年3月、うつぶせ寝をしていた1歳2カ月の男児が死亡した事故を受け、都の検証委員会（委員長＝汐見稔幸・白梅学園大学長）は8日、安全対策の徹底を求める報告書をまとめた。報告書では、法人による園のサポート体制が不十分で、職員の経験・知識不足や丁寧な保育に対する意識の低さがあったと指摘。0～2歳児の丁寧な保育や行政による指導などについて改善を求めた。

このうち都に対しては、認可外保育施設に対する巡回指導体制を強化するよう提言。指導結果を公表することも求めた。併せて、区市町村が認可外施設に日常的に関与できるようにすることも促した。都内には認証保育所を含めて1676カ所の認可外施設があるが、福祉保健局指導監査部では年間2割程度の立ち入り調査にとどまる。少子社会対策部では昨年12月から巡回指導員の採用を開始し、全施設を年1回訪問できる体制を取る予定。

保育中の昼寝の「うつぶせ寝」に関しては、1歳以上でも家庭生活や就寝時間など一人ひとりの状況を把握できるまでの間は仰向けに寝かせて、きめ細かい安全確認を都内の全保育所に周知徹底するよう求めた。また、乳幼児突然死症候群（SIDS）や窒息のリスクに関する知識、乳幼児の救命救急処置などについて、保育士の養成課程で授業内容を充実させることなども盛り込んだ。

報告書によると、死亡した男児は昼寝中に泣き出すことがあったため、一人で別の部屋で寝かされており、事故当日も保育担当者が男児をうつ伏せ寝にしていた。厚生労働省の指導監督指針では、1歳未満の乳児を寝かせる場合は仰向けに寝かせることを定めているが、1歳以上に関しては規定がないという。

都内の認可外保育施設では2016年、2件の死亡事故が報告されている。

クレーン車転倒　世田谷区で停電

都第二建設事務所

都第二建設事務所が発注した世田谷区内の工事現場で8日、作業中のクレーン車が転倒し、約400戸が一時停電する事故が発生した。

事故現場は世田谷区三宿2丁目の住宅街。午後0時半過ぎ、電線共同溝の約5トンのコンクリートブロックをクレーンで吊り上げていたところ、バランスを崩してクレーンが転倒し、アーム部分が付近の電線に接触したという。けが人はなかった。停電は同日午後3時半ごろに復旧した。

◆開催都市契約公表へ

五輪組織委の武藤敏郎事務総長は10日、都とIOC、JOC、組織委の4者で結んでいる開催都市契約を4月にも公表する考えを明らかにした。同契約には五輪に関する権利・義務を記載している。

都下水道局

温室効果ガス3割削減

「アースプラン」改定

都下水道局は10日、局事業で発生する温室効果ガス排出量を2020年度までに25％以上（00年度比）、30年度までに30％以上削減する目標の地球温暖化防止計画「アースプラン2017」（17～20年度）を策定した。30年度のCO_2の年間削減量は00年度比で約32万トンで、区部の1・4倍の面積の森林が1年間に吸収する量に相当するという。

具体的な削減対策の一つが、水・汚泥処理工程の効率化。汚泥焼却に必要な電気を自給する「創エネ炉」や、新たな「省エネ炉」の導入・技術開発に取り組む。創エネ炉では「超低含水率型脱水機」で水分量を削減した脱水汚泥を焼却することで補助燃料を不要にし、廃熱で発電する。

さらに、廃熱を利用して蒸気でタービンを回す「バイナリー発電」などを組み込んで、水・汚泥処理施設に電気を供給する焼却システムも開発する。発電によるCO_2削減量が一酸化二窒素（N_2O）排出量を上回り、焼却システムとしての温室効果ガス排出量が実質ゼロになるという。

複数の水再生センター間で焼却炉の運転を効率化する「汚泥処理キーステーション」をみやぎ水再生センター（足立区）に整備する方針も示した。各センターの処理量を調整し、平常時の効率的な運転と非常時のバックアップ機能を担う。併せて連絡管の相互融通機能を使い、対岸の水再生センター間で焼却炉の運転を効率化する。また、水・汚泥処理で流入水量を平準化させるなどし、施設全体でエネルギー使用量の最適化を目指す。

省エネも徹底する。汚泥処理では施設の設備更新に合わせて「準高度処理」を導入。電力使用量を2割以上削減できるという。汚泥の脱水工程では水分量を削減し、焼却時の補助燃料が不要にする。水再生センターやポンプ所などの執務室の照明をLEDに切り替えることも盛り込んだ。

教育管理職選考

「B」の有資格者拡大

受験者の安定確保で

都教育庁は2017年度、教育管理職選考（B選考）の有資格者について、現行の主幹教諭などに加えて46～53歳の主任教諭まで拡大する。副校長の担い手が減少する中、受験者を安定的に確保するため、育児などで受験が難しかった教員も受験できるようにするのが狙い。有資格者はこれまでの3倍になり、特に女性は5倍に増える。

教育管理職選考「B」は39～53歳の中堅の主幹・指導教諭が対象。学校の教員は女性が過半数を占め、特に小学校では6割以上に上るが、結婚・出産を経て「家庭が落ち着くまでは昇任を考えられない」という意識の教員も少なくない。子育てが一段落し、再び仕事に専念するようになっても、年齢的な理由から校長・副校長への昇任を諦め、管理職選考を受験しない教員もいるという。

教育管理職選考はこのほかに、44歳未満の主任教諭を対象とする「A選考」、50歳～57歳の主幹・指導教諭を対象とする「C選考」がある。

併せて、副校長の多忙な状況を解消するため、小・中学校各6校で、モデル的に非常勤職員を配置し、文書起案・保存などに関する事務を担ってもらう試みも始める。副校長の業務の多くは学校運営に関するものだが、必ずしも副校長が行う必要がない業務もあるため。

9日の「教育総合会議」では、小中学校の副校長らが業務集中の実情を説明。小池知事は「教育は子供たちの将来の可能性を引き出す大切な役目を担っている。子供たちに明るい希望を抱かせるには、先生が輝いていることが大事」と述べ、現場の意見を参考に対応する考えを示した。

教育自殺訴訟で　知事「上告せず」

西東京市立小学校の新任女性教員（当時25歳）が06年に自殺し、女性の両親が起こした訴訟に関し、小池知事は上告しない考えを明らかにした。

訴訟では、両親と地方公務員災害補償基金との間で、自殺が公務災害に当たるか否かが争われ、「自殺は公務が原因」とする東京高裁判決が確定した。

小池知事は「新任の先生が担任を持つ際には、ベテランがカバーするような体制が必要ではないか」と述べた。都知事は同基金東京都支部長を兼ねており、上告見送りに当たって基金本部から同意を得たという。

◆都退職

【部長級】▽都市整備局担当部長＝総務部総務課長事務取扱　小泉雅裕　31日付

組織のメリとハリ 3

17年度都職員定数

都市整備局

泉岳寺駅周辺再開発に対応

局定数1145（24増28減、差し引き4減）

主な増要因では泉岳寺駅（港区）周辺の再開発に向けて、市街地整備部と第二市街地整備事務所で5増とした。品川駅周辺地域は羽田空港にも近いことから国際交流拠点として開発が進められており、機能強化が必要となる泉岳寺駅の改良を実現するため、市街地再開発事業により、駅とまちの一体的な整備に取り組む。

第二市街地整備事務所は2増とした。近年、大規模タワーマンションの建設が進み、地権者が大幅に増加している臨海部の豊洲・有明北地区での土地区画整理事業に対応する。

一方、減要因では、環状2号線新橋・虎ノ門地区と汐留・田端地区の市街地整備事業の収束により、第二市街地整備事務所で4減とした。

都が所管している多摩地区の建築指導事務のうち、来年度から西東京市へ事務の一部を移管するため、多摩建築指導事務所で2減となった。

山田裕之職員課長は「厳しい査定だったが、泉岳寺駅周辺の再開発の実施など、東京の国際競争力の強化に資する都市の再生、快適な都市環境の整備など局の重要施策への理解は得られ、事業のスクラップ・アンド・ビルドに対応した査定がなされ、必要な人員は確保できた」と話した。

都市整備環境支部の加藤孝基会計担当は「選手村の整備など五輪準備を抱えながら、局全体での減は理解に苦しむ」と指摘。「『予算・人員は管理運営事項であり、交渉事項ではない』という当局の対応は問題。現場の定数に関する協議ができない状態だ」と批判した。

住宅支部の伊東輝支部長は「都営住宅部門への人員配置はなく、支部の要求に応えていない。都営住宅への応募倍率は依然として高く、都民サービスの観点から新規建設を進める必要があり、職員数も増やすべき」と話した。

環境局

省エネ推進で体制整備

局定数476（5増3減、差し引き2増）

主な増員では、小池知事が掲げる「スマートエネルギー都市」の実現に向け、地球環境エネルギー部で1増とした。具体的には、地域エネルギー課で都内エネルギー消費量の約3割を占める家庭部門の省エネ対策を強化するため、LED電球の普及による省エネムーブメントの展開など、省エネ機運の醸成に向けた体制を整備する。

また、総務部環境政策課では、東京五輪・パラリンピックとその先を見据えた環境先進都市の実現に向けて政策機能の強化を図るため、1増とした。なお同局では食品ロスの削減や小型家電からのリサイクル金属回収を始めとする小池知事の肝煎り施策も担当している。

一方、主な減員では、環境改善部環境保安課による高圧ガス取扱事業者の立ち入り検査などと、多摩環境事務所が所管する大気汚染状況の監視など大気関連業務で非常勤職員を活用するなど執行体制を見直し、各1減。

渡邊昇人事担当課長は「『環境先進都市・東京』の実現に向け、家庭の省エネ対策や家庭・事業所などから発生する食品ロスの削減を始め、局の重要施策に対する関心度がこれまで以上に高まっている中で、内部努力により現行の執行体制を見直しつつ各事業の展開に応じて体制の強化を図ることができたと考える。今後も施策の推進に向けて必要な人員を確保しつつ、適切で効率的な執行体制の構築に努めていく」と話した。

都市整備環境支部の鎌滝裕輝書記長は「人員がいないことを通り越して、組織のシステムが崩れかけているのではないか。団塊世代の退職に加え、係制廃止で仕事が職員個人に置き換わり、技術の伝承がますます困難になっている」と懸念を示した。

五輪への航海図 (161)

TOKYO 2020

開催まで あと1228日

奉仕の現場で (上)

世界が広がる経験に

「ボランティアはすごいことではない。むしろ、参加することで新たな知識、経験を持ち帰らせてもらっている」

4日、首都大学東京ボランティアセンターの創立一周年記念シンポジウムで、パネリストの一人、同大学1年生の神保彩乃さんは、こう語った。

神保さんは大学に入り、同センターのスポーツボランティアプログラムに参加。これまでの一年間で、ボッチャや車椅子バスケットボール、視覚障害者が競技者のグランドソフトボールの大会など、様々な障害者スポーツのボランティアに取り組んだ。

「座学ではなく現場でないと実感できない経験があった」と神保さん。知的障害者のサッカー大会に参加したところ、覚えた言葉を連呼してしまう癖がある障害者に自分の名前を教え、一緒に参加した友人が係員に注意されたことがあったという。「ボランティアは、ただフレンドリーに接すればいいのではなく、障害のことをよく知らないと、思わぬトラブルに巻き込まれてしまう」。若い世代がボランティアをリードしていくために、▽知る▽経験する▽考える――の三つを提案する。

首都大ボランティアセンターシンポジウムで活動成果を報告する学生＝4日、首都大学東京（八王子市）

実際にグランドソフトボールを行って気付いたこともあった。グランドソフトはボールを転がして、音を頼りにプレーする競技。神保さんは目が見えているにもかかわらず、打ち返すことも真っ直ぐボールを転がすこともままならなかった。「障害者スポーツって難しい」。逆に、「障害があっても人や環境の助けがあれば、難しいスポーツもできる。障害についてもっと知ろう」と考えた。

神保さんがボランティアに参加した特別なきっかけはなかったそうだ。それでも、「何となく気になった」という。「心の中に引っかかるものがあるということ。ボランティアを始めてから自分の興味に気付く」

普段の生活の中では関わることがなかった障害者との触れ合いで、世界が広がった。東京大会にも何らかの形で関わり、将来は、ボランティアで得た経験を生かした仕事に就きたいと言い、「たくさんの『関わり』に触れて、自分自身の見識を広めたい」。

主任試験講座

平成29年度 24

都政実務 ①

今回は「人事」関係の問題です。問題を解いた後は、『職員ハンドブック』と照らし合わせて、それぞれの選択肢のどの部分が誤っているのかを確認するようにしてください。

問　題

【問題 1】

都の職員の任用に関する記述として、妥当なのはどれか。

① 条件付採用は、試験または選考による能力実証を補完し、実務を通じて能力実証の完璧を期そうとする制度であるため、職員の採用は全て条件付きとされる。

② 競争試験と選考は、いずれも能力を実証するための方法であり、両者間に本質的な相違はない。いずれも受験者を競争させ、順位を付け、選抜する方法である

③ 転任は欠員補充のほか、適材適所の実現やマンネリズムやセクショナリズムの打破等を目的としており、職員のモラール向上に果たす役割も大きい。

④ 降任には、職員の意に反する降任と職員の意に反しない降任とがある。後者の例として、幹部職員にのみ、希望降任制度が実施されている。

⑤ 一般職非常勤の任用に当たっては、いかなる場合であっても公募の上、選考による能力実証を経て行うこととしている。

【問題 2】

都の再任用制度に関する記述として、妥当なのはどれか。

① 再任用職員は、定年前の職員と同様の本格的な職務に従事する。

② 再任用の対象者は、条例により、定年退職者または勤務延長後退職者に限られている。

③ 再任用職員の採用に当たっては、あらためて能力の実証は要しない。

④ 再任用フルタイム勤務職員は、地方公務員法上の一般職であるが、非常勤の職と位置づけられるため、特別職に区分される。

⑤ 再任用職員の任期は、満額年金の支給開始年齢に合わせ65歳までの5年以内としている。

【問題 3】

都の職員の給与に関する記述として、妥当なのはどれか。

① 地域手当は、民間における賃金、物価等に関する事情を考慮して支給される手当であり、一律に給料の20％の額が支給されている。

② 給料は、月の1日から末日までの期間につき、給料月額の全額が月1回支給され、その支給日は原則として毎月15日とされている。

③ 住居手当は、世帯主またはこれに準じる職員で、自ら居住する住宅を賃借する者であれば管理職であっても支給される。

④ 給与とは、給料表に定める給料月額と給料の調整額を合わせたものをいい、諸手当を含まない。

⑤ 初任給の級号給は、初任給規則で定められた初任給基準表により決定され、学歴や経験により調整されることはない。

【問題 4】

都の職員の旅費に関する記述として、妥当なのはどれか。

① 旅行のうち近接地外旅行については、鉄道賃、船賃、車賃、旅行雑費、宿泊料及び移転料の6種目の旅費に限定され、このうち支給要件を満たす旅費のみが支給される。

② 旅行命令等は、電信、電話、郵便等の通信による連絡手段によっては公務を円滑に遂行できない場合か、予算上支出が可能である場合に限り、旅行命令権者が発することができる。

③ 旅費は、公務旅行中に必要とされる交通費や宿泊料の費用に充てるため支給するもので、その性格は実費の弁償と解されるが、税法上は給与と同じく所得税の課税対象となる。

④ 職員に支給する旅費の支払いは、いかなる場合であっても確定払いによることとされている。

⑤ 条例の規定に基づいて計算された旅費の額と実際の旅費の額とに違いが生じたときは、個々の旅行の特性に応じて旅費を減額し、または増額して、旅行実態に即した旅費を支給する必要がある。

【問題 5】

都の職員の休暇に関する記述として、妥当なのはどれか。

① 年次有給休暇は、いかなる場合であっても、職員の請求する時季に与えなければならない。

② 病気休暇において、給与の減額を免除される期間は、1回につき引き続く180日までである。

③ 介護休暇を取得する場合、被介護者は必ず職員と同居していなければならず、職員が実際に介護している者でなければならない。

④ 特別休暇のうち、妊娠出産休暇は労基法65条に定める産前産後の休養として与えられる休暇であり、都では産前産後を通じて16週間の休暇を与える。

⑤ 休暇の種類は、年次有給休暇、病気休暇、特別休暇、介護休暇、夏季休暇の五つである。

解　説

【解説 1】　正答 ③

① 誤り。臨時的任用及び非常勤職員の任用の場合を除き、全て条件付きのものとされ、採用後、6月間、良好な成績で職務を遂行した場合、初めて正式任用される（職員ハンドブック251㌻）。

② 誤り。競争試験は、受験者に順位を付すが、選考は選考基準に適合しているかを判断するものであるため、順位は付さない。競争試験と選考は本質的な相違はない部分の記述は正しい説明である（職員ハンドブック250㌻）。

③ 正しい（職員ハンドブック262㌻）。

④ 誤り。一般職員にも希望降任制度が実施されている（職員ハンドブック262㌻）。

⑤ 誤り。能力実証を経たうえで、最大4回まで公募によらない再任用を行うことができる（職員ハンドブック255㌻）。

【解説 2】　正答 ①

① 正しい（職員ハンドブック268㌻）。

② 対象者には、定年退職者または勤務延長後退職者のほか、「定年退職者に準じる者」として、20年以上勤続して退職した者であって、退職後5年以内の者または再任用されたことのある者も対象にしている（職員ハンドブック267㌻）。

③ 誤り。地方公務員の任用の根本基準に従い、あらためて能力実証が必要である（職員ハンドブック267㌻）。

④ 誤り。短時間勤務職員も一般職に位置付けられている（職員ハンドブック267㌻）。

⑤ 誤り。任期は地方公務員法により1年以内と規定されている（職員ハンドブック268㌻）。

【解説 3】　正答 ②

① 誤り。支給割合は地域ごとに定められている。なお、異動によって支給割合が減少する場合、異動の日から原則3年間、異動前の支給割合と同じ割合の地域手当を支給する（職員ハンドブック276㌻、277㌻）。

② 正しい（職員ハンドブック274㌻）。

③ 誤り。管理職は対象から除かれている（職員ハンドブック277㌻）。

④ 誤り。給料の説明である。給与とは、給料のほか、諸手当及び一定範囲の現物給与を含む概念である（職員ハンドブック269㌻、272㌻）。

⑤ 誤り。基準を超える有用な学歴・経験等がある場合は、それに応じ一定の調整が加えられる（職員ハンドブック273㌻）。

【解説 4】　正答 ⑤

① 誤り。選択肢は、近接地内旅行の説明である。近接地外旅行については、鉄道賃、船賃、航空賃、車賃、旅行雑費、宿泊料、食卓料、移転料、着後手当及び扶養親族移転料のうち、支給要件を満たす旅費のみが支給される（職員ハンドブック285㌻）。

② 誤り。電信、電話、郵便等の通信による連絡手段によっては公務の円滑な遂行を図ることができない場合で、かつ、予算上旅費の支出が可能である場合に限り、旅行命令権者は旅行命令等を発することができる（職員ハンドブック284㌻）。

③ 誤り。給与条例第2条第2項において「公務について生じた実費の弁償は、給与に含まれない」と規定され、税法上の取り扱いも実費の弁償として、所得税法第9条第1項第4号により非課税とされている（職員ハンドブック283㌻）。

④ 誤り。多額の経費を要する旅行などにあっては概算払いによることができる（職員ハンドブック284㌻）。

⑤ 正しい（職員ハンドブック287㌻）。

【解説 5】　正答 ④

① 誤り。請求された時季に休暇を与えることが職務に支障のある場合には、他の時季に与えることができる（職員ハンドブック294㌻）。

② 誤り。病気休暇において、給与の減額を免除される期間は、1回につき引き続く90日までである（職員ハンドブック295㌻）。

③ 誤り。被介護者は必ずしも職員と同居していることを要しない（職員ハンドブック300㌻）。

④ 正しい（職員ハンドブック296㌻）。

⑤ 誤り。休暇の種類は、年次有給休暇、病気休暇、特別休暇、介護休暇、超勤代休休暇の五つである（職員ハンドブック294㌻）。

※主任試験講座で参照としている職員ハンドブックの頁は2015版に対応しています。

カレントトピックス 29年度 24

経済事情

■東芝が半導体分社化へ　（2月23日）

米原子力事業で7千億円を超える損失を計上する見通しの東芝は、半導体事業の分社化を4月に先送りする方針を固めた。

当初は3月末までに分社化し、新会社株の2割未満を売却して損失を埋め合わせる予定だったが、財務の大幅な改善にはならないため、交渉に時間がかかっても株の50％以上を高値で売却する方針に切り替えた。2017年3月末には負債が資産を上回る債務超過に陥る可能性が高くなったためとされる。

売却に向けた新たな入札は3月までに始める。4月に分社化するとともに、5月までに売り先を決め、17年度中の売却を目指す。半導体の拠点である四日市工場や従業員の雇用を守ることを売却条件にする。

半導体事業は、記憶媒体「フラッシュメモリー」が世界シェアで2位を占めるなど、高い競争力を持つ。分社化してできる新会社の企業価値は、1・5兆～2兆円に上るとの見方もある。

■ヤマトの労組が宅配便引受抑制要求　（2月23日）

宅配便最大手のヤマト運輸の労働組合が2017年春闘で、経営側に初めて宅配便の引き受け量を抑えるよう求めていることが分かった。インターネット通販の拡大で宅配便の量が急増し、人手不足に伴う長時間労働が常態化しているため。

同労組によると、急増する宅配便の量に現場の対応が追い付かず、15年頃に一部地域で長時間労働が増え、16年はそれが全国に広がったという。今年度の宅配便取り扱い個数は、前期比8％増の18億7千万個と過去最高の見込みで、昨年末の繁忙期には一部で配達の遅延も生じていた。

同労組の組合員は、ドライバーなど約6万人。春闘では、宅配便の引き受け量の抑制のほか、長時間労働につながる夜間の時間指定配達の見直しなどを求めている。

また、ネット通販会社などに料金の値上げを求めることが必要という考えを示している。

経営側も事態を深刻に受け止めており、具体的な対応策を検討している。

宅配便の急増による物流サービスでの深刻な人手不足は社会問題になっており、ヤマトと同様の動きが業界で広がる可能性がある。

■残業規制巡り労使トップが会談　（2月27日）

経団連の榊原定征会長と連合の神津里季生会長は、都内のホテルで会談し、政府が進める時間外労働規制について協議した。

両氏は、政府が策定する「働き方改革」の実行計画に反映させるため、3月中旬の合意を目指して協議を継続することを確認した。

残業規制を巡っては、政府が2月14日に①上限を「年720時間（月平均60時間）」とする②違反には罰則を設ける――などの案を示し、大筋で合意が得られている。ただ、繁忙期の月上限について、経団連が「月100時間」を容認しているのに対し、連合は反発しており、安倍首相が合意形成を求めていた。

現行法では、残業時間の上限を「36協定」の厚生労働相告示で「月最大45時間、年360時間」と定めているが、事実上無制限の残業が可能になっているとの指摘がある。

29年度 主任・係長 論文講座 24

特別区係長選考

3月になりました。年度末を迎え、新年度に向けた準備と合わせ、忙しい毎日を送っていることと思います。

来年度、係長昇任選考の受験を考えている皆さんの準備は進んでいるでしょうか。新年度が近づき、そろそろ、準備に着手しようかと考えているところかもしれません。

そこで今回は、昨年10月以来、係長昇任選考論文について、課題整理、傾向と対策、論文添削を行ってきた本講座を振り返り、改めて論文の書き方について整理し、確認していきます。

昇任選考における論文とは

昇任選考における論文とは、与えられた課題に対して、論理的かつ説得力を持って自身の意見や見解を述べる文章です。

つまり、良い論文とは、論文の課題に応じて、自分なりの考え方を論理的かつ説得力ある論旨で展開し、採点者に「なるほど」と思わせる文章であると言えます。

評価のポイント

では、係長昇任選考で求められる「良い論文」を書くためには、どのような点に注意を払えば良いのでしょうか。

ここでは、論文の評価ポイントとして、各区でおおむね共通している4点を挙げてみます。

1　表現力

読みやすく、分かりやすい文章を書く能力です。原稿用紙の使い方等の形式と文章自体の表現力の二つの面があります。後者については、主語と述語を対応させる、1文は短くまとめる、修飾語が長すぎる表現や、「だろう」「おそらく」といった自信がない印象を与えるあいまいな表現は避けること等が評価のポイントとなります。

2　論理性

説得力ある論理を展開する能力です。論文課題に応じた問題点の抽出とその解決策の提示、係長としての意思表示の内容が首尾一貫していることがポイントとなります。

3　問題意識

与えられた論文課題に対して、出題者の意図を踏まえ、問題点を正確に把握できているかを問うものです。論文課題と自らの知識・経験を重ね合わせて、区政の最前線に位置する係の責任者の立場から論旨展開することがポイントとなります。

4　的確な解決策と当事者意識

論文課題から抽出した問題点に対応した、現実的で的確な解決策を提示することがポイントとなります。

論文の書き方

論文の構成

論文の構成には「序論・問題点・解決策・結論」からなる4段構成と「序論・本論・結論」からなる3段構成の2種類があります。

4段構成は、論文の中核となる問題点の指摘部分と解決策の提示部分が明確に整理され、読みやすいというメリットがあります。しかし、限られた文字数の中で4段構成を選択した場合、各段落での文字数も必然的に制限され、問題点と解決策の主張が浅くなってしまいがちです。また、細心の注意を払わないと、問題点と解決策のミスマッチが生まれてしまうことがあります。

一方、3段構成は、問題点と解決策を一括して論じることにより、コンパクトにまとめることができるので、比較的文字数の少ない論文でも問題点と解決策に深みが出るというメリットがあります。しかし、本論部分の分量がどうしても多くなってしまうため、論旨が分かりにくく、読みづらくなってしまうことがあります。

4段構成でも3段構成でも、内容が良く整った文章であれば、採点上の有利不利はありませんが、係長昇任選考の論文では1千字から1600字程度と比較的文字数が少なめであるため、今回は、3段構成について解説することとします。

なお、1600字程度の論文の文字数の配分は、序論が300～350字、本論が900～1千字、結論が300～350字が目安となります。

序論の書き方

序論は、論文の導入部分であり、これからどのような視点で、どのような主張を展開していくかを採点者に予告する部分です。なぜ今、区政においてそれが課題となっているのか、区政はどの方向を目指すべきなのかについて整理することが求められます。すなわち、出題された課題に対する理解と解決の方向性（＝「目標・あるべき姿」）を端的に示すことが求められるということであり、メーンとなる本論で述べる内容も、序論によって相当程度決まってしまうということを示しています。序論が論文の出来を左右すると言っても言い過ぎではありません。

また、論文のメーンは本論ですが、本論で述べる解決策は係長の権限の範囲内で、かつ、実現可能なものでなければならないので、限られたものとなってしまいます。つまり、他の受験者も似たような解決策を提示する可能性が高く、差が付きにくくなってしまうのです。

したがって、他の受験者との違いを出すためには、序論において、採点者の関心を引きつけることも必要なことなのです。

ただし、序論がいくら良いものであっても、メーンとなる本論の主張が弱い場合は、やはり論文全体の評価は上がりませんので、注意が必要です。

本論の書き方

本論は、論文のメーンとなる部分であり、序論で示した「目標・あるべき姿」を実現するために必要な解決策を論じる部分です。区政や組織における問題点を指摘し、あるべき姿に向かうために、係長としてどのように行動し、解決していくかを具体的に提示していくこととなります。

出題テーマに即して、問題点の指摘と解決策の提示を三つの視点で論述するのが、一般的な型となります。この際、三つの視点が似通ったものにならないように注意してください。

まず、問題点の指摘では、序論の内容との整合性に注意しながら、係長として解決していかなければならない問題点を出来る限り具体的に指摘します。問題点を指摘する際には、係長の役割（①仕事の管理②組織の運営③職員の育成④課長の補佐など）を意識してください。

次に、解決策の提示では、指摘された問題点に対して、係長としてどのように行動し、解決していくかを論じます。解決策を講じることにより、区政の現状（課題）を打破し、あるべき姿に向かっていくものですから、実現性と実効性を考慮する必要があります。

解決策の提示で重要な点は具体性と実現可能性です。具体的な問題点に対して、可能な限り具体的で説得力のある解決策を提示すること。係長の役割を踏まえ、実現可能なものとすること。その上で、解決策を講じることで「こうなる」という実効性を示すことができれば、説得力が増し、深みのあるものになります。

結論の書き方

結論は、序論、本論で論じてきたことをまとめ、係長としての決意表明を行う部分です。

結論部分では、序論、本論を簡潔に要約し、解決策を実施することで、あるべき姿が実現できるということを示し、これまでの主張の正当性を強調します。

ここで注意することは、序論、本論で論じていないことに触れたりすることで、論旨の一貫性を崩すようなことがないようにすることです。言い回しを含め、細心の注意を払ってください。

係長としての決意表明は、「私に係長を任せても大丈夫です」と採点者にアピールする部分です。熱意、積極性が十分にあるということを、力強く訴えるようにしてください。

一歩リードするために

最後に、試験本番で他の受験者より一歩リードするためのコツを紹介します。

1　レジュメの作成

繰り返しになりますが、昇任選考における論文とは、与えられた課題について、自分の意見や見解を述べる文章で、採点者に理解し、評価してもらうものです。

したがって自分の主張を明確にし、的確な問題点の指摘と解決策の提示を行い、論旨を一貫させた上で、まとめ上げることが求められます。

そのため、何の構想もなく論文を書き始めるのは無謀と言えます。論述を開始する前に、その骨子をまとめたレジュメを作成し、全体を俯瞰することで、筋が通り、かつ、バランスのとれた論文を作成することが可能となります。

2　字は読みやすく丁寧に

奇麗な字である必要はありませんが、丁寧に大きめに書いてください。また、採点にはコピーが使われるのが通例ですから、Bなどの濃い目の芯を使うと良いでしょう。

3　見出しを付ける

序論、本論、結論の先頭の行には、各章の内容を端的に示す見出しを付けます。見出しにも工夫が必要です。「はじめに・おわりに」「問題点と解決策」のような見出しでは受験者の主張が伝わりません。採点者の目を引く、的確な見出しが付けられれば、論文自体が読みやすくなり、採点者の理解も進みます。日頃から新聞等の見出しを参考に練習すると良いでしょう。

4　簡潔な文章を

一文が長すぎると、主語と述語の対応を把握するだけでも大変ですし、実際に内容が分かりづらい場合が多いものです。

3行60字以内を目安に一文を作り、助詞や接続詞を適切に使い、流れの良い文章を心掛けてください。

また、過剰な修飾語も論文の質を低下させます。注意しましょう。

来年度の試験までは、まだまだ時間があると思いがちですが、既に職場の中心として活躍し、プライベートでも多忙な時期に差しかかっている皆さんには、自由になる時間が少ないと思います。今回の講座をきっかけに、準備に着手してみてはいかがでしょうか。

読者のひろば

東京でよみがえった被災資料

今月、陸前高田市に里帰り

修復された『文集まつばら』

都立中央図書館では、東日本大震災による津波被害にあった岩手県陸前高田市立図書館の郷土資料の修復を行ってきたが、震災後丸6年経ったこの3月に、すべての修復・再生を終えて陸前高田市にかえることとなった。

2011年3月11日、市立図書館は津波により職員7人全員が犠牲になり、蔵書8万冊全てが被災して、そのほとんどが流出。それから1年後、車庫跡などに山積みされている被災資料の中から、貴重だと推定される郷土資料が発掘・救出された。その後、搬送先の岩手県立博物館で応急措置が実施され、デジタル撮影、紙焼き本の作製が行われた。

実は、私はこの段階で、現物の修復は必要ないのではないかと思っていた。「資料保存」の理屈からすれば、それも当然ありうる「合理的な」対応である。

しかし、陸前高田市立図書館から他のどこにもなく再入手もできない資料だけに貴重な資料であり、現物を後世に伝えていきたいので本格修理をしたいとの意向が示された。本格修理を行うための技術を有する公的機関はごく限られており、依頼を受けて都立中央図書館が協力することとなった。そして、私のいる資料保全室に資料（第1次）が搬送されてきたのは、震災から実に2年半後の13年9月のことである。

この第1次受け入れ資料はその後、15年3月に修復・再生を終えて陸前高田市に返還されたが、14年5月、これまでに救出された資料とは別に、貴重書庫にあった郷土資料が関係者によって救出されていたことが判明。同8月に、そのうち83点を第2次資料として受け入れ。これがこの3月に返還の資料である。

修復の作業は、点検・仕分けをしたのち、撮影→解体→ドライクリーニング→消毒→洗浄→乾燥・平滑化→補修→再製本の順で進め、再生させる。全ての資料が海水と汚泥にまみれ、また、丸一年以上放置されていたこともあって、どの資料も傷みが激しく、カビ等のため紙が脆弱になっており、多くの手間と細心の注意が必要で、あらゆる修復技術を駆使しての作業であった。

被災した郷土資料

図書館員たちの形見

私はその修復作業を通じて、改めて郷土資料の意味と、資料を保存し伝えていくことの原点を考えさせられ、教えられた。

郷土資料はその地域の人々の息づかいが聞こえてくる資料である。今回修復した資料も、学童の文集や郷土史家が編集した「津浪記念碑」など、昭和に出版されて「文化財」には決してならないようなものが大半であるが、どれも陸前高田を知るうえで貴重な資料であった。

そして、ドロドロだった資料がだんだん再生していくのを見ると、一冊一冊が本当にいとおしくて……、これは犠牲になった図書館員たちの形見だなあと思った。

また、郷土資料を残し、伝えていくということは「歴史」を伝えていくことであり、それは単にコンテンツやデータがあればいいという単純な「理屈」ではないとも感じた。

「修復」に至るまでには道程がある。津波から1年間放置されてグチャグチャになった、誰の目にももはや再生はできないと見えた資料の山を見て、郷土資料だけでも何とかならないかと思った図書館員。発掘・救出作業を泣きながら行った図書館員。震災後の図書館をどうしたいかと問われ、「郷土資料をもう一度集めます。陸前高田の歴史を残し、伝えていきたい」ときっぱり言った陸前高田の図書館員。

震災津波で実に多くのものを失った。でも、だからこそ、見えてきたものがあった。それは、図書館の本来の使命、図書館員たちの思い、魂といっていいかもしれない志である。その地域の「記憶」を、時代を超えて残し伝えていく使命が公共図書館にはあったのだ。

そして、震災から4年後に修復が終わってかえってきた資料（第1次）の中の手書きの貸出票に、見覚えのある筆跡を見つけた陸前高田の図書館員はこうも言った。「郷土の歴史だけでなく、亡くなった人たちの気持ちも形見として引き継ぐのが私たちの使命」

そうなのだ。形見は資料だけではなく、資料をコツコツ収集し、保存しようとしてきた図書館員の歴史でもあった。

「歴史」は単に「資料」があれば伝わるものではない。その資料を作った人、保存し伝えていこうとしてきた人、それらが全て「歴史」であり、伝えなければならないものだったのだ。

資料の修復作業

震災を語り継ぐ遺産

今年6月頃に、陸前高田市立図書館は、かさ上げされた土地にできる施設内に新館オープンの予定と聞く。大津波からよみがえったこれらの郷土資料が、新しい図書館で陸前高田の人たちの歴史・記憶を伝え、さらに大震災を語り継ぐ遺産のひとつになるかもしれないと思うと感無量である。

（東京都立中央図書館サービス部資料管理課資料保全専門員　眞野節雄）

詳しい内容は以下をご覧ください。

東京都立図書館「資料保存のページ」

http://www.library.metro.tokyo.jp/about_us/syu syu_hozon/siryou_hozon /tabid/2104/Default.aspx

想定外とどう向き合うか

武蔵野学院大学特任教授　島村英紀

昨年4月、熊本で大地震が相次いだとき、「想定外」のことだと報道された。2011年の東日本大震災も、14年に御嶽山が噴火して戦後最大の犠牲者を生んだときも、「想定外」が繰り返されてきている。

つまり、「想定外」という言葉は、本来責任をとるべき政府や役人にとっての免罪符として使われているのである。想定外と報道されれば、自然災害なのだからやむをえまい、という雰囲気がかもし出されてしまう仕組みなのである。

■予知の看板を外す

だが、「想定」とはなんだろう。地震にせよ、噴火にせよ、政府の委員会が現在の学問レベルを無視して決めてしまった見積もりなのではなかったのだろうか。

地震の場合、阪神・淡路大震災（1995年）までは、政府に「地震予知推進本部」というものがあった。だが、予知できずに大地震が起きてしまった直後に、その本部は「地震予知」の看板を「地震調査研究」に掛け替えた。

しかし、それまで「地震予知」という看板を掲げて、使っていた役人のポストや予算を失うわけにはいかない。そのまま、あるいはそれ以上の陣容にしたのが「地震調査研究本部」が統括する事業なのである。

一方、いままでの柱だった地震予知をそのまま柱にするわけにはいかない。このために新しい柱として考え出されたのが、「将来の地震発生確率」と「活断層調査」だった。その結果として、「想定」が作られることになったのがいきさつなのである。

だが、両方の柱とも学問的にはあてにはならない。例えば、毎年春になると政府は「日本列島地震危険図」を発表する。これは将来の地震危険度を地図に表したもので、首都圏から九州まで最も危険な赤やえんじ色が広がっていて、その他の多くの地域は黄色になっている。また、この地図は地域ごとに随分違う地震保険料の算定基準にもなっている

だが、阪神・淡路大震災以後、現在までに起きた地震は、この政府の「想定」を全て裏切った。00年の鳥取県西部地震、04年の新潟県中越地震、05年の福岡県西方沖地震、07年の能登半島地震、08年の岩手・宮城内陸地震、11年の東北地方太平洋沖地震（東日本大震災）、11年の新潟・長野県境の地震などは全て黄色の部分で起きた。つまり、この「日本列島地震危険図」は皮肉なことに、黄色を安心情報として受けとってはいけないものだったのである。

今後日本を襲う大地震は、いつ、どこに起きるかは学問的には分からない。それを、正直に「分からない」と言えない仕組みが動いているのである。実は噴火も同じだ。

■独り歩きする想定

政府ではないが、地方自治体も同じような想定を作ることが求められている。例えば東京都は首都圏を襲う可能性がある地震を4種類想定している。フィリピン海プレートが起こす多摩地区での内陸直下型地震、立川断層という活断層の地震、フィリピン海プレートが相模トラフという海溝から潜り込むときに起きる海溝型地震、東京湾北部の直下型地震の四つである。

しかし、それぞれに学問的な問題がある。例えば、東京湾北部の直下型地震は、他の三つが起きても東京23区の東半分で震度が小さすぎるから、あえて入れたものだ。これを入れたことで、千代田区、中央区などで初めて大きな震度が起きうる。だが、東京湾北部で過去に大地震が起きたことはなく、その意味では他の三つとは違い人工的なものにすぎない。

立川断層は活断層であることは確かだが、やわらかい堆積層に覆われている首都圏では、活断層が見えないのが当たり前だが、内陸直下型地震は起きる。例えば安政江戸地震（1855年）は、日本の内陸で起きた地震では最大の犠牲者を生んだが、その震源と思われる隅田川河口の活断層は目には見えない。つまり、立川断層は東京から西へ行って堆積層が薄くなるので初めて見える活断層にすぎないのだ。

首都圏には「見えない活断層」がいくつもあり、そのどれが大地震を起こすのか、分かっていないのである。

問題は、この四つの想定が独り歩きしてしまうことである。たとえば、ある区の橋が大地震で大丈夫かどうかは、この東京湾北部の直下型地震の震源と地震の規模を想定して計算されている。つまり「想定外」が起きてしまう素地はあちこちにある。

科学が何を目指し、何に取り組み、どこまで分かっているのか、どこがまだ分かっていないのか、を正直に言うことが必要なのだ。それが専門家にとっても社会的な責任のはずなのだが、これまで述べてきた事情ゆえ、それを言えないのが現状なのである。

動物絵に隠された文字を探せ
山内ジョージ「文字絵の世界」

豊島区本庁舎で

豊島区役所本庁舎のまるごとミュージアムでは30日まで、「山内ジョージ『文字絵の世界』展」を開催している。

同庁舎の4・6・7階西面では、庁舎を丸ごと美術館や博物館に見立てて、ふるさと豊島の文化や歴史遺産、自然などを紹介するとともに、区ゆかりの美術・工芸品や子供たちの作品なども展示している。

山内氏は、漫画の巨匠たちがかつて住んでいたトキワ荘で、石ノ森章太郎や赤塚不二夫のアシスタントなどを経て独立した。漫画家としてはトキワ荘最後の住人。動物の姿に見立てた〝動物文字絵〟を作り上げ、テレビや新聞などに取り上げられてきた豊島区ゆかりの動物文字絵作家。

今回の展示では、動物文字絵のほか、漢字を動物で表現した「漢字文字絵」や、四字熟語を猫で表現した「ニャン故知新」など計43点を展示している。今回は、山内氏自らが区役所本庁舎の各階の特色を生かした作品を選び、展示している。例えば、4階の子育て支援関係の集まる部署前には親子で楽しめる動物の絵が集められた。

平日は午前8時半から午後5時15分まで。休日は午前9時から午後5時まで（4階のみ）。

●○ミニガイド●○

◆公益財団法人東京自治研究センターNo. 251月例フォーラム　▷日時　3月28日㈫午後1時半～4時15分▷内容「第7期介護保険改定の問題点と自治体の課題」▷講師　鏡諭氏（淑徳大学コミュニティ政策学部教授）▷会場　中野サンプラザ7階研修室8▷問い合わせ　公益財団法人東京自治研究センター　☎03・6256・9912

◆2016年度「東京都地域居住支援モデル事業」報告会　▷日時　3月16日㈭午後1時半～4時半▷会場　東京都庁第二本庁舎1階二庁ホール▷内容　第1部：仕組み研究・人材育成事業…空き家を活用した支援付きアパート、シェアハウスと、入居者の生活を支える生活支援の仕組みづくりの提案、第2部：交流・相談拠点設置事業▷申し込み　事前申し込み制（氏名、フリガナ、法人・団体名、部署、役職、電話番号を記入の上、件名を「東京都地域居住支援モデル事業報告会」とし、メールS0000219@section.metro.tokyo.jpで都福祉保健局生活福祉部地域福祉課推進担当まで。定員に達するまで受付延長。申し込み多数で参加できない場合のみ連絡）

◆東京都農林総合研究センター研究成果発表会　▷日時　3月22日㈬午前10時～午後4時▽会場　（公財）東京都中小企業振興公社多摩支社大会議室（昭島市東町3の6の1、JR西立川駅下車）▷参加申し込み　事前申し込み不要・入場無料▷特別講演（午後2時～3時）「都市農地が街を変える！」井上洋司氏（背景計画研究所代表、一級建築士）▷主な発表課題　「野菜の品目別省力化技術の紹介」「大型コンテナ緑化による真夏の暑熱対策」など

風流戯画草紙
作・橋本裕之
百条委員会 石原氏証人喚問へ
急に元気になったり、なくなったり
高齢者の健康状態を言われるとなぁ
記憶力の減退もあるし
恋ダンス？
逃げるは恥だが役に立つ

顔と作品の連動も

田沼武能肖像写真展　時代を刻んだ貌
お蔵出し！コレクション展

練馬区立美術館

この写真家が師と仰いだ木村伊兵衛の柔和な表情の隣に、写真の鬼と言われた土門拳のポートレートが掲示されている。

土門の代表作に写真集『風貌』がある。中でも有名なのが画家・梅原龍三郎の顔。爆発寸前で眼をむいている。激怒するまでじらせてシャッターを切ったと言われている。

同じ会場に、田沼武能が撮った梅原龍三郎の肖像がある。威厳に満ちた巨匠の表情に変わりはないが、穏やかな空気が漂っている。対象とカメラの間に通い合う温かいものがある。田沼作品の特色だ。

その人柄から来るのだろう、世界120カ国を巡った子供たちの写真で知られる。また長年にわたって日本写真著作権協会の会長も務めている。2月に88歳、すなわち米寿だ。今年になって早々に武蔵野を撮った写真で展覧会を開き、それに続いての本展開催。

田沼武能《手塚治虫》1963年

一作一作の前に会話の輪が生まれている。例えば五代目古今亭志ん生、十代目金原亭馬生、三代目古今亭志ん朝の顔が遠近で写った一枚。みんな良い表情をしている。それをふわっと写し取っている。写真って良いな！

さらに森光子、黒柳徹子。若い！　そして新鋭と呼ばれていた頃の、井上ひさし、寺山修司、武満徹、小澤征爾、大江健三郎、開高健などの生気みなぎる表情。つい誰かと語り合いたくなる作品ばかりだ。

気難しいと言われた小林秀雄、永井荷風、佐藤春夫などの写真を見ると、この人には写真術のほかに人間術も備わっているのかと思われてくる。自決前の三島由紀夫の写真ほかに添えられたコメントにも、独自の人間観がうかがえる。田沼の肖像写真展は、石神井公園の「ふるさと文化館分室」でも同時開催。

当館3階ではコレクション展が。開館以来収集してきた6700点余のうち約120点を一気に公開している。今までなかったことなので、この館がどんな作品を秘蔵しているのかと興味津々。

2階の田沼の写真にあった、鏑木清方、熊谷守一、斎藤義重、鳥海青児、難波田龍起、野見山暁治、山口薫などの作品が3階に展示されている。朝倉摂は、下の階の写真にある彫刻家・朝倉文夫の娘だし、本展ポスターに使われている《さつきまつ浜村》の日本画家・松岡映丘は、下の写真にある日本民俗学の創始者、柳田國男の実弟だ。上下階で連動している部分があるのだ。

コレクションの注目作は、江戸の大家・池大雅の《比叡山真景図》か。また代表作に《近江八景》のある日本画家・茨木杉風の作品《潜水艦出撃》の、本作とほとんど変わりのない下図の展示も。珍しい。

他にも白髪一雄、木村荘八、高松次郎、中西夏之、荒川修作などまで幅広く収集された作品の数々。タイトルに「お蔵出し！」とうたった気持ちに納得がいく充実した展示だ。

松岡映丘《さつきまつ浜村》絹本着色・六曲一隻　1966年

「田沼武能肖像写真展　時代を刻んだ貌」と「お蔵出し！コレクション展」は練馬区立美術館で4月9日まで開催。この共通招待券を10組20名様にプレゼントします。Eメールで件名を「練馬区立美術館希望」とし、〒、住所、氏名を明記の上、tenshu@toseishimpo.co.jpまでお申し込みください(21日必着)。

都政新報

発行所　都政新報社
〒160-0023　東京都新宿区西新宿7-23-1　TSビル
（総務・読者）03-5330-8781
（企画広告）03-5330-8784
（編　集）03-5330-8786
（出　版）03-5330-8788
（ファクス）03-5330-8808
購読料　月1,730円（税込）
毎週火・金曜日発行
ただし、祝日は休刊
©都政新報社 2017

紙面から

都議会予算特別委

豊洲移転で攻防激化

自民は攻勢、他会派と温度差

予算特別委員会の総括質疑が14日に行われ、都議会自民党は市場移転問題を知事に迫るなど攻勢を強めた。同党はこれまで築地市場のアスベスト問題や衛生面での課題については市場事業者などに配慮して「赤裸々に表に出すことはしなかった」（高木啓幹事長）が、小池知事に決断を求めるために方針を転換した。一方、知事の判断を支持する他会派からは自民党の姿勢に対して反発の声が上がるなど、スタンスの違いが浮き彫りになった。

＝4面に関係記事

「第三の道は現時点で考えていない」。予算特別委員会の代表質疑で、豊洲と築地以外の第三の道があるのか知事に問いただした三宅正彦氏（自民）に、小池知事がこう答弁した。これまで知事は市場の持続可能性に言及しており、庁内では「市場そのものの存続に踏み込んだ判断をするのでは」との憶測が広がっていた。知事は「豊洲への移転は安全と安心の確保が前提」との立場を示した上で、専門家会議やプロジェクトチームでの幅広い検討が進む中、現段階では第三の道について考える時期ではないと答弁した。

質疑の後半を引き継いだ﨑山知尚氏は、更に知事の移転判断を追及。築地市場は「6棟が耐震性を満たしておらず、補強できない状態。場内をターレが行き交い、毎日事故が発生している」と安全性の懸念を指摘した。また、築地市場のネズミやカラスなどの写真パネルを示し、「開放型の築地市場ではネコ、ネズミ、カラス、カモメなどが入り込む」と衛生面での課題に言及。「閉鎖型の豊洲市場とどちらが衛生的か」と知事にただした。

築地市場の衛生問題を指摘する自民都議ら＝14日、予算特別委員会で

さらに、建物に使用されているアスベストの問題など、築地市場の安全性に疑問符を投げかける一方で、豊洲新市場については土壌汚染対策法や建築基準法上の安全が確保されていることを確認。知事から「法的な点をカバーしている」との現状認識を引き出した。

同党がこれまで封印してきた「築地限界論」を表立って強調した背景には、「豊洲以外に選択肢はない」という結論を導こうとする戦略が見て取れる。高木幹事長は予特休憩中の会見で、「築地か豊洲かの二者択一ということで議論を深める」と説明。豊洲新市場への移転が法的に可能だと確認できたとして、「築地も豊洲も法的に満たしている。同じ条件だ」と強調した。

予特の質疑で、自民と知事の移転延期判断に理解を示す他会派との温度差は鮮明になった。東京改革議員団の野上幸絵氏はネズミのパネルを示したことに、「現に営業を続けている築地市場で、風評被害をあおらんとする姿勢は看過できない」などと批判。

共産党の曽根肇氏も、「食の安心・安全を守れという都民の声に押され、石原都政ですら法の基準を超えて、市場の地下も環境基準をクリアすることを約束した」と知事を援護射撃し、豊洲新市場の建設や開場を推し進めた猪瀬、舛添両元知事らの対応を批判した。

小池知事は築地市場の衛生管理を追及する自民党の質疑に対し、同市場が法的な安全性を確保していることを強調する一方で、衛生面では対応の必要があるとの認識を示した。また、豊洲新市場については「法的な点をカバーしているが、都は土壌汚染対策法を上回る対策を約束した」として、専門家会議などの検討を踏まえて「総合的な判断」をすると繰り返した。

■ガバナンスか体質か

前日に小池知事の都民ファーストの会との連携を発表した都議会公明党も、築地市場の環状2号線予定地の土壌で環境基準値を超える汚染が見つかった問題を追及したが、同じ問題を取り上げた自民党とは批判の矛先が明確に分かれた。

自民党の﨑山氏は、昨年3月時点で発覚していた築地市場用地の土壌汚染や、米軍のドライクリーニング工場だった地歴に関する知事への報告が遅れたこと、昨年末に国から豊洲新市場の検査済証が発行された際に発表しなかったことなどは、「知事のガバナンスの問題」であると批判。

一方、公明党の橘正剛氏は、地下水モニタリング調査の妥当性や築地の土壌汚染問題について、知事に直接批判を行うことはなく、市場当局を追及。重大な事案にもかかわらず公開をしなかったのは「ずさんな対応。何か意図があるのでは」と市場の隠蔽体質をただし、村松明典市場長が弁解に追われた。知事に対しては、新年度予算案での私学助成の拡大を「知事の大英断」と絶賛した。

候補者を相互推薦

公明党と小池新党　都議選で選挙協力

都議会公明党と事実上の小池新党である都民ファーストの会は13日、合同記者会見を開き、7月の都議選で選挙協力すると発表した。また、無電柱化やバリアフリー化など35項目の政策実現に向けて、政策合意した。

公明党は、候補を擁立していない1～2人区の一部で都民ファーストの候補を推薦し、都民ファーストは公明党の候補22人に推薦を出す。定数2の荒川区では、公明党も都民ファーストも候補を擁立するため、推薦しない。都民ファーストの野田数代表は「公明党は23人全員が当選し、（都民ファーストは）極力落選者が出ないような選挙戦にしていきたい」と意気込んだ。

公明党はこれまでの都議選で自民党の一部の候補に推薦を出していたが、今回は選挙協力しないことを明言した。また、都民ファーストの会は現在、民進党との選挙協力に向けた協議をストップしており、個別の候補者と連携を模索する余地があると語った。

都議会公明党の中嶋義雄議員団長は、私立高校の授業料の実質無償化などを小池知事に要望し、新年度予算案に盛り込まれ、信頼関係が構築される中、知事から都議選で協力したいとの打診を受け、選挙協力に至ったと説明。一方、都民ファーストの野田氏は「今後は都政の頭脳として力を借りたい」と語った。

会見後、知事と都議会公明党幹部が京王プラザホテルで面会した。知事は「都政を着実に前に進めていくためには都議会が新しく、グレードアップすることは重要。今回の政策合意は心強く思っている」と力を込めた。

豊洲の地下水調査　事業者と説明相違

中央卸売市場

豊洲新市場の第9回地下水モニタリングで環境基準値を大きく超える汚染物質が検出された問題で、都中央卸売市場と調査事業者の説明が一部食い違っていることが分かった。13日の都議会豊洲市場移転問題特別委で、市場側が確認状況を報告した。

9回目の水質調査を行った湘南分析センターは、4日の同委員会の参考人招致で「分析の初期段階で異常値が検出され、都に報告したが『速報は行わないように』と指示を受けた」「パージ（排水）した濁った水での分析を指示された」などと説明し、一部委員から都の調査態勢を疑問視する声が上がっていた。

中央卸売市場は異常値の速報について、「担当者に確認したところ、基準値を大きく超える箇所があるという報告は受けていない」「（最終報告を受けた）1月10日以前に、検査結果について報告を受けた者はいない」と報告。調査業者の説明に反論する形となった。

一方、パージ水での分析を指示した点については「井戸水が枯渇している状況で、スケジュールを考慮し、現場担当者の判断により指示した」と説明。水に濁りがあっても濾過分析で対応可能と認識し、結果も基準値内だったが、「採水方法として適切ではなかったと考えられるため、妥当性は次回の専門家会議で評価していただく」とした。議会側は今後、同委員会で市場側に詳しい状況をただしていく考え。

ある都幹部は、現場の判断でモニタリング調査が進められたことについて、「（技術部門が報告を行っていなかった）新市場の地下空間の問題と同じ。土木部門が報告していなかったことが問題で、盛り土問題から進歩がない」と漏らした。

◆偽薬流通で改善措置命令

今年1月、C型肝炎治療薬「ハーボニー配合錠」の偽造品が販売された問題で、都福祉保健局は13日、流通に関与した都内の卸売販売業者に改善措置命令を行った。偽造品は千代田区の卸売販売業者が個人から購入し、複数の事業者を経由して奈良県内の薬局に流通していた。個人から購入の際、事業者は本人確認などを行っていなかった。

卸売販売業者は、医療機関や薬局などの買い取りを行っていない。今回の改善措置命令では5社に対して、医薬品を納品する相手の本人確認の徹底や、医薬品が未開封であることを確認するなど注意を払うよう指示。医薬品販売の管理体制を抜本的に見直すように命令した。

視点

議会の声も「総合的判断」に

都議会1定終盤戦へ

第1回定例都議会は代表・一般質問、予算特別委員会（予特）を経て、終盤戦に突入する。前半戦では、特に小池知事に対する自民党の姿勢が焦点だった。

自民党は昨年12月の第4回定例都議会の代表質問で知事サイドに詳細な質問通告を行わないなど知事との対決姿勢を鮮明にしたが、今回は封印した。

代表質問では、自民党の高木啓幹事長が個人都民税の10％減税を提言したが、小池知事は高所得者を優遇するため東京富裕論が再燃しかねないとして、一蹴した。

個人都民税の減免は石原元知事も2007年の都知事選で3選出馬の公約として打ち出したが、当選後、「税金の免除ではなく、政策として手当てする方法」に方向転換した経緯がある。先祖返りした理由は不明だが、自民党都議によると低所得者対策の一環だった石原都政とは目的が異なり、今回は議員報酬削減など身を切る改革の成果を都民に還元するための措置だという。都幹部職員は「自民党幹部の一人が温めてきた提言と聞いている。自民党は都議選で公約に掲げるようなので、都議選対策として打ち出したのではないか」と分析する。

代表・一般質問では自民党と知事のやり取りで白熱するシーンはなかったが、予特では一変。豊洲への市場移転を目指す自民党は14日の予特総括質疑で、小池知事から豊洲新市場が土壌汚染対策法（土対法）上、安全であるという答弁を引き出そうと強く迫った。

同党の﨑山知尚政調会長は築地市場に生息するネズミやカラスなどのパネルを多用し、開放型の築地市場ではネズミなどの侵入を防げないと指摘した上で、豊洲の閉鎖型施設は築地と比べて衛生面で優れていると主張。だが、豊洲に対する安全性の認識を問われた知事は「豊洲市場は開場していないので比較できない」などと正面からの答弁を避けた。

また、小池知事は豊洲のコンクリートを「土壌汚染を遮断するコンクリートではない」として、土対法の基準を満たしていないとの認識を示したが、遠藤雅彦環境局長らは「土対法上の安全対策は講じられている」と答弁。答弁の食い違いを指摘された知事は「（土対法で対策を）求められている部分はカバーしている」と渋々、豊洲の安全性を認めざるを得ない場面もあった。

小池知事は豊洲の安全性に関して、専門家会議の検証結果などを踏まえて判断すると主張していたが、一転して認める形になった。これまで「地上と地下を分けて理解してもらうのは難しい」としていたが、切り分けて安全性を認めたとも取れる。

一方で、小池知事は築地に関して、地表がコンクリートで覆われていて安全であるとともに、「築地ブランドという安心もある」と述べ、築地の安全・安心に問題がないと強調した。

だが、築地全体の出荷量は減少傾向にあり、生産者と小売店が直接取引する「産地直送」が増えている。その一因として、ネズミの生息など衛生面の課題だけでなく、産地から消費者まで一定温度で生鮮品を輸送する「コールドチェーン」が築地で途切れ、品質管理の問題があることも挙げられる。知事の主張する築地の安全・安心が確実に確保されていると言えるのかは疑問だ。

今後は、知事の発言が極めて重要となる。これまで、豊洲の盛り土問題や地下水の有害物質の検出問題では、知事が豊洲の安全性に疑問を投げかけ、報道を通じて都民に広まり、豊洲の安全・安心が揺らぐ一因となったからだ。

1定の終盤戦では、自民党が小池知事の豊洲と築地に対する認識を更にただして、知事からどんな答弁を引き出せるかがポイントとなる。小池知事が「安全・安心は神格論争になる」と指摘するが、議会との議論も踏まえ、市場移転の結論を出すのが二元代表制の在り方と言える。（石）

都政の東西

新旧知事の決断

過去の為政者を大衆の面前に引っ張り出す都議会百条委員会が始まった。今週末には豊洲移転を「決断」した石原元知事や、東京ガスと土地買収交渉を担った浜渦元副知事が証人喚問され、順次、都庁の元幹部にも経過をただすという。かつての都政責任者に舌鋒鋭く質問をぶつけ、都議選向けのパフォーマンスに使おうとしている議員もいるのではないか。

石原元知事が市場移転問題を「都民のため」と言うよりも「屈辱を晴らす」と個人的な名誉の話に矮小化しているのはいかにも情けないが、現知事に「決断」を求めている点は、都庁官僚としても首肯できるのではないだろうか。元知事が「行政の結論として是とせざるを得なかった」と他人に責任転嫁する[illegible]ずだが、少なくとも元知事は決断したのだ。

肝心の市場行政は、一切が進んでいない。豊洲の土壌汚染の再調査結果が出ていないことを理由に、小池知事は市場移転に対する考え方を示しておらず、それどころかワイドショーの報道もあって新旧知事の対立構図と化し、豊洲移転の判断を先送りしたいとの憶測も流れる始末だ。

住民投票で「麗しき民主主義」と言う人もいるが、しかし、何をしても反対派はいるものだ。政治は割り切れない利害を調整するのだが、「私はどっちでもいいんだけど」とあやふやなまま大衆が傾いた方向にかじを切るようでは、知事は誰でもいいことになってしまう。「自分が将来、責任を問われかねないから、決断しない」のでは、将来の自分の評判に跳ね返る。

穴句ジョーク

都議会で"安全・安心"質疑続く

私の課長の迷ゼリフ

「そりゃそうだ "妻は安全・愛人は安心"」

春から新企画が続々！

「退職後のリアル～しくじり都庁OBの教訓」

あなたの退職後のセカンドライフをどうするか、都庁OBが実体験から指南します。21日号から。

「若手職員のホンネ～東京のとある居酒屋で」

「ホントは仕事、好きじゃない」「モーレツ上司はウザい」都内のとある居酒屋で今日も繰り広げられる若手職員の本音トーク。上司必見！あなたの部下はこんなことを思っています。24日号から。

「自治体政策のススメ」

自治体職員なら知っておくべき行政の課題について、有識者が基礎から最先端のテーマまで詳しく解説。28日号から。

ほかにも新企画が目白押し！
春からの都政新報にご期待ください!!

デザイナーに賃料補助

創業支援から定着化図る

台東区

台東区はファッションや雑貨、宝飾品などのデザイナーやクリエイターが区内に事業所を構えるのを促進する賃料補助事業に着手する。区ではデザイナー・クリエイター向けの創業支援に取り組んでおり、区内で事業所を開く際のネックとなる賃料を補助することで新たなデザイナーを誘致し、区内への定着化を図り、地域産業の振興につなげるのが狙いだ。一方、支援の現場ではより広域的な取り組みを求める声が上がっている。

区が新年度に立ち上げる若手デザイナー向けの賃料補助制度の対象は、デザイナー・クリエイターとして活動中、または開業予定者で、区内に開設する事業所や店舗にかかる賃料の半額、上限5万円までとして、3年間補助する。2017年度予算案に205万円を計上した。

区産業振興課の担当者は「台東区ではマンション開発などが進んだ影響で家賃が高騰しているという話を聞く。補助が定着のきっかけになれば」と期待する。

区がデザイン系の創業支援をする現場になっているのが、JR御徒町駅から徒歩15分の立地にある創業支援施設「台東デザイナーズビレッジ」（通称・デザビレ）だ。閉校した小学校を改修し、台東区が04年に開設した。

内部には、アトリエスペースとして全19室と入居者が自由に使える展示室や会議室などを備える。年度ごとに更新審査し、最大3年間入居できる。15年度末までに、個人・団体73社が巣立っていった。

入居者の1人で、今月に3年の入居期間を終えて卒業する三浦笑里さんは、最後の個展の準備にいそしんでいた。表情豊かな動物たちをモチーフにしたジュエリーをデザイン・制作しており、「年次が上がるごとに、作品で収入を得るためにはどうすべきか考えることができた」と振り返った。

同施設の評判は卒業生らによる口コミで広まり、今や都内全域から入居希望者が集まり、満室状態が続く。昨年の伊勢志摩サミットで採用されたラペルピンを製造したのが入居者だったことも評判となって注目が集まり、来年度の入居募集の倍率は6・6倍となった。

デザビレの卒業生は15年度末までに33社が区内で起業。同様の趣旨で設立した「浅草ものづくり工房」では、卒業した20社中16社が区内に事業所を構える。

区では、こうした区内に定着して活動するデザイナーたちのビジネスチャンスを広げる機会も用意しており、きょう17日から3日間、3回目を迎える「台東ファッションザッカマルシェ」を浅草で開催する。帽子やかばん、靴などを製作している8社がセレクトショップを出店する。昨年は、海外の観光客を含む918人が訪れてにぎわった。今回は、2階に蔵前で人気のコーヒーショップにも出店してもらう。

イベントの事務局を務める区産業振興課は「2階まで見て、休日にゆっくりしてもらえる空間づくりを心掛けた。一般の人にも地場産業を理解してもらう場にしたい」と期待を込める。

区が施策効果を上げていると捉える一方で、現場では課題も浮上している。デザビレの村長として入居者の相談役を務める鈴木淳氏は、創業してから事業を軌道に乗せるまでの連続した支援の必要性を説く。「デザイナーやクリエイターが生計を立てるには、工場と協力して量産体制を築く必要がある。デザイナー・クリエイターと工場とのマッチングが必要になる。産業振興と創業振興をセットで進めなくてはうまくいかない」と指摘する。

また、鈴木氏は入居倍率が高いほど入れないデザイナーもいる点に言及し、「若く、活動し始めたばかりデザイナーの受け皿や相談体制が不十分。他区や都とも連携してフォローが必要」と都全体で取り組む必要性を示した。

台東デザイナーズビレッジで製作中の入居者＝14日、台東区で

11区が誕生70周年

記念イベントなどで祝う

港区議会議場で開かれた届け出挙式で6組の新婚夫婦が誕生した＝15日、区提供

1947年に旧東京35区が22区に整理統合された際に誕生した千代田、中央、港、新宿、文京、台東、墨田、江東、品川、大田、北の11区が15日に70周年を迎え、記念式典やイベントなどで記念の節目を祝った。5月には旧東京22区が特別区となった地方自治法施行から70周年を迎え、8月1日には練馬区が板橋区から分離独立して70周年を迎える。

滝野川区と王子区が統合した北区は15日に記念式典を開催。花川與惣太区長は「区民と共に区政運営を進めることを基本姿勢に、創意工夫を凝らして基本構想に掲げる区の将来像『ともにつくり未来につなぐときめきのまち　人と水とみどりの美しいふるさと北区』の実現に全力で取り組む」と語った。

大森区と蒲田区が統合した大田区は12日に記念式典を開催し、松原忠義区長と外国人を含む区民らが「国際都市おおた」を宣言。また、70周年を機に制作した区のイメージソング『笑顔、このまちから』のコンサートを開き、歌を担当する夏川りみさんや作詞の湯川れい子さん、作曲・編曲の千住明さんらが出演した。

芝、麻布、赤坂の3区が統合した港区では、記念事業の一環で15日に婚姻届を提出した新夫婦6組が区議会議場で「届け出挙式」を行った。武井雅昭区長と鵜飼雅彦議長が立会人を務め、区内の協力企業から記念のケーキプレートや食事券が贈呈された。

旧品川区と荏原区が統合した品川区は、21日の記念式典に先立ち、区誕生当時の区役所旧庁舎や大井町駅などの風景写真を区公式サイトで公開している。濱野健区長は15日に、「区民に育てられ、共に歩んだ尊い歴史をこの節目の年に振り返ってもらい、区を一層好きになってほしい」との談話を発表した。

このほか、台東区は15〜20日に朝倉彫塑館など区立文化4施設を無料で公開し、中央区と江東区は70年を振り返るパネル展示を行っている。

国際交流の契機に

横綱相撲　分析　23区新年度予算案　5

東京五輪

リオ大会が終わり、各区は来年度、東京大会に向け五輪施策を本格化させる。機運醸成やスポーツ振興、観光施策のほか、無電柱化や区道の遮熱性舗装など都市整備事業を実施する区も多い。

キャンプ誘致へ

その中で、国際化・国際交流を切り口とした施策も目立ち、その一環に事前キャンプの誘致がある。この取り組みを巡っては、世田谷区が2015年11月にいち早く誘致先（米国）を確定させているが、他区はこれからが本番だ。

「区民、特に小中学生との交流が最大の狙い。子供たちに思い出やレガシーを残してもらいたい」――。大田区の原聡東京オリンピック・パラリンピック推進担当課長はこう語る。同区は事前キャンプ誘致に向け、来年度予算案に931万円の事業経費を盛り込んだ。

区は今年度、JOCなど関係者向けのPR資料として、パンフレットや動画を制作。12年6月、同区東蒲田に開設した区立総合体育館を始め、臨海部に集積するスポーツ施設を関係機関にアピールする。

一方、北区はフェンシングに競技を絞って誘致活動を進める。通年でフェンシング教室を開催する同区は、日本フェンシング協会や日本車いすフェンシング協会などと連携し、ヨーロッパ各国を中心に誘致活動を行う。来年度は3カ国語のPR冊子の作成などに128万円の予算を組み込んだ。

事前キャンプとは毛色の違う誘致活動を進めるのは品川区だ。

昨年8月に区議会と総勢7人で3泊7日の日程でリオ大会を視察。その際、国や地域、企業などのPR施設「ホスピタリティハウス」を訪問したのを契機に、23区では唯一、新年度予算案にホスピタリティハウスの誘致活動経費を計上した。予算額は360万円。小川陽子オリンピック・パラリンピック準備課長は「施設の誘致とともに、品川区をPRするホスピタリティハウスも開設したい」と展望を述べた。

障害者支援にも知恵

「パラリンピックの成功なくして五輪の成功はない」。江戸川区の渡邊良光スポーツ振興課長は力を込める。

同区ではオランダ五輪委員会・スポーツ連合（NOC・NSF）と連携したプロジェクトの実施が昨年12月に決定した。オランダからオリンピアンやパラリンピアン、指導者らを招待し、スポーツ教室などの交流イベントを実施するもので、リオ大会でも実施された。東京大会では障害者スポーツに焦点を合わせる予定で、都内ではこのほか、足立区と西東京市が内定している。期間は17〜20年までの4年間。

江戸川区は、特別支援学校の生徒や地域の小中学生を対象に交流事業を行う方針で、指導者ら障害者スポーツを支える人材の育成にも生かす考えだ。10月までに協定書を締結し、同区が「障害者スポーツ月間」と定める11月のプロジェクト開始を目指す。

障害者スポーツの普及・促進と、スポーツボランティアの育成を組み合わせた事業を実施する区もある。

文京区は来年度、障害福祉課と連携して障害者ボランティアの育成に取り組む。同区は今年度、知的障害や精神障害を抱えた人を対象に、ブラインドサッカー大会などで会場設営や警備、チラシ配布などのボランティアを試行的に実施した。区は来年度も障害者通所施設などに声を掛け、各回約10人の参加を見込む。謝礼は1回2千円。

同区スポーツ振興課は「知的障害や精神障害を抱えた人は社会と触れ合う機会が少なく、社会性の問題からスポーツへの参加の壁も高い。ボランティアを通じて社会性の向上につなげたい」（担当者）と期待を語る。

一方、豊島区は来年度、立教大学と連携しながら「としまスポーツ応援団」と銘打ったボランティア事業を新規に展開する。視覚障害者の伴走者や、障害者水泳サポーターの育成も視野に、19年度までに千人の登録を目指す。同区の藤田力東京オリンピック・パラリンピック連携担当課長は「連動してはいないが、都や五輪組織委員会のボランティアへの橋渡しという考えもある」と話した。

「いよいよあなたの街に、オリンピック・パラリンピックがやってきます」。現在、23区と多摩地域で巡回中のオリンピック・パラリンピックフラッグツアーの併設パネルにはこう書かれている。五輪のレガシーを次世代に――大会後も見据えながら、いよいよ東京大会に向け号砲が放たれた。

パラリンピック東京大会は障害者スポーツを体験する好機だ＝16年11月、江戸川区「パラスポーツフェスタえどがわ」で

大きなため息に思わず同情

記者席

○……「質問の意味が分からない！」「質問者交代しろ！」。14日から始まった予算特別委員会の総括質疑で、自民党の小松大祐氏の質問にヤジが相次いだ。

豊洲市場移転問題で、知事への追及姿勢を強めた同会派からの質問は、知事からの情報公開や判断の瑕疵を指摘するもの。知事の判断を擁護する会派から歓迎されないのは当然だが、自民党席からも「もっと追及しなきゃ」「もう一度質問！」と指示が飛ぶなど、板挟みの状態となった。

小松氏は豊洲関連の質問が終わると、思わず大きなため息。それがマイクに拾われてしまい、委員会室は同情的な笑いに包まれた。

○……4人が大きなパネルを持って現れると、議場に緊張感が走った。都議会[illegible]戦術と言えば[illegible]巧みだが、自[illegible]山知尚氏の質[illegible]に、ただなら[illegible]に。庁内から[illegible]党も本気だ」[illegible]上がった。

4定の「答[illegible]題」もあり、[illegible]表質問は大き[illegible]なかった自民[illegible]攻防。だが、[illegible]人気に押され[illegible]の予算審議に[illegible]らは「これで[illegible]？」との心配[illegible]た。やはり議[illegible]感は欠かせな[illegible]し政局は困り[illegible]

○……檜原[illegible]から最寄りの五日市駅[illegible]

羽村市長選あさって告示

現職の無投票当選が濃厚

任期満了に伴う羽村市長選はあさって19日に告示される。15日までに、現職で5選を目指す並木心氏（72）以外に立候補の動きがなく、並木氏が無投票で当選する可能性が高まっている。

並木氏は、自民党、民進党、公明党が推薦し、連合東京の推薦も得ている。仮に無投票で当選すれば、2005年、13年の市長選に続いて3回目となる。

共産党は羽村駅西口区画整理反対の会と連携を図りながら、候補の擁立に向けて調整を続けていたが決定に至らず、擁立を見送ることになりそうだ。

■過去の羽村市長選の結果

2013年3月24日				（無投票）
当	並木　心	無現	自民公	—
2009年3月29日				（投票率41.69％）
当	並木　心	無現	自民公	11,710
	山下　義基	無新		6,455

（四角囲みは推薦政党）

小金井市議選も告示へ

任期満了に伴う小金井市議選（定数24）も19日に告示される。15日現在、34人が立候補する見通し。内訳は、公表不可の1人を除き、現職が21人、元職が5人、新人が7人。党派別では同じく、自民党5人、民進党3人、公明党4人、共産党4人、小金井・生活者ネットワーク2人、無所属13人、諸派1人。また、1人が所属党派証明書を準備中。同市議選は26日に投開票される。

女性に選ばれるまちに

そごう・西武と連携協定

豊島区

豊島区は15日、女性や子育て中のファミリー世代の定住促進を目的に、百貨店の西武池袋本店を運営する「㈱そごう・西武」と連携協定を締結した。

協定を交わす森田本店長（右）と高野区長

区が進める「女性にやさしいまちづくり」を働き方改革などを含めた包括的な取り組みに拡大するのが狙いで、女性とファミリー（Female／Family）にやさしい（Friendly）を表す英単語の頭文字から「FFパートナーシップ協定」と命名。協定では、子育てや働く世代の多様なライフスタイル、ワークスタイルの支援に加え、文化・芸術振興やダイバーシティー（多様性の受容）の実現などで相互に協力する。

協定に基づき、24日に育休から職場復帰する女性向けの「育休復帰セミナー」を西部池袋本店の3階婦人服売り場で開く。子育てと仕事を両立する女性が動きやすく、流行をとらえたファッションや、短時間で可能なメーク術、料理のレシピなどを紹介する。また、25日には同店9階屋上の「食と緑の空中庭園」で区立図書館の司書による読み聞かせなどを行う「おはなし会」を開く。

今後の事業展開に関し、そごう・西武の森田岳史西武池袋本店長は「子供フロアや女性フロアだけでなく、インテリアやデパ地下なども含めた連携事業を検討している」と述べた。

高野之夫区長は「将来的な人口減少や都市間競争の激化に向け、行政にも営業力が問われる。行政の枠組みを超えた民間との連携で、区民サービスの多様化を図るとともに、民間にもメリットがあるウインウインのタッグにしたい」と語った。

東工大に区初の事業所内保育所

大田区

大田区は14日、待機児童解消に向け、来月1日から区内にある東京工業大学構内に事業所内保育所を開設すると発表した。定員は大学枠4人、地域枠8人で、午前7時半〜午後6時半まで開所する。一昨年から協議を重ね、開設にこぎつけた。

保育所を設けるのは、同大学国際交流会館の本館1階。地域型保育事業による認可保育所で、運営はヒューマンライフケア㈱が担う。同区内に認可の事業所内保育所を設置するのは初めてで、新蒲田に事務所を構える東京ヤクルト販売㈱でも来月から事業所内保育所を開設する予定だ。

区は2007年4月、同大学と「連携・協力に関する基本協定書」を締結。区立小中学校での理科教育や、区内ものづくり産業との連携など多方面にわたる取り組みを行ってきた。

近藤正樹待機児担当課長は「企業主導型の事業所内保育事業も視野に入れ、待機児童解消に向けて着実に取り組みを進めていく」と話している。

空き家対策で協定

司法書士会などと

練馬区

練馬区は13日、空き家対策の推進を目的に、東京司法書士会や東京都行政書士会練馬支部、不動産業界団体などの5団体と協定を結んだ。相談体制の充実で空き家の発生抑制を図るのが狙い。

協定では、各団体が家屋所有者向けの相談窓口を設置し、区の要請に基づく専門家派遣などで区が進める空き家対策に協力する。25日には各団体が参加して区役所で所有者向けのセミナーを開き、相続登記や不動産流通などの相談に応じる。

区環境課によると、2015年度に行った実態調査で、区内の空き家は1507棟で、うち21棟が倒壊や外装材の落下の可能性があることが分かった。毛塚久環境課長は「所有者の困りごとにきめ細かく対応し、空き家対策を進めたい」と話している。

訂正　14日付足立区「データヘルス計画策定」の記事で、新年度に設置するのは衛生部でした。

主権者教育を考える

公立高校の実践から 下

主権者教育を行う上で最も気を付けなければならないことは、政治的中立であることは言うまでもない。その証拠に、総務省・文部科学省が発刊した主権者教育の副読本『私たちが拓く日本の未来』の指導資料には、24ページを割いて政治的中立について書かれている。

私が担当する政治・経済の授業は基本的に社会問題を取り扱うため、少なからず政治的な問題にも触れることになる。これを読んでいる人たちも、教師が政治的な問題について、「賛成」「反対」と生徒を誘導してしまう危険性があるのではと思う方もいるかもしれない。しかし私たち公民科の教員は、政治的問題についての賛否を教えるのが役目ではない。公民科の授業は、現代の社会について多面的・多角的に考察させたり、社会の変化に自ら対応する能力や態度を育成する力を育むことを目標としている。

その際、欠かすことができないのが新聞の存在である。課題を多面的・多角的に捉えるためには、情報を適切に読み取るリテラシーの能力が欠かせない。また自らの考えを主張し、合意形成を図る力を養うためには、話し合い活動の授業が効果的であると考えるが、そのためには新聞等の資料やデータを基に議論を構築するよう指導することが必要である。新聞は知識を得られるだけでなく、リテラシーの能力や見方や考え方を養うことができ、主権者教育には非常に有意義な教材である。

「深い学び」を日頃の実践から

図書館には新聞記事の切り抜きが壁一面に掲示されている＝国際高校で

主権者教育を充実させていくためには、授業だけでなく様々な連携が重要であると考えるが、本校では学校図書館と上手に連携を図っており、その一部を紹介したい。

本校の図書館の壁には多くの新聞の切り抜き記事が掲示されている。テーマは18歳選挙権、夫婦別姓、社会保障、国際情勢などバラエティーに富む。そして、どれも高校生にとって興味・関心が高い記事ばかりである。また本校の生徒が投書欄に掲載された記事のコーナーもあり、図書館に来た生徒は皆、立ちどまり記事を眺めていく。

このような取り組みを始めてから、図書館に置いてある新聞を読む生徒が増え、さらに生徒からテーマごとに分類してほしいとの要望が出てきた。現在では図書委員が中心となり、テーマごとにスクラップをするなど、生徒の主体的な活動の場にもなっている。

私は授業で扱うテーマを司書の方と事前に相談したり、時には図書館で授業を行うこともある。以前は「先生、○○ってどういうことですか?」という質問が多かったが、最近では「新聞に△△って書いてあったんだけど、もう少し詳しく教えてください」というように変化が見られるようになった。

このような取り組みは教員一人の力では到底無理なことである。本校は幸いなことに学校司書が配置されており、学校司書の力に頼ることがとても大きいのが実情である。しかし、都立高校の中には学校司書が配置されておらず業務委託によって開館されている図書館も少なくない。主権者教育は学校全体で取り組むべきものであり、多くの方の協働があってこそ充実した指導が可能になると考える。

まとめとして、話し合いを中心にした主権者教育は、うわべだけの議論に陥る危険性があり、果たして主権者としての能力を育むことができるのかと危惧される人もいるであろう。また模擬投票や模擬選挙の授業を展開する方が、見栄えもするし、生徒も保護者も「主権者教育をした」という気分になれるだろう。しかし、ただ話し合いをするのではなく、つまり、話し合うことが目的ではなく、しっかりと目的を明確にして行えば、生徒にとって深い学びになると考える。

現在、「アクティブ・ラーニング」が叫ばれ、活動的な授業実践が多く見られる。アクティブ・ラーニングは「主体的、対話的で深い学び」と言われるが、特に高等学校においてはこの「深い学び」をいかに育んでいくのかが重要なポイントとなる。選挙前だから充実させるのではなく、日頃の実践をどのように発展させていくのかが、これからの主権者教育の重要な点である。

(都立国際高等学校主任教諭　宮崎三喜男)＝おわり

「国際交流大使」を選ぶ

中学生に主権者教育

多摩市選管と東愛宕中学校が連携

各候補者の訴えに共鳴する生徒が応援演説を行った

選挙権が18歳以上となり、都議会議員選挙を控える中、関心が高まっている主権者教育について、多摩市選挙管理委員会と市立東愛宕中学校は7日、連携して授業を実施。「国際交流大使」を選ぶという設定で、税金や年金、子育て支援に携わったり、児童館勤務などの市の若手職員4人が候補者役となり、2年生45人が投票を行った。

社会を担当する高増裕介教諭は「日本の主権は誰が持っているの?」と問い掛け、「そう、国民だね。頭を柔らかくして主張を聞いて、自分でどう考えるかが大事。1票を投じることが世の中を変えていくことにつながる」と話した。

市選管の前事務局長の越智弘一氏は、近隣諸国との関係や中東問題、イギリスのEU離脱、トランプ大統領の言動など国際情勢に触れ、国際交流を深める重要性を指摘。「日本が誇る若者文化を前面に出し、世界の若者とどう友好を深め、良好な関係を築いていくかを考えてほしい」と話し、進行役を務めた。

まず、コミック党の阿仁芽(あにめ)大介候補が「私たちは世界を支配する言語を母国語として持たないからこそ、別の言語を通じて他の文化を吸収できる。英語圏の人たちは他国の文化を知る機会が少ないと聞く。真の文化交流には日本語学習者を増やすことが大事で、そのコミュニケーションツールとしてアニメや漫画の素晴らしさを伝えていく」などと訴えた。

ファッション党の河合奈菜候補は、日本の「KAWAII」が世界の憧れとなっているとして、「KAWAII文化」を通じて日本の魅力を発信。好感度を増して、海外からの観光客を増やしたいなどと訴えた。

スポーツ党の武井駈(かける)候補は、3年後の東京大会を訪れる人は「おもてなし」に触れて日本のファンになるはず。開催後も地域交流などを図り、オリパラを国際交流の良いきっかけにと訴えた。

ゲーム党の祭新亜付理(さいしんあぷり)候補は、日本のゲームはキャラクターを設定して育てていくものが多く、精進、努力といった精神文化が反映されている一方、西洋文化とも融合し、世界中に日本のゲームのファンを増やした。ゲームを通して日本文化を世界に伝えようと訴えた。

各候補の応援に生徒が立ち、阿仁芽候補には、「日本のアニメは外国でも放映され、それを機に日本を訪れた人が古い文化に興味を持つことがある。アニメは外国の人と触れ合えるきっかけになる」。河合候補には、「身だしなみは大事で、面接も見た目で判断されてしまう。ファッションを通して日本の好感度を皆で上げよう」。武井候補には、バスケを通して多くのことを学んだという生徒が「世界のどこでも皆で協力して応援して頑張れるというスポーツの取り組み方は変わらない。こうした交流がスポーツを支えている」。祭新候補には、「日本のロールプレイングゲームの良さは幅広い世代に受け入れられ、作画と音楽にある。努力して結果を出し、思い出を作れる。これは勉強と似ている。ゲームという素晴らしいものに気づいてほしい」などと応援演説を行った。

「特色には何を打ち出すのか」「当選して取り組みたいこと」「若者文化は年長者には受け入れられないのでは」などの質問に各候補が真剣に答え、投票に移った。

開票は、武井候補が21票。阿仁芽候補と祭新候補が9票、河井候補が6票という結果になった。

高増教諭は「選挙に興味を持つことが大事だと思う。投票した1票には民意がある。どういう国にしたいのか。高校3年生になったら投票できるので、今日のことを忘れないで」などと話した。

多摩市明るい選挙推進協議会は2015年度明るい選挙推進優良活動賞を受賞。市選管と連携し、学校での模擬投票授業の実施などに取り組んでいることが評価された。市選管ではこれまで小学校や、都選管と連携して都立永山高校で出前授業を行ってきたが、中学校では今回が初めて。

「投票に行かないのは俺たちに関係ないと思うから。生徒の気持ちの中に入っていかなくてはいけない」と越智氏。生徒に応援演説をさせることで、候補者の訴えに理解が深まるという。多摩市ではESDを教育の柱に据えている。同校の千葉正法校長は「主権者教育はESDの出口になるものだと思う」と話し、中学校での主権者教育を進めたいとしている。

教育じてん 77

チームとしての学校の在り方

現在、不登校・中途退学対策、いじめ問題、子供の貧困への対応など、様々な教育課題が学校を取り巻いています。このような中、「東京都におけるチームとしての学校の在り方検討委員会報告書」が2月23日の定例教育委員会に報告されましたので紹介します。

チーム学校とは、2015年12月に中央教育審議会答申として出された「チームとしての学校の在り方と今後の改善方策について」に表されているもので、新たな教育への対応と今後の学校組織の在り方を示したものです。校長のリーダーシップの下、カリキュラム、日々の教育活動、学校の資源が一体的にマネジメントされ、教職員や学校内の多様な人材が、それぞれの専門性を生かして能力を発揮し、子供たちに必要な資質・能力を確実に身に着けさせることができる学校とされています。

都教育委員会では、これを踏まえ、16年6月に外部有識者や学校関係者による検討委員会を設置し、教育の質の向上に向けた校長・副校長を中心とする多様な人材を活用した学校組織の在り方について、7回にわたる会議により検討が行われました。そして、都内公立学校において早急に取り組むべき事項と今後の働き方改革に向けた課題を、本報告書にまとめました。

主な内容としては、チーム学校の実現が意味するところは▽教員を中心とした学校組織から、教職員が多様な専門家と連携・協働しながら対応する新しい学校観への転換であること▽その実現に当たっては、教員の多能化による組織運営から、多様な人材との協働による組織運営へと学校の組織文化の転換が不可欠であること▽早急に取り組むべき事項は①学校マネジメントの強化②学校事務の共同化の推進と学校事務職員の専門性の向上③教員と専門人材の役割分担と連携の在り方④地域との連携による学校教育の充実——の4点であることが示されています。

また、今後の教育の充実に向けて、一般の教員も含めた学校の働き方を改善することが喫緊の課題であること。そのために特に重要な事項は、小学校における専科教員の拡大、中学校・高校における部活動の外部化、学校現場における業務改善、適正な勤務時間の管理であることも述べられています。

学校教育の質を高めることは、子供たち一人ひとりのよりよい成長やこれからの社会の在り方に大きく関わるものです。これらの提言を基に今後、都教育委員会において課題解決が進められることを期待します。

都教育庁

アプリ・ウェブサイトで気軽にいじめ等の相談を

都教育委員会は、児童・生徒がいじめについて気軽に相談できるとともに、SNSによるトラブルなどに対して適切な対応が取れるよう、スマートフォン用アプリとウェブサイトを開発し、今月末までに公開する。

アプリは3種類で、「こころ空模様チェック」は、子供の目線に立って相談先を案内するもの。心のストレスを自己チェックし、アプリから教育相談センター等へ電話ができるとともに、相談の流れを案内することで不安を軽減する。

「こころストーリー」は相談支援アプリ。事例を基にいじめについて考えたり、ネットトラブルに関する理解の促進を図る。困ったときの対処法を提示すると同時に、大人が守るというメッセージを発信していく。

「SNSルールリマインダー」は、いじめ防止などを目的に継続的な意識付けを図るもの。学校や家庭で定めたSNSルールを登録でき、定期的にポップアップ通知されることで、定めたルールを守る意識を高める。

また、アプリを表示できない環境への対応として、情報サイト「考えよう!いじめ・SNS@Tokyo」を開設。「こころストーリー」と同じ8本のストーリーを掲載し、考えを促す。

3月末に啓発用リーフレットと共に配信する予定で、周知を図っていくとしている。ホームページは、ijime.metro.tokyo.jp。アプリは、Google Play、App Storeからダウンロードできる。

都立大崎高校も参加し ペーパージオラマ大会

八潮児童センター

中・高校生が紙で制作した鉄道ジオラマのコンクール「ペーパージオラマグランプリ2017」が20日、品川区立八潮児童センターで行われる。また、21日から25日の5日間、グランプリに参加したジオラマの展示会をトッパンフォームズ本社ビル1階で開催する。

品川区にある都立大崎高校のペーパージオラマ部は、全国高等学校鉄道模型コンテスト2014の1畳レイアウト部門で最優秀賞を受賞。また、銀座4丁目交差点付近を再現したジオラマは切手として発行された。グランプリは、同校の活動を更に発展させて中・高校生にものづくりを広め、社会に発表していく機会を作ろうと企画。八潮児童センターと日本ペーパークラフト協会が主催して実施する。

20日には、NゲージA3部門とプラレール1畳部門で計40作品を予定。大賞や金賞など各賞を授与する。午前11時からで「やしお電車まつり」も同時開催。

展示会は午前10時から午後5時。会場のトッパンフォームズは港区東新橋1の7の3。いずれも入場無料。

教育ひろば

オリンピック・パラリンピック教育 多様性を生きる 25

第3部 各学校現場での取り組み⑦

都立府中けやきの森学園(下)

お互いの違いを体験して知る

本校は、肢体不自由教育部門と知的障害教育部門を併置する特別支援学校である。多様な教育的ニーズのある子供たちが小学部から高等部まで在籍している。学校のすぐ近くに、2020東京オリンピック・パラリンピックの競技会場に指定されている味の素スタジアムや武蔵野の森総合スポーツ施設(仮称)があることもあって、これまではテレビの画面で見てきた夢の、憧れの、世界のスポーツの祭典が身近に感じられ、子供も大人も皆、楽しみにしている。

全校でオリンピック・パラリンピック教育を推進し、障害のあるなしにかかわらず、また、言語や生活習慣、文化の違いなどが様々にあっても、夢や希望に向かって歩む心は皆同じであるということを発信したいと考えている。特に、障害のある方たちのことを正しく知ってもらいたいとの願いから地域の学校との「交流及び共同学習」を重視して、全学部で実践している。

ボランティアマインドとは、社会に貢献しようとする意欲や人を思いやる心のことだが、東京オリンピック・パラリンピック開催をきっかけに、支援を求めている人の心に気付き、自然に声を掛け、そっと手を差し伸べられるような温かいつながりの芽が、社会の中で大きく育っていくことを期待したい。

本校の主な実践事例を挙げると、高等部和太鼓クラブの生徒は、都立調布南高校の卒業生と共に近隣の福祉施設の方々を学校に招いてコンサートを開催している。人と人のつながりを大切にした交流学習である。地域の府中市立白糸台小学校や府中第四小学校とは、パラリンピックの正式種目ボッチャで盛んに交流している。この交流を通して、2020年に今より大きく成長した交流校の子供たちがパラリンピックの公式戦を見て、「小学生の時に、府中けやきの森学園の子供たちとボッチャで一緒に遊んだな」と、きっと思い出し、互いの違いや良さを学び合った経験が、困っている人にためらわず支援の手を差し伸べられる力として生かされることを願っている。活動を共にすることによって心の距離が近づく。

毎年、本校の夏祭りには、都立府中東高校や都立農業高校の多くの生徒たちがボランティアで参加してくれる。ゴミの収集を担当してくれたり、フィナーレで車いすの生徒たちと一緒にダンスを踊ったりしている。手と手をつなぎ、視線を合わせ、相手の動きに合わせて踊るという体験は、自分自身をのびのびと表現しながらも、相手の動きに自然に寄り添って気持ちを感じ取ろうとする気付きにつながっていく。

本校には七つの体育系部活動があるが、サッカー部の生徒たちは都立小平高校サッカー部の生徒たちと交流練習をしている。両校の生徒が入り交じったグループをつくり、ウォーミングアップをし、同じ目標に向かってリフティングをしたり、一つのゴールを目指して一緒にパスをつないだりする。上手にパスがつながったりすると、ハイタッチで喜びを共感し合っている。心が弾み、思わず自然に体が触れ合う。

府中第二中学校との生徒会交流では、電動車いすの体験を行った。見ていることと、実際に電動車いすに乗って動かしてみるのとでは全く違う。中学生が、車いすに乗って動かしてみて、狭い場所のコントロールの難しいことなどが理解でき、本校の生徒がとても上手に操作できるので驚く場面があった。

これからもオリンピック・パラリンピック教育を積極的に推進し、お互いの違いを体験しながら知り合い、「多様性」の理解を深めていきたい。

(府中けやきの森学園校長　山口真佐子)

交流練習に興じる小平高校と府中けやきの森学園のサッカー部の生徒たち

Essay エッセー 54

働くということ

スーパーやコンビニが買い物の中心になって久しくなりました。近所の八百屋さんにおつかいに行っていた頃とはすっかり様変わりして、店員さんとのやり取りもほとんどありません。レジで「ありがとうございました」と言われて、お客さんは無言で店を出る、そんな光景が一般的になっています。

そんな関係性にちょっと違和感があります。お礼を言われているのに何も返さないの? お客様は神様なの? いや、神様だってお礼を言われたらほほ笑みを返して一言のあいさつをするだろうに、など私があまのじゃくだからか三つ子の魂百までだからか、そんなことを思ってしまうのです。

総合学科高校で校長をしています。自分はどんな人間だろう、社会はどうなっているのだろう、働くってどういうことだろう……。そんな問いについて様々な場面で考えていくキャリア教育を進めています。何のために働くの? 食べていくため? 社会貢献? 人生の目標や生きがいを充実させるため?…… 生徒だけでなく私自身も考えさせられることが少なくありません。いくつになっても[illegible]ですね。

働くことが生きがいのためだったら、趣味とどう違うのでしょうか? 私は歌を歌うのが好きですが、じゃあ歌いますよと言ってもお金を払ってくれる人はいません。でも、歌手の歌はお金を払ってでも聴きたい、聴くと満足するからお金を払っても聴きに行きます。お金を払うということは、それだけ満足する、言い方を変えると幸せになるからです。100円ショップで買い物をするのも、コンサートに行くのも、海外旅行のツアーに申し込むのも、ささやかだったり大枚だったりの違いはありますが、「自分が満足する＝幸せになるから対価を払う」という意味では同じです。逆から言えば、人が幸せになることを提供するから対価をいただく仕事が成り立つ、ということになります。そうか、私が歌っても人を幸せにしないから仕事にはならない、いや、聞いてもらう時は逆にカラオケ代を払わなければならないのか、なんて思い至ります。

そう考えると、仕事を選ぶというのは「何をして人を幸せにすることを生業にしていくか」ということになるでしょうか。

では、どうしたら自分に合った仕事を選んでいけるのでしょう。仕事の数は限りなく、どんどん変わっていきます。どんなに時代が変化し、新しい仕事が生まれても、元気に人生を切り拓いていく力が必要です。キャリア教育も、「職業観・勤労観を育てる教育と職業教育」から「分野や職種にかかわらず、社会的・職業的自立に向けて必要な基盤となる能力＝基礎的汎用的能力の育成」に比重が移っています。

本校は旧農林高校を引き継いだ豊かな地域環境にあって、様々な体験ができます。田植えや稲刈り、餅つきなどを通して人間と環境と文化の関わりを体得し、様々な部活が地域の行事へ参加して社会とのつながりと自己有用感を確認し、ドイツの学校との姉妹校交流や海外修学旅行でグローバル人材としての視座を高くしています。

「勉強も部活も行事も、全ての教育活動を人生を切り拓いていく力を育てるキャリア教育に位置づけていく」として、総合学科高校づくりを進めています。生徒たちは、本校の環境や特色を最大限に生かした多様で質の高い経験を積み重ねています。様々なことに前向きに取り組んでいるおおらかで爽やかな生徒たちは、人を幸せにする自分に合った仕事を探し出し、自分の人生を創っていく力を確実に高めている、そんな思いを強くしながら過ごす毎日です。

さて、お店でお金を払うのは、自分が幸せになるからでした。支払いは幸せとの等価交換。だったらお客さんとお店の人に上下はないはず。「ありがとうございました」と、おつりとレシートを渡してくれる店員さんに、「お世話様でした」なんて軽く笑顔で返してレジを後にしています。

(都立青梅総合高等学校校長　北川英一)

教育面は第1、第3、第5金曜日掲載

都議会予算特別委員会

私立無償化 通信課程も検討

退職管理「行革と軌を一に検証」

都議会予算特別委員会は14、15日、小池都政で初となる総括質疑を行った。築地市場（中央区）の移転問題以外では、私立高校授業料の無償化や都幹部職員の退職管理を含めた行政改革などについて論戦が交わされた。

私立高校授業料の実質無償化を巡っては、公明党の橘正剛氏が私立通信制高校の授業料も対象とするよう要望。これに対し、小池知事は「通信制課程への適用に向けて検討を進める」と答弁した。

小池知事は制度設計に当たり、「各学校の現場の実情をしっかり把握したい」と述べ、支援の対象となる生徒数や未成年の就労生徒の割合などを各校にヒアリングし、その結果を踏まえて検討する考えを示した。

生活文化局は対象となる生徒数や履修登録の状況などを基に制度を検討し、事業規模を把握した上で、申請時期や審査期間、支給時期などの事務処理の流れを定めることとしている。

同制度の対象外の私立通信制は都内に9校ある。通信制課程では教育環境や授業形態が多様で、授業料も年額制や単位制など各学校や通うコースにより異なる上、生徒の年齢や生活実態も異なるなどの課題がある。

他方、都幹部の再就職に関しては、小池知事は「公正性・透明性の確保に努めている」とした上で、「新たな行政改革と軌を一にして、監理団体の在り方とともに必要な検証を進める」と語った。東京改革議員団の野上幸絵氏に答えた。

総務局は再就職前に職員の求職活動申請や企業・団体による求人内容について文書で提出を求め、必要に応じて本人や再就職先に対して勤務状況などを聴取するなど、実態把握に努めていると説明した。

中小企業支援基金創設 グリーン債で参入促進

【中小企業振興】産業労働局は来年度、中小企業の競争力の強化に向けた投資を促すため、東京都中小企業振興公社に50億円の基金を創設する。労働力不足に対応した介護ロボットや自動精算機などの設備投資に対し、1億円を上限に2分の1を経費助成する。医療・環境など成長産業分野の設備については、企業の規模にかかわらず助成率を3分の2とする。藤田裕司局長が三宅正彦氏（自民）に答弁した。

【グリーンボンド】小池知事は「都が国内自治体では初めてグリーンボンドを発行することで『投資を通じて環境を良くしたい』という思いに応え、国内の貴重な資金が環境対策に活用される流れを作る。他の発行体の参入促進にもつなげ、国内のグリーンボンド市場の活性化を図りたい」と述べた。神野次郎氏（自民）に答えた。グリーンボンドは総額200億円規模で、対象は円貨建て債を購入できる機関投資家や都民などの個人投資家。

【葛西海浜公園】小池知事は葛西海浜公園（江戸川区）の干潟について、ラムサール条約に基づく保全地域としての登録に向けて検討する考えを明らかにした。「渡り鳥が飛来する国際的にも重要な生息地」との認識を示し、「国や地元区とも連携し、必要な調査などを行う」と述べた。上野和彦氏（公明）への答弁。同条約は特に水鳥の生息地として国際的に重要な湿地の保全を規定している。

【泉岳寺駅市街地再開発】邊見隆士都技監は泉岳寺駅（港区）市街地再開発事業について、今秋には都市計画決定を行い、JR新駅周辺の街開きが予定される24年度の完了を目指す方針を示した。来年度早期に地区事務所を開設し、地権者の生活再建に関する要望などに対応できるよう執行体制を整える。来代勝彦氏（自民）に答えた。

【障害者雇用】多羅尾光睦総務局長は都職員採用に関し、来年度は身体障害者に加え、精神・知的障害者も対象にすることを明らかにした。障害者雇用促進法改正により18年度から精神障害者が雇用率の算定対象となることが背景にある。また、職務に求められる能力水準の設定など、制度全体の整理が必要であると説明した。障害の程度によっては一定の就労訓練や段階的な就労時間拡大が必要になるため、個々人に応じた職場環境の整備が不可欠になるとしている。

【特定整備路線】曽根肇氏（共産）は延焼遮断帯の位置付けがないにもかかわらず、補助73号線を特定整備路線に追加した理由をただした。建設局によると同路線が通る十条・赤羽西地域は木造住宅密集地域のうち、災害時に甚大な被害が想定されるといい、西倉鉄也局長は「延焼シミュレーションにより高い延焼遮断効果があることを確認している。避難路や緊急車両の通行路となるなど、防災性向上に大きな効果を発揮する」などと説明した。

【小学校の英語教育】英語教育推進リーダーについて、中井敬三教育長は「模範授業の公開や教員への指導・助言、教材やカリキュラム作成などの取り組みにより、英語の指導方法や評価に対する理解が深まるなど、教科化への準備が着実に進行しているといった成果が報告されている」と紹介し、来年度、推進リーダーを76人に拡充する考えを示した。野上純子氏（公明）への答弁。

【国民健康保険】梶原洋福祉保健局長は、国が示す公費の内容や財政安定化基金の規模などを踏まえ、区市町村と協議して具体的な激変緩和措置を検討する考えを明らかにした。中村洋氏（改革）への答弁。

同保険は18年度、財政運営の責任主体が都道府県になる上、介護保険と後期高齢者医療制度の保険料が改定される予定。都は医療費水準などを反映して区市町村ごとに納付金を算定する仕組みを導入することで、保険料水準が急激に変化しないよう、繰入金や財政安定化基金を活用した激変緩和措置を講じる。

一方、小池知事は「医療費が高い高齢者や失業者などの低所得者の占める割合が高く、保険料の確保が困難であるなど、構造的な問題がある」との認識を示し、国に安定的で持続可能な制度とするよう要望する考えを示した。和泉尚美氏（共産）に答えた。

【都市農地保全】産業労働局が来年度、都市農地保全のために生産緑地1カ所を買い取って設立する「モデル農園」について、藤田局長は都と所在区市、運営主体の3者が貸付協定を結んで運営する方針を明らかにした。農園の利用料を運営に充て、農園全体で独立採算を目指す。小松大祐氏（自民）に答えた。

【ドローン特区】長谷川明政策企画局長は多摩地域の「ドローン特区」で土砂災害の被害状況を確認する実証実験について、自治体にオブザーバー参加を促し、検証結果報告会への参加を呼び掛ける考えを示した。「ドローン技術や活用可能性に関する理解を深め、利活用を促す」という。島田幸成氏（改革）への答弁。

東交定期大会

「執行部一丸で闘う」

新委員長に宮崎氏

宮崎昌治氏

東交は14日、田町交通ビルホール（港区）で定期大会を開き、2017年度運動方針などを確認した。11年から執行委員長を務めた安田潔氏は今大会で退任となり、今大会からは宮崎昌治氏が就任する。

安田委員長は、自身が委員長に就任した定期大会の最中に発生した東日本大震災について、「帰宅困難者の状況を見て、即座に鉄道運転再開と終夜運転を了承した。早期再開の判断の是非が問われたこともあったが、大きな問題もなく、都民からの感謝の声も聞けて安堵した」と振り返った。

東京電力福島第一原発事故については、「原発は、事故が起きれば人の手ではコントロールできないことはチェルノブイリや福島を見れば明らか。事故がないことを前提とした基準や検査は政府による策謀と言っても過言ではない」と原発再稼働を目指す安倍政権を批判した。

また、米軍基地の辺野古移設にも言及。「沖縄県民が辺野古に基地を移設してほしくないのは、14年の沖縄県知事選の結果を見れば明らか」と厳しく指摘した。

17年度運動方針では、地方公務員給与と人事制度（任用・給与）の改善や、都交通局の経営計画に関する取り組みなどを掲げた。地下鉄大規模改修については、バリアフリーの拡充やトイレの新設など利用者の利便性向上につながるよう粘り強い交渉をするとした。

新執行委員長の宮崎氏は「今まで築いてきた東交労働運動を継続し、次世代にしっかり継承していきたい」とあいさつ。「執行部が一丸となって闘う」と決意を表明した。

新三役は次の通り。▽執行委員長＝宮崎昌治（技術部・志村検修場支部）▽副執行委員長＝佐藤弘行（電車部・六号乗務支部）▽書記長＝福田智（自動車部・江東支部）

東交
定期大会
大会スローガン
平和と民主主義を守り、人・街・環境にやさしい
都営交通をめざして、総力を結集して闘おう！
議長
演壇
東交

委員長としての6年間を振り返りながら、あいさつする安田委員長＝14日、田町交通ビルホール（港区）で

17年度都管理職選考申込状況（速報値）

種別	区分		17年度 申込者数	17年度 対前年度増減	17年度 合格予定者数	16年度 申込者数	16年度 合格者数
A	事務		560(107)	101(23)	37	459(84)	36
	技術	土木	243(19)	38(△1)	4	205(20)	3
		建築	31(9)	2(5)	2	29(4)	1
		機械	59(2)	12(1)	1	47(1)	1
		電気	58(0)	8(0)	1	50(0)	1
		生物・医化学	22(3)	2(1)	1	20(2)	1
		小計	413(33)	62(6)	9	351(27)	7
	計		973(140)	163(29)	46	810(111)	43
B	事務		461(93)	16(1)	77	445(92)	73
	技術	土木	282(3)	23(0)	16	259(3)	15
		建築	18(3)	1(1)	3	17(2)	2
		機械	46(0)	2(0)	3	44(0)	2
		電気	62(1)	4(0)	3	58(1)	2
		生物・医化学	53(9)	△1(2)	6	54(7)	4
		小計	461(16)	29(3)	31	432(13)	25
	計		922(109)	45(4)	108	877(105)	98
種別A・B合計			1895(249)	208(33)	154	1687(216)	141

記述のみ受験

種別	区分		17年度 申込者数	17年度 対前年度増減	16年度 申込者数	16年度 対前年度増減
B	事務		75(15)	△16(△3)	91(18)	11(2)
	技術	土木	29(1)	5(1)	24(0)	4(△1)
		建築	1(0)	0(0)	1(0)	1(0)
		機械	8(0)	4(0)	4(0)	△2(0)
		電気	7(0)	0(0)	7(0)	2(0)
		生物・医化学	2(0)	△3(△2)	5(2)	1(2)
		小計	47(1)	6(△1)	41(2)	6(1)
	計		122(16)	△10(△4)	132(20)	17(3)

※かっこ内は女性の内数

都管試

種別Aで973人が申し込み

事務・技術全区分で増加

都人事委員会事務局は14日、2017年度都管理職選考の申し込み状況（速報値）を発表した。主任の在職期間が2～5年目の職員を対象にした種別Aの申込者は973人。事務・技術の全ての区分で申込者数が増え、全体で前年度比163人の増。7年連続の増加となり、制度改正した06年度以降で最多となった。

種別Aの事務は560人、技術は計413人がそれぞれ申し込んだ。

種別Aと、在職3年以上の課長代理級などが対象となるBを合わせた申込者数は1895人で同208人増えた。大量採用した職員が管理職選考の受験対象者になったのが一因。記述のみの受験の申込者数は122人で前年度比10人減となる。

申込者が全員受験した場合の競争倍率は、種別Aの事務が15・1倍、土木が60・8倍、建築が15・5倍など。種別Bの事務が6・0倍、土木が17・6倍、建築が6・0倍などとなっている。

種別A・Bを合わせた女性の申込者数は249人。女性の活躍推進が求められる中で受験勧奨などに取り組んだ結果、前年度を33人上回った。

都労連中央委員会

都政改革本部に警戒を

17年春期闘争方針確認

都労連は9日、田町交通ビルホール（港区）で第二回中央委員会を開き、17年春期闘争方針などを確認した。

西川晋司執行委員長は、昨年の賃金確定闘争を振り返り、扶養手当の見直しや行（一）1級号給カットなどの結果を「納得のいかないもの」としながらも、「労使交渉による自主決着を図ってのこと。都政がかつてない注目を浴びる中、組合員にとっては厳しい不満な内容だったと思うが、最後まで闘争に結集してくれた」と感謝を述べた。

小池知事の進める働き方改革については、「平ば知事の強権力によって進められている」と批判。「働き方改革の名を借りた行政改革につながる。人事制度を初めとした、職員の勤務条件にまで影響が及びかねない。都政改革本部の動向に最大限の警戒心を持つ必要がある」との懸念を示した。

また、3月に人事院が行う退職手当の民間実態調査が発表されることから「厳しい結果が予想されるが、そもそも総人件費削減のための調査という側面がある」と述べ、調査の公平・公正性に対し強い疑念を示した。

最後に、「山積かつ幅広い都政課題に向き合い、それを担っていくのは現場の職員。そのことを受け止めて今期闘争を全力で闘う」と決意を語った。

17年春期闘争方針では、年平均2万円以上の賃上げや変形労働時間制、フレックスタイム導入などの働き方改革への検証を掲げた。臨時・非常勤職員の処遇改善については、自治体非常勤職員への手当支給を可能とする法案が国会に提出されることを契機に、法改正前に都で期末手当が支給されるよう交渉を進める。

人事委員会への取り組みでは、昨年の全職員賃上げなし・扶養手当見直しなどの結果を「従来の人事委員会の立場から一線を踏み越えている」とし、「人勧作業に関する要請書」を提出し、勧告に都労連要求を反映させるよう要求する。

西川委員長の下、団結コールをする都労連＝9日、田町交通ビルホール（港区）で

区春闘団交

「主体的な賃金決定を」

組合側が賃上げ要求書

特別区長会と特区連、東京清掃労組は15日、団体交渉を行い、組合側が賃金や労働条件改善の要求書を提出した。特区連は労使の自主的・主体的交渉により賃金決定を行うよう改めて要求。人事委員会の民間給与実態調査で算出される公民較差は精確と言い難いなどとし、勧告を第一義的に受ける区長会に説明責任を果たすよう求めた。

行政系人事・給与制度では、区長会の最終報告書について「管理監督職の賃金水準を引き上げる一方で、係員職の賃金水準を引き下げることを意図する」と指摘し、係員の給与水準の引き下げを行わないよう牽制。扶養手当は特別区が国と同様に見直した場合、子供にかかる手当の原資が不足するとして、特別区の独自性を堅持し、首都圏の生活実態にふさわしい改善を要望した。

他方、清掃労組は労働環境の改善に言及。環境省の通知上、特別区が廃棄物処理を民間委託で行う場合でも引き続きその責任を有するとして、非正規の清掃労働者などが安心して職務に精励できるよう、賃金・労働条件改善に向けて関係機関に働きかけるよう求めた。行政系人事制度の改正と同時に、現業系についても見直しの検討を進めるよう改めて要求した。

これに対し、区長会は都区財調交付金の減や法人住民税の国税化などを引き合いに、「特別区の財政は予断を許さない」と強調。区人勧を尊重する考えを示した。

行政系人事制度に関しては「区民の理解と納得が得られるよう、課題の解決を図りたい」とし、技能・業務系人事制度は行政系人事制度の見直しで影響が生じると見込まれる時に組合側と協議するとした。扶養手当については、人事委が昨年実施した扶養親族の人数に関する調査結果を注視する考えを示した。

浜中　千代さん（はまなか・ちよ＝浜中啓一・青梅市長の妻）13日死去、69歳。

組織のメリとハリ 4

17年度都職員定数

児童相談体制を拡充

福祉保健局

局定数4149人（116増84減・差し引き32増）

昨年度と同じく、児童相談体制を強化したのが最大の特徴。児童相談所に計38人を増員し、児童虐待の対応を充実させるとともに、新生児里親担当の配置など、養育家庭の支援も拡充する。

具体的には、児童福祉司23人、児童心理司13人などを児童相談センター（新宿区）や品川、八王子などの各児童相談所に配置する。児童自立支援施設では発達障害などを抱え、処遇が難しい子供を支援する機能強化のため、人材育成やスーパーバイズなどの役割を担う専門課長を配置する。待機児童対策では少子社会対策部に4人を増員し、保育所整備や人材確保などの支援に当たる。

来年度はまた、各部で保健医療計画や高齢者保健福祉計画、障害者計画などの策定・改定作業が控えており、各1～2人を措置した。その他、小池知事が掲げる動物の致死処分ゼロに向け、動物愛護相談センターに1人を措置している。

一方、減項目では、ニーズが増大する「強度行動障害支援者養成研修」について定員拡大などに対応するため外部委託を活用し、1減とする。

同局の石塚官職員課長は「昨年度に引き続き児童相談体制の強化を図ったほか、来年度の各種法定計画改定に対応するため必要な人員を確保した。福祉職Ⅱ類採用や専門課長の設置などによる人材確保・育成の取り組みを含め、局の執行体制の整備に努める」と述べた。

衛生局支部の若梅晶子支部長は「業務量が増大している保健所や監察医務院、看護学校などの人員増は待ったなしの課題」と指摘し、「現業職員の退職に伴う定数削減、非常勤対応がここ数年続いているのも問題。技能継承を図るためにも新規採用を早期に行うべき」と求めた。

福祉保健局支部の佐藤律子支部長は「児相の体制強化に向けて定数増などについて評価するが、重ねての運営整備が必要。児童相談所だけでなく児童自立支援施設や児童養護施設、障害施設などの円滑な運営に向けた人員確保がされなければならない」とし、非常勤職員の労働条件改善も要求した。

養育院支部の河原崎利行書記長は東村山ナーシングホームの減員と民営化・廃止に言及し、「日々の入所者の介護を行いながら引き継ぎ業務を行うことになり、断じて容認できない」と批判。「超高齢化社会の進展で東京の介護問題は深刻。唯一の都立高齢者施設を廃止すれば、運営ノウハウを失う」と懸念を示した。

育樹祭の準備本格化

産業労働局

局定数1247人（57増43減・差し引き14増）

増要因では2018年秋の全国育樹祭の準備に向けて執行体制を強化するほか、中小企業世界発信プロジェクトや観光情報センターの整備など、20年五輪の関連事業を主軸に人員を配置したのが特徴。

各部別では、農林水産部で全国育樹祭の準備のため、森林課に課長代理3人を含む8人を新たに措置した。

商工部では五輪開催に伴い、東京ビッグサイトや東京国際フォーラムの一時的な営業制限が発生することから、調整課に課長ポストを新設し、営業補償などの調整業務に当たる。また、五輪に絡む入札・調達案件を集約したポータルサイト「ビジネスチャンス・ナビ」の運用など、中小企業世界発信プロジェクトで課長代理1人を措置する。

その他、多摩地域のものづくり創業の活性化やベンチャー企業のグローバル展開を支援するため、創業支援課で1増とした。

観光部は3増。外国人旅行者の受け入れ環境を充実させるため、多摩地域に「東京観光情報センター多摩（仮称、立川市）」を新設するほか、外国人旅行者の安全・安心確保や障害者・高齢者が旅行しやすい環境の整備などに取り組む。

雇用就業部では五輪のボランティア確保に向けて、民間企業におけるボランティア休暇の普及・取得を支援するため、労働相談情報センターで1増としたほか、非正規労働者の正規化を促進するため、労働環境課で2増。

減要因は、職業能力開発センターで執行体制の見直しで1減とした。

同局の向井一弘職員課長は「実行プランの着実な執行はもとより、五輪関連事業や皇室行事である育樹祭の開催に向けて基本的な体制が整備できたと考えている」と話した。

経済支部の野地喜徳支部長は「14増のほとんどが五輪関連、植樹祭関連で時限設定となっている。また監理団体について39人の大幅増となっている。超勤時間は昨年よりも増えており、事業に見合った人員の配置など抜本的な仕事の見直しが望まれる」と指摘した。

五輪への航海図 (162)

TOKYO 2020

開催まで あと1225日

奉仕の現場で㊥

自立心育む人間関係

電動車いすを巧みに操り、足下に取り付けられたバーで器用にパスを出す。急激な一回転から繰り出されるシュートは、想像以上に強烈で、傍聴者の度肝を抜いた。シンポジウムで見せた電動車いすサッカーチーム「ブラックハマーズ」のパフォーマンスだ。それでも、「まだまだ。普段の実力が出ていない」と手厳しいコメントをしたのは、チームでも先輩格の猪瀬剛さん（40）だ。

猪瀬さんは、次第に筋力が低下していく難病の「進行性筋ジストロフィー」を抱え、ほとんど手足を動かすことができないが、さいたま市内で一人で暮らして17年目になる。普段はNPO団体の理事を務め、障害者の自立支援に取り組む傍ら、特別支援学校や大学などで講演をこなし、電動車いすサッカーチームの監督兼選手としても活躍中だ。生活を送る上で人の手は欠かせず、ヘルパーやボランティアは猪瀬さんにとってなくてはならない存在。「自立できたのはボランティアのおかげ。学生のような若い世代に支えられると、障害者の自立の手助けにもなる」と語る。

「親に頼りきりだったことを、近い世代のボランティアに手助けしてもらうことで、自然と自立心が湧いた」と猪瀬さん。自身が初めて学生ボランティアに関わったのは14歳の時で、「健常者の考えを知ることができた。親には言えないことも話せた」と振り返る。「奉仕する側・される側の関係ではなく、お互いに自分をさらけ出せば、自然といい人間関係を築くことができる」

鋭いシュートを放つ、電動車いすサッカーの選手＝4日、首都大学東京（八王子市）

猪瀬さんは、東京オリンピック・パラリンピックを契機に学生が障害者スポーツのボランティアに積極的に参加してくれることを期待している。猪瀬さんのサッカーチームでも、大会の準備や運営で親が口を出し過ぎてしまい、障害者がそれに甘えてしまうことがあるそうだ。そうした時、若い障害者と健常者の「ボランティア」を超えた関係が、依存からの脱却につながり、障害者の自立心を形成させる。

チームメイトに対する猪瀬さんの檄は、「障害は特別なことじゃない。アスリートとして甘やかさないよ」というメッセージだったのかもしれない。

29年度 職員教養講座

東京都管理職選考対策

《38》

政治経済等事情③

前回に引き続き、問題演習を行っていきます。

問　題

【問題7】

昨年11月にモロッコのマラケシュで開催された国連気候変動枠組条約第22回締約国会議（COP22）に関する記述として、妥当なものはどれか。

①　今回の会議では、前年度のCOP21で採択されたパリ協定の発効時期について議論が行われ、パリ協定は2017年度中に発効することが決まった。

②　今回の会議では、先進国から途上国への支援を年間1千億ドル確保し、更なる引き上げについて2017年に会合を開いて議論することに合意した。

③　今回の会議では、地球温暖化対策の新たな国際的な枠組みであるパリ協定に実効性を持たせる詳細なルールを2020年までに決める作業計画を採択した。

④　2015年のCOP21で採択されたパリ協定では、産業革命前からの平均気温上昇を4度未満に抑えるために、全ての国が温室効果ガスの削減目標を示して実行することを求めている。

⑤　アメリカのトランプ大統領は、大統領選当選後からパリ協定からの離脱を表明しており、離脱の通告を行えば、半年後には離脱が可能となるため、パリ協定の形骸化が危惧されている。

【問題8】

昨年、最高裁判所が言い渡した判決または決定に関する記述として、妥当なのはどれか。

①　厚木基地の周辺住民らが、軍用機の飛行差し止めや騒音被害に対する損害賠償を国に求めた訴訟について、最高裁判所は、自衛隊機の騒音被害を「軽視しがたく重大な損害を生じる恐れがある」として、二審判決と同様に、自衛隊機の夜間・早朝の飛行差し止めと将来の騒音被害に対する損害賠償を認めた。

②　責任能力がない認知症の男性が徘徊中に電車にはねられ死亡した事故で、家族が鉄道会社への賠償責任を負うかが争われた訴訟について、最高裁判所は、民法714条が定める責任能力がない人の賠償責任を監督義務者が負う点について、夫婦は互いに協力する義務があり、また長男についても、長い間別居していたとはいえ、「準じる立場にある」として、本件は、家族は監督義務者にあるとして賠償責任を認めた。

③　元交際相手の姉など3人を殺傷したとして殺人罪などに問われた石巻市の事件について、最高裁判所は、「犯行時に少年で前科がないとはいえ、動機や態様を総合すると被告の深い犯罪性に根差した犯行というほかない」と判断し、裁判員裁判で少年に言い渡した死刑判決が確定した。

④　2001年に兵庫県明石市の歩道橋で花火の見物客など11人が死亡した事件の訴訟で、最高裁判所は、過失事件で共犯関係が認められるかどうかについて、共同の業務上の注意義務に違反した場合に成立するとの判断を初めて示し、本件は、既に実刑が確定している明石署元地域官と元副署長の共犯関係は成立するとの判決を行った。

⑤　父の死後に婚外子として認知された男性が他の相続人に遺産の支払いを求めた訴訟で、最高裁判所は、支払評価額の算定基準となる時点で死後認知が認められた時点になるとの判断を示した。

【問題9】

昨年3月から4月にかけてアメリカのワシントンで開催された核セキュリティ・サミットに関する記述として、妥当なのはどれか。

①　核セキュリティ・サミットは、2001年のアメリカ同時多発テロを受けて、当時のアメリカのブッシュ大統領が提唱したものであり、今回で15回目の開催となる。

②　サミットのオープニング・セッションの基調講演で、安倍首相は、核物質の最小化・適正管理に関し、日本は利用目的のないプルトニウムは持たない原則を実践しており、前回の核セキュリティ・サミットで約束した日本原子力研究開発機構の高速炉臨界実験装置の高濃縮ウラン燃料とプルトニウム燃料の全量撤去を完了した旨の発言をした。

③　サミットのオープニング・セッションの基調講演で、安倍首相は、福島原発事故の教訓を世界と共有し、原発の安全性、事故対策の知見を世界に広げていくことが日本の使命であり、今後、世界で最も厳しいレベルの新規制基準を作成していくことを約束した。

④　サミットでは、放射性物質の盗難への対応に関して、具体的なシナリオに基づいた議論が行われたとともに、ISILなどのテロリストの現実の脅威にいかに対応していくかに関して活発な協議が行われたが、期待された各国共同による協議会の設立については、今回の会議では合意に至らず、継続して協議することとなった。

⑤　サミットでは、首脳による共同声明を採択し、また、今回のサミット終了後も引き続き、核セキュリティー強化に取り組むための、国連・IAEA等の国際機関・枠組みにおける10の行動計画が採択された。

【問題10】

昨年12月に成立・施行した特定複合観光施設区域の整備の推進に関する法律（統合型リゾート施設〈IR〉整備推進法）に関する記述として、妥当なのはどれか。

①　今回の法律は、IR整備の推進に関する基本理念及び基本方針その他の基本となる事項を定めることとしており、法施行後1年以内に、政府はIRの整備の推進に必要な措置を講ずることとしている。

②　今回の法律は、2015年に議員立法で国会に提出され、継続審議になっていたものである。

③　今回の法律では、IR整備の推進を総合的かつ集中的に行うため、内閣に特定複合観光施設区域整備推進本部を置くこととされ、本部長は経済産業大臣が務めることになっている。

④　法の付帯事項において、カジノは刑法で禁じている賭博の例外であるとされた。

⑤　法の付帯事項で、ギャンブル等依存症患者への対策については引き続き議論が必要であると示されている。

解　説

【解説7】　正答②

①　誤り。パリ協定は、会議に先立つ昨年11月4日に発効し、今回の会議ではパリ協定のルール作りが議論された。

②　正しい。

③　誤り。パリ協定の詳細なルール作りについては、2018年までに決めることに合意した。

④　誤り。パリ協定では、産業革命前からの平均気温上昇を2度未満に抑えるために、全ての国が温室効果ガスの削減目標を示して実行することを求めている。

⑤　誤り。パリ協定28条では、協定の効力発生から3年間は脱退の通告ができず、通告後1年は脱退できないと規定されており、協定のルールによれば、協定発効以降、少なくても4年間は離脱ができないこととなっている。

【解説8】　正答③

①　誤り。最高裁判所は、公益性や騒音被害の程度、防音対策などを総合的に考慮した結果、自衛隊機の夜間・早朝の飛行差し止めを一転して退けたほか、二審判決が認めていた将来の騒音被害に対する損害賠償についても訴えを却下した。

②　誤り。最高裁判所は、民法714条が定める責任能力がない人の賠償責任を監督義務者が負う点について、家族の心身の状況や同居しているかどうかなど、介護の実態などを総合的に考慮して判断すべきだとし、本件は、家族が監督義務者にあたらず、賠償責任は認められないとの判断を示した。

③　正しい。

④　誤り。最高裁判所は、明石署元地域官と元副所長との共犯関係については、「事故防止のために担う役割が異なり、共犯関係は成立しない」との判断を示した。

⑤　誤り。最高裁判所は、支払評価額の算定基準となる時点は、「死後認知で相続人となった人物が、ほかの相続人に遺産の支払いを求めた時から計算」するとの判断を初めて示した。

【解説9】　正答②

①　誤り。核セキュリティ・サミットは2009年4月、アメリカのオバマ大統領がチエコ・プラハでの演説で提唱したものであり、2010年以降、隔年で実施されており、今回で4回目の開催となる。なお、現行の形式での開催は今回が最後となる。

②　正しい。

③　誤り。前段は正しい。後段は、安倍首相が日本の核セキュリティーは、福島原発事故と密接不可分であり、震災から5年を迎え、全世界からの支援に改めて感謝を述べるとともに、福島原発事故の経験を踏まえ、世界で最も厳しいレベルの新規制基準を作成したことを報告した。

④　誤り。前段は正しい。後段は、核テロ情報を共有するために、30カ国以上の政府高官や専門家による協議会を新たに設立することに各国が合意した。

⑤　誤り。サミットでは、大量破壊兵器・物質の拡散に対するグローバル・パートナーシップの行動計画や核テロリズムに対抗するためのグローバル・イニシアティブの行動計画など、五つの行動計画が採択された。

【解説10】　正答①

①　正しい。

②　誤り。IR整備推進法は、超党派の議員連盟で素案がまとめられ、2013年に議員立法により国会に提出されていたが、衆議院解散でいったん廃案になった後、2015年に再度提出され、継続審議になっていたものである。

③　誤り。特定複合観光施設区域整備推進本部の本部長は内閣総理大臣が務めることになっている。

④　誤り。法の付帯決議では、刑法の賭博に関する法制との整合性が図られるよう十分な検討を行うこととされている。

⑤　誤り。法の付帯事項では、ギャンブル等依存症患者への対策を抜本的に強化することと示されており、そのために関係省庁が十分連携して包括的な取り組みを構築し、強化することとされている。

昇任試験対策のページ

特別区 管理職試験講座 21

Ⅰ類択一・記述　Ⅰ・Ⅱ類論文　29年度

Ⅰ類論文

勉強の仕方

論文試験に向けての勉強の仕方について、ご紹介します。

1　まず初めに

「明日の区政を担う管理職員を目指して」等をもとに、評定ポイント、出題傾向等を確認します。論文試験を受ける方々は、試験までには、択一試験、記述式の勉強もしなければならないと思います。勉強のスケジュールを立てて計画的に取り組みましょう。

択一式が足切りにならない程度に得点できるようになったら、論文、記述式に時間を割いたほうが良いでしょう。

筆者の経験からすると論文、記述式は準備が全て、得手不得手で得点が左右されると思いますので、論文、記述式がウイークポイントだと思われる方はしっかりと準備した方がよいでしょう。

前回紹介したように、まずはレジュメ（論旨の骨格）を作成してみましょう。

2　情報収集

普段から、新聞等で意識的に時事問題等に触れるようにしましょう。

やはり『都政新報』が、特別区、東京都の動向を知るには有益です。

筆者は、『都政新報』に必ず目を通すとともに、『月刊ガバナンス』（㈱ぎょうせい）を購読しておりました。もちろん、時事問題をフォローするには日頃、新聞を意識して読むことも必要です。

また、役に立ったのは、区が策定している計画等です。計画の策定に当たっての社会状況、背景等をコンパクトにまとめてありますので、一度読んでみてもいいでしょう。

3　想定論文の作成

前回の論文の書き方の内容に従って、収集した話題の中から想定で論文を書いてみます。時間がなければ、レジュメだけでも十分です。何を記述するのか、項目（単語）を並べておくだけでも違います。

二つ、三つの話題について用意しておくと、実際に出題された問題に応用できる部分もあると思います。

4　試験直前

本番の予行練習をします。問題を想定し、2時間で本番と同じく原稿用紙に指定文字数で記述します。本番で指定文字数に達しない人がかなりの割合でいます。本番であわてないためにもやはり時間配分のシミュレーションを兼ねて、この予行練習は、必ず行った方が良いでしょう。

5　試験本番

想定した問題が運良く出題された場合は、準備していた論文を基に実際の出題意図に沿うように修正を図りながら記述してください。

2時間にわたって手書きで書き続けることは、普段なかなか経験することがないので、予想以上に疲れると思います。集中力をもって、臨んでください。

その他

①　試験の筆記用具

HBの鉛筆とされていますが、シャープペンシルであればBか、出来れば2Bの芯を、鉛筆の場合もBをお勧めします。筆圧が弱くなっても濃く書け、疲れが軽減できます。採点者も文字が薄いと見づらいため、見やすい字を心掛けましょう。

②　出題予想

過去に出題された課題は次の通りです。

《平成21年度》
（1）　社会におけるインターネットの功罪について
（2）　新たな公共経営手法と住民参画による自治体経営について

《平成22年度》
（1）　ワーク・ライフ・バランスの定着に求められる社会のあり方について
（2）　分権型社会における行政と地域住民の役割について

《平成23年度》
（1）　持続可能な社会の形成と地域の役割について
（2）　これからの公共施設のあり方について

《平成24年度》
（1）　雇用形態の多様化について
（2）　自治体からの情報発信について

《平成25年度》
（1）　都市の魅力を内外にアピールし地域の活性化を実現させるシティプロモーションについて
（2）　高度化する行政課題と職員の能力開発について

《平成26年度》
（1）　自治会への加入率が低下している現状を踏まえ、地域コミュニティの活性化について
（2）　公共インフラの老朽化への対応について

《平成27年度》
（1）　社会における女性の活躍推進について
（2）　社会経済状況の変化に対応できる財政基盤の構築について

《平成28年度》
（1）　地域社会における子どもの貧困対策について
（2）　地域との協働によるまちづくりの更なる推進について

◇　◇

今年度は民泊やオリンピック・パラリンピック、地域包括ケア（認知症対策など）、自治体間連携、ふるさと納税、空き家対策等のトピックに十分留意しておきましょう。これらについては、記述式での出題の可能性もあります。

また、人口動態、出生数、合計特殊出生率等といった人口関係の話題も常に何らかの形で出題可能性がありますので、東京都や23区の基本的な数字は抑えておきましょう。

風化させない ～被災地の今 23区編 -上-

復興は未来を創造する挑戦

岩手県

私が勤務する大槌町は古くは縄文時代からの歴史を持ち、江戸町時代には代官所を有した三陸沿岸地域の要所の一つであった。また海には三陸の豊富な水産資源、川には鮭の遡上、里山に広がる水田など、海の幸、山の恵みを受けた豊かな土地である。

東日本大震災の津波は、大槌町の全家屋の68・2%にあたる4375棟に全壊・半壊等の被害をもたらし、人口の8%に当たる1285人の死者・行方不明者を出した。また、教育現場では小学校5校のうち4校、中学校2校のうち1校が失われた。

大槌町は教育復興を図る上で、小中学校の連携を深め、学校、家庭、地域が手を取り合って子供たちの育ちを見守る仕組みづくりとして、小中一貫教育を導入した。

町内には被災後に再編成し、義務教育学校に移行した施設一体型の「大槌学園」と、既存の小中学校による施設分離型の「吉里吉里学園」があり、各学園では「ふるさと科」と呼ばれる特設の科目が実施されている。

「ふるさと科」は、名産品の一つである鮭を利用した「鮭フライの調理実習」や「わかめの収穫体験」など、座学によらず、五感全てでふるさとを学ぶ。私も「鮭フライの調理実習」を見学したことがあるが、「仮設住宅では揚げ物を作れないので、鮭フライの授業は子供たちに揚げたての鮭フライを食べさせてあげたいという思いから始まったんです」と、ふるさと科を支える学校支援地域コーディネーターが話してくれた。

学校支援地域コーディネーターは町内に2人おり、ふるさと科の先生となる地域の方々と学校をつなぐ役割を担っている。子供たちの学びは、こうした現在のふるさとを支える方々の優しさや思いやりによっても形作られている。

私は大槌町教育委員会で主に就学援助を担当している。経済的に困難な状況にある家庭への援助を行っているが、被災により対象者として認定された児童・生徒の数は全体の半数を超える。

被災から6年が経過したが、住宅再建によるローンなど被災家庭を取り巻く環境はいまだ厳しい状況が続いている。そのため必要な家庭に必要な援助が行き届くよう制度の検討や資料作り、制度周知の協力依頼など、今の自分にできることを試行錯誤しながら進めている。

こうした経済的な支援のほか、放課後の居場所づくり、心のケアやスクールバスの運行など、子供たちの毎日を支えるため、町職員はもちろん、他自治体の派遣職員、県や町の任期付職員として採用された全国各地からの応援職員が懸命に業務に取り組んでいる。

区とは異なる会計システムやネットワーク環境などに戸惑うこともあったが、周りの方々に支えてもらうことで1年間を過ごすことができたように思う。

余暇は県内各地を訪れることもあったが、印象的だったのは、同じく被災自治体である釜石市の酒造が主催する酒米の田植え体験に参加したことだ。子供も大人もぬかるみに足をとられ、手を泥だらけにしながら苗を植え、参加者全員でようやく1反を植え終わると程よい疲労と達成感があった。

終了後は、青空のもと畦を舞台に地域の民俗芸能の「鹿踊」が披露され、お振舞や日本酒のお土産までもらい、大満足の一日だった。そして後日、スーパーなどでそのお酒を見かけると、愛着が湧いてついつい買ってしまうのだ。

被災し、多くのものを失っても、今だからこそできることを考え、大槌スタイルを探求し、行動する力強さを、私はここで学んだ。復興とは元の風景を取り戻すのではなく、未来を創造する挑戦であると、ここに身を置くことで実感することができた。

派遣終了後、区へ戻っても、逆境や困難な状況に負けず、挑戦し続ける大槌町の姿勢を胸に業務に取り組んでいきたい。

（杉山雅美・江東区から岩手県大槌町へ派遣）

◇　◇　◇

今月11日で東日本大震災から6年が過ぎた。今も23区からは岩手県、宮城県、福島県の被災自治体に職員が派遣され、復興に向けて汗をかいている。被災地に派遣されている区職員の手記を3回に分けて紹介する。

（編集部）

伊藤正治大槌町教育長を囲んで左が筆者の杉山さん、右が同じく江東区から派遣された古河陽子さん

読者のひろば

住基ネットから共通番号まで 何が問題なのか

宮崎俊郎（共通番号いらないネット）

2002年8月5日、その日は今でも忘れていない。住基ネット本格稼働の日。1999年住民基本台帳法の改「正」に基づき、日本において初めて住民基本台帳に登載されている全「国民」に「住民票コード」という11桁の統一番号が振られ、氏名・住所・生年月日・性別にひも付けられた。ちょうどその秋に住基ネットに反対する全国的連絡会として「反住基ネット連絡会」を結成し、今年1月まで約15年にわたって住基ネットを追いかけてきた。

判断分かれた自治体

住民票を持つ市民に対して11桁の統一番号が振られた衝撃は大きかった。これは、「国民総背番号制」ではないかと。このシステムは住民基本台帳事務であるため自治体の自治事務だったので、漏洩等の危険性を認識したいくつかの自治体は「離脱」を実行した。福島県矢祭町、国立市、杉並区などの完全離脱派から横浜市などの市民選択制まで各自治体の判断も分かれた。

私たちは住民票コードをキーコードとして様々な個人情報がマッチングされ、市民監視や管理に利用される恐怖、住民票コードが漏洩して芋づる式に個人情報が流出してしまう恐怖を住基ネットに見てきた。

こうした市民の運動や自治体の自治意識を反映して、住基ネットはその役割を拡大していくことができなかった。住基カードも対人口比5%程度の配布率にとどまり、失敗に終わった。霞が関官僚の間では、住基ネットの「失敗」はいまだに深いトラウマとなっているとささやかれている。

しかし、本当に住基ネットは失敗だったのだろうか。

マイナンバー制度の登場

ちょうど02年の住基ネット開始から10年後の民主党政権下で、共通番号（マイナンバー）制度は法律案として登場した。成立は自民党政権下の13年だったが、秘密保護法の時のような対決法案とは目されず、法案反対運動は盛り上がらなかった。

住基ネットが失敗したので共通番号（マイナンバー）制度が登場したという認識は正しい。しかし、住基ネットは廃止に追い込まれたわけではなく、様々な場面で「本人確認システム」として機能している。12桁の個人番号（マイナンバー）は11桁の住民票コードから生成される番号である。つまり住基ネットがなければマイナンバー制度は成立しないのである。そういう意味から言えば、住基ネットはマイナンバー制度を根底から支える基幹システムであり、失敗に終わったシステムでは決してないのである。

マイナンバー制度は最初から個人番号をキーとして様々な個人情報をマッチングさせるためのシステムである。だから漏洩した場合のリスクは住基ネットとは比べ物にならないほど大きい。

だが、マイナンバー制度のキャッチフレーズは「税と社会保障のための番号制度」であり、不公平感の強い税と社会保障が少しでも公平になるのであれば「多少のリスクはやむをえない」という感情を惹起したと言えるだろう。この点はマイナンバー制度の問題点をあいまい化するのに絶大な効果を発揮したと言える。

書かない！番号 持たない！カード

住基ネットは民間利用が禁止され、行政の内部システムに純化したため、住民票コードを提供するという機会がなかった。ところがマイナンバーは今後、民間利用も射程に入っており、様々な場面で提供する番号となり、個人番号カード（マイナンバーカード）はその際に番号認証と本人確認を行うツールとして利用される。

特に現時点では、税の申告に必要だという理由で中間的に収集して税務署に提出する雇用主や金融機関が執拗に個人番号提供を迫ってくる例が後を絶たない。

私たちは15年2月に「共通番号いらないネット」という全国市民運動組織を立ち上げたが、会社や金融機関における提供強制に関する相談の連絡が頻繁に入っている。

個人番号カードについても保有は申請による任意な制度であるが、政府は2020年の東京五輪の会場規制に利用する計画を公表しており、19年末には8700万枚という目標を持っている（現在は1千万枚を超えた程度）。

7月からは本格的な情報連携がスタートし、自分の情報の使われ方をチェックできるマイナポータルの運用も同時に開始される予定である。

番号制度による税の完全な捕捉というのは全くの幻想であり、問題は税の制度の在り方である。具体的に私たちの生活が便利になると決して思われないこの制度の狙いは何なのだろうか。

安倍政権では戦後なしえなかった様々な市民監視法がこのマイナンバー法を皮切りに特定秘密保護法、盗聴法の適用拡大、そしていま共謀罪が今国会に上程されようとしている。こうした様々な市民監視によって得られたデータは唯一無二のマイナンバーで生涯にわたって管理していくのが最も効率的である。

私たちはそうした監視国家の基盤整備としてのマイナンバー制度については廃止を求めて運動を継続していく。

『地方自治講義』

今井照著　ちくま新書刊

自治体の政策領域はどこまでなのか。議会が最強組織というのは本当か。公務員と非公務員の境はどこにあるのか。自治体と国との関係はどうあるべきなのか。これらの問いに、自治体職員であれば必ず答えられるものであろうか。多くの自治体職員は地方自治法や地方公務員法に詳しいが、地方自治の原理や仕組みを後輩や市民の腑に落ちるように説明することについては相当な困難を感じるに違いない。

本書は、「自治体には三つの顔がある」「地方自治の原理と歴史」「公共政策と行政改革」「地域社会と市民参加」「憲法と地方自治」「縮小社会の中の自治体」という六つの切り口（章）で、地方自治の本質をめぐる問いに対峙している。各章の論説は、自治体職員時代に実践した行政改革やアウトソーシングから培った理論や、研究者として取り組んだ市町村合併論、市民参加論、そして東日本大震災後に取り組んだ復興論など様々な研究をベースとした著者の集大成でもある。

もちろん地方自治法の解説本ではないが、地方自治法の根である憲法の92条から95条までの地方自治の条文について、英文訳と憲法の制定過程の検証により、「地方自治の本旨」を始め、条文や文言に込められた本来の意味を解き明かしている章もあり、その謎解きはとりわけ興味深い。

また、地方自治の原理について歴史をさかのぼるだけではなく、交付税算定に人口増減率や職員削減数を加味することのナンセンス（地域の元気創造事業、人口減少等特別対策事業）や、東京一極集中と人口減少との関係についての誤った理解（地方創生、地方消滅論）といった現在、そして今後の頭の痛い課題の指摘も随所になされている。

地方自治法に沿った行政を志向する以前に、あるいは国の打ち出す政策や社会の潮流にいかにうまく対応するかを考える以前に、「なぜ自治体があるのか。なぜ地方自治が機能した方がよいのか」というプリミティブな問いに対して、きちんと答えられるようになることが必要だと、著者は地方自治に携わる私たちに投げかけているように思う。

私たちはその原点から地方自治の諸問題、そして職場で向き合う日々の問題に取り組む必要がある。本書は、その一歩を踏み出すための心強いガイダンスである。

定価　880円＋税

（自治体学会理事・中嶌いづみ）

生活を美しく創造する

花森安治の仕事―デザインする手、編集長の眼　世田谷美術館

企業広告は一切取らない。ささやかでも美しい生活を追究し、社会や政治に対する批評精神も育てていく。

もしも今日、若い編集者がそんな誌面作りを提案したら、おそらく編集長は椅子から転げ落ちて悶絶するだろう。

そんな過激な方針のもと、手作り感あふれる雑誌を作り続け、ついに100万部を達成した編集者がいた。企画から始まって、取材する、書く、撮る、描く、レイアウトする、の全てをやる人だった。花森安治（1911～78年）―天才編集者の、発想と手わざに肉薄した展覧会だ。

何しろコピー品、粗悪品が氾濫する時代だった。近年アジア近隣国の類似製品を非難するが、日本がそうだったのである。それに洗濯機も炊飯器も冷蔵庫も石油ストーブも、みんな開発途上だった。

この雑誌の名声を決定的にしたのが商品テスト。編集者たちが各社製品を長期間にわたって使い、その結果をさじ加減なしに公表したのである。

怒ったメーカーが圧力をかけようにも、広告をもらっていないから兵糧攻めも利かない。一冊一冊を買ってくれる読者の購読料だけを頼りにしていたから、編集方針はゆるがなかった。

印象的なのが「みなさん物を大切に」の展示コーナー。肥後守、徳用マッチ、ミシンなどの間に何とスイスのメーカー、ナグラの「NAGRAⅢ」が。録音のプロが憧れた世界最高峰の超高性能小型テープレコーダーだ。失礼ながら雑誌編集に使うには高級すぎる。

だがここに花森という人がいるようだ。彼が商品テストの基準にしたのは、世界の最高峰だったのだ。それが安価な日常使用のマッチでも、世界最高でなければならなかった。

自ら描きデザインした『暮しの手帖』の全ての表紙、さらに挿絵、装丁した単行本ほか、彼の全仕事と関連写真など736点余が展示されている。

プロの絵描きなら、トンがった絵を描いただろう。だが彼はアートにまでは行かない。大人を束の間の夢想に誘うメルヘン調？　雑誌のための絵だった。

戦中の標語「欲しがりません勝つまでは」「進め！一億火の玉だ！」に関係していた。大政翼賛会時代の仕事だった。ペンの力だけを頼りに生きた、反骨精神の出発点である。『戦争中の暮しの記録』にも、戦時体制に疲弊した庶民の創案による切ない生活の知恵が収録されている。

主役を女性社長にして、この編集部を舞台にした朝の連続ドラマ『とと姉ちゃん』が好評だった。時節柄この局の番組だったためか、オールドファンは大事なものが欠けていると批判的だったが、新しい読者は確実に増えているようだ。

消費も文化、広告も誌面づくりの一環、何よりも利益追求！花森の理念とは相いれない雑誌が次々と生まれ、奔流を成した。

3・11以降、電力への過剰依存、過剰消費文明への反省が進んでいる。炊飯器の発明で庶民生活を応援したメーカーは、原発事業にのめり込んで危機的状況にあり、貧困問題も表面化している。ひとめぐりして、また彼の時代が来ているのかもしれない。だからここで花森に出会いたい。

4月9日まで開催中。

ここに暮しの手帖がある
日日の暮しにちいさな灯がともる
99号 発売中

中吊り広告「暮しの手帖1世紀99号」
デザイン：花森安治、1969年2月1日刊行用、世田谷美術館蔵

●○ミニガイド●○

◆区政70周年記念新宿歴史博物館協働企画展「新宿の高層ビル群ができるまで～塔の森クロニクル」▷内容　45年以上の歳月をかけて成長を続けている高層ビル群を定点撮影写真や模型を用い、視覚的・立体的に体感できるよう展示。巨大ターミナル駅へと成長した新宿駅の複雑な構造を解き明かす100分の1スケールの大型模型を展示する▷日時　5月7日(日)まで　午前9時半～午後5時半※第2・4月曜日は休館▷会場　新宿歴史博物館地下1階企画展示室▷費用　300円（常設展とのセット券は500円、中学生まで無料）▷共催　新宿区、区教育委員会▷協働企画　㈱中西元男事務所（PAOS）、昭和女子大学環境デザイン学科田村研究室▷問い合わせ先　同館☎03・3359・2131

都政新報

発行所 都政新報社
〒160-0023 東京都新宿区西新宿7-23-1 TSビル
(総務・読者) 03-5330-8781
(企画広告) 03-5330-8784
(編集) 03-5330-8786
(出版) 03-5330-8788
(ファクス) 03-5330-8808
購読料 月1,730円(税込)
毎週火・金曜日発行
ただし、祝日は休刊

「選挙協力」で波乱

追跡

7月の都議選で、事実上の小池新党である都民ファーストの会との選挙協力は政党間で明暗を分けた。都民ファーストは公明党と手を結び、互いの候補者を推薦し合うが、これまで選挙協力を模索してきた民進党は都民ファーストとの連携の協議がストップし、再開のめどもなく、絶望的な状況となっている。一方、自民党は過去の都議選で公明党の推薦を受けたが、今回は選挙協力がなくなり、厳しい戦いを迫られる。

都議選 小池新党軸に綱引き

都民ファーストの会が公明党に選挙協力を求めたのは2月。その際、知事サイドから都民ファーストが大勝すれば1期生が中心となるため、公明党の全候補23人の当選を前提に力を貸してほしいと打診があった。

公明党幹部は「2月の千代田区長選後、都民ファーストは単独過半数を目指す方向にかじを切り、（公明党と候補者数などの）調整できなくなった。1、2回やり取りして、3月に『相互推薦』に決まった」と明かす。

相互推薦では、公明党が候補を立てない定数1～2の計21選挙区で都民ファーストの候補を推薦し、都民ファーストが公明党の22人に推薦を出す。定数2の荒川区だけは、公明党も都民ファーストも擁立するので、推薦しない。

都民ファーストにとっては、組織票のある公明党の支援を受ける選挙区で票の上乗せが期待できるが、公明党は支持基盤のない都民ファーストの推薦を受けても得票数が増える確証はなく、恩恵は少ないと見られる。だが、公明党都議は「選挙協力は小池知事とともに東京大改革を進めているという支援者へのメッセージになる」と説明し、同党の支援者が都民ファーストに投票することを一定程度抑えられるのではないかと分析する。

都民ファーストの推薦を受けてもなお、公明党の危機感は強い。同党幹部は「自民党が支持者に、（都民ファーストに投票しないよう）締め付けている。決して盤石ではない」と気を引き締める。

一方、民進党は都民ファーストと選挙協力に向けて協議していたが、現在は止まったままだ。都民ファーストの野田数代表は「（選挙協力に関する）情報が漏れた」ことを協力が進まない理由に挙げたが、民進党候補とは個別に連携する余地があるとした。民進党都議の一人は「連携というより引き抜かれるのではないか」と危機感は強い。

民進党は昨年12月に知事サイドから複数の候補者を擁立している選挙区で候補者を一人に絞り込むよう求められたという。だが、民進党都議によると、同会と交渉している馬淵澄夫衆院議員が「候補者を一本化するとハレーションが起きる」とし、候補者調整を行っていないと明かした。

同党の都議は「前回選挙でみんなの党が直前で候補者を一本化して、世田谷区と杉並区で当選した。何も調整せずに共倒れを回避しない党執行部のやり方に腹が立っている。世論調査でも民進党候補が既に落選する結果になっているのに選挙協力に向けて調整しないのは、『玉砕しろ』と言われているようなものだ」と語気を強めた。

民進党は昨年12月に2次公認を発表して以来、新たな候補を擁立していない。公認候補として内定していたが、勝てないと判断したのか辞退するケースもある。離党した公認候補が4人に上り、今後も離党が続く恐れがある。

一方、自民党はこれまで荒川区を除く1～2人区で公明党の支援を受けていたが、今回は公明が推薦しないと明言し、得票数を減らす恐れがある。2人区の自民党都議は「公明党に甘えていたのは事実。自民党が自立する良い機会だ」と前向きに捉える。

共産党も厳しい戦いは避けられそうにない。前回選挙の当選17人のうち、最下位当選が8人を占める。共産党都議は「都民ファーストが全選挙区で候補を擁立すれば、共産党が議席を減らすと報道されているが、どうなるか分からない」と話している。

小池知事と公明党幹部らが会談後に握手を交わした＝13日、京王プラザホテルで

都議会 自民党、会期延長を検討
「知事は正面から答えていない」

都議会自民党は16日、開会中の第1回定例都議会の会期延長を検討する考えを示した。14日から16日まで続いた予算特別委員会の総括質疑での市場移転問題に関する知事の対応を踏まえたもので、高木啓幹事長は「知事は正面から答弁しておらず、審議が足りない」と語った。今定例会の会期は30日までの予定で、来年度予算案を議決しないまま年度をまたぐことになれば、暫定予算や骨格予算による執行が必要になる。

16日の予特では都議会自民党の各議員が知事に築地市場の安全性への懸念や、豊洲新市場の「安心」の基準を質問したが、明快な答弁は少なかった。

自民党内では知事が築地再整備に傾いているとの疑念があり、知事の移転判断を求めて攻勢を強めている。鈴木錦治氏は築地市場に残るならば大規模な改修が必要と指摘し、「一刻も早く決断を。総合的な判断は否定しないが、スピード感を持ってほしい」と要請した。その上で、築地・豊洲両市場の安全・安心などに関する知事の歯切れの悪さや判断の遅さに関し、「まさか、50億円をかけて住民投票などをやることはあり得ない」と釘を刺した。

松田康将氏は築地市場の路面コンクリートが割れ、地面が露出している写真パネルを示し、「土壌汚染対策法上、覆われていると言えるのか」と認識をただしたが、知事は「築地の古さから課題がある」と認めつつも、専門家会議の検討状況を持ち出し、「移転の判断を待っているところ」と答弁。委員長から質問への適切な回答を求められる場面もあった。

高木幹事長は16日のぶら下がり会見で、「正面から答弁がなく、この時間では審議が足りない。第一党として、どのような措置をすべきか検討する」と話し、27日のとりまとめ総括質疑で予算案を承認せず、会期を延長する可能性を示した。

自民党都議は「都政の課題は市場だけではない。知事の言う『ワイズスペンディング』の観点から、様々な審議をしなければならない」として、市場移転問題に進展があっても会期延長が必要との見方を示した。知事の答弁が原因で小池都政初の当初予算案が棚上げになれば、知事にとって大きな失点となる一方、都政の停滞が長引けば、批判の矛先は自民党にも向かいかねない。

小池知事は17日の予特終了後、「これからの進め方など議会で議論があるようだ」と自民党の動きを牽制しながら、「決められた日程で都政として、知事としての考え方を述べていく。待機児童や介護などの問題があり、1日も早く予算案を成立、執行できるようにしたい」と話した。

現在、都議会自民党の議席は57で、会期延長を議決する過半数には足りない。自民党は予特質疑の中で共産党都議団や東京改革議員団と批判の応酬を繰り広げており、都民ファーストの会との連携を発表した都議会公明党を含め、他会派との連携の道筋は立っていない。都議会関係者は「実際に会期延長が出来るかは疑問。常任委員会や27日の締めくくり総括質疑に向けた、知事側への牽制では」と分析した。

都政の東西
統一保険料の行方

2018年度の国民健康保険広域化に向け、焦点の一つと見られる23区の統一保険料方式の在り方が先行き不透明な状況となっている。

23区では当初、国のガイドラインに基づき、都が2月をめどに示す区市町村ごとの標準保険料率の試算を受けて方向性を検討する方針だった。しかし、北海道や埼玉県で大幅な保険料の値上げにつながる試算となったことから、国がガイドラインを見直す方針を示したため、都は試算のやり直しを余儀なくされた。このため、16日に開かれた区長会総会では、区ごとの標準保険料率が示されず、一定の方向性を打ち出すには至らなかったという。

そもそも、広域化の柱は、安定的な財政運営と将来的な保険料負担の平準化だ。大阪府は広域化に合わせた統一保険料方式の導入で早い段階から議論を進めている。

しかし、東京では23区と多摩地域、島しょ部で医療費水準や収納率などの自治体間の差異が大きく、広域化の当初から都内の区市町村で統一保険料方式を取るのは現実的ではない。こうしたことから、都は広域化当初は試算する標準保険料率に基づき、各区市町村に定めてもらう方針を示している。

埼玉県の試算結果を見ると、今年度から来年度の1人当たり保険税の増加率が70%を超える自治体もあった。額にすると4～5万円の負担増となる。23区間での標準保険料率の「格差」が拡大する可能性が大きくなれば、統一保険料方式に異を唱える区が現れるかもしれない。

国のガイドラインの見直しは遅ければ夏ごろまでずれ込む可能性がある。タイムリミットまで約1年に迫る中、23区に残された時間は少ない。

水面下で何が
12年ぶりの百条委員会㊤
最優先した「40ヘクタール」の土地
「豊洲しかない」

仲買人でごった返して通行できないほど通路が狭く、鮮魚を運搬するターレが大きな音を立てて行き交い、排ガスが充満している。

1999年9月1日、築地市場。業者は普段と変わらぬ様子で作業していたが、白いゴム長靴を履いた当時の石原知事が午前6時過ぎに場内を訪れると、場内の空気は一変。業者から握手を求められたり、マグロの刺身を差し出され、歓迎ムードが広がった。

石原氏は冷凍マグロの競り、水産仲卸売り場などを1時間で視察した。都は93年に築地再整備を始めたが、営業を継続しながらの工事は長期化して再整備計画が頓挫し、豊洲への移転構想が持ち上がっていた。視察に同行した大矢實中央卸売市場長が再整備の課題を石原氏に説明すると、「大矢、何とかしないといけないな」と、早く結論を出すよう求められたという。

視察後、報道陣に囲まれた石原氏は「都民の台所を賄うにしては古い、狭い、危ない」と築地の老朽化に危機感を示した。だが、築地の移転問題に及ぶと、「軽々には結論を出せない。関係者の意見を聞いて決めたい」と口を濁した。

築地の視察を経て、都は市場移転にかじを切ることになる。視察から2日後、都の幹部が東京ガスを訪れ、豊洲移転へのやり取りが行われた。都は築地市場の移転先を豊洲に決定していない段階だったが、同時並行で東京ガスとのやり取りを進めていた。

市場移転は市場業者側から浮上した案だった。大矢氏によると、都は当初、築地の移転候補として複数の案を検討したが、最終的に実現性を考慮して晴海地区、有明北地区、豊洲に絞り込んだ。

だが、晴海は開発が進み、利用可能な土地は9㌶しかなく、有明北は環状2号線などの整備で3分割され、市場用地として効率的な利用が見込めなかった。豊洲だけが築地の2倍近い40㌶を確保できるため、大矢氏は「適切」と判断し、石原氏に報告することになった。

99年10月か11月に大矢氏は知事へのブリーフィングで、「豊洲しかない」と説明。石原氏は了解した上で、「東京ガスが売ってくれるかだ」と課題を挙げた。その後、都と東京ガスとの協議が本格することになる。都として築地市場の移転先を豊洲に事実上決定した瞬間だった。

都と東京ガスのトップによる非公式会談が同年11月5日に行われ、石原氏は東京ガスを訪れた際、当時の上原英治社長から都の豊洲移転計画を聞いていないと指摘されたという。会談後、石原氏は電話で大矢氏に「東ガスの社長にお願いに行け」と指示。6日後に東京ガスを訪問した大矢氏は、これまでうわさされていた豊洲の土壌汚染問題が事実であることを東京ガスから確認し、処理に高額な費用がかかることも知った。都は東京ガスから豊洲の工場跡地を購入することを最大の目標に掲げるあまり、土壌汚染は全く考慮していなかったというのが実情だ。

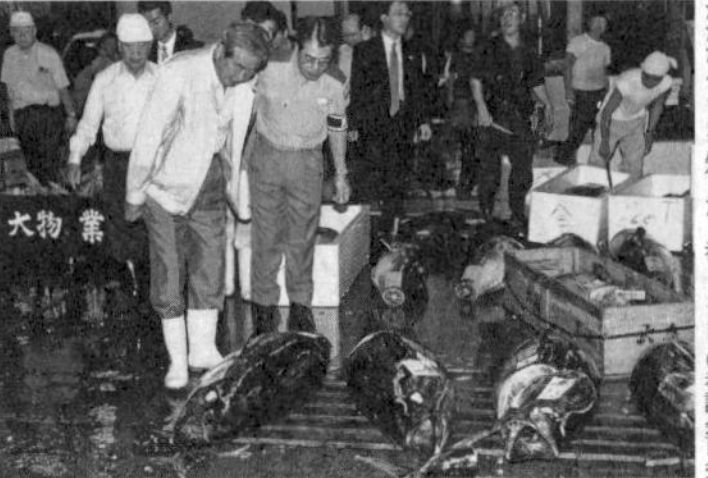

当時の大矢市場長とともに築地市場を視察する石原知事＝1999年9月1日

11日の都議会百条委員会で追及された大矢氏はこう釈明した。「当時の状況で今の（土壌汚染対策費が膨らんだ）状況を想像するのは不可能。安易な判断と言われたらそれまでだ」

都が市場の移転先を豊洲に決める過程を見ると、約40㌶の土地確保に主眼を置いていたことが分かる。築地にはない待機駐車場などが必要とされ、都は豊洲を適地と判断した。土壌汚染を重視しなかったことが、今回の移転延期で迷走する一因になったと言える。

◆　◆

都議会で豊洲移転問題を調査する百条委員会。資料や証人喚問から、都が豊洲に意思決定する過程、都と東京ガスの交渉経過の一部も明るみになっている。水面下で何が起きていたのか探る。

築地市場の濾過海水停止
「工事の必要性見極める」

築地市場で使用している「濾過海水」の一部供給が17日未明から停止したことが分かった。濾過海水の配管は敷設後55年以上経過している。老朽化が原因の可能性もあり、調査を開始した。

都中央卸売市場によれば、同日4時50分ごろ、市場業者から都に「濾過海水の出が悪い」と連絡があり、埋設したピット部分からの漏水を発見。水産仲卸の約1500店舗や買荷保管所の全体に濾過海水が供給できない状態になった。水産卸売場への供給には影響はなく、業務は継続した。

築地市場では、床の洗浄や水槽用の水として、隅田川の河口から取水した濾過海水を1日当たり3400立方㍍（25㍍プール5杯分）使用している。

小池知事は同日の定例会見で、「築地市場は現に営業しているからこそ緊急な措置も必要」と話す一方、「復旧工事の必要があるのかも見極めなければならない」と話し、当面は水道水を利用することも示唆した。

川句ジョーク

国会も都議会も証人喚問、効力やいかに!?

「昔は、ウソをつくとエンマ様に舌を抜かれると言ったのですが、今は…」

――彼岸供養に来たお坊様

高層住宅訪問し防災啓発

「防災カルテ」全棟作成

港　区

港区が高層マンション向けの防災対策に本腰を入れる。区は来年度、防災意識の向上を図るため、区職員らが高層マンションを直接訪問する事業を開始。23区では珍しいアウトリーチ型の取り組みにかじを切る。また「防災カルテ」と銘打ち、区内にある全高層マンション各棟の防災対策状況の整理・公開にも乗り出す。高層マンションの防災対策を巡っては、各区とも取り組みの過渡期。居住者への周知の在り方や、マンションとの接点の持ち方など、臨海部の区を中心に模索が続いている。

高層マンションを「6階以上で50戸以上の共同住宅」と定義する港区には、約740棟（分譲540棟、賃貸200棟）が建ち、世帯数は約8万世帯に及ぶ。区内の集合住宅に占める割合は約7割と高い。

そのうち区は来年度、約90棟の高層マンションを対象に、管理組合や賃貸マンションのオーナーを直接訪問し、助成制度や家具転倒防止対策、備蓄の周知を図る。区の職員2人と、技術士資格などを有する委託事業者の従業員1～2人の計3～4人体制で行い、委託事業者とは会議体を設けて情報共有も図る。

直接訪問時には、区が提携する防災専門業者の従業員を派遣する「防災アドバイザー派遣」や、防災資器材の貸与、家具転倒防止器具の助成などを紹介する。区民からは「高層マンション対策を何もやっていない」との声も聞かれるといい、防災対策の周知を強化する。

「防災カルテ」は、防災組織の有無や、建物の構造、備蓄状況など、防災対策の取り組み状況を把握した上で、▽防災組織活動状況▽建物の防災対策度▽家具転倒防止対策率▽備蓄率▽管理者の対策状況——の5点から成るレーダーチャートを示す予定。

公開方法は、直接訪問したマンションを中心にマンション名などを伏せた事例集を作成し、区のウェブサイトでの掲載などを検討している。また区内5地区での平均を算出し、地区ごとの傾向分析も実施する。

高層マンションの防災対策を巡っては、対策の在り方を検討する中で、耐震診断・改修状況や非常用電源の有無などマンションごとの特性が異なることが判明。居住者らにマンションの特性を知ってもらい、防災意識の向上へつなげるのが狙いだ。佐藤博史防災課長は「居住者がマンションの特徴を知ることで、防災計画作りにつなげてもらいたい」と話す。

区は今後、5～6月に全高層マンションを対象にアンケート調査を実施し、回答結果を踏まえて来年早々にもカルテを完成させる予定。直接訪問は8月をめどに開始する方針だ。

佐藤課長は「防災意識の高いマンションとして、カルテの有無が入居する際の判断基準の一つになればいい」と期待を語った。

臨海部など高層住宅の建設ラッシュが続く＝16日、港区芝浦で

関係構築いかに

【解説】高層マンションの震災時の原則は在宅避難だ。マグニチュード7・3の首都直下型地震が発生すれば、港区の避難所生活者は約3万3千人と想定され、高層マンション居住者が一斉に避難所に押し掛けた場合、収容し切れなくなる。

こうした背景から、港区では「自助」「共助」の推進を施策の柱に据える。今回の取り組みも、防災対策の意識向上を図り、自主的な防災組織や計画を作ってもらうのが真の狙いで、家具転倒防止対策の促進も在宅避難が原則のためだ。

港区と同じく約9割の世帯が集合住宅に居住する中央区も、在宅避難が原則。エレベーターは電源が復旧しても事業者の点検がなければ動かせず、区は高層マンションの住民らに3～7日分の備蓄を呼び掛けている。

だが、同区の保野修一防災課長は「関係性の構築がそもそもできない」と高層マンションへの普及啓発の難しさを話す。「マンション単位で自治会を結成し、自主防災組織の組織化につなげたい」（保野課長）との展望だが、その道のりは険しく、区との接点をどのように持たせるのかの課題は横たわったままだ。とりわけ住民合意を取りにくい賃貸マンションの対応は難しい。

これはマンション居住者らに対する区の周知が行き届いていない実態とも直結する。港区の佐藤課長も「どうしても行政は待ちの姿勢になってしまう」と話し、今回、直接訪問に踏み切ったと説明する。

「何よりも居住者一人ひとりの防災意識が向上してこそ」——保野課長がこう指摘するように、区民一人ひとりに向け、粘り強く取り組みを続けていくより他に近道はない。（草）

歌舞伎町に観光バス駐車場

路上駐車の抑制で9台分

新　宿　区

新宿区は、職安通りや靖国通りなどで深刻化している観光バスの路上駐車対策として、17日、両路線に近い歌舞伎町地区に観光バス専用の駐車場を開設した。

専用駐車場は大型バス9台分。事前予約制だが、当日に空きがある場合は予約なしで利用できる。営業時間は午前9時から午後5時までで、利用料は最初の1時間が2千円、以降は30分ごとに千円。1泊駐車の場合は午後4時30分までに入庫してもらい、翌日午前9時30分まで利用できる。入庫の際に細い道を通る必要があるため、整理員ら4人を常駐させる。

駐車場用地は、㈱ロッテが所有する民間駐車場の一部を区が年間約5千万円で借り受け、東京都道路整備保全公社に無償で転貸して運営を委託する。運営費と利用料収入の差額は年間約2千万円の赤字となる見通しで、赤字分は区が補助金を拠出して補塡する。

区文化観光課によると、中国から訪れた観光客の「爆買い」が話題となった2015年2月に調査を行ったところ、大手ディスカウント店に面する職安通りで1時間当たり最大28台、靖国通りで同14台が路上で利用客の乗り降りを行っていた。ピークとなる正午前後の時間帯では滞留する乗客で歩道が埋め尽くされ、歩行者が通行できないこともあったという。15年の110番通報件数が400件を超え、住民の不安が高まっているとして、駐車場の整備に向けた検討を進めてきた。

吉住健一区長は「警察署と連携して15年から交通指導を強化していたが、そもそも駐車場がない状態では限界があった。今後も様々な主体が役割を果たすことで住民や観光客が安心できる環境づくりを進めたい」と語った。

デモンストレーション用の大型バスを背景に記念撮影する吉住区長（前列右から3人目）ら

横綱相撲 分析　23区新年度予算案⑥

手数多く、ニーズ受け止め

高齢者福祉

東京五輪の5年後には5人に1人が後期高齢者になる「2025年問題」。23区では地域包括ケアシステムの構築を図りながら、受け皿となる施設の整備を着々と進めている。来年度の予算案でも豊富な手数で、多様なニーズを受け止めようとする姿勢が見える。

大田区では、介護が必要となる一歩手前まで心身が衰えた状態の「フレイル」を防止し、健康寿命を延伸する大都市モデルを打ち出そうとしている。地域ごとに会議体を立ち上げ、住民自身に食生活や運動面に関する具体的な解決策を提案してもらうことで健康への意識づけを促す。

同区の高齢化率は今年1月時点で22・7％で増加傾向にあり、区民の約10人に1人が75歳以上の高齢者となる。区福祉部の堀恵子副参事は「都市の多様性に合わせた、きめ細かい地域ぐるみの介護予防を実践したい」と話し、他の区でも応用可能な、複数の地域モデルが創り出せると意義を強調する。

高齢者にとって地域ぐるみの対策は欠かせない。地域包括ケアシステムの構築に向けては、高齢者と多世代の交流促進を図る拠点整備が盛んだ。練馬区では、昨年度末に廃止した出張所跡で実施する「街かどケアカフェ」の拡充に3880万円を計上。地域集会所へ出張して、相談や介護予防体操をするなど活動の幅を広げる。

江戸川区は、空き店舗などを活用した「なごみの家」を25年度までに全15地区に設ける計画を立てた。来年度は4カ所目の施設を開設するため1億2365万円を充てる。「外出すること自体が介護予防になる。地域活動に参加する機会がなかった人にも声掛けしたい」と、区福祉推進課担当者は話す。

在宅と施設を並行

施設に入らずに自宅で生活を送る単身高齢者の支援では、目黒区が孤立死防止対策を強化し、緊急時に消防署や家族とすぐに連絡が取れる「非常通報システム」を利用できる年齢を75歳から65歳に引き下げる。杉並区は来年度にテレビ電話を活用した在宅生活の見守り支援の試行に400万円を投じる。

豊島区では家族との同居を支援するため、新しい一手を打ち出し、全国初の「混合介護」の実現に向けた検討に着手する。在宅で暮らす家族の負担軽減を期待する。

多世代間の交流が健康長寿を促す＝昨年11月、江戸川区で

高齢者施設整備では用地不足という都市部特有の問題に公有地活用で対応する。特徴的な事業が各区予算案に盛り込まれ、需要に応じるための工夫が見える。

千代田区は区内の国有地を活用した特養などの民設民営の高齢者施設を整備するのに6億4885万円、中央区は地下鉄八丁堀駅周辺の再編に合わせた既存施設改築に1億5415万円、新宿区は既存施設の一部改修に2億4795万円を、それぞれ新年度当初予算案に計上した。

地域連携をベースに、終のすみかを区外に確保する動きも進み、先行する杉並区は日本版の移住高齢者コミュニティー「CCRC」の先駆けとなる南伊豆町（静岡県）への区外特別養護老人ホームを来年1月に開設する予定。17年度当初予算案に事業者への建設助成3億8680万円を計上した。豊島区でも、昨年から埼玉県秩父市とのCCRC構想検討に着手している。

高齢者施設は慢性的に不足しており整備が急務である一方、用地不足などで在宅介護の充実が欠かせない。関連機関や医療・介護事業者などとの多職種連携にはいまだ改善の余地があり、体制面での充実がより求められる。

配電設備で魅力発信

落書き対策を逆手に

杉　並　区

杉並区は16日、電力会社がJR荻窪駅南口の道路上に設置している配電設備（トランスボックス）に周辺の文化施設などの絵を書き込んでPRする「トランスボックスラッピング」を実施した。区は高円寺駅周辺の配電設備の落書き対策として15年度から同事業を行っており、魅力発信の面からも効果が高いとして実施を決めたという。

ラッピングしたのは線路沿いの区道「南口駅前通り」の配電設備11基。近衛文麿元首相の旧宅の「荻外荘」や国登録有形文化財の西洋建築物「西郊ロッヂング」など文化施設8カ所をイラストにして、施設を紹介する五七五の文を添えたかるた風のデザインで、3基に各施設の案内図を記載した。

区まちづくり推進課では「歴史の舞台や都会のオアシスのような公園などがあり、いつも変わらぬ落ち着いた雰囲気が荻窪の魅力。ラッピングでぜひ多くの人に知ってもらいたい」と話している。

荻外荘のイラストが描かれた配電設備に通行人は興味津々＝16日、荻窪駅南口駅前通りで

記者席

空虚な空転に職員もため息

○……16日の都議会予算特別委員会の質疑は深夜まで続いた。予特質疑は2日目の15日も深夜まで継続しており、連続の「深夜残業」に、関係者には疲労の色が見え始める。小池知事は委員会終了後、報道陣にも「ご苦労様です」と深々と頭を下げた。

要因は議論が白熱したこと……ではなく、1日目の質疑の中で、共産党委員から都議会自民党に対する批判があったこと。自民は事実誤認として撤回と議事録からの削除を求めたが、今度は東京改革委員が自民党の対応を批判。結果、質疑開始は3時間ずれこんだ。

都庁が8時完全退庁に取り組む中、幹部職員の多くが深夜まで待機状態に。「せめて中身のある空転ならな」。矛盾したつぶやきが聞こえてきた。

○……17日に開かれた新宿区の歌舞伎町観光バス駐車場のオープニングセレモニー。午前8時過ぎに取材に向かうと、卒業シーズンのためか、駐車場に近付くにつれて酒に酔った若者の割合が高くなる。駐車場には整理員ら常時4人を配置するが、午前9時のオープン直後は酒に酔った人と観光バスの事故が起きないか、気が抜けない時間帯になるかもしれない。

駐車場は午後5時の営業時間終了で施錠されるが、近隣には夜間営業の飲食店が多く、酔っ払いによるいたずらのリスクもある。新宿警察署の宮橋圭祐署長は「夜にここが無法地帯にならないよう、しっかり取り締まりを行う」と述べ、出席者の微妙な笑いを誘っていた。

○……今年も昭和女子大（世田谷区）で行われた特別区2017年度採用の23区合同説明会。意外に多かったのが会場のトイレに関する質問だった。

女子大のため男子トイレは少なく、担当者は、ピンクの壁に青い紙を貼ったり、「男子トイレ」と書いた貼り紙をするなど「男子用」を増やす努力を重ねたが、「当日も『どこで用を足せばいいのか』という問い合わせがしばしばあった」とか。

男子学生には、採用説明会の緊張より、普段は入らない女子トイレで用を足す緊張の方が大きかった？

足立区　自転車盗難防止で標語

足立区は15日、公募した自転車盗難防止スローガンの表彰式を開いた。計2437点の応募作品の中から、芳賀菜々美さん（花保小6年）の「かけわすれ そのうっかりががっかりに」、武藤光木さん（第十三中2年）の「つくろうよ自転車盗難0の町」、区内在住の鈴木隆さんの「自転車も迷子にさせるな街ぐるみ」の3作品が最優秀賞に決まった。

区危機管理課によると、2016年の区内の刑法犯認知件数6519件のうち自転車の盗難は2533件で、最多の4割を占める。区は年内に認知件数6250件以下を目指しており、自転車盗難の防止に力を入れる。

今後、最優秀作品を区や警察署が作成するチラシやティッシュに印刷して配り、意識啓発を図る考えだ。山上嘉人危機管理課長は「作品に込められた思いを大切にし、1件でも多くの盗難を減らしたい」と話している。

「かけわすれ そのうっかりが がっかりに」

受賞者にはトロフィーが贈られた＝15日、足立区庁舎で

来年開校の義務教育学校　教育体制など方針策定へ

江　東　区

江東区は来年4月開校予定の義務教育学校（仮称）第二有明小・中学校の「開校に向けた考え方」の最終案を28日の区教育委員会定例会に報告し、月内にも「考え方」を取りまとめる。

義務教育学校は、修業年限を9年とし、校長は1人、教職員組織も一つとするなど、小学校と中学校を一つの組織として運営するもの。「考え方」の最終案では、9年間を見通した教育目標や教育課程を設定するとし、小学校高学年からの教科担任制の導入や部活動への参加、異年齢交流の強化などを打ち出した。

区は2011年度から有明小・中学校で施設一体型校舎での連携教育を実施しているが、区教育委員会事務局によると、校長2人体制による一体的なマネジメントの欠如や、小・中学校の教員間の意識の相違などが課題という。

区教委事務局の杉田幸子庶務課長は「中学校への円滑な接続など義務教育学校の成果を他校にも生かしたい」と展望を話す。

トキワ荘復元整備　計画素案を策定

豊　島　区

豊島区は、手塚治虫氏や赤塚不二夫氏ら漫画界の巨匠を輩出したトキワ荘を復元整備する「（仮称）マンガの聖地としまミュージアム」の整備基本計画素案を取りまとめ、31日までパブリックコメントを行っている。

素案では、常設展示室や当時のトキワ荘を復元した再現展示室、元住人の漫画家の原作アニメの上映が可能な企画展示室を設置し、飲食・休憩スペースでは漫画が閲覧できる。調査研究や収蔵資料の保管は他の施設を活用する。

区は4月下旬に開く検討会議（座長＝里中満智子氏）でパブリックコメントを反映させ、夏ごろの計画策定を予定し、2018年度着工、20年3月のオープンを目指す。

瑞穂町長選
新人3氏が出馬に意欲
産業振興策などで論戦へ

任期満了に伴う瑞穂町長選挙が4月18日告示、23日投開票される。現職で現在4期目の石塚幸右衛門氏(76)が今期限りの引退を表明する中、17日までに無所属の新人3氏が出馬に意欲を見せている。石塚氏が後継指名したのが、前副町長の杉浦裕之氏(63)。また、過去3回の町長選に出馬し、石塚氏と戦った元町議の榎本義輝氏(53)や、元衆院議員秘書の柚木克也氏(54)も出馬を準備。産業振興など今後の町の在り方を巡って、三つどもえの戦いが予想される。

杉浦氏は、2月20日付で副町長を退任した。「(町長選に向けて)覚悟を決めるためだった」と語る。

自民党は、同党の推薦で戦ってきた石塚氏の後継に当たる杉浦氏にも、自民党員である榎本氏にも推薦を出さない方向だが、杉浦氏は16人の町議会議員のうち、自民系の町議ら8人の支持を固めている。

杉浦氏は1954年生まれ。中央大学文学部卒。78年に瑞穂町役場に入庁し、財政課長、企画財政課長、企画総務部長などを歴任した。2009年10月から副町長を務め、13年に再任。8年間にわたって石塚町長を支えてきた。

出馬を決意したのは、「39年間職員として、また8年間、副町長として務めてきたが、まだまだこの町を良くしたいと思ったから」と話す。石塚氏から引き継ぐ事業もあれば、自分なりの政策もあるとの考えを示す。

高齢者人口の増加に伴い増していく財政負担への対応を図るほか、子育て世代の若い母親たちのための相談窓口などを設けたいという。産業振興では工場経営者が連携できる場の創出も掲げたいと意欲を見せる。

一方、榎本氏は1963年生まれ。西武学園医学技術専門学校臨床検査技師科卒。病院や会社勤務を経て町議2期。町長選には4度目の挑戦となる。過去3回の選挙では現町政への批判票を集め、前回選挙では石塚氏に202票差まで詰め寄った。今回は柚木氏が加わることで批判票の分散が想定されるが、「支援者の熱意」を受けて出馬する。小池百合子政経塾「希望の塾」の塾生でもある。

榎本氏が争点とする一つが新庁舎建設だ。町は現在、一部耐震不足が判明した庁舎の現在地での建て替えを進めている。榎本氏は「26億円と言っていた建設費が34億円にまでなっている。50億円という話もある」とコストの問題を指摘。付近に存在する立川断層も危険だとして計画の凍結を主張する。市民との話し合いを重ねながら場所の選定や商業施設との融合など再検討すべきと訴える。

空き家や空きビルを活用した児童館の増設、待機児童ゼロ、高齢者や障害者対象の福祉バスを誰でも利用できるコミュニティバスとして併用することなども提案している。

今回が初めての立候補となる柚木氏は、1962年生まれ。慶応義塾大学経済学部卒。衆院議員公設秘書を経て、現在は不動産仲介業のほか、コンビニエンスストア18店舗を経営している。

出馬を決意した動機は「町の閉塞(へいそく)感を打破し、新しい風を入れたい」。町内には下請け企業が多く、「独自の工業商品を開発し、海外にも輸出できるような競争力を付けてほしい」と願う。産官学によるニュービジネスの創設、新たな工業団地や物流倉庫団地の建設も掲げ、旧青梅街道沿いの商業のにぎわいの復活やJR箱根ヶ崎駅西口を「商業の拠点に」と主張する。

政策の柱は「町益のアップ」。道の駅の誘致や現在の人口約3万3千人を5万人に増加させることを目標とし、子育て支援のための出産祝い金や高校生以下の医療費無料化も公約とする。

地元の企業経営者らとのパイプを生かし、これまで選挙に行かなかったような無党派層を取り込みたい考えだ。

瑞穂町の選挙人名簿登録者数は2日現在で、2万8047人。

杉浦裕之氏　榎本義輝氏　柚木克也氏

立川市の集団食中毒
再発防止対策をまとめ
21日から給食再開へ

立川市で先月発生した学校給食が原因の集団食中毒で、医師や保健所長など専門家らでつくる再発防止対策検討委員会は10日、給食の再開に向けた提言書を発表した。これを受けて同市教育委員会は13日、立川市学校給食共同調理場における食中毒再発防止対策をまとめ、きょう21日から学校給食が再開される。

再発防止検討委員会の提言書をもとに市教委がまとめた対策の柱は、▽食材料の調達▽共同調理場での調理工程▽共同調理場の調理従事者と施設・設備の衛生管理――の3点で、それぞれ具体的な対策を挙げた。

そのうち、食材料の調達では、加熱殺菌の方法や温度、時間を記録した製造工程表や微生物検査結果、製品の納入工程図を提出させるとした。また、加工場における従業員衛生管理状況を確認する。

今回の事案では、給食に使われた「きざみのり」からノロウイルスが検出され、製造業者がのりの加工を委託した事業者の衛生管理に問題があったことが分かっている。同市は「きざみのり」の製造業者から製造工程表の提出は受けていたが、加工事業者の実態までは把握していなかった。

そのため、製品の納入工程図は、製造元から共同調理場に納入されるまでの工程に加え、「特に製造者以外の事業者の関わりの有無や加熱処理後の充塡(じゅうてん)方法が確認できるもの」としている。

製造工程で加熱した食材であっても、今回の「きざみのり」のように非加熱で使用する場合には、納入事業者に対し、製造工程表の提出や加工場における従業員の衛生管理状況の確認などに加え、新たに食材料の「ノロウイルス非感染検査証明書」を提出させる。

共同調理場での調理工程での対策では一定の温度以上の加熱調理の徹底、調理従事者と施設などの衛生管理に関する対策ではトイレの使用方法や清掃・消毒の徹底などを盛り込んだ。

このほか、再発防止検討委員会による提言書では、12月の終わりに実施している調理従事者のノロウイルス検査の実施時期を共同調理場の冬期休業明けに変更するなど、より適切な時期での実施を提案した。

また、同調理場では給食内容の向上のため、調理従事者がその日に調理した給食を食べている。しかし、同検討委員会は、仮に食中毒が発生した場合、調理従事者が元々保菌していたのか、給食を食べたことで保菌するに至ったのかが分からなくなる問題点を指摘。「喫食のあり方について関係機関などとも相談し、様々な観点から検討することを提案する」とした。

三鷹市
太宰治文学館と吉村昭書斎
井の頭公園に19年開設へ

三鷹市は、市にゆかりの深い太宰治の遺品や資料を展示する「市立太宰治文学館(仮称)」と吉村昭の書斎を移築する「市立吉村昭書斎(仮称)」の2施設を都立井の頭恩賜公園に開設する。2019年4月のオープンを目指す。

太宰治は1939年から亡くなる48年まで三鷹市に住んだ。今回開設する文学館への展示は、遺族から市に寄託された資料約70点、市が独自に収集した資料約10点などを予定している。古書店「由利耶書店」を営み、数々の文学者と交流が深い佐藤俊雄氏に宛てたハガキや、太宰自ら描いた1947年頃の自画像の油彩画、作家や出版関係者、知人など交友関係が垣間見えるアドレス帳、太宰が自宅に掲げた自作の表札などが含まれている。

移築される予定の吉村昭の書斎

吉村昭は66年に小説の新人賞である「太宰治賞」を『星への旅』で受賞。同賞の選考委員も務めた。69年から井の頭公園近くの住宅街に住み、庭に木造平屋の書斎を建てた。書斎の一画には茶室もあり、そのまま移築される予定だ。

市は昨年12月の定例市議会に両施設の基本プランと基本・実施設計の費用として3100万円の補正予算を計上、可決された。2月13日には、㈱綜企画設計と基本プラン作成の契約を結んだ。

2017年は井の頭公園の開園100周年であるほか、18年は太宰の没後70年、19年は生誕110年を迎える。市は「文化の薫り高い三鷹」として、まちのブランド化を進めたいとしている。

オスプレイ配備延期
「情報提供求める」
福生市長

米国防省は13日(現地時間)、横田基地に今年後半にも最初の3機の配備が予定されていたCV22オスプレイについて、配備の延期を公表した。

当初は2017年米会計年度の第4四半期(17年7月から9月)となっていた配備の時期を、20年米会計年度(19年10月から20年9月)にする予定だという。

福生市など基地周辺の5市1町でつくる横田基地周辺市町基地対策連絡会は、配備延期のニュースが流れた14日昼、防衛省北関東防衛局に事実関係を確認。外務省と防衛省は同日、「詳細を確認中。詳細な情報が得られ次第、関係地方公共団体始め、関係者に対し、適切に説明していく」との文書を公表した。

福生市の加藤育男市長は「延期については安心したが、配備がなくなったわけではない。引き続き国や米軍に情報提供を求めていく」とコメント。都や5市1町などと連携を図りながら情報収集に努め、得られた情報については速やかに市民に提供する考えを示した。

オスプレイの横田基地への配備を巡っては、17年後半に3機、21年までに残りの7機の計10機を配備する計画が15年5月に示された。米軍特殊作戦コマンドとして、太平洋地域で強化された能力を獲得するため、CV22オスプレイを配備するとし、軍人・軍属・家族約430人の増員が見込まれていた。

既にMV22オスプレイが配備されている沖縄県では昨年12月、名護市沖合で空中給油の訓練中のオスプレイが不時着して大破する事故があった。

臨財債は打ち出の小づちか

春よ来い(中)
26市当初予算案の分析

2017年度の国の地方財政計画では、地方交付税が前年度に比べて3705億円、率にして2・2%減る一方、臨時財政対策債が2572億円、6・8%のプラスとなった。

「振り分けられる臨財債が増え、結果的に増やさざるを得なかった」。17年度当初予算案で、対前年度比33・8%増となる10億7千万円の臨財債を計上した狛江市財政課はこう話す。「結局は借金になる。本来なら、交付税でもらえる方がいいのだが」

臨財債を活用せざるを得ない状況は昨年のうちに既に見込まれていた。

昨年9月27日、同市の高橋都彦市長は予算編成方針の中で、「保育園の待機児対策や高齢化に伴う社会保障費が増加する中、17年度予算編成では、臨時財政対策債への依存を拡大せずに必要な一般財源を確保することは厳しくなることも見込まれる」と述べていた。

国の地方財政収支見通しの仮試算では、一般財源の総額は前年度を上回っているものの、地方交付税の原資となる国税収入が伸び悩み、消費税率10%への引き上げ延期の影響などで、財源不足が拡大する見通しが避けられなかったためだ。

臨財債は、地方交付税の財源不足を補塡(ほてん)する赤字地方債だ。だが、元利償還金相当額は、全額を後年度の地方交付税の基準財政需要額に算入することができる。そのため、普通交付税の交付団体では、ほとんどの市が額に多少の差はあっても活用する。

保谷市と田無市が合併した団体として、サービス水準を高い方に合わせた西東京市は、人口も増加傾向にあり、サービス需要は大きい。当初予算案での臨財債の計上額は22・3%増の23億2700万円。財政課は「財政調整基金を取り崩して収支を取っている。臨財債も地方交付税の代替財源としてフルに活用する」と説明する。

そうした中で、臨財債との決別を図ったのが、国立市だ。

昨年11月に急逝した佐藤一夫前市長は在任中、財政の健全化を重要施策の柱とし、学識経験者と市民委員からなる財政改革審議会を設置した。会長には一橋大学の田近栄治教授が就任。同審議会は12年3月から議論を重ね、13年8月に最終答申を佐藤前市長に提出した。赤字地方債の発行と財政調整基金の取り崩しで財政運営を行っている課題を指摘。「慢性的に赤字地方債に頼る見せかけの収支均衡は、いつか破綻(はたん)する。将来にわたり必要な住民サービスを継続していくため、また、世代間の負担の公平を図るため、市財政を赤字地方債に頼らない真の収支均衡の状態としなければならない」と強調した。

国立市政策経営課は臨財債のリスクについて、「普通交付税の不交付団体になると元利償還金は自前で返さなければならなくなる」と話す。同市は都市部に近く、高額所得層も多い。交付と不交付のボーダーラインの場合は、借りない方が得策とも言える。

審議会からの答申を受けた同市は人件費の抑制、使用料・手数料の見直し、特別会計への繰出金の圧縮などに取り組み、13、14、15年度と普通交付税の交付団体でありながら臨財債を借りなかった。16年度当初予算案でも、普通交付税を見込みつつも臨財債の計上はゼロ。結果的に不交付で借り入れも行わなかった。17年度は不交付を見込んでいるため、そもそも計上していない。

国立市の隣りの国分寺市も「後年度に負担を残さない」という星野信夫前市長からの方針で07年度から臨時財政対策債を発行してこなかった。14年度は約4億円を発行したが、15年度からは普通交付税の不交付団体となり、計上していない。

同市の場合、一方では財政調整基金の取り崩しが続き、10年度末には財調残高が7億円にまで逼迫(ひっぱく)。ただ、歳出削減の努力と歳入面では近年の税連動交付金や市税の増加などに救われて、現在は多少の余裕も生じている。17年度は財調基金は取り崩さず、42億円を積み増して、残高58億円余[illegible]分寺駅北[illegible]保留床処[illegible]感も大き[illegible]回ほどの[illegible]見込めない。災害の発生など突発的な支出の増加に備えるため、安易な財政調整基金の取り崩しはせず、堅実な基金管理を行っていく方針だ。

17年度の普通交付税を不交付と見込み、臨財債を計上していないのは、立川、武蔵野、三鷹、府中、調布、小金井、国分寺、国立、多摩、羽村の10市。それ以外の16市は臨財債との付き合いが続く。

国立市の財政改革審議会の最終答申はこう述べている。「国立市はこれまでも財政改革案を何度も提出しながらも実現には至らず、財政赤字を膨らませてきた。そうした事態の繰り返しを避けるためには、市長を始めとした市当局、市議会、そして市民全体が市財政の状況について理解を共有し、本答申で示した取り組みを不退転の思いで進める必要がある」。他市にも共通する課題である。

基金・起債

26市の財政調整基金と市債（単位：百万円）

市名	財政調整基金 取崩額	財政調整基金 残高	市債 発行額	市債 うち臨財債
八王子	2,000	8,975	11,906	4,900
立川	0	8,064	2,626	0
武蔵野	0	6,101	400	0
三鷹	582	2,653	1,330	0
青梅	0	2,585	2,556	1,984
府中	0	7,153	8,066	0
昭島	550	2,786	1,469	400
調布	470	4,669	4,424	0
町田	3,182	3,982	6,421	1,280
小金井	630	1,478	417	0
小平	750	2,292	1,272	700
日野	1,222	3,029	3,223	1,330
東村山	1,296	2,426	3,720	2,040
国分寺	0	5,872	1,332	0
国立	549	1,212	1,020	0
福生	300	2,400	642	400
狛江	188	1,314	1,712	1,070
東大和	898	1,183	1,192	1,150
清瀬	400	968	1,454	1,035
東久留米	1,232	2,168	2,297	1,780
武蔵村山	0	877	1,375	833
多摩	980	2,583	1,556	0
稲城	957	1,165	1,007	447
羽村	852	718	462	0
あきる野	0	1,657	1,684	1,186
西東京	1,923	1,243	4,812	2,327

市町村 17年度予算案

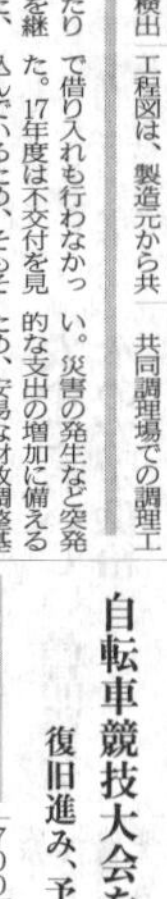

自転車競技大会を開催
復旧進み、予算規模減

大島町

大島町は16日、2017年度当初予算案を可決した。一般会計は93億7600万円で前年度比6・4%減。13年10月に発生した土砂災害からの復旧が進み、普通建設事業費と災害復旧事業費が減少し、規模が縮小した。

新規事業では、土砂被害を受けた元町弘法浜遊泳場周辺に遊歩道と駐車場を整備する。1億1990万円を計上した。伊豆大島ジオパーク推進では、NHKのテレビ番組の映像を活用し、町の観光のPR動画を作成する。

700万円を盛り込んだ。

約700軒ある空き家対策では改修・撤去にかかる費用の2分の1を上限100万円で補助する。予算額は2千万円。生息数が約1万頭と言われる有害獣キョンの防除と捕獲事業には3789万円。自転車競技大会「ツールド伊豆大島2017」開催など観光復興支援事業は新規で1500万円を予算化した。

性質別の歳出では、人件費が3・7%増、公債費が12・7%増。また、普通建設事業は17・6%のマイナス、災害復旧事業費は皆減となる。

歳入では、町税が4645万円で対前年度比2・6%の増。使用料・手数料は復旧に関わる土砂廃棄物[illegible]の減などで5[illegible]。国庫支出金は1[illegible]、都支出金は4[illegible]見込む。繰入金は29・8%減少し、諸収入は3・6%増える。

汚泥処理センターを整備
衛生費が1億2千万円増

利島村

利島村は16日、2017年度当初予算案の一般会計を可決した。前年度に比べて4億2500万円増加し、16億7900万円となっている。

汚泥再処理センター整備は17年度と18年度の2カ年の債務負担行為とし、17年度は約1億円を計上した。光ファイバーの整備は約8千万円。当初は18年度からの予定だったが、国の予算が1年前倒しになり、17年度と18年度の2カ年で敷設する。

災害時用ヘリコプターの離着陸場整備には約8千万円を充てる。また、漁礁の整備では、従来は自然石を投入していたが網が石に引っ掛かって破れるため、コンクリートブロックに変更する。予算額は3千万円。郷土資料館に太陽光パネルを設置して同館と役場庁舎の停電時に備える再生可能エネルギーの導入では約9千万円を予算化した。

歳出では、総務費が3億8966万円[illegible]5143万円の[illegible]費は汚泥再生処理[illegible]ーの施工などで[illegible]よりも1億24[illegible]増の3億32[illegible]見込んでいる。[illegible]業費は漁礁整備[illegible]い、2億34[illegible]3億2985[illegible]

歳入では、[illegible]円増の4070[illegible]方交付税が1[illegible]減の3億11[illegible]国庫支出金は[illegible]6万円、都支出[illegible]7565万円[illegible]

東京都水道事業 2017年度予算　強固な経営基盤で水道の根源的使命を全う

経営プランの施策を着実に推進

災害に強い水道システムを構築

水道局では、「都民生活と首都東京の都市活動を支える基幹ライフラインとして、安全でおいしい高品質な水を安定して提供していくこと」「危機管理に万全を期すとともに、盤石な体制の構築や効率的で健全な経営に努め、信頼される事業運営を実践していくこと」「将来を見据えた取り組みを推進し、世界一の水道システムを一層進化させ、国内外に発信するとともに、次世代につなげていくこと」を経営方針として、2016年度から20年度までの事業計画と財政計画を明らかにした「東京水道経営プラン2016」を昨年2月に策定した。計画期間の2年目である17年度の主な水道事業について、プランの三つの柱「基幹ライフラインの運営」「取り組みの進化・発信」「支える基盤」に沿って説明する。

基幹ライフラインの運営

■安定

都の主要水源である利根川水系では、2012年、13年、昨年と取水制限を伴う渇水が頻発しており、特に昨年は6月から79日間にも及ぶ取水制限が実施されるという厳しい状況であった。言うまでもなく安定給水には水源確保が不可欠であり、八ッ場ダムの一刻も早い完成を引き続き国に求め、安定水源の確保に努めていく。また、都の自己水源である小河内貯水池をはじめとする多摩川水系は、渇水時に大きな役割を果たす貴重な水源である。将来にわたり多摩川の安定した河川流量の確保及び小河内貯水池の保全を図るため、3月に策定する「みんなでつくる水源の森実施計画」に基づき、貯水池への土砂流出が懸念される荒廃した民有林約2千㌶の積極的な購入や、都民や企業などの多様な主体と連携した水源林保全施策を新たに実施する。

多摩南北幹線シールド工事

大規模浄水場等の基幹施設は、平成30年代以降、一斉に更新時期を迎える。このため、更新工事に伴い低下する施設能力に相当する代替浄水施設等をあらかじめ整備していくとともに、導水施設の二重化、送水管の二重化・ネットワーク化や給水所の新設・拡充に取り組んでいくことで、再構築を着実に進めていく。

これまで一元化してきた多摩地区水道は、市町営時代に整備された小規模施設の老朽化や、市町域を超えた施設整備が不十分などの課題を抱えている。強靭で信頼される広域水道を目指すため、3月に策定する「多摩水道運営プラン2017」に基づき、水源や地形、地盤の高低差等の地域特性に合わせた、市町域にとらわれない合理的な配水区域の設定、拠点となる給水所の整備、送配水管のネットワーク化等を推進する。

■高品質

水質管理の総合的なマニュアルである「TOKYO高度品質プログラム」を、最新の知見や調査研究を基に充実させ、水質管理の更なる強化を図っていく。

また、安全でおいしい高品質な水を確実にお届けするため、小中学校の水飲栓直結給水化モデル事業を継続して実施するとともに、既存建物の直結給水方式への切り替えにかかる工事費の見積もりを無料で行う。また、今年度から新たに実施している、㈱東京フィナンシャルグループと連携した、マンション管理組合に対する直結給水への切り替え工事に活用できる金融商品を紹介する新たな支援サービスなどにより、今後も直結給水方式への切り替えを促進する。

■様々な脅威への備え

切迫性が指摘されている首都直下地震など、安定給水に影響を及ぼす可能性のある様々な脅威に備え、引き続き貯水池の堤体強化、配水管の耐震継手化、避難所等における給水管耐震強化などを推進する。

配水管の耐震継手化については、首都機能を維持するため、引き続き首都中枢機関や避難所等、重要施設への供給ルートを優先的に実施していくが、大地震時にはこれらの重要施設に確実に給水されているか否かを確認し、給水に支障のある重要施設を集中的に復旧する必要がある。このため、来年度から新たに給水状況を遠隔で確認できる機器を重要施設に設置し、迅速な初動対応による早期の給水確保を実現する。

また、発災時に多くの方が集まる避難所においては給水の確保が不可欠であることから、給水管耐震強化に併せ、避難所敷地内に応急水栓を設置し、確実かつ迅速な応急給水を可能とする取り組みを区市町と連携して推進する。

昨年4月の熊本地震では被災事業体における迅速な応援受け入れ態勢の構築も一つの課題として浮き彫りとなった。これを踏まえ、昨年11月に災害時の相互応援に関する覚書を仙台市との間で締結しており、今後具体的な受援体制構築手順等を確認するなどにより、その実効性をさらに向上させるほか、他の事業体や区市町等の多様な主体と連携した訓練を実施するなど、災害対応力を強化していく。

江北給水所の新設

取り組みの進化・発信

■お客さまとの対話

2015年度から5年間で給水区域内の全戸（大規模使用者・公共施設等を除く）を訪問する「東京水道あんしん診断」を引き続き実施し、多様化するお客さまニーズをきめ細かく把握し、取り組みに反映させていく。また、水道事業への理解促進のため、これまで小学生や乳幼児の保護者を対象に実施してきた水道キャラバンに加え、今年度から試行している一般の方向けの新たな地域水道キャラバンを本格実施していく。

■地域・社会への貢献

エネルギーを大量に使用する事業者として、小水力発電などの再生可能エネルギーの導入や、施設・設備更新に併せた高効率ポンプへの切り替えなど、エネルギー・環境対策を推進している。これらの事業の財源の一部には、都民の環境事業への積極的な関与や、企業の環境配慮意識醸成のため、新たに創設される「東京グリーンボンド」も活用する。

■国内外水道事業体への貢献

施設の老朽化、料金収入の低迷、経験豊富な水道技術者の減少など、国内水道事業体は様々な課題を抱えている。こうした状況を踏まえ、横浜市、川崎市と連携した、首都圏の水道事業体への広域化をはじめとする水道事業の基盤強化に資する支援や、島しょなど都内簡易水道事業体への技術支援を実施するとともに、発災時の被災事業体からの応援要請に迅速かつ円滑に応じるため、管工事業者と連携した「東京水道災害救援隊」を創設するなど、国内最大の水道事業体として期待される役割を果たしていく。

国際展開については、途上国においてJICA等と連携した人材育成や、民間企業と連携しODAを活用した事業展開を実施している。今年度はミャンマー・ヤンゴンにおいて実施してきた無収水対策事業をさらに広域展開しており、今後もこうした事業に継続して取り組むほか、2018年に東京で開催されるIWA世界会議の成功に向け、産業界、学術界、国や他の自治体等、関係機関と連携し、万全の準備を進めていく。

㊤荒廃した民有林㊦購入した森林（歩道整備及び間伐後）

支える基盤

高度経済成長期に整備した大規模浄水場等の更新時期が到来することを見据え、これまで企業債の発行を抑制してきた。現在、年間料金収入の約80%の水準まで起債残高を圧縮しており、今後の起債発行余力を残している。

今後本格化する大規模浄水場更新や、その代替浄水施設の整備にあたっては、これまで積み立てた資金を活用していくとともに、企業債を適切に発行することにより、世代間負担の公平性を図りながら、健全かつ安定的な財政運営を進めていく。

安全でおいしい高品質な水の安定供給

水道局は、高度経済成長期の需要拡大に対応した施設整備、河川の水質悪化に伴う高度浄水処理の導入など、時代に合わせた施策を推進し、都民生活と首都東京の都市活動を支えてきた。今後、高度経済成長期に整備した施設の再構築を着実に推進するとともに、昨夏の渇水や熊本地震で得た教訓などを踏まえ、ハード・ソフト両面にわたり、災害に強い水道システムを構築していかなければならない。また、これらの取り組みを推進していくためには、監理団体を含めた人材（財）の確保・育成が不可欠である。他方、財政面をみると、基幹施設再構築など更新需要の増大に対応するため、より一層、経営基盤の強化を図っていく必要がある。

こうした課題に的確に対応し、将来にわたり水道の根源的使命である安全でおいしい高品質な水の安定供給を確保していくため、プランに掲げた施策を着実に推進していく。

主要施設整備事業

3事業に1820億円を計上

2017年度は主要施設整備事業として3事業で1820億円を計上している。

水源及び浄水施設整備事業では272億円を計上し、八ッ場ダムほか水源施設建設に係る水源分担金、第二朝霞東村山線など導水施設の整備、三郷浄水場・境浄水場における大規模浄水場更新代替施設整備など7項目の事業を実施していく。

送配水施設整備事業では1435億円を計上し、送配水管ネットワークの強化として送配水管の新設を24㌔予定しているほか、配水管の耐震強化等では360㌔を取り替える予定である。配水池等の整備については、江北給水所の新設や幸町浄水所の拡充などを実施していく。

給水設備整備事業では113億円を計上し、小中学校の水飲栓直結給水化モデル事業を15校で実施するほか、私道内における給水管整備として39㌔の新設延長を予定している。また、避難所等における給水管耐震強化については362カ所で実施予定である。

水道基幹施設再構築

第二 朝霞東村山線
利根川　利根大堰
多摩南北幹線
秋ヶ瀬取水堰
第二 朝霞上井草線
荒川
小河内貯水池
多摩川
朝霞
三園
三郷
小作取水堰
羽村取水堰
東村山
金町
境浄水場関連送水管
境
東村山境線
浄水場　導水管
給水所　送水管
代替浄水施設整備
導・送水管整備
境浄水場再構築（東村山浄水場の更新代替）
三郷浄水場増強（金町浄水場の更新代替）

東京都下水道事業 2017年度予算
経営計画で掲げた目標を確実に達成

2017年度予算の基本方針

東京都下水道局は昨年2月に「経営計画2016」を策定し、三つの経営方針（「お客さまの安全を守り、安心で快適な生活を支える」「良好な水環境と環境負荷の少ない都市の実現に貢献する」「最少の経費で最良のサービスを安定的に提供する」）の下、老朽化施設の再構築や浸水対策、震災対策など、様々な施策を推進している。

2017年度予算は、中長期的展望の下で積極的に事業を進め、経営計画で掲げた目標を確実に達成することを基本方針として編成した。

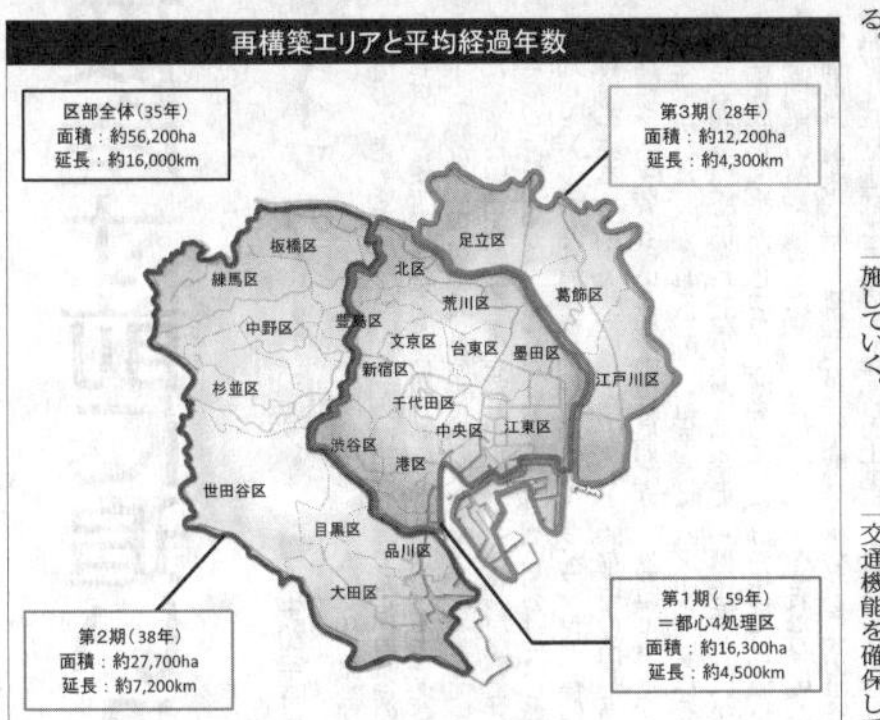

かっこ内は2015年度末における下水道管の平均経過年数

区部下水道事業の主要施策

■建設改良事業

区部下水道事業については、前年度対比で100億円増加し1800億円とした建設事業費と、350億円の改良事業費を計上し、主要施策を実施していく。

○老朽化施設の再構築（830億円）

東京の下水道は、高度経済成長期以降に集中的に整備したため、施設の老朽化が急速に進行している。このため、老朽化した施設の更新に併せて、耐震性の強化など機能の向上を図る再構築を計画的・効率的に推進していく。

下水道管の枝線については、事業の平準化を図るため、区部を整備年代により3期に分け、整備年代の古い都心4処理区の再構築を優先して進め、2029年度の完了を目指す。

2017年度は717㌶の整備を実施し、17年度末に累計で都心4処理区の約半分に当たる7959㌶の整備を完了させる。

また、下水道管内の水位が高いなどの理由により再構築工事を行うことが困難な幹線については、先行して下水の流れを切り替えるために必要な代替幹線の整備等を進めていく。

水再生センターやポンプ所においては、定期的な点検・調査に基づく補修や腐食対策などを行うことで可能な限り延命化し、機能向上が必要な施設から再構築を行っていく。

○浸水対策（395億円）

都市化の進展によって地表から下水道へ流入する雨水の量が増加しており、雨水排除能力が不足している地域がある。とりわけ、近年は局地的な集中豪雨が多発しており、浸水被害が発生している。

このため、「東京都豪雨対策基本方針」に基づき、区部全域で時間50ミリ降雨への対策を進めることを基本とし、くぼ地や坂下など浸水被害が発生しやすい地区への対策を重点化して施設整備を実施していく。

浸水対策における75ミリ施設整備のイメージ図

時間75ミリ降雨
水位を地表面以下に低下
放流先河川
既設の下水道管
既存の下水道管と新たな対策幹線で1時間75ミリ降雨に対応
増強幹線

さらに、大規模地下街や甚大な被害が発生した市街地においては、雨水整備水準を時間75ミリにレベルアップし、取り組みを強化する。17年度は地下街対策を「上野・浅草駅地区」など5地区で、市街地対策を「文京区千石、豊島区南大塚地区」など4地区で実施する。

これらの対策を着実に推進するため、17年度は建設事業費を前年度対比で88億円増額した。

これらのハード整備に加えて、スマートフォン対応機能やGPS連携機能を追加した「東京アメッシュ」により、精度の高い降雨情報を提供するなど、ソフト対策についても充実を図っていく。

○震災対策（286億円）

首都直下地震などの地震や津波への震災対策を推進することで、下水道機能を確保するとともに、緊急輸送道路などの交通機能を確保していく。

ターミナル駅や災害復旧拠点、広域的な避難を要しない区域である地区内残留地区などを対象として、下水道管とマンホールの接続部の耐震化や、液状化によるマンホールの浮上抑制対策を更に推進する。

水再生センターやポンプ所については、想定される最大級の地震動に対し、震災後においても必ず確保すべき機能を維持するための耐震対策を進めていく。

○合流式下水道の改善（114億円）

雨天時に合流式下水道から河川や海などへ放流される汚濁負荷量を削減するため、降雨初期の特に汚れた下水を貯留する施設の整備を進める。

併せて、既存の施設の改造により早期に導入可能で、汚濁物を効率的に除去する高速ろ過施設を整備する。

○高度処理（3億円）

東京湾や隅田川などの河川に放流される下水処理水の水質をより一層改善し、赤潮発生要因の一つである、窒素とリンを削減する高度処理を推進する。

具体的には、既存施設の改造により水質改善効果を早期に高めることができる準高度処理施設を整備していく。

また、適用可能な施設には、これまでの高度処理と同等の水質で2割以上の電力削減が可能な新たな高度処理の導入も進めていく。

更生工法による幹線再構築

■維持管理事業

予防保全を重視した維持管理を行い、道路陥没や機器の故障などを未然に防ぐとともに、定期的な調査や計画的な補修などにより延命化を図ることで、将来にわたって下水道機能を安定的に確保していく。

◆区部下水道事業における主な新規着手、完成施設

【新規着手】▽駒形幹線（老朽化対策及び雨水排除能力増強）▽銭瓶町ポンプ所（常盤橋街区再開発事業に伴う再構築）▽上沼部雨水幹線（浸水対策50ミリ施設整備重点地区）▽落合水再生センター高速ろ過施設（合流式下水道の改善）

【完成施設】▽南大泉地区主要枝線（浸水対策50ミリ施設整備重点地区）▽矢口ポンプ所（施設の耐震対策）▽三河島水再生センター雨天時貯留池（合流式下水道の改善）▽新河岸水再生センター準高度処理施設

流域下水道事業の主要施策

■建設改良事業

流域下水道事業については、142億円の建設事業費と26億円の改良事業費を計上した。主要施策のうち、老朽化施設の再構築、震災対策及び高度処理は、区部と同様に事業を着実に推進するとともに、次の施策を実施していく。

○単独処理区の編入（15億円）

八王子市など市が単独で下水道事業を実施している処理区では、敷地が狭隘であることから、施設の更新などへの対応が困難な状況にある。

このことから、都の流域下水道に編入することにより、多摩地域の下水道事業経営の効率化と水環境の向上に取り組んでいく。

■維持管理事業

多摩川を挟む二つの水再生センター間を結ぶ連絡管の相互融通機能の活用などにより、効率的な維持管理を行っていく。

◆流域下水道事業における主な新規着手、完成施設

【新規着手】▽浅川水再生センター高度処理施設（新たな高度処理）▽八王子水再生センター発電設備（単独処理区の編入関連施設）

【完成施設】▽清瀬水再生センター準高度処理施設▽南多摩水再生センター小水力発電設備

エネルギー・地球温暖化対策（区部・流域合計114億円）

エネルギー使用量削減については、下水道事業におけるエネルギー基本計画である「スマートプラン2014」に基づき積極的に推進する。

また、温室効果ガス排出量の削減については、新たに策定した下水道事業における地球温暖化防止計画「アースプラン2017」に基づき、取り組みを加速していく。

エネルギー・地球温暖化対策の具体的な取り組みとしては、太陽光発電や小水力発電など再生可能エネルギーをより一層活用するとともに、エネルギー自立型の焼却システムの導入など、省エネルギーを更に推進していく。

太陽光発電設備

下水道サービスの更なる向上を目指して

東京の下水道は、明治17年の神田下水の建設から130年以上の歳月をかけて整備を行い、この間、都市に不可欠なインフラとして、24時間365日、都民生活を支え続けてきた。

さらに、2020年東京オリンピック・パラリンピックの開催とその後の東京の在り方を見据え、更なる安全・安心の確保、良好な水環境の形成に向けた取り組みも求められている。

これまで培ってきた技術やノウハウを継承、発展させ、主要施策の着実な推進を図っていくとともに、最少の経費で最良のサービスをお客さまに安定的に提供していく。

今後とも、下水道サービスの更なる向上を目指し、職員一丸となって取り組んでいく。

老後破産寸前に追い込まれ

セカンドライフのイメージ

退職後のリアル

しくじり都庁OBの教訓①

セカンドライフの入り口で三つの大きな失敗をした。その第一は、セカンドライフを〝老後〟と勘違いして、完全リタイアを前提にしたライフプランを立ててしまったことである。いつの間にか頭の中に住み着いた〝老後は田舎でのんびりと暮らす〟という思いにとりつかれ、完全に仕事を離れて晴耕雨読の日々を夢見たことの失敗である。

第二は、そのライフスタイル計画に基づく家づくりでのつまずきである。私は、これまで農業とは全く無縁な生活をしてきた。完全な田舎生活ができないことは初めから承知していたので、都会と行き来できる「半田舎生活」という生活スタイルを描いていた。

そこで温暖な気候という条件を加味して東京から1時間圏内の熱海の地を候補として選んだ。幸いバブル時代に別荘地として造成されたという、当時はとんでもない金額で取引されていた物件を格安で手に入れることができ、夢の実現への大きな第一歩を踏み出した。

ところが、熱海湾一望、温泉権付、夏になれば花火が家の正面に上がるという80坪の土地に幻惑されて、簡単には家を建てられない土地を購入してしまう大失敗をしてしまった。

そして、第三の失敗は、そのやや難ありの土地に家を建てるために七転八倒の揚げ句、老後生活の資金をすべて使い込んでしまったことである。その結果、まさにセカンドライフの入り口で、今流行の（？）老後破産寸前に追い込まれることになってしまった。

■人生80年時代

人生80年、誰もが否が応でも定年退職後のライフスタイルを考えざるを得なくなってきている。その際の戸惑いに共通しているのはやはり老後のライフプラン、特に経済的な面での不安である。

公務員とはいえ、生活パターンはいろいろで、一概には言えないが、もはや年金だけで残りの20年をそれなりの安心した生活を過ごすのは難しいことははっきりしてきている。喧伝されているように、年金制度の現状維持は難しくなりそうなことをはじめとして経済的な不安は尽きない。

退職金をまるまる残していても目減り生活を経済的にうまくコントロールしていくのはかなり難しい時代になりそうだということも言われ始めている。こうしたマスコミの危機感をあおる風潮の影響が背景にはありそうである。

公務員ということで言えば、これまでは失業の不安もなく、そこそこの給料で人並みの生活をしてきた人が多いはずだ。その意味で、これまでは生活の危機感を持ったことが少ないだけに、未知の世界への不安は大きいことになる。いまだかつて経験したことがないだけに、どうしたらいいか分からずに立ち尽くしているということだろう。

今後の年金事情にも不安があるなどと言われれば、定年後の生活は、これまでのように安泰というわけにはいかない。たしかに、これからの時代は、私の経験した時代以上に厳しくなることは間違いないだろう。

こうした経済的な不安についての対応は、既に書き尽くされている感もあるが、それ以上に大切なことは、セカンドライフへの心構え、ライフスタイルをどのようにイメージするのかということのような気がする。あらためて言うまでもないことだが、人生80年時代になり、残された時間は決して短くはない。

◇

退職を1年後に控えた03年、私は自分の退職後の生活を具体的にイメージするために、職場の迷惑を顧みずに、アメリカへの少し長めの旅を計画させてもらった。オレゴンでのアメリカ退職生活者たちとの交流でいろいろヒントを得て、自分の老後生活を設計することが目的の旅だった。

そして、そんな顛末を機会を得て本紙に書かせてもらった。タイトルは『退職後生活への戸惑い』。まさにその通り、私はそんな目的で旅をしたにもかかわらず、戸惑いを抱え込んだまま帰国して、中途半端な気持ちのままで退職生活に突入してしまった。

本稿はあれから13年、中途半端な気持ちで退職を迎えてしまった私の、その後の顛末について書かせてもらおうという、いわば続編でもある。こんな文章を書くことを思い立ったのは、最近いろんな機会に現役の皆さんから退職後の生活について聞かれることがめっきり多くなったからである。

セカンドライフはいわゆる老後などという残された時間ではなく、まさに第二の人生であり、明確な人生設計がなければ乗り切れないような気がする。そのイメージを欠いたままセカンドライフに突入してしまった「しくじり先生」が自身の経験を含めて、皆さんのセカンドライフの「転ばぬ先の杖」にして頂ければと思っている。

（労働ジャーナリスト　金子雅臣）

※都職員として労働相談に長く携わってきた金子氏に寄稿をお願いした。火曜日号掲載（編集部）

都庁職定期大会

「都民本位の都政を」

17年度運動方針を確認

都庁職は14日、都庁職大会議室で定期大会を開き、2017年度の運動方針などを確認した。

関根範明執行委員長は、昨年の賃金闘争を振り返り、行（一）1級の号給カットや扶養手当の見直しなどを「賃金・労働条件の改善のために、こうした不当な勧告を許さない取り組みが必要」と述べた。また、3月に予定されている退職手当支給水準見直しに関する民間実態調査結果の発表に対し、「厳しい内容が予測される。今年の大きな課題になる」と懸念を示した。

また、自衛隊の南スーダンPKO派遣や、安倍政権が今国会での成立を目指す改正組織犯罪処罰法について言及。「日本を戦争ができる国にする動きが強まっている。改憲への並々ならぬ意欲も見せている」と警戒心を示した。

都政改革を進める小池知事に対しては、「『自律的改革』と言いながら、上から職員や都民に押し付けるトップダウンの改革でしかない」と指摘。「都政に必要なものは失墜した都民の信頼の回復で、都民本位の都政が一層重要になっている」と強調した。

一方、職員に対しては「舛添前知事の辞任や豊洲移転問題、五輪競技会場見直しなどで職場は混乱を極めたが、組合員は一日たりとも都政を停滞させないよう奮闘した」と敬意を表した。

17年度運動方針については、例月給1万8千円以上の賃上げや人事制度民主化・超勤縮減の取り組みなどを掲げた。

午後8時完全退庁などの超勤縮減策の実態の検証を進めるほか、36協定改定交渉については、政府の働き方改革実現会議の状況にも触れながら、労災認定上の過労死ラインを上回る超勤上限の改善に最優先で取り組むとした。3月から都が試行している昼休み分散化やテレワークなどについては、今後も問題点の解明に取り組む。

定期大会開会のあいさつをする関根委員長＝14日、都庁第二本庁舎で

「全区で係長職拡大を」

行政系人事制度で要請

特区連

特別区の行政系人事制度の見直しを巡って、特区連の執行部と23区職労委員長は15日、副区長会役員に対し、係長職の過重負担軽減に資する係長職の拡大を要請した。

要請では、区長会が係長職の拡大と「新たな主任」について、「各区が決定すべきもの」としていると指摘。「『係長職を補佐する職』が『係長職への昇任を前提とした職』である必然性はない」「管理監督職が不足している中で、昇任者数の必要数を算出する意味はない」と主張し、「全体として新2級職制度改正の目的を見いだすことができない」と厳しく批判した。

これに対し、副区長会側は「係長職の適正な確保は、各区の実情により判断するものであり、統一交渉で一律に整理するのは困難」との認識を示しつつ、「特別区の管理監督層が他の自治体と比べて低い構成比となっていること、係長職の拡大が係長の負担軽減につながることを踏まえると、要求について重く受け止め、検討を深めたい」と答えた。新2級職に関しても、「重く受け止める」と述べ、検討を続ける考えを示した。

首都大中期計画

都市教養学部など再編へ

文科省の入試改革に対応

首都大学東京の組織再編（案）

現行	再編後（2018年度～）
都市教養学部 都市教養学科　人文・社会系（社会学コースなど）	人文社会学部　人間社会学科、人文学科
法学系（法律学、政治学コース）	法学部　法学科（法律学、政治学コース）
経営学系（経営学、経済学コース）	経済経営学部　経済経営学科（経済学、経営学コース）
理工学系（数理科学コースなど）	理学部　数理科学科、物理学科、化学科、生命科学科
電気電子工学コースなど	
都市政策コース	
都市環境学部	都市環境学部
システムデザイン学部	システムデザイン学部
健康福祉学部	健康福祉学部

公立大学法人首都大学東京はこのほど、第3期中期計画（案）を策定した。

重点方針として①グローバル社会で活躍できる人材の育成②都が設立した法人の特色を生かした教育研究③法人運営基盤の強化――を掲げ、2大学1高専の取り組みをまとめた。計画期間は2017～22年度の6年間。

首都大では18年度、全部局でカリキュラムを再構築する方針を明示。学生の教育・研究内容が分かりやすくなるよう、都市教養学部を①人文社会学部②法学部③経済経営学部④理学部――の4学部に再編する。工学分野（電気・機械）は再編・統合してシステムデザイン学部に組み入れ、都市政策科学分野は都市環境学部に「都市政策科学科」として再構築する。

事務局は「1年次の『基礎ゼミ』や全学共通科目など、分野横断的に学ぶ仕組みは残しながら、社会に適応させていきたい」と説明した。

17年度には教学IRに基づく入学者選抜方法を検証・改善する「アドミッション・センター」を新設。文部科学省の大学入試改革に対応する。また、学生が授業をサポートする「ティーチング・アシスタント（TA）」を年間延べ1千人以上配置するとともに、主体的な学びを引き出す「アクティブ・ラーニング」の導入を推進するとした。

グローバル化にも力を入れる。留学ガイダンスや英語講座など留学促進策を推進し、1350人程度を海外に送るほか、国費留学生の受け入れや短期プログラムを充実させ、在籍留学生数を全学生の約1割に相当する900人程度に拡大する。

その他、東京オリンピック・パラリンピックを見据え、ボランティアリーダーの育成や機運の醸成にも取り組む。

また、産業技術大学院大学（産技大）では18年度を目途に、社会のニーズが高い企業の新規事業開発や起業・創業を担う人材育成のカリキュラムを開発する。研究科には「カリキュラム委員会」を設け、分野横断的な授業科目の新設を含め、カリキュラム全体を見直す。

同大学で特徴的な「PBL型（プロジェクト・ベースド・ラーニング＝課題解決型）教育」に関しては、これまでのノウハウを体系化し、広報や企業への働き掛けを強化するとした。

都立産業技術高等専門学校（産技高専）では、実践的な知識・技術の習得に向けた新たな職業教育プログラムを実施する。

情報セキュリティー技術者育成プログラムでは18年度に、航空技術者育成プログラムは19年度に、それぞれ第1期生を輩出する予定。コース横断のエンジニアリングデザイン教育やアクティブ・ラーニングの推進により、課題発見・解決型の教育を行う。

7割が定期的に服薬

慢性疾患児童で調査

都福祉保健局

慢性疾患を抱える児童のうち、約7割が医療的ケアや日常生活で介助を必要とせず、約9割が学校や職場にほぼ毎日出席・出勤している一方、約7割が医師の処方で薬を定期的に使用していることが、福祉保健局の実態調査で明らかになった。

がんや内分泌疾患、慢性心疾患、糖尿病などの病気を抱える児童の保護者6690人を対象に、生活実態や支援ニーズなどについて聞き、2579件の回答を得た。

児童の学校生活に当たり、保護者の約6割が困りごとや心配が「ある」と回答。内容は体調・健康管理が約7割を占め、周囲の理解、学校行事、学習面、進学がそれぞれ4割で続いた。就労についても約8割が困りごと・心配が「ある」と答え、内容はやはり体調・健康管理が約8割、対人関係が約4割に上った。

相談先が「ない」と回答したのは約2割。「相談先を知らない」との理由が8割弱を占めた。障害福祉サービスを利用していない人の約4割はその存在を知らなかった。

児童の育成・自立のためのニーズとしては①疾病・治療に関する情報②相談窓口③福祉サービスに関する情報④学校や職場などの理解⑤状況に応じたサービスの利用計画・調整――が上がった。

同局では「疾病・治療情報、身近な相談窓口の情報を正確で分かりやすく集約・整理し、提供することが必要」（家庭支援課）としている。

組織のメリとハリ⑤

17年度都職員定数

パラリンピック部新設

五輪準備局

局定数265人（75増39減、差し引き36増）

2020年東京大会準備の本格化と19年ラグビーワールドカップ（W杯）の準備に伴い、36増となった。内訳は、オリンピック・パラリンピック関係が29増、ラグビーW杯を含めたスポーツ振興が7増。

組織改正ではパラリンピック部を新設し、5部体制に拡充する。同部は調整課と障害者スポーツ課の2課体制で、東京パラリンピック競技大会に関する企画調整及び障害者スポーツの振興を担う。

各部の定数は総務部29、総合調整部71、パラリンピック部28、大会施設部89、スポーツ推進部48となる。

これまで五輪準備では競技会場の整備に重点が置かれていたが、来年度は整備後の開設準備や大会運営準備で人員を措置したのが特徴。新規施設開設準備などで5増とした。また、大会時の「都市オペレーションセンター」の設置の検討や、観客の輸送を含めた大会運営と都市機能の維持の両立に向け、人員を措置した。

ボランティアに関しては来年度、具体的な募集管理システムの開発に入る。来年度末に募集を開始するラグビーW杯の都市ボランティアは、20年大会の「先行募集」という形で連動して準備を進めることとしており、業務量の増に2人を充てる。

また、ラグビーW杯では主会場の東京スタジアム（調布市）周辺の交通アクセス対策や「ファンゾーン」の設置場所の決定などを予定し、スポーツ推進部に人員を措置した。

一方、減要因ではリオデジャネイロ大会の終了に伴い、総合調整部で2減など。

中嶋初史担当部長（総務課長）は「来年度は、運営面を含めて本格化する20年大会、ラグビーW杯の準備に向け、共に必要な人員措置をいただいた。また、パラリンピック部を新設し、大会成功に向けて一層の開催機運を盛り上げていく体制を整えることができた。引き続き準備を着実に進めたい」と気を引き締める。

なお、大会組織委員会への派遣も増やす方向だが、人数は調整中。

現場の執行体制を強化

建設局

局定数2411人（36増20減差し引き16増）

主な増要因としては、東京五輪開催に向けた執行体制強化として、第一・第五・北多摩南部建設事務所で各1増とし、競技会場や主要駅周辺などの道路のバリアフリー化、英語標識の設置などの整備をする。また、五輪競技会場となる葛西臨海公園（江戸川区）、夢の島公園（江東区）、潮風公園（品川区）整備のため東部公園緑地事務所で4増とした。

防災関連事業では、第三建設事務所に3人を措置した。集中豪雨による河川の氾濫を防ぐため、神田川・環状七号線地下調節池と白子川地下調節池間を地下トンネルで連結し、広域調節池を整備する。木密地域では、延焼を遮断する特定整備路線の整備を進めるため、第三・第五・第六建設事務所に各1増とした。

無電柱化事業については、道路管理部安全施設課に2人措置した。災害時の電柱倒壊による電力・通信サービスの停止や緊急輸送道路の閉塞を防ぐとともに、都市の景観の改善も図る。

一方、減要因としては中央環状品川線関連街路事業の収束により、執行体制の見直しで1減とした。

園尾学職員課長は「厳しい人員精査を求められたが、五輪準備や防災対策にかかる増員はなされ、現場体制強化の必要性は一定程度認められた。実行プランの実現や大会後も見据え、現場と一体となって局事業を推進していく」と話した。

建設支部の秋山孝之支部長は「局全体では16増だが、時限かつ実施困難を伴うもので、業務量に見合った増員ではない」と批判。「更なる超勤増大とならないよう検証しつつ、木密地域における特定整備路線など、事業の困難性に見合う定数の確保を求める」と話した。

首都大でも国歌斉唱を

多摩振興で住民対話

都議会予算特別委（16日）

【国歌斉唱】　小池知事は、首都大学東京や都立看護専門学校の入学式・卒業式で「国歌斉唱が行われることを望みたい」と話し、国旗国家法の趣旨を踏まえた対応に言及した。松田康将氏（自民）の質問に答えた。独立行政法人の首都大や都立看護学校には国旗の掲揚と国家の斉唱を定めた学習指導要領の適用が及ばず、現在は国歌斉唱が行われていない。

【防災アプリ】　都は来年度『東京防災』の活用につながるアプリを開発するため、民間の意見やアイデアを取り入れて開発を進める。多羅尾光睦総務局長は、多くの自治体が防災アプリを配信している状況を踏まえ、「都が作成するに当たっては、既存のものの長所・短所を踏まえ、差別化を図る必要がある」と説明した。浅野克彦氏（東京改革）への答弁。

【企業主導型保育所】　藤田裕司産業労働局長は、今年度から国が開始し、認可並みの助成が受けられる企業主導型保育事業の認知度を向上させるため、企業からの相談に対応する窓口を開設して一貫したサポートを行う。栗林のり子氏（公明）に答えた。窓口では保育所設置のメリットや既存保育所の見学会で企業の不安や疑問を解消する。

【多摩振興】　清水秀子氏（共産）は多摩振興に当たり、知事による住民との対話集会開催を要望した。知事は公約に「多摩格差ゼロ」を掲げており、今後「多摩の振興プラン（仮称）」を策定する予定。「地域の方々との意見交換やパブリックコメントなどにより、幅広く都民の声に耳を傾ける」と応じた。

■契約事務で緊急点検

都総務局は16日、工事契約事務を緊急点検した結果、小笠原支庁で新たに、非公表の単価情報を業者に提供した事案があったと発表した。「起工担当者と業者との間に金品の授受はない」という。

点検は、同支庁が誤って都営住宅補修工事の予定単価情報を業者に提供したことを受け、同局が15、16年度に発注した全工事を対象に実施した。

◆都退職

23日付

【課長級】▽青少年・治安対策本部総合対策部ITS担当課長　野村宏之

31日付

【部長級】▽都市整備局担当部長＝特命　土橋秀規

五輪への航海図 163

TOKYO 2020

開催まで あと1221日

奉仕の現場で㊦

無関心から活動へ

ボランティア経験のない学生を対象に行われた体験プログラム「1dayボランティア」。路上生活者への炊き出しや森林の環境保全などの5種類から一つを選び、実際に活動してもらうことで壁をなくし、興味を持ってもらうのが狙いだ。

企画したのは首都大学東京4年生の水越智一さんら、同大学ボランティアセンターの「学生コーディネーター」。学生の立場で、学生の活動を支援して1年、同センター創立1周年記念のシンポジウムで、これまでの活動成果を発表した。

水越さんらは、学生の興味・経験の有無などでターゲットを絞り、「1dayボランティア」のほか、福島県の今を伝え、被災地での活動に興味を持ってもらう「ふくしまレポート」の発表、ボランティア団体と学生をつなげる「サマボラ!2016」など、様々な企画を行ってきた。水越さんは「五輪までに、無関心な人から、実際に参加する人に変えていきたい。今後は、地域を巻き込んだイベントなどで働き掛けを強めたい」と意気込む。

「1dayボランティア」では地域の住民と協力して炊き出しをした＝首都大学東京ボランティアセンター提供

都生活文化局の調査によると、回答した都民の約半数がボランティアに関心を持っているのに対し、実際に1年間で活動したのは約2割にとどまり、中でも20代は約1割と少ない。

首都大のシンポジウムでは、無関心な人や関心はあっても活動しない人たちをどう引き込むのかについて議論。（公社）東京都障害者スポーツ協会の横田篤志さんは「障害者スポーツの町内大会などを開き、身近なところから楽しさを広げていけば活動に消極的な人の参加にもつながるのでは」と提案し、日野市ボランティア・センターの宮崎雅也さんは「友達に誘ってもらうことや、大学のプログラムへの参加がきっかけになる。後押しをするといい」とアドバイスした。

シンポジウムで学生から上がった「障害者は全く分からないし、壁を感じる」という意見を変えるには「同じ学生の『楽しい』という声が有効になる」と、同大学の室田信一准教授（社会福祉学）は話す。五輪開催に向け、学生間のボランティアの広がりが鍵になりそうだ。

主任試験講座 平成29年度 25

都政実務 ②

※おことわり
前回から都政実務の講座が始まりましたが、第2回を先に掲載しておりました。お詫びして訂正し、第1回の内容を今回掲載いたします。

はじめに

全8回にわたって「都政実務」について勉強します。

都政実務の出題数は、平成29年度から出題構成が変更となり、都政事情と合わせて20問（都政実務13問程度、都政事情7問程度）となります。これまで同様に、択一試験の中で最も大きな割合を占める科目のため、この科目で確実に得点することが、合格への必須条件です。

都政実務は、内容の一部が地方自治制度や地方公務員制度と重複するなど出題範囲が広く、学習には多くの時間と労力が必要になりますが、その内容は都職員として理解しておくべき事柄ばかりです。

また、出題傾向を把握して学習することで、高得点を狙える科目です。過去の出題傾向をよく理解するとともに、日々の業務との関連等を考えながら学習を進め、職員としての基礎能力の向上につなげてください。

出題傾向

過去10年間の出題分野は下表のとおりです。同じ分野から繰り返し出題されていることが分かります。特に「人事」「文書」「財務」の分野は例年、出題数全体の約3分の2を占める重要分野です。重点的に勉強することで、効率よく得点につなげていきましょう。

また、平成18年以降、「組織広報その他」の分野から、「都庁のIT化と都政」と「仕事の進め方」に関する問題が毎年出題されています。「都庁のIT化と都政」は「情報セキュリティ対策」から、「仕事の進め方」は「問題解決のための技法」からの出題が多いので、出題構成の見直しの中では「人事」「文書」「財務」等の出題分野を中心に出題するとされておりますが、都職員として把握しておくべき分野ではありますので、ポイントを確認しておきましょう。

勉強の進め方

都政実務の問題は『職員ハンドブック』から出題されますので、最新の職員ハンドブックを必ず用意してください。

よく聞く勉強方法は、職員ハンドブックを分野ごとに切り分け、マーカーを引きながら読み込むというものです。しかし、その分量は多いため、初めから職員ハンドブックを読んで暗記する方法は効率的ではありません。

まずは、問題を実際に解いてみることをお勧めします。前述のとおり、試験では同じような問題が繰り返し出題されています。そのため、最初に過去問や問題集を確認し、問題のイメージや問われるポイントをつかむことが大事です。

問題ごとに職員ハンドブックの該当部分を読み、選択肢の一つ一つの正誤について、その理由を確認してください。「問題を解く」→「職員ハンドブックを確認する」という流れを繰り返すことで、理解を深めていくことができます。試験範囲を網羅した問題集を一冊準備し、この流れを3回繰り返すことを目標にしましょう。

また、問題の解答を読む際には、『都政六法』若しくは『地方自治小六法』、またはインターネット等で条文を確認し、理解を深めてください。これにより、法律等を確認する癖を身に着けられ、普段の業務にも生かすことができます。

なお、問題演習には、『東京都主任試験ハンドブック』（都政新報社）が便利です。ぜひ多くの問題を解くようにしてください。

さらに、出題分野の関連項目の中では、直近の実績や取り組み状況が東京都ホームページに掲載されるものもあります。これらについても、その内容を確認し、最新の情報を得るようにしましょう。

それでは、出題分野に沿って実際に例題を解いてみましょう。今回は「都の行財政」関係の問題です。

問題

【問題 1】
都の組織に関する記述として、妥当なのはどれか。

① 特別委員会は、必要があるときに議会の議決で設け、原則として会期中に限って、議会の議決により付議された事件を審査する。

② 議会の議長及び副議長の辞職には議会の許可が必要であるため、議長及び副議長は、議会閉会中は辞職することができない。

③ 議会運営委員会は、公聴会の開催及び参考人からの意見聴取を行うことができない。

④ 議会には九つの常任委員会が置かれており、議会の閉会中には、その活動が行われることはない。

⑤ 議員は、衆議院議員・参議院議員・他の議会の議員を兼ねることが禁止されているが、地方公共団体の常勤の職員を兼ねることは禁止されていない。

【問題 2】
地方財政に関する記述として、妥当なのはどれか。

① 国から地方公共団体に交付されている国庫支出金は、その使途が特定されていない。

② 市町村税のうち、法定外普通税・目的税については、その新設または変更に当たっては、あらかじめ財務大臣に協議し、同意を得なければならない。

③ 地方債を発行することができる事業は、地方公共団体の実施する事業であれば制限がない。

④ 地方交付税の財源である国税は、所得税、法人税、酒税、消費税及びたばこ税である。

⑤ 地方公共団体の一般財源である地方特例交付金は、地方交付税が交付されている団体には交付されない。

解説

【解説 1】 正答①

① 正しい（職員ハンドブック100㌻）。

② 誤り。副議長は、議会閉会中は議長の許可を得て辞職することができる（職員ハンドブック99㌻）。

③ 誤り。常任委員会と同様に、公聴会の開催及び参考人からの意見聴取を行うことができる（職員ハンドブック100㌻）。

④ 誤り。閉会中も引き続いて審査・調査させる必要のある事件については、議会の議決により付議されれば、閉会中でも審査・調査することができる（職員ハンドブック99㌻）。

⑤ 誤り。議員は、地方公共団体の常勤の職員を兼ねることを禁止されている（職員ハンドブック99㌻）。

【解説 2】 正答④

① 誤り。国庫支出金は、その使途が特定されていることに特徴がある（職員ハンドブック130㌻）。

② 誤り。あらかじめ総務大臣に協議し、同意を得なければならない（職員ハンドブック127㌻）。

③ 誤り。地方債を発行することができる事業は原則として、効果が後世の住民に及び、住民負担の年度間調整を図ることが公平と認められる事業に限られている（職員ハンドブック129㌻）。

④ 正しい（職員ハンドブック128㌻）。

⑤ 誤り。地方交付税の不交付にかかわらず交付される（職員ハンドブック129㌻）。

※主任試験講座で参照としている職員ハンドブックの頁は2015版に対応しています。

過去10年の出題分野

分野	19年	20年	21年	22年	23年
都行財政	行政委員会 都財政（都税等）	都制度	都と市町村 公会計制度改革 都財政	都の組織	行政委員会
人事	旅費	定年制	任用	給与	手当
	休日休暇	セクハラ	旅費	勤務時間	旅費
	公務災害補償	研修	休暇	人事考課制度	公務災害補償
	在籍専従	職員団体	厚生福利	職員団体	研修
文書	公告	文書等の収受等	文書の概念・機能・種類	用字・用語	事案決定
	秘密文書の処理	文書の管理	事案決定	文書の管理	印刷物規程・図書類規程
財務	決算	特別会計	収入手続	予算	決算
	一般競争入札の手続き	収入及び支出		決算	収入及び支出
	行政財産	契約締結	物品	契約	一般競争入札
		普通財産		財産	債権
組織広報その他	来客への応対	名刺受け渡しマナー	広報・広聴	応対マナー	広報・広聴
	組織形態	職場内コミュニケーション	組織原則	個人情報保護	組織原則
	パレート図	問題解決技法	問題解決	アロー・ダイヤグラム	問題解決
	電子都庁推進計画	都庁のIT化	情報セキュリティ	都庁のIT化	今後のIT化取り組み施策

分野	24年	25年	26年	27年	28年
都行財政	都と特別区	東京の歴史	行政委員会 都財政（都税等）	都と特別区	区市町村の人口と面積
人事	人事考課制度	特別職と一般職	手当	給与	一般職と特別職
	給与	任用制度	旅費	研修	勤務時間
	旅費	勤務時間	公務災害補償	休日休暇	厚生福利制度
	休日休暇	職員団体	人事考課制度	汚職防止	人事考課制度
文書	起案と供覧	事案決定	文書管理規則	文書管理規則	事案決定
	公告	文書管理規則	印刷物規程・図書類規程	用字・用語	公印
財務	予算	予算	収入	決算	公会計制度
	収入	決算	契約	都の支出	予算
	契約	一般競争入札	債権	一般競争入札	契約
	物品	行政財産		物品	会計の検査、監督
組織広報その他	情報公開制度	個人情報保護制度	広報・広聴	応対マナー	情報公開制度
	組織原則・組織形態	組織原則	組織形態	職場内コミュニケーション	組織原則・組織形態
	情報セキュリティ	都庁のIT化	問題解決技法	PDCAサイクル	問題解決技法
	問題解決	問題解決技法	情報セキュリティ	都庁のIT化	都庁のIT化

カレントトピックス 29年度 25

社会事情

■車の任意保険料1割値下げ　（2月19日）

交通事故の減少を踏まえ、任意加入の自動車保険料が2018年から約1割程度安くなる見通しになった。損害保険各社でつくる損害保険料算出機構が今春にも、任意保険などの保険料を決める基準「参考純率」を引き下げる方向で調整を進めている。参考純率の引き下げは14年ぶりとなる。

参考純率に関しては、同機構が平均8%程度の引き下げを検討し、5月までに正式に決定する。これを受け、損保各社は参考純率に経費を加えて保険料を決め、値下げする。例えば、乗用車は年7万5千円ほどの保険料が7千円ほど安くなる見通し。

警察庁の発表によると、人身事故件数は、ピークを迎えた04年の約95万件から15年には約54万件まで減少しており、損保各社の保険金支払いが減少傾向にある。17年度には自動車保険業界全体の保険金支払いが、保険料収入を1割超下回る見通しになっている。

同機構は今年4月、法律で加入が義務づけられている自動車損害賠償責任保険を平均6・9%安くするとともに、自動ブレーキ搭載車の参考純率を18年から9%割り引くことも決めている。乗用車の1~2割を占める自動ブレーキ搭載車に関しては、さらに保険料が安くなる可能性がある。

■2016年男女間賃金格差が最小　（2月22日）

厚生労働省は2016年の賃金構造基本統計調査を発表した。同調査では、フルタイムで働く女性の基本給に当たる所定内給与（平均）が前年比で1・1%増の24万4600円となり、過去最高を更新した。一方、男性が前年と同水準の33万5200円だったことから、男女間の賃金格差は2年ぶりに過去最小を更新した。

国は従業員10人以上が働く全国約5万事業所を対象に、昨年6月の所定内給与を調査した結果、男女の平均は前年と比べ横ばいの30万4千円だった。男性の給与を100とすると女性は73・0で、比較可能な1976年以降で男女差は最小。課長級・部長級を合わせた役職者に占める女性の割合は過去最高の9・3%となったのを受け、女性の給与平均を押し上げる要因となった。

雇用形態別では、正社員が前年比0・2%増の32万1700円、非正社員は3・3%増の21万1800円。正社員を100とすると非正社員は65・8となり、正社員と非正社員の賃金格差は2年連続で過去最小を更新した。正社員の給与が伸び悩む一方で、人手不足などの影響で賃金水準が低い女性や非正社員の給与が伸びたことで格差が縮まった模様。

■北朝鮮人のビザなし渡航廃止　（3月2日）

マレーシアのザヒド副首相兼内相は、北朝鮮国民に対するビザ（査証）なし渡航制度を6日から廃止する方針を明らかにした。ビザなしの渡航は両国の友好の象徴だったが、北朝鮮の金正男氏殺害事件を巡り、マレーシア警察の捜査を批判する北朝鮮に事実上の報復措置を発動した。

北朝鮮はマレーシア警察の捜査を「信用できない」などと批判。警察が重要参考人としている在マレーシア北朝鮮大使館の2等書記官に対する警察の面会要請に応じないことなどから、ナジブ政権が対応を検討していた。

マレーシアは2009年に北朝鮮との間でビザなし渡航を開始。北朝鮮にとってビザなし渡航が可能な数少ない国の一つだが、従来から工作活動の拠点になりかねないとの懸念があった。政府はビザ取得を義務づけて、北朝鮮の入国者のチェックを強める考えだ。

「報復措置」としてビザなし渡航の廃止が決まった背景には、経済的影響が少ないこともある。11年に北朝鮮国営の高麗航空が平壌とクアラルンプール間で直行便を就航させたが、国連の対北朝鮮制裁決議で14年に運航を中断している。マレーシア政府によれば、北朝鮮からの旅行者数は昨年736人にとどまっている状況。

29年度 主任・係長 論文講座 25

特別区主任主事選考

平成29年度の主任主事昇任選考を受けられる方々は、年度末の多忙な合間を見つけて、試験の対策準備を進めているところでしょうか。

今回は、具体的な論文対策としての最も基本的なテーマである「区政を取り巻く現状」と「特別区の現状と課題」について整理していきます。

近年、少子高齢化の急速な進展などを背景に、特別区は数多くの課題を抱えながら、厳しい経済状況の中で効率的な行財政運営を進めていかなければなりません。

また、国の地域主権改革によって自治体への権限委譲が進み、自治体が担うべき役割や責務は一層大きくなっています。

こうした状況の下、区職員の的確な状況把握がなければ、区政を円滑に進めることはできません。なかでも主任主事は、職場の中堅職員として係長を補佐しながら、係の仕事を率先垂範する立場にあります。その職責を果たすためには、実務に精通していることはもちろん、現在の社会状況を的確に把握し、その上で区政が直面する様々な課題に対して十分認識することが必要となります。

区政を取り巻く現状

◆背景

内閣府が公表した平成29年1月の月例経済報告では、「景気は、一部に改善の遅れもみられるが、緩やかな回復基調が続いている。先行きについては、雇用・所得環境の改善が続くなかで、各種政策の効果もあって、緩やかに回復していくことが期待される。ただし、海外経済の不確実性や金融資本市場の変動の影響に留意する必要がある」とされており、景気の先行きは依然として不透明で、厳しい状況にあるといえます。

一方、平成29年度地方税制改正等に関する地方財政審議会の意見では、「我が国の財政は、景気の回復により税収は増加傾向にあるものの、社会保障関係費の急増などにより、公的債務残高の累増が続く危機的状況にある。（中略）本格的な人口減少、超高齢社会を迎える中、地方自治体が身近なところで果たす住民サービスの需要は、今後ますます増加が見込まれる」とされています。

加えて、区政を円滑に推進し、区民に対して質の高いサービスを提供するためには、区政運営を担うべき人的な資源の確保と育成が重要な要素となりますが、多くの区では、豊富な知識と経験を併せ持つ職員が、この先も一定規模の割合で退職することとなり、組織力の低下が懸念されます。

◆着眼点と方向性

このような厳しい状況の中であっても、特別区は行政を担う基礎的自治体として、待機児童対策の拡充や子育て支援の充実、高齢者・障害者施策の推進、首都直下地震等に備えた防災・減災対策など、山積する行政需要に応えていかなければなりません。

さらに、多様化する社会情勢に伴って区民ニーズも複雑かつ多岐にわたり、従来の枠組みを超えた複合的で付加価値の高い行政サービスを提供していくことが求められます。

課題整理 ②

的確に対応した施策を展開するためには、効率的な区政運営に努め、限られた予算と人的資源を有効に活用し、最小のコストで最大の効果を作り上げていくことが重要となります。

特別区の現状と課題

◆現状

地方公共団体の自主性及び自律性を高め、個性豊かで活力に満ちた地域社会の実現を図るため、平成12年4月に地方分権一括法が施行されました。これは、国と地方の役割分担を明確にし、住民に身近な行政が、出来る限り地方公共団体において処理することを目的に定められたものです。これにより、従来の国と地方の上下・主従の関係から、新たに対等・協力の関係へと大きな転換が図られました。

そして、この平成12年の都区制度改革以降、現在、特別区が直面している喫緊の課題について整理していきます。

はじめに特別区の人口状況等を確認しましょう。まずは人口規模ですが、特別区の人口は927万人（平成27年国勢調査速報値）であり、一番大きな政令指定都市である横浜市（372万人、同速報値）と比べても、特別区が非常に大きな人口を抱えていることが分かります。このため特別区では、人々の暮らしも多種多様で、多くの区民ニーズへの対応に努めています。

一方で推移をみると、日本全体では既に減少に転じていますが、特別区は他地域からの社会移動が多く、2020年頃までは増加し、その後緩やかに減少に転じることが予測されています。しかし、緩やかとは言え人口構造の変化を伴う減少のため、多くの課題に対峙して、適切に区民の暮らしを支えていくことが求められます。

次に、少子高齢化対策です。特に、待機児童の問題では、早急な保育所の整備が求められており、国家戦略特区限定から全国解禁の流れとなった都市公園内での設置や国有地の活用など、検討すべき点を押さえるとともに、保育士の確保・定着も重要な課題です。

一方、高齢化の問題も大きな課題です。東京全体での65歳以上の高齢化率は、2050年には約37%になると見込まれることから、高齢者が住み慣れた地域で安心して暮らせるために、より一層の取り組みの強化が求められています。

また、最近の課題のひとつに、児童相談所の移管が挙げられます。経過を振り返ると、平成12年都区制度改革での移管実施に向けて、当初、都と区の間では児童相談所については移管する方向で合意されていましたが、国が「効率性の観点から区に移管するのは適当でない」との考えを示し、結果として移管は実現されませんでした。

その後、児童虐待の社会問題化などから、平成16年の児童福祉法の改正によって児童家庭相談の一義的な窓口を区市町村が担うことになりましたが、児童相談所の移管については都区協議が整いませんでした。しかし、平成28年に改正児童福祉法等が成立し、特別区においても児童相談所の設置が可能となり、更に政府が施行後5年をめどに、中核市・特別区が児童相談所を設置できるよう、設置に係る支援等を行うことが規定されました。

ただし、実現に向けては人材の確保や育成が懸念されており、都区の協力体制の構築が不可欠です。

最後に、オリンピック・パラリンピックの開催都市ならではの課題です。開催に向けて、更なる機運醸成に努め、区民とともに大会やスポーツの素晴らしさを分かち合う取り組みの強化が必要です。また、多くの来訪者を受け入れることになるので、開催前後の警戒態勢、環境保全、交通規制などに対して、都区の協力体制による対応が課題となっています。

◆着眼点と方向性

このように、特別区全体で共通している課題もある一方、各区で抱える固有の課題も多くあり、解決に向けての対応策や優先順位は各区によって異なります。区政の目指す方向を見据えて、自らの区が直面している課題や所属する部署で抱える課題を洗い出し、整理することが不可欠です。

主任主事としての役割

こうした課題を踏まえて、主任主事としての役割を実践するために重要なポイントを3点ほど挙げていきます。

1 係長の補佐役に

主任主事は、係長を補佐する立場にあります。

第一に、係長と十分な意思疎通を図ることが大切です。日々の仕事の中で、報告や連絡、相談の機会を積極的に持ち、係の目指す目標や課題、事務事業の進捗状況等をしっかりと共有することです。

第二に、係長の方針や考えを係員に十分に浸透させるため、係長と係員のパイプ役を果たし、係内の打ち合わせなど様々な機会を設けて活用することも大切です。

第三に、仕事を円滑に進めるために、他部署との関係についても適宜、連絡の調整を行い、関連する情報を積極的に集約し、係長が正確に判断するための補佐を努めることも必要となります。

以上のことを踏まえ、主任主事という立場は常に幅広い観点に立ち、係長を補佐しながら組織の力を最大限に発揮できるよう、最善を尽くすことが求められます。

2 活性化した職場づくり

職場を活性化させることは、仕事の効率を上げ、区民への行政サービスの質や職員の仕事に対する意欲の向上を図る土台になります。

活力ある職場をつくるためには職員同士が信頼関係を築き、円滑なコミュニケーションを図ることが必要です。

そのためには、日頃から係員の問い掛けに対して迅速かつ丁寧に応じ、同僚や後輩職員に対し自らの経験と知識に基づいた指導や助言を行い、お互いに何でも話し合える雰囲気づくりが不可欠です。

このような良好な関係を築いていくことで、係員相互の信頼関係や連帯感が生まれ、困難な課題に対しても積極的に取り組む、活気のある職場が形成されていきます。

3 事務事業の見直し

区として実施されている事務事業の中には、前例を踏襲しただけで見直しが行われないまま、漫然と実施しているものも見受けられます。これでは、区民の視点から本当に必要とされる施策が行われず、区民の信頼や期待に十分に応えられません。

このような状況を避けるため、主任主事として区政の課題を正確に理解し、区民のニーズを的確に把握するように努め、自らの係に求められているものを十分に認識する必要があります。その上で、組織の目的や方針に沿って、主体的に事務事業を推進していくことが求められます。

地域との協働体制の確立や民間活力の導入など、多角的な視点から十分に検討を行い、自らが効果的な対応策を積極的に提案し、一つ一つ着実に解決していくとともに、日頃から係長や係員との意見の交換を行い、係全体で事業の見直しに取り組んでいくことが重要です。

おわりに

課題の整理に当たっては、各区により抱えている課題や解決に向けた優先順位は同じではありませんので、まずは自らの区に関する最新の状況・情報に意識を向けることが重要です。

日頃から区のホームページや広報紙はもちろん、区が目指すべき方向性が示された基本計画や個別分野の計画、議会の資料（区長のあいさつ文や質疑の議事録等）、予算のプレス発表資料などに目を通しながら、区全体の動きを把握しましょう。さらに、新聞やニュース、インターネットなどの情報をもとに、職務に関する情報を幅広く収集し、必要な情報を抽出して様々な角度から分析し、活用することも効果的です。こうした課題整理へ向けた意識と行動は、昇任試験の対策だけでなく実際の業務の遂行にも役立ちます。

また、昇任選考の勉強を機に、日々の仕事の中で区民感覚を忘れず、コスト意識や改善意識を常に持ち、効率的な対応策を考えながら仕事に取り組みましょう。

皆さんのその姿は上司や同僚、後輩職員に大きな影響を与え、職場全体の活性化にもつながります。試験はもちろんのこと、日頃の勤務態度も含め、職場のみんなから主任主事として認められるよう、積極的に取り組んでいきましょう。

読者のひろば

介護者視点のパラリンピック考再び
多目的トイレの新時代を拓く

東京臨海高速鉄道㈱常勤監査役　高橋 誠

本紙に「介護者視点のパラリンピック考」と題する投稿をしたことがあります（2015年9月11日号）。オリンピック・パラリンピックを控えた東京は、他都市に比べてバリアフリー環境がハード面・ソフト面ともに優れているが、車椅子生活を送る妻の介護をしている経験を踏まえると、民間の施策を含めてまだ改善の余地があるという内容です。

多目的トイレの使い勝手、ホテルのバリアフリー環境、新幹線等の車椅子席予約方法、低床バスやタクシーについて言及させていただきました。

それから1年半余り、この間、都が車椅子のまま乗降できるユニバーサルデザインタクシーの導入補助事業を創設したほか、駅ホームドアの設置に拍車がかかるなど、様々な取り組みが進んでいます。今回は、多目的トイレの改善に関する東京臨海高速鉄道の取り組みを紹介することで、こうした動きが都や区市町村の施設をはじめとして一般に拡大することを願い、筆を執りました。

転機となった再就職

私事で恐縮ですが、都を昨年退職し、現在の会社に再就職させていただきました。投稿のことを知っていた妻は、「どこに再就職するにせよ、あなたの思いが少しでも実現できればいいね」と言っていましたが、実際大きな転機となりました。

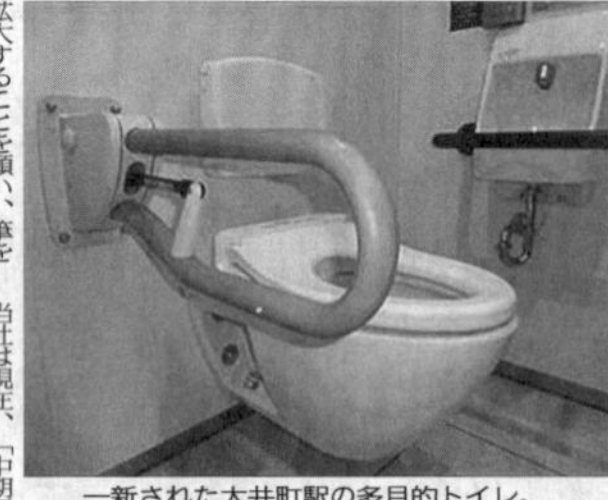
一新された大井町駅の多目的トイレ。手すりがしっかりと体を受け止める

当社は現在、「中期経営計画2016」に基づき、お客様サービス向上の一環として、駅トイレのリニューアル工事を行っています。現状でも全ての駅に多目的トイレが設置されていますが、沿線に有明アリーナを始めオリンピック・パラリンピック会場を多く抱えていることもあり、より快適で使いやすいものにするためです。

せっかくの機会なので私は、担当役員や技術部門の皆さんに「病気や障害、加齢のために上肢の力がほとんどなくなった方でも使える手すりの導入を検討してもらえませんか」とお話しました。

具体的には、手すりを握る力がなくても、ひじから下の部分を乗せることで体を支えられる平らな手すりが導入できないか、また、小柄な方でも使いやすいように手すりの幅を調整可能なものにできないかという、面倒なお願いです。

私が知る限り、公共の多目的トイレのほぼ全てが円筒形の手すりを採用していますが、握力が弱った人はそれでは体をしっかり支えることができません。特にステンレス製のものは滑りやすく、介護者がいても用を足すのは至難の業です。外出時には、妻も私も毎回脂汗を流しました。

当社技術部門の挑戦

当社の技術部門は、こうした私の話を嫌な顔もせずに聞き、設計中のりんかい線大井町駅のトイレに生かせないか早速検討を開始しました。

ところが、介護用品の世界では一般的な平らな手すりが、多目的トイレを手掛けるメーカーの規格にはないと言われ、調整は困難を極めたといいます。また、公共交通における多目的トイレの意義についての議論も交わされたと聞いています。

担当者は壁の補強などユニットの見直しを含めた検討を重ね、最終的に断面が楕円形で、素材的にも乗せた腕をしっかり支えやすい手すりを新たに採用することとしました。

こうして、従来にない多目的トイレをついに完成させました。手すり幅の可変化は難しかったものの、不特定多数の方が使う施設としては都内で、あるいは全国でも初のケースではないでしょうか。

多目的トイレの新時代を拓く

たかが手すりの改造ではないかと映るかもしれません。確かに小さな話ですが、このことによって初めて公共の多目的トイレが文字通り「誰でもトイレ」になるのです。一般の公共トイレに普及すれば、今までトイレのことが心配で外出をためらっていた高齢者や障害者の方々にとって、大きな福音になります。手が不自由なパラリンピック選手には、最高のおもてなしとなるでしょう。また、これで完成とするのではなく、更なる改善を期待しています。

「2020年に向けた実行プラン」によれば、30年には都民の4人に1人が高齢者になります。今回の取り組みは、超高齢社会における多目的トイレの新時代を拓くものと考えます。

昨秋難病で逝った妻に、少しだけ言い訳ができそうです。

「気仙沼」ふるさと再生

風化させない ～被災地の今　23区編 -中-

宮城県

2015年4月より宮城県気仙沼市に派遣の命を受け、2年目を迎えている。

私は大学卒業後、社会人となり福島県で働いていた。11年4月より世田谷区に勤務することが決まっており、福島で過ごす日々も残り3週間ほどのある日、長い長い揺れを感じた。東北地方太平洋沖地震が発生した。

当時、勤務していた会社は内陸にあり、津波には縁のない地域だったが、テレビ等で沿岸地域の津波による被災状況、福島第一原発への対応等のニュースが次々に目に飛び込んでくる中、3週間が過ぎた。どこか東京に戻ることへの申し訳なさを感じつつ、4月に世田谷区に入庁した。社会人として育てて頂いた東北に何らかの役に立ちたいとの思いから、異動のタイミングで気仙沼市で働くご縁を頂いた。

地域住民とのワークショップ

私が赴任したのは震災から5年の月日が流れた時であった。私が勤務する計画・調整課は、建設部内の調整等が主な業務であるが、このほかに所管が定まっていない地域の課題を解決するために計画を検討し事業化することであった。

担当した仕事は、被災したまちづくりの事業化を検討すること、レベル2津波からの影響をみるシミュレーション業務、津波の引き波の影響で流出した砂浜の再生検討調査、新設される防潮堤との一体的な利用を検討した広場等の設計など多岐にわたった。

赴任して苦労したことは、事業化するための計画づくりの検討である。「事業化できない」≒「復興交付金の採択を頂けない」という状況であった。そのため、事業の必要性や事業計画書を日々作成し、宮城復興局と折衝に当たった。復興交付金の申請では、事業の必要性について厳しいチェックを受けることとなる。

地元から砂浜を守るまちづくりの要望書が提出された。これは当初、地域住民の思いとは異なる行政の事業計画が示されたことから、行政への不信感の表れであった。復興から5年が経過し、海とともに生きる気仙沼住民のふるさと創生への思い、諦めない地元住民の熱意に心打たれ、事業実現化に向け注力した。

これは先の見えない作業であった。計画書づくりに当たっては、締め切り前になると市のプロパー職員、派遣職員ともに職層に関係なく喧々諤々意見交換を行い、時には午前様を越して朝方にまで及ぶこともあった。

被災前の行政の役割分担では、地元の思いを形にすることはできない。復興庁を始め国の関係各署、宮城県、その他民間事業者等も交えて、事業実現のため、一つテーブルで協議を行うこととなった。皆で知恵を出し合った結果、地域のアイデンティティーである砂浜を守り、防潮堤の位置を後退させ、国道をかさ上げし、その沿道利用を図るため背後地をかさ上げする計画の見通しを立てることができた。

これらの計画は被災後6年目を迎え、やっと事業の入り口に立つことができたのである。

最近では、地域住民との意見交換も熟度の高いものになってきた。真剣な話、時には冗談も交えながら、信頼関係を持って事業の計画案について議論を進めることができるようになった。少しずつ地域の思いが形になって見えてきた。

私は、妻の理解、家族の協力を得て、単身で気仙沼市に赴任した。2年が経ち、息子も「パパ」と話すようになった。復興創成期間の最終年度は2020年、息子が小学生になる。

いつしか大きくなった息子と復活した海水浴場、創生した古里に遊びに来ることをふとイメージするようになった。地域住民の諦めない思いを実現するため、今出来る事を一つひとつ着実に取り組み、復興を前進させる。

（津田智匡・世田谷区から宮城県気仙沼市に派遣）

協力：（一財）日本ファッション協会

シネマ夢倶楽部 オススメシネマ

Japan Fashion Association

人生タクシー

©2015 Jafar Panahi Productions.

政府への反体制的な活動を理由に、2010年より〝20年間の映画監督禁止令〟を受けながらも、2011年カンヌ国際映画祭キャロッス・ドールを受賞した『これは映画ではない』に続き、監督自身がタクシー運転手に扮して、厳しい情報統制下にあるテヘランの街に暮らす乗客達の人生模様を描き出した傑作。2015年ベルリン国際映画祭では、審査員長のダーレン・アロノフスキー監督から「この作品は映画へのラブレターだ」と称賛され、金熊賞、および国際映画批評家連盟賞をダブルで受賞。数々の映画祭でも大絶賛された、イランの名匠ジャファル・パナヒ監督による待望の最新作。

◆推薦委員コメント

大黒 昭（株式会社アスピカ会長）
数々の賞に輝くイランの名匠パナヒ監督の作品。反体制活動を理由に長期にわたる映画監督禁止命令を受けた彼は、その裏をかくべくタクシードライバーになりすまし、様々な乗客の会話を通してイランの社会体制の問題をあぶり出すことを考えた、ドキュメンタリータッチのユニークな映画。

貧困の問題、安易な死刑制度、老人の間に残る迷信、小学生の姪が語る教育問題等々、興味は尽きない。当然イラン国内では上映禁止だが秘かに海外に持ち出すことに成功、ベルリン国際映画祭金熊賞を受賞した。

高見恭子（タレント／文筆家）
反政府の活動で映画の撮影を禁止されたイランのジャファル・パナヒ監督。自らタクシードライバーとなって乗客との会話を撮影し、今のイランという国を映し出したフィクション、ノンフィクションの狭間の面白さと素晴らしさ。厳しい現実も垣間見せる。

監督の人柄を感じさせる笑顔が、ホッと和ませる。見終わった後、長い旅にでていたように心に残る。

2015年／イラン／82分
配給：シンカ
［4月15日（土）より、新宿武蔵野館ほか全国順次ロードショー］

◇

シネマ夢倶楽部 3月28日（火）午後7時から「一ツ橋ホール」で上映。
※この上映会に10組20名様を抽選でご招待いたします。Eメールで件名を「上映会招待希望」とし、（1）今号で参考にできた記事（2）参考にできなかった記事、を記入の上、〒・住所・氏名を明記の上、henshu@toseishimpo.co.jpまでお申し込みください（3月24日必着）。

（一財）日本ファッション協会の「シネマ夢倶楽部」では、いい映画・上質な映画をお薦めしています。会社・学校・地域での上映会をご希望の方は、事務局までご連絡ください。シネマ夢倶楽部事務局（電話03・3295・1411 http://www.japanfashion.or.jp/cinema/）

ミニガイド

◆第2回ウィキペディアタウンin東久留米　▷内容　フィールドワークと文献調査の後、東久留米の項目の編集・登録を行い、公開する▷日時　3月26日㈰午前10時～午後5時▽会場　東久留米市立中央図書館（集合）、東久留米市内▷定員　先着20人▷講師　日下九八氏（ウィキペディア日本語版編集者）▷参加費　無料▷申し込み　電子メールの場合、件名を「ウィキペディアタウン申し込み」、本文に氏名・電話番号・持参可能な機器を記入し、tosho@city.higashikurume.lg.jpに。または直接、中央図書館へ。3月23日閉館時間（午後8時）まで。

都政新報

発行所 都政新報社
〒160-0023 東京都新宿区西新宿7-23-1 TSビル
(総務・読者) 03-5330-8781
(企画広告) 03-5330-8784
(編　　集) 03-5330-8786
(出　　版) 03-5330-8788
(ファクス) 03-5330-8808
購読料 月1,730円(税込)
毎週火・金曜日発行
ただし、祝日は休刊

紙面から

都議会、すれ違う方向性

百条委員会

豊洲新市場移転問題に関する百条委員会が18日から20日の3日間、石原元知事や浜渦元副知事と始めとする関係者の証人喚問を行った。浜渦氏が東京ガスとの土地売買契約に当たって行ったとされる「水面下交渉」の全容解明に注目が集まったが、新たな事実は明らかにならなかった。各会派が土地購入の過程や石原都政下のガバナンスを追及する一方、都議会自民党は老朽化する築地市場の問題や豊洲への早期移転に焦点を合わせるなど方向性の違いが鮮明になっている。＝3面に「一問一答」

石原氏 浜渦氏 新事実なく手詰まり

証人として百条委に出席する石原元知事＝20日

「『水面下』が悪い言葉とは思っていない」。19日の百条委で自民党の河野雄紀氏が「水面下」の意味を尋ねた際、浜渦氏は東京ガスとの間に密約があったとの憶測を一蹴した。浜渦氏は交渉での自身の瑕疵(かし)の一切を否定し、自分が関わったのは土地の取得について取りまとめた2001年7月の「基本合意」までだと主張。その数カ月後に取り交わされた東ガスとの土壌汚染対策範囲を定める「2者間合意」についても「全く知らない。(職員は)勝手なことをしてくれた」と怒りをあらわにした。交渉担当を外れた後の土壌汚染対策に関する交渉の報告は、「受けていない」「記憶はない」と繰り返した。

石原氏も、土壌汚染問題に関する東ガスの瑕疵担保責任に関して「報告を受けた記憶はない」と話し、地下水のモニタリングは「その時点で重要な案件ではなかった」と説明。浜渦氏と東ガスの交渉結果についても「彼に一任したことなので、詳細な報告を受けていない」などと話した。

当時の都政ツートップが市場移転という重要案件の詳細を承知していなかったのが事実ならば、ガバナンスの問題は明らかだ。一方で都庁幹部は「石原氏が市場問題に関心が低かったのは確かだが、市場幹部が浜渦氏に経過を報告していないことはあり得ない。だが、その追及が市場移転問題の解決につながるとは思えない」と話す。

今回、石原氏への質疑時間は体調を考慮して1時間程度に制限され、再喚問を求める声も上がる。一方、「同じ質問をしても同じ答えが返ってくるだけだ」と質問側の追及不足を指摘する委員もいる。

百条委では4月4日に、浜渦氏の交渉に立ち会ったとされる元知事本局長の前川燿男練馬区長や、元政策報道室理事の赤星経昭氏、同室の首都機能調査担当部長だった野村寛氏を新たに証人喚問する予定。

百条委の存在意義

【解説】「本丸」と見込まれた石原元知事、浜渦元副知事の証人尋問でも、明らかにされた事実は少なかった。限られた質疑時間の中で同じ質問を繰り返すなど、議会側の追及不足も目に付いた。

公明党は「一連の問題のポイントは水面下交渉。都民や議会から分からないところで様々な話が進められてきた」(谷村孝彦氏)と指摘する。都民ファーストの会も「確認書の存在など、交渉過程で何かがあったことは明らか」(音喜多駿氏)として、引き続き検証を行う構えだ。

これに対し東京改革議員団は、市場移転が「バブル期に計画された臨海副都心開発の赤字を、市場や都民に押し付けるものだった」(酒井大史氏)と指摘し、市場移転計画そのものを疑問視。また、共産党都議団の曽根肇氏は、都から東ガスに議会の質疑内容や財産価格審議会の土地評価額を事前に伝えたとして、東ガス側に有利な動きがあったことを問題視する。

会派ごとに追及のポイントは微妙に異なるが、石原氏への質疑時間は各会派とも5分～21分間だったため、「短すぎる」として、自民党以外は石原氏の体調などを考慮した上で必要に応じて再喚問を要請する構えだ。

そうした中で自民党は唯一、証人への質疑の中でも豊洲市場の安全性の確認や、築地再整備を断念した経緯などに時間を割き、疑惑の追及ではなく「問題解消」にかじを切った。石原氏への質疑も「小池知事の移転延期の判断をどう思うか」(古賀俊昭氏)など、石原氏の「豊洲移転を急ぐべき」という意見を引き出す内容だった。

高木啓幹事長は石原氏の喚問終了後、「高齢にかかわらず、都政に対する責任と情熱をいまだに持ち、自分の知っていることを真摯(しんし)に話す姿に感銘を受けた」と評価し、再喚問は「考えていない」と話した。また、21日以降の都議会各常任委員会では築地市場の衛生面、安全性の問題点などに焦点を当て、知事の延期判断に対する対決姿勢を鮮明にした。

来月4日の証人喚問で、どれだけ実のある答弁を引き出せるかが百条委の正念場となる。だが、最大会派である自民党と、それ以外の過半数を占める他会派の思惑に明確なずれがある限り、百条委の存在意義を問われることになりかねない。(南)

地下水汚染も「安全」

豊洲新市場 安心は政治的課題

豊洲新市場の土壌汚染問題に関する専門家会議が19日に開かれ、都は地下水モニタリングの再調査の結果、最大で環境基準値の100倍のベンゼンなどが検出されたと報告した。

再調査は昨年11月から12月にかけて行った第9回目のモニタリング調査で、環境基準値の79倍のベンゼンなどが検出されたことを受けて行われたもので、今回も高濃度の有害物質が検出されたことで、暫定とされていた前回の調査結果が裏付けられた。

今回の調査では、環境基準の3・6倍のヒ素や、不検出が基準のシアンも検出された。第8回までの調査に比べて汚染物質の濃度が上がった要因について、専門家会議は昨年10月に稼働した地下水管理システムによって地下水の流れが変わった可能性を指摘。今後も調査を継続する必要があるとの見方を示した。

一方、市場そのものの安全性について、専門家会議の平田健正座長は「地上と地下は分けて判断しており、地上は大気の実測値を見ても科学的には安全」とする一方、安心については「専門家会議では判断できず、政治的な課題になる」と話した。

また、同日の会議では建屋下に地下ピットがあることで地下水や汚染土壌に直接触れるリスクはないとし、空気中に汚染物質が気化するリスクについても、現状では問題は生じないとした。だが、将来のリスクを考え、地下ピット内の大気中の汚染物質濃度上昇を防ぐ必要があるとして、換気や空気洗浄を行えば問題が生じないと結論付けた。

小池知事は同日、地下水調査結果を受けて、移転可否を慎重に判断する考えを示した。

市場移転問題を巡り各常任委で集中質疑

都議会自民党

21日から23日まで行われた都議会の常任委員会で、自民党は市場問題を巡る質疑を集中的に行った。27日の予算特別委員会の締めくくり総括質疑で、小池知事に対し豊洲への市場移転を決断するよう求める考えだ。

22日の経済・港湾委員会では、菅野弘一氏が度重なる築地市場の増改築で正式な図面がないのではないかと迫り、都側から「断面図がない」「埋設配管のおおよその位置しか分からない」との答弁を引き出した。菅野氏は「強引に工事を進めれば市場機能のまひを招くなど、図面がないリスクは高い」と厳しく批判した。

同日の厚生委員会では、山加朱美氏が築地市場のネズミとアスベストの問題を取り上げた。ネズミが開放型の施設に進入して食品に触れたり、地震などで施設が損壊してアスベストが飛散したりした場合は、人体への健康に影響を与える懸念を示した。山加氏は「世界に誇れる衛生、安全の市場として発展するのは難しいのではないか」と問題視し、小池知事の強いリーダーシップで豊洲への市場移転を決断するよう求めた。

同委員会では野島善司氏も、小池知事の強調する築地市場の安心が確保されているのかと質問。都側は「事業者や市場衛生検査場の様々な取り組みで、多くの都民の信頼を得られていると認識し、安心も確保されている」と答弁したが、野島氏は「(安心は閉鎖型の)豊洲の方が相当高いと思う」と反論し、「知事が(移転問題を)都議選の争点にすると考えているなら、全面的に対決していきたい」と語気を強めた。

都政の東西

抜かれた刀

議会の権能とは何なのか。石原元知事や浜渦元副知事、元市場長らの喚問でヤマ場を迎えた都議会百条委員会を取材し、そう感じずにはいられなかった。

例えば焦点の一つだった浜渦氏と東京ガスとの水面下交渉に関しては、東ガスの提出資料で一端が明らかになったが、肝心の浜渦氏の口からは何も語られなかった。

浜渦氏は東ガスに圧力をかけたのかの追及を「承知していない」と一蹴。ときに質問者に不快感を示しながら強い口調で答える姿は、どちらが追及する側か分からなくなるほどだった。

石原氏も同様に、東ガスとの契約を「担当者に一任していた」と語り、「いちいち細かい問題を詮索(せんさく)する立場でもないし見識もない」と他人事のような発言を繰り返した。

「知らぬ、存ぜぬ」で終えた証人喚問を通じ、議会は何を明らかにしようというのか。

浜渦氏は交渉役から外れた後は移転交渉に一切、関わっていないと断言した。その後も都の幹部職員から浜渦氏に移転交渉に関する「お伺い」の文章が送られていたとの追及にも、なお「記憶にない」と強弁する浜渦氏を、議会は偽証罪に問うのだろうか。トップの無責任体質は白日の下にさらされたが、交渉の経緯が明らかになったとして、それが今後の移転の判断にどのような影響を与えるのか。

今回の百条委は議会の改革姿勢を示すことに重きが置かれ、何を解明するのかがあいまいなまま設置が先行して決まった。そこに強力な調査権を持ち、「伝家の宝刀」と言われる百条委員会の重みは感じられない。議会は抜いた刀をおさめる鞘(さや)を持っているのだろうか。

水面下で何が

12年ぶりの百条委員会(中)

消えぬ裏取引の疑い

水面下交渉

東京ガス本社(港区海岸1)の高層階からは、豊洲埠頭の先端部分を見下ろせる。まさにその土地の取得に向けて、都幹部が2000年10月4日に同社を訪問した。当時の浜渦副知事は「1200万都民の台所への協力をお願いする」と丁重に切り出し、築地市場の移転先として豊洲のガス工場跡地の売却を求めた。

だが、都側の要望に対し、東京ガスの出席者には顔を紅潮させて、怒りをあらわにする幹部もいた。東京ガスは豊洲の再開発を進めており、計画の見直しに反発があったからだ。だが、公益事業に協力的な東京ガスは「(これまで)文書のやり取りも行ったが、表に出すと各論の議論ができなくなる。もう一度、水面下で交渉せざるを得ない」と提案。浜渦氏は「交渉は先方の意向を忖度(そんたく)しないとうまくいかない」と受け入れた。

会談は30分程度で終わり、浜渦氏は「株主には損をさせない仕組みづくりをすること」などを職員に指示。浜渦氏が交渉役を担ってから9カ月後の01年7月6日、豊洲移転を巡る基本合意が締結された。だが、難航を極めた東京ガスとの協議が急展開したことから、百条委では都が「株主に損をさせない」見返りに、東京ガスが土地を売却する「裏取引」があったのではとの疑いが出た。9カ月の間、水面下で何が話し合われたかが、裏取引の有無を解明するポイントとなる。

百条委で東京ガスから提出された資料の中に、都側が強引に交渉を進めていたとされるメモが見つかった。00年12月22日に当時の政策報道室(現政策企画局)の赤星経昭理事が東京ガス幹部に対し、土壌汚染が見つかれば豊洲の地価が下落し、困るのは東京ガスだとして、「(都が)安全宣言を出すまでに結論を出せ」と強く迫ったという。浜渦氏の指示に基づく「圧力」とされているが、浜渦氏は百条委で「承知していない」と一蹴した。

この折衝では、東京ガスが豊洲の再開発で防潮堤護岸を整備する費用のうち、都が約300億円を負担することなど水面下交渉の方向性が議論されていた。また、メモには「第1回定例都議会2月21日」という日付も残されていたという。この日は都と東京ガスが豊洲移転を前提に具体的な協議に入るための覚書を交わしたことに加え、石原氏が第1回定例都議会の施政方針表明で「豊洲地区を新しい候補地とし、今後、関係者と本格的な協議を進める」と、初めて豊洲移転に言及した日でもある。交渉はメモの記載通りに進んだ。

覚書から約5カ月後の01年7月6日に結んだ基本合意は「水面上」の合意と言われる。一方、その12日後の7月18日に水面下交渉の合意では、二者間で非公式に確認書が交わされた。都の元政策報道室首都機能調査担当部長の野村寛氏と東京ガス元活財推進室長の高木照男氏が直筆でサインし、都が大半の土壌汚染対策を実施する内容だった。

都と東京ガスが水面下で合意した確認書を知らなかった元市場長ら＝18日の百条委で

この内容に関しては、元市場長も把握していなかったと証言。浜渦氏は「東ガスがきれいにした土地でなければ買えない」と東京ガスに伝えたと語った上で、「(職員が)勝手なことをしてくれた」と不満を漏らした。確認書に合意するまでの意思決定の過程は明らかになっていない。

このほか確認書では、防潮護岸の整備費(330億円)などを都が負担することで折り合い、東京ガスの負担は486億円少なくなった。百条委で、東京ガスの伊藤春野副社長は土地売買を巡り、「裏約束はなかった」と証言した。

なぜ、都が防潮護岸の整備費を負担することになったのかは証言や資料から判明しておらず、裏取引の疑念は払拭(ふっしょく)されていない。また、水面下交渉で都が圧力をかけたかも不明のままだ。4月4日の百条委で水面下交渉を行った赤星氏、確認書を交わした野村氏の証言が焦点となっている。

◆自閉症啓発で応援要請

小池知事は21日、マイノリティーのPRや表現を支援する一般社団法人「Get in touch」代表で女優の東ちづる氏と都庁で面会し、来月の世界自閉症啓発デーの応援依頼を受けた。同法人では啓発デーの4月2日にテーマカラーの青を身に着けて街に出るキャンペーンを通じ、自閉症やマイノリティーの理解促進に取り組んでいる。東氏は日本では啓発デーの知名度が低く、理解が遅れていると説明。知事の支援を求めた。

当日は自閉症のミュージシャンやリオパラリンピックの閉会式にも登場した車椅子ダンサーのかんばらけんた氏らが来庁。自身の得意技を披露した＝写真。

小池知事は出席者らとイベント参加を呼び掛ける動画を撮影し、「仲間にも勇気を与えてほしい」とエールを送った。

冗句ジョーク

豊洲新市場も森友学園問題も、元をたどれば“土地問題”。しかし、最新の公示価格はおしなべて値上がり傾向

売り主大合唱「いらないんだったら、いつでも契約価額で買い戻すよー」

悲願の大学誘致実現へ

千葉大が21年度に開設

墨田区

23区で唯一、総合大学の本部キャンパスがない墨田区は22日、千葉大学とキャンパス開設に向けた包括的連携協定を締結した。区がすみだ中小企業センターを大規模改修して大学へ貸し出し、千葉大はデザインや建築関連の学生が実習活動を行う新キャンパスを工学部100周年に当たる2021年4月に開設する。進出に先駆けて、産学連携や地域活性化で連携を進める。一方で、キャンパスを開設するのは区が当初誘致先としていた学校跡地ではないことから、引き続き他の大学への誘致活動を行うという。

千葉大が開設する「墨田キャンパス」は、工学部の学部生と大学院生の一部が所属するコース「デザイン・建築スクール」の実習施設として活用。同キャンパスに所属する学生数は未定だが、留学生を受け入れる教育プログラムも実施する予定。

国立大学が本拠地外にキャンパスを構えるのは珍しく、千葉県内に4カ所のキャンパスを構える同大学でも初めてだという。徳久剛史学長は「東京の真ん中はデザインや建築を志す者にとって夢の場所」とし、「優秀な教員人材を確保しやすく、制作スペースが広くとれるのは理想的な環境」と墨田区進出を決めたポイントを説明する。将来的には同キャンパスで生命科学など異分野との連携研究も見据えており、「東京一極集中との批判もあるが、文部科学省からも機能強化の方向性には賛成を得ている」という。

築30年が経過しているすみだ中小企業センターの大規模改修費用は区が負担し、設備を更新して耐震性を確保した上で大学に貸し出す。賃貸借契約は原則有償だが、貸し出し期間や賃貸料金は未定で、今後の交渉で詰めていく。

現在の新キャンパス予定地

区の大学誘致は、山﨑昇前区長が08年度に同センターの隣接地にある旧西吾嬬小学校と旧曳舟中学校の跡地活用の実施計画に盛り込んだ。だが、公募では選定に至らず、山﨑区長自ら個別にトップセールスを行う方法に切り替えた。15年5月に就任した山本亨区長も継続を表明。以前からデザインと建築に特化した研究拠点の開設場所を探していた千葉大に話を持ち掛けたところ、意向が合致し約1年で協議が固まった。

悲願の大学進出が実現しようとする一方で、同大学は区が誘致を予定していた小中学校跡地には「財政状況は厳しく、ビルを建てる約束ができない」（同大学）状況で、同用地の活用方法は決まっていない。また、新キャンパスの学生数は、区が望む2千人規模の学生数には届かない見込みだ。

山本区長は、「大学誘致によって若い学生が街に通い、住むことで地域活性化に大きく結びつくと思っている」と、期待を寄せる。一方で、学校跡地活用で現在協議している大学との交渉も続けると話し、複数の大学の集積を目指す考え。

羽村市長選

現職並木氏が5選

3回目の無投票当選

地元地下水100％の「水はむら」で乾杯する並木氏＝羽村市五ノ神の選挙事務所で

任期満了に伴う羽村市長選が19日告示されたが、無所属で現職の並木心氏（72）以外に立候補の届け出がなく、並木氏が無投票で5選を決めた。並木氏の無投票当選は2005年、13年に続き3度目。同市長選で2回連続で無投票となったのは初めて。並木氏は自民党、公明党に加え、民進党第25区総支部が推薦。連合東京も推薦し、市議18人中13人が支持を表明した。

午前10時に事務所前で出陣式を行った並木氏は、午後5時前に選挙カーでの遊説を終えて事務所に到着。5時過ぎにかかってきた選挙管理委員会からの電話を自ら受けた。電話の内容は「立候補の届け出が一人で無投票になった」。無投票当選が判明して拍手と歓声が沸く中、「みなさんのおかげ」と笑顔を見せた。

事務所前での当選報告会には支持者や近隣首長らが駆け付けた。万歳三唱、祝辞に続いてあいさつした並木氏は、経済情勢により税収が減る中での当選であるとし、「財政面でも経験を生かせということ。4年間、厳しい期待の中での当選だ」と表情を引き締めた。

無投票当選については、「結果は意識しないでやっていた」と話し、「総仕上げというよりは、その時その時をしっかりと、いい土俵づくりをしたい」と表明。多選による弊害の防止を心掛け、「フレッシュな気持ちで職員と一緒に仕事をしていきたい」と述べた。

取り組みたいこととして、羽村駅西口の土地区画整理事業、人口減少対策、子供の教育、生涯学習などを挙げた。

港　区

エレベーター事故で報告書

8年ぶり、資料返還受け

港区は21日、2006年6月に特定公共賃貸住宅「シティハイツ竹芝」で当時16歳の男子高校生が死亡した事件に関する第4次の中間報告書を公表した。中間報告書の公表は09年1月以来、8年ぶり。

報告書では、エレベーター保守点検会社の役員・社員を被告とする刑事訴訟の第1審が15年2月に結審したのを受け、エレベーター保守会社作成の作業報告書（01～06年度）や事故機の制御盤、モーターなど押収資料の一部が還付されたのに伴い実施した検証結果を整理した。

検証項目は、不具合情報のエレベーター保守会社間の引き継ぎや、区住宅公社によるエレベーター作業報告書の確認、保守業務の状況（点検項目や修理など）、保守契約内容など全14項目。

不具合情報の引き継ぎでは、06年ごろまで住宅公社、エレベーター保守会社ともに引き継ぎの認識が希薄だったとし、区住宅公社の作業報告書の確認では、同報告書提出の未確認など施設管理上の問題があったと整理した。

区は訴訟状況を見ながら未還付証拠品の検証や、当時の部品供給状況の調査、保守会社への事情聴取などを引き続き行う方針で、来年度はエレベーターの閉じ込め事故を想定した通報訓練を新たに実施する。

保育人材の争奪戦が激化

横綱相撲 分析 23区新年度予算案⑦

待機児童対策

昨年4月1日時点の全国の待機児童数2万3553人のうち、約4分の1に当たる5598人が集中する23区。都が昨年9月に打ち出した緊急対策を活用し、各区が定員拡大を進めて待機児童の早期解消を目指す中、深刻な課題となっているのが保育人材の確保だ。

各区の2017年度当初予算案を見ると、全区が国や都の補助制度を活用した人材確保策を実施することに加え、独自の上乗せ補助や支援制度の実施を盛り込む動きが見られる。

代表的なのが、月額8万2千円を上限額として、国や都、区が計8分の7を助成する宿舎借り上げ補助だ。全区が実施を予定する中、千代田、港、目黒、渋谷の4区が独自に補助額を上乗せする。

港区は認可外保育施設を対象に加えた上で、上限額を3万円引き上げ、月11万2千円とした。区子ども家庭支援部では「家賃や物価が高いことを理由に、都心部での勤務を希望する保育士が少ないと事業者から聞き、対応の必要性を感じた」（保育担当）と話す。

渋谷区は1万8千円を独自に上乗せし、上限額を月10万円に引き上げたことに加え、引っ越し費用を上限15万円で助成する。区保育課では「災害などの緊急時、保育士が保育所の近くに住んでいることは保護者にとって安心になる」と語る。

千代田区は区内での借り上げを条件に、区の補助額を4万8千円引き上げ、上限額を月13万円とする。区子ども支援課によると、区内の賃貸ワンルームマンションの実勢価格との隔たりが大きく、利用実績が上がらなかったという。区はこれに加え、保育士1人当たり月額3万円を給付し、給与水準の引き上げを目指す。

各区が手法に工夫

保育士の処遇改善に端を発する獲得競争の激化を受け、現金給付や商品券の配布を行う動きも広がり始めている。

世田谷区は今年度から保育士1人当たり月額1万円を事業者に給付し、保育士の給与改善を促す取り組みを開始。来年度も引き続き実施する方針で、対象者数は2千人超に上る。

保育人材確保に向けた区単独事業

事　業	実施区
宿舎借り上げを上乗せ補助	千代田、港、目黒、渋谷
奨学金の貸し付けや返還補助	荒川、足立
保育士への現金や商品券の給付	千代田、大田、世田谷、※杉並

※杉並区は補正予算での対応を検討

大田区は「（仮称）保育士応援手当」と銘打ち、月額1万円を保育士に直接給付する。6カ月間継続して区内の保育所に勤務することが条件で、2回に分けて計12万円を振り込む。

杉並区は区内の私立認可保育所などに新規就業した保育士に5万円分の区内商品券を配布する。今年度の補正予算で事業費を計上しており、事業効果が見られた場合、来年度の補正予算への計上を検討するという。

他方で、奨学金に着目したのが足立区と荒川区だ。

足立区は今年度から奨学金を返済中の区内の常勤保育士を対象に、年額10万円を上限とする返済額の一部補助制度を実施。勤務して3年以内を条件としていたが、来年度は年数条件を撤廃して対象を拡大する。

荒川区は区内に勤務する保育士に対する返済補助に加え、保育士を目指す学生を対象に、入学金などを上限50万円で貸し付ける奨学金制度を創設。資格取得後に区内保育所に5年以上勤務する場合は返済を免除し、保育士の「青田買い」につなげるのが狙いだ。

一極集中に批判も

争奪戦の激化を受け、独自に支援の充実を図る区が増える一方で、効果を疑問視する意見や反発の声も出ている。

文京区では、「事業者から『区ごとに支援額が違う場合、保育士の異動を行いにくい』と指摘を受け、新年度予算に独自の支援事業を盛り込まなかったという。区子ども家庭部では「自治体間競争が激化するのは前向きでないと考える事業者もいる。地域の実情もあるが、本来は国が全国的に保育士の処遇改善を図るべき」（子ども施設担当）と提言する。

また、世田谷区では、地方で保育士向けの就職セミナーを実施した際、地元の事業者の一部から反発の声が上がったという。区保育課では「保育士まで奪うのかという意見もあった。人口減の状況もあって地方からの風当たりは強い」と語る。

子育て世代の流入に伴い、深刻さを増している23区の待機児童問題。地方からすれば、ぜいたくな悩みに映るだけでなく、不足する保育人材の確保に向けた都内区市町村の取り組みは、更なる人口流出のきっかけとして不安要素になるかもしれない。

23区は保育定員の拡大を続けても待機児童の解消に至らず、いわば土俵際に追い込まれた状況で、一層の定員拡大を見据えた人材確保策に取り組むのは当然のことだ。しかし、安易に地方から保育士を引き抜くような取り組みにとどまってしまえば、東京一極集中の大義名分を与えることになるだろう。課題だけでなく、地方からの目も受け止める「横綱相撲」の対応が必要だ。

ブラインドサッカーブラジル代表

東京大会キャンプ誘致へ

品川区

サンドロ会長（右）とプレゼント交換をし、握手を交わす濱野区長＝21日、品川区役所

東京パラリンピックの事前キャンプで、ブラインドサッカーブラジル代表の受け入れを目指す品川区は21日、ブラジル視覚障害者スポーツ連盟のサンドロ・レイナ会長の訪問を受けた。

サンドロ会長は取材陣に対し、「品川区で事前キャンプする可能性は非常に高い。4月末までに決定したい」と明らかにし、濱野健区長は「ぜひ事前キャンプを品川で行ってほしい」とアピールした。

サンドロ会長は、20日にフットメッセ大宮（さいたま市）で行われたブラインドサッカーのブラジル代表と日本代表の試合に合わせて訪日。ブラインドサッカーを「応援競技」に指定する品川区は、昨年8月にリオ五輪を視察した際、サンドロ会長らと事前キャンプに関する交渉をしていた。

使用予定の競技場は全面人工芝の区立天王洲公園で、ブラジル代表選手団はきょう24日、同公園の視察に訪れる。ブラジルは世界ランク1位の強豪国。2004年のアテネ大会で同競技が正式種目になって以降、4大会連続で金メダルを獲得している。

初の女性副区長

北　区

北区は22日、副区長に政策経営部長の依田園子氏（58）を選任する人事案を第1回定例区議会に提案し、全会一致で同意された。昨年末に山田統二前副区長が死去したことによる人事で、副区長は現職の内田隆氏と2人体制となる。任期は4月1日から4年間。

依田氏は明治大学法学部卒。81年に入区し、政策経営部参事（企画課長事務取扱）などを歴任。

災害時物資輸送で物流事業者と協定

杉並区

杉並区は21日、大規模地震発生時の物資輸送の円滑化を目的に、ヤマト運輸㈱と佐川急便㈱の2社と協定を締結した。区防災課によると、複数の物流事業者と連携して災害時の輸送体制を検討するのは全国的に珍しいという。

協定では、大規模災害発生時の地域内輸送拠点に指定する区内3カ所の区立体育館での支援物資の荷さばきや在庫管理、避難所への配送体制の構築で2社が協力する。区は今年度末に災害受援計画物流編の策定を予定しており、防災課では「協定を機に、実効性を高めたい」と話している。

記者席

微妙に盛った? 登庁回数

○……「週3～4日しか都庁に来ないと言われたが、都内を歩いて色々なものを発見した」。20日、東京ガスとの土地買収交渉を巡って石原元知事を証人喚問した都議会百条委員会。都議が「関心あること以外は部下に任せきりという怠慢が都政のゆがみを生んだ」と指摘すると、石原氏はこう反論してみせた。渋谷をSPらと歩き、危険ドラッグ販売の実態も「発見」。警察に通報したという。

交渉は部下に一任し、その報告や相手方との面会は「記憶にない」と繰り返した石原元知事だったが、関心がある仕事はハッキリ覚えていた様子。もっとも、元知事が言う登庁回数は若干都合よく記憶されていた感もあるが。

○……東京ガスの豊洲工場跡地の取得を巡り、水面下で交渉を進めてきた浜渦氏。2000年10月～01年7月の9カ月間担当したとされ、都や東京ガスにはこの間の資料がほとんど存在しないと言われている。まさに、水面下交渉が行われていたことを物語る。

19日の都議会百条委では、副知事時代の浜渦氏に職員が政策を報告するための「お手紙」に触れる委員もいた。豊洲の土地取得交渉に関係のない質問だったが、当時を知る幹部は「大変だった」と振り返る。幹部は浜渦氏に手紙を出し、「×」との返信を受けると、書き直したという。会わずにやり取りしたのは都庁内での水面下交渉ではなかったか。

○……区制70周年の節目を迎え、文京区は記念事業の一環で約半世紀ぶりとなる区史を編纂している。本編と資料で構成する区史は来年3月に発刊する予定で、今月15日には並行して作成していた写真集を発刊した。

担当者によると、「人手が多くないので、区民に親しんでもらいやすい写真集を先に出すことにした」とのこと。掲載写真は区民募集で集めた分もあり、その数は2年半で千点以上に上ったという。

記者が取材で撮った写真は採用されるものの方が少ない。写真集に掲載できなかった写真は別の機会での公開を検討するとのことで、ぜひ日の目を見てほしいと思う。

百条委（18～20日）一問一答

責任追及も疑惑解明せず

豊洲新市場の土地取得の経緯を巡る都議会百条委員会で、石原元知事や浜渦元副知事らの証人喚問が18～20日に行われた。主なやり取りは次の通り。

元市場長　汚染処理費で要求丸のみ

——都と東京ガスが2005年5月に土壌汚染の処理の確認書を交わし、市場用地は安全・安心を確保されると思ったか。

【森澤正範元市場長】東京ガスが環境確保条例に基づいて処理すると言った。市場長に（03年に）就任する前から、東京ガスは「完全には（土壌汚染を）取り除けない」と発言していた（と聞いている）。東京ガスは、市場用地として好ましくないというスタンスだった。

——08年5月に基準値の4万3千倍のベンゼンが検出され、豊洲は市場用地としてふさわしくないと考えたのか。

【比留間英人元市場長】4万3千倍の汚染が確認され驚いた。専門家会議で分析し、敷地全体に及んでいないので、「対策は十分に可能である」という見解だった。専門家会議が高いレベルで安全性を確保するよう提言し、都が土壌汚染対策法を超える対策を行った。

——この土壌汚染対策費を都がなぜ負担したのか。

【比留間氏】市場用地として使うということで、都が独自で行う対策が相当含まれており、都が独自に実施することを決めた。4万3千倍のベンゼンが検出された当時から、都の内部で「他に代替地はあるか」などを議論したが、「それはない」という結論になった。

——土壌汚染対策では東京ガスが78億円の追加負担することで決着したが、瑕疵担保責任の免除ではないのか。

【岡田至元市場長】免除したとは考えていない。（東京ガスが土壌汚染対策上の対策を実施し）瑕疵担保は既に履行済みだった。

——都は「78億円」の負担をどう検討したのか。

【岡田氏】05年の確認書通りに東京ガスが実施したと仮定した場合の負担額になっている。着任した早々だと思うが、知事にも（東京ガスの追加負担は）80億円ぐらいではないかと報告した。

——東京ガスとの交渉で、都の部長が土壌汚染対策費を一括で払う「確定一時払い」を提示している。誰が指示したのか。

【岡田氏】指示したのは私。

——なぜ、確定一時払いだったのか。

【岡田氏】東京ガスから「法的責任はない」と言われた上、「新たな負担を出す以上は、（新たな土壌汚染の確認後に都と東京ガスが協議して対策費の負担を決める）精算払いはできない」という要求があった。それをのまない限りは永遠に合意ができないと判断した。

浜渦元副知事　担当は「基本合意」まで

——石原元知事が『（築地市場の移転先として）豊洲は規定路線だった』と発言しているが、その通りか。

【浜渦武生元副知事】特別秘書の時には知事へのブリーフィングに同席していて、豊洲への移転はテーマだった。

——知事に対して、土壌汚染に関する報告が行われた。浜渦氏も同席していたのではないか。

【浜渦氏】同席したか覚えはない。（土壌汚染は）担当ではないので、大きなテーマとして認識していなかった。

——東京ガスとの水面下交渉とはどんなものだったのか。

【浜渦氏】水面下交渉は東京ガスから提案があった。豊洲・晴海の整備開発ということで株主にも話をしているわけで、都が突然、市場をつくるから「協力しろ」ではなかなかうまくいかない。会社としては個別に折衝をやらせていただきたいという話で、交渉は先方の意向を忖度しないとうまくいかないので、「水面下で結構です」と申し上げた。

——水面下交渉で浜渦氏のメッセージが記されている東京ガスのメモがある。浜渦氏は政策報道室（現政策企画局）の赤星（経昭）理事に対し、土壌汚染のある豊洲の地価下落は東京ガスにとって困るから、「（知事の）安全宣言で東京ガスを救済し、それまでに（土地売却の）結論を出せ」と指示したのか。

【浜渦氏】そのことは承知していない。

——01年7月に東京ガスと豊洲移転に関する基本合意をした後（非公式に締結した二者間合意）の確認書を知っているか。

【浜渦氏】全く知らない。

——基本合意を締結した後、浜渦氏は交渉役を外れていると言っていたが、その後の責任者は誰なのか。

【浜渦氏】（01年2月の）覚書まではおおむねの話ができ上っていて、覚書から基本合意にいくまでは東京ガスの内部の調整に時間がかかっていた。私の担当は用地の取得の基本合意までであり、そこから先は一切触っていない。市場の担当を外したのは石原氏だった。その後は知事本局に全て（の交渉）を預けた。

——03年の交渉記録を要約すると、東京ガスが土壌汚染対策をしても処理が残ると発言しているが、やり取りの報告は受けていないのか。

【浜渦氏】報告は受けていない。

——浜渦副知事宛ての「豊洲地区土壌汚染対策」（03年5月22日付）という文書がある。移転や土壌汚染に関わる3人の部長が連名で作成しているが、受け取っていないのか。

【浜渦氏】記憶はない。そもそも担当部長が連名で来ることはない。局長ならあるかもしれないが。

——副知事を辞めた後に交通会館の社長となり、参与になった。豊洲移転問題で相談を受けたのか。

【浜渦氏】都議会に「浜渦は邪魔だから出ていけ」と追放された。そういう者にどうして話が来るのか。参与の時は「都政に携わるな」というのが知事の指示で、国、関係機関との連絡交渉をやっていた。

——浜渦氏の今の気持ちは。

【浜渦氏】皆さんがそれぞれのストーリーに合わせてどうだこうだとお尋ねになっているが、知っていることしか言うことができない。ちゃんと調べていただき、結果をどう反映するか真剣に考えていただきたい。

石原元知事　地下水基準ハードル高く

——土壌汚染がある豊洲用地の取得は独断で決めたのか。

【石原元知事】その前に、脳梗塞を患い後遺症に悩んでいる。残念ながら全ての字を忘れた。ひらがなさえも忘れた。記憶を引き出そうとしても出ないことが多々ある。

——豊洲用地の取得の決裁をしたのは石原氏か。

【石原氏】まさしくそうだ。

——職員に頼んだ業務も知事の執行責任がある。それは認めるか。

【石原氏】行政はそれぞれが専門（性）を生かして積み上げ、ピラミッドをつくるようなもの。頂点にいた私が報告を受けて、全体の総意を受けて決裁した。

——（石原氏と幹部が食事する）ランチミーティングで、豊洲新市場の地下に空間を設ける方針を決めたのか。

【石原氏】それは違う。数人の役人が無断で盛り土をしなかったわけでしょ。これが事実では。

——東京ガスに追加負担を求めないことを了承したのか。

【石原氏】東日本大震災で日本中が混乱していて、担当から報告を受けた記憶はない。

——東京ガスの追加負担の判断を求められなかったのか。

【石原氏】担当者に一任するしかなかった。詳細に記憶していない。

——岡田元市場長は着任して早い段階で負担の考え方を説明し、石原氏から了承を得たと証言しているが。

【石原氏】審議会で審議した上で是とした。

——土地売買契約の報告を受けていたか。

【石原氏】覚えていない。

——岡田氏は売買契約の内容を説明しているが。

【石原氏】ですから何なんですか。記憶にないものはない。

——豊洲の地下水から基準値の100倍の有害物質を検出するなど、石原都政で約束した安全基準を満たしていない。設定した基準は誤りだったと認めるのか。

【石原氏】地下水を地上で使うわけではない。地下水を濾過（ろか）してポンプアウトして海に捨てればいいじゃないか。

——なぜ捨てる地下水に（厳しい）基準を設けたのか。

【石原氏】その時点で地下水は重要な案件ではなかった。基準のハードルは高過ぎたかもしれない。

——（01年7月の二者間合意の）確認書を東京ガスは知っていたが、浜渦氏も歴代市場長も知らなかった。信じがたいガバナンスで用地売買が行われていた。その責任は。

【石原氏】担当者に一任していたので知らない。

——都政を丸投げし、組織のトップとして（土壌汚染対策費など）知るべきことは知らなかった。怠慢ではないか。

【石原氏】週に3、4日しか都庁に来ないと言われていたが、（それ以外は）都内を歩いた。自分の目で確かめて歩き、日にちをかけて政策に反映させようとした。怠慢だと思っていない。

豊洲の土地取得の経緯を調査した19日の百条委。証人の浜渦元副知事は「知らない」と繰り返した

卒業生にキスで教諭を懲戒免職

都教育庁

都教育庁は16日、区立小学校の教諭1人を懲戒免職処分にしたほか、計6人を停職3～6カ月の停職処分とした。

区立小学校の男性教諭(25)は16年7月、同校を卒業して間もない中学生にキスをしたとして、懲戒免職とした。勤務校の児童・生徒にキスをした場合は懲戒免職という基準に準ずると判断した。

一方、部活動の練習中に同一の女子生徒の肩を抱いたりくすぐったりしていた区立中学校の男性教諭(30)を停職6月の処分とした。教諭は部活動の顧問で、体育館で生徒の肩を抱いたり、「練習に集中していない」として両肩を押して尻もちをつかせるなどしていた。教諭は13年9月にも体罰で懲戒処分を受けていたという。

また、保護者から徴収した給食費・教材費などの現金約200万円の保管がずさんだった上、定期指導監査で虚偽の出納簿を提出したとして、多摩地域の中学校の男性主事(46)を停職6月とした。そのほか、コンビニで万引きした主幹教諭や、拾った財布の中にあった現金と電子マネーを使った教諭らを停職3～6月の処分とした。

皮膚守るのに必要な脂質代謝酵素を発見

都医学研

東京都医学総合研究所の村上誠参事研究員、平林哲也主席研究員らは皮膚の一番外側にある表皮と呼ばれる細胞が作り出す「PNPLA1」という酵素が、皮膚を守るのに不可欠な脂質成分の生合成に関係していることを発見した。

ヒトの皮膚の最も外側にある表皮は水分の蒸散や外界からの病原体の侵入を防ぐバリア機能を果たしており、特に「アシルセラミド」と呼ばれる脂質成分の生合成や代謝が乱れると、皮膚のバリア機能が損なわれ、皮膚の表面が魚の鱗のように硬くなり剥がれ落ちる「魚鱗癬（ぎょりんせん）」や、慢性アレルギー疾患の一つである「アトピー性皮膚炎」などの難治性皮膚疾患の原因になりやすい。これまでアシルセラミドの生合成に関わる酵素の実体は分かっていなかったが、村上研究員らは脂質を代謝する酵素の生理的機能に関する研究の過程で魚鱗癬の原因遺伝子の一つとして報告されている酵素の「PNPLA1」がアシルセラミドの生合成に関係していることを突き止めたという。

村上研究員らは「PNPLA1を標的とすることで難治性の皮膚疾患の新たな診断法や治療薬の開発につながることが期待される」としている。

研究成果は1日、英国科学誌『ネイチャー・コミュニケーションズ』（電子版）に掲載された。

◆「選挙プランナーの眼～地方政治の舞台裏から」は休みます。

「都政ダイジェスト」は今回で終わります。次号の「**東京最前線**」（4月14日号）から

「私を変えた1冊　～職員が薦める書籍～」

がスタートします。都の幹部や一般職員、職員OBの愛読書を巡るエピソードを中心に紹介します。ご期待ください。

都政ダイジェスト

（3月1日～20日）

▼石原元知事が3日に会見を開き、市場移転の用地取得などに関して裁可責任を認める一方、豊洲移転が必要との考えを示した。

▼都議会豊洲市場移転問題特別委が4日、モニタリング調査業者を参考人招致した。

▼都政策企画局は4日、東京国際フォーラムで結婚応援イベント「TOKYO縁結日」を初開催した。

▼小池知事は7日、デンマーク王国環境食料大臣らと円卓会議を開いた。

▼都議会は8日に本会議を開き、最終補正予算などを中途議決した。

▼乳幼児死亡事故に関する都の検証委員会は8日、安全対策の徹底を求める報告書をまとめた。

▼都総務局は9日、東京宝島推進委員会を初開催した。

▼都下水道局は10日、局事業で発生する温室効果ガスの削減目標「アースプラン2017」を策定した。

▼豊洲新市場移転問題を調査する都議会百条委員会が11日に開かれ、都と東京ガスの元幹部らを尋問した。

▼小池知事は11日、羽田空港で開催された自動走行システムに関する国家戦略特区会議の分科会に出席した。

▼都議会公明党と都民ファーストの会は13日、都議選で選挙協力すると発表した。

▼都議会予算特別委員会の総括質疑が14日に開かれ、都議会自民党が築地市場の衛生問題などを指摘した。

▼都議会自民党は16日、「知事が正面から答弁していない」ことを理由に第1回定例都議会の会期延長を検討すると発表した。

▼築地市場で17日、洗浄などに使用している濾過（ろか）海水の供給が一部停止した。

▼都議会百条委員会が18日に開かれ、元市場長ら4人と財産価格審議会関係者が証人喚問された。

▼都議会百条委は19日、浜渦元副知事を証人喚問した。

▼石原元知事は20日、都議会百条委で市場移転問題の証人喚問を受けた。

▼都議会自民党は20日、各常任委員会質疑で市場移転問題を取り扱う方針を示した。

東京最前線

◆気仙沼の中学校閉校　東日本大震災で被災した宮城県気仙沼市の小泉中学校で、4月の統廃合を前に最後の閉校式が行われた。震災による津波で学区内世帯の6割が全半壊し、同校体育館では一時580人が避難生活を送った。現在の生徒数は卒業した3年生を含めて44人で、4月からは津谷中と統合する。

◆遊休不動産を活用　鳥取市は町中の遊休不動産のリノベーション事業を本格的に開始する。県内外の受講生が集まる「リノベーションスクール」で空き店舗などの活用案を討議し、所有者に提案することが中心。また、今後は事業者や所有者のマッチングの場を提供するなど、民間主導のにぎわい創出を支援する。

◆偽卵で繁殖抑制　水戸市は鳥インフルエンザの野鳥への感染を防ぐため、来年度から「偽卵」を使用して繁殖を抑制する。同市千波湖や大塚池に生息する野鳥の卵を石膏（せっこう）製の偽物にすり替え、個体数を抑えることで感染時に隔離しやすくする。卵を取り上げると再び産卵するため、偽卵が効果的だという。

◆市長名刺に割引券　神奈川県横須賀市の吉田雄人市長が、自身の名刺を掲示すれば市内で料金割引サービスを受けられると記載していた問題で、公選法違反の疑いがあるとの指摘を受けて使用を取りやめた。2009年の初当選後から掲載し、観光船の乗船料などが割引になる内容だった。

自治トピ140

◆旅行者アンケートでアプリ　富山県の観光情報を提供するスマートフォンアプリを富山県立大学と富士通が共同開発した。旅行者800人へのアンケート結果を基に満足度の高かったお勧めスポットなどを紹介するもので、GPS機能で付近の情報や割引サービスの提供を行い、旅行者データも収集する。

◆史跡でドローン相次ぐ　兵庫県朝来市の国史跡・竹田城跡周辺でドローンの飛行が多く目撃されている。城跡では観光客が飛ばしたドローンの落下事故なども発生しており、市が禁止の看板を設置しているが、その後も夜間の飛行が目撃されている。史跡を傷つける可能性もあり、市は警戒を強めている。

◆商店街で子育て支援　川崎市多摩区の長沢商店会が子育て支援マップを1万部作成し、店頭や地域の学校で無償配布を開始した。マップは子供を持つ母親や、地域の大学生らが記者となり取材を行った。同区商店街連合会の加盟店サービスの紹介や、商店会の地図や行事などを掲載している。

◆ごみ出し支援の需要増　埼玉県所沢市の要介護者や高齢者向けのごみ出し支援「ふれあい収集」の取り扱い量が10年で3倍に増えている。生活意欲が衰え、家がごみで溢れる「セルフネグレクト」（自己放任）の高齢者が増えていることが影響している。ごみ出しの支援制度を行う自治体は全国でも少ない。

◆差別発言で辞職勧告　沖縄県宮古島市議会は石嶺香織市議に対する辞職勧告決議を賛成多数で可決した。同市議は自身のフェイスブックに米海兵隊の訓練を受けた陸上自衛隊部隊が「婦女暴行事件を起こす」などの内容を投稿しており、決議では「市議会の品位を著しく傷つけるもの」と非難した。

教育庁17年度予算　児童・生徒に応じたきめ細かい教育の充実

「使える英語」の実践的教育

都教育庁の2017年度予算は、一般会計8092億円、対前年度比0・8%増となった。グローバル社会の進展に伴い「使える英語」を習得させる実践的教育に引き続き力を入れるとともに、理数教育やオリンピック・パラリンピック教育の推進、個々の児童・生徒に応じたきめ細かい教育の充実などに予算を配分している。教育庁指導部が所管する児童・生徒の学力向上関係の施策を紹介する。

基礎・基本の定着

児童・生徒の「確かな学力」の定着と伸長を図るため、来年度も引き続き小学校第5学年児童と中学校第2学年生徒を対象とした都独自の学力調査を実施する。

今年度の調査結果からは、基礎的な知識の定着が不十分な問題が明らかになった。基礎的な知識の定着のためには、つまずきに応じて繰り返し学習することが効果的である。そこで、電子化した東京ベーシック・ドリルの放課後補習や家庭学習などでの活用を図り、「できなかった」「分からなかった」問題について、「できる」「分かる」まで取り組めるようにする。

併せて小学校の算数、中学校の数学と英語で「ガイドライン」に基づいた効果的な習熟度指導を推進し、児童・生徒一人ひとりの学力向上を図る。

また、都内の10地区を対象にした「学力ステップアップ推進地域指定事業」では、外部人材を活用した補充学習等による児童・生徒の基礎学力の向上、研究授業等による教員の指導力の向上を図ってきた。

来年度は、本事業の最終年度となるため、報告会等を通して各推進地域の取り組みと成果を全都に広く普及させる考えだ。

理数教育の推進

■都立高校の理数教育

科学技術分野に関心と知識をもつ生徒を育成するため、中学校段階から6年間を見通した系統的な教育により、理数に秀でた能力の一層の伸長を図る東京版スーパーサイエンス・ハイスクールとして理数アカデミー校を1校、理数に関わる探究活動を通して科学技術系人材の素地を育成する拠点として理数イノベーション校を3校、理数に興味をもつ生徒の裾野を広げるため、理数について特色のある教育活動を実施する理数研究校を24校指定し、理数教育を推進している。

来年度は、これらの指定校で研究活動を行うとともに、指定校以外の学校の生徒を対象に「理数研究ラボ」を実施する。このラボでは、休日や長期休業期間などを活用し、理数に関わる国内の先端施設の見学や研究者の講義、大学等の研究施設で高度な研究活動を行う。

今後も理数教育を推進するため高度な学習環境をつくり、理数好きの生徒の裾野を拡大するとともに、科学技術で世界をリードする人材の育成を図っていく。

■東京ジュニア科学塾、科学塾専修コース

わが国の科学技術を担っていく人材を育成するため、都教育委員会では科学に高い興味・関心をもつ中学生の資質・能力を更に伸ばしていくことをねらいとした東京ジュニア科学塾及び科学塾専修コースの講座を実施している。

科学塾は、中学生の科学への関心を更に高めることを目的として第1、第2学年の生徒を対象に各回300人程度募集し、年間3回実施している。また、科学塾専修コースは、科学に高い関心のある中学生の資質・能力を更に伸ばすことを目的として第2学年の生徒を対象に40人程度募集し、年間8回、通年で実施している。

各講座では、科学の様々な分野の第一線で活躍している専門家による講義や最先端の科学に関わる施設の見学、実験等を行っている。

塾を受講した中学生が科学の専門的な内容に触れる機会を通して科学の面白さや社会における意義を実感するとともに、他の人と積極的にコミュニケーションを図っていく力を高めることができるよう、講座内容の一層の充実を図っていく。

道徳教育の推進

「特別の教科　道徳」における大切なポイントは、児童・生徒の発達段階に応じ、答えが一つではない道徳的な課題を児童・生徒自身の問題として捉えさせ、「考え、議論する道徳」へと授業の質的な転換を図ることである。そのためには、教員の授業力の向上が重要となる。

14年度から3年間行ってきた道徳教育推進教師養成講座を発展させ、来年度からは東京都「特別の教科　道徳カンファレンス」を実施する。各地区における組織的な道徳教育推進体制・指導体制の確立を図るとともに、道徳教育推進教師の道徳教育に関する指導力の更なる向上を図る。

また、都教育委員会では、学校・保護者・地域が一緒になって児童・生徒の豊かな心の育成について考える場として02年度から都内の全ての公立小・中学校等で道徳授業地区公開講座を実施している。

来年度は、公開講座実施の手引の改善、公開講座で活用するDVD資料の作成に取り組み、道徳教育の一層の充実と改善を支援する。

世界で活躍できる人材の育成

■小学校英語専科教員配置モデル

小学校英語の教科化の円滑な実施に向けて、来年度は小学校の外国語活動及び英語の授業の指導に当たる「英語専科教員」のモデル配置を行う。「英語専科教員」の学級担任やALTなど外部人材との連携等、指導体制の在り方について検証するため、該当する都内6校においては「英語専科教員」を1校に1人の配置、または2校を兼務する1人の配置を予定している。

■英語教育推進地域

小学校英語の教科化を踏まえ、都内全地域における英語教育の推進及び次期学習指導要領実施への円滑な移行を図るため、16年度から2年間、都内の10地区を英語教育推進地域に指定した。指定した各地域では、ALTの配置拡大や教育課程開発に向けた取り組みを実施している。

16、17年度の2年間で、各地区の英語教育を担う人材を育成するため、指定地域を含め、英語教育推進リーダーを76人加配する。推進リーダーに対しては、海外教員派遣研修、英会話オンライン研修等を実施し、英語力及び授業力の向上を図る。

■中学校英語教育推進モデル地区

小学校英語との接続を図った中学校英語教育の先駆的な取り組みを支援するため、来年度から2年間、都内の2地区を中学校英語教育推進モデル地区に指定する。

指定地区では、小学校英語の教科化の取り組みを踏まえた中学校1年生のスタートカリキュラム作成や小・中学校の有機的な連携の在り方について研究を進める。

Welcome to Tokyo (Beginner)

小学校3、4年生を対象に国際理解教育の推進、日本・東京の文化等の理解の促進を図るとともに、英語で発信できる力の育成を図る都独自の英語教材「Welcome to Tokyo(Beginner)」を作成する。

TokyoEnglish Empowerment Project(仮称)

都立高校や中高一貫教育校では、放課後や昼休みなど日々の学校生活の中で、各校に配置されているJET青年を活用しながら生徒の興味・関心の高い身近な話題等について英語でコミュニケーションする機会を拡充する「東京イングリッシュ・エンパワーメント・プロジェクト（仮称）」を17年度から新たに展開することにより実践的な生徒の英語力を育成する。

■英語村（仮称）の開設準備

児童・生徒が英語を使用する楽しさや必要性を体感でき、英語学習の意欲向上のきっかけ作りとなる環境を整備するため「英語村(仮称)」を18年9月末までに開設する。英語村は、体験的で実践的な学習を行う場とする。

オリンピック・パラリンピック教育の推進

東京2020オリンピック・パラリンピックを重要な機会と捉え、東京都の児童・生徒の良いところを更に伸ばし、弱みを克服するための取り組みを確実に推進する。そして、東京、日本の更なる発展の担い手となる人材を育成するとともに、子供たち一人ひとりの心と体に、その後の人生の糧となるようなかけがえのないレガシーを残す。

今年度から全公立学校で四つのテーマ=①オリンピック・パラリンピックの精神②スポーツ③文化④環境と、四つのアクション=①学ぶ（知る）②観る③する（体験・交流）④支える——を組み合わせた取り組みを展開している。

特に重点的に育成すべき五つの資質=①ボランティアマインド②障害者理解③スポーツ志向④日本人としての自覚と誇り⑤豊かな国際感覚——を伸ばすため「東京ユースボランティア」「スマイルプロジェクト」「夢・未来プロジェクト」「世界ともだちプロジェクト」の四つのプロジェクトを推進している。

さらに学校におけるオリンピック・パラリンピック教育を支援するため、先進校の実践事例等を発信するウェブサイトを構築して運用するとともに、教育支援プログラムの協力機関開拓などの役割を担うコーディネート事業を実施している。

■顕彰制度（オリンピック・パラリンピック教育アワード）

都内各地区で重点的に育成すべき五つの資質に関して優れた取り組みを実施した学校計150校を顕彰する。

■ボランティア登録制度の創設

意欲ある中高生等の自主的なボランティア活動を促進する登録制度を創設し、登録した生徒等に、多様なボランティア情報を適時発信する。

■障害者スポーツの振興

特別支援学校におけるスポーツ教育推進校を今年度の20校から来年度は30校に拡大するとともに、パラリンピック競技の体験や観戦等を計画的に実施する応援校を小中学校で10校指定する。さらに肢体不自由特別支援学校児童・生徒と小中学生がボッチャを通して交流を深める機会を創設する。

■スクールアクション「もったいない大作戦」

都内全公立学校において子供たち自身が3R「リデュース(発生抑制)」「リユース（再使用）」「リサイクル（再生利用）」について、具体的な目標を設定するなど、これまでの取り組みを生かし、家庭・地域と連携して継続的に推進する。

「学びの基礎の徹底」「個々の能力を最大限に伸ばす」「オリンピック・パラリンピック教育の推進」

（17年度の主な事業）

■基礎学力の定着と向上 ○小・中学校の学力向上の取り組みを支援するため教員を加配 ○都独自の給付型奨学金を創設 ○指導資料「東京リ・スタディ（仮称）」の作成・活用を推進する「ゆめナビプロジェクト」を実施 ○持続可能な社会づくりに向けた教育の推進 ○学校設定教科「探究と創造―新しい価値を創造する力（仮称）」を開発	46億900万円
■理数教育の推進 ○区市町村が行う観察実験アシスタントの配置支援、理科授業を充実するモデル事業を実施 ○中高一貫教育校で6年間を見通した系統的な理数教育を充実する理数アカデミー事業を実施 ○医学部等進学希望先を同じくする生徒同士で「チーム」を結成。3年間の育成プログラムを実施 ○「理数イノベーション校」3校に加え、「理数研究校」を指定 ○理数に関心を持つ都立高校生に対し、大学等の研究施設で理数研究ラボを実施	3億2000万円
■「使える英語」を習得させる実践的教育の推進 ○2018年度からの小学校英語教科化の先行実施に向け、英語教育推進リーダーを加配 ○小学校3、4年生の外国語活動の導入に向け、教員用指導資料を作成 ○小学校3、4年生を対象に都独自の英語教材を作成 ○中学校で英語の少人数・習熟度別指導を推進するため教員を加配 ○中学校英語教育推進モデル地区（2地区）を指定 ○都立高校で体験的に英語を使う「東京イングリッシュ・エンパワーメント・プログラム」を実施 ○英語村（仮称）の開設準備	32億8400万円
■道徳教育の推進 ○小・中学校における2018年度、19年度の「特別の教科　道徳」の実施に先駆け、111校で先行実施 ○小・中学校でDVD「考える道徳（仮称）」を作成・配布 ○道徳教育とキャリア教育の内容を一体的に学習する教科「人間と社会」の着実な実施	1億4700万円
■オリンピック・パラリンピック教育の推進 1　全公立学校で学習読本・映像教材による基礎学習、国際交流、障害者スポーツ体験などを展開 2　オリンピアン、パラリンピアン等の学校派遣により、児童・生徒とアスリートとの交流活動を拡大 3　オリンピック・パラリンピック教育アワードによる学校の取組意欲の醸成と重点的な資質の育成 4　パラリンピック競技応援校の結成、東京都ボッチャ交流会（仮称）の実施 5　環境への取り組み（3R）を推進するため、スクールアクション「もったいない」大作戦を実施 6　中・高校生のボランティア活動を推進するための仕組みを構築、ボランティア情報の発信 7　都立特別支援学校のスポーツ推進校の指定を拡大	13億8400万円

東京都教育施策大綱　東京の輝く未来を創造する教育の実現に向けて

都が取り組む8つの重要事項

東京都では、小池知事の就任に伴い、今年1月に都の教育の根本的な方針となる「東京都教育施策大綱」を策定した。大綱では、2020年度までを実施期間とし、東京の将来像と目指すべき子供たちの姿を示して、その実現に向けて特に優先的に取り組むべき重要事項をまとめている。大綱の主な内容を紹介する。

東京都の将来像と目指すべき子供たちの姿

1　誰もが自ら望む教育を受けられ、可能性を伸ばせる社会の実現

家庭の経済事情に左右されず、全ての子供の力を伸ばせる教育の仕組みを整えること、きめ細かな教育により、一人ひとりに生きる基盤となる力を確実に身に付けさせ、全ての子供の学びを支えるセーフティーネットを構築することを目指す。

2　グローバル化の進展の中でたくましく生き抜く人間

グローバル化が進展していく時代において、語学力に加えて豊かな国際感覚を身に付けることや、未知なることを探究し新たな創造につなげる力、一人ひとりの子供の強みとなる力を伸ばしていくことを目指す。

3　共生社会の中で多様性を尊重し、積極的に社会的役割を果たす自立した人間

これからの社会を能動的に生き抜いていく力を身に付けさせること、自己肯定感を高めながら社会に貢献する自立した人間を育成していくことを目指す。

今後の教育施策における重要事項

◆重要事項Ⅰ　全ての子供が学び成長し続けられる教育の充実

子供たちが家庭の経済状況に左右されることなく、希望に沿って学び続けられるための環境づくりや、基礎学力向上の更なる取り組みが必要である。そのため、都独自の給付型奨学金の創設、習熟度別指導などによる全ての子供たちに基礎・基本を確実に習得させる取り組みの推進、一人ひとりに応じたきめ細かな指導の推進などに取り組んでいく。

◆重要事項Ⅱ　新しい価値を創造する力を育む教育の推進

グローバル化の進展等、加速度的に変化する社会にあって、新たな価値を生み出す創造的・論理的思考力、物事の真理や意味等を追究する探究力を育成していくことが重要である。

そのため、全ての学習の基盤となる言語能力を育むとともに、主体的・対話的で文・理の境を越えた深い学びの実践、理科への興味・関心を高め科学的探究力を育成する理数教育の推進、持続可能な社会づくりを目指す態度・能力を育成する教育の推進、必要な情報や情報手段を取捨選択して主体的に活用する能力を育む教育などに取り組んでいく。

◆重要事項Ⅲ　世界で活躍できる人材の育成

あらゆる分野で国際化が進展している今、日本人としてのアイデンティティーを確立し、豊かな国際感覚を醸成するとともに、世の中をたくましく生き抜いていく力を身に付けさせる教育を充実させることが必要である。

そのため「生きた英語」を学ぶ環境の充実として、小学校英語教科化の先行実施に向けた取り組みや中学校英語での少人数・習熟度別指導の充実、高校における実践的な英語力を身に着けるためのマンツーマンのオンライン英会話学習の推進や、JETプログラムの活用による授業以外の場で日常的に英語に触れる場の創設などに取り組んでいく。

また、日本の伝統・文化を体験・理解する教育の充実を図るとともに、外国人との交流を通して文化や宗教の多様性に触れ、相手の考えを尊重する態度やコミュニケーション能力を育成する教育を推進する。

◆重要事項Ⅳ　社会的自立に必要な力を育む教育の推進

礼節や思いやりなど、日本人の良き行動規範を子供たちに確実に伝えることや、金融・経済など子供たちが将来直面する課題に関し、正しい知識や、これらを活用する力を身に着けさせ、子供たちが社会的に自立できる力を育むことが重要である。

そのため様々な偏見や差別をなくすための人権教育の推進、思いやりの心や規範意識を醸成するための家庭・地域と連携した道徳教育の充実、自分らしい生き方を実現するキャリア教育の推進、学校、家庭、地域が一体となった防災教育の推進、体を鍛え健康に生活する力を培う教育の推進等に取り組んでいく。

◆重要事項Ⅴ　悩みや課題を抱える子供に対するサポートの充実

いじめや暴力行為などには、子供たちの心の問題など様々な要因があり、学校だけでなく社会全体で受け止め、子供たちを支援する取り組みを推進することなどが必要である。また、不登校・中途退学は、就労など子供たちの将来に大きなマイナスの影響を与えることが多く、教育上の視点だけでなく、社会経済的視点からも看過できない問題となっている。

そのため、学校におけるいじめ、暴力行為、自殺等の防止対策の強化・徹底、子供たち同士の話し合いや、考え、行動するといった主体的な取り組みを促進する心の教育の充実、「SNS東京ルール」を踏まえたSNSの適正な利用に向けた取り組みの推進、不登校対策の充実を図るための区市町村教育委員会の学校支援機能の充実、高校における中途退学や進路未決定卒業者等への対策の充実等にも取り組んでいく。

◆重要事項Ⅵ　障害のある子供たちの多様なニーズに応える教育の実現

障害の種類と程度に応じた教育内容の充実や、発達障害のある子供たちへのきめ細かな取り組みなどが必要となっていることを踏まえ、「特別支援教育推進計画（第二期）・第一次実施計画」に基づき、小・中学校で順次導入される特別支援教室の円滑な運営に向けた区市町村への支援、教員の特別支援教育に関する専門性を高めるための取り組み、関係機関と連携した支援体制整備、障害のある子供たちの個性や可能性を伸ばす教育の充実などに取り組んでいく。

◆重要事項Ⅶ　オリンピック・パラリンピック教育の推進

2020年の東京大会は、子供たち一人ひとりの心や体に、かけがえのないレガシーを形成する絶好の機会である。そのため、現在、各学校で進めているオリンピック・パラリンピック教育の取り組みに対する支援等に取り組むとともに、中・高校生の主体的なボランティア活動への参加意識を醸成し、自己肯定感を高める教育の推進、障害者スポーツの体験等による障害者理解を深める教育の充実などに取り組んでいく。

◆重要事項Ⅷ　子供たちの学びを支える教師力・学校力の強化

子供の抱える課題が複雑化・多様化する中で、教員の指導力向上を図るとともに、家庭・地域と連携し、学校の組織力の強化を図ることが必要となっている。

そのため、新たな時代に対応できる力を子供たちに育むための教員の指導力の向上、複雑化・多様化する教育課題に対応できるような様々な専門性を持った人材との連携・協働、管理職等が学校運営に必要なマネジメント力を発揮できるための学校組織運営の強化・充実、災害発生時等の地域の拠点としての機能を十分に果たせるような学校の施設・設備の充実などに取り組んでいく。

◇　◇

今後、東京都教育委員会では、大綱に基づき、東京の輝く未来を創造する教育の実現に向けた教育施策を展開していく。

東京都教育施策大綱

東京都の将来像と目指すべき子供たちの姿

- ◆ 誰もが自ら望む教育を受けられ、可能性を伸ばせる社会の実現
- ◆ グローバル化の進展の中でたくましく生き抜く人間
- ◆ 共生社会の中で多様性を尊重し積極的に社会的役割を果たす自立した人間

教育施策における重要事項

重要事項Ⅰ　全ての子供が学び成長し続けられる教育の実現
1　誰もが安心して学び可能性を伸ばすことができるよう、給付型奨学金を創設
2　基礎・基本を確実に習得させる取り組みの推進
3　一人一人に応じたきめ細かい教育の推進

重要事項Ⅱ　新しい価値を創造する力を育む教育の推進
1　文・理の境を越えた総合的な価値創造力を鍛える教育の推進
2　科学的探求力を育成するための理数教育の推進
3　持続可能な社会づくりを目指す態度・能力を育成する教育の推進
4　情報活用能力を育成する教育の推進

重要事項Ⅲ　世界で活躍できる人材の育成
1　「生きた英語」を学ぶ環境の充実
2　伝統と文化を重んじ日本人としての自覚と誇りを涵養する取り組みの推進
3　子供たちに国際感覚を醸成する取り組みの推進
4　国際色豊かな教育環境を整備し、多様な価値観を理解し、豊かな教養と世界で活躍できる語学力を備えた人材を育成する都立学校の設置

重要事項Ⅳ　社会的自立に必要な力を育む教育の推進
1　人権教育の推進
2　他者を思いやる心や日本人としての規範意識を醸成するため、道徳教育を推進
3　自立的で、自分らしい生き方を実現するキャリア教育の推進
4　学校、家庭、地域が一体となった防災教育の推進
5　体を鍛え健康に生活する力を培う教育の推進

重要事項Ⅴ　悩みや課題を抱える子供に対するサポートの充実
1　学校における、いじめ、暴力行為、自殺等の防止対策の強化・徹底
2　学習への弊害や陰湿ないじめの温床となるSNS等について、適正な使い方の啓発等を強化
3　不登校の子供や中途退学者等を社会全体で支援し、再チャレンジの教育環境を充実する取り組みの推進

重要事項Ⅵ　障害のある子供たちの多様なニーズに応える教育の実現
1　全ての学校で全ての子供たちが安心して学べる場の充実
2　障害のある子供たちの個性や可能性を伸ばす教育の充実

重要事項Ⅶ　オリンピック・パラリンピック教育の推進
1　全ての学校でオリンピック・パラリンピック教育を推進。子供たち一人一人の心と体に、人生の糧となる掛け替えのないレガシーを形成する取り組みの推進

重要事項Ⅷ　子供たちの学びを支える教師力・学校力の強化
1　教員の指導力向上を図る取り組みの推進
2　教職員と専門家の連携・分担による学校の教育力向上
3　学校と家庭、地域との連携・協働による教育の推進
4　教育活動を効果的にマネジメントするための学校組織の強化・充実
5　子供の安全・安心の確保と地域の拠点としての学校施設・設備の充実

「ホントは仕事、好きじゃない？」

若手職員のホンネ　東京のとある居酒屋で❶

「最近の若手は」「自分が若い頃だったら」――。職場の若手職員を見て、一度はこう思った管理職も多いのではないだろうか。いわゆる「ゆとり世代」が社会に出て十数年。若手の考えが理解できないと頭を悩ます管理職は、官民問わず多くの職場で増えている。一方、若手職員にも普段は上司に言えない悩みや、働き方へのスタンスなど様々な思いを持っているようだ。都内のとある居酒屋で、20～30代前半の都・区職員が語る仕事の悩みや愚痴を聞いてみると――。

※毎週金曜日号掲載

上司とのギャップ

D　みんなの上司ってどんな感じ？

A　そうだな、僕は今まで上司に恵まれていたと思うな。色々な上司がいたけれど変な人はいないし、面倒見がいい人が多かったよ。良い上司が多いと目標にはなるかな、と。管理職までいかなくても将来部下を持ったときに指導の参考にしたりとか。

B　俺も悪い上司はいなかったな。タイプが違うだけで。放任タイプと逐一説明を求めるタイプ。理想は責任を取ってくれる上司かな。というより必須条件かもしれないけど。何にせよ、アメとムチを使い分けてほしいよね。

A　僕としては働き方で上司とギャップを感じたことはないかな。ただ、都庁では全庁的なテーマに五輪があるから、新人を多く入れているけど、その一方で中間世代がいない、いびつな形になってるね。1年目の職場は6人の係だったけど、僕の次に若い人が50代半ば、他の4人は60代の再任用。どうしておじいさんばかりなんだろうと思った。今は本庁に来たからそこまでは感じないけどね。

C　僕もそうだった。課長は40代だけど、ベテラン職員は50、60代。

A　特に出先では「若手とベテラン」という職場になることが多かったけど、そこまでやりにくいとかはなかった。仕事では面倒みてもらい、プライベートでは干渉しない。うまく回らない感じはなかったかな。

B　俺も世代間でのギャップというか、やりにくさは感じないね。

C　世代間のギャップと言うより、人によっての価値観は違うなと思う。上の世代でも柔軟な人は柔軟だし、下の世代でも柔軟じゃない人もいる。時々残念に思うのは、仕事をするために自分の家庭を完全に犠牲にしている責任感が強い人を見る時。「自分が背負うんだ」と一人で頑張っている管理職を見ていると、「ああ、僕はそこまでできない」と思う。責任感の強い上司こそ自分のことを大事にしてほしいと思うよ。

D　話を聞いていると、前提になる認識の中に働くことに対するネガティブな感情が入っているように感じるけど？

C　そうだね、僕は基本的にそこまで長時間働きたくない。

D　うーん…。仕事が本当に好きか好きじゃないかは、どこで分かれているんだろう？　僕は仕事が好きじゃないけど、受け入れざるを得ないものとして考えている。35歳より上は、自分と同じように考えて働いているにしても、それを出さない演技がうまい気がするな。それより下だと本音が出てしまうと思う。

C　すごく分析的だね。

B　立場が考え方を変えると思うけどね。

D　甘っちょろいこと言ってられなくなるかな？

B　と、思うよ。俺は家庭があるし、生活の為に働いて、プラスアルファで楽しく働ければいいと思っている。働きたくないということはないし、どうせなら楽しくやりたい。残業が多すぎたりして楽しくなくなったら、仕事が嫌いになるだろうから、その上限は超えないようにはしたいけどね。

C　なるほど。残業で毎日深夜まで働いていると完全に家事とかができなくなるよね。

B　そうそう、バランスかな。まだ子供が小さいから、今は家庭をできるだけおろそかにしたくないな。子供が大きくなれば構う必要もなくなるから、土日の仕事も考えられなくはないけど、今は仕事よりも家庭のほうに重きをおきたいと思う。まあでも、それは自分で完全に決められるわけではないけどね。

C　上司が急に仕事を振ってきたら？

B　俺は生活があるので、割り切る覚悟だよ。

C　Aさんは仕事が楽しくて仕方がない？

A　それはないね（笑）。

C　仕事が好きで好きで仕方がないというと、それはそれで危ない気がする（笑）。

（つづく）

組織のメリとハリ　6　17年度都職員定数

新客船埠頭の整備に対応

港湾局

定数639（41増24減差し引き17増）

主な増要因では、大型客船が寄港可能な新客船埠頭の整備のため港湾整備部に2人、東京港建設事務所に5人を措置した。東京港では現在、客船を晴海客船埠頭で受け入れているが、レインボーブリッジをくぐる必要があるため、大型客船は接岸できない。新客船埠頭では、晴海客船埠頭で受け入れられない大型客船も寄港可能となり、近年のクルーズ需要の増加や客船の大型化に対応する。

五輪準備では、ボート・カヌー競技会場の海の森水上競技場（東京港）や、輸送、物流の幹線道路となる臨港道路南北線の整備、競技会場等に関連する海上公園の整備のため、東京港管理事務所で6増、建設事務所で2増とした。

また、日の出埠頭を舟運の拠点として整備をするなど、舟運活性化を促進するため、港湾経営部で1増とした。

一方、減要因では横浜・川崎港と進めてきた国際コンテナ戦略港湾に関する執行体制の見直しを図り、港湾経営部で1減とした。

吉野真穂人事担当課長は「例年通り厳しい査定ではあったが、新客船埠頭整備や五輪準備などの増員は認められ、局事業に必要な最低限の人員の確保はできた。今後は業務効率化などにより、執行体制を整備していく」と話した。

都庁職港湾支部の長井敏宏支部長は「職員定数は増員だが、五輪関連部署への時限付き配置が主で、局要求を大幅に下回る不十分な内容だった。五輪も重要だが、業務量に見合う適正な人員配置に見直すべき」と指摘。予算についても「一般会計予算が前年比8・3%と大幅な増だが、大部分を占める『新客船埠頭整備・臨港道路・橋梁整備など港湾施設整備事業』は、五輪関連整備に直接関係がなく、早急な整備は見直すべき」と批判した。

病棟薬剤師増で専門性強化

病院経営本部

定数6824（34増24減差し引き10増）

主な増要因では、退院支援機能強化のため駒込病院に看護師4増、神経病院に福祉指導1増とした。

また、薬剤師が病棟で業務を行うための体制整備として、多摩総合医療センターで12人措置する。薬剤師が医師に助言するなどしてより高い専門性を発揮し、安全で質の高い医療の提供を目指す。

17年度から改修予定の大塚病院では、事務2人、看護師1人を措置し、改修工事を円滑に進める。

墨東病院では、心臓カテーテル治療の実績増加に対応するため臨床工学技士を2増、広尾病院の内視鏡室の改修工事に伴い看護師を2増とした。

このほか、次期中期計画策定のため本部に企画調整事業で4人措置した。

減要因では、入院患者の減少などにより、病院の実情に合った体制見直しとして広尾・大塚・駒込・墨東病院で看護師を計11人の減とした。

その他の体制の見直しでは、調理業務の委託進行により墨東病院で病院調理1減、薬剤関連業務の見直しで多摩総合医療センターの薬剤師を2減、本部の企画調整業務などの見直しで4減だった。

病院経営本部の廣瀬肇職員課長は「徹底したスクラップ・アンド・ビルドの観点から例年以上に厳しい見直しを求められた一方、病棟薬剤業務など必要な増員は認められた。引き続き効率的・効果的な病院運営に向けた執行体制の整備に取り組みたい」と話した。

一方、都庁職衛生支部の若梅晶子支部長は「多摩総合での病棟薬剤業務実施として常勤職員が増員されたことは評価できるが、恒常的な超過勤務を余儀なくされている職場については、非常勤職員での対応となっていることは問題」と指摘。「宿直体制の職場での超過勤務の改善など、職場実態に見合う人員配置を求めていく」と話した。

また、都庁職病院支部の大利英昭書記長は「求めていた薬剤師48増、2人夜勤を廃止するための看護師の大幅増員は実現しなかった。一方で大塚病院に看護補助専門員の定数29が付いたが、サービス向上に結び付くのか注意が必要」と指摘した。

都庁舎改修

32階食堂が来年1月閉鎖

第一本庁舎北側でも工事

都庁舎の大規模改修で、都財務局は4月から、第一本庁舎1階南エリアを部分的に閉鎖し、エントランスの改修工事に入る。9月からは1階北・中央エリア、18年1月からは2階北エリアに着手する予定。1階北側は仮設動線で出入りできるようにするが、職員の往来が集中する通勤時間帯には混雑が予想される。なお、1階の会計管理局と銀行、郵便局は通常通り業務を予定。書籍・文具店は4月から2階に集約して営業する。

第一本庁舎の1階と2階を結ぶエスカレーターは南側が4月から、北側が9月からそれぞれ運転を停止するほか、1階にある都営大江戸線との連絡エスカレーターも9月から停止する。

併せて、32階の職員食堂と医薬品・日用品売店は18年1月から閉鎖する。営業再開は同年秋の予定。第一本庁舎1階の喫茶店のうち、南側は今年8月まで、北側は9月下旬から18年2月までそれぞれ閉鎖する。

執務室の移転は5局29部を予定。まず5月に交通局が第二本庁舎24～26階に移転。続いて福祉保健局は6月に総務部など4部が第一本庁舎22～23階から同27～29階に移る。健康安全部は12月に21階から19階に移転する。

都市整備局は9月に住宅政策推進部と都営住宅経営部を第二本庁舎20階から同8階と26階に移し、10月に19～22階のその他の部が11～12階に回る。主税局は11月に第一本庁舎22～23、27階に、環境局は18年3月に第二本庁舎19～20階にそれぞれ移る計画だ。

そのほか、第一本庁舎2階北側の「全国観光PRコーナー」は今年12月から閉鎖し、18年4月に1階南側で再開。1階北側の「観光情報コーナー」は9月から1階南側に仮移転し、18年2月から1階北側で運営する。

第一・第二本庁舎の改修は14年度から本格着手し、4年目。議会棟は今年度末で工事が完了する。

静かに走行、環境に優しく

都交通局　水素バスが営業スタート

都交通局の燃料電池バス2台が21日、都05系統（東京駅丸の内南口～東京ビッグサイト）で営業運行を始めた。トヨタ自動車㈱が開発し、市販車としては国内初という。

燃料電池バスは水素を燃料電池に供給し、空気中の酸素と化学反応させて作った電気で走行させる仕組み。走行中は水しか排出しない。蓄電装置の機能を備え、災害時には電気を供給できるディーゼルエンジンを搭載している通常のバスに比べて乗り心地が静かで、滑らかな走行も売りという。

燃料電池バスが配車された深川自動車営業所（江東区）の柴崎孝重所長は「うれしさの中にその重責を感じる」とした上で、「注目度も高く、安全運行するための管理体制や乗務員の研修など事前準備に力を注いできた。スムーズで静か、環境に優しい快適な車両を体験してほしい」と、多くの都民の利用に期待する。

リース代は1台約25万円（月額）。都は燃料電池バスの台数を増やす方針で、2020年までに全体で100台、都営バスで最大70台を目指している。

都環境局

広域応援の受援体制準備

災害廃棄物処理計画で

都環境局は22日、災害廃棄物処理計画（中間まとめ）を公表した。首都直下地震を始めとする災害で発生した廃棄物の処理体制を準備することで、都民の生活環境を保全し、早期の復旧・復興につなげるのが目的。

計画では新たに、他自治体や民間事業者による支援を想定し、その内容を「受援メニュー」として整理することを明記。例えば、「資機材」では収集運搬・処分、「人員」では情報収集・仮置き場設置など、各主体の知識・経験に応じた受援内容を整理する。

区市町村との連携では、円滑な情報連絡体制を整備することを盛り込んだ。都は発災直後の初動期を中心に復旧・復興期まで実務的な業務の手順・様式を示す「災害廃棄物対策マニュアル（仮称）」を作成し、各自治体間の連絡体制や各種文書の様式、業務で使用する用語や要処理量などの推計方法を統一化するなど、情報共有を図る。併せて、各地域が発災時に「共同組織」を設置し、廃棄物を円滑に処理できるよう支援する。

そのほか、災害廃棄物の最終処分量を減らすため、再資源化を徹底することや、都と区市町村、事業者などの役割分担・連携方法も記載。同局は区市町村の災害廃棄物処理計画の策定・改定の参考にしてもらいたい考え。

首都直下地震の被害想定に基づく災害廃棄物の発生量は最大約4300万トンと推計されている。

五輪ゴルフ会場　女性正会員容認

2020年東京五輪ゴルフ会場の霞ヶ関カンツリークラブ（埼玉県川越市）が正会員を男性に限定し、IOCが改善を求めていた問題で、同クラブは20日、臨時理事会を開き、女性の正会員を認めるよう規則を変更した。

五輪組織委員会の森喜朗会長は「このコースで世界のアスリートが最高の競技ができることは日本の誇り。大会開催のために尽力を頂いてきた役員・会員の皆様に感謝する」とコメントした。

齊藤　桂子さん（さいとう・けいこ＝齊藤和弥・東京都環境公社常務理事の母）16日死去、82歳。

五輪への航海図 164　TOKYO 2020　開催まで　あと1218日

大会の飲食①

和食は外国人にも人気

1500万食以上――。2012年ロンドン大会全体で提供された食事の規模だ。このうち選手村では約200万食、ピーク時には30分で1万食が出されたという。

13日、大会組織委員会で「飲食提供基本戦略」の検討が始まった。大会における飲食提供の基本的な考え方を示すもので、ロンドン大会が初めて策定。東京大会でも食品の安全衛生や栄養管理、環境配慮など五つのテーマを掲げ、来春の公表を目指している。

大会中の食事は、選手が体調を崩さないように食品衛生や栄養、アレルギー面に配慮するのは当然として、世界中から選手が集まるため、イスラム教徒の「ハラール」、ユダヤ教の「コーシャ」、菜食主義者など宗教的慣習・食習慣への対応も求められる。

「選手にとって、食事は憩いというか、唯一の楽しみかも」と話すのは、パラリンピアン（射撃）の田口亜希さん。アテネ、北京、ロンドンと3大会に出場したが、開催国ならではの伝統料理も用意され、08年北京大会では北京ダックが振る舞われた。行列ができる人気ぶりだったという。

16年リオデジャネイロ大会の選手村・メーンダイニングでは、①ブラジル料理②ワールドフレーバー③アジア・インド料理④ハラール⑤ピザ・パスタ⑥サラダ・デザート――の6ゾーンでメニューを提供。それぞれ8日間のローテーションで回した。

そのほか、ブラジルのバーベキュー料理や野菜を提供するオープンエア形式の「カジュアルダイニング」（400席）、果物やマフィン、コーヒーなどの軽食を楽しめる7カ所の「グラブ＆ゴー」も設営されている。

田口さんはロンドン大会でカジュアルダイニングを利用したが、「目の前で肉を焼いてサンドイッチを作ってくれ、楽しく外で食べられる」と好印象だった。また、野菜やフルーツをピックアップできるバーも便利で、「お腹がちょっと空いた時に活用する選手が多かった」という。

田口さんの経験では、いずれの大会でもご飯・みそ汁などの和食が出され、天ぷらは他国の選手と取り合いになるほど人気だったとか。やはり東京大会の食に対する期待は膨らみそうだ。

リオ大会ではジャパニーズ・ヤキソバの出店が＝16年9月

29年度 職員教養講座《39》

東京都管理職選考対策

都管理職選考の要綱によると、筆記考査は5月28日に実施されることになり、残りは約2カ月となりました。受験生の皆さんは年度末が近付いて忙しいと思いますが、焦らず効率的に勉強するように心掛けてください。

さて、今回から「都政事情」を3回掲載しますので、試験対策に役立ててほしいと思います。都政事情は、都政の動向がテーマになるので、他の科目と比べて勉強がしやすいのですが、出題範囲が広く、全てを網羅するのは難しいと言えます。

そのため、普段から都政の動きをキャッチし、重要な計画や調査報告などはその背景や位置付け、今後の方向性などを早期に把握することが求められます。また、過去の出題傾向を分析し、どのようなポイントが問われるのか、出題者が受験者にどのような知識を求めているのかを意識して勉強を進めれば、おのずと試験対策の質も向上するでしょう。

加えて、都政事情は論文対策や面接対策にもなります。勉強する際は事柄やデータの暗記にとどまるのではなく、都政の課題、その背景などを分野別に整理しておくと、後で振り返る際に役立ちます。通常業務の中で都政の動きを把握した上で、ポイントをつかむようにすれば、効率的な勉強となるでしょう。

都政事情 ①

傾向と対策

出題数は種別A事務と技術ともに6題程度となっています。出題範囲は、試験前年の6月から翌3月にかけて公表された計画や施策、調査などが出ています。特に、夏ごろ～1月までに出された計画などから多く出題される傾向があります。

出題を予想する際、知事の施政方針や所信表明、定例記者会見での冒頭発言などは確実に押さえてください。また、都公式ホームページの「これまでの報道発表」や、とちょうーiの「都政ニュース」などを活用して、重要な計画や調査報告も把握すると良いでしょう。

出題予想をした後は、各項目のポイントの暗記となります。施策や計画の場合は、①策定の背景②策定の方針や考え方③目標値④特色や特徴⑤展開方法——などが重要となります。

また、事前に演習問題や過去問を解き、出題傾向を把握することで、暗記のポイントもより絞りやすくなります。

演習問題を解いた際は、必ず全ての解説を確認するようにしてください。解説の補足が必要な場合は、都ホームページなどでチェックし、詳しい内容を把握することに努めましょう。

過去の出題

【平成19年度】

①東京都子供の生活習慣確立プロジェクト（10月）②東京自治制度懇談会議論のまとめ（11月）③19年度重点事業（11月）④東京の臨海地域を活動基盤とする監理団体（11～12月）⑤東京マラソン2007（2月）⑥19年度当初予算

【平成20年度】

①今後のIT化取り組み方針（9月）②東京自治制度懇談会議論の整理（11月）及び第2次特別区制度調査会報告（12月）③「10年後の東京」への実行プログラム2008（12月）④子育て応援都市東京・重点戦略（12月）⑤2016年開催予定のオリンピック競技大会・パラリンピック競技大会⑥20年度当初予算

【平成21年度】

①東京都スポーツ振興基本計画（7月）②子供のインターネット・携帯電話利用についての実態調査報告（10月）③都政のBCP（東京都事業継続計画）〈地震編〉（11月）④「10年後の東京」への実行プログラム2009（12月）⑤21年度当初予算⑥主要施設10カ年維持更新計画（2月）

【平成22年度】

①「自殺実態調査」の結果（6月）②東京の都市づくりビジョン改定（7月）③救急医療の東京ルール（8月）④豪雨対策計画（11月）⑤都民生活に関する世論調査（11月）⑥「10年後の東京」への実行プログラム2010（1月）

【平成23年度】

①東京都監理団体活用方針（9月）②業務・情報システム最適化計画（9月）③地方財政を巡る最近の国の動きについて～都財政への影響を踏まえて（10月）④羽田空港跡地まちづくり推進計画（10月）⑤東京都産業振興指針2011（1月）⑥東京都電力対策緊急プログラム（5月）

【平成24年度】

①24年度当初予算②2020年の東京（12月）③東京都防災対策指針（11月）④都民生活に関する世論調査（11月）⑤23年9月～24年1月の都政⑥平成23年度「児童・生徒の学力向上を図るための調査報告書」（1月）

【平成25年度】

①平成23年度東京都年次財務報告書（9月）②都民のスポーツ活動に関する世論調査（10月）③東京都帰宅困難者対策実施計画（11月）④平成25年度当初予算⑤「2020年の東京」へのアクションプログラム2013（1月）⑥東京の緑・景観・屋外広告物に関する世論調査（1月）

【平成26年度】

①保育サービス利用状況等または平成24年度東京都福祉保健基礎調査における主要な調査結果についての報告書（7月、10月）②こころの病気に関する世論調査（10月）③都民生活に関する世論調査（11月）④首都直下地震の被害想定と対策について（最終報告）（12月）⑤平成26年度都区財政調整（1月）⑥東京都自転車安全利用推進計画（1月）

【平成27年度】

①インターネット都政モニターアンケート結果＝健康食品（11月）②東京都長期ビジョン（12月）③小笠原諸島振興開発計画（12月）④東京の防災プラン（12月）⑤平成27年度当初予算⑥安全安心TOKYO戦略（1月）

【平成28年度】

①インターネット都政モニターアンケート結果＝東京の農業（8月）②東京都人権施策推進指針（8月）③東京防災（9月）④男女平等参画に関する世論調査（11月）⑤首都高速中央環状線（高速湾岸線～高速3号渋谷線）開通後6カ月の利用状況について（11月）⑥「東京都オリンピック・パラリンピック教育」実施方針（1月）

◇　◇

過去問を見て分かることは、都政全体の重要課題、都民の関心が高い事業から出題される傾向があることです。今後も同様の傾向が続くと考えられるので、日常業務と試験勉強を両立させることは大変だと思いますが、効率的、集中的に学習し、ぜひ得点源にしてください。

問題

【問題 1】

昨年11月に生活文化局が発表した「都民生活に関する世論調査」について、妥当なものはどれか。

① 暮らしについて聞いたところ、「苦しくなった」は26%と過去10年で最高であり、「余裕がある」は52%と過去10年で最低だった。

② 生活満足度で「満足の理由」を聞いたところ、「健康であるから」が3年連続のポイント増で1位だった。

③ 東京に住みたい理由について聞いたところ、「交通網が発達していて便利だから」が76・9%で最も高く、次いで「東京に長く暮らしているから」「医療や福祉などの質が高いから」と続いた。

④ これからの都政の進め方について聞いたところ、「情報公開を積極的に進める」が昨年より11ポイント増の40・4%でトップだった。

⑤ 自転車利用者に交通ルールをより守ってもらうための取り組みを聞いたところ、「自転車道・自転車専用通行帯等の自転車が走りやすい空間の整備」が49・6%でトップだった。

【問題 2】

昨年10月に福祉保健局が発表した「高齢者施策に関する都民意識調査」について、妥当なのはどれか。

① 高齢期に過ごしたい場所について聞いたところ、「東京」と答えた人の割合は6割に満たなかった。

② 将来、自宅で受けたい介護について聞いたところ、「訪問介護サービス」を使うに次いで、「配偶者・子供・その他の親族から」を希望する人は5割を超えた。

③ ロボット介護機器の利用意向について聞いたところ、「利用したい」とされた機器は「コミュニケーションロボット」「見守り用機器」「移動支援用機器」の順であった。

④ 死期が近い場合にどのような医療を受けたいか聞いたところ、「治療を優先した医療を受けたい」がトップだった。

⑤ 最期を迎えたい場所について聞いたところ、「自宅」が一番多く、年代別に見ると年齢が上がるにつれて、「高齢者向けの住宅」や「介護保険で入所できる施設」の割合が低くなっている。

【問題 3】

昨年12月に政策企画局が発表した「都民ファーストでつくる『新しい東京』～2020年に向けた実行プラン～」について、妥当なのはどれか。

① 実行プランでは「都民ファースト」の視点に立ち、「3つのシティ」を実現するため、33の「政策の柱」から構成されている。

② 実行プランは「東京2020大会の成功とその先の東京の未来への道筋を明瞭化」するため、計画期間を平成29年度から33年度までの5カ年としている。

③ 実行プランでは「東京が成長戦略を推進し、サステイナブルな成長を実現するための「4つの挑戦」として「都内GDP100兆円」「訪都外国人旅行者数2500万人」「都民の生活満足度70%」「世界の都市ランキング1位」を掲げている。

④ 実行プランは「東京都長期ビジョン」の現行の3カ年の実施計画に代わる新たな計画として策定され、引き続き約360の政策目標を掲げている。

⑤ 実行プランでは、具体的な政策展開に加えて、長期的視点に立った展望として、2020年の更にその先に目を向け、明るい東京の未来像の一端を「Beyond2020～東京の未来に向けて～」として描いている。

解説

【解説 1】 正答 ③

① 誤り。「苦しくなった」は過去10年で最低、「余裕がある」は過去10年で最高である。

② 誤り。「健康であるから」は3年連続トップであるがポイントを減らしている。

③ 正しい。

④ 誤り。政策目標は約500に拡大された。

⑤ 誤り。トップは「交通違反の指導警告・取り締まり」で52・9%。

【解説 2】 正答 ②

① 誤り。「東京」で過ごしたいと答えた人は66・5%だった。

② 正しい。

③ 誤り。「見守り用機器」「移動支援用機器」の順で、「コミュニケーションロボット」は「利用したくない」が最も高かった。

④ 誤り。「自分のやりたいことや自分の生活を優先した医療を受けたい」がトップで、67・3%だった。

⑤ 誤り。年齢が上がるにつれて、「高齢者向けの住宅」や「介護保険で入所できる施設」を希望する割合が高い。

【解説 3】 正答 ⑤

① 誤り。23の「政策の柱」から構成されている。

② 誤り。計画期間は平成29年度から32年度までの4カ年である。

③ 誤り。都内GDP120兆円を掲げている。

④ 誤り。架空・不当請求に関する相談件数は、前年度に比べて大きく増加した。

⑤ 正しい。

昇任試験対策のページ

特別区 管理職試験講座 22

I類択一・記述 I・II類論文 29年度

I類論文

28年度問題解説 ①

今回から2回にわたり、平成28年度に出題されたI類論文問題の論文例と解説を掲載いたします。

論文課題

地域社会における子どもの貧困対策について論じてください。

論文例

1 求められる子どもの貧困対策

厚生労働省の調査による子どもの貧困率は、平成24年において16・3%とおよそ6人に1人の子供が貧困状態にあり、先進国の中でも高い水準となっている。このような状況の中、平成26年1月に「子どもの貧困対策の推進に関する法律」が施行され、8月には「子供の貧困対策に関する大綱」が制定されるなど、国において子どもの貧困対策に取り組んでいく姿勢が示された。

貧困家庭で育った子どもが、将来再び貧困家庭を形成してしまう「貧困の連鎖」も大きな社会問題となっており、区民にとってもっとも身近な基礎自治体である特別区においても、子どもの貧困対策を推進することが極めて重要である。子どもたちが生まれ育った環境に左右されることのないよう、また、貧困が世代を超えて連鎖することがないよう、全ての子どもたちが夢と希望を持って成長していける地域社会を構築していかなくてはならない。

2 子どもの貧困対策における課題

子どもの貧困対策を進めていくうえで、特に解決すべき課題は次の3点である。

第一に、保護者の自立支援に向けた施策が不十分なことである。

世帯の収入と子どもの学力や進学率は相関関係があるとの統計もあり、貧困の連鎖を断つためには、保護者が経済的に自立することが重要である。ひとり親家庭については、特に貧困率が高いとされており、生活基盤を支える経済支援とともに、就労による自立支援に向けた施策を強化していかなければ、子どもの生活環境を安定させることができない。

第二に、全ての子どもが教育を均等に受ける機会が十分に保障されていないことである。

生活困窮により学習塾に通うことが困難な子どもや家庭での学習環境が整っていない子どもにとっての学びの場が十分に整備されていない。このため、学校の学習において、つまずきがあっても解消されず、子どもの学力に格差が生じている。子どもの学力の格差は、将来の就労や進学における格差へとつながる可能性が高く、全ての子どもが安心して教育を受けられる学びの場を提供していかなくてはならない。

第三に、庁内の関係部署が組織横断的に子どもの貧困対策に取り組む体制が十分に整備されていないことである。

相談窓口や各種事業において部署ごとに個別に対応していると、必要な情報が共有されず、手続きに時間がかかるなどの弊害が発生する。子どもの貧困問題は様々な要因が複雑に絡み合っていることから、関係部署が連携して対応していく必要があり、縦割りの組織体制では解決が困難である。

3 子どもの貧困問題の解決に向けて

特別区は、次の施策を実施し、子どもの貧困対策を推進していく。

第一に、ひとり親家庭等の保護者に対する就労支援を充実させる。

就労希望者に対して、就労支援のための相談員を配置し、生活状況や就業希望等を踏まえた自立支援プログラムを策定する。また、経済的な自立に向けて、看護師や介護福祉士など社会的に需要が高い職業の資格取得に向けて訓練給付金を助成する。資格を取得した後の就労支援については、区単独での実施では不十分であるため、求人情報を持つハローワークとの連携が必要不可欠である。区役所内にハローワークの出張窓口を設置するなど、ワンストップで就労支援を行う。ひとり親家庭等の保護者の就労状況を安定させることにより、子どもたちの経済的な生活基盤が整えられる。

第二に、地域と連携した子どもの学習支援事業を実施する。

学習環境が良好でない子どもに学習の場所を提供していくため、就学支援を受けている世帯等の子どもを対象とした学習会を実施する。学習会の実施においては、教員以外にも継続的に子どもを指導できる人材の確保が必要となるため、地域の人材を活用する。学習支援を行っているNPO法人との連携や区内在住の教員志望者や教員経験者等のボランティア募集を行うなど、区は地域のコーディネーターとしての役割を果たしていく。こうした地域全体で子どもを支える協働事業によって、子どもが教育を受ける機会を均等に保障する。

第三に、総合的な子どもの貧困対策を展開するための全庁的な連携体制を構築する。

子どもの貧困対策における庁内の関係部署間の情報共有を図るため、各部署の責任者や担当者をメンバーとしたプロジェクトチームを設置する。このプロジェクトチームを中心に、組織横断的な視点から部課を越えた課題を抽出し、子どもの貧困の実態を適切に把握するための調査を実施する。また、調査結果等を踏まえ、子どもの貧困対策に対する全庁的な取り組み方針や施策の実施計画を策定していく。こうした取り組みにより、教育や福祉など様々な分野での連携が強化され、効果的・効率的な支援を行うことができる。

4 子どもたちが夢と希望を持って成長していける地域社会を目指して

今後、本格的な超高齢化・人口減少社会の到来が見込まれる中、子どもは将来の地域社会を担う大切な存在である。特別区は第一に子どもに視点をおいて、その生活や成長を保障し、成長の段階に即した切れ目のない支援を行っていかなくてはならない。その上で、区と区民が協働し、国・都など様々な団体との連携を強化しながら、子どもの貧困対策を社会全体で推進していくことが重要である。

私は、子どもたちが夢と希望を持って成長していける地域社会の実現に向けて、特別区の管理職として、課を積極的に牽引し、全力を尽くす覚悟である。

解説

論文式問題は、話題となっている社会事象や行政課題等、幅広い範囲から出題されます。日頃から、特別区を取り巻く様々な課題について問題意識を持ち、新聞や各自治体等の基本計画などに目を通して情報収集をしておきましょう。

論文例では、「地域社会における子どもの貧困対策」について、平成26年1月に施行された「子どもの貧困対策の推進に関する法律」等を背景に、基礎自治体である特別区における課題と解決策を提示しました。様々な切り口がありますが、今回は「保護者に対する自立支援施策」「全ての子どもが教育を均等に受ける機会」「庁内の関係部署による組織横断的な取り組み体制」を挙げました。3点が重複しないよう問題を提起し、解決に向けた具体的な対応策とその効果を提示することにより、論文の説得力を高めましょう。

出題された課題に対して、限られた時間の中で論点を整理することは大変なことです。事前に話題となっている社会事象や行政課題について、課題と解決策の簡単な対応表（レジュメ）を作成するなど、論文の全体構成に矛盾が生じないよう、日頃から情報を整理しておきましょう。

読者のひろば

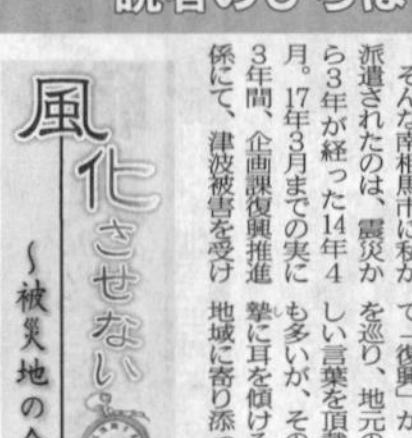

南相馬でキッチンカー

福島県

福島県南相馬市は、2006年に1市2町が合併して誕生した若い自治体でありながら、1千有余年の歴史を誇る重要無形民俗文化財「相馬野馬追」の継承など、先祖代々の歴史を重んじる自治体でもある。

しかし、東日本大震災と津波によって実に636人という、福島県内でも最多の犠牲者を出し、福島第一原子力発電所の事故により、7万人強の人口が、一時1万人を切るまでとなってしまった。

そんな南相馬市に私が派遣されたのは、震災から3年が経った14年4月。17年3月までの実に3年間、企画課復興推進係にて、津波被害を受けた農地や避難指示で人が離れてしまった土地の新たな土地利用を検討し、震災による特例法を活用するという業務を担当させていただいた。この間、常磐道の全線開通や、国道6号線の自由通行化、16年7月の避難指示解除など、市の大きな分岐点に立ち会えたことは、公務員として得難い経験であった。

職務上、「新たな土地利用」とは言うものの、地域ごとの特性や被災状況は異なり、市民の思いも様々である。何をもって「復興」か、その判断を巡り、地元の方から厳しい言葉を頂戴することも多いが、その言葉に真摯に耳を傾けることが、地域に寄り添った「復興」のために必要なのだと感じるようになった。その結果、沿岸部のメガソーラー事業や工業団地の整備といった規模の大きな事業だけでなく、ダンプカーの通行ルートの調整や鉄道の再開に係る関係者の調整といった細かな対応ができたと自負している。

休日には、岩手県や宮城県の沿岸被災地を車で回ったり、復旧したばかりの三陸鉄道に乗ったりしていたが、そのうち、馬が好きであるという情報が庁内で伝わり、馬を飼っている市職員を紹介された。以降、幸運なことに普段から馬に乗せてもらえるようになり、なんと派遣2年目にして、相馬野馬追の御行列に馬引きの役として参加してしまった。それだけでもおそれ多いことであったが、3年目には地域の騎馬会へ入会し、そのまま野馬追に騎馬武者として参戦することと相成った。

野馬追に騎馬武者として参戦した花岡さん

都市部から地縁の強い地方を見ると、どうしてもヨソモノに対する排他的なイメージがあるが、そのようなイメージをみじんも感じさせない温かな待遇に感謝すると同時に、人と馬との共生を実現してきた歴史の懐の深さを実感させられた。

3年目に入ると、復興に向けた取り組みのうち、行政が担える範囲には限界があると感じるようになった。特に、避難指示が解除されたばかりの地域では、電気・ガスといった生活インフラの復旧や、生活圏の除染は終わったものの、帰還した住民が一息つけるスペースや店舗がなく、昼食を取れる場所もわずかといった環境であった。

そのような中、「自分で出来ることは何か」を考えた結果、キッチンカーによるカフェ営業を始めることにした。カフェの名前は「Odaka Micro Stand Bar」（通称オムスビ）。避難指示が分断された小高区の人々を[illegible]取り組みをまたマイクロスタートで始めたいとの思いを店名にした。

始めは個人の支援だった取り組みに地元の若者が賛同し、高齢の方々も応援してくださるようになった。高校の再開を目前に控え、帰り道に気軽に立ち寄れる場所を立ち上げることができたこと、そしてそれを地域の若者が引き継いでくれることを本当にうれしく感じている。

南相馬市を始め、地震・津波・原子力事故という複合災害の被災地では、日々課題が見える状況である。東京へ戻ってからも被災地に目を向け、足を運び、その状況を[illegible]、その復興にわずかでも貢献したい。それが3年間という短い期間であったが、[illegible]相馬市[illegible]。

（花岡高行・杉並区から福島県南相馬市へ派遣）＝おわり

武蔵野新田開発の立役者に迫る

特別展「川崎平右衛門」開催中

江戸東京たてもの園では5月7日まで、特別展「川崎平右衛門―武蔵野新田開発の立役者―」を開催している。

「武蔵野は月の入るべき山もなし 草より出でて草にこそ入れ」――『万葉集』に登場する詠み人知らずの古歌は、当時の武蔵野の情景をよく表している。写真の「武蔵野図屏風 左隻」は、ススキなどが生い茂る一面の原野で、遠く富士山を望み、月が沈んでいく光景を描写している。一方、国木田独歩の随筆『武蔵野』では「武蔵野」を雑木林として表現している。ススキの原野から雑木林への景観の変化をもたらしたのは、享保期の武蔵野新田開発だった。

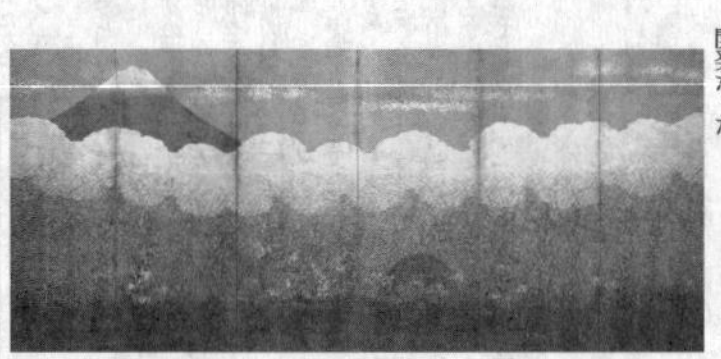

武蔵野図屏風 左隻／江戸時代中期頃 江戸東京博物館蔵

特別展では、武蔵野新田の開発過程を展示。また、新田開発安定のために村名主でありながら「新田世話役」として尽力し、後に幕府代官となった川崎平右衛門の実績を紹介している。

江戸時代中期、江戸幕府は享保の改革の一環で、江戸に近接しながら未開発の武蔵野の大地の開発に着手した。しかし、年貢増収を求めるあまり過酷な年貢徴収を行った結果、百姓は定住が困難となり、開発は行き詰まる。そこで、幕府が選んだのが、武蔵国多摩郡押立村（現・府中市）の名主・川崎平右衛門だった。

平右衛門は1739（元文4）年に「新田世話役」という役職を与えられ、新田村々に手厚い保護を行い、新田開発を助けた。例えば凶作で、年貢が払えずに破産し、耕作地を放棄した百姓に対して、いったん離農した人々も改めてその村に戻って新田開発を希望すれば、立帰料を支給した。

特別展では、平右衛門が尽力した武蔵野新田の開発の経緯をはじめ、新田を安定に導いた平右衛門の救済内容、武蔵野新田開発の成功によって幕府に召し抱えられた平右衛門がその経験を生かし、美濃国（現・岐阜県）や石見国（現・島根県）での農村に対して行った政についても紹介している。

関連企画として講演会「川崎平右衛門」を4月9日午後1時半から、学芸員によるミュージアムトークを22日午後2時半から開催する。

言いたいことが山ほどある　小池都政、都議選❶

小池劇場の危険性、再認識を

郷原 信郎（弁護士）

昨年8月の都知事就任後間もなく、同年11月に予定されていた築地市場の豊洲への移転を延期する方針を発表した際、小池氏が移転延期の理由として挙げたのは、「安全性への懸念」「巨額かつ不透明な費用の増大」「情報公開の不足」の3点だった。

豊洲問題の根本的な誤り

既に6千億円近くもの巨費が投じられて建物や設備のほとんどが完成し、移転に向けて冷凍業者等は設備の稼働に入っている段階では、安全性以外の問題で、移転を中止ないし大幅に延期することはあり得なかった。客観的な安全性には問題がないのに、情報開示・説明が不十分であるために不安が解消できていないということであれば、改めて情報開示・説明を行うことで、安全性に対する疑問を解消することが何より重要だった。

ところが小池氏は、移転の是非の判断に「情報公開」の問題を持ち込んだ。そこに根本的な誤りがあった。

さらに、その10日後、緊急会見を開いた小池氏は、土壌汚染対策のために敷地全体で行われていると説明されていた「盛り土」が、実際には建物下では行われておらず、代わりに地下空間となっていたことを明らかにした。それが、専門家会議の提言に反し、安全性についてオーソライズされていないと述べた。加えて、行政手続き的にも問題があり、当時の担当者等にも話を聞く必要があるとした。

この緊急会見以降、豊洲市場問題に対する注目度が一気に高まり、連日マスコミで報じられることとなるが、小池氏の前記発言を受け、社会的関心は「盛り土が行われていなかったことによる安全性への懸念」と「盛り土一部不実施の犯人探し」に集中した。建物下の地下空間にたまった水がまるで汚染の象徴であるかのように連日テレビで映し出され、その水から検出された有害物質の数値が繰り返し報じられた。そして、盛り土を行わないことを決めたのは一体誰なのか、といった観点から、小池氏就任前の都に対する批判も過熱した。

一方で、土壌汚染、危険性が印象付けられた豊洲への市場移転を延期したことが「大英断」だったように思われ、これまで伏魔殿と呼ばれていた東京都の大改革を断行する都知事という期待から、小池氏の人気は一層高まっていった。

建物地下に盛り土をせず地下空間を設置するという方法に関しては、安全性に関する具体的な問題は指摘されていない。むしろ専門家からは、盛り土よりも衛生的であるという意見や、メンテナンス等の観点から非常に有効であり、正しい選択であったという評価の声が上がっている。

また、専門家会議は条例に基づいて設置されているものではなく、法的に都の決定をオーソライズするものではない。盛り土の代わりに地下空間を設置する方法を、安全性への懸念から否定した事実もない。

都の職員が専門家会議等の意見を参考にしつつ、適切な方法を選択したのであれば、結局のところ、都民・都議会に対する説明内容が誤っていたという「情報公開の不足」の問題なのである。

コンプライアンス的都政

生鮮食品を扱うという事業の性質上、小池氏が開場直前の豊洲市場問題を扱う上で最も重要なことは、「安全」と「安心」が混同されないような丁寧な説明を行うことであった。いくら客観的には安全であっても、安心だという印象が得られなければ、市場としての開場は困難となるからだ。過去の「情報公開の不足」の問題は謝罪した上で、適切な情報公開を行えば済む話だった。それによって、「安全」に関する懸念が生じることも「安心」が損なわれることもなかった。

しかし、「小池劇場」での演出は、全く逆だった。単なる「情報公開の不足」と言うべき盛り土の一部不実施の事実がストーリーの中心に位置付けられ、それを決定した「犯人探し」という課題設定がなされたことで、まるで「安全」に関する重大な問題であるかのように誤解されて広められた。そして、豊洲市場に対するイメージは極端に悪化した。

一方で、築地市場でも設備の老朽化は進行中で、地下の土壌汚染の可能性も判明している。築地市場が現状のままでは、2020年東京オリ・パラに向けての建設工事にも重大な支障が生じる。市場移転問題は抜き差しならない状況に陥っている。移転延期による巨額の維持費や新規設備投資に対する業者補償など、今後都民が負担することとなると考えられる損失は極めて大きい。

小池氏の手法は、悪役を仕立て上げ、対立構図を印象付ける劇場型政治に加えて、「透明性」「安心」等のあいまいで不定形な「コンプライアンス」的フレーズ」を多用して、自己の対応を正当化するところに特色がある。「法令遵守」に凝り固まったコンプライアンスには弊害があるが、法令を超えた「透明性」「安心」の独り歩きも極めて危険だ。劇場的かつコンプライアンス的小池都政の政治がはらむ危険性を再認識する必要がある。

◇　◇　◇

小池都政がスタートして8カ月弱、市場の移転問題や東京五輪競技会場見直し問題に加え、情報公開や超勤縮減の取り組みなど、次々に「都政改革」を進める一方、敵をつくり、対立構造をあおる劇場型政治に関係者が振り回されている。7月の都議選に向けて識者に小池知事や都政に対して「言いたいこと」を語ってもらう。

＝月1回掲載（編集部）

●ミニガイド●

◆第34回ふっさ桜まつり　▷開催期間　25日（土）～4月2日（日）▷会場　福生市多摩川堤防沿い（永田端～睦橋、メーン会場は明神下公園）▷概要　多摩川堤防沿いの夜桜ライトアップ、土・日曜日はメーン会場の明神下公園で各種イベントを開催

◆東京都人権プラザ企画展「写真展　人権という希望」　▷会期　〈第1期〉5月13日（土）まで。〈第2期〉5月20日（土）から7月1日（土）まで。〈第3期〉7月8日（土）から8月19日（土）まで。（日曜休館、各期の間の展示入れ替え期間は閉室）▷開館時間　午前9時半から午後5時半まで▷会場　東京都人権プラザ（本館）1階企画展示室（港区芝2の5の6　芝256スクエアビル）▷料金　無料▷内容　〈第1期〉「すべての人は、この世に一人しかいない。」〈第2期〉「生きる。」〈第3期〉「かき消される小さき声。」

都政新報

発行所　都政新報社
〒160-0023　東京都新宿区西新宿7-23-1　TSビル
〈総務・読者〉03-5330-8781
〈企画広告〉03-5330-8784
〈編　集〉03-5330-8786
〈出　版〉03-5330-8788
〈ファクス〉03-5330-8808
購読料　月1,730円（税込）
毎週火・金曜日発行
ただし、祝日は休刊

紙面から

市場問題で新組織

小池知事

課題や将来像を検討

小池知事は24日の定例会見で、市場移転問題に関する「総合的な判断」につなげるための新たな庁内組織「市場のあり方戦略本部」を立ち上げると発表した。市場の安全性に関しては、築地市場の老朽化や土壌汚染が指摘される一方、豊洲新市場の地下水モニタリング調査で環境基準100倍のベンゼンが検出されており、知事の市場移転の判断に注目が集まっている。知事は「鳥の目で検証を行う」と話すが、結論時期は「昨年11月に公表したロードマップに沿ってステップを踏んでいく」として明言を避けた。

新たな庁内組織のトップには中西充副知事を専任。中央卸売市場だけではなく、政策企画、総務、財務の官房3局を中心に、関係局も加わる。同本部の役割は「都民の理解と納得のための情報集約」と「両市場の課題の整理」に加え、「市場全体が将来どのように回っていくか」も検討対象になる。

「都民の理解と納得」は、知事が豊洲移転を決断しない最大の根拠とする一方、都議会からは「明確な基準がない」などと批判の対象となっていた。戦略本部では今後、客観的な指標や、理解と納得を得るための方向性を定められるかが焦点となる。

一方、「両市場の課題」については、今議会でも度々俎上に上がってきたテーマだ。都議会自民党は豊洲市場では地下水を使用しないことから、モニタリング調査で有害物質が検出されても安全性に懸念はないと主張。むしろ開放型の築地市場に衛生面での安全性や、土壌汚染の問題があると指摘してきた。戦略本部でこれらの問題を整理する狙いがあると見られるが、「自民党からの指摘をかわすための時間稼ぎでは」（都議）との声もある。

「市場の将来像」は、豊洲・築地の問題にとどまらず、「卸売市場そのものの継続性」が検証対象になる。国内の物流システムが日々変化する中で、知事はこれまでの施政方針表明などで「市場の持続可能性」にも言及しており、豊洲新市場に移転しても年間の損失が100億円に上るとの試算もある中で、豊洲・築地以外の「第3の道」に踏み込む可能性もある。

戦略本部の設置について、官房局幹部は「知事の会見で初めて聞いた。こちらも驚いている」と話し、事前に庁内での情報共有がなかったと明かす。別の幹部は「さすがに中西副知事本人は把握しているはずだが、知事が話した以上の情報は局長からも降りてきていない」と困惑を隠さない。

また、組織のトップとされた中西副知事は、中央卸売市場長時代に盛り土問題に関わったとして昨年11月に減給処分を受け、市場担当の所管から外されていた。今回、中小企業や島しょなどの所管は安藤・川澄両副知事に移り、中西氏は戦略本部の専任となることも発表された。

知事は「元市場長であり、盛り土問題のこともよく理解している」と専任の理由を説明。中央卸売市場幹部は「やはり経験が重視されたのでは」と話すが、別の幹部は「一度外された中西氏がここで引っ張り出されるのは違和感がある」と首をかしげる。

新たな組織によって市場移転問題を整理し、解決への糸口を見つけることができるかが注目だが、「PTや専門家会議もある中で、新たな組織を立ち上げても知事の決断を先延ばしにするだけだ」などと庁内に楽観視する声は少ない。

都議会自民党の高木啓幹事長は同日、報道陣の取材に応じ、戦略本部が行うとしている関係者へのヒアリングや検証などについて、「移転延期を決めた時点でその基本的な作業をしていなかったのか。何を根拠に延期が決まったのか。大変驚いている」と話した。

また、都議会や新市場建設協議会などに諮られることなく決められた移転延期の責任は知事にあると批判し、「市場開設者としての責任を果たすべきだ」と改めて早期の決断を求めた上で、今回の戦略本部設置は「先延ばしとしか考えられない」と断じた。

豊洲新市場の安全性など小池知事の認識をただした自民党の崎山知尚氏＝14日の予算特別委で

日程延長の動議否決

都議会予特　自民が提出も賛成少数

市場移転問題に関する知事の対応を巡り、都議会自民党は27日の予算特別委員会に質疑日程延長の動議を提出したが、賛成少数で否決された。自民党は24日の予算特別委員会理事会で審議時間の1日追加を求めたが、未明まで他会派との折り合いがつかず、休憩中に自民党以外の理事が都議会を退出するなど空転が続いた。

自民党は小池知事が市場移転問題に関する質問に正面から答えておらず、実質的な議論が深まっていないことや、24日の定例会見で急きょ設置を発表した庁内組織「市場のあり方戦略本部」への対応を理由に質疑時間の追加を求めていた。一方、他会派からは「まずは27日のとりまとめ総括質疑を予定通りに行うべき」との声が上がり、追加を認めない意見が多数を占めた。

24日は予特と一部理事が重複する市場移転問題特別委員会も開かれ、予特の協議は中断。深夜2時半過ぎに特別委の継続扱いが同理事会・委員会で決定。特別委終了後に予特の理事会を再開したが再び決裂し、休憩が続く中で、25日の午前3時半ごろに一部の予特理事会メンバーが退庁した。

自民党の高木啓幹事長は緊急声明で、「職場放棄とも言えるこのような事態は、都議会の歴史の中でもいまだかつてない無責任な行為」と批判。一方、公明・東京改革・共産・都民ファースト・生活者ネットは共同で会見を開き、「協議をせずに一方的に帰ったわけではない」と、理事会開会の求めに応じなかった自民党の対応を批判した。

都政の東西

都議会の権威

久しぶりに都議会の答弁席に座った石原元知事と浜渦元副知事を見て、現職だった時代の二人を思い出した。

2001年3月の第1回定例都議会本会議で、無所属クラブの三浦政勝氏が討論に立ち、「議会の尊厳を蹂躙する執行機関としては超えてはならない一線を超えていた」と石原知事らを批判した。

事の発端はその年の予算特別委員会の質疑で、共産党に対する石原知事の発言を巡ってやじで荒れた際、石原知事のみならず、浜渦副知事まで理事者席からやじを飛ばしていた。三浦氏は「今後、議会がこの種の発言を、また言動を看過するならば、いつの間にか議会の持つ権能に深刻な影響を及ぼすことになりかねない」と指摘した。

この年、本会議では社民党の藤田十四三氏、予特では自民党の奥山則男氏が、石原知事によるトップダウンの統治や浜渦氏への権力集中に危惧を示していた。三人ともその年で勇退を決めていたベテラン都議だった。

今回の百条委員会で話題になった「水面下の交渉」もこの時期に行われていた。

「水面下で質問したら答えてやるよ」――都民の代表たる議員にそんな捨てぜりふが許されるほど、議会の権威は落ちたのだろうか。証人が机をたたいて激高する姿をただ眺めていていいのだろうか。

当時、三浦氏の討論後、あいさつ回りで無所属クラブの控室を訪れた浜渦氏は、「先生方がしっかりしないから、私が」と豪語していた。百条委の証人喚問を振り返って感じたのは、当時と変わらず都議会が軽く見られているという空虚感だ。議会が自らその尊厳を守り、維持する努力をしなければ、都民の負託に応える都政などできない。

水面下で何が

12年ぶりの百条委員会㊦

都に譲歩迫って決着へ

瑕疵担保免除

2003年4月3日、都庁第二本庁舎の会議室は重苦しいムードに包まれていた。東京ガスの豊洲工場跡地の土壌汚染対策を巡り、都は同社に対し、都環境確保条例以上の対策を求めたが、「汚染の高い箇所のみを実施する」と一蹴された。都は「環境基準の10倍を超えない39カ所の汚染処理をやりたくないということか」とただすと、「その通り」と即答された。

都の要請にゼロ回答の東京ガスは、土壌汚染対策は決着済みというスタンスだった。01年7月18日に双方が水面下で合意した確認書では、東京ガスの操業に伴う土壌汚染は同社の責任で処理することが盛り込まれており、東京ガスの処理範囲が一定程度決まっていたため、都側の追加要請に応じなかったと言える。

また確認書では、用地を売却した後は都が土壌汚染対策を引き継ぐ取り決めもあり、都が大半の土壌汚染を処理する内容だった。これは東京ガスが土地売却後、新たに発見された土壌汚染を処理しない「瑕疵担保責任の免除」の根拠になっているとの指摘がある。

その後、協議を重ねる中で、東京ガスは都の要請のハードルが高いとして、土壌汚染を処理する際は掘削の深さを浅くし、処理する箇所を減らすことなどを提案し、都に譲歩するよう迫った。2年以上の協議を経て、都は東京ガスの要望を一部受け入れ、05年5月31日に土壌汚染に関する確認書を交わした。東京ガスは102億円を負担して対策を実施したが、都が07年から09年まで行った調査で新たな土壌汚染が明らかとなり、費用負担の決着には至らなかった。

都の調査結果によると、豊洲の用地から1475カ所で基準値を超える有害物質を検出し、うち最大4万3千倍のベンゼンを確認。市場用地としての安全性が問われる事態となった。都内部で代替地があるか検討したが、豊洲しかないと判断し、石原知事は10年10月、「議会が決めかねるならば、知事が大きく歯車を回すしかない」と述べ、豊洲移転を決断した。都は土壌汚染対策に際して、東京ガスにも処理費用の一部を追加負担するよう求めた。

都と東京ガスは土地売買契約を結ぶ2カ月前の11年1月5日、追加負担の在り方を議論している。当時の都中央卸売市場の部長が「土壌汚染が今後出た場合は（その都度、費用負担を決める）精算払いが望ましいが、確定一時払いもやむを得ない」と提案。一括して対策費を負担し、新たな土壌汚染への負担を請求しない確定一時払いは、事実上の瑕疵担保責任の免除に当たる。

元々、東京ガスは66億5千万円の追加負担を見込んでいたが、当初の想定よりも17%多く土壌汚染が発見されたという。66億5千万円に17%を掛け合わせると、78億円となる。最終的には東京ガスが同額を負担することで都と決着し、売買契約では東京ガスの瑕疵担保責任が免除された。

当時の岡田至市場長は東京ガスが都の環境確保条例に基づく対策を講じたことから、百条委で「瑕疵担保責任は履行済み」との認識を示した。その上で、「東京ガスから『法的責任はない』『新たな負担を出す以上は精算払いはできない』という要求があった。それをのまない限りは永遠に合意ができないと判断した」と証言している。

百条委員会に提出された資料や証言から、土壌汚染処理費を巡る交渉は終始、東京ガスが有利に進めていたことがうかがえ、都議会が指摘する「都にとって不利な契約」との印象は拭えない。だが、百条委では瑕疵担保責任の免除だけでなく、土地の取得交渉の経過の疑惑も解明されていない。今後も証人喚問が残されているが、疑惑が解明できるかは不透明だ。7月の都議選も見据え、百条委の設置に踏み切った都議会として、どう着地させるかが問われている。＝おわり

18日の百条委で、「瑕疵担保責任を免除したとは考えていない」と答弁した岡田元市場長

国際人材、総合力強化へ

都立新設校　理数教育・伝統文化も重視

都はグローバル人材の育成に向けて新たに開設する予定の「新国際高校（仮称）」について、語学力にとどまらない総合力を強化する「リベラル・アーツ」などを充実させる。23日の都教育委員会に概要を報告した。

新国際高校は、今後の国際社会での活躍や企業のグローバル人材のニーズの高まりを見据え、昨年2月に策定した都立高校改革推進計画・新実施計画で設置が定められている。建設予定地は港区白金の職員宿舎跡地で、来年度から土地の基礎調査を行い、早期の開校を目指す意向だ。

既存の都立国際高校（目黒区）との主な違いは、同一の国際教養学科の中に「理数教養系」「語学教養系」を設け、語学力だけではない「文理融合」を目指す点だ。理系・文系の分類ではなく、総合力を強化する「リベラル・アーツ教育」として、第2外国語を必履修とすることや、理科や数学などの科目の充実、ビッグデータや人工知能、プログラミングなどの最新技術の授業などを通し、「幅広く豊かな教養」を目指す。

一方、都立白鴎中学・高等学校でも、新実施計画にのっとって18年度から教育内容を国際化する。同校ではこれまでも「日本文化概論」などの授業を取り入れて日本の伝統・文化に関する教育に力を入れてきた経緯がある。今後はそうした教育内容を更に強化するとともに、ダイバーシティー教育として語学力の向上や国際交流を充実させ、地域の課題解決を目指す実践型の探究活動などを通して、生徒の総合力の強化を目指す狙いがある。

新国際高校を始めとした都立高校のグローバル教育が目標とするのは、総合力の強化や日本の伝統・文化を学ぶことを通して、生徒が自己のアイデンティティーを確立することだ。新国際高校の検討委員会では、海外で活躍した有識者の経験談として「日本とは何なのか聞かれても説明できなかった。外国人は当たり前にそれができる」といった意見も挙がったという。都立高校教育部は「これからは、英語を話せるだけでは世界で通用しない」（教育改革推進担当）と話している。

豊洲地下水再調査で議論

豊洲新市場の地下水再調査で基準値の100倍のベンゼンが検出された結果を受け、都議会の豊洲移転特別委員会が24日に開かれた。

自民党の田中豪氏は、都が9回目調査で観測井戸にたまった地下水を取り除く「パージ」の水を分析するよう業者に指示したことを「理解できない」と批判すると、都は「現場の判断で行われた」と釈明した。都が1月の専門家会議でパージ水を分析させたことを報告しなかったのは技術職が事務職に説明しなかった盛り土問題と同じだとし、田中氏は「職員の意識が全く改善されていない」と意識改革を求めた。

公明党の伊藤興一氏は、豊洲の安全性を都民に分かりやすく情報発信する必要性に触れた。都下水道局が下水を浄化し、魚を飼育している事例を挙げ、地下水管理システムで浄化した水でも同じ取り組みを求めた。都は「分かりやすい広報に努め、市場の安全・安心への理解につなげていく」と述べたのに対し、伊藤氏は「安心（を得られる）かどうかは都民の理解と納得（次第）。その判断基準となるよう豊洲の見える化をやっていくべき」と指摘した。

冗句ジョーク

・小池都知事、市場の将来像・物流を含め、鳥の目になって全体を見つめていきたいと、市場のあり方戦略本部（仮称）を立ち上げ

鳥・ゆりかもめ「鳥の目は、魚にしか興味ないの！」

豊島区
公衆便所からパブリックトイレへ
女性の声受け、魅力の象徴に

豊島区は2017年度から3カ年計画で公衆便所と区立の公園トイレの計約90カ所を全面改修する。「公衆便所からパブリックトイレへ」をコンセプトに、民間事業者による建て替えを中心に大幅なコストの圧縮を図るとともに、コンビニの協力を得て店内トイレを「オープントイレ（街中トイレ）」と位置付け、区民や来街者が快適に利用できるトイレを増やす。区が掲げる「女性にやさしいまちづくり」の象徴として、区の魅力につなげたい考えで、高野之夫区長は「トイレは魅力あるまちづくりの第一歩で、トイレの区長と言われるくらいに迅速に進めたい」と意欲を示す。

とげぬき地蔵尊で知られる高岩寺にほど近い区立公衆便所。タイルの変色やトイレ内の暗さで使用する人はほとんどいない

区が掲げるトイレの一新で核となるのが民間事業者との連携だ。区は来年度の早い時期に2020年東京五輪の「ホストボトラー」に認定されているコカ・コーライーストジャパン㈱と協定を結び、PPP（官民パートナーシップ）方式で同社がトイレの建て替えを行う。建て替える場所や箇所数は今後協議して決めるという。区が建て替える場合には設計施工一括方式を採用し、民間事業者の提案に基づきコスト削減を図る。

また、トイレの仕様を大幅に変更。公共施設は一般的に50年間程度の長期間使用を前提としており、堅牢なコンクリート造で高コストの要因となっていたが、耐震性と耐火性を確保しつつ、10年間程度の比較的短期間での更新を前提として外壁や床材にコンクリートよりも安価な建材を採用し、経費を抑える。

区財政課によると、従来の手法では90カ所の改修に10億円以上の経費が必要と試算していたが、公民連携や仕様変更で6割から7割の経費削減が期待できるという。

これらの取り組みで目指すのはコスト削減だけではない。短期間の更新で清潔感を保つことで、マナーを守った利用を促す狙いがある。城山佳胤政策経営部長は「きれいなトイレをきれいに使ってもらうことで、良い循環を生み出したい」と力を込める。

これに加え、区は今年度までに建て替えを行った約30カ所の公園トイレに、新年度から専門業者による特別清掃を導入。特殊な薬剤や器材を使用して悪臭や変色を取り除くとともに、事業者の指導を受けて区が1日1回行う通常清掃の効果向上を図る。

区政策経営部によると、14年5月に民間研究機関が出産年齢女性人口の減少予測から同区を23区唯一の「消滅可能性都市」と指摘したことを受け、「女性にやさしいまちづくり」を区政運営の柱に掲げる中、女性区民から「公衆トイレは汚く、使いたくない」との声が上がったという。今回の公衆トイレの改修に先立ち、今年度から3カ年計画で学校トイレの全面洋式化などの改修工事に着手しており、高野区長は「きれいなトイレは街の魅力になる。まちづくりの基本に据えて思い切って進めたい」と話す。

また、今回のトイレ改修をパイロットプロジェクトに位置付け、公民連携事業の拡大の呼び水にしたい考えで、高野区長は「公共分野で民間活力をいかに引き出すかが鍵になる。持続可能な自治体経営に欠かせない要素だ」と述べ、より広い施策分野で公民連携を進める方針を示した。

区長会
民泊事務で円滑な協議を
法案提出受け都に要請

今国会に提出された民泊に関するルールを定めた住宅宿泊事業法案で、特別区が都との協議を経て監督事務や条例制定事務を処理できる条項が盛り込まれたことを受け、特別区長会（会長＝西川太一郎荒川区長）は23日、都に対し、円滑な協議を求める要請を行った。

区長会は今年1月と2月に国に対し、23区に権限を与えることや、地域の実情に応じた条例制定を可能な制度とすることなどを要望。法案では、都道府県知事が民泊営業の届け出を受理し、地域の事情を反映するために上限を180日とする年間提供日数を制限する条例を制定できるとする一方、希望する保健所政令市と特別区の首長に対し、都道府県知事との協議と結果の公告を条件に、事務処理を認める「手挙げ方式」を採用した。

これを受け、区長会は都に対し、希望区との事前調整を行い、法案成立に伴って実施する法定協議が円滑に行えるよう、都区の連携体制の構築を求めた。

区長会によると、事務処理に関する各区の意向調査などは行っておらず、都との協議方法などは未定という。民泊の対応を巡っては各区で取り組み状況が異なることから、23区の保健衛生担当者からは都と希望区の個別協議となるとの見方が出ている。

昨年10月に学識経験者や区民らを委員とする民泊問題対応検討会議を立ち上げた新宿区の木村純一健康部副部長は「区にそのまま条例制定権限が来るのか、事務処理特例のように条例は都が制定するのかなど、法案だけでは判然としない部分が少なくないため、政令や省令などもしっかり確認する必要がある」と話している。

横綱相撲 分析 23区新年度予算案⑧
基金
積み上がった1.6兆円

積み上がった額、1・6兆円。23区の2017年度当初予算案ベースでの基金残高見込み額だ（17年度末）。この20年で最も少なかった00年度末の約5600億円から17年間で約3倍に膨れ上がった計算となる。

基金残高を増やす傾向は、23区だけでなく全国の自治体に共通する。財務省はこの傾向に警鐘を鳴らし、昨年11月の財政制度等審議会による「平成29年度予算の編成等に関する建議」で、「将来不安への備えや節約による部分もあり、多面的な見方が必要である」とする一方で、「真に必要な額を超える財源保障が行われていた可能性があることも否めない」と言及した。

「積める時に積んでおく」——これが区に共通する考えだ。

大きな背景は三つある。第一は景気変動。自治体にはバブル崩壊やリーマンショック後の大幅な税収減の悪夢が脳裏に焼き付いている。リーマンショック後の09～12年度の取り崩し額は23区合計で約5500億円に上り、積み立て額を上回った。

二つ目は法人住民税の一部国税化など国の政策の影響だ。区長会事務局の近藤尚行調査第2課長は「地方消費税の清算基準の見直しによる減収もあり、こうした傾向は今後も続くだろう」と話す。

三つ目は老朽化した公共施設の維持更新費で、小・中学校の改築など多額の経費が見込まれるのに加え、東日本大震災や東京五輪に伴う工事の労務単価や建築資材の高騰が重くのしかかる。

一方で、税収増に合わせて区民サービスを充実させることへの後ろ向きな姿勢も見られる。

近藤課長は「経常経費として恒常的に出ていくことを避けたいという考えもあるのではないか」と指摘する。財政状況が悪化しても、一度開始したサービスから手を引くのは難しいのが理由だ。

全基金の状況

（単位：千円）

区名	17年度末残高見込み
江戸川	164,793,673
港	141,111,029
足立	125,001,836
大田	113,597,041
葛飾	104,276,384
千代田	97,849,382
江東	85,978,306
品川	77,665,635
渋谷	76,802,366
世田谷	69,791,448
練馬	69,692,929
中野	60,519,117
文京	59,889,997
北	48,489,468
板橋	47,427,983
台東	40,851,713
杉並	39,329,741
新宿	38,122,520
豊島	35,999,260
目黒	33,712,341
中央	31,802,601
荒川	22,099,870
墨田	15,297,416
合計	1,600,102,056

大規模事業への備え

歳出の在り方をいかに工夫するか。中長期的に見れば人口増加は止まり、大幅な歳入増を見込むのは現実的でない上、景気の先行きは不透明さが付きまとう。

「内部努力をして、事務事業を見極めていくしかない」と語るのは大田区の谷口祐財政課長。同区は17年度末の財政調整基金残高が23区で最も多くなる見込みだが、区を取り巻く情勢に警戒を緩めない。谷口課長は「人口構成の変化による扶助費の増加や、公共施設の維持管理が今後の課題だ」と気を引き締める。

一方、財調基金残高が23区で最も少なくなる見込みの北区は特有の事情を抱える。

同区はJR十条駅周辺の再開発や新庁舎建設に充てる特定目的基金を設置。毎年度10億円ずつ積み立てており、結果的に財調基金の取り崩し要因の一つとなっている。小野村弘幸財政課長は「財調基金残高の目安は設定していない」と話すが、新庁舎整備と併せてJR王子駅周辺再開発など別の大規模プロジェクトも控える。

特定目的基金を含めた全基金残高が23区で最も多くなる見込みの江戸川区も、JR小岩駅周辺再開発や新庁舎整備を始めとした公共施設の整備・維持管理などを基金積み立ての理由として挙げる。

財政調整基金の状況

（単位：千円、％）

区名	17年度末残高見込み	17年度繰り入れ額	対前年度
大田	53,901,984	7,136,131	35.0
江戸川	42,274,130	0	—
千代田	40,243,332	338,492	73.5
港	38,778,620	33,536,755	皆増
渋谷	34,439,629	1,575,968	皆増
杉並	31,769,145	4,600,000	411.1
江東	31,631,749	1,517,000	72.4
練馬	30,606,536	6,000,000	76.5
足立	26,332,374	5,046,693	213.8
中野	24,165,054	3,512,257	27.6
文京	23,508,276	3,928,000	30.0
世田谷	22,963,976	2,000,000	皆増
豊島	22,054,647	0	—
新宿	21,421,813	2,615,525	6.4
品川	17,685,633	0	皆減
板橋	16,904,046	2,191,006	皆増
目黒	14,909,790	1,100,000	17.9
葛飾	12,782,028	0	皆減
中央	12,024,509	5,185,100	0.6
台東	8,574,563	930,448	196.7
荒川	8,510,640	4,279,265	45.7
墨田	7,869,808	740,000	102.7
北	7,791,411	7,274,602	6.1
合計	551,143,693	93,507,242	—

災害特化の基金

新たなトレンドもある。

港区は新年度、約335億円の財調基金を取り崩し、第1回定例区議会で条例改正して設置した震災復興基金に積み立てる。同基金は首都直下地震など災害の復旧・復興を区主導で迅速に実現するのが狙い。区は18～22年度まで各年度100億円積み立てる方針を示しており、湯川康生財政課長は「区民の生活をどうやって震災前の状態に戻すのかに着目した」と話す。区の目標は1千億円で、単年度分の一般会計規模に相当する。

品川区と豊島区も防災や災害復旧に関する特定目的基金を設置。品川区は新年度予算で、避難所開設・運営や被害家屋解体撤去費用など[illegible]を示し、15億円の積[illegible]てを計上した。豊[illegible]20億円を目安とし[illegible]り、井上浩徳財政課[illegible]含め、積み立てにつ[illegible]「財調基金の組み替[illegible]は今後詰める」と述[illegible]

他方で世田谷区や[illegible]区のように、ふるさ[illegible]税の寄付先に特定[illegible]金を設定する動きも[illegible]

「身の丈を知るの[illegible]事」と指摘するのは[illegible]川区の後藤隆財政[illegible]歳入と歳出のバラン[illegible]考慮しながら景気[illegible]リスクに備え、「ため[illegible]批判」を回避する。基[illegible]活用した柔軟な財政[illegible]じ取りが求められて[illegible]

自治体政策のススメ
議会改革の最前線①
山梨学院大学教授　江藤　俊昭

議会に（も）責任がある

『築地ワンダーランド』（遠藤尚太郎監督、2016年制作）というドキュメンタリー映画を見た。唯一無二の魚市場は、日本の文化そのものであるという。ということは、その移転は東京の問題を超えている。

その豊洲移転問題を巡って、3日に石原慎太郎元東京都知事の会見が開かれた。「職員、議会が悪い」と。開き直りともとれるが、その言動には一理ある。地域経営の責任は、知事ではなく議会にあるからだ。執行機関が正確な情報を議会に提出しないのがいけないという者もいる。確かに、それは問題だ。しかし、議会・議員は重要案件に対して独自調査を行わないことの方が問題である。

元々、条例、予算・決算、市町村合併など地域経営の重要な議決権限は全て議会にある。議会には次のような特徴があるから、「驚くべき権限」が付与されている。①多様性（様々な角度から事象に関わり、課題を発見できる）②討議（議会の本質の一つ。論点の明確化や合意の形成が狙い）③世論形成（住民が公開で討議する議員を見ることによる自らの意見を確信・修正・発見）——これらは全て合議制という特徴に由来している。よって議会に地域経営の権限が付与されている。それは万国共通だ。「住民自治の根幹」が議会であることが理解できるであろう。

中央集権時代には、首長は一方で住民代表の顔とともに、他方で機関委任事務などにより国の機関として動いていた。「虎の威を借る狐」のように権限が強いように振る舞っていた。人員・財源が執行機関に集中していることがこれを促進した。分権時代に、議会はようやくその権限を実質的に行使できるようになった。

議員研修の際に必ず問いかける言葉をここでも述べたい。「議決の前の日、眠れますか」「半年前や一年前に議決したことで、彼が反対していたからつい賛成してしまったけれど、彼が正しかったと夜うなされて起きることが、一年のうち何日ぐらいありますか」と。

◇

えとう・としあき＝1956年東京都生まれ。中央大学大学院法学研究科修了。博士（政治学）。専門は地域政治論、政治過程論。主な著書に『議会改革の第2ステージ』（ぎょうせい、2016年）『地域議会改革』（学陽書房、2011年）など。

自治体政策にまつわる旬なテーマを有識者らに解説してもらう[illegible]スタートします。掲載は毎週火曜[illegible]

2年連続の予算案修正
改選後も関係修復遠く
千代田区議会予特委

千代田区議会予算特別委員会は24日、2017年度一般会計当初予算案を一部減額し、賛成多数で修正可決した。石川雅己区長が改選後、初の当初予算案となったが、2年連続の減額修正となった。第1回定例区議会最終日29日の本会議でも可決される見通し。

修正したのは区立九段中等教育学校の渡り廊下の増築設計費で、計上した7339万6千円を皆減した。議会や区民への説明が不十分として、公明党を除く6会派が賛成した。

予特委では修正項目が焦点となり、1項目修正を主張した最大会派の自民党議員団らと、10項目の修正を提案した第2会派の自民党新しい千代田らがそれぞれ修正案を提出。1項目の修正とした自民党議員団案に区長選で石川区長を支援した区議3人らが賛成した。自民党新しい千代田らが修正項目とした（仮称）区立麹町仮住宅整備や外濠公園グラウンド整備などは、十分な説明や見直しなどを求める付帯決議として全会一致で採択した。予特委終了後に自民党区議は「5選といっても関係が修復されているわけではない」と石川区長の大勝後も対立姿勢を崩さない考えを強調した。

石川区長は本紙の取材に、「全体として可決をいただきほっとしている。付帯決議への対応はこれから庁内で検討したい」と語った。

新副区長に寺田氏
新宿区

新宿区は新副区長に総務部長の寺田好孝氏(59)を選任した。任期途中で退任した野口則之副区長の後任人事案が22日の第1回定例区議会で全会一致で選任同意された。任期は2017年4月1日から21年3月31日までの4年間。

ゆいの森あらかわ開業
図書館などの複合施設
荒川区

荒川区は26日、区立中央図書館や、区で生まれ育った作家・吉村昭の記念文学館、子育て支援施設が入る文化施設「ゆいの森あらかわ」を開業した。

同施設は、1階に図書閲覧席を兼ねたイベントホールや幼児の遊び場＝写真、2・3階に吉村昭記念文学館、最上階の5階に学習室やコミュニティーラウンジなどを備える。中央図書館は蔵書数60万冊をそろえ、各階に配置した。

それぞれの機能ごとに壁で仕切らず、吹き抜けを設けた構造が特徴で、利用者同士の活動を見えるようにすることで交流や情報交換を促す狙いがある。

また、立地する荒川2丁目は木造住宅密集地域のため、災害時に避難場所に活用する考えで免震構造を採用した。子供たちが滞在することを想定し、食べやすい非常食を備蓄し、授乳スペースを設営する準備を整えている。

区複合施設準備室の堀裕美子室長は「人でにぎやかな施設となり、普段図書館を利用する習慣がない方にも来てほしい。子供たちにとっても将来の可能性を広げる場となれば」と話している。

記者席
トップダウンでは越せぬ壁

○……24日の記者会見で、市場移転に関する庁内組織の設置と、五輪の大会の費用負担に関する国や組織委との調整が遅れることを発表した小池知事。これらに共通して抱く印象は事業の遅滞だ。

小池知事は市場移転について、「（昨年示した）ロードマップに従った形で一つ一つ進めている」と話すが、移転延期を発表して半年以上、移転の判断時期はいまだ示されていない。五輪の役割分担も「準備は着実に前に進んでいる」との説明とは裏腹に、前知事時代から問題が進んでいる印象はない。進んでいるのだとすれば、あまりにスピードが遅い。

事業にはトップダウンで進むものと調整が必要なものがある。情報公開や超勤縮減が前者ならば、市場や五輪は後者であり、行政の仕事の真骨頂と言える。この部分が知事の弱さに思えてならない。

○……競馬場の投票端末機が進化を続けている。最先端機器はシートに座ったまま投票できるタブレット型の「在席投票端末」。大井競馬場では電子マネー「TCKプレミアムカード」を利用して座ったまま競馬を楽しめる。

同競馬場を運営する特別区競馬組合は新年度、老朽化した投票端末機を計87台更新する予定だ。換金のスピードが速くなるほか、バックヤードの液晶画面が大きくなるなど職員にもメリットがある。10月27日を納入期限として現在、端末機購入の入札手続き中だ。

競馬場の投票所と言えば手売りを懐かしむ人も多かろう。大井競馬場では手売りしていた女性従業員が来年度も3人残る。時代の流れは速いようで、緩やかでもある。

○……ある区役所の管理職昇任前研修の講師として2時間半も話す機会を与えられた。記者生活22年で初めての経験である。

研修のテーマは「管理職の報道対応」だったが、講師として伺った区役所の報道対応は、自分の経験からすると及第点。厳しい管理職試験を合格し、来年には課長に昇任する管理職候補たちにこんな一介の記者の話が満足いただけたかどうか、甚だ疑問ばかり残る。

失礼があったかもしれないが、ご容赦いただいて、いつか課長として取材に伺った時には優しく対応してほしい。

市長会が政策提言

多摩地域一体で観光事業

付属協議会やDMO設立も

都市長会はこのほど、多摩地域が連携して取り組むことなどを狙った2016年度の政策提言をまとめた。テーマは「多摩地域が一体で取り組む観光地域づくり～誇りと愛着のある豊かな地域づくりに向けて～」。19年にはラグビーワールドカップ（W杯）、20年には東京オリンピック・パラリンピックが多摩地域でも開催される。世界的なスポーツ大会を通じて注目が集まる好機と捉え、広域的な観光事業としてプロモーション事業など3事業の実施を挙げたほか、具体的な推進手法として市長会付属協議会の活用や地域連携の核となる「多摩地域版DMO」設立の検討などを提言した。

政策提言は、19年のラグビーW杯、20年のオリンピック・パラリンピックと2年連続して世界的なスポーツ大会が開かれる大きなチャンスを活用して、多摩の魅力や存在を内外にアピールするとともに、観光交流人口の拡大で地域活性化を目指す。

その上で、多摩地域が一体となって取り組む広域的な三つの観光事業の実施を求めた。

▽観光サイトの運営などのプロモーション事業▽シェアサイクルや周遊バスによる回遊の促進など、交通事業者とも連携した観光環境整備事業▽食文化体験ツアーや工場見学ツアーなどの着地型ツアーの開発・提供――で、多摩地域が一体で取り組む効果として、観光のプラットフォームの確立や戦略的な事業推進、ブランド化、スケールメリット、各市のスキルアップなどを挙げた。

また、観光地域づくりを推進する手法として、三つの柱を提言した。

一つ目は「市長会付属協議会の活用」だ。現在は観光分野を専門に担任する協議会がなく、観光地域づくりを推進するための新たな協議会設置も検討すべきとした。

二つ目は「広域連携活動の定着と拡大」。多摩地域では、既に複数の市町村で、観光やプロモーションに関する広域連携活動を行っている。行政が主体となって連携組織を構成し、事業実施している事例は多いが、今後、連携組織が観光地域づくりを推進するに当たって、観光協会や民間事業者など様々な主体を担い手として積極的に加入させ、民間の視点やノウハウ、多様な意見を取り入れていくことが重要とした。

三つ目として、「DMOの設立の検討」を挙げた。DMOは広域連携活動の発展型とも言え、法人格を有し、地域のマネジメントと地域の稼ぐ力を引き出す役割を持つ。観光庁による日本版DMOには現在、123団体が登録している。しかし、26市もの自治体が連携して観光地域づくりを推進するという取り組みは、全国的にもあまり例を見ない大規模なものとなる。

市長会は仮に「多摩地域版DMO」を設立する場合の組織概要と手順を例示した。構成団体は26市、旅行事業者、交通事業者などの官民とし、代表者は民間から登用、運営費と事業費は参画団体からの負担金や補助金などでまかなう。多摩地域全体の各種調査・分析、マーケティングに基づく戦略策定、広域事業の企画・実施、多摩地域のブランド化、商品開発、広報・プロモーション活動、各市や観光協会などの取り組み支援などを主な事業内容としている。

市長会は、これまでの政策提言で、13年度に「多摩地域におけるシティプロモーション」、14年度に「多摩地域における『まち歩き』のすすめ」、15年度に「多摩地域における誇るべき生活文化とは」をテーマに、市町村ごとの個性から多摩全体に共通する強みまで分析してきた。

今回の提言は、その流れを踏まえた上で、二つの大会が終了した後のレガシーも見据えた内容となっている。結びとして「これまで住民、行政が培ってきた自主性と連携という多摩地域の最大の強みを生かし、多摩地域が住民にとって、誇りと愛着のある豊かな地域であることを世界各国、各地の人々に発信したい」としている。

MEMO　DMO　Destination Management/Marketing Organizationの略。観光地域づくりのため、関係者が集まり活動する組織。欧州や米国などで広がっている。観光庁は「日本版DMO」について、「地域の稼ぐ力を引き出すとともに地域への誇りと愛着を醸成する観光地経営の視点に立った観光地域づくりの舵取り役として、多様な関係者と協同しながら、明確なコンセプトに基づいた観光地域づくりを実現するための戦略を策定するとともに、戦略を着実に実施するための調整機能を備えた法人」と説明している。

都総務局

16年度交付額を初公表

市町村総合交付金

都総務局は17日、2016年度の都市町村総合交付金の市町村別交付額を初めて公表した。小池知事が進める都政の透明化の一環。

総額は500億円で、一番多い八王子市は37億4364万円、次いで町田市の29億4018万円などとなっている。最も少ないのは利島村の3億5311万円。

公表を受けて、ある市の担当者は「（都民からの）税金の使い道が比較可能な形で出てくるという意味では、随分進んだ印象」と語る。ただ、単なる決定額の提示では「単純に金額が増えた減ったというだけで見られがち」と指摘。市町村総合交付金は、財政状況、経営努力、まちづくり振興などに基づいて算定されており、「そうした個々の事情に基づく増減の背景が見えないと、不十分な側面もある」と話す。

一方では、「事業が形成段階のものもあって、どこまで公表できるか制約されるなどデリケートな問題もあるだろう」と推察した。

別の市の担当者も「算定には特殊な事情があるかもしれず、単純に人口で割って、多い少ないの議論は難しい。金額を見ても、裏側にあるものは理解できない」と限界を話す。「他の市を見て多くもらっているなどの印象を持ったとしても、都は一定のルールに基づいて算定していると思う。都とは年に何回かやり取りがあり、行革努力がまだまだであるとか、歳出削減努力がまだ足りないなどと指摘を受けている。努力をしないとポイントは上がってこない。自分のところを一生懸命にやるだけだ」と淡々と語った。

市町村総合交付金は、市町村の重要な補完財源となっている。これまで都は自治体別の額は公表しておらず、各自治体の決算を見なければ分からなかった。

1日の都議会第1回定例会本会議では谷村孝彦氏（公明）が交付額決定の透明化を求め、小池知事は交付額を公表すると表明。「市町村長や都議会の意見を聞きながら、算定の透明化を含めた交付額決定のあり方を検討する」と応じていた。

衆院区割り「再考を」

多摩市長と稲城市長

多摩市の阿部裕行市長と稲城市の髙橋勝浩市長は21日、衆議院議員選挙区画定審議会で進められている衆院小選挙区の改定に関連し、市域の分割について再考を求める声明を発表した。一票の較差是正の必要性は認めた上で、現在、多摩市の一部と稲城市の一部を分割する案が検討されていると指摘。市町村の区域は分割しないとした区割り改定の原則の意義や重みに疑問を呈した。「原則を軽んじた区域分割の検討は基礎的自治体と住民を軽視したもの」と、基礎的自治体の長として国や審議会に再考を求めた。

パルテノン多摩改修

多摩市議会が独自調査

多摩市は23日、開会中の第1回定例市議会に、複合文化施設「パルテノン多摩」の改修に関する市議会の独自調査費用を盛り込んだ補正予算案を提出すると発表した。最終日の30日に上程する。市はパルテノン多摩の大規模改修を計画しているが、市議会からは単独改修を前提とした市の案に異論が出ていた。議会側は図書館併設など4パターンで市の案と比較検討したい考えで専門家に意見を求める。調査のための勉強会や意見交換会などの講師謝礼、改修内容の調査比較検討業務委託料として議会費約847万円を計上した。

新副市長に土橋氏

府中市

府中市議会は16日に開かれた第1回定例会本会議で、新たな副市長に土橋秀規氏（52）を選任する人事案に同意した。就任は4月1日付で、任期は4年間。

土橋氏は1964年生まれ。日本大学理工学部卒。87年に都庁に入庁し、第一区画整理事務所換地課長、都市整備局都市基盤部物流調査担当課長、同局市街地整備部再開発課長などを経て、現在は同部区画整理課長。

同日、吉野誠副市長（62）も再任された。

新副市長に竹内氏

国立市

国立市議会は23日の第1回定例会本会議で、新しい副市長に竹内光博氏（61）を選任する人事案に同意した。就任は、4月1日付。任期は4年間。

竹内氏は1956年生まれ。埼玉大学経済学部卒。79年に国立市役所に入庁。91年に退職し、民間企業勤務、同役員などを経て、現在は立教大学社会学部兼任講師。

同市では、昨年12月の市長選に、当時の永見理夫副市長（現市長）が立候補したため、副市長が空席になっていた。

26市当初予算案の分析　春よ来い（下）

人口減少歯止めの策は

魅力の発信

「愛情ギュッと　ず～っと　はむら」

羽村市のキャッチコピーは、シティープロモーションを進める中で多くの市民の意見を集めて昨年秋に決定された。

同市は昨年4月にシティプロモーション推進課を新設。市の魅力を発見し、発信する企画として、子育て家族20組を対象に市内のお気に入りの場所でプロカメラマンが撮影した家族写真を展示するポスター展、市の魅力を話し合うワークショップなどの「はむら家族プロジェクト」を展開してきた。

キャッチコピーには、それらの活動を通じて得られた市の魅力として、9・9平方キロのコンパクトなまちに「人の温かさ」「都会の便利さ」「自然の豊かさ」がバランス良くそろっているという市民の意見が反映されている。

2017年度当初予算案では、シティープロモーションの実施に1126万円を計上。公式キャラクター「はむりん」の絵柄入りオリジナルナンバープレート作成などのほか、市民主体の情報発信への支援などを計画している。シティプロモーション推進課の髙岡弘光課長は「市内の風景やイベントなどで撮影した写真をインスタグラムなどのSNSを活用して、市民自ら市の魅力を発信してもらう仕組みを作りたい」と話す。

例えば子育て中の有名タレントを招いてトークセッションを開き、子育てしやすい羽村の魅力をPRすることなども考えている。

同市がPRに努める背景には人口減少への危機感がある。市民の9割が「住み続けたい」と答えるなど、元々、市民の郷土愛は強いが、人口は10年の5万7772人をピークに減少している。女性を中心とした若い世代が進学や就職、結婚などを機に転出することが考えられ、若い女性やファミリー世帯をターゲットとした施策展開が求められているのだ。

近隣の昭島市も、人口は横ばいから減少局面へと移行しつつある。区部や市の東側に位置する近隣自治体への転出傾向が見られる。転出を抑制して転入を促し、「住み続けたいまち」「住んでみたいまち」を目指す。昭島の良さを知ってもらおうと、深層地下水100％の水道水が日常に根差している暮らしぶりのブランド化を展開中だ。

同市産業活性課は、昭島観光まちづくり協会と連携して、昨年12月から今年3月にかけて、日帰りの「水つながりモニターツアー」を4回実施した。昭島で暮らしている人や事業者は水でつながっていることを実感してもらうため、バスで市場の朝市や湧水、工場見学などのほか、深層地下水を使った本藍染や化粧品づくりを体験する内容。

市内外から参加者があり、「昭島のことを知らなかったが面白かった」「それほどいい水を使っているなら意識して地元の商品を買いたい」などの声が聞かれた。担当者は「ツアーは一回最大でも40人と人数が限られる。今後、どのような形がベストなのか、探っていきたい」と語る。

17年度当初予算案では、昭島ブランド構築・推進事業として108万円を充て、昭島の水にこだわりを持っている市内の事業者や団体へのインタビューなどを紹介するライフスタイル誌の第3弾を作成する方向だ。

龍津寺近くの崖線下の湧水を見学する「水つながりモニターツアー」の参加者ら＝昭島市で

予算案にプロモーション動画の制作費300万円を盛り込んだのは、清瀬市。同市の人口は20年の推計7万4667人をピークに減少が予測され、20代後半から30代の子育て世代が転出超過の傾向にある。「目玉となる『売り』がなかなかない中で、どこに光を当てて磨き上げていくか、試行錯誤している」（広報課）という。

都市長会の多摩・島しょわがまち活性化事業助成金を活用し、15年度にはガイドブックの作成、16年度にはシティープロモーション推進の指針づくりを行ってきた。ガイドブックでは、観光名所や特産品のほか、清瀬市が「病院のまち」とも言われる原点となった昭和の初めに建てられた結核療養所に始まる歴史も紹介している。

助成の最終年度となる17年度に取り組む動画制作では、議員などから「市内のアニメ制作会社とタイアップしてアニメーションにできないか」「ドローンを使い、清瀬ひまわりフェスティバルの一面のヒマワリを上空から撮影してはどうか」などの意見も出ている。

18年の市制施行60周年、19年のラグビーワールドカップ、20年の東京オリンピック・パラリンピックという3年連続の大規模イベントを契機とし、「その3カ年を市の魅力や活力を高めていく絶好の機会にする」と力を込めるのが町田市だ。

「（仮称）まちだシティプロモーション18－20」と称し、17年度当初予算案で1千万円を充てるほか、より長期的な視点からは交通広告やフリーペーパー、WEB広告などを通じたシティープロモーション事業推進委託料として3千万円も予算化した。

「18－20」では、広大な市域を10地区程度に分け、市民が主体的にそれぞれの地域の魅力を探る。広報課の石田一太郎課長は「まずは、住むまちの魅力を知ってもらい、その魅力を外に向けて発信することにつながれば」と期待する。現在は増加している人口は、20年をピークに減少期に入る。市民に対してはまちへの「愛着・誇り」を育み、市外の人には町田への「関心・あこがれ」を生んで「住んでみたい」という気持ちを高めることを目的としている。

時期に早い遅いはあるものの、どの市も人口減少の局面に入る。限られた予算で「我がまち」の魅力をいかに発信していくか。26市それぞれの知恵と工夫が求められている。＝おわり

市町村　17年度予算案

新島村

光回線の島内網を整備

普通建設事業が大幅増

新島村は2017年度当初予算案を6日に発表し、16日の村議会本会議で可決された。一般会計は44億7254万円で対前年度比23・8％のプラスを見込む。

光回線の島内網整備事業は、6億7千万円を予算化した。16年度が実施計画策定で、17年度は実施設計と工事の実施となる。島内ではインターネット回線がADSLのみであるため、光回線を敷設する。

老朽化したごみ焼却施設の建て替え新築工事に[illegible]億3540万円。17年度に着工予定で、施設規模は焼却炉1炉、1日当たりの処理能力は9時間の[illegible]で6㌧を処理できる。[illegible]海岸にはライフセーバーの監視塔であるガードタワーを新設する。217万円を計上した。給食センターの改修では、老朽化した式根島共同調理所の改修工事実施に5千万円を充てる。村営住宅の老朽化に伴う改修工事費には4540万円を予算化した。

性質別の歳出は、普通建設事業が15億9540万円。光回線の島内整備などで大幅に増えた。

歳入では、村税が1・9％増の3億1854万円。地方交付税が3・2％増の12億1270万円を見込む。国庫支出金は4億1493万円、都支出金は15億9926万円となる見通し。

神津島村

都立高入学者に学生寮

一般会計5.9％の伸び

神津島村は9日の村議会本会議で2017年度当初予算案を可決した。一般会計は29億2068万円で、前年度に比べて5・9％の増となっている。

17年度は新規事業が目立つ。村と都立神津高校は、島外からの入学者の受け入れに力を入れていく方針で、高校生向け学生寮の建設工事に8800万円を盛り込んだ。寮は木造2階建てで12部屋を設ける。

船に燃料を補給するための神津島漁業協同組合の燃油タンクが老朽化し、100㌔㍑の新しいタンクを1基設置する。燃油等補給施設整備事業補助として、1億8366万円を計上した。

また、既存の清掃センターの老朽化に伴い、新清掃センターを建設する。焼却炉は1炉で、1日当たり9時間で6㌧の処理能力を持つ。17年度から19年度までの債務負担行為とし、17年度の予算額は5千万円。敷地の造成工事には7千万円を充てる。

そのほか、村立神津中学校の校庭に夜間照明を設置する工事費として2976万円を計上。中学校の部活動や一般住民の活動に開放する際に使用するナイター設備で、照明5基を設置する。

一般会計の伸びは、これら新規事業や特別養護老人ホームの大規模改修工事のための貸付金などが影響している。簡易水道会計や国保、後期高齢者医療、介護保険など六つの特別会計も合わせた予算総額は40億5523万円で、前年度に比べて1億2586万円、率にして3・2％のプラスとなった。

三宅村

三宅小の校庭を芝生化

前年度骨格で規模拡大

三宅村は2017年度当初予算案を2月22日に発表し、3月10日の村議会本会議で可決した。一般会計は39億6817万円で、村長選挙に伴い骨格予算だった前年度に比べ、49・5％増加した。

主な事業では、クリーンセンターの建屋の改修工事に1億5667万円を盛り込んだ。竣工から17年が経過し、老朽化が進んでいるため。

村唯一の小学校である村立三宅小学校の校庭芝生化工事には9224万円。村では中学校も村立三宅中学校の1校のみで、同校の校庭芝生化は10年度と11年度に既に実施している。

また、2000年の噴火による火山ガスや人口減少などの影響で遊休施設となっていた旧坪田保育園の耐震改修工事を実施。社会福祉施設としての利活用を図る。8261万円を計上した。

三宅島漁業協同組合の阿古荷さばき施設の新設には7258万円を予算化した。老朽化で16年度に解体撤去を実施している。

そのほか、観光施設「ふるさと体験ビレッジ」内に新たに温泉源泉を掘削する。観光振興施設整備事業として、予算額5346万円を付けた。

性質別の歳出では、投資的事業が前年度比で10億9892万円増加の11億2966万円を計上。

歳入では、村税が3・6％増の3億5273万円、地方交付税が10・7％増の13億5931万円。国庫支出金が8047万円、都支出金が13億1828万円となっている。

小金井市議選

24人の顔触れ決まる

投票率は過去最低更新

任期満了に伴う小金井市議選が26日に投開票され、24人の顔触れが決まった。当日有権者数は9万7752人。投票率は39・54％で過去最低だった前回の43・97％を4・43ポイント下回った。内訳は、現職が18人、元職が3人、新人が3人。党派別では、自民4人、公明4人、共産4人、民進3人、ネット1人、無所属8人。自民では現職が落選して1減となる一方、民進は元職の返り咲きで1増した。公明と共産は議席を維持、ネットは1減。前回市長選出馬の無所属の元職2人が返り咲いた。

◆小金井市議選開票結果

定数24－候補34

当	白井　亨	41	無元	②	3,709
当	斎藤　康夫	61	無現	⑥	1,843
当	渡辺　大三	50	無現	⑦	1,835
当	河野　律子	48	自新	①	1,771
当	森戸　洋子	60	共現	⑧	1,526
当	岸田　正義	39	民現	②	1,382
当	村山　秀貴	45	民元	③	1,337
当	紀　由紀子	63	公現	④	1,314
当	沖浦　厚	44	無新	①	1,290
当	湯沢　綾子	33	自現	②	1,276
当	小林　正樹	43	公現	③	1,259
当	渡辺ふき子	60	公現	③	1,226
当	宮下　誠	58	公現	④	1,215
当	鈴木　成夫	57	民現	③	1,183
当	遠藤百合子	65	自現	⑤	1,152
当	田湯　久貴	28	共新	①	1,152
当	坂井　悦子	36	無現	②	1,151
当	篠原　熙	71	無現	⑨	1,134
当	板倉　真也	58	共現	⑦	1,124
当	五十嵐京子	66	無元	⑥	1,036
当	水上　洋志	56	共現	④	946
当	田頭　祐子	63	ネ現	③	935
当	片山　薫	50	無現	③	916
当	吹春　保隆	55	自現	②	831
	武井　正明	66	無元		751
	林　倫子	49	ネ現		749
	今中　京平	66	無新		728
	武市　裕貴	60	無新		659
	中山　克己	51	自現		603
	橋本　美香	29	無新		523
	百瀬　和浩	55	無現		505
	菅藤奈津江	35	無新		470
	武元　誠	28	諸新		463
	横山　昌弘	73	維元		289

＝選管確定＝

五輪組織委員会

17年度末に1500人体制

事業計画・予算など承認

東京オリンピック・パラリンピック競技大会組織委員会は24日の理事会で、2017年度の事業計画・収支予算を承認した。来年度は開閉会式や聖火リレーなど大会の柱となるイベントについて検討を進めるほか、国・都・各自治体による役割分担の協議結果を踏まえ、大会準備を具体化させる方針。年末までに大会予算（バージョン2）も作成する。事務局体制は、来年度末に約1500人に拡大する見通し。

主な事業の一つが開・閉会式の検討で、演出で基本方針や総合監督を含めた制作体制を検討するため、有識者による委員会を設置する。

式典のコンセプトに絡み、東京大会の社会的・歴史的意義などを大所高所から議論し、助言する有識者懇談会（座長＝御手洗冨士夫組織委名誉会長）の設置も決めた。メンバーは青柳正規東大名誉教授、御厨貴東大名誉教授や64年大会の重量挙げで金メダルを獲得した三宅義信さんら。

併せて聖火リレーのコンセプトを検討し、8月頃にIOCに、来年2月頃にIPCに提出する予定だ。

競技環境の構築では、各競技の運営責任者となる「スポーツマネジャー」がIF・NFと連携し、競技計画を策定する。東京の気候を考慮した競技日程の計画や路上競技のコース設定、練習会場の準備を進める。

会場整備では、オーバーレイ（既存会場の改修）の基本設計を始めるとともに、入札契約方式やコスト縮減を検討し、効率的・計画的な調達を準備する。エネルギー供給や照明など設備整備計画も深める。

マーケティングでは、国内スポンサー枠（Tier3）の販売開始に向けたセールス戦略を策定するほか、チケット販売ビジネスプラン、販売戦略を策定した事業計画に基づき、事業者を選定する。来年2月の平昌（韓国）冬季大会に合わせて広報にも力を入れる。

17年度予算は収入758億1千万円、支出617億9千万円。仮設の役割分担を巡って国・都・自治体の協議が続いており、暫定的な側面もあるとしている。

主な収入はマーケティング収益610億9千万円、IOC分担金125億3千万円など。支出は事業経費が405億9千万円。役割分担の協議を踏まえて調整を要する事業費157億2千万円も含めて計上した。なお、人件費・賃借料は27億4千万円。

職員数は来年度末に向けて、現在の約800人から約1500人に増加する想定で、三会堂ビル（港区）と新宿パークタワー（新宿区）のオフィスを拡張し、各オフィスをシャトルバスで行き来できるように検討する。

主な組織改正では、競技運営を担当するスポーツ局を「スポーツ企画部」「競技第1～3部」の4部体制に強化。また、企画財務局に開・閉会式に関する企画調整を担う「式典部」を、大会準備運営第一局に「聖火リレー部」をそれぞれ新設する。

マーケティング部にはエンブレムや大会の装飾などを手掛ける「ブランド開発部」、国内スポンサーセールス交渉を担う「セールスプランニング部」を追加する。

理事会ではまた、米村敏朗理事（非常勤）を常勤の業務執行理事に選定。テロ・サイバー攻撃などに対する危機管理機能を強化する。

そのほか、開閉会式とサイバーセキュリティーに関する業務を統括する非常勤職を新設し、それぞれセントラル硝子㈱特別顧問の中井元氏と（一財）日本サイバー犯罪対策センター理事の坂明氏を充てた。

役割分担・費用負担 年度内に結論出ず

一方、国・都・関係自治体が協議している仮設整備費の負担や役割分担については、年度内に結論を得られない見通しとなった。小池知事は24日の定例記者会見で、「どこまでがレガシーでどこまでが仮設なのかという仕分けが、かなり細かい部分がある」と説明した上で、「準備は着実に前に進んでいる」との認識を示した。

組織委の武藤敏郎事務総長は23日、「現時点では4月中に結論を得たい」と話している。

都団交

賃上げ・労働条件改善を

都労連が基本要求提出

都と都労連は24日、今年初めてとなる団体交渉を行い、都労連が「2017年賃金・労働条件改善に関する基本要求」を提出した。

都労連は、基本賃金の平均2万円以上の引き上げのほか、臨時・非常勤職員の処遇改善や高齢期雇用制度の改善、労働時間の短縮などを要求。労働時間に関しては、インターバル規制の導入や、休暇取得に制約のある交替制勤務職員の抜本的改善を求めた。また、テレワークについては労働時間管理・作業環境など多くの問題があるとして、拙速な導入を牽制した。

今春闘で大きな焦点となっている働き方改革に関して、「超過勤務の上限規制では、働く者の切実な声が真に反映されているのか、疑問を持たざるを得ない」と批判し、「生産性向上が目的と化した働き方改革には全面的に反対」との立場を強調。都政改革についても「公務労働は経済性や効率性だけでは図り得ない」とし、実態に合った人事制度などの改善を求めた。

都側は「今春闘も大手企業を中心に賃上げの動きが見られるものの、海外の政治・金融市場を巡る先行きの不透明感から、ベースアップには慎重な姿勢を示している」と指摘。また、社会全体で働き方改革の動きが本格化していることに言及し、都でも4月から、時差勤務の拡大や昼休みの分散化などを開始すると説明した。今後策定する「2020改革プラン（仮称）」で、業務の効率化や官民の適切な役割分担、時代に合った人事制度・執行体制の見直しなどに取り組む予定とし、「こうした取り組みを通じて、『職員一人ひとりが有する力を一層引き出し、組織の生産性向上を図ることが、今後の都政の政策展開を実現するためには不可欠』との認識を表明。都労連要求には「こうした諸情勢も踏まえつつ、今後、検討していく」との考えを示した。

東京都競馬

5年間で300億円の設備投資

第2次中期経営計画策定

東京都競馬㈱はこのほど、第2次中期経営計画（17年～21年12月期）を策定した。5年間で総額300億円の設備投資をする方針。売上高は21年12月期に230億円、営業利益は60億円、純利益は40億円を目標としている。

公営競技では、大井競馬場（品川区）を「365日笑顔の集まるアミューズメントパーク」、伊勢崎オートレース場（群馬県伊勢崎市）を「地域市民の憩いの場」と位置付け、従来の枠組みを一歩超えて施設を活用する。

両者の投票券売上の内訳を見ると、インターネットを利用した在宅投票による購入金額が場内を上回って推移しており、同社では「公営競技を開催しない日でも、あらゆる方が訪れて楽しめる施設を整備することが重要になる」としている。

特に大井競馬場は20年東京五輪の開催を踏まえ、国内外の観光客のニーズへの対応を目指しており、イルミネーションを活用するなど、魅力と認知度の向上を図る。

設備投資では、品川区勝島地区を中心としている倉庫賃貸事業で新規の物件取得を検討するほか、競馬在宅投票システム（SPAT4）を充実させ、収益アップを図る。伊勢崎オートレース場のグリーンスタンドや東京サマーランド（あきる野市）本館の耐震改修などの更新には100億円を振り向ける。

人材・組織面では、インターンシップやオープンカンパニーを活用し、学生の受け入れ態勢を強化。全従業員の適性・能力を把握し、キャリアパス形成や研修・出向制度の拡充など、人材育成プログラムを整備する。代表取締役社長は山口一久氏が続投する。

同社は第1次計画で売上高170億円、営業利益32億円などの目標を立て、15年12月期に2年前倒しで達成していた。

組織のメリとハリ 7

17年度都職員定数

中央卸売市場

老朽化対策で建築職配置

局定数624（4増6減・差し引き2減）

増要因では、各市場における経営戦略の策定に加え、市場関係業者と連携した輸出の促進など、市場の活性化に向けた取り組みを進めるため、管理部に1増とした。また、食肉市場（港区）では食品衛生管理の国際基準「HACCP（ハサップ）」に対応するため、食肉市場に建築職1人を配した。厚生労働省がハサップを全事業者に義務化する方針を打ち出していることも踏まえ、施設的に対応できるようにする。

市場の老朽化対策にも人員を措置した。食肉市場の改修に向けた整備計画・整備工事に対応するため、事業部に建築職1人を充てる。同市場の市場棟は築40年以上で空調・機械設備などの更新が必要になっている。大田市場（大田区）でも修繕工事の対応が増えていることから、建築職を1人増員する。

一方、減要因では、築地市場（中央区）を更地にするための実施設計が終了して2減、豊洲市場（江東区）経営展望策定が終了して1減と、時限ポストの終了で計3減となった。そのほか、築地市場では巡視職の執行体制を見直して2減。食肉市場では屠畜解体で発生する汚水を濾過するための水処理センターで設備管理職の退職に伴い1減とした。なお、豊洲市場の移転延期に伴う増減は見込んでいない。

鶴田勝広報・組織担当課長は「市場の活性化を推進するための執行体制を構築するとともに、今後本格化する食肉市場のハサップ導入などに対しても体制強化を図ることができた」とした上で、「築地市場や食肉市場の定数削減は厳しく受け止めている」と話した。

これに対し、都庁職中央市場支部の久保善高支部長は「食肉市場と大田市場で建築職が措置されたが、一般部門は豊洲市場移転に関する人員が不足している。特に移転延期に伴う補償問題、築地市場の老朽化対策に伴う職員数が圧倒的に足りない状況だ」と増員を強く求めている。

教育庁

副校長の業務軽減試行

定数670（13増11減・差し引き2増）

主な増要因では、学校施設などの整備で都立学校教育部に2増とした。校舎の老朽化対策に加え、墨東特別支援学校（江東区）など5校で試行している、特別支援学校の体育施設を地域の障害者スポーツ団体などに貸し出す事業を今後拡充するため、民間団体が利用しやすいよう体育施設・設備などを整備する。

また、副校長の多忙な状況の解消に向けて、副校長の業務を担う非常勤職員を配置する「学校マネジメント強化モデル事業」の試行のために人事部に1人を充てる。

このほか、22年度に都で開催する「全国高等学校総合文化祭」の準備で指導部に1人、都立高校の生徒への給付型奨学金制度に対応するため都立学校教育部に1人を措置する。

一方、減要因では校庭の芝生化などを目的とした「緑の学び舎づくり事業」の実績数減少のため地域教育支援部で1減。校庭の芝生化や屋上・壁面緑化は事業の中心が継続的な維持管理に移行したとして人員減となった。

このほか、東京都特別支援教育推進計画（第2期）の策定終了により都立学校教育部で1減、多摩図書館の移転完了により同図書館で1減となった。

新田智哉企画担当課長は「五輪関連や新規事業など昨年度に引き続き増員となり、一定程度認められた」とした上で、「今後、都は高等学校の生徒数の増加が見込まれ学校の大規模改修が必要なことや、教育庁の主要施策である基礎学力の定着やグローバル人材の育成などの事業実施に向けて限られた人員で効率的な執行ができる体制を構築する」と話した。

都庁職教育支部の中野正明支部長は「予算面では給付型奨学金制度の創設など評価できる面もあるが、人員面では新規・重点事業の多さに見合うものとは言えず、35人学級化も見送っている。職員の労働条件、健康面への影響が心配」と話した。

花粉症患者は約5割

都民アンケート実施

都生活文化局

都民の約5割が花粉症患者であることが、都生活文化局の花粉症に関する調査で分かった。

「花粉症である」と回答した人のうち、医療機関で診断を受けた人は24・2%、自覚症状から判断した人は21・6%だった。

都民が行っている予防策では、「帰宅後のうがい・手洗い・洗顔など」（56・0%）、「外出時のマスク・メガネ着用」（51・8%）が上位。一方で、アレルギーの原因となる物質を含んだ薬を舌の下に投与することで体を慣らし、段階的に症状を抑える「舌下免疫療法」は55・7%が「知らない」と回答した。

都に対する花粉症対策の要望では、「根本的な治療方法の研究」が43・0%で最多だった。

石館　玲子さん（いしだて・れいこ＝石館敬三・元都衛生局技監の妻）21日死去、76歳。

退職後のリアル

しくじり都庁OBの教訓 2

気持ちは悠々、現実は…

セカンドライフへの夢①

昨今とは違い、私は60歳になれば完全にリタイア、当然に仕事からは離れることが当たり前に信じられていた時代を過ごしてきた。したがって更に働き続けることは例外で、格好が悪いとさえ思われていた。だから、働き続ける人たちも「辞めても何もやることがないし…」とか、「訳あって働かなければならない」などと言い訳をしながら働いていた。

多くの人たちにとって60歳定年へのイメージは、まさに60歳引退を前提に、どのような楽しい引退生活をするのかということしか想定できなかった幸せな世代でもある。従ってセカンドライフの設計は、やりたいことをやり、趣味ざんまいで過ごすことだけを考えて立てられていた。

そんな中、あれよあれよという間に年金の先延ばしや減額の動きが出てきたが、それでも、これまでの惰性で無理をして働いたり、何が何でも働くなどということは全く考えなかった。依然として考えていたのは、専ら引退後の生活のイメージで、引退したらどのようなライフスタイルで過ごすかということだけだった。

こんな時代の変わり目も、今になって思えば私の計画の甘さを助長していた。つまり、これまでの60歳定年時代の悠々自適なセカンドライフという生活プランが、退職金の減額や年金支給年限が変わることによって、激変しつつあることの自覚が全く欠けていたのである。

例えて言えば、年金支給を5歳遅らせることや、支給率の見直しが行われる経過措置というトンネルをくぐって出てきた風景は、かなり以前とは違っていることに気付くのが遅かったということだ。気持ちは悠々自適のまま、シリアスな現実を迎えてしまったという言い方ができるのかも知れない。

ともあれ、当時の私の頭はまだ夢の中だった。そこで、そんな私が老後について最初に考えたことは、自分は田舎生活派なのか都会生活派なのかという選択だった。

（金子雅臣）

五輪への航海図 165

TOKYO 2020

開催まで あと1214日

大会の飲食②

各分野の経験を大切に

リオデジャネイロ大会のメーンダイニングはジャンボ機5機分に及ぶ広大な仮設テントで、五輪時には5300席が用意された。1日延べ1万5千人～2万人が利用し、約4万6千食を提供した。

選手村だけではない。競技会場では選手が飲食できる「アスリートラウンジ」を設置することになっており、一日中、選手村外にとどまる競技では、例えばボートのように充実した食事が求められる。メディアの拠点となるIBC・MPC、スポンサーを待遇するホスピタリティー・センターなども飲食提供の対象。リオ大会のIBC・MPCでは量り売りのレストランが運営されている。

「食事は身体のコンディションを整えるため、ストレスを感じてはいけない。[illegible]」。オリンピアン（バドミントン）の池田信太郎さんは[illegible]

[illegible]パラリンピアンの視点からの配慮も必要」という。田口亜希さん（射撃）の経験から、ビュッフェ形式の料理が[illegible]見えにくいことがある。[illegible]

障害のチーム競技の選手たちは、監督・コーチと一緒に、5～6人でビュッフェのコーナーを[illegible]。「[illegible]10～15分後にダイニングに行ったら皿に盛られているようなことがあってもいい」と話す。[illegible]

大会組織委員会の飲食戦略検討会議[illegible]東京大会の食事は[illegible]効率的な運営を心掛けたい」と話す。

観客にも飲食は必須＝16年8月、リオデジャネイロ

昇任試験対策のページ

主任試験講座

平成29年度 26

今回は、前回に引き続いて「人事」関係の問題を解いていきます。

問題

【問題 1】

都の職員の勤務時間等に関する記述として、妥当なのはどれか。

① 勤務時間とは、職員が任命権者の指揮監督の下に職務に専念することを義務付けられている時間のことであり、超過勤務時間及び宿日直勤務時間は含まない。

② 週休日の変更は、真にやむをえない場合で、所属長が事前承認していれば、同一週内で行わなくてもよい。

③ 任命権者は、業務上必要がある判断した場合、自由に職員に対して宿日直勤務を命ずることができる。

④ 休憩時間は必ず与えなければならず、職員は自己の時間として自由に利用することが保障されている。

⑤ 超過勤務とは、任命権者が事前に超過勤務命令を行わない場合でも、事後に勤務の状況を確認できればよい。

【問題 2】

公務災害補償制度に関する記述として、妥当なのはどれか。

① 通勤による災害の認定要件は、通勤の途上で発生した災害が対象であり、その経路を逸脱または中断した場合には、逸脱または中断する前後の経路についても、通勤による災害と認められなくなる。

② 公務災害の補償の実施に当たっては、被災職員等からの請求がなくても、補償を行うことができる。

③ 勤務時間中の災害であれば、公務災害の認定要件を満たしている。

④ 都における災害補償は、常勤職員については制度が設けられているが、非常勤職員については制度が設けられていない。

⑤公務災害の補償については、使用者の過失責任主義をとり、地方公共団体等に過失があった場合のみ、地方公共団体等の補償義務が発生する。

【問題 3】

都の職員の服務に関する記述として、妥当なのはどれか。

① 職員の服務上の義務は、宣誓を行うことによって生じるため、宣誓を行わなくても服務義務違反になることはない。

② 職務上の命令とは、上司より部下職員に対し発する命令をいうものであって、職務の遂行に関連して必要な身分上の義務は含まない。

③ 職員は、法令による証人、鑑定人等となって職務上の秘密に属する事項を発表する必要がある場合は、任命権者の許可を必要とする。

④ 職員は、政党その他の政治団体の結成に関与することは禁止されているが、構成員となるように勧誘運動をすることは禁止されていない。

⑤ 職員は、公務外の行為においては職員の身分を有しないことから、いかなる行為を行っても信用失墜行為とはならない。

【問題 4】

都における一般職員の人事考課制度に関する記述として、妥当なのはどれか。

① 毎年度3月31日を評定基準日とし、前回の評定基準日の翌日から今回の評定基準日までを評定対象期間とする。

② 第一次評定者は被評定者の課長であり、最終評定者は被評定者の部長である。

③ 自己申告制度においては、当初申告、中間申告及び最終申告において、所属課長と職員との面接を実施する。

④ 第一次評定における総合評定方法は、AからEまでの絶対評価により行い、最終評定においては、5から1までの相対評価により行う。

⑤ 被評定者は一般職及び監督職であり、管理職候補者も含む。

【問題 5】

職員団体に関する記述として、妥当なのはどれか。

① 在籍専従とは、職務に専念することなく、専ら職員団体等の業務に従事することをいい、職員としての身分は失われる。

② 管理職員等も一般職員である以上、職員団体を結成することはできるが、管理職員等とそれ以外の一般職員とが一体となって同一の職員団体を組織することはできない。

③ 事前に交渉に関する必要な事項を取り決めるための打ち合わせである予備交渉を行わなくても、職員団体と交渉を行うことができる。

④ 職員団体等が当局と交渉する事項は、職員の勤務条件に関わる事項に加え、職員定数の決定など管理運営事項も含まれる。

⑤ 職員団体は、職員が勤務条件の維持改善を図ることを目的として組織する団体またはその連合体であり、警察職員及び消防職員も職員団体を結成することができる。

解説

【解説 1】 正答 ④

① 誤り。勤務時間には、正規の勤務時間のほか、超過勤務時間、宿日直勤務時間が含まれる（職員ハンドブック290㌻）。

② 誤り。真にやむを得ない場合に限り、各局の人事担当課長に協議の上、前後2カ月の範囲内で週休日を変更することができる（職員ハンドブック293㌻）。

③ 誤り。任命権者は、監督機関の許可を得て、職員に対して宿日直勤務を命ずることができる（職員ハンドブック292㌻）。

④ 正しい（職員ハンドブック292㌻）。

⑤ 誤り。原則として、職員に対して事前に超過勤務を命じ、事後に勤務の状況を確認しなければならない（職員ハンドブック291㌻）。

【解説 2】 正答 ①

① 正しい（職員ハンドブック314㌻）。

② 誤り。被災職員等からの請求があって初めて公務災害の認定を行い、補償を行うという請求主義を取っている（職員ハンドブック314㌻）。

③ 誤り。公務災害の認定要件としては、職員が公務に従事し、任命権者の支配下にあること及び公務と災害との間に相当因果関係があること（公務起因性）が認められなければならない（職員ハンドブック314㌻）。

④ 誤り。都においては、東京都非常勤職員の公務災害補償等に関する条例を制定し、非常勤職員に対する補償制度を設けている（職員ハンドブック314㌻）。

⑤ 誤り。公務上の災害については、無過失責任制を取り、地方公共団体等に過失がなくても補償義務が発生するものとされる（職員ハンドブック314㌻）。

【解説 3】 正答 ③

① 誤り。服務の宣誓を行うという事実行為自体は、職員の義務であるから、職員の責に帰すべき事由によりこれを行わなかったときは、服務義務違反となる（職員ハンドブック316㌻）。

② 誤り。職務の遂行に関連して必要な身分上の義務についても、「職務上の命令」に含まれる（職員ハンドブック316㌻）。

③ 正しい（職員ハンドブック317㌻）。

④ 職員は、政党その他の政治団体の構成員となるように、若しくはならないように勧誘運動することは禁止されている（職員ハンドブック318㌻）。

⑤ 誤り。職務を遂行する上での行為はもちろんのこと、公務外の行為であっても、公務員としての身分は有することから、公務員としての品位を傷つける行為は絶対に行ってはならない（職員ハンドブック316㌻）。

【解説 4】 正答 ④

① 誤り。毎年度12月31日を評定基準日とし、前回の評定基準日の翌日から今回の評定基準日までを評定対象期間とする（職員ハンドブック337㌻）。

② 誤り。最終評定者は、人事主管部長である（職員ハンドブック337㌻）。

③ 誤り。所属課長と職員との面接は、当初申告と中間報告に実施する（職員ハンドブック339㌻）。

④ 正しい（職員ハンドブック338㌻）。

⑤ 誤り。被評定者には、管理職候補者を含まない（職員ハンドブック337㌻）。

【解説 5】 正答 ②

① 誤り。在籍専従とは、職員が職員としての身分を保有しながら、職務に専念することなく、専ら職員団体等の業務に従事することをいう（職員ハンドブック350㌻）。

② 正しい（職員ハンドブック347㌻）。

③ 誤り。職員団体と交渉を行う場合には、予備交渉を行わなければならない（職員ハンドブック354㌻）。

④ 誤り。職員団体等は、職員の勤務条件の維持改善を図ることを目的として組織されているものであり、したがって、職員団体等が当局と交渉する事項も、職員の勤務条件に関わる事項に限られる（職員ハンドブック352㌻）。

⑤ 誤り。警察職員及び消防職員は職員団体を結成することができない（職員ハンドブック346㌻）。

※主任試験講座で参照としている職員ハンドブックのページは従来の2015版に対応しています。

都政実務 ③

29年度 論文講座 26 主任・係長

都主任選考

今回から3回にわたり、主任級職選考A試験における論文対策として、都政の課題を整理します。まず、出題の概要を説明します。

出題形式

1 都政に関する出題

2 職場に関する出題

1か2のいずれかを選択し、解答します。

1の都政に関する出題は、出題テーマに関する課題を300字以上500字程度で述べ、それを踏まえて都が行うべき取り組みについて、自身の考えを1200字以上1500字程度で述べるというものです。試験時間は2時間30分です。

平成29年度の試験より、I類については、課題文に資料等が添付され、資料を分析して課題を抽出する出題形式となる予定です。昨年12月に人事委員会事務局より示された出題例は、必ず確認しておきましょう。

1の都政に関する出題について、直近5年間のテーマは次の通りです。

【平成24年度】

I類　大震災からの日本の再生と東京のさらなる進化

II類　特に重要と考える都または局の課題

【平成25年度】

I類　東京の国際競争力の向上

II類　特に重要と考える都または局の課題

【平成26年度】

I類　東京オリンピック・パラリンピックの成功と大会後の持続的発展

II類　特に重要と考える都または局の課題

【平成27年度】

I類　人口減少社会を迎えても成長を続け、誰もが夢や希望を持てる社会の実現

II類　特に重要と考える都または局の課題

【平成28年度】

I類　都民が安心して暮らせる社会の実現

II類　特に重要と考える都または局の課題

出題傾向

I類、II類に応じて系統の異なる問題が出題されています。

I類は、その時々の都政を取り巻く状況を背景に、個別の政策に関するものが出題されており、II類は自ら課題を設定して論じるものが出題されています。

試験対策

I類、II類とも対策は基本的に同じです。論文対策では、都の計画や事業を全て把握する必要はありません。それよりも都政を取り巻く社会情勢や課題、それに対する政策の大きな方向性をつかんでおくことが重要です。その上で、都の施策や自らの業務とも関連付けながら、具体的な解決策を記述していきます。

そこで、論文の作成に当たって参考となる資料を紹介します。

一　都民ファーストでつくる「新しい東京」～2020年に向けた実行プラン～

平成28年12月に公表された「2020年に向けた実行プラン」は、2020年の東京オリンピック・パラリンピック大会の成功と、それをてことした、東京ひいては日本の持続的成長に向けて、都政を強力に前に進めていく具体的な道筋を示すものです。

平成26年12月に公表された「東京都長期ビジョン」が示す大きな政策の方向性を継承しつつ、都民ファーストの視点に立ち、大義ある政策を都民の共感を呼ぶ形で積極的かつ計画的に展開するため、平成29年度から平成32年度までの新たな4カ年の実施計画として策定され、都政の幅広い分野で都政の重要な政策が示されており、都が直面する課題や課題解決策を検討する際に役立ちます。

二　知事の施政方針表明、所信表明

施政方針表明や所信表明は、都知事が考える都政運営の方向性を都議会の場で示すものです。最新の都政の方向性を把握するためにも、必ず目を通しておきましょう。

三　各局の報道発表資料等

日々の都政の動きについては、各局が行う報道発表から情報を得ることができます。その全てを押さえることは難しいと思いますが、「とちょう－i」の「都政ニュース」などをこまめに確認しておくことをお勧めします。

こうした資料を参考に、都政の重要テーマについて現状と課題、それに対応する具体的な解決策を整理し、箇条書きや表でまとめておくと良いでしょう。

課題整理（都政）①

課題整理

今回から、「2020年に向けた実行プラン」等をもとに、都政の課題を整理します。

「2020年に向けた実行プラン」では、「新しい東京」すなわち、①誰もが安心して暮らし、希望と活力を持てる東京②成長を生み続けるサステイナブルな東京③日本の成長エンジンとして世界の中で輝く東京――をつくることを目指しています。この「新しい東京」をつくるため、「セーフ シティ」「ダイバーシティ」「スマート シティ」の「3つのシティ」を実現し、東京の課題解決と成長創出のために、都の様々な政策を総動員して取り組んでいくとされています。

第1回の今回は、「セーフ シティ」について説明します。

■セーフ シティ

安全・安心は、都民の希望と活力の大前提となるものです。都民の生活、命、財産がしっかりと守られ、その安心感が東京の活気とにぎわいを生み出します。そして、都民一人ひとりが、活気あふれるまちに愛着と誇りを感じ、自ら率先して地域の安全・安心を守っていく。これが、安全・安心・元気な「セーフ シティ」の目指す姿です。

「セーフ シティ」の実現に向けて、七つの政策の柱が示されています。各政策の柱における主な課題及び政策の方向性は次の通りです。

○政策の柱1　地震に強いまちづくり

首都直下地震の被害想定では、死者が最大約9700人、建物被害が最大30万棟など、大きな被害が発生することが想定されています。都民の生命・財産を守るため、地震に強いまちづくりを進めていくことが必要です。

▽電柱のないまちを目指し、都道や区市町村道等の無電柱化を推進

▽特定緊急輸送道路沿道建築物や住宅などの耐震化、木造住宅密集地域の不燃化を推進

▽橋や上下水道施設、河川・港湾施設の耐震化などを進め、まちのライフラインを確保

○政策の柱2　自助・共助・公助の連携による防災力の向上

首都直下地震への備えを万全にするためには、自助・共助の取り組みを通じた都民の高い防災意識の醸成や災害時の迅速かつ円滑な救助体制の整備等を進めていくことが求められています。

▽災害時の迅速な救出・救助や、支援物資が被災者にスムーズに届く体制を構築

▽災害時に食料や飲み物に困らないよう、家庭や企業での備蓄を促進

▽消防団や町会・自治会、自主防災組織による地域の防災力を向上

○政策の柱3　豪雨・土砂災害対策

近年、時間50ミリを超える局地的な集中豪雨が多発しており、都市型水害などから都民の命と暮らしを守ることが求められています。

▽集中豪雨でも水害が起きないよう、河川や下水道の整備を推進

▽リアルタイムでの情報発信、官民が連携した大規模地下街の浸水対策など、都市型水害への対策を推進

▽避難体制の確立や崖崩れを防ぐなどの土砂災害対策を推進

○政策の柱4　都市インフラの長寿命化・更新

戦前・戦後にかけて整備された都市インフラは耐用年数を超えているものも多く、今後更新需要が急増することが見込まれます。こうした都市インフラについても、戦略的な維持管理や計画的な更新により、良質な社会資本ストックとして次世代に継承していくことが求められています。

▽橋や道路などを適切に補修・補強することで、インフラの安全性と健全度を保ち、長寿命化を推進

▽上下水道施設や首都高速道路などを計画的に更新

○政策の柱5　まちの安全・安心の確保

フランス・パリにおける同時多発テロ等、今まで以上にテロの脅威は現実的なものとなっています。また、日常に潜む危険や犯罪についても、都内における刑法犯認知件数は減少傾向にあるものの、都民に不安を与える犯罪等の撲滅には至っておらず、体感治安も向上させる必要があり、総合的な治安対策を進めていく必要があります。

▽防犯カメラの設置や官民一体となったテロ対策、サイバー攻撃対策を推進

▽防犯ボランティアの活動の活性化を図るなど、地域における身近な犯罪等への対策を強化

○政策の柱6　まちの元気創出

少子高齢化が進む中で、商店街や町会・自治会は人材不足による後継者問題などが深刻です。また、都内の空き家率は1998年からほぼ横ばいで推移しているものの、空家数は約82万と増加傾向にあります。さらに、着工から40年以上経過した分譲マンションは今後急増していく見込みであり、身近な地域が活気に満ちて住みやすいと感じるまちづくりが求められています。

▽商店街や町会・自治会など地域のコミュニティーを活性化し、まちの活力を向上

▽空き家の有効活用や適正管理に取り組む区市町村を支援するなど、住みやすい環境を整備

○政策の柱7　多摩・島しょ地域のまちづくり

多摩・島しょ地域は豊かな自然に恵まれる一方で、自然環境の厳しい側面も有しており、安全・安心で活力あるまちづくりが求められています。

▽多摩山間・島しょ地域における災害時の代替ルートとなる道路の整備や土砂災害対策などを推進

▽島しょ地域での地震・津波対策や火山災害対策などを推進

▽子育て世代や高齢者も安心して地域で暮らせる、魅力ある多摩ニュータウンの再生に向けた取り組みを推進

カレントトピックス 29年度 26

政治事情

■自民党が総裁任期を延長（3月5日）

自民党は、東京都内のホテルで定期大会を開き、党総裁任期を「連続2期6年まで」から「連続3期9年まで」に延長する党則改正を決定した。現在2期目の安倍首相は2018年9月の任期満了に伴う総裁選に立候補可能になり、長期政権が視野に入った。

首相は党大会の演説で、昨年7月の参院選の結果、27年ぶりに単独過半数を回復した実績などを挙げ、「国政選挙に4連勝しても、緊張感を忘れず挑戦し続けていく」と述べ、3期目への意欲をにじませた。

首相が次の総裁選で3選を果たした場合、国政選挙でも勝利して総裁任期3期目が満了する21年9月末まで首相を務めると、通算の在職日数は3567日となる。明治憲法下を含めて歴代最長の桂太郎氏（2886日）を抜いて1位となる。

■総務相が夕張市の新計画に同意（3月7日）

高市早苗総務相は、国の管理下で財政再建を進めている北海道夕張市が策定した2029年度までの新財政再生計画に同意した。

新計画は、「緊縮財政」一辺倒の路線を転換し、財政再建と地域再生の両立を目指した点が特徴で、子育て支援など138億円分の新規事業を盛り込んだ。国は財源の一つとして、自然災害など緊急の財政需要に対応する特別交付税を支出する。

夕張市は06年、353億円の借金を抱えていたことが発覚。歳出を厳しく抑制した結果、人口（約1万3千人）の約3割が流出するなど地域の疲弊が深刻化していた。新計画では児童館や図書室などを持つ複合施設や認定こども園の整備などの新事業を実施することとしている。これらの施設や公営住宅を一地区に集約し、行政の効率化と暮らしやすさを両立させる「コンパクトシティー」構想も進める。26年度までに「借金」の完済を目指す方針は変えない。

■天皇陛下の退位「特例法」制定へ（3月13日）

衆参両院の正副議長は、各党・会派代表者から天皇陛下の退位について個別に意見聴取し、民進党は現在の陛下を対象とした特例法制定を容認する考えを示した。これで与野党の足並みがほぼ一致し、特例法が制定される見通しとなった。

大島衆院議長らは3月17日に国会としての意見を取りまとめ、安倍首相に提示する方針で、政府はこれを受け、特例法案を5月の大型連休前後に提出する。

民進党はこれまで①皇位を継ぐ皇嗣が成年に達している②天皇の意思に基づく③皇室会議の議決を経る――の3点を要件とした退位制度の創設を求めてきた。自民、公明両党は、民進党が求める要件に沿って「退位に至る事情」を特例法に明記する考えを示し、民進党に理解を求めていた。また、自民、公明両党は13日の意見聴取で、皇室典範改正を掲げる民進党に配慮し、皇室典範の付則に特例法は典範と「一体をなすもの」だとの規定を設ける案を示した。これらを受け、民進党の野田佳彦幹事長は「実質的には典範改正の議論にはなっている」と述べ、制度化を求める同党の主張が反映されているとの認識を示した。

読者のひろば

水上交通が盛んなバンコク
道路渋滞を横目に快適な移動

都では2020年オリンピック・パラリンピック東京大会に向けて、開催時の大集客等も見据え、舟運を「水の都・東京」にふさわしい観光・交通手段として定着させていくことを目指している。昨年9月から12月、羽田と都心、臨海部を結ぶ航路で民間事業者による社会実験を実施した。昨年9月、私はタイを訪問して、改めてバンコクの水上交通の現状について見聞した。

かつてバンコクは「東洋のヴェニス」と称えられるほど水上交通が盛んな都市であった。バンコクの都市の名前は「バーンコーク」が示すように、「バーン=水辺」「コーク=コークの木」、水辺に生えるコークの木に由来する。

三島由紀夫の『暁の寺』では、「海抜二米に満たない町の交通は、すべて運河にたよっている。運河は四通八達して、すべてがあの水の母、茶褐色に日に映えるメナム河に通じていた」と舟運の盛んな様子が描かれている。

多種多様な航路と船舶

バンコクには、チャオプラヤー川を中心に無数の運河があったが、近代化とモータリゼーションにより運河は道路に姿を変え、船は次第に減少するにつれて車は急激に増加して、人々の交通手段は水上から陸上に変わった。

しかし、チャオプラヤー川を一日眺めてみるとよい。早朝、長いロープに引かれた土運船が川をさかのぼり、チャオプラヤーエクスプレスや渡し船が定期的に運航し、白いしぶきをあげスピードボートが行き交う。中心のサートーン船着場では入れ替わり立ち替わり川沿いのホテルのシャトルボートがやってくる。夜にはきらびやかに電飾された多くのディナークルーズ船が航行する。バンコクでは水上交通はかつてのような物流の手段ではなくなったが、チャオプラヤー川は今でも多種多様な航路・船舶が航行しており舟運の中心である。

様々な船が行き交うチャオプラヤー川

現在、バンコクで定期運航している水上交通は3種類ある。チャオプラヤーエクスプレス、チャオプラヤー川の渡し船、運河船である。

チャオプラヤーエクスプレスは、バンコクの水上交通の大動脈であるチャオプラヤー川を南北に航行する水上バスである。通勤通学客を対象にしているが、ワット・アルン（暁の寺）や王宮、ワット・プラケオなどの川沿いの観光名所も多く、ガイド付きのチャオプラヤー・ツーリスト・ボートとして観光客にも利用されている。35の船着場があり、船の種類は普通船、急行船、快速船など旗の色で区別され、ラッシュ時には頻繁に運航しているが、日中はおおむね20分間隔で運航している。バンコクの道路が日常的に渋滞する中、チャオプラヤーエクスプレスは、早く快適な移動ができるとともに、水辺から眺めるバンコクの景観を楽しむこともできる。

チャオプラヤー川を行く土運船

渡し船が橋より便利

チャオプラヤー川の渡し船は対岸に渡るための船である。有名なのは、ター・ティアンからワット・アルンへの渡し船である。ワット・アルンへ行くためには、チャオプラヤーエクスプレスでサートーンからター・ティアンまで行き、渡し船に乗り換え1分程で到着する。10分間隔程で運航しており、乗船料は一人3バーツ（約10円）である。チャオプラヤー川にはこうした渡し船がたくさんあり、橋を使うより便利で早い。

運河船は、センセーブ運河やプラカノン運河、チャオプラヤー川西岸のバーンヤイ運河やバーンノイ運河など、地元の通勤通学や買い物などの足として利用されている水上バスである。

センセーブ運河の水上バスは、バンコクのほぼ中央部を東西に走る。プラトゥーナム船着場は、バンコクの中心部、伊勢丹から空中歩廊で連絡している。ラッシュ時には頻繁に運航しているが、昼間の時間帯はおおむね20分間隔で運行しているようだ。

センセーブ線は、1日に約3万6千人（03年の調査）の通勤通学客が利用しており、重要な路線の一つである。一度に100人以上乗船でき、いつも満席で出発する。例えば、プラトゥーナムから西の旧市街のパンファーまで10数分、そこから10分程歩いてバンコク都庁に到着する。乗船料は10バーツ、渋滞知らずの移動手段である。

素早く船に乗り込み、船内で目的地までの切符を買う。かなりのスピードで航行するため日除け兼波しぶき除けのブルーシートを自分で上げ下げする。降りるときにも、川に落ちないようにしっかりと船の支柱をつかんで陸地に降りなければならない。

そのほか、チャオプラヤー川ではスピードボートが観光用に使われている。水上タクシーもあるが、観光客が利用するのは難しい。手を挙げて呼び、行く先と料金をタイ語で交渉しなければならない。3～4人が乗船できる小さいボートから、もう少し大きいものまであり、水面スレスレを走り非常にスリルがある。行きたいところに早く行けるので便利である。

安く早く便利な水上バス

バンコクの水上交通は、船着場までの連絡がよく、早く安く非常に便利で使いやすい。船着場周辺にはどこでも必ず食べ物屋台やカフェがあり、いつも人が集まり賑わっている。バンコクには至る所に市場があり、船着場とつながっている。ワット・アルンの船着場に下りれば小さな市場とお土産屋が並ぶ。ワンラン船着場に下りれば屋台、お菓子、衣服、雑貨まで何でもそろうワンラン市場が昼間でもにぎわっている。

近年、バンコクでは、地区内で船着場までミニバスを運行してアクセスを改善したり、チャオプラヤー川のリバーサイドに歩行空間を整備して、レストラン、カフェ、店舗などを展開するなど、さらなる舟運の活性化を図っている。

（東京都港湾局臨海開発部　木藤亮）

福島の子供たちを東京スイソミルに招待！
（公財）東京都環境公社がバスツアーを実施

自転車をこぐことで自ら発電し、取り出した水素を、実際に充填して燃料電池ミニカーを走行させることができる実験コーナー「H2サイクリング」＝東京スイソミルで

（公財）東京都環境公社は、福島の子供たちを水素情報館「東京スイソミル」などに招待するバスツアーを3月18日(土)に実施した。

本ツアーは、昨年5月に東京都、福島県、国立研究開発法人産業技術総合研究所、東京都環境公社の四者間で結ばれた「CO^2フリー水素及び再生可能エネルギーの研究開発等に係る連携・協力に関する基本協定書」、いわゆる四者協定が締結され、その一環により実現したもので、実施主体である東京都環境公社としては初の試み。

参加対象は福島県内の主に小学3年生から6年生の子供たちと保護者で、総勢39人が参加した。

本ツアーでは福島駅から東京まで、片道約4時間半の道のりを日帰りで往復。朝7時に福島駅を出発し、午前中に東京スイソミル、お台場地域で東京湾を臨みながらビュッフェランチを楽しんだ後に、中央防波堤埋立処分場を見学した。

東京スイソミルは、昨年7月にオープン。次世代エネルギーとして期待される水素エネルギーに特化した国内初の施設で、目に見えない水素のことや水素社会の将来像を体験やクイズを通して楽しみながら学んでもらうことをコンセプトとしている。

バスツアーに参加した子供たちは、この日のために用意したワークシートに答えを記入しながら真剣な表情でスタッフの説明に聞き入ったり、実際に水素発電の実験をしながら「すごい！」と目を輝かせていた。

その中でも特に参加者の注目を集めたのは、自身の力で水素発電を体験できる実験コーナー「H2サイクリング」と、水素社会の未来の街・Neoトーキョーをイメージしたスクリーンに、自身の顔写真が入ったアバターが映し出され、オリジナルカードを発行できる「水素社会と私たちの未来」のコーナー。多くの参加者が列をなし、見学をしている保護者も含め、興味津々の様子。

また、福島県の再生可能エネルギー活用を目指した、CO^2フリー水素についての連携事業の説明により、水素エネルギーや東京と、自分たちの生活がつながっていることを、多くの参加者が実感していた。

東京スイソミルのメーンキャラクターである「スイソン」が登場すると、先ほどまでの真剣な表情は一転。「かわいい！」「握手したい！」と満面の笑顔を見せ、集合写真撮影後には、参加者同士でも写真を撮影し合うなど、交流を深めるきっかけとなった。

中央防波堤埋立処分場では、担当の解説を聞きながら埋立処分場内をバスで走行、「サンドイッチ工法」という埋め立ての方法や、処分場の延命化を図るためにも重要な「3R」等を学んだ。また、処分場全貌を見渡せる通称「見晴台」にて途中下車し、参加者全員で「ごみを減らすぞ！」と海に向かって宣言した。

ツアーに参加した保護者からは「新しいエネルギーである水素の仕組みやごみの埋め立てなど福島では見ることのできない施設を見学できて、とても新鮮だった」（30代女性）、子供たちからは「授業で習っていないところも教えてもらって、うれしかったし勉強になった」（小6・女子）といった声が聞かれた。

本バスツアーを企画した東京都環境公社のスタッフは「こうした取り組みを通じて福島が復興する未来を感じてくれたら、と思って企画した。子供たちのエネルギーやごみ問題に対する率直な反応が頼もしく、うれしかった。今後も継続的な実施を検討していきたい」と話した。

循環組合

今年もフクロウの営巣確認
谷戸沢処分場で昨年に続き

東京たま広域資源循環組合が管理する谷戸沢廃棄物広域処分場（日の出町）で、今年もフクロウが営巣した。

同組合では、処分場内の自然環境が豊かになるよう、動植物や希少生物の保全・生育に取り組んでいる。その取り組みの一環として2010年度からフクロウ用の大型巣箱を場内に設置し、フクロウの営巣状況を調べている。昨年2月に、設置後初めて抱卵が確認され、その後、2羽のひなが無事に巣立った。

谷戸沢処分場では場内に池や草原があり、フクロウの餌となるカエルなどの小動物が豊富なため、場内の巣箱にフクロウが営巣したものと考えられる。

現在、フクロウは卵を温めている。4月中旬ごろにはひなの姿を見ることができるという。同組合では今後、フクロウの子育て状況を温かく見守る考えで、この子育ての状況については写真などで定期的に同組合のホームページに掲載していく。

フクロウなどの猛禽類は生態系ピラミッドの頂点に位置する肉食の鳥類。このフクロウが生息・繁殖できる環境は、生態系の豊かさや多くの生き物がその場所にいることを示している。

同組合ではこれからも動植物のモニタリング調査を継続的に行い、豊かな自然環境の創出に努めていくという。

巣箱で営巣するフクロウ＝3月19日（東京たま広域資源循環組合提供）

東京の川の写真を募集
川のフォトコンテスト
都建設局

都建設局は24日から「2017年度川のフォトコンテスト」の作品を募集している。

今回、東京の川の姿や川の魅力、川への親しみ・愛着を捉えた都内の川の写真を「風景部門」「ふれあい部門」の2部門で募集。応募期間は6月9日まで（当日消印・受信有効）。作品は、都庁第一本庁舎45階南展望室で7月1日から7日まで、新宿駅西口イベント広場で7月24日から28日まで展示する。

展示会場での来場者の投票などによって、各部門2点の優秀作品を選定し、表彰する。

プリント作品は2L判以下、デジタル作品はJPEG形式で、1・5MB以上。2部門合わせて1人2作品まで。応募は郵送かEメールで、東京都建設局河川部川のフォトコンテスト担当まで。メールアドレスは、ml-kawaphoto29@section.metro.tokyo.jp

●○ミニガイド●○

◆2017年度「緑のボランティア指導者育成講座（基礎講習）」
▷日時　6月18日(日)～9月2日(土)のうち8日間（36時間）▷場所　新宿区内会議室または都内公園など▷受講料　1万4400円▷募集人数　50人（申込者多数の場合は抽選）▷募集締め切り　4月28日(金)（消印有効）▷主な内容　講義と野外実習を通してボランティア活動の指導者に必要な基礎知識・技術や指導法を習得する▷受講要件　①都内に在住、在勤、在学もしくは都内で自然観察や緑地保全のボランティア活動をしている18歳以上②都内で、自然観察や緑地保全のボランティア活動経験が年10日以上あり、1年以上の実績がある▷申し込み方法　都環境局HPから「受講申込書」「活動実績申告書」をダウンロードし、必要事項を記入の上、①郵送②ファクス③メールのいずれかの方法で▷申し込み先　環境局自然環境部環境課保全担当（郵送：〒163－8801新宿区西新宿2の8の1都庁第二本庁舎22階中央、ファクス：03・5388・1379、メール：S0000724@section.metro.tokyo.jp

◆企画展「花嫁衣装と五月人形～新収蔵資料～」　▷内容　羽村市郷土博物館が2012年度から15年度に寄贈を受けた資料の中から、花嫁衣装や五月人形、生活用具を展示▷日時　5月14日(日)まで　午前9時～午後5時（旧下田家は午後4時まで）▷入館料　無料▷会場　羽村市郷土博物館企画展コーナー・学習室・オリエーテーションホール・旧下田家住宅▷入館料　無料

風流戯画草紙
作・橋本裕之

自民　築地の問題点を追及
地面にひび割れがあっても
安全と言えるのでしょうか
メイクにひび割れないかチェック
自民党にもひび割れがあったようだけど大丈夫なのかしら

都政新報

発行所　都政新報社
〒160-0023　東京都新宿区西新宿7-23-1　TSビル
〈総務・読者〉 03-5330-8781
〈企画広告〉 03-5330-8784
〈編　集〉 03-5330-8786
〈出　版〉 03-5330-8788
〈ファクス〉 03-5330-8808
購読料　月1,730円（税込）
毎週火・金曜日発行
ただし、祝日は休刊

「知事与党」も豊洲移転支持

都議会1定が閉会

都議会第1回定例会は30日、小池知事が初めて編成した2017年度当初予算案を含む知事提出の全議案を可決して閉会した。予算案には自民、共産が組み替えを提案したが、最終的には原案に賛成した。最大の焦点となった市場移転問題では、自民党が小池知事の早期判断を求めるなど攻勢を強める一方、公明や都民ファーストなど「知事与党」も、知事が設置を発表した「市場のあり方戦略本部」を移転に向けた道筋として前向きに捉える声が上がった。

30日の都議会本会議では、自民党が市場移転の早期決断に関する決議を上程することを求めて動議を提出したが、賛成少数で否決された。原則として全会一致で都議会として意思を示す意見書・決議で、自民党が動議を提出し、否決されるのは珍しい。

また、予算案でも自民党は異例の組み替え動議を提出。28日の予特では、自民党と共産党がそれぞれ予算の組み替えを求めた。自民党は中央卸売市場会計に築地市場の土壌汚染調査費を盛り込むことや、移転延期に伴う補償費の47億円増額を提案。一方、共産党は一般会計予算で投資的経費の更なる減額などを求めた。どちらも賛成少数で否決されたが、両会派とも知事提出の予算案に賛成に回り、一般会計予算案は全会一致で可決した。共産党が予算案に賛成するのは、美濃部都政以来39年ぶり。

自民党の高木啓幹事長は市場会計予算案に賛成した理由について、「東京には豊洲移転だけではなく、11市場がある。組み替えが否決されたからといって市場会計そのものを否定するものではない」と説明。その上で、市場移転を巡る予算審議は「時間が足りず、不十分だった」と批判した。

共産党の大山とも子幹事長は知事提出の一般会計予算を「都民の要望を一定反映しており、住民が反対する道路建設などの投資的経費も見直すものは見直すと確認ができた」と評価しつつ、同会派は知事与党ではないと強調。豊洲移転の中断と、築地再整備を求める立場で、知事の決断を注視する構えだ。

自民・共産以外の会派も市場移転に関するスタンスは固まりつつある。公明党は知事に豊洲移転に向けた行程を進めるよう求めていく考えを明らかにした。都民ファーストは「知事を支える立場として、総合的判断に注視をしていく」と静観の構えだが、安全性確保を前提に豊洲移転への期待を示す。

一方、東京改革議員団は「都民の信頼なくして豊洲市場は開設できない」との構えで、築地市場の衛生面や土壌汚染の問題点を指摘する自民党への反発を強めている。

■評価分かれる戦略本部

知事が24日に発表した市場のあり方戦略本部に関しても、各会派の反応は様々だ。

自民党は戦略本部を「豊洲か築地かということに絞っていたはずが、突如として（選択肢を）拡大してきた」（高木氏）と受け止め、市場の民営化や市場不要論への拡大を警戒する。今後は市場移転問題特別委員会への知事の出席を求めるなど、引き続き一刻も早い決断を迫る構えだ。

一方、公明党の東村邦浩幹事長は、知事が戦略本部発表の際に豊洲市場へのロードマップを改めて示したことを評価し、「豊洲に向けた前向き感が出てきたのではないか。それが会見で、市場移転を都議選の争点にしないと述べたことにも表れている」と分析。

都民ファーストの音喜多駿幹事長も「議論が混迷する中でロードマップに沿って決着点を示す、明確な道筋が見えた」と受け止める。

移転問題は知事の「総合的な判断」に委ねられている。「野党」自民党と知事与党が一定の方向性で共通している以上、市場PTの小島敏郎座長の提案する現在地再整備案との間で、知事は難しい判断を迫られそうだ。

定例会最終日を迎え、理事者とともにリラックスした表情も見せる小池知事＝30日

座長が築地再整備案

市場問題PT　工費は500億～800億円

築地市場の移転問題を検証する市場問題プロジェクトチームの会合が29日に都庁第一本庁舎で開かれ、小島敏郎座長（青山学院大学教授）が築地再整備案を提示した。

施設は1階を市場、2階を駐車場に改修するもので、整備費用は500億円。衛生管理やコールドチェーン化などの整備費を含めると800億円と試算する。

再整備の進め方は、種地を設けながら改修を行うことから、関係者の協力が不可欠となる。小島座長は再整備案を「関係者と調整していない」と前置きし、市場内の飲食店を中央区が設置した築地魚河岸に移設し、解体工事を開始する考えを示した。設計は1年、工期は6年としている。

築地市場では東京五輪の開催後、場内を通る環状2号線の地下トンネルを開通させる計画で、都建設局は青果門付近で環2の関連工事を行っているが、再整備案ではこの一帯に青果部の拡張工事を実施するとし、工事に影響があるため、小島座長は建設局と相談の必要性を示した。

さらに、築地川沿いや隅田川沿いにレストランやカフェなどのスペースを賃貸し、収益を上げる手法も紹介した。

都は過去に現在地再整備を始めたが、工事期間の長期化に伴い整備費が膨らみ、頓挫した経緯があり、都庁内から実現性が乏しいとの見方が出ている。

小島座長は同案を今後の検討素材と位置付け、豊洲移転の可能性も含めて審議し、5月までに報告書を作成する考えを示した。

有明アリーナのみ黒字

年間収支の試算を公表

五輪恒久6施設

東京五輪の新規恒久施設の後利用を検討するアドバイザリー会議が29日に開かれ、都が整備する6施設のうち、有明アリーナ以外の施設は年間収支が赤字になる試算が明らかになった。

有明アリーナは3・6億円の黒字で、残る5施設のうち、アクアティクスセンターはマイナス6・4億円、海の森水上競技場はマイナス1・6億円などとなった。いずれも減価償却費は含まれない。

委員からは「投資は回収するもの。公共施設なので黒字にする必要はないが、減価償却費も含めたフルコストで見るともう少し欲しい」といった意見や、周辺施設も含めたエリア全体での黒字化を目指すべきといった声が上がった。

都は今後、施設運営計画の最終版を策定・公表した上で、運営事業者を19年度中に公募・選定する中で、収益向上策を募るなど検討を進める。

特別区　30年ぶりの抜本改正

行政系人事制度　職務分類基準を再編

特別区の行政系人事制度改正の骨格が固まった。現行の1～3級職（主任主事まで）を廃止し、係長職の下に新1級職（係員）と新2級職（主任）を設置。現行の4、5級職（係長級、総括係長）をそれぞれ新3、4級職（係長級、課長補佐）とする内容。区長会と特区連が27日、団体交渉を行い、任用制度の大綱を合意した。

＝4面に関係記事

改正案によると、新2級職（主任）は、係長職昇任を前提とした「係長職を補佐する職」と位置付け、各区で定数管理を行う。これまで主任主事の合格者数は「昇任率」を基本に決定していたが、各区の人事計画に基づく定数管理により合格者を出す形になる。区長会は団交で「新2級職への昇任を抑制するために行われるものではない」と説明した。

また、新3級職（係長級）では新たにスタッフ職の「主査」を新けることとし、この位置付けについては組合側の要求を踏まえ、「係などで専門的な事務などを処理する場合」に加え、「係長職を代理する場合」でも設置できるようにする。係長職の負担を軽減することが目的。

労使交渉の過程で、組合側は「全体として新2級職制度改正の目的を見いだすことができない」と強く反発していたが、最終局面で区長会が「全ての区で係長職を拡大し、その規模については各区で協議する」としたことから、最終的に折り合った。

特別区の行政系人事制度の大改正は1987年以来、30年ぶり。給与制度を含めた詳細については今後、労使で協議する。改正案の実施時期については別途、給与に関する労使協議を踏まえて設定する。

自民都連会長の元秘書　小池新党の公認候補に

都議選

事実上の小池新党である都民ファーストの会は28日、新たに2人の都議選の公認候補を発表した。

板橋区選挙区には、女優の平愛梨さんの弟で自民党東京都連の下村博文会長の秘書を務めた平慶翔氏を公認。葛飾区には元都職員で現葛飾区議の米川大二郎氏を立てた。都民ファーストの公認候補は計19人となる。

一方、自民党都連は27日、青梅市に現在5期目の野村有信氏を擁立した。また、現職都議の今期限りでの引退や現職都議の離党を受け、千代田区、品川区、小金井市で公認候補を公募する。

このほか、昭島市では、現職の神野次郎氏が今期限りでの引退を表明しており、昭島総支部で選考を進めている。町田市は既に現職1人に公認を出しているが、今回から定数4となる。同党都連は4人区で2人を擁立する方針を掲げており、2人目を擁立するか町田総支部と議論する。

視点

定例会を終えて

勝者なき与野党の舌戦

来年度予算案などを審議した第1回定例都議会が30日に終了した。7月の都議選をにらみ、前半戦の代表・一般質問では各会派とも高い人気を誇る小池知事を評価する姿勢が目立ったが、終盤戦は、自民と非自民の対立構図が鮮明になった。

第一会派の自民党が野党化する一方、共産党を除く他会派が知事与党に収斂した形だ。自民党が市場問題の質疑で知事答弁が不十分であることを理由に会期延長を提案する異例の事態となった。

自民党は24日の予特理事会で会期延長を提案したが折り合えず、翌日未明に再開した理事会も決裂。その後、自民党以外の理事会メンバーが帰宅し、会派間の溝を更に深めるきっかけとなった。

自民党は「いまだかつてない無責任な行為」と非難する一方、他会派は共同会見を開き、理事会再開の求めに応じなかった自民党の対応を批判し、水掛け論となった。

都の事業局幹部は「選挙モードに入り、各政党のスタンスを対外的に示さなければいけなかったのは分かるが、都議会の空転や足の引っ張り合いは都民のためにはならず、都議会の印象を悪くするだけだ」と指摘する。

市場問題を巡っては、自民党と公明党が火花を散らす場面もあった。22日の厚生委員会では、自民党が「（小池知事が）都議選の争点にすると考えているなら、全面的に対決していきたい」と語気を強めると、公明党が「ここは中央卸売市場の常任委員会ではない」と釘をさした。

ただ、市場の移転を巡っては、アプローチの仕方こそ異なるものの、自公ともに豊洲移転を求めた。自民党は27日の予特締めくくり総括質疑で「補償の総額も考えないで延期したことは理解できない」などと厳しく批判した上で、豊洲移転の早期決断を強く迫った。一方、公明党は更なる豊洲の土壌汚染対策を実施しても、市場会計は持続可能であるとの認識を示し、昨年11月に知事が公表した移転へのロードマップ（行程表）通り、前に進めるよう求めた。

知事は両党に対し、移転の可否の判断を示さなかったが、報道陣に「（自民党は）野党らしい質問だった」と皮肉った。

また、27日の予特では、特に自民党が約2時間20分の持ち時間のうち、大半を市場問題の質疑に費やした結果、待機児童や震災対策など都政の重要課題がほとんど審議されなかっただけでなく、議論も深まらなかった。

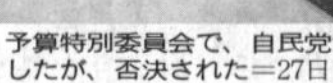

予算特別委員会で、自民党が日程延長の動議を提出したが、否決された＝27日

事業局の部長級は「質問が多いと通常業務に手が回らなくなるが、昨年の予特と比べて質問数は減り、完全に蚊帳の外に置かれた。質問が少ないからといって、事業は停滞するわけではなく、粛々と事業を推進していくだけだ」と受け止めた。

小池知事が就任して初めての予算審議となった第1回定例会だが、市場問題ばかりがクローズアップされた感は否めない。市場移転の決断を求める自民党は完全に知事を攻めきれず、知事与党も移転の決断を迫ったが、ゼロ回答だった。7月の都議選を見据えた舌戦が与野党で繰り広げられたが、勝者なき戦いに終わったように見える。（石）

都政の東西

迷宮入り

小池知事は2016年11月、早ければ17年夏ごろに市場移転の可否を判断するとの行程表を示していたが、その通りになるか雲行きが怪しい。知事が新たな会議体として市場のあり方戦略本部を立ち上げ、議論の結論がいつ出るか不明瞭だからだ。議会から移転の可否の判断を迫られた中、会議体を設けたのは知事が迷宮に迷い込んだと受け取れる。

戦略本部では、トップに中西副知事を据え、政策企画、総務、財務の3局、関係局が豊洲や築地の両市場の課題整理、11市場の今後の在り方も議論し、知事は結論を「総合的判断」の参考にする考えを示す。戦略本部の具体的なメンバーを始め、設置時期や議論のスケジュールの詳細を固めずに知事が発表したことは見切り発車と言えそうだ。

本来、市場の在り方を検討するのは知事の諮問機関の都卸売市場審議会であり、屋上屋を架す目的が明白ではない。市場移転が最重要課題であるのに市場全体の在り方まで議論の範囲を拡大するのは、知事が市場再編を念頭に置いているように見える。

市場や流通に精通していない局も交えて、市場の在り方を議論するのは職員にとって無理難題のはずだ。官房系の幹部は「職員が検討すると、結論は豊洲移転になるのではないか」と指摘する。

市場関連の会議体は市場問題プロジェクトチーム、専門家会議に続いて三つ目となる。知事が三者三様の報告を受ければ、総合的判断が難しくなるだけで、決断がさらに先送りされねない。知事はいたずらに会議体を増やすのではなく、自身の考えを明確にした上で、混乱した市場業界をまとめる方向にかじを切るのがトップとしての役割だ。

寸句ジョーク

3月も終わり、来週3日は入都式
小池知事は都民ファーストを何回言うか？
こじはる（AKB48小嶋陽菜）予想
「1回、2回、3回、4回、5回、5連単ボックスなら、大体当たる～」

世田谷区議会

LGBT入居に「待った」

区営住宅条例改正案を継続に

世田谷区議会は28日の第1回定例区議会最終本会議で、公的住宅の入居資格要件に同性カップルなどの性的少数者（LGBT）を加える条例改正案3件の継続審議を決めた。区民周知や議会報告の不足などを主な理由に挙げており、区が条例改正に関する周知を行った上で、第2回定例区議会で再び審議する。区議会事務局によると、定例会で区長提出議案が継続審議となるのは、1980年の第3回定例区議会での特別区道認定議案2件以来、36年ぶりという。

継続審議となったのは、区営住宅、区立ファミリー住宅、区立高齢者借り上げ集合住宅の入居要件として、現在は認めていない同性パートナーを同居人として位置付け、入居募集に応募できるようにする条例改正案3件。2月28日の都市整備常任委員会で審査が行われ、最大会派の自民党が採決に難色を示し、第2会派の公明党が同調。3月22日の委員会を経て、同28日の最終本会議で無所属・世田谷行革110番を除く賛成多数で継続審議を決定した。

委員会では、自民党が「可決した後にうんぬんというやり方もあるが、区民への周知を進めてやる方法もある」と問題提起し、「早く対応したいという区側の意向も理解できるが、急ぎ過ぎており、丁寧に議論すべき」と主張。公明党は「性別による差別は許されないが、理解が広がっていないのが実情で、啓発を進めるべき」と指摘した。

区は4月1日の改正条例施行を目指していたが、継続審議となったことで、6月に行う入居募集では引き続き同性カップルが応募できない状態が続く。区は議会側の提案に基づき、区の広報紙4月号や区公式ウェブサイト、区営住宅などの入居者向けの情報紙で条例改正案の周知を図り、区民アンケートや学識経験者や公募区民らで構成する区住宅委員会への意見聴取などで意向調査を行う方針。

2月28日の都市整備常任委員会では、自民、公明両会派から厳しい質問が相次いだ

当事者本位の議論を

【解説】23区では渋谷区に次ぐ2例目、全国でも4例目となる性的少数者の公的住宅入居はひとまず見送りとなった。保坂展人区長は本紙の取材に対し、「次回に持ち越しになったが、大いに議論してもらい、内容を共有したところで、さらに議論を深めていく時間を作ってもらったと思っている」と前向きな姿勢を強調したものの、「なるべく早い時期に決定してほしい」と本音をのぞかせた。

区が提案した今回の条例改正案は、LGBTを優遇するものではなく、人権擁護の観点から当事者が不当に排除されている状況を改めるのが趣旨だ。議会側からの「拙速」との指摘を受け、区側は最終的に「対応に不足があった」と認めたが、委員会審査当初は「人権問題は行政が先行して行うべき」と強調していた。

自民・公明は居住者を始めとする区民の理解が進んでいない中での条例改正に警鐘を鳴らしたが、裏を返せば、区民が「理解できない」と反対した場合、マイノリティーへの不当な差別を是とするのだろうか。

LGBT関連施策は、反対すれば差別のレッテルを張られかねず、カードを切った方が絶対的に優位に立ち、つかまされた方は負けが決まるババだ。それゆえに政局に翻弄されやすい。区民理解を優先するあまり、当事者が置き去りにならないことを望みたい。（米）

渋谷区

宮下公園の供用を急きょ停止

ホームレス支援者ら猛反発

渋谷区は27日、新公園整備の着工準備を理由に急きょ区立宮下公園の供用を停止した。同公園を巡っては、ホームレスやその支援者らが昨年末から継続的に夜間閉園時に寝泊まりを繰り返したり、毛布の保管倉庫を無許可で設置するなどしており、区は対応に苦慮していた。こうした状況を受け、区は28日、「公園を適正に管理するためには、仮囲いが必要であると判断した」とコメントを発表した。

緑と水・公園課によると、同公園では以前、約25人のホームレスが生活していたが、27日現在、全対象者のシェルターやアパートへの入居が完了していたという。

ホームレスの支援者らは、事前告知なしの仮囲い設置に反発。昨年末から夜間のみ公園に来て寝泊まりしていたホームレスらは27日夜、区役所第二仮庁舎前のスロープ下で寝泊まりした。28日には区に対し、「人の尊厳は認められないのか。同じ人間関係の中で継続的な暮らしをしたい人は多い」などと抗議し、「第一仮設庁舎前に寝泊まりができないようプランターが置かれた」と指摘した。

それに対し、斎藤茂総務部参事は「庁舎前での寝泊まりは認められない。ハウジングファースト事業など、区は福祉的な受け皿を用意している」と話している。

宮下公園の整備事業は、既存のフットサル場やスケート場などの運動機能を兼ね備えた公園や駐車場とともに、ホテルや商業施設を一体的に整備する計画。東京五輪前の2019年度の開設に向けて来月中にも都市計画決定したい考えで、早期の解体工事着手を目指している。

新公園の整備に向け、仮囲いを設置した宮下公園＝28日

横綱相撲

分析　23区新年度予算案　9

需要肥大化に財源縮小の兆し

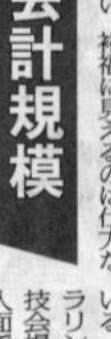

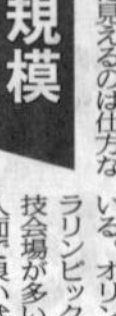

一般会計規模

23区の2017年度一般会計当初予算案では、14区が過去最大規模を更新し、合計額は3兆7千億円に上った。18区が過去最大規模だった前年度から更に約1千億円のプラス。人口減にあえぐ地方の市町村には、東京一極集中の加速を印象付ける予算と捉えられることだろう。

確かに、23区では人口流入に伴う納税義務者数の増加により、全区が基幹税として主要な歳入の一つとなっている特別区民税の増収を見込んでいる。しかし、それは同時に行政需要の増大を意味しているのだが、そのことには目を向けられない傾向が強い。

特別区民税を前年度比11・7％増とした千代田区は、前年度まで変動が大きいとして当初予算案に計上していなかった土地や株式売買などの譲渡所得による税収を一定規模盛り込んだため、大幅増につながったという。

区財政課では「年度末の最終補正予算で例年、結果として20億円規模の税収を計上していた。年度末のため、基金に積み立てるしかなかった」と話す。今後は公共施設の更新や待機児童対策などで、1千億円規模の基金の大半を投じることになる見通しで、「区財政が裕福に見えるのは仕方ないが、都市特有の需要があることは理解してもらいたい」と語る。

同様の意見は江東区からも聞かれた。同区は「夢へカウントダウン 新たなステージへのチャレンジ予算」と位置付け、過去最大規模の一般会計予算を編成。ふるさと納税により、約12億円の減収を想定しつつ、比較的高所得層の人口流入で特別区民税を2・3％増、義務教育学校の新設による加算などで特別区交付金を15・3％増と見込んだ。また、財政調整基金の取り崩しは72・4％減の15億円台とし、特に歳入面で豊かな財政力を示す内容となっている。

しかし、区財政課では「人口増により、臨海部では公共施設やインフラの新設が必要になるなど、行政需要も増大している。オリンピック・パラリンピックまでは、競技会場が多い区として歳入面で良い状況が続くかもしれないが、大会後の景気の反動の影響も大きいことが予想される。施設更新需要も本格化する中、全く楽観視できない」と危機意識をのぞかせる。

行政需要の肥大化は予算案にも表れている。義務的経費は、人件費と公債費の減額が扶助費の増額を上回った千代田、台東、板橋の3区を除き、20区が前年度比増となった。待機児童対策による保育所運営費の増に加え、大田区では生活保護費を増要因に挙げており、高齢化の進展による更なる保護費の増も23区共通の課題として懸念される。

「召し上げ」加速

さらに各区の財政担当者の頭を悩ませるのが、国による税財源の「召し上げ」の強化だ。

法人住民税の一部国税化により、特別区交付金の原資が削られて以降、地方消費税交付金の清算基準見直しによる配分方法の変更に見られる地方創生を名目とした税制改正や、マイナンバー制度の実施経費の財源措置を原則、地方交付税とするなど交付金・補助金の交付税化などが目立っている。これに加え、消費税10％段階では「更なる国税化」が予定されており、東京の財源への国の「狙い撃ち」は拍車がかかる一方だ。

ふるさと納税で30億円の減収を見込む世田谷区では、「何とか踏みとどまっている状況。安定財源がないまま、ふるさと納税の拡大や更なる国税化などが行われた場合、区民サービスに影響しかねない」（財政課）と頭を抱える。

東京の財源が狙われる要因の一つが膨大な基金積立額だ。23区は財政構造上、景気動向による影響が大きく、地方交付税の不交付団体のため、減収の場合の財源補塡は基金に頼るしかない。地方よりも早い時期に本格化する公共施設の更新に向けた基金の積み立てを行っていることもあり、基金積立額が地方の市町村と比べて大きく膨らむのは制度面や行政運営の面から当然と言える。

しかし、23区が財源不足を基金で埋めて予算規模を拡大させ、区民サービスの充実を図っているのに対し、地方では深刻な人口流出により、事業の削減に追い込まれる自治体も出ている現状を考えた場合、東京一極集中批判を否定できるだろうか。

大相撲では19年ぶりに誕生した日本出身の新横綱・稀勢の里が見せた気迫の相撲に日本中が沸いた。手負いの状態からの立ち合い変化や土俵際の小手投げなど、本来の相撲とは程遠い内容だったが、大きな感動を生んだのは、稀勢の里がけがを負う前まで一貫して真っ向勝負の「横綱相撲」を続けてきたことに他ならない。

23区は、今後の行政需要の拡大や一層厳しさを増す地方からの視線、国による税財源収奪などの苦境を真正面から受け止めた上で、住民サービスも含めた区政運営の在り方に向き合う姿勢が求められることになるだろう。横綱は憧れの的であるとともに、その強さから憎まれ役にもなる存在に他ならない。＝おわり

23区の17年度一般会計当初予算案の概要　（単位：千円、％）

区名	予算規模（※は過去最大）	前年度比	歳入：区民税	前年度比	歳入：特別区交付金	前年度比	歳出：義務的経費	前年度比
千代田	54,672,535	▲2.1	13,110,429	11.7	3,692,312	▲24.8	17,970,575	▲0.1
中央	95,321,713※	0.3	23,615,156	4.9	13,400,000	▲2.2	30,384,489	3.8
港	166,150,000※	38.1	66,633,101	4.9	1,200,001	—	43,950,167	1.8
新宿	144,585,725	▲0.5	39,692,535	4.1	27,410,000	▲0.1	77,494,049	0.7
文京	89,534,000※	8.5	30,845,167	5.3	16,400,000	▲1.8	41,396,127	0.8
台東	98,800,000※	2.1	17,519,400	3.8	28,400,000	▲2.4	54,000,418	▲2.5
墨田	111,168,000※	0.7	21,125,000	2.9	38,060,546	▲1.8	57,843,609	1.0
江東	199,642,000※	5.8	45,861,103	2.3	57,089,774	15.3	95,587,631	2.3
品川	164,536,000	▲2.0	41,239,500	3.0	38,800,000	3.7	64,737,321	4.9
目黒	92,652,098	▲0.4	40,128,000	1.3	12,400,000	▲3.1	45,988,995	1.1
大田	261,858,937※	1.7	65,024,641	1.9	68,752,000	▲0.3	131,276,601	1.7
世田谷	298,794,104※	2.8	113,853,000	0.7	45,425,000	2.7	129,941,560	2.7
渋谷	92,652,000※	9.6	43,632,645	2.1	1,300,000	▲15.2	43,966,716	3.1
中野	129,346,000	0.8	32,576,702	2.6	33,800,000	▲3.4	65,630,437	0.5
杉並	178,050,000※	3.5	59,955,108	2.2	38,200,000	▲1.3	93,184,745	5.6
豊島	116,700,706	▲4.2	27,483,499	1.1	29,100,000	▲2.0	62,235,682	8.9
北	146,820,000	▲1.4	26,072,000	2.5	48,500,000	▲1.2	77,593,872	3.5
荒川	95,120,000	▲1.9	14,766,763	2.1	36,980,000	▲1.1	48,640,986	2.7
板橋	206,900,000※	2.1	40,790,881	0.9	64,300,000	▲2.4	118,173,861	▲0.5
練馬	251,477,234	▲3.3	60,581,296	1.6	79,336,415	3.6	136,509,609	2.5
足立	274,141,752※	0.4	41,698,464	2.6	95,100,000	0.6	144,596,076	1.6
葛飾	190,610,000※	5.8	29,735,000	2.9	71,600,000	3.9	104,650,094	6.2
江戸川	240,331,640※	4.1	46,422,388	5.3	84,300,000	5.4	129,389,479	5.2

記者席

加熱する場外乱闘の舌戦

○……「共産党も含めた知事与党」——予特の審議時間延長に対する各会派の賛否を巡って、山内晃氏（都民）のツイッターでの"つぶやき"がネット上で波紋を呼んだ。

川松真一朗氏（自民）は「これで少なくとも、都民ファースト、公明、共産は知事与党だと山内先生が証明」と投稿。山内氏は「共産党は知事とは是々非々」と釈明したが、柳ヶ瀬裕文氏（維新）は「都議会の確かな野党・自民党。巨大与党を形成する公明・共産・民進・都民ファースト」と与野党を色分けし、自らは「是々非々」と評した。共産党の39年ぶりの予算案賛成は、唯一の野党・自民党が誕生した瞬間だった。

○……25日、都のオープンデータを活用した防災アプリのコンテストが東京臨海防災公園（江東区）で行われた。

最優秀賞に選ばれたのは「マイ広報紙東京都版」。都が発行する広報紙の電子版に、防災情報を追加したもので、アプリをダウンロードすれば災害発生時にはスマホやタブレットへダイレクトに情報を発信する優れものだ。

今回の受賞作品はいずれも災害時だけでなく日常でも使える点が評価のポイントになった。日頃から使っていれば肝心な時に使えないことはない。「備えあれば憂いなし」と言うが、ただツールを備えていれば良いわけではない。

○……栃木県那須町で27日に雪崩が発生し、高校生ら8人が死亡した痛ましい事故。翌28日には、さいたま市消防局がドローンを飛ばして、現場の状況を上空から撮影。雪崩の原因などの詳細は今後検証されるが、ヘリコプターを飛ばすよりも安全だという。

山岳事故でのドローンの活用は、あきる野市でも進めようとしている。市や公益社団法人東京都山岳連盟など5者が協力に合意した。広範囲を短時間で捜索可能な利点がある。

まだ開発途上のドローンではあるが、都も多摩地域の「ドローン特区」で[illegible]害を確認する実証実験を予定。いち早い人命救助につなげるためにも早期の技術開発が望まれる。

いじめ調査委　来年度も継続

葛飾区

葛飾区は、2014年4月に区立中学校の男子生徒が自殺した事件を受けて設置した「区いじめ調査委員会」（委員長＝平尾潔弁護士）の調査を来年度も継続することを明らかにした。同委員会は当初、今年度中に報告書を取りまとめる予定だったが、一定の結論を出すまでに時間を要すると判断した。報告書の取りまとめ時期は未定。

死亡した区立新宿中学校3年の男子生徒は当初、区教育委員会や学校が実施した調査で事故死とされていたが、遺族側から提供された死体検案書などの資料から、区教育委員会は男子生徒は自殺で、生徒による当日の行為はいじめと評価しうると判断した。

区はいじめ対策推進法に基づき、16年4月に設置し、生徒へのアンケート調査やヒアリングを基に自殺といじめとの因果関係を検証していた。

団地集会所で介護予防

総合事業でURと覚書

江東区

江東区は27日、独立行政法人都市再生機構（UR）と団地集会所での介護予防・日常生活支援総合事業（総合事業）の実施に関する覚書を取り交わしたと発表した。URとの同様の覚書締結は23区で世田谷区に次いで2例目。

区は新年度、体操や「脳トレ」といった介護予防の取り組みや、食事の提供など住民主体による通所サービスを試行的に開始する。4カ所の拠点で行い、そのうちの1カ所をURの団地集会所で行う方針。

対象者は団地居住者に限定せず、広く地域に開放する。区によると、地域住民から「活動拠点となる場所がない」という声が上がっており、覚書締結に乗り出した。

区は新年度に地域包括支援センターを12カ所から21カ所に増やすのに併せ、21カ所の活動拠点の設置を目指している。区長寿応援課は「地域の力で高齢者の見守りや支援体制を構築していきたい」と話している。

新副区長に長谷川氏

引き継ぎで2人体制

足立区

足立区は28日、第1回定例区議会に政策経営部長の長谷川勝美氏（61）を副区長に選任する人事案を提出し、全会一致で同意された。任期は29日から4年間。来年度からの新基本構想に向け、2018年6月に任期満了を迎える現職の石川義夫副区長から長谷川副区長へ着実に引き継ぐため当面は2人体制とする。

長谷川氏は埼玉大学教養学部卒業。1979年入区。政策経営部長（広報室長兼務）などを歴任したのち16年3月に定年退職し、翌4月から再任用で前職に就いた。

自民2会派が合流

再び議会第1党へ

江戸川区

江戸川区議会の「江戸川自由民主党」が来月1日、会派を解散し[illegible]民主党に合流[illegible]り区議会自[illegible]議は14人と[illegible]党（13人）[illegible]党の座に返[illegible]

江戸川[illegible]4月28日に[illegible]から離脱[illegible]会派離脱の[illegible]区議会自[illegible]事を巡る会[illegible]致などがあ[illegible]

江戸川[illegible]江幹事長は[illegible]て、「支援[illegible]1党を守っ[illegible]た声を多く[illegible]なって話し[illegible]を決めた」

訂正　28日付「23区新年度予算案」シリーズの表「財政調整基金の繰り入れ」の中で、17年度繰り入れ額の前年度比がマイナスとなる千代田、中央、江東、中野、北の区の符号「▲」（減）が抜けていました。

有馬守一・狛江市教育長に聞く

「ペッパー」の活用に期待

特別な支援を全ての児童生徒に

全国で二番目に小さい面積の狛江市。小学校6校、中学校4校で、校長は10人だけに意思疎通が図れ、チャレンジ精神が旺盛だ。モデル事業にも積極的で成果を還元してきたが、2017年度からは人型ロボット「ペッパー」を活用できることになり、新たな夢が広がっている。そんな市の教育について、有馬守一教育長に語ってもらった。

不登校児に体験活動を

小学校教諭となり、最初の赴任先が狛江市だった。「8年間を過ごし、20代を狛江で育ててもらった。古里のようなもので、恩返しできれば」と要請を受諾。13年1月から市教育長を務める。

市では「楽しい学校生活を送るためのアンケートQU」にいち早く取り組み、3年間の成果を基に2年前からはQUにソーシャルスキル尺度を加えた「hyper-QU」を導入。重点施策に掲げ、読み取るための研修の実施や、小学校から中学校への情報提供、研究授業に注力し、課題のある生徒に個別支援を行うなどしている。「学校生活への満足度は極めて高く、皆勤の割合も高くなっている」。また、QUによるアセスメントを生かした授業改善で、学力向上にも効果が見えてきた。

不登校対策に力を入れるが、「不登校の子供には自然や社会体験のチャンスがないことが問題」と、今年度始めて9月に山梨県小菅村で宿泊体験を実施。「フリースクールの子供を含め5人だったが、何十人もいるクラスと違って村は子供が少ないので緊張感がほぐれ、通ってみたいという思いをもったようだ」。10月には日帰りで行い、適応指導教室の子供ら7人が参加。「前に参加した子供が自然にエスコートする形になり、良い成果を収めた」として、来年度は山村留学も視野に入れる。

同様に、「音楽の街狛江」を標榜しながら、合唱祭への参加やアウトリーチの音楽家と触れ合うチャンスがない不登校の子供を対象に、今月13日には狛江エコルマホールでコンサートを開催した。「心に贈る　五色のハーモニー」と題したプロによる木管五重奏で、他区市やフリースクールも巻き込んで引率者含め64人が楽しんだ。

「隔絶された世界にいる子供たちがわずかでも社会的自立できるよう、打てる手は全て打っていく」と、体験活動もコンサートも文科省の「フリースクール等で学ぶ不登校児童生徒への支援モデル事業」に手を挙げたもの。フリースクールの関係者も共感し、共に支援してくれるという。

「不登校の中には家庭環境に課題を抱えている子供もいるのが現状だ。市全体で取り組んでいるが、学校復帰についてはあまり急がず、適応指導教室にたまに顔を見せてくれるくらいでもいいかなど思っている」

特別支援教育とICT

特別支援教育も、先頭を走ると自負する取り組みだ。12年から14年まで都教委から特別支援教室モデル事業を受託。全ての学校・学級に特別支援教育を充実させるため、通級学級未設置の小学校3校に通級指導学級の教員が巡回指導を行う「特別支援教室」を設置し、今年度からは中学校に拡大している。「3、4歳ころから丁寧に子供を見ていき、その子に合った教育が受けられることは親御さんも安心だし、学校では担任が落ち着いて授業ができる」と話す。

特別支援でも、いじめ問題のようにケース会議を開き、情報を共有し、個々の役割を確認していくと全体像が見えてくるのではないかとも。いじめにもメンバーを固定せず、弾力的に人が集まって5分でも10分でも情報を共有できたら、次の一手が打てるのではないかという。

ICTの活用にも積極的で、第三中学校では都内公立中学校で初めて、タブレット端末を使って外国人講師とスカイプで英会話を行う取り組みを進めている。

さらに、ソフトバンクの「ペッパー社会貢献プログラム　スクールチャレンジ」に応募し、4月から3年間、小学校5校と中学校3校の計8校に各7台ずつペッパーが貸与されることになった。

「学校現場でどんなアイデアが出るか想像もつかない」とうれしそう。貸与されない学校にも格差が出ないよう隣同士で活用してもらうという。

「新学習指導要領ではプログラミング教育が入ってくるので、移行時期の良いツールになると思う。やることが多すぎるとアップアップせず、楽しんでやりとりする中で自然にプログラミングのスキルが入ってくるのが望ましい。ある校長は、英語だけで通じる設定にすると言っていたが、ALTの前では緊張して話せない子供もペッパーの前なら話せるかもしれない。うまくいく子もいかない子もいるだろうが、面白がっていろいろやらせてほしい」

多彩な経歴を生かして

狛江市で勤めた第八小も第二小も統廃合されて今はないが、教え子が市の職員や議員、PTA会長を務めるなど、「リーダー的な立場で活躍していてうれしい」と話す。

「駆け出しの頃で変なことをやっていたらしい」と笑い、教室にギターを持ち込んで歌っていたなどを飲み会でのネタにされるとか。「40年経っているが、名乗ってもらうと面影があって分かる」

当時、社会科で都の教育研究員となり、市の研究発表会でも積極的に発表した。「指導主事に最初はボロクソに言われるが、組み立て方が分かってくると、子供の学びも違ってくる。指導主事に尊敬と憧れを抱いた」

30代半ばの頃、教頭試験を控えた教務主任を勉強会に出席させるため、同行してあげるよう教頭から頼まれた。役に立つならと共に参加し、出願時期になって「せっかく勉強したのだから指導主事選考を受けてみたら」と教頭に言われ、「まさかの合格」と笑う。

それからは三宅出張所の指導主事を皮切りに、バラエティーに富む経歴を積むことに。妻の後押しで三宅島には家族で赴任。長男は三宅小学校で1年生を過ごした。「担任が若い先生で授業を見て指導しなくてはいけないんだが、自分の子が気になって漫画みたいな世界だった」と苦笑い。

稲城市の指導主事時代は、北海道女満別町やアメリカンスクールとの交流を推進。東京都の教育研究所では月刊『教育じほう』の編集に携わり、都全体の教育活動に視野を広げられ、良い思い出になった。町田市や多摩教育事務所、教育庁人事部を経て、福生市と千代田区で校長職を務めた。

困難なことも多かったが、原動力は「課されたミッションをどういう形で乗り切っていくかを考えるのが自分の役割だと思った」と話す。

ライフワークは授業観察。「1時間の授業記録を鏡として取る。どういう反応を期待して授業したかを聞き、実際の展開をその記録を基にフィードバックし、期待したゴールのために必要なことを対話の中で探していく。教員のスキルが高まる姿がすごくいい。チャレンジすることができた日々」と目を輝かせ、それができない今はやや不満そうだ。

都立学校向けに「就学支援シート」

多摩市教委が独自に作成

多摩市では市立中学校から都立の高等学校や特別支援学校高等部に進学する生徒が一貫性のある継続した支援を受けられるよう、「就学支援シート（都立学校向け）」を独自に作成。都教育庁を通して各都立学校にシートの活用を周知するとともに、6日に開催された都立高校長を対象とした校長連絡会でも協力を依頼した。就学支援シートの配付は、中学校で既に個別指導計画及び学校生活支援シートを作成している生徒の保護者から希望があった時に、中学校から配布することとした。

就学支援シートには、保護者が、生徒を指導するに当たって配慮してほしい点やどういう支援を望むかなどを書き込み、必要に応じて中学校や医療・関係機関が記入する欄もある。保護者が就学先に提出し、校内の指導・支援体制の確認や指導上の配慮事項についての共通理解などに役立ててもらうという。

多摩市立教育センターの木下和紀統括指導主事は「発達障害で人とうまく関われない生徒にどう支援をしてきたかなどの情報が、進学先の学校に伝われば、高校生活をスムーズに送ることができる。学校不適応による不登校や中退という事態も防げる。高校側は疑いがあっても情報がないと支援に結び付けられないが、シートがあれば、そこに記載されている情報を基に話を進めることができる」とし、「保護者と学校の懸け橋になると思う」と話す。

市は特別支援教育に力を入れ、教育部が2007年度に教育センターにマネジメントチームを設置し、09年度には健康福祉部が同じ教育センターに発達支援室を開設。17年度には、教育部と健康福祉部を兼務するセンター長と教育センター専任の統括指導主事を配置した。このような組織改正を行い、教育部と健康福祉部の両者が連携して、一人ひとりの子供に寄り添った支援を進めている。小・中学校において丁寧な支援を受けてきた子供たちがどこへ行っても困らないように、将来に引き継いでいきたいとしている。

教育じてん 78

学校における働き方改革に向けて

「教育管理職の確保」を議題とした2016年度第3回総合教育会議が9日に開催されました。今回の会議は、知事と教育委員の他にも、学校関係者として校長、副校長、主任教諭の5人の方々も参加し、現場の生の声を聞きながらの意見交換となりました。

会議の冒頭では小池知事から、教育管理職の中でも副校長の成り手不足が深刻な状況になっていること、都教育委員会においてこれまで様々な対策・対応をとってきたが抜本的な解決に至っていないこと、学校現場の先生方との意見交換を通して本課題についていろいろな観点から早急に答えを見いだしていきたいとのあいさつがありました。

続いて中井教育長から、教育管理職を取り巻く現状と課題について資料に基づいた説明があり、▽日本の教員の勤務時間がOECD調査参加国等の中で最長であること▽副校長の業務内容は多岐にわたるが必ずしも副校長自らが行う必要がないと思われる内容もあること▽過半数を占めている女性教員が主幹教諭等や管理職になる割合は低いこと──等が説明されました。

さらに、17年度の都教育委員会の新たな取り組みとして、①副校長の業務を担う非常勤職員を配置する事業を小・中学校12校で試行実施②管理職選考(B選考)の有資格者を46歳から53歳の主任教諭まで拡大③17年度からの副校長の管理職手当の額の引き上げ──の3点が示されました。

その後の意見交換は、管理職(副校長)の成り手不足の理由や管理職希望者を増やすために必要なこと等が話題となり、知事や教育委員から様々な質問が出されるとともに、学校関係者から「副校長の業務経験がある人にサポートしてもらえると助かる」「管理職のやりがいについて話を聞ける機会があると良い」「女性は管理職試験と出産・子育ての時期が重なっているため管理職を目指すことが難しい」等の意見が出されました。また話題は、一般教員全体の働き方そのものの問題にも及びました。

最後に、小池知事、中井教育長ともに、学校における働き方について重層的、複合的に対応していくことが必要との方向性が示され、会議は幕を閉じました。

学校教育を通じて子供たちに明るい希望を抱かせるためには、まずは先生自身が輝いていることが必要です。子供たちの輝く未来のために、今回の会議を契機として学校における働き方改革の取り組みが進められることを期待します。

昭島市　市民図書館

「図書館には力がある」

中高校生の読書フォーラム

昭島市市民図書館は2005年度から、子ども読書活動推進事業の一環として「中学高校生の読書フォーラム」を開催。毎回、高校生から企画実行委員を募り、創意工夫を凝らした内容で読書の楽しさを伝えている。18日には今年度のフォーラムを市公民館小ホールで開き、ビブリオバトルや猪谷千香氏を招いての記念講演などが行われた。

昨夏から準備を進めてきた実行委員は進行を務め、「ファンタジー」「ミステリー」「ビジネス書」のテーマに分かれて研究した成果も発表した。

ビブリオバトルは5人が挑戦。市立福島中学校の生徒が『三匹のおっさん』（有川浩）をアンパンマンのようだと評し、市立昭和中学校からは二人が参加し、一人が『アウシュヴィッツの図書係』（アントニオ・G・イトゥルベ）を「8冊の本と一人の少女が生きるという大きなテーマにつながっていく。生きる上で支えになる本だ」と語った。『誰にも書ける一冊の本』（荻原浩）を選んだ生徒は「誰もが人生について物語をつづっている。何かをしたかではなく、何かをしようと考えるようになった」。啓明学園中等部からは、『このTシャツは児童労働で作られました。』（シモン・ストランゲル）を「世界の現状とともに恋の行方も気になり、面白く児童労働を伝えてくれ、社会問題への関心が高まった」。『お任せ！数学屋さん』（向井湖吾）を評した生徒は「数学を嫌いなお子さんにも自信を持って薦められる」などと話した。

ニュース記者で、『つながる図書館』『町の未来をこの手でつくる』の著書もある猪谷千香氏は「大人はなぜ子供に本を読めというのか」について知り合いに聞いた結果を紹介。『図書館戦争』（有川浩）に書かれた「図書館の自由法」には、日本図書館協会が採択した「図書館の自由に関する宣言」というモデルがあり、宣言の必要性に言及。今も焚書が起きている現状を語った。

そして、「私なら『あなたの人生を強く生き抜くための武器』だと答える。人生で課題は必ず起こる。ネット検索で引くだけでなく、普段から情報を取捨選択できる武器を持ってほしい。それが読書だ」と話した。

石川千尋図書館長は「図書館には力がある。進路でも恋愛でも、司書の人は一生懸命みんなの話を聞いて、その人に合った本を薦めてくれる。ぜひ図書館に来てください」と締めくくった。

ビブリオバトルには中学生が挑戦

教育ひろば

オリンピック・パラリンピック教育

多様性を生きる 26

第3部　各学校現場での取り組み⑧

江戸川区立松江第二中学校

オリパラ教育を機に学校も次のステージへ

今年度は東京都のすべての公立小、中、高、特別支援学校等が「東京2020オリンピック・パラリンピック教育実施校」として、オリパラ教育の取り組みが一気に本格化した。本校は、都の特別の指定を取らない一般のオリパラ教育実施校として、オリパラ元年をどのように送ってきたかを振り返りたい。

本校は16年1月に策定された江戸川区オリンピック・パラリンピック教育推進計画を踏まえ、進路学習部を中心に計画を立て取り組みを行った。

区内の学校は各学校の実態に応じた「オリンピック・パラリンピック教育レガシープラン」を作成している。本校では、重点的に育成すべき五つの資質「ボランティアマインド」「障害者理解」「スポーツ志向」「日本人としての自覚と誇り」「豊かな国際感覚」の育成を目指し、学校のスローガンとして「奉仕・共生・挑戦」を取り組みの柱に位置付け、レガシープランに基づいたオリパラ学習を展開した。

①国際交流

10月に国際理解支援協会の協力の下、総合的な学習の時間に「留学生が先生」プログラムを実施し、スイス、イラン、韓国、シンガポール、インド、アメリカからの6人の留学生を招き、各クラスで交流授業を行った。

②オリパラ講演会

2月には、日本財団に協力をいただいた「あすチャレスクール」を体育館で実施し、元シドニーパラリンピック車椅子バスケットボール日本代表の根木慎志氏を講師に招いての講演会と車椅子バスケットボール体験を開催した。生徒からは「根木さんが車椅子バスケットボールを続けられたのは本当に楽しんでいたからだとおっしゃっていたのが印象的だった。自分も部活動でそのようになれたらいいなと思った」「ご自身の障害を前向きにとらえて話していたことがすごいと思った。これからはパラリンピックを見てみたいと思った」などの感想が聞かれた。

③日本の伝統・文化に関する学習

区の事業である邦楽鑑賞教室では、地域の邦楽やお囃子の鑑賞と体験を、音楽科では和楽器の学習で外部講師を招いての箏の体験を行った。また、地域の方から構成された「学校応援団」やPTAの協力を得て実施されている茶道教室でも日本文化を体験学習した。

④ボランティアマインドの育成

秋の落ち葉の季節には長年、全校体制で取り組んでいる「道路クリーンアッププロジェクト」を行い、連日多くの生徒が参加した。本活動は、地道な取り組みを認められ、今年2月に都教育委員会の児童生徒表彰をいただいた。

◇

オリパラ教育1年目を振り返り、意識したのは活動のPRである。効果的だったのは区で全校に設置している「オリパラ掲示板」である。本校では、職員室前の目立つ場所に設置し、スローガン「奉仕・共生・挑戦」と各活動の様子を掲示し、オリパラ学習の取り組みを見える化した。さらに、学校ホームページや学校だよりでもオリパラ学習に関する記事を掲載し、活動状況を保護者・地域にもお知らせした。

茶道教室や和楽器、道路クリーンアッププロジェクトなどは以前からあった活動であり、ねらいの明確化や新たな価値付けによりオリパラ教育に位置付けたものも多い。すべてが新しい活動ではなく、従来からある活動の見直しや組織化の重要性を改めて感じた。

オリパラ教育は、20年の東京大会開催を契機とした教育の充実であり、開催後にも残るレガシーをいかに築いていくかが大きな課題である。地域に開かれた教育課程、いじめの撲滅、インクルーシブ教育の推進、部活動の問題等、山積する教育課題の解決に向け、オリパラ教育の取り組みこそが、学校教育を次のステージにつなげていくための鍵となるのではないだろうか。

（江戸川区立松江第二中学校長　並木茂男）＝おわり

車椅子バスケットボールを体験する生徒たち

Essay エッセー 55

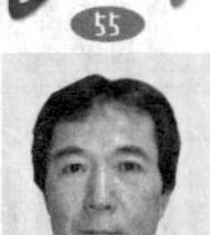

心のレガシー

【東京1964大会】

前回の東京オリンピック大会のとき、3歳だった私は全くと言っていいほどその記憶がありません。子供の頃、家の近くの馬事公苑を家族で散歩しながら「ここでオリンピックの馬術競技が行われたんだよ」と聞いてもピンときませんでした。

前回大会を憶えている方から、「東京オリンピックはよかった～」という思い出話をよくお聞きします。東洋の魔女が優勝を決めた決勝戦の最高瞬間視聴率は66・8%という驚異的な数字だったようです。また、首都高速道路や新幹線といった都市インフラ、駒沢オリンピック公園などの競技インフラが、終戦からの復興を成し遂げ、高度成長の真っただ中にある日本の勢いを人々に強く印象付けたのだと思います。

【大阪万国博覧会】

東京オリンピックの記憶はない私ですが、小学校4年生のときに大阪で開催された万国博覧会は鮮明に覚えています。私にとって外国人や外国の言語・文化に直接触れた初めての経験でした。万博に行けると知った時は小躍りし、ガイドブックを購入して暗記するほど読み込みました。会場で撮った写真やスタンプ帳は長らく私の宝物となりました。

【教職へのきっかけ】

教育委員会に勤務する前、私は中学校の英語科の教員でした。教職を選んだ理由は幾つかありますが、大阪万博もその一つです。洋楽の好きな兄の影響を受け、小さな頃からビートルズやカーペンターズを聴いていて、英語に興味がありましたが、万博の見学が契機となり、英語を自由に操れるようになりたい、という気持ちが急速に膨らみました。

そう考えると、万博という国際的なイベントが、私のその後の人生を大きく左右した、としみじみ思います。

【東京2020大会】

いよいよ東京2020大会が3年後に迫りました。今年度から、都内のすべての公立学校で、オリンピック・パラリンピック教育が実施されています。

都教育委員会では、オリンピック・パラリンピック教育を通して、子供たちが「ボランティアマインド」「障害者理解」「スポーツ志向」「日本人としての自覚と誇り」「豊かな国際感覚」という五つの資質を自ら身に着けることをねらいとしています。

10年後、社会福祉関係の職に就いた青年が「自分がこの仕事を選んだのは、東京2020大会のときのボランティア経験がきっかけだった」と振り返る。オリンピック・パラリンピック教育を通して育む五つの資質が、子供たち一人ひとりのその後の人生に重要な影響を及ぼす。そのような教育を進めていきたいと考えています。

☆

東京1964大会では、インフラが「有形レガシー」として残りました。東京2020大会では、「オリンピック・パラリンピック教育を通して自分はこんなに成長できた！」という「無形レガシー」が子供たちの心に残ることを切に願っています。

（都教育庁指導推進担当部長　宇田剛）

都春期幹部異動

監理団体に局長級派遣

総務課長は11局で交代

都は28日、春期幹部人事を内示した。局長級の異動は知事部局の事務・技術で各1人の昇任を含めて13人。部長級は182人、課長級は780人で、行政系の異動規模は計975人となり、昨春とほぼ同規模となった。今回の異動では、新たに局長級昇任者を監理団体に派遣。春期異動のメーンとなる総務課長は11局で交代し、2局で3年目に入る。枢要課長では総務局行政部市町村課長、財務局主計部議案課長も交代となった（本文中の年齢は2016年度末時点）。＝6〜8面に異動名簿

事務と技術などを合わせた行政系全体の異動規模は975人で、昨春より12人多い。退職者は局長級2人、部長級33人、課長級58人の計93人だった。

局長級では、武市玲子・生活文化局総務部長（54歳、4A）が同局理事に昇任し、空席となっていた東京都歴史文化財団副理事長に就任する。同ポストはこれまでOBが就任していたが、昨年11月、豊洲新市場の盛り土問題に絡み、岡田至前副理事長が退任。桃原慎一郎・同局次長が兼任していた。

同じく空席の環境局次長には、同局総務部長を経験した池田俊明・多摩水道改革推進本部長（57歳、63A）を起用。後任の本部長には岸本良一・総務局理事（57歳、1A）が就く。岸本氏は水道局主計課長を務めるなど、局事業に明るい。

技術系では、相場淳司・道路建設部長（56歳、10B）が五輪準備局技監に昇任する。これまで同局技監は都市整備、建設、港湾各局の技監が兼務していたが、施設整備が本格化する中、専任の技監を配置し、体制を強化する。

部長級の異動規模は182人。昨春を32人上回り、総務部長1人が交代した。

このうち政策企画局知事補佐担当部長には、土村武史・福祉保健局総務課長（48歳、13A）を起用する。総務課長3年を経て、出先部長を経ずに直進する。

また、市場移転問題が暗礁に乗り上げた中央卸売市場では、新市場整備部長に岡安雅人・五輪準備局連絡調整担当部長（55歳、14B）を配置。元政策企画局総務課長で、調整力に定評がある。その他、各局から実力のある幹部が投入されている。

新設の総務局コンプライアンス推進部長には貫井彩霧・産業労働局雇用就業部長（48歳、20法）、総務局行政改革調整担当部長には小林忠雄・同局防災計画担当部長（52歳、10A）をそれぞれ充て、コンプライアンスの強化や「2020改革プラン」の策定など、新たな課題に当たる。

生活文化局総務部長には、順当に鳥田浩平・同局文化振興部長（54歳、9B）を配置。五輪準備では新たに総務課長から昇任者3人を大会組織委員会に送り込む。

課長級の異動規模は780人。総務課長は財務、生活文化、五輪準備、都市整備、福祉保健、港湾、交通、下水道、労働委員会、収用委員会、職員共済組合の計11局で交代する。一方、政策企画、総務の2局は3年目に突入する。

このうち都市整備局総務課長となる佐久間巧成・都市基盤部街路計画課長（46歳、17B）は土木職で、事務・技術の連携を図る狙い。また、財務局議案課長には宮武和弘・環境局自然環境部計画課長（43歳、15A）を抜擢。主計部財政担当課長などを歴任し、実務能力が買われた。

今春の統括課長の標準年次は15A、18B、20C。16Aの神永貴志・総務局市町村課長（45歳）、19Bの中川一典・福祉保健局総務課長（51歳）、芹沢孝明・水道局主計課長（46歳）が前倒しでの就任となる。

【行政系】

職層	所属	横転	昇任	採用	その他	合計	退職
局長級	知事部局	1	2		6	9	
	水道局	1				1	
	教育庁		1		1	2	1
	東京消防庁		1			1	1
	小計	2	4	－	7	13	2
部長級	知事部局	98	38		11	147	23
	交通局	1	1			2	1
	水道局	6	4		2	12	4
	下水道局	4	2		2	8	2
	教育庁	7	3			10	2
	人事委員会事務局	1				1	1
	監査事務局		1			1	
	議会局				1	1	
	小計	117	49	－	16	182	33
課長級	知事部局	461	118	6	18	603	44
	交通局	19	9			28	1
	水道局	48	9		1	58	3
	下水道局	38	6		1	45	4
	教育庁	30	2			32	3
	人事委員会事務局	3	1			4	
	監査事務局	3	1			4	1
	議会局	4			2	6	2
	小計	606	146	6	22	780	58
計		725	199	6	45	975	93

【医師・研究・医療福祉系】

職層	所属	横転	昇任	採用	その他	合計	退職
局長級	知事部局	4	5			9	5
部長級	知事部局	8	16	5		29	13
課長級	知事部局	57	37	12	1	107	37
	教育庁			1		1	
	小計	57	37	13	1	108	37
計		69	58	18	1	146	55

区幹部異動

全体で1450人に規模縮小

児相開設で体制拡充も

2017年春期　特別区人事異動総括表

区名	部長級 横転	部長級 昇任	部長級 採用	部長級 派遣 入	部長級 派遣 出	部長級 その他	部長級 計	部長級 退職	統括課長 横転	統括課長 昇任	統括課長 採用	統括課長 派遣 入	統括課長 派遣 出	統括課長 その他	統括課長 計	統括課長 退職	課長級 横転	課長級 昇任	課長級 採用	課長級 派遣 入	課長級 派遣 出	課長級 その他	課長級 計	課長級 退職	合計 異動	合計 退職
千代田	12	3	1			2	18	1	2	7				7	16	1	10	2	2	3		2	19		53	2
中央	2	4	3				9	5		4	1				5	1	10	4	1	3		5	23	1	37	7
港	2	6	4			2	14	4	3	4	2	1		2	12	2	27	7		2		2	38	2	64	8
新宿	6	2	2			2	12	7	4	7	1			1	13	2	19	7	5	1	1	12	45	4	70	13
文京	1	2	4			1	8	4	2	6					8	3	17	6	4	2		2	31	2	47	9
台東	3	7	4			2	16	8	2	7	3			6	18	2	16	6	3		1	5	31	1	65	11
墨田	7	2					9	1	5	3	1			1	10		14	4		1		2	21	1	40	2
江東	5	2	5			3	15	6	5	6					11		21	10	4	1	4	3	43	2	69	8
品川	5	5	3				13	2		5				4	9		11	6		4		3	24	1	46	3
目黒	7	6	2			1	16	5	3	5	3			6	17	1	14	8	1	2		6	31		64	6
大田	7	7	5				19	7	5	8				9	22	2	48	12	9	2		7	78	2	119	11
世田谷	12	5				2	19	6	8	14			1		23	7	32	17	5	2		18	74	2	116	15
渋谷	1	1	4				6	2	1	5					6	1	9	5	4	1		8	27		39	3
中野	3	3	4				10	3	9	3	2			2	16	3	14	7	2	4			27	1	53	7
杉並	9	4	1			2	16	5	8	4				8	20	2	22	6	4			7	39		75	7
豊島	5	3	1				9	2	4	8	2			7	21	1	9	6	1			2	18		48	3
北	2	1	5				8	5	2	5			1		8		17	5	2	3		9	36	2	52	7
荒川	4	4				2	10	1	4	3					7	2	15	6	2	5		9	37		54	3
板橋	1	3	4		1		9	6	3	5	4				12	4	11	11	2		1	2	27	2	48	12
練馬	1	3	1			2	7	3	3	2	4			8	17	3	7	6	3	2		1	19	2	43	8
足立	12	2	4				18	5	7	4	3			3	17	4	29	8	1	2	1	8	49		84	9
葛飾	6	4	2				12	2	1	7	2			4	14	2	17	8				4	29		55	4
江戸川	2	2	1				5	3		3	1		1	2	7		16	5	1			2	24	2	36	5
特人厚		1					1			2		2		2	6	1	4	2	1		3	2	12		19	1
競馬組合							0	1	1						1	1	4	2	1	1			8	1	9	3
清掃一組	8	1	1				10	2	1	1	1				3	1	18	7	3	1		3	32	3	45	6
計	123	83	61	0	1	21	289	96	83	128	30	3	3	72	319	46	431	173	61	42	11	124	842	31	1450	173

特別区と特別区人事・厚生事務組合、東京二十三区清掃一部事務組合は29日、2017年度の幹部人事異動を発表した。発令は4月1日付。＝異動名簿は4月4日号に掲載

23区全体の異動規模は1450人で前年度を142人下回り、小幅な異動にとどまった。内訳は横転が637人、昇任が152人、派遣が60人、兼務や事務取扱などのその他が217人となっている。

職種別の異動数は、部長級が289人、統括課長が319人、課長が842人。退職者数は計173人で、前年度よりも8人増えた。

各区別で異動規模の縮小幅が大きかったのは、豊島、新宿、練馬、北の各区など。このうち豊島区の異動は48人で、昨春を33人下回った。前年度の異動は新庁舎の建設に向けた準備が終了したことから規模が膨らんでいたが、今年度はその反動で縮小した。新宿区は70人で同32人減。前年度は名称変更も含めて組織改正があったが、例年並みに戻った。北区は52人で同30人減などとなっている。

一方、異動規模が膨らんだのは、港区、千代田区など。このうち港区は昨春より17人多い64人、千代田区は同15人多い53人が異動した。

部長級を見ると、千代田区政策経営部長、新宿区総合政策部長、北区政策経営部長、荒川区総務企画部長、足立区政策経営部長などが交代。荒川区は区政広報部長ポストを新設した。

主な課長級では、人事課長が千代田、文京、品川、大田、世田谷、中野、清掃一組の7区・団体で異動した。前年度は、人事課長を再任用フルタイムで任用している区もあったが、来年度は解消される。ただ、ある区の課長級幹部からは「各区とも人事課長の在任期間が長くなっている印象がある」という感想も聞かれた。財政課長は千代田、中央、港、文京、台東、江東、目黒、中野、練馬の9区で交代した。

特別区ではまた、児童相談所の設置に向けて動き出しているが、このうち荒川区では児童相談所準備担当課長に厚生労働省から官僚を招聘。江戸川区は児童相談所開設準備担当課長を新設したほか、子ども家庭支援センターに所長を配置するなどの対応が見られる。

区団交

全ての区で係長職拡大へ

任用面で労使が大綱合意

区長会と特区連は27日、団体交渉を行い、行政系人事の任用制度の大綱を合意した。新たな職務分類基準は、1級職（係員）、新2級職（主任）、3級職（係長級）、4級職（課長補佐）となる。職に呼称を用いる場合は各区で定める。

現行	
職務分類基準	任用資格基準
5級職（総括係長）	4級職7年
4級職（係長級）	3級職5年
3級職（主任主事）	2級職4年
2級職	Ⅰ類　1級職1年
	Ⅱ類　〃3年
	Ⅲ類　〃5年
1級職	

改正案	
職務分類基準	任用資格基準
新4級職（課長補佐）	4級職7年
新3級職（係長級）	3級職5年
新2級職（主任）	Ⅰ類　1級職5年
	Ⅱ類　〃7年
	Ⅲ類　〃9年
1級職（係員）	

行政系人事制度の改正は、管理監督職の適正な確保、職務・職責にふさわしい給与処遇の実現と人材活用のための弾力的な任用管理の促進が主眼。組合側は、職員が上位職への昇任をちゅうちょする現状の克服に資する制度構築が必要で、給与水準の引き下げを目的としたものであってならないとして、全ての区で係長職を拡大することやスタッフ職の「主査」の多様な活用、係長の不在時に職務を代理できる「副係長制」の導入などを行い、係長職の負担軽減を図るよう求めていた。

27日の団交では、区長会が「全ての区で係長職の拡大を行うこととし、その規模については各区で協議する」と回答。新たな「主査」は係長職を代理する場合でも設置できることとした。

新2級職の定数管理については、「係長職を補佐する体制の強化や係長職の適正な確保につながり、係長職の負担が軽減される」との認識を示した上で、「行政系人事制度の改正は職員の新2級職への昇任を抑制するために行われるものではない」と説明した。

団交に先立つ小委員会交渉では、新2級職の定数管理について、各区の労使協議が行われると説明。昇任選考・能力実証などを定める場合も労使協議が行われるとの認識を示していた。

特区連は団交で、「踏み込んだ回答と考え方が示された」として、任用制度における大綱の合意を判断した。

主任昇任選考　複線型に設定

職務分類基準の再編に伴い、各職層の昇任選考も改正する。

新2級職（主任）への昇任選考は、特別区人事委員会が定める基準で各区が実施する。選考種別は①管理監督層への昇任を見据え、早期の人材発見・人材育成を行う「種別A」②職員のライフイベントを考慮し、中堅を対象とする「種別B」③業務経験・専門性を持つベテランを対象とする「種別C」——の3種類。

受験資格は「A」が41歳未満、「B」は50歳未満、「C」が53歳未満。

「C」に関しては、現業系から行政系に移った特例転職者の一部が受験資格を得られないとの指摘を踏まえ、受験者の上限年齢を当分の間、58歳未満とすることで組合側と合意した。

また、新3級職（係長級）昇任については、組合側の要求を受け入れ、複線型に設定。区長会は当初、「新2級職5年以上・年齢58歳未満」としていたが、これを「種別A」とし、ベテラン職員を活用する観点から「新2級職7年以上・年齢50〜57歳」を「種別B」にする。

新4級職（課長補佐）は新3級職7年以上・58歳未満が対象。現行の係長職・総括係長職の昇任選考は廃止する。

局長級昇任者の略歴

名前下の数字は管試年次

武市玲子氏

武市　玲子　4A　昭和37・11・25生まれ、一橋大商。61労働経済局、12千代田区保険年金課長、15産業労働局副参事、19生活文化スポーツ局総務課長、22建設局参事、25生活文化局私学部長、27生活文化局総務部長

相場淳司氏

相場　淳司　10B　昭和35・12・2生まれ、武蔵工業大院土木。61土木技術研究所、13北多摩南部建設事務所補修課長、20建設局安全施設課長、22建設局道路橋梁課長、23第一建設事務所長、25建設局企画担当部長、26建設局道路建設部長

出張吉訓氏

出張　吉訓　18特　昭和32・10・10生まれ、筑波大農。21教職員研修センター企画課長、22教育庁教育計画担当課長、24教育庁指導企画課長、25教育庁教育改革推進担当部長、28教育庁指導部長

五嶋孝博氏

五嶋　孝博　15医　昭和33・12・8生まれ、東京大院医学。59東京大医学部付属病院（研修医）、60東京警察病院、7東京大学医学部付属病院、10東京大医学部付属病院分院、15駒込病院整形外科医長、21駒込病院整形外科部長

井手隆文氏

井手　隆文　9医　昭和33・12・3生まれ、東京大医学。58東京大医学部付属病院医員（研修医）、62墨東病院医員、6東京大学医学部附属病院助手、9墨東病院脳神経外科医長、21墨東病院脳神経外科部長、28墨東病院脳神経外科指定部長

前田義治氏

前田　義治　9医　昭和32・5・22生まれ、弘前大医学。58駒込病院臨床研修医、60駒込病院医員、62駒込病院病理科医員、4駒込病院化学療法科医員、9駒込病院化学療法科医長、17駒込病院化学療法科部長

高西喜重郎氏

高西　喜重郎　10医　昭和35・2・21生まれ、千葉大医学。61千葉大医学部付属病院第一内科医員（研修医）、8府中病院外科医員、10府中病院救命救急センター医長、22多摩総合医療センター救命救急センター医長、25多摩総合医療センター外科指定部長

三谷健一氏

三谷　健一　12医　昭和31・1・28生まれ、高知医科大医学。63高知医科大（非常勤）、6多摩老人医療センター内科、13多摩老人医療センター循環器科医長、17多摩北部医療センター、22多摩北部医療センター内科部長

松川茂夫氏

松川　茂夫　昭和32・12・28生まれ、東洋大法。51東京消防庁、13本所消防署予防課長、19生活安全課長、21多摩消防署長、22参事兼救急管理課長事務取扱、25第一消防方面本部長、26救急部長、27企画調整部長、28総務部長

新副委員長に高橋氏　4月1日付で新体制

都教組

都教職員組合の役員改選が18日に行われ、4月1日付で副委員長に新たに髙橋秀和氏が就任する。委員長の金子秀夫氏、副委員長の平間輝雄氏、書記長の木下雅英氏は留任する。

新執行部は次の通り（敬称略）。▽委員長＝金子秀夫（世田谷支部）▽副委員長＝髙橋秀和（町田支部）、平間輝雄（板橋支部）▽書記長＝木下雅英（杉並支部）。

高橋秀和氏

富山　幹夫さん（とやま・みきお＝富山貴仁・都福祉保健局少子社会対策部保育支援課長の父）21日死去、75歳。

野口　忠直さん（のぐち・ただなお＝前府中市長）27日死去、82歳。通夜は4月7日午後5時半、告別式は4月8日午前10時半から、ともに府中の森市民聖苑（府中市浅間町1の3☎042・367・7788）で行われる。

仕事観と結婚

「結婚すれば変わる？」

若手職員のホンネ　東京のとある居酒屋で❷

D　仕事をどう受け止めるかは、年齢だけでなく結婚してるかどうかも大きいと思う。養わなきゃならないものがないから、働きたくないということにつながっているような気がする。

C　結婚したり、家族を持ったりすると仕事に対して何の考えも持たないわけにいかないよね。僕はキャリア形成の際に結婚のタイミングは考えなかったけど…。ただ結婚式は異動する前にやった方がいいかも、とは思ったかな。

B　俺は、民間企業にいたころに結婚したから、仕事と結婚はそれほど結びつけて考えなかったな。

C　女性は出産のタイミングとかを念頭に、昇任試験のタイミングを考えてるという話は聞いたことがある。

A　そう言えば、3年目の職員が対象の研修では、「女性が管理職を受ける割合が低い」というテーマで総務局が発表してたな。

C　どんな話だった？

A　働く女性を講師に招いて体験談を話してもらうことで、昇任試験に前向きになってもらうとか、そういう話だったかな。僕も結婚できたらいいなと思うし、したら考え方も変わると思う。相手にもよるところも大きいね、共働きならどちらかが子供の面倒を見なきゃいけないし、相手が仕事を辞めるなら支えないとね。

C　確かに「1馬力になったら自分が稼がないと」という責任感は出るよね。

A　逆に2馬力なら、ある程度は生活を犠牲にする覚悟はしないといけないだろうし。

C　2馬力ならきちんと分担して家事をすれば何とかなるよ。僕は2馬力。仕事が忙しいと平日に家事ができなくて申し訳ないと思うので、その分は土日にやるようにしている。仕事に対する奥さんの理解はあるけど、それならそれでしっかりやらないと。

D　僕は結婚するつもりも予定もないし、結構いい加減に考えてるな。結婚したくないと就職したくないはセットになっていて、社会的な役割はできるだけ引き受けたくないと思っている。

C　でも、就職はしているじゃん？

B　えり好みしている場合ではないんじゃない？

D　それは必要に迫られたら考えるよ。でも、結婚すれば仕事観、結婚観も変わるかも。何も保有してないから好き勝手言ってられるんだろうな（笑）。

五輪への航海図　166　TOKYO 2020

開催まで あと1211日

大会の飲食③

食材調達に厳しい基準

東京大会の選手村で、マグロの握り寿司は出ないかも？　こんな疑問が頭をよぎった。クロマグロは絶滅危惧種に指定され、現在も資源管理に厳しい目が向けられているからだ。

五輪組織委員会が24日に決定した「持続可能性に配慮した調達コード」は、選手村などで提供する食材も対象で、「資源保存や再生産確保のための措置を講じていない絶滅危惧種の動植物に由来する原材料を使用してはならない」とある。食材の安全性の確保や生態系の保全などが要件。天然水産物については計画的な資源管理も求めている。

農林水産省によると、クロマグロは国際的な枠組みの中で資源回復の措置が講じられていて、「使用できる」とのこと。ただ、高価なクロマグロを大量に提供するのは難しいのも事実。また、選手の体調管理を考慮すると、生魚を提供するかどうかも悩ましいところだ。

一方、農・畜産物で要件をクリアする手法として挙げているのが、GAP（ギャップ）という農業生産工程管理の第三者認証制度だ。GAPは野菜や果物、畜産などの生産工程を点検・記録し、改善することで食のリスクを低減させる仕組み。国内団体が認める「JGAPアドバンス」や、国際的な「グローバルGAP」がある。

ただ、日本では制度が浸透していない上、取得するメリットが見えないことから、国内でGAP認証を取得している農業者は全体の1％程度にとどまる。

組織委はGAP以外に、独自の認証スキームをクリアした農・畜産物も認めるほか、農水省のガイドラインに準拠して作られ、都道府県などが第三者確認をした「地域版」のGAPも認める方向だ。田中丈夫・持続可能性部長は、「生産者が努力しながら基準を満たすものが増えることを期待している」と言う。

こうした中で都産業労働局はGAPの普及啓発や認証取得支援に乗り出しており、今後は直販が多い都内の農家の事情も加味して、国の指針に準拠した「都版」のGAP手法などを検討。GAPを広げていきたい考えだ。

同局の小寺孝治・食料安全課長は「五輪を契機に都内の農業者にGAPを取得してもらい、レガシーにしていきたい」と話している。

調達コードを説明するWG座長の秋月弘子・亜細亜大学教授（左から2人目）＝24日、港区

都環境局

人と自然のつながりPR

自然公園ビジョンで方針

自然の豊かさだけでなく、人の営みとその関係性も魅力――。都環境局は都内の自然公園のPRで新たに人と自然との関わりを前面に打ち出す。2020年東京五輪からおおむね30年間の環境保護の方針を示す「東京の自然公園ビジョン」の中間まとめでは、これまでのような自然景観のPRだけでなく、そこに暮らす人々の文化をクローズアップすることも盛り込んだ。自然公園の環境を守りながら認知度を高め、魅力を都内外へ発信することが狙いだ。

都内の自然公園は奥多摩など亜高山帯から島しょ部のような亜熱帯まで幅広い自然を楽しむことが可能なだけでなく、それぞれの自然と地域の人々の生活・文化が密接に関わっている特徴がある。例えば、秩父多摩甲斐国立公園ではブナ原生林や渓谷景観などの自然環境に加え、山岳信仰に由来する御嶽神社や山の斜面に家を構える集落などの文化的な景観も見られる。環境局は、こうした特徴を前面に打ち出したPRを進めていく。

具体的には、SNSなどを活用した情報発信や竹の伐採・稲刈りなど、自然との関わり方を学ぶ機会を拡充するほか、これまで主に公園内の自然の紹介をしてきた各公園のビジターセンターで、地域の特産物の販売や史跡の史料を展示する。都心からのアクセスが良い公園が多いことから、都心でも積極的なPRを行う。

また、地域の人々の生活を深く理解できるよう泊まり込みボランティアの機会を設けるなど、自然公園区域に滞在できる仕組みを整える。

新たなPRの背景には、都内の自然公園の認知度が低く、観光資源や環境学習の場として生かし切れていないという側面がある。現在、都内には10の自然公園があり、年間約1700万人が訪れているが、一方で同局のアンケートでは都内の自然公園を「知らない」と答えた人が35・0%の2位という結果だった。

環境保護では、自然公園内の動植物や地形などの情報を管理し、より有効に活用できる体制を整える。これまでは大学や研究機関、レンジャーなどが個別で把握していた情報をストックし、共有する機関がなく、有効活用されていなかった。

併せて、これまでのような規制中心の自然保護から、より積極的に自然に関与しながらの保護へと転換する。具体的には、シカやイノシシによる食害や侵略的外来種への対策、定期巡回の強化、希少種の盗掘防止、育成状況の確認などを行う。伐採や植林による森林の回復などにも取り組む。

これまでは「外来種への対応は環境省」という認識があるなど、どの主体が何をするかの統制も取れていない実態があったが、同局が主導し、体系的な自然保護に努めるとした。

また、都内の自然公園は約4割が私有地であることから、住民や土地所有者との管理運営会議などを設置し、地域住民とも協力する。

今後は、東京都自然環境保護審議会の最終答申を経て、5月に策定・公表する予定。

都内で自然学習ができる「里山へGO!」での稲刈り体験。こうした自然学習の場として、自然公園の活用を図る＝環境局提供

都小委

生産性向上を巡り対立

労使が17年度課題を議論

都と都労連は29日、今年度最後の小委員会交渉を開き、都労連が24日の団体交渉で提出した2017年賃金・労働条件改善に関する基本要求や都側が考えている17年度の課題を議論した。

都側は、先日の団交に引き続き、都における働き方改革の取り組みに触れ、改めて職員一人ひとりの能力や意欲を一層引き出し、組織の生産性向上を図っていくことが不可欠との認識を表明。都労連要求に関しては、職員の勤務条件を取り巻く情勢も踏まえて慎重に検討するとの考えを示した。

来年度の課題のうち、給与制度では行政職給料表（一）に関して、昨年の都人勧で示された1・2級の課題認識に言及し、「職責などに応じた処遇を徹底する観点から、今後詳細な検討を進める必要がある」と説明した。また、昨年の交渉で17年度の給与改定交渉期までに結論を得ると整理した扶養手当の認定要件について、引き続き協議を進めるとした。

退職手当制度では、間もなく公表される国による民間の退職金等に関する実態調査結果の動向を注視しながら、検討を続ける方針。臨時・非常勤職員制度に関しても、「国の動向を踏まえつつ、都の実情などに合わせた検討を進める必要がある」とした。国は、新たに「会計年度任用職員」の任用・給与などに関する規定を整備するため、今国会に地方公務員法・地方自治法などの改正案を提出している。

これに対し、都労連は基本要求に関する具体的な言及がなかったとして、新年度の交渉の際には、検討状況や都側の見解を明らかにするよう要求。働き方改革に関しては、「長時間労働の是正なども、職場実態を踏まえて単組と各任命権者が労使交渉で解決することが基本」としつつも、都労連としても、具体的な方策を確立するよう求めた。

併せて、「業務量に見合うことなく減らされ続けてきた人員で、超勤をすることなく仕事をやり遂げられないのが職場の実態」と断じ、「労働強化をもたらすだけの生産性の向上など認めることはできない」と批判を強めた。

給与制度では、「都政を現場で支える行（一）1級・2級職員の賃金水準の引き下げにつながる見直しは認められない」と牽制。扶養手当の認定要件についても、「支給対象者を切り捨てる見直しは認められない」と述べた。

退職手当水準に関しては、「改悪を許さない立場で、今後の労使交渉に臨む」と宣言。臨時・非常勤職員制度については法改正を待たず、都が率先して非常勤職員の処遇改善に取り組むよう求めた。

来年度は、働き方改革・生産性向上などを巡る労使交渉の行方が注目される。

63万円の不明金 男性教諭を停職

都教育庁

都教育庁は24日、部活動の現金管理を怠り、約63万円の不明金を発生させたとして、都立高校の男性教諭（27）を停職6月の処分とした。教諭は2012年～15年、勤務校で顧問を務めるサッカー部の通帳と現金を机の引き出しで保管していた上、会計報告やユニフォーム代の残金返還を怠り、会計書類を破砕処分した。本人は「レシートがたまって大量になったため」と説明しているという。この事故に伴い、計4人の管理職が指導を怠ったとして戒告処分を受けた。

また、不適切な指導で都立高校の男性教諭（33）を減給処分とした。教諭は「現代社会」の補習と称して和室に女子生徒5人を1人ずつ呼び出し、制服姿であぐらをかかせたり、四つんばいの姿勢を取らせたりして、その様子を見ていたという。教諭は同日付で自主退職している。

28日には、女性教諭の体を触った区部の小学校の男性校長（59）を停職6月とした。校長は15年、女性教諭2人を自宅に呼び出し、体の状態を調べると称して腰や太ももなどを服の上から複数回触ったという。

このほか、児童の成績に関する資料を持ち出し、紛失した小学校の女性主任教諭（36）を減給処分とした。

組織のメリとハリ 8

17年度都職員定数

輸送の需要増に対応

交通局

局定数6608（70増18減・差し引き52増）

主な増要因では、東京五輪で輸送の要となる大江戸線の車両の増備とダイヤ改正に向け、地下鉄の運転士を16増とした。大江戸線は近年、乗客が急増しており、今後も臨海地域などの開発による需要増が見込まれることから、18年度中に車両を3編成増備し、利便性の向上を図る。また、三田線でも朝ラッシュ時間帯の混雑緩和・利便性向上のため、列車を増発して運転士を増やす。このほか、新宿線・浅草線のホームドア整備や勝どき駅などの大規模改良工事で11増とした。

自動車営業所では、再開発に伴い臨海地域を中心に急増する輸送需要に対応するため、晴海・有明地区の深夜便の新設など、路線・ダイヤの拡充を図り、バス乗務員を22増とした。

一方、減要因ではこれまで2カ所に分かれていた浅草線の乗務区を統合し、新たに泉岳寺乗務管理所を設置。運行管理部門の業務重複を解消するなど12減とした。

組織改正では、交通事業特有の専門性を更に高めるため、電車・自動車・車両電気・建設工務の各事業部に専門課長を設置する一方、執行体制の見直しにより効率化を図る。

田中角文経営管理課長は「東京大会の輸送の主力として、安全・安心の確保を最優先に輸送需要に対応することはもとより、大会後も見据え、『経営計画2016』に掲げた事業を着実に推進し、東京の発展に貢献したい」と話した。

東京交通労働組合の福田智書記長は「52増は、東京大会を前にして交通事業が重要度を増している証拠。しかし、大会での輸送方法も明らかになっていないなど不透明要素も多い。病欠者対策などと併せて要員確保を強く求めていきたい」と話す。

国際会議で課長ポスト

水道局

局定数3864（24増24減・差し引き0）

「東京水道経営プラン2016」に基づき、2017年度も増減なしとなった。

主な組織改正では、18年度秋に開催予定の国際水協会（IWA）世界会議の開催準備で「IWA世界会議準備担当課長」を、大規模災害時にも安定したライフラインの供給を図るために「水道危機管理専門課長」を配置する。

増要因では、開催まで1年半となったIWA世界会議の準備や、金町・東村山浄水場の更新に向けて本格化する、三郷・境浄水場の代替浄水施設整備などに対し、執行体制を強化するため、24増とした。

一方、減要因では品川営業所について、監理団体の㈱PUCに同営業所での料金徴収業務などを委託するため、24減とした。区部では既に板橋、足立、中野、豊島の4営業所の業務をPUCに委託しており、品川で5カ所目。

芹沢孝明主計課長は「来年度は『東京水道経営プラン』の2年目として、掲げた施策を着実に推進するため、業務効率化を図る一方で、必要な体制を確保し、業務執行体制を強化していく」と話した。

全水道東水労の諸隈信行書記長は「監理団体の危機管理機能の向上を目的に、現業系職員の退職派遣を判断した。一方、現業系職員が採用されず技術の維持・継承への不安がある中、『東京水道災害救援隊』が絵に描いた餅になるのではないか」と指摘した。

自治労連・東水労の鶴岡秀将書記長は「東京五輪で必要な水道管の整備や危機管理の対応などを掲げながら、局全体の人員増なしでは、他部署の人員削減が予想される」とし、「超過勤務増大による病気休暇や休職の職員も増えている。現行定数の増員と、職場状況に応じた人員配置を」と求めた。

新宿出張所業務を委託

下水道局

局定数2519（23増23減・差し引き0）

増要因では、建設事業の増加に伴い、設計・監督要員を増員するなど23増とした。

主な新規事業としては、横川幹線（墨田区）の老朽化に伴う再構築のための駒形幹線（墨田区）整備、浸水対策としての上沼部雨水幹線（大田区・世田谷区）整備、常盤橋街区再開発事業に伴う銭瓶町ポンプ所（千代田区）再構築などがある。

減要因では、西部第一下水道事務所の新宿出張所業務と、中部・南部下水道事務所が所管するポンプ所の保全管理業務を東京都下水道サービス㈱（TGS）へ委託するなど、23減とした。

業務委託に伴う組織改正として、西部第一事務所の新宿出張所を廃止する。また、中部・南部事務所のポンプ所保全管理担当課長代理を廃止するとともに、TGSへの業務委託を管理する「ポンプ施設調整担当課長代理」とポンプ所保全管理業務を担当する「ポンプ所設備整備担当課長代理」を新設する。

織田亨財政調整担当課長は「『経営計画2016』に掲げた事業の着実な実施に向け、建設事業費が増加する中で必要な定数を措置するとともに、高い専門的技術を有するTGSを活用し、効率的な執行体制の構築を図った」と話す。

全水道東水労の水野尚宏書記次長は「ベテラン職員が減少し、新規採用職員が195人入局する中で、人材育成を早急に実施する場合、現在の執行体制では職場に余裕がなく将来に不安が残る。技術継承・人材育成のためには執行体制の増員は必要」と指摘した。

自治労連・東水労の鶴岡秀将書記長は「五輪開催に向け、浸水対策や環境整備を掲げており、これらの業務の増加があることは明らか」と定数の増員を求めるとともに、「来年度は定数以下の2322人の執行体制としている。超過勤務の増加を防ぐため、適正な人員配置を求める」と話した。

＝おわり

都幹部人事異動

4月1日付

◎印昇任　㊖は統括

局長級

▽生活文化局理事＝東京都歴史文化財団派遣（生活文化局総務部長＝オリンピック・パラリンピック調整担当部長兼務）◎武市玲子▽オリンピック・パラリンピック準備局技監（建設局道路建設部長）◎相場淳司▽オリンピック・パラリンピック準備局理事＝大会準備調整担当＝政策企画局理事＝連絡調整担当兼務（オリンピック・パラリンピック準備局理事＝大会準備調整担当＝政策企画局理事＝連絡調整担当＝オリンピック・パラリンピック準備局理事＝内閣官房派遣兼務）小山哲司▽オリンピック・パラリンピック準備局理事＝大会運営調整担当　延與桂オリンピック・パラリンピック準備局理事＝パラリンピック準備調整担当兼務▽都市整備局技監＝都市整備局都市づくり政策部長事務取扱（都市整備局技監＝オリンピック・パラリンピック準備局技監兼務＝都市整備局都市づくり政策部長事務取扱）上野雄一▽環境局次長（多摩水道改革推進本部長）池田俊明▽建設局道路監（建設局道路監＝オリンピック・パラリンピック準備局技監兼務）三浦隆▽港湾局技監（港湾局技監＝オリンピック・パラリンピック準備局技監兼務）小野恭一▽中央卸売市場理事＝技術調整担当（中央卸売市場理事＝技術調整担当＝中央卸売市場新市場整備部長事務取扱）福田至▽多摩水道改革推進本部長（総務局理事）岸本良一▽教育監＝教職員研修センター所長兼務（教育庁指導部長）◎出張吉訓▽東京消防庁理事＝警防担当＝東京消防庁警防部長事務取扱（東京消防庁総務部長）◎松川茂夫

部長級

▽政策企画局知事補佐担当部長（福祉保健局総務部総務課長㊖）◎土村武史▽政策企画局調整部長＝調整部政策課長事務取扱（政策企画局調整部長）山下聡▽政策企画局政策担当部長（政策企画局知事補佐担当部長）佐藤智秀▽政策企画局海外広報担当部長（政策企画局国際事業担当部長）梅田弘美▽政策企画局国家戦略特区推進調整担当部長（建設局公園管理担当部長＝公園活用担当部長・政策企画局政策担当部長兼務）松原英憲▽政策企画局戦略事業担当部長（政策企画局政策担当部長）田尻貴裕▽政策企画局外務担当部長（板橋都税事務所長）丹羽恵玲奈▽総務局行政改革調整担当部長（総務局防災計画担当部長）小林忠雄▽総務局コンプライアンス推進部長＝政策法務担当部長・訟務担当部長兼務（産業労働局雇用就業部長＝総務局政策法務担当部長兼務）貫井彩霧▽総務局企画調整担当部長＝監察員兼務（総務局監察担当部長）仁田山芳範▽総務局監察担当部長（都市整備局局務担当部長＝内閣府派遣）奥田知子▽総務局防災計画担当部長（産業労働局金融支援担当部長）西川泰永▽総務局局務担当部長＝東京都人材支援事業団派遣（総務局局務担当部長＝東京都人材支援事業団派遣）五十嵐誠＝再任用▽監察員（第五建設事務所副所長兼庶務課長）春田高哉▽監察員（監察員）山口聡＝再任用▽総務局担当部長＝公立大学法人首都大学東京派遣（生活文化局担当部長＝総務部総務課長事務取扱）高際みゆき▽総務局担当部長＝東京都人材支援事業団派遣（監察員）比留間晴久▽総務局担当部長＝東京都人材支援事業団派遣（福祉保健局担当部長＝東京都社会福祉事業団派遣）鈴木薫▽総務局担当部長＝東京都人材支援事業団派遣（総務局担当部長＝全国知事会派遣）塩野徹▽総務局担当部長＝東京市町村総合事務組合派遣（品川都税事務所長）茂木直恵▽総務局担当部長＝東京たま広域資源循環組合派遣（計量検定所長）戸谷嘉孝▽財務局建築保全部長（財務局建築保全部長＝オリンピック・パラリンピック準備局調整担当部長＝オリンピック・パラリンピック準備局局務担当部長＝内閣官房派遣兼務）久保田浩二▽主税局特別滞納整理担当部長（台東都税事務所長）新井裕二▽主税局局務担当部長＝台東都税事務所長（中央卸売市場移転支援担当部長）長田稔▽主税局局務担当部長＝立川都税事務所長（主税局局務担当部長＝豊島都税事務所長）平林宣広▽主税局局務担当部長＝都税総合事務センター所長（主税局特別滞納整理担当部長）諏原秀晃▽品川都税事務所長（中野都税事務所長）鈴木邦彦▽世田谷都税事務所長（立川都税事務所副所長兼総務課長㊖）◎土屋信三▽中野都税事務所長（立川都税事務所長）内藤泰樹▽豊島都税事務所長（職員共済組合事務局管理部総務課長㊖）◎三浦好男▽生活文化局総務部長＝オリンピック・パラリンピック調整担当部長兼務（生活文化局文化振興部長）鳥田浩平▽生活文化局広報広聴部長（生活文化局都政情報担当部長）濱田良廣▽生活文化局都政情報担当部長（生活文化局担当部長＝東京都交響楽団派遣）水野剛▽生活文化局消費生活部長＝消費生活部企画調整課長事務取扱（生活文化局消費生活部長）三木暁朗▽生活文化局文化振興部長＝文化振興部企画調整課長事務取扱（生活文化局広報広聴部長）樋渡幸生▽生活文化局文化施設改革担当部長（会計管理局資金活用担当部長）鈴木誠司▽生活文化局局務担当部長＝文化庁派遣（生活文化局担当部長＝東京都歴史文化財団派遣）筒井宏守▽生活文化局担当部長＝総務部総務課長事務取扱（生活文化局私学部私学振興課長㊖）◎蜂谷典子▽計量検定所長（生活文化局担当部長＝東京都歴史文化財団派遣）林久美子▽生活文化局担当部長＝東京都歴史文化財団派遣（生活文化局担当部長＝東京都歴史文化財団派遣）荒木誠＝再任用▽生活文化局担当部長＝東京都歴史文化財団派遣（生活文化局都民生活部管理法人課長㊖）◎松下裕子▽生活文化局担当部長＝東京都歴史文化財団派遣（生活文化局文化振興部企画調整課長㊖）◎樋口桂▽生活文化局担当部長＝東京都交響楽団派遣（生活文化局消費生活部企画調整課長㊖）◎赤羽朋子▽オリンピック・パラリンピック準備局連絡調整担当部長（オリンピック・パラリンピック準備局事業推進担当部長＝計画調整担当部長兼務）戸谷泰之▽オリンピック・パラリンピック準備局自治体調整担当部長（産業労働局担当部長＝㈱東京TYフィナンシャルグループ派遣）高野克己▽オリンピック・パラリンピック準備局事業推進担当部長＝計画調整担当部長兼務（生活文化局文化施設改革担当部長）越秀幸▽オリンピック・パラリンピック準備局パラリンピック部長（オリンピック・パラリンピック準備局パラリンピック担当部長＝障害者スポーツ担当部長兼務）萱場明子▽オリンピック・パラリンピック準備局障害者スポーツ担当部長（オリンピック・パラリンピック準備局担当部長＝東京オリンピック・パラリンピック競技大会組織委員会派遣）新田見慎一▽オリンピック・パラリンピック準備局施設担当部長（第二建設事務所長）砂田覚▽オリンピック・パラリンピック準備局輸送担当部長（東京港建設事務所長）片寄光彦▽オリンピック・パラリンピック準備局選手村担当部長（オリンピック・パラリンピック準備局輸送担当部長＝選手村担当部長兼務）朝山勉▽オリンピック・パラリンピック準備局スポーツ施設担当部長（北多摩北部建設事務所長）藤木仁成▽オリンピック・パラリンピック準備局ラグビーワールドカップ準備担当部長（オリンピック・パラリンピック準備局担当部長＝㈱東京スタジアム派遣）篠祐次▽オリンピック・パラリンピック準備局国際大会準備担当部長（オリンピック・パラリンピック準備局ラグビーワールドカップ準備担当部長＝国際大会準備担当部長兼務）土屋太郎▽オリンピック・パラリンピック準備局局務担当部長＝東京オリンピック・パラリンピック競技大会組織委員会派遣（オリンピック・パラリンピック準備局担当部長＝東京オリンピック・パラリンピック競技大会組織委員会派遣）渡邉知秀▽オリンピック・パラリンピック準備局局務担当部長＝東京オリンピック・パラリンピック競技大会組織委員会派遣（中央卸売市場新市場整備調整担当部長）井上佳昭▽オリンピック・パラリンピック準備局担当部長＝総務部総務課長事務取扱（オリンピック・パラリンピック準備局スポーツ推進部調整課長㊖＝総務部情報統括担当課長兼務）◎関口尚志▽オリンピック・パラリンピック準備局担当部長＝東京オリンピック・パラリンピック競技大会組織委員会派遣（収用委員会事務局担当部長＝総務課長事務取扱）岡部祐一▽オリンピック・パラリンピック準備局担当部長＝東京オリンピック・パラリンピック競技大会組織委員会派遣（オリンピック・パラリンピック準備局総合調整部担当課長㊖＝東京オリンピック・パラリンピック競技大会組織委員会派遣）◎遠松秀将▽オリンピック・パラリンピック準備局担当部長＝東京オリンピック・パラリンピック競技大会組織委員会派遣（財務局経理部総務課長㊖）◎三浦幹雄▽オリンピック・パラリンピック準備局担当部長＝東京オリンピック・パラリンピック競技大会組織委員会派遣（港湾局総務部総務課長㊖）◎野平雄一郎▽オリンピック・パラリンピック準備局担当部長＝㈱東京スタジアム派遣（オリンピック・パラリンピック準備局担当部長＝総務部総務課長事務取扱）中嶋初史▽都市整備局都市基盤部長（都市整備局都市基盤部長＝外かく環状道路担当部長兼務）中島高志▽都市整備局航空政策担当部長＝外かく環状道路担当部長兼務（建設局道路保全担当部長）伊佐賢一▽都市整備局市街地整備部長＝選手村担当部長兼務（都市整備局防災都市づくり担当部長）山下幸俊▽都市整備局防災都市づくり担当部長（建設局企画担当部長＝オリンピック・パラリンピック調整担当部長兼務）安部文洋▽都市整備局耐震化推進担当部長（都市整備局耐震化推進担当部長＝市街地建築部耐震化推進担当課長事務取扱）飯泉洋▽都市整備局都営住宅経営部長（都市整備局都営住宅経営部長＝営繕担当部長兼務）永島恵子▽都市整備局再編利活用推進担当部長（都市整備局再編利活用推進担当部長＝東部住宅建設事務所長兼務）渡辺正信▽都市整備局営繕担当部長（教育庁都立学校教育部営繕課長㊖）◎村居秀彦▽都市整備局基地対策部長（産業労働局産業企画担当部長＝オリンピック・パラリンピック調整担当部長兼務）青山忠幸▽都市整備局担当部長＝特命（多摩建築指導事務所副所長兼管理課長）吉井敏一▽多摩建築指導事務所副所長兼管理課長（港湾局担当部長＝東京港埠頭㈱派遣）小林勇美▽東部住宅建設事務所長（都市整備局都市づくり政策部土地利用計画課長㊖＝市街地整備部再開発課長兼務）◎栗谷川哲雄▽西部住宅建設事務所副所長兼管理課長（中央卸売市場築地市場副場長兼管理課長）村上章▽都市整備局担当部長＝内閣府派遣（オリンピック・パラリンピック準備局担当部長＝東京オリンピック・パラリンピック競技大会組織委員会派遣）櫻井幸枝▽都市整備局担当部長＝㈱建設資源広域利用センター派遣（総務局担当部長＝東京たま広域資源循環組合派遣）志村公久▽都市整備局担当部長＝東京臨海高速鉄道㈱派遣（都市整備局総務部企画担当課長㊖）◎三宮隆▽環境局担当部長＝総務部総務課長事務取扱（環境局総務部総務課長㊖）◎緑川武博▽福祉保健局指導監査部長（福祉保健局施設調整担当部長）村田由佳▽福祉保健局保健政策部長（福祉保健局感染症危機管理担当部長）矢内真理子▽福祉保健局生活支援担当部長（福祉保健局子供・子育て施策推進担当部長）横手裕三子▽福祉保健局高齢社会対策部長（教育庁地域教育支援部長）粉川貴司▽福祉保健局施設調整担当部長（青少年・治安対策本部青少年対策担当部長）稲葉薫▽福祉保健局子供・子育て施策推進担当部長（福祉保健局担当部長＝東京都社会福祉事業団派遣）加藤みほ▽福祉保健局健康安全部長（福祉保健局生活支援担当部長）高橋博則▽東村山ナーシングホーム所長（心身障害者福祉センター所長）藤井麻里子▽誠明学園長（児童相談センター事業課長㊖）◎栗原博▽心身障害者福祉センター所長（府中療育センター事務長）平山信夫▽府中療育センター事務長（西部学校経営支援センター所長）貝瀬由明▽健康安全研究センター広域監視部長（健康安全研究センター広域監視部食品監視第一課長㊖）◎野口俊久▽福祉保健局担当部長＝東京都社会福祉事業団派遣（福祉保健局障害者施策推進部計画課長㊖）◎小川秀司▽福祉保健局担当部長＝東京都社会福祉事業団派遣（総務局担当部長＝東京市町村総合事務組合派遣）多田菜穂▽福祉保健局担当部長＝東京都社会福祉事業団派遣（都税総合事務センター所長）有賀照雄▽福祉保健局担当部長＝東京都社会福祉事業団派遣（南多摩看護専門学校長㊖）◎山口信久▽産業労働局産業企画担当部長＝オリンピック・パラリンピック調整担当部長兼務（農業振興事務所長）清水英彦▽産業労働局金融支援担当部長（政策企画局海外広報担当部長）川崎卓▽産業労働局全国育樹祭担当部長（産業労働局担当部長＝東京都中小企業振興公社派遣）村西紀章▽産業労働局雇用就業部長（産業労働局事業推進担当部長）小金井毅▽産業労働局事業推進担当部長（産業労働局担当部長＝東京しごと財団派遣）蓮沼正史▽農業振興事務所長（中央・城北職業能力開発センター板橋校長㊖）◎龍野功▽森林事務所長（人事委員会事務局試験部試験課長㊖）◎添田和美▽産業労働局担当部長＝東京都中小企業振興公社派遣（産業労働局観光部企画課長㊖）◎鈴木のり子▽産業労働局担当部長＝㈱東京TYフィナンシャルグループ派遣（産業労働局金融部金融課長㊖）◎岩井志奈▽産業労働局担当部長＝東京観光財団派遣（交通局総務部総務課長㊖）◎武田康弘▽産業労働局担当部長＝東京しごと財団派遣（都市整備局担当部長＝㈱建設資源広域利用センター派遣）田中愛子▽建設局企画担当部長＝オリンピック・パラリンピック調整担当部長＝オリンピック・パラリンピック準備局施設担当部長兼務（オリンピック・パラリンピック準備局施設担当部長）花井徹夫▽建設局総合調整担当部長（南多摩東部建設事務所長）鹿田哲也▽建設局用地部長（流域下水道本部管理部長）関雅広▽建設局道路保全担当部長（オリンピック・パラリンピック準備局スポーツ施設担当部長）田中慎一▽建設局道路建設部長（都市整備局市街地整備部長＝選手村担当部長兼務）奥山宏二▽建設局公園緑地部長（建設局用地部長）日浦憲造▽建設局公園計画担当部長（東部公園緑地事務所長）細岡晃▽第二建設事務所長（建設局河川部計画課長㊖）◎島津哲也▽第二建設事務所副所長兼庶務課長（第四建設事務所副所長兼庶務課長）植村敦子▽第四建設事務所副所長兼庶務課長（西部住宅建設事務所副所長兼管理課長）金子安秀▽第五建設事務所長（北多摩南部建設事務所長）齋藤俊之▽第五建設事務所副所長兼庶務課長（総務局担当部長＝特命）松村大▽西多摩建設事務所副所長兼庶務課長（財務局財産運用部管理課長㊖）◎西村健▽南多摩東部建設事務所長（建設局道路管理部管理課長㊖）◎小松正明▽北多摩南部建設事務所長（土木技術支援・人材育成センター所長）坂口淳一▽北多摩南部建設事務所副所長兼庶務課長（西多摩建設事務所副所長兼庶務課長）小野恒夫▽北多摩北部建設事務所長（江東治水事務所長）奥秋聡克▽土木技術支援・人材育成センター所長（流域下水道本部技術部工事課長㊖）◎北村隆光▽東部公園緑地事務所長（建設局担当部長＝東京都公園協会派遣）細川卓巳▽西部公園緑地事務所長（建設局公園緑地部公園建設課長㊖）◎大道和彦▽江東治水事務所長（第五建設事務所長）小林一浩▽建設局担当部長＝東京都道路整備保全公社派遣（第二建設事務所副所長兼庶務課長）勝見恭子▽建設局担当部長＝東京都公園協会派遣（都市整備局都市づくり政策部緑地景観課長㊖）◎小野敏正▽港湾局島しょ・小笠原空港整備担当部長（森林事務所長）松本達也▽港湾局港湾整備推進担当部長（監査事務局技術監査課長㊖）◎永井伸芳▽東京港建設事務所長（港湾局担当部長＝東京港埠頭㈱派遣）村田拓也▽東京港建設事務所副所長兼高潮対策センター所長（港湾局港湾整備部技術管理課長㊖）◎高橋安彰▽港湾局担当部長＝東京港埠頭㈱派遣（財務局主計部議案課長㊖）◎戸井崎正巳▽港湾局担当部長＝東京港埠頭㈱派遣（港湾局港湾整備部計画課長㊖）◎市川公映▽青少年・治安対策本部青少年対策担当部長（オリンピック・パラリンピック準備局自治体調整担当部長）井上卓▽病院経営本部計画調整担当部長（総務局担当部長＝行政部市町村課長事務取扱）末村智子▽駒込病院事務局長（政策企画局調整部政策課長㊖）◎樋口隆之▽病院経営本部担当部長＝東京都保健医療公社派遣（福祉保健局指導監査部長）松浦慎司＝再任用▽中央卸売市場移転支援担当部長（中央卸売市場移転調整担当部長）赤木宏行▽中央卸売市場新市場整備部長（オリンピック・パラリンピック準備局連絡調整担当部長）岡安雅人▽中央卸売市場新市場整備調整担当部長（産業労働局担当部長＝東京観光財団派遣）影山忠男▽中央卸売市場移転調整担当部長（建設局総合調整担当部長）前田豊▽中央卸売市場技術調整担当部長（都市整備局担当部長＝東京臨海高速鉄道㈱派遣）鈴木理▽中央卸売市場築地市場副場長兼管理課長（労働委員会事務局総務課長㊖）◎柏原弘幸▽収用委員会事務局担当部長＝総務課長事務取扱（総務局行政改革推進部行政改革課長㊖）◎宮本均▽交通局担当部長＝江戸川自動車営業所長事務取扱（交通局担当部長＝東京都営交通協力会派遣）川嶋智尚▽交通局担当部長＝東京都営交通協力会派遣（交通局総務部財務課長㊖）◎市川雅明▽水道局職員部長（水道局職員部長＝研修・開発センター所長兼務）筧直▽水道局サービス推進部長＝北部支所長兼務（水道局北部支所長）小山伸樹▽水道局設備担当部長（多摩水道改革推進本部多摩給水管理事務所長）横谷守▽水道局特命担当部長（水道局局務担当部長＝㈱PUC派遣）石井正明▽水道局担当部長＝㈱PUC派遣（水道局サービス推進部長）浅沼寿一▽水道局担当部長＝総務部総務課長事務取扱（水道局総務部総務課長㊖）◎石井英男▽水道局研修・開発センター所長（多摩水道改革推進本部立川給水管理事務所長）鈴木浩三▽水道局中央支所長（水道局職員部人事課長㊖）◎金子玲賢▽水道局東部第一支所長（水道局南部支所庶務課長㊖）◎細川善樹▽水道局西部支所長（生活文化局担当部長＝東京都歴史文化財団派遣）土本哲也▽多摩水道改革推進本部立川給水管理事務所長（水道局西部支所長）杉山芳彦＝再任用▽多摩水道改革推進本部多摩給水管理事務所長（多摩水道改革推進本部施設部工務課長㊖）◎大友和仁▽下水道局企画担当部長＝オリンピック・パラリンピック調整担当部長・IWA世界会議準備担当部長兼務（下水道局担当部長＝総務部総務課長事務取扱）鈴木豊▽下水道局施設管理部長（下水道局施設管理部長＝施設管理部環境管理課長事務取扱）中島義成▽下水道局西部第二下水道事務所長（下水道局担当部長＝日本下水道新技術機構派遣）下村常雄▽下水道局担当部長＝日本下水道事業団派遣（下水道局施設管理部管路管理課長㊖）◎杉山純▽下水道局担当部長＝東京都下水道サービス㈱派遣（下水道局職員部人事課長㊖）◎福島大起▽下水道局担当部長＝日本下水道新技術機構派遣（下水道局担当部長＝日本下水道事業団派遣）板屋芳治▽流域下水道本部管理部長（下水道局企画担当部長＝オリンピック・パラリンピック調整担当部長・IWA世界会議準備担当部長兼務）飯田一哉▽流域下水道本部技術部長＝技術部工事課長事務取扱（流域下水道本部技術部長）佐々木宏章▽教育庁教育政策担当部長＝オリンピック・パラリンピック調整担当部長兼務（総務局担当部長＝公立大学法人首都大学東京派遣）古川浩二▽教育庁地域教育支援部長（教育庁教育政策担当部長＝オリンピック・パラリンピック調整担当部長兼務）安部典子▽教育庁指導部長（教職員研修センター研修部長）増渕達夫▽教育庁担当部長＝総務部総務課長事務取扱（教育庁総務部総務課長㊖）◎谷理恵子▽教職員研修センター企画部長（教育庁人事部人事計画課長㊖）◎小島貴弘▽教職員研修センター研修部長（教育庁指導部義務教育指導課長）◎大和義行▽中央図書館管理部長（教育庁担当部長＝多摩図書館長事務取扱）高木敦子▽中央図書館サービス部長（監察員）下島英雄▽中部学校経営支援センター所長（中央図書館サービス部長）矢﨑善朗▽西部学校経営支援センター所長（教職員研修センター企画部長）園田喜雄▽人事委員会事務局審査担当部長（港湾局島しょ・小笠原空港整備担当部長）神山智行▽監査事務局担当部長＝総務課長事務取扱（監査事務局総務課長㊖）◎小高都子▽議会局管理部長（議会局管理部長＝管理部広報課長事務取扱）新美大作

課長級

▽政策企画局総務部秘書課長（港湾局総務部企画計理課長）巻嶋國雄▽政策企画局総務部特別秘書担当課長（政策企画局調整部政策担当課長）大久保朋果▽政策企画局総務部副知事秘書担当課長（財務局主計部財政課統括課長代理）◎加藤浩▽政策企画局総務部管理課長（政策企画局調整部政策担当課長）村永伸司▽政策企画局調整部政策担当課長（オリンピック・パラリンピック準備局総合調整部事業調整担当課長）佐々木慎吾▽政策企画局調整部政策担当課長（政策企画局総務部特別秘書担当課長）福田尚道▽政策企画局調整部政策担当課長（建設局総務部調整担当課長）本木一彦▽政策企画局調整部政策担当課長（政策企画局外務部企画担当課長）田中正之▽政策企画局調整部海外広報担当課長（産業労働局商工部海外販路開拓担当課長）田川理映子▽政策企画局調整部渉外課長㊖（議会局議事部議事課長㊖）佐藤栄▽政策企画局調整部国家戦略特区推進担当課長（政策企画局調整部政策担当課長）池上大▽政策企画局調整部外国企業誘致推進担当課長（政策企画局調整部国家戦略特区推進調整担当課長）大塚友恵▽政策企画局調整部国際金融プロジェクト推進担当課長（産業労働局金融部金融連携支援担当課長）木寺昌彦▽政策企画局調整部戦略事業担当課長（会計管理局管理部資金活用担当課長）三浦知▽政策企画局調整部戦略事業担当課長（財務局財産運用部利活用調整担当課長）菊地顕行▽政策企画局調整部戦略事業担当課長（政策企画局調整部政策担当課長）池田庸▽政策企画局計画部計画課長㊖（政策企画局総務部秘書課長）井上直▽政策企画局計画部計画担当課長（オリンピック・パラリンピック準備局総合調整部担当課長＝東京オリンピック・パラリンピック競技大会組織委員会派遣）伊東健二▽政策企画局外務部企画担当課長（中央都税事務所固定資産税課長）宮﨑晶子▽政策企画局外務部事業課長（在リオデジャネイロ日本国総領事館領事）白鳥謙治▽政策企画局外務部事業担当課長（政策企画局外務部事業調整担当課長）井上智美▽政策企画局外務部特命担当課長（政策企画局外務部事業担当課長）今関理恵▽政策企画局調整部局務担当課長＝全国知事会派遣（総務局行政改革推進部局務担当課長＝全国知事会派遣）稲垣宏昌▽政策企画局調整部担当課長＝全国知事会派遣（総務局行政改革推進部担当課長＝全国知事会派遣）宮澤信広▽総務局総務部総務課長㊖（総務局総務部総務課長㊖＝人事担当課長兼務）石橋浩一▽総務局総務部人事担当課長（総務局人事部担当課長＝東京都人材支援事業団派遣）西森俊介▽総務局総務部大学調整担当課長（総務局復興支援対策部被災地支援担当課長）岡秀子▽総務局総務部法規担当課長（小笠原支庁母島出張所長）吉野正禎▽総務局総務部政策法務担当課長（議会局調査部政策調査担当課長）石橋房子▽総務局総務部訟務担当課長（総務局総務部法務課統括課長代理）◎加登屋毅▽総務局総務部法務担当課長（東京法務局訟務部付）新保裕子▽総務局復興支援対策部被災地支援担当課長（総務局復興支援対策部被災地調整担当課長＝被災地支援岩手県・宮城県事務所長）藤井雅人▽総務局復興支援対策部被災地支援担当課長（総務局復興支援対策部被災地調整担当課長）近藤明▽総務局復興支援対策部都内避難者支援課長（青少年・治安対策本部総合対策部安全・安心まちづくり課長）金子しのぶ▽総務局復興支援対策部被災地調整担当課長＝被災地支援岩手県・宮城県事務所長（病院経営本部経営企画部事業調整担当課長）砂原啓毅▽総務局復興支援対策部被災地調整担当課長＝被災地支援福島県事務所長（総務局統計部産業統計課長）溝口裕昭＝再任用▽総務局行政改革推進部行政改革課長（総務局人事部人事企画担当課長）天野哲史▽総務局行政改革推進部都政改革担当課長（総務局復興支援対策部被災地支援担当課長）大島貴俊▽総務局行政改革推進部都政改革担当課長（総務局行政部担当課長＝東京都島しょ振興公社派遣）池上洋平▽総務局行政改革推進部行政改革担当課長（港湾局総務部担当課長＝㈱東京臨海ホールディングス派遣）高橋直義▽総務局行政改革推進部都政改革担当課長（松沢病院事務局医事課長）内藤正太▽総務局情報通信企画部企画課長（総務局総合防災部防災対策課長）小野勝利▽総務局情報通信企画部電子自治体連携担当課長（総務局情報通信企画部情報化推進担当課長）原田一紀▽総務局情報通信企画部情報通信施策推進担当課長（政策企画局調整部政策担当課長）菊地将司▽総務局情報通信企画部情報化推進担当課長（青少年・治安対策本部総合対策部活動推進担当課長）野原水子▽総務局情報通信企画部情報化推進担当課長（小児総合医療センター事務局医事課長）樋口哲也▽総務局人事部人事企画担当課長（産業労働局観光部担当課長＝東京観光財団派遣）佐藤志信▽総務局コンプライアンス推進部コンプライアンス推進課長（総務局情報通信企画部情報通信施策推進担当課長）斎藤圭司▽総務局コンプライアンス推進部企画調整担当課長（総務局行政改革推進部都政改革担当課長）大川徳明▽総務局コンプライアンス推進部監察担当課長（都市整備局都市づくり政策部局務担当課長＝㈱建設資源広域利用センター派遣）竹間みつる▽総務局行政部振興企画課長㊖（総務局行政部振興企画課長㊖＝振興調整担当課長兼務）山本謙治▽総務局行政部振興調整担当課長（八丈支庁総務課長）大野彰▽総務局行政部市町村課長㊖（人事委員会事務局任用公平部任用給与課長）神永貴志▽総務局総合防災部防災管理課長（総務局復興支援対策部都内避難者支援課長）安武昌樹▽総務局総合防災部防災対策課長（総務局総合防災部情報統括担当課長）小澤洋之▽総務局総合防災部情報統括担当課長（オリンピック・パラリンピック準備局大会施設部施設整備担当課長）三浦弘賢▽総務局統計部産業統計課長（総務局人権部同和調整担当課長）松村隆正▽総務局人権部同和調整担当課長（杉並都税事務所固定資産税課長）石橋和実▽総務局人権部人権施策推進課長（総務局人権部局務担当課長＝東京都人権啓発センター派遣）加藤いずみ▽総務局行政部局務担当課長＝東京市町村総合事務組合派遣（総務局行政部局務担当課長＝東京市町村総合事務組合派遣）永尾昌文＝再任用▽副監察員㊖（監査事務局監査第一課長㊖）森永康裕▽副監察員（多摩環境事務所環境改善課長）根本弘▽大島支庁総務課長（都市整備局総務部企画経理課統括課長代理）◎島倉慎一▽三宅支庁土木港湾課長（交通局総務部企画調整課統括課長代理）◎近藤琢哉▽八丈支庁総務課長（病院経営本部経営企画部総務課統括課長代理）◎村瀬正能▽八丈支庁港湾課長（中央卸売市場新市場整備部施設整備課統括課長代理）◎畠平敏行▽小笠原支庁総務課長（小笠原支庁世界自然遺産担当課長）濱中哲彦▽小笠原支庁土木課長（オリンピック・パラリンピック準備局総合調整部調整課統括課長代理＝東京オリンピック・パラリンピック競技大会組織委員会派遣）◎橋本勝▽小笠原支庁世界自然遺産担当課長（環境局資源循環推進部計画課統括課長代理）◎熊澤健一▽小笠原支庁港湾課長（交通局建設工務部計画改良課統括課長代理）◎赤見将也▽小笠原支庁母島出張所長（第四建設事務所管理課長）根津忠士▽総務局総務部担当課長＝公立大学法人首都大学東京派遣（総務局人事部制度企画課統括課長代理）◎上村雄二▽総務局総務部担当課長＝公立大学法人首都大学東京派遣（都市整備局総務部企画経理課統括課長代理）◎山崎高明▽総務局総務部担当課長＝公立大学法人首都大学東京派遣（オリンピック・パラリンピック準備局総合調整部調整課統括課長代理＝東京オリンピック・パラリンピック競技大会組織委員会派遣）◎松村洋子▽総務局人事部担当課長＝東京都人材支援事業団派遣（総務局総務部担当課長＝公立大学法人首都大学東京派遣）松村一秀▽総務局人事部担当課長＝東京都人材支援事業団派遣（総務局人事部職員支援課統括課長代理＝東京都人材支援事業団派遣）◎国松克彦▽総務局行政部担当課長＝東京都島しょ振興公社派遣（総務局行政部担当課長＝東京市町村総合事務組合派遣）村松正夫▽総務局行政部担当課長㊖＝東京市町村総合事務組合派遣（中央卸売市場足立市場長㊖）木幡収治▽総務局行政部担当課長＝東京市町村総合事務組合派遣（政策企画局調整部政策課統括課長代理）◎小嶋俊幸▽総務局人権部担当課長＝東京都人権啓発センター派遣（人事委員会事務局試験部試験課統括課長代理）◎西浜敦彦▽総務局情報通信企画部担当課長＝千代田区派遣（建設局河川部管理課統括課長代理）◎中尾嘉克▽総務局行政部担当課長＝中央区派遣（産業労働局商工部調整課統括課長代理）◎松永武志▽総務局行政部担当課長＝荒川区派遣（財務局財産運用部総合調整課統括課長代理）◎今井博也▽総務局総務部法務専門課長（総務局総務部法務専門課長）石澤泰彦＝再任用▽職員共済組合事務局管理部総務課長㊖（総務局人権部人権施策推進課長㊖）渡邉貴史▽財務局経理部総務課長㊖（財務局主計部公債課長㊖）菅原雅康▽財務局経理部契約調整担当課長（財務局主計部事業評価担当課長）吉川健太郎▽財務局経理部電子調達担当課長（財務局主計部担当課長＝㈱日本宝くじシステム派遣）荒山英之▽財務局経理部契約第一課長（財務局経理部契約調整担当課長）小出真志▽財務局主計部議案課長㊖（環境局自然環境部計画課長）宮武和弘▽財務局主計部財政担当課長（オリンピック・パラリンピック準備局総合調整部担当課長＝東京オリンピック・パラリンピック競技大会組織委員会派遣）吉澤恭子▽財務局主計部事業評価担当課長（都市整備局総務部担当課長＝東京都住宅供給公社派遣）嵯峨和道▽財務局主計部予算第一課長㊖（都市整備局都市基盤部調整課長）佐々木珠▽財務局主計部予算第三課長（財務局主計部財政担当課長）早川八十▽財務局主計部公債課長（財務局主計部予算第三課長）佐藤直樹▽財務局財産運用部管理課長（総務局情報通信企画部企画課長）新井康▽財務局財産運用部評価測量担当課長（財務局主計部担当課長＝㈱日本宝くじシステム派遣）永易秀二▽財務局財産運用部利活用調整担当課長（産業労働局商工部担当課長＝地方独立行政法人東京都立産業技術研究センター派遣）飯田栄司▽財務局建築保全部保全担当課長（財務局建築保全部施設整備第一課統括課長代理）◎齋藤雅文▽財務局建築保全部電気技術担当課長㊖（財務局建築保全部電気設備担当課長㊖）渡邉俊幸▽財務局建築保全部庁舎管理課長（財務局経理部契約第一課長）中満正志▽財務局建築保全部施設改修担当課長（財務局建築保全部建築担当課長）尾上群司▽財務局建築保全部オリンピック・パラリンピック施設整備課長㊖（財務局建築保全部オリンピック・パラリンピック施設整備課長）松本雅行▽財務局建築保全部建築担当課長（財務局建築保全部保全担当課長＝港湾局港湾整備部建築調整担当課長兼務）織田淳▽財務局建築保全部電気設備担当課長㊖（財務局建築保全部電気技術担当課長㊖）真島建司▽財務局主計部担当課長＝㈱日本宝くじシステム派遣（財務局主計部財政課統括課長代理）◎新井博文▽財務局主計部担当課長＝㈱日本宝くじシステム派遣（総務局人事部担当課長＝東京都人材支援事業団派遣）吉田系麻▽主税局総務部企画調整担当課長（オリンピック・パラリンピック調整担当課長兼務（葛飾都税事務所徴収課長）松崎貴充▽主税局総務部職員課長（主税局税制部歳入課長）松本達也▽主税局総務部組織定数担当課長（主税局税制部システム改善担当課長）小笠原裕之▽主税局税制部税制調査担当課長（中央図書館サービス部情報サービス課長）百澤俊平▽主税局税制部歳入課長（主税局徴収部機動整理課長）小栗一郎▽主税局税制部システム管理課長（主税局総務部組織定数担当課長）藤浩之▽主税局税制部システム改善担当課長（都税総合事務センター自動車税課長）渡邉嘉子▽主税局課税部自動車税担当課長（総務局行政部局務担当課長＝大島支庁復興調整担当課長）川嶌守▽主税局課税部課税指導課長（主税局税制部システム管理課長）北村周一▽主税局課税部軽油引取税担当課長（下水道局総務部局務担当課長）青木康浩▽主税局課税部法人課税指導課長（総務局情報通信企画部電子自治体連携担当課長）市川孝雄▽主税局課税部査察課長（主税局総務部企画調整担当課長＝オリンピック・パラリンピック調整担当課長兼務）遠藤尊志▽主税局資産税部固定資産評価課長（港都税事務所固定資産税課長）星野義孝▽主税局徴収部計画課長㊖（主税局総務部職員課長）齋藤栄一▽主税局徴収部機動整理課長（主税局税制部税制調査担当課長）宮本和政▽主税局資産税部局務担当課長＝目黒都税事務所固定資産税課長（オリンピック・パラリンピック準備局総合調整部局務担当課長＝東京オリンピック・パラリンピック競技大会組織委員会派遣）梅澤直子▽主税局徴収部局務担当課長＝葛飾都税事務所徴収課長（生活文化局都民生活部局務担当課長＝旅券課池袋分室長）大野伊知郎▽千代田都税事務所固定資産税課長（港都税事務所徴収課長）丹直美▽中央都税事務所副所長兼総務課長（品川都税事務所副所長兼総務課長）川久保清▽中央都税事務所事業税課長（目黒都税事務所固定資産税課長）笠井知己▽中央都税事務所固定資産税課長（板橋都税事務所徴収課長）高野真由美▽港都税事務所事業税課長（豊島都税事務所固定資産税課長）依田慶維子▽港都税事務所固定資産税課長（足立都税事務所固定資産評価課長）高橋正純▽港都税事務所徴収課長（財務局主計部財政課統括課長代理）◎鈴木朋子▽新宿都税事務所固定資産評価課長（東京港管理事務所港務課長）安藤育弘▽新宿都税事務所徴収課長（オリンピック・パラリンピック準備局総合調整部連携推進課統括課長代理）◎遠藤浩和▽文京都税事務所固定資産税課長（主税局総務部担当課長＝東京税務協会派遣）河田敦子▽台東都税事務所事業税課長（品川都税事務所徴収課長）木下昇一郎▽墨田都税事務所副所長兼総務課長㊖（中央都税事務所副所長兼総務課長㊖）金山芳樹▽墨田都税事務所徴収課長（中野都税事務所徴収課長）西尾誠司▽江東都税事務所固定資産税課長（大田都税事務所固定資産評価課長）天野哲▽品川都税事務所副所長兼総務課長㊖（練馬都税事務所副所長兼総務課長㊖）秋山治▽品川都税事務所事業税課長（港都税事務所事業税課長）松下雅子▽品川都税事務所徴収課長（文京都税事務所固定資産税課長）山本和夫▽大田都税事務所固定資産評価課長（中央卸売市場世田谷市場場長）渡貫正彦▽世田谷都税事務所副所長兼総務課長㊖（主[illegible]）成瀬貴子▽中野都税事務所徴収課長（水道局北営業所長）鈴木緑▽杉並都税事務所固定資産税課長（板橋都税事務所固定資産税課長）吉田仁志▽豊島都税事務所固定資産税課長（練馬都税事務所徴収課長）川口圭介▽北都税事務所副所長兼総務課長㊖（主税局資産税部固定資産評価課長㊖）高野真理▽荒川都税事務所副所長兼総務課長（品川都税事務所事業税課長）伊藤裕之▽荒川都税事務所徴収課長（教育庁人事部人事計画課統括課長代理）◎菊地文孝▽板橋都税事務所固定資産税課長（新宿都税事務所徴収課長）中野忍▽板橋都税事務所徴収課長（主税局総務部経理課統括課長代理）◎渋澤優子▽練馬都税事務所副所長兼総務課長㊖（主税局課税部法人課税指導課長）木村佳嗣▽練馬都税事務所事業税課長（台東都税事務所徴収課長）南波伸也▽足立都税事務所固定資産評価課長（福祉保健局総務部担当課長＝荒川区派遣）田畑圭子▽足立都税事務所徴収課長（政策企画局調整部渉外課統括課長代理）◎東和典▽葛飾都税事務所固定資産税課長（江戸川都税事務所固定資産評価課長）師岡健一▽江戸川都税事務所固定資産評価課長（人事委員会事務局試験部試験課統括課長代理）◎岩村博恵▽八王子都税事務所事業税課長（立川都税事務所資産税課長㊖）渡邊正則＝再任用▽立川都税事務所副所長兼総務課長㊖（労働委員会事務局審査調整課長）小幡裕子▽立川都税事務所資産税課長（葛飾都税事務所固定資産税課長）待井健一▽小平都税支所長（北都税事務所副所長兼総務課長）安部倫世＝再任用▽都税総合事務センター副所長兼総務課長㊖（都税総合事務センター[illegible]車税課長（主税局総務部職員課統括課長代理）◎渡井寛三▽主税局総務部担当課長＝東京税務協会派遣（江東都税事務所固定資産税課長）鈴木啓子▽主税局総務部担当課長＝東京税務協会派遣（主税局総務部担当課長＝特命）新井聡▽主税局総務部担当課長＝地方税電子化協議会派遣（主税局徴収部徴収指導課統括課長代理）◎羽生真一郎▽中央都税事務所滞納整理専門課長（足立都税事務所滞納整理専門課長）渡部純一▽杉並都税事務所滞納整理専門課長（中央都税事務所滞納整理専門課長）川島賢二▽板橋都税事務所滞納整理専門課長（主税局徴収部機動整理課統括課長代理）◎渡邊豊▽足立都税事務所滞納整理専門課長（立川都税事務所滞納整理専門課長）伊澤健一▽立川都税事務所滞納整理専門課長（杉並都税事務所滞納整理専門課長）加茂加奈子▽生活文化局総務部広報担当課長（生活文化局総務部調整担当課長）千葉実佐子▽生活文化局総務部施設担当課長（多摩建築指導事務所建築指導第一課長）曽根邦友▽生活文化局広報広聴部広報課長（政策企画局外務部事業課長）下鳥真弓▽生活文化局広報広聴部広報広聴企画担当課長（生活文化局文化振興部文化政策担当課長）山本理▽生活文化局広報広聴部情報公開課長㊖（生活文化局広報広聴部情報公開課長）田中延広▽生活文化局都民生活部管理法人課長㊖（生活文化局広報広聴部広報課長㊖）髙橋葉夏▽生活文化局都民生活部多文化共生推進担当課長（教育庁総務部オリンピック・パラリンピック教育施策担当課長（オリンピック・パラリンピック調整担当課長兼務）引場信治▽生活文化局消費生活部消費者情報総括担当課長（東京ウィメンズプラザ所長）山口紀子▽生活文化局私学部私学振興課長㊖（港湾局臨海開発部開発企画課長㊖）後藤和宏▽生活文化局私学部企画担当課長（生活文化局文化振興部担当課長＝東京都歴史文化財団派遣）菅野雄一郎▽生活文化局文化振興部文化政策担当課長（生活文化局文化振興部事業計画担当課長）繁宮賢▽生活文化局文化振興部事業計画担当課長（生活文化局都民生活部多文化共生推進担当課長）山﨑利行▽生活文化局都民生活部局務担当課長＝旅券課池袋分室長（生活文化局都民生活部局務担当課長＝旅券課立川分室長）稲石誠＝再任用▽生活文化局都民生活部局務担当課長＝旅券課立川分室長（建設局総務部局務担当課長＝首都高速道路㈱派遣）神谷健夫▽東京ウィメンズプラザ所長（生活文化局都民生活部地域活動推進課統括課長代理）◎馬渕奈穂子▽計量検定所検定課長（江東治水事務所水門管理課長）坂本達哉▽生活文化局文化振興部担当課長＝東京都歴史文化財団派遣（生活文化局文化振興部企画調整課統括課長代理）◎上坂槙▽生活文化局文化振興部担当課長＝東京都歴史文化財団派遣（福祉保健局総務部企画政策課統括課長代理）◎向山倫子▽生活文化局文化振興部担当課長＝文化庁派遣（生活文化局文化振興部企画調整課統括課長代理）◎伊東亜希子▽オリンピック・パラリンピック準備局総務部契約管財担当課長（福祉保健局総務部担当課長＝大田区派遣）大村顕子▽オリンピック・パラリンピック準備局総務部企画計理課長（オリンピック・パラリンピック準備局スポーツ推進部施設管理担当課長）清水俊二郎▽オリンピック・パラリンピック準備局総合調整部調整課長＝総務部情報統括担当課長兼務（オリンピック・パラリンピック準備局総合調整部計画運営課長）折笠眞由美▽オリンピック・パラリンピック準備局総合調整部連絡調整担当課長（総務局総務部法規担当課長）内田晃司▽オリンピック・パラリンピック準備局総合調整部連絡調整担当課長（大田区観光・国際都市部スポーツ推進課長）武田守史▽オリンピック・パラリンピック準備局総合調整部大会広報・企画担当課長（オリンピック・パラリンピック準備局総合調整部全国自治体調整担当課長）松縄宏▽オリンピック・パラリンピック準備局総合調整部事業調整担当課長（福祉保健局総務部担当課長＝千代田区派遣）中尾真理子▽オリンピック・パラリンピック準備局総合調整部区市町村調整担当課長（総務局行政部担当課長＝東京市町村総合事務組合派遣）越坂部晃一▽オリンピック・パラリンピック準備局総合調整部全国自治体調整担当課長（総務局行政改革推進部都政改革担当課長）高橋秀樹▽オリンピック・パラリンピック準備局総合調整部計画運営課長（オリンピック・パラリンピック準備局スポーツ推進部ラグビーワールドカップ準備担当課長＝国際大会準備担当課長兼務）原陽一郎▽オリンピック・パラリンピック準備局総合調整部運営担当課長（オリンピック・パラリンピック準備局大会施設部競技・渉外担当課長）澤村航▽オリンピック・パラリンピック準備局パラリンピック部調整課長㊖＝総務部情報統括担当課長兼務（オリンピック・パラリンピック準備局総務部企画計理課長）鵜川敬▽オリンピック・パラリンピック準備局パラリンピック部事業調整担当課長（オリンピック・パラリンピック準備局総合調整部事業調整担当課長）上山亜紀子▽オリンピック・パラリンピック準備局パラリンピック部事業推進担当課長（オリンピック・パラリンピック準備局総合調整部事業担当課長）安達紀子▽オリンピック・パラリンピック準備局パラリンピック部障害者スポーツ課長（オリンピック・パラリンピック準備局総合調整部パラリンピック準備課長）齊藤陽睦▽オリンピック・パラリンピック準備局パラリンピック部競技担当課長（財務局財産運用部評価測量担当課長）中川佳也

7面につづく

▽オリンピック・パラリンピック準備局大会施設部調整課長㊙＝総務部情報統括担当課長兼務（オリンピック・パラリンピック準備局大会施設部調整課長＝総務部情報統括担当課長兼務）西沢拓▽オリンピック・パラリンピック準備局大会施設部競技・渉外担当課長（オリンピック・パラリンピック準備局総合調整部大会広報・企画担当課長）矢嶋浩二▽オリンピック・パラリンピック準備局大会施設部施設整備第一課長㊙（オリンピック・パラリンピック準備局大会施設部施設整備第一課長）梅村実司▽オリンピック・パラリンピック準備局大会施設部施設整備担当課長（財務局建築保全部技術管理課統括課長代理＝総務局行政改革推進部行政改革課統括課長代理兼務）◎刀祢大州▽オリンピック・パラリンピック準備局大会施設部施設整備担当課長＝港湾局総務部オリンピック・パラリンピック施設整備調整担当課長兼務（東京港建設事務所港湾整備課長）村岡洋次郎▽オリンピック・パラリンピック準備局大会施設部観客・スタッフ輸送担当課長（オリンピック・パラリンピック準備局大会施設部輸送担当課長）和田真治▽オリンピック・パラリンピック準備局大会施設部関係者輸送担当課長（オリンピック・パラリンピック準備局大会施設部輸送担当課長）松本祐一▽オリンピック・パラリンピック準備局大会施設部会場周辺調整担当課長（オリンピック・パラリンピック準備局総合調整部担当課長＝東京オリンピック・パラリンピック競技大会組織委員会派遣）鈴木智也▽オリンピック・パラリンピック[illegible]

員会派遣（オリンピック・パラリンピック準備局総合調整部担当課長＝東京オリンピック・パラリンピック競技大会組織委員会派遣）神戸友成▽オリンピック・パラリンピック準備局総合調整部局務担当課長＝東京オリンピック・パラリンピック競技大会組織委員会派遣（オリンピック・パラリンピック準備局総合調整部担当課長＝東京オリンピック・パラリンピック競技大会組織委員会派遣）田邊雅彦▽オリンピック・パラリンピック準備局総合調整部局務担当課長＝東京オリンピック・パラリンピック競技大会組織委員会派遣（病院経営本部経営企画部局務担当課長＝東京都保健医療公社派遣）東謙一▽オリンピック・パラリンピック準備局総合調整部局務担当課長＝東京オリンピック・パラリンピック競技大会組織委員会派遣（主税局課税部軽油引取税担当課長）眞家文夫▽オリンピック・パラリンピック準備局総合調整部局務担当課長＝東京オリンピック・パラリンピック競技大会組織委員会派遣（生活文化局総務部広報担当課長）堀克典▽オリンピック・パラリンピック準備局総合調整部局務担当課長＝東京オリンピック・パラリンピック競技大会組織委員会派遣（オリンピック・パラリンピック準備局スポーツ推進部障害者スポーツ課長）天野美和▽オリンピック・パラリンピック準備局総合調整部局務担当課長＝東京オリンピック・パラリンピック競技大会組織委員会派遣（第四建設事務所工事第二課長）塚田晃平▽オリンピック・パラリンピック準備局総合調整部局務担当課長＝東京オリンピック・[illegible]

備局総合調整部担当課長＝東京オリンピック・パラリンピック競技大会組織委員会派遣（オリンピック・パラリンピック準備局総合調整部調整課統括課長代理＝東京オリンピック・パラリンピック競技大会組織委員会派遣）◎宮坂和幸▽オリンピック・パラリンピック準備局総合調整部担当課長＝東京オリンピック・パラリンピック競技大会組織委員会派遣（都市整備局市街地整備部防災都市づくり課統括課長代理）◎藤崎哲朗▽オリンピック・パラリンピック準備局総合調整部担当課長＝東京オリンピック・パラリンピック競技大会組織委員会派遣（財務局主計部公債課統括課長代理）◎橋口牧子▽オリンピック・パラリンピック準備局総合調整部担当課長＝東京オリンピック・パラリンピック競技大会組織委員会派遣（総務局総合防災部防災管理課統括課長代理）◎石橋和之▽オリンピック・パラリンピック準備局総合調整部担当課長＝東京オリンピック・パラリンピック競技大会組織委員会派遣（総務局総務部企画計理課統括課長代理）◎大谷貴嗣▽オリンピック・パラリンピック準備局総合調整部担当課長＝東京オリンピック・パラリンピック競技大会組織委員会派遣（オリンピック・パラリンピック準備局総合調整部調整課統括課長代理＝東京オリンピック・パラリンピック競技大会組織委員会派遣）◎金谷晃臣▽オリンピック・パラリンピック準備局総合調整部担当課長＝東京オリンピック・パラリンピック競技大会組織委員会派遣（下水道局計画調整部技術開発課統括課長代理）◎小松崎竜一▽オリンピック・パラリンピック準備局総合調整部担当課長＝東京オリンピック・パラリンピック競技大会組織委員会派遣（中央卸売市場新市場整備部施設整備課統括課長代理）◎椿野貴史▽オリンピック・パラリンピック準備局スポーツ推進部担当課長＝東京都スポーツ文化事業団派遣（オリンピック・パラリンピック準備局総合調整部調整課統括課長代理）◎後藤裕介▽オリンピック・パラリンピック準備局スポーツ推進部担当課長＝ラグビーワールドカップ2019組織委員会派遣（オリンピック・パラリンピック準備局総務部企画計理課統括課長代理）◎生駒博▽都市整備局総務部総務課長㊙（都市整備局都市基盤部街路計画課長㊙）佐久間巧成▽都市整備局総務部職員課長㊙（都市整備局総務部職員課長）山田裕之▽都市整備局総務部企画経理課長（都市整備局住宅政策推進部住宅政策課長）田中健▽都市整備局総務部企画担当課長（都市整備局都市基盤部航空政策担当課長）神子信之▽都市整備局総務部調整担当課長㊙＝オリンピック・パラリンピック調整担当課長兼務（都市整備局市街地建築部建設業課長㊙）松井裕明▽都市整備局都市づくり政策部政策調整担当課長（政策企画局計画部計画担当課長）佐々木啓文▽都市整備局都市づくり政策部水資源・建設副産物担当課長（都市整備局都市基盤部担当課長＝東日本旅客鉄道㈱派遣）鴇田正明▽都市整備局都

市づくり政策部都市政策担当課長㊙（都市整備局都市づくり政策部都市政策担当課長）長尾肇太▽都市整備局都市づくり政策部土地利用計画課長㊙（中央卸売市場事業部施設課長）名取伸明▽都市整備局都市づくり政策部まちづくり推進担当課長（都市整備局総務部調整担当課長＝オリンピック・パラリンピック調整担当課長兼務）脇本徹也▽都市整備局都市づくり政策部開発企画課長（都市整備局都市づくり政策部開発企画課長＝開発計画推進担当課長兼務）高橋竜太郎▽都市整備局都市づくり政策部開発計画推進担当課長（第一市街地整備事務所事業担当課長）田中佐世子▽都市整備局都市づくり政策部緑地景観課長（港湾局臨海開発部海上公園計画担当課長）米田剛行▽都市整備局住宅政策推進部住宅政策課長㊙（都市整備局住宅政策推進部不動産業課長）小野田一雄▽都市整備局住宅政策推進部民間住宅市場担当課長（西部住宅建設事務所計画課長）山口大助▽都市整備局住宅政策推進部不動産業課長（都市整備局都市づくり政策部まちづくり推進担当課長）平松紀晴▽都市整備局都市基盤部調整課長㊙（産業労働局雇用就業部調整課長）山本哲也▽都市整備局都市基盤部交通プロジェクト担当課長＝オリンピック・パラリンピック準備局大会施設部施設整備担当課長兼務（オリンピック・パラリンピック準備局大会施設部施設整備担当課長＝港湾局総務部オリンピック・パラリンピック施設整備調整担当課長兼務）堀川誠司▽都市整備局都市基盤部航空政策担当課長（交通局建設工務部局務担当課長＝東京地下鉄㈱派遣）藤原新▽都市整備局都市基盤部街路計画課長㊙（都市整備局市街地整備部公共再開発担当課長）澤井正明▽都市整備局市街地整備部管理課長㊙（都市整備局市街地整備部管理課長）住野英進▽都市整備局市街地整備部防災都市づくり課長（都市整備局市街地整備部沿道まちづくり担当課長）栗原聰夫▽都市整備局市街地整備部沿道まちづくり担当課長（東部住宅建設事務所開発課長）上原伸一▽都市整備局市街地整備部区画整理課長㊙（都市整備局市街地整備部指導担当課長㊙）松本香澄▽都市整備局市街地整備部指導担当課長（都市整備局都市づくり政策部政策調整担当課長）並木芳憲▽都市整備局市街地整備部再開発課長㊙（都市整備局市街地整備部防災都市づくり課長㊙）青木成昭▽都市整備局市街地整備部公共再開発担当課長㊙（都市整備局都市基盤部交通プロジェクト担当課長）井川武史▽都市整備局市街地建築部耐震化推進担当課長（多摩建築指導事務所建築指導第二課長）富永信忠▽都市整備局市街地建築部建設業課長（都市整備局都営住宅経営部資産活用課長）渡邉誠▽都市整備局都営住宅経営部経営企画課長（都市整備局総務部企画経理課長）赤塚慎一▽都市整備局都営住宅経営部指導管理課長㊙（オリンピック・パラリンピック準備局総合調整部調整課長＝総務部情報統括担当課長兼務）齋藤幸昌▽都市整備局都営住宅経営部資

産活用課長（教育庁都立学校教育部ものづくり教育推進担当課長）小町高幹▽都市整備局都営住宅経営部住宅整備課長㊙（都市整備局都営住宅経営部住宅整備課長）増田憲治▽都市整備局都営住宅経営部再編利活用推進担当課長㊙（都市整備局都営住宅経営部再編利活用推進担当課長）越智英明▽第一市街地整備事務所事業担当課長（都市整備局都市基盤部交通企画課統括課長代理）◎大友哲朗▽第二市街地整備事務所事業課長（多摩建築指導事務所開発指導第一課長）秦野裕美子▽第二市街地整備事務所工事課長（都市整備局市街地整備部担当課長＝武蔵村山市派遣）腰塚信一郎▽多摩建築指導事務所開発指導第一課長（多摩建築指導事務所開発指導第二課長）小柳貢▽多摩建築指導事務所開発指導第二課長（第二市街地整備事務所工事課長）猪股昭彦▽多摩建築指導事務所建築指導第一課長（オリンピック・パラリンピック準備局大会施設部施設整備第一課統括課長代理）◎尾關桂子▽多摩建築指導事務所建築指導第二課長（都市整備局市街地整備部防災都市づくり課統括課長代理）◎鈴木菜穂美▽多摩建築指導事務所建築指導第三課長（都市整備局都市づくり政策部広域調整課統括課長代理）◎船橋拓寿▽東部住宅建設事務所開発課長（都市整備局市街地建築部建築指導課統括課長代理）◎島田利英▽西部住宅建設事務所計画課長（中央卸売市場新市場整備部施設整備課統括課長代理）◎山田耕司▽西部住宅建設事務所設備担当課長（港湾局総務部担当課長＝東京港埠頭㈱派遣）大塚靖直▽都市整備局総務部担当課長＝東京都住宅供給公社派遣（財務局主計部予算第一課統括課長代理）◎米澤龍太郎▽都市整備局都市づくり政策部担当課長＝㈱建設資源広域利用センター派遣（総務局情報通信企画部担当課長＝千代田区派遣）南茂昭彦▽都市整備局都市基盤部担当課長＝多摩都市モノレール㈱派遣（都市整備局都営住宅経営部指導管理課統括課長代理）◎荒井宏親▽都市整備局都市基盤部担当課長＝多摩都市モノレール㈱派遣（都市整備局都市基盤部担当課長＝中野区派遣）山本健一▽都市整備局都市基盤部担当課長＝東京臨海高速鉄道㈱派遣（財務局建築保全部技術管理課統括課長代理）◎笹原英二▽都市整備局都市基盤部担当課長＝東日本旅客鉄道㈱派遣（都市整備局市街地整備部担当課長＝多摩市派遣）飯箸俊一▽都市整備局市街地整備部担当課長㊙＝㈱多摩テレビ派遣（荒川都税事務所副所長兼総務課長㊙）大石義勝▽都市整備局都市基盤部担当課長＝中野区派遣（中央卸売市場新市場整備部施設整備課統括課長代理）◎荒井大介▽都市整備局都市づくり政策部担当課長＝東大和市派遣（都市整備局担当部長＝墨田区派遣）直井亨＝再任用▽都市整備局市街地整備部担当課長＝武蔵村山市派遣（都市整備局都市基盤部交通企画課統括課長代理）◎桂健太郎▽都市整備局都市づくり政策部まちづくり専門課長（都市整備局都市づくり政策部土地利用計画課統括課長

代理）◎古丸善博▽環境局総務部広報担当課長（環境局地球環境エネルギー部都市エネルギー推進担当課長）中島隆行▽環境局総務部アセスメント担当課長（環境局自然環境部緑施策推進担当課長（緑化募金担当課長兼務）真田典孝▽環境局総務部オリンピック・パラリンピックアセスメント担当課長（環境局総務部広報担当課長）東條左絵子▽環境局地球環境エネルギー部都市エネルギー推進担当課長（環境局地球環境エネルギー部担当課長＝東京都環境公社派遣）小島正禎▽環境局地球環境エネルギー部水素エネルギー推進担当課長（水道局浄水部局務担当課長＝羽村取水管理事務所長）久保田庄三▽環境局環境改善部大気保全課長（政策企画局調整部国家戦略特区推進担当課長）阿部貞弘▽環境局環境改善部化学物質対策課長（環境局地球環境エネルギー部水素エネルギー推進担当課長）須藤哲▽環境局環境改善部規制監察担当課長（環境局総務部アセスメント担当課長）宇山竜二▽環境局自然環境部計画課長㊙（環境局環境改善部大気保全課長）成澤智司▽環境局自然環境部緑施策推進担当課長＝緑化募金担当課長兼務（環境局総務部オリンピック・パラリンピックアセスメント担当課長）川道克祥▽環境局資源循環推進部産業廃棄物対策課長㊙（環境局資源循環推進部産業廃棄物対策課長）須賀隆行▽環境局資源循環推進部担当課長㊙＝東京二十三区清掃一部事務組合派遣（環境局資源循環推進部局務担当課長＝東京二十三区清掃一部事務組合派遣）今井正美▽多摩環境事務所環境改善課長（環境局環境改善部化学物質対策課統括課長代理）◎田中利和▽環境局地球環境エネルギー部担当課長＝東京都環境公社派遣（環境局地球環境エネルギー部計画課統括課長代理）◎池上佐知▽環境局資源循環推進部担当課長＝東京都環境公社派遣（小笠原支庁総務課長）杉山明▽環境局資源循環推進部担当課長＝目黒区派遣（総務局人事部人事課統括課長代理）◎秋田直宏▽福祉保健局総務部総務課長㊙（福祉保健局健康安全部健康安全課長）中川一典▽福祉保健局総務部広報担当課長（福祉保健局総務部担当課長＝東京都社会福祉事業団派遣）大竹智洋▽福祉保健局総務部事業推進担当課長（福祉保健局少子社会対策部担当課長＝東京都社会福祉事業団派遣）畑中和夫▽福祉保健局総務部計理課長（福祉保健局少子社会対策部保育支援課長）富山貴仁▽福祉保健局指導監査部指導第三課長（福祉保健局医療政策部医療人材課長）中島秋津▽福祉保健局医療政策部保健医療計画担当課長（福祉保健局総務部担当課長＝練馬区派遣）榎本光宏▽福祉保健局医療政策部医療人材課長（福祉保健局保健政策部難病対策担当課長）松原かおり▽福祉保健局保健政策部健康推進課長（練馬区健康部保健予防課長）中坪直樹▽福祉保健局保健政策部疾病対策課長（渋谷区健康推進部地域保健課長）小林一司▽福祉保健局保健政策部難病対策担当課長（病院経営本部サービス推進部医療安全推進担

当課長）奈倉史子▽福祉保健局生活福祉部山谷対策・自立支援担当課長（福祉保健局高齢社会対策部担当課長＝地方独立行政法人東京都健康長寿医療センター派遣）犬飼陽一郎▽福祉保健局高齢社会対策部在宅支援課長㊙（福祉保健局高齢社会対策部在宅支援課長）坂田早苗▽福祉保健局少子社会対策部育成支援課長（福祉保健局総務部広報担当課長）竹中雪与▽福祉保健局少子社会対策部保育支援課長（福祉保健局総務部事業推進担当課長）柳橋祥人▽福祉保健局障害者施策推進部計画課長㊙（福祉保健局指導監査部指導第三課長）渡辺秀子▽福祉保健局健康安全部健康安全課長（福祉保健局総務部計理課長）荒畑克彦▽福祉保健局健康安全部食品監視課長㊙（福祉保健局健康安全部食品監視課長）中村重信▽福祉保健局健康安全部食品危機管理担当課長（福祉保健局健康安全部医療体制整備担当課長）稲見成之▽福祉保健局健康安全部環境保健事業担当課長（総務局情報通信企画部情報化推進担当課長）堂園桂子▽福祉保健局健康安全部環境衛生事業推進担当課長（多摩府中保健所生活環境安全課長）鮫島弘尚▽福祉保健局健康安全部医療体制整備担当課長（福祉保健局総務部担当課長＝東京都福祉保健財団派遣）中島真弓▽福祉保健局医療政策部局務担当課長＝南多摩看護専門学校副校長（福祉保健局保健政策部局務担当課長＝東京都後期高齢者医療広域連合派遣）高野祐子▽福祉保健局少子社会対策部局務担当課長＝女性相談センター多摩支所長（福祉保健局保健政策部局務担当課長＝西多摩保健所企画調整課長）三木明香▽福祉保健局健康安全部局務担当課長＝健康安全研究センター広域監視部食品監視第一課長（福祉保健局健康安全部環境衛生事業推進担当課長）原口直美▽福祉保健局健康安全部局務担当課長＝芝浦食肉衛生検査所管理課長（福祉保健局健康安全部食品危機管理担当課長）澁谷智晃▽広尾看護専門学校副校長（福祉保健局障害者施策推進部担当課長＝東京都社会福祉事業団派遣）川畑尚子▽西多摩保健所企画調整課長㊙（多摩府中保健所企画調整課長㊙）前川久恵▽西多摩保健所生活環境安全課長（女性相談センター多摩支所長）森泉旬子▽多摩府中保健所企画調整課長㊙（福祉保健局少子社会対策部育成支援課長）中澤知子▽多摩府中保健所生活環境安全課長（心身障害者福祉センター障害認定課長）梅津義和▽東村山ナーシングホーム介護保健課長（萩山実務学校自立支援課長）植竹則之▽萩山実務学校自立支援課長（オリンピック・パラリンピック準備局総合調整部担当課長＝東京オリンピック・パラリンピック競技大会組織委員会派遣）中條堅一郎▽誠明学園自立支援課長（福祉保健局少子社会対策部育成支援課統括課長代理）◎岡野安成▽児童相談センター事業課長（福祉保健局少子社会対策部計画課統括課長代理）◎宿岩雅弘▽立川児童相談所長㊙（立川児童相談所長）石塚健市▽小平児童相談所長（福祉保健局少子社会対策部担当課

長＝東京都社会福祉事業団派遣）菅田弘之▽心身障害者福祉センター障害認定課長（東村山ナーシングホーム介護保健課長）大高祐一▽北療育医療センター事務次長（市場衛生検査所管理課長）小林敏▽健康安全研究センター企画調整部調整担当課長（福祉保健局生活福祉部担当課長＝城北労働・福祉センター派遣）舘山忠史▽健康安全研究センター広域監視部食品監視第二課長（健康安全研究センター広域監視部建築物監視指導課長）垣弘一▽健康安全研究センター広域監視部建築物監視指導課長（健康安全研究センター広域監視部食品監視第二課長）依田昌樹▽市場衛生検査所管理課長（芝浦食肉衛生検査所管理課長）移川恭代▽福祉保健局総務部担当課長＝東京都福祉保健財団派遣（総務局行政部担当課長＝荒川区派遣）田窪和美▽福祉保健局生活福祉部担当課長㊙＝城北労働・福祉センター派遣（福祉保健局生活福祉部担当課長㊙＝城北労働・福祉センター派遣）小原茂＝再任用▽福祉保健局生活福祉部担当課長＝城北労働・福祉センター派遣（総務局総務部担当課長＝公立大学法人首都大学東京派遣）福山弘▽福祉保健局総務部担当課長＝東京都社会福祉事業団派遣（福祉保健局医療政策部医療人材課統括課長代理）◎鹿内弘実▽福祉保健局少子社会対策部担当課長＝東京都社会福祉事業団派遣（福祉保健局高齢社会対策部在宅支援課統括課長代理）◎山本国男▽福祉保健局少子社会対策部担当課長＝東京都社会福祉事業団派遣（広尾看護専門学校副校長）新堀良二▽福祉保健局障害者施策推進部担当課長＝東京都社会福祉事業団派遣（誠明学園自立支援課長）東金晃一▽福祉保健局高齢社会対策部担当課長＝地方独立行政法人東京都健康長寿医療センター派遣（福祉保健局総務部計理課統括課長代理）◎吉野成典▽福祉保健局保健政策部担当課長＝東京都後期高齢者医療広域連合派遣（北療育医療センター事務次長）吉原俊文▽福祉保健局総務部担当課長＝大田区派遣（政策企画局計画部計画課統括課長代理）◎白川真弓▽福祉保健局総務部担当課長＝江東区派遣（主税局税制部税制課統括課長代理）◎谷口将太▽福祉保健局総務部担当課長＝荒川区派遣（病院経営本部経営企画部総務課統括課長代理＝東京都保健医療公社派遣）◎八木徹雄▽福祉保健局総務部担当課長＝荒川区派遣（教育庁総務部総務課統括課長代理）◎辻等▽福祉保健局総務部担当課長＝練馬区派遣（福祉保健局総務部計理課統括課長代理）◎西川篤史▽萩山実務学校児童自立支援専門課長（萩山実務学校自立支援課統括課長代理）◎鈴木義憲▽児童相談センター児童福祉相談専門課長（足立児童相談所統括課長代理）◎山元照明▽産業労働局総務部広報担当課長（産業労働局金融部担当課長＝㈱東京TYフィナンシャルグループ派遣）松田義史▽産業労働局総務部連絡調整担当課長（産業労働局総務部広報担当課長）清水良誠▽産業労働局総務部企画計理課長（産業労働局総務部企画担当課長（オ

リンピック・パラリンピック調整担当課長兼務）江村信彦▽産業労働局総務部企画担当課長＝オリンピック・パラリンピック調整担当課長兼務（産業労働局雇用就業部計画調整担当課長）近藤豊久▽産業労働局総務部特命担当課長㊙（産業労働局観光部振興課長）若林和彦＝3月31日付▽産業労働局商工部企画調整担当課長（産業労働局商工部担当課長＝東京都中小企業振興公社派遣）山崎貴晃▽産業労働局商工部海外販路開拓担当課長（産業労働局観光部観光施策担当課長）原郁▽産業労働局金融部金融課長（産業労働局総務部企画計理課長）河村浩▽産業労働局金融部金融連携支援担当課長（産業労働局農林水産部団体経営改善推進担当課長）高須信二▽産業労働局金融部金融支援担当課長（産業労働局商工部担当課長＝㈱東京ビッグサイト派遣）西田雄一郎▽産業労働局観光部企画課長（産業労働局観光部受入環境課長）福田哲平▽産業労働局観光部観光施策担当課長（産業労働局商工部担当課長＝東京都中小企業振興公社派遣）齋藤順▽産業労働局観光部振興課長（政策企画局調整部海外広報担当課長）吉田隆雄▽産業労働局観光部受入環境課長（産業労働局雇用就業部人材確保支援担当課長）本澤好貞▽産業労働局観光部受入環境担当課長（産業労働局観光部担当課長＝東京観光財団派遣）三角知恵人▽産業労働局観光部事業調整担当課長（産業労働局商工部担当課長＝東京都中小企業振興公社派遣）二瓶伸▽産業労働局農林水産部調整課長㊙（産業労働局農林水産部調整課長）徳弘欣也▽産業労働局農林水産部団体経営改善推進担当課長（産業労働局金融部金融支援担当課長）板倉広泰▽産業労働局農林水産部農業振興課長㊙（産業労働局農林水産部農業振興課長）松川敦▽産業労働局雇用就業部調整課長㊙（政策企画局計画部計画課長）高畠信次▽産業労働局雇用就業部計画調整担当課長（産業労働局観光部事業調整担当課長）田村弘明▽産業労働局雇用就業部就業推進課長（厚生労働省社会・援護局総務課長補佐）朝比奈祥子▽産業労働局雇用就業部人材確保支援担当課長（産業労働局雇用就業部担当課長＝東京しごと財団派遣）林さやか▽産業労働局雇用就業部労働環境施策担当課長（労働相談情報センター相談調査課長）平野茂▽産業労働局雇用就業部局務担当課長＝中央・城北職業能力開発センター人材育成課長（産業労働局観光部受入環境担当課長）加来順也▽産業労働局雇用就業部局務担当課長＝多摩職業能力開発センター八王子校長（産業労働局雇用就業部局務担当課長＝中央・城北職業能力開発センター赤羽校長）後藤健祐▽産業労働局農林水産部局務担当課長＝東京都漁業協同組合連合会派遣（産業労働局雇用就業部局務担当課長＝多摩職業能力開発センター八王子校長）鈴木紀之▽家畜保健衛生所長（家畜保健衛生所統括課長代理）◎川手日出子▽島しょ農林水産総合センター八丈事業所長（産業労働局農林水産部水産課統括課長代理）◎前田

洋志▽労働相談情報センター相談調査課長（総務局人事部職員支援課統括課長代理）◎大塚重之▽労働相談情報センター大崎事務所長（労働相談情報センター池袋事務所長）後藤了▽労働相談情報センター池袋事務所長（労働相談情報センター亀戸事務所長）小林孝雄▽労働相談情報センター亀戸事務所長（産業労働局商工部担当課長＝東京都中小企業振興公社派遣）奥山浩希▽労働相談情報センター八王子事務所長㊙（産業労働局農林水産部担当課長㊙＝東京都漁業協同組合連合会派遣）糸井義明▽中央・城北職業能力開発センター訓練課長（産業労働局雇用就業部担当課長＝東京しごと財団派遣）宮森功一▽中央・城北職業能力開発センター板橋校長（城東職業能力開発センター江戸川校長）大谷久美子▽中央・城北職業能力開発センター赤羽校長（松沢病院事務局庶務課長）橋本大▽城南職業能力開発センター人材育成課長（城南職業能力開発センター訓練課長）岩谷祐治▽城南職業能力開発センター訓練課長（労働相談情報センター大崎事務所長）寺内親弘▽城東職業能力開発センター訓練課長（生活文化局文化振興部担当課長＝東京都歴史文化財団派遣）早野泰恵▽城東職業能力開発センター江戸川校長（城南職業能力開発センター人材育成課長）森勝▽多摩職業能力開発センター訓練課長（産業労働局雇用就業部担当課長＝東京しごと財団派遣）齋藤仁志▽東京障害者職業能力開発校教務課長（下水道局南部下水道事務所庶務課長）高橋貞史▽産業労働局商工部担当課長＝東京都中小企業振興公社派遣（財務局主計部予算第二課統括課長代理）◎川崎秀一▽産業労働局商工部担当課長＝東京都中小企業振興公社派遣（政策企画局調整部政策課統括課長代理）◎松川英郎▽産業労働局商工部担当課長＝東京都中小企業振興公社派遣（産業労働局商工部地域産業振興課統括課長代理）◎丸友文▽産業労働局商工部担当課長＝東京都中小企業振興公社派遣（オリンピック・パラリンピック準備局総合調整部調整課統括課長代理＝東京オリンピック・パラリンピック競技大会組織委員会派遣）◎長谷川悠希▽産業労働局商工部担当課長＝東京都中小企業振興公社派遣（産業労働局総務部企画計理課統括課長代理）◎藤本仁和▽産業労働局商工部担当課長＝地方独立行政法人東京都立産業技術研究センター派遣（政策企画局調整部報道課統括課長代理）◎伊藤健悟▽産業労働局商工部担当課長＝㈱東京ビッグサイト派遣（総務局行政改革推進部行政改革課統括課長代理）◎福塚英雄▽産業労働局観光部担当課長＝東京観光財団派遣（東京障害者職業能力開発校教務課長）松坂好浩▽産業労働局観光部担当課長＝東京観光財団派遣（産業労働局商工部担当課長＝東京都中小企業振興公社派遣）河野浩邦▽産業労働局雇用就業部担当課長＝東京しごと財団派遣（島しょ農林水産総合センター八丈事業所長）永阪彰▽産業労働局雇用就業部担当課長＝東京しごと財団派遣（産業労働局

雇用就業部局務担当課長＝労働相談情報センター八王子事務所長）小島恒彦＝再任用▽産業労働局総務部担当課長＝千代田区派遣（港湾局総務部企画計理課統括課長代理）◎栗原毅▽産業労働局総務部産業政策専門課長（産業労働局総務部企画計理課統括課長代理）◎須藤真一▽建設局総務部調整担当課長（建設局総務部広報広聴担当課長）樋田博子▽建設局総務部広報広聴担当課長（建設局河川部河川管理制度担当課長）髙橋正和▽建設局総務部計画担当課長＝総務局行政部技術調整担当課長兼務（第一建設事務所工事課長）岡村浩志▽建設局総務部オリンピック・パラリンピック調整担当課長（オリンピック・パラリンピック準備局総合調整部局務担当課長＝東京オリンピック・パラリンピック競技大会組織委員会派遣）橋本一郎▽建設局総務部技術管理課長㊙（建設局河川部改修課長）小木曽正隆▽建設局総務部安全技術担当課長（交通局建設工務部保線技術担当課長）吉留一郎▽建設局用地部管理課長㊙（建設局用地部用地課長）網野康之▽建設局用地部用地課長（建設局道路管理部監察指導課長）高島泰法▽建設局道路管理部管理課長（建設局用地部管理課長）城田峰生▽建設局道路管理部監察指導課長（建設局公園緑地部公園課長）小林直樹▽建設局道路建設部鉄道立体担当課長（建設局道路建設部鉄道立体担当課長＝道路環境担当課長兼務）細見明彦▽建設局道路建設部道路環境担当課長（建設局道路建設部木密路線整備担当課長）水谷正史▽建設局道路建設部街路課長㊙（建設局道路建設部街路課長）久野健一郎▽建設局道路建設部木密路線整備担当課長（建設局総務部計画担当課長＝総務局行政部技術調整担当課長兼務）山本聡▽建設局道路建設部道路橋梁課長㊙（建設局総務部技術管理課長㊙）後藤広治▽建設局三環状道路整備推進部整備推進課長㊙（建設局三環状道路整備推進部整備推進課長）小野寺圭▽建設局公園緑地部公園課長（港湾局総務部団体調整担当課長）黒田慶樹▽建設局公園緑地部公園建設課長（建設局公園緑地部利用促進担当課長）佐野宏子▽建設局公園緑地部庭園復元担当課長）菅原淳子▽建設局公園緑地部オリンピック・パラリンピック会場整備担当課長（第三建設事務所工事第一課長）三浦和広▽建設局河川部河川管理制度担当課長（東部公園緑地事務所管理課長）田中功▽建設局河川部計画課長㊙（建設局河川部中小河川計画担当課長）内野祐彰▽建設局河川部中小河川計画担当課長（建設局総務部オリンピック・パラリンピック調整担当課長）小田中光▽建設局河川部改修課長（建設局河川部防災課長）吉原信貴▽建設局河川部防災課長㊙（建設局道路建設部道路橋梁課長㊙）周郷友義▽建設局道路管理部局務担当課長＝第二建設事務所管理課長（建設局用地部局務担当課長＝北多摩南部建設事務所用地課長）高橋伸子▽建設局道路管理部局務担当課長＝第六建設事務所管理課長（建設

局用地部局務担当課長＝南多摩西部建設事務所用地課長）鈴木義治▽建設局公園緑地部局務担当課長＝東部公園緑地事務所オリンピック・パラリンピック会場整備担当課長（建設局公園緑地部オリンピック・パラリンピック会場整備担当課長）大久保雅典▽第一建設事務所管理課長（第五建設事務所管理課長）鈴木丈喜▽第一建設事務所工事課長（北多摩南部建設事務所工事第一課長）黒木秀一▽第一建設事務所環二工事課長（第二建設事務所補修課長）天野清和▽第二建設事務所工事第一課長（小笠原支庁土木課長）藤田政彦▽第二建設事務所補修課長（南多摩東部建設事務所補修課長）前田隆志▽第三建設事務所管理課長（第六建設事務所管理課長）橋本春彦▽第三建設事務所用地課長（北多摩北部建設事務所用地課長）山下邦洋▽第三建設事務所工事第一課長（第一建設事務所環二工事課長）奥山美晴▽第四建設事務所管理課長（第二建設事務所管理課長）村上修史▽第四建設事務所工事第二課長（西多摩建設事務所工事第二課長）荒川晴夫▽第五建設事務所管理課長（第三建設事務所管理課長）岩倉俊明▽第五建設事務所用地課長（交通局小滝橋自動車営業所長）小川親吾▽第六建設事務所庶務課長（第一建設事務所管理課長）関正明▽第六建設事務所用地課長（第五建設事務所用地課長）清水直樹▽西多摩建設事務所管理課長（北多摩南部建設事務所管理課長）二瓶国利▽西多摩建設事務所工事第二課長（水道局小河内貯水池管理事務所長）出戸剛▽西多摩建設事務所奥多摩出張所長（八丈支庁港湾課長）岡部幹雄▽南多摩東部建設事務所庶務課長（南多摩東部建設事務所管理課長）植木修▽南多摩東部建設事務所管理課長（南多摩東部建設事務所用地課長）秋元久司▽南多摩東部建設事務所用地課長（北多摩北部建設事務所副所長兼庶務課長㊙）石内二男＝再任用▽南多摩東部建設事務所補修課長（建設局道路建設部計画課統括課長代理＝警視庁併任）◎木下悟志▽南多摩西部建設事務所庶務課長（南多摩東部建設事務所庶務課長）青木隆▽南多摩西部建設事務所用地課長（第三建設事務所用地課長）菅沼智子▽南多摩西部建設事務所補修課長（下水道局南部下水道事務所建設課長）杉山和穂▽北多摩南部建設事務所管理課長（南多摩西部建設事務所庶務課長）吉野茂＝再任用▽北多摩南部建設事務所用地課長（都市整備局市街地建築部調整課統括課長代理）◎福田隆▽北多摩南部建設事務所工事第一課長（建設局道路建設部担当課長＝首都高速道路㈱派遣）梅津嘉志▽北多摩南部建設事務所補修課長（交通局志村保線管理所長）野末光弘▽北多摩北部建設事務所副所長兼庶務課長㊙（江東治水事務所副所長兼庶務課長㊙）佐藤公俊▽北多摩北部建設事務所用地課長（第六建設事務所用地課長）辻隆夫▽東部公園緑地事務所管理課長（西多摩建設事務所管理課長）蛭間浩之▽東部公園緑地事務所事業推進課長（建設局公園緑地部管理課統括課長代理＝東京都公園協

会派遣）◎三浦貞夫▽東部公園緑地事務所工事課長（建設局公園緑地部担当課長＝東京都公園協会派遣）竹内智子▽東部公園緑地事務所動物園整備担当課長（建設局公園緑地部局務担当課長＝東部公園緑地事務所動物園整備担当課長）小幡晃＝再任用▽西部公園緑地事務所副所長兼庶務課長㊙（建設局公園緑地部担当課長＝東京動物園協会派遣）古橋豊三▽江東治水事務所副所長兼庶務課長㊙（第六建設事務所庶務課長）塚本俊之▽江東治水事務所水門管理課長（都市整備局総務部技術管理課統括課長代理）◎天坂幸司▽建設局用地部担当課長＝東京都道路整備保全公社派遣（政策企画局調整部政策課統括課長代理）◎江口陽子▽建設局公園緑地部担当課長＝東京都公園協会派遣（都市整備局都市づくり政策部緑地景観課統括課長代理）◎曽我千文▽建設局公園緑地部担当課長＝東京都公園協会派遣（建設局公園緑地部公園建設課統括課長代理）◎永田雅之▽建設局公園緑地部担当課長＝東京動物園協会派遣（総務局総合防災部防災管理課統括課長代理）◎向後貴弘▽建設局公園緑地部担当課長㊙＝東京動物園協会派遣（建設局公園緑地部担当課長＝東京動物園協会派遣）渡部浩文▽建設局公園緑地部担当課長㊙＝東京動物園協会派遣（建設局公園緑地部担当課長＝東京動物園協会派遣）錦織一臣▽建設局道路建設部担当課長＝首都高速道路㈱派遣（都市整備局都市基盤部街路計画課統括課長代理＝中央卸売市場新市場整備部施設整備課統括課長代理兼務）◎荒井徹▽建設局道路管理部道路防災専門課長（西多摩建設事務所補修課統括課長代理）◎北澤俊明▽建設局道路管理部橋梁構造専門課長（建設局道路建設部道路橋梁課統括課長代理）◎加藤順一▽建設局道路管理部橋梁構造専門課長（建設局道路管理部保全課統括課長代理）◎鈴木智洋▽建設局道路建設部事業化調整専門課長（第六建設事務所工事課統括課長代理）◎徳差宣▽建設局道路建設部橋梁構造専門課長（建設局道路管理部橋梁構造専門課長）紅林章央▽第二建設事務所用地専門課長（第四建設事務所用地専門課長）吉岡孝一▽第三建設事務所用地専門課長（第二建設事務所用地第二課統括課長代理）◎秋好裕美子▽第四建設事務所用地専門課長（第三建設事務所用地専門課長）島川光司▽第四建設事務所用地専門課長（第二建設事務所用地専門課長）池田昌弘▽西多摩建設事務所用地専門課長（南多摩西部建設事務所用地専門課長）須藤正子▽南多摩東部建設事務所用地専門課長（西多摩建設事務所用地専門課長）須藤陽子▽南多摩西部建設事務所用地専門課長（南多摩東部建設事務所用地専門課長）田代茂樹▽港湾局総務部総務課長㊙（財務局主計部予算第一課長㊙）深井稔▽港湾局総務部団体調整担当課長（港湾局総務部担当課長＝㈱東京臨海ホールディングス派遣）吉浦勝也▽港湾局総務部広報担当課長（港湾局総務部担当課長＝東京港埠頭㈱派遣）伊藤正則▽港湾局総務部企画計理課長（港湾局港湾

経営部振興課長）石井均▽港湾局総務部企画担当課長＝オリンピック・パラリンピック調整担当課長兼務（港湾局総務部調整担当課長）伊藤正勝▽港湾局総務部調整担当課長（港湾局港湾経営部物流企画担当課長）松本克己▽港湾局港湾経営部経営課長（港湾局臨海開発部海上公園課長）渡邊正也▽港湾局港湾経営部監理担当課長（港湾局総務部担当課長＝㈱ゆりかもめ派遣）江袋晃弘▽港湾局港湾経営部振興課長（港湾局港湾経営部監理担当課長）下羅智宏▽港湾局港湾経営部物流企画担当課長（中央都税事務所事業税課長）福元香苗▽港湾局港湾経営部広域港湾連携担当課長（港湾局総務部広報担当課長）西平倫治▽港湾局臨海開発部開発企画課長（港湾局総務部企画担当課長＝オリンピック・パラリンピック調整担当課長兼務）宮崎成▽港湾局臨海開発部建築施設計画担当課長（都市整備局住宅政策推進部民間住宅市場担当課長）千明広幸▽港湾局臨海開発部海上公園課長（港湾局港湾経営部広域港湾連携担当課長）吉田憲治▽港湾局臨海開発部海上公園計画担当課長（東部公園緑地事務所工事課長）坂下智宏▽港湾局港湾整備部計画課長（港湾局港湾整備部水防対策担当課長）小堺正啓▽港湾局港湾整備部水防対策担当課長（オリンピック・パラリンピック準備局大会施設部選手村担当課長）鈴木俊一▽港湾局港湾整備部技術管理課長㊙（港湾局港湾整備部施設建設課長㊙）白岩一晶▽港湾局港湾整備部施設建設課長（港湾局離島港湾部建設課長）佐藤伸一▽港湾局港湾整備部建築調整担当課長（港湾局臨海開発部建築施設計画担当課長）谷井隆▽港湾局離島港湾部航空保安担当課長（元国土交通省大阪航空局関西空港事務所管制保安部先任航空管制官）浦上隆信▽港湾局離島港湾部島しょ空港整備推進担当課長＝小笠原空港整備担当課長兼務（東京港管理事務所施設補修課長）久保一郎▽港湾局離島港湾部建設課長（港湾局離島港湾部島しょ空港整備推進担当課長＝小笠原空港整備担当課長兼務）石崎博▽港湾局港湾経営部局務担当課長＝東京港管理事務所施設補修課長（港湾局総務部局務担当課長＝㈱ゆりかもめ派遣）白石隆一郎▽港湾局臨海開発部局務担当課長＝東京港管理事務所オリンピック・パラリンピック海上公園整備担当課長（中央卸売市場新市場整備部基盤整備担当課長）芳田浩司▽東京港管理事務所港務課長（東京港管理事務所ふ頭運営課長）森澤直毅▽東京港管理事務所ふ頭運営課長（総務局人事部調査課統括課長代理）◎村上功▽東京港建設事務所港湾整備課長（東京港建設事務所海岸整備課長）今野隆久▽東京港建設事務所海岸整備課長（東京港建設事務所オリンピック・パラリンピック施設整備課長）佐竹禎司▽東京港建設事務所オリンピック・パラリンピック施設整備課長（港湾局総務部担当課長＝東京港埠頭㈱派遣）杉山晃一▽港湾局総務部担当課長＝㈱東京臨海ホールディングス派遣（港湾局総務部総務課統括課長代理）◎松田泰典

▽港湾局総務部担当課長＝㈱東京臨海ホールディングス派遣（都市整備局都市基盤部担当課長＝多摩都市モノレール㈱派遣）島貫浩▽港湾局総務部担当課長＝東京港埠頭㈱派遣（政策企画局計画部計画課統括課長代理）◎金子喬彦▽港湾局総務部担当課長＝東京港埠頭㈱派遣（都市整備局基地対策部統括課長代理）◎渡邉将洋▽港湾局総務部担当課長＝東京港埠頭㈱派遣（人事委員会事務局試験部研究調査担当課長）土屋義和▽港湾局総務部担当課長＝㈱ゆりかもめ派遣（都市整備局市街地整備部防災都市づくり課統括課長代理）◎新井卓地▽港湾局離島港湾部島しょ港湾防災対策専門課長（港湾局離島港湾部計画課統括課長代理）◎芳賀竜爾▽会計管理局管理部会計企画課長（下水道局経理部契約課長）金子俊一▽青少年・治安対策本部総合対策部活動推進担当課長（青少年・治安対策本部総合対策部渋滞対策担当課長）松屋温美▽青少年・治安対策本部総合対策部安全・安心まちづくり課長㊙（青少年・治安対策本部総合対策部交通安全課長）濱村竜一▽青少年・治安対策本部総合対策部交通安全課長（主税局課税部査察課長）池野谷昌幸▽青少年・治安対策本部総合対策部渋滞対策担当課長（福祉保健局健康安全部環境保健事業担当課長）大杉規子▽病院経営本部経営企画部経営戦略担当課長＝オリンピック・パラリンピック調整担当課長兼務（病院経営本部経営企画部多摩事業調整担当課長）小野寺隆徳▽病院経営本部経営企画部計画調整担当課長（総務局人事部調査課統括課長代理）◎斎藤毅▽病院経営本部経営企画部計画調整担当課長（大塚病院事務局庶務課長）江口耕一▽病院経営本部経営企画部計画調整担当課長（総務局人事部担当課長＝東京都人材支援事業団派遣）桑原優子▽病院経営本部経営企画部財務課長㊙（病院経営本部経営企画部財務課長）渡邉義浩▽病院経営本部サービス推進部情報システム担当課長（病院経営本部経営企画部担当課長＝東京都保健医療公社派遣）宮川聡史▽病院経営本部サービス推進部医療安全推進担当課長（多摩総合医療センター事務局医事課長）斎木牧子▽病院経営本部経営企画部局務担当課長＝東京都保健医療公社派遣（病院経営本部サービス推進部病院ネットワーク推進担当課長）佐野修▽大塚病院事務局庶務課長（オリンピック・パラリンピック準備局大会施設部施設整備第一課統括課長代理）◎渡邉和成▽大塚病院事務局医事課長（人事委員会事務局試験部試験課統括課長代理）◎丸山洋三▽墨東病院事務局庶務課長（病院経営本部経営企画部総務課統括課長代理＝東京都保健医療公社派遣）◎藏田一成▽多摩総合医療センター事務局医事課長（財務局主計部財政課統括課長代理）◎大塚哲也▽小児総合医療センター事務局医事課長（オリンピック・パラリンピック準備局総合調整部パラリンピック準備課統括課長代理）◎松坂智仁

8面につづく

▽松沢病院事務局庶務課長（病院経営本部経営企画部職員課統括課長代理）◎山室剛二▽松沢病院事務局医事課長（労働委員会事務局総務課統括課長代理）◎谷淳▽病院経営本部経営企画部担当課長＝東京都保健医療公社派遣（墨東病院事務局庶務課長）盛岡義勝▽病院経営本部経営企画部担当課長＝東京都保健医療公社派遣（大塚病院事務局医事課長）菊池朗子▽墨東病院事務局企画・運営専門課長（墨東病院事務局企画・運営専門課長）佐藤富子＝再任用▽中央卸売市場管理部企画担当課長（政策企画局総務部副知事秘書担当課長）吉原史典▽中央卸売市場管理部企画担当課長（政策企画局調整部政策課統括課長代理）◎久賀谷郁夫▽中央卸売市場管理部渉外調整担当課長（総務局行政部担当課長＝中央区派遣）御郷誠▽中央卸売市場管理部市場政策課長＝オリンピック・パラリンピック調整担当課長兼務（中央卸売市場新市場整備部衛生調整担当課長）大場誠子▽中央卸売市場管理部財務課長㊙（中央卸売市場管理部財務課長）大谷俊也▽中央卸売市場管理部財政調整担当課長（病院経営本部経営企画部経営戦略担当課長＝オリンピック・パラリンピック調整担当課長兼務）畠山宗幸▽中央卸売市場事業部業務課長（中央卸売市場管理部市場政策課長＝オリンピック・パラリンピック調整担当課長兼務）笹森竜太郎▽中央卸売市場事業部移転・経営支援担当課長（中央卸売市場管理部局務担当課長＝築地市場水産農産品課長＝管理部連絡調整担当課長兼務）沼倉護▽中央卸売市場事業部経営企画担当課長（中央卸売市場管理部渉外調整担当課長）斉藤義行▽中央卸売市場事業部施設課長（多摩建築指導事務所建築指導第三課長）佐藤至▽中央卸売市場新市場整備部事業調整担当課長（中央卸売市場事業部経営企画担当課長）加藤雄大▽中央卸売市場新市場整備部事業推進担当課長（中央卸売市場新市場整備部事業調整担当課長）間瀬努▽中央卸売市場新市場整備部衛生調整担当課長（中央卸売市場新市場整備部移転調整担当課長）竹村重治▽中央卸売市場新市場整備部移転調整担当課長（中央卸売市場食肉市場作業第一課長）鳥生幹夫▽中央卸売市場新市場整備部事業支援担当課長（中央卸売市場管理部事業支援担当課長）竹内宏幸▽中央卸売市場管理部局務担当課長＝世田谷市場長（中央卸売市場事業部移転・経営支援担当課長）浦谷純二▽中央卸売市場築地市場水産農産品課長＝管理部連絡調整担当課長兼務（総務局行政部区政課統括課長代理）◎福田政之▽中央卸売市場食肉市場作業第一課長（都市整備局市街地建築部建築企画課統括課長代理）◎中村雄一▽中央卸売市場足立市場長（中央卸売市場多摩ニュータウン市場場長）大谷英雄▽中央卸売市場多摩ニュータウン市場場長（中央卸売市場事業部業務課長㊙）井上正紀＝再任用▽労働委員会事務局総務課長㊙（都市整備局都営住宅経営部経営企画課長㊙）小野隆▽労働委員会事務局審査調整課長（労働委員会事務局調整担当課長）両角真一▽労働委員会事務局調整担当課長（人事委員会事務局任用公平部審査担当課長）近藤匠▽収用委員会事務局審理課長（総務局総務部政策法務担当課長）前田康行▽収用委員会事務局審理担当課長（環境局環境改善部規制監察担当課長）小林実▽交通局総務部総務課長㊙（交通局総務部経営管理課長）田中角文▽交通局総務部情報システム担当課長（交通局電車部ICカード担当課長）新原寛史▽交通局総務部オリンピック・パラリンピック開催準備担当課長＝オリンピック・パラリンピック調整担当課長兼務（城東職業能力開発センター訓練課長）谷中恵司▽交通局総務部財務課長㊙（交通局職員部人事課長㊙）太田純也▽交通局総務部経営管理担当課長（交通局総務部オリンピック・パラリンピック開催準備担当課長＝オリンピック・パラリンピック調整担当課長兼務）大谷賢司▽交通局職員部人事課長（産業労働局雇用就業部局務担当課長＝中央・城北職業能力開発センター人材育成課長）堀内弘▽交通局職員部人材育成・服務指導担当課長（交通局職員部服務指導担当課長）永田丈士▽交通局資産運用部会計課長（交通局総務部情報システム課長）吉川正信▽交通局電車部ICカード担当課長（オリンピック・パラリンピック準備局総務部契約管財担当課長）古浦宏美▽交通局電車部運転課長㊙（交通局電車部運転課長）保泉正雄▽交通局自動車部運行管理担当課長（交通局品川自動車営業所長）若田瑞穂▽交通局車両電気部信号通信課長㊙（交通局車両電気部信号通信課長）一條勝夫▽交通局建設工務部計画担当課長㊙（交通局建設工務部計画担当課長）飯沼健一▽交通局局務担当課長＝木場車両検修場長（交通局木場車両検修場長）但木謙次▽交通局自動車部担当課長＝特命（交通局自動車部運行管理担当課長）藤尾尚仁▽交通局巣鴨駅務管区長（生活文化局都民生活部男女平等参画課統括課長代理）◎小宮山みき▽交通局品川自動車営業所長（交通局早稲田自動車営業所長）坂本明久▽交通局小滝橋自動車営業所長（人事委員会事務局任用公平部任用給与課統括課長代理）◎高橋伸▽交通局早稲田自動車営業所長（交通局江戸川自動車営業所統括課長代理）◎高橋弘二▽交通局志村車両検修場長（交通局大江戸線電気管理所長）寺平信雄▽交通局大江戸線電気管理所長（交通局車両電気部電力課統括課長代理）◎今井勝行▽交通局馬込保線管理所長（環境局資源循環推進部計画課統括課長代理（廃棄物埋立管理事務所統括課長代理兼務））◎奈須吉郎▽交通局志村保線管理所長（交通局馬込保線管理所長）竹村茂▽交通局建設工務部担当課長＝東京地下鉄㈱派遣（北多摩南部建設事務所補修課長）増田聡▽交通局電車部鉄軌道事業企画専門課長（交通局電車部営業課統括課長代理）◎大塚淳▽交通局自動車部バス事業企画専門課長（交通局自動車部計画課統括課長代理）◎新川正彦▽交通局車両電気部鉄軌道車両電気技術専門課長（交通局車両電気部車両課統括課長代理）◎虎谷大▽交通局建設工務部鉄軌道構造物専門課長（交通局建設工務部計画改良課統括課長代理）◎山下賢司▽水道局総務部主計課長㊙（水道局総務部主計課長）芹沢孝明▽水道局総務部国際施策推進担当課長（水道局新宿営業所長）加瀬大輔▽水道局総務部IWA世界会議準備担当課長（水道局世田谷営業所長）古嶋康博▽水道局職員部人事課長㊙（水道局職員部労務課長㊙）木村誠▽水道局職員部労務課長（水道局職員部監察指導課長）山上徳一▽水道局職員部監察指導課長（水道局経理部出納課長）古井真理▽水道局経理部用地担当課長（水道局総務部国際施策推進担当課長＝IWA世界会議準備担当課長兼務）横山則子▽水道局経理部出納課長（都市整備局都営住宅経営部指導管理課長）串田治城▽水道局経理部契約課長（水道局浄水部工業用水道担当課長）猪狩恒一郎▽水道局サービス推進部業務課長㊙（水道局サービス推進部業務課長）小島良之▽水道局浄水部工業用水道担当課長（水道局経理部用地担当課長）加崎克己▽水道局浄水部浄水課長㊙（水道局浄水部浄水課長）橋本英樹▽水道局浄水部設備技術担当課長（水道局朝霞浄水管理事務所技術課長）金子誠司▽水道局給水部特命担当課長（水道局給水部給水課長㊙）石井正紀▽水道局給水部給水課長（貯水槽水道対策担当課長兼務（水道局給水部貯水槽水道対策担当課長）都丸敦▽水道局建設部施設設計課長㊙（水道局建設部施設設計課長）対馬一郎▽水道局建設部管路設計課長（水道局水運用センター運用課長）谷口博▽水道局建設部技術管理課長（多摩水道改革推進本部施設部工事課長）塩田勉▽水道局浄水部局務担当課長＝水運用センター運用課長（水道局建設部局務担当課長＝研修・開発センター開発課長）北野守康▽水道局浄水部局務担当課長＝羽村取水管理事務所長（水道局建設部技術管理課長）望月薫▽水道局浄水部局務担当課長＝小河内貯水池管理事務所長（多摩水道改革推進本部施設部設計課長）溝口博文▽水道局浄水部局務担当課長＝東村山浄水管理事務所庶務課長（オリンピック・パラリンピック準備局総合調整部連絡調整担当課長）大西壮▽水道局浄水部局務担当課長＝金町浄水管理事務所技術課長（水道局浄水部設備技術担当課長）桐越浩▽水道局浄水部局務担当課長＝朝霞浄水管理事務所庶務課長（水道局経理部契約課長）高橋尚文▽水道局職員部担当課長＝特命（水道局研修・開発センター研修課長）間永久美子▽水道局研修・開発センター研修課長（水道局葛飾営業所長）上野直樹▽水道局研修・開発センター開発課長（小笠原支庁港湾課長）浜中直樹▽水道局中央支所庶務課長（水道局練馬営業所長）永沼紀明▽水道局中央支所給水課長（水道局給水部給水課統括課長代理）◎佐山利倫▽水道局文京営業所長（水道局墨田営業所長）谷川久郎▽水道局東部第一支所庶務課長（水道局東村山浄水管理事務所庶務課長）石田望▽水道局東部第一支所給水課長（政策企画局計画部計画課統括課長代理）◎山本陽一▽水道局墨田営業所長（水道局荒川営業所長）杉山享▽水道局荒川営業所長（総務局行政部市町村課統括課長代理）◎鈴木英介▽水道局葛飾営業所長（建設局用地部担当課長＝東京都道路整備保全公社派遣）黒沢健志▽水道局西部支所給水課長（中央卸売市場新市場整備部施設整備課統括課長代理）◎磨田行広▽水道局新宿営業所長（交通局巣鴨駅務管区長）春日井智恵▽水道局南部支所庶務課長㊙（収用委員会事務局審理課長㊙）鈴木朋範▽水道局南部支所配水第一課長（水道局中央支所給水課長）山田誠▽水道局南部支所配水第二課長（水道局南部支所給水第一課長）川植真希▽水道局南部支所給水第一課長（交通局車両電気部電力課統括課長代理）◎村上仁▽水道局世田谷営業所長（水道局文京営業所長）高橋尚之▽水道局練馬営業所長（教育庁都立学校教育部高等学校教育課統括課長代理）◎松尾憲樹▽水道局北営業所長（水道局金町浄水管理事務所庶務課長）勝健輔▽水道局金町浄水管理事務所庶務課長㊙（水道局東部建設事務所庶務課長㊙）横山清▽水道局三郷浄水場長（水道局西部支所給水課長）日比和宏▽水道局朝霞浄水管理事務所技術課長（多摩水道改革推進本部立川給水管理事務所あきる野給水事務所長）大森栄治▽水道局東部建設事務所庶務課長（水道局中央支所庶務課長）三木康次▽水道局総務部水道危機管理専門課長（水道局総務部総務課統括課長代理）◎保永政幸▽水道局水源管理事務所水道水源林保全管理専門課長（水道局水源管理事務所技術課統括課長代理）◎酒井健治▽多摩水道改革推進本部調整部経営改善課長（国内貢献施策推進担当課長兼務（多摩水道改革推進本部調整部経営改善課長）田代則史▽多摩水道改革推進本部調整部業務指導課長㊙（多摩水道改革推進本部調整部業務指導課長）中島一秀▽多摩水道改革推進本部施設部工務課長（水道局建設部管路設計課長）窪田忠仁▽多摩水道改革推進本部施設部設計課長（多摩水道改革推進本部立川給水管理事務所工務課長）谷本知之▽多摩水道改革推進本部施設部工事課長（水道局南部支所配水第一課長）落合秀光▽多摩水道改革推進本部立川給水管理事務所工務課長（水道局東部第一支所給水課長）馬場敦▽多摩水道改革推進本部立川給水管理事務所あきる野給水事務所長（水道局金町浄水管理事務所技術課長）内山聡▽多摩水道改革推進本部調整部設備管理調整専門課長（水道局研修・開発センター開発課統括課長代理）◎高橋正彦▽下水道局総務部総務課長㊙（下水道局総務部理財課長）池島英稔▽下水道局総務部局務担当課長（生活文化局私学部企画担当課長）浅岡祥子▽下水道局総務部理財課長（総務局総務部大学調整担当課長）松井裕▽下水道局職員部人事課長＝研修担当課長兼務（下水道局経理部会計課長）飯森隆士▽下水道局経理部会計課長（環境局環境改善部化学物質対策課長）浦崎祥子▽下水道局経理部契約課長（財務局建築保全部庁舎管理課長）中野雄一郎▽下水道局計画調整部計画課長㊙（下水道局計画調整部計画課長㊙）緊急重点雨水対策事業担当課長兼務）家壽田昌司▽下水道局計画調整部エネルギー・温暖化対策推進担当課長（オリンピック・パラリンピック準備局総合調整部局務担当課長＝東京オリンピック・パラリンピック競技大会組織委員会派遣）佐藤勝▽下水道局計画調整部緊急重点雨水対策事業担当課長（下水道局総務部担当課長＝日本下水道協会派遣）武藤真▽下水道局計画調整部事業調整課長㊙（下水道局計画調整部事業調整課長）藤橋知一▽下水道局計画調整部開発計画推進担当課長（下水道局中部下水道事務所再構築推進課長）川上直之▽下水道局計画調整部技術開発課長㊙（下水道局計画調整部技術開発課長）大塚文昭▽下水道局施設管理部管路管理課長㊙（下水道局施設管理部排水設備課長㊙）久本洋二▽下水道局施設管理部排水設備課長（下水道局総務部担当課長＝品川区派遣）和田淳▽下水道局施設管理部排水指導担当課長㊙（下水道局計画調整部エネルギー・温暖化対策推進担当課長㊙）山田欣司▽下水道局施設管理部施設保全課長㊙（下水道局施設管理部保安管理担当課長㊙）川村和也▽下水道局施設管理部保安管理担当課長（下水道局東部第一下水道事務所砂町水再生センター長）漆原隆浩▽下水道局施設管理部環境管理課長㊙（下水道局施設管理部排水指導担当課長㊙）三田村浩昭▽下水道局建設部工務課長（下水道局計画調整部開発計画推進担当課長）永田有利雄▽下水道局建設部局務担当課長＝第一基幹施設再構築事務所庶務課長（下水道局施設管理部局務担当課長＝中部下水道事務所庶務課長）佐藤雅美▽下水道局中部下水道事務所庶務課長（下水道局総務部担当課長＝東京都下水道サービス㈱派遣）小山肇▽下水道局中部下水道事務所ポンプ施設課長（下水道局西部第二下水道事務所新河岸水再生センター長）坂巻伸一▽下水道局中部下水道事務所再構築推進課長（下水道局第二基幹施設再構築事務所設計課長）奥田千郎▽下水道局中部下水道事務所建設課長（下水道局総務部担当課長＝東京都都市づくり公社派遣）寺迫圭介▽下水道局東部第二下水道事務所お客さまサービス課長（総務局情報通信企画部企画課統括課長代理）◎菅間和宏▽下水道局東部第二下水道事務所ポンプ施設課長（計量検定所検定課長）原島光雄▽下水道局東部第一下水道事務所建設課長（下水道局西部第二下水道事務所施設課長）入出巧▽下水道局東部第二下水道事務所砂町水再生センター長（下水道局中部下水道事務所ポンプ施設課長）石黒雅樹▽下水道局西部第二下水道事務所お客さまサービス課長（下水道局第一基幹施設再構築事務所庶務課長）宮本彰彦▽下水道局西部第二下水道事務所庶務課長（下水道局西部第二下水道事務所お客さまサービス課長）吉岡英▽下水道局西部第二下水道事務所お客さまサービス課長（総務局人権部人権施策推進課統括課長代理）◎筑波純子▽下水道局西部第二下水道事務所施設課長（建設局河川部計画課統括課長代理）◎佐藤研三▽下水道局西部第二下水道事務所新河岸水再生センター長（下水道局東部第一下水道事務所ポンプ施設課長）山本武志▽下水道局南部下水道事務所庶務課長（下水道局第二基幹施設再構築事務所庶務課長）千住聡▽下水道局南部下水道事務所お客さまサービス課長（三宅支庁土木港湾課長）中田浩嗣▽下水道局南部下水道事務所建設課長（下水道局南部下水道事務所お客さまサービス課長）重野達史▽下水道局森ヶ崎水再生センター次長（下水道局西部第二下水道事務所庶務課長）奥原正人▽下水道局第二基幹施設再構築事務所庶務課長（下水道局森ヶ崎水再生センター次長）壽永哲也▽下水道局第二基幹施設再構築事務所設計課長（下水道局中部下水道事務所建設課長）毛利光夫▽下水道局総務部担当課長＝東京都都市づくり公社派遣（都市整備局都市基盤部調整課統括課長代理）◎寺本康宏▽下水道局総務部担当課長＝東京都下水道サービス㈱派遣（下水道局東部第一下水道事務所お客さまサービス課長）田中直樹▽下水道局総務部担当課長＝東京都下水道サービス㈱派遣（政策企画局計画部計画課統括課長代理）◎清水孝之▽下水道局総務部担当課長＝日本下水道協会派遣（下水道局総務部担当課長＝東京都下水道サービス㈱派遣）内田博之▽下水道局総務部担当課長＝品川区派遣（下水道局建設部土木設計課統括課長代理）◎持田智彦▽流域下水道本部技術部施設管理課長㊙（下水道局施設管理部施設保全課長）前川克重▽教育庁総務部企画担当課長（教育庁都立学校教育部発達障害教育推進担当課長）西山公美子▽教育庁総務部オリンピック・パラリンピック教育担当課長＝オリンピック・パラリンピック調整担当課長兼務（教育庁指導部オリンピック・パラリンピック教育調整担当課長）臼井宏一▽教育庁総務部人権教育調整担当課長（教育庁都立学校教育部学校経営指導担当課長）磯崎美穂▽教育庁総務部人事担当課長（教育庁人事部教職員任用担当課長）前田泰伯▽教育庁総務部調整担当課長（新宿都税事務所固定資産評価課長）池永匡登▽教育庁総務部契約管財課長（教育庁地域教育支援部生涯学習課長）川口英生▽教育庁総務部法務監察課長（教育庁総務部人事担当課長）倉富貴久▽教育庁総務部法務担当課長（教育庁総務部調整担当課長）浅川浩次▽教育庁都立学校教育部学校経営指導担当課長（中央図書館管理部企画経営課長）田代尚子▽教育庁都立学校教育部都立高校改革推進担当課長（教育庁総務部人権教育調整担当課長）坂本由美▽教育庁都立学校教育部都立高校改革推進担当課長（教育庁総務部担当課長＝全国都道府県教育委員会連合会派遣）奥富洋一▽教育庁都立学校教育部ものづくり教育推進担当課長（総務局総務部担当課長＝公立大学法人首都大学東京派遣）小川謙二▽教育庁都立学校教育部特別支援学校改革推進担当課長（大島支庁総務課長）布施竜一▽教育庁都立学校教育部発達障害教育推進担当課長（教育庁都立学校教育部特別支援学校改革推進担当課長）北澤多美▽教育庁都立学校教育部学校健康推進課長（福祉保健局保健政策部健康推進課長）笠松恒司▽教育庁都立学校教育部営繕課長（生活文化局総務部施設担当課長）茂木竜一▽教育庁地域教育支援部生涯学習課長（教育庁総務部法務担当課長）大木琢▽教育庁指導部オリンピック・パラリンピック教育調整担当課長（オリンピック・パラリンピック準備局総合調整部区市町村調整担当課長）鈴木基成▽教育庁指導部不登校施策担当課長（教育庁総務部企画担当課長）中西正樹▽教育庁人事部人事計画課長㊙（教育庁人事部勤労課長）加倉井祐介▽教育庁人事部教職員任用担当課長（総務局行政部担当課長＝荒川区派遣）相川隆史▽教育庁人事部勤労課長（教育庁総務部企画担当課長）秋田一樹▽教育庁地域教育支援部局務担当課長＝中央図書館サービス部資料管理課長（教育庁都立学校教育部都立高校改革推進担当課長）山川浩子▽教育庁総務部担当課長＝特命（多摩教育事務所管理課長）望月一憲▽多摩教育事務所管理課長（水道局品川営業所長）田口由子▽中央図書館管理部企画経営課長（中央図書館サービス部資料管理課長）島村一樹▽中央図書館サービス部情報サービス課長（政策企画局計画部計画課統括課長代理）◎諸星央▽多摩図書館長㊙（教育庁総務部契約管財課長）古谷幸雄▽城東特別支援学校経営企画課長（教育庁地域教育支援部担当課長＝東京都スポーツ文化事業団派遣）工藤重定▽光明学園経営企画課長（足立都税事務所徴収課長）右島千秋▽教育庁総務部担当課長＝全国都道府県教育委員会連合会派遣（財務局主計部予算第一課統括課長代理）◎森川比呂志▽教育庁地域教育支援部担当課長＝東京都スポーツ文化事業団派遣（水道局朝霞浄水管理事務所庶務課長）中野多希子▽人事委員会事務局任用公平部任用給与課長（総務局総合防災部防災管理課長）船川勝義▽人事委員会事務局任用公平部審査担当課長（主税局課税部自動車税担当課長）高木健▽人事委員会事務局試験部試験課長（会計管理局管理部会計企画課長）白濱博人▽人事委員会事務局試験部研究調査担当課長（交通局車両電気部信号通信課統括課長代理）◎石田徹▽監査事務局監査第一課長㊙（監査事務局監査第二課長）後藤潤▽監査事務局監査第二課長（交通局資産運用部会計課長）福壽良光▽監査事務局技術監査課長（都市整備局都市づくり政策部水資源・建設副産物担当課長）古澤正彦▽監査事務局会計監査専門課長（監査事務局監査第二課統括課長代理）◎新井安雄▽議会局管理部審査担当課長（八王子都税事務所事業税課長）比留間みどり＝再任用▽議会局管理部審査担当課長（収用委員会事務局審理担当課長）鬼倉慎次郎＝再任用▽議会局管理部広報課長㊙（政策企画局総務部管理課長）傳法秀行▽議会局議事部議事課長（議会局調査部外務担当課長）小西拓▽議会局調査部政策調査担当課長（福祉保健局生活福祉部山谷対策・自立支援担当課長）中村佳市▽議会局調査部外務担当課長（産業労働局総務部連絡調整担当課長）加倉井博子

都退職

31日付

【局長級】▽教育監＝教職員研修センター所長兼務　伊東哲▽東京消防庁理事＝警防担当＝東京消防庁警防部長事務取扱　松浦和夫

【部長級】▽政策企画局都市外交担当部長　角南明彦▽総務局局務担当部長＝東京都人材支援事業団派遣　五十嵐誠▽監察員　山口聡▽総務局担当部長＝東京都人材支援事業団派遣　鈴木克己▽世田谷都税事務所長　渡辺正英▽生活文化局担当部長＝東京都歴史文化財団派遣　荒木誠▽都市整備局基地対策部長　山口祐一▽都市整備局担当部長＝墨田区派遣　直井亨▽環境局局務担当部長＝東京都環境公社派遣　齊藤和弥▽福祉保健局指導監査部長　松浦慎司▽福祉保健局保健政策部長＝島しょ保健所長兼務　上田隆▽福祉保健局高齢社会対策部長　西村信一▽福祉保健局健康安全部長　小林幸男▽東村山ナーシングホーム所長　齋藤修▽誠明学園長　豊岡敬▽健康安全研究センター広域監視部長　中島三三男▽建設局公園緑地部長　五十嵐政郎▽北多摩南部建設事務所副所長兼庶務課長　寺内定雄▽西部公園緑地事務所長　菊池正芳▽建設局担当部長＝東京都道路整備保全公社派遣　石井千寿▽東京港建設事務所副所長兼高潮対策センター所長　松尾認▽病院経営本部局務担当部長＝駒込病院事務局長　高橋滋之▽病院経営本部担当部長＝東京都保健医療公社派遣　田中徹▽交通局担当部長＝江戸川自動車営業所長事務取扱　伊澤敦▽水道局設備担当部長　横田秀樹▽水道局中央支所長　太田寛▽水道局東部第一支所長　新井規夫▽水道局西部支所長　杉山芳彦▽下水道局局務担当部長＝西部第二下水道事務所長　前田淳一▽下水道局担当部長＝特命　小峰明▽教育庁局務担当部長＝中央図書館管理部長　廣瀬丈久▽中部学校経営支援センター所長　伊藤彰彦▽人事委員会事務局審査担当部長　小澤達郎

【課長級】▽総務局総務部法務担当課長　稲田優▽総務局情報通信企画部システム評価担当課長　仲西啓▽総務局統計部産業統計課長　溝口裕昭▽総務局人事部局務担当課長＝東京都人材支援事業団派遣　臼井きく子▽総務局行政部局務担当課長＝東京市町村総合事務組合派遣　水尾昌文▽副監察員㊙　長谷川昌伸▽副監察員　佐藤靖▽総務局総務部法務専門課長　石澤泰彦▽総務局総務部法務専門課長　茂木伸仁▽千代田都税事務所固定資産税課長　角田光男▽墨田都税事務所副所長兼総務課長㊙　濵野明保▽墨田都税事務所徴収課長　栗原茂夫▽世田谷都税事務所副所長兼総務課長　小笠原徹▽北都税事務所副所長兼総務課長　安部倫世▽荒川都税事務所徴収課長　葛西正信▽八王子都税事務所事業税課長　比留間みどり▽立川都税事務所資産税課長㊙　渡邊正則▽小平都税支所長㊙　遊座通男▽主税局総務部担当課長＝東京税務協会派遣　土屋一枝▽板橋都税事務所滞納整理専門課長　岡田良則▽生活文化局都民生活部局務担当課長＝旅券課立川分室長　稲石誠▽西部住宅建設事務所設備担当課長　長池亨▽都市整備局市街地整備部担当課長㊙＝㈱多摩テレビ派遣　渡部達朗▽環境局資源循環推進部担当課長＝東京都環境公社派遣　柳澤智晴▽西多摩保健所生活環境安全課長　志村孝雄▽小平児童相談所長㊙　田口正治▽福祉保健局生活福祉部担当課長㊙＝城北労働・福祉センター派遣　小原茂▽産業労働局雇用就業部就業推進課長　立石祐子▽産業労働局農林水産部局務担当課長＝家畜保健衛生所長　塩谷勝▽産業労働局雇用就業部局務担当課長＝労働相談情報センター八王子事務所長　小島恒彦▽建設局公園緑地部局務担当課長＝東部公園緑地事務所動物園整備担当課長　小幡晃▽西多摩建設事務所奥多摩出張所長　根津和近▽南多摩西部建設事務所庶務課長　吉野茂▽南多摩西部建設事務所補修課長　江澤直人▽北多摩北部建設事務所副所長兼庶務課長㊙　石内二男▽東部公園緑地事務所事業推進課長　夏目賢一▽西部公園緑地事務所副所長兼庶務課長㊙　脇坂義祐▽建設局公園緑地部担当課長㊙＝東京動物園協会派遣　永井清▽第四建設事務所用地専門課長　鈴木孝▽港湾局港湾経営部経営課長㊙　近田毅彦▽港湾局離島港湾部航空保安担当課長　幸松邦彦▽墨東病院事務局企画・運営専門課長　佐藤富子▽中央卸売市場事業部業務課長㊙　井上正紀▽収用委員会事務局審理担当課長　鬼倉慎次郎▽交通局局務担当課長㊙＝志村車両検修場長　相田行雄▽水道局東部第一支所庶務課長　中村考一▽水道局南部支所配水第二課長　村山眞▽水道局三郷浄水場長㊙　磯崎茂▽下水道局建設部工務課長　田村正明▽下水道局東部第一下水道事務所建設課長　内田雅巳▽下水道局西部第二下水道事務所お客さまサービス課長　村田邦安▽流域下水道本部技術部施設管理課長　田部国晴▽教育庁総務部法務監察課長㊙　土田立夫▽城東特別支援学校経営企画課長　福田和廣▽光明特別支援学校経営企画課長　北内康夫▽監査事務局会計監査専門課長　須賀毅▽議会局管理部審査担当課長　清水澄男▽議会局管理部審査担当課長　須田敏雄

■医師・研究・医療福祉系

【局長級】▽北療育医療センター院長　稲葉茂樹▽府中療育センター院長　柳瀬治▽墨東病院長　梅北信孝▽松沢病院副院長　新谷昌宏▽病院経営本部理事＝東京都保健医療公社派遣　秋山秀樹

【部長級】▽福祉保健局担当部長＝島しょ保健所小笠原出張所副所長事務取扱　城所敏英▽中部総合精神保健福祉センター所長　野津眞▽健康安全研究センター薬事環境科学部長　保坂三継▽大塚病院産婦人科部長　阿部史朗▽駒込病院神経科部長　赤穂理絵▽多摩総合医療センター外科部長　高見実▽多摩総合医療センター泌尿器科部長　長瀬泰▽神経病院神経内科部長　板東充秋▽神経病院脳神経外科部長　森野道晴▽小児総合医療センター診療放射線科部長　西村玄▽小児総合医療センター看護部長　河上淳子▽松沢病院看護部長　黒田美喜子▽病院経営本部担当部長＝東京都保健医療公社派遣　三谷和子

【課長級】▽小笠原支庁副参事研究員　工藤真弘▽福祉保健局保健政策部地域保健推進担当課長　山口久美子▽福祉保健局保健政策部担当課長＝特命　松井健一▽児童相談センター治療指導課長　伊東ゆたか▽府中療育センター内科医長　冨永恵子▽府中療育センター小児科医長　長澤哲郎▽府中療育センター看護担当科長　川代たつ子▽多摩総合精神保健福祉センター生活訓練科長　梅野充▽健康安全研究センター食品化学部食品添加物研究科長　門間公夫▽福祉保健局総務部担当課長＝東京都医学総合研究所派遣　児玉亨▽産業労働局農林水産部担当課長＝東京都農林水産振興財団派遣　川手秀一▽広尾病院内科医長　古谷剛▽広尾病院循環器科医長　小宮山浩大▽広尾病院救命救急センター医長　中島幹男▽広尾病院栄養科長　牧島順子▽大塚病院内科医長　新谷栄崇▽大塚病院神経科医長　松井康絵▽大塚病院皮膚科医長　藤本智子▽大塚病院診療放射線科医長　小川正一▽駒込病院内科医長　大澤陽介▽駒込病院外科医長　矢島和人▽駒込病院外科医長　山下年成▽駒込病院耳鼻咽喉科医長　岩崎朱見▽墨東病院内科医長　太田春彦▽墨東病院泌尿器科医長　大野俊一▽墨東病院看護部看護担当科長　金沢千恵子▽多摩総合医療センター内科医長　西山康裕▽多摩総合医療センター脳神経外科医長　堀川弘史▽多摩総合医療センター皮膚科医長　西脇薫▽多摩総合医療センターリウマチ膠原病科医長　桃山現▽多摩総合医療センター検査科技師長　井澤幸子▽多摩総合医療センター薬剤科長　阿部和史▽小児総合医療センター外科医長　小森広嗣▽小児総合医療センター集中治療科医長　新津健裕▽小児総合医療センター検査科医長　福澤龍二▽松沢病院精神科医長　榊原聡▽病院経営本部経営企画部担当課長＝東京都保健医療公社派遣　長尾美智子

おつかれさまでした

医師・研究・医療福祉系

【局長級】▽北療育医療センター院長（病院経営本部理事＝東京都保健医療公社派遣）久保田憲▽府中療育センター院長（墨東病院副院長）大島哲▽駒込病院副院長（駒込病院整形外科部長）◎五嶋孝博▽墨東病院長（病院経営本部理事＝東京都保健医療公社派遣）上田哲郎▽墨東病院副院長（墨東病院脳神経外科部長）◎井手隆文▽病院経営本部理事＝東京都保健医療公社派遣（駒込病院化学療法科部長）◎前田義治▽病院経営本部理事＝東京都保健医療公社派遣（多摩総合医療センター外科部長）◎高西喜重郎▽病院経営本部理事＝東京都保健医療公社派遣（病院経営本部担当部長＝東京都保健医療公社派遣）◎三谷健一▽病院経営本部理事＝東京都保健医療公社派遣（駒込病院副院長）黒井克昌

【部長級】▽福祉保健局障害者医療担当部長（中部総合精神保健福祉センター副所長＝地域支援科長事務取扱）石黒雅浩▽福祉保健局感染症危機管理担当部長（港区みなと保健所長）吉田道彦▽福祉保健局局務担当部長＝中部総合精神保健福祉センター所長（福祉保健局局務担当部長＝多摩総合精神保健福祉センター所長）熊谷直樹▽福祉保健局局務担当部長＝精神保健福祉センター所長事務取扱（福祉保健局障害者医療担当部長）平賀正司▽西多摩保健所長（多摩府中保健所長）渡部裕之▽南多摩保健所長（台東区健康部参事＝台東区健康部保健予防課長事務取扱）小竹桃子▽多摩府中保健所長（南多摩保健所長）田原なるみ▽島しょ保健所長（健康安全研究センター健康情報解析担当部長＝精度管理室長兼務）小林信之▽中部総合精神保健福祉センター副所長＝広報援助課長事務取扱（中部総合精神保健福祉センター広報援助課長）◎菅原誠▽多摩総合精神保健福祉センター所長（福祉保健局担当部長＝精神保健福祉センター所長事務取扱）井上悟▽健康安全研究センター薬事環境科学部長（健康安全研究センター薬事環境科学部医薬品研究科長㊙）◎守安貴子▽健康安全研究センター参事研究員（健康安全研究センター薬事環境科学部生体影響研究科長㊙）◎猪又明子▽福祉保健局担当部長＝東京都医学総合研究所派遣（福祉保健局総務部担当課長＝東京都医学総合研究所派遣）◎山形要人▽大塚病院神経科部長（大塚病院神経科医長）◎鈴村俊介▽大塚病院眼科部長（大塚病院眼科医長）◎太刀川貴子▽駒込病院外科部長（神奈川県立がんセンター消化器外科医長）長晴彦▽駒込病院外科部長（駒込病院外科医長）◎本田五郎▽墨東病院内科部長（沼津市立病院血液内科部長）小杉信晴▽墨東病院脳神経外科部長（墨東病院脳神経外科医長）◎村尾昌彦▽墨東病院新生児科部長（墨東病院新生児科医長）◎大森意索▽多摩総合医療センター呼吸器科部長（多摩総合医療センター呼吸器科医長）◎高森幹雄▽多摩総合医療センター外科部長（多摩総合医療センター外科医長）◎森田泰弘▽多摩総合医療センター麻酔科部長（多摩総合医療センター麻酔科医長）◎山本博俊▽神経病院神経内科部長（神経病院神経内科医長）◎菅谷慶三▽小児総合医療センター麻酔科部長（埼玉医科大学国際医療センター麻酔科教授）西部伸一▽小児総合医療センター看護部長（病院経営本部経営企画部担当課長㊙＝東京都保健医療公社派遣）◎太田日出▽松沢病院看護部長（病院経営本部担当部長＝東京都保健医療公社派遣）三浦紀子▽病院経営本部担当部長＝東京都保健医療公社派遣（府中療育センター看護科長㊙）◎松下博美▽病院経営本部担当部長＝東京都保健医療公社派遣（北療育医療センター看護科長㊙）◎村田千幸

【課長級】▽職員共済組合事務局事業部副参事医（職員共済組合事務局事業部シティ・ホール診療所歯科口腔外科医員）◎稲田清久▽福祉保健局医療政策部歯科担当課長（教育庁地域教育支援部歯科保健担当課長）三ツ木浩▽福祉保健局医療政策部看護人材担当課長（北多摩看護専門学校副校長）水澤晴代▽福祉保健局保健政策部地域保健推進担当課長（多摩府中保健所保健対策課統括課長代理）◎筒井智恵美▽福祉保健局保健政策部担当課長＝特命（島しょ保健所八丈出張所副所長）坂上真紀＝3月31日付▽北多摩看護専門学校副校長（広尾看護専門学校統括課長代理）◎村田久美▽南多摩看護専門学校長㊙（南多摩看護専門学校副校長）加藤奈保美▽板橋看護専門学校副校長（福祉保健局医療政策部看護人材担当課長）篠原千鶴子▽西多摩保健所保健対策課長（杉並区杉並保健所高井戸・和泉保健センター担当課長）源真希▽南多摩保健所歯科保健担当課長（福祉保健局医療政策部歯科担当課長）白井淳子▽南多摩保健所保健対策課長（福祉保健局保健政策部疾病対策課課長代理）◎上田直子▽多摩立川保健所保健対策課長（大田区健康政策部感染症対策課長）吉川秀夫▽多摩府中保健所歯科保健担当課長（南多摩保健所歯科保健担当課長）五十里一秋▽多摩府中保健所保健対策課長（健康安全研究センター企画調整部疫学情報担当課長）村上邦仁子▽多摩小平保健所歯科保健担当課長（西多摩保健所歯科保健担当課長）田村光平▽島しょ保健所八丈出張所副所長（目黒区健康福祉部碑文谷保健センター長）三村晴夫▽島しょ保健所小笠原出張所副所長（新宿区健康部保健予防課医療指導主査）佐藤正子▽児童相談センター相談援助課医長（児童相談センター治療指導課医長）小平かやの▽児童相談センター治療指導課長（児童相談センター相談援助課医長）柴崎喜久代▽北療育医療センター看護科長㊙（福祉保健局高齢社会対策部担当課長㊙＝地方独立行政法人東京都健康長寿医療センター派遣）澤田法子▽府中療育センター小児科医長（府中療育センター小児科医員）◎藏野亘之▽府中療育センター小児科医長（小児総合医療センター小児科非常勤医師）小出彩香▽府中療育センター看護科長㊙（多摩総合医療センター看護部看護担当科長）釜英介▽府中療育センター看護担当科長（広尾病院看護部看護科看護長）◎菊地睦▽中部総合精神保健福祉センター事務室医療審査医長（中部総合精神保健福祉センター広報援助課医長）市田典子▽中部総合精神保健福祉センター地域支援科長（中部総合精神保健福祉センター地域支援科医長）西いづみ▽中部総合精神保健福祉センター地域支援科医長（精神保健福祉センター課長代理）◎東出香▽多摩総合精神保健福祉センター広報援助課医長（中部総合精神保健福祉センター事務室医療審査医長）菊地章人▽多摩総合精神保健福祉センター生活訓練科長（多摩総合精神保健福祉センター広報援助課医長）梶達彦▽健康安全研究センター企画調整部健康危機管理情報課長（健康安全研究センター微生物部ウイルス研究科長）秋場哲哉▽健康安全研究センター企画調整部疫学情報担当課長（府中療育センター内科医長）石川貴敏▽健康安全研究センター微生物部病原細菌研究科長（健康安全研究センター微生物部副参事研究員）横山敬子▽健康安全研究センター微生物部ウイルス研究科長（健康安全研究センター微生物部病原細菌研究科長）新開敬行▽健康安全研究センター微生物部副参事研究員（健康安全研究センター企画調整部健康危機管理情報課長）灘岡陽子▽健康安全研究センター微生物部副参事研究員（健康安全研究センター微生物部病原細菌研究科主任研究員）◎鈴木淳▽健康安全研究センター食品化学部食品添加物研究科長（健康安全研究センター精度管理室副室長）小林千種▽健康安全研究センター食品化学部残留物質研究科長（健康安全研究センター食品化学部副参事研究員）橋本常生▽健康安全研究センター食品化学部副参事研究員（健康安全研究センター食品化学部食品添加物研究科長）門間公夫＝再任用▽健康安全研究センター食品化学部副参事研究員（健康安全研究センター食品化学部食品成分研究科主任研究員）◎中野久子▽健康安全研究センター薬事環境科学部医薬品研究科長（健康安全研究センター薬事環境科学部副参事研究員）鈴木仁▽健康安全研究センター薬事環境科学部環境衛生研究科長（健康安全研究センター薬事環境科学部副参事研究員）小西浩之▽健康安全研究センター薬事環境科学部生体影響研究科長（健康安全研究センター薬事環境科学部環境衛生研究科長）鈴木俊也▽健康安全研究センター薬事環境科学部副参事研究員（健康安全研究センター薬事環境科学部環境衛生研究科主任研究員）◎齋藤育江▽健康安全研究センター精度管理室副室長（健康安全研究センター食品化学部残留物質研究科長）新藤哲也▽福祉保健局障害者施策推進部担当課長＝東京都社会福祉事業団派遣（福祉保健局障害者施策推進部担当課長＝特命）高梨愛子▽福祉保健局高齢社会対策部担当課長㊙＝地方独立行政法人東京都健康長寿医療センター派遣（広尾病院看護部看護科長㊙）荒木芳枝▽産業労働局農林水産部担当課長＝東京都農林水産振興財団派遣（産業労働局農林水産部調整課統括課長代理＝東京都農林水産振興財団派遣）◎竹内浩二▽産業労働局農林水産部担当課長＝東京都農林水産振興財団派遣（産業労働局農林水産部担当課長＝特命）小嶋禎夫▽広尾病院内科医長（松沢病院内科医員）◎北見真喜子▽広尾病院救命救急センター医長（杏林大学医学部救急医学教室助教）井上孝隆▽広尾病院救命救急センター医長（広尾病院救命救急センター医員）◎中野智継▽広尾病院栄養科長（大塚病院栄養科栄養主任技術員）◎風登江利子▽広尾病院看護部看護科長㊙（大塚病院看護部看護担当科長）宮崎隆▽広尾病院看護部看護担当科長（松沢病院看護部看護担当科長）菊池三代子▽大塚病院内科医長（大塚病院内科医員）◎田中啓▽大塚病院神経科医長（松沢病院精神科医長）高橋克昌▽大塚病院小児科医長（大塚病院小児科医員）◎岡田真衣子▽大塚病院外科医長（総合病院土浦協同病院消化器外科）松永浩子▽大塚病院皮膚科医長（社会医療法人財団石心会埼玉石心会病院皮膚科医長）井上梨紗子▽大塚病院診療放射線科技師長（駒込病院放射線診療科技師長）森岡美英▽大塚病院薬剤科長（病院経営本部経営企画部担当課長＝東京都保健医療公社派遣）中村英子▽大塚病院看護部看護担当科長（墨東病院看護部看護担当科長）北村裕貴▽大塚病院看護部看護担当科長（多摩総合医療センター看護部看護担当科長）小関真美▽駒込病院神経科医長（駒込病院神経科医員）◎須田潔子▽駒込病院放射線診療科技師長（大塚病院診療放射線科技師長）奥村昭雄▽駒込病院放射線診療科技師長（病院経営本部経営企画部担当課長＝東京都保健医療公社派遣）山下明▽駒込病院看護部看護担当科長（病院経営本部経営企画部担当課長＝東京都保健医療公社派遣）高山千賀子▽墨東病院心臓血管外科医長（墨東病院心臓血管外科医員）◎小林亜紀▽墨東病院整形外科医長（墨東病院整形外科医員）◎保坂陽子▽墨東病院薬剤科長（大塚病院薬剤科長）林みどり▽墨東病院看護部看護担当科長（小児総合医療センター看護部看護担当科長）加藤京子▽墨東病院看護部看護担当科長（墨東病院看護部看護科看護長）◎松尾有花▽多摩総合医療センター内科医長（神戸市立医療センター中央市民病院神経内科医員）齊藤智成▽多摩総合医療センター内科医長（多摩総合医療センター内科医員）◎井上大▽多摩総合医療センター内科医長（多摩総合医療センター内科医員）◎佐藤文紀▽多摩総合医療センター循環器科医長（多摩総合医療センター循環器科医員）◎磯貝俊明▽多摩総合医療センター外科医長（多摩総合医療センター外科医員）◎大塚英男▽多摩総合医療センターリウマチ膠原病科医長（墨東病院リウマチ膠原病科医長）永瀬雄一▽多摩総合医療センター診療放射線科医長（多摩総合医療センター診療放射線科医員）◎荒木潤子▽多摩総合医療センター歯科口腔外科医長（多摩総合医療センター歯科口腔外科医員）◎神山勲▽多摩総合医療センター麻酔科医長（多摩総合医療センター麻酔科医員）◎松原珠美▽多摩総合医療センター検査科技師長（病院経営本部経営企画部担当課長＝東京都保健医療公社派遣）小林真実▽多摩総合医療センター薬剤科長（墨東病院薬剤科長）廣井順子▽多摩総合医療センター看護部看護担当科長（広尾病院看護部看護担当科長）小倉嘉子▽多摩総合医療センター看護部看護担当科長（小児総合医療センター看護部看護担当科長）工藤結花▽多摩総合医療センター看護部看護担当科長（大塚病院看護部看護担当科長）高澤喜代美▽神経病院神経内科医長（神経病院神経内科医員）◎木田耕太▽神経病院脳神経外科医長（NTT東日本関東病院脳神経外科医長）松尾健▽神経病院神経眼科医長（独立行政法人国立病院機構東京病院眼科医長）山田秀之▽神経病院薬剤科長（病院経営本部経営企画部担当課長＝東京都保健医療公社派遣）八木原栄▽小児総合医療センター看護部看護担当科長（多摩総合医療センター看護部看護担当科長）大谷直美▽小児総合医療センター看護部看護担当科長（小児総合医療センター看護部看護科看護長）◎松島光▽松沢病院精神科医長（青梅市立総合病院精神科医長）日野恒平▽松沢病院精神科医長（松沢病院精神科医員）◎杉本達哉▽松沢病院整形外科医長（松沢病院整形外科医員）◎吉田滋之▽松沢病院診療放射線科医長（松沢病院診療放射線科医員）◎雨宮きよみ▽松沢病院薬剤科長（病院経営本部経営企画部担当課長＝東京都保健医療公社派遣）越田晃▽松沢病院看護部看護担当科長（駒込病院看護部看護担当科長）相馬厚▽松沢病院看護部看護担当科長（大塚病院看護部看護科看護長）◎宮島裕美▽病院経営本部経営企画部担当課長＝東京都保健医療公社派遣（多摩総合医療センターリウマチ膠原病科医長）島田浩太▽病院経営本部経営企画部担当課長＝東京都保健医療公社派遣（墨東病院薬剤科薬剤管理主任技術員）◎松本智子▽病院経営本部経営企画部担当課長＝東京都保健医療公社派遣（病院経営本部経営企画部総務課課長代理＝東京都保健医療公社派遣）◎永井佳樹▽病院経営本部経営企画部担当課長＝東京都保健医療公社派遣（松沢病院薬剤科長）山村康比古▽病院経営本部経営企画部担当課長＝東京都保健医療公社派遣（多摩総合医療センター看護部看護科看護長）◎鎌田美恵子▽病院経営本部経営企画部担当課長＝東京都保健医療公社派遣（神経病院薬剤科長）安藤恵▽病院経営本部経営企画部担当課長＝東京都保健医療公社派遣（駒込病院放射線診療科技師長）藤田日出男▽病院経営本部経営企画部担当課長＝東京都保健医療公社派遣（松沢病院検査科検査主任技術員）◎玉森佳子▽教育庁地域教育支援部歯科保健担当課長（江東区健康部歯科保健・医療連携担当課長）山田善裕

29年度 職員教養講座《40》

東京都管理職選考対策

都政事情②

引き続き、演習問題を行っていきます。

問題

【問題4】 昨年12月にオリンピック・パラリンピック準備局が発表した「東京2020大会に向けたボランティア戦略」に関する記述として、妥当なのはどれか。

① ボランティアは、東京オリンピック・パラリンピック競技大会組織委員会が運営主体となる「大会ボランティア」と、都が運営主体となる「都市ボランティア」がそれぞれ独立して運営される。

② 大会ボランティアと都市ボランティアは合計で5万人以上の活躍を想定している。

③ 都市ボランティアは国内外の旅行者に対する観光・交通案内等を行うことから、語学能力が必須の応募条件として検討されている。

④ 一部の都市ボランティアを前倒しして募集し、ラグビーワールドカップ2019でも活用するとした。

⑤ 大会ボランティア・都市ボランティアとともに平成29年夏ごろに募集を開始していく予定である。

【問題5】 今年1月に産業労働局が発表した「PRIME 観光都市・東京～東京都観光産業振興実行プラン2017～」に関する記述として、妥当なのはどれか。

① 東京を訪れる外国人旅行者数はこの10年で2・6倍となり、昨年には初めて年間で1千万人を突破した。

② 2015年の都内宿泊施設の稼働率は、全国平均60%を大きく上回る83%に達している。

③ 東京を訪れた外国人旅行者の訪問地域を見ると、上位10位のうち多摩・島しょ地域では「吉祥寺・三鷹」エリアが唯一ランクインしている。

④ 本プランでは、2020年に訪都外国人旅行者数2500万人、訪都国内旅行者数8億人という目標を掲げている。

⑤ 本プランでは目標達成に向けて「消費拡大に向けた観光経営」「日本各地と連携した観光振興」など五つの戦略に基づく施策を展開するとした。

【問題6】 昨年11月に生活文化局が発表した「『東京と都政に対する関心』アンケート結果」に関する記述として、妥当なのはどれか。

① 「東京は魅力的な都市だと思いますか」という質問に対し「思う」と答えた人の割合は、8割を下回った。

② 東京の良いところ（長所）について聞いたところ、「物や店が豊富である」の割合が最も高く、続いて「情報が豊富である」「交通網が充実している」の順となった。

③ 関心を抱いた都政の出来事について聞いたところ、「知事に関すること」の割合が最も高く、続いて「オリンピック・パラリンピックに関すること」「築地・豊洲市場移転に関すること」の順となった。

④ 都政の満足感について聞いたところ、「満足」または「どちらかといえば満足」と答えた人の割合は、8年ぶりに5割を下回った。

⑤ 東京都が取り組むべき分野について聞いたところ、「行財政」がトップとなった。

【問題7】 昨年9月に財務局が発表した「平成27年度東京都年次財務報告書」に関する記述として、妥当なのはどれか。

① 財政構造の弾力性を示す指標である経常収支比率は、公債費や職員給が増加したことにより、平成26年度の84・8%から3・3ポ悪化し、88・1%となった。

② 都の財務諸表には「貸借対照表」「行政コスト計算書」「キャッシュフロー計算書」の三つの表がある。

③ 平成27年度決算における実質収支はほぼ均衡した。これは8年連続となる。

④ 公債費に係る財政負担の大きさを示す公債費負担比率は、平成26年度の9・6%から1・4ポ悪化した。

⑤ 貸借対照表における都の資産と負債の状況を見ると、平成26年度末より資産は減少し、負債は増加した。

【問題8】 昨年9月に福祉保健局が発表した「待機児童解消に向けた緊急対策」に関する記述として、妥当なのはどれか。

① 緊急対策は「保育所等の整備促進」「人材の確保・定着の支援」「事業者支援の充実」の三つの柱から構成されている。

② 緊急対策によると、平成28年4月時点の都内待機児童数は昨年から652人減少し、8466人となっている。

③ 認可保育所や認証保育所、小規模保育等の整備費について、整備を加速するため平成29年度中に着工する場合は、国の補助基準額への加算率を更に引き上げるとした。

④ 都有地を活用した保育所等の整備を一層推進するため、区市町村への貸付制度の創設や都有地活用の仕組み・情報提供を充実するとした。

⑤ 保育サービスの拡充を支える人材を確保するため、従来の支援や国の処遇改善分に加え、2万1千円相当の賃金を改善するとした。

【問題9】 今年1月に総務局が発表した「平成29年度都区財政調整」に関する記述として、妥当なのはどれか。

① 交付金の総額は、市町村民税法人分の減収により9528億円となり、前年度と比べ、228億円、2・3%の減と2年ぶりに減少した。

② 基準財政収入額は、1兆1232億円となり、前年度と比べ197億円、1・7%の増と前年度に引き続き増加した。

③ 特別区民税は、人口動態に伴う納税義務者数の変化と、雇用・所得環境の変化を反映し、前年度と比べ、97億円の減となった。

④ 基準財政需要額は、2兆2844億円となり、前年度と比べ413億円、2・0%の増と前年度に引き続き増加した。

⑤ 特別区の実態等を踏まえ、基準財政需要額の新規算定項目で、待機児童解消緊急対策対応経費を経常的な経費として標準算定した。

【問題10】 昨年11月に生活文化局が発表した「『税に対する都民の意識』アンケート結果」に関する記述として、妥当なのはどれか。

① 税金への関心について聞いたところ、「大いに関心がある」「少し関心がある」と答えた人の割合は、9割を超えた。

② 税金を意識するときについて聞いたところ、「給与（源泉徴収票）をもらったとき」がトップだった。

③ 税金に関する知識について聞いたところ、「あまりない」「全くない」と答えた人の割合は、5割を上回った。

④ 税金の役割を実感するときについて聞いたところ、「災害対策・対応が行われたとき」「道路・上下水道等のインフラを使用するとき」の順となった。

⑤ 租税教室をどのような人たちを対象に行うべきかと聞いたところ、「高校生」「中学生」「社会人」の順となった。

解説

【解説4】 正答④

① 誤り。大会ボランティアと都市ボランティアは一体的に運営される。

② 誤り。合わせて9万人以上を想定している。

③ 誤り。大会ボランティア、都市ボランティアともに語学能力は必須とはされていない。

④ 正しい。

⑤ 誤り。平成30年夏ごろの募集が予定されている。

【解説5】 正答②

① 誤り。2015年に初めて東京を訪れた外国人が1千万人を突破した。

② 正しい。

③ 誤り。上位10位は全て区部が占めており、「吉祥寺・三鷹」は15位である。

④ 誤り。2020年の訪都国内旅行者数目標は6億人である。

⑤ 誤り。東京の観光産業振興に向け、六つの施策を展開するとしている。

【解説6】 正答④

① 誤り。「思う」と答えた人の割合は95・8%だった。

② 誤り。「交通網が充実している」が62・4%で最も高かった。

③ 誤り。「オリンピック・パラリンピックに関すること」が35・0%で最も高く、「知事に関すること」は34・0%、「築地・豊洲市場移転に関すること」は18・0%だった。

④ 正しい。「満足」「どちらかといえば満足」と答えた人の割合は49・9%で、平成20年以来5割を下回った。

⑤ 誤り。トップは前年度に引き続き「防災対策」だった。「行財政」は前年度の8位から4位へ上昇した。

【解説7】 正答③

① 誤り。平成26年度より3・3ポ改善し、81・5%となった。

② 誤り。「正味財産変動計算書」を加えた四つの表がある。

③ 正しい。

④ 誤り。平成26年度から1・4ポ改善し8・2%となった。

⑤ 誤り。平成26年度末と比較すると資産は増加し、負債は減少した。

【解説8】 正答④

① 誤り。「保育所等の整備促進」「人材の確保・定着の支援」「利用者支援の充実」の三つの柱から構成されている。

② 誤り。都内待機児童数は昨年から652人増加し、8466人となった。

③ 誤り。保育所等整備を加速させるため、年度内に着工した場合に加算率を引き上げるとした。

④ 正しい。

⑤ 誤り。平成29年度予算案の内容である。

【解説9】 正答①

① 正しい。

② 誤り。基準財政収入額は、昨今の金融経済情勢の影響を受け、5年ぶりに減少した。

③ 誤り。特別区民税は、人口増に伴う納税義務者数の増と、雇用・所得環境の改善を反映し、前年度と比べ97億円の増となった。

④ 誤り。基準財政歳出額は、臨時的改築工事費の算定を終了するなど、5年ぶりに減となった。

⑤ 誤り。待機児童解消緊急対策対応経費は臨時的な査定とされた。

【解説10】 正答①

① 正しい。

② 誤り。「税金の通知が届いたとき」がトップで、以下、「給与（源泉徴収票）をもらったとき」「日常の買い物をするとき」と続いた。

③ 誤り。「十分ある」「多少ある」と答えた人の割合が5割を上回った。

④ 誤り。5割近くが「公共施設を利用するとき」と回答し、以下、「災害対策・対応が行われたとき」「道路・上下水道等のインフラを使用するとき」と続いた。

⑤ 誤り。「社会人」「高校生」「中学生」の順となった。

昇任試験対策のページ

特別区 管理職試験講座 23

I類択一・記述 I・II類論文 29年度

28年度問題解説②

I類論文

前号に引き続いて、平成28年度に出題されたI類論文問題の論文例と解説を掲載します。

論文課題

地域との協働によるまちづくりの更なる推進について論じてください。

論文例

1 求められるまちの活力

まちに少子高齢化の波が強く押し寄せている。かつてにぎわいをみせた町会行事は年々参加者が減り、高齢者ばかりになってきた。このままでは多様性によるまちの活力が失われ、共助力が低下する。

災害や高齢者の見守りなど地域課題の対応において行政による公助には限界があり、町会を中心とした住民自身による共助が不可欠である。必要な時に住民が連携するには、普段から顔の見える交流をしていることが重要である。また、少子高齢化とともに国際化が進む今、多様な住民がそれぞれの立場で社会を支える必要がある。私は特別区の管理職として、高齢者や子育て中の親、外国人を含む全ての人が参加して活躍する、活力あるまちづくりを地域と協働で進めていきたい。

2 まちで生じている問題

特別区はこれまでも活力あるまちづくりを進めているが、今なお次のような課題がある。

第一に、若者がまちに根付いていないことである。特別区内には進学や就職のため単身で住み始めた若者も多い。しかし区部は地価が高いため住宅費の負担が多い。それゆえ、家庭を持ち、子育ての出費が増える頃になると郊外へ転出する傾向がある。これでは、本来はまちの担い手として期待される層が取り込めない。また、一時期の住まいでしかない土地には愛着が乏しいため、まちに貢献する意欲が湧かないという問題もある。

第二に、地域社会の担い手が高齢化していることである。町会役員など地域活動の中心となって活動できる環境にある人は高齢者が多い。長年にわたり同じメンバーにより運営されるため新しいアイデアが出にくく、社会の変化に対応できない。また、若者に比べ体力の劣る高齢者ばかりでは機動力が不足するので、地域住民による防災活動に支障が生じる。さらに、このままでは次世代の後継者がおらず、活動が先細りになる。

第三に、多国籍化する住民への対応がある。東京は世界有数の国際都市であり、近年に外国から移ってきた住民も多い。外国人は言語や習慣の違いから地域社会との関わりが希薄になりやすい。このような住民が増えることで町会の加入率が低下すれば、防災・防犯・要支援者の見守りといった近隣住民による活動が機能しにくくなる。地域の共助力を維持・強化するには外国人を町会の活動へ積極的に取り込んでいく必要がある。

3 地域住民が互いに連携するために

これらの問題を解決するには、これまで参加しなかった人を町会活動に取り込む必要がある。私は次の三つを重点的に取り組むことにより住民の連携を強化していきたい。

第一に、住み始めた若者にまちで顔の見える関係づくりを支援することである。早く地域になじめるように町会メンバーが定期的に声かけを行う。慣れない土地で近隣者のサポートが得られれば心強い。この活動を区が転入者にPRするなどバックアップすることで安心して利用できるようにする。具体的には、期間を1年間とし、時季の行事を案内して参加を促す。これを通じて若者が地域住民への信頼を深められるほか、若者に活躍の場を与えることで帰属意識や自尊心を高められる。こうして、住み続けたい、貢献したいと感じられるようなつながりのあるまちにしていく。

第二に、子育て世代を町会活動に参加させ、担い手として意識付けを行うことである。町会行事における一時保育の実施を促進する。これにより、以前は乳幼児を持つ母親にはできなかった、運営側としての活躍ができるようになる。

具体的には、定年退職後の保育士や子育て経験のあるベテランに活躍してもらう。区が一時保育の実施手順や安全対策について基準を定めて周知する。安心して参加できる体制をアピールすることで子育て世代を町会活動に取り込めることで、町会活動の担い手の若返りが図れるほか、次世代が参入することで後継者の育成につながっていく。

第三に、外国人が日本人と同じように地域で活躍できる体制づくりを支援することである。これからは、外国人の参加がまちの活性化や共助力向上の鍵となる。具体的には、特別区内には多くの大学が存在し、大学には外国語の教員や外国の文化に詳しい研究者がいる。それらの人材が地域に出て活躍できるように区が大学と協定を結ぶ。専門家の協力を得て言語の壁を解消し、行事への参加を通して、同じまちで共存共栄するための相互理解を深める。さらに、外国人が参加することによって新しい発想や外国の先進事例の知見を地域活動の発展に生かせるようになっていく。

4 全ての人が活躍するまちへ

活力あるまちづくりのためには、普段から多様な住民同士の交流を区が支援していくことが必要である。また、その活力が長期にわたり維持されていくには、若い世代が参加しやすい環境を整備し、活動が引き継がれていくようにすることが重要である。

私は特別区の管理職として、これらの施策を一つずつ着実に実施し、全ての住民が活躍する、活力あるまちづくりを更に進めていく所存である。

解説

管理職として提案する特別区の施策であるという観点をしっかり認識した上で論文の構成を考えます。まず、論文の組み立てを考え、レジュメをしっかり作っておくことが大切です。

課題にある「地域」や「まちづくり」といった言葉には多様な意味があります。受け取り方は自由なので、ご自分の得意分野を生かして書いていけば良いでしょう。また、今回の場合には「更なる推進」とありますので、これまでにも推進しているということを忘れずに書いておくようにします。

論文は第1章から第4章までの4部構成とします。まず、第1章で課題を自分なりにどのように捉えたかを明確にし、論文の方向付けをします。

次に、第2章で問題点を三つ、第3章で解決策を三つ論じます。第2章と第3章は対応するようにし、第2章の「第一に」で挙げた問題について第3章の「第一に」で解決策を提示します。「第二に」「第三に」も同様です。また、同じ章で挙げる三つの説明は同じ文字数にするなどボリュームを均一にするとバランスが良くなります。

論点が三つ思い浮かばない場合は少し視点を変えてみると良いでしょう。一つだと思っていた問題・解決策が複数に分解でき、説得力が増すことがあります。

論文の試験時間は2時間しかないので、事前に基本となる論文を書いておき、当日、課題に合わせて修正することで確実に書けるようにします。例えば、町会を中心とした地域の活性化という内容で基本論文を用意しておけば、キーワードを入れ替え、第1章と第4章の表現を修正することで、今回のようなまちづくりの推進のほか、防災、少子高齢化など様々なテーマに合った論文とすることができます。

自分で書いた論文は管理職の方に添削してもらうことが重要です。自分では気づかなかった論理の不具合や、意味の分かりにくい部分を指摘してもらい、書き直しながら基本論文を完成させていきます。

その後、想定される課題に合わせて修正する練習を繰り返します。慣れてきたら実際の試験時間より少し短い1時間50分程度で書くようにし、時間内に手で書く感覚を体で覚えると良いでしょう。

論文対策の勉強は、単に上手な文章が書けるようになるだけではなく、管理職として求められる思考法の練習にもなります。ご健闘をお祈りいたします。

読者のひろば

北区で味わう いやし空間・なごみ時間

北区広報課長 雲出 直子

週末回遊計画 とっておきのまち歩き③

北区には住めば笑顔になる「暮らしやすさ」がたくさんあります。歴史の面影を感じる街並みや活気あふれる商店街。緑豊かな公園と風薫る水辺空間。のんびりしたり、人情味を感じたり、様々な表情に彩られた北区の日常を感じる小さな旅に出かけてみませんか。

今回、ご紹介するのは王子・西ケ原エリアの約2・7キロのお散歩コースです。徳川八代将軍吉宗が江戸庶民のために桜を植え、近代日本経済社会の基礎を築いた渋沢栄一が邸宅を構えた「王子・飛鳥山」から始まるこのエリアには、北区の観光名所が数多く点在し、季節ごとに違った表情を楽しむことができます。

お散歩のスタートは、江戸っ子たちの行楽地として人気を博した桜の名所「飛鳥山公園」。JR京浜東北線王子駅中央口から飛鳥山に目を向けると姿が「かたつむり」に似た愛らしい乗り物、自走式モノレール『アスカルゴ』（無料）の搭乗口があります。明治通りを走る都電を眼下に、北区アンバサダーの女優・倍賞千恵子さんの心地よい車内アナウンスを聞きながら約2分で山頂駅へ。600本ものソメイヨシノやサトザクラなどが咲き誇り、花見客を華やかに出迎えます。

江戸庶民に愛され、数多くの浮世絵にも描かれているこの公園は今、新幹線や特急列車など様々な路線が一望できる鉄道ファンの人気スポットにもなっています。鉄道好きのお子様には、「飛鳥山さくら亭」横の展望デッキがおすすめ。お弁当を食べながら、お気に入りの電車が走ってくるのを待ちましょう。

アスカルゴ

知的好奇心を満たしたい方は、園内にある三つの博物館「飛鳥山博物館」「紙の博物館」「渋沢史料館」へ。特に、渋沢史料館に併設された旧渋沢庭園の二つの大正期の建物は必見です。ステンドグラスや装飾タイルが美しい「青淵文庫」、ハートや動物のデザインなど設計者の遊び心が随所に光る「晩香廬」は見応えたっぷり。いずれも国の重要文化財に指定されています。

青淵文庫（内観）

飛鳥山の歴史物語を楽しんだら上中里方面へ。本郷通りの上下線の中央部分に大きな木々が数本並び、「西ケ原一里塚」と刻まれた石柱が見えてきます。この一里塚は、日光御成道の日本橋から二里目に築かれた塚で、徳川時代に設置されたままの位置を保つ都内でも大変貴重な史跡。当時、この界隈を通っていた人達の姿を想像するも一興です。

一里塚近くの鳥居をくぐり、参道を歩いていくと閑静な住宅街に子宝・安産・家族円満にご利益のある西ケ原の鎮守「七社神社」があります。拝殿前には、珍しい品種の八重桜が植えられ、薄黄緑の御衣黄とピンク色の福禄寿が見事な花を咲かせます。

旧古河庭園

本郷通りを更に進み、紙幣づくりの見学（予約制）もできる「国立印刷局東京工場」を過ぎると、北区アンバサダーの作家・内田康夫さんの「浅見光彦シリーズ」に登場し、全国から多くのファンが訪れる和菓子「平塚亭つるおか」が見えてきます。内田康夫さんが命名した「大福おばさん」の素敵な笑顔に出会えるかも。

おだんごで一息ついた後は、バラの名所「旧古河庭園」へ。大正ロマン漂う洋館前のしだれ桜が見事です。北区の名誉区民で北区アンバサダーでもある日本文学研究者ドナルド・キーンさんはこの場所をことのほか気に入り、庭園近くに居を構え、バラや緑が織りなす四季の彩りを借景に執筆活動を続けています。庭園で心身をリフレッシュしたら、平塚神社の脇を下ってJR京浜東北線上中里駅に到着です。

さて、ここからJRに乗って、「穴場と思う街ランキング」や「賃貸で住みたい駅ランキング」の上位に入るなど近頃話題の「赤羽」散策はいかがでしょう。

清野とおるさんの漫画『東京都北区赤羽』や山田孝之さん主演のドラマ化で知名度と魅力が拡大。昨年、清野さんが描いた北区のブランドメッセージ「住めば、北区東京。」のポスターも大きな反響を呼びました。今年4月には、赤羽台に東洋大学の情報連携学部のキャンパスが新設され、ますます活気あふれる街に。近くの味の素ナショナルトレーニングセンターに通うオリンピック選手たちにも遭遇できるかもしれません。

そんな赤羽の大きな魅力は、やはり商店街。大規模スーパーがそろう一方で、物販店や飲食店などでにぎやかな「赤羽一番街商店街」や飲んべえの聖地として遠方からも多くの人が集まる「OK横丁」。雨でも安心、全天候型アーケードの「赤羽スズラン通り商店街」など個性豊かで魅力的な商店街や店舗が軒を連ねます。お気に入りの味や逸品をぜひ見つけてください。

4月29日（土・祝）と30日（日）には、毎年数十万人が訪れる盛大なイベント「赤羽馬鹿祭り」が開催されます。お祭りの最後を締めくくる大規模なパレードは圧巻！馬鹿踊りと仮装隊、江戸神輿が赤羽駅東口前通りを練り歩きます。

お出かけには絶好の季節が到来しました。新旧の魅力が詰まった多様で奥深いまち・北区で楽しい時間をお過ごしください。

とうきょうと川柳会

●3月の宿題1「朗報」

くり返しくり返し聞く母子元気　永井 天晴

朗報を待つケータイが落ち着かぬ　加藤 富清

朗報の耳打ちのある年度末　三浦 節子

☆もうかりまっかおおきに言って稀勢の里　菊地 順風

●3月の宿題2「拭う」

青空の落書き風が消していく　石川 和巳

寛容さ心の窓を拭いておく　大戸 和興

寺社巡り拭いきれない傷がある　永井 天晴

口紅を落とす嘘を壊さぬよう　島田 駱舟

（☆印は選者の句）

とうきょうと川柳会のご協力で本紙読者からも川柳を募集します。4月の宿題は「歴史」と「るんるん」で、それぞれ各3句以内を句し、Eメールでhenshu@toseishimpo.co.jp宛てか、ハガキで編集部宛てにご応募ください。4月17日必着。

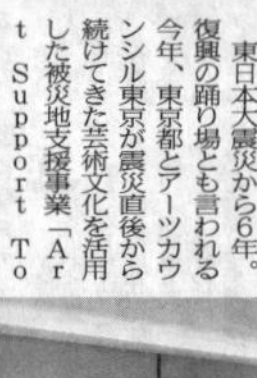

アーツカウンシル東京の被災地支援事業（上）

文化で社会をつなぎ直す

東日本大震災から6年。復興の踊り場とも言われる今年、東京都とアーツカウンシル東京が震災直後から続けてきた芸術文化を活用した被災地支援事業「Art Support Tohoku−Tokyo」（以下ASTT）も6年目を迎えた。

◇

6年目で生まれてきた新たな課題

震災そのものによる被害と同時に、東京電力福島第一原子力発電所の事故による避難をめぐる状況も年々変化してきている。長い避難生活によるコミュニティーの分断、消滅、避難先のコミュニティーへの参加のハードルなど、新たな課題も浮き彫りになってきた。

「市民と共に文化政策を考える公開ミーティング『マナビバ。』文化政策にかかる部署以外からも職員が集まった」＝16年11月、いわき市で（写真提供：NPO法人Wunder ground）

福島県いわき市は、人口約35万人に対し、市外（主に原発立地周辺自治体）からの避難者が約2万人居住している。現在は県営の復興公営住宅や市営の災害公営住宅が完成し、仮設住宅からの移住も進む。2種類の住宅の違いは、前者が市外からの避難者のためのもので、後者が主に市内沿岸部において被災した方々のためのものだ。

このように、いわき市では市民と市民ではない方がモザイクのように入り組んで生活しており、特に原子力損害賠償の有無による生活態度の違いなどから、様々なすれ違いも生じてきている。

アーツカウンシル東京の連載で、なぜこの現状をお知らせするのか？

効率化を優先してきたツケのように、社会では様々な場で個別化、専門化（タコツボ化、サイロ化）が進んだ。「芸術文化」には、細分化した社会を創造的につなぎ直していく力がある。医療、福祉、教育、心のケア、まちづくり、観光などの多様な課題に対して、様々な領域を芸術文化で接続する取り組みが成果を上げている。

芸術文化そのものの振興にとどまらず、この視点で多領域をつなぐ時、総合政策としての文化政策の強みを発揮できるはずだ。そして、公的な芸術文化機関としての私たち（アーツカウンシル東京）は、芸術文化の持つこの力を社会に還元しなければ、その役割を果たしているとは言えないだろう、と私は考えている。

芸術文化機関の専門性を生かした支援

ASTTは、アーツカウンシル東京の事業の一つ「東京アートポイント計画」の事業スキームを、東北に「転用」したものだ。東京アートポイント計画とは、地域社会を担うNPOとともにアートプロジェクトを展開することで、アートによる無数のポイント（拠点や人材）を都内各所に生み出していく事業。アーツカウンシル東京には、地域のNPOに伴走する「プログラムオフィサー」（以下PO）と呼ばれる専門職がいる。

POは、アーティストや地域に様々なつながりを持ち、行政と市民の間に立ち、プロジェクトを進めていく役割を担っている。

イベント型の復興支援の時期は過ぎ、今は、土地の文化に寄り添った「文化の復興」にかかる取り組みが求められる段階だ。冒頭で紹介した支援先のひとつである福島県いわき市では、本年度新たに「文化政策」を構想するという話が持ち上がった。先に説明した、一筋縄ではいかない住民同士のすれ違いを、文化政策の課題と捉える意欲的な取り組みだ。

この動きは、ASTTが復興支援を息の長い取り組みとして捉え、現地のNPOと伴走しながら進めてきた成果の一つだと考えている。一過性のイベントを出前的に届けるのではなく、地元で活動する団体を、芸術文化の力と、私たちの持つノウハウやネットワークを掛け合わせて支援し続けるのがASTTの特徴である。

（アーツカウンシル東京PRディレクター　森隆一郎）

——次回は、宮城県塩竈市出身でASTT事業の立ち上げから関わってきたPO佐藤李青氏が、ASTTの現場での取り組みを紹介する。

【参考情報】
アーツカウンシル東京のブログでは、3回シリーズで福島県いわき市での文化政策立案のプロセスを共にしたASTT事業『マナビバ。』のレポートを掲載中。https://www.artscouncil-tokyo.jp/ja/blog/17837/

春はゆる～く特別展

しながわ水族館で脱力祭り

しながわ水族館（品川区勝島3の2の1）では、春の特別展「ゆる展 リターンズ～おほしんたろうとゆるい生き物の脱力祭り～」を開催している。

「ゆる展」は、俳優の田辺誠一さんとのコラボレーションで、昨年3月に第1弾を実施。田辺画伯の〝ゆるい〟イラストと生き物のシュールな世界が好評だった。今回は、お笑い芸人のおほしんたろうさんを起用し、新たな「ゆるさ」をシュールなイラストにして表現している。

ウナギと呼ばれながらウナギでなく、ストレスを感じると粘液を出す「ヌタウナギ」や、その見た目が衝撃的な「ユムシ」、水上と水中を同時に見ることができる特殊な構造の瞳を持つ「ヨツメウオ」など、特徴のある生き物たちを、思わずクスッと笑ってしまうイラストと飼育スタッフの〝ゆるい〟解説で紹介する。

期間中は、映画『エイリアン』に登場する宇宙生物にそっくりの「ワラスボ」を使用した料理を、施設内のレストランで提供している。同展は5月8日まで開催。

●○ミニガイド●○

◆八王子市夢美術館「カッサンドル・ポスター展　グラフィズムの革命」　▷ウクライナに生まれ、フランスで活躍した20世紀を代表するグラフィックデザイナー、カッサンドル（1901−1968）の作品を、ファッションブランド「BA−TSU」の創業者兼デザイナーである故・松本瑠樹氏のコレクションを通して紹介する。国内ではおよそ20年ぶりの回顧展▷日時　4月7日㈮～6月25日㈰　午前10時～午後7時（入館は閉館30分前まで）▷休館日　月曜日▷観覧料　一般700円、学生・65歳以上350円、未就学児無料▷会場　八王子市夢美術館（JR八王子駅下車北口より徒歩15分、京王線京王八王子駅下車徒歩18分）

◆都立多摩図書館移転オープン記念展示「雑誌と絵本で世界を知る」　▷都立多摩図書館には全国屈指の雑誌と貴重な児童書のコレクションがある。移転オープンを記念して、「世界を知る」をテーマにコレクションの一部を紹介する▷期間　5月10日㈬まで（休館日：4月6日㈭、21日㈮）▷時間　月～金午前10時～午後9時／土・日・祝午前10時～午後5時半（入場無料）▷場所　都立多摩図書館1階展示エリア（JR西国分寺駅南口徒歩7分）

風流戯画草紙

作・橋本裕之

侍 散る
侍 逃げる
WBC 石原氏
三十六計 逃げるにしかず
これは兵法だ

都政新報

発行所 都政新報社
〒160-0023 東京都新宿区西新宿7-23-1 TSビル
(総務・読者) 03-5330-8781
(企画広告) 03-5330-8784
(編集) 03-5330-8786
(出版) 03-5330-8788
(ファクス) 03-5330-8808
購読料 月1,730円(税込)
毎週火・金曜日発行
ただし、祝日は休刊
©都政新報社 2017

紙面から

都政改革本部

「新たな行革」スタート

監理団体との連携も検討課題

都は今年度から、全庁的な行政改革「2020改革」の取り組みをスタートする。これまで国や自治体で行われてきた行政改革は、「削る」「減らす」ことによる健全化に主眼が置かれていたが、「2020改革」では効果的な事業の実施体制構築など、都庁の機能強化を目標としたことが特徴。各局・職員が主体的に改革を進め、都民や納税者目線で都民ファーストの政策展開を進めることも掲げた。今後、12月末から今年度末までに改革の成果をとりまとめ、「2020改革プラン(仮称)」を策定する方針だ。

＝4面に「上山信一・都特別顧問に聞く」

都政改革本部で新たな行革の必要性を話す小池知事＝3月31日

都は3月31日の都政改革本部で、今後の行革の方向性を説明。「しごと改革」「見える化改革」「仕組み改革」の三本柱で構成し、改革の対象は都庁と監理団体を中心に、国や区市町村、民間企業などとの連携の在り方も検討対象とした。

三つの柱のうち、「しごと改革」では、3月に行った全職員へのアンケートや所管部門での検討を踏まえ、時差勤務やフレックスタイムなどの柔軟な働き方、研修や自己啓発による職員一人ひとりの能力開発などを改革テーマに設定。副知事を座長とした都政改革本部内の「都庁ライフ・ワーク・バランス実現PT」で検討し、所管の各部門で改革を実施する。

一方、小池知事が行革のベースと位置付けるのは「見える化改革」。各局が自ら主要事業を分析・評価して公表することで「見える化」を進め、その結果を踏まえて、新規条例の制定や既存補助金の見直し、申請手続きの簡素化など具体的な取り組みを検討する。

検討に当たっては、各局の主要事業を都民から見て完結性のあるテーマごとに「事業ユニット」に分類。都民の関心の高さや予算規模の大きさなどで優先順位を決め、1ユニット当たり3～4カ月で見える化を進める。改革の検討は各局が主体となるが、局長や特別顧問などで構成する「見える化改革PT」も活用する。

これらの「しごと改革」「見える化改革」の成果や課題を踏まえて、最終的に「仕組み改革」で、都庁全体の「制度」や「仕組み」に関する改革を検討・実施する。具体的には、ICTの活用推進や人事制度の見直し、監理団体などとの連携強化などの取り組みを進める予定だ。

「仕組み改革PT」を設置して全庁レベルの改革を議論することで、各局の自律的な改革を促進する狙いもある。当面は見える化による各所管の役割分担の見直しを進めるとともに、監理団体の戦略的活用や幹部職員の再就職などの執行体制を確立し、「都庁グループ」としての総合力発揮を目指す。

小池知事は「これまでの行政改革は、引き算で人やお金を減らし、結果として一人あたりの仕事が増えることの繰り返しだった」と話し、都民目線で賢い支出を行うことで、都庁の機能強化を目指すことを強調した。

局長級幹部の再就職も検証

都総務局

小池知事が検証する考えを示していた都幹部職員の再就職に関して、多羅尾光睦総務局長は3月31日の都政改革本部会議で、局長級で退職する幹部に再任用制度を活用することを選択肢の一つとして検討する考えを明らかにした。

小池知事は都議会第1回定例会で、「文部科学省の再就職が大きな問題となっている。再度、幹部職員の再就職について、監理団体の在り方と併せて検証していく」と発言していた。

多羅尾局長は検討の視点について、「今後、労働力人口が大幅に減少していく中で、意欲ある高齢者が可能な限り長く働き続けることが社会全体としても求められる。年金支給開始年齢の引き上げに伴い、定年後の雇用と年金の接続は、官民を問わず雇用主にとって大きな課題となっている」との認識を示した。

再任用制度は公務員の給与控除の手段として、現在、一般職員を中心に本庁・出先事業所などで活用されているが、局長級を処遇する場合、どう配置するかも検討課題になる。

特別顧問の一人はOBの再就職について、「一定の退職管理システムが制度としてあるので、それほど深刻に捉えていない。(幹部が早期退職する)霞が関の議論に左右されない方がいい」と理解を示しているが、小池知事は見解を示していない。

◆劇場不足問題で対策

ホールや劇場が改修工事などで不足している問題を受け、都生活文化局は3月30日、ホール・劇場の在り方をまとめた。

現在、劇場やホールの利用は週末に集中しているため、比較的空いている平日の利用を促すことが課題の一つとなっている。実演家団体などがこれまで利用していないホールや劇場を探しやすくするため、舞台の大きさや楽屋数などの詳細情報をデータベースとして2017年度中に公開する予定。また、利用が週末に集中しない対策として、劇場やホールの需要に応じて、チケット料金を変動させる「ダイナミックプライシング」制度の導入検討も盛り込んだ。需要の少ない平日はチケット料金を値下げして、週末は高く設定できる。

さらに劇場・ホールの経営の安定化に必要な資金を寄付で集める「ファンドレイジング」などの検討も必要としている。

同局は実演家団体や区市町村などで構成する「連携フォーラム」を開催し、ホール・劇場不足問題に取り組む考え。

都政の東西

家族という組織

子供の貧困対策は、乳幼児期でないと効果が乏しいのか、それとも、中学生以上であっても十分に有効なのか――子供の貧困対策に関する米国の経済学者による「クルーガー・ヘックマン論争」の争点だ。

幼少期の基礎的学力や、対人能力・自己規律など成人までに家庭環境で培われる非認知能力の差が政策効果に直結すると論じるのは、ノーベル経済学者でシカゴ大学のジェームズ・ヘックマン教授。年齢を重ねるに従い、政策の収益率は低くなるという。一方、中学生以上でも有効と唱えるのは、プリンストン大学のアラン・クルーガー教授。高校中退者への就労支援が十分に効果を発揮しているのを根拠にする。

どちらの理論が優位かの結論は分からないが、とりわけヘックマン教授の理論では家族が大きな誘因となる。

近年、都内自治体でも子供の貧困対策や若者支援の取り組みが矢継ぎ早に打たれ始めた。その中で、若者総合支援センターを設置し、包括的な若者支援に取り組む世田谷区では、利用者情報を基に、要因分析を実施。引きこもりなどの背景要因として、対人関係と並んで家族関係を挙げる利用者が最も多かったと結論付けた。

家族社会学では現代の家族形態を「家族の個人化」と位置付ける。産業化の進展により、夫が働き、妻が家庭に専念するという「専業主婦モデル」が一般化したが、さらに一歩進んで女性の社会進出が本格化し、家族が個人化した。

近代化の特徴は組織の肥大化と個人化の進展だ。個人化の触手は家族にまで及び、個人は家族からも析出された。社会が個人を支える仕組みを構築できるのか。挑戦は始まったばかりだ。

築地再整備案に波紋

整備費や工期に根拠乏しく

築地市場の移転問題を検証する市場問題プロジェクトチーム(座長＝小島敏郎青山学院大学教授)の会合で3月29日に示された築地再整備案が波紋を広げている。都は1990年代に築地再整備に取り組んだが、業者の営業活動に支障を来すことから、頓挫した経緯があるからだ。小島座長から「案の一つ」として提示された整備費や工期に関して、都議会からは「荒唐無稽」などと批判が出ている。

小島座長の再整備案では、施設の1階を市場、2階を駐車場としている。再整備に当たり、場内にある飲食店を中央区が設置した商業施設「築地魚河岸」に移設してから着工する。工期は設計を含めて7年、整備費は500億～800億円と試算している。

同案のように市場を重層構造にして現在地再整備に成功した先行例が、大阪市中央卸売市場だ。市場の東棟は5階建てで、1・2階が水産、3・4階が青果、5階は駐車場で構成している。重層構造の市場は珍しく、約13年にわたる工事で2002年に完成した。

都議会の築地市場の移転・再整備に関する特別委員会のメンバーがこの「大阪の台所」を10年に視察した。当時は民主党が第一党で築地再整備が議論のテーマとなっており、視察団は市場関係者に、なぜ現地建て替えを実現できたのか質問。これに対し、市場関係者からは移転案もあったが交通機関が通っていないエリアに移設するよりも、現地建て替えが長期化しても実現したいという業界の一致団結があったなどとの説明を受けた。

営業しながら築地を再整備する案を示した小島座長も、実現には業界団体の協力が必要だと強調する。だが、一度頓挫した現在地再整備の議論を再燃させ、業者の協力がどこまで得られるかは未知数だ。

また、再整備案には土壌汚染対策費が含まれておらず、整備費や工期の根拠は乏しい。建設局が環状2号線の築地大橋を建設する際、13年に土壌汚染調査を実施し、橋台部分の地下から基準値の2・4倍のヒ素などが検出された。さらに、築地の地歴調査では、米軍のドライクリーニング工場があり、有機溶剤ソルベントのタンクなどがあった。有害物質が検出された場合はコストがさらに膨らむ恐れがある。

加えて、築地市場は都の地歴調査で尾張藩徳川家蔵屋敷などの跡地であることが判明しており、埋蔵文化財が発掘される可能性もある。都は過去に環2の新橋・虎ノ門地区の埋蔵文化財調査に7年5カ月かけており、築地でも調査に時間を要するとの指摘がある。

市場問題PTの築地再整備案では、市場内の中央部に荷さばき場の設置を想定している＝3月1日

だが、小島座長はこれまでの市場問題PTの会合で、建築技術が進んでいることを理由に「営業しながら建物を改修する事例はある」と述べ、再整備は可能との見解を示している。例に挙げたのが渋谷駅の移設工事で、「電車、人の流れが止まることなく再開発をしている。昔とは(建設技術が)違うと思う」と説明した。

だが、いくら技術が進歩しても、築地再整備は難しいとの冷ややかな見方がある。公明党の東村邦浩幹事長は「市場内に車、ターレも走っていて、いろんな人が出入りしている。工事をすることで事故が起きる」と話し、「非現実的な考え方」と一蹴した。

また、旧民主党が第1党の時に築地再整備案が議論された際にも、建設技術の進展を理由に可能との見方もあったが、当時の議論に参加していた自民党の高木啓幹事長は、「かなりの時間を割いたが、難しいという結論になった。なぜ、このタイミングで再整備案が出てくるのかよく分からないが、かなり荒唐無稽な案だ」と批判した。

自民党や公明党などが豊洲移転の判断を知事に求める中で、知事が市場のあり方戦略本部の設置を発表し、築地再整備案が示されたタイミングについて、都庁内では「戦略本部に築地再整備も含めて議論させるための布石ではないか」との憶測が流れている。

過去に市場に在籍していた都幹部はこう指摘した。「築地再整備を蒸し返しても、同じ議論を繰り返すだけで意味がない」

入都式　2263人が新たな船出

知事「世界ナンバーワンの東京を」

2017年度の入都式が3日、東京芸術劇場(豊島区西池袋)で開催された。教員や警察、消防を除き、事務804人、4大技術514人、技能運輸193人、2020年東京五輪までの任期付職員(4条職員)51人、栄養士などのその他701人の計2263人の新入職員が新たな船出を切った。

小池知事は式典で、職務に当たる心構えとして▽都民ファースト▽視野を広く持ち、常にチャレンジ▽ライフ・ワーク・バランスを大切に――の3点を挙げ、「世界ナンバーワンの新しい東京を築きましょう」と激励した。

新入職員を代表し、2人が宣誓した。下水道局に配属された豊田和希さん(22)は「技術者として東京を魅力的な都市にするために、知識と経験を積み、努力を続ける」と、都民から信頼される職員になることを誓った。

産業労働局に配属された関根千夏さん(22)は学生時代のボランティアの経験から、「小さな支援でも、大きな効果につながることを実感した」と語り、「今、そして将来の東京に何が必要なのかを常に意識して職務に当たる」と抱負を述べた。

都政改革本部要綱改正　特別顧問の役割を整理

都総務局

都総務局は1日から、新たな都政改革本部設置要綱を施行した。改正したのは特別顧問、特別参与の役割に関わる部分で、従来の「都政課題の整理及び改善策の検討」のほか、「本部長に進言し、または助言する」という内容を加えた。都政改革本部の本部長はこれまで通り都知事が務める。

特別顧問らは知事への進言・助言を行う「顧問」の中から選ばれることになっており、実質的な役割の変更はないが、都議会で「都政改革本部や特別顧問の位置づけ・権限が不明瞭」などと指摘されたことを受け、役割を整理した。

また、同時に特別顧問・参与らの設置要綱も改正し、新たに職務内容を公表する条項を設けた。今後はホームページなどで、報酬の対象となる特別顧問らの活動概要を公表する予定。

◆人口ピークは2025

都総務局は3月30日、昨年10月の国勢調査結果を基にした、2040年までの東京都人口予測を発表した。都の総人口のピークは25年の1398万人で、以降は減少に転じて40年に1346万人となる見込み。

一方、区部では30年に979万人でピークを迎え、40年時点では952万人に減少する。多摩・島しょのピークは20年の426万人で、40年時点で393万人となる。

区によっても人口推計に違いがあり、千代田、中央、港の都心3区は40年まで人口が増加することが見込まれるが、区部の半数以上は25年までにピークを迎え、減少に転じる。

冗句ジョーク

小池知事、先月末の記者会見よりプロンプター使用

「プロンプター新設の禁止です、あっ間違えました、電柱新設の禁止でした！」

目黒区

目黒川の水質浄化へ本腰

悪臭・白濁、解消に向け

都内有数のお花見スポット、目黒川。川に架かる橋から眺める桜並木は圧巻だが、周辺住民や観光客からは「臭いや汚れを何とかしてほしい」との苦情が上がる。こうした状況を受け、目黒区は長年苦慮してきた悪臭や白濁の対策を強化し、水質浄化の取り組みを本格化。昨年度に実施した水質浄化実験を基に、今年度は実際に目黒川での実地試験にも乗り出す。青木英二区長は「極めて重要な課題」としており、東京五輪開催の2020年をめどに、早期の水質浄化を目指す。

3月30日、東急東横線中目黒駅の改札は人であふれ返っていた。多くの人が向かう先は目黒川。桜のシーズンには多い時で1日23万人の見物客が訪れる都内きってのお花見スポットだ。ところが、下流に歩みを進めるにつれ、人の数がまばらになる。その一因が悪臭だ。「川が汚く、臭いもひどい。ここで船から花見なんてしたくない」。道行く女性が顔をしかめながらこう漏らした。区土木工事課によると、悪臭などへの苦情件数は15年度は34件、16年度は1月末現在で37件に上る。

悪臭の原因は川底などに滞留したヘドロだ。特に強烈な異臭を伴うのが、降雨後に下水道から雨水吐きを通して最初に流出する「初期汚濁水」で、区は毎年、泥土の浚渫とともに川底を平らにする工事を行っているが、完全に取り除くのは難しいのが実情だ。

ヘドロがたまる要因の一つに、区内の目黒川の地勢的な特徴がある。世田谷区を起点に、目黒区、品川区と流れて東京湾へ注ぐ目黒川だが、目黒区内の下流部約2㌔は潮の干満の影響が及ぶのに加え、勾配が小さく、ヘドロが流れ切らずに滞留する。このため区は昨年度、都内初となる水質浄化の公開実験に乗り出した。水質を改善する技術を公募し、応募した9者から3者を選定。異なる三つの手法による水槽実験を、昨年9月～今年1月まで目黒区民センター近くの目黒川沿いで実施した。

実験はそれぞれ、▽粉末状の水酸化マグネシウム▽粉砕した牡蠣殻▽鉄と炭素を固めた物質――を活用した手法によるもので、いずれも悪臭や白濁に対する効果が実証された。

今年度は水質浄化の取り組みをさらに強化。区土木工事課は「目標の2020年東京五輪までに、目黒川に適した技術を早期に見つけたい」（担当者）と話し、2億5133万円の予算を盛り込んだ。

実験参加者を新たに公募の上、5～10月に水槽実験を行うとともに、効果が示された手法については、降雨時の有効性などを明らかにするため目黒川で試験する。

また、今年度から実験結果を評価する組織を設置。構成員は、都や世田谷、目黒、品川の流域3区に加えて学識経験者などを予定しているが、評価に当たっては臭いに関する基準がないことや数値化が難しいなどの課題があるという。

青木区長は「都市部の河川は同じように悪臭等で対応に苦慮しており、東京全体の河川の水質改善をしっかりと進めていきたい」と意気込みを示している。

汚濁が目立ち、悪臭を放つ目黒川＝3月30日、目黒区で

墨田区

若手職員がPRの主役に

基本計画特別版を作成

墨田区は20～30代の職員が編集した区の基本計画〝特別版〟「Feel! Sumida」を取りまとめた。2016年度を初年度とする10カ年の基本計画を区在住の20代の若者に知ってもらい、定住化につなげようと、若者目線で編集した。元々は基本計画を改定した際に「分かりやすい基本計画もあると良い」との区民からの要望を受けて作成を始めた。区は施策全体を俯瞰できる職員を育成する効果も期待する。

特別版では、基本計画本編に盛り込んだ20項目の政策のうち、観光や防災・防犯、子育て支援など5項目をピックアップし、全体のボリュームを15㌻に抑えた。

作成メンバーの一人で、入区10年目の三角弘明さんは「雑誌をイメージして読みやすさを重視し、遊び心を盛り込んだ」と話し、本編よりも文章量を抑えて写真を大きく載せたり、目標値を数字だけでなくピクトグラムで表すなどの工夫をしたという。

また、本編にないキャッチフレーズを全項目に採用。観光ページには「来ちゃいましょ！観ちゃいましょ！」、防災・防犯ページには「Strong And Tough!!」の文字が躍る。

特別版の作成は、昨年7月からスタート。庁内募集メンバー9人が週に一度、業務後にミーティングを重ねた。「各ページの枠には統一感を持たせた方が良さそう」「でも、持たせすぎると単調なページ構成になって見る人が飽きちゃうよね」「じゃあ、枠は何パターンか作ろうか」――。読み手の目線に立つことを徹底して試行錯誤を繰り返した。

メンバーの飯田貴大さんは「入区して4年が経ち、職場に慣れてきたので、他部署の仕事を知りたいと思ったのが参加のきっかけ。編集作業を通じて、施策全体が見えるようになった」と成果を語った。

特別版は区公式ウェブサイトで公開している。基本計画を所管する企画経営室政策担当の花井友重主査は「若い世代は区を盛り上げる中心世代になる。例えば、引っ越しを検討している方が区のウェブサイトを閲覧した時に特別版を目にし、そこから区に興味を持ってもらいたい」と期待を寄せる。

特別版を作成した飯田さん（右）と三角さん（中央）

大田区

患者付き添いに民泊を

病院、事業者と連携へ

大田区は3月30日、区内にある東邦大学医療センター大森病院に入院する小児患者の付き添い家族の滞在先に特区民泊の物件を活用するため、学校法人東邦大学、民泊事業者「とまれる㈱」と3者で連携協定を締結した。医療課題の解決など社会貢献型の民泊活用は全国初。いわゆる「違法民泊」がはびこる中、社会インフラとしての機能を示すことで、イメージアップを図る狙いもある。

対象は小児腎移植で入院する患者の家族など。手術前後で約2カ月の入院を余儀なくされ、付き添い家族の滞在先が慢性的に不足していた。移植手術後には経過観察を隔年で1週間行う必要もあり、宿泊見込みは年間1500～1600泊。患者家族は近隣のビジネスホテルだけでなく、遠方の滞在施設を利用するケースも多く、家族の負担を減らすのが目的だ。

一方のとまれる㈱は、この取り組みを企業の社会的責任（CSR）の一環と位置付け、民泊の普及や自社のPRにつなげたい考え。同社の三口聡之介代表取締役は「周辺ホテルより安い価格で提供する」と語り、今年度は100泊、最終的には400泊の提供を目指す。

物件は原則、区内の空き家を活用する。区が実施する「空き家等地域貢献活用事業」の対象に特区民泊を加え、事業趣旨に賛同するオーナーを募る。

区の空き家事業を巡っては、改修費用などが障壁となり、空き家所有者と利用希望者のマッチングに苦慮している。松原忠義区長は「人の命を預かるという社会性の高い地域貢献そのもの。それを理解するオーナーの方に、積極的に協力を働き掛ける」と述べた。

東邦大学によると、肺高血圧症や悪性腫瘍などでも同様の課題を抱えており、同大学の炭山嘉伸理事長は「（これらの家族に対しても）民泊が利用できるのであれば、積極的にニーズに応えていけるのではないか」と期待を示した。

荒川区

公園内保育所をオープン

待機児解消のモデルに

荒川区は1日、都立汐入公園内に「にじの森保育園」をオープンした。国家戦略特区での規制緩和によって実現した全国初の都市公園内保育所で、西川太一郎区長は「全国の自治体が渇望している日本の未来、社会を明るくする特区だ」と意義を強調した。

同園は民間の整備・運営事業者が汐入公園内の敷地の一部の占用許可を都から受けて整備した定員162人の私立認可保育所で、0～5歳児を受け入れる。施設内には、授乳やおむつ交換ができる休憩スペースや屋上ゲートボールコートを併設し、一般開放する。

同保育所は、都市公園法で規定された公園内に建設できる施設の要件を国家戦略特区によって緩和し、建設が可能となった。整備場所の選択肢を増やすことで、23区に共通する保育所用地不足の解消に結び付ける考えだ。

開所式を訪れた小池知事は「女性が仕事と子育てを両立できるよう、この保育園をモデルに待機児童解消に一歩でも近づけていきたい」と話した。

同日には、世田谷区と品川区でも公園内保育所がオープンした。また、今国会には特区以外でも公園内への保育所設置を解禁するための都市公園法改正法案が提出されている。

開所式で入所児童から花束を受け取る小池知事（右）と西川区長＝1日、荒川区で

自治体政策のススメ

議会改革の最前線②

山梨学院大学教授　江藤　俊昭

二元代表制の限界

二元代表制という用語が広がっている。ちなみに高校の『政治経済』（東京書籍）では、2015年版には記載されているが、10年前の版には記載がない。新聞社のデータベースでも00年に入って急激に増えた。

日本の自治体の運営を特徴付けるもので、従来は首長主義と言われていた。これは、本来は単に議院内閣制との対比で、大統領制というわけにはいかないので首長主義となった。首長が強力であるという現実を踏まえて価値が挿入された用語となっている。

二元代表制が広がったのは、地方分権による地域経営の自由度が高まり、財政危機の日常化により、議会の役割が飛躍的に高まることで、地域経営においては首長等だけではなく、議会が重要だと正常に認識されたからである。

筆者は、この二元代表制ではなく、二元的代表制というように「的」を挿入している。首長への不信任議決と首長による議会解散といった議院内閣制的要素だけではなく、住民参加が前提となること、議会と首長の二元の激しい対立を想定していないことを強調するためである。この二元的代表制は、住民参加を含み込んだ、議事機関（議会）と執行機関（首長等）との機関競争主義といってよい。それは、①正統性では議会と首長とは対等である②政策過程全体にわたって議会と首長とが政策競争をする③政策過程全体にわたって住民が参加する――という三つの要素で成り立っている。

二元代表制の原型である、二元的代表民主制や機関対立主義は、1970年代後半に東京都の自治を考える中で発見された。当時の美濃部亮吉都知事による市民参加の充実を理論化する目的で、西尾勝・東京大学名誉教授（行政学者）が創り出したものである。行政への市民参加が議会軽視であるという批判に応えるためのもので、東京都都民生活局『都民参加の都政システム』（西尾勝、77年）に著した。行政主導に対して議会の役割を強調する今日の議論とは逆のベクトルであったが……。

記者席

ホームグラウンドでは変化球

○……「肩慣らしがある」。3月31日の会見の終了間際にこう語った小池知事が、公務後に向かったのは神宮球場だ。横浜DeNAベイスターズと東京ヤクルトスワローズの開幕戦の始球式を務めた。

小池知事が振りかぶってボールを投げると、バウンドしてキャッチャーミットに収まった。「一球入魂のストレートで臨んだ」とコメントした。

一方、同30日に閉会した第1回定例都議会。知事は自民党から市場問題で追及され、一戦を交えた。自民党は豊洲移転を決断するよう何度も迫ったが、「総合的に判断する」と言葉を濁した知事。答弁は自民党にとってど真ん中ではなかったようだ。

○……豊島区は民間事業者と連携して「八つの劇場」を中心とする再開発を進める旧庁舎・公会堂跡地周辺エリアの愛称を「Hareza（ハレザ）池袋」に決めた。民俗学で日本の非日常を表す「ハレ」と、多くの人が集まる場として、「歌舞伎座」など劇場名に用いられる「座」を合わせたネーミングで、選定委員を務めた高野之夫区長は「さわやかな愛称で良かった」とご満悦だった。確かに語感に上品さを感じさせつつ、ポップな印象を与える愛称で、様々なカルチャーが同居する池袋らしい街の顔となることだろう。

2019年秋にはこけら落とし公演がスタートする。ハレザの晴れの舞台は近い。

○……「入社数カ月で離職し、勤務時間や収入が安定している自治体の技術職に移る若者が増えた」。人手不足への危機感が強い建設業界からはこんなぼやきを聞いた。3Kと揶揄されてきた建設業界からみると、「自治体に移る気持ちは分からないでもない」との自虐的な声も聞こえる。

だが一方で、都内自治体では高度経済成長期に整備された施設やインフラが集中し、一斉に訪れる老朽化更新に対応するための技術系職員が足りないと口をそろえる。

きっと双方とも正直な思いだろう。だからといって急に働き手は増えない。今の人員体制で仕事をこなせるよう現場で工夫が必要だ。

市場移転で意見書可決

早期の結論を都に要望

中央区議会

中央区議会は3月30日の第1回定例区議会最終本会議で、都に対する「築地市場移転問題の早期の結論を求める意見書」を全会一致で可決した。昨年8月に小池知事が市場移転延期を表明して以降、移転問題に関する初の意見書となる。

意見書では、「環状2号線の本線はもとより暫定道路の開通も見通せない状況にあって、BRTの運行など本区全体の交通環境改善のための施策も構築しにくい現状である」と指摘し、移転の可否や事業スケジュールの早期明示を強く求めた。

環2を巡っては、同区晴海で進む東京五輪選手村の建設工事の影響で、晴海通りの渋滞の深刻化が予測され、区議会は区と共に昨年12月、環2の一部暫定開通を都に要望。都は先月までに工事車両に限って、晴海～豊洲間の通行を開始した。

最大会派が分裂

自民が第1党に

文京区議会

文京区議会の最大会派「ぶんきょう未来」から西村修区議と山本一仁区議の二人が離脱し、新会派「文京永久（とわ）の会」を1日に結成した。新会派は成澤廣修区長を支持する方針で、離脱により、区議会最大会派は自由民主党文京区議団になる。

新会派の西村幹事長は「会派の中で個人の意見が尊重されなくなり、是々非々という会派としての立場も揺らいでいた」と離脱の経緯を説明。山本区議は本紙に対し、「区長を支えていく立場をとる」と話した。

ぶんきょう未来は、2015年4月の区議選後に当時の民主党と維新の党、無所属区議ら計10人で結成され、区議会第1会派になった。昨年の第3回定例区議会に修正補正予算を日本共産党文京区議会議員団と提案し、両会派による賛成多数で可決するなど、成澤区長との対決姿勢を強めていた。

分裂により、ぶんきょう未来は8人になり、第2会派だった自民党区議団（9人）が最大会派に替わる。自民党と公明党を合わせた区長与党の議席数は過半数の18議席に届かず、16議席にとどまる。

区画整理事業は長期展望で

並木心・羽村市長に聞く

なみき・しん＝1944年8月生まれ。日本社会事業大学福祉学部卒。家裁調査官、旧羽村町議、市議を経て、2001年の市長選で初当選。趣味はゴルフ。選挙を控えた昨年暮れにクラブを納屋に入れて「封印」したが、「そっと出して」解禁した。19日の当選から3日後に2人目の孫が誕生。現在は妻と2人暮らし。

任期満了に伴い、3月19日に告示された羽村市長選は、並木心氏(72)以外に立候補の届け出がなく、同氏3回目の無投票当選となった。並木市政の5期目は、4期目から継続している羽村駅西口土地区画整理事業や生涯学習の更なる推進を重要課題に掲げている。並木市長に5期目の市政運営について聞いた。

——3回目の無投票当選です。

基本的には市民が無投票とするかを判断している。私からは対立候補を立てることはできない。本来は4年ごとに選挙を経て、市政を展開するのが望ましく、私自身は選挙戦に臨むつもりでいた。9・9平方㌔㍍の小さい市なので普段から市政運営については直接的、間接的に厳しく見られている。日常が選挙戦とも言え、その選択が働いたと取れるかもしれない。

——羽村駅西口土地区画整理事業の進捗状況と住民理解をどう求めていきますか。

4年前の公約で「4年のうちに槌音を響かせる」と約束した通り、既に着工し、現在、4地区を優先整備している。その中には保育所も含まれ、広い所に換地して移転することで利便性も高まる。従来は反対、賛成の抽象論が多かったが、実際にやってみて役に立つ事業であることが分かってくると、条件闘争的なものになっていくのではないか。少し方向が見えてきた。

——事業が遅れ気味で計画期間延長の話もあります。

市内法人の景気が悪く、財政的に厳しい状況があるが、長期展望すれば可能だ。都との交渉では、事業期間が長すぎると保証できないが、10年単位で区切って事業計画を出せば助成は担保すると言われている。大きな事業であり、財政調整基金や市債を上手に活用し、議会の一層の理解を得ていきたい。

——条例制定など進めてきた生涯学習の成果と課題は。

生涯学習は社会教育だけでなく、学校教育も含めた概念だ。市では既に学校の職場体験として市内企業の協力を得ているほか、総合防災訓練に学校と地域が共同で参加したり、消防団の出初式で小中学校の吹奏楽部が演奏するなど、社会や地域と学校の接点を持たせる試みを続けてきた。

成人した大人は子供や孫に自分が学んだ経験を伝え、社会に還元してほしい。地域の課題解決力を磨くことも大事だ。ただ、そうした意識が市民に浸透しにくい。専門家の知恵を借りて理論構築も必要だ。

——昨年4月に課を新設するなど力を入れているシティープロモーションについては。

よそと張り合って「あそこがやったからうちも」というのではなく、羽村らしさを生かしたものでないといけない。市民にアマチュア記者になってもらい、行政から見た羽村の良さではなく、市民の目線から羽村の魅力を取材して発信してもらう制度を始めた。シティープロモーションは、今はまだ試行錯誤。課題を見つけながら展開している。これからの事業だ。

——都市長会会長の経験も踏まえ、他の25市や都とどのように関わっていきますか。

市長会に所属する市長さん方は一国一城のあるじ。市長会は議決機関ではない。26市の最大公約数を重んじる調整的な役割を果たしてきたと思っている。5月からは会長も外れる。今後は多摩26市のために、多少自由な立場から、国や都が言っていることについての私なりの考えを示すこともできるのではないか。

小平市長選

現新3氏が立候補

市政の継続是非巡り論戦

水口和恵氏　松岡篤氏　小林正則氏

任期満了に伴う小平市長選が2日告示され、4選を目指す現職の小林正則氏(64)＝民進、共産、社民、生活者ネット推薦＝、いずれも新人で前市議の松岡篤氏(31)＝自民推薦＝、市民団体共同代表の水口和恵氏(54)の無所属3氏が立候補を届け出た。1日現在の選挙人名簿登録者数は16万6154人。9日に投開票が行われる。

■小林陣営

小林氏は、午後1時に小平駅前で第一声を上げた。推薦政党所属の国会議員や都議、市議らのほか、阿部裕行多摩市長も応援に駆け付けた。市議27人中13人の支持を得ている。

「市民が直接、行政や政治に関わることが私の夢」と訴えた小林氏。「私の原点は情報公開と参加と協働、自治」と述べた。自治基本条例の制定や市民活動支援センターの開設などの実績を強調しつつも、「まだまだ道半ば」と4期目に強い意欲を見せた。

少子高齢化で現在19万人の人口が将来は5万人減ると言われる中で、公共施設の再配置や統廃合の必要性にも言及。「批判を覚悟でやらなければいけないこともある。皆さんと痛みを分かち合い、共に話し合って互いの合意を積み上げていく。そんな市政を私の手でぜひやりたい」と支持を呼び掛けた。

■松岡陣営

午前11時に小平駅前で第一声を上げた松岡氏。自民党の国会議員、都議、市議などが次々に応援演説に立った。

マイクを握った松岡氏は市議時代、「小平市民は今の市政に満足をしているのか」と疑問を感じたと指摘。「なぜ市民は不安なのか。それは皆さんの声が形にならないからだ」と述べ、「困っていることを聞きに行き、課題解決できるように全力を尽くす」と約束した。31歳という若さをアピールし、「私の周りにはたくさんの若い仲間がいる。若い仲間が停滞した小平市政を変える」と訴え掛けた。

公約として小中学校医療費無償化の推進や給付型奨学金の創設、特別養護老人ホームの増設、若者就労支援などを掲げる。

「10年後、20年後、その先の未来に向けて、小平市をもっと良いまちにしていく」と誓った。

■水口陣営

水口氏は午前11時30分、一橋学園駅前で第一声を上げた。弁護士の宇都宮健児氏らが応援に駆け付け、支持者らが演説に耳を傾けた。

水口氏は、道路建設を巡って2013年に執行された都内初の住民投票が成立要件の投票率50%に届かず、開票されなかったことを振り返り、「市民の声が届く市政にするには、市長が変わらなければならない」と現市政を批判。「母として、女性として、市民としての感覚を市政に生かす」と呼び掛けた。

情報公開の徹底や市民参加条例の制定、高層住宅の建設を伴う再開発の見直し、緑地保全に向けた「みどり基金」の創設などを公約に掲げる。政党支援を受けない「市民代表」を標榜し、「行政が決めて市民は従うだけの市政から、市民が話し合い、市民が決める市政に変える」と訴えた。

◆市議補選には新人3氏

松岡氏の市長選出馬に伴い市議補選(被選挙数1)も同日告示され、自民党推薦の鈴木洋一氏(57)、ネットなどが推薦する山崎智子氏(48)、古川徹氏(70)のいずれも無所属の新人3氏が立候補した。

■過去の小平市長選の結果

	氏名		推薦・支持	得票
2013年4月7日				(投票率37.28%)
当	小林　正則	無現	民 共 生 社 ネ	33,106
	永田　政弘	無新	自 公 み 維	19,108
	小方　蔵人	無新		837
	古川　徹	無新		475
2009年4月5日				(投票率39.31%)
当	小林　正則	無現	民 共 社 ネ	38,776
	坂井　康宣	無新	自 公	16,584

(四角囲みは推薦政党、丸囲みは支持政党)

東久留米市が暫定予算

ごみ有料化3カ月延期

収集袋委託事務で不備

東久留米市議会は3月27日の第1回定例会最終本会議で2017年度一般会計当初予算案を否決し、29日の第1回臨時会本会議で4月から6月までの暫定予算を11対10で可決した。自民、公明のほか、1人会派の久留米ハートネットが賛成に回った。

予算案否決の要因となったのは、7月からスタート予定だったごみ有料化だ。庁内の調整不備により、予算の完全な裏付けがないまま、ごみ収集袋の製造などを請け負う業者の選定をプロポーザル方式で進めようとしていたことや、プロポーザル方式から競争入札に変更することに伴う事務手続きの遅れが問題化し、市側は各種の補正予算案の提出などで乗り切ろうとしたが議会が認めなかった。

並木克巳市長は3月30日に緊急の記者会見を開催。「ごみ有料化の指定収集袋の製造、管理の準備作業を進めていたが、事務手続きに遅れがあった」などと説明した。7月から実施予定だった有料化は3カ月遅れて10月から実施される。

同市では、昨年6月の16年度の補正予算で、指定収集袋の製造と管理に関する委託経費を単年度分として計上。所管のごみ対策課から財政課への説明が不十分で、16年度と17年度の2カ年の債務負担行為という予算上の裏付けがないにもかかわらず、プロポーザル方式で業者の選定作業を進めていた。

9月になって、契約を担当する管財課がプロポーザル方式よりも指名競争入札が適当であると指摘。競争入札への変更などを検討する中で、12月補正を提出するタイミングなども失してしまったという。

市は、3月2日の本会議初日に、16年度分の収集袋関連経費を17年度に繰り越す繰越明許費と袋の製造管理運搬業務委託を17年度までの債務負担行為とする補正予算案を提出。しかし、「説明が不十分」などの意見が出され、自公を除く各会派の反対で否決された。

27日の最終本会議でも、17年度一般会計当初予算案が「ごみ有料化の遅延を重く受け止めるべき」などとして同様に否決された。

一方で、一連の責任を取るため、市長の4月と5月分の給料を50%減額する条例改正案は10日に可決。27日にはごみ有料化の実施を7月から10月に延期する条例改正案が可決された。

暫定予算には、ごみ有料化に必要な14カ月分の収集袋を製造する費用や販売委託料などが含まれている。業者については4月以降、指名競争入札を進める。

並木市長は「庁内の調整や進行管理も含め、いろいろな所に不備があったと思う。大きな反省とともに再発防止に向けてしっかり取り組まなければならない」と話した。

同市での暫定予算は、馬場一彦前市長が少数与党による議会運営を強いられ、当初予算案が否決された12年度以来。

ごみ有料化延期の経緯を説明する並木市長＝東久留米市役所で

市町村 17年度予算案

村営住宅24戸を建設へ

ヘリポート関連は最終年度

御蔵島村

御蔵島村は3月10日の村議会本会議で、2017年度当初予算案を可決した。一般会計は11億7918万円で、前年度に比べて32・8%減った。16年度に敷地に土盛りしたヘリポート建設事業費の減が影響している。

村営住宅24戸の実施設計には6450万円を計上した。村ではイルカウオッチングなど島外からの観光業従事者などのための住宅が慢性的に不足している。17年度は新たに住宅用地約8千平方㍍の購入費として1437万円も予算化した。

農業に適した希少な平坦地である赤沢地区にアクセスする農業道路の新設には2615万円を充てる。同地区ではアシタバやイモ類を栽培しているが、畑に行くための車道はなく、農作物はモノレールで運搬している。将来的に総延長850㍍になる道路の建設で、計画的な出荷につなげたい考えだ。

また、ヘリポート建設事業は災害時に自衛隊の大型機の離発着ができるようにするもので、15年度から17年度が事業期間。最終年度の17年度は敷地の舗装費用と待合所の建設費として1億7282万円を盛り込んだ。現在のヘリポートは建物3階のヘリポート部分を閉鎖し、1・2階は村営の産業センターとして今後も活用を継続する。

性質別の歳出では、普通建設事業費が2億9261万円で、前年度比5億965万円の大幅減。歳入では、村税が4308万円。地方交付税は前年度と同じ3億9千万円を見込む。国庫支出金は8672万円、都支出金は3億1550万円。

農業担い手育成に重点

普通建設事業費が増

八丈町

八丈町は3月27日、2017年度当初予算案を町議会本会議で可決した。

一般会計は77億5685万円で前年度比4・9%の増加。老朽化した公共施設の建て替えなどに伴う普通建設事業費の伸びが押し上げた。

農業担い手育成研修センターの拡充を中心とした農業振興費は、前年度に比べて約2800万円増の1億600万円を計上した。同センターは新規就農者を約3カ年で育成しており、17年度は生徒数を3人から6人に倍増する。育て方や収穫方法などを学ぶ対象品種も、従来のフェニックス・ロベレニー、レザーファン、ルスカスの観葉植物3種類のほか、ストレチア(極楽鳥花)、キキョウラン、アシタバ、八丈フルーツレモンの4種類が加わる。予算増額分は温室の増設や講師人件費などに充てられる。

新規事業では施設などの建て替え関連が目立つ。八丈島漁業協同組合の製氷施設の建て替え事業には5億6775万円を補助する。三根公民館の建て替えには3億8430万円、町営住宅の建て替えには1億5516万円を計上した。大賀郷小学校のプール改修事業は予算額7340万円となっている。

性質別の歳出では普通建設事業費が17・5%のプラスとなった。歳出では、老人ホームの入所人数の減により老人保護措置費が減った影響で、分担金および負担金が69・5%の減。国庫支出金は5・9%、都支出金は18・9%増を見込んでいる。

調布の小型機墜落事故

地元3市が知事に要請

機長らの書類送検受け

2015年7月に調布飛行場を離陸した小型機が調布市内の民家に墜落し、住民1人を含む3人が死亡した事故で、警視庁が3月29日に事故機の整備会社社長や事故で死亡した機長ら3人を航空法違反容疑で書類送検したことを受け、地元3市の市長が30日、都の小池知事宛てに飛行場の管理運営の実態調査や安全対策の徹底などを要請した。

要請したのは、長友貴樹調布市長、清原慶子三鷹市長、高野律雄府中市長。「(送検内容には)禁止されている遊覧飛行が繰り返し行われていたということが含まれている。事実であれば、航空法違反に加え、地元市と都の協定・覚書に反する行為が繰り返されていたということで極めて遺憾」と表明。調布飛行場の管理運営の実態について、改めて徹底的な調査・検証、万全な安全対策や厳格な管理運営の徹底、周辺住民の不安解消への対応などを強く求めた。

要請文を受け取った斎藤真人港湾局長は「都としても重く受け止め、速やかに知事に報告する」と述べた。

その後、都庁内で開かれた調布基地跡地関連事業推進協議会では、港湾局からの事故後の経過報告に続いて3市長が意見を述べた。

長友市長は、▽引き続き自家用機の分散移転に積極的に取り組み、具体的で実効性ある対策▽事故原因が解明された場合、内容を踏まえ、管理・指導の強化などの具体的な対策▽自家用機運航自粛の取り扱いについて、周辺住民の理解が得られるよう適切な対応——の3点を求めた。

その上で、「今回の警察の捜査が明らかになった以上、運航自粛解除は極めて高いハードルになったと言わざるを得ない」とし、「地元の住民を含め、多くの関係者の大方の理解を得られるまでは、私どもは解除はなされないものだろうと思っている」と述べた。

今後、事故原因が公表された後は最終的に同協議会で対策をとりまとめることになる。

中西充副知事は「3市長から厳しい意見をいただいた。改めて重く受け止める。今後、公表される事故原因を踏まえ、このような事故が二度とないよう調布飛行場の安全対策の強化を図るとともに、管理運営の一層の適正化を図りたい」と話した。

斎藤真人港湾局長に手渡す要請文を読み上げる長友調布市長(右)ら＝都庁で

多摩市議会

当初予算案を修正可決

パルテノン多摩改修に関連し

複合文化施設「パルテノン多摩」の大規模改修を巡る関連予算の審議が注目されていた多摩市議会は3月30日、第1回定例会最終本会議で、2017年度一般会計当初予算案を修正可決した。

パルテノン多摩の単独改修を前提に進めようとしている市に対し、市議会からは図書館を併設する案など異論が出ていた。改革みらい、公明党、生活者ネット・社民の3会派が修正案を提出。本会議では議長を除く23人中14人の賛成で可決された。市立図書館本館の基本計画の策定委託料など約800万円を減額し、予備費に繰り入れる。パルテノン多摩改修について市議会が独自に調査・検討する費用などを盛り込んだ17年度一般会計補正予算案も全会一致で可決された。

職員を停職処分

東村山市

東村山市は3月30日、健康福祉部の主事(31)を停職3カ月の処分にしたと発表した。

主事は、2015年の夏以降、未成年者に対して、面会を求めたり、性的な関係を勧誘する内容のラインを繰り返し送るなどした。

都内部統制PT

「予定価格」事後公表に

入札契約制度改革　1者入札原則中止

都は3月31日の都政改革本部会議で、入札契約制度改革案を明らかにした。「予定価格」を事後公表とし、財務局が執行する大規模な契約案件で入札参加希望者が1者しかいない場合は原則、入札を中止することなどが柱。財務局案件は6月、各局が執行する案件は10月を目途に試行を開始し、2018年度以降の改善に向けて検証する。豊洲新市場（江東区）の建設工事で落札率が相次いで99%を超えたことなどを受け、特別顧問と財務局による内部統制PTが実施方針を検討していた。

予定価格の事後公表は「1者入札」と99%超の落札率を抑制するのが目的。都はこれまで、情報漏洩による不正などを防ぐため、契約金額の上限となる予定価格を事前公表してきたが、「応札者が1者の場合、PTは競争性に疑問を持たれる」と判断した。

一方、「1者入札」の中止の対象となるのは、財務局が他局の委任を受けて執行する規模の大きな契約案件。落札率99%超の工事は15年度に14・6%あり、このうち1者入札は全体の9・4%だったという。不調が多い工事や施工困難工事では事業の停滞を防ぐため、1者入札を認める考えだが、第三者機関によるチェック体制も含めて1者入札を認める場合の基準などを検討する。

また、都は中小企業が受注機会を確保できるよう、これまで一定額以上の契約案件では共同企業体（JV）の構成員に中小企業を入れることを義務付けていたが、この要件が入札参加の制約になっているとして、JVの結成義務を撤廃し、単体企業でも参加できるようにする。更に、財務局契約案件では落札額の下限を定める「最低制限価格制度」を適用してきたが、競争性を高めるため、基準を下回る入札があった場合に入札者の積算根拠などを調査する「低入札価格制度」を適用し、下請け業者にしわ寄せが生じないよう施工体制の調査を強化。そのほか、事業者からの技術提案を評価して落札者を決める「技術提案型総合評価方式」について、提案内容や審査体制の見直しなども検討する。

入札契約手続きの進行管理では、仕様や施工方法、予定価格などをチェックするための全庁横断的な仕組みに加え、「入札監視委員会」の委員を増員し、談合情報を報告・審議するなど、監視を強化する方針。

小池知事は同会議で、「着任してから五輪・豊洲の建設費などを見ていたが、都の場合は高価格体質がある。説明がつく方法を編み出してほしい」と求めた。

■受注者は困惑

ただ、一連の改革案には課題も指摘されている。

例えば、事業者に予定価格を事前に知らせないため、契約不調のリスクが増えることも考えられる。再入札を行う場合は3カ月以上を要し、2020年大会に向けて工事が集中する中、事業が停滞する懸念は強まる。

内部統制PTによる有識者ヒアリングでは、楠茂樹・上智大学法科大学院教授が「不落を繰り返して時間だけがかかることも想定される」と指摘。「都情報漏洩に関しても「都は発注件数・規模も他自治体とけた違い。シビアに考えないといけない」と述べた。安藤副知事も31日の会議で、「契約面では提言を受け止めなければいけないが、事業を執行する際に停滞が起こらない工夫を行政体としてやらないといけない」とコメントしている。

受注者にも困惑が広がる。あるゼネコン幹部は「契約の不調が増え、工事の品質低下につながるだろう。業界は都の工事に魅力を感じなくなり、次第に離れるのではないか」と漏らす。都幹部の一人は「予算の効率的な執行は重要だが、PTの顧問には担い手の育成も含め、長期的に都の公共事業をどう維持するかという展望に欠ける。現実的には、下請け業者へのしわ寄せも大きい」（本庁部長）と心配する。

上山信一・都特別顧問に聞く㊤

人材活用と先行投資が鍵

上からの総量規制は時代遅れ

都政改革本部が3月31日、「2020改革プラン」の方向性を明らかにした。職員の現場改善運動のボトムアップから始め、各局ごとに全庁的な改革に取り組むという。大阪府・市、新潟市など多数の自治体で経営改革の実績を持ち、改革プランでも中心的な役割を担う上山信一・都政改革本部特別顧問に、都における改革の方向性や大阪の維新改革との違いなどについて聞いた。

——今回の都政改革の方向性について、「1980年代、国鉄改革に代表される行革から訣別」と発言されました。

80年代に国も自治体も行革を本格展開したが、そのひな型が国鉄改革だった。民間だと2人の仕事を5人でやる「お役所仕事」。予算も組織も「贅肉だらけ」だった。そこでトップダウンで総量規制をかけた。各部門の予算を一律のパーセンテージで削減し、職員の採用を凍結した。この手法は各地の自治体で00年くらいまでは効き目を発揮した。しかし、スリム化の余地はもう少ない。

特に現場で住民サービスを担う人材の確保が大きな課題だ。仕事のやり方を根底から変えないと仕事が回らない。都庁も同じ状況だ。「身を切る改革」や一律削減は局所的には必要だろう。だがそればかり求めるのは時代遅れだ。

——「働き方改革」にも触れています。

「ライフ・ワーク・バランス」は重要だ。職員数の総量規制をやり続けた結果、残業が増えている。無駄な仕事を見直し、ICTも使って手続きも簡素化する。国も地方も（民間に比べて）公務員はそれほど給料が高くない。職場環境を改善しないと優秀な人材も集まらなくなるだろう。

特に、福祉・医療、教育などの分野では、個々の住民ニーズに個別に応じる必要があって合理化に限界がある。細やかな折衝能力や機転の利いた対応の必要もあり、人材の質と士気を高める職場環境が必要だ。また教育や研修にもっとお金と時間をかけるべきだ。ヒトにもっと投資しないと、行政サービスの質も効率も上がらない時代だ。

——大阪府・市でも行革に取り組まれましたが。

大阪府と大阪市の改革には05年から関わっている。大阪市では不祥事を機に05年~07年、大阪府では橋下知事の就任後の08~11年に大規模な行革をやった。その後、11年から今まで府市の特別顧問として橋下氏とともに大阪都構想の推進や地下鉄などの民営化をやってきた。都構想は住民投票でいったん否決された。だが地下鉄民営化は先週、可決された。振り返ると05年当時の大阪市では他の自治体や国がやってきた総量規制型の行革が徹底されていなかった。

最大の原因は不適切な労使関係だった。労組が市長選挙に影響を与え、末端の労務管理が一部では組合に任されていた。「ヤミ年金」「カラ残業」など「職員利権」が役所の中に組み込まれ、改革への役所の抵抗も強かった。

——大阪と現在の東京では状況が異なると。

大阪市の改革は「身の丈改革」と言われた。08年からの府の改革も基本は同じだ。一方、都庁は石原知事の1期目で同じような改革をやった。

大阪で注目すべきは11年以降の府と市の維新改革だろう。これは地下鉄やバスの民営化や都構想を含む大胆なものだ。しかし、これは府も市もじり貧に陥った末に、政令市と市議会の解体を含む統治機構を大改革しようというものだ。また拮抗、対立する政令市と府の二重行政の解消という大阪特有の課題に終止符を打とうという歴史的挑戦だった。

東京はそこまでの危機に陥っておらず、戦前にできた都区制度があって二重行政の問題は少ない。大阪とは事情は異なる。

おまけに東京は当面、人口が増え、経済も好調だ。大阪の改革のテクニックで一部使えるものはあるが、全般的には状況が違い過ぎて応用はきかない。しかも改革課題は行政の分野によって大きく異なる。従来のように行革部門が指示をして全庁一律に同じ手法を展開するという発想も捨てるべきだ。予算も人員も切り詰める一般分野（部局）と福祉や教育など先行投資すべきところがあり、メリハリを付けるべきだ。

=つづく

東京国際フォーラム

太田道灌の紹介パネル

銅像横に、江戸城模型も

東京国際フォーラム（千代田区）は3月28日、太田道灌の紹介パネルと江戸城の模型をガラス棟1階の道灌の銅像の脇に新たに設置した。パネルには、道灌のプロフィールや関東地方の戦国史、江戸城建築の歴史などを図入りで分かりやすく記載。2020年東京五輪で外国人観光客が増えることもにらみ、英語も併記した。

道灌は室町時代に江戸城を建築したことで知られ、開都500周年を記念して1956年に丸の内の旧都庁前に銅像が建てられ、97年に東京国際フォーラムに移設した。

東京国際フォーラム開場20周年記念事業として1月に開催した日本の伝統文化を体感するイベントで、道灌や江戸城の歴史を紹介したところ好評だったため、常設したという。

同日のテープカットで、東京国際フォーラムの上条清文代表取締役社長は「訪れた皆さんに楽しんでもらえるように設置した。今後も10年先、50年先を見据え、東京や日本の発展に貢献したい」とあいさつ。企画に協力した「NPO法人江戸城天守を再建する会」会長で道灌の18代目子孫に当たる太田資暁氏は「立派なパネルと模型を展示してもらい、感激している。今は20年のNHK大河ドラマに道灌が取り上げられるよう運動している。決まればここにも大勢の観光客が集まると思う」と期待を込めた。

テープカットに臨む上条社長ら＝3月28日、東京国際フォーラム（千代田区）

五輪組織委

「本格準備に入る時期」

森会長が新年度の訓示

五輪組織委員会の森喜朗会長ら幹部が3日、新たに着任した約360人の職員に対して新年度のあいさつを行った。

森会長は「組織委の仕事は、ちょうど折り返し点に来た。2020年に世界のアスリートが来て競い合い、多くの国民や世界の皆さんが満足して五輪を見ていただけるように、これから本格的な準備に入る時期だ」と説明し、「一生懸命に与えられた任務や責任を果たしてほしい。過去（の所属組織）に捉われることなく、組織委に所属して協力していただきたい」と訓示した。

武藤敏郎事務総長は「五輪のほとんどの仕事は、IF・NFやIOC・IPCなどと連携しないと決められない複雑な作業。自分の担当だけを見るのではなく五輪全体を見て、組織委だけでなく各団体の立場も考えてほしい」と述べ、広い視野で仕事をするよう要望。

また、「上司・同僚に『過去の大会ではこうなっている』と言われるかもしれないが、『東京大会はこういうふうにやりたい』ということがあるはず」と述べ、柔軟な発想を大事にするよう求めた。

組織委の職員数は1133人で、前年度末比で304人増加した。その内訳は、都庁や中央省庁、自治体が約6割、民間企業・スポーツ団体の職員が3割、契約職員などが1割。職員数は今年度末には約1500人に増え、20年大会時には7千人超にまで拡大する見通し。

都教育庁

家庭・福祉で専門高校

都立赤羽商業を改編

都教育庁は調理師免許が取れる家庭・福祉高校（仮称）を2021年度に23区内に初めて設立する。

新たに設立する高校では、保育士や栄養士などへの興味・関心を高め、大学など上級学校への進学に備える「人間学科」、資格取得に必要な専門科目を配置し、将来的に職場のリーダーとなる人材の育成を図る「調理科」「介護福祉科」を設置。家庭・福祉分野が両立する都立高校は同校が初めて。

設立にあたっては都立赤羽商業高校（北区）を改編する。赤羽商業はボランティア活動が盛んな学校だが、新高校でも伝統を引き継ぎ地域の防災活動や清掃などに参加する機会を設ける。

家庭科・福祉科を志望する生徒は卒業後も高校で学んだ分野の職業に就く傾向が高いことが15年に同庁が行った調査で分かり、設立につながった。また、調理師や介護士の資格がとれる都立高校は多摩地区にしかなく、毎年高倍率だったことも理由となった。

都水道局

危機対応力の強化議論

自律点検・改革本部

都水道局は3月30日、第3回自律点検・改革推進本部会議を開催した。

水道事業にとって脅威となり得る危険を網羅した「東京水道危機対応力強化計画2017」の策定について議論し、震災などの大規模災害に加え、テロや新興感染症への対策も盛り込む方針を確認した。

同会議ではまた、局の若手職員から提案された改革案の取り組み状況についても紹介。3月からタブレット端末やスクリーンとプロジェクターなどを利用し、会議・打ち合わせのペーパーレス化に取り組んでいるほか、1月からは上水南浄水所（小平市）などの小規模施設を使い、現場実態を踏まえた実践的な研修を職種の枠を超えて実施しており、今後は（公社）日本水道協会など他団体からの研修受け入れも検討している。

超過勤務手当を詐取

女性主事を懲戒免職

共済掛金横領も

都総務局は3月30日、超過勤務手当計約136万円を詐取していたとして、福祉保健局の女性主事（25歳）を懲戒免職処分とした。主事は給与事務担当者の立場を悪用し、給与システムを操作して2015~16年の計1年4カ月分の超勤手当を不正に受給。年末調整で所得額を少なく見せかけるため、給与システムを不正に操作していたところ、エラーが発生し、発覚した。主事はシステムに精通しており、いったん正しい数字を出力した上で数値を上書きするなど、「手口が巧妙だった」という。

主事は15年9月には共済事務担当の立場を利用し、都職員共済組合から還付を受けた職員3人分の共済掛金計約20万円を横領していた。主事は既に全額を返済している。

退職後の「リアル」　しくじり都庁OBの教訓③

終の住み家には熱海を

セカンドライフへの夢②

元々は新潟の田舎育ちだったので、田舎生活への多少のノスタルジーめいたものはあったが、農業の技術があるわけでもなし、田舎生活の不便に耐えることを了解できそうにもなかった。

更に決定的だったのは、東京を離れたことがない「都会派」の妻にとって、私の身勝手な田舎生活構想などは賛同を得られるはずもない選択だった。熟慮を重ねて選択をしたのが、「半田舎的生活」（簡単に都会に出られる田舎）だった。気候温暖で、できれば温泉があること、海が見えることなどの贅沢な条件を加味し、熱海という土地を居住地として選んだ。

大学時代を静岡で過ごし、温泉地として度々伊豆には足を運んでいたことなどから、伊豆半島の玄関口で東京にも近い地理的ななじみがあったことは大きかった。

熱海の別荘地に土地を求め、退職金をはたいて終の住み家として高台に家を建てることにした。

3年ほどかけて、用意周到な土地探しを始めた。こうした目的ができたことから、暇を見つけて日帰り温泉を楽しむことも兼ねて熱海通いをした。地元の不動産屋を巡ったり、インターネットで検索を繰り返したりして、ようやく幾つかの物件を絞り込んで本格的な計画着手段階へと入った。

東京に比べれば格段に安い。とは言え、それなりの価格であることから、手元のお金ではせいぜい土地購入が精いっぱいなので、まず、なけなしのお金で土地を購入し、退職金で家を建てればいいという目算を立てていた。

セカンドライフの資金計画の方は、東京に猫の額ほどではあるが土地家屋をもっていたので、それを売れば何とかなるだろうという程度だった。そのお金を年金の足しにして、老後は余裕はないかも知れないが、まずまず生活はできるだろう、というのが私の老後生活の設計だった。

（金子雅臣）

五輪への航海図 (167)　TOKYO 2020　開催まで あと1207日

大会の飲食④

おかわりで廃棄抑制

「『おもてなし』『もったいない』、そして『おかわり』という言葉を、2020年から各国に知ってもらえたら」――。五輪組織委員会の飲食戦略検討会議で、（公財）日本栄養士会の鈴木志保子理事は、こんな提案を投げかけた。過去の国際大会で食べ残しが多く見られたことを念頭に、「食べたいものを、無駄のないように食べるようにできれば」と話す。

選手村や競技会場での食品ロスの削減は、組織委が「持続可能性に配慮した運営計画」（第1版）で打ち出していて、飲食提供でも論点の一つになっている。

都環境局は2030年度までに食品ロス半減を達成する「東京方式」の確立を目指す方針。国内では年間約8千万トンが流通しているが、食品ロスは約632万トンに上り、1300万人の都民が1年間に食べる量に匹敵する。

要因の一つが、製造日から賞味期限までの期間をおおむね3等分して、納品期限・販売期限を設定する「3分の1ルール」だ。同局は17年度、加工・流通事業者などでつくる「ステークホルダー会議」を設置し、流通段階の食品ロスの実態を調査する。「20年の東京大会を契機とし、食品ロス対策を含めた環境配慮型ビジネスモデルへの意識改革を促していく」（小池知事）。今年度は、賞味期限が迫った防災備蓄食品約67万食を福祉施設などに配布し、活用してもらう試みも行った。

一方、それでも発生してしまう食品廃棄物については飼料や肥料、メタンとしてリサイクルすることが重要になる。都内では現在、大田区城南島の「スーパーエコタウン」で2カ所のリサイクル施設が稼働しているが、東京を含めて国内には施設が少なく、廃棄物の大半が焼却処分に回されているのが実情だ。

飲食戦略会議では「食べ残し・ロスをできるだけ減らす方向で考えられないか」として、「ITを活用して必要な食材を予測したり、選手のリクエストをスマートフォンのアプリで集めたりできれば」というアイデアも出されている。

環境局資源循環推進部の藤井達男計画課長は「食品ロスの削減は世界的にも重要な課題であり、都民の関心も高まっている。大消費地である東京から貴重な資源を無駄なく活用する施策を展開していきたい」と話している。

会場での廃棄物処理も大きな課題＝16年8月、リオデジャネイロ

特別区幹部人事異動

1日付
◎印昇任
(統)は統括

■千代田区

【部長級】▽教育委員会事務局子ども部長（区議会事務局長）大矢栄一▽教育委員会事務局子ども部参事＝連絡調整担当（政策経営部人事課長(統)）◎安田昌一▽保健福祉部長（政策経営部長）歌川さとみ▽保健福祉部高齢者総合サポートセンター担当部長　歌川さとみ保健福祉部長兼務▽保健福祉部参事＝連絡調整担当（教育委員会事務局子ども部参事＝連絡調整担当）村木久人▽地域振興部長（保健福祉部長）松本博之▽地域振興部文化スポーツ担当部長（政策経営部行政管理担当部長）門口昌史▽地域振興部オリンピック・パラリンピック担当部長（環境まちづくり部長）細越正明▽地域振興部参事＝連絡調整担当　高橋誠一郎選挙管理委員会事務局長兼務▽地域振興部参事＝連絡調整担当＝まちみらい千代田派遣（地域振興部長）立川資久▽環境まちづくり部長（教育委員会事務局子ども部長）保科彰吾▽環境まちづくり部まちづくり担当部長（環境まちづくり部参事＝連絡調整担当）大森幹夫▽環境まちづくり部参事＝連絡調整担当（保健福祉部福祉総務課長(統)）◎佐藤尚久▽政策経営部長（環境まちづくり部まちづくり担当部長）坂田融朗▽政策経営部行政管理担当部長（政策経営部総務課長(統)）◎清水章▽会計管理者（地域振興部文化スポーツ担当部長）河合芳則▽選挙管理委員会事務局長（会計管理者）高橋誠一郎▽区議会事務局長（保健福祉部高齢者総合サポートセンター担当部長）阿部寿

【統括課長】▽教育委員会事務局子ども部子ども総務課長(統)　安田昌一教育委員会事務局子ども部参事＝連絡調整担当事務取扱▽教育委員会事務局子ども部学務課長(統)（教育委員会事務局子ども部学務課長）◎柳晃一▽保健福祉部福祉総務課長(統)　村木久人保健福祉部参事＝連絡調整担当事務取扱▽保健福祉部住宅福祉担当課長(統)　村木久人保健福祉部参事＝連絡調整担当事務取扱▽保健福祉部高齢介護課長(統)（保健福祉部高齢介護課長）◎纓片淳一▽地域振興部統計課長(統)　高橋誠一郎選挙管理委員会事務局長事務取扱▽麹町出張所長(統)（選挙管理委員会事務局長）佐藤敏章▽地域振興部国際平和・男女平等人権課長(統)　細越正明地域振興部オリンピック・パラリンピック担当部長事務取扱▽地域振興部文化振興課長(統)（地域振興部文化振興課長）◎山下律子▽地域振興部オリンピック・パラリンピック担当課長(統)（環境まちづくり部環境政策課長(統)）大塚光夫▽環境まちづくり部環境まちづくり総務課長(統)　佐藤尚久環境まちづくり部参事＝連絡調整担当事務取扱▽環境まちづくり部交通施策推進課長(統)（環境まちづくり部交通施策推進課長）◎谷田部継司▽環境まちづくり部景観・都市計画課長(統)（環境まちづくり部環境まちづくり総務課長）◎印出井一美▽環境まちづくり部神田地域特命担当課長(統)（環境まちづくり部神田地域特命担当課長）◎笛木哲也▽政策経営部総務課長(統)（政策経営部企画調整課長(統)）古田毅▽区議会事務局次長(統)（区議会事務局次長）◎依田昭夫

【課長級】▽保健福祉部在宅支援課長（地域振興部安全生活課長）小玉伸一▽保健福祉部保険年金課長（政策経営部副参事＝連絡調整担当＝特別区人事・厚生事務組合派遣）菊池洋光▽保健福祉部健康推進課長（新宿区健康部保健予防課長）渡部ゆう▽地域振興部商工観光課長（東京都産業労働局総務部担当課長＝千代田区派遣）栗原毅▽地域振興部安全生活課長（警視庁）末次健次▽神保町出張所長（地域振興部国際平和・男女平等人権課長）小阿瀬広道▽地域振興部副参事＝特命担当（麹町出張所長(統)）金井義之▽環境まちづくり部環境政策課長（地域振興部商工観光課・係長）◎夏目久義▽環境まちづくり部道路公園課長（神保町出張所長）須貝誠一▽環境まちづくり部基盤整備計画担当課長（環境まちづくり部道路公園課長）千賀行▽環境まちづくり部建築指導課長（環境まちづくり部計画推進担当課長）齊藤遵▽環境まちづくり部計画推進担当課長　印出井一美環境まちづくり部景観・都市計画課長(統)兼務▽環境まちづくり部麹町地域まちづくり課長（独立行政法人都市再生機構）三本英人▽政策経営部企画課長（政策経営部財政課長）亀割岳彦▽政策経営部政策担当課長（政策経営部災害対策・危機管理課・係長）◎湯浅誠▽政策経営部財政課長（保健福祉部在宅支援課長）中田治子▽政策経営部IT推進課長（東京都総務局情報通信企画部担当課長＝千代田区派遣）中尾嘉克▽政策経営部区有施設担当課長（保健福祉部住宅福祉担当課長）武貴志▽政策経営部人事課長（保健福祉部保険年金課長）大谷田佳

■中央区

【部長級】▽企画部参事＝連絡調整・特命担当（企画部企画財政課長(統)）◎濱田徹▽区民部参事＝中央区勤労者サービス公社派遣（監査事務局長）小林秀規▽福祉保健部高齢者施策推進室長（福祉保健部高齢者施策推進室長）古田島幹雄▽福祉保健部参事＝連絡調整・特命担当（福祉保健部高齢者福祉課長(統)）◎吉田和子▽環境土木部長（環境土木部長）望月秀彦▽環境土木部参事＝連絡調整・特命担当（環境土木部環境政策課長(統)）◎遠藤龍雄▽都市整備部長（都市整備部都市計画課長(統)）◎松岡広亮▽教育委員会事務局次長（総務部秘書担当部長）浅沼孝一郎▽監査事務局長（教育委員会事務局次長）高橋和義

【統括課長】▽企画部広報課長(統)（企画部広報課長(統)）園田典子▽企画部オリンピック・パラリンピック調整担当課長(統)（企画部オリンピック・パラリンピック調整担当課長）◎早川秀樹▽福祉保健部管理課長(統)（福祉保健部管理課長）◎井上一雄▽福祉センター所長(統)（福祉センター所長）◎北澤千恵子▽教育委員会事務局庶務課長(統)（教育委員会事務局庶務課長）◎伊藤孝志

【課長級】▽企画部政策企画課長　濱田徹企画部参事＝連絡調整・特命担当事務取扱▽企画部副参事＝都心再生・計画担当（東京都総務局行政部担当課長＝中央区派遣）松永武志▽企画部財政課長（企画部副参事＝公会計制度・特命担当）大久保稔▽総務部秘書室長（区民部文化・生涯学習課・係長）◎石戸秀明▽総務部副参事＝組織・本庁舎整備等担当（総務部副参事＝組織・業務改善担当）田部井久▽総務部危機管理課長（総務部防災課長）保野修一▽総務部副参事＝総合調整・特命担当　保野修一総務部危機管理課長兼務▽総務部副参事＝生活安全・特命担当　草場勝彦環境土木部副参事＝交通安全対策・特命担当兼務▽総務部防災課長（企画部企画財政課・係長）◎早川紀行▽区民部スポーツ課長（総務部危機管理課長）小林寛久▽福祉保健部保育計画課長（江東区総務部副参事＝中央区派遣）瀧澤慎▽福祉保健部生活支援課長（教育委員会事務局図書文化財課長）阿部志穂▽福祉保健部保険年金課長（福祉保健部生活支援課長）倉本伊知郎▽福祉保健部高齢者福祉課長　吉田和子福祉保健部参事＝連絡調整・特命担当事務取扱▽環境土木部環境政策課長　遠藤龍雄環境土木部参事＝連絡調整・特命担当事務取扱▽都市整備部都市計画課長（教育委員会事務局学務課長）斎藤公一▽都市整備部地域整備課長（都市整備部副参事＝都市計画事業・特命担当）菅沼雅広▽都市整備部副参事＝都市計画事業・特命担当（独立行政法人都市再生機構）栗村一彰▽都市整備部住宅課長（都市整備部地域整備課・係長）◎川島理恵子▽都市整備部副参事＝本庁舎等施設再編整備・特命担当（都市整備部住宅課長）平野照雄▽教育委員会事務局学務課長（区民部スポーツ課長）森下康浩▽教育委員会事務局副参事＝教育政策・特命担当（東京都教育庁指導部主任指導主事＝中央区派遣）清水明▽教育委員会事務局図書文化財課長（教育委員会事務局図書文化財課・係長）◎志賀谷優

■港区

【部長級】▽芝地区総合支所長（教育委員会事務局学務課長(統)）◎新井樹夫▽高輪地区総合支所長（街づくり支援部都市計画課長(統)）◎野澤靖弘▽福祉施設整備担当部長（教育委員会事務局庶務課長(統)）◎佐藤雅志▽みなと保健所長（杉並区保健福祉部参事）阿部敦子▽街づくり支援部長　野澤靖弘高輪地区総合支所長兼務▽街づくり事業担当部長（特定事業担当部長）坂本徹▽環境リサイクル支援部長　新井樹夫芝地区総合支所長兼務▽総務部長（区議会事務局長）北本治▽働きやすい職場づくり推進担当部長（地域包括ケア・福祉施設整備担当部長）所治彦▽教育委員会事務局次長（企画経営部区長室長(統)）◎新宮弘章▽監査事務局長（高輪地区総合支所長）横山大地郎▽区議会事務局長（麻布地区総合支所副総合支所長(統)）◎大滝裕之▽参事（東京都福祉保健局保健政策部疾病対策課長）◎播磨あかね

【統括課長】▽麻布地区総合支所副総合支所長(統)（芝地区総合支所区民課長）◎上村隆▽麻布地区総合支所管理課長(統)　上村隆麻布地区総合支所副総合支所長(統)兼務▽産業・地域振興支援部税務課長(統)（世田谷区総務部副参事(統)＝港区派遣）吉田宗史▽保健福祉支援部保健福祉課長(統)（保健福祉支援部保健福祉課長(統)）西田京子▽街づくり支援部都市計画課長(統)（街づくり支援部開発指導課長(統)）冨田慎二▽街づくり支援部土木施設管理課長(統)（街づくり支援部土木施設管理課長）◎岩崎雄一▽街づくり支援部品川駅周辺街づくり担当課長(統)（街づくり支援部品川駅周辺街づくり担当課長(統)）手島恭一郎▽環境リサイクル支援部環境課長(統)（企画経営部財政課長(統)）湯川康生▽企画経営部区長室長(統)（産業・地域振興支援部産業振興課長(統)）有賀謙二▽総務部人材育成推進担当課長(統)　所治彦働きやすい職場づくり推進担当部長事務取扱▽教育委員会事務局庶務課長(統)（総務部契約管財課長）◎中島博子▽教育委員会事務局学務課長(統)（麻布地区総合支所協働推進課長）◎山本隆司

【課長級】▽芝地区総合支所まちづくり担当課長（街づくり支援部土木課長）杉谷章二▽芝地区総合支所区民課長（麻布地区総合支所まちづくり担当課長）安藤俊彰▽麻布地区総合支所協働推進課長（保健福祉支援部地域包括ケア・福祉施設整備担当課長）鈴木健▽麻布地区総合支所まちづくり担当課長（街づくり支援部土木課・係長）◎佐藤雅紀▽赤坂地区総合支所区民課長（街づくり支援部土木課・係長）◎阿部徹也▽芝浦港南地区総合支所協働推進課長（企画経営部自治体間連携推進担当課長）大浦昇▽芝浦港南地区総合支所まちづくり担当課長（街づくり支援部開発指導課・係長）◎海老原輔▽産業・地域振興支援部産業振興課長（企画経営部用地・施設活用担当課長）柳澤信幸▽産業・地域振興支援部観光政策担当課長（企画経営部企画課・係長）◎冨永純▽保健福祉支援部福祉施設整備担当課長（保健福祉支援部介護保険課長）小笹美由紀▽保健福祉支援部高齢者支援課長（芝浦港南地区総合支所協働推進課長）山本睦美▽保健福祉支援部介護保険課長（保健福祉支援部国保年金課長）大原裕美子▽保健福祉支援部障害者福祉課長（教育委員会事務局生涯学習推進課長）横尾恵理子▽保健福祉支援部国保年金課長（環境リサイクル支援部環境課長）関本哲郎▽みなと保健所生活衛生課長（みなと保健所健康推進課長）村山正一▽みなと保健所保健予防課長　播磨あかね参事事務取扱▽みなと保健所健康推進課長（産業・地域振興支援部税務課長）白井隆司▽子ども家庭支援部保育・児童施設計画担当課長（保健福祉支援部障害者福祉課・係長）◎西川杉菜▽子ども家庭支援部児童相談所設置準備担当課長（子ども家庭支援部子ども家庭支援センター所長）保志幸子▽子ども家庭支援部保育課長（産業・地域振興支援部観光政策担当課長）重富敦▽子ども家庭支援部子ども家庭支援センター所長（総務部人権・男女平等参画担当課長）中島由美子▽街づくり支援部住宅課長（街づくり支援部住宅担当課長）増田裕士▽街づくり支援部開発指導課長（芝浦港南地区総合支所まちづくり担当課長）村上利雄▽街づくり支援部土木課長（街づくり支援部土木計画担当課長）小谷武彦▽街づくり支援部土木計画担当課長（芝地区総合支所まちづくり担当課長）小林秀典▽街づくり支援部地域交通課長（街づくり支援部交通対策担当課長）西川克介▽環境リサイクル支援部みなとリサイクル清掃事務所長（保健福祉支援部障害者福祉課長）加茂信行▽企画経営部全国連携推進担当課長（企画経営部企画課・係長）◎鈴木雅紀▽企画経営部オリンピック・パラリンピック推進担当課長　野上宏企画経営部企画課長兼務▽企画経営部用地・施設活用担当課長（教育委員会事務局教育政策担当課長）山田康友▽企画経営部財政課長（環境リサイクル支援部みなとリサイクル清掃事務所長）荒川正行▽総務部人権・男女平等参画担当課長（総務部総務課・係長）◎江村信行▽総務部契約管財課長（保健福祉支援部高齢者支援課長）茂木英雄▽教育委員会事務局教育政策担当課長（板橋区総務部副参事＝港区派遣）藤原仙昌▽教育委員会事務局学校施設整備担当課長（教育委員会事務局学校整備担当課長）瀧澤真一▽教育委員会事務局生涯学習推進課長（子ども家庭支援部保育担当課長）増田玲子▽教育委員会事務局指導室長（東京都教育庁指導部主任指導主事＝港区派遣）松田芳明▽監査事務局副参事＝監査担当（赤坂地区総合支所区民課長）沼倉賢司

■新宿区

【部長級】▽総合政策部長（総務部危機管理担当部長）平井光雄▽総合政策部新宿自治創造研究所担当部長　平井光雄総合政策部長兼務▽総務部長（総合政策部長）針谷弘志▽総務部参事（総務部総務課長(統)）◎高木信之▽総務部危機管理担当部長（都市計画部参事）森孝司▽地域振興部東京オリンピック・パラリンピック開催等担当部参事＝東京オリンピック・パラリンピック開催等担当　田中孝光みどり土木部長兼務▽子ども家庭部長（文化観光産業部文化観光課長(統)）◎橋本隆▽健康部副部長（健康部副部長）木村純二▽みどり土木部長（みどり土木部参事）田中孝光▽環境清掃部長（選挙管理委員会事務局長）野田勉▽都市計画部長（都市計画部長）新井建也▽選挙管理委員会事務局長（教育委員会事務局参事）木城正雄

【統括課長】▽総合政策部財政課長(統)（総合政策部財政課長）◎大柳雄志▽総務部総務課長(統)　高木信之総務部参事事務取扱▽総務部人事課長(統)（総務部人事課長）◎中山浩▽人材育成センター所長(統)　杉原純▽総務部契約管財課長(統)（都市計画部住宅課長(統)）小沢健吾▽総務部危機管理担当部危機管理課長(統)（総務部危機管理担当部危機管理課長）◎鯨井庸司▽福祉部地域福祉課長(統)（福祉部地域包括ケア推進課長(統)）松田浩一▽福祉部地域包括ケア推進課長(統)（学校運営課長(統)）山本誠一▽みどり土木部土木管理課長(統)（総務部契約管財課長）◎谷川省一▽環境清掃部環境対策課長(統)（環境清掃部ごみ減量リサイクル課長）◎組澤勝▽都市計画部都市計画課長(統)（都市計画部建築指導課長）◎野澤義男▽議会事務局次長(統)（地域振興部新宿未来創造財団等担当課長）◎下杉正樹▽教育調整課長(統)（福祉部地域福祉課長(統)）齋藤正之

【課長級】▽総合政策部副参事＝特命担当（福祉部介護保険課・係長）◎原田由紀▽総合政策部新宿自治創造研究所担当課長　原田由紀総合政策部副参事＝特命担当兼務▽総合政策部行政管理課長（総合政策部副参事＝広聴担当）宮端啓介▽総合政策部区政情報課長（総合政策部副参事＝特命担当）村上京子▽総合政策部副参事＝広聴担当（子ども家庭部保育課・係長）◎羽山功一▽総務部副参事＝文京区派遣（落合第二特別出張所長）鈴木勝己▽総務部人材育成等担当課長　中山浩総務部人事課長(統)兼務▽地域振興部地域コミュニティ課長（子ども家庭部保育課長）月橋達夫▽箪笥町特別出張所長（地域振興部地域コミュニティ課長(統)）木内國弘▽榎町特別出張所長（総務部税務課・係長）◎金子政己▽大久保特別出張所長（議会事務局参事）大野哲男▽戸塚特別出張所長（総務部人材育成等担当課長）岩田弘雄▽落合第二特別出張所長（東新宿保健センター所長）遠藤剛▽地域振興部戸籍住民課長（大久保特別出張所長）神崎章▽地域振興部生涯学習スポーツ課長（文化観光産業部消費生活就労支援課長）中山順子▽地域振興部新宿未来創造財団等担当課長（総務部総務課・係長）◎佐藤陽一▽地域振興部多文化共生推進課長（文京区総務部職員課・係長）◎内野桂子▽地域振興部東京オリンピック・パラリンピック開催等担当部東京オリンピック・パラリンピック開催等担当課長（健康部医療保険年金課・係長）◎浅野祐介▽地域振興部東京オリンピック・パラリンピック開催等担当部副参事＝東京オリンピック・パラリンピック開催等担当　月橋達夫地域振興部地域コミュニティ課長兼務▽地域振興部東京オリンピック・パラリンピック開催等担当部副参事＝東京オリンピック・パラリンピック開催等担当　小泉栄一文化観光産業部文化観光課長兼務▽地域振興部東京オリンピック・パラリンピック開催等担当部副参事＝東京オリンピック・パラリンピック開催等担当　松田浩一福祉部地域福祉課長(統)兼務▽地域振興部東京オリンピック・パラリンピック開催等担当部副参事＝東京オリンピック・パラリンピック開催等担当　谷川省一みどり土木部土木管理課長(統)兼務▽地域振興部東京オリンピック・パラリンピック開催等担当部副参事＝東京オリンピック・パラリンピック開催等担当　野澤義男都市計画部都市計画課長(統)兼務▽地域振興部東京オリンピック・パラリンピック開催等担当部副参事＝東京オリンピック・パラリンピック開催等担当　齋藤正之教育調整課長(統)兼務▽文化観光産業部文化観光課長（総合政策部行政管理課長）小泉栄一▽文化観光産業部副参事＝にぎわい創出等担当　浅野祐介地域振興部東京オリンピック・パラリンピック開催等担当部東京オリンピック・パラリンピック開催等担当課長兼務▽文化観光産業部消費生活就労支援課長（牛込保健センター所長）皆本真喜子▽子ども家庭部保育課長（子ども家庭部保育指導課長）加藤知尚▽子ども家庭部副参事＝保育緊急整備等担当（箪笥町特別出張所長）高橋美由紀▽子ども家庭部保育指導課長（子ども家庭部副参事＝保育緊急整備等担当）生田淳▽子ども家庭部副参事＝児童相談所移管準備担当　阿部英二子ども家庭部副参事＝児童相談・支援担当兼務▽健康部衛生課長（戸塚特別出張所長）稲川訓子▽健康部保健予防課長（東京都福祉保健局健康安全部感染症対策課課長代理）◎カエベタ亜矢▽牛込保健センター所長　仙田隆四谷保健センター所長兼務▽東新宿保健センター所長（健康部衛生課長）吉井篤也▽落合保健センター所長　吉井篤也東新宿保健センター所長兼務▽みどり土木部交通対策課長（榎町特別出張所長）広瀬岳平▽環境清掃部ごみ減量リサイクル課長（新宿清掃事務所長）黒田幸子▽新宿清掃事務所長（地域振興部生涯学習スポーツ課長）山本秀樹▽都市計画部建築指導課長（みどり土木部交通対策課長）小俣司▽都市計画部住宅課長（総務部副参事＝千代田区派遣）金子修▽教育指導課長（東京都教育庁指導部主任指導主事＝新宿区派遣）長田和義▽学校運営課長（地域振興部東京オリンピック・パラリンピック開催等担当部東京オリンピック・パラリンピック開催等担当課長）菊島茂雄

■文京区

【部長級】▽総務部参事＝文京アカデミー派遣（総務部参事＝文京アカデミー派遣）柳下幸二▽区民部長（区民部長）林顕一▽福祉部長（福祉部長）須藤直子▽福祉事務所長　須藤直子福祉部長兼務▽都市計画部長（都市計画部長）中島均▽資源環境部長（施設管理部長）松井良泰▽施設管理部長（都市計画部都市計画課長＝都市政策担当部長心得(統)）◎鵜沼秀之▽教育推進部参事（教育推進部教育総務課長(統)）◎山崎克己

【統括課長】▽企画政策部財政課長(統)（子ども家庭部幼児保育課長）◎新名幸男▽区民部区民課長(統)（区民部区民課長）◎古矢昭夫▽福祉部生活福祉課長(統)（保健衛生部・文京保健所健康推進課長）◎渡邊了▽子ども家庭部子育て支援課長(統)（福祉部高齢福祉課長）◎鈴木裕佳▽保健衛生部・文京保健所生活衛生課長(統)（子ども家庭部子育て支援課長(統)）浅川道秀▽都市計画部都市計画課長(統)（保健衛生部・文京保健所生活衛生課長(統)）吉田雄大▽都市計画部地域整備課長(統)（都市計画部地域整備課長）◎長塚隆史▽施設管理部施設管理課長(統)（教育推進部学務課長）◎竹田弘一

【課長級】▽企画政策部政策研究担当課長（台東区総務部副参事＝文京区派遣）河野友和▽企画政策部広報課長（保健衛生部・文京保健所保健サービスセンター所長）久保孝之▽総務部総務課長（総務部総務課長(統)）石嶋大介▽総務部職員課長（総務部契約管財課長）松永直樹▽総務部契約管財課長（企画政策部政策研究担当課長）高鳥康広▽総務部副参事＝文京アカデミー派遣（施設管理部施設管理課長）廣瀬誠一▽総務部副参事＝文京区社会福祉協議会派遣（汐見地域活動センター所長）田口弘之▽総務部副参事＝東京オリンピック・パラリンピック競技大会組織委員会派遣（土木部道路課・係長）◎村田博章▽大原地域活動センター所長（福祉部高齢者医療担当課長(統)）倉田靖雄▽向丘地域活動センター所長（都市計画部住環境課長）土田ひろみ▽根津地域活動センター所長（福祉部生活福祉課長）田中邦彦▽汐見地域活動センター所長（福祉部国保年金課長）奥山郁男▽駒込地域活動センター所長（資源環境部文京清掃事務所長(統)）小澤信雄▽区民部戸籍住民課長（福祉部介護保険・係長）◎武藤亮輝▽アカデミー推進部観光・国際担当課長（教育センター・係長）◎鈴木大助▽アカデミー推進部スポーツ振興課長（教育推進部学務課・係長）◎木村健▽福祉部高齢福祉課長（資源環境部リサイクル清掃課長）榎戸研▽福祉部国保年金課長（アカデミー推進部スポーツ振興課長）細矢剛史▽福祉部高齢者医療担当課長（総務部副参事＝文京区社会福祉協議会派遣）畑中貴史▽子ども家庭部幼児保育課長（企画政策部財政課長）大川秀樹▽子ども家庭部子ども施設担当課長（保健衛生部・文京保健所予防対策課・係長）◎宮原佐千子▽子ども家庭部児童相談所準備担当課長　多田栄一郎子ども家庭部子ども家庭支援センター所長兼務▽保健衛生部・文京保健所健康推進課長（企画政策部広報課長）境野詩峰▽保健衛生部・文京保健所保健サービスセンター所長（福祉部生活福祉課・係長）◎内藤剛一▽都市計画部住環境課長（子ども家庭部子ども施設担当課長）萩原靖恵▽資源環境部リサイクル清掃課長（大原地域活動センター所長）吉本眞二▽資源環境部文京清掃事務所長（駒込地域活動センター所長）村岡健市▽施設管理部保全技術課長（施設管理部施設管理課長）澤井英樹▽施設管理部整備技術課長（新宿区総務部副参事＝文京区派遣）鈴木勝己▽教育推進部教育総務課長　山崎克己教育推進部参事事務取扱▽教育推進部学務課長（アカデミー推進部観光・国際担当課長）熱田直道

■台東区

【部長級】▽用地・施設活用担当部長（都市づくり部都市計画課長(統)）◎望月昇▽総務部長（文化産業観光部長）石野壽一▽危機管理室長（総務部経理課長(統)）◎嶋田邦彦▽国際・都市交流推進室長（総務部長）中沢陽一▽区民部長（区民部長）齊藤充▽文化産業観光部長（文化産業観光部観光課長(統)）◎河井卓治▽産業振興担当部長　河井卓治文化産業観光部長兼務▽文化産業観光部参事＝台東区産業振興事業団派遣　河井卓治文化産業観光部長兼務▽福祉部長（危機管理室長）吹澤孝行▽健康部参事（健康部保健サービス課長）◎松本加代▽環境清掃部長（環境清掃部長）飯島守人▽都市づくり部参事（都市づくり部建築課長(統)）◎松本浩一▽土木担当部長（土木担当部長）高栁正治▽教育委員会事務局次長（区民部区民課長(統)）◎田中充▽教育委員会事務局参事（教育委員会事務局庶務課長(統)）◎岡田和平▽監査事務局長（教育委員会事務局次長）神部忠夫

【統括課長】▽企画財政部企画課長(統)（教育委員会事務局学務課長）◎前田幹生▽企画財政部財政課長(統)（企画財政部企画課長）◎酒井まり▽総務部広報課長(統)（総務部広報課長(統)）柳川清一▽総務部経理課長(統)（都市づくり部公園課長）◎雨宮真一郎▽区民部区民課長(統)（都市づくり部道路管理課長）◎飯田俊行▽区民部税務課長(統)（福祉部副参事(統)＝台東区社会福祉事業団派遣）吉田美生▽文化産業観光部文化振興課長(統)（文化産業観光部文化振興課長）◎内田円▽文化産業観光部副参事(統)＝台東区芸術文化財団派遣（台東区芸術文化財団）村田和正▽福祉部副参事(統)＝社会福祉事業団派遣（福祉部福祉課長(統)）木村隆明▽福祉部副参事(統)　前田幹夫企画財政部企画課長(統)兼務▽福祉部副参事(統)　飯田俊行区民部区民課長(統)兼務▽福祉部副参事(統)　吉田美生区民部税務課長(統)兼務▽環境清掃部環境課長(統)（環境清掃部環境課長）◎松原秀樹▽環境清掃部清掃リサイクル課長(統)（環境清掃部清掃リサイクル課長）◎朝倉義人▽都市づくり部都市計画課長(統)（企画財政部財政課長(統)）原嶋伸夫▽都市づくり部建築課長(統)　松本浩一都市づくり部参事事務取扱▽教育委員会事務局庶務課長(統)　岡田和平教育委員会事務局参事事務取扱▽教育委員会事務局副参事(統)　岡田和平教育委員会事務局参事事務取扱

【課長級】▽企画財政部経営改革担当課長（文京区向丘地域活動センター長）宇津木大輔▽企画財政部用地・施設活用担当課長（都市づくり部地区整備課長）原島悟▽総務部危機・災害対策課長（区民部くらしの相談課長）川島俊二▽総務部人権・男女共同参画課長（福祉部介護予防・地域支援課・係長）◎古屋和世▽総務部国際交流担当課長（総務部人権・男女共同参画課長）西山あゆみ▽総務部世界遺産担当課長　西山あゆみ総務部国際交流担当課長兼務▽総務部副参事＝文京区派遣（健康部健康課・係長）◎河野友和▽区民部くらしの相談課長（文化産業観光部副参事＝台東区芸術文化財団派遣）落合亨▽文化産業観光部観光課長（文化産業観光部産業振興課・係長）◎飯野秀則▽文化産業観光部副参事＝台東区産業振興事業団派遣（教育委員会事務局児童保育課長）上野守代▽福祉部福祉課長（区民部税務課長）柿沼浩一▽福祉部臨時福祉給付金担当課長　柿沼浩一福祉部福祉課長兼務▽福祉部介護保険課長（福祉部介護保険課・係長）◎西澤栄子▽福祉部保護課長（文化産業観光部副参事＝台東区産業振興事業団派遣）関井隆人▽福祉部副参事＝台東区社会福祉事業団派遣（教育委員会事務局放課後対策担当課長）柴崎次郎▽福祉部副参事　関井隆人福祉部保護課長兼務▽福祉部副参事　渡邉俊二会計管理室会計課長兼務▽健康部国民健康保険課長（都市づくり部住宅課長）鈴木慎也▽健康部保健予防課長（世田谷区烏山総合支所健康づくり課長）森川雪子▽健康部保健サービス課長　松本加代健康部参事事務取扱▽都市づくり部地区整備課長（総務部世界遺産登録推進担当課長）越智浩史▽都市づくり部住宅課長（企画財政部経営改革担当課長）杉光邦彦▽都市づくり部道路管理課長（総務部危機・災害対策課長）遠藤成之▽都市づくり部公園課長（文化産業観光部観光課・係長）◎平林正明▽都市づくり部副参事（健康部国民健康保険課長）植野譲▽会計管理室会計課長（議会事務局次長）渡邉俊二▽教育委員会事務局学務課長（教育委員会事務局副参事）山田安宏▽教育委員会事務局児童保育課長（企画財政部副参事）佐々木洋人▽教育委員会事務局放課後対策担当課長（区民部子育て・若者支援課・係長）◎福田兼一▽議会事務局次長（福祉部保護課長）伊東孝之

■墨田区

【部長級】▽総務部長（産業観光部長）小暮眞人▽区民部参事（教育委員会事務局参事）高橋宏幸▽地域力支援部長（区民活動推進部長）鹿島田和宏▽産業観光部長（企画経営室参事）渡辺一夫▽福祉保健部保健衛生担当＝墨田区保健所参事（福祉保健部保健衛生担当＝墨田区保健所保健予防長）◎植原昭治▽子ども・子育て支援部長（福祉保健部子ども・子育て支援担当部長）石井秀和▽都市計画部長（都市整備部長）渡辺茂男▽都市整備部長（都市整備部土木管理課長(統)）◎田中正明▽都市整備部環境担当参事（監査委員事務局長）島崎進

【統括課長】▽総務部契約課長(統)（総務部契約課長）◎小倉孝弘▽地域力支援部地域活動推進課長(統)（区民活動推進部区民活動推進課長(統)）郡司剛英▽福祉保健部保健衛生担当＝墨田区保健所生活衛生課長(統)（都市整備部環境担当環境保全課長）◎笠原正美▽子ども・子育て支援部子育て支援課長(統)（福祉保健部子ども・子育て支援担当子育て支援課長(統)）浮田康宏▽都市整備部都市整備課長(統)（都市整備部道路公園課長(統)）天海晴彦▽都市整備部道路公園課長(統)（都市整備部都市整備課長(統)）齋藤雄吾▽都市整備部環境担当環境保全課長(統)　島崎進都市整備部環境担当参事事務取扱▽都市整備部立体化推進担当拠点整備課長(統)（都市計画部都市計画課長(統)）和田理子▽教育委員会事務局学務課長(統)（教育委員会事務局学務課長）◎須藤浩司▽監査委員事務局長(統)（総務部長）鈴木陽子

【課長級】▽企画経営室政策担当課長（福祉保健部障害者福祉課長）小板橋一之▽企画経営室情報システム担当課長（区民部窓口課・係長）◎山中淳一▽区民部国保年金課長　高橋宏幸区民部参事事務取扱▽地域力支援部文化芸術振興課長（区民活動推進部文化振興課長）南部友孝▽地域力支援部スポーツ・学習課長（区民活動推進部文化振興課・係長）◎大野勝▽地域力支援部オリンピック・パラリンピック準備室長（区議会事務局次長）岐部靖文▽産業観光部産業振興課長（産業観光部産業経済課長）中山賢治▽産業観光部経営支援課長（福祉保健部子ども・子育て支援担当子育て支援課・係長）◎田村俊彦▽産業観光部観光課長（教育委員会事務局スポーツ振興課長）佐久間英樹▽福祉保健部障害者福祉課長（福祉保健部子ども・子育て支援担当子ども課長）杉崎和洋▽福祉保健部介護保険課長（区民部国保年金課長）岩下弘之▽福祉保健部保健衛生担当＝墨田区保健所保健予防課長　植原昭治福祉保健部保健衛生担当＝墨田区保健所参事事務取扱▽子ども・子育て支援部子育て政策課長（福祉保健部子ども・子育て支援担当副参事＝待機児童対策担当）高橋義之▽子ども・子育て支援部子ども施設課長（産業観光部観光課長）金子明▽都市計画部都市計画課長（都市整備部立体化推進担当拠点整備課長）武井勝人▽都市整備部土木管理課長（福祉保健部介護保険課長）栗林行雄▽教育委員会事務局指導室長（東京都教育庁指導部主任指導主事＝墨田区派遣）横山圭介▽教育委員会事務局すみだ教育研究所長（ひきふね図書館長）石原恵美▽教育委員会事務局地域教育支援課長（教育委員会事務局生涯学習課長）岡本香織▽ひきふね図書館長（教育委員会事務局学務課・係長）◎高村弘晃▽区議会事務局次長（すみだ中小企業センター館長）瀬戸正徳

■江東区

【部長級】▽総務部長（環境清掃部長）鈴木亨▽危機管理室長　鈴木亨総務部長兼務▽被災者支援担当部長　鈴木亨総務部長兼務▽地域振興部長（福祉部長）大塚善彦▽区民部長（区民部長）山岸了▽豊洲シビックセンター所長　山岸了区民部長兼務▽地域振興部参事＝江東区健康スポーツ公社派遣（地域振興部参事＝江東区健康スポーツ公社派遣）鈴木信幸▽福祉部長（総務部参事）長尾潔▽福祉推進担当部長（政策経営部企画課長(統)）◎武田正孝▽福祉部参事＝江東区社会福祉協議会派遣（地域振興部長）谷口昭生▽生活支援部長（会計管理室長）西潟誠▽環境清掃部長（環境清掃部副参事(統)＝東京二十三区清掃一部事務組合派遣）◎林英彦▽都市整備部長（都市整備部長）古川甲次▽会計管理室長（豊洲シビックセンター所長）針谷りつ子▽教育委員会事務局参事（教育委員会事務局参事）寺内博英

【統括課長】▽政策経営部企画課長(統)（土木部交通対策課長(統)）炭谷元章▽総務部総務課長(統)（政策経営部財政課長(統)）武越信昭▽総務部職員課長(統)（総務部職員課長）◎岩井健▽総務部経理課長(統)（総務部経理課長）◎原俊二▽区民部区民課長(統)（福祉部福祉課長(統)）中野雄一▽区民部課税課長(統)（区民部課税課長）◎藤田友子▽福祉部福祉課長(統)（健康部健康推進課長(統)）川根隆▽福祉部副参事(統)＝江東区社会福祉協議会派遣（区民部区民課長(統)）寒河江徹▽健康部健康推進課長(統)（環境清掃部清掃リサイクル課長）◎綾部吉行▽都市整備部住宅課長(統)（教育委員会事務局学務課長）◎梅村英明▽土木部管理課長(統)（土木部管理課長）◎吉野正則

【課長級】▽政策経営部行政管理担当課長　炭谷元章政策経営部企画課長(統)兼務▽政策経営部財政課長（都市整備部住宅課長）岩瀬亮太▽オリンピック・パラリンピック開催準備室オリンピック・パラリンピック開催準備課長（オリンピック・パラリンピック開催準備室オリンピック・パラリンピック開催準備担当課長）星名剛▽オリンピック・パラリンピック開催準備室副参事＝東京オリンピック・パラリンピック競技大会組織委員会派遣（政策経営部副参事＝東京オリンピック・パラリンピック競技大会組織委員会派遣）清田光晴▽オリンピック・パラリンピック開催準備室副参事＝東京オリンピック・パラリンピック競技大会組織委員会派遣（教育委員会事務局学校施設課・係長）◎山口貴則▽総務部営繕課長（教育委員会事務局学校施設課長）太田邦彦▽総務部防災課長（総務部副参事＝特別区競馬組合派遣）大塚尚史▽総務部副参事＝中央区派遣（総務部職員課・係長）◎瀧澤慎▽総務部副参事＝中野区派遣（都市整備部地域整備課・係長）◎藤原慶▽総務部副参事＝特別区競馬組合派遣（政策経営部財政課・係長）◎資耒亘人▽地域振興部スポーツ振興課長（地域振興部副参事＝江東区文化コミュニティ財団派遣）市村克典▽地域振興部副参事＝江東区文化コミュニティ財団派遣（教育委員会事務局庶務課・係長）◎松村浩士▽地域振興部副参事＝江東区観光協会派遣（政策経営部企画課・係長）◎笠間衛▽豊洲特別出張所長（都市整備部地域整備課・係長）◎壽賀奈緒美▽福祉部介護保険課長（生活支援部保護第一課長）川辺雅嗣▽福祉部副参事＝江東区社会福祉協議会派遣（福祉部副参事＝江東区社会福祉協議会派遣）花島秀基▽福祉部副参事＝東京都知的障害者育成会派遣（地域振興部副参事＝江東区観光協会派遣）田中洋二▽生活支援部保護第一課長（土木部管理課・係長）◎古川謙也▽健康部保健予防課長（東京都教育庁都立学校教育部学校健康推進課長）尾本光祥▽健康部歯科保健・医療連携担当課長（東京都多摩小平保健所歯科保健担当課長）小松崎理香▽健康部生活衛生課長（環境清掃部環境保全課長）関戸佳子▽城東保健相談所長（深川保健相談所長）加藤絢子▽深川保健相談所長（町田市保健所保健予防課・係長）◎石橋徹也▽深川南部保健相談所長（健康部生活衛生課長）今関修由▽城東南部保健相談所長（教育委員会事務局放課後支援課長）遠藤幸男▽こども未来部児童相談所開設準備担当課長　堀田誠こども未来部子育て支援課長(統)兼務▽こども未来部保育計画課長（東京都福祉保健局総務部担当課長＝江東区派遣）谷口将太▽こども未来部保育待機児対策担当課長　谷口将太こども未来部保育計画課長兼務▽環境清掃部環境保全課長（総務部防災課長）保科昌男▽環境清掃部清掃リサイクル課長（こども未来部保育計画課長）河野佳幸▽清掃事務所長（土木部施設保全課・係長）◎平松紀幸▽環境清掃部副参事＝東京二十三区清掃一部事務組合派遣（土木部河川公園課長）大谷友彦▽都市整備部建築調整課長（政策経営部副参事＝東京オリンピック・パラリンピック競技大会組織委員会派遣）半田智隆▽都市整備部地域整備課長（総務部営繕課長）立花信行▽土木部河川公園課長（清掃事務所長）大野俊明▽土木部交通対策課長（豊洲特別出張所長）鳥谷部森夫▽教育委員会事務局学校施設課長（都市整備部建築調整課長）谷川寿朗▽教育委員会事務局学務課長（福祉部介護保険課長）油井教子▽教育委員会事務局放課後支援課長（都市整備部地域整備課長）池田良計

■品川区

【部長級】▽参事（企画部企画調整課長(統)）◎柏原敦▽総務部長（福祉部長）榎本圭介▽参事（総務部人事課長(統)）◎米田博▽文化スポーツ振興部長（文化スポーツ振興部長）安藤正純▽子ども未来部長（会計管理者）福島進▽福祉部長（参事）永尾文子▽参事（福祉部障害者福祉課長(統)）◎中山文子▽参事（江東区健康部参事）鷹箸右子▽品川区清掃事務所長（選挙管理委員会事務局長）工藤俊一▽防災まちづくり部長（防災まちづくり部長）松代忠徳▽会計管理者（子ども未来部長）齋藤信彦▽選挙管理委員会事務局長（防災まちづくり部土木管理課長(統)）◎安井裕彦▽区議会事務局長（総務部総務課長(統)）◎久保田善行

【統括課長】▽企画部企画調整課長(統)　柏原敦参事事務取扱▽企画部広報広聴課長(統)（企画部広報広聴課長）◎中元康子▽総務部総務課長(統)　米田博参事事務取扱▽総務部危機管理室長(統)　米田博総務部総務課長(統)兼務▽地域振興部商業・ものづくり課長(統)（地域振興部商業・ものづくり課長）◎山崎修二▽福祉部障害者福祉課長(統)　中山文子参事事務取扱▽品川区保健所荏原保健センター所長(統)（品川区保健所荏原保健センター所長）◎榎本芳美▽都市環境部都市計画課長(統)（都市環境部都市計画課長）◎中村敏明▽教育委員会事務局庶務課長(統)（教育委員会事務局庶務課長）◎品川義輝

【課長級】▽企画部報道・プロモーション担当課長（教育委員会事務局品川図書館長）木村浩一▽総務部人事課長（総務部税務課長）黒田肇暢▽総務部税務課長（福祉部生活福祉課長）伊東義明▽総務部副参事＝東京オリンピック・パラリンピック競技大会組織委員会派遣（企画部副参事）中島秀介▽地域振興部協働・国際担当課長（荏原第五地域センター・係長）◎遠藤孝一▽地域振興部生活安全担当課長（警視庁）菅雅由樹▽地域振興部副参事＝品川ビジネスクラブ派遣（地域振興部産業活性化担当課長）立木征秦▽文化スポーツ振興部副参事＝品川文化振興事業団派遣（地域振興部協働・国際担当課長）河内崇▽子ども未来部児童相談所移管担当課長　高山崇子ども未来部子ども育成課長兼務▽子ども未来部保育施設調整担当課長（子ども未来部保育施設調整担当課長心得・係長）◎吉田義信▽福祉部高齢者福祉課長（都市環境部木密整備推進課長）寺嶋清▽福祉部障害者施策推進担当課長（福祉部副参事＝福栄会＝品川児童学園派遣）飛田則文▽福祉部生活福祉課長（防災まちづくり部用地担当課長）矢木すみを▽健康推進部国保医療年金課長（都市環境部環境課長）三ッ橋悦子▽品川区保健所品川保健センター所長　鷹箸右子参事事務取扱▽都市環境部住宅課長（都市環境部建築課・係長）◎長尾樹偉▽都市環境部木密整備推進課長（都市環境部都市計画課・係長）◎高梨智之▽都市環境部環境課長（企画部施設整備課・係長）◎小林剛▽防災まちづくり部土木管理課長（都市環境部住宅課長）今井裕美▽防災まちづくり部用地担当課長　多並知広防災まちづくり部道路課長兼務▽防災まちづくり部河川下水道課長（東京都下水道局総務部担当課長＝品川区派遣）持田智彦▽防災まちづくり部防災安全担当課長（東京消防庁）川部浩史▽教育委員会事務局教育総合支援センター長（東京都教育庁指導部主任指導主事＝品川区派遣）大関浩仁▽教育委員会事務局品川図書館長（八潮地域センター・係長）◎横山莉美子

■目黒区

【部長級】▽参事（企画経営部財政課長(統)）◎長崎隆▽総務部長（教育次長）関根義孝▽参事（企画経営部広報課長(統)）◎谷合祐之▽参事（都市整備部建築課長(統)）◎板垣司▽区民生活部長（環境清掃部長）村田正夫▽参事（区民生活部地域振興課長(統)）◎松原信敏▽産業経済担当部長（企画経営部政策企画課長(統)）◎秋丸俊彦▽健康推進担当部長（参事）伊津野孝▽保健所長　伊津野孝健康推進担当部長兼務▽参事（東京都多摩立川保健所保健対策課長）◎大石修▽都市整備部長（街づくり推進担当部長）中澤英作▽街づくり推進担当部長（監査事務局長）清水俊哉▽環境清掃部長（産業経済担当部長）田島隆夫▽教育次長（参事）野口晃▽監査事務局長（参事）本橋信也

【統括課長】▽企画経営部政策企画課長(統)　長崎隆参事事務取扱▽総務部人事課長(統)　谷合祐之参事事務取扱▽総務部施設課長(統)　板垣司参事事務取扱

6面につづく

▽区民生活部地域振興課長㊝　松原信敏参事事務取扱▽区民生活部戸籍住民課長㊝（区民生活部戸籍住民課長）◎大野容一▽健康福祉部健康福祉計画課長㊝（教育委員会事務局学校運営課長）◎佐藤欣哉▽健康福祉部健康推進課長㊝（参事）島田幸雄▽保健所健康推進課長㊝　島田幸雄健康福祉部健康推進課長㊝兼務▽健康福祉部生活衛生課長㊝（健康福祉部健康福祉計画課長㊝）手塚治彦▽保健所生活衛生課長㊝　手塚治彦健康福祉部生活衛生課長㊝兼務▽子育て支援部子育て支援課長㊝（健康福祉部障害福祉課長㊝）篠崎省三▽都市整備部都市整備課長㊝（参事）立山敬之▽都市整備部建築課長㊝（総務部施設課長㊝）三吉英郎▽都市整備部住宅課長㊝（健康福祉部生活衛生課長）◎白濱利一▽教育委員会事務局教育政策課長㊝（教育委員会事務局教育政策課長）◎山野井司▽教育委員会事務局学校運営課長㊝（区民生活部文化・交流課長㊝）村上隆章▽教育委員会事務局生涯学習課長㊝（都市整備部道路管理課長㊝）◎馬場和昭

【課長級】▽企画経営部経営改革推進担当課長（区民生活部税務課長）田中健二▽企画経営部秘書課長（企画経営部情報課長）勝島壮介▽企画経営部財政課長（企画経営部施設改革推進担当課長）斎藤秀一▽企画経営部広報課長（都市整備部住宅課長）酒井圭子▽企画経営部情報課長（健康福祉部介護保険課長）高橋直人▽総務部生活安全課長（警視庁）奥村淳▽東部地区サービス事務所長　松原信敏参事事務取扱▽区民生活部税務課長（子育て支援部保育課長）落合勝▽区民生活部臨時福祉給付金担当課長　落合勝区民生活部滞納対策担当課長（健康福祉部健康推進課・係長）◎和田信之▽中央地区サービス事務所長（清掃事務所長）伊藤信之▽南部地区サービス事務所長（区民生活部スポーツ振興課・係長）◎平田まいこ▽区民生活部文化・交流課長（教育委員会事務局生涯学習課長）濱下正樹▽区民生活部オリンピック・パラリンピック推進担当課長（中央地区サービス事務所長）佐藤智彦▽健康福祉部介護保険課長（都市整備部都市計画課・係長）◎佐藤公彦▽健康福祉部障害福祉課長（健康福祉部生活福祉課長）保坂春樹▽健康福祉部生活福祉課長（健康福祉部生活衛生課・係長）◎大塚浩司▽健康福祉部保健予防課長　大石修参事事務取扱▽保健所保健予防課長　大石修参事事務取扱▽健康福祉部碑文谷保健センター長（板橋区志村健康福祉センター所長）松本和也▽保健所碑文谷保健センター長　松本和也健康福祉部碑文谷保健センター長兼務▽子育て支援部保育課長（区民生活部滞納対策担当課長）後藤圭介▽子育て支援部保育施設整備担当課長（子育て支援部保育課・係長）◎吉田武広▽都市整備部道路管理課長（都市整備部土木工事課長）澤田雅之▽都市整備部土木工事課長（都市整備部土木工事課・係長）◎清水誠▽都市整備部地区整備担当課長（都市整備部地区整備事業担当課長）松本俊史▽都市整備部木密地域整備担当課長（都市整備部都市整備課・係長）◎原亮道▽環境清掃部清掃リサイクル課長（東京都環境局資源循環推進部担当課長＝目黒区派遣）秋田直宏▽清掃事務所長（教育委員会八雲中央図書館長）大迫忠義▽教育委員会八雲中央図書館長（総務部人事課・係長）◎石松千明▽監査事務局次長　本橋信也監査事務局長事務取扱

■大田区

【部長級】▽企画経営部参事（企画経営部情報システム課長㊝）◎畑元忠▽総務部危機管理室長（教育委員会事務局教育総務部教育総務課長㊝）◎井上隆義▽総務部参事（総務部総務課長㊝）◎今井健太郎▽総務部参事＝産業保健担当（総務部副参事＝健康管理担当）◎小和田暁子▽観光・国際都市部長（産業経済部長）近藤倫生▽観光・国際都市部スポーツ・文化担当部長（まちづくり推進部都市開発担当部長）町田達彦▽観光・国際都市部参事＝大田区文化振興協会派遣（都市基盤整備部長）荒井昭二▽観光・国際都市部参事＝大田区体育協会派遣（観光・国際都市部長）河野秀夫▽産業経済部長（空港まちづくり本部長）川上立雄▽産業経済部参事（産業経済部産業振興課長㊝）◎柏原順史▽障がい者総合サポートセンター所長（福祉部福祉管理課長㊝）◎青木毅▽まちづくり推進部長（まちづくり推進部長）黒澤明▽まちづくり推進部都市開発担当部長（企画経営部参事）飯嶋清市▽空港まちづくり本部長（空港まちづくり本部空港まちづくり課長㊝）◎白鳥信也▽都市基盤整備部長（総務部危機管理室長）齋藤浩一▽会計管理者（区民部参事）青木重樹▽選挙管理委員会事務局参事（選挙管理委員会事務局参事）佐藤一義▽監査事務局長（総務部参事）小貫勝▽議会事務局長（議会事務局長）佐藤康美子

【統括課長】▽企画経営部経営改革担当課長㊝（まちづくり推進部建築調整課長）◎古川紀代司▽企画経営部情報システム課長㊝　畑元忠企画経営部参事事務取扱▽総務部総務課長㊝　今井健太郎総務部参事事務取扱▽総務部人事課長㊝（地域力推進部地域力推進課長）◎須川孝秀▽地域力推進部地域力推進課長㊝（総務部経理管財課長㊝）小泉貴一▽観光・国際都市部副参事＝産業観光調整担当㊝　柏原順史産業経済部参事事務取扱▽観光・国際都市部国際都市・多文化共生推進課長㊝（観光・国際都市部国際都市・多文化共生推進課長）◎高野正樹▽観光・国際都市部副参事＝国際交流担当㊝　高野正樹観光・国際都市部国際都市・多文化共生推進課長㊝兼務▽区民部戸籍住民課長㊝（こども家庭部子育て支援課長㊝）杉村由美▽区民部副参事＝給付金担当㊝　張間秀成福祉部福祉管理課長㊝兼務▽産業経済部産業振興課長㊝　柏原順史産業経済部参事事務取扱▽福祉部福祉管理課長㊝（総務部秘書課長㊝）張間秀成▽福祉部副参事＝給付金担当㊝　張間秀成福祉部福祉管理課長㊝兼務▽健康政策部健康づくり課長㊝（福祉部高齢福祉課長）◎佐々木信久▽健康政策部蒲田地域健康課長㊝　亀井康行健康政策部参事事務取扱▽こども家庭部子育て支援課長㊝（こども家庭部保育サービス課長㊝）浜口和彦▽まちづくり推進部建築調整課長㊝（環境清掃部環境対策課長）◎近藤高雄▽都市基盤整備部都市基盤管理課長㊝（都市基盤整備部都市基盤管理課長）◎明立周二▽都市基盤整備部道路公園課長㊝（都市基盤整備部道路公園課長）◎久保輝幸▽環境清掃部環境計画課長㊝（環境清掃部環境計画課長）◎中澤昇▽教育委員会事務局教育総務部教育総務課長㊝（教育委員会事務局教育総務部学務課長㊝）森岡剛▽選挙管理委員会事務局長㊝　佐藤一義選挙管理委員会事務局参事事務取扱

【課長級】▽企画経営部副参事＝社会保障・税番号制度担当　鵜沼富美子総務部情報セキュリティ対策担当課長兼務▽企画経営部広聴広報課長（議会事務局次長）政木純也▽総務部秘書課長（糀谷特別出張所長）小西博幸▽総務部法務担当課長（総務部副参事＝法務担当）村上理都子▽総務部情報セキュリティ対策担当課長（特別区人事・厚生事務組合総務部副参事＝大田区派遣）鵜沼富美子▽総務部人権・男女平等推進課長（蒲田西特別出張所長）元木重成▽総務部制度企画担当課長（総務部副参事＝勤労・調査企画担当）菅野俊明▽総務部経理管財課長（福祉部自立支援促進担当課長）有我孝之▽総務部防災計画担当課長　甲斐康誠▽総務部防災支援担当課長（総務部災害対策担当課長）内川洋二▽総務部生活安全担当課長（総務部生活安全・危機管理担当課長）和田光正▽地域力推進部区民協働担当課長（総務部副参事＝特命担当）武藤大輔▽大森西特別出張所長（まちづくり推進部建築審査課・係長）◎石原正之▽池上特別出張所長（こども家庭部副参事＝計画調整担当）鈴木龍一▽田園調布特別出張所長（観光・国際都市部国際都市・多文化共生推進課・係長）◎藤倉幸子▽糀谷特別出張所長（総務部人事課・係長）◎丹野詩織▽羽田特別出張所長（区民部戸籍住民課・係長）◎古澤晃一▽六郷特別出張所長（教育委員会事務局教育総務部教育総務課・係長）◎要理恵子▽矢口特別出張所長（観光・国際都市部文化振興課・係長）◎伊藤明江▽蒲田西特別出張所長（地域力推進部地域力推進課・係長）◎荒浪明子▽蒲田東特別出張所長（健康政策部健康医療政策課・係長）◎塩沢昇▽観光・国際都市部文化振興課長（池上特別出張所長）上田哲也▽観光・国際都市部副参事＝文化計画・施設担当（総務部副参事＝葛飾区派遣）小倉祐司▽観光・国際都市部スポーツ推進課長（企画経営部経営改革担当課長）鈴木孝司▽観光・国際都市部副参事＝東京都派遣（観光・国際都市部スポーツ推進課長）武田守史▽観光・国際都市部副参事＝大田区体育協会派遣（環境清掃部清掃事業課長㊝）和田泰宏▽区民部課税課長（区民部課税課長）網島文夫▽産業経済部産業交流担当課長（羽田特別出張所長）臼井正二▽産業経済部副参事＝連携推進担当（矢口特別出張所長）池田真司▽産業経済部副参事＝産業支援担当（産業経済部副参事＝産業支援担当）伊東博巳▽産業経済部副参事＝大田区産業振興協会派遣（教育委員会事務局教育総務部参事）佐藤國治▽福祉部指導監査担当課長　田村彰一郎福祉部福祉支援調整担当課長兼務▽福祉部子ども生活応援担当課長（福祉部副参事＝子ども貧困対策担当）石川里香▽福祉部副参事＝大田区社会福祉協議会派遣（福祉部参事＝大田区社会福祉協議会派遣）森部一夫▽福祉部副参事＝東京都知的障害者育成会派遣（福祉部副参事＝池上長寿園派遣）松橋幸博▽福祉部副参事＝東京都知的障害者育成会派遣（田園調布特別出張所長）田中ひろ子▽福祉部高齢福祉課長（福祉部副参事＝元気高齢者対策担当）堀恵子▽福祉部副参事＝元気高齢者対策担当（蒲田東特別出張所長）長岡誠▽福祉部介護サービス推進担当課長（福祉部高齢福祉基盤担当課長）黄木隆秀▽福祉部障害福祉サービス推進担当課長（福祉部発達支援担当課長）澤健司▽福祉部蒲田地域福祉課長（観光・国際都市部副参事＝大田区体育協会派遣）池一彦▽福祉部糀谷・羽田地域福祉課長（福祉部糀谷・羽田地域福祉課長㊝）案内正男▽福祉部調布生活福祉課長（教育委員会事務局教育センター所長）岩田美恵子▽福祉部自立支援促進担当課長（都市基盤整備部地域基盤整備第一課長）長谷川浩二▽福祉部糀谷・羽田生活福祉課長（観光・国際都市部副参事＝東京都派遣）千葉茂樹▽志茂田福祉センター所長（新蒲田福祉センター所長）中平美雪▽健康政策部健康医療政策課長（東京都福祉保健局総務部担当課長＝大田区派遣）白川真弓▽健康政策部災害時医療担当課長（健康政策部副参事＝災害時医療担当）長沼宏幸▽健康政策部感染症対策課長（北区健康福祉部保健予防課長）高橋千香▽健康政策部大森地域健康課長（渋谷区保健所幡ヶ谷保健相談所長）小松美和▽こども家庭部児童相談所開設準備担当課長（子ども家庭支援センター所長）栁沢憲一▽こども家庭部副参事＝放課後居場所づくり担当（教育委員会事務局教育総務部副参事＝教育政策担当）曾根暁子▽子ども家庭支援センター所長（産業経済部産業交流担当課長）堀江豊▽こども家庭部保育サービス課長（観光・国際都市部文化振興課長）白根睦正▽こども家庭部保育サービス推進担当課長（大森西特別出張所長）間亮▽こども家庭部副参事＝保育基盤整備担当（こども家庭部待機児担当課長）近藤正樹▽まちづくり推進部地域整備担当課長（総務部副参事＝中野区派遣）近江淳一▽まちづくり推進部副参事＝新空港線沿線まちづくり担当（まちづくり推進部都市計画課・係長）◎谷田川泰▽空港まちづくり本部空港まちづくり課長（都市基盤整備部都市基盤計画調整担当課長）鈴木久夫▽空港まちづくり本部副参事＝工事調整担当（空港まちづくり本部空港まちづくり課・係長）◎立花匡▽空港まちづくり本部副参事＝産業調整担当　臼井正二産業経済部産業交流担当課長兼務▽都市基盤整備部都市基盤計画調整担当課長（大森清掃事務所長）秋山太郎▽都市基盤整備部建設工事課長（都市基盤整備部連続立体担当課長）榊原健司▽都市基盤整備部基盤工事担当課長（都市基盤整備部副参事＝土木工事担当）鈴木隆広▽都市基盤整備部副参事＝土木工事担当（都市基盤整備部建設工事課長）石井一雄▽都市基盤整備部地域基盤整備第一課長（まちづくり推進部地域整備担当課長）武藤和志▽都市基盤整備部地域基盤整備第二課長（都市基盤整備部都市基盤管理課・係長）◎大田健二▽都市基盤整備部副参事＝水面管理担当　吉田春彦都市基盤整備部副参事＝糀谷・羽田地域基盤整備担当兼務▽環境清掃部副参事＝大田区環境公社派遣（福祉部糀谷・羽田生活福祉課長）飯田衛▽環境清掃部環境対策課長（環境清掃部環境対策課・係長）◎中野明樹▽環境清掃部清掃事業課長（環境清掃部副参事＝清掃事業調整担当）喜多慶造▽大森清掃事務所長（福祉部蒲田地域福祉課長）長谷川正▽調布清掃事務所長（観光・国際都市部スポーツ・文化担当部長）茂呂英雄▽教育委員会事務局教育総務部副参事＝教育政策担当（六郷特別出張所長）北村操▽教育委員会事務局教育総務部学務課長（都市基盤整備部地域基盤整備第二課長）杉山良樹▽教育委員会事務局教育総務部学校職員担当課長（福祉部調布生活福祉課長㊝）鈴木清貴▽教育委員会事務局教育センター所長（監査事務局長）柿本伸二▽議会事務局次長（総務部人権・男女平等推進課長）小澤佳久

■世田谷区

【部長級】▽玉川総合支所副支所長（みどりとみず政策担当部みどり政策課長㊝）◎笠原聡▽烏山総合支所副支所長（生活文化部文化・芸術振興課長㊝）◎清水昭夫▽政策経営部長（教育委員会事務局教育次長）岩本康▽庁舎整備担当部長　松村浩之施設営繕担当部長兼務▽区長室長（政策経営部政策企画課長㊝）◎笹部昭博▽財務部長（環境総合対策室長）菊池弘明▽地域行政部長（財務部長）本橋安行▽スポーツ推進部長（地域行政部地域行政課長㊝）◎平澤道男▽環境政策部長（清掃・リサイクル部長）松下洋章▽産業政策部長（保健福祉部地域包括ケア担当参事）久末佳枝▽清掃・リサイクル部長（生活文化部総合調整担当参事）原田茂実▽保健福祉部長（政策経営部長）板谷雅光▽保健福祉部地域包括ケア担当参事（砧総合支所地域振興課長㊝）◎岩元浩一▽梅ヶ丘拠点整備担当部長　板谷雅光保健福祉部長兼務▽世田谷保健所副所長（烏山総合支所副支所長）伊藤美和子▽道路・交通政策部長（土木部長）小山英俊▽土木部長（スポーツ推進担当部長）五十嵐慎一▽教育委員会事務局教育次長（教育委員会事務局教育環境推進担当部長）志賀毅一▽教育委員会事務局生涯学習部長（産業政策部長）花房千里

【統括課長】▽砧総合支所街づくり課長㊝（教育委員会事務局教育環境推進担当部教育施設課長㊝）佐々木洋▽政策経営部政策企画課長㊝（子ども・若者部保育課長㊝）田中耕太▽総務部総務課長㊝（区議会事務局次長）◎望月敬行▽総務部人事課長㊝（総務部職員厚生課長㊝）松永仁▽総務部職員厚生課長㊝（障害福祉担当部障害施策推進課長）◎片桐誠▽総務部副参事㊝＝港区派遣（清掃・リサイクル部世田谷清掃事務所長）◎吉田宗史▽財務部経理課長㊝（世田谷総合支所地域振興課長㊝）山田実▽施設営繕担当部施設営繕第一課長㊝（施設営繕担当部施設営繕第一課長）◎安間正伸▽生活文化部人権・男女共同参画担当課長㊝（生活文化部人権・男女共同参画担当課長）◎若林一夫▽環境政策部環境保全課長㊝（環境総合対策室環境保全課長㊝）鈴木勲▽産業政策部都市農業課長㊝（道路・交通政策部道路指導課長）◎筒井英樹▽清掃・リサイクル部事業課長㊝（清掃・リサイクル部事業課長）◎徃本修▽清掃・リサイクル部世田谷清掃事務所長㊝（産業政策部都市農業課長㊝）畑中健▽清掃・リサイクル部玉川清掃事務所長㊝（財務部納税課長㊝）小潤田紀夫▽清掃・リサイクル部砧清掃事務所長㊝（清掃・リサイクル部砧清掃事務所長）◎辻正▽子ども・若者部子ども育成推進課長㊝（高齢福祉部介護予防・地域支援課長）◎尾方啓美▽都市整備政策部建築調整課長㊝（都市整備政策部建築調整課長）◎佐々木康史▽みどりとみず政策担当部みどり政策課長㊝（砧総合支所街づくり課長㊝）高橋毅▽道路・交通政策部道路計画課長㊝（道路・交通政策部道路計画課長）◎青木誠▽道路・交通政策部道路事業推進課長㊝（道路・交通政策部道路事業推進課長）◎佐藤尚▽教育委員会事務局教育総務課長㊝（教育委員会事務局教育総務課長）◎浅野康▽教育委員会事務局教育政策部学校職員課長㊝（財務部経理課長）◎梅田亨

【課長級】▽世田谷総合支所地域振興課長（区長室副参事＝特命担当）竹内明彦▽世田谷総合支所区民課長（世田谷総合支所副参事＝特命担当）望月智▽世田谷総合支所健康づくり課長（高齢福祉部介護予防・地域支援課・係長）◎河島貴子▽北沢総合支所生活支援課長（子ども・若者部保育課・係長）◎小林清美▽北沢総合支所副参事＝特命担当（総務部総務課長㊝）星正彦▽玉川総合支所区民課長　笠原聡玉川総合支所副支所長事務取扱▽玉川総合支所保健福祉課長（世田谷保健所生活保健課長㊝）亀谷智恵子▽砧総合支所地域振興課長（教育委員会事務局学務課長）林勝久▽烏山総合支所区民課長　清水昭夫烏山総合支所副支所長事務取扱▽烏山総合支所保健福祉課長（玉川総合支所保健支援課長）三羽忠嗣▽烏山総合支所健康づくり課長（大田区健康政策部蒲田地域健康課長）石崎泰江▽政策経営部官民連携担当課長（政策経営部庁内連携担当課長）山戸茂子▽政策経営部情報政策課長（生活文化部区民健康村・ふるさと交流課長）齋藤稔▽政策経営部副参事＝計画担当（政策経営部政策企画課・係長）◎中西成之▽政策経営部副参事＝区史編さん担当（総務部副参事＝人材育成担当）柳澤正孝▽総務部副参事＝人材育成担当（子ども・若者部保育認定・調整課長）上村隆▽庁舎整備担当部庁舎整備担当課長（総務部庁舎計画担当課長）秋山武徳▽区長室副参事＝特命担当（区長室長）霜村亮▽危機管理室副参事＝地域防災計画担当（危機管理室災害対策課・係長）◎前島正輝▽財務部納税課長（地域行政部情報政策課長）庄司秀人▽生活文化部市民活動・生涯現役推進課長（総務部人事課長）堀込章仁▽生活文化部文化・芸術振興課長（教育委員会事務局幼児教育・保育推進担当課長）大澤正文▽生活文化部国際課長（㈱世田谷サービス公社派遣・係長）◎梅原文▽生活文化部区民健康村・ふるさと交流課長（スポーツ推進担当部副参事＝スポーツ振興財団派遣）泉哲郎▽生活文化部副参事＝領域連携担当　堀込章仁生活文化部市民活動・生涯現役推進課長兼務▽地域行政部地域行政課長（地域行政部窓口調整・番号制度担当課長）舟波勇▽地域行政部窓口調整・番号制度担当課長（世田谷総合支所地域調整課・係長）◎嶋津武則▽地域行政部副参事＝領域連携担当　舟波勇地域行政部地域行政課長兼務▽スポーツ推進部スポーツ推進課長（スポーツ推進担当部スポーツ推進課長）渡邊謙吉▽スポーツ推進部オリンピック・パラリンピック担当課長（スポーツ推進担当部オリンピック・パラリンピック担当課長）玉野宏一▽スポーツ推進部調整担当課長（産業政策部副参事＝産業連携担当）馬場利至▽環境政策部環境計画課長（産業政策部副参事＝産業振興公社派遣）安藤良徳▽環境政策部エネルギー施策推進課長（財務部用地課・係長）◎尾野聡始▽産業政策部工業・雇用促進課長（子ども・若者部子ども育成推進課長）香山桂子▽産業政策部副参事＝産業活性化・観光担当（総務部研修担当課・係長）◎住谷純子▽保健福祉部計画調整課長　岩元浩一保健福祉部地域包括ケア担当参事事務取扱▽保健福祉部副参事＝領域連携担当　岩元浩一保健福祉部地域包括ケア担当参事事務取扱▽障害福祉担当部障害施策推進課長（障害福祉担当部障害者地域生活課長）竹花潔▽障害福祉担当部障害者地域生活課長（障害福祉担当部障害施策推進課・係長）◎加藤康広▽高齢福祉部介護保険課長（保健福祉部計画調整課・係長）◎相蘇康隆▽高齢福祉部介護予防・地域支援課長（高齢福祉部介護予防・地域支援課・係長）◎高橋裕子▽高齢福祉部副参事＝認定審査事務担当　亀谷智恵子玉川総合支所保健福祉課長兼務▽子ども・若者部児童課長（選挙管理委員会事務局・係長）◎好永耕▽子ども・若者部保育課長（生活文化部国際課長）後藤英一▽子ども・若者部保育認定・調整課長（子ども・若者部児童課長）有馬秀人▽子ども・若者部副参事＝幼児教育・保育推進担当　須田健志教育委員会事務局幼児教育・保育推進担当課長兼務▽子ども・若者部副参事＝児童相談所開設推進担当（政策経営部財政課・係長）◎長谷川哲夫▽世田谷保健所健康企画課長　伊藤美和子世田谷保健所副所長事務取扱▽世田谷保健所生活保健課長（北沢総合支所生活支援課長）山本恵造▽世田谷保健所副参事＝地域保健医療担当　河島貴子世田谷総合支所健康づくり課長兼務▽世田谷保健所副参事＝地域保健医療担当　石崎泰江烏山総合支所健康づくり課長兼務▽都市整備政策部都市デザイン課長（環境総合対策室エネルギー施策推進課長）清水優子▽都市整備政策部副参事＝領域連携担当　清水優子都市整備政策部都市デザイン課長兼務▽道路・交通政策部道路指導課長（土木部工事第二課長）高橋良忠▽土木部工事第二課長（危機管理室副参事＝地域防災計画担当）山梨勝哉▽教育委員会事務局学務課長（高齢福祉部介護保険課長）内田潤一▽教育委員会事務局幼児教育・保育推進担当課長（障害福祉担当部障害者地域生活課・係長）◎須田健志▽教育委員会事務局教育環境課長（教育委員会事務局教育環境推進担当部教育環境計画課・係長）◎桐山徳幸▽教育委員会事務局副参事＝教育施設担当（教育委員会事務局教育政策部学校職員課長）秋元勝一▽教育委員会事務局教育政策部教育指導課長（教育委員会事務局教育政策部副参事＝学校経営推進担当）青木雄二▽教育委員会事務局教育政策部新教育センター整備担当課長（教育委員会事務局副参事＝新教育センター整備担当）増井賢一▽教育委員会事務局教育政策部副参事＝学校経営推進担当（東京都教育庁指導部主任指導主事＝世田谷区派遣）板澤健一▽教育委員会事務局教育政策部副参事＝第2次教育ビジョン推進担当（東京都教育庁指導部主任指導主事＝世田谷区派遣）加藤敏久▽教育委員会事務局生涯学習部生涯学習・地域学校連携課長（教育委員会事務局教育政策部生涯学習・地域・学校連携課長）土屋雅章▽教育委員会事務局生涯学習部中央図書館長（教育委員会事務局教育政策部中央図書館長）會田孝一▽教育委員会事務局生涯学習部副参事＝地域生涯学習推進担当　竹内明彦世田谷総合支所地域振興課長兼務▽教育委員会事務局生涯学習部副参事＝地域生涯学習推進担当　長岡光春北沢総合支所地域振興課長兼務▽教育委員会事務局生涯学習部副参事＝地域生涯学習推進担当　加藤政信玉川総合支所地域振興課長㊝兼務▽教育委員会事務局生涯学習部副参事＝地域生涯学習推進担当　林勝久砧総合支所地域振興課長兼務▽教育委員会事務局生涯学習部副参事＝地域生涯学習推進担当　皆川健一烏山総合支所地域振興課長㊝兼務▽教育委員会事務局生涯学習部副参事＝スポーツ推進担当　渡邉謙吉スポーツ推進部スポーツ推進課長兼務▽区議会事務局次長（区議会事務局・係長）◎井上徳広▽スポーツ推進部副参事＝スポーツ振興財団派遣（スポーツ推進担当部スポーツ推進課・係長）◎中潟信彦▽産業政策部副参事＝産業振興公社派遣（教育委員会事務局教育環境推進担当部教育環境計画課長）須田将司

■渋谷区

【部長級】▽会計管理者（会計管理者）久保田幸雄▽福祉部長（福祉部長）柳澤信司▽子ども総合支援センター長（教育委員会事務局教育振興部長）植竹ゆかり▽健康推進部参事（葛飾区健康部参事）小池梨花▽教育委員会事務局教育振興部長（文部科学省）鴨志田暁弘▽生涯学習・スポーツ振興部長（教育委員会事務局教育振興部庶務課長㊝）◎伴秀樹

【統括課長】▽経営企画部基本構想推進課長㊝（経営企画部基本構想担当課長）◎山﨑善広▽総務部職員課長㊝（総務部職員課長）◎鴨井純子▽福祉部管理課長㊝（福祉部管理課長）◎高橋由紀▽健康推進部生活衛生課長㊝（健康推進部生活衛生課長）◎豊田理香▽都市整備部環境保全課長㊝（土木清掃部清掃リサイクル課長㊝）北原竜也▽教育委員会事務局教育振興部庶務課長㊝（教育委員会事務局生涯学習・スポーツ振興部生涯学習振興課長）◎富井一慶

【課長級】▽会計管理室長　久保田幸雄会計管理者事務取扱▽経営企画部庁舎プロジェクト推進担当課長　宮口小枝経営企画部庁舎建設室長兼務▽経営企画部副参事＝広報プロモーション推進担当課長　位田哲也▽総務部経理課長（区民部税務課長）太田晃▽危機管理対策部安全対策課長（警視庁）隈本英智▽区民部税務課長（総務部経理課長）吉澤拓哉▽区民部オリンピック・パラリンピック推進課長（区民部商工観光課・係長）◎田中豊▽区民部文化振興課長（区民部文化総合センター大和田館長）可部暢宏▽福祉部障害者福祉課長（福祉部障害者福祉課・係長）◎原信吉▽福祉部生活福祉課長（福祉部生活福祉課・係長）◎金子剛雄▽子ども発達相談センター所長（福祉部生活福祉課長）前崎敏彦▽子ども家庭部児童相談所移管準備担当課長　下村孝子子ども家庭支援センター所長㊝兼務▽健康推進部地域保健課長（荒川区健康部健康推進課長）後藤真理子▽健康推進部地域保健医療担当課長　柳澤智仁恵比寿保健相談所長兼務▽健康推進部地域保健医療担当課長＝幡ヶ谷保健相談所長兼務　小池梨花健康推進部参事事務取扱▽恵比寿保健相談所長（東京都多摩府中保健所歯科保健担当課長）柳澤智仁▽都市整備部マスタープラン担当課長（福祉部副参事＝社会福祉協議会派遣）森田一央▽都市整備部まちづくり課長（福祉部障害者福祉課長）早川淳▽都市整備部再開発担当課長（危機管理対策部防災課・係長）◎小野澤聖司▽土木清掃部交通政策担当課長　大澤一雅土木清掃部長事務取扱▽土木清掃部街路・用地担当課長（子ども発達相談センター所長）和田健次郎▽土木清掃部緑と水・公園課長（世田谷区総務部副参事＝渋谷区派遣）吉武成寛▽土木清掃部清掃リサイクル課長（区議会事務局次長）藤田暢宏▽教育委員会事務局教育振興部学務課長（都市整備部まちづくり課長）熊澤雄一郎▽教育委員会事務局生涯学習・スポーツ振興部生涯学習振興課長　伴秀樹教育委員会事務局生涯学習・スポーツ振興部長事務取扱▽教育委員会事務局生涯学習・スポーツ振興部スポーツ振興課長（経営企画部庁舎プロジェクト推進担当課長）笠間武彦▽区議会事務局次長（福祉部管理課・係長）◎野島一純

■中野区

【部長級】▽政策室参事＝企画担当（都市政策推進室副参事＝産業振興担当㊝）◎青山敬一郎▽経営室新区役所整備担当部長（南部すこやか福祉センター所長）相澤明郎▽経営室参事＝経営担当（経営室副参事＝経営担当㊝）◎朝井めぐみ▽地域支えあい推進室参事＝地域子ども施設調整担当＝鷺宮すこやか福祉センター所長（地域支えあい推進室参事＝区民活動センター調整担当＝鷺宮すこやか福祉センター所長）上村晃一▽区民サービス管理部長（環境部長）戸辺眞▽健康福祉部長（区議会事務局長）小田史子▽保健所長（東京都西多摩保健所長）木村博子▽環境部長（区民サービス管理部長）白土純▽都市基盤部長（都市基盤部参事＝都市計画担当）豊川士朗▽区議会事務局長（区民サービス管理部副参事＝区民サービス担当㊝）◎吉村恒治

【統括課長】▽政策室副参事＝予算担当㊝（政策室副参事＝企画担当㊝）海老沢憲一▽経営室副参事＝人事担当㊝（経営室副参事＝行政監理担当㊝）田中謙一▽経営室副参事＝行政監理担当㊝（北部すこやか福祉センター所長＝北部すこやか福祉センター副参事＝地域子ども施設調整担当㊝）石濱良行▽都市政策推進室副参事＝産業振興担当㊝（環境部副参事＝生活環境担当）◎浅川靖▽都市政策推進室副参事＝グローバル戦略推進担当㊝（子ども教育部副参事＝子育て支援担当＝教育委員会事務局副参事＝子育て支援担当＝特別支援教育等連携担当㊝）平田祐子▽地域支えあい推進室副参事＝地域活動推進担当㊝（経営室副参事＝人事担当）伊藤政子▽北部すこやか福祉センター所長㊝（子ども教育部副参事＝保育園・幼稚園担当＝教育委員会事務局副参事＝保育園・幼稚園担当＝就学前教育連携担当㊝）小山真実▽南部すこやか福祉センター所長㊝（健康福祉部副参事＝福祉推進担当㊝）石濱照子▽区民サービス管理部副参事＝区民サービス担当㊝（会計管理者）古屋勉▽子ども教育部副参事＝子ども教育経営担当＝教育委員会事務局副参事＝子ども教育経営担当㊝（地域支えあい推進室副参事＝地域活動推進担当㊝）高橋昭彦▽子ども教育部副参事＝保育園・幼稚園担当＝教育委員会事務局副参事＝保育園・幼稚園担当＝就学前教育推進担当㊝（選挙管理委員会事務局長㊝）長﨑武史▽健康福祉部副参事＝福祉推進担当㊝（健康福祉部副参事＝障害福祉担当）◎岩浅英樹▽環境部副参事＝地球温暖化対策担当㊝（都市基盤部副参事＝道路・公園管理担当）◎高橋均▽都市基盤部副参事＝都市計画担当㊝（子ども教育部副参事＝子ども教育経営担当＝教育委員会事務局副参事＝子ども教育経営担当㊝）辻本将紀▽会計管理者㊝（環境部副参事＝地球温暖化対策担当㊝）鳥井文哉▽選挙管理委員会事務局長㊝（都市基盤部副参事＝道路用地担当㊝）松原弘宣

【課長級】▽政策室副参事＝ユニバーサルデザイン推進担当＝オリンピック・パラリンピック推進担当（健康福祉部副参事＝健康・スポーツ担当）宇田川直子▽経営室副参事＝法務担当　尾関信行▽経営室副参事＝生活・交通安全担当（警視庁）三原伸恭▽政策室副参事＝業務マネジメント改革担当＝経営室副参事＝新区役所区民サービス担当（政策室副参事＝業務マネジメント改革担当）永田純一▽経営室副参事＝新区役所情報システム担当＝区民サービス管理部副参事＝情報システム担当（区民サービス管理部副参事＝情報システム担当）中谷博▽都市政策推進室副参事＝中野駅周辺計画担当（都市政策推進室副参事＝グローバル戦略推進担当＝中野駅周辺計画担当）石井大輔▽都市政策推進室副参事＝西武新宿線沿線まちづくり担当＝沼袋駅周辺まちづくり担当（東京都都市整備局都市基盤部担当課長＝中野区派遣）荒井大介▽都市政策推進室副参事＝新井薬師前駅周辺まちづくり担当（経営室・係長）◎高村和哉▽都市政策推進室副参事＝野方以西調整担当＝野方駅周辺まちづくり担当（江東区総務部副参事＝中野区派遣）藤原慶▽地域支えあい推進室副参事＝区民活動センター調整担当＝地域包括ケア推進担当（地域支えあい推進室副参事＝地域包括ケア推進担当）酒井直人▽北部すこやか福祉センター副参事＝地域ケア担当（経営室・係長）◎菅野多身子▽区民サービス管理部副参事＝保険医療担当（区民サービス管理部・係長）◎渡邊健治▽子ども家庭支援センター所長＝子ども教育部副参事＝児童相談所設置準備担当＝教育委員会事務局副参事＝教育相談連携担当（子ども家庭支援センター所長＝教育委員会事務局副参事＝教育相談連携担当）神谷万美▽子ども教育部副参事＝幼児施設整備推進担当＝教育委員会事務局副参事＝幼児施設整備推進担当（子ども教育部副参事＝幼児施策整備担当＝教育委員会事務局副参事＝幼児施策調整担当）荒井弘巳▽子ども教育部副参事＝子ども教育施設担当＝教育委員会事務局副参事＝子ども教育施設担当（都市基盤部・係長）◎石原千鶴▽健康福祉部副参事＝健康推進担当（中部すこやか福祉センター副参事＝地域ケア担当）只野孝子▽健康福祉部副参事＝文化・スポーツ担当（健康福祉部副参事＝地域スポーツ推進担当）永見英光▽健康福祉部副参事＝障害福祉担当（地域支えあい推進室・係長）◎稲垣美幸▽健康福祉部副参事＝生活援護担当（健康福祉部副参事＝生活保護担当）小堺充▽環境部副参事＝生活環境担当（経営室・係長）◎高橋英昭▽都市基盤部副参事＝都市基盤用地担当（北部すこやか福祉センター副参事＝地域ケア担当）吉沢健一▽都市基盤部副参事＝道路担当（健康福祉部副参事＝生活援護担当）鈴木宣広▽都市基盤部副参事＝自転車対策・地域美化担当（都市基盤部副参事＝生活安全担当＝交通対策担当）伊東知秀▽都市基盤部副参事＝公園担当（都市基盤部副参事＝都市基盤整備担当）千田真史▽都市基盤部副参事＝建築担当（都市基盤部副参事＝建築担当）小山内秀樹▽都市基盤部副参事＝住宅政策担当（都市基盤部・係長）◎塚本剛史▽都市基盤部副参事＝防災担当（東京消防庁）中川秀夫

■杉並区

【部長級】▽政策経営部参事（政策経営部財政課長㊝）◎齊藤俊朗▽総務部情報・法務担当部長（政策経営部情報・法務担当部長）牧島精一▽総務部参事（政策経営部参事）馬場誠一▽危機管理室参事（保健福祉部参事）青木則昭▽区民生活部長（環境部長）森雅之▽区民生活部参事（教育委員会事務局庶務課長㊝）◎岡本勝実▽区民生活部参事（区民生活部地域課長㊝）◎堀川直美▽保健福祉部在宅医療・生活支援センター開設準備担当部長（保健福祉部参事）習田由美子▽保健福祉部子ども家庭担当部長（保健福祉部参事）鈴木雄二▽環境部長（区議会事務局長）北風進▽環境部参事（環境部環境課長㊝）◎喜多川和美▽会計管理室長＝会計管理者（会計管理室長＝会計管理者）南雲芳幸▽教育委員会事務局生涯学習担当部長（教育委員会事務局生涯学習スポーツ担当部長）齋木雅之▽教育委員会事務局参事（危機管理室参事）加藤貴幸▽杉並区立中央図書館長　齋木雅之教育委員会事務局生涯学習担当部長兼務▽区議会事務局長（総務部副参事＝特命事項担当）佐野宗昭

【統括課長】▽政策経営部財政課長㊝　齊藤俊朗政策経営部参事事務取扱▽政策経営部企画課長㊝（杉並区産業振興センター次長）◎伊藤宗敏▽政策経営部行政管理担当課長㊝（区民生活部区民課長㊝）小峰孝▽政策経営部営繕課長㊝（政策経営部営繕課長）◎岡部義雄▽総務部情報政策課長㊝　馬場誠一総務部参事事務取扱▽総務部総務課長㊝（区民生活部管理課長㊝）原田洋二▽危機管理室危機管理対策課長㊝　青木則昭危機管理室参事事務取扱▽危機管理室防災課長㊝（政策経営部行政管理担当課長㊝）武井浩司▽区民生活部管理課長㊝　岡本勝実区民生活部参事事務取扱▽区民生活部地域課長㊝　堀川直美区民生活部参事事務取扱▽区民生活部区民課長㊝（危機管理室防災課長㊝）武田護▽区民生活部文化・交流課長㊝（区民生活部文化・交流課長）◎幸内正治▽区民生活部スポーツ振興課長㊝（教育委員会事務局スポーツ振興課長㊝）阿出川潔▽杉並区産業振興センター次長㊝（教育委員会事務局学校支援課長㊝）朝比奈愛郎▽杉並区杉並福祉事務所長㊝　神保哲也保健福祉部参事事務取扱▽保健福祉部高齢者在宅支援課長㊝（保健福祉部高齢者在宅支援課長）◎清水泰弘▽杉並区杉並保健所生活衛生課長㊝（区民生活部副参事＝永福和泉地域担当㊝）濱美奈子▽環境部環境課長㊝　喜多川和美環境部参事事務取扱▽教育委員会事務局庶務課長㊝（総務部総務課長㊝）都筑公嗣▽杉並区立中央図書館次長㊝　加藤貴幸教育委員会事務局参事事務取扱

【課長級】▽総務部情報システム担当課長（政策経営部情報システム担当課長）吉川英一▽総務部政策法務担当課長（政策経営部政策法務担当課長）中辻司▽区民生活部地域施設担当課長（保健福祉部子ども家庭支援担当課長）河合義人▽区民生活部副参事＝西荻地域担当（教育委員会事務局特別支援教育課長）伴裕和▽区民生活部副参事＝荻窪地域担当（杉並区杉並清掃事務所方南支所担当課長）天海和彦▽区民生活部副参事＝高井戸地域担当（区民生活部副参事＝高井戸地域担当㊝）牧るり子▽区民生活部副参事＝永福和泉地域担当（保健福祉部介護保険課・係長）◎樋口拓哉▽区民生活部納税課長（保健福祉部子どもの居場所づくり担当課長）塩畑まどか▽区民生活部男女共同参画担当課長　岡本勝実区民生活部参事事務取扱▽区民生活副参事＝交流担当（杉並区スポーツ振興財団事務局長）高橋光明▽保健福祉部管理課長（政策経営部企画課長）松沢智▽保健福祉部在宅医療・生活支援センター開設準備担当課長（保健福祉部高齢者施策課・係長）◎山田恵理子▽保健福祉部国保年金課長（保健福祉部国保年金課・係長）◎土田昌志▽保健福祉部障害者生活支援課長（杉並区杉並福祉事務所高井戸事務所担当課長）諸角純子▽保健福祉部高齢者施設整備担当課長（保健福祉部参事）森山光雄▽保健福祉部地域包括ケア推進担当課長（区民生活部副参事＝西荻地域担当）山﨑佳子▽保健福祉部介護保険課長（都市整備部住宅課長）寺井茂樹▽保健福祉部子ども家庭支援担当課長（保健福祉部障害者生活支援課長）笠真由美▽保健福祉部保育課長（保健福祉部保育施設整備推進担当課長）中村充明▽保健福祉部保育施設担当課長（保健福祉部保育課・係長）◎森令子▽保健福祉部保育施設支援担当課長（区民生活部協働推進課長）毛利比登志▽保健福祉部子どもの居場所づくり担当課長（保健福祉部地域包括ケア推進担当課長）倉島恭一▽杉並区杉並福祉事務所高井戸事務所担当課長（杉並区立中央図書館次長）岡本幸子▽保健福祉部児童相談所設置準備担当課長　笠真由美保健福祉部子ども家庭支援担当課長兼務▽杉並区杉並福祉事務所生活自立支援担当課長　神保哲也保健福祉部参事事務取扱▽都市整備部調整担当課長（都市整備部交通対策課長）山川浩▽都市整備部住宅課長（都市整備部交通対策課・係長）◎安藤武彦▽都市整備部土木管理課長（都市整備部調整担当課長）緒方康男▽都市整備部交通対策課長（都市整備部土木計画課・係長）◎星野剛志▽都市整備部副参事＝鉄道立体担当　山川浩都市整備部調整担当課長兼務▽都市整備部副参事＝西武線沿線地区まちづくり担当　山川浩都市整備部調整担当課長兼務▽杉並区杉並清掃事務所方南支所担当課長（杉並区杉並福祉事務所生活自立支援担当課長）土田麻紀子▽環境部放射能対策担当課長　喜多川和美環境部参事事務取扱▽会計管理室会計課長（区民生活部納税課長）小松由美子▽教育委員会事務局特別支援教育課長（都市整備部土木管理課長）阿部吉成▽教育委員会事務局学校支援課長（保健福祉部保育施設担当課長）高沢正則▽教育委員会事務局学校整備担当課長（保健福祉部保育課長）渡邊秀則▽教育委員会事務局副参事＝子どもの居場所づくり担当　倉島恭一保健福祉部子どもの居場所づくり担当課長兼務▽監査委員事務局次長（会計管理室会計課長㊝）後藤行雄

■豊島区

【部長級】▽政策経営部参事（施設管理部財産運用課長㊝）◎上野仁志▽総務部長（都市整備部長）齊藤雅人▽総務部参事（総務部防災危機管理課長㊝）◎樫原猛▽総務部参事（施設管理部施設整備課長㊝）◎近藤正仁▽総務部参事＝調整担当（環境清掃部参事＝調整担当）山澤雅明▽保健福祉部長（施設管理部長）石橋秀男▽池袋保健所長（板橋区保健所長）佐藤壽志子▽都市整備部長（地域まちづくり担当部長）奥島正信▽地域まちづくり担当部長（都市整備部参事）宮川勝之

【統括課長】▽政策経営部公民連携推進担当課長㊝　城山佳胤政策経営部長事務取扱▽政策経営部行政経営課長㊝　上野仁志政策経営部参事事務取扱▽総務部人事課長㊝（総務部人事課長）◎澤田健▽総務部防災危機管理課長㊝　樫原猛総務部参事事務取扱▽総務部財産運用課長㊝（監査委員事務局長㊝）田中雄三▽総務部施設整備課長㊝　近藤正仁総務部参事事務取扱▽総務部庁舎運営課長㊝　田中雄三総務部財産運用課長兼務▽区民部区民活動推進課長㊝（区民部総合窓口課長）◎増子嘉英▽区民部総合窓口課長㊝（区民部総合窓口課長）◎田中真理子▽区民部税務課長㊝（区民部税務課長）◎高橋邦夫▽東部区民事務所長㊝（西部区民事務所長㊝）石井雄三▽文化商工部図書館課長㊝（文化商工部図書館課長）◎大須賀裕子▽豊島清掃事務所長㊝（保健福祉部生活福祉課長㊝）峰田和幸▽子ども家庭部保育政策担当課長㊝（子ども家庭部保育政策担当課長）◎小野寺悠太▽都市整備部都市計画課長㊝　野島修都市整備部参事事務取扱▽都市整備部地域まちづくり課長㊝　宮川勝之地域まちづくり担当部長事務取扱▽都市整備部土木管理課長㊝（都市整備部道路管理課長㊝）柴俊之▽会計管理室会計課長㊝（保健福祉部長）吉末昌弘▽教育委員会事務局教育部放課後対策課長㊝（区議会事務局議会総務課長）◎高桑光浩▽監査委員事務局長㊝（総務部長）陣野原伸幸▽区議会事務局議会総務課長㊝（文化商工部生活産業課長）◎渡辺克己

【課長級】▽政策経営部施設計画担当課長（総務部危機管理担当課長）木村俊雄▽政策経営部セーフコミュニティ推進室長（政策経営部企画課・係長）◎渡邊明日香▽政策経営部多文化共生推進担当課長　渡邊明日香政策経営部セーフコミュニティ推進室長兼務▽政策経営部区長室長（区議会事務局議会総務課・係長）◎大根原尉之▽政策経営部広報課長（都市整備部庁舎跡地活用課長）高島武彦▽政策経営部区史編さん担当課長（政策経営部広報課長㊝）矢作豊子▽総務部危機管理担当課長（総務部防災危機管理課・係長）◎長澤義彦▽西部区民事務所長（保健福祉部障害福祉課長）森眞理子▽文化商工部生活産業課長（政策経営部行政経営課長）山野邊暢▽文化商工部東アジア文化都市推進担当課長（文化商工部文化デザイン課・係長）◎副島和哉

7面につづく

▽文化商工部庁舎跡地活用担当課長（都市整備部庁舎跡地建築担当課長）末吉正伸▽環境清掃部環境保全課長（都市整備部交通対策課長）小野義夫▽保健福祉部障害福祉課長（東部区民事務所長）高橋隆史▽保健福祉部障害福祉サービス担当課長（子ども家庭部子育て支援課・係長）◎小倉桂▽保健福祉部生活福祉課長（教育委員会事務局教育部学校施設課長）尾崎勝也▽保健福祉部介護保険特命担当課長（保健福祉部介護保険課・係長）◎佐藤智子▽子ども家庭部児童相談所設置準備担当課長　猪飼敏夫子ども家庭部子育て支援課長兼務▽教育委員会事務局教育部学校施設課長（政策経営部区長室長）秦幸一郎

■北区

【部長級】▽政策経営部長（子ども未来部参事）中嶋稔▽総務部参事（区議会事務局長）小林義宗▽区民部長（区民部長）宮内利通▽健康福祉部参事（千代田区保健福祉部健康推進課長）◎高木明子▽まちづくり部長（まちづくり部長）横尾政弘▽教育振興部学校適正配置担当部長（教育振興部学校適正配置担当部長）木村浩▽区議会事務局長（総務部参事）小宮山庄一

【統括課長】▽総務部総務課長㊝（地域振興部地域振興課長㊝）関根和孝▽総務部副参事㊝＝特別区人事・厚生事務組合派遣（まちづくり部十条・王子まちづくり推進担当部長付王子まちづくり担当課長㊝）藤野浩史▽危機管理室防災課長㊝（地域振興部副参事＝北区文化振興財団派遣）◎伊藤元司▽健康福祉部健康福祉課長㊝（健康福祉部健康福祉課長）◎菊池誠樹▽健康福祉部介護医療連携推進担当課長㊝（健康福祉部介護医療連携推進担当課長）◎小宮山恵美▽教育振興部学校改築施設管理課長㊝（教育振興部学校改築施設管理課長）◎鈴木正彦▽子ども未来部子ども未来課長㊝（区民部税務課長㊝）銭場多喜夫▽子ども未来部保育課長㊝（子ども未来部保育課長）◎松田秀行

【課長級】▽政策経営部経営改革・公共施設再配置推進担当課長（子ども未来部保育課・係長）◎土屋修二▽総務部副参事＝新庁舎担当（政策経営部企画課・係長）◎千田啄己▽総務部副参事＝設備・保全担当（総務部営繕課・係長）◎伊藤秉統▽総務部契約管財課長（総務部契約管財課長）長沼裕▽危機管理室副参事＝地域防災計画担当　加藤富男危機管理室危機管理課長兼務▽危機管理室副参事＝生活安全担当（警視庁）橋本淳▽地域振興部地域振興課長（健康福祉部介護予防・日常生活支援担当課長）遠藤洋子▽地域振興部文化施策担当課長　遠藤洋子地域振興部地域振興課長兼務▽地域振興部産業振興課長（子ども未来部副参事＝子どもの未来応援担当）馬場秀和▽地域振興部副参事＝観光振興担当　馬場秀和地域振興部産業振興課長兼務▽地域振興部副参事＝北区観光協会派遣（まちづくり部住宅課長）荻田浩成▽地域振興部スポーツ推進課長（地域振興部スポーツ推進課長）清水朝子▽区民部税務課長（区民部収納推進課長）持田修▽区民部収納推進課長（特別区人事・厚生事務組合総務部副参事＝北区派遣）藤嶋賢輔▽生活環境部環境課長（土木部施設管理課長）佐藤秀雄▽北区清掃事務所長（健康福祉部北部地域保護担当課長）大石喜之▽健康福祉部副参事＝地域保健担当　高木明子健康福祉部参事事務取扱▽健康福祉部北部地域保護担当課長（子ども未来部男女いきいき推進課長）田名邉要策▽健康福祉部介護予防・日常生活支援担当課長（子ども未来部子ども家庭支援センター・係長）◎酒井史子▽健康福祉部副参事＝精神保健・難病担当　高木明子健康福祉部参事事務取扱▽健康福祉部保健予防課長　高木明子健康福祉部参事事務取扱▽健康福祉部副参事＝北区社会福祉協議会派遣（教育振興部学校適正配置担当部長付学校適正配置担当課長）澤田恭子▽障害者福祉センター所長（地域振興部副参事＝観光振興担当）滝澤麻子▽まちづくり部まちづくり推進課長（危機管理室防災課長）坂本大輔▽まちづくり部住宅課長（生活環境部環境課長）稲垣茂孝▽まちづくり部十条・王子まちづくり推進担当部長付王子まちづくり担当課長（政策経営部経営改革・公共施設再配置推進担当課長）倉林巧▽土木部施設管理課長（土木部道路公園課長）石本昇平▽土木部道路公園課長（まちづくり部まちづくり推進課長）佐野正徳▽教育振興部参事（教育振興部生涯学習・学校地域連携課長）茅根薫▽教育振興部生涯学習・学校地域連携課長（総務部副参事＝特別区人事・厚生事務組合派遣）古平聡▽教育振興部教育指導課長（東京都教育庁指導部主任指導主事＝北区派遣）山崎隆▽教育振興部教育相談所長　山崎隆教育振興部教育指導課長兼務▽教育振興部学校適正配置担当部長付学校適正配置担当課長　木村浩教育振興部学校適正配置担当部長事務取扱▽子ども未来部副参事＝子どもの未来応援担当（区民部国保年金課・係長）◎江田譲▽子ども未来部男女いきいき推進課長（健康福祉部副参事＝北区社会福祉協議会派遣）上水流ユキ▽監査事務局長　小林義宗総務部参事事務取扱

■荒川区

【部長級】▽総務企画部長（管理部長）五味智子▽総務企画部参事（産業経済部産業振興課長㊝）◎丹雅敏▽区政広報部長（秘書担当部長）米澤貴幸▽全国連携担当部長　米澤貴幸区政広報部長兼務▽管理部長（総務担当部長）梅原一彦▽管理部参事（管理部職員課長㊝）◎小林直彦▽区民生活部長（経理担当部長）三枝直樹▽区民生活部参事（区民生活部税務課長㊝）◎長田七美▽子育て支援部参事（子育て支援部子育て支援課長㊝）◎伊藤節子▽都市計画担当部長　松崎保昌再開発担当部長兼務

【統括課長】▽地域文化スポーツ部文化交流推進課長㊝（福祉部高齢者福祉課長）◎谷井千絵▽地域文化スポーツ部スポーツ振興課長㊝（教育委員会事務局教育施設課長㊝）泉谷清文▽福祉部生活福祉課長㊝（福祉部生活福祉課長）◎田中俊和▽子ども家庭支援センター所長㊝（子ども家庭支援センター所長）◎木村悦子▽防災都市づくり部都市計画課長㊝（防災都市づくり部施設管理課長㊝）川原宏一▽防災都市づくり部施設管理課長㊝（管理部営繕課長㊝）的場寛▽教育委員会事務局教育施設課長㊝（防災都市づくり部交通対策課長㊝）平野興一

【課長級】▽総務企画部総務企画課長　丹雅敏総務企画部参事事務取扱▽総務企画部ニュータウン担当課長　丹雅敏総務企画部参事事務取扱▽区政広報部秘書課長（総務企画部秘書課長）茶谷勇▽区政広報部広報課長（総務企画部広報課長）矢代由紀子▽区政広報部全国連携担当課長　矢代由紀子区政広報部広報課長兼務▽管理部経理課長（福祉部介護保険課長）古瀬秀幸▽管理部職員課長　小林直彦管理部参事事務取扱▽管理部人材育成担当課長（子育て支援部保育課長）小林弘幸▽管理部荒川区職員ビジネスカレッジ担当課長　小林弘幸管理部人材育成担当課長兼務▽管理部営繕課長（環境清掃部清掃リサイクル課長）嶋根一正▽区民生活部区民施設課長（東京都総務局行政部担当課長＝荒川区派遣）今井博也▽区民生活部税務課長　長田七美区民生活部参事事務取扱▽区民生活部地域防災担当課長（区民生活部防災課・係長）◎森田修康▽区民生活部安全対策専門官（警視庁）村島修平▽地域文化スポーツ部生涯学習課長（総務企画部総務企画課・係長）◎蒲田寛士▽地域文化スポーツ部ゆいの森課長（地域文化スポーツ部複合施設準備担当課長）菊池秀幸▽地域文化スポーツ部ゆいの森担当課長（健康部健康推進課・係長）◎須田具子▽地域文化スポーツ部地域図書館課長（産業経済部観光振興課長）中野猛▽産業経済部産業振興課長（区民生活部地域振興課長）岸洋希▽産業経済部観光振興課長（区民生活部地域防災担当課長）石崎正剛▽環境清掃部清掃リサイクル課長（総務企画部総務企画課・係長）◎木下兼吾▽福祉部高齢者福祉課長（地域文化スポーツ部複合施設準備室長）堀裕美子▽福祉部介護保険課長（子育て支援部子育て支援課・係長）◎後藤誠▽福祉部障害者福祉課長（管理部人材育成担当課長）本木理恵子▽福祉部国保年金課長（東京都福祉保健局総務部担当課長＝荒川区派遣）八木徹雄▽健康部健康推進課長（健康部保健予防課長）関なおみ▽健康部保健予防課長（板橋区健康生きがい部板橋健康福祉センター所長）加藤麻衣子▽子育て支援部子育て支援課長　伊藤節子子育て支援部参事事務取扱▽子育て支援部児童相談所準備担当課長（厚生労働省）西浦啓子▽子育て支援部児童青少年課長（東京都福祉保健局総務部担当課長＝荒川区派遣）辻等▽子育て支援部保育課長（総務企画部特命担当課長）大森重紀▽子育て支援部保育調整担当課長（管理部営繕課・係長）◎柴田健▽防災都市づくり部再開発担当課長　能見和哉防災都市づくり部防災特区・水利担当課長兼務▽会計管理部会計管理課長（子育て支援部児童青少年課長）根本順▽会計管理部債権管理担当課長　根本順会計管理部会計管理課長兼務▽教育委員会事務局学務課長（福祉部障害者福祉課長）小堀明美▽教育委員会事務局指導室長（東京都教育庁指導部主任指導主事＝荒川区派遣）瀬下清

■板橋区

【部長級】▽総務部参事＝東京都後期高齢者医療広域連合派遣（総務部参事＝東京都後期高齢者医療広域連合派遣）白石淳▽区民文化部長（政策経営部政策企画課長㊝）◎有馬潤▽産業経済部長（都市整備部高島平グランドデザイン担当課長㊝）◎尾科善彦▽保健所長（足立区衛生部足立保健所長）鈴木眞美▽資源環境部長（総務部庁舎管理・契約課長㊝）◎五十嵐登▽土木部長（土木部長）老月勝弘▽会計管理室長（区民文化部長）藤田雅史▽教育委員会事務局次長（会計管理室長）矢嶋吉雄

【統括課長】▽政策経営部財政課長㊝（政策経営部財政課長㊝）小林緑▽総務部総務課長㊝（健康生きがい部長寿社会推進課長㊝）平岩俊二▽総務部課税課長㊝（総務部総務課長㊝）菅野祐二▽総務部副参事㊝（資源環境部環境課長㊝）水野護▽区民文化部地域振興課長㊝（区民文化部地域振興課長㊝）赤松健宏▽産業経済部赤塚支所長㊝（区民文化部赤塚支所長㊝）糸久英則▽健康生きがい部長寿社会推進課長㊝（板橋福祉事務所長㊝）近藤直樹▽健康生きがい部国保年金課長㊝（健康生きがい部国保年金課長）◎高山勝也▽赤塚健康福祉センター所長㊝（教育委員会事務局次長㊝）寺西幸雄▽子ども家庭支援センター所長㊝（子ども家庭支援センター所長）◎飯嶋登志伸▽都市整備部地区整備事業担当課長㊝（総務部課税課長）◎森下真博▽教育委員会生涯学習課長㊝（教育委員会学校配置調整担当課長）◎水野博史

【課長級】▽政策経営部政策企画課長（政策経営部経営改革推進課長）篠田聡▽政策経営部経営改革推進課長（産業経済部産業戦略担当課長）諸橋達昭▽総務部庁舎管理・契約課長（赤塚福祉事務所長）代田治▽総務部納税課長（総務部人事課・係長）◎小林惣▽総務部男女社会参画課長（区民文化部副参事）家田彩子▽総務部副参事＝港区派遣（政策経営部広聴広報課・係長）◎藤原仙昌▽区民文化部文化・国際交流課長（政策経営部政策企画課・係長）◎吉田有▽区民文化部スポーツ振興課長（総務部人事課・係長）◎金子和也▽産業経済部くらしと観光課長（区民文化部スポーツ振興課長）織原真理子▽産業経済部産業戦略担当課長（健康生きがい部＝保健所健康推進課・係長）◎長谷川吉信▽健康生きがい部介護保険課長（総務部男女社会参画課長）藤田真佐子▽板橋健康福祉センター所長（練馬区健康部石神井保健相談所長）松本麻子▽上板橋健康福祉センター所長　松本麻子板橋健康福祉センター所長兼務▽志村健康福祉センター所長（東京都福祉保健局保健政策部担当課長）坂上真紀▽高島平健康福祉センター所長　坂上真紀志村健康福祉センター所長兼務▽板橋福祉事務所長（板橋東清掃事務所長）藤田典男▽赤塚福祉事務所長（教育委員会生涯学習課長）浅賀俊之▽子ども家庭部子育て支援施設課長（総務部総務課・係長）◎杉山達史▽子ども家庭部児童相談所設置担当課長（区民文化部文化・国際交流課長）町田江津子▽資源環境部環境課長（資源環境部清掃リサイクル課長）長谷川聖司▽資源環境部清掃リサイクル課長（産業経済部くらしと観光課長）新井悟▽板橋東清掃事務所長（都市整備部住宅政策課・係長）◎木村徹▽都市整備部市街地整備課長（都市整備部市街地整備課・係長）◎歌津知己▽都市整備部高島平グランドデザイン担当課長（産業経済部くらしと観光課・係長）◎遠藤宏▽土木部公園整備担当課長（土木部みどりと公園課・係長）◎市川達男▽教育委員会学校配置調整担当課長（教育委員会学務課・係長）◎大森恒二

■練馬区

【部長級】▽区長室参事（区長室広聴広報課長㊝）◎臼井素子▽企画部参事（企画部財政課長㊝）◎佐古田充宏▽区政改革担当部長　佐々木克己企画部長㊝事務取扱▽産業経済部参事（区長室秘書課長㊝）◎関口和幸▽健康部長（区政改革担当部長）森田泰子▽健康部参事（八王子市保健所副所長）滝川陽一▽地域医療担当部長　森田泰子健康部長兼務

【統括課長】▽区長室広聴広報課長㊝　臼井素子区長室参事事務取扱▽企画部企画課長㊝　佐古田充宏企画部参事事務取扱▽企画部情報政策課長㊝（総務部参事）藤田光威▽総務部経理用地課長㊝　大滝雅弘総務部参事事務取扱▽総務部人権・男女共同参画課長㊝（健康部健康推進課長㊝）内野ひろみ▽総務部国際・都市交流課長㊝　内野ひろみ総務部人権・男女共同参画課長㊝兼務▽区民部戸籍住民課長㊝（企画部情報政策課長㊝）田邊裕晶▽区民部収納課長㊝（学校教育支援センター所長㊝）風間康子▽産業経済部経済課長㊝　関口和幸産業経済部参事事務取扱▽産業経済部都市農業調整課長㊝＝都市農業担当部　関口和幸産業経済部参事事務取扱▽健康部健康推進課長㊝（区民部戸籍住民課長㊝）丸山慎一▽健康部保健予防課長㊝　滝川陽一健康部参事事務取扱▽環境部みどり推進課長㊝（環境部みどり推進課長）◎塩沢福三▽都市整備部住宅課長㊝（都市整備部参事）角井稔▽土木部維持保全担当課長㊝　向田秀樹土木部道路公園課長㊝兼務▽教育委員会事務局こども家庭部保育計画調整課長㊝（教育委員会事務局こども家庭部保育計画調整課長）◎近野建一▽議会事務局次長㊝（産業経済部経済課長㊝）齋藤新一

【課長級】▽区長室秘書課長（危機管理室危機管理課長）生方宏昌▽企画部財政課長（福祉部福祉企画課長）佐川広▽企画部区政改革担当課長＝区政改革担当部（教育委員会事務局教育振興部教育総務課・係長）◎渡邊槙▽危機管理室危機管理課長（環境部環境課長）毛塚久▽総務部総務課長（地域文化部副参事＝練馬区文化振興協会派遣）大木裕子▽総務部副参事＝法務担当　松田美和▽地域文化部地域振興課長（企画部区政改革担当課長＝区政改革担当部）冨田孝▽地域文化部副参事＝練馬区文化振興協会派遣（健康部地域医療課・係長＝地域医療担当部医療環境整備課）◎阿部友和▽地域文化部シティマラソン担当課長（地域文化部地域振興課・係長）◎佐藤洋子▽地域文化部オリンピック・パラリンピック担当課長　佐藤洋子地域文化部シティマラソン担当課長兼務▽福祉部生活福祉課長（福祉部介護保険課・係長＝高齢施策担当部）◎齋藤宏志▽福祉部障害者サービス調整担当課長（練馬区民事務所・係長）◎二和田昌彦▽福祉部高齢社会対策課長＝高齢施策担当部（東京都福祉保健局総務部担当課長＝練馬区派遣）西川篤史▽健康部石神井保健相談所長（品川区品川保健センター所長）太田留奈▽健康部大泉保健相談所長（健康部大泉保健相談所長）湯村武彦▽環境部環境課長（議会事務局次長）星野明久▽都市整備部新宿線・外環まちづくり課長（都市整備部建築課・係長）◎藤本利治▽教育委員会事務局教育振興部副参事＝教育政策特命担当（東京都教育庁指導部主任指導主事＝練馬区派遣）齋藤健一▽学校教育支援センター所長（総務部人権・男女共同参画課長）清水優子

■足立区

【部長級】▽政策経営部長（都市建設部長）工藤信▽政策経営部参事（政策経営部財政課長㊝）◎絵野沢秀雄▽総務部長（資産管理部長）勝田実▽総務部参事＝生涯学習振興公社派遣（総務部参事＝生涯学習振興公社派遣）伊藤良久▽危機管理部長（総務部危機管理室長）川口弘▽資産管理部長（都市建設部参事）田中靖夫▽区民部長（区民部長）鈴木伝一▽産業経済部長（衛生部長）大高秀明▽福祉部長（監査事務局長）川口真澄▽衛生部長（子ども家庭部こども支援センターげんき所長）今井伸幸▽足立保健所長（中野区保健所長）寺西新▽都市建設部長（総務部長）大山日出夫▽都市建設部市街地整備室長（都市建設部みどりと公園推進室長）土田浩己▽都市建設部みどりと公園推進室長（政策経営部参事）佐々木拓▽都市建設部建築室長（都市建設部建築室長）服部仁▽学校教育部参事（区民部課税課長㊝）◎荒井広幸▽子ども家庭部こども支援センターげんき所長（子ども家庭部参事）上遠野葉子▽監査事務局長（産業経済部長）石居聡

【統括課長】▽政策経営部財政課長㊝　絵野沢秀雄政策経営部参事事務取扱▽政策経営部広報室長付区民の声相談課長㊝（政策経営部情報システム課長㊝）秦章雄▽危機管理部災害対策課長㊝（都市建設部市街地整備室長付まちづくり課長㊝）八鍬一生▽資産管理部資産管理課長㊝（資産管理部資産管理課長）◎初鹿野学▽資産管理部副参事＝資産活用担当㊝　田中靖夫資産管理部長事務取扱▽区民部課税課長㊝（学校教育部教育政策課長㊝）杉岡淳子▽福祉部福祉管理課長㊝（福祉部福祉管理課長㊝）秋山稔▽福祉部親子支援課長㊝（福祉部親子支援課長）◎境博義▽足立福祉事務所西部福祉課長㊝（総務部副参事㊝＝特別区人事・厚生事務組合派遣）川原井隆之▽衛生部衛生管理課長㊝（衛生部衛生管理課長㊝）山杉正治▽衛生部こころとからだの健康づくり課長㊝（衛生部こころとからだの健康づくり課長）◎馬場優子▽環境部ごみ減量推進課長㊝（学校教育部副参事＝学校適正配置担当㊝）太田照生▽都市建設部市街地整備室長付区画整理課長㊝（都市建設部市街地整備室長付区画整理課長㊝）市川二三夫▽都市建設部建築室長付建築調整課長㊝（都市建設部建築室長付建築審査課長）◎成井三男▽都市建設部建築室長付建築審査課長㊝（学校教育部学校施設課長㊝）稲本望▽学校教育部教育政策課長㊝　荒井広幸学校教育部参事事務取扱▽子ども家庭部子ども政策課長㊝（子ども家庭部子ども施設整備課長㊝）松野美幸

【課長級】▽政策経営部副参事＝協働・協創推進担当（区民部副参事＝個人番号カード交付担当）坂田光穂▽政策経営部副参事＝経営戦略推進担当（総務部副参事＝観光交流協会派遣）茂木聡直▽政策経営部情報システム課長（環境部ごみ減量推進課長）大谷博信▽政策経営部広報室長付副参事＝区政資料担当（中央図書館長）飯塚諭▽総務部副参事＝広野町派遣（総務部副参事＝相馬市派遣）宮口利則▽総務部副参事＝生涯学習振興公社派遣（政策経営部広報室長付区民の声相談課長）菊池正美▽総務部副参事＝観光交流協会派遣（福祉部福祉管理課・係長）◎高橋明子▽総務部人材育成課長（総務部法務課・係長）◎深谷信夫▽総務部副参事＝ガバナンス担当　先灘朋子総務部副参事＝特命・調査担当㊝兼務▽総務部副参事＝コンプライアンス推進担当　先灘朋子総務部副参事＝特命・調査担当㊝兼務▽危機管理部危機管理課長（警視庁）山内大▽危機管理部副参事＝防災力強化担当（総務部危機管理室長付副参事＝防災力強化担当）渡邉茂男▽危機管理部副参事＝防災計画担当（総務部危機管理室長付副参事＝防災計画担当）山田勉▽危機管理部副参事＝特命担当（学校教育部副参事＝学校改築）山田美砂緒▽資産管理部副参事＝施設再編整備計画担当（都市建設部建築室長付建築安全課長）山中寛▽区民部戸籍住民課長（足立福祉事務所西部福祉課長）薄井正徳▽区民部副参事＝個人番号カード交付担当（都市建設部みどりと公園推進室長付公園管理課長）三保尚之▽区民部高齢医療・年金課長（政策経営部副参事＝基本構想担当）山本克広▽地域のちから推進部副参事＝NPO活動担当（政策経営部参事＝子どもの貧困対策担当付副参事＝子どもの貧困対策担当）秦英一郎▽中央図書館長（学校教育部学力定着対策室長付就学前教育推進課長）飯塚尚美▽地域のちから推進部参事＝絆づくり担当付副参事＝絆づくり担当（総務部人材育成課長）半貫陽子▽福祉部障がい福祉課長（足立保健所中央本町地域・保健総合支援課長）古川弘雄▽障がい福祉センター所長（足立福祉事務所千住福祉課長）宮田資朗▽足立福祉事務所千住福祉課長（障がい福祉センター所長）荻原貞二▽衛生部データヘルス推進課長（資産管理部副参事＝施設再編整備計画担当・係長）◎物江耕一朗▽足立保健所中央本町地域・保健総合支援課長（区民部戸籍住民課長）濱田良光▽都市建設部副参事＝建設事業調整担当　小木曽正人都市建設部副参事＝ユニバーサルデザイン担当兼務▽都市建設部副参事＝駐輪場対策担当（都市建設部市街地整備室長付区画整理課・係長）◎坂本伸▽都市建設部道路整備室長付工事課長（都市建設部建築室長付副参事＝住宅更新担当）西出豊▽都市建設部市街地整備室長付まちづくり課長（都市建設部みどりと公園推進室長付副参事＝パークイノベーション担当）會田康之▽都市建設部市街地整備室長付副参事＝西新井整備担当（独立行政法人都市再生機構）石川朝弘▽都市建設部市街地整備室長付密集地域整備課長（総務部副参事＝中野区派遣）小林裕幸▽都市建設部市街地整備室長付副参事＝防災道路整備担当（都市建設部建築室長付副参事＝細街路整備推進担当）遠藤伸一▽都市建設部みどりと公園推進室長付副参事＝パークイノベーション担当（資産管理部副参事＝施設再編整備計画担当）志田野隆史▽都市建設部みどりと公園推進室長付公園管理課長（総務部危機管理室長付災害対策課長）菅野和幸▽都市建設部建築室長付建築安全課長（都市建設部副参事＝建設事業調整担当）森田充▽都市建設部建築室長付副参事＝住宅更新担当（都市建設部都市計画課・係長）◎中村博▽学校教育部副参事＝学校適正配置担当（区民部高齢医療・年金課長）五十嵐隆▽学校教育部教育指導課長（学校教育部教育指導課統括指導主事）小坂裕紀▽学校教育部学校施設課長（学校教育部副参事＝学校改築）渡辺隆史▽学校教育部副参事＝学校改築担当（都市建設部建築室長付建築安全課・係長）◎泰富士夫▽学校教育部学力定着対策室長付副参事＝英語教育推進担当　森太一学校教育部学力定着対策室長付学力定着推進課長兼務▽学校教育部学力定着対策室長付就学前教育推進課長（子ども家庭部子ども政策課・係長）◎小室晃▽子ども家庭部副参事＝待機児ゼロ対策担当　田巻正義子ども家庭部子ども施設整備課長兼務▽子ども家庭部副参事＝子ども施設指導・支援担当　小室晃学校教育部学力定着対策室長付就学前教育推進課長兼務▽子ども家庭部子ども施設整備課長（学校教育部教育政策課・係長）◎田巻正義▽子ども家庭部こども支援センターげんき所長付支援管理課長　上遠野葉子子ども家庭部こども支援センターげんき所長事務取扱▽子ども家庭部こども支援センターげんき所長付教育相談課長（福祉部障がい福祉課長）近藤博昭▽監査事務局次長　石居聡監査事務局長事務取扱

■葛飾区

【部長級】▽シティセールス担当部長（総務部参事）小花高子▽総務部参事（総務部人事課長㊝）◎勝田光男▽地域振興部長（特命担当部長）石田昌江▽危機管理・防災担当部長（危機管理・防災担当部長）今關総一郎▽福祉部長（教育委員会事務局教育次長）坂井保義▽健康部参事（健康部地域保健課長㊝）◎新井洋之▽健康部参事（江戸川区健康部参事）坂野晶司▽子育て支援部参事（子育て支援部育成課長㊝）◎横山雄司▽都市整備部長（都市施設担当部長）杉本一富▽都市施設担当部長（地域振興部参事）情野正彦▽都市整備部参事（都市整備部道路管理課長㊝）◎浅倉清▽教育委員会事務局教育次長（地域振興部長）駒井亜子

【統括課長】▽政策経営部広報課長㊝（政策経営部広報課長）◎吉本浩章▽総務部総務課長㊝（福祉部高齢者支援課長㊝）利谷十四男▽総務部人権推進課長㊝（総務部人権推進課長）◎柴田賢司▽総務部人事課長㊝　勝田光男総務部参事事務取扱▽総務部営繕課長㊝（総務部営繕課長㊝）齋藤登▽総務部施設維持課長㊝（政策経営部すぐやる課長㊝）潮田勝人▽地域振興部地域振興課長㊝（地域振興部地域振興課長）◎山梨智弘▽環境部リサイクル清掃課長㊝（環境部リサイクル清掃課長）◎加納清幸▽健康部地域保健課長㊝　新井洋之健康部参事事務取扱▽子育て支援部育成課長㊝　横山雄司子育て支援部参事事務取扱▽子育て支援部子育て支援課長㊝（地域振興部戸籍住民課長）◎川上義幸▽都市整備部道路管理課長㊝　浅倉清都市整備部参事事務取扱▽教育委員会事務局学務課長㊝（教育委員会事務局学務課長）◎鈴木雄祐▽区議会事務局次長㊝（区議会事務局次長）◎梅田義郎

【課長級】▽政策経営部経営改革担当課長（福祉部障害福祉課・係長）◎須子賢一▽政策経営部協働推進担当課長（環境部清掃事務所・係長）◎田邊和廣▽政策経営部施設経営担当課長（政策経営部施設計画担当課長）生井沢良範▽政策経営部すぐやる課長（子育て支援部子育て支援課・係長）◎宅間大介▽総務部契約管財課長（産業観光部観光課長）佐藤秀夫▽地域振興部戸籍住民課長（子育て支援部保育管理課長）木下雅彦▽地域振興部文化国際課長（政策経営部協働推進担当課長）土屋俊昭▽地域振興部防災課長（都市整備部公園課長）長谷川豊▽産業観光部観光課長（子育て支援部子育て支援課長）今井直紀▽福祉部高齢者支援課長（総務部契約管財課長）佐々木健二郎▽福祉部障害者施策推進担当課長（福祉部東生活課長）伊東由希▽福祉部長寿医療・年金担当課長（都市整備部新小岩駅周辺開発担当課長）神長康夫▽福祉部東生活課長（福祉部長寿医療・年金担当課長）香川幸博▽健康部健康政策推進担当課長（健康部健康づくり課長）竹嶋和也▽健康部健康づくり課長（健康部健康政策推進担当課長）土屋文彦▽健康部保健予防課長　坂野晶司健康部参事事務取扱▽健康部副参事（健康部健康づくり課・係長）◎布施晴香▽子育て支援部放課後子ども総合プラン推進担当課長　横山雄司子育て支援部育成課長㊝兼務▽子育て支援部保育課長（教育委員会事務局学校施設整備担当課長）長南幸紀▽子育て支援部児童相談所設置担当課長　若林繁子育て支援部子ども家庭支援課長兼務▽子育て支援部子ども応援課長（政策経営部広報課・係長）◎森孝行▽都市整備部街づくり計画担当課長（都市整備部調整課・係長）◎目黒朋子▽都市整備部交通計画担当課長（都市整備部道路補修課長）和田慎司▽都市整備部新小岩駅周辺開発担当課長（都市整備部区画整理課長）中村宣雅▽都市整備部区画整理担当課長　吉田眞都市整備部街づくり推進課長㊝兼務▽都市整備部道路補修課長（都市整備部街づくり推進課・係長）◎伊藤宏▽都市整備部公園課長（都市整備部街づくり・交通計画担当課長）泉山省吾▽教育委員会事務局学校施設整備担当課長（地域振興部文化国際課長）忠宏彰▽教育委員会事務局学校教育支援担当課長（教育委員会事務局学務課・係長）◎柿澤幹夫

■江戸川区

【部長級】▽経営企画部長（経営企画部長）山本敏彦▽総務部参事（総務部職員課長㊝）◎弓場宏之▽環境部長（環境部参事＝特命事項担当）岩瀬耕二▽生活振興部参事（生活振興部産業振興課長㊝）◎彦田義敬▽土木部長（土木部参事＝特命事項担当）立原直正

【統括課長】▽経営企画部財政課長㊝（経営企画部財政課長）◎後藤隆▽総務部職員課長㊝　弓場宏之総務部参事事務取扱▽総務部副参事㊝＝特別区人事・厚生事務組合派遣（総務部副参事＝特別区人事・厚生事務組合派遣）◎近藤尚行▽都市開発部市街地開発課長㊝（都市開発部市街地開発課長）◎町山衛▽生活振興部産業振興課長㊝　彦田義敬生活振興部参事事務取扱▽土木部副参事＝特命事項担当㊝（土木部長）深野将郎

【課長級】▽経営企画部広報課長（文化共育部健全育成課長）田森健志▽総務部課税課長（環境部清掃課長）岡崎由紀夫▽都市開発部住宅課長（福祉部介護保険課長）水塚正佳▽環境部環境推進課長（経営企画部広報課長）矢作紀宏▽環境部清掃課長（会計室長）八木邦夫▽文化共育部健全育成課長（葛西事務所長）藺草光一▽葛西事務所長（子ども家庭部児童女性課長）丸山淳一▽福祉部介護保険課長（教育委員会事務局学校施設担当課・係長）◎坂本崇一郎▽福祉部障害者福祉課長（子ども家庭部児童女性課・係長）◎加藤麻希子▽福祉部生活援護第二課長（総務部課税課長）大關一彦▽福祉部生活援護第三課長（福祉部福祉推進課・係長）◎新井喜代美▽子ども家庭部児童女性課長（福祉部生活援護第二課長）野口千佳子▽子ども家庭支援センター所長（福祉部障害者福祉課長）甲斐豊明▽子ども家庭部児童相談所開設準備担当課長（福祉部介護保険課・係長）◎木村浩之▽健康部地域医療担当課長（杉並区杉並保健所保健サービス課長）深井園子▽健康部保健予防課長（健康部地域医療担当課長）西山裕之▽健康部医療安全担当課長　深井園子健康部地域医療担当課長兼務▽土木部施設管理課長（土木部副参事＝特命事項担当）大竹則之▽土木部街路橋梁課長（土木部施設管理課長）田中正淳▽土木部保全課長（土木部街路橋梁課長）佐京達也▽土木部副参事＝特命事項担当　立原直正土木部長事務取扱▽会計室長（福祉部生活援護第三課長）鈴木秀児▽監査委員事務局長（生活振興部住基・個人番号制度推進課・係長）◎石原詠子▽選挙管理委員会事務局長（都市開発部住宅課長）米田尚義

8面につづく

区退職

3月31日付

■千代田区

【部長級】会計管理者　高橋誠一郎

【統括課長】▽環境まちづくり部景観・都市計画課長㊝　小川東

■中央区

【部長級】▽福祉保健部高齢者施策推進室長　古田島幹雄▽福祉保健部参事＝歯科保健担当＝中央区社会福祉協議会派遣　小倉草▽環境土木部長　望月秀彦▽都市整備部長　田村嘉一▽教育委員会事務局次長　高橋和義

【統括課長】▽企画部広報課長㊝　園田典子

【課長級】▽福祉保健部保険年金課長　鈴木和則

■港区

【部長級】▽芝地区総合支所長　波多野隆▽高輪地区総合支所長　横山大地郎▽地域包括ケア・福祉施設整備担当部長　所治彦▽教育委員会事務局次長　益口清美

【統括課長】▽保健福祉支援部保健福祉課長㊝　西田京子▽街づくり支援部品川駅周辺街づくり担当課長㊝　手島恭一郎

【課長級】▽みなと保健所生活衛生課長　菅根克己▽教育委員会事務局学校施設担当課長　奥津英一郎

■新宿区

【部長級】▽総務部長　寺田好孝▽子ども家庭部長　吉村晴美▽健康部副部長　木村純一▽みどり土木部長　野崎清次▽環境清掃部長　柏木直行▽都市計画部長　新井建也▽議会事務局参事　大野哲男

【統括課長】▽地域振興部地域コミュニティ課長㊝　木内國弘▽環境清掃部環境対策課長㊝　本村知行

【課長級】▽総合政策部区政情報課長　山崎英樹▽地域振興部戸籍住民課長　安河内和英▽地域振興部多文化共生推進課長　鈴木靖▽東新宿保健センター所長　遠藤剛

■文京区

【部長級】▽総務部参事＝文京アカデミー派遣　柳下幸一▽区民部長　林顕一▽福祉部長　須藤直子▽都市計画部長　中島均

【統括課長】▽総務部総務課長㊝　石嶋大介▽福祉部高齢者医療担当課長㊝　倉田靖雄▽資源環境部文京清掃事務所長㊝　小澤信雄

【課長級】▽区民部戸籍住民課長　萩谷彰太郎▽都市計画部住環境課長　土田ひろみ

■台東区

【部長級】▽総務部長　中沢陽一▽総務部参事　近藤幸彦▽区民部長　齊藤充▽福祉部長　上野俊一▽福祉部参事　秋山眞理▽環境清掃部長　飯島守人▽土木担当部長　高柳正治▽監査事務局長　本間千晴

【統括課長】▽総務部広報課長㊝　柳川清一▽福祉部福祉課長㊝　木村隆明

【課長級】▽議会事務局次長　渡邉俊二

■墨田区

【部長級】▽総務部長　鈴木陽子

【課長級】▽企画経営室情報システム担当課長　内田正代

■江東区

【部長級】▽総務部長　井出今朝信▽地域振興部長　谷口昭生▽地域振興部参事＝江東区健康スポーツ公社派遣　鈴木信幸▽区民部長　山岸了▽都市整備部長　古川甲次▽教育委員会事務局参事　寺内博英

【課長級】▽福祉部副参事＝江東区社会福祉協議会派遣　花島秀基▽城東保健相談所長　中山由紀

■品川区

【部長級】▽文化スポーツ振興部長　安藤正純▽防災まちづくり部長　松代忠徳

【課長級】▽健康推進部国保医療年金課長　高森哲夫

■目黒区

【部長級】▽総務部長　伊藤和彦▽健康推進担当部長　深澤啓治▽参事　島田幸雄▽参事　立山敬之▽教育次長　関根義孝

【統括課長】▽区民生活部文化・交流課長㊝　村上隆章

■大田区

【部長級】▽観光・国際都市部長　河野秀夫▽健康政策部参事　鈴木慶三▽まちづくり推進部長　畏澤明▽都市基盤整備部長　荒井昭二▽教育委員会事務局教育総務部参事　佐藤國治▽選挙管理委員会事務局参事　佐藤一義▽議会事務局長　佐藤恵美子

【統括課長】▽福祉部糀谷・羽田地域福祉課長㊝　室内正男▽福祉部調布生活福祉課長㊝　鈴木清貴

【課長級】▽観光・国際都市部副参事＝大田区体育協会派遣　池一彦▽区民部課税課長　綱島文夫

■世田谷区

【部長級】▽玉川総合支所副支所長　直井基次▽地域行政部長　荻原賢二▽区長室長　霜村亮▽保健福祉部長　金澤弘道▽世田谷保健所副所長　柳原典子▽道路・交通政策部長　青山雅夫

【統括課長】▽世田谷総合支所健康づくり課長㊝　新保信▽烏山総合支所生活支援課長㊝　大和田俊夫▽総務部総務課長㊝　星正彦▽環境総合対策室環境計画課長㊝　後藤敏朗▽産業政策部工業・雇用促進課長㊝　川村健一郎▽清掃・リサイクル部玉川清掃事務所長㊝　石橋久哉▽世田谷保健所生活保健課長㊝　亀谷智恵子

【課長級】▽都市整備政策部都市デザイン課長　田中瑞穂▽教育委員会事務局教育政策部学校職員課長　秋元勝一

■渋谷区

【部長級】▽会計管理者　久保田幸雄▽福祉部長　柳澤信司

【統括課長】▽都市整備部環境保全課長㊝　小湊信幸

■中野区

【部長級】▽地域支えあい推進室参事＝区民活動センター調整担当＝鷺宮すこやか福祉センター所長　上村晃一▽南部すこやか福祉センター所長　相澤明郎▽環境部長　戸辺眞

【統括課長】▽政策室副参事＝予算担当㊝　黒田玲子▽北部すこやか福祉センター所長＝北部すこやか福祉センター副参事＝地域子ども施設調整担当㊝　石濱良行▽健康福祉部副参事＝福祉推進担当㊝　石濱照子

【課長級】▽都市基盤部副参事＝建築担当　小山内秀樹

■杉並区

【部長級】▽区民生活部長　井口順司▽保健福祉部参事　末木栄▽保健福祉部参事　森山光雄▽会計管理室長＝会計管理者　南雲芳幸▽杉並区立中央図書館長　森仁司

【統括課長】▽区民生活部副参事＝高井戸地域担当㊝　牧るり子▽会計管理室会計課長㊝　後藤行雄

■豊島区

【部長級】▽総務部長　陣野原伸幸▽保健福祉部長　吉末昌弘

【統括課長】▽政策経営部広報課長㊝　矢作豊子

■北区

【部長級】▽政策経営部長　依田園子▽区民部長　宮内利通▽まちづくり部長　横尾政弘▽教育振興部学校適正配置担当部長　木村浩▽区議会事務局長　小林義宗

【課長級】▽総務部契約管財課長　長沼裕▽地域振興部スポーツ推進課長　清水朝子

■荒川区

【部長級】▽総務企画部長㊝　猪狩廣美▽区民生活部長　正木良一

【統括課長】▽地域文化スポーツ部文化交流推進課長㊝　佐藤泰祥▽地域文化スポーツ部生涯学習課長㊝　北村美紀子

■板橋区

【部長級】▽総務部参事＝東京都後期高齢者医療広域連合派遣　白石淳▽区民文化部長　藤田雅史▽産業経済部長　細井榮一▽資源環境部長　山崎智通▽土木部長　老月勝弘▽教育委員会事務局次長　寺西幸雄

【統括課長】▽政策経営部財政課長㊝　小林緑▽総務部総務課長㊝　菅野祐二▽区民文化部地域振興課長㊝　赤松健宏▽健康生きがい部介護保険課長㊝　丸山弘

【課長級】▽総務部納税課長　矢野正▽子ども家庭部子育て支援施設課長　桑子早苗

■練馬区

【部長級】▽健康部長　新山博己▽総務部参事　藤田光威▽都市整備部参事　角井稔

【統括課長】▽企画部情報政策課長㊝　田邊裕晶▽区民部収納課長㊝　金崎耕二▽健康部健康推進課長㊝　内野ひろみ

【課長級】▽健康部大泉保健相談所長　湯村武彦▽土木部維持保全担当課長　高山文雄

■足立区

【部長級】▽総務部参事＝生涯学習振興公社派遣　伊藤良久▽区民部長　鈴木伝一▽地域のちから推進部参事　永井章子▽都市建設部市街地整備室長　斑目好一▽都市建設部建築室長　服部仁

【統括課長】▽福祉部福祉管理課長㊝　秋山稔▽衛生部衛生管理課長㊝　山杉正治▽都市建設部道路整備室長付工事課長㊝　長島章▽都市建設部市街地整備室長付区画整理課長㊝　市川二三夫

■葛飾区

【部長級】▽危機管理・防災担当部長　今關総一郎▽都市整備部長　玉川俊晴

【統括課長】▽政策経営部すぐやる課長㊝　潮田勝人▽総務部営繕課長㊝　齋藤登

■江戸川区

【部長級】▽経営企画部長　山本敏彦▽環境部長　山﨑実▽土木部長　深野将郎

【課長級】▽監査委員事務局長　宮山孝夫▽選挙管理委員会事務局長　吉田和善

■特別区人事・厚生事務組合

【統括課長】▽総務部副参事㊝＝特別区協議会派遣　有馬慶子

■特別区競馬組合

【部長級】▽競馬事務局長　今井正人

【統括課長】▽競馬事務局環境・安全担当課長㊝　須藤良一

【課長級】▽競馬事務局競走課長　松田敏幸

■東京二十三区清掃一部事務組合

【部長級】▽総務部担当部長　小林孝▽新江東清掃工場長　村野安治

【統括課長】▽大田清掃工場長㊝　飯盛馨

【課長級】▽総務部特命担当課長　滿園義弘▽清掃技術訓練センター次長　栗田明男▽中防処理施設管理事務所副所長　深田泰和

幼稚園長・副園長

■千代田区

【園長】▽番町幼稚園長　竹山朋江▽いずみこども園長　萱田和子

■港区

【園長】▽港南幼稚園長　茂木尚子▽麻布幼稚園長　大島美知代

■新宿区

【園長】▽あいじつ子ども園長　渡邊郁美

■文京区

【園長】▽明化幼稚園長　辻杉子

【副園長】▽千駄木幼稚園副園長　佐竹聖美

■台東区

【園長】▽金竜幼稚園長　工藤文子

■墨田区

【園長】▽立花幼稚園長　田代恵美子

【副園長】▽菊川幼稚園副園長　富岡敬子

■江東区

【園長】▽ひばり幼稚園長　信太朋子▽東砂幼稚園長　塚本美起子▽なでしこ幼稚園長　仲田恵

■品川区

【園長】▽八潮わかば幼稚園長　竹内浜江

■渋谷区

【園長】▽山谷幼稚園長　竹内和江

■中野区

【副園長】▽ひがしなかの幼稚園副園長　井上米子

■北区

【副園長】▽ほりふな幼稚園副園長　久保寺節子

■荒川区

【副園長】▽町屋幼稚園副園長　潮端良江

おつかれさまでした

■特別区人事・厚生事務組合

【部長級】▽総務部参事(人事企画部副参事〔統〕)◎古川広

【統括課長】▽総務部副参事〔統〕(総務部副参事)◎菅野良平▽総務部副参事〔統〕(江戸川区総務部副参事〔統〕=特別区人事・厚生事務組合派遣)近藤尚行▽特別区職員研修所管理課長〔統〕(特別区職員研修所管理課長)◎伊藤信義▽人事企画部勤労課長〔統〕(北区総務部副参事〔統〕=特別区人事・厚生事務組合派遣)藤野浩史▽教育委員会事務局労務課長〔統〕 藤野浩史人事企画部勤労課長〔統〕兼務▽特別区職員研修所講師〔統〕 伊藤信義特別区職員研修所管理課長〔統〕兼務

【課長級】▽総務部総務課長(総務部副参事)伊藤博▽総務部副参事(総務部副参事=荒川区派遣)井上敏也▽総務部副参事=大田区派遣(総務部副参事)鵜沼富美子▽総務部副参事=杉並区派遣(総務部総務課・係長)◎木下元▽総務部副参事=北区派遣(総務部総務課・係長)◎藤嶋賢輔▽総務部副参事=特別区協議会派遣(総務部副参事〔統〕=特別区協議会派遣)有馬慶子▽人事企画部副参事(総務部副参事=千代田区派遣)髙野江美子▽特別区職員研修所調査研究担当課長(総務部副参事=大田区派遣)栁真由美▽教育委員会事務局副参事 高野江美子人事企画部副参事兼務▽監査委員事務局長 古川広総務部参事事務取扱

■特別区競馬組合

【統括課長】▽競馬事務局長〔統〕(競馬事務局総務課長〔統〕)新井浩明

【課長級】▽競馬事務局総務課長(競馬事務局副参事=特別区人事・厚生事務組合派遣)粕谷招世▽競馬事務局経理担当課長(競馬事務局副参事)池内直人▽競馬事務局経営企画課長(競馬事務局投票課長)岸幸弘▽競馬事務局開催サービス課長(競馬事務局経営企画課長)桑野俊郎▽競馬事務局広報担当課長(江東区総務部副参事=特別区競馬組合派遣)賀来亘人▽競馬事務局環境・安全担当課長(競馬事務局環境・安全担当課長〔統〕)須藤良一▽競馬事務局競走課長(競馬事務局競走課・係長)◎佐藤和也▽競馬事務局投票課長(競馬事務局投票課・係長)◎笹岡賢治

■東京二十三区清掃一部事務組合

【部長級】▽総務部長(施設管理部長)井上隆▽総務部調整担当部長(総務部担当部長)小林孝▽清掃事業国際協力室長(板橋清掃工場長)小林幹明▽施設管理部長(清掃事業国際協力室長)深井祐子▽施設管理部担当部長=調整担当(中防処理施設管理事務所長)野村浩司▽中防処理施設管理事務所長(総務部長)大久保一成▽板橋清掃工場長(建設部担当部長)岩﨑豊▽新江東清掃工場長(施設管理部技術課長〔統〕)◎塚越浩▽建設部計画推進担当部長(会計管理者)山﨑廣孝▽会計管理者(総務部調整担当部長)荻原日出男

【統括課長】▽施設管理部管理課長〔統〕(施設管理部管理課長)◎今井正美▽施設管理部発電計画担当課長〔統〕(新江東清掃工場長)村野安治▽監査事務局長〔統〕(豊島清掃工場長〔統〕)畑山二男

【課長級】▽総務部企画室長(建設部計画推進課長)佐々木正▽総務部経営改革担当課長(施設管理部運営担当課長)加藤央史▽総務部監理調整担当課長 加藤央史総務部経営改革担当課長兼務▽総務部企画室計画担当課長(㈱東京エコサービス)石野伸一▽総務部職員課長(総務部労務・研修担当課長)渡部洋一▽総務部労務・研修担当課長(新江東清掃工場管理課長)松浦千代子▽㈱東京エコサービス派遣(建設部建設課・係長)◎佐藤茂▽総務部事業調整課長(総務部事業調整担当課長)能戸学▽総務部事業調整担当課長(総務部職員課・係長)◎佐々木渉▽清掃技術訓練センター次長(総務部事業調整課長)三羽憲和▽清掃技術訓練センター調査・研究担当課長(葛飾清掃工場副工場長)小澤豊▽施設管理部運営担当課長(施設管理部施設課・係長)◎杉原幸次▽東京オリンピック・パラリンピック調整担当課長 杉原幸次施設管理部運営担当課長兼務▽施設管理部杉並清掃工場開設準備担当課長(総務部企画室・係長)◎横石興平▽施設管理部技術課長(施設管理部施設課長)加藤徹也▽施設管理部施設課長(施設管理部延命化担当課長)南洋介▽施設管理部延命化担当課長(総務部担当課長=中野区派遣)宮崎勇一郎▽港清掃工場長(目黒清掃工場長)森裕明▽大田清掃工場長(墨田清掃工場長)東海林幸雄▽渋谷清掃工場長 栗原康明施設管理部担当部長事務取扱▽豊島清掃工場長(江戸川清掃工場長)西山正彦▽板橋清掃工場副工場長(葛飾清掃工場・係長)◎三王微哉▽墨田清掃工場長(大田清掃工場長〔統〕)飯盛馨▽新江東清掃工場管理課長(総務部総務課・係長)◎増谷尚余▽有明清掃工場長(板橋清掃工場副工場長)丸嶋忠晴▽葛飾清掃工場副工場長(総務部職員課・係長)◎佐藤恭教▽江戸川清掃工場長(建設部工場建設担当課長)中野貴志▽中防処理施設管理事務所副所長(中防処理施設管理事務所副所長)深田泰和▽建設部計画推進課長(総務部経営改革担当課長)古舘陽▽建設部推進担当課長(清掃事業国際協力室清掃事業国際協力担当課長)古澤尚志▽建設部建設課長(有明清掃工場長)川崎明良▽建設部工場建設担当課長(江東区環境清掃部副参事=東京二十三区清掃一部事務組合派遣)大谷友彦

幼稚園長・副園長

■千代田区

【園長】▽番町幼稚園長(千代田幼稚園長)中村千絵▽千代田幼稚園長(麹町幼稚園副園長)◎千葉江美▽いずみこども園長(昌平幼稚園副園長)◎小林晶子

【副園長】▽麹町幼稚園副園長(江戸川区船堀幼稚園主任教諭)◎木村恭子▽昌平幼稚園副園長(いずみこども園長)贄田和子

■中央区

【園長】▽月島幼稚園長(月島第一幼稚園長)上竹陽子▽月島第一幼稚園長(日本橋幼稚園副園長)◎松原淳子▽晴海幼稚園長(月島幼稚園副園長)◎川越裕子

【副園長】▽日本橋幼稚園副園長(晴海幼稚園副園長)佐藤恵

■港区

【園長】▽高輪幼稚園長(赤羽幼稚園副園長)◎柿沼敦子▽港南幼稚園長(青南幼稚園長)青山伸子▽麻布幼稚園長(麻布幼稚園長)大島美知代▽南山幼稚園長(白金台幼稚園長)小久保篤子▽青南幼稚園長(高輪幼稚園長)新山裕之▽にじのはし幼稚園長(にじのはし幼稚園副園長)◎藤井未知江

【副園長】▽赤羽幼稚園副園長(芝浦幼稚園副園長)原田恵子▽芝浦幼稚園副園長(南山幼稚園副園長)浅倉みゆき▽白金台幼稚園副園長(本村幼稚園主任教諭)◎田口真理▽中之町幼稚園副園長(白金台幼稚園副園長)村上恭子

■新宿区

【園長】▽西戸山幼稚園長(特命担当)(落合第三幼稚園副園長)◎浅川恵子▽あいじつ子ども園長(兼務西戸山幼稚園長=特命担当)浅川恵子

【副園長】▽早稲田幼稚園副園長(早稲田幼稚園主任教諭)◎南美貴▽落合第三幼稚園副園長(四谷第六幼稚園副園長)児玉勝枝

■文京区

【園長】▽柳町幼稚園長(根津幼稚園長)鳥塚恵子▽明化幼稚園長(柳町幼稚園長)御手洗竹代▽根津幼稚園長(本駒込幼稚園副園長)◎野田久美子

【副園長】▽本駒込幼稚園副園長(柳町幼稚園主任教諭)◎和島千佳子▽千駄木幼稚園副園長(根津幼稚園主任教諭)◎池田克子

■台東区

【園長】▽金竜幼稚園長(金竜幼稚園長)工藤文子

【副園長】▽石浜橋場こども園副園長(清島幼稚園主任教諭)◎古澤尚子

■墨田区

【園長】▽立花幼稚園長(立花幼稚園長)田代恵美子

【副園長】▽柳島幼稚園副園長(柳島幼稚園主任教諭)◎金澤里美▽菊川幼稚園副園長(菊川幼稚園副園長)富岡敬子

■江東区

【園長】▽ひばり幼稚園長(ひばり幼稚園長)信太朋子▽もみじ幼稚園長(平久幼稚園副園長)◎神谷美和子▽もみじ幼稚園特命担当園長(もみじ幼稚園長)鈴木奈緒美▽東砂幼稚園長(なでしこ幼稚園長)仲田恵▽なでしこ幼稚園長(枝川幼稚園副園長)◎松岡克恵

【副園長】▽平久幼稚園副園長(もみじ幼稚園主任教諭)◎保谷恵美子▽枝川幼稚園副園長(第二亀戸幼稚園副園長)木村美佐子▽第二亀戸幼稚園副園長(つばめ幼稚園主任教諭)◎村尾和枝

■品川区

【園長】▽伊藤幼稚園長(渋谷区公立幼稚園長=品川区派遣)藤田智子▽八潮わかば幼稚園長(八潮わかば幼稚園長)竹内浜江

■世田谷区

【副園長】▽三島幼稚園副園長(桜丘幼稚園主任教諭)◎女屋旬子

■渋谷区

【園長】▽公立幼稚園長=品川区派遣(千駄谷幼稚園副園長)◎藤田智子▽山谷幼稚園長(山谷幼稚園長)竹内和江

【副園長】▽千駄谷幼稚園副園長(山谷幼稚園主任教諭)◎田口康子

■杉並区

【園長】▽堀ノ内子供園長(西荻北子供園長)川嶋佳恵▽成田西子供園長(堀ノ内子供園長)石床美穂子▽西荻北子供園長(成田西子供園長)川副園美

■北区

【園長】▽さくらだこども園長(さくらだ幼稚園長)服部晶子

【副園長】▽うめのき幼稚園副園長(じゅうじょうなかはら幼稚園主任教諭)◎矢野志保子▽さくらだこども園副園長(うめのき幼稚園副園長)髙沢ゆみか

■練馬区

【園長】▽光が丘むらさき幼稚園長(光が丘むらさき幼稚園副園長)◎中嶋眞佐美

【副園長】▽光が丘むらさき幼稚園副園長(北大泉幼稚園主任教諭)◎金子洋子

■江戸川区

【園長】▽船堀幼稚園長(篠崎幼稚園長)小澤明子

【副園長】▽船堀幼稚園副園長(篠崎幼稚園副園長)来原淳子▽小松川幼稚園副園長(船堀幼稚園副園長)蓬田陽子

都幹部人事異動

1日付　◎印昇任

教育系

【課長級】▽都立学校教育部入学選抜担当課長(教職員研修センター企画部企画課長)佐藤聖一▽指導部指導企画課長(指導部教育計画担当課長)建部豊▽指導部教育計画担当課長(指導部主任指導主事=生徒指導担当)小寺康裕▽指導部義務教育指導課長(教職員研修センター研修部教育開発課長)栗原宏成▽指導部高校教育改革担当課長=都立学校教育部都立高校改革推進担当課長兼務(中部学校経営支援センター学校経営支援担当課長)池上信幸▽指導部高等学校文化振興担当課長(都立小平西高等学校長)福嶋一佳▽教職員研修センター企画部企画課長(指導部主任指導主事=安全教育担当=青少年・治安対策本部総合対策部交通安全対策担当課長併任)児玉大祐▽教職員研修センター研修部教育開発課長(指導部主任指導主事=福生市教育委員会派遣)石田周▽東部学校経営支援センター学校経営支援担当課長(都立松が谷高等学校長)平野篤士▽東部学校経営支援センター支所学校経営支援担当課長(都立青山特別支援学校長)黒澤一慶▽中部学校経営支援センター支所長兼経営支援室長(中部学校経営支援センター支所学校経営支援担当課長)林修▽中部学校経営支援センター学校経営支援担当課長(指導部主任指導主事=高校教育改革担当=都立学校教育部主任指導主事=都立高校改革推進担当兼務)富川麗子▽中部学校経営支援センター支所学校経営支援担当課長(都立足立東高等学校長)高坂仁▽西部学校経営支援センター支所長兼経営支援室長(西部学校経営支援センター支所学校経営支援担当課長)大場充▽西部学校経営支援センター学校経営支援担当課長(都立青峰学園校長)伴光明▽西部学校経営支援センター支所学校経営支援担当課長(都立久我山青光学園校長)下島啓道▽西部学校経営支援センター支所学校経営支援担当課長(都立深川高等学校長)三保和彦

【管理主事】▽人事部職員課主任管理主事(指導部主任指導主事=武蔵野市教育委員会派遣)指田和浩▽人事部職員課管理主事(西部学校経営支援センター支所統括学校経営支援主事)渡辺裕介▽人事部職員課管理主事(都立総合芸術高等学校副校長)平林信彦▽人事部職員課管理主事(町田市立忠生小学校副校長)平山和良▽多摩教育事務所管理課管理主事(小金井市立小金井第二小学校副校長)加藤治紀

【主任指導主事】▽指導部主任指導主事=人権教育担当(指導部指導企画課統括指導主事)◎土屋秀人▽指導部主任指導主事=企画推進担当(指導部指導企画課統括指導主事)◎海老江直子▽指導部主任指導主事=安全教育担当=青少年・治安対策本部総合対策部交通安全対策担当課長併任(指導部主任指導主事=杉並区教育委員会派遣)藤江敏郎▽指導部主任指導主事=体育健康教育担当(指導部指導企画課統括指導主事)◎伊東直晃▽指導部主任指導主事=オリンピック・パラリンピック教育推進担当(中部学校経営支援センター支所統括学校経営支援主事)◎鈴木康司▽指導部主任指導主事=国際教育担当=都立学校教育部主任指導主事=都立高校改革推進担当兼務(教職員研修センター研修部主任指導主事=人材育成担当)清野正▽指導部主任指導主事=生徒指導担当(指導部主任指導主事=不登校施策担当)青海正▽指導部主任指導主事=不登校施策担当(指導部主任指導主事=品川区教育委員会派遣)村尾勝利▽指導部主任指導主事=幼児教育・環境教育担当(指導部義務教育指導課統括指導主事)◎毛利元一▽指導部主任指導主事=定時制・通信制教育担当(指導部高等学校教育指導課統括指導主事)◎小林正人▽指導部主任指導主事=高校教育改革担当=都立学校教育部主任指導主事=都立高校改革推進担当兼務(指導部主任指導主事=体育健康教育担当)勝嶋憲子▽教職員研修センター研修部主任指導主事=人材育成担当(指導部主任指導主事=国際教育担当=都立学校教育部主任指導主事=都立高校改革推進担当兼務)米村珠子▽指導部主任指導主事=中央区教育委員会派遣(杉並区立第九小学校長)清水明▽指導部主任指導主事=港区教育委員会派遣(渋谷区立広尾中学校長)松田芳明▽指導部主任指導主事=新宿区教育委員会派遣(新宿区立牛込第二中学校長)長田和義▽指導部主任指導主事=墨田区教育委員会派遣(大田区立大森第四小学校長)横山圭介▽指導部主任指導主事=品川区教育委員会派遣(品川区立清水台小学校長)大関浩仁▽指導部主任指導主事=世田谷区教育委員会派遣(指導部主任指導主事=幼児教育・環境教育担当)板澤健二▽指導部主任指導主事=世田谷区教育委員会派遣(世田谷区立船橋希望中学校長)加藤敏久▽指導部主任指導主事=杉並区教育委員会派遣(西東京市立向台小学校長)平崎一美▽指導部主任指導主事=北区教育委員会派遣(目黒区立中目黒小学校長)山崎隆▽指導部主任指導主事=荒川区教育委員会派遣(荒川区立峡田小学校長)瀬下清▽指導部主任指導主事=練馬区教育委員会派遣(練馬区教育委員会統括指導主事)◎齋藤健一▽指導部主任指導主事=足立区教育委員会派遣(足立区教育委員会統括指導主事)◎小坂裕和▽指導部主任指導主事=武蔵野市教育委員会派遣(目黒区立東山小学校長)秋山美栄子▽指導部主任指導主事=三鷹市教育委員会派遣(三鷹市立第一中学校長)松永透▽指導部主任指導主事=三鷹市教育委員会派遣(三鷹市教育委員会統括指導主事)◎木下英典▽指導部主任指導主事=府中市教育委員会派遣(府中市教育委員会統括指導主事)◎日野正宏▽指導部主任指導主事=町田市教育委員会派遣(指導部主任指導主事=練馬区教育委員会派遣)金木圭一▽指導部主任指導主事=日野市教育委員会派遣(大島町立さくら小学校長)宇山幸宏▽指導部主任指導主事=日野市教育委員会派遣(日野市教育委員会統括指導主事)◎重山直毅▽指導部主任指導主事=国立市教育委員会派遣(羽村市立羽村第二中学校長)三浦利信▽指導部主任指導主事=福生市教育委員会派遣(福生市立福生第一中学校長)井尻郁夫▽指導部主任指導主事=清瀬市教育委員会派遣(新宿区立落合第四小学校長)長井満敏▽指導部主任指導主事=多摩市教育委員会派遣(東大和市立第五中学校長)山本武▽指導部主任指導主事=稲城市教育委員会派遣(八王子市立恩方第一小学校長)渡辺恭秀▽指導部主任指導主事=羽村市教育委員会派遣(羽村市立松林小学校長)仙北谷仁策▽指導部主任指導主事=あきる野市教育委員会派遣(小平市立小平第一中学校長)鈴木裕行▽指導部主任指導主事=西東京市教育委員会派遣(杉並区立八成小学校長)内田辰彦▽指導部主任指導主事=西東京市教育委員会派遣(西東京市教育委員会統括指導主事)◎福田忠春

【主任社会教育主事】▽地域教育支援部主任社会教育主事=指導部主任社会教育主事=高校教育改革担当兼務(地域教育支援部生涯学習課統括課長代理=企画調整担当=指導部高等学校教育指導課統括課長代理=高校教育改革担当兼務)◎梶野光信

【充て指導主事=統括指導主事】▽都立学校教育部高等学校教育課統括指導主事=指導部指導企画課統括指導主事兼務(指導部高等学校教育指導課統括指導主事)久保田聡▽指導部指導企画課統括指導主事(指導部指導企画課指導主事)◎佐藤嘉弘▽指導部指導企画課統括指導主事(指導部指導企画課指導主事)◎大村賢治▽指導部指導企画課統括指導主事(教職員研修センター研修部授業力向上課指導主事)◎江島しのぶ▽指導部指導企画課統括指導主事=都立学校教育部高等学校教育課統括指導主事兼務(千代田区教育委員会派遣=統括指導主事)高橋美香▽指導部指導企画課統括指導主事(都立墨田工業高等学校副校長)西澤博光▽指導部義務教育指導課統括指導主事(指導部義務教育指導課指導主事)◎古川泰弘▽指導部義務教育指導課統括指導主事(指導部指導企画課統括指導主事)窪田香▽指導部義務教育指導課統括指導主事(多摩教育事務所指導課統括指導主事)浅野あい子▽指導部特別支援教育指導課統括指導主事(都立町田の丘学園副校長)原島広樹▽指導部特別支援教育指導課統括指導主事=都立学校教育部特別支援教育課統括指導主事兼務(都立高島特別支援学校副校長)深谷純一▽指導部特別支援教育指導課統括指導主事(教職員研修センター企画部企画課指導主事=政策研究大学院大学派遣)◎井原優▽指導部高等学校教育指導課統括指導主事(指導部高等学校教育指導課指導主事)◎山崎聡子▽指導部高等学校教育指導課統括指導主事=都立学校教育部高等学校教育課統括指導主事兼務(都立竹早高等学校副校長)鈴木宏治▽多摩教育事務所指導課統括指導主事(多摩教育事務所指導課指導主事)◎大久保順子▽教職員研修センター企画部企画課統括指導主事(教職員研修センター研修部専門教育向上課統括指導主事)和田慎也▽教職員研修センター企画部企画課統括指導主事(教職員研修センター研修部教育開発課統括指導主事)山本浩司▽教職員研修センター研修部教育経営課統括指導主事(教職員研修センター研修部授業力向上課統括指導主事)長町正弘▽教職員研修センター研修部教育経営課統括指導主事(教職員研修センター研修部専門教育向上課統括指導主事)松永かおり▽教職員研修センター研修部授業力向上課統括指導主事(教職員研修センター企画部企画課統括指導主事)小須田哲史▽教職員研修センター研修部授業力向上課統括指導主事(東大和市教育委員会派遣=統括指導主事)小板橋悦子▽教職員研修センター研修部専門教育向上課統括指導主事(指導部義務教育指導課統括指導主事)中谷愛▽教職員研修センター研修部専門教育向上課統括指導主事(教職員研修センター研修部教育経営課統括指導主事)橋本勇一▽教職員研修センター研修部専門教育向上課統括指導主事(教職員研修センター研修部授業力向上課統括指導主事)守屋光輝▽教職員研修センター研修部教育開発課統括指導主事(豊島区立朋有小学校副校長)野澤一代▽教職員研修センター研修部教育開発課統括指導主事(東部学校経営支援センター経営支援室統括学校経営支援主事)小山多香子▽教育相談センター統括指導主事(中野区立桃園第二小学校副校長)菅原千保子

【充て指導主事=指導主事】▽都立学校教育部高等学校教育課指導主事=指導部高等学校教育指導課指導主事兼務(墨田区立両国小学校主幹教諭)山崎大志▽都立学校教育部高等学校教育課指導主事=指導部指導企画課指導主事兼務(教職員研修センター研修部専門教育向上課指導主事)中村哲也▽都立学校教育部高等学校教育課指導主事=指導部指導企画課指導主事兼務(西東京市立田無第一中学校主幹教諭)今井康夫▽指導部指導企画課指導主事(指導部指導企画課指導主事=東京学芸大学教職大学院派遣)三田典子▽指導部指導企画課指導主事(青梅市教育委員会指導主事)澁谷哲宏▽指導部指導企画課指導主事(都立港特別支援学校主任教諭)楠本祐也▽指導部指導企画課指導主事(文京区立本郷小学校主任教諭)中村伸也▽指導部指導企画課指導主事(府中市立府中第四小学校主幹教諭)小宮山詠美▽指導部指導企画課指導主事(三宅出張所指導主事)吉田博▽指導部指導企画課指導主事(江戸川区立葛西小学校主幹教諭)辻槙二▽指導部指導企画課指導主事(教職員研修センター研修部教育開発課指導主事)田中春子▽指導部指導企画課指導主事=玉川大学教職大学院派遣(多摩教育事務所指導課指導主事)堀合菜子▽指導部指導企画課指導主事=東京学芸大学教職大学院派遣(指導部高等学校教育指導課指導主事)宮川麻衣子▽指導部指導企画課指導主事=玉川大学教職大学院派遣(目黒区教育委員会派遣=指導主事)橋本潮▽指導部指導企画課指導主事=東京学芸大学教職大学院派遣(杉並区教育委員会指導主事)小熊隆一▽指導部指導企画課指導主事=玉川大学教職大学院派遣(府中市教育委員会派遣=指導主事)平井克行▽指導部指導企画課指導主事=帝京大学教職大学院派遣(東村山市教育委員会指導主事)菅野僚▽指導部義務教育指導課指導主事(新宿区立落合中学校主幹教諭)田辺匠▽指導部義務教育指導課指導主事(指導部指導企画課指導主事)早川裕之▽指導部義務教育指導課指導主事(品川区立東海中学校主任教諭)俵宗次郎▽指導部特別支援教育指導課指導主事(都立久我山青光学園主任教諭)楠田徹郎▽指導部特別支援教育指導課=特別支援教育推進室=指導主事=都立学校教育部特別支援教育課指導主事兼務(指導部特別支援教育指導課指導主事)佐藤匡郁▽指導部特別支援教育指導課指導主事(教職員研修センター研修部教育経営課指導主事)細川智佳子▽指導部高等学校教育指導課指導主事(西部学校経営支援センター学校経営支援主事)飯畑秀樹▽指導部高等学校教育指導課指導主事(都立荻窪高等学校主幹教諭)田形光宏▽指導部高等学校教育指導課指導主事(中部学校経営支援センター学校経営支援主事)山本進一▽指導部高等学校教育指導課指導主事(都立東村山高等学校主幹教諭)永井愛▽指導部高等学校教育指導課指導主事(都立千歳が丘高等学校主任教諭)加藤裕一郎▽指導部高等学校教育指導課指導主事(都立六本木高等学校主幹教諭)坂口雄二▽人事部試験課指導主事(都立八王子盲学校主任教諭)加藤智行▽多摩教育事務所指導課指導主事(武蔵村山市立第三小学校主任教諭)芳井伸彦▽多摩教育事務所指導課指導主事(三鷹市教育委員会指導主事)齋藤将之▽多摩教育事務所指導課指導主事(檜原村教育委員会指導主事)田中暁▽大島出張所指導主事(都立小平特別支援学校主幹教諭)飯田浩行▽大島出張所指導主事(板橋区教育委員会指導主事)梅澤孝登▽三宅出張所指導主事(文京区立青柳小学校主幹教諭)半野田聡▽八丈出張所指導主事(教職員研修センター研修部教育経営課指導主事)高瀬隆太郎▽教職員研修センター企画部企画課指導主事(教職員研修センター教育開発課指導主事)岡文也▽教職員研修センター企画部企画課指導主事(町田市教育委員会指導主事)津島弘和▽教職員研修センター研修部教育経営課指導主事(杉並区立四宮小学校主幹教諭)柏崎康徳▽教職員研修センター研修部教育経営課指導主事(三鷹市立高山小学校主任教諭)渡邉徳人▽教職員研修センター研修部教育経営課指導主事(教職員研修センター研修部専門教育向上課指導主事)鎌田智義▽教職員研修センター研修部教育経営課指導主事(八丈出張所指導主事)角田恒一▽教職員研修センター研修部授業力向上課指導主事(都立立川国際中等教育学校主幹教諭)高橋幸紀▽教職員研修センター研修部授業力向上課指導主事(豊島区教育委員会指導主事)松原貴志▽教職員研修センター研修部授業力向上課指導主事(練馬区立石神井東中学校主幹教諭)南英昭▽教職員研修センター研修部授業力向上課指導主事(教職員研修センター研修部教育経営課指導主事)市川愛美▽教職員研修センター研修部専門教育向上課指導主事(杉並区立荻窪小学校主任教諭)勝呂創太▽教職員研修センター研修部専門教育向上課指導主事(都立立川ろう学校主任教諭)上村保志▽教職員研修センター研修部専門教育向上課指導主事(東部学校経営支援センター支所学校経営支援主事)柴田貴志▽教職員研修センター研修部専門教育向上課指導主事(都立大島高等学校主幹教諭)鈴木真裕美▽教職員研修センター研修部専門教育向上課指導主事(中野区立大和小学校主幹教諭)川路美沙▽教職員研修センター研修部専門教育向上課指導主事(東久留米市教育委員会指導主事)中里直▽教職員研修センター研修部教育開発課指導主事(大田区立南浦小学校主任教諭)羽仁克嘉▽教職員研修センター研修部教育開発課指導主事(教職員研修センター研修部専門教育向上課指導主事)久保田直人▽教職員研修センター研修部教育開発課指導主事(武蔵村山市教育委員会指導主事)村上正昭▽教育相談センター指導主事(世田谷区立桜小学校主幹教諭)大曽根博美▽教育相談センター指導主事(文京区教育委員会指導主事)松下由紀子▽港区教育委員会指導主事(港区立御成門小学校主任教諭)篠原優子▽港区教育委員会指導主事(港区立白金の丘小学校主幹教諭)東條友美▽文京区教育委員会指導主事(文京区立駒本小学校主幹教諭)木村順子▽台東区教育委員会指導主事(台東区立石浜小学校主任教諭)菅野拓郎▽台東区教育委員会指導主事(台東区立黒門小学校主任教諭)本間忠明▽墨田区教育委員会指導主事(墨田区立第一寺島小学校主幹教諭)田畑達也▽品川区教育委員会指導主事(品川区立源氏前小学校主幹教諭)森下久仁子▽目黒区教育委員会指導主事(世田谷区教育委員会指導主事)瀬沼美雪▽大田区教育委員会指導主事(大田区立大森第七中学校主幹教諭)石井達也▽世田谷区教育委員会指導主事(板橋区立蓮根小学校主任教諭)西村昌紘▽世田谷区教育委員会指導主事(世田谷区立桜丘中学校主任教諭)前田健太▽中野区教育委員会指導主事(中野区立神明小学校主幹教諭)西敏生▽杉並区教育委員会指導主事(品川区立富士見台中学校主任教諭)松浦献▽豊島区教育委員会指導主事(豊島区立目白小学校主幹教諭)近藤謙二郎▽北区教育委員会指導主事(指導部義務教育指導課指導主事)大塚尚弘▽荒川区教育委員会指導主事(都立大塚ろう学校主任教諭)松下衣恵▽板橋区教育委員会指導主事(板橋区立北野小学校主任教諭)三原唯嘉▽板橋区教育委員会指導主事(板橋区立蓮根第二小学校主幹教諭)小泉裕子▽練馬区教育委員会指導主事(練馬区立四季の香小学校主幹教諭)忽那真▽練馬区教育委員会指導主事(荒川区立尾久宮前小学校主任教諭)野々村誠▽練馬区教育委員会指導主事(練馬区立開進第一小学校主幹教諭)板澤絢子▽練馬区教育委員会指導主事(練馬区教育委員会派遣=指導主事)海馬澤一人▽足立区教育委員会指導主事(足立区立千寿桜小学校主任教諭)西野厚▽葛飾区教育委員会指導主事(葛飾区立亀青小学校主幹教諭)菊地幸子▽江戸川区教育委員会指導主事(町田市立町田第一中学校主任教諭)岡田卓也▽江戸川区教育委員会指導主事(江戸川区立南葛西第三小学校主任教諭)関直也▽八王子市教育委員会指導主事(都立東村山高等学校主幹教諭)松井水穂▽八王子市教育委員会指導主事(八王子市立七国小学校主幹教諭)鈴木和宏▽八王子市教育委員会指導主事(八王子市立弐分方小学校指導教諭)佐生秀之▽立川市教育委員会指導主事(立川市立上砂川小学校主幹教諭)加藤寛之▽武蔵野市教育委員会指導主事(北区立なでしこ小学校主幹教諭)野々村麻奈▽三鷹市教育委員会指導主事(渋谷区立渋谷本町学園中学校主幹教諭)中村泰夫▽青梅市教育委員会指導主事(青梅市立第一中学校主幹教諭)田中晴恵▽青梅市教育委員会指導主事(青梅市立第二小学校主任教諭)蜂須賀健太▽府中市教育委員会指導主事(府中市立府中第一小学校主幹教諭=東京学芸大学教職大学院派遣)高橋誠▽府中市教育委員会指導主事(文京区立第一中学校主幹教諭)田中繁広▽昭島市教育委員会指導主事(昭島市立武蔵野小学校主幹教諭)神園博之▽調布市教育委員会指導主事(調布市立深大寺小学校主幹教諭)加藤修▽町田市教育委員会指導主事(八王子市教育委員会指導主事)日向義裕▽小金井市教育委員会指導主事(小金井市立第三小学校主幹教諭)田村忍▽小平市教育委員会指導主事(都立武蔵台学園主幹教諭)窪田隆徳▽小平市教育委員会指導主事(小平市立小平第十小学校主幹教諭)小影俊一▽日野市教育委員会指導主事(都立立川ろう学校主幹教諭)稲垣哲人▽東村山市教育委員会指導主事(東村山市立第七中学校主任教諭)杉本全久▽東村山市教育委員会指導主事(東村山市立久米川小学校主幹教諭)宮崎忍▽国分寺市教育委員会指導主事(国分寺市立第一中学校主任教諭)原佳代▽国立市教育委員会指導主事(国分寺市立第四小学校主幹教諭)北方響▽清瀬市教育委員会指導主事(都立練馬特別支援学校主任教諭)井上真登▽東久留米市教育委員会指導主事(東久留米市立第九小学校主幹教諭)瀧友宏▽武蔵村山市教育委員会指導主事(武蔵村山市立第二小学校指導教諭)今井一馬▽稲城市教育委員会指導主事(稲城市立若葉台小学校主任教諭)長澤慎哉▽羽村市教育委員会指導主事(教職員研修センター研修部専門教育向上課指導主事)志村雅巳▽羽村市教育委員会指導主事(羽村市立羽村西小学校主幹教諭)峯浦雅典▽あきる野市教育委員会指導主事(昭島市教育委員会指導主事)雑賀亜希▽あきる野市教育委員会指導主事(あきる野市立屋城小学校主任教諭)若泉寿人▽西東京市教育委員会指導主事(荒川区立尾久八幡中学校主幹教諭)蓮沼喜春▽檜原村教育委員会指導主事(日野市立第五小学校主任教諭)山ノ口寿幸

【区市固有指導主事=統括指導主事】▽千代田区教育委員会派遣=統括指導主事(江戸川区立小松川第二小学校副校長)佐藤達哉▽中央区教育委員会派遣=統括指導主事(足立区教育委員会指導主事)◎上原史士▽中央区教育委員会派遣=統括指導主事(中央区立泰明小学校副校長)村上隆史▽新宿区教育委員会派遣=統括指導主事(府中市教育委員会指導主事)◎坂元竜二▽新宿区教育委員会派遣=統括指導主事(新宿区教育委員会指導主事)◎渋多江誠▽文京区教育委員会派遣=統括指導主事(文京区立礫川小学校副校長)安部忍▽台東区教育委員会派遣=統括指導主事(台東区立富士小学校副校長)伊藤健治▽品川区教育委員会派遣=統括指導主事(品川区立伊藤学園副校長)堀井昭宏▽目黒区教育委員会派遣=統括指導主事(目黒区立碑小学校副校長)寺尾千英▽大田区教育委員会派遣=統括指導主事(大田区教育委員会指導主事)◎木下健太郎▽世田谷区教育委員会派遣=統括指導主事(世田谷区教育委員会指導主事)◎松倉淳之介▽杉並区教育委員会派遣=統括指導主事(多摩市立諏訪小学校副校長)寺本英雄▽豊島区教育委員会派遣=統括指導主事(江戸川区立篠崎第五小学校副校長)渡邊英晴▽北区教育委員会派遣=統括指導主事(渋谷区立猿楽小学校副校長)関口達紀▽荒川区教育委員会派遣=統括指導主事(新宿区立富久小学校副校長)大久保和彦▽荒川区教育委員会派遣=統括指導主事(墨田区立業平小学校副校長)和田努▽板橋区教育委員会派遣=統括指導主事(板橋区立蓮根第二小学校副校長)山根まどか▽練馬区教育委員会派遣=統括指導主事(練馬区立旭丘中学校副校長)小川高弘▽練馬区教育委員会派遣=統括指導主事(練馬区立練馬東中学校主幹教諭)◎河又秀敏▽足立区教育委員会派遣=統括指導主事(江東区立平久小学校副校長)石坂泰▽足立区教育委員会派遣=統括指導主事(練馬区立南田中小学校副校長)古川卓也▽足立区教育委員会派遣=統括指導主事(練馬区立上石神井北小学校副校長)井上啓一▽葛飾区教育委員会派遣=統括指導主事(葛飾区立小松南小学校副校長)大川千章▽八王子市教育委員会派遣=統括指導主事(八王子市立第四小学校副校長)野村洋介▽立川市教育委員会派遣=統括指導主事(都立多摩桜の丘学園副校長)川崎淳子▽府中市教育委員会派遣=統括指導主事(都立青峰学園副校長)田村眞代美▽町田市教育委員会派遣=統括指導主事(立川市教育委員会指導主事)◎宇野賢悟▽小金井市教育委員会派遣=統括指導主事(小金井市教育委員会指導主事)◎平田勇治▽小平市教育委員会派遣=統括指導主事(小平市教育委員会指導主事)◎荒木忍▽国立市教育委員会派遣=統括指導主事(国立市教育委員会指導主事)◎荒西岳広▽狛江市教育委員会派遣=統括指導主事(世田谷区教育委員会派遣=統括指導主事)小坂力▽東大和市教育委員会派遣=統括指導主事(昭島市立武蔵野小学校副校長)吉岡琢真▽清瀬市教育委員会派遣=統括指導主事(清瀬市教育委員会指導主事)◎福泉宏介▽東久留米市教育委員会派遣=統括指導主事(板橋区立高島第二小学校副校長)荒井友香▽武蔵村山市教育委員会派遣=統括指導主事(武蔵村山市立第四小学校副校長)勝山朗▽羽村市教育委員会派遣=統括指導主事(武蔵野市立大野田小学校副校長)三品孝之▽西東京市教育委員会派遣=統括指導主事(小平市立第四小学校副校長)宮本尚登▽瑞穂町教育委員会派遣=統括指導主事(荒川区教育委員会派遣=統括指導主事)稲冨泰輝

【区市固有指導主事=指導主事】▽千代田区教育委員会派遣=指導主事(千代田区立麹町中学校主幹教諭)伊藤祐一郎▽千代田区教育委員会派遣=指導主事(都立立川ろう学校主任教諭)野津公輝▽中央区教育委員会派遣=指導主事(中央区立中央小学校主任教諭)和田正典▽港区教育委員会派遣=指導主事(江東区立浅間竪川小学校主幹教諭=玉川大学教職大学院派遣)東島正和▽新宿区教育委員会派遣=指導主事(新宿区立西新宿小学校主幹教諭)池田守▽新宿区教育委員会派遣=指導主事(新宿区立淀橋第四小学校主幹教諭)三谷純子▽江東区教育委員会派遣=指導主事(江東区立豊洲北小学校主幹教諭)工藤史子▽品川区教育委員会派遣=指導主事(都立大塚ろう学校主任教諭)後藤美由紀▽目黒区教育委員会派遣=指導主事(港区立高輪台小学校主幹教諭=創価大学教職大学院派遣)與那覇早苗▽大田区教育委員会派遣=指導主事(大田区立洗足池小学校主幹教諭)秋山亮▽世田谷区教育委員会派遣=指導主事(都立町田の丘学園主幹教諭)宮原興龍▽渋谷区教育委員会派遣=指導主事(渋谷区立笹塚小学校主幹教諭)松村信之介▽板橋区教育委員会派遣=指導主事(板橋区立板橋第一小学校主幹教諭)山田実也▽板橋区教育委員会派遣=指導主事(板橋区立大谷口小学校主任教諭)浅川尊克▽練馬区教育委員会派遣=指導主事(練馬区立関町北小学校主任教諭)原僚平▽練馬区教育委員会派遣=指導主事(練馬区教育委員会指導主事)藤垣結髪▽足立区教育委員会派遣=指導主事(江戸川区立宇喜田小学校主任教諭)中山香奈江▽葛飾区教育委員会派遣=指導主事(葛飾区立渋江小学校主任教諭)杉本陽子▽八王子市教育委員会派遣=指導主事(八王子市教育委員会指導主事)鴫狩淳一▽八王子市教育委員会派遣=指導主事(八王子市教育委員会指導主事)鈴木崇央▽八王子市教育委員会派遣=指導主事(八王子市立緑が丘小学校主幹教諭)狩野貴紀▽武蔵野市教育委員会派遣=指導主事(武蔵野市立第一中学校主任教諭)長谷川美穂▽武蔵野市教育委員会派遣=指導主事(都立武蔵台学園府中分教室主幹教諭=帝京大学教職大学院派遣)角田毅▽府中市教育委員会派遣=指導主事(都立王子特別支援学校主任教諭)三好紀子▽調布市教育委員会派遣=指導主事(調布市立北ノ台小学校主任教諭)國廣浄和▽町田市教育委員会派遣=指導主事(中野区立大和小学校主任教諭)奥田奈緒子

【統括学校経営支援主事】▽東部学校経営支援センター経営支援室統括学校経営支援主事(都立小石川中等教育学校副校長)高島由紀子▽東部学校経営支援センター経営支援室統括学校経営支援主事(都立新宿山吹高等学校副校長)田川健大▽東部学校経営支援センター経営支援室統括学校経営支援主事(都立城北特別支援学校副校長)野口幹人▽東部学校経営支援センター支所統括学校経営支援主事(都立東高等学校副校長)片桐あかね▽中部学校経営支援センター経営支援室統括学校経営支援主事(都立大泉高等学校付属中学校副校長)清水和紀▽中部学校経営支援センター支所統括学校経営支援主事(都立松原高等学校副校長)前畑光男▽中部学校経営支援センター支所統括学校経営支援主事(都立江北高等学校副校長)金澤正美▽西部学校経営支援センター経営支援室統括学校経営支援主事(都立八王子東高等学校副校長)山本勇▽西部学校経営支援センター支所統括学校経営支援主事(指導部高等学校教育指導課指導主事)◎鈴木誠▽西部学校経営支援センター支所統括学校経営支援主事(西部学校経営支援センター支所学校経営支援主事)◎粕谷真由美▽西部学校経営支援センター支所統括学校経営支援主事(都立府中けやきの森学園副校長)中島由美子

【学校経営支援主事】▽東部学校経営支援センター経営支援室学校経営支援主事(教職員研修センター研修部授業力向上課指導主事)三村徹▽東部学校経営支援センター支所学校経営支援主事(教職員研修センター研修部授業力向上課指導主事)竹内大吾▽中部学校経営支援センター経営支援室学校経営支援主事(都立農産高等学校主幹教諭)小野寺伸樹▽中部学校経営支援センター支所学校経営支援主事(都立葛飾特別支援学校主任教諭)神田実季▽中部学校経営支援センター支所学校経営支援主事(都立六本木高等学校主任教諭)下井孝之▽西部学校経営支援センター経営支援室学校経営支援主事(教職員研修センター研修部教育経営課指導主事)井上大平▽西部学校経営支援センター支所学校経営支援主事(八王子市教育委員会派遣=指導主事)秋本友美▽西部学校経営支援センター支所学校経営支援主事(都立練馬高等学校主幹教諭)石村晶子

昇任試験対策のページ

主任試験講座

平成29年度

27

都政実務 ④

今回は「文書」関係の問題です。問題を解いた後は、『職員ハンドブック』と照らし合わせ、それぞれの選択肢のどの部分が誤っているのかを確認してください。

問題

【問題 1】

都における意思決定と文書に関する記述として、妥当なのはどれか。

① 起案者は、起案文書の内容について責任を有する者という意味であり、起案文書は必ず起案者が作成しなければならない。

② 審査とは、主管の系列に属する者がその職位との関連において、事案決定のための案を記載した電子文書または文書について調査検討し、その内容及び形式に対する意見を決定権者に表明することをいう。

③ 審議とは、主として法令の適用関係の適正化を図る目的で起案文書について調査検討し、その内容及び形式に対する意見を決定権者に表明することをいう。

④ 決定権者とは、知事及び知事から決定権限の配分を受けた者を言い、原則的に、局長、部長、課長及び課長代理である。

⑤ 決定関与の方式には、電子関与方式及び書面関与方式があり、原則として電子関与方式により行う。

【問題 2】

都における文書の起案または供覧に関する記述として、妥当なのはどれか。

① 定例的に取り扱う事案に係る起案については、起案用紙に代えて特例起案帳票を用いることができる。

② 起案文書を作成する方式は、電子決定方式と書面決定方式に限られる。

③ 文書の回付において、いかなる場合であっても、審議は協議に先立って行う。

④ 供覧文書の保存期間は1年とされており、文書総合管理システムまたは特例管理帳票に文書管理事項を記録する必要がある。

⑤ 協議は、一般的には他局の協議を先に行い、次いで同一局内の他の部、同一部内の順に行う。

【問題 3】

都の起案文書で用いる用字、用語に関する記述として、妥当なのはどれか。

① 漢字は、常用漢字表の範囲内で用いるものとされ、常用漢字表にない漢字を用いた専門用語で他に言い換える言葉がない場合でも例外は認められていない。

② 文字は、漢字及び平仮名を用いるのが原則であるが、特別の必要があるときは、片仮名または外国文字を用いてもよい。

③ 「時」及び「所」について起点を示す場合には、「から」ではなく、「より」を用いる。

④ 数字は、縦書き、横書きのいずれの場合も、アラビア数字を用いるのが原則であるが、固有名詞や概数を表す場合は、漢数字を用いることもできる。

⑤ 項目に記号を付ける場合の順序は、横書きの場合、大項目から小項目へ「(1)」、「①」、「ア」、「(ア)」の順番とすることを原則としている。

【問題 4】

都における文書の管理等に関する記述として、妥当なのはどれか。

① 文書主任及び文書取扱主任は、各局の総務部長が任免する。

② 資料文書とは、事務担当者が日常の事務処理の中で作成する内部検討資料であり、起案文書も含まれる。

③ 文書事務運営の中枢的役割を果たすため、総務局総務部文書課及び総務局を除く局の庶務主管課に文書主任を置いている。

④ 各部における文書管理の担当者として、部長は、その部の文書事務に従事する職員のうちから、ファイル責任者を1人指名する。

⑤ 文書管理基準表は文書の分類記号と保存期間と事案決定区分とを一表にまとめたものであり、各部ごとに作成する。

【問題 5】

東京都文書管理規則に定める文書等の収受等に関する記述として、妥当なのはどれか。

① 局に直接到達した知事または副知事宛ての親展文書は、局の庶務主管課長が開封して内容を確認した上で、直ちに文書課長に回付する。

② 局に直接到達した文書のうち、局の複数部に関連する文書は、局の庶務主管課長が正本を保管し、写しをその他の主務課長に配布する。

③ 主務課に到達した文書は、主務課長が全て開封の上、文書に収受印を押し、文書総合管理システムまたは特例管理帳票に文書管理事項を記録して、事務担当者に引き渡す。

④ 局に直接到達した文書を除き、本庁に到達した複数局に関連する文書は、文書課長が正本を最も関係の深い局の庶務主管課長に配布し、写しをその他の局の庶務主管課長に配布する。

⑤ 情報処理システムを利用して主務課に到達し、または媒体により受領した電磁的記録は、出力し紙に記録するものとし、記録した紙の余白に収受印を押し、文書総合管理システムに記録する。

解説

【解説 1】　正答 ④

① 誤り。起案文書を作成するものが起案者と別に存在しても差し支えない。この場合の起案文書の作成者を「事務担当者」という（職員ハンドブック366㌻）。

② 誤り。選択肢は、審議の記述である（職員ハンドブック368㌻）。

③ 誤り。選択肢は、審査の記述である（職員ハンドブック368㌻）。

④ 正しい（職員ハンドブック366㌻）。

⑤ 誤り。決定関与の方式には、電子関与方式、書面関与方式及び会議方式がある。決定関与は原則として、電子関与方式または書面関与方式により行う（職員ハンドブック369㌻）。

【解説 2】　正答 ①

① 正しい（職員ハンドブック389㌻）。

② 誤り。起案文書を作成する方式は、電子決定方式、書面決定方式及び簡易処理方式がある（職員ハンドブック388㌻）。

③ 誤り。知事決定事案における関連副知事の審議は知事の決定直前に、局長決定事案における次長、技監、危機管理監または道路監の審議は局長の決定の直前に行う（職員ハンドブック396㌻）。

④ 誤り。供覧文書の保存期間は1年または3年とされている（職員ハンドブック399㌻）。

⑤ 誤り。協議は、一般的には、同一部内の協議を先に行い、次いで同一局内の他の部、他局の順に行う（職員ハンドブック397㌻）。

【解説 3】　正答 ②

① 誤り。漢字は「常用漢字表」で定める範囲内で用いる。ただし、固有名詞等特別の理由があると認められる場合には、例外的に常用漢字外の漢字の使用を認めている（職員ハンドブック373㌻）。

② 正しい（職員ハンドブック373㌻）。

③ 誤り。時、所等について起点を示すときは、「より」ではなく「から」を用いる（職員ハンドブック377㌻）。

④ 誤り。縦書きの場合には漢数字を用い、横書きの場合にはアラビア数字を用いる。ただし、固有名詞や概数を表す場合は漢数字を用いる（職員ハンドブック375㌻）。

⑤ 誤り。項目に記号をつける場合の順序は、横書きの場合、大項目から小項目へ「第1」「1」「(1)」「ア」「(ア)」となる（職員ハンドブック377㌻）。

【解説 4】　正答 ③

① 誤り。文書主任及び文書取扱主任は、局長が任免する（職員ハンドブック380㌻）。

② 誤り。資料文書には、起案文書が含まれない（職員ハンドブック381㌻）。

③ 正しい（職員ハンドブック380㌻）。

④ 誤り。各課における文書管理の担当者として、課長は、その課の文書事務に従事する職員のうちから、ファイル責任者を1人指名する（職員ハンドブック380㌻）。

⑤ 誤り。文書管理基準表は、各課で作成する（職員ハンドブック385㌻）。

【解説 5】　正答 ④

① 誤り。局に直接到達した知事または副知事宛ての親展文書は、開封せず直ちに文書課長に回付する（職員ハンドブック387㌻）。

② 誤り。局の複数課に関連する文書は、局の庶務主管課長が正本を最も関係の深い主務課長に配布し、写しをその他の主務課長に配布する（職員ハンドブック387㌻）。

③ 誤り。主務課長は、親展（秘）文書その他開封を不適当と認める文書を除き、全ての文書を開封する（職員ハンドブック387㌻）。

④ 正しい（職員ハンドブック387㌻）。

⑤ 誤り。情報処理システムを利用して主務課に到達し受領した電磁的記録のうち、収受の処理が必要なもののみ文書総合管理システムに記録する（職員ハンドブック386㌻）。

※主任試験講座で参照としている職員ハンドブックの頁は従来の2015版に対応しています。

カレントトピックス

29年度　27

都政事情

■訪日外国人向け券売機導入（2月21日）

都交通局は、外国人利用者の多い都営地下鉄の31駅に次世代型の券売機を導入すると発表した。都庁前駅を皮切りに順次、浅草、六本木、築地市場、新宿西口など各駅に導入する券売機は、東京地下鉄（東京メトロ）と共同開発した。

券売機は、従来15インチだった液晶画面を32インチに大型化し、タッチパネルを採用している。画面上で都営と東京メトロの路線図から到着駅への切符を購入できるだけでなく、都内の観光スポットを選ぶだけで乗車券を買える機能も備えている。従来は日本語と英語のみしか対応していなかったが、中国語、韓国語、フランス語など8カ国語に順次拡大する。

■結婚応援イベントを開催（3月4日）

都は東京国際フォーラムで、結婚応援イベント「TOKYO縁結日2017」を初めて開催した。会場には婚活ツアー、結婚相談所、着こなし方や化粧などを紹介するブースが並び、小池知事があいさつに駆け付けた。20～30代の未婚の男女計2986人が参加。

イベントに出席した小池知事は「実際には2015年の国の調査で、男女とも約9割の人がいずれは結婚しようと考えており、決してあきらめているわけではない」と指摘し、出会いの機会や収入の少なさなどがネックとなっていると説明。その上で、「結婚に関する疑問・不安を解消して、結婚に向けて一歩踏み出すきっかけにしていただき、社会全体で結婚を希望する方々を応援するため、イベントを催した」と強調した。

■都と第一生命が「ワイドコラボ協定」締結（3月6日）

都と第一生命保険は、官民が一体となり、都民サービスを向上させるための「ワイドコラボ協定」を締結した。同協定は、働き方改革、文化振興など様々な政策分野で官民が包括的に連携する取り組みだ。

都は第一生命と締結した協定が第一弾となり、健康増進、防犯・見守りボランティア、ワーク・ライフ・バランスや女性の活躍推進、文化・スポーツ振興など7項目で連携を進める。

ワイドコラボ協定の締結式では、小池知事が「豊富な経営資源を活用していただき、都民の健康づくり、ライフ・ワーク・バランスなど（第一生命に）範を示していただきたい」と注文。第一生命の渡邉光一郎社長は「私どもの取り組みがベストプラクティスのモデルとなるようにしたい」と応じた。

主任・係長 論文講座

29年度　27

課題整理（都政） ②

都主任選考

前回に引き続き、「2020年に向けた実行プラン」を基に、都政の課題を整理していきます。

今回は、「ダイバーシティ」及び「スマート シティ」について説明します。

■ダイバーシティ

誰もが希望と活力を持てる東京の基盤となるのは、都民一人ひとりが存分に躍動できる環境です。すなわち、「ダイバーシティ」、「女性も、男性も、子供も、高齢者も、障害者も、誰もが希望を持っていきいきと生活できる、活躍できる都市」「多様性が尊重され、温かく、優しさにあふれる都市」の実現を目指します。

「ダイバーシティ」の実現に向けて、八つの政策の柱が示されています。各政策の柱における主な課題及び政策の方向性は次の通りです。

○政策の柱1　子供を安心して産み育てられるまち

就学前児童人口や共働き世帯の増加等による保育ニーズの増大により、8千人を超える待機児童が存在しています。待機児童の解消に向けた取り組みとあわせて、子育てに対する支援策を充実し、地域で安心して産み育てられ、子供たちが健やかに成長できるまちを実現する必要があります。

▽保育サービスの拡充や保育人材の確保に取り組み、待機児童を解消

▽妊娠・出産・子育てまでの切れ目のない支援により、安心して子供を産み育てられる環境を整備

▽周産期・小児医療体制の充実

○政策の柱2　高齢者が安心して暮らせる社会

東京の高齢化率は全国よりも低い水準であるものの、今後、東京の高齢者数は急激に増加していくことが見込まれています。高齢者ができる限り住み慣れた地域で日常生活を継続できるよう、適切な医療・介護・介護予防・すまい・生活支援が一体的に提供される地域包括システムを構築する必要があります。

▽在宅サービスの充実や介護予防の推進を図るとともに、介護人材の確保・育成・定着を支援

▽特別養護老人ホームや介護老人保健施設、サービス付き高齢者向け住宅など、高齢者の施設やすまいの整備を促進

▽専門職で構成するチームが認知症の高齢者を訪問・支援するなど、認知症の人とその家族が、地域で安心して暮らせるよう支援を充実

○政策の柱3　医療が充実し健康に暮らせるまち

高齢化に伴う在宅療養ニーズや救急搬送件数の増加等に対し、医療機関から在宅での医療・介護まで切れ目なくサービスを提供する体制の整備や、より迅速に救急患者を受け入れる体制の確保など、質の高い医療を受けられ、生涯を通して健康でいられるまちの実現が求められています。

▽超高齢社会に対応できるよう、在宅療養体制や救急医療体制などの医療提供体制の充実や医療人材の確保を推進

▽都民一人ひとりの主体的な健康づくりや、糖尿病やがん等の生活習慣病対策を推進

○政策の柱4　障害者がいきいきと暮らせる社会

障害者の地域生活を支えるための基盤整備や雇用・就業支援により、障害がある人もない人も、お互いを尊重し、共に生活する社会を実現する必要があります。

▽地域居住の場や日中活動の場の整備など、障害者が地域で安心して生活できる環境づくりを推進

▽障害者が能力や適性に応じて安心して働き続けられるような支援の推進

▽障害のある子供たちの個性や可能性を伸ばす教育を推進

○政策の柱5　誰もが活躍できるまち

少子・高齢化により労働力人口が減少する中、社会の活力の維持・向上を図るためには、誰もが人生と仕事を調和させ、自分らしく活躍できる環境を整備することが求められています。

▽長時間労働の削減や休暇取得の促進など、生活と仕事の両立に向けて、働き方の見直しを推進

▽技術面や働き方などの一体的な検討により、快適通勤に向けた取り組みを推進

▽働きやすい職場づくりやライフステージ・キャリアに合った就業など、女性の活躍を支援

▽多様な就業ニーズを持つ高齢者と企業とのマッチングを進め、高齢者が生涯現役で活躍できるよう支援

▽不本意な非正規雇用者の正規雇用化や処遇改善、人材育成を支援

○政策の柱6　誰もが優しさを感じられるまち

東京2020大会の開催を契機に、国内外から多くの人が東京を訪れることを見据え、ハード・ソフト両面から、全ての人に優しいユニバーサルデザインのまちづくりを進めていくことが必要です。また、大会の成功に向けて、より多くの都民のボランティアへの参加が不可欠です。

▽道路のバリアフリー化や駅のホームドアの整備など、全ての人に優しいユニバーサルデザインのまちづくりを推進

▽東京2020大会を契機に、ボランティア文化の定着に向けた取り組みを推進

▽多様性が尊重され、人権が守られる社会の実現

▽国籍や民族、文化の多様性を理解・尊重し合える、多文化共生社会の実現

▽動物の殺処分ゼロに向けた取り組みを推進

○政策の柱7　未来を担う人材の育成

我が国における子供の貧困率は近年上昇傾向にあり、将来を担う子供たちが、家庭の経済状況に左右されることなく学び続けられる教育環境が必要です。

また、東京2020大会開催を控え、グローバル化はさらに進展し、日常的に外国人とコミュニケーションを図る機会が増加しており、世界で活躍できる人材の育成が求められています。

▽家庭の経済状況などに左右されることなく、全ての子供が将来への希望を抱いて学び続けられる教育環境の整備

▽学校マネジメント力の強化により、専門家や地域との連携・協働を図り、学校教育の質の向上を実現

▽英語をはじめとする外国語教育や理数教育など、世界を舞台に活躍できるグローバル人材や東京・日本の成長を支える人材の育成

▽ひきこもり、ニートなど様々な問題を抱える子供・若者の社会参加を支援

○政策の柱8　誰もがスポーツに親しめる社会

東京2020大会の成功に向けて、着実な開催準備と開催機運の醸成を進める必要があります。また、世界を目指すアスリートを育成するとともに、誰もが生涯にわたりスポーツに親しめる環境を創出していく必要があります。

▽東京2020大会やラグビーワールドカップ2019に向けた開催準備を進め、日本全体の開催機運を醸成

▽東京2020大会などの国際大会で活躍するアスリートを発掘・育成・強化

▽地域でスポーツを楽しめる環境整備やスポーツ活動を推進する企業への支援など、身近で気軽にスポーツを楽しめ、スポーツの裾野を拡大する取り組みを推進

▽障害者スポーツの理解や普及の促進に加え、スポーツ施設のバリアフリー化や身近な地域での場の拡大など、障害がある人もない人も共にスポーツを楽しめる環境を整備

■スマート シティ

今後の成長分野の発展を加速化させるタイムリーな政策を果敢に展開し、世界のメガシティとして、日本の首都・経済のエンジンとして、大都市が抱える課題を解決し、国際的な都市間競争に勝ち抜く成長を生み続け、活力にあふれ、サステイナブル、持続可能な東京の実現を目指します。

「スマート シティ」の実現に向けて、八つの政策の柱が示されています。各政策の柱における主な課題及び政策の方向性は次の通りです

○政策の柱1　スマートエネルギー都市

世界をリードする、スマートエネルギー都市を目指すため、省エネルギー対策の推進によりエネルギー消費量やCO_2排出量の削減を進める必要があります。また、都市活動を支える主要なエネルギーの一つとして、再生可能エネルギーや水素の活用を促進していく必要があります。

▽住宅・ビルなどにおけるLED照明をはじめとする省エネ機器の普及に向けた取り組みを推進

▽家庭のエネルギー消費量の削減に向け、エコハウスの普及を推進

▽次世代自動車、水素ステーション、家庭用燃料電池などの導入を支援

▽太陽光発電など、再生可能エネルギーの導入を拡大

○政策の柱2　快適な都市環境の創出

東京2020大会では、海外から多くの来訪者が見込まれることを踏まえ、都市全体の気温低下を図るヒートアイランド対策に加え、夏の厳しい暑さに対する即時的な効果を狙った暑熱対応を含めた、総合的な暑さ対策に取り組む必要があります。また、気候変動等による水循環の変化や大気環境の改善に加え、持続可能な資源利用を推進することで、クール・クリーンで、快適な都市を目指す必要があります。

▽東京2020大会に向けた暑さ対策を推進

▽食品ロスの削減などを推進し、"もったいない"の意識のライフスタイルへの定着を推進

▽河川・運河等の水質改善や大気環境の更なる改善を進め、東京の快適な都市環境を次世代に継承

○政策の柱3　豊かな自然環境の創出・保全

都市開発や相続等に伴い、樹林地や農地などの緑は長期的に減少傾向にあります。また、都市化による生物の生息・生育空間の縮小や、外来種の侵入などによる生態系への脅威が問題となっています。

▽公園や街路樹の整備、水辺の緑化などを進め、花や緑でまちを彩る

▽都市農地の保全・活用、多摩の森林の保全・再生など、都内の貴重な緑を守る

▽生態系に配慮した緑化や自然公園の活用により、生物多様性保全の取り組みを推進する

Art・Essay&Opinion アート・オピニオン

子供の目線でわがまち自慢

地図付きでHPから情報発信

江戸川区経営企画部広報課区政案内係 飯島 健

江戸川区では3月1日、区内在住・在学の小中学生が写真とコメントで"わが街"を紹介する投稿サイト「小・中学生が見つけた！ わがまちじまん」を区ホームページに開設しました。子供たちの目線で発見した地域の歴史や文化、お気に入りの風景、建物、イベント、商店街、食文化など、「みんなに教えたい！」という自慢の故郷を区内外に広く紹介することができます。

同サイトは、子供たちが地域への理解を深め、愛着を高めてもらうことを目的に開設しました。身近な人々や物事に関心を持ち、住んでいる地域をより深く知ってもらうきっかけをつくることとしています。

投稿された内容は、区内6地区（小松川・平井、中央、小岩、葛西、東部、鹿骨）に分けて掲載。明るく分かりやすいデザインにしたり、コメントにルビを付けたりするなど、子供たちが楽しく見ることができるように工夫しました。また、撮影された場所が分かるように、電子地図サービスにも登録。サイトを見て気に入ったら、気軽に足を運んでもらえるようにしています。

これまで小中学生をターゲットにした投稿サイトは前例がなく、スマートフォンやデジカメを使うのは子供たちにとってハードルが高いことから、なかなか投稿が集まらないのではないかと懸念がありました。しかしながら、区内小中学校などに協力してもらい、現在までに50件もの投稿が寄せられました（3月31日現在）。

投稿内容は、区内のきれいな景色だけでなく、住んでいる地域で発見したことや、「こんなこと知っている？」「こんなところが好き！」など様々。子供ながらの感覚で投稿され、大人が見ても楽しい内容です。担当者にとって一番の楽しみは、投稿された内容を初めて見る瞬間。子供たちがどんな気持ちで写真を撮ったのかな、などと思いを巡らせると、自然と笑顔になってしまいます。皆さんもぜひサイトをご覧いただき、子供たちのみずみずしい感性に触れてみてください！

区職員も街の魅力発掘

この取り組みと同時に、庁内でも区内の魅力ある資源を積極的に発掘しようと「区職員も見つけた！ わがまちじまん」を開始しました。これは、約6割の職員が区内在住である特長を生かした試みです。地域への愛着を高めるためには「当事者である自治体職員こそが魅力を積極的に語る人であってほしい」という思いで企画しました。

職員版「わがまちじまん」では、「食」に関する内容や「街の風景」に関する情報など、約1カ月の期間限定にもかかわらず80件以上の情報が寄せられました。何百台もの自転車と利用者を記憶する駐輪場管理員の方や、生まれ育った土地の名を店名の由来にしたおしゃれなクラフトビールのお店など、今まさに街の"顔"となっている生きた情報が集まりました。

近年、今ある資源に光を当てて魅力を掘り起こす取り組みが各地で行われています。2020年東京オリンピック・パラリンピックに向け、協働の理念のもと、本区では区民とともに魅力発信に取り組んでいます。今後、こうした事業を「まちあるきアプリ」の開発を始めとした広報施策に展開させることで、更なる認知度を高め、区民の皆さまの誇りを醸成しながら、地域の活性化につなげていきたいと考えています。

「小中学生が見つけた！わがまちじまん」のHP

桜とスカイツリーが見える撮影場所が地図に表示される

境界線を編み直す

6年目のASTT

アーツカウンシル東京の被災地支援事業㊥

出身地が「被災地」と呼ばれるようになるとは、想像したこともなかった。宮城県で生まれ、大学進学を機に上京し、東日本大震災を東京で経験した。それから数カ月後、ひょんなことから同年7月に立ち上がった「東京都による芸術文化を活用した被災地支援事業（Art Support Tohoku-Tokyo、以下ASTT）」の担当となった。既存の文化事業を持ち込むのではなく、現地の団体やコーディネーターの人々とともに事業を立ち上げ、実施する。この態度は都内のアートNPO等と共催で事業を実施する「東京アートポイント計画」の仕組みに由来する。伴走型の中間支援事業の担当として、今も東京から「支援」の立場で東北へ通い続けている。

「写真では街の復興が見えづらくなってきたけれど、本当は今もいろんなことが大きく変わっている」。2015年末に岩手県釜石市で聞いた言葉だ。がれきや被災した建物が撤去され、道路や信号も復旧した。新たな建物も立ち始めた。震災直後から比べれば、街中の風景は落ち着いてきたように見えた。

その一方で沿岸部は大規模な土地のかさ上げが進行し、応急仮設住宅から復興公営住宅へと人々の生活は、もう一度、震災以来の大きな変化を迎えていた。

特定非営利活動法人@リアスNPOサポートセンター（以下@リアス）は、震災直後から釜石市や隣の大槌町の風景を写真に残してきた。「復興カメラ」という名前で撮りためた写真の総数は10万点を超える。各地で写真展を開催し、震災の経験を語ってきた。

先の言葉を聞いたのは、この「復興カメラ」の今後を話していたときだった。3年、5年を節目とした外部支援の減少。「震災」への関心の低下。そこには震災の経験を継承することの切実さと忘却への危機感があった。写真を撮り続けることの必然性は感じつつも、それをどう続け、使うのか。しばらく議論は続いた。

転換点は「復興カメラ」のFacebookページの話題で訪れた。現在の風景を写真や動画で掲載すると「いいね！」やコメントは、地域外の人々に多いのだという。国内外のボランティアや支援団体の人々、行政の応援職員、そして地域の出身者たち。今はいない、けれども、その土地に関係を持ち、気にかけている人たちが大勢いることに気が付いた。

2017年3月。@リアスはお世話になった人々へ1枚のはがきを送った。送付は例年のことなのだが、今年は「復興カメラ」の定点観測写真を使った動画のQRコードを掲載した。現地の風景とその変化を共有することから、次の会話のきっかけづくりを目指した。こうして手紙を送り合うような日常的な関係づくりが今後は必要となるのだろう。

震災直後に「境界線」という言葉をよく聞いた。地震、津波、原発による被害の差、住まいの違いなど、震災は人々の間に微細な、けれども決定的な分断を生んだ。

ある現場では、数年ぶりに再会した「近所」の人々がいた。震災後の境遇の確認は、必ずしもいい話だけではない。互いを思いやるがゆえに生まれた分断もあった。

6年間のASTTでは、その境界線を越え、編み直すような場面にいくつも遭遇した。芸術や文化は人々が出会うための「もうひとつ」の回路を拓く。そして今、震災直後とは違った意味で地域内外の人々の関係を紡ぎ直すことが必要となっている。

そこでは「与える／受ける」という支援ではなく、互いに持ちうるものを交換しあうような関係づくりが、より求められる。それによって、私たちの平時の実践や伴走の真価が、改めて問われることだろう。先日、震災以降、現地に通い続けるアーティストが語っていた言葉を思い出す。「やっと、これからが本番だ」と。

（アーツカウンシル東京プログラムオフィサー 佐藤李青）

――次回は2015年度からASTT事業を担当するPO嘉原妙氏が、現場の取り組みを紹介する。

【参考情報】

ASTTでは、現地パートナーのインタビュー中心に、これまでの活動を振り返ったドキュメント『6年目の風景をきく―東北に生きる人々と重ねた月日』を刊行している。http://asttr.jp/book/

大槌町城山からの定点観測写真＝2017年3月30日（写真提供・特定非営利活動法人@リアスNPOサポートセンター）

「遺言カフェ」を開催

弁護士と相続を語る

日弁連など

日本弁護士連合会と東京三弁護士会多摩支部は、「遺言の日」の記念行事として「遺言カフェ～弁護士と語る相続～」を19日午後2時から町田市文化交流センター（プラザ町田ビル内）で開催する。

弁護士によるミニ講座で遺言に関する知識を分かりやすく説明。講座修了後はグループごとに弁護士を配置して茶話会を行う。先着100人で事前予約不要。

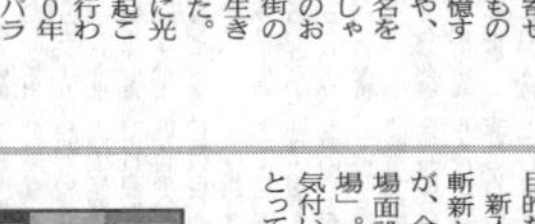

都〜区トーク

初心表明

かつて新入職員の宿泊研修でインストラクターを引き受けたことがあった。この研修で新入職員は何班かに分かれ「寸劇」に取り組んだ。寸劇の創作を通じて都庁職員としての心構えを涵養するのが目的だ。

新入研修で寸劇とは斬新と言えばそうだが、全ての班が選んだ場面設定は「窓口職場」。そこで、はたと気付いた。新入職員にとって都庁はまさに未知の世界だったのだ。寸劇を練習する合間、筆者は持てる知識を総動員して、担当した班のメンバーに各局の役割や職場を説明したところ、未知の世界が一転して具体的なイメージとなってきたようで熱心に耳を傾けてくれた。あれから20年、彼らは文字通りのベテラン職員として各職場で頼りにされているに違いない。

さて、今年度も都庁は新たに職員を迎え入れた。ふと気になって採用試験の日程を確認したところ、彼らの多くが、ちょうど前知事のスキャンダルが連日ワイドショーで面白おかしく報じられ、続く知事選で世間が大騒ぎしている最中、筆記や面接の試験に臨んでいたのである。彼らの心中はさぞ複雑だっただろう。

あの当時、知事の海外出張や数々のセコイ話もさることながら、都庁という組織に対しても世間の目は冷ややかだった。こうした状況にあっても、都庁を選んでくれた彼らを筆者は心から歓迎したい。

そこで本欄を通じて彼らに伝えたいことがある。おそらく面接試験では受験対策的な想定問答を用意して、例えば都が策定した計画を引き合いに出して「私は○○の仕事がしたい」など模範的な志望動機を披露したかもしれない。だが、実際に職員になってみると、そのような志望動機はあまり役に立たない。なぜなら志望動機に合わせて職場に配属されるわけではないからだ。

それよりも都庁の職員になろうと決意した素直な思いがあるはずだ。端的に言えば「都民のためになりたい」ではないだろうか。どうかその初心を職場の上司や先輩の前で恥ずかしがらず表明してもらいたい。その際、「都民ファースト」云々とは言わなくてよい。この言葉は都民向けのキャッチコピー用であって、職員の内輪で使うと空疎に聞こえるだけで共感を呼ばない。皆さんの飾らない素直な言葉はきっと新鮮に響くはずだ。

そして職員として最初に取り組むべきは、上司や先輩、同期の顔と名前を覚え、自分の顔と名前を覚えてもらうことだ。仕事を覚えるのはその後でよい。

（初心を度忘れした先輩）

ミニガイド

◆公益社団法人東京自治研究センター月例フォーラム ▷内容 第7期介護保険事業計画に向けて▷講師 ねりま介護保険問題研究会「事業者として第7期介護保険事業計画に期待するもの」▷日時 4月12日㈬ 午後1時半～4時15分▷会場 中野サンプラザ7階研修室8（JR中野駅下車徒歩2分）▷参加費 千円（会員は無料）▷問い合わせ 公益社団法人東京自治研究センター ☎03・6256・9912

◆神代植物公園植物多様性センター4月のセンター講座「フィールドで楽しむ春の花粉学」 ▷日時 4月29日㈯㊗ 午後1時半～3時半（荒天中止）▷会場 植物多様性センターセミナールーム及び学習園▷講師 センター職員▷定員 20人（事前申し込み制）▷参加費 無料▷申し込み 調布市深大寺北町1の4の6 神代植物公園植物多様性センター☎042・485・1210（先着順）

◆小金井市立はけの森美術館所蔵作品展「開館10周年記念 さまざまな道程ー寄贈作品に見る中村研一の姿」 ▷日時 5月14日㈰まで 午前10時～午後5時（入館は4時半まで）▷交通アクセス JR武蔵小金井駅下車 南口より徒歩約15分

都政新報

発行所 都政新報社
〒160-0023 東京都新宿区西新宿7-23-1 TSビル
（総務・読者）03-5330-8781
（企画広告）03-5330-8784
（編集）03-5330-8786
（出版）03-5330-8788
（ファクス）03-5330-8808
購読料 月1,730円（税込）
毎週火・金曜日発行
ただし、祝日は休刊

紙面から

市場戦略本部が初会合

築地再整備案も検討へ

「時間稼ぎ」の批判も

築地市場の移転問題などを総点検する市場のあり方戦略本部の初会合が3日に開かれた。市場関係者のヒアリングや専門家会議などの議論を踏まえ、豊洲と築地の課題などを検証し、小池知事が移転の可否を総合的に判断する。知事は集中的に検討を進めるよう幹部に求めたが、結論を出す時期を明言せず、判断の先送りとの批判も出ている。

市場のあり方戦略本部の初会合では、小池知事をはじめ、本部長を務める中西副知事、政策企画局長と総務局長、中央卸売市場長と同3局の次長、財務局長と同局主計部長の幹部9人が出席。市場問題プロジェクトチーム（PT）の小島敏郎座長はメンバーに加わっていないが、今後は戦略本部としてヒアリングする予定。

議論するテーマは、市場問題に関する都民の理解と納得、豊洲・築地市場の課題、市場の将来的な在り方だ。戦略本部が4月中にも市場関係者らをヒアリングし、豊洲の土壌汚染を調査する専門家会議、同じく安全性を検証する市場問題PTの議論も踏まえ、戦略本部が諸課題を総点検する。

市場の在り方に関しては、流通の学識経験者や業界団体の代表らで構成する都卸売市場審議会が2月に第10次整備計画をまとめ、小池知事に答申した。市場に在籍経験のある都庁幹部は「審議会が知事に答申を出した整備計画は、農林水産省にも提出している。それを超える議論ができるのか」と疑問を投げかけた。

また、市場問題PTの小島座長が示した築地再整備案も検討する。小島座長によると、1990年代の築地再整備計画は業者の協力が得られず種地の確保が難航し、工事期間は20年間と長期化するとともに工事費も3400億円に膨張し、未熟な建築技術も影響して頓挫した。小島座長案では、施設1階を市場、2階を駐車場にする2層構造で、種地確保を抑え、建築技術が進む中、設計も含め最短7年間で500億～800億円かけて再整備する内容だ。

今後の議論に当たり、小池知事は戦略本部で「集中的に検討を進めていただきたい」と強調した。政策企画局の幹部は本紙の取材に「知事の言う『集中的』は短期集中で議論するという意味だろう。専門家会議など一定の結論が見えており、議論をまとめていく時期に来ている」と話した。

戦略本部の結論を出す時期を明言しなかった小池知事だが、「課題をクリアしていき、結束して都民の信頼を勝ち得る近道にしていきたい。そのことが市場の将来につながると確信をしている」と力を込めた。

戦略本部の事務局を務める中央卸売市場は「報告書のイメージは固まっていないが、豊洲に移転するとか、築地を再整備するという結論めいたものにはならないと思う。知事が総合的に判断する材料を提供する」と説明している。

市場のあり方戦略本部の初会合で訓示する小池知事＝3日、都庁第一本庁舎で

判断材料どこまで

【解説】小池知事が移転の可否を判断するのに戦略本部がなぜ必要だったのか、誰もが納得する理由が示されていない。専門家会議や市場問題PTの検証結果を集約し、上位の会議体と位置付けて設置するなら分からなくもないが、中央卸売市場は「上位というのは明確に違う」と否定する。

知事が市場問題を巡り、職員の意見を参考にするという点にも驚きの声が上がる。都幹部は「昨年8月に小池知事が就任した後、豊洲移転に関する知事へのブリーフィングを行ったが、知事は移転を延期するための材料を探していたのがありありだった」と明かし、移転延期を決める際に戦略本部のような会議体を設けるべきだったと指摘した。

また、情報公開を改革の旗印に掲げる小池知事だが、初会合は知事の訓示が報道陣に公開されただけで、その後のやり取りを非公開とした。中西副知事は「政策決定過程の議論であるため」と理由を説明した。

どんな議論が尽くされるか分からないが、知事は結論を踏まえて「総合的判断につなげる」と明言しており、戦略本部の結論は市場移転の行方が焦点となるのは間違いない。都庁内では踏み込んだ内容にならないとの憶測が流れており、どこまで総合的判断の参考になるのかは不透明だが、自ら移転の可否を決断することが知事の責務であることに変わりはない。当然、職員に責任を転嫁することがあってはならない。（石）

都議会百条委

浜渦氏の証言「偽証」か

元都幹部が関与に言及

築地市場の移転問題に関する百条委員会は4日、元知事本局長の前川燿男練馬区長ら東京ガスとの土地取得交渉に関わった都庁の元幹部3人を証人喚問し、予定していた24人の質疑を終えた。この日の質疑では、当時の石原知事に代わって実権を掌握していた浜渦元副知事の下で、局長も知らないまま土壌汚染対策範囲などを定めた「確認書」が作成された状況の一端が明らかになったが、水面下交渉の全容解明には程遠い状況。一方、3人の証言により、3月の百条委での浜渦氏の証言の矛盾点が明らかになり、委員らは偽証罪で告訴準備を進める意向だ。

都と東ガスの交渉過程では、移転に向けた協議に入る2001年2月21日の「覚書」や、東ガスの移転協力を取り付けた同年7月6日の「基本合意」などが取り交わされている。4日の百条委では、これらに付随して作成され、都が公表してこなかった各「確認書」の存在に質疑が集中した。

公明の谷村孝彦氏は、「覚書」の一週間後に作成された確認書に、東ガスが再開発事業の一環で行うはずだった防潮護岸整備の見直しや、土壌汚染対策などが協議内容として記載されていたと指摘。この時点で土壌汚染対策を含む同用地の抱える課題が整理されていたことを示す内容で、各会派からは基本合意の確認書を含め、誰の権限で作成されたものか、証人への追及が相次いだ。

02年から知事本部長（04年からは本局長）を務めた前川氏は、確認書の存在を「承知していない」と話し、前任者からの引き継ぎもなかったと証言。基本合意の直前まで政策報道室理事を務め、豊洲移転の特命担当だった赤星経昭氏も、確認書への関与を否定した上で、確認書には公印がなくサインのみだったことから、「（上司の）了解を得るのが前提。理解できない」と話した。

一方、確認書に署名した元政策報道室首都機能調査担当部長の野村寛氏は「当時の都のやり方に従った」と確認書の存在を認め、書類は各局と東京ガスの個別交渉の結果をまとめたものと説明。基本事項を合意文書でまとめた後に、細目を確認書でまとめることが同用地交渉の通例だったと証言した。

また、東ガスの提出資料を基に、01年2月に都と東ガスが確認書について協議した内容も各会派が公開。東ガスは「開示要求の対象とならないよう、私印による交換を考えている」と提案したのに対し、都は「表には出ないと思うが、各局にまたがっており、しかも私印といえども交換したということが他に漏れることとも慎重に考慮する必要がある」などと応じる資料が示された。

公明党など各会派は確認書が浜渦氏による「水面下交渉」の結果を示すものであり、その後の土壌汚染対策費の負担問題などにも関わったと判断し、今後も証言の精査を行う方針だ。

疑惑、都議へ飛び火

前川氏は、石原氏の登庁日数が少ない中で浜渦氏が部課長に直接指示し、決定権を握っていた実態を証言した。

浜渦氏は百条委で「01年7月の基本合意以降は（交渉に）関わっていない」と証言していたが、前川氏は「（05年の）最後の確認書は（報告を）上げたと（部課長から）聞いている」と浜渦氏の証言を否定。当時の幹部が03年5月まで浜渦氏に報告を行っていたとする文書の存在なども踏まえ、公明党など各会派の委員は浜渦氏の偽証の疑いが濃厚と判断し、偽証告発の準備も含め、委員長に検討を求めた。

また、都庁退職後に東ガスに執行役員として再就職した前川氏を巡っては、特定の都議との関係も取り沙汰された。共産党の吉田信夫氏は、08年に前川氏が東ガスの常務との打ち合わせで、内田茂自民党都連幹事長（当時）から「（土壌）対策発表前にTG（東京ガス）から費用負担について発表できないか」などの打診があったと報告する議事録の存在を明かした。

前川氏は「事実関係を伝えることはあったかもしれない。具体的な場面は記憶していない」と話したが、吉田氏は「内田氏の発言はその後の費用負担で大きな意味を持つ」として、同氏の百条委への証人喚問を要請する意向を示した。

その後、質疑に立った自民党の河野雄紀氏は、同資料を確認した上で、「その中に他会派の名前も入っていたことを事実として付け加えさせていただく」と話すなど、複数の都議の関与をほのめかした。

ある委員は「全会一致でやらないと意味がないが、会派ごとに呼びたい人が違う」と話し、都議会も疑惑の渦中に取り込まれたことで、今後の真相究明の更なる難航を示唆した。

4日の百条委で前川氏に「二者間合意」文書の確認を求める公明党の上野氏（右）

自民、入札改革を批判

都政改革本部案「不調や品質低下招く」

都政改革本部が3月31日に打ち出した入札制度改革について、都議会自民党は4日、不調の頻発やダンピングによる品質低下を招くとして、業界団体からヒアリングを実施するよう都に求めた。

高木啓幹事長は改革案を「建設業イコール悪のような、建設業が都の税金をむさぼっているような、そんな前提で話をしているような気がしてならない」と話し、再考を求める意向を示した。

都政改革本部の入札制度改革は、予定価格を事後公表とすることや一者入札の原則禁止などを盛り込んでおり、財務局の発注案件に関しては6月から試行を開始する予定。これを受けて自民党は4日に関係業界団体のうち16団体からヒアリングを実施。ほぼ全ての団体から「五輪の建設事業が間に合わなくなる」など、改革案に対する反対意見が上がったという。

高木氏は「自民党は10年前に入札契約制度に関するプロジェクトチームを設置し、都の入札制度を適正な形にするための努力をしてきた」と説明。今回の改革案は「（問題のあった）以前の制度にもう一度戻そうとするかのような内容。安ければいいというような考え方が強い」と指摘した。

また、都政改革本部が事前に業界団体との意見交換を行っていなかったことを問題視し、「現場の声を全く聴取せず、机上の論理で改革案が作られたことに驚きを禁じ得ない」と話し、改革案は現場との整合性が取れないとの危惧を示した。

業界団体からは都政改革本部の内部統制PTとの意見交換を求める声も上がったといい、同会派は同日、知事宛てに各種団体からの意見聴取を求める要望書を提出した。

最少の経費で最大の効果を

都予算執行依命通達

都は1日、4副知事名で2017年度予算の執行に関する依命通達を各局に出した。東京五輪の成功やレガシーの構築、観光産業の活性化など日本全体の成長につなげる一方、首都直下地震への備え、待機児童の解消、医療・介護インフラの整備などを求めた。

予算全般では、事業評価の取り組みなどを通じ、改善策を事業計画などに的確に反映することとした。歳出では事業について、時機を逸することなく取り組み、最少の経費で最大の効果を図るよう求めた。また、滞納整理の一層の促進、都市基盤整備などの重要性を踏まえた国への働き掛けを行うよう強調した。

都政の東西

新しい職場で

入都式が行われた3日の夕方、新宿からの電車内で都庁の新入職員と思われる5、6人がまとまって乗っていた。襟元には2020年東京オリンピック・パラリンピックのバッジ。混雑する車内に気を使ってか、皆、口数は多くなかったが、希望に満ちた高揚した顔付きをしていた。

こうして新しい職場に入って来る人もいれば、なじんだ職場に別れを告げるのが名残惜しい人、あるいは、これまでの職場が合わなくて4月からの新天地で心機一転という人もいるかもしれない。

都庁の出先で若い職員が特殊な業務にうまく適応できず、職場経験の長い同僚から精神的な圧力を受け、配属中、苦しい2年間を送ったという話を聞いた。職務への適、不適は避けられない話ではあるが、職場ごとに解決策を探り、一人ひとりが前向きに働くことができる風通しの良い環境を作る必要がある。メンタルにトラブルを抱える職員が増えている中、人材をより大切に扱う視点は重要だ。

小池知事は入都式でも「都民ファースト」を呼び掛けた。都庁職員は区市町村職員と比べると一部を除き、直接、住民と触れ合う機会が少ない。仕事を進める上で他局との調整や庁内の人間関係に意識が行きがちだ。行政に何が求められているのか、現場を良く知る区市町村の意見を今後、一層耳を傾けて、政策形成につなげてほしい。

絶えずニュースの渦中で揺れながらも、職員が地方自治の本旨を見失わず、仕事とプライベートの充実があれば、都政はもっと輝くはずだ。都政を支える先輩職員たちの間に新たに加わった2263人の門出を祝い、エールを送りたい。

◆高齢者の万引き対策強化

都青少年・治安対策本部は今年度、高齢者の万引き対策として、夏ごろからリーフレットの配布や講演会などを通した都民への周知を開始し、再犯防止に向けて、警視庁や区市町村との連絡体制を整備するなど取り組みを検討する。高齢者の万引きは社会的支援の不足などが要因となる場合もあり、行政による施策の充実が求められている。

同本部が立ち上げた有識者研究会（座長＝矢島正見・中央大学文学部教授）の調査では、万引きをした高齢者は必ずしも生活困窮レベルになく、体力・認知機能の低下を疑われる割合が多いことが判明。約6割に配偶者がなく、5割弱が独居しているなど、経済的・情緒的なサポートや会話が少ない中で万引きをしていることも分かった。

また、万引き容疑者の多くが微罪処分などで釈放され、社会復帰が容易な一方、上司などによるサポートがないことから、再犯防止への支援が不十分だと指摘。

報告書では、高齢者の孤立防止や店舗における見守りを兼ねた声掛けなどを提言。再犯防止のための教育プログラムの検討など、関係機関の情報共有や支援体制整備が必要と結論付けた。

昨年末に施行された再犯防止推進法では、地方自治体が再犯防止の計画を策定する努力義務を課しており、同本部は今後、国の動向を踏まえて対応を検討する。

◆ツイッターで漏水情報収集

都水道局は4日、震災時に都内で発生した漏水情報を収集するため、ツイッターを活用すると発表した。寄せられた情報を基に早期復旧に役立てる考えだ。

昨年4月の熊本地震で、熊本市が漏水している箇所を提供するよう呼び掛けたところ、多くの情報が寄せられた。

こうした先行事例を参考に、都水道局も震災時に漏水が発生した場合、ツイッターのフォロワー約5万5千人に漏水箇所の情報提供を求める。同局は、ツイートによる拡散を求め、同局を登録していないフォロワーも含めた情報提供に期待する。

局給水部は「震度が大きいから漏水が起きるわけではない。ツイッターの活用は震度の大きさではなく、被害状況を見て決める」と話している。

穴句ジョーク

前川元知事本局長、証人喚問で〝実権は終始浜渦元副知事にあった〟

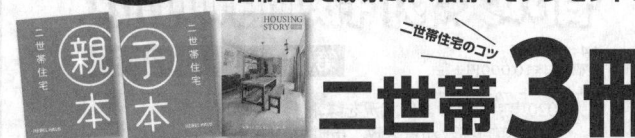

偽証探しで揺れる百条委
「ギショウ、ギショウ、ショウギ…王手！とうまく詰めるんかいな⁉」

五輪関連増員で計226人に

被災地支援は漸減傾向

23区職員派遣

被災地支援や東京オリンピック・パラリンピックの開催準備などを目的とする23区の2017年度職員派遣者数が合計226人に上ることが本紙の調査で分かった。五輪に向けた大会準備の本格化で、大会組織委員会への派遣が大幅増となったことが要因。これに対し、被災地支援では、昨年4月の熊本地震に伴い、3区が熊本県内への中長期派遣を行う一方で、東日本大震災から6年が経過し、岩手、宮城県内への派遣が減少。被災地支援全体では漸減傾向となっている。

各区の派遣状況を見ると、五輪関連派遣で全区が1～6人を増員し、合計136人となった。都への派遣は、財務局、オリンピック・パラリンピック準備局、港湾局の3局で計14人で、前年度と同数にとどまった一方、大会組織委員会が61人増となったことが要因。

大会競技会場が23区最多の江東区は、五輪関連派遣を6人増の12人とし、増員数と派遣者数のいずれも23区最大規模となった。組織委や都の要請に基づき、技術系職員を12人中9人とし、重点的に派遣した。

区職員課では「民間企業を含む多様な主体から人員が集まる組織での仕事は、区役所ではできない貴重な経験。区に還元してもらえば大いにプラスになる。大会のホストシティーとしての自覚と誇りを示す意味でも、積極的に協力していきたい」と語る。

同区の被災地支援も含めた派遣者数は15人で、18人の世田谷と江戸川区、17人の新宿区に次ぐ規模となっている。職員課によると、定年退職者が例年、40～60人規模となっており、中期的な新規採用の調整で職員数の増減に対応する方針だが、「この数年間は新規採用で江東区を希望する人が一定程度いるが、派遣規模が大きく膨らんだ場合は、更なる検討が必要になるかもしれない」という。

五輪関連派遣は、前年度が56人増、今年度が61人増と規模が拡大し、大会開催の20年度まで増員が続く見通しで、区の組織体制への影響を懸念する声もある。五輪関連で9人を派遣する新宿区人事課では、「メーンスタジアムの地元区として、職員育成の観点からもしっかりと協力する方針だが、被災地支援の8人と合わせて人数は上限に近い」と話す。

また、五輪関連派遣は研修派遣として給与や各種手当を区が負担するスキームのため、制度の改善を求める意見もある。ある区の人事担当者は「派遣規模が膨らんだ場合、区財政の圧迫要因になり得る。そもそも主力として働くにもかかわらず、研修扱いなのはどうか」とため息交じりに語った。

一方、被災地支援では、熊本地震で被害を受けた熊本市に世田谷区、宇土市に中野区、益城町に新宿区が1人ずつ中長期派遣を実施。また、区長会が福島県内の原子力被災市町村への支援強化を打ち出したことに伴い、杉並区が南相馬市に前年度と同数の8人を派遣するのに加え、川俣、広野、楢葉、富岡の4町に6区6人の派遣が決まった。

しかし、東日本大震災関連では7区が減少となり、被災地支援を目的とする職員派遣は前年度から8人減の90人となった。

渋谷区は福島県いわき市と協議し、事務職1人の派遣を昨年度で終了。新たに熊本地震関連で職員派遣を計画していたが応募者がなく、年度当初の派遣を見送った。区職員課では「引き続き職員に呼び掛け、できるだけ早期に派遣したい」としている。

23区のうち、派遣者数が前年度比減となった中野、豊島の2区は、いずれも宮城県内への派遣が減になったことが要因だ。

中野区では、石巻市と東松島市がいずれも2人減、亘理町が1人減となった。このうち、石巻市は前年度に派遣された土木職1人が区を退職し、同市職員として1日付で採用されたという。区経営室では、「震災から6年が経過し、現地では職員採用が活発化しており、派遣よりも自前の職員という意識が高まりつつある。派遣先の自治体と調整しながら区として最大限の協力を続けたい」としている。

豊島区では、名取市と松島町に派遣していた技術系職員2人の派遣を昨年度末で終了したのが要因という。区人事課では、「庁舎跡地や池袋駅周辺などのまちづくりが本格化し、技術系職員の派遣が難しくなった。派遣先の両市町を訪問して陳謝したが、本当に申し訳ない気持ち」と語った。

23区の17年度職員派遣者数（単位：人）

区名	合計	被災地支援 計	被災地支援 事務	被災地支援 技術	五輪関連 計	五輪関連 事務	五輪関連 技術
千代田	8 (2)	2 (0)	2	0	6 (2)	4	2
中央	12 (5)	4 (1)	2	2	8 (4)	4	4
港	8 (3)	1 (0)	1	0	7 (3)	5	2
新宿	17 (4)	8 (1)	4	4	9 (3)	4	5
文京	9 (3)	3 (0)	3	0	6 (3)	4	2
台東	7 (3)	1 (0)	1	0	6 (3)	6	0
墨田	7 (2)	2 (0)	1	1	5 (2)	3	2
江東	15 (6)	3 (0)	3	0	12 (6)	3	9
品川	12 (2)	4 (▲2)	3	1	8 (4)	5	3
目黒	9 (3)	4 (0)	0	4	5 (3)	3	2
大田	9 (3)	2 (▲1)	2	0	7 (4)	5	2
世田谷	18 (5)	8 (0)	6	2	10 (5)	8	2
渋谷	3 (0)	0 (▲1)	0	0	3 (1)	3	0
中野	10 (▲2)	8 (▲3)	7	1	2 (1)	2	0
杉並	13 (2)	8 (0)	4	4	5 (2)	3	2
豊島	6 (▲1)	2 (▲2)	2	0	4 (1)	3	1
北	12 (5)	4 (1)	3	1	8 (4)	4	4
荒川	5 (1)	2 (0)	1	1	3 (1)	1	2
板橋	10 (2)	4 (0)	2	2	6 (2)	4	2
練馬	5 (1)	1 (▲1)	0	1	4 (2)	4	0
足立	5 (1)	3 (0)	1	2	2 (1)	2	0
葛飾	8 (1)	4 (0)	4	0	4 (1)	3	1
江戸川	18 (2)	12 (▲1)	5	7	6 (3)	5	1
23区計	226 (53)	90 (▲8)	57	33	136 (61)	88	48

※かっこ内は前年度比増減

民泊法制化へ懸念明示

区議会1定意見書・決議

条例制定など権限求め

23区の第1回定例区議会が先月31日までに閉会し、17区議会で意見書30件、決議6件を可決した。官邸主導で制度化が進む民泊や自家用車での相乗り（ライドシェア）など「シェアリングエコノミー」の動きを巡っては、慎重な議論・対応を求める意見書が出された。また解決の道筋が不透明の市場移転問題では、中央、江東の両地元区議会が都に対する意見書を可決した。

意見書・決議の可決数が多かったのは、江東、練馬の2区議会が5件、千代田、足立の2区議会が4件の順。意見書等がなかったのは台東、品川、世田谷、渋谷、杉並、荒川の6区議会。

シェアリングエコノミーに関しては、法案が今国会に提出されている民泊について、中野区議会が「地域の実情に応じて運用できる『民泊』の法制化を求める意見書」を可決した。観光需要の増大や、空き家など遊休資産の有効活用に寄与すると期待を示す一方、「地域住民と旅行者の間での気配りと協力による、互いの安全と安心の確立のためのきめ細かい対応も求められる」とし、民泊の実態の監視や、トラブル対応への体制構築、条例制定などによる地域独自ルールの構築を可能とすることなどを国に求めた。

国の規制改革推進会議が検討を進める一般ドライバーによる自家用車での有償相乗りを解禁するライドシェアを巡っては、中央区議会が運行管理や車両整備の責任主体が設置されていないことへの懸念を示し、安全確保・利用者保護の観点から慎重な検討を国に要請した。

また、築地市場のある中央区議会は「築地市場移転問題の早期の結論を求める意見書」を可決。移転実施の可否や環状2号線（環2）など関連事業のスケジュールが不明確だとして、早期の明示を求めた。環2の事業計画の遅れは、同区晴海で進む五輪選手村の工事車両による晴海通りの混雑の深刻化に直結し、地元住民からの不安の声は強い。

市場関連では江東区議会も「豊洲市場の土壌汚染による風評被害への対応を求める意見書」を可決し、新市場の土壌汚染に関する情報発信時には建設地がガス工場の操業跡地であることを明示するなどして、豊洲地域の風評被害の拡大防止と払拭を強く求めた。同区では、区が管理予定だった豊洲ぐるり公園の開園も見送りとなっている。

最も多くの区議会が可決した意見書は、WiFi環境整備の促進を国に求めるもので、港、新宿、文京、墨田、中野、北、足立、葛飾、江戸川の9区議会が可決した。いずれも、交通機関や宿泊施設、観光案内所などへの整備促進策に加え、防災の観点から避難所や防災拠点、帰宅困難者の一時滞留場所などへの整備に対する財政支援を求めた。

観光庁が昨年9～10月に行った「訪日外国人旅行者の国内における受入環境整備に関する現状調査」によると、旅行中最も困ったことで「WiFi環境」の回答が28・7%を占め、「施設等のスタッフとのコミュニケーションがとれない」（32・9%）に次いで2番目に多かった。国は防災の観点からの取り組みも強化し、2019年度までの3カ年で発災時の避難所や防災拠点など全国3万カ所でのWiFi環境を整備する計画を示している。都内は2871カ所（整備済み含む）で整備する計画で、16年10月現在の都の整備率は71・8%となっている。

水素ステーションの整備促進に関する意見書を可決したのは、江東、中野、葛飾の3区議会で、燃料電池自動車や水素ステーションなどへの規制の見直しなどを国に求めた。国は昨年3月、水素ステーションを25年度までに全国約320カ所で整備する方針を示している。

地域課題では、足立区議会が都交通局の日暮里・舎人ライナーの輸送サービス改善を都に求める意見書を可決した。08年の開業後、沿線の住宅供給により人口が増え、平日朝のラッシュ時の輸送力が不足するとともに、土曜・休日ダイヤの最終電車時刻が平日に比べ30分以上早いことへの改善を目指す。

緊迫する東アジア情勢を巡っては、日本海に向けて弾道ミサイルを発射した北朝鮮に対し、練馬、足立両区議会が「東アジア地域全体の平和と安定を損なう行為であり、許しがたい暴挙」などとして、抗議する決議を可決した。

環2整備事業の遅れのあおりを受ける晴海通り＝中央区

文京区

障害者対応で職員ガイド

差別解消へ行動促す

文京区は、昨年4月に障害者差別解消法が施行されたのを受け、障害を持つ人に対する配慮の仕方やコミュニケーション方法を職員に向けて紹介する『障害者差別解消ガイド』を取りまとめた。自治体が障害を理由に不当に差別を行うことを禁止し、障害ごとの合理的な配慮が義務付けられた中、職員一人ひとりの意識を向上させ、差別解消のための行動を促すのが狙い。

ガイドは、視覚障害や知的障害など障害ごとの声の掛け方や意思疎通の図り方、窓口対応や印刷物の作成方法を例示。視覚障害者が窓口を訪れた場合は、事務手続きの進み具合や、どのくらい時間がかかるかを随時口頭で伝えるよう示し、知的障害者との会話では外来語や二重否定の表現を避け、説明が必要なことがあれば一つずつ理解を得ているか確認しながら伝えるなど対応のコツを示している。

また、講演会開催時の手話通訳の手配の仕方や、区の施設にあるバリアフリー設備の紹介など、区職員が必要な情報を記載しているのが特徴だ。

同区によると、職員向けガイドの作成は23区で珍しい取り組みという。区は2015年に、成澤廣修区長をトップに据えた推進本部を設置。庁内での対応事例を共有し、職員同士が意見を交わすことで、全庁的に課題意識を共有してきた。

区障害福祉課は「ガイドに記載しているのは、正解ではなく一つの考え方」と指摘する。同じ種別の障害でも程度によって適切な対応は異なり、本人への確認が欠かせない。「ガイドで具体的な例を示すことで、職員一人ひとりが障害を理解し、行動するきっかけとしてほしい」と話している。

研修で手話を学ぶ区職員＝16年4月、文京区で

記者席

移管後の現場にも耳傾けて

○……「言いたいことはいっぱいあるが、質問されたこと以外はしゃべれない。申し上げたいことはある」。4時間近くに及ぶ各会派からの質疑を終え、赤星経昭氏は疲弊しきった様子で話した。

4日の百条委員会では、赤星氏ら元幹部3人を証人喚問。5日間の同委員会で計24時間以上の質疑が行われ、理事会協議も含めると膨大な時間が費やされている。おぼろげに「偽証罪」という着地点は見えてきたが、それは都政の混乱を収束に向かわせるものなのか。

都議への証人喚問を求める声も上がるなど、今後の百条委は紛糾含みだ。消費される時間に見合う成果が得られるかは、まだ霧の中だ。

○……「安心・安全の環境、清掃事業を守ろう」――。東京清掃労組が初めて駅頭に取り組むことになった。清掃事業に関する理解を深めてもらうとともに、現業系職員の処遇改善を訴えるのが狙い。選挙前の議員よろしくのぼり旗を立てるという。今月は、秋葉原駅や池袋駅などで活動を予定している。

清掃事業は区民にとって「当たり前」の存在であり、都区移管されたこともあって、都議からの訴えを聞くことは少ないが、最終処分場を管理する都とは切っても切り離せない。都内の現場を精力的に回る小池知事も折に触れ、清掃労働者の声を聞く機会があってもいいかも。

○……港区がジャンプアップする。何のことかと言えば、将来の人口数。4日付の本紙でも報じた都総務局の人口予測によると、2015年現在、23区で16位の港区は、40年までに11位になる。同区は10年の国勢調査人口では17位だったので、30年間で6区のごぼう抜きだ。このほか、台東、江東、渋谷の3区が35年までに順位を一つ上げる。

ただ、都の人口統計課は「マンション供給などの変動要因は反映していない」と話し、直近の人口変動の影響が統計値に色濃く反映されるのが実情だ。現に前回調査で人口ピークを25年の5万5578人と予測していた千代田区は1日、既に6万人を突破しており、「話半分」と見るのが賢明かもしれない。

江戸川区

新庁舎移転候補は船堀

公共施設再編で方向性

江戸川区は1日、新庁舎移転新築を始めとした老朽化に伴う公共施設の再編に向け、区の施設情報の洗い出しと今後の方向性を示す報告書を公表した。新庁舎の移転候補地は都営新宿線船堀駅近くの都有地で、都との交渉がまとまり次第、基本構想の策定に着手する方向性を示した。

同区中央地区にある区役所本庁舎は1962年竣工で築55年が経過しており、新庁舎建設は主要課題の一つ。区はこれまでも検討を重ねた上で都と交渉を進めてきたが、用地取得の見通しは立っていない。千葉孝企画課長は「現庁舎では災害対策などで懸念が残る。1年でも2年でも早く新庁舎建設の具体化に取りかかりたい」と話す。移転候補地は旧都営住宅「船堀4丁目アパート」跡地で、居住者は昨年末までに退去している。

また、現庁舎の跡地利用を課題に挙げ、「新たなにぎわい創出に向けて検討が必要」と整理した。現庁舎周辺は商店街が多く、同課によると、地元住民から現在のにぎわいの維持を求める声が上がっているという。

施設再編の検討に当たっては、地元住民や関係団体の意見を踏まえた上、複合化を視野に入れる考えで、既存施設とは目的の異なる施設再編をする際は個別に「（仮称）施設建設検討会」を立ち上げる。

防災タウンページ アプリで情報配信

北区

北区は、NTTタウンページ㈱が運用しているスマートフォンアプリ「防災タウンページアプリ」に全国で初めての自治体専用ページを開設し、配信を開始した。

同社のアプリでは、安否確認機能や伝言サービス、23区の避難場所情報などを提供している。開設したのは23区版のアプリで、トップ画面から北区専用ページへ進むと、区内の避難所や給水拠点マップ、洪水や土砂災害のハザードマップが見られるほか、SNSを含む都や区が防災情報を掲載しているウェブサイトのリンク集、防災無線の自動電話応答サービスへの直通ページなどのメニューを実装した。

また、河川が氾濫した際の浸水状況をAR（拡張現実）で見える化する「浸水シミュレーション」を配備。アプリを起動した状態でカメラ撮影した場所や、地図上で選択した地点の、河川が氾濫した場合の水位をイラストで表示する。

区はシステム開発費や運営費の削減を目指し、NTTタウンページ㈱に共同開発を打診し、既存アプリへの機能追加で合意した。区防災課は「通勤通学や観光などで北区を訪れる方たちにも役立ててもらいたい」としている。

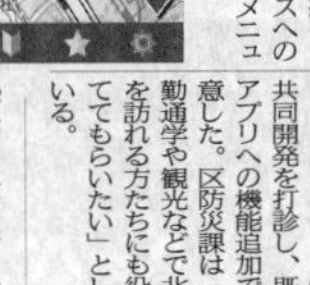
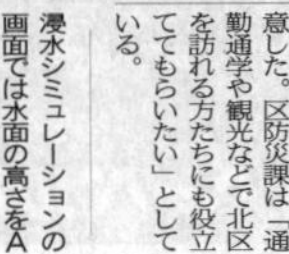

浸水シミュレーションの画面では水面の高さをARで分かりやすく表示

近隣公園を園庭にオープン

豊島区　全国初の庁舎内認可保育所

豊島区本庁舎ビル内の私立認可保育所「グローバルキッズ東池袋園」が3日に開所した。

保育所は、庁舎が3階～10階に入る地上49階建てのマンション・オフィス複合ビル「としまエコミューゼタウン」2階の一角に入り、近隣の南池袋公園を園庭に設定して外遊びなどを行う。面積は約400平方㍍で、入所募集では定員49人に対し、約200人が応募。43人が入所した。

庁舎ビルが立地する南池袋地区は地価が高額なため、認可保育所の整備が進まず、区は賃借料補助を1平方㍍当たり3030円から4500円に増額して保育所誘致を行ってきた。

区子ども家庭部によると、自治体の庁舎内に認可保育所が設置されるのは全国初という。入園式に出席した高野之夫区長は「子育て環境の整備で画期的な取り組みとなった」と胸を張り、「同じ建物内で区と保育所が連携し、子供にとって素晴らしい環境にしていきたい」と語った。

人口6万人に回復 81年以来36年ぶり

千代田区

千代田区の住民基本台帳人口が1日時点で、外国人を含めて6万297人となった。6万人を超えるのは1981年以来で、36年ぶりの水準に回復した。

同区は高度経済成長期以降にオフィス街化が進行し、人口が1999年4月に3万9264人まで落ち込んだことから、民間開発に合わせた住宅整備を誘導し、居住人口を増やす施策を打ち出してきた。00年に人口増加に転じ、加えて近年の都心回帰によるマンションの増加も押し上げる要因になった。

石川雅己区長は「区制70周年の年に人口が6万人に達したことは感慨深い。『子育てしやすいまち』『高齢者にやさしいまち』を目指して様々な取り組みを積み重ねてきた成果だと考えている」とコメントした。

◆◆提言◆◆

東京の教育・大改革

あるべき学力を求めて

江東区立八名川小学校長　手島利夫

今年1月に策定された東京都教育施策大綱によって、ようやく「東京の将来像と子供たちの目指すべき姿」を踏まえた教育施策が示され、具体化が進むこととなった。

これ以前の施策では、「学びの基礎を徹底する」などといった「取り組みの方向」が11項目並び、それに基づいた「東京ベーシックドリルの活用」といった事業の羅列が「主要施策」であったことを考えると、時代観・世界観・教育観が語られるようになった点で大きな進歩である。

文部科学省の学習指導要領の改訂も踏まえて、東京都の教育の課題とその解決に向けた方策について論じたい。

ベーシックドリルで学力は向上したのか

教育施策大綱の重要事項Ⅰに「全ての子供が学び成長し続けられる教育の実現」が掲げられている。家庭の経済的格差に配慮した取り組みは大歓迎である。しかし、今までの施策ではベーシックドリルを活用した反復指導ばかりが徹底され、学校から主体的で楽しい学びの場が奪われ、能力の高い子供たちが「学校の学び」を馬鹿にし、また学力の低い子にとっては理解しにくいことを詰め込まれる苦しみの場が広がっていたのである。

つまらない授業だけでなく、放課後まで残して指導を徹底するなどは、教育の名を借りた虐待にもなりかねなかったように思う。そのような場で生じるストレスがいじめにつながったり、不登校の原因になったりしていたようにも思う。

都の教育施策は市区町村の施策にも大きな影響を与え、多くの教育委員会が同様の「学力向上策」を取り入れてきた。しかし、これらの施策で学力が飛躍的に向上したなどという話は聞いたことがない。また、仮にそれで「学力」が向上したとして、そこにどんな価値があったのだろうか。

新しい価値を創造する力を育む教育の推進

今や世界中の情報が一瞬で手のひらに集まる時代である。多くの知識を身に着け、読み書き計算を素早く正確にできる者が偉かった時代は、20世紀までのことである。いつまでも過去型の教育とその栄光にこだわっている時ではない。東京の教育は世界から20年ほど遅れているのだ。

世界から遅れている現状は、中学校や高校の教育を見れば明白である。上級学校への入学試験を言い訳にした教え込み教育が横行しているように見えるのは、私だけであろうか。しかも教科分断制であるから職員間の学び合いが薄く、進歩もない。学校の特色を学びで創ろうとせずに部活に頼っているようでは、保護者の信頼が進学塾に流れているのも無理はない。

今後、新学習指導要領が全面実施される各年度（小＝2020年度、中＝21年度、高＝23年度）までに、小・中・高校で「文・理の境を超えた総合的な価値創造力を鍛えるカリキュラム」を実現しなくてはならない。

「持続可能な社会づくりを目指す態度・能力の育成」や「情報活用能力を育成する教育」も、それぞれが独立した施策で実現するものではない。総合的なカリキュラムの中にうまく関連づけ、機能させることが重要である。これが学習指導要領で言う、教科等横断的な「カリキュラム・マネジメント」なのである。

これには全職員の理解と工夫と協力と、実践と改善と蓄積とが必要である。とても1年や2年で完成できるものでない。1人、2人の手に負えるようなものでもない。校内体制を整え、校長の責任において、時間と情熱を傾け、職員の英知を結集して何としても実現しなくてはならない。

オリパラ教育を活用して学校教育を変える

2020年までに、オリンピック・パラリンピック教育として人権、環境、多文化理解の視点等から教科・領域を超えて開発・実践すれば、その単元の事例は「持続可能な社会づくりを目指す教育」の視点とも重なってくるので、カリキュラム・マネジメントの重要な柱として必ず活用できる。

各学年の教師が集まって、1年間に1単元ずつで良いので、一緒に協力して取り組める単元を開発する。関連付けた学びに、総合の時間を使って体験やふれ合いを仕掛け、子供が夢中になって乗ってくるようであれば大成功。子供たちの成長ぶりを一緒に確認しながら発展させれば教師も楽しくなる。そして3年経てば、どの学年にも3単元のカリキュラムができるのである。

オリンピック・パラリンピックを学校改革の大きなチャンスとして生かし、教科等横断的な学びづくりのためにぜひとも活用していただきたい。

主体的・対話的で深い学びの実現

変化の激しいグローバル社会で求められる児童生徒の資質・能力は、「問題解決能力」であり、「創造的なコミュニケーション能力」であり、「健康や体力」である。

問題解決能力といっても、他人から出された問題を解決する能力ではない。自分で問題に気づき、学び、人と協力して考えを高め合い、認め合い、助言し合い、協力して実践したりする能力である。だから、主体的・対話的な学習過程が重要なのである。

教師から与えられた課題よりも、子供が自分で見つけた課題の方が夢中で取り組めるのではないだろうか。そのために、自分たちで課題を見つけるように仕掛けを考えるのが教師の役割である。

子供たちは意欲を持って学ぶ中で、既習の知識や経験を総動員して取り組む。それを発表し合う場まで用意されたら、そこで伝えるための工夫も生まれるに違いない。そのような経験を重ねる中で、学ぶ楽しさを知り、意欲的で前向きな生活態度も育まれるのである。

そのような子供たちの輝く姿を教育の一つのゴールと捉えよう。そうすれば学校が楽しくなり、学びに価値が感じられるようになり、学力なんて勝手に向上してくるのである。

◇

私どもの小学校では、「持続可能な社会づくりを目指す態度・能力の育成」を踏まえたカリキュラム・マネジメントを基盤に、「子供の学びに火をつける」を合言葉にした主体的・問題解決的な学習指導を心掛けて、7年間、教育活動の充実に取り組んできた。

その結果、文部科学省の学力・学習状況調査の国語・算数ともに基礎・基本のA問題だけでなく、特に活用能力を見るB問題で、この7年間で15～18%もの向上が見られている。

学力の向上だけを目標にするのは愚の骨頂である。学力の数値は「カリキュラム・マネジメント」を踏まえた「主体的・対話的で深い学び」におまけでついてくるものなのである。

都の施策を踏まえ、自信をもって教育の大改革に取り組んでいただきたい。

教育じてん　79

2017年度教育庁主要施策について

桜が見頃を迎える中で、新年度、そして子供たちを迎えての新学期がスタートしました。各学校にとって2017年度は、改訂学習指導要領に基づく新たな教育の方向性に向け、具体的に動き始める節目の年になることと思います。

さて、東京都における17年度教育庁主要施策が定例教育委員会において報告されましたので、その内容について紹介します。

教育庁主要施策は「東京都教育ビジョン（第3次・一部改定）」の基本理念や内容を踏まえ、「知」「徳」「体」「オリンピック・パラリンピック教育」「学校」「家庭」「地域・社会」の七つの柱に基づき、その年度に重点的に取り組む施策がまとめられています。また、今年1月に策定された「東京都教育施策大綱」の重要事項や、新たな学習指導要領の方向性も踏まえた内容となっています。

主な施策ですが、「基礎・基本の定着と学ぶ意欲の向上」では、小・中学校においては電子化した「東京ベーシックドリル」の活用、高等学校においては義務教育段階の基礎学力の定着が十分でない生徒の進路実現に向けた「ゆめナビプロジェクト」の実施、給付型奨学金の創設による希望する学習活動への参加機会の確保などが示されています。

また、「『使える英語』を習得させる実践的教育の推進」では、小学校における英語教科化に向けた英語教育推進リーダーの配置や英語教育推進地域における教員の指導力・英語力の向上、中学校における「東京方式習熟度別指導ガイドライン」に基づく効果的な少人数・習熟度別指導の推進、高等学校におけるJETプログラムの活用による学校生活の中で日常的に英語に触れる機会の創出などが位置付けられています。

さらに、[illegible]デル事業」の小・中学校での実施が示されています。

新年度のスタートに当たり、都の教育課題に対応したこれらの施策を通して、各学校の教育活動が一層充実することを期待します。詳細は、各学校に配布されている冊子または都教育委員会のホームページをご覧ください。

新たな「まちとも」へ　運営協で放課後事業

町田市

町田市は2017年度から、放課後の子供の見守り事業として09年度から実施してきた「まちとも」の内容を一新し、全市立小学校で「新たな〝まちとも〟」事業を実施する。

これまではシルバー人材センター等に委託し、放課後の外遊びを安全管理員が見守っていたが、雨天時は中止で、回数や内容も学校ごとに異なっていた。「新たな〝まちとも〟」は、学校や地域を主体とした運営協議会が企画・運営し、余裕教室等を活用することで、雨天時や長期休業日でも実施が可能。また、子ども生活部児童青少年課と市教委の指導課が一体的に事業を実施することで、学童クラブに入会している児童も一緒に遊びや学習、スポーツなど様々な活動に参加することができる。ICT機器を活用した学習活動も行っていくという。

今年度は10校で先行し、以後は毎年8校ずつ増やしていき、21年度には全小学校で実施する。

教育ひろば

Tokyo2020の先へ　未来へつなぐ　オリパラ教育　1

板橋区立若木小学校

「相手の良さを認め、思いやる心」を

本校は2015年度、16年度の2年間、東京都や板橋区の指定を受け、オリンピック・パラリンピック教育の推進に取り組んできた。オリパラ教育というと体育を思い浮かべる方が多いと思うが、本校では「オリンピック・パラリンピック教育を通して豊かな心を育てる」を研究主題とし、道徳や総合的な学習の時間を中心に研究を進めてきた。「豊かな心」とは「相手のよさを認め、思いやる心」である。

2020年、東京オリンピック・パラリンピックが開催される。その際、世界中の人たちをこの東京都に迎えるということを意識させることで、豊かな心を育んでいこうと研究を進めてきた。授業を行うに当たっては、「東京都オリンピック・パラリンピック教育」実施方針に書かれている重点的に育成する五つの資質（ボランティアマインド・障害者理解・スポーツ志向・日本人としての自覚と誇り・豊かな国際感覚）のうち、何を伸ばすのかを明確にしていくことにした。

まず道徳の授業では、オリンピック・パラリンピック選手を取り上げた資料を用い、選手側の努力する気持ちを考えた。6年生の「世界に羽ばたく『航平ノート』」（体操の内村航平選手の資料）、2年生の「グレンよ　はしれ」（アメリカの1500㍍の選手グレン・カニンガムの資料）などである。電子黒板で技の動画や紙芝居を見せ、偉大な選手でも自分たちと同じように悩み、努力してきたことを知り、より身近に感じられるようにした。しかし、選手を取り上げた資料は限られている。導入や終末でオリンピック・パラリンピックのことを扱い、ねらいに迫ることにも取り組んだ。例えば、2年生の「ふれあいフェスティバル」という資料を用いた学習では、導入でロンドンオリンピックの開会式の様子を見せ、今日はおもてなしをする側の気持ちを考えるのだということを意識付けた。

次に、総合的な学習の時間の実践例である。4年生の「楽しもう！　リオデジャネイロオリンピック2016」、6年生の「パラリンピックから学ぼう」など都教育委員会から出されているオリパラ学習読本も活用しながら、オリンピック・パラリンピックについて深く知る単元を設定した。自分たちが知るだけでなく、他の学年に発表して広げる活動も行った。これまで行っていた国際理解や環境学習と結び付けた単元も開発した。

国際理解と結び付けたのは、5年生の「おもてなし飯で国際交流」である。和食の良さや食文化の違いを意識しながら、もし東京オリンピック・パラリンピックのフードコーナーに置くなら、どんな「おもてなし飯」がよいかを考えた。外国の方にプレゼンテーションも行った。環境学習と結び付けたのは、5年生の「環境マモリンピック」である。オリンピック・パラリンピック開催国として抱える課題の一つとして、環境問題について考えた。環境問題の原因から現状、対策まで調べ、自分たちにできることをポスターにして発信する活動を行った。

授業以外にも、オリパラ教育を推進している。オリンピック・パラリンピック朝会（都教育委員会から出ているオリパラ教育映像教材を見せる）を行ったり、児童集会でオリンピック・パラリンピッククイズを行ったりした。また、世界で活躍する選手の記録を視覚的に捉えられるような掲示をするなど、環境の工夫も行っている。

2年間研究を重ねてきて、オリパラ教育というのは、特別なことばかりやるのではなく、普段の授業・活動の中で少し意識を変えていけばできることも十分にある、ということが分かった。今後も継続して行い、2020年を見据えて学校全体で計画的に進められるようにしていきたい。

（板橋区立若木小学校主任教諭　福田晴香）

◇　◇

2020東京大会を控え、オリパラ教育を推進する東京都。それが礎となり、子供たちはグローバル社会を未来に向かって生きることになる。今号から重点校やアワード受賞校にその実践を紹介してもらう。（編集部）

2年生 道徳

「グレンよ　はしれ」（勤勉・努力）

歩けないグレンは、どんな気持ちかな？

5年生 総合的な学習の時間

「おもてなし飯で国際交流」

ぼくたちの考えた「おもてなし飯」は、うな天丼です。なぜこの「おもてなし飯」にしたかというと・・

Essay エッセー　56

笑顔が意味するもの

1976年に公開された映画『キャリー』をご記憶の方も多いのではないだろうか。現在の日本の教育問題である「いじめ」や「虐待」を予見したストーリーに、数十年ぶりに鑑賞した私は改めて戦慄を覚えた。ハイスクールに通う少女キャリーは、その内気な性格から周囲の生徒による執拗ないじめを受けている。さらに家庭内では母親からの虐待に精神的に追い詰められている。しかし、キャリーには秘められた超能力があり、彼女の怒りが沸点に達した時に……。

いや、本稿はそのあらすじを追うことが目的ではない。オカルト映画として公開されたこの作品には、様々な恐怖シーンが用意されている。しかし、私が最も恐怖を感じたのは、おとしめられたキャリーに対する周囲からの「嘲笑」である。クライマックスで、欺かれ、惨めな姿となったキャリーに容赦なく浴びせられるあざけりの笑い。そのシーンで私は自分のかつての体験を思い出し、画面から思わず目を逸らした。

それは私が中学生の時の出来事である。友達から「面白いやつ」というイメージを持たれていた私は、周囲を笑わせる存在でいることがアイデンティティーとなっていた。時には誰かの失敗を面白おかしく誇張して笑いをとる、というようなこともあった。

事件は体育の授業中に起きた。授業では走り高跳びが行われていた。授業の終わりが近づいた時、周囲から「面白い跳び方を見せろよ」とおだてられた私は、調子に乗って助走を開始した。私は気付いていなかったのだが、実は悪友たちの奸計によって着地マットの上にたっぷり水分を含ませたスポンジが置かれていたのである。着地と同時に、背中からお尻にかけてぐっしょりと濡れた私に向かって、クラスメートたちは大笑いしながら、「何か面白いこと言えよ」とはやしたてた。

悔しかった。そして惨めだった。体育着が濡れたことが原因ではない。周囲から冷やかされ、嘲笑されたことがつらかった。ちょうど女子生徒も体育の授業が終わり、教室に戻るところであった。その中に私が日頃からひそかに好意を抱いていた生徒がいた。彼女の冷ややかな笑みを見た瞬間、私の全身は凍りついた。悔しさと情けなさの中でその日学んだことがある。「笑わせる」ことと「笑われる」ことには雲泥の差があるということを。それまで笑いをとるために、誰かを笑いの対象にしてきた自分もまた、私を笑ったクラスメートたちと同じだったのである。

悲劇的な映画『キャリー』の中で、こんな笑顔のシーンがある。友人の奸計によってクイーンに選ばれたキャリー。ステージに上がった彼女は束の間の幸福感に満たされる。その時見せる彼女の笑顔は、この上もなく美しく、そして悲しい。

（教育庁指導部指導企画課長　建部豊）

教育面は第1、第3、第5金曜日掲載

市幹部人事異動

1日付
◎印昇任

■八王子市

【部長級】▽都市戦略部長（生涯学習スポーツ部長兼国際スポーツ大会推進室長）小柳悟▽行財政改革部長（行財政改革部行革推進課長）◎宇田川聰▽市史編さん室長＝市史編さん室主幹事務取扱（市史編さん室長）布袋孝二▽市民活動推進部長（総務部安全衛生管理課長）◎小浦晴実▽財務部長（市民活動推進部長）立花等▽市民部長（図書館部長）伊比洋司▽福祉部長（財務部長）小峰修司▽医療保険部長（監査事務局長）設楽恵▽健康部長兼八王子市保健所長（豊島区）原田美江子▽子ども家庭部長（福祉部長）豊田聡▽産業振興部長（都市戦略部長）木内基容子▽資源循環部長（市民部長）原田親一▽水循環部長（まちなみ整備部長）池内司▽都市計画部長（資源循環部長）守屋和洋▽まちなみ整備部長（まちなみ整備部開発・建築担当部長）三輪良春▽まちなみ整備部開発・建築担当部長（道路交通部路政課長）◎村野弘幸▽会計管理者兼会計部長＝会計部会計管理課長事務取扱（子ども家庭部長）小澤篤子▽議会事務局長（産業振興部長）大西健二▽監査事務局長（産業振興部観光課長）◎平本博美▽生涯学習スポーツ部長兼国際スポーツ大会推進室長（生涯学習スポーツ部生涯学習政策課長）◎瀬尾和子▽図書館部長（医療保険部長）石黒みどり▽都市戦略部付参事＝中核市市長会派遣研修（会計管理者兼会計部長＝会計部会計管理課長事務取扱）伊藤紀彦

【課長級】▽都市戦略部秘書課長（財務部契約課長）小林中▽都市戦略部広報課長（福祉部障害者福祉課長）古川由美子▽総合経営部経営計画第一課長（まちなみ整備部住宅政策課長）松岡秀幸▽行財政改革部行革推進課長（都市戦略部広報課長）中部いずみ▽総務部総務課長（福祉部生活福祉総務課課長補佐兼主査）◎成田俊雄▽総務部統計調査課長（税務部資産税課課長補佐兼主査）◎久保田竜司▽総務部法制課長（子ども家庭部子ども家庭支援センター課長補佐兼主査）◎松本美保子▽総務部労務課長（市史編さん室主幹）齋藤和仁▽総務部安全衛生管理課長（環境部環境政策課長）大山崇▽財務部管財課長（生活安全部防災課長）野口庄司▽財務部契約課長（福祉部高齢者いきいき課課長補佐兼主査）◎加藤毅▽税務部税制課長（都市戦略部秘書課長）真辺薫▽生活安全部防災課長（産業振興部農林課長）鈴木秀吾▽市民部由木地域事務所長（市民部北野地域事務所課長補佐兼主査）◎清水隆弘▽福祉部障害者福祉課長（子ども家庭部児童青少年課課長補佐兼主査）◎小池育英▽福祉部生活福祉総務課長（学校教育部教育支援課課長補佐兼主査）◎米村男▽医療保険部保険年金課長（総合経営部経営計画第一課長）菅野匡彦▽医療保険部保険収納課長（医療保険部保険年金課長）関谷健司▽健康部健康政策課長（市民部由木地域事務所長）田島巨樹▽健康部保健対策課長（東京都）福島千尋▽子ども家庭部子どものしあわせ課長（生涯学習スポーツ部文化財課長）中正由紀▽産業振興部観光課長（財務部管財課長）橋本光太郎▽産業振興部農林課長（総務部法制課長）音村昭人▽環境部環境政策課長（市民活動推進部学園都市文化課課長補佐兼主査）◎南部かや▽資源循環部廃棄物対策課長（資源循環部付主幹＝多摩NT環境組合）諸星高夫▽資源循環部館清掃事業所長（水循環部水再生施設課長）大塚哲二▽資源循環部戸吹クリーンセンター所長（資源循環部廃棄物対策課長）杉本雅彦▽資源循環部北野清掃工場長（資源循環部館清掃事業所長）中村浩久▽資源循環部付主幹＝多摩NT環境組合（資源循環部戸吹クリーンセンター所長）飯塚由則▽水循環部下水道課長（拠点整備部中心市街地整備推進課長）平井孝明▽水循環部水再生施設課長（資源循環部北野清掃工場長）前田武敏▽都市計画部土地利用計画課長（都市計画部都市計画課長）竹内勝弘▽都市計画部都市計画課長（まちなみ整備部開発審査課長）高橋徹雄▽拠点整備部中心市街地整備推進課長（道路交通部建設課長）和田隆▽まちなみ整備部住宅政策課長（税務部税制課長）志萱龍一郎▽まちなみ整備部開発審査課長（都市計画部土地利用計画課長）守屋清志▽道路交通部路政課長（道路交通部路政課課長補佐兼主査）◎水上太一▽道路交通部管理課長（福祉部生活福祉総務課長）田中勉▽道路交通部建設課長（水循環部下水道課長）浅野博秀▽学校教育部統括指導主事（東京都）野村洋介▽生涯学習スポーツ部生涯学習政策課長（子ども家庭部子どものしあわせ課長）平塚裕之▽生涯学習スポーツ部文化財課長（総務部統計調査課長）中野みどり▽図書館部中央図書館長（総務部労務課長）太田浩市▽図書館部南大沢図書館長（都市戦略部付主幹＝東京都市長会）安達和之

■立川市

【部長級】▽市民生活部長（福祉保健部長）井田光昭▽産業文化スポーツ部長（市民生活部長）渡辺晶彦▽福祉保健部長（まちづくり部基盤整備担当部長）吉野晴彦▽まちづくり部基盤整備担当部長（財務部財政課長）◎志村秀巳

【課長級】▽総合政策部秘書課長（子ども家庭部子ども家庭支援センター長）太田勇▽総合政策部行政経営課長（行政管理部人事課人材育成推進担当課長）渡貫泰央▽総合政策部情報推進課長（子ども家庭部子ども育成課学童保育所係長）◎田邉好男▽行政管理部人事課人材育成推進担当課長（総合政策部秘書課長）奥野武司▽財務部財政課長（総合政策部情報推進課長）齋藤真志▽財務部課税課長（福祉保健部介護保険課長）清水康一▽市民生活部市民課長（環境下水道部ごみ対策課長）太田弘幸▽市民生活部市民課窓口サービスセンター担当課長（福祉保健部保険年金課国民年金係長）◎森田雅代▽子ども家庭部子育て推進課長＝再任用（産業文化スポーツ部長）新海紀代美▽産業文化スポーツ部協働推進課長（環境下水道部下水道管理課長）大須賀一夫▽子ども家庭部子ども家庭支援センター長（産業文化スポーツ部協働推進課長）初鹿俊彦▽福祉保健部介護保険課長（福祉保健部保険年金課長）白井貴幸▽福祉保健部保険年金課長（教育委員会事務局教育部学務課長）田村信行▽まちづくり部交通対策課長（総合政策部行政経営課長）浅見知明▽環境下水道部下水道管理課長（まちづくり部再開発課長）武藤吉訓▽環境下水道部ごみ対策課長（子ども家庭部子育て推進課長）鈴木伸和▽教育委員会事務局教育部学務課長（教育委員会事務局教育部生涯学習推進センター長）浅見孝男▽教育委員会事務局教育部統括指導主事（東京都教育庁）川崎淳子▽教育委員会事務局教育部学校給食課長（教育委員会事務局教育部学校給食課管理係長）◎南彰彦▽教育委員会事務局教育部生涯学習推進センター長（議会事務局次長）五十嵐誠▽議会事務局次長（市民生活部市民課長）川瀬成樹

■武蔵野市

【部長級】▽総務部長（防災安全部長）山本芳裕▽総務部参事兼人事課長事務取扱（総務部人事課長）◎渡邉昭浩▽財務部長（財務部参事兼財政課長事務取扱）清水雅之▽財務部税務担当部長兼市民税課長事務取扱（公益財団法人武蔵野市福祉公社参事）福島文昭▽市民部市民活動担当部長兼市民活動推進課市民相談担当課長事務取扱（市民部保険課長）◎小島麻里▽防災安全部長（市民部市民活動担当部長兼市民活動推進課市民相談担当課長事務取扱）秋山真弘▽公益財団法人武蔵野市福祉公社参事（健康福祉部高齢者支援課長）◎森安東光▽公益財団法人武蔵野生涯学習振興事業団参事（財務部税務担当部長兼市民税課長事務取扱）斉藤愛嗣

【課長級】▽企画調整課オリンピック・パラリンピック担当課長（教育部生涯学習スポーツ課オリンピック・パラリンピック担当課長）齋藤綾治▽総務部総務課長（総務部総務課長兼検査担当課長事務取扱）内山欣也▽総務部総務課検査担当課長（都市整備部道路課整備調整担当課長）井上啓輔▽財務部財政課長（健康福祉部障害者福祉課長）古清雅英▽市民部市民活動推進課男女平等推進担当課長兼男女平等推進センター長事務取扱（市民部市民活動推進課男女共同参画担当課長兼男女共同参画推進センター長事務取扱）天野一治▽市民部保険課長（教育部教育支援課長）稲葉秀満▽防災安全部防災課長（防災安全部防災課長補佐兼消防防災係長）◎横山亮▽環境部ごみ総合対策課長兼減量指導係長事務取扱（環境部ごみ総合対策課長）齋藤尚志▽環境部下水道課副参事兼施設整備係長事務取扱（環境部下水道課長補佐兼施設整備係主査事務取扱）◎源田綾子▽健康福祉部地域支援課長兼臨時給付金担当課長事務取扱兼市民税課市民税係主査事務取扱（公益社団法人武蔵野市シルバー人材センター副参事）山中洋次▽健康福祉部高齢者支援課長（健康福祉部地域支援課長兼臨時給付金担当課長事務取扱兼市民税課市民税係主査事務取扱）山田剛▽健康福祉部障害者福祉課長（総合政策部企画調整課長補佐兼企画調整主査）◎真柳雄飛▽子ども家庭部子ども育成課保育施設整備担当課長（子ども家庭部子ども育成課課長補佐兼保育幼稚園係長）◎齋藤淳一▽都市整備部道路課整備調整担当課長（都市整備部武蔵境開発事務所長）高橋弘樹▽教育部教育企画課教育調整担当課長（子ども家庭部子ども政策課長補佐兼子ども政策主査）◎渡邉克利▽教育部指導課長（東京都教育庁）秋山美栄子▽教育部教育支援課長（教育部教育支援課教育相談係長）◎牛込秀明▽教育部生涯学習スポーツ課武蔵野ふるさと歴史館担当課長（教育部生涯学習スポーツ課副参事兼武蔵野ふるさと歴史館係長事務取扱）栗原一浩▽教育部生涯学習スポーツ課副参事兼武蔵野ふるさと歴史館係長事務取扱（議会事務局副参事兼議事係長事務取扱）小山佳幸▽東京市町村総合事務組合副参事＝東京都市長会事務局（教育部生涯学習スポーツ課武蔵野ふるさと歴史館担当課長）田川良太

■三鷹市

【部長級】▽企画部長・企画部都市再生担当部長兼職（企画部長・企画部行財政改革担当部長兼職・企画部都市再生推進本部事務局長兼職）土屋宏▽企画部調整担当部長・企画部行財政改革担当部長兼職・情報推進課長兼職（企画部調整担当部長・情報推進課長兼職）秋山慎一▽総務部長（教育部長・教育部調整担当部長兼職）伊藤幸寛▽市民部長（市民部調整担当部長・市民税課長兼職）遠藤威俊▽生活環境部調整担当部長・コミュニティ創生課長兼職（生活環境部調整担当部長）田口智英▽スポーツと文化部長・東京2020オリンピック・パラリンピック等担当部長兼職（企画部都市再生担当部長・三鷹中央防災公園・元気創造プラザ開設準備室長兼職）大朝摂子▽健康福祉部長（健康福祉部長・健康福祉部保健医療担当部長兼職）濱仲純子▽子ども政策部長・子育て世代包括支援センター長兼職（子ども政策部調整担当部長・児童青少年課長兼職・多世代交流センター準備担当課長兼職）和泉敦▽議会事務局長（市民部長）岡本弘▽教育部長・教育部調整担当部長兼職・スポーツと文化部理事兼職（子ども政策部長）宮崎望▽市民部調整担当部長・納税課長兼職（市民部納税課長）◎田中二郎▽スポーツと文化部調整担当部長・芸術文化課長兼職・教育部理事兼職（教育部総合スポーツセンター建設推進室総務担当課長・企画部都市再生推進本部事務局総務担当課長兼職）◎向井研一▽健康福祉部保健医療担当部長・健康推進課長兼職・市民部保険課健診担当課長兼職（健康福祉部健康推進課長・市民部保険課健診担当課長兼職）◎齋藤浩司▽子ども政策部調整担当部長・子ども育成課長兼職（子ども政策部子ども育成課長）◎齋藤真

【課長級】▽企画部情報推進課地域情報化・番号制度担当課長（企画部情報推進課番号制度担当課長）白戸謙一▽市民部市民税課長（市民部市民税課市民税担当課長）大久保実▽市民部市民税課市民税担当課長（公益財団法人三鷹国際交流協会派遣＝企画部企画経営課国際交流担当課長）原島法之▽スポーツと文化部生涯学習課長・教育部参事兼職（教育部生涯学習課長）古谷一祐▽スポーツと文化部スポーツ推進課長・教育部参事兼職（教育部スポーツ振興課長・総合スポーツセンター建設推進室長兼職・企画部三鷹中央防災公園・元気創造プラザ開設準備室三鷹市総合スポーツセンター開設準備担当課長兼職）室谷浩一▽健康福祉部障がい者支援課北野ハピネスセンター担当課長（健康福祉部北野ハピネスセンター館長）吉田克秀▽子ども政策部児童青少年課長（生活環境部コミュニティ文化課長）清水利昭▽子ども政策部児童青少年課西多世代交流センター担当課長（子ども政策部児童青少年課西児童館担当課長・三鷹市社会教育会館三鷹市西社会教育会館担当課長兼職）丸山尚▽子ども政策部子ども育成課保育園管理運営担当課長（社会福祉法人三鷹市社会福祉事業団派遣＝子ども政策部子ども育成課三鷹南浦西保育園担当課長）沢井緑▽子ども政策部子育て支援課長（教育部指導課教職員担当課長）田中通世▽子ども政策部子ども発達支援課子ども家庭支援センターのびのびひろば担当課長（子ども政策部子ども育成課子ども家庭支援センターのびのびひろば担当課長）三浦加代子▽都市整備部水再生課公営企業化担当課長（監査事務局長）池田宏太郎▽監査事務局長（特定非営利活動法人三鷹ネットワーク大学推進機構派遣＝企画部企画経営課三鷹ネットワーク大学担当課長）荒川浩二▽特定非営利活動法人みたか市民協働ネットワーク派遣＝生活環境部コミュニティ創生課市民協働センター担当課長（健康福祉部地域福祉課地域ケア担当課長・見守りネットワーク担当課長兼職）二浦孝彦▽公益財団法人三鷹市スポーツと文化財団派遣＝スポーツと文化部芸術文化課三鷹中央防災公園・元気創造プラザ担当課長（公益財団法人三鷹市スポーツと文化財団派遣＝企画部三鷹中央防災公園・元気創造プラザ開設準備室総務担当課長）近藤さやか▽社会福祉法人三鷹市社会福祉事業団派遣＝健康福祉部地域福祉課社会福祉事業団担当課長（子ども政策部子育て支援課長）海老澤博行▽市民部納税課納税整理担当課長（市民部納税課長補佐）◎森川幸夫▽市民部保険課国保加入担当課長（市民部保険課長補佐）◎野口理▽健康福祉部生活福祉課自立支援担当課長（健康福祉部生活福祉課長補佐）◎戸枝邦夫▽子ども政策部子ども発達支援課長・子ども発達支援センター長兼職（健康福祉部北野ハピネスセンター副主幹）◎池沢美栄▽子ども政策部子ども発達支援課子ども家庭支援センターすくすくひろば担当課長（子ども政策部子ども育成課長補佐）◎後藤めぐみ▽都市整備部水再生課水再生センター担当課長（都市整備部公共施設課長補佐）◎加藤明▽特定非営利活動法人三鷹ネットワーク大学推進機構派遣＝企画部企画経営課三鷹ネットワーク大学担当課長（生活環境部生活経済課長補佐）◎八木隆▽社会福祉法人三鷹市社会福祉事業団派遣＝子ども政策部子ども育成課三鷹南浦西保育園担当課長（子ども政策部子ども育成課長補佐）◎相田香代子▽教育部学務課教育支援担当課長・指導課支援教育担当課長兼職・総合教育相談室長兼職＝再任用（教育部学務課教育支援担当課長・指導課支援教育担当課長兼職・総合教育相談室長兼職）田中容子

■青梅市

【部長級】▽企画部長（総務部長）島崎昌之▽総務部長（病院事務局長）宇津木博宣▽環境部長（環境部清掃リサイクル課長）◎木村文彦▽まちづくり経済部長（企画部企画政策課長）◎小山高義▽建設部長（建設部管理課長）◎福泉謙司▽病院事務局長（企画部財政課長）◎新居一彦▽教育部長（教育部教育総務課長）◎渡辺慶一郎

【課長級】▽企画部企画政策課長（子ども家庭部子育て推進課子育て推進係長）◎松永和浩▽企画部財政課長（環境部下水道管理課長）谷田部祐久▽企画部情報システム課長（企画部行政管理課行政管理係長）◎杉山智則▽企画部検査担当主幹（再任用）高水靖志▽総務部資産税課長（健康福祉部健康課長）川杉桂一郎▽生活安全部防災課長（企画部情報システム課長）山中威▽生活安全部市民安全課長（教育部社会教育課長）島田登美子▽生活安全部住宅課長（選挙管理委員会事務局長）清水博文▽市民部市民活動推進課長（事業部業務課長）吉崎龍男▽環境部清掃リサイクル課長（まちづくり経済部梅の里再生担当主幹）谷合一秀▽環境部下水管理課長（企画部財政課財政担当主査）◎大舘学▽健康福祉部障がい者福祉課長（健康福祉部障がい者福祉課認定サービス係長）◎金井勝彦▽健康福祉部健康課長（生活安全部防災課長）丹野博彰▽子ども家庭部子ども家庭支援課長（健康福祉部障がい者福祉課長）木村芳夫▽まちづくり経済部農政担当主幹（東京都）根岸大▽まちづくり経済部梅の里再生担当主幹（まちづくり経済部まちづくり推進課まちづくり推進担当主査）◎野村正明▽建設部管理課長（建設部土木課長）福島信久▽建設部土木課長（建設部計画調整担当主幹）橋本昌明▽建設部計画保全課長（建設部土木課橋りょう担当主査）◎羽村学▽事業部業務課長（総務部資産税課長）伊藤博司▽教育部教育総務課長（教育部文化課長）浜中茂▽教育部社会教育課長（教育部中央図書館管理課長）塚本智信▽教育部文化課長（事業部管理課管理係長）◎北村和寛▽選挙管理委員会事務局長（会計課出納係長）◎原智美

■府中市

【部長級】▽政策総務部次長兼職員課長（政策総務部職員課長）◎赤岩直▽市民協働推進部長（市民協働推進本部長）中川健介▽市民部長（会計管理者兼出納課長）村野良男▽市民部次長兼市民税課長（政策総務部財政課長兼行財政改革担当主幹）◎石橋純一▽生活環境部次長兼経済観光課長（生活環境部中心市街地活性化担当副参事）古森寛樹▽文化スポーツ部次長兼スポーツ振興課長（文化スポーツ部次長兼生涯学習スポーツ課長）沼尻章▽福祉保健部長兼府中市福祉事務所長（行政管理部次長兼財産活用課長）◎村越功一郎▽都市整備部長（都市整備部まちづくり担当参事）深美義秋▽都市整備部まちづくり担当副参事兼計画課長（都市整備部計画課長）◎楠本俊二郎▽事業部次長兼業務課長（事業部業務課長）◎柏木茂永▽会計管理者兼出納課長（市民部次長兼市民税課長）◎澁谷智▽教育部長（市民部長）関根昌二▽議会事務局長（事業部次長兼庶務課長）◎加藤哲康

【課長級】▽政策総務部主幹（生活環境部環境政策課長補佐兼環境保全活動センター担当副主幹）◎小森孝生▽政策総務部政策課副主幹（行政管理部契約課長補佐）河邉洋▽政策総務部政策課オリンピック・パラリンピック等推進担当主幹（政策総務部政策課主幹兼オリンピック・パラリンピック等推進担当主幹）佐藤直人▽政策総務部財政課長兼行財政改革担当主幹（政策総務部政策課法務担当副主幹）◎石堂淳一▽政策総務部秘書課長（文化スポーツ部生涯学習スポーツ課長補佐）◎宮崎誠▽政策総務部広報課長補佐（子ども家庭部児童青少年課長補佐）阿部美佐▽政策総務部法制文書課長（政策総務部総務管理課長）持田剛史▽行政管理部財産活用課長（行政管理部財産活用課公有地担当主幹）新藤純也▽行政管理部財産活用課公有地担当副主幹（行政管理部財産活用課公有地担当主査）◎三浦直広▽行政管理部契約課長補佐（政策総務部広報課長補佐）田中啓信▽行政管理部情報管理課長（行政管理部情報システム課長）大沢力▽行政管理部防災危機管理課長補佐（市民部納税課長補佐）鈴木幸之助▽市民協働推進部協働推進課長（子ども家庭部子育て支援課長）前澤恵介▽市民協働推進部協働推進課長補佐兼都市交流担当副主幹（市民協働推進本部市民活動支援課市民協働推進担当副主幹）金崎史明▽市民協働推進部地域コミュニティ課長（生活環境部ごみ減量推進課長補佐）◎田代修一▽市民協働推進部地域コミュニティ課長補佐（市民協働推進本部市民活動支援課長補佐兼男女共同参画・都市交流担当副主幹）松本寛▽市民部総合窓口課長補佐（市民部総合窓口課管理係長）◎楠本順子▽市民部資産税課長（福祉保健部生活援護課長）月岡敏浩▽市民部納税課長補佐（市民部総合窓口課窓口第2係長）◎青木葉一幸▽生活環境部経済観光課農政担当主幹兼農業委員会事務局長（生活環境部住宅勤労課長補佐）◎小柴靖也▽生活環境部経済観光課主幹（市民協働推進本部市民活動支援課長兼市民協働推進担当主幹）岩田利治▽生活環境部経済観光課長補佐（行政管理部契約課物品契約係長）◎斎藤隆▽生活環境部環境政策課長補佐兼環境保全活動センター担当副主幹（福祉保健部介護保険課長補佐）浦川真▽生活環境部ごみ減量推進課長補佐（市民協働推進本部市民活動支援課是政文化センター所長）◎田口宏治▽文化スポーツ部文化生涯学習課長（行政管理部防災危機管理課長補佐）◎古田実▽文化スポーツ部文化生涯学習課長補佐（文化スポーツ部文化振興課長補佐）平野妙子▽文化スポーツ部スポーツ振興課長補佐（政策総務部職員課人事係長）◎青木達也▽文化スポーツ部図書館長補佐（政策総務部職員課副主幹）青木真輝▽文化スポーツ部美術館副館長補佐（文化スポーツ部美術館学芸係長）◎志賀秀孝▽福祉保健部生活援護課長（文化スポーツ部文化振興課長）山本忠▽福祉保健部生活援護課自立生活支援担当主幹（福祉保健部生活援護課生活困窮者自立支援担当主幹）谷本耕一▽福祉保健部高齢者支援課長補佐（市民部納税課管理係長）◎大木忠厚▽福祉保健部介護保険課長補佐（市民部総合窓口課長補佐）阿部憲靖▽福祉保健部健康推進課長補佐（子ども家庭部子育て支援課相談担当主査）◎石田淳子▽子ども家庭部子育て支援課長（政策総務部秘書課長）柏木直人▽子ども家庭部子育て支援課主幹（子ども家庭部子育て支援課長補佐）◎市ノ川恵二▽子ども家庭部子育て支援課子ども政策担当主幹（子ども家庭部保育支援課長補佐兼待機児解消・保育行政改革担当副主幹）◎二村尚久▽子ども家庭部保育支援課長補佐兼待機児解消・保育行政改革担当副主幹（生活環境部住宅勤労課主査）◎吉本忠幸▽子ども家庭部児童青少年課長補佐（教育部指導室長補佐兼ICT教育推進・教育情報システム担当副主幹）古塩智之▽都市整備部計画課拠点整備担当副主幹（都市整備部計画課都市計画担当主査）◎酒井康太▽事業部庶務課長（生活環境部経済観光課長）佐伯富士▽教育部教育総務課長（教育部総務課長）志摩雄作▽教育部教育総務課長補佐（教育部総務課長補佐）遠藤公巳明▽教育部学校施設課長（教育部総務課学校施設担当主幹）山田英紀▽教育部学校施設課長補佐（教育部総務課学校施設係長）◎藤原英行▽教育部学務保健課給食センター所長（生活環境部経済観光課長補佐）◎時田浩二▽教育部学務保健課給食センター整備担当主幹（教育部学務保健課長補佐兼給食センター整備担当副主幹）◎大井孝夫▽教育部指導室長補佐兼ICT教育推進・教育情報システム担当副主幹（福祉保健部高齢者支援課長補佐）鈴木正憲▽議会事務局議事課長（子ども家庭部子育て支援課主幹）関根美保▽選挙管理委員会事務局次長（文化スポーツ部図書館長補佐）山本征史

■昭島市

【部長級】▽水道部長（学校教育部長）丹羽孝▽議会事務局長（水道部長）安倍弘行▽学校教育部長（保健福祉部介護福祉課長）◎高橋功

【課長級】▽企画部行政経営担当課長（企画部財政課長）板野浩二▽企画部財政課長（学校教育部庶務課長）柳雅司▽総務部契約管財課長（企画部行政経営担当課長）灘家輝▽保健福祉部健康課長（子ども家庭部子ども育成課長）片倉久美子▽保健福祉部介護福祉課長（議会事務局次長）小林大介▽子ども家庭部担当課長＝昭島市社会福祉事業団派遣（総務部担当課長＝昭島市社会福祉事業団派遣）小野沢正博▽子ども家庭部子ども子育て支援課長（市民部国保税収納担当課長併保健福祉部担当課長）辻みえ子▽子ども家庭部子ども育成課長（子ども家庭部子ども子育て支援課長）小川雅義▽都市整備部管理課長（生涯学習部スポーツ振興課長）武藤茂▽生涯学習部スポーツ振興課長（市民部市民課長）橋本博司▽選挙管理委員会事務局長（保健福祉部健康課長）江沢秀也▽市民部市民課長（市民部課税課賦課調整担当係長）◎栗田祐二▽都市整備部建築課長（都市整備部建築課建築係長）◎西野茂▽水道部工務課長（水道部工務課工務係長）◎南澤幸夫▽学校教育部庶務課長（学校教育部庶務課庶務係長）◎近藤俊哉▽議会事務局次長（議会事務局議事担当係長）◎遠藤英男▽都市整備部下水道課長＝再任用（議会事務局長）竹内光洋

■調布市

【部長職】▽行政経営部オリンピック・パラリンピック担当部長兼行政経営部付参事＝調整担当兼行政経営部付オリンピック・パラリンピック担当課長事務取扱（行政経営部オリンピック・パラリンピック担当部長兼行政経営部参事＝調整担当）小林達哉▽生活文化スポーツ部長（教育部部長）宇津木光次郎▽生活文化スポーツ部産業振興担当部長兼生活文化スポーツ部産業振興課長事務取扱兼行政経営部付主幹＝オリンピック・パラリンピック担当（子ども生活部次長）◎田波利明▽子ども生活部長（福祉健康部高齢福祉担当部長兼福祉健康部参事＝健康推進担当兼福祉健康部高齢者支援室長事務取扱）田中けい子▽福祉健康部長兼調布市福祉事務所所長（子ども生活部長）山本雅章▽福祉健康部参事＝保険・健康推進担当兼福祉健康部健康推進課長事務取扱（福祉健康部副参事＝健康推進担当兼福祉健康部健康推進課長事務取扱）◎涌田俊幸▽環境部部長（都市整備部部長）岩本宏樹▽都市整備部長（生活文化スポーツ部長）八田主税▽教育部長（環境部部長）柏原公毅▽教育部参事＝調整担当兼教育部次長事務取扱（教育部次長兼教育部教育総務課長事務取扱）◎野澤薫▽監査事務局局長（生活文化スポーツ部次長）◎田口学

【次長職】▽生活文化スポーツ部次長（行政経営部副参事＝広報担当兼行政経営部広報課長事務取扱）城戸雅幸▽子ども生活部次長（子ども生活部児童青少年課長）◎小柳栄▽福祉健康部副参事＝高齢者支援担当兼福祉健康部高齢者支援室長事務取扱（生活文化スポーツ部副参事＝産業振興担当兼生活文化スポーツ部産業振興課長事務取扱兼行政経営部付主幹＝オリンピック・パラリンピック担当）大島振一郎▽環境部次長（環境部副参事＝環境政策担当兼環境部環境政策課長事務取扱）河西保人▽環境部副参事＝環境政策担当兼環境部環境政策課長事務取扱（市民部副参事＝出張所担当兼市民部神代出張所所長事務取扱）関口浩秀▽都市整備部技術長兼都市整備部副参事＝建築指導担当兼都市整備部建築指導課建築確認担当課長事務取扱（福島県南相馬市＝被災地支援主幹）◎鎌上徹也▽会計課副参事＝調整担当兼会計課課長事務取扱（子ども生活部副参事＝子ども家庭支援担当兼子ども生活部子ども家庭課長事務取扱）田中美佐▽公益財団法人調布ゆうあい福祉公社派遣＝副参事（再任用）涌田宏幸

【課長職】▽行政経営部政策企画課長兼行政経営部付主幹＝公共施設マネジメント担当（行政経営部政策企画課長兼行政経営部付主幹＝オリンピック・パラリンピック担当兼行政経営部行財政改革課主幹＝公共施設担当）八角千里▽行政経営部行財政改革課長兼行政経営部付公共施設マネジメント担当課長（行政経営部行財政改革課長兼行政経営部行財政改革課主幹＝公共施設担当）水井秀雄▽行政経営部広報課長（ふじみ衛生組合主幹）深沢典充▽総務部管財課課長兼行政経営部付主幹＝公共施設マネジメント担当（総務部管財課長兼行政経営部行財政改革課主幹＝公共施設担当）花岡裕▽総務部営繕課課長兼行政経営部付主幹＝公共施設マネジメント担当（総務部管財課課長兼行政経営部行財政改革課主幹＝公共施設担当）佐藤裕哉▽市民部資産税課長（市民部納税課副主幹＝整理担当兼市民部納税課整理係長事務取扱）◎相良典孝▽市民部市民課長兼福祉健康部福祉総務課主幹＝臨時福祉給付金担当（生活文化スポーツ部スポーツ振興課長兼行政経営部付主幹＝オリンピック・パラリンピック担当）秋場豊▽市民部神代出張所所長（教育部社会教育課長）市瀬秀▽生活文化スポーツ部生涯学習交流推進課長（福祉健康部高齢者支援室介護保険担当課長）半澤清美▽生活文化スポーツ部産業振興課産業労働支援センター担当課長（再任用）中村弘▽生活文化スポーツ部スポーツ振興課課長兼行政経営部付主幹＝オリンピック・パラリンピック担当（調布市選挙管理委員会事務局次長）◎村上法彦▽子ども生活部子ども家庭課長（教育部学務課主幹＝給食担当）神戸聡▽子ども生活部子ども家庭課主幹＝子ども家庭支援担当（子ども生活部子ども家庭課副主幹＝子ども家庭支援担当兼子ども生活部子ども家庭課相談係係長事務取扱）◎水谷由紀▽子ども生活部児童青少年課長（行政経営部財政課主幹＝財政担当）早野賢二▽福祉健康部高齢者支援室介護保険担当課長（福祉健康部高齢者支援室介護保険担当課長補佐）◎松井佳孝▽福祉健康部子ども発達センター長（市民部市民課課長兼福祉健康部福祉総務課主幹＝臨時福祉給付金担当）岡田理津子▽福祉健康部健康推進課主幹＝調整担当兼福祉健康部健康推進課長補佐事務取扱（福祉健康部健康推進課長補佐）◎小島努▽福祉健康部健康推進課主幹＝健康推進担当兼福祉健康部健康推進課母子保健担当係長事務取扱（福祉健康部健康推進課副主幹＝健康推進担当）◎川手智子▽福祉健康部保険年金課長（福祉健康部保険年金課長補佐）◎花岡大▽福祉健康部保険年金課主幹＝調整担当兼福祉健康部保険年金課課長補佐事務取扱（生活文化スポーツ部生涯学習交流推進課長）中島秦之▽環境部環境政策課生活環境担当課長（福祉健康部保険年金課課長）泉健一郎▽都市整備部用地課長（再任用）杉崎邦次▽都市整備部建築指導課建築確認担当課長（再任用）岩田哲也▽教育部教育総務課長（環境部環境政策課生活環境担当課長）小林正雄▽教育部教育総務課施設担当課長兼行政経営部付主幹＝公共施設マネジメント担当併任（教育部教育総務課施設担当課長兼行政経営部行財政改革課主幹＝公共施設担当併任）関口幸司▽教育部社会教育課長（市民部資産税課長）源後哲郎▽調布市教育相談所所長（調布市教育相談所長）◎高松育美▽農業委員会事務局局長兼生活文化スポーツ部農政課課長併任（再任用）大平守▽ふじみ衛生組合主幹（環境部下水道課主幹＝調整担当兼環境部下水道課庶務係長事務取扱）岡田賢一郎▽社会福祉法人調布市社会福祉事業団主幹（福祉健康部子ども発達センターセンター長）服部聖治

■町田市

【部長級】▽政策経営部長（環境資源部長）小島達也▽総務部情報システム担当部長（総務部次長兼情報システム課長）中田直樹▽総務部次長＝労務担当（市民部市民課証明係担当係長）◎今野俊哉▽財務部長（いきいき生活部長）堀場淳▽財務部税務担当部長（市民部次長兼市民総務課長）宮崎慶三▽財務部営繕担当部長（財務部営繕課長）◎徳重和弘▽防災安全部長（市民部防災安全担当部長）福田均▽防災安全部次長兼防災課長（市民部防災安全課長）◎篠崎陽彦▽市民部長（町田市民病院事務部医事調整担当部長）関口高史▽市民部市民協働推進担当部長（地域福祉部次長兼福祉総務課長）平林隆彦▽市民部次長兼市民総務課長（市民部鶴川市民センター長）◎岡田成敏▽文化スポーツ振興部長（文化スポーツ振興部次長兼スポーツ振興課長）能條敏明▽文化スポーツ振興部次長兼文化振興課長（文化スポーツ振興部文化振興課長）◎小田島一生▽地域福祉部長（地域福祉部障がい福祉課長）◎叶内昌志▽いきいき生活部長（いきいき生活部高齢者福祉課長）◎奥山孝▽保健所次長兼保健総務課長（いきいき生活部保険年金課長）◎黒田豊▽子ども生活部長（子ども生活部次長兼子ども総務課長）三橋薫▽経済観光部長（子ども生活部長）小池晃▽環境資源部長（環境資源部次長兼環境政策課長）水島弘▽環境資源部循環型施設建設担当部長（下水道部水再生センター所長）◎田中耕一▽環境資源部次長兼3R推進課長（環境資源部3R推進課長）◎宇野一男▽道路部長（建設部長）楠本啓二▽都市づくり部長（都市づくり部都市政策課長）◎神蔵重徳▽都市づくり部次長兼建築開発審査課長（都市づくり部建築開発審査課長）◎瀬戸口幸則▽都市づくり部次長兼都市政策課長（都市づくり部公園緑地課長）◎萩野功一▽下水道部次長兼下水道整備課長（下水道部下水道整備課長）◎野田好章▽会計管理者（総務部次長兼総務課長）高階康輔▽学校教育部長（生涯学習部長）北澤英明▽学校教育部指導室長（練馬区教育委員会副参事＝教育政策特命担当）金木圭一▽生涯学習部長（政策経営部次長兼企画政策課長）中村哲也▽町田市民病院副院長＝地域連携担当兼内科部長兼医療安全管理部長兼医療安全対策室長兼地域医療担当部長（町田市民病院副院長＝地域連携担当兼内科部長兼医療安全対策室長兼地域医療担当部長）金崎章

【課長級】▽政策経営部企画政策課長（政策経営部企画政策課未来づくりプロジェクト担当課長）田中善夫▽政策経営部企画政策課未来づくりプロジェクト担当課長（総務部職員課担当課長兼職員課人事係長）樋口草紀子▽政策経営部企画政策課担当課長（政策経営部企画政策課統括係長兼企画政策課担当係長）◎竹川裕之▽政策経営部広報課長（財務部契約課長）白川直美▽政策経営部広報課3カ年シティプロモーション担当課長（政策経営部企画政策課担当課長＝市制60周年記念事業担当）村上和久▽政策経営部広聴課長（環境資源部環境政策課担当課長）宮坂晃洋▽総務部総務課長（保健所健康推進課長）樋口真央▽総務部職員課担当課長兼職員課人事係長（地域福祉部福祉総務課統括係長兼福祉総務課総務係担当係長）◎牧伸子▽総務部情報システム課長（学校教育部教育センター担当課長）黒澤一弘▽財務部営繕課長（財務部営繕課担当課長＝計画担当）田中功▽財務部契約課長（市民部付け課長＝南多摩斎場組合派遣）佐藤修▽財務部契約課担当課長兼契約課工事契約係長（財務部契約課統括係長兼契約課工事契約係担当係長）◎野澤茂樹▽財務部市民税課長（生涯学習部図書館市民文学館担当課長）河井康雄▽財務部資産税課長（財務部資産税課担当課長兼資産税課土地係長）星野中▽財務部納税課公債権対策担当課長（保健所保健予防課担当課長）泉武彦▽防災安全部市民生活安全課長（保健所生活衛生課長）志賀正幸▽防災安全部市民生活安全課担当課長（建設部交通安全課統括係長兼交通安全課担当係長）◎石井良明▽市民部市民課担当課長（市民部市民課担当課長兼市民課総務係長）高木誠▽市民部鶴川市民センター長（地域福祉部福祉総務課担当課長＝臨時給付金担当）佐藤公二▽市民部南市民センター長（経済観光部農業振興課長併農業委員会事務局課長）溝口明▽文化スポーツ振興部スポーツ振興課長（政策経営部広報課長）石田一太郎▽文化スポーツ振興部スポーツ振興課担当課長（経済観光部産業観光課担当課長）伊奈誠▽地域福祉部福祉総務課長（地域福祉部福祉総務課担当課長兼福祉総務課総務係長）重田淳▽地域福祉部福祉総務課担当課長＝福祉サービス担当（いきいき生活部いきいき総務課統括係長兼いきいき総務課施設整備係長）◎江藤利克▽地域福祉部福祉総務課担当課長兼福祉総務課総務係長（保健所保健予防課担当課長兼保健予防課保健予防係長）吉本逸美▽地域福祉部福祉総務課担当課長兼福祉総務課認可指導係長（地域福祉部福祉総務課統括係長兼福祉総務課認可指導係長）◎佐々木啓▽地域福祉部障がい福祉課長（財務部市民税課長）櫻井敦▽地域福祉部障がい福祉課担当課長兼障がい福祉課支援係長（地域福祉部障がい福祉課統括係長兼障がい福祉課保健福祉係長）◎中島佳子▽いきいき生活部保険年金課長（財務部納税課公債権対策担当課長）岡林得生▽いきいき生活部高齢者福祉課長（いきいき生活部高齢者福祉課地域支援担当課長）横山隆章▽いきいき生活部高齢者福祉課地域支援担当課長（学校教育部教育総務課担当課長兼教育総務課総務係長）高橋由希子▽いきいき生活部高齢者福祉課担当課長兼高齢者福祉課介護予防係長（いきいき生活部高齢者福祉課統括係長兼高齢者福祉課介護予防係長）◎柘植野一樹▽保健所健康推進課長（学校教育部学務課長）田中利和▽保健所保健予防課担当課長兼保健予防課保健予防係長（子ども生活部子ども家庭支援センター担当課長）堀秀彰▽保健所保健予防課担当課長兼保健予防課鶴川地域保健係長（保健所保健予防課統括係長兼保健予防課町田地域保健係長）◎菊地美賀子▽保健所生活衛生課長（政策経営部広聴課長）田中道紀▽子ども生活部子ども総務課長（子ども生活部子育て推進課長）田中隆志▽子ども生活部児童青少年課担当課長（学校教育部指導課担当課長）藤原広志▽子ども生活部子育て推進課長（生涯学習部生涯学習センター担当課長）鈴木亘▽子ども生活部子育て推進課担当課長（子ども生活部子育て推進課統括係長兼子育て推進課山崎保育園長）◎市川佐智子▽子ども生活部すみれ教室担当課長（子ども生活部児童青少年課担当課長）山岡誠▽子ども生活部大地沢青少年センター所長（建設部道路用地課長）永野修▽子ども生活部大地沢青少年センター担当課長（子ども生活部大地沢青少年センター統括係長兼大地沢青少年センター担当係長）◎守屋靖▽経済観光部産業観光課担当課長（経済観光部産業観光課統括係長兼産業観光課担当係長）◎牛腸哲史▽経済観光部農業振興課長併農業委員会事務局課長（市民部防災安全課担当課長）井上博▽経済観光部北部丘陵整備課長（市民部南市民センター長）小林正広▽環境資源部環境政策課長（環境資源部循環型施設担当課長）塩澤直崇▽環境資源部環境政策課担当課長（下水道部下水道総務課統括係長兼下水道総務課財務係長）◎高橋弘貴▽環境資源部循環型施設整備課担当課長（下水道部水再生センター担当課長兼水再生センター水質係長）布施浩▽環境資源部循環型施設整備課担当課長（環境資源部循環型施設整備課統括係長兼循環型施設整備課担当係長）◎深澤香織▽環境資源部3R推進課3R普及担当課長（学校教育部施設課学校用務担当課長）桑原一貴▽道路部道路政策課長（建設部建設総務課長）遠藤雅子▽道路部道路整備課長（建設部道路整備課長）北川淳一▽道路部道路管理課長（建設部交通安全課長）大貫一夫▽道路部道路管理課許認可・用地管理担当課長（建設部道路用地課担当課長）水野巌▽道路部道路管理課担当課長兼道路管理課管理係長（建設部交通安全課担当課長）大坪直之▽道路部道路維持課長（建設部道路補修課長）原田厚郎▽道路部道路維持課担当課長（建設部道路補修課担当課長兼道路補修課工事係長）林田隆幸▽都市づくり部土地利用調整課長（財務部資産税課長）荻野雅巳▽都市づくり部土地利用調整課担当課長兼土地利用調整課土地利用係長（都市づくり部土地利用調整課統括係長兼土地利用調整土地利用係長）◎中村哲也▽都市づくり部建築開発審査課建築審査担当課長（都市づくり部建築開発審査課建築指導担当課長）原田功一▽都市づくり部建築開発審査課開発審査担当課長（都市づくり部建築開発審査課担当課長）奥村繁樹▽都市づくり部建築開発審査課担当課長（都市づくり部建築開発審査課統括係長兼建築開発審査課建築審査係長）◎位田宏次▽都市づくり部公園緑地課長（都市づくり部土地利用調整課長）杉山祐介▽都市づくり部公園緑地課担当課長兼公園緑地課公園計画係長（都市づくり部公園緑地課統括係長兼公園緑地課公園計画係長）◎新聡▽下水道部下水道総務課担当課長（財務部財政課統括係長兼財政課担当係長）◎高田正人▽下水道部下水道整備課担当課長＝都市づくり公社調整担当（経済観光部北部丘陵整備課長）廣瀬典久▽下水道部水再生センター所長（下水道部水再生センター担当課長）西川豊▽議会事務局議事担当課長（議会事務局担当課長）水元友朗▽議会事務局担当課長＝調査法制担当（議会事務局統括係長兼議会事務局調査法制係担当係長）◎佐藤安弘▽学校教育部教育総務課担当課長（政策経営部企画政策課担当課長）高野徹▽学校教育部施設課学校用務担当課長（環境資源部3R推進課3R普及担当課長）浅沼猛夫▽学校教育部学務課長（学校教育部学務課担当課長）峰岸学▽学校教育部学務課担当課長（町田市民病院事務部総務課担当課長）中溝智章▽学校教育部指導課担当課長（子ども生活部保育・幼稚園課担当課長兼保育・幼稚園課支援係長）野田留美▽学校教育部教育センター担当課長（文化スポーツ振興部スポーツ振興課担当課長）林啓▽学校教育部教育センター担当課長（立川市教育委員会指導主事）宇野賢悟▽生涯学習部図書館市民文学館担当課長（下水道部下水道総務課担当課長）古川輝▽生涯学習部図書館担当課長（生涯学習部図書館統括係長兼図書館中央図書館庶務係長）◎江波戸恵子▽町田市民病院消化器・肝臓担当部長（町田市民病院消化器内科医長）益井芳文▽町田市民病院消化器内科部長兼内視鏡室部長兼統括部長（町田市民病院消化器内科部長兼内視鏡室部長兼副統括部長）和泉元喜▽町田市民病院消化器内科医長（町田市民病院消化器担当医長）谷田恵美子▽町田市民病院腎臓内科医長兼感染対策室長（町田市民病院腎臓内科医長）中野素子▽町田市民病院泌尿器科医長（町田市民病院泌尿器科担当医長）吉良慎一郎

5面につづく

▽町田市民病院放射線科担当科長（町田市民病院放射線科統括係長兼放射線科担当係長）◎本間徹▽町田市民病院臨床検査科担当科長（町田市民病院臨床検査科統括係長兼臨床検査科担当係長）◎伍黨▽町田市民病院麻酔科医長（町田市民病院麻酔科担当医長）近藤祐介▽町田市民病院看護部入退院調整担当看護師長（町田市民病院看護部南9階病棟看護師長）平田真由美▽町田市民病院看護部教育担当看護師長（町田市民病院看護部南8階病棟看護師長）横内妙織▽町田市民病院看護部東6階病棟看護師長（町田市民病院看護部統括係長兼看護部東6階病棟担当係長）◎宮田真樹▽町田市民病院看護部東8階病棟看護師長（町田市民病院看護部付け統括係長）◎高木直子▽町田市民病院看護部南7階病棟看護師長（町田市民病院看護部東8階病棟看護師長）中川優子▽町田市民病院看護部南8階病棟看護師長（町田市民病院看護部南7階病棟看護師長）羽生訓子▽町田市民病院看護部南9階病棟看護師長（町田市民病院看護部東6階病棟看護師長）榊原ひろの▽町田市民病院医療安全管理部医療安全対策室担当科長（町田市民病院医療安全対策室担当科長）飯草みすず▽町田市民病院医療安全管理部感染対策室担当科長（町田市民病院感染対策室担当科長）畔柳なほ江▽町田市民病院事務部経営企画室担当課長（町田市民病院事務部経営企画室統括係長兼経営企画室担当係長）◎村田考司▽町田市民病院事務部医事課医療連携担当課長（町田市民病院事務部医事課担当課長兼医事課地域医療係長）西原佳子

■小金井市

【課長級】▽企画財政部男女共同参画担当課長兼企画政策課男女共同参画室長事務取扱（会計管理者兼会計課長）深草智子▽市民部市民課長（都市整備部まちづくり推進課長）高橋弘樹▽市民部コミュニティ文化課長兼市立はけの森美術館長（子ども家庭部保育課長）鈴木遵矢▽市民部保険年金課長（福祉保健部生活福祉担当課長）高橋美月▽市民部資産税課長（福祉保健部健康課長）當麻光弘▽環境部環境政策課長（学校教育部庶務課庶務係長）◎平野純也▽環境部下水道課長（市民部保険年金課長）本木直明▽福祉保健部付副参事＝課長職＝社会福祉法人小金井市社会福祉協議会派遣（環境部下水道課長）林文男▽福祉保健部福祉会館等担当課長（教育委員会公民館長）前島賢▽福祉保健部健康課長（生涯学習部生涯学習課長）石原弘一▽子ども家庭部子ども家庭支援センター等担当課長兼子ども家庭支援センター長（企画財政部男女共同参画担当課長兼企画政策課男女共同参画室長事務取扱）秋葉美苗子▽子ども家庭部保育課長（子ども家庭部保育政策担当課長）菅野佳高▽子ども家庭部保育政策担当課長（市民部コミュニティ文化課長兼市立はけの森美術館長）平岡良一▽都市整備部まちづくり推進課長（環境部環境政策課長）大関勝広▽会計管理者兼会計課長（市民部市民課長）松井玉恵▽生涯学習部生涯学習課長（市民部資産税課長）内田雄介▽教育委員会公民館長（都市整備部土地利用調整担当課長）林利俊

■小平市

【部長級】▽環境部理事＝小平・村山・大和衛生組合派遣延長（環境部理事＝小平・村山・大和衛生組合派遣）村上哲弥▽選挙管理委員会事務局長兼事務局次長（地域振興部理事＝小平市文化振興財団派遣）遠藤毅▽監査事務局長兼事務局次長（選挙管理委員会事務局長兼事務局次長）海上一彦▽総務部危機管理担当部長兼地域安全課長（健康福祉部障がい者支援課長）◎河原順一▽地域振興部理事＝小平市文化振興財団派遣（環境部環境政策課長）◎近藤和哉▽会計管理者兼会計課長（子ども家庭部保育課長）◎小松耕輔

【課長級】▽企画政策部秘書広報課長（地域振興部市民協働・男女参画推進課長）篠宮智己▽市民部収納課長（企画政策部秘書広報課長）小松浩一▽地域振興部市民協働・男女参画推進課長（市民部収納課長）宇野智則▽子ども家庭部保育課長（子ども家庭部保育課長補佐兼庶務担当係長）◎市川裕之▽健康福祉部障がい者支援課長（健康福祉部障がい者支援課長補佐兼サービス支援担当係長）◎原儀和▽健康福祉部健康推進課長（健康福祉部健康推進課長補佐兼予防担当係長）◎永井剛▽環境部環境政策課長（環境部環境政策課長補佐兼計画推進担当係長）◎佐藤恵美

【課長補佐級】▽議会事務局次長補佐兼議会担当係長（総務部総務課長補佐兼総務担当係長）◎細村英男▽総務部総務課長補佐兼総務担当係長（議会事務局次長補佐兼議会担当係長）小柳壮太▽市民部税務課長補佐兼家屋・償却資産担当係長（地域振興部文化スポーツ課長補佐兼文化振興・施設管理担当係長）田野倉勇▽地域振興部産業振興課長補佐兼商工担当係長（市民部税務課長補佐兼家屋・償却資産担当係長）増原一平▽地域振興部文化スポーツ課長補佐兼文化振興・施設管理担当係長（環境部下水道課長補佐兼庶務担当係長）後藤弘和▽子ども家庭部子育て支援課長補佐兼学童担当係長（教育部指導課長補佐兼管理担当係長）森田恒明▽小川西保育園長＝副参事（上宿保育園長＝副参事）島根慶子▽上宿保育園長＝副参事（小川西保育園長＝副参事）田野倉さとみ▽健康福祉部健康推進課長補佐兼予防担当係長（地域振興部産業振興課長補佐兼観光まちづくり担当係長）櫻井健▽健康福祉部保険年金課長補佐兼後期高齢者医療担当係長（中央公民館長補佐兼事業担当係長）稲見幸彦▽環境部水と緑と公園課長補佐兼用水担当係長（都市開発部道路課長補佐兼工事担当係長）萩原学▽中央公民館長補佐兼事業担当係長（市民部市民課長補佐兼管理担当係長）大村治道▽小川西町図書館長＝副参事（健康福祉部保険年金課長補佐兼後期高齢者医療担当係長）窪寺敏▽市民部市民課長補佐兼管理担当係長（健康福祉部保険年金課主査＝東京都後期高齢者医療広域連合派遣）◎石原健太郎▽子ども家庭部保育課長補佐兼庶務担当係長（地域振興部産業振興課商工担当係長）◎入澤秀和▽小川保育園長＝副参事（小川保育園係長）◎小島みゆき▽健康福祉部高齢者支援課長補佐兼計画担当係長（健康福祉部高齢者支援課計画担当係長）◎山鹿寛之▽健康福祉部障がい者支援課長補佐兼事業推進担当係長（健康福祉部障がい者支援課事業推進担当係長）◎前田昌彦▽環境部環境政策課長補佐兼計画推進担当係長（企画政策部政策課政策担当係長）◎奥村修二▽環境部下水道課長補佐兼庶務担当係長（監査事務局監査担当係長）◎神谷恭仁子▽都市開発部都市計画課長補佐兼開発指導担当係長（都市開発部都市計画課開発指導担当係長）◎越智亮輔▽都市開発部施設整備課長補佐兼施設マネジメント担当係長兼企画政策部行政経営課長補佐兼施設マネジメント担当係長（都市開発部施設整備課設備担当係長）◎伊藤隼▽教育部教育総務課長補佐兼施設担当係長（教育部教育総務課施設担当係長）◎石野義史▽教育部指導課長補佐兼管理担当係長（教育部指導課教育相談担当係長）◎本橋義浩▽教育部教育施策推進担当課長（東京都）荒木忍

■日野市

【部長級】▽環境共生部長兼新可燃ごみ処理施設周辺環境整備担当（環境共生部長兼クリーンセンター長兼新可燃ごみ処理施設周辺環境整備担当）小笠俊樹▽市立病院副院長（市立病院副院長兼人工透析室長＝臨床工学科長＝診療情報管理室長＝情報システム管理室長＝研修センター長事務取扱）村上円人▽市立病院副院長兼医療安全部長事務取扱（市立病院副院長兼小児科部長事務取扱）七尾謙治▽市立病院副院長兼診療情報センター長事務取扱（市立病院副院長兼診療部長）依光悦朗▽地域医療連携センター長＝地域医療連携室長＝健診センター長事務取扱（市立病院参事副院長待遇兼（仮称）健康増進センター準備担当＝地域医療連携室長＝健診センター長事務取扱）菊水裕行▽市立病院診療部長兼研修センター長＝内科部長＝内視鏡室長事務取扱（市立病院副診療部長兼内科部長＝内視鏡室長事務取扱）林篤▽市立病院事務次長兼診療情報センター副センター長＝医事課長＝診療情報管理室長＝情報システム管理室長事務取扱（市立病院事務次長兼医事課長事務取扱）日原仁▽企画部参事兼市長公室長事務取扱（市長公室長）◎小平裕明▽クリーンセンター長（下水道課長）◎福田博保▽産業スポーツ部参事＝芸術文化スポーツ担当（保育課長）◎高橋真二▽発達・教育支援センター長兼教育部参事兼発達支援課長事務取扱＝統括保健師（発達支援課長）◎志村理恵▽教育部参事＝生涯学習担当（財産管理課長）◎金子龍一▽市立病院副診療部長兼外科部長事務取扱（市立病院外科部長）◎藤田晃司▽市立病院副看護部長（市立病院看護科長）◎荒川美佳子

【課長級】▽職員課主幹＝研修担当（会計課長）小樋山充▽建築営繕課長（財産管理課主幹＝施設管理担当）川本泉▽市民税課長（高齢福祉課主幹＝介護保険担当）松井健太郎▽下水道課長（道路課長）小保太郎▽施設課長＝再任用（施設課長）高橋進▽道路課主幹＝道路管理担当（ごみゼロ推進課主幹＝ごみゼロプラン策定担当）原正明▽観光振興課長（観光振興課長兼観光係長事務取扱）小松和夫▽高齢福祉課主幹＝介護保険担当（企画経営課主幹＝公共施設等総合管理計画策定担当）高原洋平▽子育て課長（子育て課主幹＝児童館・学童クラブ担当）谷光彦▽保育課長（子育て課長）中田秀幸▽会計課長（市民税課長）光宗竜矢▽生涯学習課長（生涯学習課長兼文化財係長事務取扱）木村真理▽市立病院消化器内科担当部長（市立病院内科医長）金森英彬▽市立病院小児科部長兼感染制御室長（市立病院小児科医長）常松健一郎▽市立病院歯科口腔外科部長兼歯科衛生室長（市立病院歯科口腔外科医長）内田育宏▽市立病院臨床検査科担当部長兼人工透析室長＝臨床検査科長兼内科勤務（市立病院臨床検査科担当部長兼人工透析副室長＝臨床検査科長＝内科勤務）荒木崇志▽市立病院臨床工学科長（市立病院臨床工学科主幹）坂本吉成▽市立病院災害医療担当部長兼医療安全管理室長＝災害対策室長＝外科勤務＝救急科勤務（市立病院外科医長兼災害対策室長、兼救急科勤務）石川啓一▽選挙管理委員会事務局長（選挙管理委員会事務局長兼選挙係長事務取扱）中村安志▽監査委員事務局長兼浅川清流環境組合（福祉政策課長）原島由美子▽財産管理課長（図書館副館長）◎佐藤文昭▽建築指導課長（建築指導課長補佐兼指導係長事務取扱）◎崎井優樹▽建築指導課主幹＝構造設備担当兼構造設備係長事務取扱（建築指導課長補佐兼構造設備係長事務取扱）◎横田和幸▽道路課長（区画整理課課長補佐兼補償係長事務取扱）◎井上泰芳▽新選組のふるさと歴史館館長（新選組のふるさと歴史館副主幹）◎金野啓史▽福祉政策課長（職員課課長補佐兼人事係長事務取扱）◎竹村朗▽市立病院看護科長（市立病院看護師長）◎森山栄子▽市立病院看護科長（市立病院看護師長）◎門脇三千代▽市立病院感染制御室看護科長兼看護科（市立病院感染制御室看護師長兼看護科）◎雨宮良子

■東村山市

【部長職】▽まちづくり部長（まちづくり部次長）◎粕谷裕司▽教育部長（まちづくり部長）野崎満

【次長職】▽経営政策部次長＝総合調整担当兼都市マーケティング課長（経営政策部都市マーケティング課長）◎武岡忠史▽子ども家庭部次長（経営政策部次長＝総合調整担当）瀬川哲▽資源循環部次長兼管理課長（教育部次長＝生涯学習担当）肥沼卓磨▽まちづくり部次長＝施設管理担当（まちづくり部市街地整備課長）◎尾作整一▽まちづくり部次長＝基盤整備推進担当（まちづくり部都市計画課長）◎山下直人▽会計管理者兼会計課長（資源循環部次長兼管理課長）戸水雅規▽教育部次長＝生涯学習担当（子ども家庭部次長）田中宏幸

【課長職】▽経営政策部企画政策課長（経営政策部施設再生推進課長）笠原貴典▽経営政策部行政経営課長（経営政策部財政課長補佐）◎深野聡▽経営政策部施設再生推進課長（経営政策部企画政策課長補佐）◎堀口裕司▽総務部行政不服審査制度担当主幹（資源循環部ごみ減量推進課長）内野昌樹▽市民部課税課長（市民部課税課長補佐兼市民税係長）◎高橋道明▽環境安全部防災安全課長（まちづくり部まちづくり推進課長）山田裕二▽健康福祉部障害支援課長（健康福祉部障害支援課長補佐）◎小倉宏幸▽健康福祉部健康増進課長（健康福祉部障害支援課長）花田一幸▽子ども家庭部子ども総務課長（健康福祉部健康増進課長）空閑浩一▽子ども家庭部子育て支援課長（環境安全部防災安全課長）嶋田昌弘▽子ども家庭部子ども家庭支援センター長（子ども家庭部子育て支援課長）榎本文洋▽子ども家庭部子ども育成課長（経営政策部企画政策課長）安保雅利▽子ども家庭部子ども育成課保育等政策担当主幹（子ども家庭部子ども育成課長）谷村雅則▽資源循環部ごみ減量推進課長（市民部課税課長）田口輝男▽まちづくり部都市計画課長（まちづくり部みどりと公園課長）炭山健一郎▽まちづくり部まちづくり推進課長（経営政策部行政経営課長）谷伸也▽まちづくり部市街地整備課長（まちづくり部市街地整備課長補佐兼工事第1係長）◎藤田実▽まちづくり部みどりと公園課長（まちづくり部みどりと公園課長補佐兼みどりの係長）◎有山仁美▽まちづくり部下水道課長（子ども家庭部子ども総務課長）星野邦治▽教育部教育総務課長（教育部庶務課長）清水高志▽教育部図書館長（教育部図書館長補佐兼運営係長）◎新倉敦子▽教育部公民館長（まちづくり部下水道課長）服部浩明▽選挙管理委員会事務局長＝再任用（選挙管理委員会事務局長）田澤正彦

■国分寺市

【部長級】▽議会事務局長（総務部職員課長）◎志村国光▽行政改革等担当部長（都市開発部長）中島祥喜▽子ども家庭部長（行政改革等担当部長）可児泰則▽まちづくり部長（都市計画担当部長）中村秀雄▽建設環境部長（都市建設部長）大澤康雄▽環境担当部長兼建設環境部環境対策課長（環境部長）佐藤一幸▽教育部長（総務部付課長＝東京都四市競艇事業組合）◎堀田順也

【課長級】▽総務部秘書課長（福祉保健部地域福祉課長）櫻井明徳▽総務部契約管財課長＝統括課長（総務部契約管財課長）野田力▽総務部職員課長（市民生活部文化と人権課長）宮本学▽総務部付課長＝公益財団法人東京オリンピック・パラリンピック競技大会組織委員会（教育部社会教育課長）上田晴世▽総務部防災安全課長（環境部ごみ減量推進課長）増田章司▽総務部納税課長（市民生活部協働コミュニティ課長）栗原洋▽市民生活部市民課長（福祉保健部健康推進課長）有賀真由美▽市民生活部スポーツ振興課長（政策部市政戦略室まちの魅力発信担当係長）◎木村達郎▽市民生活部協働コミュニティ課長（福祉保健部介護保険課長）柳功一▽市民生活部文化と人権課長（市民生活部市民課長）沢柳和彦▽福祉保健部地域福祉課長（総務部付課長＝東京都後期高齢者医療広域連合）近藤啓一郎▽福祉保健部健康推進課長（総務部納税課長）大谷明雄▽福祉保健部高齢福祉課長（福祉保健部高齢者相談室長）玉井理加▽福祉保健部総合福祉担当課長＝統括課長（総務部秘書課長）鈴木佳代▽まちづくり部まちづくり計画課長（都市建設部都市企画課長）細川啓明▽まちづくり部まちづくり推進課長（都市建設部まちづくり推進課長）加藤政幸▽まちづくり部駅周辺整備課長（都市開発部開発担当課長）相田満▽まちづくり部駅周辺整備担当課長（環境部環境計画課長）池田順彦▽まちづくり部建築指導課長（都市開発部国分寺駅周辺整備課長）岡沢法彦▽建設環境部建設事業課長（都市建設部事業計画課長）中村隆生▽建設環境部街路整備担当課長（都市建設部事業計画担当課長）藤原聡▽建設環境部道路管理課長（都市建設部道路と下水道課長）佐藤尚▽建設環境部交通対策課長（総務部防災安全課長）伊東正明▽建設環境部下水道課長（総務部付課長＝環境組合浅川清流）小坂彰久▽建設環境部緑と建築課長（環境部ごみ対策課長兼環境部ごみ対策課清掃施設係長）江本一彦▽建設環境部清掃施設担当課長（環境部清掃施設担当課長）坂本たかし▽建設環境部ごみ減量推進課長（環境部ごみ対策担当課長）佐藤功▽教育部社会教育課長（市民生活部スポーツ振興課長）千葉昌恵▽一般事務＝教育部総合教育担当課長＝統括課長（再任用）本橋信行

■国立市

【部長級】▽子ども家庭部参事＝特命担当部長待機児童対策・調整担当課長事務取扱（特命担当部長＝特命担当課長事務取扱）薄井敏男▽都市整備部長（都市計画部都市計画課長）◎江村英利

【課長級】▽オンブズマン事務局長（政策経営部市長室長兼オンブズマン準備担当課長）松田周平▽政策経営部市長室長（政策経営部市長室・男女平等・人権・平和担当係長）◎吉田徳史▽政策経営部特命担当課長（健康福祉部福祉総務課長）山本俊彰▽政策経営部収納課長（行政管理部情報政策担当課長）矢吹正二▽行政管理部情報政策担当課長＝共通番号担当係長事務取扱（議会事務局次長＝庶務調査係長事務取扱）町田勝則▽行政管理部付主幹＝後期高齢者医療広域連合派遣（政策経営部収納課長）土方勇▽健康福祉部福祉総務課長（子ども家庭部子ども政策担当課長）関知介▽子ども家庭部施策推進担当課長（子ども家庭部児童青少年課長補佐＝児童・青少年係長事務取扱）◎清水周▽都市整備部都市計画課長（都市整備部主幹）佐伯喜重郎▽都市整備部主幹（都市整備部主幹＝交通係長事務取扱）蛯谷常久▽まちづくり推進本部富士見台地域まちづくり担当課長（教育委員会事務局教育指導支援課指導支援係長）◎中道洋平▽市立学校給食センター所長（子ども家庭部子育て支援課長補佐＝手当・助成係長事務取扱）◎吉野勝治▽議会事務局次長＝庶務調査係長事務取扱（監査委員事務局長）波多野敏一▽監査委員事務局長（市立学校給食センター所長）本多孝裕

■福生市

【部長級】▽議会事務局長＝再任用（議会事務局長）吉野真智子▽企画財政部長（福祉保健部長）橋本満彦▽総務部長＝再任用（総務部長）野島憲一▽市民部長（会計管理者兼会計課長事務取扱）内野久▽福祉保健部長（市民部長）齊藤功▽会計管理者兼会計課長事務取扱＝再任用（教育部長）天野幸次▽教育部長（教育部教育総務課長）◎久保淳

【課長級】▽市民部課税課長（市民部課税課長補佐兼主査）◎細谷幸子▽市民部収納課長（生活環境部協働推進課長）矢ヶ崎冬木▽生活環境部環境課長（市民部課税課長）田村清孝▽生活環境部協働推進課長（総務部総務課長補佐兼検査係長）◎藤井勲▽福祉保健部障害福祉課長（福祉保健部健康課課長補佐兼健康管理係長）◎吉野真寿美▽選挙管理委員会事務局長＝再任用（教育部スポーツ推進課長）横倉成昭▽都市建設部道路下水道課長（都市建設部施設課長）薬袋敏邦▽都市建設部施設公園課長（都市建設部道路公園課長）鈴木彰▽教育部教育総務課長（生活環境部環境課長）中島雅人▽教育部スポーツ推進課長（市民部収納課長）内藤毅誠▽公民館長（市民部総合窓口課長補佐兼総合窓口係長）◎佐藤克年▽図書館長（福祉保健部障害福祉課長）森田雅枝▽福生病院組合課長派遣＝再任用（企画財政部長）田村博敏

■狛江市

【部長職】▽参与兼児童青少年部長（参与兼都市建設部長）石森準一▽総務部長（児童青少年部長）上田智弘▽都市建設部長（総務部長）石橋啓一

【課長職】▽市民生活部課税課長（教育部公民館長）平林哲郎▽環境部環境政策課長兼多摩川利活用担当課長（教育部学校教育課主幹兼学校給食係長）植木崇晴▽教育部公民館長（総務部職員課主幹＝多摩川衛生組合派遣）加藤達朗▽環境部下水道課下水道管理担当主幹兼下水道管理係長（環境部環境政策課多摩川利活用担当主幹）岩崎俊勝▽教育部図書館主幹兼図書サービス係長（市民生活部課税課長）小川守清▽福祉保健部地域福祉課地域包括ケアシステム推進担当主幹（東京都）大川浩司

【課長補佐職】▽教育部学校教育課長補佐兼学務保健係長（教育部図書館副主幹兼図書サービス係長）前沢玲子▽教育部学校教育課副主幹兼学校給食係長（総務部総務課長補佐兼庶務統計係長）加藤謙司▽企画財政部秘書広報室広報広聴担当副主幹（企画財政部秘書広報室広報広聴担当主査）◎杉田剛▽企画財政部政策室オリンピック・パラリンピック等推進担当副主幹（総務部安心安全課防災防犯係長）◎菊野長正▽児童青少年部子育て支援課長補佐兼企画支援係長（児童青少年部子育て支援課企画支援係長）◎中村貞夫▽児童青少年部児童青少年課副主幹駒井保育園長（児童青少年部児童青少年課主査）◎渡邊智子▽教育部指導室統括指導主事（東京都）小坂力

■東大和市

【部長級】▽企画財政部長（企画財政部参事兼企画課長事務取扱）田代雄己▽総務部参事兼防災安全課長事務取扱（総務部参事兼防災安全課長兼消防係長事務取扱）東栄一▽市民部長（社会教育部社会教育課長）◎村上敏彰▽子育て支援部長（福祉部長）吉沢寿子▽福祉部長（環境部長）田口茂夫▽福祉部参事兼高齢介護課長事務取扱（総務部副参事＝法規担当兼法規係長事務取扱）◎伊野宮崇▽環境部長（環境部ごみ対策課長）◎松本幹男▽都市建設部長＝再任用（東京都都市整備局）直井亨▽会計管理者兼会計課長事務取扱（市民部副参事＝観光推進担当）◎高橋宏之

【課長級】▽次長兼庶務調査係長事務取扱＝再任用（企画財政部長）並木俊則▽企画課長兼企画担当係長事務取扱（企画課企画担当係長）◎荒井亮二▽副参事＝総合戦略推進等担当＝再任用（総務部参事＝特命担当）北田和雄▽公共施設等マネジメント課長（副参事＝公共施設等マネジメント担当）遠藤和夫▽財政課長兼財政担当係長事務取扱（財政課長）川口荘一▽検査担当課長（環境部副参事＝ごみ減量施策担当）長瀬正人▽総務管財課長（学校教育部学校教育課長）岩本尚史▽副参事＝法規担当兼法規係長事務取扱（文書課文書係長）◎星野宏徳▽職員課長（市民部課税課長兼主査＝市民税担当事務取扱）矢吹勇一▽保険年金課長兼高齢者医療年金係長事務取扱（保険年金課長）越中洋▽副参事＝国民健康保険広域化等担当（保険年金課高齢者医療年金係長）◎岩野秀夫▽課税課長兼土地資産税係長事務取扱（課税課土地資産税係長）◎真野淳▽納税課長（総務部総務管財課長）中野哲也▽副参事＝観光推進担当（子ども生活部子育て支援課子ども家庭支援センター所長）◎宮田智雄▽副参事＝子ども・子育て支援施策推進担当＝再任用（子ども生活部長）榎本豊▽青少年課長（副参事＝子ども・子育て支援施策推進担当）新海隆弘▽副参事＝臨時福祉給付金等担当（子ども生活部子育て支援課手当・助成係長）◎原司美▽副参事＝地域包括ケア・計画担当（生活福祉課長）尾又斉夫▽生活福祉課長（生活福祉課保護第一係長）◎川田貴之▽障害福祉課長（障害福祉課長兼障害福祉係長事務取扱）小川則之▽ごみ対策課長（市民部納税課長）中山仁▽副参事＝公共交通担当＝再任用（都市建設部長）内藤雄▽教育総務課長（福祉部副参事＝臨時福祉給付金等担当）石川博隆▽給食課長兼給食係長事務取扱（給食課長兼第二学校給食センター長事務取扱）斉藤謙二郎▽副参事＝統括指導主事（東京都教育庁）吉岡琢真▽社会教育課長（企画財政部検査担当課長）佐伯芳幸▽中央図書館長兼主査＝計画担当事務取扱（中央図書館長）當摩弘

■清瀬市

【部長級】▽教育委員会＝教育部長（教育委員会＝教育部長郷土博物館長事務取扱）石川智裕▽子ども家庭部長（子ども家庭部子育て支援課長）◎矢ヶ崎直美▽都市整備部長（子ども家庭部長）佐々木秀貴▽会計管理者＝会計課長事務取扱（都市整備部長）黒田和雄▽教育委員会＝教育部参事指導課長事務取扱（東京都教育委員会）長井満敏

【課長級】▽総務部情報政策課長（市民生活部市民課長）海老澤悟▽市民生活部市民課長（都市整備部下水道課長）佐藤徹▽市民生活部課税課長（健康福祉部生活福祉課長）新井正義▽子ども家庭部子育て支援課長（教育委員会＝教育部教育総務課副参事）◎佐藤信明▽都市整備部下水道課長（都市整備部下水道課庶務係長）◎川村義章▽都市整備部ごみ減量推進課長（市民生活部課税課長）門田尚典▽教育委員会＝教育部指導課副参事（東京都教育委員会）福泉宏介▽教育委員会＝教育部生涯学習スポーツ課長（総務部情報政策課長）原口和之▽企画部秘書広報課長兼市史編さん室長＝秘書係長事務取扱＝市史係長事務取扱（企画部秘書広報課長兼市史編さん室長＝市史係長事務取扱）植田貴俊▽健康福祉部健康推進課長＝成人保健係長事務取扱（健康福祉部健康推進課長）田村晶子▽都市整備部水と緑の環境課長（都市整備部水と緑の環境課長＝環境衛生係長事務取扱）金子雅広▽一般事務＝再任用（健康福祉部障害福祉課長）新井勘資▽一般事務＝再任用（教育委員会＝教育部図書館長）伊藤高博▽健康福祉部生活福祉課長＝再任用（都市整備部ごみ減量推進課長）坂野稔▽一般事務＝嘱託員（教育委員会＝教育部郷土博物館長）星治利

■東久留米市

【部長級】▽福祉保健部長兼福祉事務所長（再任用）内野寛香

【課長級】▽企画経営室主幹＝多摩北部都市広域行政圏協議会事務局担当（東京都）関利明▽市民部生活文化課長（市民部市民課長）島崎律照▽市民部市民課長（教育部教育総務課長兼施設管理係長事務取扱）小島信行▽福祉保健部福祉総務課長（市民部生活文化課長）菅原信▽福祉保健部介護福祉課長（福祉保健部保険年金課長）傳智則▽福祉保健部健康課長（再任用）遠藤毅彦▽福祉保健部保険年金課長（教育部学務課長）廣瀬明子▽都市建設部都市計画課長（都市建設部施設建設課長兼工事係長事務取扱）古川雅継▽都市建設部管理課長＝再任用（都市建設部管理課長兼主査事務取扱）古澤毅彦▽都市建設部施設建設課長（都市建設部管理課長補佐兼主査）◎武内浩司▽教育部教育総務課長兼施設管理係長事務取扱（福祉保健部介護福祉課長）小堀高広▽教育部学務課長（福祉保健部福祉総務課長）島崎修▽教育部指導室主幹・統括指導主事（東京都）荒井友香▽教育部図書館長（再任用）岡野知子▽監査事務局長（再任用）齋藤昇司

■武蔵村山市

【部長職】▽協働推進部長＝協働推進部産業振興課長事務取扱・併農業委員会事務局長（協働推進部長）比留間毅浩▽都市整備部長（東京都）桂健太郎

【課長職】▽協働推進部ごみ対策課長（協働推進部ごみ対策課主査）◎古川純▽協働推進部観光課長（協働推進部産業観光課長・併農業委員会事務局長）児玉眞一▽健康福祉部高齢福祉課長（都市整備部多摩都市モノレール推進担当主幹）安齋高▽健康福祉部子ども育成課長（協働推進部ごみ対策課長）有山友規▽都市整備部多摩都市モノレール推進担当主幹（健康福祉部子ども育成課長）乙幡康司▽教育委員会教育部教育指導課指導・教育センター担当課長（東京都）勝山朗▽教育委員会教育部図書館長（健康福祉部高齢福祉課長）加藤秀郎

■多摩市

【特別職】▽シティセールス政策監（採用）若林和彦▽下水道事業管理者（総務部長）中村元幸

【部長級】▽施設政策担当部長（企画政策部資産活用担当課長＝統括課長）◎佐藤稔▽総務部長（施設政策担当部長）渡邊貴行▽くらしと文化部長（教育部教育振興課長＝統括課長）◎松尾銘造▽子ども青少年部長（選挙管理委員会事務局長＝統括課長）◎芳野俊彦▽健康福祉部長兼福祉事務所長（子ども青少年部長）井上勝▽都市整備部長（都市整備部道路交通課長＝統括課長）◎森田佳宏▽環境部付参事＝多摩ニュータウン環境組合（環境部資源循環推進担当課長＝統括課長）◎高澤浩教育部参事・教育指導課長事務取扱（採用）山本武▽教育部長（都市整備部長）須田雄次郎▽監査委員事務局長・事務局次長事務取扱＝再任用（教育部長）福田美香

【統括課長級】▽健康福祉部生活福祉課長＝統括課長（健康福祉部高齢支援課長＝統括課長）古川美賀▽図書館本館整備担当課長＝統括課長（図書館長＝統括課長級）中島幸

【課長級】▽議会事務局次長（会計管理者兼会計課長）池田みかほ▽総務部副参事・文書法制課法務係長事務取扱（特定任期付採用）鶴田彬光▽オンブズマン事務局長＝再任用（環境部付参事＝多摩ニュータウン環境組合）會田勝康▽企画政策部副参事（企画政策部特定施設担当課長兼くらしと文化部複合文化施設改修担当課長）野﨑順正▽企画政策部資産活用担当課長（企画政策部特命事項担当課長）松田隆行▽企画政策部施設保全担当課長・行政管理課建築保全担当主査事務取扱（企画政策部施設保全担当課長）戸田義次▽企画政策部特定施設担当課長兼くらしと文化部複合文化施設改修担当課長（くらしと文化部文化・市民協働課主査）◎澤井貴之▽企画政策部秘書広報課長（企画政策部広報広聴課長）小形雄一郎▽企画政策部広報担当課長・秘書広報課広報担当主査事務取扱（市民経済部経済観光課商工観光担当主査）◎尾崎ゆかり▽総務部法務担当課長＝特定任期付職員（総務部副参事）船崎まみ▽市民経済部納税課長（企画政策部財政課財政担当主査）◎赤松勝也▽市民経済部市民課長（オンブズマン事務局長）片岡千晴▽くらしと文化部平和・人権課長兼TAMA女性センター長（教育部教育指導課指導事務係長）◎山本保代▽くらしと文化部オリンピック・パラリンピック準備室長＝オリンピック・パラリンピック準備室オリンピック・パラリンピック準備係長事務取扱（くらしと文化部副参事＝コミュニティ・生活課市民生活係長事務取扱）澤井吉之▽子ども青少年部児童青少年課長（議会事務局次長）鈴木隆史▽健康福祉部福祉総務課長（健康福祉部生活福祉課長）萩原利明▽健康福祉部高齢支援課長（健康福祉部健康推進課健康推進担当主査兼健康センター主査）◎伊藤和子▽健康福祉部介護保険課長（企画政策部企画課企画調整担当主査）◎廣瀬友美▽都市整備部ニュータウン再生担当課長（市民経済部市民課長）飯島武彦▽都市整備部道路交通課長（都市整備部都市計画課特定事項担当主査）◎内田直人▽環境部資源循環推進担当課長（市民経済部納税課長）岩田具嗣▽環境部公園緑地課長（総務部防災安全課消防担当主査）◎柚木則夫▽会計管理者兼会計課長（健康福祉部福祉総務課長）小林弘宜▽下水道課長（都市整備部下水道課長）檜島幹夫▽教育部教育振興課長（健康福祉部介護保険課長）小野澤史▽永山公民館長（永山公民館長兼関戸公民館長）古谷貴美▽関戸公民館長（子ども青少年部児童青少年課長）安達仁▽図書館長（図書館サービス係長兼豊ヶ丘図書館長兼唐木田図書館長）◎栗崎佳津美▽選挙管理委員会事務局長＝再任用（健康福祉部長兼福祉事務所長）荒井康弘

■稲城市

【部長級】▽総務部長（福祉部長）鈴木秀治▽福祉部長（福祉部子ども福祉担当部長）芦沢政美▽福祉部子ども福祉担当部長（総務部秘書広報課長）◎石井正幸▽会計管理者＝会計課長事務取扱（稲城市立病院事務長）風間智▽稲城市消防本部消防長（稲城市消防署長兼稲城市消防本部警防課長）◎田中誠一▽教育部長（教育部教育指導担当部長）石田昭男▽教育部教育指導担当部長（東京都教育委員会）渡辺恭秀▽稲城市立病院事務長（総務部人事課長）◎岡野克哉▽稲城市立病院副院長兼診療部坂浜担当診療部長＝診療部医療安全管理室長事務取扱（稲城市立病院副院長＝診療部医療安全管理室長事務取扱）山内健二▽稲城市立病院看護部長（稲城市立病院看護部看護科統括看護科長）◎堤崎洋子

【統括課長級】▽総務部総務契約課長兼総務契約課検査担当課長（市民部保険年金課長）◎関口明▽総務部秘書広報課長（総務部総務契約課長兼総務契約課検査担当課長）山田弘▽市民部保険年金課長（福祉部子育て支援課長）◎森雅代▽福祉部児童青少年課長（福祉部児童青少年課長）◎落中正一▽都市建設部土木課長（都市建設部土木課長）◎村山雅俊▽消防本部消防次長兼稲城消防署長兼稲城市消防本部警防課長（稲城市消防本部予防課長）◎高木玄洋

【課長級】▽議会事務局次長（議会事務局議事係長）◎宮下幾世▽企画部収納課長（監査事務局長）福地登▽総務部人事課長（稲城市立病院事務部管理課長）井上秀樹▽総務部財産管理課長（都市建設部管理課長）中島謙治▽福祉部子育て支援課長（総務部財産管理課長）平泉征大▽都市建設部管理課長（都市建設部土木課道水路工事係長）◎吉屋武▽稲城市消防本部予防課長（稲城市消防本部警防課警防係訓練担当係長）◎高野芳明▽教育部教育総務課長（企画部収納課長）大塚広満▽教育部学校給食課長（福祉部障害福祉課障害福祉係長）◎佐藤知子▽監査事務局長（教育部学校給食課長）榊原美雪▽東京市町村総合事務組合東京都市町村職員研修所講師（市民部市民課平尾出張所長）◎奥谷庸子▽稲城市立病院事務部管理課長（稲城市立病院事務部医事課長兼稲城市立病院健診センター健診科企画経営担当科長）川辺忠▽稲城市立病院事務部医事課長兼稲城市立病院健診センター健診科企画経営担当科長（議会事務局次長）加藤健▽稲城市立病院診療部皮膚科部長（稲城市立病院診療部皮膚科医長）◎三宅亜矢子▽稲城市立病院診療部臨床工学科技師長（稲城市立病院診療部人工透析科人工透析係長）◎堀口広▽稲城市立病院診療部リハビリテーション科技師長（稲城市立病院診療部リハビリテーション科理学療法係長）◎松永潤▽稲城市立病院看護部看護科看護科長＝稲城市立病院診療部医療安全管理室医療安全係長事務取扱（稲城市立病院看護部看護科看護科長）町田松美

【主幹級】▽市民部市民課平尾出張所長（市民部経済観光課農政係長併農業委員会事務局農地振興係長）◎山中英明▽福祉部子ども家庭支援センター長＝福祉部子育て支援課分室担当係長事務取扱（都市建設部下水道課業務係長）◎吉原晶子▽福祉部健康課主幹＝福祉部健康課健康推進係保健担当係長事務取扱（福祉部健康課健康推進係保健担当係長）◎細山真美▽福祉部子育て支援課第五保育園長（福祉部子ども家庭支援センター長＝福祉部子育て支援課子ども家庭支援センター本郷分室担当係長事務取扱）東島恭代

■羽村市

【部長職】▽議会事務局長（会計管理者）小林宏子▽企画総務部長（生涯学習部長）市川康浩▽市民生活部長（市民生活部市民課長）◎小林秀治▽子ども家庭部長（企画総務部参事＝羽村・瑞穂地区学校給食組合派遣）小机良博▽会計管理者（議会事務局長）田中繁生▽生涯学習部長（市民生活部長）伊藤文隆▽生涯学習部参事（東京都教育委員会）仙北谷仁策▽企画総務部参事＝羽村・瑞穂地区学校給食組合派遣（子ども家庭部長）郷良則

【課長職】▽財務部課税課長（財務部財政課財政担当主査）◎平原良幸▽市民生活部市民課長（市民生活部地域振興課長）羽村典洋▽市民生活部地域振興課長（企画総務部主幹＝東京市町村総合事務組合派遣）石田哲也▽福祉健康部社会福祉課長（上下水道部上下水道設備課長）大野直敏▽福祉健康部障害福祉課長（福祉健康部健康課長）野村由紀子▽福祉健康部健康課長（区画整理部区画整理推進課推進係主査）◎小林章文▽子ども家庭部子育て相談課長（子ども家庭部子育て支援課主幹）山本明子▽子ども家庭部児童青少年課長（選挙管理委員会事務局長）山口ひとみ▽上下水道部上下水道設備課長（福祉健康部主幹＝羽村市社会福祉協議会派遣）並木隆弘▽生涯学習部教育支援課長（東京都教育委員会）三品孝之▽選挙管理委員会事務局長（企画総務部主査＝東京市町村総合事務組合派遣）◎並木健史▽企画総務部主幹＝東京市町村総合事務組合派遣（財務部課税課長）吉岡隆宏

■あきる野市

【部長級】▽環境経済部商工観光担当部長（都市整備部長）門脇徹▽健康福祉部長兼福祉事務所長（市民部課税課長）◎大出英祐▽都市整備部長（都市整備部施設営繕課長併教育部教育総務課教育施設担当課長）◎清水保治▽会計管理者＝会計課長事務取扱（総務部契約管財課長＝検査担当係長事務取扱）◎市川勤▽議会事務局長（健康福祉部長兼福祉事務所長）平井裕▽教育部指導担当部長＝教育部指導室長事務取扱（東京都教育委員会）鈴木裕行▽教育部生涯学習担当部長（総務部職員課長）◎佐藤幸広

【課長級】▽総務部総務課長（総務部総務課長補佐＝庶務係長事務取扱）◎榎本和生▽総務部職員課長（健康福祉部生活福祉課長）渡邉浩二▽総務部契約管財課長＝検査担当係長事務取扱（子ども家庭部子育て支援課長補佐＝子育て支援係長事務取扱）◎老沼陽子▽総務部地域防災課長（環境経済部観光まちづくり活動課長＝ジオパーク担当）舘野俊之▽総務部地域防災課防災担当課長（総務部地域防災課長）長谷川武浩▽市民部五日市出張所長（監査委員事務局長）飯嶋誠一郎▽市民部課税課長（市民部保険年金課長補佐＝後期高齢者医療係長事務取扱）◎山本匡俊▽環境経済部農林課長＝水産担当（健康福祉部障がい者支援課長）渡辺一彦▽環境経済部商工振興課長（環境経済部観光商工課長）一瀬秀和▽環境経済部観光まちづくり推進課長（環境経済部観光まちづくり活動課長補佐＝ジオパーク担当＝秋川渓谷観光係長事務取扱）◎宮野亨▽健康福祉部生活福祉課長（教育部生涯学習スポーツ課長）細谷英広▽健康福祉部障がい者支援課長（健康福祉部障がい者支援課長補佐＝障がい者相談係長事務取扱）◎小澤和弘▽健康福祉部健康課長（市民部課税課長補佐＝土地資産税係長事務取扱）◎坂本雅典▽子ども家庭部子ども家庭支援センター所長（健康福祉部健康課長）川久保明▽子ども家庭部保育課長（会計課長補佐＝会計係長事務取扱）◎石塚光輝▽都市整備部管理課長（都市整備部管理課長＝土地開発公社担当）馬場功▽都市整備部建設課長（環境経済部農林課長）伊藤修▽都市整備部施設営繕課長併教育部教育総務課教育施設担当課長（都市整備部施設営繕課長補佐＝施設営繕係長事務取扱併教育部教育総務課長補佐＝教育施設係長事務取扱）◎岩﨑徹▽監査委員事務局長（子ども家庭部子ども政策課長補佐＝児童館係長事務取扱）◎田中紀秀▽教育部生涯学習推進課長（教育部図書館長）松島満▽教育部スポーツ推進課長（教育部生涯学習スポーツ課スポーツ・公民館担当課長）吉岡賢▽教育部図書館長（総務部職員課長補佐＝研修厚生係長事務取扱）◎山根悟

■西東京市

【部長級】▽企画部参与兼企画政策課長（企画部副参与兼企画政策課長）◎古厩忠嗣▽総務部参与＝職員課（会計管理者兼会計課長）白井清美▽都市整備部参与兼都市計画課長（都市整備部副参与兼都市計画課長）◎松本貞雄▽会計管理者兼会計課長（教育部長）手塚光利▽教育部長（教育部副参与兼教育支援課長）◎渡部昭司▽選挙管理委員会事務局参与（健康福祉部副参与兼生活福祉課長兼市民部副参与＝市民税課）◎石橋尚

【部次長級】▽総務部副参与兼契約課長（総務部契約課長）◎鈴木祐二▽市民部副参与兼市民税課長（市民部市民税課長）◎田宮知和仁▽健康福祉部副参与兼高齢者支援課長（健康福祉部高齢者支援課長）◎横山桂樹▽みどり環境部副参与兼みどり公園課長（都市整備部副参与兼都市整備部下水道課長）森下直彦▽都市整備部副参与兼住宅課長（みどり環境部環境保全課長）◎田中浩二▽議会事務局副参与兼議会事務局次長（議会事務局次長併選挙管理委員会事務局主幹）◎安藤智昭

【課長級】▽危機管理室危機管理特命主幹（危機管理室副主幹＝防災防犯担当）◎藤澤正樹▽市民部市民課総合窓口担当課長（監査委員事務局主幹兼監査係長＝柳泉園組合及び多摩六都科学館組合公平委員会書記併任）阿部俊昭▽市民部納税課長（市民部納税課長補佐兼管理係長）◎高田敦子▽健康福祉部生活福祉課長兼市民部主幹＝市民税課（健康福祉部主幹＝生活福祉課）伊田昌行▽健康福祉部主幹＝生活福祉課（健康福祉部主幹＝生活福祉課兼生活支援係長兼市民部主幹＝市民税課）川邉美貴▽健康福祉部高齢者支援課介護保険担当課長（危機管理室危機管理特命主幹）河野源▽子育て支援部主幹＝保育課兼向台保育園長（子育て支援部副主幹＝保育課兼向台保育園長）◎渡邊さゆり▽子育て支援部主幹＝保育課兼やぎさわ保育園長（子育て支援部副主幹＝保育課兼やぎさわ保育園長）◎上岡久子▽子育て支援部主幹＝保育課兼すみよし保育園長（子育て支援部副主幹＝保育課兼すみよし保育園長）◎田中まなみ▽子育て支援部主幹＝保育課兼けやき保育園長（子育て支援部副主幹＝保育課兼けやき保育園長）◎笹本国子▽みどり環境部環境保全課長（市民部納税課長）田中政治▽みどり環境部主幹＝環境保全課兼環境計画係長（みどり環境部主幹＝環境保全課兼環境保全係長）安島力▽都市整備部建築指導課長（都市整備部建築指導準備課長）清水誠▽都市整備部主幹＝建築指導課（都市整備部主幹＝建築指導準備課）久保田稔▽都市整備部主幹＝建築指導課（都市整備部主幹＝建築指導準備課）竹中宏明▽都市整備部用地課長（総務部管財課長補佐＝管財係）◎大瀧隆男▽都市整備部主幹＝用地課（都市整備部用地課長補佐＝用地係）◎下田聡▽都市整備部道路管理課長（都市整備部都市計画課長補佐＝都市計画担当）◎長塚繁幸▽都市整備部下水道課長（都市整備部下水道課長補佐兼工務係長）◎大場俊勝▽教育部教育指導課長（東京都教育委員会）内田辰彦▽教育部主幹＝教育指導課兼統括指導主事（教育部統括指導主事）◎福田忠春▽教育部統括指導主事（東京都教育委員会）宮本尚登▽教育部教育支援課長（健康福祉部高齢者支援課介護保険担当課長）清水達美▽教育部図書館長（教育部図書館長補佐兼副館長兼庶務係長）◎中川恭一▽監査委員事務局長（監査委員事務局長併＝柳泉園組合及び多摩六都科学館組合公平委員会書記長）白井一嘉

6面に市退職

都職員採用

知的・精神障害者に拡大

職場・職員の理解促進へ

都は今年度の障害者選考（Ⅲ類）から、対象を知的・精神障害者に拡大する。併せて、障害者枠の採用予定人数も10人増の45人に増やす。都の障害者採用はこれまで身体障害者のみで、知的・精神障害者は一般の採用試験に合格する必要があったが、障害者雇用促進法の改正により、2018年度から精神障害者が雇用率の算定対象となることなどを受けて決定した。

新たに追加された受験資格者は、「療育手帳」などの交付を受けた知的障害者や、精神障害者健康福祉手帳の交付を受けた精神障害者などで、躁うつ病や統合失調症、発達障害なども含み、身体障害者と同じ採用枠で応募を受け付ける。

入都後に行う職務は調査・統計の集計や文書管理などの一般事務。求められる能力実証の水準は高卒程度で、いずれもこれまでの障害者採用と同じ。

都は昨年、公務職場での障害者雇用の事例集を各局へ配布したほか、配属先の所属長を窓口とした相談体制の確立など、障害者が業務を行う上でのサポート体制を整備。本人や所属長などと面談を重ねた上で、職員個別の対応を実施している。

今回の拡大では、個々の障害特性に応じたより細やかな合理的配慮が求められ、障害者と共に働くことについて職場・職員の理解も不可欠になる。

都総務局は、これまでの人権研修などに加え、管理職予定者への研修に知的・精神障害者への理解を深める研修を盛り込むなど、職員の理解促進に向けた取り組みを始めている。

同局は「知的・精神障害者へ正規職員の門戸を広げるのは初めて。職場定着や長期就労につなげるには様々な職場からの声を拾い上げ、知識や経験を積み重ねて全庁で共有できる仕組みを作ることが重要」（人事部）と話す。

これまでに知的・障害者を正規職員採用した例では、京都府が13年度から知的障害者を正規職員として採用している。「業務習得に時間がかかり、対応可能な業務の幅が限定的になりやすい」（府人事課）などの課題も出ているが、職場や職務内容を募集の段階で明確にしており、配属先の係内でOJT形式でのサポートを行っている。

昨年度から初めて知的障害者採用の設置と、身体障害者枠に精神障害者も応募可能にした鳥取県も「担当してもらう業務内容には頭を悩ませた」（県人事企画課）と話す。同県は、入県前の面談に加え、知的障害者の合格者に対しては、事前に1週間の研修を2カ所の現場で実施。本人の適性や能力を把握した上で配属を決めた。県の担当者は「職務・職場に慣れ、長期就労してもらうためにも、異動の期間を長めにするなどの対応は必要になる」と話す。

しかし、例に挙げた府県はいずれも1人～数人の採用で、10人以上の採用枠があるのは全国的に見ても珍しい。都は昨年度も障害者採用枠を30人から35人に、年齢制限も27歳から39歳へ拡大しており、応募数が52人から95人まで増えた実績がある。同局は「民間からの転職など、新しく広げた年齢層の応募が多かった印象」（人事部）と話し、今回の拡大でも多くの知的・精神障害者の応募があると見ている。

知的・障害者の採用は3月30日の都人事委員会でも議題に上り、青山佾委員長は「知的・精神障害者は一般の人とは違った才能を持っている可能性もある。今後、新たな職域を作ることも必要になってくるかもしれない」との見解を示した。

障害者採用の応募の年齢制限は39歳までで、昨年度と同様。選考内容は2次選考で個別面接に加え、新たにグループ討議を追加した。一方、身体検査は廃止し、「規定の勤務時間に対応可能か」「自力で通勤が可能か」などの要件は面接中に確認する。1次選考の教養試験と作文は、これまでと同様に行う。

7月から申し込みを受け付け、1次・2次試験を経て11月7日に最終合格者を発表する予定。

試　管　区
実施要綱

合格予定者数は13人増加

事務はⅠ類97人、Ⅱ類50人

特別区人事委員会は5日、2017年度管理職選考の実施要綱を発表した。筆記考査は8月26日（土）に実施される。Ⅰ類の合格予定者数は事務・技術を合わせて計131人。

合格予定者数の内訳は、Ⅰ類事務が97人、Ⅰ類技術が34人、Ⅱ類事務が50人、Ⅱ類技術が15人の計196人。前年の8月に再調査した時点の183人に比べて13人増加した。内訳は、事務が8人増、技術が5人増となっている。

各区の需要数

区名	Ⅰ類	Ⅱ類
千代田	5（4）	3（1）
中央	3（3）	2（2）
港	5（6）	4（2）
新宿	5（6）	2（3）
文京	4（3）	1（2）
台東	3（2）	2（2）
墨田	3（2）	2（1）
江東	5（4）	3（2）
品川	4（3）	1（2）
目黒	2（3）	1（1）
大田	7（7）	1（1）
世田谷	8（6）	5（7）
渋谷	3（3）	4（2）
中野	4（3）	2（3）
杉並	4（5）	2（3）
豊島	2（2）	1（1）
北	3（3）	1（1）
荒川	3（3）	1（1）
板橋	2（4）	1（1）
練馬	6（6）	1（1）
足立	5（5）	3（3）
葛飾	4（3）	2（1）
江戸川	4（3）	1（1）
特人厚	1（1）	1（1）
特競馬	1（1）	1（1）
清掃	1（1）	2（1）
合計	97（92）	50（47）
技術	34（27）	15（17）

※単位＝人。かっこ内は昨年8月再調査時の数字。

23区と3団体の事務の需要数は、Ⅰ・Ⅱ類の合計で増加が9区、減少が4区、増減なしが13区・団体だった。管理職の需要数は08年度をピークに現在も高い水準を維持。定年退職者の見込み数により、今後も需要数は高止まりの傾向が続くと見られている。

こうした中で区人事委が作成した受験勧奨冊子の今年度のテーマは「チャレンジしよう！管理職！」。若手やベテラン、再受験者など、様々な境遇の管理職の体験談を掲載したのが特徴という。

このうち、ある若手課長は新設の課に配属され、「何もないところから仕事を生み出すことの難しさとやりがいを実感した。課で団結して議会対応を乗り切り、その成果が新聞などで大きく取り扱われた時は大きな達成感を感じた」とやりがいを紹介。

別の課長は「主任主事や管理職の昇任選考を5回ほど受けた。択一のみ（の受験）で帰ることもあった」と告白。「あまり無理して勉強してしまうと、実際に着任して自分の想像とのギャップが生じた時、苦しくなる。時間がかかっても無理せずマイペースでやっていれば、それほど重く考えることもない。場合によってはそんなふうに楽に構えることも必要なのでは」とアドバイスしている。

冊子では、Ⅰ類の受験資格（全部・分割受験方式）を得る前に択一・短答式問題だけ先に受験して免除資格を得る「前倒し受験方式」についても詳しく紹介。合格体験記では学習スケジュールなどと併せて、受験方式の選択理由なども取り上げた。区人事委は「諦めないでチャレンジしてほしい」（任用課）と受験を呼び掛けている。

今年度の選考日程は、6月2日までに所属長を通じて受験申込書を提出し、筆記考査は8月26日。口頭試問進出者への通知は10月2日で、口頭試問は10月14～15日のうち、指定する1日で行う。最終合格者の発表と択一・短答式問題受験の免除者の通知は10月31日。なお今年度は、試験日に育児休業を取得中の職員も受験可能となっている。

上山信一・都特別顧問に聞く㊥

監理団体の積極活用を

――都に必要な改革は。

スリム化よりもメリハリ付けだろう。特に先行投資。都は25年から人口減少期に入り、生産年齢人口の比重も減る。成熟経済下ではいつ税収が減少してもおかしくない。超高齢化、インフラ老朽化をにらんだ体制整備、そして都民の自立を助ける教育投資、公務員のスキルアップなど将来をにらんだ投資が大事だろう。

大阪府市の改革をやってきた目線で見ると、都は都区制度の恩恵を受けている。消防、上下水道、都立病院、交通など多くの分野で広い都内を一元的に経営している。それによるスケールメリットは大きく、政令市より全体に効率が良い。人材と設備にも恵まれている。今後はよそに先駆け、ICTやIoTを使ったイノベーションなどに挑んでほしい。

一方で福祉・医療、教育、中小企業支援などではスケールメリットが出にくい。仕事のやり方を見直さなければならないが、巨大組織のためか非効率だ。現場は規則に縛られ、幹部は議会対応に追われている。今後は多くの仕事を市町村や現場に密着した監理団体やNPOなどに委ねていくべきだろう。

――改革は監理団体も対象としています。

監理団体の改革も今までは人員や団体数の削減などの総量規制が中心だった。だが、今回は機能や権限の強化のための積極的な位置づけの見直しが必要だ。その上で生産性も追求する。マスコミなどには国の外郭団体と同様に、監理団体や報告団体を「天下りのために補助金を出している団体ではないか」とみる性悪論があるようだ。だが、敵視は間違いだ。

公務員組織だけではもはや仕事は回らない。これらの団体には本庁との癒着を防ぐガバナンスを利かせた上で、人と資金を投資する。そしてきちんと育てた方がいい。一部団体のヒアリングを始めたが、大変優秀で大きなポテンシャルがある。

――ポテンシャルをどう生かしますか。

都は（現場の）スケールが大きい。例えば中小企業振興公社は海外に事務所を持つほどだし、歴史文化財団は美術館から博物館まで幅広い文化施設の運営能力を有する。人材の幅も分厚く、他の自治体に比べて圧倒的に能力が高い。民間企業で同じことを請け負えるところは少ないだろう。ところが監理団体はいずれも現在は短期契約で、こまごまとした仕事を一手に請け負っている。もっと大きな塊で長期的に任せた方がいいのではないか。

成功例が外務省のJICAだ。同省が予算を取ってODAの大きな方針は出すが、実施の現場は海外で、農業など専門性が高く、本省での政策立案には限界がある。プロジェクトの発掘や援助方針の立案などもJICAと協働してやっている。

――都庁の場合、監理団体の育て方で具体的な考えはありますか。

事業分野によるので一律的なことは言えないが、あえて例を言うと都の直営、監理団体、民間で分担する「三分割法」はどうか。道路管理を例に取ると全部直営だと明らかに非効率だが、全部を民間に任せると災害時などが心配だし、都の職員の技術の目利き力や発注能力がなくなる。全部を監理団体に任せると安心だが競争にさらされず高コスト体質になる。だから常に3者で分担、競争させる。

都庁の若手の幹部を監理団体に出向させ、逆もやるべきだろう。都庁に戻ったら現場経験をもとに企画立案できるし、監理団体も都の発想法や議会との関係など理解が進む。全般にもっと監理団体を積極的に活用すべきで「監理団体」という名前も変えてもいいだろう。もちろん民間企業への外注化も進める。＝つづく

昇任選考

若手職員のホンネ　東京のとある居酒屋で③

「キャリアプランって考えてる？」

B　今はDさん、仕事に対してだいぶネガティブだけど、家庭を持ったら変わると思うけどなぁ。

C　そうならざるを得ないよ（笑）。ところでみんなは自分のキャリアプラン、特に昇任とかについてはどう考えてるの？

A　うーん…都の方は今年度から択一試験だけ前倒しで受けられるようになったから、意識はしてるかな。なるべく早く主任になった方がよいと漠然と思うけど、その先はまだあまり考えていないなあ。「絶対課長になるんだ」とまでは今のところ考えてない。同期と試験の話をしたこともないし、先輩に少し聞いたことがあるくらいかな。

B　俺は元々民間の営業職で働いていたから、どこまでも力勝負にこだわりたいね。前の会社は昇任するのに試験はなくて、売り上げを上げるとか、実力で勝負をしてきたから。

C　じゃあ、公務員の昇任制度には戸惑うこともあるんじゃない？

B　正直、公務員はキャリアの上がり方も全然違うなぁと…。ぶっちゃけ仕事で使えない人でも試験の成績が良ければ上がってしまうし。俺は、昇任選考は「実力がついた」と納得した時に受けたいね。あとは、多少の世間体（笑）。ある程度の年齢なら管理職になっておかないと、みたいな（笑）。

C　確かに、世間体は多少考えるね（笑）。

A　Dさんはどう？

D　僕は…正直何も浮かんでこないなぁ…。具体的に何歳くらいで課長とか、全然考えてない。

B　でも主任選考は受けるでしょ？

D　主任は受けるとは思うけど…。課長と主任では権限が全然違う。よく聞くのは、主任は職場で求められる仕事のハードルが多少上がるくらいで、実質は昇任前とあまり変わらないと思う。問題はそれ以上で、「働きたくない」とまでは言わないものの、偉くなるのに必要なものや管理職になったら払わなければならないコスト……仕事以外の自分の時間とかね。それに対するリターンが見合わないと考える人が結構いる気がするな。上司から時々、職員の昇任意欲が低くなっていると聞くし。

B　うーん、確かに…。特別区で管理職不足が共通の課題になっているのは知ってるけど。

D　そうなんだよ。みんな無意識にコストとリターンを合理的に計算してるんじゃないのかなぁ。

■産廃許可取り消し

都環境局は3月29日、無許可で一般家庭の廃棄物を回収していた産廃処理業者㈱秀明グループ（所沢市）の許可を取り消した。同社は不用品回収業と称して一般家庭にチラシなどを配り、粗大ごみなどの不用品を回収。一部を同社が経営するリサイクルショップで販売していた。

同局によると、同社は数年前から同様の違法行為を繰り返し、数回に渡り調査・指導を受けていたが、回収した不用品を別の場所に移し、改善したように見せかけていた。

林　友三さん（はやし・ともぞう＝元都立北特別支援学校校長）2日死去、76歳。

子供目線で東京大会描く

小中学生の作品がポスターに

五輪組織委

2020年東京大会を、子供の素直な目線で盛り上げたい――五輪組織委員会が「リオ大会で心に残ったこと」「東京大会に期待すること」をテーマに全国の小・中学校や特別支援学校、海外の日本人学校から、東京大会の関連イベントなどで展示するポスターを募集したところ、2万6千点以上が集まり、3月31日に金賞5点を表彰した＝写真。

金賞に輝いた作品の一つが、陸上選手が富士山や東京タワーに向かってスタートの構えを取る姿を描いた作品。作者の横浜市立日吉南小学校の千葉風羽さん（11歳）は「受賞を聞いたときは本当にうれしくて、2020年が楽しみになった」と笑顔で話した。

同じく金賞を受賞した千葉県立東金特別支援学校小学部の北田凌大さん（9歳）は、燃え上がる聖火を描いた。北田さんは「世界が聖火によって一つにまとまるよう願いを込めた」と話し、「大きくなれ」と口にしながら炎を描いたという。

組織委員会の森喜朗会長は「プロに描いてもらうより、思いのままを描く子供たちの方が心を捉えている。大人にはできない発想」と絶賛した。

ポスターのうち優秀作品50点が1日からパナソニックセンター東京（江東区）で公開されており、東京大会の関連イベントや自治体などでも展示する予定。

五輪への航海図⑯⑧　TOKYO 2020

開催まで あと1204日

食品衛生管理

大会見据えレベルアップ

2020年東京大会を見据え、食品の衛生管理が注目されている。厚生労働省は東京五輪を視野に、食品衛生管理の国際標準「HACCP（ハサップ）」を法制度として位置付け、全ての食品事業者に定着を図っていく方針。

大企業は大半が導入しているが、中小零細事業者にとってはハードルが高く、導入率は約35%にとどまる。危害要因分析や管理基準など厳しい要件が課されるためで、同省は中小零細事業者に緩和措置も講じる方向だ。

民間事業者の食品衛生管理のレベルを高めようと、都福祉保健局は03年8月、ハサップの考え方に基づく独自の「食品衛生自主管理認証制度」を創設。いきなりハサップを導入するのが難しい中小零細事業者でも取り組むことができ、効果的な「一般的衛生管理の項目」と、リスクの低減に重要な「ハサップの工程の衛生管理項目」により、作成した都の認証基準をクリアしてもらい、段階的にレベルアップを導くのが狙いだ。現在の認証件数は約770カ所で、課題をクリアするための取得支援講習会、マニュアル作成セミナーを開くなどしてきた。

市場の食品衛生管理も重要に＝1月、築地市場（中央区）

都の認証制度はハサップに厳格さで及ばないものの、厚労省による中小零細事業者向けの緩和基準はクリアすると見ており、福祉保健局健康安全部の澁谷智晃・食品危機管理担当課長（当時）は「都の認証を取得した上で、さらに危害要因分析を進め、特に重要な管理工程について明確に管理基準を定めた上で確認・記録することで、ハサップを導入できる事業者もある」として、「都の認証基準と国のハサップ基準との整合を図るなど、ハサップに近付ける仕組みも考えたい」と話した。

こうした中、都中央卸売市場でハサップ導入に取り組んでいるのが食肉市場（港区）。食肉の衛生管理を重視し、18年度末までの導入を目指している。現在、屠畜解体作業ではハサップの管理基準に対応し、例えば、手洗いやナイフの消毒など細かい手順まで作業マニュアルで定め、器具類は1頭ごとに熱湯消毒。細菌を枝肉に付けないように努めている。今後は業者の作業場でも衛生管理を徹底する方向という。

市退職

3月31日付

【八王子市】▽行財政改革部長　古徳光男▽健康部長　細川えみ子▽八王子市保健所副所長兼健康部保健対策課長　滝川陽一▽水循環部長　諸角恒男▽都市計画部長　田中正雄▽会計管理者兼会計部長＝会計部会計管理課長事務取扱　伊藤紀彦▽議会事務局長　設楽いづみ▽総務部総務課長　山本信男▽医療保険部保険収納課長　小川正彦▽健康部健康政策課長　木内雅彦▽道路交通部管理課長　細井東▽図書館部中央図書館長　中村照雄▽図書館部南大沢図書館長　村田浩三

【立川市】▽産業文化スポーツ部長　新海紀代美▽財務部課税課長　肥田功夫▽まちづくり部交通対策課長　大塚昌宏▽教育委員会事務局教育部学校給食課長＝再任用　新土克也▽教育委員会事務局教育部統括指導主事　桐井裕美

【武蔵野市】▽総務部長　青木稔▽財務部長　三澤和宏▽公益財団法人武蔵野生涯学習振興事業団参事　加藤伸也▽防災安全部防災課長　中村義明▽公益財団法人武蔵野文化事業団副参事　小尾隆

【三鷹市】▽総務部長　馬男木賢一▽議会事務局長　郷原彰▽教育部生涯学習担当部長　宇山陽子▽公益社団法人三鷹市シルバー人材センター派遣＝健康福祉部三鷹市シルバー人材センター担当部長　山口忠嗣▽三鷹市土地開発公社派遣＝総務部三鷹市土地開発公社担当部長　川口幸雄▽総務部職員課労働安全衛生担当課長　天野和之▽子ども政策部子ども育成課保育園管理運営担当課長　田中信子▽都市整備部水再生課水再生センター担当課長　増田俊也▽教育部学務課教育支援担当課長・指導課支援教育担当課長兼職・総合教育相談室長兼職　田中容子▽三鷹市社会教育会館長・企画部三鷹中央防災公園・元気創造プラザ開設準備室三鷹市生涯学習センター開設準備担当課長兼職　新名清人▽特定非営利活動法人みたか市民協働ネットワーク派遣＝生活環境部コミュニティ文化課市民協働センター担当課長　安達徹

【青梅市】▽企画部長　岩波秀明▽環境部長　大谷繁▽まちづくり経済部長　清水宏▽建設部長　高水靖志▽教育部長　藤野唯基▽企画部検査担当主幹　内野康行▽生活安全部市民安全課長　町田幸子▽生活安全部住宅課長　島田弘美▽市民部市民活動推進課長　武藤裕代▽子ども家庭部子ども家庭支援課長　関塚浩

【府中市】▽福祉保健部長兼府中市福祉事務所長　川田誠▽都市整備部長　雫石明男▽教育部長　今永昇▽議会事務局長　吉野寿一▽市民部資産税課長　峯尾達也▽生活環境部経済観光課農政担当主幹兼農業委員会事務局長　石川裕三▽議会事務局議事課長　遠藤隆行

【昭島市】▽議会事務局長　竹内光洋▽総務部契約管財課長　古谷裕且▽都市整備部管理課長　中野貴▽都市整備部建築課長　萩原久之▽都市整備部下水道課長　木崎正夫▽都市整備部拝島駅関連事業担当課長　山崎重信▽水道部工務課長　長田仁史▽選挙管理委員会事務局長　浦野和利

【調布市】▽福祉健康部長兼調布市福祉事務所長　吉田育子▽監査事務局長　大木正勝▽環境部次長　吉野弘巳▽会計課長　小林正人▽行政経営部行財政改革課主幹＝行財政改革担当兼行政経営部行財政改革課主幹＝公共施設担当　岩下大志

【町田市】▽政策経営部長　市川常雄▽総務部情報システム担当部長　熊坂惠司▽総務部次長＝労務担当　吉川清美▽財務部長　馬場昭乃▽財務部営繕担当部長　西村正明▽財務部税務担当部長　市川二郎▽市民部長　内山重雄▽市民部市民協働推進担当部長　持田勝正▽文化スポーツ振興部長　田後毅▽地域福祉部長　須崎信孝▽保健所次長兼保健所保健総務課長　叶内ひとみ▽経済観光部長　笠原道弘▽環境資源部循環型施設建設担当部長　田後眞人▽都市づくり部長　宗田隆由▽都市づくり部建築開発審査課担当課長＝建築審査担当　和田善之▽会計管理者　藤田明▽学校教育部長　吉川正志▽町田市民病院副院長兼町田市民病院統括部長　佐藤裕▽子ども生活部大地沢青少年センター所長　齋藤由紀夫▽建設部道路管理課長　稲垣明朗▽都市づくり部建築開発審査課開発審査担当課長　杉本鎮男▽町田市民病院呼吸器内科担当部長　五十嵐尚志▽町田市民病院呼吸器内科医長　小林謙太郎▽町田市民病院呼吸器内科医長＝呼吸器　山元正之▽町田市民病院呼吸器内科担当医長　長崎彩▽町田市民病院看護部副看護部長　清水良子

【小平市】▽総務部危機管理担当部長兼地域安全課長　野田悟▽会計管理者兼会計課長　長塩三千行▽監査事務局長兼事務局次長　水口薫▽健康福祉部健康推進課長　鶴巻好生▽総務部総務課長補佐兼文書法制担当係長　鈴木浩司▽小川保育園長＝副参事　相沢政子▽都市開発部施設整備課長補佐兼施設マネジメント担当係長兼企画政策部行政経営課長補佐兼施設マネジメント担当係長　田中武▽小川西町図書館長＝副参事　柄澤道子

【日野市】▽産業スポーツ部参事＝芸術文化スポーツ担当　徳田雅信▽発達・教育支援センター長兼教育部参事　坂田勉▽教育部参事＝生涯学習担当　田倉芳夫▽医療安全部長兼脳神経外科部長事務取扱＝救急科勤務▽医療安全管理室長事務取扱＝感染制御室長事務取扱　原晃一▽市民窓口課主幹＝豊田駅連絡所担当　岡田忠昭▽施設課長　高橋進▽建築指導課長　関谷一彦▽市立病院歯科口腔外科部長兼歯科衛生室長　大秦司正嗣▽監査委員事務局長　佐藤眞

【東村山市】▽教育部図書館長　田中香代子▽教育部公民館長　前田寿美子▽選挙管理委員会事務局長　田澤正彦

【国分寺市】▽議会事務局長　岡優▽子ども家庭部長　根本裕之▽教育部長　本橋信行▽総務部付課長　生駒保比呂▽都市建設部緑と建築課長　池田昇▽都市開発部開発担当課長　野上秀人▽都市建設部建築指導課長　早瀬信二

【国立市】▽都市整備部長　佐々木一郎

【福生市】▽議会事務局長　吉野真智子▽総務部長　野島憲一▽教育部長　天野幸次▽教育部スポーツ推進課長　横倉成昭

【狛江市】▽児童青少年部児童青少年課副主幹＝和泉保育園長　石澤周子

【東大和市】▽企画財政部長　並木俊則▽市民部長　関田新一▽子ども生活部長　榎本豊▽福祉部参事兼高齢介護課長兼地域包括ケア推進係長事務取扱　尾崎淑人▽会計管理者兼会計課長事務取扱　関田賢治▽議会事務局次長兼庶務調査係長事務取扱　長島孝夫▽総務部職員課長　原島真二▽子ども生活部青少年課長　中村修

【清瀬市】▽会計管理者　岸典親▽企画部財政課副参事＝検査係長事務取扱　小野正人▽市民生活部市民課副参事　柴原真孝▽健康福祉部障害福祉課長　新井勘資▽教育委員会＝教育部図書館長　伊藤高博

【東久留米市】▽都市建設部都市計画課長　池上浩一

【武蔵村山市】▽教育委員会教育部図書館長　乙幡孝▽健康福祉部地域福祉課避難行動要支援者計画担当課長　大野順市

【多摩市】▽総務部長　中村元幸▽くらしと文化部長　東島亮治▽健康福祉部長兼福祉事務所長　荒井康弘▽環境部付参事＝多摩ニュータウン環境組合　會田勝康▽教育部長　福田美香▽監査委員事務局長　飯高のゆり▽くらしと文化部平和・人権課長兼TAMA女性センター長　齊藤静子▽都市整備部ニュータウン再生担当課長　永井修▽環境部公園緑地課長　高橋徹

【稲城市】▽総務部長　小林高明▽会計管理者＝会計課長事務取扱　榎本伸也▽消防本部消防長　小泉昭彦▽教育部長　伊藤徹男▽稲城市立病院診療部坂浜担当診療部長　栗原英二▽稲城市立病院看護部長　中野実枝▽稲城市立病院診療部リハビリテーション科長　粟田修司▽福祉部子育て支援課第五保育園長　小池隆代

【羽村市】▽企画総務部長　井上雅彦▽福祉健康部社会福祉課長　笠井宏泰▽福祉健康部障害福祉課長　遠藤也寸子▽子ども家庭部児童青少年課長　細谷満広▽生涯学習部参事　山﨑尚史

【あきる野市】▽環境経済部観光担当部長＝ジオパーク担当　小澤豊▽会計管理者＝会計課長事務取扱　角田一▽議会事務局長　山本常雄▽総務部総務課長　田村純一▽市民部五日市出張所長　武藤進▽子ども家庭部子育て支援課長　町田加奈枝▽子ども家庭部保育課長　加藤多香之▽都市整備部建設課長　丸山誠司▽教育部生涯学習担当部長　関谷学

【西東京市】▽選挙管理委員会事務局参与　澤谷繁幸▽都市整備部副参与兼用地課長　中野英道▽教育部副参与兼図書館長　奈良登喜江▽市民部市民課総合窓口担当課長　山本茂▽子育て支援部保育課主幹兼ひがし保育園長　聴川尚子▽みどり環境部みどり公園課長　高井譲▽都市整備部道路管理課長　礒崎修

29年度 職員教養講座 東京都管理職選考対策《41》

引き続き、演習問題を行っていきます。

問題

【問題11】 今年1月に総務局が発表した「東京都職員『ライフ・ワーク・バランス』推進プラン」に関する記述として、妥当なのはどれか。

① 次世代育成支援法や女性活躍推進法に基づく特定事業主行動計画が10年間について策定を求められていることから、本プランも10年間の計画期間としている。

② 平成28年4月1日時点における行政系職員に占める女性職員の割合は39・5%に上る一方、管理職に占める女性職員の比率は15%に満たない。

③ 男性職員の育児休暇取得率は平成27年度で5・9%まで向上し、民間企業従事者の取得率を上回った。

④ 時間や場所を弾力的に活用できる柔軟な働き方を実現するため、テレワークや時差勤務、昼休みの分散化の活用促進が示された。

⑤ 「気づき」を通じた現場マネジメントの強化、組織活性化を図っていくため、一般職の姿勢・行動について、上司や同僚からの見え方をフィードバックする仕組み、いわゆる「360度フィードバック」を導入するとした。

【問題12】 今年1月に財務局が発表した「平成29年度東京都予算案の概要」に関する記述として、妥当なのはどれか。

① 平成29年度予算は「『世界一の都市』の実現に向けた取り組みを加速化・深化させ、力強く前進させる予算」と位置づけた。

② 一般会計の予算規模は、前年度に比べて0・8%減の6兆9540億円となり、5年ぶりの減となった。

③ 政策的経費である一般歳出は、前年度に比べて0・6%減の5兆642億円で、5年ぶりの減となり、全ての事業の総点検を実施し、事業の必要性や経費の内容などを厳しく検証した結果、新規事業は昨年度より減となった。

④ 今後の人口構造の変化や社会資本ストックの維持更新需要などを見据え、平成29年度予算では都債の発行額を前年度比551億円、15・6%の増とした。

⑤ 限られた財源の中で都政の諸課題に的確に対応していくため、都は予算編成の一環として事業評価を実施し、今年度は昨年度と同規模の890件の評価結果を公表した。

【問題13】 今年1月に生活文化局が発表した「都民のスポーツ活動・パラリンピックに関する世論調査」に関する記述として、妥当なのはどれか。

① この1年間に実施したスポーツや運動の種目を聞いたところ、「ウオーキング、散歩」がトップで、「体操」「軽い球技」と続き、「スポーツや運動は実施しなかった」は前回調査より3ポイント減の15%だった。

② この1年間にスポーツや運動は実施しなかった理由を聞いたところ、「機会がなかったから」がトップで、「年をとったから」「仕事や家事・育児が忙しくて時間がないから」と続いた。

③ ラグビーワールドカップ2019TMの周知度・関心度について聞いたところ、「東京都で開催されることは知っている」は45%に上った。

④ 障害者スポーツへの関心度を聞いたところ、「関心がある」は前年より13ポイント増の58%であった。

⑤ 東京2020オリンピック・パラリンピック競技大会を史上最高の大会を実現するために、東京都が加速すべき政策を聞いたところ、「誰もが安全・安心に過ごすことができる高度防災都市の構築と治安維持」がトップで、「多言語対応など世界に開かれた国際都市の形成」、「アスリートが力を発揮できる競技環境の整備」と続いた。

【問題14】 今年1月に教育庁が発表した「東京都教育施策大綱」に関する記述として、妥当なのはどれか。

① 今後の教育施策における重要事項として、「全ての子供が学び成長し続けられる教育の実現」「新しい価値を創造する力を育む教育の推進」など10項目が掲げられた。

② 誰もが安心して学び、持てる可能性を最大限伸ばすことができるよう、都独自の貸与型奨学金制度を創設するとした。

③ 「生きた英語」を学ぶ環境を充実させるため、子供たちに海外生活や異文化を疑似体験させ、英語の楽しさや必要性を体感させる「英語村(仮称)」を開設するとした。

④ 障害のある子供たちの個性や可能性を伸ばす教育を充実させるため、特別支援学校における体育系大学等と連携したスポーツ活動を推進するとした。

⑤ オリンピック・パラリンピック教育を推進するため、全ての学校において、「オリンピック・パラリンピックの精神」「スポーツ」「文化」「平和」の四つのテーマと四つのアクション(学ぶ、観る、する、支える)を組み合わせた プログラムを展開するとした。

都政事情 ③

【問題15】 今年2月に福祉保健局が発表した「『子供の生活実態調査』結果の概要(中間のまとめ)」に関する記述として、妥当なのはどれか。

① 困窮層のうち、過去1年間に金銭的な理由で家族が必要とする食料が買えなかったのは6割から7割に上る。

② 学習塾に通っている子供は、一般層に比べ困窮層は少ない一方、公立小中学校で行われる補習教室への参加率は、一般層と困窮層に差は見られなかった。

③ 平日の放課後に「一人で過ごす」ことが一番多い子供の割合を年齢層別に見ると、「小学5年生」がトップで、以下「中学2年生」「16~17歳」の順となった。

④ 生活困難度別のむし歯の治療本数では、小学5年生における一般層と困窮層の差は5ポイント以内にとどまった。

⑤ 子供の施策に関する情報の受け取り方法は、一般層では行政機関の広報誌が最も高く、困窮層では学校からのお便りが最も高かった。

【問題16】 今年1月に福祉保健局が発表した「平成27年東京都人口動態統計年報(確定数)」に関する記述として、妥当なのはどれか。

① 出生数は11万3194人で、前年より2565人減少した。

② 都内合計特殊出生率は1・24で、前年の1・15より上昇した。

③ 20歳代と30歳代の出生数は減少し、40歳代の出生数は増加した。

④ 自然増減数(出生数から死亡数を減じたもの)は1521人で、4年連続で増加した。

⑤ 婚姻率(人口千対)は6・6で、前年の6・7より減少し、全国より低い。

【問題17】 今年2月に財務局が発表した「都有施設等総合管理方針」に関する記述として、妥当なのはどれか。

① 本方針は、総務省から策定要請のあった「公共施設等総合管理計画」に該当するもので、施設管理に関する全庁的な方針を策定するのは2度目である。

② 道路施設や橋梁(きょうりょう)といった都有の公共土木等施設の経年状況は、建設後30年以上経過するものが5割を占める。

③ 都の施策を反映した都有施設の機能・性能のレベルアップを図るために、施設の環境負荷の低減、ユニバーサルデザインの推進、低コスト化の3点を掲げた。

④ 現有の社会資本ストックを将来にわたって維持する場合、経費総額は今後23年間で約3・2兆円が見込まれている。

⑤ 計画的な維持更新に向けた用地の確保を図るために、国や区市町村、監理団体や民間業者との連携も視野に入れた最適な利活用をするとした。

解説

【解説11】 正答③

① 誤り。計画期間は平成29年2月から平成33年3月までとなっている。

② 誤り。管理職に占める女性職員の比率は19・3%、課長代理級については31・6%まで上昇している。

③ 正しい。

④ 誤り。本プランにおいて、昼休みの分散化は言及されていない。

⑤ 誤り。管理職の姿勢・行動について、部下や同僚からの見え方をフィードバックする仕組みが「360度フィードバック」である。

【解説12】 正答②

① 誤り。平成29年度予算は「『新しい東京』の実現に向けた改革を強力に推し進め、明るい未来への確かな道筋を紡ぐ予算」と位置づけられた。

② 正しい。

③ 誤り。無駄の排除を徹底する一方で、明るい東京の未来をつくるための投資を積極的に行い、過去最高となる382件の新規事業を立ち上げるなど、メリハリのある予算配分が行われた。

④ 誤り。平成29年度予算では、都債の発行額を抑制し、将来に向けての発行余力を培うため、前年度に比べて551億円、15・6%の減となった。

⑤ 誤り。今年度は前年度比約1・7倍となる890件の評価結果を公表するとともに、評価の結果を通じて約720億円の財源確保につながった。

【解説13】 正答④

① 誤り。「スポーツや運動は実施しなかった」は前回調査より3ポイント増加した。

② 誤り。「仕事や家事・育児が忙しくて時間がないから」「機会がなかったから」「年をとったから」の順であった。

③ 誤り。「東京都で開催されることは知っている」は17%にとどまり、「日本で開催されることを知らない」は45%に上った。

④ 正しい。

⑤ 誤り。「アスリートが力を発揮できる競技環境の整備」がトップで、続いて「誰もが安全・安心に過ごすことができる高度防災都市の構築と治安維持」「多言語対応など世界に開かれた国際都市の形成」となった。

【解説14】 正答③

① 誤り。今後の教育施策における重要事項は8項目が掲げられた。

② 誤り。都独自の給付型奨学金制度を創設するとした。

③ 正しい。

④ 誤り。特別支援学校における芸術系大学等と連携した美術などの文化活動を推進するとした。

⑤ 誤り。「平和」ではなく「環境」をテーマとした。

【解説15】 正答①

① 正しい。

② 誤り。補習教室への参加率は、一般層に比べ困窮層が高い。

③ 誤り。「16~17歳」「中学2年生」「小学5年生」の順となった。

④ 誤り。困窮層と一般層の差は12・8%だった。

⑤ 誤り。生活困難度にかかわらず、学校からのお便りが最も高かった。

【解説16】 正答②

① 誤り。前年より2565人増加した。

② 正しい。

③ 20歳代の出生数は減少、30歳代及び40歳代の出生数は増加した。

④ 誤り。自然増は4年ぶりである。

⑤ 誤り。婚姻率は全国の5・1より高い。

【解説17】 正答⑤

① 誤り。施設管理に関する全庁的な方針を策定するのは初めてである。

② 誤り。公共土木等施設は、建設後30年以上のものが約7割を占める。

③ 誤り。低コスト化ではなく、防災機能の強化を掲げた。

④ 誤り。約7・9兆円に上ると見込まれた。

⑤ 正しい。

昇任試験対策のページ

特別区 管理職試験講座 24

I類択一・記述 I・II類論文 29年度

27年度問題解説 ①

I類論文

今回から2回にわたり、平成27年度に出題されたI類論文問題の論文例と解説を掲載します。

論文課題

社会における女性の活躍推進について論じてください。

第1章 はじめに

戦後の高度経済成長時代においては、夫が会社など外で働き、妻が家事、子育てを担う専業主婦の役割を果たすことによって、企業の経済活動を支えてきた。右肩上がりの経済成長が続いているうちは、それを効率的に支える社会の体制として、性的役割分担の意識としても根付いてきたといえる。

ところが、その後、経済成長は鈍化し、少子高齢化の進行とあいまって平成20年から人口減少の局面に入った。生産年齢人口の減少により、労働人口は不足し、今後需要の大きくなる介護人材などについても既に深刻な不足に陥っている。

生産年齢人口の減少をカバーするためには、高齢者の雇用、外国人労働者の受け入れに加えて、OECD諸国の中でも最も低いと言われている女性の就業率を上げ、社会進出を促していく必要がある。

第2章 解決すべき課題

女性の職業生活と女性の就業希望など職業に関する女性の希望、期待を実現することは、女性の活躍推進に欠かせない。

国は昭和60年、男女雇用機会均等法を制定し、職場における男女の平等な扱いを定めた。平成27年には、女性の職業生活における活躍の推進に関する法律(以下「女性活躍推進法」という)を制定し、女性の活躍を支援するための措置を定めている。

解決すべき課題としては、次の5点である。

1点目は採用、配置・育成・教育訓練についての課題である。企業の約4割は男性のみの新卒採用であり、総合職採用の女性比率は1割である。また、配置には男女の偏りがある。

2点目は継続就業、男女を通じた長時間労働是正など働き方の改革の課題である。依然として約6割の女性が第一子出産を機に退職をしている現状がある。両立困難による退職の理由の大きく二つは、「勤務時間」と「職場の雰囲気」である。また、長時間労働の是正に加え、フレックスタイムなど働き方の柔軟性等が重要となってくる。

3点目は評価・登用についてである。女性の登用はまだ進んでおらず、評価・昇進の透明性確保が重要である。

4点目は社会全体の意識・職場の風土である。性別役割分担意識等を変えていき、男女がともに、家庭責任を果たしながら、職場でも貢献することが当然という方向へ、社会・職場ともに意識改革を進める必要がある。

5点目に、継続就業を断念した女性等の再チャレンジの確保である。再就職の多くはパート等の非正規雇用である。妊娠・出産を機に退職した女性であっても能力の最大限の発揮が可能となるよう、非正規雇用から正規雇用への転換等について、事業主の取り組みにつながる有効な方策を検討する必要がある。

第3章 解決のために実施すべきこと

1 事業主に求められるもの

職場における女性の定着や活躍を促す趣旨から、女性活躍推進法は、従業員301人以上の企業に女性の活躍推進に向けた行動計画の策定・公表や女性の活躍に関する情報の公表等を義務付けた。女性の採用比率、勤続年数の男女差、労働時間、女性管理職比率の4項目を定量的に把握し分析することにより、上記課題についての事業主ごとの解決策と行動計画を促す趣旨である。

また、平成27年12月には、国が一億総活躍社会の実現に向けて子育てをしやすい環境を作るため、男女共同参画基本計画を決定し、民間企業で2・3%にとどまる男性の育児休業取得率を2020年までに13%に引き上げる目標を掲げた。

男性中心型の労働慣行を見直すとし、長時間労働の是正に向け、1週間に60時間以上働いている雇用者の割合を現在の男性12・9%、女性2・8%から、2020年までに男女平均で5%にするため、具体策として、有給休暇の取得率向上、月60時間を超える残業に対する割増賃金率を中小企業にも適用することなどを挙げている。女性の活躍推進を図るために、男性の働き方の変革も求められ、男女ともに働きやすい職場を目指すことが必要である。

2 行政に求められるもの

特別区を始めとした行政は、これまでも男女共同参画を掲げ、男女平等施策、女性雇用施策、契約先の女性雇用比率の向上、行政部内での女性の積極的な任用等といった様々な政策を展開してきた。

女性活躍推進法は、市区町村にも「女性の職業生活における活躍の推進に関する基本方針」「事業主行動計画策定指針」の策定を求めている。

一方、女性の活躍を推進するための支援措置としては、国は職業訓練、紹介、情報の収集、提供を行い、地方公共団体は相談、助言等に努めることとされている。地方公共団体の女性活躍の推進計画策定は努力義務とされていることから、実効的に進めていくための踏み込んだ対策が必要である。

第4章 結語

行政には、持続可能な社会経済を維持していく責務があり、女性の活躍推進は重要な政策課題である。しかし、実現には民間企業等の理解と協力を得なければならない。

特別区は、各区の実情を踏まえた上で、この喫緊の課題に待ったなしで取り組んでいく必要がある。

解説

今回は、国の女性活躍推進法に関する資料を参考に答案を作成しました。

細かい数字までは必要ありませんが、各出題分野における基本的な数字は押さえておいた方が良いでしょう。問題提起→課題→解決→結語の形式をまずは意識して答案を作成してみてください。

都政の潮流

決められない女

迷宮の市場 見えぬ着地点

■ジャンヌ

今、都庁の権力ピラミッドの頂点に「決められない女」が座っている。支持率は驚異的な高水準をキープし、男性社会に立ち向かい既得権益の腐敗を暴くジャンヌダルクにお茶の間は喝采を送っている。鼻っ柱の強さは天下一品。言われたら言い返し、やられたらやり返す。倍返しの切れは「黒いネズミ」発言で証明済みである。

先の都議会予算特別委員会、自民党の質疑を思い出してみよう。築地市場のアスファルトが剥がれて地面がむき出しになっている写真を大きなパネルで見せられた時のこと。それは誰が見ても穴は穴でしかないのだが、彼女は言を左右にして「穴が空いている」ことを認めなかった。折り紙付きの意固地である。

■決めない・決められない

が、しかし。彼女の実態は決められない女である。

築地市場の豊洲新市場への移転問題では、情報も論点も出尽くし、課題も議論され尽くした（残っているとすれば、築地市場の土壌汚染の状態が未確定だということぐらいだ）。なのに、なぜか決めようとしない。

都議選をにらんで決断を先延ばしにすることで、自民党を除く全会派のすり寄りを誘う作戦であることはよく分かる。結果、39年ぶりに共産党が予算案に賛成するなどという珍事も起こった。

ただ、これは危険なもろ刃の剣である。急ごしらえの「与党連合」は市場移転ひとつとっても呉越同舟。築地か豊洲か、どちらかに決めた瞬間、与党連合は瓦解する。だから選挙が終わるまで決めない、決められない。

では、ここまで事を泥沼化してしまったのは誰か。

■仕掛け人

時計の針を昨年8月に戻してみる。あの移転延期は彼女一人の決断だったのか。それとも仕掛け人がいたのか。ここから先の記述は全てが推察なので、登場人物は仮称とする。

仮に、移転延期の仕掛け人をK氏としよう。K氏にはそのキャリアの中で公共事業を中止した成功体験を持ち、心情的にも反権力志向が強い。K氏の戦略は豊洲市場を巡る過去の悪事を暴いてぶっ潰すこと。一方、決められない彼女はそこまで深刻に考えていなかったと思われる。正直、敵を作り出して耳目を集められればそれで良かった。

昨年9月末、第8回地下水モニタリングの結果で初めて環境基準超えが3カ所見つかった。最終となる第9回を終える前に移転するのはおかしいと公言していた彼女はどう思ったのか。まずい？ シメた？

適度な数値が出て適度に過去の悪人どもをやっつけられればベストだった。第9回もソコソコの結果であれば、豊洲移転にゴーサインを出していた可能性がある。だが、現実はそうならなかった。

ベンゼン79倍。分析結果を聞かされた彼女は真顔で驚いたとされている。シナリオが狂った瞬間だった。

しかしその後、決められない女は不可解な行動に出る。1月14日、築地市場講堂。専門家会議の平田座長は急激に上昇した分析結果に困惑しつつも、「地上は安全、地下は管理が必要」と冷静に対応した。平田座長が彼女に助け船を出す形になった。ところが、彼女はその船に乗らなかった。ぶら下がり取材で「消費者は地上と地下を分けて考えない」と言ってしまったのだ。安全・安心論の始まりである。

■安全・安心

狂ったシナリオを安全・安心論に書き換えたのがK氏だったのか、別の大物政治家だったのかは分からない。しかし、彼女はその助言に飛び付いた。決められない女の性である。そして迷走が始まる。1月中旬、築地市場との比較論はまったく喧伝されていなかった。だからこの時期であれば、まだ知事の安全宣言の余地は残っていたのかもしれないが、消費者心理を持ち出してしまった以上、世論受けはしても安心は底なし沼、着地点は全く見えなくなった。

そうこうしているうちに、2月下旬、築地市場の地歴問題が噴出し、アンタッチャブル扱いされてきた築地市場の欠陥が次々に明らかになった。ご承知の通り、予特では「窮鼠猫をかむ」を地で行くように、自民党が築地バッシングを展開し、対立構図が抜き差しならなくなった。

■再整備

さて、K氏である。3月末の市場問題プロジェクトチームで公表された築地再整備私案で馬脚を現した。K氏の目的は豊洲をぶっ潰し、移転反対派とともに再整備に突き進むことである。それにしても、これほど無責任で無神経な案を見たことがない。怪しげな事業費、環境アセスと環状2号線は完全置き去り。おまけに明日、築地で私案の説明会を開くという。反対派を集めて総決起集会でもやるおつもりか。側近のご乱心に、決められない女は、さあどうする。

最後になるが、彼女は「都政新報は読まない」そうである。この替え歌が届かないのは誠に残念である。

♪そうよ、ワ・タ・シ・は、決められない女ぁ～

（みかわけん）

地域文化と出会い直す

6年目のASTT

アーツカウンシル東京の被災地支援事業（下）

2015年5月にアーツカウンシル東京の研修として、「東京都による芸術文化を活用した被災地支援事業（Art Support Tohoku-Tokyo、以下ASTT）」の事業打ち合わせに同行し、福島県を訪れたのが東北へ通う始まりだった。今では岩手県、宮城県、福島県を定期的に訪れ、事業の進行状況や現地の様子を確認し、パートナーのNPOと対話を重ねながらサポートを続けている。

16年には、5年間の活動の成果として、現地のパートナー7人にインタビューを行い、彼らの声と移りゆく東北の今を冊子『6年目の風景をきく―東北に生きる人々と重ねた月日』にまとめた。この冊子制作の過程では、震災後の変化を感じる場面に度々遭遇した。その変化とは、震災後に起こった喫緊の課題に対するものから、これから先の営みへと向けられた現地の人々のまなざしの変化だ。

5年という月日は、「ここで生きていく」という彼らの覚悟を強くしてきたのだと思う。だからこそ、自分たちが暮らす土地で育まれてきた文化や資源を見つめ直す活動へとシフトしているのだろう。

宮城県塩竈市を中心に活動を展開する「つながる湾プロジェクト」では、松島湾の文化を捉え直し、継承していくための取り組みが行われている。

13年から始まった同プロジェクトでは、塩竈・松島湾や海の歴史・文化について様々な分野の講師を招いて学ぶ「チームwan勉強会」や、アーティスト・五十嵐靖晃による、漁網を参加者と共に編み、屋外に掲げ、完成した網の目を通して土地の風景を捉え直す「そらあみ」。地域の物語や先人の知恵を歌や詩、料理などを通して、表現する手法を体験する「語り継ぎのためのリーディング」。活動の成果を一堂に集めて、湾を旅するように展示やワークショップを体験する参加型の展覧会「海辺の記憶をたどる旅展」など、運営事務局のメンバーは、地元住民やよそ者の視点を融合しながらリサーチを行い、プロジェクトを実施してきた。そうして地域文化と出会い直す中で、今、その話や技術を学ばなければそれ自体が消えてなくなってしまうという切迫した課題に気付き、どのように伝え残していくことができるのか、継承の方法を模索しはじめている。

16年度は、2冊の書籍『ノック!? じぶんの地域ともう一度出会う10の扉？（以下、ノック）』と『松島湾のハゼ図鑑』を制作した。

『ノック』は、つながる湾プロジェクトの企画に実際に参加した人物の体験談をモデルに、地域と向き合う際のコツ（視点）を10の扉として紹介している。「よそ者の話を聞く」「季節・時間を意識してみる」「恒例行事にする」など、新しい視点に気付くきっかけをつくり出す本だ。

『松島湾のハゼ図鑑』は、宮城県の食文化と地域住民の生活を支えてきた松島湾の「ハゼ」に注目し、その生態や実践的な漁法のノウハウ、おいしい食べ方などを愛らしいイラストで紹介。1年間かけて行った調査とワークショップの経験（名人に教わりながら行ったハゼ釣り体験、焼きハゼをつくり、最後にはハゼだしのお雑煮づくりを行った）が生かされた内容となっている。『ハゼ図鑑』を用いることで、松島湾のハゼ文化をより広く、身近なものとして地域住民に伝えていくことが可能になるだろう。この「図鑑」はシリーズ展開を予定していて、次は「牡蠣」に焦点をあてて制作する予定だ。事務局メンバーの気付きと経験が、カタチを変えて、地域に循環していく仕組みが生まれようとしている。

文化は変容し、人々の営みと呼応しながら、引き継がれていくものだと思う。その在り方を模索し続け、共有し、表現していくことが、文化の継承の一歩なのだろう。そして、まさに今その一歩を踏み出そうとする東北の地では、これからこそ芸術文化のしなやかなまなざしが求められている。

（アーツカウンシル東京 プログラムオフィサー 嘉原妙）

＝おわり

【参考情報】
つながる湾プロジェクト http://tsunagaruwan.com/

ハゼの焼き干しづくり

東京都写真美術館

写真の到達点と出発点

山崎博 計画と偶然／夜明けまえ 知られざる日本写真開拓史 総集編

大気圏に突入した彗星の光跡か、滑空する謎の飛行物体か。だがそれらの写真に特有の切迫感は感じられない。反対に画面は静謐さをたたえて深く、神秘的ですらある。これはアートではないのか？

写真家・山崎博の代表的な仕事《〈HELIOGRAPHY〉より》。HELIOは太陽。字義に従えば、太陽が描いた図像ということになるのだろうか。それを長時間露光で写した太陽だと種明かしされても、これらの作品の深みには近づけない。

見事な構図で定着させた光跡を見ると、この作品に到達するには、どれだけの芸術的構想力と、緻密な計算力と、光学的で化学的な試行錯誤が必要だったのかと想像してしまう。この人はどんな写真を目指したのだろう。

ヒントになる記述がカタログにあった。「もの派」の故・榎倉康二氏との交流である。「もの派」は世界的に再評価が進んでいる、70年代を中心にした現代芸術の活動。だがマニフェストの下に結集した集団ではないので、個々の作風もコンセプトも多様で、ひとくくりにするのは難しい。

あえて言えば、最小限の素材を使い、何もない抽象的な空間に、自然や「もの」自体が備えている原理や特性を抽出して表現する仕事か。多くの場合、芸術家に特有の作為は表立って見えないほど抑制されている。

山崎がとらえた太陽の光跡は、地球の自転がもたらしたものだ。そこに宇宙の運行も反映し、時間も映っている。自然の原理と人の知力と写真の原理があやういところで協調している。「水は流れを行っている。光は反射を行っている。カメラはフレーミングを行っている。それだけだ」（本人の言葉から）

この写真家によって開かれた、ミニマルな写真術の全貌である。その深みと豊かさにいつまでも浸っていたくなる。

〈水平線採集〉より 1994年 作家蔵

ほぼ同期間、当館訪問者が受けられる僥倖は、「日本写真開拓史」展・総集編に出会えること。当館が10年間にわたって続けてきた調査、研究の成果である。

対象は幕末から明治初期にかけての日本の写真。公開機関を持つ全国の施設7987カ所へのアンケートを基に、電話調査や現地での実見、出品交渉を経て過去4回、地域に分けた展示を行ってきた。その集大成が本展。これで全国に散らばる貴重な古写真が、ほぼ体系化されることになる。

土方歳三のごく小さな写真がある。戊辰戦争を戦い抜いた元新選組の副長。その像が戦死した函館市に保管されてきた。特別展示は4月25日から5月7日まで（残りの期間は複製による展示）。

個々の写真家の存在、活動範囲、写真そのものの流通など、綿密な調査で浮き彫りになったことは多い。希少性が明らかになり、にわかに〝お宝〟に昇格した写真もあったとか。これを契機にした次のステップは、埋もれているに違いない〝私〟の古写真発掘である。

歴史研究はもちろん、風俗史、建築史、開拓使、災害史など、各分野の研究にも資するだろう。国際的に見ても貴重な集積になるのは確実。収集と研究という、地味だが美術館本来の仕事を着実に積み重ねてきた写真美術館に、賞賛の声が贈られるだろう。

◇

「山崎博 計画と偶然」は5月10日まで、「夜明けまえ 知られざる日本写真開拓史 総集編」は5月7日まで東京都写真美術館で開催中。二つの展覧会の招待券を合わせて5組10名様にプレゼントします。Eメールで件名を「写真美術館希望」とし、〒、住所、氏名を明記の上、henshu@toseishimpo.co.jpまでお申し込みください（14日必着）

ミニガイド

◆現代美術展「ラブラブショー２」東京飛地展示 ▷内容 青森県立美術館が開催する「出逢い」をテーマにした美術展「ラブラブショー２」の開催に先行し、羽田空港に近い大田区で「東京飛地展示」を行う。会場提供や展示用機材で、大田区の企業が協力している▷会場 カマタ＿ソーコ（大田区萩中３の22の７）▷会期 ４月30日㈰まで▷開館時間 午後２時～８時▷休館日 毎週月曜～水曜▷観覧料 無料

◆ローザス「ファーズ―Fase」、ローザス＆イクトゥス「時の渦―Vortex Temporum」 ▷内容 世界のコンテンポラリー・ダンス・シーンをリードし続けるダンスカンパニー「ローザス」が２年ぶりの来日、新旧２作品の連続上演▷期間 ５月２日㈫～３日㈬㈷、５日㈮㈷～７日㈰▷会場 東京芸術劇場プレイハウス▷チケット料金 全席指定・税込み Ｓ席5500円、Ａ席4500円、高校生割引千円、25歳以下（Ａ席）３千円、65歳以上（Ｓ席）５千円▷チケット取り扱い 東京芸術劇場ボックスオフィス、ローソンチケット、チケットぴあ、イープラス▷問い合わせ 東京芸術劇場ボックスオフィス☎0570・010・296（休館日を除く午前10時～午後７時）▷主催 東京芸術劇場、東京都、アーツカウンシル東京（公益財団法人東京都歴史文化財団）▷後援 ベルギー王国大使館

◆渋谷区ふれあい植物センター企画展「日本の植物園」 ▷全国の植物園の中から主な園や特徴的な園を紹介（協力：公益社団法人日本植物園協会）▷会期 ４月23日㈰まで 午前10時～午後６時（午後５時半最終入場）▷場所 渋谷区ふれあい植物センター（渋谷駅から徒歩12分、都営バス・ハチ公バス「渋谷車庫」下車２分）

◆世田谷文学館リオープン記念企画展第１弾「ムットーニ・パラダイス」 ▷内容 自動からくり人形作家「ムットーニ」こと武藤政彦。今年、造形作家としてのキャリア30年を迎えるムットーニの集大成となる展覧会▷会期 ４月29日㈯㈷～６月25日㈰▷会場 世田谷文学館（京王線「芦花公園」駅南口から徒歩５分）▷開館時間 午前10時～午後６時▷休館日 毎週月曜日▷観覧料 一般800円、65歳以上、高校・大学生600円、小中学生300円▷主催 公益財団法人せたがや文化財団世田谷文学館▷後援 世田谷区、世田谷区教育委員会

都政新報

発行所 都政新報社
〒160-0023 東京都新宿区西新宿7-23-1 TSビル
〈総務・読者〉03-5330-8781
〈企画広告〉03-5330-8784
〈編　集〉03-5330-8786
〈出　版〉03-5330-8788
〈ファクス〉03-5330-8808
購読料 月1,730円(税込)
毎週火・金曜日発行
ただし、祝日は休刊
©都政新報社 2017

紙面から

独断専行の築地再整備案

追跡

市場関係者ら賛否で分断
調整できるか疑問の声も

市場問題プロジェクトチーム（PT）の小島敏郎座長が個人的に示した築地再整備案。副知事から市場問題PTの3月の会合で公表しないよう求められた小島氏だが、市場問題PTの他の委員にも事前に調整せず、公表に踏み切ったという。8日に開かれた小島氏と市場業者らの意見交換では、参加した業者から築地再整備案を歓迎する声が相次ぐ一方、意見交換をボイコットした業界団体の役員らもおり、市場業界は築地再整備案に揺さぶられている。

3月29日の市場問題PTの会合で、小島氏が築地再整備案を提示する――。会合の前日、職員からこんな説明を受けた副知事は、小島氏に「外部に出すのは止めた方がいい」と翻意を促した。だが、小島氏は、築地再整備案の提案に踏み切ったという。

ある事業局の幹部は「（小島氏は）何の権限を持って再整備案を示したのか全く分からない。都のガバナンスを完全に無視している。あり得ない」と不満を口にする。

同日の市場問題PTで示された築地再整備案は、「東京都専門委員 小島敏郎」と表紙に記された資料に盛り込まれた。再整備案は市場問題PTの委員の総意ではなく、個人的な私見をまとめたことがうかがえる。私案とはいえ、市場問題PTの会合で示す以上、小島氏は事前に委員に説明し理解を得るのは当然だが、委員の了解を取っていなかったという。事業局の課長は「私案であるなら個別に記者会見で発表すべきだったのではないか」と指摘した。

小島氏が示した再整備案は、市場内に種地を設けることで、築地で営業を継続しながら段階的に整備する計画。再整備後の市場は施設1階を市場、2階を駐車場の2層構造とする。

1990年代に都が行った再整備計画では施設1階が水産、2階が青果、3階が駐車場だったが、工期の長期化や整備費が膨らみ、工事の途中で頓挫した経緯がある。

私案では、最初に種地を確保する場所は場内の飲食店が立地する部分で、同地にある店舗は中央区が設置した商業施設「築地魚河岸」に移設する。だが、同区企画部は「報道された内容以外は知らない。公式の話として中央区に届いていないので、検討のしようがない」と困惑する。

8日に開かれた意見交換には、都専門員3人が出席して説明。会場は豊洲移転反対派の業者や、近隣の町会など、移転反対派でほぼ埋め尽くされ、築地再整備案は大歓迎を受けた。

市場問題PTの小島氏の試算によると、豊洲に移転した場合、減価償却費などが影響し、60年間で最大約1兆1420億円の累積赤字になると説明した。一方で、築地を再整備しても減価償却費などで10億～20億円程度の赤字に抑えられるとの試算結果を示した。

小島氏が築地再整備を「技術的に問題はない。改修ができないという前提は間違っている」と強調すると、会場は盛大な拍手で包まれた。出席者から「築地再整備を進めてほしい」「みんなで豊洲に行けないという声を上げましょう」など、再整備を推進する意見が相次いだ。

一方、都水産物卸売業者協会など5団体の役員は意見交換の場に姿を現さなかった。同協会の伊藤裕康会長は意見交換会の2時間前に記者会見を開き、市場問題PTの委員が個人的に行う「私的の会」であり、「公正な意見収集の場ともなり得ない」と述べ、出席拒否の理由を説明した。

また、築地再整備案が現在の施設の配置と同じ点も問題視。1935年に開設された築地は、当時の輸送の中心だった貨車から商品を降ろしやすくするため、一部の施設が弧を描くように設置されているが、伊藤氏は「今は貨車がない。現在はトラックで運送する物流が全く考えられていない。市場を知らない人が書いた案だ」と強い口調で小島氏を非難した。

築地東京青果物商業協同組合の泉未紀夫理事長も、小島氏が再整備で重要視した業界の調整を「誰がやるのか」と疑問を投げかけた。

伊藤会長らが求めていた都と業界団体の代表でつくる新市場建設協議会がきょう11日に開かれる。伊藤会長は「こうした場で（小島氏などとの）意見交換は行うべき」と指摘。業界団体の幹部は都が築地再整備案になぜ反対しないのか、追及する構えを見せている。

小島氏らとの意見交換会で築地再整備案を推進するよう求める市場業者＝8日、築地市場講堂で

東京都
公文書管理で条例案公表
意思決定の文書記録を規定

都は7日、公文書管理規定を定めた新条例案と、都情報公開条例の改正案の概要を発表し、都民からのパブリックコメントの募集を開始した。両条例案は第2回定例都議会に提出する予定。

公文書管理条例は、市場移転問題などで、庁内の意思決定過程が明確に記録されていないなどの問題が発覚したことを受け、これまで管理規則で行ってきた文書管理を条例化して、適正な文書管理を推進する。原則として文書によって様々な事案を決定することや、決定過程を文書で記録することを義務付ける。公文書の確実な保存や、重要な公文書を廃棄する際には複数の部署によるダブルチェックを行うことなども定めた。

都が保有するこれらの情報の公開を定める情報公開条例は、都情報公開・個人情報保護審議会の答申を受けて改正。公文書の閲覧手数料廃止などを盛り込む。紙による写しの交付も最低限の手数料とするほか、ICTを活用して公文書を電子データで提供するなど実質的な無償化も進める。

両条例は26日まで意見を募集する。

都政の東西
緩やかな変化

大阪市が昨年12月、全国で初めて男性の同性カップルを養育里親に認めていたことが分かった。社会的養護が必要な子供は全国で約4万6千人に上るが、里親の下で生活している子供は1割程度にとどまる。都では今年度から里親交流支援を進めるなど養育家庭への支援体制を強化する方針だが、ダイバーシティーを政策の柱に掲げる小池知事にとって、今後取り組むべき課題となるかもしれない。

海外では、異性への恐怖などから児童自身が同性の里親を求めるケースもあるという。が、今回の同性カップルに対しては様々な意見が上がっており、中には「子供がかわいそう」「将来いじめられるのでは」といった声もある。同性愛や養育家庭に対する差別や偏見が色濃く残っていることがうかがわれるが、2015年に渋谷区が同性パートナーシップ条例を打ち出した頃に比べれば、冷静な受け止めが目立つ。2年間で段階を踏むことで、社会にも多少の変容が見られたのだろうか。

だが、多様性社会の実現は「多様性の押しつけ」になってはいけない。渋谷区議会では、11人の区議が条例に反対した。大阪市の同性カップルにも様々な意見を呼び起こすだろうが、反対意見を封じることなく議論を尽くすことが、真の受容につながるはずだ。

変化が必要だとしても、反発や分断を防ぐためにも、緩やかで丁寧である必要がある。急速な「改革」や「変革」は修復できない不和を生むことになりかねない。

都庁内には改革の嵐が吹き荒れている。スピード感は必要だが、拙速な変化は良くない。丁寧な議論を尽くしてほしい。ましてや、改革が「報復」や「憎しみ」に根差すものであってはいけない。

海外向けアイコン3候補
東京の魅力を表現

Tokyo Tokyo Old meets New

SUTEKI! TOKYO

TOKYO YOURS

小池知事は7日、これまで作成を進めてきた海外向けPRアイコンとキャッチフレーズの3候補を発表した。

候補案の一つ目は、「TOKYO」の字を伝統を表す墨と、先進性を表す青で表現。スクランブル交差点をイメージした落款も添えた。二つ目は伝統的な文様と、江戸時代から使われる「素敵」の言葉を世界で通用するよう広め、東京の魅力発信を狙う。三つ目は都内旅行者が笑顔になれるホスピタリティーの高さを、マークと暖かみのある橙色で表した。

都は今後、都民意見を募集した上で、4月中に最終決定する。

小池新党の候補
民進離党で推薦
連合東京

7月の都議選に向け、連合東京は7日、事実上の小池新党である都民ファーストの会と労働・雇用政策に関する合意書を交わし、都民ファーストの一部の候補を支援すると発表した。これにより、民進党を離党し、都民ファーストの公認を受けた候補など6人を引き続き推薦することになる。

連合東京が都民ファーストと合意書を結ぶ契機となったのが増子博樹氏（文京区）と伊藤悠氏（目黒区）の民進党離党者だ。連合東京の岡田啓会長は「2人は連合東京との関わりが大変深く、政策を熱心に作り上げてくれた仲間」と評価した。

2人は2月に都民ファーストの公認を得たため、連合東京はいったん推薦を取り消したが、組合員から推薦を取り消さないよう要請を受けた。その後、都民ファーストと協議し、3月に長時間労働の抑制や非正規雇用対策の充実などに向けて、政策合意に至った。

結果、民進党を離党し、都民ファーストの公認候補となった増子氏と伊藤氏に加え、森愛氏（大田区）、田之上郁子氏（江戸川区）を推薦する。また、現時点で民進党を離党したが、都民ファーストの支援を受けていない中山寛進氏（台東区）と滝口学氏（荒川区）も引き続き支援する考えだ。

今後も、民進党の公認候補がさらに離党する恐れがある。岡田会長は離党が止まらない現状を「残念」と悔しさをにじませた上で、「若くて優秀な民進党の都議はいっぱいいる。我々が（民進党に）残れというのはできない。長く付き合ってきた仲間であるので、それなりの支えをやっていきたい」と強調した。

連合東京はこの6人に加えて、都議選の民進党公認候補22人の推薦を決定している。

都福祉保健局
認可外施設で巡回強化
問われる保育の質

兵庫県姫路市の認定こども園で定員超過の児童を預かっていた問題が発覚し、待機児童対策に取り組む各自治体に衝撃を与えた。都では保育の質の確保に向けて、認可外保育所の巡回指導を強化しているが、2015年から子ども・子育て新制度が施行されて以降、業務の煩雑化や入園者・施設の増加によって現場のマンパワーは限界との声もある。都は実行プランに掲げた7万人の保育定員増に向けて、保育の質と量を両立することができるのか。

寒さも和らぎ始めた4月のある日、2人の都職員が定員10人の認可外「ベビーホテル」を訪れた。保育士が1人で勤務する時間がないか、うつぶせ寝がないか、調理室の衛生管理は十分か――。2人は施設職員の話も聞き取りながら、指導監督基準に基づき、運営状況や保育環境の安全性などを細かくチェックしていく。2人は3月から認可外保育所の巡回指導を始めた、都福祉保健局保育支援課のチームの一員だ。定期的な指導検査が行われる認可保育所などと比べて、認可外の施設は衛生面などの基準を満たしていない場合もある。指導員は児童がコップを使いまわしている衛生上の問題を確認し、施設に改善方法をアドバイスした。

認可外保育所の巡回指導の強化は、昨年9月に小池知事が打ち出した「待機児童解消に向けた緊急対策」に盛り込まれ、昨年末にチームが発足。これまでは書面での報告徴収や苦情があった際に立ち入り調査を行っていたが、今後はチームによる年1回の巡回体制を構築する。昨年3月に起きた都内認可外保育所での死亡事故を受けた取り組みで、今年度は人員を6人から20人に大幅増員。現在は研修中の職員も多いが、夏ごろからフル稼働し、1年間で都内約1700カ所の認可外保育所を巡回する予定だ。

狙いは保育施設の質の担保だ。認可外保育所は都が指導監督権を持っているが、人員不足などから指導が十分ではなかった。だが、巡回指導の強化は「厳しく監視する」という視点ではないという。保育支援課は「巡回指導というよりも、『巡回支援』だと思っている」と説明する。

順守する項目リストを事前に保育所に渡し、巡回日時も周知する。抜き打ち検査の対応は行っていない。保育施設にとっても、行政からのアドバイスは運営改善につながるなどメリットがある。

背景には保育の担い手である認可外保育所と、協力して取り組んでいく姿勢がある。認可外保育所では深夜の延長保育を実施するなど、多様な働き方を支える主体でもある。「認可保育所を補完しており、それぞれの子供にとって最適な保育の場を確保する必要がある」（同課）と話す。

■増える自治体負担

3月に発覚した兵庫県姫路市の認定こども園が定員を超過した児童を受け入れていた問題では、市による施設監査の不足が指摘されるなど、認可施設でも更なる質の確保が求められている。

都保育支援課は認可保育所の質の確保を「各自治体と連携した二重、三重のチェックで対応している」と自信をのぞかせる。都内の認可保育所の設置基準は、国基準や他の自治体より厳しいことでも知られており、施設や運営体制だけではなく、事業者の適正性や施設長の人格も調査する。

だが、姫路市の問題のように開所後の施設が悪意を持って不正を行った場合、対応は難しい。ある区の保育課長は、「施設の収支状況や人件費率などもチェックしているが、数字をいじられたら見抜けない」と漏らす。

保育の受け皿不足を指摘する声もある。都庁幹部は「姫路市の問題では監査時、施設が保護者に『市に分かると困るので、私的契約の子供は休んで』と伝えるなど、保護者の理解と協力があった。ルール違反でも預けなければならない保育のニーズがあったのではないか」と指摘する。

保育需要を満たせば、同様の不正防止につながる可能性がある。だが、需要増への対応と、保育の質を両立させるため、自治体の負担は増え続けている。

施設が増えれば自治体の目が届かないケースも増える。質の確保のためには更なる巡回や指導、それを支える人員増も必要になる。

ある自治体担当者は「職員を増やすのは簡単なことではない」とマンパワーの不足を問題視した上で、「国の考えが現場から遠く、支援は十分でない。政府は待機児童の数に一喜一憂するのではなく、自治体の声を聞くべきだ」と訴えた。

◆立川駅に観光情報センター

都産業労働局は7日、新たな観光情報センターを、立川駅直結の商業施設「エキュート」の3階に整備すると発表した。6月下旬の開設を予定している。都の観光情報センターはこれまで都庁やバスタ新宿、京成上野と羽田空港に設置しているが、多摩地域では初。

小池知事は会見で、「多摩地域も観光スポットとして、ぜひお客様に足を運んでもらいたい」と期待を示した。

冗句ジョーク

海外に東京の観光をPRするアイコンとキャッチフレーズの候補3案を発表

外国人イチオシ

「オウ、ステーキ!! TOKYO」

足立区と東京女子医大

大学病院移転で合意

都住跡地を候補地に

足立区は5日、荒川区内にある東京女子医科大学東医療センターの建設と運営に関する覚書を同大学と締結し、移転に正式に合意した。候補地は日暮里・舎人ライナー江北駅近くの都有地で、2021年度の開設を目指す。区東北部2次医療圏（荒川区・足立区・葛飾区）で最大規模の同センターは、高度な医療機能を備え、災害時には医療圏全体の救護・医療拠点として期待される。一方、荒川区は一貫して移転反対の姿勢を示しており、自治体が大学病院に寄せる期待の高さがにじむ。

新病院の整備候補地は都営住宅団地の建て替えによって空いた約2万6500平方㍍の都有地。区が都から買い取って大学へ貸し付けるスキームで、今年度末の取得を目指す。

大学が整備・運営する新病院は、大学病院のほかに看護専門学校、研修医・看護師寮、保育所を併設する。病床数は450床、延べ床面積は4万4千平方㍍～4万9500平方㍍を想定する。現在のセンターと比べて敷地は倍に、延べ床面積は1・5倍以上に広がる。

区東北部に不足する、最先端の妊婦・新生児の治療が行える「総合周産期母子医療センター」を設置するとともに、がん診療を充実させる。

貸し付け期間は50年間で、最初の20年間は無償貸付契約を結び、以降は10年ごとに延長可能とした。有償とする場合は、大学が負担する保証金を全額免除し、権利金及び月額賃料を1割相当額に抑える。

建設費への助成も実施。国や都の補助額を除いた額の2分の1、最大80億円までを負担する。医療機器の設置に対しても同様に、最大5億円を助成する。いずれも16年に設置した大学病院施設等整備基金から費用を捻出する。具体的な敷地の貸付方法、建設費と機器設置費へ助成する額などの詳細は、建設用地取得後に結ぶ基本協定で定める。

大学によると、施設の老朽化や医療環境の充実を移転理由とし、当初は現在地での建て替えを考えていたが、接道が狭い上に敷地上空に送電線が巡っていることから断念。以降も同区内で適地を探していたものの見つからず、同じ医療圏の足立区への移転決断に至った。

荒川区からは存続を求める声が上がっているが、現敷地の半分以上が借地で、21年度には所有者へ返還しなければならない。医療環境を切れ目なく提供するには、それまでに移転作業を終える必要があるという。

日暮里・舎人ライナーの江北駅からほど近い移転候補地＝6日、足立区で

効果に見合う投資を

【解説】「大学病院の誘致は長年にわたって区民の第一の要望だった」。足立区の近藤やよい区長は15年4月に移転に関する覚書を交わした際に力を込めてこう語った。これまで重篤患者の8割が区外に搬送されていた同区にとって初めての救命救急センターとなり、命を救える医療機関への望みは大きい。加えて、移転候補地の江北エリアは区がまちづくりを重点的に進めるとした地域で、移転が実現すれば大学病院を核としたまちづくりを計画しているという。

一方、荒川区では区議会が14年と15年に反対する決議を可決し、対外的に意思を表明してきた。反対理由は、地域医療の充実や災害時の役割、周辺の地域経済活性化など。片方は期待感、もう片方は失望という形で表れているものの、大学病院に対する自治体の熱い視線は共通している。

足立区は江東区など他自治体での事例を参考に、事業スキームを組み立てたと説明し、建設費助成は同程度に設定。東京女子医科大学広報部は「土地の賃貸料は少額ではない」という。土地代の大幅減免や経費助成は事業者にとって好条件に映るが、区の財政負担は100億円を超える。

大病や大災害に対応できる大学病院があれば区民は安心感をもつだろう。だが立地で測ると、足立区民の中でも荒川区や北区にある救命救急センターの方が利用しやすい人もいる。加えて、自治体は病院の経営判断まで関与できず、突然撤退を告げられて地域医療が窮地に陥るリスクも否定はできない。

どの程度の投資をするかとの判断には、自治体が能動的に効果を測定することが不可欠だ。（伊）

都区共同 ホームレス支援

自立へ新たなモデル事業

高齢化・長期化の解消へ

都区共同で実施しているホームレス対策事業で今年度、新たに就労を前提としない居宅確保のモデル事業を開始する。これまでの自立支援システム事業は就労して自立することを前提としていたが、高齢化や路上生活の長期化により就労できないホームレスへの対策が課題となっていた。厚生労働省が昨年10月に実施したホームレスの実態調査によると、03年の調査開始以来初めて平均年齢が60歳を超えたことが判明している。

入居期間は一人最大6カ月。アパートの1室を借り上げた上で生活保護の受給につなげ、地域で自立して生活できるようにする。都区共同事業は23区を5ブロックに分けているが、モデル事業の対象は第1ブロック（千代田・中央・港・新宿区）と第2ブロック（文京・台東・北・荒川区）で、各ブロック最大8戸、計16戸の住戸を借り上げる方針。実施期間は来年度まで。

都福祉保健局の犬飼陽一郎山谷対策・自立支援担当課長は「実態や成果次第では、19年度から全ブロックで本格実施したい」と展望を述べる。

モデル事業では巡回相談を強化する。障害や病気を抱えたホームレスに対してきめ細かい支援を行うため、頻度を増やすとともに、医師や精神保健福祉士らを同行させる。新宿区によると、同区では独自事業を除いておおよそ週1回だった巡回相談が、平日全てになるという。同区の村上喜孝生活福祉課長は、「（ホームレス）一人ひとりに時間をかけられるのが特徴」と話す。信頼関係を構築し、当事者の本音を聞き出す狙いもある。

渋谷区では同様の事業を昨年度から開始。用意している8人分の住戸（シェルター）は入居待ちの状況で、2月末現在、シェルター入居者数19人、地域移行につながったのは13人となっている。同区の金子剛雄生活福祉課長は「巡回相談からシェルターにつながらない人はまだ多く、今後の課題」と語る。

都は昨年12月の「2020に向けた実行プラン」で24年度末までに自立の意思がある全てのホームレスを地域生活へ移行する方針を示している。

中野区

区施設「占有」法人と和解へ

議会は秘密会で「和解案」可決

中野区の旧桃丘小学校施設で区の文化事業を行っていた学校法人「タイケン学園」が、賃貸借契約の解除後も施設を立ち退かず、法人が契約の法定更新を主張し、区が施設の明け渡しと損害賠償を求めて双方が提訴した問題で、両者が和解する見通しであることが7日、学校法人関係者への取材で分かった。中野区議会は7日に第1回臨時区議会を開き、秘密会とした上で「土地建物明け渡し請求事件に係る訴訟上の和解について」という議案を全会一致で可決。内容は明らかになっていないが、同法人との和解と見られる。

施設を巡っては、区がアニメなどのサブカルチャー人材を育成する「マンガ・アートコート」の実施を目的に、法人と2011年9月に16年9月までの5年間を期間とする普通賃貸借契約を締結。区は中野駅西口地区のまちづくりへの活用のため、15年12月に契約期間を更新しない考えを法人側に通知したが、法人側は16年3月に契約期間満了後も継続使用すると回答した。

区は同法人に義務付けていた事業報告書が14年9月以降分から提出されていないことから調査を行ったところ、契約で禁止する他法人への無断転貸を法人が行っていたことが発覚したとして、16年8月に賃貸借契約を解除。法人や無断転貸を受けた個人や事業者を相手取り、施設の明け渡しと損害賠償を求める訴訟を提起する議案を同年10月の第3回定例区議会に提出した。占有移転禁止の仮処分の申し立てと、法人による審議内容の訴訟利用の防止を理由とする区側の依頼を受け、議案は秘密会で審査が行われ、共産党を除く賛成多数で可決された。審査に関しては、11月の第4回定例区議会での議長動議に基づく「秘密性の解除」の議決を経て、議事録が公開されている。

他方で、法人側は区側の契約解除は借地借家法上の正当な理由がなく、普通賃貸借契約は法定更新されているとして、同年10月に区を提訴。区と法人が真っ向から対立する構図となっていた。

この問題に関し、学校法人の関係者は7日、「和解と聞いている」と語り、詳細に関しては説明を避けたが、5月中をめどに旧桃丘小学校施設からの立ち退きを完了させる方針を示した。施設を使用していた同法人運営の通信制高校などは3月末までに別の民間施設に移転したという。

一方、区は和解に関する本紙の取材に対し、「秘密会に関わる案件でコメントできない」と回答した。

区は臨時会に先立ち、3月14日に開かれた区議会総務委員会と同建設委員会に対し、議会の委任に基づく専決処分として、法人が無断転貸していた個人・事業者との和解成立を報告。いずれの個人・事業者も権利がない状態で施設の一部を占有していることを認めた上で、3月31日までに施設を明け渡すこととした。区側は損害賠償請求を放棄した。

法人との和解内容の公表時期は秘密会の実施に伴い、現時点では未定となっている。

学校法人の占有が続く旧桃丘小学校施設は、法人の運営する学校名や区の委託事業の看板が掛けられたままの状態だ

板橋区

外国人留学生が防災訓練

大東大、消防署と共同で

板橋区は6日、区内にキャンパスがある大東文化大学の外国人留学生を対象とした防災訓練を行った。区文化・国際交流課によると、例年は9月入学の留学生のみを対象に訓練を行っており、今回初めて4月入学者を対象に開催。アメリカや中国、ベトナムなど8カ国からの留学生ら約20人が参加した。

訓練では、志村消防署の協力で起震車による地震体験やAEDを使った救命処置、消火器での初期消火などを実施。区文化・国際交流財団の防災語学ボランティア6人が英語と中国語で訓練をサポートした。救命処置訓練を体験した台湾出身の留学生は「台湾ではAEDがなかったため、日本に来て初めて使い方を学び、素晴らしい経験ができた。今回の訓練を生かして留学生活を送りたい」と語った。

区文化・国際交流課の担当者は「防災訓練を大学のカリキュラムに組み込んでもらうことで、大半の留学生に参加してもらっている。今後は避難所体験など訓練内容の充実について検討したい」と話している。

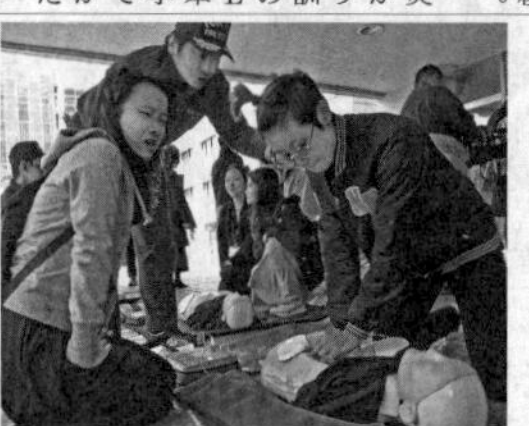

AEDを使った心肺蘇生訓練を行う留学生＝6日、大東文化大学板橋キャンパス（高島平）で

記者席

市場移転の前に難しい判断

○……「まだ結論は出していません」。きょう行われる自民党都連のパーティーに来賓で呼ばれていた小池知事が、7日の記者会見で出欠を問われ、まだ決めていないと話した。招待状は3月24日付。出席しないと思っていただけに、決めかねている様子に逆に驚いた。

だが、まてよ、出席しない理由は何かあるのか。自民党は先の1定で、知事提出の予算案に賛成。知事への厳しい質疑も多かったが、二元代表制の知事と議会の関係を考えれば当たり前の話。知事の自民党籍だって12月まである。会見での説明では公務があるわけではなさそうだ。出席しなければ「対立をあおっているのは知事の方」とレッテルを貼られる。これだけ結論を引っ張っての欠席に良いことはなさそうだ。

○……組織委員会が企画した小・中学生が作る五輪ポスター企画。金賞受賞者には副賞として、応募されたポスターで作ったカレンダー100冊が贈られた。

組織委の森喜朗会長は「家族やクラスの友達に配って、ぜひ五輪を盛り上げてほしい。最近、五輪が盛り下がっているから」と話し、会場の笑いを取っていたが、盛り下がった背景には、競技会場見直しでの一悶着や地方自治体の費用分担問題など、笑えない事情がある。「大人の事情」でゴタゴタする中、子供の純粋な目線で描かれる五輪は何よりいいアピールになるかも？

○……定年後も東村山市の臨時職員として務めていた志村けんさんの兄の知之さんが3月31日付で市役所を退職した。

渡部尚市長がツイッター上で知之さんと自身のツーショットを紹介し、話題になった。在職中も「けんさんとそっくり」「優しい人柄」という庁内の評判だった。最後は高齢介護課に所属し、介護保険料の徴収業務などを担当していた。

東村山市は、1日に小池知事が国立ハンセン病療養所「全生園」と重症心身障害児者施設「秋津療育園」を視察したことでもニュースになった。全生園訪問は市長から知事への要請で実現。渡部市長のツイッター、要注目だ。

自治体政策のススメ

議会改革の最前線③

議会基本条例のバクハツ！

山梨学院大学教授　江藤　俊昭

議会基本条例制定が広がっている。たった10年で4割以上の自治体が制定している。筆者は、この状況を「バクハツ」と表現している。それは、制定数が爆発的に増加していること、および従来とは異なる議会運営を明確に宣言したことを意味している。

議会基本条例には二つの意義がある。一つは住民に対する議会からのマニフェストということ。前回指摘した三つの原則を明確にすることで、議会の役割を果たすことである。首長も直接選挙する制度では、一方の極に議会と首長が癒着することで議会が追認機関化する経営がある。他方の極に、議会と首長とが不毛な激しい対立を繰り返す経営がある。前者は監視が効かず、後者は不毛な対立が日常化し、どちらも住民福祉に逆行する。そこで、この両極とは異なるもう一つの方向が議会基本条例の中に刻み込まれている。

もう一つの意義は、「住民の議会」を明確にしたこと。住民に開かれ、住民参加を積極的に導入する議会が誕生している。これだけではない。議会の在り方を条例化したことで、条例制定改廃の直接請求の対象となった。名実ともに住民の議会となる。

議会基本条例制定から10年を経て、そろそろバージョンアップを図らなければならない。一つは、自治基本条例への昇華である。議会基本条例は元々、議会運営だけが対象ではない。住民、議会・議員、首長等といった関係において欠如しているのは、住民―首長等、首長―他の執行機関、これらの関係だけである。自治基本条例を頂点とする住民自治の条例体系を構築する時期である。

もう一つは、組織・権限に関する条文があまりにも少ないことである。憲法・自治法に規定している事項、及び既に自治法に基づき条例化されている事項は、規定されていない。「自治体の憲法」という名称とは隔たりがある。

ともかく、東京都や都内区市町村での制定があまりにも少ないのは驚くべきことだ。関係者は自省してほしい。

文京区

区役所窓口で回収

フードドライブ

家庭にある未利用・未開封の食品を福祉団体や施設に寄付する「フードドライブ」に取り組んでいる文京区は7日、食品の回収を区役所の窓口で行うと発表した。集めた食品は、フードバンクの「セカンドハーベスト・ジャパン」を通して全国に配布する。

区はこれまで区役所内で開いているフリーマーケット「ステージ・エコ」＝写真＝で未開封の缶詰やインスタント食品、乳幼児食品、健康食品、調味料などの食品を回収しており、昨年度は7回で288㌔の食品が集まった。

窓口での回収は今年度が初めてで、ステージ・エコ開催日前の約1カ月間に計6回の受付期間を設ける。引き続きイベントへの持ち込みも継続する。

区リサイクル清掃課は「イベント開催日だけではタイミングが合わない方もいる。日数を増やすことで参加を促し、生ごみの減少につなげたい」と話す。

小平市長選

小林氏が大差で4選

「市民との約束果たす」

任期満了に伴う小平市長選挙は9日、投開票が行われ、無所属で現職の小林正則氏（64）＝民進、共産、社民、生活者ネット推薦＝が、いずれも無所属新人で前市議の松岡篤氏（31）＝自民推薦＝、市民団体共同代表の水口和恵氏（54）を破り、4選を果たした。投票率は前回の37・28％を2・64ポイント下回る34・64％だった。当日有権者数は15万2519人。

小林氏の選挙事務所には午後9時過ぎから支持者らが集まり、開票状況を見守った。10時半過ぎに当選確実が分かると一斉に拍手と歓声が沸いた。笑顔で現れた小林氏は支持者らとがっちり握手。初当選時に公約した多選自粛を撤回して臨んだ今回の選挙について、「重荷を背負って選挙をしている思いがあった」と振り返った。市民と作った「政策インデックス」に掲げた64の約束を「これからの4年間で果たしていく」とし、「19万人の皆さんのために粉骨砕身、全身全霊をかけて小平市発展のために頑張る」と決意を述べた。

2015年の市議選でトップ当選だった松岡氏は若さと行動力をアピールし、現職の「しがらみ」の多さなどを指摘して違いを強調したが、及ばなかった。水口氏は「大事なことは市民と決める」をスローガンに小川駅と小平駅の再開発や都市計画道路の見直しなど訴えたが、市民の投票行動につながらなかった。

松岡氏の市長選出馬に伴う辞職により、市長選と同時に実施された市議補欠選挙（被選挙数1）は、小林氏と連携して選挙戦を展開した山﨑智子氏（49）＝民進、共産、社民、生活者ネット推薦＝が、鈴木洋一氏（57）＝自民推薦＝、古川徹氏（70）を破って初当選を決めた。

開票結果は次の通り。

当山﨑智子　26556　無新①
鈴木洋一　18183　無新
古川　徹　4513　無新

当選を決め、万歳三唱して喜ぶ小林氏（中央）＝小平市小川町の選挙事務所で

小平市長選開票結果（投票率 34.64％）

	得票	氏名	年齢・党派	推薦
当	28,308	小林　正則	64 無現④	民 共 社 ネ
	15,536	松岡　篤	31 無新	自
	8,281	水口　和恵	54 無新	

（四角囲みは推薦政党）　＝選管確定＝

再開発問われる手腕

【解説】「3期まで」とする多選自粛宣言を撤回して、4回目の市長選に臨んだ小林氏。陣営は4期目を目指す理由について、「まだやることがある」とし、選挙戦を通じて丁寧な説明を心掛け、市民の理解を求めた。水口氏の出馬で女性票や環境に関心を持つ層の票が流れることが懸念されたが、フタを開ければ大差での勝利。保育所の増設や借金返済の実績など分かりやすい訴えも奏功し、4党の支援を受けて終始手堅く戦った。6人の市議で約1万3千票を持つ公明党が松岡氏に推薦を出さず、自主投票に回ったことも小林陣営にプラスに働いた。

「私の夢を前に進めるには議会の力が必要です。山﨑さんが必要です」。小林氏は第一声の演説の中で、同じ4党の推薦を受けて市議補選を戦う山﨑候補への支持を声高に訴えた。補選前の市議会の構成は、27人中"市長与党"が13人。キャスチングボートを握る公明党は予算や決算では承認に回るので議会運営は比較的順調な小林氏だが、山﨑氏の当選は支持基盤の充実につながる。

ただ、公約の小川駅と小平駅の再開発は市民の間に異論もあり、様々な声に耳を傾ける必要がある。公共施設の更新も4期目の重要課題。再配置や統合、廃止など「批判も覚悟」で臨むとしており、合意積み上げのプロセスが注目される。（信）

羽村市

職員の時差勤務導入
育児や介護の両立支援

羽村市は育児や家族の介護が必要な職員のため、1日から時差勤務を導入した。

対象となるのは、子供の育児または家族などの介護を行っている職員。午前8時30分から午後5時15分までの正規の勤務時間を、30分単位で1時間まで前倒しするか、後ろ倒しすることができる。

時差勤務を希望する職員は、あらかじめ希望する勤務時間を申請し、職務に支障がある場合を除いて時差勤務が認められる。

子供を保育所に通わせながら勤務している職員の中には、保育所の開園時間に子供を預けて出勤すると勤務時間に間に合わないため、部分休業を取得するケースなどもある。市は2016年3月に特定事業主行動計画を策定し、職員のワーク・ライフ・バランスを推進する取り組みとして、時差勤務制度の導入を検討してきていた。

市職員課では「時差勤務の導入で、職員個々の家庭の事情に合わせて働くことが可能になる」と話し、利用を呼び掛けている。3月に制度を周知したところ、既に問い合わせが来ているという。

類似の時差勤務は、多摩26市では小金井市が15年10月から導入している。

第1回定例市議会

60件の意見書・決議を可決

精神障害者への助成拡充など求める

多摩26市の第1回定例市議会が3月30日までに閉会し、22市議会で意見書54件、決議6件を可決した。

最も多かったのは、精神障害者を心身障害者医療費助成制度（マル障）の対象とすることを求める意見書で、立川、青梅、国立、武蔵村山、多摩、稲城、羽村、あきる野、西東京の9市議会が可決した。現在、精神障害者は同助成制度の対象者の対象外となっている。意見書は「多くの精神障害者が著しく立ち遅れた精神医療保健福祉制度と非常に厳しい差別の残る社会環境の中、体調を維持していくことも困難な状況に置かれている」と指摘。都に対し、障害の種別を問わず、同助成制度の対象とすることを求めた。

無料公衆無線LAN（WiFi）環境の整備促進を求める意見書は、八王子、立川、調布、小金井、東久留米、西東京の6市議会が可決した。WiFi環境の整備促進は、インバウンドの更なる増加だけでなく、防災拠点となる公共施設などの災害時における通信手段の確保にも大きく貢献するとして、▽鉄道やバスなどの公共交通機関やホテル・旅館などの宿泊施設などの民間施設に対するWiFi整備支援事業の一層の拡充▽観光拠点や観光案内所での整備を一層促進し、観光地の機能向上や利便性向上を図ること▽避難所などの防災拠点や博物館・自然公園などの被災場所として想定される公的拠点への整備を行う地方公共団体に対しての財政的支援措置の導入——を国に要望している。

議論を呼んでいるふるさと納税制度では、三鷹、町田、国立の3市議会が制度の見直しを求める意見書を可決した。都市部の交付税不交付自治体では、寄付される額よりも控除される額が大きく、税収の「純減」額が看過できないレベルにあり、交付団体でも税収減につながっている。それぞれ過度な返礼品競争の是正措置や、確定申告をしないでも寄付金控除が受けられる「ワンストップ特例」制度による所得税分控除は国が財源を補填することなどを国に対し、求めた。

原発事故避難指示区域外避難者への住宅支援の継続を求める意見書は、武蔵野、小金井、東久留米の3市議会が可決した。

八王子市議会は「民泊」の安全ルールを国に求める意見書、調布市議会も地域の実情に応じて運用できる「民泊」の法制化を国に求める意見書を可決した。

町田と東久留米の両市議会は「森友学園」問題の徹底究明を国に求める意見書を可決。町田市議会では可否同数で議長裁決による可決だった。

決議では、町田市議会が2017年度一般会計予算に対する付帯決議を可決。野津田公園スポーツの森整備事業として計上された観客席増設の基本設計委託料と観客席増設地質調査委託料について、「検討経過や投資、経済効果、スケジュールなど他の候補地も含めて事業の最適化に向けて検討の余地が見受けられる」として、これらの点を議会に説明し、明らかにするまで予算の執行を猶予することを求めた。

国分寺市議会では、16年6月の市議会本会議に酒気帯びの状態で出席しようとしていた甲斐嘉人議員（無所属）に対する辞職勧告決議が可決された。「議会の名誉と品位を失墜せしめたことに対し、強く反省を求め、その責任を取って自ら辞職することを勧告する」としている。

多摩市

シティセールス政策監を新設
都から若林氏が就任

多摩市は1日、市長を補佐する常勤の特別秘書として、シティセールス政策監を設置した。都から前産業労働局観光部振興課長の若林和彦氏（51）が就任した。

シティセールス政策監の設置は、市の魅力を内外に効果的かつ戦略的に発信し、市の認知度を上げて定住促進に結び付けることが狙い。全庁横断的な取り組みを推進することなどを役割としており、任期は2年間。

市は、「まち・ひと・しごと創生総合戦略」で、「新しい人の流れをつくる～新たな交流と若い世代の呼び込み～」を基本目標の一つに掲げ、魅力発信、来街促進、定住促進の三つをキーワードとした。第5次総合計画の第2期基本計画で取り組みの方向性として掲げている「市民がデザインするまち・多摩の創造」を市民と協働で進めていくため、市民との情報共有の更なる充実も目指す。

特別秘書は、地方公務員法に基づいて条例で指定する市長を補佐する常勤特別職。多摩市では、2016年4月1日に設置した健幸まちづくり政策監に次いで2人目となる。

若林氏は1965年生まれ。北海道大学農学部卒。民間企業を経て、98年に入都。知事本局政策部政策担当課長、環境局都市エネルギー部電力改革推進課長、同局総務部経理課長などを経て、今年3月31日まで産業労働局観光部振興課長。

多摩モノに長期広告
創業希望者呼び込み

立川・昭島・福生市

立川、昭島、福生の3市で構成する「三市創業支援事業協議会TAF」は3日から、多摩都市モノレールに広告の掲出を始めた。期間は来年1月末まで。

同モノレールは、昭島市と福生市は通らないが、沿線の東大和市には独立行政法人中小企業基盤整備機構の創業支援拠点がある。

3市以外の創業希望者を呼び込むため、全車両の2カ所にドア横ステッカー、中間2車両の窓上にセミナー情報などを掲出している。

沿線には大学も多く存在しており、協議会では卒業後に起業を考えている学生もターゲットにしたい考えだ。

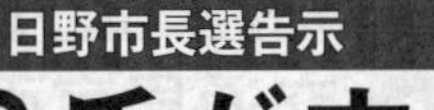

現新2氏が立候補

待機児対策などで論戦

磯崎四郎氏　　大坪冬彦氏

任期満了に伴う日野市長選挙が9日告示され、再選を目指す現職の大坪冬彦氏（59）＝自民、民進、公明、生活者ネット推薦＝、元中学校教員で新人の磯崎四郎氏（64）＝共産、自由推薦＝の無所属2氏が立候補した。待機児対策やごみ処理問題など巡り、論戦が繰り広げられる。8日現在の選挙人名簿登録者数は15万2635人。16日に投開票される。

■過去の日野市長選の結果

	氏名		党派	推薦	得票
2013年4月14日					（投票率39.71％）
当	大坪	冬彦	無新	自 民 公 社 ネ	31,442
	中谷	好幸	無新	共	23,323
2009年4月12日					（投票率46.58％）
当	馬場	弘融	無現	自 民 公 社	35,059
	窪田	之喜	無新		19,228
	渡辺	眞	無新		9,909

（四角囲みは推薦政党）

■大坪陣営

大坪氏は午前10時に高幡不動駅近くの選挙事務所で出発式を行った。推薦政党の国会議員や都議、市議、近隣首長らが駆け付けた。市議24人中18人が支持する。

「統一地方選挙でもなく、国政選挙とも重なっていない単独選挙で盛り上がりに欠けている」としながらも、「そのような停滞状況を吹き飛ばし、全力を挙げて戦い抜く覚悟」と力を込めた。

1期目を「人口が増え、子育て世代も数多く流入している。待機児や地域間格差の問題などを市民に示し、諸力融合で課題に立ち向かうことを呼び掛けてきた4年間だった」と振り返り、「更にステップアップする4年間にしたい」と再選に意欲を見せた。

■磯崎陣営

磯崎氏は推薦政党の関係者らが見守る中、午後1時に高幡不動駅南口で第一声を上げた。

喫緊の課題として待機児童問題を取り上げ、「来年の春には保育園に入れない子供をなくす」と、保育所の増設による待機児ゼロの公約を掲げた。

学校図書館司書の全図書館への配置、大規模化が進んでいる学童クラブを子供に目が行き届くように安全な規模にするため、増設することなども訴えた。

現市政について、「基金にお金を貯め込み、子育てや福祉に使わない」と批判。小金井、国分寺両市と進めるごみ処理施設の建設計画は「住民合意が得られていない」と見直す考えを示した。

市町村 17年度予算案

小笠原村

父島島内の光ケーブル整備
橋梁・道路の更新進める

小笠原村は3月17日、村議会本会議で2017年度当初予算案を可決した。一般会計は44億8463万円で、父島の島内ケーブル網の整備など普通建設事業費の増加により、前年度に比べて10・7％の増となった。

父島の島内光ケーブル網の更新整備は2億5千万円を充てる。父島では、母島とともに11年に八丈島からの海底光ファイバーケーブルが完成し、地上デジタル放送が視聴可能になっている。それに伴う島内ケーブルは1本で、現在はテレビ放送やインターネット利用のための情報系と、行政防災無線の防災系の両方に運用している。停電などの非常時の際に防災系の緊急情報を途切れさせないため、双方を分離する目的で、更にケーブルを1本追加する。

母島の老朽化した保育施設の更新では、用地測量、買収などの経費として9652万円を計上した。

また橋梁調査の結果、更新優先度の高い橋梁1カ所を整備するための工事に入る。同様に老朽化したトンネルの設計なども含め、道路整備・改良経費として4292万円を盛り込んだ。

母島診療所の発電機更新には3294万円、硫黄島平和祈念公園の広場構築物の補修や改修は2086万円を予算化した。

性質別の歳出では、普通建設事業が3億1314万円増の6億5504万円。歳入では、国庫支出金が3億4990万円、都支出金が9億58万円を見込んだ。

青ヶ島村

農道整備が終了へ
繰出金が大幅に増加

青ヶ島村は3月30日、村議会本会議で2017年度当初予算案を可決した。一般会計は8億6790万円で対前年度比5・5％減となっている。

池之沢地区の農道整備では、道路の舗装経費として4千万円を充てる。サツマイモ畑や観葉植物のフェニックスの施設などに通じる農道を設ける事業で、17年度は3カ年計画の最終年度を迎える。

老朽化したヘリポート待合所の建て替えでは、16年度の基本設計に続き、17年度は実施設計費用として2300万円を計上した。

性質別の歳出では、普通建設事業費が55・5％のマイナスを見込む。非常用発電機設置事業の終了が影響している。繰出金は簡易水道事業会計や国保事業勘定会計への繰り出しの増に伴い、大幅に増えて1億4976万円。

歳入は村税が4・7％増の3555万円を見積もった。

■奥多摩町人事異動

1日付　◎印昇任

【課長級】▽会計室主幹兼経理係長＝会計管理者（教育課長補佐兼社会教育係長）◎加藤芳幸▽若者定住化対策室室長兼若者定住化対策室係長（若者定住化対策室室長）新島和貴▽総務課文書担当主幹（教育課長）守屋吉彦▽住民課長（観光産業課長）原島滋隆▽観光産業課長（住民課長）天野成浩▽教育課長（会計室主幹兼経理係長＝会計管理者）原島政行

【課長補佐】▽企画財政課課長補佐兼財政係長（企画財政課財政係長）◎杉山直也

◆退職　3月31日付

▽奥多摩病院院長　井上仁

都営交通を未来へとつなぐ　交通局車両電気部

都交通局は、安全・安心の確保を最優先に、お客様サービスの向上や東京の発展に貢献する取り組みを積極果敢に展開していくとともに、東京2020オリンピック・パラリンピック競技大会に向け、大会期間中の輸送の主力の担い手として、万全の準備に取り掛かっている。今年度は「経営計画2016」の2年目となるが、車両電気部と建設工務部で取り組んでいる主な事業を中心に紹介する。

人と環境に優しい車両の導入

交通局では、局内で策定した「車両設計ガイドライン」に沿って、低いつり手や荷棚、車椅子スペースやフリースペースを設置し、液晶モニターを用いた案内表示器、省エネを考慮したLED照明を積極的に採用するなど、人と環境に優しい車両を各路線に導入している。

浅草線については、「浅草線リニューアル・プロジェクト」を立ち上げ、車両の全面的な更新や、駅の改装・改修を計画的に進めることとしている。来春には、プロジェクトの第1弾として、新型車両5500形1編成を導入する。この車両は、「日本らしさとスピード感が伝わる車両」をコンセプトとし、外観は「歌舞伎の隈取り」をイメージしたデザイン、内装は「寄せ小紋」や「江戸切子調」の柄などを随所に使った和の雰囲気を感じさせるデザインとした。2021年度までに全27編成を新車に置き換える。

三田線については、21年度までに9編成を新車に更新していく。

新宿線については、これまでも車両更新の際、従来の8両編成を10両編成に置き換えてきたが、今年度も引き続き5編成を新車に置き換え、1編成当たりの車両数を増やすことにより輸送力を増強する。

大江戸線については、臨海地域等の開発による乗車人員の急増に対応するため、18年度に3編成の車両を増備する。また、21年度までに12編成を新車に置き換える。

都電荒川線については、老朽化の進んでいた7000形車両の置き換えとして、昨年度までに、新型車両8900形8両と改造車両7700形8両の導入が完了したところである。

日暮里・舎人ライナーについては、朝ラッシュ時間帯における混雑対応のため、新型車両320形を1編成増備した。

浅草線に導入される新型車両5500形

新旧の都電車両がそろい踏み（左から8900形、7700形、7000形）

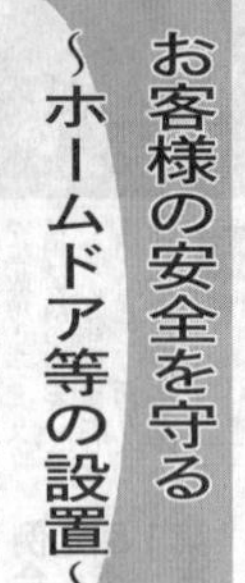

お客様の安全を守る　～ホームドア等の設置～

交通局では、お客様に安全かつ安心して都営地下鉄を利用していただくため、ホームドア及び駅係員呼出インターホン、転落検知マットなど、様々な安全対策の設備を設置している。

ホームドアは、ホーム上のお客様と列車との接触防止やホームからの転落防止のために極めて有効な設備である。交通局では、2000年8月に営業中の路線として全国で初めて、三田線にホームドアを整備した。その後、13年4月に大江戸線にも整備するなど、先導的な役割を果たしてきた。

現在、都営地下鉄のホームドアの設置状況は全106駅中65駅となり、設置率は61%となっている。

ホームドアを既に設置した三田線と大江戸線では、ホームからの転落事故が発生していないことから、今後、新宿線と浅草線においてもホームドア設置に向けた取り組みを加速させる。

現在、整備中の新宿線のホームドアについては、19年秋までに全21駅の整備を完了させる予定である。まず、17年度に、車両基地への引き込み線がある大島駅の中線に先行的に設置し、試験、調整、取り扱い訓練などを行う。18年度からは本格的に設置を開始し、本八幡駅から隣接駅へと順次設置を進め、設置が完了した駅から稼働させていく。新宿線全駅への整備により、都営地下鉄全106駅中86駅の整備が完了することとなり、設置率は81%となる。

浅草線のホームドアの整備については、大門駅と泉岳寺駅に加え、昨年度利用者が一日当たり10万人以上となった三田駅と2020年東京大会開催時に多くの乗換客が見込まれる新橋駅についても、大会までに先行整備することとした。浅草線のホームドアの整備に際しては、車両の大規模改修を要しない新技術の開発を行い、先行整備する4駅で実用化を図った後、全駅への早期整備を目指していく。

交通局では、ホームドア以外の駅ホームにおける安全対策として、駅係員呼出インターホンを設置し、緊急事態が発生した場合やお客様の案内が必要な場合などに、いち早く駅係員へ連絡ができるようにしている。大江戸線には開業当初から設置しているが、浅草線、三田線、新宿線には12年度から順次設置を開始し、16年度末に全106駅に設置を完了させた。

さらに、16年度には、お客様がホーム下へ転落したことを検知し、自動的に列車を停止させる転落検知マットを浅草線浅草橋駅に設置するなど、安全に対する取り組みを着実に進めている。

大江戸線に設置されたホームドア

都営交通を24時間支える電力設備

交通局では、駅などに電力を供給する設備や列車を安全かつ安定的に運行させる設備など多くの電力設備があり、関係法令に基づき、保守上の基準を定め、適切な維持管理と計画的な更新を行っている。

駅や列車に電力を供給する変電所は50カ所以上あり、これらの設備については障害発生時等でも機能が維持できるよう、車両を動かすための電気を絶やすことがないよう、電源を二重にしている二重、三重のバックアップを備えている。また、昼夜を問わず維持管理等を行い、障害の発生を未然に防止している。

設備の更新については、列車の運行に支障することがないよう、終電後から始発までの短い時間の中で施工する必要があり、安全かつ効率的に作業を進め、輸送サービスの低下を招くことがないよう取り組んでいる。

昨年度、新宿線の変電所について、06年度から11年間かけて計画的に更新を完了させ、設備の信頼性をさらに向上させた。今年度からは、大江戸線の変電所更新に着手していく。

今後も、都営交通を電力供給の面から支え、列車の安定運行に努めていく。

再生可能エネルギーの拡大に向けた取り組み

交通局では、多摩川の流水を活用した水力発電事業を経営しており、1年間におおむね一般家庭3万5千世帯分に相当する電気を発電している。

また、発電した電気は、13年4月から入札により決定した電気事業者と複数年の売電契約を締結し売却している。

発電事業の歴史は古く、運転開始から50年以上が経過している発電所があり、施設・設備等の更新や改修に向けて詳細な調査を行っている。調査、更新に当たっては、ドローンの活用、環境に優しい植物油を使った変圧器への更新等、新たな手法や新技術を積極的に採用している。

昨年度からは、1957年から運転している多摩川第一発電所の発電施設の大規模更新計画の策定を開始した。この更新計画においても、最新技術の活用・導入検討を行い、高効率機器等を導入していくとともに、適切な補修、更新を行うことにより、貴重な水という天然資源を有効に活用し、再生可能エネルギーの利用拡大に努めていく。

多摩川第三発電所の発電機

未来へ技術をつなぐ人材の育成　～技術発表会、訓練施設の充実～

車両電気部では毎年度、技術発表会を実施し、各部門から日頃の創意工夫や取り組み内容等を発表することで、部内外で技術情報を共有するとともに、技術職員の育成に役立てている。

技術職員の技術力の維持・向上を図る取り組みの一環として、15年度に営業に支障せず自由に訓練できるように、模擬訓練設備として模擬変電所設備、訓練用転てつ機などを整備し、16年度からは電気設備の保守に関する基礎研修や異常時対応訓練に活用している。また、脱線等の異常時を想定した「異常時対応訓練」を各路線で実施し、機材の取り扱いや作業手順を確認している。

このような取り組みを通じて、今後も安全・安心の確保を最優先に質の高い技術力の維持・向上を積極的に図っていく。

都庁内で昨年9月に開催された車両電気部技術発表会

交通局建設工務部　確かな技術と安全性向上で

駅施設の大規模改良工事

勝どき駅

勝どき駅は、周辺地域の開発等の増加に伴って乗降客数が急速に増大し、大江戸線の中でも特に混雑が激しくなってきている。これまでに、出入り口の増設・エスカレーターの高速化・駅に隣接する再開発ビルに接続した新たな出入り口の設置など、様々な対策を講じてきた。

しかしながら、今後も周辺での開発が計画され、乗降客のさらなる増加が見込まれることから、勝どき駅のホームの増設や改札口のある地下コンコースの一体化といった大規模な改良を実施し、利用客の安全と運行の定時性確保など安全性や利便性の向上を図ることとした。

勝どき駅改良工事　コンコース階一体化部

勝どき駅改良工事は、2011年8月に土木工事に着手し、現在は拡幅部分の土木本体構築工事が完了し、建築・設備工事が本格的に着手したところである。

本工事は、地上部では交通量の多い晴海通りと清澄通りの一部を規制して行っており、歩行者や自転車、自動車交通への安全上の配慮が欠かせない場所である。また、今後、駅構内において営業中の施設と接続するため、列車運行の安全確保と利用客への影響が最小限になるように工事を進め、18年度には増設ホーム等の供用を開始する予定である。

2020年の東京オリンピック・パラリンピック競技大会では、勝どき駅は選手村の最寄り駅となる予定である。その時、多くの利用客が安全・快適に利用できるように、鋭意工事を行っている。

泉岳寺駅

泉岳寺駅は、東京の地下鉄ネットワークや羽田空港へのアクセスに優れた交通結節点であり、近隣で国際交流拠点としての開発やJR山手線新駅の設置が進められるなど、さらなるお客様の増加が見込まれる。

このため、ホームやコンコースの拡張、エレベーターの増設によるバリアフリー化の推進など、駅の機能強化を図り、お客様の増加に的確に対応する。さらに、近隣の開発事業と連携を図りつつ、JR新駅や周辺施設へのアクセス性を向上させるなど、交通結節点や国際交流拠点にふさわしい施設の整備を進めていく。

改良に当たっては、JR新駅周辺の一部街開きが想定される2024年度までに確実に整備を行うため、東京都施行の市街地再開発事業を活用し、駅の改良と国道と隣接する市街地整備と一体的に進めていく。

今後は、関係機関との十分な調整を行いながら、実施設計や都市計画変更の手続を開始し、着実に事業を進めていく。

泉岳寺駅周辺の再開発イメージ

<位置図>

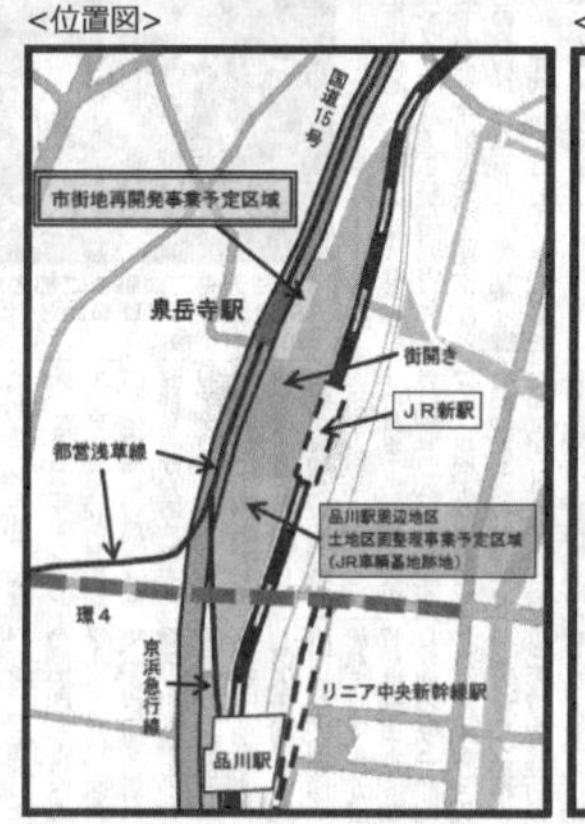

<イメージ図>

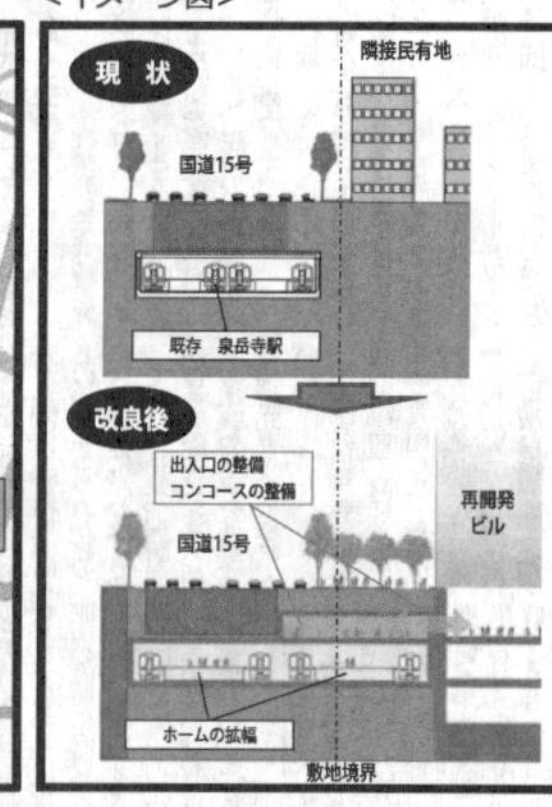

駅のバリアフリーについて

大江戸線新宿西口駅に設置されたエレベーター

交通局では、13年度に全ての駅でホームから地上までエレベーター等で移動できる、いわゆる「1（ワン）ルートの確保」を完了している。

引き続き、東京オリンピック・パラリンピック競技大会開催も見据え、駅のバリアフリー化をより一層進めるため、乗換駅等において東京メトロなど他社との連携を図りながら、エレベーターを設置し、利便性の向上を図ることとしている。

例えば、乗換駅において乗り換え経路に階段などの段差がある時、車椅子やベビーカーを利用されている利用客は、1ルートで整備されたエレベーターでいったん地上に出てから道路上を迂回し、再びエレベーターで駅構内に入らなければならない。

そこで、乗り換え経路の途中にエレベーターを増設しバリアフリー化を図ることで、スムーズな乗り換えを可能にし、誰にも利用しやすい駅を目指している。

現在、東京メトロ丸の内線やJRとの乗換駅である大江戸線新宿西口駅や、新宿線神保町駅等でエレベーター整備工事を行っており、大江戸線青山一丁目駅や両国駅などの駅で工事の発注準備を進めている。

地下鉄施設の耐震性強化

建設工務部では、1995年に発生した阪神・淡路大震災を受け、同規模の直下型地震にも耐えられるようにする国の通達に基づいて、高架部の橋脚約600本、橋梁の橋脚6基、地下駅の中柱約300本、落橋防止装置約20カ所の設置などの耐震対策をこれまでに実施してきた。

そのほか、都営新宿線の大島車庫の中柱約350本の補強をはじめ、ケーソン工法で施工されている河川横断部の継手補強なども実施しており、阪神・淡路大震災を想定した耐震対策は全て完了している。

しかしながら、2011年の東日本大震災では、鉄道各線において揺れによる大きな被害はなかったものの、震源に近い路線では高架部でコンクリートのはく落やひび割れが発生し、全線での運行再開までに約2カ月を要した。このため、当局も従来考えていた補強対象を拡大することとし、全路線から必要箇所を抽出して、12年度からはさらなる耐震補強工事を実施している。この工事によって、大規模な地震が発生した場合でも、地下鉄施設への被害を最小限にして早期の運転再開を図っていく。

これまでに、浅草線及び三田線の車両基地と本線を結ぶ高架部、大江戸線の地下車庫等を完了し、引き続き17年度以降は、三田線高架部の旧テナント箇所、浅草線日本橋駅、三田線・新宿線神保町駅等の補強工事を進めていく。

三田線における耐震補強工事完了後状況

トイレのグレードアップと洋式トイレへの改修

清潔で機能性を備えたトイレ

交通局では、全てのお客様が駅のトイレを快適にご利用いただけるよう、バリアフリー整備ガイドライン旅客施設編等に基づき、トイレの改良に取り組んでいる。

浅草線、三田線、新宿線の老朽化したトイレについては、清潔感と機能性を備えたトイレへのグレードアップを計画的に進めている。

具体的には、①トイレ出入口の床段差の解消②ベビーチェア・ベビーシートの設置③「だれでもトイレ」の混雑解消を図るため、オトメイト用設備や着替え用フィッティングボードなどを備えた簡易多機能便房の設置④温水洗浄便座を備えた洋式トイレへの改修⑤パウダーコーナーの設置⑥床タイル等に抗菌・消臭材料の使用――など、トイレの規模等を勘案しながら整備している。

また、大江戸線のトイレについては、外国人や高齢者のお客様が使いやすいように順次、温水洗浄便座を備えた洋式トイレに改修する。

今後とも、こうした取り組みを通じて、誰もが利用しやすいトイレへの整備を計画的に進めていく。

長期的な視点に立った予防保全型の管理手法

近年、都市インフラの老朽化は、大きな社会問題の一つであり、その対策は、管理者にとって喫緊の課題となっている。都営地下鉄においても、トンネル構造物等は、一番古いもので開業後50年以上が経過していることから、的確な補修を進め、安全運行の確保に努めなければならない。

交通局では、これまでも日常点検や定期検査を実施し、必要な箇所の補修を行ってきたが、部分的な補修を繰り返すだけでは、延長の長いトンネル構造物等の劣化速度に対処することは難しい。

浅草線において長寿命化を図る大規模改良工事

また、今後、少子高齢化時代に伴う経済成長率の鈍化も懸念されることから、構造物の長寿命化並びに、費用の平準化を図るため、長期的な視点に立った予防保全型の管理手法を導入することとした。

浅草線については、11年度に実施した浅草橋駅～蔵前駅間での試験施工を踏まえ、現在は人形町駅～東日本橋駅間で、漏水箇所に止水剤を注入する漏水対策、鉄筋露出・浮き・ジャンカ部の補修を行う変状対策等、長寿命化を図るための大規模修繕工事の準備を進めている。

また、三田線についても、13年度から浅草線と同様の工事を行っており、今後は新板橋駅～板橋区役所駅間での施工を予定している。

都春期幹部異動分析㊤

五輪・市場移転で幹部投入

監理団体役員人事 局長級派遣で対応

今春の都幹部異動規模は行政系全体で975人と、規模的には前年度と同水準となった。内訳は昇任が199人で前年同期比で13人減、横転が725人で同32人増、国などからの採用は6人などとなっている。全体としては、東京2020オリンピック・パラリンピックの準備に加え、市場移転がストップしている中央卸売市場でも人材の登用が進み、管理職の不足傾向が強まっている。監理団体に新たに現役の局長級昇任者を送り込んだこともポイントと言える。（本文中の年齢は2017年度末時点）。

局長級

局長級は横転が2人、昇任が4人、兼務の発令・解除などが7人。

昇任者では、武市玲子・生活文化局理事（55歳、4A）が東京都歴史文化財団副理事長に就任した。同ポストは昨年11月、豊洲新市場の盛り土問題に絡み、元市場長の岡田至・前副理事長が退任して以降、空席だったが、同財団は理事がいずれも非常勤で、「運営やガバナンスの観点から、早急に空席を解消すべき」と判断し、局長級を派遣して埋めることにした。一方、東京動物園協会は同じく塚本直之・前理事長が退任し、常務理事が組織運営を担う状態が続いている。

現役の局長級で監理団体などの役員に就いているのは現在7人。小池知事がOBの再就職についての考えを明らかにしない中、外郭団体人事が停滞しているが、今後、現役の幹部を監理団体に送り込むパターンが増える可能性もある。

技術系では、相場淳司・前建設局道路建設部長（57歳、10B）が五輪準備局技監に昇任した。相場氏は同局企画担当部長など技術系の要職を歴任し、かつての同僚は「周囲の信任も厚かった」と振り返る。これに伴い、上野雄一・都市整備局技監、三浦隆・建設局道路監、小野恭一・港湾局技監の兼務が解除されている。

五輪準備局では1月、延與桂理事（56歳、3A）が就任し、パラリンピック準備担当を担うことになったが、今後は大会運営調整担当も兼務する。同局の局長級は、大会組織委員会への派遣を含めて7人となる。

このほか、岸本良一・前総務局理事（58歳、1A）が多摩水道改革推進本部長に就き、「古巣」の水道局に戻った。環境局次長に回った池田俊明氏（58歳・63A）の後任。

【局長級の異動・昇任】		
年次	事務	技術
63A	1	0
01A	1	0
03A	0	1
04A	1（1）	0
06A	0	1
07A	0	1
10B	0	1（1）
小計	3（1）	4（1）
合計	7（2）	

※かっこ内は昇任者の内数
※この他に教育庁、東京消防庁で昇任各1、行政系で兼務発令1、兼務・事務取扱解除6

部長級

部長級の異動は、横転117人、昇任49人など。標準年次の13Aから事務13人、16Bから事務、技術各3人が昇任した。17Bからは前倒しで計4人が上がり、事務系は関口尚志・五輪準備局担当部長（50歳）、戸井崎正巳・港湾局担当部長（53歳）、石井英男・水道局担当部長（54歳）の3人、技術系では島津哲也・第二建設事務所長（59歳）の1人。

総務・枢要部長では、局長級の異動に伴って生活文化局総務部長に鳥田浩平・前文化振興部長（55歳、9B）が就任。その影響でライン部長が玉突きで交代し、庶務担当課長の事務取扱となる。

都政の重要課題では、中央卸売市場新市場整備部長に岡安雅人・前五輪準備局連絡調整担当部長（56歳、14B）を据えた。知事本局総務課長の経験者で庁内的にも調整力が高く評価されているが、市場は初めて。小池知事が豊洲市場移転の判断を先送りする中、同市場では新たに6人の部長級が転入し、難局に当たる。

五輪準備では新たに4人を大会組織委員会に派遣した。井上佳昭・前中央卸売市場新市場整備調整担当部長（54歳、13B）は総務局ボランティア推進部長に、岡部祐一・前収用委員会担当部長（55歳、15B）は総務局土地・施設利用調整担当部長に、三浦幹雄・前財務局総務課長（55歳、18C）はスポーツ局スポーツ企画部長に、野平雄一郎・前港湾局総務課長（45歳、13A）は大会準備運営第二局会場マネジメント部長に就く。

その他、官房系では政策企画局知事補佐担当部長に土村武史・前福祉保健局総務課長（49歳、13A）、総務局行政改革担当部長に小林忠雄・前防災計画担当部長（53歳、10A）などを任用している。

全体としては、昨年度途中の異動で発生した事務取扱・兼務を解消する方向だが、庶務担当課長の事務取扱をかけるケースも見られ、庁内からは「管理職不足の傾向に拍車がかかっている証左」という指摘がある。また、「官房系や五輪準備、市場移転などの困難ポストに特定の幹部を充てる傾向が強まっている」という見方もある。

【部長級の異動・昇任】		
年次	事務	技術
61A	1	0
62A	1	0
63A	2	2
01A	2	0
02A	0	1
03A	0	1
04A	1	1
05A	5	2
06A	5	0
07A	6	3（1）
08A	0	1
09A	4	1
10A	5	3（1）
11A	7（2）	2
12A	5（1）	3（3）
13A	13（13）	0
小計	57（16）	20（5）
06B	1	0
07B	2	1
08B	5	3（1）
09B	5	0
10B	7（1）	0
11B	6	3
12B	9（2）	1（1）
13B	8	5（1）
14B	8（1）	3（1）
15B	8（4）	2（1）
16B	4（3）	3（3）
17B	3（3）	1（1）
小計	66（14）	22（9）
17C	2（1）	0
18C	4（3）	0
19C	1（1）	0
小計	7（5）	0
合計	172（49）	

※かっこ内は昇任者の内数
※網掛けは春期の標準的な昇任年次
※この他に教育庁で横転など2、医1、法1、再任用3、国等からの採用3

上山信一・都特別顧問に聞く㊦

「1周先」の行革に挑戦

——改革プランでは、①しごと改革②見える化改革③仕組み改革——の三つを掲げました。

「しごと改革」は、公務員の仕事の仕方の見直しだ。これは運動論にとどまらない。例えば時差出勤を本気でやろうと思うと、自宅での作業を仕事として認めるのか、どこまで柔軟にできるのか、人事制度改革を伴う。

「仕組み改革」とは、天下りや公務員の採用、キャリアパス、財政シミュレーションなど人事・財政制度、組織の見直しなど。監理団体への権限移譲、報告団体や公益財団法人などの統廃合もあるかもしれない。その意味ではいわゆる伝統的な行革も含まれるが、従来の頭ごなしの総量規制や「身を切る改革」とは切り口が全く違う。

——「見える化」とありますが、情報公開はまだ足りないと?

各局のヒアリングをしたが、「都民目線」「納税者の納得」という切り口からの政策の説明や事業評価は不十分だと思う。都民に見せる、納税者に納得してもらうというのは、どういうことか。職員自身が考え、自ら気付いてもらう。その場合、国内の他自治体だけではなく、企業や海外大都市との比較が大事だ。

——会議では、「発想の転換」と発言されました。職員に求めることは。

従来の行改は、本庁の総務局行政改革推進部が「総量規制」を指令し、各局はどちらかというと「やらされる」側、「様子を見ながら小出しで玉を出す」側だった。また目標は機能強化よりも削減が中心だった。業務のやり方でも各局は評価やチェックを受ける側だった。そして他の局との競争はなかった。

しかし、今回は積極的に各部、特に現場の若手が自らの部局の将来を考える。その際に「都民=顧客」「納税者」という視点を持つ。そこに向けて説明し、理解を得るのが都民ファーストであり、賢い支出（ワイズ・スペンディング）であり、真の情報公開だ。上からの行革、各部横並びではなく、25年以降の東京のあり方を見据え、外向き、そして自律的な改革を特に現場職員が主体となって考えてほしい。そして各局が改革の工夫で競い合ってほしい。

都は9年間、正式な計画に沿った「行革」はやってこなかった。これは珍しいし、後進的といわれても仕方がないところがある。石原都政初期の行革は、当時としては先進的だったし、それ以降も全体的に緊縮モードで来たが、そろそろ「その次」に行かないといけない。都にはスケールメリットもあるし、お金の余裕もまだある。今のうちに「1周先の行政の姿」を探究してほしい。

それに向けた総点検、メリハリを意識した先行投資をするというのが今回の「2020改革」の趣旨だ。いまだに総量規制の行革をやる国や他の自治体よりもはるか先を行く改革を目指してほしい。

——ありがとうございました。=おわり

家が建てられない?

最初のつまずき①

完璧なはずの老後計画の最初のつまずきは、熱海湾一望の景色と温泉にばかり目が行って、厄介な土地を購入してしまったことだった。道路から10㍍以上も登る土地にいざ家を建てるとなると、土台づくりのためには、擁壁の補強工事が必要だった。そして、その費用たるや更に家一軒分相当の予算が必要なことが分かったのである。

擁壁があるにはあるのだが、その後の幾度かの大地震経験で耐震基準が強化されていた。更に東南海大地震に備えるために、基準が上げられているという想定外の事実に直面させられたのである。結果として、今ある擁壁のまま家を建てることはできず、その基準をクリアするには、擁壁を再度作り直す必要があるということだった。そのためには、分かりやすく言えば土台にビル建設並みのコンクリートによる工事が必要なことが判明したのである。

家を建てるために依頼した大手の建設会社は、その工事をクリアするために何度も地元の市役所の建築課に通ってプランを練ってくれたが、とてつもない費用がかかるという結論は変わらなかった。東南海大地震が想定されている地域であれば当然にハードルが高くなっており、業界的には常識だったのだが、いかんせん素人ではそんなことも分からなかった。

もはや、ここで土地を手放して諦めて老後プランを抜本的に練り直すのか、それとも、とてつもない金額を覚悟して家を建てるのかの選択である。とりあえず、いろいろもがいてみようということで、土台づくりのプランでありとあらゆる可能性を検討してみることにした。

擁壁には手をかけずに、鉄筋で階段をつくることでクリアできないか、土台の工事経費を最低限に抑えるためには何が考えられるのか、あれこれと素人考えや知り合いの知恵を借りながらの検討を続けたが、結論はほぼ絶望的なものだった。

私の老後生活の第一歩は、素人判断の甘さから財政的にはほとんど無理というとんでもない誤算でスタートすることになった。

（金子雅臣）

退職後の「リアル」　しくじり都庁OBの教訓④

都区新規採用

「売り手市場」で魅力PR

特別区、心理職に関心高まる

来年度の職員の新規採用に向けて、都は10日、I類A・Bの募集を締め切った。都人事委員会事務局によると、2018年度の採用予定人数は前年度比112人減の1316人。選考日程はI類Aを約2週間、I類Bを約1カ月前倒しし、国や民間企業の採用選考時期の見直しに合わせた。キャリア選考では「林業」「公園整備」を新設し、技術職の充実を図る。

都人事委が3月に都庁第一本庁舎で開催したセミナーでは、基調講演とパネルディスカッションのほか、都職員が来場者の質問に答えるコミュニケーションエリアを設置。コミュニケーションエリアには民間企業や他自治体経験者、島しょ勤務経験者が対応するキャリアデザインゾーンや、若手職員による試験対策コーナーなどを用意し、学生が真剣な表情で職員の説明に聞き入っていた。今年度も、就職希望者に対して就職先が多い「売り手市場」が予想されるが、都人事委は「首都をフィールドとして行政を担う都職員の魅力をPRした」（試験課）と話す。

一方、特別区の18年度採用予定は障害者採用を除き1757人で、I類一般方式は1377人で過去最多。特別区人事委事務局が昭和女子大（世田谷区）で実施した23区合同説明会では区ごとのブースを設け、区長が直接、学生に訴え掛けたり、職員が来場者とランチを取りながら懇談して、各区の魅力をアピールした。

区人事委は「特別区は内定者が国や他自治体に流れてしまうのが課題。17年度採用では5割ほどしか残らなくて想定外だった」（任用課）と話し、職員と住民の距離が近いなどの特別区独自の魅力をPRする考え。児童相談所の開設に向け、今年度から一括採用する心理職について、「大学生などからの問い合わせは増えてきている」という。

セミナーで来場者に都の魅力をPRする若手職員＝3月、都庁第一本庁舎で

「ビジネス科」で独自科目

商業高校指導方針を改編

都教委

東京都教育委員会は、今年度から芝商業高校（港区）で新たに実践的なビジネス教育をスタートした。これまでのような資格取得中心の教育から、企業や商店街と連携し、よりビジネスの現場に合った教育を行う。新カリキュラムは同校で試行した後、来年度には全ての都立商業高校で本格実施する予定。

都教委が掲げる商業教育の見直しでは、全日制の商業高校の全ての科を「ビジネス科」に改編。都独自の科目「ビジネスアイデア」を設置し、独自教材で東京の産業の歴史や地形、ビジネスに関する基礎的な知識を学んだ上で、企業人などから与えられた実際のビジネス現場での課題を生徒自らが考えて解決策を導き、ビジネスへの理解を深める。

全商業高校で共通の課題を与え、優秀な発表を表彰する大会や、学習成果を顕彰する制度も導入し、生徒の学習意欲を高める考え。

また、企業や商店街など、ビジネス現場と学校をつなげる窓口として「商業教育コンソーシアム」を今年度中に設立し、学校がフィールドワークや、企業人からの講話ができるよう支援をする。

これまでの商業高校のカリキュラムは、簿記やワープロ検定などの資格取得のための授業が中心だったが、高校生の就職先が多様化。資格取得中心のカリキュラムがビジネスの現場に合わなくなっており、企業や保護者からも実際のビジネス活動の体験や仕事を理解する場の充実を求められていた。

都教委の担当者は「実践的な学習で身に着けた知識を活用して、新しい価値を創造できる生徒を育成したい」（指導部高等学校教育指導課）としている。

田邉　榮吉さん（たなべ・えいきち＝元青梅市長）6日死去、92歳。通夜は12日午後6時、告別式は13日午前10時から青梅市民斎場第一式場（青梅市長淵5の698の2　☎0428・22・5200）で行われる。

五輪への航海図(169)

開催まで あと1200日

都営地下鉄㊤

券売機も多言語対応

2020年東京五輪開催を控え、外国人観光客にも快適に都営地下鉄を利用してもらおうと、都交通局は3月、東京メトロ㈱と共同開発した多言語対応の新しい券売機を六本木駅や浅草駅など、外国人の利用率が高い31駅に導入した。

新券売機は、これまでの日本語・英語表記に加え、中国語（簡体字、繁体字）・韓国語・フランス語・スペイン語・タイ語の8カ国語に対応。昨年の開催都市・リオの駅の案内板などは英語・ポルトガル語の2カ国語、ロンドンでは英語のみの表記が多かったが、東京ではより様々な国の人が地下鉄を利用しやすくなりそうだ。32㌅の大型ディスプレーも特徴で、都営地下鉄の路線図全体を表示することが可能となり、東京の複雑な路線図を見上げず目的地を探すことができる。

操作方法も、初めて日本を訪れる外国人が目的地まで迷わず行けるよう工夫した。「観光スポット検索」では、行きたい観光地が分かれば最寄り駅までの切符を買うことができる。スカイツリーや浅草など、都営地下鉄の駅に近い観光スポットがあらかじめ登録されており、例えば、「東京スカイツリー」のパネルを選択すれば、最寄り駅の浅草線押上駅までの切符が買えるといった具合だ。

新券売機は「A01」（西馬込駅）、「E28」（都庁前駅）といった駅のナンバリングでの検索も可能。駅のナンバリング表記は海外では浸透しており、日本の地名に慣れていない外国人は日常的に利用するという。都営地下鉄の外国人向けパンフレットの路線図は、駅名よりナンバリングが目立つよう表記。今年度中に日暮里・舎人ライナーにも拡大する考えだ。

電車の運行情報の表示も一新した。地下鉄と日暮里・舎人ライナーの全駅にディスプレーを設置し、路線図を表示。運転見合わせの区間を赤く表示するなど、より分かりやすい情報提供を目指す。

同局はこのほかにも、切符の買い方や目的地への路線案内をする「コンシェルジュ」の拡大や、駅構内のトイレの洋式化など、外国人向けのサービス拡充に取り組む。

同局電車部の吉田利和・事業改善担当課長は「五輪を機に多くの外国人が日本を訪れる。交通機関のサービス力向上で、外国人をおもてなししたい」と話す。

外国人観光客の案内をするコンシェルジュ＝都交通局提供

主任試験講座　平成29年度　28

都政実務⑤

今回は、前回に引き続いて「文書」関係の問題を解いていきます。

問題

【問題1】

都における文書の施行に関する記述として、妥当なのはどれか。

① 電子決定方式により決定された事案を施行する場合においては、書面起案方式とは異なり、浄書及び照合をする必要はない。

② 公布とは、条例及び規則等を一般に公表する行為の形式を言い、告示とは、公の機関がその権限により行った行政処分または重要事項等を一般に公表する行為の形式をいう。

③ 公報は、日曜日、土曜日、国民の祝日に関する法律に定める休日等も含め、毎日逐号発行する。

④ 公印とは、公務上作成された文書に使用する印章または印影をいい、省略することはできない。

⑤ 権利の得喪に関する文書その他特に重要な文書について、抜き取りや差し替えを防止し、正しく連続していることを認証するため、東京都割印を押印する。

【問題2】

公印に関する記述として、妥当なのはどれか。

① 公印とは、公務上作成された文書に使用する印章または印影をいい、公印が押印された文書の内容の真実性を公証する役割を有している。

② 公印の役割の重要性を考慮し、日時、場所及び発行先等が不確定であるが、即時交付しなければ行政上の効果が期待できないもので、局の公印管理者が適当と認めたものについては、公印の印影を刷り込むことができる。

③ 一定の字句及び内容のものを多数印刷して発する公文書で、公印管理者が適当と認めたときは、事務の効率、能率を向上させるため、公印を事前押印することができる。

④ 法律効果を伴わない単なる事実の通知、照会等の簡易な文書については公印を省略できる他、対内文書については公印を省略しなければならない。

⑤ 公印の持つ重要性から、都では、東京都公印条例により、公印偽変造または不正使用の行為をした者を2年以下の懲役または20万円以下の罰金に処するとしている。

【問題3】

公告に関する記述として、妥当なのはどれか。

① 公告とは、広義では公の機関が特定の事項を広く一般の人に知らせることを言い、狭義では告示及び公示のことをいう。

② 東京都公報の発行及び登載手続きについては、東京都公報発行規則により定められており、東京都公報は、臨時に増刊を発行することはできない。

③ 東京都公報は、土日も含めて毎日逐号発行することとされており、公報の休刊日は、登載すべき事項がない日及び12月29日から翌年の1月3日までの日のみである。

④ 条例は、東京都公報に登載し公布することとされているが、天災事変等により東京都公報に登載し公布できないときは、都庁内の掲示場及び公衆の見やすい場所に掲示することにかえることができる。

⑤ 規則は、長が定める内部規則であることから、条例と異なり、東京都公報に登載して公布する必要はない。

【問題4】

東京都印刷物取扱規程または東京都図書類取扱規程に関する記述として、妥当なのはどれか。

① 東京都印刷物取扱規程における印刷物は、書籍、ポスター、リーフレット、写真、スライド及びCD－ROM等の電磁的記録媒体をいい、ビデオテープ及び映画フィルムは含まない。

② 定期購読図書類を除く図書類を購入するときは、当該購入の事案について決定または審議をする課長は、総務局総務部文書課長に協議しなければならない。

③ 文書課長または庶務主管課長は、図書類の購入について協議を受けたときは、購入の必要性はどうか、購入目的にふさわしい内容のものかどうかを調査・検討する必要があるが、購入後の利用が有効、適切かを調査・検討することまでは求められていない。

④ 印刷物を作成しようとするときは、印刷物作成の主管課長は、重要な印刷物を除く全ての印刷物について、局の庶務主管課長に協議しなければならない。

⑤ 印刷物作成の主管課長は、印刷物作成の都度直ちに1部を総務局総務部文書課長に送付しなければならない。

【問題5】

東京都文書管理規則に定める秘密文書に関する記述として、妥当なのはどれか。

① 秘密文書については、情報漏洩防止の観点から、文書保存委託の対象にはなっていない。

② 秘密文書の配布に際しては、秘密保持の観点から、原則、配布先を明らかにすることはできない。

③ 秘密文書の全部または一部を複写する場合は、主務課長の許可を受けなければならない。

④ 文書課長は、秘密の取り扱いをする必要があると認める場合に、秘密文書の指定を行う。

⑤ 主務課長は、秘密文書について、開示請求があったときは、秘密文書の指定を解除する。

解説

【解説1】正答②

① 誤り。電子決定方式により決定された事案を施行する場合においても、回付中の訂正等を正しく反映するなど、起案文書の案文に基づいて適正に浄書し、照合する必要がある（職員ハンドブック399㌻）。

② 正しい（職員ハンドブック402㌻）。

③ 誤り。日曜日、土曜日、国民の祝日に関する法律に定める休日及び12月29日から翌年の1月4日までは発行しない（職員ハンドブック402㌻）。

④ 法律効果を伴わない単なる事実の通知、照会、回答等の軽易な文書や対内文書については、公印を省略することができる（職員ハンドブック400㌻）。

⑤ 選択肢は、東京都契印の記述である。割印は、施行文書が決定済みの起案文書と照合され、発信されたことを認証するものである（職員ハンドブック401㌻）。

【解説2】正答①

① 正しい（職員ハンドブック400㌻）。

② 誤り。事前押印の説明内容である（職員ハンドブック400㌻）。

③ 誤り。印影の刷り込みの説明内容である（職員ハンドブック400㌻）。

④ 誤り。対内文書についても、公印を省略することができる（職員ハンドブック400㌻）。

⑤ 誤り。東京都公印条例というものはなく、東京都公印規程等により取り扱いが定められている。また、罰則としては、刑法第155条及び第156条がある（職員ハンドブック400㌻）。

【解説3】正答④

① 誤り。狭義の公告は、公の機関が広く一般に一定事項を周知せしめようとする行為の形式である（職員ハンドブック402㌻）。

② 誤り。総務局長が特に必要があると認めたときは、臨時に増刊を発行することができる（職員ハンドブック402㌻）。

③ 誤り。土日祝日及び12月29日から翌年の1月4日までは発行しない（職員ハンドブック402㌻）。

④ 正しい（職員ハンドブック402㌻）。

⑤ 誤り。規則についても、東京都公報に搭載して公布する旨が定められている（職員ハンドブック402㌻）。

【解説4】正答⑤

① 誤り。ビデオテープ及び映画フィルムも印刷物に含まれる（職員ハンドブック407㌻）。

② 誤り。一般図書類（定期購読図書類及び高額図書類以外の図書類）の場合は、文書課長への協議は不要である（職員ハンドブック409㌻）。

③ 誤り。協議された図書類について、①購入する必要性はどうか②購入目的にふさわしい内容のものか③購入部数及び購入後の利用は有効、適切か――等の観点から調査・検討を行う（職員ハンドブック409㌻）。

④ 誤り。特に軽易な印刷物（帳簿、封筒類等一定の印刷物）については、協議、登録等が不要とされている（職員ハンドブック408㌻）。

⑤ 正しい（職員ハンドブック408㌻）。

【解説5】正答③

① 誤り。秘密文書についても主務課長の十分な注意の下、文書保存委託の対象としている（職員ハンドブック412㌻）。

② 誤り。秘密文書を配布する場合は、配布先を明らかにしなければならない（職員ハンドブック412㌻）。

③ 正しい（職員ハンドブック412㌻）。

④ 誤り。主務課長は、秘密の取り扱いをする必要があると認める場合に、秘密文書の指定を行う（職員ハンドブック411㌻）。

⑤ 主務課長は、秘密文書について、秘密の取り扱いを要しなくなったとき、または情報公開条例の規定に基づき当該文書の開示の決定があったときは、秘密文書の指定を解除する（職員ハンドブック412㌻）。

※主任試験講座で参照としている職員ハンドブックのページは従来の2015版に対応しています。

都主任選考

29年度　主任・係長　論文講座　28

課題整理（都政）③

前回同様、「2020年に向けた実行プラン」を基に、「スマート シティ」の課題を整理します。

また、平成29年第1回都議会定例会の知事施政方針表明及び平成29年度予算編成方針についても整理します。

○政策の柱4　国際金融・経済都市

日本の持続的成長のためには、東京が国際競争を勝ち抜き、日本経済を牽引する必要があります。そのため、世界からヒト・モノ・カネ・情報が集まり続ける、アジアナンバーワンの国際金融・経済都市を目指す必要があります。

▽資産運用業やFinTech企業を中心とした外国企業の誘致など、国際金融都市・東京の実現に向けた取り組みを推進

▽国家戦略特区制度を徹底活用し、国際ビジネス環境や外国人の生活環境を整備

▽ベンチャー企業の更なる成長や若者・女性・高齢者など幅広い層の起業・創業を支援

▽中小企業の海外展開や事業承継・事業再生などを支援

▽東京2020大会開催等を契機とする様々な調達情報の提供など、全国の中小企業の受注機会の拡大を支援

▽東京産の農産物や伝統工芸品など、東京のブランディングを推進し、国内外に発信

○政策の柱5　交通・物流ネットワークの形成

慢性的な交通渋滞や増大する航空需要などの課題に対応し、ヒトやモノの流れがスムーズな陸・海・空の交通ネットワークを形成していく必要があります。

▽3環状道路、骨格幹線道路などの広域的な道路ネットワークや公共交通ネットワークを整備

▽国内外の物流拠点としての東京港の機能を強化

▽増大する航空需要に対応するため、羽田空港の容量拡大や国際化を一層推進

▽安全で快適な自転車利用環境や水上交通ネットワークを充実

○政策の柱6　多様な機能を集積したまちづくり

東京には、国際交流拠点としてのビジネス活性化や観光拠点としてのにぎわいの創出、さらには文化拠点としての最先端カルチャーの発信など、様々な機能が求められます。

▽民間事業者による都市再生プロジェクトや都有地を活用した拠点づくりを進め、都市機能の高密度な集積を形成

▽都心の拠点駅などにおいて、周辺のまちづくりと一体となった整備を推進

▽首都にふさわしい美しく風格ある都市景観を形成

○政策の柱7　世界に開かれた国際・観光都市

東京を訪れる外国人旅行者数は近年急増していますが、繰り返し来訪する旅行者を確保し、更なる誘致を進めていくため、良質な観光資源の開発・発信を通して、旅行地としての東京の魅力を世界に広くPRしていく必要があります。また、外国人が快適かつ安全・安心に移動・滞在できる環境の実現に向けた取り組みを推進する必要があります。

▽東京を訪れる外国人旅行者を、リピーター客も含めて大幅に増加

▽東京を訪れる人の観光消費を促し、観光を東京の有力産業へと発展

▽多言語対応やICTを活用した観光案内、トイレの洋式化など、外国人旅行者が快適に滞在できる環境を整備

▽多摩・島しょなど、東京が持つ多彩な魅力を生かし、地域ならではの観光資源を発信

▽海外都市との交流・協力による共通課題の解決と、東京の魅力発信を通して、国際社会におけるプレゼンスを向上

○政策の柱8　芸術文化の振興

東京には、文化的ポテンシャルの高い地域が点在し、演劇・絵画・音楽など様々な芸術文化活動が展開されています。東京2020大会に向け、東京の多彩な芸術文化の力を生かして文化拠点の魅力を高めるとともに、あらゆる人々が参加できる文化プログラムを実現する必要があります。

▽「東京キャラバン」をはじめとする、東京2020大会に向けた様々な文化プログラムを展開

▽世界に通用する若手芸術家の発掘・育成や誰もが気軽に参加できる芸術文化イベントの開催などを支援

▽都内各地域の芸術文化資源の集積を活用し、芸術文化拠点の魅力を向上

平成29年第一回都議会定例会知事施政方針表明

平成29年2月22日に行われた知事施政方針表明における主要な政策の概要は、次の通りです。

■オリンピック・パラリンピックが東京を変える

○家庭に眠るいわゆる「都市鉱山」からメダルを作ることや公式商品のPRなどにより、大会を身近に感じてもらえるような取り組みを推進

○道路のバリアフリー化、都営バスへの新たなフルフラットバスの導入、鉄道駅におけるエレベーターやホームドアの設置、トイレの洋式化など、パラリンピックも見据えた幅広い取り組みを推進

○市街地の不燃化や延焼遮断帯の形成、緊急輸送道路沿道の建築物の耐震化など、「燃えない・倒れないまちづくり」に加え、集中豪雨への対策なども着実に推進

○無電柱化の推進に向け、新たな基金を設置

○町会・自治会等による防災活動を後押しするため、コンサルタントの派遣やサポートガイドを作成

○女性の防災リーダー育成や女性の発想を詰め込んだ防災ブックを作成

○テロ対策として、羽田空港の警備強化や官民連携の基盤づくりを推進

○地域における防犯カメラ設置への支援を充実

○国際ビジネスや先進的な生活文化など多様で魅力ある拠点づくりを推進

○「東京文化プログラム」を本格的に展開

○動物殺処分ゼロの達成に向けて、子供が命の大切さを学ぶ機会の充実や、動物譲渡に関する情報発信サイトを開設

■「人」こそが「新しい東京」の主役

○保育士の処遇改善策として、現行のキャリアアップ補助を拡充

○産休・育休明けの保育士へのベビーシッター代補助や業務負担軽減に向けた保育所のICT化支援を開始

○民有地を活用した保育所等の整備を推進するため、新たな税制支援を導入

○「企業主導型保育施設」の整備を促進

○女性起業家向けの新たなビジネスを支援する民間インキュベーション施設の整備を促進

○給付型奨学金を創設・拡充し、家庭の経済状況による「教育の格差」を解消

○小・中学校への教員の追加配置や高校生の学び直しを支援するプログラムを実施

○テレワークの導入に向け、国と連携して、情報収集や体験・相談などがワンストップで行えるセンターを開設

○時差出勤の導入や混雑の見える化など、鉄道利用の分散に向けたムーブメントを展開

○特別養護老人ホームの整備に当たり、地域のニーズを超えた特養整備へのインセンティブを創設

○「ソーシャルファーム」の仕組みづくりを支援するため、障害者団体と企業のCSR活動のマッチングを促進

■日本経済を牽引する首都・東京

○東京を世界に向けてPRする、分かりやすい新たなアイコンとキャッチフレーズを作成

○ユニークベニューの増加に向け、八つの都立施設をモデルとして活用

○特区制度を活用した外国企業誘致の促進

○TOKYO創業ステーションとのネットワークを強化し、「切れ目のない」総合支援体制を構築

○完全自動走行を見据えた実証実験を行うための「自動走行サンドボックス分科会」の設置

○イノベーション創出に向けた基金を新設

○照明のLED化推進

○白熱電球2個とLED電球1個を無償交換する取り組みを開始

○「東京グリーンボンド」を発行

○都民に身近な花による緑化や都立公園の緑の確保を推進

○江戸東京野菜や多摩産材など、農林水産業を活性化させながら農地や森林を保全

○食品廃棄を前提としない加工・流通等の新たなビジネスモデルを構築

■多摩・島しょ地域のさらなる発展へ

○セミナーの実施やインキュベーション施設の整備を支援するなど、多摩の「ものづくり創業」を活性化

○「東京宝島推進委員会」を立ち上げ、隠れた魅力を掘り起こすとともに、付加価値をつけて広く発信

○観光客に選ばれる島を目指して各島が魅力を競い合う取り組みを進め、「婚活ツアー」なども後押しして、島しょ全域の観光を振興

○「多摩の振興プラン（仮称）」を策定

平成29年度予算編成方針

平成29年度予算は、「『新しい東京』の実現に向けた改革を強力に推し進め、明るい未来への確かな道筋を紡ぐ予算」と位置付け、次の点を基本に編成されました。

①「セーフ シティ」「ダイバーシティ」「スマート シティ」の三つのシティの実現に向けて、東京が抱える課題の解決と一層の成長創出のための施策展開を力強く進めること

②全ての事業の総点検を実施し、無駄の排除を徹底して行うなど、都民ファーストの視点に立った財政構造改革の一層の推進を図ること

以上、3回にわたって、都政の課題を整理してきました。分野は多岐にわたりますが、これまで挙げてきた資料に目を通し、過去の出題傾向を分析した上で、都政の重要課題と方向性をつかんでおくことが重要です。皆様のご健闘をお祈りしています。

※参考資料

▽「都民ファーストでつくる『新しい東京』～2020年に向けた実行プラン～」（平成28年12月）▽「平成29年第一回都議会定例会知事施政方針表明」（平成29年2月22日）▽「平成29年度東京予算案の概要」（平成29年2月）

カレントトピックス　29年度　28

経済事情

■国交省が17年の公示地価を発表（3月21日）

国土交通省は、2017年の公示地価を発表した。住宅地の全国平均が前年までの下落から横ばいに転じ、08年以来、9年ぶりに下げ止まった。商業地とともに全用途の平均は2年連続で上昇し、上げ幅も拡大した。全用途の全国平均は0・4%増、商業地は1・4%増だった。前年0・2%減だった住宅地の変動率は0・0%だった。

住宅地では、東京、大阪、名古屋の3大都市圏が前年と同じく0・5%上昇し、4年連続のプラスとなった。札幌、仙台、広島、福岡の「地方中枢都市」は2・8%増で、3大都市圏を上回る高い伸びとなった。商業地では、3大都市圏が3・3%増、地方中枢都市が6・9%増と、ともに4年連続で上昇した。

大都市では、訪日客の増加や東京五輪・パラリンピック開催に向けた大規模な再開発も活況で、全国トップの大阪・道頓堀の上昇率は41・3%に上った。一方、3大都市圏を除く地方圏では、住宅地、商業地とも25年連続で下落した。下落幅は縮小しているが、全体の6割弱の地点で値下がりした。

■公共工事現場、週休2日に（3月25日）

国土交通省は公共工事を発注する際、現場の建設作業員が週休2日を取得できるよう、工期をこれまでより長めに設定する方針を打ち出した。建設業界では長時間労働や人手不足が課題になっており、働き方改革を後押しする狙いがある。災害復旧工事など急を要する工事を除き、原則として2017年度以降に同省が発注するすべての直轄工事に適用する考えだ。

公共工事は都心での建設ラッシュなどにより、資材や重機の調達に時間がかかり、作業員が土日に働かざるを得ないケースが相次いでいる。日本建設業連合会が大手建設会社40社を対象に行った調査によると、14～15年に完成した国交省発注の公共土木工事（3億円以上）の現場で、作業員が週休2日を取得できたのは全体の7%にとどまった。

工期を延長すると重機や現場事務所のリース代、作業員の宿泊費などがかかり、工事費が増加する要因となるが、国交省は入札の結果、浮いた予算を充てたり、工事の内容を見直したりして、公共事業予算の範囲内で対応させる方針だ。

■生保、死亡保険料値下げの見通し（3月28日）

生命保険各社が2018年4月以降、終身死亡保険や定期死亡保険などの保険料を値下げする見通しとなった。契約者の長寿化を反映する。契約者にとっては保険に入りやすくなる一方、保険会社にとっては減収となる。

保険料を決める際の基準となる寿命統計「標準生命表」を07年以来、11年ぶりに改定することに伴う措置。標準生命表は男女別に、年齢ごとの死亡率や平均余命を示し、保険の商品設計などの専門家で構成する「日本アクチュアリー会」が作成する。厚生労働省によると、15年の日本人の平均寿命は、男性で80・79歳、女性で87・05歳となり、07年と比べて1歳以上延びた。新たな標準生命表では、年齢ごとの死亡率が低下する。

生保各社は、改定後の表を基に保険料を算出する。契約期間内の死亡数が減ると、保険会社が支払う保険金は少なくなるため、死亡保障の保険料は値下げされる。一方、終身医療保険は、契約者が長生きすると、支払う保険金が増えるため、保険料の値上げが必要になる。18年4月以降、新たに加入するか、更新する保険が対象となる。

羽村市

職員の自主研究が奨励賞

第7回都市調査研究グランプリ

羽村市では、職員の自己啓発の高揚と職場の学習的風土づくりの推進を図るため、職員の自主研究活動の推進及び助成を行っています。2015年度は新任職員の有志11人で自主研究グループを結成し、「職員の防災意識（自衛消防力）の向上」をテーマに調査研究を行いました。その研究結果が、公益財団法人日本都市センターが主催する第7回都市調査研究グランプリ（CR―1グランプリ）の職員自主調査研究部門で奨励賞を受賞しました。

都市調査研究グランプリは、全国の都市自治体で行った調査研究や都市自治体職員が自主的に行った調査研究を募集し、特に優秀な事例を表彰するもので、今回、職員自主調査研究部門の応募6団体の中から、当市の自主研究グループが唯一受賞したことをメンバー一同非常にうれしく思っています。

奨励賞を受賞した新任職員有志

提案の一部が訓練で実現

私たちが「自衛消防力向上」をテーマに選んだ背景として、近年、東日本大震災等の大規模災害が多発しており、都内でも首都直下型地震や立川断層帯地震の発生確率が高いとされていることがあります。市の職員は、災害発生時には市民の生命・財産を守らなければなりません。これまでも防災訓練や庁舎避難訓練を実施して継続的に防災意識・防災力の向上を図っていますが、今まで以上に職員一人ひとりが災害時に率先して行動する意識と能力を高める必要があると感じ、どのような取り組みができるか調査・研究を行うことにしました。

災害時の対応力を高めるためには庁舎避難訓練の内容を充実させることが必要と考え、効果的な内容を検討するため二つの調査を行いました。

一つ目に、多摩地域30市町村に対し、庁舎避難訓練の実施状況等に関するアンケート調査を実施しました。例えば救助袋を用いた避難訓練など、羽村市では実施していない内容を取り入れている自治体もあり、他自治体の避難訓練の現状を確認することができました。

二つ目に、毎年羽村市の防災訓練・避難訓練に協力してもらっている福生消防署羽村出張所の職員の方に、避難訓練の内容をより充実させるための取り組みについてご意見を伺いました。避難訓練の改善点として、最も来庁者が多い時間帯に実施すること、火災だけでなく地震の発生も想定した内容とすること、訓練日時や災害発生場所を事前に職員に周知せず、抜き打ちで行うことなど、多数のアドバイスをもらいました。

これらの調査結果を踏まえ、羽村市庁舎避難訓練の内容を充実させるための改善案を8点提案し、報告書にまとめました。報告書の内容を避難訓練の担当部署で検討してもらった結果、16年度の避難訓練で私たちの提案の一部が実際に取り入れられました。

具体的には、訓練時、火災の発生場所を事前に周知せずに行うことで、実際の火災発生時と同様に避難経路をその場で考えさせるようにしたことと、より多くの職員に消火器や屋内消火栓の使用方法を身に着けてもらうため、新任職員は全員初期消火訓練への参加を必須とすることの2点が取り入れられました。

ポスターも制作

併せて、職員が災害時に主体的に行動する意識を高めるための取り組みとして、意識を喚起する掲示物を作成し、庁舎内に掲示することを考えました。デザイン等についてメンバーと議論を重ね、1枚のポスターを制作しました。

ポスターは、目を引くイラストと、「あなたも応急消火義務者です！」という一文を記載したもので、職員一人ひとりに応急消火義務があることを認識してもらう狙いがあります。ポスターには消火器の使い方を説明した絵も挿入しており、実践にも役立つ内容になっています。このポスターは現在、職員の更衣室や休憩室の出入り口付近など、職員の目につくところに掲示されています。

防災意識を喚起するポスター

今回、調査・研究の成果として、実際に避難訓練の内容が改善され、制作したポスターを多くの職員に見てもらえたことで、私たちの活動が市のために役立っていることを実感し、達成感を感じています。さらに奨励賞受賞の表彰式では、新任職員のみで行った研究でありながら高度な提案ができているという講評をいただき、試行錯誤しながら取り組んできた研究を高く評価してもらったことで、自信にもつながりました。

担当業務を超えて

自主研究グループは、業務外の時間に自主的に行う活動ですので、業務の繁忙期等は時間的に厳しいこともありました。しかし、自分の担当業務の範囲を超えて取り組んでみたいと思うことに挑戦できたり、様々な課のメンバーと共同で行うことで視野が広がったりと、参加するメリットがたくさんありました。

受賞をきっかけに自主研究活動が市の風土として根付き、より多くの職員が積極的に活動してくれたらと感じています。また、私たち自身も羽村市をより良くしていくために、引き続き努力していきたいと考えています。

（羽村市企画総務部職員課人事研修係　石倉碧）

第5回調布国際音楽祭

今年で5回目を迎える調布音楽祭が、「調布国際音楽祭」として名称を変えて6月に開催される。調布では、深大寺を中心に中国や韓国などアジア圏から訪れる観光客が増加。2019年のラグビーワールドカップ、翌年の東京五輪も調布市が開催地となり、さらに観光客の増加が期待されている。今回、第5回という節目の年を調布の魅力を積極的に国内外に発信するチャンスととらえ、名称に「国際」という言葉を加えてプロモーションを強化する。今年も国際的に活躍する音楽家や若い演奏家が参画し、深大寺など調布ならではの地域資源や地域人材を生かした多くのコンサートやイベントが予定されている。

名称を変えて世界に発信

期間延長し、多彩なプログラム

新たなロゴマークをバックに撮影に応じる鈴木総合プロデューサー（右から2人目）ら

調布音楽祭は2013年に、バッハ・コレギウム・ジャパン（BCJ）の鈴木優人氏を総合プロデューサーに迎え、「調布から音楽を発信する」音楽祭としてスタートした。名称の変更に伴い、シンボルマークと名称のロゴタイプを、コミュニケーションデザイン研究所の平野敬子所長が手掛け、調布市に寄贈した。

期間は、前回の5日間から8日間に拡大し、オープニングとフィナーレが日曜日となる。

■深大寺でチェンバロ

毎年好評の深大寺本堂を使ったコンサートには、〝グレモナの貴公子〟フランチェスコ・コルティが登場し、チェンバロを演奏する。公演前には深大寺ご院内僧侶による天台声明の詠唱があり、クラシック音楽と日本の伝統が融合する（6月14日㈬午後4時）。

オープニングコンサートは、サントリーホール主催のチェンバーミュージック・ガーデンが今年、同ホール休館中に調布国際音楽祭のプログラムの一つとして登場。原田幸一郎、磯村和英、毛利伯郎など室内楽の名手たちが演奏するほか、若い演奏家たちも交えた名曲プログラムを届ける（6月17日㈯午後6時＝「調布市文化会館たづくり」くすのきホール）。

フィナーレには、都内初のBCJによる全曲モーツァルトのシンフォニープログラム。歌劇《ドン・ジョヴァンニ》序曲に加え、交響曲第41番ハ長調「ジュピター」を含む名曲プログラムを演奏する（6月18日㈰午後5時＝調布市グリーンホール大ホール）。

世界を舞台に活躍するピアニスト・小菅優氏らによる「ベートーベン詣（MO―DE）」は調布市文化会館たづくり・くすのきホールにて6月16日㈮午後7時開演。彼女のもとに集まった世界第一線で活躍するプレーヤーたちによるモーツァルトやベートーベンの傑作、藤倉大に委嘱した新作《GO～ピアノと管楽の5重奏のための～》も演奏される。

■山下洋輔氏が再登場

6月15日㈭には、昨年に引き続き山下洋輔氏が登場する。「〝バッハはジャズだ〟Ⅱ」は調布市文化会館たづくり・くすのきホールにて午後6時半から。

0歳から入れるキッズ公演では、NHK・Eテレ『ピタゴラスイッチ』でおなじみの「栗コーダーカルテットwithビューティフルハミングバード」、バイオリンとピアノによる音楽デュオ「スギテツ」も登場する。

公益財団法人調布市文化・コミュニティ振興財団の吉田隆司常務理事は「地域の至るところに音楽がある街を目指すとともに、この日本の一自治体から生まれた音楽祭を大きく世界に発信していきたい」と意気込んでいる。

（編集部）

《調布国際音楽祭2017》
▽期間　6月11日㈰～18日㈰
▽会場　調布市グリーンホール、調布市文化会館たづくり、深大寺ほか▽主催　公益財団法人調布市文化・コミュニティ振興財団、調布市▽協力　桐朋学園大学▽マネジメント　㈲バッハ・コレギウム・ジャパン▽制作協力　公益財団法人ジェスク音楽文化振興会

訂正　7日付「6年目のASTT」の記事中で、書籍名が誤っていました。正しくは『ノック！―じぶんの地域ともう一度出会う10の扉―』でした。

『自治体経営の新展開』

岩崎忠著　一藝社刊

地方分権が推進され、自治体が地域の課題に対して積極的な解決が要請される一方で、財源はなお限られている現状がある。右肩上がりの経済成長が終わり、不透明な将来に向けて、「あれもこれも」から「何を、どうやって」に行政運営のかじ取りが期待される時代となった。

本書は、近年の自治体を巡る社会構造の変化やそれに基づく法改正、また、それらに対処する自治体の施策について解説する。「組織経営の新たな展開」「自治体政策の新たな展開」「政策法務の新たな展開」と、それそれ題された3章で構成され、行政組織や議会などの自治制度から、生活困窮者支援や公共施設マネジメントなどの個別施策まで、記述の内容は幅広い。

いわゆる「ゴミ屋敷」対策に関しては、行政による強制的な手法が抜本的な解決にはつながらないと指摘した上で、「住民がゴミ屋敷を作り出してしまった原因については地域で話し合う場を持つことが大切であろう」（116㌻）と提言も細やかだ。

具体的な事例の紹介が多く、図表も豊富で分かりやすいことから、研究者や自治体関係者には近年の法改正や施策の概観が可能であり、特に自治体職員にとっては政策立案のヒントになる。第3章では、著者による政策法務論が分かりやすく端的に提示された上で、「ペット霊園の建設を規制するための条例」の立案が具体例として示されている。

本書を締めくくるのは、「震災ガバナンス時代の政策法務」と題された一節だ。間近に想定される危機に対し、国や他の自治体、住民との連携で自治体に何ができるかを検証する。困難の突破は、書名の通り「自治体経営の新展開」であろう。

著者は、神奈川県職員として19年間勤務の後、研究者に転出された。ご自身の経験も踏まえた行政課題の分析と政策提案は、実務における指針としている。多くの方に本書を手に取っていただけたらと思う。

定価　2200円＋税

（千葉県佐倉市総務部行政管理課　塩浜克也）

都政新報
発行所　都政新報社
〒160-0023　東京都新宿区西新宿7-23-1　TSビル
〈総務・読者〉03-5330-8781
〈企画広告〉03-5330-8784
〈編　集〉03-5330-8786
〈出　版〉03-5330-8788
〈ファクス〉03-5330-8808
購読料　月1,730円(税込)
毎週火・金曜日発行
ただし、祝日は休刊

業界分断で振り出し

在り方議論置き去り

市場のカタチ　「市民の台所」の在り方を探る㊤

築地再整備

頓挫した築地再整備の基本設計を手に持ち、都中央卸売市場の幹部に示した。「ご覧になっているか」。都と市場業界でつくる新市場建設協議会が11日に開かれ、築地東京青果物商業協同組合の泉未紀夫理事長がこう質問すると、幹部は誰も首を縦に振らなかった。泉理事長はその後、築地再整備で悪戦苦闘したエピソードを披露した。

都が1991年から着工した築地再整備は、施設1階を水産、2階を青果、3階を駐車場とする内容だ。業界内で大激論となる中、青果は1度も仮移転することなく、建て直した施設に引っ越しすることを条件に2階に設置する案をのんだという。

当初は再整備に向け、業界が一丸となっていたが、いざ工事が始まると一枚岩ではなかった。最初の移設候補として白羽の矢が立ったのが市場内の中央部にあり、顧客の買い物代行や商品の配送を行う「茶屋」だったが、反対が起き、本格的な着工前に中断した。中央卸売市場は「一番最初に引っ越すと、工事が中断した場合、元に戻れない不安があったのではないか」と分析する。

泉理事長によると、当時の業界調整は市場団体が行ったという。「都職員は調整をやっていない。市場関係者の20人や30人が再整備に賛成してもできない」と訴えた。

東京都水産物卸売業者協会の伊藤裕康会長も、築地再整備を「業界が合意したにもかかわらず、スタートの時点で業者が抵抗し、工事が止まった」と指摘し、「不可能」と切り捨てた。

再整備は、96年ごろまでに正門や勝どき門の仮設駐車場などの整備に約400億円を投入し、工期は当初14年とされていたが、最低でも20年以上が必要となったため、整備費は当初の2380億円から3400億円に膨張。業界調整が難航し、工事は頓挫した。

新市場建設協議会であいさつする村松市場長＝11日、築地市場講堂で

業界団体の幹部からは築地再整備に否定的な声が目立つが、3月の市場問題PTで私案として築地再整備案を提示した小島敏郎座長は「技術的に問題ない」と自信を示す。小島氏は、90年代の建設技術は未熟だったが、今は東京駅など営業しながら改修したケースもあるとして、築地も営業しながらの再整備を可能とする根拠に挙げている。

一方、東京魚市場卸協同組合（東卸）の早山豊理事長は、築地再整備を「難しい問題」としながらも、「昔の頓挫した再整備がよみがえったわけではない。しっかりと検討しなければならない」と述べ、小島氏の私案を前向きにとらえた。

小島氏が私案を提示した結果、多くの課題が浮き彫りとなった。業界団体は分断され、仮に築地再整備に踏み切る場合、誰が市場業者の協力を取り付けるのか、調整役は不在だ。

築地再整備の場合、豊洲新市場の処分も課題となる。小島氏の私案では、豊洲を解体後、分譲・賃貸マンション、小中学校などを整備するという。東京ガスから1859億円で購入した豊洲用地で容積率を引き上げれば、高層化が可能で地価が上がるとして、最大約4370億円の売却額を見込んだが、具体的な根拠は示されていない。

豊洲の跡地利用にも業界団体からは疑問が生じている。11日の新市場建設協議会で、泉理事長は「マンションや学校を造れる場所であれば、市場とすることに一体どういう問題があるのか」と指摘した。これに対し、中央卸売市場の澤章次長は「小島委員は築地も豊洲も安全だと認めている」と強調した。

私案という形であっても、小島氏が再整備案を提示する前に築地をどんな物流拠点にすべきか在り方の議論は行われなかった。市場の今後の議論を置き去りにするのではなく、尽くすことが求められている。

□　□

都幹部でつくる市場のあり方戦略本部が設置され、市場の在り方の議論がスタートした。世界の市場などの今、市場業界の声を踏まえて、今後の市場の在り方を3回シリーズで模索する。

熊本地震から1年

市民のシンボル　復旧へ歩み着々

被災した熊本城の補修作業の様子＝熊本城総合事務所所蔵

昨年4月の熊本地震の発生から14日で1年が経った。地震で大きく被害を受けた熊本城は、天守閣の瓦が落下して石垣が大幅に崩れ、深い傷を負いながらも、かろうじて櫓（やぐら）に支えられて倒壊を免れた。現在、修復が進められており、熊本市は天守閣を2021年までに復旧させ、37年までに熊本城全体を再建させる予定だ。また、同市は1万円以上を寄付した人を「復興城主」に認定する制度を始めており、11日時点で5万5034件、9億446万2169円が集まったという。復興に向けた取り組みが今も続く。

＝3面に関係記事

視点

都議会百条委

問われる「議会の権能」

市場移転問題に関する都議会百条委員会は、これまでに予定されていた全ての質疑を終え、26日の理事会に向けて各会派の意見調整を進めている。証人24人への質疑でクローズアップされたのは、浜渦元副知事が東京ガス幹部と行ったとされる「水面下交渉」の全容解明だったが、裏取引が疑われるような事実は見つからず、市場整備費の高騰につながる契約上の不正の有無も不明なままだ。

これまでの百条委では当初の調査事項である「移転の経緯」や「東京ガスとの交渉」に関して調査が行われ、土壌汚染の範囲に関する確認書を交わすなど交渉過程の一端は明らかになった。だが、土壌汚染対策や盛り土問題、建設工事の契約事務といった調査事項に関しては証人喚問も行われていない。委員らの任期を考えると6月の定例会までに一定の筋道を付ける必要があるが、「都民の理解と納得」を得られるような答えは示されていない。

そうした中、浜渦氏の偽証罪を問う動きが加速している。浜渦氏は百条委で、東京ガスと土地売買に関する2001年7月6日の基本合意を交わした後、「一切相談に預かっていない」など土地交渉に関与していないと証言した。だが、元知事本局長の前川燿男練馬区長は、浜渦氏が副知事を辞める05年まで市場を所掌していたと明らかにし、2人の証言に食い違いが生じている。公明党や東京改革、都民ファーストなどは、浜渦氏の偽証である可能性が高いと判断。同氏の告発を検討している。現在、各会派は百条委での証人の発言や提出資料などの分析を進めている。

そうした動きを受けて浜渦氏は10日に会見を開き、自身の発言を「偽証ではない」と主張。再喚問に応じる考えも示したが、議会側は「現状ある資料と証言のみで偽証の認定にいけるかどうか、精査をしている段階」（百条委委員）と再喚問の動きは見られない。時間的余裕がない中、各会派からは、交渉に関わった浜渦氏の告発を一つの成果としたい意図が透けて見える。

一方、告発に反対する自民党の委員は「あり得ない。議会権能の濫用（らんよう）ではないか」と不満顔だ。浜渦氏の証言の矛盾は、記憶や認識の勘違いでしかないとして、「偽証罪は贈賄などの犯罪を隠すためについた明確なうそに対して適用すべき。本罪もないのに偽証罪に問えば、どんな相手でも告発できてしまう」と懸念を示した。

自民党が反対しても、百条委の告発は賛成多数で議決される可能性が高い。今後は告発が不受理や不起訴とならないような段階まで精査を進めることはもちろん、単なる「知事に対立する石原一派へのつるし上げでは」（自民都議）という印象を都民に抱かせない説得力があるかが問われる。仮に「揚げ足取り」との印象を持たれれば、議会の権威失墜は免れない。

■「自然消滅」の恐れも

偽証罪の立証だけではなく、百条委そのものの着地点も見極める必要があるが、先は見通せていない。自民党は「6月の定例会で報告を行い、委員会を閉じる必要がある。現時点での成果で報告書をまとめるべきだ」との立場だ。

7月の選挙に向けて残された時間は少なく、他会派からも更なる証人喚問には消極的な見方が出ている。10日に会見した東京改革の浅野克彦氏は「東京ガスから過去30年分の資料提供を受けている」と説明し、証人喚問の必要性は資料やこれまでの証言の分析終了後に検討すべきとした。

一方で、同日に会見した共産党の吉田信夫氏は、市場建設工事の契約事務などの調査には「手がついていない」と主張。「この問題を調査・検証する前に（百条委を）閉じることはできない」と訴えた。契約・入札に関わったゼネコンの証人尋問と記録提出を求める構えだ。

百条委員会の運営は全会一致が原則だが、会派間の隔たりが埋まらなければ任期満了に伴い、報告を行わないまま委員会が閉じられる可能性もある。百条委という伝家の宝刀を抜いて収めるさやが無いこと自体、極めて異例と言える。

「疑惑」の追及は、根拠がなければ「悪魔の証明」にも陥りかねない。百条委が「地方議会の裁判」と呼ばれる以上、疑惑を裏付ける証拠の有無こそ論点にすべきだ。そのためには追及そのものや収束のみを目的化することなく、冷静な分析を行う必要がある。ふたを開けた先に都民が求めるような明快な答えがなかったとしても、建設的な議論を尽くし、確かな調査結果を示すのが議会の役割ではないか。（南）

紙面から

都政の東西

職場の士気

「これはヤバいな」。都議会百条委員会の中継を見ていたある都幹部の感想だ。過去の結果責任だけを見て追及される元幹部を目の当たりにし、職場が萎縮する危惧を抱いたという。別の幹部は職員目安箱を引き合いに「密告社会」と表現した。「他人の目を気にしなければならない職場を作り出してしまったんだから仕方がない」。職場に対する不平・不満に近い意見も寄せられているという。

そうした環境では、新しい課題にチャレンジする気概が削がれ、敷かれたレールの上を無難に歩くだけになってしまう懸念があるというのだ。

かつて都が立案したディーゼル車規制や認証保育所は、国が放置してきた課題に対し、現場の強みや豊かな財政力を生かして議論を積み上げ、実現した政策だった。官僚だけで制度の壁を突破するのは難しいが、そこに政治がうまくかみ合えば優れた結果を生む好例だった。

ところが今は、議会対策に難渋しながらやっと定年を迎えたら退職後の活躍の場が閉ざされ、揚げ句に百条委で政局に巻き込まれる始末だ。これでは「下手に目を付けられて都庁を追われるよりは、適当に仕事をこなし、私生活を充実させた方がいい」という声が出ても無理はない。

都政の実務が政局にのまれるのは時として仕方ないが、今は度を超している。若い職員には小池知事に対する漠然とした期待があるかもしれないが、今の状態が続けば政策立案能力は確実に削がれる。

知事は年頭、職員に「新たな発想を取り入れながら、いくつもの山を乗り越えていかなければならない」と訓示（くんじ）した。そうであれば職員が闊達（かったつ）に仕事に臨める空気を取り戻すことこそ最優先課題だ。

自民党都連が決起大会

安倍首相「烏合の衆に力ない」

自民党都連は11日、都議選に向けた決起大会である「政経フォーラム」を開催した。自民党の公認候補58人に対して、同党幹部から小池知事が率いる都民ファーストの会を強く意識した激励が寄せられた一方、知事自身に対しては連携を見据えた協調姿勢を示すなど、国政レベルでは衝突を避けたいという党本部の思惑も透けて見えた。

同日、会場となった東京プリンスホテルの鳳凰の間には約5千人の支援者が集まり、公認候補の都議らに声援を送った。

応援に駆け付けた安倍晋三首相は、自民党都連が「少し小池知事に嫌われているかもしれない」としながら、「いきさつはいろいろあったが、それを乗り越えて、知事とも協力してオリンピック・パラリンピックを成功させたい」と話し、国政と都政の協調が大会の成功に不可欠との見方を示した。一方で、小池新党を念頭に、「急に誕生した政党に、都政を支える力はない。かつて民主党政権で、烏合（うごう）の衆の人たちが日本を混乱に陥れる経験をした」と批判を展開し、自民党への支持を訴えた。

都連主催の同会場では、開会前から市場の早期移転を訴える映像が流され、知事が会見で移転問題を「都議選の旗印にする考えはない」と述べたことに対して「（都議選の争点にするとしていた）1月の発言はなんだったのか」「自民党はブレません」などのナレーションで対決姿勢を鮮明にした。国政選挙も見据えた党本部と、都議選での厳しい戦いに臨む都連とで、知事に対するスタンスの違いが表れた。

また、同日は党員として招待を受けた小池知事から届いた祝電を、司会の石川直美世田谷区議が読み上げた上で、市場移転について「知事には早期の決断をお願い申し上げます」と付け加える一幕もあった。

フォーラムでは都議選に向けた同党の選挙公約も発表。豊洲新市場への早期移転を掲げて知事との争点とする一方、「都民のための新たな2千億円プラン」として、個人都民税10％減税や事業所税50％減税などを最重点政策に挙げた。

◆自民が新たに2人擁立

自民党都連は10日、新たに都議選の公認候補2人を発表した。品川区では、山内晃氏が自民党を離党したため、公募した結果、品川区議の沢田洋和氏を公認した。今回の選挙から4人区となる町田市は同都連の方針通り、2人目として町田市議の市川勝斗氏を擁立した。現時点で、千代田区と小金井市を除く選挙区で候補が出そろい、同党の公認は現職49人、新人9人の計58人となった。

◆築地市場で土壌調査

都中央卸売市場は10日、築地市場の土壌調査を実施すると発表した。01年以降、3千平方㍍以上の敷地で耐震工事などを行う場合、都環境確保条例に基づく届け出が必要だが、これまでに8件の届け出を怠っていた。110カ所で4月下旬から5月上旬に調査し、5月中に公表する予定。

寸句ジョーク

東京どう？　いかが!?――NYタイムズ紙へ広告

田舎の親「どう？　いかが!?」

新採職員「東京都金持ち、MYビンボー!!」

「GDP600兆円」に翻弄

民泊インパクト（上）
住宅宿泊事業法案に見る功罪

旅館業法に適合しない民泊を制度化する住宅宿泊事業法案が今国会に提出された。政府は成長戦略の一つに観光立国を掲げ、規制緩和で国のお墨付きを与えた民泊を受け皿に、訪日外国人旅行者数を2016年の2400万人から20年には4千万人に増やしたい考えだ。その一方で、民泊事業者の届出事務などを担う都や、都との協議により事務処理権限を得られる23区では、新制度の具体像が見えずに戸惑いの声が聞かれる。国が描く新たな民泊制度の功罪を全3回で探る。

政府主導

宿泊先と日時、人数をパソコン上で入力すると、都内だけで千件以上の物件が表示される。価格帯は1人1泊2千円台のマンションの一室から2万円を超える一軒家までバラエティー豊富な品ぞろえだ。WiFiの有無やアメニティーの種類なども掲載されており、宿泊時のイメージが湧いてくる。これは、民泊仲介世界最大手の「Airbnb」の予約サイトだ。同様に民泊を仲介するサイトは多数存在する。

政府は昨年6月に閣議決定した「日本再興戦略2016」で、「戦後最大となるGDP600兆円」を目標に掲げており、ICTを活用して個人の遊休資産の貸し借りを仲介するサービス「シェアリング・エコノミー」の推進に向けた規制緩和を成長戦略の柱の一つに挙げている。その代表格が民泊だ。

インターネットを通じて日本国内での民泊サービスが増加していることを受け、政府は規制緩和に着手。宿泊施設を規定する旅館業法の一部の条項を国家戦略特区の枠組みを使って適用除外する「特区民泊」を制度化し、昨年1月には大田区が全国で初めて事業を開始した。国は他自治体への広がりが見られない状況を打開しようと今年1月に滞在日数要件を6泊7日から2泊3日に緩和し、特区民泊の更なる普及を目指している。

また、昨年4月には旅館業法施行令を改正し、簡易宿所の面積基準や玄関帳場（フロント）の設置要件を緩和。民泊を旅館業法上の簡易宿所として、違法営業の解消を図ってきた。

官邸主導でこうした取り組みが進められる中、民泊サービスの適正化と観光客の来訪・滞在促進を目的に、今国会に提出されたのが「住宅宿泊事業法案」、いわゆる民泊法案だ。

法案では民泊サービスの担い手として、住宅を提供して年間180日を上限に民泊営業を行う「住宅宿泊事業者」、家主不在型の民泊で衛生確保や宿泊者名簿の管理などを代行する「住宅宿泊管理業者」、宿泊者と住宅宿泊事業者を仲介する「住宅宿泊仲介業者」を定義。住宅宿泊事業者は都道府県知事への届け出、管理業者と仲介業者は国への登録を義務付ける。保健所設置市と23区のうち、希望する自治体は都道府県との協議を経て事務処理が可能になる。住宅宿泊事業者の届出事務を行う自治体は監督業務を担うことになり、指導に従わない事業者への業務停止命令や立ち入り調査などを行う。

法案で特徴的なのが旅館業法で宿泊施設を設置できない都市計画法上の住居専用地域などで民泊営業が可能になる点だ。法案では、地域の実情を反映させる仕組みとして、届出事務を担う自治体が政令で定める基準に従い、区域を定めて民泊の営業期間を制限する条例を制定できることとしているが、規制緩和の観点から「ゼロ日」に制限するのは難しい見通しだ。

他方で、厚生労働省は民泊法案に併せて無許可営業者に対する罰金上限額を3万円から100万円に引き上げることなどを盛り込んだ旅館業法改正案を今国会に提出しており、規制を緩和する一方で取り締まりを強化する方針を示している。

法案が可決・成立した場合、施行は公布日から1年以内、届け出に関しては9カ月以内に政令で定めるとしており、早ければ1月にも届け出を受け付けることになる。

こうした国の動きに対し、都や23区では新法施行に向けた具体的な対応に至っていないのが実情だ。新制度の運用を定める政令や省令が明らかになっていないことが主な要因だが、23区では住民からの苦情がこの1～2年で急増していることを受け、各区が条例や要綱で独自に民泊に対する規制を強化してきたことが背景にある。

課題はこれだけではない。政府が観光客の増加を目指す一方で、事業者の監督指導を理由に法案を国土交通省と厚生労働省の共管としたことで、自治体に難しい問題を突き付けている。

都内では大きな荷物を抱えた訪日外国人旅行者を数多く見掛けるようになった＝新宿駅南口で

遺体取り扱いで連携加速
災害時の備え　対策急務

熊本地震からきょう14日で1年が経ったが、各区の災害時への備えはまさに現在進行形だ。都が想定する首都直下型東京湾北部地震の死者は最大9641人と想定され、熊本地震でも火葬場が被災するなど、遺体の取り扱いに関する事前の業務整理は肝要だが、自治体内の各部署や関係者らとの連携はまだ道半ばだ。各区の取り組みに迫った。

業務継続「計画」から「管理」へ

「亡くなった方の尊厳を守る」。区内102寺で構成する江戸川仏教界と先月27日、「災害時における遺体供養等に関する協定」を締結した江戸川区の高橋博幸防災危機管理課長はこう語った。

マグニチュード7・3の首都直下型東京湾北部地震が発生した場合の同区の想定死者数は600人。協定は非常時でも死者を弔うのが狙いだ。東日本大震災時には、火葬の際にも仏教界が当番制で読経していた自治体もあり、宗派を問わず死者に対して哀悼の意を示す必要があると判断した。

協定の柱は▽遺体収容所での読経▽全国から集まる同宗派の僧侶との連絡調整や待機場所の提供▽身元不明遺骨の一時安置所の提供――の三つ。遺骨の保管は遺族のケアにもつながる。

災害時の遺体の取り扱いは、医療救護等対策の一環として地域防災計画で規定するのが一般的。被災現場から遺体収容所、火葬場、遺骨の引き取りや身元不明遺骨の取り扱いなど、業務の流れに沿って整理しているが、詳細業務は検討段階の区が多いのが実情だ。

「業務をバトンタッチするタイミングが分からなかった」。江東区土木部交通対策課の担当者はこう明かした。

同部は遺体収容所までの搬送業務などに関するマニュアルを2012年7月に策定。毎年見直しを実施している。

だが遺体取り扱いを担当する部署は土木部のほか、遺体収容所を設営する健康部、埋火葬許可証の発行などを行う区民部にまたがる。

このため同区は関係部署で議論を重ね、昨年8月、3部連名による「災害時の遺体処理業務マニュアル」を策定。地震の発生から遺体の火葬・埋葬までを11の業務フローに分け、担当や報告先、留意事項などを詳細に整理した。同区交通対策課では「役割分担がはっきりした」（担当者）と成果を話す。

BCP（業務継続計画）からBCM（同マネジメント）へ――。BCPを定めた各区は計画を具体的な業務に落とし込む段階に入っている。江東区は今年度、警察と連携してマニュアルを策定する方針。3月の意見交換会では、死亡の判定を誰が担うかなど、新たな課題も浮き彫りになったという。

防災課は「想定外の事態を見据え、少しでもスムーズに業務が行えるように備える」と話した。

火葬場を止めない

23区内には現在、火葬場が公営・民営合わせて9施設ある。公営は都営の瑞江葬儀所（江戸川区）と、港、品川、目黒、大田、世田谷の5区で構成する一部事務組合「臨海部広域斎場組合」が経営する臨海斎場（大田区）の2施設だ。

5区が一部事務組合で経営する「臨海斎場」＝10日、大田区東海で

災害時の火葬を巡っては、阪神・淡路大震災時に火葬場が被災し、遺体の火葬業務に多大な影響が生じた。

臨海斎場では、耐久性に優れる中圧のガス導管を採用するとともに、16年2月からはガスで発電し、同時に排熱を冷暖房などに活用するガスコージェネレーションシステムを採用。災害時に火葬場を止めない工夫をする。同組合事務局は「どうやって遺体を受け入れるかなど、区との連絡調整や共通認識の醸成は不十分」と語る。

火葬場の被災に備え、都福祉保健局は「広域火葬実施計画」を策定し、被災状況に即して都内市区町村の火葬を調整する仕組みを構築している。

だが、同局によると都内火葬場の処理能力は把握していない。仮に臨海斎場での平常時の処理能力から試算した場合、多摩地区を合わせた18施設の処理能力は単純計算で1日約500体となることが見込まれ、最大想定死者数を火葬するのには約19日かかる計算となる。

災害には「想定外」が付いて回る。迅速・柔軟に「想定外」に対応するためにも、BCMを多岐にわたって準備しておくことが求められそうだ。

葛飾区
すぐやる課に広聴機能
5年目迎え、組織拡充

葛飾区政策経営部内の「すぐやる課」が5年目を迎えた。同課は区民が日々の生活で困ったことを相談する窓口として設置され、相談を受けたその日に現場へ駆けつけて対応することが特徴。区民の認知度も年々高まっているという。今年度より広聴業務を追加し、組織を拡充する。

同課は区民とのコミュニケーションや早期の対応力強化を促す狙いで、2010年4月に「すぐやる担当課」としてスタートし、13年4月に現在の「すぐやる課」へ昇格した。主な担当業務は保健所生活衛生課から移管したハチの駆除指導だったが、道路補修や犬猫の糞尿（ふんにょう）被害の相談も多く、所管課へ対処を要請するなどで対応している。

中には、道路上の点字ブロックの除雪作業や、鉄道高架下に登って降りられなくなった猫がいるとの連絡を受けて駆け付け、救出後に引き継いで解放した事例もあった。

初代担当課長を務めた横田忠さんは「当初は試行錯誤で、所管課に対応を依頼しても数日放置されることがあった」と振り返る。そこで、同課が相談内容を庁内の所管課へ依頼する際に発送する相談受付票は、当日中に回答するよう要請。当日以降になる場合は対応日時を設定してもらうことで協力関係を構築した。

庁舎外の「すぐやる分室」からも出動できる体制をとる。住民同士の騒音トラブルや私有地から道路上に伸びた樹木の伐採など、区が対応できない案件もあるが、現場に駆けつけ、対面で説明することでトラブルを回避できているという。分室スタッフは「現場に出ると、役所ではめったに言われない感謝の言葉を区民から言ってもらえる」と笑い交じりに語る。

今年度からは広報課が所管してきた広聴業務を担うため、課の職員数をこれまでの2倍となる26人に増員した。区長に対する区民からの意見や要望への回答を手配する業務では、即時に解決できそうな事例があれば現場へ駆けつけることで、区民サービスの向上を図る狙いだ。4月に着任した宅間大介課長は「これまで培ってきたノウハウを生かし、新しい成果を生み出していかなくては」と意気込む。

庁舎2階に位置する「すぐやる課」

すぐやる課は、世田谷区が03～11年度に設置していたが、庁内の対応力が上がったことなどを理由に、その役目を終えた。葛飾区内でも「すぐやる」意識が浸透すれば組織としておく必要はなくなるのではという声があるという。青木区長は「新たな需要や課題を掘り起こすことでサービスの幅を広げられる。意見を聞く窓口があることは重要」と組織を存続させる意義を強調した。

江東区
「まったく失礼な話」
築地再整備案に憤り

江東区の山﨑孝明区長は11日の定例記者会見で、先月29日の都の市場問題プロジェクトチームで小島敏郎座長が示した築地市場の再整備案に対し、「事前に話は一切ない。まったく失礼な話だ」と厳しく非難した。

豊洲新市場を解体の上、マンション業者に売却することにも触れ、「寝耳に水の話。もし（マンション開発が）起きれば、学校や公共施設、交通など様々な問題を江東区が抱えるわけで、そうした提案をすること自体、非常に憤慨する。勝手な案だ」と怒りをあらわにした。

山﨑区長は地元区を通さずに議論を進める都の姿勢を批判。「地元区として受け入れるか受け入れないかは大きな問題。思うようにいくとは限らない」と釘を刺した。

記者席
いざ都議選へ「行きまーす」

○……「私の家にたくさんの方が朝晩取材に来て、近所から抗議が来ている」。市場問題を巡る都議会百条委で証言した浜渦元副知事が10日に開いた会見でこう語った。記者の質問に答えることで、夜討ち、朝駆けを封じ込めるのが目的だ。

会見では、副知事時代の「わび状」に関して饒舌（じょうぜつ）に語った。大気汚染対策でディーゼル車規制を巡る警視庁への内部資料が事前に漏れ、浜渦氏と打ち合わせをした警視総監が要望書を持っていた。浜渦氏は内部資料を漏らした幹部に始末書を求めたが、パソコンで書いてきたことに怒り、わび状を書かせたという。

だが、肝心の土地取得の経緯は何も明かされなかった。これでは記者の夜討ち、朝駆けも、近所の抗議も続くだろう。記者にわび状を書かせるしかないのでは。

○……「宇宙から夜の地球を見た時、世界は大きな闇と、偏在する灯りの塊に見える」――SFアニメのオープニングみたいな一文だが、これが都民ファーストの会の綱領の冒頭部分だ。

音喜多駿都議はツイッターで、「宇宙（そら）と読みます。ガンダム世代にはたまらないですね！」とおどけて見せたが、「…すいません、うそです」とすぐに否定した。ちなみに1982年に劇場公開された映画「機動戦士ガンダムⅢ」のサブタイトルは「めぐりあい宇宙（そら）」。イメージ先行[illegible]

○……中野区は10日午後に区公式サイトを更新し、旧桃丘小学校施設[illegible]ていた学校法人が建物を占有し[illegible]明け渡しを求めていた訴訟に関し[illegible]和解が成立した[illegible]

渋谷区
基本構想の動画配信
PRソングに乗せて

渋谷区は13日、基本構想のPR曲『夢みる渋谷　YOU MAKE SHIBUYA』のアニメーション動画のストリーミング配信を開始した。同日に開設した基本構想専用ウェブサイトで公開している。

動画では、基本構想の理念である「ダイバーシティ＆インクルージョン」（多様性と包摂）を表現し、様々な服装に身を包む老若男女を色彩豊かに描いたイラストなどをアニメーション化した。

PR曲は、音楽グループ「ピチカート・ファイヴ」の3代目ボーカリストの野宮真貴さんが歌を担当し、シンガーソングライターのカジヒデキさんが作曲を手掛けた。いずれも90年代を中心に「渋谷系」と呼ばれ、人気を集めたアーティストの代表格。歌には代々木公園や渋谷川などの区内名所が登場し、基本構想のキャッチコピー「ちがいを　ちからに　変える街。」で曲を締めくくった。

山﨑[illegible]基本構想推進担当課長は「小中学校や少年少女合唱団の合唱に採用するなどして広く展開していきたい」と話している。

江東区
東雲住宅に臨時投票所
23日の浪江町議選受け

江東区は19日と20日の2日間、東日本大震災の被災者を受け入れている国家公務員宿舎「東雲住宅」に、23日投開票の福島県浪江町議選の臨時不在者投票所を開設する。国政選挙を含め11回目の開設となる。

東雲住宅には2月末現在、浪江町から約100世帯、約[illegible]人の避難者が居住している。不在者投票は江東区役所本庁舎でも可能だが、距離が離れており、避難者の利便を図る。開設時間は両日とも午前9時～午後5時で、不在者投票の方法を記載したチラシを避難者宅に配布するなど周知を行う。

同住宅には2月末現在、被災県から約[illegible]世帯、約[illegible]人の避難者を受け入れている。

熊本地震から1年
復興支援の経験生かせ

都派遣職員に聞く

熊本地震の発生からきょう14日で1年が経った。この間、都は事務系、技術系職員を派遣し、熊本市などの復興を支えてきた。現地での経験を首都直下地震の対策にどう生かすのか、派遣職員に話を聞いた。

先を見据えた人員配置

熊本地震で大きな被害を受けた南阿蘇村は地震発生から1週間後も混乱していた。「村職員が避難所運営に追われ、災害対策本部がほとんど機能していなかった」。2016年4月22日から27日に同村に派遣された総務局の辻正隆監理団体指導課長はこう振り返った。

当時は、全国から派遣された職員の作業スペースがなかったという。それまで自衛隊が寝泊まりしていた村役場2階の議場が空いており、机と椅子、パソコンを並べた。

担当した業務の一つがプレス対応だ。村は震災発生以降、プレスリリースすら発信しておらず、避難者数などを1日2回、情報提供する仕組みを構築した。

だが、村がマンパワーを確保する余地はあったという。避難者は昼間に自宅に帰り、夜は避難所に来るケースが目立ち、昼間の避難所運営を担う職員数を減らすことができたのではないかと見ている。「村の職員は目の前の課題に追われており、罹災証明書の発行に向けた準備など先を見据えた対応ができていなかった」と指摘する。

仮に首都直下地震が起きた場合、都は区などに情報収集に当たる情報連絡員（リエゾン）を派遣する。辻課長は「災対本部の会議で情報収集だけでなく、今後の課題を意識して次の一手を打つ発言をする場面もある。被害は想定通りにいかない。イマジネーションを働かせて訓練していくしかない」と語った。

自治体連携の訓練重視

昨年5月10日から17日まで熊本市に派遣されたのが都総務局総合防災部の清水一平さん。建物の被害を証明する罹災証明書の発行に向けて、市職員とともに家屋の被害状況を確認する1次調査を実施した。

建物の外側から被害を確認する作業であるため、「家屋の内部も見てほしい」と不安がる被災者もいた。家屋内部の点検は2次調査で実施するが、市職員は住民の求めに応じ、写真を撮影したり、災害対策本部にその写真を送信していたという。

一連のやり取りを見て、「職員が市民の不満を解消するためのガス抜きではなく、親身になって対応しているのが素晴らしかった」と痛感したという。

市職員に住民対応をおろそかにしない理由を尋ねた際の返答が今も心に残っている。「住民対応を足蹴にすると文句が出るだけでなく、不安になる。それが口コミで住民に広まってしまうと聞いた。（首都直下地震が起きた場合は）被災した相手の立場に立って対応していきたい」

家屋調査では23区の職員と同行するケースもあり、震災時は他の自治体との連携が求められている。清水さんは「防災訓練は都だけで完結するのではなく、9都県市など他県の自治体も巻き込んで実施し、日頃から自治体連携を強化していく必要がある」と力を込めた。

熊本県阿蘇市の被災地における災害査定の様子＝16年8月撮影

ネットワーク作り促進

当初、熊本県から求められた事務職員の支援期間は「当面の間」だったが、土木技術職員は3人を年度末まで派遣するよう要請を受けた。建設局では、対応に苦心しながらも、計13人が交代で1年間対応した。その第一陣として昨年5月10日から現地に赴いたのが、新潟中越地震や東日本大震災など多くの被災地支援の経験を持つ総務部技術管理課の湊勇人さんだ。

都へのオーダーは、壊れた道路や橋などの復旧費用を国に要請する「災害査定」の業務。同県阿蘇地域復興局では、多数の道路陥没や寸断、土砂崩れなどが発生している中で、国への申請に必要な統一した復旧のルールを作る必要があった。

「どこの自治体でも、被災時の業務で悩むのはどのように復旧させるかだ」と湊さん。他の被災地で復旧を支援してきた経験を生かし、被災状況に応じた復旧方法などを提案できた。

一方、「熊本などの被災地と東京では条件が異なり、首都で震災が起きた時に支援の経験や知識が生かせるかどうか一概には分からない。だが、各地の支援に赴くことで、『東京に何かあったら助けに行く』と言ってくれる職員を増やすことはできる」と話し、各自治体職員との関係構築を重要視。同県でも仕事を共にするうちに信頼関係を築けたと言い、首都直下地震に備えたネットワーク作りを進める。

支援の受け入れ構築へ

都水道局は昨年4月16日の熊本地震（本震）翌日、日本水道協会の要請を受けて職員10人を派遣。浄水部管理課の土方利紀さんも第一陣として同行した。

土方さんらは福岡空港からレンタカーで熊本市に入り、水道水を同市に供給する井戸のポンプを修理するよう要請を受けた。だが、実際には既にポンプは正常に稼働しており、むしろ問題となっていたのは水道管の漏水だった。

「被災直後は情報が錯綜しており、市職員も他の自治体職員に指示を出せる状況ではなかった」と振り返る。結局、自ら志願する形で、市職員の手が回らない水道管の漏水調査の暫定本部を立ち上げ、ローラー作戦で市内の状況を調査。地域ごとに被害の状況が大きく違う中で苦労しながらも、その後も続く被災調査態勢を構築した。本来は調査本部を担う福岡市水道局に業務を引き継ぐまで調査を続けた。

土方さんは被災時の自治体の課題として、「発災当初の対応のコントロールや、支援の受け入れを行う部署を置く必要があるのではないか」と話す。都水道局では今年1月に南関東の自治体とともに受援体制などを構築する合同訓練を実施する。首都直下地震ではインフラを復旧させるために派遣された職員を受け入れる態勢を構築することが急務となる。

際立つ都民、公明の堅実ぶり

選挙プランナーの眼　地方政治の舞台裏から㉟

都議選42選挙区分析②

都議会議員選挙まで3カ月を切りました。森友学園問題や政治家の失言を巡る報道が過熱していますが、だからこそ直近の選挙に注目し、投票へ行っていただきたいと願うばかりです。前回に引き続き、都議選の42選挙区予想を行っていきます。

■墨田区（定数3）

現在分かっている主な候補者は、自民党の現職2人、公明党の現職1人、共産党の新人1人。本稿執筆時点で、都民ファーストの会も新人候補者を1人擁立しています。なお、公明党の現職に対しては、都民ファーストの会の推薦が付きます。

過去の参院選や都議選のデータを参照する限り、墨田区は公明党の支持率が比較的高い選挙区です。したがって都民ファーストの会の新人、そして公明党現職の2人が有利に戦いを進めるでしょう。公明党への配慮から、都民ファーストの会は公認候補者を1人に絞ると思われます。2議席がほぼ確実となっているため、残り一つの議席を自民党の現職2人と、共産党の新人が争う構図になるでしょう。自民党の現職2人が互いの票を食い合ってしまった場合、そこに共産党が食い込む余地が生まれるかもしれません。

■江東区（定数4）

江東区は都民ファーストの会の候補者が未定です。しかし公認候補が決定すれば、小池知事の圧倒的に高い支持率を背景に、有利に戦えることは間違いありません。公明党の新人と、共産党の現職はどちらも手堅く、都民ファーストの会が候補者を立てることを前提とした場合、これで3議席が埋まります。残り1議席を争うのは、自民党の現職と新人、そして民進党の現職の3人。墨田区と同じく、自民党内の票割りが戦局を左右することになりそうです。

民進党は苦戦を強いられるでしょう。仮に都民ファーストとの選挙協力が実現し、推薦がつけば票を伸ばしての議席獲得もあるでしょう。

■品川区（定数4）

品川区も公明党の支持が比較的高い選挙区ですから、公明党の現職は都民ファーストの会の推薦もあって今回も優位に戦えるでしょう。自民党を離党して都民ファーストの会公認になった候補者もいるため、存在感を発揮するのはこの2人だと思われます。それを追う形となっているのが自民党の現職、次いで共産党の現職。つまり、都民ファースト、自民、公明、共産で4議席が埋まるというのが現時点での予測です。この構図が変わるとしたら、江東区と同じく、民進党の公認新人候補者に都民ファーストの会の推薦が付く場合でしょう。

■目黒区（定数3）

目黒区は墨田区と同じく3人区です。優勢なのは、ここでもやはり都民ファーストの会元職。墨田区と違い、他の政党に関しては大きな差がついておらず、混戦模様です。自民党が擁立する候補者2人、公明、共産の各候補者の計4人が残り2議席を巡って接戦を繰り広げる展開となりそうです。

■大田区（定数8）

世田谷区と並び、都内最大の8議席を有する大田区。候補者の数も多く、かなりの激戦が予想されます。しかし都民ファーストの会の優勢、公明党の堅実な基盤はここでも揺らいでいません。都民ファーストの会の候補、公明党の現職2人が一歩抜きん出た形を取り、残り議席を他党が争う構図になりそうです。

大田区では都民ファーストの会が2～4人を擁立する可能性があり、何人を擁立するかによって大きく変動するでしょう。本稿執筆時点で、都民ファーストの会が何人の候補を擁立するのかは分かっていません。前回の都議選では自民党が3議席を獲得していますが、今回は高い支持率を誇る都民ファーストの会が3議席を獲得する可能性も十分あると考えられます。先日、民進党の公認予定だった新人が離党して、都民ファーストの会の公認候補になるという出来事がありましたが、同じようなことがまだまだ起き得ると見ています。

では、他党の力関係はどうでしょうか。大田区の特徴として、自民党の基盤が比較的厚い土地であるということが言えます。昨年夏の都知事選挙では増田寛也氏の得票率が比較的高く、前回の都議選では自民党が3議席を獲得しています。そのため、自民党の現職3人で票が割れたとしても、一定有利に戦えるのではないかと思われます。共産党の新人2人はこれからどこまで票を伸ばせるかに注目です。維新の会の現職は都内全域で維新の会の支持率が低迷する中、選挙区においても存在感がありません。

◇　　◇

3月は、都議会百条委員会を始め築地市場移転問題で小池知事の支持率が微減したという報道もありました。それでも知事の支持率が圧倒的に高い状況に変わりはありません。都議選に向けて、引き続き都民ファーストの会の公認候補擁立と他党との選挙協力に注目しつつ、次回も引き続き選挙区の分析をお届けします。

（㈱ダイアログ代表取締役　松田馨）

東京最前線

◆都市から就農移住を　埼玉県は農山村への都市住民の移住を促進するため、移住情報ガイド本を作成した。農業や農作物に関する魅力を紹介し、移住・就農の手引や体験談を紹介している。同県は山村部の人口減少を受けて移住促進策を展開しており、5年間で5千人の相談受付やセミナー参加を目指す。

◆7選へ出馬表明　茨城県の橋本昌知事は任期満了に伴う9月の県知事選に7選を目指して立候補することを表明した。橋本知事は現在6期目で石川県の谷本正憲知事と並び、当選すれば現役で最多選。知事選に向けてはこれまで橋本氏を推していた自民党が多選の弊害を訴えて他候補を推薦している。

◆冬季五輪施設が休止　長野五輪ボブスレーの会場だった競技施設「スパイラル」について、長野市は来年度から製氷を行わず、一部休止すると発表した。同施設は老朽化が進み、継続使用した場合には年間21億円以上の維持費用がかかる。市は今後、五輪のメモリアル施設としての活用などを検討していく方針。

◆障害配慮の避難所を　昨年4月に発生した熊本地震での避難所運営の課題を教訓にしてほしいと、知的障害者と家族らが大西一史熊本市長に提言書を手渡した。知的障害者・発達障害者がパニックにならないよう、特別支援学校などの避難所を確保することや、障害特性への理解を求めている。

◆オウム抗議に補助金　滋賀県甲賀市は今年度から、オウム真理教から改称した団体「アレフ」に対する市民の抗議活動などに補助金を支給する。団体施設のある同市以外の区市では、以前から抗議組織に補助を実施している。一方で、1宗教への反対運動への加担は憲法違反に当たるとの指摘もある。

◆半年ぶりに給食再開　昨年10月の鳥取県中部地震で被災した同県倉吉市の給食センターが半年ぶりに復旧し、学校給食が再開した。同市の給食センターは地震で天井や壁が剥がれ落ちるなどの被害を受け、市内18校で給食が供給できず、家庭からの弁当持参や近隣自治体からの給食提供を受けていた。

◆子供貧困で実証施設　広島県尾道市に「貧困の連鎖」の解決策を検証する実証施設が開設する。日本財団が全国100カ所に設置を目指す児童の預かり施設で、夕食の提供や学習の手助けなどを行い、貧困の連鎖からの脱却を目指す。施設開設に手を挙げた自治体は埼玉県戸田市に続き2例目。

◆地域バスに100万人　兵庫県明石市が市内で運行するコミュニティーバスの年間利用者数が4年連続で100万人を超えた。利用者数は08年に約72万人にとどまっており、市は利用者の実態を分析してルートの統合や見直し、利用促進を行ってきた。13年に初めて100万人を突破した。

◆ホーチミンと観光交流　長野県とベトナム最大の経済都市であるホーチミン市は経済交流を深めるため、観光分野の「アクションプログラム」を締結した。9月にホーチミンで開く国際観光フェアに県職員を派遣するほか、両自治体間で実務者組織を発足し、相互のインバウンド促進に向けた事業を展開する。

私を変えた一冊

環境局長　遠藤 雅彦氏

『ワークブック法制執務』

苦戦した条例改正を指南

いわゆる愛読書というのとは違うと思うが、私の都庁人生に大きな影響を与えた本と言えば『ワークブック法制執務』（法制執務研究会編）。

新規採用から3年間勤めた都税事務所をあとに総務局勤労部労務課に異動した私は大きなカルチャーショックに見舞われていました。「これ原議たてて」「原議？」「起案だよ、起案」「起案？」「なんだよ。都税事務所じゃ、原議のたて方も教えないのかよ」。そんな先輩職員との会話が鮮やかに思い出されます。

今から考えても、本当に使えない職員だったなあと思いますが、とにかく、まだ丸の内にあった都庁第一庁舎の薄暗い執務室の中で悪戦苦闘の毎日を過ごしていました。そんな私に与えられていた仕事の一つが条例、規則等の改正案の作成でした。

当時は人事委員会勧告の凍結や退職手当の削減など、厳しい労使関係の中で、連日のように都労連や都庁職との交渉が繰り広げられていました。交渉の結果、得られた妥結内容は、まるで一つの芸術品のように精緻に組み上げられており、これを条例等に落とし込むのは至難の業でした。しかもまだ25、6歳の若造がベテランの文書総括と渡り合わなければなりません。

大学で法律を学んできたとなんか全く役に立たなかった私が、ひたすら頼りにして読み込んだのがこの本でした。法令の構成に関する基礎的な事項から法令改正のテクニック、用字・用語に至るまで、内閣法制局のノウハウが詰まっており、困った時の答えは大概この本の中にありました。お陰様で年間30本近い条例、規則等の改正をなんとかこなすことができ、その時の知識・経験が今でも文書の確認や答弁作成などに役立っています。

あの頃、公務員はヒト、カネ、文書のどれか一つは身に着けておけと言われました。人事、予算、法制のことですが、なにをするにもこれらの基礎が重要なことが今になってよく分かります。各局文書担当にはきっと一冊はあるはずです。一度手に取ってみてください。

□　　□

今回から、新企画「私を変えた一冊」がスタートします。都の幹部や一般職員、OBの愛読書などに関するエピソードを中心に、本のセールスポイントなども紹介します。＝毎月第2、第4金曜日掲載（編集部）

都共済事業プラン2017

「健康づくり」へ講師派遣

人間ドックで割引キャンペーン

都職員共済組合は今年度から、4カ年の新プラン「共済事業プラン2017」をスタートした。組合員の減少や年金受給者の増加、医療費など短期給付金の増大が見込まれ、厳しい財政状況が予想される中、共済事業への理解促進と利用者拡大へのプランを打ち出したのが特徴。組合員とその家族の健康づくりに主眼を置き、職場での健康づくり事業やメタボリックシンドロームやがんの予防、長期的なスポーツの推進などを盛り込んだ。また、新プラン作成に当たり20～30代の若手職員でPTを結成。提案内容を採用している。

新プランでは職場での健康づくり事業「コラボヘルス」を実施。特定健診の受診結果などをまとめたデータを任命権者に提供、職場で取り組むべき課題を明らかにし、健康への意識向上を推進する。職場で進める健康づくりを支援するためのノウハウ本を配布するほか、各職場の健康に関する講習会に医師や心理カウンセラーなどの専門講師を派遣し、実践的なノウハウの提供と意識啓発に努める。15年度から50人以上の事業所で実施が必須となったストレスチェックについても、講師の派遣やリーフレットを作成し、理解促進を目指す。

働き盛り世代に多いがんの対策では、正しい知識や予防法を発信する取り組みの検討を行うとともに、これまでアジュール竹芝検診センターでのみ行っていた「女性ドックキャンペーン」を立川中央病院付属健康クリニックや教職員互助会三楽病院にも拡充。キャンペーンの助成金を1人当たり3万3千円と3千円増額して、期間も3カ月延長して12月まで実施する。同僚や夫婦など2人で人間ドックを受診すれば受診料を割り引きする「ペア割キャンペーン」も新設し、受診率増加を狙う。

スポーツの推進では、都共済の会員制スポーツクラブで専属トレーナーによるマンツーマン指導を受けられるコースの新設や、初回利用料100円キャンペーンを実施し、新規利用者の開拓に努める。また、都共済の清瀬運動場にランニングコースや多目的施設の整備を検討するなど、利用者それぞれの能力やペースに合わせて運動が継続できるよう検討する。

脳血管疾患や糖尿病などの原因となるメタボリックシンドロームを予防するための健診や指導の強化も盛り込んだ。特に組合員の家族の健診受診率を高めることを目標に、受診者へ五輪公式グッズや都共済の委託保養施設「箱根路開雲」の宿泊券を進呈するなどのインセンティブを検討している。

■若手職員の意見反映

都共済はプラン策定に当たり、「共済新プラン若人PT」を立ち上げ、20～30代の若手職員20人を選抜。基本目標から事業内容に至るまで若手の意見を反映させた。

その一つが、年金制度に精通した「スーパーバイザー」のコールセンターへの配置だ。15年度からの年金一元化や、民間企業から転職した組合員の増加などで年金相談の内容が複雑化しており、PTでの「相談窓口の強化が必要」との意見を踏まえた。18年度には退職予定者や若手向けなどのメニューがある出前講座を試行することも決まり、退職後の年金生活の不安解消を図る。

また、共済組合が借り上げる宿泊施設の申し込み方法も改善。都共済が夏冬に借り上げている約350の旅館・ホテルの申込はハガキで行っていたが、今後はハガキでの申し込みを廃止。職員番号の下2桁で抽選を行い、当選後に各旅行会社で申し込む制度に変更し、これまで保養施設をあまり利用しなかった組合員の利用者拡大を狙う。

このほか、プランの表紙やタイトルもPTの意見を参考にして作成した。

都共済管理部は「若手職員の力を借りて良いプランが出来上がったので、これをどんどんPRしていきたい」と話した。

都下水道局

「見せる」広報を展開

事業PRへプラン策定

都下水道局は10日、「東京下水見せる化マスタープラン」を初めて策定した。事業の「見せる化」を強調し、誰に、何を、どのように情報発信するのかを明確化して、都民に分かりやすく事業をPRする方針を打ち出した。

高度成長期、都内の下水道整備が進んだ際には「水洗トイレが使える」「川がきれいになる」といった分かりやすい生活の改善があったが、下水道が普及するにつれ、役割に関心を持つ都民が少なくなっており、下水管工事などで住民の理解が得られず工事が遅れる場合もあったという。同局が実施したアンケート結果では、20代の都民の半数以上が下水道に浸水対策などの役割があることを知らないことも判明。こうした状況を踏まえ、局事業の効果的なPRを進めるため、プランを策定した。

情報発信では、ホームページを見やすくリニューアルするほか、千代田幹線整備事業など、主要工事の特設ページを作成・拡充し、下水道の役割の周知を図る。

また、水再生センターなどの施設も来場者が分かりやすく見学できるよう整備する。「子供の来場者が多い」「外国人が多い」など、施設ごとの来場者の特徴を把握し、モデル事業化。それぞれの施設のニーズに合った見学設備を展開する。

さらに、2022年に運転開始100周年を迎える旧三河島汚水処分場の記念事業の検討や、局の財政や下水道料金の分かりやすい解説などを掲げている。同局お客様サービス課は「下水道は都民にとって『あって当たり前』の存在で、その重要性は浸透していなかった」と話し、今後は、具体的な事業をまとめた「アクションプラン」を今年度中に策定し、PRに乗り出す考え。

都春期幹部異動分析㊦

9人が前倒しで本庁課長に

財政担当課長は初の女性

統括課長

統括課長の異動規模は105人。内訳は、横転が36人、統括付与が69人。

春期幹部異動のメーンとなる総務・枢要課長では、11局の総務課長に加え、総務局行政部市町村課長、財務局主計部議案課長が交代した。

総務課長は財務、生活文化、オリンピック・パラリンピック準備、都市整備、福祉保健、港湾、交通、下水道、労働委員会、収用委員会、職員共済組合で新任となり、生活文化、五輪準備、環境、教育、水道、監査、収用委員会の7局では担当部長（総務課長事務取扱）として任用する。

今回の異動で誕生した女性の総務課長は生活文化局のみ。また、都市整備局の佐久間巧成総務課長（47歳、17B）は土木職で、近年では珍しい。事務・技術の橋渡し役としての期待がある。一方、松崎伸一郎・政策企画局総務課長（51歳、14A）、石橋浩一・総務局総務課長（48歳、14A）は3年目に入る。

枢要課長では、宮武和弘・財務局議案課長（44歳、15A）は主計部財政担当課長の経験を持ち、2014年に環境局に異動して以来の復帰。神永貴志・総務局市町村課長（46歳、16A）は、標準年次の1年前倒しでの起用となる。これまで主に総務局人事部・行政部などを歩んできた。

統括課長の解禁年次は15A、18B、20Cで、神永氏のほかに2人が前倒しで統括を付与された。中川一典・福祉保健局総務課長（52歳、19B）は同局の事業全般に通じており、順当な配置。芹沢孝明・水道局主計課長（47歳、19B）も同局主計課・調査課の経験が豊富だ。

総務・枢要課長の年次は、種別Aでは12Aが2人、13Aが4人、14Aが8人、15Aが4人、16Aが4人。種別Bでは17Bが6人、18Bが2人、19Bが2人、19Cが1人となっている。

課長級

統括課長を除く課長級の異動規模は870人で前年度とほぼ同規模。内訳は、横転が570人、その昇任が130人で、その他に行政専門職の横転・昇任が計32人、運輸の横転・昇任が計5人、再任用が16人などとなっている。

本庁課長の標準年次は、21A、24B、20C。前倒しでの昇任は、22Aから西巻俊介・総務局人事担当課長（38歳）、吉野正禎・同法規担当課長（40歳）、斎藤毅・病院経営本部計画調整担当課長（47歳）、23Aからは加藤浩・政策企画局副知事秘書担当課長（40歳）、26Bから久賀谷郁夫・中央卸売市場企画担当課長（39歳）など、若手の登用が進んでいる。

技術系では、25Bの刀祢大州・五輪準備局施設整備担当課長（46歳）、上原伸一・都市整備局沿道まちづくり担当課長（46歳）、富永信忠・都市整備局耐震化推進担当課長（45歳）、26Bの齋藤雅文・財務局建築保全部保全担当課長（49歳）などが配置されている。

官房系では、吉澤恭子・財務局財政担当課長（47歳、24B）は女性として初めて同ポストに登用する。白鳥謙治・政策企画局外務部事業課長（45歳、16A）はリオ総領事館領事を経験しての起用。総務局都政改革担当課長は2人が転出し、新たに3人の出先課長が任用された。

出先課長の標準年次は23Aと26B。23Aからは31人が、26Bからは80人がそれぞれ課長昇任を果たしており、このうち最も若い年齢・年次は「35歳、23A」「39歳、26B」だった。

なお、五輪組織委員会には計17人の課長級を新たに派遣。五輪準備局総合調整部連絡調整担当課長は大田区から任用した。また、中央卸売市場には政策企画局から複数の課長級を投入するなど、それぞれ体制強化を図っている。

全庁的には管理職の不足傾向が続く中、若手の登用も見られるが、五輪準備の本格化と市場移転延期問題の長期化が相まって、人事政策のかじ取りが今後、一層難しくなる可能性がある。

【統括課長の異動】

年次	事務	技術
62A	1	0
63A	1	0
03A	1	0
07A	1(1)	0
08A	1	4
10A	0	1(1)
12A	2	0
13A	1	2(1)
14A	4(1)	3(2)
15A	11(11)	2(2)
16A	1(1)	0
小計	24(14)	8(6)
08B	1(1)	0
10B	3(1)	0
12B	1	0
13B	1	0
14B	1	2
15B	0	1
16B	7(4)	2(1)
17B	4(1)	4
18B	13(13)	14(14)
19B	2(2)	0
小計	33(22)	23(15)
17C	2(1)	0
18C	1(1)	1
19C	2(1)	2
20C	8(8)	1(1)
小計	13(11)	4(1)
合計	105(69)	

※かっこ内は昇任（統括付与）の内数
※網掛けは春期の標準的な昇任年次
※この他に再任用1

【課長級の異動】

年次	事務	技術
61A	1	1
01A	1	1
02A	1	0
3A	1	0
6A	2	0
7A	2	0
8A	2	0
9A	5	0
10A	2	0
11A	0	1
12A	1	0
13A	1	0
14A	5	0
15A	6	1
16A	14	4
17A	10	4
18A	15	4
19A	13	5
20A	13	1
21A	13	4
22A	5(3)	1(1)
23A	26(26)	5(5)
小計	139(29)	32(6)
08B	1	1
09B	1	0
10B	1	1
11B	2	0
12B	6	0
13B	5	0
14B	5	1
15B	12	1
16B	12	1
17B	12	4
18B	16	6
19B	28	9
20B	20	10
21B	25	12
22B	19	12
23B	26	11(1)
24B	43(2)	16
25B	12(3)	9(2)
26B	52(52)	28(28)
小計	298(57)	122(31)
16C	1	0
17C	2	0
18C	2	0
19C	5	0
20C	10	1
小計	20	1
合計	612(123)	

※かっこ内は昇任の内数
※網掛けは春期の標準的な昇任年次
※この他に行政専門職で横転13・昇任19、運輸で横転3・昇任2、医3、法1、福祉1、再任用16、任期付2、国等からの採用3（うち昇任1）

管理職の見方

若手職員のホンネ　東京のとある居酒屋で④

「上司ってタフだよね」

D　やっぱり、昇任したときのリターンに対して、労力とのバランスが取れてない気がするんだよな。

C　でも、みんな主任は受けようとするよね。主任の仕事がしたいというよりも、「受かっておかないと格好悪い」ということはあるのかもね。

A　都の場合は他局に行けるのが大きいね。希望するところに行けるかは分からないけど、それまでとは全く違う仕事ができる。

C　それはあるね。主任に受かると必ず局間異動ができるチケットがもらえるようなものだね。

A　新採で入ると、自分の希望した局に入るのは難しいからね。「合わない局に入ったら早く受かって出たい」という人はいるみたい。

B　そういうのがあるんだ。うちの区では、新採から6年間で2職場担当することになっている。それ以降は何とも言えないけど。

D　僕も区だけど、部署を異動するために昇任する発想はなかったなぁ。

A　主任に限らず、昇任試験に受かると仕事があまりきつくない部署に行けると聞くね。

D　頭のいい人が仕組みを考えたんだな（笑）。

B　でも、Dさんの言い分も分かるけどね。管理職って、忙しい割には見返りが少ない気がするし、よくできるなぁとは少し思うね。住民の信頼は理想的な見返りだけど、なかなかそれだけのためにできる人間はいないと思う。今の管理職たちの仕事ぶりを見てると、半端な気持ちではなれないと思ってしまうな。

D　区長が出るところには必ず課長も同席するよね。周りからの信頼は得ているけど、健康は損ねていると思う。

B　休んでないよね。土日も飲みに行っている。

A　タフだなぁ（笑）。

D　そういうのを見ると、管理職になるのをためらってしまうね。そこまでやらなきゃいけないと見せられると、「管理職になりたい」とはならない。

C　管理職試験を受ける人がいなくなってしまうのでは？

B　うーん、管理職が忙しすぎる弊害かもしれないな。

A　まぁ、管理職ならある程度のタフさは必須ということだね。管理職の口頭試問で、何か聞かれたりするのかな？

C　口頭試問の圧迫面接ぶりは相当なものって聞いたことあるな（笑）。「これ見てどう思う？」と聞かれて、「こう思います」と答えると、まずは否定されるんだって。圧力をかけてストレス耐性を見てるんだろうね。

A　圧力かぁ……何だか怖いな（笑）。でもそれくらいのタフさは身に着けないといけないんだね。

都会計管理局

1兆400億円が運用可能

公金管理計画を策定

都会計管理局は6日、2017年度の公金管理計画を策定した。17年度予算では6年ぶりに都税収入が減少する中、安全性と流動性を確保しながら効率的な管理・運用を進める。

歳計現金等は、日々の支払いに備える支払準備金を預金として保管し、運用可能資金は大部分を普通預金や当座預金より利率の大きい定期性預金で長期間保管し、効率性を保つ。同局が想定する今年度の歳計現金等の資金配分は支払準備金が約400億円、運用可能資金が約1兆400億円。

基金運用は取り崩しの予測が立てやすいため、債権など金融商品などで運用し流動性を確保する。基金の想定ポートフォリオ（投資の組み合わせ）は預金77％、債券22％、金銭信託1％とした。

秋元　健一さん（あきもと・けんいち＝秋元哲哉・都総務局総務部公文書館庶務担当課長代理の父）1日死去、87歳。

吉田　崇雄さん（よしだ・たかお＝元都立両国高等学校校長、元都立両国高等学校付属中学校校長）8日死去、69歳。

都福祉保健局

外国人の医療機関受診ガイド

6カ国語に対応、指さしも

体調が悪く、感染症かもしれない外国人がいても、言葉が分からず医療機関での受診が困難――。そんな事態に対応するため、都福祉保健局は7日、外国人の医療機関受診を助けるガイドブックを作成した＝写真。

ガイドブックは、日本語・英語・中国語・韓国語・タイ語・スペイン語の6カ国語に対応。感染症の判別方法や、医療機関の受診の仕方などをイラスト入りで分かりやすく記載。外国人に対応する救急隊員や宿泊施設の従業員とのコミュニケーションが取れるよう、現在の症状や感染経路を指さしで確認できるポイントシートも盛り込んだ。

ガイドブックは同局ホームページで閲覧できるほか、都庁や羽田空港など、都内に4カ所ある東京観光情報センターでも配布しており、今後はホテルや旅館、観光案内所などでも配布する考え。

同局健康安全部は「外国人が日本で感染症にかかったときはどうすればよいのか分からない場合がほとんど。ホテルのフロントなどに広めていきたい」（感染症対策課）と話す。

五輪への航海図 170　TOKYO 2020

開催まで　あと1197日

都営地下鉄㊦

地下鉄車内に防犯カメラ

都交通局は2020年に向け、セキュリティー向上にも力を入れる。特に「見せる警備」を重視しており、ガードマンの巡回や駅構内の車両更新を皮切りに、今年8月の新宿線の車両内に順次防犯カメラを設置する計画だ。

カメラは車内全体を見渡せるように車両の天井部に取り付けられ、死角がなくなるよう1車両につき複数台設置する。記録した映像は1週間程度で上書きされ、取り扱う職員を限定するなど乗客のプライバシーにも配慮する。防犯カメラの設置を知らせるステッカーを車内に貼ることで、犯罪やテロの抑止につなげたい考えだ。

電車内の防犯カメラは海外ではスタンダードだが、日本ではJR埼京線が09年に痴漢対策のために設置したのが初めて。あくまで一部首都圏にとどまっており、全国的な普及は遅れていた。同局総務部の酒井和明・安全対策推進課長は「テロや乗客同士のトラブルはもちろん、車両やシートを傷つけるなどのリアルタイムでは発見しづらいトラブルなどにも対応できる」と説明する。

テロ対処訓練で乗客役を避難誘導する職員＝2月、大江戸線都庁前駅（新宿区）

05年に起きたロンドン同時爆破テロは、犯行グループの姿が防犯カメラに記録されていたことから犯人の特定につながり、ロンドン市内の防犯カメラ設置の機運が加速した。その後、市内では12年ロンドン五輪までにテロ未遂事件が数件あったが、防犯カメラの存在で被害を未然に食い止められ、テロによる大規模な被害は避けられたという。

実際にテロが起きた場合の対策では、都営地下鉄各駅で定期的に訓練を実施。2月には大江戸線都庁前駅で、新宿区の警察署や消防署などと合同で約170人が参加。東京マラソン開催日に、多数の利用者が駅構内にいる中でテロリストが化学物質を散布して爆発物を設置したことを想定し、都営地下鉄の職員は利用者の誘導や救護を停止させたりし、被害拡大を防いだ。

酒井課長は「犯罪やテロの未然防止と被害を最小限にとどめることが重要。警察強化や職員の対応力を向上させていきたい」と話す。

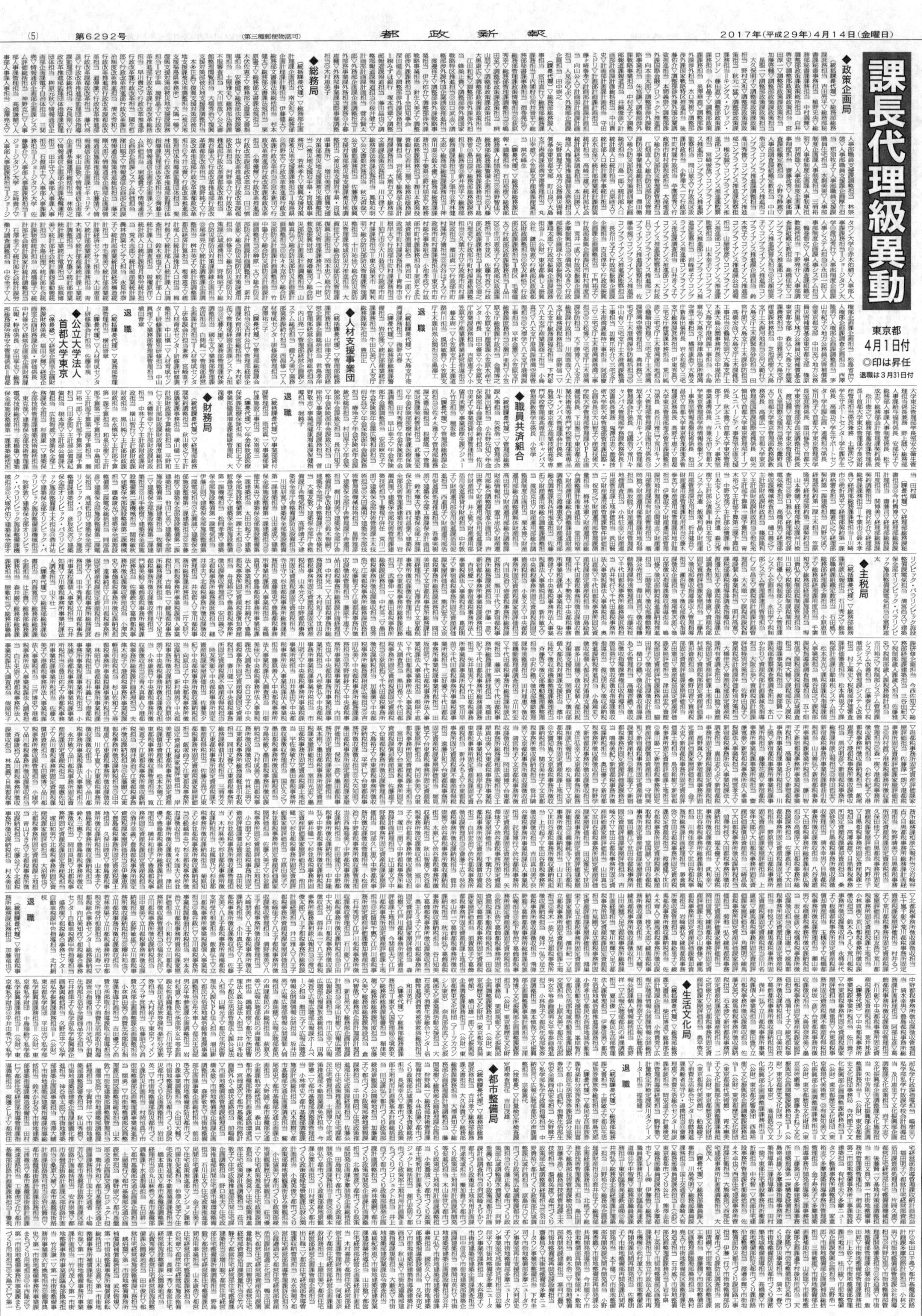

課長代理級異動

東京都　4月1日付
◎印は昇任
退職は3月31日付

◆政策企画局

（統括課長代理）▽総務部総務課庶務担当　吉田亮平▽総務部秘書課秘書事務担当　植野史央▽総務部秘書課課務担当　中村満輝▽調整部政策課政策総括担当　白井啓史▽調整部政策課政策担当　宮田淳一▽調整部政策課政策担当　加藤啓輔

人事部職員支援課調整担当　林宗徳▽人事部職員支援課企画厚生担当　那須牧子▽人事部職員支援課職員住宅担当　水飼美果▽人事部制度企画課人事制度担当　三浦裕明▽人事部制度企画課人事制度担当　間渕聡▽人事部制度企画課人事制度担当　齋藤政秀▽人事部調査課組織定数担当　小野寺静恵▽人事部調査課組織定数担当　中山

タウン大学◎赤木佑輔▽人事部人事課課務担当＝ジョージタウン大学◎渡辺秀行▽人事部制度企画課人事システム担当◎水田一記▽人事部制度企画課人事システム担当　鶴巻智之▽人事部調査課組織定数総括担当　千野亮介▽人事部調査課組織定数担当　高橋佳宏▽コンプライアンス推進部コンプライアンス推進課普及担当◎北舘

◆総務局

◆人材支援事業団

◆公立大学法人首都大学東京

退職

◆職員共済組合

◆財務局

◆主税局

◆生活文化局

◆都市整備局

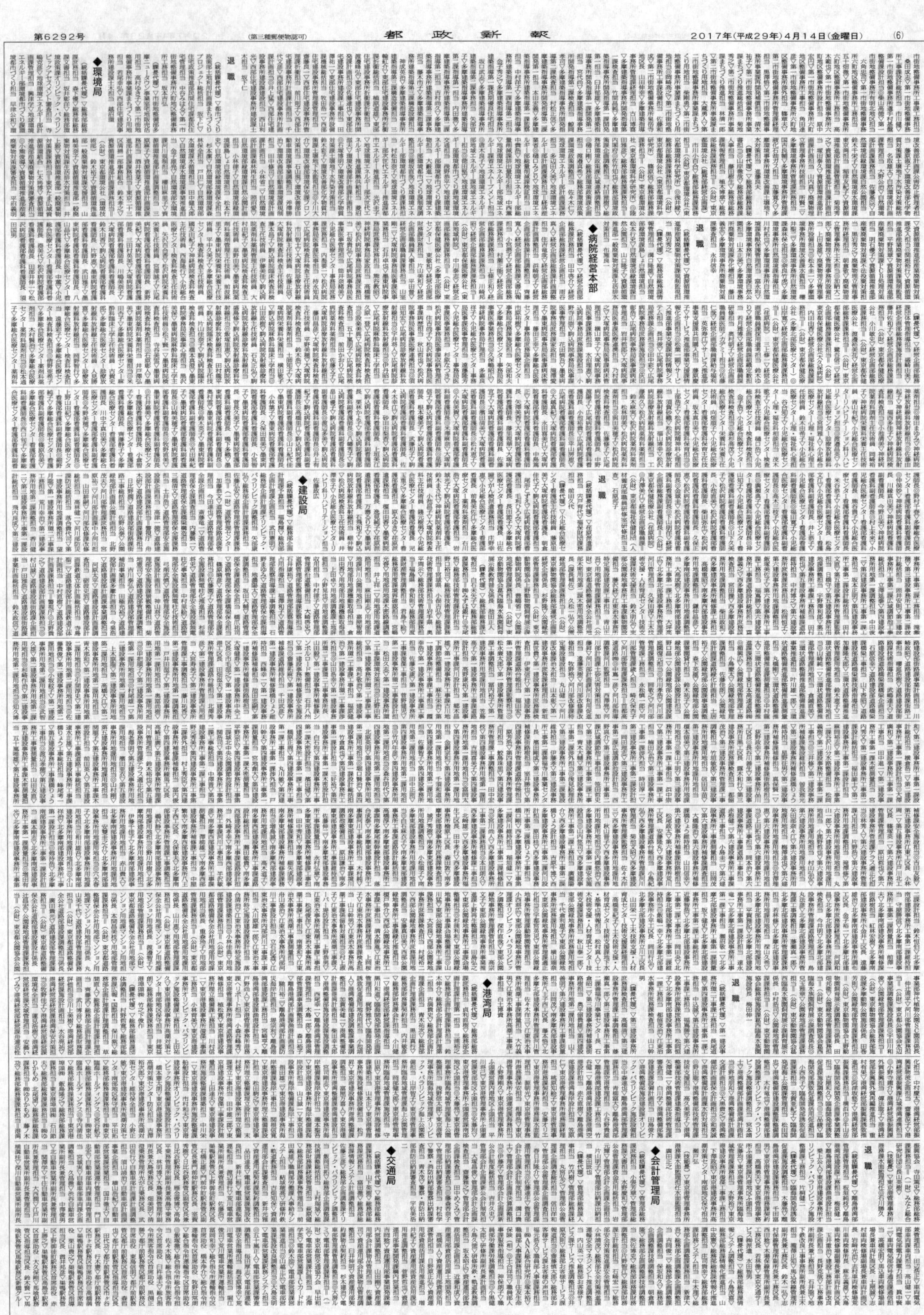

市街地整備事務所工事課工務担当　桑田成志▽第一市街地整備事務所工事課設計総括担当　市川健▽第一市街地整備事務所遺手村基盤整備課設計担当◎柴山高徳▽第一市街地整備事務所有明北地区担当　六角忠司▽第一市街地整備事務所六町地区整備事務所工務担当　五十畑徹▽第一市街地整備事務所六町地区整備事務所工務担当　高木範也▽第一市街地整備事務所六町地区整備事務所設計担当　原中宏円▽第一市街地整備事務所六町地区整備事務所工事担当　角田達彦▽第一市街地整備事務所六町地区整備事務所渉外担当　篠章夫▽第二市街地整備事務所管理課経理担当　黒澤悟▽第二市街地整備事務所事業課再開発補償担当　清水祐子▽第二市街地整備事務所事業課まちづくり推進総括担当　菊地秀之▽第二市街地整備事務所事業課まちづくり推進担当　林清一郎▽第二市街地整備事務所事業課まちづくり用地担当　大蔵勇人▽第二市街地整備事務所事業課まちづくり用地担当　柴崎勇▽第二市街地整備事務所事業課まちづくり用地担当◎岡崎高之▽第二市街地整備事務所工事課設備担当　佐藤和成▽第二市街地整備事務所泉岳寺地区長　山田伸幸▽多摩建築指導

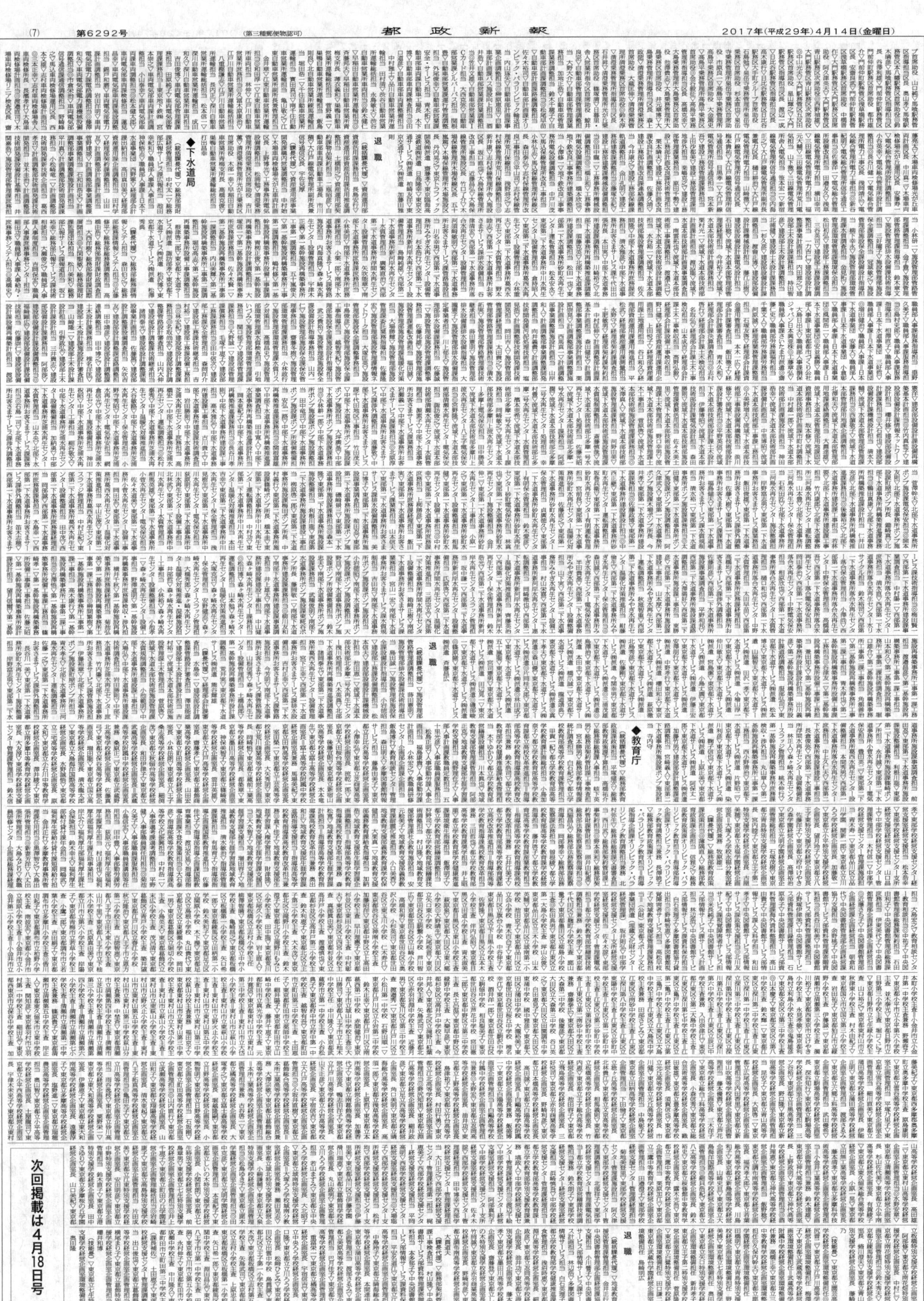

次回掲載は4月18日号

29年度東京都管理職選考・筆記考査

直前対策と出題予想

都管理職選考の筆記考査が5月28日に実施されます。今回は、昨年と比べて2週間遅い日程で行われ、受験生にとっては勉強する時間を多く確保することができます。試験本番まで残り1カ月余りでラストスパートをかけていると思いますが、今年も通常紙面の講座とは別に直前対策と出題予想を掲載しますので、ご活用ください。

A 択一

■都政事情

◆ポイント
東京都のホームページや「とちょう—i」などを活用し、昨年6月から今年3月までの重要な計画や調査報告など、主な都政の動きを押さえておきましょう。

◆出題予想
【計画等】①都民ファーストでつくる『新しい東京』～2020年に向けた実行プラン②観光産業振興実行プラン2017③「ライフ・ワーク・バランス」推進プラン④待機児童解消に向けた緊急対策
【予算等】①平成29年度当初予算
【調査・報告】①年次財務報告書②子供の生活実態調査③国勢調査人口等基本集計結果
【その他】①国の予算編成に対する東京都の提案要求②各世論調査③平成29年度都区財政調整

■政治経済等事情

◆ポイント
「日本再興戦略」や「一億総活躍プラン」などは、東京都への影響も大きく、ぜひ押さえておきたいところです。

また、基本的な白書や重要な国際会議などは繰り返し出題されています。直前期は、全体科目の学習バランスを考慮しつつ、要点をまとめた本などで効率よく学習することが大切です。

◆出題予想
【国内政治等】①税制改正大綱②平成29年度当初予算③日本再興戦略④一億総活躍プラン⑤政府・日銀の金融政策⑥参議院議員選挙
【白書等】①労働経済白書②情報通信白書③消防白書④過労死等防止対策白書
【国際会議等】①G7サミット②G20サミット③ASEAN首脳会議④COP22⑤米国大統領選挙

■経済・財政に関する知識

◆ポイント
ミクロ・マクロ経済学、財政学ともに試験直前に改めて一通りの確認をしておくことが得点につながります。今までの学習で不十分な事項が見つかった場合でも、焦らず基礎の定着を図ってください。

また、グラフ・計算問題は解法のパターンが再現できるよう問題の解説部分を読みましょう。加えて、財政学は国や都の最新の財政事情も把握しておきましょう。

◆出題予想
【ミクロ経済学】①効用関数②独占③余剰分析④外部効果（外部不経済）⑤国際貿易論
【マクロ経済学】①国民所得計算②IS－LM分析③経済成長理論④投資理論⑤国際収支
【財政学】①地方財政②財政・金融政策③公共財④租税原則⑤公債理論

■行政管理

◆ポイント
過去に出題されたテーマから基礎的な知識を問うものや国と都の動向・制度を絡めた出題が数年続いています。直前期は、新しい知識を詰め込むよりも、基礎問題やこれまで勉強してきた問題集・過去問題を繰り返し解き、基本事項を確実に蓄積していくことが重要です。最新動向は、各省庁や東京都等のホームページを用い、他の受験科目の勉強と併せた効率良い情報収集を行いましょう。

◆出題予想
【行政改革】①PPP②指定管理者制度③独立行政法人④公共サービス改革⑤公益法人改革⑥公益通報制度
【行政評価】①外部監査制度②人事制度・評価③行政評価制度
【行政参加】①情報公開制度②パブリックコメント③オンブズマン制度④個人情報保護制度⑤NPO法人
【行政学・その他】①政策形成・立案（イーストン、ダウンズなど）②地方公共団体に対する国の関与

■経営に関する知識

◆ポイント
経営戦略、マーケティング、組織・企業形態、人事労務・経営管理など、幅広い分野から出題されますが、難易度は決して高くありません。多くは基礎的な知識を問う問題が出題されますので、過去の出題傾向を分析し、基本をしっかり押さえることで、確実に得点源にすることができます。なお、最近の社会情勢を反映した出題がされる可能性もあるため、日頃から新聞やインターネットなどで情報収集しておくことも重要です。

◆出題予想
【経営戦略】①チャンドラーの経営戦略論②ポーターの競争戦略③コトラーの競争地位別戦略④プロダクト・ポートフォリオ・マネジメント（PPM）⑤企業買収
【マーケティング】①製品ライフサイクル②プッシュ・プル戦略③マーケティング・コンセプト
【組織・企業形態】①企業形態②株式会社制度③企業の集中
【人事労務・経営管理】①意思決定論②リーダーシップ論③伝統的管理論④成果主義⑤人事制度・人事評価
【その他】①コンプライアンス②KPI（重要業績評価指標）③ステークホルダー

■会計に関する知識

◆ポイント
企業会計原則、簿記の仕訳、財務諸表分析といった分野から出題されます。

難易度はそれほど高くなく、会計の基本的な考え方を理解しておけば、十分に得点できると思います。過去の問題も、多くが会計の基本や基礎知識を問うものになっています。出題数も少ないため、試験直前に時間をかけて勉強することはあまりお勧めできません。全体像がコンパクトにまとめられている資格試験用のテキストの活用などにより、効率的な勉強を心掛けましょう。

管理職試験ですので、会計の細かい知識にこだわるのではなく、この機会に管理職候補者として今後求められる会計の考え方や教養を習得するという視点で学習するとよいと思います。

◆出題予想
①簿記（仕訳）②企業会計原則③財務諸表分析

A 論文

◆ポイント
論文問題は、2題提示されたもののうち1題を選択して解答することとなります。試験開始後、どちらの問題を解答するか速やかに判断する必要があります。代表的なテーマは、事前に簡単なレジュメを用意して知識を蓄えるなどの対策をお勧めします。

直前対策としては、これまで記述した論文を整理し、再現できるか確認しましょう。現時点で完成論文を用意できていない受験生も、まだ本番まで時間はありますので、諦めることなく準備を進めてください。

併せて、出来る限り多くのテーマのレジュメを用意する必要があります。レジュメには、問題とその背景の分析、具体的な解決策をまとめましょう。テーマは、知事施政方針表明や「2020年に向けた実行プラン」などから都政の重要課題を選定し、出題予想を立ててください。2題とも準備をしていないテーマが出題された場合に備え、用意した論文をアレンジする方法についてあらかじめ考えておくと、試験本番で焦りを抑えられるはずです。

試験では2200字を手書きします。1本を書き上げるだけでもかなり時間がかかります。あらかじめ、試験時間の2時間50分で論文を書き上げる訓練をしておくとよいでしょう。

◆出題予想
①都政改革（都政の透明化、官民の役割分担、ワイズスペンディングなど）②都民の活躍・生産性の向上（「格差」解消、働き方改革、快適通勤など）③都市の成長戦略④東京の安全・安心

B 事務・記述

■福祉・保健医療

◆ポイント
予想問題のレジュメを作成し、キーワードや数値などのポイントを中心におさえていきましょう。

◆出題予想
【社会福祉法】①社会福祉法の主な内容②地方社会福祉審議会③社会福祉主事
【生活保護法】①被保護者の権利及び義務②基準及び程度の原則③保護の方法
【社会保障制度・保健医療制度】①平成28年6月2日閣議決定「ニッポン一億総活躍プラン」における「子育ての環境整備」②難病の医療提供体制の在り方について（平成28年10月厚生科学審議会疾病対策部会難病対策委員会）
【時事問題】①東京都地域医療構想（平成28年7月）②「民生委員・児童委員」についてのアンケート結果（平成28年8月）③待機児童解消に向けた緊急対策（平成28年9月）

■教育・文化

◆ポイント
法律分野は、教育基本法及び学校教育法を押さえておく必要があります。教育基本法は全条文を覚え、学校教育法は過去の出題傾向から問題を絞り込みましょう。時事問題は、国や都の施策、審議会の答申等から問題を予想し、キーワードや数字を覚えて、記述する際の組み立てを準備しておきましょう。

◆出題予想
【教育基本法】①教育の目的②義務教育③幼児期の教育④宗教教育
【学校教育法】①教育課程②授業料③児童、生徒及び学生に対する懲戒
【時事問題】①東京都教育施策大綱②東京都特別支援教育推進計画（第2期）③いじめ総合対策（第2次）④東京都におけるチームとしての学校の在り方検討委員会報告書⑤東京都英語教育戦略会議報告書⑥平成28年12月21日中教審答申「幼稚園、小学校、中学校、高等学校及び特別支援学校の学習指導要領等の改善及び必要な方策等について」⑦平成28年11月17日文化審答申「文化芸術立国の実現を加速する文化政策」

■産業・労働・経済

◆ポイント
「2020年に向けた実行プラン」や知事の所信表明等を参考に語句をピックアップし、あとはひたすら暗記です。つらい作業ですが、キーワードや数値などを中心に通勤時間や休み時間など空いた時間を活用しましょう。実行プランや重要な計画については、展開する政策の内容を問われる場合もあるので、深掘りしておきましょう。

◆出題予想
【産業分野】①TOKYO創業ステーション②PRIME観光都市・東京～東京都観光産業振興実行プラン2017③平成28年度中小企業向けの金融支援の拡充④東京都と金融機関が連携して実施する事業承継支援⑤団体向け課題解決プロジェクト支援事業⑥東京都農林・漁業振興対策審議会答申「都市と共存し、都民生活に貢献する力強い東京農業の新たな展開」
【労働分野】①TOKYO働き方改革宣言企業制度②女性の活躍推進等職場環境整備助成金③東京都中小企業雇用環境整備推進奨励金
【消費生活分野】①第24次東京都消費生活対策審議会答申「東京都消費生活基本計画及び東京都消費者教育推進計画の改定について」

■財政・税務

◆ポイント
過去の出題傾向を基に予想問題を絞り込んだ上で模範解答を作成し、キーワードを中心に暗記を進めましょう。必ず手書きで練習を行い、時間配分などの感覚をつかみましょう。

◆出題予想
【財政】①基金の意義、管理・処分②債務負担行為③行政財産の意義、管理・処分④地方債の意義・発行制限・発行手続き⑤地方財政制度の原則
【税務】①税の四つの徴収方法②連帯納税義務③過誤納金の還付・充当、還付加算金④超過課税、不均一課税、課税免除⑤地方税の保全措置
【時事】①平成28年度東京都税制調査会答申②平成27年度東京都年次財務報告書③都有施設等総合管理方針

■環境

◆ポイント
過去の出題内容からポイントとなる条文やキーワードを抽出するとともに、直近1年程度の重要施策を確認し、予想問題及び模範解答を作成しましょう。計画からは特定のテーマに絞った出題もあり、重要なものは詳細な説明を準備しましょう。

◆出題予想
【環境基本法】①地方公共団体の責務②環境基本法の目的③地方公共団体の施策
【環境一般】①「2020年に向けた実行プラン」（スマートシティ）②キャップ&トレード制度③中小規模事業所の地球温暖化対策
【廃棄物処理等】①東京都災害廃棄物処理計画②都市鉱山③優良業者認定制度
【水道・下水道関係】①アースプラン2017②第11次水道水源林管理計画③みんなでつくる水源の森実施計画
【生活環境・自然保護】①自然公園ビジョン②花と緑の東京募金③東京湾に係る第8次総量削減計画

■都市づくり

◆ポイント
過去問から出題を予想し、キーワードを中心に模範解答を作成します。都市整備関係法は予想しづらいので、後回しにする方が効率的です。

◆出題予想
【都市計画法】①開発許可制度②地区計画③都市計画の提案制度④都市計画区域と準都市計画区域⑤都市計画の決定・改正手続き
【地方公営企業法】①総務省「公営企業の経営のあり方に関する研究会報告書」②弾力条項③付帯事業④企業債⑤経費の負担の原則⑥剰余金の処分と欠損金の処理
【都市整備関係法】①建築基準法②土地収用法③土地区画整理法④景観法⑤都市再開発法⑥PFI法⑦都市再生特別措置法
【時事問題】①東京都都市計画審議会答申「2040年代の東京の都市像とその実現に向けた道筋について」②東京都景観計画の変更③東京都臨海部地域公共交通網形成計画④宿泊施設の整備促進に向けた都市開発諸制度活用方針等の改定⑤「2020年に向けた実行プラン」に掲げられた事業の内容

B 事務・論文

■福祉・保健医療

◆ポイント
直近の国の動向や都の計画・施策を踏まえた上で論文全体の構成・解決策が具体的で矛盾がないかなど、繰り返し読み直して確認しましょう。出題範囲は広く多岐にわたるため、問題点と解決策のセットを何本か用意しておいた方がいいでしょう。また、試験当日は想像以上に時間がありません。事前にペース配分をつかむためにも手書きの練習を行っておきましょう。

◆出題予想
①超高齢社会の到来を見据え、質の高い医療を受けられ、生涯を通して健康でいられる方策②人と動物の調和の取れた共生社会の実現のため都として取り組むべき課題と方策③安心して子供を産み育てられ、子供たちが健やかに成長できる社会を実現するための方策④障害者が生き生きと暮らせる社会を実現するための方策

■教育・文化

◆ポイント
既に論文を用意した人は、最初に書き上げた時から現在まで状況の変化がないか、課題や解決策が現状に合っているかを改めて確認しましょう。

特に様々な調査結果を材料とする際は、公表されている最新の数字を押さえておくことが必要です。なお、これまで論文をパソコンで作成していても、最後は必ず手書きして、時間配分などを把握するようにしましょう。

まだ論文を書いていない人は、試験前までに1本完成させることが理想ですが、間に合わない場合でも、諦めずに出題を予想した上で、解決策を書いたレジュメを用意するなどして試験に備えてください。

◆出題予想
①誰もが自ら望む教育を受けられ、可能性を伸ばせる社会を実現するため、都として取り組むべき方策②自ら学び考え行動する力や社会の発展に貢献する力を培うため、都として取り組むべき方策③誰もがスポーツを楽しみ、スポーツの力による効果を享受し、活気が溢れている社会を実現するため、都として取り組むべき方策④東京ならではの文化を創造・発信し、都市としての存在感を更に高めていくため、都として取り組むべき方策

■産業・労働・経済

◆ポイント
完成論文ができている人は違った切り口での課題と解決策のセットを用意しておくと安心です。論文を書く時間が取れない人は、課題と解決策のセットだけでも作っておきましょう。

また、準備はパソコンで行っている人がほとんどだと思います。本番では、知っているはずの漢字も書けなかったりするものです。また、2千字を一度に書く作業は想像以上に疲れます。時間があれば全文を手書きしてみることをおすすめします。

◆出題予想
①女性や若者、高齢者など全ての人が意欲と能力に応じ活躍できるようにするために都が取り組むべき施策②中小企業が、成長産業分野への参入や高付加価値化などを果たし、さらなる成長をしていくために都が取り組むべき施策③2020年までに年間訪都外国人旅行者数2500万人という目標を確実に達成するために都が取り組むべき施策④消費者被害の未然防止や拡大防止に向けて都が取り組むべき施策

■財政・税務

◆ポイント
直近の都を取り巻く財政環境に対する現状認識を深め、直近の国や都の税財政の動向を踏まえて論述することが重要です。論文を作成した後に、論旨に一貫性があるか、課題に対応した具体的な解決策になっているかを確認するなど、推敲を重ねましょう。当日のペース配分を把握するため、必ず手書きでの練習を行ってください。

◆出題予想
①都は、首都直下地震、待機児童の解消、超高齢化社会への対応などの取り組みを加速化することが求められています。同時に、オリンピック・パラリンピックの成功、実行プランに掲げる将来像とその先の東京の将来を見据えて、積極果敢に施策を展開していくため、どのような財政運営を行っていくべきか、あなたの考えを論じなさい②我が国は急速な人口減少、国の巨額な長期債務残高という課題を抱える中、社会経済構造の変化を踏まえた税財政制度の改革が求められています。こうした状況を踏まえ、これからの地方税財政制度の在り方について、あなたの考えを論じなさい。

■環境

◆ポイント
気候変動やエネルギーなど国内外の環境問題を背景とした都の施策を広く問う傾向があり、分野や対象範囲が不明瞭になりがちなので、既存施策やデータを踏まえた具体的な論述が必要です。試験官の評価を意識した客観的な視点も重要であるので、上司などにしっかり添削してもらいましょう。また、当日は、問題文のキーワードや出題意図を十分意識しましょう。

◆出題予想
①省エネルギー化や資源循環の推進などの環境対策における東京2020大会を契機とした取り組みや大会後のレガシーに言及しながら、世界に開かれた環境先進都市・東京を目指すための方策②首都直下型地震や重大事故などの危機発生時にも、上下水道施設等のライフライン機能を確保し、安全・安心な都民生活を支えるための方策③自然公園や多摩・島しょの振興を踏まえた豊かな自然環境の創出・保全に向けた方策

■都市づくり

◆ポイント
過去の出題を参考にしながら予想を絞り込みます。都政の重要施策を中心に、出題に合わせて内容を修正できるよう、論文は3本程度用意しましょう。また、2020年東京大会を見据えた視点について、それぞれの出題予想に盛り込めるよう十分準備をしておきましょう。

◆出題予想
①セーフシティの構築に向けた課題と方策（都市インフラの長寿命化、都市型水害対策、多摩・島しょ地域のまちづくりなど）②ダイバーシティの構築のための課題と方策（バリアフリー、ホームドア整備、快適通勤など）③スマートシティの構築に向けた課題と方策（交通ネットワーク、都市機能の集積化など）④国際競争力を強化するために必要な課題と方策（都市の魅力、多言語化など）

B 技術・記述

■土木

◆ポイント
記述問題は選択式となっております。そのため、自分の得意な分野を中心に学習すると効果的です。また、この1年に報道された事業、各局のプレスなどを再確認し、その内容や関連する技術等を整理しておきましょう。なお、日頃取り組んでいる身近な技術・事業について出題される可能性もあります。おろそかにせず、再度確認するようにしましょう。

◆出題予想
【構造力学】①断面係数②せん断力図及び曲げモーメント図
【水理学】①フルード係数②開水路の計算③オリフィス・堰
【土質】①主動土圧・受動土圧・内部摩擦角②限界動水勾配と透水力
【コンクリート】①コンクリートの骨材②再生骨材コンクリート③戻りコンクリート④鉄筋のかぶり
【都市計画等】①東京都臨海部地域公共交通網形成計画②東京都景観計画（2016年8月改定版）③東京都市白書「CITY VIEW TOKYO」
【土木施工】①トンネル工法の種類と工法選定時における留意点②地下構造物の築造時における地下水対策工法
【道路・河川・港湾】①STOCK EFFECTS&TOKYO～東京におけるインフラ・ストック効果～②土砂災害警戒区域・土砂災害特別警戒区域③舟運活性化パートナー
【上下水道】①東京水道災害救援隊－Tokyo water Rescue－②みんなでつくる水源の森実施計画（案）③地球温暖化防止計画「アースプラン2017」
【語句説明】①東京都環境物品等調達方針（公共工事）②建設ICT③東京都マンションポータルサイト④東京グリーンボンド⑤都政改革本部

■建築

◆ポイント
前半は、4題のうちから1題を選択、後半は、6題のうちから3題を選択する方式となっており、最新の動向を反映した出題内容となっています。得意分野を絞るとともに、業務と関係の深い分野から選択をし、得点を稼げるよう出題予想を準備しておくとよいでしょう。

◆出題予想
【構造】①静定梁・静定ラーメン②ラーメンの水平変位と水平剛性③固有周期の大小関係④全塑性モーメント⑤崩壊荷重⑥層間変形角⑦長周期地震動⑧保有水平耐力
【都市計画】①安全条例の改正についての説明（第10条、第10条の3、第21条）②東京の都市づくりビジョン③防災都市づくり推進計画
【施工】①構造体強度補正値（S）②高力ボルトの特徴
【法規】①建築基準法の改正についての説明（法第27条、法第38条、施行令第114条第2項）
【語句説明】①入札制度の総合評価方式②最低制限価格③液状化④総合設計制度⑤建築物の省エネ法に基づく省エネ基準適合性判定⑥技術提案型総合評価方式⑦インフレスライド条項⑧特定天井

■機械

◆ポイント
記述は材料力学、流体力学、熱力学、金属材料、機械設備、法令、技術一般から広範囲で出題されています。残り1カ月ですが、過去に機械工学を学習してきた人、現在、機械設備に関する業務を行っている人は、得意分野などをもう一度、きちんと説明できるようにする程度で、合格水準に達することができると思います。

◆出題予想
【材料力学】①残留応力②はりの曲げとせん断応力③長柱の座屈と限界荷重
【流体力学】①層流と乱流、臨界流速②ベンチュリ管と流量測定、ピトー管と流速測定③円柱まわりの流れと抵抗
【熱力学】①ポリトロープ変化②有効エネルギー③再熱再生サイクル
【金属材料】①ステンレス鋼の種類と特徴・用途②金属の腐食③鋳鉄の種類と特徴
【流体機械】①ポンプの速度制御の種類と特徴②ターボポンプの形式と軸動力③ファン、ブロワ、圧縮機
【空調設備】①湿り空気線図②電気モーターヒートポンプとガスヒートポンプ③排熱投入型吸収式冷温水機
【法令等】①危険物取扱者保安講習、消防計画と自衛消防組織②建築物省エネ法と省エネ法③施工体制台帳と監理・主任技術者
【安全衛生】①総括安全衛生管理者と安全管理者、衛生管理者②足場の組み立て等における危険の防止③ダイオキシン類ばく露防止対策と石綿ばく露防止措置
【技術一般】①平成28年の科学技術白書に示される「超スマート社会」②Beyond 2020に示される「新時代の技術と懐かしさが融合する、未来の東京」
【技術用語】①Tokyo2020アクセシビリティ・ガイドライン②被害軽減ブレーキ（AEBS）③バイナリー発電④直結給水方式⑤東京グリーンボンド⑥ZEB⑦ビークル・トゥ・ホーム⑧地中熱⑨カーボンレポート⑩アグリゲータ

■電気

◆ポイント
出題分野が広範囲にわたっており、この試験に特化した準備は難しいです。法規分野は電気事業法関連に加え、消防法・危険物や廃棄物関連にも目を通しておくとよいでしょう。高得点は必要ないので、得意分野を中心に勉強し、確実に得点を積み重ねるようにしましょう。

◆出題予想
【電気理論】①避雷システム②接地方式③レドックスフロー電池
【配電・変電】①遮断器・断路器②脱SF6型特高受変電設備③受電方式④周波数変換設備（FC）
【法規】①使用前自主検査②保安規定③事故報告④外部委託承認⑤固定消火設備の設置義務
【電気応用】①有機ELディスプレイ②タスク・アンビエント照明方式③薄膜シリコン太陽電池④EV用急速充電器⑤スマートメーター⑥L3スイッチ⑦LTE⑧MVNO⑨バイナリー発電
【技術情勢】①電力自由化②スマートグリッド③スマートシティー④ビッグデータ⑤VR・AR⑥シンギュラリティ

■生物・医化学

□生物□

◆ポイント
時事問題は業務に絡んでいることが多く、今後業務として関係するかもしれないので、重点的にアンテナを張り、他局も含め、みどりに関する施策を把握しておくのは大切と思われます。そのほか、生物分野は対象範囲が広いことと、生物学、気象学、土壌学各分野から1問は出題される傾向にあるので、時間がない人は分野を絞っていくのも手かもしれません。

◆出題予想
【生物学】①好気、嫌気呼吸②種子の発芽③光合成④植物の水分代謝⑤植物の根⑥植物の耐陰性と耐乾性⑦植物の無性生殖⑧自然植生、代償植生⑨生態的地位⑩適応放散と収斂⑪免疫とアレルギー⑫社会性昆虫⑬動物の擬態⑭競争と共存⑮動物の反射、走性
【気象学】①エルニーニョ現象・ラニーニャ現象②ゲリラ豪雨③竜巻④季節予報
【土壌学】①土壌酸性化②炭素の循環③堆肥施用効果④土壌水⑤火山灰土壌
【時事問題】①みどり率②かいぼり③都市の生物多様性指標④スーパーエコタウン事業の推進⑤水素・燃料電池ロードマップ⑥持続可能性に配慮した調達コード⑦新たな時代の都市マネジメントに対応した都市公園等の在り方⑧グリーンインフラ⑨都市農地保全支援プロジェクト⑩水産振興プラン⑪多摩産材の利用拡大⑫防災公園

□医化学□

◆ポイント
記述問題は、特定の分野に偏ることなく医化学に関する広範的な基礎的事項を問う傾向がありますので、各分野の基本部分、都政や国の動向について日頃から情報収集をしておくことが必要です。また、出題範囲が広いため、内容を正確に述べるためにも、キーワードを整理しておくことが重要です。

◆出題予想
【医療・保健】①鳥インフルエンザ②感染性胃腸炎（ノロウイルスなど）③デング熱④バイオセンサー
【健康・安全】①カンピロバクター食中毒②O－157食中毒③一般用医薬品の販売制度④医薬品医療機器等法⑤東京都薬物乱用対策推進計画⑥東京都食品安全推進計画
【環境・衛生】①アレルギー疾患対策基本法②東京都動物愛護管理推進計画③民泊
【上下水道】①汚泥焼却炉②技術開発推進計画③気候変動（水質への影響）④摂取制限を伴う給水継続
【分析方法】①液体クロマトグラフ質量分析法②ホルムアルデヒド検査法

B 技術・論文

■土木

◆ポイント
管理職選考の論文のテーマは、この1年間のトピックや都政の課題から出題される傾向があります。過去問も踏まえてテーマを予想し、論文の形に仕上げてください。完成した論文は上司にチェックを依頼するほか、事務の管理職にも添削していただくことをお勧めします。

論文は、採点者に分かりやすく、説得力のある文章にする必要があります。そのため、過度な修飾や冗長な文章は避けるようにしましょう。更に、最新の情報やある程度の数字を含んだ都政全般を捉えた論文となるよう心掛けてください。

試験当日は、2千字程度を2時間以内に書くことから時間が足りなくなる可能性もあります。そのため、準備した論文を暗記するほか、実際に鉛筆で書いてみるなど、時間配分を確認するようにしてください。また、予想が外れてしまうことも想定されます。そのため、問題と解決策を対比させたレジュメを複数作成し、出題内容に合わせて組み替えられるよう準備しておきましょう。

◆出題予想
①災害に強いまちづくり②東京2020パラリンピック大会開催を契機としたユニバーサルデザインのまちづくり③国際都市にふさわしい交通・物流ネットワークの形成④公共工事の信頼確保

■建築

◆ポイント
近年の出題傾向は、都市づくり関係か営繕関係から1題を選択する形式は変わりありませんが、東京2020オリンピック・パラリンピックをはじめとする東京の都市の将来に向けた取り組みや、都政の抱える課題などの解決策などを求めるものが出題されています。都民ファーストで作る「新しい東京」や1定の知事施政方針表明の重点施策の中から、オリンピック開催とその後のレガシーにおける施設整備や都市の魅力を高める取り組み、少子高齢化や人口減少時代における都の都市づくり、災害における都の防災都市づくりの取り組みなど、重要と思われる課題を整理し、準備しておくことが重要です。

◆出題予想
①東京2020オリンピック・パラリンピック開催と大会後のレガシーに向けた魅力ある都市づくりと施設整備②少子高齢化・人口減少社会に向けた都市づくりと施設整備③国際競争力を高めるための都市づくり

■機械

◆ポイント
昨年も、熊本地震や糸魚川市大規模火災、福岡市道路陥没などの多くの災害や事故が発生しました。また、新知事就任や豊洲市場、オリ・パラ施設で都政に多くの注目が集まりました。さらには、実行プランも発表され、論文の課題となりそうな新しい話題が多くありました。

論文試験は、課題に対する問題意識、政策形成力、論理性、表現力等について評価されます。出題傾向としては、近々の社会情勢を背景にして、危機管理（災害・安全）、老朽化対策、技術継承、省エネ等の課題が出題されていますので、実行プランを基に、現状の課題にどう対応するかを具体的にまとめておきます。

試験まで残りわずかですので、書き上げた論文の精度を高めるとともに、用意した複数のレジュメで、どのような問題にも対応できるように、過去の出題に対して自分の用意したレジュメが対応可能か確認してください。日々の業務で忙しいと思いますが、最後まで諦めずに頑張ってください。良い結果が出ますように願っております。

◆出題予想
①技術力の維持向上に向けた職員の育成について②情報公開と都政への信頼③東京2020大会と安心・安全④施設の更新と省エネルギー対策

■電気

◆ポイント
論文出題の分野は、これまでの出題傾向から大きく「老朽化対策」「環境対策」「防災・危機管理・安全管理」「技術の継承と人材育成」「組織運営」の五つに分類されます。都の最新の施策動向や社会の最新の技術動向もキャッチしつつ都を取り巻く課題を課長として実現可能な解決策を提示できるよう準備を進めると、結果として面接にも役立つこととなります。昨年度までの出題傾向と最近のトピックから予想します。

◆出題予想
①東京電力ケーブル火災事故を教訓に、予防保全と老朽化更新について②東京オリンピック・パラリンピックに向けた重要インフラに対するサイバーセキュリティー対策について③人材育成と技術継承について④スマートシティの観点からICT技術を利活用した施策展開について

■生物・医化学

□生物□

◆ポイント
例年、公園緑地分野と農林水産分野から各1問出題されます。基本的には現在の社会的な問題点などに絡んで都としての取り組みを導くものなので、業務に関する施策などや国をはじめとした社会的事象にアンテナを張っていれば、特段分かりづらい内容は少ないと思います。

本番の試験に向けて完成論文は用意されていると思いますので、これからは一つの出題に対し、三つの課題、三つの解決策を挙げる訓練をお勧めします。思っているより当日の試験時間が短いので、これに時間をかけずにスムーズに理論構成ができれば、論文は書きやすくなるはずです。

◆出題予想
①民間活力を活用した、みどり豊かな都市づくりのための取り組み②公園やみどり等を活用した、高度防災都市づくりの取り組み③生産緑地など都市の農地を将来にわたって活用し、都市のみどりを豊かにする取り組み④地産地消を推進し、東京の魅力を世界に発信する取り組み

□医化学□

◆ポイント
医化学分野は、公衆衛生と環境全般に関する問題が出題されています。前者は、感染症対策などの健康危機から都民を守る施策や食の安全・安心対策について、後者は、総合的な環境施策、エネルギー対策、大気・水環境の改善に対する取り組みなどが出題範囲であり、時事問題に沿った内容が出題されています。昨年度は、食中毒や異物混入など信頼を損なう事例に対する食の安全・安心への取り組みと、東京湾の水質改善に向けた取り組みを専門技術者としての立場から論じる問題が出題されました。

過去の出題傾向や整備方針や計画等の最新の動向を収集するだけでなく、用意していた論文と異なるテーマが出題されても対応できるように、課題と対応策について自分の考え方を整理しておくことが必要です。

◆出題予想
①世界各国多くの人が流入することで懸念される感染症から都民を守るための取り組み②医薬品に関するインターネット上の違法な情報からサーベイランス強化への取り組み③東京2020オリンピック・パラリンピックでの活用に向けたスマートエネルギー都市実現への取り組み④環境分野で国際貢献を積極的に展開するための取り組み

29年度 職員教養講座 東京都管理職選考対策《42》

政治経済等事情④

前回に引き続き、問題演習を行っていきます。

問題

【問題11】
昨年8月に内閣府が公表した『平成28年度年次経済財政報告』の内容に関する記述として、妥当なのはどれか。

① 2015年度はアベノミクスの取り組みのもと、経済再生・デフレ脱却に向けた進捗が見られ、名目GDP、実質GDP、GDPデフレーターが18年ぶりにそろって前年比プラスとなった。

② 2013年以降、国内の企業収益（経常利益）が過去最高となるなど良好な投資環境が構築されてきたことを受け、2015年の設備投資も過去最高となった。

③ 2015年は、高齢者や女性の労働参加が進み、労働力人口が3年連続で前年比プラスとなったものの、正規雇用者数は8年連続で前年比マイナスとなった。

④ 世帯主の年齢階級別の消費動向を見ると、39歳以下の若年子育て期世帯は、緩やかな可処分所得の増加を背景に、消費支出も増加傾向にある。

⑤ マイナス金利の適用を含む日本銀行の一連の金融政策は二つの波及経路を通じて実体経済に影響を与えるとされており、具体的には「イールドカーブの押し下げ」「予想物価上昇率の上昇」である。

【問題12】
昨年10月に厚生労働省が公表した『厚生労働白書』の内容に関する記述として、妥当なのはどれか。

① 2015年の我が国の高齢化率は26・7％であり、2035年には39・9％と、約2・5人に1人が65歳以上の社会になる見通しである。

② 厚生労働省が40歳以上の男女に意識調査を行ったところ、「老後に不安なこと」の回答として「経済上の問題」（73・6％）が最も多く、次いで「健康上の問題」（60・9％）、「生きがいの問題」（23・1％）の順となった。

③ 2015年の高齢者向け住まい・施設の件数は、「有料老人ホーム」（1万2956件）が最も多く、次いで「認知症高齢者グループホーム」（1万627件）、「介護老人福祉施設（特養）」（9419件）の順となっている。

④ アメリカ、英国、ドイツ、フランスと比較すると、日本は人口当たりの総病床数・急性期医療病床数ともに多いが、人口当たりの臨床医師数及び病床あたりの臨床医師数は少ない。

⑤ 2014年度の女性の育児休業取得率が86・6％になり、育児休業制度の着実な定着が図られつつある一方で、同年度の男性の育児休業取得率は4・3％にとどまっている。

【問題13】
昨年10月に厚生労働省が公表した『過労死等防止対策白書』の内容に関する記述として、妥当なのはどれか。

① 平均的な月における正規雇用従業員1人あたりの月間時間外労働時間を業種別にみると、月45時間超と回答した企業の割合は「運輸業、郵便業」（14・0％）、「宿泊業、飲食サービス業」（3・7％）、「卸売業、小売業」（3・4％）の順に多くなっている。

② 2015年の労働者1人当たりの年間総実労働時間は1734時間、年間所定外労働時間は132時間であり、ともに3年連続で減少している。

③ 仕事や職業生活に関する強い不安、悩み、ストレスを感じる労働者の割合は依然として5割を超えており、特に「仕事の失敗、責任の発生等」（65・3％）が、不安、悩み、ストレスの最も多い内容となっている。

④ 過労死等の防止のための対策に関する大綱が定める目標の一つとして、2020年までにメンタルヘルス対策に取り組んでいる事業所の割合を8割以上にすることを挙げている。

⑤ 2014年の年次有給休暇の付与日数は18・4日であり、長期的に微増傾向にあるほか、同年の取得率も61・2％と、6割を超える水準で推移している。

【問題14】
昨年6月に閣議決定された『日本再興戦略2016』の内容に関する記述として、妥当なのはどれか。

① これまでの改革の主な成果として、経済好循環の進展を挙げ、2012年の第二次安倍内閣発足時と比較して、2015年の倒産件数は3割減少したとともに、就業者数は50万人近く増加したとしている。

② これまでの改革の主な成果として、円高、高い法人実効税率、厳しい労働規制といった、いわゆる三重苦の劇的な改善を挙げている。

③ 成長戦略第二ステージの使命として、「新たな有望成長市場の戦略的創出」「新たな産業構造を支える人材強化」の2点を挙げている。

④ GDP600兆円に向けた「官民戦略プロジェクト10」の一環として、IoT・ビッグデータ・人工知能による第四次産業革命の実現を挙げ、2020年までに30兆円の付加価値額を創出することを目標とした。

⑤ GDP600兆円に向けた「官民戦略プロジェクト10」の一環として、観光立国の実現を挙げ、2020年までに訪日外国人旅行者数を2千万人、訪日外国人旅行消費額を4兆円とすることを目標とした。

解説

【解説11】　正答 ①

① 正しい。

② 誤り。2013年以降、国内の企業収益（経常利益）が過去最高の水準となるなど良好な投資環境が実現する中にあっても、設備投資は依然力強さを欠いている。

③ 誤り。企業の労働力確保意識の高まりなどを背景に、2015年の正規雇用者数は8年ぶりに前年度比プラスに転じている。

④ 誤り。39歳以下の若年子育て期世帯については、可処分所得が緩やかに増加しているものの、消費支出は横ばいであり、節約志向が強まっている。

⑤ 誤り。「イールドカーブの押し下げ」「ポートフォリオ・リバランス」「予想物価上昇率の上昇」の三つの波及経路を通じて、実体経済に影響を与えるとされている。

【解説12】　正答 ④

① 誤り。高齢化率は2035年に33・4％、2060年に39・9％となる見込みである。

② 誤り。「健康上の問題」（73・6％）が最も多く、次いで「経済上の問題」（60・9％）、「生きがいの問題」（23・1％）の順の回答となっている。

③ 誤り。「認知症高齢者グループホーム」（1万2956件）が最も多く、次いで「有料老人ホーム」（1万627件）、「介護老人福祉施設（特養）」（9419件）の順となっている。

④ 正しい。

⑤ 誤り。男性の約3割が育児休業を取得したいと考えているが、2014年度の男性の育児休業取得率は2・3％にとどまっている。

【解説13】　正答 ①

① 正しい。

② 誤り。年間総実労働時間は3年連続で減少しているものの、年間所定外労働時間は2013年が127時間、14年及び15年は132時間と、近年は微増傾向にある。

③ 誤り。「仕事の質・量」（65・3％）が最も多く、次いで「仕事の失敗、責任の発生等」（36・6％）となっている。

④ 誤り。2017年までに、メンタルヘルス対策に取り組んでいる事業所の割合を8割以上にすることを挙げている。

⑤ 誤り。2014年の年次有給休暇取得率は47・6％であり、2000年以降5割を下回る水準で推移している。

【解説14】　正答 ④

① 誤り。就業者数は、110万人近く増加したとしている。

② 誤り。自由貿易協定の妥結遅れ、CO_2削減目標、エネルギーコスト低下を含む六重苦の劇的な改善を主な成果として挙げている。

③ 誤り。成長戦略第二ステージの使命は、「人口減少社会に伴う供給制約や人手不足を克服する生産性革命」を含めた3点である。

④ 正しい。

⑤ 誤り。2020年までに訪日外国人旅行者数を4千万人、訪日外国人旅行消費額を8兆円とすることを目標とした。

昇任試験対策のページ

特別区 管理職試験講座 25
I類択一・記述　I・II類論文　29年度

27年度問題解説②

I類論文

前回に引き続いて、平成27年度に出題されたI類論文問題の論文例と解説を掲載します。

論文課題

社会経済状況の変化に対応できる財政基盤の構築について論じてください

第1章 はじめに

我が国の総人口は減少局面に入り、同時に生産年齢人口も減少していく。したがって今後、国税及び地方税が右肩上がりで上昇することは考えにくい。その中でリーマンショックのように大きな経済状況の変動があっても、持続可能な財政基盤の構築が必要となってくる。

地方自治体は、憲法92条が保障する財政自主権に基づき、自治体の財政運営を自らの責任と判断において行うこととなっている。団体自治及び住民自治を支えるのは、まさに当該自治体が徴収する税であることが原則である。したがって住民が受ける自治体のサービスは、原則として住民の支払う税によって賄われるのが原則である。

しかし、実際には、全てのサービスを自主財源のみで賄うことは特に都市部以外の自治体では困難であるのが現状である。

そこで、全国で自治体に一定水準の行政を保障するために地方交付税等の財政調整制度が設けられている。特に、特別区は都区財政調整制度に代表される特別な制度の下にある。さらには、大都市自治体として常に税源偏在是正の対象にされている。

こうした中で、特別区の団体自治、住民自治の原則から、税の偏在是正の在り方について主張していくことが特別区として重要である。

第2章 特別区の財政制度

特別区は、特別区制度として、市としての事務を都と分担して処理する特別な大都市制度の下にあることから、財政制度においても特例が設けられている。

1 特別区税等の地方税課税

特別区が課する税目は、特別区税（市町村民税個人分）、軽自動車税、特別区たばこ税、入湯税がある。一般の市町村税である市町村民税法人分、固定資産税、特別土地保有税（調整3税）が都区の共有財源として都区財政調整制度の調整税目とされ、都条例により一定割合が特別区に交付されている（地方自治法第282条第2項）。

2 地方交付税

地方交付税法第21条のいわゆる都区合算規定により、地方交付税の算定は都と特別区を一つの団体と見なして都に対して適用されるため、そもそも特別区は交付対象団体とはされていない。道府県分または市町村分のいずれかに交付税の算定上財源不足額が生じても、都区全体として財源超過額が生ずる場合には普通交付税は交付されないのである。

3 都区財政調整制度

都区財政調整制度は、大都市制度としての都区制度の特殊性を踏まえて、地方交付税制度が都区合算で適用されることを前提に都区間の事務配分や税配分等の特例に対応して、都と特別区及び特別区相互間の財源を調整する制度である。基礎的な地方公共団体たる特別区の地位を財政制度面から裏付ける趣旨を有し、都区制度改革により地方自治法上の財源保障制度として明確に法定された。

この制度は都区間の財源の均衡化と特別区相互間の財源の均衡化という二つの機能を有している。財源を調整3税とし、都条例で定める一定割合（平成19年度から55％）を特別区財政調整交付金として交付するとされている。

交付金には「特別区がひとしく、その行うべき事務を遂行することができるように」するという交付基準があり、都区間の役割分担に応じた財源配分の原則とともに、地方交付税制度に準じる財政保障制度としての性格が明確化されている。

交付金は、総額の95％が普通交付金、5％が特別交付金である。調整3税が都区の共有財源であり、その一定割合は特別区の固有財源的な性格を有することが明らかにされている。

国は、地方財源の不足の問題を地方間の税収格差問題に転嫁しようとし、税源偏在是正として大都市からの税収移転を重ねている。今後、大都市において高齢化が進み、財政需要が膨らみ大都市の財政が逼迫したときにどう対応するのか。抜本的な制度の再構築が必要である。

第3章 税源偏在是正議論に対する反論

1 地方交付税と税源偏在

地方交付税は、その財源のほとんどは東京などの大都市部から収入され、大都市以外の地方自治体に分配されている。つまり、既に東京の財源は、地方交付税を通して、税源偏在是正に使われているのである。地方交付税は結果的に、地方自治体の自主性、自立を妨げている側面もあり、抜本的な見直しが必要であろう。

2 法人住民税の国税化

国は、地方消費税率の引上げとともに、法人住民税の一部を国税化（地方法人税を創設）し、全額を地方交付税の原資とした。平成28年度で特別区への影響額は700億円に達する。消費税率が10％となる段階には、1225億円になると予想され、一層深刻な状況を迎えることになる。

法人住民税は、法人が地方自治体から受けるサービスの対価として負担を求めている自治体固有の財源であり、その国税化は、受益と負担という原則を全くないがしろにするものである。また、国税を拡大し、地方税を縮小することで地方分権の流れにも逆行する。さらに、消費税の増税は、社会保障の充実と安定化を目的として国民に負担を求めるものであるにもかかわらず、特別区の増収分に見合う額が法人住民税の国税化による減収で失われてしまうという点でも問題である。

3 ふるさと納税を巡る課題

国は、平成20年度にふるさと納税制度を創設した。特別区への影響額は平成28年度で△129億円以上となっている。これは、区立保育所（100人規模）109カ所分の年間運営費に相当する規模であり、来年度には倍増するとの予想もあり、公共サービスの持続に支障を来す懸念がある。

4 法人実効税率の引き下げを巡る課題

国は、税制改正において、法人実効税率の引き下げを実行した（「平成28年度税制改正大綱」では、平成27年32・11％→平成28年29・97％→平成30年29・74％）。代替財源措置がない場合、法人税率（国税）の減により実効税率を1％引き下げた場合の特別区への影響額は△91億円と試算されている。

地方法人課税は、法人が事業活動を通して自治体から享受する行政サービスへの応分の負担であり、重要な財源である。法人税額は法人住民税（法人税割）の課税標準であることから、国の責任で自治体に影響を与えないように代替財源を確保すべきである。

第4章 結語

以上のように、特別区の財政基盤の確立のためには、国、東京都との間で制度の趣旨に沿って主張し、交渉していく必要がある。基礎的自治体としての財源の確保が今後の超高齢化社会を迎える上で不可欠である。

解説

都区財政調整制度を含めて、財政に関する問題は、一度さらっておいたほうが良いでしょう。おおむね特別区長会のホームページなどから資料を読めば概要が理解できると思います。

ふるさと納税については、返礼品を目的とした寄付が増え、かつその過度な返礼品を受けた住民のみが実質的税負担減の恩恵を受けるので、不公平という批判などがありますので、一度調べておきましょう。

Art・Essay&Opinion　アート・随筆・オピニオン

夢を運んで東へ西へ

交通局巣鴨自動車営業所　二坂英之

3月某日、東京都恩賜上野動物園を訪れた私の目に飛び込んできたのは、園内配布の情報誌『みんなの上野動物園』（58号）の特集タイトル「祝！トラ来園130周年記念～上野動物園のトラたち～」だった。

130周年という数字の重みに驚かされるが、開園はさらに古く、1882年とのこと。上野動物園は、明治時代から続く我が国最初の動物園なのである。

JR上野駅から徒歩5分の表門から入園すると、そこは東園。ジャイアントパンダやゾウ、ゴリラ、ライオン、くだんのトラ（スマトラトラ）などが飼育されている。ニホンザルのいるサル山の横を通り過ぎると、ほどなく「モノレールのりば」の文字が見えてくる。

モノレールの正式名称は東京都交通局上野懸垂線。東園駅から西園駅までの約300㍍をわずか90秒ほどで結んでいるが、途中公道をまたぐため、動物園の遊戯施設ではなく、鉄道事業法に基づくれっきとした交通機関となっている。

元々は都電や都バスに代わる近未来の乗り物として研究が進められ、1957年に上野動物園内で現在の路線が開通。2011年に発売された『都営交通100周年メモリアルDVD』に収録された記録映画を見ると、開業当時の盛り上がりがよく分かる。車体に派手なくす玉をつけた車両が宙を滑り、地上の観客はいっせいに風船を空に放ち、さらには浴衣を着せたサルをモノレールの座席に乗せたまま運行するというはしゃぎぶり。常設のモノレールとしては日本初の営業路線となる上野懸垂線に、人々はどれほどの夢を、希望を抱いたのだろうか。

時は経ち、上野式と呼ばれる世界唯一の方式を採用したモノレールが都営交通の主役を担う未来は来なかった。実験線から昇格した上野懸垂線は、しかしながら昔と変わらず、今でも老若男女の笑顔を東に西に運び続けている。

東園駅から90秒の空中旅行を終え、西園駅に降り立つと、すぐそばにケープペンギンたちのいる池がある。ケープペンギンはかつて食用などのために乱獲され、その後の石油流出事故の影響などにより個体数が激減した。絶滅に瀕している動物と、一人ぼっちのモノレール。空を飛べない鳥と、動物園から出ることのない乗り物。両者に共通しているのは、「守られている」、そして「人々の心を癒やしている」ことである。

◇　◇　◇

『都バスの走る風景』は、今回から都営交通全般に対象を広げて、『東京のりもの散歩・いちょうマークの車窓から』と題してリニューアルします。（編集部）

東京のりもの散歩

いちょうマークの車窓から －1－

イケメン、フナムシ、掃除機…

「今様」が見せる不思議な世界

渋谷区立松濤美術館

「九谷焼の皿にイケメン」「屏風に掃除機」「頭蓋骨に精巧すぎる虫」——渋谷区立松濤美術館で5日から開催されている『今様―昔と今をつなぐ』は、かなり刺激的で不思議な現代美術展だ。

「今様」という言葉は、「当世風」「現代的スタイル」といった意味で広く使われているが、同展ではこの言葉をキーワードに、伝統技法に接点を持つ6人の現代アーティスト（石井亨、木村了子、染谷聡、棚田康司、満田晴穂、山本太郎）を取り上げ、古くからの美術・工芸品から、彼らが何を受け継ぎ、自身の表現として変容させているのかを探っている。

今回、現代作品約40件に加え、作品との関連性をより理解できるよう、イメージの元となった古美術作品約10件も展示し、昔と今をつなぐ作品の共演も楽しむことができる。

「本歌取り」の表現

和歌の表現技法に「本歌取り」という楽しみ方がある。よく知られた古歌の一部を用いて作歌するもので、元となる古歌を背景として自歌に奥行きを与え、情趣を重層化させる。

今回展示している6人の作家の作品は、いずれも元となるオリジナルや伝統技法などを彼らなりに「今様」にアレンジしている。同展は副題に「昔と今をつなぐ」とあるように、彼らの創作の源泉となった古美術作品を「本歌」として共に展示しているのも特徴だ。

例えば、山本太郎の「紅白紅白梅図屏風」（2014　個人蔵）。"本歌"となる「紅白梅図屏風」（尾形光琳、江戸時代・18世紀、MOA美術館蔵）をほとんどコピーしているが、紅白の水の流れをたどっていくと、その水は某メーカーでおなじみの清涼飲料水の缶から注がれている。

山本は、自らの作品を日本画ならぬカタカナ表記の「ニッポン画」と呼び、古典絵画を現代の視点で再構成している。

木村了子作「男子楽園図屏風　East & West」。右が肉食男子、左が草食男子

木村了子の描く屏風は一味違う。「男子楽園図屏風　East & West」（2011）は、中央の大木を中心に右側に肉食男子、左側に草食男子が描かれている。もちろん、屏風全体がイケメンだらけ。肉食男子は猛牛と戦い、肉を食らう。草食男子は畑を耕し、田植えしている。

1930年制作の「婦女」（中村大三郎、ホノルル美術館蔵）を"本歌"とした「Aloha 'Oe Ukulele―夢のハワイ」（2016）は、アロハのイケメンがワイキキビーチにウクレレを抱えて横たわる。なぜか青空には、米軍の"ラブたん"が飛んでいるので、お見逃しなく。

満田晴穂の「晩餐（ばんさん）」（2013）という作品は、動物の頭蓋骨にフナムシが群がっている。頭蓋骨には死のイメージがあるが、自然界の生き物からすればただの夜ご飯でしかない。

頭蓋骨の中にはフナムシが群がっている。このフナムシは満田晴穂の「自在置物」

作品の虫は、ただの金属工芸ではない。「自在置物」という。金属で生き物を精巧に造るもので、江戸時代に盛んに制作された。今では日本でこれを造る技術を持っているのは、満田を含めて二人だけになってしまった。

「無為」（2016）という作品は、真っ白なベッドの枕に2匹のムカデが這っている。展示に携わった美術館のスタッフは「触ると（ムカデが）ニョロっと動いた感じがした」と苦笑する。それほど精巧にできている。

作るときには実物を解体し、どこがどう動くのかを研究した後に採寸をとって、実物大で再現する。展示の作品には触れることができないが、あまりにもリアル過ぎて触る勇気も出ない。

作家が配置を工夫

個性の強いアーティスト6人がそろっている展覧会だが、6人の作品が淡々と順番に並んでいるわけではない。

作家本人が会場の配置を工夫しているのも、展覧会の見どころ。

例えば、奈良時代末から平安時代初期の仏像に主に用いられてきた一本造りの技法を用いる棚田康司の「12の現れた少女たち」（2016）。12体の彫刻は、神社の建立時に使われていた柱の端材から制作されたものだ。12体全て、フロアの片隅に置かれた江戸時代につくられた円空の一本造りの彫刻を見つめており、棚田の円空への尊敬の念を感じる配置だ。

山本太郎が能楽をテーマに手掛けた屏風は、展覧会の前期だけ2枚の絵が、本来の配置とは左右逆になっている。

山本は「これが正しいという平均的な置き方があって、皆さん、その鑑賞法で見る人が多いが、屏風は元々、自宅で使う調度品なので、持っている人が自由に使っていい。どの角度の開き方でもいいし、二つペアなら片方だけ出すこともあり得る」と語る。

二つの屏風は、どちらに置いてもつながっていて、まるで永遠に続いていくような気にもなる。

作品だけでなく、作品の配置も個性的だ。展覧会全体を通して、今と昔が交錯した不思議な感覚に襲われる空間だった。

◇　◇　◇

「今様―昔と今をつなぐ」▽期間　5月21日㈰まで（前期は4月23日㈰まで、後期は4月25日㈫から5月21日㈰まで）▽会場　渋谷区立松濤美術館（渋谷駅下車徒歩15分、神泉駅下車徒歩5分）▽開館時間　午前10時～午後6時（毎週金曜日は午後8時まで、入館は閉館30分前）▽入館料　一般500円、大学生400円、高校生・60歳以上250円、小中学生100円▽主催　渋谷区立松濤美術館、読売新聞社、美術館連絡協議会

ミニガイド

◆都立多摩図書館東京マガジンバンクカレッジ（5月～7月）
①ワークショップ連続講座「雑誌をつくるワークショップ」（雑誌総合セクション）▷日時（第1回）5月26日㈮午後7時～8時半（第2回）6月16日㈮午後7時～8時半（第3回）7月7日㈮午後7時～8時半▷講師　丸山信人氏（㈱インプレスホールディングス執行役員CPO兼コーポレートコミュニケーション室長）▷定員　20人程度（抽選）▷参加費　無料
②講演会「江戸から東京へ－多摩万華鏡－」（多摩セクション）▷日時　5月28日㈰午後2時～4時まで▷講師　仙田直人氏（品川女子学院高等部校長）▷定員　120人（抽選）▷参加費　無料
③講演会「『旅と鉄道』の再生と復刊」（鉄道セクション）▷日時　6月11日㈰午後2時～4時▽講師　芦原伸氏（『旅と鉄道』『SHINRA』編集人・発行人▷定員　120人程度（抽選）①～③のいずれも申し込みは都立図書館HPか電話で。☎042・359・4020（申し込み期限：①②は5月15日㈪、③は5月29日㈪）

◆千代田区立日比谷図書文化館「少女小説は死なない－氷室冴子から現在まで」▷内容　70年代から現在に至るまでの少女小説の変遷を社会学、文化研究を専門とする嵯峨景子氏が豊富な図版資料とともに紹介する。コバルト文庫を中心にティーンズハートやビーンズ文庫など、各レーベルの動向や流行ジャンルの変動を時代背景と関連付けつつ考察していく▷講師　嵯峨景子明治学院大学非常勤講師▷日時　5月16日㈫午後7時～8時半▷会場　日比谷図書文化館地下1階日比谷コンベンションホール（大ホール）▷定員　200人（事前申し込み順）▷参加費　千円▷申し込み方法　来館（1階受付）か電話（☎03・3502・3340）、Eメール（college@hibiyal.jp）のいずれかにて、①講座名②名前（ふりがな）③電話番号を連絡

自治体職員のための行政救済実務ハンドブック

鈴木秀洋著　第一法規刊

この4月に新しく採用された皆さん、実際の仕事に携わるようになった感想はいかがでしょうか。改めて、自治体職員を目指したときの気持ちを思い出しているでしょうか。新規採用職員を受け入れた側の私たちも、この時期は自分が採用された頃を思い出す機会も多くなります。

現在の職場がどこであれ、自治体の業務である以上、その目指すものは「住民の福祉の増進を図る」ことに他なりません。この本は、この観点から訴訟という場面を見つめ、行政の取るべき姿勢、忘れてはならない視点を説くものです。

「住民の立場に立って考えたことがあるか。住民の主張に行政は説得的な説明をしているか」。筆者から投げかけられた問いは、訴訟とは関係のない場面においても、公務員人生を終えるまで常に向き合わなければならない課題なのだと思います。

この本に貫かれる特徴は、常に行政の視点に加えて、住民の視点と裁判所の視点、判決から得られる教訓を意識する点にあります。自治体行政の取り扱う分野は幅広く、全ての業務について、あるべき対応の姿を事前に示すことはできません。マニュアルに頼れない場面も多いでしょう。それでも、住民や裁判所といった他者の思考過程が分かれば、目の前の事態への対処方法を決める際の大きな参考となります。

ここでは22の事例が紹介されていますので、具体的な事例に沿って考えを深めていくことができます。中には、まだ判決が確定していないものも含まれていますし、事案や制度に対する考え方も一律に決まるものではなく、社会背景の変化によって変わっていくこともあります。

「おわりに」で用いられた「私たちが、そのとき持ち合わせているフィルター」を通してしか、ケースをみることはできない」という小見出しの言葉をかみ締め、目の前にある仕事で自分なりの考え方を持っていくことこそ「思考力を養う」ことであり、本書の真の活用方法だと思います。

定価　2800円＋税

（都産業労働局雇用就業部長　貫井彩霞）

都政新報

発行所 都政新報社
〒160-0023 東京都新宿区西新宿7-23-1 TSビル
〈総務・読者〉03-5330-8781
〈企画広告〉03-5330-8784
〈編集〉03-5330-8786
〈出版〉03-5330-8788
〈ファクス〉03-5330-8808
購読料 月1,730円（税込）
毎週火・金曜日発行
ただし、祝日は休刊

紙面から

消える「民進カラー」

離党の連鎖止まらず

小池新党と微妙な距離感

民進党都議を中心とする会派「東京改革議員団」で、現職都議の離党の動きが加速している。これまでに5人が離党届を提出し、離党に向けた意思を示す現職もいる。2月に発足した同会派は小池知事の改革路線に協調する姿勢を示したが、都議選に向けた都民ファーストとの連携は進まず、都議には焦りが広がっている。一方で、現職都議で都民ファーストからの公認を受けた予定候補はおらず、離党した都議も知事との距離感は微妙だ。

「こんなに早く『民進』が消えるとは」。今年2月に都議会民進党（元民主系）と民進党都議団（元維新系）が合流する形で東京改革が結成された際、都庁幹部はそう漏らした。民進党の発足から1年と経たずに都議会会派から「民進」の名前は消え、今では現職都議の離党も相次ぐなど「民進離れ」が加速している。

現職では党から公認を受けていた中山寛進氏（台東）が3月に離党届を提出したのを皮切りに、今月に入ってから石川良一氏（南多摩）、新井智陽氏（日野）が離党。13日に石毛茂氏（西東京）、14日には島田幸成氏（西多摩）も離党の意向を示し、離党届を提出した。いずれも会派は離脱していない。また、酒井大史氏（立川）は地元の長島昭久衆院議員が党本部から除名処分を受けたことで、「除名覚悟で代議士と政治行動を共にする」と表明するなど、現職都議の離党の動きに歯止めがかからない状態だ。石毛氏は民進都連で選挙対策委員長を務めており、都議選に向けた選挙公約の策定作業への影響も懸念される。

民進党の結成に合わせ、新たな会派看板を設置する都議＝16年4月1日

東京改革都議の一人は「（現職都議の）離党は悲しいが、仕方ない」と諦め顔だ。「都議選に向けて、都民ファーストの影響力は大きすぎる」とこぼす。また、共産党との共闘路線継続を示す党本部に対して、地方議員からはいまだに根強い抵抗感があるといい、蓮舫代表の求心力低下も顕著だ。「例えば都議選で蓮舫氏が応援に来れば、小池氏と全面対決することになる。比較されれば有権者の選択は明らかだ」（元都議）と、選挙の顔となりうる代表の不人気にも不安が募っている。

ただ、「民進」の看板を外した東京改革からの会派離脱者はまだ出ておらず、離党した都議らは都民ファーストの会とは距離がある。元都議が離党直後に都民ファーストから公認を受けているのとは対照的で、「（都民ファーストに）入りたくても入れてもらえないのだろう」（民進党都議）と、知事周辺との温度差を指摘する声もある。

都民ファーストから出馬予定の元民進党都議は「自分は離党前から都民ファーストとの間で話が進んでいた」と話し、支援者への説明などに時間を掛けた上で合流を目指す都議も出てくるだろうと分析する。

離党した現職都議の一人は、無所属での立候補や選挙における知事との連携について、「まだ分からない」と言葉を濁す。知事の改革姿勢に理解を示し、都民ファーストと連携する意思も持っているが「ボールは向こうに投げている状態」だ。

民進党都連では公認を受けていた離党者に対し、今後は議員で構成する倫理委員会で処分を含め、対応を検討する。事務局は「これ以上離党者が出るのは当然避けたい」と話し、公認候補への手厚い選挙支援を約束するが、「離党」に揺らぐ候補者の心をつなぎ止めることができるかは不透明だ。都連関係者からは「我々は『一致団結していこう』と呼び掛けることしかできない」とため息が聞こえてくる。

東京改革の尾崎大介幹事長は、離党した都議への対応について、「私達の感覚からすると、都民ファーストと民進党は改革の方向は同じ」と話し、苦戦が伝えられる選挙区情勢など都議選を見据えた離党を否定していない。同会派幹部は「以前から離党の動きは把握しており、会派離脱につながらないように無所属も受け入れる『東京改革』に会派名を変えた面もある。今後も大きな動きがあるだろう」と明かす。

知事周辺から特定の都議に対する「切り崩し」もうわさされる中、都議選での生き残りをかけた離党の動きは今後も続くと見られている。一方で、政局を重視するあまり選挙後を見据えた政策や、議会でのスタンスはおざなりになっているとの指摘もある。この夏、民進党が融解した後に何が残るのか。「東京改革」の在り方が問われている。

都議選啓発

イメキャラに橋本環奈さん

前回はモデルでタレントの剛力彩芽さん、今回はタレントの橋本環奈さん＝写真。都選挙管理委員会事務局は14日、7月の都議選で起用するイメージキャラクターを発表した。都議選のポスターは6月上旬に公表する予定だ。

3月3日に都議選の啓発事業の委託先を選定する審査会を開き、5社が参加。中には若者に人気のある、お笑い芸人のトレンディエンジェルを起用する企業もあったが、18歳の橋本さんをイメージキャラクターとして提案した凸版印刷が選ばれた。

選管事務局は、都議選で初めて選挙年齢が18歳以上に引き下げられるため、橋本さんの起用で若者の関心が高まることを期待している。前回の投票率は43・50%だったが、現時点では市場問題など都政の課題に注目が集まる中、投票率は上がると見られている。

また、候補者数も前回の253人を上回る可能性がある。事実上の小池新党である都民ファーストの会が候補者を大量擁立する見通しで、平成以降の都議選で最多だった1997年の264人を上回るかも焦点となっている。

入札制度改革で知事に申し入れ

都議会公明党

都議会公明党の東村邦浩幹事長ら会派幹部ら7人は14日、都政改革本部がまとめた入札制度改革方針について、受注事業者の立場から検証することなどを求め、小池知事に申し入れを行った。

同会派は13日に行った関係団体へのヒアリング結果などを踏まえ、▽入札制度改革の必要性を受注事業者の観点からも検証すること▽再入札時の工期延長など、制度改革変更の詳細を早急に公開すること▽予定価格事前公表などの撤廃により、中小企業のダンピングや過剰競争が懸念されるため慎重に対応すること——などを要請。改革方針は都の公共事業推進や中小企業の経営に関わる重要な問題として、知事が直接受注事業者から意見を聞くよう求めた。

小池知事は「建設関係の方々から中小零細がなんとか生き残れる方策を考えてほしいと伺っていた」と理解を示し、各団体からヒアリングを行うことを約束。また、「中小零細企業を守るための入札制度をやっていきたい思いは、皆さんと共有している」と話し、新制度の施行にあたっては申し入れ内容を受け止める考えを示した。

都政の東西

1年の月日

「死ぬかと思ったばってん、生きとるよ」——突然の「震度7」のニュースに、慌てて熊本の実家にかけた電話がつながって1年が経った。その時は、まさか2日後に再び同じような電話をかけることになるとは考えもしなかったが。

熊本県では地震で家を失った4万人超が依然として避難生活を送っており、大きな被害を受けた南阿蘇村や、震度7を観測した益城町に隣接する御船町などでは、現在も避難指示や避難勧告が解除されていない。慣れない避難生活の影響とみられる震災関連死は14日現在で167人に上り、死者は225人にまで増えた。

都内を訪れた熊本市の大西一史市長や御船町の藤木正幸町長を取材した際、2人は異口同音に「地震に対する備えが甘かった」と反省を述べた。阪神・淡路大震災や東日本大震災を経て、行政にとって「想定外」という言葉は禁句に近い響きを持つようになった。首都直下地震の際、できれば東京では聞きたくない言葉だが、それでも想定を上回る事態が起こることを熊本地震は改めて突き付けた。

都と区市町村は、熊本地震を教訓に、罹災（りさい）証明発行の迅速化や被災後の物資供給、全国からの派遣職員の受け入れ態勢の構築などに取り組んでいる。東京の土地事情を考えると、熊本以上にみなし仮設住宅の需要が高まることが想定され、新設よりも地域コミュニティーの維持が難しいとされるみなし仮設と震災関連死の問題をどのように克服するかについても検討を進めてもらいたい。

実家に連絡すると、今月中には地震で壊れた屋根の修理が終わりそうとのことだった。復興までの道のりの長さを感じた。

市場のカタチ 「市民の台所」の在り方を探る㊥

新興勢力

顧客の心つかむ「朝獲れ」

午前11時の開店前から、池袋駅ビル内のレストランフロアにある店の前には長蛇の列ができていた。回転ずし「回し寿司 活（かつ）」は都内やハワイなど9カ所で展開している人気店で、1日平均千人が来店する。客たちの目当ての一つが、その日の朝に水揚げされたばかりの「朝獲れ」の魚をさばいた新鮮なネタだ。

「普通のタイよりも食感がコリコリしていて、うまかった。漁港近くのすし屋で食べている感覚だった」。店を訪れたことがあるという都幹部は、そう絶賛した。「朝獲れ」のタイは、食にうるさい妻も舌鼓を打ったと満足げだ。

同店の「朝獲れ」の魚は、羽田空港の貨物ターミナルの一角にある羽田市場から仕入れている。ベンチャー企業のCSN地方創生ネットワークが運営し、北は北海道、南は九州の漁港からその日の朝に水揚げされたタイやカレイなどを空輸し、羽田市場で仕分けし、小売店や飲食店に配達される仕組みだ。漁師の出荷から配達までは最短6時間で、鮮魚流通の革命ともてはやされている。

同店を運営する㈱活美登利の阿部勝範経営企画部長は「築地市場の水産仲卸から羽田市場の紹介を受け、取り引きを始めた。羽田市場の魚は鮮度も魚体の触感も違った」と驚きを隠さず、2006年の年明けから仕入れるようになったと説明する。

羽田市場の魚の鮮度の良さは、魚の締め方に工夫がある。水揚げされた魚は鮮度を保つため、すぐに神経を抜き取り、血抜きも行う。特に神経が残っていると、顧客に届く前にうまみ成分が消えてしまうからだ。同市場では社員が直接、地方の港に出向き、漁師に魚の神経の抜き方を伝授するなど、取り扱う魚の高付加価値化に力を注ぐ。

一方、卸売市場を経由する魚は、水揚げしてから飲食店に届いて提供するまで一般的に3日程度かかると言われている。築地市場の仲卸と取り引きする活美登利の阿部部長は「卸売市場で扱う魚が悪いわけではない。マグロは寝かせることでうまくなる。（鮮度が高く）コリコリした食感、（魚を寝かせて）うまみが凝縮した味を好む顧客もいる」と述べ、顧客の食べ比べができるように羽田と築地の両市場から取り引きしている理由を説明した。

市場に詳しい都幹部は、「羽田市場は鮮度なら優位性がある」と認めるものの、「扱っている商品の種類が限られている。築地市場と比べたら、多種多様な商品がそろっていない。市場規模の優位性は築地には勝てない」と強調した。

だが、築地市場の取り扱い量は減少傾向にある。14年の水産物取り扱い量のうち、鮮魚が09年比で8・1%減の15万2693㌧に対し、揚げ物や佃煮などの加工品が23・1%減の14万9116㌧。加工を行うための専用施設がない築地では、取り引きが敬遠されていることがうかがえる。今後は羽田市場のような新興勢力が新たに台頭すれば、鮮魚の取り扱い量がさらに打撃を受ける懸念がある。

もちろん、競りを通じて適正な価格を決定する機能や、小売店が大量購入する現状などを踏まえると、羽田市場が築地に取って代わる存在にはなり得ない。しかし、長い歴史の中で築地ブランドが確立されたが、現状維持は衰退を招きかねないとの指摘もある。

そうした事態を回避するには、鮮度と味を追求するという顧客ニーズに応えていると羽田市場の取り引き増の理由を参考にする必要がある。築地の業者が羽田市場と同じような輸送方法に切り替えるのは難しいが、今後の中央卸売市場の在り方としてはいかに時代に合ったニーズを満たせるかという視点を持つことが不可欠と言えそうだ。

羽田市場の真鯛を手に持つ「活美登利」のスタッフ＝㈱活美登利提供

船旅で観光促進 500円で社会実験

都都市整備局

都は29日から、舟運（しゅううん）の活性化に向けた社会実験として、東京港や隅田川などの航路で船舶の運行を開始する。昨年度行った社会実験を踏まえ、航路や料金を改定。臨海部の人気スポット周辺を巡回するルートを低料金で利用できるなど、観光手段としての「舟旅」という側面を強化した。

臨海部を循環する航路は、毎週金・土曜日に運行し、有明やお台場海浜公園、天王洲などの観光スポットでの乗り降りが可能。ゆりかもめなど地上交通機関との接続も重視した。昨年度の社会実験では1500〜2千円程度の料金で運行したが、利用者へのアンケートでは低料金を望む声が多く、今回新たに用意した循環ルートでは天王洲〜お台場間や有明〜勝どき間など一区間の運賃を500円に抑えることで、需要を掘り起こす。循環以外のルートは両国から天王洲を結ぶ航路や、羽田から有明などを結ぶ航路などを用意し、いずれも低料金を予定している。利用者の反応を調査し、新たなルートの可能性も調査する。

小池知事は「東京で十分活用できていないのは『水辺』と『夜の時間』だ」と話し、都内観光としての舟旅や、交通機関としての役割にも期待を示した。

143万トンのCO₂削減 低燃費車普及進む

都環境局

都環境局は14日、都内事業者が所有する自動車からのCO_2排出量が、2015年までの5年間で143万㌧削減されたと報告した。

都は環境確保条例に基づく自動車環境管理計画書制度で、30台以上の自動車を使用する都内事業者に環境配慮の取り組みを毎年報告するよう義務付けており、今回、11年から始まった第3期計画期間の実績を集計した。143万㌧は都内の森林面積が持つCO_2吸収量の約2倍の量。

削減の要因として、ハイブリッドカーなどの低公害・低燃費車に切り替わり、15年度時点で全体の約半数になったことや、環境に対する社内意識が改善され、ほぼ全ての事業者で燃費を抑える「エコドライブ教育」を実施していることなどを挙げた。

冗句ジョーク

春の幹部異動、今年の事務引継書の特徴
「それは覚えなくていい、これは忘れていい」
——百条委喚問の教え

重層長屋の規制強化へ

足立区 世田谷区　2定に条例改正案

23区内で長屋の建築規制問題が再燃している。共用部がなく、複数の独立した住戸で構成される長屋は法律上、マンションやアパートと区別され、住戸面積や隣地との距離に関する法規制がない。用地が希少な都市部で、活用しにくい狭小な土地に2階建て以上の「重層長屋」を建てるケースが増え、足立区や大田区では近隣住民が区建築審査会へ審査請求を提出した。国が対応に乗り出したこともあり、広域的な規制をかけるべきかが再び問われ始めている。

足立区で問題となっているのは、鉄道駅からほど近い住宅街で建築中の総戸数62戸の重層長屋。区建築審査会は違法性がないと判断したが、建設地が道路の行き止まりの先にある宅地、いわゆる「路地状敷地」で、敷地に面する道路の間口が狭く、住民の急増により災害時の避難路が確保しにくくなる点や近隣トラブルが発生する懸念がある点を指摘し、都知事と区長宛ての建議で規制強化を要請した。

区議会は16年の第4回定例区議会で、都建築安全条例の見直しを求める意見書を全会一致で採択。今年3月には関係要綱を改正し、2階建て10戸以上の長屋を建てる際は着工前に区との事前協議を必要とした。6月に開会する第2回定例区議会ではワンルームマンション条例での規制対象に加え、住戸面積の下限や歩道などの整備をするよう規定する。さらに、今年度内には要綱を(仮称)足立区集合住宅条例へ格上げする予定だ。

区建築調整課の成井二三男課長は「区内に大規模な重層長屋が建つのは想定外。現行の要綱では事業者に区の要望が聞き入れられない場合もある」と、強制力が高い条例で規制する必要性を強調する。

長屋を巡る建築紛争は、数年前から世田谷区や新宿区で見られ、大田区でも重層長屋の審査請求が出されて審議中の段階だ。世田谷区の佐々木康史建築調整課長は「単身者向けの戸数が多い長屋が増え、共同住宅と変わらない形になってきた」と危機感を示し、足立区同様に、長屋の建築条件をワンルームマンションと同水準まで引き上げる条例改正案を第2回定例区議会に提出する。

一方、都は23区部長会及び26市課長会に考え方をまとめるよう依頼しており、都市整備局担当者は「結果を踏まえて、規制の在り方について判断したい」(建築企画課)とした。

国も長屋の安全確保に向けた検討会を立ち上げ、都や足立区、世田谷区、横浜市、大阪府が参画する。ヒアリングを基に、夏までに結論をまとめる見通しだ。

家と家の間の路地奥(左手)に62戸の長屋住宅の建築が行われている＝13日、足立区で

規制の是非示す時

【解説】長屋規制の問題は数年前から都内でくすぶってきたが、局地的な問題とされ、各区が自主条例による規制で対応することでいったんは収まっていた。しかし、空き家問題や民泊新法の動きもあり、今後も空いている狭小な土地に大規模開発する事業が出てくると予想される。国も検討に乗り出している中、広域的に規制をかけるべきかを決める時期に差し掛かっている。

建築紛争の根底にあるのは、建物が建つこと自体ではなく、その後に住環境が劇的に変わるのではないかという住民の不安感だ。これは建物の形状や土地条件を規定すれば払拭されるわけではなく、事前協議や完成後のコミュニティー形成で回避できる問題もある。安全性と生活環境を一緒くたにすると、規制の実効性は薄れてしまう。

また、建築紛争を防止するためとはいえ、行政が開発規制をかけることが事業者にとってどう映るかも考慮する必要がある。「路地上敷地」は開発の余地がなく「くず地」とも呼ばれ、自治体が有効な活用方策を打ち出し切れていない事情もある。まちづくりの知見やノウハウが豊富な民間事業者の開発意欲を削ぐような規制は得策ではない。

都内は区部、市部ごとに見ても、土地利用の手法に地域差がある。都は土地開発の制限や、優良な建築物であっても法令上適合しない「既存不適格建築物」につながることを理由に、都内一律での規制となる都建築安全条例の改正に慎重な姿勢を崩さない。

一方、23区では長屋が問題になっている区とそうでない区で温度差がある。住民に最も近い自治体の区としては、今は問題がないからと切り捨てずに自区の開発動向も見据えた上で、規制の是非を示す必要がある。(伊)

電力調達、自治体連携で

港区 世田谷区　小売り自由化で新段階へ

世田谷区の保育所へ電力供給を始めた長野県の水力発電所

2016年4月からの電力小売り自由化を受け、23区内では独自に調達する動きなどが加速している。

再生可能エネルギー政策に力を入れる世田谷区は今年度、長野県営水力発電所から電力を調達することとし、区立保育所41施設の全電力をまかなう。区によると、費用は約1割下がる見込み。15年11月に区が主催した「自治体間連携フォーラム」に長野県職員が参加したのがきっかけで、大都市への売電を模索する県と政策意図が一致した。

同区は24年度までに区民の再生可能エネルギー利用率を25%にする計画を掲げている。公共施設での利用とともに、園児に対する環境学習にも活用。保護者への周知にもつなげ、再生可能エネルギーのPRを推進する。

また、区は群馬県川場村と連携して自然エネルギーを区民に販売する仕組みを構築。売電先は区内に本社を構える小売り電気事業者「みんな電力㈱」で、今年2月に購入者40世帯を公募で決定し、今月1日に供給を開始した。

環境省はこの仕組みを他自治体にも広げるため、同事業をモデルに選定し調査を実施。区は協力の上、連携先を検討し、青森県弘前市と岩手県八幡平市、新潟県十日町市を選定した。区は今後、区が主催する「自然エネルギー活用による自治体間ネットワーク会議」などでの協議を重ね、政策の実現を目指す。

一方、港区では電力調達方針を新たに策定した。CO_2排出基準などの入札参加資格を課した上で入札を実施。1日から区直営施設などで新たな事業者からの供給が始まり、費用が約3割下がったという。区は、区民や区議会からの「小売り自由化で調達先が複数社になったことに対応すべきではないか」という声を契機に検討を進めていた。

同方針では、自治体間連携による再生可能エネルギーの調達に乗り出すことも示した。区と交流のある全国約300自治体を中心に、今年度末までに実現可能性に関する調査などを行う方針だ。

同区の野上宏企画課長は「今後、新しい調達方針で得られた情報を区民に還元していきたい」と話した。

民泊インパクト(中)　住宅宿泊事業法案に見る功罪

誰がやるのか　都区困惑

「都には可能な限り早く所管を決めてもらいたい。区として動きにくい」──ある区の保健所担当者が苦笑いを浮かべて語った。

住宅宿泊事業法案が今国会に提出されたことを受け、区長会は3月23日、保健衛生主管部長会が中心となって都に要請活動を行った。要請は、都区が速やかに事前調整を行い、法定の協議が円滑に進むよう早急な連携体制の構築を求めるものだったが、都側では担当局が決まっておらず、現在も白紙の状態という。

事務処理

都で所管局の選定が課題となっている背景には、国が観光立国を目的に官邸主導で制度設計を進めてきた経緯がある。法案提出は国土交通省だが、厚生労働省との共管となっており、公衆衛生や地域住民とのトラブル防止など適正な民泊運営の確保と同時に、訪日外国人旅行者の来訪・滞在促進による経済の発展を強調している点が特徴だ。

法案では、住宅を使って民泊サービスを営業する住宅宿泊事業者の届け出・監督は都道府県の事務となっており、保健所設置市と23区は都道府県知事との協議を条件に、都道府県に代わって事務を行うという作りになっている。

事業者の業務を定めた条項を見ると、定期清掃など衛生上の対策や避難経路の表示などの安全確保策を義務付けている点からは、保健所による監督指導を想定していると読み取ることができる。

その反面、罰則項目とはしていないものの、外国語による情報提供など外国人宿泊客の快適性と利便性を確保する措置を義務付けた点からは、訪日外国人観光の推進という側面が色濃く浮かぶ。

都の組織に当てはめると、公衆衛生などは福祉保健局、旅行者の来訪促進は産業労働局の担当になるが、いずれの局も「あちらが所管するのが望ましい」と主張し合っているのが実情だ。

都の公式サイトで「民泊」と検索すると、ホテルや旅館などの宿泊施設について定めた旅館業法を所管する福祉保健局のページに遷移する。宿泊営業を行う場合には、旅館業法の許可を取るよう注意喚起する内容だ。

同局健康安全部の担当者は「新法の目的を見ると、宿泊施設不足の補完と来訪者の滞在促進による経済発展に重点が置かれている。宿泊者の騒音やごみ出しなどの周辺住民対策は国交省と厚労省の共管で省令を定めることになっており、一概に保健所の事務とは言えない」(環境保健衛生課)と話す。監督事務に関しては、「産業労働局は旅行業で窓口を持っており、必ずしもできない業務ではないのでは」と述べた。

他方、産業労働局観光部では「23区とは協議になるが、都は少なくとも多摩・島しょ地域で届け出と監督を担うことになる。産業労働局は、多摩・島しょ地域に保健所を持つ福祉保健局のように現場があるわけではない。23区が事務を担うことになった場合、区の観光部門には監督指導事務がない。都区で窓口が異なるのは事業者や住民にとってどうなのか。住民生活を守る監督指導事務は福祉保健行政としてどのように取り組むかが問われるのでは」と語る。

一足先に国家戦略特区を活用した「特区民泊」を昨年1月に開始した大田区ではどうだったのか。

2014年の特区認定から特区民泊の導入に向けた具体的な制度設計に着手し、翌15年6月に窓口を保健所の生活衛生課に決定したが、所管課の選定で議論が紛糾することはなかったという。同課は事業者の認定や監督指導業務を担当し、現在までに宿泊者と周辺住民のトラブルは報告されていない。

20年東京五輪までにインバウンド観光の受け皿整備を急ぐ国の思惑もあり、法案成立から施行までは1年しかなく、早ければ来年1月には事業者の届け出が開始されるとの見方もある。23区との協議や多摩・島しょ地域での事務処理に地元市町村の意見を反映させるためにも、都に与えられた時間的猶予は少ない。

大田区の特区民泊を利用するフィリピン人の4人家族。保健所の所管の下、現在までに近隣とのトラブルは発生していない＝区提供

自治体政策のススメ　議会改革の最前線④

山梨学院大学教授　江藤 俊昭

議会改革を住民福祉の向上に

議会基本条例に結実している議会改革は重要である。とはいえ、それは地域経営のルールに過ぎない。住民からすれば当たり前のこと。この改革を住民福祉の向上につなげることが必要だ。

その際、筆者は議会からの政策サイクルを強調している。議会運営は従来、定例会ごとにプッツン、プッツンと切られていた。これではサイクルを回している行政に付いていけず、追認機関化する。議会も連続性が重要となる。質問(追跡質問、追跡調査)、財政審議(決算・予算要望・予算・決算)の連続性だ。

それは、住民との意見交換会から地域課題を発見して、そのテーマを議会として調査研究し、監視や政策提言に生かすものである。

このためには、通年的な議会、通任期を意識した議会運営が不可欠だ。年間、そして任期の4年間を意識すること、つまり年に4回の定例会(通年議会の場合定例月会)を中心に、1~4年間の目標を設定し議会を作動させることである。準備なくして審議は追認化する。決算や総合計画を巡っても議会が議案として提出される前に事前に総括し、調査研究することも必要だ。議案自体を審議するわけではないので、事前審査には当たらない。

その際、行政改革において流布しているPDCA(計画・実践・評価・改善)サイクルは重要であり、また、議会改革で活用できるとしても、新たな地域経営におけるその強調では議会が無視される。つまり、新たな地域経営においては討議空間である議会を位置づける必要がある。PとDの間に二つのD、つまり討議(deliberation)と決定(decision)を組み込むことである。地域経営においてPDDDCAサイクルを創り出さなければならない。住民参加も含めて討議し、決定する空間を創り出すことで、まさにそれを担うのが議会である。地域経営におけるPDCAサイクルの活用は、知らず知らずのうちに行政的発想へと移動することに留意していただきたい。

記者席

海の向こうの話は切れ味抜群

○……14日の定例記者会見。小池知事は記者から北朝鮮の情勢について問われ、第1次安倍政権時代に研究したという米国の国家安全保障会議(NSC)について持論を展開する一幕があった。さすがに元防衛相だけあって安全保障に一家言ある様子で、「シリアと北朝鮮の二正面作戦はなかなか難しい」。結論こそ「今は都知事なので、国の責任でしっかりと対応してほしい」と控え目にまとめたが、市場移転の質問よりも明らかに饒舌に、国際情勢を分析して見せた。

庁内の声を拾うと、「知事は中東情勢にも相当、自信を持っている」「外遊好きは前知事と同じ。今は控えているだけ」といった見方も。やはり知事の見据える先は海の向こう?

○……「いずれかの段階でトップ会談を考えなくてはいけない」。東京五輪をめどに帰属問題の解決を目指す中央防波堤埋立地を巡り、大田区と帰属を争う江東区の山﨑孝明区長は11日の記者会見でこう述べた。調停に踏み出す時期については明言を避けたが、「いつまでも放っとくわけにはいかない」とも言及。都に調停を申請するための区議会の議決に「時間がかかりそう」と指摘した。

昨年11月9日を最後に開催されていなかった両区の実務者レベルの協議は、先月30日に久しぶりに開かれた。自治紛争処理委員会による調停申請はいつ行われるのか。行政らしからぬ両区の駆け引きは今しばらく続くのか。

○……葛飾区のすぐやる課設置は、青木克徳区長1期目の選挙公約で、区民との対話を区政運営に生かしていこうという、たたき上げの行政マンならではの発想だ。配属された職員は戸惑う声を漏らしながらも、区長の熱意にほだされた向きもあり、組織の確立に奔走したという。

同区では、11月に区長と区議会議員のダブル選挙が控える。このタイミングで同課へ広聴機能を移管して組織拡充を図るのは、3期目への布石ではないか。青木区長に尋ねると、破顔して「しかるべき時期に示します」との返答だった。次への意欲が垣間見えた気がした。

姉妹区提携40周年記念　初のイベント相互出店

台東区と墨田区

10日に姉妹区提携40周年を迎えた台東区と墨田区は13日、年度内に各種記念事業を実施すると発表した。10月に開催する台東区の「ふるさとPRフェスタ」と墨田区の「すみだまつり」では初の相互出店を予定している。

隅田川を挟んで隣り合う両区は、これまでスポーツ大会や文化イベントなどで交流を図ってきた。40周年記念事業としてはお互いのイベントへ出店するほか、9月にスカイツリー内で交流事業のパネル展を開く。

10日には両区の区長と区議会議長が対談した。服部征夫台東区長は「両区の魅力や文化資源を生かし、広域的な人の流れを活性化していくことが大切」と語り、山本亨墨田区長は「スポーツ、芸術、文化など様々な切り口でお互いにPRしていくことが大事」と述べた。

日野市長選　現職大坪氏が大差で再選

「待機児童解消に全力挙げる」

任期満了に伴う日野市長選挙は16日、投開票が行われ、無所属で現職の大坪冬彦氏(59)＝自民、民進、公明、生活者ネット推薦＝が、無所属新人で元中学校教員の磯崎四郎氏(64)＝共産、自由推薦＝を破り、再選を果たした。投票率は過去最低だった前回を更に3・06ポイント下回り、36・65％だった。当日有権者数は14万9413人。

大坪氏の選挙事務所には午後9時過ぎから支持者らが集まり、開票速報を見守った。10時30分に大差で勝ったことが分かると一斉に拍手と歓声が沸いた。馬場弘融前市長は「完全に私を抜いた。これからいよいよ大坪本来の市政が私をはるかに乗り越えて伸びていく」と祝いの言葉を贈った。

大坪氏は「こんなに差が付くとは思わなかった」と述べ、争点の一つだった待機児童対策について、「まだまだ足りないところもある。相手候補の指摘も含めて解消に全力を挙げたい」と話した。

2期目の課題として、健康寿命のまちづくり、障害者の差別解消、子供の貧困問題などに取り組む考えを示した。

大坪氏が選挙初日に、「盛り上がりに欠けている」と述べた通り、投票率は過去最低を更新。「市民を席巻するような争点がなかった。私も投票率を上げる努力はしたが、まだまだ努力不足。市民が市政について理解し、政治に参加してもらう働き掛けが必要」と語った。

前回選挙では、日野市が小金井、国分寺両市と進める可燃ごみ処理施設建設の是非が大きな争点となった。計画撤回を訴えた共産党推薦の前市議は、自民、民主、公明、社民、生活者ネットの推薦を得た大坪氏に8千票差まで詰め寄った。

大坪氏は1期目の任期中に、施設の設置や運営を3市が共同して行うための一部事務組合である浅川清流環境組合の設立にこぎ着け、3市は2020年からの本格稼働に向けて事業を進めている。

磯崎氏は今回、施設建設計画について「住民合意が得られていない」として白紙撤回を掲げたが、計画への道筋が付き、事業も進む中で、訴えは浸透しなかった格好だ。

ダブルスコアで当選を決め、万歳三唱する大坪冬彦氏（中央）＝日野市高幡の選挙事務所で

日野市長選開票結果（投票率 36.65％）

	得票	氏名	年齢	党派・新旧	推薦
当	36,919	大坪　冬彦	59	無現②	自民公ネ
	16,915	磯崎　四郎	64	無新	共自

（四角囲みは推薦政党）　＝選管確定＝

瑞穂町長選きょう告示　新人3氏が立候補へ

現町政の継続か刷新か

任期満了に伴う瑞穂町長選挙がきょう18日に告示される。石塚幸右衛門町長の引退表明を受け、いずれも保守系無所属の新人3氏が出馬する意向を表明。現町政の継続か、刷新かが争われる。出馬を予定しているのは、前副町長で石塚町長の後継指名を受けた杉浦裕之氏(63)、元町議の榎本義輝氏(53)、元衆議院議員秘書の柚木克也氏(54)。

杉浦氏と榎本氏は自民党員、柚木氏は自民党へ入党申請中で、同党瑞穂総支部は調整の結果、誰にも推薦を出さないことを決めた。自民党町議10人中8人と民進党町議1人は杉浦氏を支持。自主投票とする公明党は町議3人全員が同氏の事務所開きに参加するなど、杉浦氏は全16人の町議の大方の支持を集めている。

榎本、柚木両氏が現町政からの変革を訴える中、杉浦陣営は町職員としての長年の経歴や石塚町長の右腕としての8年間の副町長経験を踏まえ、子育て支援など継続して進めるべきことと、多摩都市モノレールの早期延伸など長期的視野に立って今後進めるべきことの2段構えの政策を打ち出している。リーフレットには、市町村長ヒアリングで石塚町長に同行して都庁を訪れた際に小池知事と写した写真を使うなど、都政とのパイプも強調する。

柚木克也氏　榎本義輝氏　杉浦裕之氏

■過去の瑞穂町長選の結果

	氏名	党派・新旧	推薦・支持	得票
2013年4月21日	（投票率40.73％）			
当	石塚幸右衛門	無現	自公	5,498
	榎本　義輝	無新		5,296
2009年4月19日	（投票率47.34％）			
当	石塚幸右衛門	無現	自公	6,846
	榎本　義輝	無新		5,612

（四角囲みは推薦政党、丸囲みは支持政党）

榎本氏は過去3回の町長選で石塚氏と一騎打ちを戦い、毎回、批判票の受け皿となり、前回は202票差まで詰め寄った。元町長の故・吉岡親一氏の関係者らが支援する。小池百合子政経塾「希望の塾」の塾生であることもアピールしている。石塚町政が進める庁舎の現在地建て替えは、「コストがかかり、付近に存在する立川断層も危険」として再検討を訴える。高齢者や障害者が対象の福祉バスを誰でも利用できるコミュニティーバスとして併用することなどを掲げる。

柚木氏は元衆議院議員の公設秘書で、現在は不動産仲介業のほか、コンビニエンスストア18店舗を経営。ビジネスの経験を生かし、まちの活性化につながるようなニュービジネスの創設や商業のにぎわい復活などを目指す。

同町の2日現在の選挙人名簿登録者数は2万7406人。投開票は23日に行われる。

青梅市立総合病院　現在地で建て替えへ

診療科4科を新設

青梅市はこのほど、市立総合病院の基本計画を策定した。現在地（東青梅4丁目）での建て替えとし、建設計画支援とコンストラクション・マネジメント（CM）業務の委託に向けて、21日までプロポーザルの提案書を受け付けている。

基本計画では、市立総合病院について「西多摩保健医療圏での急性期医療の拠点として、高度急性期・急性期の役割をより明確に担う必要がある」と指摘。高度急性期・急性期への今まで以上の特化と、地域基幹病院としての地域連携の推進を基本的な考え方とした。

診療科は、消化器外科、乳腺外科、形成外科、緩和ケア科を新設する。

これまで救急患者に対する入院実績は充実しているが、入院患者に対する手術実績は少なく、改善の最重要ポイントに挙げた。2015年度には年間4250件だった手術数は新病院では5350件を想定。病床数は現行の562床より少ない503床程度としたが、引き続き検討する。

敷地面積は2万2734平方㍍で、現在ある西棟、東棟、南棟を取り壊し、エントランス棟と新南棟を建てる計画で、総事業費は276億円を見込む。将来構想では、2000年に完成した既存の新棟とエントランス棟を新北棟（仮称）に集約する案も示した。新棟とエントランス棟の跡地は駐車場とし、トリアージスペースや次期建て替え計画での種地として活用する。

整備手法は、▽基本設計と実施設計を設計事務所、施工は施工会社が行う「設計・施工分離発注（従来方式）」▽基本設計は設計事務所、実施設計と施工を施工会社が実施する「設計・施工一括発注（DB方式）」▽基本設計と実施設計は設計事務所、実施設計支援と施工を施工会社が担当する「施工予定者技術協議（ECI方式）」―の3種類を併記した。

現在地で建て替えるため、基本計画の実施に当たっては、現病院の業務に支障が出ないように留意しつつ、スムーズな移行が求められる。高度で専門的な技術が必要であり、市は新病院建設計画支援とCM業務委託のためのプロポーザルを実施している。

CMは、発注者を補佐・代行するコンストラクション・マネージャー（CMr）が設計者や施工者から独立した専門的な第三者の立場で、設計、工事発注方式、工程管理、コスト管理などプロジェクト全般を統括する方式。

今回の業務委託費は3240万円。整備手法の検討のほか、病院機能や患者サービスと周辺環境との調和を考慮した施設の検討などの施設整備計画の作成、事業収支シミュレーションの作成などの医療コンサルティング業務、発注者の要求が基本設計方針書に反映されているかなどを確認するCM業務などが中心となる。

市では7月を目途に建設計画をまとめ、8月までに設計会社を選定、9月から基本設計に入りたい考えだ。

まちづくり丁寧に進める

小林正則・小平市長に聞く

任期満了に伴い今月9日に行われた小平市長選挙は、民進、共産、社民、生活者ネットワークの推薦を得た現職の小林正則氏（64）が4選を果たした。選挙戦では「参加、自治、協働」を掲げ、「まだ道半ば。私の手で更に進めさせてほしい」と訴えた小林市長に4期目の抱負など聞いた。

――3期12年までとした多選自粛宣言を翻しての4期目挑戦でした。

今回、多選自粛を撤回したことはハンディだった。どうすれば批判に耐えられるだろうかと考えながら選挙に臨んだ。結果的にこの12年間の実績を評価してもらえたと思う。

――得票数は前回より約5千票の減でした。

都市計画道路反対の住民運動を進めた市民団体共同代表が出馬し、その分は確実に減った。同候補の得票数は、道路計画に対し、住民の意思を問う住民投票の直接請求に出された署名数とほぼ重なっている。もう1人の候補は31歳という若さが脅威だった。もっと僅差の勝負になると思っていた。

――4期目で手掛けたいことは。

将来的な人口減少、少子高齢化対策だ。小平には現在、若い人たちが流入しており、子育て支援や助成、働くことができる受け皿づくりの充実などが課題。合計特殊出生率は都内2位だが、一方で高齢化率は22％で増加傾向にある。地域包括ケアシステムの構築、独り暮らしのお年寄り世帯の見守り、訪問介護、訪問医療、生活の自立支援、介護予防などに力を入れていきたい。

――公約の小川駅、小平駅の再開発には異論もあります。

応援してくれた4党の中でも、開発に関しては若干の温度差がある。駅前広場を広げた場合には、その分の権利を床で補償しなくてはならない。一定の高さのビルを建てることにはなる。だが、従来のような商業ベースのまちづくりではなく、地権者のほか、周辺住民、市民も含め、丁寧な説明と理解に基づくまちづくりにする。

――小平には緑や自然が残っています。

最近、PRしている「プチ田舎」という造語は私が考えた。中央線、西武新宿線に挟まれて、開発から取り残されたので緑や自然が多い。駅周辺の利便性を確保しつつ、玉川上水や野火止用水などの周辺の緑地の公有地化を図りたい。市域の1割に当たる約200㌶の農地もある。次世代に都市農業が受け継がれるよう、後継者の育成支援も行いたい。

――未実施の家庭ごみの有料化はどう考えますか。

武蔵村山、東大和の両市と構成する小平・村山・大和衛生組合のごみ焼却施設は建て替えが必要な時期に来ている。炉の焼却能力はコンパクトなものにして、有料化で減量化を図っていく方向だ。ごみ処理基本計画にのっとって、粛々と進めたい。

――最近の都政をどう見ますか。

誰がどう議論をして方向を決めているのか、まったく不明で官僚政治の弊害も出ていたのではないか。闇に光を当て、市町村と対話する小池知事の姿勢は評価している。

――市長会では副会長も務めています。

自民党を中心に支援を受ける首長が多く、ややもすると国の下請け機関になりがちな側面がある。私は共産党も与党とする少数派の首長として、市長会が言うべきことは言っていく上での役割を果たしたい。

こばやし・まさのり＝1952年7月生まれ。産業能率大学総合マネージメント学部卒。市議2期、都議3期を経て、2005年の市長選で初当選。長女は結婚し、現在は東村山市出身の妻と息子、3人の娘と暮らす。28歳の息子はダウン症で毎日、電車で作業所に通っている。「家族に支えられている」と笑顔を見せた。趣味はメダカと金魚の飼育、相撲観賞。

出番です　新副市長に聞く

まちづくり推進に向け

小金井市　小泉雅裕氏

小金井市の副市長に着任しての感想を「市長を支える立場として、職責の重さを日々感じている」と話す。

大学時代は市の隣りの国分寺市にある東京経済大学に通っていた。大学の友人が武蔵小金井駅近くに住んでいたため、小金井はよく訪れていたが、当時はJRも高架ではなかった。今回、都から副市長となって久しぶりに訪れて、街の変貌に驚いた。「まちづくりが進んでいると実感した」

現在、市では東小金井駅北口の土地区画整理事業や武蔵小金井駅前の再開発が進んでいる。まちづくりを推進する西岡真一郎市長の思いを受け止め、「都の都市整備局や建設局などとも連携を図りながら推進していきたい」と語る。市民との対話やコミュニケーションを重視する市長方針も念頭に置く。所管は市民部、環境部、子ども家庭部、都市整備部、農業委員会だ。

住民と身近な職場での勤務は、小笠原支庁でも経験している。2年間の任期の中では農業者や漁業者、旅館業者や商業者などの要望を聞いたり、仕事以外の場でも交流を深めた。島の史上に残るほど大きな台風に見舞われて農業被害が生じた時に、都産業労働局農林水産部と連携して対応に当たったのが思い出深いと振り返る。

仕事をする上でのモットーは、自分の頭でしっかりと考えること。様々な情報を聞いたとしても、どの部分を行政施策として生かせるか、あるいはいつ実行するかのタイミングの問題などもある。その時々の状況や社会情勢なども踏まえた上で、総合的に判断することが大切だと考えている。

市での仕事でも「現場のニーズや状況を把握して、市長や職員の方々と情報共有を密にしながら、新庁舎・新福祉会館建設など様々な市政の推進に貢献していきたい」と抱負を語った。

◇　◇

1967年生まれ。東京経済大学経営学部卒。92年に都庁に入庁。小笠原支庁産業課長、都市整備局都市基盤部調整課長などを経て、今年3月31日まで同局担当部長。趣味は映画観賞や読書。ミステリーが好き。妻と2人暮らし。

清瀬市　『婚姻手続き早わかりBOOK』

5月から配布をスタート

清瀬市は、『婚姻手続き早わかりBOOK』と「オリジナル婚姻届」を民間企業と協働で1200セット作成した。どちらも5月から本庁舎1階の市民課や出張所の窓口などで婚姻届を受け取りに来た人に直接、無料で配布する。自治体が婚姻に関する冊子を配布するのは都内でも初めて。

市内外に清瀬の魅力をアピールし、新たな人生のスタートとなる婚姻届の提出をきっかけに、清瀬市に住み続けたいと思ってもらうことが狙い。

『婚姻手続き早わかりBOOK』は全12ページ。その半分は同市近隣の不動産やブライダル、エステ、レストランなどの広告が占めており、市は経費を負担していない。広告を取り扱う会社と婚姻手続きを分かりやすく紹介したいという市のメリットが一致した。

BOOKでは、婚姻届の書き方や清瀬市の子育て事業を紹介。

オリジナル婚姻届は、市内を流れる柳瀬川や市内の川で見られるカワセミ、清瀬市の風物詩として有名な「ひまわりフェスティバル」にちなんでヒマワリなどがデザインされている。市民課は「オリジナル婚姻届は多くの自治体でダウンロード形式で提供されているが、当市は冊子とともに紙ベースでの提供にこだわった」と話す。

20日からカーシェア開始

奥多摩町とタイムズ24

奥多摩町とタイムズ24㈱は、20日から、同町でカーシェアリングを開始する。

同社が展開するカーシェアリングサービス「タイムズカープラス」の車両3台を町内のステーションに配備し、町民の移動手段の提供と観光客の誘致など奥多摩地域の活性化に向けた取り組みを進める。

冬季の降雪に備え、3台はいずれも四輪駆動でスタッドレス対応の車両。このうち1台はタイムズカープラスとしては初導入となる補助手すり付き福祉車両で、足腰の弱い人や高齢者が利用しやすくなっている。

タイムズカープラスのステーションは「奥多摩駅前ステーション」として、奥多摩駅から約100㍍の奥多摩町氷川に開設される。場所は町が町有地を提供した。

町への移住を促進するため、町民はタイムズカープラス入会時に発生するカード発行手数料1550円と月額基本料毎月1030円を無料にする。また、車種がセレナの場合には利用料金は15分412円だが、奥多摩町に配備する福祉車両のセレナは同206円とする。

タイムズカープラスは17年2月末現在、46都道府県に8953ステーション、1万7115台を配備している。会員数は76万7198人。利用するには、携帯電話やパソコンなどで予約してカーシェアリングステーションに行き、リアガラスなどにあるカード読み取り部分にカードをかざして車両ドアロックを解除。助手席前のグローブボックス内のキーボックスから車のキーを取り出す。運転終了後は借りたカーシェアリングステーションに車を返却する。

職員を停職処分

東村山市

東村山市は14日、市民部長(50)を停職1カ月の処分にしたと発表した。経営政策部次長だった2014年6月ごろ、部下に対し、業務遂行目的の指導の範囲を超えて、乱暴な行為や発言、人格を傷つけるなどのパワーハラスメントを行った。経営政策部長（61）も指導監督不適正により、戒告処分とした。

特別区組織・定数分析㊤

23区全体で職員数495人増

渋谷など3区で増加率3％超

特別区全体の2017年度の職員数は6万1117人で、前年度比495人増加したことが本紙の調査で分かった。特別区全体の増加率は0・82％で、2年連続の増加。各区独自の行政課題に加え、児童相談所の設置やオリンピック・パラリンピック開催への対応など、特別区共通の課題で業務量が増す中、前年度比3％以上の増加を見せる区もあった。職員数の増減の内訳や主な組織改正について分析する。

高い増加率を見せたのが、渋谷・中野・北の3区。前年度比3・47％増で、増加率が23区最大だった渋谷区は、19年1月開設予定の新庁舎整備に向け、ICT戦略課3人を増員し、情報基盤の整備に当たる。区内の開発事業の増加とバリアフリー化構想策定に伴い、渋谷駅周辺整備課に2増。全体では五輪準備や児童相談所設置でも部署を新設しており、64増となった。同区人事課は「様々な部署への人員配置が積み重なった」と説明する。

同じく23年度に新庁舎を開設する予定の中野区も、経営室新区役所整備分野を8増とするなど計61増で、増加率は3・07％。特に新規採用の増員が目立ち、61増のうち新規採用が約40人を占めた。同区経営室によると、新庁舎整備に加え、西武新宿線沿線や中野駅周辺の再開発が進み、まちづくりの関連部署の業務が増加している。

北区は待機児童対策に向け、昨年10月に新設した保育所に加え、4月から新たに2園開設しており、それに伴い保育士を105人（任期付8人含む）を新規採用した。全体では計85増で、増加率は3・43％となる。

児童相談所設置に向けては、心理職の新規採用に加え、担当課長の新設や、子ども家庭支援センターの増員を行った区が多い。

昨年度、各区が対応に頭を悩ませた社会保障・税番号（マイナンバー）関連では、港区や板橋区など複数の区が事務量減や時限措置の終了で定数を削減している。そうした中、大田区はマイナンバー交付促進のために2人増員し、企業などに職員が出向いて交付する新事業を立ち上げる。

■各区の職員数と増減率　単位：人、％

区名	17年度	16年度	差引増減	増減率
千代田	1,092	1,081	11	1.02
中央	1,490	1,459	31	2.12
港	2,135	2,113	22	1.04
新宿	2,721	2,696	25	0.93
文京	1,806	1,798	8	0.44
台東	1,746	1,707	39	2.28
墨田	1,892	1,885	7	0.37
江東	2,735	2,739	▲ 4	▲0.15
品川	2,579	2,543	36	1.42
目黒	2,022	2,010	12	0.6
大田	4,185	4,183	2	0.05
世田谷	5,141	5,067	74	1.46
渋谷	1,911	1,847	64	3.47
中野	2,049	1,988	61	3.07
杉並	3,467	3,496	▲29	▲0.83
豊島	1,979	1,983	▲ 4	▲ 0.2
北	2,563	2,478	85	3.43
荒川	1,632	1,607	25	1.56
板橋	3,570	3,563	7	0.2
練馬	4,444	4,429	15	0.34
足立	3,349	3,354	▲ 5	▲0.15
葛飾	2,968	2,973	▲ 5	▲0.17
江戸川	3,641	3,623	18	0.5
合計	61,117	60,622	495	0.82

※職員数＝再任用（フルタイム）、外郭団体への派遣職員、地方自治法上で派遣で給与を支給している職員を含む。再任用（短期）・再雇用、非常勤職員、アルバイトは除く。

オリンピック・パラリンピック開催準備に関しては、昨年度に引き続き、都や組織委員会への派遣の増員や、担当副参事を設置した中野区、オリンピック・パラリンピック開催準備課を新設し4人措置した江東区など、担当ポストの新設が目立つ。五輪準備で定数増がない文京区も、五輪事業担当主査の兼務を解消し五輪事業に専念する。

千代田区では、道路公園課に3人を配置。道路・橋梁の整備や公園のトイレの洋式化に当たり、五輪開催後を見据えたまちづくりの検討を進める。

このほか世田谷区は、住民票発行窓口と戸籍窓口を合わせた「くみん窓口」の新設で烏山総合支所などに7人を措置した。

昨年度に引き続き定数減となった杉並区は、全体で計29減。保育所の運営委託で17減、国保年金課の事務効率化で23減などとした。

江東区は青少年センターの指定管理移行で8減とするなど、全体では計4減だった。同区は19年度までの長期計画で示した定数2755人以内を維持する方針があり、人事課によると今後も同水準が続く見込み。

特別区全体では定数増が18区と増加傾向にあるが、ある区の人事課長は「五輪関係や震災の被災地への派遣は限界に達している」と話し、人材不足を訴える声も強まっている。

都議会自民党

異例の文書質問108問

事務方は対応に苦慮も

都議会自民党が都議会第1回定例会に計108問の文書質問を出したことを受け、議員側と各局との意見交換が始まっている。同党は提出理由について、「知事の不十分な答弁により、市場関係の質疑に多くの時間を割かざるを得ず、他の主要課題については十分に掘り下げて質疑を行うことができなかった」と説明しているが、同党がこれだけ多岐にわたる文書質問を出したのは近年に例がなく、「少なくとも鈴木都政以降は初めて」（同党）という。

文書質問を提出したのは政調会メンバーで、質問項目は▽知事公約▽都政改革本部▽五輪▽経済施策▽LED電球無料配布▽市町村総合交付金▽法人実効税率引き下げ▽行政改革▽私学助成▽団体ヒアリング――の10テーマ。

このうち都政改革本部については、「特別顧問等が都政改革にどのような貢献をしたのか、具体的に情報公開をすべき」と提案。五輪の役割分担に関しては「知事が自ら組織委や国に対してどのような行動を起こしたのか」、市町村総合交付金は「野田（数）特別秘書の元選挙区だった北多摩地域が要望額よりも多く配分されている理由は何か」などと質問。事務方にとっては対応に苦慮しそうな「知事マター」もふんだんに盛り込んでいる。

1定ではそのほか、東京改革が17テーマ、共産、生活者ネットが各2テーマの文書質問を提出しており、都側は第2回定例会に回答する予定。

文書質問は野党が出すことが多く、最近では上田令子氏（都民ファ）が昨年の第1回定例会で、12テーマ・計75問の文書質問を出した例がある。

東京五輪

役割分担なお決着せず

都外施設の仮設整備など

追跡

2020年東京五輪の都外競技会場に関する役割分担について、都と国、大会組織委員会、関係自治体との連絡協議会はきょう18日、幹事会を開く。これまで都外会場を抱える6道県の自治体と、必要となる仮設部分の内容や施設の使用期間、輸送・警備などについて個別に議論してきたが、各自治体からの意見を踏まえて抽出した課題などを共有する考えだ。ただ、費用負担を巡る議論は決着するめどは立っておらず、他の自治体からは不満も漏れる。

来月に設計着手の会場も

18日の幹事会に参加するのは都、国、組織委のほか、北海道、宮城、埼玉、千葉、神奈川、静岡の6道県と、札幌、さいたま、千葉、横浜、福島の5市の幹部職員。これまでは幹事会の下に6道県ごとに作業チームを設け、3回にわたって協議を重ねてきた。

これまでの議論は、各会場の課題の洗い出しがメーン。組織委が必要になる仮設の想定を示し、自治体側が現状を説明した。各会場共通で挙がった課題が、使用期間の短縮だ。IOCは標準的な使用期間を1年半と定めているが、他自治体は「長期間の使用は通常営業に支障が出る」と反発。組織委は2月、「20年1月からの11カ月間」と短縮して提示したものの「それでも長い」として、幕張メッセ（千葉市）は6カ月となった経緯がある。他会場でも、使用期間の短縮が求められる公算が大きい。

協議では、施設管理者が自前で改修工事やバリアフリー対応を計画している事例なども確認。例えば、横浜スタジアム（横浜市）は観客席数を現在より6千席多い3万5千席に増設する計画で、その分、仮設の規模が縮小する可能性がある。

19年ラグビーW杯でも使用される札幌ドーム（札幌市）に関しては、「ラグビーで仮設を造って（五輪のために）上乗せする二重投資ではもったいない。1回でやった方がいい」との意見も。五輪準備局幹部は「具体的に各会場や周辺でどのような準備をする必要があるのか確認できたことは大きい」と話す。

一方で、費用負担の議論は当初、3月中の決着を見込んでいたが、既に断念。小池知事は3月の記者会見で、「一つひとつの会場でオーダーメードで議論を交わしてきた。その業務は膨大なものになり、多くの課題も掘り起こされてきている。更に深く精査することが必要となった」と説明した。福島県では3月に野球とソフトボールの会場が決まるなど、今後、追加競技を含めて新たな課題が出ることが想定されることから、その都度、協議するのではなく、ルールとなる「土台づくり」をする必要があるとの認識を示している。

都外会場の開催経費は、仮設整備や輸送、警備などを含めて約1600億円に上る。都側は費用負担についての基本的な考えを3者協議に提示する考えだが、自治体側は昨年末、仮設整備費は組織委が負担するとした立候補時の原則を守るよう要請し、更なる負担に難色を示している。

関係者によると、役割分担の議論は今月中の決着は厳しい情勢。5月に仮設の基本設計が始まる会場があり、タイムリミットは刻一刻と迫っている。

元都労連委員長に別れ

「功績色あせることなく」

宮部さんをしのぶ会

宮部さんにお別れの言葉を述べる高山元都議＝16日、主婦会館プラザエフで

昨年12月27日に88歳で死去した元都労連執行委員長の宮部民夫さんをしのぶ会が16日、主婦会館プラザエフ（千代田区）で行われ、都労連関係者や都庁OB・現役職員などが参列し、別れを惜しんだ。

会場では、元副知事の鹿谷崇義氏や元都議の高山真三氏などが宮部さんへのお別れの言葉を述べ、美濃部・鈴木都政での賃金闘争や国鉄民営化に伴う職員受け入れへの対応など、思い出を語りながら故人をしのんだ。

西川晋司・都労連執行委員長は「宮部さんが亡くなり、時が経つにつれて存在の大きさを実感する」と別れを惜しみながら、「宮部さんが残した功績は色あせることなく、後世に受け継がれていく」と呼び掛け人を代表してあいさつし、参列者に感謝を述べた。

宮部さんは51年に都主税局へ入庁後、労働運動に取り組み、77～90年まで執行委員長を務めた。

特別区新任研修

「住民の笑顔作って」

西川会長が記念講演

特別区人事・厚生事務組合は10日、特別区合同新任研修をスタートした。13日には、昭和女子大（世田谷区）で記念講演を行い、17区3団体から約1700人が参加した。

講演では西川太一郎区長会会長が「公務員として、いくつの笑顔を作れるか」をテーマに講演。西川会長は、「時にはいわれのないクレームや、罵詈雑言を浴びることもあるが、高齢者から子供まで、あらゆる住民の笑顔を作ることができるのは、民間企業ではできない公務員のやりがい」と語り、「難しい公務員試験に合格し、特別区の職員になったことに誇りを持ってほしい」と新任職員にエールを送った。

また、不祥事を起こした職員を例に挙げ、ストレスを発散することの重要性を説いた。

記念講演では、（公財）日本サッカー協会の川淵三郎最高顧問が「夢があるから強くなる」をテーマに講演を行った。新任研修は28日まで行われる。

小林 秀雄さん（こばやし・ひでお＝元小平市議会議長）12日死去、78歳。

訂正 14日付の都公金管理計画策定の記事中、本文と見出しで運用可能資金としている1兆400億は歳計現金等の年間平均残高見込み額の誤りでした。また、基金運用が「取り崩しの予測が立てやすいため、債権などの金融商品などで運用し流動性を確保する」とあるのは「各基金の設置目的を踏まえて積み立てと取り崩しの計画に対応できるよう、債券などの金融商品と運用期間を設定する」の誤りでした。

退職後の「リアル」

しくじり都庁OBの教訓 ⑤

最初のつまずき②

役所時代の知恵生かす

建物を縮小してみたり、設計プランを練り直したり、七転八倒して色々と考えてみても方法は見つからなかった。もはやここでの家を建てるというプランを放棄するしかない状況に追い込まれてハタと考えた。

そんな時にひらめいたのが、役所的な知恵だった。地元の情報をいろいろと持っている熱海市役所の知恵を借りて何とかならないかということだった。そんな悪あがきの中で見つけたのが、熱海市の中小企業振興策による地元企業の活用という役所的なヒントだった。

簡単に言えば、地元の事情に通じている業者の知恵によって、この難局を乗り越えることができないだろうかというアイデアだった。「蛇の道は蛇」ということで、元役人という知恵も活用しながら、市役所の建築課に知恵を借りることにした。そこで地元の業者を紹介してもらい、ようやく足がかりをつかむことができたのである。

擁壁は地元の事情に精通していて、こうした難題を幾度かクリアしてきた地元業者に請け負ってもらうことにした。さすがに市の工事を多く請け負っている業者の知恵はすごかった。地元業者に擁壁工事の厄介なハードルを越えてもらい、その上に大手建築会社に家を建ててもらうという、通常の家二軒分の手間と費用をかけることで、ようやく終の住み家を手に入れる見通しが立ったのである。

その代償で、蓄えと退職金のすべてをつぎ込む羽目になり、文字通りすっからかんになってしまい、老後に向けてローンと不安を抱えての第二の人生のスタートとなってしまった。成り行きとはいえ、追い込まれることで楽隠居どころか、悠々自適路線はお預けにして、しばらくは再雇用で働くことにした。

引退を公言していた立場からは情けないことだったが、締め切り間際の再雇用に飛び込みの申請をさせてもらい、とりあえずの生活の糧を得させてもらえることになった。地元市役所の協力を得た知恵といい、再雇用システムへの滑り込みといい、公務員ならではのありがたさが改めて身に染みた。（金子雅臣）

五輪への航海図 ⑰

TOKYO 2020

開催まで あと1193日

リオ大会の総括㊤

財政難で運営に支障

リオデジャネイロ大会の調査報告書をリオ総領事館領事（当時）が3月、まとめたことが分かった。報告書は組織委員会の大会運営を始め、都市開発や文化・教育事業、大会後のレガシーまでを詳細に分析。全体像を明らかにしたのが特徴で、全88ページに及ぶ。期間中や大会後に起きた問題点についても記載しており、東京の担当者らにとっても示唆に富む内容だ。報告書は公表されていないが、作成を担当した前領事の白鳥謙治・政策企画局外務部事業課長が五輪準備局の職員ら約100人を対象にレクチャーしたという。

説明を受けた職員などによると、リオ大会が残した問題点の一つが、組織委の財源不足に伴う「未払い金」の発生だ。リオ大会では、観戦チケットの保有者が公式サイトを通じて再販売できる仕組みを設け、大会終了後30日以内に返金する予定だったが、昨年12月の時点で約8千人分の返金が遅れていたという。

大会に人材・機器・食料品などを供給した関連業者への支払いも遅滞したようだ。業者が契約金の未払いを提訴し、裁判所が組織委の口座の980万レアル（約3億円）を凍結する仮処分を出している。ホテル代の未払いも200万レアル（約6千万円）に上った。

サッカーや開・閉会式が行われたマラカナン競技場＝16年8月

施設の原状回復にも支障が出た。開・閉会式が行われたマラカナン競技場。組織委が一時的に運営し、昨年10月末までに管理運営会社に返還する予定だったが、財政難で芝の張り替えや座席の返却ができず、機材の盗難も相まって管理運営会社が受け取りを拒否した。

財源不足は、ボランティア人数の縮小や輸送サービスの低下にも直結した。ボランティアは約5万人のうち3割以上が無断欠勤。派遣会社を介して仕事に当たった約6500人の休憩・労働時間に法律違反があり、労基署に相当する労働省リオ地方監督局が責任機関に罰則を科すと表明したほどだった。

報告書では、組織委の大会運営も詳細に記載。運営費は当初の42億レアルから74億レアル（約2200億円）に増加し、施設規模を縮小するなど、維持管理費の削減に取り組んだ。ただ、財政赤字は解消できず、大会期間中に2億レアル余（約65億円）の公的資金を投入する結果になったといい、「財政不透明性については、リオ市民やメディア、司法などに厳しく批判された」と指摘している。

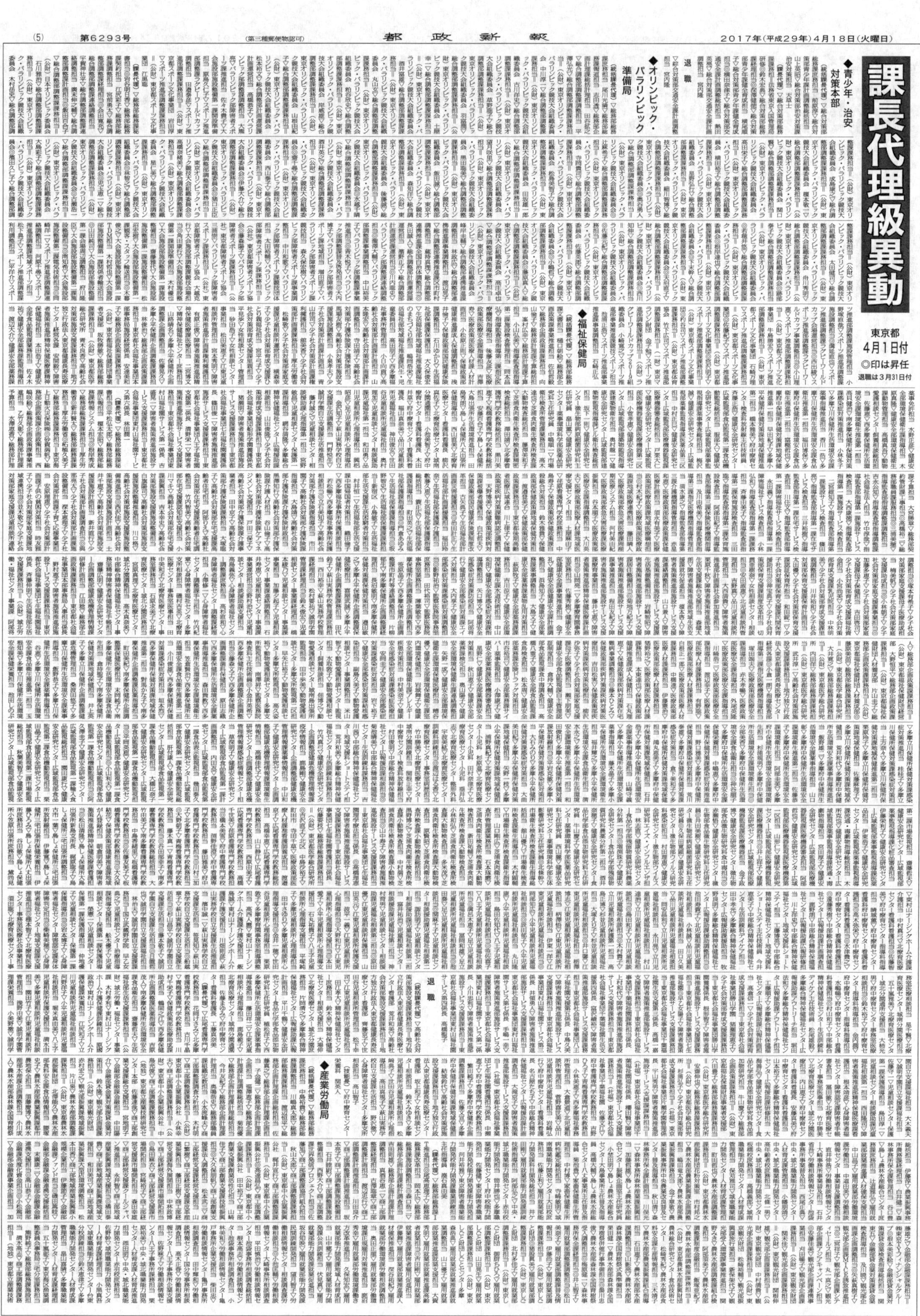

課長代理級異動

東京都
4月1日付
◎印は昇任
退職は3月31日付

◆青少年・治安対策本部

（統括課長代理）▽総合対策部総務課庶務担当　前原淳▽総合対策部青少年課計画調整統括担当　山上英昭▽総合対策部治安対策課治安対策担当　天草士

（課長代理）▽総合対策部総務課課務担当＝法務省東京入国管理局研修◎鈴木宏典▽総合対策部総務課経理担当◎深澤健徳▽総合対策部青少年課健全育成担当　横尾順子▽総合対策部青少年課健全育成担当◎横田奈津子▽総合対策部交通安全課計画調整統括担当　熱田英晃▽総合対策部交通安全課計画調整担当　宮内隆

退職

▽総合対策部交通安全課計画調整担当　宮内隆

◆オリンピック・パラリンピック準備局

◆福祉保健局

◆産業労働局

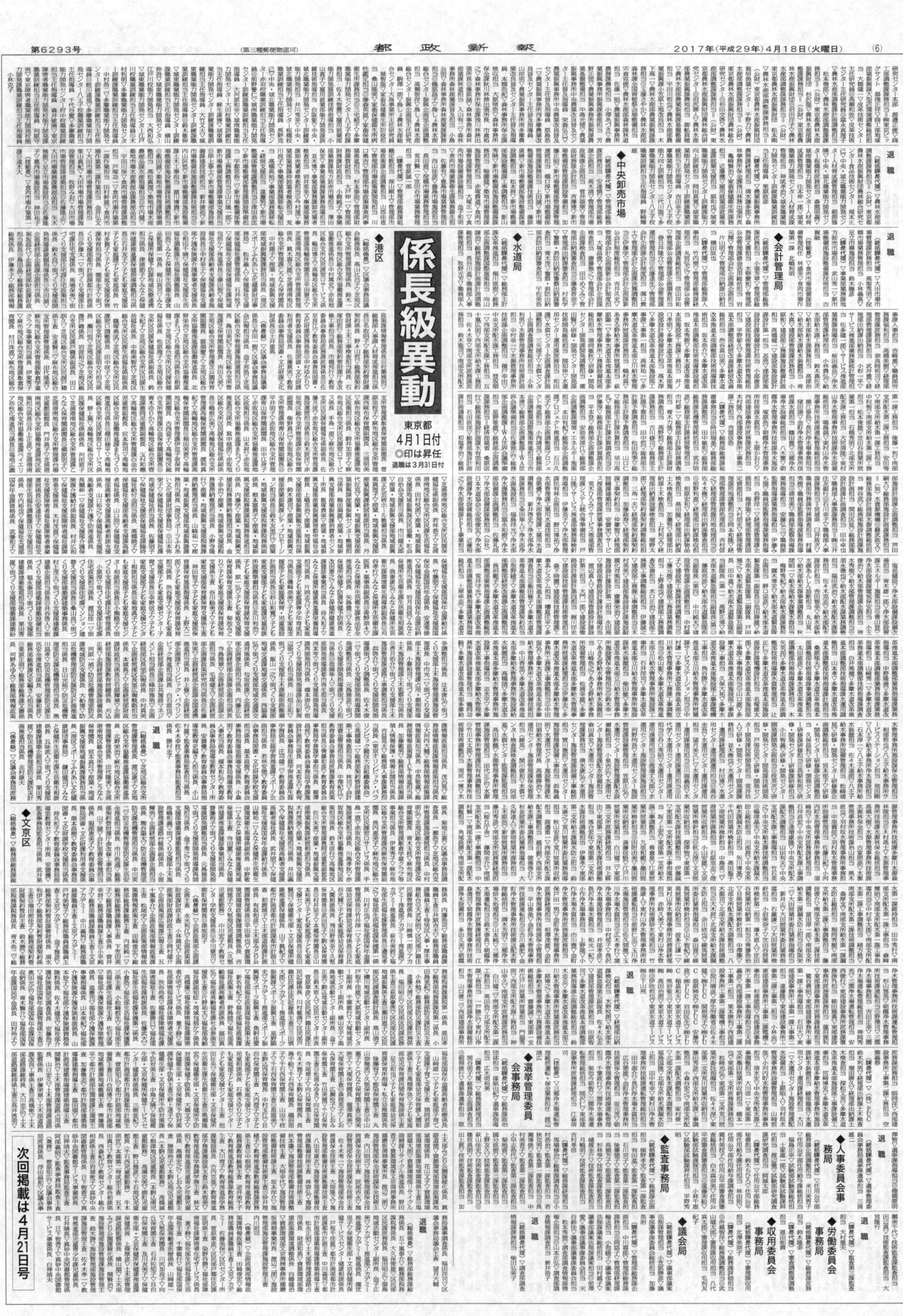

係長級異動

東京都
4月1日付
◎印は昇任
退職は3月31日付

◆中央卸売市場

◆会計管理局

◆水道局

◆港区

◆文京区

◆選挙管理委員会事務局

◆監査事務局

◆人事委員会事務局

◆労働委員会事務局

◆収用委員会事務局

◆議会局

退職

次回掲載は4月21日号

主任試験講座

平成29年度 29

今回は「財務」関係の問題です。問題を解いた後は、『職員ハンドブック』と照らし合わせ、それぞれの選択肢のどの部分が誤っているのかを確認してください。

問題

【問題 1】

普通地方公共団体における予算に関する記述として、妥当なのはどれか。

① 予算は、年度開始前に議会の議決を得る必要があり、議会審議の期間を見込み、都道府県にあっては年度開始前45日までに議案及び説明書を議会に提出しなければならない。

② 予算は通常、一般会計と特別会計に区分され、都の特別会計には、条例設置だけでなく、法律に根拠を有するものがある。

③ 議会が予算案を議決するに当たって、減額修正をなし得ることは当然であるが、増額修正についてはできない。

④ 予算書は、議決機関に対し、議決対象として提出される予算議案及びそれを説明するための予算見積書からなる。

⑤ 公営企業の予算について、予算の調製、議案の提出、予算の原案作成権は長の権限である。

【問題 2】

都における予算事務手続きに関する記述として、妥当なのはどれか。

① 歳出予算については、配当または配布がある前に、支出負担行為をすることができる。

② 歳出予算の経費の金額は、各目または各節の間で相互にこれを流用することが一切できない。

③ 局長は、予算成立の通知を受けたときは、四半期ごとに区分した歳出予算の執行計画を作成し、議会に提出しなければならない。

④ 配当を受けた歳出予算は▽局自ら執行する▽当該局の「所」に執行させる――の二つの方法で執行される。

⑤ 財務局長は、局長から提出された歳出予算所要額見積書を審査し、適正と認めたときは、速やかに歳出予算を局長に配当しなければならないが、必要に応じて、知事の承認を得て、配当を保留することができる。

【問題 3】

都における決算に関する記述として、妥当なのはどれか。

① 議会が決算を認定したときは、知事は決算を総務大臣に報告するとともに、その要領を住民に公表しなければならない。

② 会計管理者は7月31日までに前年度の決算を調製して、知事に提出しなければならない。

③ 都においては、決算の認定を第4回定例会に付し、第1回定例会にて議決している。

④ 各局長は、毎会計年度、その主管に属する局別科目別決算資料（歳入・歳出）を作成して、翌年度の6月20日までに会計管理者に送付しなければならない。

⑤ 公営企業の決算は、管理者が毎事業年度終了後3カ月以内に調製し、証書類、当該年度の事業報告書等と併せて、知事に提出しなければならない。

【問題 4】

都の収入事務に関する記述について、妥当なのはどれか。

① 公金の徴収または収納の事務は、いかなる場合であっても、私人をして行わせてはならない。

② 歳入の調定とは、所属年度、歳入科目、納入すべき金額、納入義務者等が誤っていないか、その他法令または契約に違反する事実がないかを調査し、徴収の意思決定を行うことである。

③ 納入の通知は、いかなる場合であっても、所属年度、歳入科目、納入すべき金額、納期限、納入場所及び納入の請求の事由を記載した納入通知書の発行が必要である。

④ 金銭出納員は、現金を受領したときは、領収書を発行するが、これを省略することは例外なくできない。

⑤ 金融機関に請求することにより、納入義務者の預金口座から地方公共団体の預金口座へ振り替える方法によって歳入を納付することができるが、都においては実施されていない。

【問題 5】

都の支出事務に関する記述について、妥当なのはどれか。

① 前金払とは、その支払うべき債務金額の確定前に概算額を持って支出することをいう。

都政実務 ⑥

② 資金前渡をすることができる経費の範囲は、場所的関係、経費の性質等から一般的な支出の方法によっては事務の取り扱いに支障を及ぼすような経費に限定されるべきであり、職員に支給する給与を払い戻すために必要となった資金は前渡できない。

③ 隔地払とは、遠隔地の債権者に支払いをする必要がある場合に、会計管理者が支払い場所を指定し、指定（代理）金融機関に必要な資金を交付して送金する方法であるが、この場合、その旨を債権者に通知する必要はない。

④ 一定の経費については、私人に必要な資金を交付して、支出の事務を委託することができるが、都においては行っていない。

⑤ 会計管理者は、支出命令書を審査し、その内容が適切であることを確認したときは、債権者から請求書に押してある印と同一の印のある領収書を徴するとともに、小切手を作成して債権者に交付する。

解説

【解説 1】 正答 ②

① 誤り。年度開始前30日までに議案及び説明書を議会に提出しなければならないとされている（職員ハンドブック428㌻）。

② 正しい（職員ハンドブック422㌻、423㌻）。

③ 誤り。増額修正についても可能である。しかし、予算の提案権は知事のみに与えられているのであるから、知事の予算の提案権を侵害するような増額修正は許されない（職員ハンドブック428㌻）。

④ 誤り。予算見積書ではなく、予算説明書を作成する（職員ハンドブック427㌻）。

⑤ 誤り。予算の調製、議案の提出等は長の権限であるが、公営企業の管理者には、予算の原案作成権が与えられている（職員ハンドブック432㌻）。

【解説 2】 正答 ⑤

① 誤り。歳出予算については、配当または配布があった後でなければ、支出負担行為をすることができない（職員ハンドブック431㌻）。

② 誤り。局長は、歳出予算の執行上、やむを得ない場合に限って、財務局長に協議をした後に、各目間あるいは各節間において流用することができる（職員ハンドブック431㌻）。

③ 誤り。局長は、予算成立の通知を受けたときは、四半期ごとに区分した歳出予算の執行計画を作成し、財務局長を通じて知事に提出しなければならない（職員ハンドブック431㌻）。

④ 誤り。配当を受けた歳出予算は▽局自ら執行する▽当該局の「所」に執行させる▽他局に執行を委任する――の三つの方法で執行される。事業の実施に当たって、当該局に必要な能力がないとき、他局に執行を委任したほうが能率的な実施が図られる場合、予算の配当を受けた局長が他の局長に歳出予算の執行を委任することができる（職員ハンドブック431㌻）。

⑤ 正しい（職員ハンドブック431㌻）。

【解説 3】 正答 ④

① 誤り。知事は、議会の認定に付した決算の要領を住民に公表しなければならない（職員ハンドブック436㌻）。

② 誤り。会計管理者は8月31日までに前年度の決算を調製して、知事に提出しなければならない（職員ハンドブック434㌻）。

③ 誤り。都においては、決算の認定を第3回定例会に付し、第4回定例会にて議決している（職員ハンドブック436㌻）。

④ 正しい（職員ハンドブック434㌻）。

⑤ 誤り。公営企業の決算は、管理者が毎事業年度終了後2カ月以内に調製し、証書類、当該年度の事業報告書等と併せて、知事に提出しなければならない（職員ハンドブック436㌻）。

【解説 4】 正答 ②

① 地方公共団体の収入の確保及び住民の便益の増進に寄与すると認められる場合には、私人にその徴収または収納の事務を委託することができる。現在、都においては、都立公園の使用料等の徴収事務、コンビニエンスストアでの都税に係る徴収金の収納事務等を委託している（職員ハンドブック446㌻）。

② 正しい（職員ハンドブック444㌻）。

③ 誤り。納入通知書により難い歳入については、口頭、掲示、その他の方法によって納入の通知をすることができる（職員ハンドブック444㌻）。

④ 誤り。口頭、掲示等の方法により納入の通知をする歳入で、入場券、利用券等を交付する場合など、特定のものについては領収書の発行を省略することができる（職員ハンドブック445㌻）。

⑤ 誤り。都においては、現在、都税の一部、都営住宅使用料、都立学校授業料等について本制度を実施している（職員ハンドブック445㌻）。

【解説 5】 正答 ⑤

① 誤り。概算払の記述である。前金払とは、金額の確定した債務について、相手方の義務履行前または給付すべき時期の到来前に支出することを言う（職員ハンドブック448㌻）。

② 誤り。職員に支給する給与を払い戻すために必要となった資金も前渡することができる（職員ハンドブック448㌻）。

③ 誤り。隔地払を行う場合には、その旨を債権者に通知しなければならない（職員ハンドブック447㌻）。

④ 誤り。都においては、沿岸漁業改善資金助成法に基づく沿岸漁業改善資金貸付金や徴収・収納事務委託に基づく収納金にかかる過誤納還付金などの支出事務を委託している（職員ハンドブック448㌻）。

⑤ 正しい（職員ハンドブック447㌻）。

※主任試験講座で参照している『職員ハンドブック』のページは従来の2015版に対応しています。

カレントトピックス 29年度 29

社会事情

■BRT運行会社の設立延期へ（3月18日）

都と京成バスは、2020年東京オリンピック・パラリンピックで臨海部と都心を結ぶBRT（バス高速輸送システム）の運行会社設立を延期する方針を固めた。当初は今春を予定していたが、築地市場の移転延期によって、運行ルート整備の見通しが立たず、大会中の輸送の柱となるシステムの開業に不透明感が漂ってきた。

東京五輪では、臨海部（有明地区）に競技会場が集中するとともに、晴海地区に選手村が整備され、大会後には住宅地となる。都は公共交通の需要増に対応するため、鉄道ほどの投資が必要ないBRTを選び出し、15年に京成バスを運行事業者に選定した。BRTは全長約18㍍の連節バス（定員129人）や燃料電池バス（同77人）を想定し、移転後の築地市場跡地も通る都道環状2号線を経由して、新橋と勝どきや晴海、豊洲を結ぶルートで19年に運行を始め、20年大会後は虎ノ門と有明、晴海なども結ぶルートを加える予定だった。

しかし、昨夏に小池都知事が築地市場の移転延期を決めたため、環2の開通時期やルートが見通せず、京成バスと都は、官民出資で17年春ごろを予定した新会社設立の延期を決定。都などによると、設立時期や計画は今夏以降となる市場移転の判断次第で、20年大会までのBRT開業を目指す方針は変わらないが、市場の動向次第では19年中の開業が遅れる可能性が否定できない。

■英国のEU離脱で経済の失速も（3月29日）

英国のメイ首相は欧州連合（EU）に対して離脱を通知した。離脱条件などを決める原則2年間の交渉が正式に始まる。英国は40年以上にわたる欧州統合の参加に終止符を打ち、2019年3月末にも離脱する。EU加盟国の離脱は初めてで、欧州統合には相当な打撃となり、今後の行方は世界の政治・経[illegible]も大きな影響を与える[illegible]がある。

メイ政権は、移民規[illegible]化を「国民投票で示さ[illegible]意」として離脱条件の[illegible]える構えだが、英国経[illegible]場で支えてきたのはE[illegible]の国から移民した労働[illegible]た。英国では既にEU[illegible]らの移民労働者の増加[illegible]ており、経済の失速を[illegible]の懸念も出ている。

また、北部スコット[illegible]の議会は3月28日にE[illegible]前に英国からの独立に[illegible]住民投票の再実施を目[illegible]針を賛成多数で可決し[illegible]アイルランドでもアイ[illegible]ドへの併合を目指す民[illegible]が勢いづいている。全[illegible]が交渉延長に同意しな[illegible]ば、英国は2年後にE[illegible]れる。金融市場では[illegible]難航し離脱条件や新た[illegible]協定で合意できない「[illegible]ィール」のまま英国が[illegible]ることへの警戒が高ま[illegible]る。

第2次世界大戦後[illegible]動いてきた欧州にとっ[illegible]国の離脱は大きな痛[illegible]る。英国の国内総生産[illegible]P）はEU全体の16%[illegible]ドイツに次ぐ2番目の[illegible]あり、国連安全保障理[illegible]常任理事国や北大西洋[illegible]構（NATO）加盟国[illegible]

昇任試験対策のページ

29年度 論文講座 主任・係長 29

特別区主任主事選考

新年度を迎え、心機一転、新たな気持ちで仕事に取り組まれているのではないでしょうか。新しい環境で目の前の仕事に精いっぱいという人もいると思いますが、秀でた論文を書き上げる秘訣は、時間と労力を惜しまないことです。

この講座をきっかけに、ぜひ早めに論文試験の準備に取りかかってください。

論文の書き方

論文試験とは、与えられた課題について、限られた時間と字数の中で、自分の考えを筋道立てて述べるものです。論文を説得力のあるものにするためには、課題に沿って全体のバランスを考え、構成を整える必要があります。論文を書き始める前に、自区の試験要綱に目を通し、字数制限等の注意点を必ず確認してください。

論文作成に当たり忘れてはならないことは「主任主事としてして仕事にどう取り組むか」という視点です。仕事は、組織において他の職員と協力し、自ら責任を持って行うものであり、独善的な考え方や主体性を欠いた仕事の進め方では、主任主事の役割を果たすことはできません。問題を解決するために、課長や係長ではなく、主任主事として実践可能なことを具体的に論じてください。当事者意識を欠いた評論家のような表現はせず、主任主事として係の要となる強い決意が感じられる表現を意識しましょう。

基本的な論文形式

1 論文の構成

論文の代表的な構成として、序論・本論・結論からなる3段論法と、序論・問題点・解決策・結論からなる4段論法があります。主任主事選考の論文課題は、各区ともおおむね1千字から1200字程度ですので、序論・本論・結論の3段論法が書きやすいと思います。

序論は、全体の約20%の200～250字程度とし、（1）課題の背景（2）区の現状・問題点（3）今後のあるべき方向性――について述べます。本論の内容と整合性を図るため、背景・問題点・方向性を整理した表現とする必要があります。

次に、本論は全体の約65%の600～800字程度とします。おおむね三つの解決策を記述するのが一般的です。（1）解決策（2）理由（3）具体的な取り組み内容（4）効果――の順で論じます。書き方は、「第一に、○○することである」と、最初に解決策を明示します。続いて、「なぜなら、△△だからである」と、その解決策を挙げた理由を述べます。そして、「○○することにより、□□となる」と、具体的な取り組み内容と期待できる効果を示します。解決策は、複数ある中から序論の方向性に即したものを三つ選択し、そのうち優先順位の高いものから順に記述します。解決策相互で内容の重複がないよう十分精査してください。

最後に、結論は全体の約15%の150～200字程度とします。（1）課題に対する総括（2）主任主事としての決意表明――について論じます。序論や本論を踏まえ、主任主事として職務を遂行することへの意欲と熱意を簡潔に表現しましょう。なお、結論部分において、序論・本論で全く述べていない新たな指摘や補足をしないように注意してください。

2 見出し

序論・本論・結論それぞれに、内容を端的に表現する「見出し」を付けます。見出しは、これから論述する内容の趣旨を読み手にあらかじめ伝える役割を務めます。見出しの重要性を理解し、見出しと論文の内容に食い違いが生じないようにしましょう。

3 字数制限等

字数制限には注意が必要です。例えば、「1200字以内」の場合、文字数が制限を超えれば減点の対象となります。一方、「1200字程度」の場合は、字数の超過はある程度認められます。また、極端に文字数が少ないものは、指定方法を問わず減点の対象となるでしょう。字数制限の9割程度の文字数は必要と考えてください。

誤字・脱字や用紙の使い方も減点の対象となる場合があります。試験は、当日配付される用紙に手書きすることになります。普段パソコンを使って論文を作成している人は、必ず手書きで論文を作成する練習をしてください。所要時間を確認するとともに、本番で漢字が思い出せないといったことのないようにしましょう。

添削 ①

論文課題

「組織の力を最大限に引き出すために、主任主事は職場でどのような役割を担うべきか、あなたの考えを述べなさい」（1200字程度）

論文例

1 区政を取り巻く現状

区の財政状況は、景気の緩やかな回復に伴い税収が増加傾向にあるものの、社会保障関係費の急増等により依然として厳しい状況が続いている。社会情勢が急速に変化し、超高齢社会への対応、待機児童対策の拡充、区内産業の活性化、防災・減災対策の強化など区政課題が山積する中、区は、より一層効率的かつ効果的に施策を展開することが強く求められる。

限られた財源の中、区民の期待に応えるためには、業務の最前線である係が力を最大限に発揮し、これまで以上に状況の変化に迅速かつ的確に対応していかなければならない。

2 主任主事としての責務と覚悟

係が状況の変化に応じ、迅速で的確な対応力を発揮するためには、職員の能力の向上と意欲の増進、業務を効率的かつ効果的に進める仕組みづくりが必要である。係の力を最大限に引き出すため、私は主任主事として、次の3点に全力で取り組む。

第一に、常に自己研鑽に努める。係が一丸となって業務に取り組むためには、主任主事が率先して研鑽を重ね、職場を牽引していかなければならない。私は、研修に積極的に参加するとともに、書籍や新聞、インターネット等から情報を収集し、職務に関する幅広い知識を身に着ける。また、日頃から区民の声に耳を傾け、改善すべき課題について他の事例等から解決策を導き出し、係長に積極的に提案する。これを不断に繰り返すことで、職場に区民目線に立った業務改善に取り組む風土を浸透させ、より大きな課題に挑む好循環を生み出す。

第二に、後輩職員の育成に取り組む。職員一人ひとりが能力を発揮しなければ、質の高い行政サービスは提供できない。特に若手職員は、知識や経験が少なく、業務への取り組みが消極的になりがちである。私は、後輩職員に仕事のやりがいを持たせるために、業務の意義を理解して積極的にチャレンジすることの大切さを助言する。また、後輩職員の意見が課題解決に結びつくよう支援し、成功体験を積ませる。これにより、職員のモチベーションを上げるとともに、係全体の士気の高まりに寄与する。

第三に、係長を補佐する。組織目標の共有化と業務の進捗管理なくして、組織としての成果は期待できない。私は、各事業の目標と進行スケジュールを明示するとともに、数値を用いて目標達成度を可視化し、係内で情報共有する。また、係員の仕事の進捗状況や健康状態などに気を配り、必要に応じて係長に報告や相談をするなど、係長と係員をつなぐ役目を果たす。こうして、係内のPDCAサイクルを加速化し、係長を中心に目標に向けて着実に前進する組織づくりに取り組む。

3 区のさらなる発展に向けて

限られた財源の中、高度化・複雑化する区政課題を解決していくためには、区政の最前線に立って区民と直に接する私たちが、総力を結集し、施策を効率的かつ効果的に推進しなければならない。

私は、職員としての誇りと使命感を持ち、職務に邁進する所存である。

論文添削・講評

1 序論

論文課題をどのように捉え、どのような主張を展開しようとしているかを示す部分です。この序論は、あらゆる課題に対応しやすい内容ですが、よく目にする一般的なものという印象を受けます。区の財政状況に触れ、「景気の緩やかな回復に伴い…、平成29年度予算は前年度比○%増となる過去最大規模の積極予算となっている。しかし…」など数字を引用する。または、「限られた財源の中、□□する○○区を実現するためには、…」など、区の基本計画等のキーフレーズを引用することにより、区の現状や課題を認識していることを示すことができます。

見出しは、論文の内容を読み手にあらかじめ伝える役割を務めます。論文の内容を端的に表し、かつ、書かれている内容を予見できる表現を心掛けてください。例えば、「変化の激しい時代に求められる組織力」とし、課題の解釈と方向性を示しましょう。

長文が含まれています。1文は60字（3行）以内が基本です。長文は論点がぼやけるため、読み手に論旨が伝わりにくくなります。

2 本論

問題解決のための三つの解決策は、主任主事として主体的に何をするのかを具体的に書く必要があります。一歩踏み込んだ内容を書くことで、提示した解決策が現実味や説得力を持ち、読み手に伝わりやすくなります。また、第一と第三の三つの解決策は、文字数が同程度となるようバランスに配慮してください。

主任主事の立場を超えて、係長や課長の役割を述べている論文が見受けられますので注意しましょう。第一の「課題解決策を係長に提案すること」、第二の「後輩職員に適切な助言をすること」は、主任主事の役割として非常[illegible]です。一方、第三に「各[illegible]目標…を明示する」と[illegible]すが、これは係長の役[illegible]解を生む可能性があり[illegible]「各事業の目標と進行[illegible]ユールを一覧化する」[illegible]ば、主任主事の役割と[illegible]切なものになります。[illegible]補佐する視点から職員[illegible]を報告・相談すること[illegible]主事の重要な役割の一[illegible]

3 結論

結論は、主任主事と[illegible]決意表明になります。[illegible]踏まえていますが、本[illegible]つながりがなく、論点[illegible]けた印象です。「職務[illegible]する所存である」とい[illegible]を、「組織の力が十二[illegible]揮できる仕組みづくり[illegible]

熊本地震１年を振り返る

被災地を支える人のつながり

文京区文京保健所　中臣昌広

移動販売車で買い物をする女性たち＝熊本市・秋津仮設住宅

昨年4月の熊本地震発生後、4回にわたり被災地を訪れた。発端は、熊本市保健所に勤める友人を助けたいと思い、自費で行ったことだった。

1月下旬、益城町の仮設復興市場を訪問した。訪れるのは3回目だ。美容室店主の40代の男性は私の顔を見て、「あっ、久しぶりです。すこし先ですけど、10月に店が再建できることになりました」と笑顔で言った。

彼は以前、「お客さんの半分は、初めて店に来る方です。髪を切りながら、地震のときや地震後の話を聞いて、こちらが元気をもらっています」と話していた。

美容室や理髪店は、椅子に座ったお客さんが、ときには思いを吐き出して話す。それを受けとめる美容師や理容師たちがいて、心を癒やす場になっている。そうした人のつながりが被災地を支えている。

仮設住宅とコミュニティー

仮設住宅に入居した人たちの多くは、初対面だった。そうした中で、コミュニティーづくりに貢献するのが移動販売車だ。

熊本市・秋津仮設住宅に週1回やってくるのが、グリーンコープ（生協）の車だ。野菜、パン、乾物などが並ぶ。お互いにあいさつして言葉をかける入居者の女性たちのにこやかな表情が印象的だ。アウトドア用のテーブルと椅子が置かれて、コーヒーと試食用のパンが無料で提供される。生協職員の女性は「コミュニティーをつくるお手伝いをしています」と話した。

益城復興市場・屋台村の様子＝益城町

西原村・小森仮設住宅には、週に1回、平日の午後に天草のスーパーから移動販売車が来る。到着に合わせて3~4人の女性が集まってきた。目玉商品はカンパチの刺身パックで、20個以上が冷蔵庫に入っている。

20代の女性店員の声が響く。

「車で2時間半かかるので、この時間じゃないと来れんとです。私は西原村在住なんですけど、家が地震で無くなって、みなし仮設に入っているんです。店長は朝に天草で魚を仕入れて、この販売をしています」

見慣れない私に向かっても、「ハハハ。販売車は、また来ますので、どうぞ来てください」と元気な声が飛ぶ。

こちらまで元気をもらっている気持ちになった。その元気がコミュニティーづくりに貢献しているように思えた。

命を救う人のつながり

西原村・小森仮設住宅に来ていた乳酸菌飲料の販売員の女性は、「販売と見守りで週に1回、お客さんのお宅へ行きます。ここの仮設住宅には毎日来ていますよ。皆さん、私の顔をご存じですよ」と語り、こんなエピソードを話してくれた。

「同僚が飲み物を届けたとき、お客さんの様子がおかしくて救急車を呼んだことがありました。体調が良くない人の親戚と連絡をとって来てもらったこともありました」

顔と顔を合わせて、会話をする。定期的に会うことで変化に気づくことがあるのだろう。

益城町・テクノ仮設住宅の60代の女性は「隣のご主人が、風呂場で調子が悪くなったんです。70代のご夫婦で住んでいて、奥さんが呼びに来ました。旦那さんは太っていて、そのまま浴槽から出すことができないので、湯を抜いてから体を出すことができました」と話した。

日頃の隣同士の交流があってこそ、協力して命を救うことができた。

自治体をつなぐ人のつながり

3月下旬に東京で開かれた熊本地震を振り返るフォーラムで、蒲島郁夫熊本県知事は「今回の教訓から、被災した自治体と県外からの支援を調整できるシステムが必要だと思いました。受援計画です。そのために、例えば、熟練したボランティア団体と協定を結ぶなど、日頃から顔の見える関係をつくることが大切だと思います」と指摘した。

私は、自分自身が熊本市保健所の友人を支援したことを重ねていた。地震前からの人と人とのつながりがあったから、円滑に支援と受け入れができたのだと思う。

西原村の震災復興推進室の担当者は「今回の地震が起きて数日経ってから、震災の経験のある宮城県東松島市へ、何をしたらいいのか、どういう対応をしたらいいのか電話で尋ねました」と振り返った。

東日本大震災のときには、職員約70人の西原村から東松島市へ計4人が派遣された。その縁で連絡をしたのだ。

担当者は「すぐに東松島市から西原村の状況を見に来てくれました。その後、東松島市は総務部長を始め3人を派遣してくれたのです。地震から1週間経つか経たないかのときでした。人と人とのつながりがあったからだったと思います」と語った。

人のつながりは被災地を支えてきた大きな力だと改めて思った。

ミニガイド

◇公益社団法人東京自治研究センターNo253月例フォーラム　▷内容　第7期介護保険事業計画策定に向けて▷講師　高岡里佳氏（西東京市在宅療養連携支援センター「にしのわ」センター長）「介護と医療の連携がつくる地域包括ケア」▷日時　5月22日㈪　午後1時半～4時15分▷会場　中野サンプラザ7階研修室8（JR中央線・総武線、東京メトロ東西線「中野駅」より徒歩2分）▷参加費　千円（会員は無料）▷問い合わせ　公益社団法人東京自治研究センター☎03・6256・9912

見つけた！7㍍の新たな物語

週末回遊計画　とっておきのまち歩き④

葛飾区広報課シティセールス係　髙橋香乃

0　100m
Shibamata FU-TEN Bed and Local
柴又公園
京成金町線
柴又帝釈天 題経寺
高木屋老舗
亀家本舗
帝釈天参道
山本亭
寅さん記念館
見送るさくら像
寅さんの像
柴又
柴又街道
山田洋次ミュージアム

下町情緒あふれる葛飾区。全国的に有名な観光地として知られている町といえば、映画『男はつらいよ』の舞台になった「柴又」です。

実は柴又では今年の3月に少し変化があったんです！ 広報課1年目の私が柴又を散策して、皆さんに柴又の魅力をたっぷりとお伝えします！

まず、柴又駅を降りてみると、駅前に振り返る「フーテンの寅」像が見えます。1999年に設置されてから18年間、柴又のシンボルとして訪れる方や地元の方々にも愛され続けています。そんな寅さんの振り返っている先を見てみると、寅さんを見送る人影が見えます。その人影こそが新たに設置された寅さんの妹・諏訪さくらの「見送るさくら」像です。

この像は名前の通り、旅に出る寅さんを見送り、エプロン姿で優しくほほ笑み、「お兄ちゃん」と呼びかけている設定で、今年3月25日にお披露目となりました。この寅さん像とさくら像には7㍍の間隔があり、二人を見ていると、7㍍の間で何かを語り合い、お互いを思い合う風景を自分も同じシーンの中に入ってすぐそこで眺めているかのような感覚になります。訪れた人の一人ひとりがきっと映画のシーンを思い浮かべたり、二人の会話を想像することでしょう。ちなみに、このような同じテーマの銅像が対になって設置されているのは全国でも珍しいと思いますよ。

3月にお披露目されたさくら像の前で

さて、二人の像に別れを告げて、次に向かうは帝釈天参道。ここには寅さんの映画に出てくるお店や、昔ながらのお店がたくさん並んでいます。その中で今回は『男はつらいよ』のロケが行われた「高木屋老舗」さんの草だんごと、「亀屋本舗」さんのみたらしだんごをいただいてきました。

先に紹介したお店のほかにもお団子屋さんやおせんべい屋さんなど様々あり、私はまだ食べ切れてはいませんが、お店ごとに味や食感が違うのでぜひ自分の口に合うお団子を見つけていただければ！ 参道にはそういったお団子などを食べ歩く観光客の姿をたくさん見かけました。

その中には海外の観光客もたくさんいます。というのも、さくら像の完成した同月に帝釈天の近くに観光客向けの宿泊施設が完成したからなんです。名称は「Shibamata FU-TEN Bed and Local」。

観光地柴又には最近まで観光客が泊まれる宿泊施設はありませんでした。この場所は元々あった区の職員寮をリノベーションしたものです。今までは通過型の観光地でしたが、滞在して観光を楽しめるようになりました！ 既に海外の旅行者などの予約でいっぱいとのこと。また、「Shibamata FU-TEN」では食事は提供されないので、川魚料理をはじめとした柴又のおいしいものをたくさん食べて朝から夜まで一日をかけて柴又を満喫してほしいです。そんな新たな施設が地域と一体となって、今までの柴又をよりよく変えていくのかもしれませんね。

帝釈天参道にある高木屋老舗の草だんご

参道を歩き終わり、後ろを振り返ると、参道はまっすぐにはなっておらず、石畳はほどよい道幅になっています。そういう特徴のおかげなのか、距離はそんなに長くはないのに、とてものんびりした時間を過ごしながら歩いてきたように感じられます。

参道を背にして次に目に入るのは「柴又帝釈天題経寺」。こちらでは寅さんが産湯に使った御神水や回廊、また彫刻ギャラリーなどに施されたとても細かく立体感のある彫刻が必見です。ちなみに帝釈天近辺は、風景の国宝とも言われる重要文化的景観に選定されることを目指しています。東京では初となる重要文化的景観に決まったら柴又がもっと有名になるのではないかと今から楽しみです。帝釈天を楽しんだ後は本堂の裏に回って、帝釈天の外に出てみましょう。

大正末期から昭和初期に建築された「山本亭」が見えてくるので入ってみます。邸宅の中は、日本庭園を眺めながらお抹茶やお茶菓子を楽しむこともできます。この山本亭は書院造りと洋風建築を合わせた和洋折衷スタイルとなっていて、アメリカの日本庭園専門誌『The Journal of Japanese Gardening』では、旅館や旧別荘を含む900以上の候補地の中から世界各国の専門家により選出された日本庭園のランキングがあり、山本亭は順位が発表された2003年から常に7位以内にランクインしており、16年は全国で3位になりました。

山本亭の向かいの階段は柴又公園への入り口。階段には上らず、ちょうど階段の裏側に回り込むように進んで行くと「寅さん記念館」と「山田洋次ミュージアム」があります。ここまで歩いてきて、寅さんのことや『男はつらいよ』の山田洋次監督のことをもっと知りたいと思った方は、ぜひ訪れてみてはいかがでしょうか。

さて、先ほどの階段の前に戻りましょう。階段を上がった先には柴又公園があり、広大な江戸川の河川敷が眼下に広がります。また江戸川堤防上にはサイクリングロードがあり、山田洋次ミュージアムにはレンタサイクルセンターがありますのでお勧めです。

ここまで柴又駅から約700㍍。柴又を歩き、寅さんのルーツをたどった後に柴又駅に戻ると、あの寅さん像とさくら像にまた出会います。その頃には最初に彼らを見かけた時よりも、二人の7㍍の間に新たな物語を発見することができるのではないでしょうか。

若い人には寅さんはなじみがあまりないのかもしれませんが、柴又を散策した後、改めて『男はつらいよ』を観てみると、自分でも気が付かないうちにすっかり寅さんファンになっちゃいました。皆さんもぜひ柴又へお越しくださいませ！

都政新報

発行所　都政新報社
〒160-0023 東京都新宿区西新宿7-23-1 TSビル
〈総務・読者〉 03-5330-8781
〈企画広告〉 03-5330-8784
〈編　　集〉 03-5330-8786
〈出　　版〉 03-5330-8788
〈ファクス〉 03-5330-8808
購読料 月1.730円(税込)
毎週火・金曜日発行
ただし、祝日は休刊

紙面から

五輪施設の費用分担問題
方向性示せぬ都　募る周囲の不満

2020東京大会に向けた都外施設整備費の負担問題が暗礁に乗り上げている。18日の関係自治体協議会幹事会で都が負担の方向性を示さなかったことで関係自治体からは失望の声が広がっており、19日の都議会特別委員会でも知事の責任を問う声が上がった。国は小池知事が費用分担の考え方を示すのを待つ構えだが、都は国の財政支援を踏まえた上で費用分担を進めたい考えを示し、にらみ合いが続く。今後、小池知事が3月末までに定めるとしていた費用分担の大枠を、仮設会場などの基本設計が始まる5月末までに示せるかが焦点となる。

費用分担の方針を示せない都の責任を追及する川松氏＝19日、都議会五輪対策特別委員会で

19日の都議会オリンピック・パラリンピック等推進対策特別委員会では、費用分担に関する協議の遅れを指摘する声が上がった。

五輪の費用負担を巡っては、小池知事による会場見直しなどで国と組織委との3者協議が中断した経緯があり、都は今後、関係自治体との作業チームで協議した結果を3者協議にフィードバックし、検討を進める方針。

自民党の川松真一朗氏は「費用負担の金額がどうなるのか分からず、各道県の知事が怒っている」として、知事が3月末までに費用分担の大枠を示せなかった責任をただした。都五輪準備局は「都は開催都市として大会成功の責任がある」などと答弁。今後の結論の見通しを問われた塩見清仁局長は「仮設の整備が本格化する中で準備に支障がないよう、国に対しても財政面も含めた全面的な支援を求めていく」と話し、その上で費用分担などの協議を早急に進める考えを示した。

都外施設の基本設計が始まる5月末までに負担の大枠を示せるかについて、都幹部は「時期は明言できない」と慎重だ。3者協議開催の見通しはなく、6月以降にずれ込む可能性もある。テコンドーなどの会場となる幕張メッセを持つ千葉県の担当者からは「スケジュール感を持って当たってほしい」と不満も漏れるなど、費用分担の問題が自治体とのあつれきをもたらしている。

都は今後、費用分担の議論を進めることで開催地の責任を果たす一方、「組織委には大会運営の責任が、国にはオールジャパンで大会を進める責任がある。お互いに責任を果たしていくべき」(都幹部)として両者の対応を求めていく。

負担論棚上げで準備

「時間は立て替え払いができない。時間が今は一番貴重だ」。18日に行われた関係自治体担当者らによる協議会の幹事会で、五輪組織委員会幹部は大会準備に向けた関係自治体の理解を求め、遅れは許されないとの考えを示した。

都外施設に関しては、使用期間や占有中の使用料を巡り、各自治体が個別の綱引きを行っている。都が負担の大枠を示せない中、組織委は大会準備に影響が出ないよう「(費用負担の)議論が終わらなくてもスタートさせる。組織委で必要な予算を計上しており、工事だけは進めた後で精算をすればいい」(組織委幹部)と、準備を優先するよう各自治体に求めていく構えだ。

また、組織委員会が各施設に関する個別の協議テーマとしているのが「仮設施設の恒設化」だ。組織委からは「仮設とはいえ、すぐに壊すのはもったいない。恒久化できるものはレガシーとして活用し、地域に還元する方策を関係者と一緒に考えたい」との提案があり、持続可能性やトータルコストの観点から議論を行いたい考え。

組織委幹部は、恒設は自治体側が負担するという原則を適用する意図があるかを記者に問われ、「そういう面は否定しないが、それだけだと世知辛い議論になる。誰が払うにしても、恒設化を考えるべき」と費用分担と切り分けた対応を求める。今後は費用分担を棚上げしたまま施設の後利用が議論の俎上に上ることになり、「土台なき協議」に自治体側からは更なる反発も予想される。

都議会豊洲特別委

小島座長を参考人招致
知事与党の公明党も賛成

都議会の豊洲市場移転問題特別委員会が18日に開かれ、築地再整備案を「私案」として示した市場問題プロジェクトチーム(PT)の小島敏郎座長を参考人招致することを全会一致で決定した。豊洲への移転を主張する自民党に加え、知事与党の公明党や、築地再整備に賛成する共産党も小島座長の参考人招致を求めた。

自民党は質疑で、都が築地再整備にかじを切った場合、豊洲新市場に支出された国庫交付金28億円に加え、年利10・95%の加算金を返還することを確認。その上で、小島氏が加算金などを考慮しているのかを質問したが、都は「専門委員の調査研究は関与する立場にないので承知していない」と答えるにとどまった。再整備の合意形成は誰が実施するのかという質問にも同様の答弁を繰り返す都に対し、「質疑にならない」として市場問題PTのメンバー全員の参考人招致を求めた。

公明党は「私案」に築地の土壌汚染対策費や埋蔵文化財の調査費などが含まれていないことを確認したが、整備費500億～800億円で再整備が可能な「根拠」が分からないと疑問を呈した。根拠のない「私案」の意見交換会をなぜ開催したのか詰め寄ったが、都から明快な答弁はなく、「当事者を集めて、築地再整備ができてしまうという内容を話している。業界、都民が大混乱している」と問題視し、小島氏に意見を聞きたいとの考えを示した。

築地再整備に賛成する共産党も小島氏の参考人招致に対し、「もっと案を吟味しないといけない。詳しく意見を聞く価値はある」と賛同した。一方で豊洲の地下水から基準値を超える有害物質が検出された問題に関し、「汚染が消えないのは明白。豊洲移転は困難」と指摘し、参考人として専門家会議のメンバーの招致を要望した。

特別委後に理事会が開かれ、全会一致で決定した小島氏の参考人招致は、4月中にも実施する予定だ。

都が初公表

移転延期で95億円
築地・豊洲市場の経費

都は18日の豊洲移転問題特別委員会で、市場移転延期により新市場が開場予定だった昨年11月以降、築地・豊洲両市場に投入した経費が約95億円に上ることを明らかにした。移転延期に伴うコストを公表するのは初めて。内訳は市場業者への補償額が50億円で、残りは今月18日までの経費45億円となっている。

45億円のうち、今年3月末までにかかった両市場の経費は40億9100万円。うち、市場業者への融資に関する利子補給など移転支援が16億4100万円、豊洲の地下水モニタリングなどの委託料が10億9300万円など。豊洲と築地の警備や清掃などの委託料がそれぞれ2億4600万円を計上し、築地再整備か豊洲移転のいずれかが完了するまで二重計上が解消されない状態が続く。

また、4月1日から18日までの経費は日割り計算で4億100万円となる。1日当たりの経費は約2228万円。

争点は移転問題　自公と対決強調
共産党

日本共産党の演説会が17日に行われ、7月2日投開票の都議選に向けて、党幹部や公認候補らが決意表明を行った。

講演した志位和夫日本共産党委員長は、都議選の争点は市場移転問題だとして、「自公対共産にこそ本当の構図がある」と移転を推進する自民・公明に対する対決姿勢を強調した。また、議席拡大が予測されている都民ファーストの会は、移転の是非を明らかにしていないことや、公明党と選挙協力を結んでいることなどから、「最大の争点に対し、どのような態度をとるのか問われている」と指摘。外環など道路建設を進める意向の小池知事に対しても方針転換を求めた。

新人候補を代表して壇上に立った現町田市議の池川友一氏は、市議としての経験から「政治が動けば守れる命の数は増える」と話し、議席獲得の決意を語った。現職からは大山とも子幹事長が演説を行い、共産党都議団として、豊洲新市場の地下空間問題の発見など、先頭に立ってきたと実績を強調。支持拡大を求めた。

また、当日は東京中央卸売市場労働組合執行委員長の中澤誠氏も応援のあいさつを行い、「バラバラだった反対派がまとまってきている」と市場移転反対派の動向を話し、市場問題PTが示した築地市場の現在地再整備に向けて共産党への支援を呼び掛けた。

都政の東西

有事への備え

「東京は大丈夫か?」。久しぶりに会った栃木県に住む友人が冗談まじりながらも、心配そうにそう聞いてきた。北朝鮮のミサイル発射に関してだ。息子がツイッターで、「今週末、北朝鮮のミサイル発射で東京はヤバいらしい」とやり取りしていて不安になったという。正直、危機意識をあまり持っていなかったが、心配している人も少なくないことを実感した。

北朝鮮が16日の朝に発射した弾道ミサイルは失敗に終わったが、同国の高官が「米国が軍事介入すれば全面戦争」と発言するなど緊張状況は続く。都や区市町村も、国民保護法に沿って住民の不安の声に応えることが求められるが、対応は難しい。

例えば同法では、弾道ミサイル攻撃を受けた場合も含めた有事の際の国と都、区市町村の役割を決めており、区市町村は住民の避難指示や誘導などを担うことになる。だが、今回の弾道ミサイル発射は国が事態認定をしていないためJアラートが使用されず、自治体は動きようがない。そもそも国が事態認定するには一定の時間を要する。

ある区の防災担当者は、「大規模施設の爆発などであれば避難誘導など対応できそうだが、武力攻撃に関しては区市町村で率先して取り組むのは、平時から戦争状態でもなければ難しい」とこぼす。

だが、目の前にある危機は、もはや「想定外」ではない。全都民に配布された『東京防災』には、ミサイル攻撃の対処法として、屋外にいる場合は頑丈な建物や地下街に避難するよう記されている。こうした周知を図るなど、住民の不安の声に応えるためには、限られた範囲内であっても出来る限りの取り組みが求められるだろう。

市場のカタチ
「市民の台所」の在り方を探る(下)

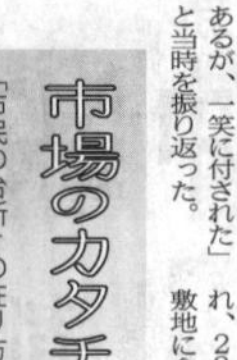

取扱量減少で反転攻勢

世界標準

「(内陸部で)魚を含めて生鮮食品を運搬して売っているから、なるほどと思った。(築地市場の移転先は)内陸で良い」。石原元知事は市場規模が世界最大級のフランス・ランジス市場を視察し、そうひらめいたという。築地市場の移転先は内陸部でも問題ないと本気で考えていたが、石原氏は3月の会見で「(都幹部に)内陸に市場を造ったらどうかと発言したことはあるが、一笑に付された」と当時を振り返った。

フランスは農業国であり、水産の取り引きが青果よりも少ないため、水産の取り扱い量が世界1位の築地のように沿岸部に設置する必要性は少ない。

ランジス市場は1969年、老朽化したパリ中央卸売市場が移転して開設され、232㌶という広大な敷地に食肉、野菜、水産、花きなどを取り扱っている。開設当時に推計したパリ首都圏の90年の将来人口は少なくとも60年比で1・5倍の1200万人に増加すると見込まれており、人口増を踏まえた大規模市場が建設された。

同市場の衛生管理は徹底している。閉鎖型施設で取り引きされ、水産では03年にヨーロッパの基準に合わせて摂氏10度に保つ施設に改修した。また、閉場時刻になると業者がごみを全て捨て、売り場に廃棄物を残さないなど衛生管理を行っている。

ランジス市場を視察した築地東京青果物商業協同組合の泉未紀夫理事長は「包装用の木箱を使うことが多く、地下で焼却し、隣接するオルリー国際空港にもエネルギーを売却していた。効率的」と絶賛した。

だが、最先端だったランジス市場も時代の波に押されている。フランス国内のスーパーマーケットが産地直送を増やす中、市場の取り扱い量は減少傾向にある。ランジス市場では顧客奪還のため、夜間営業のスーパーなどを対象に開場時間外に生鮮品を購入できる総合食料品施設を開業。また、日本食ブームに伴い、魚の調理技術を習得できるコースも設け、飲食店の料理人の育成にも取り組む。

ランジス市場を見ると、衛生管理が徹底されているだけでは取り扱い量の減少に歯止めをかけられず、差別化を図る必要性に迫られていることが分かる。

翻って、築地市場で取り扱う魚の質は海外のバイヤーも認めているが、開放型施設など衛生面での課題を抱えるため、海外の販路拡大はなかなか進まない状況だ。また、築地にはシラス干しなどを加工する専用施設がなく、市場外で加工が行われているため、加工品の取り扱いが減少する一因となっている。

一方、豊洲新市場は閉鎖型施設であり、衛生面のレベルは築地より高い。その上、加工パッケージ棟も設置され、加工品を求める顧客を呼び戻せる期待がかかるが、それでも市場関係者からは課題を指摘する声が上がる。その一つが施設の規模だ。泉氏は荷積みや荷降ろしを行うトラックバースがランジス市場と比べて圧倒的に少ないと指摘する。トラックが渋滞しかねず、豊洲での取り引きの障壁になる恐れがあるという。「ハードを整備することが先行した。このような市場を造りたいということから始めたのではないので、無理があったようだ」と話した。

閉鎖型施設で取り引きが行われているフランスのランジス市場

今後の市場には、衛生管理の徹底は大前提だが、取り扱い量を増やすには多様化するニーズに応えていく戦略が必要になる。例えば、地方の産地から期待されている海外市場の開拓などで市場を海外の輸出拠点とするなど、ランジス市場のように知恵を絞って顧客の呼び水となる付加価値をプラスアルファしていくことができるか。新たな市場の在り方の議論では、そうした視点が重要となる。

＝おわり

冗句ジョーク

市場問題PTの小島座長の発言に、揺れる都庁、各団体

「1階で火の手が上がるなか、2階で総合判断が出来るのかな―!?」――都職員

新宿の都市機能を更新
車優先から歩行者中心に
都区が合同で意見募集

都都市整備局と新宿区は17日、新宿駅周辺一帯の都市機能の更新を目指し、「新宿の新たなまちづくり（案）」を公表し、意見募集を開始した。都は2040年代を目標時期とする「都市づくりのグランドデザイン（仮称）」の策定作業を進めており、具体的な将来都市像のモデルケースとして示した。新たな案では、高度成長期から続いてきた車社会への対応を目的とする都市整備から、ターミナル駅の抜本的な改良を見据えた歩行者空間中心の整備に転換し、東京の国際競争力を高める拠点とする方針。

都市整備局では、業務や商業、娯楽、居住など多様な機能が集積する新宿の都市機能の再編を「成熟社会での都市更新モデル」と位置付ける。新宿駅が都内外から広域的に利用され、世界1位の乗降客数となっていることや、隣接する渋谷区の代々木地区を含めたエリア全体のまちづくりで東京の成長の拠点とする狙いから、都として新宿のまちづくりに主体的に参画することを決めた。

新宿の新たなまちづくり案では、視点として、「変え、整える」「つなぎ、広げる」「育て、伝える」の3項目を提示。新宿駅を中心として歩行者の快適性に配慮したエリアを整備し、多層的な歩行者ネットワークの充実を図るとともに、中心部への自動車の過度な流入を抑制する。

地区ごとの方向性では、新宿駅東口地区と西新宿1丁目地区を「回遊性の高い商業集積エリア」と位置付ける。区が実施している荷さばき車両の集約に向けた実証実験などを踏まえ、回遊性の向上に寄与する歩行空間の拡充や、公共空間を活用したにぎわい創出を将来像に挙げる。

周辺地区として組み入れた渋谷区の代々木地区では、教育文化機能と調和した商業業務機能の強化を打ち出している。

駅前広場に面する新宿通りを行き交う車両に信号待ちする新宿駅東口の歩行者

一方、新宿駅直近地区に関しては、今夏に予定する具体的な整備方針の策定に向け、▽都市機能▽都市基盤▽にぎわい交流▽空間・景観――の4項目で整備の方向性を提示。JR東日本が20年の供用を目標に整備を進める東西自由通路を中心に各地区を結び、東西駅前広場を歩行者優先空間として周辺建築物と一体的に再編。都市としての「顔」づくりや、バス・タクシー乗り場の配置の効率化を進めるとともに、「迷路」と言われる鉄道7路線への乗り換えでは分かりやすい多層都市空間の創出を目指す。

新宿駅周辺は、都が1960年に策定した新宿副都心計画に基づき、立体交差道路や大規模駐車場など自動車交通への対応に重点を置いた歩車分離の都市基盤整備と、淀橋浄水場跡地を活用した再開発による業務機能の集積が進められた。その後の周辺地区での再開発などで市街地が拡大し、大街区化と超高層化が進展する反面、鉄道や車中心の都市基盤で東西地域が分断され、回遊性が低い点が課題として顕在化。商業施設の年間販売額と売り場面積が04年をピークに減少しており、都市基盤の陳腐化や老朽化などが都市競争力の低下要因となっていた。

都市整備局は「新宿は車社会への対応という都市機能が現在まで続いており、抜本的な都市機能の更新が不可欠」（都市づくり政策部）と意欲を示す。新宿区新宿駅周辺整備担当課は「新宿のまちづくりに都が参画する意義は大きい。都と協力し、様々な主体によるまちづくりを進めていきたい」と話している。

区長会
西川会長続投で4期目へ
新副会長は大田、葛飾区長

青木克德氏　松原忠義氏　西川太一郎氏

特別区長会は17日の総会で、任期満了に伴う役員改選を行い、会長に西川太一郎荒川区長を全会一致で選任した。任期は5月の区長会総会から2年間。西川区長は11年5月に会長に就任し、4期連続となる。

慣例で人選が会長に一任される新副会長には、武井雅昭港区長と坂本健板橋区長に代わり、松原忠義大田区長と青木克德葛飾区長が就任する。西川会長は「前会長の多田正見区長の人選方法が素晴らしく、踏襲させてもらっている」として、就任以来、職員出身区長と議員出身区長を1人ずつ副会長に選出している。

正副会長に先立ち、4月の総会で決まった五つのブロック別に選出される幹事には、矢田美英中央区長、成澤廣修文京区長、長谷部健渋谷区長、田中大輔中野区長、近藤やよい足立区長が就任する。任期は5月からの1年間で、成澤区長は10期連続で幹事を務めることになる。

西川会長体制4期目では、18年度に実施される国民健康保険の広域化や、練馬区を除く22区が希望する児童相談所の移管に向けた都との設置計画の確認作業、2020年東京五輪に向けた施設整備、19年10月に予定される10％への消費増税に伴う地方財源の更なる国税化への対応などが課題となる見通し。

民泊インパクト（下）　住宅宿泊事業法案に見る功罪
取り締まりへ態勢整備急務

港区赤坂のとある賃貸アパート。1階の手すりにはダイヤル入力式のキーボックスが複数掛けられていた。旅館業法の許可を受けていない違法民泊営業が行われていると見られ、近隣住民によると、見覚えのない外国人数人が入れ替わりで出入りし、早朝・深夜には大きな話し声やキャリーバッグの車輪音が響くという。

都内では観光スポットや繁華街を抱える区を中心に、民泊に関する苦情が急増。港区では1日1件以上のペースで寄せられ、民泊物件内外での騒音や、ルールを守らないごみ出し、オートロック物件でのセキュリティーへの不安や資産価値低下への懸念など、苦情は多岐にわたるという。対応に当たっているみなと保健所では、「利用客が直接確認できない場合、違法民泊と直ちに断定できず、

安全安心

部屋を特定できるケースは少ない」（生活衛生課）と頭を悩ませる。

新宿区も2014年度に6件だった民泊に関する苦情件数が15年度に95件、16年度は246件に増えている。住民からは、住宅宿泊事業法案で規制緩和する都市計画法上の住居専用地域での民泊営業に対する反対意見が相次いでいるという。

区保健所は「新法成立後の対応は、現時点では検討中」と前置きした上で、「地域住民が安心して暮らせる環境を守ることが大前提だ」として、区による事務処理と法案で規定する「区域を定めた営業期間の制限条例」の制定に意欲を示す。

一方、ホテル・旅館業界も、現状への危機感が強い。東京都ホテル旅館生活衛生同業組合の齊藤源久理事長は「今の状態が続くのはまずい」と語る。

同組合では、民間の調査会社に違法民泊の実態調査を依頼。2月に取りまとめた報告書では、昨年12月から今年1月までの1カ月間で調査した中央、港、新宿、台東、墨田、品川、大田、渋谷、豊島の9区15カ所での周辺住民とのトラブルを紹介し、トラブルが多発している実態に警鐘を鳴らす。

齊藤理事長は「こういう業態は、黒（違法）からグレーの状態が最も利益が上がる」と語り、「不動産業界の視点に立つと、空き室対策が最大の課題となっている中で、15年ごろから違法民泊が急速に拡大した」と分析する。

都心区などの限定的な問題と見られてきた民泊関連の地域トラブルが住宅都市にも広がる中、別の課題も出てきた。

板橋区では、民泊営業が原因と見られる騒音などの苦情が15年度の4件から16年度は14件に増加。その一方で、民泊営業を始めたいという相談も寄せられるようになったという。地域トラブルの解消と新規営業希望者への法令順守の徹底という二つの課題に対し、区保健所生活衛生課では、「他区の状況を見ながら庁内連携体制を構築したい」と話す。

世田谷区では、今月中に外部委員を含めた検討会を立ち上げ、具体的な対応の検討に着手する。保坂展人区長は「幅広く訪問者を受け入れていきたいという声と、静穏な住宅環境をしっかりキープすべきだという二つの意見があり、双方もっともな意見。双方のニーズをどう満たすか検討したい」と語る。

違法民泊が行われていると見られるアパートに設置されているキーボックス＝港区赤坂で

こうした課題に共通して求められるのが、行政による適切な取り締まりだ。国は法案審議に並行し、今月下旬に都道府県の担当者を集めて説明会を開き、保健所を所管する保健衛生部局の出席を求める方針だ。新法の運用を定める政省令が明らかになっていないため、自治体側の体制整備が進まない状況が続いていたが、今後は都福祉保健局や23区の保健所を核とした住宅宿泊事業者の届け出・監督事務の対応を想定しているものと見られる。

一方で、新法施行に伴う業務量の見通しが立たないことから、保健所が現在の組織体制のまま単体で業務を担えるかが事務処理上の課題となる。都内は特に、多摩地域の6市を所管する都多摩府中保健所が人口約100万人、世田谷区が約90万人と人口規模が大きく、保健衛生行政の態勢の在り方を整理しながら、民泊の法制化の動向にどう向き合うかが問われることになるだろう。＝おわり

江戸川区スーパー堤防
盛り土でも強度不足
約4割は検査できず

国が江戸川区北小岩一丁目東部地区で進める高規格堤防（スーパー堤防）の元々の地盤に強度不足が発覚した問題で、新たに盛り土部分にも強度不足の箇所があったことが分かった。検査を行った375地点のうち、盛り土部分を含む61地点（全体の約17％）で所定の強度に満たなかったことに加え、139地点（同約37％）では盛り土に「強固な層」があったとして、検査を実施できなかった。

国と区は先月30日、地権者を対象に説明会を開催し、検査結果を報告。併せて、強度不足の土を置き換える対策工法を示し、土地の引き渡し期日が12月末になると説明した。地権者からは、損害賠償や引き渡し後の瑕疵担保責任の明確化などを求める声が上がったという。同事業を巡っては、これまでも工事の遅滞が度重なっており、当初の引き渡し予定は昨年5月だった。

江戸川区は国の検査結果や引き渡し時期などの説明に対し、「承服できない」（区画整理課）として、他の工法による対策で早期に引き渡すよう国に求めている。同区の柿澤佳昭区画整理課長は「年内の引っ越しを願う地権者の方は多い。住宅の着工を考えると、遅くとも9月末までの引き渡しを希望する」と話している。国は未検査箇所を再検査した上で今後の方針を再検討し、来週早々にも区に結果を伝える方針。

また、区は14日の区議会建設委員会で、同地区内の区有地を一部売却する一般競争入札の実施を当面見送ると報告した。受け付け開始は24日の予定だった。一方、障害者や高齢者の支援機能などを備えた複合施設を建設予定の大規模画地については、都への補助金申請などを考慮し、予定通り来月8日からプロポーザル方式での公募受け付けを開始する。

記者席
結論先送り、市場も選挙も

○……小池知事が18日の夜、小泉純一郎元総理や山崎拓元副総裁らと料亭で会食した。小泉元総理が企画した同窓会らしいが、二階俊博幹事長も同席。都議選を間近に控え、説明を額面通りに受け止める人はいない。安倍総理も「たまたま同じ料亭にいた」というのではなおさらだ。

会合では、都議選に向けた知事の決意表明があり、周囲からは国政進出への応援の声も上がったという。これだけのメンバーだ。たとえ意図しなくても目前の都議選や「その後」の話になるのは当然だが、そうそうたるメンツが料亭に集まり語り合う姿は、自民党を批判してきた小池知事も、やはり自民党の中の人なのだと強く印象づける、そんな季節外れの同窓会となった。

○……「どっちでもいいから、早く答えを出してほしいよ」。今夏の都議選に向けて、今も公認を得られていない民進党の離党者の一人がため息を漏らした。小池知事が率いる都民ファーストの会から公認を得られるか否か結論が出ておらず、街頭演説やポスター張りにも支障が出ているという。

退路を断って党を出ただけに、飛ぶ鳥を落とす勢いの新党の公認は当落に直結する一大事。本音は「早く決断してほしい」だろうか。市場移転が迷走し、宙ぶらりんになっている業者の姿が重なった。

○……五輪における整備などの基本となる「アクセシビリティー・ガイドライン」。五輪組織委員会が3月に示したこの基準は、車椅子や目の見えない人など、あらゆる人が快適に過ごせるユニバーサルデザインの教科書のようなものだ。

内容は多岐にわたり、例えば駅と会場を結ぶアクセシブルルートには、50㍍間隔でベンチを設置するよう定めている。座面や背もたれの高さなどの寸法も定められているほか、車椅子利用者の同伴や補助犬の随伴も想定して、ベンチの隣に一定の水平基準を設けるなど、きめ細かな対応が求められている。

既存施設や道路でガイドラインを満たすのは至難の業だが、大会後の形あるレガシーの一つになりそうだ。

品川区
スマホで道路点検
段差、振動で検知

品川区は6月初旬にもスマートフォン（スマホ）を活用した道路点検システムを導入する。道路の巡回点検業務は現在、目視で行っているが、スマホの活用により目視では判別が難しかった段差の把握につなげる。区によると、ICT技術を用いた道路点検業務の導入は都内初という。

巡回車両内にスマホを取り付けてスマホ内蔵の加速度センサーで振動を測定し、路面の段差を検出する。検出したデータはリアルタイムでサーバーに送られ、段差の状況に応じて5段階に色分けの上、区役所担当職員のパソコンで閲覧できる仕組みを構築する。対象は区内にある全ての区道で、全長約328㌔。

区道路課は「段差の数値化で比較がしやすくなり、区民への説明にも寄与する」と話している。

千代田区
保育所と学童の待機児ゼロ
特定園留保は60人減

千代田区は17日、1日時点の保育所と学童クラブの待機児童がゼロになったと発表した。同区は4月に人口が6万人台まで回復し、子育て世帯が増加傾向にあるものの、受け皿となる施設整備が進み、特定の保育所のみを希望して入所しない「特定園留保」も減少した。

同区の保育所待機児童ゼロ達成は4年連続で、2002年度以降13回目となる。認可保育所の開設や認定こども園の受け入れ人数の拡大により、4月時点で前年度比278人の定員増を図った。特定園留保は昨年4月の146人から86人に減少した。

小学生を対象とする学童クラブは、前年度比で定員を58人増やした。区児童・家庭支援センター担当者は、「学童クラブへ入る人数は年々増えている。今年は新1年生の60％が入所すると見込んだ」と話し、今後は民間物件を利用する私立学童クラブの整備を促し、需要に応えていくという。

江戸川区
小松菜カレー
独自に商品化

江戸川区のコミュニティー施設「グリーンパレス」の指定管理者の㈱アタープル松屋は18日、同区の特産品である小松菜を使ったオリジナルレトルト商品「小松菜カレー」の販売を始めた。同社はこれまで、小松菜を使用した浅漬けやパスタ、ドレッシングを開発しており、今回で4品目となる。

開発した「小松菜カレー」。紹介するのはグリーンパレスの山中副館長

同区によると、ルーに小松菜を使用したレトルトカレーは全国的にも珍しいという。1食180㌘で、税込み430円。

商品開発に当たっては、地元小松菜農家で同区農業経営者クラブ会長の真利子伊知郎さんが協力した。粉末状にした際、鮮やかな色味を出すために、収穫時期を通常より約2週間遅らせて約5㌢大きくなるように生育させた。

同館の山中智浩副館長は「オリジナルカレーを通して特産品の小松菜により親しんでもらいたい」と話している。

出張吉訓・都教育監に聞く

オール教育庁で学校を支援

一人ひとりの子供の幸せのために

小池知事の下で1月に策定された「東京都教育施策大綱」には、「誰もが自ら望む教育を受けられ、可能性を伸ばせる社会の実現」が掲げられた。1日に都教育監に就いた出張吉訓氏は、「知事は一人ひとりの子供が夢や希望を実現し、幸せな人生を送ってほしいという思いを持ち、中井敬三教育長も同じ考えだ」とし、自身も「都の2300校、6万4千人の教職員をサポートすることが、96万人の子供たちの幸せにつながる」と抱負を語る。「教科指導などを通して、人間性を育成することが大事」という教育監に話を聞いた。

原点は秋川高校

教育監のバックボーンとなっているのは、都で唯一の全寮制だった都立秋川高校だ。厳しい父親から逃れたくて入学したと言い、「夜、屋上から都会の明かりを見てホームシックでしくしく泣いている友人もいたが、自分は家を出られて、うれしくて仕方がなかった」。

当時は海外や他府県在勤者等の子供が対象といった入学資格は緩和されていたが、海外経験のある生徒に外国の話を聞いたり、豊かな自然の中で同年代との生活はとにかく楽しかった。一方、1学年240人の生徒が一部屋に8人で過ごす共同生活。「自分の好きなことだけやっていたら人間関係はうまくいかない。いろいろな人がいるし、先輩も怖かった。父ほどではなかったけど」と笑う。

筑波大学に進んだが、入学式での「『でもしか先生』になるなら教員免許を取るのはやめてほしい」という言葉を素直に受け取った。ベンチャービジネスが盛んな時代、また、バイオテクノロジーがはやり出した頃で、その方面に就職するつもりで勉学に励んでいた。

大学4年の春、高校の恩師がわざわざ大学まで訪ねてきた。当然、教職課程を取っているものと思い、母校に戻ってくるように誘われたという。「自分を育ててくれた母校の恩師から声を掛けてもらったから」と、教職課程を学ぶため更に2年間、大学に在籍した。

都の教員採用試験を高校理科で受けたが不合格。恩師に専門教科で受けろと言われ、高校農業で「拾ってもらった」と苦笑。都立農業高校で6年間食品化学を教え、その後、都立秋川高校に異動した。「5年間だったが、朝から翌朝までが教育の場で、1年が3年分の時間にあたり、15年分働いたような気がする」

恩師は宗方俊彦氏で、開校時から教諭を務め、当時は校長だった。「舎監を5年間やったが、仮眠をとっても寝た気がしない。240人の子供を預かっているという責任があるから。でも、校長室の明かりがついているとほっとした。11時過ぎまでいらしたのではないか」

入学した240人の生徒をフルネームで呼ぶと、「何で知ってるのとびっくりされた。学校でこれまで名前を呼ばれたことがなかったという。家族なんだから当然だよと話したりした」。自宅は官舎で校内にあったので、生徒たちは奥様やお子さんに声を掛けたり、ちょっかいを出したり。「家族はあっけらかんとしているので気にもしなかったけど。子供は大事にしてもらった」

人間を大切にして、人間性を育成する理想の教育だったと思うが、インパクトのある学校だっただけに見方は分かれるだろうとも。「生徒からは絶えず見られているわけで、教員自身がきちんとしていないと指導にならない。緊張感があり、教員も成長する学校だった」

オリパラを好機に

海外研修を経験した年に、指導主事試験がどんなものかと受験してみたところ合格。長期研修で高等学校教育の担当となって以来、22年間、教育庁で教育行政に携わることになった。いずれは校長として戻りたいという思いで秋川高校の近くに家を建てたのは、その頃だったと苦笑い。その秋川高校は2001年に閉校となり、「本当にショックだった」。

しかし、チャレンジスクールやエンカレッジスクールなど新しい形の高校をつくり、次世代リーダー育成道場、スクールカウンセラーの全校配置、教員加配、ICT活用などに取り組み、教育改革推進担当部長も歴任。「直近の都民意識調査では、都立高校をよく評価してくれた。うれしい」というのは率直な思いだ。

「制度などのハード面から教育内容などのソフト面に入ってきた。今後はより重層的になっていくと思う。どの部ということでなく、オール教育庁で学校を支援していく。また、外部人材もいろいろな形で入ってきている。やっと、こういう時期に来た」と言い、スクールソーシャルワーカーによる「自立支援チーム」の取り組みなどで、中途退学率も下がっているとうれしそう。

東京2020オリンピック・パラリンピック競技大会についても好機と捉える。「ママさんバレーは1964年の東京大会でのレガシーという。共生社会に向けて東京2020大会でもレガシーをきちっと残していきたい」。また、特にパラリンピックに期待する。

「オリパラ教育では、障害のある人もない人も共に一つの社会を形成していくうえでの人間を大切にする教育が一層深まっていく機会になると思う」

都では今年度、20校の特別支援学校をモデル校として社会貢献活動を実施。19年までに全都立特別支援学校で実施する方針だ。既に昨年度からNPO法人に委託して20校で実施しており、「高齢者施設を訪ねて交流することで、おじいちゃん、おばあちゃんは、また来てほしいと喜んでくれる。一方、先生方は子供の違う一面を見ることができるようだ」と成果を話す。

「三つのとげを抜け」

人に恵まれてきたという教育監。恩師の宗方氏は生物の教諭で、手づくりの教材での実践的な授業は大学進学後も役立った。農業高校では博士の資格を持つ先生が多く、①管理職を目指すか②研究で生きていくか③一般の先生で終わるか——の三つの道があるとして、「③は勧めないよ」と言われたという。

先輩の指導主事には、「三つのとげを抜け」と言われた。「一つは言葉、二つは目、三つは心のとげ。うわべを取り繕うのではなく、本当に相手のことを思い、言葉を掛け、まなざしや心を注がなくてはいけないのだと。私もこのことを先生方に話すようにしてきた」

逃げ出すほど厳しかった父親も、都で教育行政の要職を歴任し、小学校の校長も務めた。「3人兄弟で末の私だけが教員となり、行政に進んだことをすごく喜んでくれた」。「うまくやるのではなく、正しくやれと教えられた。つらいからといい加減にやると、つじつまが合わなくなる。道理にあったことをやれということだったと思う」。

いつかは現場にという思いはあったが、「ここまで来ると、いろいろ勉強させてもらい、これはこれでよかったかなと」と言い、教育課題は尽きることはなく、「ここまで育ててもらった恩返しをしなくては」と話した。

ではり・よしのり＝東京都生まれ。1984年筑波大学農林学類卒。95年から都教育庁に。09年教職員研修センター企画課長、13年教育改革推進担当部長、指導部長などを経て、4月から現職。秋川高校の官舎時代は土地を開墾し、野菜作りを同僚に教えたとか。妻と3女1男。59歳。

教育ひろば

Tokyo2020の先へ　未来へつなぐ　オリパラ教育　2

町田市立南第四小学校

障害者理解

おごり・こだわり・先入観なく

町田市立南第四小学校はオリンピック・パラリンピック教育推進校を3年間実施した。この間、スポーツの精神「みる人」「する人」「ささえる人」を体育科授業の振り返りの項目に設定した。最も子供たちが変容したのは「ささえる人」への気付きであった。準備をみんなでする。ゼッケンを丁寧にたたんでしまう。転倒した友達に駆け寄る。勝敗にこだわらず、相手をたたえるようになった。運動能力が低い友達をばかにしないようにもなった。

体育科の授業が変わると、日常の生活も変容してきた。掃除や係の仕事を熱心にやる。譲り合えるようになった。トラブルもみるみる減少し、生活指導困難校の様相が一変した。スポーツの「ささえる」という意識の定着は、自分だけがよければいいというおごりをなくしていった。

世界ともだちプロジェクトでは、メキシコ合衆国、クロアチア共和国、朝鮮民主主義共和国を学んでいる。全校朝会で国の概要を伝えると、総合的な学習や委員会活動で特色を調べ、子供たちは世界へ視野を向けるようになっている。特に朝鮮民主主義共和国の学びでは、近隣にある西東京朝鮮初中学校との交流の中で、昨年はドッジボール、今年はリレーを加えて競い合った。競い合うこと自体が楽しさであり結果は問わないという、子供たちの中に芽生えた友情には、大人社会のこだわりはみじんも感じられない。

また、日本文化への涵養では、全児童による南中ソーラン節の踊りは本校一番の特色となり、保護者、地域の絶賛をいただいている。

さらに、本校出身のリオデジャネイロオリンピック女子体操・内山由綺選手とも交流の機会を得て、オリンピアンへの憧れとともにオリンピック・パラリンピックを身近なものに感じることができた。

都教育委員会は今年度より、オリパラ教育を行っている学校・園を顕彰する事業（オリンピック・パラリンピック教育アワード校）を実施する。この事業は、重点的に育成すべき五つの資質（①ボランティアマインドの醸成②障害者理解の促進③スポーツ志向の普及・拡大④日本人としての自覚と誇りの涵養⑤豊かな国際理解の醸成）の育成を課題とする。本校もその末席に座らせていただくことになった。

今年の目標は、これまで取り組みの少なかった障害者理解を推進し、次の2点を重点的に実施していく。

1　国際パラリンピック委員会作成「I'm POSSIBLE」を活用し、全児童、保護者、地域に啓発。本校は本年度、創立50周年にあたる。この機会を活用して、特にパラリンピックへの理解を促進していく。

2　通常学級と特別支援学級との共生学習プログラムを開発。本校は通常学級17学級、特別支援学級8学級で構成されている。昨年度までの「ささえあい」を基盤に障害への理解と共に運動に取り組める活動を実現していく。

過日、テレビ番組で、ホスピスに勤務されている方が余命の限られた方を担当し、「あなたがいて、私の心が穏やかになりました」と言われ、仕事への生きがいを感じておられた。しかし、その方が亡くなられた時、「本当に支えられていたのは、支えていたと思っていた自分だった」と気付かれたそうである。私はこの番組を見て、本当の支え合いは、できる人からできない人への一方通行ではなく、できる人とできない人の対面通行であるべきだと強く感じた。

今年度、本校ではオリパラ教育アワード校として、単に健常者が障害者を支えるという薄っぺらな先入観を払拭する取り組みを進め、障害者理解の推進を目指していく。

（町田市立南第四小学校統括校長　宇田陽一）

年間を通して踊る「南中ソーラン節」＝2月24日

「マイ・キャリア・ノート」の活用を！

「これからの時代の教員に求められる資質能力」（2015年12月中教審答申）では、これまで教員として不易とされてきた資質・能力に加え、自律的に学ぶ姿勢をもち、時代の変化や自らのキャリアステージに応じて求められる資質・能力を生涯にわたって高めていくことができる力、情報を適切に収集し、選択し、活用する能力や知識を有機的に結び付け構造化する力などが必要であることが示されています。

学び続ける教員が求められる中、都教育委員会は17年度から新たに「マイ・キャリア・ノート」の導入を開始します。この事業は、教員が教職生活全体を見通して自らのキャリアを形成し、教員としての資質・能力の向上を図るための研修計画を設計すること、校長が人材育成の観点から自律的に学ぶ姿勢をもつ教員を育成し、将来の管理職候補者等を発掘することをねらいとしています。

「マイ・キャリア・ノート」は、個々の教員の研修等に関するデータが示されるものであり、各自のパスワードを使用して学校や自宅のPC、スマートフォン等からいつでもどこでもログインすることができます。教員経験年数や教科の専門性に応じた研修情報等が提供されるようになっており、過去の研修受講履歴や必修研修、教科等課題研修の案内が自動表示されます。また、今後の研修計画を入力することにより、自己の研修計画を可視化できるようにもなっています。

さらに、教職大学院派遣要項や各昇任選考要項等の常時掲載、各研究団体ホームページ等へのリンクにより、生涯にわたっての学びやキャリア形成をサポートするシステムとなっています。

3月に「教育管理職の確保」をテーマに開催された東京都総合教育会議では、「管理職の職務内容が一般教員からは分かりにくい」「女性は管理職試験と出産・子育ての時期が重なっているため、管理職を目指すことが難しい」などの意見が出されており、計画的な人材育成や多様な情報提供の必要性が示されたところです。

長期的なスパンで自己のキャリアを考えることができる「マイ・キャリア・ノート」を活用し、一人ひとりの教員が自らの教員人生をどのように過ごすのかを考え、計画的に研修等を受講し自己を磨いていくことは、教員の資質・能力の向上に大変効果的であると考えます。教員が学び続けることにより、子供たちの教育がさらに充実することを強く期待します。

学校にもリフレッシュする場を

校長経験9年目を迎え、延べ4校で都立特別支援学校の経営指揮を執った。教職員200人を超える規模の学校もあったが、いずれの学校も驚くばかりの旧態依然とした職場環境があった。何も校舎の新旧という話ではない。アルマイトのヤカンを鋳物のガスコンロにかけて湯を沸かし運ぶリスク、当番がインスタントコーヒー等を買い出しに行く慣習等々。リフレッシュする機会や場の不足も痛感した。

就職先企業の開拓に明け暮れていた中堅教員時代、会社の規模にかかわらず珈琲マシンが置かれているなど、職場環境が工夫されていて、業務の合間にリフレッシュする社員の姿が印象に残っている。

昨今の新聞経済面では、オフィス環境向上に向けたビジネスモデルの提案が頻繁に紹介されている。それだけのニーズがあるからこその提案に違いない。しかし、多くの学校には、こうした企業提案は届いているのであろうか。私が勤務してきた学校では、そうした提案を取り込んでいく意識は薄かった。

教員という仕事はやりがいも大きいが、簡単な仕事ではない。日々の授業準備だけでなく事故や苦情といった様々な対応に教職員は飛び回っている。だからこそ、学校の職場環境を少しでも向上させ、心身をリフレッシュできる場としたい。

こうした動機から職場環境の充実を進めてきた。実例を紹介する。

◎飲料自動販売機　どの都立高校にも飲料自販機があり、生徒が利用している。私は都立校設置規定を調べ、業者を公募し、1本80円から販売可能な業者を選定した。最大500本のストック、震災時は全飲料を避難者に無料提供できる協定を保護者会で説明し、賛同を得た。毎日の補充でも追いつかないほどの需要があり、2台目を設置した。

◎置き菓子ボックス　大手菓子販売会社の置き菓子ボックス9台を各職員室に置いた。学期末の繁忙期には毎週ある補充が間に合わず空になってしまうほどの利用がある。

◎週2で出張販売店　これも出張販売規定を活用して、休憩時間にスイーツ類の出張販売を導入した。週2回の出店時は、教職員が実にうれしそうに行列しながら品定めしている。

◎挽立て珈琲マシン　仕事の合間に香り漂うひきたて珈琲を味わえる職場とするために、エスプレッソ・カフェモカを含む各種珈琲・紅茶・スープまでの8種が選べる多機能マシンを導入した。自己資金不要で1杯50円。行列が絶えない。

改善状況を視察された産業医からは、「水分・糖分補給は疲労感低減とリフレッシュに効果的」とお墨付きを得ることができた。

教員志望者や管理職志望者減少が危惧されている。そうした中、「ライフ・ワーク・バランス」も提唱されている。「ライフ」の充実だけでなく、「ワーク」の場としての学校の働く環境にも注視したい。今日の社会の中で「魅力的」と言える職場環境であろうか。校舎の古さ等の理由に逃げ込むことなく、校長として魅力ある職場環境づくりを進める責任がある。

こうした思いから、導入できる提案が他にないかと日々のビジネスニュースを探る日々である。

（都立光明学園統括校長　田村康二朗）

教育施策連絡会を開催　英語村は18年9月開業

都教育庁

教育施策連絡協議会が11日、区市町村の教育長や校長など約2600人が参加し、中野サンプラザで開催された。小池知事がビデオメッセージを寄せ、中井敬三教育長が今年度の都の主要施策の概要を説明した。

次期学習指導要領に向けては、今年度が周知・徹底期間に当たるとし、千葉大教育学部の天笠茂特任教授が改訂のポイントを講演。現代的な課題には教育課程全体で取り組み、協働と共有が重要となること、教職員の経営参画意識を高めることなどを強調した。

この日は、「TOKYO GLOBAL GATEWAY」（TGG＝英語村）の概要説明もあり、それに先立って上智大の吉田研作・言語教育センター長が「今後の英語教育・国際理解教育」について講演した。調査では、中高生や新入社員がグローバル社会で英語の必要性は感じながらも自分が使うイメージはなく、海外で働きたいとも思わない。また、中高での英語指導が音読や発音練習、文法が主で、ディスカッション、ディベートはほとんど行われていない現状を紹介。大学受験に備えるというが、SELHi（スーパー・イングリッシュ・ランゲージ・ハイスクール）が入試結果でも成果を上げていると語った。中学1、2年で英語を苦手とする子供が増えることから、他の教科と関連づけたり様々な工夫が必要とし、TGGへの期待も示した。

教育面は第1、第3、第5金曜日掲載

都夏期幹部異動方針

異動規模・発令日は流動的

監理団体の在り方検討で

都総務局は17日、幹部人事担当課長会を開き、夏期幹部異動方針を各局に通知した。管理職の需給は逼迫した状況が続いているとして、兼務・事務取扱など柔軟な配置管理や人管ポストの廃止を促している。局長級人事では条例局長3人、その他局長級3人が今年度末に60歳を迎え、例年であれば6ポストが空く公算だが、小池知事が都幹部の再就職について再検証する考えを示しており、その規模は流動的だ。局案提出は5月12日に締め切り、各局ヒアリングを同17～19日に実施。人事異動内示、退職・新任発令は共に7月中下旬を予定している（本文中の年齢は2017年度末時点）。

例年なら6ポストが空席に

夏期幹部異動のメーンは、局長級と総務・枢要部長。今年度末で60歳となる条例局長は、多羅尾光睦総務局長（61A）、醍醐勇司・水道局長（62A）、石原清次・下水道局長（63A）の計3人。その他局長級は、別宮浩志・都市整備局次長（62A）、坂根良平・流域下水道本部長（7B）、中野透・建設局次長（8B）の計3人。

局長級昇任の候補のうち、今夏で在職2年以上となる総務・枢要部長は計11人。このうち鈴木勝・五輪準備局総務部長（56歳、10B）は2014年1月の就任以来、4年目に突入している。在職3年となるのは、西村泰信・総務局行政部長（同）と黒沼靖・水道局総務部長（同）。津国保夫・下水道局総務部長（59歳、7B）も、前任の人事委員会事務局任用公平部長からの通算で3年を迎える。

2年目は小池潔・政策企画局総務部長（55歳、4A）、小暮実・総務局総務部長（59歳、14B）、十河慎一・財務局経理部長（58歳、7B）、岩瀬和春・財務局主計部長（54歳、4A）の官房3局に加え、今村保雄・都市整備局総務部長（57歳、1A）、古谷ひろみ・港湾局総務部長（54歳、5A）、太田博・職員共済組合事務局管理部長（60歳、7B）の計7人が該当する。

技術系では、在職3年目が土木職の野崎誠貴・交通局建設工務部長（59歳、62A）、建築職の永島恵子・都市整備局都営住宅経営部長（59歳、63A）、久保田浩二・財務局建築保全部長（55歳、7A）の計3人。

2年目は、中島高志・都市整備局都市基盤部長（55歳、2A）、青木秀幸・水道局浄水部長（56歳、6A）、神山守・下水道局計画調整部長（56歳、9B）。都市整備局都市づくり政策部長は上野雄一・同局技監の事務取扱となっている。

今年度の方針でも、短期在職での異動を抑制し、同一ポストの3年在職を推進する方向。他局からの転入後、1ポストで転出する異動は避けるよう求めた。また、昇任待機者数など現在の需給状況を踏まえ、新たな人管ポストを設置する場合は既存の人管ポストの廃止や兼務対応などによる管理職数の確保を原則とするよう通知した。

人事異動の方針は例年通りだが、小池知事が幹部職員の再就職について検証する考えを示す中、監理団体等役員人事と事実上、密接に絡む局長級人事の規模や発令日は流動的だ。都政改革本部で「改革プラン」の検討と共に監理団体の在り方について7月頃までに一定の考え方を出す見通しで、監理団体の活用に関する議論とセットで検討が進む見通し。都は3月の都政改革本部会議で、局長級OBの再任用を選択肢の一つとして検討する考えを示したほか、現役の局長級幹部を監理団体の役員に起用するとの見方も出ている。

標準的な配置ポストと年次

区分	年次		
出先部長	13A	17B	
本庁統括	15A	18B	20C
本庁課長	21A	24B	20C
出先課長	23A	26B	

都・区職員採用

事務・土木などで苦戦

都の申込者数は1割減

都と特別区の人事委員会事務局は17日までに、職員採用試験の申込状況を公表した。都のI類A（大学院修了程度）・I類B（大卒程度）を合わせた申込者数は1万916人（速報値）で、前年度比1167人（9・7%）の減。区I類（大卒程度）の申込者数は計1万7662人で前年度比327人（約1・8%）の微減だった。民間の採用状況が好調で学生の「売り手市場」が続いていることから、公務職場は苦戦を強いられている状況だ。

都I類Aの申込者数は事務・技術で計2650人で、前年度比455人（14・7%）の減。倍率は事務が16・6倍、技術が7・9倍となった。

I類B（一般方式）は計6736人で同565人（7・7%）の減。特に行政は3929人で同600人（13・2%）の大幅減となった。技術は1396人で81人（6・2%）の増。倍率は行政（一般方式）が11・6倍、技術が9・5倍だった。

論文などを課さないI類B（新方式）は計1530人で、同147人（8・8%）の減となった。

都人事委は「採用人数との見合いからすると、規模は昨年度並み。民間の採用状況が好転しているので、公務員の魅力を発信していきたい」（試験課）と話す。都では昨年度も、申込者数が前年度比で12・3%減少していた。

一方、区I類は全試験区分で計1万7662人。区分別では、事務が1万5178人で同396人（2・5%）減。技術では土木造園（土木）が396人で同124人（23・8%）減、建築が195人で同34人（14・8%）減、福祉が460人で同75人（14%）減など苦戦が目立つ。倍率は事務が15・5倍、土木が8・1倍。福祉は今年度から経験者採用を始めたことも背景にあると見られる。なお、今年度から採用する心理の申込者数は224人で、倍率は6・2倍だった。

区人事委は「民間に流れる状況はもうしばらく続くだろう。少ない志望者を取り込むには、採用活動やPRを更に強化する必要があるかも知れない」（任用課）と話している。

都I類Aの1次試験は5月14日、I類Bは同7日。最終合格発表はI類Aが7月19日、I類B（一般）が同21日、新方式が同28日。

区I類の筆記試験は5月7日、口述試験は7月11日～22日の間の指定する1日。最終合格発表は土木造園、建築、機械、電気が7月31日、事務、福祉、心理、衛生監視、保健師が8月7日を予定している。

■都職員採用試験の申込状況

試験区分		2017年度 採用予定数（人）	2017年度 申込者数（人）	2017年度 倍率（倍）	2016年度 採用予定数（人）	2016年度 申込者数（人）	2016年度 倍率（倍）	増減 採用予定数（人）	増減 申込者（人）	増減 増減率（%）
I類A	事務	115	1,911	16.6	95	2,300	24.2	20	▲ 389	▲16.9
	技術	93	739	7.9	130	805	6.2	▲ 37	▲ 66	▲ 8.2
	合計	208	2,650	12.7	225	3,105	13.8	▲ 17	▲ 455	▲14.7
I類B（一般方式）	行政（一般方式）	340	3,929	11.6	365	4,529	12.4	▲ 25	▲ 600	▲13.2
	技術	147	1,396	9.5	183	1,315	7.2	▲ 36	81	6.2
	その他の職種	133	1,411	10.6	126	1,457	11.6	7	▲ 46	▲ 3.2
	合計	620	6,736	10.9	674	7,301	10.8	▲ 54	▲ 565	▲ 7.7
I類B（新方式）	行政	110程度	1,414	12.9	105程度	1,570	15.0	5	▲ 156	▲ 9.9
	土木	10程度	81	8.1	15程度	66	4.4	▲ 5	15	22.7
	建築	4程度	35	8.8	2程度	41	20.5	2	▲ 6	▲14.6
	合計	124	1,530	12.3	122	1,677	13.7	2	▲ 147	▲ 8.8
総合計		952	10,916	11.5	1,021	12,083	11.8	▲ 69	▲1,167	▲ 9.7

■特別区職員採用試験の申込状況

試験区分	2017年度 採用予定数（人程度）	2017年度 申込者数（人）	2017年度 倍率（倍）	2016年度 採用予定数（人程度）	2016年度 申込者数（人）	2016年度 倍率（倍）	増減 採用予定数（人）	増減 申込者（人）	増減 増減率（%）
事務	980	15,178	15.5	940	15,574	16.6	40	▲396	▲ 2.5
土木造園（土木）	49	396	8.1	47	520	11.1	2	▲124	▲23.8
土木造園（造園）	16	121	7.6	15	94	6.3	1	27	28.7
建築	55	195	3.5	42	229	5.5	13	▲ 34	▲14.8
機械	23	156	6.8	25	154	6.2	▲ 2	2	1.3
電気	27	204	7.6	25	199	8.0	2	5	2.5
福祉	83	460	5.5	68	535	7.9	15	▲ 75	▲14.0
心理	36	224	6.2						
衛生監視（衛生）	34	210	6.2	29	198	6.8	5	12	6.1
衛生監視（化学）	5	82	16.4	3	85	28.3	2	▲ 3	▲ 3.5
保健師	69	436	6.3	70	401	5.7	▲ 1	35	8.7
技術・専合計	397	2,484	6.3	324	2,415	7.5	73	69	2.9
全試験区分合計	1,377	17,662	12.8	1,264	17,989	14.2	113	▲327	▲ 1.8

児相関連、22区で増員

特別区組織・定数分析㊥

今年度、増員した区は18区に上り、全体の増加数も495人と、昨年度の80人を大幅に上回った。増要因で多くの区に共通するのが、待機児童対策への人員配置やポストの新設による組織強化だ。

中央区は、保育士と調理士を計3人増員し、現場体制を強化したのに加え、福祉保健部に保育計画課を新設。これまで保育サービスに関わる業務を一手に担ってきた子育て支援課から、施設整備や保育計画作成部門を切り離した。同区職員課は「『子ども子育て支援計画事業計画』の見直し期間に入ったこともあり、多様化する保育ニーズに対応するため」と説明する。

23区で待機児童数が最も多い世田谷区も、保育課や保育計画整備支援担当課などに8人措置。民間保育施設整備のための用地取得、官民の既存保育施設の支援を強化する。

港区では子ども家庭課とは別に保育課を新設。保育支援や施設指導など、保育園に関わる業務を切り分けた。同区企画課は「人口増で保育サービスの需要が増している。恒常的な組織を置き、体制強化を図った」と説明。このほか、芝公園保育園など5園で各1人、保育士を措置している。

合計では29減の杉並区でも、待機児童対策で保育課に10人措置した。同区人事課は「近年では私立保育園の増加が目立っている」と話し、入園事務増への対応や、保育園の巡回指導を強化する。

人員・ポスト精査

児童相談所設置に向けての人員補充や組織整備も各区で進んでいる。

2020年度に児相開設を目指す江戸川区は、今年度は心理職を11人採用。また、子ども家庭部に4人を充てたほか、子ども家庭支援センターに8人措置し、うち1人を都に、2人を千葉市に派遣研修に出して将来的な体制強化を見据える。

荒川区は、心理職を子ども家庭支援センターに1増、子育て支援課では担当係長の新設や、既存の児童相談所準備担当課長の兼務を外して定数2増。担当課長には厚生労働省からの派遣職員を付けた。同区職員課は「国の職員を受け入れ、幅広い知識を還元してもらうとともに、区からも国へ派遣し、児相で起こる様々な課題に対応できるようにしたい」と話す。

児相設置業務に関連して増員した区は22区に上り、課長級ポストを新設した区が多いが、各区とも人員・ポストの精査には頭を悩ませている。ある区の児相準備担当課長は「児相設置はどの区にとっても、初めて取り掛かる課題。都や他区と協力して進めなければならないので、業務量の予想が難しい」と話し、別の区の人事担当者も「児相設置に必要な人員やポストが読みにくいが、定数が増え過ぎないようにしなければならない」と今後の課題を示した。各区とも、新たな行政需要と定数抑制のバランスを取るのに苦労している様子がうかがえる。

働き方の変化

若手職員のホンネ　東京のとある居酒屋で⑤

「上司もギャップを感じてる」

C　タフかどうかは、管理職試験の口頭試問でも厳しく質問されるみたいだし、ある程度管理職にはタフさが必要なんだよ。

B　タフさねぇ…。まぁ、俺の上司も本当にタフだからな。

D　その「タフさ」の必要性が管理職のなり手を少なくしてるんだと思うな。管理職になってから引き受けなくてはいけない仕事と、昇任することで得るものの価値の感じ方が、年代によって大きく違うんじゃないかな？　僕は40代くらいが境目だと思うね。

C　どうしてそう思う？

D　だって、30代の上司からは、「管理職試験受けるんでしょ？」とか言われないしね。管理職になることが当然だと思ってない。でも40代以上にはよく言われるからね。40代以上の人は、言い方は悪いけど働くことへの信仰心みたいなものが強い気がする。「長く働くことが善」みたいな。それはもう通用しないって言いたいんだけど、自分も組織に組み込まれているから、それを口にするのは教団の教義に背く気がして怖くて言えないな。

C　ずいぶん極端な意見な気はするけど…。まぁ、僕もそこまで長時間働きたいと思ってはいないけどね。

A　でも確かに、ステータスとして偉くなりたいという人は同期ではいないなぁ。むしろ自分の時間やワーク・ライフ・バランスを大事にしている人のほうが周りにも多い気がする。給与以外の点でも、管理職を目指す意味を見つけないよね。

D　もう他に意味なんてないんじゃない？　だって、管理職世代の人達って「長く働くことが善」って教え込まれた人達でしょ？　管理職になれば長時間労働は避けられないと思うし。僕ら世代はそう思わないから。

B　別に長時間働けるから管理職になるわけではないんじゃ…。やりがいとか？

D　もちろん何かのやりがいはあるかもしれないけどね。しかし、「ワーク・ライフ・バランスを大事に」「ダラダラ残業するな」という風に変わってきているから、管理職は「良き上司」であるために推進していかなきゃいけないのに、本心ではそう思ってない。ギャップに苦しんでるのはむしろ管理職かもね。職場の中でも本音と建前の使い分けに苦しんでいるなと感じることもある。

A　知事が都政を改革していこうとする中で、その分、仕事量も増えてるし、これから五輪も近づいてますます増える。そんな中「残業はあまりしないように」と言ってる。本人も「矛盾してる」とは言ってるけどね。

B　そんなのは分かって言っているんだよ。

D　あんなに頭良い人が、分かってないはずはない。

偽造薬の販売で2社に業務停止

都福祉保健局

今年1月、C型肝炎治療薬「ハーボニー配合錠」の偽造品が販売された問題で、都福祉保健局は12日、偽造品を販売するなどした卸売販売業者の㈱エール薬品と大興薬品㈱（ともに千代田区）に8～12日間の業務停止を命じた。医薬品医療機器等法に基づく措置。

同局は3月、偽造品の流通に関与した卸売販売業者5社に改善措置命令を出したが、このうちエール薬品は錠剤の調達先の記録として架空の会社名を記載し、大興薬品は無許可販売業者に販売。共に悪質であると判断した。

医薬品医療機器等法では卸売販売業者に医薬品販売時の記録を義務付けている。

セクハラで停職　通勤手当不正も

都教育庁

都教育庁は14日、女子生徒に対する不適切な行為やセクハラで、教員2人を停職処分とした。このうち多摩地域の男性主幹教諭（56歳）は2014年、教室内で女子生徒4人をひざの上に乗せるなどし、停職6月。主幹教諭は校長から指導を受けたにもかかわらず、同じことを繰り返していた。

多摩地域の高校の男性教諭（61歳）は水泳の授業中、女子生徒の水着の上から女子生徒の尻を触るなどし、停職3月の処分とした。

また、酒に酔って授業を中断させた区立中学校の男性主事（61歳）を減給処分とした。主事は当日朝まで酒を飲んでおり、授業中、教室内を歩き回ったり、服を脱いで上半身裸になったりしたという。

そのほか、通勤手当約92万円を不正に受給した特別支援学校主事（49歳）、家庭内のいざこざで妻にけがを負わせた中学校男性教諭（55歳）、部活動で生徒に暴言を吐いた中学校男性教諭（60歳）、児童名簿を紛失した小学校副校長（51歳）を減給とした。

五輪への航海図 172　TOKYO 2020　開催まで あと1190日

リオ大会の総括㊥

一部会場は「白い象」に

リオ大会の調査報告書では、大会後のレガシーにも言及。特に、32競技関連施設の後利用の現状を詳細に記述している。

大会期間中、後利用のモデルケースとして取り上げられたのが、オリンピック・パーク内の「フューチャー・アリーナ」だ。大会後に解体し、四つの市立学校の建設資材として活用するとして、小池知事も参考にする考えを示していた。しかし報告書によると、入札不調やリオ市長の交代などもあり、連邦政府が解体費用を負担することに。建設業者がそのまま解体する予定を変更し、大会前の建設と大会後の解体・運営と分かれたため、建設費が増大し、複数回にわたって入札不調となったという。

とりわけ、使い道がないのに維持費が高くつく「ホワイト・エレファント（無用の箱物）」の懸念があるのが、ゴルフコースやデオドーロ地区の競技会場群。競技人口が少ない上、施設管理者とNF（国内競技連盟）との連携が進んでおらず、今年1月の時点で有効活用されていない状況だ。ゴルフコースは民間資金で建設費6千万レアル（約18億円）を調達して造成され、NFは管理費用を利用者負担やイベント、賃貸借で捻出する予定だが、経営改善に至っていない。

一方、有効活用の事例もあるようだ。リオ市が所有し、民間委託している体操競技会場の「リオ・オリンピック・アリーナ」。観客席下の空間を、義務・中等教育クラスの教室に改修し、私立学校の授業で使っているという。また、セーリング会場の「マリーナ・ダ・グロリア」は長年、一般市民の立ち入りを制限してきたが、リオ大会を機に民間コンソーシアムの投資で改修。ヨットの入港数が増え、レストランやショッピング施設も整備されている。

オリンピック・パークが置かれたバッハ地区の競技施設は、大会後に管理運営主体が変わり、混乱が生じたことなどから、施設を後利用するための改修等工事が進捗していない状況。水泳の「アクアティクス・センター」は施設を解体し、二つのプールを別の地区の公園に移して使う予定だったが、昨年12月、解体費用がリオ市から連邦政府へ移管され、解体工事が遅延している問題も出ている。

小池知事もフューチャーアリーナを視察＝16年9月

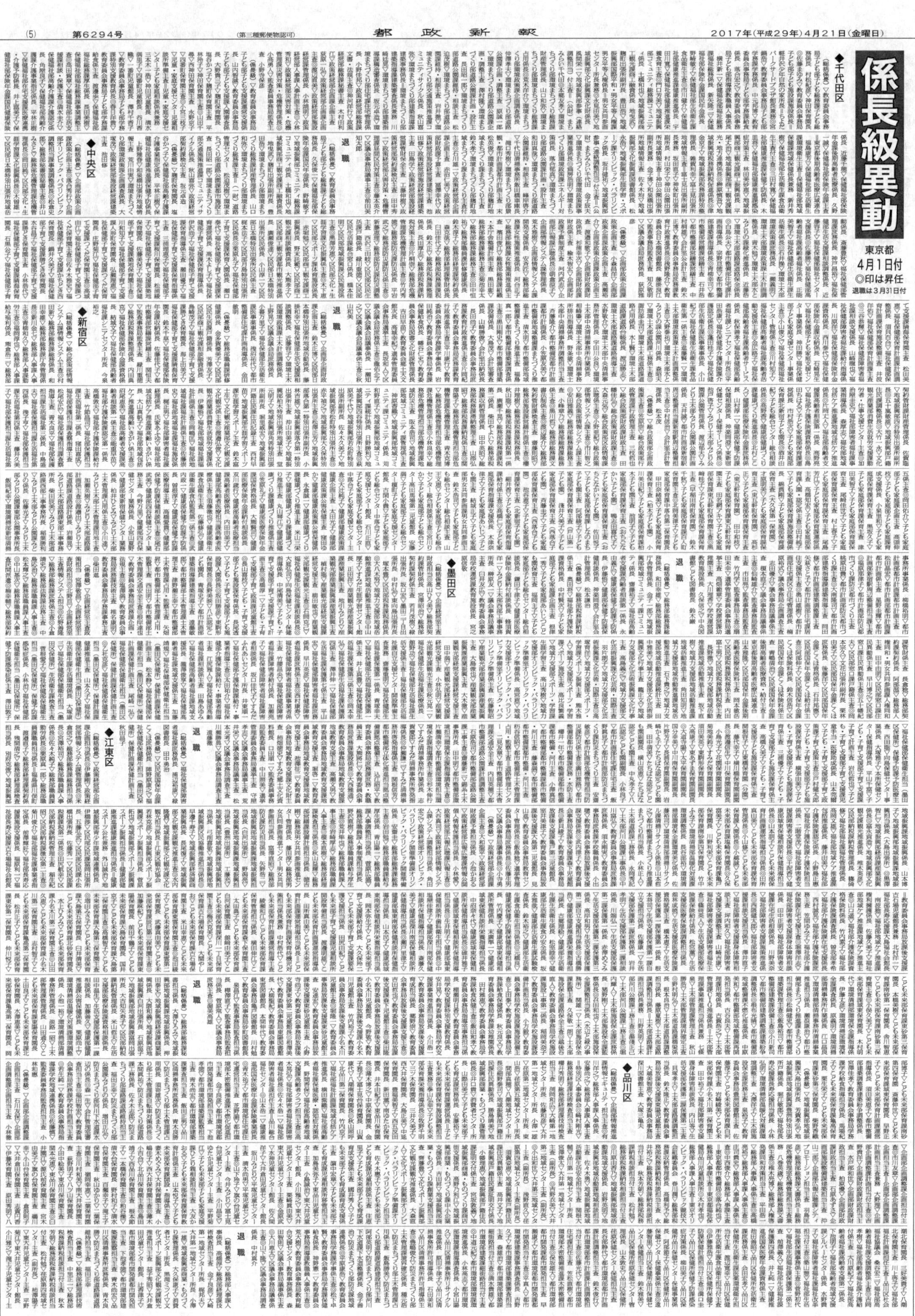

係長級異動

東京都
4月1日付
◎印は昇任
退職は3月31日付

◆千代田区

（総括係長）▽教育委員会事務局子ども部子ども総務課子ども総務係長　村松紀彦▽神田保育園長◎佐藤まゆみ▽教育委員会事務局子ども部子ども施設課施設係長＝軽井沢少年自然の家所長＝ちよだパークサイドプラザ館長兼務◎宮鍋浩▽教育委員会事務局子ども部学務課学務係長　中元邦博▽教育委員会事務局子ども部学務課給食係長　落合宏之▽教育委員会事務局子ども部指導課教職員人事係長　横井新二▽保健福祉部福祉総務課福祉総務係長　新矢隆二▽保健福祉部保険年金課国民年金係長　野崎敏子▽保健福祉部生活衛生課食品衛生主査◎市川健介▽保健福祉部健康推進課健康推進係長　宇田川寛▽保健福祉部健康推進課栄養食育主査◎門口芳美▽地域振興部コミュニティ総務課コミュニティ係長　土橋和也▽地域振興部商

係長　近藤千恵▽保健福祉部保険年金課後期高齢者医療係長　久野一誠▽保健福祉部保険年金課主査＝東京都後期高齢者医療広域連合課　福島康芳▽保健福祉部生活衛生課環境衛生主査＝保健福祉部地域保健課地域保健係長兼務　新井秀樹▽保健福祉部生活衛生課食品衛生主査付主査◎三田村寛▽保健福祉部健康推進課保健予防係長　木皿將▽保健福祉部健康推進課感染症対策主査　林田美砂恵▽地域振興部商工観光課商工振興係長　平尾丈治▽地域振興部商工観光課観光・地方連携係長◎榊原慎吾▽地域振興部税務課納税促進係長◎津金京子▽地域振興部税務課特別整理係長　雑賀利幸▽富士見出張所地域情報主査＝富士見出張所長兼務　坂田直子▽神保町出張所副所長　村山栄子▽神田公園出張所地域情報主査＝神田公園出張所副所長兼務　金子博▽和泉橋出張所地域情報主査　佐々木均▽地域

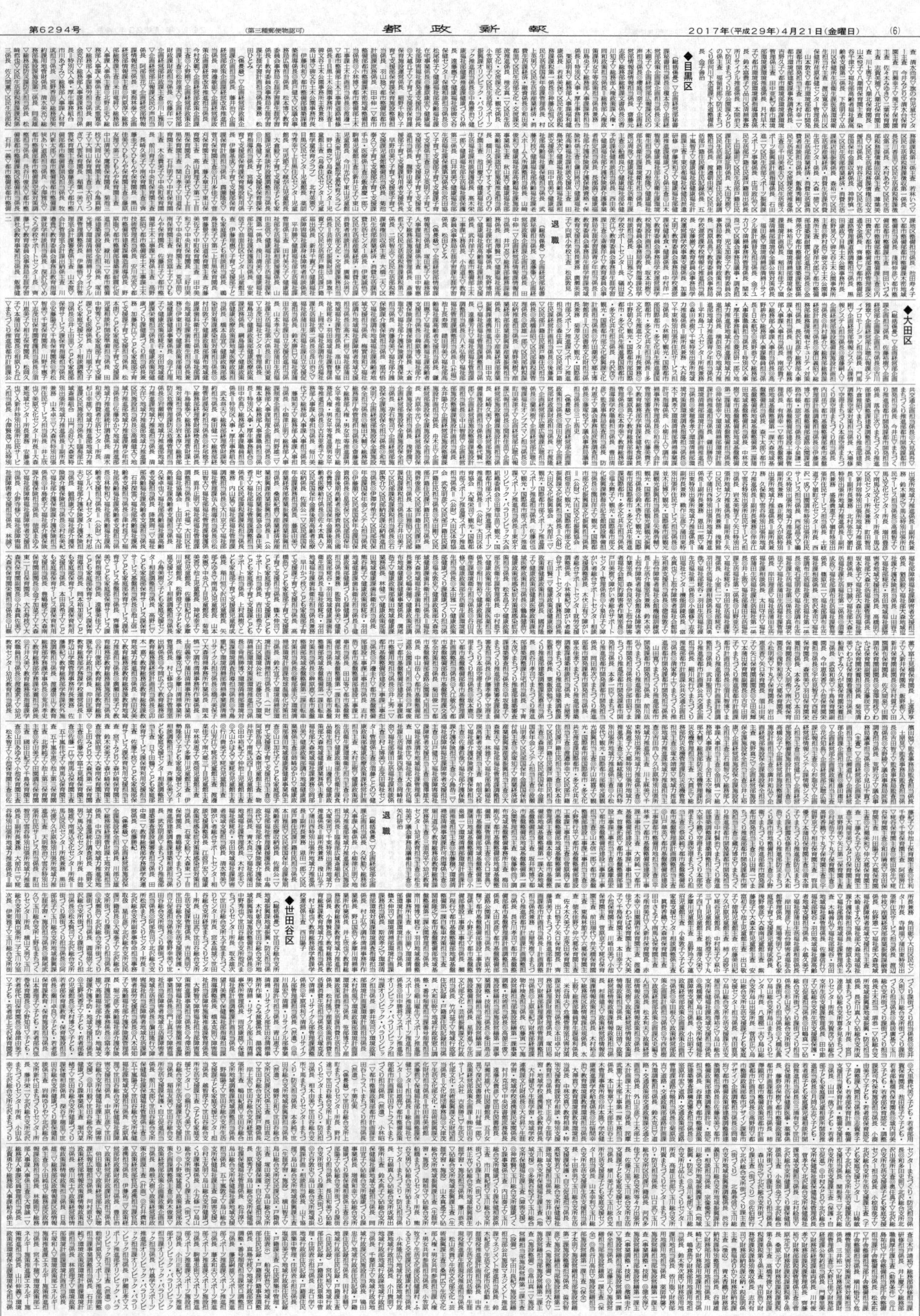

◆目黒区

◆大田区

◆世田谷区

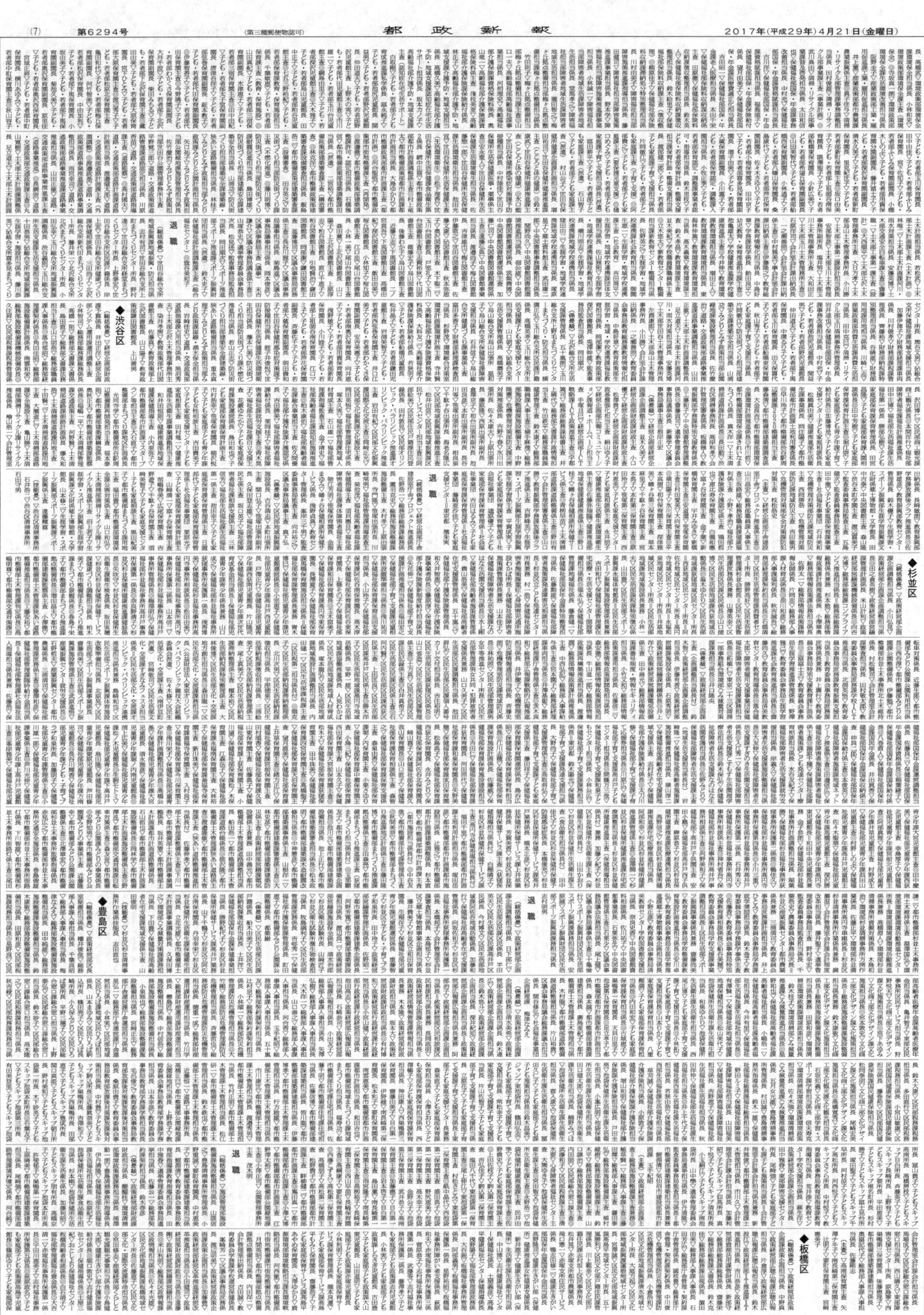

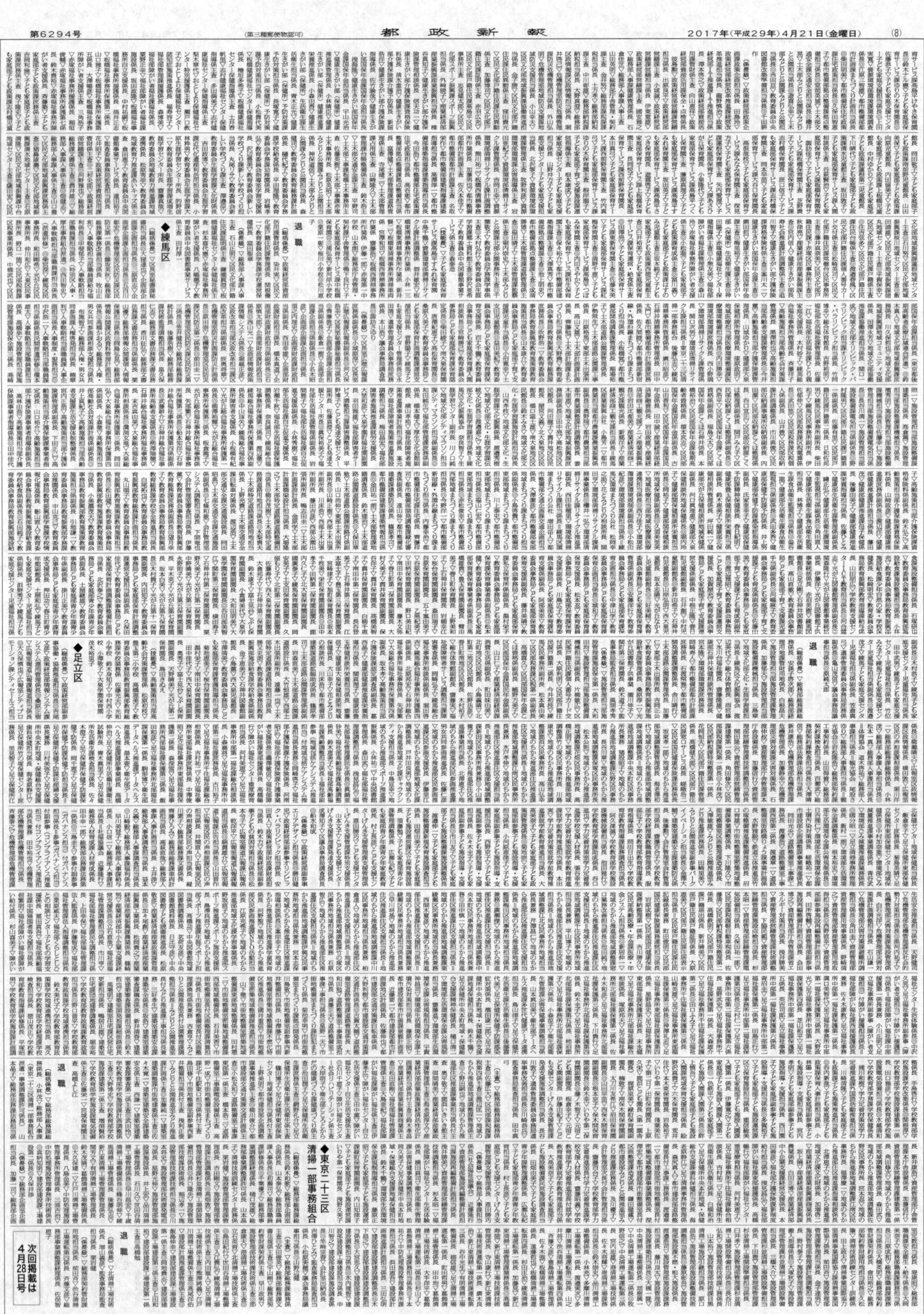

職員教養講座

29年度　東京都管理職選考対策

《43》

前回に引き続き、問題演習を行っていきます。

問題

【問題15】

昨年9月に開催された主要20カ国・地域（G20）首脳会議（杭州サミット）に関する記述として、妥当なのはどれか。

①　本会議では、世界経済の持続的な成長に向け、先見性、統合、開放性の3要素に基づく「杭州コンセンサス」が採択された。

②　世界経済に影響する重要課題として、英国のEU加盟国地位に関する国民投票結果を挙げたものの、G20構成国は、同国民投票に起因する潜在的な経済上及び金融上の結果に積極的に対処できる立場にないとし、英国の動向を引き続き注視することとした。

③　世界経済に影響する重要課題として、薬剤耐性（AMR）を挙げ、G20としての付加価値という観点から、新規及び既存の抗微生物剤に関する研究開発を促し、世界保健機関（WHO）、国連食糧農業機関（FAO）、国際獣疫事務局（OIE）及びOECDに対し、この問題に対処するための選択肢について、2018年に共同で報告するよう求めた。

④　多角的貿易体制の確保に当たり、2016年末までの「WTO貿易円滑化協定」批准や、2018年末までの「WTO環境物品協定（EGA）」交渉完了を目指すとした。

⑤　より効果的で効率的な世界的経済・金融ガバナンスの構築に当たり、2010年のIMFクォータ・ガバナンス改革の発効を歓迎し、第15次クォータ一般見直しを2017年の年次総会までに完了させることとした。

【問題16】

昨年8月にケニアで開催された「第6回アフリカ開発会議（TICAD Ⅵ）」の内容に関する記述として、妥当なのはどれか。

①　「TICAD Ⅴ」において合意された「横浜行動計画2013－2017」については、目標に対する十分な進捗が見られたことから、2017年まででその発効を終了し、以降は「TICAD Ⅵ」で合意されたナイロビ実施計画に一本化されることとなった。

②　「TICAD Ⅵナイロビ宣言」の優先分野の一つである「経済の多角化・産業化」のための方策として、日本は約50億ドルの質の高いインフラ投資を実施し、特に経済活動に不可欠な電力供給に関して、官民合わせて発電容量を約1千メガワット増強させることとした。

③　「TICAD Ⅵナイロビ宣言」の優先分野の一つである「強靭な保健システム促進」のための方策として、コミュニティー等の地方部も対象に、感染症対策のための専門家・専門人材を約1万人育成し、公衆衛生危機への対応能力及び予防・備えの強化を行うこととした。

④　「TICAD Ⅵナイロビ宣言」の優先分野の一つである「繁栄の共有に向けた社会安定化」のための方策として、日本は5万人への職業訓練を含む約960万人の人材育成及び約5億ドルの支援を実施することとした。

⑤　「TICAD Ⅵナイロビ宣言」では、1993年のTICAD開始以降、初のアフリカ開催となったことを、アフリカのオーナーシップの高まりの表れとして歓迎するとともに、次回の「TICAD Ⅶ」も、引き続きアフリカで2019年に開催することとした。

【問題17】

昨年12月に政府が決定した税制改正の大綱に関する記述として、妥当なのはどれか。

①　法人課税について、所得拡大促進税制を見直すこととし、企業の規模を問わず、前年度比2%以上の賃上げを行う企業について、給与等支給総額の平成24年度からの増

政治経済等事情 ⑤

加額に対する10%の税額控除に加え、給与等支給総額の前年度からの増加額について、12%の税額控除を上乗せすることとした。

②　所得税の配偶者控除について、配偶者の年収上限を年103万円から150万円に引き上げるほか、配偶者控除が適用される納税者本人に収入制限を設けることとし、給与収入（合計所得金額）が1120万円を超える場合に、控除額が逓減・消失する仕組みを導入することとした。

③　消費課税については、ビール、発泡酒、第三のビール等、酒類によって税額が異なっていた酒税を、2020年10月までの4年間で段階的に統一し、簡便な仕組みに見直すこととした。

④　消費課税のうち自動車取得税に係るエコカー減税については、従来の対象範囲を維持しつつ、減税期間が2年間延長されることとなった。

⑤　保育の受け皿整備の促進のため、企業主導型保育事業に係る固定資産税、事業所税、関税（給食用脱脂粉乳）の3税目について、課税標準の特例措置が創設されることとなった。

【問題18】

本年3月に成立した2017年度当初予算に関する記述として、妥当なのはどれか。

①　一般会計の総額は、前年度当初予算より0・8%増の97兆4547億円となり、3年連続で過去最大を更新するとともに、新規国債の発行額も34兆3698億円と過去最大となった。

②　社会保障関係費では、前年度当初予算からの増を5千億円程度に抑えたことにより、2年連続で財政健全化目標を達成したほか、充実項目の一環として、年金受給資格期間について25年から15年への短縮を行うこととした。

③　基礎的財政収支は、依然として約10兆8413億円の赤字であるが、赤字幅は前年度当初予算より約200億円縮小し、5年連続で改善している。

④　財政投融資計画総額は、2016年度比1兆6471億円減の15兆1282億円となり、当初計画としては4年連続で減少している。

⑤　公共事業関係費では、（1）豪雨・台風災害等を踏まえた防災・減災対策（2）民間投資を誘発し、日本の成長力を高める事業などへの重点化―を推進することとし、予算額は前年度当初予算より26億円増の5兆9763億円となり、5年連続の増となった。

解説

【解説15】　正答⑤

①　誤り。包摂性を含む4要素に基づく「杭州コンセンサス」が採択された。

②　誤り。G20構成国は、同国民投票に起因する潜在的な経済上及び金融上の結果に積極的に対処することができる立場にあるとし、英国が、将来にわたりEUの緊密なパートナーとなることを希望した。

③　誤り。薬剤耐性（AMR）という課題に対処するための選択肢を、2017年に共同で報告するよう求めた。

④　誤り。「WTO環境物品協定（EGA）」交渉についても、2016年内の交渉完了を目指すこととした。なお、「WTO貿易円滑化協定」は、2017年2月22日に批准されている。

⑤　正しい。

【解説16】　正答④

①　誤り。「横浜行動計画2013－2017」は、2019年の「TICAD Ⅶ」まで有効とした。また、今回の「TICAD Ⅵ」で合意されたナイロビ実施計画は、延長された横浜行動計画と一体をなすものとして位置付けられている。

②　誤り。日本は、約100億ドルの質の高いインフラ投資を実施し、特に経済活動に不可欠な電力供給に関して、官民合わせて発電容量を約2千メガワット増強させることとしている。

③　誤り。コミュニティー等の地方部も対象に、感染症対策のための専門家・専門人材を約2万人育成することとした。

④　正しい。

⑤　誤り。次回の「TICAD Ⅶ」は、2019年に日本で開催されることとなった。

【解説17】　正答②

①　誤り。大企業の場合、給与等支給総額の平成24年度からの増加額に対する10%の税額控除に加え、給与等支給総額の前年度からの増加額について2%の税額控除を上乗せできるとしている。中小企業の場合、給与等支給総額の平成24年度からの増加額に対する10%の税額控除に加え、給与等支給総額の前年度からの増加額について、12%の税額控除を上乗せできるとしている。

②　正しい。

③　誤り。消費者や酒類製造業者等への影響に配慮して、2026年10月までの10年間で段階的に統一していくこととした。

④　誤り。環境性能の向上に伴い、燃費基準が厳密化され、2017年度に「2015年度燃費基準」を10%上回る車に、2018年度には「2020年度燃費基準」以上の車に、減税対象が段階的に絞り込まれることとなった。

⑤　誤り。都市計画税を含む4税目について、課税標準の特例措置が創設されることとなった。

【解説18】　正答⑤

①　誤り。一般会計の総額は97兆4547億円で、5年連続で過去最大を更新している。一方で、新規国債の発行額は、前年度当初予算より622億円減の34兆3698億円となり、7年連続の減となった。

②　誤り。無年金者の減少を趣旨に、年金受給資格期間を25年から10年に短縮することとした。

③　誤り。基礎的財政収支は、前年度当初予算より赤字幅が約200億円拡大し、10兆8413億円の赤字となり、5年ぶりに収支が悪化した。

④　誤り。財政投融資計画総額は、2016年度比1兆6471億円増の15兆1282億円となり、当初計画としては4年ぶりの増加となっている。

⑤　正しい。

昇任試験対策のページ

特別区 管理職試験講座 26

Ⅰ類択一・記述　Ⅰ・Ⅱ類論文　29年度

Ⅰ類記述

試験概要

記述式試験は、提示される課題に関連する新聞記事や各種統計等の資料をその場で読み込み、特別区の課長として考えられる問題を抽出・分析した上で課題を設定し、課題解決のための具体策を導き出す試験です。

提示されたテーマは、高齢者が暮らしやすい社会づくり（28年度）、空き家対策（27年度）、外国人との共生（26年度）、待機児童対策（25年度）等、受験者の皆さんがこれまでに職員として経験したことがある分野から出題されるとは限らず、出題分野も多岐にわたります。しかし、過去の問題を見ると、特別区全体の課題として多くの皆さんが見聞きしているテーマが題材となることが多くなっていますので、日頃から幅広い視野を持ち、区政全体が抱えている問題に常にアンテナを張っておくとよいでしょう。

資料は、過去5年間の例で見ると、13～17点程度示されます。国や都が発表した白書等のグラフや数値、関係する新聞記事などが提示されますので、それらの資料を素早く読み込み、特別区に関わりのある問題として出題者が何を記述させたいのか、その意図を正確に把握することが求められます。

試験に向けた対策

《1》解答フォーマットを用意する

試験勉強は、多忙な日常業務の傍らに行うこととなりますが、記述式試験の準備に多くの時間を割くことができる受験者の方はそう多くはないと思われます。回答は、A3判の解答用紙（方眼紙）を使いますが、その使い方は自由となっており、事前準備がゼロのまま所定時間（2時間）以内に書き上げるために、その場で一から考えて記述することは困難を極めます。

そこで多くの受験者は、あらかじめ解答のためのフォーマットを用意し、試験に臨んでいます。フォーマットの代表的な例としては①タイトル（サブタイトル）②提案の目的③資料の分析④区政の課題⑤具体的な施策と妨げとなる事柄及び解決策⑥まとめ――といったものが挙げられます。それぞれの具体的な書き方は、今後の本講座の事例問題や過去問解説等を参考にしてください。

また、特別区人事委員会発行の『明日の区政を担う管理職員を目指して』という冊子には、上記の記述式試験の解答フォーマット例と記述内容のポイントが掲載されていますので、参考になると思います。自区の人事担当課に問い合わせて入手し、一読することをお勧めします。

《2》実際に手書きで書いてみる

実際に試験会場で記述試験の解答を作成する（自分の手で書く）場合、頼りになるのは自分の腕と鉛筆と消しゴム

勉強の仕方

のみです（これは論文試験も同様ですが）。修正作業もパソコンで行うようにはできませんし、もちろんコピー&ペーストもできません。実際に自分の手で書いてみると、書く、消すといった作業を繰り返すことは、想像以上に頭と腕への負担がかかります。本番と同様に、鉛筆で2時間、手書きをする経験を事前に一度積んでおくことで、おおよその感覚と自信が身に着くと思います。ぜひ一度書いてみることをお勧めします。

2時間かけて事前練習をすることが難しい場合は、普段の仕事の中で企画書や報告書を作成する際に、手書きのメモで基礎資料を作ることによりイメージがつかめるかもしれません。試験当日に使う予定の鉛筆と消しゴムを用いて作成することで、頭と腕の両方の事前準備になるはずです。

《3》解答構成と時間配分を決める

本番では、問題文と資料をじっくり読み、解答の構成を組み立ててから記述に入っていくことが肝要です。資料の読み込みに時間がかかり過ぎると、解答作成の時間がなくなってしまいますが、とはいえ、タイトルからまとめまでの流れ（ストーリー）があやふやなまま書き始めると、途中で引き返して書き直すことは大変難しくなります。自分なりの構成を問題用紙の余白部分（余白はたくさんあります）にメモ書きし、その内容が自分の中でスムーズに物語として流れるようになってから記述を始めてください。

一例ですが、資料の読み込みから課題の整理・具体策の検討と全体のストーリーの確定までに50分程度、記述と推敲に70分前後の時間を使う、といった自分なりの時間配分をあらかじめ決めておくとよいと思います。

《4》問題点の抽出方法

数多くの資料とその内容を分析し問題点を抽出するプロセスは、解答全体を首尾一貫したものにするために、必ず丁寧に行ってください。どの資料の、どの客観的事実を用いて課題を導き出すかによって、その後の提案内容が変わってきます。単なる事実だけを列記するのではなく、その後の課題設定～具体策の提示がスムーズに論理展開できるよう、資料を分析してください。

また、資料から導くことができる問題は、大小さまざまなものがありますが、その全てについて対応策を考えることは困難です。現在の区政にとっての「緊急性」「重要性」「効果性」といった観点から問題を選びつつ、全体のストーリーが論理的におかしくないことを必ず確認してから、解答を作成しましょう。

《5》課題と具体的施策の決め方

問題を抽出して区政の課題を設定する際には、課題事項を三つ挙げ、それぞれに対応する具体的な施策も三つ用意するとよいと思います。設定する際には、たとえば「ヒト」「モノ」「カネ」、あるいは「ハード」「ソフト」「協働」の3分野などの視点に沿った課題設定が効果的です。また、設定した課題と施策が相互に類似していたり、重複が生じないように注意してください。

また、課題と施策を取り上げる際には「実現可能性があるか」という視点も重要なポイントです。「特別区として解決できる課題か、実施が可能な対策か」という点は、採点者にとっても受験者が地に足のついた解決策を提示できる人かどうかを見極めるポイントとなります。この試験では、奇想天外なアイデアや夢の実現に向けた大風呂敷を広げるだけではなく、客観的な資料から問題や課題を的確に析出し、実現可能な具体策を論理的かつ説得力のある筋立てで示すことが求められていると考えられます。

特に、試験本番であなたの現在の職務に関連するテーマに当たった場合には、専門的な内容について詳しく記述したくなると思いますが、そこはグッと堪え、誰にでも分かりやすい平易な文章で課題と具体策を示すことによって、採点者にとっても読みやすく評価しやすいものになると思います。

《6》解答作成のテクニック

A3判の方眼紙を「縦に使うか／横に使うか」「文章とするか／箇条書きにするか」といった形式は、自由で構わないと考えます。先述した『明日の区政を担う管理職員を目指して』でも、縦書き／横書き双方のフォーマット例が挙げられています。

また、見栄えを左右するテクニックとしては、課題や具体策を表形式にしたり、強調させたい部分に下線を引いたり、といった方法があります。ただし、当日は定規の持ち込みができませんので、線を引く場合はフリーハンドで書くこととなります。

以上の点は、「読んでみたい」と思わせる解答用紙にするための工夫として、ぜひ覚えておいてください。

ゴールまで諦めずに

最後になりますが、特別区管理職選考実施要綱によると、記述式試験で求められる能力は、「問題抽出力」「問題点分析・課題設定力」「課題解決力」と、「全体的構成力」の4項目となっています。何を書けばよいか迷った時には、この4項目を何度も思い返し、出題者が皆さんに何を求めているのか、という点を絶えず意識して問題に取り組んでください。

2時間という時間はおそらくあっという間ですが、ゴールまで諦めずに立ち向かうことが重要です。

皆さんの健闘を心からお祈りしています。

立川市プレミアム婚姻届

地方創生賞「コト部門」で大賞

若手職員の発想とデザインの力

2016年5月から発売を開始した「立川市プレミアム婚姻届」は、様々なメディアに取り上げられ、その相乗効果により、1700部を販売し、現在、品切れするほど多くの方に手に取っていただいています。そして3月21日には、内閣府講堂で「ふるさと名品オブ・ザ・イヤー」の表彰式が行われ、地方創生賞「コト部門」で大賞を受賞することができました。

この取り組みは当初、「まち・ひと・しごと創生総合戦略」策定の過程で、若手職員ならではの発想やアイデアを生かした事業の検討を行うため、「たちかわ創生若手職員ワーキンググループ」を3グループ設置し、検討を行ったアイデアが基になっています。このワーキングでは、地域経済分析システム（RESAS）などの統計データ等を活用した検討や個別の自主研究などを行うとともに、外部講師によるレクチャー、主管課へのヒアリングなどを経て最終提言・審査等を行い、事業内容を決定するというものでした。

記念撮影に臨む素敵な笑顔のカップル

市の知名度を高める

婚姻届の提案をしたグループでは、目標を交流人口増と設定し、「どういう時に街を選ぶか」という点に着目。「結婚や出産のタイミングで移動する人が多いだろう」と考えました。このことから、誰が見ても「新しい！ 珍しい！」と思えるような記念になる婚姻届を作り、販売時と届け出時の2回、立川市を訪れてもらうことで市の全国的な知名度を高め、訪れる人を増やすという提案を行いました。

婚姻届の作成・デザインは、立川市で紙加工を手掛けて50年の「福永紙工株式会社」に依頼し、デザインは多摩地域にゆかりのあるデザイナー・三星安澄さんに依頼しました。デザインの検討段階でこだわったのは、婚姻届を提出した後も夫妻になる瞬間の気持ちが残せるように複写式とすること、二人の写真を収められるよう写真立ての機能を付けることでした。若手職員自らが欲しいと思うデザインになるまで、何度も検討を重ねました。

カギはプロモーション

自治体で行う事業は、サービス内容や成果物ができあがると、その後の広報などがおろそかになりがちです。しかし、今回は婚姻届という「製品」を数多くの立川市外の人、特に結婚予備軍の若年層に知ってもらう必要がありました。そこでPRサイト、ブログ、SNS（facebook、twitter、instagram）を活用した情報発信を行いました。

また、常日頃行っている地方版向けのプレスリリースだけでなく、主要雑誌社、新聞社、TV局をはじめ、過去に福永紙工さんを取材したメディア等にもプレスリリースを送付しました。

プレミアム婚姻届

こういった中から、少しずつ取材を受けるようになり、それらに丁寧に対応することで、より影響力のあるメディアに取り上げられ、認知度を高める結果につなげることができました。今後も様々なメディアやチャンネルを活用してPRを進めていく予定です。

民間事業者との協働

今回の取り組みでは、多摩地域のブライダル関連企業等で組織される「TAMAウエディング推進会」に販売・広報周知など多大なご協力をいただきました。

写真立てとしても使える婚姻届

特に立川市はブライダル産業が集積している強みがあり、ホテルや結婚式場などを販売場所にできたことで、カップルにとって利便性の高さや結婚式場への接点を提供できる効果が生まれました。この流れを受けて現在、立川市を「結婚式を挙げたいまち」としてPRする「ウエディングシティ立川」推進事業を展開しており、オリジナル商品の開発・PRや結婚アカデミーの開催等の事業展開を行っています。

プレミアム婚姻届を提出した記念にと、市役所内には、カップルの撮影スポットと、ここでしか押せない「オリジナルお祝いスタンプ」をご用意しています。記念写真の撮影は、職員がお手伝いをしていますので、気軽にお声掛けいただきたいと思っています。これからも、幸せな笑顔いっぱいのカップルが数多く訪れ、立川市が二人にとって心に残るまちになることを願ってやみません。

（立川市総合政策部企画政策課長　小宮山克仁）

全国の仲間は大きな財産に

熊本県阿蘇地域振興局

私は、地震発生から約1カ月後の昨年5月10日から8月9日までの3カ月間、熊本県阿蘇地域振興局土木部維持管理調整課に派遣されました。同局は阿蘇市を含め1市3町3村の約1100平方㌔（東京都多摩地区全体と同規模）の広範囲を管轄しています。

今回の地震被害で大きく報道されているのが、南阿蘇村立野地区の国道325号線に架かる阿蘇大橋の崩壊です。県職員の約9割は、阿蘇市外の熊本市内などから通っており、国道57号線を通勤経路としていました。現在は山道の迂回ルートを使い、被災前の2倍以上（約50分→約2時間）の通勤を余儀なくされています。また、同局では2012年7月の豪雨被害による黒川激甚災害の事業中に今回の地震被害が重なり、県職員だけで災害対応することは困難でした。

16年度、都建設局から阿蘇地域振興局への自治法派遣は、土木職3人体制としており、期間は1カ月から5カ月とそれぞれ違います。地震直後に熊本県と現地で協議、現場調査した先遣隊メンバー4人が状況把握を行い、その後の自治法派遣は延べ13人で、計17人が関わっています。

都は道路の災害復旧事業を担当し、昨年5月から12月までは災害査定業務が主体。10月から今年3月は、災害査定箇所の実施に向けた工事発注や工事監督の業務を行っています。

熊本県のSチームと称する他局から来た1～2人の優秀なメンバー、我々東京都3人、宮崎県2人、埼玉県1人、愛媛県1人の応援態勢に、熊本県のプロパー職員を加えた総勢20人程度で、災害査定に挑みました。

災害査定とは、地方自治体などが国土交通省の査定官、事務官と財務省の立会官に対し、被災した現地で被災状況と復旧方法について説明し、査定金額（復旧予算）を決定する制度です。

今回の熊本地震は、被害が甚大であることから、激甚法に基づく特別財政援助も合わせて適用されています。また、災害査定の手法として現場には行かない机上査定の対象額を300万円未満から5千万円未満に引き上げ、災害査定のスピードアップも図られていました。

このスピードアップが正直、きついものでした。災害査定を受ける2週間前には査定金額を確定させるとともに、毎週のように行われる災害査定が5月から12月まで続き、現場調査や災害査定設計書、説明資料の作成に追われました。当然、残業と休日出勤の連続となりました。

私たちは、5月から9月までは県職員のSチーム、10月以降は埼玉県と組み、45カ所の災害査定を受け、査定率95％以上の高確率を取り、熊本県の災害復旧に貢献しています。私が派遣された3カ月間では、査定を1本でも多く受け、次の担当に引き渡せるよう取り組み、31カ所の災害査定を行いました。

「困っている人を助けたい」という心境は、役人である我々なら人一倍抱いていると思います。今回の熊本地震で仲間となった熊本県職員は、自らも被災者でありながら、地元職員として奮起しています。私はその姿に脱帽し、時として胸が締め付けられる思いでした。

宮崎県、新潟県、大分県の派遣メンバーと熊本県阿蘇地域振興局庁舎で（右から4番目が筆者）

また今回、道路災害復旧以外で自治法派遣として来ていた新潟県、大分県、福岡県などの仲間と知り合えたことも自らの財産となりました。

現職場に異動して1カ月であるにもかかわらず、快く熊本地震災害派遣に送り出し、貴重な体験をさせてくれた職場の同僚や上司に感謝するとともに、協力してくれた家族にも感謝したいと思います。

災害は忘れた頃にやってくる。首都直下型地震が発生した場合、都が熊本地震や東日本大震災と同じような災害査定の対応を取るとは思えません。もし災害査定をするとなった場合、さらに過酷になるものと考えます。特に東京は様々なニーズがあり、更なる復旧のスピードアップが求められることが想定できるからです。

しかし、各自治体への都職員の派遣により、災害対応経験者がいること、全国に仲間ができていることが、大きな財産であることに間違いはありません。なぜなら、全国の仲間たちと「地震大国に暮らしている以上、明日は我が身」と共感しているからです。

熊本と東北3県の早期復旧、復興を願い、私は今後も応援・支援していきたいと思います。

（都建設局総務部技術管理課　湊勇人）

◇　◇　◇

熊本地震から14日で1年が過ぎた。都や区市からは被災地の自治体に復興に向けて職員が派遣されている。『風化させない～被災地の今・熊本編』では、都区の派遣職員の手記を2回に分けて掲載する。

（編集部）

『都庁俳句』作品抄

（5月1日発行）

春の鳥洋と和の庭往き来して　間中惠美子
うららかやシルバーパスでする遠出　山口　昭義
薄氷を遠き日のごと踏みにけり　渋谷　はつ
梅咲いて室の遊女の墓を訪ふ　上部　隆男
麻酔からさめ白い部屋二月尽　澤田　信一
ぞめく中花には花の静寂かな　内田　香晴
遮断機の下りて朧の終電車　武内　利夫
隠沼にうぶごゑしきり葦の角　片野　信子
約束の反古となりたる春の風邪　中鉢　卓花
夢に咲かす花美しき西行忌　伊　達　天
いぬふぐり縄文人の恋の路　奥田　弘學
木道を渡るその先梅盛り　髙橋　弘
看取ゐしも看取られゐしも春の闇　葛西美枝子
素足もて風踏むごとく青き踏む　成戸　寿彦
手のひらに淡雪消えし鐘の音　渡辺　正之
流し雛日本海へと去りにけり　本田はじめ
梅若の涙雨とも母亡き日　佐々木いつき

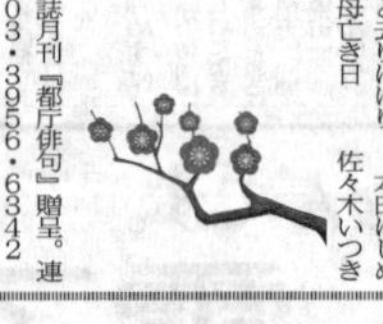

会員募集・見本誌月刊『都庁俳句』贈呈。連絡先　佐々木☎03・3956・6342

ミニガイド

◇2017年度都医学研都民講座（第2回）　▷日時　6月15日㊍午後2時半～4時▷場所　一橋講堂（神保町駅徒歩4分、竹橋駅徒歩4分）▷演題　「遺伝病の発症と症状を予測する」吉川欣亮氏（東京都医学総合研究所副参事研究員）、松永達雄氏（国立病院機構東京医療センター聴覚・平衡覚研究部部長）▷定員　500人（抽選、入場無料）▷申し込み　氏名、連絡先を明記の上、申し込み専用アドレス（tomin@igakuken.or.jp）に。件名に「第1回都民講座申込」と記入。5月29日㈪まで。

都政新報

発行所　都政新報社
〒160-0023　東京都新宿区西新宿7-23-1　TSビル
〈総務・読者〉03-5330-8781
〈企画広告〉03-5330-8784
〈編　　集〉03-5330-8786
〈出　　版〉03-5330-8788
〈ファクス〉03-5330-8808
購読料　月1,730円(税込)
毎週火・金曜日発行
ただし、祝日は休刊

紙面から

「小池人気」すがる各党

決戦の構図　2017都議選を占う①

市場問題で風向き変化も

「これまで公明党のポスターでは基調となる色は定まっていなかったと思うが、完全に小池色に染まっていた」。都議選の同党候補のポスターを見た都幹部職員は驚きを隠さなかった。都民ファーストの会の候補も「街中で見るポスターは公明党ばかり。組織力が違うから、短時間で張れるのだろう」と舌を巻く。

同党の候補者ごとに作製されているポスターの一つは、上段の候補者と下段の小池知事の写真が大きく掲載され、その間に挟まれた同党の山口那津男代表が小さい。知事のシンボルカラーである緑色を基調にしているのが特徴だ。都幹部は「公明党代表が小池知事に見えた」と苦笑する。同党都議は「知事との連携を分かりやすく伝えた。支持者から評価する声が多い」と顔をほころばせた。

3月に都民ファーストの会と選挙協力すると発表した公明党は、全23人の当選を目指す。だが、いずれも定数3の豊島区と北区などでは、都民ファーストが2人擁立するとの憶測もあり、同党は「3位に入れるか厳しい選挙になる。調整がうまくいっていないようだ」と肩を落とした。

一方、都民ファーストとの選挙協力を模索し、実現しなかったのは民進党。ただ、都民ファーストの野田数代表は「個別の連携の余地はある」と述べ、推薦に含みを持たせていた。民進党はこれまで36人に公認を出したが、24日までに離党届を出したのは公認の11人に加え、未公認の2人の計13人。うち都民ファーストから4人が公認、2人が推薦を受けた。小池知事の高い人気にすがろうと離党しているように見える。

公明党と都民ファーストの会が選挙協力すると共同発表した＝3月13日、都庁第一本庁舎で

推薦された立候補予定者によると、公認ではなく推薦を受けたことで民進党支持層の支援を得られるのではないかと分析。その上で、「できることなら小池知事との二連のポスターを作製したい」と本音を漏らし、浮動票の取り込みを期待する。

民進党は昨年12月以降、一人も公認候補を発表していない。今後も、公認候補が減ることはあっても、増えることはないのではとの冷ややかな指摘もある。

第1党への躍進も視野に入る都民ファースト。2月の千代田区長選で推薦した現職がトリプルスコアで大勝した結果、都議選で単独過半数を目指していた。だが、都民ファーストの候補の一人は「知事サイドは最近、単独過半数と話していない。知事の支持勢力で過半数を狙っている」と解説した。

今回の選挙では都民ファーストと自民党との対決が最大の焦点となる。都民ファーストの関係者は「ただ選挙に勝つだけでは意味がない。都議会自民党の幹部を落選させることができるかだ」と強調した。

自民党はこれまで、小池知事への批判的な言動を繰り返し、そのたびに苦情の電話が都議会自民党に殺到していたが、第1回定例都議会で豊洲移転の可否を決断するよう求めてから、「都議選で頑張れ」など前向きな電話が1日で約8割を占めるようになったという。

同党関係者は「ワイドショーを見た人が電話をかけてくる傾向にあるが、知事が移転の可否を判断しない問題を放送することで風向きは変わっている」と捉える。

自民党都議の一人は「小池人気が衰えていないのは事実」と認めながらも、「豊洲と築地の光熱水費などが二重にかかり、税金の使い方として適切ではなく、賢い支出をうたう知事は言行不一致になる」と批判し、市場問題を支援者に訴え、風向きを変える考えだ。

共産党は、自民党や公明党との対決姿勢を鮮明にしているが、追い風も逆風も吹いていない状況。同党都議は「市場移転は石原都政で進められ、それを支えたのは自公だった。都議会の構成を変えなければ、都政は変わらない」と指摘する。

生活者ネットは21日に都民ファーストと都議選に向け政策協定を結び、現時点で1人が都民ファーストの推薦を受けている。政策協定では、情報公開、男女平等参画社会の実現などが盛り込まれた。

□　□

都議選の告示まで2カ月を切った。都民ファーストとの連携を強化する公明党、離党が相次ぐ民進党に対し、知事との対決姿勢を鮮明にするのは自民党だ。自民対非自民という対決構図となる中、選挙情勢などを追う。

都議選　ファーストが10次公認　歌手の齋藤氏ら3人

都民ファーストの会は21日、7月2日投開票の都議選に向けた第10次公認候補を発表した。

今回公認を受けたのは、板橋区（定数5）で広告代理店社員の木下富美子氏、昭島市（定数1）で昭島市議会議員2期の内山真吾氏、南多摩（定数2）でシンガー・ソングライターの齋藤礼伊奈氏の計3人。いずれも新人で、希望の塾に所属している。都民ファーストの会の公認候補は21日時点で計30人となった。

南多摩では民進党を離党した石川良一氏が出馬する意向で、19日に都民ファーストの会から推薦を受けている。

窓なくても「保育室」に

待機児童対策で都が規制緩和要望

開戦前夜

待機児童の解消に向け、小池知事は20日、国家戦略特区内で窓がないビルの一室などを保育室に転用できるよう、規制緩和を国に要望した。区市町村などからの要望を受け、保育施設を設置しやすくすることが狙い。各自治体では保育施設の設置場所の不足が深刻化しており、同日行われた知事と都内自治体首長との対策会議でも、都への積極的な支援が要請された。規制緩和に期待を寄せる声の一方、現場からは安全性の確保などを不安視する声もあがっている。

現行の建築基準法では、保育室は床面積の5分の1以上の大きさの採光窓が必要と規定されている。都心などでは密集したビルの一室など窓がない部屋も多く、都が要望した新たな規制緩和では、隣接した窓のある部屋と二つの保育室と見なすことで、全体で窓面積を確保すれば転用を可能にする。

既存ビルなどに設置できる小規模保育所（地域型保育）は、認可保育所などに比べて短期間で設置が可能で、即効的な待機児童数の改善が期待されている。

課題となるのが、児童の保育環境の悪化を防ぐことだ。建築基準法の採光規定は保育施設で児童を健全に育成するために定められており、規制緩和は園児の保育環境に配慮して行う必要がある。

3歳の壁　2015年から始まった子ども・子育て支援新制度で新設された小規模保育所などの「地域型保育」は0～2歳までの児童が対象で、3歳以上になると同じ保育所で預かることができず、認可保育所などの転園先を改めて探す必要がある。
これまでNPO法人全国小規模保育協議会などが年齢制限撤廃を求めており、小池知事は昨年9月の待機児童解消に向けた緊急対策の中で、国に規制緩和を要望。今年度中に関係法が改正される見通し。

要望では、緩和のための要件を別途定めることとしており、都は関係省庁と協議していく方針だ。

都は緩和の要件として、窓がない部屋を児童の昼寝時間専用にするなど、運用面の工夫を検討することで、健全な環境の確保を目指す。

ある区の保育課長は「規制緩和によって、既存ビルで保育施設を開設しようという民間からの提案は増えるかもしれない」とする一方、「窓がない部屋での保育が児童にどんな影響を与えるのか分からず、火災時の避難経路確保なども不安。現段階で、もろ手を挙げて受け入れることはできない」と話すなど、地域によっては提案を疑問視する声もある。各区市町村で実効性を持って受け入れられるかどうか、都が国に示す対策案の内容次第となりそうだ。

待機児童緊急対策会議で、各首長と協議する小池知事＝20日

また、小規模保育所は都内で最も待機児童数の多い0～2歳までを対象としており、3歳になると転園しなければならない「3歳の壁」問題も深刻だ。現在、政府では年齢制限を撤廃する特区法の改正を進めており、今回の規制緩和も小規模保育の需要拡大が見込まれることが背景にある。

改正特区法は今秋にも施行される見込みで、都は合わせて採光規定の規制緩和を目指す方針だ。

■風営法緩和求める声も

区市町村からは更なる規制緩和を求める声も上がる。待機児童解消に向け同日行われた都内自治体首長と知事との会議では、三鷹の清原慶子市長が「3歳の壁を突破するために、更なる知事の英断が必要だ」として、都の風営法施行条例改正を要望した。

現在は風営法の規定により、パチンコ店など風俗営業所の近隣100㍍には児童福祉施設が設置できない。清原市長は「（風俗営業所の多い）駅前の質の高い認証保育所を認可化できれば、3歳の壁を乗り越えられる」と求めたが、小池知事は「重要な指摘だ」と受け止めるにとどめ、現段階での明言を避けた。

別の区担当者は「繁華街などでは風営法の規制緩和も効果があるかも知れないが、基本的には法の規制に基づくべき」と、児童への影響を考慮した対応が必要だと指摘する。

「3歳の壁」を乗り越えるため、認可保育所の3歳以上の受け入れ数を増やす自治体などもあり、視野の広い対応が求められている。規制緩和は地域の実情を踏まえながら、慎重に検討する必要がある。

小池知事が「世界の100人」

米タイム誌は20日、2017年世界で最も影響力のある100人を選出し、小池知事が「パイオニア」として選出された。

紹介したパリ市長のアンヌ・イダルゴ氏は「東京が直面する課題への鋭敏な自覚を持っている」と賞賛。「日本の女性、ひいては世界中の女性にとっての先駆者であり、かがみだ」と説明した。

小池知事は21日、選出は「3年後の五輪やその先も見据え、東京の持続的な発展を都民とともに実現するに当たり、大変励みになる」と喜びを話し、アンヌ市長にも感謝を述べた。また、後に続く女性へのメッセージとして「日本の女性は遠慮しすぎ。いろんなことに挑戦してほしい」とエールを送った。タイム誌の100人は04年から発表されており、昨年は芸術家の草間彌生氏が選出されている。

都政の東西

都政の闇

駅前に任期中にはあまり見掛けなかった都議が朝立ちするようになり、いよいよ都議選が近いと実感する。

小池知事が中心となって設立された「都民ファーストの会」を巡っては、60人超擁立だとか、過半数目指すとか、景気の良い話ばかりが新聞の見出しを踊っている。その綱領は出だしから宇宙に飛んでいて、東京の「灯」に言及しているが、本当に光が当たらなければならないのは、そのすき間にある「闇」であることは言うまでもない。

もちろん、その闇とは勧善懲悪で光と闇を分けた悪の部分を指すのではなく、光の当たらぬ現場で働く人たちや、毎日を精いっぱい生きている庶民のことである。

「闇」とは都合の良い言葉である。例えば、我々は地球の衛星である月の裏側を見ることはできない。だが、その裏側は闇とは限らない。当たり前のように太陽の光が当たっている。地球で新月の日、宇宙にいる人から見れば、月の裏側は満月なのである。あたかも闇に見えていたのは、角度が違っていただけなのかもしれない。

小池知事が、米タイム誌の「2017年世界で最も影響力のある100人」に選出された。彼女の存在は、宇宙から東京を見たあの輝きを象徴している。だが、現場で苦労している職員や、毎日を必死に暮らす都民に光は当たっているのだろうか。

劇場型政治にしか光を当てないマスメディアにも責任はある。候補者も出そろっていない政党の予測議席をあおる愚かさは、民主党の政権交代や橋下フィーバーの時と変わらない。今、都政の闇が何かと問われれば、マスメディアによる狂騒曲も含めた小池劇場そのものだと答えたい。

瑞穂町長選　杉浦氏が初当選

5票差で接戦制す

今期限りで引退する石塚幸右衛門氏の任期満了に伴う瑞穂町長選の投開票が23日に行われ、前副町長の杉浦裕之氏（63）が新人同士の三つどもえの選挙戦を制した。次点で元町議の榎本義輝氏（53）との差はわずか5票差となった。石塚町政の継承か刷新かが争われた選挙は大激戦となり、投票率は43・35％で前回を2・62㌽上回った。

＝3面に関係記事

◆テレワークを特区で

都と国は今年7月、企業や労働者のテレワーク導入を促進する「東京テレワーク推進センター」を飯田橋に開設する。厚生労働省は既にテレワークに関する相談窓口などのサービスを行っているが、独立したセンターの開設は全国でも初めて。都と国が連携し、多様なメニューを提供することが目的だが、都には特区活用により働き方改革施策を進めやすくする狙いもある。

同センターは国家戦略特区会議の下に設置するもので、テレワークの体験コーナーのほか、窓口相談や、職場へのコンサルタント派遣など、ワンストップでテレワーク導入に関するサービスを提供する。また、働き方改革に関する「TOKYOライフ・ワーク・バランス推進窓口」を併設する。飯田橋には都の東京しごとセンターやハローワークも立地し、雇用を求める企業や個人が集まり、同センターの需要も高いという。

政策企画局国家戦略特区推進担当は「センターで運用段階のノウハウを蓄積し、都の施策を実現するためにメニュー拡充を図る」と説明する。

一方、テレワークの推進に当たっては、いわゆる「隠れ残業」で自宅での長時間労働につながるとの懸念や、適正な人事評価が行われるかなど、解決すべき課題は多い。

同担当は「特区事業として国と連携していれば、規制改革や制度改革が必要になった際、関係省庁と調整が行いやすい」と話し、国と足並みをそろえることで、スピード感のある施策を実行していく考え。

◆入札改革でヒアリング

都財務局は21日、都政改革本部が示した入札・契約制度の実施方針に関して、中小企業などの業界団体にヒアリングすると発表した。

5月中旬から公共工事に関連する25団体程度を対象に意見や要望をヒアリングする。都は昨年12月、新年度予算の編成に当たり、各種団体の予算要望を1社ずつからヒアリングしたが、今回は業態別にグループ分けして行う予定。

入札・契約制度の実施方針では、1社しか入札がなかった場合は契約を締結しないことを原則にしており、6月から財務局案件で試行される。団体ヒアリングで出された意見や要望は、本格実施に向けて反映する考え。

宛句ジョーク

都内の今後の給水見通し、降水量に左右されるも、ほぼ平年並み。一方、小笠原村は早くも深刻な水不足

「婚活船より給水船をタノム！」——村役場

衆院区割 改定案

中野など9区3市を分割

事務負担増、対応迫られ

衆議院小選挙区が新たに分割される区市

自治体名	現行	改定案
港	1区	1区、2区
新宿	1区	1区、10区
台東	2区	2区、14区
品川	3区	3区、7区
目黒	5区	5区、7区
中野	7区	7区、10区
杉並	8区	7区、8区
豊島	10区	10区、12区
板橋	11区	11区、12区
八王子	24区	21区、24区
多摩	23区	21区、23区
稲城	22区	21区、22区

衆議院議員選挙区画定審議会（会長＝小早川光郎成蹊大学客員教授）は19日、1票の格差を是正するため、衆議院議員小選挙区選出議員の選挙区改定案を安倍晋三首相に勧告した。都内の全25選挙区のうち21選挙区を改定し、新たに9区3市の区域を分割するよう提案している。政府は改定案を基にした公職選挙法の改正法案を今国会に提出し、成立すれば次回選挙から適用される。現行の1選挙区から分割される自治体の事務負担増につながる見込みで、見直しを求める声が上がる。

改定案で選挙区割が1区、中央と文京（2区）、渋谷（7区）、北（12区）、江戸川の4区は分割されない。選挙区から2選挙区に分割されるのは、港、新宿、台東、品川、目黒、中野、杉並、豊島、板橋の9区と八王子、多摩、稲城の3市。

また、大田、世田谷、足立、江戸川の4区は分割する区域を変更する。4区とも範囲が変わるのみで、またがる選挙区数は変わらない。

選挙区の変更が行われないのは千代田（東京1区）、中央と文京（2区）、渋谷（7区）、北（12区）、江戸川（14区）、墨田と荒川（14区）、葛飾（17区）の計9区。市部は今回改定案が示された3市以外は分割されない。

今回の選挙区割りでは「1票の格差」が最大1・999倍に設定されている。数学上の格差是正の一方で、新たに分割される自治体からは、住民の不便を理由に見直しを求める声も根強い。

選挙区別に見ると、7区（渋谷区、中野区）には品川区、目黒区、杉並区の一部が加わり、計5区で構成する選挙区となる。

中野区は新しい区割りで住民が7区と10区に50%ずつ分かれることになる。田中大輔区長は20日、区割改定の基となったのが国勢調査のような実勢値ではなく2020年時点の人口推計に基づくものとして、人口動態が変動する可能性がある点を指摘し、「改定は予測に基づくもので矛盾があると考えている。区民に無用な混乱を与える恐れがある。大変残念だ」とコメントした。

中野区選挙管理委員会は「区役所を含めて6カ所に設けている期日前投票所や開票所の設置場所や数、態勢を見直す必要がありそうだ」と話す。具体的な方策は、都選挙管理委員会や同じ選挙区を構成する他区の選挙管理委員会と課題を洗い出していく考え。

また、立川、昭島、日野市で構成する21区は、昭島市が25区に移動し、八王子、多摩、稲城市の一部と国立市が加わる。

多摩市の阿部裕行市長は19日、「強い憤りを感じている」とするコメントを出した。同市は単一の選挙区だったが、改定案では人口の21・3%が21区に移り、市内が2選挙区に分かれることとなり、「住民の生活圏や自治会などの地域コミュニティーを無視したもの」と批判する。

同市は「同じ自治会で選挙区が分かれる場所がある。候補者が把握しにくくなれば、有権者の投票意欲低下につながる」（企画政策部）との懸念を示す。同市議会は24日の臨時会で区割改定の見直しを求める意見書を可決した。

今年3月に多摩市と、選挙区割で市域を分割しないよう求める共同声明を発表した稲城市の高橋勝浩市長も同日、「規模の小さな市を分割する区割り案が勧告され、誠に遺憾。抜本的な再見直しを求めていきたい」との談話を出した。

2020年時点の1選挙区当たりの人口推計値が全国で最も多い22区（55万4880人）を始め、人口集中が進む都内では、区割改定に向けて住民への周知が目下の課題となる。特に分割された地区が小さい場合、住民の混乱が起こりやすい。板橋区は人口比率2・5%が12区へ、杉並区は2・2%が7区へ移るため、板橋区選挙管理委員会は「区報で周知するのに加え、自治会や町会ごとに書類の郵送・回覧や直接説明に出向くことも検討している」と話す。

渋谷区

文化発信、「ストリート」から

歩行者天国や特区活用で

時代を映し出す文化が発祥する街、渋谷。渋谷区は長期基本計画に「エンタテイメントシティの実現」を掲げ、文化の発信源であり続ける「ストリート（路上）」に着目した方針を示した。柱の一つが歩行者天国の復活だ。民間企業と連携した道路でのイベント回数を大幅に増やすなど、「ストリートカルチャー」の振興を図る。また国家戦略特区を活用した政策立案にも着手。優れたエンターテインメントの人材が、世界ではなく渋谷を目指すようなまちづくりを将来像に据え、始動する。

区は2月に策定した2017～26年度を期間とする長期基本計画で、歩行者天国などの道路でのイベントを26年度までに年間40～50回実施する数値目標を設定した。区内では70年から02年まで区道や都道で歩行者天国を実施していたが、バス経路や商業施設の荷さばき、交通渋滞などを理由に取り止めた。現在、区が道路を使用して主催・共催しているイベントは年4回のみ。区は毎週末に歩行者天国を行うといった方向性ではなく、イベントと抱き合わせた形で実施する方針だ。

同区観光協会は先月22日、警察や区など関係者との会合で、歩行者天国を利用したイベントを提案した。対象エリアは、商業施設「SHIBUYA109」の両脇を通る文化村通りや道玄坂のほか渋谷公園通りを想定。2月はバレンタインデー、8月は盆踊りなど季節を意識し、月1回イベントを開催する枠組みを示した。区は「これから詰めていく」（土木清掃部管理課）と話す。

歩行者天国の復活予定エリア。右側が文化村通り、左側が道玄坂＝21日

道路でのイベントを巡っては昨年末、警察などと連携し、渋谷駅周辺の車両規制に乗り出した。区と区商店会連合会、渋谷駅エリアマネジメント協議会が実行委員会形式で「カウントダウンイベント」を主催。12月31日の午後10時半から翌日午前0時半に道路を歩行者へ開放し、主催者発表では約6万7千人が集まった。大きな混乱は起きず、同区の山中昌彦管理課長は「年末の問題に対して一定の解決策は示せた」と振り返る。

一方で、来街者が自然発生的に集結するハロウィーンの経験を生かし、スクランブル交差点の周囲に五つのごみステーションを設置したものの、大量のごみが路上に散乱し、課題となった。また外国人の来街者が想定より多く、山中課長は「外国語表記の案内や外国人対応なども今後の課題」と述べ、「どの程度の人出になるか予測できず、警備体制の構築にも苦慮した」という。

特区の活用も

区は長期基本計画で、「エンタテイメントシティの実現」を掲げる。歩行者天国の取り組みもこの一環で、国家戦略特区を活用した「エンタテイメント特区」（仮称）の構想を練る。長谷部健区長は「（私は）この街でストリートカルチャーにもまれて育ってきた。竹の子族やDCブランドブーム、コギャルなど、全てストリートからカルチャーが生まれてきている」と語り、カルチャーの発信地としての「ストリート（路上）」に着目する。

特区では、都条例で規制されている道路上の屋外広告物の設置特例や、文化ホール建設による容積率の緩和を検討。ハチ公前では現在、渋谷駅エリアマネジメント協議会（構成団体は鉄道会社や国、都、区など）が主体となり、区道に屋外広告物を設置する社会実験中だ。期間は今年度末までで、広告料は道路の維持管理など公共的な支出に限定している。

区の奥野和宏渋谷駅周辺整備課長は「来年度から本格実施を予定している。そのタイミングで国家戦略特区を活用したい」との方針を示す。

「エンタメ」の街へ向けた取り組みはまだ始まったばかりで、構想の現実化はこれからだ。長谷部区長は「エンタメでトップクラスの日本人は海外へ行ってしまう。こうした状況に対して、『まず、渋谷を目指せ』という街にしたい。それが将来的に『アジアの渋谷』のようになればいい」と先を見据える。

葛飾区

全区立中で基礎学習支援

23区初、学力向上前面に

葛飾区は今年度から、生活困窮者自立支援法に基づく無料の学習支援事業「基礎学力定着講座」を全区立中学校で実施する。昨年度のモデル事業で成果を上げたことから他校への導入を決めた。同事業を全校で実施するのは23区で初めて。

同講座は勉強が苦手な生徒に参加を募り、学習意欲の喚起、学習習慣の定着へとつなげるのが狙い。全24校で各校20人程度を対象に、数学や英語などの主要教科を1コマ120分間行う。実施は、学習教材を制作する民間企業や教育活動をしているNPOに委託し、1人の指導員が見る子供の人数を最大4人までとする少人数指導を徹底。各校の要望に沿った講座の実施を求め、対象学年や講座を開く時期と回数は学校との協議で設定し、1校当たり1～2週間に1回のペースで講座を開く。

区は昨年度、モデル事業として区立中学校12校で計483回講座を実施した。1～3年生229人が在籍し、73・5%が参加した。在籍していた3年生164人全員が高校に進学し、参加した生徒たちが家庭でも自ら勉強する習慣がついたとの声が聞かれたという。

同事業を所管する福祉管理課は「学習支援は継続することで成果が上がる。学校と連携して個別の課題に対応しながら、子供たちの学習環境を整えていきたい」と話している。

記者席

一蹴では死ぬに死ねない

○……遺書というのは普通、もうすぐ死ぬことを悟った人が書くものだが、森喜朗大会組織委会長を見る限り、そんな悲壮感はみじんも感じられない。

21日に発売された手記『遺書～東京五輪への覚悟』の内容は、小池知事への恨み節のオンパレード。ある出先部長は「2020年の東京大会が始まってもいないのに、もう遺書か」とあきれていた。

小池知事は21日の記者会見で、「お気にとめていただいているのは大変光栄」と大人の対応。「遺書などと言わず、これからも元気で頑張ってほしい」と余裕の笑みを見せた。

一番読んでほしかったであろう小池知事に軽くかわされたのでは、死んでも死にきれないと思うが。

○……26日に開かれる市場問題プロジェクトチームの会合で、小島敏郎座長の築地再整備案が議論される。小島氏らが市場業者と8日に行った私案の意見交換は、小島氏が個人的に行ったと言われていたが、実際には都の関与があった。18日の豊洲移転問題特別委員会で、自民党は会合の案内が総務局から市場業者に発信されていたと指摘。さらに、同局のホームページから都の案でもない小島氏の私案がダウンロードできることを問題視した。同党は「これを『忖度（そんたく）』というんじゃないですか」と指摘し、引き続き追及する構えを見せる。「都庁の森友問題」にならなければいいのだが。

○……区市町村長との直接対話の機会を設け、歴代知事との違いを打ち出している小池知事。昨年12月に都庁で開かれた23区長との意見交換会で持ち帰った区長からの要望や提言に対し、17日に開かれた区長会総会で都側から個別回答が報告され、区長からは好評だったという。

小池知事を巡る区長会の評価も随分と変わった印象だ。当選直後に知事が区長会を訪問した際、知事を支持するのは衆院議員時代の地元2区長のみで、総会での張りつめた雰囲気は忘れられない。将を射んと欲すればまず馬からというが、知事の有権者人気の高さに23区の将が徐々に射られているというところか。

自治体政策のススメ

議会改革の最前線⑤

山梨学院大学教授　江藤　俊昭

報酬問題を考える

今年の都議会第1回定例会において、議員報酬を巡る議論があった。削減、削減の嵐。小池知事の給与がすでに半減されたからだという。政務活動費の削減も議論された。

従来とは異なる新たな議会を創造するためには、条件が整備されなければならない。議員報酬や政務活動費などがその例だ。その観点が欠如した議員報酬や政務活動費の削減（増加）の議論は、住民自治の充実とは無関係である。

今こそ、どのような議会を創り出すか、ここから議論しなければならない。折しも都議会の政務活動費の公開度が都道府県中、最も低いという結果が発表された（全国オンブズマン調査結果、2016年）。公開は重要ではあるが、公開すればいいというものではない。仮に活動が分かっても、住民からすれば「だから何？」ということになる。行政評価の際に活用している活動指標だけではなく、それによって住民福祉の向上につなげる評価（各議員・各会派）＝成果指標を示す時期に来ている。

ともかく、報酬、政務活動費、期末手当、費用弁償、これらの議会事務局・議会図書室などを新たな議会を創り出すために配置しなければならない。これらの条件は、それぞれの議会が独自に決める。その際、正答はないが根拠が必要である。

① 議会改革の論理と行政改革の論理は異なる。行政改革は、効率性が重視され、削減ありきで進められる。それに対して、議会改革は地域民主主義の実現であり、それを進める条件が必要となる。

② 持続的な地域民主主義を創り出す。現在の議員が活動しやすいだけではなく、多くの住民が立候補でき、将来の議員が活動しやすいことが必要である。

③ 住民と創る議会の視点を持つ。今後の議会を住民と考え、住民に説明できる根拠を議会として明確にする。

報酬等の削減によって、留飲を下げる住民もいる。しかし、議員報酬の削減を機に「住民自治の根幹」としての議会の役割を考えよう。

特別区

予想される顔ぶれ　第20回都議選　▶1◀

6月23日告示、7月2日投開票の都議選まで約2カ月となり、立候補予定者の顔ぶれが見えてきた。前回は自民党候補が全勝し、第1党に返り咲く一方、大敗した民主党は第1党から第4党に転落。今回は、小池知事が率いる都民ファーストの会の躍進が見込まれる中、自民党がどこまで議席を死守できるかが焦点となる。（敬称略、年齢は投開票日時点）

千代田区（定数1）

都議会自民党の象徴として7期務めた現職の内田茂が2月の千代田区長選後に引退を表明し、自民の後継候補選びが難航する一方、都民ファーストの会が早々に公認候補を擁立して議席獲得を狙う注目の1人区。

自民党は、党内の選挙では公認候補が決まらず、公募に踏み切った。同党千代田総支部によると、複数の候補者を現在選考中で、近く選定する見通しだという。

前哨戦となった2月の区長選では、同党の公認候補が小池知事の支持する現職にトリプルスコアで大敗した。得票数は5千票に届かず、党の基礎票の7千票を大きく割り込んだ。都議選では「地盤を自民党が引き続き取ることが大命題」（自民党区議）としているが、内田の引退で、結束力の低下を指摘する声も上がる。

唯一公認を出している都民ファーストは、樋口高顕（34）を候補に据える。樋口建史元警視総監の長男で、地域コミュニティーを生かしたまちづくりなどを打ち出す。都民ファーストとの連携を打ち出している公明党が推薦する。

樋口高顕氏

共産と民進は、区議を中心に、統一候補の擁立を模索しているが、現時点で選定には至っていない。

中央区（定数1）

市場移転問題で揺れる注目の1人区。前回は民主、自民、みんな、共産の4人の乱戦で、自民の立石晴康（75）が民主の現職を破って返り咲いた。立石は現在8期目。1人区になった1985年以降、同選挙区は2009年選挙を除いて立石の指定席となっている。

自民は現職の立石ではなく、前回みんなの党の公認を受けて出馬し、15年区議選後に復党した現職区議の石島秀起（57）を擁立した。15年の区長選では同党中央区総支部が分裂したが、今回は若手の党員を選考委員にするなどして公認申請した石島と立石両者の選考を実施。全会一致で石島を選んだ。石島は人口急増に対する交通政策などで、都や国とのパイプ役になることを目指す。一方、立石は同支部から出馬を見送るよう依頼を受けたが、無党派での出馬を決意。「築地ブランドの再生」を掲げて9選に挑む。

共産は同党中央地区委員会副委員長の細野真理（35）を公認した。築地市場再整備を旗印に掲げるが、都民ファーストや民進など政策が一致すれば「公認候補を下ろす可能性もある」（同地区委員会）という。

民進は同党第2区総支部で人選中。ファーストも候補者は未定だが、地元では現職区議の青木佳乃やタレントのエド・はるみらの名前が挙がっているという。

維新は元都庁職員の神谷俊宏（35）を公認し、豊洲移転と都区改革などを訴える。昨年12月時点では品川区から出馬予定だったが、中央区出身であることなどを考慮した。

立石晴康氏　神谷俊宏氏　細野真理氏　石島秀起氏

前回の結果

◇千代田区

当	内田　茂	(自元)	8,449⑦
	小枝寿美子	(無新)	6,323
	冨田　直樹	(共新)	2,231
	後藤　輝樹	(無新)	306

◇中央区

当	立石　晴康	(自元)	19,682⑧
	石島　秀起	(み新)	11,221
	岡田眞理子	(民現)	6,274
	田辺　七郎	(共新)	4,992

瑞穂町長選

後継の杉浦氏、薄氷の勝利

「町政刷新」の訴えに勢い

わずか5票差―。新人同士の三つどもえで争われた瑞穂町長選は、前副町長で石塚氏の後継となる杉浦裕之氏(63)が僅差で逃げ切った。杉浦氏は石塚氏から引き継いだ支持基盤を基に、組織力で選挙戦を有利に展開すると思われたが、町政刷新を訴え、4度目の町長選挑戦となる元町議の榎本義輝氏(53)が知名度を生かして支持を広げ、大接戦となった。初出馬の柚木克也氏(54)は知名度が弱く、支持を広げることができなかった。町を二分する結果となり、杉浦氏の今後の町政運営が注目される。当日有権者数は2万7627人(男性1万4015人、女性1万3613人)。

杉浦氏は近隣の市町村長や支援者らとともに事務所で開票を見守った。次点と202票差の激戦となった前回の選挙は午後10時19分に確定したが、その時刻を過ぎても確定が出ず、大接戦だと伝えられる。午後10時30分過ぎ、待望の当確が報じられ、集まった支援者らから歓声が上がった。

杉浦氏は、初当選の喜びとともに、「5票差で、二分するような形となった」と語り、要因として出馬表明が遅れて知名度が低いところから選挙戦に突入したことを挙げた。現町政への批判票ではとの記者の問いには、「町政を継承した点ではそういうところもあるが、大型プロジェクトは20年、30年かかる。どの候補も継承せざるを得ない部分はある。やらなければならないものは進める」と語った。

支援者らと初当選を祝う杉浦氏=23日

瑞穂町長選開票結果(投票率 43.35%)				
当	5,114	杉浦　裕之	63	無新①
	5,109	榎本　義輝	53	無新
	1,575	柚木　克也	54	無新

=選管確定=

現町政の継承か刷新かが問われた選挙で、具体的な争点の一つが新庁舎建設の是非だ。杉浦氏は榎本氏が再検討を掲げていたことに触れ、「現実的に考えて、今ある(現在地での建て替え)案が一番良いということで、執行機関も議会もよく話し合って決めた。その判断は正しい。東南海沖地震や首都直下地震が近いと言われる中、庁舎の安全を確保するのが私の役割」と語った。

今期で勇退する石塚町長は選挙後、「副町長を8年務め、すべての仕事がスムーズに引き継げる点を訴えた」と話し、歴代の町長と杉浦氏が違う部分が2点あると強調。過去14人の歴代町長は血縁者の後継として引き継いだのに対し、杉浦氏は血縁とは無関係に出馬した。また、「これまでは選挙に出たい人が出てきたが、杉浦氏は周りから推されて出馬した。新しい住民の代表だ」と激励した。

杉浦氏は就任後、すぐに取り組むべきこととして、子供が遊べる公園を各地域に作ることや、待機児ゼロ対策を挙げた。

一方、4度目の町長選挑戦となった榎本氏は、庁舎の建て替えに関するコストなどを問題視し、再検討を主張するなど町政刷新とともに、小池政経塾「希望の塾」の塾生であることもアピール。また選挙権が18歳に引き下げられたことを受け、ネットでの選挙戦に力を入れた。

杉浦氏が16人の町議のうち、自民系の町議ら8人を含めて大方の支持を集めたのに対し、榎本氏は組織力に頼らない草の根選挙で臨んだ。公明は自主投票となったが、出口調査によると、公明支持層の8割近くが杉浦氏に投票した模様。一方、榎本氏は10代~50代からの得票数が杉浦氏をしのいだとみられる。

榎本陣営は「小池知事ではないが、いつ、どこで、誰が決めたか分からない町政はやめろと訴えた」と話し、若い世代を中心に改革の訴えが一定、受け入れられたことがうかがえる。

杉浦陣営は「若者は変化を求めて(票が)流れた」と認めつつも、「(杉浦氏は)町長の良い部分、悪い部分を見てきた。本当に改革できるのはこちら」と話す。杉浦氏も単なる石塚町政の継承ではなく、「区画整理事業など大規模プロジェクトは確実に引き継ぐが、他は時代に合わせて改革する」と明言する。

若手層を中心に改革路線が一定、支持された選挙結果を受け、杉浦氏が住民の声をどう町政に反映していくか、手腕が試される。

自ら日野市の宣伝マンに

大坪冬彦・日野市長に聞く

任期満了に伴い16日投開票された日野市長選は、自民、民進、公明、生活者ネットが推薦した現職の大坪冬彦氏(59)が、共産、自由推薦の新人候補との一騎打ちを制し、再選を果たした。待機児童対策などの子育てやごみ処理施設建設などで意見を戦わせたものの、明確な争点にはならず、市民の関心は低く、投票率は過去最低を更新した。大坪市長に2期目の課題や意気込みなどを聞いた。

――選挙戦を振り返って感想をお願いします。

告示前から盛り上がりに欠けていた。私なりに懸命に投票率アップに努力した。無名の新人として戦った4年前と違ったのは、窓から手を振ってくれる市民が増えたこと。4年間の市長としての実績を評価してくれる市民がたくさんいると実感した。

――馬場弘融前市長の後継としての4年を経て、2期目はどんな大坪カラーを出しますか。

行政はある程度は継続性だ。5年後、10年後を見据えて着実に実施していくべき事業も多い。ただ、自分らしさで挙げるとしたら、1期目から取り組んだシティーセールス、シティープロモーションがある。都市間交流としては、(晩年を日野で過ごした巽聖歌の出身地である)岩手県紫波町との姉妹都市の締結をした。今後も様々な都市と締結していきたい。日野市はあまり知られていない。私自身が日野市の宣伝マンとして前に出て取り組む。

――選挙で論戦となった待機児童対策について。

待機児童解消に向けては、この4年間も努力してきた。旧市立病院跡地が住宅展示場になるのを保育所に切り替えるなど努力を重ねたが、それでも待機児童は生じる。公立保育所に対しては運営や建設で国や都の補助金はなく、民間の力を借りるしかない。相手陣営が待機児童問題を深刻な状況だと訴え、改めて警鐘を鳴らした背後には、そう考えている保護者の存在がある。そうした方たちの存在も念頭に置いて対策を更に進めたい。

おおつぼ・ふゆひこ=1957年12月生まれ。一橋大学経済学部卒。81年に日野市に就職し、資産税課長、高齢福祉課長、健康福祉部長、まちづくり部長などを歴任した。趣味は読書やスポーツ観戦。プロ野球やサッカーなどのテレビ番組を録画して、ぼーっと見るのが息抜き。家族は妻と2女。家事はほとんど妻にお任せだが、洗濯してあるハンカチにアイロンをかけるなど単純な家事は「普段と違う気分が味わえる」と笑った。

――相手候補が白紙撤回を掲げた小金井、国分寺両市と進めるごみ処理施設の建設計画は一定の理解が得られたと考えますか。

今回、私は可燃ごみ処理の広域化を公約に掲げて選挙に臨んだ。選挙結果では多くの市民の支持をいただいた。公園の一部をごみの搬入路とする計画には反対があって、東京地裁で係争中だが、法的な問題はないことをしっかり訴え、強い意志を持って計画通りに進める。選挙を通じて、ごみ処理広域化には一つのケリはついたと思う。

――住宅地の中にあって、現在地で建て替え不可能な市営火葬場の問題は。

少子高齢社会は多死社会でもある。何年後かには市営火葬場もキャパシティーを超える日がやってくる。それを見据えて次の場所を見つけないといけない。しかし、火葬場は市民が自分の所に来てほしくない最右翼だ。この4年間で候補地を見つけて、周辺の方々に話をする機会をつくっていきたい。

――日野自動車の工場移転の影響と跡地利用の具体案は出ていますか。

施設の後始末も含めて2020年をめどとする移転はかなり進んでいると聞いている。本社と研究所は残るが、工場が移転するので法人市民税はかなり減額になる。工場で働く人が順次減っていくのに伴い、少しずつ減っている。ただ、法人市民税の落ち込みは円高などの影響の方が大きい。さらに影響として、工場の設備に対する固定資産税の償却資産税収入が工場の移転後になくなる。跡地利用は具体的には固まっていない。企業支援条例に基づいてやってくる企業によって税収の穴埋めがかなうかもしれないし、市民からは産業以外に野球場やサッカー場、公園などに使ってほしいという要望もある。そうした要望に一部でも応えられるように今後、先方との交渉になる。

――ご自身のモットーは。

「諸力融合」だ。いろいろな物事を進めていく時に、企業や大学、NPO、PTAなど様々な個人や団体の連携の下、それを原動力として市政を展開していきたい。

出番です 新副市長に聞く

まちづくり事業の進展を

都から府中市に招かれた初の副市長として白羽の矢が立った。入都して30年。「土木の技術職として事業一筋で歩んできた私に大任が務まるか、正直、不安もあった」と率直に語る。しかし、着任早々、高野律雄市長の温かい言葉やさわやかな人柄に接し、「今は気分一新して新鮮な心持ち」と笑顔を見せる。

担当するのは、都市整備部、生活環境部、文化スポーツ部、教育部の生涯学習部門。ジャパンラグビートップリーグの東芝やサントリーの練習グラウンドがある府中市は、2019年のラグビーワールドカップ、20年の東京オリンピック・パラリンピックに向けた盛り上がりが期待されるほか、分倍河原駅周辺のまちづくりなども重要な市政課題だ。

「肩ひじを張らずに自分のカラーを精いっぱい出して、新たな分野にもチャレンジし、まちづくり事業などを少しでも進展させたい」と抱負を語る。

都庁時代は下水道や道路、交通・物流、市街地再開発、土地区画整理などの事業に関わった。

思い出に残る職場は都市整備局市街地整備部再開発課で、課長補佐と課長の時と合わせて5年間在籍した。都市計画決定から70年近い歳月を経て開通した環状2号線の新橋・虎ノ門地区や、立体道路制度を活用して建築した虎ノ門ヒルズの完成に担当課長として携わった。「長年多くの方が関わってきた事業の最後のバトンを受け取った者として、光栄で大変感慨深かった」と振り返る。

「一人でやれることは限界がある。背伸びしても仕事はうまくいかない。ありのままの方が力は発揮しやすい」と自己分析。「インフラ整備は長い時間がかかる。自分がかつて関わった現場で子供を連れた母親が地域に溶け込んでいる様子を見かけたり、人が実際に街を歩いてにぎやかに生活している場面など見ると、だいご味を感じる」と言う。府中市でも「その道筋を付けるお役に立てれば」と考えている。

◇　◇

1964年生まれ。52歳。日本大学理工学部卒。87年に入都。都市整備局で物流調査担当課長や再開発課長、区画整理課長などを歴任した。趣味はウォーキングや温泉、高原などへの旅行。最近、子犬2匹を飼い始め、「世話に追いまくられている」毎日だ。妻と長男、長女の4人暮らし。

府中市　土橋秀規氏

テロ防止で警察らと覚書

立川・国立市　五輪見据え連携強める

立川市と国立市は21日、テロ等から市民を守る取り組みに関する覚書を、それぞれ立川警察署と地元の薬剤師会、宅地建物取引業協会、全日本不動産協会、警備業者連絡協議会と締結した。テロに関する警察との協定は今年1月、足立区が都内で初めて締結し、全国的にも五輪開催を控えて広がりつつあるが、両市は薬剤師会など複数の団体とともに締結したのが特徴。担当者は「全国的にもあまり例がない」(国立市)と話す。

協定は、テロやゲリラを始めとする各種違法行為の発生を未然に防止することが目的。2020年の東京オリンピック・パラリンピックを控え、テロ等の抑止力を高めようと立川警察署から話があり、締結に至った。

具体的な取り組みは、各団体と警察署との情報提供や共有が柱となる。市は市民に対するテロ等の啓発を行うほか、ソフトターゲットとなる大規模開発などの情報を事前に提供することなどが想定される。また、薬品を扱う薬剤師会は、爆発物に転用できる薬剤の大量購入があった際などに、宅建協会や不動産協会は不審物件を認知した際などに警察に情報提供することなどが見込まれている。

五輪に向け、都内自治体と警察との連携は今後も広がりそうだ。

三鷹市

タクシー事業者と協定

災害時輸送と見守りで

三鷹市はきょう25日、災害時における緊急輸送等の協力に関する協定及び高齢者等の見守りに関する協定をタクシー事業者と締結する。

協定を締結するのは、東京ハイヤー・タクシー協会武三支部。災害時の支援物資輸送は大型車で行われるが、災害時には傷病者や避難者、支援物資の輸送など、大型車両では対応が難しいきめ細かな応急対策業務も多く見込まれる。協定により、災害時にこれら傷病者等を輸送するための態勢を確立する。市と災害時応援協定を結ぶ団体は51団体目。

一方、見守りに関する協定は、市と協定を締結した企業や団体が「見守り協力団体」として日常業務の中で地域の高齢者などの見守りや安否確認を行い、異変に気付いた場合は市の「安心見守り電話」に連絡するなど、孤立死等の緊急事態に適切かつ速やかに対応する。市は2012年から同事業に取り組んでおり、今回の協定締結で見守り協力団体は31団体となる。

小金井市

庁舎内で不審火相次ぐ

時間外にロッカー室等で

小金井市役所の第二庁舎内で不審火が相次いでおり、出火原因を消防、警察が捜査中だ。

最初の不審火は3月29日の午後5時30分ごろ、5階の職員ロッカー室で発生した。同時刻には帰宅準備をしていた職員が数人おり、火はすぐに消し止められた。

2回目の不審火は今月14日の午後8時ごろ、8階の職員厚生室で発生。職員が駆けつけ、火はすぐに消し止められたという。

庁舎内は全面禁煙で、いずれも火の気のない場所で発生している。市管財課は「現在、出火原因について警察とともに調査中」として詳しい消失状況などは公表していないが、いずれも比較的早期に消し止められたため、被害は小さかったという。また、1度目の不審火の際には、被害が小さかったことや市民への影響がなかったことから公表していなかった。

五十嵐氏が新議長　副議長は森戸氏に

小金井市議会

小金井市議会は19日の第1回市議会臨時会で、新たな議長として自民党・信頼の五十嵐京子氏(66)、新副議長に共産党の森戸洋子氏(60)を選出した。

五十嵐京子氏

五十嵐氏は現在6期目。議会運営委員会委員長、予算特別委員会委員長、ごみ問題対策特別委員会委員長などを歴任した。

森戸洋子氏

森戸氏は現在8期目。議長、副議長、議会運営委員長などを務めた。

寄付で公園ベンチ設置

市民がメッセージ刻む

西東京市

西東京市は、寄付により市民公園にベンチを設置する事業を今月から開始した。メッセージを刻んだプレートをベンチに取り付けて寄付を募る事業は都なども行うが、同市はベンチの設置費用を全て賄ってもらうのが特徴。

7種類のベンチから寄付者が選べる仕組みで、費用は1基19万6500円から37万8千円まで。同市では健康都市宣言を行っており、背のばし運動ができるタイプも用意した。メッセージは40文字以内で好きな言葉などを設置者の名前とともに刻む。

設置場所は田無市民公園(4基)、西原自然公園(6基)、文理台公園(4基)、西東京いこいの森公園(10基)など。このほか市長が認める公園に設置する。みどり公園課では「公園の愛着を生み、親しめる公園づくりにつなげたい」と話している。

自治権拡充の沿革を振り返って～

方分権一括法施行
と地方、都道府県と市町村の役割分担原則の法制化

方自治法施行
は基礎的な自治体《特例措置の見直し、
政調整制度の法定化、清掃事業などの事務移管等》

で都区財政調整等「主要5課題」を
割合を決着

公布

村の合併に関する答申」平成の大合併へ

区移管を合意

協議案
とめ」正式合意

議（衆参両院）

委員会設置

する答申」

深谷隆司自治大臣に地方自治法改正を要請する区長会（平成9年12月25日）

区長会が取り組む全国連携プロジェクトで自治体間の交流の輪が拡大

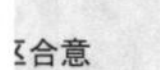

区合意

事務を処理、

の将来―』提出
上も明確にすべき

国等に
」、都は「特別区
定化、清掃事業

- 平29.4.1 改正児童福祉法施行 政令で定める特別区が児童相談所を設置できる
- 平27.5.17 大阪市において特別区設置の可否を問う住民投票否決
- 平27.3.24 東京の自治のあり方研究会 最終報告
- 平26.11.21 まち・ひと・しごと創生法成立
- 平26.9.16 特別区全国連携プロジェクト始まる
- 平25.6.25 第30次地制調「大都市制度の改革及び基礎自治体の行政サービス提供体制に関する答申」
- 平24.8.29 大都市地域における特別区の設置に関する法律成立
- 平23.12.19 都区のあり方検討委員会 都区の事務配分について検討結果を確認 （Book 4）
- 平21.11.5 東京の自治のあり方研究会開始
- 平20.5.9 特別区協議会に特別区制度懇談会（大森彌座長）設置
- 平19.12.11 第二次特別区制度調査会報告 『「都の区」の制度廃止と「基礎自治体連合」の構想』
- 平19.11.20 東京自治制度懇談会報告 都が大都市経営の担い手
- 平18.12.8 地方分権改革推進法成立 第二期地方分権改革始まる
- 平18.11.14 都区協議会に都区のあり方検討委員会・幹事会設置
- 平18.2.16 都区協議会で主要5課題を暫定決着 今後の都区のあり方について、根本的かつ発展的に検討することとし、都区のあり方に関する検討会を設置
- 平15.6.27 三位一体改革「骨太の方針2003」閣議決定 所得税から住民税への税源移譲、国庫補助負担金改革等
- 5.6.10 特別区協議会に「特別区制度調査会」（大森彌会長）設置

をめぐって

特別区は東京大都市地域の基礎的な自治体として力を発揮
、都と特別区の役割分担に応じた財源配分の実現やさらなる自治の拡
組みが続く。

とくべつクマ® 特別区協議会

特別区制70周年を迎えて

分権改革を推進し区民と共に

特別区議会議長会会長
白石 英行
（文京区議会議長）

東京23区が誕生し、特別区制70周年を迎えるに際し、心からお慶び申し上げます。

太平洋戦争の終結を迎え、民主主義の下、戦後復興を始めて間もない昭和22年3月15日、基礎的自治体として22区が発足し、同年8月1日、練馬区が板橋区から分離独立して、「東京23区」が誕生しました。

昭和22年5月3日、日本国憲法の付属法典として施行された地方自治法では、特別区は原則として市と同一の権能を認める基礎的地方公共団体とされましたが、法制度適用の実態はその期待を大きく裏切るものでありました。

さらに、昭和27年の地方自治法改正により、区長公選制が廃止されるとともに特別区は都の「内部的部分団体」とされ、都が広域自治体と基礎自治体の二重の性格を有することになり、以降、特別区は自治権拡充（復権）運動を展開し、特別区の悲願となった基礎的地方公共団体への復権までの息の長い道のりを歩みました。

この間、特別区議会議長会は、首都の行政は機能を異にする二種の地方公共団体、すなわち、「基礎的地方公共団体－特別区」と「包括的地方公共団体－都」において、それぞれ分担処理するものとした『首都行政制度の構想』を昭和36年5月の総会で承認し、これは特別区自治権拡充（復権）運動の指針となりました。

その後、地方自治法の都区制度は、昭和39年（区の事務権限拡大等）、昭和49年（区長公選制の復活等）、平成10年（基礎的地方公共団体の法定化等）の3次にわたる法改正を経て、平成12年4月1日、個々の特別区は「基礎的な地方公共団体」として法に明記され復権しました。

私ども特別区議会議長会は、今後も児童相談所をはじめとする東京都から特別区への事務の移管など地方分権改革を推進し、23区共同して取り組む課題に対して、区民に寄り添い歩み続けるために、各区の魅力を生かした取り組みを行ってまいります。

70年の歩みを糧に未来を拓く

特別区長会会長
西川 太一郎
（荒川区長）

明治11年から続く東京の「区」が、戦後の地方自治法の制定により「特別区」として生まれ変わってから70年の時が経過しました。

特別区として歩み始めた当初は、法律上基礎的な自治体として出発したものの、都から十分な権限が移譲されないまま、昭和27年に都の内部的な団体に制度上位置づけられるとともに、区長の公選も廃止され、広域の自治体である都が、この地域の基礎的な自治体としての性格を併せ持つこととされました。

以来、特別区は、特別区長会、特別区議会議長会を先頭に、自治権拡充運動を長年にわたって展開し、徐々にその権限を拡充してまいりました。

昭和40年の福祉事務所等の権限移譲、昭和50年の区長公選の復活、人事権の確立、保健所をはじめ大幅な事務権能の拡充等を経て、「市並み」の自治体としての内実を備えることとなった特別区は、さらに法律上の基礎的な自治体としての地位を確立し、併せて都の広域自治体としての役割を明確にすべく、都とも制度改革の方向を合意して国に働きかけ、ようやく平成12年4月から、清掃事業等の事務移譲や財政自主権の強化等の改革と合わせて、名実共に基礎的な自治体となることができたのです。

以来、23特別区は、東京大都市地域における行政の基幹となる基礎的な自治体として、東京都や都内市町村はもちろん、国や全国の自治体と連携しながら、着実にその役割を果たしてきました。

我が国が人口減少期を迎えた中で、少子・高齢化への対応や災害に強いまちづくりをはじめ、課題は山積しています。都区制度のさらなる改善や児童相談所の区移管、また全国各地域との連携による相互発展などの課題と合わせ、各特別区が主体的に、かつ協力して取り組んでいかなければなりません。

特別区制70周年のこの機会に、改めて自治権を拡充しつつ積み重ねてきた特別区の歩みを振返り、これを糧に、930万区民の幸せのために、未来に向かってさらなる自治の発展を切り拓く決意を新たにしたいと思います。

グラフで見る特別区の70年

出典：国勢調査報告（総務省統計局）

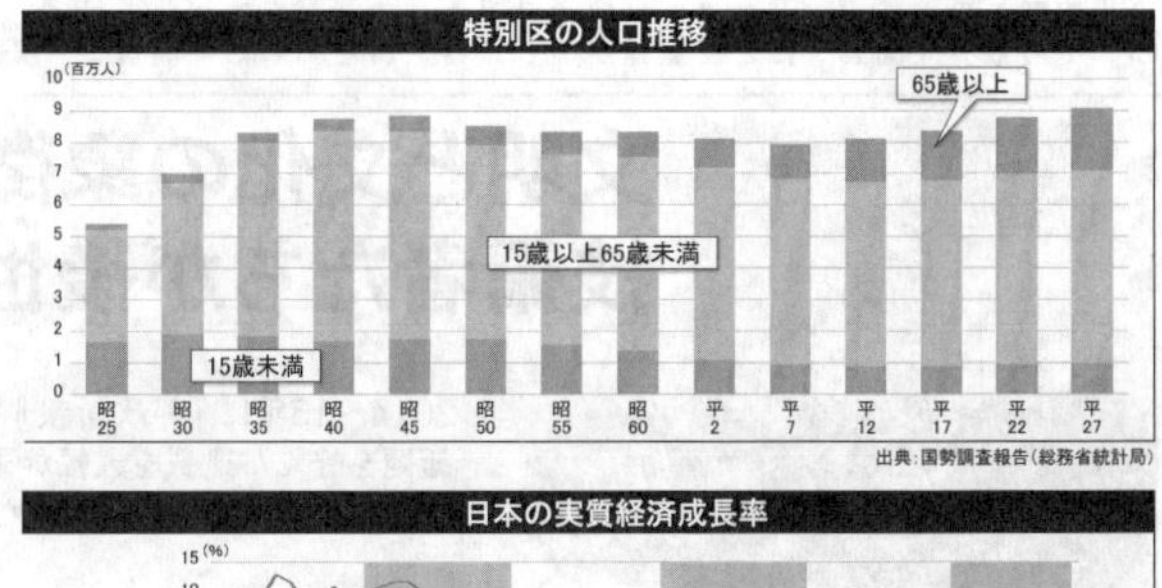

出典：国勢調査報告（総務省統計局）

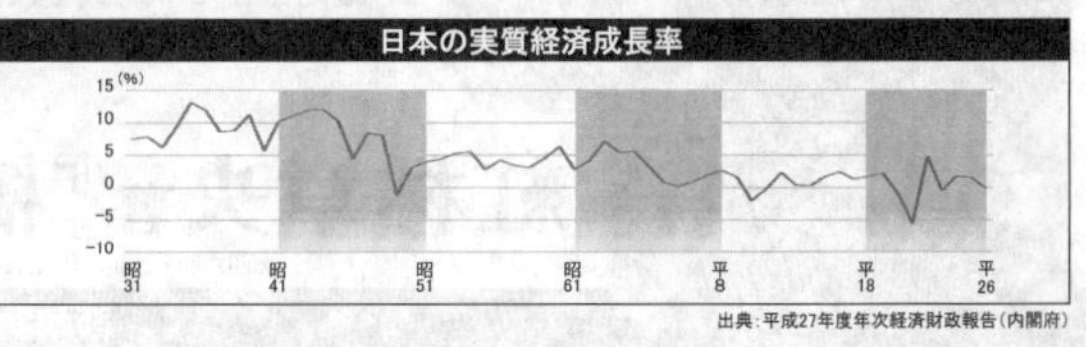

出典：平成27年度年次経済財政報告（内閣府）

特別区自治情報・交流センター

東京区政会館3・4階を拠点として、特別区の自治に関する情報提供（特別区の行政資料・東京大都市地域に関する歴史的資料・統計データ）、講座・講演、調査研究を行っています。

また、エントランスホールでの企画展示、都市交流事業、オール東京62市区町村共同事業としてのみどり東京・温暖化防止プロジェクトを行っています。

年表に記載した本の紹介

❶ 東京大都市地域の物語シリーズ
『東京23区のなりたち』（新刊・無料配布）
明治初期の「区」のはじまりから、戦後昭和22年に「特別区」が誕生するまでの「府の区」、「市の区」、「都の区」の物語。

❷『東京23区自治権拡充運動と「首都行政制度の構想」』
昭和36年3月に特別区議会区制調査特別委員長会が立案した構想の復刻。

❸ センターブックレット2
『特別区制度改革の軌跡』大森彌 著
昭和47年設置の中野区特別区制度調査会から平成10年自治法改正までを回想。

❹『「大都市地域特別区設置法」にもとづく特別区制度設計の記録』
大阪における新たな特別区設置に向けた検討の詳細をまとめた実務担当者らによる記録。

特別区制70周年記念 ～特別区が歩んできた自

昭和22（1947）年5月3日の地方自治法施行で、都の区は「特別区」となり、原則として市と同一の権限を持つ基礎的な自治体となった。

しかし、昭和27（1952）年の地方自治法改正では、特別区は都の内部的な団体とされ、区長の公選制も廃止された。その後、区民や都区政関係者が粘り強い自治権拡充運動を展開し、区長公選制の復活をはじめ、数度の改革が行われた。そして、平成12（2000）年4月1日、地方自治法に特別区は「基礎的な地方公共団体」と明記され、今に至っている。

特別区が誕生して、今年は70年目の節目を迎える。これまで特別区が歩んできた自治権拡充の沿革を年表で振り返ってみた。

START

1.自治権拡充運動の発端

地方自治法施行で特別区誕生。一般市と同じ基礎的な自治体として出発したが、多くの権限が東京都に残されていたため、自治権拡充運動を開始。しかし、戦後改革の全面見直しが行われ、特別区の区域では都が広域の自治体と基礎的な自治体の性格をあわせもつという地方自治法改正が行われ、特別区の自治は後退した。

Book ❶

- 昭22.3.15　35区を再編し22区施行
  区の自治基盤を強化し改正東京都制による区の権限拡大に対処
- 昭22.4.17　地方自治法公布
- 昭22.5.1　特別区協議会設立、特別区長会を設置
- 昭22.5.3　地方自治法施行、日本国憲法施行
  特別区の誕生《区長公選制、課税権、条例制定権等》
- 昭22.7.__　特別区議会議長会を設置
- 昭22.8.1　練馬区が板橋区から分離独立し23区となる
- 昭25.12.23　特別区は神戸委員会に「23首都市構想」を提示
- 昭27.3.20　地方自治法改正案を閣議決定

渋谷公会堂で開催された第4回特別区自治権拡充大会（昭和45年5月19日）

2.復権のための基礎固め

区長公選制が廃止され、都の「内部的な団体」と位置づけられた特別区は、基礎的な自治体への復権を目指して、区長会・議長会を中心に、理論の構築とともに自治権拡充運動を進展させていく。人口及び産業の過度集中が進むにつれ、基礎的な自治体の事務も担う都行政は行き詰まり、福祉事務所の移管など特別区への事務権限の大幅な移譲が行われた。

Book ❷

- 昭27.9.1　改正地方自治法施行
  都の内部的な団体へ《区長公選制廃止、処理事務を限定列挙、都による特別区相互の間の事務調整の強化等》
- 昭32.8.1　23区議会の関係特別委員会の長が連合し「区制調査特別委員長会」を結成
- 昭34.11.19　区制調査特別委員長会は3項目の実現を都議会に請願
  ①区長公選、②事務委譲、③財政権確立
- 昭36.5.4　議長会で「首都行政制度の構想」を正式決定
- 昭37.2.26　東京地裁（野瀬判決）
  区長の間接選任制は憲法違反
- 昭37.10.1　第8次地制調「首都制度当面の改革に関する答申」
  都行政の行き詰まり打開のために特別区へ事務移譲すべき
- 昭38.3.27　最高裁判決
  特別区は憲法上の自治体ではなく、区長選任は立法政策の問題
- 昭40.4.1　改正地方自治法施行
  特別区の権限を拡大《福祉事務所をはじめとする大幅な事務移管、6種区税の法定等》

3.住民運動の高まりと復権

特別区の議会が区長を選任する制度が行き詰まり、多くの区で区長不在が生じる。そんな中、区民投票により区長候補者を選ぶ「準公選」の運動が拡大していった。ついに区長公選制が復活し、特別区は都が処理する事務を除き市の事務を処理することとなり、保健所の移管、人事権の確立など権能が充実強化された。

- 昭41.6.6　23区議会は第1回特別区自治権拡充大会を開催
- 昭42.9　練馬区で区長準公選条例制定直接請求の住民運動が始まる
- 昭45.5.27　東京都行財政臨時調査会助言
  区市町村制度と広域行政のあり方
  二層制の自治体への改編、区長公選制の採用等
- 昭46.6.24　中野区議会で23区初の「区長準公選条例」を修正可決
- 昭47.10.26　第15次地制調「特別区制度の改革に関する答申」
  区長公選制の採用と関連する諸制度の整備
- 昭47.11.12　品川区議会は区長準公選住民投票を実施
- 昭48.11.16　区長会は「特別区政調査会」（辻清明会長）設置
- 昭50.4.1　改正地方自治法施行
  区長公選制復活と特別区の権能の充実強化《事務権能限定の廃止、保健所の移管、都配属職員制度の廃止等》

区長公選の実現を記念して開催された23区民のつどい（昭和49年11月28日）

4.基礎的な自治体へのみちのり

特別区は独立性を高めたものの、法的な性格は従来どおりとされた。都と特別区は、共同で国に対し法改正の働きかけを進める。地方自治法が改正され、特別区は「基礎的な地方公共団体」、都は「特別区を包括する広域の地方公共団体」と明記された。特例措置の見直し、都区財政調整制度の法定化などの事務移管が行われ、昭和22年以降の一連の制度改革は一つの到達点を迎えた。

- 昭50.4.27　地方統一選挙により23区一斉に区長選挙（24年ぶり）
- 昭53.4.1　地方公務員法改正を受け、特別区人事委員会発足
  （23区共同の一部事務組合方式）
- 昭56.8.28　特別区政調査会『「特例」市の構想―特別区制度の
  特別区は都から独立し、基礎的な自治体となることを制度上
- 昭61.2.19　都区制度改革の基本的方向案について都区
  ①都と複数の基礎的自治体による二層構造、
  ②都は大都市事務を処理、③区は住民に身近な事
  ④新しい財源配分・財政調整等
- 平2.9.20　第22次地制調「都区制度の改革に関す
  事務移譲、特例措置の見直し、
  特別区の性格（基礎的な自治体）
- 平2.10.31　都区協議会に都区制度改革推進委
- 平5.6.3～4　地方分権の推進に関する決議
  第1期地方分権改革始まる
- 平6.9.13　都区協議会で自治省への協
  「都区制度改革に関するまと
- 平6.12.15　都労使で清掃事業の区
- 平10.4.24　第25次地制調「市町村
- 平10.5.8　改正地方自治法公
- 平12.2.10　都区協議会で
  確認し配分割
- 平12.4.1　改正地方
  特別区は
  都区財政
- 平12.4.1　地方
  国と

5.制度運用を

制度改革を経て、
している。一方で、
充に向けて取り組

- 平15

年表の見方

- 特別区の自治に関する動き
- 特別区に関係する動き
- 法改正に関する国の動き
- 特別区制度に関する構想・報告など

地方公務員法改正

一般職非常勤は会計年度で任用

「疑似パート」誘発懸念も

地方公務員の臨時・非常勤職員に関する規定を整備する地方公務員法改正案が27日、衆院総務委員会で審議入りする。改正案は、臨時・非常勤職員の任用根拠を明確にし、その大半を「会計年度任用職員」と位置付けることが柱で、期末手当の支給も認める内容。ただ、会計年度任用職員の任期は最長1年で、これまで特別職非常勤に認められていた労働基本権が制約を受けるなど、「処遇改善につながらない」との批判も出ている。

現行法制度上の地方自治体の臨時・非常勤職員は、①専門性の高い委員・顧問などを想定した「特別職非常勤」②位置付けがあいまいな「一般職非常勤」③臨時の職や欠員に対応する「臨時職員」――に分かれているが、実際は通常の事務職を「特別職非常勤」で任用するなど、制度の趣旨に沿わない任用が頻発。改正案では「特別職」の範囲を専門的な知識・経験を必要とする場合に、「臨時的任用」を主に常勤に欠員が出た場合に、それぞれ厳格に限定。一般職として「会計年度任用職員」の類型を創設し、「特別職」「臨時職員」に当てはまらない職員を移行させる方向だ。

総務省の調査（2016年度）によると、都の一般職非常勤は約1万2千人。一方、特別区は全て「特別職」で任用しており、この中から多数の職員が「会計年度任用職員」に移行することが想定される。

改正案では、一般職非常勤に期末手当（賞与）を支給できるようにすることも規定。総務省の有識者研究会が昨年12月に出した報告を受け、同省が法改正の手続きに入っていた。

ただ、現実的には、「処遇改善につながらない」との指摘も出ている。これまで非常勤職員に対する手当支給を求めてきた「官製ワーキングプア研究会」が問題視しているのは、特別職非常勤が「会計年度任用職員」に移行した場合、現在認められている労働基本権が制約を受けるという点だ。

特別職非常勤は現在、地方公務員法の適用除外によりストライキ権を含む労働基本権が保障されているが、同研究会によると、臨時・非常勤職員が「会計年度任用職員」に移行する場合、全国では約3割に当たる約21万7千人が労働基本権を失うという。

また、会計年度任用職員の任期は年度内に限られ、仮に雇用を続ける場合も契約の更新ではなく「再採用」となる。同研究会の本多伸行理事は「毎年度当初に民間の試用期間にあたる『条件付き採用』を強いられ、現実的には、長年更新を重ねて勤続してきた非常勤職員が『試用期間』中に常勤の新人を教育することも想定される」と指摘する。

その他、勤務時間が常勤より少しでも短ければパートになるとして、「勤務時間を短くした『疑似パート』任用による退職手当などの支給逃れを誘発する」という懸念もあるという。

地方自治法改正では「会計年度任用職員」という新しい枠組みで非常勤職員に手当を支給する形で整理しているが、特別職非常勤にとどまる職員などに対する手当支給には言及していない。同研究会の本多理事は「同じ非常勤に差別が入るのは不当。厚生労働省は労働契約法やパートタイム労働法にのっとって非正規労働者のフルタイム転換を民間事業者に促しており、総務省の対応は政府内不一致だ」と批判。「短時間公務員制度」の本格的な検討を求めている。

■臨時・非常勤職員の制度改正案

- 特別職（地公法非適用）―― 特別職非常勤職員：専門的な知識・経験に基づき、助言・調査する職員に厳格化
- 一般職（地公法適用）―― 臨時的任用職員：国と同様に「常勤職員に欠員が出た場合（フルタイム）」に厳格化
- 一般職（地公法適用）―― 会計年度任用職員：一般職非常勤職員。「期末手当」の支給を可能に

フルタイム再任用倍増も

特別区組織・定数分析㊦

定年退職から年金受給まで2年程度を要することや、近年の管理職の大量退職に伴い、今年度もフルタイムの再任用職員は各区とも増加傾向にある。前年度から2倍以上増加している区も複数あった。

世田谷区は前年の77人から156人に増加。「退職者の約7割はフルタイム再任用を希望する」（人事課）と話し、定年を迎えても気力や体力の衰えを感じない職員は多い。定数の合計では36減だった練馬区も、再任用フルタイムに限れば前年度から51増の93人と倍増している。

任用後の職務については、基本的には退職前と同様の職務で任用することが多いようだ。しかし、再任用は人件費を抑制した上で長年培った知識・経験を生かした即戦力を確保できる一方、職員の高齢化や組織の新陳代謝の滞りが課題になる。

ある区の組織定数担当者は「フルタイムの再任用希望者は増加しているが、組織定数を増やし続けることもできない。新規採用数との調整が難しい」と話し、正規職員とのバランスに頭を悩ませる。別の区の職員課長は「今までは基本的に再任用職員の異動は想定していなかったが、今後は再任用職員の異動も含めた組織の新陳代謝が必要になるかもしれない」と、65歳まで再任用職員を雇用することを前提にした組織活性化の考えを示した。

また、「再任用職員の持つ知識・経験を効率よく若手に伝える仕組み作りが必要」との声も複数の区から上がった。

国は年金受給開始年齢を65歳まで段階的に引き上げるとしており、フルタイム再任用職員の増加は今後も続く見通し。再任用職員の効果的な活用法や、正規職員とのバランスの調整は特別区全体の課題になっているようだ。

■非常勤職員への対応

本紙では、各区の非常勤職員の増減と職務内容の傾向も調査した。主な職務は保育や介護関連業務、外国人相談員や教育相談員のような一定の資格や専門性が必要な業務だった。職員数の増減傾向については、地方公務員法改正の傾向を見ながら精査するとの回答が多かったが、積極的な活用を進めたい区もあるようだ。

豊島区は「区民サービスの向上が図れる場合は、制度の範囲内で積極的に活用したい」（行政経営課）とし、江戸川区も「保育園の業務委託などで総数を調整しながら、知識・経験を持った非常勤職員を増員する可能性はある」（職員課）と説明する。放課後や休日に校庭を活用して大人や他学年との交流を通じて児童の育成を図る「すくすくスクール」など、区の目玉事業の強化に非常勤職員を活用したい考え。

一方で、大田区や北区のように、保育所や児童館などの業務委託で漸減する見込みを立てている区もある。

ある区の人事担当者は「専門性のある職務は、非常勤職員が蓄積したノウハウに頼っていることも多い。単純に減らしていくことはできず、精査が難しい」と漏らし、区民サービス向上のために非常勤職員を活用したい思惑はありながらも、法改正の動向を注視する様子がうかがえた。

＝おわり

改定版で「都民ファースト」

都職員ハンドブック2017を発行

都人材支援事業団はこのほど、『職員ハンドブック2017』を発行した。小池都政が発足してから初めての改定となり、都政の基本方針として「都民ファースト」を盛り込んだのが最大の特徴。

「新しい東京」をつくるための具体的な道筋として、「都の様々な政策を①セーフシティ②ダイバーシティ③スマートシティ――の『3つのシティ』という新しい概念に沿って展開していく」と説明。オリンピック・パラリンピック準備に関する項目も立て、競技会場の整備や大会運営などについて概説した。15年3月に策定した「組織・人事改革ポリシー」など、最近の都政の方針なども反映している。

小池知事は巻頭言で、「職員一人ひとりが行政のプロとして、自らの職務遂行において必須の知識を身に付け、その上で、『都民の目線に立つ』という心構えを忘れずに持ち続ける必要がある」と述べている。

ハンドブックは総務局人事部の編集。定価4000円（税込み）。

一方、特別区でも『職員ハンドブック』を改定。地方税財政や児童相談所の項目を盛り込むなど、特別区を取り巻く社会環境を反映させている。定価864円（税込み）。

日本自立支援機構

障害者が名刺作成

「システム導入を」

障害者の雇用と職域の拡大に取り組んでいるNPO法人・日本自立支援機構（浅井正良理事長）はこのほど、「軽印刷自動組版システム」（Xeーr Printing for CSR）を開発した。障害者でも名刺などを簡単に作成できるシステムで、都・区市町村などに活用を呼びかけている。

同機構によると、注文処理は24時間可能。利用者がウェブ画面で名刺データを入力し、プレビュー機能でウェブ上に名刺の現物を表示、即時の校正を実現している。校正作業のシステム化は日本では例がなく、印刷工程でも障害の軽重や種類に関係なく、誰でも作業ができるよう平易な工程と、機器の安全性を考えて設計されているという。

同システムは中央区や都庁職員の名刺作成に導入されており、中央区では区内の障害者作業所で、都庁では東日本大震災後、福島復興の一助として南相馬市の障害者が作成している。

ただ、都区市町村職員への認知度はまだ低く、システム利用者は少ないのが現状。同機構では「20年東京オリンピック・パラリンピックや小笠原自然遺産などのロゴにも対応している」とアピールしている。問い合わせは同機構（npojso@xecys.com）まで。

都消費者被害救済委

脱毛エステ中途解約の紛争解決

都消費者被害救済委員会はこのほど、脱毛エステの中途解約に関する紛争のあっせん解決について知事に報告した。エステ店側は「全身は無制限の脱毛し放題。顔は12回」と説明していたにもかかわらず、全身・顔の脱毛施術を4回ずつ受けた利用者が中途解約したところ、それぞれの施術回数が8回分として単価が計算され、支払い済みの6万円とは別に、約15万円の追加料金を請求されたという。同委員会は、全身は「12回プラス保証料」、顔は「12回」で単価を算出し直し、利用者がサービスの対価相当額と支払い済み代金の差額約5万2千円を支払うあっせん案を提示した。

同局は「脱毛エステのように長期間、継続的にサービスを受ける契約をする場合は、サービスの回数や期間、単価を特に注意深く確認してほしい」と呼び掛けている。

都福祉保健局

介護職員キャリアパス導入支援で経営相談も

都福祉保健局は2017年度、介護職員のキャリアパス導入に取り組む事業者を支援する補助制度で、新たにキャリアパスの導入に向けて専門家が個別の相談支援を行う。キャリアパスに関心があっても目の前の経営課題で制度を導入する余裕がない事業者のため、社会保険労務士の資格を持つ経営コンサルタントなどが経営面を含めた相談に個別に対応し、制度のメリットを説明する。

併せて、1事業所当たりの補助期間を3年から最大5年に延長するほか、来年度からはキャリアパス制度の導入により離職率が低下した成果を評価する助成金の創設も予定している。同局は5月25日、補助制度の説明会を開催する予定。

都都市整備局

不燃化特区を拡大

無電柱化の検討も

都都市整備局はこのほど、「防災都市づくり推進計画」の整備プログラムを更新した。重点整備地域（不燃化特区）を約1000㌶拡大し、約3200㌶とした。防災生活道路は計約660㌔に追加。また、無電柱化を54路線で検討するとしている。

「木密地域不燃化10年プロジェクト」の不燃化特区は3地区で区域変更を行った。このうち大和町地区（中野区）では13・2㌶から67・5㌶に拡大。これまでの補助227号線沿道地区から大和町1～4丁目に拡大した。また、十条駅周辺地区（北区）は26・8㌶から81・2㌶に、南小岩7、8丁目周辺地区（江戸川区）は46㌶から47・2㌶にそれぞれ変更する。

■八重洲で再開発組合

都都市整備局は19日、八重洲2丁目北地区市街地再開発組合の設立を認可した。東京駅前の約1・5㌶の敷地に、オフィスやホテル、店舗などが入る地上44階建て（高さ約245㍍）のビルなどを建設。区立小学校やバスターミナルも併設する。総事業費は2398億円。竣工は2022年8月を予定している。

◆都退職　24日付

【課長級】▽交通局自動車部担当課長＝特命　藤尾尚仁

退職後のリアル

しくじり都庁OBの教訓⑥

最初のつまずき③

山登りのような日々

熱海湾一望という絶景と引き換えに高台どころか標高260㍍のMOA美術館がそびえる山の上に家を建てたのだから当然だが、登り下り生活の日々がついてきた。そこで、交通手段確保の準備として、車生活への万全の準備を予定していたつもりだった。

人生最後の車になるであろうということで、こちらもなけなしの金で、かねてから欲しかった憧れの外車を購入していた。私も10年以上運転をしていなかったので、教習所通いをして万全の準備を整えた。そして、生活が始まって妻も現地で教習所に通う段取りになっていたのだが、実際に運転をしてみて驚かされることになった。

15分程度の坂道なのだが、これがまた曲がりくねって急坂で、しかも幅員が極端に狭いためすれ違いも難しく、タクシーの運転手も泣かされるような道だった。私の方は長年の運転経験から、さほど苦にはならなかったのだが、初めて免許を取ろうという妻はすっかり怖気づいてしまい、「こんな坂道での運転など、とても無理」と言いだし始めたのである。

こんな環境であれば、60代の初心者である妻に車の免許を強要することは難しい。当初は彼女も「生活がかかっていることだし、何とかしなければ」と意気込んではいたが、私の車での助手席体験をしているうちに「とても無理」ということになってしまった。

バスの便もあまり良くない田舎であれば、車なしの生活は考えられない。買い物のことも考えると、これは致命的な問題になる。後で分かったことではあるが、曲がりくねった坂道の運転は、確かにいろいろと問題がある。

車でやってくる友人たちの多くも、「冷や汗もの」とか「命がけ」「もう二度と来ないぞ」などと驚きの声を上げるという坂道もさることながら、駐車場もかなりの勾配があり、ワゴン車などは駐車場内でバックができないほどなのである。私も、慣れるまでは車庫入れであちこち車に軽い傷を負わせることになった。

（金子雅臣）

五輪への航海図 173

TOKYO 2020　開催まで あと1186日

リオ大会の総括㊦

民間資本投入の節約型

報告書はリオの大会運営だけでなく、都市開発や文化・教育事業についても分析している。

大会に絡む社会インフラ整備の事業規模は246億レアル（約7400億円）。リオ市が民間資金を投入して都市開発を進めたのがポイントだ。地下鉄やバス高速輸送システム（BRT）の整備、臨海地区の再開発により、「市民生活の利便性は向上した」としている。

特に港湾地区（ポート・マラビージャ）の再開発は国内最大級の官民連携事業（PPP）で、事業費の93%を占める76億レアル（2300億円）を民間資金で調達した。約500万平方㍍の面的整備、博物館・美術館の建設、4㌔㍍の地下トンネル建設、70㌔㍍の歩道整備、上下水道など700㌔㍍のインフラ整備など、都市の変貌ぶりを記録している。

文化事業はリオ大会を通して存在感がなかったが、報告書によれば、リオ市はストリート・ショーがリオ市内を巡回する「フェスティバル」や、文化施設を割引・無料で入場できる「文化パスポート」の発行など五つの事業に取り組んだという。

港湾地区は再開発が進んだ＝16年8月、リオデジャネイロ

報告書は大会に関する統計データをまとめたのも特徴だ。五輪期間中の観光客数は約117万人で、このうち外国人は41万人。1人当たりの消費額は1日平均350レアル（約1万500円）で、コパカバーナなどの観光地を含む市南部では、レストランの客数が7割増になったという。交通では、地下鉄の利用者数は大会を通して計約2200万人で、通常より約400万人増加した。

外国人の犯罪被害件数は739件。オリンピック・レーン侵入による罰金（1500レアル＝約4万5千円）は約4300件、違法駐車罰金は3850件など、治安・交通対策に参考になるデータも盛り込んだ。

報告書ではリオ大会について、「今後、社会的価値のあるレガシーが形成されつつある」と評価しつつ、一部会場のホワイト・エレファント化や組織委員会の財源不足によるサービス低下が課題だったと指摘。「仮設施設、既存施設、民間資本を投入した『節約型』の整備となったことが特徴」と総括している。

昇任試験対策のページ

主任試験講座 平成29年度 30

今回は前回に引き続き「財務」関係の問題です。

問題

【問題1】

都の一般競争入札に関する記述として、妥当なのはどれか。

① 一般競争入札により契約を締結しようとするときは、必要な事項を入札期日の前日から起算して少なくとも10日前までに公告しなければならない。

② 一般競争入札は、その性質上、競争参加者を広く募集し、公正に経済的な契約を結ぼうとするものであるため、参加者は制限されていない。

③ 入札保証金は、契約の締結を担保しようとするものであるから、一定の要件を満たす場合でも、これを減額または免除することはできない。

④ 公共工事における入札・契約手続きの透明性のより一層の向上を図るため、500万円を超える工事案件について、予定価格を事前に公表している。

⑤ 入札書は、入札者またはその代理人が持参するのが原則であり、他の方法による入札は認められていない。

【問題2】

都の指名競争入札に関する記述として、妥当なのはどれか。

① 履行能力、信用等において不十分な者の入札参加により損害を被る危険がないことが長所であり、原則として、この方法によることとされる。

② 工事に関する競争入札参加者の指名については、全て東京都指名業者選定委員会等の議を経ることとなっている。

③ 入札者の範囲が限定されるので競争の効果は減退されるが、参加資格者を厳選しているため、業者間の談合の恐れはない。

④ 指名競争入札により契約を締結しようとする場合は、当該入札に参加することができる者のうちから、なるべく5人以上の者を指名しなければならない。

⑤ 入札保証金、予定価格、入札及び開札、落札者の決定等に関する事項は、全て一般競争入札の手続きに準じて行われる。

【問題3】

都における財産に関する記述として、妥当なのはどれか。

① 普通財産は、その適正かつ効率的な管理を期するため、一定の場合を除くほか、これを貸し付け、交換し、売り払い、譲与し、出資の目的とし、若しくは信託し、またはこれに私権を設定することは禁止されている。

② 普通財産とは、普通地方公共団体において公用または公共用に供し、または供することを決定した財産である。

③ 行政財産とは、普通財産以外の一切の公有財産をいい、一般私人と同等の立場でこれを保持し、その管理処分から生じた収益をもって財源に充てることを主たる目的とする財産である。

④ 行政財産の用途または目的外の使用許可期間は、原則として2年以内に限られている。

⑤ 行政財産の用途または目的外の使用の許可を受けた者からは、使用料を徴収することができる。

【問題4】

都における物品に関する記述として、妥当なのはどれか。

① 物品管理者は、局の課及び所に一人を置き、局にあっては部長、所にあっては所長をもって充てている。

② 物品出納員は、部、部を置かない局及び所に一人を置き、局にあっては課長、所にあっては物品の契約事務または調達事務を取り扱う課長をもって充てている。

③ 所属換えとは、物品を他の物品出納員に移すことを言い、局長または所長は、当該局または所での使用見込みがない物品のうち、供用可能なものについては、所属換えのあっせんをしなければならない。

④ 物品の出納は受け入れと払出しに区分され、購入、製造の請負、製作の委託、供用、売払い等の出納事由により行われ、省略をすることはできない。

⑤ 局長は毎年度、当該局及びその所管に属する所の物品の管理事務並びに使用者の物品の使用状況について、所属の課長のうちから検査員を任命し、検査をさせなければならない。

【問題5】

職員の賠償責任に関する記述として、妥当なのはどれか。

① 物品を使用している職員が、故意または過失により物品を亡失損傷したときは、これによって生じた損害を賠償しなければならない。

② 予算執行職員等が、故意または重大な過失により、法令の規定に違反して当該行為をしたことにより損害を与えたとき、これによって生じた損害を賠償しなければならない。

③ 現金を取り扱っている職員が、故意ではなく過失により現金を亡失したときは、これによって生じた損害を賠償する必要がない。

④ 地方公共団体の職員が一定の職務執行において自分の故意または過失により当該団体に損害を与えた場合は、原則として賠償責任に関する民法の一般規定が適用される。

⑤ 地方公共団体の長のなす賠償命令は私法上の行為に属するため、行政不服審査法による不服申し立ての対象とはならない。

都政実務 ⑦

解説

【解説1】 正答①

① 正しい。なお、入札が急を要する場合は、入札期日の前日から起算して5日前までとすることができる（職員ハンドブック462㌻）。

② 誤り。競争参加者の良否により履行の成否が左右されるので、一定の制限を加えることが必要である（職員ハンドブック461㌻）。

③ 誤り。一定の要件を満たす場合はこれを減額または免除することができる（職員ハンドブック462㌻）。

④ 誤り。250万円を超える工事案件について、予定価格を事前に公表している（職員ハンドブック463㌻）。

⑤ 誤り。必要があるときは、郵便による入札も認めることができる（職員ハンドブック463㌻）。

【解説2】 正答⑤

① 誤り。指名競争入札は、地方自治法施行令に列挙されている場合に該当するときに限り行うことができる（職員ハンドブック460㌻）。

② 誤り。知事契約の工事に関する競争入札参加者の指名については、東京都指名業者選定委員会等の議を経ることとなっており、知事契約以外の案件であっても予定価格が500万円以上の工事については、これと同様の措置を執ることとしている（職員ハンドブック465㌻）。

③ 誤り。前述部分の記載は正しいが、指名競争入札は、業者間の談合により競争の実を失うおそれがある（職員ハンドブック460㌻）。

④ 誤り。当該入札に参加することができる資格を有する者のうちから、なるべく5人以上の者を指名しなければならない（職員ハンドブック465㌻）。

⑤ 正しい（職員ハンドブック465㌻）。

【解説3】 正答⑤

① 誤り。行政財産に関する記述である。普通財産は、行政財産のように行政執行上の物的手段として直接使用されるべきものではなく、主としてその経済的価値を保全発揮することにより、間接的に地方公共団体の行政に貢献させるため、原則として一般私法の適用を受けて管理、処分されるべき性質のものである（職員ハンドブック481㌻）。

② 誤り。行政財産に関する記述である（職員ハンドブック476㌻）。

③ 誤り。普通財産とは、行政財産以外の一切の公有財産をいう。後段も、普通財産に関する記述である（職員ハンドブック477㌻）。

④ 誤り。使用許可の期間は原則として1年以内に限られている（職員ハンドブック481㌻）。

⑤ 正しい（職員ハンドブック481㌻）。

【解説4】 正答③

① 誤り。物品管理者は、局にあっては課長、所にあっては物品の契約事務または調達事務を取り扱う課長をもって充てている（職員ハンドブック486㌻）。

② 誤り。物品出納員は、部、部を置かない局及び所に一人を置き、物品の契約事務または調達事務を取り扱う課長代理をもって充てている（職員ハンドブック487㌻）。

③ 正しい（職員ハンドブック488㌻）。

④ 誤り。取得後直ちに消費してしまい、出納及び保管を行ういとまがなく、かつ、出納手続きを省略しても他の手段により物品の異動の実態が確認でき、物品管理上支障がないという場合のみ出納手続きの省略が認められている（職員ハンドブック487㌻）。

⑤ 誤り。局長は、所属の主事のうちから検査員を任命し、検査をさせなければならない（職員ハンドブック488㌻）。

【解説5】 正答②

① 誤り。物品を使用している職員が、物品を亡失損傷したときは、「重大な」過失があったとき、これによって生じた損害を賠償しなければならない（職員ハンドブック495㌻）。

② 正しい（職員ハンドブック495㌻）。

③ 誤り。現金において、故意または過失により亡失したときは、これによって生じた損害を賠償しなければならない（職員ハンドブック495㌻）。

④ 誤り。一定の職務執行における賠償責任については、民法の一般規定は適用されない（職員ハンドブック495㌻）。

⑤ 誤り。長のなす損害賠償命令は行政処分として解され、不服申し立ての対象としている（職員ハンドブック495㌻）。

※主任試験講座で参照としている職員ハンドブックのページは2015版に対応しています。

カレントトピックス 29年度 30

政治事情

■米がシリア軍施設を攻撃（4月7日）

米国防総省は4月6日夜（日本時間7日午前）、米軍が巡航ミサイル59発をシリアの同国空軍基地に発射したと発表した。シリアのアサド政権が同国北西部での空爆で化学兵器を使用したと断定し、対抗措置として軍事作戦に踏み切った。市民への無差別攻撃に対し、トランプ米政権は、軍事力の行使もいとわないとの姿勢を強く打ち出した。米軍のアサド政権に対する直接攻撃は初めて。

トランプ米大統領は「化学兵器攻撃の拠点となったシリアの空軍基地に軍事攻撃を行うよう命令した」と明らかにした。アサド大統領の退陣も求めていくとみられる。化学兵器の使用を否定するシリアや、アサド氏を擁護してきたロシアなどが反発するのは必至で、シリア情勢は混迷を極めそうだ。

トランプ氏は「シリアが化学兵器を使用したことに疑いの余地はない」とした上で、「化学兵器の拡散や使用を防止することは、米国にとって非常に重要な安全保障上の国益に直結している」と攻撃理由を説明。「シリアでの虐殺と流血を止めるため、全ての文明国は米国に協力してほしい」と呼びかけた。

■民進・長島氏が離党届（4月10日）

民進党の長島昭久・元防衛副大臣は、野田幹事長と国会内で会談し、離党届を提出した。2016年3月の民進党結党後、国会議員が離党を表明したのは初めてとなる。蓮舫代表ら執行部が共産党との協力関係を深める党運営に不満を抱いたことが離党の大きな理由。

長島氏は離党の理由について、「保守政治家として譲れない一線を示す。政権選択の選挙である衆院選で、国家観も目指すべき社会も著しく異なる共産党との選挙協力は国民の理解を得られない」と述べた。党内で日米同盟を重視する保守派に位置付けられる長島氏にとって、反米色の強い共産党と次期衆院選の選挙協力が進む党運営を許せず、離党に踏み切った考えを示したものだ。

長島氏は当面、無所属で活動するが、自民党から衆院の自民党会派入りを期待する声が出ている。石原伸晃経済再生相の秘書を務めた経験があり、政策面で立場が近いためだ。また、小池百合子東京都知事が事実上率いる地域政党「都民ファーストの会」と長島氏が連携するとの見方もある。

■北攻撃なら日米で事前協議（4月12日）

日本政府が米国に対し、北朝鮮への軍事行動に踏み切る際には事前協議をするよう要請し、米側も応じる意向を示していることが分かった。米軍が北朝鮮を攻撃した場合、日本は報復対象になる可能性があり、日本政府として米国の意思決定に関与する必要があると判断した。

トランプ政権は対北朝鮮政策の見直しを進めており、先制攻撃を含む軍事的手段も排除していない。日本政府は米側に対し、対北朝鮮政策をすり合わせるよう重ねて求めており、その一環として軍事行動に踏み切る際の事前協議を求めた。

一方、米軍が北朝鮮を攻撃する場合には、在日米軍基地が出撃や後方支援の拠点となることが想定されており、米国も日本側の協力が不可欠と判断している模様。

日本政府高官は「軍事行動を取る場合、事前協議をするよう米側には伝えている。米側も理解している」と述べた。

日米が事前協議を行う場合、窓口は双方の国家安全保障会議（NSC）や外務・防衛当局の閣僚級か次官級幹部などが想定される。最終的には首脳間の協議も行われる見通しだ。

29年度 主任・係長 論文講座 30

添削 ②

特別区主任主事選考

はじめに

前回の講座では、論文の書き方、基本的な論文の形式を確認し、論文例と添削のポイントについて説明してきました。論文とは、「特定のテーマについて、自分の考え、意見を論理的な筋道を立てて、読み手に積極的に伝えようとする文章」のことです。論文試験では、自分の考えが読み手にきちんと伝わる論理的な構成を意識することが重要です。そのためにも、論文の書き方や構成は繰り返し確認し、しっかり理解を深めておく必要があります。

今回は論文の書き方に加えて、論文を論理的な構成にするための「レジュメ」の活用について紹介したいと思います。その上で、論文例を参考に論理的な論文の書き方について確認していきましょう。

論文の書き方

○論文を書き始める前に、自区の試験要綱に目を通し、字数制限等の注意点を必ず確認する。

○論文作成に当たっては、課長や係長ではなく「主任主事」として仕事にどう取り組むかという視点を持つ。

○当事者意識を欠いた評論家のような表現はせず、主任主事として係の要となる強い決意を意識する。

論文の構成（レジュメの作成）

論文を論理的な構成にするために、「レジュメ」を作成することをお勧めします。レジュメを作成することにより論文の構造が視覚化され、論旨の流れの整合性や論点の漏れ・重複などをチェックすることができます。さらに、いくつかの出題テーマごとにレジュメを作成し、整理しておくことで、本番の試験の際に想定外のテーマが出題された場合でも、内容にアレンジを加えるだけで構成が整った論文になります。

主任主事選考の論文課題は、各区ともおおむね1000字から1200字程度が一般的です。ここでは3段論法（序論・本論・結論）を用いた場合のレジュメ例を紹介します。＝表①

表①

構成	文章量の目安	内容
序論	全体の約20%の200〜250字程度	【見出し】(1)課題の背景 (2)区の現状・問題点 (3)今後のあるべき方向性
本論	全体の約65%の600〜800字程度	【見出し】(1)解決策 (3)具体的取り組み内容 (2)理由 (4)効果
結論	全体の約15%の150〜200字程度	【見出し】(1)課題に対する総括 (2)主任主事としての決意表明

○序論では、出題意図を把握した上で、背景・問題点・方向性を整理する。

○本論で述べる解決策は、序論で述べた方向性等に即したものとし、優先順位の高いものから三つ程度記述する。解決策相互で内容の重複がないよう十分精査をすること。

○結論部分において、序論・本論で全く述べていない新たな指摘や補足をしないよう注意すること。

○序論・本論・結論それぞれに「見出し」を付ける。

○字数制限、誤字・脱字に注意する。

論文課題

「多様化する区民のニーズに応える持続可能な行政運営を行っていくためには、主任主事としてどのように仕事に取り組んでいくか、あなたの考えを述べなさい」（1200字程度）

論文例

1 効率的かつ効果的な行政運営に向けて

少子高齢化が進展する中、社会保障関係費の増加や住民税等の税収減が見込まれ、区の財政状況は依然として厳しい状況が続いている。一方で、待機児童の解消、子供の貧困対策、地域防災力の強化など、区の行政課題も多様化、複雑化している。

このような状況の中、行政サービスの向上を図っていくためには、区民のニーズを的確に捉え、より一層効率的かつ効果的な行政運営を図っていく必要がある。そのためには、職場の要となる主任主事の担う役割が極めて重要である。

2 職場全体の成長のために

職場全体で業務を効率的かつ効果的に進める体制づくりに向けて、私は主任主事として、次の3点に全力で取り組む。

第一に、効率的な情報収集と情報共有に努める。社会情勢や区民ニーズを的確に把握し、職場全体で効果的な業務を行っていくためには、主任主事が率先して区政全体や業務に関する情報を収集する必要がある。私は、インターネットの検索機能や自動通知機能を活用した情報収集を行う。また、収集した情報をテーマ別、日付順に整理し、係内の共有データとして管理する。これにより、数多くの情報の中から業務に有用な情報を効率的に収集することができる。また、データで管理することで検索が容易となり、係内で必要な情報を効率的に活用できるようになる。

第二に、係長を補佐し、チームワークの向上に寄与する。各係員の能力が優れていても、係内の協力体制が整っていなければ効率的かつ効果的に成果を上げることは困難である。私は、日頃から係長や他の係員と業務の相談や報告・連絡を密に行い、良好なコミュニケーションの確保に努める。また、自分の業務だけでなく、他の係員の業務の進捗状況などに気を配り、必要なフォローや係長への報告・相談を行う。こうして、係長の円滑なマネジメントと係内の連携強化に寄与することで、効率的に業務を進める職場体制の構築につながる。

第三に、後輩職員を指導・育成する。仕事の質を高め、業務を継続的に進めていくためには、後輩職員のレベルアップが必要である。私は、後輩職員に対し、業務の引き継ぎだけで終わることなく、係長とも相談しながら習熟度に合わせた助言や指導を継続的に行う。また、成功体験を積ませることで、後輩職員がチャレンジ精神を持って主体的に業務に取り組めるように計画的にOJTを行う。加えて、先進事例やこれまでの失敗事例等も紹介し、後輩職員の改善提案を支援する。これらにより、後輩職員の知識・経験が向上し、係全体の仕事の質の向上につながる。

3 さらなる区政の発展を目指して

さらなる区政の発展のため、主任主事は業務の中心を担い、常に高いアンテナと向上心を持ち、効率的かつ効果的な行政運営に寄与していかなければならない。

私は、主任主事として係長を補佐し、職場全体の成長に貢献するよう全力で職務に取り組んでいく所存である。

論文添削・講評

1 序論

論文課題をどのように捉え、どのような主張を展開しようとしているかを示す部分です。論文例の内容を整理してみましょう。＝表②

表②

(1)課題の背景	・厳しい財政状況
(2)区の現状・問題点	・行政需要の多様化・複雑化
(3)今後のあるべき方向性	・区民ニーズの把握、より一層効率的かつ効果的な行政運営が必要 ・職場の要である主任主事の役割が重要

論理的な流れになっていると言えます。「課題の背景」や「区の現状・問題点」は、書き手が区の現状からどのような点を問題点として捉えているかを伝えるため重要です。区の基本計画や統計データなどに目を通しておくと良いでしょう。

見出しは、論文の内容を端的に表し、読み手に論述内容や方向性を効果的に伝えることができます。ここでは、今後のあるべき方向性である「効率的かつ効果的な行政運営」をフレーズとして用いていますが、論文課題とも合致しています。

2 本論

本論では、問題解決のための解決策を三つ程度にまとめて記述します。その際、主任主事の立場と役割をきちんと理解しておくことが重要です。

主任主事の立場は、職務遂行の中心となる職員であるとともに、係の職場内研修（OJT）の実質的な担い手でもあるなど、職場における「中堅職員」に位置付けられ、主に次の三つの役割が期待されています。＝表③

表③

役割	具体的な行動
(1)業務の推進役	・業務に関する幅広い知識と経験を基に、業務を確実に遂行 ・業務課題を発見し、業務改善に率先して取り組む ・日頃の情報収集や各種研修への参加など、自己啓発を行う
(2)係長の補佐役	・他の職員と良好なコミュニケーションを確保し、係長と同僚・後輩職員のパイプ役となる ・係長や他の職員からの相談に的確に答えられるよう、力に磨きをかける
(3)職員の指導育成	・今まで培ってきた知識や経験を生かし、後輩職員を指導・育成する ・他の職員にも気を配り、状況に応じた的確なアドバイスやサポートを行う

論文例では、この三つの役割を踏まえた解決策が述べられています。しかし、解決策の2点目、3点目は、やや具体性に欠けている印象を受けます。例えば、係内のコミュニケーションを確保し、係員が情報共有するための係内での勉強会や連絡会などの企画や、後輩職員のOJTのための事例集の作成などの取り組みを加えることで、現実的で具体性のある内容となります。

本論で一番大事な点は、課長でも係長でもなく、「主任主事」としての役割を述べるということです。主任主事として実現可能なものでなければなりません。上記の主任主事の三つの主な役割を参考に、自分なりの切り口・パターンを三つ程度持っておくと、テーマが変わっても、焦らずに書くことができます。

3 結論

結論は、主任主事としての決意表明になります。論文例では、序論、本論は踏まえて書かれている印象です。最後の部分を「〜に全力で取り組み、さらなる区政の発展に貢献していく所存である」という表現にすることで、より強い決意を示すことができます。

終わりに

繰り返しになりますが、論理的な論文を書くためには、記述する内容を前述のように「レジュメ」にまとめて整理することが有効です。レジュメにまとめることで、書きたい内容が順序立てて見えるようになり、記述漏れや論理矛盾を防ぐことにつながります。また、いくつかのパターンを用意しておくことで、テーマが変わっても応用することができます。

自分で書いた文章の矛盾等に気付くためにも、論文を作成したら職場の上司や先輩に添削をお願いし、何度も推敲を重ねることをお勧めします。推敲を重ねることに論文が良くなることを実感できると思います。

東京の里山にふるさとづくり

児童養護施設の子供たちに

NPO法人東京里山開拓団代表　堀崎　茂

3600万人の暮らす世界最大の都市圏・東京も、周辺部には林業が成り立たず、荒れたまま放置された山林が多く残されています。一方で、家族と暮らすことができず、児童養護施設で暮らす子供たちは全国で約3万人、東京圏には約6千人います。私たちNPO法人・東京里山開拓団は、両者をつないで環境保全と社会福祉に同時に貢献すること、東京周辺の荒れた里山を児童養護施設の子供たちとともに開拓し「ふるさと」をつくるボランティア活動を進めています。

ボランティア団体の立ち上げ

私が東京でサラリーマン・子育てをしながら、週末に八王子の荒れた山林を一人、手作業で切り拓き始めたのは10年程前です。やがて道や広場ができて風通しや見晴らしが良くなると快適な里山空間に生まれ変わりました。自分だけでなく家族、仲間とも行くようになると、都心から1時間余りにあるとは思えない手つかずの大自然は、子供や大人の心をすぐに解放する特別なチカラと可能性があるのを感じました。

そこで2009年にボランティア団体・東京里山開拓団を立ち上げ、12年から児童養護施設の子供たちとの里山開拓を開始しました。5年間で40回実施し、参加した子供は二つの施設から延べ200人を超えました。現在は会員・サポーター等約20人とともにNPO法人として運営しています。

子供たちは里山に到着すると、斜面を競走して駆け上ったり、頂上付近の広場でハンモックに癒やされたり、手作りした展望台・ブランコに歓声を上げたりします。お昼はみんなで薪を集めてライター一つで焚き火を起こして料理を作り、午後は自由な時間を思い思いに過ごします。ここには通う度に新しい発見があり、居場所、楽しさ、つながり、やりがいが感じられます。子供たちは施設職員も見たことのなかった笑顔を見せてくれたり、失った親との楽しかった思い出を語ってくれたりします。

こうして里山に通いながら、私たちは児童養護施設の子供たちにとって里山はどんな場にしたらよいのかをずっと試行錯誤してきました。一つ発見したのは、子供たちは大人の企画する自然遊びなんかより、斜面を切り拓いての畑の開墾、邪魔になった根っこ掘り、テーブル土台の石集めといった、大人がしなければと思っていた地味で大変な作業に目を輝かせて熱中することです。それを見て、里山の活動を単に自然遊びの場や環境教育など大人目線の範囲にとどめていては里山のチカラや可能性を十分に生かしきれていないのを感じました。

元気に山を登る子供たち

手作りのツリーハウス

児童養護施設の子供たちが何より求めていること、それは「ふるさと」を取り戻すことではないか——豊かな自然に抱かれてつまらないことなどすぐ忘れさせてくれるところ、いつでも気兼ねなく帰って家族や仲間と好きに過ごすことのできる自分の居場所、大人になっても懐かしい記憶とともに蘇ってきて自分の存在を証明してくれる場所。でも、帰る家を一度失った児童養護施設の子供たちにとって、はるか遠くにかすむ夢……。

それなら、この里山で子供たちと一緒に額に汗して「ふるさと」を作り上げよう!という思いに至ったのです。これまでの里山での様々な活動と経験は全てふるさととその思い出を作り上げる過程でした。ふるさとにはやっぱり家がないとね、ということで、今年はツリーハウスを作り始めました。もちろん、子供たちとの手作りで、自然の恵みを生かしての制作です。ただ今、クラウドファンディングで広く寄付を呼び掛けていますので、ご協力よろしくお願いします!

里山で展望台を手作り

課題克服のモデルケースに

当団体が目指すのは、里山のチカラを現代都市社会の抱える課題克服のために活用することです。北欧では園舎を持たない森の幼稚園やメンタル対策としての森林療法など自然の力を生かして健全な社会を目指す動きが加速していますが、それは自然豊かな日本で可能なはずです。私たち東京里山開拓団では児童養護施設との活動に加え、二つ目の活動の柱として企業のメンタル対策にプログラムとともに里山を提供する準備も進めています。私たちは都市周辺の荒れた山林を里山として再生し自然の力を生かすことで、お金をかけなくても現代都市社会の抱える課題克服に貢献するモデルケースが示せたらと考えています。

ほりさき・しげる＝1971年愛知生まれ。06年から荒れた山林の開拓をはじめる。林野庁、東京都・セブンイレブン記念財団より助成、東京キワニスクラブ・社会公益賞を受賞。

◆クラウドファンディングREADYFORにて「児童養護施設の子どもたちと里山に『ふるさと』を作りたい!」プロジェクト協賛募集中（4月28日まで）https://readyfor.jp/projects/satoyama55

※協賛金額に応じて里山パーティ、当団体活動報告会・懇親会招待などのお返しを用意しています。

ふるさと復興を使命と感じ

熊本市

2017年4月14日、私の故郷である熊本で前震が発生した日から1年の節目です。

ちょうど1年前の今日、私はテレビに映った「熊本県益城町震度7」という地震速報のテロップを目の当たりにし、一瞬で血の気が引き、かつてない不安に襲われました。家族が30年以上暮らす益城町が、まさか大地震に見舞われるとは考えてもみなかったのです。すぐに家族に電話をかけたら、幸いつながりました。大きな揺れにより家の中の食器や物が散乱したものの、けがもなく無事だと聞き安堵しました。

ところが、翌15日の夜、断続的な余震が心配でテレビの電源をつけたまま眠ろうとしていた矢先、16日の未明に2度目の震度7の地震速報。なぜ2度も……。熊本は壊滅的だろうと絶望的な気持ちになり、家族の安否確認をすることさえもできず、呆然としてしまいました。ようやく連絡がついた時の、二度も大きな揺れに襲われ憔悴しきった家族の声を今でも覚えています。

小中学校の部活動で演奏会を行った益城町文化会館周辺の甚大な家屋倒壊の状況、心のよりどころである熊本城の深刻な被害、幾度もドライブした大自然あふれる阿蘇に通ずる大橋の崩落——。私の原風景であるそれらが無惨に被災した姿がとても悲しく、胸が痛み、己の無力さにもどかしい日々を過ごしていました。

その後、数回帰省した短い滞在では、被災状況を自分の目で体感することや、親戚のもとを訪れて地震当時の話に耳を傾け励ますことしかできませんでした。

11月上旬、23区連携による熊本市への災害派遣が12月から予定されていると聞き、熊本地震からの復興に携わることが私の使命だと感じ、自ら手を挙げました。

今年1月に派遣された熊本市役所は市中心部にあり、熊本城に隣接しています。被災住宅応急修理業務の執務スペースは、市庁舎最上階の市民ホールのロビーに暫定的に設置されていました。その場所は、熊本の街を眺望するためにガラス張りで、東の遠方に益城町や阿蘇の峰々の様を見渡すことができます。眼前には熊本城一帯の痛々しい現状や飯田丸五階櫓が鉄骨架台で固定され、隅石のみで持ち堪えている力強い姿があり、私を毎日奮起させてくれました。

熊本市では今年1月時点で、住宅の応急修理申込数が約1万4千件に達していました。

台風の多い九州は、暴風雨による災害への備えとして多くの家屋が瓦屋根です。今回の地震では、それらにおける瓦の崩落、外壁や基礎のひび割れ、構造部材の損傷による家屋の傾きなどの建物被害が想像以上に多かったことを実感しました。さらに、修理が間に合わずに6月の豪雨に遭い、漏水した内装の全体改修を余儀なくされた深刻な二次被害を受けた住宅もあり、市民の生活再建の道のりが多難であると痛感しました。

1カ月間という短期間で私にできることは、被災者や修理工事に従事する人たちに対して、①20年以上過ごして培った熊本弁で親身にお話すること②土地勘がある熊本ゆえに被災状況をより鮮明に想像すること③建築技師の立場から応急修理がスムーズに進むようサポートすること——と心に誓い、業務に当たりました。

何より熊本市職員の皆さんの地元愛と派遣職員に対する温かい人情は、最大のモチベーションになりました。そこには、被災自治体の職員と全国の派遣自治体の職員同士のつながりを、熊本地震がつないだ「縁」として末永く大切に深めたいとの心意気が溢れていました。

休日には熊本県下を一緒に旅して、美しい景色やおいしいものなどの体験を共有し、より「絆」が深まったように思います。

現在、住宅応急修理業務に携わったメンバー約90人がSNSに集い、情報共有やお互いに言葉を掛け合うことで、熊本の復興・復旧の道のりを見守り続けています。

（新宿区総務部施設課施設第一係　森部今日子）＝おわり

応急修理業務に従事した熊本市職員とその家族、全国自治体職員と（前列左端が森部さん）＝熊本県人吉市の青井阿蘇神社

世界の頂点に達した芸術

草間彌生　わが永遠の魂

この芸術家がここ10年ばかりに開催した展覧会の記録を見て目がくらんだ。パリ、ロンドン、ニューヨーク、日本各地はほぼ毎年。その上ヘルシンキ、フムレベク（デンマーク）、モスクワ、台中、大邱広域市、サンティアゴ、メキシコシティ、ハノイ、リオデジャネイロ、シンガポール、ブリスベン、マイアミ、ブリュッセル、ウェリントンほか、これで全体の約半数。巡回展を含むとはいえ、80歳を超える頃からの個展だけでこの数。今年も本展に続いて、シアトル、ロサンゼルス、トロントでの開催が決定している。今や世界の有力美術館が競うように彼女の展覧会を開いているのだ。

これとほぼ同じ期間に彼女が制作した520余点の作品から、生涯最大規模で開催するのが本展。最新作に出会える喜びの前に、一体これだけの点数をどうやって制作したのかと、めまいに襲われる。彼女は「朝から晩まで命をかけて闘っている」と書いている。

何はともあれメーンの大会場に進んで、壁面を埋め尽くす「わが永遠の魂」シリーズの鮮烈な色彩とかたちに包まれてほしい。132点の絵画の中央には2点の立体作品も。「世界の人たちと感動を共にすることに命を賭して」いる作家の魂が、この空間にあふれている。

何年か前のニューヨーク個展では、入場待ちなど大嫌いなニューヨークっ子が寒風の中で長蛇の列を作ったと話題になった。ことアートに関しては「NYファースト」の彼らが殺到したというのは、この街が彼女を育てたと信じているからだろう。

ベトナム戦争を始め国や人種や文明・文化の矛盾に抗して、彼女はこの街で表現し闘った。彼女がここで実現した歴史的パフォーマンスにも、いま再評価の光が当てられている。幼い頃に受けた心的外傷との命を賭けた闘いもあった。彼女が負った課題は今日、世界最先端のテーマなのだ。「前衛芸術家」の肩書を誇らしく掲げている理由もそこにあるに違いない。

ニューヨーク時代を含めて初期の作品や多数の小説作品、無論、彼女を象徴するかぼちゃや布の彫刻の大作、光の粒子に包まれる鏡の空間作品なども展示されている。乃木坂駅直結ではなく、あえて西門から入ると、長いアプローチの植木を包んだ「木に登った水玉2017」が迎えてくれる。また音声ガイドでも、彼女が肉声で語りかけてくれる。館内の意外なところにも作品が設置されているから、お見落としなきよう。

昨年は『タイム』誌の世界の100人に選ばれた。世界の頂点に達したその作品は、国境も文化も政治体制も老若男女の境も超えて人々に直接語りかけている。「命の限り、真剣に作り続けたこれらの我が最愛の作品群を私の命の尽きた後も」永遠に見て「私の心を受け継いでいってほしい」と、闘い続けて88歳になった彼女の言葉は、熱くて重い。

◇

「草間彌生　わが永遠の魂」は5月22日まで国立新美術館で開催中。ハローダイヤル03・5777・8600。この招待券を5組10名様にプレゼントします。Eメールで件名を「草間彌生展希望」とし、〒、住所、氏名を明記の上、henshu@toseishimpo.co.jp までお申し込みください（28日必着）。

草間彌生わが永遠の魂—21世紀の草間彌生

ミニガイド

◇公益財団法人調布市文化・コミュニティ振興財団「田村正樹展—時間の変化—」　▷内容　日本画で用いられる胡粉（牡蠣の殻を砕いた日本伝統の白絵具）と絵具を素材に刷毛などでドローイング（線画）し、部分的に和紙を貼る行程を何度か繰り返し、深みのある作品を描く。▷日時　5月21日㈰まで。午前10時～午後6時▷会場　調布市文化会館たづくり展示室（1階）▷入場料　無料

◇第38回「憲法を記念する市民のつどい」（三鷹市）　▷日時　5月13日㈯午後1時～4時▷場所　三鷹市公会堂光のホール（三鷹市野崎1の1の1）▷主催　三鷹市・三鷹市教育委員会・憲法を記念する三鷹市民の会▷参加方法　申込不要、入場無料、定員700人▷内容　市立六中生徒による日本国憲法前文・三鷹市自治基本条例前文の朗読、社会活動家で法政大学教授の湯浅誠氏の講演会「憲法と子どもの未来」、今年1月7日に放映されたNHKスペシャル『ばっちゃん～子どもたちが立ち直る居場所～』の上映。人権啓発・行政相談コーナー、市民団体などによる憲法に関する展示コーナー、関連図書の紹介コーナーなど

都政新報

発行所 都政新報社
〒160-0023 東京都新宿区西新宿7-23-1 TSビル
〈総務・読者〉03-5330-8781
〈企画広告〉03-5330-8784
〈編　集〉03-5330-8786
〈出　版〉03-5330-8788
〈ファクス〉03-5330-8808
購読料 月1,730円（税込）
毎週火・金曜日発行
ただし、祝日は休刊

紙面から

築地再整備で激しい応酬

市場PTが報告書素案

築地市場の移転問題を検証する市場問題プロジェクトチーム（PT）は26日、市場の在り方などに関する報告書の素案を提出した。小島敏郎座長が私案として示した築地再整備案と豊洲移転案を併記した内容だ。再整備案の実現性を巡り、委員の間で激しい議論がかわされたが、かみ合わない中、5月下旬の会合で報告書をまとめる予定だ。

豊洲移転で「赤字」強調

素案では、築地を再整備した場合、整備費は734億円と試算。整備費の算定根拠は解体や改修などを含めて坪単価120万円であることが初めて提示された。京都市の中央卸売市場施設整備基本計画段階での坪単価が110万円であったことなどを踏まえ、小島座長は「類似した事例を参考にした。築地の整備費はそれほど外れていないと思う」と自信を示した。

小島座長は再整備の工期に関して、設計を含めて7年で終了すると説明した。これに対し、一級建築士の佐藤尚巳委員は、再整備した場合、市場規模などを決める基本計画を策定し、環状2号線の整備地を見直すことなどに触れ、「調整に2〜3年は必要になる」と強調した。

また、佐藤委員は再整備のハードルの高さに触れた。建築資材の仮置き場などとして、場内の一部のスペースを確保するため、広いエリアを仮囲いする必要があるからだ。これに対し、東北芸術工科大教授の竹内昌義委員は、都心では工事現場から離れた場所に建築資材を置くケースが多いことを根拠に挙げ、「仮置き場が必要だというのは理解できない」と反論。佐藤委員は夜間工事のケースだと切り返すなど、両者の譲らぬ議論が続いた。

一方、豊洲に移転した場合、減価償却費が多くかかることから、豊洲だけでみると年98億円の赤字となる。また、光熱水費などの維持管理費は76億5800万円に対し、築地では15億7200万円に抑えられるとした。

これを踏まえ、（公財）ながさき地域政策研究所長の菊森淳文委員は「（豊洲に移転すると）巨額の赤字になる可能性が高い。どの程度まで容認していくのか」と疑問を投げかけた上で、施設使用料を値上げする必要性に言及。佐藤委員は築地を再整備してコールドチェーン化すれば、現在より維持管理費は増えるとの見方を示し、「単純に築地と豊洲を比較するのは正しくない」と指摘した。

議論が完全に尽くされていない中で、市場問題PTの会合は閉会時刻を迎えた。小島座長は「集中的に修正していきたい」と語った。さらに、都議会豊洲移転問題特別委から求められた5月9日の参考人招致に関して、「（PTの）報告書を作ってから考える」と欠席する意向を述べた。

報告書の素案を説明する小島座長＝都庁第一本庁舎7階で

公平性ある報告書を

【解説】 築地再整備は小島座長の私案として3月の市場問題PTで初めて示されたが、その時は議論がなされなかった。会合の開始1時間前に他の委員に初めて提示され、事前調整が行われなかったからだ。

今回は報告書素案を約40分説明した後、50分以上にわたって再整備案と豊洲移転案の策定に関わった竹内・菊森両委員と、佐藤委員らが激しく意見を交わした。

例えば、1991年に着手した築地再整備が頓挫した経緯では、佐藤委員が全員の合意を得たにもかかわらず、工事を中断した点を問題視し、再整備は困難との見解を示した。だが、竹内委員は「仮設施設を造って移れとやっているから計画は破綻（はたん）した」との考えを示し、着工前に種地確保の合意を踏まえれば、再整備は可能との立場だ。

報告書の素案を示す前に議論が平行線をたどるケースは珍しくないが、素案を出した時点で議論がかみ合わないのは異例と言える。小島座長は約1カ月間で報告書を修正し、まとめる意向だが、都幹部は「市場業者抜きに議論しており、報告書の質は確保されるのだろうか」と疑問を呈した。

市場問題PTは特定の案の採用を求める会議体ではないとしているが、豊洲移転後の赤字ばかりが強調され、豊洲のイメージダウンを図る「印象操作」が行われているとの指摘が都庁内で出ている。築地と豊洲の善しあしをまとめなければ、公平性を欠く報告書との指摘は免れない。（石）

偽証認定巡り委員長が辞任

都議会百条委 他会派は不信任案を議決へ

豊洲市場移転問題を調査する都議会百条委員会の桜井浩之委員長（自民）が、26日の理事会で辞任を表明した。自民党以外の5会派が百条委で喚問した特定の証人を偽証認定すべきとしたのに対し、「このような運営に関わることはできない」と理由を話した。委員長の辞任表明により、百条委の偽証認定や本会議への調査報告が滞る可能性があり、他会派は「責任放棄で許されない」として、きょう28日の百条委で桜井氏の不信任案を議決する方針。

26日の理事会では桜井委員長の下、浜渦武生元副知事と赤星経昭元理事の偽証認定を進めることで自民党以外の各会派が一致。また、今後は証人喚問を行わず、調査を終えることを確認した。

その後、桜井委員長は他の理事に向けて「辞任表明」を読み上げ、偽証認定の対象となっている証言は「単なる記憶違い程度のもの」「証拠書類もいわゆるメモ程度のもの」として、「あいまいかつ薄弱な理由で、数にものを言わせて偽証認定を行おうとすることは、百条委に一定の評価を得ようとするための告発だ」と指摘。合わせて自民党からは新委員長を選出しない意向を伝えた。

それを受けて、酒井大史理事（改革）が委員長不信任の緊急動議を提出。小礒明副委員長（自民）の下、28日の委員会で不信任案を議決することを決定した。

公明党の谷村孝彦理事は、委員長として意見を付すことなく偽証認定を進めることを決めたにもかかわらず、「それを自ら否定している」と桜井氏を非難。共産党の吉田信夫理事は「何か政治的な思惑があるのではないか」と疑問を呈した上で、「百条委をつぶすかのような暴言だ」として委員長に発言の撤回を求めた。東京改革、都民ファースト、生活者ネットも含めた5会派が不信任に賛成する見込みだ。

決戦の構図 2017都議選を占う②

離党ドミノ

民進に残る知事選の禍根

党本部は候補者に無所属での出馬を推奨し、推薦を出そうとしている——。民進党からの離党ドミノが止まる気配がない中、党内ではそんな憶測が流れている。こうした中、酒井大史都議は今月上旬、民進党選挙対策委員長の馬淵澄夫氏に「万策尽きたということか」と真意をただしたという。無所属での選挙を党が認めるならば、執行部が戦いを放棄したとも受け取られる。「各議員が自由に判断していいのか」。重ねた問いに、馬淵氏から明確な答えはなかった。

酒井氏は25日、日野、立川、昭島の市議6人とともに、松原仁都連会長に離党届を提出した。離党者には民進が日野で公認した菅原直志市議も含まれる。東京21区総支部の民進党議員は立川市議が2人残っているが、後援者への説明などを終え次第、離党する予定だ。

離党の理由はいずれも党本部から同日、除籍処分・議員辞職勧告を受けた長島昭久衆院議員と「政治行動を共にする」こと。「他の総支部ではこういうことは考えられないだろう」。酒井氏は誇らしげに話した。

長島氏は10日、党本部が共産党との共闘路線を継続することに反発し、離党届を提出。党執行部は都連幹事長の離党に対し、もっとも重い除籍処分を行った。「寛容の精神がみじんもない」。酒井氏を中心とする議員らは反発し、東京21区の民進党は壊滅状態だ。

「なぜこの時期なのか」。これ以上いなくなったら選挙体制がとれない」。都連関係者からはそんな嘆きも聞こえてくる。同党の公認候補の離党は既に13人に上る。残り約2カ月で告示を迎える選挙への臨戦態勢がとれない状態だ。

求心力を失った党本部から候補者が逃げ出している印象だが、「民進党」を捨てる議員らには昨年夏の都知事選の推薦候補の選定での「恨み・つらみ」があることも一因だ。

当時、候補者として長島氏の名前も上がっていたが、「野党共闘にそぐわない」と執行部が否定。党都連は元経産省官僚の古賀茂明氏を内定し、本人の承諾を得た。しかし、直後に党本部が野党統一候補を鳥越俊太郎氏に決定し、知事選に惨敗した。頭ごなしの選考方法で松原会長の顔に泥を塗った上、同党都議から「都連が内定した候補者を覆すのはあり得ない」と不満が噴出。都連と党本部の間には拭い去れない禍根が残ったままだ。

「蓮舫代表の二重国籍問題にけじめをつけず、敵失のみに執着している」「地方組織・議会の意思を顧みない体質に憤りを感じる」。25日に行われた酒井氏と市議らの離党会見では、党執行部に対する批判が繰り広げられた。離党者としての意見だけではなく、酒井氏は都連幹部の思いも配慮したという。

今回離党した酒井、菅原両氏は無所属での立候補を予定しているが、都民ファーストとの連携は「議会経験を評価して求めてくれるのならば協力していきたい」（酒井氏）、「個人的に希望の塾に通っていた。何らかの連携を取りたい」（菅原氏）と前向きだ。

「主目的は長島氏だが、自由に動けるという副産物も大きい」。都議選に向けた離党者からは、そんな本音も漏れた。

離党表明会見に臨む酒井都議（右から3人目）と市議ら＝25日

千代田区に中村氏 自民党都連が選定

都議選

7月の都議選に向け、自民党都連は24日、今期で引退する千代田区選出の内田茂氏の後継に会社員の中村彩氏（27）を擁立すると発表した。また、自民党都議が離党し、候補が不在だった小金井市では会社員の廣瀬真木氏（35）を公認した。

千代田区や品川区、小金井市では、候補者選定が難航して公募した結果、3区市で約30人が応募したという。書類選考を経て、最終的に10人に絞り込み、面接では「将来は総理を目指したい」などと語った中村氏らが選考委員の目にとまった。同都連事務局は中村氏を「知識や能力も豊富で、話し言葉もきちんとしている」と評価した。

中村氏は希望の塾生であり、都民ファーストの会から出馬するとの憶測が流れた。自民党都連の下村博文会長は「新たな魅力を喚起できる。十分に勝てる候補」と自信をのぞかせた。

都政の東西

念願の黒字

都営バスの厳しい経営状況が続いている。2016年度も約9億円の赤字になる見込みだ。

赤字経営の大きな要因は、同局の収入源だった㈱東京電力の株の配当金が福島第一原発事故の影響により大幅に減少したこと。11年度に赤字に転落し、13年度は黒字化して持ち直したが、その後は赤字が続き、今に至っている。

また、利用者の少ない赤字路線も、都営バスの財政を圧迫している。現状では全路線のうち7割以上が赤字路線だが、同局は「公共性の高い事業のため、不採算路線の廃止は好ましくない」とし、慢性的な赤字路線の1日当たりの運行本数の縮小や、ルートの見直しで収支改善に努めてきた。

そんな苦しい経営状況に立たされていた都営バスだが、都交通局が試算した25年度までの10年間の事業別財政収支見通しでは、23年度に都営バスの年間収支が念願の黒字に転じるという。黒字額は23年度に6億円、25年度には9億円になる。

収入黒字を支えるのが、都市開発の進む江東区有明、豊洲地区など臨海部での需要増だ。支出面では、高齢化が進む都営バス運転手の若返りで、人件費が抑制できるとしている。15年度の実績では、経費の約6割を人件費が占めていたという。不動産事業にも力を入れ、旧目黒分駐所や旧大塚支所の跡地を民間の開発事業者などに貸与し、本業以外でも収入増につなげる考え。

都営バスは現在でも苦しい経営にあり、これまでのように東電株に頼ることもできない中で、黒字への道筋を示した形だ。今後は、住民生活への配慮と効率的な経営のバランスを考えた、行政ならではのかじ取りが求められる。

市場移転延期の損失 9億円の補償を決定

都中央卸売市場は24日、築地市場の移転延期に伴う業者への損失補償額として、初回は52事業者に約9億円を支払うことを決定した。今年2月に相談に訪れた500事業者の約1割で、残る9割の事業者については順次、補償額の審査を進めていく。

今回、補償するのは豊洲市場が開場する予定だった昨年11月から今年3月末までに発生した損失。具体的な補償対象は豊洲新市場分として、机や椅子、間仕切りなど事務所設備、大型冷蔵庫の設置費、ろ過海水施設などの価値減耗分、築地市場では水槽や冷却装置、事務所の空調などの修繕費など。初回の補償額の9億円のうち、4億円は25事業者に支払いを済ませており、残り5億円は5月初旬に27事業者に支払う予定。

中央卸売市場によると、昨年8月の移転延期発表前までに約900事業者が豊洲新市場に投資した額は約310億円と推計している。

補償金は、2月に事業者に説明会を開催してから、弁護士や公認会計士などで構成する審査委員会で補償額を決定するまで約3カ月を要した。中央卸売市場は「補償金の決定は初回だったので時間がかかったが、2回目以降は審査が速くなると思う」と話している。

◆入札改革に批判集中

都政改革本部が3月に公表した入札制度改革案の実施方針を巡り、25日の都議会財政委員会で拙速な対応への疑念の声が相次いだ。同日の質疑は総務局幹部も出席し、委員らは契約案件の品質確保や中小企業の担い手育成の視点を欠かすことのないよう丁寧な取り組みを求めた。

入札制度改革では、都の入札契約で落札率99%が頻発したことなどを理由に、落札予定価格の事後公表や一者入札の原則禁止などを掲げた。自民党の秋田一郎氏は、実施方針が「都が進めてきた取り組みを全否定するもの」とした上で、議会での議論が行われず、業界団体への説明がないまま実施方針が示されたことに不満をあらわにした。

公明党の吉倉正美氏も、6月からの試行を盛り込んだ方針を3月末に突然発表したことに、「看過できる問題ではない」と拙速さを批判。一方で、知事が公明党の要請を受けて5月中旬に業界団体へのヒアリングを行うと決めたことは「高く評価する」とし、自民の主張とは距離を置いた。

小池知事によるヒアリングは6月の改革案試行開始まで半月程度しかなく、新たな制度に向けた人員体制も含め、準備不足が露呈した。財務局はヒアリング結果や委員会での指摘を試行後の本格実施に生かす方針。

旬ジョーク

今年のゴールデンウイーク、遠出できない方には都立公園・庭園・図書館等のイベントがおすすめ

「来なくていいよ、家で寝てなさい！」
——働き方改革に取り組み中の職員

区長会

全国連携で「4年計画」

住民交流推進へ検討組織

特別区長会（会長＝西川太一郎荒川区長）は2017年度から20年度の4年間を期間とする「特別区全国連携プロジェクト推進方針」を策定した。14年9月にプロジェクトを発足させて以降、初の中期的な計画となる。推進方針では、他道府県の市長会などとの広域連携を推進するとともに、住民や民間事業者間の交流につなげるための連携基盤の強化などを掲げる。これまでは各年度、事業ごとに区長会が実施の判断を行っていたが、方針の策定により事業を計画として体系化し、中期レベルでの継続的な取り組みとして担保した。

方針では、プロジェクト発足時の趣意書に掲げた「それぞれの地域が活力あるまちづくりを展開する」などの目的の実現に向け、「共存共栄による日本の元気創造」「相互補完による地域課題の克服」「信頼関係・絆の強化」の3項目を計画目標に設定。1区と複数市町村間での連携などの新たな広域連携の創出や、首長団体との協定締結の拡大、全国の市町村との共同で地方をPRする年2回の魅力発信イベントの実施、東北6県が毎年共同開催する東北絆まつりへの協賛、大規模災害で被災した自治体への支援など23区が一体となって行う取り組みの充実を主要事業に据えた。

各区や区長会が取り組む個別事業に関しては、▽産業振興▽観光振興▽文化芸術振興▽2020年東京オリンピック・パラリンピックを契機とした活性化▽相互の地域課題への挑戦▽新しい住民交流スタイルの模索――の6分野を例示。このうち地域課題に関しては、災害時の相互支援や再生可能エネルギー、廃棄物処理、行政運営の効率化などを挙げ、新たな住民交流では、2地域居住や地方創生に取り組む人材の確保などを示した。

また、プロジェクトの推進基盤の強化を目的に、23区の課長級で構成する連絡会の体制を強化。新たに課長級で組織する「広域連携分科会」と「推進基盤整備検討分科会」を設置し、具体的な検討に着手する。

広域連携部会では、区長会が協力連携協定を締結する北海道町村会や京都府市長会・町村会などの首長団体との連携事業をテーマに設定。推進基盤整備検討部会では、行政が直接的に事業を行うだけでなく、民間企業や地域住民が事業主体となるような「協働プラットフォーム」の構築に向けた協議を行い、19年度以降に民間を含む協議会を立ち上げる。

これに加え、全国との事業実施の円滑化などを目的に、連携事業スペースとして活用可能な23区の施設情報の一元提供や、各区の退職者を全国の市町村に派遣する仕組み作りを中心とした人材提供の在り方検討に着手する。いずれも18年度末をめどにルールを取りまとめ、19年度の提供スタートを目指す。

推進方針策定に伴い、年度ごとに実施プランを策定することを決めた。17年度実施プランでは、1区当たり100万円を上限としていたプロジェクト助成金を拡充。協力連携協定を結んだ首長団体の構成自治体との連携事業には別途1区当たり100万円を助成する。

年2回実施する魅力発信イベントに関しては、それぞれ別の開催場所で行うこととした。昨年12月に開催した民間商業施設「まるごとにっぽん」と、別の1カ所を想定しており、今年度は9月と11月に開く予定。

交流自治体のPRを目的に昨年12月には初の魅力発信イベントを開催＝民間商業施設「まるごと日本（台東区）」で

記者席

重量級すぎる言葉に一苦労

○……2020年東京オリンピック・パラリンピックの社会的・歴史的意義などを話し合う五輪組織委員会の有識者懇談会。26日の初会合では、各委員から「国際社会に一体感を発信することが大事」「江戸の歴史・文化のすごさを知ってほしい」「五輪の原点は平和の祝祭」など、思い入れの強いコメントが相次いだ。

中には時間を「度外視」して滔々と持論を述べる委員も。会議は年内を目途に議論し、開・閉会式のコンセプトの検討につなげるということだが、それぞれ天下国家に一家言ある識者の意見だけに、式典の検討に生かす事務方としても大変な作業になりそうだ。

○……「管理職の悲哀を見せてやる」と言われ、複数区の広報課長たちが集う夜の会合に参加させてもらった。後日、誘ってくれた課長に他区と連携して何か広報してはどうかと提案すると、「ライバルだと思っているから」と一言。確かに、他紙の記者と取材後に一杯引っ掛けても、協力して記事を書こうとなったことはないなと納得した。

若手職員は他区の職員と接する機会が多くないという話を聞く一方で、被災地派遣で知り合った他県の自治体職員と今も親交があるという話も聞く。庁内外で関係を築き、切磋琢磨して区政を盛り上げていってほしいと思う。

○……5月7日の決選投票に向け、終盤戦を迎えたフランス大統領選。23日の第1回投票では、中道系独立候補エマニュエル・マクロン元経済産業デジタル相と、極右国民戦線のマリーヌ・ルペン党首が勝ち残り、二大政党制の退潮を強く印象付ける結果となった。

一方、7月2日投開票の都議選も日増しに熱を帯びだしている。

「民主党はなぜうまくいかなかったのか」。離党者が相次ぐ民進党だが、元民主党都議にこう逆質問を受けた。同氏は「（方針が）左に振れすぎるのを嫌う支持者は多く、第二自民党を目指した」と言及。「小沢一郎を追い出したのが最大の要因」と回顧したが、洋の東西問わず、政党のハンドルさばきが困難な時代だ。

独自の健康体操が続々

高齢者の外出促す

介護予防の一環で、オリジナルの体操を作る動きが23区に広がっている。適度な運動を習慣づけることで、メタボリックシンドロームや認知症、生活習慣病の予防、ストレスの緩和などに役立ててもらおうと、荒川区や中野区などが続々と独自の体操を発表している。自治体が体操を開発する背景には、健康寿命の延伸によって医療費負担の抑制につなげるとともに、高齢者を中心に区民が自分の健康に自分で気をつけるよう、体操を介した地域コミュニティーの活性化に結び付ける狙いがある。

荒川区　中年世代へ照準

あらみん体操を体験する区民＝19日、荒川区で

2002年に全国に先駆けて介護予防を目的としたオリジナル体操「荒川ころばん体操」を開発した荒川区は19日、新たな体操「あらみん体操」をお披露目した。アップテンポの音楽に合わせて筋力トレーニングやエアロビクスなど15種類の運動を組み合わせた体操で、30～50代の子育てや仕事で忙しい中年世代にも体操をPRする。

「荒川ころばん体操」は、椅子に座って「あらかわ」の字をかたどって脚を動かす運動などが含まれ、4カ月継続すると下半身の筋力や柔軟性が高まる効果が見られた。区内26カ所で開催する体操会場に年間6万人が集まるなど浸透が進んだことから、生活習慣病予防にもつなげるため対象世代を広げようと運動量を増やした新たな体操を作ることにした。

区によると、生活習慣病に効果があるとされる1日30分、週2回以上の運動を1年以上継続している区民の割合は、15年度に男女とも約54％と約半数だった。区健康推進課担当者は「あらみん体操は簡単な動作で構成されている。運動する習慣がない人が始めるきっかけとしてほしい」と話し、区内の施設やイベントで紹介する。

あらみん体操を監修した首都大学東京の山田拓実教授は、自治体が独自の体操を開発することについて「介護予防に特化しつつ、高齢者にも行いやすい動きを採用できる。地域になじみのある音楽や動きを取り入れれば、運動を継続しやすい」と意義を示している。

中野区　区歌に合わせて

地域になじみのある動作や音楽を取り入れて体操を普及させる動きでは、中野区が区歌に合わせて体を動かす「なかの元気アップ体操」を3月に発表した。区内にキャンパスがある帝京平成大学や区内企業と産官学連携で作成。手のひらを開閉するなど頭を使いながら体を動かす「コグニサイズ」の動きを取り入れ、認知症予防の効果も期待する。

江東区も11日に「KOTO活き粋体操」を発表。筋力トレーニングの中に「深川お神輿スクワット」や「橋めぐりステップ」など地元の名物をイメージした動きが組み込まれている。地域ケア推進課は「荒川区などの奏功している自治体を見ると、体操に親しみをもってもらうことが重要だと考えた」と説明する。

豊島区が2月に発表した「としまる体操」は、丸く並んでクラシック音楽に合わせてゆっくりと筋力を鍛える内容。一般的な体操と異なり、指導する側、される側に分かれず、一緒に体操をする人同士が顔を見合わせながらできる点が特徴。高齢者福祉課は「としまる体操は椅子があれば限られた空間ででき、身近な場所で集まる居場所づくりの効果を期待している」と話し、高齢者が外出し、自主的に運動する場を設けるよう促していく。

江戸川区

廃校利活用で大学選定

インターナショナルスクールも

江戸川区は24日、昨年3月に廃校とした旧区立清新第二小学校の後利用で、4年制大学とインターナショナルスクールの開校に向け、公募型プロポーザルにより2事業者を選定したと発表した。4年制大学が開校されることになれば、同区初。

青森大学を経営する学校法人青森山田学園が事業者で、開設するのは経営学科。

高等教育など学校としての利用を期待していた区の考えと合致した。区はこのほか、学生増加による地域のにぎわい創出や、出張講座など地域住民との連携を図るのも狙い。同法人は全国レベルのスポーツの部活動で有名な青森山田高校も経営しており、ノウハウを生かした区民向け講座などの提案もあったという。

インターナショナルスクールの事業者は、同区西葛西でスクールを経営するグローバル・インディアン・エデュケーション㈱。同地域はインド人のITエンジニアが多く住み、そうした家庭の子供の入学を見込む。

清新第二小学校は児童数の減少で昨年4月、清新第三小学校と統合。校舎は現在、改築中の葛西中学校の仮設校舎として利用中で、後利用は2019年4月からの予定。

1事業者で全ての校舎を利用するのが提案の前提だったため、両事業者に校舎の具体的な利用方法などについて要望の提出を求めている。要望の受領後、早期に施設利用に関する調整へ移る。

国の有識者会議が18日に、23区には原則として大学の定員増を認めないとする報告書原案を提示したことに関し、同区の千葉孝企画課長は「動向をよく見ていく」と話した。

大学開校に向け調整が始まった旧清新第二小学校＝24日

病院移転で陳情採択

拠点病院確保求める

荒川区

荒川区議会は26日に定例会閉会会議を開き、足立区に移転する東京女子医科大学東医療センターに関する陳情を日本創新党1人を除く賛成多数で採択した。陳情では区に対し、移転候補地の都有地を足立区に売却しないよう都への働きかけを求めるとともに、移転が実現した場合は200床以上の災害拠点病院を区内に確保するよう要望している。

東京女子医科大学は、施設の老朽化や診療科目の充実を理由に、東医療センターを足立区に移転する計画を進めており、5日に足立区と覚書を締結し、移転に正式合意した。2021年度の開設を目指すとしている。

特別区

予想される顔ぶれ

第20回都議選 ▶2◀

港区（定数2）

入江伸子氏　大塚隆朗氏　菅野弘一氏　来代勝彦氏

前回の選挙は定数2の独占を狙って自民が2人を擁立し、民主、みんな、共産、生活の4候補を退けた。一つの党が2議席を独占するのは1993年に2人区になって以降初で、民主の票の伸び悩みが主因だった。

今回、自民は現職3期目の来代勝彦(72)と1期目の菅野弘一(58)の2人を公認。同区で2人を擁立するのは、93年と前回に続いて3度目だが、2議席維持は厳しい情勢。自民区議は「現職を出すのは既定路線だが、同党港区総支部が（候補者調整で）うまく仕切れなかったのも実情」と話す。来代は72歳という高齢、菅野は1期目で名前が浸透し切っておらず共に懸念材料を抱え、浮動票をいかに取り込むのかが当落を左右する。公明の支援を受けられないのも手痛い。

民進は01年から都議を3期務めた元職の大塚隆朗(57)を擁立した。都議時代は党政調会長などを歴任したが、前回は4千票差をつけられて次点だった。落選後の13年末から辻立ちを再開。「命の大切さ」を掲げ、旧耐震構造の老朽化マンションの建て替えやペットの殺処分ゼロなどを訴え、捲土重来に挑む。父は大塚雄司元建設相。

共産は人選が難航。17日の都議選に向けた同党都委員会の決起集会をめどにしていたが取り決めに至らなかった。前回は元区議を擁立したが、「今回は現職区議の擁立は考えていない」（同党港区地区委員会）と言う。

都民ファーストはテレビ局社員の入江伸子(55)を公認した。「希望の塾」塾生で、政策の推進力など「小池知事に女性として感銘を受け、入塾した」と話す。テレビ局記者でカイロ支局長だった夫を飛行機事故で失い、働きながら子供2人を育て上げた経験を生かし、待機児童対策や女性の働き方改革などを訴える。

前回の結果

	氏名	党派	得票	期数
◇港区				
当	菅野　弘一	自新	17,566	①
当	来代　勝彦	自現	13,262	③
	大塚　隆朗	民現	9,252	
	安倍　一真	み新	8,692	
	猪熊　正一	共新	6,737	
	菊地　正彦	生元	1,844	
◇新宿区				
当	吉倉　正美	公現	19,760	③
当	吉住　健一	自現	18,606	②
当	大山とも子	共現	18,496	⑥
当	秋田　一郎	自元	17,474	③
	猪爪まさみ	民現	11,760	
	徳広　正人	み新	8,536	
	小野憲一郎	維新	6,971	
	黒田　大輔	無新	2,192	

新宿区（定数4）

森口つかさ氏　大山とも子氏　古城将夫氏　大門幸恵氏　秋田一郎氏

定数4となった93年選挙以降、自公共が1議席ずつを占め、残り1議席の行方が焦点となってきた。前回13年選挙では、自民が同選挙区初となる2議席を確保。議席死守を目指す自民に対し、都民ファーストの会がどの程度、自民支持層を切り崩すかがポイントとなる。

自民は現在3期目の秋田一郎(51)と昨年7月の補選で当選した1期目の大門幸恵(48)の両現職を公認した。党新宿区総支部では、「秋田は3期の実績と丁寧な地域活動で知名度があり、大門は女性の支持が高い」として、地区割りは行わず、双方の支持基盤を固める戦術で2議席獲りを目指す。

公明は現職3期の吉倉正美が勇退。新人で党都本部広報宣伝局次長の古城将夫(37)を後継に立てた。前回は吉倉が1万9千票を超える得票でトップ当選した。同区は党のおひざ元として、強固な組織力を背景に盤石の選挙戦が予想される。

共産は6期のベテラン、大山とも子(61)を公認した。個人の人気と安定した組織力で、過去3回の選挙は2万票前後の得票で推移している。党幹事長としての知名度を生かし、党勢拡大も見据えた戦い。

都民ファーストは昨年7月の補選に続き、小池知事が衆院議員時代に秘書を務めた森口つかさ(35)を公認した。補選では約2万4千票を獲得し、共産候補を上回る健闘を見せたが落選した。補選と同様、地域を歩いて支持を訴える方針。

前回13年選挙で猪爪まさみが落選し、議席を失った民進は、候補者擁立を模索しているが、党東京1区総支部によると猪爪からの公認申請は出ておらず、「現時点では白紙で、結論を出すめども立っていない」という。猪爪は昨年の補選に出馬し、大門に2万票以上の大差で落選した。猪爪は「出るか出ないかを含めて検討している」と話している。

東京最前線

選挙プランナーの眼 地方政治の舞台裏から㊱

荒川区で三つどもえの激戦も

都議選42選挙区分析③

都議選の勝敗を左右する重要な要素の一つが投票率です。今回は都知事選挙のように、都議選の報道がかってないほどに過熱するものと予想されます。そうなると前回2013年の都議選ではなく、前々回09年の都議選を基準に、更に投票率が上がる可能性もあると考えています。投票率が大幅に上昇すれば、都民ファースト優勢の流れはさらに強まりますが、逆に投票率が上がらなければ、自民党が盛り返すことも考えられます。

都議選まであと約70日。本連載では前回に引き続き、42議席予想を行っていきます。

■世田谷区（定数8）

大田区と並び、定数8議席の世田谷選挙区。09年の都議選では民主党（当時）が3議席を、13年の都議選では自民党が3議席を獲得していることから、その時の風の影響を受けやすい選挙区であることが分かります。

公明党、共産党がそれぞれ候補者を1人に絞っていることから、2議席は固いと思われます。残りの6議席を、自民党の現職3人と、都民ファーストの候補者が争うという構図になりそうです。大田区と同じく、都民ファーストの会が2～4人を擁立する可能性があり、何人を擁立するのかによって大きく変動するでしょう。

民進党は党勢が芳しくない中で、候補が2人に割れていることで結果として獲得議席がゼロになる可能性があります。ネットの新人候補がどれだけ得票を伸ばせるかは未知数です。維新、社民の候補は、都民ファーストが複数人の候補を擁立した中では埋没する恐れがあります。

■渋谷区（定数2）

原稿執筆時点で自民党の現職、民進党の新人、共産党の新人、無所属の現職、都民ファーストの新人(公明党推薦)による混戦が予想されています。現状では、公明党推薦もある都民ファーストの公認候補が一歩リードだと思われます。2議席目をめぐる最大のポイントは、都民ファーストがもう1人公認候補を出すのか、他の候補に推薦を付けるのかです。民進党、共産党、無所属の候補が出ているため非自民の票が割れる可能性があり、都民ファーストの対応に注目しています。

■杉並区（定数6）

大田区、世田谷区に次ぐ定数6議席の杉並選挙区。自民党、民進党が2人ずつの候補を擁立する中で、公明党、共産党がそれぞれ候補者を1人に絞っていることから、手堅く議席を獲得するものと予想されます。都民ファーストは公認候補を1人擁立していますが、当然、もう1人公認候補を擁立するものと思われますので、都民ファ・自民・公明・共産で4議席を押さえ、残りの2議席を争う展開になりそうです。

民進党は世田谷区と同じく、党勢が芳しくない中で2人の候補を擁立したことで票が割れてしまい、獲得議席がゼロになる可能性があります。ネットの現職は投票率が上がった場合にどこまで票を伸ばせるのかが課題になり、維新の候補は存在感がありません。

■荒川区（定数2）

2人区で唯一、公明党が公認候補を擁立しているため、他の選挙区とは構図が異なるのが荒川区です。都民ファーストは現時点で公認候補を擁立しておらず、公明党の新人を推薦しています。民進党を離党した元職に都民ファーストが公認を出すのか、推薦を出すのか、別の公認候補を擁立するのかによって情勢は大きく変わります。

都民ファーストの動きによりますが、自民の現職、公明の新人と三つどもえの激戦となりそうです。共産党は議席獲得には届かないまでも、一定の存在感を示すものと思われます。

■板橋区（定数5）

板橋区では公明党、共産党が毎回、確実に議席を獲得しています。今回もこの2議席は固く、残り3議席の争いとなるでしょう。

都民ファーストに2議席を獲得できる勢いがあり、同会の新人2人と自民党の現職2人の4人で3議席を争う展開が予想されます。前回は議席を獲得できなかった民進党は、今回も苦戦が予想されます。

◇　◇

ここ最近の世論調査によれば、小池都知事の支持率はやや下がっていますが、それでも70%以上の高支持率を維持しています。また、「選挙ドットコム」の世論調査で都議選での支持政党を見ると「都民ファーストの会」が第一党である状況は変わりません。小池知事の支持率がこのまま下がり続けるという見方もあるようですが、私は都議選に向けての報道量が増える中で、高支持率を維持し続けるのではないかと予想しています。

5月の連休が明ければ都議選まで2カ月を切り、ますます選挙モードが強まっていくでしょう。次回も引き続き選挙区の分析をお届けします。

(㈱ダイアログ代表取締役　松田馨)

市場業者インタビュー

「小島私案」で業界分断

㈱山治　山﨑 康弘 代表取締役社長

築地東京青果物商業協同組合（築地商組）　泉 未紀夫 理事長

市場問題プロジェクトチームが26日の会合で、築地再整備案と豊洲新市場への移転案を両論併記した報告書の素案を示した。築地再整備案は小島敏郎座長の私案がベースで、設計も含めた工期は7年、整備費は約734億円と試算するが、実現には業者の協力が不可欠となる。一方、豊洲に移転する場合は市場業者にとって風評被害の払拭が欠かせない。私案への考えが異なる業者の2人に聞いた。

私案に「反対」　応分の犠牲と果実が必要

——1991年から着手した築地再整備に賛成の立場だったのですか。

86年に築地再整備推進委員会が設置され、会議が始まる前に当時の市場長にお目にかかった。「移転も含めた検討はしなくていいのですか」と疑問を投げかけると、「今回は移転を一切考えなくていい」と明確に言われた。個人的には大井市場に行きたくて移転がベストだと思ったが、築地の建て替えが可能であるならば検討の余地はあり、とにかくやれるだけやってみようと始めた。

——施設2階に青果を設ける案をのみました。

水産から提案があり、業界全体で大激論になったが、青果を2階にする代わりに仮移転なしとなった。営業しながらの現在地建て替えは、相当の人たちの合意がなければスタートを切れなかった。

——業界の合意を得ても再整備は頓挫しました。

業界で何度もやり直しながら緻密に調整したが、工事が始まると動線が複雑になり、業者が抵抗して動かなかった。

——小島氏の私案をどう受け止めていますか。

築地を離れたいという気持ちはなく、次の世代も築地で営業していけるならそれがいい。ただ、営業しながらアスベストを除去し、土壌汚染対策法の改正により30㍍メッシュで土壌調査することができるのか。また、業界調整はどうするのか。何も私案には書かれていない。

——業界調整をやりますか。

築地商組の理事長としては「できない」とお断りする。再整備には仮移転する犠牲がいる反面、応分の果実が必要で、その調整ができていない段階で築地改修後の図面を出しても実現できない。

——小島氏の私案に賛成する業者もいます。

小島氏がやったことは業界を分断しただけ。この罪は重い。分断された関係を修復するのは双方に大変な努力がいる。市場問題PTで報告書を提出した後、本業に戻ったらどうか。

——小池知事が築地再整備を判断する可能性も否定できません。

業界調整は知事一人でできる話ではない。水産卸と青果が再整備に反対している以上、どうすることもできないと思う。

——再整備を行う場合、小島氏の私案では豊洲新市場跡地にマンションなどを建設すると示されています。

マンションを建てられるというなら、市場であっても問題ない。市場で働くのは長くて12時間だが、マンションでは赤ちゃんも高齢者も生活している。小島氏は豊洲の風評被害を払拭するためにマンションを建設するという案を示したのかなと思った。

——豊洲に移転したいですか。

風評被害がある状況では商売ができないので、今のままでは行く気はない。知事が安全宣言を出して、風評被害を払拭するプログラムを組んでほしい。

私案に「賛成」　移転巡る意向調査実施を

——小島座長の築地再整備案の受け止めを教えてください。

現在地再整備は、半ばあきらめかけていたが、小島座長の案は、もしかしたら本当にできるかもしれないと思った。率直に言って夢、ワクワク感がある。

——市場業者の協力がないと再整備はできないと言われています。

協力というのは（営業に支障を来す）痛みである。東京駅は営業しながら改修工事をやってのけたから、本気でもう1回、再整備をやるという腹をくくれるかだ。

——再整備に向けた検討は何かしていますか。

何も検討していないが、将来、会社の経営を背負う若い世代から話を聞くべきだと思う。

——移転か再整備かアンケートを実施する必要はありますか。

やるべきだ。青果と水産の全ての事業者に都がこれまでの経緯を説明した上で、意向調査を実施すべきだと思う。調査結果は絶対ではないが、調査をやらないと移転すべきか、再整備すべきか、判断できない。

——豊洲新市場への移転をどう考えていますか。

豊洲に行かないと言っているわけではない。実際にお金を投入して行こうとしていたから。石原・猪瀬・舛添都政の3代にわたって、6千億円を使っても移転できないのは失策だ。

——小池知事の移転延期をどう評価していますか。

地下水の安全性が確認されるまで移転を延期するのは当たり前のこと。知事の判断は間違っていると思っていない。都が当初、説明していたのは「安全と安心を担保して行ってもらう」ということだった。議会答弁でも残っている。いつの間にか議会答弁を無視して、自民党が早く移転した方が良いと言っていることに対して不信感を持っている。

——第1回定例都議会で自民党は築地の老朽化などに触れました。

政治家として、築地が古い、汚いことに触れないのは紳士協定があったはず。築地に害虫がいると指摘するのは構わないが、風評被害を広げようとしている。その責任をどう取るのか。

——今後は、自民党に対し何か働きかけを行いますか。

築地の日々の営業ができなくなるようなネガティブな言動を繰り返すなら、徹底的に戦う。

——自民党などが小池知事に移転の可否の判断を求めています。

冷静な目で移転の可否を判断するのは当たり前のことだから、ゆっくり、じっくりと考えてほしい。悩んで当然だと思う。決断を早く求める自民党の気が知れない。

——小池知事が豊洲に移転すると判断した場合、どう対応しますか。

基本的には豊洲に行かざるを得ない。ただ、風評被害が出たら、都が未来永劫にわたって豊洲の安全・安心を保障する必要がある。

自治トピ 140

◆自治体連携で婚活

独身者に出会いを提供する広域サポートセンターが青森県弘前市に開設された。「弘前圏域定住自立圏」を構成する8市町村が連携し、少子化・晩婚化対策に広域で取り組む。20歳以上60歳未満で、同圏域市区町村に在住か移住を予定する人に「出愛サポーター」がお見合いをあっせんする。

◆市庁舎で宅配受け取り

宅配ドライバーの過重労働問題を受けて、沖縄県沖縄市は市役所職員が庁舎で宅配便の荷物を受け取れるようにする。単身者など宅配便を受け取れない職員を対象に、荷物を総務課で受け付け、昼休みや帰宅前に受け取れる。企業では導入例があるが、自治体が取り組みを行うのは珍しい。

◆移住推進に専門職

福島県は人口減少への対応策として県内への移住を促進するため、今年度から新たに「移住コーディネーター」を7人配置する。管内の市町村と連携し、空き家や求人情報を集約して定住希望者などの相談業務に当たる。県は19年度までに年間100組以上の移住者確保を目指している。

◆返礼品にマンホール

奈良県大和郡山市ではふるさと納税の増収に向けて、今年度から返礼品にマンホールを加える。同市マンホールは金魚の町であることをアピールするデザインで愛好家の注目を集めており、装飾用に本物の約3分の1の複製を作った。例年の3倍となる約2千万円の納税を目指す。

◆事故死亡ゼロ3千日

埼玉県鳩山町で死亡事故ゼロが3千日継続し、西入間警察署から交通関係団体に感謝状が送られた。同県内では交通事故死が多発し、23日時点で全国ワースト1位となる一方、鳩山町では09年から8年以上交通死亡事故が発生しておらず、高齢者への声掛けなどが効果を上げている。

◆棟方志功作品を紛失

神奈川県で所蔵していた棟方志功の版画が紛失し、所在不明になっている。県民ホールで使う緞帳の原画として依頼し、13年からは県立美術館に展示。14年に専門家から「レプリカでは」と指摘され、カラーコピーと発覚した。県は盗まれた疑いもあるとして警察に相談している。

◆過疎地で里山学校

児童数の減少で地域の小学校が閉校した静岡県浜松市の百古里地区で、山あいの集落と自然環境を学びの場に活用するフリースクールが開設する。通信制学校に勤務していた代表が運営し、木造平屋のコテージで、基礎学習のほかに、農園での栽培・収穫や、陶芸教室などの体験学習を行う。

◆廃線で地域活性化

山口県宇部市は市街地に残る線路の跡地を利用して、地域活性化のための活用事業を募集する。線路跡は幅4～9㍍、全長は800㍍。市道と交差して9区画に分けている。企業や個人などは問わず、公共性があれば使用料の減免も行う。全国でも廃線跡の利用は珍しい取り組み。

◆町議選で得票ゼロ

23日に投開票が行われた新潟県阿賀町議選で新人の男性候補（60）の得票がゼロだったことが分かった。総務省選挙部は「聞いたことがない」と話し、全国でも珍しい。男性は選挙活動を行っておらず、自分の名前を投票したが、判断できず無効票となった可能性があるという。

私を変えた一冊

港湾局長　斎藤 真人氏

モラトリアム時代の残影

『憂鬱なる党派』高橋 和巳〈著〉

もうすっかり忘れ去られた作家になってしまったようで、ネット検索しても大した情報は出てきません。全共闘世代に広く読まれ、40歳を前に早逝したこの作家の周回遅れの読者として、文庫になった作品は学生時代にすべて読みました。

本作は、広島の被爆者の体験記を自らまとめた主人公が、これを自費出版するため教員を辞め、かつての学生運動の仲間を訪ね歩くことから始まります。しかし、旧友たちが住む世界の現実はかつて共有した理想とは程遠く、主人公は落胆と失望、自分自身の存在矛盾にさいなまれ、ドヤ街住まいを続けるうちに体も蝕まれ、最後は死に至ります。

他の作品も、多くは学生運動または新興宗教が題材で、世の中に異議申し立てを企てた者が例外なく挫折を味わい破滅に至るというものです。当時、高橋和巳を読んでもっとディープな世界に引きこもる人は埴谷雄高に走り、やっぱり俺は世にモノを申したいと思う人は吉本隆明や大江健三郎に向かうというパターンで、私のまわりにも、大江の愛読者は何人かいました。

1980年代のはじめ、学生運動はさすがに退潮していたものの左翼思想だけは残り香のように漂っていました。バブル経済やベルリンの壁崩壊はずっとあとのことですから、私たちはよりどころを持たない「モラトリアム世代」などと呼ばれていました。私自身はというと、大江にはなじめず左翼思想とは関係のないドストエフスキーに手を付けました。こちらはそもそも帝政ロシアが舞台で、人間の自我とキリスト教倫理云々という重苦しいテーマ設定で、読んでいて楽しいものではありません。なぜ読んだのでしょうか。娯楽小説を遠ざける癖はその頃以来のもので、今思うとちょっと損した気持ちになります。

そうこうしているうちに学生時代も終わりが近づき、就職活動はしてみたものの民間企業はどこも居場所がないような気がして、モラトリアムを地で行くかのように卒業を一年延ばし、翌年は「そういえば俺は人に頭を下げるのは得意じゃないしな」と、教員試験と公務員試験の早く受かった方に行くと決め、都庁に入ったのでした。

「私を変えた1冊」というよりも、まだ自分の人生が始まっていない幸せな(?)時代の、今思うと残影のような、そして管理職試験に合格する頃までそういうメンタリティーを引きずっていたような気がしています。

都管理職選考まで1カ月　人事委試験課長に聞く

自分の言葉で説得力ある論述を

種別Bは合格チャンス続く

2017年度都管理職選考が昨年度よりも約2週間遅い5月28日に実施される。合格予定者数は種別A・B全体で計154人と、昨年度に比べて15人増となっている。筆記考査まで1カ月前と迫る中、都人事委員会事務局の白濱博人試験課長に、選考に向けた準備や留意点などを聞いた。

——今年の申込状況はどうですか。

種別Aは前年度比163人増の973人、種別Bは46人増の923人となりました。種別Aは、今年度合格予定者数が若干増えたものの、申込者数が11年度以降、7年連続で増加しており、競争倍率が上昇しています。これに対し、種別Bは申込者数が増加しましたが、その分、合格予定者数も増えたため、競争倍率が若干下がりました。その意味では、Bは引き続き合格のチャンスと言えるかもしれません。申し込んだ人はせっかくの機会を無駄にしないよう、ぜひ受験してもらいたいと思います。

——種別Bの記述のみ申込状況は。

種別Bの記述のみ受験は申込者が121人で、昨年度と比較して11人減少しました。毎年100人を超える申し込みがあり、受験者の負担を軽減する制度として定着していると考えています。

——種別Aの出題分野や留意点、準備について教えてください。

全庁的視野が求められる種別Aでは、都政事情、政治経済等事情、行政管理などの設問は、事務・技術共通です。加えて、事務では経済・財政、会計に関する知識を、技術では各選考区分に関する専門知識の基礎的分野、技術情勢の分野を記述式で出題しています。これまで習得してきた知識や収集した情報をしっかり確認し、筆記考査に臨んでください。

——種別Bで求められる知識や準備は。

種別Bでは、管理職に求められる知識を検証する視点から出題しています。選考区分に必要な法令知識や法改正の状況、国の動向などを注視し、職群に関連する局の施策の動きや報道発表などを把握しておくことも不可欠です。

——論文試験に向けた留意点や準備について、改めて伺います。

種別Aでは、広い視野と多角的な思考をもとに課題を捉え、具体的・効果的な解決策を自らの言葉で提示できるかが問われます。最近の社会事情や都政課題などを再確認しておくとよいでしょう。単に資料から課題を抽出し、対応策について述べるだけでなく、それらの課題の都政における重要性についても論述することが求められます。

種別Bでは、区分に即した知識・情報を有し、出題の狙いを的確にとらえて、具体的、現実的な課題と解決策を提示できるかが問われます。過去の合格論文の模倣ではなく、題意を踏まえて自らの言葉で説得力のある論述を行うことが求められます。

以上を踏まえて準備を進め、論文試験本番では問題冊子などの注意事項もよく確認し、落ち着いて解答してください。

——口頭試問の留意点や心構えは。

口頭試問は、種別A・Bとも個別面接を2回実施します。表現力、判断力、積極性など様々な角度から、管理職としての素養や将来性を評価しますので、管理職としての立場に立った回答が求められます。口頭試問までの期間は短いですが、しっかりと準備して、本番は緊張せず、普段通り臨むようにしてください。

——受験者にアドバイスをお願いします。

管理職選考は筆記のみならず、職務への取り組みや実績、人物面などを総合的に評価します。現時点で受験準備が十分できていない人もいるかと思いますが、筆記考査までまだ1カ月あります。ゴールデンウイーク期間中に集中して勉強するなど、残された時間を有効に活用し、諦めずに最後までチャレンジしてください。特に14年度選考で択一・記述の免除資格を取得した人は、今年度で免除期間が終了します。せっかくの資格を無駄にすることのないよう、選考会場でいかんなく実力を発揮してください。

また、当日の体調は試験結果に大きな影響を与えます。体調管理には万全を期して、本番に臨んでください。

オリンピック・パラリンピックの開催準備を始めとする行政需要の増加が見込まれる中、管理職の果たすべき役割はますます重要となってきます。皆さんが管理職選考に合格し、都政の様々な分野で力を発揮されることを大いに期待しています。

特別区幹部異動分析

昇任者は33減の380人

再任用が100人超え

区管試年次別の昇任状況　（かっこ内は技術。医師・指導室長を除く）

合格年次(平成)		14	15	16	17	18	19	20	21	22	23	24	25	26	27	28
部長級	Ⅰ	2(1)	5(2)	11(1)	16(2)	13(2)	10(2)	1								
	Ⅱ				1	1	5	12(1)								
統括課長	Ⅰ	1			2	5(3)	26(4)	34(8)	16	1						
	Ⅱ						1	6	13(1)	22(5)						
課長級	Ⅰ					1				1		2(2)	9(2)	48(13)	60(11)	1
	Ⅱ													1(1)	1	46(13)

特別区の4月幹部異動は全体で1445人で、昨年度の1574人と比べて129人（8・2%）の減となった。昨年度に比べ組織改正が少なく、幹部異動の総数は平年並みに戻った。

今年度の退職者数は173人で前年度比8人増。内訳は事務134人、技術36人、医師3人。職層別では部長級96人、統括課長46人、課長級31人となり、部長級は前年度比2人減、統括課長は同7人増、課長級は同3人増加した。

昇任者は減少し、特別区全体で前年度比33人減の380人だった。内訳が部長級81人で同9人減、統括課長は128人で同8人減、課長級は171人で16人減。一方で新規再任用は計111人と同31人の増。特別区人事・厚生事務組合は「管理職の再任用の増加に伴いポストが空かず、昇任数が減ったのではないか」（調査課）と分析する。新規再任用は15年度は71人、前年度は80人と、近年増加している。年金受給開始年齢の引き上げの影響で、フルタイム再任用を希望する退職者は増加しており、この傾向は続く見通し。

昇任者を年次別に見ると、部長級は16～20年が中心。最多年次は17年で、計17人だった。管試合格から最短で部長級に昇任した年次は20Ⅰの1人と20Ⅱの12人。

統括課長は20年が40人で最も多かった。区分別では20Ⅰの34人と22Ⅱが最多。22Ⅰで1人が昇任した。課長級はⅠ類が26・27年、Ⅱ類が28年の昇任がメーン。28Ⅰからは課長級に1人昇任した。

都区間交流・派遣では、都から区への転入が課長級計12人で、内訳は事務10人、技術2人。区から都への転出は部長級技術が1人、課長級事務10人、技術2人の計13人。

区間交流・派遣では、横転による交流は計2人で、文京区の課長級の事務1人が台東区へ、世田谷区の課長級の技術1人が渋谷区へ転入した。昇任を伴う交流では、文京区の事務1人が新宿区に転入し課長級となった。

自治法派遣は事務の統括課長1人で、世田谷区から港区への派遣。課長級が5人で、内訳は事務3人、技術2人。

このほか、荒川区の統括部長が1人退職した。

働き方改革

「午後8時退庁ってどう？」

若手職員のホンネ　東京のとある居酒屋で⑥

D　管理職たちも、最近の働き方改革の流れにはギャップを感じているのかもね。

A　知事も「働き方を変えよう」って言ってるしね。板挟みかも。まあ、五輪とか都政改革で、実際の仕事量は増えてるんだけど。

B　働き方改革と言えば、都庁の「午後8時退庁」ってどうなの？

C　そうだな、かなり浸透してきてると思うし、僕はありがたいな。周りを気にせず大手を振って帰れるし。トップから「帰るべき」と言ってもらうと帰りやすいよね。

D　やっぱり周りが残業してると帰りにくい？

C　忙しい部署だと、付き合いで残らなきゃいけないような文化もあったからね。それに対して、「帰ります」と言いやすくなったね。

A　正直、僕は今のところそれほど忙しい部署を経験したことがないから、元々午後8時過ぎまで残ることがなかったなぁ。あんまりメリットは感じてないかな（笑）。ただ、ダラダラやるよりは一定の目安を作ったほうがいいとは思うから、この取り組みは賛成だな。

B　最初聞いたときは「出来るのか？」と思ったけど、案外出来るもんだな。

A　うん、かなり浸透してると思うよ。ただ、部署とか時期によっては深夜まで残業せざるを得ないのに、15分ごとに電気が消えて大変そうだとは思うけど。

C　だいたい僕らみたいな若手がダッシュしてつけてくるんだよ。意外と慣れるよ（笑）。

D　うちの区は月イチでノー残業デーをしてるんだけど、庁内放送は区民から苦情が来てやめたんだよね。

C　住民にとっては「これを機にサボろうとしてる」「楽してる」っていう感情があるんだろうな。

A　元々のイメージとして、「残業なんかしてない」と思われてるのもあるだろうね。

B　何をやっても良いようには捉えられないなぁ。

C　そういう意味では、都はトップが大々的に宣伝してるからね。都の超勤の現状とかメリットとか。そうすれば都民も注目するし、理解は得やすいと思う。ありがたいよね。

B　ちゃんと「残業代を抑える」とかメリットは言ってるんだけどな。伝われば反応は違うのかな？

C　この際、区も午後8時退庁を導入したら？　インパクトがあるよ。

B　俺らに言われても…（笑）。まあ、区の場合は都庁ほど残業していないと思うから、多分導入はしないと思うけどね。

都団交・小委

都労連が夏季一時金要求

回答期限は5月23日に

都と都労連は26日、今年度初めてとなる団体交渉を行い、都労連が夏季一時金要求書を提出した。夏季一時金2・5月分を全額期末手当として6月30日までに支給するよう求める内容。

都労連は「都政を根底から支えている職員の思いを真摯に受け止め、職員が納得のいく回答を示すこと」を求めた。一方、都側は、直面する諸課題に迅速かつ的確に対応するためには「職員一人ひとりの持つ力を最大限に引き出し、組織の生産性向上を図ることが不可欠」との認識を表明。引き続き生産性を高める働き方の改革を推進することが必要との考えを示した。

団交に先立ち、小委員会交渉が25日に開かれ、都労連が一時金関連要求書と夏季休暇の改善要求書を提出した。

一時金関連では、非常勤職員への一時金相当額の支給を要求。また、育児休業などの取得期間について、全期間を勤勉手当の勤務期間から除算しないよう求めた。昨年の交渉の結果、1カ月以下の育児休業などの期間は、既に除算の対象外となっている。夏季休暇の改善では、都庁の「働き方改革」の取り組みに触れつつ、「交替制職場や学校などでは、休暇などの制度利用が困難な実態が一向に改善されていない」と指摘し、全ての職場で夏季休暇の完全取得と計画的な連続取得ができる条件整備と、取得期間の拡大などを求めた。これに対し、都側は社会経済情勢などを考慮しながら、要求について慎重に検討する考えを示した。

臨時・非常勤職員制度に関しては、都側が現在国会で審議中の地方公務員法などの改正案の概要を説明した上で、「国会の審議状況を注視しつつ、都の実情に合わせた具体的な検討を進めていく必要がある」と発言。これに対し、都労連は「法改正とその実施を待つことなく、手当などの支給を決断すべき」と迫り、今後、詳細な要求を提出する方針を示した。

退職手当制度では、人事院の調査で国家公務員の退職給付水準が民間を3・08%（約80万円）上回った結果を受け、都側は「国の退職手当の取り扱いなどを注視しつつ、都における今後の対応について検討を進める」とした。一方、都労連は「国と都が軌を一にして見直しを行わなければならない道理はない」と主張し、水準引き下げに反対する姿勢を強調した。

給与制度では、都側が行政職給料表(一)に関する昨年の都人勧に触れ、都人委が今後の課題としている上位級との職責差との適切な反映などについて検討を進める考えを表明。一方、都労連は「都政を現場で支える1・2級職員の賃金水準の引き下げにつながる見直しは認められない」と、反対の姿勢を明確に示した。

都労連が夏季一時金の回答期限に設定した5月23日に向け、激しい交渉が続きそうだ。

大会成功へ国の支援要請

五輪教育の全国展開など

東京五輪に向けた関係府省庁と都の連絡協議会幹事会が26日に開かれ、都は新たにオリパラ教育の全国展開や、大会における水素エネルギー利活用への支援を求めた。

都はこれまでの連絡協議会で、競技会場整備に対する財政支援やアンチドーピングを始めとする大会運営の体制整備、輸送手段整備としては羽田空港の機能強化や客船埠頭の整備など、8項目24施策に関して国の予算措置を要望してきた。今回、都内約2300校で実施しているオリパラ教育を全国に広げることへの支援や、CO_2フリー水素の活用、燃料電池バス導入への財源確保など、新たな項目を加えて9項目26施策の実現を要請している。

幹事会には都副知事や関係局長らが出席した。安藤立美副知事はオリパラ教育について、「子供たち一人ひとりが大会の精神に学び、大会に関わるのは有意義な取り組み」とあいさつし、国の積極的な支援を強く要望した。

建築設備、原価基に評価

固定資産評価で報告

都主税局

都主税局は24日、「固定資産評価に関する検討会」の報告書を発表した。国の固定資産評価基準で定める現行の家屋の評価方法（再建築価格方式）は、建物に使用されている資材の価格を主体構造部・基礎・屋根などの部分ごとに積み上げる方式だが、大規模・複合用途の建物について評価する場合、建物の完成から評価完了までに長い期間を要する上、評価の方法が納税者に分かりにくい。

このため、建築設備のみ取得価額（工事原価）を基に評価し、「部分別評価」「取得価額活用方式」を併用することが最も有効と結論づけた。報告書では、「新たな評価方法は、『適正な時価』を求める方法として十分に可能性があるため、更に詳細な制度設計に取り組むべき」としている。

同局は今後、検討結果に基づき、固定資産の評価方法の早期見直しを総務省に提言する予定。国の検討を後押しし、2021年度からの評価方法の見直しを目指す。

「現場目線養って」

技術職など新人研修

都土木技術センター

都土木技術支援・人材育成センターは21日、今年度の新規採用職員研修を行った。建設局と交通局の新採職員を対象に毎年行われており、今年度は計154人が参加した。

同センターの中村正明・技術支援課長は「現場に出た時のため、事務・技術ともに現場目線を養うきっかけとしてほしい」と話した。

■都人事異動

5月1日付

【課長級】▽主税局総務部担当課長＝特命（福祉保健局総務部担当課長＝江東区派遣）谷口将太

訂正　25日付4～5面に掲載した特別区制70周年記念特集の中で、「深谷隆司自治大臣」とあるのは「上杉光弘自治大臣」の誤りでした。おわびして訂正します（公益財団法人 特別区協議会）。

五輪への航海図 174

TOKYO 2020　開催まで あと1183日

市場移転延期の余波（上）

環2の開通も暗礁に

築地市場（中央区）の移転延期は、大会期間中の輸送の「大動脈」になるはずだった環状2号線の開通に支障を来している。

環2は江東区有明を起点とし、虎ノ門や四谷などを経てJR秋葉原駅（千代田区）周辺に至る全長約14㌔の都市計画道路。現在、新橋・豊洲間の約3・4㌔が未開通だが、東京大会の立候補ファイルでは、選手村と競技会場、IOCホテルなどを結ぶ主要な輸送道路に位置付けられている。

従来の計画では市場の移転後、虎ノ門から築地までの約1・8㌔を地下トンネルで結び、大会期間中は「オリンピック・レーン」を敷いて選手村と新国立競技場を10分間で結ぶはずだった。

ところが市場の移転延期に伴い、この計画も暗礁に乗り上げている。小池知事は昨年11月の記者会見で、「既存の道路を活用して迂回する」と当面の対応を説明。実務的には、市場の敷地内に地上部のルートを設け、築地大橋から新大橋通りまでつなぐことになる見通しだ。ただ、片側1車線となるため、大会期間中の主要な輸送道路として役割を果たすのは難しい。仮に移転が中止になれば、環2の整備計画は抜本的な見直しを迫られることになる。

選手村予定地から豊洲大橋に抜ける工事関係車両＝中央区

環2を巡っては、都都市整備局が現在、選手村の工事関係車両に限って未開通の晴海・豊洲間（約1㌔）の通行を認める措置を取っている。これまでは市場の移転後、市場跡地の暫定道路を含めて環2全線がつながる計画だったが、移転延期でめどが立たなくなったからだ。選手村予定地では今年1月、宿泊棟の建築工事が始まり、資材などを運搬する工事車両は増加。地元住民からも交通渋滞や騒音などに対する懸念の声が出ていた。同局によると、3月の工事関係車両の通行量は1日最大約860台。このまま環2が開通できなければ晴海通りの渋滞に拍車がかかり、影響は地域住民にも及ぶ。

築地市場の移転の行方は現時点で不透明で、輸送計画の前提条件が定まらない状況。都オリンピック・パラリンピック準備局は「道路の整備状況を見極めてルートを設定する」としているが、身動きが取れない状況が続いている。

係長級異動

特別区
4月1日付
◎印は昇任
退職は3月31日付

◆台東区

（総括係長）▽企画財政部財政課財政担当係長◎久木田太郎▽企画財政部情報システム課情報システム担当係長◎清水良登▽総務部区長室区長室担当係長◎川田崇彰▽総務部経理課経理担当係長　仁平徹▽総務部経理課経理担当係長　赤間康彦▽総務部施設課施設担当係長　常野茂樹▽総務部都市交流課都市交流担当係長　大塚美奈子▽区民部区民課国民年金係長　飯田俊行区民部区民課長事務取扱▽西部区民事務所長＝福祉部福祉課福祉担当係長（臨時福祉給付金担当調査担当係長）　兼務◎谷内哲二▽南部区民事務所長＝福祉部福祉課福祉担当係長（臨時福祉給付金担当調査担当係長）　兼務　石山珠美▽西部区民事務所谷中分室所長＝福祉部福祉課福祉担当係長（臨時福祉給付金担当調査担当係長）　兼務　柴崎眞一区民部副参事事務取扱▽区民部子育て・若者支

▽管理部職員課給与係長　手島章▽管理部職員課人事係長　中村栄吾▽管理部職員課人事担当係長◎境田健太郎▽管理部職員課担当係長＝公益財団法人東京オリンピック・パラリンピック競技大会組織委員会事務局　大内武彦▽管理部営繕課電気設備係長　深作剛志▽区民生活部区民課南千住区民事務所長　宮野繁▽区民生活部区民課南千住区民事務所副所長　山崎竜也▽区民生活部区民課町屋区民事務所長　瀬田昭夫▽区民生活部区民課町屋区民事務所副所長　五十嵐政明▽区民生活部区民課尾久区民事務所副所長　高田美紀子▽区民生活部区民課日暮里区民事務所長　小松剛▽区民生活部区民課日暮里区民事務所副所長　小倉歩▽区民生活部区民施設課施設計画係長　齋藤紀行▽区民生活部区民施設課施設担当係長　小泉眞澄▽区民生活部区民施設課施設支援係長　村中智惠▽区民生活部税務課税務係長　吉田修久▽区民生活部税務課納税促進係長◎荒川輝雅▽地域文化スポーツ部文化交流推進課施設担当係長　棚田貴弘▽地域文化スポーツ部文化交流推進課都市交流係長◎小西弘晃▽地域文化スポーツ部生涯学習課地域学習支援係長◎青谷宗彦▽地域文化スポーツ部ゆいの森課文学館係長　鈴木康雄▽地域文化スポーツ部ゆいの森課ゆいの森サービス係長　神山晃一▽地域文化スポーツ部ゆいの森課ゆいの森サービス担当係長◎中野大志▽地域文化スポーツ部地域図書館課南千住図書館担当係長◎高橋幸久▽地域文化スポーツ部地域図書館課南千住図書館長　薄場郁子▽地域文化スポーツ部地域図書館課尾久図書館長　村上智之▽地域文化スポーツ部地域図書館課町屋図書館長　岡野勝哉▽地域文化スポーツ部地域図書館課日暮里図書館長　松本芳隆▽産業経済部産業振興課商業振興係長◎三浦利晃▽消費生活センター所長　安達郁子▽産業経済部経営支援課販路開拓担当係長◎櫻井敦史▽産業経済部経営支援課産業活性化係長◎米山俊蔵▽産業経済部就労支援課就労支援係長　小幡順一▽産業経済部観光振興課事業調整担当係長◎森藤庄司▽環境清掃部環境課環境計画係長　高橋真紀子▽環境清掃部清掃リサイクル課計画係長　赤沼克巳▽福祉部生活福祉課自立支援施設準備担当係長◎榎本真一郎▽福祉部生活福祉課保護第五係長　古澤保行▽福祉部介護保険課事業計画担当係長◎高田勝茂▽福祉部障害者福祉課庶務係長　渡邉徳重▽福祉部障害者福祉課担当係長　廣田栄二▽福祉部障害者福祉課障害サービス係長　宮原雄輝▽福祉部障害者福祉課相談支援担当係長　山口忠之▽福祉部障害者福祉課支援調整係長　田上誠二▽福祉部国保年金課管理係長◎横江智敬▽福祉部国保年金課保険料係長　田久保英世▽健康部生活衛生課公害保健係長　石井保子▽健康部保健予防課感染症予防係長　竹越雅人▽子育て支援部子育て支援課児童相談所準備担当係長◎蜂谷昇一▽子育て支援部子育て支援課子育て給付係長◎金子真人▽子育て支援部子育て支援課担当係長＝東京都福祉保健局　黒谷喜美枝▽子育て支援部保育課入園相談係長◎川口哲史▽三河島保育園副園長　平石明子▽三河島保育園主査◎朝倉友子▽東尾久保育園副園長　飯塚綾子▽西尾久保育園主査◎秋谷恭子▽第二南千住保育園看護担当係長　高橋清子▽第二南千住保育園長　中嶋里美▽第二南千住保育園副園長　本間岐羽子▽荒川保育園副園長　小笠原久美子▽荒川保育園主査◎深谷和子▽西日暮里保育園副園長　篠山美恵子▽第二東日暮里保育園長　庭山宜子▽第二東日暮里保育園主査◎宮田有里▽原保育園長　中島孝子▽原保育園副園長　荒川裕子▽荒川さつき保育園主査　木津貴裕▽西尾久みどり保育園副園長　丹真由美▽ひぐらし保育園長　加藤亮子▽ひぐらし保育園副園長　深澤清美▽防災都市づくり部都市計画課企画調整担当係長　井上千恵▽防災都市づくり部都市計画課交通計画担当係長◎高梨純一▽防災都市づくり部防災街づくり推進課管理・建築相談係長　中島正晴▽防災都市づくり部防災街づくり推進課防災街づくり担当係長　上村賢司▽防災都市づくり部施設管理課自転車対策係長　山口謙介▽防災都市づくり部道路公園課調整担当係長　田中義彦▽防災都市づくり部道路公園課計画担当係長◎宮崎信介▽防災都市づくり部道路公園課維持担当係長　小菅建太郎▽防災都市づくり部建築指導課細街路整備係長　宇野允▽教育委員会事務局学務課学事第一係長　吉田正美▽教育センター所長　福島洋一▽汐入こども園看護担当係長　大熊トシ子▽汐入こども園主査　都筑哲子

退　職

（総括係長）▽管理部職員課人事係長　安達和秀▽福祉部国保年金課管理係長　伊藤健▽東日暮里保育園長　佐々木眞理子

（係長級）▽三河島保育園副園長　田口郁子▽荒川保育園副園長　金沢まゆみ▽西日暮里保育園副園長　石津政子▽原保育園長　古池紀子

◆葛飾区

（総括係長）▽政策経営部政策企画課企画担当係長◎羽鳥秀明▽政策経営部すぐやる課すぐやる係長　吉井昭子▽総務部総務課区政情報係長　白山敏夫▽総務部総務課法規担当係長　小岩井清隆▽総務部人事課給与福利係長◎藤井明美▽総務部税務課税務係長　高根澤雄二▽総務部営繕課技術管理係長　大塚眞一▽総務部営繕課機械係長　安齋仁▽地域振興部地域振興課庶務係長　半田義之▽地域振興部地域振興課地域活動係長　宮川雅子▽立石地区センター長　椎崎泰久▽東立石地区センター長　金子隆一▽東四つ木地区センター長　増田晃一▽四つ木地区センター長　市川宗雄▽堀切地区センター長　松本重人▽亀有地区センター長　中村俊雄▽青戸地区センター長　長妻正美▽新小岩北地区センター長　石丸孝史▽奥戸地区センター長　若月邦夫▽高砂地区センター長　豊田芳和▽柴又地区センター長　今井英敏▽東金町地区センター長　関文彦▽地域振興部防災課災害対策係長◎髙橋裕之▽産業観光部産業経済課経済企画係長　鈴木正明▽産業観光部観光課計画係長◎小西健司▽環境部環境課指導係長　村杉昇▽環境部環境課緑化推進係長◎早坂幸一郎▽福祉部高齢者支援課介護予防係長　松井美貴子▽福祉部障害者施設課地域活動支援係長　井上洋一▽福祉部国保年金課管理係長◎谷口正▽福祉部国保年金課国民年金係長　上竹秀和▽福祉部介護保険課審査係長　池田秀康▽福祉部西生活課管理係長　大河内薫▽福祉部東生活課管理係長　山崎誠行▽福祉部東生活課相談係長　内垣貴文▽福祉部東生活課生活第二係長　近藤日出夫▽健康部健康づくり課健康づくり係長　小関和男▽健康部保健予防課保健予防係長◎高橋美和▽金町保健センター保健サービス係長◎鳥美紀▽子育て支援部子育て支援課児童手当係長◎菊岡秀昌▽木根川保育園長◎久世貞子▽子育て支援部保育課保育担当係長　田張美智子▽子育て支援部保育課保育担当係長　大橋みさを▽子育て支援部子ども家庭支援課発達相談担当係長◎天童仁司▽子育て支援部子ども応援課子ども応援係長　伊藤香代▽都市整備部調整課事務係長　野澤利壽▽都市整備部調整課事業調整担当係長　高橋洋▽都市整備部街づくり推進課企画係長　半田克樹▽都市整備部住環境整備課住宅運営指導係長　小林延行▽都市整備部住環境整備課開発指導係長　後藤滋▽都市整備部建築課構造係長　宮下正弘▽都市整備部道路管理課管理係長　大窪富士夫▽都市整備部道路建設課工事係長　北川敬彦▽都市整備部道路補修課工務係長◎大塚智秀▽都市整備部道路補修課道路照明係長　鈴木清二▽都市整備部道路補修課橋梁係長　山本裕之▽都市整備部公園課工務係長　石川昌一▽都市整備部公園課建設係長◎飛鳥朝子▽会計管理室会計管理課会計管理係長　前川広行▽教育委員会事務局庶務課庶務係長◎今関政治▽教育委員会事務局学務課学事係長　吉田肇▽教育委員会事務局指導室教育振興係長　遠田昌宏▽教育委員会事務局指導室指導担当係長　加納ひとみ▽総合教育センター総合教育センター管理係長◎長谷川剛▽教育委員会事務局生涯スポーツ課管理係長　木村昌幸▽区議会事務局議事調査担当係長　川上玲子▽区議会事務局議事調査担当係長◎秋葉由子

（係長級）▽政策経営部政策企画課統計調査係長　石井千波▽政策経営部政策企画課企画担当係主査◎澁谷秀和▽政策経営部政策企画課施設経営担当係長　福島崇泰▽政策経営部広報課シティセールス係長　大石睦貴▽政策経営部情報政策課企画係長　柴田弘樹▽政策経営部情報政策課調整係長　土居真喜▽総務部総務課法規担当係主査◎五十嵐徹▽総務部総務課総合庁舎整備担当係長　菅野良子▽総務部総務課総務担当係長　和田敏道▽総務部人権推進課男女平等推進係長　加藤律子▽総務部人事課人事係長　尾崎隆夫▽総務部人事課定数管理担当係長　戸上忠明▽総務部契約管財課契約係主査◎森川玲▽総務部契約管財課品質確保促進担当係長　鈴木和英▽総務部収納対策課特別滞納整理係主査◎関根千秋▽総務部税務課課税第一係長　田村崇之▽総務部施設維持課施設維持担当係長　八木澤誠司▽地域振興部地域振興課地域施設係長　荒岡正和▽地域振興部地域振興課地域振興担当係長　久保克彦▽地域振興部戸籍住民課住民記録係主査　三枝智子▽地域振興部戸籍住民課戸籍住民担当係長　安藤仁▽金町区民事務所長　高木恒由香▽亀有区民事務所長　高橋子▽亀有区民事務所主査　藤島一郎▽新小岩北区民事務所主査◎鈴木大司▽水元区民事務所長　三富浩▽地域振興部防災課計画係長　若林豊▽地域振興部防災課設備・備蓄係長　笠倉英司▽地域振興部防災課危機管理係長　三山實▽地域振興部文化国際課文化国際担当係主査◎宮村淳史▽産業観光部観光課事業係主査　谷口栄▽環境部環境課規制調査係長　山崎和則▽環境部リサイクル清掃課リサイクル清掃担当係長　田中均▽清掃事務所管理係長　野刈広介▽清掃事務所作業係長　大澤靖之▽清掃事務所事業調整係長　瀬倉亜紀子▽福祉部高齢者支援課高齢者相談係長　石田幸江▽福祉部障害福祉課管理係長　野中靖之▽福祉部国保年金課収納係主査◎戸塚佳江▽福祉部国保年金課国保年金担当係長　小野塚正浩▽福祉部介護保険課事業者係長　天野達仁▽福祉部介護保険課事業者係主査◎駒形康弘▽福祉部西生活課相談係主査◎安藥貴史▽福祉部西生活課生活第一係長　吉村秀晴▽福祉部西生活課生活第五係長　永嶋革行▽福祉部東生活課生活第五係長　櫻井智子▽福祉部東生活課東生活担当係長　布施尚雄▽健康部保健予防課感染症対策係主査◎冨里友季子▽青戸保健センター青戸保健担当係長　小島みゆき▽金町保健センター金町保健担当係長　三浦直子▽子育て支援部育成課計画推進係主査◎志村景子▽子育て支援部育成課子育て施設整備係長　蘭部宏▽子育て支援部育成課育成担当係長　高橋陽子▽児童会館長　合田香▽小菅児童館長　岡本治子▽梅田児童館長　清水敏雄▽渋江児童館主査◎石川祐佳▽柴又児童館長　浅見千恵子▽南奥戸児童館長　小松幸子▽中道児童館長　小埜寺千枝▽新水元児童館長　中村由美子▽東堀切児童館長　半田栄二▽花の木児童館長　佐藤彰彦▽東奥戸児童館長　常路美佐子▽新柴又児童館長　上野正美▽高砂児童館長　木村光孝▽西亀有児童館長　飯田久子▽子育て支援部保育課保育管理係長　高山晃一▽子育て支援部保育課保育管理係主査◎黒川隆昭▽子育て支援部保育課保育管理係主査　大久保由紀子▽子育て支援部保育課入園相談係長　曽我和美▽子育て支援部保育課入園相談係長　高橋恭子▽小松保育園主査◎川口葉子▽上平井保育園主査◎鈴木尚子▽半田保育園長　佐藤友子▽西亀有保育園主査◎狩野昌代▽西亀有保育園長　清水さとみ▽東新小岩保育園主査◎谷口珠美▽南堀切保育園主査◎仲居由美子▽小菅保育園主査◎前田真由美▽宝保育園主査◎春山恵子▽白鳥保育園主査◎泉谷知栄▽渋江保育園主査　渡邊佳代子▽二上保育園長　富井優子▽南新宿保育園長　中川繁子▽幸田保育園長　森弥生▽幸田保育園主査　高橋和子▽堀切保育園長　土屋優子▽小菅東保育園長　林佐智子▽南白鳥保育園主査　原田美智子▽新高砂保育園主査　大須賀和子▽子育て支援部子ども家庭支援課子ども家庭係主査◎有間孝延▽子育て支援部子ども家庭支援課子ども家庭係主査◎駒崎研哉▽子育て支援部子ども家庭支援課金町子どもセンター担当係長　下村正巳▽子育て支援部子ども家庭支援課子ども家庭支援担当係長　坂入健二▽都市整備部調整課事務係主査◎菅谷由美子▽都市整備部調整課事業調整係主査◎原田諭▽都市整備部調整課交通計画担当係長　岩田素一▽都市整備部街づくり推進課新小岩駅周辺開発担当係長　川崎庸二▽都市整備部街づくり推進課市街地開発担当係長　田盛和章▽都市整備部街づくり推進課金町駅周辺開発担当係長　小林昭彦▽立石駅周辺地区街づくり事務所長　竹本真澄▽都市整備部街づくり推進課高砂地域整備担当係長　高橋正敏▽都市整備部街づくり推進課街づくり推進担当係長　河村光広▽区画整理事務所長　小林友巳▽都市整備部住環境整備課企画管理係長　渡邊清久▽都市整備部建築課事務係長　村上久美子▽都市整備部建築課審査係主査◎黒田さおり▽都市整備部道路建設課道路建設担当係長　犬塚洋幸▽都市整備部道路補修課工務係主査◎桂洋介▽都市整備部道路補修課工事第一係長　中村浩▽都市整備部道路補修課工事第二係長　鈴木勝之▽都市整備部公園課施設管理係長　海老澤智▽都市整備部公園課管理運営係長　水谷直基▽公園管理所長　鴻巣伸雄▽会計管理室会計管理課出納係長　鈴木佳江子▽教育委員会事務局庶務課庶務係主査　中安祥之▽教育委員会事務局庶務課企画係主査◎浅野真史▽教育委員会事務局学校施設課整備係長　伊藤清美▽教育委員会事務局学務課給食保健係長　高梨由美▽教育委員会事務局地域教育課地域家庭連携係長　新澤弥栄雄▽教育委員会事務局地域教育課放課後子ども事業係長　小池貴子▽教育委員会事務局地域教育課放課後子ども事業係主査◎疋田博之▽教育委員会事務局生涯スポーツ課事業係主査◎張替武雄▽上小松図書館長　秋澤雄一▽水元図書館長　横山容子▽監査事務局監査担当係長　石田清子

退　職

（総括係長）▽総務部総務課法規担当係長　小岩井清隆▽総務部総務課区政情報係長　白山敏夫▽総務部営繕課技術管理係長　大塚眞一▽堀切地区センター長　松本重人▽亀有地区センター長　中村俊雄▽青戸地区センター長　長妻正美▽高砂地区センター長　豊田芳和▽金町区民事務所長　長谷順子▽福祉部西生活課生活第五係長　近藤日出夫▽福祉部東生活課管理係長　山崎誠行▽児童会館長　井上美智子▽都市整備部調整課事業調整担当係長　高橋洋▽都市整備部街づくり推進課企画係長　半田克樹▽都市整備部住環境整備課住宅運営指導係長　小林延行▽都市整備部住環境整備課開発指導係長　後藤滋▽都市整備部建築課構造係長　宮下正弘▽都市整備部道路管理課管理係長　大窪富士夫▽都市整備部道路補修課橋梁係長　村山克巳▽区議会事務局議事調査担当係長　森下正

（係長級）▽政策経営部政策企画課統計調査係長　石井千波▽総務部税務課税第一係長　片桐春雄▽青戸保健センター青戸保健担当係長　小島みゆき▽中道児童館長　小埜寺千枝▽新水元児童館長　川口悦子▽花の木児童館長　浅見千恵子▽半田保育園長　今井恵子▽西亀有保育園長　齋藤令子▽二上保育園長　宮川幸枝▽南新宿保育園長　土屋富子▽堀切保育園長　中里典子▽小菅東保育園長　花田佳代子▽都市整備部街づくり推進課街づくり推進担当係長　河村光広▽水元図書館長　横山容子▽福祉部介護保険課審査係長　田中陽子

◆江戸川区

（総括係長）▽経営企画部オリンピック・パラリンピック推進担当課推進係長　佐藤薫▽経営企画部広報課区政案内係長　関口健司▽経営企画部広報課映像広報係長◎藤戸潤▽総務部総務課文書係長　清水敏幸▽総務部職員課給与福利係長◎高橋伸子▽総務部職員課労務健康係長◎植田光威▽総務部職員課職員担当係長　八島金美▽総務部納税課納税第二係長　流英一▽都市開発部都市計画課庶務係長　鴇田由宏▽都市開発部まちづくり推進課事業調整係長◎井熊一男▽都市開発部建築指導課調査係長◎高澤誠▽都市開発部都市開発課指導係長　木村哲夫▽都市開発部施設課施設第二係長　森川忠之▽葛西清掃事務所長◎菊地俊博▽共育プラザ南篠崎館長　田中利夫▽文化共育部スポーツ振興課事業調整係長◎楠太郎▽生活振興部地域振興課コミュニティ係長　青山和正▽生活振興部地域振興課生活原茂樹▽生活振興部地域振興課就労支援係長　森川美賀▽生活振興部務担当係長　岩楯和典▽生活振興部産業振興課計画係長　酒井素裕▽生活振興部区民課地域施設係長◎本宿修▽小松川事務所地域施設係長　滝本実▽葛西事務所戸籍住民係長　河嶋とも子▽葛西事務所保険年金係長　杉浦佳之▽小岩事務所保険年金係長◎中沢清人▽福祉部福祉推進課孝行係長　柴田幸子▽福祉部介護保険課指導係長◎黒木基公▽福祉部介護保険課事業者調整係長◎飯田常雄▽福祉部障害者福祉課自立援助係長　赤羽根伸一▽福祉部生活援護第一課相談係長　山本康▽福祉部生活援護第二課生活援護第二係長　山口進係長◎岩生裕治▽子ども家庭部子育て支援課務担当係長　平林充子▽子ども家庭部保育課保育園担当係長　若山久美▽東篠崎保育園長◎福田智子▽南平井保育園長世美▽臨海第二保育園長　鈴木淳子▽小松川第三保育園長◎近谷恵美和▽臨海第一保育園長◎江口貴美子▽子ども家庭部児童女性課援護係長◎上坂かおり▽子ども家庭支援センター相談係長　稲田陽美▽子ども家庭支援センター養育支援係長　高柴美佐子▽子ども家庭部児童相談所開設準備担当課開設準備担当係長　三田希美子▽健康部健康推進課推進係長　根本行洋▽健康部健康推進課地域保健係長◎小原京子▽清新町健康サポートセンター所長◎菊池佳子▽土木部土木部区画整理課事業係長◎松岡信一▽土木部水とみどりの課みどりサービス第一係長　中川栄治▽会計室庶務係長◎小島陽子▽教育委員会事務局教育推進課すくすくスクール係長　原野節子▽教育委員会事務局学務課学事係長　野村和信▽教育委員会事務局学校施設担当課学校改築担当係長◎石塚修▽監査委員事務局監査担当係長◎倉崎達也▽区議会事務局議事係長　三上欽司

（係長級）▽経営企画部財政課財政担当係主査◎久保智▽危機管理室防災危機管理課防災係長　川口浩司▽総務部職員課能力開発推進係主査◎山下光章▽総務部職員課課務担当係長　會田裕之▽総務部職員課課務担当係長　山野辺健▽総務部用地経理課検査係長　小峯秀之▽総務部用地経理課用地係主査◎菅沼義宏▽総務部課税課諸税係主査◎白木早紀子▽総務部課税課課税第二係長　吉野岳志▽総務部納税課納税第一係長　大地学▽常木美保子▽総務部納税課納税第三係長　小林美樹▽都市開発部都市計画課調整係主査◎柳原真哉▽都市開発部都市計画課調整係主査◎武藤剛▽都市開発部都市計画課景観・地区計画係長　川野和好▽都市開発部都市計画課務担当係長　生井将夫▽都市開発部住宅課相談係長　宇野祐二▽都市開発部まちづくり調整課交通調整係長　西田昌史▽都市開発部まちづくり調整課まちづくり計画係長　川原進太郎▽都市開発部まちづくり推進課まちづくり第一係主査◎今野範幸▽都市開発部まちづくり推進課まちづくり第二係主査◎高田晃▽都市開発部市街地開発課推進係長　鈴木勝己▽都市開発部建築指導課監察係長　篠原秀夫▽都市開発部建築指導課構造係長　森田和康▽都市開発部建築指導課細街路係長　渡邊明裕▽都市開発部施設課事業調整係長　前場良二▽都市開発部施設課事業調整係主査　近藤淳▽環境部環境推進課推進係主査　菊間啓太郎▽環境部環境推進課調査係主査◎城聞史▽環境部環境推進課課務担当係長　佐藤正史▽環境部清掃課庶務係主査　齋藤哲二▽環境部清掃課清掃事業係長　浅岡浩之▽環境部清掃課ごみ減量係長　石川麻美▽環境部清掃課課務担当係長　北島幹夫▽文化共育部文化課文化施設係主査　野村淳▽文化共育部文化課施設整備調整係長＝文化共育部スポーツ振興課施設整備調整係長兼務　植木宏紀▽文化共育部健全育成課青少年係主査　村松重男▽生活振興部地域振興課課務担当係長　宮崎睦男▽生活振興部産業振興課商工勤労係長　高橋治男▽生活振興部産業振興課商工勤労係主査◎中井圭一▽生活振興部住基・個人番号制度推進課推進係長　齋藤剛▽生活振興部住基・個人番号制度推進課推進係主査◎小沢則子▽生活振興部住基・個人番号制度推進課推進係主査◎長谷川乃▽生活振興部区民課戸籍住民係主査◎久保裕之▽生活振興部区民課課務担当係長　寶和俊幸▽小松川事務所庶務係長　星善明▽小松川事務所保険年金係主査◎橋本美幸▽葛西事務所地域施設係館長　伊藤圭二▽葛西事務所保険年金係主査◎久保田早苗▽小岩事務所庶務係主査　荒木昭子▽小岩事務所戸籍住民係長　北村昌也▽鹿骨事務所地域サービス係長　山崎義人▽鹿骨事務所地域サービス係主査◎永友昌博▽鹿骨事務所保険年金係長　天沼洋子▽福祉部福祉推進課庶務係主査◎丸田綾子▽福祉部福祉推進課生きがい係長　加藤和良▽福祉部介護保険課指導係主査　村山哲▽福祉部介護保険課相談係主査　田島謙次▽福祉部発達障害相談センター相談係長　佐々木多加代▽福祉部生活援護第一課入院入所援護係主査　後藤透▽福祉部生活援護第一課生活援護第一係長　川上勉▽福祉部生活援護第一課生活援護第二係長　田中淳一▽福祉部生活援護第一課生活援護第三係長　小川光一▽福祉部生活援護第一課生活援護第四係長　小川昌志▽福祉部生活援護第一課生活援護第五係長　宇田川正宣▽福祉部生活援護第二課自立支援係長　田島勉▽福祉部生活援護第二課生活援護第六係長　高橋賢一▽福祉部生活援護第二課課務担当係長　白井孝幸▽福祉部生活援護第三課生活援護第三係長　吉津明▽福祉部生活援護第三課生活援護第四係長　牧野日人志▽福祉部生活援護第三課生活援護第六係長　戸澤志文▽子ども家庭部子育て支援課運営支援係長　上村裕子▽子ども家庭部子育て支援課運営支援係主査　寺島一惠▽子ども家庭部子育て支援課施設係長　平山健▽子ども家庭部保育課保育園担当係主査　高柳雅代▽東篠崎保育園副園長◎玉城勇子▽江戸川二丁目保育園長　染谷多賀子▽江戸川二丁目保育園副園長　室井良子▽南小岩保育園副園長　本多友子▽南平井保育園副園長　武内裕子▽一之江第一保育園長　岩崎孝子▽一之江第一保育園副園長◎萬徳真奈美▽宇喜田保育園長　木村明美▽西平井保育園長　小井川貴好▽南篠崎保育園長　松尾智子▽堀江保育園副園長　武田美恵子▽春江第二保育園長　上田ゆかり▽宇喜田第二保育園副園長　矢野礼子▽平井第二保育園副園長　渡邊香織▽船堀第三保育園副園長　三枝真由美▽船堀第三保育園副園長　鈴木比呂子▽南篠崎第二保育園副園長　佐藤美代▽東・西保育園副園長　髙石節子▽清新第一保育園副園長◎南徳恵▽清新第三保育園長　稲川章江▽臨海第一保育園副園長　小田京子▽小松川第二保育園長　江澤京子▽小松川第三保育園副園長　枝松直子▽葛西育成室長　吉田美紀▽鹿本育成室長　久保田香里▽鹿本育成室副室長　高田明子▽子ども家庭部児童女性課援護係主査◎石井朝和▽子ども家庭部児童女性課手当助成係主査　山田江理奈▽女性センター所長　大森早恵▽子ども家庭支援センター相談係主査　伊丹孝夫▽子ども家庭支援センター自立支援係長　田島里美▽子ども家庭支援センター養育支援係主査　佐藤精崇▽子ども家庭支援センター養育支援係主査　横山智哉▽子ども家庭支援センター養育支援係主査◎遠藤弘幸▽子ども家庭支援センター養育支援係主査　矢間大資▽子ども家庭支援センター養育支援係主査　館崎真也▽子ども家庭支援センター養育支援係主査　小林勝▽子ども家庭支援センター養育支援係主査◎中村泰子▽子ども家庭支援センター養育支援係主査◎神田一樹▽子ども家庭支援センター課務担当係長　若井田崇▽健康部健康推進課がん予防・事業係長　田中博▽健康部健康サービス課健康サービス係長　保戸田綾子▽中央健康サポートセンター主査◎松山晴子▽中央健康サポートセンター（母子保健担当係長）　佐藤未来▽中央健康サポートセンター（歯科担当係長）　佐藤昌美▽小岩健康サポートセンター所長　酒井義徳▽清新町健康サポートセンター主査◎柴田国子▽清新町健康サポートセンター主査　飯塚早苗▽葛西健康サポートセンター主査　浅野裕子▽葛西健康サポートセンター主査◎田中章子▽葛西健康サポートセンター主査　曲渕孝枝▽鹿骨健康サポートセンター主査　日山万里子▽小松川健康サポートセンター主査　日髙洋子▽なぎさ健康サポートセンター（保健相談担当係長）　安成律子▽健康部医療保険課庶務係主査　小川慎悟▽健康部医療保険課国民健康保険資格係主査　伊藤謙司▽健康部医療保険課国民健康保険給付係長　中村智市▽健康部医療保険課国民健康保険給付係主査　丸山悠介▽健康部医療保険課収納係長　横山馨▽健康部医療保険課高齢者医療係主査　長瀬宜之▽健康部保健予防課精神保健係長　小林義明▽健康部保健予防課いのちの支援係長　岡田久仁子▽健康部生活衛生課医務衛生係長　鈴木裕美▽健康部生活衛生課医務衛生係主査　小濱頌裕▽健康部生活衛生課薬事衛生係長　塚田史仁▽健康部生活衛生課保健衛生研究センター長　齋藤恵子▽健康部生活衛生課課務担当係長　秋葉多恵子▽土木部計画調整課調整担当係長　田村弘文▽土木部施設管理課占用係主査　岡田誠一▽土木部施設管理課施設係長　山路富久▽土木部施設管理課拡幅整備係長　鈴木喜博▽土木部施設管理課道路監察係長　高橋将之▽土木部施設管理課道路適正係長　宇佐見卓宏▽土木部区画整理課調整係主査◎難波雅史▽土木部区画整理課計画換地係長　田村雅明▽土木部区画整理課移転造成係長　村上聡▽土木部区画整理課移転造成係主査◎秋積圭太▽土木部水とみどりの課調整係長　今村和則▽土木部水とみどりの課整備係長　青柳明▽土木部水とみどりの課みどりサービス第二係長　金田功太郎▽土木部保全課保全サービス第一係長　吉澤寿徳▽土木部保全課保全サービス第一係主査◎安田務▽土木部保全課保全サービス第二係主査◎桐生賢▽土木部保全課街路灯係主査◎大橋俊夫▽土木部保全課設備係長　幅岸敏博▽土木部保全課設備係主査　池田才如▽教育委員会事務局教育推進課庶務係主査　粟間大介▽教育委員会事務局教育推進課すくすくスクール係主査　佐々木仁久▽教育委員会事務局教育推進課文化財係主査◎藤崎幸子▽教育委員会事務局学務課学校経理係主査◎半田雄一▽教育委員会事務局学務課相談係主査　若田鋼子▽教育委員会事務局指導室事務係主査◎鈴木恵一▽臨海小学校主査　渡邊章代▽監査委員事務局監査担当係長　髙橋信昭▽選挙管理委員会事務局選挙担当係主査◎國見史▽区議会事務局調査係長　武井順

（統括技能長）▽小岩清掃事務所　片瀬一▽葛西清掃事務所　堀清高▽葛西清掃事務所　石井一郎▽土木部街路橋梁課工事係◎齋藤晶治

（技能長）▽小岩清掃事務所　白石昌樹▽葛西清掃事務所　富澤教▽葛西清掃事務所　臼田敏彦▽葛西清掃事務所◎松岡崇士▽宇喜田保育園◎冨樫幸美▽土木部施設管理課拡幅整備係　鬼澤寛▽土木部水とみどりの課みどりサービス第二係　鈴木博▽土木部水とみどりの課みどりサービス第三係　上田幸一▽土木部保全課保全サービス第一係◎高橋功▽葛西小学校◎山本明▽第四葛西小学校◎秋元信善▽第七葛西小学校　實方雅利▽西葛西小学校　涌井治代▽宇喜田小学校◎叶内大輔▽篠崎第二小学校◎岡澤秀夫▽松江第一中学校　黒田隆二▽篠崎第二中学校◎荒井一孝

退　職

（総括係長）▽経営企画部広報課区政案内係　加藤晃一▽都市開発部都市計画課庶務係　生井将夫▽生活振興部地域振興課コミュニティ係　宮崎睦男▽子ども家庭部保育課保育園担当係　田崎頼子▽南平井保育園　田中早苗▽小島保育園　大塚智恵子▽健康部健康サービス課健康サービス係　森澤元▽中央健康サポートセンター（歯科担当係）　渡邊洋子▽健康部保健予防課いのちの支援係　高野妙子▽健康部生活衛生課医務衛生係　後藤義夫▽健康部生活衛生課薬事衛生係　秋葉多恵子▽土木部水とみどりの課調整係　海老澤清也▽土木部保全課設備係　三浦俊明▽会計室庶務係　塩愛一郎▽鹿本育成室　千葉光江▽土木部施設管理課施設係　田中孝則▽区議会事務局議事係　丸山継典

（係長級）▽小松川事務所庶務係　鈴木稔夫▽宇喜田第二保育園　森利江▽臨海第一保育園　佐藤節子▽健康部生活衛生課保健衛生研究センター　小澤孝男▽土木部施設管理課道路適正係　高橋利昭▽教育委員会事務局教育推進課すくすくスクール指導担当係　山本よし枝▽福祉部福祉推進課務担当係＝公益社団法人シルバー人材センター　柴田正法▽都市開発部市街地開発課推進係　小沢裕充▽鹿骨事務所戸籍住民係　鈴木宏明▽健康部医療保険課国民健康保険給付係　瀧川一▽なぎさ健康サポートセンター（保健相談担当係）　吉羽久美

（技能長）▽南小岩保育園　俵山百合子▽上一色小学校　阿見和枝▽上一色南小学校　加藤孝行▽松江第四中学校　鈴木千恵子▽南葛西中学校　水落洋子

◆特別区人事・厚生事務組合

（総括係長）▽総務部総務課人事係長◎金子真也▽総務部総務課主査　千葉良昭▽総務部総務課主査◎西田智史▽総務部総務課主査　栗原明利▽総務部総務課主査　市川雅樹▽総務部総務課主査◎田岡正樹▽人事企画部調査課主査　小島和親▽法務部主査　阿部孝敬▽会計室出納係長　佐藤直也▽特別区人事委員会事務局試験研究室主査◎大武保昭▽特別区人事委員会事務局試験研究室主査◎崎村剛光▽特別区人事委員会事務局試験研究室主査◎菱沼研一郎

（係長級）▽総務部総務課主査　小保方信雄▽総務部総務課文書係長　藤嶋正彦▽総務部総務課主査◎俵山貴史▽総務部総務課主査　増田陽平▽総務部総務課主査◎永田敦子▽総務部総務課主査◎竹内賢三▽総務部総務課主査　五十嵐友▽法務部主査　白鳥友子▽厚生部業務課主査　小平和広▽厚生部自立支援課主査　風間昇▽厚生部自立支援課主査　伊達智治▽監査委員事務局主査　木下富士子▽特別区職員研修所管理課主査　寺田ひとみ▽特別区人事委員会事務局公平課主査　市川あずみ▽特別区人事委員会事務局公平課主査　松井克之▽特別区人事委員会事務局任用課企画選考係長　田中佑典▽特別区人事委員会事務局給与課主査　武本将夫▽特別区人事委員会事務局試験研究室主査◎川原成和▽特別区職員互助組合事業課主査　伊藤利惠▽特別区職員互助組合職員相談室主査◎稲葉綾子

退　職

（総括係長）▽総務部総務課主査　小保方信雄▽監査委員事務局主査　田島昇

（係長級）▽厚生部自立支援課主査　風間昇▽特別区職員互助組合職員相談室主査　高橋工

◆特別区人事・厚生事務組合社会福祉事業団

（係長級）▽宿泊所緑風荘開設準備室主査＝母子生活支援施設のぞみ荘母子支援担当主査兼務　飯島富子▽更生施設本木荘自立支援担当主査◎岩田謙一▽更生施設けやき荘自立支援担当主査◎渡邊哲史▽障害福祉サービス事業所みのり合施設長◎彦坂新一郎▽更生施設塩崎荘主査＝江東区就労支援センター◎古澤明▽更生施設しのばず荘主査　山田勝子▽宿所提供施設小豆沢荘寮長　鈴木謙一▽宿泊所新幸荘寮長　山内誠▽宿泊所新幸荘主査　山口亮介▽経営管理課調整担当主査　柳澤明美

退　職

（係長級）▽母子生活支援施設のぞみ荘母子支援担当主査　飯島富子▽障害福祉サービス事業所みのり合施設長　小沼敦史▽更生施設本木荘自立支援担当主査　澤井重男

◆東京都後期高齢者医療広域連合

（総括係長）▽総務部総務課主査　濱田茂則▽保険部管理課保健事業・医療費適正化係長◎鈴木真人▽保険部保険課保険料担当係長　西浦あや子

（係長級）▽総務部総務課総務係主査　福島康芳▽総務部企画調整課企画調整係長　川上律子▽保険部管理課保険財政担当係長　飯島信二▽保険部管理課情報システム係長　葛上大輔▽保険部保険課資格賦課係長　栗石恵子▽保険部保険課給付係主査◎田名部景子▽会計室主査　山本雅隆

◆特別区競馬組合

（総括係長）▽競馬事務局総務課総務係長◎山下玲子▽競馬事務局投票課投票係長◎山田健一郎

（係長級）▽競馬事務局総務課総務担当係長　公文理仁▽競馬事務局経営企画課企画調整担当係長　赤瀬貴之▽競馬事務局開催サービス課主査開催サービス担当◎若山誠二▽競馬事務局投票課投票担当係長　雑賀智久

昇任試験対策のページ

29年度 職員教養講座 東京都管理職選考対策 《44》

政治経済等事情の問題演習は今回で最後となります。

問題

【問題19】

昨年5月に内閣府が発表した『防災白書』の内容に関する記述として、妥当なのはどれか。

① 自主防災組織の組織数は、平成21年以降10万を超えており、全世帯のうち自主防災組織の活動範囲に含まれている地域の世帯数の割合を示す活動カバー率は8割を超えている。

② 日常生活で災害対策に取り組まない理由の回答としては、「時間がない」「特に理由がない」がともに23%の割合を占めており、次いで「情報がない」(13%)、「身近な問題と感じていない」(7%)の順となっている。

③ 「防災4・0」未来構想プロジェクトでは、東日本大震災を受けて、大規模地震の被害想定・対策の見直しや、「減災」の考え方を防災の基本理念として位置付け、想定し得る最大規模の洪水等への対策を進めるとともに、自然災害と原子力災害の複合災害への想定が不十分であるとして、原子力政策の見直しを行うこととした。

④ 地方公共団体の業務継続計画の策定率は、平成27年12月現在、都道府県で89%、市町村で37%であり、民間企業の事業継続計画の策定率(策定中含む)は、平成28年2月の調査結果によると、大企業は8割弱、中堅企業は4割強となっている。

⑤ 平成28年3月に中央防災会議幹事会で決定した「首都直下型地震における具体的な応急対策活動に関する計画」は、①緊急輸送ルート及び防災拠点②救助・救急及び消火活動等③医療活動④燃料供給――の4点に関する活動内容を具体的に定めたものである。

【問題20】

昨年7月に実施された第24回参議院議員選挙の内容に関する記述として、妥当なのはどれか。

① 自由民主党、公明党、おおさか維新の会、日本のこころを大切にする党ほか改憲に賛成する無所属・諸派を加えた改憲勢力は、参議院定数242議席の4分の3を超える186議席となった。

② 選挙区の投票率は54・70%であり、前回平成25年の52・61%を上回ったものの、参議院議員選挙の選挙区投票率では過去4番目の低さとなった。

③ 今回の選挙は選挙権年齢が18歳以上へ引き下げられてから初めて実施された国政選挙であり、10歳代から40歳代の年代別投票率を見ると、30歳代(52・64%)、40歳代(46・78%)、10歳代(44・24%)、20歳代(35・60%)の順となっている。

④ 今回の選挙の期日前投票者数(選挙区)は1294万9173人であり、参議院議員選挙で過去最多となった前回平成25年の1598万6898人に次ぐ結果であった。

⑤ 今回の選挙における選挙区間の「1票の格差」は最大4・77倍であり、前回平成25年の3・08倍よりも拡大した。

【問題21】

昨年8月より開幕したリオデジャネイロオリンピック・パラリンピックの内容に関する記述として、妥当なのはどれか。

① リオデジャネイロオリンピックでは、史上最多となる205の国・地域が参加したほか、中東やアフリカ出身者で構成される「難民選手団」が初めて結成された。

② リオデジャネイロオリンピックの金メダル獲得上位5国は、米国(46個)、英国(27個)、中国(26個)、日本(19個)、ドイツ(17個)であった。

政治経済等事情⑥

③ 英オックスフォード大ビジネススクールが7月に公表した報告書では、リオデジャネイロオリンピックの競技会場整備費と大会運営費の合計は46億㌦であり、前回のロンドンオリンピックと同水準の費用がかかっているとしている。

④ リオデジャネイロパラリンピックにおける日本の獲得メダル総数は、金メダル0個、銀メダル10個、銅メダル14個の計24個であり、前回のロンドンパラリンピックより8個減少した。

⑤ リオデジャネイロパラリンピックでは、209個の世界新記録が生まれ、陸上が最も多い114個、次いで競泳が70個となり、世界の競技力の高まりを印象付ける結果となった。

【問題22】

本年3月に決定された働き方改革実行計画の内容に関する記述として、妥当なのはどれか。

① 勤務時間インターバル制度の導入について、労働時間等の設定の改善に関する特別措置法を改正し、事業者には、前日の終業時刻と翌日の始業時刻の間に一定時間の休息を確保させる旨の法定義務を課すこととし、制度の導入に向けて、政府は労使関係者を含む有識者検討会を立ち上げるとした。

② 時間外労働時間の上限として、月45時間、年360時間を原則としつつ、(1)労使協定を結んだ場合の上限を年720時間(2)単月100時間未満(3)2～6カ月平均80時間を上限(4)月45時間を上回る特例の適用――は年6回までとして特例を認めることとした。

③ 同一労働同一賃金の導入は、仕事ぶりや能力が適切に評価され、意欲をもって働けるよう、同一企業・団体における正規雇用労働者と非正規雇用労働者の間の不合理な待遇差の解消を目指すものであり、同一労働同一賃金の考えが広く普及しているといわれる欧州の実態に倣い、日本においても導入を進めていくべきとした。

④ 賃金引き上げと労働生産性の向上に当たっては、年率1%程度の最低賃金の引き上げを続け、全国平均を1千円にすることを目指すとともに、生産性向上と賃上げを実現した企業への助成制度の創設、賃上げに積極的な企業への税額控除の拡充を行うとした。

⑤ 働き方改革の実現に当たり、ロードマップの年次を平成29年度から平成33年度までの5年間とし、各年度において施策をどのように展開していくかを、可能な限り指標として掲げつつ、示すこととした。

解説

【解説19】　正答④

① 誤り。活動カバー率は、平成21年に73・5%と70%台を突破し、平成27年に81・0%と80%台を突破している。

② 誤り。「時間がない」「特に理由がない」がともに23%の割合を占めており、次いで「コストがかかる」(17%)、「機会がない」(14%)の順となっている。

③ 誤り。記載の内容は、平成23年の東日本大震災を受けた対策として位置付けられた「防災3・0」のものである。「防災4・0」は、地球温暖化に伴う気候変動により激甚化する災害に対し、企業や国民一人ひとりにとって真に必要な防災対策は何か、骨太の提言を行うとともに、災害リスクと向き合う国民運動へと展開し、社会全体の意識改革とその取り組みの推進を目的とするものである。

④ 正しい。

⑤ 誤り。「物資調達」「帰宅困難者対応」を含む6点に関する活動内容を具体的に定めたものである。

【解説20】　正答②

① 誤り。改憲勢力は、憲法改正案の発議に必要な参議院定数242議席の3分の2を上回る165議席となった。

② 正しい。

③ 誤り。10歳代から40歳代の年代別投票率は、40歳代(52・64%)、10歳代(46・78%)、30歳代(44・24%)、20歳代(35・60%)の順となっている。10歳代のうち、特に18歳の投票率は51・28%となっており、20歳代及び30歳代の投票率に比べ高い水準となっている。

④ 誤り。今回の選挙の期日前投票者数(選挙区)は1598万6898人であり、参議院議員選挙で過去最多となっていた2013年の1294万9173人から303万7725人増加し、過去最多を更新した。

⑤ 誤り。今回の選挙における選挙区間の「1票の格差」は最大3・08倍であり、前回平成25年の4・77倍より縮小している。

【解説21】　正答①

① 正しい。

② 誤り。リオデジャネイロオリンピックの金メダル獲得上位5国は、米国(46個)、英国(27個)、中国(26個)、ロシア(19個)、ドイツ(17個)であり、日本は6位だった。

③ 誤り。リオデジャネイロオリンピックの競技会場整備費と大会運営費の合計は46億㌦であるとし、前回のロンドンオリンピックの150億㌦と比較すると少ない。しかし、当初予算比では1・51倍となっており、当初予算からの超過が課題となっている。

④ 誤り。前回のロンドンパラリンピックより8個増加している。なお、日本が金メダル0個となったのは、パラリンピック(夏季大会)史上初めてである。

⑤ 誤り。209個の世界記録のうち、競泳が最も多い114個、次いで陸上が70個となっている。

【解説22】　正答②

① 誤り。事業者は、前日の終業時刻と翌日の始業時刻の間に一定時間の休息の確保に努めなければならない旨の努力義務を課すこととした。

② 正しい。

③ 誤り。日本では、欧州と比較して正規雇用労働者と非正規雇用労働者の間に大きな処遇差があるとし、同一労働同一賃金の考え方が広く普及していると言われる欧州の実態も参考としながら、日本の労働市場全体の構造に応じた政策とすることが重要であるとした。

④ 誤り。年率3%程度の最低賃金の引き上げを続け、全国平均を1千円にすることを目指すとともに、生産性向上と賃上げを実現した企業への助成制度の創設、賃上げに積極的な企業への税額控除の拡充を行うとした。

⑤ 誤り。ロードマップの年次は平成29年度から平成38年度の10年間である。

特別区 管理職試験講座 27

Ⅰ類択一・記述　Ⅰ・Ⅱ類論文　29年度

28年度問題解説

Ⅰ類記述

問題

特別区の課長として、次の資料から読み取れる問題を、総合的に抽出・分析した上で、区政の課題を取りまとめてください。

その課題に対して、具体的な施策を提示し、実現する際に妨げとなる事柄を挙げ、その解決策を記述してください。形式は自由です。(資料は省略)

解答例

高齢者がいきいきと暮らせる地域社会の実現に向けて～元気な高齢者の活躍の場を地域に創造する～

1 提案の目的

少子高齢化の急速な進展に伴い、総人口に占める65歳以上人口の割合は増加の一途をたどっている。そのような状況の中、地域社会の活力を維持・発展させていくためには、高齢者が有する豊富な知識・経験を生かし、活躍する場が必要である。特別区は、その知識・経験を継続して生かすためにも、より元気な高齢者を増やし、いきいきと活躍することができる地域社会を実現する。

2 資料の分析

① 日本の総人口は平成22年の1億2806万人をピークとして、減少または減少すると見込まれている。一方で昭和25年以降、高齢化率は右肩上がりで推移し、高齢者人口に占める一人暮らしの者の割合も同様の傾向がある(資料1、2)。

② 近所付き合いの程度を示す調査では、お互いに訪問し合う人がいる等、何らかの近所付き合いがあるとの回答は94・2%に上る(資料3)。また、何らかの地域とのかかわりがある人の方が、ない人よりも自分の健康状態はよいと回答しているデータもある(資料11)。一方、地域とのつながりが弱くなっている、または弱いとの回答は、平成27年度では64・1%となっており、平成22年度調査の時とほぼ同様である(資料4)。

③ 自主的活動で参加したい内容として、健康・スポーツとの回答は44・9%、参加したいものはないとの回答は18・2%となっている(資料5)。また、過去1年間の社会参加の状況では、趣味・スポーツ活動との回答は50・1%、活動はしていないとの回答は38・9%である(資料6)。その理由として健康・体力に自信がないからとの回答は44・1%となっており、人と付き合うのがおっくうだからとの回答は25・2%となっている(資料7)。

④ ADL(日常生活動作)の状況では、ランクJ(生活自立)の人が平成27年度では90・8%となっており、自立して日常生活を送っている人が多数を占めている。この傾向は、平成22年度調査の時とほぼ同様である(資料8)。

⑤ ボランティア活動継続の意向調査では、元気なうちはいつまでも、との回答は一番多く28・4%となっている(資料9)。その意向を反映して、社会活動への参加を促そうと、自治体などが支援に乗り出している事例がある(資料12)。また、就労希望年齢も、働けるうちはいつまでも、との回答が一番多く28・9%となっている(資料10)。

⑥ 健康寿命延伸都市を掲げ、健康イベントを年300回開催するなど、積極的に健康づくりに向けた取り組みを行っている自治体もある(資料13)。

3 区政の課題

① 高齢者の中には地域で活動していない人も多く、社会活動への参加を促す活動支援が不十分である。

② 高齢になっても自立した生活を送ることができるようにするため、中高年者を対象とした生活習慣病予防への取り組みが必要である。

③ 増加する一人暮らし高齢者を、地域で支え見守る体制づくりが必要である。

4 具体的な施策

① NPOや地域活動を得意とする団体と協働し、元気な高齢者の社会活動への参加を促す。具体的には、地域の福祉施設での活動や公園での子どもの遊び支援、子育て支援を実施し、高齢者の豊富な知識・経験を生かしてもらう。

《妨げとなる事柄と解決策》

地域に貢献したいと考える高齢者は少なくないが、これまで地域活動になじみが薄かった高齢者にとっては、参加することへの戸惑いが多い。そこで、地域活動の情報提供や地域でのあいさつ運動への参加、子どもの登下校見守り運動への参加等を実施し、地域での顔を通した具体的なつながりをつくっていく。それをきっかけとして、地域活動への継続的な参加を促していく。

② 中高年者を対象とした健康づくりイベントや生活習慣病予防講座の実施、ウォーキングマップの作成等により、生活習慣病予防の普及啓発を実施していく。

《妨げとなる事柄と解決策》

そもそも本人に健康に対する関心がないと、取り組み自体が浸透しないことから、健康診断やその結果通知などに合わせた保健師による指導、パンフレット送付等による意識啓発を個別に図っていく。併せて、生活習慣病予防を訴える広報記事や専用ウェブサイトの立ち上げ等を通じて、健康に高齢期を迎えるための意識啓発を積極的に行う。

③ 地域ボランティアや民生委員等による地域における支え合いのためのネットワークを構築し、一人暮らし高齢者への見守り活動を実施していく。その活動支援のための相談窓口設置や経験豊富なアドバイザーの派遣等を行う。

《妨げとなる事柄と解決策》

地域の中で、ひとり暮らし高齢者の見守り活動への幅広い支援が得られなければ、一過性の活動となる懸念がある。そこで、地域住民や地域団体が参加する地域イベントの機を捉えて、見守り活動への理解や必要性等を広く説明していく。また、元気な一人暮らし高齢者にも見守り支援の当事者として活動への積極的な参画を促し、同じ境遇の人同士の相互協力・支え合いの輪を広めていく。

5 まとめ

人口減少社会の中で高齢者の活躍は不可欠であり、高齢者自身がいきいきと活動することを通じて、生きがいを見いだし、世代を超えた地域の支え合いを更に進めていく必要がある。そのために、特別区は積極的に地域の取り組みをサポートすることによって、高齢者自身の活動を強く後押しするとともに、幅広い世代が共に支え合う、豊かな地域社会を構築していかなければならない。

解説

【題名】

「題名～副題～」という形で、提案の目的を簡潔かつ明確に表現します。題名は最後に改めて見直すことで、よりまとまりのある明確な内容となるでしょう。

【提案の目的】

提案の背景となる現状と課題を示し、提案によって実現すべき状態を簡潔にまとめます。区政の課題・具体的な施策を書いた後に記載するのもよいでしょう。

【資料の分析】

まず、細かい内容は気にせず全資料に目を通し、大まかな全体像を把握します。その後で一つひとつの資料を読みながら、区政の課題や提案内容を決めていきます。新聞記事の資料の中には、現状分析や課題、解決策などの記載があり、課題設定等をする上で大きなヒントになります。あくまでも、提示された資料から読み取れる内容を記述します。

【区政の課題・具体的な施策】

資料の分析から読み取れた区政の課題を3点挙げます。そして、特別区の管理職として、より具体的な施策を記述します。実現可能な内容を記述してください。そして、施策を実施する上での妨げとなる事柄・その解決策を記述し、提案の実効性の高さを説明していきます。

最後に

何より最後まで書き切ることが大切です。記述式試験は時間との戦いであり、どの項目でどれくらいの時間を使うかある程度決めておいた方がよいでしょう。また、解答用紙の見栄えも重要です。自分なりのフォーマットを用意し、採点者が読みやすい様式を心掛けましょう。論文試験と記述式試験を合わせると4時間の長丁場です。その時間を最後まで手書きすることは思った以上に大変な作業ですので、手書きの訓練も忘れないでください。

最後に、皆さんの健闘を祈ります。

Art・Essay&Opinion　アート・随筆・オピニオン

言いたいことが山ほどある　小池都政、都議選②

都議選で新しい都政の確立を

北川　正恭（早稲田大学名誉教授）

1995年に制定された地方分権推進法以来、東京都を始め全国の地方自治体の執行部、議会ともに改革は相当進んできた。しかし、分権改革の実態は形式要件の整備に終始した感があり、まだ十分に実質的な成果が上がっていない段階で、「まち・ひと・しごと創生法」が制定された。国主導の創生法であったため、地方の熱気が感じられず、地方からはっとするような時代を画する政策や提案がほとんど見られない中で小池都知事が登場した。

執行権者としての知事の責任

情報公開を武器に既存の体制に果敢に挑戦する小池都政に多くの都民が賛意を表明するだけでなく、都政が全国ニュースになって久しぶりに地方政治が全国区で注目を集めることになった。瞬時にして場面転換する選挙のすごさを見せつけて、従来の非公開型の意思決定から、情報公開型の意思決定に変えた東京都政が今後、具体的な政策で着実に成果を上げるためには、まず7月に迫った都議選までに築地か豊洲かの市場の方向を示して、期限を切った自前の執行を断行することが重要である。

主権者である都民が小池知事に与えた最も大きな権限は執行権である。小池知事以前の都知事は執行権を行使するのに、ほとんど情報非公開で行使した。土壌汚染対策として盛り土をしなかったにもかかわらず、したものとして都民の代表機関である都議会に虚偽の報告をしていたことに表われているように、今日までの都政を象徴する出来事が凝縮して表れている市場問題を解決することなく次の政策実行に移ることは、執行権行使の先送りと取られかねない。ここは、自らが都政最大の問題と掲げた市場の問題に結論を下すことが執行権者としての責任の取り方である。

執行権の行使とは、なぜこのような執行をしたのかという説明責任を果たすことと、いつ執行するかの期限を決めて決断する責任がある。都議選後に執行を先送りするようなことがあれば、余計に混乱を増幅することになりかねない。どちらを選択しても批判を浴びることになるが、執行して評価を受けることが執行権者の責任である。

決定権者としての都議会の責任

都知事選で都政の在り方が一変したのと同じく、7月の都議選が都政と都議会が一変するような選挙になることを期待したい。極端な表現をするならば、95年の地方分権推進法制定までは、地方には執行権が与えられていたに過ぎず、ほとんど地方に政治はなかったと言える。その証拠に国政が中央政府と言われているのに対して、地方は「地方公共団体」「地方自治体」と言われて、「地方政府」と言われることはなかった。

05年の第2期分権改革で地方制度調査会長が、「第2期分権改革の要諦は地方政府の確立にある」と提唱した。真に分権体制を確立するためには、①歳出の自由が担保される自治行政権②歳入の自由が担保される自治財政権③国からの指示や通達で決定するのでなく自己決定・自己責任でルールを作れる自治立法権――の3権を有することが地方政府である。第2期分権改革はそれを目指すと宣言されたが、その立派な宣言はまだ定着していない。

分権改革は機関委任事務を全廃して、国からの指示・通達は法律に基づくことが義務付けられて、形式要件整備は相当進んだが、実質的な分権はあまり進んでいない。本来、執行機関は法律や規則に基づいて執行することを義務付けられており、改革には不向きな体質を持っている。

一方、議会は民意を反映して改革をすることこそが、本来の使命である。この執行権者と決定権者がお互い独立機関として、議場で都民に見える形でオープンに議論を通じた機関競争をして、都政を進めることが地方創生実現のための本道と言える。議会の役割が増す創生時代に執行部の追認機関でなく、独立した機関として議会が執行機関と対等な関係を築くためには、まず都議選が知事とは独立したものとなることが望ましい。それには「都知事ファースト」の選挙でなく、都民ファーストの選挙に候補者がプライドをもって臨むことである。

従来の地方議会選挙のポスターでは首長と一緒に写った議員候補の写真が掲載されていることが多かった。これでは首長を支える議員と見られて、執行権者と対等で、決定権者が審議すれば地方自治を担う二元代表制のシムテムが機能しないことになる。願わくば都知事と二連のポスターは避ける見識がほしいものである。

都議会はあくまでも独立した機関として、執行機関に対して是々非々の立場であるべきである。追認機関としての議会でなく、決定権者としての議会を構成する議員でなければ、地方政府にふさわしい都政はつくれないという見識と覚悟を持って、今回の選挙に臨むことを候補者に強く求めたい。

都庁（執行機関）と都議会がなれ合いをして、都民を忘れたブラックボックスと揶揄されるような議会に戻ってはならない。都議会は今回の都議選を都民のための都議会にするための一里塚にする責任がある。

（元三重県知事、早稲田大学マニフェスト研究所顧問）

意外に知られていない

ウェブサイトにおける地図情報利用のルール

OpenStreetMap Japan
自由な地図をみんなの手で

オープンストリートマップのウェブサイト（https://openstreetmap.jp/）

2016年11月25日、香川県はウェブサイト上に掲載した地図情報の中に著作者の権利を侵害する恐れのあるものが含まれていたと発表した。この発表を受けて全国の都道府県も同様の調査を実施し、今年4月までに奈良県、宮城県、岩手県で同種の事例が見つかったようだ。

著作権は複数の権利で構成されており、著作権法の条文も丁寧に読まないと理解しづらい。つまり、身近な対象物に係る権利であるにもかかわらず、その実態が見えにくい。各県の発表では「著作者の権利を侵害」とあるが、実際は何が問題だったのだろうか。

■著作権法の問題

著作権法は著作物に対する「使用」と「利用」を区別している。地図情報で言えば「地図を見る行為」が使用、「地図の複製」や「地図の頒布」が利用に当たる。そして権利者は他人に対し、著作物の利用を許諾することができ、許諾を得た者は、その許諾に係る利用方法及び条件の範囲内において著作物を利用することができる。

つまり、「許諾に係る利用方法及び条件の範囲」はそれぞれの権利者が決めるものであり、各県がこれを逸脱したことについて「権利侵害」と判断されているのだ。

■グーグルマップやヤフーの場合

地図情報の権利者は、許諾内容を「利用規約」として示しており、この規約を順守することを利用許諾の条件としている。権利者（グーグル、ヤフー）は、ある「定められた方法」で地図情報を掲載するよう規約で定めている。

最近のウェブサイトでは、それぞれの部署から個別に情報を追加・編集できるように、CMS（コンテンツマネジメントシステム）を導入していることが多い。これは掲載するための情報を職員が入力することで、自動的にウェブサイトの形式に変換して掲載してくれるものであり、ウェブサイトの全体的な統制を維持する役割がある。

ところが、掲載のための「定められた方法」がCMSで使えなかったり、そもそも職員がその方法を習熟していなかったりと、運用が定着していない。

その結果、画面上の地図を複写して、画像としてウェブサイトに掲載する行為が生じがちになる。職員に対しては意識啓発だけでなく、システム操作の習熟度を高める取り組みも必要だろう。

■ゼンリンなど地図製作会社の場合

購入していない地図をウェブサイトへ掲載するのは論外だが、購入済みの地図であっても、それを複製して掲載するためには、あらかじめ権利者（地図製作会社）からの許諾を得なければならない。ゼンリンの場合は利用申請書を提出し、許諾番号を個別に発行してもらう手続きとなり、併せて地図の枚数、利用期間などに応じた利用料を支払うことになる。

この問題の背景に職員の認識の乏しさがあることは否めないが、それに加えて「公的機関が利用する場合は許諾不要」あるいは「営利を目的としない場合には許諾不要」との誤解があったのではないかと想像する。

著作権法では学校その他の教育機関において、必要な範囲で著作物を複製できるとされているが、教育機関→公立学校→公立機関と対象を誤って拡大解釈した可能性がある。

また、営利を目的としない場合に許諾不要や無償利用可とする事例は存在するものの、それは個々の利用規約等で決定するものであり、ある権利者の許諾条件を別の権利者に準用することはできない。

■国土地理院の場合

公的機関である国土地理院の地図情報については、私も自由に利用できるものと誤解していたことを告白しておく。実際には地図情報をウェブサイトへ掲載する場合には、複製承認申請が必要だ。ただし、少量の地図を補足のために掲載する場合には、出所の明示をすることを条件に申請は不要となる。もっとも、異動も多い組織の中で、「少量」という基準を厳密に把握し、長期的に管理することは難しいだろう。

国土地理院の地図情報の利用許諾は「測量成果ワンストップサービス」というインターネット上のサービスにより申請できるため、複製承認申請を逐次行うことで地図情報を利用することは可能だ。

■職員に負担をかけない方法

権利者に許諾を得ることなく無償で利用でき、利用方法の制限を受けない地図情報はないものだろうか。それならば「オープンストリートマップ」（https://openstreetmap.jp/）の利用を提案する。

オープンストリートマップは、道路地図などの情報を誰でも利用できるようにするためのプロジェクトである。このプロジェクトの成果物である地図情報は、通常利用する程度ならば、著作権表記を行うだけで自由に利用することができる。また、グーグルマップ等では禁止されている「地図を複写して画像として掲載する」ことも可能である。

情報を可視化する手段として地図情報を利用する場面は今後、間違いなく拡大する。権利を侵害することなく、適切に利用することで事業の付加価値も高まることだろう。

※本稿は私個人の意見であり、私が所属する機関の意見を代表するものではありません。

（佐賀県情報企画監、港区情報政策監〈CIO補佐官〉　川口弘行）

これが本当の彼！

開館10周年・チェコ文化年事業

ミュシャ展

国立新美術館

《スラヴ叙事詩「原故郷のスラヴ民族」》1912年　プラハ市立美術館　©Prague City Gallery

フランス、アール・ヌーヴォーの画家として、おそらく日本で最も人気のあるアルフォンス・ミュシャ。華やかな時代の脚光の中にいたというのに、彼はその舞台を後にする。その後の彼、知られざる彼、本当の彼の姿が本展で明らかになった。本国以外では全点そろった初公開、意表を突かれる巨大スケールの作品群である。

1点のサイズが最大でおよそ縦6メートル×横8メートル。広すぎると感じさせることの多い国立新美術館の壁面に、あつらえたかのように収まった作品は全部で20点。その全体で構成されるのが《スラヴ叙事詩》。約16年の歳月をかけ、全精力を注ぎこんだミュシャ芸術の集大成である。

花柄や植物文様や長い髪がデザイン的に配置された画面の中に、肉感的な身体と、男を破滅へといざなうファム・ファタールの強い目を持つ女たち。爛熟と退廃の匂いと華麗な装飾性が、パリでの彼の表現である。

フランス演劇界の女王、サラ・ベルナールに見いだされた無名の画家は、《メデイア》《ハムレット》《トスカ》など一連の舞台ポスターを手掛け、さらに光輪を背景に、女性の肢体がエロスの香りを振りまくかのように飛翔する《四芸術》などの連作、さらに酒やお菓子やタバコの商品ポスターやパッケージ・デザインまでこなして、ベル・エポックの寵児になっていく。

注文が引きも切らなかったというのに、彼にはいつまでもこの街にいられない事情があった。祖国の危機である。故郷はオーストリア帝国の過酷な圧政下にあり、また勢力を拡大するドイツの脅威も迫っていた。彼はボヘミア出身のスラヴ民族であることを誇りにし、自由・平等・博愛・寛容などを標語にするフリーメイソンの協力会員だった。

パリを去りチェコに移る頃から、ミュシャの作品は民族の世界への深化を見せ、民族主義的な色合いを濃くし、民族衣装を前面に出すようにもなった。本展に出品されている《ヒヤシンス姫》《第6回ソコル祭》《ロシア復興》などの作品である。女たちは薄衣に代わって民族衣装をまとう。だが以前と同じように強く正面を向いている。

スラヴ民族の歴史に対する関心が、同郷の作曲家・スメタナの組曲『わが祖国』にも触発され、超大作の構想へと発展していく。制作にあたって各地への取材旅行をし、アメリカの事業家から資金援助も得た。プラハから隔たった小村の古城にこもって、彼は描き続けた。村人にモデルを頼むこともあった。

《スラヴ叙事詩》は、キリスト教伝来以前の多神教の時代から始まる。重力に抗して空中に浮かぶ司祭の姿と、おびえて地面にうずくまる男女。民族受難史の始まりである。

「スラヴ式典礼の導入」「スラヴ民族の賛歌」など、興味をそそられるテーマもある。カトリック教会を批判し火刑に処せられた聖職者、ヤン・フスの説教シーンも。これらの作品をきっかけに、日頃はなじみの薄い、中央ヨーロッパの歴史に対する関心を深める人もいるに違いない。

歴史絵画とはいえ、濃厚な色彩と劇的な描法で威圧的に迫ってくるような作品ではない。浮遊するイリュージョンや淡い色調はパリ時代の作風を継いでいるようである。殺戮や流血の場面が避けられているのも、フリーメイソンだからという。民衆の立場からの平和を願ったからなのだろう。

だが作品も彼自身も故国も、歴史の荒波にもまれ続ける。第1次大戦が勃発、オーストリアの支配からは解放されたが、今度はナチスドイツに侵攻され、彼自身もゲシュタポに逮捕される。要注意人物としてマークされていたのだ。そして釈放後ほどなくの死。

限定的な条件下での鑑賞は可能だったが、首都・プラハで全点が公開されたのはやっと2012年になってからだ。日本では無論、正真正銘の特別公開なのである。

◇

「ミュシャ展」は国立新美術館で6月5日まで開催。ハローダイヤル03・5777・8600。

この招待券を5組10名様にプレゼントします。Eメールで、件名に「ミュシャ展希望」とし、〒、住所、氏名を明記の上、hensyu@toseishimpo.co.jpまで、お申し込みください（5月8日必着）。

ミニガイド

◇NPOフォーラム自治研究5月特別セミナー　▷日時　5月19日(金)午後6時45分～　▷会場　浅草ビューホテル27階唐紅花（TX浅草駅直結）　▷演題「江戸の教育力」（仮題）　▷講師　大石学氏（東京学芸大学教授）　▷会費　5千円（食事・飲み物付）　▷問い合せ　☎090・6472・4673　三島

◇憲法週間記念・講演と映画のつどい（港区）　▷日時　5月9日(火)午後1時半～5時15分　▷場所　港区立高輪区民センター区民ホール（港区高輪1の16の25）　▷定員　250人（入場無料）　▷内容　アニメ『サザエさん』のマスオさん役声優の増岡弘氏の講演「マスオの家庭教育考～サザエさん一家は幸福みつけの達人そろい～」と、吉田秋生氏のベストセラーコミックを実写化した映画『海街diary』の上映

都政新報

発行所　都政新報社
〒160-0023 東京都新宿区西新宿7-23-1 TSビル
（総務・読者）03-5330-8781
（企画広告）03-5330-8784
（編　　集）03-5330-8786
（出　　版）03-5330-8788
（ファクス）03-5330-8808
購読料　月1,730円（税込）
毎週火・金曜日発行
ただし、祝日は休刊

紙面から

市場のあり方戦略本部

築地再整備は資金不足

土地売却額が論点に

中西副知事を本部長に築地市場の移転問題などを総点検する庁内組織「市場のあり方戦略本部」の2回目の会合が4月27日、報道陣に公開して行われ、築地再整備に向けた課題として環境アセスメント、市場会計の持続可能性など9課題が初めて示された。戦略本部が5月に市場業者などから意見聴取するが、知事の総合的判断に材料を提供する時期は明らかにされなかった。

市場のあり方戦略本部であいさつする小池知事＝都庁第一本庁舎7階で

戦略本部では豊洲移転を中止し、築地再整備に踏み切る場合の課題として、▽築地の機能の維持・向上▽土壌汚染対策▽環境アセスの手続き▽埋蔵文化財調査▽環状2号線計画▽資金面▽業界団体などとの調整▽都議会の議決▽豊洲新市場の処理——の9点を挙げた。

土壌汚染対策では、23㌶の敷地全体の概況調査に4億6千万円のコストがかかり、調査期間は更地の場合でも約2カ月かかる見通し。埋蔵文化財調査は、発掘調査と開発工事を同時並行で実施可能としたが、汐留の再開発では発掘に9年間を要したという。政策企画局の潮田勉次長は築地での発掘調査期間はどの程度かかるか質問し、教育庁の安部典子地域教育支援部長は「詳しい建設計画がないので正確な期間は言えない」と答えた。

環境アセスは市場の変更前に実施すべき手続き。敷地面積が20㌶以上で都が変更を行う場合、複数の計画案を策定した上で都民の意見を聞く計画段階と、騒音などの影響を調査する事業段階のアセスが必要となる。標準的な実施期間は約3年9カ月間だが、都民の注目を浴びる築地再整備に意見が殺到すれば、都の見解をまとめる事務作業が増え、実施期間は延びる可能性がある。

築地再整備と豊洲移転後の市場会計の見通しも示された。仮に再整備した場合、豊洲跡地を小島座長が私案で示した4370億円で売却すれば、10年程度は資金余力が生じる。一方で、豊洲に移転した場合、築地跡地の売却価格を環状2号線の用地価格をベースにした4386億円と仮定し、20年以上は資金ショートしない見通しを示した。

これに対し、小池知事は全国からその日に水揚げされた魚介類を空輸する羽田市場を例に挙げ、今後の物流は激変になるとの見通しを示した上で、「あまり楽観的な数字ばかりを並べない方がいい」と警鐘を鳴らした。

市場会計の持続可能性は、土地の売却価格に加えて、経営の効率化などが今後の論点となる。

さらに今後のスケジュールが初めて示された。5月中旬に小池知事が市場業者などをヒアリングし、同下旬に3回目の会合を開く予定。

「私案」との違い明白

【解説】戦略本部と市場問題PTの意見や資料を比較すると、環境アセスや市場会計の見通しに食い違いがある。

築地再整備の環境アセスに関しては、4月26日の市場問題PTで小島座長が不要との見解を示していたが、環境局は戦略本部で築地再整備を「都環境影響評価条例の対象事業」と明言。また、小島座長の私案では工期を7年と見込んでいたが、環境アセスを含めると工期は延びる可能性が高い。

市場会計の見通しでは、私案は再整備した場合の赤字が当面、10億～20億円程度で推移し、対処は可能だとした。一方、戦略本部の資料を見ると豊洲移転よりも築地再整備の方が早く資金ショートする。築地再整備に当たっては、豊洲跡地の売却が必要になるが、豊洲に投入された国庫交付金の返還、中央卸売市場が豊洲整備で発行した企業債の償還が私案に含まれていなかった。

都庁内からは「小島氏は独自の考えで私案を策定したようだが、再整備案が実現可能というメッキは剥がれ落ちている」との指摘が出ている。

戦略本部は「小島私案」の問題点を示すのが役割ではない。次回は市場問題PTの報告書提出などを踏まえ、3回目の会合が開かれると見られるが、報告書の課題探しに終始すれば、単なる時間の浪費になると言わざるを得ない。（石）

決戦の構図　2017都議選を占う③

生き残りの道

対立軸模索する「野党」

「民進党を離党して、都民ファーストの会に入るべき」。武蔵野市で民進党から公認を受ける元職の松下玲子氏は、地元の支援者からそんな声を掛けられる。松下氏自身も「前回選挙でも党の人気はなかったが、今も散々。党勢回復の見込みはない」と語るなど、明るい見通しは持っていない。民進は多摩地域の公認候補を中心に離党者が相次ぎ、選挙前に消滅の危機さえささやかれる。それでも離党することなく、都議選を戦う覚悟を決めている。

松下氏自身は豊洲市場移転に反対し、現在地再整備を進めるべきという立場。一方、都民ファーストはいまだに会派としての方針を示していない。「知事の判断に従うという姿勢では、議会の自殺（行為）だ」。松下氏は小池知事の改革路線には賛同しながらも、「イエスマンにはならない。知事を始めとする理事者をチェックするのが議会の役割だ」と理念を話す。

2012年当時、会派の決定に造反し、市場移転予算に反対して常任委員長を解任される処分を受けた。それでも党を離れなかったのは、内部にいなければ組織を変えられないとの思いからだ。

武蔵野市を含む1人区では当初、民進と都民ファーストの候補者調整も試みられたが、連携は頓挫。自民党と民進（民主）が1議席を競い合ってきた武蔵野市にも、希望の塾出身の新人候補が送り込まれた。多摩地域で民進党を離党しない意思を示す他候補の選挙区にも、都民ファーストが次々に候補を擁立している。

民進に残る候補者は「出て行く人は仕方がない。それでも残る人たちは覚悟がある人だ」と口をそろえる。一方で、自民との対決を掲げ、改革を進めるとしている小池知事とは争点が作りにくいという悩みもある。「まずは相手の出方を見なければならない」。候補の一人は都民ファーストの政策発表を待ち、対立軸を模索する方針だ。

一方、共産党も「知事対自民」に注目が集まる劇場型選挙の中で、存在感を示そうと躍起だ。党の決起大会とも言える演説会では、志位和夫委員長が1時間に及ぶ演説で、豊洲市場を巡る「自公対共産」の構図を強調した。

党幹部は「豊洲市場問題の発覚では共産が大きな役割を果たした。行政をチェックする党がいなければいけないと、有権者に理解してもらう必要があるが、なかなか難しい」とこぼす。

都民ファーストは小池知事の人気もあって選挙戦を優位に進め、自民は衆参の国会議員を動員した総力戦で勢力巻き返しを図る。ここでも、対立軸の存在が悩みの種だ。

共産は第1回定例会で、知事提出の当初予算に39年ぶりに賛成。知事の施策を一定評価する一方、「違い」をアピールできなければ選挙戦で埋もれてしまう。

同党幹部は「最大の争点は市場移転問題。小池知事は世間の反応を見ているのだろうが、市場問題の結論次第で我々が有権者に訴えるテーマは変わる」と話し、知事の動向を注視する。

かつてない注目が集まる都議選は、投票率が高くなることが予想されており、民進・共産の両会派は不利な戦いを強いられている。知事と自民、対立する2陣営と距離を置きながらも、「野党」としての存在感を示すことができるかが問われている。

市場移転反対の争点化を目指す共産党＝4月17日、党演説会で

小1から英語教育

高校生で短期留学も

都立小中高一貫校

初の都立小中高一貫校となる「新国際高校（仮称）」の教育内容を検討委員会がまとめ、報告書を4月27日の都教育委員会に報告した。

同校ではグローバル人材の育成に向けて、小学1年生に当たる第1学年から英語に触れる機会を増やし、中等教育学校（中学校・高校）では英語以外の第二外国語を選択必修とするなど、語学力の育成に力を入れる。

また、海外で活躍する際に必要な論理的思考力や批判的思考力、判断力などを身に着けるため、議論する授業や宿泊授業などの体験学習を重視することも盛り込まれた。

また、第10学年（高校1年生）の8～10月を「探究の時間」に位置付け、国内外への短期留学やインターンシップ、ボランティアなど校外活動の期間に位置付ける。

小中高一貫校は立川国際中等教育学校に小学校を付属して2022年に開校する予定で、公立の小中高一貫校は全国でも初めて。

Tokyo Tokyo Old meets New

都の海外PR用アイコン決定

都産業労働局は4月28日、海外向けに東京をPRするアイコンとキャッチフレーズを発表した。同7日に3候補を提示したうち、パブリックコメントを踏まえ、「Ｔｏｋｙｏ」の墨字と活字体を組み合わせたアイコンを選んだ＝上図。

今回のアイコンは墨字が伝統、活字体が革新を表現し、渋谷駅前のスクランブル交差点をイメージした落款（らっかん）も押されている。小池知事は同日の会見で、「この交差点に行くことが東京に行った印になるくらい、知られている」と説明した。

今回のアイコンの制作費などは約15億円を予定し、外国人観光客を誘致するためのPRで活用する。今後は東京をアピールする動画などを製作する予定。一方、国内向けに使用する「＆ＴＯＫＹＯ」の制作費は10億円で、引き続き観光に限らず東京の魅力を発信するためのツールとして活用していく。

都政の東西

再整備案の真意

豊洲に青果を移転させ、築地に水産を残す——。新たに市場業界を分断する案が、市場問題プロジェクトチーム（PT）の報告書素案に盛り込まれた。小島敏郎座長は報道陣の取材に、「青果は強力に豊洲に行きたいというなら、分離案もあり得るのではないか」と真顔で話した。

そもそも、青果の関連団体は風評被害のある豊洲に移転したいとは考えていない。築地東京青果物商業協同組合の泉未紀夫理事長は「今のまま移転しても商売ができないから」と説明した。

小島座長は青果だけが豊洲に移転したいという理由を明らかにしていないが、「業界全体を分離して機能別に再編していくという考えもあり得る」と狙いを話す。だが築地では現在、魚介類と野菜、果物を買い回りすることが可能で、機能別に再編すれば今よりも煩わしくなる。

築地では過去に水産と青果で1カ月当たりの休市日数の考え方などに隔たりがあり、休みが異なっていた時期があった。青果や水産がそれぞれ休むと顧客が減少するという課題があり、青果や水産の業者の経営にも影響が出かねなくなった。分離案でも同じ事態が想定される。

水産だけが築地に残る分離案に、水産がもろ手を挙げて賛成するとは思えない。報告書素案に分離案を盛り込んだ狙いは、「機能別再編」とは別のところにあるとの指摘もある。小島座長の再整備案では青果が移る場所は最初に種地とする場所に位置付けられている。だが、再整備が終わるまでの種地として活用したいのではないかとの憶測が流れる。青果を豊洲に移転させる真意がここにあるならば、分離案への市場団体の合意は得られるはずがない。

桜井委員長が辞任

都議会百条委　自民は就任を辞退

豊洲市場移転問題を調査する都議会百条委員会は4月28日、浜渦武生元副知事らの偽証認定に反対し、辞意を表明した桜井浩之委員長（自民）の不信任案を審議し、公明、共産、東京改革、都民ファースト、生活者ネットの5会派による賛成多数で可決した。桜井委員長の辞任も全会一致で可決。

百条委は委員長が不在となり、開催できない状況となっている。自民党は委員長に就任しない意向を示しているため、議会運営委員会でどの会派が委員長ポストを受けるか決める手続きが必要となる。

特別顧問に小池知事

都議選公認など4人

都民ファーストの会

都民ファーストの会は4月28日、特別顧問に小池知事を就任させる役員人事を発表した。今後、知事は都民ファーストの運営にも関わることになる。1月の会見で、都民ファーストの役員に就任するかどうか「今後考えていきたい」と述べるにとどまっていた。

ファーストは7月の都議選に向けて、現職都議3人に推薦を出し、公認候補1人を公表した。推薦候補はいずれも4期目の大津浩子氏（渋谷区）、酒井大史氏（立川市）、山下太郎氏（北多摩第四）となる。また、民進党の公認だったが、離党した日野市議の菅原直志氏（日野市）も公認した。

「ミサイル落下」備え

都HPで注意喚起

都総務局

都総務局総合防災部は4月27日、緊迫化する北朝鮮情勢を鑑みて、弾道ミサイルが落下した際にとるべき行動を防災ホームページに記載し、都民に注意喚起を行った。

弾道ミサイルが日本に飛来する可能性がある場合、政府が地域の住民に対して、Jアラート（全国瞬時警報システム）で情報伝達を行う。その際に区市町村の防災無線が自動起動して、警報を流し、携帯電話などにも緊急速報が届く仕組みになっている。

都総合防災部は、屋外にいる場合は建物の地下街に避難するほか、物陰に身を隠す、地面に伏せるなどの回避行動をとるように呼び掛け、屋内にいる場合も窓に近づかないよう求めている。

都電荒川線の新愛称

「東京さくらトラム」

都交通局

都交通局は4月27日、都電荒川線の新たな愛称を「東京さくらトラム」に決定したと発表した。

愛称は荒川線の魅力を国内外にアピールする目的で、3月に八つの候補を公表し、交通局が都民から意見を募集していた。今回、外国人からも日本の花として親しまれている「桜」を盛り込んだ名称が選ばれた。

都民からは「沿線に桜の名所が多くイメージに合う」「日本らしさが感じられ、語感もいい」などの意見が寄せられた。

冗句ジョーク

小池知事、快適通勤プロモーション第1回協議会を終え、松本零士特別賞関連で〝今年はメーテルのコスプレをしようかしら!?〟

「お願い、ヤメテ!!」——通勤通学客

基礎的自治体まで半世紀

特別区が誕生してから3日で70年目を迎える。特別区とは何か。この問いは簡単なようで難しく、23区で日々を暮らす区民のうち、何人が答えられるだろうか。「都と区の関係は、闘いの歴史であるとともに、地方自治の原点」と元都幹部は話す。この「闘いの歴史」を知らずして特別区を語ることはできない。過去を知り、未来の都区関係を展望するために、今一度「特別区とは何か」を3回にわたって探っていく。

闘いの到達点　特別区誕生70年……(上)

事務権限

「鈴木知事は市長会との会合では立ってあいさつをしていたが、区長会の時には座っていた」——元都総務局長で現在は全国技能士会連合会の大関東支夫会長はこう90年代前半を振り返る。

特別区が誕生したのは1947年。日本国憲法とともに施行された地方自治法に規定された。施行当時の特別区の数は22。同年8月1日に練馬区が板橋区から分離独立し、今に続く23区が出そろった。

後に知事となる内務省の鈴木俊一行政課長（当時）は47年3月の帝国議会で、「都内の区は基礎的な団体であって、他の府県の市町村と同じ性格のもの」と答弁した。戦中に生まれた都制下で都の内部組織とされた区が、一般の市と同じく基礎的自治体となることの確証を得た瞬間だった。

「施行当時の区長は何でもできると思っていたのではないか」。99年から07年にかけて2度にわたって区長会会長を務めた西野善雄元大田区長はこう振り返るが、実態は違っていたという。

事務権限ばかりでなく、人事権、財政権の多くが都に留保され、基礎的自治体とは名ばかりだったのだ。特別区は早くも自治法施行の13日後、47年5月16日に「自治権拡充に関する具申書」を都に提出した。

さらには「公選区長を置く区の存在が大都市の一体的な行政運営を阻害する」として、52年には区長公選制が廃止されるとともに、区は都の内部団体となった。都が広域機能ばかりでなく、基礎的自治体としての機能を持つに至った。

こうして75年に区長公選制が復活し、都から区へ職員が配属される「都配属職員制度」が廃止されて以降も、「知事がまるで部下を相手にするように区長と相対していた」（大関会長）のだった。

自治権の拡充

とはいえ区は内部団体となった52年を境に、着実に自治権を獲得していく。65年には福祉事務所が区に移管され、75年には当時政令市事務だった保健所事務とともに、原則として市並みの事務権限を担うに至った。福祉事務所や保健所の移管は、都が所管していた施設が各区に一つ以上あったため、移行をスムーズに行えたという要因もあった。西野元会長は「住民一人ひとりに対応するサービスは区が担うべき。保健所はその一つだ」と語る。

ただ、市並みの事務権限を獲得したものの、都の内部団体という位置付けは変わらなかった。区が基礎的自治体になるには何が足りないのか。自治省が提示したのは清掃事業だった。

鈴木知事は4選を目指し、区の基礎的自治体化に本腰を入れた。当時の都の区市町村連絡担当部長が大関会長だ。清掃工場のない区の取り扱いや、都の清掃労組との調整などの課題を解消し、94年に清掃移管で両者は大筋合意に至った。

それから6年。2000年4月の自治法改正で清掃事務移管などが施行となり、特別区は正真正銘の基礎的自治体となった。足掛け約半世紀。区の悲願がかなった瞬間だった。

千代田区の保健所。保健所は中核市事務だが、23区は各区に権限がある＝27日

まちづくり 女性が主役

豊島区　公園テーマに区民ら議論

赤ちゃん連れで参加した女性らが積極的に意見交換した＝4月27日、南池袋公園内のカフェで

豊島区は区政運営の柱に掲げる「女性にやさしいまちづくり」の一環で、女性を中心とした子育て世代、働く世代が地域課題について話し合う「FFミーティング」を4月27日に南池袋公園内のカフェで開いた。単に住民意見を施策に反映させるだけにとどまらず、区民が自ら参加したくなる仕掛けを行うことで、地域社会の担い手育成という効果も見られている。

「公園のトイレって暗くて怖い」「誰か潜んでいそう」「だったらピンク色に塗るのはどう？」「個室を広くして子供と一緒に入れるようになると良いかも」——南池袋公園内のカフェレストラン「ラシーヌ・ファーム・トゥ・パーク」で談笑する女性ら。一見すると、仕事仲間や友人同士の集まりのようだが、これは行政が企画した公募委員による会合だ。

「Female／Family（女性とファミリー）」と「Friendly（やさしい）」の頭文字から名付けた会合は、区が2014年に民間団体から都内49区市で唯一となる「消滅可能性都市」との指摘を受けたことを機に、昨年11月に立ち上げた。今回は2回目で、初めてメンバー全員を公募。仕事や育児の合間を縫って女性10人、男性1人が参加した。

テーマは「行きたくなる公園」。区は今年度の重点事業の一つに公園トイレ約90カ所の更新を挙げており、リニューアルを機に、女性や子育て世代、働く世代が利用したくなるような公園になるよう、アイデアを出してもらうのが狙いだ。

メンバーからは、ボール遊び専用や休憩専用など用途を絞り込む案や、定期的に屋外カフェを開くなどの意見が出された。区の宮田麻子・女性にやさしいまちづくり担当課長は「1回だけで終わるのはもったいないくらい良い意見をもらった」と手応えを語り、参加者からも「楽しかった」「またやりたい」と好評を得た。

今回初めて区のイベントに参加した女性は、区が女性をターゲットに昨年1月に発行を開始した区報特別版『としまplus』の告知を見て参加を決めたという。「おしゃれな紙面で手に取るようになった。元々、地域のイベントに関心があり、参加して良かった」

また、別の参加者は「区のSNSを見て興味を持った。行政の公募メンバーというと、堅苦しいイメージがあったが、こういう楽しい感じであれば、またやってみたいと思える」と語った。区は昨年11月に女性にやさしいまちづくりの専用サイト「としまscope」を開設し、働く女性のライフスタイル情報などを紹介。区内外からのコメントを募り、双方向の情報発信をテーマに運営している。

宮田課長は「女性にやさしいまちづくりを進めるためにも、女性が自ら参加しやすい仕掛けを打っていきたい」と話している。

自治体政策のススメ

市区町村構成議会の設置を！

議会改革の最前線⑥

山梨学院大学教授　江藤　俊昭

大阪都構想は、いまだにくすぶっている。東京都の税収を考慮すれば、どこでも「都」を設置すれば、大都市問題が解決できるわけではない。

長年の特別区の自治権拡充運動と三多摩格差是正運動などによって、今日の東京都の自治が形成されている。特別区は都の「内部団体」ではなくなり、多摩格差の是正も進んだ。

そこで、東京市の解体、都区財政調整制度から都区協議会設置（自治法282の2）は当然ではあるが、それとともに市区町村の連合体の形成、及びその一つを都議会の付属機関として位置づけることを提案したい。

特別区長会、特別区議会議長会などとともに、市長会、町村会、市議会議長会、町村議会議長会も設置されている。だが、特別区は市町村と同様に「基礎的な地方公共団体」（自治法281の2②）であることから、特別区長会、特別区議会議長会などとともに、市区長会、および市区議会議長会を形成すべきだ。

さらに、都議会に市区町村の議長と首長によって構成される組織を都議会の付属機関として設置する。

都道府県議会は、市区町村議会の運営、首長等と政策競争することとは共通している（自治体という特性）。同時に、広域自治体を意識した議会運営を行う必要がある（広域性）。広域自治体である都道府県の議会は、その「広域」性に着目して、都道府県内の様々な地域特性を踏まえた利害の調整の役割を担う。つまり、住民代表とともに、地域代表という特性を持つ。

筆者は、その地域代表制を考慮しつつも、地域利害の調整役には更に一歩進めて、市区町村議会議長（及び市町村長）によって構成される市区町村構成組織＝第二議会（実質的には議会の付属機関）を設置すべきだと考えている。この設置によって、より都道府県議会の討議は充実する。

これが実現できれば、都議会議員は地域代表から全都を意識した活動に軸足をシフトさせることになる。＝おわり

◇　◇

次回からは「保育政策の課題」をテーマに、保育園を考える親の会の普光院亜紀代表より、8回にわたって執筆してもらいます。

政調費訴訟で返還命令

千代田区議会　2会派の約83万円

千代田区が2011年度に区議会4会派に支出した政務調査費（現在の政務活動費）が本来の使途以外に使われたとして、市民団体が石川雅己区長に対して総額562万8243円の返還を会派に求めるよう起こした訴訟の判決で、東京地裁は4月27日、自民党新しい千代田（当時5人）と行革クラブ（同1人、現在は解散）の2会派への支出を不適切と認め、計約83万円を返還請求するよう命じた。

判決で返還を請求されたのは、新しい千代田が切手代と地下鉄回数券の計82万1400円。行革クラブが年賀ハガキなど計1万1465円。

訴えを起こした市民団体の山口修一代表は判決後、「認められたのは一部で残念だが、負けたとは考えていない。本質的に議員はどうあるべきかを考えてほしい」と話した。控訴するかは検討中。

石川区長は判決を受け、「司法の判決を重く受け止め、対応を慎重に判断していく」とのコメントを発表した。

政務調査費を巡っては目黒区議会でも訴訟に発展。05年度に住民訴訟に充てた経費の返還請求が区に命じられたが、区議が東京地裁に処分取り消しを求めて勝訴した。

記者席

選挙後のキャラはこれに決定

○……「今年のコスプレは『メーテル』にしようかな」。知事は4月28日の会見で、毎年恒例となっている10月の『池袋ハロウィンコスプレフェス』で、今年もコスプレに挑戦する意向を示した。

メーテルは、漫画家・松本零士氏の代表作『銀河鉄道999』に登場するヒロイン。小池知事は松本氏と旧知の仲で、満員電車解消を目指す「時差ビズ」への協力も、電話一本で快諾されたという。

昨年の同フェスで、知事は剣を携えた『リボンの騎士』に扮していた。夏の戦いの後は、ひとまず剣を置くことになるのだろうか。

○……4月28日、五輪組織委員会が記者向けにアンチ・ドーピングについての勉強会を開いた。勉強会では、あまり知られていないドーピング検査の組織やシステムを分かりやすく丁寧に説明してくれた。

だが、集まった報道陣にとってメーンイベントとなったのは、勉強会終了後の森喜朗会長のサプライズ出演だろう。森会長は、公務に尽くした人に対して天皇陛下から贈られる「桐花大綬章」を受章することなどについて報道陣に話した。「いただかないつもりで、ずっと辞退してきたけど」と話していたが、急きょ記者の前に現れ、約1時間半ご機嫌に話し続け、振る舞われた和菓子をほおばる姿を見ると、うれしさを隠し切れてない様子だった。

○……開園百周年を迎えた井の頭恩賜公園。かつては人影を見ると寄ってきた井の頭池の沢山のコイは、自然の生態系を回復させるため駆除されていなくなった。だが、池に架かった橋を渡る人は今も湖面をのぞき込んで生き物がいないか探している。湖面に生き物の姿が何も見えないのはさみしいものだ。かつて井の頭池にいたコイは誰が放流したのかはわからないが、「池にはコイ」と思った人がいたのだろう。確かに来園者を楽しませるには理にかなっている。自然と共存するということは地味で面白みがない。だが、その価値を伝えていかなければ、再び害魚を放流する人が現れ、いたちごっこになりかねない。たゆまぬ努力が必要だ。

保育補助員が社保未加入

足立区

足立区は4月28日、区立の保育所やこども園に勤める非常勤保育補助員81人が社会保険に未加入だったとして、国が加入対象を拡大した2016年10月にさかのぼって加入させるよう、足立年金事務所から4月26日に指摘を受けたと発表した。遡及して徴収する社会保険料は、区負担が960万円に上る。

区人事課は「雇用は半年ごとに更新されるが、実際には継続して勤める方が多い。実態を把握していれば回避できた事態だ」と話している。

生保費を過少支給

足立区

足立区は4月27日、区福祉事務所が行っていた生活保護費の算定で20件を過少支給していたと発表した。このうち19件は、年金が支給されていない期間を支給期間と誤って認識して算定し、総額約82万円を過少に支給。ひとり親家庭に対して生活保護費を上乗せする母子加算の計上漏れが1件で168万円という。

区は6月上旬をめどに過少分を支払い、システムの切り替えなどの再発防止策を行う方針。

特別区　予想される顔ぶれ　第20回都議選　▶3◀

文京区（定数2）

都議選では自民、民進、共産で議席が入れ替わってきた2人区。自民支持層を都民ファーストがどの程度切り崩すかが当落ラインを分けるポイントとなりそうだ。

自民公認候補の中屋文孝(51)は現職で3期目。都連最高顧問の深谷隆司の元秘書で、前回は2万8460票を獲得し、トップ当選した。党文京総支部では、組織票を固め、都民ファーストへの支持層流出を抑えたい考えだ。

共産は、現職で3期務めた小竹紘子が引退し、2015年に区議選に初当選した新人の福手裕子(40)を後継候補に立てた。小竹の個人票を含めた票の引き継ぎが最大の課題で、福祉中心の都政への転換を訴え、新たに若者世代の取り込みを目指す。

都民ファーストが公認する元職の増子博樹(57)は、民主の公認候補として05年、09年都議選で当選したが、13年に落選。今年1月に民進を離党して都民ファーストに加わり、代表補佐を務める。民進区議の一部が支援にまわる意向を示している。

増子博樹氏

福手裕子氏

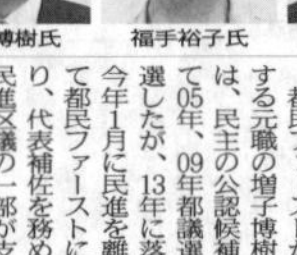

中屋文孝氏

前回の結果

	氏名		党派	得票	当選回数
◇文京区					
当	中屋	文孝	自現	28,460	③
当	小竹	紘子	共元	19,693	③
	増子	博樹	民現	17,571	
	宮崎	文雄	維新	8,360	
◇台東区					
当	服部	征夫	自現	30,220	⑤
当	中山	寛進	民新	14,603	①
	杉山	光勇	共新	9,193	
	津野	忠彦	み新	8,299	

《文中は敬称略》

台東区（定数2）

1997年の都議選以降、自民と民主が議席を分け合ってきた。都民ファーストが公認と推薦の2候補を立て、議席独占を狙う。

自民公認の和泉浩司(60)は現職1期で、昨年の補選に当選。都議を5期務め、15年の区長選に当選した服部征夫区長や区議の支援を受け、500人態勢で選挙に臨む。

共産は、新人の小柳茂(44)を公認候補に据えた。15年区長選、16年都議補選に公認候補として出馬したが、落選している。

都民ファーストが公認する保坂真宏(43)は、保坂三蔵元参議院議員の長男。昨年の都議補選では和泉と公認を争い、一時は無所属での出馬を表明したが、断念。2月に自民を離党し、都民ファーストに合流した。公明が推薦する。

現職1期の中山寛進(44)は、3月に民進を離党。都民ファーストの推薦を受けて無所属で出馬する。中山義活元衆院議員の長男で、浅草地域を地盤にしており、上野・谷中が地盤の保坂と住み分ける。現時点で公認している民進が推薦に切り替えるか検討中。

中山寛進氏　保坂真宏氏　小柳茂氏　和泉浩司氏

市民の力で生態系が復活

未来につなぐ 都民のオアシス 井の頭公園100周年（上）

井の頭公園が1日で開園100周年を迎えた。「住みたいまちランキング」で常に上位に名を連ねる吉祥寺の大きな魅力が、日本で最初の郊外公園として大正6年に開園した井の頭公園だ。武蔵野の貴重な自然に触れることができるとともに、市街地に近いにぎわい空間としても機能する都民の憩いの公園の今を2回にわたって探る。

自然環境の再生

井の頭池の中央に架かる七井橋を渡ると、大きなコイがエサを求め、群れをなして集まってくる――。井の頭公園といえば、こんな光景を思い浮かべる人がいるかもしれないが、久しぶりに訪れた池にはコイの姿が見あたらない。

「実はコイはもういないんです」。公園を所管する都建設局西部公園緑地事務所工事課の中尾信行課長が、そう説明してくれた。どういうことなのか？

話は2006年7月にさかのぼる。開園100周年を迎えるに当たり、公園の魅力を更に高めていくため何ができるかを検討する「井の頭恩賜公園100年実行委員会」が、都や地元の武蔵野・三鷹市、関係団体等により発足。100周年に向けて取り組んでいく事業として、「公園を核とする街のにぎわい創出」とともに掲げたのが「水と緑の再生」だった。

一見、かつての武蔵野の趣を色濃く残す井の頭公園だが、園内を彩るサクラや雑木林は老木化が進む。公園の中心となる井の頭池も、近年の湧水の減少に加え、人為的に放されたブラックバスやブルーギルなどの外来種の増殖により、元々生息していたモツゴやスジエビ、ヤゴなどが激減。また、植物プランクトンの大量発生により水質が悪化していた。水草を食べるコイも外から持ち込まれ、生態系に影響を及ぼす存在だったのだ。豊かな自然環境を次世代に継承するため、100周年に向けた最優先事業の筆頭に位置付けられたのが、井の頭池のかいぼりだった。

かいぼりで水が抜かれた井の頭池＝2016年1月

かいぼりは農業用のため池の環境を改善する手法で、農閑期の冬に水を抜いて泥をさらい、護岸の点検などを行う作業だが、水質改善や外来種対策に高い効果があり、近年では公園池の管理手法にも採用されている。

井の頭池では14年から16年にかけて2回実施したが、大規模なかいぼりには市民の協力が不可欠だ。2回の計7日間で延べ914人の市民らが魚の捕獲を手伝った。その中心となったのが公募で集まったボランティアの「かいぼり隊」。2回のかいぼりだけでなく、週に2〜3回、水草取りやザリガニの駆除などに取り組んでいる。入隊時には都公園事務所が実施する講習を6回受講し、その後も随時、スキルアップのための講習を受ける。現在、高校生から80代まで約50人が登録中だ。

かいぼり実施直後には魚による泥の巻き上げが減って水質が改善。コイを駆除したことにより水草が繁茂してプランクトンが育ち、それを求めて固有種の小魚が増えるなど、本来の自然環境に戻りつつあった。だが、昨年の夏には外気温の影響などにより、濁度が上がってしまったという。

「自然環境を維持するには、取り組みを継続していくことが重要。住民の理解と協力が欠かせない」と中尾課長。今年の冬にも3回目のかいぼりを予定している。

ただ、かいぼりは水質改善の抜本策ではない。水源となる湧水の復活が何より重要だが、都市化が進み、雨水が下水道に流され、土への浸透量が減った現在では難しい課題だ。池の近隣では、都が井の頭公園の西園に大規模な貯留浸透施設を整備したほか、自治体が個人宅等への雨水浸透ますの設置を補助するなど、地道な取り組みが進む。

04年、井の頭池の水質が劇的に改善したことがあった。湧水を水源とする井の頭池は湧水量の減少により、ポンプで地下水を汲み上げて補っているが、この年の10月の豪雨で湧水が復活。水質がみるみる改善されたという。中尾課長は「上から見ると池に捨てられた自転車が見えるほどだった。『池は生きている』と感じた」と振り返る。

今後、100年、200年先へと豊かな自然環境を継承するには、人の手による取り組みとともに、自然と共存する都市整備の工夫が欠かせない。

□　□

井の頭恩賜公園では、開園100周年を記念し、7日までを記念ウイークに設定。西園の競技場で様々なイベントを展開している。

公園では、かいぼりで捕れた外来種や元々の在来種が分かる展示も行われた＝16年1月

一口メモ

【池の面積は10分の1】

神田川の水源としても知られる井の頭池は、湧水（井）がいくつもあったため、かつては「七井の池」とも呼ばれていた。池の中央に架かる「七井橋」は、公募により、かつての呼び名にちなんで決定したもの。

井の頭公園の面積は約42.8㌶で、その中心となる井の頭池は公園の大部分を占めているように感じるが、実際には約4.2㌶と1割に満たない。公園には井の頭自然文化園や、三鷹の森ジブリ美術館などがある西園を含んでいるためだ。

また、自然環境の豊かさだけでなく、生活との関わりが近いのも特徴で、開園後間もない大正10年には天然の水泳場としても利用されていた。今では当たり前になったボートも昭和4年開業と古い歴史がある。

政策は地域オーダーメードで

杉浦裕之・次期瑞穂町長に聞く

石塚幸右衛門町長の任期満了に伴い、4月23日に投開票が行われた町長選で、次点と5票差の大接戦を制した杉浦裕之氏。選挙戦では、現町政を基本的に継承しながらも、地域特性を踏まえた施策の見直しを訴えた。町を二分する結果を踏まえ、町のかじ取りをどう行うのか。16日の町長就任を前に、町の課題や抱負などを聞いた。

――5票差の勝利でした。選挙戦の感想を。

一番感じているのは支援者の応援だ。短期間で票を積み上げていかねばならない中、皆さんが1軒ずつ回ってくれたのが5票差につながった。選挙後に電話が入ってきて、「うちの家族の5票だ」という話を聞いたが、その通りだ。感謝しかない。

――相手の得票は現町政への批判ともとれます。

確かにそういう面もある。相手候補の批判は聞いている時間がなかったが、有権者の声を聞くと現町政で困っている部分など具体的な話があったので、しっかりと受け止めたい。

――庁舎建設は、どう進めていきますか。

庁舎は災害時に要となる拠点で、首都直下地震や東南海地震が近づいている今、時間的余裕はない。ただ、費用面については、借金や国からの援助のバランスを踏まえて考えたい。

――現町政の継承だけでなく、見直す部分は見直すとも語っていました。

二つの区画整理事業は継承する。前町長の時から何十年もかけて取り組み、70%以上が完成している。また、町の発展のためにはモノレールが必要という考えも変わらない。一方で地域オーダーメードという言い方をしてきたが、町内一律ではなく地域特性に合ったサービスが必要だ。24時間型の包括ケアシステムも、人口密度や地勢の特徴に合わせたサービスは必ずある。また、現在走らせている福祉バスは、お年寄りや障害を持った方がすぐに使えるが、一般の人からはコミュニティーバスのほうが良いという意見もある。並走させるのは制度的に難しく、地域に合ったやり方を探らなければならない。

――限られた財源で、選択と集中が迫られます。

そのために住民の声を聞くところから始める。説明会などに出てこられない人もいるので、アンケートなども取り入れ、住民代表の議員の声も含めて受け止めていく。

――基地問題にはどう取り組みますか。

横田基地は戦後70年以上、米軍基地として機能し、現存していることを踏まえると、なくしてほしいとか飛行機を飛ばすなと求めるのは難しい。一方で、騒音や事故など不安な材料があり、しっかりと訴えていかねばならない。基地で働いている人は地域にも住んでおり、いざこざが起きれば理解し合えない。基地があるからこそ起きる問題は町としてしっかりと取り組む。基地の司令官などと改善に向けた話し合いを続けていく。

――小池知事は多摩重視を打ち出しています。

非常にありがたい。これまで都知事で多摩格差に本気で取り組んだ人は記憶にない。鈴木都政の時に少し目を向けようとしていたが、その後の都知事は区部に目が行っていた。多摩地域にしっかりと目を向けてほしい。

――職員に期待すること、メッセージを。

職員時代、部下によく言っていたのは、間違った判断や教示をすると、困るのは町民だということ。日頃から勉強し、一生懸命その人のことを考えて業務に取り組んでもらいたい。

すぎうら・ひろゆき＝1954年2月生まれ。中央大学文学部卒。78年に瑞穂町役場に入庁し、財政課長、企画総務部長、副町長などを歴任。石塚町長に「仕事が趣味だろ」と言われるほど、自他ともに認める仕事人間。「高齢者の方には、自分の時間を楽しんでくださいと言っているが、自分でも楽しむものを探さなければ」と笑う。

出番です　新副市長に聞く

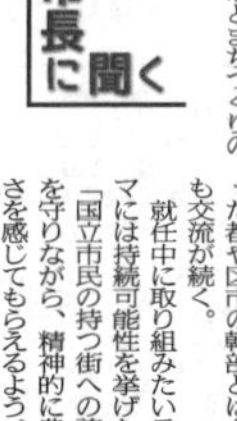

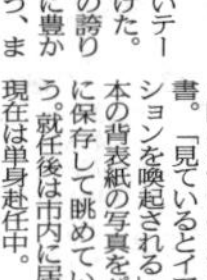

持続可能な街の基盤づくり

国立市　竹内光博氏

入庁後、12年後に民間のまちづくり関連のコンサルタント企業に転職し、25年ぶりに市役所に戻るという異色の経歴。自らの使命を「佐藤前市長と永見現市長の二人が作り上げた市政の流れを強固なものにしていくこと」と語る。

実家は三鷹市だが、大学通りなど街のイメージに魅せられて国立市に入庁。固定資産税係に4年間在籍した後、残る8年間は企画部へ。佐藤前市長の下で仕事し、佐藤氏が異動後の上司が今の永見市長だった。第2期総合計画策定などを担当した。

「企画部門で一定の見識を得ると、民間で力を試してみたいとなった。今思うと若気のいたりだった」。35歳の時だった。

民間では都市計画の策定や、再開発などまちづくりのコンサルタント業務を担い、都心10区の整備指針策定や、大崎駅前再開発、日産村山工場跡地のまちづくりなどを手掛けた。仕事を通じて知り合った都や区市の幹部とは今でも交流が続く。

就任中に取り組みたいテーマには持続可能性を挙げた。「国立市民の持つ街への誇りを守りながら、精神的に豊かさを感じてもらえるよう、まちの基盤を作りたい。20数年前に永見現市長ともよく話したが、財政基盤あってのまち。企業誘致など、税を持続可能な形で次に生かしたい」

職員には、「自戒を込めて」学習を求める。「自分の領域にとどまらず、今の環境に甘んじることなく、貪欲に学ぶことが必要。それを職員にも浸透していきたい」と力を込めた。

◇　◇

1956年生まれ、61歳。埼玉大学経済学部卒。79年に国立市役所に入庁。91年に退職し、民間企業勤務、同役員などを務める。趣味は古地図を眺めながらのまち歩きと読書。「見ているとイマジネーションを喚起される」という本の背表紙の写真をパソコンに保存して眺めているという。就任後は市内に居を構え、現在は単身赴任中。

全国市長会へ要望書まとめ　ふるさと納税の見直しなど

東京都市区長会

東京都市区長会が4月28日に開かれ、来年度の国予算に向けた全国市長会への要望事項をまとめた。ふるさと納税の見直しなどを盛り込んだ。同提案は5月18日開催の全国市長会関東支部総会に議案として提出し、そこでの審議を経て、6月7日の全国市長会総会に最終的な要望として提出される。

ふるさと納税は、自己負担の2千円を除いた金額が所得税と住民税から減額されるため、地方に納税するケースが多い都内では減収となる自治体が発生している。要望では、ふるさと納税制度の在り方を再検討し、寄付金額に対する控除額等について見直しを図ることや、ワンストップ特例制度により個人住民税に振り替えられる所得税分については地方特例交付金等で国が財源を全額補塡することを求めた。

また、梁やトンネルの点検基準に関しては、近接目視により5年に1回の頻度で行うことを基本としているが、自治体の負担が大きいため、施設規模や健全性の診断度結果に応じて点検の頻度等を緩和するよう改正を求めた。

項目別の要望事項数は、「都市行財政」38、「福祉行政」55、「都市基盤」25、「生活環境」11、「教育文化」7、「オリンピック・パラリンピック」11の計147で、前年度比で19項目増えた。

市町村　予想される顔ぶれ　第20回都議選　▶1◀

八王子市（定数5）

前回は自民が8年ぶりに2議席を奪取し、公明、共産、みんなで1議席ずつ分け合った。自民は現職2人が引退し、いずれも八王子市議の伊藤祥広（48）と鈴木玲央（39）を擁立。原則、市内を縦断する国道16号を境に東側を選挙地盤とする市議が伊藤を、西側の市議は鈴木を支援する。都民ファーストの候補に保守票が流れないよう、票固めに力を注ぐ。

公明は現4期目で幹事長の東村邦浩（55）を公認し、ファーストの支援を受けながら、今回もトップ当選を狙う。共産の清水秀子（65）は組織票を固め、6選を目指す。

民進は09年選挙で初めて2議席を獲得したが、前回は議席を失った。八王子市議の安藤修三（37）が議席奪還を期す。

ファーストの公認を受けた両角穣（55）は元自民の八王子市議で保守票の取り込みを狙う。ファーストは2人目の候補擁立を模索している。

在日特権を許さない市民の会の桜井誠前会長が党首を務める政治団体「日本第一党」が元会社員の岡村幹雄（60）を立てた。

伊藤祥広氏

鈴木玲央氏

東村邦浩氏

清水秀子氏

安藤修三氏

両角穣氏

岡村幹雄氏

前回の結果

◇八王子市

	氏名	党派	得票	当選回数
当	東村　邦浩	公現	45,503	④
当	近藤　充	自現	35,860	②
当	清水　秀子	共現	28,473	⑤
当	相川　博	自現	25,396	④
当	両角　穣	み新	21,864	①
	滝沢　景一	民現	21,718	
	小林　弘幸	無新	17,339	
	島内　幸恵	維新	13,626	

◇立川市

	氏名	党派	得票	当選回数
当	清水　孝治	自新	27,802	①
当	酒井　大史	民現	16,012	④
	中町　聡	共新	8,792	

《文中は敬称略》

立川市（定数2）

01年から自民・民主が2議席を分け合ってきた。4年前と同様、共産が候補者を擁立し三つどもえとなる構図だが、4期の酒井大史（49）が民進を離党したことで波乱の展開に。酒井は無所属で出馬する意向で、都民ファーストから推薦を受ける。地元の民進市議もそろって離党しているため、党都連は暫定総支部を立てることもできず対応に苦慮する。

前回のトップ当選は自民公認で現職1期の清水孝治（51）で、1万票以上の差を付けたが、都民ファーストの動向次第で形勢変化も予想される。

共産は元職で1期を経験し現立川市議の浅川修一（62）を擁立し、悲願の議席獲得を狙う。

清水孝治氏

浅川修一氏

酒井大史氏

全国育樹祭

都内10カ所、2万3千人規模に

実行委が基本計画策定

都道府県の持ち回りで開催される「全国育樹祭」が2018年の秋に東京で行われる。4月28日に実行委員会（会長＝小池知事）が総会を開催し、基本計画を決定した。皇太子殿下が海の森公園で樹木を手入れする行事を中心に、都内10カ所の会場で行われる関連行事には、都内外から延べ約2万3千人が参加する見通し。一連の行事開催に向けて、都内では今年度からプレイベントが開催される。

毎年行われる育樹祭の「お手入れ行事」では皇太子殿下が枝打ちを行う

全国育樹祭は1977年から毎秋、各都道府県が持ち回りで行う森林・緑の国民的な祭典。天皇皇后両陛下が96年の全国植樹祭で植えられたイチョウなどを、皇太子殿下が施肥や枝打ちする「お手入れ行事」と、殿下のお言葉と緑化功労者の表彰などの「式典行事」の二つが柱だ。

このうち「お手入れ行事」は中央防波堤内側に整備する海の森公園予定地で実施する。「森林を育て、次世代に引き継ぐ」「親が植え、子が育てる」という営みを象徴する行事で、知事が樹木の生育状況などを皇太子殿下に説明する。

一方の「式典行事」の会場は武蔵野の森総合スポーツプラザ（調布市）で行う。皇太子殿下が臨席し、全国から約5千人が参加し、森づくりや木を使うことの大切さを全国に発信する。屋内会場のメリットを生かし、プロジェクションマッピングなどの映像・照明技術を組み合わせた「アトラクション」が計画されている。

式典に併せた関連行事も多い。例えば、育樹の大切さを共有するため、式典行事の1カ月前に「育樹活動」を行う予定。会場は都立舎人公園（足立区）、都立武蔵野公園（府中市・小金井市）、檜原都民の森（檜原村）。また、緑化活動に携わる全国の「緑の少年団」が集い、日頃の活動を報告する発表大会を南大沢文化会館（八王子市）で開く。

旧都立秋川高校跡地（あきる野市）では森林・林業・環境機械の展示実演会を行い、全国のメーカーが最新鋭の林業機械を展示。約1万5千人が参加する想定だ。その他、都内外の林業関係者・学生・ボランティアが参加し、森林・林業の課題などの講演や討論を行う「育林交流集会」を青梅市総合体育館（青梅市）で行う。

実務的な課題になるのが、参加者の宿泊・輸送計画だ。都外の参加者は式典前日に指定の施設に宿泊し、専用のバスで会場に向かうため、綿密な計画が欠かせない。会場整備では多摩産材を使用した造作や東京の花卉による装飾、都内産の農林水産物を使用した昼食（弁当）の提供など、随所に東京の「おもてなし」の素材をちりばめることになる。

実行委は今後、具体的な企画・演出を実施計画の中で定める予定。式典の日程は来年1月頃に公表する。

なお、皇室を巡っては現在、天皇陛下の退位に向けた検討が政府内で進んでいるが、譲位の日程は18年12月～19年1月頃が有力視され、直接的な影響はないと見られている。

森林循環をレガシーに

【解説】全国育樹祭は関連行事を含めると、都内外から約2万3千人が参加する規模になる。行事の中心は式典だが、準備を進める上では東京五輪と同じく一過性のイベントとして終わらせない視点が肝要だ。

東京は総面積の約4割に当たる約7・9万㌶の森林を抱える。都産業労働局はこれまで花粉対策としてスギ林を伐採・植え替え、多摩産材の活用に取り組むなど、森林の「循環」を促進してきた。

その流れを加速させるため、育樹祭で「木材の大消費地」として、東京ならではの役割を発信することが求められる。

もう一つは、森づくりに対する機運醸成だ。都では森林循環を維持するため、林業の担い手を確保していくことが課題。産業労働局の担当幹部は「育樹祭を成功に導くことに加え、東京の林業振興にハード・ソフトの両面で貢献するレガシーを残したい」と話す。育樹祭を森づくりと緑化推進に目を向けるきっかけにすることが求められる。（一）

特別区職員研修所

児相開設で実践研修

悪質クレーム対応も

特別区職員研修所は2017年度の職員共同研修で、「児童家庭福祉」分野の対応力を強化する研修を実施する。児童福祉法等の改正に伴う特別区の児童相談所開設に向けた動きを受け、子ども家庭支援センター職員などの実践的な対応力を向上させる狙い。

具体的には、虐待を受けた子供の心身への影響に関する理解を深めるとともに、包括的アセスメントや支援計画、調査・記録における留意点などの実践力を習得してもらい、児童虐待に迅速・的確に対応できるようにする。

第1回目は5月23日と31日の2日間で実施する。児童虐待などの研修を手掛ける子どもの虹情報研修センターなどの協力を得て、学識経験者等による講義、ロールプレイを通じ、実践力の強化を図る。

8月に予定している第2回目では、精神疾患を持つ保護者への対応や児童相談所を含めた関係機関との連携、区市町村が児童虐待の早期発見・保護を目的に設置する「要保護児童対策地域協議会（要対協）」の運営などについて講義する。

同研修所ではこれまでも児童虐待対応の研修を実施していたが、保護者支援や初期対応が主な内容で、受講生の約4割を保育士が占め、子ども家庭支援センター職員は約1割にとどまっていた。職員のスキルアップに向けた専門的な講義に関する特別区のニーズに対応するため、今年度新たな試行研修として実施する。

18年度以降には児童相談所開設を見据えた研修を実施する計画で、20年度には児童福祉司の任用後研修や調整担当者研修など、様々な研修を予定している。

そのほか、職員の知識習得や能力向上を図るステップアップ研修における「悪質クレームの法的対応」では、今年度のカリキュラムにロールプレイを試行的に導入する予定。弁護士を講師に招き、悪質なクレームについての知識を深める。相手の要求内容や主張に対して組織で対応できるようにすることが狙い。

具体的には、クレーマーが増加する社会的背景や心理を踏まえ、クレーマーのタイプ別に対応方法を学ぶほか、実際に起きた事例を基に法的な対応方法を考察する。主任主事以上の職員が対象で、実施日は6月26日、8月1日、11月15日の3回。

職層研修では、これまで試行していた「議会答弁」を常設化する。模擬答弁等の事例演習を通じて、管理職が議会や委員会における質疑に的確に対応できる説明力・表現力を養う目的。

職場リーダーを養成するサポート研修では、新たに「政策法務」の研修を試行実施する。政策立案における法的な視点を踏まえ、課題解決能力を高める狙い。10月ごろの実施を予定している。

都都市整備局

水素を地下パイプで供給

選手村跡地エネルギー事業者募集

都都市整備局は4月24日、2020年東京五輪の選手村跡地の利用で、水素エネルギーに関する事業者の募集条件を発表した。事業者の選定には、同局が3月に公表した選手村跡地のまちづくりに関するエネルギー計画を踏まえる。

計画では、選手村付近の都有地に水素ステーションを整備するとしており、道路地下に専用のパイプラインを敷設。選手村跡地の各街区に設置される純水素型燃料電池とつなぎ、熱や電気を建物に供給する。

パイプラインを使った水素の利用法は、北九州市などが実験的に行っているが、事業として展開するのは都が全国で初めてで、環境への負荷の軽減や、災害時には備蓄した水素を利用して発電ができるなどのメリットが見込まれる。

ただ、水素の利用には課題もある。現在、パイプラインを通した水素の活用に関する法律はなく、都市ガスの利用法を定めた法律に準じる予定だが、現行法では安全対策のため、都市ガスのように水素に臭いを付ける必要が出てくるが、臭いを付けると燃料電池の利用時に装置に不具合が起こる可能性があり、再脱臭するスペースが必要になる上、水素の原価も約3割増加する。

また、計画では水素ステーションでの燃料電池バスへの水素供給も予定しているが、水素を圧縮しながら補給するため、圧力の回復に時間がかかり、1時間でバス2～3台程度しか補給できない。

このため、同局は現在、国と制度改正の協議をしながら、水素に臭いを付けない安全対策や、夜間に水素ステーションでバスを預かり、補給する体制を作るなどの課題解決に向けた検討を進めている。事業者選定は提案方式を採用し、課題への対応策も踏まえ、今年8～9月ごろに決定する。

五輪組織委

ラグビーW杯と連携

大会成功へ相互協力

五輪組織委員会は4月26日、2020年東京五輪と、19年ラグビーワールドカップ（W杯）の成功に向け、W杯組織委員会と大会準備で連携・協力する協定を締結した。五輪とW杯の組織委が、こうした協定を結ぶのは世界で初めて。

協定では、両大会の競技運営や警備、セキュリティー対策やボランティア育成など、大会運営に必要な項目について、それぞれ組織委の担当部署を通じて連携を図るとしている。

五輪とW杯は、東京スタジアム（調布市）など3競技会場が重なり、取り組むべき課題も共通することから協定を結んだという。

W杯組織委の嶋津昭事務総長は「世界を相手に大会を成功させるという目的は共通している。連携して相乗効果を発揮する」と話し、五輪組織委の武藤敏郎事務総長は「アンチドーピングなど、W杯を参考にすべき点は多い。二つの大会の成功に向け、緊密な連携をしたい」と述べた。

協定を結び、握手する武藤事務総長（右）と嶋津事務総長＝4月26日、虎ノ門ヒルズ（港区）

都福祉保健局

アレルギー疾患情報サイト開設

都福祉保健局は4月21日、アレルギー疾患に関する情報をまとめたポータルサイト（http://www.fukushihoken.metro.tokyo.jp/allergy/）を開設した。①気管支ぜん息②アトピー性皮膚炎③アレルギー性鼻炎④アレルギー性結膜炎⑤花粉症⑥食物アレルギー——の疾患別に、自己管理や治療に役立つ最新情報を提供する。

例えばアトピー性皮膚炎では、「入浴やシャワーで汗や皮膚の汚れを落とし、保湿剤で十分に保湿することが必要」などとアドバイスする。体や顔の洗い方を写真・イラスト付きで紹介し、外用薬や保湿剤の塗り方のポイントなども解説している。

同局は「アレルギー疾患には様々な原因や症状があり、重症化の予防や症状の軽減のためには、正しい知識を持つことが重要」（環境保健衛生課）としている。

米軍訓練で要請

「実施は硫黄島で」

都都市整備局

都都市整備局は4月25日、米軍が5月上旬に予定している空母ロナルド・レーガン艦載機による着陸訓練について、硫黄島での実施を米軍に申し入れるよう防衛省に要請した。同省から24日、米軍が硫黄島での訓練を天候などの事情で実施できない場合、横田・厚木基地を使用して訓練を行うとの通知を受けたため。

要請書では「昼夜間にわたる着陸訓練が実施されれば、その影響は甚大で、周辺地域の平穏な住民生活は著しく損なわれる」とし、市街地にある横田・厚木基地で訓練を実施しないよう求めている。

大城　久直さん（おおき・ひさなお＝都監査事務局監査第二課課長代理）4月21日死去、56歳。

石川　徹さん（いしかわ・とおる＝元東大和市議会議員）4月23日死去、81歳。

訂正　4月28日付の「特別区幹部異動分析」の表で、統括課長の欄の14年度Ⅰ類を空欄にし、15年度Ⅰ類を1人に訂正します。

退職後のリアル

しくじり都庁OBの教訓 7

最初のつまずき④

たまる妻の不満

交通手段を欠いた不便な日々の生活を強いられるようになると、元々都会育ちの妻には耐えられない状況が次々に明らかになってきた。まずは何をおいても運転手である私の都合に合わせて生活をしなければならない苦痛である。思いたったらすぐにケリをつけてしまいたい性格の彼女には、いちいち私の計画に合わせなければならない生活は耐えられないことだった。

そして運転手役の私と言えば、家を建てる資金計画の失敗から、再雇用で週4日東京通いを余儀なくされていた。つまり週の半分以上、彼女は全く動けない日々が続くことになってしまったということである。

根っからの都会派の彼女にしてみれば、電車だって10分以上待つことも少なく、買い物も近所で済ませる生活を60年以上やってきていた。また、週に1回のスーパーでの買いだめ生活なども想像できない世界に近いものだった。

今回の半田舎生活の決断も、自分で好きな時に好きなように車で買い物に行けることが大前提になっていた。そんな彼女からすれば、まさに「想定外」であり、「こんなことなら来るんじゃなかった」と思うようになった。

考えてみれば、今回の半田舎生活も、私主導で始まっていたし、その都度抱える疑問や不満をなだめすかしての計画だった。

まさによくありがちな「田舎で晴耕雨読の悠々自適生活」という「男のロマン」などといわれる机上のプランと現実とのズレがだんだん明らかになった。

彼女の方も、元々は「そこまで言うなら付き合ってあげる」程度の決心から始まったことだったから、すれ違いは徐々に表面化してきた。

当初は「家庭菜園程度のことはやってみよう」という意気込みのあった彼女も、その準備のための買い物さえままならぬ生活には不満がたまり始めてきた。

（金子雅臣）

五輪への航海図 175

TOKYO 2020

開催まで あと1179日

市場移転延期の余波㊦

BRT運行のめど立たず

環状2号線の未開通は、大会輸送の柱となるBRT（バス高速輸送システム）の運行計画にも影を落としている。

都都市整備局は今春、運行事業者に選定した京成バスと共に運行会社を設立する計画だったが、築地市場（中央区）の移転延期に伴ってBRTの主要ルートとなる環2が開通するめどが立たなくなり、小池知事の「総合的判断」を待っている状況だ。

BRTは臨海部の公共交通の需要増に対応するための交通手段の一つ。虎ノ門バスターミナルと新橋駅を起点とし、2019年、新橋・勝どき間の「勝どきルート」と、新橋駅・豊洲駅間の「晴海・豊洲ルート」の2系統で運行をスタート。2020年の大会後は虎ノ門と有明、晴海などを結ぶルートも加える計画で、共に環2を経由する経路を予定している。選手村再開発後には「選手村シャトル」を新設することも想定している。

BRTの特長を生かすには、信号・交差点が少ないルートの走行が理想的だが、大会までには築地周辺のトンネル部分が開通せず、地上部を1車線で走ることになるため、ポテンシャルを発揮できない可能性が高い。将来的な絵姿が見えないことも悩みの種だ。

築地市場移転延期の影響で現在も未開通の環2＝中央区

同局では、20年大会までにBRTの開業を目指すが、このまま移転延期問題が長期化すれば、19年中の開業には間に合わないどころか、知事の判断次第では抜本的な開業計画の見直しを迫られることになる。都と京成バスの協定書では、「不測の事態」の発生を想定し、その場合は両者の協議で対応策を定めることを規定しているが、このまま知事の判断が長引けば「万が一」も現実味を帯びる。

組織委員会の武藤敏郎事務総長は今年3月、記者団から環2が通らない場合の対処について問われ、「築地の移転問題という非常に高度な政治判断を要することは、五輪でどうするかという次元を超えている」としつつ、「内々に心配している」と吐露した。

築地市場を巡っては、跡地を大会関係車両の駐車場（約5千台）として使用する案もあるといい、移転の延期はスペース不足という問題に直結する。「総合的判断」の時期が遅れるほど、実務者の負担は雪だるま式に増えていく。

主任試験講座

平成29年度 31

今回は「組織広報その他」関係の問題です。都政実務については、これが最終回になります。

問題を解いた後は、『職員ハンドブック』などと照らし合わせ、それぞれの選択肢のどの部分が誤っているのかを確認するようにしてください。

都政実務⑧

問題

【問題1】

都における広報及び広聴に関する記述として、妥当なのはどれか。

① 広報活動には、生活文化局広報広聴部が都政全般の専管部門として行う「個別広報」と、各局が所管事業について行う「一般広報」がある。

② 依存媒体には、新聞折り込み等で都民に配布している『広報東京都』や各局で発行・作成している広報物がある。

③ 自主媒体による広報は、影響力が極めて大きいばかりでなく、迅速性、伝達範囲の広さなど、優れた特性を持っている。

④ 都民の意向を正確に把握し、都民本位の行政サービスの展開を図るため、各局においても、各種のモニター制度など、個別広聴をあらゆる分野で行っている。

⑤ 調査広聴におけるインターネット都政モニターでは、ランダムにモニターを選定し、都政の緊急課題等に関する意見・要望等を迅速に把握している。

【問題2】

都における個人情報保護制度に関する記述として、妥当なのはどれか。

① 個人情報の保護を実施する機関は、知事を始め警視総監や消防総監は含むが、都が設立した地方独立行政法人は含まない。

② 保有個人情報とは、実施機関の職員が職務上作成し、または取得した個人情報であり、当該実施機関が組織的に保有している個人情報を言う。

③ 開示請求に係る保有個人情報が存在しているか否かを答えるだけで、非開示情報を開示することとなるときは、実施機関は、当該保有個人情報の存否を明らかにしないで、当該開示請求を拒否できる。

④ 実施機関は、いかなる場合であっても、保有個人情報を取り扱う事務の目的を超えて、実施機関内で利用し、また実施機関外へ提供してはならない。

⑤ 開示決定された自己の個人情報の閲覧においては、開示手数料を徴収する。

【問題3】

情報セキュリティー対策に関する記述として、妥当なのはどれか。

① 東京都情報セキュリティ基本方針とは、全ての情報システム等共通の対策を定めたものである。

② 情報セキュリティポリシーとは、東京都情報セキュリティ基本方針と情報セキュリティ実施手順の総称である。

③ 情報セキュリティポリシーに違反し、重大な事故を発生させた職員は、その重大性、発生した事案の状況等に応じて、地方公務員法による懲戒処分の対象になる。

④ 東京都情報セキュリティ対策基準とは、各情報システム等個別の手順、実施事項等を定めたものである。

⑤ 情報セキュリティー対策を進めるに当たっては、これらの情報資産を機密性、完全性、継続性の視点から適切に分類し、その分類に応じて管理をしなければならない。

【問題4】

都における情報公開制度に関する記述として、妥当なのはどれか。

① 東京都情報公開条例では、公文書の開示は、都の区域内に事務所または事業所を有する個人及び法人その他の団体は請求できるが、都の区域内に存する事務所または事業所に単に勤務するだけの者は請求できない。

② 公文書の開示を行う実施機関は、開示のあった公文書が存在するか否かを答えるだけで非開示情報を開示することになる場合においても、文書の存否を示した上で非開示決定を行う。

③ 公文書開示請求に対する決定について審査請求があった場合、当該審査請求が不適法であり却下する場合を除いては、東京都情報公開審査会に諮問して、当該審査請求についての裁決を行うものとされている。

④ 開示手数料は、文書、図面及び写真の場合、閲覧については1枚につき10円を徴収するが、1件名100円を限度としている。

⑤ 知事部局においては、全ての案件において、局の情報公開主管課長及び生活文化局広報広聴部情報公開課長に協議しなければならない。

【問題5】

組織原則に関する記述として、妥当なのはどれか。

① 監督範囲適正化の原則においては、一人の上司が直接、指揮・監督する部下の人数をできるだけ多くすることをいう。

② 階層短縮平準化の原則においては、管理階層はできるだけ短く、また平準であることが望ましいとされる。

③ 命令一元性の原則において、上司の上に更に上司がいる場合、その上司は、中間の上司を飛ばして直接部下に命令することができる。

④ 権限委譲の原則においては、上司の権限は部下に委譲されるが、責任は分担されず、上司が負担する。

⑤ 権限と責任の原則において、職務は、各職員が担当する最小単位の仕事であり、それには権限は伴うが責任は伴わない。

解説

【解説1】　正答④

① 誤り。個別広報と一般広報の記述が逆である（職員ハンドブック504㌻）。

② 誤り。記述の内容は、「自主媒体」の説明である。パブリシティー活動（依存媒体）とは、新聞・放送等の報道機関にニュースとして報道してもらう広報手段をいう（職員ハンドブック507㌻）。

③ 誤り。選択肢は、「依存媒体（パブリシティー活動）」の説明となっている（職員ハンドブック507㌻）。

④ 正しい（職員ハンドブック512㌻）。

⑤ 誤り。モニターは、公募により性別、年代、地域などを考慮し、500人を選任している（職員ハンドブック511㌻）。

【解説2】　正答③

① 誤り。都が設立した地方独立行政法人においても、実施機関に含まれる（職員ハンドブック532㌻）。

② 誤り。保有個人情報とは、実施機関の職員が職務上作成し、または取得した個人情報であり、当該実施機関の職員が組織的に利用するものとして、当該実施機関が保有しているものをいう（職員ハンドブック532㌻）。

③ 正しい（職員ハンドブック537㌻）。

④ 誤り。都が都民のために事業を行うに当たり、都民の負担の軽減など本人の利益や能率的な行政を考慮すると、一定の制限の範囲内で、既に収集している保有個人情報の目的外利用または目的外提供をすることが適当な場合がありえる（職員ハンドブック534㌻）。

⑤ 開示決定された自己の個人情報の閲覧は無料である（職員ハンドブック537㌻）。

【解説3】　正答③

① 誤り。記述は、東京都情報セキュリティ対策基準の説明である（職員ハンドブック551ページ）。

② 誤り。情報セキュリティポリシーとは、東京都情報セキュリティ基本方針と東京都情報セキュリティ対策基準の総称である（職員ハンドブック550㌻）。

③ 正しい（職員ハンドブック551㌻）。

④ 誤り。記述は、情報セキュリティ実施手順の説明である（職員ハンドブック551㌻）。

⑤ 誤り。情報資産は機密性、完全性、可用性の視点から分類される（職員ハンドブック551㌻）。

【解説4】　正答④

① 誤り。都の区域内に存する事務所または事業所に勤務する者も公文書開示請求できる（職員ハンドブック524㌻）。

② 誤り。記述の場合は、当該公文書の存否を明らかにしないで開示請求を拒否することができる（職員ハンドブック526㌻）。

③ 誤り。行政不服審査法の規定に基づく不服申し立てに対する救済措置がある（職員ハンドブック527㌻）。

④ 正しい（職員ハンドブック526㌻）。

⑤ 誤り。知事部局においては、一部開示・非開示（不存在等を含む）の決定をする場合、定型的・簡便な事案を除き、局の情報公開主管課長及び生活文化局広報広聴部情報公開課長並びに関係部課長に協議することとしている（職員ハンドブック528㌻）。

【解説5】　正答②

① 誤り。監督範囲適正化の原則（スパン・オブ・コントロール）においては、一人の上司が直接、指揮・監督する部下の人数は制限されなければならないというものである（職員ハンドブック560㌻）。

② 正しい（職員ハンドブック560㌻）。

③ 誤り。上司の上に更に上司がいる場合、その上司は、中間の上司を飛ばして直接部下に命令してはならない（職員ハンドブック560㌻）。

④ 誤り。権限委譲の原則においては、上司の権限は部下に委譲され、責任が分担されなければならないとされる（職員ハンドブック560㌻）。

⑤ 誤り。職務には、権限と責任が伴う（職員ハンドブック560㌻）。

※主任試験講座で参照としている『職員ハンドブック』のページは2015版に対応しています。

昇任試験対策のページ

29年度 主任・係長 論文講座 31

特別区主任主事選考

主任主事選考の論文添削も今回で3回目となります。これまでの2回の講座では、論文作成のための基本的なルールを学ぶとともに、課題に対応した論文例を用いながら構成力を高めることに重点を置いて説明をしてきました。

過去2回の講座で説明をした基本的な構成と書き方、見出しの付け方や文字数の配分などは、論文としての「形」をなすために最低限しっかりと身に着けるべきルールです。しっかりと押さえておきましょう。

また、論文選考は、日頃の実務経験を通じて培われた知識や能力を検証するために実施されることから、問題意識、論理的思考、表現力などが評価項目として挙げられます。

それに加え、今回の選考は「主任主事」としての能力を検証するためのものであることから、職場における主任主事の役割を正しく認識しているかが大きなポイントとなります。

論文添削の最後となる今回は、論文作成の基本的なルールや主任主事に求められる役割を改めて確認した上で、論文例を用いながら理解を深めていきたいと思います。

論文作成の基本的なルール

1 構成

主任主事選考の論文課題は、各区ともおおむね1千字から1200字程度ですので、序論・本論・結論からなる3段論法を基本とするといいでしょう。

序論は200～250字程度とし、課題の背景や問題点、今後のあるべき方向性について述べます。なお、序論の後に続く本論の内容と整合性を図る表現とすることに留意してください。

次に、本論は600～800字程度とし、三つの解決策を記述するのが一般的です。解決策は、複数ある中から序論の方向性に即したものを三つ選択しますが、解決策相互で内容の重複がないよう十分精査してください。

最後に、結論は150～200字程度とし、課題に対する総括や主任主事としての決意表明を力強く論じます。なお、結論部分において、序論・本論で全く述べていない新たな指摘や課題提起をしないように注意してください。

2 見出し

序論・本論・結論それぞれに、内容を端的に表現する「見出し」を付けます。見出しは、論文全体のストーリーを表現するものであり、大変重要です。見出しだけを拾い読みしても論文の内容が分かるような付け方をすると、これから論文を読み進める読み手に安心感を与えることができます。

主任主事の役割

「主任主事の役割」と聞いて何をイメージされるでしょうか。主任主事として職場でどのような役割があるか、自分の中で具体的に形づけることが論文全体の論理構成を一貫したものとする手助けにもなります。主なポイントは3点あります。

第一に、「実務の中心を担う」という役割です。

職場における中堅職員として、自身の担当業務についての十分な理解と遂行はもちろんのこと、業務の課題や問題点を発見し、改善策や解決策を率先して提案することが求められます。また、常に自己研鑽の意識を持ち実践することに加え、職場で発生した困難事例に対し積極的に最後まで責任感を持ちやり遂げることが、実務のリーダーとして他の職員からの信頼にもつながります。

第二に、「係長の補佐役」としての役割です。

係長がその職務を果たすため、係長と他職員のつなぎ役として職場の円滑なコミュニケーションや情報共有の要となる、いわゆる係長の右腕としての役割です。

第三に、「職員の指導育成役」としての役割です。

実務を通じて得た経験や知識を基に、後輩職員のやる気や能力を引き出すためのきっかけづくりや適切なアドバイスをすることなどが必要です。

論文作成に当たっては、これら主任主事が果たすべき役割をしっかりと意識することで、この受験生は選考の趣旨を理解しているという印象を読み手に与えることができます。この点を整理せずに記述を進めていくと、独善的な表現や主任主事の役割を超えている内容など、選考の趣旨を逸脱した論文になりがちです。

以上のことに特に注意しながら、今回も具体的な論文例を用いて添削をしていきます。

添削③

論文課題

「様々な課題に積極的に対応していく活力ある職場づくりのために、主任主事としてどのような役割を担うべきか、あなたの考えを述べなさい」（1200字程度）

論文例

1 求められる職場の活性化

人口構成の変化や社会の成熟化に伴い、特別区政は育児と介護のダブルケアや、子どもの貧困といった、より複雑・多様化した新たな課題に直面している。

限られた行政資源の中で、待機児対策や地域防災力の強化などの課題に加え、新たに生じた複雑・多様な行政課題に的確に対応していくためには、職員一人ひとりがチャレンジ精神を持ち、従来の枠組みにとらわれない新たな発想が生み出される活力ある職場づくりが必要である。

2 活力ある職場づくりに向けて

活力ある職場づくりを推進するためには、区民サービスの最前線である係の中で中核を担う主任主事の役割は非常に重要であり、私は主任主事として、次の3点に全力で取り組む。

第一に、自己研鑽を通した職員の意識改革と資質向上を図る。社会経済状況の変化や新たな課題に的確に対応するためには、前例踏襲主義ではなく、柔軟な発想と積極的なチャレンジ精神が必要である。私は、問題意識を常に持ち自ら主体的に情報収集を行うとともに、研修等に率先して参加し、他の自治体等における先進事例の研究を行う。そして、得た知識や経験を職務において実践し、他の職員と積極的に情報共有することにより、成果として係に提供する。

第二に、定期的な係会の開催を係長に提案し、情報共有と意見交換を適切に行う。各人が目の前の職務への対応だけにとらわれている状況では、係としての目標達成は困難である。私は、係会において係長を積極的に補佐し、係として達成すべき目標の設定と進捗管理に取り組んでいく。係会に際しては、業務の達成度と進捗を阻害する課題等が分かりやすい資料を作成し、率先して解決策の提示や問題提起を行う。自ら積極的に発言することで、他の係員も発言しやすい雰囲気を醸成し、職員の参画意識の高揚に寄与する。こうした取り組みを積み重ね、係全体が共通の目標を持ち、組織として持てる力を十二分に発揮できる環境づくりに努める。

第三に、担当する事務事業の効率的かつ効果的な執行に向け常に見直しを行う。限られた行政資源により様々な行政需要に的確に対応していくためには、職員一人ひとりが事務事業の最適化に取り組まなければならない。費用対効果や区民ニーズの観点から、業務の進め方やあり方に改善点がないか検証する。また、検証を通じてより効率的な事務執行の手順を整理し事務処理マニュアルを整備するなど、職務に精通した中堅職員として効率とサービス水準向上の両立を徹底的に追及する。

3 さらなる職場の発展をめざして

区民サービスの最前線である係は、区民が抱える課題をもっとも身近に感じることのできる非常に重要な組織である。直面する課題に向き合い、区民サービスの向上に一体となって挑戦していく活力ある職場づくりに向け、私は主任主事として、これからも係長を補佐するとともに職員の良き相談役となり、全力で職務にまい進する決意である。

論文添削・講評

1 序論

課題をどのように捉え、どのような主張を論文を通して展開しようとしているかという方向性を示す重要な部分です。

今回の課題のメーンテーマは「活力ある職場づくり」です。論文例では、背景として複雑・多様化した行政課題が発生しており、その解決のためにはチャレンジ精神を持ち、従来の枠組みにとらわれない組織＝活力ある職場が必要であるという書きぶりになっています。

書き出しにおいて「ダブルケア」や「子どもの貧困」という社会的に新たに注目を集めている課題を例示していることは、日頃から情報収集し幅広い問題意識を持っているということのアピールにつながり評価できます。

ただし、1文1文が長すぎて、特に2文目は冗長に感じられます。論文の勉強をするときには、「文章は短く」を常に意識して書くように心掛けましょう。

2 本論

主任主事として課題解決のため主体的に何をするのかを具体的に示します。取り組み内容については、具体性があることに加え現実的であるかが評価のポイントとなります。独り善がりの内容となっていないか、記述した内容は現実の職場において実践できるかなど、客観的な視点から確認することも大切です。

また、主任主事選考ということを忘れず、主任主事の立場と役割をきちんと理解した内容とすることも重要です。第二の取り組みに記載のある「係として達成すべき目標の設定と進捗管理」については、主任主事の役割を超えています。「係長が行う目標設定と進捗管理を補佐する」などとし、主任主事の果たすべき役割をしっかり意識しながら記述しましょう。

3 結論

結論は、主任主事としての決意表明を力強く記載することが重要です。これまで展開してきた序論・本論との一貫性を保つことに注意し、新たな課題提起や論点を書くことのないようにしてください。また、最後まで「主任主事」選考であることを意識し、その役割を意識した決意表明とすることが必要です。

まずは行動から

論文選考に向けては、何よりも「まず書いてみる」ことが重要です。過去の本講座の課題でも自ら設定した課題でも結構ですので、まずは一つ論文を作成し、上司や先輩などに添削をお願いしてみることをお勧めします。

また、実際の試験では限られた時間で指定の文字数を書き切ることが求められます。途中まで完璧な論文でも、時間内に書き切ることができなければ合格は困難です。自分の手で書くことに慣れてペースをつかんでおくことで、試験当日の論文構成を検討する時間を多く確保することができます。

仕事やプライベートなど多忙な日々の中で、試験対策を計画的に進めることは難しいと思いますが、早めに勉強に取り掛かることが合格への何よりの近道です。

上手に空いた時間を使い、自分の取り組みやすい方法で、とにかく一つ論文を作成してみるところから始めてみましょう。

カレントトピックス 29年度 31

都政事情

■地下鉄車両内に防犯カメラ　（3月14日）

都交通局は、都営地下鉄の全車両内に防犯カメラを設置すると発表した。いたずらや犯罪防止、テロ対策を目的に車内全体を録画するという。

新型車両の導入に合わせて今年8月以降、新宿線を皮切りに防犯カメラの運用を開始する。防犯カメラは車両を死角なく見渡せるように天井に設置し、録画された映像は警察や相互直通の運転各社とともに、目的外使用のないよう厳重に管理する。同局は、防犯カメラにとどまらず、様々なセキュリティー対策に取り組む考えだ。

東京メトロも来年4月以降、車両に設置した防犯カメラの運用を始めるという。

■いじめ防止のスマホ用アプリなど開発　（3月9日）

東京都教育委員会は、児童や生徒がいじめの相談を気軽に行うためのスマートフォン用アプリとウェブサイトを開発したと発表した。また、ソーシャル・ネットワーキング・サービス（SNS）によるトラブルにも対応しているという。

スマホ用アプリでは、簡易的に心の状態をチェックしたり、都教育相談センターに電話したりする機能が搭載され、児童や生徒の気持ちに沿って、不安を軽減し、相談先を案内する。また、いじめ相談やSNSについて考えるストーリーの閲覧が可能で、いじめやSNSによるトラブルの対処法が提示されている。

スマホを所持していない児童や生徒に対応するため、ウェブサイトを開発した。いじめ相談などに関するストーリーが閲覧可能だ。

■都職員2263人が入都　（4月3日）

2017年度の入都式が、東京芸術劇場（豊島区）で開催された。新規採用職員は教員や警察、消防を除き、事務804人、4大技術514人、技能運輸193人、東京五輪までの任期付職員（4条職員）51人などの計2263人に上った。

式典では、知事、副知事や各局長が見守る中、新入職員の代表が知事から辞令交付を受けた。

知事は式辞で、①都民ファーストの視点②チャレンジする姿勢③ライフ・ワーク・バランス——を大切にするよう職員に訴えた。また、「常に他益、都民の利益を重んじて、予算を有効に活用するワイズスペンディングが求められており、都民ファーストの精神を胸に世界ナンバーワンの新しい東京を築いていこう」と呼びかけた。

新しいワケネギ「東京小町」誕生

東京のオリジナル野菜

ワケネギ「東京小町」の畑（府中市）

東京都農林総合研究センターが20年余りの年月をかけて開発に取り組んできたワケネギ新品種「東京小町」が、今年2月に農林水産省に新品種として登録され、関係機関が一体となった普及に向けた取り組みが開始されました。

読者の皆様は「ワケネギ」という野菜をご存知でしょうか。関東地方、特に千葉県西部、埼玉県南部、そして東京都で生産されている特産野菜で、京都の地域特産野菜から今や全国区になった「九条ネギ」と同じ、緑色部を中心に利用する葉ネギの仲間です。関東に多い長ネギ（白ネギ）よりも葉が柔らかく、辛みや青臭みが少なく、香りが良いのが特徴です。

緑葉部にはベータカロテンやビタミンCが豊富で、カルシウムやカリウムなどのミネラル類も比較的多く含まれる野菜です。長ネギように1本ずつが独立した太いネギにはならず、植えつけた苗が次々と株分れして、収穫時には数本から数十本がまとまった大きな株になります。

名前や荷姿がよく似た野菜に西日本で生産が多い「ワケギ」がありますが、「ワケギ」は高温期に球根を作り休眠するため、この期間は生産出荷できないのに対し、「ワケネギ」は球根を作らず休眠もしませんので、一年中生産出荷することができます。

東京で栽培される理由

ところで、ネギに限らず関東と関西では様々な野菜などで違いが見られますが、これには気候や土壌の違いが深く関わっており、長い歴史の中でそれぞれの特性を生かした調理法が創意工夫され、これが地域の食文化を支えてきました。「ワケネギ」もそのような歴史の中で、地域の食文化の一端を担う特産野菜として長く親しまれてきました。

ワケネギのぬた

東京の「ワケネギ」の歴史は、葛飾区で栽培が始まった1930年代にさかのぼり、その後は足立区、そして65年頃には府中市に広がりました。

「ワケネギ」が東京で栽培されるようになった理由としては、市場単価が長ネギよりも高く、限られた農地面積で集約的な経営が求められる東京の農業者にとって、高い収益性が見込める有望品目であったことが挙げられています。近年の東京市場への出荷は千葉県産や埼玉県産が多く、市場価格の低迷もあって東京産は減少しつつありますが、新品種「東京小町」の誕生を、「ワケネギ」の生産並びに消費の拡大に向けた契機としたいと考えています。

ワケネギ「東京小町」

さて、「東京小町」の生い立ちですが、これまで都内で利用されてきた「ワケネギ」品種は葉が軟らかく食味に優れていたものの、夏の暑さに弱く、葉色が淡く葉が細くなりやすい欠点がありました。このため、年間を通して出荷するには、夏の栽培でも葉色が濃く葉が細くならない品種を別途準備する必要があり、そのための手間やコストがかかっていました。

「東京小町」は、それら2品種を交配して作出した新品種で、双方の優れた特徴を多く受け継いでおり、夏でも冬でも年間を通して、本品種のみで品質の優れた「ワケネギ」を生産することができる優れものです。

しゃぶしゃぶが絶品

「東京小町」の特徴を生かしたおいしい食べ方としては、ぬたやおひたし、汁物、炒め物など、幅広い料理に利用できますが、どのような料理に使う場合でも優れた風味や食感を生かすには、細かく刻み過ぎたり火を通し過ぎたりしないことがポイントです。

ぬたやおひたしは、シンプルに素材の味を生かすには最適ですし、うどんやそばにも彩りが映えます。大きめに切った「東京小町」をたっぷり入れたみそ汁も美味ですが、何といってもお勧めはしゃぶしゃぶでしょう。軽く湯にくぐらせれば、適度にしんなりとなり、歯ざわりや香りを損なうことなく、程よい甘みも感じられます。ブリと合わせるのも定番ですが、できれば東京ブランド豚肉「TOKYO X」とともにしゃぶしゃぶで味わえば、そのおいしさはまた格別です。

暑い夏でも品質の良い「ワケネギ」として生産可能な「東京小町」は、葉物野菜が作りにくく品薄になる東京の夏の緑色野菜として大いに期待されます。今年の春作から都内各地で試作が開始されたばかりで、まだ生産量は限られますが、秋には直売所等でもお目見えする見込みです。

東京2020オリンピック・パラリンピック競技大会に向けて、国内外から東京を訪れる多くの方々を東京オリジナル野菜でおもてなしができるよう、「東京小町」生産拡大の取り組みをさらに進めていきます。

〈都農林総合研究センター園芸技術科野菜研究チーム主任研究員　沼尻勝人〉

虹橋を渡って港区お台場へ

港区産業振興課シティプロモーション担当係長　鈴木友里江

週末回遊計画　とっておきのまち歩き5

晴れ渡った空、さわやかな風。新緑が目に眩しく、過ごしやすい季節になりました。みなさま、ゴールデンウイークはいかが過ごされますか？

今回は、風薫る5月のまちを五感で感じながら半日かけて巡る、私のお気に入りの散歩コースをご紹介します。

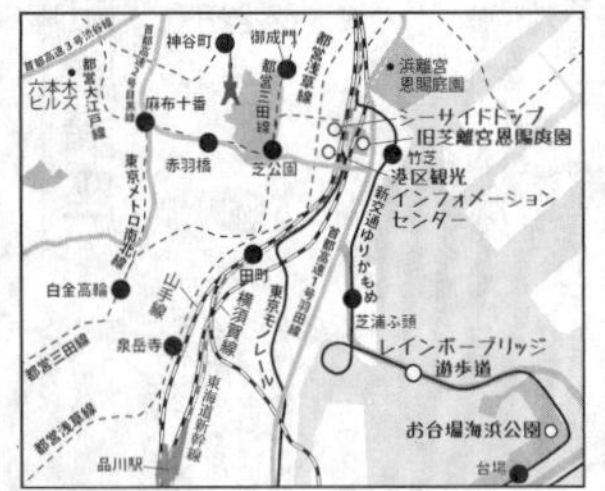

まず、東京モノレール浜松町駅3階コンコースにある港区観光インフォメーションセンターに向かいます。こちらでは、観光に役立つ情報や多言語対応の観光マップなどを配布しています。また、観光スポットの情報を映像やSNSで楽しめるコンテンツや、区内の観光施設を動画で見ることができるスマートフォン向けアプリ「東京AR」の配信をしています。ぜひご活用ください！

観光マップを手に入れたら、すぐお隣の世界貿易センタービルディング40階「シーサイドトップ」へご案内します。こちらは、360度のダイナミックな景色が楽しめるパノラマ展望台です。港区を代表するシンボルタワーである東京タワーと六本木ヒルズのツーショットや、晴れた日には、ビル群の向こうに富士山、丹沢の山を望むことができます。またお台場などのベイエリアやスカイツリーなど、素晴らしい眺望が堪能できます。

旧芝離宮恩賜庭園

次は、都心の高層ビル群の中にあり、広大な自然が楽しめる「旧芝離宮恩賜庭園」に向かいます。

こちらは、江戸時代に埋め立てられた大名庭園です。老中大久保忠朝が4代将軍家綱から拝領した土地に造られた回遊式泉水庭園で、当時は「楽壽園」と呼ばれていました。今も残る最も古い大名庭園の一つで、国の「名勝」に指定されています。数々の名石が使われた石組みの庭造りが特徴です。植物も多彩で、1年を通じて四季折々の花を楽しむことができます。特に入り口近くにある藤棚の藤は、樹齢約200年の銘木。5月になると美しい花を咲かせ、藤棚の下に用意されたベンチに座ると甘い香りを楽しむことができます。都会の喧騒（けんそう）を忘れ、ゆったりとした時間が過ごせるお勧めスポットです。

旧芝離宮恩賜庭園でリラックスしましたら、竹芝方面からお台場に向かいます。

お台場へは竹芝から新交通「ゆりかもめ」に乗車すると便利ですが、今回は、芝浦ふ頭駅で下車して、歩いてレインボーブリッジを渡ろうと思います。改札を出て、ゆりかもめの線路に沿って進んでいくと、レインボーブリッジの遊歩道入り口が見えてきます。

レインボーブリッジは長さ798㍍、主塔の高さが126㍍。上層部は首都高速道路、下層部は一般道路とゆりかもめが走る二重構造の橋になっており、1993年に開通しました。

お台場海浜公園

あまり知られていませんが、レインボーブリッジの下層部に一般道路と並行して遊歩道があり、芝浦側入り口から台場側入り口まで約30分で歩いて渡ることができます。遊歩道には、ノースルートとサウスルートの二つがあり、ノースルートからは日の出桟橋、竹芝ふ頭などのベイエリアが、サウスルートからは、お台場の街並みと、江戸時代に幕府が黒船の来襲に備えて築いた人工砲台である第3台場と第6台場を見ることができます。

現在、第3台場は修復され、海上公園として公開されています。一方、第6台場は、原型のまま保存することを目的として、上陸は禁止となっていますが、サウスルートから第6台場を眼下に望むことができ、海からでなければ見ることのできない当時のままの石垣や船着場跡などを見ることができます。今年はちょうど大政奉還150年となる年です。お台場は幕末の日本をしのぶ貴重な史跡となっています。

レインボーブリッジの遊歩道を渡りますと、東京2020オリンピック・パラリンピックの競技会場となる「お台場海浜公園」に到着します。こちらは臨海副都心部の開発にともなって開園した人工海浜公園で、砂浜には伊豆七島神津島から運ばれてきた砂が敷かれています。水辺で砂遊びを楽しむ親子連れやマリンスポーツをする人などで連日にぎわっています。潮風を感じながら砂浜を散歩したり、芝生の広場からのんびりと海を眺めるのもお勧めです。

また、夕暮れ時のお台場海浜公園も最高です。都心のビル群に夕日が沈むと、レインボーブリッジのライトアップが始まります。砂浜から見るレインボーブリッジや対岸の東京タワー、高層ビル群の夜景は格別です。

港区は、近代的なものと歴史を感じさせる文化財や史跡等、伝統的なものが調和した魅力あふれるまちです。ぜひ港区で素敵な時間をお過ごしください。

ミニガイド

◇千代田区立日比谷図書文化館「歴史に学び、未来を読む」　▷講師　加来耕三氏（作家）▷日時　5月26日㊎　午後7時〜8時半▷会場　日比谷図書文化館▷定員　200人（事前申し込み制）▷参加費　千円（千代田区民500円※住所が確認できるものを持参）▷申し込み方法　来館（1階受付）、電話（☎03・3502・3340）、メール（college@hibiyal.jp）のいずれかで、①講座名②氏名（ふりがな）③電話番号を連絡

◇名探偵★浅見光彦の住む街・ミステリーウォーク2017「封印された甘い香り」　▷期間　5月12日㊎〜28日㊐▷場所　北区西ケ原・中里・染井周辺の商店街（北区霜降銀座・豊島区染井銀座）や街、旧古河庭園など▷参加費　無料▷内容　謎解きストーリーや地図が記された「ミステリー手帖」（霜降銀座・染井銀座商店街の各指定店や区内の駅などで配布）を片手に、周辺の街角や商店街の店先などにあるヒントを探し歩き、手帖内の穴埋めパズルを完成させる▷主催　北区西ケ原東地区自治会連合会▷後援　北区

都政新報

発行所 都政新報社
〒160-0023 東京都新宿区西新宿7-23-1 TSビル
(総務・読者) 03-5330-8781
(企画広告) 03-5330-8784
(編集) 03-5330-8786
(出版) 03-5330-8788
(ファクス) 03-5330-8808
購読料 月1,730円(税込)
毎週火・金曜日発行
ただし、祝日は休刊

紙面から

「時差ビズ」で混雑解消

企業へ多様な出勤要望

都は今夏、交通機関の混雑緩和のために時差出勤やテレワークを推進する「時差ビズ」に着手する。都内の賛同企業が朝の混雑ピーク時から出勤をずらしたり、自宅での業務を可能にするよう働き掛け、慢性的な混雑を解消して、働き方改革を推進する。「満員電車ゼロ」は小池知事の選挙公約でもあり、混雑解消やテレワークの促進を環境相時代の「クールビズ」に続く全国的なムーブメントにつなげ、大会後のレガシーとすることも目指す。

時差ビズは、東京五輪の開会日となる7月24日を踏まえ、7月11日から25日までの間、都心部の企業などが出勤時間をずらすことで、電車の混雑解消を目指す取り組み。2020年まで毎年夏に実施する。協議会には国や特別区のほか、賛同する民間企業や鉄道事業者、業界団体など35団体が参加し、それぞれ時差ビズの実施に向けて、従業員の時差勤務推奨やテレワークを進める。

電車の混雑解消は生産性の向上やワーク・ライフ・バランスの充実にもつながるとされており、満員電車解消を所管する都市整備局のほか、産業労働局や総務局、交通局、政策企画局で連携して取り組みを進めている。

都市整備局都市基盤部は「企業の働き方改革によって混雑を緩和すれば、東京全体の働き方を変えることにつながる」(交通企画課)と説明する。

都内主要路線のピーク時間帯の平均混雑率は、1975年に221%を記録して以降、新たな路線の開通や車両編成の増加などによって徐々に改善している。15年現在は164%で、10年以降はほぼ横ばいだ。だが、都心に向かう朝の上り電車など、時間帯や区間によっては現在でも200%近い混雑率を記録している。

小池知事は4月28日に行われた「快適通勤ムーブメント・プロモーション協議会」の初会合で、「時差ビズ」の概要やロゴマークを発表した。また、先進的な取り組みを行った企業を表彰するほか、漫画家の松本零士氏の協力を得て特別賞を創設することなども報告した。

協議会後、知事は「クールビズの次は時差ビズ」と環境相時代の取り組みを引き合いに、「人にスポットを当てて社会を変える。そのためには企業や団体などの協力が必要だ」と、多くの事業者の賛同を求めた。

「時差ビズ」を発表し概要を説明する小池知事=4月28日、丸ビルホールで

無形のレガシーとなるか

【解説】早い時間に出退勤したり、始業を遅くする時差勤務は一部企業で既に始まっている。あくまでも主体は民間企業で、都としては「お願いして回る立場」(都市整備局)だ。7月に向けて産業労働局が認定する「働き方改革宣言企業」を中心に働き掛け、実施企業を増やしていく考えだ。また、都庁でも4月から始業時間を9パターンに分ける時差勤務をスタートしており、職員への浸透を図る。

鉄道事業者各社では、車両の長編成化による輸送力の増強などを進めているが、ハード整備は時間がかかり、ソフト面での対策が必須だ。小池知事は都知事選の際に2階建て車両の導入などを提唱したことで話題となったが、まずは即効的な取り組みから手を付け、公約実現を目指す。

ロンドンでは、12年の五輪開催による交通機関の混雑を見越し、テレワークを積極的に導入促進して緩和に努めた経緯がある。結果、テレワークは大会後も多様な働き方を可能にする「見えないレガシー」として定着している。都はそうした成功例を踏まえ、7月に国と共同で「テレワーク推進センター」を開設し、企業への制度導入や規制緩和を進めていく考えで、時差出勤とともに都内での定着を図っていく。

クールビズは社会現象となり、紛れもなく「環境相・小池印」のレガシーになった。同様のムーブメントを起こし、多様な働き方を定着できれば、五輪成果の一つと胸を張ることもできる。

働き方改革の推進は「時差ビズ」の最大の目的であり、実現のための手段でもある。民間企業の協力確保に向けて、隠れ残業防止などの労務管理の徹底を始め、行政が率先して環境整備を進めていく必要がある。(南)

ICT先進都市実現へ

都総務局 有識者が未来像を提言

ICTをまちづくりにどのように生かしていくかを議論している都の有識者懇談会が、まもなく「2022年の東京のあり方」を提言としてまとめる。急速に技術革新が進むICTの発展の方向性や、都が行うべき取り組みを検討する土台とし、ICT先進都市として世界との競争力確保を目指す。

東京の経済成長を考える上で、大きな課題の一つが少子高齢化だ。人口減少が進む中で、高齢者の見守りやケアなどのマンパワー確保が困難化する。懇談会では、ICTを活用した遠隔地からの見守りサービスなど、高齢化対応の負担の省エネ化が提唱された。インフラ面では施設のメンテナンスや管理を自動化することで、少ない職員による対応やコストの削減につなげることが可能になり、人口・人材の減少にも対応できるなど、ICTは少子高齢化の特効薬にもなり得る。

技術の開発や導入は民間の力に頼るところが大きいが、行政にはその活躍の場を確保することが求められる。代表的な例が、行政データを機械判読が可能な形で提供するプラットホームを作るなど、オープンデータの取り組みを進めること。都では青少年・治安対策本部が町丁字別の犯罪マップを公開し、民間防犯アプリの開発を促すなど局別に取り組みが始まっており、行政の取り組みが民間の力を引き出すことにつながる。

一方で、ICT産業を支える中小企業への直接的な支援も必要だ。中小企業は小回りの効く機動力や実行力を持つ一方、人材や市場の開拓力などに弱みを抱えており、支援を求めている。行政がロボットなどの先端技術を実証するフィールドを提供することができれば、産業全体の振興に寄与する。

また、都市農業の分野でも、農作物や出荷管理にインターネット制御を導入することで、生産性の向上などが見込まれ、都内産業の活性化に有効だ。だが、小規模事業者単独では参入が難しい。有識者は支援策として、行政が小規模農業に最適なシステムを事業者に提供することで収益性を向上させることなどを挙げている。

20年の東京五輪は、最先端ICT活用のショーケースとして世界にアピールする最後のチャンスでもある。都内人口は25年を境に減少に転じるとされており、その後の未来を描く上で、技術力を生かした活力の確保は喫緊の課題だ。

都総務局は6月の第2回定例都議会までに、懇談会の提言をとりまとめる考え。

児童虐待5件を検証

都児童福祉審 改善策など提言示す

都児童福祉審議会の検証部会が都内の児童虐待死亡事故などを検証し、このほど提言を都に報告した。2014年度に重大な児童虐待死などが全10件発生し、うち5件の課題などをまとめた。

その一つが、児童相談所が保護者指導などを実施していたにもかかわらず、虐待死を防げなかったケースだ。医療機関に硬膜下血腫で緊急搬送された乳児が頭を強く揺さぶられた疑いがあるとして、通報を受けた児童相談所が乳児院に一時保護したが、家族との面会などを経て退所させ、虐待死に至った。

この事例では、児相と乳児院の情報共有不足の課題を指摘し、乳児院は保護者の養育スキルなど多くの情報を持っているが、児相が乳児院の退所決定に当たり、乳児院から事前に意見を聴取していなかったため、今後の改善策としてヒアリングするよう求めた。

また、養父から日常的に虐待を受けていた中学2年生の男子生徒が「24時間以内に自殺しろ」と強く迫られ、自宅で首つり自殺した事例では、中学校の対応に問題があると指摘。男子生徒は養父に殴られ、片目全体にあざができたまま登校しているのを教員が確認。その後もあざができていたが、学校側は児童虐待を疑わず、児相などに通報しなかった。児童虐待を早期に発見するための教員研修や、虐待に対応する校内組織の設置などの必要性に言及した。

提言を受けた都福祉保健局は「区市町村、学校との会議で提言を周知し、今後の取り組みにつなげていきたい」と話している。

決戦の構図
2017都議選を占う④

孤軍奮闘

はしご外され1人会派に

3月の第1回定例都議会の一般質問で、1人会派「新風自民党」の大場康宣氏が壇上に向かうと、自民党の議員らが盛大な拍手を送った。元々3人で結成した新会派だったが、自民党の拍手は1人会派となったことへの同情とも皮肉とも受け取れる。大場氏は壇上で、「都政に新しい風をもたらすべく船出した新風自民党は孤軍奮闘となった」と新会派を離れた2人を遠回しに批判した。

新風自民党は1月に結成したが、わずか1カ月後に2人が抜けるという異例の事態となった。一体、何が起きたのか。

3人が都議会自民党離脱を表明したのは昨年12月28日。その数日前、山内晃氏と木村基成氏の2人が会派を割ろうと大場氏に迫り、半ば押し切られる形で大場氏も同調した。これを歓迎した小池知事は「勇気を出して離脱してくれた。力を貸す」と、都議選での支援をにおわせた。

だが、雲行きが怪しくなったのは、1月24日に川井重勇議長へ新会派届を提出した後、3人が小池知事らと面会した時だ。知事は、山内氏が品川区内に張っていたポスターに関し、本人と知事が握手を交わし、安倍首相の顔写真も載せていたことに触れ、「(ポスターを製作する際は)事前に相談してね」と穏やかに話していたが、ポスターの構成の相談がなかったことへの不満が見て取れたという。その場で、知事サイドから、2月の千代田区長選で都民ファーストの会が支援する現職を応援するよう要請されたという。

同区長選では、自民党が推薦する候補も出馬し、現職を応援することはできなかった。踏み絵を踏まなかった3人に対し、都民ファーストの野田数代表が週刊誌で、自民党を離党しないと都議選で支援しないと最後通告し、都民ファーストの支援を受けられないことに焦りを覚えた山内氏と木村氏が離党。大場氏ははしごを外されてしまった。

山内氏と木村氏の2人が自民党の1期生に会派離脱を持ちかけたが、地元の国会議員との関係が強く、裏切ることはできないとし、断られるケースもあったという。新風自民党への囲い込みは失敗に終わった。

一方、自民党を離党しなかった大場氏に対し、都議会自民党の幹部から会派に戻るよう打診があったという。だが、大場氏は一度離脱した会派に戻ることはできず、新風自民党を閉じる考えは今のところない。

会派離脱した大場氏には、支援者から「何をしたかったのか」と疑問の声が上がっている。支援者に説明してもなかなか理解を得られない状況だ。中には、初心に戻って選挙戦に臨むようアドバイスしてくれる支援者もいた。

世田谷選挙区から出馬する都民ファーストの候補者は2日時点で1人だが、今後は更に増える見通しだ。これまでの世田谷区議選や都議選では、選挙期間中しか駅頭や街頭で演説していなかったが、大場氏は「今回は駅頭や街頭に立たないといけないかもしれない」と危機感を募らせている。

川井都議会議長に新会派届を提出する大場氏(中央)ら3人=1月24日、都議会議事堂で

冗句ジョーク

GW中にもかかわらず進んだもの
オリパラ開催機運上昇、都議選連携加速
進まなかったもの
「管試対策勉強……」

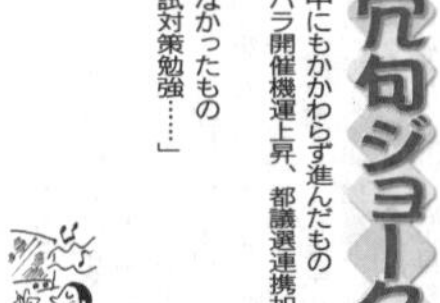

都政の東西

電力新時代

「続けることは、変わり続けることなのかもしれない」。元アイドルで女優の小泉今日子さんがカルチャー誌『SWITCH』での連載エッセーでこうつづっていた。

自治体も「変わり続ける」必要性に迫られている。新たな政策課題であるエネルギー政策が頭をもたげ始めたからだ。

かつての自治体の環境政策は、ごみ問題や大気汚染問題などが対象だったが、昨年4月の電力の小売り自由化を機にエネルギー政策が急浮上。環境エネルギー政策研究所の飯田哲也所長は「従来は自治体にエネルギー政策はなかった」と回顧する。が、自治体はこの課題に対し「変わらなくてはならない」時期に差し掛かった。

エネルギー改革の特徴の一つが「デマンド・プル」で、小売り自由化で消費者が電力を選べるようになった。

飯田所長は「ユーザー参加型となり、消費者が生産者を兼ねる『プロシューマー型』になっている」と分析し、世田谷区が全国に先駆けて長野県の水力発電から電力調達するなどの取り組みについては、「『顔の見える電気』が広がり始めた」と語る。

戦後の環境政策を振り返る上で特筆すべきは、都が1969年に制定した公害防止条例。自治体の総合的な公害対策の先鞭をつけ、70年には自動車排出ガス対策を行い、後に国が追随した。「政策イノベーション」の代表例だ。

石原都政以降、都の環境政策の立役者の大野輝之元都環境局長は著書『自治体のエネルギー戦略』でこう記した。「環境と生活の質を保ち高めながら、いかにして持続的な成長が可能な都市を実現するのか」。持続可能な東京の実現へ、自治体は「変わり続けなくてはならない」。

◆区市の暑さ対策に助成

都環境局は東京五輪の競技会場周辺の暑さ対策に関わる新たな補助制度を実施する。観光客が多く集まる地域を「クールエリア」に指定し、日よけや微細ミストなどを設置する経費を最大5千万円まで全額助成する。現在も「クールスポット」の創出支援で最大500万円を建物単位で助成しているが、エリアごとに対策を行うことで民間や公的機関など様々な主体の参加を促す。

助成は、会場周辺の区市から申請を受け、エリアを指定した後に整備事業者を公募する。例えば国立競技場周辺であれば、新宿や渋谷の駅周辺など、観光客が多い地域をクールエリアとすることが考えられる。

暑さ対策は遮熱性の高い日よけやミストの噴霧など、組み合わせで効果が変わる。対象地域に効果的な暑さ対策を施すことで、他のエリアや民間の対策実施を誘導・促進する狙いもある。

今年度は2カ所のクールエリアを指定する予定で、19年度までに6カ所の創出を目指す。

◆企業から意見聴取

中西充副知事を本部長に築地市場の移転問題などを総点検する庁内組織「市場のあり方戦略本部」が10日に都庁第一本庁舎で開かれ、小池知事による企業へのヒアリングが初めて実施される。今回のヒアリングの対象企業はイオンリテール㈱や㈱マルエツ、羽田市場を運営するCSN地方創生ネットワーク㈱。野菜や果物、魚介類の調達状況や羽田市場の取り組みに加え、現在の市場に期待することなどの意見聴取が想定される。

中野区
商店街とバス交通両立を
西武沿線整備で推進プラン

中野区は西武新宿線（中井～野方駅間）の連続立体交差事業に伴う沿線地区整備で、新井薬師前駅と沼袋駅の両駅周辺地区に関するまちづくり推進プラン案をまとめ、地元説明を経て6月をめどに策定する。両駅には駅前広場がなく、歩道が整備されていない道路を路線バスと歩行者が行き交う状況で、安全面や交通結節機能などの課題を抱えている。区は連立事業を機に、こうした問題の解決を図るとともに、衰退する商店街の再生や木密地域の解消などにもつなげたい考えだ。

幅員6メートルの一方通行道路を歩行者や自転車、路線バスなどが行き交う沼袋駅前（画像は一部加工しています）

西武池袋線の練馬駅からJR中野駅に向かう路線バスが決まって徐行と停車を繰り返す区間がある。西武新宿線沼袋駅と新青梅街道を南北に結ぶ幅員約6メートル、延長約560メートルの一方通行道路、沼袋駅前の通称「駅前バス通り」だ。スーパーや飲食店などが立ち並ぶ商店街で、バスの車窓から外を眺めると、車体と接触しそうになりながら通行する歩行者や自転車に驚かされる。

区は西武新宿線の連立事業に併せたまちづくりを目的に、2015年9月に沼袋駅周辺地区と新井薬師前駅周辺地区の沿線まちづくり整備方針を策定。都市基盤整備などの具体化に向けて推進プランを検討してきた。

区がまとめた推進プラン案では、整備方針で示した▽新たなにぎわいの創出▽交通基盤の強化▽防災性の向上▽自然や歴史文化資源を活用したまちづくり――の4施策に関し、両地区での事業手法や実施スケジュールを示した。

このうち、沼袋駅周辺では、駅前バス通りを幅員14メートルに拡幅し、相互通行可能な片側1車線道路を整備する。拡幅に当たっては、都市計画法上の「街並み誘導型地区計画」を策定し、建築基準法で定める斜線制限の緩和を活用しながらスカイラインの統一を図るとともに、壁面後退により店先の空間を広く取ることで利用客が立ち寄りやすい環境を整備し、商店街のにぎわい再生につなげる。

今年度中に事業認可を取得した上で、交通広場部分と商店街部分で事業時期を分割。交通広場の用地取得を先行的に進めて22年度の完成を目指し、商店街部分は19～23年度に用地取得、21年度着工、25年度の完成を計画する。

また、駅周辺の木造住宅密集地域の解消を目的に、地区内に緊急車両が通行可能な幅員6メートルの道路を250メートル間隔で複数整備する。19年度までに整備箇所など道路ネットワーク化に向けた検討を行い、20年度以降に地区計画を策定して整備に着手する。

区都市政策推進室によると、整備方針を具体化した推進プランを策定し、事業手法やスケジュールを明示することで、地域住民のまちづくりへの機運を高める狙いがあるという。田中大輔区長は「歩行空間にゆとりを持たせるとともに、車両の進入速度を制限する。商店街のにぎわいとバス交通の両立を図りたい。50年後、100年後の将来像を占める意味でも大きなまちづくりになる」と意欲を示した。

荒川区
1500人収容のホールを整備
西日暮里駅前再開発

荒川区を構成員とする西日暮里駅前地区市街地再開発準備組合は、来月25日に予定する総会に基本計画案を示す。1500人収容の文化ホールを整備するなど住宅・商業・業務機能が集積する2棟の再開発ビルや広場を計画しており、駅前の立地を生かしたにぎわいを創出する拠点づくりを目指す。

計画区域はJR西日暮里駅の北東部に隣接する一帯で、面積は約2・3ヘクタール。区は、計画区域内に立地する区立保育所や高齢者施設、2001年に廃校となった区立道灌山中学校跡地の所有者として、準備組合に参画している。

準備組合が示す再開発ビルのイメージでは、駅に面する区域南側に物販・飲食店舗や区立文化ホールを含む商業棟、北側にオフィスや住宅で構成する高さ170～180メートルの超高層棟を2棟建設する。2棟の間は屋根で覆うアトリウム空間とし、災害時には帰宅困難者の受け入れ場所として利用する。

再開発ビル周辺では、南側の道灌山通りに面する敷地部分に交通広場を整備し、JRや地下鉄、日暮里・舎人ライナーの駅への移動経路としてペデストリアンデッキの整備を計画している。

区は保有する権利床を利用して公益施設を整備する考えで、南側に建設する商業棟の7～10階に大ホール（1500席）やイベントホール（300～400席）、会議室などを設ける。

広場や防災機能を確保することなどで容積率を900～950％まで引き上げる。再開発施設2棟の総延べ床面積は15万4千～16万2千平方メートル程度を想定する。

来月の総会までに再開発ビルや広場、アクセス道路の整備方針を定める基本計画案を作成し、年内に再開発の施行区域を決定し、18年度に都市計画決定を受ける。20年度に権利変換計画を都へ申請して認可を受け、着工。約5年間の工事を経て26年度の事業完了を目指す。

西日暮里駅前地区再開発の完成イメージ

世田谷区
燃料電池車を公用車に
水素エネ普及を後押し

燃料電池車の納入を祝う保坂区長（中央）＝4月27日、区役所中庭で

世田谷区は4月27日、水素を燃料とする燃料電池自動車1台を公用車に導入した。保坂展人区長はこの日の定例会見で11月下旬をめどに移動式水素ステーションを世田谷清掃工場の敷地内に開設する方針を示し、「今日を起点に区内に次世代エネルギーを一層広めていきたい」と述べた。

区が導入したのは、ホンダの「クラリティ・フューエルセル」で、1回5キロの水素充塡（じゅうてん）による走行距離は750キロ。車両に搭載した燃料電池は外部電源として活用可能で、一般家庭の7日分の電気使用量を賄えるという。ホンダと444万円で5年間のリース契約を結び、イベント時の電源として活用するとともに、ラッピングデザインを公募するなど水素エネルギーのPRに役立てる。

移動式水素ステーションは、民間事業者に委託し、水素を積んだ25トントラックを週2回、世田谷清掃工場の駐車場に配備し、水素を販売する。6月中旬に事業者を決定し、協定を締結する。

北区
タクシー等事業者と災害時の輸送で協定

北区は4月28日、災害時の負傷者や救援活動人員の輸送に民間タクシーやバスを利用する協力協定を区内の民間交通事業者8団体と結んだ。区によると、同様の協定は昨年10月の豊島区に続き2区目となる。

協定では、地震や水害などが発生した際の負傷者や自宅からの避難者を受け入れ可能な病院や避難所へ運ぶほか、区役所から救援に向かう区職員の利用も想定する。区からの要請に応じて事業者が手配し、最大でタクシー1003台、バス40台が出動できるという。

区危機管理室の加藤富男副参事は「あらかじめ災害時の応急対策を強化し、迅速に対応したい」と話している。

記者席
小さな池に群がるコイたち

○……民進からの離党者がまた出た。東京改革議員団の尾崎大介前幹事長が4月30日に離党届を提出したことが発覚。離党者は同党の都議選公認候補36人のうち14人で、未公認も合わせると16人に上る。小池知事が事実上率いる都民ファーストの会の支援を受けたいと考えているケースが大半だ。都庁内では民進離党者が「小池人気」にすがる現状を「都民ファーストの支援という餌を欲しているようなので、お池に群がるコイではないか」との揶揄（やゆ）も聞こえてくる。コイの平均寿命は20年以上と言われており、生命力が強い魚だが、民進を離党した都議らは都議選で生き残れるのだろうか。

○……杉並区は4月27日、保育所待機児童が4月1日時点で29人だったと発表した。昨年4月に「保育緊急事態宣言」を出し、都内最大規模となる1年間で約2千人の定員拡大を行ったが、目標としていた今年4月の待機児童解消には至らなかった格好だ。田中良区長は「供給が需要を掘り起こすという意見には根拠がない」と述べ、多様な手法で定員拡大を図ってきた。時には反対住民との摩擦に発展するケースもあったが、昨年度当初には500人以上と見込まれた待機児童を29人に抑えたことは評価に値するだろう。ゼロの達成は田中区長が任期満了を迎える来年7月までの宿題といったところか。

○……23区の自治体間連携担当者が注目する選挙が4月に2市町で行われた。一つは23日投開票の埼玉県秩父市長選。同市は豊島区がCCRC構想を検討している交流自治体で、現職市長はわずか90票差で薄氷の3選を果たした。もう一つは30日投開票の静岡県南伊豆町長選。同町では杉並区が自治体間連携により特別養護老人ホームを整備している。選挙では再選を目指した現職が新人に競り負けた。もちろん、どちらの選挙も特別区との連携が直接批判を浴びたわけではないが、自治体間交流には首長のリーダーシップが大きく左右するだけに、全国連携の最先端での選挙結果には悲喜こもごもだったはずだ。

都区財調

「大都市事務」の合意いつ
闘いの到達点
特別区誕生70年……（中）

「区としては譲れない」――特別区長会の志賀徳壽事務局長は語気を強めた。

都区制度の要である都区財政調整制度、通称「都区財調」は、都と区及び各区間の財源調整機能とともに、各区の自主的・計画的な行政運営に資する財源保障機能を兼ね備えた仕組みだ。

志賀事務局長が「譲れない」と語るのは、都区財調の使途に関して。財調財源となる市町村税の固定資産税、法人住民税、特別土地保有税は、特別区では都税として徴収され、いわゆる「調整3税」として財調により再配分されるが、使途の根拠は地方自治法281条の2「都と特別区との役割分担の原則」の第1項で、こう規定されている。

「都は、特別区の存する区域において（中略）人口が高度に集中する大都市地域における行政の一体性及び統一性の確保の観点から（中略）都が一体的に処理することが必要であると認められる事務を処理するものとする」。23区を一体的に取り扱う必要のある事務は、都が担うという立て付けだ。この「大都市事務」を巡って、都と区は攻防を繰り広げてきた。

「都側1兆1964億円、区側6803億円」。2005年6月10日、都区財政調整協議会の幹事会の下に設置された大都市事務検討会で都区がそれぞれ示した大都市事務に要する総額の算定結果だ。5161億円もの開きがある。当時、区長会事務局次長だった志賀事務局長は「区側は政令市事務を大都市事務に入れないよう事前に都に伝えていたが、都は入れてきた」と振り返る。都は、都営地下鉄や江戸東京博物館、都立高校なども含めていたという。

配分割合は「政治線」

都区財調は第一に調整3税を都と区に配分する仕組みだ。この配分割合は都と区の役割分担に基づき、都区協議で決められる。特別区が基礎的自治体となった00年の地方自治法改正で、都区財調が初めて法定化された際には、清掃事務の区への移管などを反映し、配分割合は区が44％から52％へ、都が56％から48％と見直された。現在は区が55％、都が45％だ。

この配分割合は大都市事務の割合ではなく、区の事務分担に応じて変更されるのが慣例となっているが、区側は「制度趣旨に反する」（志賀事務局長）と主張する。「（財調財源のうち）都の取り分は大都市事務分だけで、それ以外は区の財源とするのが本来の制度趣旨」（同）との主張で、現在の運用とは正反対に、都の大都市事務が基準となるという考えだ。

しかし、都がこの一線を譲ったことはない。元都幹部は「都区財調の配分割合は『政治線』だ」と話し、元区長会会長の西野善雄元大田区長は「（00年の）52％は政治的な決着。区側としては50％を超えるのが大前提だった」と明かす。

こうした事情を受け、両者の大都市事務の認識合わせに至ったが、具体的な事務の役割分担の整理を目指して07年に始まった「都区のあり方検討委員会」は頓挫。役割分担を整理した444事務は、法改正のあった児童相談所を除いて暗礁に乗り上げたままだ。

都と区の大都市事務の定義が一致する日は来るのか。財調財源は「色」のない一般財源のため、都側が自ら使途を限定するのは考えづらい。この難題はまさに政治的な判断でしか突破できないのかもしれない。

東京二十三区清掃一部事務組合が所管する杉並清掃工場。清掃事務移管などを受け、区側の都区財調の配分割合は50％を超えた＝4日

自治体政策のススメ
待機児童問題はいつ解消するか
保育政策の課題①
保育園を考える親の会代表　普光院　亜紀

保育所等への入園に関する都内の状況は異常だ。特に、23区は非常に厳しく、認可の保育（保育所、認定こども園、小規模保育、家庭的保育等）に申し込んだ児童の62・5％しか入園できていない（2016年4月現在の有効回答平均、保育園を考える親の会調べ）。

保育ニーズの増加は08年のリーマンショック以降、特に顕著になっている。これには都内の就学前児童数の増加と、保育を希望する家庭の割合が増えていることの両方が影響している。10～16年の6年間の変化を見ると、都の就学前児童数は約3万人増、就学前児童における保育利用率もコンスタントに増加して32・8％から41・1％になった。

「保育園をつくると、地域の母親が働き始めて申し込みが増えるから、キリがない」と嘆く基礎自治体の担当者もいるが、それは違う。

そもそも都は、全国と比べて所得が高く、専業主婦家庭が多かったために保育の整備率が低かった。それが一気に共働き化が進み、急激なニーズ増になったのだ。現在の状態というのは1990年の1・57ショック以降、国が目指してきた姿と言える。少子高齢化を乗り越えるために、保育所を拡充し両立支援を進めることは当初からの計画だった。しかし、行財政改革もあり、待機児童対策は遅れがちだった。今ようやくエンジンがかかり、待機児童数が多い基礎自治体は頑張っている。この6年間に、認可の保育の合計定員が1・5倍以上になったところも少なくない。

これは「キリのない」戦いではない。全国の状況を見ても、保育利用率が50％に近づくと、待機児童は解消している。東京都の保育利用率は41・1％で、すでに全国平均39・9％を超えた。雇用力のある都は、もっと先に行かねばならない。そしてニーズ増が落ち着いたら、量の増加のために犠牲になっている質の改善にも取り組んでもらいたい。

◇

ふこういん・あき＝1956年神戸市生まれ。保育園を考える親の会代表。保育ジャーナリスト。大学講師。著書に『共働き子育てを成功させる5つの鉄則』（集英社、2015）、『「保育」の大切さを考える』（新読書社、14）ほか多数。

特別区
予想される顔ぶれ
第20回都議選　▶4◀

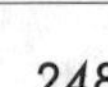

墨田区（定数3）

2005年選挙から、自民、公明、民主が議席を分け合ってきたが、前回は自民が01年以来の2議席を獲得した。

自民はいずれも現職で、2期目の櫻井浩之（51）と1期目の川松真一朗（36）を公認した。櫻井は、市場移転問題では百条委員長を務めた。区北部地域を地盤とし、元都議の父・櫻井武とともに支持固めを進める。川松は初めて臨んだ13年都議選でトップ当選した。区南部地域が地盤で、櫻井と住み分けて無党派層の取り込みを目指す。墨田総支部は「区議と連携して都民ファーストへ票が流れるのを防ぐ」と話している。

公明は、2期目の加藤雅之（52）を公認した。党都本部中小企業局長、同組織局次長などを務め、安定した支持基盤で戦いを進める。

共産は新人の伊藤大気（38）を公認。都委員会事務局次長などを務めた。地区委員会によると、「党の基礎票1万8千票にいくら上乗せできるかが勝敗を分ける」として、子育て世代からの支持を集めたい考え。

都民ファーストが公認候補に据えた成清梨沙子（27）は公認会計士で1児の母。保育所や学童保育所の待機児童解消を訴え、議席獲得を目指す。

前回選挙で議席を失った民進は候補者の公募に踏み切ったが、擁立に至っていない。

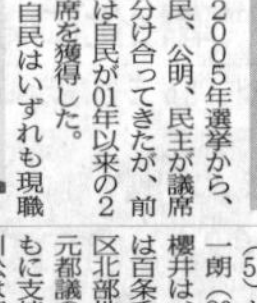

櫻井浩之氏　川松真一朗氏　加藤雅之氏
伊藤大気氏　成清梨沙子氏

前回の結果

◇墨田区

	氏名	党派	得票	期
当	川松真一朗	自新	20,502	①
当	加藤　雅之	公現	20,126	②
当	櫻井　浩之	自現	19,785	②
	森山　一	維新	11,927	
	小澤　昌也	民現	10,541	
	村本　裕哉	共新	9,047	

◇江東区

	氏名	党派	得票	期
当	山﨑　一輝	自現	53,676	②
当	木内　良明	公現	30,262	⑤
当	野上　幸絵	み現	28,267	③
当	畔上三和子	共現	25,918	②
	川北　直人	維新	20,273	
	大澤　昇	民現	18,295	

《文中は敬称略》

江東区（定数4）

豊洲新市場の地元区である注目の選挙区。前回は6人の乱戦を自民、公明、みんな、共産の4人が制した。

自民は現職2期の山﨑一輝（44）と、新人で区議の髙橋恵海（48）の2人を擁立した。都連が2人を擁立するよう要請し、同党江東区総支部は昨年10月に区議に立候補の意思を確認。髙橋が手を挙げた。山﨑は都議を5期務めた山﨑孝明江東区長の長男。髙橋は都議6期、衆院議員3期を務めた木村勉の次女で姉は衆院議員の木村弥生。ともに政治一家だが、山﨑陣営が自治会・町内会や業界団体など組織を固める一方で、髙橋は地元での父の影響力低下を懸念する声もあり、「組織の山﨑、空中戦の髙橋」（同支部幹事長）の展開。山﨑優位との見方が強いが、「共倒れの可能性もある」（同）と警戒を強める。

公明は新人で区議の細田勇（56）を擁立した。今期限りの引退を表明していた木内良明が1月26日に死去。都議会公明党議員団長などを歴任した木内に比べ、細田は知名度に不安を抱え、投票率の上昇が見込まれることなどを懸念材料と見る向きもある。

共産は現職2期の畔上三和子（61）を公認した。前回、前々回と安定して2万5千票以上を獲得。政権与党批判層の受け皿になっており、一定の浮動票の獲得が見込まれる。市場問題で築地再整備を掲げ、区内都有地を活用した認可保育所の増設などを訴える。

民進は前回みんなの党から出馬して当選した野上幸絵（47）を擁立。親の格差が子供に連鎖しないよう、教育政策などを強く訴えるが、「（都民ファーストと）改革の方向性は同じ」と話し、都民ファーストとの連携に含みを持たせた。夫は衆院議員（民進）の柿沢未途。

都議会民主党幹事長などを務め、前回選挙で落選した元職3期の大澤昇（52）は無所属での出馬を表明した。小池知事と同じ日本新党出身で、希望の塾に入塾しており、「都民ファーストの支援は視野に入れている」と話すが、公認には至っていない。都民ファーストの公認は現時点で未定。

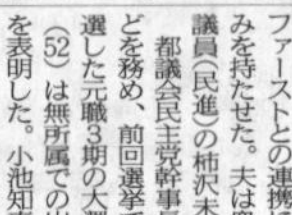

山﨑一輝氏　髙橋恵海氏　細田勇氏
畔上三和子氏　野上幸絵氏　大澤昇氏

今夏、島しょで「婚活」

都産業労働局　旅行業者も熱視線

都内島しょ地域を舞台とした「婚活ツアー」が、都産業労働局の支援を受けて今夏からスタートする。これまで同局は島しょ地域の市町村とともに観光促進を行ってきたが、船旅の時間の長さがネックの一つとなっていた。婚活ツアーでは移動時間の長さを逆手にとってマッチングイベントの時間などに当てる。男女の出会いと島巡りを両立させ、島に若者世代の関心を集めることが狙いだ。知事肝煎りの新企画には、旅行を企画する事業者からも注目が集まっている。

小笠原諸島近海では、イルカの見学などアクティビティーが充実している＝小笠原村観光局提供

「東京には島がいっぱいあるので、島巡り婚活などをしたい」。小池知事は今年の年頭インタビューなどで、少子化対策の一環として婚活事業に取り組みたい考えを示してきた。その具体策が産業労働局と観光財団が行う「島しょ婚活ツアー」への助成事業だ。船舶を活用し、「男女の交流機会を創出する」旅行商品に対して、経費の2分の1、最大100万円を補助する。島しょに船で移動する場合、竹芝～大島間は大型船で8時間、三宅島は6時間40分、父島には丸一日の船旅になる。この時間を活用し、船内でのイベントなど交流機会に当てる。

都は今年3月に政策企画局が中心となって、婚活の機運醸成イベント「TOKYO縁結日」を開催するなど、小池知事の旗振りの下、若者の結婚支援に意欲的に取り組んでいる。だが、今回の婚活ツアー事業を所管する都観光部、観光財団ともに結婚支援の取り組みに携わった経験はなく、手探りの状態で、ツアーの内容は「事業者のアイデア頼み」（同局観光部振興課）となる。

4月25日に実施した事業者向け説明会には、担当者の予想を超える13事業者が参加。観光財団の会議室は満員になった。財団職員が応募要項などを説明したほか、島の魅力を紹介。船を運行する東海汽船の職員が船内の食堂やイベントスペースなどを説明した。知事の関心が非常に高いことも伝え、事業者のツアー作成を後押しした。

「婚活」と銘打ってはいるが、振興課は「あくまでも主眼は観光振興。ツアーをきっかけにして、若い世代に島の魅力を堪能してもらいたい」と説明する。

都内島しょ地域全体の観光者数は、1970年代のピーク時に年間113万人を数えたが、その後は45万人程度にまで落ち込んだ。島しょ観光は地域の主要産業でもあり、認知度の上昇や、リピーターの創出が目下の重要課題だ。都は経費助成にとどまらず、島の情報提供などを通して事業者によるツアー作成を後押しする方針。

観光部振興課では今後、旅行事業者が島しょの観光コースを下見できる調査を実施し、情報としてフィードバックする。島しょには、野生のイルカと泳げるスポットや自然と触れ合えるキャンプ場、天然温泉など様々な季節に楽しめるスポットがあることを伝え、夏以降のツアー制作に役立てる。

また、年度後半には、「縁結び」をテーマにした島しょのガイドブックを作成する。各島のカップル向けの観光地などを中心に、婚活ツアー参加者にターゲットを絞った内容でまとめる予定だ。

振興課は「旅行事業者がツアーを作るのには数カ月かかる。まずは夏の旅行のために調査に先駆けて旅行商品を作ってもらい、他の季節のツアー作成に向けても、できることをどんどんやっていく」と話す。「婚活」という未知のテーマを通して、観光促進と少子化対策という二兎を追うことができるか。島しょを舞台に新たな挑戦が始まっている。

未来につなぐ 都民のオアシス　井の頭公園100周年（下）

自由な空間と管理の狭間

にぎわいづくり

精巧なアクセサリーやオリジナルの帽子、小さなぬいぐるみ、その隣には草木でできた昆虫。小さなテーブルや地面の上に敷物を敷いた露店には、手作りの作品がところ狭しと並ぶ。作品だけではない。似顔絵を描く人、紙芝居で物語を聞かせる人、ギターやキーボードで歌を歌う人──。週末の井の頭公園は、そんなアーティストらであふれている。

「家にいられない理由があって週末、ここで出店してるんですよ」「あぁ、そういう理由ですか」。木材で作ったオリジナルのおもちゃを売る男性と客の笑い声が聞こえてきた。出店者は販売することよりも、客とのやり取りを楽しみにしているようにも見える。

毎週土、日、祝日にアーティストらが作品の販売やパフォーマンスを行う井の頭公園の「アートマーケッツ」は2007年に始まった。決められたエリア内でルールに沿って行う活動は登録制で、いわば管理されたにぎわい空間だが、吉祥寺の繁華街に近く、にぎわいと管理のバランスに悩まされてきた井の頭公園にとっては、一種の処方箋ともいえる取り組みだ。

「楽器の演奏や歌、露店を取り締まっても、数が多くてイタチごっこ。秩序ある正しいにぎわい空間とすることが課題だった」。都建設局西部公園緑地事務所の小松典子管理課長はそう振り返る。

公園内での露店営業やパフォーマンスは条例で禁じられているが、井の頭公園では無許可の出店が乱立。歌や楽器の騒音で近隣住民からは苦情が寄せられていた。

開園100周年に向けて07年に発足した「井の頭恩賜公園100年実行委員会（以下、実行委員会）」でも、自然環境の回復・保全とともに、公園を核とするにぎわいづくりが事業の柱となった。そこでスタートしたのが「アートマーケッツ」だった。

西部公園緑地事務所が事業主催者の実行委員会に占有を許可し、出店やパフォーマンスをしたいアーティストは実行委員会に登録を申し込む。年間登録料は1万2千円で、運営費に利用される。

行政が場所の使用を許可してフリーマーケットなどを行う例はあるが、運営主体に許可を与えるのは珍しい取り組みだという。

開始から10年が経ち、アートマーケッツは井の頭公園の一つの文化として定着しつつある。出店者らには、公園のにぎわい・文化を発信しているという自負も育ち、ルールを守らないなどの問題は、自分たちで解決するという意識も根付いてきたという。

アートマーケッツによって、課題となっていた公園の秩序は一定、保たれたが、一方で、本来は自由に過ごせる公園空間を特定の団体に独占させていいのかというジレンマもある。「排他独占の仕組みを管理者が作って良いのか。これは公園としての矛盾でもある」と小松課長。

100周年に向けた事業として開始したアートマーケッツは、今年でひと区切りとなるが、西部公園緑地事務所では、この手法を生かして公園のにぎわいづくりを継続していく考えだ。小松課長は「ここでやめたら、これまでの取り組みが無駄になる。何とかこれを市民協働で続けていきたい」と話す。

市街地に隣接し、にぎわい空間としての機能も持つ井の頭公園だが、路上での歌声がBGMになって良いという人もいれば静けさを求める人もいる。誰かの自由は、別の人にとって不自由かもしれない。様々な人が楽しめる憩いの空間を維持するにはどう取り組めばいいか。開園から100年たった今でも、より良い公園を目指すための模索は続いている。

＝おわり

毎週末、露店やパフォーマンスでにぎわう井の頭公園＝4月30日

一口メモ

【戦争で伐採されたスギ林】　繁華街に近接する井の頭公園だが、100年前に開園した当時は東京から遠い郊外だった。中央線が電化したのが大正8年（1919年）。同12年に関東大震災が発生すると、都心部からの移住が進んで近隣の人口が増加し、昭和9年（34年）に渋谷と結ぶ帝都電鉄（現京王線）が開通して都市化が一気に進んだ。郊外公園として整備された同公園だが、その後の都市化を見ると、この地を公園として確保する先見の明があったと言える。

また、今でこそサクラの名所として有名だが、開園当時はうっそうと茂るスギ林だった。そのスギは戦時中に空襲で被害を受けた人々のひつぎを作るために伐採されたという苦い歴史も刻まれている。

町田市

里山保全に「山林バンク」

民間の収益活動認め環境回復

町田市は、市の北部に位置する丘陵で山林バンク（仮称）を新たに展開する。手入れが行き届いていない山林を保全するため、自然環境を活用した取り組みを行う個人や団体と地権者を橋渡しする。山林の保全活動を行いながら農作物の販売や環境学習体験などの収益活動を認めて運営費とする取り組みで、町田市が策定した北部丘陵活性化アクションプラン（AP）で盛り込んだ。

北部丘陵は市内の上小山田町から下小山田町、小野路町等に広がる多摩丘陵の一角で、多摩丘陵の原風景を残す里山や小野路宿、小山田の城址など歴史的資源が点在するエリア。市の面積の約7分の1となる約1千㌶で、山林が6割、農地が4割となる。

同地域内では02年と03年に区画整理事業が中止となり、市が約100㌶の土地を買い取り、里山として保全。農閑期に農家が管理し、一部はNPOが保全活動を行っているが、手が入りきらず、竹が生い茂るなど荒れている箇所も多い。

山林バンクでは、市が活動を希望する団体からの問い合わせを受け、活動内容や条件を踏まえて適地を紹介。活動団体と活動内容や期間などを確認し、協定を締結する。その後は市が安全技術講習など活動支援を行う。

具体的な活動例では、野外活動や環境学習の拠点整備、竹などの作物や加工品の販売など、自然環境や景観を守り、地域住民の理解を得られる事業が考えられる。

市の保有する土地をモデル地区としてスタートする計画で、年度内にモデル地区を決定して募集を開始し、来年度からスタートしたい考え。

街中交流拠点オープン　◇八王子市◇

八王子市の中心市街地の八日町に13日、「まちなか交流・活動拠点Kikki＋（キッキプラス）」がオープンする。多摩信用金庫との地域活性化に関する包括連携協定の取り組みの一環で、地域の交流スペースや貸しスペース、カフェなどとともに、ファミリー世代が子供と気軽に利用できるよう、キッズスペースを併設する。

内装やカフェテーブル・椅子などに多摩産材を利用し、中心市街地で木に触れる機会を増やす。マンションなど新住民が多いエリアで、地元になじんでもらえるよう交流のきっかけとしてもらう考え。

多摩信用金庫とは5年間の施設貸与に関する覚書を交わした。営業時間は午前11時から午後7時までで、NPO法人ポケットパークが運営し、市と多摩信金が支援する。

防災Wi－Fi設備を開発　◇町田市◇

町田市と市内事業者の㈱イズミは、災害・停電時用に開発したLED街灯をベースに、WiFiやデジタルサイネージ、防犯カメラ、スピーカーの機能を持つ製品「WiFi街だ君」を共同開発した。停電時もフリーWiFi環境を提供でき、避難施設など災害時に人が集まる場所への設置などが想定される。また、災害発生時以外では、観光や行政情報の発信、防犯街路を兼ねて設置することが見込まれている。

駅前再開発で落下事故　◇国分寺市◇

国分寺市は1日、市が施行する国分寺駅北口再開発事業でタワークレーンでの荷揚げ作業中に材料の一部が市道と民有地に落下したと発表した。けが人はいない。

事故は4月29日午後2時57分ごろ、駅北口再開発事業の東街区の現場で発生。タワークレーンで荷揚げ作業中に、ワイヤーゲージが緩み、長さ1㍍、幅7・5㌢のアルミ製建材の板が落下した。

市は特定建築者の住友不動産と施工者の竹中工務店と再発防止に向けて協議を行った。

都市計画学会石川賞を受賞　◇府中市◇

府中市が取り組んできた府中市地域まちづくり条例を活用した大規模土地取引行為と、土地利用構想に対する10年以上にわたる約50件の取り組みが、2016年度の日本都市計画学会石川賞を受賞することが決定した。授賞式は26日に東京大学で行われる。

同市の条例に基づく取り組みは、土地取引段階から地域のまちづくりの観点で適切な内容に誘導する仕組みとして先進的なものであり、まちづくりにおいて地方分権の趣旨を実現するとともに、現実の課題に対応する有効な仕組みを構築した実績が受賞に値すると判断された。

新副市長に伊藤氏　小平市

小平市の新副市長に伊藤俊哉氏（59）が1日付で就任した。教山裕一郎前副市長の任期満了に伴うもので、任期は1日から4年間。

伊藤氏は1958年2月生まれ。学習院大学文学部卒業。80年4月に入庁し、企画政策部企画課長、都市経営部政策課長、企画政策部長などを歴任し、14年4月から議会事務局長を務めていた。

市町村　予想される顔ぶれ　第20回都議選

▶2◀

武蔵野市（定数1）

島崎義司氏

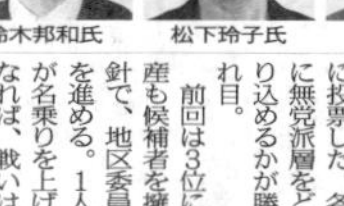

松下玲子氏

鈴木邦和氏

前回選挙では、自民支持の風に乗った新人の島崎義司（51）が現職を破り初当選。1人区で議席の死守を目指す。一方、元職で民進の松下玲子（46）は、惜敗の雪辱を果たすべく気炎を上げる。同党公認は離党者が続出しているが、松下はあくまでも民進の看板で戦う意向を示す。

そこに割って入るのが新人で都民ファーストの鈴木邦和（28）。希望の塾に所属し、IT会社代表として政治情報サイトを運営してきた経験や、若者へのアピール力で勝負する。

今回は都民ファーストとの協定により、公明支持層の票が島崎から鈴木に流れることが見込まれる。4年前の選挙では島崎と松下の票差は774票だったが、出口調査では無党派層の6割が松下に投票した。各候補とも無党派層をどれだけ取り込めるかが勝負の分かれ目。

前回は3位に沈んだ共産も候補者を擁立する方針で、地区委員会が検討を進める。1人区に4人が名乗りを上げることになれば、戦いは混迷を極めることになる。

前回の結果

◇武蔵野市

当	島崎　義司	（自新）	22,261 ①
	松下　玲子	（民現）	21,487
	小川　明弘	（共新）	5,895

◇三鷹市

当	吉野　利明	（自現）	25,415 ⑤
当	中村　洋	（民現）	18,397 ②
	西尾　勝彦	（共新）	8,513
	若林　亜紀	（維新）	7,706

《文中は敬称略》

三鷹市（定数2）

加藤浩司氏

中村洋氏

山田浩史氏

現時点で自民、民進、都民ファーストの3人が出馬する意向を示しているが、共産も候補者選考を進めており、少なくとも4人の立候補が見込まれる。

自民は、三鷹総支部で選考された同市議の加藤浩司（50）を擁立した。今期限りで引退を表明している5期目の吉野利明の後継となるが、前回選挙で吉野は引退表明後に支援者の要請を受け、出馬した経緯もあり、今回も吉野への待望論はあるという。加藤は吉野の支持基盤を引き継ぐため、ドブ板選挙を展開し、支援を広げていく考えだ。

民進は2期目の中村洋（45）を公認。電機連合東京の推薦を受けている。民進の公認候補の離党に歯止めがかからないが、中村は地元や都、国の課題に関わるため、民進に残る考えを示しており、支援者の評価を得ているという。初当選から毎朝、街頭や駅頭で演説しており、経済格差の是正、社会保障の充実などを訴え、浸透を図る。

都民ファーストは希望の塾生で元弁護士の山田浩史（32）を擁立。三鷹市に地縁はないが、学生時代に慣れ親しんだことから、同市での出馬を志願。起業などイノベーションがしやすい東京の実現などを掲げ、駅頭で支援を呼びかけている。

都港湾局

船舶航行を一体管理

全国初　工事急増の東京港で

2020年東京五輪開催により、会場や道路の建設が急増している東京港で、都港湾局は3月から工事用船舶の新しい運航支援システムを導入している。GPSと無線を使い、工事用船舶が管理拠点と連絡を取り合いながら運航する全国初の試みで、運用開始から約2カ月が経過し、国や他自治体からも注目を集めているという。

東京港では現在、海の森水上競技場の建設や、新客船埠頭の整備、有明と中央防波堤をつなぐ臨港道路南北線の整備など、様々な大規模工事が行われている。これらの工事は全て20年までの完成を目指しており、工期が重なり工事用船舶の入出港が急増。現在、1日約10～20隻の工事用船舶が入出港しており、ピークを迎える来年ごろには最大60隻が東京港を往来すると見込んでいる。

一方、東京港にはコンテナ船など、500㌧以上の大型船舶が1日約60隻往来しており、船舶同士の衝突など、事故が起きれば原因究明や再発防止策の立案で工事を一時中止しなければならず、タイトなスケジュールで動く工事への影響が懸念されていた。

実際に、15年度には船体同士の接触や橋との衝突事故が6件起こるなど、事故が断続的に発生していた。

新たな運航支援では、工事を行う事業者にGPSと無線を貸与して搭載、入出港の際に船舶運航支援拠点の「東京ポートラジオ」と連絡を取り合いながら船舶を運航させる。こうした運航支援は、これまで500㌧以上の一般船舶で行ってきたが、工事用船舶にも採用することで、一般船舶と工事用船舶を一体的に管理できるようになった。また、各工事に安全協議会を設け、1カ月ごとの運航予定を事前にポートラジオに通知。それらの情報を取りまとめ、一般船舶を含めた予定表を作成し、入出港予定時間が重なる場合には事前に調整する。

運航当日は、船長が規定の位置、時刻に到達した際にポートラジオに連絡し、ポートラジオはGPSで船舶位置を確認しながら、港内の状況を踏まえた運航アドバイスを船長へ送る。入出港の際には、コンテナ船などの一般船舶を優先させ、物流港としての機能が滞らないように配慮する。

実際のシステム運用は、船舶の運航管理を手掛ける㈱東洋信号通信社（横浜市）に委託した。

■事業者の意識向上も

同局は船長の安全意識向上にも力を入れる。東京港には、地方の港にはない独特なルールや特徴があり、全国から資材を運搬するために集まった工事用船舶は、東京港に不慣れな場合も少なくない。

例えば、羽田空港に離着陸する飛行機の航路と、東京港に入出港する船舶の航路が重なる箇所は、高度を下げた飛行機と船舶上端部の接触を避けるため、運行できる船の高さを厳密に定めている。また、橋梁や水門も多く、それぞれの高さや幅を把握していなければ事故につながる。

そこで、こうした東京港の特徴やローカルルールをまとめたマニュアルを独自に作成。さらに東京海上保安庁から講師を招いて、東京港での工事に携わる業者を対象に講習会を開催し、受講しないと港内での作業ができないようにした。

講習会は、4月までに計4回開催し、約150人が受講。「見落としていた東京港の特徴がよく分かった」などの感想が出るなど、好評のようだ。

同局は「東京五輪を確実に成功させるためにも、安全な工事を行い、会場整備を確実に進める」（港湾整備部）と話す。

2020年東京五輪に向け、工事が進む東京港（都港湾局提供）

都産労局

農業者育成で新制度

東京農業振興プラン改定

都産業労働局は1日、東京の農業の振興や農地保全の10年間の方針をまとめた「東京農業振興プラン」の改定案を公表した。

新プランの目玉は、農業従事者育成に向けた新たな方策。都は昨年度から、農業技術と経営に優れた農家を「指導農業士」として認定しており、新たに農業希望者の研修を指導農業士の下で行う制度を導入することを盛り込んだ。農業希望者の研修は、これまで都の研究機関などで実施することが多かったが、より現場に即した農業技術や経営方法を学ぶことが可能になる。また、新卒や他業種から農業を目指す女性を対象に、農業技術や機械の取り扱いの研修や、女性農業者のネットワークづくりの支援など、女性が働きやすい環境も整備する。

意欲的な農業者の生産性向上も支援する。具体的には、限られた農地で大きな収益を上げられるよう、ICTで温度や湿度を作物ごとに適切に管理する栽培システムの開発や、高品質ブランド作物の開発を進める。

「江戸東京野菜」の消費拡大への施策も盛り込んだ。江戸東京野菜は、「練馬大根」や亀戸で発祥した「後関晩生小松菜」など、東京地方で伝統的に生産されている品種改良される前の野菜で、独特な風味や歯ごたえが消費者に評価されている。しかし、病原菌や害虫に弱く、大量生産できず形や大きさも不ぞろいのため、生産と販路の拡大が課題だった。今後は、生産方法をマニュアルとしてまとめ、農業者に周知するとともに、飲食業者などに売り込み、利用してもらうことで、都民にPRする考え。

食品安全や環境に配慮した農産物の提供では、法令で定められた点検項目に沿って生産工程の改善管理をする「GAP」制度の普及に向け、制度を導入する農家に対し、導入にかかる費用を補助するとともに、都内の農業生産物の信用度を高めるために「東京都GAP」を独自に構築することも検討する。

このほか、将来の農地確保のため、相続税制度の改正や、農地の買い取りでの区市への財政支援などを国へ要望することも盛り込んだ。

今後は、都民意見を踏まえた上で、5月末ごろにプランを決定する。

都産労局

難病患者の採用支援

全国初の奨励金創設

難病やがん患者の治療と仕事の両立に取り組む企業を支援しようと、都産業労働局は今年度、「就業支援奨励金」を創設する。難病・がん患者を新たに採用し、就業の継続に必要な支援を行う事業主に1人当たり最大60万円を支給する。

6月1日以降に都内のハローワークから紹介を受けた難病・がん患者を週10時間以上の従業員として雇用し、支援計画を策定して6カ月以上、雇用を継続することなどが条件。難病・がん患者を採用する企業の支援は全国初という。

併せて、難病やがんの発症で休職した従業員の復職も「雇用継続助成金」で支援する。中小企業が治療と仕事の両立に配慮した勤務・休暇制度などを新たに導入する場合、助成金を加算し、支給金額は1人当たり最大60万円。

同局は「難病・がん患者は働き口を見つけるのが難しい。安心して活躍できるようになれば」（就業推進課）と話す。

ひと

日本の「宝物」PRを

東京都外務長

山元（やまもと）　毅（つよし）さん

昨年のオリンピック・パラリンピック開催都市、リオデジャネイロで総領事を務め、次の開催都市・東京都に赴任した。「巨大な行政組織で最初は戸惑いもあった」という。

「常に都民の目線を意識して仕事をしているのは、新鮮な感覚だった」。と言うのも、外務の仕事は国民とは直結しない。直接的な都民の利益として還元できることは限られる面もあるからだ。

ただ、「新参者が言うのはおこがましいが、視線を下げ過ぎてもいけない」とも。「中長期的には、海外の先進的な取り組みを学んだり、都の知見を出したりすることで、国際的な問題の解決に資する。それが都民生活の向上にもつながる。意義があることは堂々と、説明責任を果たしながらやっていきたい」

在任中に力を入れたい仕事が、東京の「宝物」の発信だ。リオ大会期間中に設営されたジャパンハウスでは、日本の伝統文化や最先端技術、食の魅力などをPRし、連日、リオ市民らで盛況だった。「東京には宝物が埋まっている。都庁の知見や文化的な魅力、高い技術力を海外に発信し、都民に還元することで、ウインウインの関係を築く手伝いができれば」。都が東南アジアなどで上下水道などのインフラ整備を支援していることを例に、「成功例を増やしたい」と語る。

これまでの仕事で特に印象に残るのは、前職でのスポーツ・文化交流。柔道の代表選手や日本のスポーツ企業にも協力してもらい、市内に点在するファベーラ（スラム街）の住民たちにスポーツを体験してもらった。「畳の上で柔道の技を教わるのは、一生の財産になると思う。両国の交流の幹を太くすることに貢献できたのでは」

リオ大会を振り返ると、「自然体の五輪だった。ありのままの姿で外国人を迎え、楽しみながら開催しているように見えた」という。「肩ひじを張っておもてなしをするのも立派だが、長続きしなければ意味がない。おもてなしにもサステイナビリティーが必要」と話し、「そんな価値観もあるということを伝えていければ。南米ボケと言われるかもしれませんが」と笑った。（祐）

大阪府出身。同志社大法卒。85年に外務省に入り、在アルゼンチン大使館公使、在ウィーン国際機関日本政府代表部公使などを歴任。趣味はマラソンやクラシック音楽鑑賞、読書。「家内の許しを得てチャリティー枠で東京マラソンに出たい」。単身赴任が続いていたが、9年ぶりの東京で妻、2男と暮らす。54歳。

おつかれさまでした　退職局長から一言

指導主事のミッション

前教育監　伊東　哲

3月末をもって、37年間の教職生活を終了することができました。これもひとえに、私を支えてくださった上司や同僚、そして所属職員の皆様方のお力添えのたまものと心から感謝しております。

思い起こせば、1980年に東京都の公立中学校の教員として採用され、以後14年間、社会科教員としての教職生活を送り、その後は、世田谷区、東京都教育委員会の指導主事を経て、東京都教育委員会の指導主事等として、23年間の行政経験を積むことができました。長いようで短かった37年間でした。

37歳で指導主事として任用されてからは、以前にも増して家庭を顧みることもなく、ただひたすらに自宅と役所を往復し、職務に邁進（まいしん）する毎日でしたが、幸いなことに家族も仕事優先の私を理解してくれ、大病をすることもなく、無事に職責を全うすることができました。改めて、家族や親族の応援があってこその37年間であったと感謝する思いです。

教育行政の仕事をするに当たり、私が心掛けたことは、指導主事として学校と行政をつなぐこと、子供が主役となっている学校を支えること、子供の教育に直接関わる教員を育てることの3点でした。この「つなぐ」「支える」「育てる」という言葉は、指導主事のミッションを端的に表すキーワードとして、後輩の指導主事の皆さんに伝えていきたかった私の思いでもあります。

この4月から、都内の教職大学院で、教職を目指す学生やミドルリーダーとしての活躍が期待される現職の先生方と一緒に学ぶ毎日を過ごしています。指導主事のなり手が少なくなった今日、指導主事という仕事の意義や誇りをたくさんの先生方に伝えていくことが、これからの私の役割ではないかと思っています。

日暮里・舎人線　新型車両を増備

都交通局

都交通局は10日、日暮里・舎人ライナーの朝ラッシュ時の混雑緩和を図るため、新型車両1編成（5両）増備する＝写真。

新型車両320形は全ての座席をロングシートにし、車内空間を拡張。乗降をスムーズにするため、両開きドアを採用している。紫外線・熱線を吸収する窓ガラスの使用や荷棚の設置、吊り手の増設など、利便性にも配慮した。車内には2画面の液晶モニターも導入する。今回の増備で、日暮里・舎人ライナーは18編成90両になる。

探偵事業者に業務是正勧告

都生活文化局

都生活文化局は4月28日、架空請求などのトラブルを法的に解決できるかのように見せかけた探偵事業者の㈱リサーチソリューション（渋谷区）に業務是正勧告を行った。

同社は「消費者トラブル調査相談センター」と称し、アダルトサイトの架空請求解決をうたうインターネット広告を掲載。相談した消費者に「架空請求業者は法的措置に出るが、当社なら解決に向けて動くことができる」などと話し、探偵業務の契約を迫っていた。

同局に寄せられた同社に関する相談は、昨年度から急増していた。

退職後のリアル　しくじり都庁OBの教訓⑧

最初のつまずき⑤

体内リズムを狂わせ

いろいろ難題を抱え込んだものの、とりあえずは再雇用での東京生活（4日）と週末熱海（3日）という、当初の予定とは少し違ってはいたが都会と半田舎生活がスタートした。

〝晴耕〟の方はあまり関心がないので晴れれば耕すのではなく、専ら近辺への散策やドライブが中心である。周辺には散策に適した自然環境があり、前には伊豆半島、後方には箱根という景勝地が控えるロケーションは、ドライブにも最適環境と言えた。また、〝雨読〟の方は買いためた本やビデオ、それにCDでの、まさに時間にとらわれない、趣味に没頭するほぼ理想の環境だった。

しかし、こうした理想に近い生活のローテーションも、どこかで体内リズムに微妙な狂いを生み出し始めてきた。それは一言で言えば、忙しい東京生活と暇過ぎる田舎生活とのギャップが生み出す苛立ちのようなものだった。

そうした違和感は、説明しにくいのだが、例えば新聞の夕刊がないことや、TVのチャンネルも少なく、夕方になればローカルニュース一色になるなど、ほんのささいな日常の積み重ねだった。

東京の4日間は、友人関係やいろいろな個人的な活動と縁を切る覚悟のないままだったので、生活スタイルはそのまま継続していた。したがって、東京では、これまでの7日分の生活を4日で圧縮してこなすような生活になり、夜も忙しくなる一途だった。一方の熱海は、まさにノンスケジュールの日々で、少しずつ時間を持て余すことになってきた。

生活のためのやむを得ない東京通いは、時間・経費の無駄が多く、忙しい日々になっていくばかりである。そんなことから、熱海への帰宅にも困難が生じ、東京に宿泊することも徐々に多くなってきた。その結果、東京生活の宿題が熱海生活の悠々自適を圧迫し始めてきた。

今考えてみると、自分なりの割り切りや納得のないまま始めた都会と田舎生活のスタートは、文字通り中途半端なものだったこともあり、体内リズムを狂わせてきたということだったようだ。

（金子雅臣）

五輪への航海図 176　TOKYO 2020　開催まで あと1172日

施設の後利用㊤

5施設で計10億円の赤字

都オリンピック・パラリンピック準備局が公表した新規恒久施設の運営計画によると、6施設の年間来場者数は約308万人。五輪後にスポーツ大会だけでなくコンサート会場などにも利用する有明アリーナ（江東区）以外の5施設で収支がマイナスになると試算しており、5施設の年間合計赤字額は約10・8億円に上る。重くのしかかるのが、会場の運営経費だ。

特に赤字が大きいのは水泳会場のアクアティクスセンター（江東区）の年間約6・4億円。辰巳国際水泳場（同）で現在行われている競泳ワールドカップや飛び込み日本選手権など年間100大会を開催し、大会以外の一般利用も含め年間利用者数は100万人を見込んでいるが、水道・光熱費や設備維持費が支出の多くを占めており、管理効率化は収支改善への課題となる。

カヌー・スラローム会場（江戸川区）は年間約1・9億円のマイナス。国際大会を含め年間7大会の誘致、10万人の年間利用を目標とするが、現在、日本カヌー連盟の登録者数は約4千人。ラフティングなどのレジャー目的での利用をどれだけ伸ばせるかが収支改善の鍵だ。

新規恒久施設の来場者目標と収支見込み（年間）

施設名	来場者数	収支見込み	主な後利用
有明アリーナ（江東区）	140万人	3億5600万円	バレーW杯・車いすバスケ日本選手権・株主総会・コンサートなど
オリンピックアクアティクスセンター（江東区）	100万人	▲6億3800万円	競泳W杯・競泳日本選手権・強化合宿など
海の森水上競技場（東京湾中央防波堤）	35万人	▲1億5800万円	ボート日本選手権・カヌー日本選手権・ボート教室など
カヌー・スラローム会場（江戸川区）	10万人	▲1億8600万円	カヌー日本選手権・ラフティングツアーなど
大井ホッケー競技場（大田区）	20万人	▲9200万円	ホッケー、サッカーなどの大会・企業や大学の練習場など
アーチェリー会場（江東区）	3.3万人	▲1200万円	国内アーチェリー大会・体験教室・各種イベントなど

海の森水上競技場（東京湾中央防波堤）もボートやカヌー、トライアスロンの大会を年間30回開催する目標を掲げたが、年間約1・6億円の赤字になる見通し。大会は週末の開催が中心となるため、学校の社会科見学や企業の研修などを誘致し、平日の利用者を増やせるかが、赤字削減のポイントになる。

同局は、五輪後の運営に指定管理者制度の導入などを検討しており、管理効率化や集客力を向上させ、収益アップを図る方針。このほか、ネーミングライツの売却や企業広告の獲得なども検討しているが、スポーツ施設の黒字化は、全国的に見ても難しいという。

同局は、多くの都民・国民が施設を利用することで将来のスポーツ機運醸成への投資にしたい考え。ただ、リオデジャネイロ大会では運営事業者の入札不調などにより施設の後利用が滞り、一部が廃墟化している現状もある。一般的に大規模なスポーツ大会やコンサートでは、2年前から会場を押さえる必要があると言われ、スピード感と確実性を持った運営事業者の選定も課題になりそうだ。

主任試験講座　平成29年度　32

今回から4回にわたり、練習問題を解いていきます。

問題

【問題1】
地方公共団体の区域に関する次の記述のうち妥当なのはどれか。

① 市町村の廃置分合または境界変更は、関係市町村の申請に基づき、都道府県知事が当該都道府県の議会の議決を経てこれを定め、直ちにこの旨を総務大臣に申請しなければならないとされ、総務大臣の許可により効力が生ずる。

② 市町村の廃置分合、境界変更の申請につき、都道府県議会がその区域の一部を修正して議決し、または知事が申請内容を一部修正して提案することはできない。

③ 市町村の境界に関し争論があるときは、都道府県知事は、すべての関係市町村の申請に基づかなければ、これを自治紛争処理委員による調停に付することができない。

④ 市町村の区域内にあらたに土地を生じたときは、市町村長は、当該市町村の議会の議決を経てその旨を確認し、都道府県知事に申請しなければならない。

⑤ 市が、境界変更により法に定める市の要件を欠くに至った場合、当然に町となる。

【問題2】
地方公共団体の事務に関する記述として、妥当なのはどれか。

① 普通公共団体が処理する事務は、地域における事務及びその他の事務で法律またはこれに基づく政令により処理することとされる事務に限られるが、他の地方公共団体の事務を処理することもできる。

② 自治事務は、地方公共団体が処理する事務のうち、法定受託事務以外の事務であるが、住民の福祉の増進を目的とした施設の設置・管理等に係る非権力的なものに限られる。

③ 法定受託事務は本来、国の事務であって、その執行が地方公共団体に委任されているものであるから、地方公共団体の議会は、その執行状況について検査・閲覧することはできない。

④ 自治事務の処理に関する経費は地方公共団体が負担するが、法定受託事務に関しては国が必要な財源の措置を講じなければならない。

⑤ 法定受託事務に係る市町村長の処分に不服のある者は、都道府県知事に対し審査請求をすることができない。

【問題3】
地方自治法に定める直接請求に関する記述として、妥当なのはどれか。

① 条例の制定または改廃の請求は、住民の50分の1以上の者の連署をもって、その代表者から長に対して行う。

② 事務の監査請求は、選挙権を有していれば1人でも請求することができる。

③ 事務監査を請求できる事項は、違法不当な財務行為に限定される。

④ 普通地方公共団体の長の解職の請求は、選挙管理委員会に対して行われ、選挙人の投票で過半数の同意により失職する。

⑤ 副知事、副市長村長等主要公務員の解職の請求を受けた時は、選挙管理委員会は直ちに請求の要旨を長に通知し、公表しなければならない。

【問題4】
地方自治法に定める規則に関する記述として、妥当なのはどれか。

① 規則は、普通地方公共団体の内部的規律の性質のものであるため、住民の権利義務に関する法規の性質のものを定めることはできない。

② 普通地方公共団体の長は、当該普通地方公共団体の条例による委任があれば、規則に刑罰を科する旨の規定を設けることができる。

③ 公の施設の設置及びその管理に関する事項については、法律または政令に特別の定めがある場合のほかは、条例で定めなければならない。

④ 規則は自治事務について制定されるものであり、法定受託事務については長の権限に属する事務であっても、条例で定めなければならない。

⑤ 普通地方公共団体の長が定めた規則と当該地方公共団体の行政委員会が定めた規則で、競合的な所管事項について相互に矛盾抵触するときは、行政委員会の規則の効力が長の規則に優先する。

地方自治制度⑤

【問題5】
地方自治法に定める普通地方公共団体の議会の組織及び権限に関する記述として、妥当なのはどれか。

① 普通地方公共団体は、条例の定めるところにより、その議会の議員の調査研究に資するために必要な経費の一部として、会派または議員に対し、政務調査費を交付することができる。

② 普通地方公共団体の議会の議員が被選挙権を有しない者であるときはその職を失うが、その被選挙権の有無は他の法律に定めがある場合を除くほか、出席議員の3分の2以上の多数により議会がこれを決定する。

③ 予算の提出権は長に専属するが、議会が予算を増額または減額して議決することを妨げない。

④ 都道府県及び市町村の議会の議員の定数は、条例で定めることとされているが、その上限については、当該普通地方公共団体の人口に応じ、法律で定められている。

⑤ 議会は、法第100条に基づき、当該普通地方公共団体のあらゆる事務に関する調査を行い、特に必要があると認めるときは、選挙人その他の関係人の出頭及び証言並びに記録の提出を請求することができる。

【問題6】
地方自治法に定める普通地方公共団体の議会の権限に関する記述として、妥当なのはどれか。

① 議会は、当該普通地方公共団体の事務の管理、議決の執行及び出納を検査することができ、違法または不当な事実が判明したときは、その是正を命ずることができる。

② 議会の調査権は議会に対して認められた権限であるため、委員会に調査権を委託することはできない。

③ 議会は、地方自治法において議決事件が制限列挙されており、条例でその範囲を広げることはできない。

④ 議会の検査権は、自治事務に限られ、法定受託事務については、本来国等が果たす役割に係るものであることから、検査権が認められていない。

⑤ 議会は、当該普通地方公共団体の事務に関する調査のため、長及び執行機関のほかにも、当該普通地方公共団体の区域内の団体等に対しても、照会または記録の送付を求めることができる。

解説

【解説1】　正答②

① 誤り。都道府県知事が総務大臣に対して行うのは、申請ではなく届け出である（法第7条第1項）。また、総務大臣の許可ではなく、告示により効力が生ずる（法第7条第8項）。

② 正しい（昭25・2・1行実）。

③ 誤り。市町村の境界に関する論争を調停に付するためには、「すべての関係市町村」の申請は不要で、関係市町村であれば一つの市町村でも良い（法第9条第1項）。

④ 誤り。市町村長が都道府県知事に対して行うのは、申請ではなく届け出である（法第9条の5第1項）。

⑤ 誤り（昭23・10・30行実）。

【解説2】　正答①

① 正しい（法第2条第2項）。地方公共団体が他の地方公共団体の事務を処理する制度としては、事務の委託がある（法第252条の14）。

② 誤り。自治事務とは、地方公共団体が処理する事務のうち、法定受託事務以外のものをいい、権力的なものか非権力的なものであるかは問わない（法第2条第8項）。

③ 誤り。法定受託事務も地方公共団体の事務であり、議会は一部の例外を除き、検査・閲覧することができる（法第100条第1項）。

④ 誤り。法律またはこれに基づく政令で地方公共団体に事務の処理を義務付けている場合、自治事務、法定受託事務を問わず、国はそのために要する経費の財源につき必要な措置を講じなければならない（法第232条第2項）。

⑤ 誤り。法定受託事務については、法令の適正な執行を確保する責務を負う立場にあるものによる審査の機会を確保するという趣旨から、都道府県知事に対し審査請求ができる（法255条の2）。

【解説3】　正答④

① 誤り。住民ではなく、選挙権を有する者である（法第74条第1項）。

② 誤り。選挙権を有する者の総数の50分の1以上の連署をもって請求しなければならない（法第75条第1項）。

③ 誤り。対象は、財務会計上の行為に限定されず、地方公共団体の事務全般である（法第75条第1項）。

④ 正しい（法第81条）。

⑤ 誤り。主要公務員の解職請求は、普通地方公共団体の長に対して行われ、公表をするのも長である（法第86条第1項・第2項）。

【解説4】　正答③

① 誤り。規則は、法律または政令において条例で定めなければならないとされている事項（必要的条例事項）を除けば、法令または条例の委任等がなくても、地方公共団体の住民の権利義務に関する法規たる性質を有するものを定めることができ、また地方公共団体の内部的規律たる性質を有する規則を定められる。

② 誤り。条例の委任を受けて、規則に刑罰の規定を設けることはできない。規則には行政上の秩序罰として、規則に違反した者に対し、5万円以下の過料を科する旨の規定を設けることができる（法第15条第2項）。

③ 正しい（法第244条の2第1項）。

④ 誤り。条例で定めることとされている条例専管事項を除き、自治事務、法定受託事務とも規則を制定できる。

⑤ 誤り。行政委員会は、法令または条例もしくは規則に違反しない限りにおいて、その権限に属する事務に関し、規則その他の規定を定めることができる（法第138条の4第2項）。

【解説5】　正答②

① 誤り。平成24年の改正で、「その議会の議員の調査研究その他の活動に資するため必要な経費の一部」として公布するものとして、政務調査費から政務活動費にあらためられた（法第100条第14項）。

② 正しい（法第127条第1項）。

③ 誤り。減額修正について制限はないが、増額修正については、当該予算の趣旨を損なうような修正は、長の発案権の侵害になると解される（法第97条第2項）。

④ 誤り。議員定数の法定上限数は、平成23年の改正により撤廃された。

⑤ 誤り。議会は、当該普通地方公共団体の事務のうち、自治事務にあっては労働委員会及び収用委員会の権限に属する事務で政令に定めるものを除き、法定受託事務にあっては国の安全を害する恐れがあることその他の理由により議会の調査の対象とすることが適当でないものとして政令で定めるものを除き、法第100条に基づき調査を行うことができる。

【解説6】　正答⑤

① 誤り。議会は違法性等の事実が判明しても是正を命ずる権限はない。

② 誤り。議会が議決により、個々の事項について調査の範囲、方法を指定して委員会に委託した場合、委員会が調査権を行使することとなる。

③ 誤り。法には議会の議決事項が列挙されているが（法第96条第1項）、条例で議会の議決事件を定めることができるとされている（法第96条第2項）。

④ 誤り。自治事務については労働委員会・収用委員会の権限事項、法定受託事務については国の安全を害する恐れがあること等を除き、検査できる（法第98条第1項）。

⑤ 正しい（法第100条第10項）。

カレントトピックス　29年度　32

経済事情

■東芝が決算を見切り発表（4月11日）

経営再建中の東芝は、2度にわたって延期していた2016年4～12月期連結決算を記載した四半期報告書を金融庁に提出した。監査法人は、決算が妥当かどうかを判断しない「意見不表明」としている。監査法人からの了承を得られずに決算を発表する異例の事態となった。決算は、原子力事業で生じた巨額損失により、16年12月末で2256億円の債務超過だった。

東芝の綱川智社長は4月11日に記者会見を開き、意見不表明での決算発表について、「このような事態に至ったことで大変なご迷惑、ご心配をかけていることを心からおわびする」と陳謝した。監査法人から「適正」との結論を得ずに決算を発表することは、さらなる信用失墜につながりかねないが、3度目の延期で高まる上場廃止リスクなどの方がより深刻だと判断したとみられる。監査法人は、決算が適正かどうかなどの「結論の表明の基礎となる証拠を入手できなかった」とし、事業の継続に「重要な疑義がある」と表明した。

東芝は通期である17年3月期連結決算の発表を、5月中旬に予定している。ただ、監査法人と折り合い、想定通りに発表するのは難しいとみられる。

■トランプ氏がドル高進行を牽制（4月12日）

トランプ米大統領は、「ドルが強くなりすぎている」と述べ、改めてドル高進行を牽制した。外国為替市場では、北朝鮮情勢の緊迫化などで、円相場の円高・ドル安が進んでいるが、トランプ氏の「口先介入」が再び市場を振り回す可能性がある。トランプ氏は、ドル高相場の背景を公約に掲げる大型減税やインフラ投資への期待がドル買いにつながっているとした。だが、「最終的に（経済成長の）痛手となる」とし、他国が自国通貨を安く誘導すれば米企業が輸出などで不利になると指摘した。

また、米財務省が週内にも公表する為替報告書で、中国の「為替操作国」認定を見送る考えも示した。

一方、FRBの金融政策にも言及し、「正直に言うと低金利政策が好ましい」と話した。トランプ氏は、大統領選でFRB批判を繰り返し、イエレン議長を任期満了後に交代させる可能性を示唆してきたが、「彼女を尊敬している」と述べ、続投を否定しなかった。

■首都圏の新築マンション不振（4月17日）

首都圏で新築マンション市場の不振が鮮明になっている。不動産経済研究所が発表した2016年度の発売戸数は3万6450戸と、1992年度以来24年ぶりの低水準となった。施工費の上昇で販売価格が高止まりし、消費者が購入に二の足を踏んでいるためだ。

同研究所によると、16年度の首都圏の新築マンションで、発売した月に物件が実際に売れたかを示す契約率は平均68・5％と、8年ぶりに好不調の目安とされる7割を下回った。最大の要因は、価格の高騰で、1戸当たりの平均価格は5541万円と、4年連続で5千万円を突破した。このため、市場では割安な中古マンションに人気が集まっている。

マイナス金利政策の影響で、住宅ローンは低い水準が続いており、住宅購入にとっては追い風だが、価格の高騰が低金利の恩恵を打ち消している状況だ。

17年度の見通しについて、同研究所は「施工費の上昇が落ち着き、平均価格は若干下がるのでは」としている。ただ、都心などではマンション価格の大部分を占める地価の上昇が続き、建設作業員の人手不足も深刻化していることから、「値下がりは限定的」との声もある。

29年度 主任・係長 論文講座 32

都主任選考

添削⑤

下記の事例と資料を分析し、次の（1）、（2）に分けて述べてください。

あなたは、ある事業所で各種申請の受付や証明書を交付する窓口を持つ受付担当に、本年4月に主任として配属された。

受付担当では、4月から6月にかけては平均的な業務量であったが、7月に制度が一部改正となり、事務処理が複雑化するとともに、都民からの申請も目に見えて増加した。その結果、職員は常に多忙になり、職場には殺伐とした空気が漂うようになった。そのため、職員同士での情報共有や意思疎通がうまくできない状況になり、仕事の遅れやアフターフォローに追われるなど業務運営に支障が出てきている。窓口を利用する都民からは、「窓口の待ち時間が長い」と苦情が出るようになった。

また、待ち時間だけでなく、職員の態度に関する都民の声も聞くようになった。ある日、あなたは、B主事の対応に苦情を申し立てる利用者を見かけた。話を聞いてみると、利用者は「窓口で対応するBさんの態度が不満だった」と話した。B主事に、何があったのかヒアリングしたところ、「申請書類に不備があったので、制度に沿って正しく案内した」とのことで、対応に問題はない様子であった。しかし、このような苦情はなくなることはなく、遂には、都民の声総合窓口へ「都の職員を信用することができない」という厳しいメールまで寄せられた。

これらを受け、8月半ばに管理課長から、「都民からの信頼を失わないため、改善の取り組みを進めてほしい」と、A課長代理とあなたに指示があった。

（1）設問の職場において、円滑に業務を進めるとともに都民の信頼を得ていく上での課題について、簡潔に述べてください。（300字以上500字程度）

（2）（1）で述べた課題に対して、主任のあなたは、どのように課題解決に向けて取り組んでいくべきか具体的に述べてください。（1200字以上1500字程度）

資料1 ○○事業所の組織図

- 所長
  - 管理課長
    - 課長代理（庶務担当）― ○○○
    - 課長代理（経理担当）― ○○○
    - A課長代理（受付担当）
      - 主任（あなた）書類審査など
      - B主事 窓口業務など
      - C主事 書類審査など
      - D主事 窓口業務など
      - E主事（民間経験あり）窓口業務など
    - 課長代理（広報担当）― ○○○主任、○○○主事 ※制度改正に伴う周知も一段落し、やや余裕のある様子である。
  - ○○課長
    - 課長代理（□□担当）
    - 課長代理（□□担当）

資料2 受付担当での主な出来事

4月
- 主任として、あなたが受付担当に配属される。
- 4月から6月までの間は、特に問題はなく業務が進んでいた。
- 7月になり、制度が一部改正となる。
- 利用者からの申請も多くなり、職員が多忙になる。
- 次第に職員同士の声掛けがなくなる。
- 窓口業務を担当する者から、書類審査を行う者への連携ミスにより、審査業務が滞り、証明書の発行が遅れてしまったことがある。
- 制度改正にかかる事務処理マニュアルの整備が不十分のため、D主事が利用者に誤った申請書の書き方を案内し、利用者に迷惑をかけてしまった。また、以前、同様のミスをB主事もしていたことも発覚した。
- 利用者から、待ち時間が長いという苦情が寄せられるようになる。
- 利用者が、B主事の態度に不満を感じ、窓口でトラブルが発生する。
- 都民の声総合窓口へ苦情のメールが届く。
- 管理課長から業務改善の指示が出る。

8月

資料3 都民の声総合窓口に寄せられたメール

区分：要望・苦情

タイトル：○○事業所の申請受付窓口について

コメント：お世話になっております。仕事でよく窓口を利用するのですが、夏になってから、待ち時間が以前より長くなり、また、何となく雰囲気が悪くなったと感じ、説明が不親切だと思う機会が多くなりました。窓口で対応されているEさんという方は、説明も分かりやすく優しく対応していただけますが、ほかの窓口担当者については、対応が良くないです。不快な思いをすることが多くなってきたため、都の職員を信用することができません。利用者への丁寧な対応を望みます。

（1）事例の職場において、円滑に業務を進めるとともに都民の信頼を得ていくには、以下の三つの課題がある。

第一に、組織の連携が希薄化していることである。制度改正があった7月以降、受付担当では、職員の声掛けがなくなっていった。その結果、窓口業務と書類審査を行う者同士の連絡ミスが発生し、審査業務が滞り、証明書の発行が遅れてしまっている。また、B主事とD主事が同じミスをしていることから、組織の情報共有が不十分といえる。

第二に、制度改正に十分対応できていないことである。制度改正が行われたにもかかわらず、マニュアルの整備が不十分であり、職員が利用者に誤った案内をしてしまうミスが発生している。また、事務処理が複雑化し、さらに都民からの申請が増加する中、効率的な業務遂行ができず、利用者を長く待たせてしまっている。

第三に、利用者に対する接遇が不足していることである。B主事の対応に苦情がきた際は、説明内容そのものよりも、対応する態度に問題があると考えられる。多忙とはいえ、苦情のメールで都民からの信頼を失うほどまでに、職員の接遇意識が低下し、利用者に不快な思いをさせてしまっている。

（2）事例の職場において、私は主任として以下の3点に取り組み、円滑に業務を進めるとともに都民からの信頼を得ていく。

1 連携の強化

意思疎通が不十分な職場は、連携ミスから仕事の遅れや手戻りが発生しやすく、業務が停滞しやすい。そのため、職員同士の連携を密にし、組織力を高める必要がある。

そこで、週1回の定期的な受付担当会議の開催を提案する。この場で、主任である私は、進行役を務め、各職員から業務の進捗状況や懸案事項を報告してもらい、組織内の情報共有を促進する。進捗に遅れがあった場合や課題が発生した場合には、全員で解決策を検討し、フォロー態勢を組んでいく。初回の会議では、多忙のあまり、組織での連携がとれていないこと、業務を効率的に進められず都民を待たせていること及び接遇が不足していることを議題として挙げ、問題意識を共有するとともに解決策を検討する。私は、全員に発言を促すなど、活発な議論となるように配慮する。併せて、日常的なコミュニケーションも促進する。私は、あいさつや声掛けを積極的に行い、明るい雰囲気作りに努め、報告・連絡・相談がしやすい土壌を醸成していく。

これらの取り組みにより、情報共有を図りながら組織力を高め、職員が互いに連携して業務を着実に進めていく。

2 マニュアルの整備と都民への情報提供

業務を円滑に行えないと、職員の負担感の増加から更なる生産性の低下を招くほか、事例のように都民の信頼を失うことに直結する。そのため、業務の効率的な遂行は不可欠である。

まず、制度改正に対応した業務マニュアルを整備する。改正された制度の概要及び事務処理をフロー図化し、ひと目で見て分かりやすいものとする。次に、窓口業務及び書類審査の各々の担当者間で、申請者からよくある質問や申請者が誤りやすい事例を洗い出し、Q&Aとしてマニュアルに盛り込む。併せてこのQ&Aを手引きとして窓口に置くとともに、HPでも公表し、申請ミスを事前に予防するツールとして広く活用してもらう。私は、マニュアル整備の進行管理や取りまとめを担うとともに、各担当との意思疎通を図りながら、着実にマニュアルを整備し、業務改善に努めていく。

これらの取り組みにより、組織の情報活用力が高まり、確実で迅速な事務処理が可能となる。さらに、業務効率の向上による利用者の待ち時間短縮にもつなげていく。

3 職員の接遇能力向上

都の日常業務は、都民のために仕事をしているという原点を忘れてはならない。現状の事業所では都民の信頼を得るには程遠い状況である。したがって、この状況を改善するために職員の接遇能力を高め、都民との信頼関係を築くことが急務である。

そこで、接遇研修を実施する。この研修では、基本的な接遇態度について抜本的に考え直すことを目的とする。講師は、民間経験のあるEさんにお願いする。私は、研修の開催にあたり日時等の事務的な調整を行うほか、講師であるEさんに負担が偏らないよう研修資料の作成についてフォローする。研修ではEさんに接遇における留意点や実際の応対事例等を披露してもらう。また、職員間で窓口対応のロールプレイングを実施し、改善の余地がないかなど忌憚のない意見を出し合い議論する。また、この研修以降も月に1回程度、接遇状況等を確認し合う定例会を開催し、フィードバックを行う。継続的に改善への目的意識を共有するとともに、接遇ノウハウ・スキルを組織的に蓄積する。

このような取り組みにより、質の高い接遇を実践し、利用者の満足度を高め、都民との信頼関係を構築していく。

解説

まず平成29年度からの出題形式の変更はしっかり押さえてください。変更の意図は自らの視点で課題を抽出、分析し、解決策を提案する力をより明確に問うためです。その手法が添付資料等による設問の状況設定の追加と考えるべきです。これまでも、評価の低い論述例として、①事例内容を反映していない②出題内容に正面から答えていない――などが指摘されてきました。したがって、暗記した論文をそのまま再現するのではなく、事例の設定条件等を的確に分析したうえで、事例に沿った解決策を提案することが不可欠です。つまり、①事例にある職場の課題を的確に抽出し②主任としての役割を認識しつつ③具体的かつ効果的な解決策を提案できるか――が評価のポイントとなります。繰り返しになりますが、分かりやすい表現で論理的に展開することは無論、事例に沿った論述を行うことを心掛けてください。

講評

今回の設問のテーマは「業務の円滑化」と「都民の信頼を得ること」です。

本論文例では、（1）で設問の職場における課題について述べています。そして（2）でこの課題に対する具体的な解決策について述べています。

まず（1）についてです。事例の職場における課題を三つ抽出しています。この際に留意すべき点は、前述の通り設問文や図表を分析して事例の職場に沿った課題を抽出することです。また、設問において「円滑に業務を進めるとともに都民の信頼を得ていくうえで」とあるため、これら両面の視点から課題を抽出することが必要です。論文例では設問の情報を処理しつつ、各々から課題を抽出しています。

論文の導入部においては、これまでは都のおかれた状況等を記載するケースが一般的でしたが、今後は問題文と関連の薄い論述が大部分を占める場合は減点の対象となるため、論文例のようにいきなり本題に入っても良いでしょう。無論、都政への幅広い視野をアピールするために論述しておく余地も残されています。いずれにしても（1）では添付した資料等を分析し、課題を抽出する能力が問われています。

次に（2）についてです。論文例では（1）で抽出した三つの課題について、設問の職場を踏まえて解決策を提案しています。また、各々について、その解決策の提案に至った理由も述べられています。さらに、設問文で「主任のあなた」との条件設定を踏まえ、実際に事例の職場に所属したと仮定し、具体的に何をどのように取り組むかといったリアルな視点も必要です。論文例では、いずれも抽象論にとどまらず、可能な限り具体的・現実的な取り組みが述べられています。

三つめの解決策の「職員の接遇能力向上」の具体的取り組みにおいては、Eさんのノウハウを活用することが述べられています。これは資料3の都民の声総合窓口に寄せられたメールでEさんの接遇が評価されていることを踏まえたものです。このように実際の職場であれば、当然にその職場の状況に適した対応策を検討することになりますが、論文においても事例の職場状況の分析からこのような取り組み策の提案に至ったと言えます。

さらに、論文例には記載がありませんが、資料1から、広報担当のラインは制度改正に伴う周知も一段落していることが読み取れます。この情報から、広報担当を活用した業務の円滑化提案も考えられます。設問の中に隠されたヒントを見逃さないことが重要です。解決策は論文例以外にも考えられますので、全体のバランス等を考慮しながら選択してください。

また、従来であれば最終段落において決意表明を述べるケースが一般的でした。しかしながら、今後はこの決意表明は評価の対象となりません。したがって、字数の余裕があれば記載すると締まりがよいですが、その場合でも、設問で問われていることに十分な字数を使って論述してください。論文全体で主任としての決意を感じさせることが重要です。

最後に、今回の職場ものに加え、都政ものも同様に、設問における課題をいかに的確に抽出し、それに対応した具体的な解決策を論述できるかにかかっています。そのためには日頃から問題意識を持って業務に注力する中で、自分が主任であればどのように課題解決に挑むかという主体的な取り組む姿勢を養ってください。そのような視点を忘れずに試験勉強に取り組めば、日常業務と試験勉強との両面で相乗効果をもたらすでしょう。皆さんの健闘をお祈りします。

東京産ヒキガエルの今

身近な生き物、アズマヒキガエルを守る

多摩動物公園昆虫園飼育展示係長 秋川 貴子

「ガマガエル」といえば、のっそりした動きといかつい顔がおなじみのカエルです。これはヒキガエルの別名で、東京でも人家の庭先に現れ、都市部でもよく道路を歩いているので、誰もが一度は目にしているのではないでしょうか。

このヒキガエル、実は生息地域により二つの亜種に分かれます。見た目での識別は難しいのですが、西日本に分布する亜種がニホンヒキガエル、東日本に分布する亜種がアズマヒキガエルと呼ばれます。夜行性で、ジャンプ力は弱く、普段はゆっくりと歩いて移動し、繁殖期以外はほとんど水に入りません。落ち葉や石の下などで冬を過ごし、繁殖期を迎える2～3月、浅い水辺に長いひも状の卵塊を産みます。多数の雄が局所的に集まり、水辺で雌の奪い合いをする様子は「蛙合戦」といわれています。

遺伝子浸透がない場所

さて、身近なアズマヒキガエルですが、東京では大きな危機に直面しています。本来生息しないはずのニホンヒキガエルが、人為的に移入されることで遺伝的に混ざってしまい、アズマヒキガエルを脅かしているのです。

東京動物園協会では、重点的に保全活動を行う「保全対象種」を選定しており、東京産両生類もその一つです。アズマヒキガエルについても、2007年から東京産個体群の保全を目指して飼育繁殖に取り組んできました。しかし13年、長谷和子氏（当時東大、現総研大）らの論文で、都内のアズマヒキガエルの多くがニホンヒキガエルにより遺伝子浸透を受けていることが公表され、これを受けて飼育下個体群の遺伝子解析を行ったところ、ニホンヒキガエルとの交雑が判明しました。

振り出しに戻った我々は、野外で交雑していないアズマヒキガエルを探し始めました。野生のヒキガエルからサンプルを取り、多摩動物公園野生生物保全センターにてミトコンドリアDNAを解析するという手順です。まず、井の頭自然文化園、葛西臨海水族園、多摩動物公園それぞれの園内に生息する野生個体からサンプルを採取して検査したところ、井の頭、葛西の一部のヒキガエルはニホンヒキガエルとの交雑が認められました。一方、多摩動物公園内の野生個体は、全ての個体で移入は確認されませんでした。

また、前述の通り、アズマヒキガエルは歩いてかなりの距離を動き回る能力を持っています。1年で1キロ移動する事例もあることや、今後、開放区域への人為的移入の可能性も皆無とは言えないため、調査範囲を多摩動物公園から約2キロ圏内と定め、近隣地域のアズマヒキガエル遺伝子解析調査も併せて行うことにしました。その結果、1キロ～2・8キロ地点の5カ所でいずれもニホンヒキガエルの混入は認められず、多摩動物公園周辺は都内でも貴重な、遺伝子浸透がないと考えられる場所であることが分かりました。

14年より遺伝子解析調査を実施し、現在都立動物園・水族園4園では、多摩動物公園内に生息するアズマヒキガエルを基にして、飼育下の東京産個体群を再構築しています。そして、2～3年に一度、園内及び近隣地域の遺伝子解析を継続することにしており、今年は野外個体の再調査も実施中です。

あらかじめモニタリングを依頼した地点で「大人のヒキガエルを見た」「産卵している」等の情報を得ると、多摩動物公園昆虫園の職員が現地に赴いてサンプル採取を行うのですが、今年はちょっとした異変がありました。約1・5キロのところにある市内の公園では3月5日に産卵したのに、動物園内ではヒキガエルの姿を全く見ないのです。多摩動物公園の職員全員にもヒキガエルの目撃情報を募っていたものの、音沙汰がありません。担当が繁殖地を日々見回るも、影も形もない状況でした。

身近な生き物に迫る危機

アズマヒキガエルもニホンヒキガエルも、環境の悪化により急速に数を減らしつつあるようです。東京の区部では、4～5年前までよく姿を見た場所でも、現在はほとんど見られなくなっています。何が原因なのかは不明な点が多いのですが、多摩動物公園内の野生ヒキガエルも何かの理由で絶滅してしまったのではないか。そう思わせるほどの静けさでした。1キロ圏内の中央大学構内で産卵が見られたのが3月28日、動物園はまだです。本当にいなくなってしまったのか？

諦めかけた4月4日、園内2カ所で同時にヒキガエルの卵塊を確認することができました。雷雨の降った日の翌朝です。卵は数日後も産み足されていて、園内がまだヒキガエルが生息できる環境であったことに一同胸をなでおろしました。それにしても、かつてない遅い時期です。いままで3月中には必ず産卵していたのに、今年の気候は何か違うのでしょうか。

身近な生き物にも人知れず危機が迫る今、彼らが生息可能な環境を残すことも我々の大切な使命です。多摩動物公園を始め都立動物園・水族園では、展示を通じて正しい情報や現状を伝えることはもちろん、遺伝子解析や生息状況調査等も含め、これからも東京の生き物の保全に貢献していきたいと考えています。

多摩動物公園内の水辺に集まる野生のアズマヒキガエル

園内に産みつけられたアズマヒキガエルの卵塊

見て、感じる基本計画特別版

若手職員が若年層向けに

墨田区企画経営室政策担当 花井 友重

■新たな基本計画の策定

2016年度から10年間の区政運営の羅針盤となる「墨田区基本計画」を昨年6月に策定しました。基本計画では、笑顔とにぎわいにあふれた、「暮らし続けたい・働き続けたい・訪れたいまち」の実現を目指して、優先的かつ重点的に取り組む施策を「〝夢〟実現プロジェクト」と位置づけて取り組んでいくことなどを掲げています。

計画の策定に当たっては、若手職員ワーキンググループ（以下、若手WG）が設置され、公募で選ばれた若手職員16人も参加しました。この若手WGの設置には、計画期間である10年間に区政の中堅人材となる若手職員に、区政全体を広い視野で捉えてもらうとともに、同年代の職員と議論・作業を行う中で刺激を受けてほしいという人材育成の意図がありました。

■若手職員WG再び

このようにして策定された基本計画ですが、一つ宿題が残されていました。それは、区民ワークショップに参加した皆さんからの「新しい基本計画を広く知ってもらうために、分かりやすく説明した冊子があった方がよいのではないか」という意見への取り組みでした。計画策定時には、色使いや写真の配置等を工夫し、分かりやすさに配慮しつつ、計画全体を記載した冊子と、要点を抜粋した概要版の冊子の2種類を作成しましたが、いずれも行政がつくる一般的な計画書の域にとどまるものでした。

このため、2種類の冊子とは別に、新たな広報媒体を制作することになりました。

この広報媒体「墨田区基本計画特別版」（以下、特別版）は、主な読者ターゲットとして若い世代を設定したことから、デジタル媒体（PDF）のみの制作としました。制作に当たっては、普段、基本計画の内容を目にすることがない若年層などに興味を持ってもらえる内容にするため、制作メンバーとしておおむね35歳以下の若手職員を公募しました。また、この公募には前述の若手WGと同様、人材育成という狙いもありました。

■難所はデザインの絞り込み

公募で選ばれ、昨年7月から活動を始めた新たな若手WGのメンバーは20代前半から30代前半で、男性8人、女性1人の計9人。清掃事務所や人事担当など、様々な職場から参加してくれました（ちなみに、私は若手WGのサポート役を務めることになりました）。なお、制作作業は週1回程度、通常勤務の終了後に行われました。

向上心を持ったメンバーだったので、どのような特別版にするか、様々なアイデアが出てきました。例えば全体のデザインでは、有名SNSをイメージさせるもの、カレンダー風のもの、マンガのコマ割りを使ったものなど、様々なものが提案されました。しかし、「写真のスペースを大きく取れるけれど、計画の説明文が短くなりすぎないか」といった一長一短や、「マンガのコマ割りと作画をやり通せるだろうか」など完成の見通しを考慮すると、なかなかデザインを絞り込むことができませんでした。

こうした行き詰まりはあったものの、検討と試行錯誤の結果、写真を大きく使えることや、若い世代にもなじみやすいこと、また、メンバー自身も普段からなじみがあり、文章のレイアウトの工夫がしやすく、思いを表現しやすいデザインであることなどから、全体のデザインを「雑誌風」に決定しました。

その後の作業、掲載写真の選定や、基本計画から抜き出す内容の検討などは、おおむねスムーズに進んでいきました。制作作業を振り返ってみると、全体のデザインイメージを絞り込むところが一番の難所であったように思います。

若い世代をターゲットに特別版を検討した若手職員WG

■まずは「すみだ」を感じてもらいたい

完成した特別版では多くの写真を使用し、キャッチーな小見出しを付けるなど、若い世代にも読みやすい、親しみやすい内容にすることを心掛けたほか、特別版オリジナルで区内のおすすめスポットや、子育てお役立ち情報も掲載しました。

さらに、若手WGメンバーが所々に出演する遊び心も盛り込まれました。そして、完成が近付いてから付けられたタイトルは、じっくりと読み込むのではなく、まずは「すみだ」を感じてもらい、まちに関心を持ってもらいたいという思いを込めて、「Feel! Sumida」と名付けました。

このタイトルが表しているように、区政になじみのない人でも、見て、感じてもらえるような内容に仕上がったと思っています。昨年7月から特別版が完成した今年3月まで、8カ月にわたり制作した若手職員の力作を、多くの人に見てもらい、〝すみだのまち〟を感じていただけたら誠に幸いです。

練馬区立美術館

石の古都への視覚旅行

19世紀パリ時間旅行—失われた街を求めて

地図、版画、衣服、絵画、写真、ポスターなどによって19世紀パリの、街と人々の生活を視覚的に蘇らせた企画展示だ。

重要資料の出品、図録への克明で懇切なテキスト執筆に加え、膨大な展示物を分かりやすく解説してくれているのが仏文学者・鹿島茂氏。

専門はバルザック、ゾラ、ユゴー、フロベールなど19世紀フランスの作家研究。稀覯本のコレクターとしても知られる氏だが、古書収集はこれら文豪の作品研究のために始まったという。

最初に掲げたのは、入手可能なパリ関係の新刊本をすべてという目標だったが、それが19世紀挿絵本や古書、古版画へと拡大、さらに常人の常識枠を超えたものになっていく。

古書探査の模様は氏の著書『子供より古書が大事と思いたい』に詳しい。パリの古書店は渉猟し尽くしたので車を駆って地方都市に足を延ばしたのだが、車内はたちまち本でいっぱいに。子供には本の狭い隙間で我慢してもらって旅を敢行したというのだ。

やがて収集の傾向が大きく変わる。文学作品の背景にある歴史と文化、とりわけ風俗とパリの地誌に関心が向いていったという。

本展のテーマもパリ。この街は今から150年ばかり前の19世紀半ば、構造的に大きな変化を経験している。皇帝ナポレオン3世の命によってセーヌ県知事オスマンが断行した大改造である。

この工事で路地が入り組んだ中世的な石の街に10本を超える大通りが貫通し、風と光が入って見通しも生まれた。今日、我々が目にするパリになったのである。

だが同時に、たとえばバルザックやユゴーやボードレールの作品にあるような、汚臭の漂う、うす暗くて冷たくて硬く、人間の悪徳と束の間の善意が行き交う路地の光景も消滅してしまった。破壊と断絶である。そこを埋めなければパリは分からない。

マルシアルの連作版画『いにしえのパリ』が奇跡的に発見された。改造前の路地の生活が忠実に作品化されていた。全300枚のたったワンセット。年収の半分ほどだったと、展覧会開会式で氏が漏らした値に会場がどよめいた。氏の注釈がついたそれらの作品が本展の主役である。改造前と後のパリがここでつながる。

古地図、街の変遷を描いた多色刷り石板、19世紀前半のパリ景観図、街の風俗を伝える希少本などに、他の研究機関や美術館所蔵の衣装や、ユトリロ、ドガ、ルソーなどの名画、ミュシャのポスターなども。

目につきやすいノートル・ダムやシテ島を定点にして見ても良い。変わらない部分と変わった部分で歴史が立体的に見えてくる。

いまやフランスでも実現不可能と言われる企画だ。出品点数が多いため、会期中の展示替えもある。お出かけの際にはくれぐれも時間に余裕をもって。

練馬区独立70周年記念展「19世紀パリ時間旅行－失われた街を求めて－」は6月4日まで練馬区立美術館で開催。この招待券を10組20名様にプレゼントします。Eメールで件名を「19世紀パリ時間旅行希望」とし、〒、住所、氏名を明記の上、henshu@toseishimpo.co.jpまでお申し込みください（16日必着）。

アンリ・ルソー《エッフェル塔とトロカデロ宮殿の眺望》1896―98年　油彩、カンヴァス　ポーラ美術館

とうきょうと川柳会

●4月の宿題1「歴史」

免責のない昭和史の深い傷　横塚 隆志

核兵器性善説は通じない　きんぎょ

敗戦の歴史があって得た平和　近藤泰三郎

☆帆船が悪夢にもなる大航海　加藤 佳子

●4月の宿題2「るんるん」

あこがれのピアノ始める六十歳　外山あゆみ

栄転の内示に笑みが隠せない　信 寛

さくらもタンポポもつばめ蝶　遠藤万代子

☆休肝日あけてお酒が待っている　横塚 隆志

（☆印は選者の句）

とうきょうと川柳会のご協力で本紙読者からも川柳を募集します。5月の宿題は「子ども」と「貼る」です。各3句以内で作句し、Eメール（henshu@toseishimpo.co.jp）か、ハガキで編集部までご応募ください。5月16日必着。

都政新報

発行所　都政新報社
〒160-0023 東京都新宿区西新宿7-23-1 TSビル
〈総務・読者〉03-5330-8781
〈企画広告〉03-5330-8784
〈編　　集〉03-5330-8786
〈出　　版〉03-5330-8788
〈ファクス〉03-5330-8808
購読料 月1,730円（税込）
毎週火・金曜日発行
ただし、祝日は休刊

紙面から

小学校でプログラミング教育

都教育庁　有識者会議が検討開始

2020年から始まる次期学習指導要領で、小学校のプログラミング教育の必修化が盛り込まれたことを受け、都教育庁は9日、プログラミング教育を始めとするIT人材の育成に向けた指導方法やカリキュラムを検討するための有識者会議を立ち上げた。小学校段階からプログラミングを通して論理的思考力を身に着ける狙いがあるが、教員にはITの専門知識やスキルアップが必要になることや、高度な技術の取得に向けて児童の主体的な学習を促す必要があるなど、課題は少なくない。

文部科学省が3月に発表した学習指導要領では、小学校段階でプログラミングを体験する授業を行い、児童が論理的な思考力を身に着け、中学校でコンピューターなどを使った情報活用能力を育成することが示されている。

これまで都教育庁は独自教材「SNS東京ノート」を活用した情報教育に加え、電子黒板やタブレットなどを使ったICT教育を進めてきたが、プログラミングなどの専門的な分野の経験が乏しい教員もいるため、新たに授業内容や指導方法を検討する必要がある。だが、公立学校では教員の多忙化が問題視されており、現場は厳しい対応を迫られる可能性もある。

新たな学習指導要領でも小・中学校で情報教育を扱う専門教科はなく、小学校では「算数・理科」や「総合的学習の時間」、中学校では「情報・家庭科」などの中で教えることが想定される。

現在でも学校ごとに情報教育の取り組みは温度差があり、IT教育を根付かせるには地域の教育委員会や校長のマネジメント、教員個人の姿勢・資質が問われることになる。

教員の研修やスキルアップなどが必要となる一方、子供たちの間でも知識や技術に差があることから、IT教育では課題に対して児童・生徒同士が自主的に教え、学び合う「アクティブラーニング」の考え方を取り入れることも検討課題となりそうだ。

国内では中小企業のIT人材が不足する中、自主的に学ぶことが基本だったITの基礎知識や高度な技術が義務教育段階で習得できれば、企業の人材確保にも寄与する。都の教育施策大綱では、世界で活躍できるグローバル人材の育成を掲げており、プログラミングスキルを身に着けた高度IT人材の育成は都市の競争力強化にもつながる。

9日の有識者会議では、委員から公立学校のIT教育について、「英語で数学や歴史を教える取り組みのように、プログラミングで（基礎科目を）教えるべき」との意見や、SNSの利用方法などに関して、「（教員は）『駄目』しか言わない。ルールを守った上で有効活用することを教えてほしい」などの指摘が出された。

有識者会議は9月に、IT人材育成に関する提言をまとめる予定だ。

義務教育の知識どこまで

【解説】IT教育の拡充に向けて、課題の一つは教える側の体制づくりだ。都立高校の「情報」の授業は専門科目だが他教科の担当が兼任することもあるなど、学校現場には専門人材が少ない。

今後は先進的な取り組みを行う学校が他校を牽引することなども求められるが、通常業務が多忙を極める中、研修などが現場の負担にも成りかねない。

また、子供たちのデジタルデバイド（技術格差）の問題では、コンピューターやスマートフォンのシステムに疑問を抱かず、ITに理解がないまま使うケースも多い。首都大学東京システムデザイン学科教授の下村芳樹委員は、近年は理系大学生からもコンピューター知識が抜け落ちていると問題視し、「ITの『理解・利用・活用』のうち、利用しかできていない」と話す。

一方、プログラミング教育の目的は優秀なプログラマーの育成ではなく、どの職業にも求められる普遍的な力や論理的な思考の育成だ。有識者会議の委員である一般社団法人「みんなのコード」代表の利根川裕太氏は、全国の小学校で田植えなどの授業が行われていることを例に挙げ、「（授業は）子供を農家にすることが目的ではない。プログラミング教育の目的も、プログラムで動くものを理解できるようにすること」と話した。「プログラムを学んだ上で、自分には向いていないと理解することも必修化の狙いのはず」とも指摘し、過度にIT人材育成に主眼を置くことに懸念を示す。

正しくIT技術を利活用するには一定の知識が必要なのは確か。義務教育段階でどのように必要な知識・技術を伝えていくべきか、今後の検討課題となりそうだ。（南）

都政の東西

新たな「基礎知識」

もはや誰にとっても身近になったスマートフォンやタブレット機器。90年代後半に生まれ、現在大学生になった世代は、生まれながらにIT機器に接する「ネオ・デジタルネイティブ」と呼ばれる。パソコンなどを使いこなす「デジタルネイティブ」よりも更にデジタルに親しんだ彼らにとって、ITは特別なものでも新しいものでもない。

一方で、身近すぎるために基本的な知識が抜け落ちていることがある。都内のある大学生は、授業課題のレポートをスマートフォンで作成し、教授の失笑を買った。パソコンを使えず、タッチタイピングができない学生もいるという。現代を生きるのにコンピューター知識や技能は必須といえるが、能動的に身に着けようとするかどうかで、能力は雲泥の差になる。

国は2020年以降に始まる次期学習指導要領で、小・中学校のプログラミング教育などを強化する方針を掲げており、年度末に告示する高等学校の指導要領でも、更なる専門知識の習得が盛り込まれる見込みだ。

手元にあるスマートフォンがどのような仕組みで動いているか、理解できている人は大人にも少ない。電車や飛行機、電話など、人々の生活を変えた発明は多いが、その仕組みを知らなくても利用はできる。それでも、「なぜ」という疑問を持つことが主体的な学びの入り口となるだろう。

「分からなくても使える」ものが増えていくにつれて、それを教える教育の役割は増していく。少子高齢化が進む東京において、ITは経済成長や競争力維持に不可欠だ。

「プログラミング教育」は言語能力や電気の仕組み、光の作用などと並ぶ、新たな基礎知識となるのかもしれない。

「地方議員ゼロの会」出馬へ

都議選公約に「職業議員なくす」

職業議員をなくし、直接民主制システムの構築を目指す「地方議員ゼロの会」（代表＝飯田佳宏氏）が9日、自由報道協会で記者会見し、都議選に4選挙区で候補者を擁立すると発表した。

同会は、元ライブドア代表の堀江貴文氏が主宰する会員制サロンの有志メンバーが発起人となって立ち上げた。飯田代表は元衆院議員秘書で、企業顧問などを務める。会見で飯田氏は「都議がいない方がより良い暮らしができる。彼らはいらない」と指摘。「既得権益をバックに当選する職業議員が、規制改革を求める有権者の声を切り崩している」と持論を展開した。

政策としては、議員報酬のゼロ、地方議員ゼロに加え、住民の声を直接伝える公聴会の活用など直接民主制システムの構築、徹底的な規制緩和、ベーシックインカム（最低限所得補償）などの地域実験を掲げる。

当選した場合、議員報酬は全額を会の政策研究などに充て、政治活動はいっさい行わない。議案の賛否は党員の投票によって決める。今回、飯田代表が港区で立候補するほか、新宿区、豊島区、南多摩で新人を擁立。今後は定数5以上の選挙区で公募により候補者を擁立したいとの考えを示している。

市場のあり方戦略本部

副知事対応に市場業者批判

小池知事　流通業者のみヒアリング

築地市場の移転問題などを総点検する市場のあり方戦略本部（本部長＝中西充副知事）が10日、都庁第一本庁舎で会合を開き、小池知事が流通業者をヒアリングした。一方、市場業者へのヒアリングは知事ではなく、本部長の中西副知事が11日に実施し、業者から「知事は逃げている」などの批判が噴出した。

10日のヒアリングでは、流通業者から市場の休市日の変更やトレーサビリティー（生産履歴などの追跡）導入などを求める意見が出た。市場の休市日は水曜と日曜が大半だが、羽田市場を運営するCSN地方創生ネットワークは「日曜が一番売れるのに市場は休み。市場の在るべき姿ではない」と問題視した。

トレーサビリティーに関しては、一般的に市場で取り引きされる生鮮品の産地は分かるが、「消費者は安全・安心を求めているのに、生産者の情報がない」などの声が上がった。また、産地から築地市場に魚が搬送されるのに時間がかかることを課題に挙げ、改善すれば市場経由の取り引きが増える可能性を示した。

知事は「目からうろこが落ちた。将来を見据えた話を伺えた」と話した。

一方、11日の市場業者へのヒアリングでは、中西副知事が東京都水産物卸売業者協会の伊藤裕康会長と、築地市場青果連合事業協会の泉未紀夫会長ら4人を別々に意見聴取した。伊藤会長は築地再整備の合意形成ができていない現状を考慮し、「豊洲か築地の二者択一になっているが、選択肢は豊洲しかない」と副知事に伝えたと話し、知事不在の面談に関しては、「いずれ話す機会があると思っている。そうでないと（市場移転の可否の判断が）進まない」と語り、知事ヒアリングを求めた。

中西副知事は業者から移転の可否の早期判断を求められ、「しっかりと知事に伝えていきたい」と話した。また、知事が面談しなかった理由を「知事が直接聞いていただければいいと思うが、知事は時間の制約があるので、私がインタビューすると知事に申し上げた」と説明した。今後は水産仲卸、生産者などからヒアリングする予定。

都外競技施設、都が全額負担

小池知事が安倍首相に意向示す

小池知事は11日、首相官邸で安倍首相と会談し、都と国、組織委の間で問題となっている五輪費用負担について協議した。都外に仮設整備される大会施設の整備費用について、知事は都が原則全額を負担する意向を示した。国に対してはパラリンピック開催費の一部負担を求めた。

今後、組織委を含めた3者協議で警備や交通などソフト面を含めた経費の役割分担を決定する見通し。

一方、小池知事は9日に行われた9都県市首脳会議で、東京五輪の都外仮設施設の費用分担について、今月中にも方針を決めることを明らかにしていた。当初は3月末としていた小池知事は「開催都市としての役割を果たす」と話したが、他県の知事からは会場を整備する作業の遅れを懸念する声が上がるなど、対応の遅れには厳しい視線が注がれている。

会議での小池知事の発言を受けて、神奈川の黒岩祐治知事、埼玉の上田清司知事、千葉の森田健作知事の3人は同日、首相官邸で安倍総理と面会し、国に費用分担の早期決着を要請。安倍首相は丸川珠代五輪担当相に、都と組織委との調整に入るよう指示した。

また、9都県市会議では、都が提案した緊急輸送道路の機能確保に向け、沿道建築物の耐震化促進で合意した。

自民の立石都議が離党

豊洲移転に同意できず

自民党の立石晴康都議は9日、記者会見を開き、都連に離党届を提出したことを明らかにした。離党の理由に関して、立石氏は豊洲市場に移転するよう求めている自民党に賛同できないためと説明した。離党届は10日時点で受理されていない。また、会派離脱届も9日に提出、10日に受理され、会派名を「都民塾の会」とした。

都議選には無所属で立候補する意向を示し、都民ファーストの会との連携に関して「応援してくれるなら大歓迎」と話した。

決戦の構図
2017都議選を占う⑤

消えた看板

自民離党も前途多難

「ネガティブキャンペーンを行う」。自民党の山内晃氏と木村基成氏が2月20日、同都連に離党届を提出した際に、離党を引き留められないと判断した下村博文会長は、こう宣戦布告し、2人の離党を事実上、受理した。

同日午後、2人は報道陣を前に、「自民党を離党したのは選挙のためという人がいるが、東京大改革を進めていくためには知事に賛同できる形を取った」（山内氏）と釈明した。山内氏は品川区、木村氏は小金井市からの出馬を目指す考えを示した。

その後、山内氏は4月に都民ファーストの会の公認を得たが、木村氏は9日時点で同会からの公認はおろか、推薦も出ていない状況だ。

昨年7月の都知事選で小池知事を支援した小金井市議の一人によると、都民ファーストは同市の公認として女性候補を内定していたが、その後、擁立が立ち消えになったという。同市議は「理由は分からないが」とした上で、「木村氏に配慮したのだろうか。もし木村氏に公認を出すなら、応援しない」と断言する。

その最大の理由は小金井市での都道整備を巡る考え方の違いだ。推進派である木村氏に対し、同市議は反対派。小池知事を応援する同じ立場であるにもかかわらず、両者の溝は深い。同市議は小池知事に、「木村氏を擁立するなら対立候補を応援する」という手紙を送ったと明かした。

元々、小金井市は他と比べて自公の地盤が弱い選挙区であり、自公や都民ファースト以外の野党が統一候補を擁立しようと模索している。自民を離党し組織票のない木村氏を都民ファーストが公認しても必ずしも当確する保証はない。

そうした中、地元では木村氏が小金井市から出馬しないのではとの見方が広がっている。名前や写真などを載せた看板が最近、自宅前も含めて全て撤去されたからだ。

仮に国替えする場合、候補に挙がるのが渋谷区だ。木村氏は、父親が同区議会議長を経験した現職の自民区議であることが理由だが、都民ファーストは既に元アナウンサーの龍円愛梨氏を公認候補として擁立するとともに、無所属で現職の大津浩子氏を推薦。定数2の同区で木村氏が都民ファーストの支援を得られる可能性はない。

自民党離党の経緯などを記者に説明する木村氏（左）と山内氏＝2月20日、都議会議事堂で

木村氏が同市以外の選挙区から出馬すれば、前回に引き続き落下傘候補となる。都民ファーストに木村氏の国替えの可能性などを文書で質問したが、回答期日までに返答はなかった。また、木村氏の事務所も留守電のままで、同じく回答はない。

小金井市議の一人はこう語った。「木村氏は事務所を閉めたようだ。町会の会合も欠席していると聞いている。どの選挙区から出るのだろうか」。風を捉えて勢いよく自民党を飛び出した木村氏だが、前途は多難と言える。

冗句ジョーク

市場問題、五輪の他自治体開催経費問題等、小池知事の決断先延ばしに不満の声も

知事側近「だから前から言っているでショ、鳥の目、虫の目、カタツムリの目だと！」

ダチョウ倶楽部「聞いてないヨー!?」

簡易宿所のホテル化に助成
観光振興と木密解消を両立

台東区

台東区は、山谷地区に多い簡易宿所をホテルや旅館に建て替えるための助成制度を拡充した。訪日外国人やビジネス目的での利用者が増えている状況を受け、設備更新を考える事業者を支援するとともに、木造密集解消の足掛かりとするのが狙いだ。区は今年度中に山谷地区を含む区北部エリアの産業、防災、観光などに関する実態調査を行う。服部征夫区長は「来年度以降に地域と連携した計画的なまちづくりを推進していく」と話す。

区は2002年度に簡易宿所の設備更新や建て替えに対する助成制度を創設し、宿泊機能の強化を促進してきた。今年度から新たに助成対象となったのは、複数の権利者が所有する敷地を共同化して、木造の簡易宿所を旅館やホテルに建て替え・改修する場合で、敷地の所有者1人につき100万円を工事費助成額に加算する。例えば、所有者が異なる3件の土地を共同化してホテルを建てる場合、建築主に対する建て替えや大規模改修工事費助成に300万円を追加する。

助成制度は昨年度まで区福祉部が所管していたが、今年度から都市づくり部に移行し、まちづくり施策の一環で推進する体制に切り替えた。都市づくり部は「国内外から来街者が増える中で、旅館やホテルの需要が見込めると考える事業者を後押ししたい」（地区整備課）と話し、今年度当初予算に2408万円を計上した。

簡易宿所は、区北部エリアの日本堤1～2丁目や清川2丁目周辺に多く立地する。都福祉保健局によると、1964年東京五輪関連の公共事業の増加により、日雇い労働者が全国から集まり、宿泊需要がピークを迎えた五輪前年には山谷地区の簡易宿所は220軒、宿泊者数は約1万5千人だったが、2015年10月時点の調査では同153軒、約4千人にまで減少しているという。

その反面、宿泊料が1泊当たり2千円程度に抑えられることから、近年ではビジネスや観光目的の利用者など、従来とは異なる客層から注目が集まっている。

一方で、同エリア内には簡易宿所とともに木造住宅が多く、日本堤1、2丁目地区はまちの燃えにくさを示す「不燃領域率」が延焼を防げるとされる70％に満たない。このため区は簡易宿所助成の拡充と併せて、日本堤1、2丁目や東浅草2丁目地区などを対象に、地区内に立地する木造家屋を耐火構造に建て替える場合に1件当たり240万円を助成する不燃化促進事業を創設し、エリア全体の不燃化を図る。また、助成に加えて専門家の派遣や相談会も実施する。

区は不燃化と並行して「来街者を受け入れることで、新しいまちづくりを考えたい」（都市計画課）と話し、実態調査を経て、住民主体のまちづくりを支援して地域活性化を促すための方策を打ち出す考え。

助成対象地区内には簡易宿所や木造住宅が立ち並ぶ＝8日、台東区で

23区部課長会

施設再編整備計画改定へ
更生施設等の在り方を検討

特別区人事・厚生事務組合（特人厚）が事務処理を担当する厚生関係施設に関し、23区の福祉主管部長会と福祉事務所長会は、今年度から施設整備や運営などの在り方検討に着手した。

特人厚の厚生関係施設は11日現在、生活保護法に基づく更生施設が9カ所、宿所提供施設が5カ所、社会福祉法に基づく宿泊所が7カ所ある。

更生施設は、身体や精神の障害などを理由に、生活保護受給者が福祉事務所を通じて男女別に単身で入所し、原則10カ月間の入所プログラムを行っている。宿所提供施設と宿泊所は、住居のない世帯などが入所し、入所期間を原則3カ月間としている。

国が2018年度に生活保護法と生活困窮者自立支援法を見直す方針を示していることから、23区では16～18年度を期間とする施設再編整備計画の改定に併せ、厚生関係各施設の在り方全体の検討を行うこととした。

検討では、現計画までに施設の老朽化対応が一段落し、入所需要も充足する見通しが立ったことから、施設運営や実施事業などが主なポイントとなる。具体的には、施設退所者が地域生活に円滑に移行するための方策や、障害者施設など他施設との役割分担などを協議する方針で、特人厚厚生部では「財政措置を伴うものについては、23区で課題意識を共有し、各区の19年度予算編成に間に合うように計画をまとめていきたい」としている。

記者席

ドタバタの対応にヤキモキ

○……「どう続けていくのか連絡もない。塾生は怒っている」。希望の塾塾生で、都議選の出馬を目指して同塾の選挙対策講座に通った某区議が不満を口にした。都民ファーストの会からは、都議選の公認選考に関する途中経過などの報告が一切ないという。同区議は「公認のプレスリリースの10分前に候補者本人に連絡があったという話も聞く」と語る。

一方、他の党を離党して同会の公認を受けた候補者の一人は、「（以前の党の）支持者から『動員に協力したいが表立っては行けない』と言われた」と話す。徹底した情報統制に頭を悩ます塾生、公認を得た後も苦心する候補者。急ごしらえの組織に振り回される日々は続く。

○……まちづくりの担当部署を取材すると、「まちのポテンシャルを引き出したい」といった言葉をしばしば耳にする。台東区北部の担当者からも同じ言葉を聞いた。

山谷地区は浅草に近く海外からの観光客を呼び込みやすい立地にあるが、ドヤ街というイメージが根強い。「ポテンシャル」の表現には、職員の忸怩たる思いがある気がしてならない。

山谷地区の一角で旅館を経営する男性は、「木賃宿が立ち並ぶ『福祉の街』を脱却し、観光地化したい」と率直に語っていた。ポテンシャルを発掘するには、まちの清濁を併せのんで暮らす人の知恵を借りるのが効きそうだ。

○……連休中、上野動物園のジャイアントパンダ「力力（リーリー）」「真真（シンシン）」の故郷・中国四川省を訪れた。2頭が生まれた保護センターではないが、都市部にある「パンダ繁育研究基地」は地元の家族連れでにぎわっており、木の上でだらしなく眠るパンダたちの姿を楽しんでいた。

この基地は日本人も多く訪れるらしく、施設内には「パンダの恋愛と結婚」という日本語の紹介コーナーも。過去には14時間で計4頭の赤ちゃんが生まれたこともあるという。

上野動物園の2頭は今年2月に交尾が確認され、現在、飼育員らが行動を観察している状況。2頭の恋はうまくいくか。

「一体性」発想の分岐点

闘いの到達点　特別区誕生70年……㊦

将来展望

特別区で児童相談所（児相）の設置に向けた動きが加速する中、区長会は今年度から児相設置に伴う財源の検討に着手した。児相を持つ政令市や中核市が地方交付税で需要額を算定していることから、都区財政調整制度での対応を基本に据える方針だ。

だが、区長会事務局の近藤尚行調査第2課長は「都側が応じてくる可能性は低いのではないか」と語る。区の児相設置規定を盛り込んだ改正児童福祉法は「できる規定」で、都から区への事務移管ではないからだ。

一方、総務局の小菅政治区市町村制度担当部長は「区側から正式に話を投げられていない」とした上で、「これから福祉保健局と先行3区との協議が始まる。その中で様々な課題が出てくるだろう」と話す。

事務移管を巡っては、これまで都区は双方で協議し、合意の上で制度改正を行ってきた。小菅部長は「制度は状況に応じて変えていくもの。話し合いを続けていくスタンスは変わらない」との認識を示す。

都区の協議の場として都区協議会が法定化されたのは1964年。福祉事務所の移管などが盛り込まれた改正地方自治法においてだった。毎年度行う財調協議や07年以来事務移管の議論を詰めてきた都区のあり方検討委員会も、都区協議会の下に設置され、喧々諤々の議論が繰り広げられてきた。

都区の協議の背後には何が潜むのか。それをひも解くキーワードが大都市東京を巡る「一体性」の概念だ。

東京市の呪縛

1889年に誕生した東京市は1932年10月1日、周辺5郡と合併し、「大東京市」と呼ばれる新たな東京市となった。区域は現在の23区とほぼ同じだったが、大東京市には区会（議会）を持つ35の区が併存していた。

「都区関係の歴史は、東京市があった時の一体性の問題と区の自治権を巡るせめぎ合い」と区長会の志賀徳壽事務局長は話す。大東京市の区域の起源は、1922年に東京駅を中心に半径約16キロとして定められた東京都市計画区域にある。志賀事務局長は「GHQ（連合国軍総司令部）による強力な民主化政策でも区を市にできなかったのは一体性が要因。1952年の基礎的自治体の剥奪は、一体性を強化する方向性での法改正だった」とも分析する。

一体性を強めるのか、それとも区の自治権を強めるのか。これは都が担う大都市事務の定義に直結する問題だ。都区の70年はこの綱引きの歴史であり、だからこそ絶え間なく両者は協議を続けてきた。

しかし「東京独り勝ち」が喧伝され、国に税源が狙われる昨今、都区は大東京市時代の過去に執着していていいのか。元都総務局長の大関東支夫氏は「一体性の範囲は、はるかに広がっている」と指摘する。

大東京市が誕生した昭和初期とは異なり、都市地域の一体性は都の行政区域を超え、隣接県へと及ぶ。一方で地方の衰退は深刻だ。大関氏は「自らが国を変えるという気概を持って、まずは関東地方に東京の財源を使っていくべきだ」と力を込める。

00年の地方自治法改正で基礎的自治体になった特別区。志賀事務局長は「この法改正は完成形で、都区制度の枠組みはこれ以上ない。あとは運用の問題」と語る。だからこそ、都区は従来の発想を超え、「一体性」の広がりを真正面から受け止める段階に差し掛かっている。＝おわり

世田谷区が児相を開設予定の区立総合福祉センター

モンチッチがマンホールに

葛飾区

葛飾区は6月から、区内に本社を構える㈱セキグチが開発した猿のキャラクター「モンチッチ」をあしらったデザインマンホールのふたをJR新小岩駅の駅前広場に設置する。

デザインは区が提案し、モンチッチが持つ人形らしい愛らしさを表せるような表情やポーズにしたという。6～7月にかけて計10基を設置する予定。

©SEKIGUCHI

区がカード発行を申請したモンチッチマンホール

また、デザインマンホールのふたは、国や事業者で構成する「下水道広報プラットホーム」が自治体と共同で発行している「マンホールカード」に申請する。発行自治体を実際に訪れた人などを対象に自治体が無償配布しているカードで、昨年4月の配布開始以降、人気となっている。23区のカードは桜をモチーフにした共通デザインのみで、区単独としては初となる。早ければ8月に観光案内所などで配布を開始する。

区観光課は「カードを発行することで、葛飾区に来れば様々なモンチッチに会える。世界中からモンチッチやマンホールのファンに来てもらいたい」と期待を寄せる。

受動喫煙防止に向け飲食店を冊子で紹介

港区

港区は、受動喫煙防止対策に取り組む区内飲食店を紹介する冊子『港区煙のないレストラン』を作成し、区内270カ所で無料配布を始めた。部数は2万1千部。東京五輪を控え、健康増進の環境づくりを強化するのが狙い。

冊子では、▽敷地内禁煙▽建物内禁煙▽店舗内禁煙▽完全分煙――の4分野に整理し、対策を始めたきっかけなどを紹介。「みなとタバコ対策優良施設」に登録済みの54店舗を掲載した。飲食店経営者は禁煙による来客数の減少を懸念して対策に乗り出しにくい傾向にあり、冊子で対策を行っていない経営者へのPRも図る。

特別区 予想される顔ぶれ
第20回都議選 ▶5◀

品川区（定数4）

前回は民主の現職2人が共倒れし、自民2、公明1、共産1が議席を獲得した。

自民は昨年11月の1次公認で現職3期目の田中豪（54）と1期目の山内晃（48）を公認したが、山内が2月に離党。代わりに新人で区議の沢田洋和（36）を公認した。区議会自民党・子ども未来の鈴木真澄幹事長は「2人当選は厳しい情勢だが、街頭や会合で顔を売り、地域への密着をさらに強める」と話す。田中は前回トップ当選。警察・消防委員長を務めるなど、経験を強調する。一方、沢田は「（田中に比べて）知名度は低いが、若いのが強み」（鈴木幹事長）。

公明は3期目の伊藤興一（56）を公認した。昨年の参院選で比例票が共産と拮抗したことなどから、品川区選挙区を「重点地区」に定め、組織の強化を図る。区議会公明党の武内忍幹事長は「投票率が上がるのは懸念材料。小池知事との連携でどこまで浮動票を取り込めるかが鍵」と語る。

共産は1期目の白石民男（35）を公認した。都立大崎高校定時制卒業で、都立高校の夜間定時制廃止の撤回などを訴える。前回は民主の共倒れで当選ラインが下がったことから、約1万5千票で当選。品川地区委員会は「固定層をさらに固めて、（前回の）倍くらいの得票を目指す」と話す。

民進は新人で区議の阿部祐美子（52）を擁立する。区議2人が公認申請し、同党都第3区総支部の常任幹事による投票で阿部を選出した。

都民ファーストは自民を離党した現職1期の山内を公認した。山内は昨年末、佐藤裕彦元都議を通じて都民ファーストの野田数代表と会談後、自民を離党。公認に至った。

このほか、希望の塾の塾生で無所属の女性区議が立候補を模索し、都民ファーストに公認を求めているが、地元では他の女性候補の擁立を予想する声もある。

田中豪氏　沢田洋和氏　伊藤興一氏

白石民男氏　阿部祐美子氏　山内晃氏

前回の結果

	氏名	名	党派・新旧	得票	当選回数
◇品川区					
当	田中	豪	(自現)	25,140	③
当	山内	晃	(自新)	22,862	①
当	伊藤	興一	(公現)	21,016	③
当	白石	民男	(共新)	15,338	①
	神野	吉弘	(民現)	12,951	
	馬場	裕子	(民現)	12,478	
	飯山	直樹	(み新)	9,367	
	筒井	洋介	(維新)	8,076	
◇目黒区					
当	齋藤	泰宏	(公現)	17,321	②
当	栗山	芳士	(自新)	14,475	①
当	鈴木	隆道	(自現)	13,877	③
	伊藤	悠	(民現)	12,663	
	角	恵子	(み新)	8,752	
	松嶋	祐一郎	(共新)	8,211	
	鴨志田	リエ	(風新)	6,463	
	土屋	克彦	(維新)	5,753	
	安田	暁史	(無新)	1,445	

《文中は敬称略》

目黒区（定数3）

前回は自民、公明、共産、民主、みんななど計9人の乱戦で、自民が2議席、公明が1議席を獲得した。

自民は現職3期目で党目黒総支部長を務める鈴木隆道（66）と、同1期の栗山芳士（47）を擁立した。選挙戦を控え、区議13人が鈴木支持9人、栗山支持4人に分裂し、党内対決の様相。鈴木は「それぞれ切磋琢磨するしかない。結果はその後」と意気込みを示し、一方の栗山は「空中戦が中心。今回も40代で戦えるのは大きい」と話した。

公明は現職2期の齋藤泰宏（54）を公認した。齋藤は前回トップ当選だが、党都本部では「地元だけでは厳しい。全国から動員をかけ、結果を残す」と組織の引き締めを図る。同区は同党が「最重点地区」と定める都内7選挙区の一つ。

共産は新人で2月に区議を辞職した星見定子（59）を擁立した。党目黒地区委員会によると、近年の選挙では一定の浮動票の取り込みに成功し、2015年の区議選では、自民に次いで2番目に得票数が多かった。宮本栄地区委員長は「実績と実力のある候補を擁立した。今回は議席を取りにいく選挙」と話す。

民進は当初、元職2期の伊藤悠（40）に公認を出したが、伊藤の離党を受け、「現実的には擁立しない考え」（民進区議）。

都民ファーストは民進を離党した伊藤を公認。伊藤は文京区で擁立された増子博樹と共に、同会の代表補佐を務める。執行機関との議会答弁の事前調整を「玄人の弊害」と指摘し、議会改革などを掲げ、次点で涙をのんだ前回の雪辱を期す。

鈴木隆道氏　栗山芳士氏　齋藤泰宏氏

星見定子氏　伊藤悠氏

「同性カップル里親」進むか

子供の利益見極めへ

大阪府が昨年末、養育里親に同性カップルを認めたことで、全国的に注目が集まった。様々な事情で家族と暮らすことができない子供を受け入れる養育家庭制度は各自治体が認定基準を定めているが、都の基準は同性のカップルを想定しておらず、認定を受けることが難しい。社会的な要請が高まれば児童福祉審議会などで基準の見直しが行われることもあり得るが、「子供のための里親制度」を担う基準の軽率な拡大には慎重な意見も根強い。

「あのおばさんの家に泊まりに行ってみる?」

児童相談所の福祉司が、養護施設に入所している4歳の児童に尋ねる。子供の養育を希望する50代の女性とは、施設での面会から共に外出するなど、段階的に交流を深めている。今後、短期から長期の外泊などを経て、児相が適切と判断すれば「養育家庭」として子供を預かることになる。子供ははにかみながらもうなずき、交流が続くことになった。

「マッチングを受け入れるかは子供次第。長い時間をかけて慎重に委託を決めている」。福祉保健局少子社会対策部育成支援課はそう説明する。

都の養育家庭（ほっとファミリー）は、住民票上は「縁故者」で、預かるのは18歳まで。都には養子縁組を前提とした里親制度もあるが、養育家庭の場合は子供が実親と交流を持つケースも多く、関係が変われば、実親の元で暮らし始めることもある。選ぶのは児童であり、社会的な養護を必要とする子供のための制度だ。

都の養育里親認定基準は25歳以上で配偶者がおり、家庭が円満であることだが、育児経験があるか、保育士などの資格を持っており、20歳以上の子供や親などが補助するならば、配偶者がいなくても認定を受けることができる。

一方、異性の事実婚などは配偶者に含まれるが、血縁関係のない同性カップルはあくまでも「単身者」で、基準を満たすことはできない。だが、他自治体では家族などの補助者を必要としない場合も多く、同性カップルでも研修を修了するなど自治体の判断で登録ができる。

注目が集まる同性カップルの里親認定は、当事者にとってどのような意味を持つのか。

都内の養育家庭に向けた情報提供や研修支援などを行うNPO法人「東京養育家庭の会」の青葉紘宇理事長は、「いろんな子供がいるので、いろんな里親がいてよい」と話す。児童の中には性的虐待を受けた経験から男性がいる家庭にはなじめず、配偶者を亡くした女性とその娘の養育家庭とマッチングするようなケースもある。「親子でも女性カップルでも、子供が望むかどうかだ。里親に認められれば私たちの仲間なので、サロンや研修会で支援していく」と前向きな姿勢だ。

実際に、男性のみの養育家庭の登録は全国的にも少ない。都内では、父と息子の2人暮らしで登録していたこともあるが、補助者が前向きではなく、委託には至らなかったという。

養護を必要とする子供にはそれぞれ事情があり、預かる養育家庭の動機や状況も様々だ。そのマッチングを進めるためには、出来る限り養育家庭の母数を増やすことが重要になる。

昨年11月には渋谷のスクランブル交差点で養育家庭制度のPRが行われた（東京都提供）

都は昨年11月、都児童福祉審議会から家庭的養護の推進について提言を受けた。生後28日間の新生児の時期に里親を決めるため、出産を控えた妊婦の段階から支援を行うことなどを求めている。

提言の中では、養育家庭の認定拡大に向けて、要件の緩和を求める意見も取り上げられたが、「多様性を過度に強調するのは疑問」との声もあった。同性カップルの認定に関しては、民法上家族関係が認められていないこともあり、審議会でも結論には至っていない。

少子社会対策部は「同性婚カップルの権利は重要で、それをないがしろにしようという意図はないが、子供のための制度である以上、拙速になってはいけない」と話す。

児童から見て、同性カップルの里親にどんなメリットがあるのか。行政にはそれを見極める義務がある。

3割がドアに挟まれた経験

都生活文化局

都生活文化局が「子供が（室内などの）ドアの隙間に指などを挟んだ経験があるか」を保護者に聞いたところ、約3人に1人は挟まれた経験があることが分かった。同局が小学校1～2年生の子供と同居する保護者約1千人にアンケート調査を実施。約1割に当たる117人が挟まれてけがをした経験を持ち、「挟まれた」「挟まれそうになった」を合わせると457人（44・4%）に上った。

「挟まれた」「挟まれそうになった」経験の約6割は自宅のドアで、例えば朝、出掛ける時、子供が靴を履きながらちょうつがいに手を掛けているのに気付かずにドアを閉めてしまったり、子供がリビングのドアを触って遊んでいることを知らないまま別の子供が勢いよくドアを開けたりする事例があった。

同局では、指挟み防止グッズなどによる対策や、ドアの開閉時に子供の位置を確認するようアドバイスしている。

1次組み合わせ決定 知事「熱戦楽しみに」

ラグビーW杯

2019年ラグビーワールドカップの組み合わせ抽選会が10日、京都迎賓館で行われ、日本は1次リーグで世界4位のアイルランドや5位のスコットランドと対戦するグループAに割り振られた。残りのグループB～Dには世界1位～3位のチームが割り振られており、日本は大会初開催都市として悲願の1次リーグ突破、ベスト8入りを目指す。

グループAは、他に現在予選が行われているヨーロッパ地区予選の1位チームと、ヨーロッパ・オセアニアプレーオフの勝者チームを加えた5チームが参加し、上位2チームが準々決勝に進むことになる。

小池知事は抽選結果を受け、「大会への期待がますます高まってきた。特に、日本代表がアイルランドなど世界の強豪チームと熱戦を繰り広げることを楽しみにしている」とコメントした。

東京スタジアム（調布）で開かれるラグビーW杯の開会式・開幕戦まで残り2年4カ月と迫る中で、都は今後も他の開催都市や地元自治体と連携し、機運の盛り上げを図っていく方針。

足立区は保守系の激戦に

選挙プランナーの眼　地方政治の舞台裏から㊲

都議選まであと約50日となりました。都内の至る所に政党・政治団体の演説会告知ポスター（いわゆる二連ポスター）が貼り出され、各陣営の活動にも熱が入ってきている様子がうかがえます。

この間も、週刊誌やスポーツ紙での議席予想記事が更新されていましたが、大きな傾向として「自民党激減・都民ファースト躍進」という点は共通しています。この傾向で民進党や維新の会は壊滅の危機、共産党は議席減、生活者ネットは都民ファーストの会との政策協定がどうプラスに出るか未知数です。

公明党の獲得議席を低く見積もる予想もありますが、電話やネットの世論調査では、公明党の支持率は低く出る傾向があります。個人的には、都民ファーストの会との選挙協力による効果や、過去の都議会・国政・基礎自治体の選挙結果と併せて分析すると、公明党は今回も全候補者当選を果たすのではないかと予想しています。

都議選42選挙区分析④

それでは前回に引き続き、都議選の42選挙区の情勢分析をお届けします。

■練馬区（定数6）

大田区・世田谷区に次ぐ定数6議席の練馬区。小池知事が地盤としていた衆院東京10区に一部地域が含まれており、知事選での小池氏得票率も高い地域でした。都民ファーストの会は「七人の侍」として名を馳せた2人の若手区議を擁立しています。

前回都議選で3議席を獲得した自民党は、今回は2候補擁立と手堅い布陣。前回、前々回と公明党候補がトップ当選を果たしており、今回も現職として安定した闘いを展開するものと予想されます。共産党も安定して議席を獲得している選挙区ですので、公明、共産の2議席は固い。民進党は党勢が低迷する中での2人擁立によって、議席数がゼロになる可能性があります。

都民、自民の4候補の争いの中に、生活者ネットの新人が割り込めるかどうか。維新の会は存在感がありません。

■足立区（定数6）

練馬区と同じく6人区の足立区。過去の選挙では公明党が2議席、共産党が1議席を手堅く獲得しており、今回も同様に安定した戦いを展開。前回、逆風の中で当選した民進党現職は、今回は党勢が低迷する中で苦戦。前回惜敗した維新の会の新人候補は、維新が埋没するなかで支持を伸ばせていません。

都民ファーストの会の公認候補は2人で、このうち1人は元々、自民党所属の区議会議員。自民党現職の2候補との保守系3人による激しい戦いが予想されます。民進党の新人は党勢が低迷する中で支持の広がりが見られず、苦戦しています。

■葛飾区（定数4）

葛飾区も公明党がトップ当選を重ねてきた選挙区であり、今回も安定した戦いを展開。残り3議席の争いになると予想されます。現状では、都民ファーストの新人候補が一歩リードだと思われますが、自民党も1議席獲得の可能性が十分あります。残り1議席を自民、共産で争う展開ですが、都民ファーストの会がもう1人公認候補を出した場合は、自民党2候補、都民ファースト2候補、共産党候補の5人で3議席を争う激戦の中では都民ファーストの公認候補が一歩リードし、自民と共産で最後の1議席を争うことになると予想しています。

■江戸川区（定数5）

自民党、都民ファーストの会ともに2人の公認候補を擁立している5人区で、公明党現職が上位当選を重ねてきた選挙区です。他の区に比べると共産党の支持がそれほど強固ではありませんが、民進党が公認候補不在の選挙区になり、一定の票が共産党候補に上積みされる可能性があります。

自民党は前々回の逆風下の都議選でも2議席を死守した実績があり、底堅い支持があります。現状では公明党と自民党の1議席、都民ファーストの1議席が固く、残りの2議席を自民、都民、共産で争う可能性が高いと思われます。

◇

前回にも触れましたが、今回の都議選の行方を大きく左右するのは投票率です。都議選の報道がかつてないほどに過熱すれば、間違いなく投票率は大幅に上がることになるでしょう。

しかし、森友学園問題や米朝関係の緊張など、他に大きなニュースがあった場合には都議選の報道量がそこまで増えないことも予想されます。それでも13年よりは投票率が上がる可能性が高いと思いますが、自民党と都民ファーストの会の獲得議席には大きな影響が出るかもしれません。次回も引き続き選挙区の分析をお届けします。

（㈱ダイアログ代表取締役　松田馨）

東京最前線

◆賠償合意は半数　福岡市博多駅前で陥没事故が起きてから7日で半年が経過し、市が損害賠償に向けた協議を進めているが、合意に至ったのは全体の半数にとどまっている。賠償金を巡る交渉が難航しているのが理由の一つ。停電や断水などによる損害賠償の対象は5日時点で422件のうち233件で合意。

◆ノー部活デーを導入　京都府舞鶴市教育委員会は4月28日、市立学校教職員の負担を軽減するため、勤務時間適正化に向けた方針を公表した。具体的な取り組みとして、毎週水曜日は部活動を行わない「ノー部活デー」を10日から開始。試合前などを除いて毎週水曜は原則、部活動を実施しない。

◆免許証返納でタクシー券　堺市は7月から運転免許証を自主返納した後期高齢者を対象に1人当たり6千円分のタクシー券を進呈する。こうした取り組みは全国でも珍しい。後期高齢者のドライバーは他の年齢層より事故を起こすケースが多く、免許証の自主返納で事故を防止するのが狙い。

◆期限内納付で割引　埼玉県は今年度分の自動車税を今月31日までに期限内納付した場合、カー用品などの割引を受けられるキャンペーンを開始した。昨年度の同税の期限内納付率は78.4%で全国25位だったが、納税の領収証を提示すれば割引を受けられることでさらなる納付率の向上を目指す。

◆消防の初動態勢強化　神奈川県大和市は2日、タイヤが通常の自転車よりも太く、雪道などを走るスポーツ自転車「ファットバイク」を全国の消防で初めて導入した。今回は20台を購入し、がれきが散乱した道路などでの活用を想定している。大規模災害の際、消防の初動態勢を強化する狙いがある。

◆山間部でタクシー運行へ　茨城県高萩市は今秋、山間部でデマンド型乗り合いタクシーの実証実験を行う。顧客の希望時間帯や乗車場所に応じてバス並みの低価格で乗車できるデマンド型タクシーは、市が今後策定する地域交通網形成計画に盛り込み、事業者などと協議し、実証実験を行う。

◆住民は並ばず入場可能に　神奈川県鎌倉市は6日、連休で混雑する江ノ島電鉄で、駅構外に行列した場合、長谷—腰越の沿線住民が並ばずに入場できる社会実験を実施した。今回は申請者に事前に発行した「江ノ電沿線住民等証明書」を提示すると、駅構内の最後部に並ぶことができる。

◆応急仮設撤去へ　東日本大震災などに伴う応急仮設住宅を巡り、福島県の15市町村は今年度内に計3561戸を撤去する予定であることが分かった。災害公営受託への転居や避難先での新居建築が進み、応急仮設はピーク時で1万6800戸に上ったが、今年度末に1万1043戸に減少する。

◆スマホで議会中継　兵庫県尼崎市議会は10日に開会した5月定例会から本会議の中継をスマートフォンで見られる取り組みを始めた。従来のインターネット中継はパソコンのみで閲覧が可能で、市役所内部からのアクセスが全体の7割を占めた。市民に手軽に見てもらおうとスマホ専用サイトを開設した。

私を変えた一冊

下水道局長　石原 清次氏

『2001年宇宙の旅』

アーサー・C・クラーク〈著〉

小説ならではのスケール感

本の紹介をする前に、まず映画の話を。

40年ほど昔になりますが、東京に出てきてアパート生活を送る私のような学生にはテレビはぜいたく品でした。ラジオが標準、娯楽の柱は映画です。ある時、以前から評判の映画『2001年宇宙の旅』を観に行き、その映像とストーリーに衝撃ともいえる感銘を受けました。

この映画は、これまでテレビで幾度か放映されており、また、今ではレンタルビデオ店でも簡単に借りられるのでご覧になった方も多いでしょうが、何度観ても飽きることがありません。

しかし映画は、前半はともかく、クライマックスにさしかかると話の筋がさっぱり分からなくなってしまいます。映画館を出ても、もやもや感が一向に収まりません。そこで、映画の理解の手助けに購入したのが本書です。

『2001年宇宙の旅』は、映画をスタンリー・キューブリックが、小説をアーサー・C・クラークが同時進行で制作しました。文庫本の「訳者あとがき」によると、「完成した本書の原稿を、撮影ちゅう彼の意図が変るたびに何回も改稿させた」とあります。映画を観て、本を読むと分かりますが、同じ話も語り手が異なると違ってくるように、両者は独立した別物だと言えます。そして、その違いが映画と小説のそれぞれの魅力をより引き立たせていると思います。

映画でないと味わえない場面転換の妙や緊迫感、小説でないと分からないスケール感——。『2001年宇宙の旅』は、ぜひ小説と映画の両方を楽しんでください。私は、映画を先に観ることをお勧めします。

アーサー・C・クラークの著作は、実現性ある技術を基に発想を膨らませたものが多くあります。根底には人間や科学に対する信頼があり、本書の最後でも、遠い未来に到達するであろう人間（あるいはその知性）のありように楽観的で温かい目を注いでいるのです。

	60歳	59歳	58歳	57歳	56歳	55歳	54歳以下
61A	①多羅尾光睦総務局長	②猪熊純子監査事務局長(H28.1)					
62A	②醍醐勇司水道局長 ①別宮浩志都市整備局次長	①長谷川明政策企画局長 ①目黒克昭主税局長 ❸野崎誠貴交通局建設工務部長(土)					
63A	②石原清次下水道局長	③梶原洋福祉保健局長 ①邊見隆士都技監(土、H28.10)＝②都市整備局長 ❸永島恵子都市整備局都営住宅経営部長(建)	③遠藤雅彦環境局長(H27.4) ①池田俊明環境局次長(H29.4) ①小泉健交通局次長	②黒田祥之職員共済組合事務局長 ①藤田裕司産業労働局長 ①松山英幸人事委員会事務局長			
1A		①福田良行選挙管理委員会事務局長(H28.8)	①岸本良一多摩水道改革推進本部長(H29.4)	①武市敬財務局長 ①中嶋正宏生活文化局長 ①和賀井克夫議会局長 ❷今村保雄都市整備局総務部長	❶土岐勝広交通局総務部長		
2A	❶東野寛建設局河川部長(土)		②塩見清仁オリ・パラ準備局長(H28.4) ②奥田信之総務局理事 ❶森山寛司青少年・治安対策本部総合対策部長(H29.1)	②山手斉交通局長(H28.4) ①斎藤真人港湾局長 ①土渕裕労働委員会事務局長	③岡崎義隆オリ・パラ準備局次長 ②桃原慎一郎生活文化局次長	③吉村憲彦オリ・パラ準備局理事＝組織委員会 ❷中島高志都市基盤部長(土)	
3A			①山岸徳男福祉保健局次長 ①西海哲洋産業労働局理事		①内藤淳病院経営本部長 ①榎本雅人総務局次長 ①堤雅史教育庁次長 ①延與桂オリ・パラ準備局理事(H29.1)	②河内豊総務局理事 ②浜佳葉子政策企画局理事(H28.4) ①福田至中央卸売市場理事(土、H28.10)	
4A					①砥出欣典収用委員会事務局長 ❶中澤基行会計管理局管理部長	①武市玲子生活文化局理事(H29.4) ❷小池潔政策企画局総務部長 ❶奥山宏二建設局道路建設部長(土、H29.4)	❷岩瀬和春財務局主計部長(54歳)
5A		①澤章中央卸売市場次長(H28.9)			①村松明典中央卸売市場長(H28.10)		❷古谷ひろみ港湾局総務部長(54歳、H28.4) ❶笹沼正一環境局総務部長(53歳)
5B		③渡辺志津男下水道局技監(土) ①浅川英夫会計管理局長					
6A					②上野雄一都市整備局技監(建、H28.4)＝❸都市整備局都市づくり政策部長 ❷青木秀幸水道局浄水部長(土)		❶粟岡祥一総務局人事部長(54歳) ❶早川剛生教育庁総務部長(53歳)
7A						❸久保田浩二財務局建築保全部長(建、H27.4)	
7B	②坂根良平流域下水道本部長(土) ❷太田博職員共済組合事務局管理部長	③小山哲司オリ・パラ準備局(27.4) ①西倉鉄也建設局長(土) ❸津国保夫下水道局総務部長	②松下隆弘政策企画局理事 ①三浦隆建設局道路監(土) ❷十河慎一財務局経理部長	①佐藤敦都市整備局理事			
8B	①中野透建設局次長		❶山下幸俊都市整備局市街地整備部長(土、H29.4)	②田村聡志水道局技監(土) ❶新美大作議会局管理部長	②潮田勉政策企画局次長		
9B		①坂巻政一郎産業労働局理事 ❶加藤隆主税局総務部長	❶今村篤夫建設局総務部長(H28.10)	❶矢田部裕文病院経営本部経営企画部長 ❶原浩港湾局港湾整備部長(土)	❷神山守下水道局計画調整部長(土)	❶島田浩平生活文化局総務部長(H29.4)	
10B		①片山謙産業労働局次長(H28.10) ①小野恭一港湾局技監(土)	②佐藤伸朗都市整備局理事(土)	①相場淳司オリ・パラ準備局技監(土、H29.4)	❹鈴木勝オリ・パラ準備局総務部長(H26.1) ❸西村泰信総務局行政部長 ❸黒沼靖水道局総務部長 ❶寺崎久明産業労働局総務部長		
11B				❶松永哲郎中央卸売市場管理部長(H28.10)		②手島浩二オリ・パラ準備局理事＝組織委員会(H28.4) ❶矢岡俊樹人事委員会事務局任用公平部長	
12B					❶後藤啓志福祉保健局総務部長		
14B		❷小暮実総務局総務部長					
その他	⑤桜山豊夫児童相談センター所長(65歳、2医) ③田邉揮司良危機管理監(国、H27.4) ②笹井敬子福祉保健局技監(10医) ①出張吉訓教育監(教、H29.4)				②廣田耕一青少年・治安対策本部長(国)	①山元毅外務長(国、H29.3)	

※網掛け部分は種別B。局長級の丸数字、総務・枢要部長の黒丸数字は同一ポストの在籍年数。津国保夫・下水道局総務部長は他局庶務担当部長からの通算。

※かっこ内は夏期（7月）以外の異動時期。

都夏期幹部異動

60歳局長級の処遇が焦点

人事停滞なら士気低下も

都の局長級、総務・枢要部長の異動がメーンとなる夏期幹部人事は12日、局案提出を締め切り、17日から各局ヒアリングに入る。今夏は、都政改革本部による監理団体の在り方検討と都幹部の再就職の検証が控えていることから、今年度末で60歳を迎える局長級の処遇などが焦点となっており、庁内では「異動が停滞し、規模は小幅にとどまらざるを得ない」との見方が強まっている（本文中の年齢は2017年度末時点）。

今年度末で60歳となる条例局長は、多羅尾光睦・総務局長(61A)、醍醐勇司・水道局長(62A)、石原清次・下水道局長（63A）の計3人。その他局長級は、事務・技術で計3人が該当し、条例局長と合わせると、例年通りであれば少なくとも計6ポストが空く計算になる。

しかし小池知事が2月、都議会第1回定例会で都幹部職員の再就職について、監理団体の在り方と併せて検証する考えを示し、都政改革本部が検討中であることから、監理団体の役員人事が事実上、ストップしている状況。年度末で60歳の条例局長と59歳のその他局長級は勧奨退職するのが慣例だが、60歳の年度末まで在職する可能性が出てきており、その影響は局長級人事全体に及びそうだ。仮に人事の停滞に拍車がかかれば、庁内的な士気の低下を招く恐れもある。

局長級昇任の候補者となる在職2年以上の総務・枢要部長は計10人。このうち、鈴木勝・五輪準備局総務部長(56歳、10B)は4年目、西村泰信・総務局行政部長（同）と黒沼靖・水道局総務部長（同）、津国保夫・下水道局総務部長(59歳、7B)は今夏で丸3年となる。

在職2年は計7人。種別Aでは、1Aの今村保雄・都市整備局総務部長（57歳）、4Aの小池潔・政策企画局総務部長（55歳）、岩瀬和春・財務局主計部長（54歳）。種別Bでは、7Bの十河慎一・財務局経理部長（58歳）、太田博・職員共済組合事務局管理部長（60歳）、14Bの小暮実・総務局総務部長(59歳)が該当する。

技術系では、在職3年目が土木職の野崎誠貴・交通局建設工務部長（59歳、62A）、建築職の永島恵子・都市整備局都営住宅経営部長（59歳、63A）など。都市整備局都市づくり政策部長は都市整備局技監の事務取扱となっている。

局長級の空席ポストが限定される中で浮上しているのが、昇任者の「派遣」だ。春期幹部異動では先鞭をつける形で、昇任者の一人を監理団体の役員として派遣しており、監理・報告団体の役員ポストが「受け皿」になるケースが想定されている。

一方、都幹部OBが役員に就いている監理・報告団体では、元副知事が70歳、元局長級が65歳で退任する例があるが、各団体の管理運営の事情などもあり、昇任者数の確保との間で難しいかじ取りを迫られそうだ。

勤務形態見直し

フレックスってやりたい？

若手職員のホンネ　東京のとある居酒屋で⑦

A　やっぱりダラダラ残業を続けるのはよくないと思うし、今都庁でやってる「午後8時退庁」には賛成だな。

C　同感だね。かなり浸透してるから、帰れる時に帰りやすくなったね。

D　そういえば、都庁ではフレックスタイム導入の動きがあるけど、あれについてはどう思う？

A　職員はありがたいけど、ちゃんと働いているか確かめにくくなるのが課題だと思う。服務管理が大変になるんじゃないかな？　今は始業・終業・昼休み時間が決まっているけど、フレックスになると誰がいつまで休憩か分かりにくくなるから、正直危うさはある。

C　僕はフレックスやりたい派。勤務時間ではなく成果で縛れば良いと思うからね。将来的には勤務時間という概念もなくなって、公務員も勤務時間中に席にいようがいまいが、結果が出ていなければ駄目で、出ていれば時間中いなくても帰れるという形になった方がいいな。そうなれば服務管理の業務量もかなり削減できるし。法律で規定されているから難しいだろうけど。

B　あと、都庁で「昼休み改革」なんてのをやってお昼の時間をずらしてるみたいだけど、あれはどう？

C　僕はお昼は外食派なんだけど、時間が早いとエレベーターが空いてるね。外のラーメン屋でも並ばなくて済むし。

A　僕はあんまり利用していないな。今までと同じ時間で休憩してる（笑）。

B　うちの区は昼は普通に正午～午後1時。窓口業務は輪番で昼当番を置いてチーム制でやっているけど。うちの部署はお昼時でも外部からの問い合わせがあるから、自席で出前を取ってるね。

D　僕の部署も同じような状況だな。入庁してから今まで5回くらいしか外で食べたことがないからね。区のことを知らなきゃいけないのに、近くのおいしいお店に行けないのは残念だけど。

C　外に出てお昼を食べた方が良いんじゃない？

B　別にそう決まってるわけではないんだけど、昼には課長も席にいるからちょっと行きにくいかな。

D　うちも縛られていないけど、通常は5人で仕事を回しているのに、自分がお昼で外に出てる間に何かあった場合に一人少なくて対応できるのかと思うと…。正直、それを考えたくないから残ってる。

C　僕はお昼は外に出たいし、おいしいものを食べたいな。

D　今は仕事で割と外に出ることもあるし、特段出たいと思わないのかも。

都産業労働局

先端技術の起業促進

20億円のファンド創設

都産業労働局は2018年1月をめどに、IoT（モノのインターネット）や人工知能など、先端技術を使って起業する事業者を支援するベンチャーファンドを立ち上げる。ファンドの総額は20億円以上を目標にしており、都は最大10億円を出資する。8月に無限責任組合員を選定する予定。

同局はこれまで、ベンチャー企業の成長を支援するファンドを設立し、製造業などを中心に支援してきたが、今回はリスクが高く、資金が集まりにくいとされている起業初期段階のベンチャー企業が主な投資対象。先端技術を発展させることで産業全体のイノベーションを創出するとともに、ベンチャーへの民間投資の活性化を促したい考え。

今年度から開始するベンチャー企業のグローバル展開を支援し企業同士のマッチングを図る「グローバル・ベンチャー創出プラットフォーム」など、他の都の支援策との連携も予定している。

米シリコンバレーやシンガポールではベンチャー企業への投資が活発で、ベンチャー企業が連続的に起業し、成長する環境が整っているのに対し、日本のベンチャー企業への投資額は対GDP比率で米国の7分の1以下と低水準で、特に起業初期段階での資金調達は苦しい状況にある。

都内の開業率は現在5%台だが、都の「実行プラン」では24年度までに米・英国並みの10%台まで引き上げる目標を掲げている。

都・五輪組織委

五輪開催都市契約を公表

「IOCが満足する放送を」

都と五輪組織委員会は9日、「五輪開催都市契約書」を公表した。契約書は招致が決まった2013年9月、都とIOC・JOCが結んだ合意書で、計画・組織運営や宿泊施設、競技・文化プログラム、式典、財務・商業、メディア報道などについて順守すべき事項を明記している。これまで非開示だったが、機運を高める上で情報公開する必要があると判断し、IOCとの守秘義務規定を見直した。

このうち財産面では、組織委は大会エンブレムやマスコット、チケット販売などの総収益から5～7・5%をIOCに支払うことや、大会の剰余金は組織委に6割、IOC・JOCに2割ずつ分配することを規定。大会の放送契約はIOCが独占的に交渉・締結するとし、ホスト機関として「オリンピック放送機構」の役割を明記。組織委には「最高級」の放送のため、サプライヤーと協力し、IOCが満足する形で適切な対応を取るよう求めている。

東京マラソンと運営・PRで協力

五輪組織委

五輪組織委と東京マラソン財団はこのほど、大会準備で協力するための協定を結んだ。

マラソン競技の運営や警備、輸送、ボランティア、国内PR活動などで連携する。

組織委の高橋尚子・アスリート委員長は「東京マラソンを大会準備に生かし、その過程で培われたノウハウや人財を大会後のレガシーとして東京マラソンに継承する」とコメントした。

都庁舎の携帯電話回収は3万個突破

都五輪準備局・環境局

都五輪準備局と環境局は10日、東京大会のメダル製作に向けて都庁舎で回収している携帯電話などの小型電子機器が、回収開始から3カ月弱で3万個を突破したと発表した。18日からは回収箱の設置場所を分かりやすくするため、現在の第二本庁舎1階から第一本庁舎2階の展望室エレベーター横に変更する。

大会で必要なメダルの数は金、銀、銅合わせて約5千個とされ、携帯電話で換算すると約2千万個。4月からは全国のドコモショップで不要の携帯電話などを回収している。

固定資産税の過徴収損賠請求で都が敗訴

東京地裁

固定資産税で優遇措置を受けられるにもかかわらず通常通り課税されたとして板橋区内の住民が都に損害賠償を求めた訴訟で、東京地裁は10日、都に約720万円の支払いを命じた。判決などによると、家屋は飲食店だったが、一部は住居として使用されていたという。都は2014年の調査時点まで、住宅用地ではないと判断していた。地方税法では建物の一定割合が住居であれば固定資産税など優遇される特例措置を規定している。主税局は「判決を精査して対応を検討したい」（審査申出担当）と話した。

谷田　忍さん（たにだ・しのぶ＝谷田治・都病院経営本部サービス推進部長の父）4月30日死去、84歳。

施設の後利用㊥

まちづくりとの連動

2020年東京五輪の新規恒久施設を「負の遺産」にしないためには、大会終了後も多くの都民・国民が利用し続ける必要がある。施設運営計画では、施設単体の「点」の視点を超え、地域のまちづくりと一体となった「面」としての整備を進めることを盛り込んでいる。施設周辺の公園や既存のスポーツ施設などと連携することで集客力を高める狙いだ。

計画では、有明アリーナが建設される江東区有明地区を「レガシー・エリア」と命名。周辺では20年までにホテルやホール、大型商業施設がそろい、大会後に展示場として使用される有明体操競技場でのイベントや、大規模なスポーツ大会やコンサート時には連動して多くの来場者を呼び込みたい考え。最寄りのゆりかもめ・有明テニスの森駅周辺には都が公園を整備する計画で、スポーツクライミングなどの仮設施設や大会モニュメントを移設する構想もある。

他方、カヌー・スラローム会場（江戸川区）周辺には葛西臨海公園や葛西海浜公園があり、年間300万人以上が訪れている。そこで公園の利用者がカヌー・スラローム会場にもアクセスしやすいよう歩行者道路を整備したり、駐車場を相互利用できるようにする。ラフティング体験と水族園の共通チケットの販売など、レジャー面での連携も視野に入れる。都心近くに水上スポーツの施設が集まるのは世界的にも珍しく、五輪準備局の鈴木幸一・開設準備担当部長は「アジアの水上スポーツの拠点にしたい」と話す。

五輪のレガシーにしようと、まちづくりが進むロンドン東部ストラトフォード地区

五輪施設の整備と一体となったまちづくりの成功例では、ロンドン東部のストラトフォード地区の再開発がある。12年ロンドン大会以前には、同地区には多くの産業廃棄物処理施設が存在したほか、無断で廃棄物が捨てられ、「巨大なゴミ捨て場」とも呼ばれていたが、五輪を機に再開発が進み、大会のメーン会場になった。

大会後も同地区では、五輪のレガシーにしようとまちづくりを進めており、20年には「ストラトフォード・シティ」に生まれ変わる。鈴木部長は「リオやアテネの施設が廃墟化しているのは、後利用の計画が十分ではなかった」と分析する。新規恒久施設をレガシーとして生かすため、長期的な視点が求められる。

29年度 職員教養講座 東京都管理職選考対策《45》

平成29年度管理職選考の筆記考査が近づいてきました。実施日は5月28日ですので、当日までの時間も、残りわずかです。

本講座をお読みの皆さんは、仕事と家庭生活を両立させながら、限られた時間の中で勉強を進めてきたことと思います。考査当日までの時間はわずかですが、この期間をどのように過ごすかによって、結果が大きく変わってきます。今までも相当な努力をされてきたかと思いますが、気を引き締めて残りの時間を過ごすようにしてください。

今回は、これまでの講座で触れてこなかった点を中心に解説することで、本講座の締めくくりとしたいと思います。

勤務評定と口頭試問

管理職を目指す皆さんは、既にご存知かと思いますが、管理職選考は筆記考査だけが選考の対象ではありません。筆記考査と勤務評定の成績を総合して、一定基準以上の人を対象に、個別面接方式による口頭試問を実施し、その結果等を踏まえ、合格者を決定することになっています。

ここでは、勤務評定と口頭試問について触れておきたいと思います。

まず、勤務評定は、管理職選考実施要綱によると「筆記考査の受験者を対象に、業績評価に基づいて、任命権者が評定」することとなっています。日頃の職務に関する皆さんの取り組みの成果である勤務評定が、選考に反映される仕組みとなっているわけです。

勤務評定が選考に占める割合は公表されていませんが、管理職選考では、筆記考査の成績が良かったとしても、日頃の勤務実績が良くなかった場合には、不合格に終わることが十分に考えられます。

近年、特に業績評価の高い職員の受験率の低下が指摘されています。多忙な職場で自らの仕事に一生懸命に取り組み、上司や周りの職員から信頼されている人が管理職選考を受験しないことは、都政にとっての大きな損失です。もし、十分な準備ができていなかったと感じていたとしても、選考は筆記考査だけではなく、勤務評定も対象になりますので、ぜひ試験会場に足を運び、前向きな気持ちで筆記考査に臨んでほしいと思います。

次に、口頭試問は、管理職選考実施要綱によると「択一及び記述（技術系のみ）（注＝種別Bは記述のみ）の成績が一定の基準に達した人のうち、論文及び勤務評定の成績を総合して、一定基準以上の人（合格予定者数の1・5倍程度）を対象に個別面接方式（2回実施）により、表現力や判断力、積極性等について評定」することとされています。

ここで、口頭試問の対策として二つポイントをあげておきたいと思います。1点目は想定問答の準備です。「自分の仕事上の強みや弱みは何か」「弱みについてはどのように克服しようとしているか」「なぜ、管理職になりたいのか」「管理職になったら都政をどのように変えていきたいか」など、口頭試問の場で質問されそうな項目をいくつか考え、自分なりの回答を準備しましょう。

想定問答は、実際の口頭試問の場面を思い描きながら、過去の合格者の体験談等を参考に作成するとよいでしょう。また、回答した内容に対して、さらに深掘りした質問が出されることもあるため、そこまで予想しながら準備しておくことをお勧めします。

想定問答の作成は、質問に対する回答を用意することだけが目的ではありません。想定問答を準備する過程で、自分のこれまでの経験や目指すべき管理職像などを改めて整理できるという効果も期待できます。

頭の中では分かっていたつもりでも、実際には、言葉に出そうとするとうまく表現できないものです。口頭試問の場で、そのような状況に陥らないためにも、念入りに準備をしておきましょう。

局によっては口頭試問に先立って模擬面接を実施しているところもあるようです。そうした機会があれば積極的に活用し、実際の面接に近い条件で自分に不足している点を指摘してもらうことで、口頭試問に向けて準備し、自信をもって臨むことができるようになるのではないでしょうか。

2点目は、予想外の質問を受けた場合でも、落ち着いて対応するということです。本番の口頭試問では、緊張のあまり普段の自分を出し切れず、面接官とスムーズなやり取りができなかったという話をよく聞きます。

口頭試問では、相手の質問の内容を正確に理解し、質問の趣旨を踏まえて、分かりやすく具体的に回答することが重要です。面接官からの質問に即座に答えようとするのではなく、予想通りの質問が来たとしても、一呼吸おいて考えることで、落ち着いて回答できるようになると思います。答えに窮するような質問を受けても、相手が自分の回答にどのように反応しているか確認しながら、臨機応変に対応していく心構えを持つことも必要です。

普段の仕事でも、自らの主張を一方的に述べるだけではなかなか相手の理解を得ることができないと思います。口頭試問でも、自分の意見を相手に明確に伝えることに加え、相手の話をよく聞いた上で、その意図を踏まえ、適切に回答することが重要です。

口頭試問は、筆記考査をクリアしなければ受けられないのですから、後悔しないためにも、想定問答の作成等、事前にできる努力を惜しまないようにしましょう。

試験当日までの心構え

試験日までと試験当日の留意点を挙げます。

体調は万全に

当たり前のことですが、ベストの体調で試験に臨めるよう、体調管理には万全を尽くしましょう。万が一、試験当日に体調を崩してしまい、受験すらできなくなってしまったら、悔やんでも悔やみきれません。

今年度の試験は昨年度と異なり、5月の最終日曜日に実施されます。昨年度よりも2週間後ろ倒しの日程となりますが、年度明けで疲労が蓄積してくる時期でもありますので、体調管理には十分に気を付けることが大切です。試験が始まる時間にはしっかりと頭が働くよう、当日は試験開始の3時間前までには起床すると良いでしょう。

無理のない対策を

筆記考査が目前に迫ってくると、手が付いていない分野や不十分な部分ばかりが目につき、何かと不安な気持ちになるものです。しかし、管理職選考は、幅広い視点からの解答が求められる試験であり、全てに万全を期すことは元々、非常に困難な試験です。

これからの時期は、あれこれと様々な分野に手を出すよりも、自らの状況に見合った努力をしていくことが重要です。例えば、今の時期から新たなテーマで論文の準備を始めることは、考査当日までに残された時間を考えると得策ではありません。それよりも、これまでの勉強で蓄積してきた知識等を再確認し、より確実に解答できるようにする方が、良い結果に結び付く可能性が高くなります。また、この時期は出題範囲が広く浅い択一の時事問題などを解くことが効果的と思われます。

時間配分を意識する

管理職選考は時間との勝負です。いかに準備を十分に行ったとしても、決められた時間内に解答することができなければ合格には結び付きません。そのため、実際の試験時間に合わせて過去問を解くなど、本番を意識した準備を行うことが大切です。特に論文については、限られた時間の中で、論理矛盾を起こすことなく、文章を書き上げる必要があります。

種別Aでは、与えられた資料から問題点の抽出、課題の整理を行い、それらを分析し解決策を論述していかなければなりません。これを2時間50分という試験時間で行うのは非常に困難です。資料の読み込みにどの程度時間を使うか、論文の構成を考え、2千字近くの文字を実際に書き上げるまでにどの程度の時間が必要かなど、時間配分の目安を持つために、試験当日と同じ条件で論文を書き上げる機会を作ることをお勧めします。

当日の持ち物の確認

試験前日には、受験票、試験会場、試験開始時間などをもう一度確認してください。また、試験会場にはこれまで勉強してきた資料等を持って行くことをお勧めします。直前になって、突然疑問点が湧いてきて、それを気にしたまま試験本番を迎えるのは精神的に良くないことは明らかです。少し荷物が重くなってしまうと思いますが、お守りと思って持参されるとよいでしょう。

おわりに

絶対合格という信念を

管理職選考を受験される人の多くは、職場ではそれぞれ責任ある立場で多忙な毎日を送っており、勉強時間を確保することさえ難しい状況にあるものと思われます。しかし、これまでの合格者はこれに苦労しながらも乗り越えてきました。

平成28年度の合格率（受験者数に対する合格者数の割合＝記述のみの受験者除く）を見てみると、種別Aは8・5%、Bは18・7%となっています（いずれも事務）。数字だけを見ると難しいと感じるかもしれませんが、準備を万全に整えて試験に臨む受験者はほぼ皆無であり、その意味では皆、同じスタートラインに立っていると言えるでしょう。様々な制約がある中で、どれだけ効率的に勉強を進めてきたかが重要なのだと思います。今まで頑張ってきた努力を無駄にしないためにも、管理職となったら、自分が先頭に立って都政の一翼を担っていくのだという気概を持って、絶対合格という強い気持ちで当日の試験に臨んでほしいと思います。

皆さんのご健闘をお祈りします。

（おわり）

昇任試験対策のページ

特別区 管理職試験講座 Ⅰ類択一・記述 Ⅰ・Ⅱ類論文 29年度 28

Ⅰ類記述 事例問題①

問題

特別区の課長として、次の資料から読み取れる問題を総合的に抽出・分析した上で、区の課題を取りまとめてください。その課題に対して、具体的な妨げとなる事例を挙げ、その解決策を記述してください。形式は自由です。

【資料1】東京都の人口の推移
出典＝「東京都高齢者保健福祉計画」（平成27年度～29年度）

【資料2】65歳以上の認知症患者数と有病者の将来推計
出典＝内閣府「平成28年版高齢社会白書（概要版）」

【資料3】在宅高齢者の居住意向について
出典＝東京都福祉保健局「東京都在宅高齢者実態調査（専門調査）」（平成21年3月）

【資料4】在宅で生活している高齢者のうち、認知症が疑われる人がいる世帯の状況
出典＝東京都福祉保健局「認知機能や生活機能の低下が見られる地域在宅高齢者の実態調査報告書」（平成26年5月）

【資料5】家族が認知症になった場合に不安に感じること（複数回答）
出典＝内閣府「認知症に関する世論調査」（平成27年10月）

【資料6】「安心して徘徊できる街」福岡・大牟田市《平成28年4月22日付朝日新聞から抜粋》

福岡県大牟田市は今、「認知症に優しい街」として知られる。様々な対策の中でも有名なのが、徘徊（はいかい）模擬訓練だ。

「どうされました?」。徘徊役の人を参加者が街中で見つけ、声を掛ける。行方不明者の情報は、警察や市役所から「高齢者等SOSネットワーク」を通じて、地域の民生委員やタクシー会社などに流れる。毎年9月に小学校区ごとに実施され、市全体で約3千人が参加する。

実際の効果も上げている。参加した中学生や高校生が徘徊しているお年寄りを見つけ、警察に連れて行ったことがあるという。市内の小中学校の約半数では認知症についての絵本教室もあり、「どう対応するか」を話し合う。

訓練日に21校区すべてに職員を派遣する市の池田武俊・保健福祉部調整監（55）は「認知症になっても安心して徘徊できる街をつくるために、官民が力を合わせてやっていくことが重要だ」と話す。

市は約400時間かけ、指導役の「認知症コーディネーター」も養成している。

【資料7】図書館からつながる支援「おや?」気づいたら窓口へ連絡《平成29年3月20日付朝日新聞から抜粋》

カウンターで同じ質問を繰り返す人、貸し出しカードを来るたびに再発行する人、自分のものと思い込んで新聞を持ち帰ってしまう人……。川崎市宮前区にある市立宮前図書館のカウンターで、認知症ではないかと思われる利用者の姿が目立つようになったのは、この数年のことだ。

東京のベッドタウンである同区は、市区町村別の男性平均寿命が82・1歳で全国2位（2010年）。夫婦2人暮らしや独居の高齢者も多い。

「『困った利用者』として対応するだけでいいのか、悩んでいました」。担当係長の舟田彰さんは振り返る。

15年12月に始めた試みが「認知症の人にやさしい小さな本棚」。当事者が書いた本から介護保険の解説本まで関連する約140冊の本を並べ、常設のコーナーにしている。

手応えは少しずつでてきている。昨年夏には「レビー小体型の認知症なんです」と職員に打ち明けた高齢男性がいた。幻視などが特徴のこの同じ病気の人が書いた本を「読んでみては」と紹介した。「おやじが認知症でね」などとカウンターで話しかけられることもある。

16年には約30人の職員の大半が、病気を正しく理解し、できる範囲で認知症の人やその家族を手助けする「認知症サポーター」の養成講座を受講した。同年3月以降は、地元の地域包括支援センターとのつながりもできた。それをきっかけに「おや?」と感じた利用者がいたとき、図書館からセンターに電話して相談できるようになった。状況によってはセンタースタッフらが図書館に駆けつける。この1年間で10回程度こうした相談をしたという。

【資料1】東京都の人口の推移

（万人）

	昭和55年	60年	平成2年	7年	12年	17年	22年	27年	32年	37年	42年	47年
高齢者人口（65歳以上）	89	106	124	153	191	230	264	308	324	332	350	377
生産年齢人口（15歳から64歳まで）	831	864	879	871	869	870	865	879	865	854	826	777
年少人口（15歳未満）	239	213	173	150	142	142	148	148	142	131	120	112

東京都高齢者保健福祉計画（平成27年度～平成29年度）

【資料2】65歳以上の認知症患者数と有病者の将来推計

	平成24 (2012)	27 (2015)	32 (2020)	37 (2025)	42 (2030)	52 (2040)	62 (2050)	72 (2060)
各年齢の認知症有病率が一定の場合（人数、万人）	462	517	602	675	744	802	797	850
各年齢の認知症有病率が上昇する場合（人数、万人）		525	631	730	830	953	1,016	1,154
各年齢の認知症有病率が一定の場合（率、%）	15.0	15.7	17.2	19.0	20.8	21.4	21.8	25.3
各年齢の認知症有病率が上昇する場合（率、%）		16.0	18.0	20.6	23.2	25.4	27.8	34.3

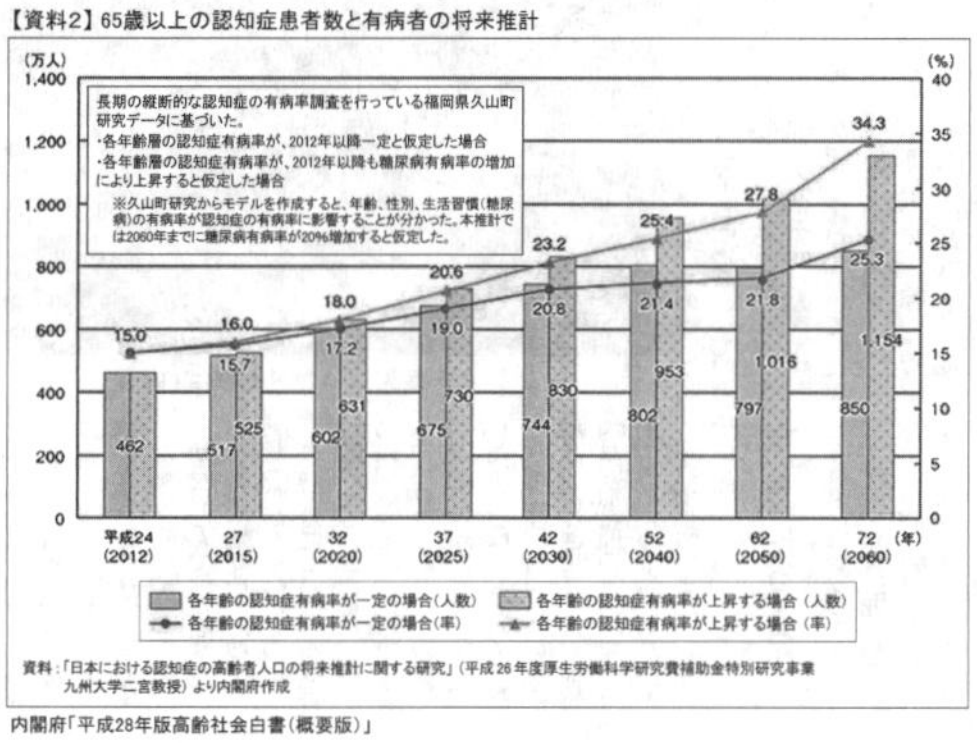

資料：「日本における認知症の高齢者人口の将来推計に関する研究」（平成26年度厚生労働科学研究費補助金特別研究事業 九州大学二宮教授）より内閣府作成

内閣府「平成28年版高齢社会白書（概要版）」

【資料3】在宅高齢者の居住意向について

ぜひ住み続けたい	72.8%
できれば住み続けたい	16.0%
機会があれば、他の地域に住み替えたい	8.0%
ぜひとも他の地域に住み替えたい	1.2%
無回答	2.0%

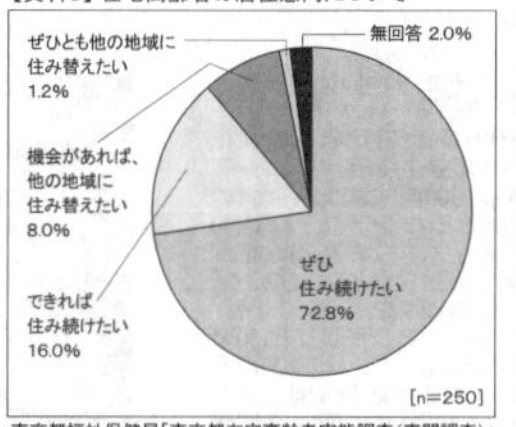

[n=250]

東京都福祉保健局「東京都在宅高齢者実態調査（専門調査）」（平成21年3月）

【資料4】在宅で生活している高齢者のうち、認知症が疑われる人がいる世帯の状況

一人暮らし	16%
夫婦のみ世帯	30%
子夫婦と同居	22%
配偶者のいない子と同居	29%
その他の世帯	2%
無回答	1%

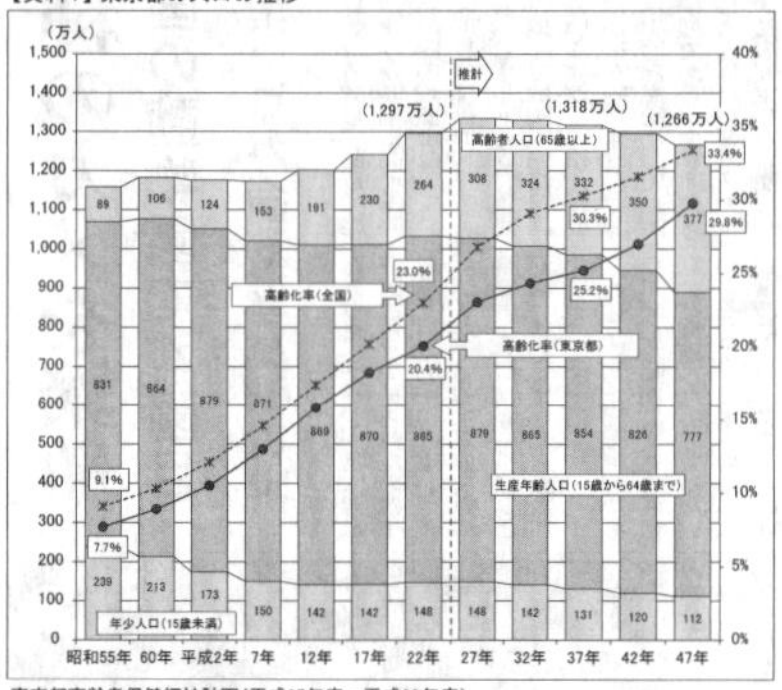

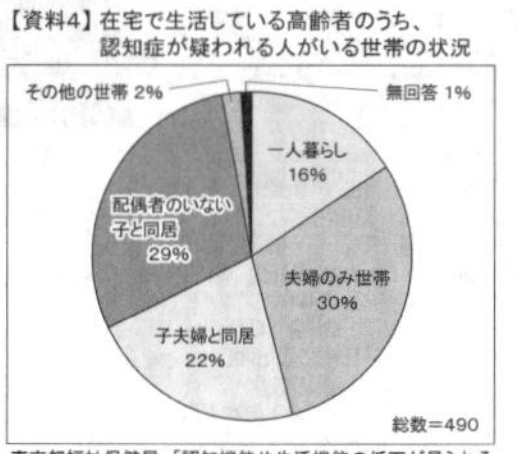

総数＝490

東京都福祉保健局「認知機能や生活機能の低下が見られる地域在宅高齢者の実態調査報告書」（平成26年5月）

【資料5】家族が認知症になった場合に不安に感じること（複数回答）

項目	総数（K=1,682人、M.T.=460.4%）	接したことがある（K=949人、M.T.=483.8%）	接したことがない（K=728人、M.T.=430.8%）
ストレスや精神的負担が大きいのではないか	62.5	65.9	58.2
家族以外の周りの人に迷惑をかけてしまうのではないか	51.4	56.0	45.6
経済的負担が大きいのではないか	49.9	51.9	47.4
介護にかかる負担によって自分の仕事が継続できなくなるのではないか	42.3	44.4	39.8
自分（あなた）や大切な思い出を忘れてしまうのではないか	41.7	43.3	39.7
外出した際に家への帰り道がわからなくなったりするのではないか	39.2	41.2	36.5
買い物や料理、車の運転など、これまでできていたことができなくなるので、周りの人の負担が大きくなるのではないか	37.3	39.7	34.3
病院や診療所で治療しても、症状は改善しないのではないか	35.4	36.1	34.5
介護施設が利用できないのではないか	28.2	29.8	26.1
不要なものを大量に購入させられたり、詐欺的な勧誘の被害に遭ったりするのではないか	25.9	29.8	20.7
必要な介護サービスを利用することができず、現在の住まいで生活できなくなるのではないか	24.5	25.5	23.4
どこに相談すればいいかわからないのではないか	17.0	16.9	17.2
その他	0.6	0.6	0.5
特にない	3.0	2.1	4.1
わからない	1.5	0.5	2.6

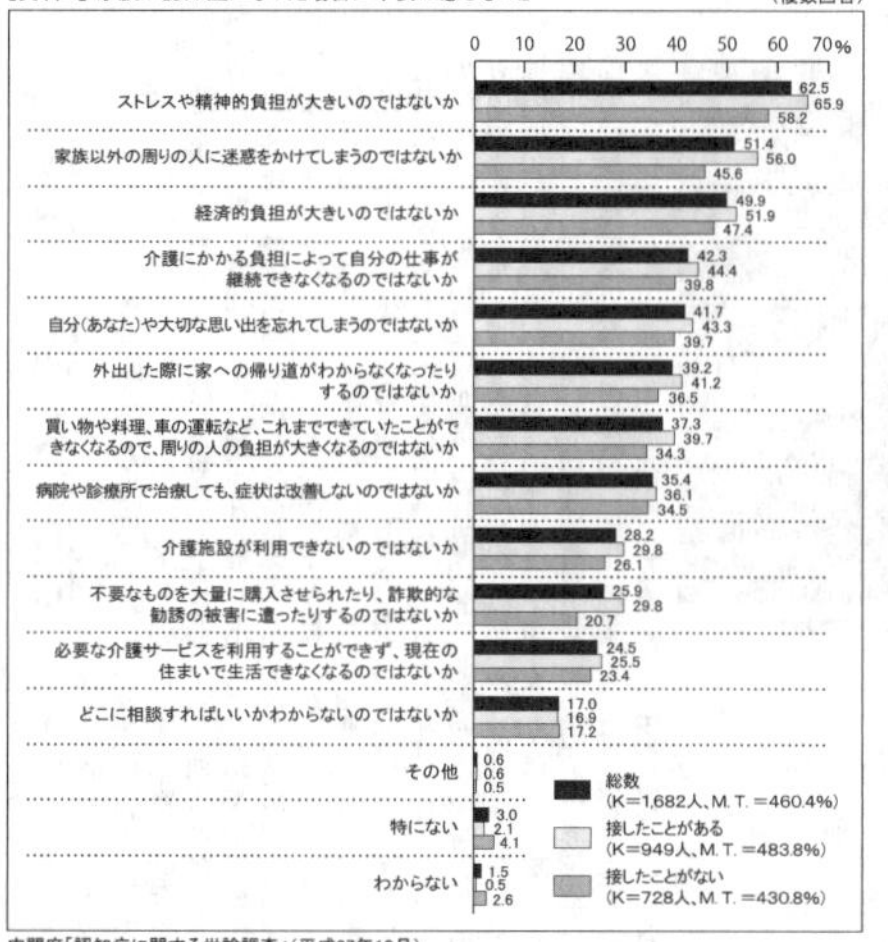

内閣府「認知症に関する世論調査」（平成27年10月）

絶滅危惧種のカメを繁殖

全国の動物園で4園目

江戸川区自然動物園 ホウシャガメ飼育担当　萬羽 貴史

江戸川区自然動物園では今年4月8日から15日にかけて、計4匹のホウシャガメの人工孵化に成功しました。全国の動物園では4園（館）目です。今回はその繁殖の取り組みについてご紹介したいと思います。

ホウシャガメはマダガスカル島にのみ生息する固有種です。甲羅にきれいな放射状の模様があることから、ホウシャガメと名付けられました。野生下ではこの模様が保護色となり、身を守るのに役立っていると考えられています。

その模様の美しさから世界で一番美しいカメと呼ばれますが、そのためにペットとして人気が高く、生息地で乱獲され生息数は激減しており、絶滅の危険性が非常に高く国際的にも保護の対象となっています（IUCNレッドリスト＝CR、CITES＝付属書Ⅰ）。現在では国際的に保護されていますが、いまだ密猟・密輸が後を絶ちません。

江戸川区自然動物園では国際希少種であるホウシャガメをはじめとしたマダガスカル産カメ類の安定した繁殖に寄与することを目的とし、2013年から繁殖に取り組んできました。

成功の要因は断定できず

「なぜ、日本ではホウシャガメが繁殖しないのか？」――考えられる理由はたくさんありましたが、一番大きな要因として考えられたのは生息地と日本の環境の違い。彼らがすんでいるマダガスカル島南西部は「雨季」と「乾季」がはっきりしていると言われているのです。

もしかしたら繁殖期があり、適正な時期に交尾をさせないと繁殖しないのではないか。そこで、まず始めたのは超音波によりメスの体内の卵胞（卵のもと）がどの時期に発達しているのかを調べること。結果は……通年、卵胞の発達と吸収を繰り返している。う～ん、この結果だけ見れば通年繁殖してもおかしくないはずです。

そうこうしているうちに14年夏、それまで卵を産まなかったメス3匹のうちの2匹が、突如卵を産むようになったのです。とある海外の報告書には、乾季（冬）に卵が冷気にさらされることで発生のスイッチが入り、エサ（草）の豊富な雨季（夏）に合わせて孵化することができると書かれているものがありました。

そこで卵の冷却に挑戦してみました。卵を冷蔵庫に入れてみたり、冷房をガンガンに効かせた部屋に置いてみたり、果てはワインセラーの中に入れてみたり……。しかし、効果はなし。全く孵化の兆しが見えないまま2年が経過しました。

そんな中、あることが気になりました。今まで産卵していなかった2個体がほぼ同時に卵を産み始めたのには、何か理由があるのではないか。

そう言えば、その年の冬に展示場のエアコンが壊れてしばらく十分な保温ができなかった時期があったような……。

もしかして、冷気にさらされる必要があるのは、卵ではなく親ガメのほうなのではないか。通年卵胞が発達・吸収をくり返しているのは、単純に日本の季節に合わせて飼育していたからではないか。マダガスカル島ほどの季節変動がなく、体が反応していなかっただけではないか。

そこで、16年度からは夏は暑く、冬は寒く、より雨季と乾季の環境差をつけることを意識して飼育に取り組みました。

ほかにも、餌を小松菜などの野菜だけでなく、タンポポやオオバコといった野草を与えるようにしてみました。人間用の野菜はみずみずしくおいしくなるように作られている分、栄養価が低いのではないかと考えたからです。

当然、野草など八百屋さんでは購入できませんので、飼育担当者が自ら近くの公園や道端に採取に行かなければなりません。真夏の炎天下だろうと、大雨だろうと、カメのためを思い野草採取に励みましたが、道端の植栽の下にしゃがみ込んで何かをやっている姿は、端から見たら不審者だったかもしれません。

これ以外にもいろいろな試行錯誤をしてきた結果、今回の繁殖成功となったわけですが、正直なところ、この要因によって今回の繁殖が「成功した！」とはまだ断定できない状況です。今後はその要因をはっきりさせていき、継続的な繁殖と他の動物園でも再現できるような飼育方法の確立を目指していきたいと考えています。

繁殖に成功したホウシャガメ

世界で一番美しいカメと呼ばれる

種の保存に大きく貢献

動物園にはレクリエーション、教育、調査研究、種の保存という四つの役割があります。当園は小さい施設ではありますが、今回のホウシャガメの繁殖成功は希少動物の種の保存において大きく貢献することができたと考えています。また当園は無料の施設であり、子供からお年寄りまで地域の人々の憩いの場となっています。今後は今回の経験をそのような身近な施設だからこそできる動物愛護や地球環境保全の啓発活動に生かしていきたいと考えています。

ぜひ江戸川区自然動物園に遊びに来てください！

葛飾区

手間いらずの立体花壇を開発

自動で水やり・追肥

プロジェクトチームによる試作

葛飾区内で花壇活動など花に関わる団体や事業者、葛飾区が参加する「かつしか花いっぱいのまちづくり推進協議会」（以下、協議会）が、公共空間への花の新たな展開を具体化するため、プロジェクトチームを2016年4月に立ち上げて、「フラワーメリーゴーランド」を考案しました。

■花いっぱいのまちづくり

葛飾区では基本計画の重要プロジェクトの一つとして「花いっぱいのまちづくり」を推進しています。同計画の16年度から始まる中期実施計画の策定に当たり、これまでの区民が活動主体となる花壇やコンテナなどによる花いっぱいのまちづくり活動に加え、新たな手法による公共空間への展開を協議会と検討することといたしました。

現在、区内の駅前や公園、道路や公共施設など多くの人が自由に往来する場所では、花壇やコンテナ、ハンギングバスケットなど、様々な方法で花を育てる活動が行われています。

花壇などの設置に当たっては、課題の一つとして水源の確保があります。新たに水栓を設置するには工事が伴い、費用もかさみます。また、水やりや追肥などの日常管理も規模が大きくなるほど負担となります。そして、花壇やコンテナなどの設置スペースの確保も課題となっています。

これらを解決するため、ローコスト&ローメンテナンスの新たな展開方法として以下の項目を検討し、具体化しました。

・設置場所を効率的に活用するため、花を立体的に配置できること
・水をタンクなどに貯めて水道から独立すること
・自動で水やりが行えること
・追肥が容易に行えること
・ローコストでローメンテナンスに設置・維持管理ができること

当初、協議会のメンバーである①東京都立農産高等学校②葛飾造園災害対策協議会③サンエービルドシステム㈱④葛飾区緑化推進協力員――の4者でPTを立ち上げ、また、花卉（かき）の専門家である千葉大学環境健康フィールド科学センターの渡辺均准教授にオブザーバーを依頼し、助言を受けました。

農産高等学校に設置されたフラワーメリーゴーランド

検討を進めるうちに4者の専門外の課題が山積してきたため、協議会メンバーからの紹介により、大榮金網工業㈱と共栄電設工業㈱をサポートメンバーに加えました。

区は、開発に係る物品の調達や、事務局として開発の支援を行いました。

■ベースは雨水タンク

プロトタイプのベースとなったのは、かつしか異業種交流会雨水利用分科会で20数年前に考案され、現在は分科会メンバーのサンエービルドシステム社が取り扱っている、貯水量200㍑の雨水タンク「ミニダム」です。高さ160㌢程度の円筒形をしたミニダムの周りに花を植え付けるポットを80個配置しました。

上部にソーラーパネルを取り付け、バッテリーに蓄電して、タイマーでポンプを動かし、自動で水やりを行います。施肥はタンクへの給水時に水溶性肥料を適量、水に溶かします。

最大の特徴は、花を植え付けたポット全体がタンクの周りを180度回転することです。花は日光を好むので南面の生育が北面より良くなる傾向があります。花の生育状況に合わせて南北を入れ替えることができるのです。これは金網によるポットを取り付ける架台の成果です。

この他にも、災害時における対応に資する機能などを付加し、今年3月にPTメンバーにより特許申請が行われました。

■プロトタイプで実証試験

PTでは、今年4月にプロトタイプを都立農産高等学校と区役所に設置して、実証試験を開始しました。試験用のパネルに植栽する候補となる花を数種類、同属で複数の品種を植え分けて、立体的に配置した場合の生育状況や花期などを観察します。また、今年度は10基程度のプロトタイプを順次製作し、区施設に設置して公開で実証試験を行い、改良を重ね、今年度末までには製品として完成する予定です。

区では、実証試験から得られた維持管理や花卉管理のデータを基に、適切な管理手法を検討します。また、区民が楽しんで花卉管理に参加できる仕組みを協議会と検討していきます。

18年度からは新たな手法を取り入れた「花いっぱいのまちづくり」を展開し、区民のみならず来訪される方々を、花いっぱいで『おもてなし』をいたします。

最後に、まだプロトタイプの段階ですが、これまでの過程においても多くの区民、事業者の方などが関わり、ここまで辿り着くことができました。今後も多くの方々が関わり進められるよう努めます。

（葛飾区環境部環境課緑化推進係）

田端文士村記念館

最後の田端人を追悼

近藤富枝氏の作品世界

北区の田端文士村記念館で12日から企画展「近藤富枝と『田端文士村』～最後の田端人が書いたその作品世界～」が開催される。

昨年7月に逝去した作家・近藤富枝氏の追悼を記念した展示。1914年に芥川龍之介が田端に移り住んだことを機に、彼を慕う室生犀星、萩原朔太郎ら多くの文士たちも田端に移り住み、田端はたちまち文士村に変貌した。近藤氏は、著書『田端文士村』の中で芥川龍之介を軸として田端で繰り広げられた文士や芸術家たちの交流を膨大な資料と証言をもとに描いており、この著書のタイトルが同館名の由来にもなった。

故・近藤富枝氏

企画展では、近藤氏ゆかりの貴重な資料を始め、近藤氏の著書『田端文士村』から引用した文章を関連資料や作品とともに紹介。同氏が同著書の執筆のため取材した際に使用したノートも初公開される。芥川龍之介が室生犀星に送った書簡、陶芸家・板谷波山が彫刻家・吉田三郎に贈った作品「飛青磁袴腰香炉」（昭和前期）などの展示を通じて、『田端文士村』の作品世界や当時の田端の様相をうかがい知ることができる。

関連イベントとしては、同館研究員が近藤氏の生涯について紹介し、作品ゆかりの地を散策する「田端ひととき散歩」（20日午後1時～）、作家・森まゆみ氏による近藤富枝一周忌追悼記念講演会「伯母、近藤富枝を忘れない～美を、田端を愛した人」（7月23日午後2時～、事前応募）を予定している。

展示は10月1日まで。入場無料。開館時間は午前10時～午後5時（入館は4時半まで）。休館日は月曜、祝日の翌日、9月23日㊏㊗、その他臨時休館日。開催場所は、JR田端駅北口から徒歩2分の田端文士村記念館。

ミニガイド

◇千代田区立日比谷図書文化館特別研究室企画展示「ロシア革命から100年～国際派官僚の書棚で触れるロシア」　▷内容　内田嘉吉文庫にある19世紀から1930年代を中心としたロシア関連の和洋図書を展示▷日時　6月30日㊎まで　平日午前10時から午後8時まで、土曜午後6時まで、日祝午後4時まで▷会場　日比谷図書文化館4階特別研究室（入場無料）

◇ご当地キャラクターフェスティバルinすみだ2017　▷内容　総勢約100キャラクターによるパフォーマンスやイベントスタンプラリーなど▷日時　5月27日㊏、28日㊐午前10時～午後5時▷主催　ご当地キャラクターフェスティバルinすみだ2017実行委員会（墨田区、一般社団法人墨田区観光協会、墨田区商店街振興組合連合会、東京スカイツリータウン）▷会場　メインステージ①大横川親水公園②浅草通り（おしなり商店街）③東京スカイツリータウン1階ソラマチひろば④東京スカイツリータウン4階スカイアリーナ

『都庁俳句』作品抄　（6月1日発行）

蛇穴を出てはるかなるものめざす　葛西美枝子
ホスピスの咲く桜また散る桜　岩井　恵子
花万朶鷗ののぼる神田川　成戸　寿彦
造成地重機のかたはら土筆生ふ　内田　英一
畦を塗る命の水をのがすまじ　田澤しげお
春愁や漫画四五冊枕とし　三原徹次郎
彼岸晴寺の鯉とて恋のとき　伊　達　天
冴返る子規の使ひし仕込み杖　間中恵美子
囀りや女にはなき声変はり　武内　利夫
芸妓行く大川端や春の雨　山口　昭義
春泥を残してゆきぬ配達夫　奥田　弘學
この先もひとりの膳や水温む　内田　香晴
さらさらと光降りくる竹の秋　上部　隆男
春日浴ぶ亀万年のはしたかな　片野　信子
春時雨峠の茶屋の五平餅　高　橋　弘
駅降りてつづく坂道夕桜　神谷　邦男
上流に一揆の地あり桑解かれ　佐々木いつき

会員募集・見本誌月刊『都庁俳句』贈呈。連絡先　佐々木☎03・3956・6342

都政新報

発行所　都政新報社
〒160-0023 東京都新宿区西新宿7-23-1 TSビル
〈総務・読者〉03-5330-8781
〈企画広告〉03-5330-8784
〈編　集〉03-5330-8786
〈出　版〉03-5330-8788
〈ファクス〉03-5330-8808
購読料 月1,730円(税込)
毎週火・金曜日発行
ただし、祝日は休刊

紙面から

「独断」で議会と不協和音

小池知事 都外仮設負担表明で

2020東京大会で使用する仮設施設整備費用の問題で、11日に安倍首相との面会で都内・都外の仮設費用を原則全額負担する意向を示した小池知事。12日の記者会見では、総経費の圧縮や組織委員会の増収により、計2〜3千億円の負担減を目指す方針を表明した。総経費の縮減により都外仮設費の負担について都民の理解を得たい考えだが、都議会からは知事の「独断専行」に批判が相次いでおり、負担減の具体的な根拠も示されておらず、課題は山積している。

神奈川県の黒岩祐治知事（右から2人目）らと並ぶ小池知事＝9日、9都県市首脳会議で

小池知事は12日の定例会見で、経費圧縮と組織委の増収、国の負担を求めることにより経費問題の一体的解決を図り、全体で2〜3千億円の効果があると説明した。組織委員会が昨年末に示した大会総経費は1兆6千〜8千億円で、組織委が負担する5千億円を除いた最大1兆3千億円の負担を都や国などに求めていた。この負担額が1兆円前後に縮減する可能性がある。

経費圧縮・増収の具体的な内容は都と国、組織委員会による事務レベルの3者協議で精査中だが、大会準備の見直しと、スポンサーの拡大が俎上に上がっている。

会場整備では、IOCが停電などを防ぐために各会場に義務付けている電源の二重整備について、都の安定した電力事情を説明して免除されれば一会場につき数億円の経費縮減につながる。また、1400億円に上るセキュリティー関連費も会場周辺の警備を警察が担当するなど国が負担すれば、削減が見込まれる。

だが、実際に3千億円もの削減や増収が可能かは、国や組織委の協力次第の面が否めない。小池知事は5月中に森喜朗会長や丸川珠代五輪相との3者協議を開き、大枠で合意したい考えだが、現段階で3千億円の経費減は「見込みであり、目標でもある」（五輪準備局幹部）ため、実効性は不透明だ。

■都議会は反発

11日に行われた都議会オリンピック・パラリンピック等推進対策特別委員会では、知事が都外の仮設施設整備費を全額負担すると発言したことに批判が集中した。自民党の川松真一朗氏は、小池知事が9日の9都県市首脳会議では5月中に費用負担の方針を示すと説明しながら、2日後に都の全額負担を決めたことに、「9都県市で先に説明すべきだった」と指摘し、他県との信頼関係構築に疑義を呈した。

全額負担への不満は知事と協力体制を結ぶ公明党からも噴出。吉倉正美氏は「なぜここにきて急に負担が決まったのか」と急転直下の結論に疑問を呈した。

一方で五輪準備局は、自民や共産から都の負担額の詳細を問われると「精査中」と答弁を繰り返し、額が確定しないまま全額負担をのみ込んだことが明らかになった。

共産党の吉田信夫氏は「（知事が）仮設と恒設のすみ分けを確認した上で（負担を）表明したわけではない」と指摘し、都の想定以上の負担がのしかかることに懸念を示した。

組織委員会が示した大会全体経費のうち、仮設整備費用は2800億円に上る。うちプレハブやテント設営などの800億円を組織委が負担し、残る2千億円が都の負担となる可能性がある。

また、残る電源整備や通信・放送、輸送などの費用や役割分担はこれから調整が行われることになり、国の協力を引き出せなければ、「開催都市の責任」として更なる負担増は避けられない。

委員会では自民党の菅野弘一氏が大会準備の諸課題をただすため、小池知事に委員会出席を求めて採決が行われたが、他会派が応じずに起立少数で否決された。

「大山鳴動」再び？

【解説】今回、小池知事の全額負担表明は事前に都議会への打診がなく、「決断を迫られ、急きょ対応した」（自民都議）との印象を与えた。

知事が議会の議決を経ずに経費の支出を決定することはできないはずだが、財務局幹部は「今回は単なる意思表明で額も決まっておらず、今後正式に決定すれば議会で審議することになる。通常の予算執行と同じプロセスだ」と説明する。だが、議会への調整なしに独断専行が進めば、「都民の理解を得られない」（共産都議）と反発が増すことは必至だ。

特別委では友党の公明からも批判的な指摘があり、都民ファーストから推薦を受ける山内玲子氏（生活者ネット）も「局長の口頭報告のみは乱暴。説明できるようにすべきだった」と苦言を呈した。

小池知事は今年1月のテレビ出演時に都内仮設費用の負担に前向きな態度を示しており、2月の定例都議会の施政方針表明では都外仮設負担も「排除しない」と表明していた。今回の全額負担も降ってわいた話ではなく、「他に落としどころはなかっただろう」（都幹部）との声もある。

都は今月中にも知事や森会長、丸川大臣が出席する3者協議を行い、費用分担に決着をつけたい考えだ。そこで全体経費の圧縮を持ち出して「成果」を強調するのは、大会準備の空転を招いた五輪3会場の見直し問題と同様の印象も受ける。「大山鳴動して鼠（ねずみ）一匹」を繰り返すことになれば、第2回定例会では「知事与党」からも厳しい追及は避けられない。（南）

消費税、92億円減収に

都税調 抜本的方策などを議論

都税制調査会（会長＝池上岳彦立教大学教授）が12日に都庁第二本庁舎で今年度1回目の総会を開き、地方消費税やふるさと納税など今年度の検討事項を決定した。目黒克昭主税局長は、来年度の国の税制改正に向け、総務省の検討会では都の減収につながる地方消費税の見直しが議論されると見られており、「国の動向を注視しながら的確に、機動的に対応していく」との考えを示した。

地方消費税は今年度の税制改正で、都道府県の人口に応じて税収が配分される割合が、全体の15%から17・5%に引き上げられ、都への影響が懸念されている。都内の商業施設などの販売総額は各都道府県の人口に応じて配分されるため、地方消費税の人口の比率が大きくなると、都が減収になる。この改正により、都は約92億円の減収を見込んでいる。

来年度の税制改正に向け、地方消費税の人口の比率を高めようとする議論がなされる可能性がある。都主税局は「今年度の税制改正でも人口の比率を高める根拠が国から示されていない」と話し、地方間の財政調整のために使われているのではないかとの危機感を募らせる。都税調では、抜本的な方策などを議論することになる。

また、ふるさと納税は2016年度、都と62区市町村を合わせて前年度比5・4倍の261億円の減収に上った。ふるさと納税に対する返礼品競争が過熱するとともに高所得者優遇の制度となり、制度趣旨の寄付とはかけ離れている実態がある。都税調は寄付税制の在り方を議論する予定。

また今年度は3年任期の最終年度に当たるため、10月をめどに最終答申する。

決戦の構図 2017都議選を占う⑥

バラマキ合戦

私学助成に群がる各党

市場移転の可否や学校の授業料無償化――。主要4党の都議選公約を見ると、こうした共通点がうかがえる。中でも、各党が公約の重点政策の一つに盛り込んでいる上、各党で判断が分かれているのが学校の授業料無償化に関してだ。

各党の公約を見ると、民進党は公私の高校を問わず授業料を無償化し、公明党や共産党は私立高校の授業料無償化の対象を拡充することを掲げている。一方、自民党は私立高校ではなく、私立小中学校を対象に授業料無償化を打ち出す。

都庁内からは「バラマキ合戦のようだ。耳障りが良い政策を打ち出せば、票が入ると思っているのだろうか」と疑問の声が上がる。

私立高校の授業料無償化は今年度予算案にも盛り込まれた。発端となったのが公明党による小池知事への要望だ。私学助成の対象を年収910万円未満に拡大する内容だったが、対象を拡大した場合、財源は50億円から130億円に膨らむとの試算もあり、公明案を実現する場合は学校側への運営費補助を削減し、財源に充てる必要があった。同党幹部は「運営費補助を削ることはできない」と判断した。

公明党が11日に発表した都議選公約には、年収910万円未満への拡大が盛り込まれ、看板政策の一つと位置付けている。同党都議は「財源の課題もあるので、何が何でも910万未満というわけではないが、できることなら都立高校の実質授業料無償化の対象と合わせたい」と平身低頭の姿勢を示す。こうした私学助成の対象に関して、自民党幹部は過去に「節操がない」などと批判していたが、自民の選挙公約には小中学校の授業料無償化が盛り込まれた。

公明都議は小中学校の無償化を「私立高校の二番煎じ。どういう根拠で実施するのか分からない」と酷評。これに対し、自民都議の一人は「公明党を意識した公約ではない」と反論した上で、自民党の教育再生実行本部がまとめる教育無償化などが根底にあるという。

教育無償化は、幼児教育や高等教育を対象にしており、使途を教育に限定する「教育国債」などを財源の候補としている。国債の発行は将来世代にツケを回すことになるため、自民党の小中学校の授業料無償化は都の財源を活用したいのではとの指摘も出ている。

都は学校への運営費補助という形で授業料の低廉化を図っている。現在、都は私立小中学校の授業料に関する補助を各家庭を対象に行っていない。都内の全中学生のうち、私立に通う割合は16年5月時点で24・2%だが、小学校は4・2%にとどまっていることが背景にある。

4党の公約に盛り込まれた私学助成に関して、都幹部は「東京五輪の都外仮設費の負担が500億円を超える懸念もあり、私学助成の財源を見つけるのは一層難しくなっている」と指摘した。

都議選に向けた重点施策を発表する公明党幹部ら＝11日、京王プラザホテルで

都港湾局

海上公園ビジョン策定

葛西海浜公園を条約湿地に

都港湾局は12日、都立海上公園のリニューアルや運営強化の指針となる「海上公園ビジョン」を初めて策定した。

海上公園は海と触れ合えるスポーツやレクリエーションの場として東京港の埋め立て地に38カ所整備されている。2020年の東京五輪では多くの海上公園が競技会場や選手村のエリアになることから、ビジョンでは会場との一体的な整備や施設との連携など、充実強化案が盛り込まれた。

自然環境を保持するための取り組みでは、大田区の東京港野鳥公園で生き物のすみかとなる干潟を拡張する。江戸川区の葛西海浜公園の干潟については、鳥類にとって重要な湿地を指定する国際条約であるラムサール条約湿地の登録を目指す。

また、にぎわい創出に向け、各公園に船旅の拠点となる桟橋を整備するほか、民間事業者と連携して公園内にカフェなどを導入。海に囲まれたイベントスペースを開放して商業イベントを呼び込むほか、地域のニーズに合わせてコンビニや保育所の整備も検討する。

小池知事は12日の会見で、「海の周遊や船旅を強化することの一環でビジョンを作った。スマートシティの実現に向けて歩みを進めたい」と説明した。

都政の東西

変わらない魅力

街中ですれ違う人が外国語を話しているのを聞いても驚かなくなり、大きなキャリーバッグにイライラすることも減った。外国人がいる日常に慣れたのだろう。

世界的な観光都市のパリなどは、国内人口よりも訪れる外国人旅行者数が多いと聞く。2016年の訪日外国人旅行者数が2400万人を突破するなど右肩上がりを続けているとのデータと併せても、日本が観光立国に向かって着々と前進しているのを実感する。

2度目の五輪を迎える2020年に向け、都心部で大規模再開発が続々と始まり、残り3年余りでまちの姿は大きく変化していくことになる。華々しい祭典を控えて盛り上がる状況だが、東京の魅力はまちを新しく変えることだけで進化できるものだろうか。

戦後期に日雇い労働者が集まって形成された山谷地区にひしめき合う簡易宿所の居室は、布団を敷くと足の踏み場がなくなる程の狭さだが、その狭さと安さが人気で外国人宿泊者が増えているという。都心部には広くて設備が充実したホテルが立ち並ぶが、簡易宿所は日本独特の変わらない風景だからこそ人気を博しているとも言える。

台東区は防災性向上のために建物を拡充する際の加算助成を始めたが、部屋を広くすることで損なわれてしまう魅力もあるようだ。まちの良さがどこにあるか、どのような点がセールスポイントになるのかを図る物差しを研ぎ澄ます必要がある。

1度目の五輪では、新幹線や首都高などの大規模インフラがレガシーとなった。2度目の五輪では、新たな開発だけではなく、東京の魅力の多面性を進化させるレガシーを残さなければならない。

◆築地土壌からベンゼン

都中央卸売市場は11日、築地市場の土壌に含まれるガスからベンゼンが検出されたと発表した。土壌ガスから環境省が定める下限値を超える有害物質が検出された場合、ボーリング調査が必要となり、6月中にも始まる予定。

調査したのは、耐震補強などを行った際、都環境確保条例に基づく届け出を怠っていた8件の計111カ所。12種の有害物質の有無を調査した結果、水産物卸売業者売場付近の1カ所でベンゼンが検出された。中央卸売市場は「（土壌ガス調査は）ボーリング調査が必要な個所を絞り込むために実施している」と説明した。

土壌ガスに加えて、土壌調査も実施しており、都は委託会社から26日までに結果報告を受ける予定。

◆公明・都民が相互推薦

公明党と都民ファーストの会は11日、7月2日投開票の都議選に向けた相互推薦を発表した。

公明の出馬予定候補は23人全員が都民ファーストの推薦を受ける。都民ファースト候補は第1次として16人が公明の推薦を受けた。公認候補のほか、民進党を離党して都民ファーストから推薦を受けた中山寛進氏と小山有彦氏、無所属の大津浩子氏も含まれる。

公明は自党公認候補がいない1〜2人区でのみ都民ファースト候補の推薦を行う予定で、今後都民ファーストからの要請を受けて順次推薦を増やしていく考えだ。

寸句ジョーク

都庁、女性視点の防災ブック編集・検討委開催、女性の視点からみる防災人材の育成検討会議の開催

小池知事「政局にするつもりはありません、女性による女性のための女性支持票拡大作戦です」

児童養護施設退所者を支援

足立区　区営住宅に入居優先枠

足立区は、児童養護施設の退所者の自立を支援するため、新たに区営住宅に入居優先枠を設けた。24日に入居募集を開始する。区によると、児童養護施設を退所する若者に対して単身者向けの区営住宅を提供するのは23区初という。退所者の自立支援は、世田谷区が昨年度から給付型奨学金制度などをスタートしているが、独自の支援事業を行うのは足立、世田谷の2区にとどまっている。課題意識に地域差が見られ、取り組みに広がりが見られないのが実情だ。

足立区が優先枠を設けたのは、区営中央本町四丁目アパートで1DKタイプの5戸。3年間に分けて入居者募集を行う方針で、今年度は2戸を募集する。区内の児童養護施設や自立援助ホームを退所した18〜23歳の若者で、最長5年間入居できるよう枠を確保する。住宅使用料は一般公募と同水準の月額2万円程度を見込む。10月の入居開始を予定する。

区は、入居開始までに児童養護施設の運営事業者と協定を結び、事業者が保証人の確保や入居・退去手続きを支援し、入居後にも退所者を訪問して生活指導を行ってもらう。また、使用料の滞納などの問題が起きた場合のサポートを求める。

児童養護施設退所者の場合、身近に支援を求められる保護者がなく、保証人の確保や家賃の支払いが困難なケースが多く、住宅を提供することで自立を促すのが狙い。区住宅課は「区営住宅であれば民間住宅に比べて家賃を半額以下に抑えられる」と話している。

児童養護施設退所者の支援を巡っては、世田谷区が借り上げ区営住宅を共同生活用に貸す住宅支援のほか、給付型奨学金制度、居場所支援を3本柱に据える「せたがや若者フェアスタート」を2016年度に開始した。

このうち、奨学金制度は、大学や短期大学、専門学校などに進学する際の学費に充ててもらうため、36万円を上限額として給付する。給付実績は、16年度が11人、17年度が10人。財源にはふるさと納税を活用し、4月末時点で324人から281万2918円の寄付を集めた。

両区が支援に乗り出す反面、他区では事業化の動きが見られない。独自策を実施していない区は「区内の児童養護施設から支援を求める声が聞こえず、独自事業の必要性を感じない」と話す。都の実態調査では退所者が経済的な自活と学業との両立などに困難を抱えている実態が明らかになっているが、自治体間で受け止めに温度差が出ている。

渋谷区　五輪レガシー　若者が議論

基本構想の具体化に向け

渋谷区はパリやニューヨークなどと並ぶ「成熟した国際都市」の実現を掲げた基本構想の具体化に向け、東京五輪のレガシーを生かすことを目的に、㈱三菱総合研究所と連携し、若者を主体としたワークショップ（WS）を実施する。来月6日に第1回の会議を開く。主催は同研究所が事務局のレガシー共創協議会。

WSのテーマは、▽健康・スポーツ▽文化・エンタメ▽共生▽コミュニティー——の四つで、基本構想に掲げる7政策分野から選定した。区内在住、在学・在勤など18〜29歳の若者100人で構成する。来月13日から随時、分野別のWSを開き、12月9日に検討したアイデアの審査会を行う。成果次第では、来年度以降も継続したい考え。

オリンピック・パラリンピック推進課の田中豊課長は「若者たちがWSをきっかけに、自発的に五輪のボランティアに取り組むような動きに発展してほしい」と話す。

オール東京で存在感を

西川太一郎・区長会長インタビュー

特別区長会は4月17日の総会で任期満了に伴う会長改選を行い、西川太一郎荒川区長を4期連続で会長に選出した。任期は2019年5月までの2年間。区長会長が連続4期となるのは初で、計5期を務めた山本克忠元新宿区長に次ぐ長期体制となる。特別区制度の誕生から70年の節目を迎えた区長会では、児童相談所の移管準備や国民健康保険の広域化など都との連携が欠かせない課題が山積する。重要局面が続く4期目の2年間にどう臨むか、西川会長に聞いた。

——4期連続の会長選出は史上初となります。

会長として、とにかく23人の調整役に徹することを心掛けてきた。会長の仕事は、それぞれの経験や各区の地域特性などをバックボーンに持つ23人の区長が存分に知恵をぶつけ合いながら、足並みをそろえて協力し合うための交通整理だ。他の区長に評価してもらえた理由があるとすれば、そうした役割が国との調整も含めて自分に向いていたということだろう。

——4期目で力を入れたいことは。

区長会としてだけでなく、多摩地域や島しょ地域も含めたオール東京として更に存在感を高めたい。区長会は区長による総会や役員会だけではなく、副区長会や部長会、課長会が23区総勢6万人の職員を代表し、それぞれの領域で真摯に議論を行っている。区長会の行政担当領域とマンパワーは、衆知を集めるという点で都にも引けを取らないと自負している。区長会が26市13町村との関係を深めて力を合わせれば、9万人近い行政に関する専門家集団になり、全国市長会での存在感を高めることにつながるとともに、都も軽んじることができない集団になるのではないか。

——都と区市町村の共通課題としては、国民健康保険の広域化が来年度に迫っています。

区長会として保険料負担の在り方について問題意識を持つ一方で、医療費の高騰は間違いなく事実だ。医療費をかけないためには、究極的には量か質かという問題に収束する。しかし、命はたった一つしかなく、質の面で医療費をかけないという議論は、住民の大切な命を守るという点で、もはや政治ではない。量として抑えるには予防医学という視点が重要になるが、住民に規範を押し付けるようなやり方ではなく、住民が納得できるよう都と区市町村が知恵を出し合う必要がある。

——児童相談所の設置では、世田谷、荒川、江戸川の3区が20年度開設を目指しており、区長会としても重要な準備期間となります。

人材確保が大きな課題だ。専門的な人材は広域自治体に集中しており、都の協力が欠かせない。区職員を派遣して経験を積ませたり、都で経験を積んだ人に来てもらうなどの人材確保策を考えている。この点は都も理解してもらっていると受け止めている。「子供は未来社会の守護者である」という言葉があるが、子供が虐待を受けず、健やかに育つ社会を実現しようという理念を自治体として持つことが大切だ。

——23区と都の今後の関係性を占う意味で、小池知事と都議会の関係をどう見ますか。

都議としての経験から言うと、歴史的に都知事と議会はピリピリした緊張関係となるような間柄ではなかったはずだ。都政を議論する際に焦点を絞りすぎているのではないか。マスコミは小池カラーと言うかもしれないが、選挙を控えた議員は黙っているわけにはいかず、小池知事にも議会側にも気の毒な状況になっているのが現状ではないか。私の都議時代には、議会側と執行機関側の双方に立派な調整役がいて、大いに学ばせてもらった。そういう意味では、小池知事は都政を熟知する人をそばに置いた方が良いかもしれない。

にしかわ・たいいちろう＝74歳、早稲田大学商学部卒。都議4期、衆院議員3期、防衛政務次官や経済産業副大臣などを経て04年荒川区長選に初当選し、現在4期目。区長会では09年から11年まで副会長を務め、同年5月に会長に初選出された。

新副議長に板井氏　世田谷区議会

板井斎氏

世田谷区議会は12日、第1回臨時区議会を開き、新副議長に公明党の板井斎氏（57）を選出した。議長は自民党の上島義盛氏が留任する。

板井氏は現在5期目で、副議長就任は今回で2回目。これまでに監査委員や福祉保健常任委員長、区民生活常任委員長などを歴任した。

マイナンバーの通知カード9枚所在不明　渋谷区

渋谷区は12日、マイナンバーの通知カード9人分の所在が不明になっていると発表した。2月に通知カードの再交付を申請した区民から4月27日に「届かない」と連絡を受けて調査したところ、発覚した。区によると、9人は特定済みだが、3人と連絡が取れていない。区は、謝罪や状況説明とともに個人番号の変更を促す方針。

自治体政策のススメ

保育士不足をどう乗り越えるか

保育政策の課題②

保育園を考える親の会代表　普光院　亜紀

都は全国で最も保育士不足が深刻で、2016年1月の有効求人倍率は6・24倍。今や保育士不足は待機児童対策の最大の障壁となっている。

既に知られている通り、資格を持ちながら保育所等で働いていない潜在保育士は全国に約76万人いる。国の「待機児童解消加速化プラン」では現場の保育士を約7・4万人増やす必要があると試算したが、潜在保育士の一部でも現場に復帰すれば、その実現は難しくないように見える。

調査により、潜在保育士が保育所等で働かない最大の理由は、「賃金が希望と合わない」であることが分かっている。これを受け、国や自治体もようやく取り組みを本格化させつつある。

17年度より、国ではベースアップ（2%＝月額6千円程度）のほか、経験年数に応じて給与を上乗せするキャリアアップ処遇改善を実施。都も、独自の給与補助を従来よりも2万1千円アップすると発表した（従来分と合わせて都加算は4万4千円）。国と都の今年度のベースアップ合計は、年収にして32万4千円になる計算だ。

16年賃金構造基本統計調査（税込、賞与・手当含む）で計算すると、全国の保育士の平均年収は約323万円で、全産業平均の約490万円よりも162万円低い。東京都では保育士平均＝約337万円、産業計平均＝約606万円（女子の平均で約465万円）と、ますます届かない。

今後も①処遇改善策を継続し、それを当事者にアピールすること②事業者がきちんと職員に分配するように行政の指導を強化すること——が必要だ。

なお、保育士が改善を望むことを調べた東京都の調査では、給与・賞与に次いで、職員数の増員、事務・雑務の軽減が挙がっている。保育士不足だから配置基準を緩和すべきという意見もあるようだが、それは逆効果になり、最終的には子供にしわ寄せが行くことに留意しなければならない。

記者席

代名詞だけに黙ってられない

○……「政治家になられたな、と思った」。小池知事は12日の記者会見で、クールビズで設定した室温28度を「何となく決めた」と話した環境省の法務副大臣をそう評した。副大臣は小池環境相時代、クールビズを推進した担当課長だったという。

記者からの質問を予想してか、知事はわざわざスライド資料を用意して、28度設定の法的・科学的根拠を説明する力の入れようで不見識を指摘した。

クールビズと言えば、小池知事の代名詞とも言える。夏の戦いを前に、「坊主憎けりゃ袈裟まで憎い」と、かたくなにスーツを着込む某会派幹部もいるという。都議選での装いは違えども、胸襟を開いた訴えを都民は待っている。

○……4月29日に発生した福島県浪江町の山火事は、10日になってようやく鎮火した。火災の発生場所が帰宅困難地域だったことが消火活動を妨げる要因だった。懸念された放射線量は、現在のところ目立った変化はないとのこと。馬場有町長も「今後放射線量を徹底的に調査し、風評被害にならないようにしたい」とコメントした。

福島第一原発事故から6年が経ち、故郷に戻らない選択をする町民も多い中、復興に向けて努力する町職員を取材したことがあるだけに、現場の対応が気になるところだが、一度インターネットに上がった情報を消し去ることは困難だ。町職員の「火消し」は、これからが本番になる。

○……調布市と姉妹都市協定を締結する長野県木島平村は、お互いが国内で唯一の姉妹都市だ。きっかけは1985年、村が国の交付金事業を受ける際、人口10万人以上の都市と交流を行うことが条件となっていたため、当てもなく都内の各自治体に出向いて声を掛けた。それに応えたのが調布市だったという。

調布市は、市内在住だった故水木しげるさんの故郷・島根県境港市などとも交流があるが、木島平村のようなケースで交流が始まるのはあまり例がないだろう。きっかけは何にせよ、30年以上にわたって積み重ねた時間こそが、掛け声だけでない地方連携の源となっている。

特別区　予想される顔ぶれ　第20回都議選　▶6◀

大田区（定数8）

前回は定数8を巡って13人が立候補し、自民3、公明2、共産1、民主1、維新1の現職8人が議席を獲得。民主現職の辞職で昨年行われた補選では、自民が野党共闘候補などを退け、同選挙区で初めて議席を4に伸ばした。

自民はいずれも現職で、4期目の鈴木晶雅（59）と3期目の神林茂（64）、3期目の鈴木章浩（54）の3人を擁立し、昨年の補選で当選した1期目の山森寛之の公認は見送った。地盤は鈴木晶雅が大森地域、神林が蒲田地域、鈴木章浩が調布地域。鈴木章浩は前回約3万5千票を獲得し、トップ当選した。区議で同党大田総支部の田中一吉幹事長は「2月の千代田区長選の頃は公認を2人に絞るという話が浮上したが、市場移転問題で流れが変わってきた。地域性のある票をしっかりと配分していく」と語る。

公明は6期目の藤井一（63）と3期目の遠藤守（50）を擁立する。昨年10月の3次公認では、内規による在任期限で勇退予定だった藤井に代わり、新人で党都本部女性局次長の石井真由美を公認したが、体調不良を理由に公認を取り消し、1月に在任期限を緩和した上で藤井を公認した。党都本部は「票割りのためエリアを二分し、地盤を固める。手応えはあるが、積み重ねが必要」と話す。

共産は現職の可知佳代子が勇退。党勢拡大を目指し、区議の佐藤伸（43）と看護師の藤田綾子（42）の新人2人を擁立した。前回は候補者1人で約3万票を獲得したが、昨年の参院選などの動向を受け、同党大田地区委員会は「（当選ラインの2万票を上回る）5万票前後を見込んでいる。他党の現職との対決姿勢を鮮明にし、2人当選させる」と意欲を示す。昨年の都議補選では当初、藤田を公認したが、野党共闘候補擁立のため出馬を取り下げた経緯がある。

民進は新人で医療関連会社社長の澤田大祚（38）を立てる。昨年11月の1次公認では、都議補選で約4千票差で涙をのんだ元区議の森愛（40）も公認したが、森が離党し、都民ファーストにくら替えしたのを受け、澤田1人に絞り選挙に臨む構え。「地盤は衆院3区の千束地域。蒲田など衆院4区側にどれだけ浸透できるかが鍵」（民進区議）。静岡4区での衆院選出馬に向けて昨年辞職した田中健元都議が応援に入り、票の掘り起こしを急ぐ。

維新は現職2期の柳ヶ瀬裕文（42）を擁立した。前回は維新が2人を擁立して票が分散し、最下位での当選で、「やるしかない。あいさつ回りをし、会合やイベントなどに積極的に顔を出していく」と語る。区への大幅な権限移譲など徹底した分権を掲げ、「都は大都市経営に特化すべき」と訴える。

都民ファーストは、森と元職1期の栗下善行（34）の2人を擁立する。森は希望の塾の塾生で、3月に民進を離党し、公[illegible]施し、来月2日以降に公認を発表する方針。

佐藤伸氏　遠藤守氏　藤井一氏　鈴木章浩氏　神林茂氏　鈴木晶雅氏

森愛氏　栗下善行氏　柳ヶ瀬裕文氏　澤田大祚氏　藤田綾子氏

前回の結果

◇大田区

	氏名	党派	得票	当選回数
当	鈴木　章浩	自現	34,746	③
当	可知佳代子	共現	30,486	⑤
当	神林　茂	自現	27,718	③
当	藤井　一	公現	25,523	⑥
当	遠藤　守	公現	23,203	③
当	鈴木　晶雅	自現	22,069	④
当	田中　健	民現	19,055	②
当	柳ヶ瀬裕文	維現	17,798	②
	柳瀬　吉助	み新	15,457	
	奈須　利江	ネ新	15,040	
	永井　敬臣	維新	8,580	
	金村　龍那	民新	5,370	
	須藤　英児	無新	3,956	

《文中は敬称略》

伊豆諸島6火山防災協議会合同会議

都内初の火山避難計画策定

住民や来島者ごとに対策示す

伊豆大島・三宅島

都と伊豆諸島の町村らが12日、今年度第1回の伊豆諸島6火山防災協議会合同会議を都庁9階の災害対策本部室で開催し、伊豆大島と三宅島の火山避難計画を策定した。火山避難計画の策定は都内で初めて。災害規模に応じて5段階の避難レベルを設定し、各レベルで「一般住民」「避難行動要支援者」「来島者」の3区分の避難対応をまとめたのが特徴。今後は同計画に基づき、都や町村が地域防災計画等に反映する。また協議会では、八丈島や新島など、残る4火山の避難計画策定を進める。

火山避難計画の策定は、58人が死亡した2014年9月の御嶽山噴火を受けて改正した活動火山対策特別措置法で盛り込まれた。住民がいない硫黄島を除く国内49火山ごとに自治体や自衛隊などで構成する協議会が避難計画を策定する。都内では伊豆諸島の6火山が該当し、大島と三宅島が都内初の計画策定となる。

大島と三宅島の避難計画では、想定される火山活動や避難対応などをまとめた「本編」と、発災時にマニュアルとして使用することを想定した「マニュアル編」の二つを策定した。伊豆大島、三宅島とも「山頂噴火」と「山腹噴火」を想定。噴火警戒レベルを5段階に設定し、更にそれぞれのレベルでの避難対応を「一般住民」に加え、障害者などの「避難行動要支援者」と、旅行などで訪れた「来島者」の3区分に分けた。

伊豆大島の避難計画では、レベル3（カルデラの外まで重大な影響を及ぼす噴火が発生もしくは可能性が出た場合）で来島者は島外避難とし、避難行動要支援者はレベル4（居住地域に重大な被害をおよぼす噴火の可能性）で島内・島外避難、一般住民はレベル5（居住地域に重大な被害を及ぼす噴火が発生・切迫）の段階で初めて島内・島外避難とした。一度避難すると長期に及ぶことも想定されるため、生活への影響などを考慮して設定した。

一方、三宅島は火山と居住地が近いため、避難行動要支援者の避難を大島よりも1段階前のレベルで開始する。また、山頂噴火の場合、円形の三宅島は全ての居住地域に影響が及ぶことが想定されるため、島外避難のみを想定している。

いずれの島でも、一般住民の島内の避難所への移動はバスとしたが、事態が切迫してやむを得ない場合や、気象状況により徒歩避難が困難な場合などは例外的に自家用車も利用可能とした。

島外避難の場合は都が自衛隊や海上保安庁、東海汽船などに要請して移送手段を確保。受け入れ先は原則として東京港と し、都が周辺区と調整して避難所を決定する。

協議会では、今年度から八丈島と青ヶ島の噴火警戒レベルの導入や避難計画の策定に着手し、新島・神津島は18年度以降に着手する予定。

各島の首長らが出席した伊豆諸島6火山防災協議会合同会議＝12日

若者家族いらっしゃい

奥多摩町　移住促進策を強化

新たに「体験住宅」も開始

奥多摩町が若者の移住に向けた取り組みを強めている。空き家を活用して昨年度からスタートした「若者定住応援住宅」の入居者募集を今年も8日に開始。また、町内で農業等を行いながら移住する人向けの「いなか暮らし支援住宅」では、移住を検討している人に町の暮らしを事前に体験してもらう「移住体験住宅」の提供を新たに開始する。高齢化が進む地域からも期待が高まっている。

「若者定住応援住宅」は、JR青梅線の駅から徒歩圏内にある空き物件を提供する制度。導入した昨年度は1世帯が移住した。一方、「いなか暮らし支援住宅」は畑付きの物件で就農しながら移住する人向けで14年度からスタート。これまでに2世帯が移住している。

いずれも町外の人や町の借家に住んでいる人で、若者を呼び込む趣旨から、世帯主が40歳以下の夫婦、または50歳以下で中学生以下の子供がいる世帯が対象。所在地の自治会に加入することなどが条件で、自治会活動や地域活動への積極的な参加も求める。

15年間以上継続して定住すれば、無償で土地と住宅を譲与する仕組みで、全国的にも珍しい取り組みだ。併せて定住祝い金として50万円を上限に支給。このほかリフォーム代として200万円を上限に2分の1を助成している。

今回、若者定住応援住宅で募集する住宅は2軒。JR奥多摩駅から南へ徒歩8分にある長畑地区の住宅は、192平方㍍の土地に、木造平屋2棟と倉庫3棟、庭、駐車場付きで月額使用料は1万円。同じく28分の位置にある海沢地区の住宅は同129平方㍍で、木造2階建て4LDK、庭と駐車場が付く。月額使用料は6千円。

いずれも住民が高齢となり、外に出た子供の下で暮らすなどして空き家になったものを町が寄付を受けた「空き家バンク」の物件だ。

14年度の「いなか暮らし支援住宅」の説明会に訪れた若い家族＝梅沢地区

一方、今年度から新たにスタートした移住体験住宅は、JR奥多摩駅から車で17分の日原地域にあり、「いなか暮らし支援住宅」で実際に提供する物件で行う。定住に向け、申し込む前に地域を知ってもらおうと、7日～15日間で生活を体験してもらう。

同町には民間の不動産業者がおらず、若者向けの安い分譲や、町が宅地賃貸物件を提供する「町営若者住宅」の提供などを積極的に展開している。こうした取り組みは過疎化への危機感に他ならない。

同町の人口は5月1日現在で5279人だが、高齢化率は48・7％と高い。「町には21の自治会があるが、子供がいない地域もある」と同町若者定住化対策室。例えば、雪が積もっても高齢者ばかりの地域は除雪もままならない。また、空き家が増えることで防犯・防災上の不安もあるという。

自治会も若者の移住に積極的で、いなか暮らし支援住宅に若い世帯が移住した梅沢地域では、地域の夫人らが「梅女会」を結成し、移住者の妻が地域に溶け込みやすいよう支援している。

こうした町の若者移住への取り組みは少しずつ成果が表れている。「いなか暮らし支援住宅」を開始した14年度以降の移住者は、今年4月1日現在で269人、うち0歳から14歳の年少人口は104人で、これは町全体の年少人口（341人）の3割に当たる。人口自体は355人の減、高齢化率は3・3㌽上昇したが、若者定住化対策室では「人口減少を食い止めるのは難しいが、まずは『消滅自治体』からの脱却が目標。そのために年少人口や生産人口の比率を増やしたい」と話している。

調布市

木島平村の体験移住を後押し

交流人口増やし、活性化

調布市は、姉妹都市の長野県木島平村が取り組む田舎暮らし体験住宅の紹介をホームページ等で紹介している。村が目指す移住促進を後押しする一方、調布市にとっても交流を生かして地域活性化につなげたい思いがあるという。

長野県北東部に位置する木島平村は、東京から高速道路で約3時間かかる。スキー場やカヤの平高原などが主な観光地ののどかな田舎だ。人口は約4500人で、65歳以上の高齢化率は35・7％（2015年）と高い。

そんな木島平村が今年度、移住者を増やそうと取り組みを開始したのが「田舎暮らし体験住宅」だ。

これまでも農業体験などは行っていたが、同村産業企画室の梅嵜伸一さんは「体験移住はきっかけづくり。最終的には移住につなげたい」と期待を込める。

村が新築した2棟の住宅は床面積が約50平方㍍で、エアコンや洗濯機、冷蔵庫、電子レンジなど生活に必要なものも一通りそろえた。利用料金は1棟1泊3千円。1～2日の滞在は宿泊施設の営業を妨げるおそれがあり、利用期間は3日以上30日間以内とした。1年を通じて体験してもらうよう、利用は季節ごとに4回まで可能とした。

木島平村が企画する田植え体験

地方の町村が移住者などを呼び込む場合、古い民家などを活用する例があるが、「村には大きい家が多く、リフォームでは耐震化も必要になり、新築と費用は変わらない」と梅嵜さん。古い民家は「味」がある反面、古さをマイナスにとらえられるケースがあるという。

利用者の年齢制限はないが、移住を見据えれば、「できればリタイヤした方でなく、現役の子育て世代に来てほしい」。今年度中にもう1軒、体験住宅を建設する予定だ。

こうした村の取り組みを後押しする調布市は、ホームページなどで体験住宅を紹介しているが、移住するかは市民の判断で、市が率先して移住を後押しするものではないという。

市政策企画課の佐々木淳課長は「交流人口を増やし、共に栄えていくというスタンス」と強調する。

調布市は木島平村と1985年に姉妹都市提携を結んだ。以降、市は市民向けバスツアーなどを企画し、職員の受け入れも行っている。連携の中では、そばで有名な深大寺で、木島平村産のそば粉を使ったそばを提供するつながりも生まれた。佐々木課長は「交流する中で新しいつながりができている。お互いに地域活性化を図りたい」と話している。

TAMA手箱

危険薬物や見守りで協定　府中市

府中市は15日、危険薬物の使用や譲渡、特殊詐欺などの不法行為のアジトとして市内の建物を使用させないため、東京都宅地建物取引業協会府中稲城支部、全日本不動産協会東京都本部多摩中央支部および府中警察署と協定を締結した。

また同日、東京都信用金庫協会、府中警察署と、日常業務を行いながら地域の子供や高齢者などの弱者が犯罪、事故等に遭うことがないよう注意喚起などを行う「ながら見守り連携事業に関する協定」を締結した。

子ども基金に1億円寄付　調布市

調布市は2日、市の子ども基金に個人から1億円の寄付があったと発表した。寄付者は㈱深大寺門前そば本舗の浅田稲一郎社長で、同氏は2011年にも1億円を市に寄付している。企業などからの寄付は通常、多い場合でも十数万円程度で、そのほか児童手当の辞退者などからによる数万円程度のものが多いという。

調布市子ども基金は、子供が健やかに育ち、安心して子供を産み、育てることができるまちの実現を目指して、設立。市民や事業主、イベント主催者などからの寄付金等を積み立てている。現在の基金残高は約2億円。市は寄付をもとに、市内で子育て活動を行う個人や団体に対し、毎年度2万円を上限に活動費用の一部を助成している。

災害時輸送で協定　国立市

国立市は10日、地震災害や風水害などが発生した際に、災害時の緊急輸送業務を行う協定を市内のタクシー業者と締結した。

締結先は多摩交通有限会社と銀母子交通有限会社の2社で、保有台数は合計65台。具体的には傷病者の搬送や道路状況の情報収集などを想定している。

新議長に小山氏　副議長は野島氏　青梅市議会

小山進氏　野島資雄氏

青梅市議会は10日の議会で新議長に自民クラブの小山進氏(62)、副議長に公明党の野島資雄氏(54)を選出した。

小山氏は現在3期目。経済委員長や議会運営委員長、予算決算委員長などを歴任した。

野島氏は現在4期目で厚生委員長などを歴任。副議長は11年～13年に就任して以来、2回目となる。

新議長に杉山氏　町田氏が副議長　福生市議会

杉山行男氏　町田成司氏

福生市議会は11日に臨時会を開き、新議長に正和会の杉山行男氏(70)、副議長に同じく正和会の町田成司氏(67)を選任した。

杉山氏は現在3期目。厚生委員会委員長、議会運営委員長、監査委員などを務めた。

町田氏は現在2期目。横田基地対策特別委員会副委員長などを歴任した。

宍戸氏が新議長に　副議長には寺井氏　三鷹市議会

宍戸治重氏　寺井均氏

三鷹市議会は10日に臨時会を開き、議長に自由民主クラブの宍戸治重氏(66)、副議長に公明党の寺井均氏(58)を選出した。

宍戸氏は現在5期目。文教委員長、まちづくり環境委員長、予算審査特別委員長などを歴任した。

寺井氏は3期目で、総務副委員長、議会運営委員長、予算審査特別副委員長などを務めた。

市町村　予想される顔ぶれ　第20回都議選　▶3◀

青梅市（定数1）

野村有信氏　森村隆行氏

現時点で候補者を立てているのは、自民と都民ファースト。近年では民主党（当時）の風が吹いた2009年を除いて、自民が議席を守っている「保守の牙城」だが、今回は小池知事の人気もあって激戦が予想される。

自民は現職5期の野村有信(76)を公認した。都議会自民で幹事長も務めたベテランで、地元での知名度を生かし、6期目を狙う。地域の会合に顔を出して浸透を図りながら、若年層や女性票の取り込みに力を入れる。

都民ファーストは森村隆行(43)を公認した。商社や生命保険会社の勤務を経て、ベンチャー企業の取締役を務める。

共産は「反自民という枠組みで考えたい」（市議）と話し、他党との連携を視野に入れるが、現時点で調整は付いていない。民進も「公認候補を立てる方向でぎりぎりまで努力する」（総支部）とするが、厳しい状況。

府中市（定数2）

鈴木錦治氏　柄澤地平氏　藤井晃氏　小山有彦氏

近年は自民と民進系が議席を分け合っている。両党とも地盤の固い選挙区だが、今回は都民ファーストが新人を公認候補として擁立するとともに、民進を離党した現職都議を推薦。05年には無所属の候補が民主候補を僅差で破っており、保守票の動向がポイントになる。

自民は現職1期目の鈴木錦治(61)を公認した。市議を4期務めた経験があり、前回選挙では約3万5千票を集めてトップ当選。強固な組織票を生かして2期目を狙う。

共産は党調布狛江府中地区委員会の常任委員で新人の柄澤地平(28)を公認。若年層の支持拡大を図る。同党の基礎票は7千～8千票程度で、当選ラインには1万票以上の上積みが必要になる。

都民ファーストは希望の塾塾生で新人の藤井晃(35)を擁立した。昨年の都知事選で小池氏をサポートし、街宣で都内を回った。府中市での生活は3年と日は浅いが、日本マイクロソフト㈱の勤務経験を生かし、ITによる働き方改革を訴えて保守層の取り込みを図る。

現職で2期目の小山有彦(41)は、民進を離党し、都民ファーストの推薦を受けて無所属で出馬する。市議時代に所属していた会派の市民フォーラムは「民進の市議も含め、会派全員で支持する」（幹部）と話しており、前回選挙で獲得した約2万3千票を基礎に、上積みを図る。小山の離党で民進は候補者不在となったが、党都連によると新たな公認は現在のところ予定していない。

昭島市（定数1）

中村豪志氏　内山真吾氏

自民が元々強い選挙区だが、2009年は民主党や生活者ネットなどが支援した新人候補が20年ぶりに自民候補を破った。前回は4人が立候補し、自民が8年ぶりに議席を奪還し、神野次郎が初当選を果たした。

神野は母親と兄の介護に専念することを理由に今期限りでの引退を表明しており、党昭島総支部は後継に会社員の中村豪志(41)を擁立した。中村は、自民が昨年7月の参院選で比例区候補を一人公募した際、最終選考で12人に絞り込まれたうちの一人。東京21区の衆院議員の小田原潔と同じ会社に勤めていた縁もあり、都議選候補に選定された。現在は神野の秘書を務めながら、駅頭や街頭で支援を呼びかけている。自民は前回までの公明の推薦が得られず、厳しい選挙となる。

都民ファーストは衆院議員の長島昭久の元秘書で、現2期目の昭島市議の内山真吾(37)を公認した。民進の公認を得ていたが、長島の離党に歩調を合わせるとともに、幅広く支援を集めるために離党を決意。市議としての活動は告示まで継続する考え。学校教育の充実、子育て支援策などを公約に掲げる。

民進は内山の離党で候補者の擁立が難しいと見られる。共産は前回、元昭島地区委員長を擁立した。今回も候補者を選考しており、擁立する予定。

前回の結果

	氏名		党派	得票	当選回数
◇青梅市					
当	野村	有信	(自元)	30,208	⑤
	峯崎	拓実	(共新)	10,013	
◇府中市					
当	鈴木	錦治	(自新)	35,209	①
当	小山	有彦	(民現)	22,798	②
	森井	純子	(み新)	11,765	
	金子	芽久美	(共新)	9,221	
◇昭島市					
当	神野	次郎	(自新)	16,633	①
	星	裕子	(無現)	12,183	
	大野	誠	(共新)	3,986	
	北里	貞之	(維新)	2,471	

《文中は敬称略》

都庁・昼休み分散化

職員の利用は出足鈍く

「職場の様子見」の声も

本格実施から1カ月

都庁職員の昼休み分散化の本格実施から1カ月が経った。都総務局が3月に行ったトライアルでは、実施した職員から休憩の分散化で集中力が向上したという意見が出ていたが、使いにくさがあるという意見も。本格実施以降では、庁内からは利用に慎重になっているという声も聞かれた。

昼休み分散化は、場所や時間にとらわれない働き方を推進し、業務効率を向上させるのが目的。職員目安箱に「昼休みにエレベーターや食堂が混雑し、十分に休憩が取れない」といった意見が寄せられたことを受け、4月に全庁で本格的にスタートした。

都庁の職員食堂。利用は正午から午後1時に集中する＝13日、都庁第一本庁舎32階

職員の昼休みを、従来の「正午～午後1時」に加え、前倒しの「午前11時30分～午後12時30分」、後ろ倒しの「午後12時30分～1時30分」の3パターンとし、職員が希望の時間帯を月単位で職場の所属長に申請し、職場の半数の職員は従来の時間に昼休みを取るよう、各所属長が調整する。

3月のトライアル実施では、22局の課単位44部署をモデル職場に設定。前倒し111人、後ろ倒し124人の計235人が利用した。

昼休みを分散取得した職員からは「一日の中間に近い時間に休憩ができて集中力が継続し、作業効率が上がった」「職員の昼休み時間を考慮した仕事の進め方が必要になり、意識の変革へつながる」と評価する意見がある一方、「午後1時から会議がある日があり、業務の都合で昼休みを変更する必要があった」などの課題も挙がった。また、昼休み分散化に伴い、服務管理が煩雑になるほか、「月単位でなく週単位の申請の方が分散化させやすい」「他の職員が業務中に、自席で休憩は取りにくい」などの声もあった。

本格実施以降、庁内の声を聞くと、窓口業務が多い部署の管理職は、「今までは来客対応などで職員が昼休みを十分に取れているか把握しきれない場合もあったが、しっかりと決められたことでローテーションが組みやすく、管理はしやすくなった」と歓迎する。

ただ、現時点では申請が少ない部署も多く、職員にはそれほど浸透していないのが実情のようだ。

事業局の課長は「正午から午後1時は消灯するので、個人用スタンド照明を用意するなどの対策が必要と考えていたが、利用する職員がほとんどおらず、今のところ杞憂」。別の課長は「異動と重なる4月ということもあり、職員が職場全体の様子を見ている印象。新しい体制に慣れるにつれて増えていくかもしれない」と見る。

都は11年にも「都庁版サマータイム」を実施し、7月～9月にかけて早出出勤をする職員の昼休み時間を前倒しにした前例があるが、「会議の調整がしにくい」などの理由で翌年からは見送られており、庁内では「それほど浸透しないのでは」との見方もある。

総務局は「大きな問題がなければこのまま続けていく」（職員支援課）と話す。現時点では出足は鈍いが、利用が広がれば、互いの働き方をより意識した業務のマネジメントが求められそうだ。

都小委

都側がフレックス試行表明

一時金関連でも労使対立

都と都労連は12日、小委員会交渉を開き、都側が都労連要求に対する現時点での検討状況などを説明した。

一時金関連要求では、都労連が期末・勤勉手当の除算制度の改善を要求。これに対し都側は、今年6月の勤勉手当から育休期間が1カ月以下の場合などに除算しないとする見直しを行ったことに触れ、「育休などを取得した場合の期末手当の支給割合、勤勉手当の期間率は、いずれもおおむね国を上回っている」として、「慎重に検討する必要がある」との考えを示した。

夏季休暇改善要求については、昨年度の取得実績は集計中とした上で、「国・他団体などとの均衡や公務を取り巻く現在の厳しい社会情勢も踏まえ、検討を行う必要がある」との認識を示した。

退職手当制度では、都側が人事院調査により明らかになった官民較差マイナス3・08％を用いて、都の退職手当への影響を試算。試算では、約80万円の減少となると明らかにし、引き続き、国の動向を注視しつつ都の制度等に合わせた検討を進める考えを示した。

都制度は国と同じく、勤続期間に応じた支給率で計算する「基本額」と在職中の職責に応じて加算する「調整額」により算定する形だが、国に比べて「基本額」は抑制し、「調整額」を拡大した構造で、職責をよりきめ細かく反映する都独自の設定となっている。

一方、都労連は「育休や部分休業、介護休暇を取得しても一時金が減額されない制度への改善が必要」と改めて主張。退職手当制度についても、「現時点では、人事院が見解を表明しただけで、労使交渉も行われておらず、国の取り扱いも定まっていない」と牽制した上で、「手当の水準も独自であってもおかしくない」として改善を求めた。

他方、都側が柔軟な働き方に関し、関係単組との協議の上、新たに現行制度を活用した「フレックスタイム制度」を総務局本庁の複数のモデル職場で試行する考えを明らかにした。4週間を単位とし、その間の勤務時間を計155時間とした上で、各週の正規の勤務時間を伸縮可能にする。

各勤務日の始業・終業時刻は原則、現行の時差勤務のパターンから選択することとし、土日を含めて週休日を3日にする運用も可能となる。実施時期は6月4日から8月26日の12週間。

都労連は、勤務時間については任命権者と単組との労使交渉で決定すべきものとし、都庁職との労使合意を図った上で試行実施するよう強く求めた。都側の案に対しては「変形労働時間制と言うべきもの。職場の一体性を壊すものではないか」との見解を示し、「生産性の向上どころか、職員の労働強化と都民サービスの低下をもたらす懸念をぬぐえない」と批判し、実施結果を労使で検証するよう釘を刺した。

五輪組織委が試算

五輪開会式 1万人超が移動

首都高の専用レーンに課題

2020年7月24日、東京オリンピックの開会式。選手村（中央区）から会場の新国立競技場（新宿区）まで、選手や役員ら計1万人超を乗せた300台以上のバスが移動する――。こんな想定が11日、都議会五輪特別委員会で示された。16年のリオデジャネイロ大会の実績を基にした試算で、具体的なルートは検討中だが、市場移転がストップし、環状2号線の工事が中断する中、駐車スペースの確保と併せて綿密な輸送計画が欠かせない。

選手村から新国立競技場までの距離は、首都高速道路を利用した場合で17㌔、一般道なら約8㌔。バスの車間距離1台分を取るとしても、全長約6㌔の車列になる計算だ。この他に、「オリンピック・ファミリー」と呼ばれるIOC委員や各国のVIPが専用車両で来場する。

新国立競技場では「セキュリティーゾーン」を設定した状態でバスが選手・役員らを降車させ、通り抜ける作業も加わる。五輪準備局の担当者は「選手・関係者が到着し、降車する時間、競技場までの距離などを踏まえ、適切なバスの運行方法、乗降場の配置などを検討する」と説明した。

ロンドン大会やリオ大会で設定された五輪関係車両の専用レーンに関しては、東京では首都高は片側2車線しかない区間や分合流地点が多いことから、「全面的に専用レーンを設置するのは難しい」と言い、「専用レーンを設定するか否か、区間や期間などは関係機関と綿密に協議し、運用面での検討を進めたい」としている。

大会関係車両の駐車スペースの確保も課題になる。過去大会の実績やIOC、国際競技連盟（IF）のヒアリングなどを基にした試算によれば、車両数はバス2千台、乗用車4千台の計約6千台。駐車場はバス1台当たり100平方㍍程度、乗用車は同25平方㍍程度で、東京ドーム6・4個分に当たる延べ30㌶程度が必要になると見られている。リオ大会では計20㌶を5カ所に分けて確保したという。

リオ大会でも交通渋滞が発生＝16年8月

同局は現在、都有地・国有地を含めて20年に活用可能な土地の情報収集を進めている状況。土地が限られる東京では築地市場（中央区）の跡地も有力な候補になるはずだったが、市場移転はストップしている状態で、難しい調整を強いられそうだ。

駐車場は管理事務所のほか、運転手の休憩所、燃料供給、洗車、メンテナンスの設備なども必要になり、更地の状態から車両基地を整備するのは1年程度を要するという。

環2工事中断で渋滞懸念も

11日の特別委で輸送についてただしたのは、自民の川松真一朗氏。市場移転延期に伴う環状2号線の工事中断について、「選手村の運営や競技会場への選手・役員の移動、港湾物流、交通渋滞など、大会運営を阻害するのみならず、東京の都市機能への弊害になることは明らか」と述べ、小池知事の判断を厳しく批判した。

臨海部の再開発や競技会場の整備が進む中、工事関係車両の交通量の増加が見込まれるためで、川松氏は都心・臨海部を結ぶ「晴海通り」「永代通り」と、この2本を結ぶ「清澄通り」に大きな負荷がかかると指摘。「勝どきの交差点は大きなボトルネックになる。区部全体の交通に影響が出る」との懸念も示した。

環2は現在、選手村の工事関係車両に限って未開通の晴海・豊洲間（約1キロ）の通行を認めているが、工事関係車両が裏道に迂回することで、近隣住民の生活に影響を来す恐れも指摘されている。

また、選手村に入る車両はセキュリティーゾーンを経過する必要があるが、市場用地に整備する予定の環2の暫定道路を使用する場合、新たに渋滞を生む恐れが大きい。

五輪準備局は晴海通りに関し、不要不急の外出の抑制やルート・時間の変更を呼び掛けるなど、交通需要の抑制を図りたい考えを示しているが、コントロールは容易でなく、環2の事業停滞で実務的な課題は増加している。

都教組定期大会

政権の改憲に強く抗議

17年度運動方針を確認

都教組は13日、第104回定期大会をエデュカス東京（千代田区）で開催し、今年度の運動方針などを確認した。

金子秀夫執行委員長は冒頭のあいさつで、20年の改憲を目指す安倍首相に対し、「憲法を守るのか改憲を許すのか、歴史の重大な岐路に立っている」と述べ、沖縄県の辺野古への基地移設の決定や、テロ等準備罪法案の国会審議入りを「戦争する国づくりに向けた強権政治を続けている」と批判。「教え子を二度と戦場に送らない」と都教組の原点を改めて強調した。また、教育勅語を道徳教材として使用する動きには「戦前のようで言語道断」と強く非難した。

新学習指導要領については、「指導方法や評価法まで押し付けられ、教育の在り方そのものを変えようとしている」と警戒感を示し、「押し付けを許さない世論を広げ、狙いと本質を明らかにして子供のための教育を進めなければならない」と訴えた。

学校現場の課題では、長時間労働や職場でのハラスメントについて、「毎日夜9時過ぎまで働いても授業準備にもたどり着かない」などの具体的なエピソードを紹介。改善を教育委員会に訴えるとともに、課題の解決には全学年35人学級や教職員の増加など、都政の転換の必要があるとし、「都議選を要求実現の大きなチャンスとしたい」と述べた。

運動方針では、月額平均1万7千円の賃上げや、長時間過密労働の打開、教職員の都教組への加入促進に向けて取り組むことなどを確認した。

定期大会開会に当たり、あいさつする金子委員長＝13日、エデュカス東京（千代田区）で

東京の暮らし方指南

外国人向け冊子発行

都生活文化局

都生活文化局は12日、外国人のための生活情報冊子『ライフ・イン・トーキョー』を発行した。都内に住む外国人数が増加する中、日常生活を支援するのが目的。

都内の企業で働く外国人や留学生などから、来日して生活する際に困ったこと、自国のルールとの違いなどについてヒアリングした内容を踏まえ、生活の基本ルールやマナーなどをコンパクトにまとめたのが特徴。「Ｓｕｉｃａ／ＰＡＳＭＯの使い方」「印鑑の作り方」のように、日本人には当たり前でも、外国人にはなじみがない内容をコラムで収録した。

冊子はA5判61㌻。区市町村の住民登録窓口や開業・ビジネスの支援拠点などで無料配布しているほか、都庁のHPからもダウンロードできる。

退職後のリアル

しくじり都庁OBの教訓 ⑨

最初のつまずき⑥

逆転生活で悶々と

そうこうしているうちに当時はまだ残っていた（売却を予定していたので家具などは引き払い、空き家状態ではあったが…）東京の我が家で半ば単身赴任状態の生活が始まり、彼女の方も時折東京に出てくるという全く予期していない逆転した生活スタイルになってきた。

こんなドタバタでいざ半田舎暮らしが始まってみると、60歳でのプチリタイア生活は意外と退屈なものであることも分かってきた。実際に始めてみると“雨読”の方も、行動力がまだまだ残っている60歳には、想像していたほど快適なものではなかった。

“雨読”は、多少の忙しさがあっての息抜きであればともかく、エブリデー・サンデーでは、いわゆる引きこもり生活に似て、息が詰まり始めてきた。つまり、頭では“雨読生活”への憧れはあったが、体はそうした生活に納得していなかったと言った方がいいのかもしれない。

考えてみれば、休日も家に閉じこもっているよりは出掛けた方がいいタイプだったし、“雨読”のための本探しという準備行動も楽しみの一つだった。そんなことも半田舎暮らしではままならないことを嫌というほど教えられることになった。

こうした逆転生活を始めてみるといろいろなことが見えてきた。そもそも我々のライフスタイルの基本は都会型ではなかったのだろうかという根本的な疑問である。既に触れた田舎生活の不便さに不満を充満させていた妻も、そもそものライフスタイルの基本は、まさに都会型であり、田舎にはないのではないという主張を始めていた。

成り行きとはいえ、再雇用という仕事に対する基本的な心構えがないまま、やや緊張感を欠いた生活をせざるをえなくなっていた私は、ここでライフプランの抜本的な練り直しを迫られることになった。仕事の方も、このまま低いモチベーションで働き続けることは、周囲にも迷惑であり、何年か経ち再雇用が終われば、また同じ地点に戻ってしまう。

人生で初めての経験になるライフプランを欠いたままの生活や、予定していなかった境遇に自ら身を置く羽目になった自分が情けないやら悔しいやらで、一刻も早くこの居心地の悪い境遇からの脱出を真剣に考えた。そんなことから、しっかりとしたプランが立てられない生活に悶々とする日々が始まった。（金子雅臣）

五輪への航海図 ⑱

TOKYO 2020

開催まで あと1165日

施設の後利用（下）

アクセシビリティを充実

新規恒久施設の運営計画は、施設のバリアフリーの計画も盛り込んでいる。

実際の施設整備に当たっては、五輪準備局と（公財）日本障害者スポーツ協会、施設建設に携わる財務・港湾・建設の3局に加え、福祉保健局と障害者団体と有識者で構成される「福祉のまちづくり協議会」でアクセシビリティ・ワークショップを形成。障害者の目線に立った施設の整備を目指している。特に福祉のまちづくり協議会からは、身体障害や精神障害など、様々な障害の特性に応じた意見を聴取し、「車椅子の利用者が健常者と同じように観戦できるようにしてほしい」「視覚・聴覚障害者にも分かりやすいように、文字・音声の案内を徹底してほしい」などの声が上がったという。

また、五輪組織委員会が策定した「アクセシビリティ・ガイドライン」を踏まえる。例えば、パラ競技も行われるオリンピックアクアティクスセンター（江東区）では、観客席の1％を車椅子席にするほか、介助者が選手と一緒に利用できる家族更衣室を整備する。

リオ大会パラリンピック会場での車椅子観戦席＝16年9月、リオで

後利用についても、国内最大級の「ジャパン・パラ水泳競技大会」をはじめとした障害者スポーツ大会の実施に加え、パラリンピアンの協力を得ながら障害者アスリート育成の場にしたい考え。他の新規施設も、出入り口のドア幅は9・5㍍、通路幅を20㍍にするなど、ガイドラインの最も厳しい基準を出来る限り採用し、アクセシビリティを高めるとしている。

11日の都議会五輪特別委員会では、おおむね高い評価を得た新規恒久施設のバリアフリー計画。鈴木一幸・開設準備担当部長は「新規恒久施設を、大会後にも障害者スポーツ普及の拠点になるよう整備をしたい」と話す。

このほか、運用計画では施設同士の交通アクセスの整備にも目配り。幹線道路の整備に加え、都営バス路線を海の森水上競技場付近までの拡充や、シャトルバスの導入なども検討し、都心と新規施設の集まる臨海部との交通ネットワークの充実を図る。

施設を誰もが使いやすいように、障害者への対応や交通網の充実を図り、大会後も多くの利用者を呼び込みたい考えだ。

主任試験講座

平成29年度 33

前回に引き続き、地方自治制度に関する練習問題を解いていきます。

問題

【問題 7】

普通地方公共団体の議会の招集及び会期に関する記述として、妥当なのはどれか。

① 定例会をいつ、何回開催するかは条例で定める。

② 普通地方公共団体の議会は、条例で定めるところにより、定例会及び臨時会の区分を設けず、毎年、条例で定める日から翌年の当該日の前日までを会期とすることができる。

③ 各議員は、当該普通地方公共団体の長に対し、会議に付議すべき事件を示して臨時会の招集を請求することができる。

④ 議長による臨時会の招集請求に長が応じない場合、議会の招集権は長に専属することから、議長は対抗手段を有しない。

⑤ 常任委員会及び議会運営委員会の委員は、会期の始めに議会において選任しなければならない。

【問題 8】

普通地方公共団体の議会の委員会に関する記述として、妥当なのはどれか。

① 普通地方公共団体の議会は、条例で、常任委員会、議会運営委員会及び特別委員会を置かなければならない。

② 委員会は、議会の内部機関であるから、閉会中の審査が許されるのは、特別の付議事件について調査審議を行う特別委員会のみである。

③ 議員は、法律により少なくとも一つの常任委員になるものとされ、条例に特別の定めがある場合を除くほか、議員の任期中在任する。

④ 委員会は、議会の議決すべき事件のうち、その部門に属する普通地方公共団体の事務に関するものにつき、議会に議案を提出することができる。

⑤ 公聴会の開催や、参考人の招致は、委員会において行うものとされ、本会議でこれを行うことはできない。

【問題 9】

普通地方公共団体の長に関する記述として、妥当なのはどれか。

① 長の被選挙資格は、都道府県知事が満30歳以上、市町村長が満25歳以上で、当該地方公共団体に住所を有する者であることを要する。

② 長は、当該普通地方公共団体を統轄し、これを代表するが、長は法令上選挙管理委員会の権限に属する事務の権能を有しないため、選挙に関する事務は統轄の対象となりえない。

③ 長は、当該地方公共団体の事務を管理し執行するが、その担当事務については、すべて条例で定めることとされている。

④ 長が欠けたときは、副知事または副市長がその職務を代理するが、副知事または副市長が複数いて、あらかじめ長が定めた順序や席次の上下がない場合は、年齢の多少により、その職務を代理する。

⑤ 補助執行とは、長がその権限の一部を補助機関に委譲するもので、権限そのものが移動し、対外的な表示は受任者の名で行われる。

【問題 10】

普通地方公共団体の付属機関に関する記述として、妥当なのはどれか。

① 付属機関は、必ず法律または条例の定めるところにより設置され、要綱等に基づき設置される懇親会、協議会等は付属機関ではない。

② 付属機関は、通常、学識経験者、関係団体の代表者及び行政機関の職員等から構成され、委員は原則として非常勤であるが、条例により常勤にすることができる。

③ 付属機関は、原則として合議制機関であり、専門技術性、政治的中立性、責任の明確性などの長所がある。

④ 自治紛争処理委員は地方公共団体相互の争い等を処理する第三者機関であり、付属機関には当たらない。

⑤ 付属機関の職務権限は、調停、審査、審議または調査に限られ、執行機関に対して答申、報告、意見具申を行うが、この答申等は執行機関を拘束する。

地方自治制度 ⑥

【問題 11】

地方自治法に定める行政委員会に関する記述として、妥当なのはどれか。

① 監査委員の定数は、都道府県及び政令指定都市においては4人、その他の市町村にあっては2人とされているが、条例でその数を増減することができる。

② 選挙管理委員会の委員は、選挙権を有する者で、人格が高潔で、政治及び選挙に関し公正な識見を有するもののうちから、長が、議会の同意を得て任命する。

③ 行政委員会は、その権限に属する事務の一部を、長と協議して、長の補助機関である職員に委任し、もしくは補助執行させることができる。

④ 行政委員会は、その権限に属する予算の調製及び執行をすることができる。

⑤ 行政委員会は、事務局等の組織、事務局等に属する職員の定数またはこれらの職員の身分取扱について、規則その他の規程を定めまたは変更するときは、あらかじめ長の同意を得なければならない。

【問題 12】

普通地方公共団体の長の再議制度に関する記述として、妥当なのはどれか。

① 議会の議決が、収入または支出に関し執行することができないものがあると認めるときは、長は、理由を示してこれを再議に付さなければならない。

② 条例の制定・改廃または予算に関する議会の議決について異議があるときは、長は送付を受けた日から10日以内に理由を示して再議に付すことができる。

③ 義務費を削除・減額する議会の議決がなされた場合、長は、理由を付して再議に付さなければならず、再議の結果、なお同様の議決がなされたときは、その議決を不信任の議決とみなすことができる。

④ 非常災害対策費を削減する議会の議決がなされた場合、長は理由を付して再議に付さなければならず、再議の結果、なお同様の議決がなされたときは、その経費を支出することができる。

⑤ 違法な議会の議決がなされた場合、長は、理由を付して再議に付さなければならず、再議の結果、出席議員の過半数でなお同様の議決がなされたときは、その議決を不信任の議決とみなすことができる。

解説

【解説 7】　正答②

① 誤り。定例会の開催回数は条例で定める（法第102条第2項）が、いつ開催するかは招集権者である長が決める（法第101条第1項）。

② 正しい。平成24年の法改正により、通年議会の規定が設けられた（法第102条の2第1項）。

③ 誤り。議員単独では不可であり、議員定数の4分の1以上の者により請求を行うことができる（法第101条第3項）。

④ 誤り。平成24年の法改正により、議長が臨時会を招集することができるとされた（法第101条第5項）。

⑤ 誤り。平成24年の法改正により、委員会に関する規定が簡素化され、委員の選任方法・在任期間等について法で定めていた事項を、条例に委任することとされた（法第109条第9項）。

【解説 8】　正答④

① 誤り。各委員会は、条例で置くことができるものであって必置ではない（法第109条第1項）。

② 誤り。いずれの委員会も、議会の議決により付議された特定の事件については、閉会中も審査することができる（法第109条第8項）。

③ 誤り。平成24年の法改正によりこの規定は改められ、委員に関して必要な事項は条例で定めるものとされた。

④ 正しい（法第109条第6項）。ただし、予算についてはこの限りではない。

⑤ 誤り。平成24年の法改正により、本会議での開催、招致もできることとされた（法第115条の2）。

【解説 9】　正答④

① 誤り。年齢要件は正しいが、住所要件はともに不要。

② 誤り。選挙管理委員会及び選挙事務に必要な予算の調製権限は、なお長に属している。選挙に関する事務も普通地方公共団体の事務の一つであるから、統轄の対象となる（法第147条）。

③ 誤り。長の担任事務は地方自治法第149条に概括列挙されている。

④ 正しい（法第152条第1項）。

⑤ 誤り。補助執行とは、団体の内部において下級の職員が、長の職務の執行を長に成り代わって行うことをいう。補助執行では権限の移動がなく、法の根拠を要しない。

【解説 10】　正答①

① 正しい。要綱等で付属機関を設置することはできない。

② 誤り。付属機関の構成員は、非常勤の職員とされる（法202条の3第2項）。なお、その職務に対しては、報酬及び費用弁償が支払われる。

③ 誤り。付属機関は、自治紛争処理委員を除き、合議制の行政機関であるので、前段は正しい。付属機関には、専門技術性、政治的中立性、民意反映・利害調整等の長所がある一方、責任の所在の不明確性、非能率といった短所がある。

④ 誤り。自治紛争処理委員は付属機関である（法第138条の4第3項）。

⑤ 誤り。付属機関の性質は、講学上の諮問機関であり、執行機関は、答申等に拘束されない。職務権限は正しい（法第202条の3）。

【解説 11】　正答③

① 誤り。条例でその数を増加することができる（法第195条第2項）が、減らすことはできない。

② 誤り。委員は議会において選挙する（法第182条第1項）。

③ 正しい（法第180条の7）。ただし、公安委員会については、委任等ができない（法施行令第133条の2）。

④ 誤り。予算の調製執行権は長の権限である（法第149条第2号・法第180条の6第1号）。

⑤ 誤り。あらかじめ長の同意を得るのではなく、予め長に協議しなければならない（法180条の4第2項）。

【解説 12】　正答②

① 誤り。平成24年の法改正で「収支執行不能な議決」に対する再議は、一般拒否権または特別拒否権の対象に含まれることから廃止された。

② 正しい（法第176条第1項）。

③ 誤り。その経費及びこれに伴う収入を予算に計上して支出できる（法第177条第2項）。

④ 誤り。不信任の議決とみなすことができる（法第177条第3項）。義務費（2項）と非常災害対策費（3項）の対応が異なる点に注意。

⑤ 誤り。都道府県知事にあっては総務大臣、市町村長にあっては都道府県知事に、当該議決の日から21日以内に審査の申し出ができる（法第176条第5項）。

カレントトピックス 29年度 33

社会事情

■5年連続で夏の節電要請見送りへ　（4月21日）

経済産業省の電力・ガス基本政策小委員会は、全国10エリアの今夏の電力需給見通しを公表した。省エネが進んだことを理由に、過去10年間で最も気温が高かった年と同程度の猛暑を想定した場合でも、政府として特別の節電要請は不要であると結論づけた。

電力需給の見通しは、大手電力会社や新電力が提出した供給計画などに基づき算出しているが、予備発電所や火力発電所のフル活用、エリア間の取り引きなど追加的な対策を考慮した場合、需要に対する供給余力（予備率）は、全エリアで3%以上を確保できるとした。

こうしたことから、政府は数値目標つきの節電要請を5年連続で見送る方向とした。ただし、同委員会としては、大規模な電源脱落や想定外の気温上昇に伴う需要増により、供給力不足のリスクは残るとしている。

■関西空港利用が最多2571万人　（4月25日）

関空と大阪（伊丹）空港を運営する関西エアポートは、関空の2016年度の利用者数が前年比7%増の2571万人で、2年連続で過去最多を更新し、中国、韓国などアジアからの訪日外国人客の好調が主な要因であると発表した。さらに、国際線の利用者数は前年比11%増の1914万人で、うち外国人は13%増の1242万人と6割強を占めており、日本人の利用者も7%増えて651万人だった。一方で、国内線は3%減り657万人といった状況。

関空の今夏の運航計画では、国際線旅客便は9割以上がアジア路線となっており、全体の約3分の1を占める格安航空会社（LCC）も大半がアジア便で客足を支えている。

関空と伊丹空港を合計した場合は、利用者数が6%増えて過去最多の4081万人となっている。

■北朝鮮でガソリン価格急騰の可能性　（4月28日）

北朝鮮は最近、中国に駐在する貿易機関に対し、ガソリンやディーゼル油などの燃料確保に全力を挙げるよう指示したことが明らかになった。中国による制裁に備えた措置ということで、北朝鮮国内ではガソリン価格が急騰している模様。

中国による北朝鮮への原油輸出は、統計上2013年の約58万㌧が最後で、年間で無償支援も含め最大150万㌧程度の輸出が非公式に続いている。

一方で、米国は中国に対して北朝鮮への制裁強化を繰り返し要請しており、北朝鮮が核実験などに踏み切った場合、中国が原油提供を制限するのではないかという見方も浮上している。

北朝鮮ではガソリン不足に対する懸念が広がっており、4月以前は1㌔あたり6千ウォンだったガソリン価格が、最近では1万ウォンまで上昇しているという憶測も流れている。

また、原油輸入中断のうわさもあり、住民の間には不安が広がっている。

昇任試験対策のページ

29年度 主任・係長 論文講座 33

都主任選考

問題

東京は、少子高齢化や人口減少社会の下でも持続可能な成長を目指していくために、様々な課題への対応を求められています。このことを踏まえて、誰もがいきいきと生活できる、活躍できる都市を実現するために、どのような取り組みを行うべきか、次の（1）、（2）に分けて述べてください。

（1）誰もがいきいきと生活できる、活躍できる都市を実現するために何が課題か、資料を分析して課題を抽出し、簡潔に述べてください。（300字以上500字程度）

（2）（1）で述べた課題に対して、都は具体的にどのような取り組みを行っていくべきか、その理由とともに述べてください。（1200字以上1500字程度）

添削 ⑥

（1）

東京の人口は、2025年をピークに減少に転じると見込まれる。また、全国的に低い水準の出生率もあり、社会や経済を支える生産年齢人口の減少が予想される。こうした中でも、東京が持続可能な成長を続け、誰もがいきいきと生活し活躍できる都市となるために、以下の課題に取り組むことが必要である。

第一に、女性がより活躍できる環境の整備である。資料1によると、女性の半数以上が仕事と家庭や個人の生活の両立を希望しているが、現実には家庭を優先させざるを得ない状況もある。女性の働く意欲に適切に対応し、誰もが充実感を感じながら働く社会を実現することが必要である。

第二に、外国人が快適に滞在できる環境の整備である。資料2によると、訪都外国人旅行者数はここ5年で急激に増加している。今後、観光が東京の有力産業に発展し、外国人旅行者が一層増加することに備え、外国人が快適に過ごせる社会を実現する必要がある。

第三に、高齢者や障害者に優しいまちづくりの推進である。資料3によると、福祉のまちづくりのために道路や公共交通機関の整備を求める都民の声が7割近くに上っている。誰もが安心して移動することができ、積極的に社会に参画できるよう、高齢者や障害者に優しい交通環境を実現することが必要である。

（2）

東京が、誰もがいきいきと生活し、活躍できる都市となるために、次の点に取り組む。

1 女性が活躍できる環境の整備

女性が働きにくい現状の背景として、特に子育て中の女性が仕事とそれ以外の生活のどちらかを選択せざるを得ない社会の仕組みがある。

こうした状況を改善するため、保育サービスを拡大し、女性が安心して働ける環境を整備することが重要である。都は、認可保育所や認証保育所の整備をはじめ、延長保育、低年齢児保育、病児保育などの多様な保育ニーズに対応したきめ細かな助成を行う。また、企業や自治体と連携して事業所内保育施設の設置を促進する。次に、子育て支援に加えて、働き方の見直しを含めた仕事と家庭の両立を支援する。具体的には、テレワークなど多様な勤務形態実現に向けた環境整備に係る経費を助成することにより、中小企業を含めた職場環境の整備を推進する。さらに、一度離職した女性の再就業を支援する取り組みとして、育児等で時間に制約のある女性でも受講できるeラーニング等の職業訓練や就職相談イベントを開催する。

これにより、全ての女性がやりがいや充実感を感じながら働き、仕事とそれ以外の生活を両立することができる多様な働き方の社会を実現していく。

2 外国人が快適に滞在できる環境の整備

近年、訪都外国人旅行者が急増しているが、国際観光都市として、今後の増加に適切に対応していくため、多様な文化・習慣等を有する外国人のニーズに確実に応える環境を整備する必要がある。

そのため、まず、様々な国の旅行者が観光や宿泊などの場面で困らないように、街頭の案内表示を多言語で対応する取り組みをより一層推進する。具体的には、日本語と英語の併記化を進め、地域によって旅行者の多い中国語や韓国語での対応を拡大することに加え、ピクトグラムの活用による誰もが分かりやすい案内表示を推進していく。また、デジタルサイネージなどの最新技術を活用し、医療情報や防災情報等の安全・安心に関する情報を外国人にも効果的に発信していく。

さらに、イスラム圏などの多様な文化や習慣に配慮した対応ができるよう、観光ボランティアの中核となるボランティアリーダーの育成や異なる文化の理解促進に向けた対応セミナーの開催を実施し、外国人の受け入れ環境を向上させる。

こうした取り組みにより、長期滞在者を含む多様な外国人旅行者等が快適に安心して滞在できる社会を実現していく。

3 高齢者や障害者に優しいまちづくりの推進

高齢者や障害者の生活の利便性を向上し、積極的な社会参画を推進していくためには、2020年の東京オリンピック・パラリンピック大会の会場や観光施設周辺等の都道だけではなく、長期的な視点に立ったバリアフリー化を進める必要がある。

具体的には、都内の主要駅を中心とした日常生活で多くの人が利用する公共施設や生活関連施設を結ぶ道路を優先的に整備する。さらに、鉄道駅におけるホームドアやエレベーターの整備を加速させるため、鉄道事業者の協力のもとその取り組みを支援していく。また、都営地下鉄の音声案内装置の設置や都営バスのフルフラットバスの導入など、都自身も主体的にバリアフリー化を推進する。これらのハード面に加えて、地域のバリアフリーマップの作成やヘルプマークの普及PRイベントの開催などソフト面の取り組みを推進する。

このように、都民の日常生活に欠かせない交通機関や公共空間のバリアフリー化を着実に進めることで、高齢者や障害者の社会参画が可能となる誰もが快適に暮らせる福祉のまちづくりを推進していく。

4 誰もが輝ける東京を目指して

日本全体が人口減少社会を迎える中、東京は日本経済の成長エンジンとして、これまで以上の役割を担うことが求められている。そのためにも人々の価値観の多様化などの変化に対応しながら、誰もが輝ける都市「東京」を実現していくことが必要である。

資料1「仕事、家庭生活、個人の生活の優先度（希望と現実）について」

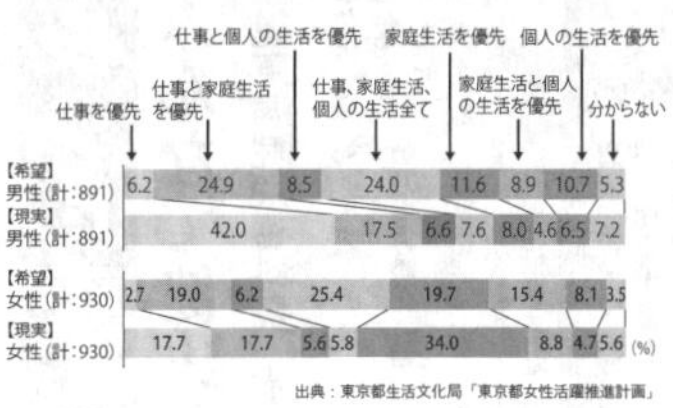

	仕事を優先	仕事と家庭生活を優先	仕事と個人の生活を優先	仕事、家庭生活、個人の生活全て	家庭生活を優先	家庭生活と個人の生活を優先	個人の生活を優先	分からない
【希望】男性（計:891）	6.2	24.9	8.5	24.0	11.6	8.9	10.7	5.3
【現実】男性（計:891）	42.0	17.5	6.6	7.6	8.0	4.6	6.5	7.2
【希望】女性（計:930）	2.7	19.0	6.2	25.4	19.7	15.4	8.1	3.5
【現実】女性（計:930）	17.7	17.7	5.6	5.8	34.0	8.8	4.7	5.6

（%）

出典：東京都生活文化局「東京都女性活躍推進計画」

資料2〈訪都旅行者数の推移〉

年	訪都国内旅行者数（千人）	訪都外国人旅行者数（千人）
2004	365,978	4,180
05	409,326	4,489
06	424,468	4,808
07	436,127	5,330
08	425,200	5,336
09	415,881	4,760
10	457,173	5,942
11	420,100	4,098
12	469,258	5,562
13	505,827	6,812
14	506,248	8,874
15	516,695	11,894

リーマンショック　東日本大震災

出典：「東京都観光客数等実態調査」（東京都）

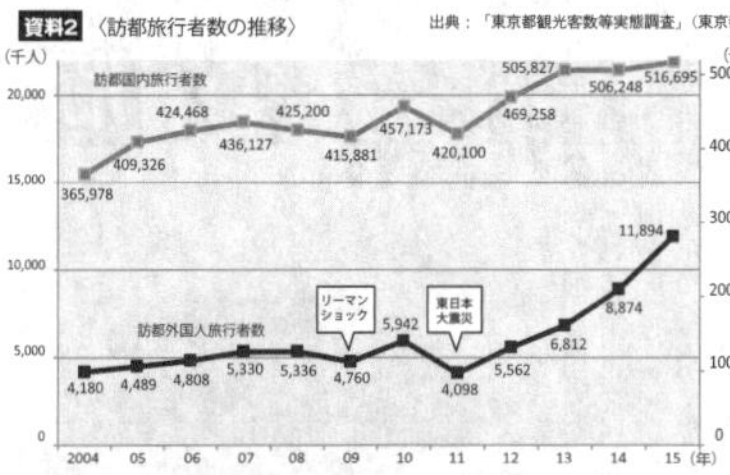

資料3 福祉のまちづくりで特に重点的に取り組む必要があるもの（複数回答（5つまで））

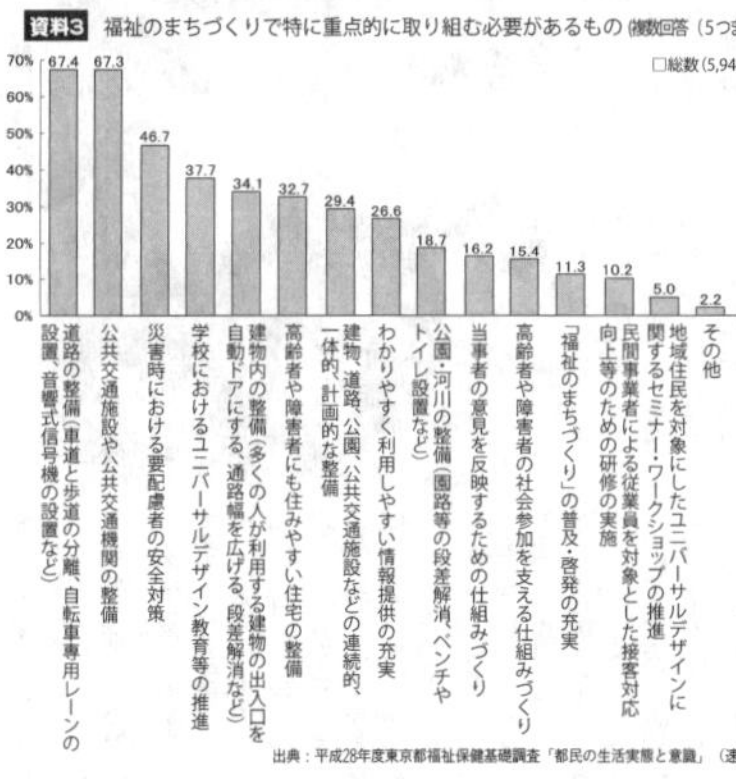

項目	総数（5,944人）（%）
道路の整備（車道と歩道の分離、自転車専用レーンの設置、音響式信号機の設置など）	67.4
公共交通施設や公共交通機関の整備	67.3
災害時における要配慮者の安全対策	46.7
学校におけるユニバーサルデザイン教育等の推進	37.7
建物内の整備（多くの人が利用する建物の出入口を自動ドアにする、通路幅を広げる、段差解消など）	34.1
高齢者や障害者にも住みやすい住宅の整備	32.7
建物、道路、公園、公共交通施設などの連続的、一体的、計画的な整備	29.4
わかりやすく利用しやすい情報提供の充実	26.6
公園・河川の整備（園路等の段差解消、ベンチやトイレ設置など）	18.7
高齢者や障害者の社会参加を支える仕組みづくり	16.2
当事者の意見を反映するための仕組みづくり	15.4
「福祉のまちづくり」の普及・啓発の充実	11.3
民間事業者による従業員を対象とした接客対応等のための研修の実施	10.2
地域住民を対象にしたユニバーサルデザインに関するセミナー・ワークショップの推進	5.0
その他	2.2
無回答	2.8

出典：平成28年度東京都福祉保健基礎調査「都民の生活実態と意識」（速報）

解説

今回は「都政もの」の事例です。近年の出題を見ると、比較的抽象的なテーマが出題される傾向にあります。2017年度からは、添付資料から課題を分析・抽出するため、これまで以上に実際の選考会場で臨機応変に対応することが重要です。

論文試験の評価項目は、「問題意識」「問題解決力」「論理性」「表現力」等となっています。（1）では、都政を取り巻く社会経済状況を踏まえ、自らの視点で資料の課題を抽出・分析する能力が問われます。また、抽出・分析した課題に対する問題意識が出題意図に沿って論理的に表現されているかも重要です。課題の選定に当たっては、実行プランなどの重要な計画を踏まえて複数用意しておくなど、当日の問題文から適切な課題を抽出できるよう準備しておくことが望まれます。

本問では、「誰もがいきいきと生活できる、活躍できる都市の実現」というテーマが指示されている一方で、「少子高齢化」「人口減少社会」「持続可能な成長」といったキーワードに関する問題意識も問われています。また、本問ではそれぞれ分野が異なる資料が3種類添付されていますが、日頃から都政全体の課題について問題意識を持っていることが求められます。

次に、（2）では課題に対する取り組みを論述します。「課題の背景」「具体的で実現可能性のある解決策」「解決策により発生する効果」を簡潔に表現することが重要です。課題の背景に対する問題意識が薄いものや、解決策が独創的で実現可能性が低いもの、解決策により発生する効果に論理の飛躍が見られるもの、などは高い評価を得られません。国や区市町村の役割と都の役割を混同する答案も同様です。ここの記述の出来が試験の合否の分かれ目になりますので、レジュメを作成し、しっかりと完成度を上げてください。

最後に、論文の締めくくりです。平成29年度から、主任としての決意表明は評価の対象外であることが明示されましたので、あまり長文にならないようにしましょう。問題文やそれまでの記述を踏まえて上手に論文を総括してください。

講評

（1）では課題の抽出設定が重要です。昨年12月に都人事委員会から発表された出題例では、同一の世論調査から複数の図表が示されましたが、今回は異なる種類の資料からそれぞれ課題を分析する形で出題しました。新しい出題形式に慣れるためにも、東京都の調査や計画などは目を通しておくとよいでしょう。

さて、解答例では、①女性②外国人③高齢者や障害者――という「人」ごとに課題を設定しています。おそらく「ダイバーシティ」を意識していると思われますが、それだけでは視点が狭くなってしまう面もあります。何を課題として抽出したかも大事ですが、どうしてその課題を設定したのかという問題意識がより問われます。資料の分析としては、男女を問わずに長時間労働等の働き方の見直し（資料1）や、日本人も含めた旅行者に優しい観光都市の実現（資料2）などを課題として設定することも考えられます。ただ、どちらの場合でも、その課題を解決すれば「誰もがいきいきと活躍できる都市」や「持続可能な成長」が実現できることを説得的に論じる必要があります。

次に、（2）の解決策ですが、冒頭に課題の背景を深く分析することで取り組みの説得力が増します。その点では、まちづくりに関する記述は、単に現在都が行っている施策を羅列している印象を受けます。資料には歩車分離や自転車専用レーンなどの細かい要望も載っているので、「日常生活で安心快適なまちづくりが求められている」などと分析したうえで、取り組みの流れを分かりやすくする工夫も大事です。用意した論文をそのまま記述するのではなく、問題に合わせて修正することも重要です。

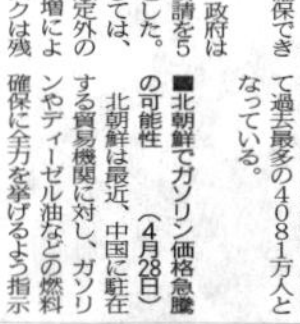

これらの能力は、管理職や上司の添削を受けながら何度も練習することで少しずつ身についていくものです。様々な機会を活用して、積極的に周囲の方々からの指導、助言を受けてください。

病院食のレシピ本を出版

家族みんなで健康ごはん

都立墨東病院栄養科長　本荘谷 利子

都病院経営本部は3月7日から、『都立墨東病院の管理栄養士・病院専門調理師が考えた家族みんなで健康ごはん』を販売しています。病院の食事から、家庭でも簡単に作れるようにアレンジした主菜のレシピと栄養バランスの良い副菜を組み合わせた41の厳選したメニューを紹介しています。

墨東病院の栄養科職員

患者に寄り添った食事

墨東病院はベッド数729床、25の診療科を有する区東部に位置する唯一の都立病院です。栄養科では、職員である調理師と管理栄養士が協力して毎食約500食、1日3食、計1500食の食事を提供しています。提供する食事数も多いのですが、その種類(食種)も多岐にわたっています。

主食であれば、ご飯常食から重湯の流動食まで5段階の柔らかさがあり、年齢・性別・体格等により量も増減します。病態に則した食事の提供も必要です。具体的には、糖尿病や心臓病、腎臓病、胃切除後などの患者への対応ですが、最近では嚥下調整食のオーダーも増加しています。それは、高齢や脳卒中の後遺症などで飲み込む機能が低下した患者に対する食種で、刻んだり、ミキサーにかけたり、ゼリー状に固めるなどして食事を提供しています。

その他、妊産婦食や離乳食、乳児用ミルクの調製などもあり、食物アレルギー、外国人の宗教上禁忌食品への個別対応食なども増加しています。実に1食あたり、250通りを超える内容で患者に対応しています。

これらの食事を衛生面に配慮し、安全においしく1日3食、365日、時間通りに休まず提供するという使命を栄養科は担っています。

一方、入院中の食事は患者さんにとって入院生活における唯一の楽しみと言っても過言ではないため、献立のバラエティーにも力を注いでいます。28日分の基本献立の他に夏、冬などの差し替えメニュー、行事食として旬の食材や季節の物にあわせた献立、故郷を思い出していただこうと発案した「郷土料理」、さらに、東京2020オリンピック・パラリンピック競技大会の開催が決まり、国際化を意識して2014年度より開始した「世界の料理」など様々な取り組みを行い、食事が少しでも患者さんのこころの癒やしとなるよう努めています。

そして、当院では管理栄養士だけでなく調理師も病棟に出向き、食事について患者さんから生の声をお聞きしています。時にお叱りを受けることもありますが、たくさんの感謝の言葉や意見をもらい、それが私たちの励みや業務の糧となっています。

今回の出版も患者さんの声がきっかけです。「料理本などを見ても、レシピはあるけれど、料理を組み合わせた献立がなくて困っています」などの声に応え、実際に病院で出している献立から選んだ料理のレシピと栄養バランスの良い料理の組み合わせを1枚のリーフレットにまとめ、栄養指導室の入り口に置いて、患者さんに利用してもらう取り組みから始まりました。

上ユーリーチー 下郷土料理の「峠の釜めし」

アレンジ可能な構成に

本書は、普段の病院食である「毎日の健康ごはん」のほか、行事食の献立から「日本全国郷土料理の旅」と「料理で世界の旅」シリーズの3部構成になっています。各々の料理レシピの他に、献立として料理の組み合わせも示しているところが特徴です。また、管理栄養士や調理師からエネルギーやたんぱく質、食塩を調整する工夫点や調理のコツなども記載しており、さらにアレンジが可能な構成となっています。

普段は大量調理のため特別な調理機器を使用していますが、一般家庭でも簡単で作りやすいようにレシピを工夫しています。栄養科業務の紹介なども掲載していますので、併せてお楽しみください。

墨東病院の食事は多くの患者さんから好評をいただいています。病院食は普段のおかずとして、健康的で栄養バランスも抜群です。ヘルシーでおいしい食事で皆様の健康管理にも役立てもらえれば幸いです。

栄養科の今後の取り組み

都立病院の管理栄養士、調理師は複数の都立病院を異動する中で、それぞれの特徴ある医療にあわせた食事に対応した技術を磨き、次の職場でそれを生かしながらお互いにレベルアップしてきました。こうして都立病院内で経験を積んだ墨東病院の食事には都立病院の伝統を受け継ぐ「味」が残されています。

今回は、これまでの取り組みが出版という形で実を結び、職員のモチベーションアップにつながりました。今後とも、この良き伝統が引き継がれ、入院患者の治療の一助となるよう努力してまいりたいと思います。

◇

『家族みんなで健康ごはん』は、定価460円（税込み）。都庁第一本庁舎3階の都民情報ルーム、各都立・公社病院の売店で販売しています。

初夏の池袋をアートで回遊

60カ所超で展示やイベント

18日から開催

「新池袋モンパルナス西口まちかど回遊美術館」が18日から31日まで、池袋駅西口周辺を中心に開催される。

これは、「街のどこもが美術館」をコンセプトに、駅や百貨店、商店街、住宅街、劇場、学校、公園など「まちかど」のあちらこちらに会場が点在し、池袋の街を巨大な美術館として回遊してもらうアートイベント。今回で12回目を迎え、池袋モンパルナスの画家の作品から、現代アートや漫画まで、60カ所を超える会場で幅広いジャンルの展示・イベントが企画されている。

若いアーティストの発掘と交流を目指して始まった特別企画「池袋アートギャザリング公募展」は3年目を迎える。今年は、来場者による投票で決めるオーディエンス賞や、地元ギャラリーでの個展開催の権利を得られるギャラリー賞など、新たな賞を設置した。26日から31日まで、東京芸術劇場5階ギャラリー1で開催される。

池袋アートギャザリング公募展（2016年）

アーティスト集団C-DEPOTと『鉄腕アトム』のコラボレーションによる「ぼくらのアトム展」は18日から24日まで、東京芸術劇場5階ギャラリー1で開催する。

池袋近辺の店舗や公共施設がギャラリーに変身する「回遊美術館」ならではの企画として、石膏粘土人形作家であるタカハシカオリのキャラクターたちが街中に出没する「タカハシカオリ粘土人形展」を銀行や消防署など9会場で展開。タカハシカオリオリジナルスタンプを全会場で押すとオリジナルグッズがもらえるスタンプラリーも行われる。

「池袋モンパルナス」の歴史や文化を学びたい人には、特別講演会「池袋モンパルナス　戦前・戦中・戦後」がお勧め。20日午後1時半から立教大学太刀川記念館3階多目的ホールで。講師は平塚市美術館館長代理の土方明司氏。

このほか、街歩きイベントやワークショップなども多数開かれる。期間中、東武ホープセンター地下中央通路内に総合案内所を設置し、パンフレットを配布している。

主催は、新池袋モンパルナス西口まちかど回遊美術館実行委員会。発起人団体はNPOゼファー池袋まちづくり、立教大学、東武百貨店、豊島区で、これらの他に地元ギャラリーや商店街、鉄道会社、アーティストなどが参加している。

昨年のオープニングセレモニーであいさつする高野之夫豊島区長

MEMO

池袋モンパルナス　昭和初期から戦後にかけて池袋駅西口周辺には多くの若い芸術家が移り住み、特に美術関係の作家たちがアトリエ付き借家で創作活動に励んだ。このコミュニティーは池袋芸術派、池袋モンパルナスと呼ばれている。池袋モンパルナスに関わった主な芸術家に、小熊秀雄、長谷川利行、寺田政明、榑松正利などがいる。

旧古河庭園

洋館とバラが美の競演

色鮮やかな春バラ見頃

旧古河庭園（北区西ヶ原）で、100種199株の春バラが見頃を迎えている。

同庭園は、土地の高低差を生かし、建物から庭へと続く連続性を重視し、三段構造に設計されている。そのため、100種199株のバラが色鮮やかに咲き誇る庭園内から洋館に目を向けると、重厚な石積みの洋館と美しく調和するバラを観賞することができる。

旧古河庭園の洋館とバラ＝北区広報課提供

園内のバラは、シャープな花びらの形が印象的な真紅の『情熱』や、花びらの周りがピンク色で内側が白色の『ダイアナ・プリンセス・オブ・ウエールズ』など、様々な品種がある。

同園では31日まで春のバラフェスティバルを開催しており、春バラの音楽会や庭園ガイドなども行われる。12日から21日までの期間、「バラと洋館・日本庭園のライトアップ」も行われ、日没後からは闇夜に映し出された洋館ときらびやかに照らされたバラが幻想的な空間を作り出している。

ライトアップ期間中の開園時間は午前9時から午後9時まで（最終入園は午後8時半）。午後5時以降は立ち入り制限区域がある。

入園料は一般150円、65歳以上は70円（小学生以下と都内在住・在学の中学生は無料）。

旧古河庭園は都立庭園の一つ。元は明治の政治家陸奥宗光の別邸。宗光の次男が古河財閥初代古河市兵衛の養子となったことから、古河家の所有となった。現在の洋館は1917年竣工。大正初期の庭園の原型をとどめる貴重な存在であることから、06年1月に国指定文化財（名勝）に指定されている。

ミニガイド

◇環監未来塾・第11回講演会

▷内容　公衆衛生から見た東京2020オリンピック・パラリンピック「第1回ねずみ・衛生害虫の被害の現状と感染症」▷講師　矢口昇氏（豊島区池袋保健所ねずみ・衛生害虫相談専門担当）▷日時　6月16日㈮　午後7時～8時半▷場所　文京シビックセンター16階職員研修室（地下鉄後楽園駅、春日駅徒歩1分）▷対象　自治体職員ならだれでも▷定員　30人（申し込み先着順）▷参加費　無料▷申し込み先　文京区文京保健所生活衛生課医薬係　中臣☎03・5803・1226（内線2826）

◇2017年度中央区立郷土天文館企画展「共に見よう、共に知ろう～私たちの宝物～新規登録区民文化財展2017」　▷期間　6月25日㈰まで（月曜休館）▷開館時間　午前10時～午後7時（土日祝は午後5時まで）▷入館料　無料

都政新報

発行所　都政新報社
〒160-0023 東京都新宿区西新宿7-23-1 TSビル
〈総務・読者〉03-5330-8781
〈企画広告〉03-5330-8784
〈編　集〉03-5330-8786
〈出　版〉03-5330-8788
〈ファクス〉03-5330-8808
購読料 月1,730円（税込）
毎週火・金曜日発行
ただし、祝日は休刊

紙面から

都外仮設費　トップダウンで負担表明

追跡

東京五輪の都外仮設費を都が全額負担すると表明した小池知事。首相官邸サイドが中心となって構築した包囲網により、表明に追い込まれた形となったが、突然の負担発言に都庁内からは「議会軽視」との声の一方、「新しい政治手法」なども聞こえてくる。都の都外仮設費負担や五輪経費削減、関連団体との関係など都職員の受け止めを聞いた。

職員の声　「議会軽視で調整不足」「結果重視の政治手法」

「首相官邸が一枚上手だった」。ある都幹部は、五輪の都外仮設費を巡って神奈川・埼玉・千葉県の3知事が9日夜に首相官邸を訪問した際の官邸サイドの対応をこう表現した。

菅義偉官房長官は3知事が面会に訪れた際、安倍首相に取り次ぐ異例の対応を取った。3知事が費用負担を決めない小池知事を批判したことを受け、首相は丸川珠代五輪相に「都の案を待つことなく直ちに調整」するよう指示。直後に負担表明した小池知事が、負担を促された印象を与えた。

ある都幹部職員は「安倍首相の日程を取るのは調整に苦労するのに、3知事は簡単に面会できた。都外仮設費を国に負担させたい小池知事の思惑通りに進んだ場合、知事の得点稼ぎになり、都議選で自民が不利になりかねないと判断して動いたのだろう」と分析する。

都外の仮設整備費を試算すると500億円に上る。五輪準備局の幹部も都が負担することを「報道で初めて知った」と驚くように、知事周辺など一部の幹部にしか伝わっていなかったという。別の幹部は「この結論であれば、判断を長引かせる必要はなかったのではないか」と漏らした。

関係者の協力による大会経費圧縮を説明する小池知事＝12日

知事の負担表明に関して、都は議会に何も報告していなかった。本庁課長は「知事のアイデアではなく、国とも関係する大きな話で、議会を通すべきだった。車の両輪という言葉と裏腹に、議院内閣制のつもりでいるのでは」と問題視した。

都幹部らの受け止めを聞くと、「小池知事は調整型ではない」との評価がある。小池知事自身も昨年の都知事選に出馬表明した際、自民党の推薦を得られなかった理由を「根回しはうまくない（ため）」と説明している。今回はそうした面が出たとも言えそうだが、事業局の幹部は「説明と、水面下で合意形成に向けて交渉する根回しとは違う」と指摘する。「根回しが苦手であることが議会に説明しないという理由には当たらない」と冷ややかだ。

一方、トップダウンで負担を決定する知事の姿勢に関して、都庁内では「根回し型の、いわば『ブラックボックス』とは異なり、新しいタイプの政治手法」と評価する受け止めもあるが、「急転直下」の決定は、築地市場の移転延期の際と同じだ。事業局の幹部は「五輪も市場も政治色が強いから、トップダウンでないと決まらないのは分かるが」と前置きした上で、「移転延期や都外仮設施設の経費負担が唐突に発表されると、職員が振り回されるだけだ」との不満が聞かれた。

さらに、小池知事は12日の会見で突然、2千億～3千億円の五輪経費削減案を打ち出した。五輪組織委員会の増収対策も織り込んだ見通しで、準備局の幹部は「取らぬ狸の皮算用になったら経費削減の幅は縮小される。増収は当てにしない方が良かったのではないか」と不安視する。

経費削減に当たっては、国や都、組織委の関係が重要になる。過去に五輪に携わった幹部の一人は「関係がぎくしゃくしていると、都に経費の負担を押し付けてくる懸念がある。警備を例に取っても大会期間中は全国から警察官を動員しないといけないのに、関係が悪ければ物事が進まなくなる恐れがある」と顔を曇らせた。

別の幹部の一人はこう強調した。「都議選が7月に控えているから主導権争いが目立つが、今やるべきことは負担問題を早期に決着させ、五輪の機運を盛り上げることだ」。都民や国民ファーストの視点に立った取り組みが求められている。

700億円を追加負担へ
五輪組織委　国・民間施設の仮設など

20年東京五輪の会場整備費を巡って、大会組織委員会は16日、会場の仮設整備費など計700億円分を追加で負担する考えを明らかにした。増額分はスポンサー収入などの増収対策を講じて賄う。IOCに支払うロイヤルティー料を含め、1千億円程度の増収が必要になるといい、組織委の予算は5千億円から6千億円に増額される。

組織委が新たに負担するのは、国・民間が所有する施設の仮設整備費など。国の施設は、新国立競技場（新宿区）と国立代々木競技場（渋谷区）、朝霞訓練場（練馬区）の3カ所で、民間が所有する会場は、日本武道館（千代田区）、両国国技館（墨田区）、馬事公苑（世田谷区）、霞ヶ関CC（埼玉県川越市）、伊豆ベロドローム／伊豆マウンテンバイクコース（静岡県伊豆市）の6カ所。9会場の仮設の負担分は計約300億円となる。

組織委は昨年末に発表した大会予算（V1）で、仮設のうち設置・取り外しが簡易なプレハブ・テントなどを負担することで整理していたが、都や国が国・民間施設の仮設を負担するのは困難であると主張しており、組織委が負担することにした。

この他の追加負担分では、情報通信や輸送など大会運営経費の増加で約300億円を、野球・ソフトボールの福島あづま球場（福島市）とサッカーの追加会場の準備に100億円程度を見込んでいる。

支出増に対応するため、スポンサー収入やチケット販売、寄付金などにより計1千億円程度の増収を目指す。現時点ではスポンサー収入で500億円の増収にめどが付いているという。

武藤敏郎事務総長は「国も都も『ここまでは負担できる』という譲歩をしているわけだから、全体を成功させるための協力をするのは当然。費用の押し付け合いではなく、（組織委と都、国が）三者三様に努力しながら一つの方向に進めていく」と話した。

◆市場業者らにヒアリング

市場移転問題を総点検する市場のあり方戦略本部（本部長＝中西充副知事）は15日から18日、市場業者などを意見聴取した。ヒアリングはいずれも小池知事ではなく、中西本部長が実施した。

15日は、東京魚市場卸協同組合（東卸）を対象に非公開で話を聞いた。都によると、豊洲移転に慎重派の早山豊理事長らから「盛り土がないことを分からない状態で移転していたら大変なことになっていた」「現状のままでは豊洲移転できる状況にはない」などの意見が出され、移転の可否を慎重に行うよう小池知事に求めた。

翌16日のヒアリングは宮城県気仙沼市の水産加工・販売業者などを対象に公開で実施された。同社は築地市場に関して、商品の一部が野外に置かれている現状に触れてから、「（温度）管理ができていない」と問題視した。豊洲新市場に関しては、「水産が変わるきっかけになるのではないか。実現しないのはつらい」と述べ、豊洲移転するよう求めた。

中西本部長は「知事に責任を持って報告するとともに今後の市場のあり方戦略本部の検討に生かしていきたい」と話した。

◆離党14人の公認取り消し

民進党都連は15日に総会を開き、これまでに離党した14人の公認を取り消した。このほか、大西智氏（足立）が出馬を取りやめたことから公認を取り消し、新たに元職の和田宗春氏（北）を公認。これにより同党の公認候補は22人になった。

和田氏はこれまで3期を務め、都議会議長や党都連幹事長を歴任した。

小池知事　盲学校など2校視察
街の段差解消に意欲

小池知事は16日、文京盲学校（文京区）と大江戸高校（江東区）の都立学校2校を視察し、生徒らにエールを送った。

文京盲学校では、最寄りのJR飯田橋駅からの通学路を実際に歩き、道路状況などを確認。視覚を制限するゴーグルを付け、点字ブロックを頼りに学校へとたどり着いた。

学校ではパラリンピアンの教員によるタンデム自転車の体験授業に参加。生徒らに新たに作成した視覚障害者用の五輪ピンバッジを贈り、「希望を持って輝ける東京を一緒につくっていきましょう」と激励した。

都のチャレンジスクールである大江戸高校では、生徒らと将来の夢や学ぶ動機について懇談。その後、1・2年生に向けて、自身の経験も交えながら目標に向かって努力する大切さを講話した。

視察を終えた小池知事は、「改めて点字ブロックの重要性を痛感した」と話し、教育格差や街の段差解消に向けて取り組む意向を示した。

都政の東西
会派のリーダー

都議選まであと1カ月半。依然、候補者は出そろっていないが、既に議席数の予測も出回り、程度の差はあれ都民ファーストの躍進が予想されている。その数は「単独過半数」を視野に入れた一時期に比べれば、公明党への配慮もあり現実的な程度に収まりつつあるようだ。とは言え、知事人気は健在で、第一党をうかがう勢いは間違いない。

その時、官僚が関心を寄せるのが、誰が会派を牽引するかだ。現在、新人の「教育係」を担っている旧民主党出身者なのか、公認権を持たない現執行部なのか。あるいは、盲目的に知事側の判断に追従する集団に成り下がるのか。

2009年、第一党に君臨したのは、民主党（当時）だった。その数、54人。自民党に対峙する方向性は共通していたが、個別の議案、例えば築地市場の移転や東京マラソン法人化、青少年健全育成条例の改正では執行部の方針に異論が噴出し、党幹部らは党内の調整に苦心した。当時、民主の一部議員から見れば、自民は党内で重鎮に声を上げられないように映っていた。

確かに都庁官僚としては党の重鎮と執行部、地元選出議員に説明すればオーソライズが確認できた面がある。重鎮らの落選中には、都幹部が重要案件を説明するため地元に車を走らせたほどで、裏を返せば都庁官僚が彼らに「抑え」を頼った証左であるとも言える。

とは言え、組織が膨張すれば当然、意思決定は難しくなる。会派として意見を調整し、それを執行機関にぶつけられるのか。どの会派にも言えることだが、体を張って組織をまとめられるリーダーを輩出できるかは、都政における二元代表制の行く末を占う鍵になるだろう。

決戦の構図　2017都議選を占う⑦
争点の行方
市場問題か禁煙対策か

「都民ファーストの会の公約を作っている。（受動喫煙防止条例案は）厚労省案に近い」

小池知事は10日に出演したテレビ番組で、夏の都議選公約に受動喫煙防止を掲げる意向を明かした。都民ファーストの都議は「受動喫煙防止条例は、都議選最大の争点になり得る」と話す。先立って公約を発表した公明党、民進党も同条例の制定を掲げており、自民・共産も公約への追加を予定している。にわかにスモークフリーの問題が議論の俎上に上り始めた。

これまで都議選では豊洲新市場移転が一大争点と見られていた。小池知事は4月28日の会見で市場問題を「争点の一つ」としたものの、移転賛否の態度は表明していない。

各会派の公約には、市場問題を巡る風向きの変化が表れている。民進は市場問題を七つの重点施策には盛り込まず、追加対策などによる安全確保を条件に移転を認める立場だ。

公明は公約でスピード感を持って移転を進めることを盛り込んでおり、都民ファーストと相互推薦を行う友党として、選挙を待たずに知事の早期決断を求めている。

自民・共産は市場問題の争点化を譲らない。自民は13日に行われた決起集会で、菅義偉官房長官が小池知事の移転決断を促すなど、攻め手を緩めない。公約骨子でも早期移転を大きく掲げ、争点化を避けようとする知事を牽制する。

共産は待機児童ゼロや多摩格差解消などを盛り込んだ八つの重点公約の冒頭で、「移転を中止し、築地市場の再整備に踏み出す」と明言。選挙では自公を相手に存在感を示し、知事の判断を勝ち取りたい考えだ。

議会内では、都議選を前に知事が移転問題の決着を図るのではという見方もある。「禁煙条例は都民の生活に密着した問題。市場問題よりも分かりやすい」（公明幹部）ことから、受動喫煙対策ならば小池知事の支持層である女性や無党派層からの共感を得やすいという狙いもある。

政府が今国会提出を検討している受動喫煙防止法案では、飲食店での禁煙を盛り込んだ厚労省案に、自民党内から異論が続出。対策の後退が懸念されている。

都は国に先駆け、石原都政下から受動喫煙防止の取り組みを進めてきたが、条例化には至っていない。前任の舛添知事は就任当初こそ飲食店の禁煙化に前向きだったが、都議会自民党が反発。その後、「やはり難しい」と大幅にトーンダウンした経緯がある。

民進党は9日に発表した重点施策で、「路上喫煙禁止の徹底や罰則などを盛り込んだ禁煙条例を想定している」と説明。公明も11日に発表した公約に、「屋内全面禁煙と罰則規定を持った防止条例を制定」と明記。他党の具体的な方針も出そろえば、内容に関する議論も活発化する。

最新の世論調査では4割以上が飲食店の全面禁煙に賛成するなど、「厚労省案」には追い風が吹いている。小池知事は今月27日に行われる厚労省主催の「タバコフリーサミット」に出席を予定するなど、早くも「禁煙推進」の世論を味方につける構えだ。

受動喫煙問題はIOCが開催都市に求めるスモークフリーの理念に合致し、国際社会の要請に応えることにつながる。吸う人も、吸わない人も当事者となり、五輪を控えた東京や日本の抱える課題には違いない。

都政では市場問題など過去の精算や五輪問題などの巻き戻しが目立ってきた。今回の選挙では責任追及だけではなく、都政や議会をどう変えていくかも問われることになる。争点の一つとして前向きな政策議論が求められる。

いち早く「禁煙条例」を公約に盛り込んだ民進党＝9日、同党本部で

穴句ジョーク

都、都内中小企業製造の優秀商品を〝テレビ通販番組〟で販路拡大

「地下底面を遮蔽する工事はお任せください、さらに30分以内に注文された方に、地下水管理システムと換気設備も無料！」——専門家会議

波及効果は「道半ば」

東京スカイツリーが開業し、22日で5年目を迎える。かつて工場や貨物列車のターミナルだった一帯は、自立式電波塔として世界一の高さの新タワーや大型商業施設が形成され、様子が一変した。都内有数の観光地としてにぎわいを見せ、都内の至るところでその姿を望むことができる。誘致合戦を制した墨田区にとっては来街者が集まる基盤ができたものの、地域経済への波及や区内観光全体の活性化は道半ばとなっている。大樹が地元区にもたらした光と影を2回の連載で追う。

大樹の下で 上

東京スカイツリー5周年

東京スカイツリーは地上波テレビ放送のデジタル化に向けた新電波塔として計画され、建設地候補に首都圏の複数の自治体が名乗りを上げる中、2006年3月に墨田区と東武鉄道が提案した現在地（墨田区押上1丁目）に決定した。634㍍のタワーに展望デッキやレストランを併設し、飲食店や土産物屋など300店舗が入る商業施設「東京ソラマチ」などを有する集客拠点として、開業前から年間3千万人規模の来場が見込まれ、初年度には4400万人を記録。その後も年間3千万人台で推移している。

一極集中

有名な観光資源が乏しいとされる23区東部で、スカイツリーの集客力に期待をかけて観光客を自区に引き込もうと考えたのは墨田区だけではなかったが、明暗が分かれた。

台東区は浅草へのスカイツリー訪問客の取り込みに成功した。区が実施した観光マーケティング調査によると、浅草からスカイツリーに立ち寄る観光客の割合は35%。バスツアーのコースでもスカイツリーへの立ち寄りが最多を占めた。台東区観光課は「観光のコースとして定着している」と手応えを語る。

一方、スカイツリーからの誘客策に見切りを付けたのは葛飾区。開業当時に区観光課に在籍していた職員は「冊子などでPRをしたが、観光客が足を延ばすことはなかった」と振り返る。

東京スカイツリー内の「すみだまち処」。国内外からの観光客を案内しているが、利用者は減少している

スカイツリーの周辺地域には開業してから観光客が訪れるようになり、多様な商業施設によって住民の生活利便性が上がった一方、スカイツリーに一極集中する状況が顕在化している。

墨田区は、スカイツリーからの周遊観光を促進するためにスカイツリー内部に観光案内所「すみだまち処」を開設したが、利用者数はスカイツリー全体の集客が落ち着いたことに伴って減少している。区観光課は「隣の人気店舗が昨年移転し、動線から外れてしまっている。巻き返しが必要だ」と話す。

地域経済への波及という点でも、期待される効果は見られない。12年に区内34商店会に対して行ったアンケート調査結果によると、客数が減少したとの回答が73・5%を占めた。大型店の影響があると答えた82・4%のうち29・4%が東京スカイツリータウンの名を挙げた。

押上通り商店会で茶販売店を営む店主は「スカイツリーを建設している時は、ひと目見ようと集まった人が商店街で買い物をしたから良かった。完成したら人が中に入ったまま街に出てこなくなった」と話し、「人の流れを作ろうにもスカイツリーから商店街に呼び込めるだけのものがない」と漏らす。

一方でスカイツリー開業を機に商店街に進出した事業者もいたが、ある飲食店店長は「古くからの商店街に受け入れられるには関係を築くことが大事。うまくいかずに半年ほどで店を閉めた事業者もいた」と話す。

商店会にはスカイツリーの開業後も恩恵を感じられずに店を閉じる決断をしたり、まちの変化をすぐに受け入れられない事業者もいたことになる。区観光課は「スカイツリーは駅直結で多くの店舗が集まっていて便利だが、外に人が出てこないことは予想していなかった」と反省するが、恩恵を「にじみ出させる」施策が求められている。

働き方改革

一斉消灯など対策相次ぐ

「業務改善とセット」が鍵

国を挙げて取り組みが本格化する「働き方改革」。今年に入り終業時間の一斉消灯を新たに開始した区が登場したが、業務改善と併せて対策を講じる区が出てきた。消灯だけでなく、業務の見直しを同時に行わないと、実質的な超勤縮減につながらないことが背景にある。会議の在り方や業務フローのマニュアル化、意識改革に向けて職員研修を行うなど、各区は工夫を重ねている。

大田区が「戦略的人材育成」をテーマに1月に行った管理職向け講演会

豊島区は1月16日から午後7時の一斉消灯を開始。区行政経営課によると、当初は職員から「何で電気を消す必要があるのか」など批判的な声が上がったが、徐々に意識改革が浸透し、昨年度の残業時間は前年度比で約12%減少した。

2月に実施した全職員対象のアンケートでは、「仕事にメリハリがつく」「時間を意識して仕事をするようになった」など肯定的な評価が多かったが、一方で「業務内容の見直しを先にやるべきではないか」などの意見もあったという。

区は昨年5月に管理職で構成する「ワークスタイル検討プロジェクトチーム」を、7月には係長や主任主事を中心に「ワークスタイル・ワークショップ」を設置。長時間労働の是正や働き方の見直しを目的に検討を重ね、会議に関する新ルールの策定や、超過勤務が月20時間以上の職員がいた場合に報告するなどの対策を講じてきた。

区は今年度から各課が年度初めに作成する組織目標に「業務改善」という新規項目を設けるなど取り組みを拡大。引き続き、業務マニュアルや業務フローの書式の庁内での統一や、煩雑な会計入力システムの見直しなどを行う方針だ。

港区は一斉消灯時刻を現在の午後6時半から8時に変更する方向で検討を進めている。消灯後に再点灯する部署が大半を占めていたため、今年度から「働きやすい職場づくり推進担当部長」を新設し、業務改善に向けて体制を強化する。

職員研修を通じて働き方改革を強化する区もある。大田区はきょう19日、「戦略的人材育成」をテーマに管理職向け講演会を行う。2月に開始した午後8時退庁と毎週水曜日のノー残業デーの取り組みに連動したもので、区は取り組みに先立ち1月にも管理職向け講演会を行うとともに、主任主事や2年目の係長を対象とし、「業務の効率化」をテーマに職層研修を2～3月に実施するなど職員の意識改革を図ってきた。

同区は自治体初の「スマートワーク宣言」を発表し、▽意識改革▽業務の効率化▽事務事業の見直し――を柱に据え、取り組みを進めている。2月には、庁内ポータルで『スマートワーク通信』の発信を開始。今月16日の第4号では、6月まで実施中の個別職員面談で、ワーク・ライフ・バランスの観点を盛り込むよう呼び掛けた。

同区の大渕ひろみ副参事（ダイバーシティ担当）は、「職員のタイムマネジメント能力が上がるよう、人材育成に取り組んでいく」と話す。

旧市ヶ谷商業高校

新宿区が今年度も活用

隣接中学校の部活動などに

小池知事が東京韓国学校への貸与を白紙撤回した旧都立市ヶ谷商業高校に関し、新宿区が引き続き都から借り受けた上で、6月から来年3月まで隣接する区立中学校の部活動場所や区民団体のスポーツ施設として暫定利用することが分かった。

都立市ヶ谷商業高校は2009年3月に閉校し、14年4月から今年3月まで新宿区が区立愛日小学校の建て替えに伴う仮校舎として活用していた。区企画政策課によると、昨年12月に都から区に活用意向の照会があり、福祉や防災、教育などの目的で使用を希望する考えを3月17日付で回答。使途の詳細について検討を進めていた。

区は来年3月末まで跡地を借り受け、貸借料約1100万円を都に支払う。区立牛込第一中学校が校庭を利用し、体育館は6月から9月までバレーボールや一輪車などのスポーツ団体に利用してもらい、10月から来年3月までは隣接する区立元気館の体育館改修に伴う代替施設として一般開放する。

区は今年度中に来年4月以降の本格活用を都に要望する方針で、企画政策課では「区が活用することが住民に好意的に受け止められており、具体的な本格活用策を検討したい」と話している。

跡地活用を巡っては、昨年3月に舛添前知事が東京韓国学校に貸与する方向で協議を始める方針を発表したが、小池知事は昨年8月の定例会見で「地元に十分な説明がない」として白紙撤回した。今年1月には災害時の避難場所など都民のための有効活用を求める近隣住民らが小池知事に2257人の署名を提出し、小池知事は「区と連携を取りながら、住民の意向を聞き、活用策を考えたい」と回答していた。

旧都立市ヶ谷商業高等学校は
新宿区が管理しています。
連絡先：新宿区総務部契約管財課
電話：03-5273-4073

旧都立市ヶ谷商業高校のフェンスには区の管理を示す看板が掛けられている

中野区

地方連携でPR動画

観光地や特産品を紹介

中野区は17日、観光や経済、環境などの分野での連携を目的に全国5市町と締結している「なかの里・まち連携」のPR動画を制作したと発表した。動画配信サイトや区都市観光サイトなどで公開している。

動画は20分、3分、1分の3パターンで、連携自治体の観光地や特産品などを紹介。このうち3分版では、バンジージャンプで有名な茨城県常陸太田市の竜神大吊橋、福島県喜多方市の東北地方最大級とされるヒマワリ畑、千葉県館山市のイチゴ狩りやイチジク狩りができる果樹農園などの観光名所や、山梨県甲州市のブドウや群馬県みなかみ町のブランド米「水月夜」などをPRした。

田中大輔区長は「都市と地方が強みを生かし、双方の課題解決を目指すため、連携を推進していきたい」と語った。

誤った手法で予防接種

ワクチン混合、8年間

品川区

品川区は16日、区内の医療機関に委託して実施している予防接種で、本来は混合しないワクチンを混ぜていたと発表した。実施していたのは「ケルビムこどもクリニック」で、2009年4月から行われていた。文書が残る12年～17年までに接種をしたのは計358人。

先月13日、区民の問い合わせを受けて発覚。混合したのは、はしか・風疹と水痘、おたふくかぜの3ワクチンや、4種混合とヒブ感染症の2ワクチンなど。現時点で健康被害の報告はないという。区は今後、対象の保護者に案内を送付の上、ワクチンの再接種や抗体検査などを受け付ける方針。

政調費訴訟が確定

2会派に返還請求

千代田区

千代田区が2011年度に区議会2会派に交付した政務調査研究費（現在の政務活動費）の一部返還を求めた東京地裁の判決が、原告の市民団体と被告の区がいずれも期限の12日までに控訴せず、確定した。「早ければ今週中にも2会派から返還を受ける」（区総務課）見通しだという。

返還額は、自民党新しい千代田（当時5人、現在は4人）が82万1400円、行革クラブ（同1人、現在は解散）が1万1465円で、それぞれ返還日によって利息が加算される。

記者席

似たようなポスターに困惑

○……「都民塾の会　東京を笑顔かがやく都市に！」。中央区で張られている立石晴康都議のポスターだ。一部の背景に緑色を使い、一見すると都民ファーストの会の候補と間違えてしまう。都幹部職員の一人は「都民ファーストの支援を受けているように思わせる戦術か」と見ている。

立石氏のポスターは1993年の都議選でも問題になった。当時の共産党候補のポスターと候補者名の字体や、「都民が主人公の都政を」とキャッチフレーズなども同じだったからだ。盗用疑惑が指摘され、立石陣営はポスターを張り替える事態となった。

立石氏は「共感の政治」をスローガンに掲げるが、24年前と似たようなことをやっていては共感ではなく、反感が出てきそうだ。

○……区長会は16日、新役員体制で初の総会を開いた。会長は西川太一郎荒川区長が留任したが、副会長は武井雅昭港区長と坂本健板橋区長から松原忠義大田区長と青木克徳葛飾区長に交代し、専門部会や一部組合など関連団体を含めた役員人事は比較的変動が大きかった印象だ。

そうした中、都区のあり方検討委員会幹事会の区側メンバーも青木葛飾区長の副会長就任に伴い、武井港区長に交代となった。都区の事務に明るい区長同士の交代に問題はないが、唯一問題があるとすれば、幹事会が開かれないことくらいか。

○……千代田区役所で取材した帰りに全国の生産地から届いた特産品を販売する「ちよだいちば」に寄った。神田錦町のオフィス街にあり、NPO法人農商工連携サポートセンターが運営している。

同区は「ちよだフードバレーネットワーク」を通じて、地域の魅力をアピールしたい地方都市に場の提供を行っている。「ちよだいちば」では、全国の特産品だけでなく、それらを使った弁当も販売している。23区が進める自治体間連携の一つでもある。

この日は、宮城県亘理町から届いた「おらほのいちご『もういっこ』」を購入し、編集部の女子一同でいただいたところ、「甘酸っぱくて、さっぱりしている」と大好評だった。

特別区

予想される顔ぶれ

第20回都議選 ▶7◀

世田谷区（定数8）

大田区とともに42選挙区で最大となる定数8で、14日に開かれた立候補予定者説明会には17人が出席し、乱戦の様相となっている。現職1期の塩村文夏は、衆院選広島3区に民進から立候補を予定しており、都議選には出馬しない。

自民は、いずれも現職で、5期目の三宅茂樹(67)、2期目の大場康宣(69)、1期目の小松大祐(39)の3人を擁立する。昨年12月に大場が会派を離脱し、「新風自民党」を立ち上げ、「問題にはなった」（党世田谷総支部）が、大場を引き続き公認候補とした上で、現有3議席の死守を目指す方向性を確認した。

三宅は幹事長を務めた重鎮で、前回は2位以下に1万票を超える大差を付けてトップ当選した。支援する6人の区議ら強力な後援会組織で足場を固める。大場は後援会の集会で離党しない考えを強調。区議の支援は2人程度にとどまる見通しだが、区内での人脈を生かし、個人票の掘り起こしを図る。小松は区議7人と共に区西部地域でミニ集会を開始。主婦層をターゲットに支持を呼び掛ける。三宅と小松が先行し、大場が続く展開。

公明は、現職5期の中嶋義雄が北多摩第3選挙区に国替えし、現職2期の栗林のり子(63)に一本化。区内での基礎票は5万票を超え、盤石の組織力で議席確保を狙う一方、党都本部では「選挙協力する都民ファーストの候補者数の選挙への影響は大きく、しっかりと票読みする必要がある」と引き締めを図る。

共産は現職1期の里吉ゆみ(49)を公認した。前回は2万2541票で7位当選だったが、共産は昨年7月の参院選の比例得票が5万票を超えており、投票率アップを見込んで目標を4万票に設定。次期衆院選に向けた党勢拡大の足掛かりと位置付けており、子育て世帯を中心に無党派層の取り込みを目指す。

民進は、議席を失った前回と同様、元職2期の山口拓(44)と元職1期の関口太一(41)の2人を公認した。都連関係者によると、候補者の一本化は検討せず、「東京5区総支部と東京6区総支部の総意として2人の申請が提出され、公認を決めた」としている。山口は希望の塾の都議選対策講座を受講したが、「民進の覚悟で都議選に臨む」と話し、離党せずに返り咲きを目指す考え。

生活者ネットは、現職3期の西崎光子が内規のローテーションで勇退し、新人で団体職員の岡本京子(59)を擁立する。知名度が高い西崎からのバトンタッチが最大の課題で、前回は8位当選だったこともあり、ネットでは「厳しい選挙は覚悟している」として組織固めを急ぐ。

日本維新の会は、新人で公明の遠山清彦衆院議員の秘書を務めた稗島進(40)を擁立する。昨年の参院選は比例得票が3万5千票で、支持層の掘り起こしを進める。

都民ファーストは、新人で会社員の福島理恵子(46)を公認。希望の塾の塾生で、東芝の研究開発員として国の事業で審査員を務めた経験を持つ。都民ファーストは選挙区によっては候補者を最大で4人擁立する方針を示していたが、他の陣営では2～3人の擁立を予想する声が大勢を占めている。

このほか、社民は新人で元区議の櫻井純子(53)を擁立。全選挙区で唯一の公認候補となる。また、いずれも新人で、団体役員のマック赤坂(68)、会社社長の藤田孝行(47)らが立候補の意向を示しており、「地方議員ゼロの会」が1人の擁立を予定する。

三宅茂樹氏　大場康宣氏　小松大祐氏　栗林のり子氏　里吉ゆみ氏　山口拓氏

関口太一氏　岡本京子氏　稗島進氏　福島理恵子氏　櫻井純子氏

前回の結果

◇世田谷区

	氏名	党派	得票	当選回数
当	三宅　茂樹	（自現）	39,952	⑤
当	小松　大祐	（自新）	28,778	①
当	大場　康宣	（自現）	28,638	②
当	栗林のり子	（公現）	24,878	②
当	中嶋　義雄	（公現）	24,506	⑤
当	塩村　文夏	（み新）	23,621	①
当	里吉　ゆみ	（共新）	22,541	①
当	西﨑　光子	（ネ現）	21,503	③
	山口　拓	（民現）	19,016	
	後藤　雄一	（諸元）	18,470	
	花輪　智史	（維元）	17,553	
	関口　太一	（民現）	16,028	
	羽田　圭二	（社新）	12,948	
	海老澤由紀	（維新）	8,638	

《文中は敬称略》

義務教育としての責任を果たす

市制100周年と中核市移行を好機に

八王子市は今年、市制100周年を迎える。これを子供の心にアイデンティティーとして残せる好機にしたいという安間英潮教育長。小中が一体となって義務教育としての子供たちへの責任を果たそうと108校の校長に伝え、地域の市民力も得て、「子供たちが八王子に生まれ育って良かったと思えるように努めたい」。また、2015年4月に中核市に移行したことは「市の教育に関して、万々歳」と話す安間教育長に教育への思いを聞いた。

安間英潮・八王子市教育長に聞く

良い学習チャンスに

市制100周年を迎えるに当たって、市立の全小中学校108校に対し4点を要望した。一つは市と自校の歴史がつながるよう、写真などを使って校内に掲示すること。「自分の学校は開校130年だとか、まだ40年だとか会話も生まれる」。二つ目は、地域の人から昔の学校や周辺の様子などを話してもらうこと。三つ目は、皆で植えたという意識を持てるよう記念植樹を行うこと。四つ目は、自由に企画を考えて、独自の取り組みをしてもらうのだという。

「100周年の時は○○小（中）学校でお祝いをしたとか、アイデンティティーとなると思う。八王子市で育って良かったと誇りを持って生きていける」

自己肯定感と自己有用感

八王子市ではコミュニティスクールを地域運営学校と呼び、2007年度に3校を指定。以来、毎年拡大し、2年後には全108校に学校運営協議会を置く方針だ。「学者が定義するようなものでなく、実働主義の地域運営学校」と言い、「市民力」を強調する。

交流する台湾からの客人を歓迎したいと、地域住民が校庭の池に噴水を作った学校。また、北条氏のゆかりから姉妹都市を結ぶ神奈川県小田原市のメニューを給食に出すと聞き、手作りの甲冑姿で、ほら貝を吹き、火縄銃にクラッカーを付けて撃つまねをしてくれた住民もいた。「子供は大喜びで、本当にうれしい。地域の人たちが自然に応援してくれる、とてもいい町です」

やんちゃだったタレントのヒロミも八王子について発信してくれている。「地域の人たちには可愛がられていたと思う。子供たちには、どんな仕事に就いても誇りを持って生きていってもらいたい」と教育長。

自己肯定感と自己有用感を持たせることが教育の根本だと強調する。自己肯定感は自己評価だが、有用感は他者評価が大きい。地域の人にあいさつをする、一緒に活動するなどの機会に、「お前、元気がいいな」「いい子だな」「役に立つな」などと言われると、「先生に言われるよりうれしい。自分も役に立つんだという実感を身に着けられる」と話す。

自尊感情は教員にも校長にも必要と、働きやすい環境づくりにも腐心。学校現場に次々と課題が押し寄せるが、「アクティブラーニングもプログラミング教育も主権者教育も、本質は論理的な思考力を伸ばすこと。形だけの指導法が入ってくるなら意味がない。児童生徒が自分の考えを持って、交換し合い、他人と折り合いをつけて生きられるようにすることが重要だ」。

中核市となり、市立小中学校教職員の研修の実施が可能になった。「都の教職員研修センターでは網羅的にしか出来なかったことが、全教科の研修を身近で受けられるなど、ピンポイントで深く出来る。やりがいがある」。学園都市の強みで、「専門性の高い大学教授が近くにいて、先生だけでなく子供たちまで指導してくれている」とうれしそう。「非常勤講師や産休代替教員も、学校にとっては同じ先生。また産休・育休中の先生でも託児所を用意すれば最新の指導法などを学べる。勉強したいという人には応えてあげたい」という気持ちも強い。

根拠のある自信を

学校に出向いては何でもやると笑い、先日も給食の時間に絵本『おばけのてんぷら』の読み聞かせをした。「子供たちは僕にいろいろ質問をしてくるが、本当は自分のことを話したくて仕方がないんだよね」。英語でも、ALTには子供が英語を試せる機会となるよう努めてくれと話し、留学生にも気軽に来校してもらうなど、「会話ができたら楽しい」ことを子供たちに実感させたいという。「それが話せた、通じた、という自信になる」

教員には「全国の平均点と比較しなくていい。生きていく上で絶対に必要なものが身に着いているか、個々の子供を気にかけてほしい」と話す。「出来たという成功体験が大切。体力も結果の比較ではなく、悔しくて練習したから記録が伸びたなど根拠のある自信を子供たちに与えることだ」

三つの区の中学校で数学を教えていた時から、一人で習熟度別授業をしたという。きっかけは、初任のとき、分からずに遊ぶ子とつまらなくて本を読む子が混在した学級との出会いだ。「義務教育として、都立高校の入試問題の『大問1』くらいはできるよう、その子に合った指導をした。中には九九から教えた子も。一方で難関私立を目指す子供には問題集を使って難問を与えるなどの手立てをした」

荒れていた学級だったが、すべての子が集中して問題に取り組む授業が出来た。「授業をやるのが仕事ではない。どんな力を付けさせたかが仕事だ」と、「我が意を得た」瞬間だった。

3区目で異動した学校で、「若いから担任はさせられない」と言われ、「腐っていたのが分かったのか、『指導主事試験を受けさせるために担任を外した』と校長に言われた。明らかにうそなんだけど」と苦笑。一発で合格した。

八王子市の指導主事を経験して都に異動。事件・事故が起きるたびに発出される通知について、現場と乖離していると感じていたといい、安全教育担当になって「安全教育プログラム」の作成に携わった。

さらに思いが結実したものが「東京ベーシック・ドリル」だ。「教員は児童生徒にあれもこれも出来なくてはと観念的な理想論を言うが、漢字や構文、計算など仕事や社会生活を営む上で必要なものを教えるのが先決。それを具体化できた」。経験を生かし、八王子版ベーシックドリルの作成を進めているところだ。

☆

原点にあるのは教員1年目、私立校の受験日で登校する生徒が少ない中、番長とも言える生徒が、誰もいない教室で一人、シンナーを吸っている姿を見たことだ。「思わず抱きしめた。この子にどんなことをしてやればよかったのだろうと考えた」

大学時代、学生の身ながら様々な仕事で人生経験を重ね、途中で教職に進もうと決意し、「先生になって良かった」。今は子供たちに近いところで仕事ができることに、やりがいを感じる日々だ。

教育ひろば

Tokyo2020の先へ　未来へつなぐオリパラ教育　3

足立区立千寿桜堤中学校

ボランティアマインドの醸成

生徒が主体的に企画・実践

リオデジャネイロオリンピック・パラリンピック大会が閉会し、東京ではフラッグツアーも始まり、いよいよ東京2020オリンピック・パラリンピック大会が本格的にスタートした。本校は2016年度、東京都教育委員会のオリンピック・パラリンピック教育で育成すべき資質の一つ、「ボランティアマインドの醸成」教育プログラムを開発する重点校として指定を受けた。

少子高齢化が一層進むこれからの時代にあっては、社会に貢献しようとする意欲や他者を思いやる心などのボランティアマインドを醸成することは、共生社会の構成員となる生徒たちにとって不可欠な要素である。また、生徒たちの自尊感情を高める上でも、ボランティア活動は非常に効果がある。

特に「支える」活動を通じて、発達段階に応じたボランティアに関わる取り組みを推進することで、継続的・計画的にボランティアマインドを醸成し、生徒の自尊感情を高めていくことを目的とした。

さらに、生徒が主体的に取り組む活動を重視することで、生徒の意欲や達成感を味わえるように工夫した。生徒総会で「熊本地震の被災者のために募金活動をやりたい」との生徒の意見から、生徒会本部が企画して、募金活動を行った。本校では生徒会が、生徒の意見をもとにボランティアを企画。生徒会本部でどんなボランティアに取り組むか生徒の意見を資料にまとめてプレゼンテーションし、賛同者が多い案を職員会議にかけて実行させている。今までも生徒会が全校生徒に呼びかけ、地域清掃や募金活動、地域福祉施設での合唱、地域スポーツ大会へのボランティアやプレーリーダーとして活動してきている。

16年度のリオ大会で、本校では生徒が主体となった「勝手に応援プロジェクト」を立ち上げ、積極的に応援活動を行った。「とどけ！勇気2016リオオリンピック日本代表選手団応援イベント」へ参加。応援ビッグフラッグの製作に応募し、全学級で話し合ってメッセージを考え、全校生徒の思いをのせたフラッグを作成し、代表生徒がイベントに参加した。

また、学校関係者から紹介いただいたオリンピアンやパラリピアンへ、全校生徒で折り上げた千羽鶴や各学年で応援メッセージを拡大ポスターにして届ける応援活動を展開した。その結果、応援した選手からお礼の手紙をいただいたり、銅メダルを胸に直接学校へ感謝の気持ちを伝えにきていただいたりする機会に恵まれた。生徒たちは選手と交流する体験を通して、自分たちの活動が選手の皆さんの気持ちを支え、力になれたことを知り、自分たちの気持ちが確実に選手の皆さんに伝わったことを実感することができた。

今回のオリンピック・パラリンピック教育の実践により生徒の意識の変容を読み取ることができる感想があったので紹介したい。

「今までなんとなくボランティアに関わってきたが、実際に行動することで、少しずつボランティアについての意識が変わってきた。『誰かのため』と思ってやってきたこの活動は、実は『自分のため』になっていたと気づいた。ボランティア活動を通して多くの人に感謝されること、力になれることで、大きな満足感のようなものを得られるようになった」

この感想から、生徒に企画、実践を任せたことが生徒の大きな自信につながり、結果として生徒の自尊感情の向上を図ることができた。

今後もオリパラ教育の計画的な実践を通して、「オリンピック・パラリンピックレガシー」の創出に貢献していきたい。

（足立区立千寿桜堤中学校校長　佐藤豊）

生徒会が呼びかけ、熊本地震被災者の救援募金活動を続けている

品川区

『ようい、ドン！しながわ』

独自の五輪教材を作成・配布

東京2020大会に向け、都内の公立学校全校でオリンピック・パラリンピック教育が展開される中、品川区教育委員会は区市町村で初となる独自の学習教材『ようい、ドン！しながわ』（A4判36㌻）を作成。区立小・中学校と義務教育学校の5年生以上を対象に約1万部配布した。

品川区の全ての児童・生徒が、東京2020大会に興味をもち、オリンピック・パラリンピックについての理解を深め、自分たちにできることを真剣に考え、積極的に関わろうとする意欲を高めるのがねらい。各教科をはじめ、区独自教科である市民科の学習内容と関連付け、四つのテーマ「オリンピック・パラリンピックの精神」「スポーツ」「文化」「環境」と、四つのアクション「学ぶ」「観る」「する」「支える」を組み合わせた学習活動を展開できるように構成されている。

今年1月に行われた東京オリンピック・パラリンピックフラッグツアーをはじめ、先の東京オリンピックが開かれた1964年当時の品川の様子や聖火リレーのコース、区内開催競技、伝統文化や環境への取り組みなどを多数掲載し、児童・生徒が東京大会をより身近なものとして感じられるように配慮されている。

また、巻末には、品川区の子供たちに向けた品川区にゆかりのあるアスリートからのメッセージも掲載している。

12日には、区立中延小学校で同教材を使った授業が行われた。6年1組の市民科では、大口高史教諭が、まず都教委作成の『オリンピック・パラリンピック学習読本』で「世界に広がる日本の文化」を紹介した後、区作成の教材の中から「クールジャパンin Shinagawa」を活用して、東海道一ノ宿で知られる品川宿を由来とする宿場まつりや区が認定する「しながわみやげ」などを取り上げた。さらに、他にはどんな「クールジャパン」が地元にあるのか児童に興味をもたせ、調べ学習につなげた。

5年1組の市民科の授業では、原梨々子教諭が地域清掃について取り上げた。地域清掃は64年の東京オリンピックに向けて外国からの訪問者に心地よく過ごしてもらおうというおもてなしの心の表れであり、無形のレガシーとして現在に受け継がれていることを区の教材を用いて紹介し、東京大会に向け、自分にできることは何かを考えさせた。

同教材を初めて手にした児童たちは、身近な町の写真をうれしそうに見ていた。

同校は、昨年度のオリンピック・パラリンピック教育が評価され、オリパラ教育アワード校として都から表彰された。竹之内研也校長は教材について、「区の歴史や特色などを児童が身近に感じることができ、親しみをもって学習できる」と評価。「アワード校として本教材の効果的な活用を発信していきたい」と意欲を見せた。

熊谷恵子指導課長は「学校における活用だけでなく、家族と一緒に読んで話し合ったり、外に出て体験したりすることで、家庭や地域においても東京2020大会への関心が一層高まることを期待している」と話した。

配布された区独自教材を読む児童たち

教育じてん　81

「考えよう！いじめ・SNS@Tokyo」活用を！

新年度のスタートから1カ月が過ぎたこの時期は、子供たちの心が新たな学級や学年等の人間関係の中で揺れ動き始める時期でもあります。各学校では、一人ひとりの子供の学校生活への適応に向けて、組織的な指導・支援を進めていることと思います。

さて、東京都教育委員会では、いじめ等防止の情報サイト・アプリケーション「考えよう！いじめ・SNS@Tokyo」を開発しました。これは、子供たちがいじめやSNSでのトラブルを防止するために主体的に行動できるように促すとともに、心配な状況があったらすぐに相談機関にアクセスできるようにするために作成したもので、3月末から配信を開始しています。

このアプリケーションには、心のストレス等の自己チェックができたり子供の目線に立った相談先を案内したりする「こころ空模様チェック」、八つの事例を基に困った時の対処法を提示して大人が守るというメッセージを発信する「こころストーリー」、学校や家庭で定めたSNSのルールを定期的に画面上に通知する「SNSルールリマインダー」の三つがあり、子供たちがいじめに対処する方法やSNSの適切な利用方法を考えることができるようになっています。特に、「こころストーリー」には、SNS上で仲間外れにされている女子生徒の話や、いじめられている友人を助けたいと思っている男子生徒の話など、実際の学校生活で起こり得る場面が示されており、子供たちが自分のこととして主体的にいじめについて考えられるようになっています。

また、アプリケーションを表示できない環境への対応としては、「考えよう！いじめ・SNS@Tokyo」のホームページ上から、アプリケーションと同様の内容を見ることができるようにもなっています。

さらに、都教育委員会のホームページには、学校関係者への情報として授業における活用や家庭への啓発方法、参考資料として、いじめ総合対策【第2次】の上下巻、SNS東京ノート、SNS東京ノート活用の手引き、アプリ案内リーフレット、情報モラル推進校実践報告書等が掲載されており、状況に応じて指導に必要な資料を取捨選択できるようになっています。

各学校がこれらのサイトや資料を効果的に活用することにより、学校、家庭が一体となって悩みや課題を抱える子供たちを支援していく体制づくりが、広く都内公立学校で実施されることを期待します。

書作展を今年も開催　ドリームヴィ主催で

北区

共生社会を目指し、障害のある人も住み慣れた地域で暮らし、働くことができるよう様々な事業に取り組む北区の社会福祉法人ドリームヴィ。リフレッシュの場になればと立ち上げた書道クラブは発足から13年を迎え、今年も第13回書作展が26日から28日、北とぴあ展示ホール（地下1階CD）で開催される。

毎回、縦140㌢×横70㌢の画仙紙いっぱいに一文字を書くメンバー。今回も25歳から61歳まで26人が「壁」「閑」「福」「愉」「喫」「蜻」「甦」などに挑戦。「乗り越えなければならない壁があるので」「福岡市の陥没事故を見て大変だと思って」「自分が愉快に生活できることが大切」「勤めているふれあい喫茶が26年目を迎えるので」など、一文字に込める思いは様々だ。象形文字や楷書、草書、行書など字体も自由で、見ていて楽しい書52点がホールの壁一面に張り出される。

書作展は、26日は午後1時～7時、27日は午前10時～午後7時、28日は午前10時～午後5時まで開催。問い合わせは講師の有馬髙枝さん☎048・542・7602。

Essay　エッセー　58

プロの「気配り」

一度、乗ってみたい鉄道がある。

それは、福井県で走っている第三セクターの「えちぜん鉄道」。路線は2本、全長53㌔のローカル線だ。

かつて、別会社だった頃、ブレーキ事故により車両同士の正面衝突を起こし、運転手が亡くなるという事故が発生した。さらにその翌年、今度は信号の見落としにより乗客25人が重軽傷を負う事故が発生した。半年間に2度も電車同士の列車衝突事故を起こしてしまったのである。

国土交通省は当時の会社に全線運行停止命令を出すという前代未聞の措置を行ったほどだ。その後、収支悪化により鉄道事業の継続が困難になったとして、ついに鉄道事業の廃止届を国土交通省に提出し、廃線の危機が襲った。

しかし、その鉄道の存続を願う地元の自治体や、何よりこの鉄道を利用してきた沿線の住民が存続運動を展開し、多くの署名や寄付金を集めたのだった。

その結果、正面衝突事故から2年後、当時の鉄道名を現在の「えちぜん鉄道」に変え、第三セクターの鉄道会社として再出発した。そして、様々な改革を展開してきた結果、毎年のように乗降客が増え、日本の鉄道業界の注目を集める鉄道会社になった。多くのマスコミが注目したことは言うまでもない。

では、なぜ、乗客数が増えたのか。多くの要因が挙げられるが、最も有名なものの一つに女性車掌ではなく「アテンダント（接客乗務員）」の乗務が挙げられる。そのアテンダントの一人が『ローカル線ガールズ』という著作の中で、「気配り」に関わって、こんなことを書いている。

例えば、「お客様が財布を出そうとしておられる」というしぐさは、「切符や車内販売のグッズを所望されている」。「腕時計を見ておられる」というしぐさは、「乗り継ぎ時間を気にされている」。「ポケットを探っておられる」というしぐさは、「90％の確率で切符をなくされた」。

このような乗客のしぐさや行動を察知し、次のサービスの提供を準備するというプロの観察眼のすごさに感嘆しない者はいないだろう。さすが、プロはすごいなと感心しながら、ふと、子供を相手にしている教師でも同じではないかと思った。

子供の発達段階の違いはあるものの、教師は毎日の授業の中では子供の表情、しぐさ、行動や反応など様々な情報を感じ取りながら授業を展開しなければ、子供の存在とはかけ離れた授業になってしまう。事前に作成された指導案や計画に沿いながら、子供が発信している多様な情報を基に、次の手を打っていく。これこそが子供の意欲や関心を引き出す授業の重要な要素だと思う。日常の授業の中で子供たちがどのような情報を発信しているのか、ちょっと気にしてみたいものだ。

最後に余談だが、「えちぜん鉄道」のアテンダントの皆さんは、駅名の由来、車窓から見られる山や花の名前、沿線の祭り、沿線の病院名と最寄り駅、沿線の学校名はすべて答えられるそうだ。

（小金井市立南中学校校長　冨士道正尋）

東京都港湾局 魅力あるみなと・まちづくりを目指して

東京港の課題解消が急務 20年大会を見据え加速

東京港は、国内最多のコンテナ貨物を取り扱う海上輸送の一大拠点であるとともに、世界中からの集客が見込まれる臨海副都心を有していることから、魅力あるみなと・まちづくりが重要となっている。物流拠点としての東京港は、首都圏4千万人の生活と産業活動を支える役割を担っており、コンテナ貨物取扱量は施設能力を上回る貨物を取り扱う状況となっているため、ターミナル周辺では季節や時間帯によって発生する交通混雑などにも対応した、東京港の機能強化を図っていく必要がある。一方、臨海副都心は、東京2020大会に向けて国内外からの集客が見込まれており、新客船ふ頭の整備やクルーズ船の誘致、舟運の活性化、外国人観光客等受け入れ環境の整備などが課題となっている。また、東京港沿岸には、いわゆるゼロメートル地帯などの低地帯が広がっており、都民の生命・財産、首都東京の中枢機能を守るため、津波・地震・高潮対策など防災力を向上し、災害に強い港の実現が求められている。

東京港の機能強化

新コンテナふ頭の整備

現在供用中の大井、青海などのコンテナふ頭では近年、施設能力（340万TEU）を超える450万TEU以上の貨物を取り扱う状況となっており、増加する貨物量への対応が難しく、交通混雑等による外部不経済が発生する要因ともなっている。このため、中央防波堤外側地区に新たなコンテナふ頭Y1、Y2、Y3の連続3バースの整備を進めている。

施設規模はY1バースが延長230㍍、水深11㍍、Y2・Y3バースが延長400㍍、水深16㍍であり、奥行きは岸壁を含めて500㍍である。3バース供用後の取扱貨物量は約120万TEUを見込んでおり、東京港における抜本的な施設能力の向上が期待される。

また、品川ふ頭は、供用開始から50年以上が経過しており、岸壁も老朽化が進んでいるため、大規模改修工事に合わせ、船舶の大型化に対応した増深、耐震改良を行っている。昨年度末まではS1・S2バースの整備が完了し、今年度はS3バースの工事に着手する。

さらに、都は、大規模地震発生時において、緊急物資等を円滑に輸送するとともに、経済活動を支えるための物流機能を維持することを目的に、新規整備や既存ふ頭の再編整備に合わせて耐震強化岸壁の整備を進めている。第8次改訂港湾計画では、緊急物資輸送対応で26バース、コンテナ貨物等を取り扱う幹線貨物輸送対応で22バース、合計48バースを計画している。

緊急物資輸送対応は、13バースが完了し、今年度は品川内貿ふ頭S3バースで工事着手するなど5バースが事業中である。幹線貨物輸送対応は、大井コンテナふ頭等で4バースが完了しており、中央防波堤外側コンテナふ頭の2バースが事業中である。

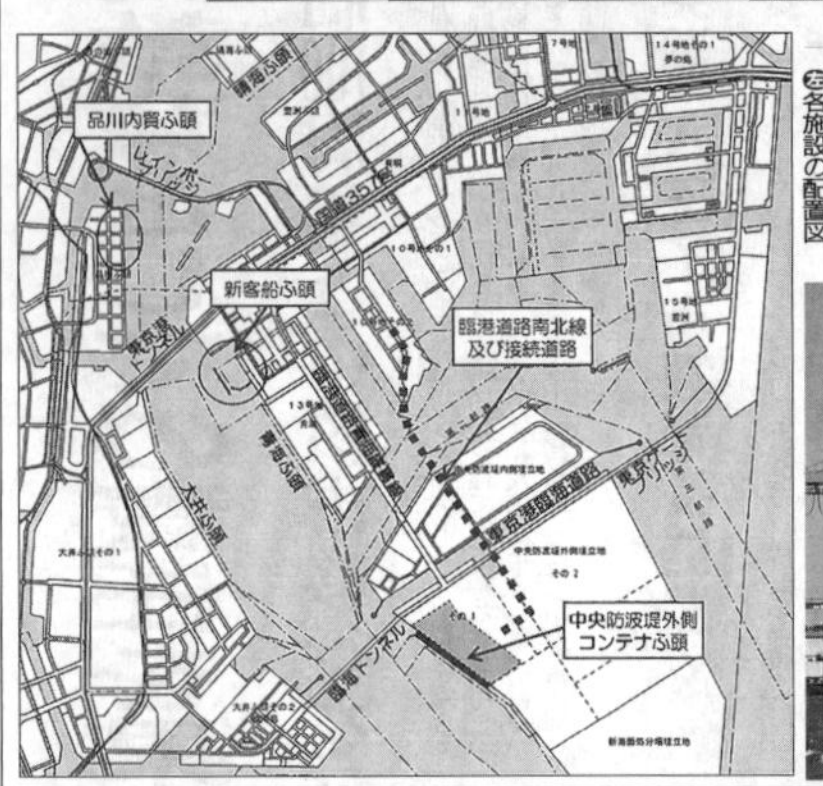

㊦大井コンテナふ頭
㊧各施設の配置図

臨港道路南北線・接続道路

東京港の物流機能を強化していくためには、増加するコンテナ貨物に適切に対応できるよう、東西・南北、両方向の道路ネットワークの拡充やボトルネックの解消が不可欠である。

東京港の骨格道路としては、東西方向のネットワークでは国道357号及び東京港臨海道路、南北方向では青海縦貫線が供用中である。

国道357号については、さらに東京港トンネルの整備が進んでおり、昨年3月に西行きが開通し、2018年度には東行きも開通予定となっている。

一方で、南北方向は臨港道路青海縦貫線の1路線のみであり、道路ネットワークの拡充が必要となっている。

このため、中防外コンテナふ頭整備の進展に合わせ、また、東京2020大会の開催時にも利用できるよう、国と連携して臨港道路南北線及び接続道路の整備を推進している。

南北線事業は、主にトンネル部分を国が、接続道路に当たる橋梁部分を都が整備を進めており、16年度から工事に着手している。

国が担うトンネル部については、海上部の沈埋トンネル区間、及び沈埋トンネル区間と陸上部をつなぐ陸上トンネル区間の整備を進めており、16年度から沈埋函の製作、沈埋函を沈設するための第二航路の浚渫、陸上トンネル部の掘削等を実施している。

都が担う橋梁部についても、16年度から橋梁の桁製作や、橋台の杭を打設する基礎工事等を進めている。

橋梁のイメージ

交通混雑対策

東京港においては、コンテナ貨物取扱量は増加傾向にあり、2011年からは6年連続で400万TEUを超えるなど、東京港のコンテナ貨物取扱能力を大きく上回る状態となっている。その結果、東京港のコンテナターミナル周辺では、季節や時間帯により状況は異なるものの、コンテナ車両による交通混雑が発生し、物流の効率化を妨げている。

東京港は、首都圏4千万人の生活と産業を支える社会インフラとして、我が国の成長に欠かせない役割を担っており、今後も輸入貨物の増大傾向が見込まれることから、交通混雑対策に取り組むことが極めて重要である。

このため、都では、14年2月に「東京港総合渋滞対策」を策定し、港湾関係者と一丸となって取り組みを進めてきた。

具体的には、東京港の抜本的な機能強化として、中央防波堤外側コンテナふ頭の整備やこれを活用した既存コンテナふ頭の再編、臨港道路南北線の整備のほか、交通混雑解消に向けた短期的な取り組みとして、早朝ゲートオープン、車両待機場の整備、路上に駐車したシャーシー（荷台部分）の違法駐車への取り締まり強化等を実施している。

さらに新たな取り組みとして、17年3月からは大井地区において、輸入コンテナの搬出を午前中の空き時間にシフトさせ、夕方の混雑を緩和させることを目的とした24時間利用可能な貨物の一時保管場所（ストックヤード）を設置する実証実験を開始した。

世界最大の客船にも対応 旅客数・寄港回数とも過去最高

新客船ふ頭の整備、客船誘致

近年、世界のクルーズ市場は、客船の大型化とクルーズの大衆化により急成長しており、特にアジア地域ではクルーズ人口の急増が見込まれている。

我が国においても、訪日クルーズ旅客数が2015年に初めて100万人を突破し、さらに16年には199・2万人、クルーズ船の寄港回数が前年比38・8％増の2018回と、いずれも過去最高を記録した。

こうした状況の中、現在、東京港では晴海ふ頭で客船を受け入れているが、レインボーブリッジを通過できない大型クルーズ客船には対応できず、大井水産物ふ頭での臨時対応をせざるを得ない状況となっている。

東京港は、羽田空港や東京駅に近接し、国内外への交通アクセスが充実しているばかりでなく、東京2020大会を間近に控え、世界中からの集客が見込まれる。

東京港は、こうした好機を捉え、レインボーブリッジ外側の臨海副都心地域に、「オアシス・オブ・ザ・シーズ」（22万総トン級）クラスの、世界最大のクルーズ客船から中・小型の客船まで幅広く対応できる新客船ふ頭を大会開催までに整備することとしている。

ターミナルビルは、日本の伝統的な反りや波をイメージしたダイナミックな大屋根や、日本らしさを考慮した木質系の内装等を特徴としている。

ターミナルビルの内観イメージ

舟運の活性化

東京には川や海、運河など素晴らしい水辺空間があり、東京港の臨海部には都心と海とが近接したダイナミックな景観が広がっている。

こうした貴重な財産を最大限に生かし、東京2020大会やその先を見据え、国内外の観光客に楽しんでもらうよう、「水の都・東京」の魅力を高めるため、舟運の活性化に取り組んでいる。

昨年度は、水上バス発着所等の公共桟橋のうち、竹芝と有明について開放を継続するとともに、田町駅と品川駅に近接した運河部の防災船着場を水上タクシーの乗降場所として開放する社会実験を開始している。また、都市整備局、建設局とも連携し、定期航路の充実を目指した社会実験を9月から12月上旬まで実施した。

さらに今年度からは、竹芝・有明桟橋の利用料金を半額に引き下げている。

今後も利用者のニーズや課題を踏まえ、航路の充実や利用しやすい船着き場の実現を目指すことで、舟運を身近な観光・交通手段として活性化するための取り組みを推進していく。

5面につづく

臨海副都心のまちづくり

臨海副都心は、「臨海副都心まちづくり推進計画」に基づき、「職・住・学・遊のバランスのとれた複合的なまちづくり」と「観光・交流のまちづくり」を基本的な方向性として、台場、青海、有明南、有明北の4地区の特性に応じた、まちづくりを進めてきた。

2015年度末現在、都市基盤施設はほぼ完成し、処分予定地の約75%の処分が完了している。

現在は「2020年に向けた実行プラン」に基づき、臨海副都心を世界的にもトップレベルのMICE・国際観光拠点へと発展させ、日本経済を牽引（けんいん）する重要な戦略拠点となるよう取り組みを進めている。

一方、東京2020大会において、有明アリーナ、有明体操競技場、青海アーバンスポーツ会場など多数の競技会場等が臨海副都心内の海上公園や未処分地に設置される予定になっており、大会開催に向けて、競技施設の整備と併せて、海上公園等のバリアフリー化や多言語対応等を推進している。

有明アリーナ（提供＝東京都）
※2015年10月時点での大会時のイメージ図

東京2020大会後は、臨海副都心のMICE・国際観光拠点化の推進に向けて、青海地区北側の約14㌶の未処分地を中心に、切れ目のない開発を進めていく。このため、有明南地区に集積している東京ビッグサイトをはじめとする国際コンベンション機能や、青海地区南側に集積している研究開発機能との連携を見据えたまちづくりについて検討する。

さらに有明北地区については、東京2020大会のレガシーを共有できるスポーツとイベントのまちを目指し、有明アリーナを核とした「有明レガシーエリア」の具体的なまちづくりを検討していく。

東京2020大会を3年後に控え、今後外国人来訪者は更に増加していくことから、その受け入れ環境整備についても引き続き取り組んでいく。

防潮堤 水門整備 20年大会までに完了
災害に強い港の実現

東京港沿岸部にはいわゆるゼロメートル地帯などの低地帯が広がっており、津波や高潮から都民の生命・財産、首都東京の中枢機能を守る上で、防潮堤や水門などの海岸保全施設が重要な役割を果たしている。

東京港の高潮対策は、1959年に名古屋地方を襲った伊勢湾台風による被害を教訓に、伊勢湾台風級の台風による高潮にも対応できるように防潮堤の高さを見直し、防御区域を江東低地から多摩川に至る東京港全域に広げた。61年から本格的に事業を開始し、外郭防潮堤については概成している。

これまで施設の老朽化対策や耐震対策に取り組んできたが、2011年3月に発生した東日本大震災を教訓に地震・津波対策について見直すこととし、12年12月に「東京港海岸保全施設整備計画」を策定し整備を進めている。

この計画は、21年度までの10カ年を計画期間とし、想定される最大級の地震が発生した場合においても津波による浸水を防ぐとともに、水門や排水機場の電気・機械設備の耐水対策を実施することを目標としている。特に、東京の沿岸部の第一線を守る防潮堤や水門の整備は、東京2020大会が開催される20年までに完了させることとし、新砂水門や辰巳排水機場の再整備など鋭意整備を進めているところである。

新砂水門再整備（完成イメージ）

京浜運河の防潮堤

また、津波や高潮時に水門を遠隔で操作する機能を担う高潮対策センターについては、江東区内の既存の高潮対策センターに加え、15年4月、新たに港区内に第二高潮対策センターを設置し、センター2拠点による体制に強化した。

陸こう（防潮堤を連続させられない箇所に設ける開閉式の門扉）については、より安全・確実に防潮機能を果たすため、陸こうそのものを極力削減することとし、陸こうを乗り越える道路を造成してスロープ化するなど、可能な限り削減を進めており、現在では、東日本大震災時の46カ所から35カ所に削減している。

なお、廃止が困難な場合には、遠隔制御化や電動化等を図っていくこととし、16年4月からは竹芝地区など2カ所の陸こうの遠隔制御化をスタートさせている。

斎藤真人・港湾局長に聞く
物流全体を見据え、日本経済を牽引

――昨年7月に局長に就任してから10カ月が経ちますが、東京港の港湾経営について、局長のお考えをお聞かせください。

就任後、東京港が首都圏の生活と産業を支える重要な役割を担っていること、また、多くの関係者の皆様による協力で運営が成り立っていることを、日々身をもって感じています。

生産拠点の海外移転等の進展によって、東京港は輸入貨物の増加が続いていますが、貨物の大部分は食料品や衣類など生活必需品であり、その機能は一日たりとも止めることができません。

一方で、東京港のコンテナ貨物取扱量は施設容量を上回り、ターミナル周辺の交通混雑が常態化するなど、機能強化が求められています。現在、抜本的な対策として、中央防波堤外側外貿コンテナふ頭や臨港道路南北線・接続道路の整備等を推進していますが、今年3月には短期的な対策として、貨物の一時保管場所（ストックヤード）を設置する実証実験を開始しました。

東京港からの陸上輸送はほとんどがトラック輸送であり、大動脈（海運）と毛細血管（陸送）のつなぎ目の円滑化が大きな課題です。今後も、物流全体を見据え、施策を積み重ねていくことで、日本の成長戦略を牽引し、持続可能な都市の実現にも資する東京港を目指していきたいと考えています。

――2020年に向けて工事が集中することや、東京2020大会期間中は車両の増加が予想されることから東京港への影響が心配されますが、局長のお考えをお聞かせください。

まず、2020年に向けた工事についてですが、東京港では、海の森水上競技場や臨港道路南北線及び接続道路、新客船ふ頭などの整備にかかる大規模な海上工事を実施しています。これらの工事が同時期に輻輳（ふくそう）することにより、港内を航行する多数の一般船舶と工事用船舶とが錯綜（さくそう）するため、安全の確保が課題となっています。このため、全国初の取り組みとなる、工事用船舶の航行安全対策を今年3月から開始しました。具体的には、「とうきょうポートラジオ」という船舶の安全運航を支援する無線通信を活用し、一般船舶に加え、新たに工事用船舶も対象として運航情報の提供や安全対策の支援を行っています。更には、工事用船舶の運行ルール等を記した『航行安全教本』の作成、海上保安庁と連携した工事用船舶の船長等に対する「安全講習会」の実施により、航行安全の徹底を図っています。

また、大会期間中には、臨海部に選手村や競技会場が多く配置されるとともに、関係者輸送ルートが設定される予定です。東京2020大会の成功を支えるためにも、首都圏の生活と産業に不可欠な物流機能が止まることのないよう、関係機関等と調整、連携して、大会と港湾物流の調和の実現に取り組んでいきます。

――港湾局では、島しょ地域の生活や産業を支える事業も行っています。港湾局の取り組みについて、局長のお考えをお聞かせください。

伊豆諸島及び小笠原諸島における生活の安定や産業の活性化のため、港湾局は重大な役割を果たしています。これまでも、港湾・漁港・空港の整備をはじめ、船客待合所の建て替えや多言語表示案内板の整備、防災力向上のための津波避難施設・海岸保全施設等の整備、航路・航空路の維持を図るための支援を進めてきました。

今年度は、まず、航路について、高速ジェット船更新のための新たな補助制度を創設します。高速ジェット船は、島民にとってなくてはならない交通手段です。老朽化した船舶の更新を促進するため、建造費に対して45%を補助する全国初の取り組みを実施し、長期的な航路維持に役立てます。航空路については、本土と三宅島や八丈島を結ぶ路線を対象に、航空会社に対する運賃補助を行います。本年4月に施行された、いわゆる「有人国境離島法」に基づく交付金を活用することにより、今後、同路線において現行の普通片道運賃から約40%を割り引く新たな島民割引運賃の早期導入を図っていきます。

これらの取り組みによって、島民の皆さまの生活や産業に欠かせない交通アクセスを確保していきます。

――ありがとうございました。

5月20日は東京港開港記念日

都総務局

庁内ルールの順守徹底を
コンプライアンス推進で方針

都総務局は17日、コンプライアンス（法令順守）を推進する中核的な役割を担う組織として、局長級で構成する「コンプライアンス推進委員会」（委員長＝川澄俊文副知事）を立ち上げ、「コンプライアンス基本方針」を決定した。法令だけでなく、庁内ルールや組織が決定した方針を順守するよう改めて通知。全管理職を対象にコンプライアンスを加味した研修を実施し、意識を浸透させることも決めた。

コンプライアンス推進は、「都民から信頼される都政」の実現が目的。特に不祥事が発生したわけではないが、小池知事は昨年の豊洲市場予定地の盛り土問題で、所属長の決裁や部署の引き継ぎなどについて、「情報の共有、コンプライアンスが欠けていたと言わざるを得ない」と指摘していた。

基本方針では、①法令はもとより、業務執行のために庁内で定められた各種ルールや組織で決定した方針等を順守する②都民が期待する都政の使命を果たしているかなどの観点から担当業務を常に見つめ直し、より良い都政の実現を図る——の2点を認識し、業務に取り組むよう求めた。

具体的な取り組み内容としては、服務・文書・会計などの制度所管部門との連携を強化するため、各課長級による「制度部門幹事会」を設置。服務管理などのリスクを調査する定期監察の結果などから明らかになった課題を幹事会で共有し、改善点や制度への反映などを検討する。総務局文書課長や行政改革課長、人事課長、財務局契約調整担当課長、生活文化局情報公開課長などがメンバーとして加わる。

各局で行っている汚職等非行防止研修を「コンプライアンス推進研修」として組み直し、職員に浸透させる方針も示した。特に全管理職を対象に2～3年に1回実施するほか、課長代理・一般職員は許認可、契約、検収、課税、徴税、補助金決定などの担当者を対象に2～3年に1回または人事異動の度に実施する。その他の課長代理・一般職員も3年に1回をめどに、現在のカリキュラムにコンプライアンスの研修を組み入れる。

委員会の冒頭、小池知事は「時代も都民のニーズも変わる。都政の在り方を見直して、都民に信頼される都政であり続けるためにも、法令などの一字一句に目を留めるだけでなく、ルールが設定された背景や目的に思いを寄せてほしい」とあいさつ。情報公開条例の改正や公文書管理条例の制定に言及し、「今のルールが都民のニーズに合致していないことが明らかになった場合は、新しいルールの設定も視野に入れた検討を進めてほしい」と呼び掛けた。

従来は服務事故など未然予防のための行政監察が主だったが、総務局は「新たな方針では、都職員が守るべきルールの範囲を法令以外に広げて明示し、より良い都政の実現に向けた心構えについても言及した」（コンプライアンス推進部）と説明する。

都総務局

全職員に向け注意喚起
大規模サイバー攻撃で

欧州を中心に被害が拡大している大規模サイバー攻撃に関連して、都総務局は15日、職員に対し、不審なメールを開封しないよう注意を呼びかけた。

同局は、職員向けポータルサイトのトップページに注意喚起を促す文章を掲載。全職員にメールも送信した。また、現在判明しているサイバー攻撃に関連するIPアドレスをセキュリティー会社から入手し、職員が誤ってアクセスした場合にも庁内サーバー内でブロックするようセキュリティーを強化した。

都は3月～4月にかけて職員用パソコンのセキュリティーシステムを更新していた上、今回のサイバー攻撃がWindowsの旧型OSのセキュリティーの脆弱（ぜいじゃく）性を狙っていたこともあり被害は出ていない。

同局は「今回のサイバー攻撃は、日常のセキュリティーで対処できるものだったが、継続して強化に努めたい」（情報通信企画部）と話す。

今回のサイバー攻撃は、パソコンに「ランサムウェア」と呼ばれるウイルスを感染させることでファイルを暗号化させ、復旧と引き換えに300ドル～600ドルの支払いを求めるもの。15日までに世界150カ国以上、30万台の被害があり、日本でも㈱日立製作所や東急電鉄㈱、川崎市役所などで感染の報告があった。

NZ首相が訪都

携帯電話回収をPR
「リサイクルを東京から発信」

ニュージーランドのビル・イングリッシュ首相が17日、都庁を訪れ、小池知事と面談した。

知事は面談時に、「リサイクル・リユースのコンセプトを東京から発信したい」と、都市鉱山から2020年東京五輪・パラリンピックのメダルを作る「みんなのメダルプロジェクト」をPR。イングリッシュ首相はスマートフォン1台を回収ボックスに入れ、「メダルという形になって自国の選手が持ち帰るのを期待している」とコメントし、小池知事から感謝状を受け取った。

小池知事と、スマートフォンを投入するイングリッシュ首相＝17日、都庁第一本庁舎で

小池知事

入札制度改革でヒアリング
関係団体から反発相次ぐ

小池知事は15日と17日、入札契約制度改革に関わる事業者へのヒアリングを実施した。関係団体からは制度改革の見直しを求める要望が出され、「改革の実施は中小企業には耐えられない」など不安の声が相次いだ。

都政改革本部が3月にまとめた入札制度改革では、予定価格の事後公表や一者入札の中止、JVの結成義務の廃止などが柱となっている。

団体からは、予定価格が事後公表となることで、短期間で精緻（せいち）な積算が求められることに懸念が集中。中小企業では人員の投入が負担になるとともに「積算にミスが生じ、意図せぬダンピングにつながる恐れがある」との懸念が示された。

また、中小企業が大企業とJVを組めなくなれば技術を研鑽（けんさん）する機会がなくなることや、最低制限価格の撤廃による中小企業間での価格競争が激化することも、多くの団体が問題視した。

東京建物解体協会は「説明会のあとにヒアリングを行うのは順番が全く逆。これまで信頼関係をもって各局の協力要請を受けてきたが、このようなことが続くと慎重にならざるを得ない」と激しく反発。制度改革の進め方にも疑問を投げかけた。

東京空調衛生工業会からは「魅力的な公共工事があれば、一者入札などは起こらない」など改革案を支持する意見も上がったが、「業界は『コンクリートから人へ』の時代に疲弊し、やっと前向きになったところで意見を聞かずに改革が発表された。疑心暗鬼になっている」との声もあった。

小池知事は「（制度改革に関する）情報が十分に行き渡っていないのではないか」と話し、より多くの中小企業が入札に参加できる環境を作り、透明性を高めることが制度改革だと説明。最低制限価格を撤廃して低入札価格調査制度の適用を拡大するのは大規模な財務局契約案件のみを対象にしており、中小企業への影響が出ないようにすることを約束した。

また、財務局は予定価格の事後公表と併せて、事業者が積算の時間を確保できるよう配慮し、必要な詳細情報を提供するとして、業界の理解を求めた。知事は22日にも各事業者からヒアリングを行う方針だ。

若手職員のホンネ　東京のとある居酒屋で⑧

評価方法の変化

公務員の成果主義って？

A　フレックスタイム導入は、ありがたいと思う職員がいる半面、勤務時間中に働いているかが確かめにくくなるっていう懸念はあるね。

C　僕はフレックスやりたい派なんだよね。Aさんが言うような危うさはあるにしても、人によっては短時間で仕事の成果を出せるしね。

B　最近、「長時間働くのはよくない」ということになってきているからね。

A　民間企業はどう管理しているんだろう？　特に外資系なんかどうやって管理しているのか気になる。

C　基本的に働き方を時間で管理していないみたいだよ。

A　成果を見るっていうこと？

C　出てきた結果で管理すれば良いのであって、勤務時間中に職場にいようがいまいが成果が出ればいいということじゃないかな。

D　この期限までにこの仕事を終わらせれば、やり方は任せると。

C　そっちの方が厳しいなと思ったけどね。

B　逆に責任が重くなるよね。

C　仕事を振る上司の方も、必要な成果の水準を分かっていないと、部下に指示を出しにくいところもあると思う。

A　公務員も将来的にはそういう風になっていくのかな。

C　世の中全体がそうなっていくんじゃない？　極端な話、「勤務時間は自由」という代わりに評価の軸は成果の方に変わっていくと思うな。

D　うーん、でも特に公務員は、何をもって成果というのかを測れない仕事が多いからそうならないと思うけどな。人間力みたいなものが求められる仕事を整理すればそうなるかも。

C　整理できるところからやろうという話にもなるかもね。

B　でも、成果を評価するのも内部なのか住民なのか。現実的には住民なんだろうけど、自分たちでは判断できないな。

C　最終的な政策の評価は住民にしてもらうにしても、プロセスのところとか、どういうやり方でやったのかは内部で評価する必要があると思うな。

D　でも、そうなると人が人を管理しているわけだから、誰がどんな仕事をどこまでしているかを把握するのは限界があるし、同じ大部屋で、「やっている感じ」を出さないと安心できないね。例えば人工知能（AI）が発達して、管理職も人間でなくなれば完璧に管理されて、そんな問題もなくなるよね。僕らが思っているよりも早く、そんな時代が来るんじゃないかと思うな。

都都市整備局

選手村地区エネ業者
来月までに募集開始

都都市整備局は来月までに、2020年東京五輪選手村地区の跡地の水素エネルギー事業者の募集要項を発表する。同局は選手村跡地付近に水素ステーションを整備し、選手村跡地に建設するマンションなどの共用部に水素エネルギーを利用することを計画している。

これに先立ち同局は4月24日、事業者からの意見と質問の回答を公表。事業者からは、「当該事業の宣伝や水素ステーションでの自社商標の使用を認めてほしい」「公募前に、都だけではなく国を含めた支援策の内容を明確にしてほしい」などの意見が寄せられ、募集要項発表の際にはこれらの意見も参考にする。

東京下水道設備協会

副会長と専務理事が交代
新体制で新たなスタート

一般社団法人東京下水道設備協会（会長＝片岡啓治・㈱明電舎相談役）は12日、京王プラザホテルで第42回定時総会と懇親パーティーを開催した。定時総会では2016年度事業報告などの議題とともに役員人事案があり、いずれも承認された。副会長の松木晴雄氏（メタウォーター㈱会長）と専務理事の東郷展氏が退任し、新たに副会長に中村靖氏（メタウォーター㈱社長）、専務理事に前田淳一氏（前都下水道局局務担当部長＝西部第二下水道事務所長）がそれぞれ選任された。

懇親パーティーで、片岡会長は「都下水道局が昨年策定した『経営計画2016』を完遂し、インフラを支える東京下水道の高い技術力、強い結束力を世界に示してほしい。協会としても十分役割を果たせるよう、より一層の技術開発、新技術の提案を行うとともに、従来にも増して連携を図り、東京の下水道事業の発展に寄与していきたい」とあいさつ。

来賓で招かれた都下水道局の石原清次局長は「これまで培ってきた現場力・技術力・組織力の発揮と、『我々こそが課題を解決し、下水道サービスの向上を図る』という東京下水道魂で、下水道の持続的発展を目指していく。その実現には我が国を代表する設備メーカーである協会会員の技術力、開発力、将来ビジョンなどが不可欠だ」と語り、下水道事業に対する協力を求めた。

また、国土交通省下水道企画課の末久正樹課長補佐は、国交省の取り組みを紹介しつつ、「世界に誇る大都市・東京の更なる発展と、都民の安全安心の向上に向けて、協会がこれまで培ってきた技術と専門性を国交省としても大きく期待している」とエールを送った。

都下水道局は昨年度末に技術開発推進計画を6年ぶりに改定するとともに、新たな地球温暖化防止計画「アースプラン」も公表。協会が事業展開していく際のより具体的な指針が示されたことになる。そのため協会では、これら具体的なニーズに対応するには会員各社の優れたシーズをもって全力を挙げて取り組んでいくこととしており、今年度の事業計画では▽下水道設備技術の向上・改善と維持管理に関する調査・研究▽下水道設備に関する情報や資料の収集と啓発▽機関誌等を通じた下水道事業の普及啓発▽講習会・講演会の開催——などを柱とする事業展開を予定している。

懇親パーティーであいさつする片岡会長

都教育庁

カウンセラーを派遣
都立高校生殺人受け

都立高校の男子生徒が、台東区内のマンションで同級生で交際相手の女子生徒を殺害した事件を受け、都教育庁は15日から生徒の心のケアを始めた。

都教育相談センターから心理カウンセラー3人を同校に新たに派遣し、以前から勤務している1人と合わせて、最大4人体制で生徒からの相談を受け付けている。同校では全校集会や保護者会で事件の経緯などを説明した。

同庁は「今回の事件を受けて動揺している生徒も多い。今後も生徒の心のケアは欠かさずにしていきたい」（高等学校教育指導課）と話す。

同庁はまた、全都立高校に対して生命を尊重する教育を実施するよう改めて要請し、再発防止に努めている。

五輪への航海図 179　TOKYO 2020　開催まで あと1162日

特別区の戦略①

千代田区・風格ある景観

江戸城の遺構と桜並木が特徴的な「北の丸公園」には、2020年東京五輪で柔道・空手の競技会場となる日本武道館がある。この周辺地域で、千代田区が「風格あるまち」の実現を目指している。区は皇居周辺、特に北の丸公園周辺地域で公共施設の整備・管理を含め、ハード・ソフト両面でレガシーを残したいと考え、江戸時代から受け継がれる歴史的景観や豊かな自然環境といった地域の魅力を引き出すことがコンセプトだ。

区の事業の柱が、靖国通りに面した「九段坂公園」から千鳥ヶ淵緑道で連続した公園・遊歩道の整備だ。この周辺は元々、日本武道館でのイベントや花見シーズンなど、一時期に集中して多数の人々が訪れ、動線が窮屈になりやすい課題がある。区は15年に取得した都有地と一体的に整備する。

もう一つの課題が、竹橋駅から千鳥ヶ淵に至る代官町通りの歩行者ネットワークの形成。代官町通り土手は、お堀と北の丸公園の眺望が広がる絶好の散策路だが、皇居周辺のランニングコースとなっている。道路の両側の土地管理者は環境省と宮内庁にまたがり、両官庁とも連携して歩行空間の創出を目指す。

景観や自然環境の保全という視点では、国や民間との連動も欠かせない。例えば周辺には国立近代美術館工芸館や九段坂公園内の「常燈明台」や銅像などの史跡があり、区としては歴史的・文化的な建造物の魅力を引き出すような保全・活用を各管理者に働きかける方針。千鳥ヶ淵の桜の保全や景観の改善も検討課題となっている。

大会を見据えた課題には、バリアフリー化もある。区は「九段下駅・田安門前」にかけてバリアフリールートを確保するなど、障害の有無にかかわらず快適に街歩きを楽しめるようにする。

区は区議会第2回定例会での議論を踏まえ、7月を目途に構想を取りまとめたい考えで、区環境まちづくり部の印出井一美景観・都市計画課長は「五輪とその後を見据えて、都心の風格ある景観を関係機関と連携して形成したい」と話す。

北の丸公園周辺には歴史的建造物も多い

昇任試験対策のページ

29年度 職員教養講座

東京都管理職選考対策

▶番外編㊤◀

口頭試問について

本年度の都管理職選考が約1週間後に迫り、受験者の皆さんは筆記考査に向けて最後の準備をされていることでしょう。1年間の努力の成果を思う存分出し切れるよう頑張っていただきたいと思います。

さて、今回はその筆記考査後に実施される口頭試問がテーマです。管理職試験は、筆記考査だけではなく、口頭試問まで突破しなくてはなりませんから、十分対策を立てて臨んでください。

口頭試問の概要

まず、口頭試問の概要ですが、既に要綱に示されている通り、択一や記述の成績が一定の基準に達した人のうち、論文及び勤務評定を総合して一定基準以上の人を対象として、個別面接方式で2回実施されることとなります。最終的な合格者は、種別A、Bともに、論文、勤務評定、口頭試問、適正評定の成績を総合して決定とありますので、口頭試問の位置付けが重要であることは言うまでもありません。

口頭試問の準備

次に、口頭試問の準備について触れたいと思います。事項別に記載してありますが、平成29年度の口頭試問受験者への通知日が6月28日（水）であり、口頭試問第1回目の実施日が7月31日（月）・8月1日（火）と、筆記考査の日程が後ろ倒しされた影響もあり、昨年度より約1カ月程度遅くなっています。夏休みの取得時期と重なってきますが、口頭試問に向け、着実に準備を進めていく必要があると思います。

①面接票の作成

口頭試問の対象者は、準備としてまず、面接票を作成することとなります。面接官は、この面接票を中心に口頭試問を進めていくことになりますので、この面接票の作り込みは合否を左右するといっても過言ではありません。面接票は表裏でA4サイズ2枚分から構成され、表面は職歴や主な仕事、自身の自己啓発などについて記載します。裏面は近年の担当業務や成果、後輩や部下指導、管理職としての心構えや取り組んでみたいことなどを中心に記載します。

では、作成にあたってのポイントをいくつか挙げてみます。

まずは、簡潔に書くことです。あまりスペースもありませんので、長い文章で書くのではなく、箇条書きで簡潔に記載することを心掛けましょう。自身の職務経験や管理職としての心構えなどは、事項としても少なくとも二つ、出来れば三つ書きたいところです。

また、その内容は質疑応答の中心になりますから、あまり細かく書き過ぎてしまうと、質疑応答につながりません。自身の職務経験などは詳細に記載したいところですが、面接票はあくまで口頭試問のための道具であり、きっかけとして捉え、詳細は質疑応答の中で面接官に説明しましょう。

②自己PRの準備

面接票を準備すると同時に、自己PRの用意もしてください。2回行われる口頭試問のうち、1回目の冒頭に1分間の自己PRの機会があります。2回の口頭試問を通じて唯一、自由で積極的なアピールの機会ですから、大事にしなければなりません。しかし、1分間と決められていますから、あまり多くのことを盛り込んだPRではなく、仕事に対する思いや得意なことなどを中心に、具体例なども織り交ぜながら作成すると良いと思います。

1分間のPRを文字数にしてみると、話すスピードにもよりますが、400字程度になります。この400字をしっかり練り上げた後に、1分間で話す練習をします。練習に際しては、話すスピードがあまり早くならないように注意しましょう。どうしても1分間をオーバーしてしまう場合には、原稿の字数を削減しましょう。間違っても早口で詰め込むようなPRはいけません。

また、当然ですがPRはその後の質疑応答でも更に話題となる可能性が高いので、その点も踏まえて作成しておく必要があります。しっかり練り込んで作り、それをしっかり覚える。自己PRはこの2点がポイントです。

③想定質問集

次に想定質問集の作成です。自己PRや面接票の内容を中心として想定質問集を作成することとなりますが、ここでは想定質問の位置づけについて触れておきます。

想定質問の作成が口頭試問の受験で重要であることは異論のないところですが、あくまで自身の考えを整理するために作成すると考えてください。つまり、想定質問とその回答を作成する過程において自身の考え方が整理されていく、あるいは再認識する、ということが重要であり、作成した想定質問と回答を一言一句覚える必要はありません。回答を覚えることに重点を置いてしまうと、口頭試問の場で万一、その回答の一部を忘れてしまった場合などにパニックに陥り、それ以外の質問に対しても対応できなくなる可能性があります。そうなってしまうと、その口頭試問全体が崩れてしまうことになりかねません。また、口頭試問における面接官の質問が、想定質問と若干相違していた場合も質問と回答に齟齬が生じるなど、あまり良い結果に結び付かない可能性があります。

想定質問集の作成は、完璧な想定質問集の作成を目指すのではなく、改めて自身の考えを整理するものとして認識することが重要です。想定質問の中には、受験の動機や管理職になってやってみたいことなど必ず作成しておくべき事項がありますが、その他にも都の政策や事例の想定など、質問事項を考え始めるとキリがありません。それよりも、どのような考え方や信条などを柱として回答を作成するのか、ということがポイントになります。

例えば、自分はどんな場面でも粘り強く取り組むことが信条だとすれば、自己PRや想定質問の回答も、その信条を柱にして回答を作成していくことが必要です。この考え方がぶれてしまうと、回答作成の中で矛盾が生じてしまい、本番でも面接官に矛盾を指摘されることになりかねません。自身の柱となる考え方が整理されていれば、面接官の変化球に対しても対応することができると思います。

④模擬面接

局によっては、模擬面接を実施している場合があります。また、管理職試験に向けた勉強会なども実施していると思いますが、模擬面接の機会がある場合は、ぜひ積極的に活用しましょう。自身の準備した自己PRや面接票、想定質問集などが、どこまで通用するのかを確認する絶好の機会です。自己PRは1分間でうまく話すことができたか、面接票では、自分が聞いてほしいと思っていた点を面接官が聞いてくれたかなど、試したいポイントを絞って臨むと効果的です。また、回答に当たっては、一つの回答があまり冗長にならないように心掛けましょう。日常の業務で、説明を行う場合は相手の様子を見ながら、端的に話すことを心掛けているかと思いますが、面接の際も同様にあまり長過ぎてはいけません。

面接官は受験者とのやり取り、つまり会話のキャッチボールをする中で評価していると考えられます。受験者が勝手に説明し続けるような、キャッチボールにならない面接では評価できませんし、面接官の印象が良くなるとは思えません。一つの質問に対する回答は30秒程度を目安とし、どんなに長くても1分を超えることのないように注意しましょう。ですから、想定通りの質問が来ても、2回、3回とキャッチボールを繰り返すことをイメージして回答しましょう。

留意事項としては、模擬面接は、あくまでも「模擬」ですから、その結果がいまひとつであっても極度に落ち込む必要はありません。むしろ、修正すべき点が早めに明らかになることを歓迎すべきこととして、前向きにとらえましょう。

また、模擬面接で注意された点は、真摯に受け止め、修正を図っていく必要がありますが、全てを受け止めた結果、自身の考え方などが定まらなくなってしまうことは避けなくてはなりませんので、取捨選択を図るようにしましょう。

模擬面接後に、面接官役の人と意見交換する機会があれば、自身の考え方などについても意見交換するとよいと思います。模擬面接という実践の場をフル活用しましょう。

口頭試問本番に当たって

いよいよ口頭試問本番です。本番は2回実施されますが、交通機関の状況等も見据え、指定された時間よりも早めに試験会場に到着することを心掛けましょう。特に1回目の口頭試問における自己PRは口頭試問全体の重要なポイントです。ここでしっかりPRすることにより、口頭試問全体を良い流れに導いていくことができます。早めに会場入りしたならば、自己PRはしっかり復習しておきましょう。

模擬面接の項でも触れましたが、口頭試問における最大のポイントは面接官とのキャッチボールです。例えば、面接票に書かれた仕事の成果について、以下のような質問の展開が予想されます。

○「面接票に書かれているAという仕事はどのようなものか」

○「その仕事の中で一番苦労した点は何か」

○「その時にあなたはどのように対応したのか。工夫した点は何か」

自身の仕事についての質疑応答であれば、こうした質問に対してキャッチボールが可能であろうと思いますが、都政の話題などで知識がなく、どうしても答えられないことがあるかもしれません。そうした場合、無理やりに何か答えるよりも、「申し訳ありませんが、知りません。これから勉強します」と答えることも一つの方法です。

ただし、この回答ばかりでは口頭試問になりませんから、この回答は1回が限度と思ってください。また、筆者の知人が実際にこの回答をして合格していますが、直後の2回目の口頭試問で同じ質問をされたそうです。知人は1回目で「知らない」と回答した後、すぐにその事項について調べていたため、2回目ではスムーズに回答できたそうです。また、2回目で同じことを質問していることから、1回目の結果は引き継がれ、再度確認しているとも考えられます。「1回目で失敗したな」と思ったことはすぐに確認・修正して2回目に備えることも重要ということです。

面接官とのキャッチボールで一番避けなくてはいけないことは、黙ってしまうことだと思います。回答に窮する場面でも、対話を続けることが大事です。面接官の質問の意図が分からない場合は、質問の趣旨を確認してから回答を考えても良いと思いますので、キャッチボールが途切れることがないよう、粘り強く食らいついていきましょう。そこに光明が見えてくると思います。

おわりに

前述の通り、口頭試問対象者が発表されてから、口頭試問が終了するまではあっという間です。いつから対策に取り組むのか、この短期間でどれだけ準備できるかが勝負の分かれ目だと思います。管理職選考の受験者には、仕事も家庭も忙しくされている人も多いと思いますが、口頭試問終了までは歯を食いしばって乗り越え、合格をつかみ取っていただきたいと思います。皆さんの健闘をお祈りしています。

特別区 管理職試験講座 29

I類択一・記述　I・II類論文　29年度

I類記述

事例解説①

解答

高齢者が安心して暮らせるまちづくりを目指して～認知症の高齢者と家族を地域ぐるみで支援する仕組みの構築～

1 提案の目的

認知症の高齢者は年々増加し、10年後には高齢者全体の5人に1人となることが想定されているなど、認知症は区民生活に身近な疾患となりつつある。こうした状況を踏まえ、認知症の高齢者とその家族が住み慣れた地域で安心して暮らし続けることができるよう、地域全体として、認知症に対する正しい理解を深め、的確に支えていく仕組みを構築する。

2 資料分析

(1) 東京都の高齢化率は、これまで右肩上がりで増加してきており、平成47（2035）年には約30%まで上昇することが見込まれている（資料1）。

(2) 全国における65歳以上の認知症の高齢者は、平成37（2025）年に約700万人と、高齢者全体の約20%を占めるようになり、その後も増加していくことが見込まれている（資料2）。

(3) 都内に居住している9割近い高齢者は、今のまちに住み続けたいと考えている（資料3）。

(4) 都内では、在宅で生活している高齢者のうち、認知症が疑われる人のいる世帯の半数近くが、一人暮らし世帯または夫婦のみの世帯である（資料4）。

(5) 認知症に対する家族の不安要素として、「ストレスや精神的負担」「周囲への迷惑」「経済的負担」「仕事への影響」など、生活上の様々な事項が挙げられている（資料5）。

(6) 先進自治体の取り組みとして、子どもから大人に至るまで、住民や関係機関の認知症の理解を深め、地域全体で支援する仕組みを構築したり、行政職員自らが認知症を正しく理解し、地域の関係機関と連携しながらより適切な対応を取ることができる体制を整備することにより、成功事例を積み重ねている例がある（資料6・7）。

3 区政の課題

(1) 認知症の高齢者は、今後ますます増加することが見込まれており、生活の身近な場面で接する可能性があることから、区民一人ひとりが認知症について正しく理解し、適切に見守り、声を掛け合うことができるよう、普及・啓発を一層推進していく必要がある。

(2) 認知症になっても地域で安心して生活が継続できるよう、地域包括支援センター、介護施設、医療機関等との連携にとどまらず、地域住民との一体的なネットワークにより、地域全体で見守り、支え合う体制を構築していく必要がある。

(3) 精神的・身体的な負担や周囲への迷惑を気にしながら認知症の高齢者の介護をしている家族、自身も認知症を発症し、または発症するリスクを抱えながら介護をしている家族等の負担を軽減するため、的確な支援を行っていく必要がある。

4 具体的な施策

(1) 一人でも多くの区民が認知症の正しい知識を持ち、認知症の高齢者やその家族を温かく見守ることができるよう、日頃から地域の目として中心的な役割を果たしている町会、商店街、区内企業、官公署、学校等に「認知症サポーター」を計画的に育成・配置し、サポーターを軸として認知症に関する知識の浸透を図る。

《妨げとなる事柄及び解決策》

現在の認知症サポーターの多くは、養成講座を受講するにとどまり、その後の具体的な活動には結び付いていない状況が見られる。その解決策として、養成講座で習得した知識を生かし、活動につなげていくために、サポーターが所属する団体を「地域あんしん協力団体」として認定し、フォローアップ講座を定期的に開催したり、サポーター同士の連携を深めることにより、活動に対する意識の醸成を図る。

(2) 地域包括支援センターを中心とする医療・福祉連携の仕組みとは別に、学校を中心とする子どもに関する見守りネットワークの枠組みの中に認知症の高齢者の見守りの視点を加え、日頃から認知症に関する情報共有を図り、高齢者の日常のわずかな変化も見逃さない体制を確立する。

また、この取り組みを通じて、子ども達が将来見守る側に立つという意識の醸成にもつなげていく。

《妨げとなる事柄及び解決策》

子どもに関する見守り体制に認知症の高齢者の見守りを加えることについて、地域の理解を得るとともに、実効性を担保していく必要がある。その解決策として、高齢者の異変等を察知した場合は、既存の医療・福祉連携のネットワークに通報して対応する仕組みとするなど、より効果的で取り組みやすい形で実施する。

(3) 定期的な相談会の開催や相談窓口の設置、専門家によるコールセンターの開設等、家族介護者に対する相談体制の充実を図るとともに、介護者同士の集いの場や家族の会の活動等に係る情報提供を行い、精神的・身体的な悩みを緩和できるよう支援する。

《妨げとなる事柄及び解決策》

相談会や相談の場は、介護の状況等によっては自由に利用できず、本当に思い悩んでいる家族の利用につながらない場合もある。その解決策として、区施設の利用時などにおいて、いつでも気軽に相談に乗れるよう、窓口職員全員に認知症の基礎知識を習得させ、相談を受け付けた場合に確実に相談窓口につなげる仕組みを構築する。

5 まとめ

認知症の高齢者やその家族が安心して暮らせるまちを実現するためには、認知症を正しく理解し、地域ぐるみで見守り、支え合うことが不可欠である。

私は、特別区の課長として、区民と協働した優しく温かい地域づくりに向けて、全力を挙げて取り組んでいく所存である。

解説

以下、記述式の解答作成で重要な事項を記述します。

【題名】

提案する施策の内容を簡潔に表現し、副題を付けます。

【提案の目的】

これから何を提案するのか、読み手（採点者）が一読して納得のいく文書内容にし、かつ、簡潔に述べます。

【資料の分析】

28年度は13点の資料が添付されており、11点がグラフや図表、2点が新聞記事からの引用でした。新聞記事には課題や解決策も記載されていますので、グラフや図表より先に読むと、提案の方向性をイメージしやすくなります。グラフや図表から、経年推移や割合の増減及び特徴的な数値を読み取り、新聞記事からはポイントとなるキーワードを抜き出します。

【区政の課題・具体的な施策】

資料の分析から明らかになった課題を三つ取り上げ、これらを解決するための施策を記述します。課長の立場で解決可能で、かつ、現実的な施策を提案することが重要です。

【まとめ】

これまでの提案を要約し、提案した施策が実効性のあるものであることを改めて強調することで、読み手（採点者）を納得させるようにします。

【最後に】

2時間でA3用紙を埋める作業は非常に大変で、事前準備は欠かせません。まずは解答のフォーマットを作成し、次に大方の時間配分を決めておくことが重要です。

また、実際の解答用紙は方眼紙になっていますので、当日焦らないためにも事前にサンプルを入手し、手書きで解答を作成する練習を必ず行っておいてください。解答用紙のどこに、何を、どのくらいのボリュームで記載するかを事前に決めておくことも重要です。鉛筆で書き、消しゴムで消すという作業の繰り返しは想像以上に体力と時間を使います。

ご健闘を心からお祈りしています。

働く人々 ㉔

大瀧安良

都立多摩図書館

1月に新装オープンした都立多摩図書館の真ん前には、かつての武蔵国分寺に通じる「東山道武蔵道」が12㍍の幅で復元整備され、歴史と文化を感じさせます。

私が普段お世話になっている区立の地域図書館は、市民への貸し出しサービスが業務の中心です。一方、都立の図書館は一般への貸し出しは行わず、情報の集積利用と地域図書館との相互連携が主な業務です。その役割に見合った専門職＝司書がきちんと配置されています。

多摩図書館の特色は、案内チラシのキャッチコピーにあるように、「『雑誌』と『児童・青少年資料』の図書館」です。

明るい閲覧室内に整然と書架が配置され、日がな一日居たくなります。閲覧室のほぼ中央に相談カウンターがあり、利用者はここでレファレンスサービスを受けることができます。「多摩の歴史について調べたい」から「今日の夕飯のメニューに役立つものを」まで、様々な問いに対し、司書が対話で勝負。ネットによる情報検索の便利さはもちろん認めます。しかし、司書さんとの対話によってネットとは違うものを得られるはず（絵㊦）。

児童青少年資料サービスでは、子供の読書活動推進の拠点として、先進的な取り組みを行っています。今日はその中の一つ、登録制のおはなし会を見学させてもらいました。

沢山の希望者がある中、抽選で選ばれた20組の親子が「えほんのこべや」に集い、童歌や絵本の読み聞かせを楽しみます。1年間を通して親子間のスキンシップを図り、子供の言葉や心の発達を育てます。0～1歳児と1～3歳児の2グループ（計40組）に分けて行われました（絵㊤）。

館内には、会話が許される「グループ閲覧室」、貴重な資料を企画展示する「展示エリア」などのほか、視覚障害者サービスのための「対面音訳室」があり、ちょうど対面サービスをする場面に出会いました（絵㊧）。また、館入り口のすぐ脇に、都内区市町村ごとに分けられたボックス（下駄箱のイメージ）があり、地元に行かないと手に入りにくい観光資料などの地域情報が手に入ったのはとてもありがたかったです。

電車に乗ると長椅子に座っている7人中5人はスマホの画面に見入っている時代。生身の人間（＝図書館職員）と紙に印刷された重みのある情報（＝図書）とで勝負する図書館がこれからどうなっていくのだろう、と考えつつ帰路につきました。

参加者をまとめ（中央）、参加者のための写真を撮り（右）、会の記録をする（左）職員たち

対面音訳をする音訳者

相談コーナーで利用者の声を聞く職員

協力：（一財）日本ファッション協会

シネマ夢倶楽部 オススメシネマ

Japan Fashion Association

パトリオット・デイ

例年通り"愛国者の日"に開催された、全米最古のマラソン大会に活気づくボストンの街。レースが最高潮に盛り上がった午後2時45分頃、突然ゴール付近で二度の大爆発が発生し、悲鳴が飛び交う現場は大混乱に陥った。負傷者への懸命の救助活動が行われるなか、何者かによる計画的な爆破テロと断定したFBIは大規模な捜査を開始。現場の惨状を目の当たりにしたボストン警察のトミーは、指揮を執るFBI特別捜査官デローリエに反発しながらも、犯人を逮捕したい一心で自らの務めを果たそうとする。やがて"黒い帽子の男"と"白い帽子の男"のふたり組が容疑者として捜査線上に浮上し、事件はアメリカ全土を揺るがす緊迫の事態へと発展していくのだった…。

約3万人のランナーと50万人の観衆が集うビッグイベント、ボストンマラソンを標的にした卑劣な無差別爆弾テロの犯人は4日後に死亡、逮捕という形で事件は解決したが、その裏にはメディアが伝えていないいくつもの知られざる事実があった。捜査陣は無数の観衆にまぎれ込んだ容疑者たちをいかに特定して追跡し、驚異的なスピードで解決を成し遂げたのか。図らずも事件に巻き込まれるはめになった多くの市民は、そのときどのように行動したのか。ハリウッドきっての俳優たちが実在する人物を実名で演じ、驚くべき事件の裏側を余すところなく描ききった第一級の実録サスペンス・ドラマ。

◆推薦委員コメント

三遊亭小円楽（落語家）

2013年4月15日ボストンマラソンで起きた爆弾テロを、事実に基づいて作られたこの作品は、主人公以外はすべて実名実在の人々で構成されていて、その傷跡を生々しく映し出していく。要所に実写映像を使うなどリアリティーがあり、見ていてグイグイと引き込まれていく。ラストに登場する傷ついた人たちの新たなる決意に思わず胸が熱くなる一作。

藤原作弥（元日本銀行副総裁）

典型的なアメリカの国威発揚映画。だが、ボストンマラソンという世界的なイベント中に発生したテロ事件をドキュメンタリー・ドラマの手法で映像化し、アメリカの良さを浮き彫りにしてみせた。つまり、自由、民主、人権、平等…などの"建前"の墨守である。トランプ政権発足後にこの映画を観ることは、アメリカの多様性を暗示し、とても興味深い。

◇

2016年／アメリカ／133分

配給：キノフィルムズ

［6月9日(金)より、TOHOシネマズ スカラ座ほか全国にてロードショー］

シネマ夢倶楽部 5月26日（金）午後5時45分開場／6時15分開映。「一ツ橋ホール」で上映。※この上映会に10組20名様を抽選でご招待いたします。Eメールで件名を「上映会招待希望」とし、（1）今号で参考にできた記事、（2）参考にできなかった記事、を記入の上、〒・住所・氏名を明記の上、enshu@toseishimpo.co.jpまでお申し込みください（5月21日必着）。

（一財）日本ファッション協会の「シネマ夢倶楽部」では、いい映画・上質な映画をお薦めしています。会社・学校・地域での上映会をご希望の方は、事務局までご連絡ください。シネマ夢倶楽部事務局（電話03・3295・1411 http://www.japanfashion.or.jp/cinema/）

町田市立国際版画美術館

異才のほぼ全版画作品

横尾忠則 HANGA JUNGLE

《Shanghai Hi-Yoo Koo Soo》 2010年 町田市立国際版画美術館蔵

グラフィック・デザイナーだったという経歴が疑われるほど、枠や型にとらわれずに来た人である。逸脱、侵犯、挑発の姿勢を貫いてきた芸術家だ。

大ファンだった人気女優・浅丘ルリ子の体の特徴を電話で取材し、パンティーがずり下げられたあられもない姿を鮮烈な色彩で表現してスキャンダルになったのが《浅丘ルリ子裸体姿之図》（1968年）。おわびの気持ちは、自らの裸を浅丘のカメラにさらすことで表明した。

繊細な感受性の神経を全身に張りめぐらせているような美青年。スタイリッシュなファッションと合わせて、若者たちの羨望を一身に担う時代のシンボル的存在だった。

この画家の、ごく初期からほぼ全ての版画作品に、従来ポスターとみなされてきたHANGA約20点も加え、全250点余で構成される「HANGA JUNGLE」展だ。いろいろな作品を集めた本展を、多様な植物が繁茂するジャングルに例えている。

いつも時代の先端にいた。デザインでの最初の職場は亀倉雄策らによる「日本デザインセンター」。東京オリンピックを契機に、日本のデザインが世界に進出するころである。

それに続いた小説の三島由紀夫、舞踏の土方巽、写真の篠山紀信ほかとの共同の仕事は各界に衝撃を与え、寺山修司の「天井桟敷」に加わり、唐十郎の「状況劇場」には伝説的な傑作ポスターを提供してきた。

大衆文化の深層に達しつつポップ、スキャンダラスにして先鋭な表現に注目した海外から、いち早くオファーがあり、1967年にニューヨークで個展。69年のパリ青年ビエンナーレの版画部門では《責場》でグランプリを受賞。ニューヨークでは先鋭的な現代音楽家・一柳慧との親交も生まれ、横尾自身の作品も世界的な展望を得ることになった。

作家は成功作に立ち戻るという。だがこの人にその定義は通用しない。本展会場でも、前作を継承することのないイマジネーションの跳躍力に驚嘆させられる。その中には子供のころに観たターザン映画や山川惣一、江戸川乱歩などの小説と挿絵や、ときに春画の幻影も介入してくる。

自分を版画家だと思ったことは一度もないという。気が向いたら集中的に取り組むというスタイルで来たらしい。気まぐれで制作してきたので気まぐれに見ていただいて結構ですと、当人から優しい言葉が贈られている。その言葉に甘え、80歳になった今日もなお活発・自在に活動する、ポップで多彩で鮮烈なYOKOOワールドに浸らせてもらおう。

町田市は地域活性化のため、文化・芸術・スポーツ振興に力を入れている。その拠点の一つがこの版画美術館。また、駅からここへの往来途中にある「町田市民文学館・ことばらんど」も。そこでは6月25日まで「本の雑誌厄よけ展―オモシロ本を求めて42年」展を開催。椎名誠、目黒考二ほか多士済々がくり広げた楽しい本の世界である。

◇

「横尾忠則 HANGA JUNGLE」展は6月18日まで町田市立国際版画美術館で開催。この招待券を5組10名様にプレゼントします。Eメールで件名を「横尾忠則展希望」とし、〒、住所、氏名を明記の上、enshu@toseishimpo.co.jpまでお申し込みください（26日必着）。

ミニガイド

◇首都圏移住セミナー（新潟市） ▷内容 首都圏等に住む移住希望者を対象に「子育て」をテーマにしたトークイベントを実施する。子育てをしながら新潟市に移住したゲストや新潟市で子育てに携わるスペシャリストを招き、新潟市の子育て事情や新潟暮らしについてありのままを話してもらう▷日時 6月11日㊐午後2時～5時▷会場 アーツ千代田3331 1階コミュニティースペース（千代田区外神田6の11の14）▷定員 30人（先着・要予約）▷参加費 500円▷申し込み 新潟市移住・定住情報サイトHAPPYターンから https://iju.niigata.jp/ ▷主催 新潟市地域・魅力創造部新潟暮らし奨励課

◇芭蕉記念館特別展「句碑にたどる江戸・江東の俳諧」 ▷内容 区内には、松尾芭蕉の「古池や蛙とびこむ水の音」の句碑を始め、区内を活動拠点としていた俳人や彼らの俳句に由来する句碑、史跡が多数ある。会場では、「芭蕉庵とその周辺」や「江戸座と其角堂」などの9テーマに分けて、句碑の拓本（墨によって和紙に写し取ったもの）や写真、俳諧の肖像画などを解説とともに展示している▷期間 6月11日㊐まで▷開館時間 午前9時半～午後5時（最終入館4時半まで）▷休館日 第2・4月曜日（祝日の場合、翌日休館）▷観覧料 大人200円、小中学生50円

◇伊勢丹新宿店伊那市フェア ▷内容 新宿区と長野県伊那市は昨年、友好提携の宣言から10周年を迎えた。今回のフェアは、伊那市と伊勢丹新宿店が連携して開催。「伊那まるごとプロジェクト」と銘打ち、旬の野菜の販売に加え、「MOTTAINAI」をテーマに、少し形が曲がっている、色が悪いなどの理由から味が変わらなくても店頭に並べられることのない野菜を使用した惣菜の販売も行う▷日時 5月23日㊋まで。午前10時半から午後8時まで（伊勢丹新宿店の営業時間に準ずる）▷会場 伊勢丹新宿店地下1階フードコレクション

都政新報

発行所 都政新報社
〒160-0023 東京都新宿区西新宿7-23-1 TSビル
〈総務・読者〉03-5330-8781
〈企画広告〉03-5330-8784
〈編　　集〉03-5330-8786
〈出　　版〉03-5330-8788
〈ファクス〉03-5330-8808
購読料 月1,730円（税込）
毎週火・金曜日発行
ただし、祝日は休刊
©都政新報社 2017

紙面から

市場・教育で政策競う

都議会　主要4会派の都議選公約

自民党都連は19日に会見を開き、7月2日投開票の都議選に向けた公約の詳細を発表した。これにより、都議会主要4会派の公約概要が出そろった。夏の都議選では、知事と都議会自民党との対立がクローズアップされ、小池都政への立場の違いから自公が長年の連携を解消したが、市場移転問題や受動喫煙では共通項も目立つ。都民ファーストは受動喫煙対策を盛り込んだ公約を準備中で、市場移転の判断を含め、各党は動向を注視している。

主要4会派の主な公約比較（19日時点）

	市場移転	受動喫煙対策	議会改革	教育への助成
自民	早期移転	原則屋内全面禁煙 罰則付き条例化	公約では記載なし （議会で協議すべきとの立場）	就学前・私立小中の無償化 子供へのヘルメット無償配布　など
公明	早期移転	原則屋内全面禁煙 罰則付き条例化	長期計画の議決事項化 通年議会・委員会中継 正副議長を除く公用車廃止　など	年収910万円以下・通信制の私立高校無償化 小中給食費・幼児教育の無償化　など
共産	築地再整備	受動喫煙対策を検討中	政活費での飲食禁止 海外都市調査中止 予特の常設化　など	給付型奨学金の拡充 私立入学金・施設費の軽減 給食費の軽減　など
民進	汚染対策後に移転	路上・公共施設の禁煙条例化	通年議会・委員会中継 議員定数・報酬の削減 議員評価システムの導入　など	高校無償化 小中給食費無償化 給付型奨学金の拡充 など

■市場移転

主要4党はいずれも公約で市場移転に言及したが、スタンスは分かれた。自民は「緊急提言」として早期移転の実現を掲げ、関係者への損失補償や環状2号線の早期完成にも言及。下村博文都連会長は「知事次第だが、一番の争点になる」と話す。

公明党も早期移転を求める立場で自民と一致するが、幹部は「都議選の公約にしないためにも、知事は早期判断してくれるものと思う」と話し、争点化は避けたい様子。

一方、共産党は築地再整備を全面に押し出し、自公との対立を最大の争点に位置付ける。民進党は前期の都議会で豊洲移転に賛成した立場から、土壌の無害化などを条件に移転を容認する考え。

■受動喫煙対策

自民は2019年～20年までに原則として屋外全面禁煙とする都条例の制定を盛り込んだ。五輪開催を踏まえた受動喫煙防止は国の法整備を待つ予定だったが、審議が遅れていることを踏まえ、国の動きとは別に対策を取ることを決めた。

公明も同じく、小規模事業者に配慮しながら屋内の全面禁煙条例を位置づける。共産は現時点で受動喫煙対策を盛り込んでいないが、今後、公約に追加することを検討する。民進は歩きタバコの禁止や公共施設・学校・病院などを対象とした禁煙条例の制定を目指す

■議会改革

今期都議会での議会改革が不十分であることは各党が一致している。自民の公約では現時点で言及はないが、﨑山知尚政調会長は「都議会のあり方検討会が途中で終わってしまっており、情報公開の推進など議論を進める必要がある」と話す。

公明・民進は通年議会の導入や委員会のインターネット配信を盛り込み、議会の透明化を進める方針。また、公明は正副議長を除く公用車の廃止を、民進は議員評価システムによるランキング導入などを盛り込んだ。共産は予特を常設化することで知事との一問一答を増やすことを掲げる

■教育への助成

各党が教育の負担軽減を公約にしている。自民・公明は幼稚園や保育所、認定こども園での教育無償化を掲げる。

また、自民は私立小中学校の無償化を盛り込み、公明は私立高校無償化の対象拡大を、民進は高校教育の無償化を公約に掲げた。共産は給付型奨学金の拡充や私立高校の入学金と施設費、小中学校の給食費など負担軽減を進める方針だ。

■目玉施策

自民は市場移転とともに五輪準備の加速を緊急提言した。国や組織委、関係自治体との調整が「小池知事の下で遅れている」と批判し、大会成功を掲げる。公明はパラリンピックの開催を踏まえ、「安全・安心」を公約に盛り込んだ。盲学校最寄り駅のホームドア拡充やトイレの洋式化など、バリアフリーの促進や大会組織委の透明化などを主張する。

共産は市場移転の中止が最大の公約だが、認可保育所9万人、特養2万人の増設など福祉充実も力を入れる。民進は待機児童対策の一環として、都版「子ども手当」の創設を提言。待機児童世帯に対して認可との差額を支給し、不公平感の緩和を目指している。

第2回定例都議会

無電柱化で条例案

市場や五輪費用負担が争点に

都は6月1日に開会する第2回定例都議会に新設条例案2件を含む42議案を提出する。18日、各会派に議案説明を行った。議案は条例案23件、契約案15件、事件案3件、専決1件。このほか公安委員再任の人事案2件を提出する。

新設条例では、無電柱化推進条例を提出する。都道を対象に新たな電柱による道路占有を禁止するほか、無電柱化推進の基本的な方針・目標を定めた無電柱化計画を策定することなどが柱。費用の縮減に向けた調査研究・技術開発の推進なども盛り込んでいる。

情報公開の推進に向けては、公文書管理条例を新設。重要な事案決定の際に議事要旨など経過を明らかにする文書を作成することや、文書の廃棄規則を定める内容。豊洲市場の地下空間問題などで庁内の意思決定過程が不透明だった状況を受けて改善を図る。既に4月から文書管理規則は改定しており、これを条例に格上げする。

同条例新設に合わせて情報公開条例も一部を改正。公文書開示の手数料見直しなどが中心で、閲覧手数料を廃止するほか、写しの交付手数料を20円から10円に引き下げる。積極的な行政情報の公開も盛り込み、インターネットを活用した情報提供なども実施する。

そのほか、契約案では江戸川区の五輪カヌー・スラローム会場本体の整備工事請負契約に34億4304万円を計上した。

都議選を控えた第2回定例会には新設条例案などは提出されないことが多いが、今回はこれまでも知事が説明してきた二つの条例案が提出されるなど、議案数は通常よりも多くなった。

一方、議会では都議選を控えた各党の主張と、重要課題に対する知事の方針が争点になりそうだ。東京五輪の都外施設負担問題では、知事は5月中に国や組織委と合意する意向を示しており、都からの支出の大枠が決まれば、議会への説明が求められる。

また、市場問題に関するロードマップでは6～7月に環境アセスを経て移転可否の判断を行うとしており、専門家会議、市場問題PTの結論を受けて、知事の「総合的判断」に対しても質疑が集中すると見られる。

定例会は6月2日に代表・一般質問を行い、7日に閉会する予定。

◆40年代の都市像で素案

小池知事は19日、2040年代の東京が目指す都市像となる「都市づくりのグランドデザイン」の素案を発表した。夏ごろに策定する予定。

素案では、目指すべき東京の都市構造として、これまで21世紀の都市像として示していた環状メガロポリス構造に、新たに「交流・連携・挑戦」を盛り込んだ。羽田空港の機能強化、リニア中央新幹線の東京―大阪間の開業など交通ネットワークの発達などにより、国内外で観光や産業の交流や連携を促進する。

また、2045年には、東京の高齢化率が15年比で8・6㌽増の31・3％となる見通しであることを踏まえ、集約型の地域構造に再編することを打ち出した。主要駅周辺を「地域の拠点」に、地域の拠点以外の駅周辺や商店街などを「生活の中心地」に設定する。

都都市整備局は「都市計画審議会の都市づくり調査特別委が昨年まとめた答申と考え方は同じだが、今回は見せ方を変えた」と説明している

委員長20日ぶり選出　浜渦氏の偽証認定へ

都議会百条委

豊洲新市場の移転問題に関する都議会百条委員会が18日、約20日ぶりに開かれ、新委員長に公明党の谷村孝彦氏を選出した。今後は当初の予定通り、第2回定例会までに浜渦武生元副知事と赤星経昭元理事の偽証認定を進める。

百条委は24日に各会派の意見開陳を行い、調査報告の取りまとめや偽証に向けての各会派の態度を明らかにする。自民党以外の各会派は浜渦・赤星両氏を中心に、委員会が招致した証人の偽証認定を求める。31日に偽証認定と告発を本会議で議決するよう求める委員会決定を採決する見通し。

百条委は4月28日に自民党の櫻井浩之委員長が突如辞任を表明し、自民が会派からの委員長選出を拒否したことで事実上の機能不全に陥っていた。今回、文書持ち回りの議会運営委員会により公明からの委員長選出が認められたことで、調査報告の取りまとめなどへの道筋が付いた。

◆土壌汚染対策に業者反発

豊洲新市場の土壌汚染を検証する専門家会議（座長＝平田健正放送大学和歌山学習センター所長）が18日、築地市場講堂で開かれ、専門家会議が新たな土壌汚染対策案を示した。

対策案では、豊洲の施設下に広がる地下空間に、地下水に含まれた有害物質が気化し、水銀などの侵入を防ぐため、遮蔽（しゃへい）シートなどを敷く案と換気する案を新たに打ち出した。だが、市場業者は土壌汚染の無害化を目指すのかどうかをただし、「無害化は約束できない」と答えた平田座長に猛反発。その後も双方の主張はかみ合わず平行線をたどり、専門家会議は休会となった。

専門家会議は、次回の会合で報告書を取りまとめる予定だったが、今回は審議未了となったため、もう一度会合を開く予定。平田座長は報道陣の取材に対し、休会となったことを謝罪した上で、「どういう対策をすれば、築地市場業者が満足するかだ」と困惑を示した。

都政の東西

支援の在り方

特別区を児童相談所（児相）設置市に加えるなどの改正児童福祉法が4月に全面施行され、練馬区を除く設置希望の22区で機運が高まる中、喫緊の課題となっている人材育成に関しては不透明な状況が続いている。

区長会によると、22区の児相設置には児童福祉司が約300人必要になる。都は児童福祉司研修への区職員の派遣受け入れ人数を前年度までの年間約20人から今年度は35人に拡大したが、2021年4月までに設置希望区の約半数が開設を計画しており、区職員の育成だけで人員を賄うのは難しいのが実情だ。

都が昨年12月、区が児相開設の際に国に提出する児相設置計画の確認作業を2～3区を対象としてモデル的に実施する方針を示したことを受け、区長会は今年3月に20年4月の開設を目指す世田谷、荒川、江戸川の3区とする方針を都に回答。その際、区側は派遣研修の更なる受け入れ拡大を要望していた。

これに対し、都は18日、研修を担当する職員の確保が難しく、受け入れ拡大は困難との考えを区側に説明した。区側には厳しい回答だが、児相への相談件数は増加の一途をたどっており、都も人手不足にあえいでいる立場だ。

児相移管を求める区長会と慎重な姿勢を貫く都で協議が難航する中で昨年5月の法改正に至ったのは、虐待など児相対応件数が急増し、相談体制の拡充に迫られていることが要因だ。単に都の人材をそのまま区に移したとしても、人材不足に変わりはない。国は改正法の付則で、施行後5年以内をめどに児相設置に向けた支援など必要な措置を講じるというが、区だけでなく都への支援という視点も必要ではないか。

決戦の構図　2017都議選を占う⑧

都議会のドン

都政支えた陰の実力者

「政治理念を持ち、受け答えがしっかりしている」――。今期限りで引退する自民党の内田茂都議は、後継に選ばれた中村彩氏について、選考ポイントをこう説明した。

希望の塾の塾生だった中村氏は、都民ファーストではなく自民から出馬する理由を、「（市場移転の延期で環状2号線の整備の遅れなど）いろんなところに影響が出ている自覚が知事にはない。知事に付いていこうと思わなかった」と説明した。あえて逆風が吹く自民党を選んだ理由を、「自民党ではないと政治を動かせないという思いがあった」と強調した。

自民党千代田総支部長の堀田康彦氏は、中村氏に期待を込めてこう話した。「内田都議の後継ということで、同じことができるのは何十年も先かもしれないが、大変魅力的で将来を託せる候補者だ」

小池知事が否定的に「都議会のドン」と名指しした内田氏だが、同じ役回りができる議員はいないというのが都庁内の評価だ。内田氏は自民党内で意見が二分する案件があった際にも、都幹部らの意向に沿って会派内をまとめる役割を担ってきた。一例が新銀行東京に対する追加出資だ。

2005年の開業からわずか3年で1千億円の累積赤字を抱えた新銀行に対し、都は08年に400億円を追加出資した。自民党内でも、精算か存続かで都議会の意見が分かれたが、新銀行東京の幹部の相談を受けた内田氏が追加出資に向けて動き、議会で可決される原動力となった。

過去に新銀行東京に派遣されていた都幹部は「新銀行を精算していれば、融資先の中小企業が債権の取り立てを受け、連鎖倒産していたはず。銀行の立て直しは顧客の救済につながった。内田都議には感謝している」と話す。

また、ハード局の幹部は、内田氏が外環道の整備や秋葉原駅前の再開発などに尽力した点を指摘し、「首相官邸や自民党の国会議員とも水面下で交渉し、調整力や政治力を発揮して実現した」と振り返る。

内田氏は昨年8月、自身の政治活動40年を祝う会で、過去に知的障害者の実弟を施設に入所させた際、政治家の力を借りたとのエピソードを披露。「政治の力は本当に人のために役立つ」と実感して政治家を目指し、今では陰の実力者と呼ばれるまでになった。

都議会自民党の高木啓幹事長は、並外れた影響力を持つ内田氏を「都政・都議会の宝」と持ち上げた。だが、内田氏の政治力については、会派内で評価が分かれている。非主流派の自民都議は内田氏による会派内調整に関し、「こちらが大人の対応をしてきた」と振り返ながら、「内田氏ら執行部の方針に従わないといけない状況に抗議して、命を絶った都議もいる。この事実を踏まえ、会派運営を見直して再出発すべき」と訴える。

評価は分かれるが、都幹部職員の一人は「内田都議のような存在がいなければ、都政は回らなかったのは事実。今後も調整役は必要だ」と漏らす。内田氏が引退後、誰がその調整役を担うのかは都庁内の関心事の一つだ。

7月の都議選では自民党に逆風が吹き、都民ファーストの会が躍進することが予想されている。だが、ハード局の幹部は「国とのパイプ役は新人が中心の都民ファーストでは務まらないだろう。仮に自民党が第二党になっても、国政では自民党が第一党であり、国の税制改正などで都議会自民党の力を借りないと、都政が停滞するかもしれない」と危惧する。

自民党千代田総支部の総務会後に報道陣の質問に答える中村彩氏＝11日、如水会館で

穴句ジョーク

最近の都政の進め方、条例制定や計画策定が前提で、途中からのヒアリングや意見公募に〝ヒアリングが先だ〟という批判の声も

「ヘイいらっしゃーい、定食一丁、冷やし中華二丁！あとでメニュー回しまーす」
――庁内食堂

豊島区

池袋4公園を「野外劇場」に
五輪見据えて整備構想

豊島区は18日、第12回池袋副都心グランドビジョン推進懇談会を開き、池袋西口公園や造幣局跡地など区立公園4カ所の整備による2020年東京五輪に向けた劇場都市化構想を発表した。池袋西口公園の野外ステージをリニューアルするなど文化イベント会場として活用することで4公園をにぎわい拠点に位置付け、地域全体の回遊性向上を図るのが狙いだ。

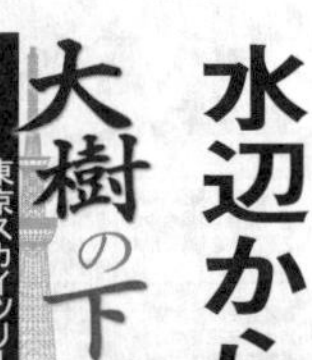

約200人の出席者に整備構想を語る高野区長＝18日、区役所1階としまセンタースクエアで

池袋副都心グランドビジョン推進懇談会は、東京メトロ副都心線の開業を機に、地域住民や企業、大学などと池袋副都心のまちづくりを話し合うことを目的として08年7月に発足。新庁舎整備や旧庁舎跡地活用など、まちづくりの進展に合わせて開いており、五輪を見据えて約1年半ぶりの開催となった。

懇談会で高野之夫区長が特に強調したのが、将来都市像に掲げる「国際アート・カルチャー都市」の実現に向けた区立4公園の整備構想だ。

構想に位置付けたのは、東京芸術劇場が隣接する区立池袋西口公園、旧庁舎・公会堂の再開発に併せて改修する中池袋公園、新庁舎の近隣で昨年4月に全面リニューアルオープンした南池袋公園、造幣局跡地に整備する防災公園の4カ所。にぎわい創出の観点から新設・改修を行い、隣接施設と連動した文化イベントの開催で回遊性の向上を目指すという。

池袋西口公園は、広さ約60平方㍍の既存の野外ステージを同約300平方㍍に改修。19年11月にこけら落とし公演を予定する旧庁舎跡地「ハレザ池袋」新ホールとの同時オープンを目指す。東京芸術劇場と連携した音楽イベントを開催するなど駅東西の回遊性向上につなげたい考えで、11月をめどに整備基本計画を策定し、年内に設計に着手する。

このほか、南池袋公園は日本の伝統芸能の舞台として、仮設野外ステージを設置して新能や日本舞踊などの公演を計画。中池袋公園はアニメの聖地として、コスプレイベントや隣接するハレザ池袋の八つの劇場との関連イベントの実施を予定し、造幣局跡地の新防災公園では、区内最大の1・7㌶の敷地面積を生かした大規模野外イベントを想定するなど、公園ごとに特徴を明確化した。

高野区長は「4カ所の公園は池袋の大きな特色になる。新宿や渋谷に負けない副都心にしたい」と力を込めた。

IoT技術で見守り
認知症高齢者ら対象

渋谷区

渋谷区は認知症の高齢者や子供の見守りを強化するため、東京電力ホールディングス㈱などと連携し、あらゆるモノをインターネットにつなげるIoT技術を活用した位置情報サービスの社会実証実験を6月に開始する。区と同社は17日、覚書に調印。技術の特許を持つ㈱ottaと連携する。都内初の取り組み。

実験では、電波を受発信するビーコン搭載の専用端末を高齢者や小学生らが持ち、電柱や自動販売機に基地局端末を取り付けて受信。家族や保護者らが見守り対象者の位置情報を確認する。東京電力とottaが区に働きかけて実現。認知症高齢者が徘徊（はいかい）した際の発見方法を検討していた区と考えが一致した。

実証実験の期間は最長で今年度末まで。区は並行して予算措置など今後の方針を詰める。

河野氏が新議長
副議長に望月氏

台東区議会

台東区議会は18日、第1回臨時区議会を開き、議長にたいとうフロンティアの河野純之佐氏（61）、副議長に自民党の望月元美氏（49）を選出した。

河野氏は現在5期目。副議長や区民文教委員長、産業建設委員長などを歴任した。

望月氏は現在2期目で、環境・安全安心特別委員長や区民文教副委員長を務めた。

河野純之佐氏　望月元美氏

議長に富本氏
副議長は北氏

杉並区議会

杉並区議会は18日に第1回臨時区議会を開き、新議長に自民党の富本卓氏（49）、副議長に公明党の北明範氏（52）を選任した。

富本氏は現在5期目で、議長就任は今回で3回目。議会運営委員長や議会改革特別委員長などを歴任した。

富本卓氏

北氏は現在3期目で、初の副議長選出となる。区民生活委員長や道路交通対策特別委員長などを務めた。

北明範氏

水辺から客を呼び込み

大樹の下で　下
東京スカイツリー5周年

「スカイツリーが撮影できるビュースポットは人気で、新しい人の流れができている」――台東区観光課によると、浅草を訪れた観光客がスカイツリーをバックに写真を撮ろうと隅田川沿いのテラスに降り、散策する人や観光船の利用客と相まって水辺がにぎわいを見せているという。

これに目を付けた墨田区は、浅草で写真撮影し、スカイツリーに向かう観光客に区内の他の観光地に誘導する仕掛けを検討している。

具体策の一つが、区役所への観光案内所の移転だ。区役所は浅草からスカイツリーに向かう人が通る吾妻橋に近く、スカイツリーを訪れた後、すみだ北斎美術館など区内の他の集客施設への寄り道を勧めるには好立地になる。

区観光課によると、区役所前から水辺につながるうるおい広場の来訪者数は現在、年間7万人程度だが、今後の舟運（しゅううん）増やカフェの開業で最大16万人まで増える見通しだという。区観光課の佐久間英樹課長は「広場がにぎわっていれば浅草を訪れた観光客の目に触れ、案内所を訪れるきっかけになる」と期待を寄せる。

区内回遊

玄関口から観光客を招き入れた後、どのようにして区内を巡ってもらうか。墨田区が、その仕掛けとして期待するのが江戸時代からの伝統工芸品だ。海外からも人気の高い江戸切子や染織、表具などを重要な観光資源と位置付け、物販を拡大するために、工房と店舗経営者に対する支援を強化する。

まず、工房の支援では、今年度に区役所内にワンストップ窓口を設けて産業コーディネーターと連携して経営面や技術面から助言を与える体制に再編した。また、特徴ある製品を「すみだモダン」として認証し、販路開拓やデザイナーとコラボした新商品開発を後押しする。

店舗に対しては、これまで商店街単位で支援していたが、個店単位での支援にも乗り出す。商業コーディネーターと作成した「経営プラン」に基づく店舗改修や新商品開発、PR強化などに上限額50万円で経費の半額を助成し、商店会に加入した場合は補助率を3分の2に引き上げる。

区産業振興課の中山賢治課長は「墨田区に埋もれている魅力を掘り起こして磨き上げ、アピールしていく。腰を据えて営業していこうと考える若い経営者の意欲を駆り立てたい」と力を込める。

2012年に観光課長を務めていた郡司剛英区民活動推進課長は「スカイツリーは元々、地域とともに歩む運命にある」と言い切る。スカイツリーの開業から5年経ち、墨田区ではスカイツリーに人が一極集中するなど大樹の下に落ちた影に悩む一方で、身近にある資源を見直し、発展につなげようとする取り組みにより次第に木漏れ日が大きくなり、明るい未来が見えてきた。

スカイツリーをバックに写真撮影する観光客＝19日、吾妻橋で

東京スカイツリーを出てすぐの五差路を東側に曲がると見える閑静な住宅街。通りには花を植えたプランターが点々と置いてある。地元町会の山本弘治副会長によると、「写真を撮りに訪れる観光客を見かけるようになった」のがきっかけという。行き交うのが住民のみだった通りには、花のプランターで作られた即席の歩道が観光客をもてなしている。

スカイツリーの開業時に新タワー調整担当部長を務めていた渡辺茂男都市計画部長は「スカイツリーがまちのシンボルになった。世界中の人に愛され、区民がいつまでも誇りに思えるスカイツリーであってほしい」と開業前から変わらぬ願いを込め続ける。＝おわり

記者席
メディアの指摘で「賢い支出」

○……都の視察船「新東京丸」の老朽化に伴って建造する船舶に関し、小池知事は19日の会見で「大胆な見直しも必要だ。精査中」と述べた。メディアに「小池知事が豪華クルーザーに20億円」と批判された対応と見られるが、知事の言う通り「都民は毎年1万2千人乗っている」という視察船。特に問題ないからこそ知事も決裁したのだろうが、「クローズアップされているだけに、ワイズ・スペンディング（賢い支出）にしていく」と言う。

契約後に都側の都合で見直しを求めるだけに、業者に足元を見られ、公金がもったいないことにならないことを祈る。

○……「今回の都議選は都議会の本質が問われている。『議員の在り方改革をしてくれる人なのか』という視点を都民が持ち始めた」。都民ファーストの会の目黒区選挙区公認候補で、同会の伊藤悠代表補佐はこう語った。同氏は民主党で都議を2期務めたが、「都議時代に陰湿なものを感じた」と振り返る。自身が主導した省エネに関する議員提案条例案を当初、他会派は「歯牙にもかけなかった」という。

同会に集結した有志の結節点は「旧弊の打破」。伊藤氏は「政策で判断してほしい」と話すが、多様な候補を取り込んだ結果、政策の一致に至らなかったとならなければいいが。

○……墨田区が東京スカイツリー開業を機に立ち上げた事業に「すみだモダン」の認証事業がある。下町文化と技術革新が融合した「すみだらしい」特産品を毎年選んでいる。

同事業には認証した特産品を広め、区の知名度を上げて人を呼び込む狙いがある。だが、認証商品を提供しているバー店長は「すみだモダンは区民以外にあまり知られていないかも」と漏らした。

一時期、スカイツリーに見立てて天ぷらを高く積んだ天丼が話題になった。まず、すみだモダンの知名度を上げるには、すみだらしいしゃれを織り込むことが鍵になりそう。

「待機児童数」に惑わされる利用者

保育政策の課題③

保育園を考える親の会代表　普光院　亜紀

「待機児童数ゼロと聞いたので引っ越したのに、いくら待っても入れないと市役所の窓口で言われて驚いた」

一般社会では「待機児童ゼロ＝希望者全員が認可に入れる」と考えられているが、そうではない。知らずに激戦区に家を買ってしまった人からこんな嘆きを聞いた。

実は2016年度から、厚生労働省は待機児童数と一緒に「隠れ待機児童数」を計算できるデータを公表している。16年度で計算すると、都で保育所等（保育所、認定こども園、小規模保育、家庭的保育、事業所内保育、居宅訪問型保育などの認可の保育）に申し込んだ児童数は26万3457人で、そのうち利用が決定した児童数は23万6103人（いずれも進級児童を含む。都の発表数値とは若干異なる）。両者の差、つまり認可に申し込んだが利用が決定しなかった児童の数は2万7357人になる。しかし、都内の待機児童数は8466人と発表されている。

待機児童にカウントされなかった1万8888人の内訳は、地方単独事業の利用者が56・9％、親の育児休業中が14・2％、特定の保育所等のみを希望している者が19・8％、求職活動を休止している者が8・1％、特例保育等の利用者が0・9％であり、国はこれらのケースを待機児童数から除外してよいことにしている。

地方単独事業とは認証保育所等のことだが、施設設備や保育料の違いなどから入園した多くの家庭が認可への転園を希望する。育児休業中とは入園できず育児休業を延長したケース、特定の保育所等のみ希望とは、遠くの園や入りたくない園を辞退したケースである。これらが待機児童数から除かれることに疑問を感じる人は多い。先日、国は、待機児童数の定義を見直し、育児休業中の場合は待機児童数に含めることとした。

普通に入れなかった児童数を公表した上で、地方単独事業に入れている児童などの内訳を添える方が合理的だが、それでは待機児童ゼロの公約達成が遠のいてしまうのだろう。

特別区　予想される顔ぶれ　第20回都議選　▶8◀

渋谷区（定数2）

前回は定数2に対して6人が出馬し、自民と無所属の現職が議席を維持した。自民の現職だった村上英子が一昨年の渋谷区長選出馬のため辞職したことに伴い、昨年に行われた都議補選では、自、共、民の三つどもえを自民の新人が制した。

自民は昨年の都議補選で初当選した現職1期目で元区議の前田和茂（47）を擁立。区長選で落選した村上の勇退を受け、都議補選では同党区議団が全会一致で前田を指名した。区議で同党渋谷総支部の丸山高司幹事長は「当選ラインは2万票。一昨年の区議選で（自民は）約2万票獲得しているので、区議総出で組織や地盤を固め、どこまで上積みできるかが鍵」と力を込める。

共産は新人で党渋谷地区委員会副委員長の折笠裕治（59）を擁立した。昨年の都議補選では約1万7千票を獲得。最下位だったが、同委員会の小峰久雄委員長は「都議補選の票から伸ばしていけば、2万票の当選ラインに十分届く」と意気込み、2001年に失った議席の失地回復に挑む。

民進は、新人で元区議の濱田浩樹（39）を立てる。前回選挙と昨年の補選では次点で敗れており、「区民一人ひとりに会うことに尽きる。従来からの支援者に政策を伝えるとともに、新規開拓につなげていく」と話す。

都民ファーストは新人で元テレビ局社員の龍円愛梨（40）を公認し、現職4期の大津浩子（57）を推薦した。いずれも希望の塾塾生。候補者を立てない公明は11日、両者に推薦を出した。龍円は同塾の都議選対策講座を受講していなかったが、同会の野田数代表から2月に出馬依頼があったという。大津は元民主で前回は公認を得られず無所属で出馬して当選。「従来から『都民が主役』を掲げている。都民のための政策実現に向け、頑張るのみ」と語った。

前田和茂氏　折笠裕治氏　濱田浩樹氏　龍円愛梨氏　大津浩子氏

前回の結果

◇渋谷区

当	村上　英子	（自現）	19,230	④
当	大津　浩子	（無現）	14,501	④
	濱田　浩樹	（民新）	8,266	
	折笠　裕治	（共新）	8,027	
	藤井　敬夫	（み新）	6,216	
	小林　崇央	（維新）	5,615	

◇中野区

当	川井　重勇	（自現）	28,832	⑤
当	高倉　良生	（公現）	20,345	③
当	西澤　圭太	（民現）	19,099	②
当	植木　紘二	（共元）	16,909	⑤
	渡辺美智隆	（み新）	11,693	
	吉田康一郎	（維元）	11,250	
	杉原　浩司	（諸新）	3,224	

《文中は敬称略》

中野区（定数3）

前回は自民、公明、民主の現職が手堅く議席を守り、共産の元職が失地回復を果たしたが、今回から定数が4から1減の3となり、当選ラインの上昇が見込まれる。現時点で6人が名乗りを上げており、20日に開かれた立候補予定者説明会には7人が出席した。

自民は現職5期で議長の川井重勇（68）を公認し、議席死守を目指す。前回は約2万8千票でトップ当選したが、小池知事と都議会の対立の象徴として逆風が予想されており、組織を固めて支持層の流出を防ぐ。

公明は現職3期で都議会副幹事長の高倉良生（60）を公認した。党都本部は同区を重点選挙区に位置付け、大型連休中の街頭演説には小池知事が応援に入るなど都民ファーストとの協力関係を強調し、支持を訴える。

共産は現職5期の植木紘二が勇退し、後継に新人で区議2期の浦野智美（36）を公認した。前回は4位当選だったが、昨年7月の参院選では比例得票で公明を上回り、勢いを維持したい考え。

民進は現職2期の西澤圭太（37）を擁立する。妻の田之上郁子ら公認候補の離党が相次ぐ中、「1人になっても旗を降ろすつもりはない」としており、地元の長妻昭衆院議員とともに支持層の掘り起こしを進める。

都民ファーストは新人で小池知事が衆院議員時代に公設秘書を務めた荒木千陽（35）を公認した。朝晩の街頭演説で世代交代を訴え、自民支持層の切り崩しを図る。父は熊本県議で、高野之夫豊島区長と交流が深い。

諸派では、幸福実現党が新人で保育園長の白柏貴子（33）を擁立する。

川井重勇氏　高倉良生氏　浦野智美氏　西澤圭太氏　荒木千陽氏　白柏貴子氏

八王子市

IoT活用し災害情報提供

産学公連携で実証着手

八王子市は河川氾濫時の避難に役立てることなどを目的に、市内の民間企業や拓殖大学など6団体と「八王子市災害対策推進コンソーシアム」を構成し、IoT(モノのインターネット)やAI(人工知能)を活用した実証に着手する。16日に企業らとともに市役所で記者会見を開いた。

◇

同事業は総務省の委託事業「IoTサービス創出支援事業」の採択を受けて実施する。

八王子市内の河川に架かる橋梁の約30カ所に、通信機能の付いた水位計測装置を設置。ゲリラ豪雨などによる河川の水量変化を感知し、通信基地局に情報を発信する。また、地滑りが起こる可能性がある箇所には杭状のセンサーを設置。これら情報をデータサーバに集めてAIが分析し、リアルタイムのハザードマップ作成や、河川氾濫時の市民の避難施設への経路の検討などに活用する。さらに事前の水害発生分析や発生後の対策に活用できる災害対策データベースの構築にもつなげる。

河川水害の情報収集は、職員が直接河川に出向いて水量を確認するなどしているが、ゲリラ豪雨の場合、短時間で水位が上昇するため確認が難しく、迅速な対応が課題となっていた。水位測定装置で常時、測定することにより、リアルタイムに水位情報を確認できる。

実証で得たビッグデータは蓄積して民間にも提供。企業のBCP対策や従業員の避難経路の検討などに活用してもらう考え。

八王子市では2008年のゲリラ豪雨によって、市役所脇の浅川が溢れる被害が発生した。石森孝志市長は「近年は異常気象で河川氾濫の予想がつきにくく、迅速な対応に期待が持てる。また、データが幅広く活用されるよう期待している」などと話した。

実証で橋梁に設置する水位測定センサー(右)と。地滑りを感知するセンサー(左)＝16日

石塚市議が辞職 セクハラ行為で

国立市

国立市議会自民党・明政会の石塚陽一氏(70)が17日の第1回臨時会に辞職願を提出し、許可された。石塚氏に関しては、セクハラ行為があったなどとして、所属会派を含む全8会派が同日、辞職勧告決議案を提出する予定だった。

臨時会は決議案提出の動議が出された直後の10時15分に休憩に入り、午後3時29分の再開後に石塚氏が辞職願を提出。「異議なし」として許可された。石塚氏は市の女性職員に対するセクハラ行為があったなどとして、議会が10日に本人に事実確認していた。

石塚氏は2003年に初当選し、現在4期目。15年に議長に就任したが、女性への差別発言で途中辞任に追い込まれた。

多摩全体の利益をアピール

長友貴樹・東京都市長会会長に聞く

東京都市長会会長に、長友貴樹・調布市長が1日付で就任した。2019年、20年にはラグビーW杯とオリンピック・パラリンピックを控える一方、近い将来には人口減少社会も到来する。多摩地域の発展・活性化にどう取り組むのか聞いた。

――市長会会長就任の抱負を。

昭和30年に市長会が組織されてから、私は35代目の会長となる。その歴史を知るだけで身の引き締まる思いだ。市長会はこれまでも福祉や教育・子育て、環境、まちづくりなどに関して意見を取りまとめ、国や都に要望してきた。こうした重要課題を積極的に主張していくことに加え、私は多摩地域が取り逃がしているかもしれない利益、いわゆる逸失利益に目を向け、多摩地域全体の利益をアピールする意識で臨みたい。

ながとも・よしき＝1952年11月23日生まれ。慶応義塾大学法学部政治学科卒業。日本貿易振興会(JETRO)に就職し、フランスやベルギーに留学及び勤務で9年間滞在。2002年7月に調布市長に初当選し現在4期目。趣味は読書。

――具体的には。

例えば産業振興や観光振興、防災対策などについては各市が全力で取り組んでいるが、多摩地域の多くは10～20万人の都市。市の垣根を越え、26市全体のまとまりとして取り組めば新たに得られる果実もあるのではないか。2019年と20年にはラグビーW杯とオリンピック・パラリンピックが開催されるが、こうしたイベントを起爆剤に観光振興を進める場合、一つの自治体が取り組むよりも、26市で取り組めばスケールメリットがある。多摩地域を一体として売り込めるよう議論できればと思っている。

都外の人が「東京」と聞いて思い浮かべるのは23区かも知れないが、大きく改善された交通の利便性や23区と比較したコストの安さなど、多摩地域の優位性を全国の人に知ってもらえるよう取り組みたい。こうした発想は市長会に以前からあったが、具体的に行動に移す議論ができればと思う。

――ラグビーW杯と五輪は多摩地域にとってもチャンスとなります。

サッカーW杯を含めた世界の三大スポーツイベントのうち二つが東京で2年連続開かれるというのは天文学的な確率だ。イベントは一過性かもしれないが、レガシーとして果実を手にする仕掛けを構築していくことが重要。その一つが周遊性、回遊性のある観光ルートの構築だ。現在、都とも様々な会合で議論を重ねているが、これから準備が本格化する中で、多摩地域全体の要望を相談させてもらいたい。

――多摩地域は23区よりも早く人口減少社会を迎えることになります。

多摩の中でも地域によって、既に減少傾向が出始めているところや、まだ人口が増えているところもあり差異はあるが、10年から20年後にはほとんど全ての自治体で人口は減少に向かうと予測されている。今後の都市の在り方を考える中では、その将来像にどのような影響を与えるかを真剣に考えていくことが必要だ。市長会でも議論を深めていきたい。

――7月の都議選は、多摩地域と都との関係を占う意味でも重要になります。

現時点ではまだ全政党の主張が出そろっていないので、対立軸などははっきり見えていない。一方で、小池知事の掲げる改革に対しては、全会派が都政にとって必要なものであれば尊重し、支持すると言っている。これはひとえに(改革の)中身の問題だ。多摩地域に資する内容になるのか注目している。

――小池都政に対して期待、注文は。

近年、新たに就任した知事は異口同音に多摩振興の重要性を口にしてきたが、実を結ぶ前に退任する状況が続いている。小池知事にも多摩振興を大きな課題として精力的に取り組むことを断言してもらった。小池知事の掲げた改革は現在、「3つのシティ」としてポイントが集約的に示されているが、我々が訴える多摩振興と呼応しながら、スピーディーに実施してもらえるよう大きな期待を抱いている。今後、より具体的な話し合いをさせてもらいたい。

新議長に木﨑氏 副議長は大島氏

昭島市議会

昭島市議会は12日に臨時会を開き、議長に自民党の木﨑親一氏(59)、副議長に公明党の大島ひろし氏(60)を選出した。

木﨑氏は現在3期目。建設委員長、議会運営委員長、立川基地跡地利用対策特別委員長などを歴任した。

大島氏は現在4期目で、総務委員長、議会運営委員長などを務めた。

木﨑親一氏

大島ひろし氏

北濱氏が新議長に 副議長は津野地氏

稲城市議会

稲城市議会は15日に臨時会を開き、新議長に無所属の北濱堅一氏(56)、副議長に公明党の津野地寛美氏(49)を選出した。

北濱氏は現在4期目。副議長や建設環境委員長、議会運営委員長を務めた。

津野地氏は2期目で、議会運営委員会副委員長、決算特別委員長、補正予算特別委員長などを歴任した。

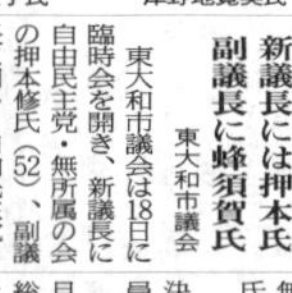

北濱堅一氏

津野地寛美氏

副議長に宮坂氏

狛江市議会

狛江市議会は16日、臨時会を開き、副議長に共産党の宮坂良子氏(66)を選出した。宮坂氏は現在3期目で、社会常任委員長、総務文教常任委員会副委員長などを歴任した。

宮坂良子氏

馳平氏が新議長 副議長に小宮氏

羽村市議会

羽村市議会は16日に臨時会を開き、新議長に民進党の馳平耕三氏(55)、副議長に新しい風の小宮國暉氏(74)を選出した。

馳平氏は現在4期目。厚生委員長や議会運営委員長を務めた。

小宮氏は3期目で、多摩都市モノレール建設促進特別委員長や経済委員長などを歴任している。

馳平耕三氏

小宮國暉氏

新議長は小野寺氏に 奈良﨑氏が副議長

府中市議会

府中市議会は16日に臨時会を開き、新議長に市政会の小野寺淳氏(73)、副議長に公明党の奈良﨑久和氏(58)を選出した。

小野寺氏は現在10期目。建設環境委員長、厚生経済委員長、議会運営委員長などを歴任した。

奈良﨑氏は現在5期目。厚生経済委員長、文教委員長、建設環境委員長などを務めた。

小野寺淳氏

奈良﨑久和氏

新議長には押本氏 副議長に蜂須賀氏

東大和市議会

東大和市議会は18日に臨時会を開き、新議長に自由民主党・無所属の会の押本修氏(52)、副議長に同じく自由民主党・無所属の会の蜂須賀千雅氏(42)を選出した。

押本氏は現在3期目。決算特別委員長や総務委員長を歴任した。

蜂須賀氏も同じく3期目で、予算特別委員長や総務委員長などを務めた。

押本修氏

蜂須賀千雅氏

市町村

予想される顔ぶれ

第20回都議選 ▶4◀

町田市(定数4)

1997年の都議選以降、自民、公明、民主の「指定席」が続く。今回から定数1増の4人区となり、自民が2人を擁立するなど、混戦が予想される。

自民は4人区で2人を擁立するという都連方針に基づき、4期目の吉原修(61)に加えて、町田市議3期目の市川勝斗(40)を公認した。支援団体のすみ分けや地域での票割りは実施しない考え。2人は多摩都市モノレールの延伸などを公約に掲げ、当選を目指す。

公明は4期目の小磯善彦(62)を立てた。これまで3万票以上を獲得し、前回と同様に候補者が乱立すれば、組織票を持つ小磯が有利となる。共産では町田市議2期目の池川友一(32)が初挑戦となる。共産はこれまで次点に泣く結果が多く、悲願の議席獲得を狙う。

民進は3期目の今村路加(48)が離党せずに出馬する。前回は最下位当選で、今回も都民ファーストが2人を立てるとの憶測が流れる中で厳しい戦いとなりそうだ。都民ファーストは19日時点で候補を発表していない。

維新は、元プロスノーボード選手の海老沢由紀(43)を立てた。前回は世田谷区から出馬したが、同区には別の候補者を公認し、国替えとなった。幸福実現党からは上田哲次(57)が出馬する。

吉原修氏

市川勝斗氏

小磯善彦氏

池川友一氏

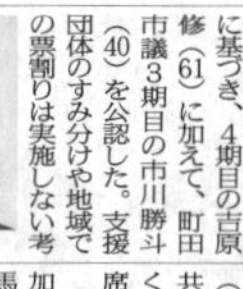

今村路加氏

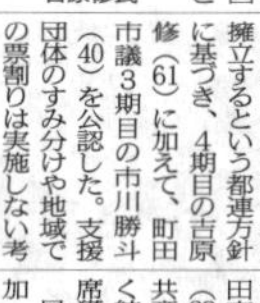

海老沢由紀氏

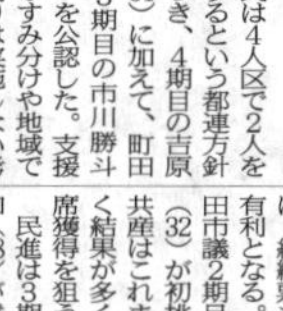

上田哲次氏

前回の結果

◇町田市				
当	吉原　修	(自現)	46,589	④
当	小磯　善彦	(公現)	33,977	④
当	今村　路加	(民現)	25,048	③
	白川　哲也	(み新)	21,087	
	松村　亮佑	(共新)	16,739	
	友井　和彦	(維新)	14,850	
◇小金井市				
当	木村　基成	(自新)	15,075	①
	西岡真一郎	(民現)	14,628	
	渡邊　信嗣	(共新)	4,457	
	藤岡　洋	(無新)	3,787	
◇小平市				
当	高橋　信博	(自現)	21,509	③
当	齋藤　敦	(民現)	16,388	③
	伊藤　央	(維新)	8,425	
	森住　孝明	(共新)	7,316	

《文中は敬称略》

小金井市(定数1)

小金井市では前回選挙で民主が自民に破れ、24年ぶりに議席を明け渡した。今回の選挙では民進の動きはない。

いち早く出馬を表明したのは自民の廣瀬真木(35)。廣瀬は昨年同党の参院選候補公募に応募して最終選考まで残った候補で、議席確保に邁進する。

一方、現職の木村基成(47)は自民を離党して都民ファーストに所属しており、世田谷で公認を受け、同区で出馬する意向を示している。

無所属の漢人明子(57)は元市議会議員で、地元での経験から都市計画道路整備反対の立場から支持を広げる。

共産も候補者擁立を目指す考えで、他会派との統一候補か独自候補を検討している。

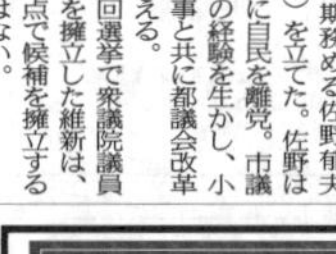

廣瀬真木氏

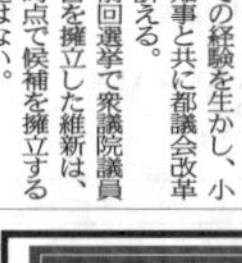

漢人明子氏

小平市(定数2)

自民、民主系が2議席を守り続けている選挙区だが、今回は自民を離党した現職市議を都民ファーストが公認しており、票が分散する可能性もある。

自民は現職3期目の高橋信博(70)を公認。前回選挙では約2万票を集めてトップ当選しており、今回も地道な党員回りで票固めを図る。

民進は現職の齋藤敦(50)が4期目を目指す。4月の市長選では民進が推薦した現職が圧勝しており、勢いを生かしたい。

共産は党小平市介護・福祉相談室長を務める新人の鈴木大智(34)を擁立。介護施設所長の経験もあり、福祉・介護の向上を訴える。

都民ファーストは市議を4期務める佐野郁夫(61)を立てた。佐野は2月に自民を離党。市議会での経験を生かし、小池知事と共に都議会改革を訴える。

前回選挙で衆議院議員秘書を擁立した維新は、現時点で候補を擁立する予定はない。

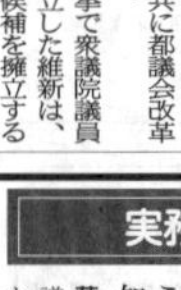

高橋信博

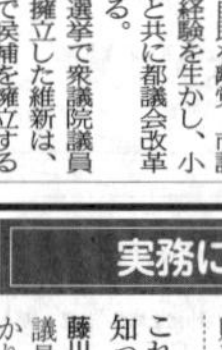

鈴木大智氏

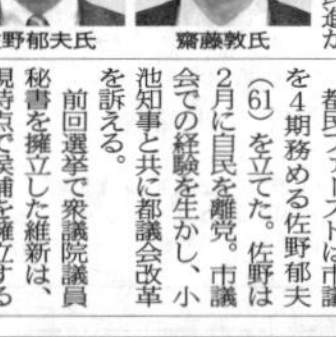

齋藤敦氏

佐野郁夫氏

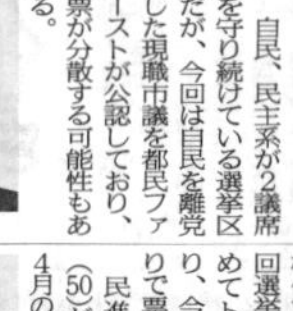

廃棄物処理と雇用問題
問われる公共サービスとしての質

重い市町村の処理責任
不安定雇用に苦しむ非正規労働者

廃棄物処理の法制度は、汚物掃除法、清掃法を経て、1970年のいわゆる公害国会において「廃棄物の処理及び清掃に関する法律（以下、廃棄物処理法）」が制定された。以来、現在に至るまで廃棄物処理法の目的は、第1条の目的規定にあるように「生活環境の保全及び公衆衛生の向上」である。2000年4月に施行された「地方自治法の一部を改正する法律」や「地方分権一括法」により、特別区は、基礎的な地方公共団体として法律上明確に位置付けられた。都区制度改革の一環として、自治体固有事務である清掃事業を東京都から移管されることで、清掃事業に対して第一義的に責任を持つこととなり、特別区の自主性・自立性が強化された。移管直前の1999年時点で8千人以上の職員と3千台の車両、120の清掃関連施設を擁した全国でも最大規模の清掃事業の東京都から特別区への移管は、都区制度改革全体の成否の象徴となった。廃棄物の処理について、統括的な責任を有するものと解されている。当該市町村自ら処理を行う場合はもとより、他者に委託して行わせる場合でも、その責任は引き続き市町村が有するものであり、市町村の処理責任は極めて重いものである。また、23区の清掃事業に従事する非正規労働者の処遇を巡っては、常用雇用の実態があるにもかかわらず、一般の社会保険（厚生年金、健康保険、雇用保険）が適用されず、不安定雇用に苦しむ多くの労働者がいることが大きな社会問題となっている。ありとあらゆる公務職場が民間委託され、もはや委託そのものが目的化され、良質な公共サービスという概念は、一般化されていないような感がある。地方行革が進み、量的な削減、合理化は相当程度進んだといわれる。これからはその質が問われる。

廃棄物処理全体への統括的責任

第22次地方制度調査会の答申を受けて設置された都区制度改革推進協議会は、1992年10月に「都区制度改革に関する中間のまとめ」を示し、原則として清掃事業の全て（一般廃棄物の収集、運搬、中間処理、最終処分）を特別区の事務とした。

東京都と特別区は、「都区制度に関する中間のまとめ」を踏まえ、具体的な移管の内容や体制についての協議を行い、1994年9月に「都区制度に関するまとめ」を交わした。「自区内処理の原則」という表現で、廃棄物処理法に規定されている一般廃棄物の収集・運搬、中間処理、最終処分に関して、特別区が全ての責任を負うことを、都・区双方で確認したのである。

2014年10月の環境省通知は、「廃棄物処理法が目的とする生活環境の保全及び公衆衛生の向上を図る上では、廃棄物の適正処理が基本であり、一般廃棄物の処理に関しては、その処理全体について統括的な責任を有する市町村の役割が極めて重要である」としている。

また、市町村の処理責任の性格については、「市町村以外の者に委託して行わせる場合でも、引き続き市町村が有するものである。また、許可業者に行わせる場合にあっても、市町村が統括的な責任を有するものであり、一般廃棄物処理計画にこれを位置付け、一般廃棄物の適正な処理の継続的かつ安定的な実施が確保されるよう、業の許可の運用を行うことが重要である」としている。

「自区内処理の原則」は、区市町村の一般廃棄物に関する統括的な責任を示したものと言える。

第52年次自治研集会（2015年6月14、15日）
議員とともに住民ニーズを探りアクションプランの作成をめざす

行政とともに清掃事業を担ってきた民間雇上会社

1994年9月の「都区制度に関するまとめ」では、特別区における清掃事業の実施に伴う関係業者（雇上会社）への対応についてもまとめられた。廃棄物の運搬請負契約を結ぶ雇上会社は、長い清掃事業の歴史の中で、行政のパートナーとして23区の清掃事業を担ってきた。1986年2月の都区協議会において、「雇上会社の選定にあたっては、これまでの歴史的沿革を十分に尊重し、現行方式を継承する」ことが了承された。

これらの経緯を踏まえて、2000年3月に東京都と特別区で締結した「清掃事業の特別区移管にあたっての関係業者に関わる覚書」に基づき、雇上会社51社を契約相手として、廃棄物運搬請負契約が締結された。

雇上会社は、古くは江戸・明治時代から、ごみ、し尿の収集・運搬、船舶輸送による肥料供給事業を請け負ってきた専業事業者である。事業の近代化や車両整備に努めるなど、清掃事業施策に大きく貢献をしてきた。こうした経緯を踏まえ、特命随意契約「雇上契約（23区と雇上会社間の清掃車両の配車契約）」が結ばれている。

拡大する一途の「非正規労働者」

通常の「雇上契約」は、清掃車両と運転手の契約である。各雇上会社から清掃車両と運転手が各区の清掃事務所に配車され、区の職員（収集作業員）と一緒に作業を行うという東京都特有の作業形態である。

前述の作業形態以外に、「車付雇上」と言われる作業形態がある。東京都時代からある作業形態だが、本来は火災や引越しなどの臨時ごみに対応するために、収集作業員付の車両を雇上会社が配車する臨時的な取扱いであった。

現業切捨てによる公共サービスの解体が進む中、多くの区が退職不補充方針を基本として、正規職員の欠員を補う一つの手法として、車付雇上を恒常的に活用するようになった。

偽装請負問題

車付雇上は、清掃車両と運転手に加えて収集作業員も契約対象となることから、「仕事の完成」を目的とした請負契約と判断される。請負契約の最大の特徴は、受注者は「仕事の完成」という「結果」に対する責任を負うという点である。業務委託や請負では、労働者の管理責任の所在を明確化させるため、委託業者（雇上会社）は、発注元（特別区）から独立して業務を行わなければならない。

請負契約であるにもかかわらず、派遣契約のように労働者に指揮・命令を行うと偽装請負と判断される。偽装請負の場合、労働者派遣法等に違反するばかりでなく、労働基準法、労働安全衛生法等に定める事業主責任の所在や社会保険料の負担責任等があいまいになり、必要な措置が図られないという問題が生じがちである。

車付雇上による収集地域が増え、前述のように、作業員に対する指示・命令が出来ないことから、「車付雇上が担当する現場の実態が分からない」「作業の指示が出来ないので、どういう作業をしているか分からない」という声が多く聞かれる。

労働組合による労働者供給事業問題

東京23区の清掃事業は、区の職員、雇上会社の正社員、非正規労働者など多様な労働者が担っている。非正規労働者のほとんどは労働者供給事業による労働者である。

職安法第44条は、戦前に横行した強制労働や中間搾取を禁止するため、労働者供給事業の禁止を謳っている。しかし、続く第45条で唯一労働組合による労働者供給事業を認めている。労働者の利益を第一とする労働組合に無料の労働者供給事業を行わせることで、中間搾取や強制労働を禁止しようとしたのである。

現行の特別区雇上業界との関係（作業形態）

雇上会社（運転手／清掃車両）⇔ 雇上契約 ⇔ 23区（作業員／区職員）→ 現場作業

23区と雇上会社の「雇上契約」に基づき、運転手と清掃車両が23区に配車され、運転手と作業員はコミュニケーションを取りながら、一日の作業が進められる。

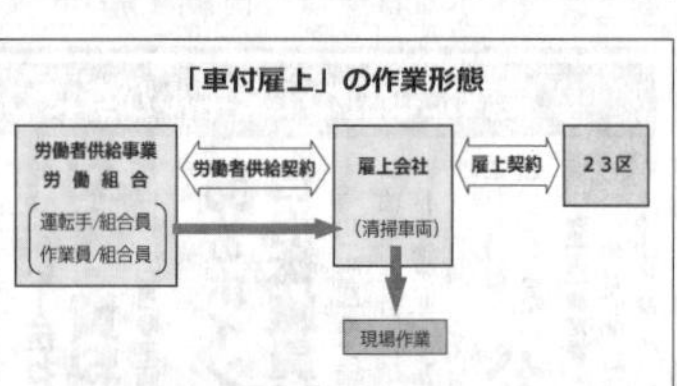

23区と雇上会社との間には「雇上契約」があるのみで、労働者との雇用関係・指揮命令関係は、労働者と雇上会社との間にある。23区行政が運転手や作業員に作業上の指揮命令を行うと、偽装請負と判断される。

安定的な運営と将来へ正規職員の補充を

東京清掃労働組合中央執行委員長　桐田　達也

東京清掃労働組合は、2017年春闘期の取り組みの中で、良質な公共サービスとしての清掃事業の確立と清掃事業に係る下請け労働者の賃上げを求める公共サービスキャンペーンを取り組みました。

廃棄物行政は、環境保全としての廃棄物処理のみならず、排出抑制、再生利用、循環型社会形成へと多様化する中で、住民はごみを出し、行政は出されたごみを収集し、処分するという一方通行の事業から、ごみの減量、3Rの推進を住民と共に進めていくという双方向の事業に変化しました。また、世帯構成や生活様式の変化に伴う住民の要望に対応することも求められてきました。

こうした変化に対応するために、単身高齢者などのお宅への訪問収集や小学校などでの環境学習が各区の清掃事務所で実施されています。また、23区内の清掃工場は住宅地に近い場所にあることから、住民の安全、環境を守るために法令規制値より厳しい自己規制値が設けられています。重大災害につながりかねない清掃工場の事故を未然に防ぐために、工場で働く職員は安全最優先で日々の業務に励んでいます。

こうした職員の働きは、長年にわたって培われてきた知識と経験に裏付けられています。清掃事業は現場の労働者の豊富な知識と経験で成り立っています。しかし、現業合理化、退職不補充方針によって、知識や経験、技術の継承が困難となっています。継続的な人員の補充は喫緊の課題です。

現業合理化、退職不補充方針は、清掃事業にも派遣、臨時、日々雇用などの非正規労働者の拡大を招きました。住民の生活環境を守る市区町村の固有事務を、低賃金、不安定雇用のワーキングプアといわれる多くの労働者が担っています。彼らは厳しい労働条件にあっても、正規職員とともに一生懸命清掃事業を支えています。私たちとともに清掃事業を支えている彼らが安心して働き、生活できる労働条件を確保しなければなりません。

清掃事業は、マンパワーの事業です。人無くして安全・安心、そして良質な公共サービスとしての清掃事業は成立しません。市区町村には清掃事業に責任を持つ義務があります。安定的な事業運営と将来に向けた事業展望のために正規職員の補充は必須です。そして、清掃事業を支えるすべての労働者が安心して働き生活ができる労働条件の改善がより良い清掃事業へと繋がっていきます。東京清掃労組は、このことを訴え続けていきます。

（上）DVD収録・小学校での環境学習
（下）自治労公共サービスキャンペーン（2017年3月29日、秋葉原駅）駅頭で良質な公共サービスを訴える

『良質な公共サービスとしての清掃事業の確立に向けて』

東京清掃労働組合

事務局
〒102-0072　東京都千代田区飯田橋3-9-3　SKプラザ5F
☎ 03-3237-9995　FAX 03-3237-4541
E-mail honbu@tokyoseisou.or.jp

清掃事業の統括的責任を――
自治研、DVDで理解深める
労働者の生活と権利の保障を

区民と清掃労働者の対話集会（2015年10月8日）
会場からは清掃労働者に対する感謝や期待の声が寄せられた

労働者供給事業労働者の処遇を巡って

雇上会社S社を相手とした不当解雇撤回裁判闘争は、粘り強い闘いの末、本年1月20日に原告側の勝利的和解が成立した。

昨年1月14日、朝日新聞は、本来は厚生年金に入る資格があるのに、年金額の少ない国民年金に入っている者が約200万人と推計され、違法に厚生年金に入っていない可能性がある79万事業所を対象に政府が緊急調査に入ると報じた。5月30日には、厚労省推計の200万人には建設作業員やごみ収集員の一部が対象外になっていることが朝日新聞の調査で明らかになり、厚生年金逃れは国の想定を上回ると報じた。

23区清掃事業に働く非正規労働者に対する違法な厚生年金逃れは、社会的な課題として焦点が当たったのである。10月には厚労省が「東京環境保全協会（雇上会社51社で作る法人）」に対し、社会保険の適用について直接是正指導を行うなど大きく前進した。不当解雇撤回闘争を社会的な課題と連動させた意義は極めて大きい。

自由競争に委ねられるべきでない清掃事業

最高裁は、2014年1月28日に「一般廃棄物処理業許可取消等、損害賠償請求事件」で、「一般廃棄物処理業は、自由競争に委ねられるべき性格の事業とは位置づけられていないものといえる」とし、「適切な考慮を欠くものであるならば、許可業者の濫立により需給の均衡が損なわれ、その経営が悪化して事業の適正な運営が害され、これにより当該区域の住民の健康や生活環境に被害や影響が及ぶ危険性が生じ得るものといえる」としている。

雇上会社は、清掃事業の長い歴史の中で、行政と共に公共サービスである清掃事業を担ってきた社会的責任があるはずである。その責任は働く者に対する責任も含まれる。正社員比率は2割を切り、いまだに一部の非正規労働者が厚生年金等一般の社会保険が適用されず不安定雇用に苦しんでいる。就労も安定せず、23区の清掃事業にとってもマイナスとなっている。

公共サービス基本法第11条には「国及び地方公共団体は、公共サービスの実施に従事する者の適正な労働条件の確保その他の労働環境の整備に関し必要な施策を講ずるよう努めるものとする」と規定されている。

自治体は公共サービスに従事する労働者の生活と権利を保障する責任がある。そのことが疎かになれば公共サービスの質を低下させ、最終的には公共サービスを受ける住民に被害が及ぶ。

今こそ、行政・雇上会社・清掃事業に従事する労働者など全ての関係者が、良質な公共サービスとしての清掃事業を維持していく観点で清掃事業に向き合わなければならないのではないか。

第53次自治研集会（2016年5月29日、30日）
少人数のグループ討議で廃棄物行政を考える

第52次自治研集会（2015年6月14、15日）
幼稚園で実施している紙芝居を自治研集会参加者の前で実演

事業移管以降も単一労組を維持する東京清掃労組

都区制度改革、すなわち地方分権改革で議論されてきたのは、住民に身近な行政は出来る限り住民に身近なところで行うものという原則である。区移管以降、住民にとってより身近な事業となった清掃事業は、社会の変化・住民生活の変化に伴い、地域のニーズあるいは住民が望むサービスも変化してきた。住民ニーズを的確に把握し応えることは、清掃事業にとって重要課題である。

東京清掃労働組合は、事業移管以降も、23区、清掃一組、東京都という複数の自治体を横断する単一労働組合という組織選択をした。全国的に見ても例の無い組織形態である。その意義は、広域行政である清掃事業に従事する労働者で組織する労働組合として、社会的労働運動の追求にあった。

良質な公共サービスへ不断の努力を

清掃事業の区移管が地方分権改革として評価される一方、移管以降の清掃事業が、安全・安定的で衛生的な住環境を保障するという公共サービスの質の観点から、どのように捉えられてきたかについては、とりたてて関心が払われてこなかったのではないか。

新自由主義を基調とする政治潮流の下、規制緩和が進められ、あらゆる公務職場が民間委託され、もはや委託そのものが目的化され、良質な公共サービスという概念は、行政側や住民にも一般化されていないような感がある。地方行革が進み、量的な削減、合理化は相当程度進んだといわれる。これからはその質が問われる。

自治体を取り巻く厳しい財政状況の中で、良質な公共サービスを維持していくことは容易なことではないが、清掃事業の区移管から17年を経た今、23区の清掃事業を担う行政、民間事業者、労働者、全ての関係者が良質な公共サービスとしての清掃事業を維持していくために不断の努力を果たさなければならない。

区民と清掃労働者の対話集会（2015年10月8日）
会場の皆さんと一緒になった集会

自治研活動の活性化を目的に清掃事業をDVDで紹介

ややもすると、清掃事業はごみを収集するだけの単純労務と捉えられがちであるが、お年寄りや身体の不自由な方の玄関先まで収集に伺うふれあい戸別収集、収集時間を決めた時間帯収集、集積所の改善、不適正排出に対する指導業務、ごみの減量や分別の大切さを子ども達と楽しく学ぶ環境学習等々、特別区の清掃事業の業務内容は、現場の第一線で奮闘する職員の創意工夫や努力で多様化を遂げ、公共サービスとしての質が維持されてきた。

わが組合は、こういった通常の収集作業以外の、普段なかなか目にする機会の無い戸別収集や環境学習、清掃工場の搬入調査や安全点検作業等を収録したDVD「自然にやさしく 人にやさしく」を制作した。

住民ニーズを把握し、住民の立場に立った施策を展開するために、住民の方たちと一緒に清掃事業を考える自治研活動の活性化は、わが組合にとっても重要な運動の柱である。住民とともに清掃事業を考える自治研集会の討論のきっかけとして活用できるよう制作したDVDである。多くの皆さんから「清掃事業の大切さが理解できた」、「多様性を感じた」などの感想とともに、「こんな仕事もやっているなんて知らなかった」という声もあり、直面する課題にひるむことなく、一歩前に踏み出すことの大切さを感じさせた。

第52次自治研集会（2015年6月14、15日）
活発な議論の中でも時に和やかに笑いが起きる

住民との協働で良質な公共サービスの確立をめざす

清掃事業は、収集・運搬・処理・処分という一貫した流れで成立する広域行政である。行政だけで解決できる課題ではなく、まして住民だけで解決できる課題でもない。まさに、行政と住民との「協働」によって解決の糸口を見出し得る課題である。「協働化」によって公共サービスとしての生産性を上げることができたならば、「民営化」「民間委託」に代わる新たな行政施策を示すことができるはずである。

新規採用の抑制と非正規労働者の多用で、職員数の減少と高齢化が進んでいる。行政の第一線で大事なのは人であり、緊急時に自治体職員が果たすべき役割が問われることとなる。長年の知識や経験は、数か月や1、2年で培われるものではない。長期的な視点で職員採用を実施することは、必要不可欠である。

多くの権能が各区のものとなった清掃事業の区移管から17年を経た。区移管の協議の中で、最大の論点となった「自己完結型清掃事業」とは、一般廃棄物の処理に関するすべてに責任を負い、事業を行うとする考え方である。23区の清掃事業に関わるすべての関係者が、清掃事業にかかる統括的な責任を全うできるよう、これまでに増して尽力する必要がある。

東京清掃労働組合制作DVD「自然にやさしく人にやさしく」（2015年6月）

上 DVD収録／高層住宅での訪問収集
下 DVD収録／狭隘路地での作業

各級議員とともに自治研集会

東京清掃は、昨年、一昨年と自治研活動推進の観点から各級議員の皆さんと共に、宿泊による自治研集会を開催した。

集会では、自治労の提唱する現業活性化の一環として、議員の皆さんと一緒に、楽しく議論しながらアクションプランシートを作成した。アクションプランシートの作成は、少人数による参加型のグループ討議で、各グループに模造紙と付箋を配布、ステップごとに模造紙にプランシートを作成し、思いついたことを付箋に書いてシートに貼り、出された意見を整理しながらアクションプランの完成を目指すものである。

行政の第一線で働く私たち清掃職場の重要な特徴は、行政と住民との接点にいるということである。住民のための仕事を公共サービスとして確立していくためには、住民ニーズを探る必要がある。議員の皆さんと共に住民ニーズを探り、その解決策を考えるグループ討議は、真剣な議論の中でも終始和やかに、かつ熱気に包まれながら進行した。

社会の中で、組織された労働組合として

参加した議員の皆さんからは、「清掃事業の多様性や新たな可能性を感じました」「現場の声を聞く貴重な機会となった」「労働組合がグループ討議で仕事のあり方を考えるとは驚いた（笑）」「より多くの区民の方々に環境について関心を持ってもらうように働きかけたい」といった感想や意見をいただいた。

参加した組合役員は、「自由な意見交換できる場は大変貴重」、「最初はとまどったが、少人数で多くの意見が交わせてよかった」といった感想が寄せられた。

特別区の清掃事業は、我われの創意工夫によって住民の安心や安全、そして快適な生活を保障していくことができるはずである。現場の第一線で働く我われが主体的に問題提起を行い、良質な公共サービスとしての清掃事業を守るために全力を挙げたい。住民との直接のふれあいで、自治体の政策情報収集を担える立場にいるという自覚を持って、日々の業務に臨んでいく必要がある。政策には一切関わらず、与えられた最低限の業務を行うので良ければ、詳細な仕様書やマニュアルを作って民間に任せれば良いという主張のほうがより合理的であろう。

清掃行政に視点を置く画期的な「地域自治研」

自治労東京都本部中央執行委員長　座光寺 成夫

私が渋谷区役所に入った30年も前、デスク横に「護美箱」と書いてある、いわゆるごみ箱が置いてありました。書き込んだ職場の先輩の良識ある知恵に感心するとともに、毎日回収してくれる委託労働者に対してのいたわりの言葉がそこに凝縮されていると思いました。

時あたかも本格的にリサイクルが注目されるときでもありました。とくにコピー用紙をはじめとした紙や冊子のリサイクルは、まさに大号令のごとく毎週末、束にして役所の廊下に置いておくことが義務でした。しかし、その後の処理や、再び私たちの前に商品として現れるものはどんなものなのかは、そのときは想像もせず、ただひたすら、若造の仕事としてこなしたと記憶しています。

その後、私は労働組合の役員となり、東京清掃労組との付き合いから、1995年に成立した容器包装リサイクル法の成立過程に東京清掃労組が真摯に取り組んでいる姿を目にしました。そのとき使われていたキャッチコピーが「燃やせばごみ、分ければ資源」でした。まさに「分別収集とは何か」、さらに具体的に分別は「何種類か」など真剣な議論が展開されていたと記憶しています。

それまで清掃労働者の仕事の根幹は収集作業でした。しかし、清掃労働者が分別について一人ひとりが考えたことは、その後の、人にやさしい、環境にやさしい政策に一歩踏み出した瞬間であったと思います。

ここ数年東京清掃労組は、自治研活動（地方自治研究活動）を各支部組合員、各級議員の参加のもと展開していると聞き及んでいます。これまで職場改善をめざした「職場自治研」は、安全衛生活動とも相まって東京清掃労組は先進的に取り組んでいましたが、さらに利用者・住民から見た清掃行政に視点を置く「地域自治研」に目を向けたことは、本当に画期的です。

2025年問題として、団塊の世代の高齢人口が首都圏を覆うことは間違いありません。特に東京ではその数は日本一といわれています。行政においては、利用者本位の行政サービスは何かという本質を捉えた議論と、本当に公務員でなければならないのかという、サービスと担い手の関係性の方程式が正しく求められます。清掃行政においても、環境行政の枠を超えた介護、福祉、子ども、教育など、ほかの行政分野へのアプローチも必要になってくると予想します。まさに、縦軸を基本とした従前の行政から、横断的な新しい行政への転換が問われています。東京清掃労組の果てしないチャレンジに期待します。

庁内の各種調査見直しへ

都自律改革　重複解消し、業務効率化

都は庁内で行っている各種調査の実施方法の見直しを進めている。調査の必要性が薄れているものや、内容が重複したものを複数局で実施しているケースがあり、調査の整理や簡素化を図る。総務局は4月、各局への聞き取り結果をまとめ、昨年度に行った調査398件のうち30件について改善できる見通しが立ったという。

見直しの視点は、「調査自体の必要性」と「調査内容の重複」。このうち調査の必要性に関しては、各局が検証し、簡素化などの見直しを図る。調査内容の重複では、調査に回答する部署から集め、総務局が重複の解消に向け調整する。

見直しの対象となったのは、国から報告が求められる調査や各局の研修状況の調査など、庁内の各部署へ定期的に実施しているものが対象。こうした調査は、不定期な調査や電話やメールで依頼する軽易な調査は除外しても昨年度は398件に及び、現場では回答の締め切りに追われ超勤せざるを得ない状況などがあったという。

一連の取り組みは、全庁的な視点で調査の必要性を見直し、業務効率化とライフ・ワーク・バランスの実現につなげるのが目的。都政改革本部会議で各局の自律的改革を進める中、「調査の在り方の見直しが必要」との声が複数の局から上がり、実施につながった。

4月の総務課長会で見直しできると報告された30件の内訳は、廃止が6件、簡素化が14件、頻度低下が5件、統合などその他が5件だった。うち8件は既に見直しを完了しているという。

具体的には総務局が、各局の情報セキュリティー研修や監査の現状を調べる調査を「定期的に行っているヒアリングで賄える」として廃止。各局の研修計画や実績に関する調査も、前回の結果をあらかじめ調査用紙に書きとめ、変更がない場合は記入しなくて済むようにするなど、様式の変更を検討している。同局は「調査を受けるが、できるだけ負担に感じないように見直している」（企画計理課）と話す。

回答内容を充実させ、調査結果を利用しやすくして業務の効率化を図った例もある。

財務局は公共施設のコスト管理の調査を見直した。同調査は、各局が所管する公共施設の維持管理費や建設費の縮減を目的に行っているもので、これまではコスト縮減の取り組みと結果のみを調べてきたが、今後は各局の目標や電力やCO_2削減量など具体的な情報も併せて回答してもらう。同局ではコスト管理調査の結果の局HPへの掲載を検討しており、情報公開を充実させる考え。「調査項目は増えるが、HPにより詳細な情報が掲載できるようになるので、必要な時に連絡が不要になり、結果的に業務効率化につながる」（経理部）と説明する。

教育庁は調査項目を精査し、他の調査で対応できる項目や、業務上使用が少ない項目を削除した。

他方、調査内容の重複に関しては、各局から24件の報告が上がった。経営状況や事業計画を策定する際の調査が中心で、総務局が部署間の調整に入り、改善を検討する予定だが、受ける側は「重複している」と感じていても、依頼する側は目的が異なるケースがあり、同局は「各局にヒアリングしてうまく調整する必要がある」（行政改革課）と話している。

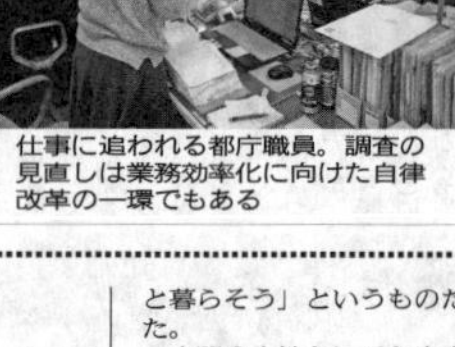

仕事に追われる都庁職員。調査の見直しは業務効率化に向けた自律改革の一環でもある

専用レーンは区間限定

輸送運営計画を公表

都・五輪組織委

都と五輪組織委員会は18日、2020年大会に関する輸送の前提条件やサービスの検討状況などをまとめた「輸送運営計画」（V1）を発表した。

輸送ルートは、選手・役員など大会関係者を輸送する「関係者輸送ルート（オリンピック・ルート・ネットワーク＝ORN）」と、観客・スタッフなどの「観客輸送ルート」を設定。ORNは選手村と空港、競技会場を結ぶ「大会ルート」、練習会場に輸送する「練習会場ルート」、事故や渋滞などで大会ルートが使用できない場合の「代替ルート」に区分する。

ORNは安全性・定時性を考慮し、信号交差点がなく、一般道に比べて事故率が低い高速道路を主に設定することを明記。一般道では、4車線以上の道路を優先して選定する。また、最寄りとなる高速道路の出入り口から競技会場までを最短距離で結ぶ経路を設定する。

組織委の担当者は「首都高の都心部で一般交通を制限して専用レーンを敷くと、かなりの渋滞が予想される。どの区間を専用・優先レーンにするか、学識経験者の意見を聞き、警視庁とも調整しながら検討したい」と説明した。

輸送運営計画では東京大会の課題として、五輪パークがなく、競技会場の多くが朝・夕の通勤時間帯をピークに交通が集中する地域に立地することを指摘。特に会場が集中する臨海部では、港湾施設に隣接していることから物流関係の車両通行が多く、大会の交通と交錯する恐れがあるとした。

このため、東京大会では交通量の抑制や平準化などの調整を図る「交通需要マネジメント（TDM）」を実施する方針。ロンドン大会の事例も参考に、東京の交通の特性を踏まえて検討する。

交通工学や物流などの学識経験者を中心に、専門的見地からTDMなどを技術的に検討する「交通輸送技術検討会（仮称）」を設置することも決めた。組織委は同計画を6月上旬にIOCに提出し、18年度には「V2」を策定する見通し。

夏季一時金の要求書提出

職員の給与水準低下を牽制

区団交

区長会と特区連、東京清掃労組は18日、それぞれ団体交渉を行い、組合側は夏季一時金などに関する要求書を提出。夏季一時金の支給月数を2・5月以上にすることなどを求めた。

特区連は、行政系人事制度改正に関わる給与制度について言及。労使は今年3月、任用制度に関して大綱の合意を得て、今後、給与制度について労使で協議することになるが、特区連は、制度改正を口実に職員の処遇低下を招くことがないよう牽制した。

組合側は、雇用と年金の接続の問題についても定年延長などの新たな制度構築を早急に進めるよう要請。特別区人事委員会の「再任用職員等実態調査」の結果なども踏まえた検討を求めた。更に、係長職のフルタイム勤務職員は定年前と同じポストの配置が多いのに、その賃金水準が定年前の6割未満であるとして再任用制度の賃金水準の改善を迫った。その他、扶養手当については、国や都の見直しに追随せず、首都圏の生活実態にふさわしい改善を行うよう主張した。

清掃労組は、「切替調整措置」の1日も早い終了を改めて要求。「勤務成績が良好でも1号昇給しかできない職員がいるのはあまりに過酷」と批判した。現業系人事制度について、行政系人事制度と連動した一体的な見直しを求めた。

高齢期雇用制度では、現業系職員の調査を実施し、必要な協議を行うよう要求。再任用制度の賃金水準の改善も求めている。

一方、区長会は「特別区を取り巻く厳しい情勢を始め、国や他団体、民間企業の動向などを十分に考慮の上、慎重に検討したい」と説明。行政系人事制度については「給与制度に関する事項については近日中に意見交換したい」と応じ、技能・業務系人事制度については「影響が生じると見込まれる時には対応について協議するほか、各区の制度の運用状況などから必要性が認められる場合には適切な検討をする」とした。

区長会側はまた、退職手当に触れ、人事院による退職給付調査で「国家公務員が民間を3・08%（約78万円）上回った」という結果を引き合いに、国の見直しに向けた動向を注視する考えを示した。これに対し、組合側は退職給付水準の引き下げに反対を表明した。

通販の出品企業募集

専門チャンネルで紹介

都産業労働局

都産業労働局は16日、テレビ通販番組の出品企業の募集を始めた。都内の中小企業が製造する優れた商品を来年2月に通販の専門チャンネルで放送される番組内で紹介する。出品企業数は10～15社程度で、取扱商品は伝統工芸品や皮革製品、雑貨、インテリア、食器、服飾品、加工食品などを想定している。

メディア活用販路開拓支援事業の一環で、新たな販路開拓のツールとしての可能性を探る考え。募集期間は6月27日まで。

労使の主張は平行線

非常勤の付加報酬支給など

都小委

都と都労連は18日、小委員会交渉を行い、都側が都労連要求の検討状況などを示した。

一時金関連では、非常勤職員に一時金相当額を付加報酬として支給することについて、都側が「報酬は職務の複雑性、困難性、責任の軽重に応じて適切に定めている」として、「現行法では困難」との認識を表明。地方自治法等の改正により2020年度から会計年度任用職員（一般職の非常勤職員）に期末手当を支給できる規定が整備されたことを踏まえ、「都の実情に合わせて検討する必要がある」と説明した。

これに対し、都労連は「非常勤職員は、常勤と同様の役割を果たしている。都政の重要な担い手であるにもかかわらず、昇給も一時金もない」と指摘し、一時金相当額を報酬に加算して支給するよう改めて求めた。

夏季休暇の改善要求では、都側は取得期間の拡大について、「国や他団体の多くは7月から9月まで」として、社会通念上、夏季休暇として認められる期間を超えて延長することについて「慎重に検討する必要がある」と説明。

基本要求の関連では、高齢期雇用制度について、本年の民調で人事院が定年退職後の継続雇用者の給与水準等を追加して調査することに触れ、その動向を注視していく考えを示した。そのほか、労働時間の短縮に関して、テレワークの試行に加え、現行制度を活用したフレックスタイム制などを試行実施する考えを改めて示した。

これに対し都労連は、昨年の夏季休暇取得期間が1カ月間半拡大されたにもかかわらず、「平均取得日数も完全取得の割合も減少した」と指摘。「取得期間の拡大は、完全取得と計画的取得のための条件整備を図る第一歩」として、要求の実現を求めた。

高齢期雇用の改善では、定年延長に関し、都として主体的な判断と実行を要求。再任用職員の賃金水準についても、調査待ちではなく改善を検討するよう求めた。

労使の主張は平行線のまま、きょう23日、回答指定日を迎える。

衆院区割り改定で行政区分割を批判

9都県市

9都県市は19日、衆院小選挙区の区割り改定案について、「市区町村や政令指定都市の行政区が分割される状況が生じている」として、「自治体の一体性が損なわれた区割りは、望ましいものではない」との意見を表明した。

20年の国勢調査に基づく改定では再度の大幅な変更が想定される上、区域が分割される自治体では複数選挙区の運営に伴う負担が増加するなど、「選挙運営の安定性が損なわれる恐れがある」と指摘し、地域の実情を踏まえた改定を求めている。

舟運社会実験　3航路を追加

隅田川縦断など

都都市整備局などは18日、舟運の活性化に向けた社会実験の航路として、4月から運航を始めている「東京港循環航路」に加え、新たに3航路を拡充すると発表した。

追加するのは①隅田川縦断②京浜運河縦断③日本橋周遊――の3航路。このうち隅田川縦断航路は、「浜町から天王洲」「天王洲から両国」の2区間。京浜運河縦断航路は有明・お台場海浜公園・天空橋を、日本橋周遊航路は吾妻橋・日本橋をそれぞれ結ぶ。

■障害スポ施設改修

都五輪準備局は19日、多摩障害者スポーツセンター（国立市）の改修に伴い、現施設を2018年3月10日から休館し、味の素スタジアム（調布市）内の室内施設で代替すると発表した。休館は19年6月ごろまで。

同センターの改修では、体育館の屋根の改修やプールの濾過機の更新などの老朽化対策に加え、体育館の空調設備の整備やプールのコース拡張などを予定している。

■同僚に暴行で減給

都教育庁は18日、区立小学校の女性教諭（27）が、同僚の男性主任教諭に暴行を加えたとして減給10分の1（6月）の処分にした。

女性教諭は昨年10月、男性主任教諭に対し、業務で使用していたノートを盗んだとの疑いをかけ、パソコンやデジカメを破損させた上、下腹部を蹴り、全治2日のけがを負わせた。

退職後のリアル

しくじり都庁OBの教訓⑩

最初のつまずき⑦

都会派？　田舎派？

住まいづくりの失敗を契機に、私はライフプランそのものの失敗を気づかされることになった。そこで、ライフプランの基本とも言える「都会暮らしか田舎暮らしか」について少し考えておきたい。

老後の田舎暮らしを礼賛し、推奨する文章は世の中にたくさん出回っている。依然としてセカンドライフの主流は田舎暮らしだと思われるが、ここでは私のしくじり経験から、なぜ私は都会暮らし派なのかについて触れておくことにする。ぜひ、老後の住まいの選択の参考にして、自分は都会派なのか田舎派なのかをじっくりと考えてほしい。

老後をどこで暮らすかの選択は、かなり大事なことである。セカンドライフをどのように過ごすかを決定づけることになるからだ。最近でこそ、高齢者の都会暮らしのニーズは若干高まってきてはいるものの、私がセカンドライフをスタートさせた頃は、田舎暮らしが圧倒的に主流だった。

帰るべき田舎がある人はもちろん、いわゆる都会生活に疲れ切った多くのサラリーマンの夢は「この年まで都会であくせくと生きてきたのだから、老後は田舎で自然と向き合いながら、気楽にのんびりと暮らそう」というものだった。

人間の本性としても本来、自然の中で暮らすことは当然で、都会生活は生きるためのやむを得ない選択だと私も思い込んできた。せわしない東京生活を続けてきた現役時代の対局に、田舎は理想化され続けてきたようだ。老後の田舎暮らしはずーっと耳元でささやかれ続けていた呪文であったような気がする。

だから、今でこそ都会派の私も、既に書いたように一度は半田舎暮らしを試みている。しかし、今は断然、都会暮らし派である。それは仕事を続ける場合はもちろん、趣味に生きるにしても、それどころか、のんびり暮らすにも、全てに都会がいいと思うようになってきているからだ。

（金子雅臣）

五輪への航海図 180

TOKYO 2020

開催まであと1158日

特別区の戦略②

中央区・晴海の世代間交流

東京オリンピック・パラリンピックの選手村が建設される中央区晴海地区。大会後は民間住宅として転用されるため、人口が今よりも約1万2千人多い最大4万3千人に増加する見込みだ。区の人口の1割弱が増える計算になり、区は保育所や小・中学校などを新設し、人口増加に備える。選手村のレガシーとして水素ステーションの整備や燃料電池車の導入など、先進的な環境技術を生かしたまちづくりのモデルとしたい考えだ。

ただ、同地区は交通不便地域であるのも事実で、交通手段としては都心と臨海部を結ぶBRT（バス高速輸送システム）が要になるが、環状2号線の開通が見通せなくなったことで計画が宙に浮いている。

区は大量輸送を可能にする地下鉄新線の整備も見据え、交通アクセスの改善策を関係機関に働き掛けていきたい考え。併せて「水上バス」の誘致など、生活利便性を向上させる取り組みを検討する。

先進的なまちづくりを目指す一方、町会が新たに一つ誕生することになるだけに、現在の住民との交流なども課題になる。

区は地域住民を主体とする検討委員会を設けて、2014年12月に晴海地区のまちづくりの方向性を描く「将来ビジョン」を策定。その後は推進会議を立ち上げて、実現に向けた取り組みを議論してきた。コンセプトは、「一体感のあるまち」。ソフト面ではスポーツ・健康や文化交流など四つの分野で整理したのが特徴で、新住民が地理的に分断される課題を踏まえ、日常生活の中で町会の枠を超えた「世代間交流」を可能にする仕組みづくりを目指している。

具体的なアイデアとして出ているのが、育児に関する相談ごとや、高齢者の健康づくりを支援する居場所づくり。また、隣接する月島地域の伝統行事「住吉神社大祭」などの機会も生かしながら、住民同士がコミュニティーを形成できるようにしたい考えだ。

推進会議では今年度、企画・運営を行う担い手の育成や具体的な運営方法の仕組みなどを検討する予定。区都市整備部の栗村一彰副参事は「ビジョンで定めた地区の中心軸ににぎわいを創出し、住民が主体的に転入者を受け入れて交流できる仕組みを作っていきたい」と話す。

晴海地区では選手村の整備が進む

主任試験講座

平成29年度 34

地方自治制度 ⑦

前回に引き続き、地方自治制度に関する練習問題です。

問 題

【問題13】

地方公共団体の長と議会との関係に関する記述として、妥当なのはどれか。

① 長は、議会が否決した事件についても緊急性があり客観的にもやむを得ないと認められる場合には、専決処分によって当該経費を支出することができる。

② 議会の権限に属する軽易な事項で、その議決により特に指定したものは、長において専決処分することができるが、次の議会において報告し、承認を得なければならない。

③ 長に対する不信任議決には、議員数の4分の3以上の者が出席し、出席議員の3分の2以上の者の同意が必要である。

④ 普通地方公共団体の議会が長の不信任の議決をした場合、長はその議決の日から起算して10日以内にその職を辞さなければならない。

⑤ 長が案件を議会に提出するとき、否決すれば自己への不信任とみなす旨の意思表示をした場合に当該案件を議会が否決しても、長の不信任議決とはみなされない。

【問題14】

地方自治法に定める住民監査請求に関する記述として、妥当なのはどれか。

① 住民監査請求は、法第75条に定める事務の監査請求とは異なり、一人でも行うことができるが、選挙権を有する者であることが必要である。

② 住民監査請求は、当該行為のあった日または終わった日から1年を経過したときには、いかなる場合でも、これを行うことができない。

③ 監査委員は、住民監査請求があった日から60日以内に、監査及び勧告を行わなければならない。

④ 監査委員は、監査の結果、請求に理由がないと認めるときは、理由を付してその旨を書面で請求人に通知すれば足り、公表までは必要ないとされている。

⑤ 住民監査請求を経なくても普通地方公共団体の住民は住民訴訟を提起できる。

【問題15】

地方自治法に定める職員の賠償責任に関する記述として、妥当なのはどれか。

① 会計管理者と会計管理者の事務を補助する職員が共謀して公金を横領したときは、それぞれの職分と損害発生の原因となった程度に応じて賠償責任を負う。

② 監査委員が賠償責任があると決定した場合においても、普通地方公共団体の長は任意に賠償責任の全部または一部を免除できる。

③ 賠償命令は行政処分であるため、不服がある者は都道府県知事がした処分については総務大臣、市町村長がした処分については都道府県知事に審査請求することができる。また、異議申し立てをすることもできる。

④ 資金前渡を受けた職員が、その保管に係る現金を亡失したときはいかなる場合においても、これによって生じた損害を賠償しなければならないが、当該職員が退職した場合にはその責を免れる。

⑤ 物品を使用している職員が、その使用に係る物品を故意または過失により損傷したときは、これによって生じた損害を賠償しなければならない。

【問題16】

地方自治法に定める公の施設に関する記述として、妥当なのはどれか。

① 公の施設は、住民の福祉を増進する目的をもって設置される施設で、住民の利用に供するための施設をいい、庁舎はこれに含まれるが、公立学校は含まれない。

② 普通地方公共団体は、条例の定めるところにより、当該普通地方公共団体が指定するものに公の施設の管理を行わせることができるが、指定できるのは法人その他の団体に限られ、個人は対象とならない。

③ 公の施設の利用料金は、当該公の施設の管理を指定管理者に行わせた場合であっても、指定管理者の収入ではなく普通地方公共団体の収入とされるため、普通地方公共団体は歳入として予算に計上しなければならない。

④ 公の施設は、その土地や建物などの物的要素は行政財産に属するが、これを公の施設の目的外に使用させる場合、行政財産の目的外使用として許可する必要はない。

⑤ 公の施設のうち重要なものについて、その設置及び廃止をするときは、議会において出席議員の3分の2以上の者の同意を得なければならない。

【問題17】

地方自治法に定める国または都道府県の関与に関する記述として、妥当なのはどれか。

① 普通地方公共団体は、その事務の処理に関し、法律、政令または省令により国または都道府県の関与を受ける。

② 自治事務に関する普通地方公共団体の処理が、明確に法令の規定に違反する場合、国または都道府県は、是正の勧告をすることができ、勧告に従わない場合には、代執行が認められている。

③ 自治事務について、国・都道府県から是正の要求を受けた場合、普通地方公共団体は、裁量の範囲で必要な措置を講ずれば足り、法的な義務までは負わない。

④ 国地方係争処理委員会は、法定受託事務に関する国の是正の要求が、普通地方公共団体の自立性を尊重する観点から不当であると認めるときは、当該国の行政庁に対し、必要な措置を講ずべきことを勧告しなければならない。

⑤ 普通地方公共団体は、是正の要求を受けたときは、当該事務処理について違反の是正または改善のための必要な措置を講じなければならない。

【問題18】

地方自治法に定める特別区と大都市等の特例に関する記述として、妥当なのはどれか。

① 特別区は、法令により都が処理することとされているものを除く市町村の事務を処理するため、地方自治法の市に関する規定は全て特別区にも適用される。

② 特別区は、都の内部的団体ではあるが、基礎的な地方公共団体として位置づけられており、地方公共団体の組合、財産区とともに法人格を認められた特別地方公共団体である。

③ 政令指定都市は、人口75万以上の市のうちから政令で指定され、都道府県の事務のうち一部を処理するほか、内部に特別区を設置することができる。

④ 政令指定都市は、条例で区に代えて総合区を設け、議会の同意を得て選任される総合区長を置くことができる。

⑤ 中核市は、人口30万以上の市の申し出に基づき政令で指定されるが、申し出に当たっては、都道府県に届けておく必要があるが、同意までは必要ない。

解 説

【解説13】 正答⑤

① 誤り。否決は議決の一種であるから、否決した場合は専決処分に該当しない。専決できるのは議会が議決すべき事件をしないときだからである(法第179条第1項)。

② 誤り。長は議会に報告しなければならないが、承認を求めることは要件とされていない(法第180条第2項)。

③ 誤り。議員数の3分の2以上の者が出席し、出席議員の4分の3以上の者の同意が必要である(法第178条第1項及び第3項)。

④ 誤り。議会が長の不信任議決をした時は、直ちに議長からその旨を長に通知しなければならない。長は不信任の議決の通知を受けた日から10日以内に議会を解散することができる。また、長は10日以内に議会を解散しないときは失職する(法第178条第1項及び第2項)。

⑤ 正しい(和歌山地判昭27・3・31)。

【解説14】 正答③

① 誤り。住民の範囲は、法律上の行為能力が認められる限り、法人たると個人たるとを問わない。また、選挙権の有無や日本国籍の有無を問わない(法第242条第1項)。

② 誤り。当該行為のあった日または終わった日から1年を経過したときは、住民監査請求ができないが、正当な理由がある場合はこの限りではない(法第242条第2項)。

③ 正しい(法第242条第5項)。

④ 誤り。当該通知の内容を公表しなければならない(法第242条第4項)。

⑤ 誤り。住民訴訟を提起できるのは、住民監査請求を経た当該地方公共団体の住民に限られる(法第242条の2第1項)。

【解説15】 正答①

① 正しい(法第243条の2第2項)。

② 誤り。地方公共団体の長は、損害が避けることのできない事故や、その他やむを得ない事情によるものであることの証明を相当と認めるときは、あらかじめ監査委員の意見を聴き、その意見を付けて議会に付議し、議会の同意を得て賠償責任の全部または一部を免除できる(法第243条の2第8項)。

③ 誤り。異議申し立ては、平成26年の行政不服審査法の全部改正により廃止された。普通地方公共団体の長は、審査請求があったときは議会に諮問して決定しなければならない(法第243条の2第11項)。

④ 誤り。資金前渡を受けた職員が故意または過失によりその保管に係る現金を亡失したときは、これによって生じた損害を賠償しなければならない(法第243条の2第1項)。また、職員は現金を亡失した当時職員であれば足りるため、退職後または死亡後も賠償責任を免れない(行実昭25・10・12)。

⑤ 誤り。物品を使用している職員については、軽過失の場合は責任を問わない(法第243条の2第1項)。

【解説16】 正答②

① 誤り。庁舎は本来的機能が住民の利用を予定していないから公の施設ではない(法第244条第1項)。公立学校は住民の利用に供するため公の施設である。

② 正しい(法第244条の2第3項)。

③ 誤り。普通地方公共団体は、公の施設の指定管理者に当該施設の利用料金を指定管理者の収入として収受させることができる(法第244条の2第8項)。

④ 誤り。公の施設は公共用に供する行政財産であるから、本来の用途または目的外に使用させる場合には行政財産の目的外使用として許可する必要がある(法第238条の4第7項)。

⑤ 誤り。条例で定める重要な公の施設のうち特に重要なものを廃止する場合は、議会において出席議員の3分の2以上の同意を要する(法第244条の2第2項)。

【解説17】 正答⑤

① 誤り。法律またはこれに基づく政令によらなければならない(法第245条の2)。省令または通達を根拠に関与することは許されない。

② 誤り。国による代執行が部分的に認められるのは、法定受託事務に限られる(法第245条の8第1項)。

③ 誤り。明文上、必要な措置を講ずる義務を負う(法第245条の5第5項)。

④ 誤り。法定受託事務の場合は国の関与の違法性の審査のみが可能である。なお、自治事務の場合は国の関与が違法か否かのみならず、普通地方公共団体の自主性、自立性を尊重する観点から不当でないかも審査できる(法第250条の14第1項及び第2項)。

⑤ 正しい(法第245条の5第5項)。

【解説18】 正答④

① 誤り。地方自治法の市に関する規定で特別区に適用されるものは、全てではない(法第283条)。

② 誤り。都と特別区の役割分担において特別区は基礎的な地方公共団体として規定された(法第281条の2第2項)。後段は正しい(法第1条の3第3項)。

③ 誤り。人口要件は50万以上。設置するのはいわゆる行政区で、特別区とは異なる(法第252条の19、20)。

④ 正しい(法第252条の20の2)。

⑤ 誤り。中核市となるには、当該市の市議会の議決を経たうえで、都道府県議会の議決を経た都道府県の同意を得てから、総務大臣に申し出ることとされている(法第252条の24第2項)。なお、中核市の要件は人口20万人以上を有する市である。

29年度 主任・係長 論文講座 34

添削 ⑦

都主任選考

下記の事例と資料を分析し、次の(1)、(2)に分けて述べてください。

あなたは本年4月に、本庁の△△課事業担当主任として2年目を迎えた。昨年度は、新規事業aの制度設計や1月から始まる申請受付・審査に主担当として関わったが、今年度は新たに事業b及びcの主担当となった。また、同じく2年目のB主事は、昨年度は主担当として事業を持つことはなかったが、事業aが軌道に乗り始めたことなどから、今年度は事業aの主担当を任されることになった。

5月も半ばを過ぎた頃、あなたはC主事から「Bが事業aの仕事の多くをD主事にやらせている」などの話を聞いた。あなたがBに状況を確認するとともにその仕事ぶりを改めて観察したところ、問題点が見られたため、Bにアドバイスをしたが、改まる様子はなかった。

あなたはこのことを上司のA課長代理に報告し、AからもBを指導してもらうこととなった。そんな矢先、それまで黙々と仕事をしていたDに、遅刻や年次有給休暇の当日申請が目立つようになった。

(1) 設問の職場における、B主事の育成や、事業担当全体としての円滑な業務運営に関する課題について、簡潔に述べてください。(300字以上500字程度)

(2) (1)で述べた課題の解決に向けて、今後、あなたはどのように取り組むべきか、主任に期待される役割を踏まえて具体的に述べてください。(1200字以上1500字程度)

資料1 △△課の組織図

課長
- 統括課長代理(庶務担当) ── ○○○
- 課長代理(経理担当) ── ○○○
- A課長代理(事業担当)
  - 主任(あなた)(33歳 事業担当2年目) 事業b・c主担当など
  - B主事(30歳 同2年目) 事業a主担当など
  - C主事(30歳 同1年目)(子供1人 毎夕2時間部分休業) 事業b・c副担当など
  - D主事(26歳 同1年目)(他局から転入) 事業a副担当など

資料2 B主事に関する出来事

4月 → 6月	
4月	・Cがあなたに「Bが事業aの仕事の多くをDにやらせている」「Dはおとなしいので反論できないのでは?」と報告。
	・あなたがBに状況を確認したところ、Bは「ミスのないよう丁寧にやっています」と主張。
	・あなたがBの仕事ぶりを改めて観察したところ、仕事の進め方が効率的でなかったり、やらなくてよいことまで踏み込んだりしているなど、問題が散見。一方で、今年度も引き続き主担当の分掌になっている仕事の一部を、Dにやらせていることも判明。
	・あなたがBに「やり方を見直したほうがよいのでは?」とアドバイスしたところ、「今年は自分が主担当だし、自分のやり方でやります」「前から思っていましたが、Cさんは仕事が少なくてラクをしている。不公平です」と反論。
	・あなたがA課長代理に、Bの状況を報告。Aからも指導してもらうことに。
	・Dが2日続けて約10分遅刻。いずれも交通機関の大幅な遅延等はなく、家を出るのが遅かったことが原因。
6月	・Dが、遅刻が続いた翌週の月・水・木曜日に、いずれも年次有給休暇午前1時間を当日申請。理由は「気分がすぐれず、朝起きられなかった」とのこと。

資料3 事業aに関する申請・審査件数及び超勤時間(昨年度1~3月、今年度4~6月)

縦軸:0、10、20、30、40、50、60、70
横軸:1月、2月、3月、4月、5月、6月
凡例:申請・審査件数(単位:件)/主担当超勤時間(単位:時間)/副担当超勤時間(単位:時間)

論文例

(1)

設問の職場において、B主事を育成するとともに事業担当全体として業務運営を円滑に行っていくためには、次の三つの課題に取り組む必要がある。

第一に、Bの意識改革である。Bは独自の仕事の進め方に固執し、優先順位の判断や段取りに問題があるほか、協調性や当事者意識に欠ける言動が見られる。副担当のときは問題が顕在化しなかったものの、このままでは主担当として事業を円滑に遂行することは困難である。

第二に、Dのメンタルヘルス対策である。Dは、理由のはっきりしない遅刻や当日休が増えているが、それは身体の不調だけでなく心の不調のサインとも考えられる。Bが事業aに係る業務でほとんど超過勤務をせずに定時退庁している一方、Dは副担当でありながら多くの業務をこなしており、毎月超過勤務が発生している。他局から転入してきたばかりで不慣れなことも多いと思われる中、このような状況下で黙々と仕事をしてきたことによって不調を来した可能性がある。

第三に、職場のコミュニケーションの活性化である。事例の職場では、Bが、CやDと良好な関係を築けていない。このような状況では、組織一丸となって業務に取り組むことができなくなる。

(2)

私は(1)で述べた課題に対して、主任として以下のとおり取り組む。

1 OJTや研修を通したBの意識改革

私はBの意識改革を図るため、課長代理とともに、Bに対してさらに粘り強く、具体的なアドバイスを行う。

まず分掌表をもとに、事業aに関する主担当と副担当の分掌を改めてBと一緒に確認し、主担当の仕事を、当事者意識を強く持って行うよう伝える。また、事業aに関する申請・審査件数が減っているにもかかわらず副担当の超勤時間が増えることのないよう、Bに調整を促す。さらに、Bが担当職務の優先順位を判断し、的確な段取りで職務を遂行できるよう、課長代理からも指導してもらうとともに、タイムマネジメント等の研修受講を勧めてもらう。

このように上司の協力を仰ぎながら、OJTと研修の両面からBの意識改革を図っていく。

2 声掛けから始める組織的なメンタルヘルス対策

Dに対しては、他局から転入してきたばかりで、性格もおとなしい職員だけに、私は積極的に声を掛けるようにする。

その際、助言をするよりも聴き手にまわり、傾聴を心掛けるようにする。特に話をしてくれない場合や「大丈夫」などと言われた場合は、しばらく様子を見て、様子が変わらない、または悪くなるようであれば、再度声掛けを行う。

同時に、Dの様子を課長代理や課長に伝え、Dと話をしてもらうとともに、必要に応じて専門機関に相談してもらうよう働き掛ける。

このように、必要な情報をタイミングよく上司に報告した上で、課長代理や課長を中心に組織としてメンタルヘルス対策を行う。

3 自ら動くことによるコミュニケーションの活性化

Bが、CやDと良好なコミュニケーションを築くとともに、Bが周囲のアドバイスに耳を傾け、より前向きに仕事に取り組めるよう、私は事業担当内のコミュニケーションの活性化に貢献する。

具体的には、担当ミーティングの際に、各自の進捗状況報告や情報共有を図るだけでなく、仕事以外の近況報告や日頃思っていることなどフリートークもできるようにする。その際、私が司会・進行を務めて、各自が言いたいこと、聞いてもらいたいことを率直に発言できるよう促すとともに、あつれきが生じそうな場合は間に入ってそれぞれの言い分を聞きつつ、全員がアサーティブな態度で前向きに仕事に取り組めるよう、関係改善を図る。

また、部分休業をとっているCに配慮して、飲み会ではなくランチ会など、全員が集まれる形でのインフォーマルな会も催し、それぞれがもっと打ち解け、相互理解が進むよう促していく。

こうした取り組みにより、組織一丸となって業務に取り組む雰囲気が醸成され、Bにも好影響を及ぼすことが可能となる。

4 職場の課題解決に向けて

職員の意識改革やメンタルヘルス対策、コミュニケーションの活性化は、いずれも短時間で改善できるものではなく、思い通りにならないことや想定外のことが生じる可能性もある。しかし私は、困難に直面しても投げ出すことなく、課長代理や課長への報告、連絡及び相談を密にしながら、主任としての知識、経験等を生かして粘り強く取り組んでいく。

解 説

平成29年度から出題形式が変わり、事前に用意した論文を再現するだけでは対応できなくなります。また従来以上に、出題内容についての分析力や読解力が求められるので、限られた時間で、いかに落ち着いて資料や事例を読み込めるかが鍵になります。

いきなり原稿用紙に向かうのではなく、まずは事例や資料をアンダーラインを引きながら読み込むとともに、そこから見えてくる課題をレジュメにまとめましょう。多少時間がかかってもあわてず、課題を丁寧に抽出することを心掛けてください。

あくまで資料から読み取れることに基づいて課題を整理したら、それぞれに正対する解決策をまとめます。その際、主任に期待される役割を踏まえる必要がありますので、自己申告実施要領に書かれている職層別の着眼点、行動例等も押さえておきましょう。

講 評

課題として、「1 Bの意識改革」「2 Dのメンタルヘルス対策」「3 職場のコミュニケーションの活性化」を抽出しています。問題となっている職員への個別アプローチと、職場全体の雰囲気を変えることの両面に言及している点がポイントです。

解決策の「1」は、上司の協力を仰ぎながらOJTと研修を駆使してBの意識を高めていくというものです。

「2」のメンタルヘルス対策は、基本的には管理監督職の仕事ですが、ここではその第一歩として、より身近な立場にいる主任が声掛けや傾聴を行うとともに、上司への報・連・相も密に行い、組織として対応する姿勢が見られます。

「3」は、組織の壁を超えてコミュニケーションを活性化させ、それが個々の職員にも好影響を及ぼす、という流れでまとめており、自ら行動を起こすという積極性が前面に出ています。

ただし、これらの解決策については、全体的にもう少し具体性がほしいところです。例えば「1」であれば、Bに調整を促すだけでなく、さらに具体的な取り組みにも言及したほうが説得力が増します。また「2」の声掛けについては、単に「元気?」と聞くだけだったり、周囲に人がいる状況で話を切り出すといったやり方でよいか…等の視点で、具体的に書いてみましょう。

なお、「4」ではこうした取り組みに伴う困難にも触れつつ、粘り強く取り組んでいくことの重要性を強調しています。このように、これまでの流れを踏まえて建設的にまとめることが大切です。

カレントトピックス 29年度 34

政治事情

■公務員65歳定年提言へ (5月4日)

人口減少や少子高齢化の下で経済成長を続けるため、自民党の1億総活躍推進本部がまとめた提言の概要が判明した。

労働力確保が課題となる民間企業への波及効果を盛り込んだ。政府が6月ごろに決定する「経済財政運営と改革の基本方針」(骨太の方針)などに反映させたい考え。

提言は、政府が昨年決定した「ニッポン1億総活躍プラン」の具体化を政府に求めるもので、大型連休明けに決定する。

現在、公務員の定年は60歳。定年後の再任用制度はあるものの、短時間で軽易な業務が多い。提言では、年金の受給開始年齢が65歳に引き上げられる2025年度までに、定年を65歳に延ばすことを求める。民間企業に同様の取り組みを促し、労働力の減少を高齢者の活躍で補う狙いがある。

■マイルなど個人番号カードに合算 (5月7日)

政府は9月にも、航空会社のマイルなど民間企業の各種ポイントをマイナンバーカードに合算できるサービスを開始する。

集約したポイントは全国の特産品や公共施設の利用料などと交換することができる。

政府は新サービスにより、交付枚数が伸び悩むマイナンバーカードの普及や、地域振興につなげたい考え。

クレジットカードや携帯電話、航空会社が発行するポイントは、年間4千億円を超すとされるが、未使用分は約3割に達するとの推計もある。

新サービスにより、企業ごとのポイントは「自治体ポイント」として合算されるため、マイナンバーカードを所管する総務省は「消費者の利便性が増してポイントの利用が進み、経済活性化の効果も期待できる」としている。

自治体ポイントは、政府と連携した民間サイトで利用する。サイトには全国の地方自治体が選定した事業者が登録され、ポイントで各地の特産品が購入できるようになる。公立の美術館や博物館、バスなどの公共交通機関、商店街など地域でのポイント利用も可能とする方針。

■マクロン氏が圧勝 (5月7日)

フランス大統領選の決選投票が行われ、無所属のエマニュエル・マクロン前経済相が、極右政党・国民戦線のマリーヌ・ルペン氏を大差で破った。マクロン氏は14日までに就任し、仏史上最年少の大統領となる。

マクロン氏は7日夜、「新しい歴史の1ページがめくられた。怒りや不安からルペン氏を選んだ国民の意見は尊重する。過激主義者に投票する国民がいないフランスを作るため全力を尽くす。自由、平等、博愛の名のもとに、信頼してくれた人々に忠実に愛情をもって奉仕する」と勝利宣言した。

仏内務省の集計では、マクロン氏の得票率は66・06%、ルペン氏が33・94%。投票率は74・62%で、前回2012年の決選投票より約6ポイント低かった。選挙戦では、英国が昨年の国民投票でEU離脱を決めた流れを受け、EUとの関係や移民対策、経済政策などが争点となった。

マクロン氏はユーロ圏の共通予算の創設を唱えるなどEUの統合深化のほか、寛容な移民政策を進める考えを強調。都市部を中心に有権者から支持を集めた。

区長飯（めし） いただきます 1

ぬるいトマトをゆっくり味わう

葛飾区長 青木 克徳

今回、『区長飯』の執筆依頼を受けました。依頼文に書かれていた『"食"にまつわるエピソードはその人の"素"が現れる』というフレーズを読んで、思わず"素"という言葉に納得してしまいました。

私の好きな食べ物と言えば野菜、とりわけトマトは大好物です。葛飾区は、今でも特別区の中では農地が多く残り、「葛飾元気野菜」のブランド名で、多くの人々に新鮮でおいしい野菜を提供している野菜産地です。そして、私が育った葛飾区亀有の昭和30年代の姿は、あたり一面が畑。ずっと畑の野菜たちに囲まれて育ってきたこともあってか、小さい頃から一貫して野菜好きです。

野菜の食べ方にも好みがあります。野菜は、できれば温野菜が良いのです。例えば「蒸し野菜」。軽く塩を振ったぐらいで、微妙な"甘さ"や"うまさ"、場合によっては"苦さ"等、野菜本来の味を楽しみたいのです。

今は、蒸し器よりも手軽に調理できるシリコンスチーマーなどが発売されているので、それらを利用すると簡単においしい温野菜に出会うことができます。ぜひ、皆さんも試してみて下さい。

もう一つ、「食」についてはこだわりがあります。それは"ぬるいもの"が好きということです。この"ぬるさ"は、私の「食」全体を貫くものです。風呂あがりに冷たいトマトジュースを愛飲されている方は驚くかもしれませんが、私にとっては「トマトジュースは常温のぬるいものが一番！」「牛乳もぬるいのが定番！」です。"ぬるいもの"の良さ、それは何より味がはっきり分かるということです。大好きな野菜、その中でも一番好きなトマト、それも少し青くさい感じの"ぬるい"トマトをゆっくりと味わう時こそ、私にとっては至福の時間なのです。

シリコンスチーマーで手軽に調理した温野菜

このように書くと、読者によっては「もしかしたら……ビールも"ぬるい"のがお好き？」と心配してくれる方がいるかもしれないですね。幸い（？）私は酒が一切ダメなので心配ご無用（笑）です。多くの方から「お酒がダメなんて楽しみが少ないねぇ」と言われますが、飲めない分、一層ぬるくておいしいものをゆっくり食べることが、私にとって最大の楽しみの一つとなっているのです。

そこで、私の"素"である仕事を含めた生活習慣ですが、厳しく突き詰めるよりも、ゆったりのんびりが性に合っています。そのほうが、何事もうまく進むような気がしています。

さて、自分の『飯』について書いてきましたが、せっかくなので『葛飾飯（めし）』についても記しておきます。

私は、葛飾区長に就任以来、区民・事業者との"協働"によるまちづくりを推し進めています。区民の健康づくりも"協働"です。現在、私は区内飲食店の皆様と"協働"して「かつしかの元気食堂」という取り組みを展開しているのです。「かつしかの元気食堂」とは、栄養バランスの良いメニューや野菜たっぷりメニューを選べたり、塩分を控える注文ができたりするなど、健康的な食事を提供する飲食店のことです。葛飾区では、メニュー等に一定の基準を設け、現在区内に61店舗（葛飾区のホームページで情報提供中）の元気食堂を認定しています。

また、葛飾区内で採れた小松菜をはじめとする「葛飾元気野菜」は、区内小中学校の給食に使い、子供たちに喜んでもらっています。一部の元気食堂でも元気野菜を使ったメニューを取りそろえています。このように葛飾区では、「葛飾元気野菜」の地産地消を進めているのです。

最後に、都政新報をご愛読の皆様、葛飾区へお越しの際は、ぜひ「かつしかの元気食堂」で、おいしい野菜たっぷりの「葛飾飯」をご賞味あれ！

「蒸し野菜」が好きな青木区長

◇

日頃、本紙では23区の区長に難しい行政課題や政治課題に対するコメント・インタビューばかり求めていますが、今回は『区長飯』と題してエッセーをお願いすることにしました。「食」にまつわるエピソードはその人の"素"が現れて、人柄が分かり、区長を身近に感じることができるかもしれません。毎日欠かさず食べるランチや、お気に入りの店、いざという時の勝負飯など、区長の「食」に迫ります。

＝随時掲載 （編集部）

フクロウのひな巣立つ

昨年と同じ巣箱から 谷戸沢処分場

14日に巣立ったフクロウのひな（谷戸沢処分場）

東京たま広域資源循環組合が管理する谷戸沢処分場（日の出町）で14日、フクロウのひなが森の中に巣立った。森林生態系の上位種であるフクロウが2年連続、同樹林環境を利用して営巣・子育てしていることは、同処分場に里山的自然環境が再生したことを示している。同組合では、埋め立て当初からの動植物のモニタリング調査結果や自然再生の取り組みについてまとめた報告書を作成し、ホームページで公開している。

同処分場では、処分場の造成が始まる以前からフクロウの生息が確認されていた。そこで、2011年から周辺樹林内にフクロウ用の大型巣箱を6カ所設置し、営巣状況を調べている。昨年、初めてフクロウの営巣を確認し、2羽のひなが無事に巣立った。今年は、昨年ひなが巣立った巣箱と同じ巣箱に営巣している。フクロウには元の巣に戻ってくる習性があるが、昨年と同じフクロウなのか、周辺にいた別のフクロウなのかは確認できていない。

フクロウは国内各地の里山や森の中で見られる大型の猛禽類で、生態系ピラミッドの頂点に位置する肉食の鳥類だ。このフクロウが生息・繁殖を行うことができる環境にあることで、生態系の豊かさを確認できる。

組合がまとめた報告書では、「周辺樹林に生息するネズミ類に加え、ススキ草地に生息するカヤネズミなど、草原を利用するネズミ類や、これらを餌とするヘビなどの小動物が生息できる生態環境を継続的に維持することが課題」と指摘。この環境を適切に維持するために必要となる草地管理や樹林整備などの取り組みを計画的に実施していく方針だ。

同組合環境課では「処分場の水質データなどを公開する事例はあるが、動植物のモニタリング調査結果をまとめることは珍しい。都の職員にも多くこの報告書を読んでもらいたい」と話していた。

■二ツ塚ではサシバ撮影

一方、同組合が管理し、現在、不燃物の埋め立てを行っている二ツ塚廃処分場（日の出町）では4月に、絶滅が危惧されているサシバの撮影に初めて成功した。

ガス抜き管から飛び立つサシバ（二ツ塚処分場）

サシバは、カラスほどの大きさの鳥で、オオタカなどと同様、猛禽類に分類され、夏鳥として渡来する「渡り鳥」。かつてサシバは、農村部ではごく普通の夏鳥だったが、近年、土地の開発に伴って繁殖域が狭まっていると言われている。場内には様々な動植物が生育・生息できる環境にあることから、サシバが渡りの途中の採餌場として利用したと考えられ、同処分場がサシバの保護にとって重要な役割を担っていることがうかがわれる。

都立庭園で夏の催し

旧古河庭園はバラ管理実演

浜離宮では薬酒づくり体験

旧古河庭園（北区西ヶ原）では、バラの伝統技能見学会を6月24日に開催する。

同庭園には約100種199株のバラがある。春と秋に美しいバラの花を見てもらうために、職員が年間を通じて丹念に管理している。都立文化財庭園の中で唯一バラを育てている同庭園には、バラを管理する上での知識や技術が伝統技能として受け継がれている。

当日は、春バラ終了後から秋バラが咲くまでの管理についての実演・解説、肥料や薬剤散布についての説明を行う。参加費は無料で、入園料が別途必要。時間は午前10時からと午後2時からの2回。定員は1回につき30人。各回開始の30分前から旧古河庭園サービスセンター前で整理券を配布する。

＊

浜離宮恩賜庭園（中央区）では7月2日に園内の芳梅亭で、「浜御庭で薬草を学ぼう！」を開催する。

8代将軍吉宗の時代に薬草が植えられていた浜御庭。当日は浜御庭に植えられていた薬草の話に加えて、実は健康に役立てられる身近な植物の話などを冷たいハーブ茶を飲みながら聞く。講義の後は、疲れがたまりやすい夏にぴったりのスパイスの薬酒づくりを体験できる。

時間は午前の部が10時半から、午後の部が2時から。定員は20人。参加費は1人千円（入園料別途、当日支払い）。講師は養命酒製造㈱の山本梢氏。

申し込みはメールで、①参加者全員の氏名・年齢②代表者の住所・氏名・電話番号③希望の回――を書いて、件名に「薬草を学ぼう」と記入。送り先は、2teien-kouza@tokyo-park.or.jp まで。締め切りは6月16日。

＊

旧岩崎邸庭園（台東区池之端）では7月5日、台東区上野地区センターで、講演会・近代建築史シリーズ「日本における洋館の出現と邸宅建築の変遷」を開催する。

講師は神奈川大学工学部建築学科教授の内田青蔵氏。近代日本における洋館の出現から時代や社会的要因などによる邸宅建築としての形式の変遷や、住まいとしての役割の変化などについて話してもらう。

参加費は無料（入園料別途）。定員は80人。往復はがき（1通につき2人まで）で、①参加人数②代表者の氏名・年齢③代表者の郵便番号・住所・電話番号④参加者全員の氏名・年齢⑤返信面に代表者の住所・氏名――を記入。6月19日必着。

申し込みは、旧岩崎邸庭園サービスセンター「講演会」係宛。〒110－0008台東区池之端1・3・45

BOOK

自治体庁舎建築の入札・契約方式 早わかり

伊藤久雄・三島富茂・畑山弘著 NPO法人まちぽっと刊

九州熊本地方を襲った地震は、自治体庁舎を機能不全に陥れ、行政機能がまひしてしまった。「地域密着の司令塔」である自治体庁舎の機能の重要性が改めて認識された。災害に強い自治体庁舎、公共施設が必要である。折しも都内では自治体庁舎の建て替え計画が目白押しである。今回、用地取得を専門分野とする伊藤久雄、電気職の三島富茂、建築職の畑山弘がこの課題にチャレンジし、市民、自治体職員、議員にとって必見のガイダンスを作った。

現在の課題は、自治体庁舎の建て替えが「ぜいたく」として後回しにされてきた結果、地域防災機能が低下する課題、建築に関わる技術者への人員削減とジョブローテーションにより、技術の継承が危うくなっている危機感、そして「多様な建築方式」により公務員技術職に代わって民間にイニシアチブが移り、拡大している問題点が挙げられている。自治体庁舎建築は自治能力のバロメーターであると述べ、特に自治体職員への奮起を促している。

「従来型の建築方式」は価格が高い、不明瞭、画一的と批判されてきた。従来型が定着してきたのには歴史的な知恵の積み重ねがある。にもかかわらず批判されるのは、「最低制限価格」の設定など、それなりの理由があったのである。この『早わかり』が、新たな「多様な建築方式」の中で注目しているのは、日本型CM（Construction Management）方式である。

CMは1960年代に米国で始まった建設生産・管理システムであり、これまで発注者・受注者の双方が行ってきたマネジメント業務（発注計画、契約管理、施行監理、品質管理等）の一部を、別の主体に行わせるマネジメント技術活用方式。それが日本でも始まっている。

この方式が日本で定着すると、自治体の技術職は存在が希薄となり、官民協働さえ組めなくなるのではないか。それは自治能力を欠けさせていくことでもあり、望ましい姿ではない。このような3人の執筆者の共通の思いが伝わってくるようである。自治能力がなければ、住民の立場に立った自治体運営はできない。自治能力を強化させていくツールとして、ぜひ活用してほしい。

定価 1200円＋税

（専修大学非常勤講師 中村文夫）

ミニガイド

◇ハンセン病普及啓発行事 映画『あん』上映会 ▷日時 6月14日㈬①午前10時半～②午後2時半～▷場所 東京都庁都議会議事堂1階都民ホール▷内容 国立ハンセン病資料館学芸員による講演や映画上映など▷募集人数 各回200人（参加無料）▷申し込み方法 電子申請 （PC）https://www.shinsei.elg-front.jp/tokyo/uketsuke/dform.do?acs=hansen29 （スマホ） https://www.shinsei.elg-front.jp/tokyo/uketsuke/sform.do?acs=hansen29 ▷締め切り 6月1日▷問い合わせ 東京都健康安全研究センター ☎03・5937・1089

風流戯画草紙

作・橋本裕之

森喜朗「遺書」
よく書く時間がありましたね
文句
遺書
小池知事が決断するのに
時間がかかったからな

都政新報

発行所 都政新報社
〒160-0023 東京都新宿区西新宿7-23-1 TSビル
〈総務・読者〉03-5330-8781
〈企画広告〉03-5330-8784
〈編　　集〉03-5330-8786
〈出　　版〉03-5330-8788
〈ファクス〉03-5330-8808
購読料 月1,730円(税込)
毎週火・金曜日発行
ただし、祝日は休刊

紙面から

五輪費用分担

都、6千億円負担へ

国、組織委と大筋合意

丸川珠代五輪担当相は24日、国と都、組織委員会の間で2020五輪大会の費用分担が大筋合意したと発表した。大会総経費1兆3900億円（予備費除く）のうち、6千億円を都が負担する内容で、31日に3者と都外の競技施設を有する自治体を含めた関係自治体等連絡協議会を開催し、各自治体の負担についても正式決定する。一方、他自治体の首長からは一部経費負担を盛り込んだ「合意」に反発も出ており、調整は難航しそうだ。

3者が合意した費用分担は、都と組織委員会が6千億円ずつを負担し、国が1500億円を負担する内容。残り400億円は、会場を有する各自治体に負担を求める方向で調整している。

国が負担するテロ防止やサイバー攻撃対策などは、政府が4月に発表した「セキュリティ基本戦略」のスタンスを踏襲している。組織委も今月16日に増収対策を講じて予算を5千億円から6千億円に増額する方針を示していた。

関東地方知事会議で他県知事と笑顔を交わす小池知事＝24日

小池知事は24日の関東地方知事会終了後、3者で大筋で合意したことを認めた上で、「昨年の暮れから作業チームでかなり細かく積み上げてきた」と話し、都がホストシティーとしての役割を果たすと強調。23日に丸川大臣に連携協議会の開催を要請したと明かした。

地方自治体にはセキュリティー対策250億円など、計400億円の運営費の負担を求める。

神奈川県の黒岩祐治知事は同じく関東知事会終了後に、「『合意』の実感はない。事務方の作業は進んでいるが、何か決まったとは聞いていない」と当惑する。31日に協議会が開かれることも初耳だとして、「あくまでも恒久的な施設は県市が、大会運営は組織委が負担するということを求めている。その明言はまだ受けていない」と不信感を示した。

自治体との認識のずれには、大筋合意の捉え方がある。国と都、組織委の事務方協議では、あくまでも費用ではなく役割の分担が話し合われてきた。

都五輪準備局幹部は「数字ではなく、分担の考え方に大枠で合意した。（都の6千億は）それぞれの役割に合わせ、組織委予算（V1）を当て込んだ数字だ」と説明する。五輪経費は現在進行形で精査が進められており、31日の正式決定でも明確な数字が盛り込まれるかは不透明だという。

また、いまだに細かな調整が必要な課題もある。競技会場となる各自治体の恒久施設に関し、各自治体からは占有期間中の営業補償を求める声が上がっていた。これは当初の五輪総経費には含まれていない項目であるため、ペンディングとなっている。31日の関係自治体との合意に含むことができるかは調整中で、難しい場合は今後の検討課題となる。

6月1日から始まる都議会第2回定例会では、費用負担に関して知事への質疑が集中すると見られるが、「五輪経費の数字は変動するもので、これまでの協議は微に入り細にわたったものではない」（局幹部）以上、明確な数字を示した説明ができない可能性もある。

五輪まで残り3年と迫る中、関係者の費用分担を巡る協議は大詰めを迎えるが、着地点はいまだに見通せない状況だ。

築地再整備案「適切」

市場PT報告書案　委員からは反発も

築地市場の移転問題を検証する市場問題プロジェクトチーム（PT）は24日、市場の在り方に関する報告書案を議論した。豊洲移転案とともに記した築地再整備案を「適切」とまとめたが、一部の委員が反発した。

また、報告書案では、豊洲移転の前提として、豊洲新市場の施設下に盛り土がなく、これに代わる「安全・安心の基準」などを明確にするよう都に求めている。小島座長は「都からの回答がない」と強調した。

築地再整備案に関しては、工期は7年、工事費用は市場内に建設するオフィスビル2棟なども加わり、4月に示した市場問題PTの素案よりも約118億円増の852億円とした。

同案について、工期などを問題視したのが一級建築士の佐藤尚巳委員だ。佐藤氏によると、築地再整備の基本計画の策定、環状2号線の整備地の変更に伴う警視庁などとの再協議や施設下の地下空間・排水溝の設置などがあり、「工期は14～15年みるのが適切。楽観的であるべきではなく、最大限のリスクを盛り込んでほしい」と要望。佐藤氏は以前、工程表の変更を小島座長に文書で要請したことを明らかにし、「意見を反映していただけないのは疑問に感じている」と批判した。

さらに、報告書案では、築地再整備を「運営上の費用を当初から考慮しており、経営戦略を考えることができ、適切である」という文言を盛り込んだ。「片方を有利と書くのは望ましくない」という佐藤委員の批判を受けた小島座長は、築地や豊洲のメリット・デメリットを考慮せずに単純比較すれば、築地の優位性が高いなどと説明した。

この日の会合では、報告書を示す予定だったが、都に求めた土壌汚染に関する「安心・安全の基準」などが提出されていないことを理由に6月5日の市場問題PTでまとめる考え。専門家会議と市場問題PTの報告書にも遅れが生じ、小池知事の総合的判断がずれ込む可能性があるが、小島座長は「影響が出ないためにも都に資料を出してほしい」と求めた。

移転延期の賠償求めた住民監査請求を棄却

築地市場の移転延期は不当として、市場の水産仲卸業者らが1億8千万円の損害賠償を小池知事に請求するよう都に求めた住民監査請求で、都監査委員は23日に却下したと発表した。

市場業者らは移転延期に関して、知事の裁量を逸脱していると指摘し、1～2月の豊洲新市場の光熱水費などを知事に支払わせるよう都に求めていた。都監査委員は移転延期の決定と、光熱水費などの財務会計上の支出は直接的な関係がないと判断した。

都議選

都民ファーストが公約発表　議員提出11条例盛り込む

小池知事が特別顧問を務める都民ファーストの会が23日に会見を開き、7月2日投開票の都議選に向けた公約となる基本政策集を発表した。都民ファーストの野田数代表は「政策数は321項目で、いずれも実現可能。質と量については自民党を圧倒している」と胸を張った。

会見には小池知事も同席。「私が知事に選ばれ、東京大改革の一歩が始まったが、一方で都議会は改革のスピード、方向性があっているのか」と問題意識を示し、「仲間が都議会を構成するメンバーを目指すのは健全なこと」と話した。

公約では議会改革や情報公開、待機児童解消など13の基本政策を盛り込み、議会改革条例や「不当口利き」禁止条例、待機児童解消条例など、11項目で議員発案により条例を制定する考えを打ち出した。

また、受動喫煙防止は、自民党など他会派も条例化を掲げているが、小池知事は「まずは都議会棟を禁煙してから条例を作ると言った方がいい」と皮肉り、都議会や都庁から禁煙化を進める意向を示した。

一方で、市場移転問題については、「市場のあり方戦略本部で総点検し、持続可能な市場の確立を総合的に判断する」など、知事の言葉を踏襲し、会派としての移転の是非などの考えは示さなかった。

野田代表は「今は戦略本部の議論を待つという知事の姿勢を尊重している。（本部での）会議が進めば踏み込んだ話も書けるはず」と話し、都議選までに状況が変化する可能性を示唆した。

都民ファーストが市場移転に向け要望

都議会豊洲特別委

都議会の豊洲移転問題特別委員会が23日に開かれ、市場移転に関する各会派の考えが示された。市場移転を求める自民党と公明党に加え、知事与党である都民ファーストの会都議団からも移転を視野に入れた意思が表明された。

自民の早坂義弘氏は知事が移転の可否を判断する材料がそろっているとして、戦略本部での議論を「時間稼ぎ」と批判し、早期に移転を判断するよう求めた。また、公明の栗林のり子氏は知事が早期の市場移転に向けた判断が行えるよう、戦略本部がスピード感を持って議論するよう求めた。

都民ファーストの音喜多駿氏は、豊洲新市場が開場後、赤字になる収支見通しであり、戦略本部で収益改善策を検討することを「望ましい」と要望。その上で、「市場の継続性で打開策を見いだせれば、豊洲市場への移転という総合的判断に近付いていく」と力を込めた。

一方、共産党は、豊洲の地下水から基準値を超える有害物質が検出されていることなどを理由に築地再整備を求めた。

決戦の構図　2017都議選を占う⑨

世代交代

「継承」では足りない

今回の都議選で引退を表明した都議は、自民党の内田茂氏を含めて全会派で20人余り。党によっては定年や期数制限を取り入れているが、新人の都合が付かずに引退を撤回した候補もいる。長年にわたって地域の声をすくい上げてきたベテランからの世代交代は支持者離れを招きかねず、各会派が議席維持に力を注ぐ。

「実績ゼロからの難しい選挙になる」。公明党都本部は、新人候補が臨む戦いの厳しさをこう話す。同党では、吉倉正美氏（新宿）、鈴木貫太郎氏（荒川）、友利春久氏（足立）のベテラン3人に加え、1月に死去した木内良明氏の後継に新人を立てる。同党は会期中に69歳を超える場合は引退となる定年規定があるが、選挙区の情勢によっては例外もあり、鈴木氏は既に73歳、友利氏は71歳だ。今回、後継候補が見つかったことで勇退が決まった。

一方、大田区の藤井一氏は、予定していた新人候補が出馬できなくなり、引退を撤回。「選挙まで日数も少なく、後継もなかったため、定年を延長した」（党都本部）という。

急造の新人では今回の選挙を乗り越えるのは困難との判断がある。

「選挙結果の予測は難しい。都民ファーストの候補者もおり、勝利にはもう一回り広範な支持が必要だ」。共産党の植木紘二氏（中野）は、自身の基盤を引き継ぐ浦野智美氏（36）に期待をかける。植木氏は5期を務めた大ベテランだが、自身の基盤を引き継ぐだけでは今回の選挙で勝つことは難しいと見ている。

中野選挙区は定数が1減して3になる。他会派は、自民党から都議会議長の川井重勇氏、公明党は副幹事長の高倉良生氏、民進は現職2期の西澤圭太氏を擁立する。都民ファーストは小池知事の元公設秘書の荒木千陽氏を公認。諸派も含め乱戦模様となっている。

植木氏は「浦野候補は保守層の支持者ともつながることのできるキャラクターと、区議の実績がある。共産党支持者の周囲にいる無党派層を獲得したい」と追い上げに期待を込める。

同党の引退都議は、団長の吉田信夫氏（杉並）や5期の可知佳代子氏（大田）などベテランぞろい。前回の選挙で大きく増やした議席を、世代交代後に維持できるかが問われている。

3期までの期数制限を設ける生活者ネットは、西崎光子氏（世田谷）が勇退し、新人の岡本京子氏への世代交代を図る。現時点で15人が出馬する見込みの同選挙区でも、支持拡大が果たされるかが勝敗を分ける。

生活者ネットの担当者は「期数制限は議員の職業化、特権化を防ぐためのルール。引退後は地域で議会経験を生かしていくことになる」と説明する。これまでの引退都議もNPO団体の立ち上げやコーディネートなどで活動しているという。一方、新人の岡本氏もこれまで地域で活動実績があり、個人の知名度を生かしながら西崎氏の支持を引き継ぎたい考えだ。

勇退する共産党の植木氏（左）とともに支援を呼びかける新人の浦野氏（右）＝25日、新井薬師駅前で

ベテラン都議が姿を消すことで、選挙後の都議会運営に影響は出るのか。公明都本部は「機構としてしっかりしたネットワークを持っており、培ってきた経験を生かせる。新人が入ってきても問題はない」と自信をのぞかせる。共産の植木氏は「舛添前知事の問題から豊洲市場問題まで、この間、都の課題について候補も含めてみんなで努力してきた。実力は備わっている」と太鼓判を押す。

とはいえ、選挙こそが最初の関門であることは変わらない。「かつてない厳しい戦いになる。二人三脚で取り組まなければならない」（ベテラン都議）。勇退前に、もう一汗かく必要がありそうだ。

冗句ジョーク

木村カエラ、中央競馬会のCMソング〝ラッタッタ、ラッタッタ〟、5月28日日本ダービー、15万人の歓声はドエライ！

替え歌「ラッタッタ、ラッタッタ、5月28日都管試、数千人のハギシリはドエライ！」

都政の東西

注目の都議選

都議選の告示まで1カ月を切り、主要各党の公約が出そろった。今回の争点は、小池知事の改革路線を支持するかどうかという点に集約されそうだ。自民が「決められない都政」と声高に叫べば、都民ファーストは「忖度だらけの古い議会」と応酬する。

確かに議会の勢力図がどうなるかは、今後の都政を占う意味で非常に重要な争点だが、果たしてそれだけでよいのか。残念なのは具体的な政策が埋没してしまっているように感じることだ。

例えば、争点の一つと言われる市場移転の是非はホットイシューで都民に分かりやすいが、これ自体は課題の後処理であり、未来志向の政策ではない。都議選は今後の都政の方向性を占う4年に一度の機会だ。前向きな政策論争が必要ではないか。

今回の都議選がこれまでと違うのは、世間の注目を集めている点だ。特に小池知事の人気で女性の関心が高まっており、ダイバーシティーを掲げる小池知事によって女性視点の施策が進むことが期待されている。ここは各党ともチャンスととらえ、女性視点の施策を鮮明に打ち出し競い合ってほしい。

また、注目を浴びているといえば、都議会自体もそうだ。小池知事と自民党との競り合いが報じられ、都民の関心ごとになっているが、そもそも都議会は、国政や身近な市区町村議会に比べ住民から遠い存在だ。にもかかわらず、地方議会で最多の127人が所属し、世界一とも言われる報酬を受け取っているとなれば、住民から不信感を持たれない方がおかしい。選挙では都民目線に立った議会改革とともに、都議会の役割を訴え、その存在感を示してもらいたい。

待機児童

緊急対策で各区成果

杉並区　「緊急事態」を解除
豊島区　1年前倒しでゼロ

都や23区が重点課題として対応強化を図ってきた待機児童対策の成果が見えてきた。杉並区は昨年4月に「保育緊急事態宣言」を出し、区立施設の転用などの対策を実施。今年4月1日現在の待機児童数が前年比105人減の29人となり、宣言を解除した。豊島区は都の緊急対策の活用やベビーシッターによる居宅訪問型保育の拡充などで今年4月の待機児童がゼロになった。いずれの区も成果を上げた一方、更なる保育需要増を予測し、引き続き定員拡大を進める方針だ。

杉並区は22日の会見で、保育緊急事態宣言の解除を発表した。目標に掲げていた今年4月1日現在のゼロは達成できなかったが、昨年4月の需要予測で見込まれた500人以上の待機児童発生を回避したことで、緊急事態から脱したと判断した。

区は昨年4月の保育緊急事態宣言に伴い、2016年度当初予算に計上した定員759人分の施設整備計画を見直し、今年4月までの定員拡大を2千人規模にすると発表。区立公園の保育所転用や清掃用地の指定用途変更などの追加緊急対策で、認可保育所を20カ所整備するなど昨年度中に計2348人の定員拡大を行った。区保育課によると、緊急対策の実施で就学前人口に占める認可保育所定員数の割合が16年度の30・0%から17年度は37・3%に増加し、23区中20位から12位に上昇したという。

田中良区長は「定員拡充を行った場合、他区から子育て世代の流入を招くという意見があるが、それを示すデータはなく、区としてそうした都市伝説に惑わされずに積極的に対策を行う必要がある」と語り、「今年度から3年間で3千人規模の定員拡大を計画しているが、可能な限り前倒しで拡大を進めるよう指示した」として、2年間で3千人の定員拡大を目指す考えを明らかにした。

区の緊急対策を巡っては、区立公園の保育所転用に周辺住民から反対運動が起こった。区保育課は「公園を転用するような事態ではなくなった」と語り、来年度以降に公園の転用は計画していないことを強調した。

一方、豊島区は24日の定例会見で、今年4月1日現在の待機児童数がゼロになったと発表した。区は17年度末までの待機児童解消を目標に掲げていたが、認可保育所10カ所の新設や認証保育所2カ所の認可化、ベビーシッターを活用した居宅訪問型保育事業などの対策が奏功し、1年前倒しで目標達成となった。

高野之夫区長は「小池知事が打ち出した都の緊急対策を大いに活用したことがゼロ達成の要因」と述べ、賃借料補助の拡充や保育コーディネーターの配置などのメニューを活用したという。今後に向けては、「待機児ゼロの達成が終わりではない。ゼロを続けることが重要」と語り、来年度までに認可保育所など13カ所の施設整備で780人の定員拡大を図るとともに、保育施設の約7割が園庭を持っていないことから、小学校の校庭を開放するなど質の向上を進める方針を示した。

保育緊急事態宣言の解除を発表する田中区長＝22日、杉並区役所で

地域通貨にビットコイン
渋谷区　都の会合で初公表

渋谷区の長谷部健区長は23日、次世代移動通信システム「5G」を活用した仮想通貨ビットコインによる地域通貨の仕組みづくりなど、自身が提唱するエンターテインメントを活用したまちづくり構想を明らかにした。メンバーを務める都の東京未来ビジョン懇談会第3回会合で発表した。長谷部区長は「あくまでも私案」とした上で、「いま仕掛ければ50年先につながるのではないか」と話した。

「ビットマネー渋谷」と銘打ち、バーコードや顔認証などによる決済を実現。区内の店舗やサービスへの利用のほか、ボランティア活動や区民ワークショップの参加にポイントを設定し、支払いに利用できる案とした。長谷部区長は「渋谷はふるさと納税で持っていかれているので、違う財源の確保も必要」とし、「収益をまちづくりに還元できる」と述べた。

また、建物の壁面を利用したデジタルサイネージ（電子看板）や、訪日外国人向けの多言語翻訳機能を備えた観光案内システムなどを提案した。

区が2月に策定した長期基本計画で掲げた「歩行者天国の復活」では、毎月最終週の金曜日に行われている「プレミアムフライデー」に合わせ、表参道を歩行者天国にするよう検討していることを明らかにした。

長谷部区長の提案などを受け、小池知事は「できない理由は山ほどあるが、それを超えるのがこの会合」と応じ、「みんなで盛り上がる東京にしたい」と語った。

木密地域を行政視察
不燃化へ「時間との競争」　小池知事

小池知事は24日、木造住宅密集地域の現状を把握するため、世田谷区内の特定整備路線の対象地や不燃化特区指定地区を視察した。小池知事は「時間との競争かもしれない。命に関わることなので、急いでやりたい」と、事業を加速させる考えを強調した。

木密地域の解消に向けては、複雑な土地の権利関係や対象地域の高齢化のほか、空き家の増加などが課題となっている。小池知事は「空き家・空き室を利用して、移転候補地にすることも積極的に考えるのも一つの考え方」と話した。

都は2012年、「木密地域不燃化10年プロジェクト」を開始し、延焼遮断に向けた特定整備路線の整備と、老朽建築物の建て替えや除却などを支援する不燃化特区事業を推進している。特定整備路線は28区間約25㌔、不燃化特区は53地区約3200㌶で、20年度までに、全特定整備路線の完成と不燃領域率70%を目指している。

特定整備路線事業の説明を受ける小池知事＝24日、世田谷区

公益通報漏らし　地裁が賠償命令
世田谷区

勤務先の弁当店の衛生状態に関して、世田谷区や都に公益通報した女性の名前を区が勤務先に伝えたとして、女性が区に慰謝料など2200万円の損害賠償を求めた訴訟で、東京地裁は24日、区の違法性を一部認め、約1万円の支払いを命じる判決を下した。区職員が店側に、女性が都にも通報したことを伝えた点に限って違法とした。区は「判決内容を精査し、控訴するかを含め検討する」としている。

女性は2012年12月、区保健所に通報し、区の立ち入り検査後、店側の聴取で通報したことを認めて解雇された。その後、区職員は店側に都への通報を言及していた。

荒川区　玉突き移転で施設整備
経費抑え、切れ目なく

荒川区は、日暮里地域に集積する公共施設を効率的に更新するため、区有地を活用した〝玉突き型〟の整備に乗り出す。障害者施設を日暮里地域内の公共施設跡地に移転整備するのを皮切りに、移転後の跡地に保育所や集会施設を順に移して更新する23区内でも珍しいスキームで、公募で決定した整備事業者に土地を10年間無償で貸し付けることを決めた。施設を運営しながら、経費を抑えて更新できる反面、施設の場所を変更することに対する住民との合意形成が課題に上がる。

区の計画では、まず障害者グループホームを東日暮里二丁目ひろば館跡地に移転整備する。その後、グループホーム跡地と隣接する公園を合わせた敷地に認可保育所を移転整備。空いた保育所の敷地に区民交流拠点の「日暮里ふれあい館」と公園を整備する。

障害者グループホームと保育所は、移転整備に合わせて民営化し、定員を拡大する。区は最初に移転する障害者施設を整備する事業者を今年3月に選定した。今後、協定を結び、9月に整備着手する予定だ。最後に整備する児童遊園を2021年度中に開設する予定で、5カ年で公共施設4カ所の更新を完了させる。

玉突きで整備することで、施設の利用を中断することなく、仮移転経費が発生しないため、全体的なコストを縮減する効果が見込まれる。区によると、保育所の移転に仮施設を建てる場合と比べ、期間は2年短縮、経費は5億円程度削減できる見込みだという。

区企画担当課は「地価が上がり、仮移転のための用地確保に工夫が必要だ。地域内で施設を順次更新していくことで、地域が抱える課題を一度に解決できる」と話し、他地区でも公園や小学校跡地を利用して保育所や図書館を更新する計画を進めている。

一方で、区議会では一部の会派から公園を移転する際の住民への説明が不十分との指摘が上がった。公園に隣接するマンション住民から移設をやめるよう要望が出たことを受け、共産区議は「施設更新自体には賛成だが、付近の住民に先に説明するという手順を踏まえなくては」と話している。

玉突き整備を予定するグループホーム＝22日、荒川区で

準備入念に　失速せず

【解説】23区内では、高度経済成長期に集中して建てられた公共施設が一斉に更新時期を迎えている。既存の施設を現在地で建て替えるに当たっては、住民構成やまちの変化などから見込まれる各施設の需要予測に基づき、配置や総量を調整する必要があり、単に既存施設を現在地で建て替えれば済む話ではない。

総務省は14年4月、人口動態を抑え、財政負担を平準化しながら公共施設やインフラを更新するための実施計画に当たる「公共施設等総合管理計画」を自治体に出すよう求めた。現時点で全23区が策定し、公共施設の更新に向けた意識が高まっている。

一方で、荒川区のように「説明不足」との指摘を受けた結果、計画の停滞に発展する事例も出ている。千代田区では区営住宅を建て替えるために、区有施設跡地に50戸規模の仮住宅を建てる計画を区議会に報告したが、19億円に上る高額な整備費や区議会を含めた住民への説明が足りないなどとして非難の声が相次いだ。その結果、区は仮設住宅だけでなく、区営住宅の建て替え計画自体の見直しを余儀なくされた。

荒川区は玉突き型整備を公共施設等総合管理計画に位置付けており、複数の地域で実施を予定しているが、「説明不足」などの要因で事業が停滞すれば、効果は目減りしてしまう。

ある区の施設更新担当者は「区有施設を大規模改修・改築する際には区の遊休施設を活用して仮移転先を確保する考えだが、近場に適地があるケースは珍しい」と話す。住民にとっては自宅の近くにある施設が変わることへの不安もあるだろう。区有財産を最大限活用して迅速に施設更新を進めるには、住民理解とバランスを取りながら進める必要がある。（伊）

新議長に佐原氏　中村氏が副議長
新宿区議会

佐原勇氏

中村真一氏

新宿区議会は22日、第1回臨時区議会を開き、新議長に自民党・無所属クラブの佐原勇氏(73)、新副議長に公明党の中村真一氏(56)を選出した。

佐原氏は現在4期目。これまでに防災等安全対策特別委員長や決算特別委員長などを務めた。

中村氏は現在3期目。区監査委員や決算特別委員長などを歴任した。

新議長は丸山氏　副議長に古川市
渋谷区議会

丸山高司氏

古川斗記男氏

渋谷区議会は22日、第1回臨時会を開き、新議長に自民党の丸山高司氏(59)、副議長に公明党の古川斗記男氏(63)を選任した。

丸山氏は現在6期目で、議長就任は2回目。予算特別委員長や庁舎問題特別委員長などを歴任した。

古川氏は現在5期目で、副議長就任は3回目。決算特別委員長や都市環境委員長などを務めた。

出井氏を議長に　新副議長は南氏
中野区議会

出井良輔氏

南勝彦氏

中野区議会は22日に第2回臨時区議会を開き、新議長に自民党の出井良輔氏(43)、新副議長に公明党の南勝彦氏(56)を選出した。

出井氏は現在4期目。これまでに総務委員長や議会運営委員長などを歴任した。

南氏は現在3期目。建設委員長や中野駅周辺・西武新宿線沿線まちづくり特別副委員長などを務めた。

佐藤氏が新議長　副議長に川原氏
目黒区議会

佐藤昇氏

川原伸昭氏

目黒区議会は23日、第2回臨時会を開き、新議長に自民党の佐藤昇氏(52)、副議長に公明党の川原伸昭氏(45)を選任した。いずれも初の選出となる。

佐藤氏は現在3期目で、区有施設・生活圏域整備計画調査特別委員長や文教・子ども委員長などを歴任した。

川原氏は現在2期目で、予算特別副委員長や生活福祉委員長などを務めた。

榎本氏が新議長　副議長は宮島氏
北区議会

宮島修氏

榎本一氏

北区議会は23日、第2回臨時区議会を開き、新議長に自民党の榎本一氏(48)、新副議長に公明党の宮島修氏(53)を選出した。

榎本氏は現在5期目で、副議長や議会運営委員長、決算特別委員長などを歴任した。

宮島氏は、現在3期目で健康福祉委員長や交通環境対策特別委員長などを務めた。

新議長に大野氏　副議長は難波氏
板橋区議会

難波英一氏

大野治彦氏

板橋区議会は23日に第1回臨時区議会を開き、新議長に自民党の大野治彦氏(53)、新副議長に公明党の難波英一氏(59)を選出した。

大野氏は現在3期目。これまでに議会運営委員長や企画総務委員長などを務めた。

難波氏は現在4期目。健康福祉委員長や文教児童委員長などを歴任した。

松本氏が新議長に
千代田区議会

松本佳子氏

千代田区議会は24日、第1回臨時区議会を開き、新議長に自民党の松本佳子氏(74)を選出した。

松本氏は現在5期目で、予算特別委員長や子育て文教委員長、子ども施策特別委員長などを歴任した。

記者席
「改革推進」に感じる危うさ

○……「機運醸成にも力を入れたい」。小池知事は24日の関東地方知事会終了後、五輪の費用分担について説明した際にそう付け加えた。費用分担を巡っては国や組織委との調整が難航し、大会に向けた盛り上がりに水を差す結果になっている。

膨れ上がった大会経費や都外施設の問題などは、小池知事にとっては前任者から引き継いだ「負の遺産」とも言えるだろう。ここで問題を精算し、前向きな取り組みを進めたいという関係者の思いは一致しているはずだ。ところが、国や組織委の幹部からは、「調整が遅れた責任は知事にある」と言いたげな言葉も。一大イベントの政局化は避けられないとしても、機運醸成も忘れないでほしい。

○……「あの石原知事でさえ触れたことはなかったのに。議会の在り方を知事が語るのは異例だ」。23日の都民ファーストの会の政策発表会見をネットで見たという都幹部は驚きを隠さなかった。会見に同席した小池知事は「東京大改革は都議会改革」と強調。知事いわく、自分が知事に選ばれたことで片方の車輪が整ったが、一方の車輪の都議会については「改革のスピードや方向性が合っているのか」と暗に批判した。

都政を前に進めていくための組織拡大は分からなくもないが、その理由を「自らが目指す改革のため」と言い切る知事。「都民ファースト」を掲げる知事だが、多様な意見を都政に反映しようという意識はあるのか。危うさを感じる。

○……「『男女共同参画』と聞くと、何となく敬遠する男性が多い」。23日に都庁で開かれた「女性の視点から見る防災人材育成会議」では、委員からこうした意見が相次いだ。

女性委員の一人は、「主催している防災セミナーでも、名前に『男女共同』と入れると男性が参加しなくなるので、『子供の〜』『高齢者の〜』という名前にしている」と明かした。続けて、「やっていることは男女共同参画ですけど」と話す姿を見て、委員のたくましさとしたたかさを感じた。「頼りになる人だ」と十分に思わせると同時に、男性として敬遠したくなる気持ちも少し分かった。

特別区　予想される顔ぶれ　第20回都議選　▶9◀

杉並区（定数6）

早坂義弘氏

小宮安里氏

松葉多美子氏

原田暁氏

田中朝子氏

西村正美氏

小松久子氏

茜ヶ久保嘉代子氏

鳥居宏右氏

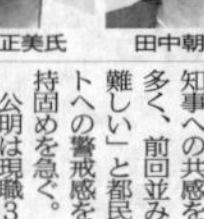

北島邦彦氏

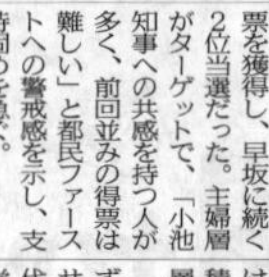

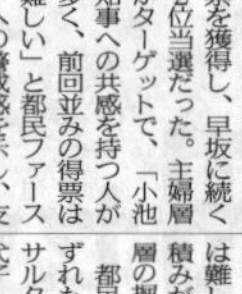

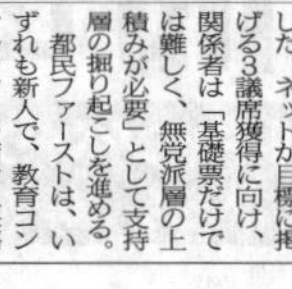

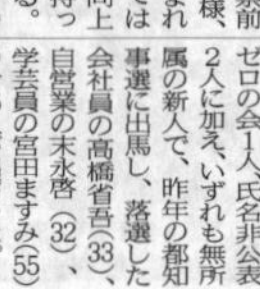

前回は自民2、公明1、共産1の現職4人が手堅く議席を守り、みんなとネットの2新人が議席を獲得した。定数6に対し、現時点で10人が名乗りを上げる。自民、民進、都民ファーストが2人の擁立を予定しているが、いずれの党派も地区割りなどの得票調整を行わないため、「同門対決」が注目点の一つとなる。

自民はいずれも現職で、3期目の早坂義弘(48)と2期目の小宮安里(40)を公認した。前回は1997年以来となる本選での2議席確保を達成し、議席死守を目指す。

早坂は公募で05年に初当選して以降、保守層からの底堅い支持を受け、前回は3万5千票を超える得票でトップ当選した。都民ファーストなどによる無党派層の切り崩しを警戒。陣営関係者は「辻立ちからウェブサイトのリニューアルまで出来ることは何でもやる」と危機意識を強める。

小宮は地元選出の石原伸晃衆院議員の元公設秘書。前回は2万9630票を獲得し、早坂に続く2位当選だった。主婦層がターゲットで、「小池知事への共感を持つ人が多く、前回並みの得票は難しい」と都民ファーストへの警戒感を示し、支持固めを急ぐ。

公明は現職3期で党都本部女性局長の松葉多美子(54)を擁立する。2万票を超える基礎票を持ち、盤石の組織力で指定席状態が続いているが、過去3回の選挙を通じて得票数が減少傾向にあり、引き締めを図って着実に議席確保を目指す。

共産は現職5期で都議団団長の吉田信夫が勇退し、区議を4期務めて3月に辞職した新人の原田暁(41)を擁立する。過去5回の選挙は2万票前後の得票で、公明と同様、安定した戦いが見込まれるが、地区委員会では「まだまだ知名度の向上が必要で、厳しさを持って臨む」と話している。

民進は現職で1期目の田中朝子(57)と新人で元参院議員の西村正美(53)を公認した。革新系の支持層が比較的多い土地柄だが、前回は民主への逆風が直撃し、現新2人が共倒れとなった。

田中は03年区議選にネット公認で初当選。その後、民主、みんなの党、結いの党、維新の党に所属しており、希望の塾にも参加していた。一部の支援者からは「党勢を考えれば一本化すべき」と党本部に対する不満の声が上がっている。

西村は10年の参院選比例区で初当選したが、昨年7月の選挙で落選。都議選は99年補選と01年本選に出馬し、いずれも落選している。区議4人の支援を受けるなど党派選挙で浸透を図る。

ネットは現職1期の小松久子(64)を公認し、議席死守を目指す。前回は1万8018票を獲得して6位に滑り込み、8年ぶりの議席奪還を果たした。ネットが目標に掲げる3議席獲得に向け、関係者は「基礎票だけでは難しく、無党派層の上積みが必要」として支持層の掘り起こしを進める。

都民ファーストは、いずれも新人で、教育コンサルタントの茜ヶ久保嘉代子(41)と東京医科大学客員教授の鳥居宏右(46)を公認した。共に区内での知名度や組織戦術に課題を抱え、投票率の向上による浮動票の取り込みや小池知事人気による既存党派支持層の切り崩しが2議席確保の鍵。

諸派では、都政を革新する会が新人で元区議1期の北島邦彦(57)を擁立し、24年ぶりの議席獲得を目指す。

24日の立候補予定者説明会には10人のほか、候補者擁立を目指す地方議員ゼロの会1人、氏名非公表2人に加え、いずれも無所属の新人で、昨年の都知事選に出馬し、落選した会社員の高橋省吾(33)、自営業の末永啓(32)、学芸員の宮田ますみ(55)の計16人が出席した。

前回の結果

◇杉並区

	氏名	党派	得票	回数
当	早坂　義弘	(自現)	35,259	③
当	小宮　安里	(自現)	29,630	②
当	吉田　信夫	(共現)	24,565	⑤
当	松葉多美子	(公現)	22,766	③
当	田中　朝子	(み新)	18,089	①
当	小松　久子	(ネ新)	18,018	①
	門脇　文良	(民現)	16,994	
	荒木田　聡	(維新)	9,805	
	花形　明利	(民新)	8,543	
	小澤　論由	(維新)	8,243	

《文中は敬称略》

集約型の地域構造に

2040年代のグランドデザイン

投資呼び込み都市づくり

2040年代の東京の将来像として、都都市整備局が19日に発表したグランドデザインの素案。都は、環境分野などで東京への投資を増やすとともに、神奈川県、千葉県など東京圏全体で一体的な発展を図ることなどを新たに打ち出した。人口減少と少子高齢化で東京の活力を低下させないため、新たな都市構造への再編を目指す。

「次世代に活力、ゆとり、潤いがそろった都市空間、質の高い豊かな生活を確実につないでいく」。小池知事は19日の会見で、グランドデザインの素案のポイントをこう説明し、今までにない都市づくりの必要性を訴えた。

知事が今後の都市づくりで重視したのが、企業が環境などに注目して投資先を決めるESG（環境、社会、企業統治）と緑の保全だ。海外の企業が東京に進出したり、都内の企業が世界中から投資を呼び込むなどして東京の活力につなげていくことが狙いで、都市づくりにESGを活用するのは極めて珍しいという。ESGにより環境分野への投資が進めば、緑保全にとどまらず、小池知事が公約に掲げた環境先進都市の実現に一歩近づくことにもなる。

従来の発想にはない都市づくりが求められる背景には、東京の超高齢化がある。40年代の東京は都民の3人に1人が高齢者になることが予想され、集約型の地域構造に見直すことを明確に打ち出した。主要な駅周辺などから徒歩10分圏内に商業施設や公共施設、住宅などを集約させ、高齢者が歩いて暮らせるまちに再構築する。

主要な駅から離れた地域などでは、新たな宅地化の抑制を図ることも盛り込んだ。その手法の一つとして示したのが、土砂災害警戒区域の指定。都が同区域に指定した地域では新たな宅地開発ができなくなり、住宅などは駅周辺などに誘導する。高齢者が急増する中、安全な場所に誘導する目的もあるようだ。

ただ、駅周辺などに住宅、商業施設を集積する際には、用途地域が壁になるケースもある。都は規制緩和が認められる特別用途地区など現行制度を活用し、低層住宅地でも事務所やカフェなどを整備できるようにする。

住居とオフィスが一体となったSOHO、通勤を必要としない就業形態など、働き方の多様化に対応する目的もある。

東京圏全体で一体的発展

都は従来よりも他県との広域的な連携を重視した都市構造に見直す。従来の都市構造は、都心や副都心などを中核都市と位置付け、オフィスを中心に商業や文化などを集積する環状メガロポリス構造の構築を進めてきたが、高齢化が進む中でオフィスの集積に限る必要性はなくなる。更なる東京の発展を目指すために「交流・連携・挑戦の都市構造」に進化させるという。

具体的には東京だけでなく、神奈川県や千葉県、埼玉県なども含めた東京圏全体で活力を高めるため、都は東京圏を6カ所の広域拠点として分けるイメージを示している。

例えば、つくば・柏広域拠点は学術や研究、横浜・川崎・木更津広域拠点は商業や観光など、それぞれの強みを打ち出し、交流や連携を進め、共存共栄を目指す。都都市整備局は「地域の個性を最大限発揮し、東京圏全体で活力を出す都市構造にするため、一体的に都市づくりに取り組むべき」（都市づくり政策部）と説明する。

40年代の東京には、今まで以上に他県を牽引する役割が想定される。同部は「急速に人口減少が進み、日本の活力を落とさず、推進力を発揮するため、東京が引っ張っていかないといけない」と力を込める。東京の独り勝ちにはならない都市構造に見直せるかが今後の課題の一つとなっている。

グランドデザインの素案を説明する小池知事＝19日、都庁第一本庁舎で

小池知事

働き方改革を提案

関東地方知事会議

春の関東地方知事会議が24日、都道府県会館で行われ、小池知事は働き方改革の推進について国への要望を提案した。

提案では、企業の働き方改革へインセンティブを付与するなどの抜本的な取り組みや、地方公務員への弾力的なフレックスタイム制を導入するための法改正などを盛り込んでいる。

神奈川県の黒岩祐治知事からは「大賛成。人生百歳時代を見据えて働き方も変えるべきだ」と後押しがあり、静岡県の川勝平太知事は「日本女性の健康寿命は76歳で世界一。65～76歳の活用が重要になる」と背中を押した。

また、小池知事は9都県市首脳会議でも提案した衆院選挙区の区割り改定についても、国への要望を提案。次回の関東地方知事会に向けて、事務方での協議を進めることになった。

小池知事は会議後、「区割り改定で、行政の範囲と地域の代表である国会議員のステージが小刻みになったり、変わったりで、有権者の混乱もあるのではないか。憲法問題でもあり、数合わせではなく一度きっちりとやるべきだ」と提案理由を話した。

そのほか、会議では共同提案として地方分権改革の推進や道路網の整備促進についても国に要望することで一致した。

浜渦元副知事ら偽証認定に賛成

都議会百条委

豊洲移転問題を調査する都議会百条委員会が24日に開かれ、自民党を除く5会派が浜渦武生元副知事と赤星経昭元政策報道室理事の偽証認定に賛成した。31日の百条委で偽証認定と偽証の告発を求める採決を行う予定だ。

浜渦氏は3月の百条委で、2001年7月に都と東京ガスが豊洲移転に関して基本合意した後、交渉役を外れたと証言したが、元知事本局長の前川燿男練馬区長は4月の同委で、浜渦氏が05年まで市場を所掌していたと証言。

24日の百条委では公明党が「偽証」と指摘したのに対し、自民は偽証にする根拠が「薄弱」として、偽証認定の事実はないと主張した。

選挙プランナーの眼

地方政治の舞台裏から㊳

多摩地域・島部の激戦区は

都議選42選挙区分析⑤

都議会議員選挙の告示まで1カ月を切りました。今月9日に民進党と共産党が、19日に自民党が、23日に都民ファーストの会がそれぞれ都議選における公約を発表しました。各党が臨戦態勢に入ってきたことが感じられます。オリンピック・パラリンピックの成功に向けた各プランや豊洲市場移転問題への姿勢など、それぞれの党が独自色を出そうと苦心して練り上げられた印象です。

今回、最も世論の注目を集めたのは、何と言っても自民党都連による屋内全面禁煙とする条例の制定方針でしょう。受動喫煙対策に関しては自民党内でもまだ議論が続いている中、党内合意に先行して都議選の公約には一歩踏み込んだ内容を掲げました。自民党の強みは、多少反対意見があろうとも選挙を前にすれば一致団結して行動ができるという点にあり、自民党都連の本気度と底力を感じさせました。

さて、ここまでお届けしてきた東京42選挙区の情勢分析も、今回が最終回になります。23区の分析を終え、残るは東京都民の3分の1の人口を有する多摩地区、そして島しょ部です。23区ばかりが注目されがちですが、これら地域にも合計19の選挙区があり、激しく議席が争われることになります。ポイントを追っていきましょう。

多摩地区の特徴としては、昨年の都知事選で小池知事の得票率が23区に比べて低かったということが挙げられます。

選挙区によって自民党の支持が非常に強い地域や、民進党・共産党が根強い支持を獲得している地域があります。前回の都議選で、民進党が惨敗をする中でも勝ち残った現職や接戦を演じた元職がいる選挙区では、民進党の支持が高くなっています。これは23区には見られない傾向であり、興味深い点です。

■八王子市（定数5）

激戦が予想されるのが5人区の八王子市です。同市は都内唯一の中核市であり、多摩地区の中心都市。ここで強いのはまず公明党です。創価大学を始め、創価学会関連の施設が多数あるため、支持基盤は磐石と言っても過言ではありません。

また、共産党の現職と都民ファーストの現職も手堅く支持を集めているため、この3枠に関しては揺るがないと見ています。残る2議席を、都民ファーストの新人と、自民党の新人2人が争う構図が予想されます。新人3人の争いとなるため、それぞれに後援会組織が盤石とは言えず、選挙期間中を含めた各陣営の活動によって勝敗が変わる可能性があります。

■武蔵野市（定数1）

民進党の存在感が激戦をもたらしそうなのが武蔵野市です。1枠を巡って自民党の現職、民進党の元職、都民ファーストの新人が三つどもえを繰り広げることになります。

多くの1人区では都民ファーストの候補が有利に選挙戦を展開していますが、他選挙区と違い、民進党が根強い支持を持っているため、自民党と都民ファーストの一騎打ちという形にはならないでしょう。衆議院小選挙区においては元武蔵野市長でもある土屋正忠氏と、元首相の菅直人氏が「ドカン戦争」と呼ばれる激戦を繰り広げてきた歴史もあり、自民・民進・都民の三つどもえの激戦が予想されます。

■北多摩第一（定数3）

北多摩第一選挙区は東大和、東村山、武蔵村山市の3市から成る選挙区です。自民党、公明党、共産党の現職に、都民ファーストと民進党の新人が挑む構図ですが、民進党の新人は苦戦を強いられそうです。

同選挙区は他の3人区に比べて共産党が根強い支持を持つことから、4候補が3議席を争う大激戦が予想されます。

■島部（定数1）

島しょ部は一貫して自民党が議席を獲得してきた選挙区であり、2009年に当時の民主党が躍進した際にも議席を死守しています。

今回は伊豆大島出身の自民党現職と自民党を離党した元八丈町議の新人が競り合う保守分裂の選挙でもあり、また島しょ部で人口の多い二つの島の対決とも言えます。接戦が予想されますので、共産党候補がどれだけの支持を集めるかが選挙戦の行方を左右する可能性もあります。

◇

選挙の注目度が高ければ高いほど、長年の懸案となっていた事項が一気に進む可能性があります。

今回、かつてない注目を集める都議選ですから、各党がそれぞれに政策を掲げ、切磋琢磨することによって都民にとって最良の選択がなされ、より良い都政が実現することを願ってやみません。

（㈱ダイアログ代表取締役　松田馨）

※都議選の告示まで1カ月を切ったことから、「選挙プランナーの目」はいったん休載します。次回の掲載は選挙後の予定です。（編集部）

私を変えた一冊

財務局長　武市敬氏

『毎日が日曜日』城山三郎〈著〉

我が身を重ねながら

「三宅支庁勤務を命ずる」。私が都職員として採用されて最初に受け取った辞令である。

いきなり島流しか！　心中落胆したものの、新規採用の分際では辞令に従う以外の選択肢はなく、期待よりも不安を抱えながら赴任したことを今でも鮮明に覚えている。

しかし、案ずるより産むが易しとはよく言ったもので、濃い人間関係の中で夜は酒や麻雀に興じ、休日はテニスで汗を流したりと島の生活にどっぷりなじんでいった。

ただ、新聞も一日遅れで配達される島には本屋など一軒もなかった。社会人になりたての身としては、さすがに読書ぐらいしなければまずいと考え、上京した折には本を十冊程度まとめ買いするようにした。そのような中で手にした一冊が城山三郎の著となる本書である。

この本の主人公は海外赴任も経験した商社マンで、本社の管理職から京都支店長に飛ばされるところから物語は始まる。商社にとって京都支店長は閑職で、「毎日が日曜日」のように暮らすこともできる主人公の境遇に、我が身を重ね合わせたりしたものだ。同時に、与えられた環境の中で全力を尽くす姿勢は、見習うべき手本として心に刻んだものだった。

本書には、主人公とは異なる性格の人物も数多く登場する。仕事のスタイルも違えば、思考回路も異なっている。そうした多様性もまた新人にとっては参考になった。

現代とは価値観も生活様式も大きく異なる76年に刊行された本書には、今の時代にそぐわない記述もあるが、根底を流れる主題はいまだ色あせていない。そして、この本に限らず経済小説には、組織の一員として働く上での考えるヒントが散りばめられていると思う。当時と比べると今は経済小説、ビジネス小説が数多く刊行されている。若い方々には、このジャンルから自身に合う一冊を見つけて一読されることをお薦めします。

（写真は三宅赴任時の筆者）

東京最前線

◆**生徒自殺で臨時会**　同級生からのいじめや教諭からの体罰を受けた仙台市立中学の2年男子生徒が自殺した問題で、仙台市議会は22日に臨時の議員協議会を開き、市長や市教委の管理能力をただした。同市教委は文科省の指導を受けるまで生徒の自殺を重大事態と判断せず、体罰を把握していなかった。

◆**親世代に婚活支援**　岐阜県は独身者の親を対象にした婚活支援事業を始める。県が開設する婚活相談窓口に親からの相談が寄せられていることを受けたもので、30代後半から40代の子を持つ親からの相談が中心だった。セミナーで結婚環境の変化を説明し、ガイドブックを作成する予定。

◆**火力発電所で反対運動**　千葉県の東京湾岸に建設予定の大型石炭火力発電所の建設に反対する市民団体が、計画撤回を県に申し入れた。市民団体は温室効果ガスの排出増加を懸念し、国の削減目標達成も危うくなるとしている。計画に対しては、環境省も事業リスクが高いとする意見書を経産省に提出している。

◆**埼玉でラグビーフェス**　埼玉県と熊谷市は2019年のラグビーW杯に向けた普及活動として、「グローバルラグビーフェスタ」を8月に開催する。同市にゆかりのあるパナソニックワイルドナイツと海外強豪チームの国際交流試合のほか、子供へのラグビー教室や文化交流などを予定している。

◆**合併協議が難航**　群馬県館林市と板倉町の合併協議が難航している。館林市の前市長の死去で延期されていた両市町の合併協議会（会長＝須藤和臣市長）が約半年ぶりに開かれたが、新市を発足させる「新設合併」か、市が町を吸収する「編入合併」かで意見が分かれた。6月にも再度協議会を開く予定。

◆**狩猟人材確保へ**　茨城県土浦市はイノシシによる農業被害や市街地への出没を防ぐため、若手狩猟者の人材確保を進める。今年度内に農村部以外の住人に狩猟の魅力を伝える講演会を開き、免許取得費用の一部を助成。同市では年150頭程度のイノシシが捕獲されている。

◆**ドローンで農産物管理**　北海道芽室町で、ドローンを使った農産物の生育状況調査に関する実証実験が行われ、都内のIT企業などが参加した。ドローンは事前にプログラムされたルートを自動飛行し、小麦畑の様子を撮影することで、生産性の向上に役立てる。2018年の実用化を目指す。

◆**自殺防止にドローン活用**　福井県坂井市の東尋坊で、国、県の認可を受けたNPO法人がドローンを活用した自殺防止活動を始めた。陸からのパトロールでは死角になっていた岩場の陰からの飛び降りや雑木林での自殺などを防ぐことが狙い。東尋坊では年平均20人程度が飛び降り自殺を図っている。

◆**市有地で無断野菜**　大阪府交野市の市有地が住民らに畑として無断利用されていることが発覚し、市は是正を進めている。市は住民らに市有地の草刈りなど管理を依頼、住民はコスモス栽培などを承諾していたが、無断で野菜を育てて家庭利用していた。市は調査チームを発足して解決を模索している。

防災に「女性視点」を

リーダー育成に向け初会合

都総務局

災害時に、避難所の運営などの役割を果たす女性を育成するため、都総務局は23日に「女性の視点からみる防災人材の育成検討会議」（座長＝重川希志依・常葉大学大学院教授）を都庁で初開催した。避難所での生活は子供や妊婦のフォローが必要になることなどから、災害対策に女性の視点が必要と判断した。検討会は12月までに女性防災リーダー育成のカリキュラムを作成する予定。

「東日本大震災の被災女性たちの中には、自発的に母親向けの防災講座や、地域住民に向けた災害食の作り方のワークショップを開いている人がいる。地域により根付いている女性の力が、防災対策に必要になる」

初会合では、委員の一人で、災害対策の男女共同参画を提言してきたNPO・イコールネット仙台の宗片恵美子代表理事が、防災対策上の女性の役割の重要性を強調した。

宗片委員は東日本大震災の被災者約1500人へのアンケートで、8割以上が「被災自治体が作る復興計画に女性視点が必要」と回答したと説明。女性の地域防災リーダーや災害復興アドバイザーを育成し、地域に住む人たちへの実効性のある支援体制をつくる必要があると述べた。

東日本大震災後には、「避難所に衝立（ついたて）などがなく、人の目がある中で着替えや、授乳せざるを得なかった」「下着の替えが不足していた」など、女性の視点でみた避難所の課題が浮き彫りになった。

都はこれまでも、「防災市民組織育成リーダー研修会」などで、自治会を対象に災害の知識や技術を広げるとともに、地域の防災を指導的視点で向上させる人材を育成してきたが、こうしたリーダーを育成する研修や説明会への参加者は男性の高齢者が多く、女性の視点を災害対策に十分生かすことができていなかった。

また、災害対策は本来、区市町村の人口や地形など地域に根差したものである必要があるが、都の場合は通勤・通学や観光、買い物で都外からも多くの人が訪れることから、多数の帰宅困難者が想定される。東日本大震災は平日の午後に発生したため、夫が帰宅困難者となり、女性が避難所運営の中心的な役割を担わざるを得なくなったケースもあった。

これに対し、委員の一人で、減災と男女共同企画研修推進センターの浅野幸子共同代表は、多様なライフスタイルの女性が生活しており、求められる災害対策や役割がそれぞれ異なるとして、「女性リーダーの育成にはどの層をターゲットにするのか、どのような役割を果たすのかを明確にする必要がある」と指摘した。

総務局は検討会議の意見を参考に、12月までに女性リーダーの育成カリキュラムを作成する予定。また、都が作成中の女性版『東京防災』との関連については、「冊子で防災に興味を持ってもらい、実際にリーダー研修を受けてくれる女性を増やす」（総合防災部）と話す。

避難所に着替えスペースはなく、女性の視点では課題も＝11年3月、岩手県大槌町

夏季一時金、条例通り支給

都団交・小委　夏季休暇の取得期間拡大

都と都労連は23日、小委員会交渉と団体交渉を行った。団交では夏季一時金について現行の条例・規則通り、期末手当1・225月と勤勉手当0・90月の計2・125月、再任用職員には期末手当0・65月と勤勉手当0・425月の計1・075月を6月30日に支給することとしたと回答。小委では、夏季休暇について、全ての職場での計画的な取得を促進する観点から、本年度に限って、取得期間を拡大することにした。

一時金の支給対象・割合・加算制度について、都側は小委員会交渉で、本年6月より勤勉手当の除算制度を見直す経過なども踏まえ、いずれも現行通りにすると回答。夏季休暇に関しては、「国・他団体と比較しても充実したもの」との認識を示し、日数は現行通りとした。

一方、夏季休暇の取得期間については要求も踏まえ、現行の7月1日～9月30日を6月16日～10月15日に拡大することとした。計画的な取得を促進する狙いで、次年度以降の対応は効果などを検証した上で検討する。昨年度はリオ大会の開催に伴い、6月16日～10月31日に拡大していた。

一時金関連要求への回答に対し、都労連は「非常に不満な内容」との認識を表明。特に、都労連が強く求めていた非常勤職員に対する一時金相当額の支給は認められず、「都政の担い手として重要な役割を果たしている非常勤職員に対し、常勤職員との均等待遇を求める要求を拒否したことは、許すことができない」と強く抗議した。

期末・勤勉手当の除算制度改善についても「前進がなかった」とし、「職員のワーク・ライフ・バランスの推進を掲げるのであれば、育児・介護による一切の不利益をなくすべきだ」と主張。確定交渉で引き続き、実現を求める考えを示した。

夏季休暇の取得期間拡大に関しては、要求を踏まえたものとしつつも、「1年限りではなく、期限を拡大する制度変更が必要」と指摘した。

時差勤務の利用推進

都側はまた、ライフ・ワーク・バランスの推進について、7～8月を「推進月間」と位置付け、更なる機運の醸成に取り組む考えを示した。期間中、夏休・年休の取得推進や定時退庁の徹底に取り組むほか、時間・場所に捉われない働き方を促進するため、月単位を原則とする勤務時間の割り振りについて特例として週単位も積極活用し、柔軟な時差勤務の利用を推進。「テレワーク・デイ」（7月24日）を契機に、テレワークなども推進する。

また、取り組みの一環として、時差勤務を導入している出先事業所で育児・介護などの事情がある場合に限り、現在の本庁における取り扱いと同様、日単位で設定できるようにする。時期は推進月間と同じく、7月1日～8月31日。

都労連は「事由を問わない時差勤務の導入に対しては慎重な態度を取ってきたが、育児や介護の事情を抱える職員について職場の理解と納得が得られる」との認識を表明。一方で、時間・場所に捉われない働き方については「単純に賛成できない」として、任命権者と単組、職場段階の労使による協議を求めた。

団交では、都側が都庁の一層の機能強化を図るため、「しごと改革」「見える化改革」「仕組み改革」を進めていると説明。職員の柔軟で多様な働き方を促進する観点から、時差勤務の拡大や在宅型テレワーク、管理職などのフレックスタイム制の試行に言及し、「職員のライフ・ワーク・バランスの実現とともに、組織の生産性向上を図ることが重要」との認識を改めて示した。

団交後、都労連は都側の回答状況を「組合員の期待に十分応えていない」としつつも、「各単組組合員の多くの結集を得て闘ってきた到達点」として妥結を判断した。

町田市「分析表」など紹介

新公会計制度で促進会議

都会計管理局

都会計管理局は22日、企業会計に近く、コストやストックが分かりやすい「東京都方式」の新公会計制度を導入している大阪府や江戸川区など17自治体で普及促進会議を開催した。

新公会計制度を利用した財務諸表の活用状況では、町田市の例を紹介。同市は、各課や事業にコスト管理の課題や担当者の所見などを盛り込んだ「行政評価シート」と、図書館や市民センターなどの施設にかかる費用を、項目ごとに同種施設で比較できる「分析表」を作成。人件費や光熱費など、項目ごとに並べることで各施設や事業の抱えるコスト面での課題や、費用削減の効果をひと目で分かるようにしており、主要な施策の成果に関わる資料として市議会にも提出し、決算審査や予算編成の参考にされている。

会議ではまた、都が会計基準項目を今年度から一部改正することを報告した。ソフトウェアを貸借対照表上の「資産」に位置づけるなど、より近年の企業会計の傾向を踏まえる。

総務省が自治体に要請する財務諸表の統一的基準では、貸借対照表上の収入を「収益」と解釈し、地方税や国庫支出金などの収入は記載しないため、大きな赤字があるように見え、また収入の内訳が分からないという課題がある。

このため、会議構成団体は、住民への分かりやすさを重視し、総務省の基準ではなくこれまで通りの表記をとり続けることを確認した。

役所の役割

若手職員のホンネ　東京のとある居酒屋で⑨

「公務員はいらなくなるんじゃ…」

C　世の中全体が成果主義に変わっていくと思うな。「勤務時間は自由」という代わりに。

B　でも、成果を評価するのも内部なのか住民なのか。現実的には住民なんだろうけど、自分たちでは判断できないよ。

C　最終的な政策の評価は住民にしてもらうにしても、プロセスのところとかは内部で評価する必要があると思うな。

D　ところで極端な言い方になるけど、実は僕、「役所の仕事」ってそのうちなくなるんじゃないかと思ってるんだよね。あと20年もすれば役所の仕事の大部分は民間に移ると思う。

C　ずいぶん突拍子もないことを言うね。どうしてそう思うの?

D　「ふるさと納税」ってあるじゃない? あの本質は納税先の自由化だと思うんだ。

B　そうだとして、なぜ役所がなくなることにつながるの? ふるさと納税も「納税」だし。そりゃ、税収が減ってる自治体もあるけど。

D　現状は返礼品を受け取るレベルの話で、自治体間の競争にとどまっているからその程度で済んでるんだよ。これが例えば、法改正されてネット通販会社、アマゾンとかが急に自治体間の競争に入ってきて、「うちの会社に寄付したらこれがもらえて、地域のためにこんなことをします。20年間続けてくれたら、65歳を過ぎた時に生活に必要な品をこれだけ支給しますよ」とか言い始めたら…。しかも、もらえる物品一式が、普通の国民年金で買えるものより良かったりしたら?

A　「みんな税金を自治体に収めようと思うのかな」と思うわけね。

B　うーん、ちょっと想像できないなぁ…。税金は公共事業なんかにも使われるし、営利企業が例えば公園建設とか、赤字になりそうなことはしないでしょ。役所の代わりになるとは思えないな。

D　でも現実に、税金の自治体間の奪い合いが起きているわけで、これに民間が参戦しないなんてことは誰が言い切れるの? 郵便だって民営化したわけだし、国民年金とか戸籍とかも「民間の管理会社に任す」ってことになるかもしれない。こうやって「役所の役割」が一つずつ民間に奪われていく可能性はあると思うよ。そうしたら、公務員はそんなにいらなくなるよね? 正直、仕事を失ってもおかしくないと毎日感じている。

君が代の不起立で1人処分取り消し

東京地裁

卒業式の君が代斉唱時に起立せず、停職の懲戒処分を受けた都立養護学校（現特別支援学校）の元教員2人が処分取り消しなどを求めた訴訟で、東京地裁は22日、1人の処分を取り消す判決を出した。

判決によると2人は2008年3月、卒業式の君が代斉唱時に起立しなかったとして、停職6カ月の懲戒処分を受けた。2人は過去にも不起立による懲戒処分を受けていたという。

判決では、原告1人の処分を「不当に重い」として取り消した。一方、もう1人に関しては勤務時間中、「強制反対　日の丸　君が代」などと書かれた服を着続け、校長らが再三、着用をやめるよう指示したにもかかわらず従わなかったことから、「学校の規律・秩序を乱す行為」として訴えを退けた。

中井敬三教育長は処分が妥当と判断された原告1人について、「都の主張が認められた」とし、処分取り消しとなった1人については「判決内容を確認し、今後、対応を検討する」とコメントした。

小学生が投票で審査

五輪マスコット募集

2020年東京オリンピック・パラリンピックのマスコットキャラクターは、小学生のクラス投票で決定――。五輪組織委員会は22日、東京大会のマスコットのデザイン募集要項と審査方法を発表した。

「マスコット審査会」（座長＝宮田亮平・文化庁長官）によるデザインの審査や商標のチェックなどをクリアした作品3～4点から、全国の小学校のクラス単位による投票で決定するとしている。最終的なキャラクターのデザインの決定は来年3月ごろになる見通し。ネーミングは、デザイン案の決定後、別のプロセスで選考する。

全国の小学校は公立・私立を合わせて計約2万校あり、学級数は計約27万クラスで、参加は任意。審査会メンバーの夏野剛・慶応大学大学院特別招聘（しょうへい）教授は「『1クラスに1票』が肝。候補作品について皆でディスカッションしてもらえれば。自分の意見を言って合意形成するプロセスを授業として体験してほしい」と意図を話した。

募集要項では、オリンピック・パラリンピックのマスコットの基本デザインのほか、前後・上下・左右から見た姿、喜び・驚きの表情、競技別のポーズ、プロフィールの提出を課している。応募期間は8月1日～14日。応募資格は18歳以上で、日本人または日本在住の外国人。受賞歴は問わない。

審査会のメンバーでタレントの中川翔子さんは「世界中を巻き込む、永遠に歴史に刻まれる魅力あるキャラクターを生み出す力が日本人にはあると信じている。プロ、アマ問わず、心を揺るがすキャラクターをお待ちしています」と期待を寄せた。

五輪への航海図⑱1

TOKYO 2020

開催まで あと1155日

特別区の戦略③

港区・泳げるお台場に

昨年9月、都立お台場海浜公園（港区）。ダイバーが干潟に「クラムマット」と呼ばれる袋網を沈める様子を住民らが見守った。計約100平方㍍のクラムマットには、アサリの稚貝の養生に適した素材が入る。「泳げる海・お台場」に向けて、水質浄化の能力が高いと言われるアサリを活用した環境学習会の一環だ。

同公園は2020年大会で、トライアスロンの競技会場になる。区では稚貝の着生や水質の観察を通して区民らに海辺の環境保全に対する理解を深めてもらい、区民との協働で水質を改善したい考えだ。

お台場の海では過去も衛生上の課題が指摘されてきた。区部では雨水と汚水が一緒に流れる「合流式下水道」が多く、降雨量が一定以上になると下水が処理されずに東京湾に放流され、湾内の大腸菌群が増えてしまうためだ。

区が4月、稚貝の状況を確認したところ、クラムマット1平方㍍当たり1・8㌔を超えるアサリの着生を確認。7カ月で通常の36倍以上が増えた計算になる。冬場には栄養不足も相まって、産卵や稚貝の育成が伸び悩んだ時期があったが、今後はエサの量が増えるため、順調な成長が見込まれるという。今年度は増えたアサリによる実際の水質浄化効果を測定する。

住民がお台場での環境学習会に参加＝16年9月

区は住民を巻き込んだ活動も意識する。3月には地域住民を交えた「海づくりフォーラム」を開催。お台場の海の魅力や再生などについて有識者と意見を交わした。

今年度はまた、新たに海水浴の体験実施区域周辺に1カ月間程度、下水や生活排水の流入を抑制する「水中スクリーン（シルトフェンス）」を設置し、水質を測定する実証実験を行う予定。水浴基準値と調査結果の関係を解析するなどし、海水浴に適する水質か予測できるようにすることも視野に入れる。

区は二つの実験をアピール材料に、都や国、民間企業、地元住民と協力して「泳げるお台場」を実現したい考え。芝浦港南地区総合支所の大浦昇・協働推進課長は「これまでもお台場が住民の『ふるさとの海』となるよう、海苔（のり）づくりや地引き網体験など、水辺に親しむ取り組みを進めてきたが、競技会場として注目が集まる今こそ、都などと連携を深めて『泳げる海』の実現に向けた取り組みを加速させたい」と話す。

29年度 職員教養講座 ▶番外編㊦◀

東京都管理職選考対策

管理職を目指している皆さんは多忙な業務や家庭の事情を抱える状況で時間をやり繰りして試験勉強に頑張られていることと思います。一方で、管理職を目指すべきかどうか決心が定まらない人も多くいらっしゃると思います。今回、私が管理職を目指した理由や管理職になって感じたこと等について私見を述べさせていただき、少しでも皆さんの参考になれば幸いです。

管理職との出会い

私が管理職を目指した大きなきっかけは、ある上司との出会いがありました。

その上司は、普段は口数も少なく、仕事にはとても厳しい人でしたが、とてもリーダーシップがあり、仕事などで困った事があれば親身になって相談に乗ってくれ、適切なアドバイスをくれる人でした。また、ご自身もとても忙しい状況にもかかわらず、職員一人ひとりの様子を冷静に把握し、絶妙なタイミングで声掛けを行うとともに、人材育成は管理職の使命であるとの自負を持って取り組む人でした。管理職を目指すべきか否か悩んでいたタイミングでこの上司と出会ったことが、大きな転機となり、「このような人を自分が目指す管理職のメンターとしたい」との思いから管理職試験を受験する決断をしました。

私は管理職を目指す際には、メンターとなる管理職や反面教師となる管理職を具体的に思い描いた方が良いと思っています。

理想とする管理職像は、人によって異なると思いますが、自分がメンターとする人物（都庁内だけとは限らないと思いますが）を具体的に思い描いて管理職試験に臨んでみてください。

管理職になって思うこと

管理職に昇任する際には、自局で昇任することもありますが、多くの人が局間異動や区市、外郭団体に派遣されます。私の場合は局間異動し、所管の外郭団体に派遣されました。

昇任当時を振り返ってみますと、ある程度覚悟していたとはいえ、やはり理想と現実は違うと思いました。

管理職の心得

いくつかの事例を挙げますと、一点目は、毎日何らかの判断をしなければならないということです。それには必ず責任を伴い、管理職なのだから判断を下すのは当然のことなのですが、それが実に多いということです。

管理職になる前には、自分の後ろには課長がおり、最終的には「課長に判断していただこう」と考えることもできました（極力こういうことはしませんでしたが）。しかし、いざ自分自身が課長に昇任してみると、私自身が判断を下さなければなりません。私の場合、着任早々、前年度からの懸案事項の積み残し処理や、ややこしい案件が次から次へと起こり、早急に判断をしなければならないような状況も少なからずありました。中には、必要な情報が十分にそろわない段階で意思決定せざるを得ない場合もあります。

ですので、判断を下すたびに、この方向性で合っているのか、別の方法はないかと少なからぬ葛藤をしていました。

二点目は、着任早々の困難案件の対応です。着任してから物事をしっかり理解し、行動を開始するのでは間に合わないケースもあります。私は外郭団体に異動するという内示が出たため、その直後に前任者に連絡し、団体がすぐに取り組まなければならない課題があるのかどうか確認しました。すると、組合との間にいくつかの懸案案件が継続中であり、できるだけ早く話し合いを行わなければならないことが判明しました。そこで、懸案事案の概要の分かる資料を送ってもらい、自分なりの考えを持って着任しました。また、組織全体の概要や事業の仕組み、そして各セクションが抱える現状と問題点を早急に把握するため、着任前に事業概要、規定集、事業計画書、予算書、過去数年の決算書を送ってもらう一方、都と団体との関係や同業他社との比較などを事前に頭にたたき込みました。

着任直後に組合から事務折衝を求められた時には、事前に準備していたことが少なからず役に立ちました。

三点目は、人の話をじっくりと聞くことは簡単なようですが、意外と難しいことでもあると思いました。管理職になると、日々様々な相談が持ち込まれます。緊急性の高いものから、方向性の確認や会議資料の確認、広報誌の原稿確認など相談内容は実に様々です。時には、職員自身が抱える深刻な悩みについて相談してくる場合もあります。そのような場合には管理職としてしっかりと職員の話に耳を傾け、何に悩んでいるのか、どのようにアドバイスすることが効果的か、思考を巡らせます。

職場には年齢も経験も様々な職員が勤務しています。固有の職員もいれば契約社員もおり、業務内容も実に様々です。私の失敗事例ですが、職員が私に既に把握している情報を報告してきた際に、「それは既に知っています」と言ってしまったことがありました。その時のがっかりした職員の顔を思い出すと、いまだに悔やまれます。

しかし、大変ではありましたが、つらかったという記憶はあまりありません。走りながら同時進行的に多くのものを吸収し、未知のものが既知になると、自分の中の経験の引き出しがさらに増えたように思えて、とても充実していたように思います。

少し脱線しますが、ある先輩から「いつも一つ上の立場から物事を考えろ」と言われたことがあります。常にそれを実践してきたわけではありませんが、管理職候補の時には、その先輩の言葉を意識して職務に従事していました。今から振り返ると、結果的にそうしてきて良かったと思います。

大切にしていること

私は管理職になってから次の三つのことを大切にしています。

一点目は、自分に与えられたミッションをしっかりと認識することです。毎年度当初、局・部・課の組織目標が掲げられますが、目標の先には何があるのかということをしっかりと踏まえておく必要があります。私が考えるその先にあるものとは、やはり都民の最大幸福を実現することであると思います。最近は若手職員だけでなく、中堅職員からも「何のために仕事をしているのか分からない」といった相談を受けます。それも第一線で活躍している職員からです。その際、管理職自身がしっかりとミッションを明確に持って、時には目的や目標、方向性をしっかりと伝えることも大切だと思っています。

二点目は、職員が安心して仕事ができる環境を作り、職員の能力を伸ばして、職員を育成していくことだと思います。また、職場にはベテラン職員から若手職員まで様々な職員がいます。私は常に、ベテラン職員は経験と知識を備えた知恵袋であり、若手職員はこれからの都政を担うエネルギー源であると思っています。その知恵袋とエネルギー源を効果的に組み合わせることにより、職場を活性化させ、職員が考えていることを少しでも実現できるように支援することが大切であると思っています。

三点目は、健康管理です。「健全な判断は健全な心身によりもたらされる」と言われるように、健康はとても重要です。管理職となると、毎日何らかの判断を下さなければなりません。その際、身体が健康でないと、一時的にはともかく、常に的確に判断を下すことは困難ではないかと思うことがしばしばあります。私がいう健康とは、肉体的だけではなく、精神的な健康も含めています。そのため、自分自身が率先して休みを取るようにしています。

管理職に限ったことではありませんが、多忙であるとどうしても運動不足になり、ストレスもたまりやすくなります。ですので、管理職が率先してライフ・ワーク・バランスを実践することが肝要であると思います。

私のストレス解消法

日々の打ち合わせや会議、懸案事項の処理に追われていますとストレスがたまり、睡眠が不足する時があります。先程も述べた通り、健全な判断を行うには、肉体と精神のバランスが必須で、早期のストレス解消は不可欠です。

私のストレス解消方法は次の三つです。

一つ目は、読書です。どんなに時間に追われていようとも読書は欠かしません。ジャンルにこだわらず読みます。読書の効用はとても高く、本からたくさんのヒントを見つけ出し、仕事に役立てたりしています。また、集中して読書をしていると気分転換ができ、新たな気分で次の事に取り組むことができます。

二つ目は、東京都交響楽団の定期演奏会や東京都美術館等で開催されている展覧会に時間を作っては足を運ぶようにしています。演奏会や展覧会は日常とは異なった世界ですので、無心になって楽しむことができると同時に、街を散策しながら余韻に浸ることもでき、気分転換にはまさに最適です。

三つ目は、スパイスの効いたカレーを食べることです。とても尊敬している先輩は「スパイスには薬効があるのでストレス解消にも良い」と聞き、実践していますが、確かにスパイスの効いたカレーを食べると元気が湧いてくるような気がします。

管理職受験に悩む人へ

最後に管理職を目指すべきかどうか悩んでいる皆さんへ一言申し上げたいと思います。

受験をためらう理由は、人それぞれだと思います。しかし、悩んでいるだけでは物事は何も解決しません。ぜひとも大きな一歩を踏み出していただき、新しい仕事に挑戦してください。

皆様のご健闘を心より祈念しております。

特別区 管理職試験講座 30

I類択一・記述 I・II類論文 29年度

事例問題②

I類記述

問題

特別区の課長として、次の資料の中から読み取れる問題を総合的に抽出・分析した上で、区政の課題を取りまとめてください。その課題に対して、具体的な施策を提示し、実現する際に妨げとなる事柄を挙げ、その解決策を記述してください。形式は自由です。

【資料1】
施策への要望《平成28年度新宿区区民意識調査より抜粋》

【資料2】
災害への可能性に対する意識・災害への備えの重要度について《内閣府「平成28年版防災白書」より抜粋》

【資料3】
避難場所・避難所の認知度《平成28年度第4回新宿区区政モニターアンケートより抜粋》

【資料4】
「家具転倒防止器具取付け事業」の認知状況《平成28年第2回新宿区区政モニターアンケートより抜粋》

【資料5】
市区町村における要配慮者に対する支援体制の整備状況〈資料5―1〉とその内容〈資料5―2〉《内閣府「避難所の運営等に関する実態調査」より抜粋》

【資料6】
「地域の防災訓練に参加したことのある人の割合」「所属する自治会等で避難所運営等に関する話し合いをしている割合」《東京都の防災プラン進捗レポート2017より抜粋》

【資料7】災害での障害者支援の現実は？ 熊本地震の実態《平成28年9月23日付朝日新聞記事より抜粋》

大規模な災害が発生したとき、障害者はどうなるのか？ 4月の熊本地震が起きた直後から現地で障害者支援を続けている熊本学園大教授で弁護士の東俊裕（ひがし）さん（63）が、三重県庁で被災地の実態を語った。福祉団体や行政関係者ら約200人が、障害者が避難所から排除され、復興から取り残された状況に耳を傾けた。

東さんは自身も車いすで生活し、内閣府の障害者制度改革担当室長も務めた。4月16日の熊本地震の本震で、熊本学園大は急きょ700人ほどの避難所となり障害者も約60人受け入れた。はじめ障害者は身動きが取れない状況だったが、車いすの人が床に降りて休め、介護者が入るスペースや動線も確保された。

だが多くの避難所では、障害者への配慮がなく利用できなかった。パニックになった精神障害者が「避難所に置けない」と言われたり、行列に並べない障害者が支援物資を受け取れなかったりした。閉め出された障害者は、車中泊や崩れかけの住宅、アパートの一室などで過ごした。

東さんは「震災直後は一般の人も遠くに避難できないのに、ましてや障害者が遠くの福祉避難所に行けるはずがない」と、避難所に障害者を受け入れる必要性を強調した。

「復興の拠点となる避難所から障害者が排除され、支援の網からこぼれ落ちていた」

熊本市の障害者は4万2千人だが、福祉サービスを受けているのは7千人で、サービスをまったく受けていない重度障害者が9千人いた。福祉避難所は1700人分程度しかなかった。東さんらは4月20日にボランティア団体「被災地障害者センターくまもと」を立ち上げ、約400人から相談を受け、延べ3千人近くを派遣した。

4月に施行された障害者差別解消法は、正当な理由のない障害者へのサービス拒否や制限を禁じ、負担にならない範囲で対応する「合理的配慮」を定めている。「災害時には障害者への配慮が抜け落ちてしまう。熊本県も熊本市も無頓着だった。避難所や仮設住宅のバリアフリー化が必要だ」と呼びかけた。

【資料8】
消防団に若者呼び込め 奨学金上乗せや見学会《平成29年4月7日付日本経済新聞記事より抜粋》

人口減少や少子高齢化で全国各地の地元消防団が団員確保に苦心する中、特に若者に関心を持ってもらおうとさまざまな工夫が広がっている。団員になる学生に奨学金を給付したり、大学のサークル活動を支援して団員に誘う自治体も出てきた。

岐阜県大垣市は4月から、市内在住で団員として2年以上活動する学生に毎月1万円を支給。「月1万円は大きい。消防の仕事にも興味があるし、奨学金は関わるきっかけになる」。一人暮らしの岐阜経済大（同市）の男子学生（19）は意欲を示す。

学生数が減少傾向にある岐阜経済大は、市の奨学金を受ける学生にさらに月1万円を給付する。3月中旬には希望者と団員との顔合わせも実施。8人が入団を決めた。担当者は「経済支援が必要な生徒が増えており、大学の地域貢献にもつながる」と評価する。

京都府は、府内の大学での防災サークル設立や活動を支援。ヘルメットなど用具の支給や消防学校の見学会を行っている。府の担当課は「関係者との接点づくりなど、裾野を広げる取り組みの成果が出ている」と胸を張る。

鳥取県ではサッカーJ3のガイナーレ鳥取の協力を得て、団員や家族を試合に無料招待。試合前の宣伝などでPRを図っている。「まずは広い世代に存在を知ってもらうことが大切」と県担当者は話す。

火災の初期消火や災害時の救助で地域を支える消防団。総務省消防庁によると、1955年には194万人いた団員数は毎年減少を続け、2016年4月時点で85万人に。65年に全体の43%を占めた20代が16年には14%となるなど、若手の減少に歯止めがかからない。

消防庁は14年から学生団員の活動実績を証明する証書の交付を始めた。就職活動に役立ててもらう狙いだ。16年4月で全国69の自治体が導入、17年4月には165に増えると見込む。

消防庁地域防災室は「東日本大震災や熊本地震の影響で、若い世代にも災害は人ごとではないとの意識は広がっている。今後も学生がメリットを感じられる支援の在り方を考えたい」と話した。

【資料1】施策への要望（複数回答）(%)

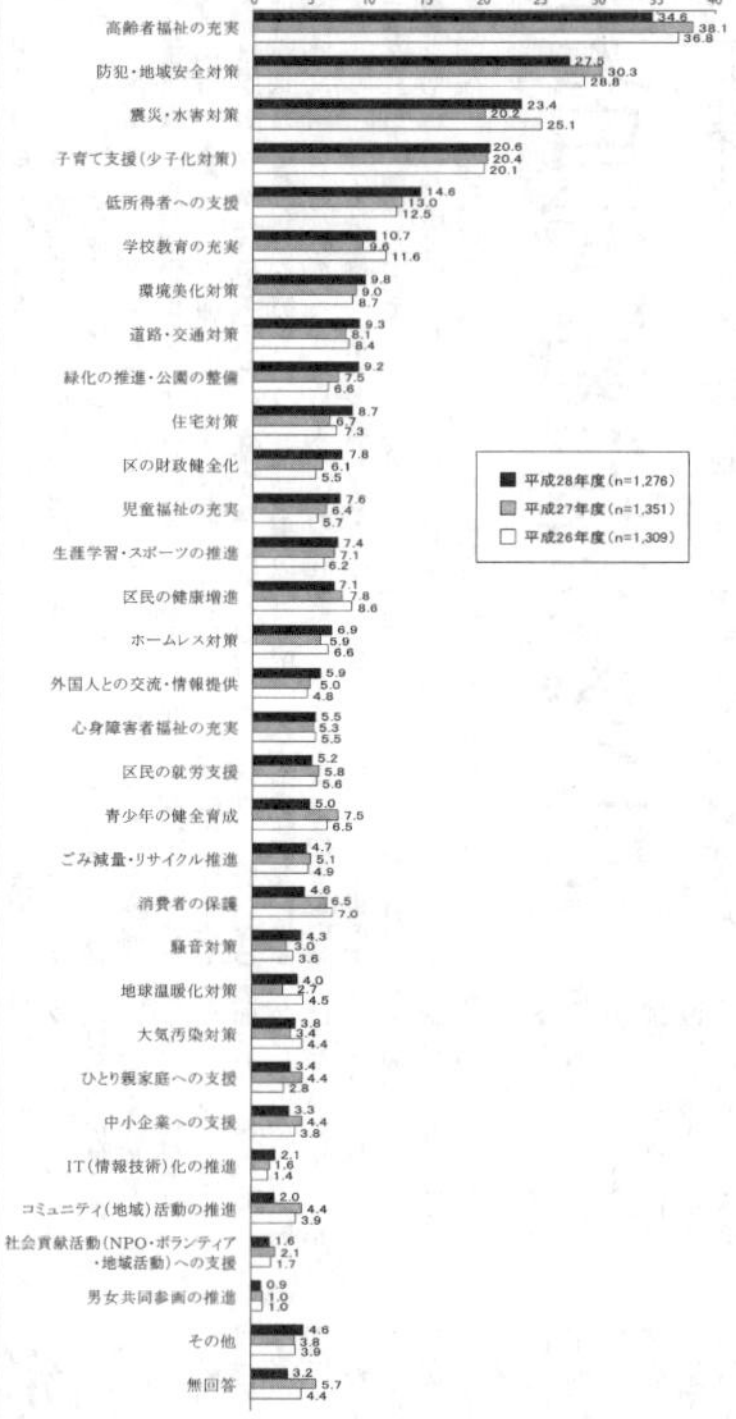

項目	平成28年度（n=1,276）	平成27年度（n=1,351）	平成26年度（n=1,309）
高齢者福祉の充実	34.6	38.1	36.8
防犯・地域安全対策	27.5	30.3	28.8
震災・水害対策	23.4	20.2	25.1
子育て支援（少子化対策）	20.6	20.4	20.1
低所得者への支援	14.6	13.0	12.5
学校教育の充実	10.7	9.6	11.6
環境美化対策	9.8	9.0	8.7
道路・交通対策	9.3	8.1	8.4
緑化の推進・公園の整備	9.2	7.5	6.6
住宅対策	8.7	6.7	7.3
区の財政健全化	7.8	6.1	5.5
児童福祉の充実	7.6	6.4	5.7
生涯学習・スポーツの推進	7.4	7.1	6.2
区民の健康増進	7.1	7.8	8.6
ホームレス対策	6.9	5.9	6.6
外国人との交流・情報提供	5.9	5.0	4.8
心身障害者福祉の充実	5.5	5.3	5.5
区民の就労支援	5.2	5.8	5.6
青少年の健全育成	5.0	7.5	6.5
ごみ減量・リサイクル推進	4.7	5.1	4.9
消費者の保護	4.6	6.5	7.0
騒音対策	4.3	3.0	3.6
地球温暖化対策	4.0	2.7	4.5
大気汚染対策	3.8	3.4	4.4
ひとり親家庭への支援	3.4	4.4	2.8
中小企業への支援	3.3	4.4	3.8
IT（情報技術）化の推進	2.1	1.6	1.4
コミュニティ（地域）活動の推進	2.0	4.4	3.9
社会貢献活動（NPO・ボランティア・地域活動）への支援	1.6	2.1	1.7
男女共同参画の推進	0.9	1.0	1.0
その他	4.6	3.8	3.9
無回答	3.2	5.7	4.4

【資料2】災害への可能性に対する意識・災害への備えの重要度について

◆災害への可能性に関する意識（n=10,000）

ほぼ、確実に発生すると思う	16%
発生する可能性は大きいと思う	47%
可能性は少ないと思う	30%
可能性はほぼないと思う	7%

◆災害への備えの重要度（n=10,000）

優先して取り組む重要な事項であり、十分に取り組んでいる	3%
災害に備えることは重要だと思うが、日常生活の中でできる範囲で取り組んでいる	34%
災害に備えることは重要だと思うが、災害への備えはほとんど取り組んでいない	51%
自分の周りでは災害の危険性がないと考えているため、特に取り組んでいない	11%

【資料3】避難場所・避難所の認知度（経年推移）

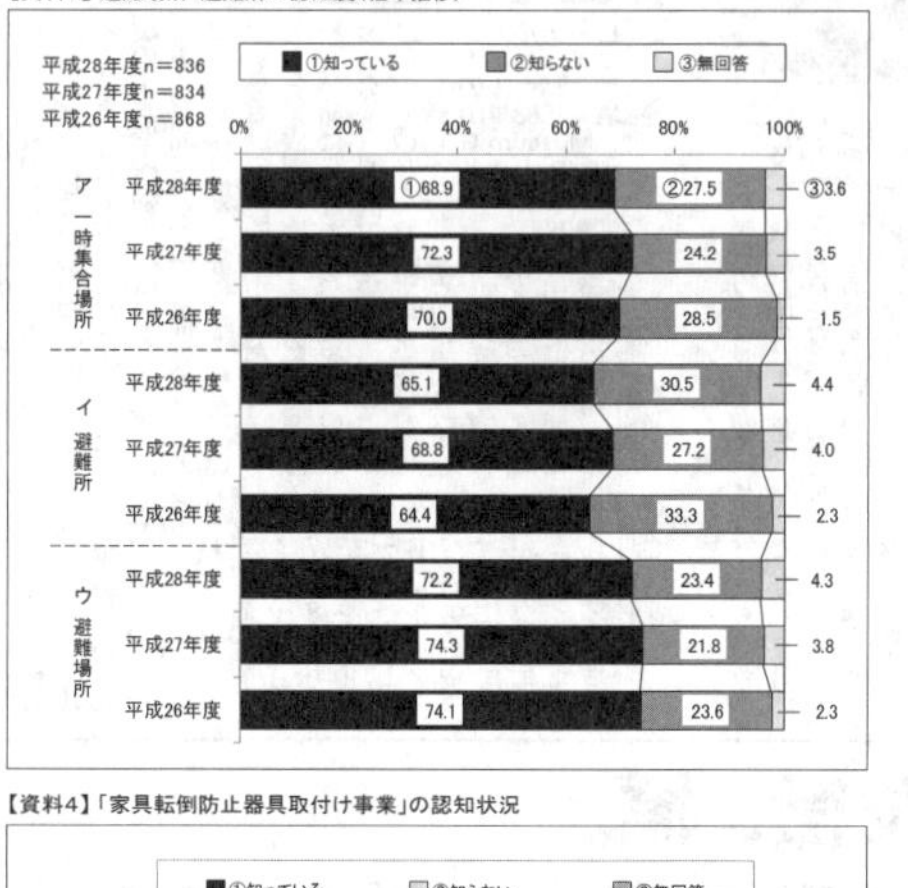

平成28年度n=836　平成27年度n=834　平成26年度n=868

		①知っている	②知らない	③無回答
ア 一時集合場所	平成28年度	68.9	27.5	3.6
	平成27年度	72.3	24.2	3.5
	平成26年度	70.0	28.5	1.5
イ 避難所	平成28年度	65.1	30.5	4.4
	平成27年度	68.8	27.2	4.0
	平成26年度	64.4	33.3	2.3
ウ 避難場所	平成28年度	72.2	23.4	4.3
	平成27年度	74.3	21.8	3.8
	平成26年度	74.1	23.6	2.3

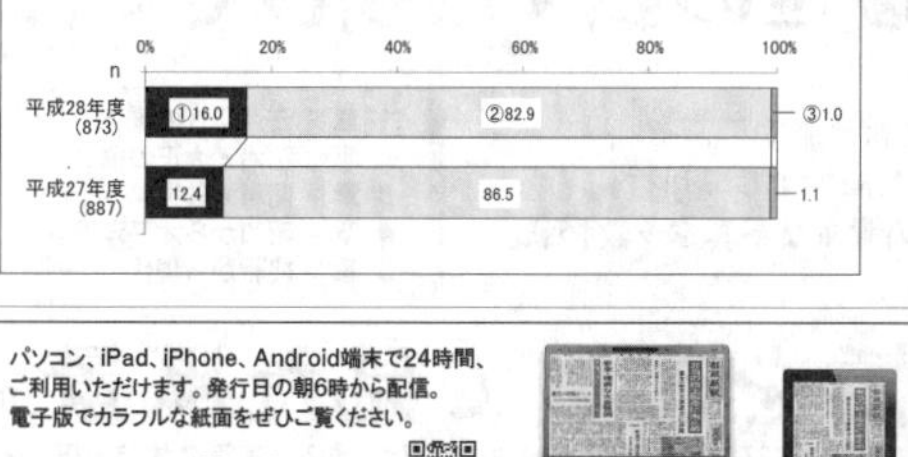

【資料4】「家具転倒防止器具取付け事業」の認知状況

年度（n）	①知っている	②知らない	③無回答
平成28年度（873）	16.0	82.9	1.0
平成27年度（887）	12.4	86.5	1.1

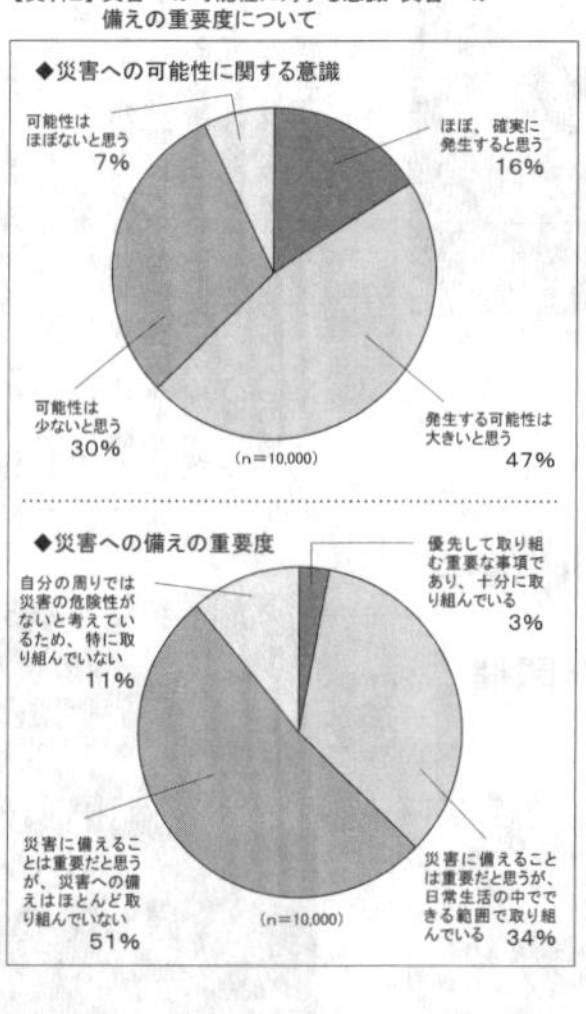

【資料5－1】市区町村における要配慮者に対する支援体制の整備状況（n=1,741）

区分	数	割合
支援体制を整備している	1143	66%
支援体制を整備していない	506	29%
無回答	92	5%

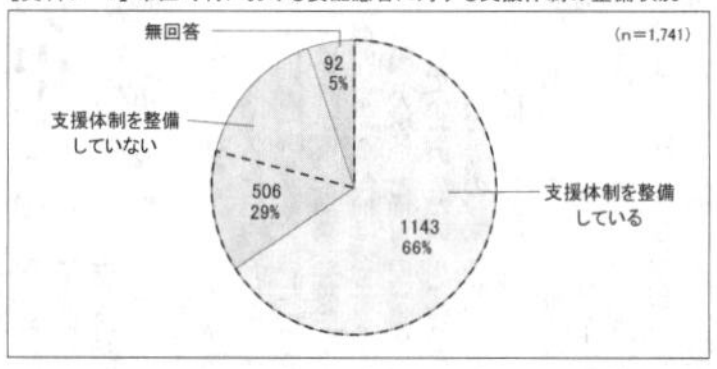

【資料5－2】市区町村における要配慮者に対する支援体制の整備内容（n=1,143）

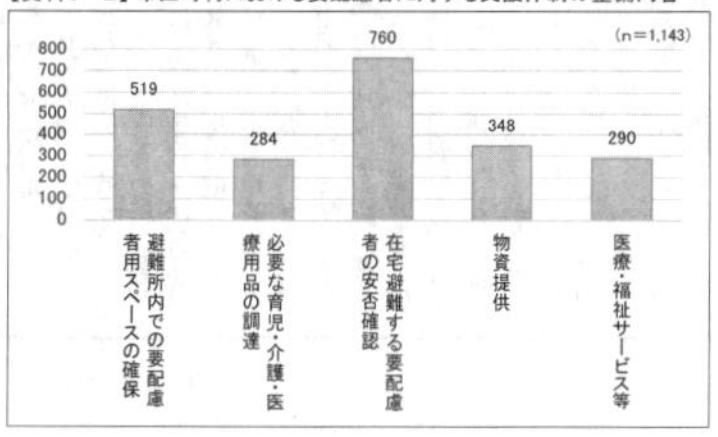

内容	数
避難所内での要配慮者用スペースの確保	519
必要な育児・介護・医療用品の調達	284
在宅避難する要配慮者の安否確認	760
物資提供	348
医療・福祉サービス等	290

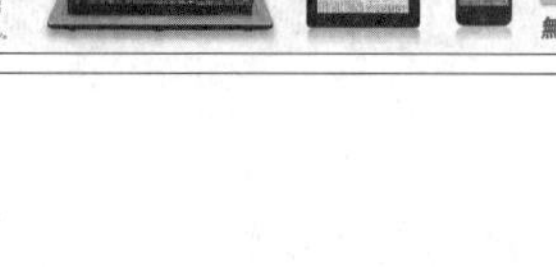

【資料6】共助の取り組み状況

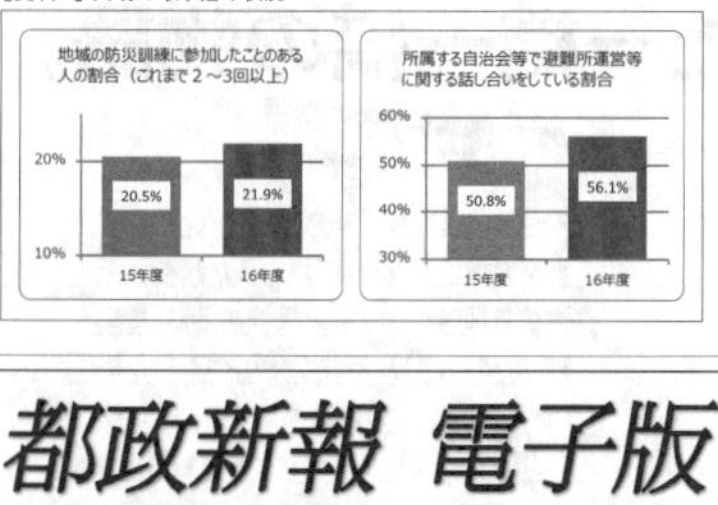

項目	15年度	16年度
地域の防災訓練に参加したことのある人の割合（これまで2～3回以上）	20.5%	21.9%
所属する自治会等で避難所運営等に関する話し合いをしている割合	50.8%	56.1%

言いたいことが山ほどある　小池都政、都議選 ③

地方自治に関心持つ機会に

一般社団法人日本政治教育センター代表理事　高橋　亮平

都議会議員選挙まであと1カ月となった。

今回の都議選はこれまでの都議選とは少し様相が違う。これほどまでに地方選挙に注目が集まることは過去になく、都民に限らず地方自治に関心を持ってもらう最大のきっかけにできるのではないかと期待する。

都知事選の際に小池知事を応援した議員などが自民党を離党して都民ファーストに加わるなど、現時点で元自民の都民ファーストの公認推薦予定候補は11人となった。民進党からは16人が離党し、うち15人が都民ファーストに加わった。都民ファーストはさらに公明党、生活者ネットと政策協定を結び、公明23人、ネット1人も都民ファーストの推薦となった。

一方で、都民ファーストの公認・推薦となった現職都議の多くはこれまでの会派に残っており、都民ファースト候補の会派は無所属を含めて五つに分かれ、有権者からは分かりにくい状況になっている。

こうした中で考えさせられるのは、政党や会派とは何なのかということだ。

小池人気にあやかりたい候補者

今回の選挙では、小池知事の人気にあやかり、少しでもこの選挙戦を有利にしていきたいという候補者や政党の思惑が感じられる。だが、選挙が終わったらそれぞれの会派ごとに別々の対応をするのでは、有権者の真意が都政に反映されたということにはならないはずだ。政党同士による構造についても言える。

今回の都議選の結果、例えば自民も都民ファーストも過半数にはならないという可能性がある。こうした際に過半数をとる構造として、自民・公明・都民ファーストが知事与党を構成するなどという事態になって、この選挙は何だったのかということになるだろう。こうしたケースは選挙の結果が多少前後したとしても起こり得る。実際に、これまでの都政においても選挙の際に野党的な立場だった政党がいつの間にか与党になってきた。有権者にはぜひ、それぞれの政党が何をしようとしているのかを考えてもらいたいと思う。

もう一つ、選挙の際に考えてもらいたいのは議員の役割についてだ。

前回の選挙から現在までの都議会や議員の活動データを調べると、都議会で審議された議案のうち90%が知事提出であり、議員提出議案は10%にも満たない。また900を超える知事提出議案のうち継続審査が1件、知事側の撤回が2件、付帯決議が1件以外の96%が原案可決となっている。議会や議員の政策提言、行政へのチェック機能を果たすとはどういうことなのかを考えなければならない。

前回の選挙以降の議員1人当たりの質問回数は代表質問が0・5回、一般質問が2・3回、文書質問趣意書（16年12月議会まで）が1・0回に過ぎない。都議会の議会質問については、人数制限や制度上の問題もあり、必ずしも議員個人の意思によって増やせるものではないが、制限のない文書質問を含めても4年の任期の間に3・7回であり、任期中一度も質問をしていない議員も10人いる。有権者が前回投票した議員、応援している現職については、どれだけ活躍したのかという客観的な情報も調べてみてもらいたい。

三つ目が、地方自治における政策とその評価についてだ。

先日、ある政党代表がテロ等準備罪が都議選の争点になると発言し、一部で話題になったが、そんなはずがない。都議選で問われるべき政策は都政に関するものであるべきではないだろうか。国政課題を問題にするケースは都知事選挙の時にもあった。政策重視の選挙という面から考えれば、こうした点にも有権者にしっかり見定めてもらいたい。

豊洲市場や五輪だけではない

都知事選では政治とカネの問題が一つの争点となり、また、当選した小池知事は旧態然とした政治風土を改革するという姿勢が評価されて当選したものと理解している。今回の都議選ではこうした知事の姿勢とその後の成果が問われる中間選挙的な要素を持っていると思う人もいるだろうが、一方でこうした問題は都政の課題ではあるが、直接都民生活に関わる問題というわけではない。

ワイドショー政治としての注目だけではなく、都民生活における課題と考えていけば、そこには豊洲市場やオリンピックだけでない課題が見えてくるはずだ。

こうした点から地方自治とは何なのかということを考える機会にもしてもらいたいと思う。

最後に、二元代表制を取る地方議会の役割とは何かということだ。多くの自治体議員の中ですら地方議会とは「地方版国会」であると誤解している者が多い。

国政においては、国民は直接総理を選ぶことはできない一元制をとっているが、地方自治においては、有権者は知事を直接選ぶことができる。この差はまだ知られていることだが、直接請求権やリコール権など行政や議会と並んで住民にも権限が与えられており、ある意味で三権の一つを住民が持ち、分散する仕組みになっている。こうした国政とは異なる制度の中での知事と違った地方議会の役割とは何なのかを考えるとともに、その権限を持った有権者としての責任についても考えてみるのはどうだろうか。

区役所内の「パン屋さん」

千代田区長　石川　雅己

千代田区役所の1階にパン工房「さくらベーカリー」があります。ここは社会福祉法人が運営し、区役所3階にある障害者就労支援施設「ジョブ・サポート・プラザ　ちよだ」と連携しています。区役所の中に障がい者の方の就労の場が併設されているところはめずらしく、このパン工房が私にとって自慢の場所となっています。

私自身、本来、食べ物にこだわる性格ではないと思っていたのですが、ここのパンを食べるようになってからは、パンについては意外と「うるさい」ということに気が付きました。また、パンの好みは金額の多寡ではないことも分かりました。

私が施策を進める理念の一つである、障がいのある人もない人もお互いに理解し助け合いながら共に生きていくという「共生社会の実現の場」にもつながっていると考えています。

溶岩石窯から出る遠赤外線でふっくら焼き上げられたパンは70種類と豊富で、昼時には長蛇の列ができるほどにぎわっています。私の好きな季節である春の桜の時期には桜餅が、また12月にはクリスマスツリーをイメージした菓子パンなど、棚に並ぶ品々から季節感を味わうこともできます。地域の方やお勤めの方、学生の皆さんがパンを食べながら笑顔で会話をする光景を見ていると、このフロア全体が談話室として活用されていることが感じ取れます。この和やかな雰囲気もパン工房が創り出した効果だと思っています。

私はここのパンを昼食によく食べますが、昼食時にかけて訪れるお客様と一緒に食べることもあります。おいしいパンを前に会話が弾むことは実に楽しいものです。好物と言えば「コロッケパン」です。これを食べると子供の頃、揚げたてのコロッケをおやつに食べた懐かしい思い出がよみがえってきます。

区役所新庁舎ができると同時に、このパン工房が営業を開始したわけですが、その前の旧庁舎時代には、おいしいパンを求めて九段下界隈を探索していました。お気に入りのパン屋さんを見つけると、しばらくはそこに通い続けるのですが、次第に飽きてしまい、次のパン屋さんを見つけるということの繰り返しでした。ところが、今は「さくらベーカリー」に通い続けて10年近くになり、他のお店を探すことはなくなりました。

なんといっても、障がい者の方が笑顔で仕事をしている姿を見ると、新庁舎にこのパン工房を創って本当に良かったと感じています。ここは、区役所の総合窓口をオープンしている土曜日も営業していますので、千代田区役所にお越しの際は、ぜひ一度試してみてください。

棚に並ぶパンを選ぶ石川区長

区役所の1階にあるパン工房「さくらベーカリー」

宗教画の系譜の中で

ブリューゲル「バベルの塔」展

東京都美術館

人間の領分を超えるほどに高い塔が積み上げられているのを見た神は、その不敵で傲慢な企みを阻止しようと、彼らの間に何種類もの言語をもたらした。そのため相互の意思は通じなくなり、建築は続行不可能になって人間は各地へ散り散りに。後には巨大な廃墟が残された。

日本で24年ぶりに見る《バベルの塔》である。16世紀ネーデルラントの画家でとりわけ人気の高いピーテル・ブリューゲル1世の名作だ。だがこの1点ばかりに心を奪われていてはもったいない。「農民画家」とも呼ばれるブリューゲルは、《雪中の狩人》《農民の婚宴》《子供の遊戯》などの作品があり、ここにも熱烈なファンがいる。本展にはそれらの作品につながる版画、《農民の婚礼の踊り》ほか関連作品が多数展示されていて、彼のより深い理解を助けてくれる。

ブリューゲルには奇想絵画の一群もある。実はこれが彼の本領発揮の舞台で、生前は「第2のボス」と称賛されていたのだという。ボスとはあの、末世的な怪奇と幻想の画家、ヒエロニムス・ボス。

そのボスの、世界に25点余しか残っていない油彩画のうちの2点、《聖クリストフォロス》と《放浪者（行商人）》が来日している。"バベル"と並ぶ本展の重要展示作品だ。

ボスの画面に広がっている、公序良俗を逸脱した悪魔的で冒涜的ともとれる表現は、宗教的な問題にならなかったのか？　異端的ではなかったのか？　意外なことに、それらは深化した宗教画の系譜にある作品としてもてはやされていたのだという。

ブリューゲルはそのボスの模倣からスタートした。彼が下絵を描いた《大きな魚は小さな魚を食う》《聖アントニウスの誘惑》などの版画が、ブリューゲルが深めた、彼独自の奇想の世界を示している。

驚くべきは、ボス、ブリューゲルに限られないこの時代の奇怪画志向で、彼ら以外にも多くの画家が異形のリアルに想像力と筆の技を競っていたことが多数の作品から伺える。

《バベルの塔》に戻れば、ブリューゲルが描いているのは、神の鉄槌が下される前の建築中の姿だ。

多くの労働者たちが、農民を描くのと同じ筆で生き生きと描かれている。塔の左側に赤や白の色が流れているのは、赤レンガや漆喰を重機を使って上階に引き上げる作業中に散った粉の跡だ。その粉をかぶって働く人たちの姿も。塔の中には既に教会堂さえできている。描かれているのは約1400人。小さな作品なのに、彼の超絶技巧の技がそれをリアルに再現している。

本展を見終わったところから徒歩で5分、東京藝術大学まで足を延ばしていただきたい。東京藝術大学COI拠点が最新デジタル技術を駆使して"塔"のすべてを解析している。それによると高さは510㍍。さらに中では多くの人が動いている。驚異！　そのうえ無料！

◇

「ボイマンス美術館所蔵　ブリューゲル『バベルの塔』展　16世紀ネーデルラントの至宝―ボスを超えて―」は、7月2日まで東京都美術館で開催。ハローダイヤル03・5777・8600。

この招待券を5組10名様にプレゼントします。Eメールで件名を「バベルの塔展希望」とし、〒、住所、氏名を明記の上、henshu@toseishimpo.co.jpまでお申し込みください（6月2日必着）。

ピーテル・ブリューゲル1世　バベルの塔　1568年頃　Museum BVB, Rotterdam, the Netherlands

こえだちゃん誕生40周年

八王子市で初の展覧会開催

八王子市夢美術館は、女の子向けロングセラー玩具『こえだちゃん』の誕生40周年を記念し、初の展覧会を開催する。

玩具メーカーの㈱タカラトミー（当時・㈱タカラ）は1977年、木の形をしたおうちにミニドールが付いた女の子向けハウス玩具『こえだちゃんと木のおうち』を発売した。当時、同社は既に着せ替え人形などで有名な『リカちゃん』を大ヒットさせ、いわゆる「リカちゃんハウス」とも呼ばれたハウス玩具の分野で確固たる地位を築いていた。

同じハウス玩具のノウハウを生かした『こえだちゃん』は、玩具としては珍しい「自然」というテーマで、木の形をしたおうちで遊びながら自然を身近に感じ、大切にしてほしいとの企画者の思いが込められている。

また、『こえだちゃん』の発売された70年代は、㈱サンリオの『ハローキティ』など、ファンシーなキャラクターが大流行した時代で、『こえだちゃん』もその系譜につながり、日本におけるファンシー文化の一角を担ってきた。

最大の特徴は、木の形をしたおうち。葉っぱの屋根がワンタッチで開閉し、幹の中にはエレベーターが付くなど、玩具ならではの数々の楽しい仕掛けが満載だ。

加えて、玩具と並行して児童向け雑誌『おともだち』（講談社刊）で初期『こえだちゃん』イラストレーターの桜井勇氏による連載が始まり、玩具の外からも『こえだちゃん』の世界が広がった。

同展では、こうした『こえだちゃん』の世界を初代（1977年）から8代目（2016年）の歴代玩具と桜井勇氏によるイラスト原画を中心に紹介。最新の『こえだちゃん』を体験できるプレースペースも展示室内に設ける。初代から8代目までのキャラクターや仕掛けの違いなどの変遷を比べながら、親子2代に愛される『こえだちゃん』の世界を楽しむことができる。

特別展「誕生40周年こえだちゃんの世界展」▽会期　7月8日㈯～9月3日㈰▽会場　八王子市夢美術館（八王子市八日町8の1）▽休館日　月曜日（7月17日は開館し、翌日休館）▽開館時間　午前10時～午後7時▽観覧料　一般600円、学生（高校生以上）・65歳以上300円

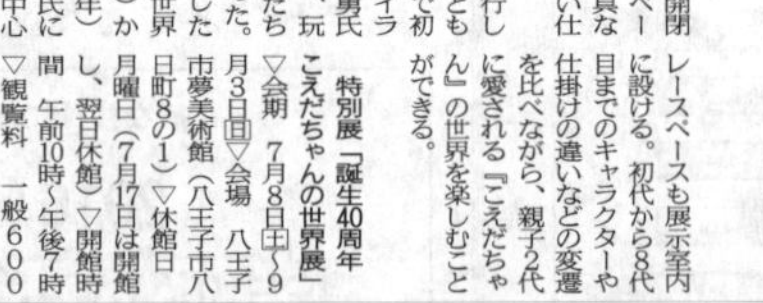

《こえだちゃんと木のおうち（初代）》1977年 © TOMY

《「おともだち」テレビまんが絵本39　こえだちゃん3「にじの　はと」の　まき》講談社1979年刊／原画：桜井勇 © TOMY

ミニガイド

◇第1回めぐろ「認知症を語ろう」ミーティング　▷内容　包括支援センター職員や介護事業者による相談会、定例で行っている「ミニデイ」の体験とDカフェ（認知症カフェ）を実施。都立松沢病院社会復帰支援室長の井藤佳恵氏を講師とするフォーラム「認知症とどう向き合うか」など▷日時　5月28日㈰午後1時半～4時半▷会場　目黒区総合庁舎2階大会議室（参加希望者は当日会場へ）▷主催　目黒認知症家族会「たけのこ」▷共催　目黒区

都政新報

発行所 都政新報社
〒160-0023 東京都新宿区西新宿7-23-1 TSビル
(総務・読者) 03-5330-8781
(企画広告) 03-5330-8784
(編集) 03-5330-8786
(出版) 03-5330-8788
(ファクス) 03-5330-8808
購読料 月1,730円(税込)
毎週火・金曜日発行
ただし、祝日は休刊

紙面から

都議選公約

受動喫煙対策で火花

「知事主導」で条例化も視野

都議選の争点に急浮上した受動喫煙対策で、各党が火花を散らしている。小池知事率いる都民ファーストの会は25日、子供がいる家庭内などの受動喫煙防止に踏み込んだ条例案を公表した。各党の公約が屋内を原則禁煙とする内容で横並びになる中、先進的な取り組みで存在感を示す。一方で、対峙する自民党からは「変化球に過ぎない」と現実性を疑問視する声も上がるなど、禁煙を巡る戦いはヒートアップしている。

「今日からでも議員の意思で(禁煙を)実行できるのではないか」。受動喫煙対策という一石を投じた小池知事は25日、都民ファーストの会の会見で、自民党も公約に受動喫煙対策条例を掲げていることに触れ、議会を皮肉った。

知事は厚労省案や自民党たばこ議連の案と比較しながら、同会の条例案を説明。厚労省案は30平方㍍以下の飲食店などを屋内禁煙の例外にするが、「(面積での区分は)必ずしも合理的な根拠があるとはいえない」と話し、経営者のみの店舗や従業員が同意した店舗での喫煙室設置を許可する意向を示した。

また、「子供を受動喫煙から守る条例」を別個に策定することも表明。子供がいる家庭内などでの喫煙を努力義務で禁止するなど、公共の場での対策にとどまらず大きく踏み込んだ内容だ。都医師会などは子供の受動喫煙防止対策を求めているが、家庭内を対象にする条例は例がない。

野田数代表は「最も具体的な内容を提示できている」と胸を張り、他党を牽制した。

一方の都議会自民党。これまで受動喫煙対策には消極的だったが、都議選を前に党本部での合意に先んじて、屋内全面禁煙とする条例化方針を打ち出した。同党都議は、家庭内にまで踏み込む都民ファースト案を「変化球を投げようとする余り乱心している」と辛辣だ。「たばこは法で禁止されているものでもなく、喫煙者も非喫煙者も共生できる社会であるべき。信教の自由のようなものだ」と、「弾圧」には否定的だ。

自民党案は厚労省案に準じるが、店舗を出た路上での喫煙が難しい都内の状況を考慮した規定になる見込み。具体策は改めて公表する考えを示すが、対策が「骨抜き」と見られれば、知事サイドから格好の攻撃材料とされる可能性もある。

知事が積極的に受動喫煙対策を打ち出すのは、五輪の経費負担などで後手に回ったとの印象を払拭し、再び選挙の主導権を握ろうという狙いが垣間見える。都幹部は「知事の支持率はいまだに高いが、各選挙区での都民ファースト支持には必ずしも結びついていない焦りもあるのではないか」と分析する。

スモークフリーを巡るつば迫り合いが続く一方、選挙後は議員提出議案ではなく、都が主導して条例策定が進むとの見方もある。

小池知事は25日の会見前に、都医師会から受動喫煙防止に関する条例制定を求める要望を受け、「都の対策スピードを上げる」と応じている。「要望は知事として受け、公約はアドバイザーとして関与した」。小池知事はそう説明して立場を使い分けるが、都民ファースト幹部は「知事が前向きならば都の策定スピードの方が早いかもしれない。内容については議論していく」と話す。

都が条例制定に向けて2014年に設置した受動喫煙防止対策検討会は、慎重意見を受けて結論は出さず、「都は18年までに受動喫煙防止条例の検討を行うこと」と提言するにとどまった。

福祉保健局保健政策部は「国で法案を作る動きがあり、その規制内容が分からないまま条例案を制定すれば確実に混乱を来す」(健康推進課)と説明し、現在は国の議論を注視している状況だ。一方、都幹部は「屋内禁煙は国際的な趨勢。五輪が契機だが、当然、取り組む必要がある。(都議選で)都民の理解も得やすくなるだろう」と冷静な見方を示す。

スモーク・フリーの都市を実現するために、条例に実効性を持たせることができるか。判断は都民に委ねられる。

自ら都民ファーストの条例案を説明する小池知事＝25日

基準超過の有害物質検出

築地市場 30カ所でヒ素や水銀など

都中央卸売市場は25日、築地市場の土壌から基準値を超える有害物質が30カ所で検出されたと発表した。今回の調査結果を踏まえ、より詳細なボーリング調査が必要になることから、小池知事の総合的判断が遅れる可能性が高いとの指摘が出ている。

同市場は、築地の施設の耐震補強工事などを行った際、都環境確保条例に基づいて提出しなければならなかった土地履歴の調査に関する届け出を怠っていたため、土壌調査を5月に実施。8区域111カ所で、地表から50㌢までに含まれる11種の有害物質を調べたところ、30カ所でヒ素や水銀など5種の有害物質が基準値を超過していた。

専門家会議の平田健正座長は今回の結果を受け、「地歴からは有害物質の原因が推定できないことから、敷地内の他の区域も似たような状況にあることが懸念される」とコメントした。

都は11月までに地表から10㍍までの有害物質の含有量を詳細に調べるボーリング調査を行い、結果をまとめる予定。

知事が総合的判断するまでの行程表では、専門家会議が4月に、市場問題プロジェクトチームが5月に報告書をまとめ、最短で今夏にも知事が判断する予定だったが、報告書の作成がいずれもずれ込んでいる。小池知事は26日の会見で、「市場のあり方戦略本部で(今回の)調査結果も(検証に)のせていく」と述べるにとどまり、ボーリング調査による判断の遅れには言及しなかった。

過去に市場に在籍していた都幹部は「ボーリング調査の結果まで待たなければ築地の良しあしを判断できないはず。都議選前には移転の可否の判断は示されないと思う」と冷静に分析する。

決戦の構図
2017都議選を占う⑩

保守票の行方

自民党幹事長の正念場

2013年都議選でトップ当選した自民党幹部が苦戦を強いられている。定数の少ない選挙区で都民ファーストの会が候補を擁立し、自民幹部は当落線上にいる。中でも、都議会自民党と都民ファーストの会都議団の両幹事長が直接対決し、今回の都議選を象徴するのが北区だ。

「選挙に落選する場合には間違いなく(議員を)辞めなければいけない」。自民党の高木啓幹事長は、25日の同党北区総支部定期大会で都議選に臨む覚悟をこう述べ、支持を訴えた。続けて、都議選の候補を選ぶ際は年齢ではなく政策力などを見極める必要があると強調。「(政策力などで)私を超える候補はいない」と述べ、33歳の都民ファーストの音喜多駿氏を牽制した。

音喜多氏を念頭に置いた発言は、高木陣営の危機感を表している。北区は今回から定数が1減の3人区となるが、うち1議席は組織票を持つ公明党の大松成氏の指定席。音喜多氏もテレビ出演が多い上、小池知事の支援を受けられるため、当選は堅いとの見方が強い。残り1議席を共産党のベテラン、曽根肇氏と争うことになる。

高木氏の街頭演説に同行する自民党区議団の渡辺嘉浩幹事長は音喜多氏に対し、「保守票の取り崩しをされないように布石を打てるかが勝敗の分かれ目となる」と力を込めた。北区には自民党の国会議員がおらず、都議会の議席を失うことは、国や都とのパイプを失うことになり、負けられない戦いで、総力を挙げて議席を死守する構え。

一方、都民ファーストは都議会自民幹部の高木氏の落選をもくろみ、保守票の切り崩しを進めている。これまで、知事が音喜多氏らと2回演説しただけでなく、都議選告示の約1週間前には音喜多氏の決起大会に知事が出席を予定。公務で多忙を極める知事だが、北区で3回も演説するのは自民党幹事長を落選させる意図の表れと言える。

音喜多氏は「街中を歩いていると、『今回は自民に票を入れない』『国政の自民は良いが、都議会の自民は駄目』という声を聞く」と手応えを感じる一方で、町会などは自民が押さえており、一筋縄では太刀打ちできないと捉え、小池知事の人気に期待する。

曽根氏は今回、市場問題を訴えの中心に据えた。「豊洲に移転すれば、収支が赤字になる問題をどうするのか。築地で営業を続けたいという業者の声もある。共産が議席を残さないと築地再整備は難しくなる」と声を上げる。

ただ、区民の反応は鈍い。曽根氏は街頭で市場移転反対の署名活動を行っているが、「(豊洲整備に)6千億円をかけたから豊洲に移転するしかない」との声が行く先々で聞こえてくるという。「豊洲移転を後押しするマスコミの論調が目立ち、影響を受けているかもしれない」と曽根氏。高木氏が3位に浮上しているとの認識で巻き返しを図る。

曽根氏にとっては、和田宗春氏が民進党の公認候補に決定したことも逆風だ。脱原発などを支持する一部が和田氏に投じることになれば票が割れ、高木氏が有利になるからだ。

3月に原発に関する映画の鑑賞会を開いた和田氏は「脱原発勢力の票がどこまで入るかは分からない」としながらも、脱原発に関する取り組みを公約に盛り込む。政策の実現性が評価されるかが勝敗のポイントになるとの考えを示した。

今回は都政が注目される中、投票率が上がる見通しで、09年選挙(54・49%)と同程度が想定される。同年の北区の当選ラインは3万2千票だった。高木氏が保守票を固め切ることができるのか。曽根氏が革新系の票を上積みできるのか。ここに勝敗の分かれ目がありそうだ。

都議選に向け、気勢を上げる自民党の高木幹事長(中央)ら＝25日、北とぴあで

観光実行計画の有識者会議開催

都産業労働局

都産業労働局は26日、来年度の観光実行プランの策定に向けて、今年度第1回の観光振興有識者会議を開き、外国人富裕層に向けた誘致施策などを協議した。

都は2020年までに観光収入を現在の1兆1千億円から倍増し、2兆7千億円とする目標を掲げている。富裕層を取り込んで個人の消費単価を引き上げる観点から、森トラスト㈱代表取締役社長の伊達美和子委員は、都内ではホテルの開発計画が増えているが、富裕層が求めるラグジュアリーホテルが世界の他都市と比べて少ない点を指摘。「量と質の確保が必要」と述べ、一定の客室面積の確保にインセンティブを設けるなど、高級ホテルの整備を促進することを提案した。

有識者会議は来年度1年間の観光振興の実行プランを策定する。6月に知事と委員による現地視察なども行う予定。

都教育庁

服務事故根絶へ指針

教員の「使命全うする」

都教育庁は、教職員による不適切な指導やわいせつ行為などの服務事故が後を絶たない現状を受けて、新たなガイドラインを策定した。25日の教育委員会で決定した。ガイドラインは「使命を全うする!」と題し、教員が守るべき服務の指針や行動例、最近の服務事故や処分量定をまとめている。

「わいせつ行為やセクハラなどの禁止」「私的なメール、SNSなどの禁止」など12項目で、「他者の目に触れにくい場所での個別指導は一人で行わない」「児童・生徒のメールアドレスを聞かない」などの具体的な行動が定められている。実際に教員がわいせつ行為で懲戒免職となった例を掲載し、「子供の心を傷付けるとともに、全教職員の信用を損なうことにつながる許されない行為」と注意を促した。

教育庁は昨年度、わいせつ行為の処分[illegible]るなど、教職員の処分量定を改定。2013年以降、体罰などの処分者は減少傾向にあるが、わいせつ行為や個人情報の不適切な取り扱いによる処分者は増加傾向にあり、15年度の処分者は440人となった。

ガイドラインは8月中に全教職員6万4千人に配布し、精読を求める。年度当初の研修や服務事故防止月間などの機会にガイドラインを活用して、服務事故根絶に役立てる方針だ。

◆市場問題PT委員が出馬

都の市場問題PT委員の森山高至氏(51)が27日、7月2日投開票の都議選に無所属で出馬すると発表した。選挙区は中央区で、築地市場の現在地再生を主張する。「外部からではなく具体的な政策で、公共事業の進め方の問題点を明確にしたい」と話している。市場問題PTの委員は辞任する意向。

中央区には自民党を離党した立石晴康氏が出馬するほか、新人では自民党が[illegible]氏、維新が神谷俊宏氏を公認している。

都政の東西

炎上都政

いったい、いつまで「炎上都政」が続くのだろうか。25日、築地市場の土壌調査で法令の基準値を超す有害物質が検出され、26日の新聞各紙の朝刊は「知事の移転判断に影響か」と政治課題であるかのような書きっぷりだ。

そもそも、市場が開場していない施設の土壌汚染と、現に営業している市場施設での土壌汚染を同列に扱うこと自体が無茶だ。問われているのは市場移転の是非ではなく、今、まさに流通している生鮮食料品への影響があるかないかが第一義的な課題だ。

では、豊洲市場の土壌汚染は、どう捉えるべきなのか。専門家会議の平田健正座長は「無害化を約束できない」と断言した。2008年に専門家会議が出した提言は、敷地全体を環境基準以下にするとは述べていない。つまり、ゼロリスクを目指していない。平田座長は当初から「何も出てこなくなる」ではなく、「何か出てきても安全」「何か出てきたときにどう対処するのか」という論理だった。

だが、都はその後に設置した技術会議で、敷地全体を環境基準以下とする無謀な案をまとめた。当時の最高責任者は石原知事だが、今は知事である。築地市場で「炎上」し、豊洲市場でも「炎上」し、議論が紛糾して先延ばしになることが目的化してはいないか。知事自身がゼロリスク論で突っ切ろうとするなら、豊洲市場はノーになる。逆に専門家会議が示したリスク管理の立場に戻るのであれば、少なくとも土壌汚染の障壁はクリアできる。

それとは別に、現に今営業している築地市場の土壌汚染は、必要な情報公開をした上で、知事自身の言葉で安全宣言すべきだし、築地市場の業者らはそれを待っている。

穴句ジョーク

国を挙げての復興五輪、地方開催は一体何だったのか? 経費負担をめぐり"不協和音"

「開会セレモニーの歌は、私どもグループの曲"不協和音"で決定でショ!」　―欅坂46

ボクはイヤダ♪

高齢化から悪循環に

民生委員制度が誕生してから今年で100年が経った。住民のよりどころとして長らく地域社会を見守り、寄り添ってきた民生委員・児童委員（民生委員）。23区では現在、約7000人が日夜活動を続けている。時代の移ろいとともに、地域の福祉課題は量が増大するばかりでなく、質も複合化・複雑化。それと比例して民生委員の負担も重くなり、制度自体を揺るがしかねない課題となっている。民生委員の今を上・下2回で追う。

民生委員のまなざし（上）
制度創設100周年

担い手不足

いそとせも
へにけるものか
このうへも
さちうすき人を
たすけよ
といのる——。

昭和天皇は1967年、民生委員制度50年を記念し、50年の歳月への感慨と、これからも幸薄い人々を援助してほしいと祈願して御製を詠んだ。「いそとせも」とは、「50年も」という意。この御製は、東京都戦没者霊苑（文京区春日）にある民生委員顕彰碑に刻まれている。

それから半世紀の歳月が流れた今、民生委員制度は担い手不足の課題に直面している。

全国の欠員率は95年度から20年間で、0・7%から2・0%へと約3倍に拡大。背景には、共働き世帯の増加や定年退職年齢の上昇など、社会環境の変化がある。また、多数の自治体が候補者の推薦を自治会・町会に依頼している実態があり、自治会・町会そのものの加入率の低下という課題も重なる。

とりわけ東京都は深刻で、昨年12月に行われた3年に1度の一斉改選では、欠員率が7・8%となり、沖縄県に次いで全国で2番目に高かった。

このうち23区では、6区が10%以上。旧住民が少なく、大規模な新興マンションが立ち並ぶ地域で欠員率が高い傾向にある。都福祉保健局の森田能城地域福祉推進課長は「江東区の豊洲地区では、人の確保に苦労しているという声が上がっている」と話す。江東区の欠員率は16・9%と、豊島区と並び23区で最も高い。森田課長は「分析はしていない」と前置きした上で、「オートロックのマンションが増え、訪問自体がしづらくなっている」と述べる。

担い手不足は、担い手の高齢化という課題に直結する。全国民生委員児童委員連合会の事務局を担う全国社会福祉協議会民生部の今井遊子副部長は「長く務められない傾向にあり、1期や2期の民生委員が増えている」と指摘し、民生委員としての経験の少なさに懸念を示す。同会の調査では、約7割の民生委員が「支援した人に喜ばれた時、感謝された時にやりがいや達成感を感じる」と回答した。しかし、ベテランの民生委員による「3期務めて初めてやりがいが分かる」という声もある。

社会環境の変化による影響を色濃く受け、民生委員制度は悪循環に陥り始めている。今井副部長は「企業のボランティア休暇など働きながら活動できる体制づくりや、制度の広報活動が大切」と語るが、一方で「民生委員への期待が大き過ぎ、『便利屋』的に扱われている」という実情を指摘する。

MEMO　民生委員制度　岡山県が1917年5月に公布した済世顧問制度が民生委員制度の元。東京ではその翌年、救済委員制度が立ち上がり、篤志家らが生活困窮者を助けた。その後、36年に方面委員制度に全国で一本化。太平洋戦争を挟んだ46年には、生活困窮者だけでなく、児童や母子、老人福祉など、広く地域福祉に携わることになり、名称が民生委員となるとともに、翌47年、児童福祉法が公布され、児童委員を兼ねることになった。現在は、▽社会調査▽相談▽情報提供▽連絡・通報▽調整▽生活支援▽意見具申——の7つの職務が求められている。

民生児童委員の欠員状況（単位：人、%）

区名	定数	委嘱数	欠員率
千代田	52	52	0.0
中央	115	100	13.0
港	165	148	10.3
新宿	302	295	2.3
文京	146	142	2.7
台東	213	204	4.2
墨田	211	180	14.7
江東	326	271	16.9
品川	325	282	13.2
目黒	231	220	4.8
大田	505	481	4.8
世田谷	636	587	7.7
渋谷	199	184	7.5
中野	309	293	5.2
杉並	432	391	9.5
豊島	261	217	16.9
北	324	301	7.1
荒川	215	209	2.8
板橋	532	513	3.6
練馬	576	568	1.4
足立	563	530	5.9
葛飾	404	390	3.5
江戸川	435	411	5.5
23区計	7,477	6,969	6.8
都	10,776	9,940	7.8
全国	238,352	229,541	3.7

16年12月1日現在

文京区
空き家活用し、子育て拠点
拠点整備、人材確保を支援

文京区は22日、子育て中の親子が交流する拠点「こまぴよのおうち」を開設した。地域ぐるみで子育て世代をサポートし、子供たちの成長を見守る環境づくりを促すのが狙い。地域の居場所づくりに実績のあるNPOが空き家を活用して、整備・運営を行い、区が経費を補助する。区は、同施設をモデルに区内4地域に民間が運営する地域子育て支援拠点を普及させる考えで、担い手の確保と併せて拠点化支援を強化する。

「こまぴよのおうち」は、駒込地区の地元町会が立ち上げたNPOが、区が借り上げた木造の空き家を改装し、1階に遊び場や飲食ができるスペース、2階に授乳室などを設けた。利用者は自由に出入りして、他の利用者やスタッフと交流をしたり、常駐する保育士による子育て相談や講習会などを受けられる。

22日に開業した「こまぴよのおうち」

地元町会は、NPOを立ち上げる以前から、隣の空き家を活用して地域交流拠点を運営している。NPOの秋元康雄代表理事は「拠点を訪れる子連れの若い世代が増え、悩みを打ち明けるようになったので、相談しやすい環境を充実させようと考えた」と話す。

住民が自発的に子育てを支援しようと動き始めているのを受け、区は今年度からNPOなどが拠点を開設・運営する経費を、運営人員や開所日数に応じて補助する「地域子育て支援拠点事業」に着手。今後は、1年ごとに1カ所、区内4地域に拠点を設置する考えだ。

一方で、拠点運営を支えるボランティアスタッフを呼び込むため、今年度に区内在住・在勤・在学者を対象にした独自の研修プログラム「文京区子育てサポーター認定制度」を拡充。これまで実施していた区の保育状況の説明に加えて、基本研修と専門研修の両方を受講した認定者に活動場所を紹介し、運営事業者に対しては認定者を積極的に採用するよう求めていく。

区子育て支援課の鈴木裕佳課長は「支援拠点の開設と個人のスキルアップを支援することで、子育てに携わる意欲がある人に選択肢を提示し、地域内の子育てへの参画を促したい」と話す。一方で、民間施設の自由な発想を妨げない補助条件の設定が課題で、運用状況を見て改善策を検討する方針だ。

練馬区
地域おこしで事業募集
魅力創出など区民参加で

練馬区は区民参加を促し、ソーシャルビジネスとして持続可能な協働事業の推進を図る「地域おこしプロジェクト」に着手した。区民活動団体などを対象に、魅力創造や地域課題の解決をテーマに事業企画を募集しており、6月5日に応募説明会を開き、ソーシャルビジネスの専門家による講習会を行う。

プロジェクトでは、区内産農産物の商品化や隠れた名店の紹介など、区内の資源を活用して行う魅力創造型事業と、退職教員や民生委員らが連携して行う子供食堂での学習支援などの地域課題解決型事業の2分野を設定。事業化の際に人材確保を円滑化するため、町会・自治会や商店会、NPO法人、ボランティア団体などの区内活動団体を対象とし、6月30日まで事業企画を募集する。

募集した企画は、有識者や民間企業が出資するソーシャルビジネスを目的とした財団の担当者ら外部委員を含めた審査委員会によるプレゼンテーション審査を実施。クラウドファンディングによる資金調達や企画への賛同など、ヒトとカネの循環を生む社会的インパクトをポイントとし、2〜3団体を選定する。選定事業には1団体当たり最長3年間、年間100万円を補助するとともに、デザイン・広報などの専門家や区の若手職員を派遣して事業をサポートする。

区は、8月1日に板橋区からの分離独立70周年を迎えることから、記念事業として8月中に選定企画を事業化する考え。区協働推進課では「地域のことを誰よりも知る地域の人と区が一緒になって事業を行うことで課題解決を図るとともに、補助金に依存しない持続可能な協働事業としたい」と話している。

沖山氏が新議長に　新副議長は高橋氏
墨田区議会

墨田区議会は25日、第1回臨時区議会を開き、新議長に自民党の沖山仁氏（68）、新副議長に公明党の高橋正利氏（55）を選出した。

沖山氏は7期目で、議長就任は3度目。予算特別委員長や議会運営委員長、企画総務委員長などを歴任した。

高橋氏は3期目。これまでに福祉保健委員長や都市開発・災害対策特別委員長などを務めた。

沖山仁氏

高橋正利氏

榎本氏が新議長
江東区議会

江東区議会は25日、第1回臨時会を開き、新議長に自民党の榎本雄一氏（61）を選出した。副議長は公明党の高村直樹氏が留任する。

榎本氏は現在7期目で、議長就任は4回目。企画総務委員長や清掃港湾・臨海部対策特別委員長、議会運営委員長などを歴任した。

榎本雄一氏

新副議長に岡元氏
大田区議会

大田区議会は25日、第1回臨時会を開き、新副議長に公明党の岡元由美氏（57）を選出した。議長は自民党の大森昭彦氏が留任する。

岡元氏は現在3期目で、初の副議長選出となる。決算特別委員長や都市・環境委員長、地域産業委員長などを歴任した。

岡元由美氏

木下氏を新議長に　副議長には大谷氏
豊島区議会

豊島区議会は25日、第1回臨時区議会を開き、新議長に公明党の木下広氏（57）、副議長に民主ネットの大谷洋子氏（74）を選出した。公明党は8議席で自民党（9議席）に続く第2会派となっており、第1会派以外から議長が選出されるのは2002年以来2回目となる。

木下氏は現在6期目で、初の議長就任となる。これまでに副議長や都市整備委員長などを務めた。

大谷氏は現在8期目で、副議長就任は2回目。区民厚生委員長や行財政改革調査特別委員長などを歴任した。

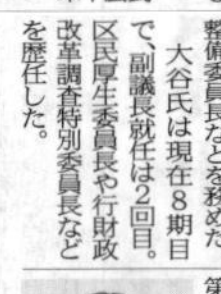

大谷洋子氏　木下広氏

松澤氏が新議長　副議長は金野氏
品川区議会

品川区議会は26日、第1回臨時会を開き、新議長に自民党の松澤利行氏（71）、副議長に公明党の金野孝子氏（53）を選出した。

松澤氏は現在8期目で、議長就任は2回目。総務委員長や議会運営委員長などを歴任した。

金野氏は現在3期目で、副議長就任は初。これまでに決算特別委員長や建設委員長などを務めた。

金野孝子氏　松澤利行氏

新議長に藤澤氏　伊藤氏が副議長
江戸川区議会

江戸川区議会は26日、第1回臨時会を開き、新議長に自民党の藤澤進一氏（55）、副議長に公明党の伊藤照子氏（59）を選出した。いずれも初選出となる。

藤澤氏は現在4期目で、総務委員長や決算特別委員長などを歴任した。

伊藤氏は現在3期目で、生活振興環境委員長や災害対策・街づくり推進特別委員長などを務めた。

藤澤進一氏

伊藤照子氏

記者席
激動の日々は、もう遠い昔

○……26日の知事会見では、冒頭発言が5本あったが、ちょうど1年前の会見は3本。そのうち、1本は政治資金に関する内容だった。舛添前知事は自身の政治資金私的流用疑惑で、記者から1時間30分近く厳しく追及されたが、何も答えなかった。政治資金の使い道は、正月に「龍宮城スパ・ホテル三日月」で行った選挙会議、イタリア料理店や回転ずし店での私的な飲食などだが、今も謎に包まれた使い道もある。

ある都幹部は「1年前の出来事なのに昔話のようだ」と笑い、懐かしそうに話した。その上で、こう続けた。「まるで、竜宮城で過ごした浦島太郎になったみたいだね」

○……都民ファーストの会が発表した都議選の基本政策を読んで、いかにも与党っぽいなと感じた。例えば、「島しょ地域」という項目に「22海岸で堤防のかさ上げ等安全対策」という1文が入っているが、これだけ読んでも何のことやら分からない。都が策定した「2020年に向けた実行プラン」を読んだら、2020年度の目標として掲げてあった。政策集は基本的には「実行プラン」がベースになっている。

確かに小池知事を支える地域政党として設立されたのだから仕方ないが、設立当初から政策に新鮮味を感じないのは残念だ。マニフェストが実現できずに混乱した民主党政権よりはマシなのかな。

○……豊島区が24日に開いた月例記者会見で、都議選に関する質問が高野之夫区長に飛んだ。高野区長は「なかなかコメントするのは難しい」と苦笑いを浮かべたが、都民ファーストを支援し、同区での都議選の情勢に大きな影響力を行使しているのが高野区長だ。笑みの奥に自信を感じたのは、記者の気のせいではないだろう。

ある自民党支援者は「今期で引退するからと好き勝手なことをやっている」と都民ファースト支援で動いている高野区長を批判したが、別の支援者は「6期目を狙った戦術の一環だ」と指摘した。どちらの分析が正しいのか、7月2日の投開票後にその一端が見えるかもしれない。

自治体政策のススメ
保育政策の課題④
保育園を考える親の会代表　普光院亜紀

「3歳の壁」への不安

小規模保育が、意外に不人気になっている。3歳未満児対象であるため、入園できても3歳の4月にはまた転園しなければならないことが親たちを不安にさせている。仕事と子育てに追われる中での新たな保活は、とてつもない「壁」に思われるのだ。

しかし本来、0・1・2歳をこぢんまりした家庭的な環境で保育するという制度の趣旨は悪くはない。基準上0・1歳には園庭が不要ということもあり、小規模保育なら空き店舗などのスペースを活用できる。何より待機児童が圧倒的に3歳未満児で発生している事実があり、小規模保育は待機児童対策の目玉とされた。

卒園後のことが考えられていないわけではない。制度としては、小規模保育や家庭的保育など3歳未満児を対象とする施設は、認可時に、近隣の保育施設との間で3歳以降の受け皿になってもらう「連携施設」の協定を結ぶことになっている。しかし、待機児童対策を急ぐため、当面は連携施設がなくても認可してもよいという猶予措置がとられた。その結果、待機児童が多い地域では、連携施設のない小規模保育が多数設置されている。

「3歳の壁」が表れるかどうかは、地域の保育資源の在り方にかかっている。小規模保育や家庭的保育、認証保育所などの卒園児がどの程度見込まれるのか。これに対して、保育所や認定こども園の3歳児クラスの募集枠がどの程度あるのか。働く親を支援してくれる幼稚園はあるのか。保護者の働き方は、幼稚園の預かり保育の保育時間で足りるのか。

同じ自治体の中でも、地域によって保育資源のばらつきや家庭のニーズは様々である。小規模保育がつくりやすいからと、無計画に設置するのではなく、地域の保育資源のバランスを見ながらの整備が必要だ。そうして、3歳以降の受け皿が確保できているということが分かれば、親たちも安心して小規模保育を選ぶことができるだろう。

LGBTの区住入居　区民の約6割「必要」
世田谷区

世田谷区は、LGBTに代表される性的少数者の支援に向けた区民意識調査結果をまとめ、区営住宅の入居募集要件に性的少数者を加える取り組みを「進める必要がある」との回答が57・2%で最も多かったことが分かった。25日に開かれた区議会都市整備常任委員会に報告した。

区は第1回定例区議会に区営住宅管理条例などの改正案3件を提出したが、「個別の取り組みの前提として、性的少数者への総合的な支援の在り方や今後の方向性を示すべき」などの意見が出され、継続審査となった。

これを受け、区は性的少数者支援の基本的施策などを盛り込んだ男女共同参画条例の制定に向け、4月に区民意識調査を実施。千人にアンケートを郵送し、299件の回答を得た。

特別区　予想される顔ぶれ　第20回都議選　▶10◀

豊島区（定数3）

小池知事が衆院議員時代に地盤としており、高野之夫区長や区議らが党派選挙を展開する都民ファーストが優勢と見られ、自民、公明、共産が追う展開が予想される。

自民は現職1期の堀宏道（52）を公認した。1期目の実績を強調し、支持固めを進める。党総支部で選挙担当を務める吉村辰明区議は「堀が駄目という声は出ていない。悪口で相手の足を引っ張るのではなく、人柄で支持を積み上げて議席を確保したい」と語る。

公明は現職4期で都議会副団長の長橋桂一（60）を擁立した。昨年の参院選比例代表で共産の後塵（こうじん）を拝したことを受け、選対役員の木下広区議は「知事や区長との信頼関係を強調し、過去最大の危機感で臨みたい」と語り、引き締めを急ぐ。

共産は現職1期の米倉春奈（29）を公認した。同選挙区で唯一の女性としてPRし、無党派層の取り込みを図る。党地区委員会では「都民ファーストが抜け出した後の2議席の奪い合いで、ライバルは自民と公明」と話している。

民進は元職2期の泉谷剛（51）を公認し、議席奪還を目指す。陣営では「自民が2万票を切れば可能性がある」と話し、革新支持層の掘り起こしを進める。

都民ファーストは新人で区議5期の本橋弘隆（55）を擁立した。都知事選で小池知事を支援した7人の区議の1人で、無党派層の取り込みに加え、高野区長の呼び掛けで各種団体の支持を取り付けるなど自民支持層の切り崩しを進める。

このほか諸派では、地方議員ゼロの会が新人で通信会社勤務の柏井茂達（33）を擁立。また、15年区長選に立候補し、落選した湯浅茂晴（54）が無所属で出馬する。

泉谷剛氏　米倉春奈氏　長橋桂一氏　堀宏道氏

湯浅茂晴氏　柏井茂達氏　本橋弘隆氏

北区（定数3）

今回から定数が1減で3人区となる激戦区。各党派とも当選ラインが前回の1万3千票から大きく引き上がり、3万票を超える見込みで、激しい戦いが予想される。

自民は、現職3期目で都議会幹事長を務める高木啓（52）を公認。党北区総支部は「他党から集中的に攻撃を受けるのでは」と逆風への警戒感を示し、地盤固めと並行して支持層の掘り起こしを急ぐ。

公明は、現職3期目の大松成（56）を公認候補に立てる。党北総支部は「党の調査では当選ラインが3万5千票に上がると見られ、1万票以上の上積みが必要。都民ファースト、自民、共産を追う展開になる」と分析し、組織固めを進める。

共産は現職で5期目の曽根肇（65）を公認した。党北地区委員会が新社会党北総支部と協定を結び、推薦を受ける。「今後、社民党や自由党にも協力を呼び掛ける」（同党区議）としており、革新系支持層の票を集中させる構えを見せる。

民進は、前回2人の公認候補を出し、共倒れとなった。元職3期で議長経験者の和田宗春（73）を公認候補に決定し、議席の奪還を目指す。「昨年末から支部が（和田の）公認申請していたが、なかなか公認されなかった」（区議）と出遅れを心配する声が上がる。

都民ファーストは、現職1期目で都議会幹事長を務める音喜多駿（33）を公認する。前回はみんなから出馬して1万3千票を獲得。メディア出演やSNSの活用などで知名度を高め、街頭演説を中心に若年層の支持拡大を図り、再選を目指す。

曽根肇氏　大松成氏　高木啓氏

音喜多駿氏　和田宗春氏

前回の結果

◇豊島区

当	堀　宏道	（自新）	26,693 ①
当	長橋　桂一	（公現）	18,227 ④
当	米倉　春奈	（共新）	13,320 ①
	古坊　知生	（無新）	12,614
	泉谷　剛	（民現）	11,472
	矢島　富美	（維新）	7,865

◇北区

当	高木　啓	（自現）	33,918 ③
当	大松　成	（公現）	28,686 ③
当	曽根　肇	（共元）	25,108 ⑤
当	音喜多　駿	（み新）	13,296 ①
	原田　大	（民現）	10,377
	栗下　善行	（維現）	10,055
	和田　宗春	（民現）	9,690

《文中は敬称略》

東京都環境公社

みんなで「里山へGO!」

多摩の緑地保全活動が好評

東京都環境公社が多摩地域の里山や緑地の保全を行う「保全地域体験プログラム」が好評を博している。年間25回程度開催し、小さな子供を連れた家族などが多く参加する。里山を継承するために自然に親しんでもらうのが狙いだが、参加をきっかけに、恒常的に里山や緑地を保全する担い手になってもらいたいとの思いもある。背景には、保全活動を行うボランティアらの高齢化がある。

「僕、やってみたい」「次は僕」「結構難しい！」。里山に子供たちの歓声が響く。

多摩市の京王線聖蹟桜ヶ丘駅から1キロ程の距離にある東寺方地区。住宅地から一歩入ると、うっそうとした竹やぶや雑木林の一角が表れる。この里山にゴールデンウイーク前の週末、多くの人が集まった。その数、およそ80人。東京都環境公社が主催した里山活動「保全地域体験プログラム」に参加した人たちだ。

里山の原風景を次世代に継承するため、間伐や田植えなどを体験してもらう活動で、参加者は小さな子供と一緒の親子が目立つが、学生風の若者や会社の同僚と連れ立ってきた人、一人で参加した高齢者など様々。最初に近くの雑木林で自然観察を行った後、班ごとに竹やぶの手入れを行った。

「だいたい傘を指して通れるくらいの間隔がないと、日が当たらなくてタケノコが育たないんです」。里山活動を指導するのは、この里山を普段から管理しているボランティア団体。子供たちは教えられた通り、竹の間伐やタケノコ掘りに挑戦。初めての体験に大はしゃぎだ。

環境公社は都環境局から引き継ぐ形で2015年に体験プログラムをスタート。天気が良い日は40～50人程度が参加するが、この日は直前に都営地下鉄の中づり広告に掲示したところ、多くの人から問い合わせが寄せられた。

「こんなに来るとは思わなかった」と環境公社環境事業部の横田信博さんは顔をほころばせる。

人を集める工夫はプログラム自体にもある。今回の参加者の楽しみの一つがタケノコ掘りだ。今年は不作で価格が高騰しているが、参加者は自ら掘ったタケノコをおみやげに持ち帰れるという。

「自然保護の作業だけだと飽きてしまうので、クラフト体験など子供にも自然の楽しみを知ってもらう工夫を凝らしている。田植えや稲刈り体験なども人気が高い」と横田さん。

◇

公社が活動を行う場所は、都内に残された貴重な自然環境を保全するために都が指定する保全地域だ。現在は市街地近郊の樹林地や里山、玉川上水に代表される歴史環境など、55カ所が指定されており、うち33カ所で31のボランティア団体が普段から保全活動を行っている。企業がCSR活動として行うケース（グリーンシップ）もあるが、中心は地元住民や自然保護活動を行うNPO団体で、会社をリタイアした人が中心だ。

「メンバーは若くて50代から上は80代。次世代につなぐのが課題です」。東寺方地区の保全を担当するボランティア「つぼみグループ」の森一功さん（75）はそう話す。

森さんはテレビ局を退社後、地元の清瀬市で自然保護の活動を開始した。メンバーも皆、エネルギッシュだが、継続的な活動が求められる里山保全には次世代への継承が欠かせない。毎回、若い世代が参加する環境公社の体験プログラムには期待も大きいという。

「これをきっかけに環境保全活動に興味を持ってもらいたい」と森さん。

自治体には「市報等でのボランティア募集の告知掲載などをお願いしたい」と注文する。

体験プログラムは会員登録制で、現在の登録者数は約600人。リピーターも多く、この日も3分の1がリピーターだという。横田さんは「参加者を増やすため、まずは活動を知ってもらい、里山の継続的な保全につなげたい」と話す。

◆

体験プログラムの活動日程などは、ウェブサイト「里山へGO!」に掲載している。メンバー登録者には定期的にイベントなどの告知を通知する。会員登録は下のQRコードから。

初めてのタケノコ掘り体験に子供たちも大喜び

社説

第2回定例都議会が開会

小池都政への姿勢と総括

都議会第2回定例会が6月1日に開会する。無電柱化推進条例や公文書管理条例の新設など小池銘柄の議案が付託されるが、今定例会の位置づけは第19期最後の都議会ということに尽きる。その最大の役割は、小池知事の政治姿勢をただし、各党が都議選に臨む体制を整えることだろう。今後4年間、どのように小池知事と向き合うのか、有権者の審判を受ける上でも論点を明確にすることが不可欠だ。

■築地と五輪

昨年8月から今日までの小池都政10カ月を振り返ると、築地市場の移転問題と五輪開催経費を巡る動きに、その特質が象徴的に表れている。

まず、市場の移転問題では「ワイズスペンディング（賢い支出）」という言葉を知事は好んで使うが、移転延期による市場業者への補償費は膨らむ一方であり、環状2号線の整備にも悪影響が出た。「夏ごろに総合的に判断する」と知事は述べてきたが、スケジュールは遅れ気味だ。

環境省OBで知事ブレーンの大学教授は、築地現在地再整備の方向性を強くにおわせ、他方、知事与党の公明党は豊洲移転を主張している。いつ、どのような判断理由で結論を示すのか、全国民が注視している。

今さら小池知事に「豊洲」と言ってほしくないと思う人は少なくないだろう。現に豊洲市場の土壌汚染対策を検証する専門家会議は5月18日に対策案を出したが、「無害化」を要求する移転反対派の市場業者らが反発し、結論を出せないまま休会となった。分断と対立が市場業者の中で広がり、収拾がつかなくなる展開は、移転延期を表明した時から火を見るより明らかだった。

築地現在地再整備が可能と思うなら、ぜひ小池知事にやって見せてもらいたいものである。逆に豊洲移転と言うなら、混乱した事態を収拾する責任は知事にある。移転延期によって生じた損失についても、都民に明快に説明すべきだ。

もう一つの論点、五輪開催経費の負担の問題は、お金の話であると同時に、意思決定の在り方の問題でもある。

知事は5月11日に首相官邸に出向き、突然、都外仮設施設の整備費を都が負担する考えを表明した。その額は500億円に上る。知事は「事務方で詰めてきた」と話し、都議会に対しては「正案を得た段階で説明したい」と釈明したが、議会と相談もせずに巨額の負担を打ち出すやり方は、独断専行のそしりを免れない。そもそも都議会と信頼関係を構築していこうという意思はあるのだろうか。

同様のことは、入札制度改革案でも言える。事業者からは「低入札価格調査制度の拡大や予定価格の事後公表が、中小企業に不利になるのではないか」「見直す前にヒアリングすべき」という声が上がった。利害関係者と調整する努力は、行政として当然に行わなければならないことである。手続きをないがしろにしていないだろうか。

こうした知事の意思決定の在り方は、都民ファーストなのか。自民党都連を「ブラックボックス」と批判しているが、知事自身が問われる部分も少なくない。

■道半ばの改革

最後に議会改革について述べる。都議選では各党が公約の一つに掲げるが、第19期都議会としても、この4年間の総括は必要だ。議会改革を議論する「議会のあり方検討会」では、定数2増2減や議員報酬の2割削減を決めた。しかし、報酬削減は知事の給与半減を受けての動きであり、定数是正も道半ばである。自律的な改革という点では疑問符が付いた。

運営面では、全体からすると細かい話かもしれないが、今期は議場で自民都議のセクハラやじ発言があり、本来の使命から外れたところで都議会が脚光を浴びた。知事の都議会批判が喝采を浴びる一因は、議員の側にも原因があり、そこには数に物を言わせたおごりがあるのではないか。都議会を見る都民の目線は厳しい。政党の側も変わらなければならない。

都議選では都政をどうしたいのか、自ら改革をどう進めるのか、有権者に率直に示してほしい。

虐待防止で情報共有 東村山警察署と協定

清瀬市

清瀬市と警視庁東村山警察署は17日、児童虐待に関する情報を共有し、児童の安全確保に努めるための協定を締結した。同様の協定締結は26市で初めて。

これまで児童福祉法に定める要保護児童等の情報は共有していたが、最近では、夜間に近隣の家庭で子供を叱っているのを住民が警察に通報する事案などが増えてきている。こうした情報から児童虐待を察知し、未然に防ぐため、相互に保有する情報を共有する。

今回、東村山警察署からの要請を受けて協定締結に至った。

防災協定きっかけに飯山市と友好都市へ

国分寺市

国分寺市は17日、同市で初となる友好都市協定を長野県飯山市と締結した。

両市は飯山市が国分寺市の防災まちづくりに関する取り組みを視察したことをきっかけに、2012年に防災協定を締結。その後、国分寺市の祭りでの飯山市の物産販売や、私立中学校のスキー移動教室を飯山市で開催するなど交流を深めてきた。

国分寺市は新潟県佐渡市やオーストラリアのマリオン市と姉妹都市を締結している。同市市民生活部協同コミュニティ課では、「将来的な姉妹都市締結を目的にはしていないが、文化や経済、教育、スポーツ、観光などの分野で相互に支援・協力を行い、広く交流を図っていきたい」と話している。

HP上で個人情報流出 コピーで申請書式作成

日野市

日野市は23日、個人情報を含むデータを市のホームページ上で公開する事故が発生したと発表した。

個人情報を含んでいた資料は「介護給付費・訓練等給付費等の過誤納処理」に関わるデータ。障害福祉サービス介護事業所が介護給付費・訓練等給付費等の請求を国保連合会を通じて行っている場合に、請求に誤りが判明した際、市に申し立て、正しい請求情報を再度、国保連合会に送信して是正する処理を行っている。この申し立てに使用する書式をダウンロードして使用できるようホームページ上で公開しているが、この申し立て書式とは別のシートに3人分の氏名や事業所の申し立て情報が含まれており、今月19日から閲覧可能な状態となっているのを担当職員が発見した。

過去に提出された申し立て様式をコピーして新たな申し立て様式を作成したことが原因。市は当該情報のホームページからの閲覧を停止するとともに、情報が掲載された該当者の保護者と事業所に謝罪した。再発防止策として、データを作成する際はコピーせず、新たなファイルを使用するよう職員に徹底する。

新議長に大和氏 副議長は小口氏

国立市議会

国立市議会は17日に第1回臨時会を開き、新議長に自由民主党明政会の大和祥郎氏（56）、副議長に公明党の小口俊明氏（58）を選出した。

大和氏は現在4期目。建設環境委員長や議会運営委員長、予算特別委員長などを歴任した。

小口氏は4期目で、総務文教委員長や議会運営委員長などを務めた。

大和祥郎氏

小口俊明氏

伊藤氏が新議長 副議長に小町氏

東村山市議会

東村山市議会は23日開会の6月定例会初日に議会人事の改選を行い、新議長に公明党の伊藤真一氏（59）、副議長に自由民主党市議団の小町明夫氏（50）を選出した。

伊藤氏は現在3期目。副議長や生活文教委員長などを歴任した。

小町氏は2期目で、生活文教委員長などを務めた。

伊藤真一氏　小町明夫氏

新教育長に古屋氏

国分寺市

国分寺市では、松井敏夫前教育長の任期満了に伴い、古屋真宏氏（56）が26日付で教育長に就任した。任期は2020年5月25日までの3年間。

古屋氏は84年に都教員となり、渋谷区教育委員会指導室長、都教育庁指導部主任指導主事、国分寺市立第四小学校統括校長などを歴任した。

■小平市人事異動

5月1日付

【部長級】▽議会事務局長（市民部長）平尾達朗

◆退職

4月30日付

【部長級】▽議会事務局長　伊藤俊哉

■調布市人事異動

6月1日付

【部長級】▽生活文化スポーツ部産業振興担当部長（生活文化スポーツ部産業振興担当部長＝生活文化スポーツ部産業振興課長事務取扱＝行政経営部付主幹＝オリンピック・パラリンピック担当兼務）田波利明

【課長級】▽生活文化スポーツ部産業振興課長＝行政経営部付主幹＝オリンピック・パラリンピック担当兼任（東京たま広域資源循環組合主幹）渡辺直樹

市町村

予想される顔ぶれ　第20回都議選　▶5◀

日野市（定数2）

定数2に対し、自民、共産、都民ファースト、無所属各1が名乗りを上げて混戦模様。

自民は現職の古賀俊昭(69)を公認。地元での知名度と組織力を生かし、7選を目指す。13年は2万1千票余でトップ当選した。

共産は新人の中野昭人(48)を擁立。市議を5期務め、副議長の経験も持つ。街宣で都政刷新を訴え、05年選挙以来の議席奪還を狙う。

都民ファーストは市議6期の菅原直志(49)を立てた。菅原は地元の衆院議員・長島昭久に同調して民進を離党。「希望の塾」にも通っていた。同会は当初、2人を公認し議席独占を狙う構えだったが、1人が被選挙権の要件を満たさず、公認を取り消した。今後の対応は未定。

公明はこれまで自主投票だったが、今回は都本部レベルで都民ファーストとの相互推薦を決定している。

一方、元民進で現職の新井智陽(44)は党の公認が下りず、無所属での出馬を決断した。街頭演説を繰り返して支持拡大を図る。

生活者ネットは過去、議席を得た実績もあるが、09年選挙以降、候補を出していない。現在、他党の推薦などの対応を検討中。

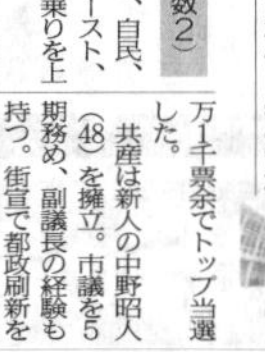

中野昭人氏　古賀俊昭氏　新井智陽氏　菅原直志氏

西東京市（定数2）

自民、民進系の「指定席」と言われてきた選挙区だが、都民ファーストが公認と推薦の2人を立て、議席独占を狙う。

自民は、現職の山田忠昭(68)を公認した。前回は2位に1万票近い差をつけてトップ当選だったが、今回は公明の推薦がなくなり、団体回りなどで票固めを行い、5期目を狙う。

共産は新人で党西東京市青年・学生相談室長の中村駿(30)を擁立。若年層の雇用や貧困に取り組んでおり、都政の福祉課題の解決を訴える。

都民ファーストは新人で、現職市議の桐山ひとみ(46)を公認。市議会で所属している統一会派みらいからの支援に加え、地元商工会の会合も回り、票の掘り起こしを図る。

4期目を目指す現職都議の石毛茂(64)は、都民ファーストの推薦を受けて無所属で出馬する。都議会民進党幹事長の経験者だが、小池知事の情報公開に共感して4月に離党。民進市議の支援も受ける。

民進は現時点で新たな候補を擁立していない。

中村駿氏　山田忠昭氏　石毛茂氏　桐山ひとみ氏

前回の結果

◇日野市			
当	古賀　俊昭	(自現)	21,231⑥
当	新井　智陽	(民現)	16,721②
	近澤　美樹	(共新)	11,818
	佐々木理江	(維新)	10,573
◇西東京市			
当	山田　忠昭	(自現)	21,344④
当	石毛　茂	(民現)	12,781③
	森　輝雄	(無新)	11,703
	山崎　英昭	(維新)	6,790
	朝倉　文男	(共新)	5,841
	山口あずさ	(生新)	2,742
◇西多摩			
当	林田　武	(自現)	41,683④
当	島田　幸成	(民現)	21,064②
	井上　宣	(共新)	12,314
	山本　裕樹	(維新)	10,014
	角田　統領	(無新)	421

《文中は敬称略》

西多摩（定数2）

現職1人と新人3人が争う構図。自民は4期の林田武が勇退し、新人の田村利光(50)を公認。祖父も元都議で、地域の地盤を生かして支持を広げる。

自民は前回選挙から候補者を1人に絞っており、手堅く議席確保を図る。

共産は行政書士の西村雅人(50)を公認。西村は昨年の福生市長選で現職に破れており、議席確保には票の上積みを図れるかが課題。

現職の島田幸成(49)は民進の公認を受けていたが離党。無所属で選挙に臨む。都民ファーストと連合東京の推薦を受けるが、都民ファースト候補と票を食い合う可能性もある。自身の持つ強固な組織力を生かせるかが鍵となる。

都民ファーストの公認候補は前衆議院議員の秘書だった清水康子(50)。地域に地盤を持たない落下傘候補だが、小池知事との連携をアピールして無党派層の支持拡大を狙う。

西村雅人氏　田村利光氏

清水康子氏　島田幸成氏

2017年度大学入試結果　難関国立大学等に36校から538人

都立高校の進学対策は、2001年度の進学指導重点校の指定から本格的な取り組みが始まり、その後、進学指導特別推進校と進学指導推進校を指定し、中高一貫教育校を含めた計36校で進学実績の向上に特に力を入れている。今春の17年度入試では、東大、一橋大、東工大、京大、国公立大医学部医学科という「難関国立大学等」に36校で現役・浪人合わせて計538人が合格した。最近の10数年間で進学指導重点校を中心に着実に「難関国立大学等」の合格実績を向上させてきた。難関国立大学等の17年度入試の合格状況を展望する。

戸山、八王子東、立川高校が健闘
小石川中等教育学校の現役は13人増

都教育委員会は、生徒一人一人の能力を最大限に伸ばす学校づくりの一環として、難関国立大学等への進学希望の実現を都立高校改革の柱に据えてきた。

組織的・計画的に進学対策に取り組む学校を2001年度から進学指導重点校に指定。現在、日比谷高校、戸山高校、西高校、八王子東高校、青山高校、立川高校、国立高校の7校が指定されている。

また、07年度には、進学指導重点校に続き、国公立大学や難関私立大学等への進学希望も実現させる学校を進学指導特別推進校に指定。現在、小山台高校、駒場高校、新宿高校、町田高校、国分寺高校、国際高校の6校が指定されている。

さらに、進学校の全都的な配置のバランスや地域からのニーズなどを踏まえ、進学対策を進める都立高校の裾野を広げ、都立高校全体の進学対策を強化するため、10年度に進学指導推進校を指定。現在、三田高校、豊多摩高校、竹早高校、北園高校、墨田川高校、城東高校、小松川高校、武蔵野北高校、小金井北高校、江北高校、江戸川高校、調布北高校、日野台高校の13校が指定されている。

都教育委員会では、進学指導重点校等、中高一貫教育校が参加する進学指導研究協議会を組織し、各学校の進学対策の充実に向けた支援を行っている。

進学指導重点校
難関国立大学等現役合格者数の割合が増加

進学指導重点校7校の17年度入試の合格実績を見ると、現役・浪人を合わせた難関国立大学等の合格者数が最も多かったのは日比谷高校で90人。次いで西高校が75人、国立高校が68人という結果となった。昨年度比増となったのは戸山、八王子東、立川高校。現役合格者数は、昨年度大きく躍進した日比谷高校が50人を超える56人でトップ。次いで国立高校36人、西高校35人となっている。

進学指導重点校全体では、現役・浪人を合わせた難関国立大学等への合格者数は338人。そのうち現役合格者数は193人だった。難関国立大学等の合格者に占める現役の比率でみると、昨年度と比べて前年度の50%から57%に増加した。

進学指導重点校7校の現役東大合格者数は、対前年度3人増の64人で昨年度に引き続き増加となっている。学校別で東大合格者数が最も多かったのは日比谷高校で、現役が32人で昨年度比5人増、現役・浪人合わせると45人であった。一昨年、昨年度に続き今年度も公立高校としては全国トップであった。

中高一貫教育校
中高一貫教育校の伸びも堅調

中高一貫教育校10校の白鷗、小石川、桜修館、両国、武蔵、立川国際、富士、大泉、南多摩、三鷹は、現役・浪人を合わせた難関国立大学等への合格者数が139人、現役合格者数は108人で確実に伸びている。

前年度比をみると、現役・浪人を合わせた合格者数は、前年度の125人から14人増の139人。現役合格者数は、前年度の99人から9人増の108人であった。学校別でみると、特に小石川が現役合格者数31人で前年度の19人から12人増となり大きく伸ばした。

2017年度入試　進学指導重点校等の難関国立大学等合格状況

【難関国立大学等合格状況】　【2017年3月31日現在】

種別	学校名	2004年度		13年度		14年度		15年度		16年度		17年度	
		現役	合計	現役	合計	現役	合計	現役	合計	現役	合計	現役	合計
進学指導重点校	日比谷	6	9	35	86	43	77	45	82	68	123	56	90
	西	28	52	45	95	43	97	44	88	42	97	35	75
	国立	31	55	25	67	33	75	32	67	28	74	36	68
	八王子東	20	47	15	29	15	27	14	30	7	21	10	23
	戸山	9	25	11	30	16	27	26	40	21	36	29	41
	青山	5	8	6	15	17	24	15	25	22	28	16	20
	立川	2	14	13	25	14	25	16	27	9	13	11	21
	重点校計	101	210	150	347	181	352	192	359	197	392	193	338
中高一貫教育校	白鷗	-	-	6	8	7	9	4	4	6	7	5	5
	小石川	-	-	9	15	13	20	15	20	19	27	31	40
	桜修館	-	-	12	14	8	11	8	13	5	8	11	12
	両国	-	-	13	15	6	9	9	12	11	12	11	13
	武蔵	-	-	-	-	13	13	23	31	23	29	17	23
	立川国際	-	-	-	-	7	7	5	7	13	17	1	5
	富士	-	-	-	-	-	-	-	-	6	7	5	7
	大泉	-	-	-	-	-	-	-	-	4	5	12	16
	南多摩	-	-	-	-	-	-	-	-	9	9	11	13
	三鷹	-	-	-	-	-	-	-	-	3	4	4	5
	中高一貫計	-	-	40	52	54	69	64	87	99	125	108	139

※「難関国立大学等」：東京大学、一橋大学、東京工業大学、京都大学、国公立大学医学部医学科
※ 表中の年度は入試年度である。

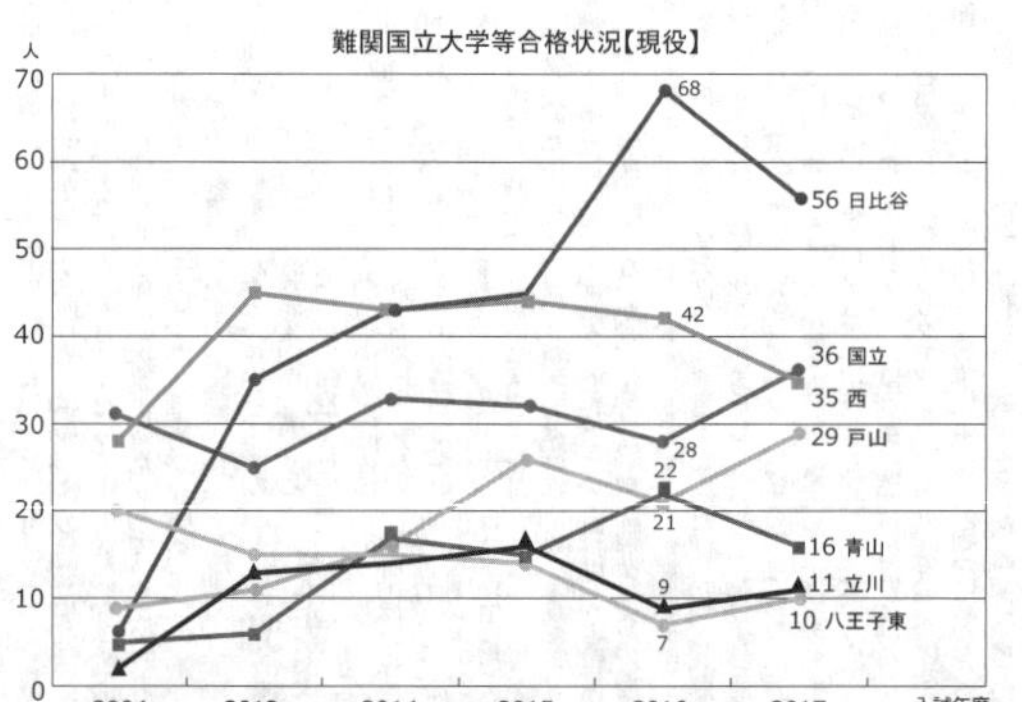

国際社会に貢献する人材育成

都立戸山高等学校長　布施　洋一

戸山の伝統は総合力重視

戸山高校が目指しているのは、「国際社会に貢献するトップリーダーの育成」である。自主自立の精神の下、単に上級学校への進学を目指すのではなく、上級学校において、更には社会に出てからも役に立つ知識・教養を身に着けるというのが府立四中時代からの本校の一貫した教育方針であり、その伝統は現在に至るまで脈々と受け継がれている。

本校が文理別のクラス編成をしないのも、これからの国際社会で求められるのは、文系の知識・教養を備えた理系の人間、理系のセンスをもった文系の人間であると考えるからである。

本校のこの「総合力重視」は教育課程の隅々にまで浸透しており、難関国立大学を目指す生徒たちの語学力や課題解決力、コミュニケーション力等を高め、自国の歴史や文化に対する深い理解と、他国の文化や価値観を理解し尊重する態度を育むことにつながっている。

SSHとチームメディカル

本校の教育の特色の一つが、文部科学省のスーパーサイエンスハイスクール（SSH）事業である。各学年2クラスをSSHクラスとし、学校設定教科「理数課題研究」の中で、生徒は自ら課題を発見し、考え、工夫して解決していく取り組みを継続的に行うとともに、大学や研究機関の研究者による講義・実習、海外研修での英語による研究発表、海外の姉妹校との交流等により、国際社会で通用するコミュニケーション能力やプレゼンテーション能力を身に着けている。SSHは、科学技術の分野における突出した人材の育成にとどまらず、その究極の目的は科学技術のリテラシーをもった地球市民を育てることにある。SSHクラスから京都大学や一橋大学等の文系学部への進学者も出ており、この事業が本校生徒の学習に対する意欲を高め、進路目標の実現のために有効に機能していることが分かる。

また、昨年度から始まったチームメディカルは、医学部等への進学を希望する生徒がチームを結成し、互いに切磋琢磨し支え合う事業であり、医師としてのキャリア教育と医学部進学を視野に入れた進路指導を二本柱としている。1、2年生では1日3時間以上の自主学習を参加の条件とし、医師、大学医学部の教授、医療系研究機関の研究員等から講義を受けるとともに、病院等の見学や体験実習、医療に関わる課題研究等を実施している。医師等として活躍している本校卒業生から実体験を伴った指導助言等を受けながら、チームメディカル一期生である現2年生から国公立大学医学部医学科への現役合格者7人以上を目指している。

都大会優勝のアメリカン・フットボール部

難関国公立大学等への進学目指して

本校の進学指導の核となっているのが、おおむね月2回開催している、管理職と各分掌・学年・教科の主任等で構成された進学対策会議である。模試の結果分析等の様々な進路情報を各学年・教科で共有することで、全校が一体となった進学指導に取り組んでいる。

また、志望校検討会では、進路部が中心となって学年と教科が個々の生徒の進路希望や学習状況等を共有し、学力向上と進路希望の実現を図っている。

このような組織的な指導体制の下、本校では独自の大学見学会や学習ガイダンス、卒業生による進路講演会等の様々な進路行事を行っており、夏期講習では、センター対策から国立2次対策、難関私大対策や分野別対策等、生徒のニーズに合わせた多彩な講座がバランスよく設定されている。

SSHの海外研修（アメリカ合衆国ロサンゼルス）

また、本校ではほとんどの生徒が部活動に所属しているが、平日の活動は週3日まで、土曜日と日曜日はいずれか1日を部活動の日とすることで、学習時間の確保を図っている。各部活動とも生徒が自主的に活動計画を立て、短時間で効率的かつ質の高い活動を行っている。

さらに自学自習のための環境整備として、授業日の夜8時まで使える自習室を3部屋確保するとともに、放課後には卒業生チューターと自由に相談できる体制も整えている。

2年次での「中だるみ」を克服し、第一志望を諦めさせない指導を卒業時まで粘り強く続けた結果、ここ数年間の本校の進学実績は、着実に右肩上がりとなっている。生徒の力を最大限に伸ばすことを目標に、今後は、主体的・対話的で深い学びを実現できる質の高い授業づくりに、全教職員一丸となって取り組んでいきたい。

リーダー育成に組織で取り組む

都立新宿高等学校長　加藤　隆

創立95年を迎える都立新宿高等学校は、校是「全員指導者たれ」の下、次代を担うリーダーを育成する教育活動を推進している。

都立高校改革の中、本校は2003年に進学重視型単位制高校に改編され、2007年に進学指導特別推進校の指定を受けた。

以来、名門復活に学校を上げて取り組み、今年、難関国立4大学の現役合格者が10人を超えるなど、順調に進学実績を伸ばしている。

組織的計画的な進学指導

本校の進学指導は、進路指導部を中心に組織的計画的に進めている。学年集会を年間8回以上計画的に実施し、進路指導部の教員が模擬試験の分析、入試動向、集中と切り替えの学習などを指導し、生徒を励ましながら引き締めていく。教員間の情報共有も怠りなく行い、進路指導部主催で、3年生の現在の学力と志望大学の合格までの課題を明確にするため模擬試験結果と志望校の検討会などを年間5回、1、2年生の学力の伸長を把握するため学習と生活や部活動の情報交換を年間3回行い、生徒の進路実現に向けた指導の基盤作りを図っている。

学習指導の充実

教科指導では、詳細な年間指導計画の下、入学直後の「セミナー合宿」での、新入生へ学習法等の周知から始まり、考査問題の共通化や国語、数学、化学、英語等の習熟度別授業などにより、学力を最も伸ばせる学校を目指している。

各教科から出される課題の提出については部活動を通して指導したり、年間1700時間以上の補習・講習を受験直前まで丁寧に行ったりするなど、学校全体で指導する体制である。また、自学自習を重視し、1、2年生の勉強合宿の他、2、3年生へは自習室を通年開放しており、日々100人余りが利用している。

進学に向けたキャリア教育

キャリア教育は、希望進路を実現するために学年ごとに設定するテーマについて、各界で活躍する卒業生が「キャリアガイダンス」などの講演や進路部通信などで生徒に語り掛け、将来への希望と自信を与えている。年間3回以上の担任との面談は、保護者を含めて実施し、志望の具体化及び明確化を図り、実現への方策を探る機会としている。

合言葉は『チーム新宿』

これらの指導の効果を一層高めているのが、生徒・教員・保護者の連帯意識を高める「チーム新宿」という合言葉である。保護者会を年間3回以上開催し、部活動も合同保護者会を実施して、保護者対象の進学指導に関する講演の他、保護者と学年担任や顧問とが懇談を重ねることで、何事にも全力で取り組む校風や学校の教育方針を共有し、学校への求心力を高めている。

自学自習に励む通年開放の自習室

生徒が企画実施する運動会

特別活動が学びの源

本校の学びに向かう力の源は、特別活動にある。生徒が企画実施する学校行事では、多くの制約を乗り越え効率的に最大効果を上げる活動を工夫させている。また、60年以上続く都立戸山高校との部活動対抗戦や、1年生全員が遠泳に挑戦する創立以来の臨海教室など、伝統ある行事が今も生徒の帰属意識を高めている。生徒は特別活動等での主体的な協働から、合言葉「受験は補欠なき団体戦」を自らの指針としていく。

今後の取り組み

今年度の入学生から、一層の学力向上を目指して、2年生までは全科目を原則共通履修する教育課程に改めた。また、昨年度対象校となった「進学指導コンサルティング」から、指導の改善や入試問題、模擬試験の分析など、教科指導体制の強化を図っている。

英語の4技能の育成についても、2年生で実施してきた外部英語検定の全員受検を、1年生から実施するなど、新制度入試への対応も進めている。

新宿高校はこれからも、伝統を踏まえながら時代の要請を捉えた教育実践で、次代を担う人材を育成し、一層の飛躍を目指す。

探究の大泉　新たな進学校として

都立大泉高等学校長　柴田　誠

併設型中高一貫教育校への改編

大泉高校は、多くの都民の期待に応えて附属中学校を設置し、今年で8年目を迎えた。府立第二十中学校からの歴史をたどれば、今年で開校76年目になる伝統校である。その伝統校に附属の中学校を併設する大改革は、中学初代校長の菊地芳男先生の功績によるところが大きい。菊地校長が作成した中学校のプログラムは、探究の大泉の名にふさわしく、教科指導は少人数を中心に充実させ、更に土曜講座では国内の第一線の研究者を招いている。その最先端の研究を中学生は間近で学んでいる。このような取り組みは多くの小学校で高い評判となり、附属中学校の応募倍率は毎年6倍を超え、高い人気を誇っている。

進路指導の改革

今春、その中学2期生（新制高校69期生）が大学に進学した。現役で東大6人、京大2人などの進学実績は校史に残る成果となった。生徒の努力は言うまでもないが、3年担任団と各教科が最後まで面倒を見た成果に間違いない。ただ、その成果を出すまでのここ数年間の校内改革は、教育課程や実授業時間の確保や行事の効率化など、様々な場面に及んだ。

私が着任した当初は、教科や分掌が中学校と高校が別々に活動するなど、異なる学校が2校ある印象であった。そこで翌年には、6年間を見通した指導を充実させるため、教科や分掌も中高合同の組織として、教科会や分掌会議を合同で開催した。成績会議についても、中学と高校が連携して行い、生徒一人ひとりの学習状況を全員で共有するようにした結果、少しずつではあるが、中学と高校の授業の持ち合いも推進し、学校を一つにする方向に進めることができた。

さらに、進学指導については外部模試の活用方法などを始め、3年間の外部模試実施計画の作成、模試結果分析会の実施、進路検討会や出願検討会の実施に取り組むなど、全て改めた。また、教員個人でなく教科としての講習・補講講座を開講した。進学希望校別の講習・補講開催など、初めてのことも多かったようであるが、意欲的な先生方も多く、定着させることができた。同様に進路検討会も当初は具体的な資料が少なく、生徒の進学希望先をどうするかなどと検討できるのかと心配していたが、年々、データも検討内容も整ってきた。今では、生徒一人ひとりの情報を共有できるところまでになり、いくつものハードルを乗り越え、その成果は確実に表れている。

今後の大泉高校には、1期生を始めとして卒業生という身近な手本がたくさん残っていく。新たな進路キャリア部を中心に、分析会や検討会の中身の更なる充実を図ることで、全ての先生方が自信をもって、今後の進学指導を行っていくことを期待している。生徒に自信をもって進路実現に立ち向かわせるには、指導側の先生方が経験とデータに裏付けられた自信をもっていなければならない。その努力を継続していけば、大泉高校は間違いなく、都内で有数の進学校となることができると確信している。

現役合格者数の推移

	2014	2015	2016	2017
国公立	19	25	24	51
早慶上理	41	49	61	98
GMARCH	136	129	107	154

高1語学研修ケアンズにて

知的探究イノベーター推進校として

今年度から、「英語教育推進校」と「中部学校支援センター特別指定校」に加え、「探究の大泉」にふさわしい「知的探究イノベーター推進校」に指定されている。日本は、若者の育て方において大きくかじを切ろうとしている。大学教育、大学入学者選抜、高校教育の三位一体の改革である。高校や大学の立場を超えて大人が大きく制度改革をしていく歴史的な覚悟が必要な転換期である。想像もつかないほどの速さで今後社会が変化する中、これからの若者が必要なものは「生きる力」を更に進め、よりよい社会をたくましく創造していく「生き抜く力」であり、主体的な探究力である。本校では中高一貫教育校の利点を最大限生かし、探究力と想像力旺盛な若者をたくましく育てていく。

質実剛健の精神で着実な成果

都立小松川高等学校長　臼田　三知永

小松川高校では、「ハイレベルな文武両道の実践を通して、バランスの取れた社会のリーダーを育成する学校」を目指した教育活動を行っている。生徒たちは素直で、打てば響く気質である。こうした生徒に向き合う教員は「生徒のために全力を尽くしたい」と考え、生徒は「先生からの期待に応えたい」と前向きに頑張る。このような関係性が正方向のスパイラルを形成し、現在の進路や部活動の実績につながっていると考える。

今春の進路実績

今春の大学入試において、国公立大学合格者が76人（現役69、既卒7）となり、2007年度に進学指導推進校に指定されて以来、最も高い結果となった。難関国立大学では、東京工業大学に4人が現役合格した。

また、学校所在地が江戸川区であることもあり、千葉大学に26人（現役25、既卒1）が合格した。私立難関の早慶上智大学においても76人（現役67、既卒9）であった。合格者のほとんどが現役生であることから分かるように、本校では毎年、85%以上が現役で進学をし、浪人する生徒は少ない。特筆すべきは、98%以上の生徒が大学入試センター試験に出願し、そのほとんどが本番の試験を受けている点である。たとえ、秋に推薦入試で合格が決定している生徒も、勉強を継続しており、大学合格がゴールではないという指導が徹底されている。

5つの部が全国へ

2年前よりスポーツ特別強化校に指定されているボート部は、昨年度、女子がインターハイで優勝し、男子は社会人や大学生を含めた全日本選手権大会で優勝した。サッカー部では都大会連続出場という記録が8年間続いている。他にも昨年度だけで、書道部が外務大臣賞、化学部が「日本学生科学賞」東京都最優秀賞を受賞したのを始めとして、美術部と映像研究部も全国高等学校総合文化祭への出場を決めている。いずれの部活動でも、層の厚さが安定した実績につながっている。

体系的な進路指導

このような文武両道の原動力となっているのが、本校独自の進路指導体系「ウィンズプロジェクト」である。ウィンズとは風（ｗｉｎｄ）と勝つ（ｗｉｎ）を掛け合わせた造語であり、「風のように飛翔し、夢を勝ち取る」という思いが込められている。

この中には三つのセミナーがある。まず、入学直後に1泊2日の「スプリングセミナー」を実施する。ここでは、勉強する意義や学校生活の基本について学び、「自己実現に向けてみんなで頑張ろう」という意識を学年全体で共有する。次に、1年生の夏休みに希望者による勉強合宿「サマーセミナー」を長野県蓼科にある学校寮で実施する。そして、2年生の冬休みには、1日10時間の勉強体験「ウィンターセミナー」を希望者対象に校内で行う。3年前に始まったこれらのセミナーであるが、内容を毎年改善しながら現在に至っている。

グループ活動を取り入れた授業

毎年春に行われる体育祭

塾・予備校に頼らない

「授業で勝負」を合言葉に、全ての教員が休み時間から教室に入り、チャイムと同時に授業を開始している。この「チャイム始業」は、昨今始まったことではなく、伝統的に受け継がれてきた。

また、本校では、塾・予備校に頼らない進路指導を掲げており、長期休業中の講習も充実している。昨年度は、夏期講習105講座、冬期講習37講座、春期講習9講座を開講した。ここでも、学びに向かう生徒の真摯な姿勢が、教員の意欲につながっている。

一方、丁寧な進路指導を支えているのが個人カルテ「個票」である。これは、3年間の模擬試験結果、進路希望、学習習慣を1枚のシートにまとめたものであり、生徒の成績・意識・態度の推移が見える。この客観的なデータを通して、生徒を励ましたり、生徒に気付きを与えたりできる。2年前より、この個票を保護者にも提供し、家庭と一体化した指導につなげている。

質実剛健の精神

本校は昨年度「創立百周年」を迎えた。母体校である東京府立第七高等女学校より受け継がれてきた「質実剛健の精神」が、学校教育の根底にあり、全教職員が一つ一つの取り組みを堅実に実践している。このように、進学指導推進校として教育活動の基礎・基本を徹底し、着実に定着させているのが小松川高校の姿だと考える。

都管理職選考

受験者数、前年度比193人増

論文で「創意工夫」記載求める

2017年度都管理職選考の筆記考査が28日、立教大学池袋キャンパスで実施された。種別AとBを合わせた全体の受験率（速報値）は91・5%となり、前年度比0・1ポイントの増。種別A・Bを合わせた受験者数は前年度を193人上回る1735人となった。試験日程は昨年度よりも2週間程度後ろ倒しになり、受験者からは「公平に直前の準備に時間を割けたのではないか」という感想が聞かれた。

試験区分別に見ると、種別Aの受験者数は前年度比153人増の910人。特に事務は同105人増の530人が受験した。A全体の受験率は昨年度と増減なしの93・5%だった。

種別Bの受験者数は同40人増の825人、受験率は同0・1ポイント減の89・4%。申込者数が多かった分、事務、土木などで受験率が下がる結果となった。

試験当日のスケジュールについて、ある受験者は「種別A・事務の日程が最もタイトだった」と振り返り、「昼休憩が実質35分程度しか取れず、少し負担に感じた」とコメント。日程に関しては、「年度末・年度明けの業務が繁忙となる部署も多い。受験者がある程度、公平に直前の準備に時間を割ける今回の方が良いと思った」と歓迎する声が聞かれる一方、「子供の運動会が雨天順延となると、バッティングするところだったので、できれば5月は避けてほしい」との感想も寄せられた。

2017年度都管理職選考受験状況（速報値）　（単位＝人、%）

【速報値】			申込者 17年度	申込者 16年度	受験者 17年度	受験者 16年度	受験率 17年度	受験率 16年度
種別A	事務		560	459	530	425	94.6	92.6
種別A	技術	土木	243	205	224	194	92.2	94.6
種別A	技術	建築	31	29	25	28	80.6	96.6
種別A	技術	機械	59	47	57	44	96.6	93.6
種別A	技術	電気	58	50	55	50	94.8	100.0
種別A	技術	生物・医化学	22	20	19	16	86.4	80.0
種別A	技術	小計	413	351	380	332	92.0	94.6
種別A	計		973	810	910	757	93.5	93.5
種別B	事務		462	445	403	390	87.2	87.6
種別B	技術	土木	282	259	257	238	91.1	91.9
種別B	技術	建築	18	17	17	12	94.4	70.6
種別B	技術	機械	46	44	43	42	93.5	95.5
種別B	技術	電気	62	58	59	54	95.2	93.1
種別B	技術	生物・医化学	53	54	46	49	86.8	90.7
種別B	技術	小計	461	432	422	395	91.5	91.4
種別B	計		923	877	825	785	89.4	89.5
種別A・B合計			1,896	1,687	1,735	1,542	91.5	91.4

論文問題（要旨）

種別A

問題1　東京が成長を続けるための課題と成長戦略の推進

問題2　誰もがいきいきと暮らし、活躍できる、働ける都市・東京の実現を目指すための課題と施策の推進

種別B

■事務

【福祉・保健医療】（1）障害者がいきいきと暮らせる社会を実現するための課題と方策（2）医療需要の増加に対応し、患者の症状や状態に応じた効率的で質の高い医療提供体制を確保し続けるための課題と方策

【教育・文化】（1）全ての子供の可能性を伸ばし、充実した幸せな人生を送るための力を身に着けさせる教育を実現するための課題と方策（2）東京オリンピック・パラリンピックの開催に向けて、東京や日本の文化に世界の注目を集めるための課題と方策

【産業・労働・経済】（1）中小企業支援による経済活動の活性化を図るための課題と方策（2）男女ともに生活と仕事を両立させながら、安心して働き続けられる環境を整備するための課題と方策

【財政・税務】（1）財政を始めとする都政の「見える化」を進めるための課題と方策（2）納税について都民の納得を得るための、税の賦課徴収を始めとする税務行政に関する課題と方策

【環境】（1）クール・クリーンで快適な都市環境を創出するための課題と方策（2）豊かな自然環境の下で多様な生物と共生できる都市を実現するための課題と方策

【都市づくり】（1）東京圏の目指すべき都市構造と各地域の目指すべき地域像、東京の都市像の実現に向けた課題と方策（2）都市インフラをリニューアルし、良質な社会資本ストックとして次世代に継承するとともに、都市機能のレベルアップや都市環境の改善を併せて実現するための課題と方策

■技術

【土木】（1）都民の生活を守り、首都機能を維持するための、災害に強い都市の実現に向けた取り組み（2）社会資本の整備や維持更新で工事を着実かつスピーディーに実施するための取り組み

【建築】（1）首都東京の成長を支える活力あるまちづくりを進めるための取り組み（2）都政を取り巻く社会情勢の変化や都が掲げる施策の実現にも的確に対応するための公共建築物の維持更新

【機械】（1）新たな先端技術を円滑に社会へ導入していくための取り組み（2）都有施設を効率的に維持更新するための取り組み

【電気】（1）東京の都市防災機能の強化に向けた、都が管理する都市施設での取り組み（耐震化を除く）（2）低炭素社会の実現に向けた、都が管理する都市施設での取り組み（照明のLED化と水素の活用を除く）

【生物・医化学】（1）都市の緑が持つ機能を最大限発揮させるための取り組み（2）東京の農林水産業経営を更に安定させるための取り組み（3）都民の健康寿命の延伸と健康格差の縮小に向けて、食生活や身体活動・運動などの生活習慣の改善を図るための取り組み（4）食品ロスを削減するための取り組み

都入札契約制度改革

低入札価格調査制度　適用範囲一部見直し

都の入札契約制度改革のうち低入札価格調査制度に関して、小池知事は26日の記者会見で、中小・零細企業への影響に配慮し、適用範囲を縮小すると発表した。

都は従来、財務局の契約案件では落札額の下限を定める「最低制限価格制度」を適用してきたが、3月に示された改革案では基準を下回る入札があった場合、入札者の積算根拠などを調査する「低入札価格調査制度」を適用する方針を決定。ただ、事業者のヒアリングで、多数の団体が最低制限価格の撤廃による価格競争の激化を指摘し、都議会からも懸念の声が出ていた。

低入札価格調査制度は当初、財務局の全ての契約案件が対象で、建築工事は3・5億円以上、土木工事は2・5億円以上、設備工事は4千万円以上が適用範囲としていたが、建築は4・4億円以上、土木は3・5億円以上、設備は2・5億円以上に引き上げる。小池知事は「小規模・零細企業の（入札の）割合が多い金額帯があることに配慮し、適用の範囲を一部縮小することで事業者への影響を抑える」と説明した。

都の改革案では予定価格の事後公表やJV結成義務の撤廃、1者入札の中止なども予定し、これらは従来の方針通り実施する。

小池知事は「改革の趣旨は、多くの方が入札に参加しやすい環境を作って入札の競争性・透明性を高めるということ。この点は進めながらも、併せて中小・零細企業が活躍できる環境をしっかり確保する」と述べた。

低入札価格調査制度を含めた一連の制度改革は6月26日に公告する契約案件から試行される。

都管試・受験者の声

択一▼細かい知識求められた　論文▼予想できた出題テーマ

種別A

【択一】

■全体的に昨年度よりも難易度が増したように感じた。特に経営学や都政事情などは比較的、細かい知識が求められ、選択肢を一つに絞り切るのに迷う部分が多かった。普段から『都政新報』やとちょうiの情報をこまめにストックし、読み込むことが必要だと感じた。（事務）

■時事問題では、国の白書や国税調査の結果など計画ものが多かったように感じた。試験前にさらっていた内容以外からの出題も多く、日頃から新聞などで社会の流れをつかむことが重要だと痛感した。（建築）

■出題の傾向は例年と変わらない。ただ、政治経済等事情と都政事情において1問ずつ「税」に関する出題がされ、例年とは少し違う特徴であると感じた。（事務）

【論文】

■「〇〇の観点から資料を分析」「あなたの創意工夫等を盛り込む」など、昨年度までの問題になかった文言が追加されており戸惑った。準備していた論文を基に、新しい問題文に対してどのように答えるかがポイントかと感じた。（事務）

■「ダイバーシティ」の出題は予想でき、余裕を持って解答できたが、創意工夫の記述が求められ、戸惑う受験者が多かったと思う。日々の業務同様に、状況に応じた柔軟・的確な解答を期待する出題者の意図を感じた。（事務）

■国際・観光都市に関する成長戦略について出題され、外資系企業誘致や外国人旅行者への対応は、資料から課題抽出もしやすく、書きやすい内容だった。先端技術を活用した新たなイノベーションの創出をどうまとめるかがポイントだったと思う。（事務）

種別B

【論文】

■財政・税務で受験した。論文テーマはこれまでと大きく異なり、用意した論文はほとんど使えなかったが、行政の「見える化」についてはメモをまとめていたので、それを使用した。他の受験者も用意していた論文をそのまま使うことは難しかっただろう。（事務）

■問題の出題傾向を大きく変える時は、何らかのシグナルを事前に送ってほしい。今回の論文試験は解いていてとても面白かったが、大抵の受験者が戸惑ったのではないかと思う。（事務）

■土木の論文は「災害に強い都市の実現」など土木職の不朽のテーマだった。実施している施策にとどまらず、創意工夫を盛り込むこととされ、普段から問題意識を持つ必要があると思った。（土木）

ミサイル発射、その時現場は

緊急事態をシミュレーション

都内を標的に、ミサイルが発射されたら――。29日、北朝鮮は3週連続で弾道ミサイルを発射した。4月の発射時は、東京メトロと都営地下鉄が同業にもかかわらず対応が分かれたことが話題となった。事例が少なく事前の想定が難しい中、武力攻撃を受けた時に現場はどのように対応するのか。

分かれた地下鉄の対応

4月の北朝鮮のミサイル発射で都民の生活に影響を与えたのが、東京メトロの運転見合わせだ。この日、ミサイル発射によってJアラートは鳴らなかったが、東京メトロは約10分間、全線で運転を見合わせた。同社は北朝鮮の情勢を受け、4月に緊急で社内ルールを策定。「報道機関のミサイル発射の速報を捉えた場合は運転を見合わせる」としていた。多方面からの情報を生かし、乗客の安全を確保するためだ。

ただ、報道のみで停車したことで「判断を早まった」との批判もあり、社内ルールをJアラートが鳴った場合のみに変更した。同社は「社会的な影響も大きく、他社の状況も鑑みて見直した」（広報部）と説明。緊急事態の初期対応の難しさが浮き彫りになった。

一方、都営地下鉄の対応は「最も確実な情報に基づく」という姿勢から「Jアラートが鳴った場合は見合わせ」としており、同日も通常通りに運行した。

それでも、現場の課題は尽きない。例えば、国民保護計画では、Jアラートが鳴った場合は頑丈な建物や地下に避難するよう指示しているが、交通局は「地下鉄駅に大人数が押し寄せ、避難できるスペースがない場合もある。また、混乱で将棋倒しが起こるかもしれない。ミサイルはすぐに着弾するので、駅職員を入り口に走らせても間に合うかどうか」（安全対策推進課）と頭を悩ませる。

■避難誘導

降ってわいたミサイル問題に対し、現場で難しい判断が迫られるのは自治体も同じだ。実際に発射された場合、都はどう動き、都民を保護するのか。

有事の際の対処を規定しているのが「国民保護計画」。各自治体は国民保護法に基づいて同計画を定めることになっており、都も2006年に策定済みだ。外国やテロによる武力攻撃が確認された時、都は知事を本部長とした「国民保護対策本部」を設置し、情報収集・発信や避難指示を行うことになる。ただ、政府が武力攻撃の事態認定をしなければ対策本部は立ち上がらないため、総務局は「初動の段階では災害対策のスキームで動くことになる」（総合防災部）と説明する。

都の防災訓練の様子。ミサイル発射時には、様々な訓練の応用が必要になる＝16年9月

国内の武力攻撃の例が少なく、想定の難しさはあるが、同部は実際に着弾した現場の動きについて、「地震や大事故などと大きく変わらない」と予測。「爆発物発見時の避難誘導などが応用できるのではないか」と見る。

政府による事態認定後には国と都、該当区市町村による協議会が組織され、住民避難などの対策が練られる。地震などの自然災害と大きく違うのは、避難場所の決定と誘導の方法だ。

自然災害の場合は、各地域の防災計画で決まった避難場所に誘導することになっているが、武力攻撃では協議会で避難先や誘導方法が決められる。1自治体レベルでは得られる情報が少なく、決定ができないためだ。

もう一つ、武力攻撃が通常の災害と異なるのが、事前に発生が察知できる可能性があるという点だ。昨年2月に北朝鮮が事前に「人工衛星発射」を通告した際には、政府が自治体に向けに想定される被害、対処法などの説明会を開いている。この場合は、「パトロールを強化したり、事前に訓練するなど、何らかの対策が可能」（総務局総合防災部）になる。実際に人工衛星の軌道ルートに入ると見られていた沖縄県では、緊急でJアラートの放送訓練が行われた。

ただ、発射の事前通告は例外中の例外。同部の担当者は「国や区市町村と連携し、様々な訓練をする中で、想定の範囲を広げ、対策の精度を高めていくしかない」と話す。

退職後のリアル

しくじり都庁OBの教訓⑪

最初のつまずき⑧

街の風景が変わる

私もそうだが、多くの人たちは都会で定年まで、文字通り脇目もふらずに働き続ける。だから、周りの景色をゆっくりと眺めることもなく、通勤の車窓も仕事のことを考えながら、もしくは疲労困憊でもうろうとして見ていたはずだ。ところが、定年退職を機に、こうした風景がガラリと変わる。そして今、私はこんな風景を、余裕をもってもう一度見直す生活も悪くないと思っている。

後に触れるが、現在、私は港区の浜松町に住んでいる。浜松町は、東京タワーのある場所として有名だが、世界貿易センタービルを始めとしてオフィスビルが立ち並ぶサラリーマンの町でもある。毎朝、駅からは大勢のサラリーマンたちが吐き出され、オフィスビルの中に吸い込まれていくシーンが繰り返されている。

最近の私は、午前中は家での仕事に充てて、出かける仕事は基本的に午後にしている。だから移動時間も含めて、せいぜい午前10時過ぎに家から出ることが多い。サラリーマンがデスクについて仕事を始める頃に、私は目的地へ向かう。つまり、サラリーマンたちとは全く矢印が違う生活パターンをしていることになる。

それでも最近は、フレックスタイムや変形労働時間の普及の影響か10時出勤の会社も増えたらしく、急ぎ足のサラリーマンとすれ違いながら駅に向かうことになる。こんな時に出会う眠そうな顔で小走りに駆けながら急ぐサラリーマンたちは、私の現役時代の姿と重なる。

そんなサラリーマンたちを横目に、通勤ラッシュのピークが過ぎた電車にゆったりと乗り込むことが多い。こんな時に窓から見える景色はほとんど昔と変わらないが、こちらのゆとりをもった視線という違いは多くの新たな発見を生む。「あれ、あそこにはこんな店があったのか」「あの時は急いでいたので、今度はゆっくりと足を延ばしてみよう」などと思いを巡らせる。

一方、10年前とは全く違う風貌を見せる街に出くわせば、昔はどんなだったのかの記憶をたどりながら、その時代の思い出も引っ張り出してみる。どんな用事でここを訪れたのか、誰と一緒だったのか思い出せないまま、家まで疑問を引きずって帰ることもしばしばある。

いずれにせよ、私は今、現役時代の自分の思い出の再確認をしながら生きているという感じが強い。そしてそこには、ある種の苦労、反省、達成、充実感などの思い出が伴うだけに、既に過去形になった出来事に対して心地よい感傷に浸ることができるような気がしている。（金子雅臣）

五輪への航海図 ⑱②

TOKYO 2020

開催まで あと1151日

特別区の戦略④

新宿区・外国人への対応

毎年、都内を訪れる1千万人以上の外国人。中でも、東口地区に百貨店、西口地区には高層ビルが林立し、日本有数の娯楽街・歌舞伎町地区もある新宿駅周辺には特に多くの外国人観光客が訪れる。新宿区は2020年東京五輪を契機に新宿駅の利便性をより高め、国際的なにぎわいと、交流の拠点となるよう、まちづくりを進めている。

同区と都が共同で公表した計画「新宿の新たなまちづくり（案）」では、20年をめどにJR東日本が整備を進める、駅の西側と東側をつなぐ東西自由通路の開通に合わせ、歩行者が利用しやすい街を目指す。また、外国人にとっては特に分かりにくい7路線の乗り換えも、ソフト面で利便性を強化。昨年12月に新宿駅に隣接する甲州街道高架下に整備した観光案内所は、5月に利用者が10万人を超えたという。

このほか、各鉄道会社と協力して駅構内の案内板のデジタルサイネージ化やサインの多言語化も進める。新宿駅周辺のまちづくりは、都の計画「都市づくりのグランドデザイン」でも重要な拠点として位置づけられており、

区は、新宿駅の利便性向上を目指す＝25日、駅西口で

同区都市計画部の木内盛雅・新宿駅周辺整備担当課長は「都と協力して、五輪をきっかけに多くの外国人を集めたい」と話す。

同区はまた、在住の外国人へのサービスにも力を入れる。4月から区庁舎や保健センターなどに計5台のタブレット端末を配備し、英語、中国語はもちろん、タガログ語やミャンマー語など12言語に対応できる通訳オペレーターを配置。区庁舎を訪れる外国人にオペレーターが通訳するサービスを始めた。同区には現在、区の総人口の1割超を占める4万2千人以上の外国人が在住。これまで外国人相談員や非常勤の通訳などを配備して区庁舎を訪れる外国人の対応に当たってきたが、同区に住む外国人は125カ国と多岐にわたる。15年に同区が行った調査では、外国人住民の約半数が「言葉が分からず、役所での説明ができない」と回答しており、多言語対応の充実は喫緊の課題だった。同区地域振興部の内野桂子・多文化共生推進課長は「利用状況などを精査して、台数を増やすなどの検討をしたい」と話す。

主任試験講座 平成29年度 35

地方自治制度 ⑧

前回に引き続き、地方自治制度に関する練習問題を解いていきます。なお、今回は、都政実務分野での出題も予想される財務分野となります。

問題

【問題19】
地方自治法に定める予算に関する記述として、妥当なのはどれか。

① 議会は、予算を増額修正することはできないが、減額修正については制限がないので自由にできる。

② 会計年度が経過した後に、歳入が歳出に対して不足する場合、翌年度の歳入を繰り上げて充用することができる。

③ 繰越明許費とは、経費の総額と年割額を定めて、数年度にわたり支出できるものである。

④ 事故繰越しとは、予算成立後の事由に基づき年度内にその支出を終わらないものについて、予算の定めるところにより、翌年度に繰り越して使用できることをいう。

⑤ 債務負担行為とは、歳出予算の経費の金額のうち、年度内に支出負担行為をしたが、年度内に支出が終わらなかったものを、翌年度に繰り越して使用することをいう。

【問題20】
地方自治法に定める地方公共団体の収入に関する記述として、妥当なのはどれか。

① 分担金は、数人または普通地方公共団体の一部に対し利益のある事件に関し、必要な費用に充てるため、当該事件により特に利益を受ける者から徴収するものを言い、その額については規則で定めることとされている。

② 普通地方公共団体は、公の施設の利用の対価、行政財産の使用の対価として使用料を徴収できるが、普通財産を貸し付けた場合も使用料を徴収することができる。

③ 使用料は、同一使用に対して、同一金額とされているため、他の普通公共団体の住民に自己の住民と異なった使用料を徴収することはできない。

④ 手数料の徴収については、自治事務については、条例で定めなければならないが、法定受託事務については、法律または政令に定めるものを除くほか、規則でこれを定めることとされている。

⑤ 加入金とは、旧来の慣行により、一部の住民に公有財産を使用する権利がある場合、それまで使用していなかった者が新たに使用許可を受けて使用を開始する場合に徴収するものである。

【問題21】
地方自治法に定める契約に関する記述として、妥当なのはどれか。

① 普通地方公共団体の契約は、一般競争入札を原則とするが、指名競争入札は当該普通地方公共団体の規則で特に定める場合に限り行うことができる。

② 普通地方公共団体は、落札者が契約を締結しない場合、随意契約により契約締結することができるが、競争入札に付し入札者がないときは、再度の入札を行わなければならない。

③ 一般競争入札においては、予定価格の制限の範囲内の価格で最低制限価格以上の価格の入札がなかった時、再度入札できるが、この再度入札は初回の入札の継続として行うものであるから入札条件の変更はできない。

④ 普通地方公共団体が工事請負契約を締結した場合、当該団体の職員は、契約内容の完了確認のため検査を行わなければならないが、この検査は必ず職員が行うこととされ、職員以外に委託することはできない。

⑤ 普通地方公共団体は、長期継続契約を締結する場合、債務負担行為としてこれを予算で定めなければならない。

【問題22】
地方自治法に定める債権に関する記述として、妥当なのはどれか。

① 債権とは、金銭の給付を目的とする普通地方公共団体の権利であるが、いまだ金銭の給付を受けていないため、財産の一つと見ることはできない。

② 普通地方公共団体の長は、債権について、履行期限の延長または当該債権に係る債務の免除をすることができるが、履行期限の繰り上げをすることはできない。

③ 普通地方公共団体の有する金銭債権は、民法同様10年の経過によって、時効により消滅する。

④ 普通地方公共団体の有する金銭債権は、原則として時効の援用を要しないほか、納入の通知及び督促により、時効中断の効力が生じる。

⑤ 普通地方公共団体の長は、条例で定めるところにより、債権の督促、強制執行その他、債権の保全及び取り立てに関し必要な措置をとることとされている。

【問題23】
地方自治法に定める公有財産に関する記述として、妥当なのはどれか。

① 公有財産は普通財産と行政財産に区分でき、現に公用または公共用に供しているものが行政財産であり、行政財産以外の一切の公有財産を普通財産という。

② 公有財産は、普通地方公共団体の所有に属する財産であり、地上権、地役権、鉱業権その他これらに準ずる権利が該当するが、漁業権や採石権は該当しない。

③ 普通財産を貸し付け、その貸付期間中に公共用に供する必要が生じたときは、普通地方公共団体の長は、その契約を解除することができ、借受人は、解除によって生じた損失の補償を求めることができる。

④ 行政財産は、その用途または目的を妨げない限度において、貸し付けることができるが、このうち庁舎については、床面積や敷地に余裕がある場合であっても、他の者に貸し付けることはできない。

⑤ 行政財産は、その用途または目的を妨げない限度において、使用を許可することができるが、この許可による土地または建物の使用については、一般の賃貸借関係と同等に借地借家法が適用される。

【問題24】
地方自治法に定める基金に関する記述として、妥当なのはどれか。

① 財産の管理は長の権限であるが、基金に属する現金及び有価証券の出納及び保管の権限は会計管理者が有する。

② 基金は、その目的に応じ、確実に運用しなければならないが、効率的な運用までは求められていない。

③ 基金の運用収益及び管理費用については、会計年度終了後、議会への報告義務があるが、歳入歳出予算に計上する必要はない。

④ 定額の資金運用の場合、隔年で運用状況を示す書類を作成し、監査委員の審査に付し、決算説明書とともに議会に提出する。

⑤ 基金の処分は、当該基金の目的のためでなければ処分できず、処分に関し必要な事項は、あらかじめ規則で定めなければならない。

解説

【解説19】　正答②

① 誤り。議会は長の予算提出権限を侵すことのない範囲内であれば、増額修正することができる（法第97条第2項）。後段は正しい。

② 正しい。なお、この場合、必要な額を翌年度の歳入歳出予算に編入しなければならない（法第243条の5・令第166条の2）。

③ 誤り。継続費に関する記述である（法第212条）。

④ 誤り。繰越明許費に関する記述である（法第213条）。

⑤ 誤り。事故繰越しに関する記述である（法第220条第3項）。

【解説20】　正答⑤

① 誤り。分担金の説明は正しいが、規則ではなく条例で定める（法第224条及び第228条）。

② 誤り。使用料を徴収することができるのは、用途または目的を妨げない限度で使用が許可された行政財産の使用と公の施設の利用の場合に限られる（法第225条、238条の4第7項）。

③ 誤り。他の地方公共団体の住民からは、自己の住民と異なった使用料を徴収することができる（最高裁平成18年7月14日）。

④ 誤り。自治事務も法定受託事務も、条例で定める必要がある。また、全国的に統一して定めることが特に必要と認められるものとして政令で定める「標準事務」については、政令で定める金額の手数料を標準とする必要がある（法第228条第1項）。

⑤ 正しい（法第226条）。

【解説21】　正答③

① 誤り。指名競争入札、随意契約またはせり売りは、政令で定める場合に該当する場合に限り行うことができる（法第234条第2項）。

② 誤り。前段は正しい（令第167条の2第1項第9号）。入札に付しても入札者がいないときには、随意契約によることができる（令第167条の2第1項第8号）。

③ 正しい（令第167条の8第4項）。

④ 誤り。普通地方公共団体の長は、特に専門的な知識または技能を要すること等の理由により、当該普通地方公共団体によって検査を行うことが困難または適当ではないと認めるときは、職員以外の者に委託することができる（令第167条の15第4項）。

⑤ 誤り。長期継続契約は、債務負担行為として予算で定めることなく、締結できる（法第234条の3）。

【解説22】　正答④

① 誤り。債権も財産の一種である（法第237条）。

② 誤り。普通地方公共団体の長は、履行期限を繰り上げることができる理由が生じたときは、遅滞なく債務者に対し、履行期限を繰り上げる旨の通知をしなくてはならない（令第171条の3）。

③ 誤り。地方公共団体の有する金銭債権は、原則として5年間の経過で時効により消滅する（法第236条）。

④ 正しい（法第236条第2項及び第4項）。

⑤ 誤り。政令の定めるところにより、その督促、強制執行その他、債権の保全及び取り立てに関し必要な措置を取らなければならない（法第240条第2項）。

【解説23】　正答③

① 誤り。行政財産は、公用または公共用に供し、または供することと決定した財産を言い、普通財産とは行政財産以外の一切の公有財産を言う（法第238条第4項）。

② 誤り。その他これらに準ずる権利とは、永小作権、入会権、漁業権、採石権等である（法第238条）。

③ 正しい（法第238条の5第4項）。

④ 誤り。庁舎等の床面積または敷地に余裕がある場合において、当該普通地方公共団体以外の者に貸し付けることができる（法第238条の4第2項第4号）。

⑤ 誤り。行政財産の用途または目的外の使用は、行政上の許可処分により行われるので、借地借家法の規定は適用されない（法第238条の4第8項）。

【解説24】　正答①

① 正しい（法第149条第6号・法第170条第2項）。

② 誤り。基金は、条例で定める特定の目的に応じ、確実かつ効率的に運用しなければならない（法第241条第2項）。

③ 誤り。基金の運用収益及び管理費用は、それぞれ毎会計年度の歳入歳出予算に計上しなければならない（法第241条第4項）。

④ 誤り。毎会計年度、運用状況を示す書類を作成し、監査委員の審査に付し、その意見を付けて決算説明書とともに議会に提出する（法第241条第5項）。

⑤ 誤り。基金の処分及び管理に関し必要な事項は条例で定める必要がある（法第241条第8項）。

カレントトピックス 29年度 35

都政事情

■医療機関受診の多言語ガイドブック（4月7日）

都福祉保健局は、東京を訪れる外国人が必要な時に医療機関を受診できるようサポートする多言語対応のガイドブックを初めて作成した。

外国人は、感染症を疑う症状があったとしても、言語の障壁や受診の仕方の違いなどから、日本で医療機関を受診することに困難が伴うケースがある。感染症にかかった場合は、症状の早期改善と感染拡大防止のため、速やかに医療機関を受診し適切な治療を受けなくてはならない。

このため、外国人旅行者の目線で▽すぐに使える▽すぐに分かる▽すぐに役立つ——小冊子を作成し、日本語以外にも英語、中国語、韓国語、タイ語、スペイン語に対応するとともに、外国語対応可能な相談窓口の記載、受診時の注意点や診察の流れなどを紹介している。

ガイドブックは、東京観光情報センター4カ所（東京都庁、バスタ新宿、羽田空港、京成上野）で無償配布するとともに、今後、外国人旅行者が宿泊先で入手できるよう、都内のホテル、旅館、簡易宿所や協力可能な観光案内所にも配布していく。

■ライフ・ワーク・バランス推進窓口を開設（4月17日）

都産業労働局は、（公財）東京しごと財団と厚生労働省東京労働局と連携し、事業主向けのライフ・ワーク・バランス推進関連施策をワンストップで提供する「TOKYOライフ・ワーク・バランス推進窓口」を新たに開設した。

推進窓口に寄せられる相談は、働き方改革への取り組み方や雇用環境の整備で利用可能なサービスの情報提供などが想定される。こうした相談例に対して、都やしごと財団、東京労働局が連携して、①働き方改革に関する事業の相談・受付②ライフ・ワーク・バランス推進関連事業の相談・受付③女性の活躍推進等職場環境整備助成金の相談・受付——などをワンストップで対応する。

■恒久施設の運営計画を策定（4月19日）

都オリンピック・パラリンピック準備局は、外部有識者らで構成する「アドバイザリー会議」を設置し、大会後の施設運営の指針となる「新規恒久施設の施設運営計画」を策定し公表した。

新規恒久施設は、オリンピックアクアティクスセンター、海の森水上競技場、有明アリーナ、カヌー・スラローム会場、大井ホッケー競技場、アーチェリー会場（夢の島公園）。

主な内容は、施設運営計画を大会後の指針と位置付け、今後、各施設の運営事業者の公募に当たり、収益向上の取り組みや周辺との連携策など、民間事業者等から具体的な提案を募り、施設の後利用の取り組みを更に充実させていくこととしている。

「点（施設）から面（地域）へ」「コストから将来への投資へ」「官から民へ」を三つの視点とし、施設のバリアフリー、環境への配慮にも触れている。特に、再生可能エネルギーや省エネルギー技術の導入の検討など、環境に最大限配慮していく。

主任・係長 29年度 論文講座 35

添削 ⑧

都主任選考

課題

次の事例について、次の（1）、（2）に分けて述べてください。

（1）2020年オリンピック、パラリンピックの成功に向けて魅力ある国際都市・東京を実現するための課題は何か。資料を分析して課題を抽出し、簡潔に述べてください。（300字以上500字以内）

（2）（1）を踏まえ、都はどのような取り組みを行っていくべきか。（1200字以上1500字以内）

資料1　都の政策で関心がある分野

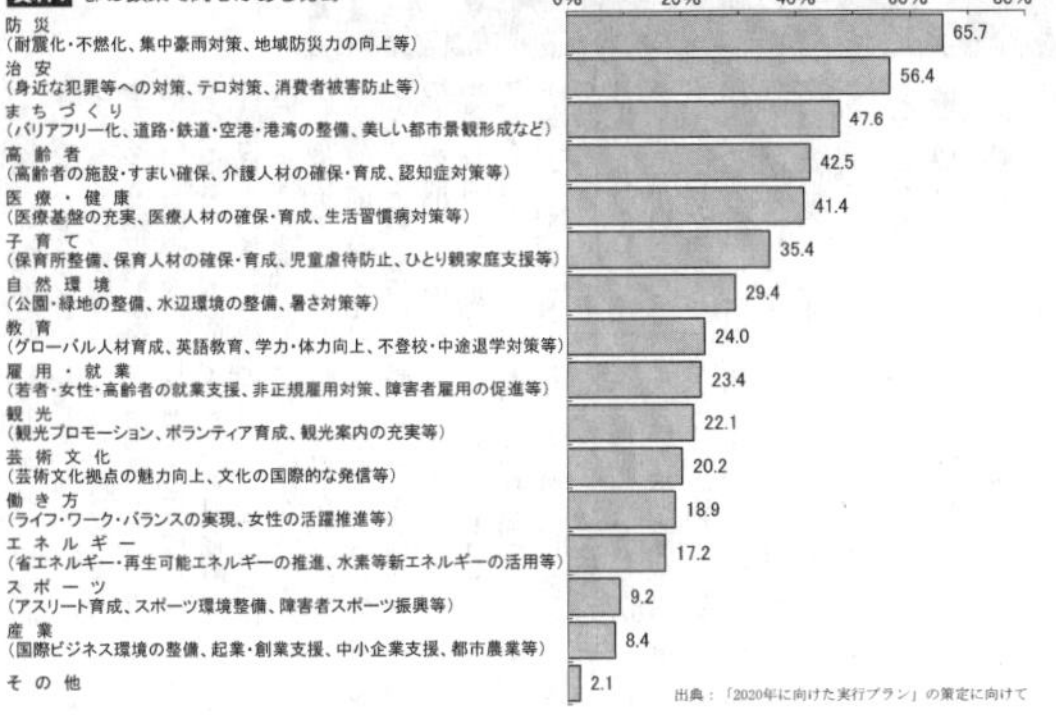

分野	%
防災（耐震化・不燃化、集中豪雨対策、地域防災力の向上等）	65.7
治安（身近な犯罪等への対策、テロ対策、消費者被害防止等）	56.4
まちづくり（バリアフリー化、道路・鉄道・空港・港湾の整備、美しい都市景観形成など）	47.6
高齢者（高齢者の施設・すまい確保、介護人材の確保・育成、認知症対策等）	42.5
医療・健康（医療基盤の充実、医療人材の確保・育成、生活習慣病対策等）	41.4
子育て（保育所整備、保育人材の確保・育成、児童虐待防止、ひとり親家庭支援等）	35.4
自然環境（公園・緑地の整備、水辺環境の整備、暑さ対策等）	29.4
教育（グローバル人材育成、英語教育、学力・体力向上、不登校・中途退学対策等）	24.0
雇用・就業（若者・女性・高齢者の就業支援、非正規雇用対策、障害者雇用の促進等）	23.4
観光（観光プロモーション、ボランティア育成、観光案内の充実等）	22.1
芸術文化（芸術文化拠点の魅力向上、文化の国際的な発信等）	20.2
働き方（ライフ・ワーク・バランスの実現、女性の活躍推進等）	18.9
エネルギー（省エネルギー・再生可能エネルギーの推進、水素等新エネルギーの活用等）	17.2
スポーツ（アスリート育成、スポーツ環境整備、障害者スポーツ振興等）	9.2
産業（国際ビジネス環境の整備、起業・創業支援、中小企業支援、都市農業等）	8.4
その他	2.1

出典：「2020年に向けた実行プラン」の策定に向けて

資料2　都政への要望－上位5位の推移

出典：都民生活に関する世論調査

	平成23年	平成24年	平成25年	平成26年	平成27年	平成28年
1位	防災 53.4%	防災 54.9%	防災 52.7%	防災 49.4%	高齢者 49.8%	高齢者 53.5%
2位	高齢者 43.7%	治安 47.5%	治安 48.1%	治安 47.7%	治安 48.7%	防災 48.6%
3位	治安 43.6%	高齢者 43.6%	高齢者 44.2%	高齢者 46.5%	医療・衛生 41.9%	治安 48.1%
4位	医療・衛生 40.8%	医療・衛生 41.5%	医療・衛生 38.0%	医療・衛生 43.1%	防災 41.6%	医療・衛生 41.7%
5位	環境 28.2%	環境 25.8%	環境 27.3%	消費生活 26.5%	交通安全 23.1%	行財政 27.1%
			7位 消費生活 23.1%	6位 交通安全 23.8%	9位 消費生活 19.6%	6位 交通安全 25.2%
				7位 環境 23.6%	11位 行財政改革 16.4%	

資料3　東京の宿泊施設での多言語対応やサービスに関して困ったこと

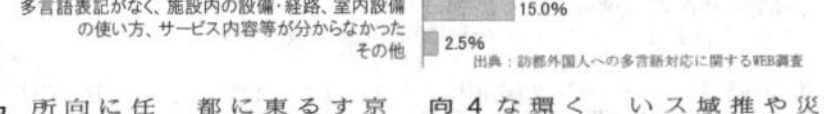

項目	%
英語や母国語を話せるスタッフがいなかった	47.1%
多言語で表記されたホームページがなかった	44.6%
宿泊施設周辺の観光施設が分からなかった	32.5%
多言語表記がなく、施設内の設備・経路、室内設備の使い方、サービス内容等が分からなかった	15.0%
その他	2.5%

出典：訪都外国人への多言語対応に関するWEB調査

論文例

（1）

東京都の平成28年度の都税収入決算は減少となり、楽観視できる状況ではない。また、世界に前例のない少子高齢化や人口減少の到来により、将来、労働人口の減少による都市の活力の低下が懸念されている。

このため、東京都がオリンピックを成功させることは、日本経済を牽引する上で力となる。なぜなら、オリンピックの開催により、世界が東京に注目し、人や企業が集まる結果、大きな経済効果が期待できるからである。そのためには、世界中から訪れる多くの人々が東京での生活を心から楽しむことができるように、これまで以上に魅力ある国際都市へと変貌していかなければならない。

そこで、魅力ある国際都市・東京を実現する上で重点的に取り組むべき課題は、以下の三点である。第一は、安心できる高度な防災都市の実現である。第二に、海外の人々が生活や観光に支障を来さない多言語対応の促進である。そして第三に、省エネ都市と美しいまちづくりの整備である。

これらの課題を解決することで、東京は国際都市として更に成熟し、日本全体にも活力を与えることが可能となる。

（2）

魅力ある国際都市、東京の実現に向けて、次の3点に重点的に取り組む必要がある。

1　高度な防災都市の実現

日本は他国と比べ地震多発国であり、東京都においても今まで首都直下地震や海溝型地震を想定し、様々な対策を講じてきた。しかし、現状では巨大地震が発生した場合、少なからず被害が発生すると見込まれている。

このため、高度な防災都市の実現を図る。具体的には、都独自の災害情報システムを強化し、災害発生直後の被害状況を都民に迅速・正確に伝えられるよう整備する。また、老朽化したインフラの更新や都市施設の耐震化を徹底し、被害を最小限にするとともに、木造住宅地域の解消に取り組む区や住民を人材、税制面で支援し、緊急輸送道路を確保する。さらに、防災隣組の認定や住民が参加できる防災訓練を拡大することにより、地域共助による被害の減少化を図る。

これにより、大災害時でも被害を最小化でき、安心・安全な都市として、東京の魅力を高めることが可能となる。

2　多言語対応の促進

日本を訪れる外国人の多くは言葉が通じないことに不満を感じている。他国の大都市と比較しても、東京は「言葉の障壁」が大きく、国際都市として成長していく上で大きな障害となっている。

このため、国際共通語になっている英語はもとより、その他の言語を含めて多言語対応を促進していく。具体的には、街中の標識を国際標準に合わせるとともに、看板などの多言語化を推進する。また、外国語に強いガイドを育成するとともに、学校教育等で「話す英語」に力を入れ、誰でも簡単な英会話は話せるようにする。さらに、街中どこでも無線ネットワーク（Wi－Fi）を使えるようにし、外国人がインターネットを通じて簡単に情報収集することを可能とする。

これにより、多様な文化圏からの来訪者でも東京滞在をより楽しめる「おもてなし」の心で迎え入れることが可能となる。

3　省エネ都市と美しいまちづくりの整備

最近は地球温暖化により、東京都においても集中豪雨や都市部のヒートアイランド現象など、異常気象の被害を受けている。一部の地域では慢性的な交通渋滞が起きており、大気汚染の懸念も生じている。また、東日本大震災以降、電力の安定的な供給が大きな課題となっている。

このため、省エネルギーで美しい景観のまちづくりに取り組む。具体的には、官民で連携した再生可能エネルギーの普及を拡大する。交通網については、環状線を整備して都心を通過するのみの車両を入れないようにし、都心部の交通量を減らす。さらに、防災面も念頭に入れた河川環境や公園の整備など緑化事業を推進していく。具体的には広域避難場所や防災拠点となるスペースを計画的に拡充していく。

これにより、都民だけでなく、海外の人にも快適な都市環境を提供することが可能となる。

4　国際都市・東京の実現に向けて

オリンピックの開催は、東京が国際都市として更に発展するきっかけを与えてくれる。このチャンスを逃さずに、東京のポテンシャルを最大限に発揮させることが、私たち都職員に求められる。

私は、都政の中核を担う主任として、都政の発展のために、国際都市・東京の実現に向けて全力で職務に取り組む所存である。

解説

いわゆる都政ものは、職場もの以上に準備が必要な反面、準備をしっかりと行えば、より高い点を取ることが可能です。このため、都政もので論文を書くと決めた際には、最低三つの論文を用意した方が良いと思います。

用意すべき論文のうち、二つは「防災対策」や「エネルギー対策」「少子高齢化対策」など、将来的に継続する大きな課題とした方が良いでしょう。これらを用意すると、過去の出題例のうち、東京の魅力向上や、都民の安全・安心の確保など、抽象的な出題が出た場合に、より説得力のある論文を書くことができます。

残りの一つは、「オリンピック対応」や「観光誘致」など、現在、都が最も力を入れているトピックス的な政策についての論文を用意すると良いと思います。昨年度はオリンピック後も持続的に発展するための政策、という問題が出題されました。今後も大きな出来事があった場合は、トピックス的な政策課題についてそのまま出題される可能性が高いです。

都政ものの試験対策としては、まず、都のホームページ内にある知事の所信表明や、知事の記者会見に関する記事をよく読んで、都政は今、何に関心を向けているのかを把握することが重要です。そして、都刊行物やホームページなどもチェックして、ある課題に対して都がどのような政策で対応しようとしているかを良く勉強しておく必要があります。さらに、時間があれば、大都市の課題や対策をより深く知るために、他都市の政策についても参考にすることもお勧めします。以上の準備をした上で、実際に論文を書く際には、都政を批判的に捉えるのではなく、都政がより良くなるための方策を自らの意見として論述することが大事だと思います。

講評

都政ものは、（1）で都政における課題、（2）において（1）の課題に対する具体的な取り組みを記述する構成となります。このため、（1）では、（2）につながる課題を記述すれば、全体としてまとまりのある論文に仕上がります。

例題のキーワードは、「オリンピック、パラリンピックの成功」と「魅力ある国際都市」です。

（1）ではまず、オリンピックを成功させることが都政にどのような好影響を与えるのかを記述することが求められます。論文例では、オリンピックの開催が大きな経済効果につながる旨の記載がありますが、これに追加して「インフラの更新や整備により東京が更なる発展を遂げるきっかけとなる」などと記述できると、より良い論文になります。

次に、オリンピックの成功と国際都市化の必要性を記述します。これは、論文例の通り、オリンピックの開催により世界中から人や企業が東京に集まってくるため、これまで以上に魅力ある国際都市へと成長しなければならない旨を記述すれば良いと思います。

なお、論文例では、取り組むべき三つの課題を（1）に書いていますが、もし（1）が長くなりそうであれば、無理して（1）に書く必要はありません。

（2）では、具体的な課題と対応策を三つ記述しています。「国際都市」という言葉を聞くと、まず「多言語対応の必要性」が思い浮かぶところですが、東京に滞在する外国人が安心かつ快適に暮らすための政策として、「防災対策」や「美しいまちづくり」などにもつなげて書くことが可能です。もし、準備した論文とは違うテーマが出題されたとしても、東京の魅力向上という観点から、自分の用意した論文がうまく活用できるかを良く考えて、落ち着いて取り組んでください。

論文例では、一つ目の取り組みとして、高度防災都市の実現を挙げています。日本は他国と比べて地震が多いと書かれていますが、国際都市を目指す上で高度な防災都市を実現する必要性の記述が弱いです。「東京では、海外の都市と比べて地震が多いため、外国人が安心して滞在できるようにするためには、一層の防災対策が急務である」など、理由をよりはっきりと書いた方が良いと思います。なお、高度防災都市の実現は、日本特有の弱点の克服の意味合いが強いため、魅力的な国際都市をPRする取り組みを記述する順番としては、より後ろの方が良いと思います。

二つ目の取り組みとして多言語対応を挙げています。この多言語対応がこの論文のキーポイントになりますので、一番最初にこの取り組みを記載した方がより良い論文となります。また、「日本を訪れる外国人の多くは」の部分については、アンケート等の具体的な数字を挙げると、より説得力があります。なお、論文例のように、都政が推進する多言語対応について調べた内容を自分の言葉で表現できれば良いと思います。

三つ目の取り組みとして、省エネ都市と美しいまちづくりの整備を挙げました。まず、全体として、魅力ある国際都市を推進する上での省エネ都市や美しいまちづくりの整備を行う必要性についての記述が少ないです。例えば、「電力の安定供給や情報機器を十二分に利用できる都市基盤は、国際都市の必須条件である」とか、「緑化事業の推進は、潤い空間の創造につながるため、魅力ある国際都市を形成するために必要である」などと記述できれば良いと思います。

また、取り組みについては、省エネ都市という題名からすると、再生可能エネルギーの普及とともに、最近話題となっているスマートエネルギー都市や水素社会の実現なども取り上げると良いと思います。さらに、美しいまちづくりの整備については、緑化事業の推進や交通網の整備だけでなく、東京の歴史や文化との融合についても言及するとより良い論文となります。

最後のまとめについては、新たな意見をここでは書かないようにし、繰り返しになっても構わないので、（1）で記述した内容を要約して書くとともに、主任としての決意を簡潔に書いてください。

区のPR動画を一般公募

グランプリは実話に基づく作品

江東区

江東区では、区としては初めての企画となるPR動画コンテスト「熱いまちKOTO動画アワード」を開催しました。これは、2016年3月に策定した「江東区ブランディング戦略」に基づいて進めているPR事業の一つとして実施したものです。

本区は、20年に開催される東京2020オリンピック・パラリンピック競技大会で数多くの競技会場が整備され、大会の中心地の一つとなることから、大会開催時には世界の注目が江東区に集まり、来訪者の増加が見込まれます。そこで、大会開催を絶好のタイミングと捉え、これを契機に区のPRを展開するため、江東区ブランディング戦略を策定するとともに、ブランドコンセプトである「SPORTS & SUPPORTS KOTO City in TOKYO スポーツと人情が熱いまち江東区」を合言葉に、区の魅力を国内外に積極的・戦略的に発信するための取り組みを開始しました。

グランプリに輝いた動画『あなたは好きですか、江東区。』

区民との協働で機運醸成

区の魅力を発信していくツールの一つとして検討を進めたのがPR動画の制作でした。近年は全国各地の自治体で自分のまちをPRする動画を制作しています。メディアにも度々取り上げられ、大きな反響を呼んでいるPR動画も数多くあります。その土地の人や自然が美しく描かれているもの、感動的なもの、高度な技術を駆使したもの、手作り感たっぷりでほのぼのするもの…などなど。本当によく考えられていて感心してしまいます。

では、自分たちのまちのPR動画はどのように制作し、どのように発信していくべきか。それを検討していく中で、区が独自に制作するのではなくて、区民が制作に参加できる方法を考え、一般公募によるPR動画コンテストを開催することにしました。

コンテストを開催し、一般の人たちが参加することによって、区と区民の皆さんが一体となって協働して、区の魅力をPRしていこうという機運の醸成につながることが期待できます。加えて、行政だけではくみ取れないけれど、区民が感じている区の魅力について新たな発見があるのではないかと考えたからです。

作品の募集期間は、1月11日から2月28日までの約1カ月半。多くの作品を集めるには決して十分な期間とは言えませんでしたが、様々な広報媒体を活用して周知を図った結果、最終的には98作品の応募がありました。

今回は初めてのコンテストということもあり、あえて特定のテーマを指定せず、制作者が感じる区の魅力を自由な発想で作品にしてもらいました。そして、重要視したのが、誰でも気軽に参加できることです。プロが撮影したようなクオリティーの高い作品だけではなく、スマートフォンで撮影した簡単な動画でも応募してもらえるようにするために、YouTubeへのアップロードを中心とした募集方法としました。

募集開始直後は応募数が伸びず、コンテストが成立しないのではないかという不安もありましたが、期間終了直前に多くの作品を応募していただくことができました。数多くの素敵な作品を制作してもらえたうれしさもありましたが、相当数の作品の応募をいただき、初めてのコンテストが成り立ってホッとしたというのが正直な感想です。

第1回「熱いまちKOTO動画アワード」表彰式

7月に第2回を開催予定

審査には特別審査員として、テリー伊藤さんに参加してもらい、最終審査をお願いしました。

審査の結果、グランプリ作品となったのは、『あなたは好きですか、江東区。』です。この作品は、新たに江東区に引っ越してきた住民が、区内で開かれたトークイベントに参加したことをきっかけに、以前から区内に住んでいる住民との交流を深め、仲間になり、江東区の様々な顔を知り、いろんな人たちと出会い、人情に触れ、江東区の魅力を感じていくという、実話を基にしたストーリーです。

江東区は、江戸時代からの旧市街地に根付く下町人情や、埋め立てにより開発された臨海部に代表されるマンション建設が進む新しい街としての部分など、多彩な面を持ち合わせています。そんな、現在の江東区らしさが表現された作品なのではないかと思っています。

グランプリ作品は区ホームページや各種イベントで紹介するほか、今夏には江東区内の映画館でスクリーン広告として放映するなど区のPRに活用していきます。

グランプリ作品以外にも、区の魅力を伝えたいという熱い思いが伝わる作品を数多く応募していただきました。7月には、早くも第2回「熱いまちKOTO動画アワード」を開催する予定です。コンテストをさらに良いものにして、区民の皆様と共に江東区をPRしていきたいと思います。

（江東区オリンピック・パラリンピック開催準備係長　安齋圭）

問われる 公共サービス ―公務員の存在―㊤

市職員は新会社に「転籍」

大阪市下水道事業は今年4月1日付で、大阪市が100％出資するクリアーウォーターOSAKA㈱へ移行した。下水道事業に携わった市職員約700人のうち、ほぼ90％にあたる約630人がこの新組織に「転籍」（非公務員化）した。上下水道の民営化の流れは、都庁や全国の自治体のインフラ整備にどのように影響するのであろうか。3回の連載で迫る。

クリアーウォーターOSAKA㈱は、大阪市が保有する約4900㌔の下水管、58カ所のポンプ場などの運転・維持管理を行う。指定管理者制度ではない。契約は5年間だが、5年後、あらためてPFI・コンセッション（公共施設運営権の民間事業への譲渡）に移行する予定だ。

今回の大阪市下水道事業の新会社への移行により、市職員は次のように処遇された。

■「自主退職」を選んだ職員も

大阪市は当初、下水事業のPFI・コンセッションに移行（譲渡）することに伴い新会社へ全員転籍するが、職員がこれを拒否した場合、分限免職もある旨を職員に説明してきた。だが、結果としてこれを回避した。

まず、現業職のうち約30人の特別枠を設けて、試験・選考（能力認定試験・選考のこと）に合格した者については、クリアーウォーターOSAKA㈱へ「転籍」せずに、事務職や技術職に配転された。現業職から行政職に「合格」した職種の内訳は、土木約15人、機械約5人、事務約5人など計約30人。

また、合格できなかった現業職の一部には、希望して清掃等の他の職場に異動した者も若干名いる。

新組織クリアーウォーターOSAKA㈱に「転籍」した約630人のうち、約30人が新組織へ形式的な「退職出向」をする予定だ。3年程度で大阪市へ「復帰」する（公務員の身分に戻る）人も認めることになった。

この「例外」は、2015年にPFI法が改正され、公務員が営利企業であるPFI運営会社に派遣・出向され、期間が終わった後に公務員として復帰することが可能となったためだ。また、PFI運営会社に「退職出向・派遣」した数年後、公務職場に「復帰」（公務員の身分に戻る）した場合、将来正式に退職する時に支給される退職手当は、派遣・出向期間を100％通算することになっている。これは既に仙台空港などで国家公務員に適用されている。

なお、今回の大阪市下水道事業で、約3年後に公務職場に復帰予定の形式的な「退職出向」をする予定の約30人を除く約600人は、今年3月末で「公務員としての退職金」を全額受け取っている。

最後まで新組織への「転籍」と「能力選考」等による他の職場への配転も拒否した職員はいたが、結果として「自主退職」を選んだ。このため、分限免職はなかった。

■海外勤務命じられる可能性も

新組織クリアーウォーターOSAKA㈱は、勤務先が「国内外」となっている。大阪市の職員であった時には、特別な場合を除いて大阪市内での業務に専念していたが、今後は他の県や市、あるいは海外勤務を命じられることがある。ただし同社は当面、それを予定していないという。

大阪市はこれまで東洋エンジニアリング㈱やパナソニック環境エンジニアリング㈱と組み、海外で実証試験と視察を行っている。

また、日本政府も09年の閣議決定「新成長戦略（基本方針）」に基づき、アジア経済戦略として、「新幹線・都市交通、水、エネルギーなどのインフラ整備支援や、環境共生型都市の開発支援」として、官民あげて取り組んでいる。

今後、「国際貢献」というよりも、環境・エネルギー・資源を営利目的にした産業に発展させる予定だ。また、PFI・コンセッション化は水道法など関係法の改正を一層進めることになるだろう。

（PFI・コンセッション〈公共施設運営権の民間事業への譲渡〉及び日本版TUPE〈事業譲渡と雇用保護法案〉研究会代表　石田誠）

MEMO　包括的民間委託　包括的民間委託を規定する法制度は存在せず、その定義は一般的に定まっているものではない。また、実務上の通知及びマニュアル等も、下水道分野のみとなっている。総務省によると「包括的民間委託」とは、公共施設等の管理において、複数業務を複数年度の間、業務委託することと説明している。なお、複数業務については、複数の施設（事業分野）をまたいで包括する場合と、同一施設（事業分野）における複数業務を包括する場合がある。

とうきょうと川柳会

●5月の宿題1「子ども」

肩車父より遠い空を見る　石川　和巳

ブランコが揺れて帰らぬ子が一人　石川　和巳

おかげさま親を案じる子に育ち　斎藤　弘美

☆チョコザイな大人の急所突いてくる　きんぎょ

●5月の宿題2「貼る」

貼り紙の時給だけなら好景気　西谷美恵子

言い過ぎた口に貼っても滑る口　佐野　和利

お知らせを一杯貼った冷蔵庫　三浦　節子

☆稟議書に付せんの花が咲き乱れ　横塚　隆志

（☆印は選者の句）

とうきょうと川柳会のご協力で本紙読者からも川柳を募集します。6月の宿題は「ファッション」と「青い」で、それぞれ各3句以内を作句し、Eメールでhenshu@toseishimpo.co.jp宛てか、ハガキで編集部宛てにご応募ください。6月13日必着。

ミニガイド

◇「6.26国際麻薬乱用撲滅デー」都民の集い　▷内容　薬物乱用のない社会を目指して、全国で展開されている「ダメ。ゼッタイ。」普及運動（6月20日から7月19日まで）の一環。街頭キャンペーンを展開しながら、薬物乱用防止のメッセージを強力に発信する▷日時　6月25日㈰午後1時半～4時まで▷会場　池袋西口公園（最寄り駅：JR線池袋駅）▷主催　東京都、東京都薬物乱用対策推進本部、東京都薬物乱用防止推進協議会、厚生労働省、（公財）麻薬・覚せい剤乱用防止センター

◇井の頭自然文化園シリーズプログラム「身近ないきもの探検隊」第1回「文化園いきもの調査隊！」参加者募集　▷内容　いきもの探しの名人と一緒に文化圏内にある自然を巡り、普段は見過ごされがちないきものたちを探す▷日時　6月24日㈯　午前10時～12時半（雨天中止）▷場所　井の頭自然文化園園内▷対象　小学3年生以上（保護者もプログラムに参加可能。子供のみでの参加も可能）▷定員　30人（保護者を含む）▷持ち物　帽子、飲み物▷参加費　無料▷応募方法　〈往復はがき〉往信面に参加希望者全員の氏名（ふりがな）・年齢（学年）、代表者の住所・氏名・電話番号を記入し、返信面に代表者の住所・氏名を明記。宛先は、〒180・0005　武蔵野市御殿山1の17の6　井の頭自然文化園「身近ないきもの探検隊　第1回」係〈メール〉tankentai@tokyo-zoo.net宛てに、件名を「身近ないきもの探検隊　第1回」とし、本文に参加希望者全員の氏名（ふりがな）・年齢（学年）、代表者の住所・氏名・電話番号を記入▷締め切り　6月13日㈫（当日消印有効、メールは13日㈫送信分まで有効）

都政新報
発行所 都政新報社
〒160-0023 東京都新宿区西新宿7-23-1 TSビル
〈総務・読者〉03-5330-8781
〈企画広告〉03-5330-8784
〈編集〉03-5330-8786
〈出版〉03-5330-8788
〈ファクス〉03-5330-8808
購読料 月1,730円(税込)
毎週火・金曜日発行
ただし、祝日は休刊

紙面から

大枠で合意も 残る疑心暗鬼

五輪の経費負担問題

五輪の経費分担に関する連絡調整会議が5月31日に開かれ、都と国、大会組織委員会、各関係自治体の4者は、都が提案した五輪の役割・費用分担の大枠に合意した。都が6千億円以上の負担を決めたことで、混迷していた大会準備がようやく前進することになったが、合意では具体的な金額には踏み込まず、参考資料として「概算」が示されるにとどまった。また、役割分担は都や組織委が仮設費用などを分担するとした五輪招致時の立候補ファイルなどを踏襲しており、関係自治体の関係者からは「ようやくスタートラインに立った」と協議の遅れを指摘する声もある。

今回の合意で、都は懸案事項となっていた都外の関係自治体が所有する施設の仮設費用や貸借料、営業補償費を負担することなどを決めた。

一方、組織委は民間や国の仮設施設、大会運営に関する経費を負担。国はパラリンピック経費の一部を負担し、新国立競技場の整備や国として担うべきセキュリティーやドーピング対策を実施することが決まった。

都と組織委の負担は概算でそれぞれ約6千億円、国の負担はセキュリティーやドーピング対策など1500億円とされた一方、都外会場周辺の輸送・セキュリティー費用の350億円を誰が負担するかは、自治体側の強い反発を受けて明記されなかった。

関係自治体の役割分担は、大会時に都市や市民生活に与える影響を最小限にするため、輸送・セキュリティー対策など「自治体として担う業務を実施する」という内容。具体的な内容や金額などは今後、個別に精査することになる。

また、大会準備の進行管理を強化するため、物品の発注などで公費を投入する共同事業については、4者で「共同実施事業管理委員会」を設置し、コスト管理と執行統制の強化を図る。共同事業を一元的に執行するため、組織委に特別勘定を設置することも合意した。

分担内容について、宮城県の村井嘉浩知事や福島県の内堀雅雄知事など、多くが賛成を表明。一方で、埼玉県の上田清司知事は関係自治体が担う業務を「自治体が通常行うものでいいのか」と改めて確認。また、神奈川県の黒岩祐治知事は合意を歓迎したが、「2013年に都が県に送った保証書で『通常無償提供している行政サービスを提供していただくのみで、貴県には迷惑をかけない』とされている」と念押しするなど、経費の押しつけに対する疑心暗鬼も垣間見えた。

今後は事務レベルで会場ごとの使用期間などの精査が進められ、4者が連携して経費縮減を進めることになる。

組織委の森会長らと笑顔で話す小池知事＝5月31日、関係自治体等連絡調整会議で

【解説】今回の合意は関係自治体にとって、仮設費用や大会運営費を都と組織委が負担するという立候補時点の原理原則を確認する内容だ。「非常にシンプル。なぜ今までこれができなかったのか」（他県幹部）という声がある一方、都や組織委は「合意は大きな一歩」（小池知事）、「一歩どころか数歩進んだ」（武藤敏郎事務総長）と高く評価。大枠合意までの都と組織委、国の調整の難航具合がうかがえる。結果として、都が相当の負担を受け入れることで協議は前に進んだ。

地は固まったか

それでも会場見直し問題などで協議を「停滞」させた小池知事に対して組織委の森喜朗会長の不満はくすぶる。調整会議の冒頭で分担が進まなかった経緯を説明し、関係自治体には「（都の）都政改革本部の提案など、紆余曲折でご迷惑をおかけした」とわびるなど、禍根を露骨に示した。

政争の具となり、関係自治体を巻き込んで混乱を来している大会準備だが、小池知事は会議後、「地は固まった。大会を3年後に控え、準備を急がなければならない」と話し、「政局でもてあそぶ時間はない」と断じた。

大枠合意を受けて各関係者は「今後は大会準備を加速したい」との立場で一致しているが、知事には1日に開会した都議会での説明と負担への理解を得るという大仕事が待っている。まだ足元はぬかるんでいる。（南）

決戦の構図 2017都議選を占う⑪

選挙の顔

小池人気で巻き返しへ

「改革のスピードを上げていくという観点から（都民ファーストの会の）代表を務める」。5月30日の都政改革本部の会合後、小池知事は報道陣に、特別顧問から「選挙の顔」となる代表に就任する狙いをこう語った。

選挙1カ月前の突然の代表交代は、都民ファーストの支持率が自民党よりも低い世論調査を踏まえ、一刻も早く巻き返しを図り、多くの支持を集めようという焦りがうかがえる。

都民ファーストの候補は、東大や京大出身者、弁護士、公認会計士などエリートぞろいだが、各選挙区での知名度不足が最大の課題だ。候補の一人は「『都民ファースト』イコール『小池新党』とはあまり知られていない状況だが、知事の代表就任で関係性がはっきりする。都民ファーストにはプラスに働く」と話し、得票数が増えることに期待をかける。

小池知事は代表就任前から、候補者の全員当選を目指して東奔西走している。

ある他党の都議によると、定数の多い選挙区で、知事が都民ファーストの候補の応援に駆け付けると人だかりができ、知事が帰ると聴衆がほとんどいなくなったという。同都議は「小池人気しかなく、今のままではこの候補が勝てると思えない」と分析するが、「小池知事が代表となった今、何度も応援に入れば、当選圏内に浮上するかもしれない」と小池旋風を警戒する。

ただ、1日の都民ファーストの総決起集会を境にした代表交代は、野田数前代表の疑惑が絡んでいるのではないかとの見方がある。野田氏はアントニオ猪木事務所の公金を着服していた疑惑で刑事告訴されており、自民党都議の一人は「野田氏が代表を務めているのはマイナスイメージでしかなく、野田降ろしだろう」と推測した。

自民は都民ファーストによる保守票の切り崩しを阻止しようと必死だ。同党は総支部の定期大会などで野田氏の着服疑惑を支援者に報告し、今後も広めていく考え。また、知事が地域政党の代表を兼務することに、別の自民都議は「仮に知事を支援する勢力で都議会の過半数を握れば、知事が議会を抑え込み、知事の言いなりになる恐れがあり、議会のチェック機能が損なわれかねない」と批判し、有権者にも訴える考えだ。

共産党は、世論調査で一部の支援者が都民ファーストの候補者に投票するとの結果が出ていることに、強い危機感を示す。同党のベテラン都議は「都議選後に知事が暴走した場合、食い止めるのは共産」と力を込める。現有の17議席を死守するためにも、自民党の批判勢力の受け皿を目指し、「共謀罪」法案への反対などを訴えていく。

一方、民進党は現職の大半が離党したが、自ら離党したというよりも、都民ファーストに引き抜かれたというのが実態に近い。これは都民ファーストの候補者が不足していることの裏返しでもある。

知事の都民ファースト代表就任のインパクトは大きく、他党は無党派層への訴求力も高まると危機感を募らせる。ただ、都民ファーストが都議選で躍進しても、選挙後は市場問題の着地点など重い課題が残されている中、都民ファーストが知事を追認するだけであれば批判は免れない。本当に「都民ファースト」の視点に立てるのか、7月2日に都民の審判が下されることになる。＝おわり

都民ファーストの代表に就任すると語る小池知事＝5月30日、都庁第一本庁舎7階で

第2回定例都議会が開会

知事「無害化できず」謝罪

市場問題 都や議会の責任を強調

第2回定例都議会が1日に開会し、小池知事は初日の所信表明で、市場移転問題を釈明した。

知事は冒頭、移転延期理由は安全性への懸念であり、地下水のモニタリング結果を見守ることにあったと説明。その上で「都議会が付帯決議をした『無害化』は達成できていない」との認識を示した。

また、「無害化を約束したのは専門家会議ではなく、かつての都知事、東京都だ」と語気を強めて指摘。市場業者や都民に対しては「約束を守れなかったことを都知事としておわびする」と謝罪し、これまでの知事や議会の責任を強調した。

さらに、市場問題は「どちらが安全か、安心かという一点で捉えるべきではない」と主張。ロードマップに沿って総点検を進め、築地市場の水産物取扱量の減少などの変化を踏まえ、総合的な判断を下すとした。

東京五輪に向けた準備では、「オールジャパン」での取り組みを訴えた。費用負担問題では「開催都市として主導的に調整を行い、関係者間の合意に至った」と胸を張り、今後は関係者が一丸となって大会準備を加速すると説明した。7月24日から9月6日までの大会期間を日本中に印象づけるため、ラジオ体操を活用した機運醸成を重点的に行う方針を示した。

現任最後の定例会となる都議らに向けてはねぎらいの言葉を掛け、更なる改革に向けて「同じ志を持つ皆様と共に歩んでいきたい」と一部会派にエールを送った。

都議会

小池知事が文教委出席

都外仮設負担を説明へ

五輪の都外仮設費用を都が負担する問題で、都議会は5日の文教委員会に小池知事の出席を求め、同日質疑を行う。小池知事は出席要請に応じる見通し。

5月29日の文教委で、自民党の川松真一朗氏が知事出席を求める動議を提出。自民以外の会派は「本会議で質疑が可能」「当初予算や補正予算の審議の場で行うべき」などと反対意見を述べたが、委員長を除いた13人の委員のうち、自民都議7人が賛成して可決した。同委員会は常任委員会で唯一自民党が単独過半数を維持している。

負担問題の扱いを巡っては、共産党の植木紘二氏が委員長を務める文教委と、自民党の髙島直樹氏が委員長の五輪特別委との住み分けが焦点となり、両委員長による協議が行われていたが、折り合いがつかなかった。

川松氏は「五輪準備局のお金に関わることは、所管である文教委で議論を深めるべき」と動議提出理由を説明した。

知事による報告と質疑は都外の仮設費用に関する都の負担に限って行われ、自民以外の各会派も質問を行う予定。

都政の東西

求めるもの

現在、日本全国で50万人以上もいると言われている「ひきこもり」。10〜20代にかけて何らかのつまづきがあり、そのまま40〜50代まで引きこもり続けてしまうケースが多い。一度レールを外れてしまうと這い上がるのが難しいのが日本社会の現状だ。

そうしたひきこもりの若者を支援しようと、都青少年問題協議会の若者支援部会は5月30日、ニートや非行少年などを含めた社会的自立が困難な若者の就労について話し合った。

専門家によると、ひきこもりへの支援でまず必要なことは現状を世間に知ってもらうことだという。（公社）青少年健康センターで30年近く引きこもりの支援を続けてきた井利由利委員は「ひきこもりになる人は、まじめで規範意識が強い人が多い」と説明し、「『働かないと』と思いながらも、外へ出られない自分への嫌悪感が募り、悪循環に陥る現状がある」と述べた。

また委員らは、ひきこもりへの途切れない連続的な支援の必要性にも言及。中学、高校と新しい環境になじめずひきこもりになる中高生は多いが、そうした子供が、ひきこもりのまま成人した時、どこに相談し、どういう支援を受ければいいのか分からない場合が多いことも指摘した。

こうした支援策を議論する中で、委員らが特に強調したのは、一人ひとりと向き合うことの重要性だ。どんなに効果的に見える支援策でも、「本人不在」では意味はない。

都では、今年度から都青少年・治安対策本部が若者総合相談センターを設置し、夏には来所相談も始める。一人でも多くのひきこもりと向き合い、どんな支援を求めているか、多くの声を拾い上げることが期待される。

都、新たな対応方針示さず

豊洲市場の住民訴訟で

豊洲新市場の用地取得を巡り、石原元知事に約578億円を損害賠償請求するよう都に求めた住民訴訟の口頭弁論が5月31日、東京地裁で行われた。小池知事が1月の会見で、石原元知事への損害賠償責任はないという……

……資料を精査しているためだという。東京地裁からは8月7日の原告団との……

都民60人を対象に豊洲の見学会開催

都中央卸売市場

都中央卸売市場は、都民を対象に豊洲新市場の見学会を14日に初めて開催する。午前と午後の2部に分けて2時間ずつ実施し、計60人程度の参加者を募集する。自民党や公明党の要望などを踏まえて実施に至った。

見学場所は、都民の関心が高い地下水管理システムや観測井戸、水産仲卸・卸売場棟、青果棟の施設内など。主要施設下にある地下空間は見学対象外とした。中央卸売市場は「照明もなく、配管があるなど安全管理上に支障があり、通常は立ち入り禁止としているエリアなので、見学する前に地下空間の写真を使って、現状を説明する」（管理部）と話している。

見学会は、生鮮食料品を扱う卸売市場の現状を見てもらうのが目的だという。見学後はアンケートを実施し、今後も見学会を本格実施するかどうか検討するという。

東京オリ・パラ経費負担問題で大枠合意、参加者のほとんどが決めることの快感体験

「めでてェな、ソレ、ヨヨイのヨヨイのヨイ!」

――黒町・伝七親分

江東5区

広域避難推進協が初会合

共通ハザードマップ策定へ

海抜ゼロメートル地帯が広がる墨田、江東、足立、葛飾、江戸川の5区は5月29日、大規模水害時に広域避難を行うための方策を検討する「江東5区広域避難推進協議会」（座長＝多田正見江戸川区長）の初会合を開き、来年8月をめどに5区共通のハザードマップと避難行動計画を策定する方針を決めた。千年に一度の大規模水害が発生した場合、5区のほぼ全域が水没すると想定され、広域避難のための支援を国や都から引き出すとともに、住民の防災意識の啓発を図るのが狙い。

同協議会は、5区が関東・東北豪雨を機に2015年10月に立ち上げた「江東5区大規模水害対策協議会」でまとめた「避難等対応方針」を具体化する目的で組織した。協議会は5区長を委員とし、部長級で構成する幹事会には内閣府や東京都総務局も加わる。また、警視庁や気象庁、高速道路会社、鉄道会社などがオブザーバーとして参加する。

「江東5区広域避難推進協議会」の初会合＝5月29日、グリーンパレス（江戸川区）で

協議会では、来夏までに5区全域を区域とするハザードマップの策定を決定。各区はそれぞれ水害時のハザードマップを策定済みだが、5区共通は初。荒川や江戸川などが氾濫し、高潮が同時発生する「千年に一度の最悪の事態」を想定して浸水区域を示すとともに、発生時の避難先や移動方法などを定める考えだ。

ハザードマップと併せて策定する共通の避難行動計画では、各区の避難場所や避難開始時刻、交通手段などが重ならないよう「全体最適」の視点で調整を図り、5区の避難行動を円滑化する。

江東5区の人口は約256万人。洪水と高潮が同時発生した場合、ほぼ全域が浸水すると予測され、浸水する地帯の人口は約250万人にのぼるとみられている。広域避難を巡っては、江戸川区と葛飾区が隣接する千葉県内の自治体と協定を結んでいるが、残る3区は避難の取り決めを交わしていない。

ゼロメートル地帯が区の面積の7割を占める江戸川区防災危機管理課は、「5区が共同で想定を示すことで、被害の規模がどれだけ広範にわたるか住民がイメージしやすくなる。また、国や都が広域避難の支援に乗り出すための影響力もある」と力を込めた。

痛み分けの仕組みを

【解説】　全国的に局地豪雨の頻度が上がり、台風が大型化し、水害のリスクが高まっている。5区共通のハザードマップは同じ地勢で、区外に逃げざるを得ない〝運命共同体〟の5区が足並みをそろえて被害者ゼロを達成する第一歩として期待されている。

また、協議会が昨年出した避難等対応方針では、水害が発生する3日前に自主的な広域避難を呼び掛け、1日前に広域避難勧告を出すと方向づけている。協議会のアドバイザーを務める片田敏孝・東京大学大学院情報学環特任教授は「行政が情報を早く出して空振りすることをちゅうちょしている。相手が自然である以上、どんなに予報の精度を上げても不確実性が残る。行政が出した指示が外れても、住民が容認する社会機運になるのが重要」と指摘し、ハザードマップの公表は社会全体の意識を変革するきっかけにもなるとしている。

水害への危機意識を広め、正しく恐れる社会意識の醸成は不可欠だ。一方で、広域避難の実行計画がどこまで詰められるかは、「今後の議論」として固まっていない。調整には避難先の指定も、都や国の支援が不可欠として具体化していない。

被災程度に差はあっても、どの自治体も住民の安全を守る責務を抱えている。被害を「見える化」して避難の受け入れを求めるからには、避難先に負担が偏らないよう、避難する側と受け入れる側の双方が痛み分けをする仕組みの検討を同時並行的に進める必要がある。5区によるハザードマップと避難行動計画の作成には、災害大国日本の中で建設的な議論を呼び起こし、全国に波及する成果を出す使命を含んでいる。　（伊）

練馬区

ひとり親家庭支援を強化

夜間対応の相談窓口開設

練馬区は1日、ひとり親家庭を対象とした専門総合相談窓口を開設した。電話かインターネットで予約すれば、平日は午後8時まで対応し、第2・第4土曜日も午前10時から午後4時まで開設する。区が昨年度に行った調査で、生活全般から就労、子育てなどの悩みを抱えるひとり親家庭の半数以上が区の支援事業を「知らない」と回答したことを受け、事業の利用を促し、自立につなげるのが狙い。

窓口は、ひとり親家庭の利用が多い児童手当窓口がある区本庁舎10階に併設。家計相談を担うファイナンシャルプランナーと就労支援に詳しいキャリアカウンセラーの専門家2人が常駐する。各家庭の事情に応じたプランを作成し、生活の安定化を図る。窓口の利用状況に応じ、開設時間や休日相談の充実を検討する方針。

区生活福祉課によると、昨年度の調査では、ひとり親の約4割が経済上の理由で就職や転職を経験したという。相談では、人手不足で就労に有利な看護師や保育士の資格取得で教育機関に通う場合に生活費として月額約14万円を給付する支援制度などを紹介し、生活基盤の強化を図る。

また、子育て面では、調査で最も多い57％が悩みに挙げた進学面での支援策として、8月から実施する家庭訪問型学習支援事業の利用を呼び掛ける。事業は小4～中2の児童・生徒がいる30世帯が対象で、学習塾を運営する民間法人に委託し、来年3月まで月3回、1回当たり2時間の個別指導を行う。

区は5月16日に専用サイト「ひとり親家庭支援ナビ」を開設し、支援制度を紹介。サイト上で窓口の予約ができる。生活支援課は「窓口やサイトを役立ててもらい、ひとり親家庭の親子が安心して暮らしていけるようになれば」と話している。

児童委員の役割拡大

民生委員のまなざし　制度創設100周年（下）

期待と負担

「ネグレクトを受けている子供は、見ればすぐに分かる」――江戸川区の民生・児童委員（民生委員）で、区の民生児童委員協議会東部第二地区の金子敏枝会長はこう語る。家庭で朝食のない児童や不登校傾向の児童など問題を抱える子供には、「いっぱい給食を食べてね」などと声を掛ける。金子会長は語る。「地域は知っている」

近年は児童虐待や育児困難、子供の貧困など子供にまつわる地域福祉課題が取りざたされ、児童委員としての役割が増大した。

民生委員制度発足時は生活困窮者が支援対象だったが、戦後は高齢者が中心となる時代が長かった。当時の民生委員の認識について、東京都社会福祉協議会民生児童委員部の荻野剛部長は「児童委員の活動が陰に隠れた時代」と指摘し、「児童委員になることを知らないまま民生委員になる人も多かった」と振り返る。

転機は1994年に制度化された主任児童委員の誕生だ。子供の支援を専門とし、担当区域は持たずに当該自治体の全エリアを受け持つ。荻野部長は「主任児童委員制度により、自分たちは児童委員も兼ねていると思うようになった」と語る。

都内では▽民生委員▽児童相談所（児相）▽学校▽子ども家庭支援センター――による地区連絡協議会、通称「四者協」を月1回以上開催し、情報共有を図っているが、メンバーの一員として、区立児相設置に対する民生委員の期待は大きい。

現在、江戸川区を管轄する児相は江東区内にあるため、金子会長は「遠い。江戸川区に児相ができれば、身近に駆け込める」と期待する。また、「児相に通告してもフィードバックがない」「いざという時に来てくれない」という民生委員の声もある。

全国民生委員児童委員連合会の事務局を担う全国社会福祉協議会民生部の今井遊子副部長は「気になる家庭の子供をどこへつなぐべきかで悩む民生委員は多い。近くに児相があれば、ここにつなげばいいと思える」と基礎自治体の児相設置に前向きな見解を示す。

地域の高齢者に寄り添う江戸川区の民生・児童委員（左）

活動量が増加

「民生委員には、フルに働いてもらっている」と話すのは、渋谷区福祉部管理課の担当者だ。子供の問題だけでなく、地域福祉課題が山積する昨今。都内民生委員の活動日数は、ここ30年で約2倍になり、委員1人当たり月平均でも約3日増加するなど、負担は重くなっている。中でも、地域でのサロン活動などとともに、電球の交換や庭木の剪定、買い物など、日常的な支援件数の伸びが目立つ。

荻野部長は「介護保険制度のサービスを拒否する高齢者など、『制度のはざま』の問題があり、活動の幅が広がり、ジレンマを抱えている」と話す。

活動量の増加に対し、東京都民生児童委員連合会は「班体制の確立」を2026年度までの活動強化方策の柱の一つに据えた。経験や性差、家庭の介護など様々な事情を抱えた民生委員がおり、近隣の担当地区の委員4～6人が班を組んで、相互協力する体制を構築する方針だ。

民生委員制度が誕生してから100年。地域社会を取り巻く環境は大きく変わり、それに応じて民生委員に求められる役割も変遷した。来年は東京で民生委員の基となる救済委員制度が誕生してから100年でもあり、荻野部長は「民生委員の原点である訪問・相談活動に立ち返るという観点で臨む」と語った。

＝おわり

記者席

馬が取り持つ両国の交流

○……「森友（学園）事件で財務省が記録を取っていなかったという話が出て来て、国民の問題意識が高まっている」。5月末の都政改革本部会議。議論が公文書管理に及ぶと、上山信一特別顧問がこう指摘する一幕があった。「都庁でああいうことはないと理解していいか」

事務方は即座に「ないと思う」と回答。豊洲の盛り土絡みで問題化した文書管理の在り方は、意思決定に関わる会議で議事要旨を作るなど、見直しの姿勢を明確に打ち出した。

一方、国では防衛省が南スーダン日報を一時、「破棄」したり、文科省が「総理の意向」の記載文書の存在を否定するなど依然、紛糾中。「公文書管理不信」は当面ぬぐえそうにない。

○……荒川区議会が5月30日に開いた2017年度定例会開会会議で、全常任委員長に女性が就任することが決定した。「偶然」（区議）だというが、同区議会では初めて。総務企画委員長に就任した自民党の明戸真弓美区議は3期目で、「若手に任せても良い時期に来たと思ってもらえたのでは」と話す。

内閣府の調査によると、15年12月末時点の女性議員比率は、都道府県議会で9・8％、市区議会で14・5％。いずれも前年同月比より微増しているものの、男性議員の方が圧倒的に多い。来月の都議選は無党派層の関心の高まりで投票率のアップが期待されるが、女性議員の躍進につながるか。

○……特別区競馬組合は4日、韓国ソウル競馬場で実施される国際交流競走に、大井競馬所属馬2頭と騎手2人を遠征させる。今回で5度目の開催で、2013年の第1回競争では、大井競馬所属のトーセンアーチャー号が勝利。鞍上は先月、地方通算7千勝を飾った的場文男騎手だった。

韓国馬事会（KRA）から地方競馬全国協会に打診があり、大井競馬場との協定締結に至った。特別区競馬組合経営企画課によると、KRA側は国際化を進めて韓国競馬の競争格付けを上げる狙いがあったというが、両国の国際親善を深めるのも目的。北朝鮮の相次ぐ弾道ミサイル発射に揺れる東アジアだが、馬を通じた明るい話題だ。

23区議会

6月定例議会が開会

品川区議会は都議選後に

杉並区議会の第2回定例会が5月30日に開会し、7月6日の品川区議会まで23区の定例区議会が順次開会する。23日告示、7月2日投開票の都議選をにらみ、現時点で12区議会が告示前の開会を予定しており、品川区議会は投開票後に開会する。中央区議会の開会日は未定。

今定例会の各区共通の議案では、3月31日に今国会で可決・成立した雇用保険法などの一部改正に伴い、失業給付に相当する「失業者の退職手当」の給付期間延長などを盛り込んだ職員退職手当条例改正案が提案される見通し。

区別に見ると、条例の新規制定では、文京区が客引きや客待ちなどの防止条例を提案。中野区はごみ屋敷の解消に向け、23区で初となる動物の不適切な飼育の禁止条項を盛り込んだ条例案を提出した。

条例改正では、杉並区が人事院規則の改正を受け、区職員の子供が保育所に入れなかった場合に育児休業の再延長を認める育児休業条例改正案を提出した。

一方、千代田区は区立外神田住宅の老朽化に伴い、区立住宅条例の廃止議案を提出する。

議案以外では、11月12日の執行が内定している葛飾区長選に向けた青木克徳区長の態度表明の有無が注目点の一つ。前回の13年区長選では、青木区長が同年の第2回定例区議会で行われた自民党区議の一般質問に対する答弁で再選出馬を表明した。

6月定例会の開会予定

区議会名	会　期
千代田	6/5～6/22
中　央	未　定
港	6/7～6/16
新　宿	6/12～6/21
文　京	6/2～6/22
台　東	6/5～6/28
墨　田	6/6～6/21
江　東	6/7～7/6
品　川	7/6～7/19
目　黒	6/19～6/30
大　田	6/15～6/26
世田谷	6/13～6/22
渋　谷	6/8～
中　野	6/1～6/15
杉　並	5/30～6/16
豊　島	6/14～7/12
北	6/13～6/22
荒　川	6/15～7/5
板　橋	6/5～6/21
練　馬	6/9～7/7
足　立	6/9～6/22
葛　飾	6/5～6/21
江戸川	6/12～6/27

江戸川区

スポーツで他市と勝負

区民ら総出で汗をかく

江戸川区は5月31日、1日に15分以上運動した住民らの参加率を自治体間で競う「チャレンジデー」に23区で初めて参加した。参加率は46.9％で、対戦相手の秋田市には8.3㌽差で勝ったものの、山口県下関市には0.4㌽差で敗れた。東京五輪の機運醸成や区民のスポーツへのきっかけ作りが狙いで、次年度以降も参加する方針。

区総合体育館や陸上競技場など運動施設に加え、タワーホール船堀やイオン葛西店など区内各所で関連イベントを実施。多くの区民らがスポーツを楽しんだ。対象は同日午前0時～午後9時までに区内にいた全ての人で、区の人口に占める参加者数で参加率を算出した。

同イベントは1983年にカナダで始まり、国内では93年から行われ、今回は全国128自治体が参加した。

新議長に鳥飼氏

荒川区議会

荒川区議会は5月30日、新議長に自民党の鳥飼秀夫氏（68）を選出した。副議長は公明党の中村尚郎氏が留任する。鳥飼氏は9期目で、議長就任は2度目。議会運営委員長や総務企画委員長、文教・子育て支援委員長などを歴任した。

鳥飼秀夫氏

礒野氏が新議長 副議長は田中氏

中央区議会

中央区議会は5月31日、第1回臨時会を開き、新議長に自民党の礒野忠氏（55）、副議長に公明党の田中広一氏（45）を選出した。いずれも初選出となる。

礒野氏は現在4期目で、議会運営委員長や企画総務委員長などを歴任した。

田中氏は現在4期目で、福祉保健委員長や監査委員などを務めた。

礒野忠氏

田中広一氏

議長は金田氏に 長井氏が副議長

足立区議会

足立区議会は5月31日、第1回臨時区議会を開き、新議長に自民党の金田正氏（45）、新副議長に公明党の長井昌則氏（54）を選出した。いずれも、初の就任となる。

金田氏は、現在3期目で、決算特別委員長や文教委員長、基本構想特別委員長、災害・オウム対策調査特別委員長などを務めた。

長井氏は現在3期目で、建設委員長や産業環境委員長などを歴任した。

金田正氏

長井昌則氏

特別区

予想される顔ぶれ

第20回都議選

▶11◀

荒川区（定数2）

2人区で唯一、公明が議席を守る選挙区。都民ファーストは公認候補を擁立せず、公明と民進離党の無所属2人を推薦し、議席確保を狙う。

相馬堅一氏

慶野信一氏

﨑山知尚氏

西野晃氏

瀧口学氏

自民は、現職2期で都議会政調会長の﨑山知尚（51）を公認した。前回トップ当選で獲得した2万2千票を確保するとともに、「他党に流れた自民支持層の票を取り戻す」（区議）と意気込む。

公明は、勇退する鈴木貫太郎の後継として、新人で太田昭宏衆院議員の秘書を務めた慶野信一（41）を公認。党都本部は「他陣営より劣勢。地元に入って地盤の引き継ぎを急ぐ」と話す。

共産は、新人で区議7期の相馬堅一（63）を公認した。地区委員会は「前回の出遅れを反省し、昨年12月に候補を決めた」とし、15年区議選で獲得した1万5千票の上積みを目指す。

民進は、元職1期の瀧口学（46）を公認したが、瀧口が離党し、公認を取り消した。瀧口は都民ファーストの推薦を受け、無所属で出馬する。第14区総支部は「新しい候補を出す予定はない」として、瀧口の支援に回る。

諸派では、幸福実現党が新人の西野晃（40）を擁立。無所属では、いずれも新人で行田邦子参院議員の政策担当秘書を務めた山本剛（39）、サービス業店員の宮本舜馬（26）が出馬予定。共に希望の塾の塾生という。

前回の結果

◇荒川区

	氏名	党派	得票	当選回数
当	﨑山　知尚	自元	22,361	②
当	鈴木貫太郎	公現	20,203	⑦
	瀧口　学	民現	11,791	
	鈴木　賢一	共新	9,798	
	町田　高	維新	8,801	

◇板橋区

	氏名	党派	得票	当選回数
当	橘　正剛	公現	34,916	③
当	松田　康将	自新	34,634	①
当	河野　雄紀	自新	30,926	①
当	徳留　道信	共新	28,010	①
当	宮瀬　英治	み新	20,180	①
	熊木美奈子	民現	17,403	
	岡林　裕佳	維新	12,876	
	小幡健太郎	生新	4,977	
	小野塚礼佳	無新	3,170	
	栗田　弘明	無新	1,354	

《文中は敬称略》

板橋区（定数5）

前回は自民2、公明1、共産1、みんな1で議席を分け合った。下村博文自民都連会長のおひざ元で、自民2人と都民ファースト1人の「元秘書対決」が注目点。

河野雄紀氏

松田康将氏

橘正剛氏

徳留道信氏

宮瀬英治氏

平慶翔氏

木下富美子氏

熊木美奈子氏

安原宏史氏

自民はいずれも現職1期の河野雄紀（47）と松田康将（40）を擁立した。区議15人のうち10人が河野、5人が松田を支援し、地盤固めを急ぐ。松田を支援する区議は「秘書時代の担当エリアが都民ファーストと重なるため、支持層を削られるのは河野ではなく松田。厳しい戦いを覚悟する必要がある」と危機意識をのぞかせる。

公明は現職3期で都議会政調会長の橘正剛（64）を公認した。都民ファーストの推薦を受ける。3万票前後の基礎票を背景に、盤石の組織力で議席確保を図る。

共産は現職1期で都議会副幹事長の徳留道信（65）を擁立した。公明と同様に3万票前後の得票で安定しており、着実に組織を固める。

民進は元みんなで現職1期の宮瀬英治（40）を公認。都政改革など親小池色を打ち出し、無党派層の取り込みを狙う。

都民ファーストは、いずれも新人で、自民の下村都連会長の元公設秘書の平慶翔（29）と希望の塾塾生の木下富美子（50）を公認した。平は姉が女優の愛梨さん。無党派層に加え、秘書時代の人脈を生かして自民支持層の取り込みを図る。木下は女性活躍を訴える。

このほか、元職2期の熊木美奈子（55）が無所属での立候補を予定。前回選挙で落選後、14年衆院選に民主から出馬したが落選。昨年に離党届を提出し、希望の塾の都議選講座を受講していた。

諸派では、幸福実現党が新人の安原宏史（27）を擁立した。

瞳の輝きと感謝の言葉に励まされ

選挙啓発授業で見えてきた「成すべきこと」

多摩市選挙管理委員会事務局　越智　弘一

「松下幸之助」翁が言われた言葉に、「指示をして説得し、納得させるまでは簡単だ。しかし、そのことに共鳴させ、感動させ、実行してもらうことは難しい」とあります。

18歳選挙権が始まって以降、各自治体が積極的に選挙啓発事業に取り組んでいますが、多くが政治や選挙の仕組み・投票の手順を教える内容にとどまり、知識の伝達が授業の主な目的になっているように感じます。

こうした状況は、先進自治体の実例や都道府県の指導の下、参考事例をそのままの形で実施していくことに終始している現状を示しているように思えます。小中高における啓発授業の実施回数を増やしていくことを目的とし、その状況を議会等に報告することで満足してしまう傾向が、根底にあるのではないかと思います。

しかし、どうでしょうか。子供たちが成長するに伴って、そのような企みはたやすく見破られてしまうのではないでしょうか。もし、改訂された学習項目に、子供たちが「付き合わされている」と感じたら、将来の投票行動に結びつくのでしょうか。啓発事業に関わる私たちも、年齢を増すごとに投票への意欲が減少してしまう状況を見過ごして、「主権者教育をきちんと行っている」と胸を張っていいのか、という疑問が私の頭をよぎります。

投票用紙をうれしそうに受け取る子供たち＝多摩市立西落合小学校で

自信につながる投票体験

多摩市では、小学校で「給食大臣選挙」という模擬投票の授業を行っており、その際に寄せられる子供たちからの感動の言葉と鮮烈な感想は、大人顔負けの発言も多く、子供たちの心に深く残っていると感じています。

しかしながら、中学・高校生になると、規則の順守や受験による学力の選別を受けて、自己肯定感を強く持てず、無力感の中で授業を受けている生徒も見受けられるように感じます。

そのような心境の生徒に、いくら選挙や投票の手順を教えても、「自分には関係ない」「大人が決めれば、それでいい」という素直な反応が返ってきます。中学から始まる生徒会役員選挙においても、各役職に複数の立候補者が立つことはまれで、信任投票の手続きで終わってしまいます。

選挙による競争を避け、落選に伴う精神的なダメージを引き起こさない結果は、無用な波風を起こさないことに寄与しますが、受験戦争で傷つき、挫折に打ちのめされてしまう若者が増加しているような昨今においては、失敗や挫折から立ち直り、「貴重な経験を得た」と気持ちを切り替えていくことや、失敗を糧に前に進む姿を応援し、賞賛する空気を学校内に作ることは、何にも増して必要なことではないでしょうか。

外部から出張して出前授業を行う者は、学校の指導のルールに従うことは当然なことですが、新規の授業となれば、子供たちの反応をつぶさに捉え、こちらのコンセプトを存分に生かし、生徒に自信を持って投票する体験を積み重ねてもらうことが許されるのではないか、と考えています。

そんな思いを込めて、中学・高校生向けに「国際交流大使選挙」の出前授業を創作し、普及拡大を図っています。元々のコンセプトは、授業科目に自信がなくても、「アニメ」「スポーツ」「ファッション」「ゲーム」などを題材にして、「普段は評価の対象とならないことでも、極めていけば世界中の人々が評価してくれる」と訴えるもので、学校における既成概念を打ち破り、自由な発想で中学・高校生に自信を取り戻してもらおうと考案した内容です。

基本とするコンセプトは同じですが、各学校の特性や学風、学力などに応じて内容と展開を考えることにより、生徒の皆さんが興味を持って出前授業に取り組める内容に変えることができます。

社会に目を向ける

「選挙」は日頃の学習と違い、決まっている解答を正しく出すことを求めるのではなく、社会状況・自分の経験や関心事などを基に、自分の頭で考え、自分自身の正解を出して投票するものです。その権利を法律で保証されているのですから、授業を知識の習得だけにとどめるのではなく、自分の答えを携えて投票行動に結びつけることで、初めて啓発授業の目的を十分に果たすことができるのではないかと考えています。

また、選挙は、投票率が高いと良い選挙結果だと一般的に言われますが、高校での授業の締めくくりに、「有権者が広く社会に目を向け、課題や問題に適切に取り組む候補者を選出することが、社会を改善し、質の高い選挙になると思います」と、あいさつに申し添えています。

数度の出前授業で、投票行動までに結びつけることは、大変難しいことだと承知しています。しかし、感激の言葉で溢れた感想文や、子供たちの瞳の輝きを見るにつけ、「将来の日本は自分たちが作る」と、瞳の奥で子供たちが訴えているように思えてならないのです。

◇

都議会議員選挙の投票日まで、ひと月となった。選挙権を18歳まで引き下げる公選法の改正が行われて以降、多摩市選挙管理委員会では小・中・高の学校現場で積極的に主権者教育を行っている。再任用後も自ら考案した授業内容で、子供たちを主役に据えた出前授業に取り組む前選管事務局長の越智選挙係長に寄稿をお願いした。（編集部）

投稿

書く力の育成へ

思考力・判断力・表現力培う

東久留米市立南中学校校長　川上　智

変化の激しい予測困難な社会の中でも、子供たちが主体性をもって活動し未来を切り拓いていくために、思考力・判断力・表現力の育成は今後一層重要な教育課題となる。このため本校では、昨年度から「書くこと」に着目した取り組みを始めた。

「進んで書くことで、自分の考えが明確になる。また、材料を集めることや効果的に書くことで、自分の考えをとらえ直し広げられる。さらに文章を論理的に書き表すことで、認識や思考を深められる」

まさに書く力の育成は、子供たちの思考力・判断力・表現力の育成に資すると考えたのだ。そして、全ての教科で文章を書かせて、考えを「まとめる・広げる・深める」力を育てる活動を行ってきた。具体的には▽記録する▽要約する▽レポートや説明、論述する――など、それぞれの教科の指導内容を踏まえて方法を工夫して取り組んでいる。しかし、実験のレポートなど理科ではその数は年間で10数本程度と、いずれの教科でも指導すべき内容を考えると、書く活動の回数を増やすことは容易ではない。

そこで今年度からは、本市の新規事業である「国語力ステップアップ学習事業」の一環として、年間を通して週に2回以上、10分間の朝学習において進んで文章を書いて考えをまとめる力を育てる活動を行うことにした。研究担当と国語科や教務部と検討を重ねた結果、まず、朝学習における書く活動を確実に実施するために、学校全体の時程を5分間繰り下げて、10分間は必ず朝学習の時間として確保した。

書く活動は当面、新聞に掲載される投書の中から題材を精選し、子供たちには投書を読み自分の意見を、そう考えた理由と自分ならどうするかを添えて200字で書かせることにした。「投書」としたのは与えられた文章を読むことにそれほど時間がかからず、書くことにより集中できるようにするためだ。

さらに、子供たち一人ひとりの動機づけと振り返りのために毎回添削が必要と考え、市教育委員会が配置する学力向上指導員に全校生徒422人分の添削を任せている。また、内容が優れているものを取り上げて発表させたり、紙面で他の子供たちに紹介したりしている。

こうした朝学習の取り組みで、子供たちに進んで自分の考えをまとめて表現することを習慣化させるとともに、教科の中で一定程度の時間をかけて取り組む、説明や論述などの書く活動を通して考えを広げ深める力を、相互の活動を関連させながら育成しようとしている。朝学習の指導は原則、担任が行うので、担任には子供たちに書く活動の目的や必要性、各教科での取り組みとの関係などを折に触れて指導させている。副担任も、所属する学年のフロアを巡回して子供たちの学習状況を確認している。

実施してふた月が経過した今、子供たちは進んで朝学習に取り組んでいる。良い意見を発表させたり文章を紹介したりする中で、物事を深く考え自分の意見を明確にし、それを文章によって人に分かりやすく伝えることの大切さや楽しさが徐々に分かりかけている子供も見受けられるようになった。

今後は各種学力調査等の結果から成果と課題を分析し、必要な改善を加えながら、子供たちが自分の思考を深めつつ、一層論理的で説得力のある文章を書けるようにしていきたい。

朝学習に取り組む生徒

教育じてん 82

共生社会の実現に向けて

東京都教育委員会では、都立特別支援学校の児童・生徒が地域社会の一員として生涯にわたり自己有用感を得ながら生き生きと生活していくことを目指し、地域の人々に貢献するとともに、地域の人々と喜びを分かち合えることを実感できる活動の機会を創造する「社会貢献活動モデル事業」を行っています。4月13日の定例教育委員会において、その取り組みが報告されましたので、本稿で紹介します。

この社会貢献活動は、2016年度に都立特別支援学校20校で、高齢者施設等を対象に実施されました。参加児童・生徒数は延べ255人、参加高齢者等は延べ428人で、学校ごとに内容は異なりますが、児童・生徒による合唱やパントマイムの披露、カフェサービスやハンドマッサージ、高齢者との構成チームによるボッチャゲーム交流等が行われました。活動については、主に生徒会や部活動単位で、高齢者の方をどのようにおもてなしするかについて生徒同士が話し合い、内容を決めたそうです。

活動後の感想として、児童・生徒からは「拍手をもらって歌っているうちに涙が出た。こんなに喜んでいただきうれしかった」「早く次もやりたい」、教員からは「生徒が人のために何ができるかを考えるという一面が見られ、生徒理解が深まった」といった声がありました。

また、高齢者や施設職員の方にも大変好評で、「また来てほしいと思った」「日頃は感じられない刺激を頂いた。今後も交流を続けていけたら幸いだ」など継続を望む声が多く出され、児童・生徒のひたむきな姿が他の人々にとって励みとなり、お互いを支え合う心が育まれる一歩となったことがうかがえたそうです。

さらに、17年度は新たな都立特別支援学校20校で、これまでの主に障害が軽度の高等部生徒が企画して参加する社会貢献活動から、障害が重度の高等部生徒、小・中学部児童・生徒や小・中学生、地域住民の参加を促進し、19年度以降は全都立特別支援学校で社会貢献活動を継続実施するよう取り組んでいくとのことです。

本報告により、都立特別支援学校の児童・生徒と地域社会の様々な人々が社会貢献活動を通じてつながることによって、互いを尊重して支え合う社会が構築される可能性を感じさせられました。これらの取り組みにより、共生社会の実現が着実に図られることを期待します。

教育ひろば

Tokyo2020の先へ　未来へつなぐオリパラ教育　4

東村山市立秋津小学校

全国へつなぐオリパラ教育へ

スポーツ志向の普及・拡大

東村山市立秋津小学校は、2016年度子供の体力向上推進優秀校、17年度オリンピック・パラリンピック教育アワード校受賞の栄誉にあずかりました。

区部に比べて緑の多い多摩地区にある本校の児童も、体を動かす機会が減少している実態があり、スポーツに親しむことは重要であると考えました。昨年度、オリンピック・パラリンピック教育重点校（スポーツ志向の普及・拡大）に指定され、子供たちが様々なスポーツを体験したり見学したりすることにより、フェアプレーやチームワークの精神を身に着けさせました。また、体力の向上や健康づくりに自ら意欲的に取り組む態度を養い、心身ともに健全な人間へと成長させることを意識し、「体育学習における問題解決型授業の創造」を主題に三つの視点で校内研究をスタートさせました。

一つ目の視点は「児童から見た運動の特性の楽しさ」で、楽しさと困り感を把握し、実態に応じた単元計画を作成しました。二つ目の視点は「運動量が確保できる授業のデザイン化」で、1単位時間の流れを提示し、児童がめあてと見通しをもって学習に取り組めるようにしました。三つ目の視点は「教材の取り上げ方と提示の仕方」で、その運動での課題を明らかにし、解決するまでの手立てを示しました。

1年間の取り組みで、運動の特性や児童の実態に対する教師の理解が深まり、体育が好きな児童も苦手な児童も楽しいと思える授業を行えるようになりました。また、ねらいを明確にした授業のデザイン化を進めることにより、めあてを意識して運動に取り組む児童の姿が見られるようになりました。さらに、教師が運動のポイントを理解し、具体的支援の方法を身に着けたことで児童自らが運動したいという意欲を高めることができました。

スポーツ志向については、運動の日常化を目標に「あきつわくわくタイム」という多様な運動に触れる場を18種類準備し、月2回程度、昼休みに実施しました。

これらの実践は、昨年11月「東京都小学校体育研究会 多摩地区発表大会」においても報告させていただきました。

オリパラ教育の実践では、その他に「夢・未来プロジェクト」としてパラリンピアンを招き、夢に向かって努力したり困難を克服したりした経験を直接話してもらう機会を設けました。6年生が実施する野沢温泉移動教室では冬季オリンピックのメダリストからのお話を聞いたり、スキー博物館を見学したりして理解を深めました。「世界ともだちプロジェクト」では児童が五つの国を調べたり、それらの国の料理を給食献立に取り入れたりしています。

本年度の計画は、四つのテーマの中の「環境」を重点に五つの資質の中の「ボランティアマインド」「日本人としての自覚と誇り」、四つのプロジェクトの中の「東京ユースボランティア」と関連させた活動を進めていきたいと考えています。

また、今までの実践を中心として、千葉県、長野県、奈良県、熊本県にある同名の「秋津小学校」と本地域とゆかりのある埼玉県の「北秋津小学校」へ発信し、未来へつなぐオリパラ教育とともに、全国へつなぐオリパラ教育としていきたいと願っています。

（東村山市立秋津小学校校長　芦沢茂樹）

秋津小の学級数と同じ18の運動遊びを毎回ローテーションで実施する「あきつわくわくタイム」

生徒の企画でコンサート

熊本復興支援プロジェクト！

足立区立千寿桜堤中

足立区立千寿桜堤中学校は5月13日、生徒会が主体となり、「熊本復興応援プロジェクト」と銘打ったコンサートを地域の人々やPTAの協力で開催した。昨年の生徒総会で、「熊本地震の被災者のために何かできることはないのか」と声が上がり、募金活動などを続けてきたが、今回は熊本地震や被災地を忘れないようにと企画した。

熊本地震で被災した人たちや、熊本を心配する人たちのつぶやきを集めた「くまモンあのね」を演劇部の生徒が朗読してスタート＝写真。

コンサートは、熊本地震後に熊本市出身のソプラノ歌手・谷口実紗さんの呼びかけで結成した5人組ユニット「Fairy Flower」がクラシックやジブリメドレーなどを披露。また、熊本弁シンガーソングライターのタイチジャングル氏が作詞作曲した同ユニットのオリジナルソング「いつまでも」を、合唱部ら全校生徒510人とPTAイーストゲートコーラス隊や教員も一緒に合唱した。熊本への郷土愛に満ちた歌で、生徒たちはこの日のために練習を重ねてきたという。

生徒会代表生徒は「東日本大震災を経験し、熊本地震もひとごととは思えなかった。合唱で熊本と東京に一体感が生まれた」と話し、生徒からは「朗読の『くまモンあのね』には感動するものがたくさんあった。熊本地震の被害を受けた人の悲しみ・悔しさ・恐怖や、直接の被害は受けなかったけど地元を心配する声、熊本の人々を応援する声など、たくさんつぶやかれていた。募金などで熊本の復興に協力したいと思った」「地震を経験した皆さんには、心の傷はまだ癒えずに残っていると思う。その傷を少しでも少なくするために、募金に協力したり熊本産の食べ物を食べたりして、復興に協力したい」などと感想が聞かれた。

プロジェクトを終え、生徒会は全校生徒に呼びかけ、25日には早速、北千住駅前で募金活動を再開。26日に来校した東京熊本県人会の代表に支援金として直接手渡した。

Essay　エッセー　59

生徒と共にある楽しさ

退職まで残り500日くらいから、自分の中でカウントダウンを始めた。進学指導重点校の校長としての重圧もあり、退職を楽しみにしていたはずであった。しかし、300日を切ったあたりから退職が現実味を帯び、ふと、その後のことが気になった。やることがないのである。大した趣味もなく、自業自得とはいえ家庭に居場所のない私にとって、1日の半分を過ごしている学校がなくなることの重大さに、遅ればせながら気が付いた。

そんな時、校長連絡会で、次年度から校長の再任用制度が始まることを知った。副校長の士気の問題もあり、再任用となる校長はごく少数とのことであったが、これにすがるしかないと思った。そして幸いなことに再任用校長として残ることができ、国立高校校長として7年目を迎えることになった。

国立高校は進学指導重点校ではあるが、受験一色の学校ではない。生徒は「全部やる。みんなでやる」を合言葉に、懸命に文武両道の高みを極めようとしている。進学実績はもちろん、都立の星として甲子園出場経験もある硬式野球部を初めとする部活動や、来校者が1万人を超す国高祭（文化祭と体育祭）、ベートーベンの交響曲第9番をプロの演奏の下、ドイツ語で合唱する第九演奏会などは都民からも高い評価を受けている。

校長室にいると、授業時間以外は朝7時半から午後6時まで、常に生徒の声が聞こえてくる。放課後はもちろん、部活の朝練から始まり、昼休みもチャイムが鳴ると早々に昼練が始まる。活動場所がないのでかわいそうだが、職員玄関前ではチアリーディング部が甲高い声を出し活動している。また、グラウンドでは野球部のバッティングの金属音やサッカー部員・ラグビー部員の野太い声が聞こえてくる。

授業中は校長室にいると比較的静かだが、教室へ行くと実ににぎやかである。昨年、都教育委員会からアクティブ・ラーニング推進校に指定されたが、生徒がグループで討議しながら課題に取り組む授業があったり、生徒の発表に生徒が質問する対話型授業があったりと多彩である。どの教員も工夫された授業をしており、授業観察で授業を見ているだけでこちらも楽しめる。

学校行事も盛んで、生徒が様々に工夫し自主的に運営していて、どれを見ても楽しい。見ているだけでは飽き足らず、私自身、生徒から声がかかれば何でもする。後夜祭では生徒に着ぐるみを着させられたこともあった。夏季休業日には補習もやり、たいして役に立たないのに部合宿にも引率し、足がもつれながらもグラウンドで一緒にプレーする。校長としての重圧はあっても、生徒と一緒にいることは何事にも代え難い。

来年度以降のことは分からないが、もう少しこの環境を楽しみたいと考えている。

（都立国立高等学校校長　岸田裕二）

教育面は第1、第3、第5金曜日掲載

監理団体も「自律改革」

位置付け・経営課題を点検

都政改革本部

都は今月中旬にも、監理団体に「自律改革プラン」の作成を依頼する。監理団体を戦略的に活用することで、行政としての執行体制の強化につなげるのが目的。都政改革本部による改革の一環で、5月30日の会議で明らかにした。同本部では7月、「2020改革プラン（仮称）」の方向性を提示し、その中で監理団体の改革についても示す予定。各団体は年内に「自律改革プラン」を作成することになる。

7月に改革の方向性整理

都政改革本部会議であいさつする小池知事＝5月30日

今回の監理団体改革は、都と団体の関係性を見直し、将来動向を踏まえて各団体の経営の在り方を検討することなどが柱。都民ニーズが多様化・複雑化し、高齢者対策や教育など、分野によっては公的サービスに関する業務が質・量ともに拡大する中、都庁のみならず監理団体を含めた執行体制を強化する。労働力市場の縮小に伴う人手不足で、働き手の確保や専門的な人材の育成が難しくなっていることも背景にある。

検討課題には、①都と監理団体の関係性②都の関与の在り方③監理団体個々の経営の在り方——の3点を挙げた。都はこれまで、監理団体を「都政の重要なパートナー」と位置付けて積極的活用を図ってきたが、団体によっては将来動向を見据えてより主体的な役割を担ってもらうなど、新たな「位置付け」を検討する。また、団体の執行体制強化に資する、最適な都の関与の手法についても再考する。

今後のスケジュールでは、総務局が監理団体に関する新たな仕組みの検討を進め、都政改革本部で7月に改革の方向性を報告。各団体が経営課題などを自己点検し、所管局の評価を踏まえた上で、12月までに「団体自律改革プラン」を作成する。各団体の取り組みは、「2020改革プラン（仮称）」にも反映させる。

同日の都政改革本部会議で、上山信一特別顧問は「今までの行革は総務局を中心に一律的に行ってきたが、分野別に各局が主体的に『ここは伸ばしたい』『時代の流れに合わせて削る』とメリハリをつけて、局長が監理団体の長と一緒に考える必要がある」と強調。

安藤立美副知事は「監理団体には、かつての都庁の仕事を代替的にやっている業務が多くあり、都の政策を現場で実施する団体であると位置付けて改革に取り組む必要がある」との認識を示した。

各局主要事業を分析 「ユニット」単位で

都政改革本部

都は5月30日の都政改革本部会議で、局事業を都民の視点で分かりやすく開示し、見直しにつなげる「見える化改革」についても報告した。各局の全事業について、一定の完結性のある「ユニット」という単位でくくり、適正な予算・人員・サービス水準になっているか、他により有効な政策がないかといった観点から分析・評価する。

1ユニットはおおむね各局の部レベルが所管する規模で、77ユニットを設定。例えば、政策企画局では①政策企画機能②報道③都市外交——の3ユニットに、都市整備局では①防災まちづくり②交通政策③建築指導④住宅施策⑤都営住宅建設・管理⑥市街地再開発・土地区画整理——の6ユニットに分けている。

5月からは第一弾として、「税務行政」「地球温暖化・エネルギー対策」「福祉人材の養成・確保」など15ユニットの分析に着手。2年程度で全ユニットの分析を完了させることを目指し、「見える化」の結果を踏まえて事業の見直し案や改善案を検討する。なお、報告団体の分析も「見える化改革」で事業ユニットごとに行う。

指摘事項130件を改善

過大交付の補助金返還など

都監査

都監査委員は1日開会の都議会第2回定例会に、監査結果に基づき知事等が講じた措置を報告した。2014～16年の行政監査など538件の指摘や意見のうち、130件の改善通知を受け、全体で504件が改善済みとなった。

このうち生活文化局では、私立学校に過大に交付した補助金861万円を返還させる事例があった。同局は私立学校を運営する学校法人に対し、高校を本務とする職員の人件費を補助しているが、監査で補助対象の法人職員1人の事務分担をチェックしたところ、大学と法人関係事務が大半を占め、高校が主な業務と認められなかったという。

環境局では工事における過大な契約金額約3400万円を契約変更で減額した。局の積算基準では土木・建築など異なる種類の工事を併せて起工する場合、工種ごとに異なる諸経費率を用いて工事費を積算することになっているが、15年度の中防陸施設撤去工事では土木の諸経費率だけで積算していた。同局は職員研修を行うとともに、工事関係課長会を開催し、再発防止も注意喚起している。

また、建設局では都立公園の案内板にバリアフリーの記載を行った。監査では、車椅子で利用できる園路や施設を表示していない事例を指摘。同局は公園利用者の視点に立って案内方法に関するマニュアルを作成するとともに、上野恩賜公園（台東区）の案内板にバリアフリールートを追記した。

教育庁は保存期間を超えて長期にわたって保有していた都立学校の個人情報を廃棄した。同庁は全都立学校に通知を発出し、不要な個人情報を含む文書の廃棄状況の確認・報告を求め、校長連絡会で注意喚起している。

「自画撮り被害」防止へ

都青少年問題協議会

条例改正の必要性を答申

中高生らが裸の画像を要求されるままにメールなどで送信してしまう「自画撮り被害」を防止するため、都青少年問題協議会は5月30日、青少年健全育成条例を改正することなどを答申した。近年、インターネットやスマートフォン利用の低年齢化により、全国で自画撮り被害が多発していたことから、小池知事は2月、協議会に諮問していた。

答申では、子供に裸の画像などを要求することを罰則付きで規制するよう、青少年健全育成条例を改正する必要があるとし、条文に「拒絶されても求める」「だます、誤解させる」「代償と交換で求める」など、画像を要求するパターンも具体的に明記するよう求めた。自画撮り被害を防止する条例が改正されれば、全国で初めてとなる。

全国の自画撮り被害の件数は2016年までの4年間で2倍以上増加し、児童ポルノ被害全体の約4割を占めている。通常、自画撮り被害の加害者の大半が、インターネット上で知り合った面識のない相手の上、児童ポルノ禁止法にも違反しないため、警察による強制捜査ができず、特定が難しい現状があった。ほとんどが一対一での閉鎖的なやり取りで行われるため、保護者も把握が難しい。被害のパターンも複雑化しており、子供への教育・啓発のみで被害を防止するには限界があった。例えば、女性になりすました相手に裸の画像を要求されたケースや、画像の送信を断って脅迫された例もあったという。

さらに、答申は被害者と加害者が別の都道府県に住んでいることも多いとして、国や他自治体の法・条例の改正を働きかけるよう求めた。

また、被害を防ぐためのアプリケーションの活用にも言及。現行の条例では、子供による有害なサイトへのアクセスをブロックするアプリを推奨しているが、子供に裸の画像の要求があった場合、保護者に通知が入ったり、相手に警告するアプリなどを新たに加え、民間開発も、都が推進するよう求めた。

答申では画像を送信してしまった子供へのアフターケアについても触れた。若者がよく利用するSNSなどを使った相談窓口の周知徹底に加え、学校に知られることなどを恐れて相談しないケースがあることから、こうした不安をなくす取り組みの必要性も示した。また、画像の拡散を抑えるためには、適切な削除申請方法を子供や保護者に伝えるとともに、警察や民間機関と連携し、被害を最小限にとどめなければならないとした。

役所の未来

「仕事に心から取り組めない」

若手職員のホンネ　東京のとある居酒屋で⑩

B　役所がなくなるなんてこと、ちょっと想像できないなぁ…。

C　民間は赤字になりそうなことはしないでしょ。役所の代わりになるとは思えないな。

D　でも現実に、郵便だって民営化したわけだし、「役所の役割」が一つずつ民間に奪われていく可能性はあると思うよ。

A　Dさんは昇進とかに魅力を感じてないようだけど、そんな理由もあるのかな？

D　そうなんだよ。そういう気持ちでいるから、管理職から「試験受けるんだろう」とか、「男はやっぱり係長くらいになっておかないと」と言われたりすると、「この人たちは20年先も60年先も今の役所がそのままあると信じてるんだな」と思う。決定的にすれ違っているなと感じる。

B　そりゃ「役所がなくなる」なんて考えてたらね。でもさ、実際には何て答えてるの？

D　そりゃ、「まだ考えてない」とか無難に返すけど、正直、何て返したらいいのか分からないんだよね。「この人は役所が今後も存続する」と考えていると思うと、全然本当のことが言えない。向こうからしたら「こいつは本当のことを言わない」と思われているだろうし。

A　そういうところが「最近の若いやつは何考えているか分からない」につながるのかもしれないね。でもあまり考えすぎると仕事に影響しない？　職場のコミュニケーションとか。

D　コミュニケーションはある程度取れているとは思うけど、当然、本音は話せてないよね。あと、今の仕事は残らないと思うと、心からライドできない。上の世代から見ると仕事に本気で取り組んでいないと映っているかもしれない。

C　そんな悩みを抱えながら毎日働くのはつらくない？　上司に腹割って相談してみるとか…。

D　そう簡単に腹割って言えないよ。怖いからね。受け入れてもらえるか分からないし。今管理職世代の人たちは20年後、30年後にはもう退職しているから良いのかもしれないけれど、僕らはまだ現役なんだからさ。

A　まあ、あんまり考えたこともないことだけど…。他の20代の人は結構考えたりしているのかな？

D　かなり変わった考え方だとは思うよ。でも、こういう人間がいても良いんじゃないかな。実は、この場で言うのも少し怖かった。キョトンとされて、「こいつは変だ」と見られるかなと考えたよ。

都議会百条委

浜渦・赤星両氏の偽証認定

自民除く5会派が賛成

豊洲市場移転問題に関する都議会百条委員会は5月31日、浜渦武生元副知事と赤星経昭元政策報道室理事が虚偽の発言を行ったとして、両氏の偽証を認定した。7日の本会議で刑事告発することを議決する。自民党を除く公明、共産、東京改革、生活者ネット、都民ファーストの5会派が賛成した。

5会派は、浜渦、赤星両氏が、都と東京ガスとの築地市場移転についての「基本合意の確認書」を「知らない」と述べたことや、浜渦氏が確認書以降の関与を否認したことなどについて、他の証人の証言や資料の記述と食い違っていることを理由に、両氏が虚偽の陳述をしたと判断。豊洲市場移転問題の真相究明に影響を与えたと結論付けた。

これに対し自民は、確認書についてのやり取りは記憶違いや物忘れの可能性を指摘し、両氏が故意にうそをついたとは認められないと主張。5会派が虚偽の証拠とする前川燿男練馬区長や野村寛元政策報道室担当部長の証言などに伝聞が見られることや、証言が個人的見解とも取れるとし、証拠としては不十分と述べ、偽証認定に反対した。

浜渦氏は4月に会見を開き、偽証を否認。赤星氏は各委員に意見書を提出。「偽証する理由はない」と主張し、委員会の決定を「名誉毀損に当たる」と批判している。

小学生教材をリニューアル

都下水道局「でまえ授業」も

下水道の大切さ、さかなクンが教えます——。都下水道局は6月から、小学生向けの「でまえ授業」をリニューアルする。下水道教育のキャラクターには魚類学者でタレントの「さかなクン」を新たに起用。「魚が住みやすい水環境を下水道が守る」というイメージを前面に出し、役割を知ってもらう考えだ。

「でまえ授業」は小学4年生を対象に、局職員が学校に出張して教える取り組み。児童に疑問を投げかけながら進める「問題解決型」の授業で、下水道の役割を主体的に考えてもらう。

併せて、副教材の『みんなの下水道』も作成＝写真。写真や図表を増やして見やすくしたほか、下水道がない時代の暮らしぶりや、災害時の役割を新たに記載し、下水道の重要性が伝わるように工夫した。

5月には同局の教育ホームページも新設した。下水道について学べるゲーム、クイズや、廃油を利用した環境にやさしいキャンドルの作り方など、夏休みの自由研究に使えるコンテンツを掲載し、『みんなの下水道』もダウンロードできる。

都民の下水道の役割の認知度は若年層ほど低く、同局のアンケートでは20代の約半数が下水道に浸水対策の役割があることを知らなかったという。学校の教員にも下水道の役割を詳しく知らない世代が増えていることもあり、同局は「子供に分かりやすく、教員も教えやすいよう、教材をリニューアルした。下水道の役割を広く周知したい」（広報サービス課）と話す。

五輪への航海図 183

開催まで あと1148日

特別区の戦略⑤

文京区・日本文化の発信

大正時代から続く「宝生能楽堂」やかるたの全国大会が行われる「かるた記念大塚会館」。文京区には、日本の伝統文化を今に伝える施設が多数存在する。森鷗外や夏目漱石など、日本を代表する文豪たちのゆかりの地でもある。区はこうした日本の文化を、2020年東京五輪を機に国内外へ発信していく取り組みを今年度の重点事業に置いている。

宝生能楽堂と連携して8月から開始する予定の「I don't know（能）No（能）problem」は、小中高生に向け、能楽を「観賞」と「体験」の両面で親しんでもらうプログラムだ。能楽は演目時間が長い上、伝統にのっとった所作や掛け声、ストーリーも理解しにく、初心者は足を踏み入れづらい。そうした能楽をより気軽に、分かりやすく観てもらおうと、AR（仮想現実）メガネを使った鑑賞会を企画している。ARメガネは、現実の世界にCGでイメージを重ね合わせる最新技術で、初心者には難しい能楽の世界観などを文字で解説しながら観てもらうことが可能になる。

初心者には難しい能楽を、親しみやすく発信する＝文京区提供

また、能楽をより身近に体験してもらおうと、舞台のバックステージツアーの企画も検討中。ツアーでは実際に舞台で使用されている衣装の試着や、役者による能楽の体験教室などを実施する予定で、「生の能楽」を体感し、能楽への理解を深めてもらうのが狙いだ。

一方、かるたの普及では「小倉百人一首」の原画展のほか、競技かるたや講座を開催する考え。五輪組織委員会が公認する区の「国際交流フェスタ」でも、かるたブースの出展を検討しており、文化・観光・国際交流の多方面から事業を展開する。

このほか、日本の文豪をモチーフとした漫画・アニメとのコラボレーション企画も打ち出す。昨年度には同区の森鷗外記念館でのイラスト展示や、北区にある「田端文士村記念館」までのキャラクター入りのマップを配布している。

同区の竹越淳・アカデミー推進課長は「五輪を機に日本文化の伝統文化を発信し、触れてもらうことで、良さを再発見してもらいたい」と話す。

特別区 管理職試験講座 31

I類択一・記述　I・II類論文　29年度

I類記述

事例解説 ②

解答例

災害時に誰もが安全・安心に避難できる「まち」の実現に向けて～区・地域・民間事業者の連携による防災力の向上～

1 提案の目的

東日本大震災をはじめ、御嶽山噴火や熊本地震等、近年、国内では多くの自然災害が発生し、大きな被害をもたらしている。特別区においても、これらの災害発生や首都直下地震に対する危機感から、区民の防災への関心は大きな高まりを見せている。そこで、区と地域で防災に関する情報を共有し、区と地域、民間事業者が一体となって地域における防災力を高め、高齢者や障害者等、災害時要配慮者を含めた全ての区民が安全・安心に避難できる「まち」を実現する。

2 資料の分析

（1） 区民の区への施策への要望事項については、高齢者福祉の充実に次いで、「防犯・地域安全対策」「震災・水害対策」等の防災・防犯関連事項が高い割合を占めており、区民の関心の高さがうかがわれる（資料1）。

（2） 災害が発生する可能性が大きいと考えている割合は6割を超えており、災害発生に対する危機感は高いものとなっているが、一方、災害に対する備えについてはその重要性を認識しているものの、ほとんど取り組んでいない割合が6割以上を占めており、日頃からの備えが十分にできていない状況である（資料2）。

（3） 避難場所や避難所の場所の認知度は約70％前後で頭打ちの状況が続いており、家具転倒防止器具取り付け事業の認知状況は、約80％の人が事業自体を知らないなど、区の情報が区民に十分浸透しているとはいえない（資料3・4）。

（4） 要配慮者に対する支援体制の整備状況については、3割超の自治体が支援体制を整備していない状況である。一方、整備していると回答した自治体においては、支援内容の大半が安否確認であり、避難所でのスペース確保や配慮者に応じた物資の確保等、要配慮者への支援体制は十分ではない（資料5）。

（5） 地域の避難訓練等に参加した人の割合は20％程度にとどまっており、自治会等での避難所運営等に関する話し合いも半数程度である等、地域における防災への取り組みは活発ではない（資料6）。

（6） 熊本地震では、多くの避難所で障害者が生活できる環境になかったため、やむなく車や自宅で生活せざるを得ない状況があった（資料7）。

（7） 多くの世代に防災活動に関心を持ってもらうため、自治体と大学やスポーツチームが連携したイベントや周知活動等、様々な資源と連携した取り組みが実施されている（資料8）。

3 区政の課題

（1） 区政における防災分野への区民の関心は高く、多くの支援が期待されている一方、区民に対して、防災に関する重要な知識、情報、行政サービスの内容等が十分に伝わっていない。

（2） 学校等の避難所や福祉避難所等における障害者・高齢者に配慮したスペースの確保や福祉避難所の体制整備等、障害者や高齢者等の災害時要配慮者への避難対策が十分にとられていない。

（3） 自治会や防災区民組織等による自主避難訓練等、地域の防災活動に参加していない区民も多く、災害時の避難等における地域での協力・連携体制が構築できていない。

4 具体的な施策

（1） 区民が防災に関する情報を把握し、日頃から災害に備えることができるよう、区ホームページや広報紙等の従来の媒体に加え、ツイッターやフェイスブック等のSNSをはじめ、あらゆる媒体を利用し、防災に関する情報発信を行う。また、区主催のイベントや地域のお祭り等の各種イベントでの防災コーナーの設置、自治会・町会における集会等での防災講座・研修の開催を通じ、区ハザードマップや災害時防災行動マニュアル等を中心とした防災関連情報や既存の区の防災施策に関する周知活動を行い、区民へのより一層の普及啓発を進めていく。

《妨げとなる事項及び解決策》

区が発信する情報については、区民にどれだけ理解され、浸透しているのか、また区民が何を区に求めているのか、その実態を捕捉することが困難である。そこで、区が実施する区民意識調査や区政モニターアンケート等を活用し、防災に関する区民の意向等を定期的に把握する。また、区ホームページやSNSを活用し、区民ニーズをリアルタイムで的確に把握し、区の防災施策に時機を逃さず反映させていく。

（2） 高齢者や障害者等、災害時要配慮者が安全・安心して避難できるよう、学校等の避難所に「視覚障害者用」「在宅人工呼吸器使用者用」等の要配慮者専用スペースを設置する。また、重度要介護高齢者等、介護等の支援を常に必要とする要配慮者を多く受け入れることができるよう、既存の避難所に加え、特別養護老人ホーム等民間の高齢者福祉施設や障害者福祉施設等との協定締結により福祉避難所対象施設を拡大するなど、一人でも多くの要配慮者が安心して避難できる体制を整備する。

《妨げとなる事項及び解決策》

避難所における要配慮者専用スペース設置や福祉避難所対象施設の拡大等により、要配慮者の受け入れ人数は拡大するが、避難所等において個々の要配慮者を支援する介護等の専門的知識を持った人材の確保が課題となる。そこで、都内及び関東周辺の民間福祉施設と協定を締結し、災害発生時、介護等の専門的支援ができる人材の派遣を可能とする。また、社会福祉協議会と連携して災害時専門ボランティア登録制度等を新設し、災害時に区民の中から支援者として避難所等に従事できる専門人材を確保する。

（3） 地域での自主防災活動を活発にし、災害時に区民同士が連携・協力して円滑に避難行動等がとれるよう、避難所や自治会単位で区・区民及び防災のノウハウを持つNPO等との協働による防災イベントを開催し、区・区民・NPO等関係機関相互の連携を強化する。また、普段から地域センターや区立施設等を地域防災活動の拠点として活用できるよう、「地域防災カフェ」を設置し、次代の地域防災の担い手を確保するため、学生向け防災講座の開催、避難訓練等の企画や防災に関する地域課題の検討の場とする。

《妨げとなる事項及び解決策》

防災イベントの開催はお祭りの要素が大きく、単発的なイベントとして終了してしまい、定期的・継続的な開催につながらないケースが想定される。そこで、防災イベントの実行委員会に危機管理士や防災アドバイザーなどの専門家を加え、イベントの本来目的を常に共有するとともに、イベント終了後は次回開催に向けた課題等を整理し、継続的かつ効果的なイベント開催につなげ、地域防災力の強化に資するものとする。

5 まとめ

災害時、高齢者や障害者等の災害時要配慮者を含め、誰もが安全・安心に避難するためには、区・地域・事業者等が連携し、一体となって防災活動に取り組む必要がある。誰もが安心して暮らせる地域の実現に向けて、区は日々変化する情報・状況を的確に捉え、積極的かつ効果的な情報発信を推進していくとともに、地域や事業者とのさらなる連携強化に継続的に取り組んでいく。

【本番に向けたアドバイス】

試験時間は2時間ですが、資料分析や課題の抽出、その対応策の検討等を頭の中で考え、整理しているうちに、あっという間に時間は過ぎていきます。事前に、資料分析に○分、考えの整理に○分、解答作成に○分、解答全体の見直しに○分等、時間配分の目安をあらかじめ決めておくとよいでしょう。私は事前に決めた時間配分通りに解答できるか検証するため、試験前に3、4回ほど、本番と同じ条件で模擬答練を行いました。練習なしにいきなり本番に臨むことは絶対に避け、必ず事前に本番を想定したシミュレーションを行ってください。

平成30年度職員教養講座
6月30日号から連載スタート

平成29年度の都管理職選考が5月28日、立教大学池袋キャンパスで実施されました。種別AとBを合わせた受験率も受験者数も前年度を上回る結果となりました。都人事委員会事務局が31日に種別Aの択一問題の正答を公表しましたので、掲載します。

本紙では、6月9日号、16日号、23日号の3回で管理職選考の択一、記述、論文の順に解説します。6月30日号から平成30年度管理職選考の受験を決めた人や考えている人を対象に職員教養講座を始めます。今回はスケジュール表を掲載します。この講座を試験勉強にご活用ください。

平成29年度都管理職選考　問題の解説

回数	掲載日	科　目
1	6月9日	試験問題の解説(択一)
2	6月16日	試験問題の解説(記述)
3	6月23日	試験問題の解説(論文)

平成30年度職員教養講座

回数	掲載日	科　目
1	6月30日	合格体験記 A
2	7月7日	合格体験記 B
3	7月14日	A 論文(勉強方法) 1
4	7月21日	A 論文(論文の書き方) 2
5	7月28日	A 論文 (創作事例) 3
6	8月4日	B事務(福祉・保健医療) 記述
7	8月18日	B事務(福祉・保健医療) 論文
8	8月25日	技術(土木) 記述・論文
9	9月1日	択一 経営に関する知識 1
10	9月8日	択一 経営に関する知識 2
11	9月15日	択一 経営に関する知識 3
12	9月22日	B事務(教育・文化) 記述
13	9月29日	B事務(教育・文化) 論文
14	10月6日	技術(建築) 記述・論文
15	10月13日	択一 経済・財政に関する知識 1
16	10月20日	択一 経済・財政に関する知識 2
17	10月27日	択一 経済・財政に関する知識 3
18	11月10日	択一 経済・財政に関する知識 4
19	11月17日	B事務(産業・労働・経済) 記述
20	11月24日	B事務(産業・労働・経済) 論文
21	12月1日	技術(機械) 記述・論文
22	12月8日	B事務(財政・税務) 記述
23	12月15日	B事務(財政・税務) 論文
24	12月22日	技術(電気) 記述・論文
25	1月5日	B事務(環境) 記述
26	1月12日	B事務(環境) 論文
27	1月19日	択一 会計に関する知識
28	1月26日	択一 行政管理 1
29	2月2日	択一 行政管理 2
30	2月9日	択一 行政管理 3
31	2月16日	技術(生物) 記述・論文
32	2月23日	B事務(都市づくり) 記述
33	3月2日	B事務(都市づくり) 論文
34	3月9日	技術(医化学)(記述・論文)
35	3月16日	択一 政治経済等事情 1
36	3月23日	択一 政治経済等事情 2
37	3月30日	択一 政治経済等事情 3
38	4月6日	択一 都政事情 1
39	4月13日	択一 都政事情 2
40	4月20日	択一 都政事情 3
41	4月27日	択一 政治経済等事情 4
42	5月11日	択一 政治経済等事情 5
43	5月18日	択一 政治経済等事情 6
44	5月25日	おわりに

平成30年度都管理職選考　直前対策

掲載日	科　目
30年4月中旬	直前対策(択一、記述、論文)

平成29年度都管理職選考　択一問題の正答

出題分野	問題	正答	出題内容
行政管理	1	1	個人情報保護制度
	2	5	PFI
	3	2	外部監査制度
	4	2	国と地方公共団体との間の紛争処理
	5	3	公益通報者保護法
	6	4	PPBS
	7	4	インクリメンタリズム
	8	3	行政管理に関する理論
経営に関する知識	9	3	経営におけるベンチャー
	10	1	人的資源管理
	11	4	ハーズバーグの2要因理論
	12	4	経営組織におけるSBU
	13	2	経営の多角化
	14	5	経営における提携
	15	3	マーケティング
	16	5	製品の販売単価
政治経済等事情	17	3	昨年5月に消費者庁が発表した『消費者白書』
	18	1	昨年9月に厚生労働省が発表した『労働経済白書』
	19	2	昨年6月に公布された「刑事訴訟法等の一部を改正する法律」
	20	2	昨年8月に政府が閣議決定した「未来への投資を実現する経済対策」
	21	5	昨年8～9月に開催された第31回オリンピック競技大会、パラリンピック競技大会
	22	1	昨年9月に日本銀行が開催した金融政策決定会合
	23	4	最近の韓国及び北朝鮮を巡る状況
	24	2	昨年12月に政府が決定した平成29年度税制改正大綱
都政事情	25	5	昨年7月に福祉保健局が策定した「東京都地域医療構想」
	26	2	昨年9月に福祉保健局が発表した「待機児童解消に向けた緊急対策」
	27	5	昨年9月に産業労働局が発表した「平成27年度国別外国人旅行者行動特性調査結果」
	28	5	昨年10月に東京都税制調査会が取りまとめた「平成28年度東京都税制調査会答申」
	29	1	昨年11月に総務局が発表した「平成27年国勢調査人口等基本集計結果概要」
	30	5	昨年12月に都が策定した「都民ファーストでつくる『新しい東京』～2020年に向けた実行プラン」
経済・財政に関する知識	31	2	X材の消費量
	32	5	パレート最適
	33	1	産業連関表
	34	4	貨幣供給の増加額
	35	3	流動性選好と流動性のわな
	36	1	国内支出金
	37	4	国民負担率
	38	3	ピグー税の課税額
会計に関する知識	39	4	我が国の企業会計原則の一般原則等
	40	4	工事を受注した企業の第2年度における利益額

都政の潮流

知事、ガババナンスがガバガバですョ

ヒミョーな関係

いつの時代も知事と執行機関との関係はビミョーである。

特に新政権発足後の1年間はギクシャクしがちだ。前政権に代わり乗り込んできた新知事にとって、都庁の中は敵だらけに見えるらしい。執行機関側も新知事の出方を見極め、新しい関係の構築に苦心する。

そして小池知事就任から10カ月が経とうとする今、両者の関係はあまり波風が立っていないようにも見えるが、内実はこれまでの都政になかったほどに険悪である。疑心暗鬼の黒雲に覆われていると言っても過言ではない。

知事と執行機関の間

その原因は何か。最大の要因は知事と執行機関の間に存在する人物の存在にある。側近、ブレーン、SS（特別秘書）……呼び名は様々。記憶に新しいのは、人生で2度も偽証認定されるあの人物だが、彼以外にも古くは美濃部都政に有名なブレーンがいたことは周知の事実である。強大な側近の存在は功罪相半ばする。

一方、一人ぼっちも珍しくない。青島さんは一人で決めて一人で辞めていった。直近2代の知事たちにはこれといった側近はいなかった。人徳のなせる業、さもありなんと素直に納得してしまう。

増え続ける顧問

そして、小池知事には顧問という肩書の人々がいる。あれよあれよと増え続け、あっという間に10人にまで膨れ上がった。まさに「顧問団」の名にふさわしい陣容だ。

ただ、こうまで増えると誰が誰でどこで何をしているのか、さっぱり分からない。例えば、おじさんにとってのAKB48状態。センター以外、区別が全くつきません。

都政の随所に顔を出す顧問団。果たして顧問団は知事を守護する正義の騎士団か、あるいは世直しを隠れ蓑（みの）に私腹を肥やすギャング団なのか。

身勝手と無責任

そもそも、顧問は知事に助言し、政権を支えるのが仕事のはずである。知事と執行機関の触媒的な役割も期待される。実際、顧問から直接指示や質問を受ける局もあるようだ。

だが、現実はそうではない。真逆である。パフォーマンス重視の個人プレー、上から目線の身勝手発言――こんなことの連続だ。おまけに、言いたいことだけ言って、後は野となれ山となれ、自らの言動に責任は一切取らない。取らないどころか、「実行するのは各局だよね、じゃあよろしく」と尻拭いを執行機関に押し付けて顧みない。

基本スタンスはごくシンプルだ。既存の枠組みを「悪」と決めつけ、現状破壊を「改革」と称して世の中の喝采を浴びようとしているようだが、所詮、安全地帯に身を隠す評論家の域を一歩も出ない。

困惑と疲弊

百歩譲って、顧問の考えや方向性が都政にとっても都民にとっても良いものであれば、執行機関は是非もなく、それに従い全力で取り組むだろう。しかし、ある顧問はAだと主張し、別の顧問はBだと言い張る。揚げ句の果てに知事はAだともBだとも言わない。これって何だ？　都政のガバナンスはどこに行ったのか？

執行機関は困惑して身動きが取れず、いつはしごを外されるかとビビりまくっている。最近では、顧問対応に疲弊した各局が学習を重ねた結果、もうこれ以上厄介ごとに巻き込まれたくないと頬かむりするものだから、自然、イエスマンになりノーウェアマン（存在しない者）になり、都庁から新しいことにチャレンジする気概は完全に失われてしまった。

暴走する顧問

顧問団に囲まれて伏魔殿に鎮座し、自らの真意を見せない知事の下、ここ数カ月、暴走を続ける顧問がいる。知事は彼を単に泳がせているだけなのか、あるいは制御不能の状態に陥っているのかは不明である。彼が仕切るプロジェクトチームは実質的に内部分裂しているにもかかわらず、彼は自己の主張をエスカレートさせることをやめない。こんな体たらくでは、顧問は好き勝手に跳ね回るバッタの軍団だと評されても仕方あるまい。それほどまでに今の都政のガバナンスは地に落ちている。

都議選後

都政は今、都議選を前にオリンピックだ、市場の移転だとかまびすしい。政党支持率の調査結果も各社各様に発表されている。しかし、都議選でどう勢力図が塗り替わっても、都政が直面する最大の課題は変わらない。顧問団政治にどうやってケリを付けるか、この一点に絞られる。

顧問団政治の弊害を取り除かなければ、この先、都政は進まないだろう。眼前の試金石となるのは、言いにくいことだが例の顧問を知事がどう処するかである。

振り返れば、あの石原元知事でさえ右腕の副知事を「泣いて馬謖（ばしょく）を斬る」思いで退けたではないか。知事と執行機関が良好な関係を築けない限り、都政大改革も都民ファーストの都政も実現することはない。

庁内に蔓延（まんえん）する猜疑（さいぎ）心の芽を摘めるのは小池知事しかいない。知事の任期はまだ3年以上あるのだ。「やるしかない」のは蚊の駆除だけではない。

（蚊取り線香ほどの主張をする者）

問われる公共サービス ―公務員の存在―㊥

窓口業務の独法化の先に

今国会で、戸籍等窓口業務を地方独立行政法人化するための改正法案と同時に、地方自治法、地方公務員法の一部改正案が提出され、可決される見込みだ。このことは、安倍政権が進める公共サービスの全面的な民営化への大きな一歩となるのだろうか。

■地方独立行政法人法等の改正

足立区が戸籍の窓口業務を民間企業に委託したところ、2014年に戸籍法違反や偽装請負にあたると東京法務局などから指摘され、この間、一部を直営に戻した。

この問題を受けて安倍内閣は、総務省が中心となって約1年間、対応を検討した結果、「骨太方針2015」の中で、窓口業務など、専門性は高いが、定型的な業務については、民間委託を加速し、窓口業務のアウトソーシングに取り組む市町村数を20年度までに倍増させ、広域化することを目指すとした。

また、公権力の行使に係る事務について、事実上の行為や補助的業務とともに、包括的に地方独立行政法人に行わせるとしており、今後、入力業務等のバックヤードを含めた窓口業務全般の組織形態に大きな影響をもたらすだろう。

恐らく、新組織の一般型独立行政法人（非公務員型）が、戸籍等の窓口業務に精通したOB職員などを採用して、一気に「自前で」対応するには無理があるため戸籍等の仕事をしていた現職の公務員が、新組織に「転籍」することになるのではないか。

また、この業務に携わっている公務員が、例え同じ自治体内の他の職場に異動したとしても、「定数上余剰人員」が生まれるため、結果としてこれらの職員が「余剰の公務員」となる。このことが食物連鎖のように新たな行政改革の動機付けにもなる。

■政府の次のターゲットは

政府は、窓口業務以外でも一般型地方独立行政法人は「公権力の行使」が可能として、昨年末から新たに公金債権回収、施設管理、公物管理（道路、上下水道等）、総務業務を対象にしようと狙っている。

公共施設管理では、庁舎、学校、福祉施設、文化施設などが対象となるが、既に大阪市の新美術館の場合、PFIコンセッション方式を取り入れて、同美術館を地方独立行政法人とすることが検討されている例もある。

公物管理に関しては、国土交通省が12年7月に「包括的道路修繕・維持管理、PFIに関する中間報告書」の中で、公共施設管理及び公物管理について、「PFI事業者は道路の整備を行うことができる。道路法はPFIを導入する際の支障とはならない」と明記。また、「無料の一般道路についても、PFI事業者に委ねることは可能だ。道路の設計、新設、改築及び維持管理は行うことができる」と述べている。

総務業務では、服務管理、支出手続き＝金額計算等、文書管理、福利厚生、住民からの問い合わせなど全般にわたっており、「庶務課の廃止」につながる。

地方自治法上の「事務の共同処理（事務の委託、事務の代替執行）」を活用して、設立団体が定款に位置づけた「その他の市町村の窓口関連業務等を行う」としているが、設立団体とその他市町村の窓口関連業務等を、まとめて地方独立行政法人に行わせる方法も検討されている。これにより、自治体の自律性に影響し、市町村合併と道州制に連動する。

■地方公務員法の改正案も

今国会では、地方公務員法の改正案も提出されている。全国で非常勤が自治体の50％近くいる中で、「会計年度職員」という一般非常勤制度を設け、これをパートとフルタイムの職員に分けることになっている。

パートには報酬と費用弁償に加え、期末手当を支払う。フルタイムには給料、扶養・退職手当を支払うという制度であり、処遇の改善である。一方、こうした臨時・非常勤の多様化は、常勤職員（公務員）を更に削減し、公共サービスを地方独立行政法人、民間企業に移譲できる状況を先取りしている。

■危ない自治のガバナンス・統治性

今回、同時に提出された地方独立行政法人法などの関連改正法案によって、自治体は首長、監査委員等、議会、住民、職員労働組が役割分担を共有・協力し、ガバナンス・統治性・自律性を強化することが一層求められる。

このため、自治体は政策策定をコンサルタントに丸投げしてはならない。そして、住民が北欧のように参加して意見反映できるシステムを確立すべきだろう。

小池知事の「都民ファースト」などというパフォーマンスに振り回されてはならない。地方自治体は国の下請け機関でなく、「地方政府」としての役割を果たすべき時だからだ。

（PFI・コンセッション〈公共施設運営権の民間事業への譲渡〉及び日本版TUPE〈事業譲渡と雇用保護法案〉研究会代表　石田誠）

MEMO　地方独立行政法人　地方公共団体が、自身が直接実施する必要はないものの、民間に直接委託した場合に適切に実施されない恐れがあるため、これを行わせるために自治体が設立した法人。特定地方独立行政法人（公務員型）と一般地方独立行政法人（非公務員型）に分けられるが、ほとんどが一般型である。

協力：（一財）日本ファッション協会

シネマ夢倶楽部 オススメ シネマ

Japan Fashion Association

ハクソー・リッジ

©Cosmos Filmed Entertainment Pty Ltd 2016

銃も手榴弾（しゅりゅうだん）もナイフさえも、何ひとつ武器を持たずに第二次世界大戦の激戦地〈ハクソー・リッジ（のこぎりの崖）〉を駆けまわり、たった一人で75人もの命を救った男がいた。

彼の名は、デズモンド・ドス。重傷を負い倒れている敵の兵士にさえ手当てを施す彼は終戦後、良心的兵役拒否者としては、アメリカ史上初めての名誉勲章が授与される。いったい、彼はなぜ武器を持つことを拒んだのか？　そして、なんのために命を救い続けたのか？　歴戦の兵士さえひと目見て言葉を失ったという〈ハクソー・リッジ〉の真に迫る戦闘シーンが、〝命を奪う戦場で、命を救おうとした〟一人の男の葛藤と強い信念を浮き彫りにしていく――実話から生まれた衝撃の物語。

本年度アカデミー賞2部門（編集賞、録音賞）受賞、各賞34部門受賞・102部門ノミネート作品。

◆推薦委員コメント

西山昭彦（一橋大学特任教授、博士〈経済学〉）

感動の実話である。戦場で武器を持たない衛生兵が自らの命を顧みず兵士を救ったことと、決死の行動とは矛盾しないことを証明した。1945年、沖縄戦での150ｍの絶壁での戦闘がその場である。

「あと一人、あと一人」単独での救出を続ける…、その数75人。他方、対戦相手が日本軍であり、そちらは顔が見えない。アフガンなどの米国映画でも同じ描き方がされている。戦場の反対側から見るとシーンは違ってくることが痛感される。

渡辺俊雄（NHK衛星映画劇場支配人）

太平洋戦争終戦間際の凄絶（せいぜつ）な沖縄戦については、特集番組などで何度か目にしてはきたが、メル・ギブソン監督は容赦なく、観客を地獄の戦場ハクソー・リッジ（沖縄の前田高地）へ道連れにする。監督が監督だけに戦闘シーンの残酷さは覚悟していたものの、何度か目をそむけそうになった。しかし、銃弾が飛び交い、肉片が飛び散る戦場で、人を殺すのではなく救い出す、神のような衛生兵の獅子奮迅の働きに釘付けになる。神の教えを守り、上司や同僚からのイジメや恫喝（どうかつ）にも屈せず、頑なに武器を持つことを拒否しながら志願兵として戦争に参加した男の実話に感動する一方で、こんな地獄絵図が展開する前に戦争を終結させることができなかったのか、と思わざるを得ない。第一次大戦に参戦し、心に傷を負った父親の存在も作品に深みを与えている。久しぶりに真の英雄の姿を見た気がする。

◇

2016年／アメリカ、オーストラリア／139分　配給：キノフィルムズ　「6月24日㈯よりTOHOシネマズ、スカラ座ほか全国にてロードショー」

シネマ夢倶楽部　6月14日㈬午後6時15分～ニッショーホールで上映。※この上映会に10組20名様を抽選でご招待します。Eメールで件名を「上映会招待希望」とし、〒・住所・氏名を明記の上、henshu@toseishimpo.co.jpまでお申し込みください（9日必着）。

（一財）日本ファッション協会の「シネマ夢倶楽部」では、いい映画・上質な映画をお薦めしています。会社・学校・地域での上映会をご希望の方は、事務局までご連絡ください。シネマ夢倶楽部事務局（☎03・3295・1411　http://www.japanfashion.or.jp/cinema/）

「色の魔術師」の深層

エリック・カール展 The Art of Eric Carle

世田谷美術館

エリック・カール、『はらぺこあおむし』関連作品原画、制作年不詳、エリック・カール絵本美術館
©Eric Carle

『はらぺこあおむし』で育てられたお母さんたちが、『はらぺこあおむし』で育児中の子供と一緒に会場を巡っている。子供たちの歓声が会場に響いている。

『はらぺこあおむし』は、日本になじみの深い絵本という。穴を開けたりページのサイズを変えたりと、作者が構想した通りの装丁で、安価に量産できる技術があったために、初版本は日本で作られたのだとか。

日本語版が出たのはそれから7年後の1976年、第2次ベビーブームの子供たちが絵本に触れる時代だった。親である団塊の世代が書店に殺到した。

読み聞かせというより子供と一緒にページを繰る楽しみ、喜びを与えてくれる新しい絵本だった。ストーリーを追っていくにつれ、イメージが思いがけない飛躍をし、大胆に変化する視点が、普段は見えない世界がそこにあることを教えてくれる。要所で出会う本の特別加工が、変化のドラマを盛り上げてくれる。

最後は言葉とかたちと色が画面いっぱいに展開して、生命の神秘と不思議に、子供のやわらかい心を導いてくれる。また一緒に読む大人の意識も目覚めさせてくれる。作者当人が「遊べる絵本、読めるおもちゃ」と呼んだ一連の作品中の大傑作だ。

その作者、エリック・カールが創作した多数の作品原画と作品、160点余で構成する展覧会である。「色の魔術師」と呼ばれる作者の原画が間近に見られる貴重な機会だ。

楽し気に、苦もなく描かれているように見える作品だが、そこにどれだけの手が加えられているのかを知って絶句する。フラットな色面など一つもない。単色に見えるが実は微妙なグラデーション、繊細な塗り重ね、ナマの手わざを生かしたスクラッチ、緻（ち）密なコラージュ、そして鋭利なナイフによる切線など、色とかたちが明快なリズム感となって、視覚の干渉を起こしているようだ。それが魔術なのか？

アメリカの絵本作家。両親はドイツからの移民で、本人も絵の得意な少年としてドイツで暮らした時期がある。折しもナチスの政権下、封印されていた前衛芸術集団「青騎士」の作品を絵の先生から見せられ、衝撃を受ける。特に若くして戦死したフランツ・マルク。

アメリカに帰国後、グラフィック・デザイナーなどの仕事を経て絵本作家になったが、さらに「バウハウス」のパウル・クレー、労働者群像のフェルナン・レジェ、シュルレアリスムのルネ・マグリットほかの研究も続けた。彼は20世紀先端芸術の手法と思想を吸収・消化し、鮮烈なイメージに変容させて子供の世界にもたらしてくれていたのだ。

関連グッズのショップも特設。ここにも大人も子供たちも殺到してなかなかの混雑ぶり。どうぞ、お出かけの際はお買い物の時間も考えて。

◇

「エリック・カール展」は7月2日（日）まで世田谷美術館で開催。ハローダイヤル03・5777・8600。この招待券を5組10名様にプレゼントします。Eメールで件名を「エリック・カール展希望」とし、henshu@toseishimpo.co.jpまでお申し込みください（9日必着）。

ミニガイド

◇2017年度第1回都民を対象としたテーマ別環境学習講座「サイエンスカフェ・考えよう！東京の暑さの原因と持続可能な都市づくり」　▷日時　6月30日㈮午後6時半～8時▷場所　水素情報館東京スイソミル講義室（JR潮見駅より徒歩8分、都営バス錦13乙系統で潮見一丁目下車徒歩1分）▷募集人数　定員50人（定員を超えた場合は抽選）▷参加費　無料▷申し込み方法　公益財団法人東京都環境公社ホームページ「イベント・セミナー」から　https://www.tokyokankyo.jp/▷申し込み期限　21日㈬▷コーディネーター　国立研究開発法人防災科学技術研究所気象災害軽減イノベーションセンターコーディネーター（水・土砂防災研究部門主幹研究員）横山仁氏▷主催　都環境局

◇公益社団法人東京自治研究センター月例フォーラム　▷講演　「性の多様性を包み込む地域社会」原ミナ汰氏（NPO法人共生社会をつくるセクシュアル・マイノリティ支援全国ネットワーク代表理事）▷日時　6月28日㈬午後1時半～4時15分▷会場　中野サンプラザ7階研修室8（JR中野駅徒歩2分）▷参加費　千円（会員は無料）▷問い合わせ　公益財団法人東京自治研究センター☎03・6256・9912

都政新報

発行所 都政新報社
〒160-0023 東京都新宿区西新宿7-23-1 TSビル
〈総務・読者〉03-5330-8781
〈企画広告〉03-5330-8784
〈編　　集〉03-5330-8786
〈出　　版〉03-5330-8788
〈ファクス〉03-5330-8808
購読料 月1,730円（税込）
毎週火・金曜日発行
ただし、祝日は休刊
©都政新報社 2017

紙面から

自公の温度差顕著に

都議会代表質問

短縮議会で争点くっきり

第2回定例都議会の代表・一般質問が2日に行われた。主要会派は一般質問を行わず質疑を1日に圧縮し、都議選に配慮した日程が組まれていたが、小池知事の「議会軽視」の政治姿勢に対して自民党から激しい反発の声が上がるなど、選挙も見据えた舌戦が繰り広げられた。主要4会派からの質疑は市場移転問題や五輪の経費負担問題などに集中し、知事の市場移転の判断の是非も含め、各会派のスタンスの違いがそのまま都議選でも争われることになりそうだ。

「前任者との違いを強調するあまり、都政の大きな課題（解決）が停滞している」──。自民党の代表質問に立った高橋信博氏は、小池知事の政治姿勢をそう批判した。市場移転問題については「知事の独断での移転延期以来、方向性が見えない」として、これまでに豊洲などの維持費に約100億円の損失が発生していると指摘。「この状態を続けることに自責の念がないのか」と疑問を呈した。

一方、「早期に移転すべき」という自民党と同様の意見を持ちながら、温度差があるのが公明党だ。

公明の中山信行氏は、豊洲の土壌汚染の無害化が達成されなくても「環境基準（以下）を将来に向けた目標に掲げつつ、妥当な対策を講じることで都民の理解を得ることが、今できる現実的な対応だ」と話し、知事の早急な判断を求めた。

東京改革、共産党の2会派は、現状の移転に反対の立場。東京改革の斉藤敦氏は「無害化を求めた付帯決議を無視するのは言語道断」だとして、追加の汚染対策を実施するよう求め、早期移転を否定した。共産の和泉尚美氏は築地の現在地再整備を主張した。

小池知事は答弁で、土壌の無害化が達成できていない事実を踏まえた上で、「世の中にはゼロリスクはあり得ない、という考え方もある」と話し、無害化を絶対条件とはしない姿勢をにじませた。一方で、市場のあり方戦略本部で総合的な判断をするとの従来の主張を繰り返した。

各会派の方向性の違いが表れたもう一つのテーマが、五輪の都外仮設費用の負担に関する問題だ。

自民の高橋氏は費用負担に関して、いまだに財源や負担の手法が決まっていないことを指摘。都外会場での開催は「都がお願いし、2千億円の予算が削減できた」として、他県知事の声を受け止めるべきと訴えた。

一方、公明の中山氏は経費分担について、知事の考えや評価、負担を決断した理由をただし、分担の決まっていない費用の取り扱いについて、知事が協議をリードすることや、大会支出の透明化を求めた。

小池知事は今後、大会組織委に特別勘定を設けて、仮設整備などを一元的に管理することや、公費の使用に関しては委員会を設置し、コスト管理を徹底することなどを説明した。公明の東村邦浩幹事長は議会休憩中に、「聞きたかったことをすべて（質問に）入れた」として、知事の答弁を評価した。

東京改革の斉藤氏は五輪の負担問題について、「そもそも仮設費用を負担するはずの組織委が責任を放棄し、知事の決断が遅いと批判する姿勢は疑問」と自民を牽制して知事を擁護。「五輪の政治利用は容認できない」と組織委の体制見直しを求めた。

共産の和泉氏も五輪の負担問題で組織委を「あまりに無責任」と糾弾。また、「五輪でこんなにお金を出さなかった政府はない」と国に対しても矛先を向け、財政負担回避の姿勢を指摘した。

主要4会派の質疑は今月23日に告示を迎える選挙戦を強く意識した内容となった。

小池知事が会派まわり

都民ファーストの代表就任で

小池知事は2日の本会議開会前に都議会各会派の控室を回り、都民ファーストの会代表への就任あいさつを行った。

小池知事は代表として名刺を都議に配りながら就任を報告。今定例会で質問を行う議員には「お手柔らかにお願いします」と笑顔を向けた。都民ファーストの都議や幹事長らも同行し、都議らにあいさつした。就任直後ということもあってか、途中で「代表」名刺が切れるハプニングも。

都議会の論戦は激しさを増しているが、会派回りは終始和やかな雰囲気で終わった。

決める都政に転換を

2017都議選 決戦に臨む① 選対幹部に聞く

自民党
都連会長
下村 博文氏

6月23日告示、7月2日投開票の都議選まで残り1カ月を切った。各党の公約が出そろい、候補者の顔ぶれが明らかになりつつある中、小池知事が都民ファーストの会の代表に就任し、いよいよ本格的な選挙モードに突入する。各政党の選対幹部に選挙情勢や都議選の争点、意気込みなどを聞いた。

──都議選の世論調査で政党支持率のうち、自民党は20%近くあります。もうちょっと支持率を高めないといけない。国政の自民党の支持率は35〜40%あるから、都議選では30%以上ほしい。

──具体的にどのようにして支持率を引き上げていきますか。

自民党支持者の中で、昨年の都知事選で小池知事を応援した人は多かった。同じ自民党ということで支持したが、小池知事が離党届を出したことで、知事を推せないと分かってもらえるようにしっかりと努力し、支持率を回復していきたい。

──小池知事の離党届提出の影響をどう見ていますか。

白黒がはっきりして自民党にとって戦いやすくなった。（第1回定例都議会を振り返ると）2017年度都予算は全会派が賛成し、知事の足を引っ張る構図ではなかった。そもそも、都民ファーストの会をつくる意味はあったのか。都民ファーストをつくることは、都議会が知事のやることに無条件に賛成し、知事の意向を踏まえた忖度政治になりかねない。それを認めていいのか選挙で問う。

──都民ファーストの代表に知事が就任し、都議選情勢は変わると思いますか。

どうなるか分からない。最終的に自民党の支持率が30%台に上がれば、小池知事を応援した自民党支持者が戻ってきたことになる。

──自民党が重点選挙区と位置付けているのはどこですか。

60人の公認候補がいて、自民党の世論調査で半分の30人が当落線上にいる。30人が接戦の選挙区が重点と位置付けている。30人の候補者に対して、しっかり当選できるように応援していきたい。

──公明党と都民ファーストが推薦し合っていますか。

影響はある。1人区は7選挙区あって、普通でいったら0勝7敗になる可能性があるが、党の調査ではそうではない。公明党の協力がなくても、自民党はここまで戦えるということを示す。

──都議選後は公明党とのしこりが残るのではないかと指摘されています。

結果次第だ。自民党が勝てば、しこりは残らない。向こうからそれなりの距離を縮めてくると思う。

──市場移転の可否や五輪の経費問題が最大の争点ですか。

争点にするつもりはないが、小池知事が決めないから、都議選に勝利し、知事の背中を押さないといけない。豊洲市場の移転は早期に決断すべきと自民党は主張している。オリパラも今のままだと準備は危うい。都知事は、都議会、国、組織委員会、都外自治体と連携を取りながら、その先頭に立って調整するはずなのに、小池知事が止めている。自民党が都議選で勝たなかったら、五輪の準備は加速しないと思う。決められない小池都政に対して、決める都政に変えていく。

──都議選への意気込みを教えてください。

2月の千代田区長選が終わった時点で都民ファーストの調査では、自民党が23〜24議席、都民ファーストが60議席という結果が出たようだが、党の調査では自民党の獲得議席は都民ファーストを上回っているが、当落線上に30人いる。接戦だからどうなるかまだ分からないが、都民ファーストに負けない議席を確保する。

都民ファーストが決起大会

小池代表「新しい議会に」

都民ファーストの会の候補に檄を飛ばす小池知事＝1日、目黒雅叙園で

都民ファーストの会は1日、都議選に向けた総決起大会を開き、同日、自民党に離党届を提出して都民ファーストの代表に就任した小池知事が、「古い議会を新しい議会に変えていこう」と呼び掛けた。前代表の野田数氏は幹事長に、元職で都民ファーストから出馬する増子博樹、伊藤悠の両候補は幹事長補佐に起用された。

また当日は、公明党都本部の高木陽介代表、千代田と豊島両区長、日の出町長、葛飾区の副区長らが出席した。

都民ファーストは「新しい議会」の形として、議員提案による条例制定などを掲げる。伊藤氏は過去25年間で、都議が提案し可決された条例案は旧民主党による省エネ関連の1本のみとして、「自民党が賛成しない限り、提案条例は通らない」と批判した。都議会の常任委員会と連動するプロジェクトチームを都民ファーストの会都議団内に結成し、どんな条例案を提案できるか職員らと相談しながら検討する。

公約では、市場問題に関して「知事の立場を尊重する」と明記し、移転の可否には触れない。

都民ファーストの公認候補は1日時点で48人。野田幹事長は「候補者の選考は進行中」と述べ、町田市などで擁立する考え。

TWSの名称を変更 来年度から若手公募

都生活文化局

都生活文化局は1日、若手アーティストの作品展示などを行ってきた「トーキョーワンダーサイト」の名称を変更すると発表した。

新たな名称は「トーキョーアーツアンドスペース」で、10月から使用する。TWSは渋谷区神南、文京区本郷、墨田区立川にそれぞれ施設があるが、渋谷についてはアール・ブリュットの拠点として今秋に暫定オープンする。

トーキョーアーツアンドスペースでは芸術家の発掘・育成支援や国際文化交流を目的とした取り組みを行う予定で、名称発表に併せ、都歴史文化財団がシンボルマークの公募を開始した。

小池知事は石原元知事の肝煎りだった若手アーティストの公募事業「トーキョーワンダーウォール」を終了し、来年度から世界で活躍できる人材を発掘する新たな現代美術の賞を創設するとしており、支援充実に合わせて施設名称を変更することになった。

◆百条委報告書をまとめ

豊洲移転問題を調査する都議会百条委員会が2日に開かれ、賛成多数で調査報告書をまとめた。

自民党が報告書の内容に関し、「いくつかの記載内容に偏りがある。予断を交えずに正確に記録すべき」と指摘し、一部変更を要請。例えば「石原元知事の責任は重い」と記載されているが、「どのような責任か不明」として削除を求めた。だが、採決では自民党の修正が反映されていない報告書を同党以外が賛成した。自民党都議の一人は「おかしい」と吐き捨て、委員会室を後にした。

◆維新が公約発表

東京維新の会は2日、都議選に向けた重点政策を発表した。「維新の東京大改革」として、都が抱える業務の権限・財源・人材を、区市や民間に移譲することを掲げた。医療・福祉・教育などを区市の役割として明確にし、都は都市戦略や交通インフラ、警察・消防などの業務に専念する。

また、都の外郭団体は全廃し、天下りの仕組みを無くす。職員数・議員数を削減して約7千億円の財源を生み出せるとした。豊洲新市場に関しては、早期の移転決断を提言した。

穴句ジョーク

都議選を控え、今定例会や委員会はお互いビミョーな距離感

「あっ！　もう少し左でーす！」

──庁舎改修測量隊

都政の東西

頭の黒い鼠

豊洲新市場の用地取得を巡り、石原元知事に損害賠償請求するよう都に求めた住民訴訟。小池知事が訴訟対応方針を見直す考えを示したが、延期に次ぐ延期となっており、雲行きが怪しい。

従来の対応方針は、石原氏の賠償責任はないという内容だったが、小池知事は土地取得の経緯が不適正との指摘があり、事実を明らかにするために見直すとした。

原告の主張を忖度したような理由だけでなく、方針見直しの手順も異様だ。小池知事は「これまでの売買契約等の精査をさせていただく」と明言したが、裏を返せばこれから詳細に調査を始めることを示す。本来であれば、調査して新たな疑惑が見つかったため方針を見直すのが筋であり、手順が真逆だ。官房系の都幹部が「政治的な意図を感じる」と指摘するように、石原氏をおとしめるためと勘繰られても仕方がない。

新たな対応方針は4月に示す予定だったが先延ばしとなり、5月の口頭弁論にも間に合わなかった。膨大な資料を精査しているためだと都側は説明するが、対応に無理があったと言わざるを得ない。

時間だけでなく、公金も浪費しかねない懸念がある。弁護団を再編成し、市場会計から捻出する弁護士費用は、従来よりも増えているという。全ての資料を精査しても問題が見つからなければ、小池知事に弁護士費用の返還を求める住民監査請求が起き、訴訟にも発展しかねない。その場合、知事が過去に「頭の黒い鼠」と批判したように、知事自らがカネの無駄遣いとのレッテルを張られることになる。市場移転の可否の判断に続いて、対応方針の見直しは第二の市場問題になるかどうかが焦点だ。

豊島区　「選択的介護」で有識者会議
特区活用へ都区共同運営

豊島区は2日、介護保険サービスと保険外サービスを組み合わせて利用できる「選択的介護」に関する有識者会議（座長＝八代尚宏昭和女子大学グローバルビジネス学部特命教授）の初会合を開いた。区は有識者会議での議論を踏まえ、都と連携して国家戦略特区制度を活用したモデル事業を来年度から2020年度までの第7期介護保険事業計画期間中に実施する考え。高野之夫区長は「選択的介護は賛否両論で、道のりは決して平坦ではないが、果敢にチャレンジしたい」と意欲を示した。

選択的介護は、保険サービスと保険外サービスを併用するいわゆる「混合介護」のうち、同時・一体的提供と、保険サービスに付加価値を付けた上乗せ料金の設定に焦点を当てたサービスとして、小池知事が2月に開かれた国家戦略特区の合同区域会議で提案した。これらのサービスは制度上、実施できないため、特区による規制緩和で利用者や家族のニーズに対応するとともに、事業者の経営改善や運営効率の向上を図るのが狙い。

有識者会議は、学識経験者や介護人材団体、被保険者の代表ら11人で構成し、都区が共同で事務局を運営。今年度中に5回開催し、モデル事業での提供サービスや価格設定、事業者の選定基準などを検討する。モデル事業はデータ検証の観点から2年間の実施を予定しており、第7期の3年間のうち18年度開始分と19年度開始分の2回に分けて事業内容や実施事業者を選定する。

会合では、介護保険制度の維持に向け、選択的介護が重要との認識で一致。一方、サービスの在り方を巡っては、「イノベーションの見地から既存の制度の枠にとどまらない議論を」「医師らが必要と判断する『ニーズ』と、暮らしを豊かにするための利用者の『需要』を明確に分けるべき」など多様な意見が出された。

モデル事業の実施に向けた課題としては、保険外サービスを組み合わせることによる保険サービス給付の削減への懸念や、加齢などで認知機能が低下した利用者への消費者保護の観点からの支援、過剰なサービス提供による自立意欲の減退などが挙げられた。また、ケアマネジャー団体からは「ヘルパーの専門性を担保し、お手伝いさんのようにあれもこれもとならないようにすべき」との意見が出された。

モデル事業では、訪問介護の際に利用者と同居家族の食事を同時に提供することや、入浴介助などの際に健康づくりに役立つ資格や方言などが話せるヘルパーを有料で指名できるようにすることなどが想定される。

都福祉保健局は「モデル事業を通じ、実証的な効果と課題を示したい」としており、高野区長は「介護保険制度の課題の解決策の一つとして全国のモデルとなる取り組みとしたい」と語った。

刑法犯増加に「緊急事態」
足立区　巡回強化など補正予算案

足立区は1日、刑法犯認知件数の増加を受け、9日に開会する第2回定例区議会に防犯パトロールを拡充するための補正予算案を提出する方針を発表した。今年1～4月時点の認知件数が都内で最多だったことから、「緊急事態宣言」を出しており、認知件数増に歯止めをかける。

同区の認知件数は2001年以降減少し、12年に都内ワースト1位を脱却した。しかし、今年に入ってから4月までの認知件数は前年比で98件多い2103件に増加した。区は「4月時点で増加に転じたのが何年ぶりかは確認できない」（危機管理課）として、減少してきた認知件数が増加に転じたことに危機感を強める。

補正予算案では、民間の警備会社に委託して平日と一部土日の午後1～9時に実施している徒歩でのパトロールを強化する。人員を年間延べ約1900人増員して同6500人体制とした上で土日も全日実施する。これまで未実施だった区東部の六町地区や区西部の入谷地区などでも開始し、区内全域を見回る。業務委託料として3200万円を盛り込んだ。

今後は、これまで所管課が分かれていた防犯カメラの管理を一元化し、現在の1500台から3千台に増設することなどを検討する。1日の定例会見で、近藤やよい区長は「あらゆる手段を講じて、ワースト1位への転落回避を図る」と力を込めた。

江東区　公園縮小で住民反発
区民「道路拡幅在りきでは」

都内最大規模の親水公園・仙台堀川公園の面積を縮小させる江東区の整備計画案に対し、一部住民が反発している。隣接道路の拡幅を盛り込んだことが要因で、区は無電柱化とともに、緊急車両がすれ違える幅員を確保したい考えだが、住民らは多様な生物が生息する環境が損なわれるとして、再検討を求めている。また、計画の進め方自体を問題視する声もあり、土壌汚染対策も重なって、工期の遅れを余儀なくされている。

河川水を利用した水路がある仙台堀川公園＝1日、江東区で

同公園は全長3.7キロ、面積10.4ヘクタールで、1980年に開園した都内有数の規模を誇る親水公園だ。園内には水路があり、緑豊かな環境を求めて区の東端を流れる荒川に生息する鳥も飛来。絶滅危惧種の指定を受けるタカ科のツミも営巣しているという。

ただ、開園から40年近くが経過しており、園路や遊具などの施設の老朽化が目立ち、区は改修に乗り出した。公園内には、自転車専用路がなく、歩行者と接触の恐れがあるとともに、公園の両側に接する区道の幅員が狭い課題も重なり、区は13年度に北側約1.1キロに限り、道路と公園、河川の一体整備による改修の調査・設計に着手した。

だが、昨年4月の住民説明会で示した計画図に一部住民が反発。片側約6.5メートルの隣接道路の幅員を4メートル拡幅するのに伴い、公園をセットバックするとともに、現在の河川水による水路を暗渠にし、新たに真水の水路を設ける案だったからだ。

区は交通安全の確保や水辺に近付けるような水路にしたい考えだが、生物多様性に富んだ環境が損なわれると懸念した一部住民は、計画の中止や見直しなどを区に要望。樹木医で反対する環境団体の中心的な役割を担う、(有)エル・エス研究室の美濃又哲男代表取締役は、「設計書を見たが、道路拡幅在りきの印象を受けた」と不信感を募らせる。

区の事業の進め方への批判の声もある。区が15年2月に固めた基本計画案は、地元の町会・自治会に説明会は開いたものの、公表しないまま詳細設計に移行。昨年4月の説明会で初めて計画案を知った美濃又氏は、「いきなり計画が出てきた。進め方にも問題がある」と指摘する。一方、山崎孝明区長は先月31日の会見で、「改修するのに前より悪くするはずがない。住民の方に十分伝わっていない」との認識を示した。

区は住民の意向を受け、計画の修正案を作成したが、その際に新たに環境基準を上回る土壌汚染が判明。土壌調査する必要に迫られた。工期は1年後ろ倒しとなり、公園整備の竣工は2022年度にずれ込む。

区は今後、今年3月にまとめた修正案をベースに、住民との意見交換会を実施する方針。美濃又氏は「合意できるか心配。『ガス抜き』の場に使われるのではないか」と懸念する。区は水や緑の在り方や施設整備など、分野ごとに住民と課題を整理した上で、意見交換会に臨みたい考えで、今年度末に改めて計画の修正案を示す。

大田区　空港跡地に先端産業
自動走行実験場など

大田区は1日、羽田空港跡地第1ゾーンの整備に向けて検討を進めていた先端産業交流施設や日本文化発信拠点などの事業概要を公表した。自動車の自動走行実験施設や、日本文化を体験できる施設などを設ける。羽田空港に近い立地特性を生かし、国内外のヒトやモノ、情報などを集積させるのが狙いだ。

先端産業では、国家戦略特区で検討が進む自動車の自動走行などに向けた「先端モビリティサイト」を整備。事業協力会社のトヨタ自動車などと連携する。また、医工連携を促す「先端医療研究センター」や、水素ステーションも設置する。

文化発信拠点では、食文化の国内外への発信に向け、新鮮な食材を販売するとともに、食材などの検疫の代行サービスを実施する。温泉文化の発信を狙い、足湯体験ができる施設も設ける。最寄り駅の天空橋駅との直結や天空橋船着場の活用など、空港や周辺地域からの利便性や一体性を高める案も盛り込んだ。

事業予定地は5.9ヘクタールで、総延べ床面積は約12万5400平方メートル。総事業費は約540億円を見込む。鹿島建設(株)を代表企業とする計29事業者によりプロジェクトを進め、20年の一部開業、22年の全面開業を目指す。

記者席
思いのほか高くない注目度

○……夏の都議選を控えた最後の本会議が1日に開会した。都政に対する世間の注目はいつになく高まっているが、都議の一人は「選挙の周知が十分に広がっていない」と気をもむ。連日の都政に関する報道にもかかわらず、投開票日を来年だと思っている有権者もいたという。

1日、2日の本会議場に目を移すと、傍聴席に人はまばら。傍聴者から知事にヤジが飛ぶ場面があったものの、就任当初ほどの注目度はなさそうだ。

世間の関心の大きさは選挙結果にも影響を与える。一番気をもんでいるのは、さて誰だろう。

○……「都民の声」の4月分に、「都立赤塚公園（板橋区）で、禁止のはずのスケートボードやBMX（自転車）をする人が2016年秋ごろから増え、危なくて子供と公園に行くのをためらう」との声が寄せられた。時期が具体的だったため、担当の東部公園緑地事務所に状況を問い合わせると、「それほどいない印象」というが、掲示物を見やすい場所に張り替えたり、禁止を告げる大きめのカラーコーンを置いたという。

ただ、都民の声には「ジャンプして遊んでおり、ボードが飛んできそう」とも。ライダーらに新しい遊び場を提供したことにならなければいいが。

○……小金井市の夏の風物詩となる「小金井薪能」が、今年も8月27日に都立小金井公園で行われる。1979年から発案者でもある能楽師の津村禮次郎さんが出演する日本屈指の長寿の能だ。江戸東京たてもの園前で行われる薪能は、日暮れに始まり、息をのむほどの美しさだという。今年は人気の演目「船弁慶」に、人間国宝の狂言師・山本東次郎氏が出演する「鶏聟（にわとりむこ）」、新進気鋭のダンサー・森山開次氏と宝満直也氏の創作ダンスというラインナップ。これで一般4千円からはお得だ。

もう一つの見どころが、火入れ役を任された西岡真一郎市長。「腹に刀を差し、（火入れに）失敗したら、その場で腹を切る」と津村氏。大役で失敗しなければよいが。チケットはきょう6日から発売となる。

自治体政策のススメ
「保育の質」とは何か
保育政策の課題⑤

保育園を考える親の会代表　普光院　亜紀

保育の量の拡大が進む中で、保育の質への不安が広がっている。姫路市の地方裁量型認定こども園で、定員を大幅に上回る児童を預かり、十分な給食を提供していなかったという事件が発覚した。多額の補助金が正しく運用されず、求められていた質が確保されていなかった。

認可も運営する大手保育事業者の認可外保育施設で起こった死亡事故では、うつぶせ寝時のリスクを知らない未熟な保育士たちが、経験の浅い園長の指示により、1歳児を別室でうつぶせ寝のまま2時間も放置していた。この施設では、事故以前から子供が泣いても保育者全員が無視して他の仕事をする姿が目撃されていた。事故はたまたま起こったのではない。子供を丁寧に見ない質の低い保育の延長線上にあった。

食事や安全・衛生は分かりやすい質だが、それは質の物理的な一面でしかない。乳幼児期は、心と体がめきめきと成長する時期であり、この時期に受ける養育は子供の人格形成に大きな影響を与える。乳児では、泣いたり喃語を発したりしたとき養育者がこまやかに反応する「応答性」が発達に密接に関係することが明らかになっている。また、乳幼児期を通して一人ひとりの子供を理解し、その個性や発達段階に応じて、育ちに必要な環境（物理的・精神的）を提供してこそ、子供の発達は促されるのであり、保育の専門性の核になる部分である。その営みが、保護者の子育ても支援する。しかし、事業者の専門性の低さや保育士不足が、これらの質を不十分なものにしている。

ハード面では、園庭がない保育所の急増が懸念される。23区では約4割の保育所に園庭がない。先日視察した小さな児童公園には、1時間に七つもの保育施設が散歩にきた。もちろん、子供たちは自由に遊べる状態ではなかった。

良質な保育が提供されることは、子供の育つ権利の保障であるとともに、社会にとっては次世代の健やかな育成の核心部分であり、軽んじてはならない。

特別区　予想される顔ぶれ
第20回都議選

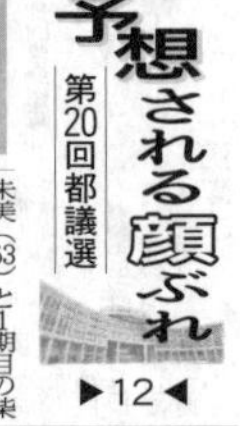

▶12◀

練馬区（定数6）

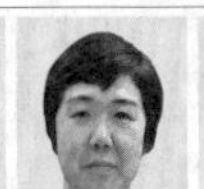
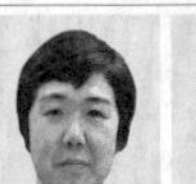

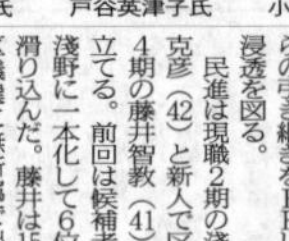

山加朱美氏　柴﨑幹男氏　小林健二氏　戸谷英津子氏　淺野克彦氏　藤井智教氏　菊地靖枝氏　山田一義氏　村松一希氏　尾島紘平氏

現時点で10人が名乗りを上げる。うち6人が新人で、いずれも区議経験者となっている。

自民は現職4期の高橋和実が勇退。公認をいずれも現職で4期目の山加朱美（63）と1期目の柴﨑幹男（61）の2人にとどめた。前回は初めて3議席を獲得したが、民主が躍進した09年選挙と同様、着実に2議席の確保を目指す。

公明は現職2期で党都本部青年局長の小林健二（47）を擁立した。都民ファーストの推薦を受ける。05年選挙から3回連続のトップ当選で議席を守り続けており、盤石の組織力で安定した戦いが見込まれる。

共産は現職5期の松村友昭の勇退を受け、新人で区議4期の戸谷英津子（53）を後継に据えた。組織固めを進めるとともに、知名度が高い松村からの引き継ぎをPRして浸透を図る。

民進は現職2期の浅野克彦（42）と新人で区議4期の藤井智教（41）を立てる。前回は候補者を浅野に一本化して6位に滑り込んだ。藤井は15年区議選に無所属で出馬し、1万票を超える得票でトップ当選している。

ネットは新人で元区議2期の菊地靖枝（54）を公認した。支持層の掘り起こしを急ぎ、議席を失った09年以来、8年ぶりの失地回復を狙う。

維新からは新人で区議6期の山田一義（51）が出馬する。前回は2人を擁立したが、いずれも落選し、合計得票数も当選ラインに達しなかった。

都民ファーストはいずれも新人で、都知事選で小池知事を支援した区議2期の村松一希（36）と区議1期で衆院議員時代の小池知事の秘書を務めた尾島紘平（28）を擁立した。東西で地区割りを行うなど組織戦を展開して2議席獲得を狙う。

このほか、諸派では政治団体「環境党」代表の渋谷誠（53）が立候補を予定している。

前回の結果

◇練馬区

当	小林	健二	(公現)	41,363	②
当	柴﨑	幹男	(自新)	35,722	①
当	山加	朱美	(自現)	32,070	④
当	松村	友昭	(共元)	31,218	⑤
当	髙橋	和実	(自現)	28,006	④
当	淺野	克彦	(民現)	23,444	②
	藤井	薫	(み新)	20,390	
	栁井	克子	(ネ新)	20,311	
	網野	辰男	(維新)	13,002	
	松岡	里佳	(維新)	8,930	

《文中は敬称略》

都環境局

自然公園ビジョン策定

全国初　自然公園の総合計画

都環境局は5月29日、自然公園の目指す姿を示した「東京の自然公園ビジョン」を策定した。自然の保護だけでなく、自然を活用する視点を入れたことが特徴で、地域や関連団体が参加する管理運営協議会の設置、将来的に自然環境を守る次世代人材の育成、異分野と連携したイベント開催などを打ち出した。国立・国定公園など公園ごとの事業計画等は全国で策定されているが、自治体内の自然公園に関する総合的なビジョン策定は全国で初となる。

東京は大都市でありながら、都立公園や国定公園など行政区域の36％が自然公園に指定されている。一方で自然環境や風景地の保護・保全に加え、近年では自然の中を歩いて旅するロングトレイルを楽しむ海外からの観光客が増えているなど、多様な利用形態への対応も求められている。

同ビジョンでは、東京の自然公園の大事にすべき特徴・価値として、①多摩部の亜高山帯から島しょ部の亜熱帯まで広がる「多様性と連続性」②農林水産業や公園内に位置する集落などがあることによる「人の営みとの関係性」③アクセスが比較的良好な「都心部からの近接性」――の3点を掲げ、それぞれ目指すべき自然公園の姿を提示。取り組みの方向性と、優先的に実施するリーディングプロジェクトを示した。

自然環境の守り手となる次世代育成のため、子供が自然と触れ合う取り組みも進める

自然環境の保全や再生に向けては、情報の収集・分析を推進。行政や関係団体が行うだけでなく、実際に自然公園を訪れた都民などからSNSなどで発信してもらう都民参加型の手法を構築する。

また植生回復や、キョン、グリーンアノールなどの外来種対策などにより、自然環境の保全・再生活動を展開。こうした取り組みを地域や地元自治体、土地所有者などと共に進めるため、地域や関連団体と管理運営協議会を設置し、地域ルールの策定を進めることも打ち出した。第一弾として、今年度から高尾地区（明治の森高尾国定公園、都立高尾陣場自然公園）で管理運営協議会を設置する。

高尾山や御岳山などにあるビジターセンター機能も強化。従来の情報提供機能等に加え、地域の特産物の紹介や販売、環境学習プログラムを充実し、地域の魅力を伝えるとともに、にぎわいや交流の核となる施設に機能転換する。

また、環境学習などを通じて小中高校生らと地元の人々との継続的な交流の仕組みづくりを進め、地域の営みを支える次世代の人材育成につなげる。

利活用の観点では、エコツーリズムやロングトレイルコースの整備、宿泊施設での滞在型プログラムの充実などを図るほか、自然に関わりのなかった人への理解促進を進めるための取り込みも強化。環境局のホームページを今年度中に更新し、情報提供機能を高めるとともに、例えば音楽など自然とは直接関わりのないイベントと連携することで、これまで自然に関心が薄かった層への啓発を図る。さらに障害者が気軽に自然に触れられるよう、バリアフリールートの設定やソフト面での支援を検討する。

このほか、都心部との近接性を生かし、都心での自然公園に関する情報発信を強化する。

計画期間は、長い期間の取り組みが必要となる自然が対象であるため、2020年の東京五輪とその後のおおむね30年間とし、社会状況の変化に対応するため、10年間をめどに見直しを行う。

都総務局

「多摩の振興プラン」素案をまとめ

5エリア別に施策の方向性

都総務局は5月29日、「多摩の振興プラン」（素案）を発表した。小池知事が就任後、昨年12月に策定した総合計画の「2020年に向けた実行プラン」の内容を多摩に特化した視点で整理するとともに、5月19日に素案を公表した「都市づくりのグランドデザイン」などを踏まえ、多摩地域の目指すべき地域像や施策の方向性を示した。現在、パブリックコメントを募集中で、夏ごろに策定する。

多摩地域の人口は422万人だが、20年をピークに減少し、40年代には400万人を割り込む。高齢化率は23・7％で、特に西多摩エリアは27・3％、奥多摩町、檜原村は45％超という状況。空き家率も10・8％（22・6万戸）となっている。

振興プランは、こうした状況を踏まえて策定。多摩地域を▽北多摩北部▽北多摩南部▽北多摩西部▽南多摩▽西多摩――の五つにエリア分けし、それぞれ目指すべき地域像と施策の方向性を示した。

まちづくりの施策の方向性では、▽人口減少・少子高齢化の流れを踏まえ、駅やバス停から徒歩圏への居住の誘導▽福祉、芸術・文化、地域コミュニティーなど多様な目的による空き家の有効活用――などを図る。

産業面では、▽八王子市に整備予定の広域的交流拠点を活用した都域を超えた産業集積・産業交流の促進▽多摩地域固有の資源を活用した、体験型の要素を採り入れた観光ツアー推進▽生産緑地の指定拡大や田園住居地域の活用による都市農地の保全・活用――などを掲げた。

自然との共生では、緑の総量をこれ以上減らさないことを基本に、▽民有林の購入・水道水源林の適正管理▽自然公園区域内に滞在できる環境の確保▽再生可能エネルギーの導入促進や水素の活用促進――などに取り組む。

国立市

子供の人権オンブズマン設置

行政府型は全国で3例目

国立市は今年度、総合オンブズマン制度をスタートした。市長が任命する行政府型オンブズマンの設置は多摩地域で8市目だが、行政事務全般を対象とする「一般オンブズマン」に加え、全国でも3例目となる子供の人権侵害の救済に特化した「特殊オンブズマン」を設けたのが特徴。子供からの相談に丁寧に対応できる体制を整備することで、子供の人権侵害を救済するとともに、子供の相談する力や、自ら問題解決に臨む力を育成し、人権意識を育むのが狙いだ。

市制全般の苦情を対象にした一般オンブズマンは、市民等からの苦情申し立てを簡易な手続きで受け付け、市の機関や、協定を結んだ民間福祉事業者を調査。必要に応じて是正等の措置を講じるよう勧告したり、改善を求める意見表明を行う。

一方、子供の問題に特化したオンブズマンは、市内の子供に関する相談や救済申し立てを受け、助言や支援を行う。相談等は電話やメール、SNSでも受け付ける、救済の申し立て等に基づき、学校等を調査し、改善勧告・意見表明を行う。

子供の人権擁護に特化した行政府型オンブズマンの設置は、川崎市、兵庫県川西市に次いで全国で3例目だ。オンブズマン事務局の松田周平事務局長は「一般のオンブズマン制度を設けても、子供は相談するという判断は持ちにくい。子供の問題に特化した制度とすることで、相談しやすい態勢とした」と話す。

オンブズマンの執務室の様子

子供からの相談を受ける窓口は、子ども家庭支援センターや学校など様々あるが、保護は児童相談所、いじめ問題は学校などと所管が分かれ、救済の網からこぼれ落ちるケースもある。子供に特化したオンブズマン制度を設けることで、横断的な目線で子供の人権を守るのが狙いの一つだ。

もちろん、一般オンブズマンでも子供の問題は対象になるが、同市オンブズマンの成瀬大輔弁護士は「一般オンブズマンは調査し、是正勧告をするかなど判断することが主眼だが、子供オンブズマンは調整機能が大切」と話す。運用方法が異なることも、子供に特化した制度を設けた理由の一つという。

また、子供に自らの権利を知ってもらうことも設置の目的だ。「子供は多面的な権利が認められているが、意識する機会は少ない。子供を始め、学校や地域に、子供の人権とは何かを伝えていくことで人権意識を持ってもらいたい」（成瀬弁護士）。

総合オンブズマンは2人体制で任期は3年。行政や子供の人権問題に優れた見識を持つ人を市長が議会の同意を得て委嘱する。また、オンブズマンを補助する子ども相談員も1人配置している。市事務局では、市報やツイッターを活用するとともに、学校にも直接出向いて制度を周知している。

上原元市長が賠償金 3千万円を市に弁済

国立市

国立市内のマンション建設を規制する条例を巡る訴訟で市が敗訴し、原告に支払った損害賠償3120万円を上原公子元市長が支払うべきとする住民訴訟の判決を受け、上原元市長が5月26日、市役所を訪れ、元金相当額の3124万円を市に支払った。上原氏は基金を設置して費用を全国から募った。今後、利息分約1400万円も弁済する。

出番です　新副市長に聞く

住民主体の仕組みづくり

小平市　伊藤俊哉氏

「そういうのがあればいいんだけど」。入庁のきっかけを尋ねると少々困りながらも、「大学生の時に、地域の身近な市役所で公務員の仕事をしたいという思いがあった」と話す。

生まれは北海道で、子供のとき多摩地域に引っ越してきた。以来、小平市近辺から離れたことがない。

「緑が多くて、低層住宅が比較的あって、そういう環境の良さは小平市の売り。何か落ち着ける」と市の魅力を語る。

市の課題の一つがまちづくりだ。西武線の小平駅北口と小川駅西口で再開発が進んでおり、「きちんと合意を作っていくことが重要」と話す。

一方で、人口が19万人を超えた同市だが、近い将来には人口減少局面に入り、公共施設のマネジメントも課題となる。「50年後を見据え、今から市民と共に考えていかなければならない」。その観点からも、重要性を強調するのが住民が主体となった取り組みだ。

「行政が行うべき業務量は減ることはない」とした上で、「高度経済成長期のように、税金をつぎ込んで課題解決という時代ではない。住民主体の地域づくりに向け、地域の方が活躍できる場を提供することも行政の重要な役割」と力を込める。

企画政策部長だった時に、自治基本条例の制定を公約に掲げた小林正則市長が初当選。市長の思いもあり、市民が主体となって原案を練り上げた取り組みが今も心に刻まれているという。「地域には思った以上にリーダー的な役割を果たしてくれる人がいた」と振り返り、職員には「日々の仕事では、地域の人材を発掘したり、地域の人が活躍できる場を提供していくことを念頭に置きながら取り組むことが大切」と期待を込める。

◇　◇

1958年2月生まれ。59歳。学習院大学文学部卒業。80年に入庁し、都市経営部政策課長、企画政策部長、議会事務局長などを歴任した。気分転換はもっぱら愛犬の散歩だが、最もリフレッシュできるのは旅行。特にアールヌーボーの建築が好きで、東欧や北欧などにも足を運ぶ。「戦争など激しい歴史を背景に、自分たちのアイデンティティーが建物に反映されていて興味深い」。妻と2男。

市町村

予想される顔ぶれ　第20回都議選　▶6◀

南多摩（定数2）

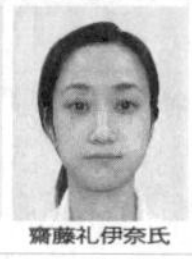
菅原重美氏　小礒明氏　石川良一氏　齋藤礼伊奈氏

現職の2人に新人候補2人が挑む展開。

自民は6期目を目指す現職の小礒明（65）を公認。20年間の都議実績をアピールして議席確保を目指す。地元・多摩市を拠点に組織力を生かした戦いを展開する。

同じく現職の石川良一（64）は、いち早く民進を離党し、無所属で出馬する。都民ファーストから推薦を受け、前稲城市長としての知名度を生かして票を積み上げる。

新人では、共産が元多摩市議の菅原重美（68）を公認。市議20年の実績から食の安全や高齢者福祉の充実を訴え、議席獲得を狙う。

都民ファーストは、歌手の齋藤礼伊奈（38）を公認し、現職を脅かす勢い。小池知事からの期待も厚いといい、知事遊説の際には共に改革を呼びかけて浸透を図る。

諸派では地方議員ゼロの会から伊沢浩美が出馬予定だったが、都民ファーストとの選挙区調整の結果、世田谷への転出が決まっている。

前回の結果

◇南多摩

	氏名	党派	得票	当選回数
当	小礒　明	自現	33,415	⑤
当	石川　良一	維新	21,960	①
	篠塚　元	民現	16,730	
	坂口　育美	共新	12,386	

◇北多摩第一

	氏名	党派	得票	当選回数
当	谷村　孝彦	公現	27,998	④
当	北久保眞道	自新	25,967	①
当	尾崎あや子	共新	18,403	①
	佐藤　広典	無現	15,902	
	野田　数	維元	13,678	
	野副　秀樹	民新	9,613	

◇北多摩第二

	氏名	党派	得票	当選回数
当	高椙　健一	自新	27,868	①
当	山内　玲子	ネ現	19,367	②
	興津　秀憲	民現	13,611	
	渡辺　淳子	共新	9,249	

《文中は敬称略》

北多摩第一（定数3）

北久保眞道氏　谷村孝彦氏　尾崎あや子氏　鈴木龍雄氏　関野杜成氏

東村山、東大和、武蔵村山3市から成る定数3の選挙区。自民、公明、共産の現職3人に、民進と都民ファーストの新人が挑む。

自民は1期目の北久保眞道（64）を公認した。選挙区内でも有権者数が多い東村山市で市議を6期務めた。前回は約2万6千票を得ており、組織力をバックに再選を狙う。

公明は現職で都議会党幹事長代行を務める谷村孝彦（54）が5選をうかがう。過去の選挙では3万票程度を安定的に確保しており、今回も手堅い選挙が予想される。

共産は1期目の尾崎あや子（58）が再選を目指す。前回は約1万8千票を獲得して3位に入ったが、都民ファーストの参戦もあり、当選圏内に入るには票の上積みが不可欠。夫は東大和市議。

民進の鈴木龍雄（48）は、元マイクロソフト㈱部長や㈱ウィルコム執行役員などを歴任し、起業して幼児教育事業も手掛けた。街頭演説を繰り返し、支持を呼び掛ける。

都民ファーストは、東大和市議4期の関野杜成（43）を立てた。同市以外に支持を広げられるかが課題になる。北多摩第一は都民ファースト前代表の野田数の地元。

北多摩第二（定数2）

興津秀憲氏　高椙健一氏　岡本光樹氏　山内玲子氏

過去6回の選挙のうち、5回は自民と生活者ネットが議席を分け合ってきた。4人が出馬表明し、共産が候補者を選考しており、激戦は必至だ。

自民1期目の高椙健一（66）は前回、公明の支持を受け、2万8千票近くを獲得しトップ当選を果たしたが、今回は支援がない。陣営は「公明票が1万あった」と分析。140票差で次点に泣いた2009年選挙と同様に厳しい選挙になる見込みで、保守票固めに奔走する。

民進の元職の興津秀憲（60）は電機連合東京の推薦を受け、離党せずに出馬して巻き返しを期す。

93年以降、議席を維持するネットの山内玲子（61）は3選を目指す。都民ファーストは山内を推薦したが、弁護士の岡本光樹（34）を擁立したため、票を食い合うことが懸念される。子育てや介護などを訴え、浮上を狙う。

都下水道局

戸別訪問で理解広げる
浸水対策の意識を啓発

現場最前線

今年も豪雨・雷雨の季節がやってきた。都下水道局は毎年6月を「浸水対策強化月間」に定め、1日に出張所を含めた全庁で強化月間の出陣式を行った。下水道施設の総点検に加え、都民に下水道の役割や浸水対策の大切さを伝える活動に力を入れている。

杉並区内の環状7号線の内側に整備され、豪雨時には雨水を一時的に貯留する下水道管の和田弥生幹線。直径は8・5㍍あり、3階建てのビルの高さに匹敵する。この下水管に貯めることのできる水量は、小学校の25㍍プール約500杯分に及ぶ。和田弥生幹線がある神田川や善福寺川一帯は、豪雨などによる河川の氾濫（はんらん）で浸水戸数が千件を超えるような被害を及ぼしてきたが、2007年の幹線完成以降、被害は大きく軽減された。

しかし、巨大な下水道だが、地下に埋設しているため、日常生活でそれほど意識することはなく、豪雨や台風時の役割は一般的にあまり知られていない。同局は下水道の役割を理解してもらい、浸水への意識を向上させて被害をゼロにするための取り組みを進めている。

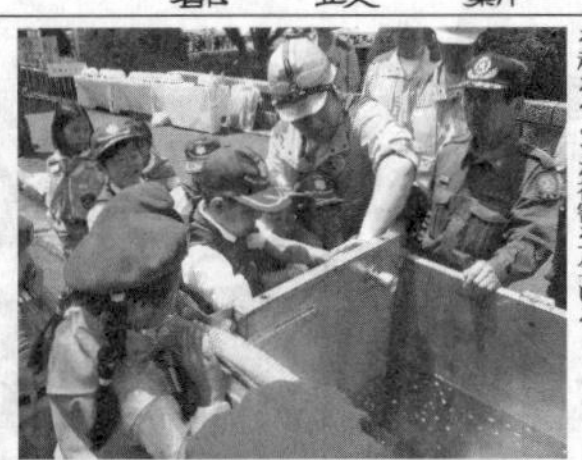
浸水でドアが開かない状況を「水圧くん」で体験させ、下水道の大切さの周知を図る

「大雨時に特に危険なのは、地下室や床が道路より低い位置にある半地下家屋。東京の狭い土地でも『少しでも床面積を増やしたい、駐車場を作りたい』という理由で、近年増えている」と同局施設管理部の久本洋二・管路管理課長は説明する。雨水が流れ込みやすいだけでなく、大雨で下水道管の水位が上がると、風呂やトイレなどから下水が逆流する恐れがあるのだという。

通常、地下室や半地下家屋を建設する際は、所有者が区市町村に届け出た段階で排水ポンプの取り付けや、防水用の土嚢（どのう）を準備するよう指導するが、所有者に意識がなく、特に半地下家屋の場合は役所に報告しないケースも多いという。

「半地下家屋や地下室のある家を建設中の建物も含めて一軒一軒訪問し、土嚢や排水ポンプを取り付けてもらうよう、お願いしている」と久本課長。ポンプを取り付けることに難色を示す所有者もいるが、浸水への注意喚起のため地道な努力を続けている。

同局は「周知」という観点でも力を入れている。久本課長は「今年度からは『見せる化』。普段見えにくい下水道の役割をどうやって分かりやすく伝えるか工夫をしていく」と話す。下水道が浸水対策の機能を果たせないとどうなるか理解してもらうため、水圧でドアが開かなくなる状況を体験できるイベントや、道路の側溝にごみがたまって水が流れない状況をシミュレーションした模型を使った説明会なども予定しているという。

昨年の都内の浸水被害は60件。各下水道幹線の拡張や豪雨対策の成果で以前よりも減少しているとは言え、渋谷区や江戸川区のような地形的に水がたまりやすい窪地や坂下を中心に被害が報告されている。昨年は東北地方に台風が続けざまに上陸したり、北海道で大雨が降るなど、近年は異常気象についても予測がつかない状況になっている。

久本課長は「今後、下水道の老朽化対策や再整備を進めるに当たって工事が更に増えていく。下水道の大切さを伝えて、住民の理解と協力を得たい」と語る。

ひと

特別区で最年少の監査委員

台東区監査委員
大場（おおば）　賢一（けんいち）さん

特別区で最年少となる36歳の監査委員が就任した。「今までになかった視点で台東区の状況を見て、相談に乗ったり課題を解決できれば」と抱負を語る。

公認会計士として、企業会計でなく公会計の経験を積んできた。これまでの職務では、主に中小企業基盤整備機構や国立重度知的障害者総合施設「のぞみの園」(群馬県高崎市)といった独立行政法人、国立大学、公益法人などの監査を担当。競輪とオートレース振興の公益財団法人JKAでは、収益金を社会に還元するための補助金が適正に使われているかを調査する仕事を手掛けた。

「厳正さが求められ、公認会計士としてやりがいがあった」と振り返る。

公認会計士で公会計を専攻するようになったのは、父親の影響が大きいという。父親も公認会計士で、幼稚園の監査に携わり、自身も手伝いをしていた。当時、公認会計士の合格者数が増えていて、「資格があれば安泰」というわけではなく、専門性をどう磨くかが問われた時期だった。そんな折、公会計のジャンルに面白みを感じたという。

台東区に転居してきたのは3年前。区に抱くのは、「お祭りが盛んで、小さな商店が多い『温かい下町』」というイメージだ。浅草など有名な観光地が栄え、ホテルの建設が進む。海外からの旅行者も多く、「伸びしろがある」と感じている。

「個人事業主が多く、一緒になって街を盛り上げていくような区」

最近は住民の公金支出に対する視線は厳しく、区も「公会計に精通するなど、財務管理に関する優れた識見をお持ちなので、専門的な知識や若い世代としての視点に基づいた監査を期待したい」と話す。

きょう6日から定期監査に関わる予定だ。「公会計は、企業会計のように利益だけを追求するのではなく、予算執行の状況を見ながら、公益に資する判断も入る。住民の期待に応えられるような仕事をしたい」　(祐)

静岡県出身。愛知県立大学文学部卒。地銀勤務を経て、2008年に公認会計士試験合格。趣味は、野球やサッカー、テニス、競馬などのスポーツ観戦。妻と7カ月の長男と暮らす。36歳。

都議会代表質問

入札契約改革で「中小に配慮」
豊洲市場隣接公園、7月開放

予定価格を事後公表に変更するなどの入札契約制度改革を巡り、小池知事は2日の都議会本会議で、「人手が限られる中小企業でもきちんと見積もりができるよう、詳細な数量の提示や十分な見積もり期間の確保などの配慮を行う」と述べ、現場に混乱が生じないよう改革案を試行していく考えを示した。中山信行氏(公明)の代表質問に対する答弁。

予定価格の事後公表は「1者入札」と99%超の落札率を抑制するのを目的として都の特別顧問らが参加する「内部統制PT」が提案したが、短期間で精緻（せいち）な積算が求められることから、事業者から懸念が出ている。

小池知事は「都内産業を支える中小企業がしっかりと活躍できる環境を作り、公共工事の中長期的な担い手を確保することは極めて重要」との認識を示した。

一方、自民党が「今回の改革は懸念の声しか聞こえてこない」と批判したのに対し、小池知事は「入札契約制度には『これが絶対』という完璧な答えはないが、健全な競争が行われていることを都民にも『見える化』することが求められている」などと答弁し、批判をかわした。

豊洲市場(江東区)の周囲に整備中の「豊洲ぐるり公園」について、斎藤真人港湾局長は「区が7月上旬の開放を目指して準備を進めている」と説明した。高橋信博氏(自民)に答えた。

同公園は都が土地を無償譲渡・貸し付けを行うなどし、区立公園としての供用に向けて区と協議。昨秋のオープンを予定していたが、市場移転延期に伴って開放が遅れていた。

同公園のうち都有地の約7㌶の緑地とカヌー・ボート乗船場、水陸両用車用スロープについて協議が整い、土地やベンチなど工作物の移管手続きなどをおおむね完了したという。

任期中最後の総会
「超党派の応援団として尽力」

都議会ラグビー議連

2019年ラグビーW杯に向けて超党派で活動する都議会議員連盟は、1日に現在の議員任期最後となる総会を開いた。

あいさつに立った内田茂議連会長は「都議会を挙げて超党派で活動し、本当の応援団としてラグビーの発展協力のための力を尽くしてきた」と議連の活動を振り返り、メンバーや関係者に感謝の言葉を述べた。

一方で、「一つ残念なことがある」と話したのが「24日に(日本代表と)イングランドの国際試合が行われるが、23日から都議会議員選挙に入ってしまう」こと。告示日後のテストマッチは「(応援を)頼んでいる者として、なかなか観戦にいけない」と悔しがると、会場からは笑い声もあがった。

総会には来賓として、(公財)日本ラグビーフットボール協会の岡村正会長を始めとした役員や、ラグビーW杯の組織委員会メンバーが出席し、議連のこれまでのサポートに感謝した。W杯アンバサダーを務める元ラグビー選手の松田努氏は、03年のW杯でオーストラリア・タウンズビルに滞在した際、街を挙げたサポートと応援に感銘を受けたエピソードを話し、「東京を始めとする開催都市が、世界の選手にそのように感じてもらえたらうれしい」と今後の支援にも期待を示した。

同議連は改選後も新たなメンバーで活動を行う見込みだ。

都キャリア活用採用予定は144人

都人事委員会

都人事委員会事務局は1日、民間企業の経験者などを対象とする都職員キャリア活用採用選考と、Ⅱ類(短大卒程度)・Ⅲ類(高卒程度)採用試験の受験申し込み受け付けを開始した。

今年度のキャリア活用の採用予定者数は前年度を11人下回る144人。このうち事務職は計40人で、内訳はシステムが13人、財務が11人、不動産が9人など。技術職は計72人で、土木40人、機械設備13人、電気設備10人などとなっている。

専門的な職種では、児童虐待対策のニーズが高まる中、児童福祉16人、児童心理9人を予定。また、今年度は新たに林業と公園整備(各2人)を追加した。

申し込みは30日まで。第1次選考は8月13日、最終合格発表は11月7日。

Ⅱ類の採用予定者数は栄養士30人と司書1人の計31人。臨床検査は今年度から病院経営本部が選考を行う。Ⅲ類は計89人で、事務50人、土木20人など。第1次試験を9月10日に行う。最終合格発表は11月7日。

非常勤の処遇改善 ILOに申し立て

地公法改正で

地方自治体の非常勤職員の任用根拠などを定めた地方公務員法改正案について、杉並区や板橋区の非常勤職員らでつくる複数の労働組合がこのほど、「法改正は労働基本権を一方的に奪う」として国際労働機関(ILO)に、日本政府に法施行の中止などを勧告するよう申し立てた。一般職の非常勤職員への労働基本権の付与なども求めている。

ILOに提訴したのは、「連帯労働者組合・杉並」「同・板橋区パート」など。地方自治体の非正規公務員のうち、「特別職」の非常勤職員は現在、地公法の適用除外でストライキ権を含む労働基本権が保障されているが、「一般職」に組み入れられることでスト権と団体交渉権が失われ、「労働基本権を奪われる」と主張している。

組合側は「法改正は非正規地方公務員の処遇の改善に焦点を当てたものであるにもかかわらず、雇用の安定と均等待遇の実現、労働基本権の確立から大きくかけ離れたもの」と指摘している。

地公法改正は臨時・非常勤職員の任用根拠を明確にし、その大半を一般職の「会計年度任用職員」と位置付け、期末手当を支給できるようにする内容。改正案は今月、国会で可決された。

■備蓄食品を配布

東京都環境公社は8月まで、賞味期限が近い防災備蓄食品を水素情報館「東京スイソミル」(江東区)で配布する。食品ロス削減対策の一環。

配布するのは、保存食約2500食とペットボトルの保存水(1・5㍑)500本。転売せず、賞味期限内に食べ切ることなどが条件。6月は赤飯・乾パン、7月は五目御飯、8月は保存水を配る予定。

また、東京スイソミルに1日、コミュニティサイクルポートがオープンした。11台の自転車が配備されている。JR潮見駅からは約5分、豊洲、辰巳、木場の各駅から10分程度でアクセスできる。

■リクルートが協賛

五輪組織委員会は5月30日、㈱リクルートホールディングスと「オフィシャルパートナー」のスポンサー契約を結んだ。契約カテゴリーは人材サービス、オンライン学習、教育サービス。同社は「人材採用や教育学習分野でのノウハウを生かし、大会を運営する人材の募集や採用、研修教育などをお手伝いすることで大会成功に貢献したい」とコメントした。

退職後のリアル
しくじり都庁OBの教訓⑫

最初のつまずき⑨

都会の生活に軸足を

退職後の都会生活を経験してみると、私は都会のアップテンポな生活の中に身を置きながら、自分の体内リズムに合わせてゆったりと生活することに心地よさを感じているのだということが分かる。レコードの同じ曲のリズムが時を経て自然にアップテンポに修正を加えられるように、私の体内時計はいつの間にか都会生活のリズムに同調させられているのかも知れない。

今はせかされることもないし、失敗を恐れることもない。まして責任もそれほど持たなくていいという極めて優位なポジションから、全てを眺めることができる。この都会の速い流れの中で、その流れに巻き込まれずに、自分で作り出すゆったりとしたペースで過ごすことができている。こうした過ごし方こそが自分にとって最適環境であることが実感される。

セカンドライフの今は、そうした立場で現役時代と同じ景色を全く違う視点で振り返ることを楽しんでいると言ってもいい。

これが地方に出かける場合などになると、更に楽しさは増す。前回来たときは、もはやひと昔であることが多く、記憶もあいまいになり、一層、新鮮さは増すからだ。懐かしい思い出と新たな発見につつまれた冒険に出ている気分になる。まさに、都会では味わえない解放感や、自然を感じながらノスタルジーに目いっぱい浸ることができる。

この前来た時は、確か仕事で駆け足、会議、打ち合わせで目的地以外に目を向けることもできなかった。それが、たとえ家族や友人との私的な旅行で来た場所であっても、休みを利用して慌ただしく過ごした日々の思い出しかない。

しかし、今は違う。慌ただしさという狭かった視野がぐーんと広がっている。視野が鳥の目になったようで、見える範囲、足を延ばせる範囲も広くなり、文字通り空から眺める景色である。

同じ景色でも、こちらの心のゆとりで、全く違う見え方をすることが楽しい。私にとっての田舎は、こうした感覚での過ごし方が快適なものになる。つまり、都会生活に軸を置きながら、時折田舎の自然を味わうやり方こそが私にとってのベストミックスのようだ。

(金子雅臣)

開催まで あと1144日

特別区の戦略⑥

台東区・ものづくりをPR

「江戸手描提灯（ちょうちん）」「東京七宝」「江戸すだれ」――。都が認定する「東京の伝統工芸品」全40品目うち、先の3点を含む26品目は台東区が主な製造地だ。ほかにも同区は、かばんや靴などの皮革製品を中心に、職人の技術を生かしたものづくりが盛んな街だ。区は、これまでも技術を発信しようと、街歩きをしながらものづくりに親しむ「モノマチ」など様々なプロモーション事業を行ってきたが、2020年東京五輪が3年後に迫る中、海外にも目を向け、積極的なPRに取り組もうとしている。

今年9月には、タイ・バンコクで毎年開催されている商品展示会「フード・アンド・ホテル」に台東区の特別ブースを作り、区が誇る伝統工芸や皮革製品をPRする予定。東京都中小企業振興公社と共同での出展を予定しており、「TOKYO」の名前で外国人の目を引き、「TAITO」を売り込んでいく戦略だ。同区文化観光産業部の菅谷健治・産業振興課長は「バンコクはアジアの産業、物流の中心となりつつある都市。そこで台東のものづくりをアピールしたい」と説明する。

また、国内のイベントでも海外へのアピールは欠かさない。昨年7月に開催した事業者向けの展示会「産業フェア」には、タイ、ミャンマー、ベトナムの大使館代表を招待し、手応えをつかんだことから今年度はアセアン諸国だけでなくインドやフランスなど7カ国にも招待状を送る予定だ。

昨年の「産業フェア」では区内の職人の自慢の品々が並んだ

伝統工芸を世界に広げようという試みは、日本の技術の発信だけでなく、技術を次の世代へ継承するための取り組みでもある。

都の試算では、東京の人口は25年を境に減少していくと見られており、消費の減少による産業の衰退、特に中小企業は存続自体が危ぶまれている。こうした未来に手をこまねいているだけでなく、人口の増加が見込めるアジアを中心とした海外に積極的に売り込み、消費を拡大することは、伝統的なものづくりを続けられる環境づくりにもなるという。菅谷課長は「海外進出はリスクが高く、いち中小企業の力のみでは難しいが、区がサポートすることで世界に拡げ、技術を未来に残したい」と話す。

主任試験講座 平成29年度 36

行政法 ④

今回は、「行政罰」「国家賠償法」「損失補償」の問題演習を行います。今回の分野についても、繰り返し出題されていますので、しっかり内容を確認しておいてください。

問題

【問題10】

行政罰に関する記述として妥当なのは、次のどれか。

① 行政罰とは、行政刑罰と秩序罰とに大別されるものであり、行政法上の義務の違反に対して、制裁として科する罰をいう。

② 行政罰とは、民法上の金銭給付義務が履行されない場合に、強制手段をもって、その義務の履行があったのと同一の結果を実現する作用をいう。

③ 行政罰とは、行政法上の義務の不履行に対し、直接に人の身体または財産に実力を加え、義務の履行があったのと同一の状態を実現する作用をいう。

④ 行政罰とは、公務員の職務上の義務違反等に対し、公務員関係における秩序を維持するために裁判により科する処分をいう。

⑤ 行政罰とは、行政法上の不作為義務または非代替的作為義務の不履行に対し、その義務の履行を間接的に強制するために科する罰をいう。

【問題11】

国家賠償法に規定する公権力の行使に基づく賠償責任と公の営造物の設置管理の瑕疵に基づく賠償責任に関する記述として妥当なのは、次のどれか。

① 被害者は、公務員の選任監督者または公の営造物の設置管理者と公務員の俸給給与等の支払者または営造物の設置管理の費用負担者とが異なる場合には、そのいずれに対しても損害賠償の請求を行うことができる。

② 国家賠償法は、公益と私益との合理的な調整を図るため、前者、後者ともに無過失賠償責任主義をとっている。

③ 前者では、相互保障主義がとられていないので、外国人に適用される余地はないが、後者では、相互保証主義がとられているので、外国人にも適用される。

④ 国または公共団体が負う賠償責任の本質は、前者については自己責任とされているが、後者については代位責任とされている。

⑤ 沿革的には、前者は、個人主義的思想に基づく道義的責任を基礎原理として構成されているが、後者は、団体主義的思想に基づく社会的公平負担の実現を基礎原理として構成されている。

【問題12】

国家賠償法に定める公の営造物の設置または管理の瑕疵に基づく損害賠償に関する記述として、妥当なのはどれか。

① 国または地方公共団体は、公の営造物の設置または管理の瑕疵に基づく賠償責任を負う場合、損害の原因について他に責に任ずべき者がいても、この者に対し求償権を行使することはできない。

② 公の営造物の設置または管理の瑕疵によって損害を受けた者は、営造物の設置または管理にあたる団体と、設置または管理の費用を負担する団体とが異なる場合には、費用を負担する団体に対してのみ損害賠償を請求することができる。

③ 公の営造物の設置または管理の瑕疵によって損害を受けた者は、当該営造物の利用者だけに限らず、周辺居住者等の利用関係にない第三者であっても、損害賠償を請求することができる。

④ 国または地方公共団体は、公の営造物の設置または管理に瑕疵があった場合でも、その設置または管理に過失がなければ、損害賠償責任を負わないとされている。

⑤ 公の営造物には、道路、河川など公の目的のために供される不動産は含まれるが、自動車や飛行機は動産であるため、含まれないとされる。

【問題13】

損失補償に関する記述として妥当なのは、次のどれか。

① 損失補償は、河川その他の公の営造物の設置または管理に瑕疵があったために他人に損害を与えたときに行われる。

② 損失補償は、国または公共団体の公権力の行使に当たる公務員がその職務を行うについて、故意または過失によって違法に他人に損害を加えたときに行われる。

③ 損失補償は、法律に補償規定がなければ請求することができないので、補償規定を欠く財産権侵害立法がなされた場合、当該法律は違憲になる。

④ 損失補償は、適法な公権力の行使によって損失を受けた者が、直接憲法に基づき裁判上主張することができる財産的補償である。

⑤ 損失補償は、行政庁の事実行為によって加えられた一般的な犠牲に対し行われるものであり、その対象は財産権の中の土地所有権に限られる。

解説

【解説10】　正答 ①

① 正しい。行政罰とは、行政刑罰と秩序罰とに大別されるものであり、行政法上の義務の違反に対して、制裁として科する罰をいう。

② 誤り。民法上の金銭給付義務が履行されない場合に、強制手段をもって、その義務の履行があったのと同一の結果を実現する作用を「強制徴収」という。

③ 誤り。行政法上の義務の不履行に対し、直接に人の身体または財産に実力を加え、義務の履行があったのと同一の状態を実現する作用を「直接強制」という。

④ 誤り。公務員の職務上の義務違反等に対し、公務員関係における秩序を維持するために裁判により科する処分を「懲戒罰」という。

⑤ 誤り。行政法上の不作為義務または非代替義務の不履行に対し、その義務の履行を間接的に強制するために科する罰を「執行罰」という。

【解説11】　正答 ①

① 正しい。国家賠償法3条（賠償責任者）の内容の通りである。

② 誤り。前者は過失責任主義（国家賠償法1条）をとっている。

③ 誤り。両者とも相互保証主義（国家賠償法6条）である。

④ 誤り。国家賠償法に定める国または公共団体の責任については、国・公共団体の自己責任とする説、公務員の不法行為責任を国・公共団体が代位するものと考える代位責任説、この両者が事案ごとに混在するとする折衷説の3説がある。

⑤ 誤り。公権力の行使に基づく賠償責任も、公の営造物の設置管理の瑕疵に基づく賠償責任も、ともに私法上の不法行為制度と同じく個人的道義的責任主義を基礎理念としている。社会的公平負担主義を基礎理念とするのは行政上の損失補償である。

【解説12】　正答 ③

① 誤り。国または地方公共団体は、公の営造物の設置または管理の瑕疵に基づく賠償責任を負う場合、損害の原因について他に責に任ずべき者がいる場合には、国または地方公共団体は、これらのものに対し求償権を行使することができる（国家賠償法第2条第2項）。

② 誤り。公の営造物の設置管理者と、設置管理の費用を負担するものが異なる場合には、いずれもが損害賠償の責任を負う。

③ 正しい。公の営造物の設置または管理の瑕疵によって損害を受けたものは、当該営造物の利用者だけに限らず、周辺居住者等の利用関係にない第三者であっても、損害賠償を請求することができる。

④ 誤り。公の営造物の設置または管理の瑕疵に基づく損害については、国または地方公共団体は、管理行為に過失がなくても賠償責任を負う「無過失損害賠償責任の原則」による。

⑤ 誤り。公の営造物とは、公の目的に供されている有体物（公物）のことであり、不動産のみならず、自動車や飛行機等の動産も含まれる。

【解説13】　正答 ④

① 誤り。河川その他の公の営造物の設置または管理に瑕疵があったために他人に損害を与えた時に行われるのは、「損害賠償」である

② 誤り。国または公共団体の公権力の行使に当たる公務員がその職務を行うについて、故意または過失によって違法に他人に損害を加えた時に行われるのは、「損害賠償」である。

③ 誤り。損失補償は法律に補償規定がない場合でも、直接、憲法第29条第3項に基づき請求することができる。

④ 正しい。損失補償は、適法な公権力の行使によって損失を受けた者が、直接憲法に基づき裁判上主張することができる財産的補償である。

⑤ 誤り。損失補償は、行政庁の事実行為によって加えられた「特別」な犠牲に対し行われるものであり、その対象は財産権の中の土地所有権に「限られない」。

カレントトピックス 29年度 36

経済事情

■水素燃料拠点整備へ（5月19日）

トヨタ自動車やJXTGエネルギーなど11社は、燃料電池車の燃料を供給する「水素ステーション」の整備で協力すると発表した。年内にも共同出資で新会社を設立し、水素供給網を増やしてFCVの普及拡大につなげたい考えだ。

日産自動車やホンダといった自動車業界のほか、東京ガスや出光興産などエネルギー業界、日本政策投資銀行などが参加する。11社が協力して水素ステーション1カ所当たり4億〜5億円かかるとされる設置コストを引き下げ、現在約90カ所にとどまっているステーションを2020年度に160カ所まで増やす政府目標の達成を目指す。

水素を燃料に発電して走るFCVは、排ガスを出さないため「究極のエコカー」とも呼ばれる。ただ、水素ステーションの建設費の高さが障害となり、国内販売は1800台程度と普及が遅れている。

■米除く11カ国がTPPで共同声明（5月21日）

米国を除くTPPの参加11カ国は、ハノイで閣僚会合を開き、早期発効を目指す方針を明記した共同声明を採択した。各国が、離脱した米国の復帰を促す方策も含めて発効に向けた選択肢の検討を、11月のAPECの会合までに終えることを確認した。

声明は、「TPPの利益を実現する価値に合意し、早期発効のための選択肢の検討を開始する」と明記した。具体的には各国政府の貿易担当者に対し、11月にベトナムでAPEC首脳会合に合わせて開かれるTPP閣僚会合までに検討作業を終えるよう求めた。会合後に石原TPP相は「11カ国の結束が保たれた」と述べ、意義を強調した。早期発効に向けた具体的な手続きについては、7月に東京で開く首席交渉官会合で議論を始めるとした。

このほか声明には、米国の将来の復帰を念頭に、「原署名国の参加を促進する方策」との文言も盛り込まれた。日本としても、引き続き米国に復帰を働き掛ける考えだ。

■行政向け電波枠を民間開放（5月23日）

政府は警察や消防など行政機関に割り当てている電波の周波数帯のうち、利用が少ない枠を早ければ2018年度から段階的に民間企業に開放する方針を固めた。スマートフォンの普及などで通信量が急増する中、民間企業が利用できる周波数帯を広げ、自動運転など通信を使ったサービスを展開しやすくする。

電波は通信や放送に利用され、国民の経済活動や生活を支えており、資産価値は行政向けだけで3兆円以上あるとされる。政府の規制改革推進会議は、警察や消防など行政向けの周波数帯は半分程度が有効利用されていないと問題視しており、5年以内に民間に開放する方向で調整している。

同会議が近くまとめる答申案では、政府が18年度までに行政機関の電波の利用実態を把握した上で、利用率が低い周波数帯については、業務への影響が出ない範囲で「立ち退き」を求めることを盛り込む見通し。どの程度をいつまでに開放するか、数値目標を定める方向だ。政府は答申をもとに、6月に規制改革実施計画を閣議決定する。

29年度 主任・係長 論文講座 36

添削 ⑨

都主任選考

課題

東京都は、日本の首都・経済のエンジンとして、大都市が抱える課題を解決し、国際的な都市間競争に勝ち抜き、成長を続けることが求められています。このようなことを踏まえて、これからも活力にあふれる都市を実現するために、どのような取り組みを行うべきか、次の（1）、（2）に分けて述べてください。

（1）活力にあふれる都市東京を実現するために何が課題か、資料を分析して課題を抽出し、簡潔に述べてください。（300字以上500字程度）

（2）（1）で述べた課題に対して、都は具体的にどのような取り組みを行っていくべきか、その理由とともに述べてください。（1200字以上1500字程度）

論文例

（1）

今後、本格的な少子高齢・人口減少社会が到来する中、首都東京として、これまで以上に成長を続け、活力ある都市を実現していくことが求められている。そのためには、以下の3点の課題に取り組む必要がある。

第一に、誰もがいきいきと活躍できる環境の整備である。今後、東京の人口が2025年をピークに減少に転じることが見込まれ、この先、年少人口の割合が低く、老年人口の割合が高い構成となる。現役世代の割合が減少し、都市としての活力の低下が中長期的に懸念される中、社会の担い手として、高齢者や女性がより一層活躍できる社会を実現していくことが求められている。

第二に、世界に開かれた国際都市東京の実現である。現在、経済分野においては、優位な立場ではあるが、今後も激化する都市間競争を勝ち抜き、日本の持続的な成長を牽引していく必要がある。そのためには、国内企業はもとより、外国企業も活動しやすい国際経済都市東京を目指すことが求められている。

第三に、東京の都市活動を支える交通インフラの強化である。国際競争力を高めるためには、ヒトやモノの流れがスムーズな都市を形成することが必要である。3環状道路をはじめ、陸・海・空の交通・物流ネットワークを一層充実させ、都市活動を支えていくことが求められている。

（2）

都は、活力にあふれる都市の実現に向けて以下の3点に取り組む。

1 誰もがいきいきと活躍できる環境の整備

今後の人口減少や人口構成の変化を見据えて、都はこれまで以上に高齢者や女性が活躍できる社会を築いていく。

まず、高齢者の雇用対策としては、これまでの就業経験を通じて培ったノウハウを十分に社会に対して発揮できるような取り組みが必要である。そのため、様々な就業ニーズを持つ高齢者と企業のマッチングを進める。具体的には、雇用のミスマッチにより就職に結びつかない高齢者や就職活動に抵抗がある高齢者に対して、ハローワークと連携し、セミナーを開催する。また、シルバー人材センターを通じ、高齢者の就業機会を確保していく。

また、女性に対しては、女性が働きやすい職場環境の整備やライフステージ・キャリアに合った就業を進めていく。具体的には、長時間労働の削減や休暇取得の促進など、生活と仕事が両立できるようにライフ・ワーク・バランスを充実させる。また、テレワークや時差勤務など様々な働き方ができるような取り組みを推進する。そして、子育てを機に職を離れた女性に対しては、キャリアカウンセリングを実施するなど再就職支援を進めていく。

2 世界に開かれた国際都市東京の実現

今後も世界の都市間競争に勝ち抜き、東京のプレゼンスを高めるために、海外の企業でも活動しやすい環境を整備する必要がある。また、成長が期待される分野において、イノベーションを創出できるように推進策を充実させていく。

具体的には、海外企業の進出については、コンサルティング機能を強化させ、抵抗感を少なくするとともに、各種補助制度の新設など、日本への進出を後押しする。また、進出後も様々な手続きにおけるワンストップ支援サービスや、英語での手続きを可能にするなど企業側の負担を緩和する。生活面においても、従業員やその家族が生活しやすいように、医療、学校、家事サービス等の面において外国人人材の活用を促進するなどの環境を整備する。

また、都内の企業に対しても、特に医療等の成長分野においては、先進企業と優れた技術力やアイデアを持つ中小企業を結び付けるプロジェクトを支援するなど、新たなイノベーションの創出を促進させる。さらに、そうした東京の産業の魅力も積極的に国内外に発信し、東京ひいては日本のブランディングを推進する。

3 東京の都市活動を支える交通インフラの強化

東京の交通インフラは、世界の都市総合ランキングでも11位となっており、相対的に充実しているとはいえない状況である。そのため、より一層、陸・海・空のネットワークを強化し、スムーズな人やモノの流れを実現させ、ひいては東京の国際競争力強化に資する必要がある。

具体的には、道路については、外環道などの3環状道路の整備を促進させ、首都圏としてのネットワークの強化を図っていく。また、連続立体交差事業を推進し、交通渋滞や事故、鉄道による地域の分断を解消していく。東京港については、物流拠点となるよう、コンテナふ頭を整備し、貨物の増大や船舶の大型化に対応していく。さらに、羽田空港は、国際線発着枠を拡大できるように、飛行経路の見直しについて地元に丁寧に説明しつつ、騒音・安全対策を国に求めていく。

4 都政を担う主任として

東京都は今後、人口減少・少子高齢社会と今までと異なる社会背景の中で活力を高めていく必要があり、そのためには、前例にとらわれない柔軟な発想や提案力がこれまで以上に求められる。私は主任として、このような東京都の抱える課題に真摯に向き合い、積極的に事業を推進していく所存である。

資料1 ＜全国と東京都の人口の推移＞

（万人）　予測

年	全国（右軸）	東京都	区部	多摩・島しょ
2005	12,777	1,258	849	409
2010	12,806	1,316	895	421
2015	12,709	1,352	927	424
2020	12,410	1,385	959	426
2025	12,066	1,398	976	422
2030	11,662	1,394	979	415
2035	11,212	1,375	970	405
2040	10,728	1,346	952	394
2045	10,221	1,312	931	381
2050	9,708	1,274	906	367
2055	9,193	1,227	875	351
2060	8,674	1,173	840	333

（資料）「国勢調査」（総務省）、「日本の将来推計人口（平成24年1月推計）」（国立社会保障・人口問題研究所）等より作成

（備考）2020年以降の東京の人口は東京都政策企画局による推計

資料2 ＜東京都の人口ピラミッドの推移＞

2015年　2025年　2040年　2060年（万人）　男性　女性　団塊世代　団塊ジュニア世代

（資料）「国勢調査」（総務省）等より作成

（備考）1. 2025年以降は東京都政策企画局による推計　2. 各ピラミッドに示し団塊世代及び団塊ジュニア世代の年齢階級には、これ以外の世代も含まれる

資料3 ＜首都圏広域道路ネットワーク＞

圏央道　関越道　東北道　外環道　常磐道　中央環状線　中央道　東関東道　京葉道路　第三京浜　東名高速　アクアライン　湾岸線　館山道　羽田空港　成田空港

2020年度までの開通目標区間

資料4 ＜世界の都市総合ランキング＞

1 London　2 New York　3 Tokyo　4 Paris　5 Singapore　6 Seoul　7 Hong Kong　8 Amsterdam　9 Berlin　10 Vienna

解説

今回は、都政ものの出題です。今年度から、自らの視点で課題を抽出、分析し、現実的かつ具体的な解決策を論述する形として、都政に関する出題は、新聞記事や調査報告等の資料を添付し、そこから課題を抽出する出題形式に変更されました。その背景には、主任級職として必要な知識の習得と併せて、自らの視点で課題を抽出、分析し、解決策を考えていく問題意識や問題解決力、さらに、それを論理的に論述する表現力の更なる向上が求められていることがあります。そのため、都政ものでも職場ものでも、当日の問題と資料を分析して問題点を抽出し、そこから導き出される課題を整理し、解決策を提案していくという作業が必要になります。

しかし、事前準備の重要性はこれまでと変わりません。資料から問題点を抽出するためには、事前準備を通して筆者自身の問題意識を深めておく必要があります。また、実際の試験では制限時間を意識してしまうため、その場で冷静に課題の抽出・分析を行うのは至難の業ですから、事前に何問か論文を書き、慣れておくことが非常に重要です。

また、都政ものの場合は、過去の出題例を見ても抽象的な問題や色々な角度から論述できる問題も多く出ており、初めて見るような問題でも、自分が準備してきた分野を中心に論述することも可能となる場合もあります。この点からも十分に準備しておきましょう。

都政ものの準備においては、東京都が発表している実行プランを見ておくと、東京都が抱えている課題や解決に向けた方向性を確認することができ、参考になります。都政ものを書こうという受験者の方は必ず読み込んでください。そして、論文を書く際は必ずレジュメを作成してから取りかかりましょう。最初に論文の設計図がないと執筆途中で混乱することもあります。論理性を確保するためにも、本番ではまずレジュメの作成に力を入れてください。

講評

（1）では、資料から課題を抽出するとともに、筆者の問題意識の表明が求められます。本論文例では、資料から総人口の減少と若年人口の減を抽出し、それが都市の活力の減退につながる恐れがあるという問題意識を表明し、良い記述となっています。高齢者や女性を課題として着目した理由を加えれば、更に良い内容となるでしょう。

一方、「第二」「第三」については、問題意識をもう一歩具体的に示す必要があります。「第二」については、経済活動のグローバル化や産業構造の変化について、「第三」については、活力ある都市づくりのために交通ネットワークの充実が必要である理由について、具体的に記述したほうが良いでしょう。

（2）では、それぞれの取り組みを記述する前に課題分析を行う必要があります。具体的には、課題の発生原因や背景を記述し、取り組みの必要性を読み手に伝えることを意識させましょう。また、記述する取り組みは、分析内容と論理的につながりがあるものである必要があります。この二つを確実に盛り込むことで、論文の説得力が高まります。本論文例は、取り組み内容は悪くないのですが、分析がやや不足している印象を受けます。

第一の取り組みにおいては、高齢者や女性の能力活用がうまくいっていない原因について触れると良くなります。その上で、具体的な取り組みを記述するほうが良いでしょう。このとき、取り組み内容は分析結果を踏まえたものである必要があります。

第二の取り組みも、海外企業が活動しやすいとはいえない原因やイノベーションが必要と考えられる状況についての分析を行った上で展開していくことが必要です。本論文例の解決策を生かすならば、「日本（東京）は、日本語が中心で言語の壁がある」ことや「行政手続きの煩雑性が海外企業進出の障害となっている」といった記述があると説得力が高まります。

第三の取り組みは、交通インフラ整備が進んでいない背景やこれによる影響を記述する必要があります。なお、資料では3環状道路しか記載されていませんが、取り組みでは鉄道や港湾施設に触れても構いません。また、取り組み内容は、本論文例のように東京都の立場で実施できるものにすることが必要です。

このように、資料から読み取れる事実に基づき、課題を設定し、解決策を論述しますが、準備を入念にしていれば様々な角度から取り組みについて言及できます。都政ものについて勉強することは、試験対策だけでなく、都政をより深く知る良い機会になると思います。

これから試験まで時間は十分にあります。体調に気をつけて最後まで諦めずに頑張ってください。

Art·Essay&Opinion　　アート・随筆・オピニオン

「都区のあり検」空白の7年

未来に向けて点検と議論を

区政の潮流

「特別区誕生70年　闘いの到達点」という本紙に3回にわたって連載された記事は、特別区側の自治権拡充に対する熱い思いが伝わる記事だった。普段から顔を合わせる機会の多い都側の職員に対して、「原理原則」を主張し続けることは大変なエネルギーを必要としただろう。

2007年に「都区のあり方検討委員会」（以下「あり検」）が設置された当時、故・高橋久二区長会会長（品川区長）は、「今、都区が醜い対立を続けていれば、国に財源も権限も全部持っていかれる」と懸念を示していたのを思い出す。

あれから10年、都と区の溝は埋まったのだろうか。これまでの議論を知る一人として振り返り、都区協議の膠着状態をどう打開すればいいのか提言したい。

■都区双方に足りなかったこと

まだ都区が制度上対等な立場ではなかった時代、都側が区側の気持ちを逆なでするような対応をとる場合もあったかもしれない。同時に区側から事務権限や財源の委譲を強く要求され、突き上げられる立場を居心地の悪いものと感じてきたことであろう。

00年の都区制度改革を経て、特別区も基礎的な自治体となり、都区は対等な関係となった。それを踏まえて区側は権限や財源の移管が不十分と主張し続ける。都の中には真摯に対応していく必要を感じていた人もいるかもしれない。

そんな両者は、それぞれの思惑に基づいて07年に「あり検」を設置した。

しかし、その後の議論の中で、今から思えば、都側は一つ足りないものがあったかもしれない。保健所や飲食店の営業許可など既に中核市並みの権限も一部有している特別区には、これ以上に権限や財源を移せるものはあまり残っていないことをきちんと主張しなかったことである。都の事務事業444項目を全てさらして検討することが、本当に必要だったのであろうか。いたずらに区側の期待を膨らませただけではなかったか。

一方で、区側も、上下水道や消防を含め、あらゆる事務事業を都から区に移管せよとのごとく、正直に言って乱暴な主張も目立っていた。少なくとも志半ばで亡くなった高橋会長の思いは、そうやって「なんでもよこせ」という姿勢ではなかったはずだ。つまり都も都なら、区も区であった。

また、都は合併の機運のない区側に対して、合併を前提とした50万人の規模の区に対して移管可能な事務事業として資料を提出した。当時から区側は50万人規模という前提を"合併ありき"と受け取っていたはずで、都側がこの前提を出したところで議論が進まなくなることは、関係者ならば容易に予想がついていた。

その後、「あり検」で都側は、区側が区域の再編の議論に応じないことを理由に、それ以上の事務事業の移管の議論にも応じず、「あり検」は連載記事の言うように「頓挫」した。

最後の「あり検」が開催されてから既に7年が経過する。この間、両者は市町村も交えた「東京の自治のあり方研究会」（自治研）を立ち上げ、15年3月にはその最終報告が出されているが、都区に「あり検」再開の兆しは見えない。

■政治運動化で決着した児相

連載記事では、児童相談所、いわゆる児相の設置に向けた動きについても触れていた。特別区に設置が認められたのは、昨年3月の児童福祉法改正によるものだが、その経緯においても問題を抱えていたと言える。

まず、12年に都区で実務者レベルの検討会を始めることに合意したが、両者が真摯に議論を進めていたにもかかわらず、区側は内閣府に対して、国への提案募集の中で児童相談所設置権限の移譲を提案している。検討会に見切りをつけたような動きであったが、国からは都区の協議が整った場合には必要な措置を講ずるとの回答であった。

すると今度は、区長会の役員で厚生労働大臣に陳情を行うなどの動きを見せ、結果として児童福祉法は改正され、区は児相を設置することになった。

区側はこの間、本来は都区の協議によって決めるべき事柄を政治運動化することで決着を図ってきていると見られてもやむを得ないのではないか。ここ何代かの都知事が制度論に関心が及ばない中、結果として都区の議論が深まらないまま、区側の声の大きさだけが目立っていた。

こうした経緯を経て、法改正が実現したが、区側にとって残念なのは、児相が特別区に必置とはならず、いわゆる手挙げ制となったことではないか。

今後、希望する区による具体的な設置の準備が進んでいく中で、おそらく各区の足並みにはバラツキが生じるであろう。過去に保健所や清掃事業など事務権限や財源の移管に当たって、都の施設や職員の身分切り替えを含めて移管を受けてきた区側からすれば、一律移管とは異なる手挙げ制は、今までの発想からの転換を迫られることになるからである。だが、他県では、県から市町村への権限移譲は、対象となる市町村の規模能力や意欲に応じた手挙げ制が主流となっている。区側としては心して取り組んでいく必要があるだろう。

■「原理原則」でなく現実の直視を

これからの都区の協議はどうするべきであろうか。

まず、「あり検」の議論であった人口50万人以上という仮定を、いったん横に置くべきであろう。そして根本に返って、基礎的な自治体である特別区の事務権限はどうあるべきか、広域的自治体である都の事務権限はどうあるべきかというところから、都区制度についての議論を始めることである。これは多大なる労力をかけた過去の議論が生かされないという意味で、都区ともに残念に感じることであろうが、ここまでこじれた状況を前に進めるためには、仕方のないことである。

ひとつアドバイスすることがあるとすれば、区側は「原理原則」を振りかざすのではなく、住民サービスを向上させるというスタンスで現実を直視するなど、多様な視点から主張内容を点検するべきである。都側は「どうせ区にはできないだろう」といった思い込みや、「今まで通りに都が担えばいいんだ」といった思いを捨て去ることが大切である。

また、この間の都区を巡る状況の変化、具体的には海外諸都市との競争激化や東日本大震災に起因する防災意識の高まり、深刻さを増す少子高齢化なども当然のことながら議論に取り込んでいくべきであろう。

加えて、都も区もそれぞれの地域の人口動向や財政環境等の変化により、十分な行政サービスが提供できなくなるなど危機的な状況に陥る前から、都区の役割分担や住民自治、効率・効果的な行財政運営のあり方について、それぞれ主体的に検討していくべきである。

こうした各々による検討が求められる今だからこそ、都区間の建設的な議論も並行して始めるよい機会であると言える。

特別区が誕生して70年、区側は自治権拡充のために闘い続けてきたという連載記事であったが、冷静になって眺めれば、特別区という制度の根幹はその区域とともに70年間変わっていないという見方もできる。制度自体が70年間変わらないことで様々な課題や矛盾など、いわゆる制度疲労を起こしてはいないか。そろそろ未来に目を向けて、より良い都区制度にしていくための点検と議論を始めるべきであろう。関係者の決断を期待したい。

（未来人）

特別区誕生70年…
制度疲労から未来展望へ
原理原則
現状維持
区
都

日本の背骨変えるアベノミクス

問われる公共サービス　―公務員の存在―㊦

現在、一強と言われる安倍総理は、総裁任期が「連続3期9年」に伸びたことによって、総理在任期間が2019年8月に戦後1位の佐藤栄作氏を、同年11月には戦前の歴代最長の桂太郎元首相をも超えて歴代1位となる可能性が出てきた。アベノミクスの強さとは何だろうか。

一方、自民党に離党届を出した小池知事は何をどのようにしたいのか。その点と線を追ってみたい。

■アベノミクスが日本の資本主義を変える

安倍内閣の支持率は今も50%を超え、かつての小泉内閣時代と同じぐらいの高さだ。森友学園に続き、加計学園問題も起きているが、恐らく北朝鮮の核ミサイル、トランプ政権ロシアゲート事件、中国の南シナ海・尖閣侵入、韓国の慰安婦・少女像などの外患の影響で、支持率を大きく下げることはないと言われている。

加えて、アベノミクス路線を進める規制改革会議、経済財政諮問会議を中心としたスタッフの層が厚く、安定性がある。

15年6月、政府は「経済財政運営と改革の基本方針2015」の骨子案を発表した。その中で、「公的サービスの産業化」「インセンティブ改革」「公共サービスのイノベーション」を強調している。また、「社会資本整備では、人口減少を踏まえて重点化した取り組みを進める」「公共施設運営で、コンセッション方式など多様なPFIの拡大に取り組む」と明記している。

江戸末期から始まった日本の資本主義は、明治維新以来、「富国強兵」「殖産興業」に象徴されるように、税金（財源）を行政と産業のために支出するシステムを確立した。

そして、田中角栄の"日本列島改造論"も「経費等の支出」として税金（貨幣）をばらまき、企業に流して、やがて労働者・国民に流れることにより日本経済が潤った。

その後、国鉄、電電公社、郵政などの公営企業の民営化によって、利潤が直接、民間企業に流れる仕組みに変えた。

そして、少子化が進む今日の状況下で、最後の砦と言われていた自治体の一般（会計）の事業全般に、民営化の網を広げている。

■PFI・コンセッション独法化を柱として

「税金が資本となる」とは、税金を経費として支出する（街の買い物で魚や野菜を売り買いすることと同じ意味）のではなく、民間企業や機関投資家などと契約を結び、プロジェクトを立ち上げることで、「利潤を得る」ために税金を使うという構造に転換することを意味する。

もちろん、こうして国や自治体が取得した利益を、「料金を下げる」「無料にする」「施設の改築費用に充てる」などという形で、住民へ還元することができる。

しかし、それ以上に重要なことは、私企業が安定した公共サービス産業に企画立案、建設、維持管理、運営のイニシアチブを握り、かつ30年間もの間、継続することである。そして日本ばかりか海外に展開する構造・仕組みがアベノミクスとして確立する。

このため、アベノミクスの影響は、安倍政権が終わっても半世紀ほど続くかもしれない。そして、日本の背骨をつくり直すことになるのではないか。

■小池知事は危ない役者

一方、昨年、舛添氏から知事を引き継いだ小池知事は、石原慎太郎氏、森喜朗氏らを悪玉に仕立て、これらを退治する「善玉女侍」としてパフォーマンスしてきたが、さすがにその劇場の仕掛けが見破られつつある。

小池知事は、都議選で自らが代表の都民ファーストの会の候補者が「反自民」を前面に出す一方、小池知事が自民党に離党届を出したのは6月1日のことだった。信義やモラルはどうなっているのか。

また、知事に就任して最初に着手した豊洲新市場の「盛り土」と土壌汚染問題でも混乱が続いている。

小池知事は、アベノミクスの光と影の下で戦略がないまま演技をする危ない役者ではないのか。安倍政権が公共サービスを大きく変質させようとしている影で、今も続く都政の混乱を危惧している。

＝おわり

（PFI・コンセッション〈公共施設運営権の民間事業への譲渡〉及び日本版TUPE〈事業譲渡と雇用保護法案〉研究会　代表　石田誠）

ミニガイド

◇2017年度人権問題都民講座「音楽から人権を考える」　▷日時　①7月15日㈯②8月26日㈯③9月23日㈯㊗（全て午後2時～4時）▷内容　①「瞽女歌（ごぜうた）とは何か～時代と民衆の声を聴く」講師：ジェラルド・グローマー氏（山梨大学大学院教授）②「歌謡曲から見える私たちの社会～時代の変化とジェンダーの関係」講師：舌津智之氏（立教大学文学部教授）③「音楽における黒人文化～アメリカ奴隷制の時代からキング・オブ・ホップまで」講師：ウェルズ恵子氏（立命館大学文学部教授）▷会場　東京都人権プラザ（本館）セミナールーム▷参加方法　要事前申し込み。各回定員80人。参加無料▷申し込み先　（公財）東京都人権啓発センター　☎03・6722・0085　ファクス03・6722・0084　メールfukyu2901@tokyo-jinken.or.jp

◇町田発　輝くアーティストたち2017～町田市立国際版画美術館の版画工房・アトリエで制作された作品の展覧会　▷日時　6月15日㈭～25日㈰午前10時～午後5時（月曜休館、最終日は4時まで）▷会場　町田市立国際版画美術館市民展示室▷入場料　無料

都政新報
発行所 都政新報社
〒160-0023 東京都新宿区西新宿7-23-1 TSビル
〈総務・読者〉03-5330-8781
〈企画広告〉03-5330-8784
〈編　　集〉03-5330-8786
〈出　　版〉03-5330-8788
〈ファクス〉03-5330-8808
購読料 月1,730円(税込)
毎週火・金曜日発行
ただし、祝日は休刊

紙面から

都議会百条委員会が閉会

「伝家の宝刀」空回り

自民委員に問責決議も

豊洲新市場問題を調査する都議会百条委員会は7日、都議会本会議で調査報告と浜渦武生元副知事、赤星経昭元政策報道室理事の偽証告発を行い、閉会した。告発は自民党を除く5会派が賛成したが、自民からは反対意見が噴出。「地方議会の最大の権能」である百条委は、各会派の批判応酬の舞台となって幕を下ろした。

百条委員会では、石原元知事を始めとする都幹部や関係者の証人喚問を実施し、休日返上で質疑を行った。その結果、自民を除く5会派は浜渦・赤星両氏が土地購入に関する都と東ガスによる合意の確認文書を「知らなかった」と証言したことなどを偽証と認定した。

これに対し、7日の本会議討論で、自民の河野雄紀氏が本会議に提出された百条委の報告書は「審議内容が正しく反映されていない」と批判。5会派から提出された複数の根拠は「いずれもあいまいかつ薄弱」と指摘し、告発の根拠にはなりえず、証人の人権侵害につながると主張した。また、両氏の告発についても、同党の島崎義司氏は「偽証告発は手段に過ぎず、結論ではない」「虚偽陳述は事実と異なる認識を持ちながら故意にうそをつくことで、客観的事実と相違があるだけでは対象にならない」と指摘し、安易な偽証認定と告発に反対を表明した。

一方、公明、東京改革、共産、都民ファースト、生活者ネットの5会派は告発を賛成多数で可決するとともに、河野氏に対する問責決議を提出した。都民ファーストの音喜多駿氏は河野氏が「数々の不適切な発言を繰り返してきた」と提案理由を説明。証人尋問の際に、偽証認定の根拠である東ガス提出資料の信憑性への疑義を呈したことなどを「委員会への冒涜」などと糾弾した。

自民の来代勝彦氏は、同決議に反対の立場で討論。決議内容を「あまりにも稚拙かつ無責任。提出されたことが問題で、全く容認できない」と全否定し、取り消しと謝罪を求めた。「多数派になったときには謙虚さも必要」と話すと、議会は批判と賛同のヤジが入り混じり、議長が静粛を呼び掛ける場面もあった。

また、公明、東京改革などは自民の責任放棄を指摘。東京改革の酒井大史氏は、本来は自民が委員長として報告書を作成できたとして、委員長を突如辞任した櫻井浩之氏と、正常化に向けて取り組まなかった自民を「第一党としての矜持すら失った」と非難。櫻井氏に代わり委員長に就任した公明の谷村孝彦氏を「火中の栗を拾った。感謝すべきだ」と持ち上げた。

批判合戦の責任は

【解説】「伝家の宝刀」「地方議会の裁判所」と言われる百条委だが、都議選を前に各会派の批判合戦の舞台となり、本質的な問題調査からは遠ざかったまま終わりを迎えた。

報告書では豊洲の防潮護岸の整備費を東京ガスに代わり都が負担したことを「利益供与」と断定したが、実際には、ごみ清掃車が多い江東区で、市場移転で更なる交通車両の増加を懸念した都議が、市場への船便を増やすよう求めた結果、都が整備負担を決めた背景があるという。

偽証告発のみが目的化すれば、議会の暴走と受け取られかねない。豊洲新市場の費用膨張や経緯の透明化を目的として設置された百条委だが、不正は見つからなかった。

浜渦・赤星両氏の告発は、委員会としての着地点を求めただけとの印象も残る。選挙までの時間が限られる中で膨大な量の資料・証言を調査する必要があったとはいえ、告発には更に丁寧な議論が求められたのではないか。

一方で、自民党委員長の辞任と委員会の空転は、最大会派の責任放棄という指摘も免れない。当初は反対していた自民も全会一致で百条委設置を決めた以上、他会派との協議に真摯な姿勢で粘り強く当たる責任があった。

今百条委が、強権に対して求められる真相究明の役割を果たしたかは疑問だ。百条委空転と批判合戦は議会の権威に泥を塗った。その責任は、今後の議会そのものが被ることになる。（南）

勇退議員に「都政見守って」

都議会19期お別れ会

都議会第19期の「お別れ会」が7日、議事堂で開かれた。今回は20人の都議が勇退するが、小池知事はその功績に謝意を示すとともに、「これからもいろいろな形で都政を見守り、後進を育ててほしい」とあいさつした。

＝3面に「引退都議座談会」

今期で勇退する都議の一人、内田茂氏（自民）は報道陣の取材に応じ、在職中の思い出を「二元代表制の中、議会からもいろいろな政策提言をして、自民党の仲間と一緒に進路を開いていった」と振り返った。都議選を前に同党と小池知事側との対立が先鋭化しているが、「選挙の勝ち負けはあるが、終われば一緒に頑張っていく。今までもそうだった」と話した。

各党の対決色鮮明に

第2回定例都議会　44議案可決して閉会

都議会第2回定例会は7日、公文書管理条例の新設や情報公開条例改正など知事提出の44議案（専決処分含む）を可決し、閉会した。今回は都議選前の最後の定例会となったが、各党は市場移転や受動喫煙対策への対応、小池知事へのスタンスを改めて強調するなど、都議選を意識した戦略がにじみ出る討論を展開した。

＝4面に関係記事

自民党の神野次郎氏は小池知事の「都民ファーストの会」代表就任に言及し、「二元代表制の根幹を揺るがすもの」と批判。同会が市場移転問題に関して「知事の判断を尊重する」として判断を示さなかったことに触れ、「白紙委任状を選挙公約とする、政治哲学も政策も持たない政治勢力」と酷評した。

一方、公明党の大松成氏は国の受動喫煙対策の遅れを引き合いに、「独自の条例案を提出する用意がある」と明らかにし、積極姿勢を示した。ただ、市場移転については、「専門家会議の結論を受け、都民が安心して利用できる市場という大きな目標の実現に向けて早急に判断を示すべき」と知事に要望した。

他の主要会派からは、「対自民」を意識した主張が目立った。共産党の米倉春奈氏は「豊洲市場移転を中止し、築地再整備の実現を」と呼び掛け、「安倍自公政権による憲法破壊から9条を守るために全力を尽くす」と決意を表明。東京改革の中村洋氏は豊洲移転について、「拙速に決断を下しても、都民の理解と納得を得られない」と暗に自民を牽制した。受動喫煙対策でも厳しい基準の条例制定を促した。

また、都民ファーストの上田令子氏は「（二元代表の）片輪が改革を進める時に、もう一方が現状維持と悪しき既得権に固執、抵抗しては、都政は停滞を強いられる」とし、知事との協力姿勢を強調。その他、生活者ネットの山内玲子氏は五輪準備に絡み、「東京大会では本気でホームレス問題に取り組み、支援体制の構築を」と独自色を打ち出した。

市場問題PTが報告書

「築地が適切」の文言削除

築地市場の移転問題を検証する市場問題プロジェクトチームは5日、豊洲移転と築地再整備の両案を盛り込んだ1次報告書をまとめた。前回の会合で示された報告書案では、築地再整備を「適切」と盛り込んだが、委員の反対を受けて削除した。

1次報告書では、築地再整備の工期を7～15年、整備費を878億～1388億円とした上で、新たに築地を一時移転して再整備する案として、工期3年半～7年、整備費800億～991億円を提示した。移転先は明らかにしていない。

築地市場内にビル2棟を建てるツインタワー構想も盛り込み、賃料収入を市場会計に充当する考えを示した。

再整備した場合の市場会計は、中西充副知事を本部長とする市場のあり方戦略本部で資金ショートすると指摘されたが、報告書には盛り込まれなかった。一方、豊洲に移転した場合は「毎年度100億～150億円の赤字を計上することになる」との見込みを示した。

豊洲の土壌汚染を検証する専門家会議は11日に開かれ、今後の対策を検討する。前回は市場業者の反発を受け休会になったが、施設下の地下空間に遮蔽シートを敷く対策案などが示された。

市場問題PTの小島敏郎座長は報告書の言い回しを調整し、来週前半にも小池知事に提出する予定だ。小池知事が移転の可否を判断する材料はほぼ出そろうこととなり、判断が注目される。

都政の東西

市場の「間柄」

人間存在とは何かという難題に、倫理学者の和辻哲郎は生前、人と人との「間柄」だと答えた。各人が何らかの行為に及ぶことによって、社会、つまり世間が立ち上がり、世間にあって始めて人は人間になると論じた。

市場移転問題が混迷を極めている。小池知事が昨年11月に示したロードマップにも遅れが生じており、地元区に鬱積するわだかまりはいまだ晴れない。

科学的に市場の安全性が担保されることと、住民感情としての安心は別次元だと語るのは、江東区の山崎孝明区長だ。山崎区長は5月の記者会見で、「安心はメンタルな面。小池知事が『安心ですよ』とアピールしたら、『安心なんだ』となるのではないか」と指摘。豊洲新市場に関し、小池知事からの「安全宣言」の必要性を再度訴え、「決断を早く出すべき」と念を押した。

一方の築地市場は、先月25日に土壌調査の結果が公表され、全111カ所のうち、30カ所で有害物質が基準値を超えた。思わぬ形で築地の土壌汚染が白日の下にさらされ、まさに豊洲問題が飛び火した格好だ。地元区である中央区の吉田不曇副区長は「土壌問題は技術的にクリアできる。都のやり方は結果として良くない」とし、「地元区として静かに治めたい」と話す。市場で働く事業者への配慮がにじむ。

「間柄」を唱えた和辻は、善悪という道徳的判断も間柄によって導かれると説く。和辻は言う。「真実と虚偽との問題は対人関係において定まるのであって、事実と言葉との関係によるのではない」

この真理判断の基礎には信頼が介在する。失われた都と地元区との信頼関係。互いの間柄に光明はいつ差すのか。

決戦に臨む　2017都議選　選対幹部に聞く②

他会派とのパイプ役

——都民ファーストの会との選挙協力によるメリットは何ですか。

都民ファーストの支持者は無党派層が多いと思う。どういう動きをするか未知数の部分はあるが、都民ファーストと選挙協力している公明党に入れようかと思ってくれることに期待している。

——小池知事が都民ファーストの代表に就任し、都議選への影響をどう分析していますか。

地域政党とは言え、代表となって目立つ部分もあるが、選挙直前の露出度は他党と横並びにならざるをえず、露出度が落ちることでプラスになるのかマイナスになるのか分からない。

——国会では自公連立だが、都議会では決裂している構図が分かりにくいとの指摘があります。

地方議会では自公民で組んでいるところはたくさんある。国政で文科省の問題で自公と民進が対立しているのに、地方議会では協調している。地方の課題は都道府県で異なるので、国政も地方議会も全て一緒にやらなければいけないということはない。

——都幹部が心配しているのは、都議選後の自公の信頼関係です。

「与党だ」「野党だ」と言って対立するのは不毛であり、都議選後は話し合う準備をしていくのが大切。都民ファーストが自民党と（腹を割って）話せるかと言ったら、人間関係がない中で難しいと思う。公明党が軸になりながら、自民党とも都民ファーストとも話していく。選挙後の議会構成はどうなるか分からないが、127人の議員は都民の負託を受けた人であり、その意見はお互いに聞く耳を持つのは当然。自公の関係は全く心配していない。

——都議選の争点は何ですか。

都政の課題は幅広く、「これだ」と絞り込めないが、知事が2代続けて政治とカネで辞め、小池知事が東京を改革すると言って昨年の都知事選で当選した。改革する流れについて審判が問われると思う。

——重点選挙区はどこですか。

特に厳しいと認識しているのは7選挙区あり、北多摩第三、目黒区、中野区、北区、足立区、荒川区、豊島区が厳しい。荒川区では、（都民ファーストの推薦候補が）当選するのではないか。また、自民党候補も強い。公明党はこれまでも現職ですら、当選するのが厳しかったが、新人候補の知名度はない状況だ。

——足立区も厳しいという認識ですか。

2人擁立したため、厳しい情勢だ。都民ファーストも2人出している。自民党の高島氏は頑張っており、共産党は1人だから当選するはず。（公明党の新人が）最後の1議席を自民党と争っている。

——新旧交代が4選挙区であります。

公明党支持者以外にも保守層も含めて、勇退するベテランは支持を広げていた。公明党だから支持するのではなく、個人の人気があったからだ。組織的な新旧交代は問題ないが、候補者個人が支持基盤を引き継げるかは大変だ。

——都議選への意気込みをお願いします。

23人全員を当選させたいという思いで取り組む。公明党の場合は区市町村議、都議、国会議員も含めて356人いる。本当に地域に根差した区町村議、都議、国会議員のネットワークを駆使して、東京をよくしていくために、23人全員を当選させたい。

公明党　都本部代表　高木 陽介氏

柿沢氏が民進離党　公認候補は23人に

都議選

都議の柿沢幸絵氏は6日に会見を開き、民進党を離党して、都議選には無所属で出馬することを表明した。都民ファーストの支援を求める意向で、民進の公認は取り消される見込み。同氏は今月1日から通称名を旧姓の「野上」から変更している。

離党を受けて、同党衆院議員で夫の柿沢未途氏は役員室長を辞任した。

一方、民進は同日、新人の青地真美氏（50）を新宿区で公認すると発表した。同党の公認候補は23人となる。

冗句ジョーク

東京都無電柱化推進条例などを可決して2定閉会、一挙に都議選モードへ

「ダイバーシティ実現への公約違反だョ！」

——ワンちゃん

障害者施設に防犯設備補助
「やまゆり園事件」受け

江東区

江東区は6月から区内にある全民間障害者施設を対象に、防犯カメラや非常通報装置など防犯設備の設置費用に対する補助事業をスタートした。全事業者を対象とするのは23区初。昨年7月に相模原市の障害者施設で起きた殺傷事件を受け、実施を決めた。想定外の事態に備えた防犯対策の在り方に一石を投じた格好だ。だが一方で、事業者からは、防犯対策により施設が地域から閉ざされてしまうという懸念も聞かれる。

補助対象は、区内にある民間事業者が運営する全117施設。防犯カメラや110番直結非常通報装置、カメラ付きインターホン、フェンスの購入費や施工費を補助する。

補助額は30万円未満は全額、30万円以上は2分の1で、補助上限額は90万円とした。区は、防犯カメラや非常通報装置の設置費用をおおむね30万円と見込む。都の障害者施策推進区市町村包括補助事業のメニューを活用し、2分の1を区が独自に負担する。今年度予算に5700万円を計上した。

補助を受ける条件として、施設職員向けの防犯マニュアル策定を義務付けた。緊急時の職員の役割分担や避難方法、利用者の家族や周辺住民への連絡体制などを想定している。区障害者支援課によると、災害マニュアルを定める施設はあるが、防犯マニュアルを持つ施設は少ないという。

山崎孝明区長は、先月31日の記者会見で「事業者側の意識を高めてもらわなければいけない」と話した。

昨年7月に神奈川県相模原市の障害者施設「津久井やまゆり園」で発生した殺傷事件を受け、区は区内3警察署と協議。翌月には区内全施設に対し、災害・防犯体制の調査を実施し、対応策の検討を進めていた。

区障害者支援課の山崎岳課長は「小規模な施設が多く、経営面で苦しい法人は多い。今後も徐々に支援体制を高めていきたい」と話す。

区は今後、今月末まで募集し、来月下旬に交付決定する。補助金の支払いは、設置などの報告を受けた11月中旬ごろを見込む。10月から2次募集をする。

障害児通所施設「第3こぴあクラブ」。1階の窓は外から簡単に乗り越えられる＝6日、江東区枝川で

「開かれた施設」に逆行も

【解説】神奈川県が指定管理する相模原市の障害者施設「津久井やまゆり園」で、入居者19人が刺殺された事件から来月で1年が経つ。想像を絶する犯行は、世間を震撼させるとともに、改めて公共施設の危機管理の必要性を印象付けた。

山崎区長は万が一の事態に備え、「行政の責任できちんとやるべき」との認識を示し、「何が起こるか分からない時代だ」と語った。大災害への備えとともに、「想定外」に対する防犯の危機管理も求められる。

ただ一方で、事業者からは地域に開かれた施設という考え方に逆行するとの意見も漏れる。障害児通所施設「第3こぴあクラブ」（同区枝川）の丸目香耶所長は、相模原の事件に対し、「防犯設備があれば防げたのかどうか疑問だ」と指摘。「防犯面（設備）を強めると、閉ざされた施設になってしまう」と懸念を示す。

こうした意見に対し、区障害者支援課の山崎課長は「施設が置かれている環境や施設設備、地域との関係性などに応じ、バランスを取った対応をしてほしい」と話す。

「開かれた」という意味は、施設そのもののハード面と、地域住民との関わりなどソフト面の両面から考える必要がある。第3こぴあクラブでも、今回の補助事業を受けて防犯網戸の設置を検討しており、両面の最適解を模索している。

障害者施策は、従来の閉じられた施設内での支援から、地域での自立生活を目指した方向性にかじが切られており、危機管理とのバランスへの配慮が一層求められることになる。（草）

葛飾区
青木区長が3選出馬表明
「区政の課題解決が使命」

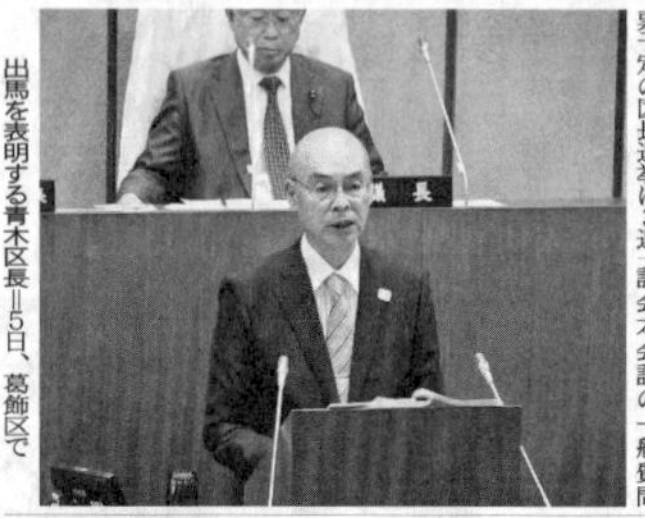
出馬を表明する青木区長＝5日、葛飾区で

葛飾区の青木克徳区長は5日、今年11月に投開票予定の区長選挙に3選を目指して出馬を表明した。同日の第2回定例区議会本会議の一般質問で、自民党の筒井孝尚区議の質問に答えた。

青木区長は答弁で、これまでの2期8年間に「人づくりに力を注いできた。スピーディーで区民に分かりやすいサービス提供が進み、区民と区役所との距離が近付いているとの評価をもらっている」とし、子育てや高齢者施策などでも成果を上げていると強調。一方で災害に強い庁舎整備、観光や交通利便性に優れたまちづくりなどを進める必要があるとして、「区政の課題解決に邁進していくことが私の使命。秋の区長選に出馬したい」と語った。

青木区長は、1967年に同区に入庁し、地域振興部長や政策経営部長、収入役などを経て09年に区長選に出馬し、初当選した。前回選挙では自民、公明、民進の推薦を受けて10万8080票を獲得し、共産の推薦候補との一騎ちに圧勝した。

区長選挙は、11月5日に告示、同12日に投票、翌13日に開票する予定。同日には区議選も執行する。

同区長選への出馬表明は初めてで、自民は一般質問の中で青木区長に推薦を出す考えを明らかにしており、公明は「推薦を出す方向で検討している」、民進も「推薦依頼が来れば政策協定を結ぶ」としている。

墨田区
スカイツリーの踏切撤去へ
区施行連立が事業認可

墨田区が計画する東武伊勢崎線とうきょうスカイツリー駅付近の連続立体交差事業が1日、都から事業認可を受けた。駅周辺の線路を高架化することで、踏切遮断時間が長く、渋滞を引き起こしやすい「ボトルネック」の踏切1カ所を除却し、地域の分断や交通渋滞を解消する狙いがある。区が主体的に整備する区施行の連立事業は、足立区に続き2例目となる。

同事業は、約900㍍の線路区間を地上から高さ約7㍍まで高架化し、線路上にとうきょうスカイツリー駅を移設。高架化に併せて、線路と交差する言問通りや桜橋通りなどを整備し、北口に交通広場を設ける。年度中に東武鉄道と施行協定を結んで着工する計画で、2024年度の工事完了を目指している。

同事業は、12年の東京スカイツリー開業以降、スカイツリーに直結するとうきょうスカイツリー駅周辺に来街者が増加したのを受け、高架化によってスカイツリーから周辺地域を行き来しやすくするとともに、「伊勢崎線第2号踏切」を除却して交通環境の改善を図る狙いがある。区は、連立事業を契機に、周辺のにぎわい形成や不燃化などを推進するまちづくりも並行して構想している。

連立事業の総事業費は313億円を見込み、国が定める要綱にのっとり、都市（国・都・区）が75％、東武鉄道が25％を負担する。都市側負担のうち、国費（社会資本整備総合交付金）を除く額は、都と区の協議により都が30％、区が70％を負担すると設定し、区の負担額は74億円程度となる見込みだ。

区は財源確保のため、「墨田区連続立体交差事業基金」を14年に設置し、現在8億円を積み立てている。1日の事業認可後、6日に開会した第2回定例区議会に、鉄道の高架化工事と鉄道と交差する道路整備の経費を補正予算案として提出し、18〜24年度までの債務負担行為で224億3900万円を計上している。

都内の連立事業は、04年に都が策定した「踏切対策基本方針」で検討対象区間に位置付けられた20区間が優先的に進められてきた。同駅付近は、優先区間に含まれておらず、05年に区が事業主体となれるようになったのを受け、「スカイツリーが開業してまちが変化するタイミングを逃さずに事業化しようと考えた」（区立体化推進課）という。

区が事業主体となることで、地域の課題解決に向けて早期事業化にこぎ着ける一方で、区立体化推進課は「国や都からの補助金を確保していくことが課題」と話す。区は当初、都区負担を足立区と同様、半々にするよう求めていたがかなわなかった。都都市整備局では「区施行事業が広がりを見せていないこともあり、都区負担率の目安を設定していない」とし、案件ごとの判断になると説明している。

事業ノウハウの補充も不可欠だ。墨田区より先行して区施行の連立事業に乗り出した足立区は、05年に発生した死傷事故を契機に、事故が起きた踏切を含む区間の高架化に乗り出した。12年に着工し、20年度までの完了を目指して、都と区で職員を派遣し合う体制を敷いている。

また、区は着工後も東武鉄道や施工業者に働き掛け、月に一度の工事進捗報告や駅の一角に工事情報コーナーを設置するなどして、地元住民の理解を得るために情報共有を密にしているという。

足立区鉄道立体推進室は「地域の声を連立事業とまちづくりに反映しやすい点は、区施行のメリットにもなる」と話す。

除却される予定の伊勢崎線第2号踏切＝5日、墨田区で

記者席
引退の花道飾るセレモニー

○……「大変重要な委員会に参加させていただき、心からうれしく思う」。5日の都議会警察・消防委員会で、今期で引退する内田茂氏がこうあいさつした。続けて、7月の都議選で当選し、再び同委員会に戻ってこられるよう他の委員にげきを飛ばした。自民の吉野利明氏と共産の吉田信夫氏の引退あいさつが終わると、サプライズで3人に花束が贈呈された。ある委員から「引退する時は警察・消防委がいいな」とうらやむ声も聞かれた。

改選後は同委員会が引退都議の指定席になるのだろうか。

○……「直接民主制というか、小池知事になって都庁に呼ばれる機会が多くなった」。昭島市の臼井伸介市長は記者会見でこう感想を漏らした。都とのパイプ役となる都議が誰になるかは、区市町村にとっても大きな関心事だ。そんな趣旨から、3氏が立候補表明する同市の都議選状況の受け止めについて記者から質問が飛んだ。都議を通じなくても声を直接届けることができるのであれば、都議の役割は弱くなるともいえるが、臼井市長は「選ばれた人は市民の代表であり、うまくやっていくことが必要」とフォロー。自民、共産、都民ファーストと主張が異なる3氏の争いも、「誰とでも仲良くなれるのが私の持ち味なので心配しないでください」とかわした。

○……舛添要一元知事の『都知事失格』を読んだ。飛行機のファーストクラスやホテルのスイートルームなどの海外豪遊を、これほどドヤ顔で正当化した政治家は記憶にない。

「座席を格下げし、旅費をわずかばかり節約したとしても先方との交渉で失敗したのでは、かえって税金の無駄遣いである」「東京という世界有数の大都市を代表して海外に行く私は、最高の成果を上げなければならなかった」――本屋で立ち読みしながら吹き出してしまった。

読めば読むほど腹が立つ。記者は当時の〝舛添バッシング〟には批判的だが、ライオンに食われる舛添氏は、大衆を満足させる最高のエンターテイナーだったと確信を持った。

手話・筆談通訳で代理電話サービス
港区

港区は6月から聴覚や言語機能障害者に対する通訳者を介した代理電話サービスを都内で初めて開始した。障害を抱えた区民が区役所や病院などに問い合わせる際、通訳センターに電話し、手話・筆談で用件を伝えることで、リアルタイムに取り次ぐことができる。利用時間は午前8時〜午後9時で、区内の対象者は約300人。自宅や出先など場所を問わずに用件を済ませることができ、利便性が高まる。

通話サービスアプリのLINE、スカイプ、フェイスタイムのいずれかを活用し、スマートフォンなどのテレビ電話システムで取り次ぐ。区によると、業務委託先の通訳センターには通訳者約10人が待機しているという。利用者は区の障害者福祉課に申請し、IDを取得する必要がある。

昨年4月施行の障害者差別解消法を受け、区は窓口サービスとして、タブレット型端末を用いた遠隔手話通訳や音声文字化機能などを導入。今年4月には、区役所1階総合受付に手話通訳者を毎週月曜日に限って配置するなど、支援を強化している。

SNSを活用し区民が情報発信
品川区

品川区は昨年10月に開設したシティープロモーション特設サイトをリニューアルし、区民参加を想定したSNSによる新たな取り組みを始めた。

区民自らが情報発信することで、区に誇りを持ってもらうことなどが狙い。フェイスブックでは「しながわ！じまん」というグループを設け、参加した区民が自由に投稿でき、インスタグラムでは特定の言葉を付けた投稿を集約して表示する。

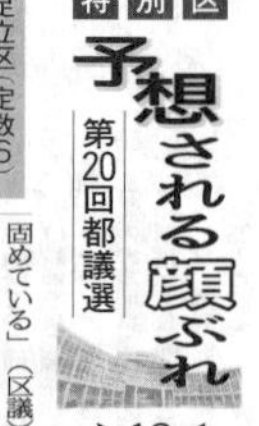
特別区
予想される顔ぶれ
第20回都議選
▶13◀

足立区（定数6）

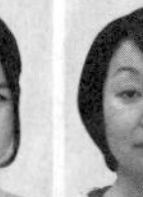

高島直樹氏　發地易隆氏　中山信行氏　薄井浩一氏　齋藤真里子氏　銀川裕依子氏　鈴木勝博氏　馬場信男氏　後藤奈美氏

公明が2議席、共産が1議席を安定して確保してきた6人区で、前回選挙では残る3議席を自民が2議席、民主が1議席獲得した。

自民は現職4期目で都連幹事長を務める高島直樹（67）と現職1期目の發地易隆（41）を公認し、2議席死守を目指す。高島は「地元を回り、支持を固めている」（区議）。發地は三原將嗣元都議の後継として固めた支持基盤で、前回同様3万票の獲得を狙う。

公明は、現職3期の中山信行（58）と新人の薄井浩一（57）を公認した。薄井は区議を5期務め、今期で勇退する友利春久の後継として出馬するが、「いずれも他党の後塵を拝している厳しい状況。議員の実績を訴えていく」（同党区議）。

共産は、都議を2期務めて引退する大島芳江の後継に新人の齋藤真里子（42）を擁立。齋藤は15年の区長選に出馬し、落選した。額賀和子区議団長は「幅広い層のサポーターがおり、超党派から票を集められるのが強み」と話す。

民進は、公認した現職3期の大西智が体調不良を理由に5月に出馬を取りやめたことから、新人の銀川裕依子（31）を公認に据えた。13区総支部の北條智彦支部長は「都連政策委員として区を歩き回ってきた点をアピールする」とし、全面的に後押しする。

維新は、元職1期の鈴木勝博（59）を公認。09年は民主公認でトップ当選したが、維新に移って臨んだ前回は落選。東京14区支部の木村剛司支部長は「民主時代からの後援会が中心となって区全域で支援を展開している」とし、議席獲得を目指す。

都民ファーストは、いずれも新人で元自民区議の馬場信男（56）と元保険会社社員の後藤奈美（30）を公認候補に据えた。馬場は13年に公認候補の党内選考に名乗りを上げたが、發地に敗れ、今回は現職2人に絞る方針を党が示したため、立候補を目指して1月に離党した。後藤は希望の塾の塾生。

前回の結果

◇足立区

	氏名		党派	得票	当選回数
当	髙島	直樹	（自元）	55,761	④
当	大島	芳江	（共現）	37,683	②
当	發地	易隆	（自新）	36,320	①
当	友利	春久	（公現）	30,347	④
当	中山	信行	（公現）	29,758	③
当	大西	智	（民現）	23,381	③
	鈴木	勝博	（維現）	21,252	

《文中は敬称略》

東京最前線

引退都議座談会▶上

都議会を去る4人

議員生活と都政語る

会派の幹事長をはじめとした役員、正副議長などを経験した自民党や公明党、共産党、生活者ネットワークなどの都議が今期限りで勇退する。これまでの議員生活、都議選の苦労話を振り返りながら、小池都政の評価などを語ってもらった。2回に分けて掲載し、次回は23日号。

出席者
吉野　利明（自民党）
友利　春久（公明党）
植木　紘二（共産党）
西崎　光子（ネット）
（司会＝本紙編集部）

小池都政の評価

――小池都政の評価をお願いします。

西崎　東京で初めて女性知事が誕生し、同じ女性として期待している。石原都政では、知事への質問は職員と答弁調整し、職員から「こんなのを質問するのですか」と言われ、潰されたことも多かった。少数会派は知事への質問がしづらかったが、今は自由に質疑ができるという意味では随分、議会が変わってきたと思う。小池知事は障害者や女性、子供などの政策で、ネットが取り組んできたことに理解をいただいていると思っている。

植木　日本共産党は、是々非々の立場で臨んできた。私立学校の奨学給付金、認可保育所、情報公開などは前向きに評価して進めていきたい。一方で、開発や大型幹線道路、横田基地などは、従来の行政と変わらないので、前向きな見直しを求めて指摘するところは厳しく指摘してきた。豊洲移転問題では、盛り土がないことを明らかにしてきたが、築地と比べて比較にならない土壌汚染の実態があることから、築地で再整備を進めるべきだ。

友利　今までの状況から見ると、少なくとも情報公開は一歩前進した内容になっている。豊洲の盛り土問題は昨年の知事選がなかったら、表に出てこなかった問題だ。行政サイドに議員も都民もだまされた。行政にメスが入ったのは大きな前進と思う。改革する時にはそれなりのリスクを背負わないといけない部分もあるだろうが、市場の問題は期限が決められているので「決断できない知事」と言われているが、知事が決断できる環境を作ることが大事。全体的にはよくやっていると思う。

吉野　会派の立場からすると、これまで条例案も予算案も全部賛成して通過させてきた。内容自体が都民目線でいいものということで賛成してきた。ただ、いくつかの点で築地の移転問題や五輪の競技場の問題を含めて唐突に公表するという印象があり、そこ（議会に報告しない）の部分は違うのではないかと思う。車の両輪と言いながらも、一輪車で走っている感じもする。地方自治という中で二元代表制を認識して、議会と一緒に走る姿勢が欲しいというのが自民党の立場。知事の仕事をきちっとチェックしていく。

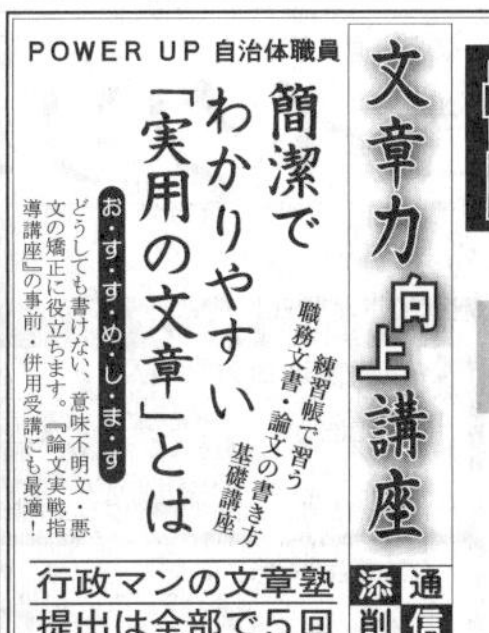

吉野利明＝三鷹市議を経て、97年に初当選（5期）。都議会議長や自民党幹事長などを歴任。

――これまでの都政との違いをどう分析していますか。

西崎　女性の知事ということですごくやりやすい。石原都政の時に生活者ネットは6人いたが、私が初当選した時には、石原さんは都政に熱意が感じられず、知事を辞めたい感じだった。その後、猪瀬元知事も舛添前知事も政治とカネの問題で辞めた。あまりに知事が目まぐるしく代わって、何だったのかという思いはある。

友利　知事は就任してまだ1年経ってないが、ブレーン任せの政治は絶対に良くない。議会サイドとも良く話し合い、職員とのコミュニケーションをしっかり取りながら、その上での参考資料として学者の人たちの意見を聞くのは結構だが、その人たちが前面に出てきて記者会見を開くのはいかがなものか。知事がブレーン任せの形になると石原都政みたいに知事自身が出てこないで浜渦氏たちに任せたように、いろんな問題点が出てくることになる。リーダーとしての力量を発揮していただく限りは、公明党として支えていくのはやぶさかではない。ただ、舛添、猪瀬両元知事のようになると、いかなる人物であっても、党や個人としても支えられない。絶えず自分を律しながらやってもらえればと思う。

吉野　今後は人口減少になるので、空き家がどんどん増えていく一方で、再開発も進んでいく。東京が日本の首都として、世界一の都市を目指すに当たっての取り組みは本来、知事と議会が議論しながら進めていくべきだと思う。

植木紘二＝共産党中野地区委員などを経て、89年に初当選（5期）。同党副幹事長などを歴任。

――知事への注文はありますか。

植木　東京は首都という大きな立場と1千万都民の暮らしや福祉を守るという立場がある。安倍内閣の福祉や医療、教育などの削減に対して都民の立場からしっかりものが言えることが大事。また、自治体本来の役割である住民の福祉の向上を中心にしていく必要がある。

西崎　東京都の予算は総額13兆円で、スウェーデンの国家予算にも匹敵する規模。豊洲の整備費は6千億円。600万円くらいなら市民も見たことがあるだろうが、桁違いの金額でどういう問題なのかピンとこないと支援者から言われたことがある。2024年に団塊世代が後期高齢者になり、経験したことのない超高齢社会になる。福祉が今でも大きな金額を占めている。ハコモノ行政ではなく人に投資できるような東京都の行政に転換してほしい。

議員生活

――議員生活を振り返って印象に残るエピソードを教えてください。

吉野　20年間の議員生活で、幹事長、議長の時にいろいろあったが、印象深いのは議長の時に国体を東京で開催し、陛下をはじめとした皇室の競技御覧だ。その際、知事と議長がお出迎えをし、それが続いて皇后陛下から先に「体は大丈夫ですか」とお声を掛けられた。皇后陛下に何回かお会いしていたので、覚えていただいていた。もう一つは大島の土石流災害が起きた後、両陛下がお見舞いにご訪問され、バスで島内をご移動された時だ。皇后陛下は窓際に座って手を振り、陛下は真ん中のポールにつかまって立ったまま島民に手を振り、優しいお気遣いが伝わって来た。災害があったことは不幸な出来事だったが、お見舞いの時に陛下の優しいお姿を拝見できたのはある意味ありがたかったと感じた。

友利　石原都政の時代に副議長になり、石原さんが辞める時に副議長室に入ってこられて、「もうそろそろ辞めようかと思っている」という話をした。そういう話になったので、「やる気のない人がいつまでもやってもしょうがない」「やる気がなくなった人が恋々と知事の職にこだわっているのは都民にとって不幸です」「自分がそう思うなら、みなさんに理解いただいて身を引くこともあり得るのではないですか」と率直に言った。ただ、選挙で受かった知事だから判断するのはやはり、選挙民である都民になり、「都民が分かりやすい形で辞めた方がいいのではないですか」と話した。それが一番印象に残っている。

友利春久＝足立区議を経て、01年に初当選（4期）。党都本部副代表や都議会副議長を歴任。

――石原元知事の反応はどうでしたか。

友利　石原さんは「自分が思っているようなことを言われた」という感じだった。自分で辞める気になって来たが、慰留されると思ったのだろうが、慰留したら、「そう言われても（辞めたい）」という話になったと思う。都民感情から言って、やる気のない人にいつまでも知事を務めてもらうのは都民にとってマイナスという思いもあったので、そういう話をした。その後、国政に行かれた。必ずしも話したことが間違いではなかったかと理解している。

植木　鈴木都政時代に都議になった。石原知事時代の豊洲問題や新銀行東京など歴代の知事にはそれぞれいろいろ問題があった。特に印象に残っているのは都内で開発が進み、CO_2削減問題を議会で取り上げた時だ。都市再生で各地域の容積率が1千倍などと軒並み大幅に緩和されたため、建物を造る度にCO_2削減の数字を出させて、しつこく追及した。建設局や当時の都市計画局を環境問題で追及し、ある幹部職員とは丁々発止の議論で対決してきた。その幹部が退職後に、東南アジアで環境の施設を造るなど環境対策に取り組んでいるという報告のメールをくれたので大変うれしかった。筋を通しておくことがいろんな影響があると実感した。

西崎光子＝世田谷区議を経て、07年に初当選（3期）。生活者ネットの幹事長などを歴任。

西崎　都議会は国と基礎自治体の中間と言われていて、都民が関心を持たないと言われたが、2回傍聴席が満席になったことがある。1回目が青少年健全育成条例の改正に向けて、（18歳未満と判断可能な架空キャラクターの性描写をした）漫画を規制しようとした時、全国からすごくメールが来たり都民の関心が強かった。もう一つは原発の是非を問う都民投票条例が上程された時に満席になったのは非常に印象的だった。

――都議会で印象に残ることはありますか。

友利　区議を5期やって都議会に来てびっくりしたのは、何でも答弁調整すること。委員会でも本会議でも質問することは出来上がっているのだから。どうなんだろうと思った。

吉野　文書質問でいい。

友利　質問書を出して、答弁書をもらうのは時間の無駄ではないかと思う時もあった。区議会は一問一答で丁々発止だから緊迫感もあり、行政側も勉強しなければいけない。議員サイドも勉強していなければ質問もできない。本会議はそういう風にやったとしても、委員会までやる必要があるのかと思った。

西崎　石原知事が3選を果たした同じ時期に都議補選に初当選し、都議としての在職年数は10年。都議会に初めて来て、都議会の127人というスケールの大きさに驚き、ヤジの応酬ですごいところに来てしまったと思った。初めての一般質問でヤジの洗礼を受け、質問の声が聞こえず、やっていけるのかという感じの議会だった。私も区議会を経験しているので、委員会でも質問は全て事前通告を行っていたが、区議会は割と好きなように発言でき、職員とも身近な距離だったと思う。都議会では、質問に答えられないということが多く、都職員との距離感を感じた。質問がかぶった時に職員に調整され、すごく不本意なところがあった。今は少しずつ変わってきていると思う。

（つづく）

自治トピ140

◆奈良県内で全面禁煙　奈良県内の全39市町村の本庁舎建物が全面禁煙になった。県は2011年から調査を実施。当初は分煙の自治体も多かったが年々減少し、2市町が4月までに喫煙所を庁舎内から撤廃したことで全庁舎内禁煙が実現した。県は将来的に全市町村で敷地内禁煙の実現を目指す方針。

◆作品撤去は「適切」　群馬県立近代美術館が、戦時中の朝鮮人犠牲者の追悼碑を模した作品の展示を取りやめた問題で、大沢正明知事は県議会一般質問に答え、「判断は適切だった」と答弁した。同県は県立公園内の追悼碑の存廃を巡って係争中であり、「混乱を招かないよう、館長が総合的判断した」と説明している。

◆九州省庁が観光計画　国土交通省や農林水産省、総務省などの九州に所在する出先機関が一丸となり、観光振興の戦略会議を立ち上げた。国交省の運輸局が中心となり、農政局や経産局、九州地方環境事務所などが加わる。各機関が独自に進めていた観光振興施策を統一し、年内にも観光ビジョンをまとめる。

◆ベトナム観光客誘致　鳥取県は訪日観光客数が伸びることが予想されているベトナム人観光客の誘致を本格実施する。現地の旅行会社スタッフを県庁に受け入れ、ベトナム人目線の魅力的なツアー実施につなげるほか、ベトナム語の観光マップや県内おみやげの人気ランキング作成なども依頼する。

総務局長　多羅尾 光睦 氏

現代に生きる古典

『新訂 孫氏』金谷 治〈訳注〉

私の愛読書は『時刻表』です。ただ、鉄道の話では趣旨が違うと思うので、愛読書というよりも、繰り返し読む価値がある、と思う本について書いてみます。

私の20代の愛読生活は惨憺たるもので、月に1～2冊しか読まず、それも推理小説ばかりという有り様でした。これではいけないと思っていた時、派遣研修先企業の社長が「仕事は孫氏だ」と言うのを聞き、本書を手に取りました。ちなみに、社長は孫氏の自分なりの解説を社内報に毎号執筆するほど熱が入っていました。都庁にはないOJTで新鮮でした。

孫氏はあまりにも有名な中国古代の兵法書で、戦争に勝つための理論書です。日常の仕事は戦争ではありませんが、情報不足と多くの制約がある中、課題解決のための対応案を作成し、メリット・デメリットを検討し、実施案を選択して実行するという過程を経るわけで、孫氏の考え方はとても役立つと思います。

例えば、反対意見をもつ上司を説得し、なんとしても今日中に賛成してもらうという課題に「作戦」は不可欠です。ただし、孫氏に特別なことが書いてあるわけではありません。読めば読むほど常識的な内容です。第一章始計編が、「算多きは勝ち、算少なきは勝たず、いわんや算無きに於いておや」とあります。念入りな検討の重要性は言うまでもなく、何も準備せずに、ただ当たってみるというのでは論外だと言っています。孫氏は、徹底した現実主義、合理主義で、かつ極めて柔軟です。勝つことを追求しますが、場合によっては勝つことよりも負けないことの重要性を説いています。独り善がりの「敗北の美学」はありません。

遅まきながら、40歳を過ぎてからは多少本を読みましたが、要点がこれだけ凝縮している本にはなかなか出会えません。孫氏は、当たり前のことを言っているのですが、それを実行することが、意外と難しいので、繰り返し読む意味があるかもしれません。

樹木伐採で住民反発

桜の「名勝」保全巡って

玉川上水整備

玉川上水の緑環境保全をめぐり、行政と住民の意見が対立している。都は、玉川上水に植生するヤマザクラや法面に影響があるとして、雑木や野草の伐採を進めているが、自然保護を訴える市民団体などがこれに反発。都は小金井市など地元自治体とともに説明会を開き、理解を広げようとしているが、「名勝」の保全と自然保護の観点の違いなどから、決着が見えていない。

「玉川上水の自然は、多くの住民が長年親しんできたもの。桜を守るためなら、ほかの木々は全て伐採してもいいのか」

今年4月、こんな住民の声が、生活文化局都民の声課に寄せられた。都と地元自治体は、玉川上水の「名勝小金井」のヤマザクラと水路・法面の保全のため、玉川沿岸に生えるケヤキなどの雑木の伐採を進めている。こうした中、「これまで親しんできた自然が失われる」と声を上げるのは、玉川の自然保護を訴える市民団体「玉川上水ネット」代表の柴俊男さん。「桜の保全には賛成だが、桜だけを残して他の植物を伐採するのは、玉川上水の生物多様性の破壊につながる」と指摘する。

玉川上水は江戸時代から続く桜の名所で、徳川吉宗の命によりヤマザクラが植えられた。その後、地元の住民が守り続け、浮世絵に描かれるなど桜の名所として知られるようになった。国が「名勝小金井」に指定したのは大正時代の1923年。さらに2003年には玉川上水全体が国の史跡にも指定されている。名勝指定当時は、ヤマザクラの他は野草などが生える程度だったという。

しかし昭和から平成にかけて、ケヤキなど背の高い樹木が玉川上水の法面に増加。ヤマザクラの生育に影響を及ぼす上、法面の崩壊や倒木の危険もあるとして、都は09年、玉川上水整備活用計画を策定し、10～16年の間に合計約千㍍にわたり雑木や野草を伐採。100本以上のヤマザクラの苗木を植えた。柴さんは「最初に伐採した地区は、桜以外の樹木をほとんど切り倒してしまい驚いた」と当時を振り返る。

伐採後の自然保護について、都水道局は適切な間隔で伐採・剪定を繰り返すことで切り株から新しい芽が生える「萌芽更新」を促し、雑木林を維持できると説明。伐採前には地元住民と樹木を確認し、ヤマザクラへの影響が少ないと見られる木を伐採から枝の剪定に切り替えるなど対応しているが、柴さんは「桜ばかりになれば、今度は桜が他の樹木を圧迫することになるし、昆虫も減り、それを食べる鳥や小動物も来なくなる」と主張する。

「名勝」の捉え方の違いも対立を生む一因だ。都教育庁は「『名勝』は、その景観を指定したもので、指定された時点の状態を保存するべき」と説明。名勝指定された大正時代には玉川上水に雑木は生えておらず、その当時の景観に近づけることが「名勝」の保全につながるという見解だ。同庁は「『史跡』の保全となると少し意味合いが変わる」とも述べ、「『史跡』は景観を指定しているわけではないので『名勝』よりはやや原状保存の厳格さが弱い」と話す。柴さんは「当時とはかなり環境も変わっているし、時代も違う」と柔軟な対応を求めている。

地元自治体の小金井市が15年に行ったアンケートによると、近隣住民252人中169人が状況を「よくなった」と答えている。しかし、中には自然環境保護のほか、「雑木林は住民を自動車の騒音や排ガスから守ってきた」など性急な伐採を望まない声もある。都水道局と教育庁は今年7月にも、住民説明会を開催し、住民の理解を得たい考えだ。

雑木（写真右側）が生い茂る玉川上水緑道。「名勝」の保全と自然保護の間で揺れている

スマホ利用は「悪影響」

中高生保護者の半数回答

都青少年・治安対策本部調査

「スマートフォンにのめり込み、睡眠不足や視力低下など何らかの悪影響があった」と、中高生の保護者の半数が考えていることが都青少年・治安対策本部の調査で明らかになった。

調査は今年1～2月、スマホ・携帯電話の所有率やフィルタリングの加入状況を調査するため、都内在住の小・中学生、高校生の保護者を対象に実施。スマホなどによる悪影響の内容では、「睡眠不足」が約16%、「視力が落ちた」「勉強に集中できなくなったり、記憶力が下がったりした」が約15%だった。また、「悪影響がある」と答えた割合は、小学生が約16%、中学生が約51%、高校生が54%と年齢が上がるにつれて高くなる傾向が見られた。

スマホ所有率は、高校生で約92%、中学生で約61%を占め、小学生（1～3年）でも約12%に上った。スマホを持たせた時期としては、「中1」が約30%で最も多く、「高1」が約21%で続いた。スマホなどを持たせた理由としては、「子供にせがまれたため仕方なく」が34%で最多。「子供の所在地が分かるようにするため」（28%）を上回った。

一方、有害なサイトへのアクセスを制限するフィルタリングサービスについて、「加入していない」「加入しているかどうか分からない」と答えた割合は、高校生で約68%、中学生で約51%に上り、小学生（4～6年）でも約39%を占めた。契約・購入時に事業者からサービスの説明を受けたと認識している割合は、全体で約32%にとどまった。

同本部は「低年齢化が進んでいることもあり、家庭内でのルールづくりやフィルタリングサービスで青少年がスマホの利用で被害に遭うリスクを下げていきたい」と話す。

「前進」か「振り出し」か

都議会、五輪経費負担問題で舌戦

小池知事が6千億円の負担を受け入れた五輪費用負担問題について、7日に閉会した第2回定例都議会では、自民党と知事の舌戦が繰り広げられた。都が6千億円以上の負担を受け入れたことで各自治体との役割分担協議は一応の決着を見たが、合意内容は立候補ファイルの内容を踏襲したもので、昨年11月から費やした時間と比較して「前進」した印象は受けづらい。いまだに負担者が明確でない費用も残されており、今後の協議の難航も予想される。

「スピード感を感じない」――。5日の都議会文教委。自民党の川松真一朗氏は、小池知事と都外自治体首長との調整の遅れを厳しく批判した。

自民は質問通告をせずに知事との論戦に臨んだ。知事が議会に情報提供を行わず、他県との調整にも動かなかったことで混乱を引き起こしたと指摘。川松氏は、合意内容を「振り出し」とする新聞報道や、「元に戻った」と評する他県知事の発言などを引き合いに、知事の姿勢を追及した。

迷走の末に当初の結論に落ち着いたとの指摘に対し、小池知事はIOC会長の交代によって「大会のコンセプトが『コンパクト』から『ダイバーシティー』に変わった」ことが調整に時間を要した要因の一つだと説明。精査して改めて合意する必要があったと反論した。知事は「元に戻ったのではなく、基礎固めができた」と切り返し、前向きな姿勢を強調した。同時に、大会コンセプトの変更に伴い、競技施設を都内から都外に変更する際、「（負担などを）ちゃんと決めてほしかった」とこれまでの責任を問う場面もあり、委員からは「人のせいにしないで」とヤジが飛ぶなど、議場は一時騒然とした。

都は今回の合意で6千億円の負担を受け入れた一方、各自治体からの反発を受けて都外施設周辺の警備や輸送などの費用350億円に関しては棚上げし、負担者を明確にしなかった。4者の分担は2013年の立候補ファイルや15年の大会基本計画などに基づく形で、他県知事からは「完全勝利」（黒岩祐治神奈川県知事）など、都や組織委による350億円の負担を見越した安堵感が広がっている。

こうした状況に都議会からは国や都外自治体から譲歩を引き出せなかった知事の調整能力を問う声も上がる。知事は都民の理解を得るために更なる経費縮減を進める意向だが、負担の財源検討も含め、苦境に立たされている。

■寝耳に水の「保証書」

都の負担は更に広がるのか。ネックになるのは神奈川県や埼玉県が主張する「保証書」の存在だ。開催自治体には大会開催経費の負担を求めず、「通常の行政経費の負担」にとどまるとの趣旨で、2013年3月に秋山俊行前副知事名で発送していた。小池知事や塩見清仁五輪準備局長は黒岩知事が文書を示した5月31日の関係自治体との連絡協議会直前まで同文書の存在を知らず、「寝耳に水」の状態だった。

知事は「交渉の際に自治体側から文書を示されたことはなく、今回の合意に影響していない」とする一方、今後の協議では「議論の出発点」であるとして、あくまでも各自治体の負担を排除せず、調整を進める考えを強調した。

突如表れた「保証書」について、オリパラ準備局幹部は「文書は立候補ファイルや開催基本計画と一体のもので、保証書ではなく、実務の流れの中で作成したもの」と説明する。都は文書でいう「通常の行政経費」に、大会開催時の高いレベルでの警備や救急搬送体制も含まれるとの立場だが、350億円の負担の中でどれほどの割合を占めるかは引き続き調整が必要で、「保証書」の認識の違いが事務レベルの協議に影響を及ぼす可能性もある。

一方、都議選を控え、自民は都の負担増の懸念や「決められない知事」による調整の遅れなど追及を強めたい考えだが、大会成功に向けては機運醸成を進めなければならないジレンマも抱える。五輪問題を政局化していると捉えられれば、都民・国民の盛り上がりは冷え込みかねない。質疑冒頭でも川松氏は「自民党は知事の協力団体」であるとして積極的な情報提供を行うよう求めたのに対し、小池知事は委員会後、「ぜひ、（費用分担について）国に呼び掛けてもらいたい」と皮肉を返す場面もあった。

紆余曲折を経た合意は「振り出し」か「前進」か。合意を足掛かりとした経費縮減や大会準備が加速するかが分水嶺となる。

仕事への考え

「役所は柔軟じゃないと」

若手職員のホンネ 東京のとある居酒屋で⑪

A　まあ、役所の仕事がこの先ずっと残り続けるかというと、分からないと言えば分からないけどね。

C　しかし、Dさんは本当に変わった考えだよね。上司とうまくやるのも大変じゃない？

D　正直大変だよ。でも、僕ってそんなに変わった考えかな？　今の20代が昇進意欲低いのって将来への憂いだと思うけど。役所の仕事がなくなるかは別にして。

B　いや、変わった考えだと思うよ（笑）。ちょっと考え過ぎてる気がする。俺なんかは、「普通に」と言ったら誤解があるかもしれないけど、30代中には係長になって、その後管理職になって、と将来を考えている。むしろDさんみたいに将来を憂い過ぎる方が、今時の20代にしたら珍しいんじゃない？

A　どうなんだろう？　僕も強く昇進したいと思っているわけじゃないけど、ある程度は考えているな。

B　ほら、やっぱりみんなそこまで将来が憂鬱ってわけではないよ。

C　でも、Dさんの言うことも分からなくはないけどね。そりゃ、役所が全部なくなることはないと思うけど、「役所的な働き方」はなくなっていくかもしれない。

A　どういうこと？

C　時間に縛られることなく、フレックスっていう意味だよ。将来的には勤務時間という概念もなくなってほしいとも思っている。やっぱり何らかの成果を短時間で出すことは官民にかかわらず今後求められることだからね。もちろん、法律で縛られているからそう簡単に変わらないのは分かっているけど、職場から変えられるところは変えていきたいね。

A　でも、正直そうなるとキツイと思うけどな。やっぱり法律で決まっているかどうかは別にして、時間で縛られるのは楽な面もあるよ。

C　それは分かっているけどね。やっぱり納得いかないことはあるんだよね。

D　Bさんは納得いってないこととかないの？

B　俺はそれほどないね。むしろ民間から転職して、「役所って意外と柔軟なんだな」って驚いたほう。全ての年代、職業の人と関わることは民間企業ではまずないし、「こうした方が区民に分かりやすい」「もっとやさしい言い方できないか」とかいろいろ考える。柔軟じゃないとできない仕事だと思うな。

A　やはり民間経験者は見方が違うなあ。

D　日和った意見だ。本音で言ってるのかな（笑）。

「地域資源」活用へ

中小企業に助成金

都産業労働局

都産業労働局は7日、地域の特産物や、伝統技術などの「地域資源」を活用する中小企業を応援するための新たな助成制度「TOKYOイチオシ応援事業」を（公財）中小企業振興公社と共同で立ち上げた。

助成限度額は1500万円で、同事業の前身の「中小企業応援ファンド」から700万円増額。加えて、専門家による支援も強化した。新製品・新サービス開発のコンサルタントや、マーケティングに関するアドバイザーなど、企業ニーズに合った専門家を中小企業振興公社が手配し、支援を行う。

水源林が「企業の森」に

保全活動を官民でPR

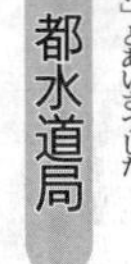

都水道局

普段の生活では気が付かない水源林の大切さを、都と民間企業がタッグを組んでPRする。

都水道局は3日、多摩川上流の水源林のネーミングライツを購入した企業との協定調印式を多摩水道改革推進本部立川庁舎で行った。

購入したのは㈱クボタなど6社。山梨県内にある同局保有の水源林を1㌶に付き1年間で50万円で、各社2～3㌶ずつの協定を結んだ。水源林は企業の森林保全の研修や社員の家族の保養などに使われる予定。水道局側は、水源林の保全活動を、企業側は自社のCSR活動を相互にPRしたい考えだ。

また、同局は首都大学東京と東京農工大学と水源林保全の研究を共同で進める契約も結んだ。

醍醐勇司水道局長は「これきっかけに、水源地への関心を持ってもらいたい」とあいさつした。

五輪への航海図 185

開催まで あと1141日

特別区の戦略⑦

墨田区・舟運を活性化

隅田川や荒川など、四方を大きな川に囲まれる墨田区。街中にも「内河川」と呼ばれる多くの小さな川が走る。区は東京大会を契機に、水辺を利用した観光都市を目指している。

両国の船着場の「両国リバーセンター」をリニューアルする都と区の共同整備が来年2月に始まる。両国の船着場が利用できなくなるため、両国で運営していた都の舟運事業を区所管の「吾妻橋船着場」で一時的に引き受ける予定。これにより、一日最大9便だった船便が21便まで増え、年間約8万人の両国の舟運利用者を吾妻橋に呼び込み、墨田区のPRにつなげる。リバーセンターは2021年度までに工事を完了し、その後、舟運事業は両国に戻る予定だが、区は舟運の一部を吾妻橋に残してもらおうと、交渉を続けている。

また、吾妻橋船着場の舟運増加に伴い、区役所近辺の活性化も図る。5月には区役所前の「うるおい広場」脇に民間事業者による川辺の景色を楽しめるリバーサイドカフェをオープン。6月には両国から観光案内所を移設した。浅草に訪れる観光客に吾妻橋を渡ってもらい、区内の観光地へ足を運んでもらうのが狙いだ。同区の佐久間英樹・観光課長は「最終的には『北十間川』のテラスを整備し、スカイツリーまで川沿いを歩けるようにしたい」と説明する。

一方で課題もある。区は、06年のスカイツリーの誘致をきっかけに、内河川を利用した観光回遊路の整備を計画し、舟運の民間事業者を募集。5、6社が手を挙げて事業をスタートしたが、ほどなくして「採算ベースに乗らない」「扇橋閘門（江東区）の工事で、区内の内河川に入るには遠回りをせざるを得ない」などの理由で撤退が相次ぎ、現在は1社が残るのみ。区は舟運だけでは観光客の興味を引くのが難しかったと分析し、舟運に絡めた体験型イベントなど、事業を再検討している。今年7月には、毎年行われているソラマチの街歩きスタンプラリーに舟運ルートを加える予定だ。

佐久間課長は「墨田区は、江戸時代から河川とのつながりが深い地域。五輪を機にもう一度深めていきたい」と語る。

スカイツリーを臨む隅田川の舟運事業

29年度

東京都管理職選考　試験問題の解説

■上■

択一問題

■都政事情

出題数は昨年度と同様6問でした。出題内容は昨年7月から12月までに公表された指針、調査及び報告等に関するものとなっています。

出題傾向は例年と同様でしたが、早速、昨年度策定された「都民ファーストでつくる『新しい東京』～2020年に向けた実行プラン～」から出題され、全般的な内容が問われていました。その他の設問では、都政の重要課題や都民の関心が高い事業等、幅広い分野から出題がなされており、選択肢の中には細かい知識を要するものも見受けられました。

受験対策としては、新聞や知事定例記者会見等で都政全体の動向を把握しておくことが重要です。また、重要な指針・調査・報告等については「とちょう―i」の都政ニュースを確認し、そのリンク先の資料まで読み込むことが必要となります。特に、目的や背景、キーワード、目標数値等は正確に把握しておきましょう。

都政事情は出題範囲が広く、対策に時間を要しますが、論文対策にも役立ち、相乗効果が期待できます。「とちょう―i」などを活用し、日頃から都政に関する情報を収集する習慣をつけておきましょう。

■政治経済等事情

出題数は昨年度と同様に8問でした。内訳は、白書2問（昨年度2問）、政府方針・報告書2問（同1問）、法律1問（同1問）、世界事情1問（同1問）、国内社会経済情勢1問（同2問）、スポーツ1問（同0問）です。

ここ数年、白書、政府方針・報告書、世界事情などに関する問題が複数出題されており、その傾向は今年度も変わりませんでした。一方で、昨年度まで出題されていた国際会議に関する問題に代わり、オリンピック・パラリンピックに関連する問題が出題されたことが特徴的と言えます。

出題範囲は試験直後の昨年5月から昨年12月までであり、例年通りでした。難易度も昨年度までと同程度と考えられます。

出題テーマが広範にわたる政治経済等事情の受験対策では、主要な政府方針、予算、白書等の基本項目を正確に理解することに加え、日頃から政府の動向や国内外のニュース、会議などに関心を持ち、日常的・継続的に知識の蓄積に努めることが有効です。事実を具体的に問う設問が多いことから、国内外の主要トピックについて、数字等を含め、具体的に把握していくことをお勧めします。

■経済・財政に関する知識

経済原論及び財政学から、昨年同様、計8問が出題されました。

経済原論ではミクロ経済学から消費者理論、パレート最適、マクロ経済学から産業連関表、貨幣理論、流動性選好理論が、財政学では国庫支出金、国民負担率、ピグー税が取り上げられました。いずれも基本問題が多く、難易度は例年と同様の水準だったと思います。

経済原論の受験対策は、基本的な知識・解法の習得が重要です。最初は、用語や計算問題が理解できず、出題範囲も広いため、苦手意識を持つかと思います。しかし、出題される知識・解法はほぼ決まっていますので、早期に基本を定着させておけば、確実な得点源にすることができます。公務員試験対策の参考図書を使い、基本問題や過去問題を中心に練習し、知識・解法の習得に力を入れてください。

財政学の受験対策では、知識問題の暗記が主ですが、経済原論と重複するテーマがあるため、両方の勉強をお勧めします。日頃から国や都の財政に関心を持ち、新聞などでキーワードや税財政制度の動向を把握するとともに、経済原論と同じく公務員試験対策の参考図書を用いて学習しましょう。

■行政管理

出題数は、昨年度と同じ8問でした。大きく分けると、法改正等に関する知識を問うものが2問、行政管理の理論・手法を問うものが6問出題されています。出題テーマもオーソドックスなものが多く、難易度はそれほど高くありませんでした。

ここ数年の出題傾向は、行政管理の理論・手法を問うものを中心としつつ、法改正や注目度の高い政策動向に関するものが2～4問出題されており、この傾向は今後も続くと考えられます。

対策としては、法改正・政策動向に関する問題に関しては、日頃から新聞や「とちょう―i」などで、行政に関係のある法律の改正や国・都の動向についての情報収集をしておくことが重要です。また、行政管理の理論・手法に関しては、数年おきに同様のテーマが繰り返し出題されていますので、頻出のテーマについて、公務員試験用の行政学の問題集などを中心に学習することで、効率的に知識を身に着けることができます。

行政管理は、出題範囲こそ広いものの、過去問の研究や十分な学習を行うことで、確実な得点が期待できる科目です。設問数も多いので、早めの対策で得点源としましょう。

■経営に関する知識

出題数は昨年度と同様に8問。出題範囲は経営学説、経営戦略、経営組織など、従来通り幅広いものでした。

出題傾向として、昨年度は「リーダーシップ」「組織形態」「アンゾフの経営戦略論」「マーケティング」など、オーソドックスな問題が多く出されました。今年度は「財務管理」など、やや珍しい分野からの出題もありましたが、「人的資源管理」「ハーズバーグの2要因理論」「経営の多角化」など、学説や用語の基本的な知識を問う出題が多く、問題集などで勉強していれば、確実に得点できたのではないかと思われます。

今後の対策に関しては、公務員試験用の問題集を活用し、基礎をしっかり固めることが重要です。特に、学説・理論については、時代ごとの変遷を意識しながら、特徴を理解し、キーワードを暗記することが望ましいです。また、最近の経営用語や話題も出題されるため、用語集で必ず確認しておきましょう。

経営に関する知識は、出題範囲が広い反面、参考書や問題集が充実し、事前準備がしやすい科目です。問題集や過去問を繰り返し解き、基礎的な知識を習得することで、十分に試験に対応可能です。

■会計に関する知識

出題数は昨年度と同様に2問で、企業会計原則に関する問題と工事進行基準の会計処理に関する問題が出題されました。一方、工事進行基準はあまり見かけない問題が出題され、戸惑われた方も多かったかと思います。

企業会計原則に関する問題は、真実性の原則、継続性の原則などの一般原則等の考え方を問う内容でした。基本的な事項を問うもので、それほど難易度は高くはなかったと思います。

工事進行基準に関する問題では、工事進捗度や当期工事収益の計算方法についての理解が問われています。問われている内容自体は基礎的な事項であり、冷静に問題文に書かれている言葉の通り解釈すれば、計算自体は難しいものではないため得点できたのではないかと思われます。

今後の対策としては、複式簿記の仕分から財務諸表の作成に至るまでの基本的な流れや手続きについて、これまで形を変えて繰り返し出題されていることから、入門書や問題集などを活用して基礎固めをしておくことが重要です。

また、昨年度出題されたIFRSのような近年注目を集める分野からの出題にも対応できるように、新たな動きについて逐次確認して理解を深めておくとよいでしょう。この科目は他と比べて出題数の少ない分野ですが、知識があれば確実な得点源にできますので、しっかりとした準備を心掛けましょう。

特別区

管理職試験講座　32

Ⅰ類択一・記述　Ⅰ・Ⅱ類論文　29年度

Ⅰ類記述

事例問題③

問題

特別区の課長として、次の資料の中から読み取れる問題を総合的に抽出・分析した上で、区政の課題を取りまとめてください。

その課題に対して、具体的な施策を提示し、実現する際に妨げとなる事柄を挙げ、その解決策を記述してください。形式は自由です。

【資料1】
訪日・訪都外国人旅行者数及び訪都国内旅行者数の推移
出典＝日本政府観光局（JNTO）「訪日外客数」、東京都「東京都観光客数等実態調査」

【資料2】
訪都外国人旅行者の情報収集方法の変遷
出典＝東京都「東京都観光客数等実態調査」

【資料3】
外国人旅行者が旅行中に困ったこと（2015年）
出典＝総務省、観光庁「訪日外国人旅行者の国内における受け入れ環境整備に関する現状調査」

【資料4】
東京に対するイメージ
出典＝東京都「平成27年国別外国人旅行者行動特性調査結果」

【資料5】
都内における観光案内機能の整備状況（平成28年12月現在）
出典＝東京都「東京都観光産業振興実行プラン2017（仮称）（中間のまとめ）」

【資料6】
大野を知って　外国人向けタブロイド紙発刊
出典＝平成29年5月20日付朝日新聞デジタル

大野市の魅力を外国人らに知ってもらおうと、市の第三セクター「結のまち越前おおの」が、インバウンド（訪日外国人）に向けた無料タブロイド紙「ECHIZEN ONO JOURNAL」を発刊した。外国人向けの宿泊施設などで配布している。

B3判、全8ページ、フルカラー。一部の漢字表記を除き、英語で書かれている。バックパッカーなど、計画を立てずに日本を訪れた外国人に大野市のことを知ってもらい、実際に訪れてもらうことを目指す。東京都内の外国人向け宿泊施設のほか、JR大阪、京都、金沢の各駅などに置き、計5千部を配布している。

今回のタブロイド紙について、結のまち越前おおのの村川京さん（46）は「日本語のパンフレットをそのまま翻訳するのではなく、最初から外国人に見てもらうために作った」と話す。

（中略）

大野市観光協会の公式ホームページ「えちぜんおおの観光ガイド」が4月、リニューアルされた。訪日外国人向けに英語、中国語、ハングルに対応できるようになったほか、スマートフォンやタブレット端末でも見られるようにし、観光客の増加を狙う。

トップページを開くと、越前大野城や九頭竜新緑まつりなどの写真が目に飛び込む。情報量は以前のものから大幅に増やし、七間朝市などの定番スポットに加え、人力車に乗ったり、座禅ができたりする体験型スポットの情報を追加した。また、以前は34件だった飲食店の掲載も100件を超え、「お菓子」「特産・名産」などと分類し、情報を探しやすくした。

【資料7】
訪日客の防災　手探り　能登半島地震10年
出典＝平成29年3月25日付日本経済新聞電子版

北陸3県の自治体が中心となり、外国人観光客への災害対応を手厚くしている。避難所の位置が分かるアプリを多言語化したり、被災した外国人とのコミュニケーションを支援する会話集を配ったりしている。北陸新幹線の開業で増えた外国人客はさらに拡大する可能性がある。甚大な被害が出た能登半島地震から25日で10年。手探りながらの取り組みが広がる。

2007年の能登半島地震で震度6強を観測した石川県輪島市。市は昨年夏、観光地を案内するスマートフォン向けアプリを英語や中国語などに対応させた。災害時に避難所の位置情報を表示して誘導する。

（中略）

金沢市は全ての自主防災組織に避難所運営のマニュアルと4カ国語対応の災害用会話集を配った。文章を指させばアレルギーの有無や血液型など必要な情報が分かり、避難者名簿を作りやすい。観光案内のボランティアに対し、案内中に被災した場合の対応策などを教える講座も行っている。

（後略）

【資料8】
世田谷区　無料WiFi、150カ所に　19年度までに
出典＝平成29年5月17日付日本経済新聞

東京都世田谷区は無料でインターネットに接続可能な無線LANサービス、WiFiが使える場所を、2019年度までに区内に約150カ所開設する。このほど、世田谷区役所や東急三軒茶屋駅周辺など6カ所で開始した。順次スポットを広げていき、20年五輪・パラリンピックに向けた訪日外国人客へのサービス向上につなげる。

今後の整備計画は17年度33カ所、18年度99カ所、19年度10カ所とする。公園や「まちづくりセンター」といった区有施設のほか、主要な鉄道駅の周辺を対象とする。

地震など災害時に避難所となる小中学校にも展開する。設置場所には「SETAGAYA Free WiFi」のステッカーを表示する。

【資料9】
千葉市、高校生向け通訳ボランティア入門講座
出典＝平成28年6月2日付日本経済新聞電子版

千葉市は市内の国際的なイベントや会議で活躍できる英語の通訳ボランティアを増やそうと、高校生向けの入門講座を始める。これまでは成人通訳ボランティアのスキルアップ講座を中心に開いてきたが、市内を訪れる外国人観光客が増加するなか、ボランティアの裾野を広げる狙いだ。

講座は千葉市国際交流協会が主催し無料で受講できる。高校生の夏休みを考慮し、7月20日～8月17日の毎週水曜日夕方に5回開く。通訳の心得や学習方法などについて指導、20人ほど募集する。希望者は同協会に27日までに申し込む。書類審査と英語面接の2段階で受講者を選ぶ。

【資料1】訪日・訪都外国人旅行者数及び訪都国内旅行者数の推移

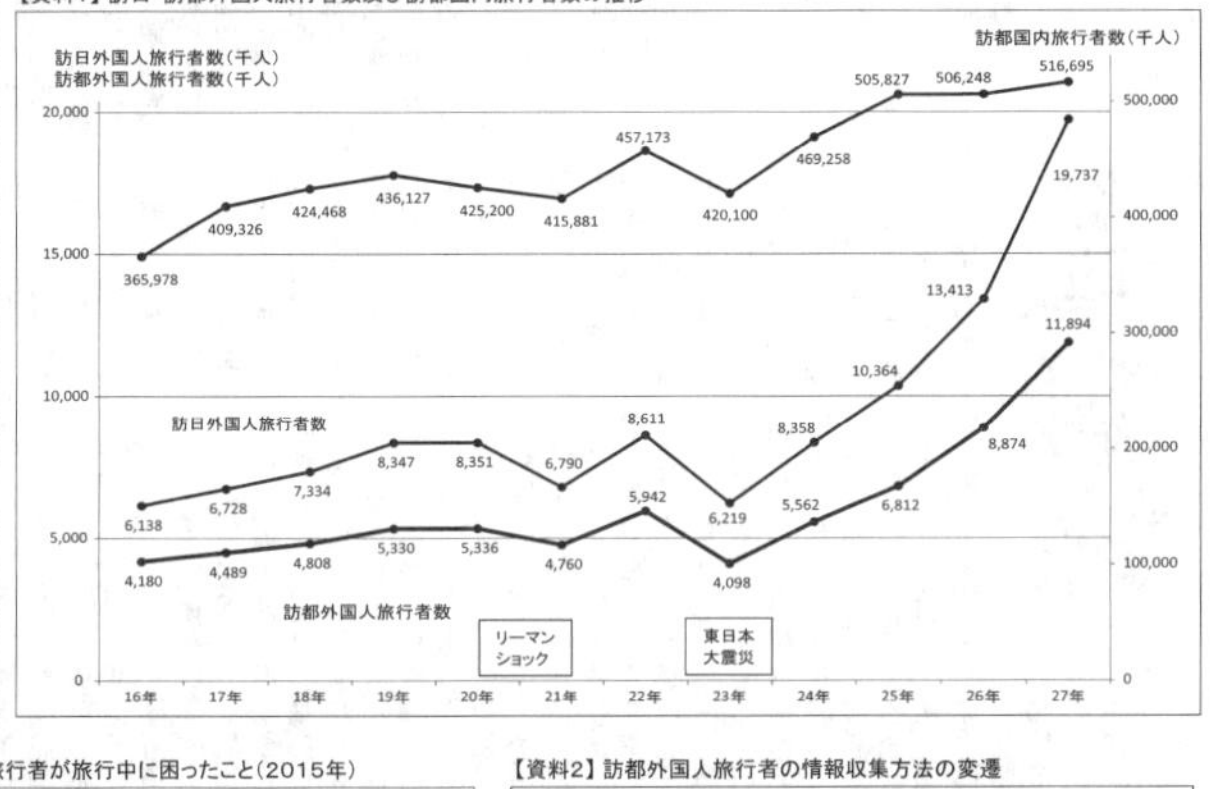

訪日外国人旅行者数（千人）　訪都外国人旅行者数（千人）　訪都国内旅行者数（千人）

	16年	17年	18年	19年	20年	21年	22年	23年	24年	25年	26年	27年
訪日外国人旅行者数	6,138	6,728	7,334	8,347	8,351	6,790	8,611	6,219	8,358	10,364	13,413	19,737
訪都外国人旅行者数	4,180	4,489	4,808	5,330	5,336	4,760	5,942	4,098	5,562	6,812	8,874	11,894
訪都国内旅行者数	365,978	409,326	424,468	436,127	425,200	415,881	457,173	420,100	469,258	505,827	506,248	516,695

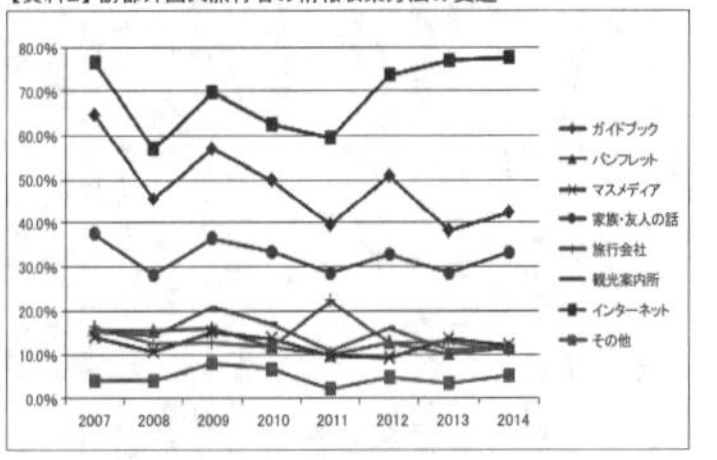

リーマンショック（21年）　東日本大震災（23年）

【資料2】訪都外国人旅行者の情報収集方法の変遷

ガイドブック／パンフレット／マスメディア／家族・友人の話／旅行会社／観光案内所／インターネット／その他（2007～2014年、0.0%～80.0%）

【資料3】外国人旅行者が旅行中に困ったこと（2015年）

	旅行中困ったこと	旅行中最も困ったこと
無料公衆無線LAN環境	46.6%	30.2%
施設等のスタッフとのコミュニケーションが取れない（英語が通じない等）	35.7%	21.1%
多言語表示（観光案内板等）	20.2%	4.7%
多言語地図、パンフレットの入手場所が少ない	18.8%	3.1%
割引チケット、企画乗車券の情報の入手	14.9%	2.1%

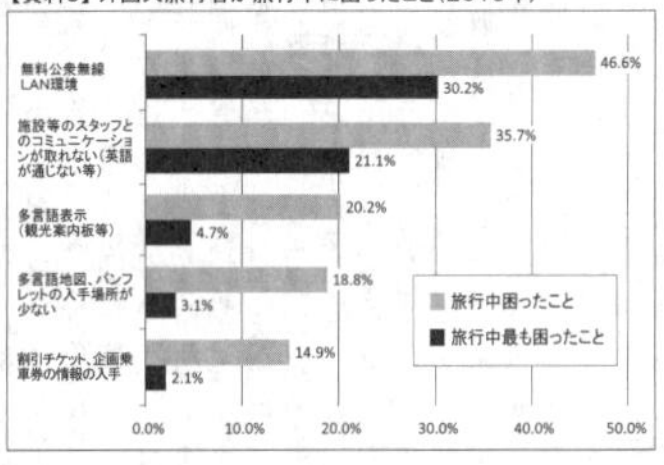

【資料4】東京に対するイメージ

項目	（%）
衛生的	67.2
人が親切	64.0
治安がよい	56.3
食事がおいしい	38.2
おもてなしの心がある	38.1
先進的都市	37.8
交通網が発達している	31.2
伝統・文化	26.2
商品が信頼できる、豊富で品質がよい	19.2
魅力的な繁華街が多い	18.8
都市として多様な魅力がある	18.7
自然・景勝地・夜景	18.3
食事のバリエーションが豊富である	16.3
ポップカルチャーが魅力的である	10.6
ファッション関係が魅力的である	10.6
建造物が魅力的である	9.5
ハイテク産業が多い	8.5
魅力的なレジャー施設・テーマパークが多い	8.1
ビジネス環境が整っている	6.5
バリアフリー環境が整っている	6.3
観光案内所、観光ガイドが充実している	5.7
芸術が魅力的である	5.0
魅力的な宿泊施設が多い	4.7
スポーツが魅力的である	1.9
具体的なイメージがない	0.2
無回答	0.3

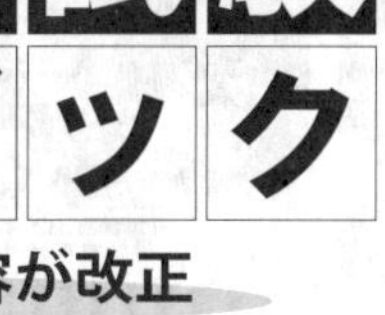

「衛生的」（67.2%）が最も高く、次いで「人が親切」（64.0%）、「治安がよい」（56.3%）

n=13069

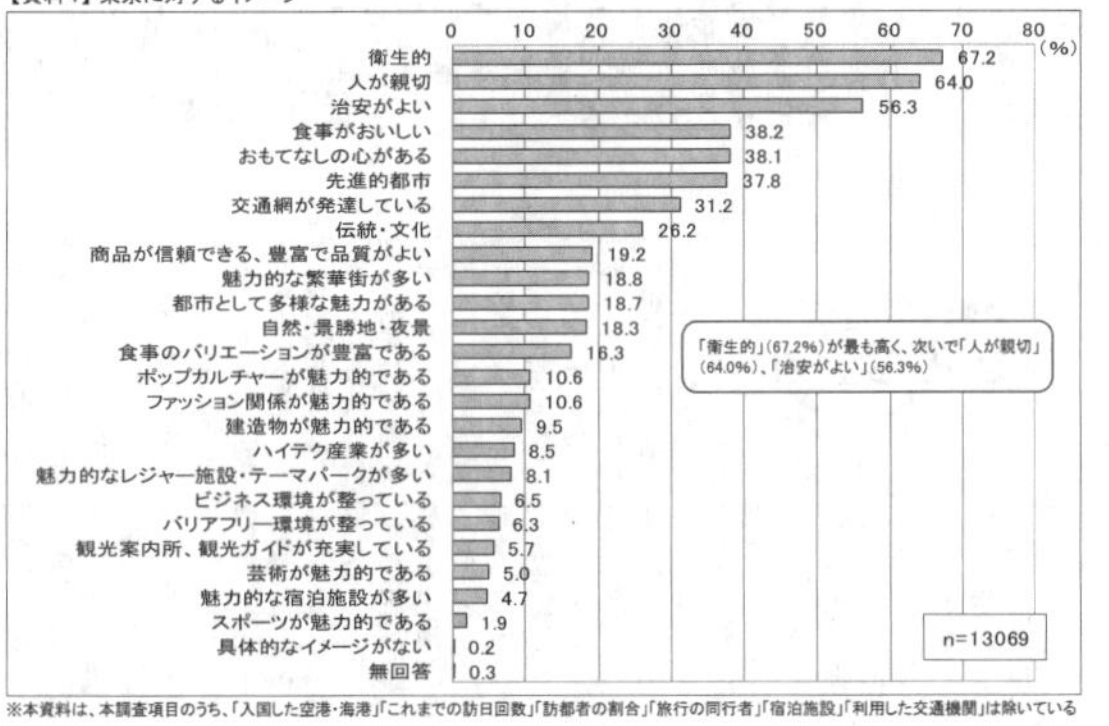

※本資料は、本調査項目のうち、「入国した空港・海港」「これまでの訪日回数」「訪都者の割合」「旅行の同行者」「宿泊施設」「利用した交通機関」は除いている

【資料5】都内における観光案内機能の整備状況（平成28年12月現在）

（単位：箇所）

	区部	市部	町村部	島しょ部	合計
観光情報センター	4	―	―	―	4
観光案内窓口	101	32	4	11	148
合　計（比　率）	105（68.9%）	32（21.2%）	4（2.6%）	11（7.3%）	152

※観光案内窓口は上記のほか、成田市に5カ所設置

都議会が目覚めるとき都政は震撼する

～議会改革がもたらすもの

5月23日、小池知事を真ん中に、都民ファーストの都議選に向けた公約発表が行われた。公約の冒頭には「東京大改革は都議会改革から」を掲げ、都議会改革を公約の一丁目一番地に据えた。

知事自らが都議選の公約発表で先頭に立つのも異例だが、聖域とされてきた都議会の在り方に真正面から手を突っ込んでくるのも極めて異例である（石原元知事でさえ政務活動費ひとつ言及できなかった）。政策立案面では、野田数幹事長と元民主の伊藤悠氏のツートップであることも印象付けられた。

議会改革が争点に

各党の公約が出そろい、豊洲新市場への移転の可否、幼児教育、私立高校教育の無償化の拡大、給食費の無償化などの「バラマキ的」な公約も散見される。個人都民税10％減税を公約した政党もあるが、減収額は900億円に相当するだろう。

そうした中で、都民ファーストに限らず、公明、民主、共産など都議会改革をうたう公約が目立っている。一方、自民党は「口先だけのパフォーマンスでない都議会改革を実行」として中身には一切触れていない。他党や世論の動向を見て判断しようとする受け身の姿勢は気になるところではある。

改革の中身は多岐にわたるが、政務活動費の使途を限定するもの、議会公用車の廃止、議員の不当な口利きの禁止、議員報酬の更なる削減など議員の待遇の見直しに関するものが多い。一方、通年議会、常任委員会のネット中継の実施、議決事項の拡大、議会質疑の活性化、議員提案条例の積極的活用に関するものなどが注目される。

そもそも地方議会には、議決機関としての役割（団体意思の決定）、行政のチェック機関としての役割、政策提言・立案機関としての役割がある。その役割をフルに発揮するには、議会の権能を実質的に高めることが重要であり、議会が本気で改革に取り組めば、知事を始めとした執行機関に与えるインパクトは相当強いものにならざるを得ない。

これまでは水面下の交渉に注力

舛添都政までは、重要案件は執行機関と議会最大会派との水面下でのボス交渉で大筋を決めてきた。その方が平場でもめることもなく、都民の前では言いにくいこともあり、行政執行上は不透明だが効率はいい。本会議、委員会の質問も同様で、徹底的に事前調整が済んでいるので、都民からすると台本を読み合うシナリオ通りの質問合戦を聞かされることにはなる。

平場での対応は時間と手間がかかり、行政の意図する成果が得にくい場合がある。都民に不利益な施策などは特にそうだ。

しかし、それは反面、住民の議会への無関心と無知を呼んでいる。世論調査を見ても、都議会を含む地方議会に対し、「何をしているか分からない」「いてもいなくても同じ」という厳しい意見が寄せられている。これは議会側、住民側双方に原因があるし、舛添前知事のスキャンダルや、小池知事と自民党都連との対決をあおるだけのマスコミ報道の姿勢にも問題があるのだが。

都議会が実質的な権能を強化し、議論の過程を透明化して活性化するためには、議会の主体的な力量を高めなければならない。情報一つ取るにしても、執行機関に頼りすぎていては、情報は偏り、都合よく取捨選択されることもあるだろう。全てが執行機関に依存した関係では、真の政策立案もおぼつかない。その面では、議会事務局の機能は重要だ。

例えば議会図書館としては日本有数の機能を有する都議会図書館だが、利用する議員は少ないと聞く。議会局の調査部門も有効に活用すべきだ。議員の身の回りのお世話的な事務局から、真の政策スタッフへの脱皮が求められる。

また議会改革により、知事の議会への関与も深くなるだろう。例えば、知事の本会議、予特への出席回数は年間33日程度であり、日程もずいぶん先まで見通しがきく。知事にとってはやりやすい環境だ（安倍首相は本会議、委員会などで国会への出席が127日という）。これが通年議会となれば、知事の対応が増すのは不可避で、執行機関に与える影響も大きい。

理事者側も、これまで以上に専門性の向上が重要であり（局長が何ポストも変わっていいのか）、不断の勉強が不可欠だ。幹部の人事異動や議会対応の在り方など、都庁の文化にも少なからず影響を与えることになる。議会対応が濃密になる分、その対応に当たるための余力を生み出す行政改革も必要だろう。

ノーガードの打ち合いに

小池知事は、政治資金パーティーへの職員の参加自粛、議員の口利きの文書化、政党復活予算の廃止、各種団体からの予算要望の直接聴取、入札制度改革などを一方的に実施し、都議会自民党も忍従を強いられてきた。

しかし都議選を控え、人気の小池知事と正面衝突は避けようと「怒りのマグマ」はなるべく封印してきたが、ここにきて小池知事は自民党に離党届を提出し、都民ファーストの代表に就任した。知事が選挙戦の正面に立った都民ファーストVS自民の死力戦になるだろう。

知事は自民党を中心とした都議会に対し、チェック機関や、政策立案機関としての役割を果たしていないと大いなる議会批判を繰り返している。だが、選挙が終われば議会への批判はブーメランとして知事側に返ってくるし、本格的な逆襲も始まる。理事者を含め、その対応は容易ではない。議会改革という制度論とは別に議会が活発になるのは避けられない。

一方で、都議会の実質的な権能の強化と活性化という議会改革が実現するかどうかは、都議選の結果に左右される。こうした議会改革の必要性について、都民がどれほどの関心を抱き、判断を下すのか。議会改革の行方を占う注目の都議選の結果はひと月足らずに判明する。

（都政辛抱）

都政の潮流

区長飯（めし）　いただきます　3

うどん屋さんで居酒屋談義

新宿区長　吉住　健一

私は麺類に目がありません。そば、うどん、ほうとう、ラーメン、パスタ、フォー…、とにかく店に入って麺類のメニューを見つけると飛びついてしまいます。

妻とスーパーに買い物に行って、変わった麺製品があると買い物かごに入れてしまいます。つい最近までは、酔って帰宅する途中、コンビニでカップ麺を購入したり、人気ラーメン店が空いているとラーメンを食べたりと、かなり無謀な食生活をしていました。ここ数年は健康のことを考えるようになり、夜中のラーメンは減らし、健康的に（？）そばを食べるようにしています。まだ若かった頃に、うどんの本場・香川県を訪れ、2泊3日で20杯ほどのうどんを食べて3キロほど成長して帰京しました。現在も仕事で訪問した先の名物麺類を見つけると、時間の許す限り食しています。

新宿区は、江戸時代の内藤新宿に下屋敷のあった大名家・内藤家のご縁で長野県伊那市と友好都市提携を結んでいます。全国連携の形の一つとして、新宿区内の百貨店や区役所内で物産展なども行っていますが、その際に出展される信州そばの発祥ともいわれる伊那市高遠のそばや、B級グルメで人気の「ローメン」も機会がある度にいただいています。

地元のうどん屋に幼なじみや地元の区民が集まって〝地域懇談会〟になることも（左から2人目が筆者）

区長に就任してからは、昼に外出して食事をすることが減ったので、麺類生活からはやや遠のいていますが、職員が故郷からのお土産にと乾麺をくれることがあります。帰宅後、家族に全部食べられないうちに自分でゆでて、家族で囲んでいます。また、地域で仕事が終了した際に、子供の頃から通っているうどん屋さんで晩酌をしてから、締めにうどんを食べて帰ることがあります。

晩酌をしてから、締めにうどんを食べる

胃が疲れている時は、「あさりうどん」や「おろしうどん」、夏や冬には「ざるうどん」や「鍋焼きうどん」等、その時の気分や状態によってバリエーションを楽しんでいます。

そのお店には、幼なじみや地元の皆さんが集まって来るので、急に地域懇談会になってしまいます。興が乗ってくると、お店ののれんを下ろしてからも、延々と懇談会という名の居酒屋談議に花が咲き続けます。その時間は、私にとってはストレス解消の時間でもあるのですが、お店の皆さんには申し訳なく思っています。

行政府の長という職に就いているので、現場を大事にするといっても、かつての議員職の活動時とは比較できないほど地元に帰る時間は減ってきています。そうしたブランクを埋める作業が、地元でご飯を食べながら住民の皆さんと語らう時間かなと感じています。

たまに家族で食事に出かけても、知り合いに会ってしまうので、家族には申し訳ないのですが、私が自分に課した仕事を成し遂げて引退するまでは、ゆったりとした外食は許してもらおうと思っています。それまでは一日一麺（そば組合の標語）ではないですが、適度に麺類を楽しみながら、健康を維持していこうと考えています。

多様性考える短編映画

SSFFに賞を創設

渋谷区

授賞式で、短編映画出演者のデヤン・ブキン氏へ目録を手渡す長谷部区長＝1日、渋谷区のヒカリエホールで

渋谷区は、昨年10月に策定した基本構想の普及啓発活動の一環として、国際短編映画祭「ショートショートフィルムフェスティバル&アジア」（以下SSFF）と協力して、「Shibuya Diversity Award」を創設し、1日のSSFFのオープニングセレモニーで、受賞作品の発表と授賞式を行った。

SSFFは、1999年に俳優の別所哲也氏が立ち上げた米国アカデミー賞公認、アジア最大級の国際短編映画祭。19回目となる今年は、1日から25日までの上映日程で、東京5会場、横浜1会場で開催している。今回は、世界140を超える国と地域から約9千本の作品応募があった。

「Shibuya Diversity Award」は、約9千本の作品の中からダイバーシティー（多様性）とインクルージョン（多様性をエネルギーに変えていくこと）をテーマにしたショートフィルムを集めて6作品をノミネート。この中から最も基本構想のメッセージが伝わりやすく、ダイバーシティーとインクルージョンについて考えるきっかけとなる1本を選んだ。

受賞したのは、シャーロット・アー・ロルフェス監督の短編ドラマ『サミラ』。受賞作品は今後、基本構想の普及啓発のために広く活用していく予定だ。

授賞式には、プレゼンターとして長谷部健区長と、冬季パラリンピック・アルペンスキー金メダリストの大日方邦子氏が登壇。『サミラ』出演者のデヤン・ブキン氏にトロフィーと目録、副賞のハチ公スカジャンを手渡した。

デヤン・ブキン氏は「このショートフィルムが皆さんに何かしらの印象を残せることを願っている」とあいさつ。

長谷部区長は「今後、このショートフィルムを学校や渋谷の子供たちにも観てもらい、多くの人たちにダイバシティーとインクルージョンとは何かということを感じてもらいたい」と語った。

受賞作品を含めたノミネート6作品は、11日午後1時半から3時20分まで、ラフォーレミュージアム原宿で一挙上映される。全プログラム無料。

（編集部）

都～区トーク

砂上の楼閣

都庁舎が新宿に移って四半世紀が過ぎた。筆者は有楽町を知る最後の世代だが、当時、結婚前の妻と新宿でデートする時は、よく建設中の新庁舎まで足を運んだ。西新宿一帯がその昔は湿地だったことを知っていたので、「こんなところに建てて大丈夫だろうか？」と思いつつ、間近まで来てはそびえ立つ建物を見上げていた。

建設当初はタックスタワーなどと散々な言われ方をされた新庁舎であったが、今では入場無料の展望室が観光名所となり、一年を通じてにぎわっている。

さて、こうした歴史を持つ新宿都庁舎の初代城主の逸話である。

東京都が被告として民事訴訟が提起された。和解か係争かの判断を被告人たる知事に仰ぐための御前会議が開かれた。事務方が作成した案は、都の主張は正当であり、あくまで裁判で争うというもの。そのような判断に至った理由を事務方から説明された知事はしばし考えた後、こう発言した。「皆さんが検討に検討を重ねた上での結論だと思う。自分としてはその結論を尊重したい」

結果は都側の敗訴。だが、知事は担当者を一切責めることはなく、その求心力はかえって高まったという。

時代は下って、第六代城主である。残念ながら城内では求心力がない。それもそのはずで、外部から招いた顧問を重用し、方々にケンカを売っては、その後始末で現場が混乱するとあっては当然のことだ。パフォーマンス・ファーストなところは先代、先々代の上を行く。おまけに政局好きだ。

そして都議選。志を同じくする勢力を結集するというが、ものは言いようである。本来、志を同じくする勢力の筆頭は都庁職員のはずだ。そうする努力もせずに、イエスマンにしかならないポッと出のチルドレンに何を期待するというのか。

小池都政の1年を総括するのはまだ早いが、政治家として血なまぐさい欲求を満たす（怨念を晴らす）ことよりも、地方自治体の長として心血を注ぐべき仕事に専念してほしいというのが職員の本音であり、そうすることでしか求心力は得られない。

都庁職員という生き物の最大の習性は何か。それは、知事が誰であっても全力で支えようとすることだ。小池知事は都議選で勝っても負けても政局へ更にのめり込んでいってもおかしくない。それは知事を支えようとする職員のモチベーションを著しく低下させる。かくして都庁は砂上の楼閣と化す。知事は気付いていない。

（当代下暗し）

都政新報

発行所　都政新報社
〒160-0023 東京都新宿区西新宿7-23-1 TSビル
（総務・読者）03-5330-8781
（企画広告）03-5330-8784
（編　集）03-5330-8786
（出　版）03-5330-8788
（ファクス）03-5330-8808
購読料　月1,730円（税込）
毎週火・金曜日発行
ただし、祝日は休刊

紙面から

追跡

相異なる2つの報告書

市場PTと専門家会議　知事は両にらみの姿勢

豊洲新市場の土壌汚染を検証する専門家会議が11日、安全対策をまとめ、主要施設下の地下水から気化した有害物質が施設内の大気を汚染しない対策を提案した。地下水に含まれる有害物質を基準値以下にする無害化は達成できない前提に立った対策だ。一方、市場問題プロジェクトチーム（PT）は無害化を求めている。異なる二つの報告書が出そろう中、小池知事がどう判断するかが焦点となる。

「（対策）案という形に戻すべきだ」。移転反対派でほぼ埋め尽くされた11日の専門家会議で、移転慎重派の東京魚市場卸協同組合（東卸）の早山豊理事長はこう求めた。会合は、平田健正座長らによる安全対策の説明を市場業者らが自らの主張で遮った前回とは一転し、スムーズに進んだが、専門家会議が業者の質疑前に対策を決定したため、質疑ではその手順に批判が集中した。

早山理事長が「案に戻すべき」と求めたのは開始から3時間後。この間、豊洲の土壌汚染の無害化を求める意見なども業者から出されたが、「豊洲全域は難しい」（平田座長）と答弁するなど、平行線をたどっていた。専門家会議は案への差し戻しの可否を判断するため休憩となったが、平田座長は再開後、案に戻さず、質疑を打ち切り、委員は全員退席した。会場は「強行採決だ」などの怒号が飛び交い、移転反対派の市場業者らが平田座長の会見を開かせないために会場に居残るなど、大荒れの閉会となった。

専門家会議が示した施設の汚染防止対策は、施設下の地下空間の床をコンクリートで覆い、遮蔽（しゃへい）シートを敷く案と換気する案の二つ。遮蔽シートは豊洲の地下水に含まれた水銀などが気化し、施設内の床が今後、ひび割れた場合は有害物質が侵入する可能性があるため、それを防ぐためのものだ。専門家会議として対策工事を行う時期は提言しなかったが、移転反対派の一人は「ひび割れが生じてから対策を講じないと維持管理費がかかる」と問題視した。

市場問題を検討する組織は、専門家会議のほか、築地市場の移転問題を検証する市場問題PTと市場移転問題を総点検する市場のあり方戦略本部があるが、示された報告書や議論にはズレがある。

市場問題PTが5日にまとめた報告書では、豊洲の土壌汚染は高濃度で広範囲に及び、新たな無害化対策を講じるよう求めており、対策は専門家会議とは異なる。また、築地の土壌から有害物質が検出された場合、掘削した土壌を搬出先で処理するとしている。

市場問題PTの報告書は、土壌汚染対策よりも市場会計の持続性を重視した内容となっている。豊洲に移転すれば市場会計は「大赤字」になる一方、築地再整備は工事費などがあるにもかかわらず、改修の終了段階で「黒字」になるとした。これまでの市場のあり方戦略本部では、再整備すると市場会計が資金ショートすることが議論されたが、市場問題PTの報告書には盛り込まれなかった。都幹部は「事情を知らない都民がPTの報告書を見たら、事実と思ってしまう」と述べ、顔を曇らせた。

専門家による報告書は出そろった状況だ。小池知事は築地再整備の優位性をにじませた市場問題PTの報告書を「力作」と大絶賛した。専門家会議の対策に関し、「報告ができて良かった」と語った。知事は両にらみの姿勢を示し、どちらに転ぶかは不透明な状況となっているが、9日の都民ファーストの会代表としての会見で、専門家会議や市場問題PTの報告書、同会の公認候補の意見も含めて「総合的判断を下す。その後は（各候補が）今回の都議選にそれぞれの地域で活動し、政策を伝えていく」と述べ、都議選前に市場移転の可否を判断する可能性に言及した。移転を求める公明党の都議は「よく話し合っていく」と述べ、豊洲を選択するよう促していく考えを強調した。

豊洲の土壌汚染に関する質問をした市場業者＝11日、築地市場講堂で

奥多摩などで豪華キャンプ

都と民間事業者　新たな客層を掘り起こし

都は、日本で働く外国人らを多摩地域や島しょ部に集客するプロジェクトの一環として、グランピングなどを行う事業者を選定したと9日に発表した。官民連携でグランピングを展開するケースは珍しいという。

グランピングは奥多摩町と八丈島の2カ所でモデル事業として始める。奥多摩町では、全国各地でグランピングのイベントを展開している事業者「NOX Intervillage」が、奥多摩湖を臨める傾斜地にグランピング場を常設する。10組程度が宿泊するテントを設置し、2018年1月にオープンする予定。

また、八丈島では、事業者「ASOBIBA」がホテル「リードパークリゾート八丈島」の敷地内に1日1組限定のテントを8月をめどに設置する。1日1組は、なかなか予約が取れないグランピングを演出し、注目度を高めるのが狙い。

1泊のテント利用料は時期により異なるが、いずれも平均5万円を検討しており、都外のグランピングと比べるとほぼ同等となる。

グランピングを始める背景には、外国人の多摩・島しょへの知名度の低さがある。都政策企画局は非公式で在日の海外メディアと意見交換した際、多摩・島しょの認知度はあまりなく、自然の多い観光地として軽井沢や箱根などを訪れている現状を把握し、「キラーコンテンツが必要」と判断した。

事業者の選定に当たり、都は広告代理店「博報堂」に委託。多摩・島しょへの集客につながる事業かどうか目利きしてもらうためだという。グランピングは、都内に数少ないが外国人らに人気の高いアウトドアであり、集客力が高いと判断した。

また、グランピングの運営事業者の要望を踏まえ、都は広報活動の補助金（6500万円）を博報堂に支給し、独自のウェブサイトなどを立ち上げ、グランピングをPRする。一方、設備投資や運営費は事業者の負担とした。政策企画局は「補助金の切れ目が事業の切れ目になりやすい。運営費などは利用料金で賄い、ビジネスとして成立させてもらう」と強調した。

都は今年度末に開くシンポジウムで、民間事業者や区市町村を対象にグランピングなどの成果を発表する。同局は「グランピングなどの取り組みから事業者がヒントを得て、多摩・島しょに集客する新規事業が普及することを期待している」と話した。

MEMO

グランピング　グラマラス（豪華な）とキャンピングを組み合わせた造語で、豪華なキャンプを示す。この造語は2007年ごろにイギリスで誕生し、海外でブームとなっている。国内でも、テントやトレーラーなどの宿泊施設、食事が整い、手軽にアウトドアを楽しめるため、人気が高まっている。20世紀初頭、ヨーロッパの貴族がアフリカに狩猟に行く際、豪華な調度品を持参し、寝泊まりしたのが起源という。

国際金融都市の実現へ　減税など骨子まとめる

都政策企画局

都政策企画局は9日、国際金融都市・東京を実現するための骨子を発表した。税負担の軽減、海外の金融系企業の誘致など19項目の取り組みを盛り込んだ。

金融とITを融合したフィンテック企業などの新規参入を促すため、都税の法人2税（法人事業税と法人住民税）の軽減を検討し、法人税などの軽減も国に働き掛ける。2020年度までの4年間で海外から40社を誘致する目標を掲げる。

企業誘致に当たっては、金融の行政手続きの相談体制の構築、外国人向けの医療や教育施設などが備わったまちづくりを始め、ビジネス面や生活面でのサポートが欠かせないという。法人税の実効税率が30・86％の東京よりも43・83％のニューヨークの方が企業誘致は進んでいる実態があり、政策企画局は「東京よりもニューヨークの方が生活や仕事のしやすさが上回っている。総合的に取り組みを考えないと企業誘致はできない」と分析する。

国内外の有識者で構成する国際金融都市・東京のあり方懇談会は11月に最終提言をまとめた後、都は骨子の最終版を策定する予定だ。

都政の東西

「大会成功」のために

「東京マラソンの方をずらすべきではないのか」

来年度の都立高校入試日程を決めた8日の都教育委員会定例会で、委員からそんな指摘が上がった。都立高1次募集の学力検査は、例年通りならば2月24日の土曜日に行われるはずだったが、一部の都立高で実施する面接が翌日の東京マラソンとブッキングする恐れがあった。教育庁は「交通機関の乱れなど、区部の生徒は影響が出るかも知れない」（都立学校教育部）と判断し、学力検査は23日に実施されることになった。

教育庁によれば、都立高の入試日程は2005年から固定している。私立校が入試日程を求めやすくなるほか、受験生にとっても受験日を逆算した勉強ができるなどの利点があるという。

学力検査は2月23日に固定していたが、東京マラソン開催日と重複する14年から24日に変更。一方、13年の東京マラソンも面接の日程と重なっているが、面接を実施した都立高6校で受験生に影響が出た事実は確認されていない。

来年度の調整はあくまでも「影響が懸念される」という配慮であり、今後も「24日ベース」は変わらない予定だ。

教育委員会では「このような決定が一度あると、今後もイベント優先で入試日程を変更することになりかねない」と懸念の声が上がり、今後はイベント企画時点で調整を行うよう求めた。

東京マラソンは10年以降、2月の最終日曜日に実施している。直近では19年の2月24日が日曜となり、対応が必要となる可能性がある。

国際的な大会を多く抱える都だが、「大会成功」の合言葉が全てに優先するわけではない。関係者は頭を悩ませる日々が続きそうだ。

決戦に臨む　2017都議選　選対幹部に聞く③

無党派層に声届ける

共産党
東京都委員長
若林 義春氏

――現在の戦況をどう見ていますか。

過去の選挙と比べて争点が鮮明になりつつある。最大の争点は市場移転問題だが、都議選は国政の流れを占うという性質を持っている。安倍総理が3年以内に憲法を改正すると打ち出したことは重大問題で、都議選では9条改憲の是非を問うことも提唱していく。

――都民からの期待はどこにあると感じますか。

都民の要望は暮らしと福祉の充実だ。選挙では多くの政党・会派が似たようなことを言い出し、見極めがつかない。都の巨大な7兆円の一般会計予算を何に振り分けるのか。超大型道路の建設を優先するのか、暮らしと福祉のためにお金を使うのか、基本的な姿勢を訴えれば、その違いが分かるのではないかと思う。

――都民ファーストを率いる小池知事への評価は。

知事選で公約した築地市場の豊洲移転の延期は評価しているが、知事は大型道路開発を推進する方針を示し、舛添都政下の計画の多くを継承している。改革へ第一歩は踏み出したが、今年に入ってからの雲行きは怪しい。

――都民ファーストと公明党の相互推薦はどう見ていますか。

知事が進める改革のブレーキとなるのが公明との選挙協定だ。公明は石原与党時代から16年間、ほとんどの議案に賛成しており、都政の闇を作ってきた。協定は逆戻りにつながる危険がある。

――知事と自民の対立も注目されています。

メディアでは自民と知事の対決を盛んに報じているが、対決軸がどこにあるのか政策的な中身がはっきりしない。小池知事が主張している「改革」は情報公開が中心で、一番肝心な税金をどう使うかという点を明確にしなければ長続きしない。また知事は、反自民をいうならば安倍政権に対峙（たいじ）しなければ筋が通らない。そこは選挙で正していく。

――「知事対自民」に注目が集まる中で、共産は存在感を示せていないという指摘もあります。

報道の影響は軽視しておらず、かなり影響は出る。対決の中身を問うことが大事だ。築地市場問題は政策の中身で言えば、自公対共産の構図。移転か現在地再整備かできっぱり分かれている。

――五輪の経費負担では国の支出を求める立場ですか。

五輪問題では、知事が安倍政権に対して融和的すぎる。五輪を一緒に成功させなければいけないのは当たり前だが、中身がひどければ物申し、世論に訴えかけるべき。経費分担のルールがあるにせよ、他国ではもっと国が責任を持っており、考えられない。厳しく指摘していく。

――都民ファーストの台頭で苦戦も予想されていますが、重点区は。

目標は17の現有議席を確保した上で、議席を増やすこと。17の現職区はすべて重点区だが、2人区、3人区でも議席に挑戦していく。情勢は甘くなく、現有議席の維持も相当の努力が必要だろう。

――選挙への意気込みをお願いします。

投票率が上がれば、得票の大幅な上積みが必要となる。我々は無党派層に声が届けば広がる要素を持っており、自公の議席を減らすべく競い合う。また、都民ファーストに対しても、共産のチェック機能がなければ改革が進まないということを訴えて、戦いを進めていく。

都議選　共産が生ネ候補支持　中央は森山氏に統一

共産党都委員会は9日、7月2日投開票の都議選に無所属で出馬予定の森山高至氏（中央）と、生活者ネット公認の山内玲子氏（北多摩第二）をそれぞれ支持すると発表した。中央では公認候補を取り下げ、北多摩第二でも候補者擁立を取りやめる。

両候補とも、市場移転に反対し築地再整備を進めることや、道路建設をはじめとする公共工事を見直す方針などで一致し、政策協定を結んだ。

都委員長の若林義春氏によれば、同党が他会派の公認候補に支持を表明するのは、「社会党時代には協力関係があったかも知れないが、それ以外は一度もなく初めて」という。

山内氏は小池知事率いる都民ファーストの会からも推薦を受けている。

冗句ジョーク

以前は事業目的を正当化するため誇大な経済波及効果も辞さなかった都事業、最近は経済波及効果に触れない都事業、どちらがいい？

「オゥ、元知事事業と現知事事業でプラスマイナスゼロ！　アッポーペン!!」

都議選2017 激戦勃発 注目選挙区の情勢 (上)

築地市場巡りねじれる展開

中央区

都議選の告示まで2週間を切った。台風の目となる都民ファーストの会の公認候補は11日現在、48人を数える。定数127議席を巡り、公明が早々に同会との連携を表明するなど既存政党との票の奪い合いが勃発。国政と異なる様相は、橋下徹大阪府政誕生以来の大阪の状況をほうふつとさせる。他方で「ヒール役」に仕立て上げられた自民はいかに反転攻勢に出るのか。3回にわたって注目選挙区の情勢を追う。（文中は敬称略）

中央区選挙区の都議選の書類配布者名簿には8日現在、計10人が名前を連ねる。立候補者は少なくとも5人となる見込みで、定数1を巡って早くも大混戦が予測される。候補者数は前回が4人、前々回は3人だった。

最大の争点は築地市場の移転問題だ。小池知事が昨年8月に豊洲新市場への移転延期を表明したことにより、情勢が急変。都の市場問題プロジェクトチーム（PT）が今月5日に公表した1次報告書で築地改修案が豊洲移転案と併記されるなど、築地再整備論が再燃し、市場関係者や地元が「現地派」「移転派」に二分された格好だ。

立候補予定者もそのあおりを受ける。出馬が有力視される5候補のうち、現地再整備派2人、移転派2人、態度保留1人という構図。

ただ、党が豊洲移転を掲げる自民党の新人で区議の石島秀起（57）は、「築地市場が政治利用されている。住民や市場関係者の声を丁寧に聞き、議席を獲得した際には、（党）都連に地元の声を伝える」と言及。態度を留保した都民ファーストの新人で区議の西郷歩美（32）は「小池知事の判断を支える」とした上で、「支援者には築地を残したい人は多い。個人的には現地再整備だ」と語り、明確に豊洲移転を掲げる維新の神谷俊宏（35）を除いて、候補者レベルでは現地再整備派4人、移転派1人という構図となっている。

だが、「ただ政党政治なので」と石島が言うように、西郷も共に、党決定を覆すのは容易ではない。

現地再整備派は、現職8期で先月31日に自民を除名となった立石晴康（75）と、建築エコノミストで市場問題PTの委員を務めた無所属で新人の森山高至（51）の2人。

自民の現職だった立石は態度を変えて離党し、「築地ブランドを守る」と意気込む。森山は豊洲新市場の地下空間の存在を指摘した専門家で、「売上高や取扱高など豊洲市場計画時と社会情勢が変わっている。移転問題は間違った公共問題の修正ができるかどうかの重要な問題だ」と指摘する。

一方で、現地再整備派で候補者の一本化を図る動きが加速している。現地再整備を掲げる共産は9日、公認候補者を取り下げ、森山の支援に回ることを決定した。同党東京都委員会の若林義春委員長は支援の理由に関し、「市場関係者の熱い要望（があった）」と説明。候補者一本化の動きが本格化していることを印象付けた。森山も「立石さんに接触したい」と話す。

しかし、立石は「10回目の都議選。これが最終章」と息巻いており、現地再整備派で一本化が図られるかは未知数なのが実情だ。

市場問題に加え、当落の鍵は投票率と浮動票の行方が握る。中央区はタワーマンションの林立で臨海部を中心に人口が急増しており、人口の約半数が臨海部の月島地区に住むが、5候補はいずれも同地区を地盤としていない。ある候補は「（同地区では）豊洲移転という声も聞く。築地の雰囲気とは全く違う」と語る。移転延期に伴う環状2号線整備の遅れは交通渋滞の懸念へと姿を変え、地元に影を落としている。

同区の前回の投票率は40・8％、前々回は53・6％で、当選者の獲得票は前回が約2万票、前々回が2万6千票だった。前回に比べて投票率が上がると予測される今回の都議選。市場問題を軸としながら、新住民を始めとした浮動票の風はどこへ流れ着くのか。

現地再整備が取りざたされる築地市場。写真奥には新住民が住むタワーマンションが映る＝8日

葛飾区

柴又景観地区条例案を提出

来月に「重要景観」申請

葛飾区は、国が指定する文化財の一つ、「重要文化的景観」の選定を目指している柴又地域の景観地区条例案を第2回定例区議会に提出した。8日に開いた建設環境委員会では全会派が賛成し、可決する見通しとなった。同条例案が成立すれば国へ申請し、年度内には選定される見込みだという。重要文化的景観への選定は都内初で、関東の1都6県でも2例目になる。地域の活性化につながると期待をかける一方で、景観の保存と活用を両立させるためのかじ取りが必要になる。

「重要文化的景観」は、その土地の原風景をもとにした生活や生業によって形成された景観を評価するもので、2005年に文化財保護法改正によって新設された。都道府県や区市町村からの申請に基づいて国が審査・選定し、選定後には修理・修景事業に補助を出す。

区は、柴又地域が候補に挙がったことを受けて10年度から指定に向けた調査に着手。今年1月には、全体の方針を定める保存計画を策定し、3月には建築物の色彩や素材の規制を盛り込んだ「柴又地域景観地区」を都市計画決定した。

区が2定に提出している景観地区条例案は、都市計画で決定した景観地区区域内の工作物に対しても規制をかけるもので、大型の電光掲示板を装備しないことや建物の屋上に大きな広告看板を出さないことなどを求めている。

景観地区では、区域内にある建築物の増改築や移設をする場合に事前に届け出を提出してもらい、区が審査することで統一的な景観づくりを促す。基準に適合しない場合は計画変更を求め、違反すれば業務停止処分や罰金などの罰則を課す。

ただし、有形文化財とは異なり、最終的な目的は保存に限らない。ルールに合わなくても、景観に「一定の配慮」があると認められる変更については、地元関係者や学識者で構成する審議会で判断するなどして認めることを考えている。景観保護を担当する区街づくり計画担当課は「規制をかける一方で、変化を許容していくことも考える必要がある」と話している。

選定を目指している柴又地域は、柴又駅や帝釈天題経寺、金町浄水場、矢切の渡しなどを含む約132㌶を対象としている。古くから陸路や水路を経由した関東一円の流通中継地点として栄え、江戸川沿いの水景に恵まれた複合的な特徴がある点を申請の根拠と位置付けている。

同地域は風致地区や「東京のしゃれた街並みづくり推進条例」に指定され、良好な景観を守ろうとする意識が元々強い土地といえるが、区教育委員会の石橋智博・葛飾区郷土と天文の博物館館長は「文化財に選定されることの影響は大きい。区民の誇りとなり、皆で守っていく意識につながる」と期待を抱く。

条例案が議決されれば、選定されるために必須の計画が備えられたことになり、いよいよ申請する段階に移行する。選定された際には、「国の補助を受けられるが、区が建物所有者へ出した分となっているため、区としての補助の出し方を定めていかなくてはならない」（石橋館長）。また、柴又の集客力向上につなげる活用方策も考えていく必要があるとしている。

柴又地域景観地区内の帝釈天参道＝8日、葛飾区で

北区

就学援助の前倒し開始

23区初未就学児に支給

北区は今年度から、準要保護世帯を対象に支給している就学援助費を、小学校や中学校への進学準備に間に合わせるため前倒しして支給するよう見直した。今年度は小学6年生を対象に実施し、来年度に小学校への進学を予定する未就学児への支給を開始する予定。未就学児に支給するのは23区で初めて。

北区の現行制度では、援助費の支給は前年度の世帯収入を基準に決めるため、中学入学時の援助金は、早くても入学後の7月の支給になり、入学準備のために学用品を用意する3月ごろとタイムラグが生じている。

これを解消するため、今年度からは、受給世帯が援助費を入学準備費用に充てられるよう入学前の3月に支給することとし、前年度に当たる小学5年生時点の世帯収入を基準にするよう見直した。支給分など1580万円を補正予算案に盛り込み、きょう13日に開会する第2回定例区議会に提出する。

来年度から小学校への入学準備金の援助を始めるに当たっては、周知が課題となる。昨年度に同様の制度に見直した八王子市では、8〜9月にかけて各家庭に郵送する学校関連の書類に制度案内や申請書を同封するのに加えて、市内の保育所にポスターを掲示するなどして周知を図り、普及させたという。早い時期から個々の世帯へ働き掛けることが鍵となる。

北区学校支援課は「入学時期には一時的に経済的負担が大きくなり、借金が必要になる家庭もあると聞く。子供の貧困の解決につながるよう負担軽減を図りたい」と話している。

避難所の間仕切り 軽量柔軟な紙製で

大田・板橋区

災害時に避難所のプライバシーを確保するため、パイプ状の紙製間仕切りを用いる動きが各区で広がっている。大田区は6日、同間仕切りの考案者である建築家の坂茂氏が代表理事を務めるNPO法人ボランタリー・アーキテクツ・ネットワークと協定を締結。昨年7月に締結した世田谷区に次いで2区目で、今月19日には板橋区が協定を結ぶ。

間仕切りは、支柱と梁（はり）が紙製のパイプになっており、布をカーテンのように垂らして、プライベート空間を確保する。基本設計は1区画2㍍四方で、定員は2人。大田区の避難所の基準は3・3平方㍍だが、状況に応じて大きさを変えられるのが特徴だ。また紙製のため軽量であるほか、強度にも優れるという。東日本大震災で60カ所、熊本地震で37カ所での使用実績がある。

大田区の松原忠義区長は協定締結に際し、「避難所のプライバシー確保は重要。過去の教訓を生かしたい」と語った。

記者席

ここでも口利き効果は絶大

○……「希望の塾には入っていない」と聞いて驚いたのは、江東区選挙区で都民ファーストの会公認候補となった白戸太朗氏についてだ。今まで取材した同会の候補はみな塾生だった上、塾生にもかかわらず公認されなかったと嘆く区議らに会ってきたからだ。

白戸氏に公認に至る経緯を尋ねると、「渋谷区の長谷部健区長に勧められ、小池知事に取り次いでもらった」と話し、さらに驚かされた。白戸氏はトライアスロンの元日本代表選手で、トライアスロンが趣味の長谷部区長と親交があるという。同氏に公認が出されたのは5月19日。「新しい風を吹かせたい」と語ったが、短期戦でどこまで走り抜けられるか、注目だ。

○……「連日、役人の忖度（そんたく）のためのつじつま合わせのうそを聞いていると、本当に嫌になる。現役時代の嫌な思い出もよみがえり、不快感が募る」

安倍首相の親友が理事長を務める私立学校の学部新設問題で、ある都庁OBからこんな感想が寄せられた。文科省は9日、「総理の意向」が書かれた文書の存否について再調査することを決めたが、対応が遅すぎる。

官邸は一貫し「（文書は）出所不明。信憑（しんぴょう）性に欠ける」との立場だが、前出のOBは「（役人の評価が）『忖度』から『うそつき』になりそう」と懸念する。不都合な文書の存在を否定し続けるがために公務員全体が信用を失うとすれば迷惑千万だ。

○……悪口を言う人間は信用できないと言うが、そうでもない。都議選の取材で、自会派の上層部や離党者の愚痴を聞くこともある。腹の中から思っているような口ぶりで、つい聞き入ってしまう。

反対のこともある。とある選挙区で、他党男性候補を「彼は勢いもあるし、見た目も良い」と褒めた議員がいた。人の美醜感覚はそれぞれだが、元アナウンサーや女優の弟など一般レベルの人を褒めるのは皮肉ともとれる。当の本人が「華がない」と自嘲していたのを聞いていただけになおさらだった。他の話題も話半分に聞いておこうと思ってしまったのはうがち過ぎだろうか。

自治体政策のススメ

保育事故と自治体の関与

保育政策の課題⑥

保育園を考える親の会代表　普光院　亜紀

「保育施設内で発生した死亡事案」（小保内俊雄ら、2014年、08〜12年の5年間の死亡事故が対象）によれば、全国の保育施設内で起きた死亡事故59件のうちの55件が3歳未満児に起こっており、うち50件が「突然死」である。発見時の体位がうつぶせだった例が28件（56％）で、仰向け4件、横向き1件よりも顕著に多い（残り17件は不明）。うつぶせ寝のリスクについては、国も警鐘を鳴らしているが、うつぶせ寝時の死亡事故はあとを絶たない。

事故は密室の中で起こるため、原因不明とされるケースが少なくない。詳細な状況が明らかになった事例では、子供が長い時間、リスクのある状態のまま放置されていたケースが目立つ。なぜそんな保育をしてしまったのかをたどると、事業者の荒っぽい経営、その下での不十分な保育体制（保育者の専門性や経験値も含め）などの誘因が見える。

特に、認可外保育施設では、利用児童数当たりの死亡事故発生率が認可保育所の39・1倍にもなる（15年報告数より計算）。

この背景には、認可保育所には公費が投入されており保育体制を整えやすいこともあるが、行政の関与度の違いもあると思われる。認可保育所は入園者の利用調整、給付費の申請と給付、利用者からの相談、指導検査など、常に基礎自治体と連絡を取り合う関係にある。これに対して、認可外は届け出さえ受理されれば、年1回が原則の都道府県の指導検査以外に行政から関与されることはほとんどない。

この指導検査も、都の場合、管内の認可外保育施設の13・6％しか回れていない（15年度指導検査報告書）。保育園を考える親の会は昨年8月末、都知事に提言を提出し、認可外保育施設の指導を徹底してほしいことを要望した。東京都は今年から巡回指導チームを編成し、指導体制を強化している。マンパワーをしっかり確保しての取り組みに期待したい。

特別区 予想される顔ぶれ 第20回都議選 ▶14◀

葛飾区（定数4）

2013年選挙では、自民2、公明1、共産1で議席を分け合った4人区。都民ファーストと前回議席を失った民進がそれぞれ新人を擁立して議席獲得を狙うほか、諸派も参戦して混戦模様を見せる。

自民は12年補選で当選した2期目の和泉武彦（48）と現職1期目の舟坂誓生（69）を公認した。区議は両候補に分かれて支援する体制で、舟坂を支援する倉沢燿次区議は「和泉は順調に支持を固めてきている。舟坂は厳しい状況だが、区議4人と次期区議候補者らが支援に回り、上位4人の枠に入れたい」と話し、党葛飾総支部は「2人で切磋琢磨し、併せて6万票を獲得するのが目標。議席を死守する」と力を込める。

公明は現職4期目で、都議会副幹事長を務める野上純子（64）を公認候補に据える。過去4回ともトップ当選を果たしているが、黒柳譲治区議会幹事長は「支持層を固めるとともに、都民ファーストからの推薦を受けていることを前面に打ち出して無党派層を取り込みたい」と気を引き締める。

共産は、現職1期目の和泉尚美（55）を公認した。新井杉生・葛飾地区委員長は「社会保険労務士の経験を生かし、1期目から熱心に福祉の充実を訴えてきた実績がある。改憲などの国政問題とも絡めて、反自民の票を集中させたい」とし、議席維持を目指す。

民進は、元職で前回落選した伊藤正樹を衆院選の公認候補としたため、新人で区議を3期務めた米山真吾（47）を擁立した。17区総支部長でもある伊藤は全面的に支援し、「最後の1議席を共産と争うことになるだろう。民進支持層の票を手堅く確保したい」と話す。

都民ファーストは、11年に急死した樺山卓司都議の秘書を務めた元自民区議の米川大二郎（49）を公認した。米川は09年都議選に無所属で立候補して落選した後に樺山の秘書になり、13年区議選で自民公認候補として初当選。希望の塾に通い、3月に自民を離党した。

ほかに、元区議会議長の谷野正志朗（75）が、地域政党「区民ファーストの会」を立ち上げて立候補した。政治団体「NHKから国民を守る党」代表で、新人の立花孝志（49）も出馬を表明している。

和泉武彦氏　舟坂誓生氏　野上純子氏　和泉尚美氏　米山真吾氏　米川大二郎氏　谷野正志朗氏

前回の結果

◇葛飾区

当	野上　純子	（公現）	32,986	④
当	和泉　武彦	（自現）	29,117	②
当	舟坂　誓生	（自新）	20,681	①
当	和泉　尚美	（共新）	18,912	①
	伊藤　正樹	（民現）	15,060	
	梅田　信利	（み新）	13,347	
	小林　等	（維新）	12,511	
	村松　勝康	（無新）	8,667	
	谷野正志朗	（諸新）	3,306	
	金子　吉晴	（無新）	1,486	

《文中は敬称略》

昭島・羽村市

職員目線で動画を配信

「素人っぽさ」も売りの一つに

動画配信サイト「You Tube」の公式アカウントを取得する自治体が増える中、職員らが動画を制作・配信する動きがある。昭島市は5月、職員が現場に足を運んで自ら動画を制作・配信する「あきしまDays」を開設。一方、以前からケーブルテレビの番組制作を職員自らが行っていた羽村市は、5月から動画での配信にも着手した。いずれも迅速に市の今を伝えるとともに、現場に近い職員目線で市をPRすることが目的だ。

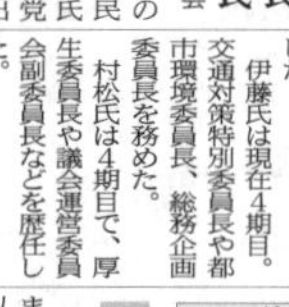

昭島市広報課職員が配信する動画「あきしまDays」の収録風景

「あきしまデイズ♪」という声で始まる昭島市の動画サイト「あきしまDays」は、職員が身近な現場に出向いて、昭島市の「今」を取材し、テンポよく配信するのがコンセプトだ。

同市は昨年、市を紹介するYou Tubeの動画チャンネルを開設。シルバー人材センターに制作を依頼し、市内の暮らしぶりや祭りを紹介する動画など8本を制作した。映像はそれぞれ3分から5分間で、ドローンの撮影も取り入れているが、山下英男企画部長は「映像を作り込み過ぎると、『今、この瞬間の昭島』がなかなか表しにくい」と話す。

「生活する人の視点で、なるべく早く、情報を届けたい」との思いで新たに着手したのが、「あきしまDays」だった。

取り組みに当たり、秘書広報課の職員が他の配信動画を研究。「見てもらえるのは、長くても2分程度」との結論に至り、動画は1分間程度にまとめることにした。

「今を紹介するため、すぐに現場に出かけ、取れたての情報をアップすることを心掛けています」と話すのは広報課の吉野智美係長。これまでにアップした「あきしまDays」の動画5本は、いずれも素人っぽさが否めないが、「自然を大切にする市として、素朴なものにしたい」（吉野係長）と手作り感も売りの一つだという。

動画配信の目的は市のPR。市報は市民しか目にしないため、広く若者がスマートフォンで気軽に見ることができる内容を目指すが、目的はそれだけではない。動画では市民にも出演してもらい、映像の終わりに「あきしまデイズ」と言ってもらうようにしている。

吉野係長は「出演した人や知り合いを通じて人づてに広がっていく『口コミ効果』の期待とともに、市民に参加してもらうことで、市民協働のまちづくりをPRしたい」と話す。

■自然な市民の姿を配信

3月末の時点で都内では30区市町村が動画の公式チャンネルを開設している。そんな中、他自治体に遅れて5月にチャンネルを開設したのが羽村市だ。

他市の後塵（こうじん）を拝したが、職員が撮影から編集まで行う技術面では他市を凌駕（りょうが）する。同市は以前からケーブルテレビで放送する30分の情報番組「テレビはむら」を週1回、職員が制作しており、その技術を動画配信にも生かしているのだ。

12日までにケーブルテレビの番組のほか、市の施策や職員募集、観光プロモーションなど15本の動画を配信。開設から1カ月に満たない間に多数のコンテンツを配信できるのも、ノウハウがあるからに他ならない。

「外部の人には気が付かない話題にも、臨機応変にすぐ対応できる」と広報広聴課の新井孝係長。他の部署から「イベントをアップしてほしい」など、動画配信の要望を受けることもあるという。

また、ネットの動画配信を活用する利点は、「時間」と「画質」の面にもある。ケーブルテレビの番組は市の公式サイトでも配信しているが、30分番組の全ては載せられない上、画質も荒いが、You Tubeは高画質で30分番組が全て放送できるという。

ただ、同市の動画の最大の利点は、やはり職員自らが制作する点にある。「普段から撮影しているので、顔見知りとなった市民の自然な表情を撮ることができる」と新井係長。市民と同じ視点の動画制作を心掛けている。

国分寺市長選

樋口元副市長が出馬表明

「自治基本条例の理念生かす」

樋口満雄氏

任期満了に伴い、25日告示、7月2日に投開票が行われる国分寺市長選挙に、元副市長の樋口満雄氏（67）が立候補する意向を表明した。民進、共産、社民、自由、生活者ネットから推薦を得ている。

5日に記者会見を開いた樋口氏は、同市が自治基本条例を定めている点に触れ、「真の市民自治確立を市民と一緒に守り育てていかなければならない」とした上で、現在の井澤市政について、「自治基本条例が形骸化している」と指摘。さらに、「情報公開や市民参加と市民協働は後退し、市民や職員に対して差別的な政治が行われているなどの声が届いている」などと批判し、「現在の市政を変えなければならないという強い使命感から出馬を決断した」と語った。

基本政策として、▽憲法の精神・国分寺市自治基本条例の理念を市政の隅々にまで生かす▽情報を公開し、市民の声をよく聞き、参加と協働を進める▽市財政の健全化を進め、財源を福祉と暮らし、人を育て生かす分野に重点配分する――ことを掲げた。

樋口氏は1950年生まれ。新潟県立十日町高校を卒業後、富士銀行などを経て75年に国分寺市に入庁。09年に副市長に就任し、14年12月まで在職した。

同市長選の立候補表明は現職の井澤邦夫氏（66）に続いて2人目。

稲城市

軽い負担で地方連携

泉佐野市と特産物紹介に特化

稲城市は来月、大阪府泉佐野市と特産品相互取扱協定を締結する。姉妹都市や友好都市協定は、市民交流などが中心となるため、具体的な取り組みが必要になるが、この協定は、お互いの特産品を販売・紹介し合うことなどが主な内容。人的にも業務量的にも最小限の負担で連携することが狙いだ。

協定は特に具体的な市民の交流事業などは行わず、お互いの特産品の紹介・販売やパンフレットを置くことなどに特化したのが特徴。

通常、都市の連携協定は相手都市の規模や地域などで提携できるところが限られる。高橋勝浩市長は「姉妹都市や友好都市提携は、同規模の都市や縁がある自治体など、（距離的にも、体制的にも）やりにくいところがある」と話す。

更に姉妹都市や友好都市提携は市民交流を主眼とするため、具体的な事業を行うことも必要になる。「締結した以上、（市民交流）事業を起こさねばならず、予算化したり担当者を配置することになり、締結できる自治体数は限られる」（高橋市長）が、今回の協定は物を交流して宣伝し合える取り組みであり、市としても特別な体制や予算を必要としない利点があるという。

協定は50歳が定年となる全国青年市長会のつながりで、泉佐野市の千代松大耕市長（43）から申し出があった。高橋市長は初当選時に48歳だったため全国青年市長会に1期だけ所属していた。

泉佐野市は同連携協定を北海道から沖縄まで全国26都市と締結しており、市が運営する3カ所のお土産ショップで販売する。都内自治体との締結は稲城市が初めてで、東京近郊でも千葉県成田市、神奈川県茅ケ崎市に次いで3例目。

稲城市は市の特産品のナシなどを販売してもらうほか、稲城市では市の情報発信基地「ペアテラス」でイベント時などに泉佐野市の特産品のタオルや水茄子などの野菜を販売する予定。

泉佐野市では関西国際空港のゲートシティとして海外からの来訪者が増えており、特に同市に宿泊する外国人は年間84万人に及ぶ。これは全国でも7番目（2015年度）の高さ。

大塚製薬が自販機設置 協定に基づき小学校に

狛江市

大塚製薬が狛江市との協定に基づき、狛江市立小学校に災害時対応型自動販売機1台を設置した。また、同小学校児童用の災害対応食として、全児童数分以上の「カロリーメイト」（660個）を無償提供した。こうした取り組みは都内で初となり、同市は「恐らく日本で最初の取り組み」と話す。

自販機の鍵を学校長に貸与し、災害時には学校長が災害救援ベンダー機能を作動させ、機内の在庫飲料を提供する。

自販機の設置は2016年1月26日に締結した「健康増進に関する狛江市と大塚製薬との協定書」に基づくもので、5月22日に自販機の贈呈式が行われた。

児童虐待で警察と協定 早期発見へ情報を共有

東村山市

東村山市は、東村山警察署と「児童虐待の未然防止と早期発見に向けた情報共有等に関する協定」を5月17日に締結した。

同市子ども家庭支援センターと同警察署は、「要保護児童対策地域協議会」などを通して児童虐待に関する連携を図ってきたが、更なる児童虐待の未然防止と早期発見を目的に協定を締結した。

新議長に田中氏 副議長は井上氏

調布市議会

田中久和氏

井上耕志氏

調布市議会は2日の第2回定例会で、新議長に自由民主党創政会の田中久和氏（63）、副議長にチャレンジ調布21の井上耕志氏（40）を選出した。

田中氏は現在3期目。市民への議会報告実行委員長や総務委員長を歴任した。

井上氏は4期目で、厚生委員長や監査委員などを務めた。

滝口氏が新議長 副議長に津本氏

小平市議会

滝口幸一氏

津本裕子氏

小平市議会は6日の定例会で、新議長にフォーラム小平の滝口幸一氏（44）、副議長に公明党の津本裕子氏（56）を選出した。

滝口氏は現在3期目。副議長や建設委員長、防災対策調査特別委員長を歴任した。

津本氏は4期目で、建設委員長や厚生委員長、産業活性化調査特別委員長などを務めた。

新議長に伊藤氏 副議長は村松氏

八王子市議会

伊藤裕司氏

村松徹氏

八王子市議会は8日の定例会で、新議長に自民党新政会の伊藤裕司氏（67）、副議長に公明党の村松徹氏（57）を選出した。

伊藤氏は現在4期目。交通対策特別委員長や都市環境委員長、総務企画委員長を務めた。

村松氏は4期目で、厚生委員長や議会運営委員会副委員長などを歴任した。

野島氏を新議長 梶井氏が副議長

東久留米市議会

野島武夫氏

梶井琢太氏

東久留米市議会は6日開会の第2回定例会で、新議長に自民クラブの野島武夫氏（59）、副議長に市議会民進党の梶井琢太氏（46）を選出した。

野島氏は現在4期目。文教委員長や議会運営委員長、総務委員長を歴任した。

梶井氏は3期目で、議会運営委員会副委員長や文教委員長、総務委員長などを務めた。

あきる野市議選

21人の顔ぶれ決まる

新人6人が初当選

任期満了に伴うあきる野市議選が11日に投開票され、21人の顔ぶれが決まった。

当選者の内訳は、現職が14人、新人が6人、元職が1人で、現職が1人落選した。党派別では公明3人、共産3人、民進2人、自民1人、無所属12人。

当日有権者数は6万6734人（男性3万3141人、女性3万3593人）。投票率は前回を2・8ポイント下回る52・26%となった。

◆あきる野市議選開票結果

定数21－候補23

	氏名	年齢	党派・新旧	当選回数	得票
当	中嶋　博幸	50	自現	②	2,877
当	臼井　建	48	無新	①	2,822
当	田中千代子	62	公現	④	2,089
当	大久保昌代	50	公新	①	1,994
当	増﨑　俊宏	46	公現	③	1,807
当	窪島　成一	62	無新	①	1,718
当	村木　英幸	60	無元	④	1,682
当	清水　晃	73	民現	⑤	1,668
当	中村　則仁	39	民現	②	1,616
当	辻　淑子	57	無現	②	1,582
当	堀江　武史	39	無現	④	1,365
当	子籠　敏人	43	無現	③	1,326
当	合川　哲夫	73	無現	④	1,292
当	天野　正昭	60	無現	②	1,285
当	日原　省吾	52	無新	①	1,266
当	村野　栄一	50	無現	②	1,261
当	田端あずみ	42	共現	③	1,226
当	中村　一広	49	無新	①	1,195
当	山根トミ江	72	共現	⑤	1,195
当	松本由紀子	65	共新	①	1,166
当	奥秋　利郎	77	無現	⑥	829
	粟原　剛	46	無現		658
	立澤　晴美	49	無新		476

＝選管確定＝

市町村

予想される顔ぶれ

第20回都議選

▶7◀

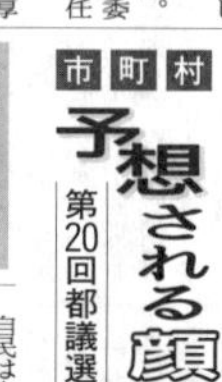

北多摩第三（定数3）

栗山欽行氏

中嶋義雄氏

井樋匡利氏

尾崎大介氏

定数是正により、1増の3人区となる。2001年から自民と民進系で議席を分け合い、無風だったが、今回は公明が候補を立てるなど有力候補4人がしのぎを削る構図。

自民は1期目の栗山欽行（58）を公認した。自民に逆風が吹いた09年選挙では、有権者から罵声（ばせい）を浴びせられたが、今回は「知事に負けないで」などと激励されるケースが目立つといい、栗山は「冷静な有権者が多い」と分析する。ドブ板選挙を徹底し、再選を目指す。

公明は5期目の中嶋義雄（67）が世田谷区から国替えし、初議席獲得を期す。数人から十数人のミニ集会を中心に開き、企業の朝礼や街頭でも支援を呼びかけている。中嶋は「現職だが北多摩第三では新人。情勢は甘くない」と気を引き締める。

共産は調布市議5期目の井樋匡利（53）を擁立。同党は97年の議席獲得以降は落選が続き、20年ぶりの議席奪取を狙う。

民進から離党し、都民ファーストの推薦を受けた3期目の尾崎大介（43）は地元での人気が高い。都民ファーストが独自候補を立てなければ、尾崎が浮動票を取り込む可能性が高い。

北多摩第四（定数2）

野島善司氏

原紀子氏

細谷祥子氏

山下太郎氏

清瀬市と東久留米市にまたがる選挙区で、01年以降、自民・民主の現職2人の指定席となってきた。今回は自民の東久留米市議が都民ファーストから出馬することや、民進現職の離党などによって混戦模様となっており、現職の議席確保への危機感が強い。

自民は都議会幹事長も務めた現職の野島善司（68）を公認。野島は政策通と知られ、5期目を目指して手堅く選挙戦を進める。

共産は東久留米市議を5期務め、副議長も経験した原紀子（51）を公認。97年の都議選で共産候補の当選実績があり、党本部も議席増に向けた重点区に位置付け、積極的な支援を行う。

都民ファーストは東久留米市議4期で市議会議長を務めた細谷祥子（63）を公認。自民党会派に所属しているが、既に離党届を提出した。細谷は都民ファーストの女性活躍推進本部で本部長を務めている。

一方、現職の山下太郎（44）も民主で幹事長を経験したが、今回は民進を離党し、無所属で挑戦。都民ファーストの推薦を受けるが、票の上乗せにつながるかが焦点だ。

島部（定数1）

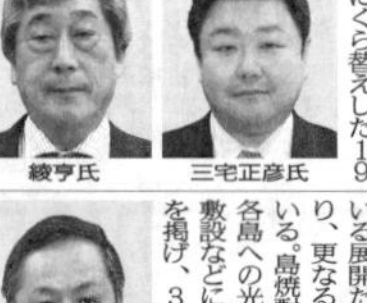

三宅正彦氏

綾亨氏

山下崇氏

2009年に当時の民主が第一党に躍進した際も自民が1人区で唯一、議席を死守した選挙区。故川島忠一が無所属から自民にくら替えした1989年以降、自民が議席を維持している保守王国と言える。

自民は2期目の三宅正彦（45）を擁立した。世論調査では、三宅が他候補よりも一歩リードしている展開だが、各島を回り、更なる支援を固めている。島焼酎特区の実現、各島への光ファイバーの敷設などに尽力した実績を掲げ、3選を狙う。

共産は前回に引き続き、元JR社員の綾亨（64）を公認した。23区や多摩地域と比べて、交通や医療などが発展途上にある「離島格差」の解消を訴え、議席獲得を狙う。

都民ファーストから出馬要請を受け、公認候補となったのが元八丈町議の山下崇（44）。世論調査では次点に位置しており、三宅を激しく追い上げている。小池知事に応援をリクエストしており、小池知事によるてこ入れで当選圏内に浮上したい考えだ。

前回の結果

	氏名	党派	得票	当選回数
◇北多摩第三				
当	栗山　欽行	自新	36,825	①
当	尾崎　大介	民現	30,416	③
	岸本　直子	共新	16,379	
	松浦　威明	維新	12,629	
◇北多摩第四				
当	野島　善司	自現	25,724	④
当	山下　太郎	民現	17,833	④
	畠山　眞	共新	13,647	
	伊集院道信	維新	7,253	
◇島部				
当	三宅　正彦	自現	10,986	②
	田中　英二	無新	1,522	
	綾　亨	共新	1,062	

《文中は敬称略》

がん患者の就労、ハードル高く

「働かなくていい」ヤジ、現実は

手術後、復職も1年で退職
有給使い切り、欠勤で通院

「がん患者は働かなくていい」――。受動喫煙対策について議論した自民党の厚生労働部会で先月、こんなやじが飛び出した。発言の主、大西英男衆院議員は「喫煙可能な店で無理して働かなくていいのではないか、という趣旨」と釈明したが、がん患者が働き続けるハードルは高く、就業先が選択しにくい実態もある。受動喫煙対策が問題になる中、がん患者の就労の実情はどうなのか。

「手術後に復職したが、1年程度で『会社に迷惑を掛けたくない』と退職した」「いったん退職して治療に専念し、まずはパートとして無理のない範囲で復帰した」

都福祉保健局による「がん患者の就労などに関する実態調査」には、こうした体験談が収録されている。同局が2013年10月、がん患者がいる事業所を対象に調べたもので、「繁忙期には残業が深夜に及ぶこともあるが、周囲も早く退社できるようサポートしている」（50代男性）というケースの一方、「有給休暇を使い切って休職したため、欠勤して通院しなければならなかった」（40代男性）という声もある。

乳がんにかかった40代女性は、「周囲が男性社員ばかりで打ち明けづらく、病名は隠して働き続けていた」と打ち明ける。同僚から「心ない言葉」もかけられたという。

同局の調査では、がん患者の約81%が「仕事を続けたい」と回答しており、がん患者の就労意欲は高い。その理由は、「生計を維持するため」が73%で最も多く、「働くことが生きがい」（57%）、「治療代を賄うため」（46%）などが続く。

しかし、会社側にとって雇用継続は簡単ではないのも事実だ。調査によると、仕事と治療を両立させる職場づくりの課題として、「代替要員の確保が困難」（52%）、「休業中の賃金支給など金銭的な補償が困難」（38%）などが挙がっている。

病気で利用できる会社内の制度では、「半日単位の休暇制度」（49%）、「治療目的の休暇・休業制度」（28%）などを導入する割合が高いが、企業の規模によって差も大きいようだ。「罹患者数が多くなった時に融通が利かない」という不安もある。

近年は抗がん剤などによるがん治療が進んだ半面、副作用で倦怠感を伴ったり、手に数年間のしびれが残る場合もある。がん患者の就労や経済的な問題の解決に取り組む（一社）CSRプロジェクト代表理事の桜井なおみさんは、「会社側に働き続けるための配慮事項・期間を伝える必要がある」と説明する。

桜井さんも30代で乳がんが見つかり、治療のために休職した経験を持つ。「薬を飲んだ後は難しい仕事をさせない、満員電車の通勤の負担が重ければ時差出勤を認めるなど、個人に合った配慮が大切。病状が固定しているわけではないので、配慮事項に応じて柔軟な対応が必要」と指摘する。

こうした中、都産業労働局は今年度、がん患者を含めた難病の治療と仕事の両立に取り組む企業を支援する全国初の「奨励金」を創設。都内のハローワークから紹介を受けた難病・がん患者を雇用し、必要な支援を行うことを条件に、1人当たり最大60万円を支給することとした。併せて休職した従業員の復職も助成金で支援する。

また、福祉保健局は「がん診療連携拠点病院」内の就労相談を充実させるための研修会を実施。今年度は「がん対策推進計画」の改定を予定しており、罹患者の就労支援も充実させる方向だ。

桜井さんは都の取り組みについて、「就労支援の良いモデルになる」と歓迎した上で、「がん検診の受診率向上、治療と就労の両立支援を公共事業の入札要件に加えるなど、企業のインセンティブを高めてほしい」と提案する。

がん患者が働きやすい環境をつくる取り組みはまだ緒に就いたばかり。「働かなくていい」という認識は論外だが、働き続けるハードルが高いことを前提に、対策を強化する必要がありそうだ。

東京五輪で339種目実施

3人制バスケ、柔道混合団体も

2020年東京五輪で3人制のバスケットボール（男女）や柔道の男女混合団体戦などを新たに実施することが9日、IOCの臨時理事会で決定した。東京大会の種目数は計339で、選手数は最大1万1090人となった。今回の理事会で、東京大会の全競技・種目が固まったことになる。

そのほか、東京大会で新たに実施するのは、▽卓球のダブルス（混合）▽トライアスロンの団体リレー（同）▽陸上競技の4×400メートルリレー（同）▽アーチェリーの団体（同）▽自転車競技のBMXフリースタイル（男女）などで、男女混合の種目や若者に人気のある種目が採用された。

大会組織委員会の室伏広治スポーツ局長は10日、報道陣に「若者を引き付けるストリート系のスポーツ競技が採用された。女性アスリートの数も増え、これまでにない改革がなされた印象。今後の五輪のロールモデルとなるよう、組織委一丸となってステークホルダーと取り組みたい」と語った。

東京大会の種目数は、これまでの予定よりも15、リオ大会よりも33増える。選手数は陸上競技やウエイトリフティング、レスリングなどで男子を中心に削減するなどし、全体として選手数の上限を抑えた。会場は未定だが、既存施設で対応する見通し。

今回の決定に先立ち、組織委はIOCに対して、コストや選手数の抑制、競技日程に関する配慮を申し入れており、室伏局長は「重要なポイントは反映された」との認識を示した。

組織委の森喜朗会長は9日、「若者を強く引き付ける新しい五輪の姿に一歩近付いたのではないか」とコメント。小池知事も「スタジアムに足を運ぶ観客層も広がることで、東京大会はますます盛り上がると思う」とした。

健康づくりでノウハウ本

都共済　健康面談などを紹介

職員の健康づくりは職場から――。都職員共済組合が職場での健康増進の取り組みに役立つノウハウブックを初めて作成した＝写真。15日から配布する。

特定健診や医療費のデータの活用方法をイラストやグラフ入りで分かりやすく掲載。都共済が指定したモデル職場での取り組みや、交通局による新規採用職員への健康面談、渋谷区の職員のウォーキングラリーなど、自主的な健康づくりの事例を紹介している。7月には監修した医師を招き、ノウハウブック活用の研修会も行う予定。

都共済の森山絹恵健康増進課長は「事例や詳しいデータを、新しい健康づくりの取り組みを始める時に役立ててほしい」と話す。

選手村設備転用で活用アイデア募集

都五輪準備局

都五輪準備局は9日、選手村の設備を再利用するアイデアの募集を開始した。

中央区晴海の五輪選手村は、民間事業者が市街地再開発事業として整備する住宅棟を一時借用して設置する。大会期間中は給湯器、エアコン、ユニットバスなどの内装を用意するが、閉会後は住宅としての仕上げ工事のために撤去することになる。

設備の数は約3900戸分に上り、公共施設への転用や再利用を検討しているが、更なる3Rに取り組むため、記念品として活用などアイデアを募集することになった。

首都大学東京・島田晴雄理事長インタビュー

世界で活躍する学生育てる

観光、高齢社会対応の研究も

しまだ・はるお＝1943年生まれ。65年慶応大経済学部卒。74年ウィスコンシン大学博士課程修了。慶応大教授、千葉商科大学長などを歴任し、4月に首都大学東京理事長に就任。休日には音楽や絵画をたしなみ、なかでも絵画は個展を開くほどの腕前。水泳、登山も楽しむ。

創立13年目を迎える首都大学東京に、国際感覚に優れ、小泉内閣の特命顧問としても活躍した島田晴雄理事長が今年度から就任した。小池知事は理事長の就任に当たり、「国際都市東京としての強みを生かして、首都大学東京ならではの魅力を更に高めていくことを期待する」と激励する。島田理事長に首都大の印象や今後力を入れて取り組みたいことを聞いた。

――就任前後で首都大へのイメージは変わりましたか。

小池知事から話を頂くまでは、名前を聞いたことがある程度だったが、就任して感じるのは「何でもそろっている大学」という印象。首都大は学部も総合大として十分に整備されているし、産技大、産技高専のような教育機関が併合した大学法人は全国的に見てもユニークだと思う。設備も非常に良いものがそろっている。

――理事長の目から見た現状の課題は。

都立大の伝統を考えれば長い歴史があるが、「首都大学東京」と考えるとまだ13年の新しい大学。大学は先輩を見ながら学生が育つところ。皆で力を合わせて大学のアイデンティティーを作り、魅力的な学生を育てていく段階だと思う。また、全国の大学は学生確保のために自分たちの特徴を出そうと努力している。首都大は、現状では私立に比べると学生は集まりやすい環境にあるが、少子化の中で首都大の特徴を出し、いかにして学生を集めるかが課題になる。

――どういう特徴を出しますか。

大学の特徴とは、学生が「ここで学べばこんないいことがある」と感じること。それは大学も学生も世界で輝くことだと考えている。

――知事からの要望は。

「G（グローバル）・O（オンリーワン）・S（シニア）で世界的に光る」こと。私も同感。これらの三つの目標に向けた研究や学生の育成が、今の首都大がするべきこと。非常にやりがいを感じている。

――具体的な取り組みは。

グローバルでは、積極的に世界に進出して活躍する学生の育成。人口減少によりマーケットが少なくなるという日本の現状を踏まえて、世界を幸せにしながら日本も発展させられる学生を育てたい。オンリーワンで取り組むのは観光。知事は「東京を世界一の観光都市に」と話した。日本は観光の宝の山であるが、十分に生かしてきたとは言えない面がある。世界から東京を訪れる観光客が増え、「東京はいいな」と言ってくれるような、新しいサービスや産業を考えたい。

――高齢社会への対応も課題となっています。

東京は世界一の高齢都市だが、健康寿命が低い。これがシニアの課題。皆が健康に働き続けられれば解決できる課題で、それには気力・体力が充実し、技術革新に遅れず生涯学習を心掛けることが肝要。

――知事からの要望を踏まえて、どんな大学を目指しますか。

誰もが「輝いている」と認めるような大学だ。例えば、1300万の都民が死ぬまで健康で働ける都市を作れたら、世界が注目する。東京がそういう都市になるために首都大が貢献できれば、世界各国から注目を浴びて様々な国から研究・留学に来る。

――最後に、職員へのメッセージを。

あらゆる場面で「首都大の職員は優秀」と感じている。おかげで理事長室では着々と仕事をこなしていける。職員からはいろいろなアイデアも提案してくれる。誠意があって日々努力していると思う。この調子で頑張ってもらいたい。

■ホームドア設置要望

都や千葉県など9都県市首脳会議は9日、国土交通省に鉄道会社による駅のホームドア設置を促進するよう要望した。

要望には、扉の位置に左右されない新しいタイプのホームドアの開発や鉄道会社の負担軽減のための支援を拡充することを盛り込んでいる。

退職後のリアル

しくじり都庁OBの教訓⑬

セカンドライフの職探し①

元公務員は使えない？

「悠々自適」宣言から、にわかに嘱託として働き始めた私を気にかけてくれた人たちから、いろいろとありがたい誘いをかけてもらった。「大学の先生にならないか」「シルバー人材センターに登録してはどうか」。様々な話をいただいたが、今後の方向性を決めかねていた自分には何の決断もできなかった。

「勉強をしたくない学生に聞かせるための講義をするなんてとんでもない」とか「お年寄り組織の人間関係でわずらわされるのも嫌だ」など、断りの理由はいくらでも出てきた。要は、一度下がってしまった働くことへのモチベーションが取り戻せず、何かを積極的に選択できる状態ではなかったということだ。

私は都庁人生の後半、「高齢者対策室」というセクションで再就職のお手伝いをしていた。だから高齢者の難しい再就職事情もよく知っていたし、求人側が嫌う高齢者に共通する問題点もそれなりに理解していた。

この経験の中で強烈な印象を残したのは、求人側が繰り返す「元公務員は使えない」という言葉だった。確かに何とか就職をしても、辞めさせられる人、自ら辞める人、そんな元公務員を大勢見てきた。自らその立場になり、言葉の意味を改めて思い知らされたのである。

彼らには「公務員時代の棚卸し」をしっかりとやっていないことで、再出発へのモチベーションを持てないことが共通していた。さらに「コスト意識の低さ」「融通の利かない考え方」「言い訳が多い」など、役人の特質も兼ね備えていた。最悪なのは、「役人意識としてのささやかなプライド」を引きずったままでいる人たちだった。

求人側の嫌う「元公務員の欠点」は、私も例外なく十分に備えていたし、そのことに自己嫌悪すら感じていた。今思えば、まさにそのことが再就職への大きな障害になっていたことは間違いない。

（金子雅臣）

五輪への航海図⑱⑥　TOKYO 2020

開催まで あと1137日

特別区の戦略⑧

江東区・湾岸で交通基盤整備

東京大会で最多の競技会場が立地する「江東湾岸エリア」は、区部でも最も大きく変貌することが予測される地域だ。それだけに会場周辺のインフラ整備や新たな交通手段の確保が重要な課題になっている。

区は2015年6月、大会後の区の持続的な発展に向けた「オリンピック・パラリンピックまちづくり計画」を策定した。1200人以上の区民から募ったアイデアを参考に、江東湾岸エリアを①有明北・有明南・豊洲②辰巳・夢の島・新木場③若洲・中央防波堤――の3地区に分け、都市像を描いたのが特徴だ。

このうち有明北・有明南・豊洲地区は「国際居住・観光ゾーン」に位置付けた。東京で最も安全なまちを目指し、来訪者の増加に併せて水辺の魅力を観光に生かすという。柱の一つが舟運利用や水上バスの路線誘致で、区は14年7月、水上バスステーション・水陸両用バス用のスロープ整備を都に要望。7月には豊洲市場の周囲に位置し、ボート乗船場を備える「豊洲ぐるり公園」を開放する予定だ。

湾岸エリアにおける歩行者デッキの整備も課題の一つで、物流幹線道路が縦横に走る有明地区で歩行者の安全を確保し、大会後の跡地利用にも生かせるよう、重層的なユニバーサルデッキをイメージする。また、実現は容易でないが、大会に向けた魅力的な観光資源として「都市型ロープウェイ」にも期待を注ぐ。

区はシェアサイクル利用も進める

さらに、区としては江東湾岸エリアのまちづくりの効果を深川・城東エリアに波及させることも視野に入れる。鍵を握るのが東京メトロ有楽町線からの「地下鉄8号線」延伸で、区の南北を結ぶ交通網の利便性を高めることで、区内の回遊性を向上させたい考えだ。区の「オリンピック・パラリンピック開催準備プラン」（16年3月）によると、地下鉄8号線（豊洲・住吉間）の早期事業化に向けて関係機関との協議・調整を図る方針。その他、会場周辺の路線の無電柱化や自転車通行空間の整備にも取り組むこととしている。

区都市整備部の草深玲安まちづくり推進課長は「レガシーを視野に入れ、今後も都や民間事業者と協議を行い、基本計画に沿ったまちづくりを進めたい」としている。

主任試験講座

平成29年度 37

行政法⑤

今回は、「不服申立て」「教示」の問題演習を行います。今回の分野についても繰り返し出題されていますので、しっかり内容を確認しておいてください。

問題

【問題14】
次は、不服申立ての要件について述べたものである。誤っているのは次のどれか。

① 形式と手続きを順守すること
② 不服申立て期間内（処分、不作為ともに知った日から起算して3カ月以内）に申し立てること
③ 権限を有する行政庁に申し立てること
④ 正当な当事者（当事者能力＋当事者適格）から、不服が申し立てられること
⑤ 処分または不作為が存在すること

【問題15】
審査請求の要件・手続きについて述べた次のうち、誤っているのはどれか。

① 審査請求の裁決には、却下裁決、棄却裁決、認容裁決のほか、変更裁決がある。平成26年の法改正により、申請に対する一定の処分に関する措置も可能となった。
② 平成26年の法改正により審査請求人の手続きが充実し、処分庁に対する質問権が明文化されたほか、提出書類等の閲覧対象が拡大され、写しの交付も認められることになった。
③ 法令に基づき行政庁に対して処分についての申請をした者は、当該申請から相当の期間が経過したにもかかわらず、行政庁の不作為がある場合には、不作為についての審査請求をすることができるが、再調査の請求をすることはできない。
④ 平成26年の行政不服審査法改正により審理員制度が導入され、審査請求の手続きは原則として審理員によってのみ進められることになった。
⑤ 審査請求人または参加人は、審理員に対して、提出書類等の閲覧のほか、書類の写しの交付を求めることができる。

【問題16】
審査請求について述べた次のうち、誤っているのはどれか。

① 審査請求の対象は処分、不作為であり、審査請求ができるのは、その適格が認められるものに限られる。
② 審査請求にせよ、再調査の請求にせよ、原則として処分があったことを知った日の翌日から起算して3カ月を経過したときはすることができない。
③ 不服申立ては審査請求に一元化されているが、例外として、再調査の請求と再審査請求が認められている。
④ 審査請求人は、裁決があるまではいつでも審査請求を取り下げることができるが、その取り下げは口頭でしなければならない。
⑤ 審査請求は原則として審査請求書を提出しなければならないが、他の法律に定めがあるときは、口頭による審査請求も可能である。

【問題17】
行政不服審査法に定める教示制度について述べた次のうち、誤っているのはどれか。

① 行政庁がなすべき指示を行わなかった場合でも、処分について不服がある者は当該処分庁に不服申立書を提出することができる。
② 処分の際に誤って審査請求をすべきでない行政庁を、審査請求をすべき行政庁として教示した。この教示通りに審査請求した場合、その不服申立ては有効である。
③ 教示には、職権による教示と請求による教示があるが、後者による教示は処分の相手方のほか、利害関係人から請求することもできる。
④ 教示制度は、行政不服審査法に基づく不服申立てができる処分についてのみ適用されるもので、他の法令に基づく不服申立てができる処分については適用されない。
⑤ 教示は、教示事項を記載した書面により行うほか、口頭で行うことも場合によっては認められている。

解説

【解説14】　正答②

① 正しい。不服申立ては、書面によることを原則とするが、法律や条例に口頭できる旨の定めがあるときは、例外的に口頭でも不服申立てをすることができる（行服法19条1項、61条）。
② 誤り。処分に対する審査請求は、「処分があったことを知った日の翌日から起算して3月以内」に審査請求をしなければならない（行服法18条1項本文）。不作為に対する不服申立てについては、期間の定めはない。
③ 正しい。不服申立ての手続きは原則として審査請求であるので、行政不服審査法4条各号に規定する審査庁に対し審査請求をすべきである。
④ 正しい。当事者能力（自己の名において、不服申立てをすることのできる一般的な資格）と当事者適格（特定の争訟において、当事者として承認される具体的な地位または資格）を具備する必要がある。
⑤ 正しい。不作為は申請を前提とするため（同法3条）、申請を前提としないでしたことや法令に基づかずに申請したことに関する不作為については不服申立てをすることはできない。

【解説15】　正答④

① 正しい。処分についての審査請求の裁決には、基本的に却下採決（請求が不適法な場合）、棄却裁決（請求に理由がない場合）、認容裁決（請求に理由がある場合）の3種類がある。また認容裁決の別類型として、「変更裁決」もある（行服法45条1項・2項、46条1項、47条）。なお、改正法により、審査庁は「申請に対する一定の処分に関する措置」をとることができるようになった（同法46条2項）。
② 正しい。審査請求人及び参加人には、次のような手続的権利が認められる。①口頭意見陳述、質問（行服法31条1項、5項）②証拠書類等の提出（同法32条1項）③物件の提出要求（同法33法条）④参考人の陳述及び鑑定の要求（同法34条）⑤検証及び立会いの申立て（同法35条）⑥審理関係人への質問の申立て（同法36条）⑦提出書類等の閲覧または（写し等の）交付（同法38条1項）。
③ 正しい。不作為の審査請求は認められている（行服法3条）が、不作為の再調査の請求は認められていない。不作為状態にある処分庁に対して再調査の請求をしても実効性に乏しいと考えられるからである。
④ 誤り。審理員によってのみ手続きが進められるものではない。改正法により導入された新しい審査請求の特徴は、第一に審理員による審査、第二に第三者機関によるチェックの保障である。審査庁は審理員から意見書の提出を受けたとき、一定の場合を除き（行服法43条1項1号～8号）、国は行政不服審査会に、地方公共団体は第三者機関に、審理員意見書及び事件記録の写しを添えて、諮問しなければならない（同法43条）。
⑤ 正しい。審理員は、この場合原則として閲覧または交付を拒むことができない（行服法38条1項、審査請求人等による提出書類等の閲覧等）。

【解説16】　正答④

① 正しい。審査請求は誰でもできるのではなく、一定の要件を満たす者に限られる。これを審査請求適格（不服申立適格）という。
② 正しい。処分についての審査請求は、原則として処分があったことを知った日の翌日から起算して3カ月を経過したときはすることができない（行服法18条1項）。処分の再調査の請求についても同様である（同法54条1項）。両条文ともに、「正当な理由があるときはこの限りではない」というただし書きはついている。
③ 正しい。不服申立ては、原則として、審査請求（処分について、行服法2条、作為について、同法3条）である。再調査の請求（同法5条）は、行政庁の処分に対して、処分をした処分庁自身に不満を訴える手続きである。不作為についての再調査の請求はない。再審査請求（同法6条）は、審査請求の裁決に不満がある者がさらに不満を訴える手続きである。他の法律に定めがある場合に例外的にすることができる（自治法255条の2第2項等）。
④ 誤り。審査請求人は、裁決があるまではいつでも審査請求を取り下げることができる（同法27条1項、審査請求の取り下げ）が、取り下げは書面でしなければならないと規定されている（同法27条2項）。
⑤ 正しい。審査請求は、他の法律（条例に基づく処分については、条例）に口頭ですることができる旨の定めがある場合を除き、政令で定めるところにより、審査請求書を提出しなければならないと規定されている（行服法19条1項）。また同法20条には、口頭による審査請求の規定がある。

【解説17】　正答④

① 正しい。行政不服審査法83条1項の通り。不服申立書が提出された場合には、初めから所定の不服申立てがなされたものとみなされる（同条4項、5項）。
② 正しい。行政庁が誤って教示を行った場合、不服申立人が当該教示通りに不服申立てを行った場合、その不服申立ては有効である（行服法22条1項、5項）。
③ 正しい。教示は、利害関係人から請求することができる（行服法82条2項）。
④ 誤り。教示制度は、行政不服審査法に基づく不服申立てだけでなく、他の法令に基づく不服申立てにも適用される（同法82条1項）。
⑤ 正しい。処分の相手方に対する教示は原則として書面で行わなければならないものの、処分を口頭でする場合は口頭で教示することを認めている（行服法82条1項）。また、利害関係人から書面による教示が求められない場合には、教示が口頭で行われる場合もある。（同条3項）。

29年度 主任・係長 論文講座 37

添削⑩

都主任選考

問題

2020オリンピック・パラリンピックの開催を控え、人口は過去最高の1350万人を突破するなど、東京は老若男女問わず様々な人が集まっています。このようなことを踏まえて、誰もがいきいきと生活できる、活躍できる都市・東京となるためにどのような取り組みを行うべきか、次の（1）、（2）に分けて述べてください。

（1）誰もがいきいきと生活できる、活躍できる都市・東京となるために何が課題か、資料を分析して課題を抽出し、簡潔に述べてください。（300字以上500字程度）

（2）（1）で述べた課題に対して、都は具体的にどのような取り組みを行っていくべきか、その理由とともに述べてください。（1200字以上1500字程度）

論文例

（1）

1 待機児童問題への迅速な対処

都では保育サービスの拡充に取り組んでいるものの、人口流入による就業前児童人口の増加等により、毎年一定数の待機児童が発生している。さらなる保育ニーズの増加に備え、保育サービスの整備を加速し、待機児童の解消に早急に取り組んでいく。

2 介護人材の安定的な確保・定着

高齢者に対する介護ニーズは今後も増加し、需要と供給との差は開いていく見込みである。高齢者が地域で安心して暮らしていくため、介護人材を安定的に確保していく必要がある。

3 女性のさらなる社会的活躍の促進

結婚や出産等を契機として、女性は職業をやめた方がよいとの考えが4割程度に及んでいる。また、諸外国に比べ、6歳未満児がいる夫の家事・育児時間は極めて少ない。働き方の意識改革を行い、女性がより一層、社会的に活躍できる環境を整備していく必要がある。

（2）

1 ダイバーシティ東京の実現

我が国では人口減少社会の到来により、労働力人口の減少と国内需要の縮小が相まって、経済活動が中長期的に低下していくことが懸念されている。こうした中で東京が将来にわたり持続的に発展していくためには、都民一人ひとりがいきいきと生活し、活躍していくことのできる環境を整備していく必要がある。都はダイバーシティの実現に向け、これまで以上に福祉・労働政策に力を入れていかなくてはならない。

2 ダイバーシティ東京実現を阻む要因

多様性に満ちた東京の実現を阻む要因と背景は次のとおりである。

第一に、保育サービスを運営する事業者の新規参入や事業拡大が困難な状況にある。こうした背景には、地価が高く、住宅等が密集した都内には、保育所を開設するための未利用地が少ないことが挙げられる。また、保育所の開設には多額の費用を要し、新規開設の足かせとなっている。

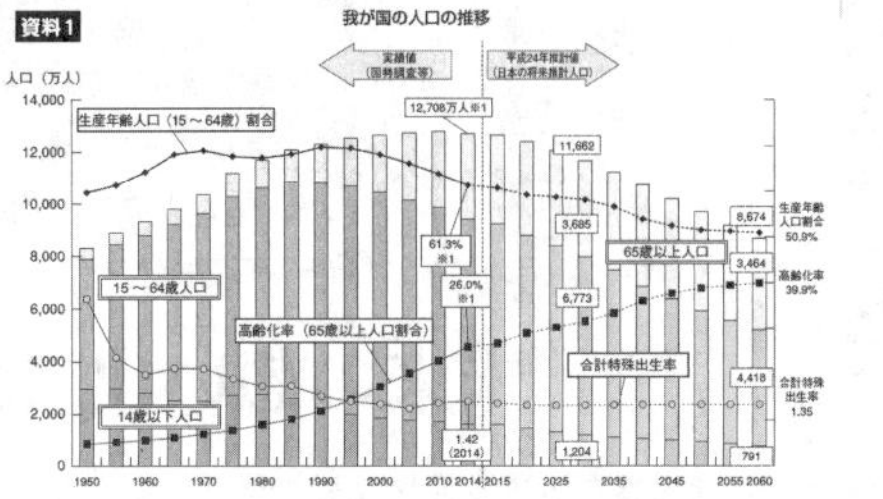

第二に、他業種に比べ、介護現場を支える人材が慢性的に不足していることである。その背景として、雇用のミスマッチによる介護職従事者の離職率の高さが挙げられる。また、報道等によるマイナスイメージから、十分な数の介護現場への新規就職希望者が集まっていない。

第三に、女性が家庭と仕事を両立させていくための環境が十分に整っていない。その背景として、事業者に働き方の見直しに係る知識やノウハウが不足していることが挙げられる。また、家事や育児の負担が女性に集中することで、結婚・出産期における女性の就業率を低下させている。

3 多様性の実現に向けて

前述の課題解決に向けて、都は以下の三つの施策に取り組んでいく必要がある。

第一に、保育所の新設へ向けた支援である。具体的には、空き家や空き店舗等の賃貸物件を活用した保育所の整備を進めるため、不動産事業者と協力して物件情報の提供を行うとともに、都が賃借料の一部を補助していく。また、活用されていない都有地を全庁的に洗い出し、区市町村や民間事業者に対して情報を定期的に発信するとともに、割安な賃料での貸付を行う。

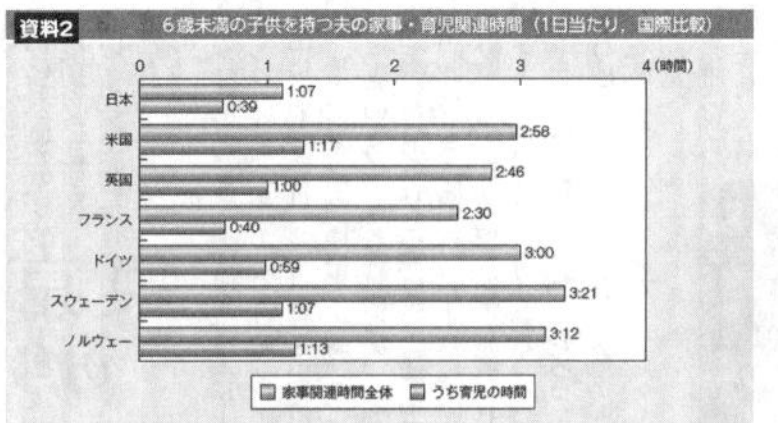

第二に、介護人材の新規獲得と定着支援である。具体的には、学生などの介護業務未経験者に対する職場体験を実施する。これにより、介護業務へのやりがいや魅力を実感してもらうとともに、介護職に対するマイナスイメージを払拭させる。また、早期離職防止に向けて、NPOなどと協力しながら、新規就職者への相談支援を行う。

第三に、ライフ・ワーク・バランスの推進である。具体的には、フレックスタイムやモバイル勤務の導入など、女性にも働きやすい成功事例を業種別にデータベース化して事業者に提供することで、働き方の見直しを促す。また、家庭と両立しながら再就職を目指す女性を対象に就業相談から職業紹介までを一括支援するサービスを提供する。

資料1　我が国の人口の推移

人口（万人）　実績値（国勢調査等）／平成24年推計値（日本の将来推計人口）
生産年齢人口（15～64歳）割合／15～64歳人口／14歳以下人口／高齢化率（65歳以上人口割合）／65歳以上人口／合計特殊出生率
12,708万人※1　61.3%※1　26.0%※1　1.42（2014）　11,662　3,685　6,773　1,204　8,674　3,464　4,418　791
生産年齢人口割合 50.9%　高齢化率 39.9%　合計特殊出生率 1.35
1950　1960　1970　1980　1990　2000　2010　2014　2015　2025　2035　2045　2055　2060

資料2　6歳未満の子供を持つ夫の家事・育児関連時間（1日当たり，国際比較）

国	家事関連時間全体	うち育児の時間
日本	1:07	0:39
米国	2:58	1:17
英国	2:46	1:00
フランス	2:30	0:40
ドイツ	3:00	0:59
スウェーデン	3:21	1:07
ノルウェー	3:12	1:13

（備考）1．Eurostat"How Europeans Spend Their Time Everyday Life of Women and Men"(2004), Bureau of Labor Statistics of the U.S."American Time Use Survey"(2013) 及び総務省「社会生活基本調査」（平成23年）より作成。
2．日本の数値は，「夫婦と子供の世帯」に限定した夫の1日当たりの「家事」，「介護・看護」，「育児」及び「買い物」の合計時間（週全体平均）である。

資料3　「女性が職業をもつことについての考え」

	%
育児・介護等にかかわらず、職業をもち続ける方がよい	51.7
子供ができたら職業をやめ、大きくなったら再び職業をもつ方がよい	29.2
子供ができるまでは職業をもつ方がよい	7.0
結婚するまでは職業をもつ方がよい	3.2
職業をもたない方がよい	1.0
その他	3.6
わからない	4.4

(n=1,821)　(%)

資料4　介護職員の需要・供給推計結果

（人）	需要	供給	需要と供給の差
平成24年度	148,475	148,475	0
平成29年度	198,965	184,410	14,555
平成32年度	220,244	197,716	22,528
平成37年度	247,786	211,495	36,291

解説

今回は「都政もの」の事例です。主任試験については、人事委員会事務局より平成28年12月28日付で二つの文書（「主任級職選考の論文出題例について」と「主任級職選考の論文について」）（以下「通知文」という）が発表されており、平成29年度からの変更点等が書かれていますので、必ず目を通し、何が求められているかを確認するようにしてください。

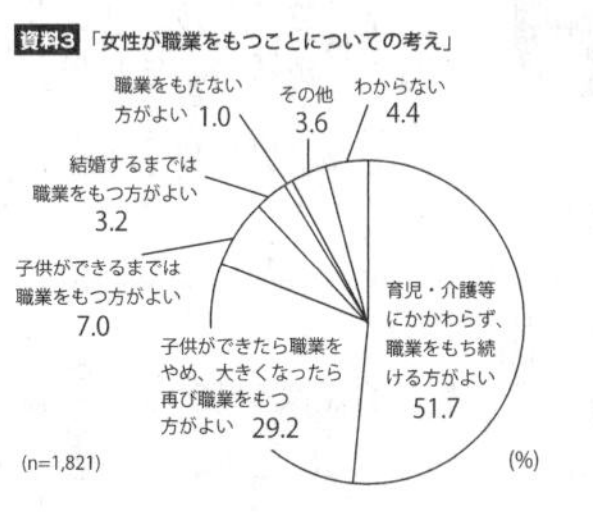

また、「都政もの」といえば、近年は少子高齢化、防災対策など、特定の分野がテーマとなることがほとんどでしたが、発表された問題例は様々な分野からの回答が可能なものでした。今回の創作問題では、特定の分野についての資料を提示しましたが、特定の分野に縛られない資料が提示される可能性も十分にあります。これまで都政ものは当日の問題によって当たり外れが大きく左右されましたが、抽出課題については、資料の項目のうち、いずれか一つあるいは共通する項目でも差し支えないとされていますので、幅広く都政について勉強しておけば十分に対応できる可能性があります。

講評

（1）では課題の抽出が求められていますが、問題文に「資料を分析して」という条件が付いています。このことから、仮に正しい情報でも資料から読み取れないことは書かない方が良いことが推測されます。

また、通知文では「事実の論述に終始することを期待しているのではない」と注意もしています。以上から（1）は「～ということがある（現状）。都は～する必要がある（課題設定）」といった形のようにすると問いに対応した形になると思います。

（2）では（1）で述べた課題に対する解決策を記述します。通知文では「新たな取り組みを提案するか、または現在の都が行っている事業に対する改善策等を述べてもよい」とされていますが、「いずれにしても具体的で実現性のある取り組みを述べる必要がある」と注意があります。この点について、特に都政ものの解決策は「～を促進する」「～と連携する」「～を支援する」といった表現になりがちですが、これだけでやめてしまうと単なる目的の記述にとどまってしまい、具体的ではないと評価されてしまう可能性があります。「説明会を開催する」「補助制度を創設して助成を行う」「条例を制定する」など誰が聞いてもイメージできる手段を記述するようにしてください。

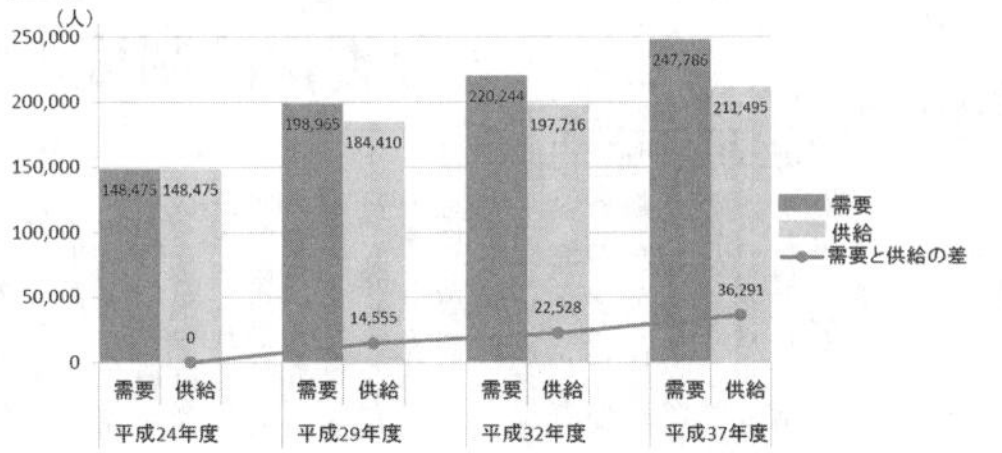

また、取り組みを述べるに当たっては、「理由とともに」述べることを条件としています。ここでいう「理由」とは（1）の課題を解決するために「なぜ、この解決策がその課題を解消し得るのか」と同義だと考えられます。すなわち、「なぜ、その課題が発生しているのか」という背景分析をすることが必須と考えられます。例えば「超過勤務を解消する必要がある」という課題に対しては様々な解決策が考えられますが、明らかに仕事量が多いのか、それともダラダラと仕事をする雰囲気ができてしまっているからなのか、超過勤務が発生している背景＝原因次第で採るべき解決策は異なります。「課題が発生しているのは背景（＝原因）として～という状況であるから、この解決策を実行すればその背景（＝原因）を解消することができる。背景を解消できればそれにより発生していた課題も解消する」という論理構成です。通知文の指摘事項及び問題文の条件は必ず記述するべき事項ですが、この「理由」については、「論文」を書くことが求められる以上、記述した解決策が有効であることを証明するために必須のものです。仮に問題文で言及されていなかったとしても、記述することが求められていると考えて良いと思われます。ここでは「理由」を背景分析という形で示しましたが、このような形でなくても必ず「この解決策がなぜ有効か」という理由を記述するようにしてください。

今回は背景分析の前に、この課題に対して都はどのようなスタンスで課題に取り組むかという大局観を示す記述をしています。問題文で求められているものではありませんが、各解決策（＝各論）の前に、そもそも課題が山積している都政において、なぜ論文のテーマに取り組む必要があるのか（＝総論）を示すことができれば、その後に述べる個々の解決策の説得力が増すと思われます。記述する際の参考にしてもらえればと思います。

これまで大半の論文に記述されていたと思われる最後の決意表明については、通知文で「評価の対象としない」ことが明示されましたので、記述は不要です。

文章を書くことに限らず、自分で作成したものに対して自らその間違いに気付くことは困難です。自分で自分の作ったものの間違いに気付くためにはできる限り客観的に見ることが必要です。（1）の課題設定と（2）の背景分析は同じことの繰り返しになっていないか（～という背景があるから課題が発生しているという原因と結果の因果関係になっているか）、（1）で設定した課題に対して背景分析と解決策がそれぞれきちんと提示されているか（言いっぱなしまたは突然の提示となっていないか）、これらを確認するために文章を書き始める前に必ずレジュメを作成してください。

最後に、今回のように出題傾向が変わるとどのように文章を書いてよいか分からなくなり、不安になっていると思います。しかし、これまで述べた通り、問題文で問われたことをきちんと記述し、解決策が具体的かつ実現性が高く、なぜその解決策が課題の解消に有効なのか、という論文の基本を記述することが必要なことは変わっていません。どのような出題がされても対応できるように論文の基礎基本をしっかりと押さえて臨むようにしてください。

カレントトピックス 29年度 37

社会事情

■後発薬の普及8割へ（5月19日）

厚生労働省は、後発医薬品（ジェネリック）の普及割合を80%に引き上げる目標時期を、半年前倒しして2020年秋にする方針を決めた。普及を早めることで、薬剤費を抑制させる考え。現在、増え続けている薬剤費に関しても価格の安い薬の普及を加速させることで、社会保障費の抑制を目指す。

後発薬自体は特許の切れた先発薬と効能が基本的に同じだが、薬価は先発薬の2～7割程度と安くなっている。15年に定めた普及目標は「20年度末までになるべく早い時期に80%以上」としていたが、17年は推計で65・1%であり、普及していない地域での取り組みを強化する。

また、現在はほとんど普及していない遺伝子組み換えや動物細胞などを使ってつくる「バイオ医薬品」の後発品の開発に向けた研究支援も進めるとともに、品目数を今の29から20年度末までに倍増を目指していく。

さらに、特許期間中の新薬の価格を維持する加算制度については、対象となる医薬品の範囲や企業を見直す方針も打ち出し、使われない残薬や重複投薬を減らすために、かかりつけ薬剤師の普及も表明している。

■自民の憲法改正原案は年内に（5月21日）

安倍晋三首相は一部報道に対し自民党の憲法改正原案について、憲法9条に自衛隊の存在を明記した上で、年内に示したいと述べた。首相は党憲法改正推進本部に対して原案づくりを指示してはいたが、期限を明言したのは初めて。

首相は2020年の新憲法施行を目指すとし、9条への自衛隊の存在明記など改憲項目について触れ、党内議論の加速化への期待についても言及した。

首相が憲法改正を掲げることに対して、野党から立憲主義に反しているとの批判があるが、首相は国民に訴えることで議論をさらに深めて、促進していく責任があると反論し、各政党が案を出すべきだと主張している。

自民党は原案づくりに向け、党憲法改正推進本部を拡充し、挙党態勢で臨む方針であるが、5月18日の衆院憲法審査会で野党から首相の改憲発言に批判が噴出するなど、与野党の対立は激しくなっている。

■沖縄海兵隊のグアム移転見直しも（5月24日）

米海兵隊のネラー総司令官は、上院歳出委員会の公聴会で証言し、沖縄県に駐留する米海兵隊の米領グアム移転計画の見直しを検討していることを明らかにした。

日本政府はグアム移転を前提に沖縄の負担軽減を図る考えで、在沖縄海兵隊約1万9千人のうち約4千人をグアム、約5千人をハワイなどに移転させることで日米両政府が合意しているため、今後、沖縄県の米軍普天間飛行場の移設計画に影響する可能性も出てくる。

北朝鮮はグアムを狙う中距離弾道ミサイル「ムスダン」の発射実験を繰り返しているほか、5月14日には射程をさらに延ばした新型中距離弾道ミサイル「火星12」の発射実験に成功している。

ネラー総司令官は北朝鮮の名指しを避けつつも、北朝鮮の核・ミサイル開発が進展していることを念頭に、戦略的な情勢が変わったことについて言及した。

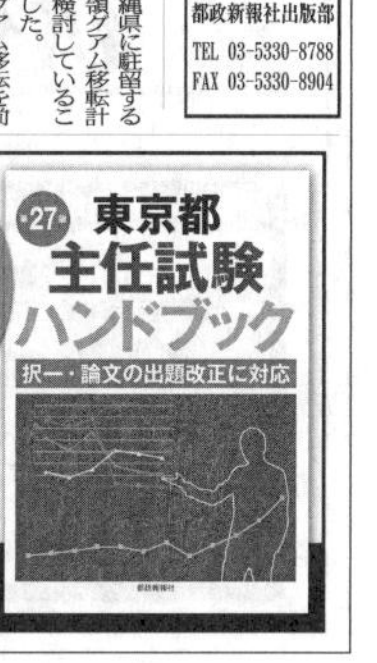

また、グアムや近くのテニアン島で環境問題のため訓練場が十分に確保できない現状についても懸念を表明している。

台東区

桜橋で両区長・議長が対談

隅田川を挟んだ墨田区と台東区は今年、23区では珍しい姉妹区提携から40周年を迎えました。両区は隅田川を挟んで両岸を多くの橋で結んでいます。スカイツリーの開業や花火大会などを通じて、多くの人が訪れ、お互いの区を行き交います。今回は両区の職員に、墨田区と台東区のつながりと、隅田川にちなんだまち歩きスポットや観光スポット、40年を迎えた思いなどを2回に分けて書いてもらいました。（編集部）

隅田公園オープンカフェから隅田川上流に沿って足を延ばすと、在原業平が「名にしおはば　いざ言問わん都鳥　わが思う人は　ありやなしやと」と詠んだことがその名の由来とされる「言問橋」に続いて、台東区・墨田区の提携事業として1985年に架橋された「桜橋」が見えてきます。桜橋は、流れるような曲線を描いたX字型の姿が特徴的で、隅田川における唯一の歩行者専用橋です。

両区の友好の象徴である桜橋で、姉妹区提携からちょうど40年を迎えた今年4月10日、隅田公園の千本桜が美しく咲き誇る中、服部征夫台東区長、太田雅久台東区議会議長（当時）、山本亨墨田区長、坂下修墨田区議会議長（当時）の4人が姉妹区提携40周年記念対談を行いました。

記念対談では、服部区長が、都議会議員時代に墨田区役所うるおい広場にある勝海舟の銅像の建立に関わった経験を語りました。また、山本区長、太田議長、坂下議長は、桜橋建設当時のことや、スポーツ交流のエピソードなどを話し、隅田川を挟んだ台東区と墨田区との密接なつながりを改めて感じました。

さらに、今後の交流の展望について、服部区長が「両区の魅力や文化資源を活用しながら、人の流れを活性化していくことが大切」と話すと、山本区長は「両区がプロモーションやイベントを共同で行い、スポーツ・芸術・文化など様々な切り口でお互いにPRしていくことが大事」と応じました。

桜橋で行われた墨田・台東両区の区・議長による記念対談＝4月10日

交流の中心・隅田川沿いを歩いて

提携以来両区は、夏の風物詩である隅田川花火大会や、両区民が参加するスポーツ大会、隅田川で開催される早慶レガッタなどを通じて、交流を深めてきました。また、2012年の東京スカイツリーの開業や、昨年11月に開館したすみだ北斎美術館を含め、往来する区民や観光客が増え、両区が更に大きく飛躍する可能性を持っています。

40年間にわたる交流の中心を担い、人々に親しまれてきた隅田川沿いを歩いてみることにしました。

雷門から歩いてすぐ、吾妻橋のたもとの階段を下りると、テラスに停留する水上バスに多くの観光客が乗り込み、浜離宮やお台場まで周遊するクルーズの出発を今か今かと待ちわびていました。

台東区の隅田川沿いは、上流は白鬚橋から下流は厩橋まで、整備された「隅田川テラス」が続いており、散策やジョギングを楽しむ方に人気のスポットです。

水上バスの乗り場を少し北上し、上流側に歩くと川を挟んで右手に、首都高速6号向島線が走り、澄みわたる青空の下に東京スカイツリーと墨田区役所、アサヒビール本社ビルの雄大な姿が並んでそびえたち、風光明媚な景色に思わずカメラを手に取りたくなります。

さらに北上すると、東武鉄道の鉄橋を越え、言問橋の手前左側の階段を上ったところに「隅田公園オープンカフェ」が見えてきます。このカフェは、都内初の民間事業者による河川敷地を利用したオープンカフェとして、13年10月に2店舗が開設されました。カフェ周辺では、多くの外国人が散策を楽しんでおり、女性が着物を着て記念写真を撮影する光景が目立ちます。

「16年度台東区観光統計・マーケティング調査」では、830万人（14年比304万人増）の外国人観光客が台東区を訪れており、現在は珍しくないこの光景に、40年前からの時の流れを感じました。

スカイツリーを臨む絶好のビューポイントにある「隅田川オープンカフェ」

このカフェの脇の階段を下り、テラスに降りると、水上バス「東京水辺ライン」の乗降所があり、こちらからもクルーズを楽しむことができます。

カフェから隅田川を下流に向かい、吾妻橋方面に戻ることにします。

さらに進み駒形橋を通り過ぎると、かつて一帯に幕府の御米蔵があり、米の運搬のために馬もたくさん飼われたことから名づけられたといわれる厩橋が見えます。階段を上ると、橋のたもとには、男女の横顔が描かれた芸術的な公衆トイレがあり、訪れる人の目を楽しませてくれます。

今上ってきた階段を下り、蔵前橋に向かって歩くと、左側に葛飾北斎の浮世絵図が二つ設置されています。この浮世絵は「榧寺の高灯篭」「御厩川岸乗合」「首尾の松の鉤船　椎木の夕蝉」のタイトルで知られています。江戸時代に90年の生涯のほとんどを墨田区内で過ごしながら多くの作品を残した北斎を顕彰した「すみだ北斎美術館」には、開館以来多くの方が訪れ、話題となっています。隅田川をはさんで台東区側から墨田区側を描いたこの絵が、台東区側のテラスに今も展示されていることに、大変意義深いものを感じました。

珍しい区同士の提携

台東区は現在、国内8都市と姉妹・友好都市提携を行っていますが、最初に提携したのは墨田区になります。また、特別区同士で姉妹区を提携している区は他に聞いたことがありません。今回40周年を迎え、改めて両区のつながりを感じました。

隅田川を挟んで交流を続けてきた両区は、姉妹区提携40周年事業として、9月に東京スカイツリー内の「すみだまち処」でパネル展を行うほか、10月に台東区で行う「ふるさとPRフェスタ」、墨田区で行う「すみだまつり」への相互出展を予定しています。引き続き両区は、各分野における交流と協力を深め、地域の活性化を図っていきます。

（台東区国際・都市交流推進室都市交流課係長　木村裕）

『未来の想い出』に会いに行く。

東京のりもの散歩　いちょうマークの車窓から －2－

交通局巣鴨自動車営業所　二坂　英之

東京メトロ要町駅、または西武鉄道椎名町駅から歩いて8分ほど。豊島区立千早フラワー公園は閑静な住宅地にある。

童話の世界に登場するような城をイメージしているのか、国旗を連想させる装飾をてっぺんにほどこしたミニアスレチック施設や、鉄棒、ブランコなどの遊具が配置されており、晴れた日曜日の昼下がりなどには、家族連れで大変なにぎわいを見せる。一見すると、ごく普通の区立公園だが、ここでは都営交通にゆかりの深い、ある記念物に接することができるのである。

公園の片隅にフェンスで仕切られた区画があり、日中に一般開放されている。そこに足を踏み入れると、駅のプラットホームを模したコンクリートの両側に、どこか懐かしい外観のステンレス製電車が1両ずつ停まっている。「都営地下鉄12号線試作車」である。

2000年12月12日に全線が開通した都営大江戸線は、1991年の12月10日に練馬～光が丘間で営業を開始した当初、都営12号線と呼ばれていた。00年4月20日に新宿～国立競技場間が開通した際、都営大江戸線という現在の名称になった。

試作車1号車（12－001）と2号車（12－002）は都営浅草線の馬込検車場（当時）などでの各種試験の後、交通局から豊島区に無償譲渡され、91年1月に千早フラワー公園に設置されたとのことである。

お気づきだろうか。千早フラワー公園の試作車は、最初の練馬～光が丘間が開業する1年近く前にはすべての任務を完遂し、現在の場所にやってきた。宿命といえばそれまでだが、開業を待つことなく記念碑的な存在と化したのである。

やがて訪れる未来のために開発され、未来が現実になるより以前に、役割を卒業する。

晴れた日曜日の昼下がり。「都営地下鉄12号線試作車」1号車の座席に座り、物思いにふける（2号車は自治会の集会所的な使われ方をされており、通常は施錠されているが、1号車には誰でも自由に乗車できる）。

その時、私の脳裏に浮かんだ言葉は「未来の想い出」だった。未来の象徴であったにもかかわらず、数十年の時を経て、既に懐かしい。『未来の想い出』は藤子・F・不二雄のSF漫画の題名である。

なお、同作品の内容は、公園とも都営大江戸線とも無関係である。あくまでもイメージの話であるので、あしからず。

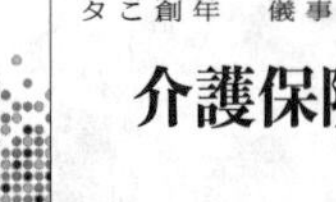

介護保険制度の強さと脆さ

2018年改正と問題点

鏡諭 編著　公人の友社刊

介護保険制度のスタート時、介護の社会化への道が開かれたと思った人は多い。また地方分権の試金石と声高に言われ、これからは自治体の裁量が物をいう時代への幕開けでもあった。

スタートから16年。介護現場は人材不足で疲弊し、要介護者は入所施設へ流れ、在宅サービス事業者は厳しい経営を余儀なくされている。

本書はこれからの10年を考える時、介護保険創設時を丁寧にひも解くことから始まるとし、スタート時の理念と議論が分かりやすい語り口で紹介されている。今後は給付と負担のバランスを図ることが政策課題となるとしており、編著者は元自治体職員らしく、国民的議論の必要性を説き、「市民は改めて何を期待するかを考え、今後につなげていくことが必要」と強調する。

度重なる改正により創設当時の理念が変質していくさまが丁寧に解説されている。7期介護保険事業計画策定が目前の自治体職員はもとより、地域包括支援センター職員、介護保険事業所職員など、2018年の改正に向けて取り組む方向が見えてくる。

3自治体の紹介もある。介護保険の枠を超えた「ねりま介護保険問題研究会」や、全国一番乗りの「練馬区総合事業」の取り組みから、「自分たちの地域包括ケアシステムを自分たちの手で自分たちにあった形に作り上げることも可能である」と結んでいる。

また、八王子市自治研究センターの「共助のまちづくりシンポジウム」を重ねてきた事例として、「第7回シンポジウム」（16年）が、単に給付の削減を補う目的ではなく、まちづくりに向けた価値を共有する自治体と市民の覚悟を確認した場となったとある。

3例目は「西東京市にふさわしい誰もが主役の地域包括システム」である。市民のための市民の手によるフレイル予防の取り組みを通して、全国に発信できる「オール西東京モデル」を模索しているという。

本書は地域に暮らす誰もが参加できる仕組み作りが、未来へ通じる道となり、今、その入り口に立っていることを示唆している。

定価2600円＋税

（NPO法人サポートハウス年輪理事長　安岡厚子）

『都庁俳句』作品抄（7月1日発行）

さらさらと光ふりくる竹の秋　上部　隆男
蝌蚪にしてすでに風格牛蛙　奥田　弘學
国旗持たぬ暮しや憲法記念の日　伊　達　天
退院の四肢伸ばしゐる五月晴　片野　信子
麦秋の神奈川都民千葉都民　武内　利夫
山深き結願寺や著莪の花　神谷　邦男
斑鳩の白き道なり初夏の風　内田　香晴
ここからは武蔵野となる彼岸寺　間中恵美子
老いてなほ確かな記憶昭和の日　山口　昭義
新しき地蔵の帽子余花の雨　成戸　寿彦
尾がからむはしゃぎ過ぎたる鯉のぼり　葛西美枝子
寺若葉跡継ぐ僧の声朗々　本田はじめ
柿若葉年々遠くなる生家　土井　湧輔
音たてて桜蕊降る石の上　早津　満子
雨蛙そろそろ話題変へないか　三原徹次郎
夏つばめ鉄砲狭間かすめけり　山崎三樹夫
雁帰る大魚の句碑を置きざりに　佐々木いつき

会員募集・見本誌月刊『都庁俳句』贈呈。連絡先　佐々木☎03・3956・6342

都政新報

発行所 都政新報社
〒160-0023 東京都新宿区西新宿7-23-1 TSビル
〈総務・読者〉03-5330-8781
〈企画広告〉03-5330-8784
〈編集〉03-5330-8786
〈出版〉03-5330-8788
〈ファクス〉03-5330-8808
購読料 月1,730円(税込)
毎週火・金曜日発行
ただし、祝日は休刊

紙面から

跡地賃貸案が急浮上

築地市場　年間賃料160億円で試算

築地市場の移転問題で、都が豊洲新市場に移転した上で、築地市場跡地を民間に貸し出す案が検討課題に追加された。これまで築地市場跡地は売却し、その一部を豊洲の総事業費に充当する計画だったが、土地の賃料収入で賄うスキームだ。市場のあり方戦略本部は15日に市場会計の持続可能性などを話し合い、年間160億円で貸し付けた場合の試算を示した。貸し付けに当たっては、築地の売却額に見合う賃料収入が得られるかが最大の課題となる上、築地再整備を求める市場業者との調整も必要となるなど、実現のハードルは高い。きょう16日には同本部で豊洲市場の安全性の議論が行われ、知事が23日の都議選告示前に判断するかが焦点となる。

業界調整など課題山積

都はこれまで、豊洲市場整備に5884億円をかけており、築地市場跡地を4386億円で売却し、賄う計画だった。豊洲市場開場後は年間92億円の赤字になると試算されているが、築地市場跡地の売却で市場会計は10年以上持続することが可能としていた。

都は築地跡地の賃料収入を試算しており、15日の会合で2021年度から年間160億円で50年間貸し付けた場合、市場会計は当面安定的に維持することが可能とした。

賃料は事業用地を地価の3・6%、住宅用地を同2・7%で試算しているが、官房系の幹部からは「本当に市場会計は破綻しないのか」との懸念の声が上がる。賃料収入は、着工日や建物完成時点などいつから見込めるのか不透明である上、景気変動で賃料が下落する恐れがあるためだ。

築地の貸し出し案を実現するには築地の用途変更が必要となり、都都市計画審議会で決定しなければならない。一般的に、都計審への付議から都市計画決定の告示まで約2カ月がかかるという。付議の前には築地の周辺住民の意見を聴取し、都市計画案を策定する手続きがあるため、都と住民との間で紛争が起きれば、都市計画決定までは大幅に時間がかかる。

豊洲市場の開場後、中央卸売市場が豊洲整備で発行した企業債2627億円の償還も控え、賃料収入で返済ができなければ、借金を借金で返す悪循環に陥りかねない危惧もある。

賃料収入だけでなく、移転反対派との調整も難航が予想される。反対派の一人は「移転は無理」などと反発しており、築地再整備を求めているが、市場に詳しい都幹部の一人は「国の卸売市場整備基本方針では、人口減少に伴う消費量の減少などを受け、中央卸売市場の新設を認めていない」と解説する。豊洲に移転すれば、築地は中央卸売市場ではなくなり、反対派が築地再整備を求めても不可能となる。

一方、豊洲市場は市場業者から安全対策などが必要との声が出ている。業界団体の幹部は「知事が豊洲の安全宣言をして、風評を払拭しない限り、豊洲には移転できない」と漏らす。

また、豊洲市場の土壌汚染対策を検討した専門家会議が豊洲の地下水に含まれる水銀などが気化し、施設内への進入を防ぐ追加対策を2案示したが、工期はそれぞれ8カ月と22カ月となっている。豊洲に移転する場合、追加対策を講じなければ風評被害の払拭につながらないとの声もあり、工事期間や移転に向けた業界調整を考慮すると、年度内の移転は極めて困難となる。

小池知事は専門家会議と築地市場の移転問題を検証する市場問題プロジェクトチームの報告書に加え、市場問題を総点検する市場のあり方戦略本部の検証を踏まえ、移転の可否を判断する考えを示している。戦略本部は14日に開催する予定だったが、知事の意向で延期となった。都幹部の一人は延期の理由を「豊洲移転と築地貸し出し案に対する世論の反応を見ようとしているのではないか」と分析した。

豊洲に移転し、築地市場跡地を民間に貸し出した場合、賃料収入が課題となる

公認漏れ3氏が出馬

希望の塾出身　知事に「是々非々」で対決

小池知事が主宰する「希望の塾」の参加者3人が13日に会見を開き、都議選に無所属で出馬する意向を明かした。いずれも都民ファーストの会から公認は受けず、同会の公認・推薦候補と対峙する選挙区もある。

出馬を表明したのは、会社経営者の齋藤一恵氏(中央)、アルバイトの宮本舜馬氏(荒川)、会社員の土居範洋氏(南多摩)の3人。中央(定数1)、南多摩(同2)には都民ファーストの公認候補が、荒川(同2)には推薦候補が出馬する予定で、直接対決する。

齋藤氏はシンガポールで人材育成会社を経営していたが、小池知事の就任に共鳴し、帰国して希望の塾に入塾。都議選対策講座を受講し、面接を行ったが公認を得られず、無所属での出馬を決めた。8日に小池知事宛ての手紙を都民ファーストの会に持参し、「仁義を切った」という。

野田数幹事長からは区議選への転向なども打診されたが、都議選への出馬を決め、政治団体「希望ファーストの会」を設立。中央から出馬する都民ファーストの西郷歩美氏と対峙する。

自身は「小池知事のビジョンを100%共有している」と話す一方、「要所要所では是々非々」とも語り、対話や議論による東京の変革を掲げる。また、豊洲新市場については、汚染の影響が出ないように対策を行った上で、移転を進めるべきとの立場だ。

同日、齋藤氏とは別に会見を行った宮本氏と土居氏はいずれも都議選対策講座の受講を望んだが、不合格だった。その際、選考基準が不透明だったとして、候補者が「知名度や資金、職歴などで選ばれている」と批判。都民ファーストの市場移転問題に関する公約も「知事への白紙委任状だ」と指摘した。

宮本氏、土居氏はいずれも無所属で活動し、「しがらみのない政治を目指す」としている。

都政の東西

幸せになる政策とは

世界的に有名な絵本『星の王子さま』には「かんじんなことは目に見えない」という有名な一節があるが、目に見えない幸せを求め、自治体施策に反映させようとする動きが進んでいる。住民の幸福実感向上を目指し、荒川区など94自治体が参画する基礎自治体連合「幸せリーグ」が7日に総会を開き、約2年間かけてグループごとに行ってきた調査結果を発表した。

「幸福度等意識調査の政策への反映」をテーマに発表した荒川区やつくば市らによると、住民が健康であることや地域とつながりがあることに幸福を実感する傾向が複数の自治体でみられたといい、施策に反映している例として介護予防運動教室の開催、民間企業と連携して運動習慣の定着や食生活の改善を促進する健康増進事業などを挙げた。

幸せを切り口に、複数の自治体が協力して調査結果をまとめる段階まで来たが、課題は山積している。幸せリーグ顧問を務める坂田一郎東京大学教授は、発表後の講評で「幸せという主観的な評価からアウトプットし、多角的な分析で自治体へのニーズを探る必要がある」と指摘した。調査のまとめでは、基礎自治体職員の最大の使命を「地域住民の幸福感の最大化」とし、サイレントマジョリティーから要望を積極的に聞く必要性があると言及した。

幸せの感じ方は人それぞれ。住民の幸福感を最大化しても、不幸を感じる人がいなくなるわけではない。それでも調査結果の発表に立つ職員からは、住民の幸せを追求する熱意が伝わってきた。こうした研究成果が出始めれば、目に見えない幸せが目に見えるようになるかもしれない。幸せへの取り組みは始まったばかりだ。

決戦に臨む ④　2017都議選　選対幹部に聞く

都政の伏魔殿から脱却を

——離党者が相次ぐ状況をどう見ていますか。

離党者が続いたことで、国政レベルを含めた党の求心力が低下する原因になった。支援者にも動揺が広がり、申し訳なく思っている。

——なぜ離党が増えたと捉えていますか。

民進党では都議選で当選できないという判断がベースにあるのだろう。更に、党の支持母体である連合東京が離党して都民ファーストの推薦を得た候補者を応援することも、党にとどまる必然性を低下させたのではないか。それを超えた求心力が党にあるべきだった。

——都民ファーストの影響は大きいですか。

都連の地方議員は約160人だが、そのうち60人程度が都民ファーストを応援している。連合東京の立ち位置も含め、従来の選挙とは様相が異なり、都民ファーストは敵軍ではなく友軍とも言える。その点を本戦前にどのように整理するかが一つのテーマになる。

——市場移転はどのような立場ですか。

都議会で2010年に議決したように、豊洲の汚染物質が環境基準値以下ならば移転を認める立場だ。現段階の調査では条件を満たしていない。一方で、築地の土壌に対しても同じ理屈で考えていくことになる。

——公認候補には移転容認派も否定派もいます。

「基準値を下回る見込みがないから絶対反対」という人もいれば、「移転賛成だが条件がある」と訴える人もいる。前提条件は同じことだ。

——「知事対自民」がクローズアップされています。

知事と議会の関係は緊張関係が必要で、議会がイエスマンだけでいいのかということは議論がある。だが、今回の選挙は「小池か反小池か」という要素だけではない。都政が伏魔殿となっている状況を脱却するには、小池知事が数年でできる仕事ではなく、10年はかかる。豊洲移転であぶり出された問題は、都政のガバナビリティーのなさだ。

——具体的にはどのような点ですか。

市場問題では盛り土をしたと言いながら、実際にはされていなかった。そのような都政を正していかなければならない。権力は必ず腐敗するもの。本当の改革はまだ始まっていない。

——争点はどこにあると考えますか。

都政の伏魔殿の大掃除だ。我々は都民の税金を一円たりとも無駄にしないことをテーマにしている。13兆円の予算を持つ都は、極めて無駄が多く、知事一人ではチェックできない。議員一人ひとりが財務諸表に強くなり、必死に調べる必要がある。無駄をチェックすることで、待機児童問題や特養整備などの予算も捻出できる。

——重点区は。

都連としては、調査の結果、議席が取れそうな選挙区で重点的に取り組む。民進党としては加計学園の問題などで支持率が上がってきている。安倍政権の傲慢さや不公正さや「お友達ファースト」に対して、自民党にお灸を据えたいと思っている有権者に訴えかけ、常に自民党と対抗する存在である民進党に票を入れてもらいたい。

——最後に意気込みをお願いします。

党に残った公認候補予定者を中心に、本当に自民党の「傲慢さ」に対して改革勢力がどこなのかを明快にしていく。安倍政権に対してもメスを入れながら、都の伏魔殿も大掃除するために団結して戦っていく。

民進党
都連会長
松原 仁氏

都生活文化局

地域課題「プロボノ」で解決

会社員ボランティアを活用

都生活文化局は、専門スキルを持つ会社員などによるボランティア活動「プロボノ」を活用した地域の課題解決プロジェクトを開始する。高齢化が進む町会・自治会などの活動を支援するとともに、ボランティア文化の定着を図るのが目的。

「プロボノ」は企業の現役社員などが、業務経験などを生かして行うボランティア活動で、社外でのスキル活用や交流の機会を得ることができる新たな社会貢献活動として注目されている。

都はプロボノの運営実績のある認定NPO法人「サービスグラント」と連携し、ボランティアによる課題解決チームを編成。町会・自治会が抱える「加入率を高めたい」「イベントを企画したい」などの課題やニーズに対して、計画立案や広告宣伝などを行う。

7月に町会・自治会向けの説明会を開催し、10団体程度を選定。10月にボランティアチームを結成し、具体的な取り組みを実施する予定だ。

◆障害者アートバスを運行

都教育委員会は12日から、都内全52校の都立特別支援学校を対象に、在籍生徒らの制作したアート作品を掲載したスクールバス(ラッピングバス)の運行を50コースに拡大した。都は昨年度、13コースで同バスを運行している。

バスは、優れた作品が都民の目に触れることで、障害児や障害者アートの理解促進を目的として16年から行われている「特別支援学校アートプロジェクト展」の出展作品をあしらったもの。今年2月の同展示では、生徒の作成した絵画や版画、写真、工芸作品など50点を展示した。

◆不妊治療の保険適用要望

9都県市首脳会議は15日、塩崎恭久厚労相に、不妊治療の医療保険適用化に関する要望を行った。国が体外受精と顕微授精への不妊治療費の一部助成を始めた2004年は補助件数が約1万8千件だったが、12年度は約13万5千件に増大した。一般的に不妊治療費は1回当たり30万～60万円かかるが、1回の補助の上限は15万円、通算6回などの制限があり、患者の経済的負担が重くなっている。広く行われている人工授精は全額が患者負担となるため、医療保険を適用するよう求めた。

また、不妊に悩む夫婦の割合は05年の25・8%から15年は35・0%に上昇しているが、不妊の原因は女性だけでなく、男性にもある。男性の不妊治療のうち、精子を採取するための手術などが医療保険適用外であり、対象にするよう要望した。

社告

(株)都政新報社は第65期定時株主総会をもって代表取締役大橋勲男は退任し、代表取締役吉田実が6月16日付で就任しました。

▽新代表取締役　吉田 実
▽退任＝代表取締役　大橋勲男

冗句ジョーク

久しぶりの明るいニュース、恩賜上野動物園のジャイアントパンダ、リーリーが出産

意欲満々課長「シンシンとリーリーの子だから、シンリーで決まり!」

ダジャレ部下「チンプ、課長は都民のシンリを分かっていませんネー」

品川区

貧困対策で国立中に進学枠

東京学芸大学と連携へ

品川区は12日、経済的に困難を抱える就学援助受給世帯の児童に対する学習機会の提供で、東京学芸大学と連携協定を結んだ。進学先として同大学付属中学校への特別入学枠を設ける。保護者の所得にかかわらず、子供の個性を伸ばし、自己実現できる環境を整えることが狙い。子供の貧困対策を巡っては、各自治体が矢継ぎ早に対策を打っているが、同大学によると特別に進学枠を設けるのは異例という。今回の連携は大学側からの申し出により実現した。

協定では、就学援助受給世帯約500人の区立小学校と義務教育学校の6年生のうち、40人を対象に学習支援を行うとともに、希望者に対して同大学付属竹早中学校に上限4人の進学枠を設けることを盛り込んだ。選抜方法は検討中だが、通常の付属小学校から中学校への進学である「連絡進学」の考えと同様に、付属中学校に進学後も勉強面などで問題がないかを見定める。面接では本人だけでなく、保護者の意欲も確認する。

同大学によると、経済的な事情による付属学校進学への枠の設定は全国の国公立大学でも異例という。品川区は小中一貫校の推進など先進的な教育行政を行っていることから、同大学が連携を申し出た。

学習支援の募集では、将来の目標を持つなど学習意欲があり、保護者も子供の自己実現を応援する意志があることなどを条件とした。

支援メニューは、同大学の学生によるタブレット端末を活用したオンラインでの学習支援や、対面指導、個別の教育相談など。区は会場の貸し出しや運営を担う。オンライン学習は、週2回各1時間10分で、学生とのマンツーマンにより習熟度に応じて支援する。対面指導は、毎月1～2回各2時間で土曜日に行う。

東京学芸大学の出口利定学長は協定締結に際し、「貧困家庭の子供の進学、学習支援に関して、できることは精いっぱいやりたい」と語り、濱野健区長は「貧困の連鎖を断ち切る意味でも、教育の力は大きい」と話した。

区と同大学は、児童及び保護者に作文を課すとともに、面接を行った上で、学習支援を9月から開始する。

協定書に署名する濱野区長(左)と学芸大学の出口学長＝12日、品川区役所で

公平性巡り課題も

【解説】子供の貧困問題に対し、大学が直接的な支援に立ち上がった。東京学芸大学の松田恵示副学長は「公平性の課題もあるが、どこかが第一歩を踏み出さないといけない」と語り、試行としての意義を強調した。

経済的格差によらず、教育の機会の平等を担保するという観点では、公平性にかなう取り組みだ。その一方で、別の課題が浮かび上がる。

一つが「逆差別」への懸念だ。人種や性による差別解消に向け、米国などが導入する進学や職場の昇進などで優遇枠を設定する「アファーマティブ・アクション」に関しては、対象外の人への「逆差別」という批判が根強い。世帯所得を基準に実質的な進学枠を設けることで、公平性が損なわれるとの見方もできる。また、品川区の児童に対象者を限定することに対しては、居住地域による差別という批判が出かねない。

こうした課題に対し、松田副学長は「具体的なセーフティーネットのモデルの開発は大事。このモデルを波及させることで、公平性を担保したい」との認識を示し、「都立の一貫校を始め、他の学校にも広がってほしい」と話す。

経済的事由での進学が知られることにより、進学後にいじめなどの対象になる恐れもある。これに対しては、特別な枠の設定ではなく、あくまで通常の連絡進学枠内であることや、ダイバーシティー教育などで対処するという。

区固有教員の同校への派遣や、大学の演習科目での協力となる学生を通じ、両者にはメリットもある。区教育委員会の熊谷恵子指導課長は「研究水準の高い同校へ教員を派遣することで、区の指導力も上がる」と述べ、松田副学長は「教員養成の大学として、学生には経済的な困難性の実態を理解した上で、そうした子供たちを指導する力を養ってもらいたい」と期待する。

同大学は成果によって他の付属校に同モデルを広げる考え。課題は少なくないが、教育の機会の平等を実現するための取り組みは急務だ。(草)

文京区

保育所整備へ物件情報共有

不動産団体らと協定締結

文京区は13日、保育所整備を促進するため、区内の不動産団体と金融機関から不動産情報の提供を受ける協定を締結した。これまでは事業所から個別に情報提供を受けていたが、業界団体に加盟する事業所約400社に広げることで整備を加速させる狙いがある。区によると、23区初の取り組みという。

区が協定を結んだのは東京都宅地建物取引業協会文京区支部と全日本不動産協会東京都本部豊島文京支部、朝日信用金庫の3団体で、保育所の整備に適した物件があれば不動産管理者の承諾を得て区に情報提供してもらう。

事業所を介して提供を受けた不動産情報を保育所の開設を考えている運営事業者に紹介する取り組みは他の区も行っているが、物件オーナーが保育所の整備を敬遠したり、情報提供を受けた物件でも保育所の施設要件を満たすものが少ない状況があるという。協定を結ぶことで、業界団体加盟社全体から物件情報を募り、候補物件数を増やせる利点がある。

区の待機児童数は今年4月時点で、前年度比4人増の102人だった。成澤廣修区長は「毎年施設整備の目標数をクリアしても、転入や人口増に加えて利用率が上がっている。早急に対応したい」と話し、協定によって保育所整備に弾みをつけたい考えを示した。

不動産団体によれば、今年度から都が保育所に使用する土地や家屋の固定資産税を全額免除する制度を始めたことも物件オーナーが保育所運営事業者と契約する追い風になる見込みだ。待機児童を解消できるだけの物件が掘り起こせるかは不透明だが、全日本不動産協会の荻原武彦豊島文京支部長は「未利用地や低利用地を積極的に提案することはできる」と話す。

区子ども施設担当課の宮原佐千子課長は「区内全域から多くの物件情報を集めれば、保育所を整備しようと物件を探している事業者と引き合わせやすくなる」と話し、連携の効果を期待する。

定数1減で党派色鮮明に

都議選2017 激戦勃発 注目選挙区の情勢 (中)

中野区

今回から定数が1減の3人区となった中野区では、6人が立候補を予定しており、議席を分け合う自民、公明、共産、民進に都民ファーストが割って入り、幸福実現党が追う展開となっている。

特に関心を集めているのが、自民の川井重勇(68)と都民ファーストの荒木千陽(35)の争いだ。川井は党を代表する重鎮で、小池知事の就任直後に握手を断った議長として批判にさらされた。一方、荒木は小池知事の元公設第1秘書で、先月まで知事と同居生活を送っていたことから、「自民対小池知事」の象徴的な対立構図として各種メディアで話題となった。

そうした中で12日に開かれた東京青年会議所主催の公開討論会は川井と荒木の初の直接対決の場として注目が集まったが、荒木が欠席。主催者によると、出席を打診した際には承諾したが、9日に欠席の連絡があり、理由の説明はなかったという。司会者は「政策を戦わせる機会を逃し、他のことを優先させたのは残念。風頼みで当選しようと思っているのか」と批判したが、川井は「都民ファーストの政策がどういうものか興味深く、議論を楽しみにしていた」と淡々と述べるにとどめ、他の4人も荒木に関する言及を避けた。

注目候補の欠席で、聴衆には盛り上がりに欠ける展開だったかもしれないが、討論会を通じて各党のカラーが明確に浮かび上がった印象だ。

荒木には小池知事が積極的に応援に入り、11日の決起集会は約700人が集まった。5月に会派を結成した区議3人の支援もあって浸透が進む中、討論会に出席して攻撃を受けるよりも欠席する方がリスクは小さいという見方もある。

荒木を除く5人が出席して開かれた東京青年会議所主催の公開討論会＝12日、中野駅北口広場で

川井は5期20年で培った支持基盤が底堅い。自民は09年選挙まで候補者を2人擁立してきたが、前回から川井1人に絞っており、浮動票の獲得よりも支持層の流出阻止に集中できる。前回は討論会を欠席しており、今回は会合参加を理由に途中退席した。

公明の高倉良生(60)は現職3期の実績を訴えつつ、選挙戦でのライバルに関する質問には共産の浦野智美(36)を挙げるなど、選挙後の自民との関係を見据えた回答も聞かれた。

浦野は築地市場再整備を中心に党の公約をPRするとともに、中野駅周辺整備や新体育館建設など区政課題を交えて自民と公明への対決姿勢を明確に示した。

民進の西澤圭太(37)は川井や高倉に質問を投げ掛けて議論をリード。離党者続出で埋没が懸念される中で存在感をアピールした。

党派選挙の様相が日増しに高まる中、定数1減で当選ラインの上昇が見込まれる同選挙区の結果は、選挙後の議会構成を大きく左右することになりそうだ。

江戸川区スーパー堤防

補償費用を予算計上

土地引き渡し延期で

江戸川区内で国が整備を進めるスーパー堤防の地盤強度不足が判明した問題で、同区は12日に開会した第2回定例区議会に地権者への土地引き渡し延期に伴う補償費9342万円を盛り込んだ補正予算案を提出した。補償費は全額国庫支出金で賄う。

補償対象は、引き渡し延期により発生する仮住居の家賃や更新料、庭木の管理費などとなる。強度不足が判明するまでは3月末に引き渡す予定だったが、9月末に延期となったため6カ月分の追加費用を補償する。権利者は68人。

区や国が昨年12月以降に実施した調査により、375地点のうち16％に当たる60地点の地盤強度不足が判明。国はこれを受けて対策工事に向けた工法案を提示したが、引き渡し時期を本年12月末としたため、区や地権者が反発。国は工法を再提示した上で、5月の地権者への説明会で9月末に土地を引き渡す方針を示していた。

練馬区

絵本で区の魅力紹介

「あるある」テーマに

練馬区は8月1日に板橋区からの分離独立70周年を迎えることを記念し、区の魅力を紹介する絵本を使った広報キャンペーン「アイラブ練馬あるある」を15日から開始した。

キャンペーンでは、区内在住の人気絵本作家・のぶみ氏に依頼し、「練馬は良いところがいっぱいあるが、1番は何かと聞かれると答えられない」など自虐的な笑いを盛り込んだ「あるある」をテーマに絵本を制作。来月下旬をめどに製本して図書館や小学校に配布する。

製本に先立ち、絵本を紹介する動画を動画配信サイトで公開しており、19日からは西武池袋線池袋駅のデジタルサイネージでの放映を予定しているという。

区広聴広報課では、「区民に区への愛着を持ってもらい、区外の人に自慢したくなるようなブランディングにつなげたい」と話している。

パンダ誕生祝いラッピングバス

台東区

台東区は、12日に上野動物園でジャイアントパンダの赤ちゃんが生まれたのを祝い、区のコミュニティーバス「めぐりん」の前面のパネルにパンダ誕生を祝う装飾を施したラッピングバスを、17日から全4路線で運行を開始する。

出産したメスのシンシンは妊娠の傾向が確認され、先月25日から展示を中止していた。同区ではパンダ誕生のニュースを受け、出産日の翌13日には、区庁舎にパンダのイラスト付きの懸垂幕を設置した。

服部征夫区長は「赤ちゃん誕生の朗報は大変うれしく、区民にとっても大変喜ばしいことだ。区としても、地元関係団体と協力し、より一層区の魅力の創出に努めていく」とコメントを出した。

豊洲ぐるり公園 来月7日開園へ

江東区

江東区は14日、豊洲新市場の開場延期に伴い、開園を見送っていた区立豊洲ぐるり公園について、来月7日に部分開園すると区議会建設委員会に報告した。都は2日に開かれた第2回定例都議会で「7月上旬の開放を目指す」と答弁していた。

先行開園するのは約18㌔のうち、豊洲新市場に近接する部分を除く約8・5㌔で、園路や乗船場、水陸両用バス用スロープなどの施設。区は部分開園に際し、同スロープの使用料を新たに規定し、船舶1隻につき1回当たり、1日1回の使用は2800円、2回以上は2100円とした。また、同公園に設置する駐車場の使用料も定め、1時間400円とした。

区は、都が豊洲新市場に関する方針を確定し次第、同公園を管理運営する指定管理者の募集手続きに着手する。

記者席

意外と冷めてる市民の反応

○……「なにかイベントでもあるの?」。ある選挙区で行われた都議選の討論会を取材中、通りがかりの人から声を掛けられた。都議候補が政策を話し合うんですよ、と伝えると「ふーん」。興味なさげに立ち去っていった。

討論会では各地域の課題や市場移転問題で政党ごとに違いが如実に表れ、候補者の舌戦には熱が入っていた。一方、議会改革などのテーマでは、司会者が「有権者はあまり興味がないかも知れない」と話す場面も。対立構造やイデオロギーだけでなく、政策の中身への理解・関心を得ることは永遠の課題だ。今回の都議選では、注目の都政にふさわしい活発な議論を期待したい。

○……府中駅前で開発が遅れていた南口第一地区の再開発事業が完了し、来月14日に地上15階の複合ビルがオープンする。その中に設けられる市の市民活動センター「プラッツ」のこけら落としイベントが7月15日、府中大使の小室哲哉さんらを招いて行われる。また17日から1週間のオープン記念イベントには、木根尚登さんや佐藤竹善さん、岡本真夜さん、おもちゃ博物館館長の北原照久さん、中西圭三さん、アニメ映画監督の片渕須直さん、ユネスコ平和芸術家の城之内ミサさんなど豪華な顔ぶれが並ぶ。だが、上層階は住居で、「音が響くか心配」との声も。市民活動センターにしてはメンバーが豪華過ぎた?

○……有明など臨海部の近年の人口増加で、黒字経営への光明が見えている都営バスだが、外国人への対応では頭を悩ませている。特に課題になっているのは系統の表記。「都01」「錦01」のように漢字と番号の形だが、外国人が番号だけを頼りにバスに乗り、見当外れの場所に行ってしまうことが度々あるという。

地下鉄のようにアルファベットを使えばいいのだが、厄介なのがその系統の多さ。130以上の系統をアルファベットだけでは表しきれないからだ。

また今までの利用客のためにも漢字をなくしたくない事情もある。特に「都」の文字は「スペシャルな文字」と担当者。都営交通のプライドが感じられた。

特別区

予想される顔ぶれ

第20回都議選

▶15◀

江戸川区(定数5)

定数5の枠を巡り、現職5人に元職1人の計6人が争う展開。前回は民主が2人擁立して共倒れとなり、自民2人、公明、共産、みんなが議席を分け合った。

自民はいずれも現職で、6期目の田島和明(66)と、3期目の宇田川聡史(52)を擁立した。同区鹿骨を地盤とする田島が区北部、葛西が地盤の宇田川が南部ですみ分ける。ある自民区議は「葛西地区の人口の絶対数は多い上、業界団体に強い」として、宇田川が有利と見る。一方で他の自民区議は「葛西地区の支持層は目減りしている」と分析。前回ほどの差はつかないと見ている。宇田川は「自民の票を固めるのが大前提。2議席確保しないと意味がない」と力を込める。両者ともに衆院議員だった父を持つ地元の名士で、地盤は底堅い。

公明は現職で3期目の上野和彦(64)を立てる。前回は約4万5千票を獲得してトップ当選。初当選及び再選時は5万票を上回っており、党都本部は「盤石でないと困る」とし、「5万票が目標。投票率が上がった分だけ上乗せしたい」と話す。

共産は現職で3期目の河野百合恵(67)を公認した。一時は勇退して世代交代を模索したが、党江戸川地区委員会は「江戸川には下町的な部分があり、人で判断する区民も多い。現職の条件を生かし、何としても議席を取る」と意気込む。前回は約2万6千票で最下位当選だった。同委員会は「少なくとも3万5千票取らないと厳しい」と分析。3万5500票を獲得した昨年の参院選比例票並みの得票を目指す。

都民ファーストの会は、現職で1期目の上田令子(52)と、元職1期の田之上郁子(47)に公認を出した。上田は元区議で、前回はみんなから出馬して約3万1千票を獲得した。小池知事とは区議時代に道州制に関する勉強会で講師に招いて以来の付き合いで、昨年の知事選でも応援に回った。上田は「都民ファーストの票は5万と見ている。シビアな選挙になる」と気を引き締めるが、他会派からは当確との声が強い。

田之上は民主から出馬した前々回の都議選で約6万4千票をたたき出しトップ当選したが、前回は約1800差の次点に泣いた。3月に民主に離党届を出して公認を受けた。希望の塾塾生で、都議選で同会を支援する連合の組織内候補。「空中戦だけでなく、歩く選挙にする」と意欲を示す。＝おわり

田島和明氏

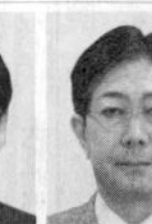

宇田川聡史氏

上野和彦氏

河野百合恵氏

上田令子氏

田之上郁子氏

前回の結果

◇江戸川区

	氏名	党派	得票	期
当	上野 和彦	(公現)	45,490	③
当	宇田川聡史	(自現)	44,956	③
当	田島 和明	(自現)	36,249	⑥
当	上田 令子	(み新)	31,139	①
当	河野百合恵	(共元)	25,783	③
	田之上郁子	(民現)	23,947	
	笹本 尚	(民現)	10,053	

《文中は敬称略》

小中一貫教育・市民科・英語科の10年から
品川教育ルネサンスへ
中島豊・品川区教育長に聞く

「夢のバトンタッチ」を子供たちにつなげたいとする濱野健区長の下、東京2020オリンピック・パラリンピックをビッグチャンスと捉え、「子供たちの夢や生き抜く力を育むことが学校の大切な役割」と話す中島豊教育長。教育改革の先頭を走ってきた品川区は今、「品川教育ルネサンス」を掲げ、新たなステージで「地域とともにある学校づくり」を進めようとしている。中島教育長に義務教育への思いを聞いた。

プラン21をベースに

1999年度から区の教育改革「プラン21」を推進してきた品川区。小中一貫教育を行う全国初の施設一体型の公立学校として、2006年には区立日野学園を開校し、昨年4月には施設一体型小中一貫校6校を「義務教育学校」と位置付けた。1年生から始める区独自の教科「市民科」「英語科」も導入から10年が過ぎ、道徳と特別活動と総合的な学習の時間を統合する形で実施してきた「市民科」は、学習指導要領の改訂や道徳の教科化を前に「先駆的にチャレンジしてきたものがやっと生きてきた」と話す。

03年から05年にかけて指導課長として改革に携わってきただけに、13年に教育長にと請われたことは天命と受け止めたという。今はプラン21をベースに置きつつも、「品川教育ルネサンス～For The Next Generation」を発信中だ。「制度や組織を見直していかなくては、時代の流れについていけない。次の世代につなげていくために、新たな品川教育を創生するものとなる」と語る。

その中で、義務教育9年間の系統性や連続性を重視した一貫教育を全ての区立学校で引き続き行っていくとともに、地域とともにある学校づくりについても「品川コミュニティ・スクール」として推進する。「周年行事の折など、かつては地域の方が土地等を提供して造り上げた学校が多くあると聞かされ、品川区立学校は昔から地域の熱い思いに支えられて今に至っていると強く感じている。一方で、校長が代わると学校経営方針が大きく変更されてしまうなど、これまでの学校組織や体制は必ずしも地域とともに歩んできたものではなかった」と教育長。そこで、継続的な仕組みとして地域住民が学校運営に参画する「校区教育協働委員会」と、実際に学校支援を行う「学校支援地域本部」の二つの組織を作るとともに、学校地域コーディネーターを各学校に配置することにした。今年度中に3分の2の区立学校に、来年度中には全校への配置を終える。コーディネーターは職員室に席を置き、「ゲストティーチャーやボランティア、町会との連携を取るなど、かゆいところに手が届く存在になっている」と学校からの報告が届いているという。

さらに、区ではより良い公教育を目指して学校選択制を推進しているが、世の中の変化に合わせて見直す時期だとして、学事制度審議会を立ち上げて検討に入った。「保護者や地域の人にも入ってもらい、年度末には最終答申を出して、学区域や今後の義務教育の在り方等の方向性が示されることになる」と話す。

7年周期で経験重ねる

教育長にと声を掛けられた時は、35年ぶりに東京で開催される第52回全国学校体育研究大会の実行委員で、研究のまとめ役をしており、13年11月に開催された同大会では、自身が校長だった杉並区立天沼小学校も分科会の会場となっていた。杉並区の井出隆安教育長に「こういう事情になった」と言うと、「校長の代わりはいるが教育長の代わりはいない」と、快く背中を押してくれ、現職に至った。

その天沼小は杉並区初の統合新校として08年に開校。初代校長として学校支援本部や学校運営協議会を発足しコミュニティ・スクールを作ってきた経験が品川区に戻り、改革を見直す大きなルーツになっているという。

元々は中学の数学教員を希望していたが、当時は空きがなく、いずれは校種を変えるつもりで江東区の小学校に。「教員の平均年齢が50歳くらいの学校で、7年ぶりに新卒が来たという状況だったので即、体育主任をやらされた」と苦笑する。

同区で7年を過ごし、千代田区の小学校にも7年。「中学校に替わるつもりで、数学の研究員の授業を参観したが、数人しか見に来ていなかった。一方、体育の研究授業では常に100人くらいが集まっており、勢いがあった」と当時を語る。その後、超難関だった体育の指導主事試験を突破し、杉並区、世田谷区で教育行政に携わる。

「体育で育ててもらったが、行政に入ると教育改革のうねりの中で様々な視点から公教育に関わらざるを得なくなり、やりがいを感じた」

昨今は人材育成の難しさを痛感するという。「品川区だけの課題ではないが、昔と違って若い人たちがこんなに簡単に折れるのかというケースが多々見られる。先生が元気でないと子供たちも力が出ないので、相談体制を充実させるとともに、業務の軽減を図っていきたい。管理職は早く帰るべきだとして、7年間の校長時代は極力早く帰宅していた。時間は無制限にあるわけではない。難しい課題だが、ワーク・ライフ・バランスや業務の軽重、手順等の意識付けをしていくことが重要だ」と語る。

子供たちの夢を育む

7年振りに戻った品川では、「特に7～9年生が落ち着いているのを感じる。人間形成の面での市民科の大きな効果だ。英語についても、一貫教育の成果が出ている」。グローバル時代を生き抜くための資質・能力を育成するための、市民科と英語科の10年間の実践を経て、「その良さが改めて分かった」と話す。

教育改革が叫ばれていた当時、「子供たちのために学校はどうあるべきか、が出発点だった。しかし、そのために学校を変えようと思っても、『教科書に沿って教えるのに、今のままで何が問題なのか』と問われ、区がシステムを変えていかないと、学校が自ら変われない実態があった」と振り返る。今では各学校で特色を打ち出して、様々なことに挑戦するとともに、地域との風通しも非常に良くなったと現状を捉える。

区はオリンピック・パラリンピック教育でも、いち早く独自学習教材を作成している。「区内には大使館も多く、連携しやすい。グローバル給食として、その国の料理を作り、お国の方を招いて一緒に食べるなどの取り組みも行っており、今後もいろいろな手段を講じていきたい」

もちろん、不登校やいじめなど多くの課題もあるが、「その対応のためだけで学校があるわけではない。地域とともに夢を育むことが学校の役割だ」と強調する。

現在、義務教育学校は都では品川の6校だけだが、「新たに校種として定着するまでには、1年生が卒業するまでかかるだろう」と先を見据えている。

Tokyo2020の先へ
未来へつなぐオリパラ教育 5

都立八王子特別支援学校
障害者理解
児童生徒の主体的な活動を発信

本校は小・中・高等部からなる知的障害教育校である。2017年度のオリンピック・パラリンピック教育アワード校となった。顕彰区分は「障害者理解」である。一人ひとりに応じた専門的な教育により、地域社会の一員として社会参加・自立できる人材を育成することと同時に、特別支援教育のセンター的機能を発揮して地域に障害者の理解啓発を行い、共生社会の文化を築くことがミッションである。外部の方に障害特性を伝えて理解を求めることも必要だが、私は本校の子供たちが主体的に活動している姿を見ていただくことが、深い障害者理解につながると考えている。子供たちのひたむきさが感動をもたらすことを、いつも私が実感しているからだ。

オリパラ教育の大きな重点である「障害者理解の促進」は、本校の特色を生かして学校を開き、積極的な教育活動の発信で具現化できる。本校ではルーチンワークを校務分掌部が担当し、学校課題に応じて企画・推進するものをプロジェクトチームが担当して課題解決に当たっている。

昨年度は、組織的な広報活動のために、アクションプラン・プロジェクトを加えた。外部に向け、子供の活動や制作したものを通して教育活動を発信することをアクションと呼び、昨年度は62アクションを達成した。今年度は70アクションを目指している。全てのアクションはHPの学校紹介の中に報告書を掲載しているので、ご覧いただきたい。

学習内容は、各教科等の学習内容とオリ・パラを関連付けるために示された「4つのテーマ」と「4つのアクション」について、本校のマトリックスを作成した＝図。通常、計画されている教育内容にオリパラを意識した活動を加えている。

知的障害のある子供たちは、座学で学ぶだけでなく、実際にやってみながら理解していくことが多い。先日の体育祭のことである。ある生徒は選抜リレーの選手でアンカーだったが、負けるのが嫌で体育祭の練習に参加できず不安定だった。本番では、運悪く距離をあけられてのバトンパス。しかし、彼は最後まで走り抜け、多くの拍手の中でゴールした。後に担任から、フエアプレイの気持ち良さを理解でき、来年に向けて頑張っていると報告を受けた。

各学部で「おもてなし喫茶」に取り組んでいる。小学部は「おひさまカフェ」で小5が校内の教職員を招く。徹底した構造化の中で、重度の障害があっても1人で動いているところが印象に残る。生活単元学習で実施し、事前に高等部の作業班の見学も行う。中学部は「トゥモロー・カフェ」で中3が保護者を招く。職業家庭で実施し、高等部喫茶班から手ほどきをうける。高等部は作業学習による「ビー・スマイルカフェ」で、地域の方々を対象にした喫茶サービスを行う。回を重ねることに人の役に立つことが子供たちの自尊感情を高めていると実感している。

オリンピアンを招聘（しょうへい）したレスリングの特別授業では、競技のデモンストレーションとオリンピアン及び拓殖大学レスリング部の学生との交流活動を主軸に計画した。オリンピック・パラリンピックを観戦して楽しむにはルールの理解が欠かせない。本校では、観戦重点競技をレスリングとサッカーに定め体験的に学ぶこととした。さらに拓殖大レスリング部と4年間交流を続けることを計画し、交流した選手が東京オリンピックに出場できることを祈りつつ、顔の見える関係で応援したいと考えている。

（都立八王子特別支援学校校長　吉田真理子）

	学ぶ(知る)	観る	する(体験・交流)	支える
オリンピック・パラリンピックの精神	<スポーツマンシップ> ・フェアプレー ・ルールを守る ・相手を尊重する ・諦めないで全力を尽くす ・仲間と力を合わせる 等 <オリンピック・パラリンピック等> ・歴史 ・競技会の種類 等	<スポーツマンシップの育成> ・運動会、体育祭、各種競技会を通してフェアプレーで挑み、スポーツマンシップを実践する。(ルールを守る、相手を尊重する、あきらめないで全力を尽くす、仲間と力を合わせる 等) <ボランティアマインドの育成> ・各学部のおもてなし喫茶 小学部:おひさまカフェ(学校内の教職員を招く) 中学部:トゥモロー・カフェ(保護者を招く) 高等部:ビー・スマイルカフェ(来校者、近隣住民等を招く) 全学部:地域清掃(近隣公園でのゴミ拾い、落ち葉拾い等)		<ボランティアマインド> 高等部生による ・小中学部支援(作業学習) 高等部作業班による ・高等学校総合文化祭音楽部門プログラムの印刷・製本 ・近隣企業への清掃奉仕 ・トライアルショップのオープニングイベント参加(都庁) ・小学部からの家事手伝い等
スポーツ	<オリンピック競技> ・ルールを学んでスポーツを楽しむ サッカー、レスリング <障害者スポーツ> ・フロアホッケー ・ボッチャ ・Tボール ・フライングディスク	<競技の観戦> ・ロンドン銅 湯元進一選手や拓殖大学レスリング部によるデモンストレーション ・パラリンピアンによる車いすバスケット観戦 (八王子市立第七小学校交流会)	<競技会への挑戦> ・部活動の振興 ・障害者スポーツ大会への参加 ・新宿シティハーフマラソン参加 ・府中マラソン参加 ・八王子夢街道駅伝参加 <スポーツを通しての交流> ・オリンピアンや拓殖大学との交流によるレスリング体験 ・ボッチャによる小・中の交流学習	<選手の応援> ・スペシャルオリンピックス フロアホッケー 全日本代表 高等部の中村暢康さんの応援 ・CPサッカー 全日本代表 卒業生花木一磨さんの応援 ・拓殖大学レスリング部の応援
文化	<国際理解> ・来校の事前授業として ポルトガル ・世界お友達プロジェクトの国々等 韓国、コロンビア、ツバル、ハンガリー 中国、アメリカ合衆国 ・海外青年協力隊経験者の教師による教材と授業 ガーナ、シリア、ニジェール ジンバブエ、ブラジル ・英語教員派遣事業による成果還元 ニュージーランド <日本の伝統文化> 国語:俳句、書道、かるた 音楽:太鼓、お琴 生活単元学習:茶道 作業学習:藍染め 江戸東京野菜の作付 保健体育:剣道	<芸術家等との連携> ・善竹十郎先生、大二郎先生による狂言の鑑賞(早稲田大学より派遣) ・東京現代美術館によるアーティスト派遣 ・武蔵野美術大学との連携による「旅するムサビ」 ・都立多摩図書館との連携 読み聞かせ、ブックトーク ・中井貴恵さんによる読み聞かせ	<芸術教育の充実> ・東京文化会館アーツカウンシル東京との連携 音楽ワークショップ(カーザ・ダ・ムジカ、東京文化会館) ・東京藝術大学との連携(音楽、美術) 藝大アールスペシャル2016・2017参加 ・NHK学校音楽コンクール東京都予選会フリー部門参加 ・地域の市民センター祭への参加 ・多摩産材木工・工作コンクールへの出品 知事賞受賞 ・アートプロジェクト展への出展 ・全国障害者アート公募展への出品 入選 <交流及び共同学習の充実> ・国際交流(ポルトガル) ・八王子市立小・中学校との音楽交流 ・八王子拓真高、八王子桑志高との音楽交流 ・八王子拓真高との園芸交流、文化祭への参加 ・南大沢学園、町田の丘学園との連携 <日本の伝統文化> ・浴衣着付け体験(PTA) ・新俳句大賞への応募	<社会への障害理解啓発> ・本校の児童・生徒が主体的に活動することによって、障害のある子供の理解を深める。 ・マスメディアによる児童・生徒の活動の発信 都政新報社、朝日新聞社、J:COM MXTV、テレビ東京 ・八王子市福祉課、ハローワークと連携した企業セミナーの開催 ・八王子市での研修会講師 <地域の特別支援教育充実> 幼稚園・保育園 巡回指導 出張幼児教室、プレスクール 小・中・高 巡回指導、研修会支援 障害理解に関する出前授業 大学 介護等体験事前指導支援
環境	・ごみの分別 ・バリアフリー ・マナー学習	・校内でのごみの分別 ・挨拶の徹底 ・作業学習等へのエコ製品の導入 ・花いっぱい活動		・地域の美化活動 ・ごみの分別、減量 ・節電 ・リサイクル

練馬区教委

人や社会につなげる
「不登校対策方針」を策定

練馬区は不登校対策に組織を挙げて取り組むとして、「練馬区教育委員会不登校対策方針」を4月に策定、学校現場に周知し、保護者や区民にもこのほど発表した。

まず理念として、▽一人ひとりの状態に寄り添う▽一人ひとりの自立を助ける▽一人ひとりを人や社会につなげる――を掲げ、①未然防止②初期対応③再登校支援④社会につながる支援――を柱に方針を立てた。「何が何でも学校へということではなく、人や社会とつながっていける支援を行う。不登校のままで中学を卒業すると永遠に孤独になってしまう」と教育振興部の齋藤健一教育政策担当副参事。特命として今年度は体力向上と小中一貫教育も担当する。

不登校について抜本的に解決の道筋をつけようと、河口浩教育長の強い思いから昨年度、方針策定に着手する一方、識者や小中学校長、教育振興部長ら職員をメンバーとする不登校対策会議で今も協議を進めている。

「不登校に至る事例は様々なので分析・検証を行い、いろいろなやり方を考え、アイデアを出していった。学校現場では校長、副校長、生活指導担当などが経験則で対応してしまいがちだが、具体的な手立てを示したことで、若い先生もベテランの先生にも役立ててもらえる」と齋藤副参事。

学校現場での自身の経験からも、「不登校の生徒には皆、悩みながら触れ合っている。悩みがなくなるわけではないが、区の方針が示されたことは重要なことだ」と話す。

不登校の定義や区の状況、これまでの対策も網羅。さらに、不登校の実態と対策の課題を各調査結果等から分析し、支援や指導の在り方、支援者の質と量の確保、適応指導教室の再検討など、7項目の課題を挙げている。

その上で対策方針として、必要な手立てを全て掲げた。新たに検討・実施するものでは、未然防止として、人間関係形成力を高めるための授業プログラムを考案する作成委員会が既に発足。帝京大の若林彰教授の下、特別活動部会に属する小・中学校の校長と教諭がそれぞれチームを組んで学習指導案を作成し、各学校に周知し、実践してもらうという。

初期対応では、区独自の「児童生徒支援シート」を開発し、教育委員会への報告・確認・支援のシステムを開発する。

再登校支援では、ITを活用した自宅学習のコンテンツと仕組みを開発する。「適応指導教室では今も既存の教材でITを活用しているが、面白いものがあるからやってみないかと勉強するきっかけとなるようなものになれば」と話す。また、フリースクールと教委の連携会議を設置する。

社会につながる支援では、スクールソーシャルワーカーを派遣依頼型から訪問型に変更し、地区担当制にすることで、一度関与した不登校児童生徒を継続的に支援する体制を整える。家庭への支援も関係機関と連携して実施していくという。

対策方針では、15項目の検討内容について、それぞれ2019年度までのスケジュールを明記した。齋藤副参事は「これまでバラバラで行われていたことも区の方針として整理したことに価値がある。これを基に、子供はもちろん保護者もつらい状況にあるので、救ってあげたい。誰ともつながっていないということがないように、組織として対応していければと思う」と話した。

マナーと利用を呼び掛け
神代高の生徒がポスター
調布市立中央図書館

調布市の「たづくり」内にある市立中央図書館は8月31日まで、市内の都立神代高校の生徒が描いたポスターを掲示している。4、5階にある図書館内を結ぶ二つのらせん階段に計103枚のポスターが並んだ＝写真。

現在は2年の生徒が1年の時に描いたもので、同校の美術教師が図書館に関わる絵を授業で描かせたいと持ちかけ、実現。「気づいてる?本の染みって本の涙」とマナーを呼び掛けたり、「ひらいたら知識の惑星　さあ行くぞ」など利用促進を呼び掛けるなど、それぞれの個性が光る力作ぞろいだ。図書館では来年も同様の取り組みを行う予定。

教育じてん　83

教職員としての使命を全うするために

都教育委員会では、これまで服務研修の実施や服務の厳正に係る通知の発出等によって、服務規律の徹底を図るよう努めてきたところです。処分等の総数は減少してきましたが、教職員による服務事故が後を絶たない状況にあります。自らの使命を全うすることなく退職を余儀なくさせられる教職員も少なくないことから、「使命を全うする！～教職員の服務に関するガイドライン～」を作成しました。5月25日の定例教育委員会においてその内容が報告されましたので、紹介します。

教職員は、児童・生徒等の成長に大きな影響を与える職であることから、専門的な知識はもとより豊かな人間性と使命感が求められています。その職責を十分に理解し、倫理観や規範意識等をより一層高め、服務の厳正に努めることが必要となります。そこで、本ガイドラインは、服務事故防止の更なる徹底を図るため、教職員が当然守るべき服務に関する指針、ルール、とるべき行動例のほか、最近の服務事故例・処分量定等がまとめられています。

第Ⅰ章では、「子供たちや自分を守る、具体的な行動を考えよう」として、不適切な行為やセクシュアル・ハラスメント等の禁止、私的なメールやSNS等の禁止、個人情報の適切な管理等12項目の具体的な事項について、これまで都が発出した通知等の根拠が示されるとともに、「他者の目に触れにくい場所での児童・生徒等に対する個別指導は、一人では行わないこと」等の具体的にとるべき行動例や過去の服務事故例・処分量定等が掲載されています。また、項目ごとに「教育に携わる公務員として、自分の感覚ではなく、相手の立場に立って考えるようにしましょう」等、身近な立場からの注意喚起のコメントが記されています。

そして、第Ⅱ章では「もう一度確認しよう、服務の基礎知識」として、教職員の服務義務や非違行為に対して教職員が負う責任、服務事故が発生した場合の周囲に与える影響などがまとめられており、未然防止につながる具体的な知識を得られる内容となっています。

本ガイドラインを活用し、一人ひとりが自らの行動を律して教職員としての職責を再確認するとともに、校内研修での話し合い等を通し、各学校では事故を起こさない雰囲気を醸成していきます。これにより、学校が保護者・地域等から一層の信頼を受け、子供たちのためのより良い教育が実現されていくことを強く望みます。

Essay エッセー 60

土と会う

「土に会いに来た」と、いつも思う。

新潟県の村上市。羽越線と米坂線の交わる坂町駅から程なく行った家に、義理の母が一人で暮らしている。4年前の5月に義父が急逝して以来、80歳代の義母がほとんど一人で畑と庭仕事をしている。お参りと畑・庭仕事の手伝いを兼ね、5月の連休に訪れた。

つがいのキジが鳴いて横切る庭で、ため置いた木の枝を燃やし、草を刈り、樹木を剪定（せんてい）する。お日様の傾きで時を感じ、耕運機をかけて畝（うね）を作り、肥料をまいて野菜の棚を作る。一日を過ごし、日が落ちる頃、ほどよい疲れとともに人として何かを取り戻したように感じる。

学校をとりまく状況は、ますます多様化、複雑化している。教員の資質・能力は高いものを求められる。資質・能力の向上とともに、チーム学校として教員の一人ひとりが力を発揮できる環境整備やマネジメント機能の強化も求められる。

未来社会を切り拓くための資質・能力を育成するための学習指導要領の改訂は、小・中学校では今年度が周知・徹底、来年度から先行実施の時期を迎え、全面実施は小学校が2020年度、中学校は21年度というスケジュール。学校は本格的な研修と準備の時期である。

また、東京2020大会に向けたオリンピック・パラリンピック教育は、四つのテーマ（「オリンピック・パラリンピック教育」「スポーツ」「文化」「環境」）と四つのアクション（「学ぶ」「観る」「する」「支える」）に基づき都内全公立学校で展開し、来年冬の平昌大会にはフェーズⅡの時期に入る。

教育現場では、限られた人・予算・施設という学校が持つ貴重な財産で、未来を担う大切な児童・生徒を育てるには、「何を」「何のために」「どのように」育てるのか、常に意識し続ける。

同じ土地に建てられるビルには限りがある。スクラップ・アンド・ビルドも必要である。また、スクラップだけでなく、「もったいない」精神でストック活用のかじ取りも必要である。

校長室の座席の前の掲示板には、「何を求めるのか」「伸びているのか」「元気が出るのか」「人とつながるのか」という四つの言葉が戒めのように掲示してある。ボール遊びや木登り、たき火などが経験できる場や、他者との関係性を紡ぐ体験の場が少なくなった地域社会の中で、教師だけ、学校だけで豊かさを追い求めることはできない。

教育活動は、教師が一方的に「教え育てている」と思い込みがちになる。土に触れ、ブナの森を抜ける風に吹かれると、自然も含めた他者に育てられているといつも思い返す。

朝日・飯豊の峰にかかる残雪を眺めながら土と木々に触れて取り戻した人としての何か。それを携えて教育活動に帰る。生徒に「教えられる」ことが今年も多くある。

「土に会いに行こう」と、また思う。

（多摩市立鶴牧中学校校長　加納一志）

都テレワーク試行

6週間で24人が利用

「みなし残業」懸念の声も

都の働き方改革の一環で、4月から試行開始した在宅勤務型テレワーク。都総務局は「ライフ・ワーク・バランス」の充実や業務効率化に向け、積極的に推し進める考えだ。ただ、自治体でのテレワークは窓口での住民対応や職員の服務管理など課題は少なくない。都は先行実施した自治体の苦戦も考慮しつつ、利用拡大を模索している。

現在、都で試行中のテレワークは、1日単位で週2日まで利用できる。非常勤や臨時職員などを除く全職員が対象だが、育児・介護中の職員は優先的に利用可能。希望する職員にパソコンとモバイルルーターを貸与し、自宅でも資料作成などの事務作業ができるようにしている。勤務形態は「自宅への出張」扱いとなるが、要介護者が自宅にいない場合なども考慮し、自宅以外でのテレワークも可能だ。

4月から3週間単位で5部署ずつ試行しており、5月19日までに主に育児を理由に総務局や主税局、都市整備局など計8局の10部署の24人がテレワークを利用した。職員の業務は管理部門や技術系など多岐にわたる。職員からは「家事・育児に参加することができた」「普段より自分の作業の時間を取れることから、仕事がはかどった」と評価する声がある一方、テレワークでは自分の携帯電話に都から与えられた電話番号を登録するが、システム運用上、電話番号を相手に教えられないため、「相手が不在だと自分から何度もかけ直す必要があった」などの課題も挙がった。

自治体でテレワークを本格的に実施する上での課題は多い。例えば、都に先んじて2010年からテレワークを始めた広島市では、「住民との窓口となる部署でテレワークを実施することは現実的に難しい」などの理由から、昨年度は利用者が1人だけとなっている。

そこで、今回の都の試行では本庁部局に加え、本庁に比べて都民と直接関わることが多い出先事業所の一部も対象とし、建設局第四建設事務所で実施した。8月4日からは港湾局東京港建設事務所も対象にする予定。庁内からは当初、「事務作業が業務の中心の職員だけの働き方改革にならないか」との声も上がっていたテレワークだが、出先での試行も進め、課題を洗い出す方針だ。

また、服務管理も課題の一つ。現状では当日の業務を記載した予定表を所属長に提出し、業務開始、中間報告、業務終了の3回の連絡で勤務時間を管理しているが、組合側からは「服務管理をしっかりしないと、自宅での『みなし残業』を生むことにつながるのでは」と懸念する声もある。

欧米の企業などテレワークが進んだ組織では、規定の労働時間が過ぎれば業務システムにアクセスできなくなるなどの対策を講じているが、今回の試行では個人の働き方の違いを考慮し導入していない。

テレワークの試行に、庁内からは「職場でないとできない仕事と、自宅でも可能な仕事をうまく振り分けて使えば、業務効率も上がるのではないか」と期待する声がある一方、先に挙げた課題を懸念する声も少なくない。総務局は「今はテレワークを広げている段階。できるだけ多くの職員に利用してもらえるよう呼びかけている」（職員支援課）と話す。

金子美香子教育普及課長がパンダの出産状況を説明＝12日、上野動物園で

恩賜上野動物園

パンダが5年ぶり出産

歓喜も「慎重に見守る」

恩賜上野動物園（台東区）のジャイアントパンダ「シンシン」が12日、赤ちゃんを出産したと、東京動物園協会が発表した。パンダの出産は2012年以来5年ぶり。性別は不明だが、体長は14・3センチ、体重147グラムで母子ともに健康という。赤ちゃんの公開時期は未定。

福田豊園長は同日の記者会見で、「園としては大変うれしく思っているが、生まれたばかりの小さな命なので、慎重に推移を見守っていきたい」と話した。これまでに赤ちゃんがシンシンの母乳を飲む様子も確認できたという。

同協会によると、シンシンは10日夕方から室内を落ち着きなく歩き回る姿が見られ、中国から招いていた専門家と協議の上、職員が24時間体制で観察していたところ、12日にモニターで赤ちゃん1頭の姿を確認できたという。公開された映像では、室内で「ギャーギャー」という産声が上がり、体の向きを変えて赤ちゃんをくわえるシンシンの姿が確認できる。産声が上がった時は「飼育スタッフらはうれしく、ホッとした空気が流れた」という。

シンシンは11年2月、雄のリーリーと共に、中国からの借り入れで来日。今年2月、リーリーとの交尾行動が確認され、妊娠の兆候が見られたため、5月25日から展示を中止していた。シンシンは12年7月に1頭を出産したが、1週間以内に肺炎で死んだ。翌13年にも妊娠の兆候を示したが、「偽妊娠」だった。

折り返し点の戦略

五輪組織委員会幹部に聞く①

2020年東京オリンピック・パラリンピックの開催まであと3年。国・都・各自治体による役割分担が大枠で決着し、準備作業は本格的な段階に入る。大会運営の主体となる組織委員会は12局体制に拡充し、今後、大会での実務を想定した準備が加速することになる。開催都市の決定から「折り返し点」に入る組織委員会の戦略や今後の展望を各局長に聞いた。

一つのチームで目標に

総務局長　手島 浩二

都庁のほか、国や自治体、民間企業などから職員が集まる組織委員会。その管理部門を束ねる総務局長に就任し、1年余が経過した。当初は辞令に驚いたというが、「職員には『大会を成功させよう』という強い思い、熱い情熱を感じる。世界中がワクワクする五輪にしたい」と意気込む。

大会が3年後に迫り、最大の課題が人材確保・育成だ。職員数は約1100人に増え、オフィスも4カ所にまたがるが、最終的には中心的なメンバーだけでも2千～3千人に拡大し、大会直前には運転手などを含めると7千～8千人に膨らむ。大会で活動するボランティアも、都と合わせて計9万人確保する必要がある。組織の拡大に伴い、コンプライアンスの責任者としての役割も大きい。

競技会場が都外に広がり、関係自治体や被災県との丁寧な連絡調整も不可欠となる。役割（経費）分担で大枠の合意を得たことで、「大会準備は加速する。全国の自治体の思いを受け止め、オールジャパン体制をより強固にし、いかに機運を盛り上げるかが課題」と言う。

同局は全国の大学との連携事業も手掛け、「大学が大会成功を支える地域の拠点になれば」と期待する。今年度以降の入学生は大会時に現役の学生で、ボランティア確保のメーンターゲットになる。

「総務局の役割は各局の仕事がうまく回るようにすること」と手島氏。職員には、「出身母体も様々な組織委が一つのチームにまとまって大会成功という目標に向かい、'One Team For Our Dream'の合言葉の下、史上最高の大会を創ろう」と呼び掛けた。

都庁では総務局調査課長や福祉保健局少子社会対策部長などを歴任。印象に残る職場には、入都時の片瀬学園（神奈川県藤沢市）を挙げた。折しもセーリング会場の「江の島ヨットハーバー」が近い児童養護施設で、事務職ながら子供たちの勉強を見たり、寮で夕飯を食べたりした「福祉の現場」が公務員の原点という。自身も72年札幌冬季大会の「日の丸飛行隊」に強烈な印象を受けたが、「子供が東京大会の感動を糧に成長して、その思いを未来につなげてくれれば」と語る。

法政大社会卒、54歳。86年に入都、11B。趣味は愛犬の散歩。夫人が3年前、都動物愛護相談センターから引き取ってきたのだとか。

機運を全国に広げる

広報局長　藤澤 秀敏

大会準備が後半戦に入り、「『大会を自分たちのものとして創り上げていこう』という支持、理解を広げたい」と抱負を語る。

昨年のリオ大会で東京大会に対する期待感は高まったと見ているが、会場の見直しや役割・経費分担の協議が長引いたことで機運が一部、削がれたのも事実だ。「大枠の合意を得た中でもう一度、機運を盛り返し、全国に広げるのが大きな課題」と強調する。

開催都市の決定以降、組織委員会としては公式エンブレムの撤回など、世論の批判に向き合う場面も少なくなかった。「それでも、『個別のイシュー（課題）は出てきたが、関係者間で真摯に話し合い、解決策を見つけていくプロセスだった』と思う」と前向きに捉える。

「大会を成功させたいという意思は、全てのステークホルダーに共有されていると思う。ポジティブな広報を進めてきたつもりだ」と振り返る。

局として今後、力を入れたい仕事の一つが、パラリンピック競技の広報。担当チームの体制を強化し始めており、スポーツとしての卓越性、魅力を伝えていきたいと言う。

フェイスブックやツイッターといったデジタルメディアによる発信も強化する。SNSでは新たにLINEの公式アカウントを追加予定。リオ大会では観客向けのモバイルアプリが採用され、活発な情報発信があったことも踏まえ、「年齢層ごとに使用するSNSが微妙に違うことを踏まえ、幅広い層に発信できれば」。この夏からの自治体や民間などによる参画・応援プログラム、フラッグツアーの機会も生かし、浸透を図りたい考えだ。

職員に対しては、「長丁場なので健康第一で」。また、職員が加わる度に話すのが、「自分の『小目標』を持ってほしい」ということ。組織としては大会成功が「大目標」だが、日常業務は地道な作業になる。「『外国語をマスターする』『新しくスポーツを始める』。何でもいいので業務に絡めて個人的な目標を作り、働く意義を見つけてもらえれば」と呼び掛ける。自身の小目標は「色々なスポーツを知ること」。週末は自宅近くにある体育大学で、競技の練習や試合を観戦して過ごす。

早大政経卒、68歳。73年にNHKに入り、『ニュース9』メーンキャスター、アメリカ総局長、解説委員長などを歴任。14年8月から現職。

五輪組織委員会

開閉会式で国民意見募集

輸送計画 環2未開通に懸念も

五輪組織委員会は12日、理事会を開き、開閉会式のコンセプト策定に向けて、理事から意見を聴取した。国民からもウェブ上で広く意見を募集し、夏ごろを目途に中間まとめを行う。組織委幹部は「2020年大会の意義づけの下、開閉会式で何を見せるか、何をPRするかをうまくまとめたい」と話した。

開閉会式の基本コンセプトは具体的な演出の方向性を示すもので、12年ロンドン五輪の開会式ではシェークスピアの戯曲から着想した「驚きの島々」をコンセプトに、英国の魅力を表現していた。

組織委は4月、有識者懇談会を開いて東京大会の歴史的・社会的意義をヒアリング。「平和の祭典という原点の精神にいま一度、立ち返りたい」「東京大会は文化や価値観が変わる出発点になるといい」といった意見が出ていた。組織委は年内に基本コンセプトを策定する予定。夏ごろからは制作会社の選定に入る。

理事会ではまた、サッカー競技の追加会場として、茨城県立カシマサッカースタジアム（鹿嶋市）を7月のIOC理事会に提案する方針を確認した。既に決定している新国立競技場（新宿区）や東京スタジアム（調布市）などと合わせて計7カ所となる。

そのほか、輸送運営計画に関し、選手村と都心を結ぶ「環状2号線」が開通しないことに対して懸念が示され、代替案を検討するよう求める意見が上がった。

大島 昇さん（おおしま・のぼる＝大島芳江・東京都議会議員の夫）8日死去、72歳。

山崎 満さん（やまざき・みつる＝北区議会議員）11日死去、70歳。通夜は17日午後6時、葬儀は18日午前9時半から、千代田赤羽駅南口ホール（北区赤羽南2の9の78 ☎03・3903・3739）で行われる。

若者の固定観念

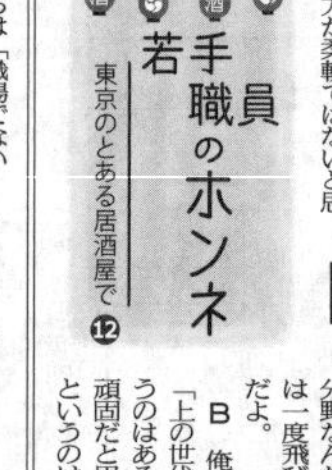

若手職員のホンネ
東京のとある居酒屋で⑫

「もっと上司に飛び込めば？」

B　公務員の仕事って柔軟じゃないとできないところはあるよ。それに、俺も上司に色々いろいろ提案することはあるけど、区民のためと分かってもらえれば突っぱねられたりはしない。「分かった。少し何か考えてみる」と応じてくれる。

D　それは一部の上司だけじゃないの?

B　そんなことはないと思うよ。まあ、頭の固い上司も中にはいると思うけど、少なくとも俺の職場はそうじゃないな。むしろ「今まででこれでやってきました」と言って反論している若い人の方が柔軟ではないと思うこともある。

A　確かに、若い世代の方がむしろ自分の考えに固執しがちという話は聞いたことがあるな。

D　それなら、例えば僕みたいに昇進なんて考えていない若者の気持ちも分かってほしいな。「係長くらいにはなるんだろ?」と言われてもどう返せばいいのか分からないし、困るんだよね（笑）。

C　Dさんの話を聞いていて、一度上司と話し合えばいいのに、と思うな。正直、働き方に対する考えも昇任への意識も、世代間だけでなく上司の方のタイプによっても違うし、共通認識を持つのがすごく難しい分野なんだと思うよ。ここは一度飛び込んでみるべきだよ。

B　俺もそう思うな。「上の世代はこう」っていうのはある意味、考え方が頑固だと思うよ。悪い上司というのはいなくて、タイプが違うだけ。

C　そう思うよ。一言で働き方改革といっても、本当に人それぞれいろいろあって千差万別なんだよ。それを税金で賄っている役所がやるんだから、住民に理解してもらわないといけない。全体の社会の流れで変えていくんだし、僕らも率先してアイデアを出せると思うけど、そのためにはもっと違う世代のことも知らないと柔軟な考えもできないし、住民からの理解も得られないと思うな。

A　確かにそうだね。住民は全ての世代がいるわけだし。さっきBさんの話に出てきた上司なんかは、いろんな人の意見とか、仕事のやり方とかを吸収しながら柔軟になっていったんだろうな。「今の若いやつが分からない」って言われるのは、僕ら側が飛び込まないのもあるよね。

D　うーん…。そうだなぁ、考えてみようかな。

五輪への航海図 187

TOKYO 2020

開催まで あと1134日

特別区の戦略⑨

品川区・PRハウスを誘致

大会期間中、各国・地域、企業などが観光客に自らをPRする「ホスピタリティハウス」に目を付けたのは品川区。リオ大会では都などが「ジャパンハウス」を開設し、その他にも28の国・地域、企業などがハウスを設置した。区は今年度、各国のハウスを誘致するため、適地と具体的な方法を調査するとともに区のハウス設置についても検討する。予算には調査費として360万円を計上した。

きっかけは、リオ大会の視察だった。複数のハウスを訪れた視察団の報告書によると、英国の「ブリティッシュハウス」はリオ市の古城のような建物1棟を2年ほど前から借用して準備を進め、「ポルトガルハウス」は自国から持ち込んだ帆船を運河に係留するなど、「人々を惹きつけるために趣向を凝らしていた」という。

地元のブラジルハウスは、観光地・コパカバーナ海岸通り沿いの倉庫を改装して設置。英国ハウスが入場申請を必要とする「許可制」だったのに対し、ブラジルハウスは観光客に広く開放。同国の文化や自然、ビジネスを中心に紹介し、パラ競技の体験会も行っていた。

報告書では「誰でも自由に入場可能なハウスは盛況で入場制限をするほどだった。外国人の観光客も大勢来場していた」とし、「区の自慢を発信する『しながわハウス』を設置してPRすることにより、訪日外国人や観光客をより多く誘致できる」と総括している。

区は現時点で、各国・地域のハウスに併設する形を想定している。区内には計16の大使館・領事館があるが、小川陽子オリンピック・パラリンピック準備課長は「区に縁がある国・地域にハウスを誘致し、一緒に区の魅力も発信することで、観光客に『立ち寄りたい』という印象を持ってほしい」とイメージを話す。区内の適地は限られるため、規模や既存施設の有効活用といった工夫が必要になりそうだ。

他方、区は10月末に開催する大会1千日前イベントで、ホッケー、ビーチバレー、ブラインドサッカーの体験コーナーを設けるなど、機運を高めたい考え。特にパラ大会を見据え、障害者団体や福祉施設などが一堂に会する毎年の福祉イベント「ふくしまつり」とタイアップさせ、相乗効果を狙うとしている。

リオ大会のジャパンハウスでは書道体験コーナーも

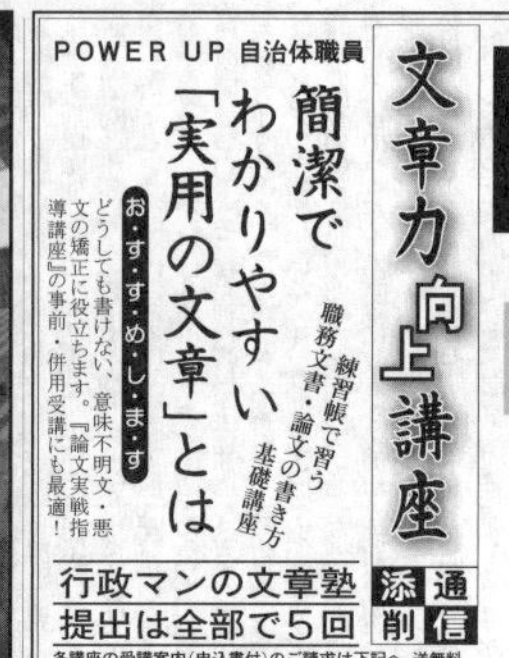

29年度 東京都管理職選考 試験問題の解説 ■中■

B事務

■福祉・保健医療

今回は法律分野3問、時事分野3問という出題構成でした。

法律分野は、例年と同様に社会福祉法と生活保護法から1題ずつ出題されましたが、地域保健法は準備していなかった受験者もいたのではないでしょうか。出題内容は基礎的知識を問うものでしたが、社会福祉法は、直近の法改正に関連する内容だったので、準備がしやすかったのではないかと思われます。

時事問題は例年同様、前年度発表の審議会提言や委員会報告などからの出題でしたが、出題範囲が広く、詳細な知識が求められる内容となっています。

試験対策としては、法律分野や制度で基本的事項や重要項目の把握・理解を確実かつ効率的に行う一方、時事分野では計画策定や審議会関係などの都の施策に加え、国の動向をホームページなどから幅広く情報収集し、理解を深めましょう。

■都市づくり

今年も法律問題から3問、時事問題から3問出題されました。

法律問題は、都市計画法、地方公営企業法、個別法（港湾法改正）から出題されました。都市計画法は土地収用法を絡めた出題であり、基礎的な内容を問う例年の傾向から外れています。

時事問題は、都市整備系、建設系、交通系から各1問が出題されました。いずれも各局事業の基本的な知識を問うものでしたので、事前の準備があれば容易に回答できたのではないでしょうか。

今後の対策としては、法律問題については過去問の分析が最も有効です。時事問題は法改正、都の計画、答申、施策などを国や都のホームページなどから情報収集してください。要点を押さえた上で十分な数の模範解答を作成し、確実に暗記しましょう。

■教育・文化

今回の出題数は、昨年度に引き続き、法律分野から3問、時事分野から3問の出題でした。

法律分野は、教育基本法と学校教育法から例年と同様に1題ずつ出題され、社会教育法に関する出題は、教育基本法と学校教育法にも触れて説明するものでした。教育基本法と学校教育法は、これまでも基本的な事項が繰り返し出題されているため、過去問を分析し、重点的に学習しておく必要があります。特に教育基本法は、条文数が少ないこともあり、全ての条文をキーワードと結び付けて覚えることが対策となります。

時事分野は、計画、審議会の答申などが例年出題されるので、日頃から都や国の施策を情報収集し、概要を理解することが重要です。出題範囲は、教育・文化・スポーツなど幅広いため、社会状況にも着目し、出題を予想することも必要です。

■産業・労働・経済

今回は法律分野2問、時事分野4問と、昨年に比べて法律問題が1問増え、例年並みの出題構成となりました。

法律分野は、労働基準法の時間外労働及び割増賃金について1題、消費者契約法の平成28年改正の内容について1題出題されました。いずれも時事的な要素もあり、過去の傾向を踏まえて準備をすれば回答しやすかったと思われます。

時事分野は産業3問、消費生活1問が出題されました。いずれも前年度の重要な新規施策や計画、審議会の答申等からの出題であり、難易度に変化はありませんでした。

対策としては、法律問題では労働基準法、労働契約法及び労働組合法を中心に関係法令の基礎知識の理解を深めるとともに、新たな法律の制定や改正を押さえておくことが必要です。時事問題に関しては、都のプレス発表等から、新規施策や計画、審議会答申など局の主要動向を情報収集しておくとよいでしょう。

■財政・税務

例年通り、法律問題4問、時事問題2問という出題構成でした。

法律問題は、財政に関する問題が地方自治法から2問、地方公共団体の財政の健全化に関する法律から1問で計3問、税務に関する問題が地方税法から1問と、財政に関する問題のウエートが高くなっていました。

今回出題された「支出の意義、手続き及び方法」は平成22年度に、「連帯納税義務」は平成22年度に、「健全化判断比率」は平成23年度に、同様の出題がされており、過去の出題傾向を踏まえて準備しておけば、十分に解答できたかと思います。

時事問題も例年通り、前年度に発表された財政・税務に関する方針や答申などから出題されました。内容の一部に重点をおいて回答を求める傾向が続いており、概要を把握した上で、トピックごとに背景や課題などの深い理解が必要となります。

■環境

出題分野は例年と同様、環境基本法、環境一般、自然環境保全、廃棄物処理関係、水道関係、下水道関係の各分野から1問ずつ出題されました。

法律分野は例年通り、環境基本法と過去にも出題された廃棄物の処理及び清掃に関する法律からであり、比較的予想しやすかったのではないでしょうか。

時事問題は前年度に発表した計画や報告書、開始した事業に関することで、それぞれの概要や取り組みについて問うものとなっており、例年と難易度に変化はありませんでした。

今後の対策として、法律問題は過去問の傾向を分析し、当該法律の基本的事項や重要項目を確実に把握・理解しておきましょう。

また、時事問題では国の動向や都の計画、答申、施策などが例年出題されるので、日頃からホームページなどで情報収集し、要点を押さえておくことが重要です。

記述問題

B技術

■土木

出題形式は例年と同様、前半は構造力学、水理学、土質工学、コンクリートに関する4題から1題を選択し、後半は都の事業及び関連する技術を問う6題から3題を選択して回答するものでした。

前半部分は専門分野の基礎知識を問う内容で、いずれの分野も初歩的な内容ですが、限られた時間で効率的に準備するためには得意分野に絞って対応をすることも有効です。

後半部分は、都政の土木分野に関連する計画・事業、道路・水道・下水道・土木施工など専門分野の基礎的な内容及び技術的トピックが出題されております。話題性の高い計画や事業などを日頃から確認し、その要旨を整理するとともに、日常業務を通じて専門分野の基礎事項を確認すると良いと思われます。

■建築

前半4題から1題を、後半6題から3題を選択する構成となっています。

前半は例年通り、都市計画、建築構造、工事の施工法、建築基準法令の各分野からの基本的知識を問う内容でした。後半は、地盤改良工法の種類を答える建築施工に関する問題が1題、建築に関する法令関係の問題が2題、都の政策や計画に関する問題が2題、最後に、建築に関連する基礎的な事項と時事的な事項を織り交ぜた語句説明で構成されていました。

前半は得意分野から1問選択すれば良いので対応はしやすいと思いますが、後半は日頃からまちづくり、建築行政、住宅政策にも都政や国の動向などに関心を持ち、法律や計画の最新情報を把握しているかを試している問題だと思います。

特に直近1年間の建設業法や建築基準法等の建築関係法令、条例、計画等の改正内容は、主要なポイントをまとめて把握しておく必要があります。

■機械

例年通り、前半は実施要綱で示される出題範囲の材料力学、流体力学、熱力学（熱機関）、金属材料の4題から1題を選択する内容で、後半は機械技術、業務関連法令、技術情勢に関する設問6題中3題を選択するものでした。

前半部分は、機械工学の基礎知識を問う内容で、計算過程や図示説明が求められるため、確実な理解が必要です。後半部分は、ポンプ、空調、消防法が昨年に引き続き出題されたほか、水素、品質管理、新材料、環境配慮技術、昇降機等、例年通り、幅広く出題されました。

関連法令、ポンプ、空調などについては、日常業務を通して準備できますが、技術情勢は範囲が幅広く、科学技術白書、環境・エネルギーに関する最新情勢に加えて、都の技術的な課題について、東京都技術会議の報告や各局の取り組み等、日頃から関心を持ってチェックする習慣をつけると良いと思います。

■電気

昨年度と同様、前半は4題から1題、後半は6題から3題を選択する問題となっています。前半は、電動機、電気理論、EMC、法規の基本事項について出題されました。後半は、変圧器、配線図、自動火災報知設備など実務的な内容のほか、法令改正と先端的な技術トピックについて出題されました。

今回の出題も例年通り、広範囲からの出題となっています。しかし、前半は、電気技術の基本を押さえておけば、解答できる内容となっています。電験等のテキストを参照し、基本事項を見直しておきましょう。後半については、日頃から実務を通じて着実に技術を身に着けるとともに、法改正や最新の技術動向にも関心を持つことが大切です。

■生物・医化学

《生物》

昨年と同様、医科学と共通で基礎的な知識を問う前半8問（うち生物4問）から1問を、時事的な知識を問う後半12問（うち生物6問）から3問を解答する構成でした。

前半は生物学2問、土壌学1問、気象学1問と、各専門分野に関する基礎的な問題が出題されました。後半は生物学3問、実務や時事的な設問が2問、気象学1問と、各分野からバランス良く出題されていました。

対策としては、出題範囲が広いため、まず過去の試験問題から傾向を把握すること。分野ごとに1問1答形式でまとめておくと、直前の確認でも便利です。

また、後半は時事問題を扱っていることが多いことから、日頃の業務で取り組む内容を始め、生物、環境、公園緑地、農林水産など関連分野について都のホームページや新聞等で把握し、理解を深めておくことが重要です。

《医化学》

例年の通り、生物と共通で前半が8問、後半が12問出題され、半数が医化学に関する問題でした。内訳は、前半が肺血栓塞栓症、感染症、輸入食品、水道水質基準、後半が受動喫煙、感染症、特定保健用食品、食品衛生、環境衛生、下水処理です。

前半の設問は、いずれも医化学分野の基礎的事項でした。また、後半の設問は、直近で話題になった医化学分野のキーワードについて説明を求めるものでした。

特に後半部分は、日頃から問題意識を持って社会の動きを見ているか、その内容を技術者として正確に説明することができるかが問われるものでした。医化学分野は範囲が広いですが、基本の知識は確実に押さえながら時事問題にもアンテナを張り、意識的に情報収集して理解を深めておく必要があります。

昇任試験対策のページ

特別区 管理職試験講座 33

I類択一・記述　I・II類論文　29年度

I類記述

事例解説③

解答例

安心・便利・快適な、魅力ある観光都市を目指して～地域の誰もが活躍し、人とつながる、おもてなしのまちづくり～

1 趣旨

近年、東京を訪れる外国人旅行者は急増しており、特別区においても魅力の発信や多言語への対応等が課題となっている。これらの課題に対応するため、地域住民やNPO、民間企業、教育機関等と協働・連携し、外国人旅行者の多様なニーズにきめ細かく対応する「おもてなしのまちづくり」を推進する。

2 資料の分析

（1） 平成25年以降、国・都ともに外国人旅行者数が急増し、平成27年には都を訪れる外国人旅行者は1千万人を上回った（資料1）。

（2） 外国人旅行者の約80%は、情報収集方法としてインターネットを活用している。次いで、ガイドブックや家族・友人の話が多く、観光案内所やパンフレットの活用は少ない（資料2）。

（3） 旅行中に困ったことでは、無料公衆無線LAN環境が46・6%と最も多く、次いで「施設等のスタッフとのコミュニケーションが取れない」が35・7%となっている。また、観光案内板等の多言語表示や、多言語地図やパンフレット等の入手場所が少ないこと等が約20%となっている（資料3）。

（4） 東京に対するイメージでは、「人が親切」が64%、「おもてなしの心がある」が約40%と高い評価となっている。その一方で、「都市として多様な魅力がある」は18・7%となっており、また、「バリアフリー環境が整っている」や「観光案内所、観光ガイドが充実している」は6%前後となっており、環境整備については高い評価を得られていない（資料4）。

（5） 都内の観光案内機能の整備状況について、区部においては、観光案内センター及び観光案内窓口の合計で105カ所整備されており、都内全域の68・9%の割合を占めている（資料5）。

（6） 各自治体において、外国人旅行者が安心して、快適に過ごすことができるよう、外国人旅行者に向けた情報発信や、防災や通信の環境整備などの取り組みを推進している（資料6～9）。

3 区政の課題

（1） 外国人旅行者数が急増する中で、案内窓口の整備等が十分とは言い難い。様々なニーズに機動的かつきめ細かく対応するため、ボランティア等の活動を充実させていくことが必要である。

（2） 旅行者による情報通信機器を利用した観光情報の収集や、ニーズの多様化により、ICTを活用した情報提供の推進や、多言語への対応が求められている。

（3） 外国人旅行者にとって、多様な、魅力ある観光資源の開発が求められている。

4 具体的な施策（案の評価と選択）

（1） 施策案

①人とふれあう「おもてなし」のまちづくり

外国人旅行者の利便性や満足度の向上に向け、地域住民やNPO、民間事業者等と協働し、地域が一体となって外国人旅行者をもてなす、「おもてなし」のまちづくりを推進する。

《妨げになる事柄と解決策》

外国人旅行者に、きめの細かい観光案内ができるよう、地域をよく知る住民ボランティア等の人材を幅広く確保する必要がある。また、様々なニーズに対応するため、実践的な対応力のある人材の育成が必要となっている。

そこで、まちなか案内について、住民ボランティアの募集だけでなく、中高生を中心とした「もてなし隊」認定制度を設け、多世代のボランティア意識を引き上げて裾野を広げることで、地域全体で旅行者を温かく迎え入れる機運の醸成を図る。また、民間事業者やNPO、区内の学校と連携し、ボランティア養成塾を開校するなど、行政にない民間の技術・ノウハウを最大限に活用し、実践的な対応力のある地域人材の育成を図る。

②外国人旅行者の受け入れ環境の向上

外国人旅行者が快適に観光を楽しめるよう、多様なチャンネルを有効に活用した観光案内機能の充実や、案内標識等の多言語表示、安全・安心の確保等、受け入れ環境の向上を図る。

《妨げになる事柄と解決策》

旅行者による情報通信機器を利用した観光情報の収集が広がる中で、観光案内機能の充実と合わせて、ICT技術を活用した情報提供を推進していく必要がある。また、緊急・災害時における外国人旅行者の安全・安心の確保に向けた取り組みが必要である。

そこで、無料Wi-Fiやデジタルサイネージ等の整備などにより、ICTの活用を推進するとともに、観光関連団体や区内大学、民間企業と連携し、情報として提供されるコンテンツの充実を図る。また、緊急・災害時において適切な対応ができるよう、多言語による「災害時初動対応マニュアル」や「防災マップ」を作成し、観光案内窓口をはじめ、区内文化施設等で配布するとともに、ボランティアや区内商店や飲食店等の従業員を対象とした防災対策セミナーの実施などにより、外国人旅行者の安全・安心の確保に努める。

③魅力ある観光資源の開発

伝統文化や食、産業、自然など地域の多様な特性を生かし、住民自らの発想や創意工夫による観光まちづくりを支援するとともに、区内各地域から新たな地域資源活用のアイデアを募集し、観光関連団体や区内事業者等と連携しながら、事業化に向けた取り組みを推進する。

《妨げになる事柄と解決策》

外国人旅行者の増加に伴う観光へのニーズの多様化に適切に対応するため、既存の地域資源を有効に活用するとともに、新しい発想や考え方により観光スポットやツアーを作り上げる取り組みを進めていく必要がある。

そこで、観光資源の認定・助成制度を設け、地域で観光のスポットやルートを生み出す住民の主体的な取り組みを支援するとともに、地域の魅力的な観光資源を活用するアイデアを、旅行事業者など民間のノウハウを活用しツアーやイベントとして実施する。また、これらの事業を継続的に実施することで、地域ごとの多様で優れた特色に磨きをかけて観光資源として開発し、旅行者の定着を図る取り組みを着実に進めるなどにより、地域の活性化に結び付けていく。

様々なノウハウを持つ民間事業者や区内大学、地域で活動する団体等と緊密に連携するほか、隣接する自治体等との協力を進め、区を中心としてそれぞれの力を総合的に発揮して相乗効果を生み出すことのできる官民連携のネットワークを構築する。

（2） 案の評価と選択

厳しい財政状況にある特別区は、住民主体の活動を支援し、循環型社会の実現を目指さなくてはならない。また、多世代にわたる住民が参画し、意識啓発を図ることを重要な視点として考え、①案の施策を最優先に推進する。また、①案をより充実させるため、並行して、②案、③案についても効果的な実施方法を検討し、実行していく。

5 スケジュール（ステークホルダー）

（1） 今年度

①町会・自治会、商店街連合会、観光関連団体等、関係機関調整②教育委員会調整③事業案の策定④予算計上⑤議会報告⑥事業者説明

（2） 翌年度

①区民周知②事業実施③事業評価④次年度への課題整理等準備

6 まとめ（成果見込み）

民間事業者等と連携し、住民の自主的な活動への支援を充実させることで、外国人旅行者に対する「おもてなし」及び、観光資源や地域人材などの「魅力ある地域資源」を生かした、地域の活性化に寄与することが見込まれる。

【おわりに】

2時間の試験時間は、長いように思えて実際にはあまり余裕がありません。また、A3の解答用紙に手書きで提案書を作成していきますが、手書きで資料を作成するのは思っている以上に労力がかかり、時間の経過とともに作業のスピードも落ちてきます。そのため、論理的思考力や柔軟な発想力、[illegible]整理し相手に伝える力だけでなく、2時間以内に仕上げるスピーディーさと、最後まで書き切る粘り強さも必要となります。

試験当日に、自らが本来持っている力を最大限、またはそれ以上に発揮するために、自分のやり方をしっかりと身に着けておきましょう。

クエイ兄弟の世界観を覗く
ミステリアスでユーモラス

クエイ兄弟は、不思議で幻想的、陰鬱、でもどこか軽やかなユーモアも感じられる人形アニメーションで数々の傑作を生み出している。そのクエイ兄弟がアニメーション制作で使用した舞台装置や、これまで日本で紹介される機会の少なかった映像作品などを展示した展覧会『クエイ兄弟～ファントム・ミュージアム』が6日から渋谷区立松濤美術館で始まった。兄弟の誕生日である明日17日には特別企画として、デコール（舞台装置）の一つを撮影OKとする特別企画も行われる。展示は7月23日まで。

双子のクエイ兄弟は1947年にアメリカで生まれ、フィラデルフィア芸術大学でイラストレーションを専攻。69年に英国ロンドンに渡ると、CMから舞台美術まで幅広い分野で活躍してきた。

■アニメからMVまで幅広く

代表的な作品には『ストリート・オブ・クロコダイル』（1986年）がある。ポーランドの作家・画家ブルーノ・シュルツ（1892－1942）の同名短編に基づいて、クエイ兄弟がその世界観を自由に展開し、35㍉フィルムで撮った最初の映画だ。マネキンのような人形が器用に動き回る光景は、どこか不気味だがユーモラス。不条理の世界だが、なぜか目が離せない。86年のカンヌ国際映画祭短編部門にノミネートされ、アニメーション制作者としてのクエイ兄弟の名を世界的に知らしめた作品だ。

1秒当たり25コマを撮影し、1分間で1500回人形を動かすことで、なめらかで細かい動きを表現しているという。

展示では、同映画の21分のうち仕立屋の店内を描いた2分間をカットした映像を公開。実際の撮影で使った仕立屋の店内のデコールも展示している。ジッと見ていると、今にも動き出しそうな気がしてくる。

『ストリート・オブ・クロコダイル』の成功によって、クエイ兄弟にもミュージックビデオやコマーシャル映像の制作が依頼されるようになる。

90年にデビューした米国の実験的ロックバンド、ヒズ・ネイム・イズ・アライヴのミュージックビデオ『スティル・ナハト2－私たちはまだ結婚しているのか?』（1992年）は、英国のインディーズレコードレーベルの4ADが依頼した。ルイス・キャロルの『不思議の国のアリス』のモチーフを参考に、ウサギ、少女、ピンポン球で構成された映像だ。

展示では、映像に登場した少女とウサギにお目にかかれる。この映像は会場では見られないが、4ADのYou Tube公式チャンネルで、少女とウサギが軽やかに踊っているシーンを見ることができる。

クエイ兄弟『ストリート・オブ・クロコダイル』よりデコール《仕立屋の店内》（1986年）

『スティル・ナハト2－私たちはまだ結婚しているのか?』に登場する《アニマトロニクス・パペット　女の子》と《パペット　ウサギ》（1992年）

■暗い会場で怪奇な世界を演出

展示会場全体が照明を暗くして、怪奇な世界を演出している。デコールの多くは、箱の中に入っていて、窓から覗き込むと不思議な世界が展開している。

明日17日は、47年生まれのクエイ兄弟が70歳を迎える誕生日。同美術館ではこの日を祝した特別企画として、兄弟が尊敬するアニメの巨匠シュヴァンクマイエルへのオマージュ映画『ヤン・シュヴァンクマイエルの部屋』に使われたデコール《プラハの錬金術師》を、当日のみ来館者の撮影の許諾を得た。

また、渋谷はイメージフォーラムが日本で初めてクエイ兄弟の作品を紹介した地でもある。シアターイメージ・フォーラム（渋谷駅徒歩8分）では、同展開催記念上映会として、『ブラザーズ・クエイの世界』と題して7プログラム・合計30作品を連続上映する。期間は7月8日から28日まで。同上映会は、『クエイ兄弟－ファントム・ミュージアム』展との相互割引を実施する。同展の半券を提示すると、一般料金から200円引きとなる。（編集部）

◇

■渋谷区立松濤美術館　▽開館時間　午前10時～午後6時（毎週金曜日は午後8時閉館）▽休館日　毎週月曜日（祝日の場合翌日休館）▽入館料　一般千円、大学生800円、高校生・60歳以上500円、小中学生100円

風流戯画草紙
作・橋本裕之
小池知事
「都民ファーストの会」代表就任
子どもが生まれた
パンダってどこが黒かったのかしら
都議選で
白黒つけなくっちゃね

博物館・美術館が集積

隅田川の両岸で
～姉妹区提携40周年～㊦

台東区　墨田区

墨田区と台東区の間を流れる隅田川は、能の「隅田川」で有名な梅若伝説の舞台でもあり、古くから人の往来が盛んでした。

昨年11月に開館した「すみだ北斎美術館」の開館記念展で公開した葛飾北斎の肉筆画「隅田川両岸景色図巻」を見ると、隅田川周辺の江戸のにぎわいが伝わってくるようです。

下町人情に支えられ、文化的にも経済的にも幅広い交流を続けてきた墨田・台東両区は、1977年4月10日に姉妹区宣言を行いました。宣言では、「両区は、将来とも相互の自主性をもとに、広域的な視野をもって協調し、各分野における交流と協力を深め、互いの繁栄と発展をもたらすよう、一層努力することを誓う」と述べており、これまでスポーツや文化など、様々な面での交流を重ねてきました。

墨田区
ウォーターフロントのにぎわい

隅田川は、両区の交流の大きな舞台となってきました。春は川岸の桜がまちを彩り、夏は隅田川花火大会が両区の区民のみならず、訪れる人々を楽しませてくれます。

近年、このウォーターフロントエリアは、新たなにぎわいを見せるようになってきました。墨田区役所の近くにある吾妻橋地区では、今年5月にリバーサイドカフェ「ASICS CONNECTION TOKYO @ SUMIDA」がオープンし、ランニングやヨガを楽しめる新しい拠点となっています。川沿いでウォーキングやランニングを楽しむ人々も増えてきています。

隅田川沿いに今年5月にオープンした「ASICS CONNECTION TOKYO @ SUMIDA」

また、全国から出店者が集まる産直市「THE GREEN MARKET SUMIDA」も、この地区で定期的に開かれています。こうしたイベントをきっかけとして、隅田川を渡り、台東区から墨田区を訪れる人々がますます増えてきています。

スカイツリー開業が起爆剤

思い起こすと、2012年の東京スカイツリー開業は、墨田・台東両区にとって、観光の大きな起爆剤となりました。開業から5周年を迎え、下町エリアを巡る新たな人の流れが生まれてきています。

この間、東京スカイツリータウン・ソラマチ内へ「郵政博物館」が移転してきました。昨年7月には、「国立西洋美術館」が世界文化遺産に登録されるといううれしいニュースも飛び込んできました。

さらに昨年11月、墨田区亀沢に「すみだ北斎美術館」が開館し、来年には墨田区両国に「刀剣博物館」が移転してきます。

このように、隅田川を囲む地域では数多くの博物館・美術館が集積しています。

こうした博物館や美術館を訪れた際に、この地域の魅力である下町地域の文化に触れ、楽しんでもらうとともに、墨田区から台東区、台東区から墨田区へと行き交う人々が今後一層増えてくることを期待しています。

両区は今年、区制70周年という節目の年を迎えています。東京オリンピック・パラリンピックも3年後に迫ってきました。世界に向けて、この東京下町地域の魅力を広く発信し、国内外からの多くのお客様をおもてなしの心をもって迎えるために、これからも両区が手を携え、連携していきます。

（墨田区地域力支援部文化芸術振興課文化芸術・国際担当主査　羽片朗子）＝おわり

都政新報

発行所　都政新報社
〒160-0023 東京都新宿区西新宿7-23-1 TSビル
〈総務・読者〉03-5330-8781
〈企画広告〉03-5330-8784
〈編　集〉03-5330-8786
〈出　版〉03-5330-8788
〈ファクス〉03-5330-8808
購読料 月1,730円(税込)
毎週火・金曜日発行
ただし、祝日は休刊

紙面から

知事、豊洲への移転表明へ

築地市場の賃貸を検討
売却求める声も根強く

小池知事は築地市場を豊洲に移転する意向を固めた。知事は17日に市場業者に直接会い、豊洲の土壌汚染の無害化を達成していない現状を謝罪した。今後は専門家会議が提言した対策を講じることになる。豊洲移転後の市場会計は、年92億円の赤字になる見通しだが、都は築地市場を民間企業に貸し出し、賃料収入を充当する案を検討する。こうした案に対し、都庁内では、市場のあり方戦略本部で示された賃料収入の見通しが「甘い」として、築地市場跡地の売却を求める声が出ている。

「（無害化の）約束を守れていないことについて、改めておわびを申し上げたい」。小池知事は17日、築地市場講堂で市場業者を前にこう語り、同行した中西充副知事と村松明典市場長と共に深々と頭を下げた。知事は続けて豊洲市場の開場に向け、無害化を約束した石原元知事と都に責任があると強調した。

無害化に関しては、専門家会議が11日に「豊洲市場の全域では難しい」との見解を示しており、今後も「約束」を果たすのは極めて困難な状況にある。それを前提に、専門家会議は土壌汚染の追加対策として、地下からの有害物質の進入を防ぐため、施設下の地下空間の床にコンクリートを敷いて換気する案と、コンクリートの上に特殊なシートを載せ、換気する2案を提示した。

16日の市場のあり方戦略本部では、2案のうちコンクリートの案が都民の理解を得られると判断した。同案は工期が8カ月で、工事と65年間の維持管理のコストが40億～50億円なのに対し、特殊なシートを載せる案は工事に22カ月、同コストが85億～95億円かかる。

小池知事は「これまで（土壌汚染対策に）かけた経費や時間をカバーするには、（安全対策の）努力を重ねることが必要だと思う」と述べ、追加対策に一定の理解を示した。今後は追加対策工事の開始時期が検討課題となるが、移転推進派の市場業者からは「今の豊洲市場に移転しても、危険という風評被害が広がっているので、追加対策を講じてからでないと移転は難しい」との声が聞かれる。戦略本部が有効とした対策を移転前に行う場合、早ければ第3回定例都議会で補正予算案を提出することとなり、今年度中の移転は困難な状況だ。

豊洲移転後は年間92億円の赤字になる見通しだが、戦略本部では移転した場合の収支見通しとして、▽築地跡地の売却・貸し付けをしない▽維持管理費の削減などで年20億円の経営改善策▽経営改善策と築地市場の売却▽経営改善策と築地市場の長期貸し付け――の4案を示し、長期貸し付け案が収入面で優位性が高いと判断した。

都は当初、豊洲移転後に築地市場跡地を売却する計画だったが、知事の意向で貸し出しを検討し、年間100億円の賃借料を見込めると試算した。だが、小池知事のブレーンから再試算するよう指示を受け、15日の市場のあり方戦略本部では年間160億円に上方修正された案が示された。だが、同案は不動産鑑定士などの意見を参考に算定した仮定の数字にすぎず、160億円が得られる確証はない。

また、同案は160億円の賃料収入が2021年度から得られるとの前提で算定されているが、都庁内からは「景気動向も全く加味されておらず、築地市場での土壌汚染対策や埋蔵文化財の調査もあるのに賃料が今から4年後に発生するとは思えない」との疑問の声が上がっている。これに対し、都財務局は「ロングスパンの経済情勢を見通すと、かえって試算が混乱することになる。試算の見直しは想定していない」と説明する。

都は今後、築地市場跡地の賃貸を検討するが、依然として築地市場の売却案を求める声が都庁内で根強い。かつて市場に在籍していた都幹部によると、豊洲市場の整備費に5884億円かかったと過去に報道された際、大手の不動産会社が同額で買い取りたいと連絡してきたという。同幹部は「築地は東京の一等地だから、高く売れるはず。築地の賃貸は経済動向に左右され、危険だと思うので、売却を再検討すべきだ」と訴えている。

小池知事

市場事業者らに謝罪
結論に「皆さんの声生かす」

小池知事は17日、築地市場を訪れ、豊洲新市場の地下水から汚染物質が検出され、無害化できていない状態にあることを市場関係者に謝罪した。出迎えた市場関係者からは知事の現地訪問を歓迎する声が相次いだ一方、知事による安全性の懸念払拭や、早期の決断を求める声も上がった。

市場講堂を訪れた知事は、水産や青果の卸売・仲卸事業者など128人から拍手で迎えられ、「皆さんとの約束を守れていないことについて、改めて知事として謝罪したい」と頭を下げた。

知事は築地のブランドを支えるのは市場の事業者らが培ってきた値付け機能であると話し、「その歴史をあっという間に消し去ることはできない」と訪問の意図を説明。また、今後も市場を訪問する意向を示し、「築地という日本の宝をどう守り、継続し、発展させていくか。知恵を出し合っていきたい」と関係者からの意見を聴取した。

事業者からは、豊洲への移転のため知事による安全宣言を求める声や、築地のブランドを生かし再整備すべきという意見がそれぞれ上がった。一方、「（移転するかどうかを）事業者に聞くのはやや酷。知事が勇気と優しさ、魂で決断してほしい」との声もあがった。

知事は市場移転について「AかBかという観点だけではなく、これまで育ててきたブランドをどう守り、革命的に流れる物流をどうするか。鳥の目で決めたい」と話し、「皆さんの思いが生かされたんだと思えなければならない」と事業者の声を踏まえて結論を出す方針を示すと、会場からは賛同の声が上がった。

一方で、会場ではあらかじめ決められた事業者しか発言の機会がなく、会場外では「これでは話が聞いてもらえない」と訴える関係者もいた。この後、知事はぶら下がり取材で、週明けにも決断すると報道されていることについて「来週と誰が言いました？」とかわし、方向性を示す時期については言及しなかった。

市場事業者からの意見を聴取する小池知事＝17日、築地市場講堂で

決戦に臨む⑤　2017都議選　選対幹部に聞く

都民の未来見据え戦う

都民ファーストの会　幹事長　野田 数氏

――都民ファーストの会の代表に小池知事が就任した効果をどう見ていますか。

代表就任以降の街頭演説においては、有権者の反応が格段に良くなった。また、公認・推薦候補を勢いづけるという意味でプラスになっていると思う。全国紙の世論調査で、全体の5割近くを占める「都議選に強く関心のある層」が、投票先を都民ファーストと答えた割合が35％で、自民党が15％。前回調査よりも差が一層開いた。

――知事は推薦候補の応援に入りますか。

重点区を中心に入る。例えば、公明党から依頼のあったところ、象徴的な選挙区、激戦区などに知事の応援を入れていきたいと思う。

――保守票の取り込みは進んでいますか。

昨年の都知事選と違って、自民党系の各種団体や首長からの推薦、何よりも公明党の推薦をいただいている。非常に多くの味方が増えているので心強い。

――公認候補は48人、推薦候補は36人います。

公認候補は50人以上になる。目標は公認・推薦候補の全員当選だ。

――都議選の争点は何ですか。

小池改革にイエスかノーかだ。小池知事は情報公開を一気に進め、知事報酬の半減、公明党提案の給付型奨学金の対象拡大、待機児童対策、政党復活予算廃止などを実現した。市場問題やオリパラの経費問題など、過去の自民党都政の尻拭いをしながら、歴代知事の中でも最も短期間で最も多くの実績を出した。「決められない」「実績がない」などと言うのは、いつもの自民党の悪質なうそに過ぎない。

――市場移転では、知事の判断を尊重すると公約に掲げています。

市場問題PTの報告書や、市場のあり方戦略本部の検証、築地市場関係者の意見などを参考にした上での知事判断ということになる。行政手続きをおろそかにしてはならない。自民党が早く豊洲に移転しろというのは無責任だ。

――都議会自民党をどう見ていますか。

自民党は議会での質問や条例の作成を都庁職員に頼っている。立法能力、調査能力が完全に欠落している。都議会では議員提案の条例は25年間で1本しか通っていない。都民ファーストは完成度の高い条例をつくれる体制を構築する。そのために弁護士や医師、公認会計士、税理士など専門性のある多才な人たちを公認候補に据えている。公約の受動喫煙防止は、弁護士の候補者が東京都医師会の専門的見地を鑑みながらまとめたものだ。これら有能な人材は、都民のお役に立ち、都政にとってもプラスになると思う。

――改選後の会派運営はどう考えていますか。

実務能力のある人や民間で実績がある人に任せたい。自民党だと区議や市議上がり、世襲候補などが多く、まともな社会経験や常識を持ち合わせていないケースが多い。狭い世界しか知らない人が政治をやっているから、都議会がお粗末になっている。一方で、議員経験者も一定数入れている。そうしないと、議会という特殊な世界で自民党と戦えない。

――都議選への意気込みをお願いします。

都政を牛耳ってきた無責任勢力を打破できるかどうかだ。都や都民の未来のためにしっかりと戦っていきたい。

都政の東西
かすむ焦点

今週末に告示される都議選は自民党と都民ファーストが第一党に向けて競り合う構図で、両者ともてこ入れに余念がない。都民ファーストの小池百合子代表は連日、選挙区を飛び回り、候補者に付き添って知名度不足をフォローしているのに対し、自民は「（支援者の）名簿を基にした選挙」を徹底。組織を引き締める選挙戦を展開している。

「知事と議会のスピード感と改革の方向が一致しなければ、都政は後ずさり、思考停止になる」。都民ファーストの小池代表は総決起大会で、自民を痛烈に批判。一方、自民の下村博文都連会長は各種団体決起大会で、小池知事について「発信力は素晴らしい」と評した上で、「肝心要のことが決断できていない」と切り捨てた。

これまで「国政のリトマス試験紙」と言われてきた都議選だが、小池都政の誕生で注目度は格段に高まった。劇場型の性格を帯びた半面、有権者が都議をより深く評価する機会が広がったとも言える。

ところが終盤に入り、やはり国政の要素が風を吹かせ始めている。加計学園の学部新設問題だ。菅義偉官房長官が散々、「怪文書」扱いしていた「総理の意向」記載文書が再調査で確認された上、萩生田光一官房副長官が同学園に有利な条件設定を指示した可能性が浮上しているからだ。

騒動のさなか、一度は伸び悩んでいた都民ファーストが浮上したという世論調査結果も出たが、自民、公明両党が押し通した「共謀罪」法案を含め、「都議選への影響は避けられない」との見方が強まっている。政権の「おごり」に厳しい目が向けられる中、今回の選挙も都政の焦点がかすみ、リトマス紙になってしまうのだろうか。

◆自民が総決起集会

自民党は15日、党本部で23区各種団体総決起大会を開き、都議選候補者による決意表明や、衆参議員による応援演説が行われた。

下村博文都連会長は、五輪準備や市場問題に関する小池知事の決断の遅れを指摘。「自民の候補が当選しなければ、良い都政にならない。東京五輪をきっかけに世界で一番の都市にし、日本の発展につなげる」と訴えた。

応援に駆け付けた党幹事長の二階俊博氏は「こんなに力を入れた選挙はない」と話す一方で、「周りがどんなに騒いでも、（候補者）本人がやらなきゃいけない」と叱咤激励。その上で、「選挙の時だけ騒ぐのではなく、党本部で都議会の報告をやってはどうか」と提案する一幕もあった。

都議会自民党の高木啓幹事長は「石にかじりついてでも議席を獲得する」と決意を話し、更なる支援を呼び掛けた。

水泳競技場で汚染土壌
工期に影響の可能性も

都財務局は15日、建設工事中のオリンピックアクアティクスセンター（江東区）で、処分場の受け入れ基準を上回る水銀などの汚染土壌が確認されたと発表した。

アクアティクスセンターは、都立辰巳の森公園内で今年4月から本体工事に着手している。地歴上は「汚染の恐れなし」と環境局に認められており、昨年度の液状化対策工事時点では、発生土に汚染は確認されていなかった。同地域は1932年に東京港の浚渫土による埋め立てで造成されており、水底にたまっていた物質由来の可能性があるという。

今後の工事で発生する11万7300立方㍍の土のうち、汚染があるとされたのは5万立方㍍。このうち、水銀は300立方㍍で土壌汚染対策法の最大1・5倍、鉛は1400立方㍍で最大7・7倍の濃度で汚染している恐れがある。

通常の建設発生土は新海面処分場に搬出する予定だが、汚染土は受け入れ基準に不適合であるため、管理型の処分場などに運ぶ。処分場の処理能力や距離、価格などを考慮して検討を進める。

水銀は揮発性があるため、薬剤での処理や専用の袋に入れて搬出することが必要で、アクアティクスセンターの工期や価格などに影響が生じる可能性もある。

都財務局は、汚染箇所が深く周辺で地下水の飲用がされていないことから、健康被害の恐れはないとしている。今後、近隣住民や関係機関に説明を行い、汚染土の搬出・処分を進める方針だ。

◆共産が公用車状況調査

共産党都議団は15日、都議会における公用車の使用状況などの調査結果を公表した。

調査は昨年度1年間の公用車の運転日誌を基に使用状況をまとめた。会派別では、自民党が年間1909回、公明党が425回、東京改革は373回使用。また、議員の選挙活動や党内活動の状況と照らし合わせると、「公務と言えない事例に使用した疑いが多数確認された」（共産党吉田信夫団長）という。

公用車に関しては、公明、都民ファースト、維新などが削減・廃止を都議選公約に掲げている。

◆都民ファが追加公認

都民ファーストの会は19日、町田市選挙区で、元衆議院議員公設秘書で新人の奥澤高広氏（35）を公認すると発表した。

寸句ジョーク

小池知事、今秋にも市場問題の方向性を見いだしていく？　細かい資料を鳥の目で見て、芸術的とも言える落とし所に持っていく

「6月25日まで開催中のショートショートフィルムフェスティバルの手法だな」

――都職員

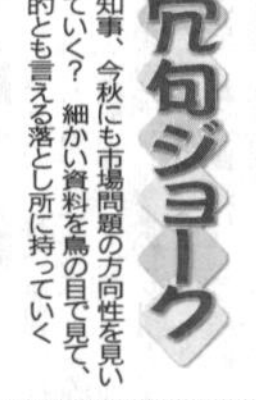

中央区

兜町再開発で地区計画

国際金融都市へ活性化図る

中央区は、日本有数の金融街・兜町の再生に向け、東京証券取引所周辺に新たな高度利用型地区計画を導入する方針を明らかにした。来年1月の都市計画決定を目指す。かつては証券マンらでにぎわっていた兜町だが、IT化の進展で証券取引所の株券売買立会場が閉場されるなど活気を失い、街のにぎわいをいかに取り戻すのかが課題になっている。国家戦略特区も活用し、大手町、日本橋に連なる国際金融都市の創出に向け、地元区として環境整備に乗り出す。

兜町の活気が失われた最大の要因は、東京証券取引所の株券売買立会場がIT化の進展などにより1999年に閉場されたことだ。独特の身振りで威勢よく証券の取り引きをしていた「場立ち」らは姿を消し、周辺ビルの老朽化なども重なって日中でも人通りは少なく、街は閑散としている。

金融街の復活へ再開発が始動した日本橋兜町7地区＝15日

再生に向けた起爆剤は、国や都が進める国際金融都市構想に合わせた民間施設の開発だ。株主総会やIR（投資家向け広報）説明会などでの活用を想定したホールや会議室に加え、国内外の投資家や企業の交流場などを設ける方針。屋内広場やコミュニティーカフェなど地域活動の拠点機能も持たせる。計画予定地は、東京証券取引所南部の永代通りに面した「日本橋兜町7地区」。

区はこうした動きに合わせ、東京証券取引所周辺の地区計画区域を見直し、新たに「日本橋兜町・茅場町1丁目地区地区計画」を定める方針を固めた。高度利用型地区計画を導入した上で、土地の集約化や街区再編を促進する「A地区」と、現状の建て替えルールを維持する「B地区」の二つに区分。地区内は原則としてB地区とし、具体的なプロジェクトが立ち上がった段階でA地区に指定する。A地区では、金融機能の確保のほか、地下鉄駅への動線や帰宅困難者の待機場所などの整備を盛り込んだ上で、容積率を緩和する方針だ。

施設開発予定地の「日本橋兜町7地区」では、A地区指定を想定した民間都市計画事業案が示されている。敷地面積は約3300平方㍍で、地上15階、地下2階の高さ90㍍の施設を整備する計画。計画地の容積率は、永代通り沿いが700%、その他が600%だが、A地区指定による高度利用を見込んで計画案では約1000%となっている。また同地区は現在、区道により細分化されており、土地を一つに集約した上で、周囲の道路を拡幅する。

中央区と都は、永代通り沿いの大手町や日本橋、兜町エリアを東京の国際金融軸と位置付け、都は2015年6月、都市計画法の特例対象として国家戦略特区に日本橋兜町・茅場町1丁目地区を追加申請した。今回の地区計画の新規導入や民間都市計画案はこの一環。区は両計画の原案を8月に公告・縦覧する予定で、来年1月の都市計画決定を目指す。

区地域整備課の菅沼雅広課長は「事務所を造れば高く売れる時代は過ぎた」と話し、「金融機能を集積して兜町の特徴を再度位置付け、特色あるプレーヤーが使用する施設を造る」と意気込む。

一方、都は9日、小池知事肝煎りの「国際金融都市・東京」の実現に向けた構想骨子を公表し、今秋に構想を取りまとめる方針を示した。骨子には法人税の軽減に向けた取り組みや、国際化を見据えた金融行政手続きの迅速化、金融人材の育成などを盛り込んだ。

都政策企画局の三浦知戦略事業担当課長は「業界団体などと調整し、自治体の取り組みがスムーズにいくよう後押ししたい」と話している。

区長会

全国連携事業を本格化

第1弾「お茶の京都」PR

特別区長会（会長＝西川太一郎荒川区長）は、4月に策定した「特別区全国連携プロジェクト推進方針」で掲げる交流事業拡充の第1弾として、京都府市長会・同町村会と連携し、「お茶の京都」をテーマとしたPR展示を行う。16日に開かれた区長会総会で了承した。

推進方針は今年度から2020年度までの4年間を期間とし、全国の7首長団体と結んでいる包括連携協定を拡大するとともに、締結団体との連携事業の充実を掲げている。京都府市長会・同町村会とは昨年4月に連携協定を締結しており、3団体が協議会を設置して具体的な検討の在り方などを検討していた。京都府は事業者らと連携して日本版DMOの設置を進めるなど観光振興策を強化しており、東京圏からの誘客に23区が支援を行う方向で一致した。

展示では、京都府と南部地域の12市町村を中心に「お茶の京都博」と銘打って実施しているイベントや、「お茶文化」の世界遺産登録に向けた活動、地域で生産が盛んな宇治茶を紹介するパネルを展示し、PRパンフレットを配布する。期間は8月19日から9月30日まで、会場は東京区政会館を中心に、各区の庁舎などでの巡回展示を行う。期間中は宇治茶を使った商品の販売やお茶に関する講座なども併せて実施する。

区長会は推進方針の策定に伴い、昨年12月に開催した協定締結団体の特産品販売などを行う「魅力発信イベント」を前年度までの年1回から年2回開催に拡大。9月に台東区内の民間施設「まるごとにっぽん」で締結団体の食材を使った丼や地酒などをテーマに開催する計画で、締結団体の構成236市町村に参加を呼び掛ける。

港区議会

池田氏が新議長　副議長は七戸氏

港区議会は16日、第2回定例区議会最終本会議を開き、新議長に自民党の池田幸司氏（52）、副議長にみなと政策会議の七戸淳氏（56）を選出した。いずれも初就任となる。

池田幸司氏

七戸淳氏

池田氏は現在3期目で、これまで防災・エレベーター等対策特別委員長や交通・環境等対策特別委員長などを歴任した。

七戸氏は現在4期目で、総務常任委員長や区民文教常任委員長、建設常任副委員長などを務めた。

中野区

イクボス宣言で全管理職が署名

中野区は15日、職員のワーク・ライフ・バランスの実現に向けて「イクボス宣言」を行った。田中大輔区長以下、全管理職が宣言書に署名し、区内事業者や団体などに宣言を周知する。

宣言では、暮らしと業務の両立に向け、情報共有やコミュニケーションを円滑化し、業務改善を行うことで、超過勤務の縮減や休暇取得の促進を目指す方針を掲げた。

これを受け、区議会は同日に開いた第2回定例区議会最終本会議で、区のイクボス宣言を支持する決議を全会一致で可決した。

足立区

投票立会人に若者活用　過去最多の46人が参加

足立区は14日、来月2日に投開票される都議選の投票立会人289人のうち、18歳から29歳までの若者が過去最多の46人になると発表した。学校や町会を通じた参加呼びかけが奏功し、最多だった1998年の参院選での18人を大幅に上回る応募があった。

区は期日前投票所全8カ所と当日投票所76カ所中21カ所に29歳以下の投票立会人を配置する。若者が投票立会人となって投開票の現場を体感し、選挙を身近に感じてもらうことで、投票行動を促す狙いがある。

同区では92年から20代の立会人募集を開始し、昨年から18～19歳にも対象を広げた。区選挙管理委員会は「若年層の方に、素敵な未来は選挙を通じて自分がつくることを知ってもらい、投票率のアップにつなげたい」と期待を寄せる。

豊島区

ランドセル選びで講座　西武池袋本店と連携し

豊島区は24日、西武池袋本店と連携してランドセル選びのポイントをアドバイスする講座を2カ所の区立施設で開く。子育て世代で小学校入学時のランドセル選びが「ラン活」と呼ばれて加熱しており、区が進める「女性にやさしいまちづくり」の一環として開催を決めた。

区は事業者との連携協力による女性にやさしいまちづくりの推進を目的に、「Female（女性）／Family（家族）」と「Friendly（やさしい）」の頭文字を取った「FFパートナーシップ協定」の締結を進めており、今年3月に協定第1号として西武池袋本店と締結。店内で女性の育児休暇復帰に向けたセミナーなどを行っており、今回は初めて区立施設での開催となる。

講座では、売り場のアドバイザーとメーカーの担当者が人気の素材やデザインなどを紹介し、約10種類のランドセルを実際に背負ってもらう体験シミュレーションを行う。定員は先着20組で参加費は無料。

都議選2017　激戦勃発　注目選挙区の情勢（下）

千代田区

一騎打ちの情勢が変化

1人区の千代田区に、他党に先駆けて立候補した都民ファースト候補のポスターは2種類ある。一つは他の選挙区でも見かける小池知事と写るポスター。もう一つは小池知事の支援を受けて今年2月の区長選に圧勝した石川雅己区長と写っているポスターで、二連で並べて貼られている。都議選の前哨戦と位置付けられた区長選の余韻が残っている。

千代田区は、自民の内田茂が強さを見せてきた選挙区だが、今期で内田が都議の座を退くため、新人同士の争いになる。自民と都民ファーストはともに若手候補を擁立し、当初は一騎打ちと見られていたが、反自民の超党派区議らが応援する新人候補が加わったことで勢力図に変化が生じている。

都民ファースト公認予定候補の樋口高顕（34）は、石川区長とほぼ毎日連絡を取り合い、区内団体の会合に同行するなど名前を売ることに躍起だ。選挙活動を手伝うメンバーも小池知事や石川区長の支援者らが「勝手連的に集まっている」状況で、ほかに推薦を出している公明など区議3人が支援につく。樋口は「風が吹いているとは意識していないが、街中をまわっていると、クリーンな政治という訴えに反応が強い」と手応えを語る。

一方、内田の後継に元会社員の中村彩（27）を公認候補にした自民。これまでは内田が築き上げてきた地盤の上で票を確保してきたが、今回の都議選では街頭演説や自転車でのあいさつ回りなど地道な活動による知名度アップから始めている。自民の桜井正区議は「選挙は選対の皆で立てている。ベテランの内田都議の選挙とは違った雰囲気だ」と"ポスト内田"の体制の変わりようを話す。

区内に貼り出された自民中村、都民ファースト樋口の選挙ポスター＝12日、神保町で

50歳差がある後継者となった中村は、内田との関係を「住みやすいまちづくりをするという思いが共通している。お辞儀の仕方から物事の考え方まで注意を受けることもあるが、SNSでの情報発信など提案を受け入れてもらうこともあり、良い関係が築けている」と話している。

国政とも絡んだ支援体制は強固だ。街頭に貼り出されている中村の選挙ポスターは、安倍晋三首相と固く握手を交わしている写真。総決起大会には丸川珠代五輪担当相や片山さつき参院議員が駆けつけた。選対に入っている区議15人の一人は「知名度はまだまだだが、区長選のようにはいかない」と起死回生を狙う。

自民と都民ファーストが激しく火花を散らす一方で、共産や民進、無所属の区議が元編集者の須賀和男（61）を擁立した。共産の木村正明区議は「区長選では擁立を断念し、支援者から票を入れたい候補がいないと言われてしまった」と反省を述べた。新社会党千代田総支部と社民党千代田総支部と共に推薦を出し、革新支持層の受け皿としたい考え。

須賀の出馬で一定程度、浮動票が分散する見通しで、自民の支持者からは歓迎する声が上がる一方、樋口を支持する町会関係者は「自民と都民ファーストが拮抗していた状況が揺らぎつつある」と危機感を強める。

都議選の告示が3日後に迫り、各選挙区では選挙戦に向けてカウントダウンの態勢だ。議会構成の大きな変革が予想される中、審判の日は近い。＝おわり

自治体政策のススメ

保育政策の課題⑦

保育園を考える親の会代表　普光院　亜紀

児童虐待と保育所

保育所（認可保育所）が児童福祉施設であることは、一般にはあまり知られていない。保育所への入園を市町村に申し込むのは、待機児童の入園の順番を公平に決めるためだけではない。児童福祉の視点から、必要とする子供に保育を保障するためでもある。

保育料が応能負担（所得に応じた負担）で、生活保護世帯が無料で利用できるのも、ひとり親家庭や障害をもつ子供が優先的に利用できるのも、保育所が児童福祉施設であることによる。

実際、保育所では貧困ラインの家庭の子供も、大企業ダブルインカムの家庭の子供も、障害を持つ子供も健常児も、分け隔てなく生活している。

保育所の守備範囲は、社会的養護と境を接している。養育が危ぶまれる家庭の子供や、いったん保護された後、家庭に再統合される子供が保育所に措置される場合もある。

保育所は生活の場であり、保護者の就労を支援して経済的な自立を支え、子供には健やかな発達のために必要な環境を提供し、保護者に共感したり、子育ての技術を自ら実践しながら伝えたり、子供の発達や心理について助言して保護者の子供理解を助けたりしている。

2016年に児童福祉法が改正され、児童養護施設などの施設中心になっている社会的養護の現状を改め、家庭養育（里親、養子縁組）や家庭的養育（施設での小規模グループケア、グループホーム等）の比重を高めていく方針が打ち出された。しかし、この移行をスムーズにするためには、社会的養護のニーズ自体を減らす必要がある。つまり、児童虐待を予防する子育て支援を強化する必要があるということだ。

困難に直面する家庭を包括的に支援できる最大の装置が保育所であることは間違いない。しかし、現在の待機児童問題や保育士不足、事業者の資質低下は保育所が本来持つべき機能を阻害している。保育所の拡充は、増え続ける児童虐待への対応策としても重要になりつつある。

記者席

安らげる週末は都議選後か

○……「市場関係者に謝りたい」。市場移転問題を総点検する市場のあり方戦略本部の15日の会合で、小池知事がこう語った。謝罪は、これまで戦略本部が市場業者をヒアリングした際、知事が欠席したことではなく、豊洲市場の地下水に含まれる有害物質を環境基準以下にできなかったことに対するものだ。

知事が謝罪に行くのは構わないが、15日の会合で「土曜日でもいいですから」と幹部に指示を出したことには多くの記者が落胆した。ある記者は「週末がまたつぶされる。勘弁してよ……」と疲労困憊の表情でぼやいた。これは職員も共通の思いだろう。知事に振り回される報道陣や職員への謝罪はいつになるのだろうか。

○……小池知事が17日、築地市場を訪れて、豊洲市場の「無害化」が達成できていないことを謝罪した。

連日、新聞報道では「豊洲移転」の文字が躍っているのに、小池知事の口から出る言葉は「築地ブランド」ばかり。一方で、上村信一特別顧問はツイッターで、これらの記事を「憶測」「意図的なリーク」などと批判し、「豊洲は大失敗」と持論を展開している。

結局、どっちなんだと言いたくなるが、「無害化」未達成を謝罪したから移転にゴーサインというほど、このパズルは簡単に解けそうもない。

○……豊島区議会の第2回定例会が15日に開会し、都議選出馬を理由に9日付で議員辞職した都民ファーストの本橋弘隆前区議に対し、机をたたきながら大声で区職員を叱責したパワハラ行為への猛省などを求める決議を賛成多数で可決した。

小池知事の地元として人気が高い都民ファーストに対し、自民が反転攻勢に出た格好だ。

採決では、賛成が自民9人と1人会派計3人、反対が共産6人と都民ファースト4人で、公明7人（議長除く）と民主ネット5人が退席した。区長自ら先頭に立って都民ファーストへの支援を行う中、区長与党で、かつ選挙協力関係にある公明としては難しい判断が迫られた形だ。告示まであと3日、候補者のスキャンダル合戦とならなければ良いが。

五輪自転車ロードレース
コース再検討に動揺
「富士山コース」浮上に歓迎も

東京五輪の自転車ロードレース競技のコースを巡り、多摩地域の自治体が揺れている。皇居発着で多摩地域を周回するコースを予定しているが、国際自転車連合（UCI）が富士山の見えるコースにするよう要請。組織委員会で検討が進んでいる。こうした中、多摩地域の自治体からは、予定通りのコースとするよう声が上がる一方、新たにコースを誘致する動きもある。

15日に都庁を訪問した多摩市の阿部裕行市長は、組織委員会で検討が進む「富士山コース」に懸念を示し、対応した塩見清仁オリンピック・パラリンピック準備局長に立候補ファイル通り実現するよう要請した。

東京五輪の自転車ロードレース競技は、男子が約250キロ、女子が約140キロで行われる。皇居をスタートした後、甲州街道を通り、稲城市や多摩市域を男子が16周、女子が7周し、再び皇居に戻るコースを予定している。

だが、UCIが4月、テレビ映りなども意識し、富士山を背景に走るコースに変更するよう組織委員会に要請した。富士山に向かうコースは、都内を周回するコースに比べて都内の渋滞緩和につながる上、警備員やフェンスの配置面でもコストが縮減できる。また、起伏が多いコースを選択することで選手の実力差が出やすいコース設定も可能だ。組織委員会もこうした点を含めて検討しており、富士山に近い富士スピードウェイをゴールとする案が候補に挙がっていると報じられている。

こうした動きに対し、阿部市長は「海外の人にとって富士山を背に走るということは理解する」とした上で、東京五輪のレガシー面を強調。「一瞬で通過するのと、周回するのとは全然違う。東京五輪なので、東京にとってのレガシーが大事」と話し、組織委員会に対して当初のコースで行うよう都に求めた。

塩見局長は、組織委員会や国際競技団体（IF）でコースが話し合われていると認めた上で、「多摩の尾根幹線はサイクリングの聖地となっている」と理解を示し、要望を組織委に伝えると応じた。

コース変更に懸念を示すのは多摩市だけではない。稲城市の高橋勝浩市長は5月、組織委員会にコース誘致に関する要望書を提出した。「市内の公道は見晴らしが良く、適度にアップダウンがあり、自転車競技に最適な地理的環境にある」などと主張。五輪後にはコースを示すモニュメントやカフェ、更衣室などを備えたサイクルステーションを整備して「自転車の街」として発展していく構想を示し、コース決定に配慮を求めた。

高橋市長は9日の記者会見で、「五輪の成功に協力していく」とした上で、「市役所の前を周回するのはチャンス。多少のマイナーチェンジは良いが、できるだけ元通りの形でお願いしたい」と現行案での開催を求める。

一方、変更案を歓迎するのが八王子市だ。石森孝志市長は5月の記者会見で、八王子市を通る甲州街道をコースにしてほしいと求め、府中や日野、立川、相模原などにも声を掛け、近く組織委や都に要望する意向を表明した。

同市都市戦略課は近隣自治体と調整を進めているとした上で、UCIが先月、視察で来日したことに「情報が全く来ない。決まってからでは遅い」と危機感を示し、今月中にも要望する考えを示す。

「一瞬で通過することになる。多摩地域を周回することがレガシーにつながるのではないか」。

阿部市長（右）が要望書を塩見五輪局長に手渡した＝15日、都庁で

昭島市
ごみ分別アプリを導入
清掃センター廃止も背景に

昭島市は、ごみの分別方法や収集日などをスマートフォンやタブレット端末で確認できる「ごみ分別アプリ」を15日に導入した。臼井伸介市長は「家庭ごみは減量が進んでいるが、更に減量を進めていく」と話す。

同アプリでは、ごみ種による分別検索機能や、ごみ収集日カレンダー機能のほか、ごみの出し方、問い合わせ先などを掲載。ごみの出し忘れを防止するため、指定した収集日の当日と前日に知らせる機能も付いている。ダウンロードは無料。

同様の分別アプリは多摩地域で11市が既に導入している。昭島市が導入した理由の一つが、スマートフォンの普及だ。市では現在、ごみ分別に関する冊子を全戸配布しているが、特に若い世代にスマートフォンが普及する中、ごみを分別して出してもらうことが目的。

また、導入の背景には同市の清掃センターが老朽化により、2019年度末で廃止となることも大きい。

同センターが廃止後、市は西多摩衛生組合（青梅市、福生市、羽村市、瑞穂町）に加入したい意向を表明しており、今月1日には同組合の構成市長会議に臼井市長が出向き、廃止後に自区内処理が難しい理由などを説明した。

臼井市長は、同市が小金井市のごみを07年から今年3月末まで受け入れた状況に触れながら、「ごみを（市外に）持っていくのは難しい。（加入を）お願いする立場なので、食品ロスを防ぎ、ごみを減量する努力が必要。市民にも協力をお願いしたい」と話す。

立川市
「働き方改革」が始動
市長が残業縮減宣言

立川市が働き方改革に着手している。清水庄平市長が5月に残業縮減を宣言し、20時完全退庁の啓発などを進める。ただ、具体的な取り組みは走りながら検討していく状況で、どう残業縮減につなげるか模索が続いている。

同市の働き方改革は、まず5月31日に清水市長が残業縮減に取り組む「スマートワーク宣言」を行い、臨時部課長会で管理職に訓示。同日の就業時間終了後には市長が自ら本庁職場を回り、超勤縮減の協力を求めるとともに、残業中の職員に理由を聞いて回った。

「年間750時間を超す職員が出てしまったことに大きなショックを受けた」。5月の定例会見で、清水市長は働き方改革に取り組むきっかけをこう語った。

民間企業では法定労働時間を超える時間外労働を職員に命じる場合、労働基準法36条により、労組などと協定（36協定）を結ぶ義務を負うが、その場合も時間外勤務の延長限度は原則として年間360時間となる。だが、同市が昨年度の職員の超勤実態を調査したところ、全職員1060人のうち144人が360時間を超え、最高は750時間に達していた。

市の全職場233係中、29係で年間360時間を超える職員が発生。他市と比べても、多くの部署で時間外が発生しているとの認識だ。職場別では工事を所管する部署や、人事、財政、企画政策などの官房系が多く、職層では、特命事項がある主査職が多いという。

ただ、働き方改革に着手したものの、残業縮減の特効薬は見いだせていないのが実情だ。以前から取り組んでいるノー残業デーの徹底などに取り組む考えだが、具体策は走りながら検討する。

清水市長は「職員から残業縮減の提案を受け、即、取り上げた。（具体策を）検討してからという幹部会の意見もあったが、精神疾患、過労につながってしまう問題」と危機感を示す。

市長が職場巡回した日は水曜日のノー残業デーで、普段の水曜日は本庁職場（605人）で残業する職員が80人程度いるが、この日は40人に減少。しかし、翌週にはまた80人程に戻ったという。

この日、職員からは「市民から苦情が寄せられ、残業して対応しなければならない」などの実情も聞かれた。人事課の佐藤岳之課長は「市長が宣言することは職員にもインパクトがあるが、実際に業務がある中でどう対応していくかが課題」と頭を悩ませる。

人事課では、管理職から残業縮減に向けた課題や、過去の取り組みで成果があったことなどをヒアリングしているが、本格的な検討はこれからだ。市では超勤縮減策を検討するワーキンググループを設置する考えで職員を選定中。年末に向け、職場に対してヒアリングを実施するとともに、具体策を検討する。

佐藤課長は「実際の仕事がある中で、いかに折り合いを付けていくかが改革の本丸。人事課が先行的に改善策を打ち出すよりもボトムアップで意見を吸い上げ、改革につなげたい」と話す。

立川市役所本庁舎の執務風景。働き方改革は緒に就いたばかりだ＝5月30日

ふるさと納税を充実
謝礼に市ゆかりの品
稲城市

稲城市がふるさと納税を拡充した。4月からふるさと納税総合サイト「ふるさとチョイス」を経由してクレジットカード決済に対応し、謝礼品も19品目に拡大した。寄付金の使途として、①稲城っ子の未来を応援②稲城市の観光推進事業を応援③市に一任――から選んで申し込みができる。

新たな謝礼品では稲城市らしさをPRするため、ガンダムなどのデザインで知られる同市在住のメカニックデザイナー・大河原邦男さんの関連グッズや、よみうりランドのワンデーパス、東京ヴェルディの選手の直筆サインが入ったサッカーボールなどを加えた。

ふるさと納税は、高額な返礼品などが問題視されている。高橋勝浩市長は9日の会見で「メリット、デメリットはあるが、制度が充実すると、税が流出する。個人的には返礼品を禁止してほしいが、流出を止めるにはゲームに乗らざるを得ないのが本音。税の流出を防ぐため、しっかりと取り組みたい」と話した。

妊婦向けガイド発行
個別にプランを作成
東村山市

東村山市は、出産や育児情報をまとめたガイドブック『妊娠・出産・子育てガイド』を作成した。母子健康手帳の交付時に、妊婦が母子コーディネーターと面接をしながら、一人ひとりに合った妊娠中の過ごし方や体調管理を含めた「ゆりかご・ひがしむらやまプラン」を作成できる内容。また、出産や育児についての情報を掲載した。同ガイドは市内事業者等からの広告収入で作成した。

ラグビーW杯
機運醸成へ地元3市がスクラム
イベント通じ浸透図る

2019年のラグビーワールドカップ（W杯）が味の素スタジアムで開かれることを機に、地元の調布、府中、三鷹の3市が機運醸成に取り組んでいる。24日には日本代表とアイルランド代表の試合が同スタジアムで行われる予定で、こうしたイベントを起爆剤に機運醸成を図りたい考え。7月1日には3市などで構成する実行委員会がラグビーフェスティバルを開催する。前回の15年大会では日本代表の活躍でラグビー人気が高まったが、野球やサッカーの人気には遠く、大会成功に向け手探りの取り組みが続いている。

職員有志が検討会設置

「イングランド大会で高まったことは間違いないが、それから2年。機運をつなげたいが、簡単ではない」。調布市の長友貴樹市長は、記者会見でこう語った。

19年のラグビーW杯の競技会場となる味の素スタジアムが立地する同市だが、16年度に行った市民調査では、W杯が行われることを知っていたのは28・4%にとどまった。

「まだまだ知られていない。あと2年間でどこまで盛り上げられるかが課題」と話すのはオリンピック・パラリンピック担当の小林達哉部長。

機運醸成に向け、同市が立ち上げたのが庁内の連携会議だ。ラグビー経験者の30代から40代の職員を中心に十数人が集結。市内のラグビーサークルの意見も取り入れながら、具体策を練り上げている。

その成果の一端は、18日に同市が行った「第一回調布まちなかラグビー」のイベントでも表れた。日本代表の試合を1週間後に控えて機運を盛り上げようと、調布駅前広場でルールを簡略化した3対3の「まちなかラグビー」などを行ったが、その中で、調布国際音楽祭との連携イベントとしてウェルカムコンサートを開催。主催する調布市文化・コミュニティ振興財団から「駅前で市民が演奏するプログラムがあるので、連携を取れないか」と提案を受けて実現した。

小林部長は「五輪担当だけでは大きな力にならない。いろんな部署も巻き込んで提案をもらいながら、ラグビーW杯の成功を五輪の成功につなげられるよう、全庁で力を合わせていきたい」と意気込む。

■商品開発で地域活性化

ラグビーに関して一歩リードするのが「ラグビーのまち」を売り出す府中市だ。市内に東芝とサントリーというトップリーグの強豪チームを有し、今年も味の素スタジアムで行われる両者の対決は「府中ダービー」と呼ばれて人気が高い。

だが、そんな府中市でも機運醸成は道半ばだ。市オリンピック・パラリンピック等推進担当の佐藤直人主幹は「市内の会合などで『府中はラグビーの街だよね』という声を聞くようになったが、サッカーや野球と比べれば人気はまだまだ。取り組みを加速していかなければならない」と気を引き締める。

具体的な取り組みとして、市は昨年7月に東芝やサントリーなどとともに推進委員会を立ち上げ、シンボルマークを市民公募で決定。市内の事業者がマークを活用したお菓子やグッズを製作するなど地域活性化につなげる取り組みを展開している。

また、来月9日には「ラグビーのまち府中フォーラム」を初めて開催。地元ラグビー日本代表主将の廣瀬俊朗氏などを招き、ラグビーW杯の機運醸成や、五輪後も府中市にラグビーを定着・発展させるための取り組みなどをディスカッションする。

市はW杯に向け、キャンプ地誘致などにも取り組む。15年のW杯の報告会が同市で行われた際には4千人が集まった。佐藤主幹は「ラグビーで街を訪れた人に街歩きをしてもらうため、今後はモニュメントの設置や商品開発で地域活性化につなげたい」と話す。

■小学生に裾野拡大

三鷹市も、ラグビーによる活性化をもくろむ。3市が加盟する実行委員会が来月1日に開くラグビーフェスティバルでは、3市が役割を分担。調布市がイベントを、府中市が7人制ラグビーを担当し、三鷹市は小学生のタグラグビー教室開催を担う。タグラグビーは腰に付けたタグを取られないように走ってゴールを目指す競技で、タックルやキックがないため安全性が高い。市内には昨年、ラグビーのクラブチーム「SUN HAWKS」が設立し、同チームの協力を得ながら教室を運営する。

市スポーツ振興課の室谷浩一課長は「ラグビーは危ないイメージもあるが、タグラグビーは安全で保護者の理解も高まる。一過性のイベントで終わりではなく、これを機に裾野を広げていきたい」と話している。

4月に調布市で行われた五輪フラッグツアーと同日に開催した駅前イベント

新議長に西畑氏
副議長は斉藤氏
清瀬市議会

清瀬市議会は8日開会の市議会第2回定例会で、新議長に公明党の西畑春政氏（63）、副議長に清瀬自民クラブの斉藤正彦氏（72）を選出した。

西畑氏は現在6期目。建設委員長や文教委員長、決算特別委員会委員長を歴任した。

斉藤氏は6期目で、総務委員長や予算特別委員会委員長、決算特別委員会委員長などを務めた。

西畑春政氏　斉藤正彦氏

本間氏が新議長
副議長に与座氏
武蔵野市議会

武蔵野市議会は13日に開会した第2回市議会定例会で、新議長に共産党武蔵野市議団の本間まさよ氏（61）、副議長に自由民主・市民クラブの与座武氏（55）を選出した。

本間氏は現在7期目。総務委員長や文教委員長、厚生委員長を歴任した。

与座氏は5期目で、総務委員長や厚生委員長、予算特別委員会委員長などを務めた。

本間まさよ氏　与座武氏

ネット放送局、8月開局
職員がタレントと施策紹介も
都生活文化局

都庁職員が人気タレントと掛け合いながら局事業を紹介するエンターテインメント番組が生まれるかもしれない。都生活文化局は都庁が制作した映像を集約したネット動画サイトを8月下旬に開設する。小池知事が出席する会議の中継映像や職員が施策を紹介する番組などを制作し、都政情報を発信したい考えだ。同局は「幅広い層に伝えるにはネット動画やスマートフォンが重要。都政の『見える化』につなげたい」と話す。

都は現在、動画サイト「ユーチューブ」の公式チャンネルで映像を公開しているが、目当ての動画を見つけづらいこともあり、新たに公式チャンネル「東京動画」を立ち上げ、スマホなどで気軽に視聴できるようにする。開局時には1千本以上を収録する予定。

コンテンツは、小池知事の視察の紹介や都の行政情報を分かりやすく伝える動画、都民の活動を取材した動画などを予定。都職員が自らPR動画を制作することも想定している。

都の広報媒体では日刊紙への折り込みで発行する『広報東京都』（約370万部）や、テレビの民放番組「東京クラッソ!NEO」「東京JOBS」（TOKYO MX）などがあるが、新聞は購読者の年齢が比較的高く、テレビは放送時間が限られるため、新聞・テレビを見る機会が少ない層にも広く都政情報を発信したい考え。

最大の課題は、「いかに見てもらうか」だ。「お堅い行政情報」だけでは視聴回数は伸びないため、長くても5分以内で、都職員がタレントと掛け合いながら施策を紹介するなど、「見てもらう」ための工夫が必要になる。生活文化局では各局から発信したい施策を募っており、企画案を参考に10本程度の専門番組を制作する予定。

都職員による「手作り」のPR動画もコンテンツの一つだ。各局の広報担当者らが中心となってカメラ回しから編集までを担当し、職員の「生の声」を交えて事業を紹介する。

他の自治体で、ネット動画が進んでいるのが茨城県の「いばキラTV」。ユーチューブのチャンネル登録者数は約1万8千人（16年1月）で、累計の動画再生回数は1200万回超。都道府県運営のサイトとして「日本一」をうたう。

成功の秘訣はモバイル端末を前提とした番組編成と企画だ。同県は全国で唯一、民放の県域テレビ局がないため、放送されることが少ない県内高校のスポーツの取材に力を入れた。また、ドローンを駆使した観光動画の制作や人気タレントの起用、納豆のゆるキャラ「ねば〜る君」の冠番組など、企画に工夫を凝らす。

「ネット動画は厳しい世界。行政が乗り込むのは簡単ではない。早期にチャンネルを立ち上げ、『東京動画』の名前を浸透させたい」と都生活文化局の担当者。新規参入者としては当面、茨城県に肩を並べるサイトに成長させられるかが指標になりそうだ。

地下鉄駅にバス案内板
経路・所要時間を表示
都交通局

デジタルサイネージには、駅付近のバス停までの経路も表示される

都交通局は今年度から、都営地下鉄の改札前に都バス案内用のデジタルサイネージを設置している。これまでに大江戸線門前仲町駅と六本木駅に設置し、今夏には浅草線新橋駅にも設置する予定。

デジタルサイネージには、設置駅付近のバス停留所の系統やバス到着時刻などを表示。タッチパネル操作が可能で、日本語・英語の2カ国語の切り替えや駅からバス停までの経路、各バス停までの所要時間も調べることができる。所要時間は、渋滞などの道路状況をリアルタイムで反映し、経路と同時に表示されるQRコードを読み込めば、地図をスマートフォンに送ることも可能だ。

設置は2020年東京大会を控えて観光客が増加し、都営バスの利用拡大を見込んだ対応。また、利用者から「地下鉄から停留所までの案内板がわかりにくい」「地下で方向感覚が取りづらく、迷いやすい」などの声も上がっていた。

同局は「利用者から『便利になった』との声をいただいている」（自動車部計画課）と手応えを感じており、東京大会までには、都営地下鉄の主要駅や都営バス停留所の多い他社路線駅の駅前広場に約20基を設置したい考え。

都中小企業振興公社

インドネシアに支援デスク
タイに続き2カ国目

東京都中小企業振興公社は19日、インドネシアに中小企業のサポートデスクを開設した。立地は首都ジャカルタのビジネス街の中心を走る「スディルマン通り」。大手銀行を始め日系企業が多数入居するオフィスビルで、海外事業展開に関する相談に対応する。

公社が海外に支援窓口を置くのはタイに続いて2カ国目。インドネシアは自動車などの製造業が盛んで、現在、2千社以上の日系企業が進出。ASEANで唯一、G20に入る経済大国でもある。

サポートデスクの主な事業内容は、輸出入制度や外国為替管理、規制、会計、労務などの海外事業展開に関する相談対応。現地の取引先とのビジネスマッチング支援や都内中小企業の製品・技術のPRなども担う。運営は㈱フェアコンサルティングに業務委託する。

公社はバンコク事務所をハブに、ASEANに展開する企業の支援を強化していく考え。担当者は「ASEAN地域は自由貿易協定が進んでおり、TPPなどの動向を見ながら、より都内の中小企業が海外展開しやすい国が見つかれば、デスクを配置して支援したい」と話している。

公社によると、タイ事務所では現地スタッフを含めて計10人体制で支援に当たり、弁護士や公認会計士、現地ビジネスに詳しい相談員も配置。昨年は約1千社が来訪し、このうち約5割が都内の中小企業という。

退職後のリアル
しくじり都庁OBの教訓⑭

セカンドライフの職探し②

60歳過ぎて「自分探し」

高齢者の再就職をサポートしていた頃は、元公務員に向かって「これまでの人生の棚卸しをしっかりとやること」「自分の長所と短所を知るように」とアドバイスし、更には「自分のやりたいことを見つけることが大切だ」などと繰り返していた。仕事で使っていた言葉が、まさか自分自身に跳ね返ってくるとは想像もしていなかった。

もう組織で働くことは嫌だったし、かと言って何か高い志があるわけでもない。現状は、まさにしくじりが招いた結果でしかない。でも何となく、「このままではダメだ。残された人生に向けて何かやりがいのあることを見つけ出さなければ…」という気持ちだけは、はっきりしていた。

そこから始まったのは、他人にアドバイスしてきたことを自ら実践することだった。「果たして自分は何をやりたいのか」「何ができるのか」の模索である。今流に言えば、60歳過ぎての青臭い「自分探し」だ。元公務員に過ぎない私にできることは何か。「元公務員は使えない」というマイナス思考だけが頭を駆け巡る中で、改めて考えた。

悶々としながらも、手始めに「公務員時代の棚卸し」を始めることにした。いわゆる身辺整理である。蔵書を始末したり、公務員時代の書類やメモ、日記ではないが手帳の端々に書きつづった文章などを整理した。

身辺整理をする中で、とりあえずやってみようという気になったのは、現役時代には書けなかった仕事のこぼれ話や裏話を本にできないか、ということだった。自分の人生のけじめとして、仕事をしながら考えていたことを公務員の裏話風にまとめてみたいという衝動に駆られ、筆を執った。

（金子雅臣）

折り返し点の戦略
五輪組織委員会幹部に聞く②

小国も楽しめる大会に

国際局長
村里 敏彰

IOCや各国NOC／NPCとの連絡窓口となり、折衝や情報提供を担当する国際局。東京大会が3年後に迫る中、好成績を収めようと競技会場を視察する団体が増え、同局に様々な要望や知見が寄せられる。今年からは組織委がNOC／NPCのグループ訪問に対応する「オープンデイズ」も始まり、東京大会への関心も高まりつつある。

例えば、ある国のセーリング競技団体からは、江の島の波や風を分析するため、大会前から現地に常駐したいという要望もあったとか。同局が直接、アレンジに動くわけではないが、「アスリートファーストの観点でそのガバナンスをつかさどるNOC／NPCに丁寧に対応したい」と語る。

その上で、「五輪になじみが薄い、小さな国も東京大会を楽しめる環境を作りたい」と村里氏。競技会場の頻繁な視察や事前キャンプができるのは大国が多いのも事実。そのため、欧米だけでなく小国への積極的な情報提供も重視する。「ホームページで事前キャンプの情報を得られるサービスを始めたのに加え、アフリカやオセアニア諸国など小さな国に出向いてタイムリーに情報提供し、業務展開している。事前キャンプ地のマッチングはできないが、誘致に興味を持つ自治体などの情報を提供したい」

リオ大会を視察して感じたことは、アスリート目線の選手村づくりの大切さだ。リオで見られた設備面での心配は小さいが、「東京はスペースが少ない。いかに選手がリラックスできる環境を作れるかは課題」と見ている。

局長に就任して3年。職員に対しては「期待やモチベーションを持った、良いチームになっている」と評し、「3年後にはそれぞれの職場に戻るが、良い形で経験を持ち帰り、将来の仕事に生かすことがレガシーになる」と期待した。

ウィーン大学体育教師養成課程修了、66歳。アルペンスキー出身。72年札幌大会でスイス代表のアシスタントコーチを、98年長野大会ではスポーツディレクター、06年トリノ大会ではJOC本部役員を務めた。14年から現職。趣味はジョギング、トレイルラン。「スポーツの感覚が落ちないように」と、海外出張時にも毎朝の日課を欠かさない。

競技通して将来像示す

スポーツ局長
室伏 広治

昨年10月、組織改正で新設されたスポーツ局。ハンマー投げの選手として活躍し、組織委のスポーツディレクターも務めている室伏氏が局長に就任した。「責任の重い仕事だが、大会運営でスポーツのマインドや現場の考え方を提案していきたい」と意気込む。

スポーツ局は競技運営を調整するのが主な役割。3年後の大会に向けて常設化した各競技の「スポーツマネジャー」が中心となり、運営面での準備作業に当たる。大きな課題がサーフィンやスケートボード、スポーツクライミングといった東京大会で初めて追加される競技の運営で、どう盛り上げるかも手探りの状況にある。

そうした中で同局が重視するのが、選手や観客、視聴者に競技の感動を伝える「スポーツプレゼンテーション」。室伏氏は「今までのスポーツのイメージを変えたい」と力を込める。従来型のスポーツと言えば、野球、サッカーといった既存の競技のイメージが強いが、「皆が集まって自然に始まるようなスポーツを大会のレガシーにしていきたい。スポーツプレゼンテーションを通して、我々の将来像や希望のようなメッセージを示すことができれば」。

組織委で共に仕事をする職員には、「他団体の職員と個人レベルでの信頼を構築してほしい」と呼び掛ける。IF／NFの要求全てに応えることは難しいが、競技運営の質を高めるためには相互の信頼が必要だと指摘。「仕事上だけでなく、個人同士の信頼関係がないといいものは作れない」

スポーツ科学の研究者としての顔も持つ室伏氏だけに、脳の使い方もアドバイスする。大脳には理論や計算をつかさどる「新皮質」と感情や感覚を担当する「辺縁系」があるが、「あまり使っていない方の脳も使うことが大切。普段、ロジカルな人は辺縁系を、感覚で物事を進める人は新皮質を使うことで、人生経験も豊かになり、楽しい人生になるのでは」。

中京大院博士課程修了、08年博士（体育学）取得、42歳。04年アテネ大会で金メダルを獲得、14年の日本陸上競技選手権では前人未到の20連覇を達成した。東京医科歯科大学教授（スポーツサイエンスセンター長）も務め、動作解析研究、けがの予防、復帰などアスリート支援も研究する。

■予定価格で積算ミス

都交通局は12日、都営三田線のトンネル長寿命化工事など4件の契約案件で、予定価格の積算ミスがあったと発表した。予定価格の労務単価を誤り、予定価格を約1万5千円〜3万5千円小さく見積もっていた。入札参加者からの質問で2件のミスが分かり、同局が他の契約案件を確認したところ、新たに2件の誤りが出た。

同局は入札済みの3件について落札結果に影響がないことから現契約を続行し、入札前の1件は積算し直して公表する。同局は「積算のチェック項目を明確にするなど、適正な積算の徹底に努める」としている。

■主幹教諭など停職

都教育庁は12日、区立小学校の男性主幹教諭（41歳）を停職3月の懲戒処分とした。2016年1月〜5月頃、複数の女児の体を触ったり、耳元で「好きだよ」とささやいたりし、不快感を与えたため。また、野球部の練習中に体罰を繰り返していた区立中学校の男性教諭（27歳）も停職3月の処分。校庭などで指導した際、バットのグリップの先端部分で生徒のみぞおちを突くなどした。

■都人事異動

20日付
【部長級】▽政策企画局国家戦略特区推進担当部長（政策企画局国家戦略特区推進調整担当部長）松原英憲

◆都退職
19日付
【部長級】▽政策企画局国家戦略特区推進担当部長　山本博之

有竹　雅夫さん（ありたけ・まさお＝元都総務局長）8日死去、88歳。

五輪への航海図 188
TOKYO 2020
開催まで あと1130日
特別区の戦略⑩

目黒区・「住みたい街」の観光

目黒区のイメージと言えば、東急東横線沿線や目黒通り、駒沢通りを始めとした、おしゃれな「住みたい街」だ。同区が実施する区民調査では、1997年以降、継続して9割を超える区民が「住み続けたい」と答えている。ただ、全国的に有名な観光地などは少なく、観光にあまり縁のない街だった。一方で、訪都観光客は近年増加傾向にあり、20年東京五輪を機にさらに増えると見込まれている。

同区はこうした事情を踏まえて15年、「観光ビジョン」を策定し、国内外から旅行者を呼び寄せることを掲げている。

ビジョンでは、これまでの一般的な観光のように名所や景勝地を見る「物見遊山型」なく、街歩きを中心とした日常の延長としての観光を、五輪を控え同区に訪れた国内外の旅行客に楽しんでもらいながら、居心地の良さや快適性を伝えたい考えだ。

具体的には、道路の自転車通行部分を示す「自転車ナビマーク」のモデル設置や、区内の坂道・道路に消費カロリーや目的地までの距離の表示を検討するなど、高齢者や子供も回りやすいまちづくりを進めている。迎賓館の改修も手掛けた建築家が設計した、歴史ある目黒区庁舎のポストカードや、「目黒川桜まつり」で有名な桜の老木を利用した木工品など、同区ならではのグッズやお土産の作成も検討中だ。

「目黒のSUN祭り」などのイベントも五輪を機にPRしていく考え

外国人観光客への対応の充実も図る。同区はこれまでも外国人向け街歩きツアーや伝統文化講座などを実施してきたが、これらに加えてサインや案内板の多言語化、ピクトグラム化を進め、また、英語の桜まつりパンフレットや区内情報誌を作成するなどの取り組みを行っている。区の文化・交流課の濵下正樹課長は「観光を通して、区民同士や区民と旅行者など、多様な人が一体となって活気のある街をつくる」と話す。

このほか、ビジョンでは外国との文化交流事業の推進も盛り込んだ。7月には、東京五輪への機運醸成のため、同区と姉妹都市協定を結ぶ北京市東城区、国際交流の覚書を交わすソウル市中浪区と3区合同で中学生によるバスケットボール親善試合を東城区で行う予定だ。15年に青木英二区長が東城区を訪問した際に提案した事業で、子供を中心とした外国との文化交流は同区で初の試みだという。

主任試験講座

平成29年度 38

行政法 ⑥

行政法は都職員に特に必要な基礎知識となります。

今回は、「行政争訟」に関する問題演習を行います。今回の分野についても、繰り返し出題されていますので、しっかり内容を確認しておいてください。

問題

【問題18】

取消訴訟における訴えの利益に関する記述として誤っているのは次のどれか。

① 取消訴訟は、当事者に現実的救済を与えることを目的としており、処分の取り消しが得られた場合に、原告が何らの派生的利益の回復が得られる状態にない場合は、訴えの利益は認められない。

② 取消訴訟における訴えの利益は、もっぱら経済的損失の救済の観点から認められるので、国家賠償法に基づく損害賠償の請求を行う場合には、その前提として必ず当該処分の取り消しを求める訴えを提起しなければならない。

③ 取消訴訟においては、行政庁の処分の存在が要件とされており、行政庁の公権力の行使に当たる事実行為により不利益を受けた場合には、行政訴訟上、訴えの利益が認められる。

④ 取消訴訟において、最近の判例は、訴えの利益を従来よりも広く解しており、反射的利益の侵害についても、これを肯定する傾向にある。

⑤ 取消訴訟においては、処分または裁決の効果が期間の経過その他の理由によりなくなった後においても、処分または裁決の取り消しによって回復すべき法律上の利益が存在する限り、訴えの利益が認められる。

【問題19】

行政事件訴訟に関する記述として誤っているのは、次のどれか。

① 行政訴訟は、行政上の不服申立てに比べ、一般に簡易迅速性という長所を持つ反面、公正性に欠けるという短所がある。

② ある処分につき不服申立てと処分の取り消しの訴えが並行して提起されている場合は、その不服申立てに対する裁決があるまで、裁判所は訴訟手続きを中止することができる。

③ わが国の現行の行政訴訟制度は、司法裁判と別の行政裁判所を設ける行政裁判制度はとっていない。

④ 個々の法律による不服申立前置が定められている場合であっても、裁決を経ずに、処分の取り消しの訴えを提起することができる場合がある。

⑤ 処分の取り消しの訴えの提起は、処分の効力、処分の執行または手続きの続行を妨げないものとする執行不停止の原則がとられている。

【問題20】

取消訴訟における執行停止に関する記述として誤っているのは、次のどれか。

① 執行停止の効果は、執行停止決定後、将来に向かって生じるが、効果が遡及することはない。

② 裁判所は、執行停止を決定した後、その理由が消滅し、または事情が変更したと認めるときは、相手方の申し立てによることなく職権で決定を取り消しうる。

③ 取消訴訟においては、国民の権利保護に重点がおかれているが、訴えの提起があっただけでは、当然に当該行政処分の効力またはその執行が停止されるわけではない。

④ 執行停止の制度は、民事訴訟法における仮処分の制度に代わるものとして行政事件訴訟法上認められたものであるが、当事者訴訟や争点訴訟には準用されない。

⑤ 裁判所は、処分・処分の執行または手続きの続行により重大な損害を生ずるか否かを判断するに当たっては、損害の回復の困難の程度を考慮し、損害の性質・程度などをも勘案する。

【問題21】

行政処分の取り消しの訴えに関する記述として、誤っているのはどれか。

① 処分の取り消しの訴えは、処分があったことを知った日から6カ月以内に提起しなければならず、処分の日から1年を経過すると、訴えの提起は認められない。もっとも、いずれの場合も、正当な理由があるときは、この限りではない。

② 処分の取り消しの訴えに対する請求認容の判決の効力は、その訴訟の当事者だけでなく、訴訟に参加しなかったため自己の法律上の利益を主張できなかった第三者に対しても及ぶ。

③ 処分の取り消しの訴えは、違法な行政活動によって生じる権利侵害に対して、被害者に具体的救済を与えることを目的とした主観訴訟であるが、原告適格を有するのは、行政処分の直接の相手方に限られない。

④ 処分の取り消しの訴えの提起は、処分の効力、処分の執行または手続きの続行を妨げないが、処分の執行等によって生ずる重大な損害を避けるための緊急の必要があるときは、裁判所は執行停止をすることができる。

⑤ 地方公共団体における独立性を有する執行機関である委員会等の行った処分の取消訴訟について、処分の取り消しの訴えの被告となるのは地方公共団体であるが、その代表者は長である。

解説

【解説18】　正答②

① 正しい。取消訴訟は現に被っている権利利益の救済を目的とする。何らの派生的利益もない場合には、訴えの利益は否定される。

② 誤り。行政行為が違法であることを理由として損害賠償を請求するのは、行政行為の法効果の否認を求めるのではなく、違法な行為に起因する現実の損害の補塡を目的とするのであるから、あらかじめ当該行政行為の取り消しを求めなくても、直ちに損害賠償を請求できる（最判昭36・4・21）。

③ 正しい。取消訴訟は、行政庁の違法な処分または裁決が要件とされている。この行政庁の処分には、公権力の行使に当たる事実行為（道路、河川工事、違法な広告物の撤去など）が含まれる。

④ 正しい。訴えの利益を広く解する方向にある。

⑤ 正しい。「処分または裁決の効果が期間の経過その他の理由によりなくなった後においてもなお処分または裁決の取り消しによって回復すべき法律上の利益を有する者を含む」としている（行訴法第9条カッコ書）。

【解説19】　正答①

① 誤り。行政訴訟は、対審構造、口頭弁論主義が原則であり、慎重な手続きで法の適用を図るので、不服申立て（書面主義・職権主義が原則）に比べ、公正ではあるが簡便さに欠けるところがある。

② 正しい。当該処分につき審査請求がされているときは、裁判所は、その審査請求に対する裁決があるまで（審査請求があった日から3カ月を経過しても裁決がないときは、その期間を経過するまで）、訴訟手続きを中止することができる（行訴法第8条第3項）。

③ 正しい。わが国において行政裁判制度（行政事件の裁判のために行政部内に設けられる裁判所で、司法裁判所とは系統を異にする）がとられていたのは明治憲法下のことであり、現行憲法では特別裁判所の設置が否定されている（憲法第76条第2項）。

④ 正しい。行政事件訴訟法は、不服申立前置が定められている場合でも、次の場合には、裁決を経ないで処分取り消しの訴えを提起することができるとしている（同法第8条第2項）。

（1）審査請求があった日から3カ月を経過しても裁決がないとき

（2）処分、処分の執行または手続きの続行により生ずる著しい損害を避けるため緊急の必要があるとき

（3）その他、裁決を経ないことにつき正当な理由があるとき

⑤ 正しい。行政の円滑な運用を保障し、濫訴の弊害を防止するため、行政事件訴訟法第25条第1項は、まず「執行不停止」を原則とし、例外的に重大な損害を避けるため緊急の必要があるとき、裁判所は執行停止を決定しうるとした（同条第2項）。さらに内閣総理大臣は、執行停止に対して異議を述べることができる（同法第27条第1項）。この異議があったときは、裁判所は、執行停止をすることができず、また、既に執行停止の決定をしているときは、これを取り消さなければならない（同条第4項）。

【解説20】　正答②

① 正しい。執行停止の決定は、対世的効力（判決の効力が訴訟当事者のみならず第三者に対しても及ぶこと）を生じ、当事者及び関係行政庁を拘束するが、その効果は決定後将来に向かって生じ、遡及はしない。

② 誤り。行政事件訴訟特例法（昭和23年制定・昭和37年廃止）は、裁判所において職権でいつでもこれを取り消しうるとしていた（同法第10条第6項）が、行政事件訴訟法（昭和37年制定）は、相手方の申し立てにより、執行停止の決定をもって取り消しうるとした（行政訴訟法第26条第1項）。

③ 正しい。行政事件訴訟法は、執行不停止を原則とし、例外的に執行停止を認めている（行訴法第25条第1項～第3項）。訴えの提起によって原則的に執行を停止することになれば、行政権の作用に重大な影響を及ぼし行政の円滑な運営を妨げるのみならず、濫訴の弊害を生ずる恐れがあるからである。

④ 正しい。執行停止は、当事者訴訟や争点訴訟には準用されない。

⑤ 正しい。行政事件訴訟法第25条第3項の規定の通りである。

【解説21】　正答⑤

① 正しい。行政事件訴訟法第14条第1項は、取消訴訟の出訴期間を処分または裁決のあったことを知った日から6カ月と定めている（主観的出訴期間）。他方、同法第14条第2項は、取消訴訟の出願期間は、処分または裁決の日から1年と定めている（客観的出訴期間）。いずれの場合も、ただし書きで例外を定め、「正当な理由があるときは、この限りでない」と規定する（行訴法第14条第3項）。

② 正しい。処分を取り消す判決は、民事訴訟法の原則と異なり、第三者に対しても効力を有する（行訴法第32条第1項）。したがって、第三者保護のため、第三者の訴訟参加（同法第22条）等の規定が設けられている。

③ 正しい。処分の取り消しの訴えにおいて原告適格を有する者は、行政事件訴訟法第9条により、当該処分の取り消しにおいて法律上の利益を有する者であるが、この範囲は当該処分の直接の相手方に限られない（最判昭3・7・20）。

④ 正しい。処分の取り消しの訴えの提起は、処分の効力、処分の執行または手続きの続行を妨げない（行訴法第25条第1項）として執行不停止が原則である。また、処分の執行等によって生ずる重大な損害を避ける等の必要がある場合、例外的に執行停止の制度があり（同法第25条第2項）、この例として、内閣総理大臣の異議申立てがある（同法第27条）。

⑤ 誤り。地方公共団体において、独立性が認められた委員会等の処分に関する訴訟においても、長が訴訟行為を行うとすると、委員会等の独立性が損なわれる恐れがある。平成16年改正法則は、独立性を有する執行機関の行った処分の取消訴訟について、被告としては地方公共団体となるが、代表者を、長ではなく執行機関とするという特則を個別の法律に置く改正を行った。

昇任試験対策のページ

29年度 主任・係長 論文講座 38

特別区主任主事選考

傾向と対策 ①

6月に入りました。今年度、主任主事選考の受験を控えている皆さんは、日々の先輩主任主事の仕事ぶりを意識する中で、自分の仕事に対する意識にも変化が芽生えてきている頃ではないでしょうか。

これまで本講座では、平成29年度の特別区主任主事選考に向けて、課題整理、論文例の模擬添削を行ってきました。今回から2回にわたり、「傾向と対策」について取り上げます。

1 出題の傾向

特別区における主任主事選考で出題される論文の課題は、「区政課題に対する主任主事としての取り組みを問うもの（区政課題型）」、「主任主事の役割を中心に問うもの（役割型）」、これら二つの型を融合させたものなどです。いずれにしても、各区により独自の傾向がありますので、自区における過去の問題の把握や、受験された先輩方から情報収集する等、傾向を押さえておく必要があります。

2 主任主事の役割について

論文を記述するに当たっては、主任主事の役割に対する理解は必須です。出題された課題に対し、「主任主事として」自分がどう行動していくかを記述する必要があるからです。常日頃から、自分の役割より一段階上の視点で物事を捉えていく姿勢を意識しましょう。主任主事の役割については、本講座の中で何度も触れてきましたが、主任主事選考論文を作成するに当たって一番重要な点なので、繰り返し確認していきましょう。

（1）業務の推進役であること

職場（係）の中核を担う職員として、積極的に業務を遂行することです。そのためには、職務に関する基本的な知識・スキルや経験はもちろんのこと、さらに一歩進んで高度な知識・スキルを習得し活用することが要求されます。

また、主任主事は、実務の中心を担うことから、組織（係や担当グループなどのチーム）が一丸となって課題克服へ向かっていけるよう、業務の課題や問題点を発見し、改善策や解決策を提案するなど、チームを引っ張り支えていく力も求められます。日頃の情報収集や各種研修への参加など自己啓発を行い、それをチームにフィードバックすることに加え、職場の困難事例に対しても最後まで責任感を持ちやり遂げることが必要です。

（2）係長の補佐役であること

係長に最も近い職員として、係長が職務を果たせるよう補佐する役割です。係長への「報告」「連絡」「相談」を適時適切に行い、計画どおりに仕事を進めていくサポート能力が求められます。加えて、他の職員と良好なコミュニケーションを築き、係長と同僚・後輩職員のつなぎ役となることも重要です。

今日の主任主事には、他係との連絡・調整や地域の関係者などと手を携えて課題解決に取り組む際の事務局・連絡役を務めるなど、「コーディネーター」としての役割も期待されています。

補佐役であることから、係長や他の職員から説明や意見を求められた際には、的確に自分の意見をはっきりと述べられること、日頃から職務に関する知識に加え、課題を整理しておくことが重要となります。

（3）職員の指導・育成

係内の中堅職員として、今まで培ってきた知識や経験を生かし、後輩職員を指導・育成することです。他の職員への積極的なサポートや助言、チームの意見をまとめていく能力が求められます。また、後輩職員に助言していく以上、職員としての守るべきマナーやルールなどについても常にお手本となるような行動をとることが期待されています。

3 論文作成に当たって

論文を作成するに当たっての注意点です。

主任主事選考の論文に求められるのは、与えられた問題から課題を挙げ、その課題を解決するに至る過程を論理的に展開し、自分の考えや熱意を表現することです。日常の仕事において、仕事の進め方に問題はないか、もっと効率的な方法はないか等、問題意識を持ち、解決策を考えることが大切です。論文作成における課題設定の際は、解決策を実践（記述）することができない材料を課題として設定してはいけないことに注意してください。解決策を記述する段階でつまずかないよう、課題と解決策はセットで考えることが大切です。

（1）情報の収集と整理

論文の出題パターンは各区により異なるものの、論文作成にあたっては、主任主事の役割を理解し、自区の主な区政課題は何なのか、区を取り巻く環境はどういう状況なのかを把握しておかなければなりません。基本的な知識がなければ課題に対する問題意識があいまいとなり、記述内容も薄くなりがちです。主任主事として必要な知識を蓄えた上で臨む必要があります。

必要な知識を身に着けるためには、区政の動きを把握することです。区長の定例会あいさつや自区の予算編成方針、区広報紙のトップ記事、区のホームページ等に目を通し、キーワードとその内容について、自分なりの見解を項目別にノートにまとめておくと、区政の課題を理解する上で役立ちます。また、区政の課題で挙げられたキーワードについて、新聞やホームページ等からも情報収集し、区政を取り巻く社会情勢の把握にも努めてください。選考試験まで一つでも多く積み上げ、自分のものにしていきましょう。仕事にも役立つことがあるはずです。

（2）主任主事の役割から

論文というと、どうしても世間の一般論を述べてしまいがちですが、主任主事選考の論文は、「主任主事の視点で自分の意見や考えを述べる（私は○○する）」ことが重要です。よって、主任主事の役割を正確に把握してください。また、出題された課題から問題点を指摘し、解決方法を論じたとしても、主任主事としてできる実現可能な範囲・内容でなければなりません。係長や課長の役割を述べていないかどうか、記述する前に確認してください。

また、自分が主任主事として何に取り組み、どのように組織に貢献していくのかを、具体的に文章にすることが求められます。職場で優れた成果を挙げている先輩主任主事の仕事ぶりを観察したり、主任主事になって仕事への意識がどう変わったか等を先輩方へインタビューしたりすることも一つの手法だと思います。自分が目指す主任主事像をイメージできるようにしておくと、論文が書きやすくなります。

（3）出題された課題に正しく答えること

各区により出題傾向があることや、模範論文が多く出回っていることから、論文課題を予想し準備して臨む方が多いと思います。しかし、出題された課題に合わない論文であると分かっていながら、準備してきたものをそのまま記述してしまったり、準備してきた論文内容に無理やり結びつけたりしてしまっては、課題に対する答えにはなりません。

本番で予想外の課題があった場合に柔軟に対応していくために、事前準備として、「レジュメ」を作成するという方法があります。いくつかの出題テーマごとに、自分なりに分析した上で考えをまとめていくことは、課題を正しく理解し、それに対する具体的な解決策を論理的に展開していくために重要な作業です。問題点・解決策のセットを複数用意することにより、想定外の課題への対応も可能になります。文章を長々と記述したものを何枚も用意するよりも、レジュメ形式にすればひと目で構成や内容をチェックすることができますし、受験準備の効率化にもつながります。また、選考直前や本番当日の見直しにも役立ちます。レジュメの作成方法などの詳細は、本講座の「添削②」で詳しく解説されていますので、参考にしてください。

4 論文の出題例

最後に、主任主事論文の出題例として、本講座で3回にわたって取り上げた論文添削課題（添削①、添削②、添削③）を再掲します。

（1）区政課題型の出題例

「多様化する区民のニーズに応える持続可能な行政運営を行っていくためには、主任主事としてどのように仕事に取り組んでいくか、あなたの考えを述べなさい」（添削②より）

（2）役割型の出題例

「組織の力を最大限に引き出すために、主任主事は職場でどのような役割を担うべきか、あなたの考えを述べなさい」（添削①より）、「様々な課題に積極的に対応していく活力ある職場づくりのために、主任主事としてどのような役割を担うべきか、あなたの考えを述べなさい」（添削③より）

過去の出題例から取り組むのも良い方法です。自区の出題傾向を調べ、取り組みやすい課題から書く練習をしてみましょう。

今回は、「傾向と対策」①として、出題傾向、主任主事の役割、論文作成に当たっての注意点などを整理しました。選考試験までの準備は、仕事との両立の中で取り組まなければならず、つらいものです。しかし、論文作成への準備を通して、普段の業務に対する問題意識や改善意欲を改めて呼び起こす機会になるとともに、上司や先輩の役割や視点を意識し、自分のなりたい主任主事像をもつことによりモチベーションアップにつながります。初めはご自身の興味を持った課題や書きやすい課題からでかまいません。先輩方の作成した模範論文や書籍の丸写しから始めても良いと考えます。まず、書いてみることです。自分が苦手な部分、知識が足りないテーマが明確になり、より対策がとりやすくなることと思います。皆さんのご健闘を心よりお祈りいたします。

カレントトピックス 29年度 38

政治事情

■待機児童ゼロは20年度へ（5月31日）

政府が待機児童解消に向けてまとめる新たなプランでは、2018～19年度の2年間で22万人分の保育の受け皿を整備する予算を確保し、遅くとも20年度までの3年間で待機児童をゼロとする新たな目標を柱に据えることが明らかになった。政府によると、「子育て安心プラン」と名付け、6月に正式に策定するという。

政府は、認可保育所などへの入所を待つ待機児童問題を解決することで、仕事と子育てを両立できる環境を整備したい考え。安倍内閣が重要課題に位置づける「女性活躍」を実現する観点からも対策が急務と判断した。

新プランの対象期間は、18～22年度の5年間。政府は、18年度からの2年間で保育施設整備に向けた事業に重点的に予算配分する方針。特に待機児童問題が深刻な都市部では、高騰する保育施設の賃借料補助や大規模マンションでの保育所の設置促進などを行う。

■有休取得「3日増」目標（6月5日）

政府は、2018年度の各企業の年次有給休暇取得について、前年度比で「3日増」を目指す新たな目標を掲げる方針を固めた。有休取得を増やした企業に助成優遇措置を講じるなど、取得促進に向けた仕組みの導入も目指す。

政府は18年度から、公立小中高校の長期休暇を自治体ごとに分散化させる「キッズウィーク」を導入する方針で、保護者も有休を3日程度多く取ることで、家族のふれあいや親子で地域行事などに参加する時間を増やしたい考え。

政府は現在、「20年に有休取得率70%」を目標とするが、16年の調査では48・7%にとどまり、労働者1人当たりの有休は年間8・8日だった。取得増に向けては、月末の金曜日には午後3時に退社する「プレミアムフライデー」に合わせた有休取得を経済界に働きかける。

政府は今後、「休み方改革」を長時間労働是正などの「働き方改革」と併せ、内閣の主要課題に位置づける。休日分散化や有休取得促進に向け、新たなキャッチフレーズやロゴも募集し、国民運動としたい考え。

■首相「一帯一路に協力」初表明（6月5日）

安倍首相は東京都内で講演し、中国の巨大経済圏構想「一帯一路」に協力する考えを表明した。講演では、「国際社会の共通の考え方を十分に取り入れることで、環太平洋の自由で公正な経済圏に良質な形で融合し、地域と世界の平和と繁栄に貢献していくことを期待する。日本は、こうした観点からの協力をしたい」と述べた。

首相が、条件付きながらも同構想への「協力」を表明するのは初めて。首相は「国際社会共通の考え方」について、「万人が利用でき、透明で公正な調達による」「借り入れ国が債務を返済可能で、財政の健全性が損なわれない」と説明した。

日本政府は一帯一路が中国の経済覇権につながるとして警戒してきたが、首相は5月に訪中した自民党の二階幹事長に対し、同構想を「評価」する意向を伝達する習近平国家主席宛ての親書を託していた。北朝鮮情勢が緊迫化する中、北朝鮮に影響力のある中国が主導する一帯一路への協力姿勢を示すことで日中関係の改善を図る狙いがある。

Art・Essay&Opinion　アート・随筆・オピニオン

「同時代性」を掲げる

世田谷パブリックシアター20周年

館長　永井 多恵子

渋谷からほど近い世田谷区の三軒茶屋にある私どもの劇場、世田谷パブリックシアターは、今年4月に開場20周年を迎えた。現代演劇と舞踊を中心とする作品創造・上演活動と、市民の自由な創作や参加体験活動を通し、新しい舞台芸術の可能性を探るというミッションのもと、日々奮闘している。今でこそ公共劇場の存在は社会的に認知されているが、20年前には今のような形の「パブリックシアター」はなかった。

世田谷パブリックシアター舞台から（撮影＝細野晋司）

社会に何かを問いかける

当財団の前身となる世田谷区コミュニティ振興交流財団の設立は、開場前年の1996年11月。開場まで半年もなかったため、準備は急ピッチで進められた。当初の劇場監督は演出家・佐藤信氏。600席の主劇場・世田谷パブリックシアターと200席の小劇場・シアタートラムを擁し、演劇とダンスを特徴にすることは決まっていた。それから、社会に何かを問いかける同時代性を意識した劇場にしようということでも一致していた。

オープニングにはヨーロッパからピーター・ブルックの『ハムレット』『ザ・マン・フー』、サミュエル・ベケット作『しあわせな日々』という実験的な作品群や、ダンスではカンパニー・マギー・マランなど海外から優れた作品を招聘した。

以降も、今、世界的に注目されている演出家サイモン・マクバーニーの『ストリート・オブ・クロコダイル』などの印象的な舞台もいち早く日本に紹介することができた。これらの初期の作品群がこの劇場の芸術的な質や色（カラー）を決めたと思っている。

サイモンとは後に共同制作を行った。第1作目『エレファント・バニッシュ』は村上春樹氏の小説「象の消滅」を題材にし、第2作目は彼と10年ほど時間をかけて、谷崎潤一郎のエッセイ「陰翳礼讃」を「春琴抄」のストーリーを軸に舞台化した。その作品、『春琴』は大きな称賛を受け、英米仏にも招聘された。1作1作を丁寧に創作し、社会を映し出したり、インパクトを与える舞台芸術を生み出す劇場、またそれを世田谷から世界へと発信する劇場であることが私どもの信条だ。

『春琴』（2008）（撮影＝青木司）

芸術監督・野村萬斎のきっかけ

開場の話に戻るが、97年4月5日の開場記念式典、こけら落としはやはり『三番叟』だということになった。歌舞伎の『三番叟』なども検討したが、私がその数年前に狂言師の『三番叟』を拝見しており、これが実に素晴らしかった。そこで当時まだ30代前半だった狂言師・野村萬斎氏にお願いしたのだが、それが今日の芸術監督・野村萬斎に結びついたのだと思う。

また主劇場で初めての本公演は、コンテンポラリーダンスの第一人者である勅使川原三郎氏。これほど日本でオリジナル性のあるダンサー・振付家はいないと思うが、彼の『Q』という作品で幕を開けた。ちなみに勅使川原氏により当劇場で生み出され世界中をツアーした傑作『アブソルート・ゼロ』は今年6月、開場20周年記念公演として上演された。

萬斎は02年に芸術監督に就任した。彼にオファーをした理由としては、当劇場は地域の皆様のものであるが、同時にここでつくる作品を日本の「文化」として全国、また国際的にも発信していきたいと考えており、英国留学などを経験し、現代演劇にも精通している萬斎氏なら、世界に知られる戯曲を日本古来の伝統芸能のスタイルで表現し、海外に発信できるのではないかと思ったからだ。

『子午線の祀り』ビジュアル（撮影＝久家靖秀）

開場20年間のうちの4分の3の期間に関わってもらっている中で、彼の演出作品としてシェイクスピアの戯曲から『まちがいの狂言』『マクベス』などができた。中島敦の小説を狂言のスタイルを取り入れながら現代劇として舞台化した『敦―山月記・名人伝―』も特筆すべき成果であろう。

目玉企画『子午線の祀り』

今年7月には開場20周年の目玉企画として、木下順二作の昭和最大の戯曲『子午線の祀り』を萬斎の初演出で上演。彼は3度、主人公の平知盛を演じる。初演では宇野重吉、観世榮夫らが演出し、嵐圭史、滝沢修、山本安英など、古典から現代までジャンルを超えた俳優がそろった。音楽は武満徹が担当、それは今作でも引き継がれる。日本演劇史を一作で体現する、他に類を見ない舞台である。初演より92年まで萬斎の師父・野村万作氏が源義経役を務めていたため、萬斎は初演を含め何度もこの作品を観ており、自分の「演劇の原体験」だと語っている。新演出の本作をぜひ見届けてほしい。

また来年の平昌冬季オリンピック開・閉会式の演出を手掛けるヤン・ジョンウン氏を招き『ペール・ギュント』を12月に予定するなど、様々な20周年記念プログラムを取りそろえた。区民はもちろん、多くの方々に楽しんでいただけると幸いである。

最後になったが、20周年を迎えての今後の展望としては、今までの「同時代性」という路線を引き継ぎつつ、ネクスト・ジェネレーションである若手アーティストの支援にも力をいれていきたいと思っている。

（公益財団法人せたがや文化財団理事長）

区長飯（めし）　4　いただきます

休日に創作おつまみで一杯

墨田区長　山本 亨

「そろそろお昼の時間かな」と思いながら、私の心の中はワクワクしている。

「今日はどこへ行こうかな。和食にしようか、洋食にしようか、それとも中華が良いか」

仕事の張りつめた空気の中での唯一の安らぎ。私にとって食べることは、人生を豊かにすること。今日もおいしいものをたくさん食べて午後からの仕事も頑張ろう。

思えば、私の食に対する探究心は、さかのぼること小学生時代にあった。その頃は学校帰りに友達と一緒に、よく都内のデパートに足を運び、地下のお総菜売り場で試食した。たくさんの種類の中から、組み合わせを考えて選ぶのが楽しみだった。

中学時代もよく食べた。昼食の定番は食堂のラーメンライス大盛り。そのライスに50円を足し、食堂のおばさんにカレーのルーをたくさんかけてもらった。よく考えるとラーメンとカレーライスなのだが、このメニューは今でも印象に残っている。

学校からの帰り道に空腹で家まで我慢できず、途中のパン屋に仲間たちと立ち寄り、パンとジュースで応急処置。パン屋のおじさんが優しかったことが思い出される。その後、家での夕食も完食できてしまうのだから食べ盛りは恐るべし。

高校・大学時代は、剣道部の厳しい稽古の毎日で、さらに食欲旺盛。外食では常にライスの大盛りか、もしくはおかわりをして、家のお茶碗はどんぶりで必ず3杯は食べたものだ。当時、身長が小さく、細かった私がぐんぐん伸び、今も健康でいられるのは、このころの食事によるものだと思う。また、食べ盛りの兄弟4人を抱えながらも毎日食事を作ってくれた母親には感謝の気持ちでいっぱいである。

区長となった今でも、私にとって〝食〟の時間は大切なひとときだ。休みの日など時間があるときは、家にある余りものを使って簡単にサッと創作おつまみ。お豆腐にミョウガ、しらす、しそ、ネギに、ごま油をかけたら完成。間違いなく最高のおつまみで、お酒に合わないわけがない。これを肴にお酒を飲む。私にとって格別な時間である。

また、いろいろなお店で区民や団体の皆さんと食事を取りながら意見交換したり、懇談したりといった場も楽しみの一つである。

こうした食に対する探究心に比例するように、近頃は私の体も成長し続けている（体重増）。したがって、食欲もほどほどに腹八分目を心がけて、自らの健康管理に努めなければと思う今日この頃である。

山本区長の中学時代の定番・ラーメンとカレーライス

大きくて深くて刺激的

ダヤニータ・シン　インドの大きな家の美術館展

東京都写真美術館

人類文明の巨大な源泉の一つであり、アジアの大国であり、その将来に世界が注目するインド。だがメディアが伝えるのは経済情報など限定的で断片的。写真を通じて、この文化の深層まで想像させてくれる展覧会だ。

ダヤニータ・シン。30年以上の実績に、近年では写真の見せ方、在り方にまで踏み込んだ展示手法を示して国際的に活躍している女性写真家だ。

1961年、ニューデリーの富裕な家庭に生まれた。母親が、作品集にまとめられるほどのカメラマニアだったため、子供の頃から写真に触れて育った。

国立デザイン大学への進学や、ニューヨークでの写真の勉強を後押ししたのもこの母親だったという。男性中心社会で女性が自立的に生きるためだった。

ダヤニータは欧米雑誌のカメラマンとしてキャリアをスタートさせる。だがテーマは児童労働、結婚持参金殺人など「西欧が認識するインド」だった。彼女は写真ジャーナリストからアーティストへの道を歩み始める。

契機になったのが《マイセルフ・モナ・アハメド》。ユーナックと呼ばれ、当時は100万人と言われた社会の周縁部に生きる男性去勢者たちのひとり、モナ・アハメド。階層社会の色濃いインドでは出会うはずもないふたりに親交が生まれる。「第三の性」の養女との出会い、別れ、ユーナック社会からの追放。親密な空気感の中の作品にひかれる。

そして《私としての私》。清貧の環境でヒンドゥー教の修行生活を送る少女たちの姿。写真家自身の身近にあった世界だ。大都市に暮らす富裕な大家族。それも知られざるインドの実像である。

鑑賞は、壁面に掲示されたこれら初期の作品から始めるのが良いだろう。その先に、今の彼女の挑戦的な仕事《ミュージアム・オブ・チャンス》《ファイル・ミュージアム》《リトル・レディース・ミュージアム》ほかがある。それらは壁面からも、会場からも、ある意味、美術館からも独立した彼女の「美術館」だ。シンプルな構造体に展示部分と収納部分がある。写真家は美術の既成概念や〝制度〟に縛られず、展示作品を入れ替えたり順序を変えたりできる。観客は既視の作品に新たなシーンで出会ったり幻惑に見舞われたりする。写真が、撮影された時と場所を離れて、自由なイリュージョンを与えてくれる。

〈ミュージアム・オブ・チャンス〉より　2013年　アーカイバル・ピグメント・プリント

この写真家が抱えているテーマは、貧困や階級や歴史やジェンダーなどインド固有のものから写真の在り方など普遍的なものまで、広く深い。彼女が提示しているものをここで受け止めたい。

◇

総合開館20周年記念「ダヤニータ・シン　インドの大きな家の美術館」は7月17日まで東京都写真美術館で開催。この招待券を5組10名様にプレゼントします。Eメールで件名を「ダヤニータ・シン展希望」とし、enshu@toseishimpo.co.jpまでお申し込みください（27日必着）

都政新報

発行所 都政新報社
〒160-0023 東京都新宿区西新宿7-23-1 TSビル
(総務・読者) 03-5330-8781
(企画広告) 03-5330-8784
(編集) 03-5330-8786
(出版) 03-5330-8788
(ファクス) 03-5330-8808
購読料 月1,730円(税込)
毎週火・金曜日発行
ただし、祝日は休刊

紙面から

知事 豊洲移転を表明

「築地も再開発」意向

市場移転問題

具体性乏しく疑問符も

築地市場の移転問題を巡り、小池知事は20日の臨時記者会見で市場を豊洲に移転した上で、5年後をめどに築地市場跡地を再開発する基本方針を示した。豊洲市場を「中央卸売市場」として移転し、築地再開発後、豊洲は転配送などの物流機能を強化し、築地に競りなどの機能を持たせることも表明した。一方で、具体的なスケジュールや財源などは示されず、庁内や市場関係者からは実現性を危ぶむ声が上がっている。

＝2面、4面に関係記事

これまで都は築地市場を再整備する案も検討してきたが、小池知事は「築地市場で営業しながら再整備するのは困難」と否定し、中央市場を豊洲に移すとした。その上で、築地市場のブランド力を維持・発展するため、築地を再開発し、食のテーマパークを造る構想を明らかにした。

臨時会見で豊洲移転などを説明する小池知事＝20日、都庁第一本庁舎で

市場移転に向け、豊洲の土壌汚染の無害化を達成できていない現状を考慮し、専門家会議が示した安全対策を講じる。都は今後、施設下の地下空間の床にコンクリートを敷き、換気する案を軸に検討すると見られる。

また、豊洲は危険という風評被害が広まる中、知事は「豊洲市場の安全性をしっかりと情報公開することで、風評被害を払拭(ふっしょく)したい」と明言した。

知事は築地再開発後、羽田・成田空港に近く、環状2号線（環2）の整備で利便性が高まる豊洲市場は冷蔵・冷凍、加工の機能を強化し、ITを活用した総合物流拠点とする方針を示す。

一方、築地市場跡地は豊洲市場への移転から5年後をめどに競りなど市場機能を持たせた食のテーマパークを整備する。また、環2を東京五輪までに開通させるとした。

ただ、豊洲移転時期や財源などについては言及せず、「早急に具体的な方策を詰めるよう事務方に指示した」と述べるにとどまった。再開発に当たっては、築地市場の土壌汚染対策や埋蔵文化財調査も必要となり、都庁内から工期が5年を超えると懸念の声が漏れる。

当初、築地市場は豊洲移転後に売却する予定だったが、資金繰りを悪化させないため、民間に貸し出し、賃料収入を市場会計に充当する方針に転換した。豊洲と築地市場の赤字は2018年で約5900億円と試算した場合、豊洲移転と築地再開発により10年後に収支が改善する見通しだ。都中央卸売市場が豊洲整備で発行した企業債の償還が既に始まっており、25年度に返済のピーク（1322億円）を迎える中、官房系の幹部職員は「築地売却益を企業債などの返還に充てないと、市場会計が破綻(はたん)するのではないか」と分析する。

再開発後は、仲卸業者の希望に応じて築地に戻ることも可能とし、都が経営支援する予定だ。築地での営業再開には、2度の引っ越しが前提となり、移転費用の補助などが想定される。

小池知事は「仲卸の目利きを活用した競りや市場内取引を発展させる」との目的を語った上で、「築地ブランドを守る」と強調した。だが、現在の築地市場は卸が産地から生鮮品を市場に搬送し、仲卸が小売店に販売する仕組みであり、別々の市場に分散させる方針に、築地東京青果物商業協同組合の泉未紀夫理事長は「本当にできるのか」と疑問を呈した。

市場PTの報告色濃く

【解説】小池知事が都議選告示の3日前に豊洲移転と築地再開発を表明した。このタイミングでの発表は、「（移転の可否を）決められない知事」という自民党の批判をかわし、都議選への悪影響を避けるため、市場移転問題を争点化させたくないという思惑が透けて見える。

豊洲移転と築地再開発を行うとした基本方針は、移転推進派と反対派の両方の顔色をうかがったものと言え、知事が都議選を意識したことが影響していると見られる。

基本方針には、専門家会議の土壌汚染対策、市場のあり方戦略本部で検討した築地跡地の賃貸案、市場問題プロジェクトチーム（PT）が示した築地の食のテーマパーク化、豊洲の物流センター化などが盛り込まれている。知事が総合的に判断したとも受け取れる。

だが、基本方針で、豊洲の安全面よりも経営面が重視される一方、経営悪化などで減少する築地の仲卸を経営支援するとしたのは、市場問題PTの報告書が色濃く反映されている。これまで、知事とブレーンが中心に検討し、中央卸売市場などの職員は基本方針の資料作成に関与しておらず、会見後に初めて資料を見たという。

市場会計の持続性などを不安視する声が都庁内で聞こえるが、職員にコンセンサスを取らずに決める政治手法自体にも不満が高まっている。実行可能性に疑問が付く計画は事業者の更なる分断を生み、収拾がつかなくなる事態を否定できない。絵に描いた餅にならないよう職員とともに具体的な計画を早急に示すことが知事の責務だ。（石）

都政の東西

2強の陰で

全国的な関心を集める都議選がきょう23日に告示される。小池知事率いる都民ファーストの会と第1党の座を死守したい自民との全面対決が最大の関心事だが、2強の陰で行われる争いもポイントとなりそうだ。

現有22議席から1増の23人を擁立した公明は、目標とする全員当選に向け、特に共産との戦いを強く意識している印象だ。重点選挙区に設定する7選挙区のうち5選挙区が3人区で、火花を散らす自民と都民ファーストに続いて議席を確保するには、必然的に共産との戦いが中心となる。

ある重点選挙区の区議は「国政や区政でパートナーの自民と対立する構図にしてはならないのは明白。無党派層の票が共産に流れないような戦いが重要」と語る。

一方、公認37人、推薦・支持4人の共産は、市場移転問題の経緯に加え、加計学園の国家戦略特区指定など国政の問題を含めて自民・公明への批判を強めており、反自公の受け皿となって存在感を示したい考えだ。党関係者は「公明からの対決姿勢を強く感じる。議会構成を考えると、公明は都民ファーストを勝たせるだけでなく、自民を負けさせない戦いを狙っている」と危機感を強める。

他方で、生き残りを賭けた戦いが予想される民進は、2人の擁立を予定していた世田谷区で候補者を1人に絞り込んだ。ある公認候補者は「5人当選できれば、交渉会派として反転攻勢の芽を残すことができる」として党の選挙態勢に苦言を呈していたが、党執行部も加計学園問題での支持率上昇に期待する反面、現実的な対応に徹したといったところか。

最後に笑うのはどの党か、9日後に審判が下される。

都議選、きょう告示

分かれる小池都政への距離感

7月2日投開票の都議会議員選挙が今日23日に告示される。小池知事が代表を務める都民ファーストの会の候補者大量擁立によって既存政党は苦戦を強いられる一方、同会の候補に対しては知事の知名度に頼った「風頼み」を指摘する声も上がる。小池知事の支持率はいまだに高い水準を保っており、小池都政への距離感が有権者にどう受け止められるかが分水嶺(ぶんすいれい)となりそうだ。

告示に先立つ21日、東京青年会議所主催で各会派代表の公開討論会が有楽町朝日ホールで行われ、大学生からの質問を基に舌戦を繰り広げた。

小池知事の政策との相違点を問われた都民ファーストの音喜多駿氏は「代表なので、相違点はない」とする一方、党内議論を行い、議会としてのチェック機能を果たすと主張した。また、「これまでも都議会で二元代表制は機能していなかった」として、改革のため一時的に知事勢力が多数派となる必要があると訴えた。

同会と政策協定を結ぶ公明党の遠藤守氏も、知事との相違点はないと説明。小池都政で私学助成拡大が実現したことなどを挙げ、「相違点があったとしても埋めることができる」と訴えた。

知事に更なる政策推進を訴える声も上がった。東京改革の斉藤敦氏は公文書管理条例の制定などを評価する一方で、今後は高齢者福祉への姿勢を問う必要があると話した。

生活者ネットの西崎光子氏は、更なる情報公開や民意反映の仕組みづくりを要望。共産党の大山とも子氏は小池知事への是々非々の立場を強調し、「不要不急の大型開発は中止すべき」と主張した。

もっとも対決姿勢を鮮明にしたのが、自民党の神野次郎氏だ。知事の顧問団によって市場問題が混乱、関係者の分断を招いたと非難。「5年後に戻すというのは事業者のことをちゃんと考えているのか」と知事の新方針にも疑問を呈した。

各種政策への賛否を表明する各党代表者＝21日、有楽町朝日ホールで

民進候補が出馬辞退
3氏の推薦も見送り

民進党都連は21日、世田谷区（定数8）で立候補予定だった元職の関口太一氏が立候補を辞退すると発表した。関口氏は「党の一本化要請に従った」と話し、同選挙区で公認を受ける山口拓氏の応援に回る。

また、都連は20日、同党を離党した石毛茂、島田幸成、山下太郎候補の推薦手続きを打ち切った。離党後に要請を受けて推薦する予定だったが、3候補が辞退したために決定を見送った。

訂正 16日付の齋藤恵氏の出馬会見の記事で、「野田数幹事長から区議選への転向なども打診された」とあるのは「伊藤悠幹事長補佐から」の誤りでした。

決戦に臨む ⑥
2017都議選　選対幹部に聞く

希望のある社会の実現

生活者ネットワーク　幹事長　西崎 光子氏

――都民ファーストと政策協定を締結しました。

再生可能エネルギーの推進、情報公開、男女共同参画社会の実現に向け、政策協定を結んだことにより実現が早まると思う。

――政策協定の成果はありますか。

政策協定が新聞で取り上げられ、ネットの知名度が上がりました。地元では、リタイアした男性が「政策は何ですか」と非常に興味を示してくれている。ネットの支持者は女性が圧倒的に多く、これまでになかったことだ。候補者を擁立する世田谷区、杉並区、練馬区、北多摩第二でそういう反応をよく聞く。

――重点選挙区は北多摩第二ですか。

そうだ。改選後は山内玲子が会派のリーダーになるので、議席を落とせない。

――共産党が北多摩第二の候補者を支持すると発表しました。

自民党や都民ファーストの会などが候補を擁立する北多摩第二は2人区で、都民ファーストの推薦だけではなかなか厳しい。今回は共産党との協議の結果、支援の話をいただいた。共産党とはこれまで一緒に条例を提案し、築地再整備を実現したいという考えは同じ。そういう意味では、一緒にやっていけるところはある。

――今回の争点は。

オリンピック後の東京をどのように構想するかにあると思う。人口減少社会に対応した環境・福祉優先のまちづくりが一番の大きな政策と思っている。ターゲットは子育て世代や高齢者世代である一方、去年の参院選から18歳以上が選挙権を持つようになり、世田谷では18～20歳の投票率が高く、将来は社会を支える側になる。そういう人たちに希望が持てる社会を作っていく。

――今後も築地再整備を訴え続けますか。

豊洲移転にかじを切るには土壌汚染の無害化が条件だったが、専門家会議は無害化ができないと断言した。選挙戦では、食の安心・安全を守る立場から、築地再整備を訴えていく。

――都議選への意気込みをお願いします。

今回は候補者ではなく、生活者ネットの選挙対策委員長という立場で全力で取り組んでいき、4人の候補者の議席を確保したい。

改革への実行力打ち出す

東京維新の会　代表　藤巻 健史氏

――現在の情勢をどう見ますか。

自民対都民ファーストの構図が目立ち、存在感を示すことが課題。政策で勝負し、党の実行力を打ち出す場を確保したい。我々は国政レベルでは第三極の立場だが、劇場型選挙は苦しい部分がある。

――小池知事への評価については。

改革精神は非常に素晴らしい。我々は橋下徹氏を生みの親とする元祖・改革政党。改革を進める小池知事の方針には賛同するが、実行力の問題がある。都民ファーストの候補者は政治理念が一つとは言い難く、都議選後の政策実行力には疑問が残る。市場問題ではもっと早く決断すべきだった。決断は苦しく、精神的なプレッシャーも大きいが、それをやるのがトップの仕事だ。

――維新の会は実行力をどう担保しますか。

我々は純化が進み、政治理念を共有しており、実行力は大阪で見せてきた。公務員労組の抵抗が強い地域で、今までの政党・首長ができなかった改革を成し遂げた。初めて岩盤を突き破り、マニフェストを実行したからこそ、大阪で人気がある。

――他党の実行力はどう見ますか。

各政党はそれぞれ組合や企業、団体などのしがらみがある。サポートを受けられる選挙は強いが、政権を取った後にその人たちのことを考えて法案を作り、政治をしてしまう。我々は東京でもしがらみがなく、改革を実行できる。

――選挙ではどのような改革を訴えますか。

オーバーフローしている都の仕事を、人材や財源とともに区市に移すことだ。市場移転問題、五輪準備などの問題は、都の仕事が多過ぎること。そのために都議会のチェック機能が働かず、都庁内でも仕事が不透明になっている。都は消防・警察や公共交通、都市計画に集中し、福祉や教育、医療は区や市などに任せるべきだ。

――選挙への意気込みを聞かせてください。

他党の政策は、長期ビジョンからの焼き直しで、対症療法に過ぎない。東京に根本的な体力を付けようとするのが我々だ。しがらみ団体ではなく、全体のために取り組むことが本当の政治のあり方だと思う。必ず勝つということに尽きる。

＝おわり

冗句ジョーク

小池知事、豊洲移転と築地再整備を同列提示、ヒントは〝失敗の本質〟じゃなく〝綾瀬はるかさんのTVCM〟

「TOYOSU・OR・TSUKIJI!? どっちも!! という選択肢…」

市場移転問題

知事方針に地元困惑

中央区「具体策・実現性示して」
江東区「受け入れの約束履行を」

中央区と江東区は20日、同日行われた小池知事の市場移転問題を巡る方針発表を受けて声明を出した。両区ともに方針の詳細が不明として、具体的な言及は避けたが、江東区は市場受け入れの前提条件だった土壌汚染対策やにぎわい施設の整備などの履行を強く要求。中央区は早急な具体策・実現性の提示と説明を求めた上で、事前調整や情報共有がなかったことを問題視し、区との緊密な協議を要請した。

「説明を受けていないため評価は行えないが、市場機能が豊洲市場に移転するものと受け止めた」。区議会と共に声明を発表した江東区の山﨑孝明区長はこう述べた上で、「土壌汚染対策を万全に講じるとともに、安全・安心を担保することを求める」と要望した。

豊洲新市場の土壌汚染による風評被害を巡っては、小池知事は会見で「情報公開した上で風評被害を払拭していく」と言及。これを受け、区は知事の責任で安全宣言を行うよう求めた。

同区は市場受け入れの条件として、▽土壌汚染対策▽地下鉄8号線（有楽町線）の延伸を含む交通対策▽にぎわい施設の整備──を提示している。今回の都の方針では、にぎわい施設の整備への言及はなく、築地市場を再整備して「食のテーマパーク」とする一方で、豊洲新市場の物流機能を強化する考えが示された。同区は以前、市場移転に関し、「業者だけの市場整備は許されない」などとし、にぎわい施設の併設を強く求めてきた経緯がある。

江東区議会の榎本雄一議長は「とりわけ、千客万来施設の動向が懸念される」とし、「約束した事項を確実に履行することを強く求める」とコメントした。

一方の中央区も同日、矢田美英区長がコメントを発表。矢田区長は「移転スケジュールや築地市場の再開発、環状2号線の整備への対応など詳細が示されていない」とした上で、一刻も早い具体策や実現性の説明を求めた。

同区では人口が急増する臨海部と五輪選手村の整備などで、交通需要への対処が喫緊の課題になっている。環状2号線の整備はもとより、都は環2を利用したBRT（バス高速輸送システム）の運行を計画。小池知事は「環2は五輪前に開通させる」と明言したが、同区の松永武志副参事（都心再生・計画担当）は「昨年11月の移転というスケジュールでもギリギリだった。実現性はあるのか」と疑念を呈し、地域整備課の菅沼雅広課長は「BRTは東京五輪の足。五輪までにできない場合の輸送はどうなるのか。東京駅を中心とした五輪開催時の総合的な交通輸送体系への懸念も残る」と話す。

両区とも、今回の都の発表に関して「事前の調整は一切なかった」と口をそろえる。江東区港湾臨海部対策担当の武田真吾課長は「知事サイドでの動き。都の事務方も区と同じような状況ではないか」と推測する。

こうした都との連絡体制に関し、江東区議会は「区との協議」を強調し、一方の中央区は「地元である本区と緊密に協議することが不可欠」とコメントした。

「食のテーマパーク」とする案が示された築地市場。青写真はまだ不透明だ

練馬区

都児相との連携強化で協定

各区独自開設に改めて懸念

練馬区は19日に定例会見を開き、人事交流や要支援家庭への訪問など児童相談行政に関する協定を都と締結し、当面は区として児童相談所を設置しない方針を明らかにした。法改正に伴い、区長会を中心に各区が児童相談所（児相）の開設を検討する中、前川燿男区長は「広域調整など実務的な課題の検討が全く行われていない状態で各区が児相を設置するのは、現状を悪化させるリスクが大きい」と懸念を示し、都との連携強化を進める考えを強調した。

「移管ではなく、設置できるようになったに過ぎない。区長会などで再三にわたって問題提起してきたが、残念なことに他の区長は全く理解できていない」──。前川区長は語気を強め、区長会で各区単独での児相設置が主流となっている現状に対し、改めて懸念を表明した。

区長会は昨年5月の児童福祉法改正に伴い、23区の部長級で構成する「移管準備連絡調整会議」を設置。同年11月に「移管するに当たっての課題の抽出・整理」をまとめ、都と協議を要する課題として開設に向けた支援や施設入所の広域調整などを位置付けた。

区児相の開設に向けて制度上義務付けられている都による設置計画の確認作業に当たっては、都が昨年12月、モデル的に2～3区の確認作業を先行して実施する方針を提示。これを受け、2020年度の開設を目指す世田谷、荒川、江戸川の先行3区が今月7日から都福祉保健局による確認作業に入った。区長会では部課長会で各区の個別・共通課題の検討を進めており、モデル的作業を通じて都との協議課題の検討につなげたい考えだ。

区長会を中心に区児相開設に向けた取り組みが本格化する中、前川区長は実務上の課題から、現時点での各区独自設置に警鐘を鳴らしてきた経緯がある。

前川区長は、児童養護施設の入所児童数が都内合計約3千人で、保育所入所児童数約26万人などと比べて対象者が少なく、かつ施設が都内外に分散している点から、広域行政としての性格が強いと分析。また、処遇困難な児童に対する高度な専門性が求められ、都のノウハウを活用するのが最も効果的との考えを示した。

その上で、業務に必要な施設や里親との調整を全て各区が独自でそろえるのは事実上不可能と指摘。広域調整機関として一部事務組合を立ち上げた場合、都よりも調整が複雑になり、現行制度よりも悪化するリスクが大きいと懸念を示し、「児童の処遇プロセスに沿った実務的な検討が行われていない現状のまま、各区が独自に児相を開設するのは時期尚早で、区は当面、都との連携強化を目指す」と結論付けた。

区は都との協定に基づき、人事交流を強化。同区を所管する都児童相談センターが行っている援助方針会議に新たに区の課長級を派遣し、区内のケースに関する情報共有を図る。また、区子ども家庭支援センターが週1回開催している処遇検討会議に都児相の担当者が少なくとも月2回出席し、助言や指導を行う。

これに加え、区内5地域ごとに専門相談員を配置し、要支援家庭や保育所などの巡回訪問を今月から開始。12月までに要支援家庭の児童を対象とした最長14日間のショートステイ事業をスタートし、都と連携して要支援家庭への対応を拡充する。

区子ども家庭支援センターの宮原惠子所長は「協定締結により、都と区が持つ情報を共有して一層きめ細かな対応が可能になる。区としてできることをしっかりと進めたい」と話している。

区児相開設の動きに対し、語気を強めて懸念を語る前川区長＝19日、練馬区役所本庁舎で

江東・大田区

都に調停申請で合意

中防埋立地帰属問題

江東区と大田区は22日、中央防波堤埋立地の帰属問題に関し、両区長および区議会議長による協議を都庁第一本庁舎で行い、都に調停申請することで合意した。両区は共に、現在開会中の第2回定例区議会に調停申請のための議案を提出する。大田区は26日、江東区は来月6日に議決される見通し。

合意事項は▽自主的な協議による解決が困難なこと▽東京五輪までの決着▽地方自治法に基づく都知事への調停申請の実施▽現在開会中の定例区議会への調停申請議案の提出──の4点で、調停申請に際しては、都が示す勧告案を受託することを前提とした。

今回の調停は地方自治法に規定される自治紛争処理制度を利用。調停申請後、90日以内の勧告案の提示が見込まれており、遅くとも10月上旬に勧告案が示される日程となる。

協議後、江東区の山﨑孝明区長は報道陣に対し、「民間の土地争いとは違う。受諾する覚悟は腹に刻んでいく」と語り、一方の大田区の松原忠義区長は「自治紛争処理委員による合理的な勧告案を受諾することを前提とする」と表明した。

埋め立てが開始された1973年以降課題となっていた帰属問題は、昨年3月に両区長が会談したのを機に、9回の実務者協議を実施してきた。江東区はごみの受け入れの歴史などを主張し、大田区は、かつ同地区の一部で区民がノリの養殖をしていたことなどを論拠にしている。

都に調停申請することで合意した両区長と区議会議長＝22日、都庁で

江戸川区

区立小に屋内相撲場

稀勢・高安人気を受け

横綱・稀勢の里や新大関の高安人気に湧く相撲界。両力士が所属する田子ノ浦部屋がある江戸川区は、地元住民の声などを受け、区立小学校に区内初の屋内相撲場を建設する方針を固めた。現在開会中の第2回定例区議会に整備費3200万円を盛り込んだ補正予算案を提出しており、27日に可決される見通しだ。

屋内相撲場を整備するのは、田子ノ浦部屋から徒歩10分ほどの距離に位置する区立小岩小学校。区立幼稚園として使用していた敷地の一画に整備する。面積は約200平方㍍で平屋建てとし、地域への一般開放のために更衣室やシャワールーム、トイレなども設ける。授業などに活用して児童の体力向上につなげたい考えで、12月に竣工予定。

同区には現在、土俵のある区立小中学校は3校あるが、全て屋外設置の簡易な構造であるとともに、区の南部や西部に位置し、小岩地区のある北部にはなかった。

横綱昇進を決めた初場所の優勝報告会に登場した稀勢の里＝1月28日、区立小岩小学校で

文京区

学校給食に「和食の日」

本格メニューを全校で

文京区は、今年度から学校給食に本格的な和食メニューを採用する「和食の日」を年3回実施する。2013年にユネスコ無形文化遺産に登録された和食の伝承と普及につなげる目的で、プロの料理人と考案したメニューを区立小・中学校全校で提供して食育事業を推進する。区は「学校給食に和食の日を設けるのは23区でも初めてではないか」と話す。

事業の実施に当たっては、区が立ち上げたプロジェクトチームに「和食給食応援団」東日本代表で日本料理店主の笠原将弘氏がアドバイザーとして参画。区は「これまでの給食と違う発想のメニューが生まれる」（学務課）と期待を寄せる。

笠原氏が提案した献立案に、区内の小・中学校に勤める栄養士がカロリー量や子供の食べやすさを加味して提供メニューを考え出す。献立では季節の野菜や魚を積極的に利用し、来月19日に予定する初回には白身魚の上に豆をつぶして作る「ずんだ」を載せた焼き物や新ごぼうを使ったみそ汁などを提供する。

区は昨年、文化遺産への登録を支援した和食文化国民会議が「和食の日」と位置付ける11月24日に全校で統一メニュー提供を試行＝写真。今年度からは年3回に増やし、7月以降は11月と来年2月に予定する。食材は地産地消を促すため、都内産の使用を原則とし、通常より多くかかる費用を区が一部補助することで、家庭の給食費負担を現在と同水準に抑える。

和食の日には、実食と併せて食材や和食文化に関する授業を各校で実施してもらう。また、給食のレシピは保護者にも周知を図り、家庭でも和食を作る機会を増やしてもらいたい考えだ。

区学務課では「五輪開催を控えている機に、日本が誇る和食文化を伝えていく」と話す。

訂正　6日付3面で「予想される顔ぶれ」の南多摩記事で、地方議員ゼロの会の候補が世田谷区に転出を決めた理由として「都民ファーストとの選挙区調整」とあるのは同会の独自判断の誤りでした。

LGBT入居可能に

条例改正案が可決へ

世田谷区議会

世田谷区議会は22日に第2回定例区議会最終本会議を開き、継続審査となっていた区営住宅の応募要件に同性カップルを加える条例改正案を可決した。

区は第1回定例区議会に区営住宅管理条例など3件の条例改正案を提出したが、自民や公明などが「区民への周知を進めてから実施すべき」「個別の取り組みの前提として、性的少数者の総合的な支援の在り方や今後の方向性を検討すべき」と提言。行革110番を除く賛成多数で継続審査となっていた。

これを受け、区は住宅施策をテーマとして有識者らで構成する区住宅委員会に意見聴取し、居住者ら区民を対象とした意向調査を実施。LGBTに代表される性的少数者を区営住宅の入居要件に加える施策に関し、区民の約6割が「進める必要がある」と回答した。

また、区は5月24日に開かれた区民生活常任委員会で、性的少数者の差別禁止や支援などを盛り込んだ男女共同参画推進条例案を9月にパブリックコメントを行った上で来年の第1回定例区議会に提出する方針を報告。議会からの提言への対応が整った。

条例改正に伴い、区は11月の入居者募集から同性カップルの応募を認める方針。

記者席

「アウフヘーベン」は八方美人？

○……小池知事が放った横文字が、またまた話題を呼んでいる。「アウフヘーベン」。市場の在り方を巡って、知事は9日の記者会見で、哲学者・ヘーゲルが提唱したこのドイツ語を使い、「いったん立ち止まって、より上の次元に」と解説したのだ。これを聞いたある幹部は「世代が分かるね」と苦笑する。全共闘世代には日常的に使われていたというから、聞き覚えのある職員も多いかも知れない。日本語では「止揚」と訳され、「あるものを否定しつつ、より高い次元で生かす」ことを意味するが、別の幹部はひねり出された豊洲・築地の両立案とのギャップに絶句した。「アウフヘーベンを訳すと『八方美人』『中途半端』になるのか？ヘーゲルも泣く」

○……「築地そのものが都市でもあり、周辺の都市機能と一体となって一つの都市の中心を造り出しながら動いている」。中央区から都議選に立候補予定の無所属の新人で建築家の森山高至氏が雑誌『現代思想』に寄せた論考にこう記している。タイトルは「築地から都市を考える」。小池知事が20日に示した方針で「食のテーマパーク」として再整備するとされた築地市場。森山氏はこの論考で「豊洲市場計画は失敗」と断じ、現地再整備を掲げるが、同時に築地の魅力について横丁に似た「迷宮性」を挙げる。再整備後の姿は、築地だけでなく、都市・東京の将来を規定する。都議選の結果もまたしかりだ。

○……日に日に注目が高まる都議選の陰に隠れる形で開かれている、各区の第2回定例区議会。都議選への立候補を予定する議会に臨む区議は議会中、心なしか疲れているように見える。お疲れなのは本人だけでなく、議会の合間を縫って応援する区議も同じ。日頃は執行機関を厳しく追及している区議も「都議選が終わってから」と、一時休戦の構えを見せていた。また、別の区の職員は「今回は厳しい追及がなかった」と安堵の表情を浮かべる。職員の気持ちは察するが、行政と議会は緊張関係の上に成り立っていると改めて思い至った。

東京最前線

引退都議座談会▶下

都議選に向け、後進に一言

出席者
吉野　利明(自民党)
友利　春久(公明党)
植木　紘二(共産党)
西崎　光子(ネット)
(司会＝本紙編集部)

都議選

――これまでの都議選を振り返って印象に残る出来事はありましたか。

植木　2回落選したことだ。その時は新進党、民主党など新しい政党が躍進し、共産党が苦戦してその次の選挙で挽回(ばんかい)してきた。浪人というのはなかなか大変で、必死に次の当選を目指しながら、西武新宿線の地下化や防災まちづくりに取り組み、木造住宅密集地域対策の先進地域を視察、核兵器廃絶の運動にも力を入れた。常に都政や都議会で何をやっているのかについて、関心を持っていて、大きな問題が起きた時は都議会の傍聴に行った。多くのことを学ぶことができた。共産党の専従から都議に立候補していたので、党の仕事をしながらの活動だった。

友利　選挙の時は、集会で会うのではなくて、対面的な形の中で会った人の数、握手した数、名刺を渡した数が票につながると言われている。都議選の時は毎回、名刺を6万枚作った。全部、お渡ししないと当選できない。(足立区では)少なくとも3万票以上を得ないと勝てない。3万5千票でも厳しい時があったから、実際、そのくらいの名刺を用意しておいてドブ板選挙をやる。区議会と都議会の選挙を合わせると9回になるが、やり方は全く変わっていない。選挙戦でいろんな方に会うと、相談ごとも出てくる。一つひとつ解決することで自分の実績に変わるので、人と会い、人の話を聞くのはものすごく大事だというのは選挙戦を通じて学んだ。

西崎　私は、区議からスタートしているので、議員歴は今年で22年になるが、6回の選挙で落選の危機に直面したこともある。民主党や自民党に風が吹いている時は、生活者ネットはあまり結果が良くなかった。区・市議会選挙は人に会った数で当選できるが、都議選になると、プラスその時の風とか浮動票を取り込まないと、なかなか議席獲得には結びつかなかったので、常に厳しい選挙が続いている。国政選挙の影響も大きい。生活者ネットは国会議員がいないことが特徴だが、どう国政に対して政策を示していくかが非常に難しいところだ。世田谷では、新人へのバトンタッチに失敗し、議席を失ったこともあったが、その後、たまたま世田谷選出の都議が亡くなり、2007年の都知事選と同時に急きょ、都議補選が行われることになり、私が区議を辞職し、超党派で応援していただいて何とか乗り切って初当選した。

吉野　初めて都議選に出馬した時(1997年)は、その2期前(89年)から三鷹が2人区になった。97年に初当選するまでは、三鷹には自民党都議がいなかった。「お前だから応援したが、次の候補はよく分からない」と言われるケースもあるので、後継者にどうバトンを渡していくかを模索しているところだ。周りから吉野の後援会をそっくり移せば「大丈夫ではないか」と言われるが、個人的な後援会の人たちがどれくらい応援してくれるかは悩みの種。何とか自民党の議席をつないでほしいと思っている。初めて出馬した時は、三鷹市の都市計画道路の整備率が28%くらいだった。隣の武蔵野市は50%に届く状況だった。近隣と同じくらいまで引き上げていくことが当初は大きな目標で、北多摩南部建設事務所の予算の3分の1強を三鷹のために確保したことがあり、近隣並みに追い付いてきている。まだまだ課題はあるが、何とか後継者に勝ってもらうのが今回の選挙の大きな課題。それを解決して、初めて安心して孫と遊べる。

――新旧交代が共通の悩みになります。

友利　足立区議会では公明党が多い時で16人いた。現状は13人だが、区議会から後継者を一人出している。区議会時代の地盤があるから、その地域は浸透しているが、それ以外のエリアでは丸っきりの新人。後継の名前を連呼しない限り、名前を覚えてくれないのが最大の悩み。

西崎　生活者ネットの3期というルールで交代することになったが、いろんな人を取り込まないと当選できないので、新人に交代することを浸透させなければならず、知名度を高めるために苦労している。

植木　中野区は後任への引き継ぎに加えて、今回は定数が4人から3人に削減されたので激しい戦いになる。

西崎　厳しいですね。

植木　後継者が区議会議員だから、活動している地元では有名だが、そのほかの地域では無名の新人。定数削減の中で引き継ぎをやらないといけないので、新人の活動ペースに合わせて応援する、これは結構大変。選挙戦は盛り上がってきているが、これまでの4人区の時の感覚でやっていたのでは難しいので、3人区でどう勝つかに全力を尽くしている。

――新人のペースに合わせないといけないのでしょうか。

友利　難しいのは、自分が前面に出ると自分の選挙になることだ。前面に出さなければいけないのは現在の候補者。自分は後ろで支えるというやり方をしないと厳しい。

植木　後継者が前面に出て活躍できるようにするため、出過ぎず引っ込まずに応援するということ。

吉野　自分の後継だということを伝えるために影だけはちらちら見せないといけない。前に出ると「もう1回出馬すれば」という話になってしまう。今回も辞めると言った時に、「もう1回」と言われたが、前回は仕方がないから引き受けた。2回辞めると言って出馬したら狼少年になり、私自身の信用がなくなる。前回は声を掛けていただいて、「ありがたく」ということでもう1回出たが、今回は絶対に出ない。今でも街中で、「辞めてしまうのか」という話はあるが、大方は辞めると認知されている。

西崎　3期目になると、ようやく議会に慣れ、超党派への働きかけができる信頼関係がつくれるようになった時に辞めてしまうのは、「もったいない」と言われることはある。辞めてどうするという話が一番多い。年齢的に働ける時期なので、「国政に行くのですか」と言われるが、国政に行こうとは思っていない。ネットの議員の多くは、辞めたら新人をサポートし、地域の中で市民活動の担い手になるというのを繰り返してきた。私は、東京ネットの代表の任期が来年3月までなので、すぐに身の振り方を決めることはできないと思うが、これまでの経験を生かし、活動の継続性を持っていけるものにしていきたい。

植木　引退後は、共産党の若い人を育てる仕事がある。また、いろんな団体や住民運動の方から引退後は運動の担い手として期待の声がかかっているが、選挙が終わってから考えると答えている。かつて中野区は革新自治体だったこともあり、政党と市民との協働や憲法擁護の運動が盛んだった。「憲法改悪やめよ」という運動からも期待の声が寄せられている。共産党の若手育成も住民運動も両方やろうということだ。

友利　引退後は働かないと食べていけない。議員年金はない。知事みたいに退職金があるわけではない。議員を辞めた瞬間から生活していく糧は自分で探さなければいけない。もちろん、支援者に対する恩返しもしながら、自らの生活が成り立つようにまだまだ働かないといけない。ただ、今やることは、後継者を当選させること。そのことに専念しながら、今後を考えようと思っている。

吉野　議員という立場は終わるが、自民党の三多摩支部連合会の会長は引き続き務め、議員を辞めるとなるといろんな団体から「会長をやってくれ」という話がくる。せっかく時間を作って孫と遊ぼうと思っているのに。小さな八幡さまの責任総代の会長をやってくれと言われて、ずっと世話になった地元だから引き受けた。そうしたら、東京全体の氏子総代が空席なので、東京全体の会長をやってくれという話が来て、全部やっていたら今までより忙しくなってしまう。自宅にいれば、女房が「毎日いないでよ」という。出て行く理由も作らないといけないので、微妙なところ。

第20期都議会へ

――後進へのメッセージをお願いします。

植木　都政の課題は多岐にわたるだけにしっかりと行政のチェック機能の役割を果たすこと。また、行政に都民の切実な要求を実現できるように具体的で前向きな提案をすること、批判すべきところは厳しく批判して是正してほしい。共産党は一貫してそういう立場を貫いてきたが、後輩にもそうした立場を貫いてほしい。1千万都民のため、暮らし・福祉の充実という自治体本来の役割、あり方を基本に据えて取り組んでほしいと思う。これまで、共産党都議団は、知事提案の予算案に対して過大な道路計画や開発など不要不急なものを見直し、その財源を活用すれば都民の切実な要求が実現できると予算を組み替える具体的な提案を毎年してきた。また、独自の調査活動に積極的にも取り組んでほしい。豊洲新市場問題の調査では「盛り土がない」「地下水の汚染実態」を発表し、舛添前知事の「政治と金」の問題でもホテルの領収書を公表するなど独自調査が大きく都政を動かす力になった。議会改革は、1期目から海外視察の見直し、公用車や無料パスの廃止、政調費の公表・改善に取り組んできたが、これからの議会改革に期待している。

西崎　生活者ネットの議席を確保できるか正念場だが、大きな会派では提案しないきめ細かな地域の課題を生活者ネットは取り上げ続けている。1300万人も暮らす東京なので、多様な意見が反映される都政議会になれるよう頑張ってほしい。

吉野　議員は、発言する言葉の信用力が大事だと思う。まず、自分が人から信頼されなければならない。「あいつに(票を)入れた」ではなく「俺あいつに入れたんだよ」と胸を張ってもらえるような人間であることが大事。そのことによって、自分の発する言葉を信用してもらえるようになり、政策も期待されると思う。人として期待され、信頼される議員に育っていってほしい。

友利　127人の議員が7月2日に誕生する。すべからく議員に言えることはきちっと勉強し、知事を始めとした行政に政策を提起することが必要。行政が理解し得るような裏付けを持って、財源も考えながらやっていくことが大事。それと同時に自分たちが身を切らないと駄目。都民目線から見て費用弁償に疑問があるなら、改革しないといけない。各党に理解してもらえるような議員、政党であってもらいたい。それは1300万都民の利益につながることだから。別に私利私欲、党利党略ではなく、しっかり勉強して政策を立案し、行政と議論できるようにならないといけない。20期で当選した人にはしっかり、行政側と相対して車の両輪という立場を明確にする必要がある。数で言えば、127人は小さい車輪だが、執行機関は十数万人もいる。内容的に10万人、20万人に匹敵するような車になっていることを見せないといけない。新しい議員にはしっかり頑張ってもらいたいと思う。

――ありがとうございました。

自治トピ140

◆**ミサイルで避難訓練**　石川県は北朝鮮からのミサイル発射を想定した避難訓練を検討する。3月には能登半島沖にミサイルが落下し、新潟県では避難訓練が実施されている。能登地域を対象とする予定で、谷本正憲知事は「毎週のようにミサイルが発射され、避難を真剣に考えないといけない」と話している。

◆**性被害防止ＤＶＤ**　長野県教育委員会は児童・生徒の性被害を防止するための指導用ＤＶＤを作成した。同県では15年度に組織した専門家などによる性被害防止教育キャラバン隊の講義が成果を上げており、ＤＶＤでもＳＮＳなどによる被害の実例を交えながら、ネットの危険性や利用法を説明している。

◆**教育改革で夏季休暇短縮**　静岡県吉田町は児童・生徒の学力向上や教員の多忙化解消、保護者が働きに出やすい環境整備などのために、教育改革を実施する。夏季休暇を10日程度に短縮して授業日数を増やし、１日当たりの授業時間を減らすことで教員の準備時間を確保し、授業の質を向上することなどが柱。

◆**人口が大幅減**　青森県の昨年１年間の自然増減数が8683人の減で、過去最大を更新したことが分かった。同県の人口減は18年連続。一方で、合計特殊出生率は0.05ポイント上昇して1.48となり、４年連続で改善し、全国平均を上回った。同県では健康寿命の延伸や雇用創出などの人口減少対策を進める方針。

私を変えた一冊

福祉保健局指導監査部長
村田 由佳氏

『人を助けるとはどういうことか』
エドガー・H・シャイン〈著〉

信頼関係が支援の第一歩

組織心理学者エドガー・H・シャインによる本著との出会いは8年前でした。家族の闘病で本人共々しんどい思いをする一方、公私ともに周りの方々に支えられた1年でしたので、「助ける～HELPING」というタイトルに惹かれた次第です。

シャインの著書には『キャリア・アンカー』など「問に答えながら、自分のキャリアプランを見つめ直す手引き」の類いもありますが、本著はそれらとは趣を異にしており、また学術書でもありません。コンサルタントとクライアント、クライアント組織における上司と部下、医師と患者、シャイン本人と家族……など、事例を元に支援者と支援を受ける側(本著では「クライアント」と呼称)の関係を紹介し、支援のあり方を提案しています。

シャインのメッセージは原題「HELPING～How to Offer, Give,and Receive Help」に象徴されています。支援とは支援者側の理論で一方的に提供されるものではなく、支援者とクライアントは協力関係を築くことが不可欠だとしています。クライアントが自らの課題に気づき支援を受け入れ、解決に向け自ら行動していく第一歩は支援者との信頼関係というわけです。更に、支援を求める側はワンダウン(一段低い位置)の状態に身を置くことになり、心理的抵抗から支援を受け入れにくくなりがちであるため、支援する側は相手の立場に配慮して「控えめな問いかけ」を心がけることが望ましいとしています。

福祉保健局の仕事に限らず、都職員は様々な分野で都民の暮らしを支援する立場にありますが、我々の力だけでは支援は成り立ちません。また、職場における上司と部下、先輩と後輩、同僚同士といった人間関係も支援する・支援を受ける繰り返しの上に成り立っていると思います。家族や友人との関係もしかり。人は助け・助けられながら日々の暮らしを営み、社会の中で役割を担っているのだ、という当たり前のことを改めて気づかせてくれた一冊です。

豊洲・築地両立案

職員の声

双方に「いい顔」、実現に戸惑い

「都議選しか頭にない」声も

都議選を直前にして小池知事が表明した「豊洲・築地の両立」案は、豊洲への移転を進める一方、築地には5年後を目途に「食のテーマパーク」を整備する方針を打ち出した。都職員からは一定の方向性を示したことに理解を示す意見がある一方、具体性の乏しさや意思決定過程の不透明さから戸惑いが隠せず、現場レベルでは「落胆は大きい」という声も上がっている。都庁内の受け止めを聞いた。

決断は評価も玉虫色

移転を決断したことは評価するが、再開発した築地に競りなどの市場機能を持たせるという説明はよく分からない。築地の場外市場をイメージしているのか、今と同じ市場を再開したいのか、どうにでも解釈できる。世論がどう反応するか見極めるため、あえて玉虫色な内容にしているのかもしれない。（本庁課長）

何が決まったのか?

これだけの重要案件にもかかわらず十分に練られた案とは言えず、何が決まったのか全く分からなかった記者会見。キャッシュフローで60年後の話をしているのに、5年後の市場の姿も明確になっていないのは皮肉。築地も豊洲もという形になり、モヤモヤ感だけが残った。

築地の跡地に関しては浜離宮も生かした一体的な活用という話が出ていたが、そうであるならば豊洲移転とは切り離して、広範なまちづくりの観点から検討すべきだったのではないか。（本庁部長）

どっちつかずの結論

都議選を控えて賛成派と反対派の両論に配慮した結果、どっちつかずの中途半端になったというのが正直な感想。とは言え、今回の議論があったからこそ豊洲、築地双方に問題点があり、また今後の方向性が見えたことは間違いないと思う。具体的な検討はこれからということだが、ここまできたら都政の信頼を取り戻せる計画であってほしい。（本庁課長）

市場建設の財源は

豊洲市場の建設費の財源を見いだせないまま、更に税金を使って築地にハコモノを新しく整備するというのでは、都民は納得しないのではないか。早々に記者会見を打ち切ってしまったのも印象が良くない。重大な決定なのだから、しっかりとした説明をするべきだった。本当に都民のことを考えた議論だったのか疑問。（本庁課長）

資金不足に陥る恐れ

築地の跡地から賃料収入を得るというのは、不景気になることを考慮すると不安定含み。収支見通しが狂った場合の対策も考えないと資金不足に陥る。その対策として考えられるのが施設使用料の値上げだが、業界団体が反対するのは目に見えている。耳障りの良いことだけを公表しているのは都議選に勝利することしか知事の頭にはないのではないか。（出先部長）

業者分断は最大の罪

これまで積み上げてきた業界の合意を分断したのが最大の罪だ。あそこまでもめていた業界を、剣の刃を渡るようにして「豊洲」でまとめ上げたのに、賛成派と反対派の両方にいい顔をした結果、どちらも納得できない案になってしまった。

意思決定の過程は、ブラックボックスと言わざるを得ない。都政のことを何も分かっていない顧問団が机上で作った案を知事に吹き込み、出来なかったら都職員に「あんたの方のせい」と責任転嫁される。顧問は実に楽な仕事だと思う。もっと言うと、国のキャリアはこんなに汗をかかずに仕事をしているのかと思ってしまう。

ただ、知事が築地に行って頭を下げたのは初めて。案の良しあしは別にして、知事の姿勢は業界には響いたはず。その政治センスは大したもの。（本庁部長）

魂入れる作業は大変

魂を入れる作業はこれからで、詳細を詰めなければならない事務方は大変。本来、ディテールを詰めてから方針を打ち出すのが筋だと思うが、知事の説明もいつになく歯切れが悪く、分かりにくかった。立場によって受け取り方が異なる「百者百様」では困る。何も決まっていない状態よりはいいが。

この件に限った話ではないが最近、政策の方向性と実務のつくり込みが微妙にずれてしまうことが増えている印象がある。「行政がゆがめられた」とまでは言わないが、無理がたたって新銀行のような失敗に陥らないことを祈る。（出先部長）

産地の荷を引っ張れ

知事会見の真意は「豊洲の優位性を捨てられない」ということだろう。とはいえ、いったん豊洲に移転することだけは明確化された。

卸売市場の中心は「卸」（荷受け）である。産地では「高度衛生管理型」の市場が整備され、品質低下を恐れて築地への出荷に二の足を踏むこともあるが、豊洲なら堂々と受け入れられる。まずは全国の産地市場に豊洲をPRし、産地からの荷も引っ張ることで一層の集荷機能を発揮すべきだ。

今の築地は狭隘で量販店・ホテルなどの大口取引先に対応できない現状もある。豊洲で荷さばき施設や駐車場を工夫するなどして買出人を取り込み、生鮮食料品の一大拠点に成長させることが必要。5年間で築地に代わる新たな卸売市場として成長させ、優位性を内外に示すべき。（本庁課長）

選挙結果次第で泥沼

「築地ブランド」と言われるものを支えるのは仲卸業者の目利き。仲卸業者は移転に反対する者が多いとはいえ、豊洲で営業せざるを得ず、そうした中で「築地ブランド」復活を言うのは現実的でない。結局、移転後はいかにして「豊洲ブランド」を売り込むかに市場関係者の関心が移るはずだ。

一方で、庁内では5年後に向けて「食のテーマパーク」という時代錯誤も甚だしい不毛な検討を重ねていくことになる。都議選の結果次第では更に泥沼化しないか心配だ。（本庁課長）

小池知事の一挙手一投足に業者の視線が集まる＝1月、築地市場

市場方針に賛否分かれる

都議会各会派がコメント

小池知事の豊洲移転と築地再開発方針の発表を受けて、都議会の各会派の幹部がコメントを発表した。都議選を控え、新方針への賛否は分かれた。

自民党の高木啓幹事長は築地の跡地を売却する方針が覆されたことに対し、「豊洲市場を造った際の資金計画が狂う」と懸念を表明。土地を民間に貸し出す計画についても「知事が実体経済を理解しているのか疑問だ」と批判し、「土地を売却し、収益を豊洲整備の6千億円の費用に充てる当初案に早く戻ってほしい」と不快感をあらわにした。

同じく豊洲移転を訴えてきた公明党の東村邦浩幹事長は談話で、都議選の前に方向性を示したことを高く評価。その上で築地での再開発については、「規模感や豊洲市場との整合性、実施主体など、改選後の議会で検討していく必要がある」と冷静にコメントした。

東京改革の斉藤敦幹事長も「知事の判断は（2012年の）付帯決議をより前進させるもの」と歓迎。今後は具体案について議論を深めると同時に、税金投入の有無を注視し、土壌汚染対策の対応などを検証する方針を示した。

市場移転に反対する共産党の大山とも子幹事長は、豊洲新市場予定地が無害化を達成できていないことや、移転により仲卸業者が激減する可能性を指摘し、「築地の現在地再整備の在り方を協議すべき」と従来の姿勢を堅持。跡地の売却を見送る方針には一定の評価を下した。

このほか、都民ファーストの会の音喜多駿幹事長は方向性が定まったことを評価する談話を発表。同会から公認候補が推薦を受ける生活者ネットは、知事の決断を「重く受け止める」とした上で、「議論したい」と慎重な姿勢を示した。

「詳細な考え方示して」

環2開通方針で森組織委会長

五輪組織委員会の森喜朗会長は20日、小池知事が2020年大会までに環状2号線を開通させ、築地市場跡地を五輪用の輸送拠点として活用する方針を示したことを受け、「正直、やれやれという気持ち」と安堵のため息を漏らした。

森会長は昨年11月の会見で、「現実的な形で地上の道路を造る」としていたが、市場移転の判断が示されず、環2の計画も宙に浮いている状況だった。

今月末のIOCとの調整委員会で「テーマの一つになる」との認識を示し、「詳細な報告ができるように、考え方を示してほしい」と要望。判断のタイミングについては、「なぜこの結論を出すのにこんなに時間がかかるのか。ちょっと残念」とコメントした。

環2は立候補ファイル上、築地市場の跡地部分をトンネルで通す計画だったが、時間的に間に合わず、大会時には地上部を通る見込み。ただ、車線数の減少に加え、地上部は信号機があることから輸送容量に制約が生じることが見込まれ、組織委は整備計画を注視している。

社説

都議選、きょう告示

小池改革に対する都民の評価

都議会議員選挙がきょう告示され、9日間の熱戦の火ぶたが切って落とされる。

今回の選挙には二つの注目点がある。一つは自民党の勝敗の行方だ。1979年の鈴木知事当選以来、都議会は自民・公明で過半数を制し、連携して実質的に動かしてきた。ところが、昨年からこの関係がギクシャクし、選挙を機にさらに両党の距離が広がるのか、それとも絶妙なバランスで落ち着くのか、平たく言えば、自民党の勝ち負け次第で東京の政治模様が変わる。

もう一つは、小池知事1年の通信簿である。世論調査では、高い支持率をキープしているが、投票という形で都民の評価が下される。

■リトマス試験紙

都議選は「国政の先行指標」「リトマス試験紙」と言われる。折々の国政の動向が、そのまま選挙結果に影響してきたからだ。小池知事が「仮想敵」とする自民党は、安倍内閣の失態（加計学園問題）によって支持率を落とし、逆風が吹く。都民ファーストの会と小池与党の公明党で過半数どころか、都民ファーストの第一党の可能性すら出てきた。特に小池知事が自民党を離党してから、小池＝都民ファーストが浸透しつつあるようだ。知事選出馬時に、「風を読むのではない、風を作るんです」と言ったが、見事な政治戦略である。

ただ、知事が地域政党の代表に就き、都議会でも多くの議席を占めるとなると、都政運営がどうなるのか不安だ。与党が過半数を握れば、議会対策はスムーズに進めやすいが、小池人気にあやかろうとなびく候補者たちの姿を見ていると、果たして都民の代表として知事側と是々非々の議論ができるのか、そんな点で気概があるのか、政治家として懸念を抱く。有権者には、よくよく考えて行動してほしいものである。

■火に油の移転案

都議選の争点は、一言で言えば「小池改革の是非」と言える。しかし、改革という言葉がくせ者で、仮に都政がおかしな方向に進んでいても、その内実を覆い隠し、見えにくくしてしまうから厄介だ。その一例が市場の移転問題である。

小池知事は20日に臨時記者会見を開き、豊洲移転を表明した。これも小池流に風を作ろうとした結果だろう。「都議選の争点は豊洲問題だけではない」と言いつつ、告示直前にぶち上げることで上手に争点化した。しかも「決められない知事」批判をかわす効果もあり、実に巧みな印象操作のように思える。だが、泥沼化した案件の解決策としては、どうだろうか。

「築地は守る、豊洲を生かす」。万民に聞こえがいいキャッチコピーとともに、「豊洲と築地を両立させる」「築地のブランド力と地域の魅力を一体化させた食のワンダーランドを作る」と述べた。

さらに「築地市場は5年後をめどに再開発」「環状2号線はオリンピック前に開通」と実現可能性に疑問符が付く目標を示す一方、市場移転のスケジュールや跡地の具体的な活用法、財源などは明言を避け、「早急に具体的な方策を詰めていくように事務方、都庁職員の方に先ほど指示をした」と言い放った。要は、選挙対策で有権者にいい顔したいだけで、政策面では火に油を注いだだけではないか。

■小池改革の是非

例えば、築地に卸売市場機能を持たせると語ったが、国は第10次卸売市場整備方針で中央卸売市場の再編・集約化に取り組むべきとしており、新設は認めない考えだ。結局、築地か豊洲かの二者択一しかなく、二つの卸売市場を共存させるとなると、その前に国との協議が不可欠で、そのハードルは高い。

そもそも卸業者は、築地に戻らないだろう。皆が異口同音に言うように卸と仲卸の両方そろっていなければ卸売市場として機能せず、築地に造るのは「市場的なもの」にしかならない。思い浮かぶイメージは、仲卸業者を再開発ビルに商業施設として入居させるプランだ。しかし、その手のものは、中央区が設置した「築地魚河岸」が既にある。

また、移転に慎重な水産仲卸業者で、5年後に築地に戻る経営体力がある者は果たしてどれくらいいるだろうか。こうした実情が分かっているのに、反対派がそうやすやすと移転賛成に方針転換するとは思えない。小池知事の構想は、築地と豊洲の二兎を追うことで問題を一層複雑化させ、収拾がつかない領域に足を踏み入れただけである。これを果たして改革と呼べるのだろうか。

◇　◇　◇

今回の選挙は、今後4年間の都政の進め方を決める上で、とりわけ重要な意味を持つ。4年の間には東京オリンピック・パラリンピックを迎えることが象徴的だが、その後はいよいよ人口減少社会が迫ってくる。世界中でどこも経験したことのない大都市の人口減少局面にいかに取り組んでいくか、その方向性を決める上でも重要な4年間となる。そのかじ取りを担う小池知事とどう向き合うのか、そこが問われる選挙である。

これまでは都政運営そのものが問われず、国政に対する不満のはけ口であったり、新党の「風」が吹いて議会勢力が決まるケースが多かった。小池知事が言うように、ここはいったん立ち止まって都政はどうあるべきか、見つめ直す機会にしたいものだ。

選挙が政局化している点は残念でならないが、この都議選が都政を前進させるきっかけになるよう、前向きな政策論争を尽くした選挙を期待したい。都民の判断を待ちたい。

都労連定期大会

「ぶれずに要求実現を」

17年度運動方針を確認

都労連は21日、第72回定期大会を田町交通ビルホール（港区）で開催し、17年度運動方針を決定した。

西川晋司執行委員長は「都政改革や市場移転問題、都議選など、今後も都政の混迷が続くことが想定されるが、ぶれずに要求実現に向かって全力を尽くす」と決意を示した。

西川委員長は、都が働き方改革や情報公開の取り組みを示した「2020改革」に言及。「全面的に反対するつもりはない」とした上で、「都民本位の都政につながる改革なのか、職員が安心して働きがいを見いだせる改革なのか、個々の施策をしっかりと見極める必要がある」と強調。「否定ありきの破壊をすることだけが改革ではない」と警戒感を示した。

国政には、生産性向上に向けた教育改革や働き方改革をうたう「骨太の方針2017」に対し、「政府が愛国心教育を進めることは明らか。働き方改革では、働く者の声が届いていないと言わざるを得ない」と糾弾し、「地方と被災地の復興再生にこそ、持続可能な潜在力を秘めていることに目を向けるべき」と語気を強めた。テロ等準備罪法の可決には「民意を無視した政治の私物化が際立っている」とし、「民意を無視する暴挙を徹底的に糾弾しなければならない」と批判した。

17年度の運動方針では、全ての職員の大幅賃上げや、行（一）1・2級の賃金水準引き下げの阻止、職員の年間総労働時間1800時間の実現に加え、テレワーク制度、フレックスタイム制度の拙速な導入に反対することなどを確認した。

団結を呼びかける西川委員長＝21日、田町交通ビルホール（港区）で

小泉　靖男さん（こいずみ・やすお＝杉並区議・自民党）19日死去、76歳。元区議会議長。通夜は23日午後6時から、告別式は24日午後1時半から午後3時まで、光明院（杉並区上荻2の1の3　☎03・3390・4647）で行われる。

◆シリーズ「折り返し点の戦略～五輪組織委員会幹部に聞く」は休みます。

都区の交流

若手職員のホンネ　東京のとある居酒屋で⑬

「若手同士もっと協力したい」

A　今の上司は、いろんな人の意見とか、時には彼らの上司とぶつかりながら柔軟になっていったんだろうな。僕ら側ももっと飛び込まないとね。

C　Dさんの気持ちも分からないでもないけどね。僕も基本的にはあまり根詰めて働きたくないし（笑）。自分からそういうことを言い出しづらい気持ちもある。でも、今までもいろいろな上司がいたし、分かってくれる人も必ずいるんだよね。

B　しかし、やっぱりこうして話してみると、都区で違ってもお互い似たところで苦労してるんだなと感じたよ。

A　都と区の職員、特に若手同士で話す機会なんてほとんどないもんね。話していて、問題意識は都区に関係なく公務員として共感できるところがあった。

C　分かるなぁ。働き方改革への住民からのクレームなんて公務員の「あるある」って感じがしたよ。やっぱり都民や区民の目を気にするのは一緒だなと。

B　そうだね。Dさんも、区民目線をもっと意識すれば、上司からの意見ももっと素直に聞けるかもよ?

D　僕の悩みは「この先役所が存続していけるのか」っていうのが根本だけど…。まあそれはそれで、働いている現場では若い人の考えを上司に共有されず、仕事に支障が出てくることもある。

C　確かにそういうこともあるよ。でも、僕も仕事で「こう進めたいな」と思うことがあっても、あえて都民のことを考えてそれを選ばないこともある。きっと多かれ少なかれ、公務員はみんなそういう経験があるんじゃないかな? 今の職場は区と仕事上の接点がないけど、そういう根っこは同じだと実感できたのは僕にとって大きいね。

B　もう少し、仕事の上で交流する場があってもいいよね。上司から指導を受けるのもいいけど、やっぱり若手同士だと受ける刺激も違うし。

A　バラバラじゃなくて、お互いに協力しながら取り組めたりすることもあるかもしれないよね。それに都庁も区役所も、一般の人から見たら同じ公務員だし、仲間意識は必要だよ。

D　僕としては働く場が違うから、「仲間」とくくるのは申し訳ないけど（笑）。でも、確かに同じ機運を共有しているのは感じるね。

五輪への航海図 ⑱⑨　TOKYO 2020

開催まで あと1127日

特別区の戦略⑪

大田区

空港跡地でまちづくり

羽田空港（大田区）の沖合展開に伴う跡地開発で、2020年東京大会までに「まち開き」が行われることになった。

区は5月、市街地に面した「第1ゾーン」で産業・文化施設を整備・運営する事業者に、鹿島建設㈱を代表として京急電鉄㈱や大和ハウス工業㈱など計29事業者から成るグループを決定。今月1日、その提案内容を発表した。

柱の一つが先端産業だ。自動車の自動走行実験ができる「先端モビリティサイト」や、現場志向の医工連携を実現する「先端医療研究センター」、ロボット研究開発企業が集積する「ベンチャーオフィス&研究開発ラボ」などを開設。先進企業を誘致し、区のものづくり技術とのマッチングを行うことで、区内製造業などのビジネスチャンスを拡大させ、活性化につなげたい考えだ。

空港に隣接している地の利を生かし、日本文化の魅力も発信する。音楽・映像から伝統芸能・演劇、食文化、温泉まで国内の地域資源を一堂に集め、「五感で楽しむ体験」がコンセプト。具体的には、飲食店が集まる「羽田昔ばなし横丁」や伝統工芸・特産品を紹介する「にほん文化体験館」のほか、気軽に足湯を楽しめるコーナーも設ける。区は日本文化の奥深さを体験で伝え、観光による「地方創生」効果を広げることも視野に入れる。

「第1ゾーン」の整備費は約540億円で、施設の総延べ床面積は約12万5千平方㍍を想定。事業者と50年間の定期借地契約を結ぶ。

羽田空港は戦後、GHQが接収し、住民が強制的に立ち退きを命じられた。昭和に入ってからは航空機の騒音が社会問題化するといった歴史的な経緯があり、空港跡地のまちづくりは区にとっての「悲願」。区空港街づくり本部の山浦賢一・事業調整担当課長は「立地を生かし、20年に向けて全国に波及効果が出せるようなまちづくりを進めたい」と話している。

なお、国際線ターミナル付近の「第2ゾーン」では、国土交通省が住友不動産㈱を代表とするグループに用地を貸し付け、ホテル3棟（約1700室）を建設する。20年6月の開業を目指す。B滑走路に近い「第3ゾーン」は国際線ターミナルを拡張するために使用されている。

「第1ゾーン」の完成イメージ。手前が天空橋駅＝区提供

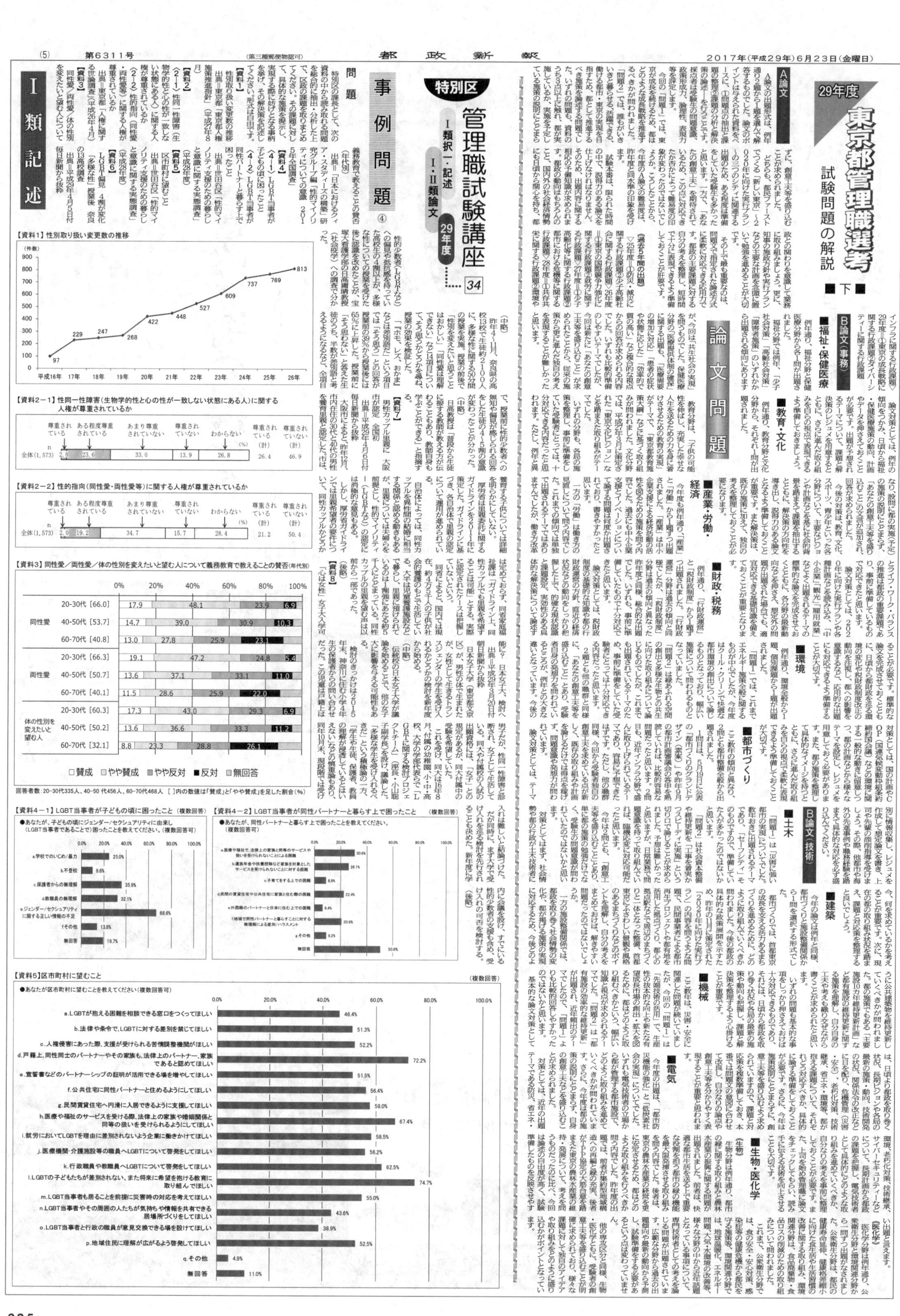

29年度

東京都管理職選考 試験問題の解説 ■下■

A論文

A論文の出題形式は、例年通り2題から1題を選んで解答するものでした。論文のポイントは与えられた資料をベースに、①問題点の抽出と課題の整理②課題の分析と解決策の論述—を行うことです。採点者は受験生の問題意識、政策形成力、論理性、表現力等を評定します。

今回の「問題1」では、東京が成長を続けるため、都はどのような成長戦略を推進するべきかが問われました。「問題2」では、誰もがいきいきと暮らせる、活躍できる、働ける都市・東京の実現を目指すため、都として推進するべき施策を論述する問題でした。いずれの問題も、資料のうち3点以上に触れ、都が実施しているか、実施を予定している施策の説明にとどまらずに、創意工夫等を盛り込むことが求められました。

どちらも、都民ファーストでつくる「新しい東京」～2020年に向けた実行プラン～の三つのシティに関連する出題のため、ある程度は準備をしていた受験生も多かったと思います。一方で、「あなたの創意工夫」を期待されているため、この点に対応できたか否かによって難易度の印象が変わったのではないでしょうか。こうしたことから、今年度のA論文の難易度は、昨年度と同水準の印象を受けます。

試験本番は、限られた時間の中で、説得力のある論文を仕上げなければなりません。そのため、出題内容に関する相応の予備知識が求められます。都政の動向はもちろんのこと、国内外の社会経済情勢にも日頃から関心を持ち、都政との関わりを意識して業務に取り組みましょう。更に、知事の施政方針や実行プランなどの主要な計画を念頭に置いて勉強を進めることが大切です。

その上で最も重要なのは、問題文で指定された論述方式に柔軟に対応できる応用力です。都政の主要課題に対する自分の考えを整理し、短時間で十分に表現できるよう準備しておくことが肝要です。

《過去5年間の出題》

▽25年度=①防災・減災に関する行政課題②少子高齢社会に関する行政課題▽26年度=①東京の国際競争力強化に関する行政課題②就労に関する行政課題▽27年度=①少子高齢化等に関する行政課題②都市における危機等に関する行政課題▽28年度=①共存共栄に関する行政課題②環境やインフラに関する行政課題▽29年度=①東京の成長戦略に関する行政課題②ダイバーシティーに関する行政課題

B論文(事務)

論文問題

■福祉・保健医療

例年通り、福祉分野と保健医療分野から各1問が出題されました。

福祉分野では例年、「少子社会対策」「高齢社会対策」「障害者施策」のいずれかから出題される傾向にありますが、今回は「共生社会の実現」を問うものでした。保健医療分野の「医療提供体制の確保」に関する出題も、「医療需要の増加に対応」「患者の症状や状態に応じた」「効率的で質の高い」など複合的な視点からの回答が求められる内容でした。いずれも比較的準備のしやすいテーマでしたが、今回は新たに「あなたの創意工夫等を盛り込むこと」が求められたことから、従来の施策から更に進んだ独自の考えを表現することが難しかったと思います。

論文対策としては、例年の傾向をつかみ、日頃から福祉・保健医療施策の動向、計画やデータを押さえておくことが必要です。出題が予想されるテーマについて、課題と解決策のレジュメを用意するとともに、さらに進んだ取り組みを自らの視点で表現できるよう準備しておきましょう。

■教育・文化

例年通り、教育分野と文化分野から、それぞれ1問が出題されました。

教育分野は、「子供の可能性を伸ばし、充実した幸せな人生を送るための力を身に着けさせるための教育の実現」がテーマで、「東京都教育施策大綱」などに基づく取り組みが問われました。文化分野では、平成27年3月に策定された「東京文化ビジョン」などを踏まえた取り組みがテーマでした。

いずれの分野も、各局の施策を整理し、事前に準備をしていた受験者にとっては、十分対応できる内容だったと思われます。ただし、例年と異なり、設問に都の実施(予定)の施策の説明にとどまらず、「あなたの創意工夫等を盛り込むこと」の文言が追加され、回答が求められました。

今後の対策は、教育、文化、スポーツ、青少年といった各分野について、主要なビジョンや計画などを基に社会的背景を踏まえて課題を抽出するとともに、解決策の方向性を導き出し、説得力のある論文となるよう準備しておくことが重要です。また解決策は、既存の施策に加えて、独自の考えを整理しておくことが必要になります。

■産業・労働・経済

今年度も例年通り、「産業」と「労働」から1題ずつ出題されました。「産業」は中小企業支援による経済活動の活性を図るための施策を問う内容でした。過去にも中小企業支援とイノベーションについて論ずる問題は何度か出題されており、書きやすかったと思います。

一方の「労働」は働き方の見直しについて問う内容でした。これまでの傾向では単独で出題されるテーマではありませんでしたが、働き方改革とライフ・ワーク・バランスの推進は都政の重要課題であり、事前に準備しているもので対応できたと思います。

論文対策としては、2020年に向けた実行プランや各種計画などを読み込み、「中小企業」「観光」「雇用就業」などよく出題されるテーマの標準的な論文を完成させておくとともに、各分野の最新動向などを押さえ、想定外の問題が出題された場合でも、適宜対応できる基礎知識を備えておくことが重要となります。

■財政・税務

例年通り、「行財政運営」と「税財政制度」から1題ずつ出題されました。「行財政運営」分野は過去の傾向と同様でしたが、「税財政制度」分野は過去の傾向と異なった昨年度と同様、総合的な出題でした。いずれも、事前に準備していたもので十分対応できたと思います。

論文対策としては、税財政制度の基礎的な知識や都の行財政運営の方針、直近の経済状況などの動向をしっかり把握した上で、的確な現状認識と課題設定、実効性のある具体的な解決策について論述することが重要です。標準的な論文を完成させておくとともに、日頃から都財政を巡る環境の変化や税財政制度改正の動向を注視し、都への影響を意識するなど、応用的な出題にも対応できるよう準備することが大切です。

■環境

例年通り、環境全般から1題、個別課題から1題が出題されました。

「問題1」では、これまでエネルギー施策全般に関するものが中心でしたが、今年度はクール・クリーンで快適な都市環境の創出について論じるものとなっており、幅広い施策について問われるものとなっていました。

「問題2」は緑あふれる空間の創出と多様な生物との共生に向けた取り組みについて論じるものでしたが、これまでも出題されているテーマのため、事前に準備をしていた受験者にとっては十分対応できる内容だったと思います。

2題とも他の職群と同様に、「あなたの創意工夫等を盛り込むこと」とあり、受験者自身の発想力を問われているところが、例年との大きな違いとなっています。今後の対策としては、国の計画やCOP(国連気候変動枠組条約締約国会議)などの環境に関する一般的な動きに留意しつつ、都の計画などから様々なテーマを設定し、レジュメを用意しておく必要があります。また、都の施策を整理して具体的なイメージを持つとともに、さらに進んだ取り組みを自らの視点で柔軟に表現できるよう準備しておくことが大切です。

■都市づくり

ここ数年の傾向と異なり、2問とも都市整備全般から出題されました。

1問目は、5月19日に公表の「都市づくりのグランドデザイン(素案)」や昨年9月の都市計画審議会の答申を熟読していれば、比較的容易な問題だったと思います。2問目も、近年インフラ分野で盛んに取り上げられているテーマであり、容易に予想できたはずです。ただし、他の職群同様、今回から受験者独自の創意工夫を求めている点が新しく、既存の取り組みや計画を論じるだけでは得点を稼げず、問題意識や発想力が問われています。

論文対策としては、テーマ[illegible]作成して想定論文を書き、上司や先輩の添削指導を受けましょう。その際、他都市や海外の先進事例や職務経験を踏まえて具体的な対応を必ず盛り込んでください。

B論文(技術)

■土木

「問題1」は「災害に強い都市の実現」についてでした。数年おきに出題されるテーマであり、「セーフシティ」そのものですので、準備していた人が多かったのではないかと思います。

「問題2」は社会資本整備や維持更新を「工事を着実かつスピーディに実施」という切り口で論じることが求められました。予想は難しかったと思いますが、日常業務で問題意識を持って取り組んでいれば、臨機応変に対応可能だったと思います。

今年は2問とも、「創意工夫等を盛り込むこと」とあり、単に都の施策の勉強だけでなく、受験生の問題意識が問われていたのではないかと思います。

対策としてはまず、社会情勢や都の行政が土木技術者に[illegible]ることが重要です。次に、現在の都の取り組み状況を踏まえ、課題と対応策を整理すると良いでしょう。

■建築

今年の論文は例年と同様、都市づくりと施設整備関係から1問を選択する形式でした。

都市づくりでは、首都東京の成長を支える活力あるまちづくりを進めるために、どのように取り組んでいくべきか問われました。今後の都政の具体的な政策展開を示すため、昨年の11月に策定された「2020年に向けた実行プラン」の内容を問うような問題で、民間事業者による都市再生プロジェクトや都有地を活用した拠点づくり、都心の拠点駅などで周辺のまちづくりと一体となった整備、首都東京にふさわしい景観や風格のあるまちづくりなどのポイントを理解し、自分の考えをまとめておけば、解きやすい問題だったのではないでしょうか。

一方の施設整備関係では、都政を取り巻く社会情勢の変化や、都が掲げる施策の実現に対応するため、今後どのように公共建築物を維持更新していくべきかが問われました。都の施策でもある「主要施設10カ年維持更新計画」など都有施設の維持更新に関する施策を理解し、自分自身の工夫や考えも織り交ぜながら書くことが求められたと思います。

いずれの問題も基本的な事項をしっかり押さえておけば十分対応できるものであり、それには、日頃から都政を取り巻く状況や各局の最新の施策や動向も把握し、課題と解決策を整理するよう心掛けることが重要です。

■機械

ここ数年は、災害・安全に関連した問題が続いていましたが、今回の「問題1」は「先端技術の活用」で、生産性の抜本的な向上や新たな有望成長市場の創出・拡大を図るために、都はどのように取り組むべきかという、幅広い知識と視点が求められるテーマでした。「問題2」は「都有施設の効率的な維持更新」が出題され、近年頻出のテーマでしたので、「問題1」よりも比較的回答しやすかったのではないかと思います。

基本的な論文対策としては、日頃から都政を取り巻く状況、長期ビジョンや各局の最新の施策・動向、技術開発の状況、関係法令の改正などに目を配り、危機管理(災害・安全)、老朽化対策、技術継承、省エネ・環境等、都が抱える課題について、それぞれどう対応すべきか、具体的に論ずる準備をしておくことが必要です。さらに、今年は施策説明にとどまらずに、創意工夫等を盛り込むよう求められていますので、課題と対応策を複数準備しておき、本番では問題文の意図に合わせて改良し、自分なりの論点や創意工夫等を分かりやすく表現することが重要と思われます。

■電気

今年度の出題は、「都市防災機能の強化」と「低炭素社会の実現」についてでした。いずれも電気技術者の立場から都が管理する都市施設で、どのように取り組みを進めていくべきかが問われています。さらに、今年度は都の施策の説明にとどまらず、自身の創意工夫などを盛り込むことが求められました。

対策としては、近年の出題テーマである防災、省エネ・環境、老朽化対策、技術継承、サイバーセキュリティーなどについて、長期計画から都政の課題を把握し、電気技術者として具体的にどのような取り組みを進めていくべきか、自分なりの考えを事前に整理しておくことが必要です。また、上司を始め管理職に論文をチェックしてもらい、読み手に伝える技術を向上させることも大切です。

■生物・医化学

《生物》

生物分野は例年通り、都市の緑に関する取り組みと農林水産業の振興に関する問題が出題されました。前者は、快適な都市生活を送る上で重要な役割を担う都市の緑の機能を最大限発揮させる取り組みを問う内容でした。後者は、東京の農林水産業の経営を更に安定させるため、都はどのような取り組みを行うべきか問う内容でした。昨年度の出題では、前者が集約型地域構造への再編と緑の充実、後者がTPP協定の大筋合意を踏まえた東京の農林水産業の維持・発展について、考えを問うものだったのに比べ、今回は論述の自由度が高く、試験準備したものを反映させやすい出題と言えます。

《医化学》

医化学分野は例年通り、公衆衛生分野と環境関連分野から一問ずつ出題がなされました。公衆衛生分野は、都民の健康寿命延伸、健康格差縮小に向けた食生活や生活習慣の改善に関する取り組み、環境関連分野は、食品廃棄物・食品ロスの削減のための取り組みについて問われました。

これまで、公衆衛生分野では、食の安全・安心対策、感染症等の健康危機から都民を守る施策等、環境関連分野では、地球温暖化、エネルギー問題、大気・水環境の改善等、様々な分野の中から近年話題となっている事項について、専門技術者としての考えを論じる問題が出題されています。広範な分野から過去の出題傾向や最新の動向から予測し、試験準備をする必要があるという点は変わっていません。

他の専攻区分と同様、生物・医化学ともに、受験者の創意工夫等を盛り込むことが明確に求められており、様々な課題に対して独自のアイデアや取り組みをどのように盛り込むかがポイントとなっています。

特別区

管理職試験講座 34

I類択一・記述 I・II類論文 29年度

事例問題 ④

I類記述

問題

特別区の課長として、次の資料の中から読み取れる問題を総合的に抽出・分析した上で、区政の課題を取りまとめてください。その課題に対して、具体的な施策を提示し、実現する際に妨げとなる事柄を挙げ、その解決策を記述してください。形式は自由です。

【資料1】性別取り扱い変更数の推移
出典=東京都「東京都人権施策推進指針」(平成27年8月)

【資料2】
〈2—1〉性同一性障害(生物学的性と心の性が一致しない状態にある人)に関する人権が尊重されているか
〈2—2〉性的指向(同性愛・両性愛等)に関する人権が尊重されているか
出典=東京都「人権に関する世論調査」(平成26年4月)

【資料3】同性愛/両性愛/体の性別を変えたいと望む人について義務教育で教えることの賛否(年代別)
出典=「日本におけるクィア・スタディーズの構築」研究グループ編「性的マイノリティについての意識 2015年全国調査」

【資料4】
〈4—1〉LGBT当事者が子どもの頃に困ったこと
〈4—2〉LGBT当事者が同性パートナーと暮らす上で困ったこと
出典=世田谷区「性的マイノリティ支援のための暮らしと意識に関する実態調査」(平成28年度)

【資料5】区市町村に望むこと
出典=世田谷区「性的マイノリティ支援のための暮らしと意識に関する実態調査」(平成28年度)

【資料6】LGBT偏見 4割が変化 「多様な性」授業後 奈良の13高校調査
出典=平成29年4月5日付毎日新聞から抜粋

性的少数者(LGBTなど)への偏見や抵抗感を持っていた高校生の4割以上が、多様な性についての授業を受けた後に認識を改めたことが、宝塚大看護学部の日高庸晴教授(社会疫学)への調査で分かった。

(中略)

昨年4～11月、奈良県の高校13校で生徒約2100人に、多様な性に関する50分間の授業を実施。授業の前後で「性別を変えたいと思うことはおかしい」「同性愛は理解できない」など14項目について、そう思うかどうかを尋ね、授業の効果を検証した。

「『ホモ、レズ、おかま』などは差別語だ」という項目では「そう思う」との回答が授業前の39%から授業後には65%に上昇した。授業前に「そう思わない」と答えた生徒のうち、半数が差別語と考えるようになるなど、全項目で、授業前に性的少数者への無知や偏見が感じられる回答をした生徒の4～5割の意識が変わったことが分かった。

(中略)

日高教授は「普段から生徒に接する教師が教える方が伝わることもあり、教師自身も学ぶことができる」と指摘する。

【資料7】男性カップル里親に 大阪市が認定 全国初
出典=平成29年4月6日付毎日新聞から抜粋

大阪市によると、昨年12月、市内在住の30代と40代の男性を養育里親と認定した。市は、養育する子供については詳細を明らかにしていない。

厚労省は里親委託に関するガイドラインを2011年に策定した。ガイドラインに基づき、各自治体で里親の認定について運用が進められている。

自治体によっては、同性カップルを異性間の結婚に相当する関係と認める動きもあるが、里親については夫婦らを前提とし、性的マイノリティー(LGBTなど)の認定には消極的な意見もある。

しかし、厚労省ガイドラインでは里親希望者の要件について、同性カップルかどうかは定めておらず、同省家庭福祉課は「ガイドライン上、同性カップルでも里親を希望することは可能」とする。実際に認定されたケースは把握していないという。

同省によると、国内では現在、約4万5千人の子供が社会的養護のもとで生活している。大半は児童養護施設などで暮らし、里親に預けられているのは1割強にあたる約5千人にとどまっている。同性カップルの里親を望む声は以前から一部であった。

(後略)

【資料8】「心は女性」女子大入学可能に? 日本女子大、検討へ
出典=平成29年3月20日付朝日新聞から抜粋

日本女子大学(東京都文京区)が、男性の体で生まれたが、女性として生きるトランスジェンダーの学生を受け入れるかどうかの検討を新年度から始める。

(中略)

伝統校の日本女子大学が議論を始めることで、他の女子大に影響を与える可能性もある。

検討のきっかけは2015年末、神奈川に住む小学4年生の保護者からの問い合わせだった。この児童は戸籍上は男子だが、性同一性障害と診断され、女子として生活している。同大や付属校の入試の出願資格には、「女子」との規定があるが、同大付属中の受験を希望していた。

これを受け、同大は16年8月、付属の幼稚園、小・中・高校、大学の学部代表らで「LGBTに関する検討プロジェクトチーム」(座長・小山聡子副学長)を設け、議論した。「多様な学生を受け入れるべきだ」という積極論の一方、「学生や生徒、保護者、教員の理解が浸透しているとはいえない」などの慎重論もあり、同年10月末、現段階では受け入れは難しいと結論づけた。だが同時に、まず大学で受け入れを巡る検討を先行させることも決めた。新年度に学内に会議を設け、すでにいる性的少数者の支援も含め、受け入れの可否を検討する。(後略)

【資料1】性別取り扱い変更数の推移

(件数)

年	平成16年	17年	18年	19年	20年	21年	22年	23年	24年	25年	26年
件数	97	229	247	268	422	448	527	609	737	769	813

【資料2—1】性同一性障害(生物学的性と心の性が一致しない状態にある人)に関する人権が尊重されているか

(%)

n	尊重されている	ある程度尊重されている	あまり尊重されていない	尊重されていない	わからない	尊重されている(計)	尊重されていない(計)
全体(1,573)	2.8	23.6	33.0	13.9	26.8	26.4	46.9

【資料2—2】性的指向(同性愛・両性愛等)に関する人権が尊重されているか

(%)

n	尊重されている	ある程度尊重されている	あまり尊重されていない	尊重されていない	わからない	尊重されている(計)	尊重されていない(計)
全体(1,573)	2.0	19.2	34.7	15.7	28.4	21.2	50.4

【資料3】同性愛/両性愛/体の性別を変えたいと望む人について義務教育で教えることの賛否(年代別)

		賛成	やや賛成	やや反対	反対
同性愛	20-30代 [66.0]	17.9	48.1	23.9	6.9
	40-50代 [53.7]	14.7	39.0	30.9	10.3
	60-70代 [40.8]	13.0	27.8	25.9	23.1
両性愛	20-30代 [66.3]	19.1	47.2	24.8	5.4
	40-50代 [50.7]	13.6	37.1	33.1	11.0
	60-70代 [40.1]	11.5	28.6	25.9	22.0
体の性別を変えたいと望む人	20-30代 [60.3]	17.3	43.0	29.3	6.9
	40-50代 [50.2]	13.6	36.6	33.3	11.2
	60-70代 [32.1]	8.8	23.3	28.8	26.1

□賛成 □やや賛成 ■やや反対 ■反対 □無回答

回答者数:20-30代335人、40-50代456人、60-70代468人 [ ]内の数値は「賛成」と「やや賛成」を足した割合(%)

【資料4—1】LGBT当事者が子どもの頃に困ったこと (複数回答)

●あなたが、子どもの頃にジェンダー/セクシュアリティに由来し(LGBT当事者であることで)困ったことを教えてください。(複数回答可)

a.学校でのいじめ/暴力	25.0%
b.不登校	9.6%
c.保護者からの無理解	35.9%
d.教職員の無理解	32.1%
e.ジェンダー/セクシュアリティに関する正しい情報の不足	66.6%
f.その他	13.8%
無回答	19.7%

【資料4—2】LGBT当事者が同性パートナーと暮らす上で困ったこと (複数回答)

●あなたが、同性パートナーと暮らす上で困ったことを教えてください。(複数回答可)

a.医療や福祉で、法律上の家族と同等のサービスや扱いを受けられないことによる困難	30.6%
b.遺族年金や扶養控除など家族を対象としたサービスを受けられないことに対する困難	26.1%
c.子育てをする上での困難	8.9%
d.民間の賃貸住宅や公共住宅に家族と住む際の困難	22.4%
e.外国籍のパートナーと日本に住む上での困難	6.4%
f.地域で同性パートナーと暮らすことに対する無理解による差別/ハラスメント	20.9%
g.その他	9.2%
無回答	50.6%

【資料5】区市町村に望むこと (複数回答)

●あなたが区市町村に望むことを教えてください(複数回答可)

a.LGBTが抱える困難を相談できる窓口をつくってほしい	46.4%
b.法律や条令で、LGBTに対する差別を禁じてほしい	51.3%
c.人権侵害にあった際、支援が受けられる苦情調整機関がほしい	52.2%
d.戸籍上、同性同士のパートナーやその家族も、法律上のパートナー、家族であると認めてほしい	72.2%
e.宣誓書などのパートナーシップの証明が活用できる場を増やしてほしい	51.5%
f.公共住宅に同性パートナーと住めるようにしてほしい	56.4%
g.民間賃貸住宅へ円滑に入居できるように支援してほしい	58.0%
h.医療や福祉のサービスを受ける際、法律上の家族や婚姻関係と同等の扱いを受けられるようにしてほしい	67.4%
i.就労においてLGBTを理由に差別されないよう企業に働きかけてほしい	58.5%
j.医療機関・介護施設等の職員へLGBTについて啓発をしてほしい	56.2%
k.行政機関の職員へLGBTについて啓発をしてほしい	62.5%
l.LGBTの子どもたちが差別されない、また将来に希望を抱ける教育に取り組んでほしい	74.7%
m.LGBT当事者も居ることを前提に災害時の対応を考えてほしい	55.0%
n.LGBT当事者やその周囲の人たちが気持ちや情報を共有できる居場所づくりをしてほしい	43.6%
o.LGBT当事者と行政の職員が意見交換できる場を設けてほしい	38.9%
p.地域住民に理解が広がるよう啓発してほしい	52.5%
q.その他	4.9%
無回答	11.0%

言いたいことが山ほどある 小池都政、都議選❹

構造改革勢力の組織化を

『PLANETS』編集長 宇野 常寛

今回の都議選の争点は実のところシンプルだ。

それは小池百合子という政治家が、東京ローカルに保守系の（というか普通に機能してくれるだろう非左翼系の）構造改革勢力を確立できるのか、それとも失敗するのか、それだけではないかと思う。

失われた20年を取り戻す

小池知事は平成の改革勢力の最後の（と言っていいだろう）生き残りであり、もし仮に小池知事が今後、数年でこの東京にかつての「みんなの党」に消去法で投票していた知的階層の現役世代を結集し、相応の勢力を確保することができれば、東京という地方自治体が「失われた20年」を周回遅れで取り戻し得る改革の現場となる可能性が見えてくる。

これはシェアリングエコノミーひとつですら満足に導入できない国政の現状を考えれば、それなりの「希望」として位置付けてもいいはずだ。

しかし、個人的には大変残念なことだが、小池知事と都民ファーストの会は、こうしたポジティブな争点を少なくとも前面に押し出しているとは思えない。

そもそも「都民ファースト」という名称自体が、本来は都民ファーストの都政であるべきものがされていないという、マイナスをゼロにすべきだという主張の産物であり、小池の広報戦略も旧自民党的な縁故主義的、談合主義的な都政の糾弾に軸足を置くことに終始しているように思える。

もちろん、これらの旧弊は批判されてしかるべきだが、その方法はいささか稚拙ですらあったように私は捉えている。

自民党を殴り倒すこん棒

例えば、市場移転問題がこれに当たる。移転について、石原都政下の談合主義的な「闇」が存在したのはほぼ明らかだろうし、象徴的なやり玉として就任直後の小池知事がこの問題をクローズアップしたこと自体は間違いではなかっただろう。

だが、彼女はこの問題を、都議会自民党を殴り倒すためのこん棒にしすぎたのではないか。相応の再調査と対策を施した上での豊洲移転以外に結論はないことを、小池知事が理解していなかったとは到底思えない。これは中学生にも分かることだ。彼女は報道の誘導のためにこの問題を長期化させたことは明らかではないか。

同じことが五輪の各施設の費用負担問題にも言える。小池知事は都政のウミを出すために、市場移転や五輪問題を利用し尽くした。その結果、都政は確実に停滞し、莫大な税金が宙に消えた。

メディア・ポピュリスト

私たち都民は第一に、この小池知事の「政局運営」が割に合ったものだったかをシビアにジャッジする必要がある。

第二に、小池知事がこうした報道の誘導戦術で、そのポピュラリティーを維持する極めて平成的なメディア・ポピュリストであることも、またシビアに評価すべきだろう。

ちなみに、私は平成の改革勢力の失敗点はメディア・ポピュリズムに依存し、都市部の無党派層の組織化（それは間違いなく長期を要する困難なプロジェクトだ）を怠ってきたことにあったと再三指摘している。

したがって、個人的にはこの選挙を通じて都民ファーストの会が一定の議席を得ることが、結果的に都市部の無党派層――かつて消去法で「みんなの党」に票を投じていた現役世代の知的階層――の組織化に結び付くことを「期待」したいと考えている。

しかし、現実はそう甘くないだろう。

区長飯（めし） いただきます 5

1日3食派で朝は自宅

大田区長 松原 忠義

人は1日3食食べます。私の場合、朝食はほぼ自宅で食べ、昼はほとんど外食となり、夜は半々くらいで自宅で食べます。

私は料理が一切できませんが、食べるのに好き嫌いは全くありません。比較的男性は野菜をあまり好まない傾向にあると言われますが、私は大好きです。

和食、中華、洋食、麺類、パン、米食、何でも食べます。漬物もこれと言って嫌いなものはありません。

デザートには、どちらかと言うと甘いものより、果物類が好きです。季節の果物、ミカン、リンゴ、イチゴ、スイカ、かんきつ類は好んで食べます。

柿も好きで、固い柿もいいですが、熟した柿を冷やしてスプーンで食べるのも好きです。

アイスクリームも好きです。高価なものはもちろんおいしいわけですが、街の中で売っているアイスクリームも少量ですが買いだめをしておいてよく食べます。買いに行くのは妻と孫が多いです。最近はバニラアイスクリームにコーヒーをかけたものが好きで、よく家で食べています。

私は3食派で、朝食を取らないと何となくもの足りないのですが、幸いにして孫が高校生ですので、妻が朝早く支度して弁当をつくり、送り出しています。妻にはもう50年近くも食事の支度をしてもらっているので、度々心の中では感謝しながら食事をしています。

私たちの仕事では夜はほとんど会合が入っています。食事を伴う会もあれば、そうでないときもあります。また、突然その日に食事を伴う会合が入るときもあります。自宅で夕食を取るつもりが、会合が重なったため食べて帰るときもあります。

妻は帰ってくるつもりで夕食の支度をして待っているわけですが、夜遅くなって食べて帰ると、当然、妻の機嫌は悪くなります。事前に連絡してくれればと言われますが、なかなかできないときが多いので、我が家では夜7時になっても連絡なく帰ってこなければ、先に食べてしまうというルールを作りました。我が家の生活に基づいたルールです。残ったおかずは当然、翌朝、私が食べることになります。

デザートにスイカを食べる松原大田区長

朝食、夕食は今まで述べてきた通りですが、昼食については、一人で食べる、幹部職員等と食べる、会合で食べる、秘書等と一緒に食べるという四つの仕方があります。

庁内で食べるときは、仕出しをしてくれることが条件となりますので、日本そばの店、弁当店などにメニューに合わせて注文します。

日本そばの店に頼む場合が多く、麺なら野菜の多い「タンメン」、そばなら「きつねそば」、夏なら「冷やし中華」「冷やしきつねそば」が多くなります。朝食を軽く済ませたときは、メニューに合わせて弁当を頼みます。ヘルシー弁当、元気の出る弁当など、その日のメニューを聞いて決めます。

外出先で食べるときは、結婚式や式典など、立派なホテルなどで食べるときもあれば、各種宴会場で食べることもあります。和食、中華、洋食、弁当それぞれがあります。各会場での食事ですので、選ぶことはできませんが、人との出会いの懇談を楽しみに食事をしています。

秘書等との昼食ですが、会合と会合の間での食事となりますので、駐車が容易にできて、料理が早く出てくるところを選びます。そうなると、必然的に区内の公共のレストランが多くなります。食べ物はその日の定食が多くなりますが、そうでない時は「生姜焼き」か麺類を食べます。

一緒に食べる人は緊張するかもしれませんが、私にとっては外で気分を変えて食べる食事ですので楽しい時間です。

その他、区内各地域に行ったら、入る店をだいたい決めています。

外食が多いので、自分なりに栄養配分には気をつけて食事をすることにしています。

東京都写真美術館

紛争と暴力の中から

世界報道写真展2017 変えられた運命

「世界報道写真展」は厳格な二つの方針のもとに運営されている。一つはそれが“事実”だったかどうかの検証。今はどの政権・機関・企業からもフェイク情報が流される。写真は信頼性が高いメディアだから操作の対象になりやすい。虚偽の混入を許してはこの活動は成り立たない。

2016年、職務中に死亡したジャーナリストは33カ国の156人。無論、カメラマンも含まれている。今回の大賞作品も命がけの写真だった。

本展のもう一つの方針は「検閲」の拒否である。たとえば会場にはカナダで誕生したゲイのラグビーチームの写真がある。宗教的タブーに加えて、最高にタフで男性的なスポーツにゲイが?という偏見と拒絶感が働く。

「検閲」の拒否は、「報道の自由」というジャーナリズムの原理・原則にのっとってのこと。選ばれた写真は1点も欠けることなく展示される。16年には45カ国で計400万の人が見た。それを受けた本展は、125の国と地域5034人のプロカメラマンによる8万408点から、コンテストで厳選された45人の作品で構成されている。

大賞はトルコのブルハン・オズビリジが撮ったスピーチ中の駐トルコ・ロシア大使が非番の警察官に撃たれたシーンだ。犯人が叫び声を上げている。写真家にとっても危険極まりない一瞬だった。

アメリカ・ルイジアナでは、黒人を射殺した警察への抗議行動に一人の女性が参加した。完全非暴力の姿に、重武装の警官たちが後ずさりしている。

現代社会の問題の部 単写真1位 ジョナサン・バックマン（アメリカ、ロイター）2016年7月9日（ルイジアナ州バトンルージュ、アメリカ）

リビア、イラン、イラク、パキスタン、ウクライナほかからも、暴力と破壊の現場写真が届いている。フィリピンではドゥテルテ大統領の誕生にともなって、国家警察や正体不明の団体により、約半年間に7千件を超える麻薬関連の殺害事件が起こった。

ヨーロッパに流入する難民は、北アフリカからイタリアへのルートに変わった。

『海は燃えている』の環境だ。青い海原にオレンジの救命胴衣をつけた死体が浮いている。狭小な船内での窒息死も。15年の密航者数は18万人超、うち2万5800人が同伴者のない子供だった。

自然の部 単写真1位 フランシス・ペレス（スペイン）2016年6月8日（スペイン領カナリア諸島）

「自然の部」では、カナリア諸島の、放置された漁網に絡まれたウミガメが一位を受賞。ひざまずくように死んでいる巨体のサイは、角の部分がえぐり取られている。薬効があるとされて、南アでは15年に1175頭と密猟が急増している。

1905年に朝鮮半島からメキシコ・ユカタン半島に渡った1千余の人々が、日本の併合によって帰国不能になり永住。その後の子孫たちの姿を追った貴重な写真も。

権力によるフェイクや検閲が遠いことのように感じられないこのごろ。本展のような機会を大事にしたい。

◇

「世界報道写真展2017」は東京都写真美術館で8月6日まで開催。この招待券を5組10名様にプレゼントします。Eメールで件名を「世界報道写真展希望」とし、〒、住所、氏名を明記の上、henshu@toseishimpo.co.jpまでお申し込みください（30日必着）。

ミニガイド

◇葛西臨海水族園夏の特設展示「うなぎのつかみどころ」 ▷内容 古くから日本人に親しまれてきたニホンウナギにスポットを当て、その“つかみどころ”を紹介する。展示内容は①ニホンウナギってどんな魚？②うなぎのくらし③うなぎの大変身④最新のうなぎ研究⑤おいしいうなぎ▷開催期間 7月20日㈭～10月31日㈫▷開催場所 本館1階「東京の海」エリア特設展会場

◇城東地域人材育成プラットフォーム化事業・シンポジウム「5年後を見すえた人材育成を考える」 ▷内容 ㈱トーコン代表取締役の櫻井誠健氏による基調講演「人財育成の取り組み」、パネルディスカッションなど▷日時 7月14日㈮ 午後5時～7時▷会場 都立城東職業能力開発センター人材育成プラザ実習場（東京メトロ千代田線綾瀬駅徒歩8分、TX青井駅徒歩12分）▷参加対象 中小企業経営者、人事・労務担当、その他、テーマに関心のある人ならだれでも▷申し込み方法 チラシ裏面の申込書に必要事項を記入の上、ファクスで（「東京都TOKYOはたらくネット」のHPからダウンロード可能）▷問い合わせ先 東京都立城東職業能力開発センター人材育成担当 ☎03・3605・6147

貴重なアニメ資料を展示

秋葉原で7月17日まで

都は、セルアニメの貴重な制作物の展示を20日から、秋葉原の「東京アニメセンターwithあるあるCity」で始めた。

都は、セル画を用いたセルアニメ等に関する貴重な資料を保管し、観光資源として活用する「アニメアーカイブ事業」を行っている。今回の展示では、セルアニメとデジタルアニメの制作工程をパネルで紹介しているほか、アニメ『鉄腕アトム』『美味しんぼ』『マイマイ新子と千年の魔法』等のレイアウト、原画、企画書、台本、絵コンテ、セル画など、貴重な制作資料を公開している。一部複製を用意しており、手に取って身近に見ることも可能となっている。

体験コーナーでは、タブレット型端末によりアニメーションの原画を実際に動かして見ることができる。

展示は7月17日まで。時間は午前11時から午後7時。月曜定休だが、7月17日は開館。

風流戯画草紙

作・橋本裕之

築地活用する第3の道

どっちにしようか悩むなら

どっちも

大人買いだな

都政新報

発行所　都政新報社
〒160-0023 東京都新宿区西新宿7-23-1 TSビル
〈総務・読者〉03-5330-8781
〈企画広告〉03-5330-8784
〈編　集〉03-5330-8786
〈出　版〉03-5330-8788
〈ファクス〉03-5330-8808
購読料 月1,730円(税込)
毎週火・金曜日発行
ただし、祝日は休刊

紙面から

9日間の熱戦幕開け

小池都政の是非が争点

都議選告示

都議選が23日に告示され、259人が立候補を届け出た。告示から選挙期間中唯一の日曜となった25日にかけ、各党の幹部が応援に奔走し、舌戦を繰り広げた。ただ、加計(かけ)学園問題などの国政批判や、小池知事の政治手法を厳しく問うことなどが中心となり、都政課題が演説に割かれた時間は少なかった。22日現在の選挙人名簿登録者数は1126万6521人で、前回と比べて48万9190人増加し、過去最高を更新した。7月2日に投票が行われ、即日開票される。＝2、3、6面に関係記事

候補者の演説に耳を傾ける聴衆。都民の判断は＝25日、中央区銀座4丁目

「自民党の評判が良くない」。同党候補の一人は23日、厳しい表情でこう嘆いた。加計学園の獣医学部新設の事実解明を巡り、安倍政権の消極的な姿勢で自民への逆風が強まっているからだ。

加計学園問題の渦中にある安倍首相は告示日に候補者全員に応援メッセージを送っただけで、序盤戦は応援に入らなかった。代わりに菅義偉官房長官が選挙中、唯一の日曜日となった25日に町田駅前で演説。道路にあふれる聴衆を前に「獣医学部新設が52年間認められてこなかった。この方が異常」と火消しに走った。

自民は、豊洲移転に関する小池知事の基本方針を批判し、反転攻勢の糸口を探っている。自民党都連の下村博文会長の地元であり、元秘書が都民ファーストから出馬した板橋区では、候補者が築地を民間に貸し出す構想が市場会計の破綻(はたん)につながると訴えると、聴衆から拍手が起きた。

各種の世論調査では、自民は40議席以上をうかがう状況。2009年選挙で民主党は当時、54議席を獲得したのに対し、自民党は38議席に減らした。当時、有権者から卵を投げつけられた自民党候補は「今はそこまでの批判ではない」と受け止めるが、加計学園問題の展開次第では当時の38議席を下回る懸念もある。

今も高い小池知事人気

一方、都民ファーストの候補者の応援演説に入った小池代表らは市場移転の基本方針に一切触れず、一貫して「古い議会を新しい議会に変えよう」と自民を念頭に訴えた。過去25年間で都議会が提案、可決した条例が1本しかないのは自民党につぶされたからだと主張。小池代表は「都議が条例を作る提案型の議会に変えていきたい」と力を込めた。

小池代表の人気は今も根強い。25日の日曜日に銀座4丁目で行った街頭演説には約2千人が集まったが、候補者よりも代表に多くの声援が飛んだ。「小池人気」をどこまで得票に結び付けられるかは未知数だが、世論調査では40議席半ばとの結果も出ている。

さらに、小池代表は演説で、都民ファーストと選挙協力する公明党にも声援を送った。私立高校の授業料の実質無償化の対象拡大や議員報酬の引き下げの取り組みを「公明党がリードした」と持ち上げて共闘を強調。知事与党で過半数を目指す構えを示した。

公明党も小池知事との深い連携を強調する。山口那津男代表は23日午後に新宿駅西口前で演説に立ち、私学助成の対象拡大など知事と粘り強く交渉し、政策を実現できるのが公明党だと力強く語った。知事と連携して改革を進めている点を訴え、支援者が都民ファーストに投票することを一定程度抑えたい考えという。

だが、世論調査では公明党の全員当選が危ういとの結果もある。仮に落選した場合は目黒区と渋谷区でいずれも次点に泣いた89年選挙以来、28年ぶりとなる。

党派別立候補者数　(定数127、欠員1)

党名	合計	現職	元職	新人	現有
自民	60 (59)	49 (34)	0 (6)	11 (19)	57 (39)
公明	23 (23)	19 (23)	0 (0)	4 (0)	22 (23)
共産	37 (42)	11 (6)	1 (5)	25 (31)	17 (8)
民進	23 (44)	7 (39)	6 (0)	10 (5)	7 (43)
都民	50 —	6 —	4 —	40 —	6 —
ネット	4 (5)	2 (2)	0 (0)	2 (3)	3 (3)
維新	4 (34)	1 (3)	1 (3)	2 (28)	1 (3)
社民	1 (1)	0 (0)	0 (0)	1 (1)	0 (0)
諸派	17 (5)	0 (0)	1 (1)	16 (4)	0 (0)
無所属	40 (17)	11 (3)	4 (0)	25 (14)	13 (5)
計	259 (253)	106 (111)	17 (16)	136 (126)	126 (125)

※かっこ内は前回の都議選告示時

野党は国政批判を展開

共産党は自民党批判に終始した。25日に八王子駅前で応援演説に立った志位和夫委員長は、地元選出の萩生田光一内閣官房副長官が加計学園の早期開学を指示したとされる文書が見つかり、「(萩生田氏は)地元で訴えられないではないか。都民の前に恥ずかしくて顔を出せない」と痛烈に批判。反自民党の受け皿となる共産党は底堅さがあり、世論調査で10議席半ばを確保するとの結果もある。

民進党の海江田万里前衆院議員は、25日の日曜日に新宿伊勢丹前で応援演説し、加計学園問題や森友学園問題をそばに例え、「国会で取り上げられた『かけ』と『もり』は消化不良だ」と逃げ腰の安倍政権を批判した。演説の大半を政権批判などに充て、聴衆の反応もまずまずの状況。当初は民進党が壊滅するのではないかとの憶測も流れたが、最大で10議席近くまで獲得するとの調査結果もある。

生活者ネットと日本維新の会は大苦戦している。ネットは牙城である北多摩第二で接戦となり、議席を死守できるかがポイント。現職1人を含め4人が立候補する日本維新の会は、豊洲市場への早期移転などを訴えて議席増を狙う。

豊洲移転

追加工事は年度内完成へ

業者「2つの市場あり得ない」

小池知事は22日、豊洲市場移転に関係する9局長らを一堂に集め、全力で早期移転に取り組むよう指示した。その後、築地市場を訪問し、業界6団体の代表に基本方針を説明し、「(豊洲の風評被害を)先頭に立って払拭(ふっしょく)する」と強調した。

知事から早期の豊洲移転への指示を受け、村松明典中央卸売市場長は豊洲施設下にある地下空間の床にコンクリートを敷き、換気する案を採用し、早期に発注手続きに入ると説明。契約と工期を合わせると8カ月で、工事は最短で来年3月に終わる予定。市場業者が移転時期としてゴールデンウイーク前後を求めており、来年5月に移転できるかが焦点。

築地市場の地下を通る計画の環状2号線では、東京五輪までに地上部分の側道を整備する。築地市場の解体にはアスベスト除去などもあり、1年程度はかかると見込まれている。来年5月に移転した場合、築地市場解体は2019年春ごろになる見通し。建設局は「19年春までに移転すれば、地上部道路はできると考えている」と述べた。

豊洲にはにぎわいづくりとして、千客万来施設を整備する。豊洲移転が延期となり、現在は着工が先送りされた状態だが、着工が可能かどうか事業者との調整を進めるという。

業界団体の代表と握手を交わす小池知事＝22日、築地市場で

築地市場で、知事は業界6団体と会談。各団体からは知事が先頭に立って豊洲の風評被害を払拭すると表明したことを歓迎する一方、豊洲移転の基本方針に不満を漏らした。

豊洲移転後に再開発した築地に競りなどの市場機能を移転させる構想に対し、東京都水産物卸売業者協会の伊藤裕康会長は「二つの市場はあり得ない」と指摘。また、東京魚市場卸協同組合(東卸)の早山豊理事長は「(再開発した)築地が中央卸売市場にならなければ、5年後に戻ることは考えられない」と条件を提示した。

さらに、築地市場青果連合事業協会の泉未紀夫会長は移転延期後、中央卸売市場の職員とともに仕事ができなかったと言及。その原因として、知事がブレーン(特別顧問)の意見を尊重する「顧問行政」を挙げ、「具体的に(移転を)進めていくには副知事を筆頭に有能な都庁マンを存分に使って、市場業者とともに歩んでいくことだ」と力を込めた。

これに対し、小池知事は二つの市場に関し、「あらゆる方法を考えていきたい」と話したが、「顧問行政批判」には一切答えなかった。

東京五輪

機運醸成で庁内新組織

「ホストシティ」の準備加速へ

都は2020年の東京五輪の機運醸成や観光振興などを進める新たな庁内組織「ホストシティTokyoプロジェクト推進本部」を立ち上げた。山本隆副知事をトップに関係局で連携し、「大会機運醸成」「魅力発信」「復興・防災」「環境」「先端技術」の5分野で、計12のプロジェクトを展開する。大会に向けた一体感の盛り上げや、大会後も観光客や投資を呼び込むことで、東京の都市力向上を目指す。

小池知事が特に力を込めたのが「魅力発信」の分野だ。インバウンドの拡大に向け、東京の新たな魅力を創出することが目的。魅力的な観光資源の開発や発信のほか、これまで「東京キャラバン」や「TURN」などを展開してきた東京文化プログラムの拡充・推進などを掲げている。知事は23日の会見で「伝統と革新に裏打ちされた新たな文化、観光資源を創出し、これまで見たことのないような、誰もがわくわくする東京の魅力を打ち出していきたい」と意気込みを話した。

機運醸成の分野でも、多くの都民・国民が参加できる多様なプログラムを展開する。ともに大会を作り上げるため、会場周辺のライブサイトやシティドレッシング、フラッグツアーなどが検討対象。これまでの取り組みにとどまらず、東京ならではの視点から内容を強化する方針。

知事が会見などで強調する「復興五輪」のコンセプトもテーマに挙げた。国内外に被災地の復興を発信するためにスポーツ交流などの取り組みを検討するほか、自然災害からの復興を通じて得た知見を世界レベルで共有する。東京の防災力、災害対応力を発信することで、大会後も残るレガシーとしていく考え。

都の実行プランのテーマでもある「持続可能」な大会に向けた環境面の施策では、選手村での水素エネルギー活用などをプレゼンテーションとして、スマートエネルギー都市として世界をリードすべく取り組みを進める。同時に、東京を先端技術のショーケースとして挑戦的な取り組みを行い、新ビジネスの創出、大会を通じた技術力の発信などを進める。

推進本部は28日に第1回の会合を開き、プロジェクトがスタートする。

◆芸文評が新体制

都は文化振興施策を調査する東京芸術文化評議会の評議員を改選した。

新任したのは東京大学名誉教授の青柳正規氏、チームラボ代表の猪子寿之氏、カドカワ株式会社代表取締役社長の川上量生氏、国文学研究資料館長ロバート・キャンベル氏、シンガーソングライターの松任谷由実氏、国際基督教大学准教授の矢内賢二氏ら6人。

小池知事は「東京文化プログラムの本格的な展開に向け、世界に発信できる新たな取り組みなどアイデアをいただきたい」と話している。新体制の評議会は28日に開催。

全国でフラッグツアー　記念イベントを開催

都五輪準備局

都五輪準備局は東京五輪まで3年を祝う「フラッグツアーフェスティバル」を7月24日に開催する。昨年10月から開始したフラッグツアーは、6月で都内の全区市町村と被災地を一巡。今後は都外の競技場所在都市をはじめ、全国でフラッグツアーを展開する。

フェスティバル当日は東京の魅力発信と大会の機運醸成を目的とした2種類のプロジェクションマッピングを実施する予定。

冗句ジョーク

今週29日は東京2020大会に向けた〝暑さ対策〟推進会議

「その前に〝熱い都議選〟で実証実験をしてみたら……」――有権者

都政の東西

決められない

「築地は守る、豊洲を生かす」と宣言し、小池知事が20日に示した市場移転の方向性はあまりに抽象的な内容で、新聞報道などでも否定的な見方が多い。豊洲と築地に市場機能を持たせる内容は、図らずも自民党が批判する「決められない知事」を地で行ったかのようだ。

最も困るのは市場関係者だろう。だが、17日に行われた知事と事業者の意見交換会にこそ、今回の方向性のヒントがあったように思う。

「80数年間かけて築地ブランドができた。離れればなくなる。築地の機能を残す再整備案を示し、豊洲は物流機能の効率化を図る方向を考えてほしい」

「現在の市場物流で、コールドチェーン化されていない市場は非常にリスクが高い。再整備で10年15年という月日が費やされれば、築地市場はどうなるか想像できない」

意見交換会では、築地再整備派と豊洲移転派から様々な意見が出たが、「方向性」はこれら様々な意見を単にまとめただけのように見える。

小池氏は知事選出馬の会見で「風を読むのではない、風を作るんです」と話した。そして都議会自民を「ブラックボックス」と批判して喝采を浴び、移転問題では豊洲の地下空間や土壌汚染の問題が明らかになるなど、「改革派知事」として風を作ってきた。だが今回の都議選前の表明が風を作ろうという狙いであれば、成功したとは言い難い。

業者との意見交換会では「自分たちに聞くのはやぼだし酷。知事が考えを出して」「創業者の立場から言えば、市場のあるところに荷物を運ぶのが基本。知事の英断を待つのみ」との声も上がった。知事の責任において問題を着地させることが不可欠だ。

都議選　啓発ターゲットは若者

選挙事務の担い手起用で

都議選が23日に告示され、各選挙区で熱戦が展開される中、各区の選挙管理委員会は7月2日の投開票に向け、若者年代の関心を高めるための様々な取り組みを進めている。昨年7月の参院選で18歳選挙権が導入されてから初の都議選となるが、10代、20代の投票率は低下傾向にあり、有権者になる前の中学生を含めた若者世代を啓発活動や投票立会人など選挙事務の担い手に起用することで、選挙を身近に感じてもらい、投票行動につなげるのが狙いだ。

有権者に投票を呼び掛ける中学生＝19日、杉並区内で

「選挙に行かないとヤバい」――サッカーで警告を示すイエローカードをイメージしたデザインに、投票を呼び掛ける若者らしい表現を盛り込んだのは、板橋区選管と大東文化大学の学生が合同で作成した選挙啓発パンフレットだ。企画に参加した学生5人が24日に東武東上線成増駅前で若者に配布し、投票を呼び掛けた。

区選管によると、4月に大学側に打診し、法学部政治学科の中村昭雄教授のゼミ生との検討を開始。投票しないことで若者のための政策が政党や候補者から軽視されることへの危機意識を喚起したいという学生側の提案に基づき、パンフレットの作成を決めた。参加した学生は「選挙について考える機会を設け、主体的に政治に関わる若者を増やしたい」と話す。

昨年の参院選で10～20代の投票率が23区で最も低かった足立区では、投票立会人の6人に1人の割合で29歳以下の若者を起用する。昨年の参院選と都知事選で投票立会人を経験した6人と意見交換し、若者向けの啓発リーフレットで報酬額や食事付きなどの待遇面をPRしてアルバイト感覚で選挙事務に関わることで、政治参加の入り口にしてもらうのが狙いだ。

文京区は投票啓発活動を行う学生団体「アイヴォート」と連携し、大学生を臨時職員として採用して投票用紙の交付や投票所の案内事務に従事してもらう。

若者世代を選挙業務に起用する背景には、18歳選挙権導入以降の投票率の低迷がある。

昨年の参院選での都内の10代投票率は57・84%で、全年代の平均投票率57・50%を上回ったが、3週間後に行われた都知事選では10代投票率が47・58%で参院選から約10㌽低下し、全年代の平均投票率59・73%を大幅に下回った。

それ以上に深刻なのが20代だ。参院選が39・13%、都知事選が37・65%で、いずれも全年代で最も低い投票率となっており、低下傾向に歯止めがかからない状態が続いている。

こうした状況を受け、練馬区では、中学生を啓発活動の担い手として起用し、将来の有権者としての意識醸成を進めている。区選管では中学生が提案したキャッチコピー「決め手はあなたの選択です」にちなみ、啓発グッズとして洗濯用洗剤を2千個用意。中学生が自ら西武池袋線練馬高野台駅周辺で買い物客らに配布し、投票を呼び掛けた。活動に参加した区立石神井東中学校の生徒は「18歳になったら必ず投票に行きたい」と語った。

杉並区では、中学生が有権者に向けたメッセージを印刷したガムなどの啓発グッズを配布するとともに、区内在住の学生が選挙サポーターとして区内の大学構内で啓発活動を行っている。

文化プログラムを推進

台東区が独自計画策定へ

港・品川区では事業支援

2020年東京オリンピック・パラリンピックの開催を契機に、まち全体で文化を盛り上げようとする独自の「文化プログラム」を推進する動きが23区に広がっている。美術館や博物館が集まる上野の森を擁する台東区は区独自の文化プログラムを今秋に策定し、区内の文化資源を生かした文化振興を加速させる。区によると「体系的な計画は23区初」という。一方で、港区や品川区も異なるアプローチで文化プログラムに乗り出している。

台東区は、都や国を交えた策定委員会でまとめた「（仮称）台東区文化プログラム」の骨子案を15日に開いた文化・観光特別委員会に報告した。骨子案では、文化資源の継承と新しい文化の創造、多世代の参加などを視点に事業を発信するとし、具体的な取り組みとして伝統工芸や芸能を体験できる観光メニューの提供や障害者アートの促進、旧区立小学校を改修して設置した演劇やダンスの稽古場の利用促進、ウェブサイトから世界中へ発信することなどを例示している。

事業の普及に向けては、専用ウェブサイトの開設や区独自のロゴマークの制定などを予定。また、民間のイベント実施主体に、組織委員会が行い五輪ロゴマークを使用できる「東京2020オリンピアード」、国の「beyond2020プログラム」認証事業を積極的に利用するよう促す。

同区には文化施設が多く、区を訪れる訪日観光客数は五輪開催決定以降増加を続け、昨年度は830万人に到達した。昨年世界文化遺産に登録された国立西洋美術館を始め、東京都美術館などの美術館・博物館が集積する一帯では、官民が参画する「上野『文化の杜』新構想」が動き出し、文化を切り口とした地域活性化に取り組んでいる。

区はこうした動きを受け、体系的な文化プログラムを打ち出すことで関係機関と足並みをそろえて取り組む考え。服部征夫区長は「伝統文化と異文化が共生しやすい土壌がある。他の区にはないプログラムができる」と意気込む。

他区では、民間団体による文化活動を後押しする動きが見られる。

昨年度から文化プログラムを実施している港区は、民間団体が企画するイベントの主催者に加わり、宣伝に協力。400万円を上限に開催経費の一部を負担している。

品川区は、文化イベントを開く民間団体に対し、区のロゴマークと缶バッジを提供する。審査や補助金を設けないことで、参加のハードルを下げて裾野を広げる。

いずれの区も手法は異なるものの、五輪までに成功例を作り上げ、文化振興に弾みをつけたい考えだ。都生活文化局の加藤厚士事業計画担当課長は「文化振興は、福祉や教育、商店街振興など様々な行政課題の解決につながる可能性がある」と意義を示している。

上野公園では大規模イベントも盛んだ＝22日、台東区で

国新基準で待機児急増

「方向性」1年で改定へ

目黒区

目黒区は、国が待機児童の定義を見直したことにより、就学前児童に占める待機児童の割合が全国で最も高い自治体となり、対応に苦慮している。4月1日現在の待機児童数は617人で、旧定義で算出した昨年比で318人増となり、区は昨年まとめた待機児童対策などの方向性を8月末をめどに改定する方針。

区は全庁的な調査・検討の上、昨年8月に待機児童対策などに関する取り組みの方向性をまとめ、公有地や区有施設の活用や民設民営を基本とすることなどを掲げた。

その一環として区は、一定規模以上の建物を新築・改築する事業者に対し、保育所を付置するよう区との協議を義務付ける住環境整備条例改正案を現在開会中の第2回定例区議会に提出。30日に可決される見通しだ。

しかし、区は待機児童の急増で対策の方向性の改定へ追い込まれた。吉田武広保育施設整備担当課長は「（改定でも）区有施設の活用が柱。ただ、認可保育所を設置できるほどのスペースを生み出すのは難しい」と話す。

新基準では育児休業中で復職の意思があるケースを待機児童に含めており、保育所整備が急務だが、同区は大規模な敷地や駅ビルなど大規模施設が少ない。また活用できる都立公園がない点などが課題となっている。

新副区長に岡田氏

世田谷区

世田谷区は、板垣正幸副区長が30日付で退任するのに伴い、新副区長に総務部長の岡田篤氏（58）を選任する人事議案を22日の第2回定例区議会最終本会議に提出し、全会一致で同意を受けた。任期は7月1日から4年間。

岡田氏は1983年入区。子ども・若者部長などを歴任し、15年5月から現職となっていた。

新議長に名取氏　山本氏が副議長

文京区議会

文京区議会は22日の第2回定例区議会最終本会議で、新議長に自民党の名取顕一氏（61）、新副議長に「文京永久の会」の山本一仁氏（51）を選出した。

名取顕一氏

山本一仁氏

名取氏は4期目、山本氏は5期目で、両氏とも議会運営委員長などを歴任。4月に山本氏ら2人が新会派を結成したことで、第一会派が自民党に替わった。

記者席

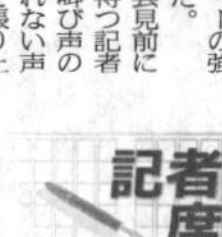

会見前に聞こえた奇声の主は

○……全国的な注目が集まる都議選では各党が「負けられない戦い」を演じているが、都民ファーストの会代表の小池氏も例外ではない。告示日も朝から都内で精力的に候補者の応援をこなしながら、知事として定例の記者会見を通常通り行うバイタリティーの強さを見せつけた。

ところが、会見前に知事の登場を待つ記者たちの耳に、叫び声のような聞き慣れない声が。応援で声を張り上げた知事が、前室で喉の調子を整えていたのだろうか。入室後は「どうかしましたか？」と涼しい顔をみせた知事は会見後、再び応援に繰り出したが、選挙はまだまだ中盤戦。息切れせずに走り抜けてもらいたい。

○……知事が示した市場移転の方向性。都庁職員に聞いても「何なんだ？」という声を多く聞く。移転時期や再整備のスケジュール、財源などが抽象的である点は当然だが、具体的に示した部分についても同様だ。

例えば、築地市場跡地の貸付額。都は地価から計算して年間160億円と試算したが、かつて財務局にいた幹部は「あり得ない」とぴしゃり。広大地減価により減額されるはずで、「机上で計算すればそうなるが、実際に160億円で採算が取れると思う企業がいるのか」と疑問視した。あるとすればカジノくらいだろうか。推進派と言われる知事だけに、なくはないかも。

○……「皆さん、お騒がせをしております」。加計学園問題で渦中の萩生田光一官房副長官が20日、自民党の都議選公認候補の総決起大会の応援演説で、開口一番、頭を下げた。

「こんな状況で来るのは迷惑じゃないかと思い、欠席の連絡を入れたが、候補者から『全然気にしない。全面的に信じている』と言われた」と萩生田氏。「選挙前に『風向きが良いから』と党を辞める都議とは全然違う」と候補者の友情に謝意を示した。ただ、「お騒がせ」の発端は、首相と加計学園理事長の友人関係。それだけに「渦中の人」がここで友情をアピールするのは何とも皮肉だ。

自治体政策のススメ　保育政策の課題⑧

少子社会の子育て支援

保育園を考える親の会代表　普光院　亜紀

ノーベル経済学賞を受賞したシカゴ大学のヘックマン教授は、幼児教育は国家にとって最も費用対効果が高い教育投資であると指摘した。彼が分析した「ペリー・プリスクール調査」では、貧困地域で質の高い幼児教育を実施し、この教育を受けた子供のグループと受けなかった子供のグループを追跡調査したが、40歳時点で所得、学歴、生活保護歴、犯罪歴などに顕著な差があったという。つまり、全ての子供に質の高い幼児教育を受けさせることができれば、担税者を増やし、治安や福祉のコストを減らすことができるというのだ。ここでいう幼児教育とは、早期教育ではなく、子供が自分の好きな遊びをして一日の終わりに遊びの振り返りをするという地道なものであり、そのあと家庭訪問して子育ての指導もしていることが注目される。

アメリカの国立小児保健・人間発達研究所による調査では、子供の発達には家庭の養育とともに保育の質が関与しており、保育者の人数などの構造的な質と、保育者の子供への関わり方などのプロセス的な質の両方が子供の発達にとって重要であることが明らかになっている。

今、日本の保育の現状はどうだろう。園庭がなく保育室も狭く（面積基準は緩和されている）、保育士の配置基準は最低限度で、子供にゆっくり関わるゆとりも失われがちだ。保育士の待遇が悪いためにキャリアを積むことができず、家庭の子育てを支援する専門性も不足している。

都の待機児童問題はいまだ深刻だが、日本全体では、少子化が進行している。子供施策はもっと丁寧にやっても高齢者ほど予算は膨らまない。保育士の待遇改善をし、人員配置を増やし、園庭・保育室などのハード面の質も上げ、保護者支援をするゆとりを持たせ、いつでも入園できるキャパシティーをもたせること。少子時代の子供たちを大切に育むために、これらの実現は待ったなしだと思うがどうだろうか。＝おわり

◇　◇

次回は7月11日号から「政策法務の基礎」をテーマに、高崎経済大学の岩﨑忠准教授より、全8回にわたって執筆してもらいます。

小金井市 1人区に5候補

都議選・多摩の激戦区

各候補者が舌戦繰り広げる

23日に都議選が告示され、多摩地域でも熱戦の火ぶたが切られた。多摩地域では18選挙区で定数34を84人が争う。中でも小金井市は定数1に対し5人の候補者が争う多摩地区の激戦区である上、現職の自民都議が離党し都民ファーストの候補として世田谷区で出馬したため、候補者5人が全て新人という事態となった。各候補者の告示日の様子を追った。（文中は敬称略）

候補者の街頭演説を聞く有権者＝23日、小金井市で（画像は一部処理しています）

自民公認の廣瀬真木が「小金井の街と、世界中が憧れる首都東京を、将来の世代にも誇りに思ってもらいましょう」と呼び掛けると、集まった約100人の支援者から大きな拍手が巻き起こった。

小金井市は、前回選挙で自民（当時）の木村基成が民主公認候補を破り、24年ぶりに議席奪還を果たしており、同党にとって死守したい選挙区の一つ。

廣瀬は小池知事に対し、「結局、豊洲移転を決めたのなら、今までかかった時間と費用は一体なんだったのか」と批判し、「前に進める都政」を強調。2020東京大会の成功と、小金井市の自然保護とのバランスをとった都市開発を訴えた。

応援演説には衆院議員の古屋圭司、前小金井市長の稲葉孝彦らが駆け付け、12年間勤務した三菱東京UFJ銀行を退職し立候補した廣瀬へ、「退路を断って都議選に臨んでいる」と覚悟や決断力を称賛。街宣終了後には支援者と握手を交わした。

一方、都民ファースト公認候補で精神科医の顔も持つ辻野栄作は、午後4時ごろに街頭演説を開始。自己紹介や経歴を中心に、小池知事の進める「東京大改革」に共感する旨を述べ、「古い政治を変える」と決意を表したが、他党への具体的な批判はなかった。辻野は「まず住民に自分を知ってもらうことが第一と考えた。医師としての経験上、他人の批判をするより自分自身のことを知ってもらったほうが、聞く人にとって良い印象を与える」と話すも、聴衆はまばらだった。

無所属で出馬の漢人明子は「他の候補者はよそから来た人」と、4期務めあげた市議の経験を集まった10人ほどの支援者の前で強調した。自民に対しては「石原都政をチェックできなかった」と批判。都民ファーストへは「知事の言いなりになりかねない」と疑念を示し、「党の頭数をそろえるための議員にはならない」と述べた。また、3月に行われた小金井市議選の投票率が4割に満たなかったことに触れながら投票に行くよう呼び掛け、投票率を上げて浮動票の獲得を狙う思惑もうかがえた。

共産の推薦を受ける無所属の朝倉法明は、テロ等準備罪の可決や森友・加計学園問題を挙げて国政を糾弾しながら、保育士の給与増加や大規模開発の反対などを訴えるが、街宣では聴衆者が集まらず、苦戦していた印象。

最後に立候補が決定した会社経営者で無所属の内古閑宏は成果主義の議員報酬の導入などを訴える。

都議選の初日は、支援者を動員した一部の候補者を除いて、街宣に足を止める市民は少なく、やや盛り上がりに欠けた印象だった。7月2日の開票日まで5日。5候補は残りの日数でどのようにして有権者を盛り上げ、票につなげるのか。各候補の戦略が注目される。

国分寺市長選

現職と野党共闘の一騎打ち

井澤「代理戦争ではない」

樋口「独断的で強権的だ」

任期満了に伴う国分寺市長選が25日に告示され、いずれも無所属で現職の井澤邦夫氏（66）＝自民、公明推薦＝と、前副市長の樋口満雄氏（67）＝民進、共産、社民、自由、生活者ネット推薦＝の2氏が立候補した。今回は1期目の井澤市政に初の審判が下される選挙で、同市長選初の野党共闘となり、前副市長が「独断的で強権的」などとして現職に挑む構図。投開票は都議選と同日の7月2日。6月24日現在の有権者数は10万2108人（男性5万47人、女性5万2061人）。

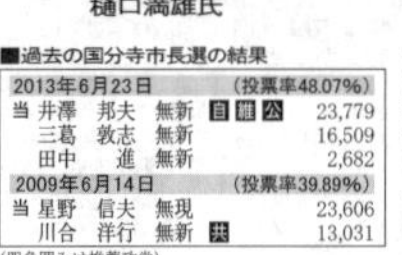

井澤邦夫氏

樋口満雄氏

■過去の国分寺市長選の結果

2013年6月23日				（投票率48.07%）
当	井澤　邦夫	無新	自 維 公	23,779
	三葛　敦志	無新		16,509
	田中　進	無新		2,682
2009年6月14日				（投票率39.89%）
当	星野　信夫	無現		23,606
	川合　洋行	無新	共	13,031

（四角囲みは推薦政党）

■井澤陣営

井澤陣営は25日午前11時、同市西恋ケ窪の事務所で出陣式を開いた。市長会会長の長友貴樹調布市長を始め、多摩地域の市長10人が駆け付けて激励を受けた後、車で市内を回り、午後2時過ぎにJR国分寺駅南口で第一声を上げた。

井澤氏は「全部が（選挙の）争点。4年間やってきたことの完成版をこれから4年間やらなければならない」と訴え、「命を懸けて魅力的でみんなが誇れるまちにしていきたい」と力を込めた。

重点施策の庁舎建て替えでは、五輪需要で建設費が急騰する状況を受け、「市民の命の安全が一番」とした上で、「時期を見極めながら丁寧に（市民に）説明して、道筋をつけていく」との方針を示した。

国分寺駅北口再開発については「まちが活性化しなければならない」と語り、同駅北口や南口の商店街に加え、西国分寺駅や国立駅北口など、市全体に効果を波及させる必要性を訴えた。22日に開かれた市長選公開討論会では、西国分寺駅周辺整備を行う考えを強調していた。

第一声には支援者や市議ら約100人が集まるとともに、東京19区選出の衆院議員・松本洋平内閣府副大臣らがエールを送った。最後に、自民市議の尾澤脩氏が「国政の代理戦争ではない。我々のまちの未来を決める大事な選挙だ」と力を込め、支援者らと「勝つぞー」と拳を突き上げた。

■樋口陣営

樋口陣営は午前9時半、同市東戸倉の事務所でスタッフらと共に出陣式を行い、車で市内を巡回。午後1時、国分寺駅南口に到着し、100人を超える支援者らが見守る中、第一声を上げた。

樋口氏は「自らを犠牲にしてでも国分寺の市民のために汗をかく覚悟だ」と意気込みを示し、「一人ひとりの人権を尊重する。これを市政の基本理念に据えたい」と語った。

国分寺市長選初の野党共闘候補になったことについては、「（現市政は）独断的で強権的に物事を決める」と非難した上で、「市民に国分寺市政を取り戻す運動に多くの方々が結集し、政治のうねりとして派生した」との認識を示した。

また、三つの約束として▽市民の声を聞く▽自治基本条例に基づき人権を守る▽「今度は福祉だ」をスローガンに福祉や教育などへ予算を重点配分する——ことを掲げた。

市職員34年と副市長6年の計40年の行政経験で、樋口氏は特に介護保険制度導入の取り組みを強調。「地域に出掛け、一人ひとりの高齢者に耳を傾ける。これしかやり方がなかった」と振り返り、「市民の声がこのまちを作る」と訴えた。

第一声には、同氏を推薦する5党ののぼり旗が掲げられ、共産や自由の国会議員らが集結。野党共闘の立役者である民進の末松義規元衆院議員は「国分寺市のために命を張れる男だ」と語気を強めた。

観光情報センターがオープン

立川駅で多摩の魅力発信

テープカットにはゆるキャラ「たまらんにゃー」も参加した＝20日、エキュート立川で

多摩地域で初となる東京観光情報センターが20日、JR立川駅の商業施設「エキュート立川」内にオープンした。

同センターでは商業施設のフロア内に観光案内窓口を設置し、日・英・中・韓の4カ国語で多摩地域の観光スポットを紹介する。センターの周囲は仕切りを作らず、気軽に情報に触れられるように工夫。各種パンフレットや動画での案内も充実させた。

また、商業施設内の各店舗ともコラボレーションし、多摩の街歩きグッズや特産品を使ったスイーツを販売するなど、センターと一体となって情報提供の役割を果たす。無料WiFiのほか、フロア内に設置したタブレット端末による情報検索も可能だ。

20日のオープニングセレモニーには小池知事が出席。2020年までに海外からの訪都観光客を2500万人にする目標のため、多摩地域に人を引きつける必要があるとした上で、「これまで都が運営してきた観光情報センターとは異なるスタイルを取り入れた。明るく楽しい雰囲気の中で、多摩の観光情報に触れてもらいたい」と施設機能に期待を示した。

市長会会長の長友貴樹調布市長は「東京のイメージは、46道府県から見ると、23区が思い浮かぶ。その魅力は認めざるを得ないが、23区にはない魅力が多摩にはある」と話し、五輪を契機に観光資源を多摩の発展に結びつける重要性を強調。待望のアンテナ機能を持つ施設設置を歓迎した。

町村会顧問の坂本義次檜原村長は「訪都観光客が増えても、多摩にはなかなか足を運んでもらえていないのが現状。新宿などで檜原村を知っているか聞くと、100人に10人もいない」と認知度の低さを懸念。センターの開設で、「多摩が大きく伸びるチャンスをもらえた」と意気込んだ。

年中無休で開設し、今後は観光イベントなども開催する予定だ。

市長会

観光地域づくりで新組織

多摩地域一体の事業を模索

都市長会は「多摩地域が一体で取り組む観光地域づくり」に着手するため、26市の担当課長会を新たに設置する。また、26市の担当者にアンケートやヒアリングを行い、観光に関する各市の取り組みや広域連携に向けた意見交換などを行う。7月には職員や観光事業者などを対象に説明会なども開催し、多摩地域で一体となった観光施策の在り方を探る。

◇

市長会は昨年度の政策提言で、「多摩地域が一体で取り組む観光地域づくり」をまとめた。2019年に味の素スタジアムで行われるラグビーワールドカップや、20年の東京五輪などをチャンスととらえ、多摩地域が一体で観光地域づくりに取り組むことで、多摩地域の魅力を内外にPRし、観光交流人口の拡大による地域活性化を目指す内容。市長会は今年度、この政策提言の具体化をテーマに掲げていた。

観光振興事業は各市がそれぞれ行っているが、多摩地域一体で行うことにより、共通した多摩のブランド化やスケールメリット、各市のスキルアップなどを図る。

具体的な推進組織として、市長会に実務関係者会議を設置し、28日に初会合を開く。各市の観光施策を担当する部署を中心に、シティーセールスや企画部門などの職員で構成する。市長会には現在、33の部課長会があるが、観光に特化した組織は初となり、市長会付属協議会への加入も視野に検討する。

また、多摩地域が一体となって取り組むことから、町村会とも調整を図り、年に数回、会合を開く考え。

一方、市長会では同課長会と連携し、26市へのアンケート・ヒアリングを実施する。各市の観光施策の取り組み状況や課題、他市等との連携事業の取り組み状況・課題、広域連携の在り方・課題などを確認し、課長会で議論するための資料とする。

各市への具体的な支援の在り方では、助成金の活用方法を検討。今年度は必要に応じて多摩・島しょ広域連携活動助成事業の追加募集を行い、来年度以降については、他市等と連携した観光関連事業にも活用しやすくするよう、助成制度の改正も含めて検討する。

さらに、7月末には、市職員や観光協会職員、NPOなどを対象に説明会・講演会を開催する予定。他市と連携して観光事業を進めるためのポイントなどを、先行事例を踏まえて解説する。

広域連携の手法として検討していくのがDMOの設立だ。観光地域づくりのため、自治体や観光、交通等の事業者、NPOなどが集まって活動する組織で、都内では墨田区が旅行代理店や鉄道事業者、舟運事業者などとDMOを立ち上げている。また広域連携の例では、秩父地域や京都府北部地域で複数の自治体が事業者などと連携して組織を立ち上げている。

市長会では、多摩地域全体を対象地域とし、自治体や観光協会、民間事業者、住民など多様な主体が連携して取り組むDMOの設立を検討していく。

市長会事務局の田川良太企画政策室長は「26市がまとまることで、共通の多摩ブランド確立や、情報発信力につなげられるのがメリット」と、広域連携の利点を強調する。

多摩地域には、有名な観光地などは少ないが、暮らしやすさなどが財産となっており、旧来の史跡名勝に依存した観光ではなく、生活に密着した魅力を観光につなげていく考え。

田川室長は「単純に海外から人が来ればよいというわけではない。地域の価値を高めることを市民の愛着につなげていきたい」と話している。

広域連携事業として三鷹、府中、調布の3市が行うコミュニティーサイクル促進事業

マイナンバー普及へ

職員がマンガを作成

東大和市

東大和市はマイナンバーカードを普及するため、職員が作成したマンガを市役所で無料配布している。

マンガは市の観光キャラクター「うまべぇ」とマイナンバーのキャラクター「マイナちゃん」がカードを持つメリットや申請の仕方などを説明する内容。作成したのは市民課の女性職員で、学生の頃から得意なマンガや映像、イラストの技術を生かし、これまでも「接遇マニュアル」のイラストなどを担当した。

同市ではマイナンバーカードにより、住民票など各種証明書のコンビニ交付が可能となり、発行手数料も安くなる。市民課の山田茂人課長は「マンガの配布を契機に、マイナンバーカードを普及促進し、市民の利便性が向上するコンビニ交付の推進に結び付けていきたい」と話している。

マンガはB5判のフルカラー6ページで、12日から市役所1階の市民課窓口で配布している。

東京の大自然を満喫しよう！

大島

伊豆大島は東京に一番近い島で、首都圏初の日本ジオパーク認定地です。

東京の竹芝桟橋から高速ジェット船でわずか1時間45分。静岡熱海港から45分。調布の飛行場から25分と交通アクセスが大変便利です。

伊豆大島火山の三原山（中央火口丘）では、ハイキングやトレッキングが楽しめます！ 日本で唯一の「砂漠」と名の付く「裏砂漠」があり、一面火山噴出物のスコリアで覆われた黒い大地で大自然のパワーを体感しませんか？ 他にも、大島の自然をゆっくり体感できるサイクリング、海水浴やダイビング、冬には「国際優秀つばき園」に認定された各所にて椿の鑑賞もおすすめです！

《お問い合わせ》
大島観光協会
☎04992・2・2177

椿油の生産量は日本で一、二を誇ります

利島

おむすびの形をした愛らしいシルエットの島、それが利島です。島の主な産業は椿油の生産と漁業です。椿の木は島一面を覆い、椿油の生産量は日本一を誇ります。椿油は頭髪用・美肌用・食用等に商品化され、近年その注目度も高まっています。

初夏に島に来られる方は、自生するサクユリに出会うことができるでしょう。大きく優美な花とその香りは、まさに「ユリの女王」と呼ぶにふさわしい風格があります。

釣り好きな方は、場所を問わず満足のいくフィッシングが楽しめます。

一日の終わりには、利島の伊勢海老やサザエを宿で堪能してみてはいかがでしょう。お土産用には漁協で購入できます。

《お問い合わせ》
利島村産業・環境課
☎04992・9・0011

モヤイと白砂の羽伏海岸

新島

真っ白な砂浜と青い海のコントラストが印象的な新島。世界的なサーフィンビーチ羽伏浦に代表されるように、新島はマリンスポーツのベストアイランドです。

新島の魅力はそれだけではありません。江戸時代の流人にまつわる数多くの史跡、旧跡があります。

また、伝統の味が生きる魚加工品「くさや」をはじめ、イタリア・リパリ島と新島でしか採れない「コーガ石」と、その石から作られるオリーブ色の新島ガラス。さらに地中海を連想させるギリシャ神殿風の露天風呂など、発見・感動がいっぱいあります。アクティブに体験し、遊び尽くしてください。

《お問い合わせ》
新島村産業観光課
☎04992・5・0284

"癒やしの島" 式根島

式根島

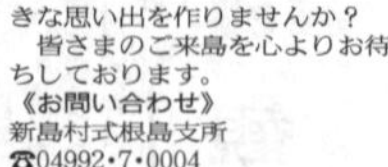

式根島は、周囲約12㌔㍍の小さな島ですが、海水浴場や温泉、絶景の展望台など観光資源に恵まれた美しい島です。釣りやダイビングスポットとしても人気で、年間を通じて多くのお客様にご来島いただいております。

昼は波静かな入り江に囲まれた海水浴場で、色とりどりの魚たちと戯れ、夜は満天の星を見上げながら露天温泉に浸かり、ゆったりとした島時間の中で癒やしのひとときをお過ごしください。この夏、小さな式根島で大きな思い出を作りませんか？

皆さまのご来島を心よりお待ちしております。

《お問い合わせ》
新島村式根島支所
☎04992・7・0004

星を見に島へ行こう

神津島（こうづしま）

伊豆諸島の中央に位置する神津島は、南の空が大きく開けており、本土からの光の影響も少なく、星空観察にピッタリな場所です。8月12日には、三大流星群のペルセウス流星群が見頃を迎えますので、離島の雰囲気を楽しみながら、天の川流れる夜空を眺めて、星座や流れ星が生み出す物語を見に行きませんか？

他にも、白砂広がり透き通った海での海水浴、岩場に遊歩道が整備された赤崎遊歩道でのシュノーケリングや高台からの飛び込み、水平線に沈む夕陽鑑賞、「しま山100選」にも選ばれた天上山でのトレッキングなど、島には楽しさ・癒やしが詰まっていますので、ぜひ、神津島の自然に、そして人に会いに来てくださいね。

神津島のマスコットキャラクター「かんむりん」

《星空ガイド・観光のお問い合わせ》
神津島観光協会
☎04992・8・0321

クライマーたちが集う島

三宅島

東京から南へ180㌔、伊豆諸島のほぼ中央に位置し、大島、八丈島に次いで3番目に大きな島です。島を巡ると過去の噴火跡が随所に見られ、火山を体感できるとともに、数多くの野鳥を観察できる、特色ある豊かな自然が魅力の島です。海では、世界最北端に位置するテーブルサンゴの群生地が見られるほど温暖な海域であり、ダイビング、ドルフィンスイム、海水浴、釣りなど、様々なマリンスポーツを堪能できます。

また、新たな三宅島の魅力として、廃校となった中学校の体育館を再利用し、2016年3月に日本最大級のクライミング施設が完成し、子供から大人まで幅広い年齢層の方々に楽しんでいただけます。

三宅島の大自然とクライミングウォール、新たな島の時間を過ごしてみてください。

《お問い合わせ》
三宅村観光産業課
☎04994・5・0920

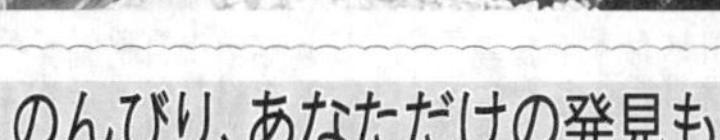

のんびり、あなただけの発見も

御蔵島

今年も御蔵島は絶好調！ 森には数十万羽のオオミズナギドリが営巣し、山ではランやユリの花が咲き誇り、海では130頭余りのイルカが元気に泳いでいます。御蔵島観光協会では、7～8月の土曜日に入場無料のイルカレクチャー、9月にイセエビ網見学イベントを予定しています。これからの季節、かなり混雑するため週末の予約は困難となりますが、平日ならまだ何とかなるかもしれません。また9月、10月と少しシーズンをはずしてみるのも得策です。黒潮が当たる島の海は、秋でも十分泳げるくらい暖かです。

のんびり、あなただけの御蔵島が見つかるかも⁉

《お問い合わせ》
（一社）御蔵島観光協会
☎04994・8・2022
http://www.mikura-isle.com
info@mikura-isle.com

「イセエビ祭」刺し網の手伝いの後は、みそ汁を提供します

おじゃってたもーれ 八丈島

八丈島

東京から南へ287㌔㍍。黒潮に浮かぶひょうたん型の八丈島は、釣り、ダイビング等のマリンスポーツはもとより、近年はトレッキングやサッカーや野球などのスポーツ合宿地としても注目を集めています。

また、2015年より2年連続で複数頭のザトウクジラが八丈島周辺で確認されており、今後の新たな観光資源として期待されています。

全国的に珍しい玉石垣や織物・黄八丈、八丈太鼓などの歴史や文化、くさや・あしたば・八丈フルーツレモンなどを使用した食事も魅力的です。

温泉も豊富。太平洋を一望できる露天温泉や滝を望む野趣あふれる温泉にゆっくりつかり、日頃の疲れを癒やしましょう。

羽田空港から50分と意外に近い八丈島。ぜひ、「おじゃってたもーれ!!」

《お問い合わせ》
八丈町産業観光課
☎04996・2・1125（直通）

絶海の孤島へおじゃりやれ

青ヶ島

伊豆諸島最南端に位置する青ヶ島は、人口わずか167人（2017年6月1日時点）の小さな島。

その特徴は、何と言っても世界的にもまれな小型の二重式カルデラ。島内最高峰の大凸部（おおとんぶ）からは、そのカルデラを一望することができます。360度、見渡す限りの水平線も見どころです。

また、青ヶ島の特産品といえば、「青酎」（青ヶ島で作られる焼酎）や地熱を利用して作る「ひんぎゃの塩」。青酎工場では、試飲や直売なども行っているので、島にお越しの際は足を運んでみてはいかが。

島への移動手段は、八丈島より船かヘリコプターで。大自然を満喫しに絶海の孤島「青ヶ島」へおじゃりやれ（いらっしゃいませ）。

《お問い合わせ》
青ヶ島村総務課
☎04996・9・0111

『世界自然遺産小笠原諸島』へようこそ

小笠原・父島

東京から南に約1000㌔離れた太平洋に浮かぶ大小30余りの島々からなる小笠原諸島。東京の竹芝と父島を結ぶ定期船「おがさわら丸」は昨年7月に新船が就航し、片道24時間の船旅をゆったりと快適に過ごしていただけます。気候は亜熱帯に属し、大陸と一度もつながったことのない海洋島で、独自の進化を遂げた固有の動植物の宝庫です。このユニークな生態系が評価され、2011年6月世界自然遺産に登録されました。

父島ではダイビング、ドルフィンスイム、シュノーケリング、シーカヤック、釣りなどの海のエコツアーの他、固有の動植物を観察しながら原始の森を歩く山のツアーや、夜の自然の世界を探検するナイトツアー、戦跡ツアー等、陸のエコツアーも魅力いっぱいです。年齢、性別を問わず、いろいろな形で小笠原の自然をお楽しみいただけます。

《お問い合わせ》
小笠原村産業観光課
☎04998・2・3114

原始のままの自然を育む母なる島

小笠原・母島

父島からさらに南に約50㌔。昨年7月に新船が就航した定期船「ははじま丸」に乗船すること2時間で到着します。

人口は約500人ほど、ゆったりと流れる時間と温かなおもてなしが訪れる方を癒やしてくれます。

巨大なシダ類をはじめとして独自の進化を遂げた固有の動植物が息づく亜熱帯の森、世界に母島にしか生息していない「ハハジマメグロ」、日本最南端のご当地富士である小富士、ウミガメやイルカ、クジラの棲むボニンブルーの海と、見どころもいっぱいです。

母島ではダイビングやシュノーケリング等の海のエコツアー、ハイキング・トレッキング等の陸のエコツアーで、母島ならではの魅力ある自然を存分に楽しんでいただけます。

《お問い合わせ》
小笠原村産業観光課
☎04998・2・3114

母島中～北部の境ヶ岳の原生シダ群落

今年の夏も伊豆・小笠原諸島へ

都議選告示・第一声

思惑それぞれ 他党批判

各党幹部、かく語りき

都議選の火ぶたが23日に切られた。築地市場の移転問題や五輪準備など、都政の重要課題が山積する中での選挙戦で、逆風下の自民党が「安全運転」を徹底したのに対し、公明党は小池知事との近さを強調。共産党、民進党などは安倍政権の批判を交えて存在感をアピールし、それぞれの思惑で浮揚を目指している。各党の幹部は何を語り、何を語らなかったのか。

安倍首相や菅官房長官ら「官邸の最高レベル」に対する批判が強まっている自民党。今回の第一声では「渦中の人」の応援を封印した。

「東京こそ日本中を引っ張るトップリーダー。圧倒的な得票で当選し、五輪では先頭に立って引っ張っていける立派な候補者に力を付けていただきたい」（二階俊博幹事長、北とぴあ前で）

「安全運転」に徹したのは、官邸の失態や党所属国会議員のパワハラ暴言で逆風が強まっていることが背景にある。

「政権に復帰した時の謙虚さを、おごることなくもう一度、特に国会議員がかみしめて、都議候補の皆さんに迷惑にならないように」（下村博文都連会長、中央区の選挙事務所で）

長年、自民と歩調を合わせてきた公明党。しかし今回はたもとを分かち、小池知事側に回った。

「都議会で合意形成の中心軸になれるかどうかだ」（山口那津男代表、目黒駅前で）

国政では自公で連立しており、有権者には分かりにくい構図だが、暗に自民党を牽制した。

「国政を担う政党は二つ。公明党ともう一つある。（知事と）いがみ合ってばかりでは、都政は前に進まない」（同）

市場移転問題では、自らのスタンスを明確にした。集まった支援者も拍手でエールを送る。

「安全・安心の対策を講じた上で、（知事に）方向性を示せと提案したのは公明党。築地の再整備を主張した政党もあるが、知事は『厳しい、豊洲に移転する』とハッキリ示した」（同）

一方、共産党は国政と絡めて「対自公」の対立軸を強調した。

「国政を私物化し、憲法を壊す安倍自公政権に、共産の躍進で首都東京からレッドカードを」（志位和夫委員長、新宿駅西口で）

特に、公明党が公式ツイッターで共産党を「汚い、危険、北朝鮮の3K」と批判したことを受け、反撃する一幕に聴衆は大盛り上がり。

「都知事と二人三脚で『都政の闇』豊洲問題を始め、『都政の闇』を作ってきた張本人が公明党。国政では自民と共謀して、共謀罪という最も凶暴な悪法を通した」（同）

民進党は「対自民」で一点突破の構えだ。

「情報公開から遠く、都民から遠く、ドンと呼ばれる人が牛耳っていて、都知事の言うことに付いていった。そんな都政が長く続いていた。今の国政とそっくりだ」（蓮舫代表、中野駅前で）

テロ等準備罪法の強行採決や加計学園。自民の「おごり」を厳しく突く。聴衆の反応も悪くない。

「都議選は、皆さんが声を上げる数少ないチャンス。都政にも国政にも蔓延する自民党のおごり高ぶりの体質、隠蔽体質を一掃する戦いだ」（長妻昭衆院議員、同）

「対自民」で共通する都民ファーストの会。第一声でも議会の刷新を前面に掲げた。

「古い議会を新しい議会に変えるチャンス。忖度の政治、『見える化』どころか隠すことを選択してきた。古い議会はもう要らない」（小池百合子代表、渋谷駅前で）

「1年間は負の遺産の整理整頓に充てた。新しい種をまくこともやってきた。これからますますスピードアップしていく」（同）

都知事選のような熱狂はないが、聴衆らはスマホのカメラをかざし、小池人気は相変わらずだ。ただ、待機児童解消や受動喫煙対策には言及したものの、市場移転の対応には最後まで触れず仕舞いだった。

各党とも敵失を強調しつつ、自らの弱点のガードに徹した第一声。今後、各陣営は何を語り、何を語らないのか。1週間の舌戦から目が離せない。

候補者の第一声に耳を傾ける有権者ら＝23日
（画像を一部修正しています）

笑顔投票所で都議選PR　橋本環奈さん「投票に」

都議選（7月2日投開票）をPRするイベントが24日、新宿区内であり、イメージキャラクターを務める女優の橋本環奈さんが登場した。

今回のイベントは「笑顔でつくる、東京」がテーマ。橋本さんは、笑顔をカメラに向けると「感情AI」が表情を読み取り、笑顔の秒数だけ「投票」が累積される「笑顔投票所」を体験し、「東京の街を皆でつくるという意味で、7月2日はぜひ投票に行ってください」と呼び掛けていた。

今年2月に18歳になり、選挙権を得た橋本さん。「ニュースで時事問題を見る回数が増えた」とか。

イベントスペースには、喜び・驚きの表情をカメラに向けると「感情AI」が読み取り、橋本さんと一緒に写るミニポスターとしてプリントアウトしてくれるコーナーもあり、若者たちが「表情づくり」を楽しんでいた。

都議選を笑顔でPRする橋本さん＝24日、新宿区内

区団交

夏季一時金、現行通り支給

技能・業務系「行政系と連動で見直しを」

区長会と特区連、清掃労組は22日、それぞれ団体交渉を行った。区長会は夏季一時金について、「要求に応えられる状況にはない」とし、現行条例通りに2・05月（期末手当1・15月プラス勤勉手当0・90月）の支給を回答、妥結した。

区長会は行政系人事制度の改正について、「給料表が勧告され次第、給与や切り替えに関する事項を始めとした詳細な事項について協議を深めたい」と述べた。技能・業務系人事制度については、行政系人事制度の改正が与える影響を精査し、対応について協議する考えを示した。

一方、特区連は、行政系人事制度の改正を口実に区職員の7割を占める係員の給与水準を引き下げないよう改めて牽制。技能・業務系人事制度に関しては、「行政系人事制度の改正と連動して、一体的な見直しをすべき」と主張し、早期に協議に入るよう確認を求めた。

特に、清掃労組は「例年の賃金確定交渉の日程にとらわれず、早期に協議を開始することで課題を明確にする必要がある」と強調した。

また、国による「給与制度の総合的な見直し」で3年間の現給保障の経過措置が終了することを受け、区長会は「均衡の原則の趣旨から、必要があると認められる時には見直しを検討する」と表明した。総務省が「地方公務員給与実態調査の結果から、来年には特別区のラスパイレス指数が100を超えることが懸念される」と説明したことが背景にある。

これに対し、組合側は「国の総合的見直しは特別区には関係ない」とし、特別区の自主性・主体性を堅持するよう釘を刺した。

首都大労組定期大会

戦前教育への逆戻り懸念

17年度運動方針を確立

首都大学東京労働組合は24日、首都大学東京南大沢キャンパス（八王子市）で第102回定期大会を開催し、2017年度運動方針を確立した。

梅山元彦執行委員長は冒頭のあいさつで、「国は、大学に『すぐに役立つ研究』をさせようと誘導し、大学は一般教養を軽視し、応用研究に特化させて予算を重点配分している」と国と大学の在り方を批判。「軍事研究参加はぎりぎりで踏みとどまった」としながらも、「学問の自由、大学の自治が過去の言葉になり、戦前の教育体制への逆戻りが始まっている」と懸念を示し、「教員・職員一人ひとりの力を合わせて、大学を輝かせてほしい」と組合員への期待を述べた。

運動方針では重点課題として、研究や授業で貢献しているにもかかわらず、任期付教員より給与の低い「旧任期なし教員」の給与差別の撤廃や住居・扶養手当の復活、受講生が少なく開講できない授業を担当する非常勤講師に一定の手当を支給することなどを掲げた。また、研究業績に基づき、教員に教授や准教授としての終身在職権を与える「テニュア助教」の導入など、新たな人事制度の運用について十分協議することや、法人カードで購入した航空券のマイルを職務で有効利用できるようにすることなどを当局側に求める。

第102回定期大会

組合員にあいさつする、梅山委員長＝24日、首都大学東京南大沢キャンパス（八王子市）で

五輪組織委員会

ボランティア研修 日本財団と協定

五輪組織委員会は15日、（公財）日本財団と大会ボランティアの運営で協力する協定を結んだ。共通研修プログラムのコンテンツ作成や講師の育成、機運醸成などで日本財団のノウハウ・経験を活用する。

組織委の森喜朗会長は「ボランティアの活躍が大会の成功につながる。質の高い研修を提供する必要がある」とあいさつ。日本財団の笹川陽平会長は「『皆が皆を支える社会』に向かって精力的に進めたい」と述べた。

都高教定期大会

長時間労働「一歩前進」

17年度運動方針を確認

東京都高等学校教職員組合（都高教）は24日、日本教育会館（千代田区）で第89回定期大会を開催し、2017年度運動方針を確認した。

藤野正和執行委員長は、テロ等準備罪の可決を、「組織的犯罪行為や準備行為の定義が極めてあいまいで、重大な人権侵害や冤罪を発生させる恐れがあることは明らか」と批判。さらに、加計学園問題について「文部科学省の内部告発に対して説明に窮した政府が、国会を閉会して議論を封じようとした」とし、「安倍政権が政治を私物化し、民主主義をないがしろにしている」と厳しく糾弾した。

安倍政権の支持率低下について、「様々な運動が実を結び始めている」と組合員を激励し、「沖縄（辺野古）新基地の建設など様々な課題があるが、私たち自身の課題と受け止め、共に戦う」と決意を示した。

また、教員の長時間労働問題に対しては、22日の中央教育審議会で文科省が諮問し、長時間労働問題や教員の残業手当などを定める「給特法」に関する議論がなされたことや、都でも小池知事が「教員の働き方改革の方策を検討する」と発言したことに触れ、「我々の取り組みが、一歩前進した」と課題の解決に期待を示した。

17年度運動方針では、教職員の賃金・労働条件の改善や、退職手当引き下げの反対、管理職によるパワハラ阻止に向けた取り組みなどを行うことを確認した。

団結を呼びかける、藤野委員長＝24日、日本教育会館（千代田区）で

折り返し点の戦略

五輪組織委員会幹部に聞く③

違いを乗り越えて一つに

企画財務局長
中村 英正

大会予算（V1）策定や焦点になっていた役割分担の決着で、一つのヤマ場を越えた。「負担の議論を先延ばしにすると直前に大きな混乱をもたらす。今の時点で関係自治体との共通のスタートポイントが持てたことはよかった」と語る。

組織委に来て3年。「国、性別、障害の有無などの仕切りはあるが、競い合いつつも個を尊重し、最後は違いを乗り越えて一つにまとまるのがオリンピック・パラリンピックの本質」と考えるに至った。「だとすればオリ・パラの準備でも、それぞれの組織の立場や考え方の違いを乗り越えて、一つにまとまることができるはず」。都庁とは毎日のように連携を取っているという。

実務面では、大会予算の編成が最大の課題。「予算に限りがあるので、取捨選択とプライオリティーが重要。単に予算をカットするのではなく、東京大会にとって最も重要なものは何か、組織委として明確にしていくプロセスとしたい」と話す。

これまでも組織内外で、時には激しく議論を重ねてきた。混成部隊の組織だけに、「『言下に何となく』だと同床異夢になる。イエス・ノーや問題点をあえてストレートに伝えるよう努めている」と中村氏。「ストレート過ぎて、多方面にご迷惑をかけることもしばしばです」と頭をかいた。

予算以外では「大会への参画」を最重要視。携帯電話のリサイクルによる「メダルプロジェクト」や、小学校のクラス投票で大会マスコットを選定する取り組みがその一例で、「大会を観るだけでなく参画する機会をもっと考えたい。特に子供たちの『大会に参画した』というポジティブな記憶が、結果として『将来社会の決め事にも参画していこう』という意識につながるかもしれない」と期待する。

東大法卒、49歳。91年に財務省に入り、ボストン、ワシントン、パリ勤務などを経て現職。趣味は絵画鑑賞とジムで汗をかくこと。最近では「東京都美術館の『バベルの塔』展が良かった」と。

チケット販売、丁寧・確実に

マーケティング局長
坂牧 政彦

2015年10月、エンブレム撤回直後の厳しい局面で就任した坂牧氏。「大会全体のイメージが毀損したかのような状況をいかに回復するかという気持ちが強かった」と当時を振り返る。

マーケティング局は組織委で唯一、収入部門を担当する。現時点で国内パートナー企業の数は43社に上り、過去大会に比べても成功を収めている状況。今後は観戦チケット販売が収入の柱になる。

ただ、一口にチケット販売と言っても、その制度設計は難解だ。東京大会の競技・種目のセッション数は700超でプロ野球の1球団の主催試合の約10倍。チケット販売枚数も約1千万枚に上る。人気が高い競技は争奪戦が予想されるが、マイナーな競技や直前まで対戦カードが確定しない種目もあり、完売のハードルは高い。「国内では誰も経験したことがないチャレンジングな仕事。いかに丁寧に、確実に販売するかが重要」

チケット販売ではシステム設計も課題の一つ。国内ではチケットエージェンシーやコンビニを通したチケット購入が浸透しているが、五輪となると既存システムで扱える規模ではなく、新たにシステム開発を委託する形になるという。

その他、大会マスコットや、会場周辺を大会イメージのビジュアルで装飾する「ルック」、競技ごとのピクトグラムの開発など、一連のブランド戦略も手掛ける。「大会の印象を左右し、特にルックは東京大会のイメージの中核になる」と責任の大きさを感じている。

リオ大会の印象は、「マスコットのアニメ化・グッズ化など、デザイン性は素晴らしかった」。一方、予算的な制約からルックの総量を抑制。テレビに映る部分は完璧に装飾し、視聴者には遜色なく映ったが、会場に足を運ぶ観客に「ワクワク感」を演出する点では限界もあった。「東京大会ではコストを精査しながら、統一感のあるルックで東京中を染めたい」

慶大法卒、50歳。1990年に電通に入社し、スポーツマーケティングを長く担当。近年では市民マラソンの開発を担当し、初期の東京マラソンを支えた。自身の趣味もマラソンで、五輪招致時には全都道府県のマラソン完走を「公約」。これまでは12大会に参加し、「あと35大会、頑張りたい」。

■都人事異動

7月1日付　◎印昇任

【局長級】▽政策企画局理事＝ホストシティプロジェクト推進担当＝政策企画局総務部長・オリンピック・パラリンピック調整担当部長事務取扱（政策企画局総務部長・オリンピック・パラリンピック調整担当部長兼務）◎小池潔

【部長級】▽政策企画局ホストシティプロジェクト推進担当部長＝オリンピック・パラリンピック準備局自治体調整担当部長兼務（オリンピック・パラリンピック準備局自治体調整担当部長）高野克己▽生活文化局魅力発信プロジェクト担当部長＝文化総合調整担当部長兼務（生活文化局文化総合調整担当部長）堀越弥栄子

【課長級】生活文化局文化振興部魅力発信プロジェクト担当課長＝産業労働局観光部魅力発信プロジェクト調整担当課長兼務（港湾局総務部担当課長＝㈱東京臨海ホールディングス派遣）松田泰典▽港湾局総務部担当課長＝㈱東京臨海ホールディングス派遣（産業労働局総務部総務課統括課長代理）◎渡辺恒平▽労働委員会事務局審査調整法務担当課長（田宮合同法律事務所）平岡卓朗

◆医師・研究・医療福祉系

【課長級】▽広尾病院心臓血管外科医長（広尾病院心臓血管外科非常勤医師）田﨑大▽墨東病院内科医長（墨東病院内科非常勤医師）井上佑一▽墨東病院耳鼻いんこう科医長（東京警察病院耳鼻咽喉科医長）横西久幸

■都退職

30日付

【課長級】▽労働委員会事務局審査調整法務担当課長　伊達有希子

◆医師・研究・医療福祉系

【部長級】▽駒込病院外科部長　岩崎善毅

【課長級】▽中部総合精神保健福祉センター事務室医療審査医長　市田典子▽墨東病院耳鼻いんこう科医長　藤巻葉子

大津 シヅエさん（おおつ・しづえ＝大津浩子都議の母）23日死去、85歳。通夜は7月3日午後6時から7時まで、告別式は4日午前11時から12時まで、いずれも代々幡斎場（渋谷区西原2の42の1☎03・3466・1006）で行われる。

◆シリーズ「退職後のリアル～しくじり都庁OBの教訓」は休みます。

五輪への航海図 ⑲⓪

TOKYO 2020

開催まで あと1123日

特別区の戦略⑫

世田谷区　米キャンプに対応

世田谷区は2015年11月、米国代表選手団のキャンプ候補地に選ばれた。候補施設の大蔵・大蔵第二運動場は選手村から15キロ圏内と近い上、設備面では体育館、陸上競技場に加え、プールやテニスコート、アーチェリー場も完備。これまでに米国の五輪委員会（USOC）が10回以上視察に訪れ、「特別な改修は不要」とお墨付きをもらうほどの施設だ。

キャンプ実施に向けて課題となるのは、パラリンピックへの対応だ。覚書の締結当初は五輪選手団だけが区内でキャンプを張る予定だったが、4月に保坂展人区長が米国を訪問。「パラリンピックキャンプも世田谷で」と訴え、調整が進んでいる。4月以降の視察でも大きな問題点はないというが、米国にとって現地施設を使ってのパラキャンプは前例がほとんどないといい、「どの競技を実施できるか」「バリアフリー対策は十分か」など、調整事項は多い。

セキュリティー対応も課題の一つだ。リオ大会では、米国は軍の施設や地元プロサッカークラブの公式練習場など、元来セキュリティーレベルが高い施設を使用しており、多くの区民が利用することが前提の区民施設との違いは大きい。区は現在、立ち入り禁止になる範囲や期間を米国と調整しているほか、警察とも連携し、警備体制の構築や合同訓練の実施を検討している。このほか、キャンプ期間中に施設を利用できなくなる区民への対応も課題になる。

キャンプ誘致の最大の目的は、選手と区民が交流することでスポーツ機運を高め、大会後のレガシーにするということだ。具体的には、選手による指導やサイン会など、区民が選手と自由に触れ合える「コミュニティーデー」を検討中。このほか、選手による学校や児童施設訪問など、主に大会前後の年に交流の機会を増やしたい考えだ。

昨年6月には、住民と選手の交流事業にかかる費用の半分を国が負担する「ホストタウン」にも登録。同区の玉野宏一オリンピック・パラリンピック担当課長は「特に子供たちとの交流の場をできるだけ多く設けたい」と話す。正式契約は、順調に調整が進めば9月には成立する予定。

USOCが大蔵運動場を視察

昇任試験対策のページ

主任試験講座 平成29年度 39

行政法⑦

今回で行政法からの出題は最後となります。前回に引き続き、「行政争訟」に関する問題演習を行います。

問題

【問題22】

取り消し訴訟における裁判所の執行停止に対する内閣総理大臣の異議に関する記述として誤っているのは、次のどれか。

① 内閣総理大臣の異議があったときは、裁判所は、執行停止をすることができず、また既に執行停止の決定をしているときは、これを取り消さなければならないため、裁判所はその異議の理由の適否について審査することができない。

② 内閣総理大臣の異議は、執行停止の申し立てがなされ、裁判所が執行停止を決定した後であっても行使することができる。

③ 内閣総理大臣の異議は、執行停止制度に対して重大な制約を与えるものであるため、法律に定めはあるが、行使された実例はない。

④ 内閣総理大臣の異議は、次の国会で報告しなければならないが、異議に対して国会で疑義が認められた場合であっても、異議は無効とならない。

⑤ 内閣総理大臣の異議は、これを有効とさせるためには異議の理由を付さなければならず、異議の理由を付さないときは不適法な異議であり、異議の効力は生じないとされる。

【問題23】

行政事件訴訟法における訴訟に関する記述として誤っているのは、次のどれか。

① 抗告訴訟では、処分があった後にその処分をした行政庁の権限が他の行政庁に承継されたときは、承継後の行政庁を被告として訴えの提起をすることができる。

② 抗告訴訟は、公法上の法律関係に関する訴訟であるが、選挙人たる資格を有する者に限り提起することができる、という要件は定められていない。

③ 抗告訴訟では、処分の取り消し判決が確定すると、その処分の効力は遡及的に消滅するが、対外的な影響を考慮する観点から、当事者間にのみ効力を有し、訴外の第三者に対しては効力を及ぼさない。

④ 抗告訴訟の対象には、法律行為的行政行為及び準法律行為的行政行為だけでなく、公権力の行使に当たる事実行為も含まれる。

⑤ 機関訴訟とは、国または公共団体の機関相互間の権限の存否に関する訴訟であり、法律の定める者に限り提起することができる。

【問題24】

行政事件訴訟法に定める訴訟に関する記述として誤っているのは、次のどれか。

① 民衆訴訟は、国または公共団体の機関の法規に適合しない行為の是正を求める訴訟であり、国民は自己の法律上の利益にかかわらない資格で任意に訴訟を提起することができる。

② 民衆訴訟及び機関訴訟は、客観的訴訟の性質を有し、法律に定める場合であり、かつ、法律に定める者に限って訴訟を提起することができる。

③ 民衆訴訟及び機関訴訟は、法律上の争訟には該当せず、国民の権利利益の保護救済を目的とした主観的訴訟に属するものであり、判決の効力は第三者に対しては及ばない。

④ 当事者訴訟は、権利関係が公法関係に属し、その権利主体が対等の立場で権利関係を争う訴訟であるが、訴訟の基本的な構造については通常の民事訴訟と異なるところはない。

⑤ 民衆訴訟とは、国または公共団体の機関の法規に適合しない行為の是正を求める訴訟で、選挙人たる資格その他自己の法律上の利益にかかわらない資格で提起するものを言い、一般に客観的訴訟と呼ばれる。

【問題25】

行政事件訴訟法に定める抗告訴訟に関する記述として、誤っているのは次のどれか。

① 抗告訴訟の審理では、当事者が主張しない事実についてまでも裁判所が職権で証拠を探知し、調べるという職権探知主義は採用されていない。

② 抗告訴訟では、処分または裁決をした行政庁以外の行政庁の訴訟参加も認められている。

③ 抗告訴訟は、当事者間の法律関係を形成する処分に関する訴訟であり、例として住民訴訟が挙げられる。

④ 抗告訴訟は、行政庁の公権力の行使に関する不服の訴訟であり、例として行政処分の取り消し訴訟が挙げられる。

⑤ 民衆訴訟は、国または公共団体の機関による法規に適合しない行為の是正を求める訴訟であり、例として自治法上の住民訴訟が挙げられる。

解説

【解説22】 正答③

① 正しい。行政事件訴訟法第27条第4項のとおり。

② 正しい。内閣総理大臣は、裁判所に対し異議を述べることができ、執行停止の決定があった後においても同様である（行訴法第27条第1項）。

③ 誤り。異議申立てを認めた実例はある（例・集団示威行進の許可に付された進路変更に関する条件の効力停止について＝昭42・6・9東京地方裁判所）

④ 正しい。国会に報告する義務を負うのみである（行訴法第27条第6項）。したがって、「異議に対して国会で疑義が認められた場合、異議は無効となり、裁判所の執行停止の決定が有効となる」ことはあり得ない。

⑤ 正しい。異議には、理由を付さなければならない。また、処分の効力を存続し、処分を執行し、または手続きを続行しなければ、公共の福祉に重大な影響を及ぼす恐れのある事情を示すものとされている（行訴法第27条第2項及び第3項）。

【解説23】 正答③

① 正しい。取り消し訴訟の被告適格は、行政庁の属する国・公共団体にある（行訴法第11条第1項）。また、行政庁が国・公共団体に属しない場合、その行政庁を被告とする（同法第2条）。この場合、権限が承継された行政庁を被告とする。

② 正しい。選挙人の資格がない者であっても、取り消し訴訟の原告適格が認められる場合はある。

③ 誤り。訴外の第三者に対しても効力が及ぶ（行訴法第32条第1項）。

④ 正しい。公権力の行使に当たる事実行為が含まれる。

⑤ 正しい。機関訴訟（国または公共団体の機関相互間における権限の存否またはその行使に関する紛争についての訴訟〈行訴法第6条〉を言う）の説明である。

【解説24】 正答③

① 正しい。民衆訴訟（行訴法第5条）の説明である。

② 正しい。客観的訴訟は「法律上の争訟」に当たらず、法律や条例に明文の根拠がある場合にのみ提起できる（行訴法第42条）。

③ 誤り。民衆訴訟及び機関訴訟は、一般公共の利益を保護し、法規範の維持に資することを目的とする客観的訴訟である。

④ 正しい。当事者訴訟（行訴法第4条）の説明である。

⑤ 正しい。行政訴訟法第5条のとおり。

【解説25】 正答③

① 正しい。当事者主義の枠内において、必要に応じて職権主義（行訴法第24条）がとられているものであり、当事者が主張しない事実についてまでも裁判所が職権で証拠を探知し調べるという職権探知主義は採用されていない。

② 正しい。行政事件訴訟法第23条のとおり。

③ 誤り。住民訴訟（地方自治法第242条の2）は、自己の法律上の利益に関係なく訴訟を提起できる民衆訴訟の一種である。

④ 正しい。行政事件訴訟法第3条第1項のとおり。

⑤ 正しい。その他例としては、公選法に基づく選挙または当選の効力に関する訴訟（自治法第203条、207条）などである。

29年度 カレントトピックス 39

都政事情

■火山防災で合同会議（5月12日）

都は都庁第一本庁舎防災センターで、今年度初めての開催となる伊豆諸島6火山防災協議会合同会議を実施した。同協議会は昨年4月、活動火山対策特別措置法に基づき、火山状況に応じて警戒避難体制の構築などを行うのが目的。今回の会議では、「火山防災協議会規約の改正」「伊豆大島・三宅島火山避難計画」「八丈島・青ヶ島火山ハザードマップ」などを協議した。出席した小池知事は大島、三宅島での噴火災害に言及した上で、「都は地域防災計画を策定し、火山災害時の対応の方針と観測体制の整備について定めており、各町村と合同で火山災害を想定した防災訓練等を実施している。火山防災対策の実効性を高めるための緊密な連携が不可欠」と述べた。

■東商と働き方改革宣言（5月25日）

都と東京商工会議所は「TOKYO働き方改革宣言書」の手交式を行った。都では、都内企業の働き方改革の機運を高めようと、2016年度に「TOKYO働き方改革宣言企業」制度を創設。5年間で働き方改革を宣言する5千社を目標に公募している。

働き方改革宣言企業とは、従業員の長時間労働の削減や年次有給休暇などの取得促進のため、2～3年後の目標や取り組みを宣言書に盛り込み、全社的に取り組む企業。昨年度は1千社が宣言するとの目標を達成した。

今回、約7万8千社の会員を持つ東商が働き方改革を宣言したことで、都は今後、東商が旗振り役になることを期待している。

■市場のあり方戦略本部がヒアリング（5月10日）

築地市場移転の課題を議論する市場のあり方戦略本部で、小池知事によるヒアリングが報道陣に全面公開されて実施された。流通業界を代表して、イオンリテーリング、CSN地方創生ネットワーク、マルエツが選定された。

小池知事は冒頭のあいさつで、「市場の利用の仕方だけではなく、持続可能性なども踏まえた市場の将来のあるべき姿、機能についても話を聞きたい」と述べた。

ヒアリングでは、流通業者から市場の休市日や産地から市場までの搬送時間に関する意見が出た。大半の市場が休みである日曜は魚が最も売れるのに、休市日であるのは「市場の在るべき姿ではない」との指摘があった。搬送時間に関しては、産地から築地市場まで時間がかかるとし、時間を短縮できれば、市場を経由した流通が増えるとの声が聞かれた。

流通業者の意見に対し、小池知事は「目からうろこが落ちた」と感想を述べた。知事は昨年11月に示したロードマップに基づき、市場移転の可否を判断する考えを示した。

29年度 主任・係長 論文講座 39

特別区主任主事選考 傾向と対策②

平成29年度の主任主事選考試験スケジュールについては、既に公表されているところもあるようです。まだ先だと思っていた人も具体的なスケジュールが分かると、より現実味を帯びてきているのではないでしょうか。

既に一度、論文を書き上げた人もいると思いますが、これからという人も、本番に向けてしっかり予定を立てて対策に取り組んでいきましょう。

前回に続いて、特別区主任主事選考の傾向と対策について考えていきます。

今回は、試験論文を書く上で、最低限、押さえておくべきポイントを整理していきます。

出題意図を把握して書く

試験に出題される課題は前回の「傾向と対策①」で述べたとおり、区として重点的に取り組んでいる施策など区政課題に関連したもの（「区政課題型」）と、主任主事の役割を問うもの（「役割型」）に二分される傾向が見られます。

そして、与えられた課題に対して的確な内容の論文を書き上げるためには、出題者がどのような問題意識を持って設問し、何を解答してほしいのか、出題の意図をつかむことが非常に重要です。

出題される課題には、その時々の社会経済情勢や最新の時事など、各区が重点的に取り組んでいる施策や問題点などに関連させるケースが多いです。

例えば、人口構成に関する課題が出題された場合に、日本全体の傾向から考察して導くことができる一般論的な対策のみを記述するだけでは十分ではありません。

人口が減少している区もある一方、人口増加への対応が求められる区もあるためです。

各区において人口構成や変動に対して、それぞれの区の状況に応じた課題を洗い出し、施策として整理されていますので、そこまで踏み込んで解答内容を考えないと出題の意図を踏まえたものとはなりません。

出題の意図を的確につかむには、実際に出題された過去の課題を、公開されている区では所管課から、公開されていない区では上司や先輩から情報を集めることが効果的です。

過去の課題を見て、その年度に、なぜその課題が出題されたのか、出題の背景にあるものは何か、などを考えることにより、出題の意図をつかむ練習をしてみてください。

これは、「区政課題型」はもちろんですが、「役割型」についても同様です。

かつてと今日では、主任主事に求められている役割が変化していることを意識することが大切です。

主任主事の立場で書く

次に、課題に対する対応策の記述に当たっては、主任主事としての立場に立った論文にする必要があります。

主任主事の役割については、これまでも講座の中で「実務の中心を担う」「係長の補佐役」「後輩職員の指導育成役」など主なポイントを述べていますが、いまだに「このようにすべきである」「こうあるべきである」など、役割について評論家的な表現になっている論文を見ることがあります。

出題者は、このような第三者的な評論を求めているのではなく、「あなたはどうするのか」具体的な職務行動の記述を求めています。

また、課題の抽出や状況を把握して諸問題を整理しておくことは必要ですが、出題者は、組織のマネジメントに責任を負う係長や管理職とは違い、主任主事としてできる解決策を求めています。

したがって、実務の中心を担い、職場における第一線での改善に向けた創意工夫や、活力みなぎる職場づくりに向けた係の中核としての取り組みを記述することが重要です。

係長のサポート役として、係長と他職員をつなぎ、円滑なコミュニケーションや情報共有の要としての役割に加え、後輩職員へのお手本になることも期待されています。

これらを踏まえて、積極的に課題に取り組む熱意や意欲が感じられる記述を心掛けましょう。

建設的な視点で書く

論文を書くに当たって、課題の抽出で気をつけなければならないことは、必要以上に既存の施策や制度の批判をしないということです。

現存する施策や制度が実施された当時と現在では、状況に変化があることや、どのような施策であっても、一定の効果・成果を上げていることを踏まえると、今日の視点で安易に批判することは望ましい姿勢とはいえません。

単なる批判は、問題点や改善策を掲示することにはなりません。

まず、現行の施策に対して一定の評価をした上で、当時と現在の状況の変化を踏まえると、さらにどのような改善策が必要か、区民サービスを推進させるための一歩先を見据えた建設的な考えを述べることが大切です。

解決策を具体的に書く

次は具体的な解決策です。他の人との違いを意識しすぎるあまり、奇抜なものやユニークな対応策を述べる人もいますが、必ずしも良い評価につながるとは限りません。

一方で、抽象論に終始するのも考えものです。

解決策は、何より自分が主任主事として、実現可能な対応策を具体的に書くこと、地に足をつけた対応策を示すことが重要です。

例えば、電話で区民からの苦情があり、その原因が係内での情報共有不足により適切な電話対応ができなかったとします。

その場合、係内で十分に情報を共有するとともに、適切な情報を提供することが必要ですが、その解決策として、「係長と相談の上で、係会を開き、苦情に関する情報を係内で共有し、今後苦情にならないよう対応する」では、必ずしも十分ではありません。

係内で情報をどのように共有し、今後苦情につながらないように、どのように対応するのかという、具体的な対応策が欠けています。

例えば、庁内LANなどのシステムを活用して情報共有するなど、具体的に、あなた自身が主任主事として、自分ならこうするという対応策を付け加えてみましょう。

経験に基づいて書く

これまで具体的な解決策が必要であると述べてきましたが、論文を書く機会があまりない中で、どのように具体策を導き出したら良いでしょうか。

そのひとつは、自分の経験に基づいて解決策を考えることです。

自らの実際の体験に基づいて記述することにより、より具体的な論文として、説得力のある論文となり得ます。

専門職の人にとっては、自分にできる解決策が限定されると考える人もいるかもしれませんが、主任主事選考の論文においては、自分の経験に基づいて得られた実体験を記述して、解決策を導き出すことも大切です。

誰にでも分かる言葉で書く

論文は、手紙やメールなどとは違い、どうしても難しく硬い文章になりがちです。

また、難しい言葉や専門用語を使うと、評価の高い論文になると考える人もいるかもしれませんが、ここで求められている論文は、学術的な論文ではありません。

無理に、普段使い慣れていない言葉を使っても、その言葉の意味も十分に理解せず、使いこなせていない場合、逆効果になってしまう場合もあります。

また、行政に携わる者にとっても認知されていない専門用語などは避けるとともに、相手に正確に伝えるためには略語でなく、正式な用語を使いましょう。

できるだけやさしい言葉で、かつ自分の表現で簡潔に書くことを心掛けてください。

仕上げは自らの手で書く

これまで論文の内容について述べてきましたが、内容以前に誤字・脱字は減点対象となります。必ず自ら読み返して、誤字・脱字がないようにしましょう。

論文は、何度も繰り返し書いて上司に添削してもらい、推敲を重ねることが大切です。

合否を分ける論文において、単純な誤字・脱字のミスで減点されてしまうというのは非常にもったいないです。

飛び抜けて素晴らしい論文もある一方で、今一つ何かが足りない論文は、それ以上に多数存在します。

最近では、多くの人がパソコンで論文を作成していると思いますが、入力した文字の漢字変換には気をつけましょう。

思い込みによる間違いもありますから、辞書などで調べたり、他の人に論文を読んでもらうことも必要です。

試験の本番は手書きです。最近では手書きで書く機会も減り、いざ書こうと思ってもなかなか漢字が思い出せず、書けないものです。

本番前には、試験時間内で書き上げる練習を行ってください。

また、採点委員に読んでもらう論文ですから、文字は極力丁寧に大きめ、濃いめに書きましょう。

最後に

これまで、2回にわたって述べてきた傾向と対策は、論文の作成や見直しの際に注意すべきポイントとなっていますので、論文を作成した後の見直しにもぜひ参考にしてください。

仕事も多忙な日々の中で、なかなか時間もとれないと思いますが、先輩方も、この苦しい時期を乗り切って合格を勝ち得ています。

もうひと踏ん張りです。試験本番に向けて、最後まで諦めず論文完成を目指しましょう。

Art・Essay&Opinion アート・随筆・オピニオン

トキワ荘のあった街・南長崎

豊島区文化商工部 那須 萌里

週末回遊計画 とっておきのまち歩き⑥

日本一の超過密都市である豊島区。なかでも同区南長崎（旧椎名町）地区は、昔から家賃が安い割に都心への交通の便の良さから、木造賃貸アパートの多さでは抜きん出ていました。そんなアパートの典型ともいえるのが、手塚治虫氏、藤子・F・不二雄氏、藤子不二雄A氏、石ノ森章太郎氏、赤塚不二夫氏といった日本を代表するマンガ家が青年時代に暮らしたアパート・トキワ荘です。

1982年に老朽化のため、惜しくも取り壊されてしまいましたが、豊島区では地域と協働でトキワ荘を文化として後世につなげるまちづくりを進めています。今回は昭和の面影を残す南長崎をご案内します。

まず、西武池袋線・椎名町駅で電車を降りると聞こえてくるのが、『怪物くん』（藤子A氏原作）のアニメの主題歌『おれは怪物くんだ』の発車メロディー。同駅には、豊島区ゆかりのマンガ家を紹介するギャラリー、トキワ荘に住んだマンガ家たちのイラストが描かれた案内板と壁画が設置されており、「マンガの聖地に来た」という気分を盛り上げてくれます。

椎名町駅の南口から出て、マンガ家たちが通った銭湯・あけぼの湯跡、憩いの音楽喫茶・エデン跡、映画館・目白映画跡、パン屋・菊香堂跡、赤塚氏とよこたとくお氏がトキワ荘を出た後に住んだアパート・鈴木園を横目に歩けば、ほどなくしてトキワ荘通りへの入り口、二又交番が見えてきます。

交番を左手にトキワ荘通りを少し歩くと、築90年を超える米屋を改築して13年に開設した地域の文化・観光拠点「豊島区トキワ荘通りお休み処」があります。なんでも、マンガ家たちにも米の配達をしていたとか。

お休み処では、散策に役立つマップの配布や、トキワ荘関係の本の閲覧、関連グッズの販売を行っています。また、マンガ家たちの兄貴分・寺田ヒロオ氏の再現部屋展示は必見。散策の途中に必ず立ち寄っていただきたいスポットです。古くから南長崎に住むスタッフも在館しており、運がよければ、マンガ家たちとの思い出話を聞くことができるかもしれません。

お腹が空いてきたら、『まんが道』（藤子A氏原作）にも実名で登場する中華料理店「松葉」で昼食を。お勧めはマンガ家たちが好んで食べたラーメンです。昔ながらのしょうゆラーメンはホッとする味。メニューには、トキワ荘での宴会に欠かせなかったという寺田氏考案のチューダー（焼酎のサイダー割）もあります。マンガ家気分を味わってみてはいかがですか。

さて、散策を再開しましょう。松葉の向かい側の路地裏こそが、かつてトキワ荘があった場所。現在は、日本加除出版株式会社の社屋が建っており、トキワ荘の痕跡は残されていませんが、マンガの聖地を訪れるファンたちのために、ここがトキワ荘の跡地であることを記した「トキワ荘跡地モニュメント」が2012年に同社敷地内に設置されました。多くのマンガ家が大成した縁起のいい場所ということで、今も多くのファンが訪れるパワースポット。御影石のトキワ荘模型に触れてお祈りすれば、クリエイティブなご利益を得られるかもしれません。

さらにトキワ荘通りを進んでいくと、南長崎花咲公園が見えてきます。公園内には、地域住民の呼びかけによって、09年に完成した記念碑「トキワ荘のヒーローたち」があります。碑には、マンガ家たちの自筆の似顔絵やサインが刻まれています。この碑の完成以降、トキワ荘の文化を伝える地域の動きは、ますます高まっており、まさに、まちのシンボル的な存在。20年の春には同公園内にトキワ荘を実物大で復元した施設がミュージアムとして完成予定です。

帰りは、西武池袋線・東長崎駅へ。ここでは、『ジャングル大帝』のとってもかわいいレオとライヤのモニュメント（手塚氏原作）と写真撮影をすることができます。このモニュメントは、まち全体でマンガを感じられるようにしたいという地域の声から16年に設置されました。まちには他にも、『背番号0』のゼロくん（寺田氏原作）、鈴木伸一氏描き下ろしによるラーメン屋台モニュメント、『いねっ子わらっ子』のマコちゃん（森安なおや氏原作）のモニュメントが公園や老人ホームといった憩いの場に設置されています。

トキワ荘ゆかりの地の散策はいかがでしたでしょうか。今後もトキワ荘復元施設の開設やゆかりのマンガ作品のモニュメントを続々、増やしていく予定ですので、マンガの聖地・南長崎へぜひお越しください。

※ゆかりの地には私道も含まれますので、節度ある散策をお願いいたします。

（文化観光課マンガ・アニメグループ）

豊島区トキワ荘通りお休み処

記念碑「トキワ荘のヒーローたち」

朝食は新旧の自然の恵み

江東区長 山﨑 孝明

朝食は、一日を活動的にいきいきと過ごすための大事なスイッチです。今回は、私の朝食に欠かせない2品をご紹介します。

生まれも育ちも江東区の私ですが、朝食には江東区ゆかりの品が欠かせません。

まず1品目が海苔。あつあつの白いご飯をパリパリの海苔で巻き、しょうゆを少量つけて頬張る。朝食はこれに限ります。

今では信じられないかもしれませんが、かつて江東区では海苔の養殖が行われていました。かくいう私の家が、海苔の養殖を営んでいたのです。

私が住んでいた江東区砂町は、1955年ごろまで海苔養殖が盛んでした。当時走っていた都電の線路脇は日当たりもよく、絶好の海苔干し場として活用されていたのです。しかし、埋め立てに合わせて海苔養殖は行われなくなり、廃止された都電跡は、緑道公園に生まれ変わりました。この公園近くを通ると、干した海苔がパチパチと「鳴く」音や家の手伝いをしていた中学生の頃など、当時のことが思い出されます。江東区にゆかりがあり、ノスタルジックな風景を呼び起こす海苔。和食党である私の朝食には、欠かせない一品です。

そしてもう一つ、私の朝食に欠かせないものが、ハチミツです。

江東区長に就任してから10年が経ちますが、その頃から毎朝欠かしていないのが、スプーン一杯の「ハチミツ」を食べることです。おかげで風邪もひくことなく健康を維持できており、その効果を実感しています。先日は、取材に来たケーブルテレビのキャスターから「区長、お肌きれいですね」とお褒めの言葉をいただき、健康面だけでなく若返り効果もあるようです（?）。

さて、先ほどの海苔と同様、ハチミツも江東区にゆかりがあることを皆さんご存知でしょうか。江東区では、15年より区役所屋上でセイヨウミツバチ3万匹を飼育し、ハチミツを収穫する養蜂事業「ハニービー・プロジェクト（ハニプロ）」を開始しました。これは、職員の提案で始まった取り組みで、緑の中の都市「CITY IN THE GREEN」の推進や都市の生態系の回復とともに、収穫したハチミツを活用した地域の活性化などを目指しているものです。

事業開始に当たって集まったボランティアや担当者は、全員が養蜂未経験でしたが、技術を一から習得し、初年度は140キロ、昨年度は170キロ収穫できました。私も収穫を体験しましたが、いくつもの種類の花から集められた採れたての「百花蜜」は、癖のないマイルドな味わいで、格別でした。

この感動を多くの方に届けたいと、収穫したハチミツを瓶詰にし、区役所2階にある区内の障害者施設が共同運営するショップ「るーくる」で販売しています。販売日には、買い求める人で行列ができるほどの人気ぶりで、販売初年度は用意した瓶詰2250個が即日完売。昨年度も10月に販売しましたが、好評により完売となり、うれしい限りです。

現在、養蜂事業は区役所以外にも広がりを見せ、豊洲では地元商店街がビルの屋上で収穫したハチミツを配合したビールをつくり、話題となっています。またハニプロも、4月からNPO法人に引き継がれ、さらなる発展が期待されるところです。

紹介した「海苔」と「ハチミツ」ですが、高度経済成長期における開発により姿を消した海苔養殖と、環境保全や緑化の推進により回復した豊かな自然を生かした養蜂事業は、ともに江東区が歩んできた環境の歴史とつながります。

かつて江東区を代表する自然の恵みであった海苔。そしてそのバトンを受け継ぎ、新たなシンボルとして期待されるハチミツ。この江東区ゆかりの「食」を毎朝いただき、今日も私の一日がスタートします。

㊤区役所産ハチミツを紹介する山崎区長㊦昭和30年頃の海苔干し風景（南砂2丁目）

ミニガイド

◇地域人材育成プラットフォーム化事業「変革の時代を勝ち抜く人づくり」シンポジウムin多摩 ▷内容 「変革期を勝ち抜く人材育成のあり方～Sosiety5.0の時代に向けて～」をテーマに一般社団法人クラウドサービス推進機構の松島桂樹理事長による基調講演とパネルディスカッション▷日時 7月28日㈮ 午後2時半～5時▷会場 （公財）東京都中小企業振興公社多摩支社セミナー室（JR西立川駅下車徒歩7分）▷対象者 中小企業の経営者を始めテーマに関心のある人▷申し込み 事前申し込み制・先着順（定員150人）。HPの申込書に必要事項を記入の上、ファクスで▷問い合わせ 都立多摩職業能力開発センター人材育成課☎042・500・8700

◇外国人のための防災フェスティバル ▷内容 港区初の取り組み。外国人に防災に関する基礎知識を習得してもらい、自助の意識を高め、総合防災訓練への参加を促す▷日時 7月1日㈯ 午前10時半～午後2時半▷場所 港区立神明いきいきプラザ6階体育館（JR浜松町駅徒歩4分）▷対象 区内在住・在勤・在学の外国人（事前申し込み不要）▷費用 無料

1日から発売

ANA利用者は乗り放題 東京メトロと都営地下鉄

全日本空輸㈱と東京地下鉄㈱、都交通局は、羽田空港到着のANA国内線利用者を対象に東京メトロと都営地下鉄が乗り放題となる企画乗車券「Tokyo Subway Ticket」を羽田空港第2ターミナルで1日から発売を開始する。

同乗車券は現在、国内旅行者向けには1都7県（東京・神奈川・埼玉・千葉・茨城・栃木・群馬・山梨）以外の一部旅行代理店や都内ホテルなどで発売しているが、今後、羽田空港に到着するANA国内線を利用した場合にはより買い求めやすくなる。

発売の対象となるのは、羽田空港に到着するANA国内線（ANA便名で予約したコードシェア便を含む）を予約・搭乗し、出発空港で受け取る搭乗案内か、保安検査証を提示した旅行客。どちらも有効期限は到着日を含め3日以内。乗車券の乗り放題の期間は、使用開始から24時間、48時間、72時間の3種類で、発売額はそれぞれ800円、1200円、1500円。全て大人券のみ。有効区間は東京メトロ全線と都営地下鉄全線。

発売場所は、羽田空港第2ターミナル地下1階の案内所5。年中無休で、営業時間は午前6時から午後10時まで。コードシェア便で第1ターミナルに到着した乗客も購入できる。

BOOK

生活保護ハンドブック 「生活保護手帳」を読みとくために

池谷秀登著 日本加除出版刊

本書は、著者の長年にわたる生活保護行政における経験を踏まえ、その価値と知識と技術を後輩である行政職員や関係者に伝えるものです。

構成は「実施組織」「生活保護の原理」「生活保護行政の課題」の3編です。

第1編では、生活保護行政に課せられたものの歴史的変容を示し、ケースワーカーに求められる知識や支援技術を解説しています。それらを踏まえた上で、実施組織である福祉事務所の課題を説いています。

次に第2編では、生活保護の基本的な考え方である原理に基づき、実務における留意点について、訴訟判例や法令・通知を使用して分かりやすく解説しています。扶養義務や稼働能力の活用など、いわゆる生活保護バッシングにつながる誤解や疑問が解消されます。

さらに、第3編では、保護申請時における対応、就労支援、不正受給、遺留金等のケースワーカーや査察指導員が直面する判断や、解決が困難な問題への対応方法を丁寧に解説・検討しています。

このように、本書は『生活保護手帳』の解説や解釈にとどまらず、実施機関としての福祉事務所の公的責任の在り方や行政職員としての心構えに触れるなど、新人職員のみならずベテラン職員にも有用な書として活用できるものです。ぜひ、福祉行政の関係者には手に取っていただきたいお勧めの書です。

定価 3400円＋税

（田園調布学園大学人間福祉学部教授・元練馬区総合福祉事務所長 今井伸）

都政新報

発行所 都政新報社
〒160-0023 東京都新宿区西新宿7-23-1 TSビル
〈総務・読者〉03-5330-8781
〈企画広告〉03-5330-8784
〈編集〉03-5330-8786
〈出版〉03-5330-8788
〈ファクス〉03-5330-8808
購読料 月1,730円(税込)
毎週火・金曜日発行
ただし、祝日は休刊

紙面から

都議選最終盤

小池新党 第1党の勢い

自民は国政影響し逆風

7月2日の都議選投開票まで残り2日となった。自民党は加計学園問題に加え、閣僚の問題発言や違法献金疑惑などが都議選に飛び火している。支持率が低下する要因となり、予測される議席数は40前後にとどまり、厳しい展開となっている。一方、都民ファーストの会は40議席半ばが視野に入り、第1党に躍進する勢いを見せている。

26日、自民党候補の応援演説で文京区立小学校に現れた安倍首相は、盛大な拍手で迎え入れられた。「古い議会か新しい議会か、そんな議論は間違っている。仕事ができる議会か、できない議会かを決めるのがこの選挙戦だ」。安倍首相はこう強調し、「古い議会の刷新」を掲げる小池氏に対決姿勢を示した。

ただ、加計学園問題の渦中にある首相が「先の国会で『印象操作のような質問がある』と強い口調で言い返してしまった」と反省の弁を口にすると、聴衆の1人からヤジが飛ぶ一幕もあった。

選挙戦が最終盤に入り、自民への逆風は顕著だ。官邸が加計学園問題の解明に消極的だったため、候補者には「首相が応援に入ってもマイナスになる」との懸念が強まっており、首相の応援は28日までに2回にとどまる。首相の応援がテコ入れになるのか、逆効果か判然とせず、ある候補者は足を引っ張られることを警戒し、「これまで（応援を）要請していないし、今後も求めるつもりはない」と断言する。

加計学園だけではない。22日には豊田真由子衆院議員の秘書に対するパワハラ暴言問題が発覚し、離党届を出す事態に。また27日には稲田朋美防衛相が候補者の集会で、「防衛省・自衛隊、防衛相、自民党としても候補者をお願いしたい」と訴え、自衛隊を政治利用したとも受け取れる発言が批判の的になり、29日には同党都連の下村博文会長が加計学園から違法な献金を受けたと週刊誌が報じた。

選挙期間中の身内からの「攻撃」が悪影響を与えるのは必至だ。例えば、民進党系が市長を務める小平市（定数2）。都民ファーストの候補が独走する中、残り1議席を自民と民進候補が争う大接戦を展開している。現時点で自民候補がわずかにリードし、民進候補が猛追している状況だが、稲田氏の発言で逆転もあり得る。

告示直後の各種世論調査では、自民が40議席前半を獲得するとの見通しが出ていたが、稲田防衛相への批判が強まると、最悪の場合は民主党（当時）に風が吹いた09年と同様、30議席台に減らしかねない窮地に立たされている。

候補者の訴えに拍手を送る有権者＝27日、清瀬駅前で

敵失で更なる議席増も

一方の都民ファーストの会。27日、多摩地区の候補者の応援に入った小池代表は、安倍首相の主張を念頭に、「超古い議会を新しい議会に変えようと申し上げている。一部の利益団体のためではなく、都民のために仕事ができる議会かが問われている」と反論した。国などと連携し、東京五輪を成功させる必要があることから、首相に対する批判は封じ、都議会自民党批判に徹した形だ。

ただ、選挙戦をリードしている都民ファーストだが、小池氏への追い風は都知事選ほどではない。昨年の選挙では、小池知事が自民党都連を「ブラックボックス」と連呼すると、聴衆は熱狂に包まれたが、当時と比べると現在の自民批判への反応は鈍い。各種世論調査で、知事の支持率が低下している結果が示すように、支持を固め切れていないことが背景にあると見られている。

保守票の取り込みが選挙結果を左右する選挙区もある。北多摩第四（定数2）では、都民ファーストが市議会議長経験で自民を離党した市議に公認を、民進党を離党した現職都議に推薦を出し、自民の現職などと接戦を繰り広げている。都民ファーストの公認候補の駅頭演説には、元自民市議や同党の支援者も集まったが、陣営の一人は「自民にお灸を据えようという雰囲気はあるが、自民の底力を甘くは見ていない」と気を引き締めている。

反自民の受け皿狙う

公明党と共産党の競り合いは更に熾烈だ。両党が最後の議席を巡って競り合う選挙区は少なくなく、公明は共産批判を強めている。

山口那津男代表は26日、杉並区内での演説で私立高校授業料の実質無償化の対象拡大に言及。「実現したのは公明党」と強調した上で、「共産党は実現していない」と名指しで否定した。

公明は23人の候補者を公認しているが、告示後の世論調査では落選者が出るとの結果もある。告示前と比べて支援組織の票を固めているが、投票率が09年の54・49%を超えると、苦戦を強いられる可能性もある。

一方、共産は一貫して自公批判を展開。志位和夫委員長は、公明が石原、猪瀬、舛添都政での知事提案議案を99・98%賛成したと指摘し、「豊洲問題を始め、都政の闇を作ってきたのは公明党」と手厳しい。稲田防衛相の問題発言には、志位委員長が28日のツイッターで「（自衛隊が）特定政党を応援したら、どんなに危うい社会になるか」と疑問を呈し、リツイートは5時間で2千近くに上った。共産は「反自民」の受け皿として、現有17議席近くまで確保するとの調査結果も出ている。

民進党も「反自民」の受け皿を狙い、加計学園問題を取り上げている。蓮舫代表は「自分たちに都合の良いことは強行採決し、自分たちに都合の悪いことは口を閉ざす」と自民などの対応を批判。支持率は低迷しているが、蓮舫氏は特に子供連れの母親から人気が高く、握手や写真撮影を求められていた。ただ、個人的な人気をどこまで組織の得票に結び付けられるかは不透明で、告示後の世論調査では2～4議席にとどまるなど、伸び悩んでいる状況だ。

都政策企画局

副知事トップに機運醸成

五輪準備など ホストシティ推進本部設置

2020年の大会準備や東京の都市力向上を進める会議体「ホストシティＴｏｋｙｏプロジェクト推進本部」の第1回会合が28日に行われた。3年後に迫る大会準備の取り組みは、昨年末に発表した都の実行プランにも掲げられており、推進本部では大会に向けた各プロジェクトの進捗を管理し、新たな展開を検討する。大会後の人口減少を見据えて経済面での活力を維持するとともに、相次ぐ知事交代による大会準備の「停滞」を払拭し、国内外にアピールする狙いもある。

「オール都庁で総力を結集し、全員参加を気概を持って取り組んでいただきたい」。小池知事は第1回の会合冒頭、職員にそう発破をかけた。

ホストシティＴｏｋｙｏプロジェクト推進本部は、山本隆副知事が本部長を務め、政策企画局、五輪準備局、産業労働局の3局長および総務、生活文化、都市整備、環境、建設の各局の理事級職員が参加する。中心テーマは五輪大会の機運醸成や魅力発信、大会後を見据えた東京の都市力の向上だ。

都は実行プランで、18年平昌五輪でのライブサイト実施やフラッグツアーの全国展開、障害者スポーツ製品の開発促進などによる大会機運醸成を掲げている。また、羽田周辺での自動走行車の実証実験や水素エネルギーの活用なども大会を契機に進め、都市間で環境施策を共有するなど、国内外への発信を強化する方針だ。

政策企画局調整部政策課は「基本は実行プランをベースに、まずは大会成功に向けた取り組みを進める。大会後も観光客数が伸びたロンドン大会のような成功を目指す」と説明する。五輪開催都市は、大会後に観光客数の減少や施設が無用の長物となるなどの「揺り戻し」が起こりがちだ。ロンドンは大会を契機とした都市の魅力発信や経済的なレガシーなどによって、大会後も成長を続けた成功事例として取り上げられている。ポイントとなるのは、「都市の魅力」向上だ。

小池知事は大会後も見据えた東京の都市力向上のため、「伝統と革新に裏打ちされた新たな文化・観光資源の創出を図り、これまで見たことのないような、誰もがわくわくするような東京の魅力を打ち出していきたい」と話す。東京の持つ多彩な芸術文化を発信するため、大会までの文化振興事業である東京文化プログラムの拡充にも意欲を見せる。

これまではリーディングプロジェクトとして、様々な芸術家がコラボレーションするパフォーマンス「東京キャラバン」などが展開されてきたが、プロジェクト推進本部では更に先駆的なプログラムを拡充・展開していく予定だ。

また、大会後の25年以降、東京でも人口減少が進むことが見込まれ、マンパワーの減少や福祉関連費の負担増など、将来の後退的な変化に対応していくことが課題だ。このため、増加する訪都観光客を維持することや、大会を契機に東京の技術力を国内外に発信すること、大会後も先端技術を活用した挑戦的な取り組みを促進することで、「都市力で人口減をカバーする」（政策企画局）ことが必要になる。

一方、五輪に向けては、大会費用の分担問題などが長期化する中で、組織委関係者や都議会の一部会派から大会準備の遅れが指摘されていた。

大会に向けた様々な取り組みを体系的にまとめ、進行管理を行うことで準備の遅れへの懸念を払拭し、合わせて大会後の都市力向上につなげる施策を進めることで、大会への期待や盛り上げを高めようとする意図も見える。

プロジェクト推進本部には終期が定められておらず、方向性などを示す期限も設けられていない。政策企画局は「各局にまたがる会議体で、各事業を体系的にどう管理していくか。走りながら検討していく」（政策課）方針だ。

大会準備に力を尽くすよう職員に求める小池知事＝28日、都庁特別会議室で

都環境局

LED電球交換事業開始

都民の意識改革に期待も

都環境局は、家庭で使用中の白熱電球をLED電球に交換する新事業を7月10日から開始する。都内在住の18歳以上が対象で、交換は1人につき一回、交換には運転免許証か健康保険証、マイナンバーカードなどが必要になる。

同事業は、省エネ効果の高いLED電球を各家庭に普及させることが狙い。白熱電球との交換は、2008年にロンドンなどで前例がある。

交換は地域の831店舗の家電店などで実施。条件は家庭で使用中の白熱電球で、36W以上の消費電力があることなどで、フィラメントが切れていたり破損しているものは対象外。交換の際、使用用途に応じたLED電球を店舗が用意する。

不正防止のためLED電球のパッケージに「転売禁止」のテープが貼られる。また、交換した白熱電球はハンマーで割って使用不能にする。複数回の交換が判明した場合は、対象者に補助金相当額を請求する予定。

交換期間は事業開始から1年間で、予算額の15億円分に相当する100万個のLED電球がなくなり次第終了となる。

小池知事は「100万個のLED電球で23億4千万円の電気料金の削減になる」と話し、事業による都民の省エネ意識改革にも期待を寄せた。

都芸文評が新体制

ネット活用など検討へ

都の文化振興施策を検討する第6期の東京芸術文化評議会が28日、新たな評議員を迎えて初開催した。

プレゼンテーションではカドカワ㈱代表取締役社長の川上量生氏が、インターネットを用いたイベントについて、ネット上のコンテンツが集合する「ニコニコ超会議」などの実例を踏まえて紹介。ネット中継や視聴者が参加できる仕組みづくりの重要性を強調した。

また、国文学研究資料館長のロバート・キャンベル氏は、国文研が取り組む作家や翻訳家を招聘して新たな文化創成を図るレジデンス・プログラムについて説明した。

委員からは東京五輪での文化オリンピアード促進に向け、「芸文評も親しみやすい名前を付けて会議中継をエンターテインメント化すべき」「日本の食文化ミュージアムは世界的な需要がある」などの意見が上がった。

小池知事は「ネットとの融合は必須」と理解を示し、五輪に向けた東京文化プログラムの拡充も踏まえ、「早速アイデアを具体的に検討する」と応じた。

◆国に148項目要求へ

都政策企画局は27日、2018年度の国の施策と予算に対する提案要求を決定した。重点事項は新規10項目を含む148項目で、うち最重点事項は54項目。

新規重点項目では、小池知事が重視する公務員の働き方改革や国際金融都市・東京の実現が盛り込まれた。働き方改革に関しては、地方公務員はフレックスタイム制などが適用除外となっており、「公務員の柔軟な働き方を検討する上での制約」と指摘し、公務職場でのフレックスタイム制などの活用が可能となるよう地方公務員法の改正の必要性に触れている。

また、国際金融都市の実現に向けて、税軽減、外国人の生活環境の整備などに言及。海外の金融系企業の新規参入を促すため、法人税の軽減と相続税の見直しに加えて、インターナショナルスクール向けに建物を整備し、貸し付けた事業者への税制優遇措置の拡充などを要望した。

さらに、北朝鮮のミサイル発射に関して、発射時刻、方向、着弾地点などを国が的確に情報収集した上で、地方自治体に対し迅速に情報発信するよう求めている。

穴句ジョーク

都庁舎サービスロボットの実証実験へ向けて参加事業者募集

「我々もロボットは組合員になれるか否かを実証実験してみたい…」――某支部

都政の東西

民意の暴走

「民意の暴走」という言葉を最近、新聞雑誌などで目にする。トランプ大統領を選んだのは、米国の民意が暴走したのだろうか。

特にリベラル層やその代弁者である大手メディアに、こういう主張が目立つ。日本ならば、橋下徹や安倍晋三といった強い政治家を国民がこぞって支持することに違和感のある人は多いはずだ。

そういう視点から見れば、小池知事こそ「民意の暴走」が生んだ強い首長だと言える。舛添都政は、石原的都政の否定をアイデンティティーとして持っていたが、小池知事は石原的手法を継承している。本来、小池氏が石原都政やその時代の負の遺産との対決をあおるなど滑稽なのだが、なぜか都民の喝采を浴びる。

都議選の投票日が2日後に迫った。残念ながら今回も民意は「暴走」するに違いない。特定の政治勢力が突如として多数の議席を確保し、再び混沌の時代を迎えることは、最近の各種の情勢調査を見れば明らかだ。

では、都民の選択は間違っているのか。試されているのは民主主義ではなく、「民意」を侮り、それを「暴走」としか認識できない政治家やメディアではなかろうか。

過去の知事選で、他県の元知事を選ばなかった都民、「反原発」のワンイシューに乗らなかった都民、極右を選ばなかった都民。全ては民意がなせる良識なのである。

負けた勢力には負けるだけの理由がある。そして、勝った勢力であっても民意を軽んずれば、いつかしっぺ返しを食らうことを、この間の都政の混乱で学んだはずだ。2日後、主権者の判断をどう受け止めて4年間を過ごすのか。新たにバッジを付ける都議会議員が試されることになる。

「食」通じ子供の貧困対策
自宅へ調理員派遣や弁当配達
江戸川区

江戸川区は子供の貧困対策で、食事に困っている家庭の子供を対象に、調理員の派遣や弁当を配達する二つの事業を8月から開始する。第2回定例区議会で同事業費1232万円を盛り込んだ補正予算が27日に可決した。区によると、食事に特化したアウトリーチ型の支援は都内初で、全国的にも珍しいという。子供食堂などに来ない子供たちに対し、食事をきっかけに直接出向いて支援するのが狙いだ。

食の支援員派遣事業「おうち食堂」では、シルバー人材センターなどのボランティアを派遣し、調理に加え、子供と一緒に食材を購入したり、食事したりする。保護者の病気や育児放棄などで食事に困っている家庭の利用を想定しているが、利用対象は限定しない。今年度の枠は30世帯で、1世帯の利用は単年度48回まで。費用は区が全額負担する。

一方、子供配食サービス事業「KODOMOごはん便」は、非課税世帯を対象に、区内の仕出し弁当組合と協力して弁当を配達する。利用枠は100人で、回数は一人当たり単年度48回まで。利用者負担は1食100円とした。また、実費500円を支払えば上限回数を超えても継続利用できる。

いずれの事業も未就学児や児童のいる世帯が主な対象だが、同居する中高生の兄弟、姉妹も利用可能にした。

区は昨年11月、区担当職員や民生委員らに子供の食事に関するアンケート調査を実施。保護者と子供の生活リズムの不一致や保護者の疾患、虐待傾向などにある家庭の子供は、▽カップ麺やコンビニ弁当中心の食生活▽他人に食べ物をねだる▽親が朝食を作らない――などの状況下にあることが浮かび上がった。

こうした状況を受け、今回のアウトリーチ型の食事支援の実施を決めた。支援家庭との調整は子ども家庭支援センターが担う。

区児童女性課の担当者は「区内には民間の子供食堂が12カ所あるが、心配なのはそこに来ない子供たち。行政が積極的に出向く必要がある」と話す。

区は今後、7月にボランティアや配達員らに研修を実施。8月から事業を開始する。

食のアウトリーチ事業は8月に開始する

地域で情報共有を

【解説】子供の貧困を巡る食事支援では、子供や保護者らが出向く「子供食堂」が全国的に急拡大している。今回の江戸川区の取り組みは行政が直接出向く「アウトリーチ型」で画期的だ。

本当に支援の必要な子供にいかにサービスを提供するかは難しい課題となっている。区の担当者によると、子供食堂利用者のうち、貧困世帯にあるのは少数派であり、「そうした場に出てこなければ、相談に乗ることもできない」と話す。

「親は子供を隠そうとする」と指摘するのは、子供食堂の生みの親である「きまぐれ八百屋だんだん」店主の近藤博子さんだ。「本当に困っている子供の情報は、民間には入ってこない」とも言及し、行政や民生児童委員に子供食堂へのつなぎや情報共有を求める。

江戸川区は現在、子供食堂への支援は行っておらず、今後検討を進める。今回の事業は子供食堂につなぐことも目的としている。

子供食堂を巡っては今年度、品川区が支援に乗り出した。区の社会福祉協議会を核に連携し、食堂運営者や食材提供事業者などとのマッチングや情報共有の仕組み作りに着手している。

同区社会福祉協議会の辻亜紀事務局次長は「食堂開設希望者は多いが、場所がない」と語る。だんだんの近藤さんは「（収入面で）仕事にはならない。完全なボランティアで、運営面で場所代に困っている人が多い」と話し、空き家活用を含め、行政が場所の支援に手を差し出す必要性を示す。

また、江戸川区には今回の取り組みを児童相談所開設につなげたい考えもある。多田正見区長は12日の第2回定例区議会本会議で、「児童相談所開設に向けた布石」と明言した。

課題を抱えた子供たちを地域ぐるみでどう支援するのか。仕組みを形にするために、行政の本気度が試される。（草）

受動喫煙禁止で各区困惑
各党が都議選公約に

他人が吸うタバコの煙による健康被害を防ぐための受動喫煙対策。今国会で受動喫煙を防止する法案が先送りされた一方で、あさって7月2日に投開票が行われる都議選では各党が公約に盛り込んだ。各党の主張は飲食店や職場の禁煙など枝葉は異なるものの、屋内全面禁煙とする罰則付きの条例化ではほぼ一致を見せている。これまで分煙対策を軸に受動喫煙対策に当たってきた区からは困惑する声が上がっている。

路上に設置された喫煙場所。横を通る人通りは絶えない＝27日、渋谷駅付近で

「バランスとれる規制を」

国内外から多くの人が集まる渋谷駅。路上に設けられた喫煙スペースで一服する人も多く、灰皿の周りで煙を吐き出している横を、子連れの親子や外国人旅行者が通り過ぎている。

同区は、2003年に「渋谷区分煙ルール」を定め、路上喫煙や歩行喫煙禁止を推進してきた。渋谷、原宿、恵比寿の鉄道3駅から半径300メートル圏内の路上では指定喫煙所以外での喫煙を禁止しており、渋谷駅から徒歩5分圏内に指定喫煙場所を9カ所設けている。

しかし、地元からの要望を受けて昨年に灰皿を撤去したハチ公前など、喫煙所以外でタバコを吸う人が後を絶たず課題となっている。区は4月から警察OBを非常勤職員として採用し、巡回指導による分煙ルールの徹底を強化している。

区環境保全課は「路上喫煙所では、1カ所に喫煙者が集まることで煙が駅のコンコースや付近の飲食店まで流れやすくなる」と、屋外での喫煙では分煙が徹底できないジレンマを吐露する。抜本的な改善方針として考えているのが、屋内喫煙所の完備による屋外喫煙所の撤去だ。

15年には、大規模建物を建てる際に一般利用が可能な屋内喫煙所を設けるよう規定した条例を施行。煙が外に漏れ出ないよう密閉できる屋内喫煙所を増やすことで、将来的には屋外の喫煙所をなくす方針を立てている。

しかし、屋内での喫煙を禁止する都条例ができれば、違反施設となる可能性がある。担当者は「屋内全面禁煙になれば、区の方針を180度見直さなければならなくなるかもしれない」と危惧する。

港区でも、喫煙者と非喫煙者を共存させるための分煙ルール「みなとタバコルール」の浸透を働き掛けている。区内にオフィスが多く、喫煙所が私有地内であっても受動喫煙を防ぐよう配慮を求めている点が特徴的だ。

今年度から促進活動に協力する事業者登録を開始し、20年までに2020事業者の登録を目指す。併せて、民間喫煙所整備に対する区助成制度の活用を呼び掛けている。

「屋外に喫煙所を設けることで、煙の分散や吸い殻のポイ捨てが減った事例もあり、吸う場所を確保する効果がある」と話し、都条例の動きに「屋内と屋外でバランスのとれる規制が求められる」との考えを示す。

02年に全国で初めて罰則付きの路上禁煙条例を打ち出した千代田区でも動きがある。石川雅己区長は12、13日の第2回定例区議会本会議で自民と民進系会派からの代表・一般質問への答弁で、保育所の代替園庭を始めとする子供の利用が多い公園は禁煙、それ以外の公園では分煙とする方針を示した。区安全生活課は屋内禁煙への動きに懸念を示しながらも「地域の理解を得て、喫煙者と非喫煙者が共生できる方向性を考えていきたい」と従来の考え方を固持する。

一方で、法律や都条例が定まらない状況下で様子見をする区も少なくない。受動喫煙対策の考え方は非喫煙者寄りになりがちだが、ある区の担当者は「タバコの販売が国に認められている以上、吸う人への権利は侵害できない」との認識を示した上で「国よりも都の方が早く動き出しそうで、動向に注目している」と熱い視線を送る。

区長会
森林環境税で国に要望
地方交付税措置優先を

特別区長会（会長＝西川太一郎荒川区長）は27日、環境保全などを目的に国が創設を検討する森林環境税に関し、財源として地方交付税を優先させることなどを高市早苗総務大臣宛てに要望した。

森林環境税は、自民党税制調査会が来年度の与党税制改正大綱で創設に向けた方向性を示す方針を決めており、総務省も4月から地方財政審議会に検討会を設置。制度設計や導入時期などを議論している。

検討会は、市町村が実施する森林整備などの財源を都市や地方にかかわらず国民が均等に負担することを趣旨として、個人住民税均等割の枠組みを活用した森林環境税の徴収を想定していることから、区長会は16日の総会で、国の検討会が議論を本格化させる前に要望活動を行うことで一致した。

要望では、森林を保有する特定の市町村への財政支援では、まずは地方交付税による措置を優先させるべきとして、地方交付税の法定率引き上げを求めた。

その上で、森林保全に向けた新たな財源として国民の税負担を求める場合は、地方税ではなく国税とし、個人だけでなく法人にも負担を求めるよう要望。「地方税として徴収した財源を他の市町村に再分配するのは、応益負担の原則から逸脱しており、断じて認められない」と強く要請した。

また、税徴収では、個人住民税均等割の枠組みの活用に反対する意向を示し、国の責任で徴収するよう求めた。

森林環境税を巡っては、都市長会も来月に総務省と林野庁への要望活動を予定している。

観光案内所職員ツアー
体験型スポットを発信
台東区

台東区は27日、ホテルのコンシェルジュと観光案内所のスタッフ向けの体験ガイドツアーを開催した。旅行者に提案する側のスタッフ自身に区内の観光資源を味わってもらうことで、区内の体験型スポットの発信に結び付ける。区内外に勤める24人が参加した。区では、「観光案内所のスタッフ向けのツアーは都内でも初めてではないか」と話す。

上野公園をガイドと巡る参加者たち＝27日、台東区で

当日は、座禅が体験できる道場や区にゆかりのある彫刻家・朝倉文夫の住居兼アトリエを改修した美術館「朝倉彫塑館」を巡った。また、観光ボランティア団体「東京SGGクラブ」の会員が上野公園内を英語で案内し、海外からの旅行者に受ける小ネタも交えてガイド方法を教えた。

参加した台湾人の観光案内所スタッフは「上野の歴史を知ることができた。朝倉彫塑館は外国人にも人気が出そう」と話していた。

区観光課は「観光産業の主流が体験型に変わってきている。台東区で体験できることを区内外から発信してもらうことで、観光客の滞在時間を延ばし、消費行動につなげたい」と期待を込める。来月12日には、浅草で屋形船や日本茶の飲み比べ体験などを準備している。

記者席
提唱者不在で訪れたLWB

○……「今週の都庁は本当に平和だな」

都幹部職員の一人は満面の笑みを浮かべてこう語った。小池知事が都民ファーストの会の代表として、都議選の公認候補の応援に入る中、知事からの指示が特になく、職員が早く帰宅できるためだ。

今週で知事が登庁するのは28日と30日。28日は都庁での会議に出席し、30日は定例記者会見を開くという。小池都政では久々か、いや初めてと言っても過言ではないライフ・ワーク・バランスになったのではないか。

だが、都議選後に知事の指示に再び振り回されてしまえば、職員は「シビルサーバント」というよりも「ガバナーズサーバント」になってしまうのだろうか。

○……都議選ラストサンデーの取材で、ある政党の党首を追って板橋区のハッピーロード大山商店街を訪れた。

日曜日の夕方で、アーケードの商店街は買い物客でごった返し、そこに各党派の候補者が次々と練り歩きにやってきてアピール合戦。時には候補者同士が鉢合わせすることもあったが、火花が散ることもなく、お互いに握手で激励していた。

人気者の党首を追っていると、その行く手には更なる人混みがあり、行き交う人は皆、スマホで写真撮影している。いったいどの党派の人気者かと思いきや、そこにはジャーナリストの池上彰氏が取材中。横切った党首そっちのけで、買い物客の視線を釘付けにしていた。

○……7月2日の投開票に向け、都議選の注目度が日増しに高まっている一方で、陰に隠れた印象が強いのが国分寺市長選だ。自公が推薦する現職に対し、現職の下で働いた前副市長が民進や共産、社民、ネットなどの推薦を受けて挑む構図は、もっと注目を浴びても良い展開だが、争点が見えにくく、有権者の反応はいま一つといった印象。

都議選で同市が属する北多摩第二選挙区は、多摩地域における生活者ネットの牙城で、自民、民進、都民ファーストの4候補の熱戦で投票率の向上が見込まれる。市長選もこれに埋没することなく、積極的な政策論争に期待したい。

中央・江東・大田区
ブラジル五輪委と覚書
東京五輪の施設利用で

覚書締結式で手を取り合う3区長やブラジル五輪委員会のヌズマン会長ら＝25日、グランドプリンスホテル高輪で

中央、江東、大田の3区は25日、ブラジルオリンピック委員会と東京五輪時の区内施設利用などに関する覚書を締結した。大田区は事前キャンプ、中央区と江東区は大会期間中の施設利用となっている。いずれの区も今後詳細を詰めて来年度末をめどに契約・協定書を結ぶ方針だ。

大田区は開会前の練習場として、2020年7月ごろに男子バレーボールやビーチバレーなど計5競技のチームに区立施設を提供するとともに、選手やコーチら約80人の宿泊を受け入れる。

バレーボールは大田区総合体育館、ビーチバレーは大森東水辺スポーツ広場ビーチバレー場を貸し出すなど、競技利用施設は計5施設で、宿泊は平和島ユースセンターを利用。総合体育館を除く4施設は、同センターから徒歩圏内であることも評価されたという。

中央区は大会期間中にブラジル選手が家族や友人らと触れ合う憩いの場などの利用に、夏休み期間中の区立豊海小学校を貸し出す。

江東区は大会期間中にバレーボールの練習場として、15年4月に開校した区立豊洲西小学校の体育館を開放。五輪選手村からの近さや冷暖房完備など施設面が評価された。

新副区長を選任
川野氏と清水氏
大田区

清水耕次氏

川野正博氏

大田区は26日、新副区長に企画経営部長の川野正博氏（59）と監査委員の清水耕次氏（62）を選任する人事案を第2回定例区議会最終本会議に提案し、同意を受けた。任期は7月1日から4年間。前副区長の遠藤久氏は任期途中の5月11日に退任し、幸田昭一副区長は今月末で任期満了を迎える。

川野氏は1980年入区。区長政策室長やまちづくり推進部長などを務めた。

清水氏は、民間企業2社を経て81年に入区。総務部長や福祉部長などを歴任した。

独自グッズで投票を
学生企画でふりかけ
練馬区選管

練馬区選挙管理委員会は7月2日執行の都議選に向けた啓発の一環として、区内の学生食堂で「選挙啓発ふりかけ」＝写真＝の配布を始めた。

啓発ふりかけには、「シャカシャカとごはんに振り掛ける」ことから、「シャカい（社会）を見つめて（ふりかけを）ふるって投票を」とのキャッチコピーが添えられている。選管のインターンシップ生として受け入れている区内の武蔵大学の学生が提案して独自に作成した。過去にも同大学の学生の提案で「選挙に行きたくなるアメ」や「主権者の付箋」などを作成しており、若い世代への啓発に力を入れている。

29日には同大学で模擬投票を実施。区の選挙啓発大使を務める地元出身のお笑い芸人「ねりまだいこん。」や教授らが立候補者役を務め、模擬投票を通じて都議選での投票を呼び掛けた。インターンシップに参加している井関加菜乃さん（21）は「イベントを通じて主権者意識の向上につなげたい」と話している。

教育ひろば

防災教育を考える（上）

日常から多様な危機を意識する

滋賀大学大学院教育学研究科教授　藤岡　達也

安全・危機管理は日常の整理整頓から

東日本大震災の発生以降、各地域において防災に関する啓発、教育から、防災訓練、グッズの購入まで、様々な取り組みが見られる。次に予想されるのは、首都直下型地震だとか、南海トラフによる東海・東南海もしくは南海地震が発生し、西日本大震災が生じるなど、多様な推測がされている。確かにプレート型地震では、地下に一定のひずみが蓄えられ、周期的に発生することが分かっており、内陸型地震においても活断層の存在は知られているが、いつ動くか分からない。予知が困難であればあるほど、不安はより大きくなる。

「想定外を想定せよ」などとも言われるが、日々の業務で想定されるはずのことさえ、あたふたしている身には、想定外のことまで考えていたら仕事にならないことも多い。

ただ、一つ言えることは、現在の日本の建物は意外と強く、簡単には倒壊しないのである。東日本大震災の時も、犠牲になった方はほとんど津波によるものだった。特に、建物内にいる時は物が落ちてこない場所、倒れてこない場所、移動してこない場所を瞬時に判断することが必要である。落下、転倒に加え、職場内ではキャスター付きの椅子やテーブル、コピー機などが滑ってくる場合もあり、このような危険性は平時でも意識した方がよい。

災害に備えて、日常から何を心掛けるか。昨今では、緊急地震速報から準備物等まで様々な機会や場所で紹介されているので、ここではあえて、オフィスでの安全・危機管理への対応として整理・整頓の重要さを指摘したい。地震発生時、普段から室内が整理・整頓されていると、大きく崩壊しない。机上等、日常から書類やファイル等が無秩序に積み上げられていると、地震発生時にはすさまじい状況になる。こうなると、どこに何があるか、より不明になり対応等が遅れてしまう。逃げ道すら閉ざされる場合もある。

実は自分も行政で6年間仕事に携わったことがある。恥ずかしい話だが、いつもデスクが煩雑化していた。上司から指摘を受けていた。しかし、仕事を多く同時並行で取り組んでいるとこのようになると開き直っていた。「こんな状態では書類を探し出すのも大変だろう」と言われても、「きちんと書類累重の法則（造語、古い地層の上に新しい地層が重なるという地質学の法則をもじったもの）にのっとっています」と答え、適当に取り出していた。しかし、そんな状態も続かない。机に衝撃があった時だけでなく、何かの時に書類が突然崩れ出す。想定外の地すべりだ、斜面崩壊だと騒いでいた自分が情けない。

ふじおか・たつや＝大阪府生まれ。大阪府立大学大学院修了。博士（学術）。大阪府公立学校教員、同教育委員会・教育センター指導主事、上越教育大学大学院学校教育研究科教授等を経て、2013年から滋賀大学教育学部教授。4月から現職。博士（学術）。専攻は環境教育、科学教育、防災教育。著書に『持続可能な社会をつくる防災教育』（協同出版）など。

想定外を想定する

先に触れた「想定外を想定する」は、矛盾を含んでおり、無理な注文と思えるが、何か大きな事件、事故災害が発生した時、こと行政や教職員に対して、世間は許してくれないのである。実際、想定外の出来事でも「考えたことがなかった、検討したことがなかった」と言えば、無能・無策、無責任のそしりを免れない。「日常から、このような対応をしていたが、今回のことは予想をはるかに超えた」くらいの弁明は求められる（実際はそれでもすまないのだが）。

確かに今、各地で防災訓練やマニュアル作成が進んでいる。しかし、どこまで、災害や事故を想定しなければならないのだろう。例えば、北朝鮮のミサイルが地域に落ちてきたとき、どのような避難や対応が望まれるのか。

原子力発電所事故に対する避難訓練等もしかりである。福島第一原子力発電所事故を受け、文科省はUPZ圏内（原子力発電所立地30㌔内）でのマニュアル作成や避難訓練も求めている。しかし、第一原発事故がどのようなメカニズムによって生じたのか、意外と知られていない。現在、日本各地に存在する原子力発電所では訴訟が見られるが、再稼働さえしなければ大丈夫のような誤解をしている人も少なくない。電源喪失など冷却できなくなっただけで、福島第一原発の二の舞いになることを理解しているのだろうか。一方、再稼働した原子力発電所でも、「本原子力発電所はかつての大規模噴火災害にでも耐える」ようなことを説明する。しかし、旧石器時代・縄文時代の噴火を知ってのことだろうか。西日本では多くの人が生存できなかったと推定されている。人間が残らなくても原子力発電所が残れば十分と考えているわけではないと思うが。

災害が多いこの国で、既に先哲が様々な教訓を残してくれている。その代表が寺田寅彦である。「天災は忘れたる頃来る」は高知県の生家にも残っているが、現在では弟子の中谷宇吉郎の記述であることが明確になっている。しかし、寺田の「文明が進めば進むほど天然の暴威による災害がその激烈の度を増す」（天災と国防）、「日本人を日本人にしたのは、学校でも文部省でもなくて、神代から今日まで根気よく続けられて来たこの災難教育であったかもしれない」（災難論考）など痛感させられる。

大地震の発生頻度も20世紀前半は非常に多かったが、後半は少なくなった。しかし、1995年の阪神・淡路大震災を機に、また全国で多発し、多様な災害やそれに対する懸念が増えつつある。これは、寺田寅彦が生きていれば、天がもう一度、日本を成長させるために試練を与えているとお考えになるのだろうか。

◇

次期学習指導要領の中でも安全教育の一層の充実がうたわれる中、環境教育、科学教育、防災教育を研究テーマとする藤岡氏に、安全教育について課題や展望など3回にわたって寄稿をお願いした。次回以降はグローバルな観点から教育界の動向も踏まえながら防災教育の在り方について語ってもらう。（編集部）

Tokyo2020の先へ　未来へつなぐオリパラ教育　6

八王子市立松が谷中学校

地域とオリパラ教育

八王子市と自転車競技を素材に

リオデジャネイロオリンピック・パラリンピックを控えた昨年4月、オリンピック・パラリンピック教育を進めるに当たって、八王子市教育委員会から、ひとつの提案を受けた。それは、1964年東京オリンピックで、八王子市は自転車のロードレース会場となったことを踏まえ、オリンピック・パラリンピック教育を進めてはどうか、というものだった。地域とオリパラ教育を関連付けられないかと考えていたこともあり、また、今年度に市制100周年を迎える八王子市の歴史を知る上でも効果的な取り組みになると考え、第1学年で、八王子市とオリンピック、自転車競技についての学習を実施した。

オリパラ教育を進めるに当たって、基本的な枠組みとして、都教育委員会が設定する「4×4の取り組み」においては、テーマの中から「スポーツ」、アクションの中から「学ぶ（知る）」を選択し、重点的に育成する五つの資質としては「スポーツ志向」「豊かな国際感覚」を育むこととした。

①八王子市とオリンピック、自転車競技

都教委作成のオリンピック・パラリンピックDVDを活用して、ガイダンスを行った後、八王子市とオリンピック、自転車競技について五つのテーマを設定し、その中から一つを選択して調べ学習を行った。調べた内容はレポートにまとめ、発表会を行った。調べ学習や発表会を通して、「八王子市はオリンピックと関係が深いことに驚いた」という感想が見られ、改めて自分の暮らしている地域に誇りを持ったように感じた。

②法政大学自転車競技部の監督、選手による講演

調べ学習の中には自転車競技に関するテーマもあり、競技について学習する生徒もいた。そこで、八王子市内にある法政大学自転車競技部の都甲泰正監督と鈴木康平選手にお越しいただき、講演会を実施した。

都甲監督からは、競技活動を通じて得た経験から健全な人間形成、人格形成ができるという視点で「自分が打ち込めるものに一生懸命取り組んでください」と励ましの言葉をいただいた。鈴木選手からは、練習の厳しさ、メンタル強化、海外での試合等について具体的なお話があり、興味を持って聞くことができた。

③留学生との交流

自転車競技が日本と同レベルの外国についてというテーマもあったので、豊かな国際感覚を育む視点から、八王子市内にある首都大学東京と工学院大学から留学生を招いて交流活動を行った。スペインからの留学生が3人、ベネズエラからの留学生が1人、各学級にゲストティーチャーとして入り、自国の紹介や母国語の紹介を含めた交流活動を行った。外国人と身近に接することに戸惑っていた生徒も、身振り手振りを交えながら交流活動に参加する姿を見て、改めて生徒の対応力の高さに驚かされた。

今回のオリンピック・パラリンピック学習を通して、生徒は八王子市（地域）とオリンピック・パラリンピックの関係を身近に感じることができた。特に地元の大学で学んでいる学生との交流は、自分たちの将来を考える上でも、とても効果的な取り組みとなった。

今後も、2020年東京オリンピック・パラリンピックに向けて、生徒が様々な形で関わりを持とうとする態度を育てていきたいと考える。

（八王子市立松が谷中学校　校長　水越伸朗）

法政大学自転車競技部の監督と選手を招いて講演会を開催

町田市教委

小学校英語指導案集を作成

大学教授との10年の連携の成果

2020年からの小学校3、4年生の必修化、4、5年生の教科化を前に、英語を教えることに不安を抱えている小学校の担任が今すぐ教えられることを目指した英語の指導案集が出版された。タイトルもそのまま『今すぐ教えられる小学校英語指導案集』＝書評参照。

教科化に先立って都教育委員会は16・17年度、10区市を英語教育推進地域に指定し、取り組みを支援している。この本は同指定を受ける町田市が玉川大学大学院の佐藤久美子教授と共同で作成したもので、市内の小学校には今年度中に配布する予定。また、指導案集として出版するのは都で初の取り組みという。

同市は09年度に小学校3年生からの英語活動を導入し、佐藤教授は市教委と連携してカリキュラムの開発に取り組んできた。この本も、現場の声を反映した担任主導のカリキュラムになっているのが特徴で、あいさつから振り返りまで順を追って書かれた見開きの指導案と、付録の教材集や250枚以上のかわいいイラスト付きの絵カードをダウンロードして教室に持参すれば、すぐにでも容易に教えられるようになっている。

さらに、「45分間いきなり英語のクラスを担当するのは負担だが、15分なら何とか英語を使って教えることができそう」という現場の声と、授業時間確保が厳しいという状況を反映し、全ての授業案を15分×3回＝45分のモジュール対応にしている。3、4年生は45分を通して教え、5、6年生は15分ずつのモジュールとして週3回使い、残りの1単位を『Welcome to Tokyo』などの自治体で作られた教材や指導案などを使って授業することで、児童はほぼ毎日、英語に触れることができる。また、文科省から教科書や副教材などが配布されても、目標表現に合う楽しい活動や工夫した発表を入れたいと思う時には、必要なページを参考にして絵カードやワークシートを使って教えることができる。

佐藤教授はこの10年、同市の小学校に英語絵本を導入しているほか、全国の小学校でも絵本を勧めており、絵本の指導案も毎回の授業に入れている。「子供たちは英語の絵本が大好き。絵本を通じて担任と英語でやりとりしたり、文字や文構造に自然に親しみ、日本語との違いに気付いたりできる。多くの語彙に触れ、日常的な場面を通じて表現を学ぶこともでき、新学習指導要領が求める学びに通じる」と佐藤教授。

さらに、10年間の市教委との連携の成果だとし、「42校に配信して現場の先生方から意見を伺い、何度も書き直した教えやすい指導案なので、ぜひ活用いただきたい。小学校教員を目指す学生には教科書として使ってもらえれば、指導案の作り方、必然性のある活動や発表の仕方が学習できる。充実した小学校での英語教育推進の一助になることを願う」と話している。

書評

「今すぐ教えられる　小学校英語指導案集」

佐藤久美子編著　町田市教育委員会協力　朝日出版社刊

公立小学校における「外国語活動」及び「小学校英語」は、まだまだ歴史が浅く、自由があり、工夫の余地もある。現に多くの自治体で様々な工夫がなされているが、このテキストで紹介されているのは柔軟なコラボレーションである。

◆教育委員会と大学のコラボ

このテキストは町田市の教育委員会と、佐藤久美子教授を中心とした玉川大学のカリキュラム委員会との10年間に及ぶコラボレーションの集大成だ。

これまで大学側では、大学職員がNPO小学校英語指導者認定協議会（通称・J-SHINE）でトレーナーの認定を受けた民間人の協力も得ながら、カリキュラムを作り続け、小学校教員の研修もしてきた。また、講座をとり、練習も積んだ大学生も活動の現場に参加してきた。こうした人的なコラボレーションの結果、様々な人間が関わる「コミュニケーションのための英語教育」が可能になったのである。

◆学級担任と外部人材のコラボ

今後、小学校英語は教科になるという方向性であるから、学級担任が主体的に、T1（Teacher 1）として活動に関わるのが最重要である。基本的に学級担任にはそのような力がある。

しかし、活動型で、コミュニケーションのための英語を指導するとなると一人ではできないため、T2（Teacher2）の存在が大切となる。そのため、このテキストではteam teachingの方法が示されている。

◆45分授業とモジュール授業のコラボ

このテキストの特色は①文部科学省のHi, friends! Book1、Book2のトピックや内容に沿いながら、3年生から6年生までどの学年でも使えるように構成されている②45分の授業案を三つに分け、1ページにつき15分ずつ記載されていて、どのページもモジュール案としても使える――ことである。15分のモジュールで繰り返し活動するのと、45分の活動を組み合わせることで、今後どのような効果を生むのか楽しみである。

◆教科書と絵本のコラボ

このテキストの全ての授業案は、Hi, friends!とORT（Oxford Reading Tree）という絵本のコラボレーションでできている。ORTはイギリスの子供の日常生活を自然な、やさしい英語で、ユーモアたっぷりに描写している絵本シリーズで、異文化理解も進む。

「Hi, friends!を終わらせるだけでも大変なのに」「習ってない単語が出てくる」といった考え方にとらわれるのではなく、子供の視野を広げ、将来学ぶ英語をインプットする上でも有効である。

定価　3200円＋税

（mpi松香フォニックス会長、J-SHINE理事　松香洋子）

Essay　エッセー　61

学校の力、教育の力

4月に初めて現在の部署に配属になり、学校を訪問する機会が増えました。施設、生徒の様子、先生や学校全体の取り組み方などを直接目にすることで、会議や打ち合わせだけでは見えてこなかった点が見えてきたり理解が広がったりと、やはり百聞は一見にしかずだなと感じています。

中でも訪問の際の授業見学は、学校のカラーや雰囲気がさらに感じられるので楽しみでもあります。ただ、せっかく集中している授業に出入りして、ペースを乱しているのではないかと申し訳ない気持ちでいつも教室にお邪魔しています。

先日、ある都立の特別支援学校の授業をいくつか見せてもらいました。7、8人ずつ2グループに分かれて見学したのですが、ぞろぞろと人が出入りするたび、生徒の気持ちが授業からそれてしまうため、どの教室も先生が上手に授業に引き戻していました。

高等部普通科2年生の国語の授業の後半の時間帯に教室に入っていくと、最後の順番の生徒が教室の前に立って音読の発表をしているところでした。自閉的な傾向がある生徒が多い学習グループでしたが、発表の途中から入ってきた大勢の見学者に臆することなくしっかりと音読を続け、発表を終えた際にはちょっと照れた様子を見せ、でも満足気に席に戻っていたのが印象に残りました。

この日の見学の終了後、別の参観者にこの国語の授業の様子を聞いたところ、授業の開始時に先生が「今日は授業を見にお客さんが来ている。発表を見てもらえるね。良かったね」と声掛けをして始まったとのことでした。授業に支障となりそうな見学の時間を、逆に生徒の意欲を向上させる方向に持っていき、さらに生徒一人ひとりのよくできた点、達成できた点を見逃さずしっかりと褒めるのに加えて、その生徒になぜ自分が今良いと言われたのかを再度認識させる声掛けもしていたとのことです。この声掛け以降、生徒たちの目がきらきらとして授業に意欲的に参加する様子が見て取れたそうです。

最後に発表した先ほどの生徒は、自分の発表直前に前半のグループの見学時間が終了してしまい、「お客さんがいなくなっちゃう」とがっかりしていたそうですが、「次のお客さんがもうすぐ来るから頑張ろう」との先生の言葉に気を取り直して音読に臨んでいたそうです。私たち後半グループが途中で入ってきてもしっかりと音読できていた理由が分かりました。

ちょっとした時間の出来事でしたが、先生の声掛け一つで生徒にとって素晴らしい時間となっていることがすごいなと思うとともに学校の力、教育の力を感じた一日でした。

（教育庁都立学校教育部学校経営指導担当課長　田代尚子）

「話すこと」の評価で英語の入試選抜を検討

都教育庁

都教育委員会は、都立高校の入学者選抜における英語について、聞く、読む、話す、書くの4技能のうち、特に「話すこと」の評価の在り方を検討するため、入学者選抜英語検査改善検討委員会の設置を決め、7月4日に第1回を開催する。

①「話すこと」を評価するための具体的な方法②入学者選抜への導入までのスケジュール③その他必要な事項――を検討事項として11月までに4回程度開催し、今年度中に提言をまとめる予定。外部有識者や区市町村教委と学校関係者の代表、教育庁職員ら13人が委員となり、検討を進める。

教育じてん　84

一人ひとりに応じた丁寧な指導を行うために

都教育委員会では、2014年1月に策定した「体罰根絶に向けた総合的な対策」に基づき、全ての公立学校から体罰等を一掃するための取り組みを推進しています。体罰防止に関する教員研修の徹底や体罰をチェックする機能の強化、体罰を容認する風土を刷新するための取り組み、体罰のない部活動の推進により、学校や区市町村教育委員会と一体となって体罰根絶に向けて取り組んでいます。

具体的には、服務事故再発防止研修におけるアンガーコントロールマネジメント等の特別な研修プログラムや服務事故防止月間における体罰防止校内研修の全校実施、子供の声が届く相談機能の充実、保護者・地域に対する体罰根絶の考え方の周知徹底、望ましい運動部活動指導を実践している顧問教諭を表彰する「Good Coach賞」の実施等、様々な角度からの取り組みを計画的に進めています。また、全公立学校の校長、副校長、教職員、児童・生徒全てを対象とした体罰に関する実態把握調査を毎年実施し、その結果を公表しています。

6月8日の定例教育委員会で報告された16年度の調査結果では、体罰を行った者は前年度と比較して約45％減で34人となり、本実態把握調査を開始した12年度と比較すると約5分の1に減少していました。また、「不適切な行為」「指導の範囲内」といった体罰には至らない事案についても、前年度と比較していずれも減少し、「体罰の認識」のうち、「感情的になってしまった」者も減少していました。これまでの取り組みが成果となって表れてきていることがうかがえる結果であり、今後も継続した取り組みを実施する必要性を感じます。

体罰は、学校教育法第11条で禁止されている行為であり、子供たち一人ひとりを大切に育む教育の場において、指導という名のもとの体罰や不適切な行為はあってはならないものです。

都教委が作成した体罰根絶に向けた教員研修用パンフレットには、「十の自戒」として、「生徒は小さいながらも大きな人格をもっているものと心得るべし」「人は信頼する人からしか学ばないものと理解すべし」「罰を与えることは指導者として敗者であると自覚すべし」等の心得が記されていますが、まさにこの言葉を日頃から念頭において、教師は子供たちに対するべきであると感じます。

学校現場における体罰を一掃し、一人ひとりに応じた丁寧な指導が全ての学校で行われることを期待します。

老朽橋梁を遊歩道に
水辺のにぎわい創出議論
都技術会議

都技術会議（座長＝邊見隆士都技監）は27日、老朽化した橋梁や、有効活用されていない水辺周辺の施設を整備し、新たな水辺のにぎわいにつなげる方策を打ち出した。閉鎖された橋梁を遊歩道として再整備する方針や、河川や港湾ににぎわいを創出する案が挙がった。

同会議では、昨年度から事業や設備の多目的な利用を検討する「縦軸」、各局が連携して効率的な事業実施を図る「横軸」、各局が培ってきた経験や時間経過による設備の役割の変化を踏まえた「時間軸」の三つの視点から議論を重ねており、新たな水辺空間創出の方策はこれらの視点を踏まえたもの。

遊歩道に再整備するのは旧晴海鉄道橋（江東区）と竹芝・日の出埠頭間の仮設橋。

旧晴海鉄道橋は、晴海と豊洲を結ぶ臨港鉄道都専用線の貨物輸送線として1957年に建設されたが、トラック輸送が主流になったため89年に閉鎖。当時のまま放置され、老朽化が進んでいる。

竹芝・日の出埠頭間仮設橋は、竹芝埠頭（港区）の再整備の際に動線確保のために整備されたが、95年の工事終了で利用されなくなった。

これらの役割を終えた橋梁を「時間軸」の視点から見直し、活用することで現在開発が進む浜松町・竹芝・日の出地区、晴海・豊洲地区の回遊性を向上させ、魅力的な水辺空間につなげる狙いだ。

橋梁の耐震性や旧晴海鉄道の歴史・文化的な外観への配慮などの課題は、専門家の意見を交えながら港湾局を中心とした関係各局が連携し調整する。

また、都市整備、建設、港湾の3局が連携して行う「横軸」の方策として、現在有効活用されていない河川や港湾の周辺敷地を整備し、オープンカフェや水上レストランを誘致して施設と公共空間で一体的なにぎわいを創出する案も出された。隅田川にかかる白鬚橋の下流域や港湾エリアを「推進エリア」に定め、先行的な開発を検討し、併せて広報誌やイベントでの河川や水域の活用事例の紹介や、規制緩和の取り組みを事業者に周知する。

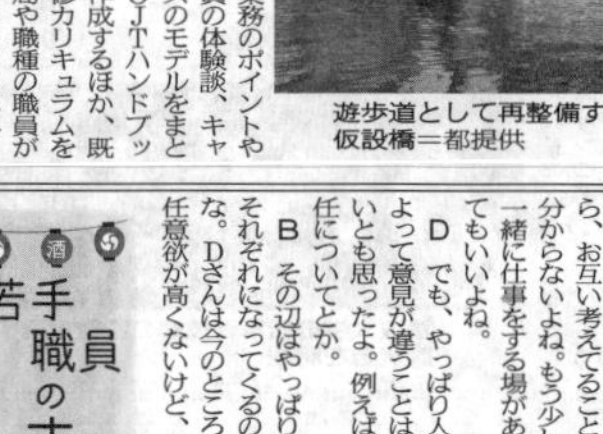

遊歩道として再整備する竹芝・日の出埠頭間仮設橋＝都提供

■インフラ利用促進も

このほか、同会議では女性向けの建設業見学会など、技術職確保に向けたPRや、駅構内の壁の広告枠を利用した絵画展などのイベントを活用したインフラの利用促進も検討された。

都のインフラや社会資本ストックのPRでは、全庁的なインフラポータルサイトを今年の夏ごろに立ち上げる。これまでは各局が個別にホームページで紹介していたが、情報を一元化して都民へのPRを図る。海外技術者のニーズ調査や、ターゲットを絞ったインフラ見学会も検討する。

技術会議では、長年の課題である技術職の人材育成についても議論。技術職の業務のポイントや先輩職員の体験談、キャリアパスのモデルをまとめた『OJTハンドブック』を作成するほか、既存の研修カリキュラムを複数の局や職種の職員が参加できるようリニューアルすることなどが検討された。

オリンピック・パラリンピックへの理解や大会の機運醸成につなげようと、五輪組織委員会は24日、首都圏の大学生などが参加する「TOKYO 2020学園祭」を明治学院大学白金キャンパス（港区）で開催した＝写真。

「学園祭」で五輪盛り上げ
組織委員会　大学生が芸術競う

「学園祭」は、五輪でかつて絵画や彫刻、音楽などを競った「芸術競技」を現代風にアレンジし、学生にとって身近なスタイルとして企画。12大学・16団体がダンスや合唱、雅楽・箏曲の伝統芸能などのパフォーマンスを競い、観覧者の投票で「東海大学チャレンジセンター DAN DAN DANCE＆SPORTSプロジェクト」がベストパフォーマンス賞に選ばれた。運営は明治学院大の実行委員会がボランティアで担当した。

組織委の布村幸彦副事務総長は「学園祭の盛り上がりを20年大会につなげていただきたい」と話した。

組織委では大学生の活動を大会成功につなげようと、「大学連携」を推進。これまでに全国の大学・短大の約7割に当たる約800校と協定を結んだ。大学に講師を派遣して「近代五輪の理念」「東京大会と持続可能性」などをテーマに出張講座を開くなどしている。

IOC調整委員会

新種目の会場を協議
大枠合意受けた対応も

2020年東京オリンピック・パラリンピックの準備状況を確認するIOC調整委員会が28日、都内で始まった。今回の調整委では、IOCの臨時理事会で決まった新種目の会場について議論されているほか、都と国、組織委、関係自治体の役割分担の大枠合意や小池知事による環状2号線の開通表明を受けた対応などがテーマになっている。

ジョン・コーツ委員長は初日の会合で、4者の役割分担が大枠で合意したことに謝意を示し、「今後もコストを削減し、リソースの最適化を図るよう努力を傾注したい」とあいさつ。新たに実施が決まった3人制バスケットボールや自転車競技のBMXフリースタイルなどの会場を決着させたい意向を示し、組織委の森喜朗会長も「日本には初めての経験。運営側としてどう実現するか、今回の調整委でしっかり議論する」と応じた。

森会長はまた、IPCとの事務折衝で宿泊施設のアクセシビリティー改善が課題になったことを踏まえ、「組織委内の体制を更に充実させるため、8月をめどに新たなポジションを新設する」と明らかにした。

調整委はこのほか、スケートボードとスポーツクライミングが行われる「青海アーバンスポーツ会場」（江東区）を視察。周辺状況を確認した。調整委はきょう30日まで行われる。

コーツ委員長は「IOCは若者を巻き込むことを重視している」と強調＝28日、虎ノ門ヒルズ

目標の上司

「目標になる人を見つけたい」

若手職員のホンネ　東京のとある居酒屋で⑭

B　こうやって集まって話してみると、都と区で違ってもお互い苦労してるんだなと感じたよ。

C　そうだね。普段は仕事上であまり交流しないから、お互い考えてることが分からないよね。もう少し、一緒に仕事をする場があってもいいよね。

D　でも、やっぱり人によって意見が違うことは多いとも思ったよ。例えば昇任についてとか。

B　その辺はやっぱり人それぞれになってくるのかな。Dさんは今のところ昇任意欲が高くないけど、俺はやっぱりある程度のところまでは行きたいし。

D　偉くなることのメリットがお金以外で思い浮かばないからね。

A　まあ、Dさんの言うことも分かるけどね。昇任選考は受けるにしても、大出世したいわけじゃないし。出世のメリットを今の20～30代の人は考えてないかもしれないね。お金以外に自分で仕事を仕切れるとか、いろんなやりがいがあることは分かっているけどね。

C　ある意味、昨今の働き方に対する意識の変化のデメリットかもしれないね。「長時間働きたくない」っていう風潮が「責任を負いたくない」と混じっているのかもしれない。本当は偉くなった方が仕事を自分でコントロールできるから、うまくやれば楽ができると思うんだけど。

A　それはそうだね。昇任選考受験者を増やしたいなら、その辺をもっとアピールすればいいのに。

B　あとは身近な上司かな。俺の上司は「仕事の鬼」だから、「あそこまではできない」とは思うけど、勉強になるところはたくさんあるし、実力を付けて昇任したいとも思うね。

D　上司の見方もずいぶん違ったよね。僕なんかは正直、上司の考えを理解できないし、上司にも理解してもらってないと思う。

A　上司については、自分の手本になる人を見つけることが大切だよね。目標というかそうなると、昇任についての考えも変わると思う。Bさんみたいにね。

B　目標とまでは言ってないけど（笑）。でも、管理職は相応の覚悟を持って働いていると感じるし、見習うところは見習いたい。

C　Dさんも、そういう人を見つけたら変わってくるかもね。

折り返し点の戦略　五輪組織委員会幹部に聞く④

大会を逆算して行動を

大会準備運営第一局長　井上　惠嗣

「1人の職業人生を考えても、1回あるかどうかの歴史的な出来事に関わることができるのはありがたい。身の引き締まる思い」。文部科学省から大会準備運営第一局長に就任し、こう抱負を語る。

聖火リレーに放送、飲食、持続可能性、パラリンピック、医療、ドーピング対策など、第一局の守備範囲は広い。組織全体を見渡して、各FAの進捗を取りまとめて共有・推進する仕事や、大会運営の司令塔となる「メーン・オペレーション・センター」を形づくることも局の役割になる。聖火リレーは全都道府県を回る方向で検討が進んでいるが、「聖火が走る時は、その街が主人公になる。オールジャパンの象徴でもあるので、全国の自治体と協力しながら、国民の熱意が高まる機会にしたい」。

実務的には大会1年前の「テストイベント」が迫る。屋外の競技は、気候や風などの自然条件が同じ時期に行う必要がある。IOC／IPCは競技に直結する分野のテストを重視しており、競技自体の運営、計測やテクノロジー、スタッフの動きのテストなどを中心に確認することになる。「IF／NFと相談し、必要最小限の経費で最大の予行演習が実現できるようにしたい」

前職は文科省の特別支援教育課長。現職ではパラリンピックの統括も所掌しており、「特別支援学校を含めた子供たちに会場に足を運んでもらい、『人には、どれだけの可能性があるか』を体感してほしい」と目を細める。

組織委の職員には「常に目標から逆算して今、何をすべきかを考えて行動することが大切。大会後に皆で喜び合う場面をイメージして、それを達成できるように力を合わせたい」と訴える。職員の出身母体や大会に置く価値も様々なだけに、「大会の感動はアスリートの競技あってのこと。常にアスリートの視点に立ち返って判断することが大切」。

筑波大教育研究科修了、51歳。1992年に旧文部省に入り、文化庁国際文化交流室長、文部科学広報官などを歴任。16年2月から現職。

故郷の和歌山県橋本市は前畑秀子、古川勝という2人の平泳ぎの金メダリストを輩出し、五輪は「子供の頃から親しみ深い」。趣味は写真撮影。東京の夜景のほか、休日は望遠鏡を持って山に登り、幻想的な星空を収める。天文雑誌の表紙を飾るほどの腕前。

図上演習への転換点に

大会準備運営第二局長　吉村　憲彦

大会準備運営第二局は会場マネジメント部と輸送宿泊部で構成され、4月に地方会場調整室が発足した。特に大きなウエートを占める仕事が、「会場運営計画」の策定だ。

組織委の業務は現在、機能別の52のFA（ファンクショナル・エリア）に分けて行われているが、大会が近付くと40の会場単位に切り替わり、それぞれに運営計画が作られる。そのモデル的な作業が5月まで、国立代々木競技場（渋谷区）を対象として行われたという。

具体的には、会場運営に関わる36FAの担当者と都、警察・消防、施設所有者のJSCが一堂に会し、本番の動きを想定しながら会場の配置や役割分担などを協議。吉村氏は「これまでの図面中心から、大会当日の運営を想定した図上演習に移行する転換点になる」と解説する。

その検討事項は多岐にわたる。例えば会場の配置計画では、テントやプレハブなどの仮設オーバーレイの図面に机・椅子や機材の配置を落とし込み、仕様も明記。「ここは狭い」「モニターが離れ過ぎて見えない」など実務的な問題点をチェックした。サービス面では、選手の到着から着替え、競技、会見、ドーピング検査を含めて1日の流れを想定し、各FAの役割分担を詰めていく。スタッフや機材の重複を避ける確認も不可欠だ。

第二局は今後、会場運営計画の策定に向けた検討作業をリードし、40会場に展開する役割を担う。「本大会をシミュレーションするようなもの。地道で細かい作業の積み重ねになるが、これをやらなければ予算や人員の詳細は固められない」と気を引き締める。

同局ではその他、IOCやIF、スポンサーなど関係者の宿泊先の手配や、最寄り駅から会場までの「ラストマイル」と呼ばれるルートを都・地元自治体と検討する作業も担当する。大会が近付くにつれて業務は増えるが、「五輪はお祭りだから、楽しくないといけない」。職員には「観客に楽しんでもらうためにも、準備する我々が楽しくやりましょう」と呼び掛ける。

東大工卒、55歳、2A。16年1月から現職。趣味はゴルフ。都庁では財務局予算第二課長、福祉保健局企画課長、環境局総務部長などを歴任し、認証保育所の創設や3・11後のエネルギー対策も手掛けた。

ホストシティ担当理事新設
都政策企画局

都政策企画局は五輪準備や都市力向上などの取り組みを各局横断的に進める「ホストシティプロジェクト」の推進担当理事ポストを新設した。同局の小池潔総務部長が昇任する。発令は7月1日付。

小池潔氏

小池　潔　4A　昭和38・1・3生まれ、中央大法。61人事委員会事務局、11都市計画局副参事、13知事本部副参事、19財務局議案課長、21監察員、25知事本局計画調整部長、27政策企画局総務部長

ボランティアで団体登録開始へ
東京マラソン財団

東京マラソン財団は27日、臨時理事会を開き、2018年の大会要項を決定した。公式ボランティアクラブ「ボランティアナー」の団体登録を8月にも開始し、企業や大学などの団体を通じてボランティア活動を促進する。

また、10万円以上の寄付者が対象の「チャリティランナー」は定員を3千人から4千人に拡充。このうち100人分を上限に、登録チャリティー団体が出走権を事前に確保する「アクティブチャリティ」を試行的に導入する。

訂正　27日付の都高教定期大会の記事で、組織名は「東京都高等学校教職員組合」の誤りでした。おわびして訂正します。

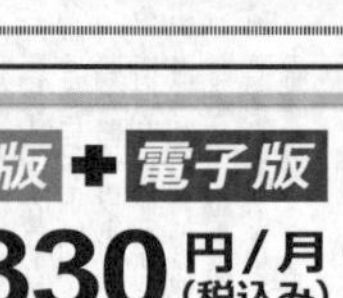

五輪への航海図⑲1　開催まで あと1120日

特別区の戦略⑬

渋谷区　パラ大会の機運醸成

渋谷区が2020年東京大会で特に力を入れるのが、パラリンピックへの機運醸成だ。東京大会では、区内でパラバドミントン、パラ卓球、ウィルチェアーラグビーのパラ3競技が行われる予定で、大会を機に障害者への理解を広げ、同区の掲げる「ダイバーシティ・アンド・インクルージョン（多様性の受容と活用）」を浸透させる狙いがある。

今年度の目玉事業は、区内で五輪・パラリンピック競技を生で見ることができる「リアル観戦事業」。特にパラの3競技に関しては8、10、11月に同区スポーツセンターで実際に大会本番で使用される国立代々木競技場や東京体育館で、同区初となる区の公式大会を開催する。実業団チームなど50チーム程度が参加する予定で、元選手によるルールや見どころの解説付きで楽しめる。

また、同区は商店街、町内会のイベントなどへの障害者スポーツ選手の参加を積極的に打診。区主催での障害者のファッションイベントや手話ダンスショーなども検討しており、街単位での機運醸成も図る。

64年東京大会では、渋谷区は五輪・パラのメーン会場の一つとなった。地元の女性団体などが率先して会場清掃などを手伝い、大会を盛り上げたという。

パラリンピック機運醸成に向けて、小学校や幼稚園でのPR紙芝居も＝2016年11月、臨川小学校で

「リアル観戦事業」には障害者スポーツの浸透の他に、大会本番の予行演習として活用する目的もある。設備や周辺のバリアフリー状況を実際の大会を運営しながら確認できる上、大会のボランティアの動かし方なども確認することが可能。ボランティアは、スポーツ団体などからの派遣に加え、同区内にある8大学から学生を募る考え。特に、大学生のボランティア参加には都や組織委員会も大きな期待を寄せており、今回の事業に必要人数の半数に当たる約70人の大学生ボランティアを集め、東京大会への足掛かりにしたい考えだ。

一方で、区が推し進めているLGBTの理解促進では、14年の五輪憲章改正で性的志向による差別の撤廃が明記されたことを受け、リオ大会では過去最多の50人以上の選手がカミングアウトしている。現時点では東京大会に関連して区主導の具体的な動きはないが、区内ではNPOなどが五輪に絡めた理解促進事業を展開しており、同区は民間団体との連携も視野に入れて検討している。

30年度

職員教養講座

東京都管理職選考対策 ▶1◀

これから管理職選考（種別A）の概要と私の試験対策を紹介します。試験対策は、職場や家庭環境が異なり、勉強スタイルに個人差があるため、これが正解というものはありません。ただ、私も過去の合格者の経験を自分の試験対策に生かしたことを考えると、これから平成30年度管理職選考に臨む皆さんの一つの参考事例として、勉強スタイルの確立に役立てていただければ幸いです。個別の試験対策の詳細は別途講座がありますので、ここでは概略の説明にとどめます。

管理職選考Aの概要

管理職選考は平成19年度から「より人物・実績を重視した選考」に制度改正されました。将来の都政を担う意欲と資質を有する人材を適切に確保する観点から、種別Aでは択一試験、技術の記述試験が資格試験化され、合格者は論文試験、勤務評定、口頭試問や適性評定の成績を総合して決定されています。この改正で、択一試験の成績は一定の基準に達していれば、その結果を合否に反映させない仕組みとなったことを踏まえると、論文試験や勤務評定の重要性は制度改正前に比べて相対的に高まっていると言えます。

管理職試験は、合格率だけを見ると非常に狭き門との印象を受けますが、受験者によって準備の度合いにも大きなばらつきがあるため（中には記念受験の方も一定数いるということです）、実質的な合格率は高いと言えます。

日常業務の重要性

管理職選考の制度改正のポイントに「人物・実績重視の能力実証を徹底する」と示されている通り、日々の業務に対する取り組み姿勢は合否を直接左右する重要な項目です。択一試験や論文試験などの対策ももちろん大切ですが、それに没頭するあまり、日々の業務遂行がおろそかにならないよう注意しなければなりません。日々の業務を確実に行った上で、限られた時間でいかに効率的に試験対策を行うかが合否を分けるポイントとなります。

私は、3回目の受験で合格しましたが、担当の業務内容により平日にまとまった時間を確保することが難しかったため、初年度は試験の半年程度前から、2年目は論文試験のみであったため、3カ月前ぐらいから、3年目は1カ月前ぐらいから通勤時間を活用したり、土日を利用したりして勉強しました。業務や家庭の事情など試験に臨む環境は人によって様々ですが、早期に自分に合った勉強方法を確立し、諦めずに最後まで継続することが合格への近道です。

択一試験

択一試験で重要なポイントは「足切り」です。一定の基準に達していれば、得点の多寡は合否に影響を与えないため、「足切り」されないことが重要です。

択一試験の問題の難易度は高く、過去問を見ると多くの人は難しいという印象を持つと思います。しかし、合格ラインは、標準点50点（偏差値50）となっていますので、正答率50%プラスアルファを目標に「選択」と「集中」で効率良く取り組み、できるだけ論文試験の時間を確保することが大切です。

私の場合、最初に過去問に目を通して、出題数や出題傾向を分析した上で、出題数が多く勉強して得点につながる分野を中心に勉強しました。逆に出題数が少ない分野や、時間をかけた分だけ点数が伸びないと判断した分野にはあまり時間を割かず、ポイントを絞った勉強を行いました。

合格体験記（種別A）

「経済・財政」「行政管理」「経営」は、公務員試験対策用や昇任試験対策用の基本書と問題集を使い、しっかりと勉強しました。一方で、「政治経済等事情」「都政事情」は、日常生活の中で新聞や「とちょう―i」に目を通し、都政新報の職員教養講座を確認するぐらいしかせず、「会計」も簿記を取得していたこともあり、特にまとまった勉強はせず、職員教養講座を確認するぐらいしか行いませんでした。

論文対策

論文試験は、2題の設問のうち1題を選択し、2時間50分の時間内で作成します。設問ごとに都の計画や国の白書のデータ、各種統計資料、新聞・雑誌などの資料が8～10本程度提示され、それらを基に、都政にとって特に重要と思われる課題を400字程度で簡潔に記述し、その課題を踏まえ、都として求められる対応や解決策などを1300字以上1800字程度で論じます。管理職選考実施要綱によると、論文試験の採点に当たっては「問題意識、政策形成力、論理性、表現力等について評定します」と記載されているので、この四つの要素を意識して論文を作成することが重要になります。

論文対策は入念に行うことが大前提ですが、試験当日は出題に合わせて柔軟に対応する必要があります。

次に準備の具体的な対策を例示します。

①合格者論文を読む

論文を書き始める前に合格者の論文を読むことをお勧めします。主任試験の論文同様、管理職試験でも設問の趣旨に合わせた論文の型のようなものがあります。合格するための論文を作成するには一定の訓練が必要です。過去の合格者の論文をいくつか読み、合格に求められる水準を把握するとともに自分の論文スタイルを確立するための参考にしましょう。

②出題テーマの予想

出題テーマは例年、都政の主要・重要課題から選ばれています。そのため、私は都の長期計画である「2020年の東京」や「東京都長期ビジョン」から出題テーマを予想しました。平成30年度試験では、「都民ファーストでつくる『新しい東京』～2020年に向けた実行プラン～」に掲載されている内容から出題される可能性が高いと思いますので、「実行プラン」から出題テーマを予想し、過去の出題と照らし合わせた上でテーマの優先順位を決め、取りかかるとよいでしょう。

③論文作成

論文は、（1）で三つの課題を挙げ、（2）で「導入」「課題の背景・分析」「解決策の提示」「結論」を論述する構成で作成しました。「導入」では、出題の意図を踏まえた広い視点からの問題意識を述べます。「課題の背景・分析」では、（1）で挙げた三つの課題がなぜ生じているか、東京の現状を踏まえながら、その背景や原因を論述します。「解決策の提示」では、三つの課題を解決する手段として有効な施策を論じます。解決策では、利害関係にある住民や議会、予算や法律上の制約などについても、どのように調整・克服していくかを論じるようにしました。「結論」では、これまでの論述を簡潔にまとめ、決意表明を行います。このような構成とすることで、（1）で挙げた三つの課題からその対応策まで首尾一貫した内容となりまとまりやすくなります。

④添削

所属の管理職から添削を受け、完成するまで修正、添削を繰り返す作業を行いました。私はなかなか1本目の論文が完成せず、時間の関係で2本しか準備できませんでしたが、管理職からの指摘を踏まえ、文章を修正する中で論文構成や文章の流れが身に着きました。

⑤レジュメ作成

予想される全てのテーマについて完成論文を作成することは現実的ではありません。そこで、完成論文を作成しなかったテーマについては、論文の骨子となるレジュメを用意しました。レジュメも論文と同じく、（1）で三つの課題を挙げ、（2）で「導入」「課題の背景・分析」「解決策の提示」「結論」を論述する構成で作成しました。

予想したテーマが出た場合でも、準備した課題が資料から抽出できない可能性があるので、できれば課題を一つ追加し、応用できるよう備えておくことが望ましいです。

口頭試問

筆記試験に合格すると、その約3週間後に口頭試問が2回（30～40分程度）行われます。事前に志望動機、これまでの仕事の成果などを記載する面接票を提出するのですが、筆記試験の合格発表日から締め切りまでが非常にタイトなことに加え、面接票の記載事項から様々な質問があることを踏まえると、筆記試験が終了した段階で過去の合格者の面接票を入手し、面接票のイメージを作っておいた方が良いでしょう。

面接は、面接官3人に対して受験者1人という形式で行われます。質問の内容は、面接票に関することと、それ以外の質問（具体的な事例が提示され、それに対して管理職としてどのように対応するかなど）になります。

対策としては、過去の事例を参考にしながら、想定問答を準備します。その際、話の流れを自分の得意分野に誘導できるような回答や面接票の内容との整合性を意識して作成しました。

当日は想定外の質問が必ず出ます。そのため、作成した想定問答を一言一句暗記することよりも、想定問答を作成する過程で、自分の考えをしっかり整理するとともに、種々の課題などに管理職となった自分ならどう対処するかという視点を磨いていくことが重要だと思います。

なお、所属局などで模擬面接を行う機会があれば、積極的に活用することをお勧めします。面接試験では経験が物を言いますので、様々な機会を捉え、実践練習を積むのが良いと思います。

おわりに

管理職選考は、皆さんが想像するほど難しい試験ではなく、日々の業務にしっかり取り組み、わずかな時間であっても試験対策をコツコツと継続して行えば、十分合格のチャンスがあると思います。勉強を始めると、必ずしも全てが順調に進むわけではなく、苦労することも多いかもしれませんが、管理職であれば誰もが通った道と考え、最後まで諦めずに本番に臨んでほしいと思います。

今回紹介した内容で、何か一つでも皆さんの参考になれば幸いです。皆さんのご健闘をお祈りいたします。

昇任試験対策のページ

特別区

管理職試験講座 ……35

Ⅰ類択一・記述　Ⅰ・Ⅱ類論文　29年度

Ⅰ類記述　事例解説④

解答例

性的マイノリティーが差別されることのない地域社会の実現に向けて～行政主導で進める意識改革～

1 提案の目的

個の尊重や価値観の多様化を背景に、誰もが自分らしい生き方を求める社会への変容が進んでいる。こうした動きに伴い、顕在化してきた様々なマイノリティーの権利を守ることが、行政の新たな課題となっている。

近年、性同一性障害特例法の施行や、同性パートナーシップ証明書の取り組み等を通じて、性的マイノリティーに対する差別解消に向けた機運が高まっている一方で、いまだ多くの公的制度や民間サービスは対応が進まず、性的マイノリティーは生活の様々な場面で困難に直面している。

性的マイノリティーが差別されることのない地域社会の実現に向けて、どのような取り組みが有効であるか、分析、提案する。

2 資料の分析

（1） 平成16年以降、性別取り扱い変更数は右肩上がりで伸び、10年間で約8倍に増加している。

（2） 性同一性障害及び性的指向に関する人権のいずれについても、尊重されていないと感じる人が尊重されていると感じる人を大きく上回っている。

（3） 年代が上がるほど、多様な性のあり方を義務教育で教えることに反対する割合が高くなる。特に60―70代では、どの項目についても5割程度の人が反対している。

（4―1） 多くのLGBT当事者が、子どもの頃に、多様な性の在り方に関する正しい情報の不足や周囲の無理解という困難に直面している。

（4―2） 同性パートナーと暮らす上での困りごとは、医療や福祉、公的な制度等において家族と同等の扱いを受けられないことが上位を占めているほか、差別やハラスメントの経験も挙げられている。

（5） 当事者の多くが市町村に対し、性的マイノリティーについての教育を始めとした啓発を望んでいるほか、同性パートナーやその家族を法律上の家族として認め、医療、福祉などのサービスを家族と同等に受けられるようにしてほしいと希望している。

（6） 多様な性に関する授業は、高校生の意識啓発に高い効果を有する。さらに、指導に当たる教員自身の学びにもなる。

（7） 同性同士のカップルを異性間の結婚に相当する関係と認めて養育里親に認定するなど、独自の判断で性的マイノリティーの差別解消に取り組む自治体が現れている。

（8） 私立の女子大学でトランスジェンダーの学生の受け入れの検討を始めるなど、従来の性のあり方を前提とした仕組みを変革する取り組みが民間でも始まっている。

3 区政の課題

（1） 正しい情報の不足や、保護者、教員の無理解など、教育現場において性的マイノリティーは多くの困難を経験している。これを解消し、性的マイノリティーの子どもたちが将来に希望を抱ける教育を実現するためには、教員、保護者も含めた教育機関における意識啓発が必要である。

（2） 法律上の婚姻関係を前提とした既存の制度の中には、自治体の判断で性的マイノリティーに門戸を広げることが可能なものが存在する。区は性的マイノリティーの差別解消という視点から全ての制度を点検し、国や社会の動きに先んじて、制度やその運用の改善を図っていくことが求められる。

（3） 性的マイノリティーが差別されない地域社会を実現するためには、民間における取り組みの推進が不可欠である。区は事業者や地域コミュニティーとの連携を主導し、地域ぐるみで課題の解決に取り組んでいく体制を構築する必要がある。

4 具体的な施策

（1） 区内の小中学校と連携し、性的マイノリティーについての正しい理解を目的とした特別授業を実施する。教員による指導の後に当事者から直に話を聞く機会を設けるなど、段階を踏んで理解を深める構成にするとともに、生徒の精神的な成熟にも配慮し、年齢に応じた指導内容を設定する。また、指導に当たる教員向けの研修を行うことで、教員の啓発も図る。

《妨げとなる事柄》

性的マイノリティーについて教えることに抵抗を感じる保護者から、授業の中止を求められるなど、苦情や反発を招く可能性がある。

《解決策》

授業の目的や内容、性的マイノリティーに関する正しい知識等を掲載した啓発用のパンフレットを作成し、全ての家庭に配付することで、授業への理解を促す。また、授業は休日に実施し、保護者の参観も可能にするなど開かれた授業にすることで、保護者の不安を取り除き、理解を得やすくするとともに、保護者自身の啓発にもつなげる。

（2） 人権に関する部署を中心に、性的マイノリティーの差別解消を目的とした庁内横断的な検討組織を立ち上げ、当事者の意見や、先進自治体の取り組み等を参考にしながら、各制度の見直しに向けた区の指針を策定する。

《妨げとなる事柄》

職員全体の意識啓発が十分に進んでおらず、多くの職員は従来の法律上の婚姻関係を前提とした考え方にとらわれがちであるため、既存の制度の問題点に対する気づきが十分でなく、本格的な制度の改善にまで至らない可能性がある。

《解決策》

定期的に制度の改善状況をまとめた報告書を作成し、当事者による外部評価を受けることで、見落としている問題点を明らかにするなど、担当部署の気づきを促し、本格的な制度の改善につなげていく。

（3） 性的マイノリティーに対する差別の解消の推進を目的とした、区、民間事業者、町会・自治会、当事者団体等からなる会議体を設置し、課題の共有化や解決策の討議を通して、地域ぐるみで目的の実現に取り組んでいく。さらに、同性カップルを婚姻に相当するパートナーとして認める制度の検討を併せて行い、地域の様々な場で通用する証明書の作成を目指すなど、実効性のある制度の構築に取り組む。

《妨げとなる事柄》

性的マイノリティーに対する社会全体の理解が十分とは言えない中、一部の参加者で構成される会議体での話し合いだけでは、決定事項を地域全体に浸透させていくことが難しい。

《解決策》

会議の都度、議論の内容や決定事項をまとめたレポートを作成し、各業界団体や町会・自治会を通して配付することで、地域全体への浸透を図る。さらに、会議に対する意見や質問を受け付ける窓口を設け、双方向のやりとりを可能とすることで、様々な地域主体の当事者意識を促し、取り組みを発展させていく。

5 まとめ

性的マイノリティーを始めとして、社会には様々なマイノリティーが存在する。制度の狭間や多数派の無理解の中で、様々な困難に直面しているマイノリティーの声に真摯に耳を傾け、当事者に寄り添ったきめ細かい支援をしていくことこそ、基礎的自治体である区の責務である。

私はこのことを肝に銘じ、特別区の課長として、性的マイノリティーが差別されることのない地域社会の実現に向けて、全力で取り組む所存である。

解説

試験時間内に回答を仕上げるのは容易ではありません。限られた時間の中で効率よく回答を仕上げるためには、あらかじめ自分なりの解法を用意し、それに基づいて回答を作成していくことが効果的です。

【題名】

「AがBできるCの実現を目指して」（例＝全ての高齢者が健康で活躍できる地域づくりの実現を目指して）、「AのBによるC」（行政と地域の連携による安全なまちづくりの推進）など、回答パターンを準備しておくと慌てずに考えられます。

【提案の趣旨】

こちらも回答パターンを準備しておくことをお勧めします。

「Aという課題がある中、Bという目標に向けて、どのような取り組みが有効であるか、分析・提案する」（例＝全国の自治体で保育待機児童対策が喫緊の課題となっている中、育児と仕事の両立を可能にする環境整備に向けて、どのような取り組みが有効であるか、分析・提案する）。

【資料の分析】

後半の新聞記事に、出題の意図を示す情報が隠れています。そこに目を通してから、前半の図表に当たると、読み解くべきポイントが明瞭に見えてきます。

【区政の課題】

資料の分析内容と具体的な施策をつなぐ一番のポイントです。①資料の分析をきちんと踏まえていること②具体的な施策―妨げ―解決策まで書き遂げられる課題であること③「ヒト、モノ、カネ、情報」「自助、共助、公助」「ソフト、ハード」「短期、中期、長期」――など、異なる切り口で設定されていることに留意してください。

【具体的な施策】

施策の類型ごとに「妨げ」と「解決策」をまとめておくことで、効率的に回答を導けます（例＝啓発イベントの実施―一過性になりがち―参加者の交流機会を設けて、継続的な取り組みへ発展）。

【まとめ】

取り組みを実行することの意義や決意表明などを述べてまとめます。

好みもあると思いますが、試験当日は記述試験、論文試験と書き続けになるため、グリップの柔らかい筆記具を用意することをお勧めします。

Art・Essay&Opinion　アート・随筆・オピニオン

生まれ変わった人権プラザ
気づき、考えるきっかけに

2017年2月16日、都の人権啓発の拠点である「東京都人権プラザ」が、港区芝に移転オープンしました。

人権プラザは、人権に関する展示を中心に、セミナーの実施、図書資料の収集や貸し出し、相談受付といった機能を備えています。台東区で開館して以来、多くの都民に利用してもらいましたが、東京2020オリンピック・パラリンピック競技大会を契機に人権啓発の一層の推進が必要なことや、建物の老朽化等の問題克服のため、港区に移転し、機能強化を図ることになりました。

移転先は、都営地下鉄やJR、東京モノレールの駅から徒歩数分という大変利便性の高い場所にあります。

また、通りに面したビルの1・2階という立地を生かして、入り口のショーウインドーに「レーサー」と呼ばれる競技用車いすを展示するなど、通りがかりの人に興味を持ってもらえるよう工夫を凝らした明るい外観となっています。

様々な新しい意欲的な展示

「人権」というと、堅苦しい、難しいというイメージを持つ人が多いかもしれません。しかし、人権を考えることは特別なことではなく、日常生活の中で相手の立場になって考えることが基本です。

そこで、新しい人権プラザでは、大人はもちろん、特に次代を担う子供や若者をメーンターゲットとして、「私たちの周りには人権を考えるヒントがたくさんある」「人権について自分にできることは数多くある」ということに気づき、考えるきっかけとなる施設にすることを基本コンセプトとしました。

その上で、様々な新しい意欲的な展示を取り入れました。

「TOKYOキヅキ・タウン」では、街のジオラマにタブレット端末をかざし、クイズに回答

入口のショーウインドーに「レーサー」と呼ばれる競技用車いすを展示している

まず、1階の入り口すぐに、オリンピック・パラリンピック特別展示を実施しています。ここでは、オリンピック・パラリンピックと人権との深い関係性を解説するほか、車椅子バスケットで使う車いす(日本代表・土子大輔選手のサイン入りです!)や、競技のボール等を間近で見て触ることができます。パラリンピック競技の魅力を体感しながら、人権に目を向けていただけます。

次に進むと、「共に生きる」と大きく書かれた文字が目に入ります。これは書家の金澤翔子さんが、共生社会の実現を願って書かれたメッセージです。

展示室の大きな目玉が「TOKYOキヅキ・タウン」です。これは、まちのジオラマにタブレット端末をかざすことで、日常生活の中にある様々な人権課題を見つけ出し、関連したクイズに自ら考えて答えていくというものです。ゲーム要素を取り入れた展示ですので、大人も子供も楽しみながら人権を学んでいただけます。

また、いろいろな体験展示を導入しました。例えば、車いすに乗ってバリアを実際に体験したり、スマートフォン風のデジタルサイネージで正しく安全なインターネットの使い方を学ぶことができます。アイヌの人々の民族衣装を試着し、衣服の感触や文様の美しさ等を実感することもできます。

さらには、様々な人権課題に関する当事者の「生の声」を紹介する映像コーナーや、独自の視点で人権をより深く取り上げる企画展示室もあります。従来のパネル展示に加え、こうした多様な展示を取り入れることで、人権に関する一層深い知識と理解を得て、自分なりの考えや視点を持ってもらえると考えています。

2階の図書資料室では、人権に関係するマンガや新書など、手に取りやすく読みやすい本を集めており、子供やこれまで人権にあまり関心がなかった人にも興味を持っていただけます。もちろん、DVDやビデオ、専門的な資料もそろえていますので、社内研修の準備や研究のためにご利用できます。都内に居住、通勤・通学している人には貸し出しもしています。

利便性の高い場所に移転オープンした「東京都人権プラザ」

多くの人に訪れてほしい

移転オープンの日には、近くの小学校の5年生を招待しました。子供たちは楽しみながら熱心に展示室などを見学してくれて、先生からも人権を意識して考える機会になったとの感想をもらい、担当としてはホッとしています。

今後は、より多くの人に人権プラザを訪れてもらえることが課題です。そのためには、魅力ある講座やイベントの開催、効果的な広報展開などを積極的に実施していきたいと思っています。

今後、東京2020大会に向け、人権尊重の理念が浸透した社会の実現が欠かせません。人権プラザでは、個人だけではなく、企業や行政関係等の方による研修・視察への対応もしています。新しく生まれ変わった人権プラザを皆様に活用していただければ幸いです。

ここには人権についての新たな「気づき」が待っています。皆様のお越しをお待ちしています。

(都総務局人権部人権施策推進課課長代理　石渡康鷹)

◆東京都人権プラザ(指定管理者=公益財団法人東京都人権啓発センター)▽住所　港区芝2の5の6　芝256スクエアビル1・2階▽開館時間　午前9時半~午後5時半(日曜日・年末年始は休館)▽電話　03・6722・0123▽HP　http://www.tokyo-hrp.jp▽アクセス　○都営三田線「芝公園駅」A1出口徒歩3分(エレベータはA3出口)○都営浅草線・大江戸線「大門駅」A3出口徒歩7分○JR・東京モノレール「浜松町駅」金杉橋口徒歩8分

◆企画展「写真展　人権という希望」開催中▽会期　8月19日(土)まで(日曜日休館、展示替え期間閉室)▽料金　無料

区長飯(めし)　いただきます　7

ご褒美は二郎系ラーメン

渋谷区長　長谷部　健

40歳になったことをきっかけに、なまった体をなんとかしなければと、代々木公園を走ったり、千駄ヶ谷の東京体育館や区営プールで泳いだりするなど、学生時代以来となるスポーツへの本格的な取り組みを再開しました。

始めて最初の2カ月は、「あれ？　こんなはずじゃない」「もっと、速くいけるはずなのに」などと悩み苦しみながら走ったり泳いだりしていました。日々競技に明け暮れた学生時代を思い出しては、思うように体が動かない現実に、30代で怠けたツケのあまりの大きさにランニングも水泳も心から楽しむことができない状況に陥ってしまったほどです。

そのような中、真っ先にかつての感覚を取り戻してくれたのは胃腸でした。朝昼晩の食事の時間が近づくと、きちんと空腹感が押し寄せるようになり、普段、何気なく食べていた食事も、何もかもがおいしく感じられる幸せな感覚がよみがえってきたのです。おかげで、「おいしく飲み食いできること」が、体を動かす何よりのモチベーションとなっていきました。

2カ月ほど経過すると体の動きも徐々に良くなり、トレーニング強度を上げたり、周囲の景色を感じながらランニングできるようになるなど、成長を実感したり楽しんだりしながら取り組めるようになっていきました。

今年3月、板橋Cityマラソン完走後、板橋区坂本区長(左)と

そうなると、当然のことながら消費カロリーは増え、基礎代謝も向上し、食欲が更に湧いてきます。おかげさまで、ますますおいしく食事をいただけるという好循環が生まれてきたのです。

以来、45歳となった現在に至るまで、「おいしく飲み食いできること」を一番のモチベーションに体を動かし続けています。今でも大盛りをちゅうちょせず頼みますし、大好きな炭水化物系をがっちり摂取しても体重や体脂肪率もキープし続けています。

ランチで区長自ら撮影してきた二郎系ラーメン

食生活を管理していく上で、毎日消費カロリーを計算しながら気にしていくというのは、なかなか性分に合わないので、大雑把にはなりますが、1週間単位くらいで考えています。

例えば、先週は野菜が不足してしまったので、今週は野菜の摂取を多くしようとか、週末に20キロ走った自分へのご褒美として二郎系ラーメンを食べようなどといったような発想です。

今では、食べるために走ったり泳いだりするのか、その逆で走ったり泳いだりするために食べているのか、自分でも分からなくなってきていますが、好循環を気持ちよくキープしていくことが大事ではないかと思っています。

2015年4月に区長に就いて以降、残念ながらトレーニング時間が減ってしまい、自己記録の更新は難しくなってしまっていますが、幸いにもおいしく食事をいただくことはしっかりできています。

区長という仕事柄、この2年は酒量が増加傾向にあるので、この点はやはり気をつけなければと思っています。

区内をくまなく回っていると、各地にお気に入りの店ができたり、新しい店を訪れる楽しみがあります。初台の立ち食いそば、笹塚のハンバーガー、奥渋谷の揚げ物弁当、恵比寿のラーメン、代官山の定食屋、広尾のフレンチポテト専門店など、挙げればキリがありません。

今日の昼食は、代々木上原方面の公務の後になるので、どこで何を食べようかと今から楽しみです。

ちなみに今朝も代々木公園で10キロほど走ってきました。間違いなくおいしい昼食になるはずです。

東京都環境公社

環境教育研修会を開催
小学校教職員を対象に

(公財)東京都環境公社が、小学校の教職員を対象にした夏休みの環境学習プログラムを実施する。

プログラムは6種類を用意。各回とも、午前中は有識者のゲストティーチャーを招いて専門的な知見から講義を行い、午後は授業で実践できるよう、学校現場で経験豊富な講師による教科学習に沿ったテーマの環境学習プログラムを紹介・体験する。

時間は各回とも午前10時から午後4時15分まで。弁当持参。申し込みは7月中旬まで。定員は各回30人で、定員になり次第締め切る。問い合わせは総務部経営企画課連携推進担当係☎03・3644・8886まで。

プログラムは次の通り。

▽フードロスと『もったいない』を考える=7月25日(火)・墨田区総合体育館▽身近な公園で自然観察=7月28日(金)・善福寺公園(杉並区)▽東京の豊かな自然を体感=8月3日(木)・高尾ビジターセンター(高尾山)▽"水"調査隊=8月9日(水)・福生市周辺の多摩川▽昔の暮らしから学ぶ=8月21日(月)・八王子滝山里山保全地域(八王子市)▽暮らしとエネルギー=8月25日(金)・水素情報館　東京スイソミル(江東区)

昨年行った"水"調査隊のプログラム

ミニガイド

◇伝統工芸の未来をつくる「東京手仕事」プロジェクト・歌舞伎と手仕事▷会期　8月1日(火)、2日(水)、3日(木)▷会場　歌舞伎座3階「花篭」▷内容　歌舞伎と伝統工芸品の深い関係をひも解く特別プログラム(落語高座一席、歌舞伎俳優等の舞台裏話など)、伝統工芸品による和装コーディネート講座、同プロジェクト支援商品の特別展示販売、伝統工芸製作体験ワークショップなど▷入場料　3千円(ワークショップは別途材料費)▷申し込み　下記のURLから申し込み　https://tokyoteshigoto.tokyo/newsevent/kabukizaevent/　▷申し込み締め切り　7月14日(金)▷主催　東京都、(公財)東京都中小企業振興公社

とうきょうと川柳会

●6月の宿題1「ファッション」

野の花の風はファッションデザイナー　石川　和巳
ファッションのルーツモンペが甦える　大戸　和興
フリル付ドレスがせがむ厚化粧　松尾タケコ
☆性懲りもなし流行を追う媚態　速川　美竹

●6月の宿題2「青い」

知恵がやせ爆音競う青い星　佐野　和利
青いネは上から目線の逃げ言葉　マダム・モモ
歩数計青竹踏みで加算する　加藤　富清
☆青春は老いの輝き酔いの星　石川　旭
(☆印は選者の句)

とうきょうと川柳会のご協力で本紙読者からも川柳を募集します。6月の宿題は「化粧」と「粘る」で、それぞれ各3句以内を作句し、Eメールでhenshu@toseishimpo.co.jp宛てか、ハガキで編集部宛てにご応募ください。7月18日必着。

都政新報

発行所 都政新報社
〒160-0023 東京都新宿区西新宿7-23-1 TSビル
〈総務・読者〉03-5330-8781
〈企画広告〉03-5330-8784
〈編　集〉03-5330-8786
〈出　版〉03-5330-8788
〈ファクス〉03-5330-8808
購読料 月1,730円(税込)
毎週火・金曜日発行
ただし、祝日は休刊

都議選関連

小池新党が第1党に

都議選開票

支持勢力で過半数確保

自民23議席で歴史的惨敗

都議選が2日に投開票され、小池知事が代表を務める都民ファーストの会が49議席を確保し、第1党に躍進した。選挙協力する公明党、生活者ネットワークなどを合わせると、知事の支持勢力は過半数を超えて79議席となり、改選後は都政を安定的に進められるようになる。今回は11カ月間の小池都政の評価が争点となり、都民ファーストが圧勝したことから、一定の信任を得る結果となった。投票率は、前回と比べて7・78ポイント上回る51・28%だった。

都民ファーストの会は公認候補50人を擁立し、島部を除く49人が当選を果たした。小池知事は「望外の結果に驚いている」と喜びをかみしめた上で、「『古い議会を新しい議会に変えよう』という訴えが都民の胸に響いた」と今回の大勝利を分析した。

党勢が反映される1人区では島部で議席を落とし、6勝1敗だった。中でも小池知事が「都議会のドン」と批判した内田茂都議の地元・千代田区では、都民ファーストの新人がダブルスコアの大差で勝利。小池代表は「ドンによる一元代表制を替え、二元代表制にしていくレールが敷かれた」と力を込めて語った。

都民ファーストの推薦を受けた無所属候補は、当選後に追加公認するなど、最終的に知事の支持勢力は79人に上った。他党からは「議会のチェック機能が十分に働くのか」と疑問視されているが、小池代表は「都民ファーストで当選した候補には弁護士や公認会計士などがいる。議会で専門性を生かしてもらう」と述べ、条例提案などに期待を示し、批判は当たらないとの見解を示した。

一方、前回選挙で57人が完勝した自民党は60人を擁立したが、23人の当選にとどまり、公明党と同議席数の第2党に転落した。過去最低となった09年選挙の38人を大幅に割り込み、初めて20議席台となる歴史的惨敗を喫した。都議会の川井重勇議長や都議会自民党の高木啓幹事長、﨑山知尚政調会長ら幹部が相次いで落選。また、自民党の結党以来、議席を守り続けた渋谷区や豊島区などでも議席を失った。

同党都連の下村博文会長は「地域では手応えを感じていたが、このような結果になるとは想像していなかった。厳しい」と肩を落とし、会長を辞任する意向を示した。大敗の要因として、1人区などで公明党の選挙協力を得られなかった上、加計学園問題に加え、閣僚の問題発言を挙げた。

公明党は23人を公認し、28年連続で全員当選を果たした。同党の山口那津男代表は全員当選に、「国政と切り離して訴えた主張が都民に受け入れられた」と分析した。

共産党は、現有議席を2議席上回る19議席を確保。1997年以来20年ぶりとなる目黒区などで議席を奪取し、激戦となった豊島区や北区などで現職が議席を死守した。同党の志位和夫委員長は「安倍政権をこらしめなければいけないという都民の声が寄せられた」と強調し、反自民の受け皿になったことが勝因と受け止めを語った。

民進党は5議席を確保。現有議席より2議席減った結果に、同党都連の松原仁会長は「大敗ではない」と否定した上で、「民進党でなければ自民党の権力の私物化とは戦えないという声があるのも事実。当初は0議席や1議席という数字を言われたが踏みとどまった」と語り、自民党批判に一定効果があったとした。

生活者ネットは、北多摩第二で共産の支援を受けた現職が1議席を、日本維新の会は大田区で現職が1議席を死守した。

今後は7月下旬にも各会派の代表が集まる「世話人協議会」が開かれ、正副議長を選挙で決める臨時会の日程などが話し合われる。

第1党が確実となり、満面の笑顔を見せる小池代表＝2日、新宿区内のホテルで

定数127　　64 過半数

自民				知事支持勢力 79			
自民	共産	民進	その他	都民	公明	ネット	無所属(都民推薦)
23	19	5	1	49	23	1	6
現57 −34	現17 +2	現7 −2	現5 −4	現6 +43	現22 +1	現3 −2	現9 −3

※所属は告示日時点

党派別当選者

党名	計	現	新	元	立候補者	現有議席
都民	49	6	39	4	50	6
自民	23	21	2	0	60	57
公明	23	19	4	0	23	22
共産	19	11	8	0	37	17
民進	5	3	1	1	23	7
ネット	1	1	0	0	4	3
維新	1	1	0	0	4	1
社民	0	0	0	0	1	0
諸派	0	0	0	0	17	0
無所属	6	5	0	1	40	13
計	127	67	54	6	259	126

◆千代田も都民ファースト

今回の都議選で象徴的な選挙区となった千代田区は、都民ファーストの会の新人の樋口高顕氏が次点の自民候補に約7千票の大差をつけた。

樋口は開票が始まる10分前に事務所に到着。緊張の面持ちだったが、当確の速報が流れた瞬間、割れるような拍手を受け、支援者に何度も頭を下げた。「しがらみをなくして都議会を変えろ、という皆さんの思いが結果につながった。この恩を住民の暮らしに還元していく、今日がそのスタート」と気を引き締めた。

一方、7期にわたって議席を堅持してきた内田茂の後継者として、自民党が公認候補に据えた中村彩は涙をのんだ。「いくらお願いしても区民に声が入っていかない厳しい選挙戦だった」。内田は声を絞り出した。投票前日には安倍晋三首相が今回の都議選で唯一の街頭応援演説に駆け付けたが、党の内外から沸き起こる逆風を防げなかった。「自民は新しい時代の中で生まれ変わらなければ」とし、「経験を生かせることがあればアドバイスしていきたい」との姿勢を示す。

◆小池氏が代表辞任

小池知事は3日、知事の仕事に専念するため、「都民ファーストの会」の代表を辞任すると発表した。後任には前代表の野田数氏が就任する。

視点

小池新党の圧勝

安定化の鍵握る公明党

11カ月間の小池都政の評価が争点となった都議選。知事自らが代表を務める都民ファーストの会は完勝とはいかなかったが、49議席を獲得し圧勝した。小池知事の都政運営は有権者から一定の信任を得たと言える。

都民ファーストが第一党に躍進した原動力の一つは小池代表の人気だ。告示後は選挙の顔として接戦の選挙区を中心に応援に入り、知事が現れると人だかりができた。「小池人気」は当初、票に結び付けられるか不透明だったが、当選圏外にいた多くの候補が当選し、集票に働いた。

その要因として、小池代表の「古い議会を新しい議会に変えよう」という訴えが単純明快で、有権者に届いた点が挙げられる。「ワンイシュー」に絞り、都民に議会の刷新か維持かを問う手法は「小泉劇場」そのものだ。

ただ、昨年の都知事選で絶頂だった頃に比べると、「小池人気」は陰りも見えた。自民を離党した候補者の演説で、自民批判を展開してもノーリアクションに近く、代表も思わず苦笑せざるを得ない一幕もあった。新聞各紙の世論調査でも、小池知事の支持率は低下している。

支持率下落の最大の要因は、豊洲移転と築地再開発の基本方針だ。告示の3日前というタイミングで発表したのは、自民党が「決められない知事」との攻勢を強め、都議選の争点化を回避しようという思惑が透けて見えた。基本方針の実現性にはマスコミも厳しい論調が目立ったが、都議選の結果に跳ね返らなかったのは、加計学園問題への対応など安倍政権の敵失が大きい。

自民党都議の一人は国政から吹く逆風で「厳しい戦い」と不満を漏らしつつ、愚直に豊洲移転の基本方針の問題点を訴えたが、小池代表が反論することはなく、議論は過熱しなかった。

民進党や共産党は、加計学園、閣僚の問題発言など都政と一切関係のない問題を取り上げ、これまでの選挙と同様に都政の課題が置き去りにされた。落選した自民党都議の一人が「安倍政権をくじくために都議選が利用された」と憤るのも無理はない。

都民ファーストの圧勝によって懸念されるのが、知事の顔色をうかがう「イエスマン」が占め、議会のチェック機能が働くのかという点だ。

象徴的なのが、市場移転に関する公約だ。都民ファーストの会の公約は当初、「知事の立場を尊重する」と明記し、知事が豊洲移転の基本方針を示すと同調した。ここに「イエスマン」になるとの印象を捨てきれない理由がある。この基本方針では、豊洲整備費の返済など財源が示されず、実現のハードルが高いにもかかわらず知事と同じ方向を向いた。

小池代表は「いろんなアイデアを出せる人材がそろっている」と述べ、「小池チルドレン」の条例提案に期待し、批判は当たらないと反論するが、都庁内からは「知事が暴走したら、食い止める会派はどこなのか」と不安の声が聞かれる。

その役割を期待されているのが公明党だ。知事が豊洲移転の基本方針を発表する前、同党幹部らが知事とやり取りし、豊洲移転を促したという経緯がある。都民ファーストも公明党の協力を得られなければ過半数を確保できず、キャスチングボートを握る公明党の存在感は改選後に一層強まる。知事と公明党との距離感は、今後の都政運営が安定化するかどうかの試金石になりそうだ。（石）

都政の東西

「雲の上」の戦い

今回の都議選は、都民ファースト公認で55議席を獲得して大勝する一方、自民は23議席と歴史的大敗を喫した。しかし、都民ファーストの勝利は、「東京大改革」を掲げ、都政に取り組んだ小池知事を都民が是としたかと言えば、そうとも言い切れない。

自民が大敗したのは、小池知事就任以来の逆風に加え、国政の失点は明らかだ。森友・加計学園問題での政府への反発や稲田朋美防衛相の自衛隊を政治利用するかのような発言などが報道されるたびに自民の支持率が下がる「減点方式」の選挙になったと言わざるを得ない。

市場移転問題の中途半端な決着や五輪の競技会場、費用分担問題など、知事側にも失点はあったが、自民のそれが上回ったということだろう。

いずれにせよ、ただでさえ国政の影響を受けやすい都議選とは言え、今回の争点が都議会の在り方や市場移転問題になるなど、都民の日常生活から遠いところでの争いになった気がしてならない。重要な問題であることは確かだが、生活とは直接関係ない「雲の上」での戦いに共感できなかった都民もいるのではないだろうか。

選挙前、ある都民ファーストの候補者は2011年に名古屋市長の河村たかし氏が新人中心の新党を立ち上げた当時を振り返り、「議長を決める際の所信表明文一つをとってみても、市議選まで与党だった自民の方が明らかに出来が良かった。勝ってからが大変」と早くも不安を口にしていた。多数の党や新人が集まった都民ファースト。名前負けにならず、真に都民の生活を考える議会になるには、「打倒自民」の旗をいったん置き、都民の生活に目を向ける必要がある。

冗句ジョーク

都議選結果、小池知事勢力過半数確保

「あれー!? 小池さんって、自民党にとどまっていても過半数だったんじゃないの?」
——改革の意味を理解していない人

都議会議員選挙開票結果

(選管確定)

※丸数字は当選回数、所属は告示日時点

千代田区(定数1) 投票率54.28%

当	14,418	樋口 高顕	34	都新	①
	7,556	中村 彩	27	自新	
	2,871	須賀 和男	61	無新	
	602	後藤 輝樹	34	諸新	

中央区(定数1) 投票率50.74%

当	25,792	西郷 歩美	32	都新	①
	17,965	石島 秀起	57	自新	
	8,736	森山 高至	51	無新	
	6,842	立石 晴康	75	無現	
	1,347	齋藤 一恵	48	諸新	

港区(定数2) 投票率44.35%

当	35,263	入江 伸子	55	都新	①
当	15,350	菅野 弘一	58	自現	②
	13,440	大塚 隆朗	57	無元	
	11,434	染谷 ふみ子	65	共新	
	8,723	来代 勝彦	72	自現	
	686	鍋島 久之	53	諸新	

新宿区(定数4) 投票率49.34%

当	43,822	森口つかさ	35	都新	①
当	25,256	大山とも子	61	共現	⑦
当	19,713	古城 将夫	37	公新	①
当	17,565	秋田 一郎	51	自現	④
	11,599	大門 幸恵	48	自現	
	7,427	青地 真美	50	民新	
	1,971	濱野 秀昭	37	無新	

文京区(定数2) 投票率56.50%

当	42,185	増子 博樹	57	都元	③
当	26,997	中屋 文孝	51	自現	④
	26,782	福手 裕子	40	共新	

台東区(定数2) 投票率51.46%

当	29,838	保坂 真宏	43	都新	①
当	19,990	中山 寛進	45	無現	②
	16,630	和泉 浩司	60	自現	
	12,343	小柳 茂	44	共新	
	686	武田 完兵	69	無新	

墨田区(定数3) 投票率51.73%

当	39,531	成清梨沙子	27	都新	①
当	21,585	加藤 雅之	52	公現	③
当	17,507	川松真一朗	36	自現	②
	17,404	櫻井 浩之	51	自現	
	15,439	伊藤 大気	38	共新	

江東区(定数4) 投票率54.56%

当	45,614	白戸 太朗	50	都新	①
当	37,970	山﨑 一輝	44	自現	③
当	36,533	細田 勇	56	公新	①
当	29,804	畔上三和子	61	共現	③
	25,908	柿沢 幸絵	47	無現	
	21,059	髙橋 恵海	48	自新	
	15,409	大澤 昇	52	民元	
	3,171	古賀 美子	48	無新	
	1,403	表 奈就子	33	諸新	

品川区(定数4) 投票率52.00%

当	32,261	森澤 恭子	38	都新	①
当	28,591	山内 晃	48	都現	②
当	26,184	伊藤 興一	56	公現	④
当	23,176	白石 民男	35	共現	②
	19,546	田中 豪	54	自現	
	17,612	阿部 祐美子	52	民新	
	15,807	沢田 洋和	36	自新	

目黒区(定数3) 投票率50.36%

当	47,674	伊藤 悠	40	都元	③
当	19,077	齋藤 泰宏	54	公現	③
当	18,572	星見 定子	59	共新	①
	14,455	栗山 芳士	47	自現	
	13,912	鈴木 隆道	66	自現	

大田区(定数8) 投票率50.74%

当	55,000	森 愛	40	都新	①
当	33,017	栗下 善行	34	都元	②
当	26,704	藤井 一	63	公現	⑦
当	26,593	遠藤 守	50	公現	④
当	24,957	藤田 綾子	42	共新	①
当	21,831	神林 茂	64	自現	④
当	21,460	柳ヶ瀬裕文	42	維現	③
当	21,207	鈴木 章浩	54	自現	④
	19,032	鈴木 晶雅	59	自現	
	18,193	佐藤 伸	43	共新	
	16,716	澤田 大祚	38	民新	
	5,420	溝口 晃一	48	無新	
	4,118	須藤 英児	48	無新	
	2,194	飯田 佳宏	44	諸新	
	691	井出 鬼子雄	76	無新	

世田谷区(定数8) 投票率51.33%

当	70,471	福島理恵子	46	都新	①
当	49,055	木村 基成	47	都現	②
当	42,208	栗林のり子	63	公現	③
当	34,621	里吉 ゆみ	50	共現	②
当	33,019	三宅 茂樹	67	自現	⑥
当	29,838	山口 拓	44	民元	③
当	25,805	小松 大祐	39	自現	②
当	18,048	大場 康宣	69	自現	③
	15,175	岡本 京子	59	ネ新	
	13,243	櫻井 純子	53	社新	
	13,141	後藤 雄一	67	諸元	
	10,524	稗島 進	40	維新	
	9,021	マック 赤坂	68	無新	
	4,145	三浦 静加	64	無新	
	3,813	藤田 孝行	47	無新	
	1,990	伊沢 浩美	52	諸新	
	1,012	川合 善大	69	無新	
	506	森 二三男	69	無新	

渋谷区(定数2) 投票率46.00%

当	28,223	龍円 愛梨	40	都新	①
当	18,060	大津 浩子	57	無現	⑤
	17,658	前田 和茂	47	自現	
	10,323	折笠 裕治	59	共新	
	9,918	濵田 浩樹	39	民新	

中野区(定数3) 投票率50.72%

当	44,104	荒木 千陽	35	都新	①
当	24,647	髙倉 良生	60	公現	④
当	23,874	西澤 圭太	37	民現	③
	22,535	川井 重勇	69	自現	
	20,106	浦野 智美	36	共新	
	1,118	白柏 貴子	33	諸新	

杉並区(定数6) 投票率51.42%

当	39,893	鳥居 宏右	46	都新	①
当	36,145	茜ケ久保嘉代子	41	都新	①
当	31,292	原田 暁	42	共新	①
当	29,144	松葉多美子	54	公現	④
当	28,112	早坂 義弘	48	自現	④
当	24,632	小宮 安里	41	自現	③
	16,277	小松 久子	64	ネ現	
	15,887	田中 朝子	57	民現	
	8,220	西村 正美	53	民新	
	4,466	高橋 尚吾	33	無新	
	2,496	北島 邦彦	57	諸新	
	2,315	菅沢 治希	34	諸新	

豊島区(定数3) 投票率50.12%

当	44,556	本橋 弘隆	55	都新	①
当	20,381	長橋 桂一	60	公現	⑤
当	20,139	米倉 春奈	29	共現	②
	18,647	堀 宏道	52	自現	
	7,825	泉谷 剛	51	民元	

北区(定数3) 投票率57.16%

当	56,376	音喜多 駿	33	都現	②
当	34,501	大松 成	56	公現	④
当	30,374	曽根 肇	65	共現	⑥
	29,135	髙木 啓	52	自現	
	8,316	和田 宗春	73	民元	

荒川区(定数2) 投票率52.94%

当	24,005	慶野 信一	41	公新	①
当	21,234	瀧口 学	46	無元	②
	18,135	﨑山 知尚	51	自現	
	17,394	相馬 堅一	63	共新	
	2,734	山本 剛	39	無新	
	2,109	宮本 舜馬	26	無新	
	523	西野 晃	40	諸新	

板橋区(定数5) 投票率51.60%

当	39,230	木下富美子	50	都新	①
当	38,351	橘 正剛	64	公現	④
当	36,732	平 慶翔	29	都新	①
当	31,396	徳留 道信	65	共現	②
当	28,003	宮瀬 英治	40	民現	②
	27,521	松田 康将	40	自現	
	23,383	河野 雄紀	47	自現	
	6,283	熊木 美奈子	55	無元	
	983	安原 宏史	27	諸新	
	823	佐上 彰浩	46	無新	

練馬区(定数6) 投票率51.99%

当	53,948	村松 一希	36	都新	①
当	53,780	尾島 紘平	28	都新	①
当	43,577	小林 健二	47	公現	③
当	34,238	戸谷英津子	53	共新	①
当	32,624	柴﨑 幹男	61	自現	②
当	29,339	藤井 智教	41	民新	①
	27,098	山加 朱美	63	自現	
	15,931	菊地 靖枝	54	ネ新	
	13,442	浅野 克彦	42	民現	
	1,274	渋谷 誠	53	諸新	

足立区(定数6) 投票率50.92%

当	46,263	後藤 奈美	30	都新	①
当	37,285	齋藤真里子	42	共新	①
当	36,828	髙島 直樹	67	自現	⑤
当	36,494	薄井 浩一	57	公新	①
当	35,961	馬場 信男	56	都新	①
当	33,440	中山 信行	58	公現	④
	26,310	發地 易隆	41	自現	
	15,908	銀川 裕依子	31	民新	
	9,208	鈴木 勝博	59	維元	

葛飾区(定数4) 投票率49.96%

当	51,241	米川大二郎	49	都新	①
当	37,669	野上 純子	64	公現	⑤
当	27,060	和泉 尚美	55	共現	②
当	22,120	舟坂 誓生	69	自現	②
	20,078	和泉 武彦	48	自現	
	14,695	米山 真吾	47	民新	
	5,351	谷野 正志朗	75	諸新	
	4,463	立花 孝志	49	諸新	

江戸川区(定数5) 投票率47.80%

当	54,587	田之上郁子	47	都元	②
当	50,778	上野 和彦	64	公現	④
当	50,723	上田 令子	52	都現	②
当	38,854	宇田川聡史	52	自現	④
当	36,652	河野百合恵	67	共現	④
	26,094	田島 和明	66	自現	

八王子市(定数5) 投票率52.49%

当	48,016	東村 邦浩	55	公現	⑤
当	41,541	両角 穣	55	都現	②
当	39,275	滝田 泰彦	35	都新	①
当	31,935	清水 秀子	65	共現	⑥
当	26,519	伊藤 祥広	48	自新	①
	22,239	鈴木 玲央	39	自新	
	21,446	安藤 修三	37	民新	
	6,947	滝沢 景一	51	無元	
	2,597	岡村 幹雄	60	諸新	

立川市(定数2) 投票率48.01%

当	24,912	増田 一郎	52	都新	①
当	16,946	清水 孝治	51	自現	②
	16,257	酒井 大史	49	無現	
	12,690	浅川 修一	62	共元	

武蔵野市(定数1) 投票率54.28%

当	27,515	鈴木 邦和	28	都新	①
	22,493	松下 玲子	46	民元	
	14,443	島崎 義司	51	自現	

三鷹市(定数2) 投票率52.08%

当	30,356	山田 浩史	32	都新	①
当	21,094	中村 洋	45	民現	③
	18,223	加藤 浩司	50	自新	
	8,803	室 喜代一	61	共新	

青梅市(定数1) 投票率50.82%

当	31,603	森村 隆行	43	都新	①
	19,948	野村 有信	76	自現	
	5,433	雀田 一忠	72	無新	

府中市(定数2) 投票率50.72%

当	38,381	小山 有彦	41	都現	③
当	27,697	藤井 晃	35	都新	①
	24,959	鈴木 錦治	61	自現	
	13,502	柄澤 地平	28	共新	

昭島市(定数1) 投票率47.17%

当	24,639	内山 真吾	37	都新	①
	12,544	中村 豪志	41	自新	
	5,897	奥村 博	66	共新	

町田市(定数4) 投票率54.29%

当	55,784	奥澤 高広	35	都新	①
当	31,893	小礒 善彦	62	公現	⑤
当	25,528	池川 友一	32	共新	①
当	23,470	吉原 修	61	自現	⑤
	21,252	今村 路加	48	民現	
	17,387	市川 勝斗	40	自新	
	12,824	海老澤 由紀	43	維新	
	609	上田 哲次	57	諸新	

小金井市(定数1) 投票率48.46%

当	16,039	辻野 栄作	48	都新	①
	13,531	漢人 明子	57	無新	
	11,293	廣瀬 真木	35	自新	
	4,879	朝倉 法明	58	無新	
	1,242	内古閑 宏	53	無新	

小平市(定数2) 投票率48.03%

当	31,844	佐野 郁夫	61	都新	①
当	15,535	髙橋 信博	70	自現	④
	15,238	齋藤 敦	50	民現	
	10,454	鈴木 大智	34	共新	

日野市(定数2) 投票率49.60%

当	30,384	菅原 直志	49	都新	①
当	16,458	古賀 俊昭	69	自現	⑦
	15,595	中野 昭人	48	共新	
	11,464	新井 智陽	44	無現	

西東京市(定数2) 投票率49.18%

当	30,650	桐山ひとみ	46	都新	①
当	20,647	石毛 茂	64	無現	④
	16,511	山田 忠昭	68	自現	
	12,102	中村 駿	30	共新	

西多摩(定数2) 投票率47.21%

当	33,526	清水 康子	50	都新	①
当	27,771	田村 利光	50	自新	①
	23,468	島田 幸成	49	無現	
	12,469	西村 雅人	50	共新	

南多摩(定数2) 投票率54.20%

当	32,525	齋藤礼伊奈	38	都新	①
当	29,269	石川 良一	65	無現	②
	23,162	小礒 明	65	自現	
	16,538	菅原 重美	68	共新	
	2,946	土居 範洋	35	無新	

北多摩第一(定数3) 投票率52.42%

当	39,492	關野 杜成	43	都新	①
当	32,773	谷村 孝彦	54	公現	⑤
当	23,500	尾崎あや子	58	共現	②
	22,415	北久保 眞道	64	自現	
	11,166	鈴木 龍雄	48	民新	
	1,521	山内 章明	64	無新	

北多摩第二(定数2) 投票率53.84%

当	33,441	岡本 光樹	34	都新	①
当	22,546	山内 玲子	61	ネ現	③
	19,618	髙椙 健一	66	自現	
	10,634	興津 秀憲	60	民元	

北多摩第三(定数3) 投票率53.48%

当	45,358	尾崎 大介	43	無現	④
当	30,431	中嶋 義雄	67	公現	⑥
当	26,974	井樋 匡利	53	共新	①
	26,328	栗山 欽行	58	自現	
	3,666	新井 匠	48	無新	
	2,165	小野寺 通	48	無新	

北多摩第四(定数2) 投票率51.66%

当	26,031	細谷 祥子	63	都新	①
当	19,674	原 紀子	51	共新	①
	18,205	山下 太郎	44	無現	
	16,776	野島 善司	68	自現	

島部(定数1) 投票率66.08%

当	8,804	三宅 正彦	45	自現	③
	4,100	山下 崇	44	都新	
	1,225	綾 亨	64	共新	

大敗喫した自民党

幹部の相次ぐ落選で激震

落選後、支援者にねぎらいの言葉をかける川井氏＝2日、中野区内の選挙事務所で

自民党は議席を大幅に減らしただけでなく、現職議長や幹部議員が相次いで落選したことも大打撃となった。

都議会議長の川井重勇氏は午後11時30分前に中野区内の選挙事務所に現れた。次点を伝えるテロップがテレビから流れると、「間違いなく逆風があったが、敗因は私が至らなかったこと」と敗戦の弁を述べ、政界を引退する意向を表明した。

川井氏は落選の責任を自分のせいだと繰り返したが、「街頭や朝立ちで罵声を浴びせてくる方がいつもの選挙より多かった」と風当たりの強さを実感していたという。

小池知事が就任後に都議会各会派にあいさつ回りをした際、川井氏が知事との写真撮影を断った映像が都議会自民党と小池知事の対立を象徴する場面として知れ渡った。支持勢力が議席の過半数を獲得した小池知事に対しては、「都民のための都政をやってもらいたい」と一言だけ述べた。

一方で、今後の都政については「東京五輪を成功させてほしい。特に東日本大震災復興支援への感謝を表し、3年後には東北の復興の姿、日本や東北の強さを示す五輪にしたい思いがあった」と無念さをにじませた。

勇退することは周囲にこれから相談するとしたが、「69歳という年齢を考え、当落に関係なく、次の世代にバトンタッチする思いが以前からあった。若い世代を育てていきたい」と話し、第一線からは退く考えを示した。

■ ■

荒川区では午後10時30分ごろ、都議会自民党政調会長の崎山知尚氏が事務所に姿を現した。「この結果は私に全ての責任がある」と支援者に謝罪し、「本当に気持ちの良い選挙ができた。心から感謝している」と述べると、涙を流す支援者も見られた。

自民は人気の高い小泉進次郎衆院議員を崎山氏の応援に送り込んでいたが、3千票差の次点となった。崎山氏は「4年間やってきたことに対しての評価を頂けなかったのは非常に残念」と悔しさをにじませ、「これからの4年間、どう都政を前に進めるのか心配」と懸念を示した。都民ファーストに対しては「議員が知事の手駒ではいけない。二元代表制は守られるのか」と危機感をあらわにした。

■ ■

千数百票差に涙をのんだ幹事長の高木啓氏は午後11時15分ごろ北区内の事務所に到着。「私の不徳の致すところ。大変申し訳ない」と繰り返し謝罪した。

高木氏は「政策が劣っていたとは思わないが、大変厳しい結果が出た。幹事長にもかかわらず当選できなかった。責任を痛感している。党の歴史の中でも申し訳ないことをした」と沈痛な面持ちで語り、森友・加計学園問題など国政の影響については「駅で立っているときも批判はいつもより多いと感じた。結果を見れば影響があったと言わざるを得ない」と述べた。

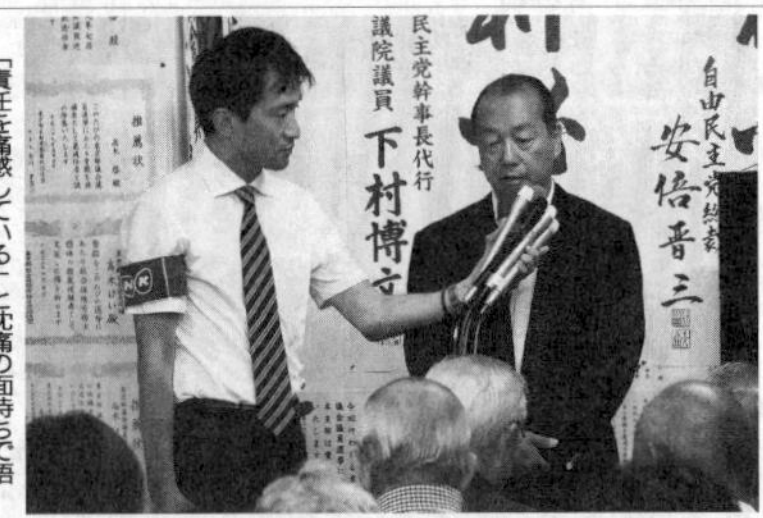

「責任を痛感している」と沈痛の面持ちで語る高木氏＝3日、北区内の選挙事務所で

初当選の顔触れ

今回の都議選では、54人の新人議員が誕生した。内訳は、都民ファースト39人、自民2人、公明4人、共産8人、民進1人（氏名、年齢、選挙区、①代表的肩書、②最終学歴）。

都民

樋口　高顕34（千代田）①元会社員②京大法

西郷　歩美32（中央）①区議②国際学院埼玉短大

入江　伸子55（港）①民放社員②成城大文芸

森口つかさ35（新宿）①会社役員②京大工

保坂　真宏43（台東）①区議②米ＷＶＷ大院

成清梨沙子27（墨田）①公認会計士②東大経済

白戸　太朗50（江東）①会社役員②日体大院

森澤　恭子38（品川）①会社員②慶大法

森　愛40（大田）①元区議②専大経済

福島理恵子46（世田谷）①会社員②東北大院

龍円　愛梨40（渋谷）①元民放アナ②法大法

荒木　千陽35（中野）①議員秘書②久留米大法院

鳥居　宏右46（杉並）①東医大客員教授②慶大院

茜ケ久保嘉代子41（杉並）①キャリア相談②東大農

本橋　弘隆55（豊島）①区議②立教大法

木下富美子50（板橋）①会社員②東京外大外語

平　慶翔29（板橋）①元議員秘書②国士舘大政経

村松　一希36（練馬）①区議②中大法

尾島　紘平28（練馬）①区議②早大政経

後藤　奈美30（足立）①会社員②共立女大文芸

馬場　信男56（足立）①区議②国学院大文

米川大二郎49（葛飾）①区議②日大法

滝田　泰彦35（八王子）①商社員②東大院

増田　一郎52（立川）①証券会社員②早大法

鈴木　邦和28（武蔵野）①会社社長②東大工

山田　浩史32（三鷹）①弁護士②東大法

森村　隆行43（青梅）①保険販社役員②東大経済

藤井　晃35（府中）①元ＩＴ会社員②京大経済

内山　真吾37（昭島）①市議②日体大体育

奥澤　高広35（町田）①元衆院議員秘書②慶大法

辻野　栄作48（小金井）①精神科医②北大医

佐野　郁夫61（小平）①市議②米加州立大院

菅原　直志49（日野）①市議②文教大教

桐山ひとみ46（西東京）①市議②東京女子体育大

清水　康子50（西多摩）①税理士②グ経営大院

齋藤礼伊奈38（南多摩）①歌手②早大政経

關野　杜成43（北多摩一）①東大和市議②北多摩高

岡本　光樹34（北多摩二）①弁護士②東大法

細谷　祥子63（北多摩四）①市議②大阪芸大中退

自民

伊藤　祥広48（八王子）①市議②早大教

田村　利光50（西多摩）①会社社長②早大商

公明

古城　将夫37（新宿）①党都局次長②日大院

細田　勇56（江東）①区議②創価大経営

慶野　信一41（荒川）①党都局次長②白鴎大経営

薄井　浩一57（足立）①区議②富士短大

共産

星見　定子59（目黒）①区議②北海道教育大教

藤田　綾子42（大田）①看護師②都立医技短大

原田　暁42（杉並）①区議②東京学芸大教

戸谷英津子53（練馬）①区議②駒大経済中退

齋藤真里子42（足立）①都議秘書②慶大文

池川　友一32（町田）①市議②和光大人間関係

井樋　匡利53（北多摩三）①調布市議②農工大中退

原　紀子51（北多摩四）①東久留米市議②法大社

民進

藤井　智教41（練馬）①区議②慶大商

国分寺市長選

現職が再選果たす

「反自民」の影響なく

再選が決まり、万歳三唱する井澤氏（中央）＝2日、同市西恋ヶ窪の選挙事務所で

国分寺市長選開票結果（投票率 55.25%）

	得票	氏名	年齢		推薦
当	31,518	井澤　邦夫	66	無現②	自公
	21,336	樋口　満雄	67	無新	民共社由ネ

（四角囲みは推薦政党）　＝選管確定＝

任期満了に伴う国分寺市長選が2日に投開票され、自民、公明が推薦する現職の井澤邦夫氏が、民進、共産、社民、自由、生活者ネット推薦の前副市長・樋口満雄氏を破り、再選を果たした。同日に実施された都議選の影響で、投票率の上昇による浮動票とともに、反自民票の行方が注目されたが、現職が地力を見せつけた。投票率は前回より7・18ポイント高い55・25%だった。

当選が確実となったのは午後11時過ぎ。同市西恋ヶ窪の選挙事務所に集まった支援者らから歓声が上がり、井澤氏は自民市議らと固く握手を交わした。

井澤氏は「多くの皆様のご理解とご支援のおかげ」と感謝を述べ、「相手候補が野党連合ということで支持基盤を広げた。厳しい選挙だった」と振り返った。

長年の懸案である庁舎建て替えに関しては、「財源を確保した上で、市民サービスと防災の両方から市民の安全安心を確保していきたい」と意気込みを語った。

同日実施の都議選では自民が歴史的な大敗を喫した。自民、公明推薦の井澤氏は「都民ファーストの躍進の影響がどう出るか心配していた」と心情を明かし、「ほっとしている」と語った。

来年3月に2棟の再開発ビルが竣工予定の国分寺駅北口再開発については、「工事が終わって終わりではない。全市に波及するような効果が出てこなければ本来の北口再開発は達せられていない。次の4年間できちっとやっていきたい」と展望を述べた。

一方、野党共闘で挑んだ前副市長の樋口氏は、約1万票差をつけられて市長の座には届かなかった。結果を受け、樋口氏は「短期勝負となり、時間が足りなかった」と敗因を分析。「市民が一致団結して市を変えようという政治のうねりができたことは国分寺の財産。悔いはない」と語った。

井澤市政に対しては、「市民の意見に耳を傾け、福祉に日を当ててほしい」と話すとともに、「職員の力を平等に引き出してほしい」と述べた。

人権巡り火種残る

【解説】井澤氏の下で副市長を務めた樋口氏が同市長選初の野党共闘で現職に挑んだが、差異を打ち出し切れなかった。

樋口氏は「独断的で強権的だ」などと井澤市政を批判。人事異動や国分寺まつりでの護憲団体の出店拒否などを問題視したが、出店拒否問題では当時の副市長だった樋口氏が議会で答弁しており、野党共闘候補として適任だったのかという疑念は最後まで晴れなかった。

同問題を巡っては、昨年8月に東京弁護士会が「表現の自由の侵害」として市及びまつり主催者に是正を求めたことを受け、今年の募集要項を変更。事務局を担う市の文化と人権課は「要望を踏まえた」と話すが、野党陣営からは「改悪だ」との声が上がっており、8月に下される決定次第では今後の火種となる。

井澤市政2期目の大事業は庁舎建て替えだ。現在の庁舎は建物が分散し、利便性や防災面に課題を抱える。資金繰りの悪化で事業は凍結していたが、今年3月策定の国分寺市総合ビジョンでは、18年度に基本計画を策定し、事業者を選定すると明記した。一時底をついた庁舎建設積立基金も、昨年度から積み立てを開始。

今後は、現在地整備か否かなどが焦点となる。

また、井澤氏は市民ホールの建設や西国分寺駅周辺整備などに言及。一方の野党陣営は「今度は福祉」としており、ハード対ソフトの対立軸がより鮮明になるかもしれない。（草）

五輪自転車競技

コース誘致を合同要望

甲州街道沿道の6市

東京五輪の自転車競技（ロードレース）のコースを誘致するため、甲州街道が通る6自治体が6月26日、都庁及び五輪組織委員会を訪問し、要望書を提出した。

要望したのは八王子、立川、府中、日野、国立、相模原の6市。

ロードレースのコースは皇居外苑をスタートし、多摩市や稲城市を周回して再び皇居にゴールするコースが2015年12月のIOC理事会で承認されている。だが今年5月に国際自転車連合（UCI）が富士山の見えるコースにするよう要請。一部報道では、皇居を出発して富士スピードウェイをゴールとする案を検討していると報じられている。

このため6市は、多摩地域の甲州街道沿道5市と相模原市を経由するルートを検討するよう要望。この中では多摩地域が64年大会の自転車競技（トラック・ロード）の会場となった地域で、特にロードレースの周回コースで使われた甲州街道や高尾街道は、地元で「オリンピック道路」の名で親しまれているなどとPRした。

五輪の自転車ロードレースコースを巡っては、周回コースが予定されている多摩市と稲城市が、都や組織委に配慮を求める要請を行っている。

千代田区

民泊あり検が初会合

条例案を4定に提出

千代田区は6月29日、民泊サービスのあり方検討会の初会合を開いた＝**写真**。住宅宿泊事業法（民泊新法）が6月16日に公布されたのを受け、1年以内の同法施行までに地域の実情に沿ったルール定め、11月に開会する第4回定例区議会に条例案を提出する。

検討会は、学識者や不動産事業者、警察、消防、区民で構成。会長を山口正紀副区長、副会長を田村泰俊・明治学院大学法学部（行政法）教授が務める。

区には昨年度にごみや騒音などの民泊関連の苦情が50件寄せられ、一昨年度から倍増。初会合では、民泊への苦情が区内で最も多い秋葉原駅付近の町会関係者が「所有者が分からず、困っている」と窮状を訴えた。一方、事業者からは違法民泊への罰則が必要との意見が出た。

区生活衛生課は「住民の不安を取り除くため、千代田区に合った地域や日数の規制ルールを考えていきたい」と話し、来月に予定されている国の政省令制定後、9月に条例骨子を固め、都との事務協議に入る予定だ。

杉並区

居住支援協と信金

空き家改修で連携

杉並区は6月29日、区居住支援協議会や区内に支店を置く西京信用金庫と連携し、今年度に空き家や空き室を利活用して高齢者や障害者らに住宅供給するモデル事業を行うと発表した。

区は昨年11月、23区で5区目となる住宅セーフティネット法に基づく居住支援協を設置。同法が住宅確保要配慮者と位置付ける障害者や高齢者、子育て世帯などへの住宅供給に向けた検討を進めている。

モデル事業では、民間事業者が空き家や空き室を改修して住宅供給を行う場合、区が300万円を上限に、整備費の3分の2を補助し、区居住支援協が上限100万円で事務経費を2分の1補助する。民間事業者の自己負担分に関しては、西京信金が1千万円を上限に、同信金の基準金利より0・1%低い利率1・95%で融資する。

区住宅課では、「通常の空き家改修の融資と比べると、実質的には1%程度低くなる。モデル事業を機に、要配慮者への住宅供給促進につなげたい」と話している。

客引規制に連携強化

罰則付き条例を制定

文京区、台東区

文京区と台東区は、両区にまたがる商店街での悪質な客引き行為などを規制するため、1日に協定を締結した。両区は協定に先立ち、第2回定例区議会で罰則付きの客引き防止条例を制定しており、文京区は今月1日、台東区は10月の施行。

両区の条例は、路上で行う客引きや客待ち、スカウトを対象に指導・警告・勧告を行い、従わない場合は5万円以下の過料を徴収する。

特定地区は、文京区が湯島3丁目の一角、台東区が上野駅周辺。特に区境に位置する仲町通りでは、協定により「条例を後ろ立てに、両区が連携して取り締まりを強化する」（文京区危機管理課）狙いがある。

南相馬市をＰＲ

杉並区

杉並区は6月29日、交流都市の福島県南相馬市をＰＲする物産展を区役所で開いた。

物産展では、市名産のトマトやブロッコリーなどの野菜や、こしあんと生クリームが入った「よつわりパン」などの人気食品が販売され、桜井勝延市長が田中良区長と共に商品をＰＲした。

同市は東日本大震災で一時全域避難となり、住民が震災前の4分の1に減少した小高地区の復興に向け、「地域おこし協力隊」を募集しており、区も区民周知に協力する方針。

■八王子市人事異動

1日付　◎印昇任

【部長級】▽都市戦略部長＝国際スポーツ大会推進室長兼務（都市戦略部長）小柳悟▽生涯学習スポーツ部長（生涯学習スポーツ部長＝国際スポーツ大会推進室長兼務）瀬尾和子

【課長級】▽都市戦略部都市戦略課長（都市戦略部都市戦略課長＝国際スポーツ大会推進室主幹＝調整担当併任）立川寛之▽国際スポーツ大会推進室主幹＝総務担当（教育委員会国際スポーツ大会推進室主幹＝総務担当）宮木高一▽市民活動推進部付主幹＝八王子市学園都市文化ふれあい財団（子ども家庭部保育対策課長）久間毅▽財務部財政課長（財務部財政課長補佐＝主査兼務）◎武井博英▽子ども家庭部保育対策課長（学校教育部学校教育政策課長）小俣勇人▽学校教育部学校教育政策課長(財務部財政課長)橋本盛重▽生涯学習スポーツ部スポーツ振興課長＝国際スポーツ大会推進室主幹＝事業担当併任（生涯学習スポーツ部スポーツ振興課長）坂口崇文

■国立市人事異動

1日付

【部長級】▽都市整備部長（まちづくり推進本部長）門倉俊明▽都市整備部参事（都市整備部長）江村英利

【課長級】▽政策経営部特命担当課長＝教育施設担当課長兼務（政策経営部特命担当課長）山本俊彰▽行政管理部検査担当課長（生活環境部生活コミュニティ課長＝消費生活センター長事務取扱）村山幸浩▽健康福祉部福祉総務課長＝福祉交通担当課長兼務（健康福祉部福祉総務課長）関知介▽健康福祉部健康づくり担当課長（健康福祉部予防・健康担当課長）堀江祥生▽生活環境部まちの振興課長＝消費生活センター長事務取扱（生活環境部産業振興課長）三澤英和▽都市整備部道路交通課長（都市整備部交通課長）中島広幸▽都市整備部工事担当課長（行政管理部検査担当課長）町田孝弘▽都市整備部下水道課長（都市整備部主幹）蛯谷常久▽都市整備部国立駅周辺整備課長（まちづくり推進本部国立駅周辺整備課長）北村敦▽都市整備部富士見台地域まちづくり担当課長＝富士見台地域まちづくり担当係長事務取扱（まちづくり推進本部富士見台地域まちづくり担当課長）中道洋平▽都市整備部南部地域まちづくり課長（まちづくり推進本部南部地域整備課長）立川浩平▽都市整備部都市農業振興担当課長（都市整備部道路下水道課長）関慎一

■稲城市人事異動

1日付　◎印昇任

【部長級】▽市民部長（市民部市民協働課長）◎松本葉子

【課長級】▽市民部市民協働課長（教育部生涯学習課社会教育・公民館係公民館事業担当係長）◎笠松和子

◆退職　6月30日付

【部長級】▽市民部長　西山誠

記者席

負けた2人の対照的な姿

○……都議選の開票速報で各選挙区での都民ファースト優勢の報が続々と流れると、千代田区内の自民候補の選挙事務所にいた支援者たちは嘆息を漏らした。これほどの惨敗を喫するとは思ってもなかったのだろう。

選挙前に続発した国会議員の不祥事も影響していると見られ、落選した候補は「公人としての認識が欠けている」と苦言を呈した。

前日に応援演説に立った安倍首相は、デモを行う一団に対して「人の主張に反対ばかりする人には負けられない」と応じた。売り言葉に買い言葉だなと思ったが、それは数分前に首相が一連の不祥事をわびた際に使っていた表現だった。

○……信濃町の公明党本部・開票センター。午後9時半ごろに候補者の名前に最初のバラが付けられた直後、テレビのモニターに映し出された「ニュース速報」に報道陣がどよめいた。何の一大事かと思ったら、流されたのは将棋の史上最年少棋士・藤井聡太四段が敗れたというテロップ。

首都決戦の裏側で、歴代最多連勝記録が29でストップしたが、注目度では「藤井劇場」も小池劇場に負けていなかった。

ところで当日夜、自民党の安倍首相は最後まで都議選の大敗に言及せずに引っ込んでしまったが、藤井四段が対戦相手に「負けました」と頭を下げたのとは対照的だった。

○……都議選の陰に隠れる形で江東区と大田区が都への調停申請を表明した中央防波堤埋立地の帰属問題。大田区は先月26日の第2回定例区議会に調停申請議案を出し、全会一致で可決された。江東区は今月6日に可決される運びだ。

昨年3月、大田区議会は同区への全島帰属を求める決議を可決。区議会だよりで「全会一致で可決」としたが、現在無印で当時民主の岡高志区議は反対の立場から採決を棄権した。今回は同区議の動向にも注目していたが、調停申請議案に対しては賛成。正真正銘の全会一致となった。

直後に話を聞くところ「議員が他区とけんかしてまで主張するのはおかしい。粛々と行政で決めていけばいい」

都民ファ圧勝、自民惨敗に驚愕

議会運営は？ ガバナンス注視

都議選結果 職員の声

都民ファーストの会が55議席（追加公認含む）を獲得して第1党に躍進、自民党は23議席という過去最悪の大惨敗となった今回の都議選。予想をはるかに超えた結末に、多くの職員が驚愕したのではないか。都庁内では、新たに乗り込んで来る議員集団に戦々恐々とする声や、国との向き合い方を懸念する意見も聞かれる。都議選の結果を受けた評価や議会に対する注文、都政運営に与える影響など、職員の声を聞いた。

予測不能な大勝利

誰も予測不能な都民ファの圧勝。昨年の知事選以降、小池劇場で悪役に仕立て上げられた自民党は、知事を攻撃すればするほどドツボにはまった。これまで何度か挽回のチャンスはあったと思うが、トドメは終盤での国政における自民党の失点で、小池知事は運も味方につけた印象。都民ファの勝利というより、まさに小池知事の大勝利だ。

昨年から続いてきた混乱の都議会が一日も早く、安定した本来の都議会に落ち着くよう期待する。都民ファの議員にはいろいろな経験や能力を持つ方が多く、それらを生かした議員活動を期待する半面、いろいろな政治的な経緯を持った人が集まっているため、内部から崩れないように、しっかりした調整役やまとめ役が必要。（本庁部長）

議員との関係どうなる

衝撃的な結果だ。ただ、2009年に民主党が第一党になったインパクトとは違う。大勝した都民ファの実質的なトップは執行機関の長たる知事であり、議員によっては議会の権能を主張するよりも、知事の後ろ盾をいいことに上司のような感覚で指示してくるかも知れない。執行機関と議決機関の関係は変わらざるを得ず、最初は混乱を来すだろう。

市場移転でも分かったが、結局、職員は信頼されていない。職員の報告よりも顧問のいい加減な思い付きを採用したということであり、外部の意見を真に受けて判断する傾向が強まることが懸念される。（本庁部長）

大局観ある共通認識を

都民ファには公認会計士や弁護士など専門分野に詳しい人材が多い。特に「法的に適合していればいい」という切り方をした時に、現場がどうなるかを考えてもらいたい。中央卸売市場の問題がよい例。専門的な知見を活用するのは大切だが、それだけでなく大局観のある共通認識が必要。

新しい目で問題点を指摘し、これまでを反省するのは大切だが、どう問題解決するのか、一緒になって考えてもらわなければならない。積み木を崩すだけ崩して、「組み立てるのはお前たち」という態度では困る。

心配なのは、都政改革と言って「あれも駄目、これも駄目」を繰り返していると、行政のダイナミズムが失われる恐れがあること。国とシビアな交渉をしなければいけない時にパワーを失いかねない。東京は他の自治体とは違う。その矜持（きょうじ）を持ってほしい。（本庁部長）

都市型選挙の怖さ

選挙期間中、高齢者が投票前に選挙ポスターを見ながら緑色の小池与党の候補者を探していた。いったん流れができてしまうと、候補者個人を決める選挙ではなくなる。これが都市型選挙の怖さだ。共産党が自民、都民ファの批判票の受け皿になったと言われているが、選挙区によってはそうでもないところもある。日頃の地道な活動の部分もあるのではないか。五輪や税制改正など、国との調整が必要な時期に国とのパイプが細くなることを危惧する。小池知事や都民ファの議員では国との調整は無理だろう。これから国の役人が厳しいことをいろいろ言ってくると思う。（出先部長）

未知数の議会運営

これほどの圧勝とは驚いた。これは国政での安倍政権のおごり・失態に対する批判、公明党の選挙優先の風見鶏戦略、執行機関から切り離された都議会自民党の弱体化などが原因である。都民ファは「消去法」で勝ったのであり、個々の議員が積極的に都民から支持された結果ではない。

今後の議会は、組織化されていない素人集団である都民ファが担っていくことになり、議長はどうするのか、各委員長の人材はいるのか、そもそも議会を運営できるのか、全くの未知数だ。小池都政は、よく言えば正常化を図っているのかもしれないが、具体的な施策展開はこれからという状況で、20年東京大会に向けては課題を先送りしてきた結果、時間的には追い詰められている。市場移転問題も混乱しかもたらされていない。この上に議会が混乱し、都政を妨げることだけは回避してほしい。

とにかく都政と都議会をよく勉強して、これまでの悪しき慣習に縛られず、議会改革を進めてほしい。（本庁課長）

まずはお手並み拝見

今回の選挙は都民ファの大勝と言うよりも、自民党が40議席どころか30も守れなかったことにポイントがあると思う。

都の基本的な政策はこれまで作り上げたものの延長線上にあり、知事の下、「東京大改革」と称して既に進めている。しかし各議員が選挙区内の課題にどのような主張を持っているのかはよく分からず、我々としてはパイプもないので、まずは様子見するしかない。議会運営では議運委員長や常任委員長ポストを都民ファーストが握るため、どうマネジメントするかお手並み拝見。

それにしても、相変わらず東京の選挙では都政の課題は置き去りであり、都政が担っていることを都民は何も実感していないというのは、一抹の寂しさを感じる。（出先部長）

自滅の自民、底力を

都議会自民党の歴史的惨敗、というか自民党の自滅である。これは国政の問題なのか、首相の任期延長からのおごりか。「安倍マリオ」からの狂いか。稲田朋美女史は本当に優秀なのか。豊田真由子女史の声帯の強さにも驚かされた。しかし冷静になると、この結果は何も国政だけに起因する問題ではない。小池知事誕生以来の都議会自民党にこそ最大の問題があった。これまで執行部をリードしてきた各議員の責任は重い。理事者とのコミュニケーションも十分ではなかったのではないか。自公の対立もしかりだ。「内田・藤井体制」ではそのようなことはなかった。都民ファがどうこう以前の問題だったように思う。

都民ファのガバナンスの問題は早晩、明らかになる。「東京大改革」は全くわけが分からないし、顧問政治もいずれ瓦解（がかい）する。都政の混迷は深まるばかりだ。ただ、全ては自民党の体たらくが招いた結果である。更に、これからは小池知事への副知事を始めとした「忖度（そんたく）都政」が進行するであろう。政治は妥協である。自民党には今こそ、底力を発揮してほしい。また、我々は全体の奉仕者としての矜持をもちながら地道に仕事を遂行していくしかない。知事が顧問よりも我々を頼るようになるまでの努力が不可欠だ。（本庁部長）

首班指名への布石か

都民は結局、市場も五輪もどうでもよくて、自民にお灸（きゅう）を据えようということなのだろうか。

小池知事は元々、都政や地方自治に関心があったわけではなく、就任以来自らの政治的プレゼンスを高めることにその立場を利用してきた。今回の圧勝を安倍政権への実質勝利とアピールして、自身の国政復帰とその先にある悲願の首班指名に向け、今後「ポスト安倍は小池」などと巧みに世論を誘導していくのだろうか。

都議会第1党という立場を得て、今後は都政運営の全責任を一身で負う。今までのように敵を作っては正義のヒロインを演じて見せる政治手法は通用しない。最近はマスコミの中で的を射た小池批判も多く見られる。こうした批判が一般世論に転化した場合、一気に支持を失うことになる。（本庁課長）

都議選結果に各党は

都民　実績作り都政に軸足

開票センターが置かれた都庁近くのホテルには、ベストな撮影場所を確保しようと最初のカメラマンが午前7時30分に現地入りし、最終的に記者やカメラマンが計100人以上詰めかけた。

午後8時の開票直前に硬い表情で会場入りした小池代表は、開票時刻直後に当確の速報を受け、シンボルカラーの緑色のバラを手に候補者一覧のボードに次々と取り付けた。

メディアが生放送で小池代表への取材を開始すると、第1党への躍進に関し、「望外の結果に驚いている」と感想を述べた。取材中にも都民ファーストの候補の当確が続々と届き、小池氏は取材の合間に立ち上がり、バラで埋め尽くされたボードを笑みを浮かべながら眺めていた。八王子市の現職よりも新人の方が先に当確が出たことに不思議そうな表情を浮かべた。

都民ファーストが勢いに乗ったことで、メディアの質問は今後の国政進出の可能性に集中。小池氏はうんざりした表情を浮かべながら、「予定はない。都政に取り組んできたからこそ皆さんの支持を得た。これから種をまいた都政の実績をつんでいく」と語り、都政に軸足を置く考えを示した。

都民ファーストの会が圧勝し、笑顔を見せる小池代表＝2日午後9時ごろ、新宿区内のホテルで

自民　「国政の逆風」で大敗

呆然とした表情で開票結果を見守る都連幹部＝2日午後8時30分ごろ、千代田区

午後8時ちょうどに自民党の歴史的大敗の見通しが伝えられると、自民党本部1階の都議選対策本部は、ためいきとも悲鳴ともつかない声に包まれた。

速報から5分後、重苦しい表情で会場に姿を見せた下村博文都連会長は、テレビに映し出される小池知事の「勝利インタビュー」を呆然と眺めていた。

下村氏は大敗について「大変厳しい結果。候補者は地に足をつけて誠実に取り組んでいたが、国政の問題で逆風が吹いた」と都議候補者らをかばった。一方で、直前に報じられた自身の違法献金疑惑については「明らかな選挙妨害」と語気を強めて否定。報道が選挙結果にも影響を与えたとの見方を示した。

午後9時55分ごろ、世田谷区の三宅茂樹氏の当確を皮切りに、自民候補の当選が決まると弱々しい笑顔を見せたが、大勢判明後、報道陣に「大惨敗。都連幹事長として責任をとる」と話し、3日の臨時役員会で都連会長職を辞する考えを示した。高島直樹都連幹事長以下5役も辞任する意向だ。

二階俊博幹事長は記者団に「厳粛に受け止め、反省すべき点は大いに反省し、党勢回復に全力を尽くしたい」と語った。

公明　全員当選「都政を前に」

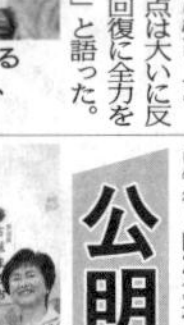

全員の当確に党幹部は笑顔で拍手＝2日午後11時半ごろ、新宿区

新宿区の党本部には断続的に候補者の当選の報が伝えられ、開票センター内は終始、リラックスした雰囲気。山口那津男代表は午後9時25分、井上義久幹事長、高木陽介都本部代表らと共に姿を見せ、最初のバラが東村邦浩幹事長ら4人の名前に付けられた。その後も順調に花の数が増え、特に重点選挙区に位置付けていた荒川区で勝利した新人のバラには山口代表が何度も手を添え、報道陣がカメラのシャッターを切っていた。

23人目の当確が出たのは午後11時20分過ぎ。党幹部が記者団とモニターを見つめる中、中野区の現職に当確が打たれ、歓声が上がった。

山口代表は候補者全員の当選を受けて記者会見に臨み、「スピード感ある政策実現力、議会での合意形成力を評価して頂いた」と感想を述べた。

議会運営については、「公明党の持つ実績や経験、結束力が重要になる」と話し、「知事の都政運営を支え、時には政策で競い合う姿勢、二元代表制の本来の在り方を生かして都政を前に進めたい」と強調。「都議会での幅広い合意形成を心掛ける意味で、自民党とも一致点を見いだせるよう働きかけていきたい」と述べた。

共産　2増に「重要な躍進」

花付け中に当確で拍手＝3日午前0時20分ごろ、渋谷区

投票が締め切られた午後8時、代々木の本部ビルに設けられた会見場に現れた若林義春都委員長は、「都民ファーストという新しい勢力が大量に立候補し、党として難しい条件での戦いになった」と振り返る一方、現有17議席の確保に自信ものぞかせた。

午後11時50分に現有議席に2議席上乗せした19議席の獲得が決まると、日付が変わった午前0時10分に志位和夫委員長が会場入り。4人区の町田市での初の議席獲得や、2人区の北多摩四、3人区の目黒区と北多摩第三選挙区でいずれも16年ぶりの議席奪還を果たしたことを例に挙げ、「重要な躍進を勝ち取った」と勝利宣言した。

党で掲げた「17議席プラスアルファ」の目標を達成したことを受け、「安倍自公政権にレッドカードを突き付けるとともに、築地市場再整備と福祉と暮らし優先の都政への転換を訴え、しっかりと都民に共感してもらえた」と勝因を分析。自民大敗に対しては「都民の怒りが生んだ結果を（自民は）深刻に受け止めるべき」と糾弾した上で、「総選挙に向けて野党と市民の共闘を大いに発展させ、改憲勢力を少数に追い込んでいきたい」と力を込めた。

民進　解党的出直し発言に「？」

厳しい表情で報道陣の質問に答える松原都連会長＝2日午後9時半過ぎ、千代田区

民進党本部の開票センターでは午後9時過ぎに松原仁都連会長らが姿を現し、テレビ番組などのインタビュー取材に応じたが、当選者の花は飾られなかった。

松原会長は「民進党こそ安倍政権による権力の私物化と戦えるという支援の輪が広がっていた」と選挙戦の手応えを強調。馬淵澄夫選対委員長は、自民党の大敗について「政権政党の歴史的大敗は重く受け止めるべき」と指摘した。

午後11時10分、記者会見に応じた松原会長は「多くの選挙区で競っている。当初予想されていた数字（0～1議席）よりは踏みとどまっている」と評価した。

また、「民進党は解党的出直しをしなければならない。フレッシュな民進党として政権交代に向けて突き進む素地が生まれてきた」と語ったが、「解党的出直し」の意味を問われると、「団結していくのが出直し」と語り、報道陣を戸惑わせる場面もあった。

離党した都議を除くと現有7議席から2減。都民ファーストの会と共産党に反自民票を奪われた形だ。大きな要因が現職・元職からの離党ドミノだ。都連幹部は「都議選前に分裂を見せてしまったのはまずかった」と語った。

東京都議会議員選挙　党派別の得票数・率

※所属は告示日時点

党派名	今回（投票率51.27%）		前回（投票率43.50%）		増減	
	票数	率	票数	率	票数	ポイント
都民	1,884,029	33.68	―		―	
自民	1,260,101	22.53	1,633,303	36.04	△ 373,202	△13.51
公明	734,697	13.13	639,160	14.10	95,537	△ 0.97
共産	773,722	13.83	616,721	13.61	157,001	0.22
民進	385,752	6.90	690,622	15.24	△ 304,870	△ 8.34
ネット	69,929	1.25	94,239	2.08	△ 24,310	△ 0.83
維新	54,016	0.97	374,109	8.25	△ 320,093	△ 7.28
諸派	56,335	1.01	54,395	1.20	1,940	△ 0.19
無所属	375,048	6.70	118,450	2.61	256,598	4.09

党派別の得票数・率

都民ファが188万票余獲得

自・民は得票減らす

2日の都議選は即日開票され、投票率は51・28％で、前回の43・50％を7・78ポイント上回った。

全党派の得票数は、559万3630票。党派別に見ると、小池知事が率いた都民ファーストが188万4029票（得票率33・68％）を得て、第1党に躍進。一方、自民党は126万101票（得票率22・53％）にとどまり、前回よりも37万3千票余（13・51ポイント）減らす惨敗を喫した。

公明党は今回、小池知事の応援も得て、73万4697票（同13・13％）を獲得。23人全員の当選を果たした。得票数は前回より約9万5千票増えたが、得票率は減少した。

共産党は77万3722票（同13・83％）を獲得。前回よりも15万7千票多く、各党が得票率を減らす中で善戦した。

民進党は38万5752票（同6・9％）を獲得した。多数の候補予定者が選挙直前に離党したことが影響し、党としては民主党時代の前回よりも約30万5千票を減らした。

都職員に夏の特別給 平均87万7099円

知事は193万円

都は6月30日、職員に夏季の特別給（期末・勤勉手当）を支給した。支給対象は警察、消防、教育、公営企業を含めて16万7577人で、支給総額は約1474億円、支給月数は2・125月。1人当たりの平均支給額は87万7099円（税込み、平均年齢40・9歳）となり、昨年夏と比べて2・2％増えた。

小池知事の支給額は給与半減を受けて193万7754円。副知事4人はそれぞれ316万4820円、教育長は294万6557円が支給された。

都議会議員も議員報酬を2割削減しており、議長は232万2117円、副議長は209万5569円、議員は186万7194円がそれぞれ支給された（いずれも税込み）。

合格予定、AI類で687人 申し込みは18日まで

都主任選考

都人事委員会事務局は6月30日、主任級職選考の実施要綱を公表した。主事（1級職）の在職3年以上の40歳未満を対象にしたAI類全体の合格予定者数は687人で、前年度を48人上回った。課長代理級の空きポスト数が増えたことなどによる。

このうち事務の合格予定者数は前年度より20人多い455人。技術系では土木が14人増の135人、建築が5人増の33人、機械が4人増の30人、電気が5人増の34人。

AII類では、産業技術Iで30人、医療技術Iで21人、医療技術IIで22人など。

種別Bでは、事務が125人、一般技術が59人、医療福祉が99人となっている。

主任選考の申し込みは7月18日に締め切り、筆記考査は9月24日に実施する。合格発表は11月10日を予定している。

■大田区人事異動

1日付

【部長級】▽企画経営部長（環境清掃部長）市野由香里▽観光・国際都市部参事＝大田区体育協会派遣（産業経済部参事＝産業振興課長＝観光・国際都市部副参事＝産業観光調整担当事務取扱）柏原順史▽環境清掃部長（企画経営部参事＝情報システム課長事務取扱）畑元忠

◆シリーズ「折り返し点の戦略～五輪組織委員会幹部に聞く」「五輪への航海図」は休みます。

訂正　6月27日の首大労組定期大会の記事の、「任期付職員」「任期なし職員」は「任期付教員」「旧任期なし教員」の誤りでした。

主任試験講座 平成29年度 40

今回から4回は、地方公務員制度に関する問題とその解説を掲載していきます。

地方公務員制度④

問題

【問題1】
地方公務員法に定める「一般職」と「特別職」に関する記述のうち、妥当なものはどれか。

① 一般職は、常勤の職員と非常勤の職員とに分けられ、このうち非常勤の職員は争議行為が禁止されていない。

② 一般職も特別職も、成績主義の原則に基づき、任用は受験成績、人事評価その他の能力の実証に基づいて行われなければならない。

③ 一般職も特別職も、同じ公務員の職であり、身分保障の趣旨から、ともに終身職の性格を有している。

④ 特別職は、任期を定めて任用されることにその特徴があり、臨時的任用職員や条件付採用期間中の職員は、特別職である。

⑤ 特別職のうち、その就任について地方公共団体の議会の選挙を必要とする職があり、例としては、選挙管理委員があげられる。

【問題2】
地方公務員法に定める任命権者に関する記述のうち、妥当なものはどれか。

① 任命権者は、その任命権の一部を上級の地方公務員に委任することができるが、この上級の地方公務員には特別職も含まれる。

② 地方公共団体の長はその補助機関である職員の任命権者であるが、専門委員に対しては、長は任命権を有しない。

③ 任命権者は、職員の任命を行う権限を委任することができるが、職員の懲戒処分を行う権限を委任することはできない。

④ 任命権者は、議会の事務局の職員にあっては、議会の事務局長であり、この職員の勤務条件については議会規則で定めることとされている。

⑤ 地方公共団体の長、代表監査委員、警視総監、市町村の消防長はいずれも任命権者であるが、選挙管理委員会、教育委員会、人事委員会は任命権者ではない。

【問題3】
人事委員会または公平委員会に関する記述のうち、妥当なものはどれか。

① 人事委員会の勧告は、地方公共団体の長及び議会に対して法的拘束力を有する。

② 職員の苦情を処理することや、労働基準の監督を行うことについては、人事委員会の権限であるが、管理職員等の範囲を定める規則を制定することは、任命権者の権限であり、人事委員会の権限ではない。

③ 人事委員会の委員は全て常勤であるが、公平委員会の委員は全て非常勤である。

④ 人事委員会は、都道府県、地方自治法上の指定都市及び指定都市以外の人口15万人以上の市においては必置の機関である。

⑤ 人事委員会の委員は、地方公務員法に定める事由に該当する場合を除いてはその意に反して罷免されることはなく、身分の保障が図られている。

【問題4】
一般職の職員の任用に関する記述のうち、妥当なものはどれか。

① 地方公務員法では、任用の種類として、採用・昇任・降任・転任のほか、事務従事や兼職などについても規定している。

② 条例定数を超える任用行為は、当然に無効とはいえず、直ちに取り消すべき行為ともいえない。

③ 職員の昇任は、任命権者が職員の人事評価等に基づき、任命しようとする職制上の段階の標準的な職に係る標準職務遂行能力及び任命しようとする職についての適性を有すると認められる者の中から行う。

④ 職員の任用には、一般的任用と臨時的任用の区分があるが、いずれも条例で定める定数の範囲内で任用を行わなければならない。

⑤ 職員の任用は、競争試験または選考の方法による能力の実証に基づいて行わなければならない。

【問題5】
地方公務員法に定める欠格条項に関する記述のうち、妥当なものはどれか。

① 人事委員会または公平委員会の委員の職にある者が、職務上知りえた秘密を漏らし、罰金刑に処せられたときは、欠格条項に該当するため、条例に特別の定めがある場合を除き、その職を失う。

② 家庭裁判所において後見開始の審判を受けた成年被後見人、保佐開始の審判を受けた被保佐人及び補助開始の審判を受けた被補助人は、いずれも欠格条項に該当する。

③ 欠格条項に該当する者は地方公共団体の職員になることができないが、既に職員となっている者は、欠格条項に該当することになっても失職することはない。

④ 当該地方公共団体で分限免職の処分を受け、当該処分の日から2年を経過しない者は、欠格条項に該当するため任用することができない。

⑤ 欠格条項に該当する者を職員として任用してしまった場合、その採用は無効であるから、採用後にその者が職員として行った行為は当然に無効である。

解説

【解説1】　正答⑤

① 誤り。地公法の規定は、一般職に属する全ての地方公務員に適用するとしており、常勤・非常勤を問わずその者が職員である限り適用される（地方公務員法第4条）。

② 誤り。一般職には成績主義の原則が適用されるが、特別職の任用には、選挙や議会の議決によるものなどがあり、必ずしも成績主義が前提ではない。

③ 誤り。一般職は、臨時職員などの例外を除き「終身職」とされるが、特別職は、副知事や副市町村長のように、任期を定めて任用されている。

④ 誤り。臨時的任用職員や条件付採用期間中の職員は一般職である。

⑤ 正しい。議会において選挙を必要とする職として、選挙管理委員があげられる（地方自治法182条）。

【解説2】　正答①

① 正しい。ここで言う「地方公務員」とは、一般職に限られるものではなく、副知事、助役など特別職である地方公務員も含む。

② 誤り。地方公共団体の長は、専門委員に対しても任命権を有する（地方自治法第174条）。

③ 誤り。任命権の全てを委任することはできないが、委任される任命権の内容に設問のような制限はない。

④ 誤り。議会の事務局の職員の任命権者は、議会の議長である。また、勤務条件は条例で定めることとされている。

⑤ 誤り。選挙管理委員会、教育委員会、人事委員会も任命権者である（地方公務員法第6条第1項）。

【解説3】　正答⑤

① 誤り。人事委員会の勧告は法律上、議会及び長を拘束するものではない。ただし、勧告を受けた機関は、これを尊重すべき道義的責任を負うものとされている。

② 誤り。人事委員会は、職員の苦情を処理すること（地方公務員法第8条第1項第11号）及び労働基準の監督を行うこと（地方公務員法第58条第5項）の権限に加え、管理職員等の範囲を定める規則を制定する権限を有する（地方公務員法第52条第4項）。

③ 誤り。人事委員会の委員は常勤または非常勤とし、公平委員会の委員は非常勤と定められている（地方公務員法第9条の2第11項）。

④ 誤り。人口15万人以上の市においては、人事委員会または公平委員会を置くものとされている（地方公務員法第7条第2項）。

⑤ 正しい。人事委員会の委員は地方公務員法第9条の2第5項、第6項の規定による場合を除くほか、その意に反して罷免されることはない（地方公務員法第9条の2第7項）。

【解説4】　正答③

① 誤り。採用、昇任、降任、転任の四つが地方公務員法に定める任用の種類である。このほか、実際の任用方法として、他の法律に基づき、あるいは事実上の措置として兼職、充て職、事務従事などの運用が行われている。

② 誤り。条例で定められた定数を超えた任用行為は、当然に無効とは言えないが、取り消すべき行為に該当するため、条例定数を超える当該任用行為は直ちに取り消すべきとされている（行政実例昭和42年10月9日）。

③ 正しい（地方公務員法第21条の3）。なお、任用の根本基準となる、標準的な職及び標準職務遂行能力については、任命権者が定める（地方公務員法第15条の2第1項、2項）。

④ 誤り。職員の定数は、条例で定めることになっているが、臨時的任用や非常勤職員の任用についてはこの限りではない。

⑤ 誤り。職員の任用のうち、採用についてのみ競争試験または選考によらなければならないとされている。

【解説5】　正答①

① 正しい（地方公務員法第16条第4号）。

② 誤り。欠格条項に該当するのは、成年被後見人または被保佐人であり、被補助人は該当しない。

③ 誤り。職員になった後に欠格条項に該当するようになったときは、条例に特別の定めがある場合を除いて、その職を失う（地方公務員法第28条第4項）。

④ 誤り。欠格条項に該当するのは、懲戒免職の処分を受け、当該処分の日から2年を経過しない者である（地方公務員法第16条第3号）。なお、上記の場合であっても他の地方公共団体が職員として採用することは可能である。（行政実例昭和26年2月1日）

⑤ 誤り。欠格条項に該当する職員が行った行為は、事実上の公務員の理論により行政秩序の安定や善意の第三者を保護する立場から有効であるとされている（行政実例昭和41年3月31日）。

29年度 主任・係長 論文講座 40

都主任選考B

今回から2回にわたって、都主任級職選考Bの論文対策について説明します。

今回は選考の概要、過去の出題内容と傾向及び論文試験への準備などを取り上げます。

選考の概要

昨年度の試験の概要については、平成28年7月1日付「平成28年度主任級職選考実施要綱（以下、「要綱」という）」に記載されています。この要綱によると、都主任級職選考Bは、▽受験資格＝基準日（平成29年度3月末日）現在1級職にあり、規定の在職期間（採用区分によって異なりますが、例えば高卒のⅢ類採用で17年以上の場合など）に該当し、年齢が40歳以上の人です▽選考区分＝職種に応じて事務系・一般技術系・医療福祉系の3選考区分で、区分ごとに合格予定者数が設定されています▽選考方法＝①筆記考査（論文）②日常の勤務成績に基づく推薦（業績評価）——の二つの成績を総合して合格者が決定されます。

なお、筆記考査（論文）の出題形式は次の通りです。

【解答方法】課題式により3題出題し、1題を選択して解答

【解答時間】2時間

【文字数】千字以上1500字程度

なお、平成29年度の主任試験選考の筆記考査は、9月24日（日）に実施されます。

過去の出題と傾向

一　過去の出題内容

過去3年の筆記考査の出題内容は次の通りです。

〈平成28年度〉

（一）あなたの局が今取り組むべき重要な課題を一つ挙げ、あなたがその課題を重要と考える理由及び都またはあなたの局の中長期計画や重要施策等との関連に言及した上で、具体的にどのように取り組んでいくべきか、あなたの考えを述べてください。

（二）あなたの職場において、質の高い行政サービスを提供するために、都民や都内事業者のニーズを的確にとらえていくにはどうしたらよいか、これまでの経験を通じて気づいた問題点に言及した上で、あなたの考えを述べてください。

（三）あなたの職場において、都政を取り巻く厳しい状況の変化に的確に対応するためには、今の仕事の進め方をどのように改善していくべきか、これまでの経験を通じて気づいた問題点に言及した上で、あなたの考えを述べてください。

〈平成27年度〉

（一）取り組むべき重要な課題を一つ挙げ、あなたがその課題を重要と考える理由に言及した上で、局としてどのように取り組んでいくべきか、あなたの考えを述べてください。

（二）あなたの職場において、新たに配属された職員が仕事を進める上で必要な知識や能力を早期に身に着けていくためにはどうすべきか、これまでの経験を通じて気づいた問題点に言及した上で、あなたの考えを述べてください。

（三）あなたの職場において、士気の高い活性化した組織を実現させるためにはどうすべきか、これまでの経験を通じて気づいた問題点に言及した上で、あなたの考えを述べてください。

〈平成26年度〉

（一）平成27年度と同じ。

（二）あなたの職場において、ベテラン職員から若手職員へ技術やノウハウを継承していくために、どのように取り組むべきか、これまでの経験を通じて気づいた問題点に言及した上で、あなたの考えを述べてください。

（三）あなたの職場において、超過勤務を縮減し、ワーク・ライフ・バランスを充実させるためには、今の仕事の進め方をどのように改善していくべきか、これまでの経験を通じて気づいた問題点に言及した上で、あなたの考えを述べてください。

二　出題傾向

前掲（一）の「局が取り組むべき重要な課題」については、平成26・27年度は全く同じ内容で、平成28年度に「都またはあなたの局の中長期計画や重要施策等との関連に言及した上で」の論述が追加されました。いずれもベテラン職員としての実務経験を踏まえ、日頃から都政や自らの局の重要な課題に対する問題意識を持って業務に携わっているかが問われています。そのため、年度当初に示される局の運営方針や組織目標、さらに近年出された中長期計画などを再度確認して、その背景、方向性及び具体的な取り組みを整理しておくことが必要です。

一方、（二）（三）の課題では、いずれも「職場の課題」がメーンとなるものが出題されています。例年の問題は、「中堅職員の役割」「活力ある職場づくり」「ベテランのノウハウの活用」「仕事の進め方」「都民サービス」に分類され、おおむねこの中から各職場における問題点となりうるものが出題されています。その中で、必ず「これまでの経験を通じて気づいた問題点に言及」した論述を求められている点は重要なポイントです。これまでの職場での問題点を振り返り、その問題を解決するためにどのようなことをするべきだったか、してきたかを整理しておきましょう。

論文の書き方

論文試験の準備

一　論文採点基準の確認

要綱によると、論文試験では、「問題意識」「問題解決力」「論理性」「表現力等」について評定されるとあります。これらの評定項目に対する詳細な採点基準は不明ですが、「主任級職選考における論文採点の基本的な考え方等について」（平成28年7月1日付、人事委員会事務局）にその留意点が載っていますので確認しておきましょう。

《「主任級職選考における論文採点の基本的な考え方等について」抜粋》

1～省略～

2論文採点の基本的な考え方

（2）種別B

①出題テーマに対して、的確な問題意識を持ち、課題を分析・抽出している。

②これまで培った職務経験や知識等を十分に生かして、具体的で現実的な解決策が論じられている。

③「課題を重要と考える理由に言及した上で」や「経験を通じて気づいた問題点に言及した上で」など解答に記載が要求されている内容について、的確に論じられている。

④自分の考えを、分かりやすい表現で論理的に伝えている。

3その他留意事項

①選考の公平性を担保するため、従来どおり解答用紙の所定欄以外に、受験者本人が特定される情報（氏名、受験番号、所属の部・課・係名など）を記載することは認めない。

②事前に用意した論文を出題テーマと関係なく再現するだけの論文や、事例を踏まえることなく自己の職務について論述するもの（平成20年度以前の種別Aにおける職務報告的な論述）は大幅に減点する。

③字数が一定数以下のものや、完結していないもの（いわゆる尻切れトンボ）、字数オーバーのもの等は、仮に内容が優れていても大幅に減点することがある。

なお、平成28年9月12日付で人事委員会事務局から「平成29年度主任級職選考の出題構成等の見直しについて」が出され、種別AⅠ・Ⅱ類については、論文の出題方法が一部変更になっています。しかし、種別Bについては、特段の見直しはありません。

二　情報収集

（一）都、局の状況の把握

出題傾向の部分でも述べましたが、論文作成においては、年度当初に出される局の運営方針や人材育成目標などを確認する必要があります。この中で、論文に使えるキーワードや考え方を拾い出しておきましょう。また、最新の都政の動向や財政の状態なども把握しておくことで、都全体の目標や課題を把握することができます。

具体的には、「東京都職員ハンドブック」「東京都人材育成基本方針」「OJTハンドブック」「2020年に向けた実行プラン」または知事の施政方針表明や所信表明などです。都のホームページやとちょう—i、都政新報などで情報収集をすると良いでしょう。

（二）合格者の論文の収集

次に、合格者の論文の収集を行いましょう。いざ論文を書き出すにしても、イメージを事前につかんでおくことも必要です。過去に合格した人の論文を参考にすることはとても有効です。入手できたら、全体のイメージや構成を軸に自らが評価する側に立って読んでみましょう。書き方や合格レベルがどの程度であるかを知ることができます。

ただし、合格者の再現論文が全て参考になるとは限らないことに注意してください。

これは冒頭でも述べましたが、合格者は論文試験と業績評価に基づく推薦を総合して決定されるため、論文単体で見たときに若干のレベル差が生じるからです。このため、再現論文は複数本収集し、読むことをお勧めします。

三　論文作成

（一）テーマの選択

論文の作成は、上述した通り、出題一例目の「局が今取り組むべき重要な課題」と出題二、三例目の「職場の課題」のどちらかのテーマを選択することになります。過去のテーマや合格者の論文を参考に、自分にはどちらがあっているか考えてみてください。

（二）スタイル（構成）の決定

論文のスタイルには4段論法（起承転結）と3段論法（序破急）があります。どちらを選択するかは自分の書きやすさで選びましょう。ちなみに過去の再現論文をみると、3段論法が多い感があります。

（三）作成の留意点

論文を作成する際の留意点は次の通りです。

▽主語と述語を明確にし、文体は「～である」体に[illegible]る▽他人事のような表[illegible]論家的な表現は避け、[illegible]である」「する」のよ[illegible]分の意見として述べる[illegible]的な表現は避ける▽分[illegible]すくやさしい表現を使[illegible]みやすさから、1文は[illegible]（60字）以内とする。

（四）準備論文の作成

テーマとスタイルを決めたら、実際に論文を作成してみます。

なお、本番は原稿用紙（A4版横書き）に手書きで記述しますが、準備論文の作成はパソコンで行うことをお勧めします。

（五）添削を受ける

カレントトピックス 29年度 40

経済事情

■景気拡大は「バブル」超え（6月15日）

[illegible]

■ギリシャ危機再燃回避（6月15日）

[illegible]

■東芝メモリ売却で日米韓連合と優先交渉へ（6月21日）

[illegible]

退職後のリアル　しくじり都庁OBの教訓⑮

セカンドライフの職探し③

無名の元役人、本を書く

これまでは専ら頼まれたことをきっかけに書いたことはあっても、自分から何かを書いて売り込もうという経験は全くない。今回は自分の意志で、しかも少しは生活費を捻出しようという、やましい意図で始めた第一歩だった。

しかし、ようやく書き上げて出版社と意気込んでみても、どこでそんな本を出してくれるのか当てがあるわけではない。自費出版も覚悟しながらいくつかの出版社に打診をしてみたが、せいぜい「機会を見て検討します」という社交辞令的な返事が精いっぱいだった。

当面の生活費稼ぎ、そしてあわよくば物書きとしての生活をスタートさせるきっかけになるのではないか。こんな淡い期待を抱きながらの試みだった。そして、自分なりの公務員生活の集大成と意気込んでいただけに、内容的にも多少の自信もあった。

甘い。まさに甘いとしか言いようがない私の思いは無残にも打ち砕かれた。素人の役人のノスタルジックな自伝に近いものを商業ルートに乗せて売ってくれるほど出版業界は甘くなかった。

追い込まれた私は、少し過去に関係のあった出版社に恥を忍んで泣きを入れて、やや強引に頼み込んで出版に漕ぎつけた。この出版社が手掛ける分野をはみ出した内容だっただけに相手も困惑気味だったが、過去の貸しで強引に押し切った感じだった。

悪あがきの結果、初版3千部は私の引き取り分も含めて何とか売り上げたが、当然、重版の話は全く出ない。初版の印税はありがたく頂くが、出版社も初版をさばいてホッとする程度だった。

自費出版で自叙伝でも書き、知人に配りまくるのと変わらない結果だ。改めて、本でひともうけして一息つこうなどという考え方の甘さを嫌というほど思い知った。

（金子雅臣）

都議選を振り返る

記者座談会

自民 稲田防衛相発言でトドメ
都民ファースト 単独過半数も可能だった

――自民の惨敗は、目も当てられない。

A　最終日の安倍首相の遊説が全てを物語っていた。秋葉原の遊説は「安倍辞めろ！」のコールが鳴り響き、騒然とした。

B　あれは選挙妨害と言われても仕方ない。昨今の自民国会議員の不祥事や、安倍内閣の森友・加計問題への対応などを考えれば批判を受けるのは当然だが、あれを許してしまったら、民進や共産の党首に向かって「辞めろ！」「帰れ！」と騒ぐことも許されてしまう。

C　彼らは、ああいうやり方が共感を得ると思っているのか。

A　SNSでフォロワーや「友達」だけで交流していると、遠くから冷ややかな目で見ている都民には気づかない。

B　あの街頭演説での騒ぎは、問題の本質ではないよ。自分は駅の改札口に近い場所で演説を聞いていたが、演説をかき消すほどの騒ぎではなかった。本当に見なければならないのは、自民党の動員力の弱さだと思う。陣営の関係者が国旗を配っていたけれど、街宣が終わるまでに配りきれずに余っていた。日曜日だから物珍しさでたくさん人は集まったが、票につながったかどうか。

C　4年前の都議選との大きな違いは、1人区や2人区など公明が候補者を出していない選挙区では公明の支援が得られず、自民だけの選挙だったということ。首相の遊説一つ見ても、そこに違いを感じてしまった。

A　しかし、少なくとも6月初旬、自民はここまで負けるとは思わなかったよね。

B　自民と公明で過半数を取るくらいの数字を予想していた。

C　加計学園問題で安倍内閣の支持率が一気に落ちて、雑誌などの論調が一気に反安倍に回った。さらに、豊田真由子衆院議員のパワハラ報道、稲田防衛相の「自衛隊」発言でトドメを刺された。

――都民ファーストの会は文句なしの勝利だと言える。

A　もっと候補者を立てたら、単独過半数を取れただろうね。もったいなかった。

B　風を読んで候補者を増やすというやり方だったから、当選しそうな人数を擁立したとも言えるだろう。さすがに、稲田ショックまでは読み切れなかった。

A　2人区で複数当選させたのが大きい。島部以外で1人区を制して、第1党の地位を確実にした。定数8の世田谷区や大田区で擁立を控えめにしたのは、公明党への配慮もあったのかもしれない。大選挙区で3～4人立てれば、単独過半数も可能だっただろう。

C　「豊洲移転・築地再開発」の方針は、不評だったのでは。

A　ラストサンデーに築地市場の地元・中央区の街頭演説を見に行ったが、小池知事の口から築地の「つ」の字もなし。そこを判断基準にして投票した人は少なかったのでは。

告示第一声で都民ファースト候補の応援演説に立った小池知事＝6月23日、渋谷区で

候補者そっちのけで、人気者の小泉進次郎衆院議員に聴衆は釘付け＝6月30日、国分寺駅南口で

公明 共産 批判合戦も勝敗ドローか

――公明の全員当選も予定通り？

A　いや、選挙期間中はいくつか落とすのではないかと言われた。だが、やはり公明の支持層は粘り強かった。選挙期間中、小池知事が応援に入って、テコ入れが功を奏した。

B　こういう荒れた選挙で、ベテランからのバトンタッチとなる荒川区と初挑戦の北多摩第三は、大金星だ。

――都民ファーストの躍進で埋没気味に見えた共産党だが、反自民の受け皿として機能した。

A　小池知事の新年度予算（一般会計）に賛成して、小池知事の与党的スタンスを取ったかと思えば、安倍首相の風当たりが変わると巧みに「反安倍」にシフトして、論戦はもっぱら国政批判が大半だった。

B　反自民だが、都民ファーストには不安を感じる無党派層は、共産を選んだ。文京区と日野市で自民党に競り勝てば、共産党と自民党の議席数が21で並んだ。

C　かつて都議会の主力は自民と旧民主だったが、それが過去のものになり、力関係が変わったと感じる。

A　選挙期間中、公明と共産の批判合戦が盛り上がったが、どちらも健闘したので、勝敗はドローでいいのではないか。

――民進党は、蓮舫人気がなかったということなのか。

A　いや、蓮舫代表は街頭演説では聴衆を集めていたよ。演説が終わって握手を始めると人だかりができていた。それが民進党への支持につながっていない。

B　板橋区の商店街で蓮舫氏が練り歩きをしていたら、次々とスマホを片手に記念撮影を求められていた。30～40代の子連れの女性が多かった。蓮舫氏の横に並ぶ候補者をフレームから外して撮影していた。候補者には興味ないんだね。

C　約150人いる民進党地方議員の3分の1は、都民ファーストの公認・推薦候補を応援していて、地元の総支部も推薦を出していたという。その選挙区では民進党の支援者が、都民ファーストに投票している。

A　都議選前に相次いだ離党ドミノの要因は、根本的には民進党の支持率が低いからだ。なぜ支持率が低いのか、執行部が検証する必要があるのではないか。

共倒れ避け立候補辞退も

――取材していて興味深かった選挙区は？

A　豊島区は、自民、公明、共産のうち誰が落ちるのか、最後まで迷った。やはり逆風で自民が沈んでしまった。

B　堀宏道氏は、選挙期間中から回鍋肉と間違われて、SNSでは毎晩、「回鍋肉と書くと無効です」と否定する"回鍋肉祭り"が繰り広げられた。

C　逆風一辺倒の自民としては明るいSNSだったので残念だ。まさか本当に回鍋肉と間違われたわけではあるまいが。

A　世田谷区で、告示直前に民進の関口太一氏が立候補を辞退した。共倒れを避けるため、民進からの要請を受けた決断だったが、これが山口拓氏の議席に結び付いた。

B　告示日、山口氏の出陣式に関口氏が一緒に選挙カーに上り、応援のマイクを握っていた。感動的な光景だった。

C　世田谷区と言えば、マック赤坂氏は意外に善戦していたよ。維新の候補者に50票差まで迫った。

B　告示日、三軒茶屋のキャロットタワー前で、次々と続く候補者の演説を聞いて、終わった後のマイクパフォーマンスが聴衆に受けていた。ふざけているように思われがちだが、意外に正論を言う人だった。

過熱した公共戦争も、両者当選して引き分け（上が公明、下が共産）＝6月23日、豊島区池袋駅西口で

民進の蓮舫代表にチーズ！　でも、候補者はフレームから外れ＝6月25日、板橋区のハッピーロード大山商店街で

――自民党は小泉進次郎氏が応援に入っていたけど、安倍首相のようにやじが飛んでいた？

A　黄色い声援が飛び交っていたよ（笑）。候補者が演説している途中で進次郎氏が到着したが、聴衆はみんな進次郎氏の姿を追っていて、誰も候補者の演説を聞いていない。たまりかねた候補者は「私の話も聞いてください。進次郎さんは人気があるので、私の声が届かないようです」と愚痴っていた。

B　進次郎氏の演説内容は、さすがだったよ。自民党に対する逆風を意識して「責められるべきは私たち（党本部）だ」と語ると、聴衆からは「そうだ！」というやじが飛んでいた。だが、進次郎氏は爽やかに苦笑はすれど、安倍首相みたいに反発しなかった。

C　でも、応援した候補者は落選したよね。

A　進次郎氏ですら、はねのけられない逆風だったということだね。

新生都議会 第1会派の運営能力が鍵

――新たな議会構成で都議会が始まる。

C　議会改革を掲げた都民ファーストが第1党となったのだから、当然、これまで進まなかった議会改革が進むのではないか。情報公開やIT化、議運理事会の透明化などが期待できる。

B　以前、「みんなの党」の会派は3日で分裂した。同じことが起こらないとも限らない。55人が一つの会派でまとまれるのかどうか。いきなり会派の役員人事で紛糾するのではないか。

A　自民の議席数が少ないので、10人以上離れても第1党を維持できるからね。

C　09年都議選で第1党になった民主と、今回の都民ファーストとの違いは、与党か野党かにある。都民ファーストは「小池知事が掲げる大改革を進める」という大義名分があるので、案外、結束は強いのではないか。

A　圧倒的多数の都民ファーストが第1党として、どのように新生都議会をリードしていくのかが見ものだ。

B　前期は自民党が第1会派だったから、自民党が仕切って新生都議会をスタートさせた。今期は都民ファーストの会が第1会派として都議会を仕切る必要がある。焦点は、第1回臨時議会の招集を全会派一致でできるかどうかだ。

C　都民ファーストの会は「古い議会から新しい議会へ」と訴えていたのだから、自民党が反発するような議会運営でも強引に進めるのではないか。

A　自民党は、公明党と並ぶ第2会派だよ。少数会派の切り捨てを批判していた人たちが、第2会派の意見を無視するわけにはいかないよね。まさか合意なき議会改革を進めるわけではないだろう。

B　議長は、第1会派から出すのが慣例だよね。これは都民ファーストの会から出すことになる。

C　とはいえ、新人ばっかりでしょ。

A　旧民進の現職や元職がいる。旧みんなの党系も2期目だから、そろそろ腹をくくってもらわないとね。

B　問題は副議長。ここに野党の自民党が入るのか、与党の公明党が入るのか。

C　次期都議会の立ち上げは、第1会派の代表者を座長に各派代表者会を開き、話し合う。手綱を握るのは、都民ファースト。対立構図が明確になった中で、第2会派の自民党とどう向き合うのか、「新しい議会」を掲げた議会運営の能力が試される。

A　民主党第1党時代も入り口論でもめた。本会議の開会のベルを鳴らせるには、多くのハードルが待ち構えている。

都政新報

発行所　都政新報社
〒160-0023 東京都新宿区西新宿7-23-1 TSビル
〈総務・読者〉03-5330-8781
〈企画広告〉03-5330-8784
〈編　　集〉03-5330-8786
〈出　　版〉03-5330-8788
〈ファクス〉03-5330-8808
購読料 月1,730円（税込）
毎週火・金曜日発行
ただし、祝日は休刊

紙面から

改選後の都議会

第一関門は議長人事

改選後の第20期都議会が23日からスタートする。新人や女性が多くを占める都民ファーストの会が第1会派となり、都道府県議会で平均年齢が最年少、女性比率が最多の議会に押し上げる要因になった。改選後に注目される議長人事では、慣例通りに第一会派から選ぶのか、選挙協力した公明党から起用するかが焦点となる。

8月上旬に臨時議会

改選後の各会派の初仕事は会派結成届だ。24日までに幹事長、政調会長、総務会長の役員人事を決定し、提出するスケジュールとなっている。その後、各会派の代表が集まる代表者会が7月下旬にも開かれ、臨時会の段取りを決定する予定だ。2013年の前回都議選後は8月8日に開催し、正副議長を決定している。

今年も8月上旬に開かれる見通しだが、旧民主党が第一党に躍進した09年は、8月10日に開会する予定だった臨時会が自然流会となった。各派代表者会で市場や新銀行東京関連の特別委員会の設置を巡り、自民と旧民主の意見が対立したのが原因で、同月31日の臨時会で正副議長を選出した。政権交代した今回も代表者会の行方次第でずれ込む可能性がある。

議長は第1会派から起用するのが通例だが、都民ファーストには、都議会の各会派を調整する役割の議長に適切な人材が不在との声が都庁内で聞かれる。都民ファーストと選挙協力した公明党から出すのではないかとの見方もあるが、都民ファーストの1人は「説明責任が生じ、自民党から攻撃される」と警戒し、慣例に従う必要性を示す。

これまで議長は5期以上の都議から選出されるケースが多いが、都民ファーストの該当者は、当選後に追加公認を受けた大津浩子氏しかいない。仮に就任すれば、初の女性議長の誕生となる。また、同じく追加公認された無所属には4期の石毛茂氏や尾崎大介氏らがいる。都民ファーストの1人は「友党である公明党がどう思うかだ。議会が紛糾した時に事態を収拾できる人物かどうか慎重に見極めたい」と話す。

心構え仕込む新人研修

都民ファーストの会は5日、都議選で初当選した新人39人を対象に新宿区内のオフィスビルで研修会を開いた。特別顧問の小池知事はこれまでの議員の振る舞いを振り返り、「職員を呼びつけて怒鳴り散らし、むちゃくちゃやってきた。職員はへきえきしている」と述べ、職員に礼儀正しく接するよう求めた。

また、特別顧問は条例提案に関して、「みなさんの経験や専門性を生かせるようチーム作りをしたい」と意気込んだ。今後は人選を進めていく予定だ。

一方、自民党は23人が当選したが、うち1人は別会派の新風自民党で、都議会自民党は改選後に22人となり、第1会派から第3会派に転落する。都議会自民党は新風自民党と合流しなければ第2会派にはなれず、都議会での質問時間や順序などに影響を与えかねない。

都議会自民党の幹部は4日、新風の大場康宣氏に連絡し、復帰するよう要請。大場氏は復帰の条件として、これまでの執行部が示した方向性を追認するような意思決定に関し、議員の意見を聞き、執行部が検討してから再び議員に諮る方法に改めるよう求めた。

大場氏は本紙の取材に対し、「都議会自民党が改革してもらえるかどうかだ」と述べ、自民党の対応を待っている状況だ。当選した自民党都議の一人は「自民は変わらないといけないのは確か。大場さんは必ず復帰してくれると信じている」と期待を込めた。

平均年齢は全国最年少

今回の都議選では54人の新人が誕生し、都議会の年齢構成にも影響を与えた。第20期都議会の平均年齢は49・2歳で、第19期の53・0歳（13年時点）と比べて4歳近く若返った。平均年齢が40代の地方議会は全国的にも珍しく、47都道府県議会で最も若い議会となった。

新人都議の平均年齢は43・1歳で、最年少は都民ファーストの成清梨沙子氏（27）。一方、最高齢は自民党現職の高橋信博氏（70）。70代議員は19期には6人いたが、20期は1人のみとなり、60代も39人から28人に減少した。20〜30代の都議は16人から27人に増えた。

また、女性議員の数も19期の25人から36人に増加。女性比率は19・7％から28・3％に高まり、今回の都道府県議会で最も高い。

主要会派別で最も女性比率が高いのは共産党で、共産は19人中13人。都民ファーストの会は55人中18人で、公明党は23人中3人、自民党は23人中1人にとどまった。民進は女性都議が当選できなかった。

都民ファーストの新人研修会であいさつする小池知事＝5日、新宿NSビルで

各党派が新体制へ

都議選の「圧勝」　影響色濃く

都議選から一夜明けて各党派の幹部が相次いで辞任を表明したことを受け、今後は後任人事や体制づくりが課題となっている。

小池知事は3日の会見で、「二元代表制への懸念」を理由に都民ファーストの会代表を辞任すると表明した。後任には前代表の野田数幹事長が就任し、小池知事は特別顧問に戻る。

知事は選挙を目前にした6月1日に代表に就任したばかりで、早々の辞任は「選挙目的」とも受け取られかねない。だが、都議選での想定以上の圧勝を受けて、代表職の継続は「バランスを欠く」（知事）と判断した。

都庁内からは知事が代表を退くことに「都政運営に専念できる」という安堵の一方、「新人の多い都民ファーストにガバナンスを利かせることができるのか」と不安視する声もある。

歴史的敗北を喫した自民党は3日、党本部で行われた臨時役員会で、下村博文都連会長のほか、菅原一秀会長代行、髙島直樹幹事長、萩生田光一総務会長、井上信治政調会長ら5役が辞意を表明した。今後は後任も含め、執行部の体制をどのように立て直していくかが焦点になる。

都連幹事長のポストは2005年に都議として初めて内田茂氏が就任し、昨年9月から高島氏が後任を務めていた。議席数半減という結果を受けて、引き続き都議が同役職を務めることになるかが焦点だ。後任は支部長・常任総務会で決定するが、開催時期等は未定。

一方、7議席から5議席と減らした民進党は、松原仁都連会長が「公認予定候補の離党ドミノを招いた責を負う」として辞任する意向を示した。後任は8月末ごろの党大会で決定する見通し。

都民ファーストの躍進を受けて、国政2大政党の都連幹部が敗北の責任を取ることになった。自民・民進双方ともに党本部の責任を問う声も上がっており、都議選の結果は今後の各党の運営にも色濃く影響を与えそうだ。

都政の東西

複雑な立場

都議選で都民ファーストの会が圧勝、自民が惨敗し、地殻変動が起きた。各党や都職員の立ち位置が難しくなっている。

自民党は改選後、都議会で少数野党となり、存在感が低下するのは避けられない。都議選前の世論調査では、都民ファーストと自民の獲得議席数が拮抗しており、知事の支持率が低下すれば、決裂した自公の関係が修復する可能性もあった。だが、改選後の自公の議席は計46議席しかないため、過半数の64議席に遠く及ばず、自公連携で存在感を出せない状況だ。自民が存在感を出すには小池都政への対立軸を示すしかない。知事与党が長かった自民は今後、健全な知事野党として、知事のチェック機能を果たす役割が一層求められている。

一方、知事与党として重要な役割を担う公明党も難しい立場だ。その理由が衆院選だ。国政では自公連立し、東京12区では自民が公明を支援しているが、両党の亀裂が深まれば自民の応援を得られず、議席確保は危うくなる。これまでほとんどの新党がたどったように都民ファーストが4年後も第一党を確保できるかは不透明だ。次の都議選で自民が議席を奪取する可能性も視野に入れながら、スタンスが問われることになる。

公明以上に板ばさみ状態なのが都職員だ。旧民主が大勝した際、職員は知事与党だった自民幹部と政策を詰めていたが、今回は自民が知事野党である上、「古い議会を新しい議会に刷新する」という知事の考えに逆行するため、同様の対応が難しくなる。

自民が20議席台という議会構成は未知の領域だ。だが、4年後の議会構成も見据えながら、各党や職員にはしたたかな対応が求められている。

社説

都議選後の都政

都政史で未知の政治体制

都議選は、小池知事が率いる都民ファーストの会が圧倒的な勝利を収めた。島部選挙区こそ落としたが、50人擁立して49人当選は完勝と言って良い。今後の議会運営を視野に入れてか、推薦で当選した無所属6人を追加公認し、堂々の55議席である。公明党、生活者ネットワークと合わせて知事の支持勢力は79議席となり、安定多数の議会構成で政策を進める基盤ができた。

これに対し、自民党は23議席と歴史的な惨敗である。都政史で稀有な政治体制が誕生し、期待と同時に不安もぬぐえない。稀有なのは、会派の組み合わせの話だけではない。

■二元代表制はどこへ

卑近な例から挙げると、私たちは新銀行東京で巨額の累積損失を出し、都の出資金1千億円が水泡に帰しても誰一人、責任を取らない都政を見てきた。小池流の言い方をすれば、自民党のボスが了解さえすれば、盤石の与党体制で失政も不問に付されてきたのである。また、2009年の都議選では、民主党が都議会第1党に躍進し、都民のあまる期待感が込められた選挙も体験している。結果は、民主党の迷走と行政の停滞だけが記憶に残る4年間だった。

今後、表面化するかどうかは未知数だが、今回の選挙はこの二つの事例の特質を内包しているように思う。与党体制がしっかり形成されたという点では、石原都政を始め過去と相通じる面がある。また、国レベルでおごりが見られる自民党政治に審判を下したという点では、09年都議選をほうふつとさせるものがある。しかし、これまでと決定的に違うことが一つある。

知事職にある者が都議選前に都民ファーストの代表に就き、二元代表制という観点から選挙後に退任、その後任に政務担当特別秘書を充てた。分かりやすく言えば、知事が自分の部下を55議席を擁する地域政党の代表に据えたのである。事実上、知事本人が代表を務めているのと構図は変わらない。

上司（知事）が出した方針や議案に対し、部下（特別秘書＝代表）が都民ファースト所属議員に異論を挟むことを許容するのだろうか。このような政治体制は東京都で初めてであり、どのような都政運営になるのか注視したい。

「東京は、はやい。都政は、おそい。都議会は、もっとおそい」。選挙期間中に配付された確認団体用ビラ1号のキャッチコピーは、有権者の心をつかみ、大勝に導いた。しかし、新銀行東京の事例に見られるような牽制（けんせい）機能喪失の大政翼賛会的な議会は、都民の望むところではないだろう。肝に銘じてほしい。

■野党としての存在感

都議選結果を受け、執行機関の職員は都議会との付き合い方に当惑している。惨敗を喫した自民党は、見方を変えると、期待される役割が高まったと言える。これまでは都民の理解を得にくい案件でも、自民党の実力者に任せれば具体化のシナリオを描いてくれた。しかし、知事と最大会派が一体という体制では、そのような調整機能ではなく、健全な野党が議会で存在感を示すことが重要だ。

例えば、都政が直面する喫緊の課題は、築地市場移転とアクセス道路、五輪輸送拠点の整備である。早期移転の道筋を付けられるか、この数カ月が正念場だ。告示直前に知事が表明した豊洲と築地の両立は、第三の斬新なアイデアに映るが、かえって面倒な解決策である。市場業者から「築地にできる市場の姿を見通せないと、豊洲移転を判断できない」と言われたら、調整が難航しかねない。

都では、築地市場跡地を4600億円程度で売却し、豊洲市場整備費に充当する予定だったが、年間160億円で長期間貸し付けて築地を活用するという。一見、妙案のようだが、資金収支が黒字になるのは、2054年度以降という想定だ。バブル経済の崩壊で、臨海副都心開発の後始末にどれだけ東京都が苦しんだことか。ハイリスクの不動産事業は、行政が手を出すべきではないというのが歴史の教訓である。

市場移転問題で分かるように、都議会が「小池の傘」の下で動くだけでは、都政の将来に危うさもある。自民党は矜持（きょうじ）を持ち続け、都民の利益になることを都側に求める存在であるべきだ。

◇　◇　◇

小池知事の掲げる東京大改革は、1年近く経っても方向性や内容がよく見えない。都議選が終わり、都政を政局化する必要は、もうないはずだ。就任1年目の種まきの時期は終わった。2年目は改革を声高に叫ぶだけでなく、具体的な成果、結果が求められる。時には難しい判断を求められる場面もあろうが、「両論併記」が通じるケースばかりではない。知事には泥をかぶってでも都政を前に進める覚悟が必要だ。幸い知事は、取り沙汰されている国政進出を明確に否定している。地に足を付け、安定多数の議席を得たことにおごらず、バランスの取れた都政運営を望む。

穴句ジョーク

都民ファーストの会大勝、国政に進出するか否かで戦々恐々

童謡たなばたさま（替え歌）
〽都民ファーストの短冊　私が書いた
国政オドオド　永田町から見てる

北朝鮮のICBMミサイル発射で談話

都議会自民党

北朝鮮が4日にICBM（大陸間弾道ミサイル）を発射、日本の排他的経済水域に落下したことを受けて、都議会自民党は同日、発射を非難する談話を発表した。

高木啓幹事長はミサイルの発射は国連安保理決議への明白な違反であるとして、挑発的行為を「許しがたい暴挙」と糾弾。その上で、都議会自民党として厳重に抗議した。また、政府に対しては国民の安全・安心確保のため、防衛体制を整備することや、国際社会と連携した高度な警戒態勢の維持を要望。「これまで以上に強力な対応」を求めた。

◆時差Bizで混雑解消

都は11日から25日まで、首都圏などの満員電車を解消し、快適な通勤を促進するための取り組み「時差Biz」を開始する。6日に第2回の快適プロモーション協議会を開催し、各企業の取り組みなどを発表した。

同事業では民間企業に協力を求め、出勤時間をずらすなどして混雑緩和を目指す。3年後に東京五輪開会式が行われる7月24日前後は訪都観光客が集中し、都内交通機関は大きな混雑が予想される。時差通勤を定着させて大会期間中も企業活動や都市機能への影響を最小限に抑えるほか、多様な勤務形態を可能にする働き方改革につなげる。

都営交通では期間中、抽選で家電製品をプレゼントするキャンペーンを行うなど、取り組みを後押しする予定。

◆「東京水」ラベル一新

都水道局は「東京水」のラベルを刷新する。25種類の新デザイン案を公表し、14日まで都民から意見を募集する。

新たなラベルは、東京らしさや水道水の安全性とおいしさ、採水地である浄水場をイメージできるデザインがコンセプト。集めたコメントは、㈱小西美術工藝社代表取締役社長のデービッド・アトキンソンさんやタレントの篠原ともえさんなどのアドバイザーからの意見と合わせ、新ラベルデザインの参考とする。

「東京水」は、水道水質の改善に伴い、2004年からペットボトルなどでの販売を開始。都水道局によれば、ラベルデザインを刷新するのは10年ぶりだという。新たな「東京水」は11月上旬ごろに公開する。

都議選結果受け各区長が談話

「引き続き23区と連携を」

都民ファ第1党に「更なる都政改革を」

自民党は大敗喫す「国政影響を再認識」

今回の都議選では、小池知事が代表を務めた地域政党「都民ファーストの会」が追加公認6人を含めて55議席を獲得して第1党となり、23人全員当選の公明などと合わせて小池知事の支持勢力が過半数を占めた。その一方、自民は23議席にとどまり、改選前の半数にも満たない歴史的大敗を喫した。この結果に対し、23区の区長からは期待や困惑など様々な声が上がっている。

「小池知事の姿勢や政策、実績が高く評価された。更なる都政改革への大きな期待感の表れだ」――小池知事の衆院議員時代から二人三脚の関係を築く高野之夫豊島区長は喜びのコメントを寄せた。

都民ファーストの支援のため、中野区に「越境応援」に入った高野豊島区長＝6月11日、コングレスクエア中野で

高野区長は都議選に当たり、小池知事との合同後援会「小高会」とともに都民ファーストの支援で中心的な役割を担い、自民を支持してきた各種団体の切り崩しに大きく貢献。「小池知事の誕生で区が更に発展するための礎ができ、今回の都議選でしっかりとした都政運営の基盤が築かれた」と評価。「これまで12年間、区とともに歩んできた小池知事と今後もしっかりとタッグを組んでいく」と決意を示した。

また、高野区長と同様、選挙戦で都民ファーストの躍進を支えた石川雅己千代田区長は「（2月の）区長選の延長として今回の都議選があった。千代田区は自治体選挙の一丁目一番地。動向は全国的に影響する」と語り、都民ファーストの勝利を喜んだ。区長選では小池知事の支援を受け、自民推薦候補にトリプルスコアの大差を付けて圧勝。東京における自民の象徴的存在だった内田茂前都議が引退を決める一因となった。石川区長は「情報公開がしがらみや既得権を破る」と語り、都民ファーストを支える意向を改めて強調した。

■世論注目「風」強く

「小池知事対自民」の構図で注目度が高かった今回の都議選。濱野健品川区長は「都民の関心が高い選挙であることをひしひしと感じていた」と振り返る。

投票が近付くにつれ、自民が加計学園問題や閣僚・党所属国会議員らの問題発言などで逆風を受ける中で、相対的に都民ファーストへの追い風が強まっていった印象を持つ区長も少なくない。

都議時代に都議会自民党幹事長を務めた山崎孝明江東区長は自民大敗の要因に関し、「『小池知事対都議会自民党』の戦いに完璧に打ちのめされた。メディアも含めた小池知事の力強い発信力で、都議会自民党が悪となってしまい、いくら『そうではない』と有権者に訴えても声が届かなかった」と述べた。

都議会議長を経験した田中良杉並区長は「国政レベルでの様々な動きに影響を受けた結果だが、民意の表れとして重く受け止めたい」と語り、武井雅昭港区長も「少なからず国政への批判票が集まった結果」と指摘した。

■予想外の結果

他方で、保坂展人世田谷区長が「事前に予想したよりも大きな変化が訪れた」と語るように、都民ファーストの圧勝と自民の歴史的大敗は区長にも衝撃的な結果となったようだ。

近藤やよい足立区長は「都民ファーストは選挙直前の立候補にもかかわらずトップ当選し、改めて風の強さを実感した」と語り、山本亨墨田区長は「区との縁が少なく、控えめな選挙運動だったが、他を大きく引き離したことに驚愕した」とコメントした。

自民に対する批判票が都民ファーストだけでなく、共産に流れた点も今回の都議選の特徴だ。前川燿男練馬区長は「都民ファーストへの圧倒的な支持は、小池知事の人気によるところが大きいが、国政への批判も相まって加速したのではないか」と分析。「歴史的に見ると、従来の保守・革新のイデオロギーによる政治的な対立構造が完全に消失したことを示している」と指摘する。

都議時代に自民の顔として活躍した山﨑江東区長は、厳しい表情で慎重に言葉を選びながら語った＝4日、江東区役所で

大勝を飾った都民ファーストに対しては、「都民ファーストの会の考え方が多くの都民に支持された」（青木英二目黒区長）、「民意が反映された」（松原忠義大田区長）などの声がある一方で、「小池知事の就任以降の都民の評価、小池知事を支持する都民の思いを強く感じた」（花川與惣太北区長）、「小池知事への期待の表れ」（多田正見江戸川区長）、「都議会というよりも、小池知事の都政改革への期待」（山本墨田区長）など、小池知事個人の人気を勝因とする見解も多い印象だ。

■ノーサイドで

政局に注目が注がれた反面、市場移転問題以外の都政課題に関する政策議論は埋没した感が否めない。成澤廣修文京区長は「（今回の都議選は）明らかに国勢の失策の受け皿になっており、政策本位の選挙とは言いがたい。いつまで都政は国政に翻弄されるのか」と困惑する。

都議会では当面、第1党の都民ファーストを中心とした議会運営に注目が移ることになる。田中大輔中野区長は「大阪や名古屋などに続き、自治体の首長が事実上のトップを務めた政党が多数を形成し、自治の歴史にもたらす結果に注目したい」とコメント。服部征夫台東区長は「都政の課題は山積しており、これから真価が問われることになる」と提言した。

山﨑江東区長は「議長や副議長、正副委員長などに加え、会派の幹事長や政調会長などはどうなるか。議会局や執行機関の局長以下は大変だ」と実務的な課題を挙げた。

新たな議会構成の下で都政はどのような方向に進むのか。青木克德葛飾区長は「選挙後はノーサイドで東京全体の発展に取り組んでほしい」と語り、吉住健一新宿区長は「選挙も終わり、自治体同士として住民福祉の向上を目指して連携していきたい」と引き続き都区の協力関係を強化する意向を示した。長谷部健渋谷区長は「議会の新体制で都政改革が加速することだろう」と期待を述べた。

矢田美英中央区長は「築地市場や環状2号線、五輪開催など具体的で現実的な計画を必要とする課題が山積している」と述べ、早急な対応と区との十分な協議を要請。保坂世田谷区長は「この1年間は待機児童問題や子育て支援などで政策ビジョンが打ち出されたが、細かな実務の集積には至らなかった」と指摘し、「今後は迅速な展開を期待したい」と注文した。

記者席

新たな時代の到来にため息

○……「衝撃を越えて、ゼロからの出発だよ……」。都の幹部職員は自民党大敗の結果にため息を漏らした。

例えば議会対応。自民党時代には、議員から政策を進めるよう要望が来ても、利害関係者の意見調整などに時間がかかったり、内部の意思決定が図れていない場合などは、議会での質問を先送りしてもらうこともあったという。いわば情の世界。外から見れば「ブラックボックス」かもしれないが、政策が意思決定や関係者の調整など一つひとつの積み上げである以上、一足飛びにいかないのも事実だ。

都民ファーストの会に同様の「議会対策」は期待できない。新たな時代の到来に、職員も腹をくくらねば。

○……先の都議選は都の在り方が大きく変革していくことを印象付けた。多摩地域も同様だ。定数39のうち、実に22議席が新人都議。有権者は「変わること」を選択した。

小池知事は多摩の観光や産業振興を進める意向を示している。だが、そのためには「多摩」という言葉でひとくくりにはできない、地域ごとの強みを生かした取り組みを進める必要がある。

今回の都議選で、知事は都内のほぼ全ての地域を回り、各地の特色や課題、磨くべき魅力について大いに語った。選挙を契機に地域を知ることが、今後の多摩振興においても前向きな変革となってほしい。

○……小池知事が3日に都民ファーストの会の代表を辞任する意向を示した。「二元代表制に懸念があることを想定して」と理由を説明するが、職員からは疑問の声が上がっている。ある幹部は「都議選前に突然代表に就任して、終わったら即座に辞める。選挙に勝つための筋書き通りなのかもしれないが、露骨なやり方に誰も異を唱えなかったのか。意思決定の過程を明確にしてほしい」と漏らす。

知事は就任以来、「イエスマンは不要」と繰り返し、都民ファーストも「知事にモノを言える政党」を標榜しているが、「結局、都民ファーストは知事の独裁政党」と思われている現実は直視できているのか。

千代田区議会

区政活費交付審が答申

月15万円で据え置き

千代田区議会議長の諮問機関「政務活動費交付額等審査会」（会長＝民谷嘉輝・元都議会局調査部長）は4日、第9回目の会合で答申をまとめた。交付額は現行と同額の議員1人当たり月15万円に据え置くべきとし、人件費の対象を拡大して事務職員を継続的に雇用することを認めるなどの使途基準の見直しを盛り込んだ。区議会が政務活動費の規定に関して執行機関と対立しており、2001年4月に政務調査費の条例を制定して以降初めて、政務活動費の額を見直すために審査会開催に踏み切った。同日に民谷会長が松本佳子議長（自民）に答申を手渡した。

同審査会は、学識者、弁護士、町会関係者、民生・児童委員の計5人で構成。政務活動費を巡る他自治体の動向や議員からのヒアリング、一部会派が交付額の一部を区に返還するに至った住民訴訟判決などを参考に答申をとりまとめた。

審査会によると、交付額を据え置いた理由に関し、人件費の使途拡大により「現行の交付額水準で対応できるか、その検証が必要」なためとしている。加えて、昨年度には区議会が交付額の4分の1を支出せずに区に返還したため区が交付した額に占める議会の支出額の割合が下がってきたことや、現行の交付額が23区の平均以下であることも挙げている。

人件費はこれまで議会準備などで一時的に事務員を雇用する際に充てることができたが、継続的な雇用は禁止されてきた。しかし、区議会から昨今の人手不足の状況を受けて人を集めやすい継続雇用を求める声があったことなどで、基準の見直しに盛り込まれた。

議員の活動には政務活動以外の政党活動や選挙活動などが含まれることから、補助する事務員の職務を区分することが困難な場合があるため、支出額は人件費の2分の1を上限と設定すべきと付け加えた。

民谷会長（右）が答申を松本議長に手渡した＝4日、千代田区役所で

民谷会長は「現行の交付額を増やすことは想定していない」と前置きした上で、「人件費の変わり方を見なければ、『上限』である政務活動費の水準を下げていいか判断できない」と説明した。

人件費以外に使途基準の見直しが盛り込まれたのは、昨年の住民訴訟で焦点となった会議費や交通費など。現在は5千円を上限に会議費として認めている飲食を伴う会議には政務活動費を充てないこととし、交通費は乗降地の記録管理を厳格化すべきとした。

自民党の松本議長は「答申を受け、一層政務活動費の適正な運用と使途の透明性の確保に向け、十分に参考とする」との談話を出した。

今後は、各会派の議員で構成する「議会活動条件整備等検討会」で対応を審議し、議会運営委員会で決定する。答申に基づき、使途の規定を変更する場合は条例を改正する必要がある。

積極的に自律を

【解説】約1年半かけて話し合いが重ねられてきた結果は、交付額の据え置きだった。政務活動費を巡っては、同区で住民が返還請求訴訟を起こし、他の地方議会でも不正支出によって議員が辞職するケースが多発するなど、政治とカネに対する世間の目は厳しさを増している。議会には答申を基に、区民の信頼を得るための自浄機能が求められている。

16年12月時点での23区平均の月ごとの交付額は16万5435円。最高額は世田谷区議会が24万円で、最低額は荒川区議会の8万円。千代田区議会は下から5番目の水準にある。

同区では政務活動費を巡り、区議会と執行機関の対立が深まっている。区は15年に区長や区議の報酬を審議する「特別職報酬等審議会」の審議対象に政務活動費を含めるよう条例改正し、同年末に政務活動費の3分の2を議員報酬に組み込むなどの答申を出した。しかし、区議会はこの内容に反発し、諮問機関の交付額等審査会での議論を始めることを決め、同年3月には政務活動費を報酬審の審議対象から外す改正条例案を可決した。このため、報酬審の答申は棚上げされた状態で、わだかまりを残したままとなっている。

今回の答申が事態を収束できるかは不透明だが、この機を逃してはならない。例えば、現行の先払い方式を、実際に使用した額を確認して支払う清算払い方式に変更するかは「検討すべき」との言及にとどまっているが、透明性の確保には効果が期待できるだろう。

都議選を受け、議員の動向に耳目が集まっている時期だ。区民の信頼を得るためにも自律の仕組みを議会自ら積極的に打ち出すべきだ。（伊）

贈呈された笹に折り紙を飾りつける園児＝3日、江戸川区立大杉保育園で

江戸川区

七夕飾りの笹を贈呈

建設業者が子供施設に

星に願いを――。きょうの七夕に向け、江戸川区の園児らに3日、笹がプレゼントされた。

贈呈したのは区内建設業者らで構成する労働組合の東京土建江戸川支部。全区立保育所を始め、子育て施設12カ所に届けられた。

同支部による笹の贈呈は今年で16回目となる。同支部のメンバー30人が2日、千葉県市原市の竹を伐採。竹全体に水をかけた上で作業所で保管し、3日にトラック5台で各施設を回った。

贈呈式が行われた区立大杉保育園では、同支部の津端秀雄副執行委員長が「願いがかないますように」とあいさつ。子供たちは笹に大喜びし、短冊や折り紙で作った織姫や彦星などを飾った。お礼として、子供たちは同支部のメンバーに手拭いをプレゼントした。

墨田区

「夢」にふるさと納税を

23区初の寄付募集開始

墨田区は、クラウドファンディングで集めたふるさと納税を元手に、区内の文化芸術活動や地域活性化プロジェクトに助成する「すみだの夢応援助成事業」に着手する。5日からウェブ上で寄付の募集を開始した。民間のプロジェクトを支援するため、ウェブ上で寄付を募るのは23区初で、区によると「全国的にも珍しい事業」だという。

助成事業では、NPOなどの民間団体が応募してきた事業を区が審査し、採択した事業をふるさと納税のウェブサイトに掲載し、区内外から寄付を募る。寄付金はいったん区基金に積み立てたのちに、区から助成金として実施団体に交付する。

今年度は10件の応募の中から、区内の音楽ホールでのオーケストラコンサートに無料で招待する事業や、区内の農園で江戸野菜を栽培し、料理教室や食育・歴史の勉強会などを開いてコミュニティー形成を図る事業など、7件を採択した。

ふるさと納税を活用してウェブ上で寄付を募ることにより、民間団体にとっては、資金を広く集める機会が与えられ、事業やそれにまつわる返礼品を通じて寄付者との結び付きを強められる利点がある。区は事業の実現性を担保するため、今年度中に実施することなどを条件としている。

区はウェブサイトの掲載手数料を負担するが、助成費用に税を投入する必要はない。区地域活動推進課の郡司剛英課長は「ふるさと納税を区ならではの方法で活用できないかを考え、コミュニティー活動の支援に行き当たった。これを契機に区のプレゼンスを高めていきたい」と話している。

練馬区

ユニバデザイン知って

スタンプラリーを開始

練馬区は2日から障害者施設や高齢者施設、児童向け施設などで開かれるイベントをスタンプラリー形式で回ってもらう「ねりあるきラリー」を行っている。イベントを通じ、障害の有無や年齢にかかわらず誰もが使いやすい「ユニバーサルデザイン」への関心を持ってもらうのが狙い。

スタンプラリーでは、国が定める障害者週間の12月9日までに区内の障害者施設18カ所、高齢者施設19カ所、児童・地域活動団体向け施設17カ所の計54施設が開催するイベントを赤、緑、青の3色のスタンプに分類。3色が集まった場合、区が12月9日に開くイベント「みんなのUD（ユニバーサルデザイン）パーク」で行う賞品抽選会に参加できる。賞品は未定だが、ユニバーサルデザインが採用された日用品や文房具などを予定している。

区福祉部管理課では、「イベントを通じ、様々な人が協力し合うことで、全ての人が住みやすい社会について考えてもらえれば」と話している。

文京区

12日に記念講座開催

子供の早期支援事業

文京区は、今年度から取り組んでいる「文京版スターティング・ストロング・プロジェクト」のオープニング記念講座を12日に教育センターで開催する。

同プロジェクトでは、発達面を理由とした子供の不登校や、大人になってから社会生活が難しくなる事態を回避するため、保護者や子供に携わる児童館職員らに対して、心理士や保育士などの専門職が基本的な育児知識やスキルを直接教える場を設ける。

記念講座では小児科医の内海裕美氏を講師に迎え、「子育てが楽しくなるちょっとしたコツ」と題した講演を行ってもらう。定員の50人は既に満員となった。区教育センターは「この講演を機に、同事業を子育て世代に理解してもらい、積極的に参加してほしい」と話している。

防災教育を考える（中）

持続可能な国際社会への貢献

滋賀大学大学院教育学研究科教授　藤岡　達也

国連防災世界会議と持続可能な社会の構築

今日では、自然災害に対する防災・減災は日本だけの問題ではない。世界の平和と安全（安定）を求める国際社会にとっても大きな脅威である。

国連での取り組みは、1990年からの「国連防災の10年」から本格的に始まったと言える。94年には横浜で第1回国連防災世界会議が開催された。しかし、翌95年に阪神・淡路大震災が発生し、その10年後の2005年1月に第2回国連防災世界会議が神戸市で開かれる。ここで注目したいのは、日本が05年からの10年間にわたる兵庫行動枠組（HFA＝Hyogo Framework for Action）を提唱し、採択されたことである。05年からの10年間と言えば、「国連持続可能な開発のための教育（ESD＝Education for Sustainable Development）の10年」が有名である。これも日本から国連に提唱して採択されたものであり、HFAはESDと連動している。日本が国際社会にリーダーシップを示せた数少ない例と言える。

ESDについては、ここで述べるまでもない。国際的には1997年のギリシャ・テサロニキ会議以来、ESDと環境教育とは同じものとして捉えられている。しかし日本では、環境教育に比べ、ESDは学校ではなかなかなじまなかったのも事実である。新学習指導要領でも重視されているESDには、特に二つの観点が必要とされており、いずれも教育の本質である。まず「人格の発達や自律心、判断力、責任感などの人間性を育むこと」であり、次に「他人との関係性、社会との関係性、自然環境との関係性を認識し、『関わり』『つながり』を尊重できる個人を育むこと」が示されている。前者については目新しいとは言えないかもしれないが、後者の自然と人間、人間と人間（社会）の関わり、つながりは東日本大震災発生後、改めて痛感される。

ESDで育みたい力には「持続可能な開発に関する価値観（人間の尊重、多様性の尊重、非排他性、機会均等、環境の尊重等）」「体系的な思考力（問題や現象の背景の理解、多面的かつ総合的なものの見方）」「代替案の思考力（批判力）」「データや情報の分析能力」「コミュニケーション能力」「リーダーシップの向上」が示され、これらは今後の教員養成においても重要な内容である。また、ESDで取り組みたい学習内容も、「防災学習」とともに「環境学習」「エネルギー学習」「国際理解学習」「世界遺産や地域の文化財等に関する学習」「気候変動」「生物多様性」が挙げられており、考え方によっては全てが防災・減災と関係する。

国連防災世界会議に話を戻すと、HFAを実施するために、国連防災グローバル・プラットフォームが07年から隔年にスイス・ジュネーブ国連事務局で開催された。その後、11年3月に東日本大震災が発生し、第3回国連防災世界会議はこれを踏まえ、15年3月に被災地でもある仙台市で開かれた。一つのテーマのもとに国際会議が3回とも一つの国で開催されるのはまれなことと言える。

また、前年の14年には国連ESD10年の最終年度として、岡山、名古屋でESDに関するユネスコ世界会議が開催された。つまり日本は、環境や防災に関して国際社会に大きな貢献をしてきた。

元々、従来から日本は国連に対して、拠出金では大きな役割を果たしている。国連には194カ国が参加しているが、日本は常にアメリカの次に拠出している。16年度に初めて拠出率が10％を切ったが、それでも2番目だ。その割には国連での発言は多いとは言えない。その中でESDとHFAは日本からの貴重な世界への発信である。

東日本大震災後に、被災地・仙台で開催された第3回国連防災世界会議

これからの日本の教育は何を目指すのか

日本は国際比較やランキングがやたらと好きな国だ。OECD―PISA生徒の学習到達度調査やTIMSSなどで、日本の順位についてはマスコミも注目する。特に、日本の子供の成績が悪いとか、日本の教育の問題点を指摘した時の方が話題となりやすい。

国内においても、学力・学習状況調査などは47都道府県での順位が明確になるため、中位以下は議会等で非難される格好の材料となる。学力・学習状況調査は略して「学力・学調査」と呼ばれるが、教育委員会にとっては結果次第でまさに「ガクガク調査」となる。

しかし、日本の子供たちは国際比較調査においても良く頑張っている。見方によっては、子供たち以上に義務教育の学校の先生方が頑張っていると言える。文科省は、どのような指導を行っている学校が、児童生徒の成績も高いかをコメントしている。一言で述べると、子供たち自身が考えるための細やかな指導が効果的ということであろう。世間では「働き方改革」などと言われるが、教育現場では程遠いのが実情である。

先ほど国連への拠出金（これはGDPにも関連する。GDPは中国に抜かれたのではと思われるが、中国は貧富の差も大きく、一部発展途上国扱いのところもある）の高さを述べたが、国際比較での学力調査の順位等も世界水準で見ると十分高いと言える。教育の成果も数値化、可視化が求められるようになっているが、教育の場合、すぐにその成果をと言われても答えに窮する。その点、国内外の動向調査の結果は分かりやすい。国際比較をとっても70年代のTIMSS以来、日本の子供たちは世界の中でも上位に位置している。開き直れば、日本のGDP、国連拠出金の高さは、教育の成果と言える。

しかし、本当に日本は豊かな国なのだろうか。日本では報道されることが少ないが、国際比較の中で、国民の幸福感を比較的よく示すものが国連人間開発指数（UN／HDI）と言われている。人間開発指数（Human Development Index＝HDI）は、人間開発の「長寿で健康な生活」「知識を獲得する能力」「十分な生活水準を達成する能力」の三つの基本的側面に的を合わせた合成指数である。近年、UN／HDIの日本の順位は下がり、現在20位となっている。再考したいのは、GDPや国際調査での高さを目指すことが本当に国や国民の豊かさにつながるのか、である。

逆に、UN／HDIの高さが教育に与える影響を無視することはできず、防災教育・ESDを踏まえながら今後の日本の教育の在り方を探る意味がここにもある。

Tokyo2020の先へ　未来へつなぐ　オリパラ教育　7

新宿区立西新宿小学校

楽しく無理なく子供の心に残るオリパラ教育

「I wish for very successful Games in Tokyo in 2020. BONNE CHANCE!」

「My wish that every school benefits from T2020. Thanks you!」

この言葉は、昨年6月29日に本校を視察したIOCロンドンオリンピック・パラリンピック教育プログラム責任者ニック・フラー氏とセドリック・ダートワイラー氏が、七夕の短冊に書かれたものである。お二人は本校の取り組みをご覧になって、「4年前からこのような教育プログラムを実践している東京は、ファンタスティックだ」「この東京の取り組みが日本全国に広がることを期待している」と話されていた。

新宿区は新国立競技場を区内に有し、マラソンのスタートは学区内の東京都庁という東京2020オリンピック・パラリンピックを肌に感じる地域である。PTAや地域も東京大会を盛り上げようとする機運が高まっている。先日の運動会では、地域の日本舞踊の先生にご指導いただき、三波春夫さんの『東京五輪音頭』を全校で踊った。これは今後、地域の盆踊りでも行う予定である。

さて、今年度オリンピック・パラリンピック教育アワード校となった本校のオリパラ教育の特長は「楽しく　無理なく　子供たちの心に残るオリパラ教育」である。くしくも新学習指導要領が告示され、全面実施となるのも20年。カリキュラムマネジメントにより教科等横断的な学習指導計画を立て、一つひとつの体験的な活動が単発で終わるのではなく事前・事後の学習により必ず価値付けをし、次の学習、他の教科等につながるようにしている。特に「本物」との出会いや関わりに重点を置き、児童の心に残り、人生の糧となるかけがえのないレガシーとなることを目指している。

今年度は、五つの資質のうち「障害者理解」に重点を置いている。総合的な学習の時間の全体計画をPDCAのマネジメントサイクルで見直し、第4学年を中心に取り組むこととした。新宿区あっせんのゴールボール体験により選手と関わることを通し、パラスポーツに親しみ、選手との触れ合いから生き方を学ぶようにした。また、近隣の新宿養護学校との交流会や視覚障害のある方との関わり等を今後も繰り返し行うことにより、障害者理解を一層深め、共生社会の一員という考えを持つようになってほしいと願っている。それが前述したレガシーとなり、子供たちの心に残っていくことを期待している。

「スポーツ志向」としてコオーディネーショントレーニングを取り入れた体力向上にも力を入れている。NPO法人JACOTに協力いただき、全校で取り組んでいる。成果としては、▽運動を楽しむ児童が増えた▽スポーツテストの結果が向上した▽大きなけがや事故が減った――ことが挙げられる。児童は同トレーニングが大好きで、運動会の準備運動にも取り入れている。

「日本人としての自覚と誇り」では、高学年の和太鼓演奏がある。代々受け継ぐことで、本校の伝統となっており、クラブ活動では近隣のお祭りやイベントにも参加し、地域貢献にもなっている。

他にも、「オリンピック・パラリンピック教育応援給食」を設け、世界各国の料理を給食で提供し、栄養士手作りのチラシ、給食委員会によるお昼の放送で、食を通じた国際理解教育を進めている。これは「豊かな国際感覚」育成の第一歩である。6月は「世界ともだちプロジェクト」の一つであるブラジル共和国の料理が出て、児童の興味・関心を高めた。

このように、本校ではカリキュラムマネジメントとちょっとした工夫により、オリパラ教育を推進している。無理をしては、どこかにゆがみが起きる。継続させるポイントは、楽しさ、無理がないことである。さらに、本物との出会い等体験的な活動と他教科等との横断的な取り組みは児童の心に残り、東京2020はもちろん、それ以降も児童一人ひとりの生き方につながることと期待している。

そして、オリパラ教育アワード校である本校の取り組みが本稿により、他校の参考になれば幸いである。これが、ご来校いただいたIOCの方々の願いにつながることだと思っている。

（新宿区立西新宿小学校校長　清水仁）

校内には実践を紹介する中に、IOC役員の記念写真と短冊も掲示している

教育庁

入試英語に「話す」導入

都立高　実施方法など課題に

都立高校入試の英語科目に「話すこと」を問う試験を導入するための英語検査改善検討委員会が4日、第1回の会合を開き、スピーキング導入に向けた課題や、現在の問題点について協議した。

文部科学省は昨年度、全国的な生徒の英語力に課題があるとして、「聞く」「話す」「読む」「書く」の4技能を重視した授業・入試改革を行うよう求める英語力向上推進プランを策定。都内中学校でも学習指導要領に基づき、スピーキングの要素を取り入れた授業を実施している。

一方で、都立高の入試は文章読解や記述、リスニングテストはあるものの、「話すこと」を問う設問はない。このため、入試を重視した場合、中学校3年生以降の授業は書くことや読むこと、聞くことが中心になってしまうケースがあったという。都教委が設置した都英語教育戦略会議が昨年9月にまとめた報告書では、都立高入試でも「話すこと」を測る入試の導入を検討すべきとしていた。

今回の改善検討委員会では、単純なスピーキングの導入にとどまらず、生徒の4技能向上に向けて「入試の在り方がどうあるべきか」といった課題にも議論が及んだ。試験対策として詰め込み型の教育ではなく、英語力を身に着けることのできる授業が中学校で行われることも目標の一つだ。

一方で、スピーキングテストの実施に向けては課題も多い。都立高校を受験する生徒は約8万人に及び、テストを実施する体制づくりが必要になる。通常の入試では高校の教員が試験監督や採点を行っているが、採点・評価を行うにはトレーニングや研修が必要になるとの意見もあり、現段階ではどのような人材が充てられるか未定だ。

また、試験をどのような環境で行うかも今後の課題となる。リスニングのように、筆記試験会場で複数の生徒が同時に「話す試験」を受けることは難しい。全生徒を対象にした個別面接は試験実施側にとって大きな負担となりかねない。

実施にあたって受験生の平等性確保も必要だ。時間差で試験を行った場合、朝に受験した生徒の試験内容を、夕方に受験する生徒が入手する可能性があるなど、単純なグループ分けでの実施にも課題は山積している。

検討委員会委員長で上智大学言語教育研究センター教授の藤田保氏は、「第1回の委員会では課題のあぶり出しを行い、委員からは様々な問題点が出てきた。今後は実施に向けて、導入のスケジュールや実施体制など、個別の課題を協議していく」と話している。

第2回の会合は8月中旬に行われる予定だ。

八王子市・中央大学

読書や図書館利用で共同研究協定を締結

4月に包括連携協定を結んだ八王子市と中央大学は1日、その一環として市教育委員会と中大研究推進本部が、市における図書館整備及び図書館関連教育の向上を図ることを目的に共同研究協定を締結した。

研究テーマは、①市教委が実施する読書感想文コンクールの応募作品を分析し、効果的な読書活動の推進を図る②図書館利用実態に関するデータの分析から効果的な運営について検証する――となっている。

教育じてん　85

未来を担う子供たちのために

東京都の公立学校では、約6万人の教員が学校教育に携わっており、その一人ひとりが日々子供たちと向き合い、夢や希望、生きる力を与えるために取り組んでいます。その教員の採用選考の在り方を改善するために設置された検討委員会の報告書が6月に出されましたので、その内容を紹介します。

はじめに現状として、民間企業の好調な求人状況の影響などにより、2017年度都公立学校教員採用候補者選考（18年度採用）の受験者数は前年度から1235人減少していること、また、都内の児童・生徒数の増加や中学校及び高等学校教員の大量退職期の到来により、採用者数は今後も高止まりの状況が続くと想定されること、その中で、17年度都公立学校教員採用候補者選考は5・7倍と過去最低の応募倍率になり、早急に戦略的な受験者確保策を構築する必要があることが示されています。

一方で、これまでの受験資格の緩和や一部選考の免除等に関し、教員としての資質・能力を十分に備えていない者も採用されているのではないかとの声が、学校現場から出ていることも述べられています。

このような状況にあって今後も資質・能力の高い教員を採用するためには、▽受験者数を確保し競争倍率を高める必要があること▽東京の教員の魅力を受験者や教員養成系大学関係者等に広くPRすることが重要であること▽特例選考等で一部試験を免除しているが、教員として必要な知識やコミュニケーション能力が備わっているかを把握する必要があること――等が課題としてまとめられています。

そして、これらの課題を受けた今後の方向性として▽受験者の確保に向けて、教員の意識改革や働き方の見直しなど教育の質の維持向上と教員の負担軽減のための取り組みを行うこと▽学校現場の授業や研修の様子を動画配信して東京の教育の魅力を周知すること――等が示されています。

また、選考内容の改善として、▽第一次選考では基本的に全ての区分において教職教養、専門教養、論文を課していくこと▽集団面接及び個人面接は例外なく全ての区分に課することが望ましいこと――等が提言されています。

人が人を教え育てるのが教育です。IT化が進展する時代にあっても、教育は人間同士の関わりによって成されていくものです。未来を担う子供たちのために、教員となるにふさわしい資質・能力をもつ意欲ある人が教壇に立てる選考になることを期待します。

学び舎から

知りたいという気持ち

がっかりした様子で帰宅してきた我が家の女子中学生。夏休み後に行われる2泊3日の学校行事で、同じ班のメンバーがあまり仲良くない人ばかりだとこぼす。確かに同じような経験を遠い昔にしたことがある。「うまくいかなかったらどうしようか」と。

入学当初、小規模な学校だからこそ、生徒全員が互いを良く知る機会をできるだけ多く用意したいという考えが学校側から説明された。小規模校だからこそ、グループが固まってしまうと学校生活が難しくなる面も確かにある。「そうは言っても」というのが生徒の思いだろうが。

都内でも有数の大規模校だった彼女の小学校では、修学旅行のグループ分けの際に、学年主任を務める熱血先生主導でクラスを超えた大シャッフルが行われた。大規模校だけに、それまで一緒のクラスになったことがない、口もきいたことがないという児童もいる。その事実が彼に火を付けた。

結果的にできあがったグループは、児童からは総じてブーイングの嵐。「修学旅行には行きたいけれど、あの班ならば休みたい」とまでいう児童も結構いた。それでも旅行中は、みんながそれぞれ楽しいことを見つけ出し、帰ってきた時には、我が家の小学生（当時）も「行って良かった」と喜んでいた。

ちなみに、ブーイングにめげない性格なのか、それとも、こうした感想をどこかで耳にして気を良くしたのか、その後もこの小学校では大シャッフルが継続されている。

人生の一大事でもあるかのように思い悩む姿に「たかだか2、3日のことじゃないか」などとかつての自分の姿を忘れて声をかけようものなら、口もきいてもらえなくなる。「結局は何とかなるし、お互いに努力し、良く知ろうとすることが、実は期待されているんだよ」と言いたいが、やはり聞き入れてはもらえないだろう。（T・S）

Essay　エッセー　62

「さようなら」を言う覚悟

「子どもを可愛いというんでしたら、子どもが一人で生きる時に泣くことのないようにしてやりたいと思います。一人で生きる時に不自由なく、力いっぱい生きていける、そういう子どもにしていかなければ子どもは不幸です。子どもを不幸にするようなことをしていて、愛情をもっていたのだと言ってみてもどうなりましょう」

（大村はま『教えるということ』より）

若手教員の研修会では、私は必ずこの『教えるということ』の本を一緒に読むことにしています。

子供たちと出会い、共に過ごす時間を大切にして、教師としての責任をしっかり果たしてほしいと願うからです。

私は、卒業式で一人ひとりに卒業証書を手渡しながら、いつも何か落ち着かない気持ち、切ない気持ちにさいなまれます。この学校から巣立つ子供たちに、強い心とたくましい翼と、飛び続けられる力をつけることができただろうかと自問するからです。

一人ひとりに合った夢や希望、目標を持たせてあげなければ、いくら子供に優しい言葉をかけ、可愛がっても意味がないと思っています。そして、別れの時に、エールとしての「さようなら」が言えるようにしたいと考えています。「じゃあ、また」ではない、「さようなら」の時をきちんと受け止める覚悟を持つために。

それは、親の場合も同じだろうと思います。我が子とは、何にも代え難く可愛いものです。

でも、親元を離れて、一人で生きていかねばなりません。その時にしっかり「さようなら」が言えるように、自立させる力をもたせるのが、親の務めだと思うのです。「また会えるのだから…いつもあなたのそばにいるから…」と思わずに。

作家の幸田文さんの印象的な言葉がいつまでも私の心にとどまっています。

嫁ぐ娘に、「あなたを世話し、あなたを愛し、あなたのために心配したことが私の生活そのものであったし、生きがいであった。ただそれだけで十分だった」という言葉を「さようなら」の覚悟をもって贈っています。そこには子供を授かった家庭から、社会にお返しするという、一人の人格をもった人として畏敬の念をもっていることが感じられます。

そして、潔さ。人との別れに際して、もっとも大切な矜持かもしれません。

教え子たちと何十年かぶりの再会を果たすと、懐かしい面影を残しながらも、様々な試練を越えて大きくたくましくなり、世代交代を実感します。人が生き、世を受け継いでいくということの意味をも感じます。そして、子供たちと再会できたことも、あの時のよい別れがあったからこそと思えるのです。

これからも私は、悔いなく「さようなら」が言えるように、人と出会い、かかわっていきたいと思います。

（品川区立芳水小学校校長　齋藤早苗）

教育面は第1、第3、第5金曜日掲載

都夏期幹部異動

条例局長の勧奨退職も

人事の停滞回避が重要に

都議選が終了し、都では夏期幹部異動作業が大詰めを迎えている。今年は小池知事が都幹部の再就職について再検証する考えを示し、今年度末で60歳を迎える局長級の処遇などが注目されていたが、人事の停滞を避けるには一定の勧奨退職が必要になるため、条例局長を含めた人事が行われるとの観測がある。例年の状況を踏まえると発令は8月1日になる可能性が高く、内示は局長級が7月中旬、部課長級が同下旬になると見られている。

今年度末で60歳となる条例局長は、多羅尾光睦・総務局長（61A）、醍醐勇司・水道局長（62A）、石原清次・下水道局長（63A）の計3人。その他局長級でも3人が該当する。「2020改革」のように重要課題を抱える局では留任もあり得るが、条例局長を含めた勧奨退職と異動の規模が注視されている。

小池知事はこれまで、文部科学省の天下りあっせん問題を受けて都幹部の再就職を再検証する考えを表明。ただ、仮に勧奨退職がない場合は空きポストが限られるため昇任者数を抑制せざるを得ず、人事が停滞し、士気の低下が懸念されていた。一方、勧奨退職を行う場合でも、「雇用と年金の接続」との関係で退職後の処遇が課題となっていた。

また、小池知事の意向で、女性の登用も進む可能性がある。小池知事が「共感」するマクロン仏大統領が閣僚の半数に女性を起用していることが念頭にあるとされ、これまでも局長級での登用が見られた。都議会本会議の「ひな壇」に座る女性幹部を増やすことが想定されている。現在は猪熊純子・監査事務局長（58歳、61A）の1人のみで、新たな候補としては浜佳葉子・政策企画局理事（55歳、3A）らの名前が上がっている。

昇任の候補者としては、4年目に入っている鈴木勝・五輪準備局総務部長（56歳、10B）のほか、就任3年の西村泰信・総務局行政部長（同）と黒沼靖・水道局総務部長（同）、前職の人事委員会事務局任用公平部長から通算3年となる津国保夫・下水道局総務部長（59歳、7B）が有力。

また、官房系の総務・枢要部長では、小暮実・総務局総務部長（59歳、14B）、十河慎一・財務局経理部長（58歳、7B）、岩瀬和春・財務局主計部長（54歳、4A）が就任2年目。政策企画局総務部長は小池潔・同局理事（55歳、4A）が事務取扱をしている。

局長級ポスト数が限定される中で昇任者の異動先として想定されているのが、監理団体・報告団体の役員ポストだ。今春の幹部異動では、昇任者1人が東京都歴史文化財団副理事長ポストに就任しており、こうした傾向が続きそうだ。

具体的には、昨年の豊洲新市場の盛り土問題に絡んで元市場長の塚本直之氏が退任した東京動物園協会理事長ポストは現在も空席の状況。また、㈱東京ビッグサイトと東京トラフィック開発㈱では元副知事の代表取締役社長が退任したほか、㈱東京熱供給代表取締役社長の菅原秀夫元副知事も退任時期に当たっている。

既に外郭団体の役員人事も一部で行われ、元副知事で東京都人材支援事業団理事長に就いていた秋山俊行氏は6月、日本自動車ターミナル㈱代表取締役社長に就任。また、昨年11月に動物園協会理事長を退いた塚本氏も同社常勤監査役に就任した。いずれも6月27日付。

パンダ赤ちゃん、成長中

シンシンも育児真っ盛り

東京動物園協会は4日、上野動物園のジャイアントパンダの赤ちゃん＝写真、同協会提供＝の体重が600㌘を超え、順調に成長していると発表した。母親「シンシン」が子を抱いて授乳したり、なめて排泄を促したりと、育児も順調という。

2日、シンシンがタケノコを食べている間に職員が子を取り上げ、保育器の中で4回目の身体検査を実施。体重は607・9㌘、体長は23・4㌢だった。

目の周りや前足・後ろ足、そして肩から背中への帯も、黒白の毛が生えて密度が高まっている様子。前足の爪も確認できた。間もなく目が開くという。

職員は現在も24時間態勢で保育作業や観察を継続中。

申込者数はⅠ・Ⅱ類で876人

区管理職選考　Ⅰ類技術は21人増の226人

Ⅰ類（全部、分割及び免除受験方式）及びⅡ類　（単位：人、％）

種別	選考区分	有資格者数 17年度	有資格者数 16年度	有資格者数 増減	受験申込者数 17年度	受験申込者数 16年度	受験申込者数 増減	申込率 17年度	申込率 16年度	申込率 増減
Ⅰ類	事務	14,170	14,473	▲303	523	537	▲14	3.7	3.7	0.0
Ⅰ類	技術Ⅰ	669	665	4	104	89	15	15.5	13.4	2.1
Ⅰ類	技術Ⅱ	453	446	7	55	50	5	12.1	11.2	0.9
Ⅰ類	技術Ⅲ	1,443	1,433	10	67	66	1	4.6	4.6	0.0
Ⅰ類	技術計	2,565	2,544	21	226	205	21	8.8	8.1	0.7
Ⅰ類	小計	16,735	17,017	▲282	749	742	7	4.5	4.4	0.1
Ⅱ類	事務	868	878	▲10	100	96	4	11.5	10.9	0.6
Ⅱ類	技術	189	181	8	27	29	▲2	14.3	16.0	▲1.7
Ⅱ類	小計	1,057	1,059	▲2	127	125	2	12.0	11.8	0.2
合計		17,792	18,076	▲284	876	867	9	4.9	4.8	0.1

※Ⅰ類受験申込者数は、全部、分割及び免除受験方式の受験申込者数の合計

需要数及び申込者数　（単位：人）

区名	需要数 事務 Ⅰ	需要数 事務 Ⅱ	需要数 技術 Ⅰ	需要数 技術 Ⅱ	Ⅰ・Ⅱ類全区分申込者数 17年度	Ⅰ・Ⅱ類全区分申込者数 16年度	前倒し受験方式申込者数 17年度	前倒し受験方式申込者数 16年度
千代田	5	3	34	15	19	16	7	6
中央	3	2			18	20	10	11
港	5	4			31	34	11	10
新宿	5	2			52	53	22	28
文京	4	1			32	34	5	7
台東	3	2			45	29	5	6
墨田	3	2			24	23	8	10
江東	5	3			63	57	32	41
品川	4	1			32	28	18	15
目黒	2	1			27	30	5	7
大田	7	1			60	70	29	30
世田谷	8	5			46	47	3	6
渋谷	3	4			22	13	15	15
中野	4	2			23	31	10	6
杉並	4	2			23	25	2	3
豊島	2	1			34	29	10	11
北	3	1			25	22	5	9
荒川	3	1			21	22	15	19
板橋	2	1			42	48	19	19
練馬	6	1			25	28	6	3
足立	5	3			41	33	7	6
葛飾	4	2			51	55	10	10
江戸川	4	1			68	67	18	28
特人厚	1	1			5	5	3	2
特競馬	1	1			9	10	0	1
清掃	1	2			38	38	11	22
合計	97	50	34	15	876	867	286	331

※Ⅰ・Ⅱ類全区分申込者数は全部、分割及び免除受験方式の申込者数の合計
（技術の需要数34・15は全区一括の数）

特別区人事委員会事務局は管理職選考の申込状況をまとめた。Ⅰ・Ⅱ類を合わせた申込者数は計876人で、前年度比9人増。3～5年目の主任主事が受験資格を得る「前倒し受験方式」は286人で、前年度に比べて45人の減となった。

Ⅰ類事務は全部受験方式による申込者数が212人で同25人減。一昨年に比べ、50人の減少となった。免除は185人で16人増、分割が126人で5人減。

Ⅰ類技術の申込者数は226人で前年度比21人の増。一昨年よりも61人多い。前倒し受験方式の申込者数は事務が217人、技術が69人の計286人で、前年度比45人減。Ⅱ類の申込者数は127人で、ほぼ横ばいだった。

区管理職選考の有資格者数は1万7792人で前年度より284人減少したが、申込率は4・9％でややアップした。Ⅰ類技術に関しては8・8％で、前年度比0・7ポイント増加した。有資格者数は2002年度の約2万4千人をピークに減少傾向にある。

区別で見ると、申込者数が最も多かったのは江戸川区の68人で、前年度比6人の増。台東区は45人で、同16人の大幅増となった。一方、大田区は10人減少し、60人となった。

同事務局は「各区による様々な受験勧奨の取り組みなどにより、有資格者数が減少する中でも申込者数は増加した。今後は行政系人事制度の見直しによる管理職の位置付け、管試の在り方にかかる動向を注視しながら、各区と連携して受験勧奨に取り組む」（任用課）としている。

自立困難な若者を支援

モノリスに相談所開設

都青少年・治安対策本部

都青少年・治安対策本部は3日、社会的自立が困難な若者を支援する来所相談所「都若者総合相談センター」を新宿モノリス27階にオープンした。

同センターには実務経験5年以上の臨床心理士・社会福祉士を配置。対面での相談により、家庭環境や精神面などの状況を十分に把握した上で適切な支援が可能な機関を紹介する。英語、中国語、韓国語での相談にも対応する。

都は2009年から、電話とメールで若者の相談を受け付ける「若ナビ」を実施しており、年間約4千件の相談に対応していたが、匿名相談であることに加え、必ずしも公的資格を持った相談員ではなかったことから悩みの掘り下げがうまくいかず、相談者が支援機関に行かないケースもあったため、来所相談にも対応することとした。

同本部は「対面での相談により、悩みを抱える若者と支援機関の効果的なマッチングができることを期待している」（青少年課）と話す。

折り返し点の戦略

五輪組織委員会幹部に聞く⑤

システム設計に本格着手

テクノロジーサービス局長　舘剛司

競技運営を始めとする大会業務のためのテクノロジーを統括するテクノロジーサービス局。後半戦の課題は、大会運営の肝となる「競技情報システム」などの本格的な設計・開発だ。「紙上の計画作りから、人を動かして実際に作る段階に入ってきた」と語る。

競技の情報や結果を配信するシステムの大部分は、リオなど過去大会のものを応用できるという。それでも「競技や種目は大会ごとに増減や変更があるため、メディアにどういう情報をどういう形で提供するか検討が必要」と説明する。

その他にも数多くの業務システムの構築がスタートする。「物流や関係者の輸送などの大会業務が滞らないような情報システムが必要。各局へのヒアリングや、過去大会の例を参考に、東京はどういうものを作るかを考えなければいけない」と気を引き締める。

大会中、システムに支障が生じないようにするために、設計に当たっては細心の注意が必要となるが、同時に大きな決断を迫られる場面もある。「データセンターに個別にサーバーを立てて自由に開発できるようにするか、クラウドサービスを活用してより効率的な開発を目指すかは、その後の予算計画やスケジュールにも関わるため、大きな決断になる」

SNSやモバイルアプリの活用も模索中の大きなテーマだ。大会結果のリアルタイムの配信やチケット予約などに加え、「日陰マップなどの対策はITの出番」と、暑さ対策などへの展開を想定する。他にも、売店の待ち時間を観客に知らせることを考えている。「会場の暑さや待ち時間が事前に分かれば、観戦者にとって大会の印象が違う。ITをフルに活用して対策したい」

大会のレガシーとして、チケット購入者やボランティア応募者のデータをスポーツ振興や健康促進のために活用する方法も模索中だ。「目に見えやすい競技会場やインフラだけでない、ソフトウェアのレガシーをいかに残すかも重要」と大会後を見据える。

大阪大院工学部電気工学科修士課程修了、53歳。NTT出身で14年から現職。週末には最近始めた剣道で汗を流す。初段に合格したといい、「子供と一緒に始めたが、親の方がはまってしまった」と笑った。

リスクベースの警備を

警備局長　今井勝典

「大会前はテロ・重大犯罪の発生が不安視されていたが、最後は国民を感動のるつぼに巻き込んだ。警備を含めて組織委員会はそれを守るためにあると、東京大会への思いを新たにした」とリオ大会の感想を語る。

リオの殺人事件は日本の約25倍、強盗は約660倍の発生率。しかし、大会中は警察や軍が街頭で銃を構え、大きな事件もなく警備を完遂した。大会直前には予算不足による警備部隊派遣の一部キャンセルや民間警備会社の倒産で約6千人の穴が開く事態に陥ったが、それでも州警察のOBを招集するなどし、警備には手を抜かなかった。

「予算を前提にした『リソースベース』でなく、『リスクベース』の警備の大切さが教訓になった」と振り返り、「あらゆる事態を予測して計画的に体制を構築しなければならない」と力を込める。

競技会場や役割分担が固まり、大会の全体像が見え始めた中、今後は警備員や監視カメラの配置・運用など、具体的な警備計画を詰める段階に入る。「大会警備の実務を担う民間警備業界との具体的な対話が必要。組織委と警備本部の連携や、地域割りなどが形になる時期になる」

特に重視するのが、警備の「冗長化」で、緊急時に警備全体の機能を維持できるような部隊の配置・運用が求められる。「直轄部隊のような形である程度、弾力的に人員を運用することが必要」という。

職員に対しては、「安全・安心は、警備だけでなく、来場者や職員の協力があって初めて達成できる『パートナーシップの産物』」と呼び掛ける。「今、何気なくやっている警備は、64年大会をきっかけに始まっているものが多い」と感じている。例えば、バリケードの設置や雑踏警備などだ。「大会運営が円滑に流れる中で安全・安心が担保され、大会が終わった後に『何もなかった』と実感でき、振り返ると何かがレガシーとして残っているのが理想」と話した。

東大法卒、51歳。89年に警察庁に入り、警視庁警備第一課長、警察庁長官官房参事官（拉致問題担当）などを歴任。警視庁ではオバマ米大統領来日や天皇陛下御在位20年記念式典の警備を担当した。15年から現職。趣味はサッカー。学生時代にサッカー部で、現在もフットサルを楽しむ。

榎本　敏夫さん（えのもと・としお＝榎本一・北区議会議長の父）2日死去、91歳。

自分の将来像

「上司の行動を見るといい」

若手職員のホンネ　東京のとある居酒屋で⑮

A　自分の手本になる上司を見つけることは大切だよね。

B　管理職は相応の覚悟を持って働いていると感じるし、見習うところは見習いたいね。

C　じゃあ、目標にしたい上司はどんな人だと思う？

A　そうだな、面倒見が良い上司が目標と言えるかな。将来、部下を持ったときに指導の参考にしたりできると思うし。入都してから毎年のように部署が変わったけど、今考えると上司に恵まれていたかと思う。変な人もいなかったしね。Cさんはどう思うの？

C　僕はやっぱりライフ・ワーク・バランスを大切にする人かな。仕事のために自分や家庭との時間を犠牲にするような責任感が強すぎる人を見ると残念に思うんだ。同じやり方を部下に押し付けるタイプでなかったとしてもね。「そこまではできないから、上司もしてほしくないな」と周りが考えてしまう。その点、ライフ・ワーク・バランスを大切にする上司は周りにもそういう気を遣わせないし、自然と職場の空気も良くなる気がする。あと、僕は家庭もあるし、家族との時間も大事にしたいしね。

A　なるほど。Bさんは上司のどういうところを見習いたいの？

B　前も言ったけど、考え方に柔軟性があることが一番。俺も上司にいろいろと提案するけど、「区民のため」と分かってもらえれば、突っぱねるようなことはしないし、応じてくれる。まあ、「仕事の鬼」なところはまねし過ぎないようにするけどね（笑）。

D　うーん…。やっぱりみんななりたい自分というか、目標の将来像があるんだなぁ。

C　やっぱりある程度昇任を考え出すと、そういうことも意識するし、身近な上司の働き方は観察するね。

D　表面的な部分を見ると、管理職の「部下のことを思ってる」という声も、やっぱり建前に聞こえるんだよね。

B　まあ、上司も建前はいろいろあると思うけど、言葉じゃなくて行動を見るといいと思うよ。あと、自分以外の人に言ってることとか。

A　確かに、自分に言われてることは客観的に判断できないからね。

五輪への航海図⑲²

TOKYO 2020　開催まで あと1113日

特別区の戦略⑭

中野区　運動と健康の意識向上

中野区は、他区と比べて区立のスポーツ施設が8施設と少なく、区民が身近にスポーツに触れて運動・健康志向の意識を作り出すことが課題だった。そこで2016年、同区は東京大会開催の決定を機に、「スポーツ・健康づくり推進計画」を策定。「日常の運動」の中で、区民にスポーツと健康への意識を向上させる取り組みを行っている。

同区は、日常の運動として幅広い世代が無理なく取り組める体操とウォーキングを取り上げた。区ラジオ体操連盟の協力や、スポーツ推進委員の研修会で指導者を養成し、普及啓発に努めている。3月には、中野区歌に合わせて体操ができる「なかの元気アップ体操」も作成した。同区の氷見英光・文化・スポーツ担当副参事は「企業や商店街の方々からも賛同をいただき、毎日体操を行っている会社もある」と話す。

ウォーキングでは、区の施設や学校、商店街をつなぐコースを設定。区や民間団体が作成したコースを集約し、ホームページに掲載するなど区民が取り組みやすい環境を整備している。健康づくりに取り組む団体などとの連携イベントでウォーキングや体操を普及させ、地域での継続的な健康づくりを支援する取り組みもある。

「なかの元気アップ体操」で体を動かす子供たち＝3月、中野セントラルパークで

ハード面の整備も進めている。昨年7月にはトレーニングセンターやプールを完備した「南部スポーツ・コミュニティーセンター」と子育て家庭や高齢者を支援する「南部すこやか福祉センター」の複合施設がオープン。乳幼児の体操や保護者の運動メニューを提供するなど、2施設が連携し、区民の生涯の運動と健康を支える。19年までに平和の森公園内への新区立体育館整備も決定しており、東京大会の公式練習の誘致も検討しているほか、区内のスポーツや健康づくりの拠点にしたい考え。

このほか、多くの人々にとって運動習慣の原点となっている部活動にも注目。外部指導員の育成や、複数の学校による合同部活動開催を支援している。同区の宇田川直子・オリンピック・パラリンピック推進担当副参事は「日常の運動を習慣にするのは難しいこと。東京大会で広げた運動の機運を持続させなければいけない」と話す。

30年度 職員教養講座 東京都管理職選考対策 ▶2◀

合格体験記（種別B）

管理職試験の種別Bの受験対象者の中には、受験するかどうか迷っている職員は非常に多いと思います。その場合、受験者がどのような思いで管理職を目指したのか気になると思います。実際、私も受験するか迷っている職員から受験の動機を聞かれたことがあります。

私の場合はまず、課長代理（当時、係長）に昇任した時に、受験するおおよその時期を決めました。課長代理に昇任した直後は経験が少ないと感じたため、課長代理を2ポスト経験してから合格したいと考えました。ただ、当時の受験動機を振り返ると、「どうせ仕事を前向きに取り組むなら、組織の責任者として仕事を進めていきたい」という程度だったのです。

こうした漠然とした思いから本気で管理職になりたいと思ったのは、本当に些細なことでした。2ポスト目の課長代理1年目に管理職3人と飲む機会があり、仕事の苦労話やその対応を笑顔で話している姿が輝いて見えたのです。苦労話は本当に笑って話せる内容ではなかったのですが、笑顔で話す姿が余計に輝いて見えたと思い出します。

管理職になると決意したものの、私自身は日常業務に追われ、勉強する時間がなかなか取れませんでした。そこで、必ず受かるという信念を持って、本番直前に短期集中で勉強することを決めました。ちなみに勉強を始めたのは4月以降で、集中して取り組んだのはゴールデンウイークです。勉強開始が遅かった分、ゴールデンウイークは一切遊ばず、勉強に専念しました。

管理職選考の記述と論文は、論理的な思考も必要ですが、多くの内容を記憶することが非常に重要となります。私の場合はたまたま、ゴールデンウイークも含めて本番直前に多くの勉強時間を取れたので、何とか合格できましたが、多くの内容を記憶することを考えると、年明けから少しずつ取り組むことが合格への近道ではないかと思います。

記述対策

次に試験内容についてですが、記述問題は職群ごとに6題出され、そのうち2問を選択し、500～600字程度で回答するスタイルです。内容は基礎的な用語や時事的な内容の知識を問うものとなっており、試験時間は1時間です。基礎的な用語は、特定分野からの出題は限りがあるため、事前の分析と準備が記述試験の成否を大きく分けると思われます。

私はまず、過去の出題傾向を分野別に一覧表としてまとめ、傾向分析や出題予想を行いました。その中で、出題の可能性が高い予想問題と、やや高い問題をそれぞれ20問程度に絞りました（4月中旬）。その上で、可能性が高い予想問題は、管理職選考に合格した先輩からもらった資料や参考書、ネット上の情報などからオリジナルの回答案の作成を行うとともに、出題の可能性がやや高い予想問題は、参考書などに蛍光ペンでチェックして準備しました（4月下旬）。

あとは、ひたすら暗記です。試験直前には『都政新報』に掲載される出題予想も参考にしつつ、暗記項目の重点化を行いました。試験当日は手書きになるため、直前にはその練習をしました。特に気をつけたのは漢字です。漢字はパソコンのワープロソフトでの変換に慣れているため、試験中に漢字を思い出せないことが心配だったからです。

試験当日は6問中4問の予想が的中しました。中でも、出題の可能性が高いと予想した問題から2問が出題されたので、それを解答しました。

論文試験対策

次に論文対策についてですが、記述対策とは異なり、準備も含めると一定の勉強時間が必ず必要になります。

事務系の論文試験は職群ごとに2題のうちから1題を選択し、1500字以上2千字程度で解答します。試験時間は2時間です。論文は問題意識や政策形成力、論理性、表現力などを評定されると言われています。論文の構成は特に決まりはないようですが、設問を受ける形で①都政の現状②課題の抽出③解決策の提示④総括・決意表明――という4段構成がオーソドックスです。

論文試験は2題出題されるので、どちらの準備もできていれば理想的ですが、何よりも自信の持てる論文を1本作り上げることが重要だと思います。

最初は、先輩からもらった参考論文を読み込み、論点や書き方を勉強しました。次に、関連する刊行物や都のプレス発表などを参考にして、論点を絞り込んだ上で、論文を作成しました（4月上旬）。その後、完成した論文を数人の先輩管理職に添削してもらいました（4月中旬）。添削箇所を何度もチェックしながら修正を繰り返し、内容をブラッシュアップさせ、1本を完成させました（4月下旬）。

管理職に添削を依頼することで、論文の完成度が飛躍的に向上します。私の場合は、一度に数人の管理職にチェックしてもらいました。これにより、共通した指摘だけでなく、様々な視点からの意見を受け、自分の論文の幅が広がったと思います。そのため、私の場合は一人の管理職に何度もチェックを受けようとは考えませんでした。論文の内容を充実させるために添削は重要ですので、時間を確保して取り組むことをお勧めします（2月～4月上旬）。

私はある管理職から、「論文試験で重要なのは対応関係。現状、課題、解決策と対応しているかを意識することだ。対応していないと読みにくく、論理性を大いに欠く」というアドバイスを受けていたので、それを意識しながら細かい手直しを行いました。

また、試験本番に向けて、直前には手書きの練習も必要です。採点者にとって読みやすい字になるよう、心掛けなければなりません。試験日は、書き続けても疲れにくい鉛筆やシャープペンシルを用意しておくと良いと思います。試験当日の適切な時間配分のため、準備した論文を書き上げる所要時間を計測しておくことも有効です。そうすると、当日も慌てて書き始める必要はなく、落ち着いて試験に臨むことができます。

口頭試問対策

筆記試験に合格後、課長級と部長級による口頭試問が計2回行われます。時間はおおむね30分～40分程度だったと記憶しております。表現力や判断力、積極性などが評定されます。口頭試問は受験生が事前に面接票を提出し、記載内容をベースに行われますが、事例もの（あなたが課長で、こういうケースにはどう対応するか）を交えながら進んでいきます。

①事前準備

1次試験合格後から、面接票の提出までとにかく時間がありません。10日前後で面接票を書き上げ、提出しなければなりません。1次試験合格後、私は複数の管理職から面接票をいただき、合格レベルの内容を確認しました。その上で、口頭試問での質疑の展開を予測しながら、慎重に言葉を選び時間をかけて面接票を作成しました。

論文同様に、面接票も管理職による添削が不可欠です。私は、複数の管理職に添削を依頼し、様々な視点からの意見を受けました。

②模擬面接・準備

職場で実施した模擬面接が非常に参考になりました。そこでの指摘事項は、面接対策での重要なポイントとなりました。つい出てしまう口癖や話が冗長になる癖、自分では気づかない問題点を指摘してもらい、改善することができました。模擬面接では、記載した都政関連の項目で突っ込んだ質問をされた際、うわべだけを捉え、表面的に答えたことがあったので、質問と回答の準備を特に重点的に行いました。

また、1分間の自己PRを冒頭に行うので、準備を十分行って想定問答を作成し、口頭試問の流れを想像しながら、面接官とのやり取りをシミュレーションし、本番に備えました。自己PR自体がどう評価されるかは分かりませんが、そこでつまずいたり、口調がたどたどしかったりすると第一印象を悪くしてしまう懸念があります。大事なことは堂々と話すことだと思います。そうした自己PRとなるよう、十分に準備しておく必要があると思います。

③口頭試問を振り返って

口頭試問で意識したことは、▽しっかりと相手の質問の意図を酌んで受け答えをする▽熱意を示す――という2点でした。面接で黙り込むことはせず、落ち着いてキャッチボールをすることだけに集中しました。

また、口頭試問を通して感じたのは、日常の業務を全力で行うことが試験にも直結するということでした。面接官は、様々な方法で普段の仕事の取り組み姿勢や問題意識を聞き出そうとしていると感じました。日頃からの取り組みなしに、1次試験合格後に、口頭試問の準備をするだけでは厳しいと言えます。

試験を振り返って

合格後、多くの支えがなくては合格を成し遂げられなかったと感じました。日頃の業務はもちろん、筆記試験や面接にしても、自分の力だけでは全く合格水準に到達できなかったと思います。

支えてくれた方々への感謝を忘れずに、引き続き職務に当たることが重要だと思いました。

また、管理職試験の経験は、自分自身の成長にもつながると感じました。例えば、論文試験は、何人もの管理職に意見をもらいながら磨き上げ、論理性が高まったと思います。口頭試問では、業務や理想とする管理職像を見つめ直し、説明する力も身に着いたと実感しています。

私の経験はほんの一例にすぎませんが、受験を考えている人や受験しようか悩んでいる方にとって少しでもお役に立てれば幸いです。

昇任試験対策のページ

特別区 管理職試験講座 36

Ⅰ類択一・記述 Ⅰ・Ⅱ類論文 29年度

今年度の特別区管理職選考は8月26日（土）に実施されます。試験本番まで残り2カ月を切りました。皆さん、受験勉強は進んでいるでしょうか。予定通り進んでいない場合でも、これからの2カ月間、集中して効率よく勉強することで、試験本番には間に合います。

今回と次回の2回に分けて、試験直前における択一式問題の勉強方法を解説します。また、地方自治制度、地方公務員制度、行政法、財政学の各分野ごとに、過去の出題傾向や参考書を紹介します。

Ⅰ類択一

○試験の概要

平成21年度から平成28年度までの8年間、択一式問題の出題分野と出題数に変更はありませんでした。①地方自治制度14問②地方公務員制度6問（以上、事務系・技術系共通20問）③行政法16問④財政学・地方財政制度4問（以上、事務系専門問題20問。技術系専門問題は実施要綱等を参照）――で、全40問です。

また、受験方式は、①全部（択一式、記述式、論文式問題を全て受験）②分割（択一式問題のみ受験）③前倒し（主任3～5年目の人が択一式問題のみ受験）④免除（分割または前倒しで択一式免除資格を取得した人が記述式と論文式問題を受験）――の4種類です。

特別区人事委員会が管理職選考の出題傾向や解答のポイント、評定基準等をまとめた冊子『明日の区政を担う管理職員を目指して』を発行しています。非常に参考になるので必ずチェックしましょう。

○得点目標

択一式問題では、受験方式によりボーダーラインが異なります。分割や前倒しで受験する場合は、免除資格（翌年度以降3年間、択一式問題の受験が免除される資格）を得ることが目標になります。免除資格を得るためには、択一式問題の成績が上位30％程度に入る必要があります。平成29年度の『明日の区政を担う管理職員を目指して』では、平均点が18点の場合の免除資格取得の最低得点ラインは24点前後と予測されています。

過去問の平均点は、平成21年度が20・4点、22年度が16・5点、23年度が17・5点、24年度が18・3点、25年度が20・3点、26年度が23・4点、27年度が19・9点、28年度が19・0点でした。過去3年間では平均点が下降傾向にありますが、依然として『明日の区政を担う管理職員を目指して』で仮定された平均点よりも高い状況です。免除資格取得のボーダーラインは7割程度と想定し、問題集などで確実に7割以上得点できるようにしておけば良いと思います。

一方、全部受験方式で受験する場合は、口頭試問を受験するための一定の基準に達すれば良く、おおむね平均点以上の得点であれば大丈夫のようです。勉強の段階では問題集で6割くらい得点できるようにしておけば良いと思います。全部受験方式で一発合格を目指すならば、択一の勉強に時間をかけ過ぎず、記述式と論文式の対策にもバランス良く時間を割いた方が効率的です。

試験直前の勉強の仕方 ①

○勉強方法

管理職選考の出題範囲は非常に広いため、試験対策は時間との戦いになります。残された時間の中でボーダーラインを確実に超えられる力を身に着けることが肝要です。

皆さんは、現時点の自分の実力がどのくらいか把握しているでしょうか。何割くらい得点できるか、まだ把握していないならば、平成21年度から平成28年度までの過去問を制限時間内に解いてみることをお勧めします。過去問の解説は、都政新報のバックナンバーに掲載されています。電子版で検索できるので、ご活用ください。各年度の平均点と自分の得点を比較し、仮に平均点を既に超えているようであれば、全部受験方式の場合は記述式と論文式の対策に時間をかけて、それらの準備が落ち着いたところで、試験直前に再び択一の復習に着手するのが良いと思います。

免除資格の取得を目指す場合は、苦手分野を明確にし、7割以上得点するために、どの分野を補強していくのか、ターゲットを見極めて勉強に取り組んでいきましょう。

次に問題集は、都政新報社、学陽書房、公職研などから出版されています。人によって好みが分かれるので、書店で実際に目を通し、自分に合うものを選んでください。私の経験では、都政新報社の『実戦150題』だけで十分だと思います。

問題集に取り組み始めたら「1日に何問のペースで学習できるか」「1冊の問題集を1回通して解くのに、どれくらいの期間がかかるのか」を把握し、学習計画を立てます。

問題を解く時は、正解したかどうかよりも、一つひとつの選択肢の正誤を確実に判別できたかが大事です。仮に問題は正解だったとしても、正誤の判別ができなかった選択肢が一つでもあれば、その選択肢だけは復習すべきです。

そのため、1回目は間違えた選択肢や自信のない選択肢に印を付け、2回目はその選択肢のみをチェックすると効率的です。最初から自信を持って正解した選択肢は、これまでの公務員の経験の中で既に身に着いている知識なので、二度と見ないようにして時間を節約しましょう。

学習期間が長いので、最初の頃に勉強した部分は試験の直前になると忘れてしまいがちです。2回目にチェックした際にも間違えたり、自信がなかった選択肢は、特に苦手な箇所になるので、蛍光ペンでマークしておきます。その部分のみを試験直前に一気に短時間で見直しをすると、効率的に得点を伸ばすことができます。

地方自治制度

○出題の傾向

過去の出題傾向は、地方自治法の条文や行政実例、判例の一部を加工しただけの素直な問題がほとんどです。そのため、問題集の解説だけでは分かりにくい場合は、地方自治六法に載っている条文や行政実例、判例を確認すれば、ほとんど用が足ります。なお、一部の選択肢の中には『逐条地方自治法』（学陽書房）を確認しないと正誤の判定ができないものもありましたが、他の選択肢が解ければ問題を正解することができました。専門書まで手を出すのは時間がかかるのでお勧めしません。

平成24年度以降の出題は、別表の通りです。例年、「議会」「執行機関」「給与その他の給付、財務、公の施設」からの出題が多いので、どの項目から出題されても確実に正解できるように準備しましょう。どうしても直前になって勉強時間が足りない場合は、過去の出題傾向から今年度に出題される可能性の高い項目に絞り込んで、効率的に苦手分野を克服していきましょう。例えば「議会の議決事件」「議長または副議長」「議会の会議」「長の権限」「副知事または副市町村長」「長と議会との関係」「公の施設」などは出題の可能性が高いと推測されます。

○参考書

『実戦150題 地方自治法』（都政新報社）、『地方自治法ポケット六法』（学陽書房）。

	平成24年度	平成25年度	平成26年度	平成27年度	平成28年度
総則、通則、条例及び規則、直接請求	○市町村の区域 ○条例の制定または改廃の請求	○地方公共団体の名称変更 ○事務の監査請求	○地方公共団体の事務 ○条例または規則	○市町村の区域 ○条例の制定または改廃の請求	○地方公共団体の事務 ○条例または規則
議会	○議会の調査権 ○議長または副議長 ○議会の請願 ○議会の紀律	○議会の議決事件 ○議長または副議長 ○議会の会議 ○議員の懲罰	○議会の招集及び会期 ○議会の委員会 ○議会の会議 ○議会の請願	○議会の議決事件 ○議長または副議長 ○議会の会議 ○議会の紀律	○議会の調査権 ○議会の委員会 ○議会の会議 ○議員の懲罰
執行機関	○長の権限 ○会計管理者 ○地方自治区 ○監査委員	○長の担任事務 ○副知事または副市長村長 ○議会と長との関係 ○付属機関	○長の権限 ○専門委員 ○長と議会との関係	○長の公共的団体等の監督 ○副知事または副市町村長 ○長と議会との関係 ○監査委員	○長の権限 ○会計管理者 ○長と議会との関係 ○選挙管理委員会
給与その他の給付、財務、公の施設	○決算 ○基金 ○公の施設	○分担金、使用料、加入金及び手数料 ○職員の賠償責任 ○公の施設	○給与その他の給付 ○継続費、債務負担行為または繰越明許費 ○住民監査請求または住民訴訟 ○公の施設の指定管理者	○契約 ○物品 ○公の施設	○決算 ○財産 ○公の施設
国と普通地方公共団体との関係及び普通地方公共団体相互間の関係	○国または都道府県の関与			○地方公共団体相互間の協力	○国または都道府県の関与
大都市等に関する特例、外部監査契約に基づく監査、特別地方公共団体		○特別区			

独立で誕生した唯一の区

練馬区立石神井公園ふるさと文化館 70周年で企画展を開催

板橋区詳細図　昭和10年ごろ

練馬区は、今年で区政70周年を迎えますが、他の特別区とは生い立ちが異なっています。アジア・太平洋戦争後の1947年3月、戦前からの東京市35区が地方自治法の施行により22区に再編されました。22区は旧来の区からの存続や旧来の複数の区が統合して成立したものですが、練馬区は22区の一つである「板橋区」から独立したという経歴をもつ唯一の「区」です。

■江戸の胃袋を支える

江戸時代以降、江戸市街に向かう上水や街道の整備が進み、江戸と近郊農村との人・物の往来が増え、練馬区域は、江戸・東京の成長、発展と軌を一にする形で成長していきました。江戸時代中期 世界で最初に100万人都市に成長した「江戸」の胃袋を支えるため、練馬区域では練馬大根・ゴボウ・人参などの蔬菜が盛んに栽培されました。

武蔵野台地上の豊かな湧水が生み出す池の景観も、地域の魅力となり、著名な社寺とともに江戸近郊の名所としていち早く、注目を浴びています。

明治期に入り、明治政府のもと、中央集権国家実現のため、明治中期にかけて度重なる地方制度の改革が実行され、更に近代日本の地方自治の基本を定めた市制・町村制が1888年に公布され、これに伴い強い自治体をつくるための町村大合併が断行され、練馬を構成する村々が顕在化します。

明治期以降、名産の練馬大根の栽培に加え、加工産業が発達します。その原動となった水車は、江戸時代後期から製粉・製穀に利用されてきました。明治期になると更にその数を増し、関東大震災後の電力導入まで板金・針金製造・生糸の揚げ巻きや撚糸などの工業動力に利用されました。

商品作物の栽培や生産も盛んとなります。石神井周辺では幕末から養蚕が始まりましたが、明治期になると政府の産業育成により区域内で製糸工場が操業を開始します。区域西部では、江戸後期より大根の裏作として藍が栽培され、お茶の生産が最盛期を迎える大正期には生産が下火となります。様々な地域産業は、明治期から昭和期にかけて時代の波に翻弄されました。

一方、1915年に武蔵野鉄道（現西武池袋線）が開通すると、沿線開発が活発化します。宅地開発や観光地開発に加え、1924年には大泉学園都市建設が計画され、東大泉駅の開設とともに50万坪の雑木林を買収し、区画整理と宅地開発が行われました。

地域が都市化に向かう一方で、都市の風致を維持し、美しく快適な環境の造成を狙いとした風致地区計画によって、石神井地区と大泉地区が風致地区に指定されます。都市生活者の憧れの居住地として魅力が発信されていきました。

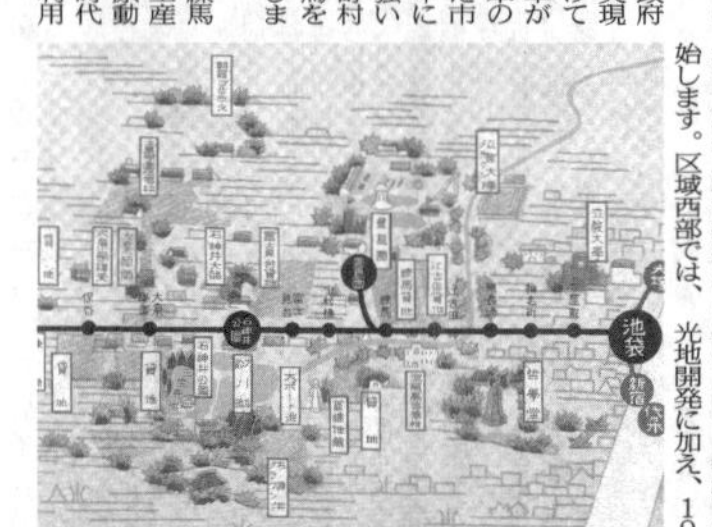

武蔵野鉄道御案内　昭和10年代前半

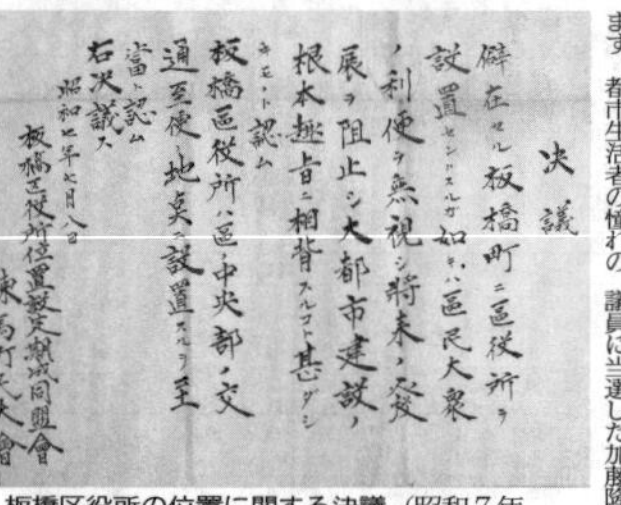

決議

僻在セル板橋町ニ區役所ヲ設置セントスルガ如キハ區民大衆ノ利便ヲ無視シ将来ノ發展ヲ阻止シ大都市建設ノ根本趣旨ニ相背スルコト甚ダシキモノト認ム

板橋區役所ハ區ノ中央部ノ交通至便ノ地点ニ設置スルヲ至當ト認ム

右決議ス

昭和七年七月八日

板橋区役所位置設定期成同盟會
練馬町民大會

板橋区役所の位置に関する決議（昭和7年　東京都公文書館蔵　国指定重要文化財）

練馬区独立に関する決議文（昭和21年　東京都公文書館蔵）

■分離独立への道

東京市15区を取り囲む農村部の都市化と人口増加が著しく進み、1932年、周辺5郡82町村を編入する形で新たに20区が設置され、35区が成立します。しかし、旧15区に匹敵する広大な面積を有する板橋区にあって、区役所が東端の旧北豊島郡役所に設置されたことから、板橋区の西部にあたる現練馬区民からは地理的な不便さが訴えられ、区役所の位置をめぐる住民運動が活発さを増しました。

1943年7月、東京都制が施行され、初代都議会議員に当選した加藤隆太郎らは、練馬・石神井を合わせた一区独立を都議会で提言しました。戦前・戦後の動乱を経て、47年3月15日には地方自治法の公布により22区制が施行され、その5カ月後の同年8月1日に練馬区は念願の独立を果たし、現在に続く東京23区が成立しました。

この「独立」を勝ち取った〝志士〟の区「練馬区」は、緑につつまれ、今後も成長が期待されています。

◇　◇　◇

石神井公園ふるさと文化館では、練馬地域の変容と発展の歴史を取り上げ、練馬区誕生への軌跡をたどっています。同館が所蔵する地域資料と共催機関である東京都公文書館所蔵の行政文書などから、近代練馬の多彩な姿を展示しています。

▽期間　8月15日(火)まで（観覧無料）▽開館時間　午前9時～午後6時▽休館日　月曜日（7月17日(月)(祝)は開館、翌18日(火)は休館）▽アクセス　西武池袋線石神井公園駅下車徒歩15分、西武バス「JA東京あおば」下車徒歩5分、同バス「三宝寺池」下車徒歩2分▽主催　練馬区立石神井公園ふるさと文化館（公益財団法人練馬区文化振興協会）、東京都公文書館

都電の写真募集 思い出が書籍に

交通局

都交通局は、「東京都電diary」企画の一環として、都電にまつわる写真を募集している。

交通局では昨年10月から、交通局105周年記念として都電にまつわる様々なエピソードを「東京都電diary」として広く募集し、今年2月までの間、選定された50作品を新聞紙上で連載してきた。

募集するのは、東京市電・都電が撮影されている写真で、抽選で20人に記念品を贈呈する。応募は、①〒・住所、氏名、年齢、電話番号（平日昼間連絡のとれる番号）②メールアドレス（ある人のみ）③写真のタイトル④時期と季節（昭和20年ごろの春など）⑤路線・エリア（不明の場合はなくても可）⑥写真返却の要・不要―を記入した用紙（形式自由）を添付し、郵送または専用フォームから。郵送先は、〒100・8502東京都電diary「都電写真募集」係（東京新聞広告局内）。問い合わせ先は☎03・6910・2206。

応募写真は、都電に関する書籍やポスターなどの制作に活用する。31日必着。

〝ひふみん〟が語る「昭和名勝負物語」

府中市

府中市生涯学習センターは29日、63年の棋士生活を終えた〝ひふみん〟の愛称でも知られる加藤一二三氏を招き、講座「加藤一二三が語る『昭和名勝負物語』」を開講する。

同講座は、「将棋と人生」をテーマに名勝負やライバルたちとのエピソードを写真や映像を交えて、縦横無尽に語ってもらう。加藤氏は、第一線で将棋界を牽引し、最近では藤井聡太四段の対局の解説・コメンテーターとしても活躍しており、多摩地区ではこれまで講演の機会がなかったという。

時間は午後2時から4時。会場は、府中市生涯学習センター講堂（定員290人）。受講料は千円。申し込みは、直接同センターに来館するか、電話（☎050・3491・9849）やインターネットで。

区長飯（めし） いただきます 8

昼食に「けやき」のタンメン

世田谷区長　保坂 展人

よく「好きな食べ物は？」と聞かれます。実は、あまり好き嫌いがあるほうではないのですが、たいていは「麺類です」と答えることにしています。特に昼食は時間に追われてせわしく食べることも多いのですが、そんな時に待たされることもなく、さっと食べられておいしい麺類は助かります。

そこで、今回は世田谷区役所の敷地内にある世田谷区民会館のレストラン「けやき」のタンメンをご紹介したいと思います。昼食は週に2～3回はタンメンを食べています。

世田谷区民会館はホール、結婚式場、集会室を備えた公会堂として1959年3月に竣工しました。当時の建設の経緯を調べると、その歴史は32年10月の世田谷区の誕生のときにさかのぼります。世田谷区は世田谷町、駒沢町、玉川村、松沢村の2町2村が合併して生まれたのですが、そのときに金千円の公会堂建設基金が町役場から区に引き継がれたのが始まりなのだそうです。

この基金はその後も戦争をはさんで積み立てられ続け、55年には約5千万円に達し、これを土台として区民会館が建設されました。このとき、区民が「建設協賛会」を結成し、当時としては破格の2千万円を超える寄付金を集めています。文化化活動の拠点となる施設を望む多くの区民の願いがこもった会館であったことが分かります。

さて、そんな区民会館には会館当初から食堂があり、現在の「レストランけやき」の先代が経営を担っていました。どのような経緯で選ばれたのか、詳しい経過は分かりませんが、地元の味をお客様に提供しようということで、近くで料亭を経営していた先代に声がかかったのかもしれません。

以来、60年近くの長きにわたり多くの区民に親しまれ続けているレストラン「けやき」ですが、今でもファンが多く、わざわざ電車に乗って食べに来るお客様も多いそうです。

いつも混み合って忙しい中、マスターに味の秘訣を伺ったところ、「うちの料理長は冷凍品や加工品は一切使わず、全て一から手作りにこだわっているんです」と教えてもらいました。

タンメンは不足しがちな野菜がたっぷり乗って、あっさりとした塩味のスープが何回食べても食べ飽きない味付けです。世田谷区役所にお越しの際はお試しになってはいかがでしょうか。

今回はタンメンをご紹介しましたが、もちろん世田谷区にはおいしいお店がほかにもたくさんあります。区役所の近所でいえば、松陰神社の商店街には古くからのお店に加えて最近、ユニークなお店が次々オープンしており、時間があるときやお客様とのランチにゆっくりと散歩しながら、私もよく食べさせていただいています。

読者の皆様も、世田谷区の魅力を一冊にまとめたフリーペーパー『世田谷ぷらっと』などの情報も見て、ぜひ世田谷にお越しいただいて、世田谷のまち歩きを楽しみながら「世田谷の味」を探してみてもらいたいと思います。

昼食にレストラン「けやき」でタンメンを食べる保坂区長

フリーペーパー『世田谷ぷらっと』

『都庁俳句』作品抄

老いといふ未知の世界よ蟻地獄　成戸　寿彦
さねさしの味召せとあり草の餅　伊　達　天
音もなく一日えごの散る日かな　葛西美枝子
夏草に立ち入り禁止隠れけり　武内　利夫
白牡丹崩れ初む日の独り言　内田　香晴
青年の戦知らずやパリー祭　間中恵美子
母の日の母装いて子を待てり　奥田　弘學
塩の香のほのかに甘し豆御飯　鈴木　征子
あめんぼに踏み心地よき水面かな　上部　隆男
お祭のしんがりに蹤く乳母車　早津　満子
一列に鵜舟の舫ふ昼の川　渋谷　はつ
浅草の夏定食の安き店　山口　昭義
ふるさとの透けて拳の蛍かな　三原徹次郎
晩酌の独りの至福冷奴　中鉢　卓花
せせらぎを近くに聞いて夏料理　髙橋　弘
妻恋へりそっと蛍を持ち帰る　北野　耕兵
難破船ひねもす浮沈気象の日　佐々木いつき

会員募集・見本誌月刊『都庁俳句』贈呈。連絡先　佐々木☎03・3956・6342

ミニガイド

◇公益社団法人東京自治研究センター月例フォーラム　▷講師　三浦知人氏（社会福祉法人青丘社事務局長）「ヘイトスピーチに抗する共生のまちづくり」▷日時　7月20日(木)午後1時半～4時15分▷会場　中野サンプラザ7階研修室8（JR中野駅下車徒歩2分）▷参加費　千円（会員は無料）▷問い合わせ　公益社団法人東京自治研究センター　☎03・6256・9912

◇2017年度東京都環境科学研究所施設公開Let's サイエンス　▷内容　研究内容の紹介や夏休みの自由研究に役立つ科学実験など▷日時　7月22日(土)　午前10時～午後4時▷場所　東京都環境科学研究所（東西線東陽町駅3番出口から徒歩約10分）▷問い合わせ　(公財)東京都環境公社東京都環境科学研究所広報担当　▷☎03・3699・1331

◇清瀬市郷土博物館「最先端映像技術展」　▷内容　最先端の映像技術を用いた6種類のアトラクションが体験できる参加型の企画展▷会期　7月29日(土)～8月20日(日)（月曜休館）　午前9時～午後5時（最終入場4時半）▷入場料　無料。アトラクション利用券は1枚300円で6回利用可能▷会場　清瀬市郷土博物館（西武池袋線清瀬駅北口徒歩約10分）

都政新報

発行所　都政新報社
〒160-0023 東京都新宿区西新宿7-23-1 TSビル
（総務・読者）03-5330-8781
（企画広告）03-5330-8784
（編　集）03-5330-8786
（出　版）03-5330-8788
（ファクス）03-5330-8808
購読料 月1,730円（税込）
毎週火・金曜日発行
ただし、祝日は休刊
©都政新報社 2017

紙面から

聖域なき改革 進むか

問われる「情報公開」

地殻変動（上）　改選後 都政はどう変わるか

「これまでの政党復活予算は終了する」

小池知事は昨年12月の所信表明で、「聖域」とも言われた200億円の政党復活予算の廃止を宣言した。都の予算編成過程を見える化する取り組みの一環だが、改選後にスタートする議会改革の先駆けだったとも言える。

これまで議会改革に関して、知事はあくまで「促す」立場だったが、都民ファーストの会が第1党に躍進したことで、議会構成は一変し、議会改革を進める環境が整った。都民ファーストが都議選の公約に掲げた各委員会のインターネット中継や委員会理事会の公開を始めとした議会の透明化は、「一丁目一番地」の取り組みであり、改選後に最初に着手すると見られている。

都議会は、国会と区市町村議会に挟まれていることから「中2階」と言われ、都民からは「何をしているか分からない」と批判されることが多い。委員会のネット中継は情報発信に役立つとともに、全国どこからでも閲覧できるため、議員が緊張感を持って臨むことになる。

都庁内では、「開かれた委員会」で議員と職員が丁々発止でやり合うようになるのではないかとの見方がある。事業局の幹部は旧民主党の議員と同様に、都側に質問通告しないことが繰り返されることが想定され、区議会などのように紛糾することが予想されることから、「事前に質問を聞き取れなければ答弁を用意できず、前向きな答弁が難しくなる。都政が進んでいないことを全国にアピールすることにならないか」と疑問を投げかけた。

議会の透明化

第19期の都議会運営委員会理事会＝2月20日

一方、議会の透明化の議論は各委員会の理事会公開にも及ぶが、議会の意思決定の過程を見える化するには必要という声もあるのに対し、「全てを公開にしては打ち合わせができるわけがない」と否定的な意見もある。都庁幹部は「円滑な答弁のために議員の協力も必要。非公開の理事会でなければ、議員同士の調整もしづらいのではないか」と懸念を示す。別の都幹部職員は「一見、不合理なルールでも順守することによって安定した議会運営が確保されてきた」と解説する。

また、理事会の公開による透明化には「限界がある」との受け止めもある。「今でも委員による非公式の打ち合わせや協議は記録に残らない。理事会を公開しても、その前に水面下での調整が行われるかもしれない」（都幹部）。理事会を公開しても、新たなブラックボックスを生んでしまっては、議会改革は掛け声倒れになりかねない。

都庁内からは「議会の透明化を進めるには、都民ファーストが率先垂範しなければ、他会派が追随しないのではないか」と冷ややかに見られている。同会の特別顧問を務める小池知事は7日の会見で会派の総会を公開するか問われ、「中身にもよるが、そのような方向を取るのが自然」と積極的に公開すべきとの考えを示した。

今後は豊洲移転など重要課題に関して、都民ファーストが知事の決定と同調した場合、その意思決定のプロセスを公開し、説明責任を果たすことが不可欠になる。

「古い議会」の打破に伴い、混乱をもたらすのではなく、新たなルールの下でスムーズな運営を行うことができるか。新しい議会のスタートでは、そうした下地作りが重要になる。

■　■

都議選の公約で、議会改革などを掲げた都民ファーストが圧勝したのに対し、自民党が歴史的な大敗を喫したことにより、都議会で地殻変動が起きている。選挙前に都民ファーストの会が打ち出した公約や知事の発言を点検しながら、改選後の都政はどう変わるのかを全3回で分析する。

地方消費税の取り合いも

都税調　配分方法見直しも議論

2018年度の税制改正では、地方消費税の配分方法の見直しが焦点の一つになる。奈良県の税調が大都市に不利になる改正を求めており、国も同様の方向で検討しているが、都道府県の財源調整に利用される懸念があるとして、6日の都税調では否定的な意見が相次いだ。

奈良県税調が今年2月、地方消費税の配分割合を巡り、18年度の税制改正に向けて抜本的見直しを提言した。最終消費地に的確に税収が配分されていないことを理由に、人口に応じて配分する割合を引き上げる必要性に言及。具体的には、人口の配分割合を現行の17・5％から60・0％に引き上げる一方、販売額の割合を75％から40％に引き下げ、従業員数は廃止するという内容だ。これが実現すると、都をはじめとした大都市への税収は大幅に減収する見込みだ。

都道府県別の最終消費の金額に関しては現在、商業統計と経済センサス活動調査という統計をベースに計算しているが、指標とする統計データ自体の見直しも訴えている。仮に提言通りに実現した場合、地方消費税が増収になる見込みだが、奈良県は「試算していない」と話し、「適正な配分の在り方を示しただけだ」と強調した。

首都圏では今後、奈良県に同調する自治体も現れそうだ。奈良県の主張に賛成とも反対とも言わないさいたま市は「人口のウエートを高めれば、税収は上がる。それはいいことだと思う」と述べ、今後は賛同することに含みを持たせた。

国も2018年度税制改正に向けて、人口の配分割合を引き上げるなど抜本的な方策の検討を進めている。これまでの税制改正を振り返ると、地方消費税の人口と従業員数の配分割合はいずれも12・5％だったが、段階的に人口を5％増やし、従業員数を5％減らしてきた経緯がある。国は配分割合の変更の理由を明確に説明していないが、特に地方消費税が多く配分される都や大阪府、愛知県から税収を吸い上げて、地方に配分する財政調整に活用すると見られている。

だが、地方税制を巡り、全国知事会の地方税財政常任委員会に設置した研究会が6月28日、奈良県の荒井正吾知事をヒアリングしたが、委員からは「自治体がいくら（企業誘致などで）努力しても、ほとんど変化のない人口で自動的に税の配分が決まってしまうような状況が地方税の性格から考えて本当に望ましいのか」「住所地が最終消費地と言われてしまうと違和感がある」などと異論が相次いだ。

6日に都庁第二本庁舎で開かれた都税調小委員会でも、委員からは人口の配分割合の見直しを「カネの取り合いになる」と批判した上で、「こういう議論にエネルギーを使うのは嘆かわしい」と批判した。別の委員からは「制度本来の趣旨を踏まえて統計データの精緻化を図ることが重要」との指摘も出た。

都主税局は、最終消費地に適正に税収が配分されるよう、「制度本来の趣旨を踏まえ、統計で把握できる取り引きの範囲など精度を高めるべき」（税制部）と訴える。

MEMO　地方消費税　国が徴収した後、モノやサービスの最終消費地である都道府県に配分される地方税。税収総額の配分割合は現在、小売やサービスの販売額が75％、人口が17・5％、従業員数が7・5％となっており、神奈川県民や埼玉県民が都内で料理を食べたり、服を買ったりするなど、東京での最終消費量が多いほど、都税収が多くなる仕組みだ。販売額の配分割合を引き下げ、人口のウェートを高めると、都税収が減少することになる。

都議会自民党

最後の総会で党幹部陳謝

次期役員「手順踏んで決める」

都議会自民党は7日、19期都議会で最後となる総会を開き、自民党の二階俊博幹事長、下村博文都連会長、萩生田光一総務会長らが都議選での敗北を陳謝した。また、今回当選した23人とともに、落選議員についても党本部や都連がサポートしていくことを約束した。

会合には落選した議員らも出席し、個別に「自分たちの努力不足。誰のせいでもない」といった声があったという。

都連幹事長を辞任する意向を示している高島直樹氏は都連の次期役員について、「手順を踏んで決めていく必要がある。私たちが辞意を表明して、速やかにやりましょうでは問題がある」と話し、組織として機関決定の上、時間をかけて進める必要があるとの見解を示した。

また、都議会自民党の役員については、24日に第20期議員による総会を開いて協議することを確認。現会派幹事長の高木啓氏は次期執行部の立ち上げに向け、残りの任期中に「責任をもって進めていきたい」と意思表明したという。22[illegible]議員の任期は

知事が豊洲認可を要請

「久しぶり」。小池知事が農林水産大臣室に入ると、甲高い声を上げ、山本有二農林水産相と握手を交わした。築地市場の移転問題で、知事は7日、中央卸売市場の認可権限を持つ農水相と会談した。

和やかな雰囲気で進んだ会談では、知事が「先の話になるが、業者とコミュニケーションを取りながら、スムーズな調整が図られたら、（豊洲の）認可をお願いしたい」と述べた。これに対し、山本氏は「豊洲移転に当たっては、卸売市場法による認可審査に注意しながら、適切に対処したい」と応じた。

都は今後、豊洲新市場の地下空間の床にコンクリートを敷き、換気する工事を実施し、来年3月に終わらせる予定。その後、農水省に認可申請し、審査は1～2カ月かかる。早ければ来年5月に移転する可能性があるが、業者との調整は難航が予想され、先行きは不透明だ。

1カ所で詳細調査 ベンゼンが不検出

築地市場

都中央卸売市場は6日、築地市場の土壌と地下水をボーリング調査（詳細調査）したところ、ベンゼンは検出されなかったと発表した。

今回、調査したのは1カ所のみ。過去に耐震化工事などを行った際、都環境確保条例に基づく届け出を怠っていた11カ所で、土壌に含まれる気体を調査したところ、1カ所からベンゼンが検出され、詳細調査を実施していた。

大井埠頭でヒアリ発見

都内初　中国の荷から1匹

都と環境省は6日、強い毒を持つ南米原産の外来種のアリ「ヒアリ」100匹以上が品川区内の東京港大井埠頭で陸揚げされたコンテナ内から見つかったと発表した。兵庫県尼崎市内や名古屋港などに続いて国内では5カ所目、都内では初めて。

＝2面、4面に関係記事

同局の発表によると、ヒアリが見つかったコンテナは中国広東省で貨物船に積み込まれ、香港での積み替えを経て6月27日に大井埠頭に到着。荷主が千葉県内で荷を取り出した後、業者が大井埠頭に返却されたコンテナを点検作業中、生きた状態のアリ1匹を発見し、専門機関が6日にヒアリであることを確認した。コンテナ内を入念に調べたところ、底に張ったベニヤ板の上に100匹以上がいたという。アリは既に駆除された。

都は国と連携してコンテナ埠頭の緊急調査を行うとともに、都民への注意喚起を強化する方針。

中央と調布で暑さ対策 会場周辺にミスト散布

都環境局

都は東京五輪に向けた暑さ対策事業として、新たに中央区と調布市の競技場周辺に「クールエリア」を設定し、微細ミストの散布や遮熱性舗装などの補助を行うことを決定した。

中央区の対象地域はウエイトリフティングなどの会場となる東京国際フォーラムに隣接するエリアで、銀座から日本橋にかけての中央通り沿いの区域と数寄屋橋公園。エリア内の民間事業者などに微細ミストの発生装置やパラソル、冷風機などの設置を補助する。

調布市はサッカーなどが行われる東京スタジアム・武蔵野の森総合スポーツプラザが対象で、市に対してスタジアム通りと飛田給駅共通道路と歩道の遮熱性舗装や微細ミスト設置を補助する。

同事業は競技場周辺で観光客が多い地域を対象に、エリア内で行われる先進技術を活用した暑さ対策に対し、1地域5千万円を上限に整備費を全額補助するもの。都は2019年度までに6区市程度を指定する予定。

都政の東西

行革新局面へ

港区は1日、働き方改革の一環として「ワークスタイル宣言」をした。2月には大田区が全国自治体初の「スマートワーク宣言」をしている。港区は超勤縮減や20時完全退庁、大田区は意識改革や業務の効率化などを掲げた。

しかし、大企業はまだしも、中小企業の社員からは「そんな悠長なことは言っていられない」とのぼやきが聞こえてきそうだ。国や経団連が2月の最終金曜から開始したプレミアムフライデーも、社会への浸透はいまひとつで、働き方改革を巡っては、行政と民間でギャップがある。

それを象徴したのが、都議選と同日に実施された国分寺市長選の争点だ。野党共闘候補となった前副市長の樋口満雄氏は高校を卒業後、いったんは都市銀行に就職するものの、その後、市役所で通算40年過ごした。一方の再選を果たした井澤邦夫氏は生命保険会社などに計30年以上勤務。部長職を歴任した後、市議3期務めた経歴を持つ。

樋口氏は「恣意的な人事異動が行われている」などとして、現市政を批判。「職員を大事にしてこそ」と訴えた。それに対し、井澤氏は「民間企業の厳しさはお金が入らなければ事業が成立しないこと。市の職員が市民より高給をもらって仕事しなかったらどうなるのか」と言及し、暗に職員や職員労組批判を展開。聴衆からは拍手が起こる一方で、同労組は上部団体の連合東京が井澤氏を推薦する中、樋口氏に推薦を出した。

できない理由を並べる――行政の体質を揶揄する常套句だ。都議選では議会の「旧態依然」が批判の的になり、非議員出身の大量当選となった。「民対公」は新局面に入るか。働き方改革が行革を伴うのは間違いない。

最終面に新たな長期連載
都政は小池劇場だけではありません！

「副知事人事ノート」
『都政研究』元主筆の大塚英雄氏が満を持して本紙に登場。激動の都政下で繰り広げられた副知事人事のドラマを描きます。
11日号から毎週火曜日号掲載

「東京　橋くらべ」
『橋を透して見た風景』でおなじみの紅林章央氏が一度は訪れてみたい東京の橋を紹介します。
14日号から毎週金曜日号掲載

穴句ジョーク

東京大井埠頭でもヒアリ見つかる
「今度もテング熱防止のやるし蚊ない引き続き、ダジャレPRな……」

ヒアリ ヒヤリ?!

中防埋立地帰属問題

江東・大田区が調停申請へ

両区議会で議案可決

中央防波堤埋立地の帰属を巡って江東区は6日、大田区との境界決定に向けた都への調停申請議案を第2回定例区議会最終本会議に提出し、全会一致で可決された。一方の大田区も先月26日に同議案が全会一致で可決されており、早ければ今週中、遅くとも来週中に両区が同日に都へ調停申請し、10月ごろに都が任命する自治紛争処理委員から調停案が示される見込み。同埋立地の埋め立てが開始されてから44年。いよいよ境界が確定することになる。

調停の対象となる中央防波堤埋立地
有明
江東区
青海
若洲
中央防波堤内側埋立地
東京ゲートブリッジ
第二航路海底トンネル
大田区
臨海トンネル
中央防波堤外側埋立地
N

「身を切る思いで決断した」。江東区の山崎孝明区長は6日の第2回定例区議会最終本会議での調停申請議案説明をこう締めくくった。同議案は、清掃港湾・臨海部対策特別委員会に諮った後、本会議で全会一致で可決。閉会後、区議会の榎本雄一議長は取材陣に対し、「（同特別委員会は）ごみとの闘いの歴史。先輩議員から受け継いできた思いがあり、行政と議会が一丸となって対応してきた。今日の結果は当然」と言及。山﨑区長は「議会の皆さんに感謝している」と述べた。

同議案では、▽歴史的沿革▽行政上の便益▽将来的な土地利用――の3点から江東区の主張を展開。ごみの埋め立て処分に伴う「区民の忍耐と犠牲の上に同埋立地が造成された」として、歴史的沿革を強調した。

行政上の便益についても、地理的接続性や行政権行使の実情などを考慮すべきとし、将来の土地活用では、五輪での都との連携などを掲げた。

一方の大田区は先月26日、調停申請議案を区議会に提出。全会一致で可決された。松原忠義区長は28日の記者会見で、「（中央防波堤埋立地のエリアは）かつて多くの区民がノリ養殖を営み、生活と生産の場だったという歴史的な事実がある」とし、1986年に最高裁判所の判例で示された境界決定基準の一つとして採用された歴史的沿革を根拠に据える方針を示した。また、羽田空港との一体的な土地活用を見据える。

両区は足並みをそろえて来週中までに都に調停申請する見通しで、互いの主張に対する反論なども併せて提出する。申請後は、都が任命する紛争処理委員から両区・区議会などにヒアリングが行われ、10月ごろ調停案が示される予定だ。

同埋立地は内側埋立処分場と外側埋立処分場、新海面処分場の3区域から成る総面積983㌶の広大な土地で、今回調停の対象となっているのは内側と外側の計503㌶。73年から埋め立てが始まり、ごみや土砂、浚渫土・建設発生土による土地がある。接続道路は江東区側2路線、大田区側1路線で、江東区側には2020年までに新たなトンネルが開通する予定。

東京五輪では、内側にある海の森公園予定地内の「海の森クロスカントリーコース」と、内側と外側の間の水路を利用する「海の森水上競技場」の2カ所が競技会場予定地となっている。また、今回対象外の新海面処分場については、内側と外側の帰属決定後に議論が浮上する可能性がある。

MEMO

自治紛争処理制度　自治体間や自治体が設置する機関同士の紛争について、行政内部で簡易・迅速に解決を図るための制度。2000年施行の地方自治法で定められた。

都道府県（または同機関）が当事者の場合は総務大臣、その他の場合は都道府県知事が、職権または当事者の申請により、紛争解決に向けて自治紛争処理委員を3人任命。同委員が調停案や勧告案などを当事者に示し、当事者が同案を受諾すれば解決となる。

今回は地方自治法9条で規定する市町村の境界に関する争論で、申請日から90日をめどに調停案が示され、示されない場合やいずれかが調停案を不服とする場合には裁判所に提訴できる。ただ今回は両区とも原則、調停案を受諾することを前提としている。

都内ではこれまで前身の自治紛争調停制度で、大井埠頭と13号埋立地の境界決定を行っている。大井埠頭については、品川区と大田区が1978年10月に調停申請し、79年2月に調停案が示され、同3月に受諾。品川区約56%、大田区約44%の帰属となった。13号埋立地については、港、江東、品川の3区が82年4月に申請し、7月の調停案提示を受け、10月に受諾。帰属の割合は、港区17%、江東区75%、品川区8%となった。

13号埋立地のケースでは、各区からの等距離線を基本に地理的条件などを考慮して境界を決定した。

子供の受動喫煙防止で条例案

豊島区　家庭内対象、3定に提出

豊島区は、子供がいる部屋や車内で保護者に禁煙を義務付ける子供の受動喫煙防止条例案を9月の第3回定例区議会に提出する。7日に開かれた区議会区民厚生委員会に報告した。きょう11日まで条例案の策定に向けた概要案のパブリックコメントを行っている。子供の受動喫煙防止に関する条例案は全国初だが、都議選で都民ファーストの会が公約に盛り込み、早ければ第3回定例都議会に条例提案を予定している。区は都議会の動向を注視した上で、条例案の策定作業を進める方針。

条例概要案では、紙巻きたばこの煙や電子たばこの蒸気を吸うことに加え、空間内に残るたばこのにおいを感じることを受動喫煙と定義。保護者に対し、家庭内で子供が同室している際や自家用車に子供が同乗している場合の喫煙を禁止した。

家庭の外では、公共喫煙スペースや施設内の喫煙室、受動喫煙を防止する措置が取られていない飲食店やカラオケボックス、たばこ販売店などに子供を立ち入らせないことを努力義務とした。

また、保護者に限らず全ての喫煙者に対し、学校や小児科がある医療機関など子供関連施設の敷地周辺で子供の受動喫煙を防止するよう努力義務を課した。路上や公園などに関しては、既存の条例を準用して喫煙を禁止している。

条例に罰則は盛り込まないが、子供の受動喫煙が常態化していると見られる場合、発見者に保健所や子ども家庭支援センターなど区への通報を求める。通報があった場合は区の担当者が保護者らと面談し、指導や助言を行う。区は禁煙治療薬「チャンピックス」を販売する製薬大手のファイザー㈱と5月31日に包括連携協定を締結しており、同社のノウハウを生かして保護者への禁煙治療の勧奨なども行う考え。

区によると、東京都医師会などが2月に開催したセミナーを機に、条例案の検討に着手。5月の大型連休明けに条例概要案をまとめ、6月11日にパブリックコメントを開始した。きょう11日までの募集期間に寄せられた意見を踏まえ、9月の第3回定例区議会に条例案を提出し、可決された場合、来年4月の施行を目指す。

区保健福祉部では、「罰則を盛り込んだ場合、家庭内や車内での違反をどのように取り締まるか、実効性の担保が難しい。それよりも、子供を受動喫煙から守ることを区民だけでなく、全国に広く提案するような条例にしたい」（地域保健課）と述べ、理念条例としての意義を強調する。

子供の受動喫煙防止を巡っては、小池知事が代表を務めていた都民ファーストの会が都議選で公約に掲げた5項目の重点政策の一つに位置付けており、スモークフリー社会の実現に向け、罰則付きの受動喫煙防止条例とともに、「子供を受動喫煙から守る条例」の制定を予定。小池知事は第3回定例都議会にも条例を制定する意向を示しているが、知事提出か議員提出かを含め、現時点で詳細は分かっていない。

区では「都条例との整合性を考える必要があるため、都議会の動向をしっかりと見ていきたい」と話している。

港区

泉岳寺駅周辺に地区計画

JR新駅で乗降増見込み

港区は、JR品川駅と田町駅間のJR車両基地跡の再開発に伴い、都営地下鉄浅草線泉岳寺駅周辺の地区計画原案を作成し、5日の区議会建設常任委員会に報告した。同再開発地区では2020年をめどにJRの「品川新駅」（仮称）が暫定開業、24年に一部街開きの予定となっており、近接する泉岳寺駅の乗降客数が倍増すると見込まれている。

対象区域は泉岳寺駅地上部の国道15号線に接する東側約1・3㌶。1日約5万人の乗降客数の倍増が予測されるため、ホーム幅を現在の5㍍から10㍍に拡幅するのに併せ、JR車両基地跡の再開発とは別の枠組みとして都施行で再開発を行う。

地区計画原案では、地下駅前広場（コンコース）や地上広場に加え、芝浦地区と国道15号線を接続する幹線道路などの整備計画を示した。区の品川駅周辺まちづくり担当課によると、原案のたたき台として、都が素案を作成したという。

コンコースを整備することで泉岳寺駅と再開発ビルを接続。幹線道路は同地区の北側に整備する。また、地区計画エリアの南端には、「品川新駅」（仮称）につながる他の道路も整備される予定だ。

再開発ビルは、敷地面積8500平方㍍、高さ限度160㍍で、住宅や事務所、店舗、駐車場などを整備する方針。都都市整備局公共再開発担当課によると原則、地権者が入居するとしている。容積率は現在の600%から1千%とする。

区は14日から原案の縦覧と意見募集を行い、地区計画案を策定。区決定の高度利用地区や都決定の用途地域など関連する四つの都市計画と併せて今秋の都市計画決定を目指す。新しい泉岳寺駅の供用開始は24年度の予定。

再開発ビル建設予定の泉岳寺駅地上部分。写真左手ではJR「品川新駅」（仮称）開業に向け、工事が急ピッチで進む＝3日、港区高輪で

台東区

交流自治体にPRの場

借り上げビルを無償提供

台東区は、全国の交流自治体がアンテナショップを出店するスペースを提供する「ふるさと交流ショップ」を13日にオープンする。姉妹・友好都市を中心に、東京での拠点づくりの足掛かりとしてもらうとともに、区内の商店街振興につなげる狙いがある。担当者によると「区が民間施設を借り上げて自治体へ貸し出す事業は全国的に見ても珍しい」という。

ショップがオープンするのは、浅草寺の北に位置する千束通り商店街にある民間ビル。区が所有者から1、2階を借り上げて自治体に無償で貸し出し、1階部分約30平方㍍を店に利用する。賃貸料と維持管理費は区が負担し、年間500万円程度と見込む。

貸出先は交流自治体や全国連携プロジェクト参加自治体を中心とするが、利用状況を見て公募もかけていく考え。通常のアンテナショップと異なるのは、出店自治体が最大約1カ月で交代する点で、企画・運営に携わる自治体職員らが試行錯誤を繰り返してPR方法を改良することができる。

オープンの13日から18日まで出店する宮城県大崎市は、名産品の米や日本酒、柔軟で弾力のある「しの竹」を用いた工芸品などの販売を予定する。同市観光交流課は「地元商店街と友好関係を築き、特産品の知名度向上や販路拡大につなげたい」と話し、商店街の祭りへの参加や飲食店への食材提供などを考えているという。その後は山形県村山市や北海道鹿追町、滋賀県長浜市などが物販や展示を計画している。

区は全国の8自治体と姉妹や友好都市の関係にあり、これまでにも物販イベントなどを開催。区都市交流課は「自治体にショップを様々な手法で利用してもらうことで、どのように宣伝すれば受け入れられるのかを実体験して持ち帰ってほしい」と話している。

記者席

選挙には負けたが勝ち組に

○……都議選の千代田選挙区に立候補した自民党の中村彩氏が、落選後の会見で党所属国会議員の数々の不祥事に「脇が甘い」と批判して話題となった。

しかし、国会議員に責任を押し付けたかのような「敗戦の弁」への批判もあったらしく、中村氏はその後、自身のツイッターで、「敗戦要因の話とは別次元で、国政に対する意見を求められて答えたつもりだったが、全て『敗戦の弁』として総括されてしまうようで怖い」とマスコミに対する不信感をあらわにした。

もっとも、落選後にツイッターのフォロワー数は1500人も増えて、テレビ番組で橋下徹氏とも共演。選挙には負けたが、一躍時の人となった。

○……九州北部を襲った記録的な豪雨を受け、区長会は6日、支援に向けた検討を始めた。

23区では、東部地域の5区が広域避難を想定した協議会を設置。国の主導で北、板橋、足立の3区が参加して発足した荒川下流域の風水害を想定したタイムライン検討会では、現在13区が構成自治体となっている。23区にとって大規模水害は対岸の火事ではない。被災自治体の支援を通じ、23区の将来の災害に役立てたい。

災害時支援で東京一極集中批判を和らげたいという下心が邪推されるかもしれないが、支援金を出すだけにとどまらず、汗をかく支援で全国連携の精神を示してほしい。

○……ヒアリが東京港で発見された。7日時点では100匹以上が確認され、ヒアリの生息地はどこまで拡大しているか全く分からず、極めて不気味だ。殺人アリの異名を持つ通り、毒針に刺されると死に至るケースもある。

日常生活にも影を落としかねない。信号などの内部に進入し、破壊するというから、通常のアリと考えない方が良い。繁殖力が高く、東京中に広まれば、パニックになる。そうなれば、小池知事率いる都とヒアリが戦うことになりそうだ。

もはや自民党と対決している場合ではない。都議会のドンではなく、女王ヒアリとの長期戦になるかもしれない。アリだけにあり得る話ではないか。

九州豪雨で対策本部 支援の在り方を検討

区長会

活発な梅雨前線の影響で、九州北部で5日から6日にかけて降った記録的な豪雨により、福岡県や大分県などで被害が広がっていることを受け、特別区長会（会長＝西川太一郎荒川区長）は6日、被災した市町村などへの支援の在り方を検討する対策本部を立ち上げた。

区長会事務局によると、西川会長の提案を受け、支援に向けた体制構築に着手。6日に福岡・大分両県の東京事務所と情報交換し、対策本部の設置を決めた。今後は防災担当課長会が中心となって効果的な支援方法などを検討するという。

区長会では、昨年10月に災害発生時の支援金に関する拠出基準を策定。死傷者や家屋被害の状況を点数化し、100万円から5千万円を超える「都度協議」まで9段階の基準額を定めた。昨年度は4月の熊本地震で熊本県に5千万円、大分県に500万円を拠出。8月の台風で被害を受けた北海道に500万円、岩手県に300万円を拠出した。

区長会事務局では、「支援金を拠出するだけではなく、今回の災害における支援の在り方を全体的に検討するのが対策本部の役割になる」と話している。

自治体政策のススメ

自治体政策法務が求められる背景は？

政策法務の基礎①

高崎経済大学准教授　岩崎　忠

従来は中央集権的な行政システムのもとで、「国が政策を考え、自治体はそれを執行する法務」が中心で、自治体は国が定めた法令や通達を忠実に執行すればいいという考えが中心であった。しかし、地方分権一括法（2000年施行）を中心とした地方分権改革により、機関委任事務・通達が廃止され、自治体の条例制定権・法令の自主解釈権が拡大した。これにより、自治体は主体的な政策立案、決定、実施といった政策の循環過程を重視した自主的な経営が求められるようになったのである。

こうした分権化の動きのみならず、福祉国家への転換、すなわち住民の価値の多様化・多元化に伴い、自治体の積極的な対応が求められるようになった。法の在り方も社会的な正義や権利義務、罰則を中心とする従来の法務から、いかに有効かつ効率的に政策を実現するかといった視点を踏まえた当事者間の調整や、住民と自治体が意見交換や応答する法務が求められてきている。

さらに、住民協働の事業展開や地域づくりが求められ、住民自治の具体化、制度化が求められている。

こうした自治体を取り巻く環境の変化に対して、自治体は積極的に政策法務に取り組むことが必要になった。政策法務とは、政策と法務が融合したもので、政策は、法（法律・条例）、計画、予算として市民に示され、法務は、法を立案、解釈・執行、評価・争訟（＝訴訟・行政不服審査の両者を合わせた表現）する国・自治体の法的活動である。

政策法務は、従来は国が中心になって法務を主導してきたが、自治体でも政策法務の取り組み、すなわち「法を政策の実現手段として捉え、政策実現のためにどのような立法、法執行、争訟評価が求められるかを検討する理論及び実践における取組み」（礒崎初仁・中央大学教授）が必要になってきているといえよう。

◇

いわさき・ただし　67年神奈川県生まれ。東京大学大学院法学政治学研究科修士課程修了。専門は地方自治論、公共政策、行政学。主な著書に『自治体経営の新展開』（一藝社、2017年）、『自治体の公共政策』（学陽書房、2013年）、『「地域主権」改革』（学陽書房、2012年）ほか多数。

新議長に小林氏 副議長は酒井氏

練馬区議会

練馬区議会は7日の第2回定例区議会最終本会議で、新議長に自民の小林貢氏（67）、新副議長に公明の酒井妙子氏（49）を選出した。

小林氏は現在8期目で、議長就任は3回目。議会運営委員長や企画総務委員長などを歴任した。

酒井氏は現在3期目で、初の副議長就任。これまでに清掃リサイクル等特別委員長や企画総務副委員長などを務めた。

小林貢氏

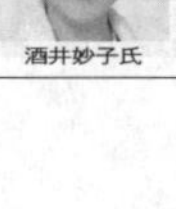

酒井妙子氏

ヒアリ注意呼び掛け 大井埠頭で発見受け

品川区

大井埠頭で6日と7日の両日に特定外来生物のヒアリが発見された問題で、品川区は6日、周辺の運搬事業者6社に対して注意喚起した。大井埠頭は同区と大田区にまたがるが、ヒアリが発見されたのが品川区内だったことに伴う措置。

区ではこのほか、ホームページやSNSを通じて区民に周知。ホームページでは、発見の経緯や都の対応状況、ヒアリの特性などの情報を掲載した。7日には、隣接する都立みなとが丘ふ頭公園内のキャンプ場利用者に直接連絡して注意を呼びかけた。区によると、区民からヒアリかどうか確認を求めるなどの問い合わせが複数件あった。区環境課は「都や国の状況を見据えながら対応していく」と話している。

また、発見場所に隣接する大田区も6日、ホームページやツイッターで区民に注意を呼び掛けた。

都政策企画局　「美食学」で心をつかめ

調布で「島の玄関口」PR

都政策企画局は多摩・島しょの魅力をより広い層にPRするため、食事やレジャーなどの「体験」に主軸を置いた「NATURE TOKYO EXPERIENCE」プロジェクトをスタートする。第一弾となるモデル事業は、『美食学』とも言われる「ガストロノミーツーリズム」。島しょの食材への興味を入り口に、島の魅力や文化・歴史を知ってもらう取り組みだ。伊豆諸島への空の玄関口である調布市周辺を舞台に設定することで、距離を隔てた両地域の関係性もアピールする。

過去の「食材調理教室」の様子＝政策企画局提供

島しょで水揚げされたばかりの生きのいい魚介類。ぜひ新鮮な刺し身で食べたいと思ってしまうが、現地の漁師は「もっとうまい食べ方がある」。塩を振って豪快に焼き、絶品の漁師めしを振る舞ってくれたという。

「まさに現場ならではの楽しみ方。食を通して島の生活ぶりを知ることができる」。都がスタートするガストロノミーツーリズムを運営する㈱USPジャパンの紙谷さんは神津島を視察し、住民から食文化を教わった体験をそう話す。

28日から始まる同事業では、伊豆諸島の食材を活用した魚のさばき方教室などを調布市や府中市内で行うほか、現地を訪問して神津島・新島での収穫体験や、島の住民との宴会を開催。来年2月まで7回にわたり、2島の魅力を存分に体感できるプログラムを用意し、7日から申し込みを開始した。

島しょ産の食材を使った飲食店の紹介やイベントの実施などは前例もあるが、果たして魚のさばき方を教えることが島のPRにつながるのか。そんな疑問に、紙谷さんは「『食いしん坊』の興味の入り口は広い」とにやり。美食を楽しみたいという思いから島の暮らしや歴史に興味を持つことや、その玄関口である多摩を周知することが事業の狙いだ。

調布飛行場からは、大島、新島、神津島、三宅島をつなぐ飛行機がほぼ毎日運航している。空輸された海産物を、同事業者のもう一つの運営事業者でもある（一社）調布アイランドが市内のスーパーなどに卸し、島しょ産魚介類が並ぶことも珍しくなく、隠れた名物と言える。

だが、一般には調布市が島しょ地域の玄関口であることは知られていない。「長期休暇には沖縄に行くような層にも、身近な東京の島に目を向けてほしい」。政策企画局調整部の戦略事業担当は、事業の目的をそう説明する。

事業は調布市・府中市・新島村・神津島村が後援。28日に開催するスタート講演では作家の椎名誠氏を迎え、調布市くすのきホールに申し込み者500人を無料で招待。パッションフルーツや島焼酎の試食も用意し、島しょへの興味の入り口に誘う。椎名氏は島での収穫体験などにも参加する。

都は事業を支援するため、800万円を上限に広報・PRを補助するが、運営は事業者に任せる。収益を上げられるモデルとすることで、継続的な取り組みにしていきたいという思いがある。「島の住民との交流体験をメーンにするため、地元自治体の協力も得た。今まで知らなかった人たちにも、ぜひ島を身近に感じてほしい」（戦略事業担当）。島しょの魅力で『食いしん坊』のハートをつかめるか。東京の新たな魅力発信が始まる。

MEMO　ガストロノミーツーリズム　食を主要なテーマにして観光客などを誘致する取り組み。その土地ならではの食を通し、歴史や暮らしを知るというスタイルで、食文化と観光が一体化した旅として欧米で広く普及している。「美食学」を意味するフランス語の「ガストロノミー」と「ツーリズム」を組み合わせた言葉で、国内では北陸地方での「雪国ガストロノミーツーリズム」や、一般社団法人による「温泉ガストロノミーツーリズム」など、様々な地域の歴史・文化と食を結びつける新たな観光業態として広まりつつある。

未来に向けて①　16年度市町村自治調査会報告書

推進組織設立でまちづくり

スポーツを活用した地域活性化

東京都市町村自治調査会が2016年度の調査研究報告書をまとめた。1986年に市町村共同の行政シンクタンクとして設立以降、多摩・島しょ地域の振興を目的に、各種調査に取り組んでいる同会は16年度、4件のテーマで調査研究報告書をまとめた。シリーズで紹介する。

スポーツを通じて地域活性化に取り組むための推進組織「スポーツコミッション」の設置が全国の先進自治体で進んでいる。一方で多摩・島しょ地域では、2019年のラグビーW杯、翌20年の東京五輪を控え、スポーツを通じたまちづくりが期待される。「多摩・島しょ地域におけるスポーツを活用した地域活性化に関する調査研究」では、自治体が抱えるコミュニティーの希薄化や地域のイメージアップ、地域経済活性化などの課題解決にスポーツを活用し、「総合的なまちづくり」につなげるためのスポーツコミッションの機能・形態を調査し、推進体制の在り方を模索した。

調査では多摩・島しょの39自治体へのアンケートを実施。スポーツの効果を生かしたまちづくりの取り組みを聞いたところ、「スポーツの振興」（34件）や「住民の健康増進」（31件）などに取り組むケースは比較的多いが、「地域コミュニティーの形成」（11件）や「地域のPR・情報発信」（16件）「スポーツ活動の場としての誘客型産業育成（振興）」（6件）などにスポーツを活用している自治体は少ないことが分かった。

また、6割強の自治体はスポーツを所管する部署が教育委員会にあり、首長部局は4分の1程度にとどまった。報告では、スポーツを地域活性化につなげるため、庁内横断的に取り組むことが有効と指摘している。

歴史のある青梅マラソンは地域活性化のイベントとして定着している＝2月19日

スポーツコミッションに求められる機能は、▽関係団体や企業、住民、行政等の競技・連絡の事務局的機能など「組織のハブ機能」▽イベントの企画・運営や情報発信など「事業運営機能」▽地域観光の紹介など「地域資源集約機能」▽ボランティア活動の運営や健康増進策などを提供する「住民との連携機能」——とした。

行政が主体的に設立にかかわる場合のポイントとして、▽設立目的の明確化▽組織が自立できる財源・事業スキーム▽中心となる人材の確保▽様々な分野の組織との連携・協力体制、住民理解——などを挙げた。

また、スポーツコミッションの一番の課題には組織の自立を挙げる。先進事例を見ると、組織の設立当初は行政の支援が多く見られるが、スポーツコミッションと近い関係にある総合型地域スポーツクラブでは、多くが行政の支援から自立できない状況にある。活動の中心となる人材の有無や財源など、身の丈に合った事業展開で継続させることが重要とした。

なお、調査では青梅市を例にケーススタディーを実施。マラソン大会や多摩川・山などの自然環境を生かしたスポーツ活動が盛んな同市に適したスポーツコミッションの組織形態として、マラソン大会のボランティアの募集などを担うよう公益性を持ち、関連する商業者や観光事業者と一体となって集客を消費活動に結び付ける機能や、道路・河川の利用等に関する申請などを担う機能を持つ組織など、具体的なイメージを示した。

MEMO　スポーツコミッション　スポーツを通じた地域振興を目的に、スポーツ大会やイベントなどを誘致し、地域活性化と地域外からの誘客を目指すための組織。1979年に米国インディアナポリスで「スポーツを通じた市の活性化」のために設置されたのが始めとされる。観光資源や特産品を持たない同市は、国際的なスポーツ大会の誘致に力を入れ、スポーツの街として発展した。国内ではさいたま市が2011年に「さいたまスポーツコミッション」を設立。その後、各地に広がっている。地方公共団体が中心となり、スポーツ産業や観光産業などの民間団体等が一体的に取り組む例が多い。

府中市

道路占用料を独自基準に

電柱など　徴収額5千万円増

府中市は、市が管理する道路上に設置された電柱などの公共物にかかる占用料を、これまでの都基準から、市内の固定資産評価額を基にした額に改める。第2回定例市議会で道路占用料徴収条例の一部を改正する条例を可決した。来年4月から施行して段階的に上げていき、5年後に本則適用する。

これまで市道に設置された電柱などの占用料は、都の基準に基づいて事業者から徴収していた。だが、都の基準は多摩地域全域で一律の額となっており、区部に近い地域では固定資産評価額との乖離があった。このため府中市は、受益者負担の適正化の観点から固定資産評価額の平均値に見直す。

対象となるのは、市道上にある電柱のほか、郵便ポストやガス管など公共事業を営む施設。例えば第1種電柱は現在、1本につき年間1630円だが、本則適用時には3140円になる。一方、地中埋設管路などは実態に即した占用料とするため、外径に応じて占用料の設定を細分化しており、一部は現在よりも低くなる。

見直しにより、占用料収入は毎年1千万円程度増える見通しで、5年後の本則適用時には現在の3億2千万円から5千万円増え、3億7千万円になる見通し。

道路占用料の独自基準への見直しは、区部に近い武蔵野市や三鷹市、調布市も行っている。

日野市

市民窓口のモニターに広告

205万円の経費削減に

日野市は10日、市役所1階の市民課窓口で使用する受付番号表示モニターに、広告や行政情報番組を放映する画面を新設した。

広告を放映することで、事業者からモニターや番号発券機などの機器一式が無償提供され、年間205万円かかっていた機器の保守・リース経費を削減した。モニターではケーブルテレビの市情報番組や議会中継なども放映する。多摩26市では、既に8市が広告・行政情報モニターを導入しているが、議会中継やケーブルテレビの情報番組を流すのは初めて。

さらに、窓口の混雑状況や、番号の呼び出し状況をスマートフォンなどで確認できるようにし、番号が呼ばれるまで一時外出することも可能となった。

日野市役所１階の市民課窓口に設置されたモニター

TAMA手箱

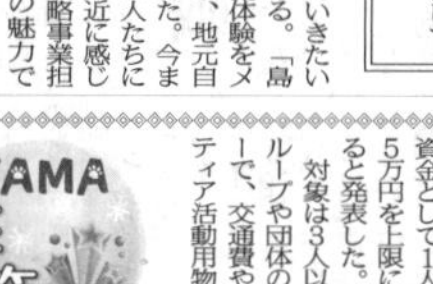

九州豪雨のボラ支援

八王子市社福協

社会福祉法人八王子市社会福祉協議会は7日、九州地方の豪雨災害により甚大な被害を受けた地域で市民ボランティアを率いたボランティアリーダーに対し、交通費などの活動資金として1人当たり5万円を上限に助成すると発表した。

対象は3人以上のグループや団体のリーダーで、交通費やボランティア活動用物品の購入にかかる費用など。助成金額は公共交通機関を利用する場合は1人当たり5万円を上限に、それ以外の交通機関を利用する場合は同2万5千円をボランティアリーダーに対して人数分助成する。

受け付けは現地でボランティアの受け入れが始まり次第、開始する。問い合わせは☎042・620・7338まで。

くにたち文学賞を創設

国立市

国立市は、市制施行50周年を記念し、「国立文学賞」を創設した。日々の出来事や心の中の世界を、言葉を通じて自由に表現することで、日常の連続の中にある平和を感じてもらいたいという趣旨から、「日常とへいわ」をテーマにした詩作品を全国から広く公募する。

募集期間は8月1日から9月30日まで。対象は高校生以上の「一般の部」と、「小・中学生の部」の二つで、A4判用紙2枚または400字詰め原稿用紙2枚以内で応募する。最優秀作品（1編）に10万円、優秀作品（1編）に3万円、佳作（2編）に1万円、入選(10編)に図書カード1万円分を贈呈する。

国立市では、全ての施策の根底に「人間を大切にする」との理念を据え、全市民の人権、平和、環境に配慮したまちづくりを推進しており、その一環として文学賞を創設した。

ヒアリ上陸で厳戒態勢

東京港に毒餌配置、注意喚起も

強い毒を持ち、刺されれば重篤な症状をもたらす南米原産のヒアリが都内で初めて東京港大井埠頭で発見されたことを受け、都と環境省・国土交通省が7日、コンテナ内を詳しく調査したところ、合計100匹以上のヒアリが新たに発見された。現在のところ港湾外では確認されていないが、都と同省は大井に加え、青海、品川の両コンテナ埠頭で調査する。

7日の調査で見つかったヒアリはいずれも働きアリで、女王アリではない。その場で殺虫剤をかけて駆除したという。3日にヒアリが発見されたのと同じコンテナ内のベニヤ板から見つかったといい、板の隙間にも潜んでいる可能性があるとして、毒餌剤をコンテナ内に設置するなどの対策を行った。

併せて埠頭の外周や周辺の緑地も調査しており、ヒアリは見つからなかったが、周辺2キロに粘着式のトラップを設置し警戒を強めている。大井埠頭では3日に、空コンテナを点検していた業者が同埠頭5号バース内でヒアリを1匹発見していた。

兵庫県尼崎市や名古屋港で初めてヒアリが発見された際、都港湾局は港湾運送事業者と連携して東京港内を調査。両港のヒアリは中国広東省の南沙港を出港したコンテナ内で見つかったことから、東京港内で南沙港との唯一の定期便がある青海埠頭内を中心に、アスファルトのひび割れや港湾付近の緑地などを調べ、毒餌剤を設置するなどの対策を行っていた。

ただ、これまでの調査では、大井埠頭については事業者への注意喚起にとどめ、またコンテナは企業や団体の所有物であるためコンテナ内の確認も行っていなかった。都は改めて東京港での調査を進める方針だが、「コンテナ内には食品などが入っている場合も多く、大々的に殺虫剤を散布することもできない」と対策に頭を悩ませる。

また、東京港管理事務所では、大井埠頭に近接した海上公園で注意喚起と監視の強化を検討している。コンテナふ頭公園、みなとが丘ふ頭公園、東海緑道公園の3カ所で看板を立て、ヒアリに注意するよう呼び掛けるほか、監視の強化に向けた対応を指定管理者と協議中。園内にはバーベキューができるエリアもあり、同事務所は大井埠頭に近い公園から優先的に対応する方針。

今回は事業者への通報の意識啓発の徹底が発見につながった。同局は「事業者の意識を向上させて港湾内にとどめることが大切」（港湾経営部）と説明する。

■港湾外での対応

特定外来生物を港湾外で発見した場合は通常、環境局と地元自治体が連携して発見した周辺に粘着型トラップを配置し、生息域を特定した上で駆除に乗り出す。ただ、ヒアリは危険度が高く、全国で見つかっていることから環境省が主導して対策を行うことになる。しかし、ヒアリは行動範囲が広く、また夏の繁殖期には飛行するため、いったん港湾外に出た場合はどこで営巣するか予測はつかず、根絶は一気に難しくなる。

近い例では、15年に大井埠頭付近で別の特定外来生物のアルゼンチンアリが発見された時、港湾局、環境局、地元自治体が連携して駆除に乗り出したが、現在に至るまで根絶には至っていない。

都環境局は「市販の殺虫剤や熱湯で駆除することは可能。港湾外に進出した場合に備えて、都民に注意喚起を促している」（自然環境部）と説明し、ホームページなどで情報を広げている。

MEMO　ヒアリ　体長2～6ミリ。南米原産。非常に攻撃的な性質で、規制や駆除の対象となる特定外来生物にも指定されている。他の昆虫のほか爬虫（はちゅう）類や小型の哺乳類も集団で攻撃し捕食する。アナフィラキシーショックを引き起こす毒針も持ち、米国では年間100人以上が死亡している。

ヒアリ発見を受け、都と環境省は合同で東京港内のヒアリ調査を行った＝7日、東京港大井埠頭（品川区）で

今回大井埠頭で確認されたヒアリ

都総務局・交通局　「時差Biz」PR開始

時差出勤で抽選応募も

通勤ラッシュ緩和に向け、官民で時差出勤を試行する「時差Biz」がきょう11日から開始するのに合わせ、都庁で内外に向けたPRが始まっている。

都交通局は11日から、電車が混雑する時間帯を避けて利用すれば抽選に応募できるキャンペーンを開始。都営地下鉄大江戸線都庁前駅・新宿線巣鴨駅と、日暮里・舎人ライナー見沼代親水公園～赤土小学校前間の各駅では、始発～午前7時ごろと、午前9時～10時ごろを中心に、改札付近に設置した専用端末に交通系ICカードをタッチすればポイントがたまり、抽選でトースターやコーヒーメーカーなど、「朝」に関連した景品が当たる企画をスタートした。同時に、都庁の職員食堂などで利用できる割引券も無料で配布する。

混雑の「見える化」にも取り組む。地下鉄各路線と日暮里・舎人ライナーの10分ごとの混雑状況の目安をグラフ化して同局ホームページに掲載。利用者に混雑時間を避けてもらう狙いだ。同局は「これをきっかけに数十分で混雑状況が違うことを知ってほしい」（お客様サービス課）と話す。

都総務局は11日から、都職員の「朝活」応援企画として時差勤務制度を活用して午前7時～7時半に出勤した職員に、庁内の食堂やカフェで使えるクーポン券を配布する。3日からは職員の自己啓発やサークル活動の場として役立ててもらおうと、第二本庁舎4階の食堂の開放時間を午前8時から午前7時半に前倒しした。食堂職員は「以前に比べて早朝に食堂を利用する職員が目立つ」と話している。

折り返し点の戦略

五輪組織委員会幹部に聞く⑥

一刻も緩まず設計着手

会場整備局長　福島　七郎

会場整備局は主に会場の仮設オーバーレイの整備を担当する。福島氏は局長に就任して4年目になるが、これまでは競技会場の見直しや計画の広域化に終始した。「設計前の準備に一定の時間が必要になることは想定していたが、3年間かかるとは」と振り返り、「ようやく設計に入る道筋が付いた」と話す。

今年度の局の使命は、仮設の基本設計を完了させること。「（時間的に）切羽詰まっていることは確かだが、キャッチアップできない状況ではない」

東京大会では既存施設を使用する会場が増えたことから、仮設を整備するには所有者との調整も必要になる。「頭で思い描く以上に設計に時間がかかる。一刻も緩むわけにはいかない」と気を引き締める。

例えば、競技場内の観客席。都政改革本部の提起もあり、立候補ファイルに比べて座席数の削減やコスト縮減で見直しが入った。平面図では座席数を記載していても、勾配を付けた状況で後方の座席からも競技が快適に観戦できるような配置が求められる。「会場が滞りなく整備されることが大会成功の要因になる。黒衣ながらも気を抜けない」と力を込める。

会場整備と言っても、オリンピック・パラリンピック仕様の設備を造るモデルは手探りだ。それだけに職員に対しては、サントリー創業者の「やってみなはれ」という言葉を送る。会場整備局の体制は142人で、官民の技術者が中心。年齢や職歴も様々だが、五輪はいずれも未経験だ。「終わってから、『いい仕事ができた』と思えば最高の冥利に尽きると思う」と激励する。

リオ大会の教訓としては、サステナビリティーへの配慮を挙げた。大会後、施設が有効活用されていない実態もあり、「お金をかけて、大会時だけ機能する一過性の施設ではいけない」。またソフト・ハードを組み合わせてどう暑さ対策を講じるかも課題になると見ている。「年齢的にもなかなか大変だが、出来ることをやっていきたい」

日大理工卒、68歳。1968年に入都、54A。都市整備局技監で退職後、東京都競馬㈱常務を経て14年から現職。趣味はゴルフ。在宅介護にも「自分の使命」と向き合う。

難解な交通輸送に挑戦

施設整備調整局長　神田　昌幸

国土交通省出身で都市交通政策の経験が長く、これまでも「アスリート・観客にやさしい道づくり」や環状2号線など、東京大会に絡む仕事に関わってきた。組織委の局長に就任し、「本格的に大会準備に関わることになるとは」と驚くが、国家的なプロジェクトだけに出身母体とのパイプや培ってきた知見をフルに生かし、局を超えて課題解決に取り組む考えだ。

局最大のミッションが、選手・IOC・メディアなど大会関係者や観客の輸送。「輸送運営計画」のV2案作成に向け、具体的なオペレーション検討などの作業に入る。大会関係者の輸送を一般交通と適切に共存させるため、ロンドン大会でも行われた「交通需要マネジメント」で不要不急の交通を抑制することになる。「経済界の協力がポイントになる」と話す。

「オリンピック・ルート・ネットワーク」と呼ばれる道路網の在り方も成否の鍵を握る。組織委は、高速道路全体に専用レーンを張り巡らせると一般交通へのダメージが大きい上、首都高ランプと交錯するなどし、かえって輸送に支障を来すことが判明したため、専用レーンは限定的な適用になる見通しだ。

東京大会の輸送が特に難しいのは、リオのようなオリンピック・パークやメディア村がないからだ。「会場やメディアホテルがバラバラに配置されているため、輸送のオペレーションが複雑になり、全体の交通量も増える。五輪史上、最も難しい輸送を求められる」と見ており、「100点満点はないが、合格点を取り続けることが大事。大会の輸送には交通社会実験的な要素もある。東京大会を機会に交通輸送技術を進歩させるためにも、皆で頑張りたい」と強調した。

京大院工学研究科修了。57歳。86年に旧建設省に入り、富山市副市長や国土交通省都市局街路交通施設課長などを歴任。富山市では北陸新幹線の開業に向けた駅周辺整備やLRTの導入を手掛けた。15年の開業直前に本省に異動となり、式典には事業主体の立場から一転、来賓として出席したとか。景観法の制定に尽力したほか、橋梁やLRTも専門。16年7月から現職。登山、ギター演奏、橋梁点検など多趣味な一面も。

＝おわり

18区分で6.2倍　申込状況を発表

都キャリア採用

都人事委員会事務局は7日、今年度の都職員キャリア活用採用選考の申込状況を発表した。申込数は全18区分合計で、前年度比626人減の896人。採用予定者数は全体で144人で、前年度比45人の減。倍率は1・9ポイント減の6・2倍となった。

今年度新設した「林業」「公園整備」の区分では各2人の採用を予定しており、倍率は林業が4・0倍、公園整備が11・5倍となった。採用選考は8月13日から始まり、最終の結果発表は12月8日。

■汐留西で事業者募集

都都市整備局は6日、汐留西地区（港区）の都有地活用プロジェクトで事業者の募集要項を発表した。2カ所で計約3千平方メートルの都有地を一括で売却し、集客施設や自転車シェアリングステーションなどの整備を求める。

同地区ではまちづくりの誘導目標として新橋・虎ノ門や浜松町を結ぶ回遊性、にぎわい創出などを掲げている。最低売却価格は115億5千万円。10月6日から提案書を受け付け、12月ごろに事業予定者を決定する。

■港区人事異動

15日付

【課長級】▽赤坂地区総合支所協働推進課長（赤坂地区総合支所まちづくり担当課長）山田吉和▽赤坂地区総合支所まちづくり担当課長（子ども家庭支援部保育課長）重富敦▽子ども家庭支援部保育課長（教育委員会事務局図書・文化財課長）山越恒慶▽教育委員会事務局図書・文化財課長（赤坂地区総合支所協働推進課長）佐々木貴浩

退職後のリアル

しくじり都庁ＯＢの教訓⑯

セカンドライフの職探し④

やりがいを振り返る

本を書いてひともうけしようなどと企む頭には、謙虚に自分の半生を振り返ろうなどという真摯な姿勢は全くなかった。しかし、その一方、本のもくろみの失敗が明らかになることで、将来の展望もない、緊張感の欠いた日々に嫌気もさし始めていた。

そこで、少し冒険だったが、「とりあえず」の嘱託再雇用にピリオドを打つことで自分を追い込むことにした。再雇用生活も1年目の終わりに近づいていたことから、もう1年限りということで3年を残して辞める決心を固めた。

退路を断つという決心によって気持ちが切り替わり、やや緊張感を取り戻した。そんな中で、そもそも本を書くために始めた公務員時代の振り返り作業で忘れていたいくつかの貴重な体験を思い出した。

それは、自分の都庁人生の中での限られたやりがいを感じたテーマに関わる思い出だった。私は、都庁人生の多くの時間を労働分野に、特に労働相談に携わってきた。そして、そんな都庁人生で自分なりに汗をかき没頭し、夢中になれた幾つかの仕事があった。

その一つは外国人労働相談の窓口開設であり、もう一つはセクハラ問題への取り組みだった。外国人労働相談については、激増する外国人労働者の労働問題について対処するため、全国に先駆けて都庁に相談窓口を開設するという仕事だった。もう一方のセクハラは男女雇用機会均等法時代の幕開けを迎えて女性差別としてにわかにクローズアップされてきたテーマだった。

取り組みの詳細は省くが、いずれのテーマも自分の公務員としての立ち位置を超えるものであり、少し大げさに言えば、自身の生き方が問われるものとなった。私生活も含めて、ありとあらゆる関係する部署を飛び回り、行政に反映させる努力をした。やりがいもあり、文字通り寝食を忘れて没頭させられる仕事だった。

この二つのテーマは、全国的にも先進的な取り組みであっただけに反響も大きく、注目され、マスコミから様々な取材も受けることになった。まさに時代の後押しを受けて押し出される形の仕事となり、やりがいの持てる仕事にもなった。（金子雅臣）

特別区の戦略⑮

杉並区　区民が作るレガシー

「皆が自然とバリアーを取り除く、心のバリアフリーが必要」「国際交流を通じて、2020年には小・中学生の交流が盛んになっているといい」――。若者や高齢者、車椅子の利用者など30人が杉並区庁舎に集まり、活発に意見を出し合った。区が6月に開いた、東京大会を地域のスポーツ振興や活性化につなげる方法を模索する「区民懇談会」の一幕だ。23区では唯一の試みで、区民代表は町会・障害者団体の推薦や区内に住む元オリンピアン・パラリンピアン、大学生や若手社会人の選抜など、バラエティー豊かな構成。昨年9月から2カ月に1度開催している。

会合では、それまでに絞った①地域活性化②スポーツ③バリアー④子供――の四つのテーマで「杉並にどんなレガシーを残せるか」について意見交換を行った。

例えば、「地域活性化」では、区の街なみや文化・芸術など杉並の長所が国内外に発信しきれていないとして、「商店街が杉並にゆかりのある若手クリエーターと協力し、アニメなど外国人に好まれるツールを使ったプロジェクトを立ち上げたらどうか」という声があった。この時、軽作業を障害者の雇用につなげるなど、福祉に配慮した意見もあった。

「杉並に五輪のレガシーを」と意見交換する区民＝6月29日、区役所分庁舎で

「バリアー」については障害者の共生社会の実現を中心に、国籍、性別、年代の間の様々な壁を取り除く方法について話し合い、「区内を走るバスの優先席をなくし、全ての席が優先席となることがレガシーではないか」との案が挙がった。「利用する人の事情や心情を理解できれば、優先席は必要なくなる」という提案から生まれた結論だ。

区民からの意見は、懇談会から立候補した実行委員が具体的な事業につなげる予定。区は各種団体とのマッチングはするものの、事業への積極的な介入は行わず、区民の主体性に期待する。

同区の高林典生・オリンピック・パラリンピック連携推進担当課長は、懇談会設立の経緯を「東京大会をどのように活用したいか、区民の声を聞くところから始まっている」と説明し、「杉並区は住宅地が多い『生活の場』。生活の主役である区民が自主的に話し合って作ったレガシーこそ、杉並らしさが出る」と話す。

昇任試験対策のページ

平成29年度 主任試験講座 41

前回に引き続き、地方公務員制度について問題と解説を掲載します。

問題

【問題6】

地方公務員法に定める条件付採用に関する記述のうち、妥当なものはどれか。

① 条件付採用期間中の職員は、その意に反する不利益処分について、審査請求を行うことはできないが、行政訴訟を提起することはできる。

② 条件付採用期間は6カ月とされているが、人事委員会が認めた場合には、この期間を短縮することができる。

③ 条件付採用期間中の職員は、その期間を経過した後に正式採用されるには、任命権者による別段の発令行為が必要と解されている。

④ 条件付採用期間中の職員は、正式任用の職員と同一の労働基本権を有していないため、職員団体に加入することができない。

⑤ 条件付採用の制度は、一般職の地方公務員であれば適用されるため、臨時的任用及び非常勤職員の任用の場合であっても、一般職であれば適用される。

【問題7】

地方公務員法に定める臨時的任用に関する記述のうち、妥当なものはどれか。

① 人事委員会を置く地方公共団体において、臨時的任用を行うことができるのは、緊急の場合または臨時の職に関する場合であり、任用候補者名簿がない場合においては行うことができない。

② 臨時的任用職員は正式な任用ではないため、給与、勤務時間その他の勤務条件に関して人事委員会または公平委員会に対して、措置要求をすることができない。

③ 任命権者は、臨時的任用職員が勤務を良好に遂行した場合でも、正式任用に際して優先権を与えることは絶対にできない。

④ 職員の任用は、臨時的任用の職であっても、条例で定める定数の範囲内で行わなければならない。

⑤ 臨時的任用職員は、任用に際し能力の実証を必要とされないので、人事委員会を置く地方公共団体においては、人事委員会は臨時的に任用される者の資格要件を定めることはできない。

【問題8】

職員の人事評価に関する記述のうち、妥当なものはどれか。

① 人事評価は、職員がその職務を遂行するに当たり発揮した能力のみを把握したうえで行われ、職員が挙げた業績は評価の対象としないこととされている。

② 人事評価の基準及び方法に関する事項その他人事評価に関して必要な事項は、人事委員会が定める。

③ 「標準的な職」は、職制上の段階及び職務の種類に応じ、人事委員会が定めるものであり、その職制上の段階の「標準的な職」の職務を遂行する上で発揮することが求められる能力として任命権者が定めるものが「標準職務遂行能力」である。

④ 任命権者は、人事評価を任用、給与、分限その他の人事管理の基礎として活用するものとしている。

⑤ 人事評価は、任命権者が実施するものであるため、人事委員会が関与する必要がなく、人事委員会は、人事評価の実施に関して任命権者に勧告する制度はない。

【問題9】

地方公務員法に定める職員の分限処分に関する記述のうち、妥当なものはどれか。

① 任命権者は、刑事事件に関し起訴された職員について、その意に反して免職することができる。

② 任命権者は、職制若しくは定数の改廃または予算の減少により、廃職または過員を生じた場合は、職員をその意に反して降任または免職にすることができる。

③ 地方公務員法上、分限処分の種類は、降任、免職、停職及び降給の4種類が定められている。

④ 降給は、職員が現に決定されている給料の額よりも、一定期間に限って低い額の給料に決定する処分であり、降任処分に伴い給料が低くなることや人事異動に伴う職務や責任の変更により給料が低くなることも降給に当たる。

⑤ 分限処分は辞令書とともに、地方公務員法第49条に基づく不利益処分に関する説明書を交付しなければ法的効果を生じない。

地方公務員制度⑤

【問題10】

地方公務員法に定める懲戒処分に関する記述のうち、妥当なものはどれか。

① 任命権者は、職員の義務違反に対し、免職、停職、減給及び戒告のいずれかの処分を行うことができるが、一つの義務違反に対して2種類以上の懲戒処分を行うことはできない。

② 任命権者は、懲戒処分の種類、手続き及び効果について条例で定めることとされている。

③ 職員が同一の地方公共団体において任命権者を異にして異動した場合、その任用行為は別個になされるため、前の任命権者の下における義務違反について、後の任命権者が懲戒処分にすることはできない。

④ 懲戒事由としては、「職務遂行上の義務に違反した場合」「公務員の職に必要な適格性を欠く場合」「公務員としての職務を怠った場合」などがある。

⑤ 任命権者は、同一の職員に数個の義務違反がある場合、その個々の義務違反について別個の懲戒処分をすることはできず、その全体を勘案して一の懲戒処分をしなければならない。

解説

【解説6】　正答①

① 正しい。正式採用職員と異なり、行政不服審査法の適用はない。なお、勤務条件に関する措置要求を行うことはできる。

② 誤り。人事委員会は条件付採用期間を1年に至るまで延長することができるとされているが、短縮を認める旨の規定はない（地方公務員法第22条第1項）。

③ 誤り。正式採用にあたっては別段の発令行為を要しない。

④ 誤り。条件付採用期間中の職員であっても、職員団体を結成したり加入したりすることができる。

⑤ 誤り。臨時的任用職員または非常勤職員には適用されない（地方公務員法第22条第1項）。

【解説7】　正答③

① 誤り。人事委員会を置く地方公共団体において臨時的任用ができるのは、緊急の場合、臨時の職に関する場合または任用候補者名簿がない場合である（地方公務員法第22条第2項）。

② 誤り。勤務条件に関する措置要求については、正式任用の職員と同じく行うことができる。

③ 正しい。臨時的任用は、正式任用に際して、いかなる優先権をも与えるものではない（地方公務員法第22条第6項）。

④ 誤り。職員の定数は、条例で定めることとされているが、臨時または非常勤の職については、この限りではないため、必ずしも条例で定める必要はない（地方自治法第172条第3項）。

⑤ 誤り。資格要件を定めることができる（地方公務員法第22条第3項）。

【解説8】　正答④

① 誤り。人事評価は、能力評価と業績評価の両面から行うものとされている。

② 誤り。人事評価の基準及び方法に関する事項その他人事評価に関して必要な事項は、任命権者が定める（地方公務員法第23条の2第2項）。

③ 誤り。標準的な職及び標準職務遂行能力は任命権者が定める（地方公務員法第15条の2第1項第5号及び第2項）。なお、地方公共団体の長及び議会の議長以外の任命権者が標準職務遂行能力及び標準的な職を定める際は、あらかじめ地方公共団体の長に協議しなければならない。

④ 正しい（地方公務員法第23条第2項）。

⑤ 誤り。人事委員会は、人事評価の実施に関し、任命権者に勧告することができる（地方公務員法第23条の4）。

【解説9】　正答②

① 誤り。職員が刑事事件に関して起訴された場合には、その意に反して休職にすることができる（地方公務員法第28条第2項第2号）。

② 正しい（地方公務員法第28条第1項第4号）。

③ 誤り。分限処分は、降任、免職、休職及び降給である（地方公務員法第27条第1項及び第2項）。なお、停職は、分限処分ではなく懲戒処分である（地方公務員法第29条第1項）。

④ 誤り。降任処分に伴い給料が低くなることは、降給に当たらない（行政実例昭和28年2月23日）。また職務と責任が変更されて給料が下がる場合も、降給には該当しない（行政実例昭和28年10月6日）。

⑤ 誤り。分限処分は、懲戒処分と同様に職員に対する不利益処分であり、処分事由の説明書を交付する必要がある。しかし、この説明書の交付は教示としての機能を果たすもので、処分の効力に影響はない。

【解説10】　正答①

① 正しい。

② 誤り。懲戒処分の種類は、地方公務員法第29条第1項により定められている。なお、懲戒処分の手続き及び効果は、法律に特別の定めがある場合を除き、条例で定めなければならない（地方公務員法第29条第4項）。

③ 誤り。同一地方公共団体内で任命権者を異にする異動があった職員については、前の任命権者の下における義務違反について後の任命権者が懲戒処分を行うことは可能である。

④ 誤り。「公務員の職に必要な適格性を欠く場合」は、分限処分に該当する（地方公務員法第28条第1項第3号）。

⑤ 誤り。個々の義務違反について別個の懲戒処分を行うことも、または全体を勘案して一の懲戒処分を行うことも可能。

カレントトピックス 29年度 41

社会事情

■熊本地震の住宅被害20万棟超　（6月13日）

熊本県は、昨年4月の熊本地震で被害を受けた住宅の総数を大分県と合わせて20万197棟と発表した。6月14日で地震の発生から14カ月となるが、熊本県の被害は19万2904棟、大分県が8293棟。このうち全半壊が4万3104棟に上る。

一方で、熊本県の被災住宅の公費による解体の進捗率は、4月末時点で62・1％だった。

熊本県では、5月末現在で応急仮設住宅に4139世帯、県内外のアパートなどを借り上げた「みなし仮設」に1万4923世帯、公営住宅などに906世帯が身を寄せており、こうした「仮暮らし」の被災者は約4万7千人となっている。

熊本地震による死者は熊本県で直接死50人、災害関連死172人、昨年6月の豪雨でゆるんだ地盤の崩壊による死者5人。大分県で3人が関連死に認定されており、総数は230人に上っている。

地震で大きく損傷した熊本城では、ようやく本格的な復旧工事が始まりつつあるが、熊本県全体の復旧には20年かかると見通しもあり、復興はまだ道半ばの状況である。

■全省庁で天下り疑いが27件　（6月15日）

文部科学省の「天下り」あっせん問題を受け、政府は全省庁を対象にした調査結果を公表した。職員による天下りのあっせんなど、国家公務員法に違反した疑いのある事例は、2008年以降少なくとも12省庁で27件に上った。今後、内閣府の再就職等監視委員会が調査を引き継ぎ、違法性の有無を最終判断していく。

OBの再就職に出身省庁の職員が関わったあっせん規制違反の疑いは25件あり、OBが在職中に利害関係のある企業などへ求職活動をした疑いも2件あった。省庁別の件数は「疑いの段階」（内閣人事局）として公表しなかったが、再就職先の情報を得る方法や省庁退職後の求職活動について、広くOBが関与していると結論づけた。

一方で、人事課や事務次官らが関わった文科省のような組織ぐるみのあっせんの疑いについては確認されなかった模様。

今後の再発防止に向けては、現役職員だけでなくOBにもルールの周知を徹底するほか、内閣人事局や再就職監視委の機能強化などの対策を検討していく。

■ミサイル防衛訓練「見える化」へ　（6月21日）

防衛省は、弾道ミサイル防衛訓練を4年ぶりに報道陣に全面公開した。早朝の陸上自衛隊朝霞駐屯地（東京都練馬区など）に地対空誘導弾PAC3やレーダーを載せた車両、電源車が集結。空自で関東を担当する部隊が、軌道を捉え迎撃するため装置を素早く設置する手順を確認した。

北朝鮮のミサイル発射が続き、ミサイル落下への不安を訴える政府への問い合わせが増加している中、防衛省は迎撃訓練を積極的に公開し、ミサイル防衛の「見える化」を進める方針に転換した。都のほか愛知、福岡、熊本各県での実施を予定しており、報道陣に公開する。

5月の日米首脳会談で合意した「北朝鮮の脅威を抑止する具体的行動」の一環でもあり、自衛隊と在日米軍の共同訓練の初公開も検討している。一方で、北朝鮮への牽制になるのかは手探りの状態で、日本政府はミサイル防衛自体の強化も進める方針。

29年度 主任・係長 論文講座 41

都主任選考B

前回は、都主任級職選考Bの論文対策について、選考の概要、過去の出題内容と傾向及び論文試験の準備などを取り上げました。今回は、論文対策の実践的な説明と作成方法を取り上げます。

論文の構成

前回の講座では、論文の構成（スタイル）には4段論法（起承転結）と3段論法（序破急）があることを紹介しました。今回は、その構成の仕組みなどについてもう少し詳しく説明したいと思います。

一　全体の構成

二つの構成の大きな違いは、問題点と解決策をそれぞれ章立てする（4段論法）か、問題点と解決策を一つの章で構成する（3段論法）かです。全体の構成としては、4段論法では、課題の背景（起）を約300字程度、問題点の指摘とその原因（承）を約400字程度、問題に対する解決策、その効果（転）を約600字程度、取り組みの総括、主任としての決意（結）を約200字程度、計1500字で構成します。

4段論法の特徴としては、問題点(承)と解決策(転)が別に章立てされているため、読み手にとって読みやすいことがあります。しかし、文字数の多くない論文では、内容を簡潔にまとめる必要があるため、作成にはやや難易度が上がります。

一方、3段論法では、課題の背景（序）を約300字程度、解決への取り組み、その必要性、効果（破）を約1000字程度、取り組みの総括、主任としての決意（急）を約200字程度、計1500字で構成します。

3段論法の特徴は、問題点と解決策を一つの章で続けて書くため、4段論法より少ない字数で論文を作成することができる点が挙げられます。主任論文では、どちらの構成でも採点には差がありません。しかし、都主任級職選考Bの論文の字数は1500字程度ですので、字数の上限を考えると、4段論法では字数オーバーになりやすいという傾向にあります。結果としてはまとめやすい3段論法での論文構成をお勧めしたいと思います。

二　各章の具体的な書き方

（一）「序」について

序では、課題の背景を考え論述します。

ここでは、まず問題文の課題に沿った形で、現在の東京都を取り巻く経済情勢、都の財政状態や職員の大量退職問題等、都政の抱えている課題を列挙します。その中で、予算額や職員数など具体的な数値を入れることができるとより説得力が増します。

次に、課題解決の必要性を述べます。次章に続く内容を的確かつ簡潔に書き出します。

序の章で取り上げる内容に必要な資料としては、「東京都実行プラン」「知事の施政方針表明」「予算の執行について（依命通達）」「局運営方針」等があります。

（二）「破」について

破では、前章で課題とした問題点と解決策を論述します。問題点と解決策は一対とし、3点述べます。

まず、課題についての具体的な問題点について、取り組みの内容を記述します。次にその必要性に言及し、具体的な行動とその効果について論述します。

ここでは、抽象的な表現ではなく、具体的で実現可能な、そして効果の上がるものを提示する必要があります。この論文は、職務に対する論文であるため、出題テーマに応じて自分が主任としてどのように取り組んでいくかを論述することが求められています。

そこで、ベテラン職員として日頃培った経験に基づいた解決策を論ずることが、合格に近づく一歩になるでしょう。

参考となる資料としては、「局運営方針」「局人材育成基本方針」「OJTハンドブック」等があります。

（三）「急」について

ここでは、「破」で挙げた解決策で期待できる課題解決の効果を総括します。新たな問題点の指摘や現状に対する批判は避けるようにしましょう。

なお、平成28年12月26日付主任級職選考の論文について（人事委員会事務局作成）において、「平成29年度以降の主任級職選考の論文試験において、受験者自身が主任級職に承認する上での決意については問わない」とされています。解答例においては、論文を締めくくる意味で記載してあります。

（四）まとめ

各章について説明してきましたが、完成した論文を読みかえし、各章「序」「破」「急」に一貫性があるか確認してください。

論文の作成

以上のことを踏まえ、具体的にどのような論文を作成すればよいか、平成28年度の出題を例に以下に記述します。

今回の講座では「局が今取り組むべき重要な課題」についての論述を取り上げたいと思います。これは、文言の変更はありますが、例年出題されており、各問題文の中でも一番取り組みやすく、書きやすいものであると思われます。

模範解答

【問題文】

1　あなたの局が今取り組むべき重要な課題を一つ挙げ、あなたがその課題を重要と考える理由及び都またはあなたの局の中長期計画や重要施策等との関連に言及した上で、具体的にどのように取り組んでいくべきか、あなたの考えを述べてください。

【解答例のポイント】

この問題文は、自局における現在の課題を的確に見極め、その課題に対して具体的にどのような取り組みを行い、解決するのかの論述を求められています。いわゆる「問題意識」「問題解決力」「論理性」「表現力」を評価するものです。このポイントを意識して解答例を見てみましょう。

【解答例】

1　都政の現状と主税局の課題

平成27年度都税収入は、緩やかな景気回復基調が続いたこと等により4年連続の増収となった。しかし、一方でアジア新興国の景気の下振れや英国のEU離脱問題など今後の景気動向には注視が必要である。

このような中、都は3年後に控えた東京オリンピック・パラリンピックの開催準備や防災対策の強化など重要な施策は山積している。

これらの施策に必要な財源を確保し、新しい東京を実現するために、歳入所管局として主税局の役割はますます重大である。

その中、限られた人材で、より効率的に都税収入を確保するためには、培われてきた税務のノウハウを確実に継承し、税務のプロを育成していくことが局の重要な課題である。

2　人材育成に向けた取り組み

今後の主税局を支える人材を育成するために、以下の取り組みを行っていく。

第一に、OJTによる効果的な育成である。

100人を超える新規採用職員や他局転入職員など、多くの未経験者が毎年配属される中、少数精鋭での業務遂行が求められている。局の実務研修のほか、業務を通した効果的な育成による実践力の向上が不可欠である。

そこで、ベテラン職員と経験の浅い職員のペア制を導入する。ベテラン職員が持つノウハウを実際の納税者対応や現地調査を通してポイントを説明するなど、実践的なノウハウを継承する。また、課長代理とベテラン職員が定期的に話し合い、育成目標の共有と業務の習熟度を確認する。

さらに、私は主任としてベテラン職員間の連絡会議の開催を提案し、組織として育成を支援していく。

これら取り組みにより、組織一体となった税務経験の浅い職員の早期戦力化を図る。

第二に、情報の共有と有効活用である。

現在、多くの業務がパソコンを活用し、データファイルは共有サーバー内で管理されている。しかし、所属ごとにデータファイルの管理方法が異なっている。そのため、職場では膨大なデータの中から必要な情報を得るために時間を要する等、非効率となっている。

そこで、課長代理と相談し、データ管理方法に関する検討会を設置する。検討会で統一のルールを定め、周知を行い、統一的なファイル管理を徹底する。また、誰でも適時適切なファイルの参照ができるよう分かりやすい分類を行う。

さらに、暗黙知と呼ばれるベテラン職員の知識経験を収集し、データ化する。

これらの取り組みにより、組織情報の共有による知識の継承と効率的な活用が可能となる。

第三に、組織一体となった体制整備である。

人材育成を進める上で、良好なコミュニケーションの確保が重要である。コミュニケーションが取れない職場では、疑問点など相談できず、周りの職員も問題発生に気づきにくくなる。そのため、適時適切な指導育成が困難となり、トラブルの危険性も大きくなる。

そこで、毎朝班内ミーティングを行い、連絡事項や前日に発生した問題などを話し合う。ただし、検討する議題は限定せず、共有フォルダ内にフォーマットを用意し、誰でも入力できるようにする。また、主任が司会進行を行い、積極的に経験の浅い職員の意見を吸い上げ、意見の言いやすい環境整備に努める。

これにより、日頃のコミュニケーションを通じた職員間の協働意識が高まり、円滑な人材育成の基盤となる。

3　職場の中核を担う職員として

都民の期待に応える東京の実現に向け、職員の能力を最大限発揮しなければならない。

私は主任として、課長代理を補佐し、人材育成に取り組むとともに、様々な課題に全力で取り組んでいく決意である。

最後に

皆さんが受験する都主任級職選考Bは、前述している通り、日常の勤務成績と論文とを総合して合格の可否を判定します。職場の上司は皆さんの日頃の業務への取り組み姿勢などを常に見ています。やはり、日々、真摯に業務に向かう姿勢が合格への大事な一歩となるはずです。今までと同様に、またそれ以上に目の前の業務に頑張って取り組んでください。

論文につきましても、最初は、作成することへの抵抗感があったり、難しくて自分には無理だと考えてしまったりすることもあるかと思います。しかし、いったん書き始めてみると割とスムーズに書くことができるはずです。

試験まで残り約3カ月ほどとなりました。前回と今回の講座を参考にして論文作成に取り組んでいただければと思います。どれだけ、合格への意欲を持って取り組めるかが結果に大きく影響するはずです。これから論文の準備をされる方も、まだ十分に間に合うはずです。じっくり焦らずに取り組んでください。

皆様のご検討をお祈りしています。

私が歩いてみたくなるまち

杉並区総務部広報課　正月　篤司

週末回遊計画　とっておきのまち歩き⑦

『正月』と書いて『まさつき』です。「おめでたい名前ですね。どちらの出身ですか」「よく分かりませんが、ずっとさかのぼるとアフリカらしいです」。自己紹介の度に繰り返される会話で、いつも面倒な名前だなと感じて過ごしてきました。そんな私ですが、珍しい名前に出会うと、「どちらの出身ですか」と聞いてしまいます。出身地に興味があるわけではなく、どう答えるのかが関心事です。自分と同じ「アフリカ」という方には、まだ出会えていません。

幸福が永く続くまち

めでたい名前と言えば、杉並区に「永福」という地名があります。「幸福が永く続く」その地名のイメージの良さに加え、渋谷や吉祥寺に10分、新宿へは15分のアクセスの良さから、とても人気の住宅街となっています。

その永福の町名の由来は、曹洞宗の万歳山永福寺です。寺の開創は1522（大永2）年、開山は秀天慶実と伝えられ、本尊の十一面観音像や脇侍の不動・毘沙門両像は、鎌倉期の仏師快慶の作ということです。

この寺の名前から、このあたりは永福寺村と呼ばれていました。1889（明治22）年に、永福寺村は和田村、堀之内村、和泉村と4村が合併して和田堀之内村に、その後、1924（大正13）年に町制施行で和田堀町となりました。そして、1932（昭和7）年10月1日に、この和田堀町と杉並町、井荻町、高井戸町の4町が合併し、杉並区が誕生しました。

京王井の頭線の永福町の駅舎は、2011年3月に完成しました。それまではなかったエレベーターやエスカレーターを備えた橋上駅舎となり、改札前には地元の彫刻家・佐藤忠良の「冬の像」が利用者を見守ります。また、駅舎屋上には、「ふくにわ」と名付けられた緑と風の庭園があります。この庭園からは、新宿副都心や富士山も見ることができます。

㊤永福稲荷神社　㊨味大将のつけ麺

寺町を行く

永福には関東大震災後、多くの寺院が都心から移転して来ました。こうした寺社が落ち着いた街並みを形成しています。まずは、町名の由来となった永福寺に向かいます。

永福町駅から南に5分ほど歩くと、同じ永福の名を持つ永福稲荷神社が見えてきます。永福稲荷神社は、明治維新後に永福寺から分離されましたが、昔も今も地域の鎮守として大切にされています。神社の裏が永福寺です。境内には、村人が信仰してきた「子授け地蔵」や庚申塔など多数の文化財が安置されています。

そして、神田川沿いを下流に向かい、井の頭線をくぐって進むと、左手に大きな石灯篭が見えてきます。その石灯篭の先の石段を登っていくと、大きな桜が境内に静寂を作っています。

ここは、真言宗室生派の龍光寺です。平安時代末期（12世紀前半）の創建で、寺号の龍光はすぐ下を流れる神田川の源である井の頭池にすんでいた巨大な竜が川を下ってきて、この付近で雷鳴をとどろかせ、光を放って昇天したことに由来すると伝えられています。

真言宗室生派の龍光寺

有名店には長蛇の列

永福町界隈には、テレビや雑誌で取り上げられた有名なラーメンやピッツァのお店があり、お昼頃ともなると長蛇の列を成します。時間にゆとりがあれば、有名店の味を楽しむのもよいですが、そうでなければ永福町駅北口を出て、井の頭通りを渡ってすぐのところに左斜めに細い路地があります。この路地は、区内でも最も古い歴史を持つ大宮八幡宮につながる道で、その道を200㍍ほど進むと、中華料理店「味大将」があります。

もう10年以上前のことになりますが、永福町の近くに勤務をしていたとき、ここのあっさりした醤油味のつけ麺は、猫舌の私にはなくてはならないメニューでした。もちろん限られた昼休みに食事を済ませなくてはならないので、混雑していても長蛇の列にならないのも良いところです。

私の舌は猫の舌ですからあてにはなりませんが、予定の埋まらない週末に試してみてはいかがですか。幸福が何かを知ることができるかも知れませんね。

新たな創造を生み出す生活

知的生活の創造　若手職員へのアドバイス①

新採職員の皆さんは、そろそろ都庁の生活にも慣れた頃でしょうか。プレミアム・フライデーやライフ・ワーク・バランスなど仕事と調和のとれたライフスタイルの実践で充実した生活を送っているでしょうか。しかし、これからの都庁生活で仕事をしながら、いかに実りある豊かな生活にしていくか、と悩む人もいるかもしれません。

私は1984年に東京都に入り、2017年に退職しました。33年の役人生活を含め、これまでの人生を振り返ると、いろいろな分野の仕事に携わり、公私にわたり様々な人と出会い、付き合いからたくさんのことを学び知識や経験を深めてきました。

また、私は小さい頃から、実にたくさんの本を読んできました。仕事でも、趣味でも、人から学び、本から学び、考えたことの成果を表現したいと論文やエッセーを書いてきました。

ハマトンの『知的生活』

一般的には「知的生活」と言われますが、高校生の時、当時、18万部の大ベストセラーとなった渡部昇一の『知的生活の方法』（1976年刊）を読み、強く感銘を受けました。それ以来、知的生活を実現しようと試行錯誤しながら日々を過ごしています。

アンドレ・ジッド（※1）は「平凡なことを毎日、平凡な気持ちで実行する。これを非凡と呼ぶ」と述べています。毎日、どんな仕事でもどんな趣味でもコツコツと続けることと、仕事においては与えられたものの中に面白みを見つけて続けていくことが大切であると考えます。そこからアイデアや工夫することが生まれ、新たなものを生み出し、精神的に実りある生活＝知的生活を実現できると信じています。

知的生活は学者や研究者だけの生活でも、本を読んで勉強するだけの生活でもありません。知的生活とは、誰でも自分の中にある興味を見つけ、本を読み何かを発見し、また経験から得た知識を活用して考えること、知的探検を楽しむことです。新たな創造を生み、自身が向上しているような充実感がある生活です。

150年近い前の本ですが、フィリップ・ギルバート・ハマトン（※2）の『知的生活』（1873年刊）では、「人を知的にするのは身に着けた学識ではなく、生き生きと美しくものを考えることに喜びを感ずる一種の徳である。ちょうど、道徳というものが、生き生きとした美しい振る舞いに喜びを感ずるように。知的に生きるということは、何かを成し遂げることであるよりは、むしろ、最も高邁でかつ純粋な真理を熱烈に求めることなのです」と述べています。

イギリスの貴族社会の時代に書かれたものですが、イギリス人は読書によって活気のある知的生活を楽しんだといいます。

一方、日本の書店には、読書術、情報収集法、思考術、文章の書き方など数多くの知的生活に関する類書が並んでいます。

谷崎潤一郎は『文章読本』（1934年刊）で文章の書き方・読み方を分かりやすくつづり、川端康成、三島由紀夫、丸谷才一らの文豪もそれぞれ個性的な『文章読本』を著しました。これまで渡部昇一の『知的生活の方法』、梅棹忠夫の『知的生産の技術』、川喜田二郎の『知の探検学』、板坂元の『考える技術・書く技術』、清水幾多郎の『論文の書き方』、外山滋比古の『知的創造のヒント』などや、最近では『思考の整理学』がベストセラーになり、日本人の知的生活への関心は非常に高いものです。

志高く入都式に臨んだ新規採用職員＝2017年4月、東京芸術劇場で

渡部昇一の『知的生活の方法』は著者がハマトンの『知的生活』に出会い、心から共鳴し、その翻訳を手掛けるとともに、ライフスタイルとしての知的生活の在り方を求めて、自らの経験を書いたものです。

私は様々な知的生活本からヒントを得てまねていくなかで、自分なりの知的生活の方法にたどりつきました。

知的生活は毎日のライフスタイルであり、その中で常に「なぜ」という問いと知りたいという好奇心を持つことが大切です。好奇心を持つことは知的生活に不可欠であり、好奇心を持ち続けることが新たな創造につながると考えます。ぜひ、新しく社会人になった若手の職員に、学びのある「知的生活」により精神的に充実した人生を送ることをお勧めしたいと思います。

知的生活の基本である、読書について、私がどんな本を、どのように読んで、学んできたか。本から得た知識や経験を活用し、また、様々な人との出会いから学び、どのようにオリジナルな発想に結び付け文章を書いているか、紹介します。

※1　1869年～1951年、フランスの小説家。『狭き門』、『背徳者』など。ノーベル文学賞受賞

※2　1834年～1894年、イギリス・ヴィクトリア朝の芸術家、作家。

（都港湾局　木藤亮）

◇　◇

新年度が始まって3カ月が過ぎました。4月から都庁に入った新採用職員や若手職員たちにとっては激動の都庁生活が待っています。今回は今年3月末で定年退職となった港湾局の木藤亮さんに知的生活を実現するためのアドバイスを寄稿していただきました。＝全5回（編集部）

地図を広げて街を探索　キーワードラリー開催

田端文士村記念館

田端文士村記念館（北区田端）では15日から、「田端文士村キーワードラリー」を開催する。

芥川龍之介をはじめ、明治時代の終わりから昭和の初めにかけて田端に暮らし、活躍した文士や芸術家らについて子供たちに楽しみながら学んでもらうイベント。実際に街を歩くことを通じて、田端地区への理解や地域愛などを深めてもらうのが狙い。

参加者は記念館の受付でクイズ用紙と地図を入手し、館内の展示品をヒントに、芥川龍之介や室生犀星などにまつわるクイズを解く。その後、かつて文士や芸術家らが歩いた田端の街を探検し、クイズの答えで導き出された場所からキーワードを探し出す。

対象は小学3年生から中学3年生。入館料・参加費無料。参加希望者は当日、直接会場へ。8月31日まで。問い合わせは☎03・5685・5171。

ミニガイド

◇丸の内キッズジャンボリー2017　▷内容　都会の真夏の「スポーツ雪合戦教室」や、寄せ植えを通じて東京産の花を学ぶ「園芸体験」、巨大な光る壁面に描いた海の生き物で作る「アクアリウム」、大人は一切入れない子供の子供による「キッズフリーマーケット」など▷日時　8月15日㈫、16日㈬、17日㈭　午前10時～午後5時▷会場　東京国際フォーラム▷主催　㈱東京国際フォーラム▷対象　幼児・小学生・中学生及びその保護者▷入場料　無料

◇集まれ！汐っ子（しょっこ）たち2017　▷内容　生き物を捕ったり、水槽の生き物をじっくり観察したりという体験を通して、海で暮らす生き物たちの暮らしとその面白さを学ぶ▷日時　7月23日㈰　午前10時～午後3時半▷場所　葛西臨海水族園園内及び園周辺▷対象　小学5・6年生▷応募方法　kasai_syokko@tokyo-zoo.net宛てに、件名を「集まれ！汐っ子たち」とし、参加希望者の氏名（ふりがな）・学年（年齢）・性別・住所・電話番号を記入▷締め切り　13日送信分まで有効（1回の応募で1人まで応募可）

横田さん、だーれ？①

人事はさながら一服のドラマを見るようだ。まして、これが事務方トップの副知事ともなると、なにをかいわんやである。

東京都には、昭和22年の知事公選以来、9人の再任組を含め、トータルでは58人の副知事が誕生しているが、このうち民間など外部からの起用は8人で、圧倒的多数が内部登用、つまり庁内昇格だ。

このように庁内登用が常態化している中で、初代の第1期安井誠一郎知事の下では、定数3人のうち全員が外部からの起用であったり、都政始まって以来、初の革新都政となる美濃部亮吉知事のもとで、知事提案の3副知事のうち2人までが否決（昭和42年）されたり、東龍太郎知事の下で2期・8年副知事を務めた鈴木俊一のように、その12年後に知事としてカムバック（昭和54年）するなど、数々のドラマが生まれている。

時には、「議決機関との連絡が悪い」と、与党の自民党から「副知事を送るべきだ」とのいささか的外れの議論が同党から噴出したこともある。

その中にあって、最大のハイライトと言えば、都政始まってというより、都道府県を通じても初めてといわれた「女性副知事」の誕生（平成3年）であろう。昭和42年以来、自民党とスクラムを組んできた公明党が、平成3年の知事選を機に与党から離脱、代わって社会党が与党入りした結果の「副産物」である。

以下、この実際に起こった「技術副知事実現直前での挫折」「横田さん、どんな人？」「磯村光男副知事の野望」「庁内衆知の横田、続訓弘二副知事の確執」などとともに、データや関係者の証言を下敷きに、ドラマの核心に切り込んでいきたい。

◇　◇

鈴木俊一知事の2期目の当選が早々と決まり、補佐役となる次期副知事選びが大詰めを迎えていた昭和46年5月のある日の夜遅く、自民党都議団幹事長代行の木村茂（千代田区）の自宅の電話のベルがけたたましく鳴った。自ら受話器をとると、電話の主は同党幹事長の大室政右（府中市）だった。

話の趣旨は「知事から電話があって、2期目の最大の課題は都庁の新宿移転。その実現のため横田政次君を起用したいので、ご理解の程をといってきた。ところで、この横田さんて、どんな人なんだ」というもの。

言うまでもなく、一介の一般職の局長でありながら、12年前の都知事選挙に当時副知事だった鈴木俊一の担ぎ出しを画策。その後、区長会の大番頭の常務理事として、その機が来るのをじっとうかがっていた横田のことである。

大室の都議会初当選は、木村同様昭和48年。横田が都庁を去ったのはそれより5年前の昭和43年のことだから、大室はもちろん、木村も横田との接点はまるでない。

その後、OBの副知事への返り咲きは、女性初の副知事・金平輝子だけだが、2選後のこの頃はOBのバック説が取り沙汰されていた。ぼくも選挙前に鈴木知事と雑談した際、横田のバックを確信した一人だった。（敬称略）

都政新報
発行所 都政新報社
〒160-0023 東京都新宿区西新宿7-23-1 TSビル
〈総務・読者〉03-5330-8781
〈企画広告〉03-5330-8784
〈編集〉03-5330-8786
〈出版〉03-5330-8788
〈ファクス〉03-5330-8808
購読料 月1,730円（税込）
毎週火・金曜日発行
ただし、祝日は休刊

紙面から

市場移転方針で豊洲撤退を検討

千客万来施設の運営事業者

小池知事が示した豊洲移転と築地再開発の基本方針を受け、豊洲新市場の敷地内に整備する観光施設「千客万来」を運営する会社が撤退を検討していると明らかにした。撤退すれば、最初に事業者に決定していた大和ハウス工業・喜代村に続いて2度目となる。都議選前に、豊洲移転派と築地再整備派の顔色をうかがうような基本方針を打ち出したツケが噴出した形だ。

＝2面に関係記事

千客万来施設は当初、大和ハウス工業と、「すしざんまい」を経営する喜代村が事業予定者だったが、車両の動線が確保されないことなどを理由に、2015年4月までに両社が撤退した。都は事業予定者を再公募した結果、昨年3月に万葉倶楽部に決定した。

万葉倶楽部が運営する千客万来施設は2018年8月に飲食店や物販店、翌19年8月に温泉やホテルを開業させる計画だったが、小池知事が昨年8月に築地市場の移転延期を決定したため、今年1月に予定されていた着工が先送りとなっていた。

当初の事業計画では、年間193万人の来場者を見込んでいたが、万葉倶楽部は、都が築地市場の跡地に食のテーマパークを整備すると千客万来施設への来場者が落ち込み、採算が取れなくなると主張している。

万葉倶楽部は6月22日、「築地再開発に踏み切る場合は撤退を検討せざるを得ない」と都に伝えるとともに、再開発の具体的内容を説明するよう求めたという。現時点でも、都から説明はない状況だ。万葉倶楽部は本紙の取材に対し、「説明の期限は設けていないが、今月には説明があるのではないか。説明を聞いてからでないと、撤退するかどうか申し上げられない」と話した。

同施設は基本設計を継続中で、仮に撤退が決まった場合、都が違約金だけでなく、損害賠償も請求される可能性が高い。

また、市場の移転は地元の江東区がにぎわい施設を整備する条件と引き換えに受け入れた経緯がある。山﨑孝明江東区長は11日の会見で、市場の受け入れに当たり「千客万来の建設が条件」と従来の考えを繰り返し強調した。

知事が先頭で解決を

【解説】万葉倶楽部が正式に撤退を決めた場合の影響は小さくない。例えば、違約金や損害賠償が発生する可能性が高く、その財源をどこから捻出するかも課題だ。仮に市場会計となれば、業者の反発は必至だ。

また、江東区は一貫して千客万来施設の整備を要望しており、万葉倶楽部が撤退すれば、別の事業予定者の決定を求めると見られる。だが、将来的に豊洲市場を物流の拠点とし、競りなどの市場機能が築地に移転されれば、客足が遠のくことが予想される豊洲で商売を行おうと考える事業者が現れるかは不透明だ。最悪、江東区が開場を拒否する事態も懸念される。

万葉倶楽部が撤退した場合、地元などとの調整にも影響を与えかねない。これまで市場業者や地元などの調整は職員ではなく、自民党都議らが行ってきたが、今回の選挙で大勝した新人中心の都民ファーストの会が調整役を担うのは極めて困難だ。

撤退を検討する発端は、知事が6月に臨時会見で発表した豊洲移転の基本方針にある。方針の内容が副知事に伝わったのは会見の1時間前とも2時間前とも言われている。都幹部が関わっておらず、都職員は万葉倶楽部から説明を求められても明確に答えるのは困難だ。市場移転問題を都議選の争点としないために急場しのぎで公表したツケと言われても仕方がない。方針を決定した知事が先頭に立って解決への道筋を付けるべきだ。（石）

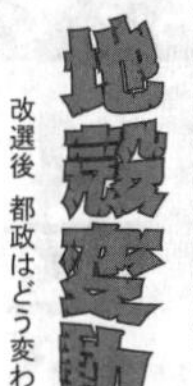

地殻変動 ㊥

改選後 都政はどう変わるか

問われる職員の意識改革

改選後の不安

違和感を覚える光景だった。一部公開となった5日の都民ファーストの会の新人研修会では、指導する側に増子博樹氏ら代表補佐4人がそろっていたが、同会派の音喜多駿幹事長らがいなかったからだ。音喜多氏は「研修の担当ではない」と説明するが、都庁内からは「幹事長が交代するのではないか」との憶測が流れた。

それから6日後の11日に発表された改選後の同会派3役には、昨年の都知事選で小池知事を支援した音喜多氏ら3人の名前はなかった。代わりに、幹事長には民進を離党した増子氏を起用し、新設ポストの政調会長と総務会長はそれぞれ自民を離党した山内晃氏、小池知事の元秘書の荒木千陽氏が務める。

増子氏は都庁内で一定評価する声がある。事業局の幹部は「職員の相談に乗ってくれるはず」と期待する。一方で、別の幹部は「自民や民進の出身者など寄せ集めの会派をまとめきれるのか」と疑問を呈した。

都民ファーストの内憂はまだある。同会の一人は「55議席を獲得したのだから、議長を出すのが普通」と主張するが、期数や経歴を見ても議長の有力候補は見当たらず、都庁内では第2会派の公明党から議長を起用するのではないかとの見方がある。

中でも、公明党のベテラン都議の名前が取り沙汰されている。公明党都議の一人は「聞いていない」と否定しながら、「（都民ファーストから）幹部に話はあったかもしれない」と漏らした。その上で、仮に公明党から議長を選出する場合、任期の課題を挙げる。2年で交代するのか、4年を任せるのかを都民ファーストは決定する必要があるという。官房系幹部は「都民ファーストと自民党のパイプがない中で、会派間の調整をもうまくこなしてくれるはず」と、公明党からの起用を期待する。

一方、都職員にとっては、不安の種の一つが議会対応だ。ある事業局の幹部は都民ファーストの全候補者の選挙公報をファイルにまとめているが、「議会改革に取り組みたいことだけは分かったが、都政のどの課題に興味を持っているのか分からず、質疑でどういうアプローチをしてくるのかが不明」と漏らした。

知事は議会との調整を否定しており、議場でどのような質問が出てくるかは不安視する声がある。都幹部の一人は「実現性が乏しい質問は説明を尽くして、議員と調整したケースもあり、同じことをやれば、知事に筒抜けになると思う。質問したいなら受けて立つしかない」と構える。

また、少数野党の自民党と職員はこれまで勉強会を開き、政策について意見交換してきた。官房系の幹部は「知事与党だったころのような対応でいいのか考え直さないといけないが、4年後を見据えると自民党の返り咲きがあるかもしれず、軽視できない」と今後の対応に苦慮している。

改選後は、「新しい議会」になると見通す幹部が多い。昨年の第4回定例都議会以降、禁止となった質問調整は行うケースもあり、水面下で質問内容を決めてきたという。古い議会の刷新を掲げる都民ファーストなど知事の支持勢力が過半数を超えた中、今後はこれまでの慣例が通用しなくなる。職員は各会派に、きちんと取り組みを説明し、理解してもらう努力が必要となるとともに、議場での説明責任が大きく問われることになり、職員の意識改革が求められている。

都民ファーストが開いた新人研修＝5日、新宿区内のビルで

電球交換で省エネ促進

知事、ピコ太郎とPR

ヒョウ柄のロングスカーフを身にまとい、笑顔で登場した小池知事。お笑い芸人のピコ太郎さんと共に10日、都環境局が進める白熱電球をLED電球に交換する事業開始のセレモニーを都庁第二本庁舎で行った。

2人は同事業のPR動画でダンスの共演。ピコ太郎さんは「知事のダンスは妖艶。横で見ると、しなやかさで負けている」と話し、観覧者らの笑いを誘った。

セレモニーでは電球交換の手順について実演を交えて説明。小池知事が電気店の店員、ピコ太郎さんが交換に来た都民に扮し、本人確認や受領証に関する手続きなどを周知した。知事は「東京は一大エネルギー消費地。LEDに交換することで、家の電気を点検するきっかけになれば」と語り、ピコ太郎さんも「これを機に絶対に変えてもらう」とアピールした。

同事業は家庭で使用中の白熱電球2個以上とLED電球1個を交換し、省エネを促進する取り組み。都はLED電球100万個分の15億円を都環境公社に出捐する。1年間で最大23・4億円の電気代削減効果を見込む。今回参加するのは地域にある831の電気店で、都内に住所がある18歳以上の都民が対象となる。

都議会

都民ファと共産党が会派幹部人事を発表

都民ファーストの会都議団と共産党都議会議員団は12日までに会派の幹部人事を発表した。都民ファーストの会は新幹事長に元職の増子博樹氏（文京区）、政調会長に山内晃氏（品川区）、総務会長に小池知事の秘書を務めた荒木千陽氏（中野区）を起用。地域政党としての人事では、幹事長など3役は変わらず、代表補佐にいずれも弁護士の岡本光樹氏（北多摩第二）と山田浩史氏（三鷹市）を抜擢した。

山内晃氏　増子博樹氏

一方、共産党は団長に曽根肇氏（北区）を起用したほか、幹事長に大山とも子氏（新宿区）、政調委員長に清水秀子氏（八王子市）がそれぞれ続投する。

清水秀子氏　大山とも子氏

国際金融都市懇

LGBT受け入れ明記へ

知事、有識者の要望受け

都は11日、金融の専門家らで構成する「国際金融都市・東京のあり方懇談会」の第6回会合を都庁第一本庁舎7階で開いた。小池知事は同会合で、6月22日に行った外資系金融機関CEOらとの意見交換でLGBT（性的少数者）の受け入れ促進を求める要望が出たのを受け、「一つ項目を設けてもいい」と述べ、国際金融都市に関する構想にLGBTを新規項目として追加する意向を示した。都は構想骨子を6月に取りまとめており、金融系外国人材の生活環境整備の一環として位置づける考えだ。

また、第6回会合では、ICTを活用した金融サービス「フィンテック」産業の集積や、海外へのプロモーションの在り方について委員のプレゼンテーションがあった。小池知事は骨子に掲げた仮称「東京金融賞」の創設を念頭に、「ESG（環境・社会・ガバナンス）を大切にする東京をアピールする」と語った。

同懇談会は11月に示す最終提言に向けてあと1～2回開催する予定で、都は同提言などを踏まえ、今秋に構想を策定する。

都政の東西

世界遺産

福岡県「沖ノ島」と構成8資産が9日、新たな世界文化遺産に登録された。これで日本の世界遺産は21件。都内には、同じく文化遺産として登録されている台東区の国立西洋美術館と、世界自然遺産である小笠原諸島がある。どちらも登録にあたっては、資産の価値をPRする関係者の多大な苦労があった。

小笠原諸島は2011年6月の世界遺産登録から6年が経過した。世界から称賛・評価されたのは、大陸とつながった歴史のない小笠原に生息する動植物の固有性と、その保全に向けた都や国の取り組みだ。世界遺産は決して「たまたま保有していた資産」ではなく、たゆまぬ関係者の努力によって認められてきたものと言える。

世界遺産登録を受けた資産には、爆発的に観光客が増加する。小笠原も年間2千人程度から、12年には1万人以上に激増した。現在の観光客数は落ち着いているが、それでも登録前を上回る。

観光客の増加に対しては、当然更なる保全活動も必要だ。小笠原では人が持ち込んだり荷物に付着した外来生物によって固有種の数が減少。外来種対策が進められている。世界遺産は登録後、定期的に保全状況の報告が求められ、遺産の価値が損なわれていると判断されれば、「危機遺産」に指定されることも有り得る。都と国などは来年度以降の管理計画とアクションプランの策定を進めており、現在の保全状況と合わせ12月以降にユネスコに報告する。

日本列島は新たな外来種「ヒアリ」の対処にも追われる。受け入れるヒト・モノが増えれば、当然望まざる来訪者もいる。本来の営みを守ることができるかどうか、ここが瀬戸際だ。

会長の決定方法で都議らが要望提出

自民党都連

自民党都連青年部の川松真一朗都議や小松大祐都議ら3人が10日、辞任する下村博文都連会長の後任の決定方法を巡り、都連に要望書を提出した。都議選の敗因分析を行った上で、「開かれた仕組みによる会長選挙の実施」を求めている。

また、同日に平将明衆院議員ら5人は、都連会長を選挙で決めるよう都連に要望。平氏は「ブラックボックス』といろいろな指摘を受けたので、さらに開いた形での選挙が必要」として、所信表明、公開討論会などを経て、都連所属の地方・国会議員、党員が投票する必要性を訴えた。

水道施設の維持管理ヤンゴン市と基本合意

都水道局

都水道局は11日、東京水道サービス㈱と東京水道エンジニアリング㈱が設立した特別目的会社（SPC）と、ミャンマーのヤンゴン市との間で、水道施設の維持管理事業に関する基本事項を合意したと発表した。今後は詳細を詰め、年度内の事業契約を目指す。

合意事項は、漏水や盗水など料金収入に至らない無収水を削減するための助言等のコンサルティングや、ヤンゴン市職員への研修実施を通じた技術移転など。事業期間は最低5年間とし、両者が昨年10月に契約締結したインフラ整備事業が完了したエリアから順次コンサルティングなどを実施する。事業費は同市が支出するが、現在のところ金額は未定。

対象は同市のマヤンゴン地区内にある約2万4千世帯。同市は無収水率が約66%と高く、水道事業に課題を抱えている。

また、都水道局は同4月に就任したヤンゴン市水衛生局長宛てに、都の技術やノウハウなどを活用して引き続き貢献することなどを記した親書を渡した。

川句ジョーク

豊洲市場千客万来施設の設置者、築地に同様施設を造るならば撤退の意向も

大阪発維新の会の動向を見守ってきた知事「豊洲は東京都、築地は東京府！」

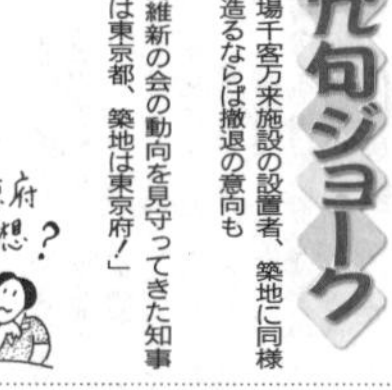

都「時差Biz」で 4区が時差出勤を試行

豊島区 10月に本格導入
新宿区 「ゆう活」を推進

都が通勤電車の混雑緩和を目的に、官民で時差勤務やテレワークなどを促す「時差Biz（ビズ）」を11日に開始されたことを受け、中央、新宿、中野、豊島の4区が時差出勤の試行に乗り出した。23区では国や都と比べて窓口業務が多く、住民サービスの維持の観点から時差出勤や時差勤務の導入には慎重な区が大勢を占めていたが、働き方改革が官民共通の課題となる中、豊島区が今回の試行を経て10月から時差出勤の本格導入を予定するなど新たな動きが広がり始めている。

豊島区人事課では、都が作成したポスターを張り出し、職員に時差出勤の周知を進めている

時差ビズでは、11～25日の期間中、官民が時差出勤やフレックスタイム勤務、テレワークを促すとともに、鉄道会社がラッシュ時間帯を避けた乗客にポイントを付与するなど、通勤時間の分散を図り、満員電車の混雑を緩和するのが狙いだ。

企業や自治体など約230団体が参加しており、23区からは5区が参加。職員規模などの問題で区内企業への啓発活動にとどめた千代田区を除く4区が時差出勤の試行実施に着手した。

このうち豊島区は、全職員約2千人のうち、午前8時30分から午後5時15分までの「官庁執務型勤務時間」が適用されない保育士や図書館などの施設職員らを除く1400人を対象に時差勤務の希望を聴取。始業時刻を30分単位で最大1時間前後させる4パターンの勤務シフトで、約200人が試行実施に参加した。

同区では4月に時差勤務を本格導入した都を参考に、業務に支障がないよう通常の勤務時間帯の職員を6割残すことを目安とした。勤怠管理は簡単なプログラムの追加で対応可能のため、25日までの試行を踏まえ、10月から本格導入する考えだ。

区人事課の澤田健課長は「育児や介護を行う職員に対する時差勤務制度は既に実施しているが、理由を問わずに時差出勤を可能にすることで職員の意欲向上を図りたい」と効果に期待を寄せ、「例えば、午前9時30分出勤の職員が窓口対応時間後の申請処理事務をこなすことで、業務の効率化にもつながる」と意義を強調する。

一方、新宿区は、早朝に勤務を開始し、終業後のプライベートを充実させる目的で政府が啓発に力を入れる「ゆう活」の推進のため、午前7時30分と同8時出勤の2パターンに絞った上で、18～28日の9日間に時差出勤を行う。

執務室単位で空調設備が利用できる本庁舎と第一分庁舎の職員約1100人が対象で、各課で事務に支障がない範囲で担当業務を調整した上で、希望者が前日までに申請した場合、2パターンのいずれかの時間帯で勤務する。区は試行後に参加実績を調査するとともに、職員アンケートを行って来年度以降の対応を検討する方針。

中央区は職員が通勤で利用する路線の乗車率を調査。「通常の始業時刻から30分遅い午前9時出勤の場合、混雑が悪化する可能性がある」（職員課）ため、時差出勤時刻を午前7時30分、同8時、同9時30分の3パターンに設定した。課ごとに業務を調整した上で、可能な限り多くの職員が時差出勤を経験できるよう、参加期間に制限を設けず、1日だけの参加も可能としている。

中野区は内部監理事務などが中心となる政策室と経営室の2部署に限定した上で、豊島区と同様に始業時刻を30分単位で最大1時間前後できる4パターンの時差勤務を設定。両部署の約半数が参加する。田中大輔区長は「まずは窓口対応が少ない内部セクションから始めて効果を見る。アンケート調査など効果を検証した上で拡大を含めた来年度の対応を検討したい」としている。

「場外は新市場の受入条件」

事業者撤退報道を受け 山﨑江東区長が懸念

江東区の山﨑孝明区長は、豊洲新市場に整備を予定していた千客万来施設の事業者が撤退を検討しているとの報道を受け、11日の定例会見で、「市場本体とにぎわい施設を併せて豊洲新市場。市場の受け入れは場外市場の整備が条件だ」と強調し、都に着実な整備を求める姿勢を固持した。

山﨑区長は、定例会見の途中に幹部から手渡されたメモで撤退意向の報道を知った。メモを受け取る前には、20日に小池知事が示した方針について「区には説明がないので詳細は分からないが、知事の方針がどうであれ、千客万来施設整備を含めた江東区との約束を、都は総力を挙げて果たしてほしい」と話していた。

報道を受け、「知事が方針を出した2日後に局長を集めて千客万来施設の整備を確認したので安心していた」と述べた上で、築地再開発による食のテーマパーク構想について「（千客万来施設と）競合してしまう」と懸念し、「築地に違う施設を造ると言えば、今の事業者が撤退しないか、新しい事業者が現れるのではないか」との考えを示した。

杉並区 「南伊豆特養」で説明会 24日入居受け付け開始

杉並区は15日、南伊豆町と連携して同町内に来年3月に開設する特養ホームの入居希望者向け説明会を区役所で開く。入居受け付けは24日からで、説明会に併せて名産品の販売や「お試し移住」のセミナーなどを行い、同町の魅力をPRする考え。

区と町が開設するのは、個室（ユニット型居室）90床の特養ホーム「（仮称）エクレシア南伊豆」で、区が建設費約17億円のうち約3分の1を補助した。区民利用枠として50床程度を見込む。

施設には、区の補助金を活用して面会家族向けに約25平方㍍の宿泊室を2部屋用意し、家族や地域住民らの交流スペースを設けた。また、居室にはインターネットを使ったテレビ電話を設置し、入居者と家族が顔を見ながら連絡できるようにした。

入居受け付けは原則として施設の運営法人が行うが、区は24日から28日まで区役所に臨時窓口を設置して申し込みを受け付ける。来月以降も月1回のペースで臨時窓口を設置し、申し込みや入居相談などに対応する。入居者の決定時期は未定だが、区保健福祉部では「入居者の引っ越しのためにも出来るだけ早期に決めたい」としている。

伝統工芸の継承支援

弟子入りに補助制度
情報発信機能を強化

江戸時代や戦後に日本全国から職人が集まり、伝統工芸が集積している都内自治体で、匠の技を継承するための支援や伝統工芸の魅力を普及するための取り組みが展開されている。荒川区では、後継者を育成しようとする職人と伝統の担い手になろうと志す若者の双方に補助する弟子入り支援事業を展開。また、台東区では魅力をPRする施設のリニューアルに着手する。大量生産・大量消費型の産業にあおられ、市場規模が縮小し、職人の高齢化と後継者不足に陥っている伝統工芸を守るための対策は待ったなしだが、後継者が技術を「生業」とできるまでの継続的な支援や伝統工芸産業の強化などの課題が浮かぶ。

大学卒業と同時に、荒川区西尾久にある「角漆工」に弟子入りした塚本真理恵さんは、週に5日、朝10時から午後6時まで漆工職人の親方である角光男さんの元で修行に励んでいる。取材当日には2日後に控えた百貨店でのイベント出店に向け、6畳の部屋の作業机の前で、お椀を一つずつ手に取って、何度も紙でこすり、模様をつけるための下地を整える作業に当たっていた。

塚本さんは大学で文化財を研究していたのをきっかけに「伝統工芸を残すために、自分にもできることがあれば」と考え、荒川区が区内の伝統工芸職人に弟子入りする若者と職人に研修費や材料費を補助して弟子入りを支援する「匠育成支援事業」に応募した。5年が経ち、一通りの工程がこなせるようになり、来春には親方の元を巣立つ予定だ。

弟子の成長を見守ってきた角さんは「一人立ちしてからの方が学ぶことが多い」とエールを送る。今年度には、区の支援事業を通じて新たな弟子をとる予定で、「技術を残したい」と語る。

荒川区は同支援事業を2009年度から開始した。若者が3カ月間の見習い期間を終了した後、弟子として最長6年にわたる修行期間へと進めるスキームで、弟子入りを果たせば弟子に研修手当として月最大10万円、親方に材料費補助として月最大1万円を支給する。これまで20人が弟子入りまで進み、うち10人が修行期間を終了。職人としての初めの一歩を踏み出すのに一役買っている状況だ。

一方で、塚本さんによると、「弟子としての収入だけで生活するのは難しく、同じように修行している若者の中にはアルバイトや会社と掛け持ちをしている人もいる」と言い、弟子同士で集まった際には職人としての将来を心配する話が出るという。

同事業を担当する野尻かおる・ふるさと文化館館長は「区の補助は最初の6年だけだが、その後の支援も必要になってきている」との認識を示す。技術を身に着けてから、実際に生計を立てるまでをいかに支援していくかが課題だ。

■作品を身近に感じて

弟子入りした職人が一人立ちして生計を立てていくには、伝統工芸自体の活性化も課題となる。皮革製品やガラス加工品など都内でも職人が多いと言われる台東区では、伝統工芸品の魅力を広めることで存在感を高め、産業活性化につなげようと情報発信を強化する取り組みに着手した。

工房で作業する角さんと弟子の塚本さん（左）＝10日、荒川区西尾久で

区内で作られた伝統工芸作品を展示している区立江戸下町伝統工芸館が開業20周年を迎えるのを機にリニューアルを計画し、観光客や若者を呼び込めるよう、入り口部のデザインを刷新するほか、可動式実演台やスクリーンを設置するなどして施設を訪れた人が楽しめるよう工夫を施す。来年度中に工事に入り、同年度末には新装開店する。

肝となるのが、サロン機能の導入だ。ある職人は「施設を訪れた客が職人と話をすることで、伝統工芸の本当の姿を知ってもらえるのでは」と期待する。区産業振興課は「伝統工芸品を身近に感じ、価値を知ってもらう。作品を手にとって理解することで購入にもつなげたい」と話し、区民や来街者に開かれた情報発信基地とする考えだ。

文科相に政策提言手交

首長が率先して環境整備を

ICT首長協議会

全国ICT教育首長協議会（会長＝横尾俊彦・佐賀県多久市長）が11日、松野博一文部科学相に政策提言を手渡した。提言では、次の学習指導要領が実施される20年度までに学校のICT環境整備を推進するため、自治体が国や民間と連携して率先して取り組むべきと示した。

提言では、首長がリーダーシップを発揮して動くことを筆頭に挙げ、来年2月には会合を開くなどして自治体同士の連携を深める考え。また、国に対しては教員の働き方改革を進めるための財政支援やICT環境整備の補助金創設を求めている。

同協議会は昨年8月に設立され、現在117自治体が参加しており、都内の自治体では役員を務める荒川区のほか、文京区や渋谷区、八王子市などの5区4市1村が加わっている。

横尾会長は手交後に、「現場ではICT環境を整えるための設備パッケージがなく、教師の経験もない。この現状を理解してもらい、提言をキックオフとして国と連携して進めていきたい」と力を込めた。

松野文科相（右から3番目）に提言を手渡す横尾会長、西川区長ら協議会メンバー＝11日、文科省で

記者席

重要案件は全て蚊帳の外

○……都議会では各会派の役員人事が固まりつつある。注目の都民ファースト新幹事長は改選後、テレビに出まくっていた現幹事長ではなく、政策通の元民進都議を据え、総務会長には小池知事の元秘書の新人を抜擢。現執行部を全面的に刷新する人事となった。小池知事という旗印だけで集まった55人をまとめるのは並大抵ではなく、幹事長に大会派の運営を経験した人材を充てたのは妥当だろう。

これに先立ち、党代表も小池知事から野田数特別秘書に交代したが、その人事は現幹事長にも知らされないまま決定され、誰が会派を主導していくのかを強く印象付ける人事となった。今後、現幹事長の奮起はあるか。

○……「工程の一部を切り取って見せることが、誤解を招く恐れがある」。ある職人から伝統工芸の体験イベントについて話を聞いていた中でドキリとさせられた。同じような恐れは報道の仕事にそのまま当てはまるからだ。

先日の都議選では、「切り取られていない生の声を聞いてください」と訴える陣営があった。言うまでもなく、切り取っているのは報道だ。中には敗戦の弁をゆがめられたと憤る落選候補もいた。

確かに切り取ることは難しいが、情報は編集しないと伝わらない。諸々の批判を受けることがあっても、職人同様に鍛錬して感覚を磨いていくしかないと自戒した。

○……梅雨とは思えぬ猛暑が連日のように続いている。埼玉県は空梅雨を受け、渇水対策本部を立ち上げて5日午前9時から10％の取水制限を行っている。貯水量が減っているのは荒川水系のダム。同県によると、県内の上水道の約3割を荒川水系に頼っているという。

こうした中、都内の取水制限も時間の問題かと思いきや、5日に日本列島を通過した台風3号により今のところ問題なしとのこと。都水道局総務課によると、都の水源に占める荒川水系の割合はわずか4％。大部分は利根川水系を利用しているのが功を奏した格好だ。九州では豪雨が大災害をもたらした。雨とどう付き合うか。行政の永遠の課題だ。

高校生がスマホ授業 小学校3校で実施

墨田区

墨田区立小学校3校で12日、都立墨田川高等学校の生徒がスマートフォンの利用マナーを話し合う「スマホミーティング」を実施した。都の情報モラル推進校に指定されている墨田川高校の授業の一環にあたる。

授業には、小学校3校の4～5年生390人が参加した。都が制作した補助教材『SNS東京ノート』を使い、友達に送ったメールの文章や絵文字が相手にどう受け取られるかなどをテーマに、小学生同士が意見を交わすのを高校生が手伝った。

区教育委員会指導室は「年齢が近い高校生との方が素直に会話でき、ルールを一緒に考えていくことができる。今後も継続して実施してもらいたい」と期待を寄せた。

利用マナーを話し合ったスマホミーティング＝12日、墨田区で

公衆浴場にAED 夜間の使用に対応

品川区

品川区は12日に定例会見を開き、心肺蘇生で使用するAED（自動体外式除細動器）を区内の公衆浴場27カ所に設置すると発表した。区公衆浴場協同組合への設置助成金700万円を盛り込んだ補正予算案を6日開会の第2回定例区議会に提出した。

区によると、区役所や地域センター、学校などに設置しているAEDは日中の使用に限られるため、区民から「夜間に使用できるAEDを増やしてほしい」と要望が上がっていたという。夜間営業の公衆浴場に設置することで、近隣住民がAEDを使用できる機会を増やすのが狙い。補正予算が可決した場合、今年度中に設置を完了させる。

濱野健区長は「持ち出しも可能にする。急な心肺停止による傷病者の生存率を高める助けにしてほしい」と語った。

東京最前線

◆生保のビッグデータ解析　大阪市が生活保護受給者に関する14万人分のビッグデータを解析した結果、2015年度に転入から半年未満で受給を始めたのは男性が19.8%、女性は10.6%だったと発表した。こうした解析は全国初。これまで他自治体から同市に生保世帯が流入していると指摘されていた。

◆子育て支援のタクシー　佐賀県が乳幼児連れの保護者や妊婦らの外出を支援する目的で、タクシー運転手に乗降車時の注意点などの研修を行った。県内15社のタクシーが今月21日から運行を始める。保護者が保育所への迎えが間に合わない場合、代わりに迎えに行き、職場に送り届ける独自サービスを行う。

◆「孫育て」冊子を配布　福島県郡山市は10日、祖父母世代を対象とした『孫育て応援ブック』の配布を開始した。育児方法など両親と祖父母の間のギャップが生じており、祖父母への理解促進を図り、共働きで増加する「孫育て」を支援する。母子健康手帳交付時の希望者などに配布する。発行部数は1万部。

◆若者の早期離職対策を　山口県の5つの経済団体などで構成する県労使雇用対策協議会は、高校を卒業して就職した若者が3年以内に辞める早期離職への対策を県に提言した。提言では、高校生は1人1社しか受験できないなど希望する会社に入れない課題を挙げ、応募者が求める企業情報の開示などを求めた。

◆リニア発生土で埋め立て地　川崎市は、港湾埋め立て事業にJR東海が進めるリニア中央新幹線の建設で発生した土砂を活用する検討を始めた。埋め立ての対象は市南部の工業地帯の一角にある東扇島。面積は12.5㌶で、リニア建設に伴うトンネル工事の発生土250万立方㍍を利用する方針。

◆建物を誤解体　熊本市は、熊本地震で被災した建物解体を受注した業者が誤って隣の建物を一部解体したと公表した。市は県解体工事業協会に発注したが、同協会と下請けとの間での引き継ぎミスが原因という。市は同様のミスが起きていないか、対象物件の5286件を全て総点検する。

◆ごみ収集車で防犯強化　埼玉県春日部市は、ごみ収集車に備え付けたドライブレコーダーの映像記録を警察に提供するため、春日部警察署などと締結している防犯協定を改定した。ドライブレコーダーを設置するごみ収集車と資源回収車計65台を活用し、犯罪抑止や事件・事故発生時の捜査協力につなげる。

◆競輪の存続を表明　千葉市は9月末までに存廃を最終判断するとしていた競輪事業に関し、存続の方針を明らかにした。千葉競輪場は1949年開業で、老朽化による大規模改修や売り上げ減が課題だったが、運営を受託する日本写真判定㈱が自社負担で再整備案などを提案したことで、市は存続を決定した。

◆議員逮捕で報酬停止へ　千葉県市川市議会は25日の臨時会に、児童買春・ポルノ禁止法違反（買春）の容疑で逮捕された同市議の三浦一成容疑者の議員報酬を支給停止できるよう条例改正案を提出する。議員報酬に関する市条例では逮捕されても不支給の規定がなく、支給停止の開始時期などを詰めている。

選挙プランナーの眼　地方政治の舞台裏から㊴

負けに不思議の負けなし

都議選を振り返る

自民の6つの敗因

都議会議員選挙が7月2日に投開票され、都民ファーストの会が躍進、公明党は全勝、自民党は歴史的惨敗、共産党が現有議席から2議席増で健闘という結果になりました。

都民ファーストの会の躍進については、この連載でも早くから言及してきましたので、今回は「負けに不思議の負けなし」という視点から、都議会自民党の敗因を分析します。

◇

①安倍政権の支持率低下と都議会自民党への逆風

まず分析の前提として、都議会自民党が全員当選という大勝利を収めた2013年の都議選を振り返ってみます。内部要因として、安倍政権の高い支持率と公明党との選挙協力がありました。外部要因として、都政への関心の低さから来る低投票率と批判票の受け皿となる政党の不在が挙げられます。

しかし今回の都議選では、安倍政権の支持率は13年に比べれば低下していました。国会終盤の加計学園問題や告示後のスキャンダル報道によって更に支持率が低下し、議席を大幅に減らしましたが、そもそも2月の千代田区長選の結果にも表れていたように、都議会自民党に対して逆風が吹いていたことを理解できていなかったのではないかと思います。

②公明党との選挙協力解消

公明党は今回の都議選で、都民ファーストの会との選挙協力にかじを切っていました。都議会自民党の候補に入っていた1票が減り、対抗勢力である都民ファーストの会の候補に1票が投じられるわけです。これを選挙業界では「行って来いで2票分」と言いますが、1人区や接戦区において非常に大きな意味を持ちます。実際に毎日新聞の報道によれば、仮に公明党と都議会自民党の選挙協力が行われていた場合には、自民党の議席は12増えたという試算もあります。

③都政への関心が高まり投票率が上昇

小池都政誕生によって都政への関心が高まり、これまでと比べて都政に関する報道量が増えていました。都議選については民放各社が特番を早くから企画していましたし、朝日新聞の世論調査によれば「都議選に大いに関心がある」と答えた人は40%で、13年調査の倍という高い数字でしたから、都議選の投票率が前回に比べて上がることを前提に戦略を組むべきでした。

④無党派層の受け皿

都議選では、小池新党「都民ファーストの会」という都議会自民党に対する批判票・無党派層の受け皿があったことから、前回の都議選と大きく状況が異なることは明白でした。09年の都議選において、当時の民主党が無党派層の支持を集めて躍進していますから、今回も無党派層の多くが都民ファーストの会に投票することは予想できたはずです。

⑤戦線を拡大した

このように都議会自民党にとって、今回の都議選は前回に比べれば非常に厳しい状況下での選挙でした。これだけ悪い条件がそろっていれば、大幅に議席を減らすことを前提に、どれだけ「負けを減らせるか」を考えて戦略を練るべきですが、どの党よりも多い60人を擁立。戦線を拡大し、複数人区での共倒れによって大きく議席を減らしました。もちろん、現職を多く抱える自民党が候補者調整をして候補者数を減らすことは現実的に難しいことは理解していますが、今回のような歴史的惨敗を見ると「負け戦」を前提に戦略を組むことの重要性について考えさせられます。

⑥争点に正面から向き合わなかった

上記のように正確な現状認識を持てないまま、不利な状況であるにもかかわらず戦線を拡大したことが大きな敗因ですが、もう一つは小池知事が設定した争点「都議会の改革」に正面から向き合わなかった点が挙げられます。

他の自治体ではあり得ない政党復活予算や、政務活動費の不適切な支出、公用車の存在など、都民の意識とはかけ離れた「都議会の古い体質」が残っていたことは事実です。そこを全く反省せず、「豊洲移転を決められない知事」として小池都知事への攻撃を続けたことで、都民の支持を得られなかったのだと思います。

豊洲移転問題については、マスコミや一部の専門家が批判をしていただけで、多くの都民にとってはそれほど関心が高くなく、かつ小池知事の方針を評価すると答えた人がNHKの当日出口調査で約64%となっていたことからも、明後日の方向を向いて戦っていたことが分かります。

◇

劣勢の中で負けを減らすためには、相手の土俵に乗って殴り合う覚悟が必要です。選挙の現場でなかなかそうした決断をすることは難しいのですが、過去を振り返れば二つの事例から学ぶことができます。

05年の郵政解散で小泉純一郎首相が「郵政民営化にイエスか、ノーだ」という争点設定をした際、当時の民主党は「郵政民営化よりも大切な課題がある」として、この議論に正面から向き合わず惨敗しました。また、09年の政権交代選挙では、支持率が低下していた自民党は当時の民主党を批判するネット広告を出しました。内容はよくできていたものの、支持率が低下する中での相手への批判は逆に大きなひんしゅくを買い、民主党に政権交代を許す結果となりました。

自民党がこうした過去の選挙の敗因を分析していれば、また違った戦い方があり、ここまでの惨敗にはならなかったのではないかと思います。

国政の影響は限定的

都議会自民党の歴史的惨敗は、国政の悪影響とする報道があります。確かに自民党が30議席を割り、共産党が健闘した背景に国政の影響があったことは否定できませんが、その影響は限定的だったと考えます。

1月から7回にわたって都議選に関する世論調査を定期的に実施して傾向を分析してきたJX通信社・代表取締役の米重克洋氏は「最後の1週間で振り落とされた自民党候補（国政の悪影響で落選した候補）は3～5人区あたりで批判票を吸収した共産党候補が競り上がってきて割り込まれた候補に限られる」と分析していますが、私も同感です。

都民ファーストの会の公認候補の獲得票数を見れば、期間中の自民党のオウンゴールがなかったとしても、49議席を獲得していた可能性は高いと考えています。自民党都連が国政の影響で負けたと総括しているのであれば、大きな勘違いだと言わざるを得ないでしょう。

「確かな野党」への期待

今回、個人的に大きな反省は、共産党の健闘を読み切れなかったことです。各社の出口調査結果を見てみると、都議選で投票に行った無党派層のうち、30～40%は都民ファーストの会に、15～20%程度は共産党に投票しています。自民党[illegible]補に投票した割合は共産党[illegible]回って10%強という傾向が[illegible]いました。

最近の国政選挙では、無党派層の一部が共産党候補に投票する傾向が出てきていますが、あくまで批判票の受け皿として限定的なものでした。一方、都議選では都議会自民党の批判票の受け皿として都民ファーストの会があるので、共産党に多くは流れないと予想していました。

しかし終盤になって、「安倍政権も小池都政も支持しない層」[illegible]次回以降で言及したいと思います。

（株）ダイアログ代表取締役　松田馨

教育庁

小学校教育の在り方を検討

多忙化解消へ「ラストチャンス」

都教育庁は、小学校教員の多忙さ解消や新学習指導要領における教育の在り方に向けて、有識者による検討に乗り出した。学校が抱える課題が複雑化・困難化する中で教員が担う業務量は増え続けており、教育現場からは抜本的な対策が必要との声も上がっている。一方で、国の新学習指導要領では、新たに道徳教育や英語教育、プログラミング教育の拡充がうたわれており、更なる負担増の懸念もある。

朝8時から午後4時まで、小学校教員は児童に目を行き届かせる。教室でとる給食中も休憩とはいかない。その後は研修や会議をこなし、5時過ぎからは学年ごとの行事確認や授業の進捗（しんちょく）などの打ち合わせ。それが終わってようやく自分のクラスの仕事に取り掛かるが、あっという間に夜8時を超えている――。「担当学級にトラブルがあれば、保護者への対応や管理職への報告などの業務も増える。小学校は担任が受け持つ教科も多く、準備の時間が取れずに休日に対応することもある」。ある20代の男性小学校教員はそんな苦労を吐露する。中学校や高校でも教員の多忙化は問題視されているが、指導や大会の引率などが負担となっている部活動顧問は外部委託するなど、負担軽減の取り組みが進みつつある。一方、小学校の現場では日常の授業準備や事務作業の負担が大きく、外部化の効果は薄い。

小学校教育には通常授業以外の部分でも期待が大きい。現在、都内の教育現場に求められている教育課題は、「五輪教育」や「シティズンシップ教育」「有権者教育」「防災教育」など増加している。一つひとつの授業を丁寧に準備することは大きな労力となり、現場は限界に達している。

都内では授業時数を確保するため、62区市町村中59区市町村で土曜授業を実施しているほか、夏休みの短縮や、1日の授業数を増やす自治体もある。授業数の増加によって、教員の平日勤務時間も1日平均12時間近くなるなど、「内容の工夫ではこれ以上対応できず、抜本的な改革が必要」との声が現場からは上がっている。

さらに、小学校が直面する課題は、授業内容や時間数の増加、教員の多忙化以外にも多岐にわたる。小学校では幼稚園や認定こども園などから入学してくる1年生が、授業中に立ち上がったり外に出ていったりする「不適応」が約2割の学校で発生しており、小学校では防止のために幼児と児童の交流活動などにも取り組んでいる。基礎学力の徹底に向けた指導の充実や、アクティブ・ラーニング導入の推進なども課題の一つだ。

国が3月に通達した新学習指導要領では、小学校での英語教育や道徳教育など、新たな教育課題が盛り込まれている。小学校では移行期間を経て、2020年から新学習指導要領に基づいた教育内容を実践することになり、教育の在り方の検討や改善は今がラストチャンスとも言える。

そんな中で都教育庁は今月3日、「小学校教育の現状と今後の在り方検討委員会」を設置し、学識経験者や学校、学校関係者らによる検討を開始した。

検討すべきテーマは多いが、小学校教育の今後を考える際に教員の多忙化の問題は無視できない。検討会で委員から挙がった改善策案の一つが、一部業務の分業化。小学校は実技を除く全教科の授業を学級担任が行う必要があり、業務量増加の一因となっている。一方で、中学校のように教科ごとに分業を実施している米国の小学校では、勤務時間の長時間化は起きていないという。

だが、委員からは「学級担任の制度は日本の強み。その子に何が必要なのか、よく見ることができる」など、教科担任制には反対の声も相次いだ。「教科担任制は勤務時間短縮につながらない」との意見や、「もっと抜本的に変えなければ、（小学校現場は）破綻（はたん）を来している」といった声も上がった。

また、学校関係者の委員は「AかBかではなく、Cを模索する必要がある。教育の質、日本の良さをなくさず、丁寧かつ迅速に検討しなければならない」と話した。

冬までに4回程度検討会を開催し、提言をまとめる予定だ。

私を変えた一冊

東京都都市づくり公社 総務部長 猪口 太一氏

『項羽と劉邦』司馬 遼太郎〈著〉

行政の本質を学ぶ書

読書嫌いの私には酷な課題ですが、「一冊」ということなので書かせていただきます。

千葉県の船橋で生まれ育った私は、幼いころからニュース番組が好きな小生意気な少年で、中学生の時はジャーナリストや新聞記者になりたいと思っていました。

県内の進学校に進学した私は、ご多分に漏れず、それまでとは全く異なるレベル、文武両道の学友たちに圧倒され、自分の居場所、アイデンティティーを模索する日々でした。

高校では、定期テストの時は席がアイウエオ順になる習慣があり、テストの時いつも私の後ろ[illegible]生徒が読んでいたのがこの本です。

彼女は、今で[illegible]であり、聡明で[illegible]っかりした人で[illegible]恋心を抱いた私[illegible]君も読んでみな[illegible]言葉にすぐ書店[illegible]のです。

言うまでもな[illegible]垓下（がいか）の戦いに敗[illegible]を遂げる項羽と[illegible]人を惹きつける劉[illegible]像が有名です。[illegible]項羽の大ファン[illegible]

都病院経営本部
広尾病院整備で方針案
整備場所は意見割れる

都立広尾病院（渋谷区）の在り方を見直し、新たに災害拠点病院を整備するための具体的な方針案を首都災害医療センター検討委員会（委員長＝山本保博・救急振興財団会長）がまとめた。首都直下地震などの災害に対応できる医療体制の構築や地域医療の強化などが柱。整備場所については、移転か現状のままかで意見が分かれた。

広尾病院は、現在の施設が建設されてから35年が経過して老朽化が進み、地震の揺れなどで診療への影響が懸念されている。また、医療技術の進歩に伴い機材が増えてスペースが不足しており、新たな災害拠点病院を整備する必要があった。このため、都病院経営本部は医療関係者や大学教授で構成する検討委員会に、新病院の在り方を検討するよう諮問しており、今回の方針案は検討会が最終報告書を提出するための骨子。

整備方針案では、施設面の整備では災害時の医療体制確保に向け建物の耐震構造化に加え、井戸の整備も検討するなど、総合的な観点からライフラインを強化する。また、都福祉保健局が策定する災害拠点病院の設置運営要綱では、災害時は平時の2倍の患者受け入れ機能が求められるが、広尾病院は現在、平時の478人の1・25倍程度にとどまっている。新病院では隣接する看護学校のスペースを活用し、平時の2倍の入院患者受け入れ機能を確保するとした。

さらに、災害時の患者受け入れ・搬送のため現状の広尾病院と同等のヘリポートを設置する。

運用面では、広尾病院が培った減災対策室などのノウハウを強化しつつ、これまでは地域の関係機関と連携した取り組みが限定的であったことから、他の災害拠点病院への普及啓発や、地域住民の災害時ボランティアの育成、地元行政機関や医師会との連携体制を構築し、災害医療のリーダーとなるよう整備するとした。

地域医療の強化では、少子高齢化の進行や外国人の増加など、地域医療の環境変化を踏まえ、新たに「地域貢献病棟」を整備し、地域の要望に柔軟に対応できる体制が必要とした。島しょ医療では、ウェブ会議を導入して医師や看護師の顔が見える診療システムを構築する。

このほか、持続可能な病院運営として現在の稼働状況や将来の医療需要を見据えたコストの適正化や、平時の診療体制の強化として外科や整形外科などで構成される外傷センターの設置を盛り込んだ。

一方、整備地については、現状の広尾病院を再整備するか、同区内の青山「こどもの城」跡地に移転するかで意見が分かれた。

委員からは「現状の広尾病院を改築する場合、仮の病棟を建てるスペースがないため一部の病棟を閉鎖しながら段階的に工事せざるを得なく、災害拠点病院の機能が維持できない可能性がある」と再整備のデメリットを挙げる意見がある一方、「同区内の移転であっても、地域の医療体制への影響は避けられない。これまでに通っていた患者が離れる可能性がある。ヘリポートを整備するに当たり、移転先の住民の理解を得るのは難しい」と移転の問題点を指摘する声もあった。最終的な設置場所は、検討委の報告書を受け今年度中に病院経営本部が策定する基本構想で決定する。

職場を変えるには
若手職員のホンネ　東京のとある居酒屋で⑯
「やっぱり、本音が一番」

C　やっぱりある程度昇任を考え出すと、上司の働き方を観察して、自分が昇任した時の参考にはするよね。

B　自分以外の人への言動なんかは特にね。自分が何か言われた時は、上司の振る舞いが良いのか悪いのか、客観的に判断できないけど、他人への振る舞いならある程度判断できるし。あと、「チームをどうやって動かすのか」ということも俯瞰的に見られるしね。

A　将来の「なりたい自分」のお手本は、やっぱり身近な上司になるよね。

D　まあ、上司の本音と建前を見抜く必要はあるけどね（笑）。

B　しかし、みんなで仕事について本音で話すのも楽しいね。職場の仲間とかとも、自分の考えを赤裸々に話すことも少ないしね。

C　こうやって話してみて、同じ若手公務員と言っても昇任とか、上司の見方、結婚観とか、それぞれ違った考え方があることがよく分かったよ。でも、都でも区でも、公務員なら「住民のために何かしたい」という部分は似ていると思ったし、そのために職場環境を良くしたい考えも持っている。共有できる部分はどこかにあるよね。

D　そうだね。もっと本音で語り合える場が欲しいね。というより、そういう場を作っていきたいね。やっぱり、まずは若手同士が本音をぶつけ合っていかないと、上の世代に分かってもらうことなんて無理だしね。

A　仲良くなれば別だけど、特に他部署の人なんかだと直接話す機会も少ないし。そういう場で新しいアイデアが出てきて、職場を変えるきっかけになるかもね。

D　僕みたいに「公務員は必要なくなる」っていう特殊な考え方をしている職員がいることも分かってくれるしね。ひょっとしたら、今の僕の将来への憂鬱を打破するアイデアが生まれるかもしれない。

C　それはどうか分からないけど（笑）。でも、仕事への考え方に変化が起きている今の世の中で、若手の考え方って必要だと思うし、我々が率先してアイデアを出していかなければならない。若手の目線は、上の世代の人たちも求めていることだと思うしね。

B　やっぱり、求めていることは誰でも本音なんだよね。建前ばかりだと、職場環境も変わらないし、成長もできない。自分も相手も、本音で話せるような関係を作ることが大切だね。

都小委
都労連が3要求を提出
テレワーク　試行規模など拡大へ

都と都労連は10日、小委員会交渉を開き、都労連が労働時間短縮・休暇制度の改善、福祉関連、職場環境改善の3要求を提出した。都労連は「総労働時間の短縮は超勤縮減や休日労働の解消、年休の完全取得の取り組みを進めなければ実現できない」とし、特に交替制勤務職場などの抜本的な労働条件の改善を要求。職場環境改善では、「肝心なのはハラスメント根絶のための防止対策」と強調し、速やかなパワハラ防止指針の策定を求めた。

一方、都側は「必要性や妥当性を見極め、各種制度などの整備に努めている」と説明。パワハラの発生しない職場づくりについては、「準備が整い次第、意見交換を実施したい」とし、3要求には「民間や国・他団体との状況を踏まえるとともに、都民の理解と納得が得られるかという観点を考慮し、慎重に検討したい」と述べた。

今回の都小委では、4月から本庁職場で拡大実施している時差勤務と昼休みの分散化について、労使で検証が行われた。

都側は4～5月の実施状況の調査・分析結果を説明。時差勤務は昨年度よりも早出・遅出を活用する職員が5割程度増加し、育児・介護以外の取得理由が全体の6割を超えたとして、「各職場で様々な理由による活用が広がっている」とした。また、昼休みの分散化については取得者や上司等の意見を紹介し、分散化が業務遂行や職員のニーズに適切に対応しているとの認識を示した。

これに対し、都労連は「今回の分析結果は「データの一面的な解釈」と指摘。2カ月間の状況だけで制度が順調に浸透しているとの評価は拙速だとして、6月以降の実施状況を精確に把握し、1年間を通した状況の分析を労使で行うよう求めた。

都側はまた、4月にスタートした在宅型テレワークの試行規模を拡大するとともに、実施形態を柔軟化させる考えを示した。具体的には7月中旬以降、各局にパソコンを1台ずつ配布するほか、新たに知事部局に「モデル職場」を設定し、95台を配布する。また、9月からは現在試行中の「終日型」に加えて「半日型」「出張併用型」の2形態も実施可能とする。実施単位は1日・半日を単位とし、最大で週2日まで。「出張併用型」は時間単位も可能とする。

これに対し、都労連は「なし崩し的に規模を拡大し、本格実施への地ならしを行っているようにしか思えない」として、まずは8月までの試行状況を労使で検証することを求めた。その上で、試行期間終了後には実施状況などを詳細に調査し、本格実施ありきではない検証を行うよう求めた。

このほか高齢期雇用制度や臨時・非常勤職員制度についても議論が行われた。臨時・非常勤制度に関しては、都側が、法改正を受けて6月末に総務省から発出された運用通知について説明。今後、総務省が8月下旬に通知予定の「事務処理マニュアル（仮称）」などを踏まえ、都の実情に合わせた詳細な検討を加速させていく考えを示した。一方、都労連は引き続き、改正法の施行を待たずに一時金相当額を支給するよう求めた。

都局長級人事
勧奨退職の規模が焦点
オリ・パラ準備局の体制も

都はきょう14日にも局長級異動を内示する。小池知事が就任後、初めての本格的な局長級人事となり、都幹部の再就職の検証などを踏まえ、どの程度の異動規模になるかが焦点。新任発令は8月1日付になる見通し（本文中の年齢は今年度末時点）。

例年であれば、年度末で60歳となる条例局長は勧奨退職の対象だが、都政改革など全庁的な課題も控え、多羅尾光睦・総務局長（60歳、61A）を含め、都政改革など全庁的な課題を抱える局長級は留任する可能性がある。

他方、醍醐勇司・水道局長（62A）と石原清次・下水道局長（63A）も年度末までに60歳を迎える。水道局では来年9月の「国際水協会（IWA）世界会議」の開催を控え、体制づくりがカギになる。

その他局長級では、別宮浩志・都市整備局次長（62A）、坂根良平・流域下水道本部長（7B）、中野透・建設局次長（8B）の3人が年度末までに60歳を迎えるほか、59歳の局長級で一部、勧奨退職が出る可能性もゼロではない。

都政の重要課題であるオリンピック・パラリンピック準備の体制も注視されている。オリ・パラ準備では今後、国と組織委員会、関係自治体との役割分担を踏まえた大会予算（V2）の策定が待ったなしの課題。大会の開催決定から本番まで「折り返し点」を迎える中、小池知事が駒組みをどう考えるかが焦点になる。

仮に局長が交代となる場合は、これまでの経緯と知事周辺の事情に通じていることはもとより、大会まで3年となる中で年齢も考慮に入れた人事配置が必要になる。なお、前任の準備局長は生活文化局長に転じている。

「女性活躍」という視点では、浜佳葉子・政策企画局理事（55歳、3A）の中二階局長級への昇格が取り沙汰されている。都議会本会議場の「ひな壇」のように、目に見える形で女性登用を打ち出すことに小池知事の強い意向があるとされ、今後も積極的な起用が続きそうだ。

局長級昇任者の異動先としては監理団体・報告団体の役員ポストも選択肢になるが、全体のポスト数が限られる中でいかに平年度ベースに近付けられるかが注目されている。

草刈り作業で作業員が死亡
都三宅支庁

都三宅支庁発注の草刈り作業で10日、下請け業者の作業員が死亡する事故があった。

作業員は、三宅島の筑穴ケ沢で河川維持のための管理道路と法面の草刈り作業をしていたところ運転していた重機が横転し、頭を強く打って病院に運ばれたが、同日中に死亡が確認された。

水量監視システム導入
都水道局　マレーシアで新事業

東京水道サービス㈱（TSS）は、8月からマレーシアの離島「ラブアン島」で新たな水道事情改善事業に乗り出す。コンピューターによるインフラ設備監視システムを水道に導入し、配水量のデータを明らかにする。データ分析による効率的な配水や、漏水・盗水など料金収入に結びつかない「無収水」の削減を狙う。TSS職員がラブアン島に赴き、現地職員に機材の取り扱いや水量データの分析方法など技術指導も行う予定で、財源はODAを活用する。

同島水道の無収水率は約31%に上る。同島には漏水・盗水を防ぐインフラ監視システムはこれまでもあったが、メンテナンス不足や現地職員の技術力の低さにより有効活用されていなかった。

海外での事業は今回で9件目となる。

サッカー男子決勝　新国立は「厳しい」
五輪組織委員会

五輪組織委員会の武藤敏郎事務総長は10日、2020年東京大会の男子サッカー決勝を新国立競技場で行う計画について、「日程的に厳しい」との認識を示した。IOC理事会にテレビ電話で準備状況を報告後、記者団に答えた。

招致段階では閉会式前日に新国立で決勝を行う計画だったが、閉会式の準備や陸上競技との日程調整が課題になっているという。武藤総長は「諦めているわけではない。これから鋭意詰める」と述べ、検討を続ける考えを示した。9月または12月の理事会でサッカー会場の承認を得たい考え。

なお、同日の理事会ではサッカー会場として茨城県立カシマサッカースタジアム（鹿嶋市）の追加が承認された。

理事会ではまた、昨年のリオ大会で初めて結成された「難民選手団」を継続する方針も確認した。組織委としては入国手続きなどが検討課題になる見通し。

食品衛生監視指導　延べ約34万軒実施
都福祉保健局

都福祉保健局はこのほど、食品衛生法に基づく「食品衛生監視指導計画」の実施結果をまとめた。2016年度は飲食店など延べ約34万軒の監視指導を実施。このうちノロウイルス食中毒の対策では社会福祉施設や病院給食施設などに対し、延べ3575軒の監視指導を行い、昨年8月に都内老人ホームで発生した腸管出血性大腸菌食中毒事件を受け、福祉施設などを対象に野菜の殺菌を徹底するよう緊急の衛生講習会を開くなどした。

■大田区人事異動
1日付

【課長級】▽企画経営部情報システム課長（都市基盤整備部都市基盤計画調整担当課長）秋山太郎▽総務部制度企画担当課長（区民部納税課長）津本卓也▽区民部納税課長（地域力推進部副参事＝計画調整担当）青木文▽産業経済部産業振興課長＝観光・国際都市部副参事＝産業観光調整担当兼務（議会事務局次長）小澤佳久▽まちづくり推進部地域整備担当課長＝まちづくり推進部副参事＝新空港線沿線まちづくり担当兼務（まちづくり推進部地域整備担当課長）近江淳一▽都市基盤整備部都市基盤計画調整担当課長（まちづくり推進部副参事＝新空港線沿線まちづくり担当）谷田川泰▽環境清掃部副参事（環境清掃部環境対策課長）中野明樹▽議会事務局次長（総務部制度企画担当課長）菅野俊明

河野　好子さん（こうの・よしこ＝河野純之佐・台東区議会議長の母）8日死去、86歳。

特別区の戦略⑯

豊島区　芸術・文化体感都市

東京大会を機に、豊島区は文化振興に特に力を入れる。昨年7月に「国際アート・カルチャー都市構想実現戦略」を策定。伝統文化からサブカルチャーまで、ジャンルを超えた芸術・文化を体感できるまちづくりを目指している。

目玉は池袋の区庁舎・公会堂の跡地に整備予定の八つの劇場。オフィスタワーなど3棟内には計1300席を有し、演劇やバレエ、コンサートなどに利用できる新ホールや、池袋で盛んなアニメや漫画のキャラクターに扮装する「コスプレ」に使用できる着替えコーナー完備の多目的ホールを整備するほか、ライブ会場や映画館などを誘致する。外観にもこだわり、3棟とも地上10㍍までをガラス張りにし、文化都市構想の顔となる区の新たなランドマークにしたい考えだ。

池袋駅周辺の公園の活用も進める。既存の池袋西口、中池袋、南池袋の3公園のリニューアルに加え、20年には造幣局跡地に新公園を整備。これらの公園を野外劇場とし、平坦な広場が多い新公園ではスポーツやペットのイベントの実施、南池袋公園では仮設ステージを設置し、日本舞踊や能楽の伝統文化を公演するなど、各公園に特色を持たせる。街なかでは、国家戦略特区の「グリーン大通り」を活用してオープンカフェやレストランを誘致、街全体でにぎわいを創出し文化を発信する「劇場空間」を創り出す。

区民が文化都市構想を応援する「特命大使」の認証式＝2016年1月、区庁舎1階で

また、文化都市構想の応援団として区が期待するのが、区民で構成する「アート・カルチャー特命大使」。特命大使が祭りや文化行事などを行う際、区の構想を同時にPRしてもらう目的で16年1月から公募。徐々に人数を増やし、現在は1200人を超える。同区の馬場晋一・国際アート・カルチャー都市推進担当課長は「文化は人の生活によって作られるもの。区民自らが発信してこそ生きた文化になる」と話す。

このほか国際交流を推進するため、文化庁が決める「東アジア文化都市」にも立候補している。今月末ごろに決定する予定で、選ばれれば19年度から中国・韓国の都市間での芸術・文化国際交流が始まり、楽団や劇団が来日して区内で公演を行う。

昇任試験対策のページ

30年度 職員教養講座 東京都管理職選考対策 ▶3◀

A論文(勉強方法) ①

はじめに

論文対策では、勉強方法、論文の書き方、創作事例を3回に分けて取り上げます。

合格水準の論文を書き上げるには、都政や社会経済情勢に関する予備知識を身に着けることが大前提となります。論文は、様々な書き方や勉強の進め方があり、王道はありません。来年度の管理職選考合格を目指す受験生にとって、この講座が少しでも参考になれば幸いです。

今回は、種別Aの論文試験の勉強方法について述べていきます。

論文試験の概要

種別Aの論文の出題形式は、次の通りです。

《出題数》

2題中1題を選択

《試験時間》

2時間50分

《論述形式》

① 各種統計資料や意識調査、新聞記事などの資料から都政にとって特に重要と思われる課題を抽出し、400字程度で簡潔に述べます。

② ①で述べた課題の分析・検討を行い、都としてどのような施策を実施すべきか、具体的な解決策を1300字以上1800字程度で論じます。

出題の狙い

論文試験の狙いは、受験者の「問題意識、政策形成力、論理性、表現力等の検証」にあります。種別Aの合格者は、全庁的な視点に立ち、特に困難な職場で、都政の重要課題を解決していく役割を期待されています。このことを念頭に置いて論文を作成することが大切です。

具体的には、▽全庁的な広い視野を持っているのか▽各種データから適切な課題を抽出、分析できるか▽具体的、効果的かつ実現可能な解決策を導けるか▽課題解決に当たり、何が障壁となり、それをどのように解決するのか▽論理に一貫性があり、簡潔な表現で意図を伝えられるか――などに留意することが重要です。

出題傾向

過去5年間の出題内容は次の通りです。

《平成25年度》

【問題1】資料=防災に関する様々な状況など

都はどのような施策を実施していくべきか、あなたの考えを論じなさい。

【問題2】資料=都を取り巻く社会状況など

少子高齢社会における都市モデルを構築するため、都はどのような施策を実施していくべきか、あなたの考えを論じなさい。

《平成26年度》

【問題1】資料=都及び日本を取り巻く社会経済状況など

都はどのように対応していくべきか、あなたの考えを論じなさい。

【問題2】資料=就労等に関する状況

都はどのように対応していくべきか、あなたの考えを論じなさい。

《平成27年度》

【問題1】資料=少子高齢化等に関する状況など

都はどのように対応していくべきか、あなたの考えを論じなさい。

【問題2】資料=都市における危機等の状況など

都はどのような取り組みを実施し、東京を安全・安心な都市としていくべきか、あなたの考えを論じなさい。

《平成28年度》

【問題1】資料=東京及び地方の状況など

東京と地方が共に栄えるために、都はいかなる考え方のもとにどのような対応をしていくべきか、あなたの考えを論じなさい。

【問題2】資料=東京を取り巻く近年の社会経済情勢など

豊かな環境や充実したインフラを次世代に引き継ぐために、今後、都が行っていくべき施策について、あなたの考えを論じなさい。

《平成29年度》

【問題1】資料=東京を取り巻く社会経済情勢など

東京が成長を続けるため、都はどのような成長戦略を推進するべきか、理由を含めて具体的に論じなさい。

【問題2】資料=東京を取り巻く近年の社会経済情勢など

誰もがいきいきと暮らせる、活躍できる、働ける都市・東京の実現を目指すため、都として推進するべき施策を論じなさい。

勉強の進め方

論文の問題は、「都民ファーストで作る『新しい東京』～2020年に向けた実行プラン～」「東京都長期ビジョン」などの重要な計画などから出題されています。平成29年度は一億総活躍社会、平成28年度は地方創生と、国の動きに連動した出題が続いているため、日頃から国の動向を注視し、都政への影響を考えることが重要です。これらの出題からは、都政を取り巻く社会経済情勢の変化が著しい中、管理職として行政ニーズの変化を捉え、大局的な視点から政策を立案する能力を試そうという意図が読み取れます。

種別Aの論文では、都の計画や各種統計資料、新聞記事など7~8種類程度の資料の中から課題を抽出し、これに対応する解決策を論述します。その際は、問題文が指定する形式に沿って解答することが大切です。例えば、平成29年度は「都が実施している又は実施を予定している施策の説明にとどまらずに、あなたの創意工夫を盛り込むこと」という条件が問題1と2に共通していました。ただ完成論文を暗記するだけでは、試験当日に指定された形式に対応することは困難です。そのため、事前の準備が非常に必要です。勉強方法の一例として、以下の方法を紹介します。

(1)過去の問題を読む

とちょう―iでは著作権の関係で掲載できない資料もあるため、合格者などから過去問を入手し、過去の出題傾向や資料の内容を確認します。

(2)合格者の論文を読む

合格水準の論文を読み、独自の論文の構成を考えます。

(3)都政の重要課題を把握する

都庁公式HP、とちょうーi、知事の施政方針、実行プラン、東京都予算の概要などを読み、都政の重要課題や施策の方向性を確認します。複数の新聞や、国の発行する白書などを参考に、国や世界の潮流を把握すると良いでしょう。

(4)出題予想

これらの情報を基に、来年度の試験で出題が予想される複数のテーマを想定します。

(5)論文の作成

予想したテーマの中から、特に出題の可能性が高いと思われるものを選び、実際に論文を作成します。自分で予想問題を考えるのは難しいと思う人は、まずは過去問を一つ解いてみると良いでしょう。

①課題の整理

予想したテーマについて、都政にとって特に重要と思われる課題を挙げます。与えられた資料のデータなどが示す意味について言及した上で、その課題を簡潔に述べます。

②課題の分析と解決策の提示

①で挙げた課題について分析を行い、解決策を提示します。「課題の分析」では、資料のデータが示す問題点の背景や原因を具体的に記述します。「解決策の提示」では、課題の原因を解決するために有効な施策を論述します。解決策は、理由を含めて具体的に論述し、効果的かつ実現可能なものでなければなりません。資料を読み込み、具体的な数字を挙げて論述すると説得力が増します。

さらに、課題を解決する過程で予想される困難（予算や法律の制約、利害関係者からの反対など）や、それをどのように調整・克服すべきかを論じると、より説得力が増します。

(6)添削を受ける

書き上げた論文は、複数の管理職に添削を依頼しましょう。課題の設定は妥当か、解決策の内容は妥当か、論理的な一貫性はあるか、などを確認してもらいます。添削者から指導を受け、内容を磨き上げることにより、合格水準の論文を書けるようになります。

実際に論文を書き、管理職による添削を繰り返し受ける中で、独自の論文構成を確立してください。

(7)レジュメの作成

予想される全てのテーマについて論文を作成することは困難です。そこで、完成論文を作成しなかったテーマも、論文の骨子となるレジュメを準備しましょう。

レジュメにも様々な形式がありますが、一例としては、▽課題▽原因▽具体的な解決策▽解決策を実施する際の障壁▽その障壁をどのように乗り越えるか――などを3~5点ほど記し、論点を整理しておくと良いでしょう。レジュメを整理する過程でテーマごとの関連を意識しておくと、応用力が身に着きます。

レジュメの作成に当たっては、できるだけ多くの課題と解決策を想定し、どのような角度から出題されても応用できるように準備しておきましょう。

(8)時間内に完成させる練習

試験の解答時間は、2時間50分です。たとえ素晴らしい考えであっても、試験時間内に論文を書き上げられなければ合格には届きません。そのため、初めて見る資料を読み解きながら、時間内に手書きで論文を仕上げる練習も非常に大切です。

過去問から現在にも共通する課題が示されている問題を2~3題選び、試験と同じ制限時間内に手書きで論文を作成してみましょう。合格者から試験当日の時間配分を聞いて参考にすると良いでしょう。これにより、時間配分の感覚を身に着けることができます。なお、過去に出題されているテーマの多くは今も都政の重要課題であるため、過去の出題に関する理解を深めておくことは試験での強みにもなります。

試験当日

試験当日はまず、どちらの問題を選択するかを決めます。問題を決めたら、いきなり解答用紙に書き出すのではなく、初めに自分の論文構成に沿ったレジュメを作成します。レジュメ作成の際は、問題をしっかりと読んで理解した上で、指示通りに解答することが大切です。解答用紙に論文を書き上げる際にも、問題が指定する内容や形式に対応した論述を心掛けましょう。予想外のテーマや難しい形式が出題された場合でも、落ち着いて冷静に取り組みましょう。

また、採点者は多くの論文を読んでいます。採点者への配慮として、文字の濃さと丁寧さを意識して論文を書き上げましょう。

日頃の取り組み

論文試験の準備は、机で論文を書くだけではありません。日頃から都政を取り巻く国内外の情報を収集し、都政との関わりを意識して職務を遂行することが重要です。種別Aの管理職として期待される役割を意識して、広い視野で課題の背景を分析し、有効な解決策を提案することを心掛けましょう。日々の業務の中で、自分の考えを相手に論理的に伝えることも意識すると良いでしょう。職務に関する努力の積み重ねは、論文試験の準備にも必ず役に立ちます。

終わりに

受験生の皆様は、職場や家庭で様々な責任を負い、忙しい毎日を過ごしている人が多いと思います。慌ただしい日々の中で十分な勉強時間を確保できず、不安や焦りを覚えることもあるかもしれません。

しかし、論文対策で学ぶ、自分の考えを分かりやすく伝える力は、試験だけでなく、日々の職務にも役立ちます。また、仕事や家庭と受験勉強の両立は、管理職への昇任後にマネジメントの視点からも生かせるでしょう。試験勉強は、将来管理職として活躍するための通過点に過ぎないと考え、限られた時間を効率的に使って前向きに準備を進めてください。皆様のご健闘を心から祈っています。

特別区 管理職試験講座 37 Ⅰ類択一・記述 Ⅰ・Ⅱ類論文 29年度

試験直前の勉強の仕方 ②

Ⅰ類択一

今回は、前回に引き続き、地方公務員制度、行政法、財政学の各分野ごとに、過去の出題傾向や参考書を紹介します。これから試験直前に向けて、択一式問題の勉強を進めるに当たって参考にしてください。

◆地方公務員制度

○出題の傾向

過去の出題傾向は、地方公務員法の条文や行政実例、判例の一部を加工しただけの素直な問題がほとんどです。出題数は6問で比較的少ないですが、地方公務員法は条文数も少なく、内容も具体的で理解しやすいので、確実に得点源にできるように学習しておきましょう。学習方法は、問題集を繰り返し解いていくのが効率的です。具体的な方法は、前回の記事を参照してください。問題集の解説だけでは理解できない場合は、地方自治六法で条文や行政実例、判例を確認すれば十分です。参考書や専門書まで手を出すのは時間がかかるのでお勧めしません。

平成24年度以降の出題は、別表1の通りです。出題範囲は狭いので、どの項目から出題されても確実に正解できるように準備しましょう。どうしても勉強時間が確保できない場合や、試験直前に的を絞った復習をする場合は、「人事機関」「任用」「分限処分」「秘密を守る義務」「勤務条件に関する措置要求」「職員団体と当局との交渉」などが、過去の出題傾向から今年度に出題される可能性が高いと推測されます。効率的に苦手分野を克服していきましょう。

○参考書

『地方公務員法実戦150題』（都政新報社）、『地方自治ポケット六法』（学陽書房）

◆行政法

○出題の傾向

行政法の出題数は16問で、択一式問題の中で最も出題数の多い分野です。出題範囲も非常に幅広いため、効率的に学習するのが難しい分野でもあります。まずは、行政手続法、行政代執行法、国家賠償法、行政不服審査法、行政事件訴訟法、個人情報保護法、情報公開法など、成文法があるものについては地方自治法や地方公務員法と同じように学習していけば大丈夫です。ただし、個人情報保護法などは『地方自治ポケット六法』には掲載されていない法令もあるので、e―Govの法令データ提供システムや自治六法などで条文を入手しておきましょう。その他、行政法学上の用語の意味等を問う問題に対しては、極力、問題集の解説にとどめ、どうしても全体像を把握しないと理解できない場合のみ参考書で補うのが効率的だと思います。専門書を読むのは非効率なのでお勧めしません。

平成24年度以降の出題は別表2の通りです。出題範囲が広く、どの分野からもバランスよく出題されているので、ヤマを張るのはお勧めしませんが、過去の出題傾向から今年度に出題される可能性が高いのは、「行政法の法源」「行政立法」「行政計画」「申請に対する処分」「行政行為の効力」「行政裁量」「行政強制」「代執行」「損失補償」「公の営造物に係る損害賠償責任」「審査請求」「取消訴訟」「行政訴訟」「行政調査」「個人情報保護法」などです。

○参考書

『行政法実戦150題（第5次改訂版）』（都政新報社）、『地方自治ポケット六法』（学陽書房）、『完全整理図表でわかる行政法（第一次改訂版）』（学陽書房）、『図解でわかる行政法』（日本実業出版社）。

◆財政学・地方財政制度

○出題の傾向

例年、基本的な財政用語や財政制度を理解していれば正答できる問題がほとんどです。しかし、出題数が4問と最も少ないため、他の分野と比べ、あまり時間をかけたくない分野です。筆者の場合、前倒しで免除資格の取得を目指していたため、全体で28点~32点を目標としていましたが、他分野で確実に得点する前提で、財政学・地方財政制度はほとんど対策をしませんでした。それでも一発で免除資格を取得することができました。全部受験方式であれば、ほとんど対策をする必要はないと思います。限られた時間の中で効率的に試験対策を行うためには、自分が目指す得点ラインと、どの分野で何点獲得するのか見極めた上で、各分野の勉強にかける時間配分を決定すべきです。ここから先は、財政学・地方財政制度を得点源とする人のみ、お読みください。

平成24年度以降の出題は別表3の通りです。最近の出題傾向は、地方財政制度や地方税制から2~3問、国の財政制度や財政理論から1~2問程度出題されることが多いようです。

○参考書等

『公務員試験新スーパー過去問ゼミ4財政学（改訂第2版）』（実務教育出版）、『都財政用語辞典』（都政新報社）、総務省HPの地方行財政（地方財政制度、地方税制度、地方財政の分析）。

【別表1】地方公務員制度

項目		24	25	26	27	28
総則	一般職、特別職					○
人事機関	人事委員会、公平委員会			○	○	
任用	欠格条項		○			
	職員の任用					○
	条件付採用または臨時的任用	○		○		
職階制			○			
給与、勤務時間、その他の勤務条件	給与または勤務時間	○			○	
分限及び懲戒	分限処分		○		○	
	懲戒処分	○		○		○
服務	法令等及び上司の職務上の命令に従う義務					
	秘密を守る義務		○			
	職務専念義務	○				
	政治的行為の制限			○		
	争議行為等の禁止				○	
	営利企業従事制限					
退職管理						○
福祉及び利益の保護	公務災害補償					
	勤務条件に関する措置要求		○		○	
	不利益処分に関する不服申立て(審査請求)	○		○		○
職員団体	職員団体と当局との交渉	○	○	○	○	○
罰則						

（年度：24～28）

【別表2】行政法

項目		24	25	26	27	28
行政、行政法	行政法の法源	○			○	
	法の一般原則		○			
	行政の原理			○		○
	公物	○		○		○
行政立法、行政計画	行政立法		○		○	
	行政計画		○		○	
	行政契約	○		○		○
	通達	○				
行政手続	申請に対する処分		○		○	
	不利益処分	○		○		○
	行政指導			○		○
行政行為	行政行為の分類・効力	○	○		○	○
	行政行為の附款	○		○		○
	行政行為の撤回	○		○		○
	行政行為の取消し		○			
	行政裁量		○		○	
	公定力		○			
	特許			○		
	瑕疵の治癒・違法行為の転換				○	
行政上の強制措置、制裁措置	行政強制	○				
	即時強制			○		
	義務履行確保				○	
	代執行	○		○	○	○
	行政罰					○
	行政刑罰		○			
行政上の損害賠償	損失補償	○	○	○	○	○
	国家賠償法		○		○	○
	公の営造物に係る損害賠償責任	○		○		
行政上の不服申立て	審査請求・再審査請求	○		○		○
	不服申立て		○			
行政事件訴訟法	取消訴訟	○	○		○	
	行政訴訟	○			○	
	抗告訴訟			○		
	執行停止			○		○
	事情判決		○			○
	義務付けの訴え				○	
その他	情報公開法	○		○		○
	個人情報保護法		○			
	行政調査		○		○	
	行政機関相互の関係				○	

（年度：24～28）

【別表3】財政学・地方財政制度

項目		24	25	26	27	28
財政制度	公共財		○			
	予算制度	○	○			
	国の予算の形式					○
租税論	租税原則					○
地方財政制度	地方債			○		○
	地方財政計画			○		
	地方税制	○	○	○	○	
	地方財政白書	○				
	地方財政分析用語	○				○
	地方公会計制度		○			
	都区財政調整制度				○	
	財政健全化				○	
財政理論など	ビルト・イン・スタビライザー			○		
	財政理論				○	

（年度：24～28）

祝 公文書管理条例・成立施行記念

都職員のみなさん、仕事上の打ち合わせ記録は細大漏らさず公文書として大切に保存しておきましょう♪

都政の潮流

今月1日、東京都公文書の管理に関する条例が施行された。本条例の趣旨は、公文書が都民による都政への参加を進めるために不可欠な都民共有の財産であることを明らかにするとともに、公文書の管理について基本的な事項を定めることにより適正な管理を図り、もって都政の透明化を推進し、現在及び将来の都民に対する説明責任を果たすことである。

この条例により、小池都政の「一丁目一番地」に位置付けられた情報公開による都政改革が法令の裏付けを得た。東京都公文書の開示等に関する条例（いわゆる情報公開条例）との相乗効果によって、より強固なものになったと言ってもいい。

■　■　■

これからの都政は、今までのように、いつ誰がどのようにして決定したのかさっぱり分からない、つまり例えば悪いが、一時期、世の中を騒がせた豊洲市場の事例で申し上げれば、建物下にあるべき盛り土がなく、ないはずの地下空間があったなどという安物のミステリーもどきの失態は今後一切起こり得なくなる。歴代の市場長が「私は知りませんでした。ホントです」などと見え透いたウソは付けなくなるし、本当に知らなかったとすれば、市場長に重要な情報を上げていなかったという組織管理上の欠陥のせいであるが、こうしたお粗末なことも起こり得なくなる。

課や部のレベルであれ局レベルであれ、所管局内の意思決定プロセスは全て公文書に記録され、組織として保存されることになるからである。もとよりこれは知事による政策の基本方針の決定についても同様である。知事だけが免れるものではないことを強調しておこう。

東京都の重要な政策決定が、どんな議論を経て決まったのか、その議論には誰が関わっていたのか、こうした一連の出来事は公文書の作成と保存によって都民に対してつまびらかにされていく。これこそが小池都政が目的として掲げる新しい都政の在り方そのものである。だから、何となくそうなったとか、いつの間にか決まっていたとか、誰がどうやって決めたのか分からないとか、資料が残っていないから誰も知らないとか、こんな寝ぼけた言い訳は金輪際通用しなくなるのだ。

公文書管理条例の施行を契機に都政の見える化が進めば、小池都政は「ブラックボックス」といった根も葉もない誹謗中傷も鳴りを潜めることだろう。この条例の成立の意義は、都民にとっては自分たちが納めた税金が何にどうやって使われるのかをウオッチする強力なツールを手にしたことを意味しているのだ。

ワイズスペンディングとは小池知事が口にするマジックワードの一つであるが、何もこの言葉は知事の専売特許ではない。むしろ都民こそが税金の使い道をしっかりと見届けるために、公文書管理と情報公開を賢く使いこなす必要がある。都政と都民の双方からワイズスペンディングが図られることが大切なのである。

■　■　■

ここで再び市場関連の例示を取り上げよう。都議選告示日前の6月20日、小池知事は突如、築地市場の豊洲への移転問題に関する「基本方針」を発表した。あれほど「総合的に判断する」と表明していたにもかかわらず、基本方針と総合的判断はどこがどう違うのか十分に説明されなかった点も看過されるべきではないが、側聞するに、基本方針の内容が行政側に知らされたのは臨時会見の直前であったというのである。にわかに信じられないが、もしこれが事実なら、この基本方針なるものは一体全体何なのか、誰がどこで議論して決定されたものなのか。

知事は都民に対して大きな説明責任を負っており、都民は知事に対して情報の完全見える化を強く求める権利を持っている。既に門戸は万民に開かれている。あとは行動あるのみである。そして仮にも情報公開の求めに対して何も開示されず、あるいは開示されても的外れでありきたりの文書しか公開されなかったとしたら（よもやそんなことはあるまいが……）、知事が強調する「一丁目一番地」とは張り子の虎か客寄せパンダか、いずれにしても化けの皮が剥がれたと言わざるを得ない。

■　■　■

さて、少し先を急ぎすぎたようだ。情報公開の到達点を整理しよう。もはや、のり弁は過去のものとなった。のり弁は小池都政下で完膚なきまでに日の丸弁当化され、今や全てが白日の下にさらされる。だがしかし、のり弁を剥がすには、そもそものり弁本体が存在していなければならない。ここでいうのり弁とは、情報公開の対象である公文書のことである。ここが今回の条例成立の最も重要な点である。

都職員の皆さんには、今日からでも遅くはないので、情報公開の前提である公文書の作成と保存を厳格に実践していただきたい。面倒なのは百も承知だ。しかし、公文書がなければいくら開示請求がなされても情報を公開することはできない。

上司からの指示、局内での打ち合わせ、関係機関との連絡などなど、公文書として管理すべき事項は多岐にわたるが、5W1Hの基礎情報を盛り込んだ公文書の作成が極めて重要である。

それから小池都政特有の問題として避けて通れないのが顧問と呼ばれる方々が都政に大きな影響力を持っているという厳然たる事実であり、これら顧問の方々からの問い合わせや資料要求、それらへの返答とそれに際してのやり取り、また顧問からの指示があればその内容、電話やメールでのやり取りも、もちろん開示の対象となる重要な情報であるということだ。

さらに注意すべきは、こうした情報を電子であれ紙ベースであれ、データとして定着させること、そして組織内で共有化しておくことである。できれば電子データをプリントアウトして局長まで回覧しておくことをお勧めする。ここまで実践すれば優等生、完璧である。後は情報公開の求めを待つだけだ。さあ来い！　開示請求。どっからでもかかってこい。こっちには公文書管理という強い助っ人がいるのだ。いつでも何でもバンバン、オープンにしてやるぜ。

■　■　■

最後に言いそびれたことがある。行政における公文書の作成・保存と情報の公開を徹底すべきなのには、もう一つの理由がある。百条委員会である。今年3月から4月にかけて開催された百条委員会には、元知事、元副知事ばかりではなく、都庁幹部OBが何人も証言台に立った。委員会室では「覚えていない」「知らない」のフレーズが空疎に繰り返された。そしてある人物は「自分は知らない」と言い張ったにもかかわらず、立場上知らないはずはないというたったそれだけの理由で偽証が認定されてしまったのである。経緯に関するメモなどが残っていたら、こんな馬鹿げた結論には至らなかったのではないだろうか。そう思わざるを得ない。

5年後、10年後、あなたが百条委員会に証人として呼び出されないと誰が断言できるだろうか。その時、誰があなたを守ってくれるのか。それは、当時の上司でも局長でも、ましてや当時の知事でもない。彼らは自分自身の保身で手いっぱいである。頼れるのは、正確に記録され組織として保存していた1枚の公文書なのである。間違っても、位置づけがあやふやで好き勝手な言動に終始している顧問ではない。しかし、その顧問からあなたはある時に指示を受けて不承不承、業務を遂行したとしたらどうだろう。決定の起案文書にハンコを押してしまっていたとしたらどうだろう。結果責任をあなたが問われた時、顧問はあなたを守ってくれるのだろうか。答えは200％NOである。だとしたら、今あなたがやるべきことは唯一つ、条例にのっとって粛々と公文書を作成することである。そして、都民が行うべきことは唯一つ、条例にのっとって情報の開示を東京都に求めることである。

（チキン唐揚げ弁当派）

知的生活の創造

若手職員へのアドバイス ❷

ぜひ読んでほしい1冊

小さい頃から、『シートン動物記』『ファーブル昆虫記』、パスツールやノーベルなど科学物や科学者の伝記を読むのが好きでした。小学生の時、父は学習研究社の科学百科事典（全9巻）を買ってくれました。色鮮やかなケミカルガーデンの実験など科学の不思議さ、楽しさを知り、夏休みの自由研究にも大いに活用しました。父から「百科事典は読むものだ」と教えられ、事典がバラバラになるほど読んだものです。

高校生の時には、『万葉集』の好きな歌を暗唱しました。今でも思わず口から出ることがあります。夏目漱石、川端康成、三島由紀夫、ロマン・ロラン、ソルジェニーツィンなど手当り次第に年間200冊ほど、本ばかり読んでいました。川端康成は最も好きな作家です。

初めて読んだのは『川のある下町の話』という作品。東京の下町を舞台にした医学生とその仲間の物語です。悲しいほど美しい善意と必死に生きる若者たちに共感して、川端作品を次々と読みました。

一番感動した小説は、ロマン・ロランの『ピエールとリュース』です。第一次世界大戦下、空襲で脅かされるパリの街で引かれあう若者の清廉な恋愛、可憐さに胸が打たれました。戦争の非人間性への強い怒りがこみ上げてきます。今でもこの小説が一番好きです。

常盤新平（※）のエッセーを読んでファッションに興味を持ち、ココ・シャネルの伝記や『VOGUE』などのファッション誌を眺めたりもしました。科学ものでは未知の技術に対する外科医たちの挑戦と勝利を記録したトールワルドの『外科の夜明け』が特に印象に残っています。

言うまでもありませんが、人間ひとりの考えは狭く、浅く、知識も少ない。だから、本を読んで、他人の考えや経験を知って、何かを見つけ自らの考えを発展させたいと思います。そこに読書の意義があるのではないでしょうか。

私も自分の世界を広げるため、いろいろな本を多く読むことが必要と考え、興味の赴くままに読書にふけりました。自分の専門分野を深めることができるし、自分の中に新しい興味を見つけ幅を広げることもできます。また時には、すぐに理解できなくても難しい本を開き、世界を見る別の目を持つことも大切です。そのかいもあって、いろいろな本との出会いから学び、豊かな人生を歩むことができたと考えています。

若手の職員に1冊の本をおすすめします。マイケル・ファラデーの『ロウソクの科学』です。私がこの本に出会ったのは中学生の時。1861年、イギリスの科学者マイケル・ファラデーが、ロンドン王立研究所で少年少女を含む一般市民を対象に行った6回のクリスマス講演をまとめたものです。ファラデーは電磁誘導の法則や水の電気分解など教科書にも登場する世界的な科学者です。

講演は、様々な種類のロウソクを一本一本取り出して、その身の上話から始まります。そして、こう続けます。

「この宇宙の全てを支配する諸法則の中で、ロウソクが燃える現象に何らかの役割を果たしていないもの、また、何らかの関係を持っていないものはありません。自然科学を勉強する方法として、ロウソクの物理現象の考察以上によい方法、開かれたドアはありません」

ロウソクに火をつけ、ファラデーは問い掛けます。

「ロウソクは固体で液体ではないのに、この固体は、炎のある場所までどうやってたどり着くのでしょうか。それとも、液体になるのでしょうか。もし、液体になるとしたら、どうやって形を保っているのでしょうか。ロウソクには、こういった驚くべき点が多々あるのです」

ファラデーは「何が原因なのだろう？」「なぜ起こったのだろう？」と問い続け、参加者の問いと重なり、会場にいる全員が探究者になっていきます。

最後に、ロウソクの燃焼が実は人間の「呼吸」とほぼ同じ現象であることを、魔法のように説いてみせて結ぶのです。ロウソクの身の上話から最後には私たち自身がロウソクのようなものと説明され、聴衆は驚き目を見張るとともに、納得するのです。

2011年3月11日の東日本大震災で引き起こされた東京電力福島第一原子力発電所の事故の時、この本を思い出しました。

原子炉格納容器内の水素爆発を防ぐために窒素を注入した映像を見て、『ロウソクの科学』で登場していた窒素の役割を思い出したのです。これは、格納容器内にたまっている水素と酸素の濃度を下げるためです。

同書は「窒素は空気中の他の元素と比べ地味で捉えどころのないと思われるかもしれないが、酸素の働きを弱める反応性が弱く安全な元素であり、私たちにとってちょうどよい程度に役に立つ立派な仕事をしている」と説いています。

16年にノーベル生理学・医学賞を受賞した大隅良典氏は、科学者を志すきっかけになった原点の本はこの本であったと言います。

『ロウソクの科学』が出版されて150年余り、ファラデーがともし続けた科学の世界は、今なお世界中で読み継がれています。常に「なぜ」という問いを持ち続けることの重要さと、科学を理解することの大切さを教えてくれる一冊です。

（※）1931〜2013年、作家・翻訳家。『遠いアメリカ』で直木賞受賞、アメリカの都市文化を紹介するエッセーで知られる。

（都港湾局　木藤亮）

東京 橋くらべ①

紅林 章央

五輪橋

1964年のレガシー

原宿駅前に山手線をまたぐ橋が架かる。橋の名は五輪橋。橋は前回の東京オリンピックが開催された1964年に、駅から選手村や代々木体育館など周辺の競技施設へのアクセスとして架橋された。橋の親柱には東京五輪のエンブレムと地球儀が、欄干には陸上競技や体操のレリーフが飾られている。

もう一橋、オリンピックを強く感じさせる橋がある。川越街道が白子川をまたぐ箇所に架かる新東埼橋である。この橋も1964年に架けられた。欄干には国内で唯一、五輪マークの透かし模様が躍る。これは川越街道が、オリンピック関連道路として整備されたことによるものだという。

前回のオリンピックでは、他にも首都高、環状7号線と立体交差橋、佃大橋など、多くの道路や橋が建設され、現代でも私たちの生活を支えている。次のオリンピックでも次世代の財産となるインフラを残せるだろうか。都心と臨海副都心を、そして選手村や競技場を結ぶ環状2号線こそがその柱だと思うのだが。

◇　◇

毎日のように渡っている橋一つにも、様々な歴史や背景、その橋の建設に向けられた思いがあります。『橋を透して見た風景』でお馴染みの紅林章央・都建設局橋梁構造専門課長に、一度は訪れてみたい東京の橋を紹介してもらいます。

＝毎週金曜掲載（編集部）

（上）五輪橋（親柱にはエンブレム、欄干には競技のレリーフが付く）（下）新東埼橋（欄干には五輪マークの透かしが入る）

ミニガイド

◇子ども全国ネット6周年記念「学校と放射能〜3.11後を子どもたちとどう生きるか〜」　▷内容　東京学芸大学准教授の大森直樹氏を招き、3.11後を生きる子供たちに大人は、先生は、学校はどう向き合っていくのか、何が必要なのかとことん話し合う▷日時　7月15日㈯　午後1時〜4時半（開場0時45分）▷場所　経堂地区会館（世田谷区経堂3の37の13、小田急線経堂駅徒歩7分）▷参加費　千円（未成年無料）▷申し込み　goo.gl/sfnDqm▷主催　NPO法人子ども全国ネット▷問い合わせ　info@kodomozenkoku.com

都政新報

発行所　都政新報社
〒160-0023　東京都新宿区西新宿7-23-1　TSビル
〈総務・読者〉03-5330-8781
〈企画広告〉03-5330-8784
〈編集〉03-5330-8786
〈出版〉03-5330-8788
〈ファクス〉03-5330-8808
購読料　月1,730円（税込）
毎週火・金曜日発行
ただし、祝日は休刊

紙面から

「成果着実に 実力本位の布陣」

局長級7人を団体派遣

五輪準備局長に潮田氏

都局長級人事

都は14日、局長級人事を内示した。都幹部の再就職の検証などを踏まえて規模が注視されていたが、現役の局長級を外郭団体に派遣し、昇任者数は平年度並みを維持。また、今年度末までに60歳となる条例局長のうち、多羅尾光睦・総務局長（61A）は留任し、醍醐勇司・水道局長（62A）、石原清次・下水道局長（63A）が退任する。オリンピック・パラリンピック準備局長には潮田勉・政策企画局次長（56歳、8B）を抜擢した。新任発令は8月1日付（本文中の年齢は今年度末時点）。＝4面に局長級昇任者の略歴

今回の人事は小池知事が就任後、初めての本格的な局長級異動。行政系で横転が15人、昇任が12人、兼務発令が6人の計33人。行政系の退職者は3人となった。小池知事は「都民ファーストの視点から都政改革を強力に推し進めるため、ベテラン・若手を問わず、成果を着実に上げることができる実力本位の布陣とした」とコメントした。

年度末までに60歳となる局長級では、多羅尾光睦・総務局長（61A）が留任。「2020改革プラン」の策定などの重要課題に当たる。同じく60歳のその他局長級も勧奨退職とならなかった。

五輪準備局長には潮田勉・政策企画局次長（56歳、8B）を抜擢した。役割分担の方向性が見える中、3年後の大会まで一貫して対応できる体制を整備する。潮田氏は財務局主計部長も務め、全庁的な視点と調整力が評価されての登用。準備局長が交代する場合は「ギリギリのタイミング」と見られていた。塩見清仁・五輪準備局長（58歳、2A）は生活文化局長に横転し、同局では小池知事の関心が強い文化行政や情報公開などの課題に対応する。

水道局長には中嶋正宏・生活文化局長（57歳、1A）を配置した。水道局の経験はないが、マネジメント力を評価されての起用。来年度に国際会議の開催を控え、準備に当たる。また、下水道局長には渡辺志津男技監（59歳、5B）が昇格する。同局計画調整部長や施設管理部長などを歴任し、局事業を熟知している。両局とも総務部長が次長・理事に直進し、新任局長をサポートする。

「女性活躍」の象徴としては浜佳葉子・政策企画局理事（55歳、3A）が選管事務局長に就任する。猪熊純子・監査事務局長（59歳、61A）は会計管理局長に回り、都議会本会議の「ひな壇」に同時に女性2人が座るのは1999年以来。

昇任者は7月に昇任した小池潔・政策企画局理事（55歳、4A）を加えると13人。種別Aは1Aと4Aの2人。種別Bが計9人で、内訳は7B2人、9B3人、10B3人、14B1人。

都幹部の再就職の検証などを踏まえた対応が注視されていたが、今春に局長級昇任者が東京都歴史文化財団副理事長に就任したのと同様、7人を監理団体等の役員として派遣し、局長級のポスト数を確保した。

例えば産業労働局では理事ポスト2を新設。東京都中小企業振興公社に福田良行・選挙管理委員会事務局長（59歳、1A）を、東京ビッグサイトに西村泰信・総務局行政部長（56歳、10B）を派遣する。中野透・建設局次長（60歳、8B）は同局理事となり、東京動物園協会理事長に就く。また、浅川英夫・会計管理局長（59歳、5B）は東京都社会福祉事業団理事長に回る。

庁内からは「局長ポストが限られる中、昇任者数を平年度並みに近付ける苦労が見られた」「全体的には納得感あるが、知事の意向が反映されたサプライズもあった」などの意見が聞かれた。

局長級昇任者の年次・年齢（敬称略）

年次	氏名（年齢）
1A	今村 保雄（57歳）
4A	岩瀬 和春（54歳）
7B	津国 保夫（59歳） 十河 慎一（58歳）
9B	加藤 隆（59歳） 箕輪 泰夫（58歳） 神山 守（56歳）
10B	西村 泰信（56歳） 鈴木 勝（56歳） 黒沼 靖（56歳）
14B	小暮 実（59歳）

※消防を除く

局長級異動一覧

新任職（現職）氏名の順　太字は昇任者（8月1日付）

政策企画局次長＝同理事＝知事補佐総括担当兼務（財務局主計部長）　岩瀬和春
政策企画局理事＝報道総括担当＝知事補佐担当兼務（総務局総務部長）　小暮実
政策企画局理事＝ホストシティプロジェクト推進担当（政策企画局理事＝ホストシティプロジェクト推進担当＝政策企画局総務部長・オリンピック・パラリンピック調整担当部長事務取扱）　小池潔
総務局次長（総務局次長＝同理事＝人権担当兼務）　榎本雅人
総務局理事＝人権担当（総務局人権部長）　箕輪泰夫
生活文化局長（オリンピック・パラリンピック準備局長）　塩見清仁
オリンピック・パラリンピック準備局長（政策企画局次長＝同理事＝知事補佐総括担当兼務）　潮田勉
オリンピック・パラリンピック準備局次長＝同理事＝スポーツ推進担当兼務（オリンピック・パラリンピック準備局総務部長）　鈴木勝
都市整備局次長（都市整備局理事＝住宅担当）　佐藤敦
都市整備局技監（都市整備局技監＝都市整備局都市づくり政策部長事務取扱）　上野雄一
都市整備局理事＝住宅担当（都市整備局総務部長）　今村保雄
都市整備局理事＝（公財）東京都都市づくり公社派遣（流域下水道本部長）　坂根良平
環境局理事＝東京熱供給㈱派遣（都市整備局次長）　別宮浩志
福祉保健局理事＝東京都社会福祉事業団派遣（会計管理局長）　浅川英夫
産業労働局次長（財務局経理部長＝オリンピック・パラリンピック調整担当部長兼務）　十河慎一
産業労働局理事＝（公財）東京都中小企業振興公社派遣（選挙管理委員会事務局長）　福田良行
産業労働局理事＝㈱東京ビッグサイト派遣（総務局行政部長）　西村泰信
建設局次長（産業労働局次長）　片山謙
建設局理事＝（公財）東京動物園協会派遣（建設局次長）　中野透
会計管理局長（監査事務局長）　猪熊純子
交通局理事＝東京トラフィック開発㈱派遣（主税局総務部長＝オリンピック・パラリンピック調整担当部長兼務）　加藤隆
水道局長（生活文化局長）　中嶋正宏
水道局理事＝IWA世界会議準備担当＝水道局総務部長事務取扱（水道局総務部長）　黒沼靖
下水道局長（下水道局技監）　渡辺志津男
下水道局次長（下水道局総務部長）　津国保夫
流域下水道本部長（下水道局計画調整部長）　神山守
選挙管理委員会事務局長（政策企画局理事＝報道総括担当＝知事補佐担当兼務＝政策企画局報道担当部長事務取扱）　浜佳葉子
監査事務局長（オリンピック・パラリンピック準備局次長＝スポーツ推進担当兼務）　岡﨑義隆
消防総監（東京消防庁次長）　村上研一
東京消防庁次長（東京消防庁企画調整部長）　安藤俊雄

◆都局長級退職

7月31日付

▽水道局長　醍醐勇司
▽下水道局長　石原清次
▽消防総監　髙橋淳

◆知事が職員に説明指示

豊洲移転の基本方針を受け、豊洲新市場に整備する予定の観光施設「千客万来」の運営事業者が撤退を検討している問題を巡り、小池知事は14日の会見で職員に「誠意を持って説明するよう指示した」ことを明らかにした。事業者は都が築地跡地に整備する食のテーマパークの具体的内容を説明するよう求めていた。

また、豊洲と築地に類似した施設を開業しても採算は取れるのかという質問に、知事は「イエス」と述べるにとどまり、根拠を示さなかった。

地殻変動（下）

改選後　都政はどう変わるか

議員の条例提案

都庁と議会の関係変わるか

受動喫煙防止条例、口利き禁止条例、ライフ・ワーク・バランス確立推進条例――。都民ファーストの会が都議選で掲げた議会改革の中には、これら条例の制定を議員提案で目指すことが明記されている。小池知事は衆議院議員時代に議員立法の経験があり、都議に対しても「議員提案条例ができる意志を持ってほしい」と求めている。都民ファーストはそうした知事の思いに応える構えだ。

これまで都議会では知事提出の条例案がほとんどを占め、議員提出で条例を制定する風土はなかった。議会に提出される議案の9割が知事提出という現状で、過去25年で可決したものは旧民主党時代の省エネ関連条例のみだ。

これまで議員提出の条例案がほとんどなかった背景には、議会と執行機関との「綿密な調整」がある。ある自民党幹部は改選前、「知事が議案を提出した段階で議論は尽くされている」と説明した。

執行機関と議会が条例案の内容を詰め、固まったものを知事が提出する。事前に調整することで議案は当然可決され、スムーズに執行できるメリットがある一方、オープンな議場ではなく「水面下」で物事が決まる構造は「ブラックボックス」として批判された。

都民ファーストの会は都議選で、そうした動きを「議会が形骸化し、水面下で政策が決まっていた」と批判。小池知事は都議の政治資金パーティーに職員が参加しないよう求めるなど、執行機関と議会が距離を置くように求めており、今後はこれまで水面下で行われてきた調整をオープンな場で行う必要がある。

都民ファーストの掲げる「提案型の議会」に向け、同党の所属都議は、既に議会局などから条例案提出に向けたレクチャーを受けている。新人都議の一人は「小池知事は『仕事をする都議』を求めている。知事の施策は革新的だが、子育て支援や虐待対策など十分ではない部分もあるので、議会として提案していきたい」と意気込む。条例を提出できる議会となることで、都議会のプレゼンスが向上することも狙いだ。

議員提出の条例案が増加すれば、都民から見ても議会の動きや議論の経過が見えやすくなるが、反面、執行機関との調整不足で実効性が担保できないまま条例案を提出すれば、混乱を招くことも懸念される。また、他の地方議会で出された議員提出の条例を見ると、議会改革条例などのほかは「日本酒乾杯条例」など理念条例的なものが目立つ。こうした条例が増えることが、果たして議会の活性化と言えるかは判断が分かれるところだ。

選挙公約で議員提出条例による改革を掲げた都民ファーストの会＝5月23日

議員の条例提出をサポートするのは、議会局議案法制課だ。他の法令に抵触しないか、政策目的が達成できる内容になっているかなど、会派の原案に対して法制的な観点からアドバイスを行い、条例が正しく機能するよう支援する。

一方で、同課は会派から出された条例を担当部署とすり合わせることはしない。「議会は都庁と独立しており、三権分立のようなもので権限が違う」（担当者）ためだ。執行機関である都庁側に対して事前に質問し、説明を求めるのは原案をまとめる都議の役割だ。小池知事は14日の会見で、都庁職員と都民ファーストの会との関係について「しっかり情報を交換し、議論を交わす中でよりよい都政づくりをしてほしい」と話し、職員に対して威圧的な態度をとることなく、「条例案を競い合うような関係になってほしい」と求めた。今後の健全な議会運営には、議員と職員との信頼関係が鍵となりそうだ。

7月23日からスタートする第20期都議会で、議会と都庁の関係は変わるのか。新たな時代が幕を開けようとしている。　＝おわり

バリアフリー整備 中間取りまとめ案

都福祉のまち推進協

都は13日、福祉のまちづくり推進協議会の第4回専門部会を開催し、高齢者や障害者らに配慮したまちづくりの方向性に関する「中間取りまとめ」案を示した。同案ではバリアフリーの取り組みに関し、ハードとソフト両面を一体的に検討する必要性を明記した。

ただ、施設の整備や調査など、ハード中心の記述だったため、委員からは「ソフト面をしっかり盛り込むべき」などの指摘があった。都は委員の意見を踏まえ、9月の次回会合で修正案を提示する。11月の同協議会で「中間取りまとめ」を報告する。

冗句ジョーク

都庁テレワーク・デイなど、働き方改革が着実に進行中

「オレ達のことは別に、ここ数代の都知事で一番忙しい小池知事こそ〝働き方改革〟が必要じゃないの？」――都職員

◆大杉氏が教育委員辞職

都教育庁は13日、教育委員会委員の大杉覚・首都大学東京教授が一身上の都合で辞職願を提出し、知事と教委が同日付で同意したと発表した。

首都大学東京によると大杉氏は先月22日、都内飲食店で飲酒中に、面識のない他の客をたたき、翌日に被害者から大学に連絡があった。同氏は「飲酒していたので記憶にないが、相手から申告があった以上、否定できない」としている。同大学は「誠に遺憾。今後、詳細な事実関係を調査した上で、厳正に対処する」とコメントした。

大杉氏は任期途中で辞職した作家の乙武洋匡氏の後任で委員に就任。任期は21年2月末までだった。委員の任期は4年。都教委は教育長と5人の委員で構成している。

都政の東西

誇りで活性化

富山県内にある総合機械メーカー社長が、富山県民は閉鎖的な考え方が強いので「極力採用しない」と発言したとするニュースが世間をにぎわせている。

この発言が話題にのぼったのは、企業のトップが発した差別的な発言であったことに加え、日本にはまだ自分の生まれ育った土地を悪く言われるのを看過できない意識が残っていることもあるのではないか。「富山県民は義理人情に厚いので、積極的に採用する」とでも言えば批判は避けられただろう。こうした帰属意識をシティープロモーションに生かそうとする動きが墨田区で始まっている。

同区では全庁を挙げてシティープロモーションを推進するため、昨年度から「PR力向上プロジェクト」として、職員が作成した区のPRポスターを区民に投票してもらう取り組みなどを実施。取り組みの根幹に据えるのが、市民が自分の暮らす都市に対して誇りを持つ「シビックプライド」の育成だ。

区のプロジェクト監修に携わる編集者の紫牟田伸子氏は、「シビックプライドは広がる、というより一人ひとりの中で育っていくもの」と説明する。一律の好印象が水平的に普及していくのではなく、ある人は「隅田川沿いの水辺空間こそ区の名所」と言い、ある人は「おいしいパン屋が多い」というように、区に関わる人が各自の価値観に基づいて魅力を発見し、愛していくということだという。

紫牟田氏は「まちを盛り上げるのに肯定的な意見だけを取り上げることもない」と話し、名古屋市が発表した「名古屋なんて大好き」というキャッチコピーを絶賛していた。市民が抱く都市への思いが地域活性化の鍵になる。

上野駅公園口を再整備

改札を移設し広場と直結

区は集客力向上に期待

東京2020オリンピック・パラリンピック競技大会に向け、「日本の顔」とされるJR上野駅公園口周辺の再整備が本格的に始まる。都、台東区、JR東日本の三者間協議が前進し、JR東日本が10日に公園口を五輪開会前の20年7月に90㍍北側に移設すると発表した。公園口の移設先が固まったことで、三者が改札と駅の接続部の整備に着手することとなり、地元の台東区では、集客力の向上に期待を寄せる。

JR上野駅は1日に18万人が乗り降りするターミナル駅。駅西側の公園口は、美術館や博物館を始めとする集客施設が集まる「上野の森」への主要な出入り口となっているが、訪日外国人を始めとした来街者の増加により、駅に面した車道の信号待ちで混雑。休日などは改札口から出られないことや、観光バスが改札口周辺に滞留することなどが課題となっている。

現在のJR上野駅公園改札口。五輪前には奥の囲いが設置された辺りに移る＝13日、台東区で

公園口周辺の整備は、上野公園の入り口を見通しの良い快適な空間に改善するため、駅前は歩行者専用広場とし、北側と南側に交通ロータリー2カ所を併設して車両が乗り入れないようにする。

都、台東区、JRがそれぞれの所有地で工事を進める。JRが公園口を移設するのと並行して都と区が駅と公園の接続部と周辺の道路を整備する。

JR東日本東京支社によると、新しい公園口は、90㍍北側にある花見の季節やゴールデンウィークなどの繁忙期に使用している臨時改札口を拡幅・増設して整備する考えで、公園と直結させる。11月から工事に入る予定で、20年7月の整備完了を目指す。

都は駅前広場と南北側ロータリーを整備する。09年度に上野公園一帯を6エリアに分けて再整備の方向性を示した「上野恩賜公園再生基本計画」では、上野公園の入り口として「風格ある広場」とすることで、立ち並ぶ文化施設と調和した魅力的な通路空間とするよう方針づけている。

都は同方針の策定以降、公園内の園路や広場、樹木などを整備してきたが、公園口周辺の整備は三者が整備内容を合意しなければ動かない課題として残っていたため、同計画の最終段階に入った格好だ。都は年度内に実施設計をまとめ、工程を組み立てる。新改札のオープンと同時期に整備を完了する。

都建設局は「来訪客の動線を確保しながら工事を進めるため、施工期間をなるべく短く収めて安全性確保に努めたい」（公園緑地部計画課）と話す。

一方、地元の台東区は、南側ロータリーまでの区道を拡幅し、一方通行から2車線の相互通行に変更する。

台東区が実施した観光・マーケティング調査によると、上野は浅草に次ぐ集客力を誇り、上野公園には年間1213万人が訪れている。国や都と連携して策定した「上野『文化の杜』新構想」で五輪に向けて再整備を図る体制が整い、20年末までに年間3千万人の来街者を集める目標を設定している。

改札口の移設によって動線を改善して混雑が緩和できれば、上野公園を訪れ、園内を回遊する観光客が増える可能性がある。区は整備と並行して、公園周辺のアメ横や日暮里、谷根千地域などへの人の流れを促すことを視野に、上野地区のまちづくりを推進する考えで、来年度にまちづくりビジョンを策定する。区都市計画課は「上野は観光資源が豊富でポテンシャルの高いまち。改めて来街者を増やしたい」と話している。

中野区

カラオケ活用し介護予防

歌や体操、区内20カ所で

中野区が今年度から区内20カ所で実施しているカラオケを使った介護予防事業が人気となっている。年齢を重ねて低下した口腔機能や認知機能などの維持・向上のため、カラオケ大手の第一興商が歌やボイストレーニングを応用したプログラムを開発。区が同社の支店がある新井地区で開始した連携事業が好評だったことを受け、全区展開に着手した。区によると、高齢者の青春時代を彩った懐メロなどを使ったプログラムが評判となり、回を重ねるごとに参加者が増えているという。

「今日はどんな歌かしら」「先週から楽しみにしていたの」――区南部地域にある高齢者施設「しんやまの家」に集まった高齢者が笑顔で言葉を交わす。同施設では6月から毎週火曜日にカラオケを使った介護予防事業「カラオケプログラム」による脳活性化塾」をスタート。開始当初は8人の参加にとどまったが、現在は常に20人以上が通う人気事業となった。

4日に同施設で行われたプログラムには23人が参加。第一興商の担当インストラクターが指導し、会場に設置したカラオケ機器から流れる音楽や映像に合わせて約2時間、歌や体操で汗を流した。

プログラムでは、過去の記憶を思い出す作業を通じて脳を活性化させるため、歌う楽曲には高齢者の若者時代に流行した歌謡曲を使用。イントロクイズ形式として考える作業を加えることで、認知機能の向上を促しているのが特徴だ。この日に歌ったのは、千昌夫の『星影のワルツ』と、坂本九の『上を向いて歩こう』。イントロが流れると、参加者がすぐに手を挙げて曲名を言い当てていたのが印象的だった。

また、単に歌うだけではなく、様々な工夫を加えたメニューの豊富さもプログラムの特徴だ。

集中力や認知機能を高めるため、童謡「うさぎとかめ」の合唱の際には、歌詞から「の」や「か」の文字を除いて合唱。「どうしてそんなにのろいのか」の部分では「か」を歌ってしまう参加者が多く、会場が笑いに包まれた。

特に人気なのが、岡本敦郎のヒット曲『高原列車は行く』に合わせて行う「高原列車の体操」だ。冒頭の歌詞の「汽車の窓からハンケチ振れば」にちなみ、ハンカチを使って体全体を大きく動かす体操で、参加者は歌いながら元気にハンカチを振っていた。

画面とインストラクターの指導で「高原列車の体操」を行う参加者＝4日、「しんまちの家」で

事業は週1回、全12回のプログラムで実施。開始前後に血圧などのデータを記録し、プログラムによる効果を図る。一般社団法人日本音楽健康協会が養成する「音楽健康指導士」としてプログラムのインストラクターを務める第一興商の堀陽太氏は「ボイストレーニングとエクササイズを組み合わせた『スポーツボイス』など比較的激しい運動も行う。参加者の健康状態をしっかり把握して元気な状態を維持してもらいたい」と語る。

開始当初から参加している80代の女性は「以前はカラオケ大会に出るのが趣味だったけど、最近は体力が衰えて動くのもおっくうになっていた。元気を付けてまた大会に出たい」と語った。また、今回の参加者で最年長の90歳の女性は「前回から参加しているが、楽しくて次が待ち遠しい」と笑顔で会場を後にした。

同区によると、区内在住の65歳以上の高齢者は約7万人で、このうち約9千人が介護予防軍の要支援1・2に認定されている。区地域支えあい推進室では、「楽しみながら行う介護予防事業を今後も推進していく」と話している。

世田谷区

所有者不明の空き家解体

民法上の仕組みを適用

世田谷区は、12日の定例会見で、所有者が所在不明となっている空き家を、民法で規定する「不在者財産管理人」の仕組みを使って解体したと発表した。老朽化が顕著な空き家がある場合、行政代執行法に基づいて解体を行うのが一般的だが、所有者が所在不明の場合は適用できないことが課題となっていた。区が今回採用した不在者財産管理人制度による解体は都内初で、全国的にも注目を集めそうだ。

区建築安全課によると、解体したのは北烏山地区にある木造平屋建ての一軒家。老朽化が進んで屋根や外壁がはがれ落ちるなど、近隣住民から不安の声が寄せられていた。このため、区は2015年12月に、空き家対策特別措置法で規定する「特定空き家」に指定。有識者らで構成する対策審査会などで対応を検討してきたが、戸籍や住民票、登記簿などで所有者の所在が確認できなかったため、不在者財産管理人制度の活用を決めた。

不在者財産管理人は、民法の規定に基づき、所有者が不在の場合に利害関係者の請求で家庭裁判所が選任し、所有者に代わって財産の処分などを行う。区は今年4月に家裁に申し立てを行い、6月に選任。今月3日に不在者財産管理人による解体が行われた。

区は解体費用として選任時に27万円を納入。建物解体後の土地は、隣接敷地の所有者が購入する意向を示しており、土地の売却益から解体費用が区に返還される。

保坂展人区長は「前例がないため、様々な手法を検討した。私有財産に区がどれだけ関与できるかという問題はあるが、朽ちていく廃屋を放置するのも公共としてどうか。今後もケースに応じた適切な手法でまちづくりを進めたい」と語った。

区が不在者財産管理人制度を使って解体した空き家＝区提供（画像は一部処理しています）

観光協会が本格始動
3年以内にDMOへ

北　区

北区が民間企業などとともに設立した北区観光協会が13日に会員募集を開始し、本格的にスタートを切った。今後3年以内に国の「日本版DMO」への申請を予定しており、23区の観光協会で唯一、日本版DMOに登録している墨田区に続く2例目の登録を目指す。

観光協会では今年度、SNSを通じた情報発信や観光業に携わる人材育成のためのセミナー開催などを計画する。北とぴあ1階には会員が利用できる共用オフィスを設け、事業者同士での企画立案を促す場を用意する。

13日に開いた設立記念セレモニーで会長を務める大前孝太郎・城北信用金庫理事長は「旧来の視点に捉われない戦略的なPRをして、地域に稼ぐ力を生み出す」と力を込めた。

来賓の花川與惣太区長は「北区は個性と魅力があふれるまち。これからは観光協会が中核となって北区の魅力を発信してもらえると期待している」と述べた。

学芸大学駅周辺で
ポイ捨て禁止訴え

目黒区

目黒区は14日、学芸大学駅周辺の商店街でたばこのポイ捨て禁止キャンペーンを行い、駅利用者らにマナー順守を呼び掛けた。

区は2003年7月にポイ捨て防止条例を制定しており、毎年7月を「ポイ捨て防止月間」として啓発活動を行っている。同駅周辺では、区が西口の道路脇に屋外喫煙所を設置していたが、道路幅員が狭く、周辺住民から受動喫煙の防止などで移設要望が出ていたため、4月に区立公衆トイレを改修して建物の一部に屋内喫煙所を設置。PRを兼ねて同駅周辺でのキャンペーンを決めた。

キャンペーンには町会・自治会や商店街関係者、地元の碑文谷警察署など約50人が参加。通勤客に啓発チラシを配布してポイ捨て禁止を訴えた。青木英二区長は「地域からの長年の要望だった屋内喫煙所が完成し、今後もたばこを吸う人と吸わない人が共存できる環境づくりに取り組みたい」と語った。

自治体政策のススメ

政策法務の基礎②

高崎経済大学准教授　岩﨑　忠

公共政策の構成要素

公共政策とは、「公共的な課題を解決するための活動の方針（案）であり、目的と手段の体系をなすもの」（森田朗・東京大学名誉教授）である。ポイントは、▽公共的な課題であること▽活動の方針（案）であること（政策は、実際に執行できない場合もあるのであくまで「案」）▽何のためにどんな手段を講じるかといった目的と手段の関係が政策の中心であること――の三つだ。

そして、公共政策であるためには、①目的②主体③対象④手段⑤基準・手続き――が含まれなければならない。

①「目的」とは、自治体の活動の目標を示し、社会が達成すべき望ましい状態を示すことである。

②「主体」は、公共政策の場合、国・都道府県・市町村が中心になるが、それぞれの役割分担に応じて主体が決まる。自治体政策の場合、都道府県が広域業務、連絡調整業務、補完業務を担い、それ以外を市町村が担う（地方自治法2条3項、5項）。

③「対象」は、喫煙者などの人や、開発行為などの行為、喫煙禁止区域などの区域を特定するものである。

④「執行手段」は、▽法律や条例に基づき罰則等の制裁をする場合や、自治体が本人に代わって撤去する等の強制執行する「権力的な手段」▽補助金の交付や税の免除、利子補給などを行う「経済的な誘因の提供」▽看板の設置やチラシの配布など、対象者の行動を制御する「情報の提供」▽不法投棄対策による進入ゲートの設置など、行為が行われる環境を変化させる「物理的制御」▽一つの部局で対応できない課題には部局横断型の対策組織を設置するなど、自治体が全ての業務を行うといった総合行政主体といった考え方から脱却し、自治体間連携で対応したり、企業や自治体との連携を取りながら官民連携して課題に取り組んだりする「組織による対応」――がある。こうした手段をどのように組み合わせることで有効な政策になるか検討する必要がある。

そして最後に、⑤「基準・手続き」として、活動を行う際の従わなければならない許認可や、補助金交付の基準・手続き等を定める必要があろう。

記者席

説明不足から広がる不信感

○……「罵声を飛ばされることも覚悟した」。今回の都議選で39人の新人候補が当選した都民ファーストの会。知事の支援を受けて、政治経験のない新人都議も多数誕生した。第20期都議会を前に、その一人が出馬当時の不安を明かした。

自民党との対決姿勢を鮮明にした都民ファーストからの出馬には相応の勇気が必要だったという。実際には街頭で罵声を浴びることはなかったが、「自分の名前が浸透したとは思わない」とも話す。

候補者の名前ではなく、都民ファーストや小池知事への支持で当選したという側面はある。だが、問われるべきはこれからの実績だ。圧倒的勝利にふさわしい活動を期待したい。

○……「似通ったという主観はよく分からない」――。豊洲市場の千客万来施設の運営事業者が、知事の市場移転方針を受けて撤退を検討している問題に関し、小池知事は14日の会見で記者の質問をこう切り捨てた。

事業者は、知事が市場移転後に築地を「食のテーマパーク」として再開発すると表明したことに、同じにぎわい施設として採算が取れなくなると懸念。企業なら当然のことだ。

更に知事は、「誠意を持って説明するよう（職員に）伝えてある」と言ってのけた。似通って見える点も含め、全ては自身の説明不足が招いた結果だ。相手の解釈に難癖をつける前に、きちんと自らの言葉で説明すべきでは。

○……強い毒を持つ外来種のヒアリの卵や幼虫が13日、品川区の大井埠頭で新たに見つかり、都や環境省は警戒を強めているが、多摩地域では別の外来昆虫「クビアカツヤカミキリ」に悩まされている。

中国やベトナムが原産で、桜や桃の木を食い荒らし枯死させる厄介者だ。2012年に愛知県で初めて見つかって以来、大阪府や群馬県などに拡大。都内でも15年に初めて見つかり、福生市やあきる野市で被害が広がっている。ヒアリのように人体に直接危害を加えないとは言え、農業への被害は大きい。都環境局は自治体に駆除費用の助成をしているが、こちらも悩ましい課題だ。

再開発効果で長期の施策を

国分寺市長・井澤邦夫氏に聞く

2日に投開票された国分寺市長選挙で、対立候補に1万票の差を付けて再選を果たした井澤邦夫氏(66)。今後4年間の目標などを聞いた。

いざわ・くにお＝1950年9月生まれ。中央大学法学部卒。生命保険会社や建設関連会社勤務を経て、05年から市議となり、議長職などを務めた。13年に星野信夫前市長の後継指名を受けて出馬し、初当選。趣味はテニスだが、市長就任後は休日がなく、体を動かす時間が全く取れなかった。2期目では職員からの補佐も受け、自身のワーク・ライフ・バランスも充実させていきたいと話す。「ゆっくり温泉にでも行きたいのが正直な気持ち」。息子と娘は独立し、妻と二人暮らし。

——今回の選挙の感想は。

以前副市長をやっていた方が野党連合の支持を受けて、1カ月前に突然選挙戦を挑んできた。争点ははっきりせず、国政選挙を持ち込まれた印象がある。これまで国分寺では国政での野党が連合を組むことはなかったので、戦い方にも戸惑った。

——相手候補は井澤市政を「独断で強権的」と批判しました。

その言葉はそのまま相手候補にお返ししたい。自身が副市長時代にやってきた行いをどう総括するのか。私は能力ある人間を登用しており、その頃のような偏った人事はしていない。私には当たらない批判だ。選挙の争点にすること自体がおかしい。

——2期目は新庁舎建設が大きな行政課題になります。

国分寺駅北口の再開発が進むことで財政的な裏付けができた。建設場所は現在地か、新しい場所を探すのか、市民懇談会などで丁寧に意見を聞く。一方で、現在の庁舎は老朽化し、不便な分散庁舎で市民サービスが低下しており早急に解消したい。市役所は職員の事務室ではなく市民サービスの拠点。災害時の中心拠点でもあるので、堅固なものを作りたい。

——建設のめどはいつごろですか。

東京五輪を控え、地価や建設費が上がっている。着工はこれが落ち着いた時期と思っている。また、現在は市全体の都市計画マスタープランを作り直したところで、検討が必要。3～4年かけて計画を作れればと思う。

——国分寺駅の北口再開発のにぎわいをどのように波及させますか。

国分寺市民の消費地は、市外の吉祥寺や立川だった。再開発により、来街者も増えて消費が進む。北口の再開発ビルが完成するのは来年3月だが、駐輪場や広場の整備、道路建設などに4年程度かかる。今から商店会の方々と話し合い、魅力ある商店街づくりを進め、活性化に取り組んでいる。再開発はハード面が強調されるが、財政効果の面が大きい。財政の健全化が進むことで、福祉施策などを長期的な視点で進めることができる。

——今後はどのような施策を進めますか。

市の人口は増えているが、少子高齢化は進行していく。高齢者が増えるのは街に住み続ける方が多く、良いことだが、生産人口が支える高齢者が増える。これまでも若い人たちが安心して子供を産み育てられる環境づくりに力を入れてきたが、今後も充実させていく。また、働き世代の健康維持や高齢者の健康寿命延伸のため、スポーツ振興にも取り組む。

——市長選と同日の都議選では、都民ファーストの会が躍進しました。

都民の意思として重く受け止めている。都議の果たす役割は都政運営とともに、自治体とのパイプ役の意味合いもある。都民ファーストの都議とも接触し、関係を模索していきたい。お願いしたいのが三多摩格差の解消。我々の声が都政に反映されるよう、都議に役割を果たしてもらいたい。

——職員への期待は。

若い職員を中心に、モチベーションが上がってきたと感じている。以前は議会対応の難しさや予算案が通らずに暫定予算となるなど、様々な障害があった。それが解消されているので、本来の仕事に集中できている。従来の仕事にとらわれず、誇りをもって国分寺モデルの仕事を進めてほしい。

小金井市

新福祉会館建設で素案

議会からは不満の声も

小金井市は11日に開かれた市議会全員協議会で、懸案事項となっている新福祉会館の建設基本計画の素案を報告し、新庁舎建設予定地に複合施設として建設することを説明した。

市は議会への説明に先立ち、7日に市民検討委員会を開き、同素案を報告。12月までに必要な事項を検討・協議する予定だ。

同市の旧福祉会館は施設の老朽化などにより、昨年3月に閉館。市は庁内のプロジェクトチームで昨年8月までに新庁舎との複合化整備に向けた検証を進めてきたが、議会からスケジュールや財政計画、比較検証結果が明確でないなどの指摘を受け、ゼロベースで見直すこととしていた。

素案では、新福祉会館は庁舎機能との連携や市民のアクセスなども踏まえ、新庁舎建設予定地である蛇の目ミシン工場跡地とすること、多機能化・複合化を進めることなどを規定。総床面積は3500平方㍍を基本とし、総事業費は約16億6千万円と試算した。

新施設の機能では、旧福祉会館が担っていた福祉総合相談窓口や保健センター機能のほか、子ども家庭支援センターやボランティア・市民活動センター、障害者就労支援事業などの個別機能も持たせる。

素案に対して、議会からは新施設の機能についての質疑が集中。旧福祉会館が持っていた公民館機能が制限され、市民活動の場所が確保されないことへの危惧や、現在仮移転している福祉共同作業所のスペースがないことなどが指摘された。

市は現在、公民館運営審議会が公民館の中長期計画の答申をまとめていることなどを説明。一方で福祉共同作業所については、現計画について利用者や家族との協議は行っていないと答弁し、議員からは反発の声も上がった。

予定された2時間の審議時間ぎりぎりまで質疑が行われ、8月1日に行われる「庁舎及び福祉会館建設等調査特別委員会」でも素案に関する議論が行われる見通しだ。

自治体情報の活用を指南

未来に向けて②

16年度市町村自治調査会報告書

オープンデータの活用

近年、自治体の保有する情報を二次利用しやすい形でデータ提供する「オープンデータ化」により、地域課題の解決等につなげることが期待されている。だが、業務の負担感などから自治体での取り組みは模索段階にある。

「基礎的自治体によるオープンデータ化と利活用の可能性に関する調査研究」では、自治体がオープンデータ化に取り組む意義、メリットを検討・提言した。

同調査で都内39市町村の取り組み状況を調べたところ、既にオープンデータ化に取り組んでいるのは八王子、調布、日野、武蔵村山、稲城の5市のみで、検討中(11自治体)を含めても全体の4割程度にとどまっていることが分かった。一方で、「関心もなく検討していない」自治体が9自治体(23・1%)あった。

オープンデータの取り組みを進められない要因として、オープンデータに関心のある自治体では▽必要とされるデータが分からない▽庁内の認知度が低い・理解が得られない▽費用——が上位で、関心のない自治体では▽自治体が効果・メリットを得られるか分からない▽業務の負担が増える▽費用——が多かった。

こうしたアンケート結果や先進的に取り組む国内外の自治体の事例、データの活用が期待される民間事業者の調査から、自治体がオープンデータの取り組みにおける方策を提言。自治体がオープンデータ化に取り組む際の進め方として、▽取り組みを支える「土台づくり」▽継続的に取り組める「仕組みづくり」▽適切な利活用につなげる「基盤づくり」▽期待する効果を引き出すための「仕掛けづくり」——の4段階を示した。

「土台づくり」では、何を目的に、どこまでのレベルでオープンデータ化するか目標を明らかにし、庁内の合意形成を図ることを第一に挙げた。

「仕組みづくり」では、公開するデータの対象や形式等の拡充をポイントとした。取り組みを継続・拡充するためには、全職員の協力が不可欠となり、オープンデータ化の目的やメリットを周知し、協力体制をつくる必要性を指摘した。

「基盤づくり」では、オープンデータを利活用する際の二次利用ルール作りとして、多くの自治体で活用している「クリエイティブ・コモンズ・ライセンス(CCライセンス)」を利用することで、自治体が著作権を維持したまま利活用が可能になる点を示した。

さらに、サイトに情報掲載しただけではオープンデータの利活用は進まず、「仕掛けづくり」として、活用コンテストやアイデアソンのようなイベント開催、企業との連携など、多様な手段で周知を図ることが重要としている。

MEMO

オープンデータ　営利・非営利目的を問わず、データの二次利用を促進するためのルールを設定した上で、誰でも、いつでもアクセス可能な電子データとして提供している自治体の保有情報。単にデータを公開するだけでなく、その利用条件を広く開かれたものにすることがポイントとなる。

自治体のオープンデータの取り組みは、2015年に国がガイドラインを公表して以降、取り組む自治体が増えているものの、16年3月時点での取り組み自治体は全体の11・5%にとどまっている。

16年12月7日には、「官民データ活用推進基本法」が参議院本会議で成立。国・自治体・民間事業者等が保有するデータを適正・効果的に利活用するため、それぞれの責務や、利活用の推進に関する基本事項を定めた。

同法の基本理念に基づき、国は重点施策や国による官民データ活用等を定めた「官民データ活用推進基本計画」を策定。また、都道府県は官民データ活用の方針、取り組み事項等を定めた「都道府県官民データ活用推進基本計画」の策定が義務付けられている。市区町村の計画策定は努力義務だが、データ活用による業務の効率化を図るため、自治体間連携が一層進むことが想定され、区市町村でも検討が必要になることが考えられる。

府中市

駅南口再開発が完了

大型複合ビルオープン

京王線府中駅南口に接続する大型複合施設「ル・シーニュ」が14日オープンした。同駅南口の再開発事業は1982年に都市計画決定がされて以降、35年にわたって事業が進められてきた。今回、南口第一地区のビルがオープンしたことで、既に再開発事業が完了している第二地区、第三地区と合わせ、全事業が完了した。

新たにオープンする複合施設は地上15階、地下4階で、延べ床面積は5万7千平方㍍。地上4階までは約100店舗が入居する商業施設で、5階と6階には公共施設が入居する。

5階の市民活動センター内には会議室などのほか、定員284席の「バルトホール」がオープン。地下2階には「府中の森芸術劇場」の分館が入居する。

また、芸術劇場の本館・分館では同市初の取り組みとしてネーミングライツを導入する予定で、8月31日までパートナー企業を募集している。年額3500万円以上で契約し、施設の維持や健全な財政運営に努める方針。

市長や関係者が出席した開業セレモニーの様子＝14日

横田基地連絡協議会

輸送機部品遺失で安全確保申し入れ

都と周辺市町で構成する横田基地に関する連絡協議会(会長＝小池知事)は13日、同基地に所属する輸送機「C—130H」の金属部品がなくなっていることが判明したことを受けて、横田基地に対して再発防止を要請した。

なくなった部品は着陸装置の一部で、大きさは約5㌢×12・7㌢。12日の午後に行った訓練飛行後に点検した際、遺失が判明した。都と基地周辺自治体には北関東防衛局を通して情報が提供された。

協議会は横田基地の空輸航空団司令官に対し、「部品の落下は人命に関わる重大な事故につながりかねず、多くの住民に不安を与える」として、原因究明や再発防止、安全確保の徹底を求めた。

同基地では先月も別の輸送機の部品遺失が判明しており、協議会が再発防止の徹底を要請していた。

立川市

くるりんがマンホールに

立川市は今年度から、市内のマンホールのデザインを変更し、公式キャラクター「くるりん」が登場する3種類の鉄ぶたに切り替えていく。通常の黒いふた以外にカラー版も作成し、シティプロモーションにも活用する構えだ。

これまで同市のマンホールは、市の花である「こぶし」と、当時の長期総合計画に掲げられた「Healthful City Tachikawa」がデザインされていたが、2015年度からの現行の長期総合計画には採用されておらず、新たなデザインを作成した。

3種類のデザインは、1年ごとに1種類ずつ作成し、交換時期を迎えた箇所から設置する。今年度は駅周辺に2カ所程度設置する予定。一方で、以前のマンホールの在庫も残っているため、お目見えはまだ先になりそうだ。

また、国や下水道事業社で構成する下水道広報プラットホームが発行する「マンホールカード」の発行も予定しており、今後申請を行う。

TAMA手箱

◇ドイツ訪問で協定締結　八王子市

八王子市の石森孝志市長は10日、訪問先のドイツ・ヴリーツェン市の市役所で友好交流協定の締結式に出席した。協定締結は八王子市市制100周年記念事業の一環。

石森市長は市民訪問団とともに、9～11日の日程で同市を訪問。第二次世界大戦終戦直後、八王子出身の肥沼信次氏が、ヴリーツェンの伝染病医療センターの初代所長に就任し、疾病対策に尽力したことが縁で、協定はこの功績を語り継ぎ、相互理解と友好親善を深めることが盛り込まれた。

石森市長は「肥沼博士の功績を市内外に伝え、両市の関係が深まることを期待している」と話した。

◇遺跡見学会開催　小金井市

小金井市は武蔵小金井駅南口の再開発事業で出土した市役所第二庁舎向かいの遺跡で、第2回の見学会を行った。6月10日に行った第1回の見学会には市内外から約1500人が来場。要望が多かったことから、17日に再び開催した。

遺跡からは旧石器時代や縄文時代、江戸時代～戦時中の生活の痕跡が発見されている。見学会では縄文土器などの出土品と触れたり、解説員による説明案内を実施。また、今回は見学エリアを拡張したほか、遺跡内の防空壕に入ることができる体験型の見学も行った。

町田市

子ども施設にカフェ

利用者が運営に関与

18歳までの子供や保護者が利用できる町田市の施設「子どもセンターまあち」に17日、利用者が運営に携わるカフェがオープンした。基礎自治体の児童施設がカフェを併設するのは全国的にも珍しい試みだという。

同施設では「自分たちのカフェ」をコンセプトに、センターの利用者によるメニューの企画・提案やイベントの提案を受け付ける。中高生が店内の黒板装飾や商品開発にも関わる予定だ。

購入したものは館内のどこでも飲食が可能で、2階の調理室で調理できるクッキー生地やピザの材料なども販売。そのほか1個売りの紙おむつや、センターの音楽室を利用する高校生に向けて、楽器用品なども販売する。

同子どもセンターは昨年4月の開設時からカフェのオープンを計画していたが、商圏の狭さなどから難航し、今回初めて運営事業者が決まった。

知事・局長級一覧

※年齢は、平成29年度末現在

	役職	氏名		管試	年齢	学歴	発令
	知事	小池百合子			65歳	カイロ大文	28.7.31
	副知事	安藤立美		57A	65歳	明大法	24.6.21
	副知事	川澄俊文		60A	62歳	早大法	28.6.21
	副知事	中西充		62A	61歳	早大法	28.6.21
	副知事	山本隆		62A	58歳	一橋大法	28.6.21
	教育長	中井敬三		58A	62歳	一橋大経済	27.4.1
	政策企画局長	長谷川明		62A	59歳	早大政治	28.7.1
	外務長	山元毅	(国)	28特	55歳	同志社大法	29.3.10
◎	政策企画局次長(〃理事兼務＝知事補佐総括担当)	岩瀬和春		4A	54歳	慶大経済	29.8.1
◎	〃理事(ホストシティプロジェクト推進担当)	小池潔		4A	55歳	中大法	29.7.1
◎	〃理事(報道総括担当＝知事補佐担当兼務)	小暮実		14B	59歳	日大法	29.8.1
	〃理事(事業調整担当)	松下隆弘		7B	58歳	中大法	27.7.16
	〃理事(連絡調整担当)	小山哲司		オリ・パラ準備局理事 兼務			
	青少年・治安対策本部長	廣田耕一	(国)	27特	56歳	早大政経	27.7.17
	総務局長	多羅尾光睦		61A	60歳	青学大法	28.7.1
	危機管理監	田邉揮司良	(国)	26特	60歳	神戸大院土工	27.4.1
	総務局次長	榎本雅人		3A	56歳	早大法	28.7.1
◎	〃理事(人権担当)	箕輪泰夫		9B	58歳	早大法	29.8.1
	〃理事＝首都大学東京派遣	奥田信之		2A	58歳	早大経済	27.7.16
	〃理事＝特別区人事・厚生事務組合派遣	河内豊		3A	55歳	中大法	27.7.16
	職員共済組合事務局長	黒田祥之		63A	57歳	慶大経済	28.4.1
	財務局長	武市敬		1A	57歳	一橋大経済	28.7.1
	主税局長	目黒克昭		62A	59歳	早大経済	28.7.1
○	生活文化局長	塩見清仁		2A	58歳	中大法	29.8.1
	〃次長	桃原慎一郎		2A	56歳	早大政治	27.7.16
	〃理事＝東京都歴史文化財団派遣	武市玲子		4A	55歳	一橋大商	29.4.1
○	オリンピック・パラリンピック準備局長	潮田勉		8B	56歳	明大法	29.8.1
◎	〃次長(〃理事兼務＝スポーツ推進担当)	鈴木勝		10B	56歳	学習院大法	29.8.1
	〃理事(大会準備調整担当)	小山哲司		7B	59歳	一橋大法	27.4.1
	〃理事(パラリンピック準備調整担当、大会運営調整担当)	延與桂		3A	56歳	東大教育	29.1.16
	〃技監	相場淳司	(土)	10B	57歳	武蔵工大院土木	29.4.1
	〃理事＝東京オリンピック・パラリンピック競技大会組織委員会派遣	手島浩二		11B	55歳	法大社	28.4.1
	〃理事＝東京オリンピック・パラリンピック競技大会組織委員会派遣	吉村憲彦		2A	55歳	東大工	26.7.16
	都市整備局長	邊見隆士	(土)	63A	59歳	早大土木	28.4.1
○	〃次長	佐藤敦		7B	57歳	中大法	19.8.1
	〃技監	邊見隆士		都市整備局長 兼務			
	〃技監	上野雄一	(土)	6A	56歳	千葉大院工	28.4.1
◎	〃理事(住宅担当)	今村保雄		1A	57歳	東北大法	29.8.1
○	〃理事＝東京都都市づくり公社派遣	坂根良平	(土)	7B	60歳	早大理工	29.8.1
	〃理事(航空政策・交通基盤整備・交通政策担当)	佐藤伸朗	(土)	10B	58歳	東大工	27.7.16
	環境局長	遠藤雅彦		63A	58歳	慶大法	27.4.1
	〃次長	池田俊明		63A	58歳	早大経済	29.4.1
○	〃理事＝東京熱供給派遣	別宮浩志		62A	60歳	上智大法	29.8.1
	福祉保健局長	梶原洋		63A	59歳	東大文	26.7.16
	〃次長	山岸徳男		3A	58歳	明大院法	28.7.1
	〃技監	笹井敬子	(医)	10医	60歳	金沢大医	27.7.16
	〃理事(少子高齢化対策担当)	山岸徳男		福祉保健局次長 兼務			
○	〃理事＝東京都社会福祉事業団派遣	浅川英夫		5B	59歳	東大経済	29.8.1
	〃理事＝東京都医学総合研究所派遣	前田秀雄	(医)	3医	62歳	日医大医	27.7.16
	児童相談センター所長	桜山豊夫	(医)	2医	65歳	千葉大医	24.7.1
	病院経営本部長	内藤淳		3A	56歳	明大法	28.7.1
	産業労働局長	藤田裕司		63A	57歳	中大法	28.7.1
◎	〃次長	十河慎一		7B	58歳	中大法	29.8.1
	〃理事＝東京国際フォーラム派遣	西海哲洋		3A	58歳	早大教育中退	28.7.1
	〃理事＝東京しごと財団派遣	坂巻政一郎		9B	59歳	日本工学院専門	28.7.1
○	〃理事＝東京都中小企業振興公社派遣	福田良行		1A	59歳	早大経済	29.8.1
◎	〃理事＝東京ビッグサイト派遣	西村泰信		10B	56歳	中大法	29.8.1
	中央卸売市場長	村松明典		5A	56歳	横国大経営	28.10.15
	〃次長	澤章		5A	59歳	一橋大経済	28.9.21
	〃理事	福田至	(土)	3A	55歳	東大都市	28.10.15
	建設局長	西倉鉄也	(土)	7B	59歳	早大理工	28.7.1
○	〃次長	片山謙		10B	59歳	青学大経済	29.8.1
	〃道路監	三浦隆	(土)	7B	58歳	筑波大3群	28.7.1
○	〃理事(東京動物園協会派遣)	中野透		8B	60歳	中大経済	29.8.1
	港湾局長	斎藤真人		2A	57歳	東大社会	28.7.1
	〃技監	小野恭一	(土)	10B	59歳	東京理科大理	28.7.1
○	会計管理局長	猪熊純子		61A	59歳	一橋大法	29.8.1
	交通局長	山手斉		2A	57歳	慶大法	28.4.1
	〃次長	小泉健		63A	58歳	中大法	28.7.1
◎	〃理事＝東京トラフィック開発派遣	加藤隆		9B	59歳	筑波大院経営	29.8.1
○	水道局長	中嶋正宏		1A	57歳	早大政治	29.8.1
	〃技監	田村聡志	(土)	8B	57歳	北大院工学	27.7.16
◎	〃理事(IWA世界会議準備担当)	黒沼靖		10B	56歳	一橋大法	29.8.1
	多摩水道改革推進本部長	岸本良一		1A	58歳	東大教育	29.4.1
○	下水道局長	渡辺志津男	(土)	5B	59歳	長岡技科大建工	29.8.1
◎	〃次長	津国保夫		7B	59歳	東洋大法	29.8.1
◎	流域下水道本部長	神山守	(土)	9B	56歳	早大土木	29.8.1
	教育庁次長(中央図書館長事務取扱)	堤雅史		3A	56歳	中大法	28.7.1
	〃教育監(教職員研修センター所長兼務)	出張吉訓	(教)	18特	60歳	筑波大農	29.4.1
○	選挙管理委員会事務局長	浜佳葉子		3A	55歳	慶大経済	29.8.1
	人事委員会事務局長	松山英幸		63A	57歳	横国大経営	28.7.1
○	監査事務局長	岡崎義隆		2A	56歳	慶大法	29.8.1
	労働委員会事務局長	土渕裕		2A	57歳	創価大法	28.7.1
	収用委員会事務局長	砥出欣典		4A	56歳	東大医	28.7.1
	議会局長	和賀井克夫		1A	57歳	慶大経済	28.7.1

○は横転、◎は昇任　※病院長等は除く

都交通局
営業所副所長、高まる役割
都バス運転手の人材育成で「パワーアップ研修」に着手

現場最前線

都営バス営業所で運輸・管理・車両整備などの各担当を管理・統括する役割を担う「副所長」。バス運転手の大量退職期を控え、人材育成の役割が重要になる中、交通局は今年度、自動車営業所の副所長を対象とする「パワーアップ研修」を初めて開催した。現場でどのような役割を担っているのか、どのようなマネジメントが必要になるのか、現場を取材した。

「お疲れ様、今日も暑いね」「最近調子はどう？」。すれ違う職員に声を掛けて歩く。交通局渋谷自動車営業所の職員241人のまとめ役、副所長の中澤俊男さんだ。

副所長は営業所11カ所に1人ずつ配置されている統括課長代理級ポスト。バス運転手の指導を担う約250人の運輸事務一般職員のトップに当たる。運輸職では運転手から昇任選考に合格後、運行管理業務などを担当する助役、課長代理を経て任命される。

運転手に声を掛ける中澤副所長＝14日、渋谷自動車営業所

「営業所の全職員が気持ちよく働けるよう、常に目配りすることが必要」。中澤さんもバス運転手の出身で営業所の仕事には明るい。それでも4月に就任し、営業所のマネジメントという仕事の難しさも分かってきた。

例えばバス運転手は、基本的にいったん運行で外出したら昼休憩を除いて営業所に戻らないため、日常の小さな変化に気付きにくい。運転手が営業所に戻ったタイミングを見計らって声を掛けたり、一緒に昼食を取るなどしてコミュニケーションを取っているという。

安全意識の向上も副所長の大事な仕事だ。「レール上を走る電車と違い、バスの運転は運転手の判断に任せる割合が高い上、運転手には『時刻表を守る』という焦りもある。交差点の入り方や歩行者や自転車への注意など、具体的なパターンを想定して意識を向上させている」と説明する。

■次世代の育成

副所長の役割は近年、大きくなる一方だ。免許取得者数の減少でバス運転手の採用が厳しくなっている上、今後は大量退職期を迎えることが背景にある。同局では運転手採用の倍率は2010年度から10倍を下回り、減少傾向。また、同局は現在、バス運転手約2千人を抱えるが、2021年度以降は毎年100人以上が退職する見込みだ。

一方、人員を確保するため、バス運転の未経験者を採用し、未経験者の比率が徐々に高まってきており、指導職の人材育成が重要になっている。

こうした中、交通局では6月、副所長の責務を改めて認識してもらい、営業所の管理運営能力や職員に対する指導力を高めるため、「パワーアップ研修」を実施。同局の根木義則自動車部長が「副所長は営業所の大番頭。毎日の仕事をしっかり行い、更にプラスアルファとして次世代につなぐことをやってほしい」とあいさつ。「2020年大会後は人材が枯渇するため、一人ひとりの仕事力の向上が不可欠。乗務員の育成に当たっては、個別指導や若手の育成、高齢乗務員のフォローをしっかりやってほしい」と期待を示した。

当日は11人が3班に分かれ、安全な都営バスを実現する上での副所長の役割について討議。受講生からは「絶対的な乗務員不足が懸念される中、安定的な事業運営とするためには、副所長がオールマイティーにならなければならないと痛感した」などの感想が聞かれたという。

同局自動車部は「副所長が役割と責務を認識し、各営業所でこれまで以上に乗務員などの人材の育成と職場の活性化に取り組むことで、安全・安心な都営バスを目指したい」（管理課）と話している。

「運転手の大量退職を控え、若い人材の育成が大切。部署をまたいで業務を経験させるのも面白いのでは」と中澤さん。「（研修で）副所長間の横の連携ができた。一人で悩まず、副所長間でもコミュニケーションを取り、課題を解決して進めたい」と話した。

生損保4社と協定 9項目で政策協力

都政策企画局

都政策企画局は13日、東京海上日動火災保険㈱、損害保険ジャパン日本興亜㈱、三井住友海上火災保険㈱、住友生命保険相互会社の4社と、複数の政策分野で包括的・横断的に協力する「ワイドコラボ協定」を結んだ。健康増進や文化・スポーツ振興、女性の活躍推進、子育て・高齢者支援など、9分野で連携する。

小池知事は「各企業のネットワーク、人的資源を活用し、子供や高齢者を見守る防犯サポート事業、外国人への道案内などの語学ボランティア事業など、様々な分野で連携していきたい」とあいさつした。同局は3月、第一生命保険㈱と同協定を結んでおり、それに続く締結となる。

ライチョウ3羽が上野動物園で孵化

東京動物園協会

東京動物園協会は14日、恩賜上野動物園（台東区）で絶滅危惧種のライチョウ3羽が新たに孵化したと発表した。

今回の孵化は、日本産ライチョウの保護を目的とした環境省と日本動物園水族館協会が進める保護増殖事業の一環。同園のほか、富山市ファミリーパークと大町山岳博物館で成鳥を飼育し、繁殖に取り組んでいる。

長野県大町山岳博物館で産卵し、今月7日に同園に移送された卵を人工孵化施設で温めていたもので、体重は18・1〜18・8㌘。同園では6月27日にも3羽が孵化していた。

同園は「ヒナは孵化後2週間程度が特に体調を崩しやすいため、注意深く飼育、観察していきたい」としている。

局長級昇任者の略歴

名前下の数字は管試年次

岩瀬和春氏

岩瀬 和春氏 4A 昭和39・3・24生まれ、慶応大経済。61都立大、12都市計画局副参事、19都市整備局総務課長、21総務局参事、22財務局利活用調整担当部長、25財務局財産運用部長、27財務局主計部長

小暮実氏

小暮 実氏 14B 昭和33・11・12生まれ、日本大法。53杉並清掃事務所、17総務局副参事、19知事本局秘書課長、21知事本局外務課長、23総務局市町村課長、25知事本局秘書事務担当部長、27総務局総務部長

箕輪泰夫氏

箕輪 泰夫氏 9B 昭和34・10・27生まれ、早稲田大法。58下水道局、12総務局副参事、19総務局法務課長、22総務局担当部長、23総務局企画調整担当部長、25総務局復興支援調整担当部長、25総務局人権部長

鈴木勝氏

鈴木 勝氏 10B 昭和36・4・6生まれ、学習院大法。60練馬区、14産業労働局副参事、17知事本局副参事、19知事本局報道課長、21知事本局総務課長、23知事本局政策担当部長、25総務局行政改革推進部長、25オリ・パラ準備局総務部長

今村保雄氏

今村 保雄氏 1A 昭和35・8・14生まれ、東北大法。58都立大、8世田谷清掃事務所副所長、12総務局副参事、16都市整備局経営企画課長、18生活文化局参事、24建設局道路管理部長、26都市整備局住宅政策推進部長、27都市整備局総務部長

十河慎一氏

十河 慎一氏 7B 昭和34・5・12生まれ、中央大法。57北区立浮間中学校、11生活文化局副参事、18財務局財産運用部総合調整課長、20総務局参事、24産業労働局観光部長、25産業労働局商工部長、27財務局経理部長

西村泰信氏

西村 泰信氏 10B 昭和36・11・8生まれ、中央大法卒。59武蔵村山市立第二中学校、14荒川区政策担当課長、20総務局区政課長、22病院経営本部参事、23被災地支援宮城県事務所長、25総務局復興支援対策部長、26総務局行政部長

加藤隆氏

加藤 隆氏 9B 昭和33・4・7生まれ、筑波大院経営。56主税局、12葛飾都税事務所徴収課長、20主税局徴収部計画課長、21主税局総務課長、22主税局参事、25主税局税制部長、28主税局総務部長

黒沼靖氏

黒沼 靖氏 10B 昭和36・10・21生まれ、一橋大法。62水道局、13水道局新宿営業所長、15水道局副参事、20総務局総務課長、22総務局参事、23水道局企画担当部長、24産業労働局金融監理部長、26水道局総務部長

津国保夫氏

津国 保夫氏 7B 昭和34・3・10生まれ、東洋大法。52水道局、10水道局渋谷営業所長、15水道局調査課長、20水道局東部第二支所長、23産業労働局農林水産部長、26人事委員会事務局任用公平部長、28下水道局総務部長

神山守氏

神山 守氏 9B 昭和36・6・22生まれ、早稲田大土工。60総務局、12建設局副参事、20下水道局計画調整部計画課長、22下水道局担当部長、25下水道局技術開発担当部長、26下水道局施設管理部長、27下水道局計画調整部長

安藤俊雄氏

安藤 俊雄氏 昭和35・11・19生まれ、早稲田大理工。61東京消防庁、17武蔵野消防署警防課長、21人事部給与課長、23浅草消防署長、27第九消防方面本部長、28企画調整部長

退職後のリアル　しくじり都庁OBの教訓⑰

セカンドライフの職探し⑤

今ならやれるかも…

都庁人生の振り返りは貴重な経験を私に思い出させ、そんな経験がこれからの仕事につながらないだろうかという思いが私の頭の中に住みついた。

外国人労働問題はボランティアを含めて、様々な活動があり、退職後もそんな活動の幾つかに私もささやかながら参加している。しかし、もう一方のセクハラ問題については依然として女性労働問題という枠を超えられずに、女性たちを中心とする被害者救済を中心とするテーマにとどまっている。

私のセクハラ問題への最大の関心は、もちろん女性被害者の救済もあるが、女性の立場に同情して被害者を救済するということではない。むしろ、企業社会の中でこうした不祥事がなぜ起きるのか、男性はなぜこうしたことを繰り返すのかという加害者性への関心である。そして、その予防と対策がどうしたらできるのかということである。そうした視点から一貫して企業の予防策と対応に関心を持ち続けてきた。

この企業の取り組みを支援することが仕事にならないだろうか、なるとすれば私の思いが仕事として成立するのではないだろうか、こんな思いが頭を駆け巡った。さらに言えば、そうした取り組みが進まないのは、セクハラが人権問題としてきちんと企業の労務管理のテーマになり切れていないことが原因ではないだろうかという長年の疑問も絡みついていた。

そんなことを考え始めた時、セクハラ啓発DVDに関連する取材を受けた場面の印象的なワンシーンが浮かんだ。「自分ならこんな風にやるのに」という視点で、雑談風に「こんなDVDはどうでしょう」など思い付きを提案していた。相手側はかなり乗り気で、「そうですね。企画してみてもいいかもしれませんね」などと関心を示してくれた。

もちろん社交辞令の一つであり、取るに足らない会話ではあるが、私にはひらめきのようなものがあった。私の方も当時は忙しく、「そんなことはやっていられない」状況であり、こちらも世間話程度ということだったのだが、「ひょっとして、今ならやれるかもしれない」という気持ちがだんだん大きくなってきた。

（金子雅臣）

五輪への航海図 195

開催まで あと1102日

特別区の戦略⑰

北区　トップアスリートのまち

北区には、国立スポーツ科学センターや、味の素ナショナルトレーニングセンター、東京都障害者総合スポーツセンターなど、国内最高水準の設備を有するスポーツ施設がある。同区は、東京大会を機にこうした環境を生かし、スポーツで区を活性化させるための取り組み方針を6月にまとめた。従来のスポーツ推進計画などと連携しながら、「トップアスリートのまち」を目指している。

スポーツ科学センターなどのスポーツ施設と赤羽駅、十条駅を結ぶ道路を「ROUTE 2020 トレセン通り」と名付け、標識を道路沿い10カ所に設置。街灯にスポーツイベントのフラッグを取り付けたり、駅前に案内板を整備しPRを図る。また、稲付西山公園にはサッカーの中村航輔選手や競泳の長谷川涼香選手など、区出身のアスリートの手形モニュメントを設置し、区民のスポーツ機運を高める考え。北運動場や浮間子どもスポーツ広場など、区立スポーツ施設のバリアフリー化も2018年度までに進める。施設の周辺道路にも点字ブロックを設置し、障害者や高齢者もスポーツに参加できる環境を作る。

フェンシング教室で指導を受ける小中学生＝滝野川西ふれあい館

スポーツの普及では、東京都フェンシング協会や日本車いすフェンシング協会が同区内で練習を行っていることを生かし、コーチを招聘して障害者や区内の小中学生向けの教室を15年から週1回ずつ開催。車いすフェンシング教室は既に定員に達しているほどの盛況を見せており、東京大会の代表選手を輩出することが目標だ。

区内のスポーツを支える人材の育成にも力を入れる。障害者スポーツの普及を図るため、区主催で初級指導員の養成講座を昨年度から開催。24年度までに90人の資格取得を目指しており、7月時点で29人が受講している。さらに、スポーツボランティア制度も創設。今年度から募集を開始し、24年度までには100人のボランティアを育成する計画だ。

このほか、都障害者スポーツセンターと連携したイベントの検討や、町会や商工会と官民連携の企画を検討するリレーションシップ協議会も行っている。同区の石丸三郎・オリンピック・パラリンピック担当課長は「区が一丸となって大会が生み出す活気を地域社会の発展につなげる」と話す。

主任試験講座

平成29年度　42

地方公務員制度 ⑥

前回、前々回に引き続き、問題と解説を掲載します。

問　題

【問題 11】
地方公務員法に定める再任用に関する記述のうち、妥当なものはどれか。

① 再任用職員のうち、常時勤務を要する職の職員は全て条件付採用であり、採用後6カ月間、その職務を良好な成績で遂行したときに正式採用になる。

② 定年退職者を常勤の職員として引き続き採用した場合、当該職員の定年退職者となった日までの在職期間中の事由に対しては、その職員に懲戒処分を行うことはできない。

③ 定年退職者を、1年を超えない範囲内で任期を定め採用する場合、必ず常勤の職員としなければならない。

④ 再任用制度は、高齢者の知識及び経験を積極的に活用する趣旨であるため、全ての再任用職員は条例定数の対象となるとされている。

⑤ 再任用職員の採用に当たっては、従前の勤務実績等に基づく選考を行う必要がある。

【問題 12】
地方公務員法に定める職員の職務専念義務に関する記述のうち、妥当なものはどれか。

① 職務専念義務は、法律に特別の定めがある場合に限り免除することができ、条例に基づき免除することはできない。

② 職務専念義務が要求されるのは「勤務時間」中においてであるが、この時間には超過勤務及び休日勤務を命じられた時間は含まれない。

③ 職務専念義務に違反した職員は、懲戒処分の対象となるとともに、故意の場合など、1年以下の懲役または50万円以下の罰金に処せられる場合がある。

④ 不利益処分に対する審査請求は、職員に保障される法律上の権利であり、勤務時間中に口頭審理に出頭する場合、職務専念義務の免除について任命権者の承認を得る必要はない。

⑤ 職員は、勤務時間中に職員団体の活動に従事することについて、任命権者から職務専念義務の免除を受けた場合には、条例で定める場合以外は給与の支給を受けることができない。

【問題 13】
地方公務員法に定める職務上の義務に関する記述のうち、妥当なものはどれか。

① 階層的に上下の関係にある2人以上の上司から職務命令が発せられ、それらが相互に矛盾する場合、直近の上司の職務命令に拘束される。

② 職員の服務上の義務は、服務の宣誓を行うことによって生じるものではなく、職員として採用されたことによって、当然に生じるものである。

③ 職務命令に重大かつ明白な瑕疵がある場合にはこれに従う義務はないが、取り消しの原因となる瑕疵があるにとどまるときも、職員がその命令に従う義務はない。

④ 職務命令は文書によることが必要とされ、口頭で行われた場合には、これに従わなくても職務命令違反にはあたらない。

⑤ 職務命令は、職務の遂行そのものに直接関係あるものに限られ、職務遂行上必要がある場合でも、生活行動上の制限に及ぶことはない。

【問題 14】
地方公務員法に定める政治的行為の制限に関する記述のうち、妥当なものはどれか。

① 条例で、法律に規定されている事項以外の政治的目的の制限を定めることはできるが、法律に規定されている事項以外の政治的行為の制限を定めることはできない。

② 一般職の職員のうち、政治的行為の制限や争議行為の禁止等の適用を受けるのは正式採用の職員だけであり、非常勤職員や臨時的任用職員は適用を受けない。

③ 職員は、いかなる区域においても、特定の政党または地方公共団体の執行機関を支持する目的をもって、署名運動を企画してはならない。

④ 職員は、当該職員の属する地方公共団体の区域の外であれば、特定の政党または地方公共団体の執行機関を支持する目的をもって、文書を地方公共団体の庁舎に掲示することが許されている。

⑤ 職員は、政党その他の政治的団体の構成員となるよう勧誘活動を行うことはできないが、構成員とならないよう活動を行うこともできない。

【問題 15】
地方公務員法に定める秘密を守る義務に関する記述のうち、妥当なものはどれか。

① 職務上知りえた秘密を漏らすことをそそのかすことについては、秘密を漏らす行為には該当せず、刑事罰の対象とはならない。

② 職務に従事しているときに知り得た事実は、職務に関係なく偶然知り得たものであっても、職務上知り得た秘密となる。

③ 職員が職務上知り得た秘密を漏らしてはならないのは在職中だけであり、退職後については当該義務を課されないとされている。

④ 職務上知り得た秘密は、職員が職務の執行に関連して知り得た秘密のことで、職務上の秘密に含まれる。

⑤ 職務上知り得た秘密を漏らした場合は、懲戒処分の対象となるだけでなく、刑事罰の対象にもなる。

解　説

【解説 11】　正答 ⑤

① 誤り。常時勤務を要する再任用職員については、条件付採用の規定は適用されない（地方公務員法第28条の4第5項）。

② 誤り。在職期間中の事由に対して懲戒処分を行うことができる（地方公務員法第29条第3項）。

③ 誤り。必ず常勤でなければならないものではなく、短時間勤務の職の場合もある（地方公務員法第28条の5第1項）。

④ 誤り。再任用短時間勤務の職は、条例で定める定数に含まれないとされている。

⑤ 正しい（地方公務員法第28条の4第1項及び第28条の5第1項）。

【解説 12】　正答 ⑤

① 誤り。職務専念義務は、法律または条例に特別の定めがある場合は免除することができるとされている（地方公務員法第35条）。

② 誤り。地方公務員法第35条に定める勤務時間には、正規の勤務時間だけではなく、超過勤務時間や休日出勤の場合も含まれる。

③ 誤り。職務専念義務に違反した職員は懲戒処分の対象となるが、罰則の適用はない（地方公務員法第60条、第61条）。

④ 誤り。勤務条件の措置要求、不利益処分の審査請求、これらの審理への出頭は、法律または条令の定めがない限り、法的には職務専念義務違反とされている（行政実例昭和27年2月29日）。

⑤ 正しい。職務専念義務を免除されたものの給与については、条例の定めるところによる（地方公務員法第24条第5項）。在籍専従職員として許可された者については、その期間はいかなる給与も支給されない（地方公務員法第55条の2第5項）。

【解説 13】　正答 ②

① 誤り。階層的に上下の関係にある2人以上の上司から異なる職務命令がなされた場合には、より上位の上司の職務命令が優先する。

② 正しい。服務の宣誓は、職員の倫理的自覚を促すことを目的としたものである。職員の服務上の義務は、この宣誓により生じるものではなく、職員として採用されたことによって当然に生じる。

③ 誤り。取り消しの原因となる瑕疵があるにとどまるとき、あるいは有効な命令であることに疑義があるに過ぎないときは、当該職務命令は有効であるとの推定を受けるとされている。

④ 誤り。職務命令は要式行為ではなく、口頭でも文書でも自由で、特段の制限はない。

⑤ 誤り。例えば職務上の必要により公舎に居住するような命令は生活行動上の制限を伴う職務命令といえる。

【解説 14】　正答 ⑤

①誤り。条例で定める政治的行為も制限可能（地方公務員法第36条第2項第5号）。

② 誤り。一般職に属する者は地方公務員法の適用を受けるため、正式採用に限らず政治的行為の制限や争議行為の禁止等の規定が適用される。

③ 誤り。職員は、当該職員の属する地方公共団体の区域の外であれば、特定の政党または地方公共団体の執行機関を支持する目的をもって、署名運動を企画することが許されている（地方公務員法第36条第2項ただし書き）。

④ 誤り。特定の政党または地方公共団体の執行機関を支持する目的をもって、文書を地方公共団体の庁舎に掲示することは、当該職員の属する地方公共団体の区域内外を問わずできないこととなっている（地方公務員法第36条第2項第4号）。

⑤ 正しい。職員が政党その他の政治的団体に関連して禁止されているのは、▽結成に関与すること▽役員になること▽構成員となるようにまたはならないように勧誘運動をすること──である（地方公務員法第36条第1項）。

【解説 15】　正答 ⑤

① 誤り。秘密を漏らすことをそそのかすことも、地方公務員法第34条違反に該当し、刑事罰の対象となる。

② 誤り。職務上知り得た秘密とは、職務執行に伴って知り得た秘密であり、偶然知ったものは含まれない。なお、自ら担当する職務に関する秘密は「職務上知り得た秘密」に当然に含まれるが、担当外の事項であっても、職務に関連して知り得たものであれば含まれる。

③ 誤り。当該義務は、退職後であっても同様に課される（地方公務員法第34条第1項）。

④ 誤り。「職務上の秘密」は職員の職務上の所管に属する秘密であり、所管外の秘密を含む「職務上知り得た秘密」に含まれる。

⑤ 正しい。秘密を漏らした職員は、1年以下の懲役または50万円以下の罰金に処せられる（地方公務員法60条1項2号）。

カレントトピックス　29年度　42

政治事情

■日米韓首脳が北への圧力強化で一致　（7月6日）

安倍首相は、G20首脳会議が開かれるドイツ・ハンブルクで、米国のトランプ大統領、韓国の文在寅大統領と会談した。ICBMの発射成功を発表した北朝鮮に対し、圧力を強めることで一致し、厳しい制裁措置を含む新たな国連安全保障理事会決議の採択に向け、緊密に連携していくことも確認した。

日韓両政府などの説明によると、首相はICBM発射について、「北朝鮮には真剣に対話する意思などないことを示すものだ。国際社会による圧力を一段引き上げる必要がある」と主張した。3人の首脳は、北朝鮮の非核化に向け、中国とロシアが大きな役割を果たすよう働きかけていくことで一致。3カ国の安全保障分野の協力を拡大するほか、G20の場で北朝鮮に強いメッセージを発信するために連携することも確認した。また、首相は「北朝鮮とは対話のための対話では全く意味がなく、対話を行うためには非核化に向けた北朝鮮の真剣な意思と具体的な行動が必要だ」と強調した。

■菅・麻生氏は留任へ　（7月9日）

安倍首相は8月3日に内閣改造・自民党役員人事を行うことを決めた。内閣の骨格である菅官房長官と麻生副総理兼財務相は留任させる一方、自衛隊を巡る失言をした稲田防衛相は交代させる見通し。

首相は7月9日、訪問中のストックホルムで同行記者団と懇談し、「来月早々に自民党役員人事と内閣改造を断行し、人心を一新する」と明言した。その上で、「老若男女を問わず、適材適所を第一に、安定感と改革突破力を兼ね備えた態勢を整えたい」と述べた。

菅、麻生両氏については、「経済最優先で安倍政権が結果を出すことができたのは継続性と安定感（のおかげ）だ。骨格はころころと変えるべきではない」と語り、続投させる考えを示した。内閣改造では、稲田氏に加え、先の国会で不安定な答弁が目立った金田法相も交代論がある。党役員人事では、二階幹事長を続投させるほか、岸田外相や甘利明・前経済再生相を党三役として起用する案も浮上している。

■テロ準備罪法が施行　（7月11日）

テロ等準備罪の新設を柱とする改正組織犯罪処罰法が、施行された。これを受け、政府は2000年に署名した国際組織犯罪防止条約の締結に向けた手続きに入る。

テロ等準備罪は、組織的犯罪集団による重大犯罪を2人以上で計画し、このうち1人でも現場の下見や資金の手配といった準備行為を行えば、計画に加わった者全員を処罰できる。死刑や懲役・禁錮4年以上の罪のうち、組織的犯罪集団の関与が想定される組織的殺人や組織的詐欺など277の罪が対象で、計画・準備段階で処罰できる犯罪の範囲が広がる。

政府は、東京五輪・パラリンピックを見据え、テロ対策にはテロ等準備罪の新設が不可欠だとして同法の成立を急いだ経緯がある。

ただ、同法に対しては、「捜査権限の乱用により、監視が強まる」といった不安の声もある。このため、法務省は施行を前に地検などに通達を出し、適切な運用を求めた。

29年度 主任・係長 論文講座 42

特別区主任主事選考

課題整理 ③

はじめに

暑い日が続いておりますが、主任主事選考の準備は進んでいるでしょうか。

これまで、主任主事の役割や職責を整理し、論文の書き方や留意点を踏まえ、論文添削を中心に確認してきました。

論文課題では、「区政課題」と「主任主事の役割」に関する出題が多い傾向があります。

主任主事は、職場の中堅職員として係長を補佐しながら、業務に関する幅広い知識と経験を基に、与えられた仕事に責任を持ち、業務を確実に遂行する職責を担っています。その職責を果たすためには、実務に精通していることはもちろん、現在の社会状況を把握し、その上で区政が直面する様々な課題を的確に捉えることが必要となります。

試験を間近に控えた今回は、現在、特別区が直面している課題について整理していきます。

人口の変化に伴う課題

社会状況の変化や区民ニーズに的確に対応する区民サービスを行っていくために、区は将来人口や人口構成の変化を予測し、これらが区に与える影響と行政需要の変化を捉え、対策を行っていく必要があります。そのためには常に最新の「人口」の動向を把握しておくことが極めて重要となります。

また、特別区の課題を整理する上で、国全体の動向を把握しておくことが重要です。国全体の状況から特別区がどのような影響を受けるのか、今後どのような方向に向かうべきかといった視点を持つことで、課題がより明確になります。

◆将来人口推計

まず、日本全体の人口の動向です。日本の総人口は、2008年の1億2808万人をピークに、その後は減少局面に入っています。2015年の国勢調査では、調査開始以来、初めて人口が減少し、前回の2010年に比べ、94万7千人減の1億2711万人となりました。

国立社会保障・人口問題研究所の推計によれば、今後の日本の総人口は、2060年には約8600万人、2100年には4900万人程度まで減少するとしており、日本全体では人口減少が進んでいくものと考えられています。

人口減少の要因として、少子高齢化の進行があります。年少人口（0～14歳）の総人口に占める割合をみると、2010年の13・1%から2060年には9・1%まで減少し、全人口の1割に満たなくなります。一方、老年人口（65歳以上）の割合は2010年の23・0%から、2035年には33・4%と3人に1人を上回り、2060年には39・9%まで上昇し、2・5人に1人が65歳以上となる超高齢社会を迎える見込みです。これらに伴い、生産年齢人口（15～64歳）の割合も2010年の63・8%から減少を続け、2060年には50・9%と大きく減少する推計となっています。

このような少子高齢化の進行は労働力人口の減少や消費市場の縮小をもたらし、経済規模の縮小や社会生活サービスの低下につながることが懸念されています。さらに、高齢化に伴う年金・医療・介護等の社会保障関係経費の増大、生産年齢人口の減少に伴う税収減などが見込まれ、国・地方公共団体の財政はますます厳しい状況を迎えることが予想されます。

◆東京都及び特別区の人口の動向

次に、東京都及び特別区の人口の動向を見ていきます。2015年国勢調査による東京都の総人口は1352万人で、前回2010年国勢調査と比べ、約36万人増加しました。1997年以降、20年連続の増加となっており、その内訳は社会増減（他県との移動増減）が8万2479人の増加、自然増減（出生数と死亡数の増減）が3363人の増加、その他の増減（都内間の移動増減を含む）が3万1921人の増加となっています。社会増減は19年連続の転入超過であり、全国的には人口が減少傾向となっている中、東京都は増加傾向となっているのが特徴的です。

都政策企画局の推計によると、東京都の総人口は2025年の1398万人をピークに減少に転じ、2035年には1375万人になると見込まれています。

2015年国勢調査による特別区の総人口は、927万人となっています。今後、2030年の979万人をピークに減少に転じ、2035年には970万人になると見込まれています。

今後の特別区の人口構成割合は、年少人口が2010年の10・8%から2035年には7・9%に減少、生産年齢人口が2010年の69・0%から2035年には64・3%に減少、老年人口が2010年の20・2%から2035年には27・8%に増加することが予測されています。

これらの推計から、特別区では急激な人口減少にはならないまでも、少子高齢化の進行と緩やかに人口が減少する傾向となっています。特に、75歳以上の後期高齢者人口の増加やひとり暮らし高齢者の増加が一層進むことが予想されます。

◆一億総活躍社会の実現

2015年に発足した第3次安倍改造内閣は、少子高齢化という構造的な課題に取り組み、若者も高齢者も、女性も男性も、障害のある人なども皆が包摂され活躍できる社会として「一億総活躍社会」の実現を目指し、「新・三本の矢」を推進していくことを掲げています。

2016年に閣議決定された「ニッポン一億総活躍プラン」では、具体的に「介護離職ゼロ」を目標に掲げ、介護人材の処遇改善や介護ロボットの活用、介護休業の取得促進、健康寿命の延伸による介護負担の軽減などに取り組むという方向性を示しています。

また、「希望出生率1・8の実現」を目標とした、子育て・介護の環境整備、全ての子供が希望する教育を受けられる環境の整備、女性活躍、結婚支援の充実、若者・子育て世帯への支援、子育てを家庭で支える三世代同居・近居しやすい環境づくり、社会生活を円滑に営む上での困難を有する子供・若者等の活躍支援などの方向性を掲げています。

各区においても、少子高齢化に対して、計画等を策定して取り組みを行っていることと思います。国の政策の方向性も踏まえた上で各区の計画等の内容を確認しておくことをお勧めします。

効率的かつ効果的な区政運営に向けた課題

前述の人口の変化に伴う課題の中でも触れてきましたが、今後、社会保障関係経費の増大や生産年齢人口の減少に伴う税収減などが見込まれる中、拡大する行政需要に対応していくために、区は、今まで以上に効率的かつ効果的な区政運営を行っていかなければなりません。そのためには、区政運営面の課題についても把握しておくことが重要です。

◆公共施設の老朽化

我が国では、高度経済成長期の急激な人口増加に対応して建設された公共施設が数多く存在しており、これまで多くの公共施設を整備・拡充してきました。これらの公共施設の多くが老朽化し、更新時期を迎えています。今後も同じように施設を運用していくためには、施設の建て替えが必要となりますが、厳しい財政状況を踏まえると、今ある施設の全てを同じ規模で建て替えることは極めて困難であると考えられます。また、この間の社会環境の変化等を踏まえれば、当時必要とされた行政施設と現在必要とされる行政サービスとの変化を捉え、公共施設のあり方や行政サービスを見直していく必要があります。

2013年6月に閣議決定された「経済財政運営と改革の基本方針～脱デフレ・経済再生～」において、老朽化が急速に進展するインフラについては、「新しく造ること」から「賢く使うこと」への重点化が課題であるという認識が示されました。これを受け、国は同年11月に「インフラ長寿命化基本計画」を策定するとともに、2014年4月には、各地方公共団体に対し、こうした国の動きと歩調を合わせ、速やかに公共施設等の総合的かつ計画的な管理を推進するための計画（公共施設等総合管理計画）を策定するよう要請しました。

少子高齢化の進行や区民ニーズが多様化・高度化する中で、区は公共施設について、これまでの改築を主体とした手法に加え、長寿命化改修の実施、既存施設の利活用、複合化・多機能化の推進、官民連携手法の活用など、人口構成の変化を捉えた効率的かつ効果的な施設マネジメントを行っていく必要があります。

◆働き方改革

現在、「働き方改革」は新聞等で見ない日はないくらい社会全体の関心が高く、我が国における官民共通の重要課題となっています。安倍首相は、「働き方改革」を一億総活躍社会実現に向けた最大のチャレンジと位置づけ、働き方改革実現会議を開催し、今年3月には「働き方改革実行計画」をまとめました。地方公共団体においても、長時間労働の是正、労働生産性の向上、ワーク・ライフ・バランスの実現などが大きな課題であるといえます。

東京都やいくつかの区においても、イクボス宣言や講演会、職員研修を活用した意識改革などに加え、定時の一斉消灯、ノー残業デーなど長時間労働の是正や労働生産性の向上等につながる取り組みを行っています。しかし、これらの取り組みの実効性を高めるには、会議のスリム化、業務フローのマニュアル化、資料の簡素化や、仕事量の総体を縮減する事務事業の見直しを併せて行っていく必要があります。

おわりに

繰り返しになりますが、職場の中堅職員として業務に関する幅広い知識と経験を基に、業務を確実に遂行する立場にある主任主事は、現在の社会状況を把握し、区政が直面する様々な課題を的確に捉えることが重要となります。

区を取り巻く状況に常に意識を向けるとともに、国や東京都の動向にもアンテナを張っておくことも必要です。また、職場における仕事の進め方や業務の在り方について も、改善すべき課題はないか、さらに効果を上げる方法はないかという視点から見つめ直すことで業務改善につながる発想力を養うことができます。こうした意識と行動は、実際の業務の遂行にも必ず役に立ちます。

試験まで限られた時間となりますが、特別区の課題をきちんと捉えた説得力のある論文にするために、また、主任主事として問題意識を持って職務に取り組むために、今一度、「課題整理」に取り組んでみましょう。

新宿区

区成立70周年で記念誌発刊

多様性や懐の深さ知る1冊

新宿区は、今年3月15日に区成立70周年を迎えました。これを記念して、『新宿彩物語～時と人の交差点～』を6月15日に発刊しました。準備を含め2年2カ月をかけて作成し、本当に良いものが出来上がったと思います。

本の題名は、庁内の若手職員から公募して決めたのですが、制作が進めば進むほど、内容が題名通りとなっていきました。

ちなみに題名を付けた職員は新宿生まれ、新宿育ち、職場も新宿区という生粋の新宿人です。「彩」と「交差点」を、区内W大学の卒論で多文化共生をテーマに書いたときから、区のイメージを表すワードだと思っていたというのはさすがですね。

■人と人が交差する風景

特に第2章「新宿人70」は、区にゆかりのある人物を通し、多様性、懐の深さ、人と人が交差する風景を鮮やかに感じることのできる自慢の章です。

著名人や区内の大企業等の代表者等が多く登場しますが、いわゆる人物名鑑を意図しているものではありません。経験や実績に裏打ちされた言葉はどれも人の心に響きます。

例えば「文化の発展には分業が大切。プロを尊敬して任せれば、必ず答えが返ってくることを、私はここで学びました」（新宿ピットイン　佐藤良武代表取締役）という言葉に私は非常に感銘しました。これは、自分はジャズのことは分からないから、ステージはミュージシャンに任せ、自分はいい音で聴いてもらえることに専念してきたという一貫した姿勢が、山下洋輔さんの「新宿はふるさと、ピットインは実家」という結果を生み出し、こうした人物の背景があるからこそ、読み手に伝わると思うのです（ちなみに我々も、ジャズのことは分かりません）。

また、伝説のタウン誌『新宿プレイマップ』の元編集者の本間健彦さんと田家秀樹さんは、「60年代末の新宿には、毎日が祝祭日のような活気があり、若者が集う塹壕（ざんごう）のような店や場所がたくさんありました。新宿は大都市に変貌しましたが、まちの底にその残り火が感じられます」「当時の新宿は辺境だったからこそ新しい文化が生まれたんです。今では都庁もできて都市の中心になってしまいましたが、はずれ者を受け入れてくれる懐の深いまちでいてほしいですね」と、表現を生業としている方々の言葉を読むと、当時の新宿の活気を想像し、また、新宿の多様性や懐の深さの魅力が私の中でさらに高まりました。

記念誌の一番の目的は、区に対して区民に愛着や誇りを持ってもらうことだったので、この章の役割は果たせていると考えています。

そのため我々は、人選の段階から作成委託事業者に要望し、時には議論しました。また、新宿の土地の記憶や魅力を区民の心に響くよう人を通して伝えていく章なので、インタビューも全て担当者を同行させました。誰か一人が通して聞くことで、大げさかもしれませんが、皆のインタビューの中から普遍性といったものが見えるのではないかと考えたからです。

プロのライターさんが執筆した原稿に、私たちが要望を出させてもらい、それを編集者が受け止めてくれたことで、この章が求めた新宿の「彩」と「時と人の交差点」を浮き彫りにすることができました。

「時と人の交差点」という点で一番印象的だったのは、田辺茂一氏でした。紀伊國屋書店の高井昌史会長兼社長の「『本屋は文化の発信拠点であり、本は知の殿堂である』という創業者の理念が込められています。このDNAを引き継ぐことが、紀伊國屋書店の社長として何よりも大切だと考えています」という言葉は、実際のインタビューでは、「茂一のDNAを引き継がない社長は〝ふぬけ〟だ」とおっしゃったそうです。区の担当者がこれに感動して、ぜひこのまま掲載してほしいと編集者に頼みましたが、「そんな言葉は載せられません」と怒られたそうです。本には載せられませんが、大変粋な言葉で、田辺茂一氏はもちろん、紀伊國屋書店の文化を愛する姿勢が伝わる言葉だと思います。

■新宿区が大好きになった

2章のことばかり語ってしまいましたが、6章の「新宿歴史散歩」は、10年前に区で発行した『新宿文化絵図』の第1版限定で使用した貴重な古地図を委託事業者が手に入れてくれました。かなり字が小さくなってしまったので、シート型の天眼鏡も付けました。ぜひ昔の新宿を散歩してみてください。

第1章の「7colors」は本も素敵ですが、区ホームページで公開しているダイジェスト版デジタルブック内から見られるおしゃれな動画と併せてぜひご覧ください。

最後に、担当者にこの記念誌作成の感想を聞いたところ、「課長、釣りバカ日誌で、（どこにも配置させられない浜ちゃんを）『社史担当しかないだろう』というセリフがあるんです。内示のときは、そんな受け止め方で、どんよりして勝手にひとりで落ち込みました。でも、実際やってみたら本当に素敵な仕事で、心が癒やされて幸せになりました。そして、歴史や文化、さらに新宿区が大好きになりました」と即答したことが、この記念誌を表していると思います。

◇

皆さん、区内の紀伊國屋書店をはじめ、書店でも販売していますので、ぜひご購入ください。区民還元用ですから、価格は利益度外視のたった1500円（別途消費税）です。

（新宿区総務部総務課長　高木信之、総務課区史編纂主査　小峰章乃）

『新宿彩物語～時と人の交差点～』表紙

知的生活の創造　若手職員へのアドバイス③

本と深く付き合う読書術

読書には「情報を得る」「考え方を学ぶ」「書き方を学ぶ」という三つの効用があると言われています。しかし、たくさん本を読んでも何も残らず忘れてしまってはもったいないですね。少しでも忘れないために、一冊一冊本と向き合う努力が必要です。

ショーペンハウエルは『読書について』で、「熟慮を重ねることによってのみ、読まれたものは、真に読者のものとなる。絶えず読むだけで、読んだことを後でさらに考えてみなければ、精神の中に根をおろすこともなく、多くは失われてしまう」と述べています。

読書はまず、その本を読む目的を明確にすることが重要です。「なぜ、その本を読むのか」に対する具体的な答えです。

小説のように、純粋に楽しむための読書は別にして、教養書や専門書は、知的好奇心から、または問題の答えを探すために読みます。

例えば、実用的な本であれば問題意識を持って読むことが必要です。私の場合は目次や前書きを読んで、それぞれの章ごとに質問を3問考えます。始めから終わりまで読む必要はありません。読みながら重要な部分に線を引いたり、付箋を付けたりして、その答えを探し読みます。

本や新聞・雑誌等から得た知識を集積するために、本など賞味期限が長いものは読書ノートや手帳に抜き書きし、新聞・雑誌など賞味期限の短い経過的なものは切り抜いて角形封筒に入れて整理しています。

本から得た知識を自分のものとして使いこなすために読書ノートをつけます。読書ノートをつけ続けることは結構大変です。私も何度か挫折しました。読書ノートを続けるためには、簡単で短時間でつけられることがポイントです。私は現在、書名・作者・読了年月日に、一言感想を加えています。重要な本はさらに工夫します。ビジュアル的な作業で楽しむことが長続きするコツです。

例えば、抜き書きに加え、本の裏や帯に載っているあらすじや目次をコピーして貼ったり、一番重要と考えるページをコピーして貼ってマーカーで線を引き、コメントを加えたりもします。終わると何となく達成感があります。でも、そのまま放置しておくとまた忘れてしまうので、定期的に読み返すことが必要です。

ちょっとした隙間時間や通勤時間、また毎週の決まった時間に読むのもいいでしょう。読書ノートを読み返す習慣ができると、本の内容が頭に定着するとともに考える素地ができます。ショーペンハウエルが言う「精神の中に根をおろす」状態になるのです。

新聞・雑誌の整理術

新聞・雑誌等を読んで思いがけないヒントに出会うかもしれません。印象に残った文章や言葉を手帳に抜き書きします。

手帳はスペースが限られているので、特に厳選したものだけ白紙のページに、気に入った文章や感じた言葉を頭に順次番号をつけて書いています。時々、手帳を開いて、これもまた読み返すことが重要です。年が終わると、更に読んでみて、その中からまだ必要かなと思うものを、151〈2015年の1〉などの番号を付けて、出典とともにノートに書き写します。

新聞記事を整理するために、昔はスクラップブックを作っていました。現在は、もっと簡易に角形2号の封筒に切り抜いた記事を入れるだけです。分類は大まかに分類をしています。

例えば、興味がある分野ごとに大分類でタイ、国際交流・国際協力、ワイン・和食、文学、金沢、その他と記した角形封筒に切り抜いたものを入れています。タイの中分類として政治と経済、社会などに分けていきます。時々、確認し、あまり必要でないと思ったものは潔く捨てます。収集しても多くの情報は捨てることになります。重要なことは、収集の幅を広げず、あれもこれもではなく、これとあれというように選択して集中していくことです。

マイライブラリーについて紹介しましょう。本の並べ方では、本棚を知に生かすためにも、本をジャンル別に分類するとともに、一番関心がある分野の本を最も目につくところに並べることが重要です。また、読んで良かったと思う本を近くに置きます。そして時々、本棚を眺めてタイトルにピーンときた本を手に取り、パラパラ読み返します。ひらめきやヒントになる言葉など運命の言葉に出会うことがあります。

おもしろい本棚の工夫として、よく図書館や書店で特集を組んでセレクトしているコーナーがありますが、同じように本棚の一画を特別展示用として活用します。期間を設けて自分の好きなテーマを決めて展示会を開くのです。

最後に新聞や雑誌に載っている書評の活用方法を紹介しましょう。私は、目についた書評を切り抜き、ノートに貼りつけ、書評ノートを作っています。何度か読んで線を引いたり、欄外にコメントを記したり、時々、読み返すことが必要です。

（港湾局　木藤亮）

ミニガイド

◇特定非営利活動法人フォーラム自治研究月例セミナー　▷講師　木村東一・京都大学経営管理大学院特命教授、松林一裕・野村総合研究所上級専門スタッフ「地方創生の総合戦略と課題」▷日時　8月4日㈮午後7時～9時▷会場　和泉橋区民館4F洋室B（千代田区神田佐久間町1の11、JR秋葉原駅徒歩2分）▷参加費　千円（会員は500円）▷問い合わせ　企画担当有留　☎080・9561・6983

副知事人事ノート　第2回

都政研究元主筆　大塚英雄

横田さんて、だーれ？②

鈴木俊一とは2度目の都知事選告示直前に知事室で面談した。遠慮なく何でも言ってほしいとの求めに応じて、鈴木にこう直言した。

「1期目の野村鋹市、三木与志夫の2副知事は、懸命に鈴木さんを支えようとしてきた。ただ、互いに遠慮し合うところが見られた。多くの都の幹部もそう言っている。しかし、2期目には都庁移転など力仕事が待っている。知事の片腕になってドロを被る副知事が必要になってくる。そのために思い切って横田さんを副知事に据えたらどうですか」

「都政の管財人」の触れ込みで知事として乗り込んできた鈴木の1期目の最大の課題は、文句なく財政再建だった。鈴木がその軸に据えようと考えていた自治省事務次官を辞めたばかりの首藤尭に就任を断られたため、その代役に野村を指名。バランス上、これまで各副知事に分け合ってきた企画、人事、財政といった中枢機能を全て野村に委ねた。

ところが、入都年次もさることながら、昇進の物差しとなる管理職試験の合格も、三木の昭和33年に対して、野村は後輩の37年だ。こんなところにどうしても遠慮のようなものが生まれてくる。

鈴木もそのことは薄々感じていたようで、「なるほど」とうなずいてみせた。そして、「2期目でも遅くはないだろう」とも言った。

僕はこの一言で2期目の横田起用を確信した。横田の古くからの盟友で、共に4回の知事選を戦ってきた山口繁夫（元首都整備局長）や橋本博夫（元共済局長）に連絡したところ、「それを言うと横さんは嫌な顔をするんだが、我々もことあるごとに鈴木さんにそう言っているんだけどね」

マスコミの間でも2期目のこの時は「OBバック説」が取り沙汰されていた。これを裏付けるかのように、報道課には中村猛夫（元生活文化局長）や鈴木鉄郎（元都市計画局長）などの顔写真有無の問い合わせがあったそうだが、その中に横田のものはなかったという。

内定の当日、確認のために横田の自宅に電話を入れた。奥さんの「大塚さんから電話」の伝言に、横田の「いないことにしておいて」の返事が受話器にふたをしていなかったために、そのまま僕の耳に伝わってきたのだ。ここで、知事から就任の話があったことを確信した。

これは後々、横田から聞いた話だが、鈴木から電話で「頼む」と話があった際、「今さら古いOBが出る幕ではない」と、一度は辞退したという。でも、「君が受けてくれないと2期目がスタートできなくなる」と言われ、引き受けざるを得なかったと苦しい胸の内を明かしてくれた。

この時、副知事は2人から4年ぶりに3人体制に戻り、横田のほか、副知事人事の選考直前に心筋梗塞で急死した総務局長の稲田昭郎に代わって生活文化局長の貫洞哲夫、財務局長の續訓弘の2人が選ばれた。（敬称略）

訂正　7月11日付号の第1回で「次期副知事選びが大詰めを迎えていた昭和46年」とあるのは、昭和58年の誤りでした。

都政新報

発行所 都政新報社
〒160-0023 東京都新宿区西新宿7-23-1 TSビル
(総務・読者) 03-5330-8781
(企画広告) 03-5330-8784
(編集) 03-5330-8786
(出版) 03-5330-8788
(ファクス) 03-5330-8808
購読料 月1,730円(税込)
毎週火・金曜日発行
ただし、祝日は休刊

紙面から

調布飛行機事故

救済制度など課題山積

運輸安全委が報告書 地元は安全対策を要望

2015年7月に発生した調布飛行場離陸直後の航空機墜落事故に関し、国土交通省の運輸安全委員会は18日、事故調査報告書を公表した。同報告書では事故原因を分析し、速度低下が墜落の原因だったと推定。国土交通省に対して関係機関への指導強化や事例を周知することなどを勧告した。事故発生から2年。初の詳細分析により、被害者救済や同飛行場での自家用機削減に向けた調整などが一歩前進した格好だが、飛行場を抱える地元では課題が山積している。

同報告書は事故原因について、離陸上昇中の速度低下により失速、墜落したと推定されると結論付けた。速度低下の要因は、▽最大離陸重量超過▽低速での離陸▽過度な機首上げ姿勢の継続――の3点。重量超過については、危険性に関する機長の認識不足や法令順守の意識が不十分だった可能性があると指摘した。

同委員会は調査結果を踏まえ、国土交通省に勧告。都港湾局を始めとした空港設置・管理者には、滑走路長を最大限利用する方法の事例周知などを要請した。国交省はこれを受けて同日、空港の設置・管理者に滑走路長の利用事例に関する周知文書を出し、航空機を180度転回させるエリア「ターニングパッド」を滑走路末端の先に設置する空港の事例などを示した。

都港湾局の久保一郎・島しょ空港整備推進担当課長は「報告書を分析し、手法や段取りを検討する。具体的に再発防止策に組み込める部分があれば入れていく」と話す。

また、同報告書の公表を受け、調布、三鷹、府中の地元3市は同日に連名でコメントを発表。都に対し、「今回の事故原因を踏まえた具体的な安全対策等について、改めて協議するよう求めていく」とした。

同事故を巡っては、被害者救済制度がいまだ固まっていない。都は一時支援金制度と、住宅の建て替えや補修などへの貸付金制度の構築に向けて検討中だが、地元の栗山欽行都議(自民)は「補償上限額や火災保険への上乗せなど、最終調整ができていない」と指摘。今後の事故対策として、「補償費用の『見える化』に向け、基金を創設するのも一手」と話す。

また、同飛行場に常駐登録する計19機の自家用機に対しては、地元住民から削減を求める声が根強い。都は分散移転に向けて調整中だが、小型機用のピットや燃料タンクなど受け皿の確保は一足飛びにはいかず、栗山都議は「長期的な目で見ていく必要がある」と指摘する。

島しょ地域への離着陸拠点となる同飛行場では、都が「NATURE TOKYO EXPERIENCE」と銘打ち、第一弾となる島しょ振興事業を28日から実施。調布市や府中市などと連携し、伊豆諸島の食材を活用した魚のさばき方教室などを行い、地域活性化を図る考えだが、一方で地元の思いは複雑だ。調布市政策企画課は「(空港は)公共的な交通面の役割が第一義」と強調。事故以前から飛行場そのものに反対する市民もいる状況で、同課は「産業や観光拠点として打ち出すのは難しい」と話している。

事故当時の状況。住民1人を含む計3人が死亡した＝運輸安全委員会「説明資料」より

発見相次ぐヒアリ

根絶に業者の協力不可欠

16日までに東京港や神戸港など国内8カ所で相次いで発見されたヒアリ。海外の港から搬送されたコンテナの内部と保管場所での確認が中心だが、いったんヒアリが定着すると根絶が困難となり、米国ではヒアリが農作物を食い荒らす被害が発生するなど、日本でも水際対策が急務となっている。海外でのヒアリ対策を踏まえ、行政が講じるべき必要な対策を探った。

ニュージーランド 監視と検疫強化で根絶

海外では、ヒアリの根絶に明暗が分かれているが、成功例はニュージーランドだ。

ヒアリが初めてニュージーランドで見つかったのは2001年。北部に位置するオークランド国際空港の関係者が空港近くで一つの巣を確認した。直後に連絡を受けた農務省は対策チームを結成した。

駆除に使ったのは殺虫剤と毒入りのえさで、それ以外は特にないという。また、国の対策チームは巣から飛び立ち、新たな巣を作って産卵する女王アリがいないかどうか、発見場所から1キロ圏内を地道に監視するとともに、外部からヒアリが進入しないか空港などの検疫体制を強化した。その後、空港から約80キロ離れた港のコンテナからヒアリが発見された際、すぐに殺虫処分し、定着を防いだ。

ニュージーランドはヒアリの発見から根絶まで2年を要したという。ヒアリに詳しい琉球大学の辻和希教授は、「進入の初期にヒアリのコロニー(群れ)を見つけ、女王アリが巣から飛び出す前に駆除したことで根絶できた」と説明する。女王アリは風がなければ1～2キロ、風に乗ると10キロ先に移動することもあり、どこに巣を作るか予測するのが容易ではないため、ヒアリの早期発見・早期駆除が根絶のポイントだという。

一方、ヒアリへの初期対応が遅れ、生息地が急拡大したのはアメリカだ。1930年代にアラバマ州で初めて確認されたが、既に定着していたのに加え、ヒアリの被害が軽視されたため、対応が後手に回る原因となった。現在、ヒアリは農作物を食い荒らすだけでなく、信号内部に進入して破壊するなど、経済的損失は年間5千億円とも6千億円とも言われている。

翻って、辻教授によると、日本では対応が早いというが、国が東京港などアスファルトのひび割れや港湾付近の緑地などを調べ、毒入りのえさなどを設置した対策を「問題が大あり」と指摘。在来のアリが生息していると、ヒアリが定着しにくいとの研究結果もあり、在来のアリもヒアリと一緒に駆除する対策は「最悪」と批判した。専門家の意見を踏まえ、国は14日に外国との定期コンテナ航路がある68港に一律に毒エサを置く方針を撤回した。

7日に東京港で100匹以上のヒアリが見つかったコンテナから、新たに床の内部に100匹以上に加えて幼虫や卵なども確認したが、女王アリは見つからなかった。辻教授は「ヒアリは湿った木材を好む性質があるため、目視するだけでは良くない」と警鐘を鳴らした上で、「コンテナがヒアリの方舟になっていた。全てのコンテナに毒えさを置くことが必要」と提言する。

コンテナに毒入りのえさを設置するには、輸入業者の協力が不可欠という。辻教授は行政に対し、こうアドバイスした。「全ての業者に協力してもらえるかは行政の手腕にかかっている」

都港湾局は「都だけが規制を強化すると、他の港の取り扱い量が増える可能性もあるため、東京港の機能低下も考えられる」と懸念しており、国が全国的な対策を講じていく必要があるとの立場を示した。

ヒアリが見つかったコンテナの床を調査する環境省職員＝12日、東京港(環境省提供)

都議会

「民進党」に再び改名

知事の政策「是々非々で判断」

都議会の東京改革議員団は、第20期都議会が始まる23日から、会派名を都議会民進党に戻す。同会派名は約5カ月ぶりに復活することになる。

今年2月、旧民主系の都議会民進党と旧維新系の民進党都議団が豊洲移転問題の真相解明などに向けて合流し、東京改革議員団に改名した。だが、小池知事が掲げる「東京大改革」を意識しているとの批判が起きた。改名後も党勢回復には至らず、離党して都民ファーストの会の公認を受ける都議が多数出た。

都議選で民進党から公認を受けて当選した5人は18日に集まり、改選後の会派名を議論。都議会民進党に戻すことで一致したという。23日から幹事長に就任する中村洋氏(三鷹市)は「民進党の5人でやっていくことになるので、自然の流れで全員一致で決まった」と話す。

改選後は都民ファーストの会など知事を支持する勢力が過半数を占める一方、18議席から5議席に減る都議会民進党は対立軸を鮮明に打ち出すことが課題となっている。会派名変更で、他会派の都議からは「小池知事へのスタンスが変わるのではないか」との声も上がるが、中村氏は「知事に対する姿勢どうこうではなく、情報公開など議会改革は進めるべきだ。知事の政策は全て出ていないので全部賛成ではなく、是々非々の立場」と説明。その上で、「存在感を示せるようにやっていきたい」と意気込んだ。

都議会民進党の3役は、中村氏のほか、幹事長代行に山口拓氏(世田谷区)、政調会長に西澤圭太氏(中野区)が就任する。任期は来年7月末まで。

都政改革本部

9月に団体改革方向性

経営基盤強化など検証

都政改革本部は19日に都庁第一本庁舎で開かれ、幹部職員の退職管理、監理団体改革などが議論された。＝4面に「視点」

幹部の退職管理に関しては、局長級を再任用として活用する方針が示された。管理職や一般職の再任用では、給与がおおむね定年前の6～7割になり、上山信一特別顧問は「天下りや(税金の)無駄使いの視点でのチェックも大事」と語った。その上で「都庁の仕事の幅が広がり、サービス系の仕事が増えており、高度のノウハウを蓄積しないといけない」と課題を挙げ、監理団体が受け皿になる必要性に触れた。

監理団体改革の方向性は9月の会合で示すことが報告され、経営基盤の強化や役員報酬の透明性向上などが検証のテーマとなる。これ以外の監理団体の課題として、上山氏は「監理団体をヒアリングし、おしなべて本庁よりも情報公開が遅れている」と指摘し、監理団体の機能強化を都側に求めた。

さらに、ライフ・ワーク・バランスに関して、職員の旅費の精算や諸手当の認定などを代行する総務事務センターを設置している自治体もある。小池知事は都でも導入可能かと質問したのに対し、上山氏は「都庁でもできると思う。学校は雑務に追われ、事務自体をなくした方がいい」と答えた。

都政の東西

東京の孤立

都議会は23日から第20期の任期が始まり、各議員が政策立案に向けて動き出す。改めて言うまでもないが、都の役割は単なる1自治体の仕事にとどまらない。予算規模は13兆円でスウェーデンやインドネシア並み。ディーゼル車排ガス規制や外形標準課税のように、その政策は国にも影響を与えるだけに、全国を意識した動きも求められる。

近隣県との連携も不可欠だ。東京の経済活動は都内だけでは完結しない。東京では1500万人超の昼間人口が活力源となっているが、福祉・教育などの行政サービスの主体はそれぞれの地元だ。東京五輪を控え、各自治体の協力は一層、重要になる。

しかし今、逆に「東京の孤立」が懸念されている。五輪の費用負担が最たる例で、関係自治体が首相官邸に駆け込んだ後に分担が固まった。政治的な駆け引きがあったとはいえ、知事は9都県市の会合では決断を表明できず、図らずも近隣県をないがしろにする形になった。国家事業だけに、本来なら国に全面支援を約束させるべきだが、国の負担もごく一部にとどまる。

身近な行政サービスでも不安材料がある。例えば私学助成。同一の学校に通っていても都民か否かで経済的負担が変わる。対象拡大は格差を広げる結果にならないか。ある副知事経験者は「石原元知事は全国知事会でも『自治体のリーダー』として振る舞おうとしていたが、今は『選挙民ファースト』。他自治体の都に対する反感が強くなっているのでは」と懸念を示す。

都は今後、税制改正などで国と対峙する場面も出てくるはずだ。その時、地方の協力は得られるか。視野に選挙民しか入らぬようであれば、結果的に東京の地位は揺らぐ。

熊本市長が表敬訪問

「被災地対応に感謝」

昨年4月の熊本地震で被災した熊本市の大西一史市長は19日、小池知事を表敬訪問した＝写真。大西市長の訪問は被災後初で、「きめ細やかな被災地への対応をして頂き感謝する」と述べた。

都はこれまで2週間程度の短期派遣を含め、延べ1468人の職員を同地震の被災自治体に派遣。今年度は熊本県に事務職3人を通年で派遣しており、被災企業への補助金業務や、河川の災害査定などに従事している。小池知事は「現場を見ることで今後の東京の防災に向けての知恵にもつながる」と語った。

また、小池知事は被災地の経済再建の必要性を強調。「(熊本の農産物などを)東京という大消費地で購入することが一番のお手伝いになる」と話したのに対し、大西市長は「ビジネスとして成り立つことが復興に大きな力を与えてくれる」と応じた。

豪雨で浸水被害 3区2市10件

都総務局

18日に都内各地を襲った暴風を伴う豪雨に関し、19日時点で床上・床下浸水を合わせて10件の被害があったことが分かった。都総務局によると、人的被害はなかったという。

浸水被害があったのは、豊島、北、練馬、立川、東久留米の3区2市。練馬区が床上浸水3件、立川市が床上浸水1件、床下浸水2件の計3件で最も被害件数が多かった。

同局は、気象庁が18日午後2時58分に23区西部と多摩北部に大雨警報を発表したことを受け、区市町村との情報連絡態勢を構築した。また、建設局も同時刻に水防本部を設置。大雨警報が同午後6時13分に解除されたのと同時に、水防本部は解散となった。

◆優良工事を表彰

都都市整備局は19日、優れた工事施行者を表彰する今年度の「優良工事等局長賞贈呈式」を都庁で開き、擁壁設置など7件の工事を表彰した。受賞者には表彰状と記念の盾が贈られた。

表彰されたのは、擁壁設置工事や雨水排水施設設計、都営住宅工事などで、共同企業体構成企業を含めて計12社が受賞した。優良な工事や設計を表彰し、品質確保を図るのが狙い。表彰実績は契約の総合評価方式で加点対象となる場合があり、事業者のモチベーション向上にもつながる。

対象は同局が施行する250万円以上の工事・委託で、都の設計等委託成績評定で75点以上獲得した案件から審査し、毎年度選定する。

冗句ジョーク

関東・甲信地方梅雨明け、翌20日は都内各所で大規模な打ち水作戦、江戸の知恵・東京のおもてなし

「ただし打ち水は再生水や一度使った水、ペットボトル片手に〝平成の知恵〟」
――都民

港区
屋外広告物を景観誘導
東京タワーの眺望など保全

港区は屋外広告物を対象とする景観形成ガイドラインの素案をまとめ、きょう21日から意見募集を行う。ガイドラインにより、屋外広告物の色彩や配置、デザインなど具体的な配慮事項を示した上で、民間事業者との事前協議により景観誘導を図るのが狙い。区建築指導課によると、事前協議による屋外広告物の景観誘導は新宿区や板橋区などがあるが、東京タワーなど区のランドマークとなる建築物の眺望を景観形成の基準に盛り込んだガイドラインは珍しいという。

区は15年度に景観計画を改定し、民間事業者がビルなどの建築物やエレベーターなどの工作物を整備する際には、形態や意匠、色彩などで周辺との調和を図るよう、事例を交えて配慮事項を示し、地域特性に配慮した景観誘導を進めてきた。新たな景観計画では屋外広告物に関しても配慮事項を拡充しており、区が策定したガイドライン素案では、景観計画に位置付ける景観形成基準を改めて具体的に紹介した。

例えば、飲食店が入居する商業ビルなどで見られる壁面から突出した看板は、突出部分の長さや幅をそろえて規則正しく設置するよう規定。ショーウインドーを使った窓面広告物では、建築物のデザインを損ねないように配慮した上で、窓をふさぐ展示を避け、表示物が窓面に占める面積を極力抑えることとした。

また、区のランドマークとなる建築物の眺望を景観形成の基準とし、建築物の存在感を妨げないデザインや配置を設定した。具体的には、東京タワーの眺望では、大門通りや三田通りなどタワー周辺からの眺望点を設定した上で、圧迫感を与える突出看板などの広告やタワーへの見通しを阻害する派手な背景色の壁面広告や窓面広告の設置は行わないこととした。

ガイドラインで示す景観の実現に向けて民間事業者を誘導するため、景観法に基づく事前協議を義務付ける。事前協議は原則として書面で実施し、民間事業者は屋外広告物の設置の際に必要な都条例に基づく許可申請の15日前までに屋外広告物の大きさや設置箇所、デザイン、色彩などをまとめた事前協議書を区に提出する。区は景観アドバイザーの助言に基づき、デザインの修正などを含めた助言・指導書を事業者に送付し、景観誘導を図る。

区は募集期間で寄せられた意見を反映させた上で、12月にガイドラインを策定。併せて、屋外広告物の設置に当たっての事前協議の義務付けなどを盛り込んだ景観条例改正案を第4回定例区議会に提出する。可決された場合、来年4月から事前協議を開始する。

区建築指導課では、「東京五輪に向けて区を訪れる人が増加する中、来訪者と区民の双方にとって良好な景観の誘導を進めていきたい」と話している。

区のランドマークとなる泉岳寺周辺の商店の看板は、寺の意匠に合わせたデザインとなっている＝区提供

北区
新庁舎用地取得で協定
国立印刷局用地の一部

北区は18日、区庁舎を移転整備するための建設用地取得に向けた協定書を国立印刷局と締結した。今後、印刷局が王子工場内の建設予定地の建物を除却した後、2023年度をめどに売買契約を結ぶ。区は庁舎移転をきっかけに、周辺のまちづくりを前進させる考えだ。

両者が締結した「国立印刷局王子工場用地の一部取得に関する協定書」では、王子工場の西側敷地の一部、面積約1万4千平方㍍を区に売却する。売却費用は時価で算定する。

新庁舎予定地には現在、「お札と切手の博物館」などが立地している。新庁舎は敷地を取得した後、3年間程度で建設する方針。

同区は印刷局用地を取得する利点として、現在分散している庁舎を集約できる点や仮設庁舎を建設せずに整備できる点を挙げる。14年から印刷局と用地交渉を重ね、15年8月には覚書を交わしていた。

区は、庁舎の移転整備に併せて王子駅一帯のまちづくりを進める。王子駅周辺まちづくりグランドデザイン案では、新庁舎を含む駅北側に商業施設を誘導して活性化し、現庁舎一帯は自然や歴史性を生かした居住地域とする方針。また、鉄道やバスなどの交通結節機能を改善する。今後2～3年をめどに、先行実施する新庁舎一帯の整備計画をまとめる考え。

締結式に臨んだ花川與惣太区長は「協定では王子駅周辺まちづくりにおける国立印刷局との共存共栄を図るため、にぎわい拠点の創出への協力も含まれており、今後の更なる連携に期待している」と述べ、印刷局の松村武人理事長も「国立印刷局と北区をつなぐ絆が一層深まることを願う」と応じた。

協定書を交わす花川区長（右）と松村理事長（左）

江東・大田区
中防帰属で調停申請
90日以内に境界案提示

中央防波堤埋立地の帰属を主張する江東・大田の両区は18日、地方自治法で規定する自治紛争処理制度に基づき、都知事に対し、境界確定に関する調停を申請した。両区の申請に伴い、都知事が任命する自治紛争処理委員3人が90日以内に調停案を提示する。

両区が調停申請したのは、中央防波堤埋立地のうち、内側埋立地と外側埋立地の計約503㌶。新海面処分場部分は申請に含めていない。

1973年に内側処分場の埋め立てが開始され、5区が帰属を主張していたが、飛び地を理由に中央、港、品川の3区が主張を取り下げ、02年から江東、大田が2区間の事務レベルでの調整を開始。16年3月に山﨑孝明江東区長と松原忠義大田区長が会談し、4月に部課長級協議が正式にスタートした。が、いずれも全域の帰属を主張する両区の議論は平行線をたどり、今年6月に調停申請することで合意した。

申請に当たり、両区長はコメントを発表。山﨑江東区長は「区議会での全会一致の議決を受け、東京五輪・パラリンピック前の早期解決を目指し、区民、区議会、行政が一丸となって取り組んでいく」とコメントし、松原大田区長は「最高裁が示した（歴史的経緯を考慮した）境界確定基準に基づく公正・公平な解決を求める。江戸時代から続くノリ養殖の歴史を胸に、一丸となって取り組む」と談話を出した。

記者席
批判する元首相は反面教師

○……「夜中までかかった?」。19日の都政改革本部の会議で小池知事が職員にこう声をかけた。働き方改革を議論している中、残業が多いこの職員に本音を語ってもらいたかったが、話さなかった。また、知事は14日の会見で「働き方改革は記者の皆さんに必要ではないか」とも語った。最近、記者や職員の仕事のし過ぎに配慮する知事は「問題を作っているのは私」と発言。

一方で会議では、「（都政）改革は序の口。疲れるのはまだ早い」と言及し、問題を作っている責任を痛感している様子は見られない。これではライフとワークのバランスはなくなり、「ライフワーク」にしないといけないのか。

○……「諸事情により、これからメディア出演が減るかもしれません」。都民ファーストの音喜多駿都議が15日のツイッターでこうつぶやくと、驚きと動揺が広がった。音喜多氏は同日夜のネット番組出演をキャンセル。ブログでも「個人の見解を披瀝することは現段階では控えることにしたい」と釈明した。

これに敏感に反応したのは、鳩山由紀夫元首相。ツイッターで「訓練されて、小池知事に逆らえない議員ばかりになったら、個性のない数でしかない」と同会の「取材制限」を批判した。そう言えば、鳩山氏が代表だった時代、第1党の民主党から「造反議員」が続出した経験が生かされているのかも?

○……「夏はなかなか取材してもらえないからPRが難しいんですよ」――この時期になると区市町村の広報担当者が異口同音に語るセリフだ。夏の高校野球が新聞各紙の地方面の大半を占める中、各区市町村の広報活動も「夏休みモード」となるケースが少なくない。

気象庁が19日に関東から四国地方にかけて梅雨明けを発表し、行政では暑さ対策やゲリラ豪雨への備えなど夏特有の課題への対応が本格化することになる。熱戦続きの高校野球に負けないような各自治体の熱のこもった取り組みを本紙で紹介するためにも、広報担当者の積極的な情報発信に期待するのは暑苦しい話だろうか。

江戸川区
金魚養殖のまちPR
事業継承へ魅力発信

日本の夏を彩る風物詩の一つである金魚。三大産地に数えられる江戸川区には、都内で唯一、養殖業者が残っているが、事業を引き継ぐための資産を保有し続けることが困難なことなどから、業者は2軒を残すのみとなった。同区は大正時代以降に発展した金魚養殖業を残すため、区の特産品として金魚のPRに力を入れている。明日22日と23日には、毎年恒例の「江戸川区特産金魚まつり」が開かれ、金魚すくいを競う大会などで盛り上げを図る。

中国原産の淡水魚の金魚は、日本では室町時代以降に鑑賞目的で広まった。江戸川区内で養殖業が盛んになったのは大正時代で、葛西や小松川、篠崎などに養殖業者が集まり、愛知県弥富市、奈良県大和郡山市と並ぶ国内の代表的な養殖地となった。

同区の養殖業が最盛期を迎えた1940年ごろには区内に23軒の養殖業者が営業していたが、都市化の進展による環境の変化で、廃業や区外への移転を選ぶ者も出始め、現在では2軒にまで減少している。

区は金魚養殖業の事業継承の課題として税制面を挙げる。養殖のための池を生産緑地に指定しているが、近年の地価上昇のあおりを受けて相続税や固定資産税が高額な点がネックとなっている。そこで、国家戦略特区制度を活用し、15年に養魚池にも農地並みの相続税の猶予制度や固定資産税の減免の適用を国に求めたが実現しなかった。

金魚の養殖産業は娯楽産業として発達してきた経緯もあり、区は「あくまで事業者の経営努力を促したい」（産業振興課）として事業補助は行わず、区の特産品として金魚をPRする後方支援に力を入れている。

PRの要となるのが、今年で46回目を迎える金魚まつりだ。毎年7月下旬の土日に開催しており、目玉の金魚すくいは中学生以下が無料、高校生以上は100円で体験できるほか、ランチュウなど高級品種を扱った金魚すくい（1回500円）も人気が高い。また、捕獲数を競うコンテスト「キンギョリンピック」も好評で、都外から訪れる客もおり、毎年行列ができるほど人気を博しているという。

会場では他に、区内産品種の「江戸川琉金」などの即売会や区の伝統工芸品を紹介するブースなども設けている。集客数は直近20年間は4万人台をキープし、昨年の集客人数は過去最高だった10年度と1千人差の4万7千人が来場した。

区は金魚まつりの他にも、古川親水公園での放流イベントを開き、船堀駅付近の路上に金魚をあしらった壁画が設置されているなど、街中で金魚と触れ合う機会を提供している。

区生活振興部の彦田義敬参事は「金魚を都内で生産しているのが江戸川区だけだと区民に知ってもらうことで、実際に飼育することにもつなげたい」と話し、2020年東京五輪に向けて観光資源としても注目しているという。

金魚まつりでの金魚すくいは子供から大人までが並ぶ人気イベントだ＝16年7月、行船公園で

品川音頭をリニューアル

品川区は区制70周年記念事業の一環として、1978年制作の「品川音頭」をリニューアルし、8月1日に区役所や地域センターでCDの販売を開始する。

リニューアルでは、作曲家の海沼実氏が補作詞を担当し、大井や荏原、大崎など区内の地名を盛り込んだ4番の歌詞を変更。「どこの町でも手拍子で」を「八潮、水辺も手拍子で」とし、1979年に大田区との境界が確定した大井ふ頭の品川区部分の地名「八潮」を加えた。

また、曲の歌い手も活動休止中の都はるみさんから、演歌歌手の岩本公水さんに交替し、岩本さんは12日に開かれた制作発表会で歌声を披露。「自分の色を出しつつ、まるっきり変えるのではなく、たくさんの人に親しまれるような歌にしたい」と語り、海沼氏も「都さんの後継者といわれる実力派」と太鼓判を押した。

販売価格は500円で、CDにはオリジナル版やダンスアレンジ版など4パターンの音源を収録した。先行して11日から区内に本社を置くカラオケ大手の第一興商が通信カラオケでオリジナル版の配信を開始しており、11月下旬には踊り方を紹介するレッスン映像DVDの販売を予定している。

濱野健区長は「制作当時からジャズのテイストを感じさせる新しい音頭として区民のDNAに刻まれてきた。リニューアルした品川音頭も親しまれるようになれば」と期待を述べた。

台東区
西洋美術館に記念植樹
世界文化遺産1周年で

台東区は19日、国立西洋美術館が世界文化遺産に登録されてから1周年を迎えたのを記念し、同館や町会連合会、商店街連合会らと共同で植樹式を開いた＝写真。

植樹式では「オモイガワ」という品種の桜を西洋美術館の西門前に植え、造幣局が限定販売する記念貨幣セットを贈呈した。

国立西洋美術館は、世界的に著名な建築家ル・コルビュジエが設計を手掛けた国内唯一の建築物。世界文化遺産には西洋美術館を含む7カ国17作品群として、昨年7月17日に登録された。

区国際・都市交流推進室は「今後、西洋美術館の文化的価値や世界文化遺産登録までの経緯などを紹介する映像や植樹式当日の様子をDVDにまとめ、『世界遺産のあるまち台東区』として区のPRに活用する」と話している。

足立区
ギャラクシティ来場者
4年半で700万人を突破

足立区の複合文化施設「ギャラクシティ」の来場者が15日、700万人を突破した。700万人目となったのは東久留米市から訪れた親子で、同施設のオリジナルキャラクター「へんてこりん星人」をあしらったグッズを贈呈した。

同施設は子供向け体験学習施設とホールで構成し、最新鋭のプラネタリウムを併設する。2013年4月に開業した。

防災教育を考える（下）

日本の学校防災に期待したいこと

滋賀大学大学院教育学研究科教授 藤岡 達也

なぜ今、学校防災が大切なのか。このシリーズの最後として、防災、減災に取り組む中から、これからの人材育成のための新しい学校教育の展開を述べてみたい。

◇

1 地域の過去の災害を知ることが、将来の備えにつながる

東日本大震災という大惨事や毎年発表される特別警報のように、自然災害の予測は困難である。ただ、災害を引き起こす自然現象を防ぐことはできないが、日常の備えによって自然災害による被害を小さくすることはできる。そこで、減災という言葉も使われるようになった。地震・津波だけでなく、地域で過去に生じた自然災害は、今後も発生する可能性がある。そのため、将来に起こることが予想される自然災害への備えは、過去に生じた災害を知ることから始まる。

2 移動の著しい時代、自分や子供たちはどこにいるか分からない。国内の自然災害についての理解も深め、他地域で生じる自然災害にも関心を高める

身近な地域の中だけであれば、場所によっては津波や火山噴火などの自然災害に遭うことはない。しかし、自分たちも、いつも同じ職場や家庭にいるとは限らない。次世代の子供たちはなおさらである。大地震が発生した時に、大津波が襲う太平洋側の海岸近くにいるかもしれない。また、訪れた国立公園やジオパークなど観光地の山々が噴火する可能性の高い火山であることも珍しくない。自分の住むところでは起こらないとしても、国内で発生する可能性の高い津波や火山の発生メカニズム、それらの備えを学んでおく必要はある。さらに、どこかで大きな自然災害が発生した時、避難者の受け入れや支援も意識したい。

3 防災（災害安全）は生活安全・交通安全も含む学校安全・危機管理の基本となる

子供たちが将来にわたって豊かな生活を送るために、基本となる学校安全は、生活安全（防犯も含む）、交通安全、災害安全（防災と同義）の三つの柱からなる。自分（たち）のことは自分（たち）で守る。つまり、自分自身で危険を予測したり、危険を避けるための判断に基づいて行動したりすることは、すべての安全についても共通である。例えば、通学路の危険も地震や豪雨の時だけでなく、犯罪や事件、交通事故に巻き込まれない態度や行動も、児童生徒自身が知ったり、考えたりしようとする姿勢を養う指導・支援が大切である。災害に対する日々の備えが、あらゆる事件、事故災害への対応につながるように、子供も大人も防災教育に取り組むことが求められる。

4 先行き不透明な時代や社会において、「生きる力」「生き抜く力」を培う

予想外の自然災害が発生した時、子供たちも含め多くの人が、体よりも心が大きく傷つくことがある。災害発生後の対応も含めて、子供たちだけでは問題が解決できないことや、つらいことも、教員や保護者、地域の人たちの支えで克服できることがある。子供たちが防災を学ぶことによって、かけがえのない命を守る大切さを知り、日常から様々な危険を回避する方法に気付いたり、みんなで考えて一緒に取り組んだりすることができる教育活動の展開を意識したい。強靱（きょうじん）な心身は、文字通り「生きる力」や「生き抜く力」の基礎となる。災害や安全に関する知識や技能を習得しても、それだけでは万全と言えない。知識を自分の日常生活や将来につながる態度や行動に表れるような子供たちの学びを支援していきたい。

5 学校と地域との新たなつながりを考える

大きな自然災害が発生した時、頑丈な建物である学校は地域の避難所となる。学校は地域にとっても物理的に安全な場所だけでなく、安心して頼りになる精神的なよりどころでもある。実際、これまで、日本で大災害が発生した時に教員の献身的な取り組みによって、学校は地域の人々から大きな信頼を受けてきた。しかし逆に、身近に様々な危険が存在する今日、学校や教員だけで子供を守ることは不可能である。子供の安全、安心には、学校と地域の関係機関、保護者や町内会はじめ多くの人たちとのネットワークが必要となる。日常からのつながりの強い地域では、大震災の後でも地域で困難を乗り越えてきた。これからの学校には、地域との絆を積極的に求め、地域の人やもの、こと、から多くのことを学んでいくことが求められる。

6 環境（自然・社会）・科学技術の二面性を知り、畏敬・感謝の念を培う

学校で自然災害を取り扱うと、子供たちに臨場感を与えるため、自然の恐ろしい面、人間に被害を与えるネガティブな面が強調されがちになる。確かに人間の力を超えた自然のダイナミクスを知って、備えの意識や畏敬（いけい）の念が育つことは重要である。しかし、自然は人間に災いより、大きな恵みを与えてくれることも子供たちに気付かせたい。自然は、災害をもたらす一方で、日常的には、自分たちに物質的な資源や観光・レジャーなどの精神的な恩恵を与えてくれること、つまり、自然の災害と恩恵の二面性に着目させていきたい。そもそも自然は、人間にとって都合よくできているものではないことを大人も知る必要がある。科学技術についても同じである。東日本大震災での福島第一原子力発電所事故では、このことを多くの人が痛感した。

7 自分が社会にどう貢献できるかを考えるキャリア教育の機会とし、地域から世界に目を広げることができるような人材の育成を考える

子供たち自身が自分の命や安全を守る姿勢を養うことは基本であるが、現実的には子供たちの安全、安心は、教員や保護者などの大人や社会が守ってくれるように日本の社会の仕組みは整っている。児童生徒に気付いてもらいたいのは、安全、安心な地域づくりに多くの人たちや仕事が関わり、このことを意識しない職業はないということである。さらに、児童生徒が守られるだけでなく、自分が他の人や社会に何ができるかを考える機会を与えることも大切である。災害時や災害に備えて、小さな子供たちやお年寄りに何かできることはないだろうかと考えさせるのも良い。また、自然災害は、日本だけでなく、世界の平和と安定を希求する国際社会にとっても脅威である。これまで多くの自然災害を受け、備わった防災の教訓や知識で世界に貢献することも期待されている。

教育ひろば

Tokyo2020の先へ 未来へつなぐ オリパラ教育 8

八丈町立富士中学校

故郷の島に貢献できる人材へ

東京都心から南へ287㌔。太平洋に流れる黒潮の真っただ中に浮かんでいるひょうたん形の八丈島。島の玄関口である八丈島空港のターミナルを出ると、島の象徴・八丈富士が目前に迫り、ハイビスカスの花や街路樹の椰子の木が南国ムードを醸し出しています。その島の中央部東側に富士中学校は位置しています。

本校は生徒数96人と小規模ですが、小笠原を含めた島しょ部の中学校としては最大人数です。島の生徒ということで、海や山に囲まれた自然の中でのびのびと過ごし、さぞかし体力的にも優れているのではないかというイメージを持たれるかもしれません。ところが体力テストの結果において、全国でも下位レベルの東京都の平均さえ下回る項目があるような現状です。

そこで、数年前からオリンピック・パラリンピック教育推進校の指定を受け、体力向上を中心に様々な取り組みを進めてきました。それに加えて昨年度は重点校として指定され、スポーツ志向の普及・拡大というテーマで年間を通して活動してきました。そして、今年度はオリパラ教育推進校アワード校として顕彰されましたので、さらに取り組みを発展させていきたいと考えています。

以下に、昨年度の具体的な取り組みの一部を紹介します。

①体力向上の取り組み（全校放課後ランニング）

終業後、部活動開始時間までの30分間、2カ月間毎日全校生徒でランニングを行い、年度末にタイム計測をした結果、年度当初より平均タイムが大幅に縮まり明確な成果が表れました。

②航空会社客室乗務員による講演

現役の国際線客室乗務員から、外国の方との接し方やおもてなしの気持ちの表し方などを聞き、最近増えている八丈島への外国人観光客に対する接し方の参考になりました。

③オリンピック新聞の制作

昨夏のリオデジャネイロオリンピック・パラリンピックを題材として、全校生徒がそれぞれ興味のある種目や選手を各自で調べ、新聞形式にまとめました。年度末の作品展示会で公開し、保護者・地域の方々からも好評を博しました。

④パラリンピアンによる講演

リオデジャネイロパラリンピックに出場し、過去には多くの大会でメダルを獲得した水泳選手、成田真由美さんをお招きし、お話を伺いました。日々の車椅子での生活のことや、障害がありながらも目標に向かって努力することの大切さについて、生徒たちの心に深く染み入りました。

⑤友だちプロジェクトとしての国際交流

ヨーロッパのバルト海に面したリトアニア共和国と交流を進めています。駐リトアニア日本全権大使が本校を訪問してくださり、その紹介で現地のナイセイスクールとの交流が始まりました。現在はメールを通じて、教員同士や生徒同士で互いの国の紹介や学校の様子をやりとりしています。

以上のような取り組みを通じて、生徒たちのオリンピック・パラリンピックに対しての意識は確実に高まっていると感じます。

今、求められている「生きる力」には、体力はもちろんのこと、外国の方々や障害のある方と共に生きるという多様性も含まれていると思います。2020年に向けて、今の中学生が大きな役割を果たすことになるのは間違いのないことです。さらに、それ以降も社会人として活躍していく世代になる上で、大変貴重な経験を積む機会となります。換言すれば、オリンピック・パラリンピック開催を契機に今の中学生世代があらゆる場面で日本を背負って立つことになるということです。

八丈島も今は少子高齢化が進み、人口減少が課題となっています。今回の取り組みが生徒たちの自信につながって、小さな島から東京へ、そして日本全国、さらに世界中へ大きく羽ばたくとともに、将来故郷の島へ貢献できる人材に育つ一助となるように願ってやみません。

（八丈町立富士中学校校長 絹貫正人）

放課後に全校生徒で取り組んだランニング

狛江高校ダンス部が全国制覇

狛江市が市民功労表彰を授与

狛江市役所には現在、「祝全国制覇 狛江高等学校ダンス部」の大きな懸垂幕が張り出されている。市内で唯一の都立高校である狛江高校とは中高連携の取り組みも進めており、市は同校ダンス部の快挙に市民功労表彰の授与を決め、10日に3年生の部員24人が市を訪れ、高橋都彦市長が表彰状を手渡した。

数々の入賞経験を持つダンス部だが、今回は6月11日に市川市文化会館（千葉市）で開催された第5回日本ダンス大会・高等部活ダンスコンテストで優勝。生涯教育を見据えた多様なダンスの全国普及を目指す日本ダンス技能向上委員会がスポーツ庁の後援を得て主催するもので、同校は第1回から連続出場し、昨年は蝶理特別賞を受賞。今大会では、全国から予選を勝ち抜いた42校が参加する中、黒猫をテーマとしたジャズヒップホップを披露し、蝶理特別賞とのダブル受賞で念願の初優勝を飾った。

部員を代表して表彰状を受け取った部長の白似田良奈さんは、「『悔いを残すな、結果を残せ』をモットーにみんなで乗り切った。高校生活最後の大会で優勝できて、うれしい」とあいさつ。

出場した3年生は今大会で引退する予定だったが、優勝したことで、8月20日に東京国際フォーラムで開催される日本最大のダンス・エンターテインメント作品コンテストである「Legend Tokyo」にティーンズゲストとして出場が決定。ここで有終の美を飾ることになった。

祝 全国制覇 狛江高等学校ダンス部

優勝したダンス部員と写真に収まる高橋市長と有馬守一教育長ら＝10日、市役所で

北区

お茶の水女子大と包括協定

教育分野の充実と女性活躍分野で連携も

北区は12日、お茶の水女子大学と、「東京都北区と国立大学法人お茶の水女子大学との連携協力に関する包括協定書」を締結した。

区と同大は2016年と17年に相互協力に関して基本・実施協定書を交わし、理科大好きプロジェクトや理科支援員など教育分野を中心に連携してきた。教育分野についても包括協定とともに覚書を取り交わし、更なる充実を目指すとし、お茶の水女子大の室伏きみ子学長は、「女性リーダー育成の機能強化や、人の心身の健康と生活環境向上のためのイノベーションの実現など、本学の特色を生かした分野での連携にも広げていきたい」と期待を語った。

また、花川與惣太区長も「教育分野での更なる連携事業の充実や、新たに女性活躍に関する分野などの事業展開を楽しみにしている」と話した。

区では、大学が持つ人的・知的・物的資源を活用し、教育、文化、産業、健康、環境、まちづくり、防災・防犯などの地域課題を解決し、豊かな地域社会の創造を目指すため、これまでも東京家政大学、東洋大学、帝京大学、女子栄養大学、東京成徳学園と連携・協力に関する協定を締結し、今回で6校目となった。

今年も貼り絵掲出 福生七夕まつりに

都立福生高校

8月3日から6日に行われる「福生七夕まつり」の出展作品として、昨年に続き、都立福生高校の美術部が作成した貼り絵が駅構内に飾られることになった。

昨年は北斎の富嶽三十六景「神奈川沖浪裏」を制作したが、今年は19世紀バルビゾン派のミレー作『星の夜』を題材にした。今年も絵の具を使わず色の紙を貼り付けて作る「貼り絵」の手法で、生徒は連日制作に励んでいる＝写真。サイズは縦2・5㍍、横3・3㍍程度で、福生駅西口階段踊り場に掲出される。

今年の七夕まつりのテーマは「アメリカンなまち"FUSSA"らしく」。文字中にある「U」「S」「A」の文字は横田基地がある福生らしさを意識したものだという。生徒はこのテーマを受けて、アメリカのイエール大学付属美術館にある名作に取材し、「七夕」の故事から壮大な夜の空の景観を描いた『星の夜』を題材に選んだ。

貼り絵は七夕まつりより一足早く、26日から展示される予定。

教育じてん 86

へき地・小規模校教育研究発表会の開催

東京都には約2200校の公立小、中、高等学校、特別支援学校があり、それぞれの学校ごとに特色ある教育を行っています。その中でも、島しょ地区や多摩地区の西部山間地域における学校では、地域の特性を生かした教育活動の推進や少人数学級における学習指導方法の工夫等、学校の実態に応じた多様な教育を進めています。そして、それらの優れた実践的事例の発表や教育理念の研究の機会を提供するため、都教育委員会は、東京都へき地教育研究協議会と共催で「へき地・小規模校教育研究発表会」を実施し、広く教育関係者の理解を深めるとともに教育の一層の充実を図っています。

今年度の研究発表会は、「ふるさとで心豊かに学び、新しい世界と未来を切り拓く子供の育成」を研究主題とし、8月4日の午後に都庁第一本庁舎大会議場にて行われます。会の中では、研究発表として各学校の実践が報告されます。今年度は、小学校の報告として、新島村立式根島小学校が、児童の確かな学力の定着を目指し、算数科における表現力を高めることを目標として取り組んできた、問題解決を図る学習過程に応じた言語活動の充実について発表します。また、中学校の報告として、奥多摩町立奥多摩中学校が、21世紀型能力の向上を目指すためのタブレット端末を活用した新しい学びのかたちについて、授業や家庭学習、校外での学習活動等におけるこれまでの取り組みの成果を発表します。両校の研究発表は、へき地・小規模校だけにとどまらず、多くの学校の教育活動に示唆を与えてくれるものでしょう。

各学校が等しく学習指導要領を踏まえて教育課程を編成し、それに基づいた教育に取り組んでいく中でも、地域の環境や学校の規模、子供たちの様子や教員の状況等により、実施する教育活動は大きく異なります。新学習指導要領では、カリキュラム・マネジメントの確立として、教科等横断的な学習の充実とともに、教育内容や時間の適切な配分、必要な人的・物的支援体制の確保等を通して、教育課程に基づく教育活動の質を向上させ、学習効果の最大化を図ることが強く求められています。

今夏も本研究発表会を始めとする様々な教育実践の発表等が行われますが、それらの機会を通して多様な教育活動の在り方を互いに交流することにより、東京都の学校教育がますます充実することを望みます。

Essay エッセー 63

道徳レベルを高めるために

4年前、コンビニエンスストア店員がアイスクリーム冷蔵ケースに入り、寝そべった姿の写真をウェブ上に掲載した事件があった。なぜ、こうした問題が頻繁に起こるのか。そこには道徳性の問題が深く関わっていることは間違いない。

道徳性とは何か。これは大変難しい問題だが、例えば「友達」の捉え方で、「自分を助けてくれて一緒にいると楽しい存在」、つまり、友人を自分にとって損か得かで捉える考え方と、「友人とは自分を一人の人格のある人間として認め、つらいときに一緒に悩んでくれる存在」、つまり、友人を一般化し、社会的存在として捉える考え方とでは大きく異なる。この考え方こそが道徳性といえる。

道徳性にはいくつかのレベルがある。一例を挙げると、道徳的な判断が自己中心的で、例えば自分が面白いと思うことは相手もそう思うに違いないと思い込んでいるレベル。相手と自分は違うことが分かり、相手はどう思うだろうか、と考えられるレベル。更に、様々な立場の人を想定して考えられるレベルなどである。当然、後者になるにつれ、道徳レベルが高くなる。道徳教育の方向性はここにある。

では、道徳レベル向上のために、何が必要なのか。文部科学省は「特別の教科 道徳」の目標の中で、「物事を（広い視野から）多面的・多角的に考え」ることを通して「道徳的な判断力」を育てる、とし、「多面的・多角的」視点の必要性を示している。

一般に「多面的」と「多角的」は、ほぼ同義語である。しかし、あえてこの二つを私は分類している。「多面的」を、物事を判断する際に考えておかなければならない側面、と捉えている。例えば先の事件で考えれば、経済的、衛生的、法的な様々な側面で、その行為が社会に及ぼす影響を考える視点である。

また、「多角的」は「役割取得」（G・H・ミード）、つまり様々な人の立場に立って考える、あるいは様々な他者の立場からのものの見方・考え方、と捉えている。先の事件で考えれば、毎日買い物に来る様々な客やコンビニ店主とその家族などといった視点、更にはそれをはるかに超えるwww（ワールド・ワイド・ウェブ）上のあらゆる人の立場で考える視点となる。

冒頭の事件に限らず、こうした問題の多くは軽い気持ちで、特定の相手しか想定せず実行され、多面的・多角的視点の欠如といわざるを得ない。SNS上の発信も一面的・一方的な意見が少なくない。私たち教育に携わる者のみならず、日本社会の大人がまずは、ものごとを多面的・多角的に見る能力を高め、若者に指導できる社会を築く必要があると、こうした事件が起こるたびに痛切に感じる。

（東久留米市立西中学校校長 薮野勝久）

教育面は第1、第3、第5金曜日掲載

非常勤の処遇低下を懸念

期末手当支給など　30日に法改正の研究集会

地方自治体の臨時・非常勤職員の処遇に関する規定を盛り込んだ地方公務員法・地方自治法の改正を受け、現場に不安が高まっている。同法では非常勤職員に期末手当（賞与）を支給できる規定を新設しているが、非常勤の処遇改善を訴えるNPO団体「官製ワーキングプア研究会」によると、逆に支給状況を悪化させる懸念があるという。同研究会などは今月30日、処遇改善に向けた集会を開き、法改正が現場に与える影響や課題などを議論する予定だ。

地方公務員法・地方自治法の改正に関し、官製ワーキングプア研究会が抱く最大の懸念が、期末手当（賞与）の支給水準の低下だ。

非常勤職員の処遇改善に向けて研究会のメンバーらがILOに提訴＝5月、厚生労働省

現行制度では、地方自治体による非常勤への手当支給は「原則禁止」だが、地方自治法の改正により一般職の非常勤職員に当たる「会計年度任用職員」に限定して期末手当を支給できるようになる。しかし、非常勤職員に対して報酬・費用弁償しか支給できないという原則は変わらないという。

現在、違法とされる非常勤職員への手当支給だが、自治体によっては既に、報酬加算などの形で「一時金」を支給しているのが実情だ。過去の住民訴訟では「勤務時間が常勤の4分の3を超える非常勤職員は常勤に該当する」などとして支給を認める判決も出ている。

このため同研究会は、「改正法でも特別職非常勤等への手当支給は違法として扱うとしており、既に勤勉手当や退職手当を支給している自治体では賃金改悪となる」と指摘。「国の非常勤との差が歴然と出てくるのではないか」と批判する。

同研究会はまた、雇用契約期間の改善につながらない点も問題視する。会計年度任用職員は年度の契約が基本で、再採用による雇用継続は可能だが、更新はできない位置付けとなっている。

非常勤職員の雇用期間を巡っては、厚生労働省が民間を対象に「有期雇用ガイドライン」を策定しているが、地方公務員への適用範囲はあいまいで、同研究会の本多伸行理事は「何年働いても無期雇用に切り替えられない。公務員にはあえてセーフティーネットをかけなくてもいいということか」と不信感を募らせる。

研究会の集会では法改正に伴う影響などについて議論し、処遇の改善に向けて働き掛けを強めたい考え。全国の自治体（都道府県、政令市など）の非常勤に対する手当支給状況も明らかにする。

集会は30日午後1時から文京区民センターで。資料代500円。問い合わせは実行委員会・本多さん（☎090・9806・8870）、東京公務公共一般（☎03・5395・5255）まで。

MEMO

会計年度任用職員　地方自治体の臨時・非常勤職員の任用根拠を明確にするため、改正地方公務員法（20年度施行）で規定された職員の位置付け。改正法では期末手当の支給も認めている。

現行法では非正規公務員は「一般職」と、委員・顧問などを想定した「特別職」、臨時の職や欠員に対応する「臨時職員」の3類型に分けられるが、採用根拠はあいまいで、通常の事務職を「特別職」で任用しているなどの実態がある。このため、改正法では「会計年度任用職員」の類型を創設し、「特別職」「臨時職員」に当てはまらない職員を移行させる方針。ただ、会計年度任用職員の任期は最長1年で、これまで「特別職」に認められていた労働基本権が制約を受けるなど、「処遇改善につながらない」との指摘がある。

精神疾患で1万人が受診

都共済組合が分析　医療費増大の一因に

都職員共済組合は昨年度、精神疾患に関わる医療費の分析を初めて行い、2015年度に全組合員約12万人のうち、約1万人の組合員が精神疾患のために受診したことが分かった。特に、精神疾患者は処方箋（せん）の費用の「調剤費」が他の疾病と比べて多く、医療費増大の一因になっているため、都共済は組合員の医療費や健康への意識啓発で抑制したい考え。

15年度に精神疾患で医師の診察を受けた組合員は、同年に医療機関を受診した組合員約10万人のうちの約10％に当たり、被扶養者も含めた全受診者約21万人のうち精神疾患は約2万5千人で、年々増加している。年代別では40代から急激に受診数が増え、50代が最も多い。都共済は「職場での責任の増大や、異動などによる職場環境の変化への対応が原因ではないか」（医療保険課）と分析する。

15年度の医療費は約353億円で、うち医師の診察による「医科医療費」は約229億円。このうち精神疾患は約6％の14・3億円。一方、調剤費は全体の約84億円のうち、精神疾患は約22％に当たる約18・2億円で、患者一人当たりの調剤費が高いことが分かった。また、全受診者のうち約2千人は、精神疾患を理由に1カ月の間に二つ以上の医療機関で診察を受け、薬効が同じ薬を複数服用していることも明らかになった。

精神疾患の薬の過剰な服用はかえって病気の長期化や薬への依存を招く可能性があるため、薬が重複している患者に直接理由を聞いたり、複数の医療機関で受診する患者がいることを医師側に通知している。また、都共済は今年度から職場の健康管理に力を入れており、特定健診の結果などをまとめて健康増進施策に反映する「データヘルス計画」の改定や、健康づくりのノウハウ本を職場の健康施策担当者に配布し、組合員の精神面の健康改善を進めている。

医療費適正化の対策では、ジェネリック医薬品の使用の推進や、全ての組合員に医療費通知を送付するなどして抑制する方針。都共済は「まず、医療費に関心を持ってもらい、適正化に協力してもらうと同時に、自らの健康に気を付けてもらい、予防することが大切」（医療保険課）と話す。

都共済は、医療費の適正化のために毎年分析を行っているが、精神疾患についてはプライバシーに配慮し、これまで分析をしていなかった。14年に労働安全衛生法が改定され、50人以上の規模の事業所にはストレスチェックの実施が義務付けられたことを受け、隔年で行う「テーマ別分析」の題材に取り上げた。

視点

局長級の団体派遣

再任用制度化の布石に

8月1日付の局長級人事で、監理団体などへの役員として派遣される現役幹部は7人。4月の発令分を含めると8人となる。

現役派遣に至ったのは、今年初めに文部科学省OBの天下り問題が表面化したことを受け、知事が都幹部の再就職の在り方を検証する考えを示したことがきっかけだ。今夏の派遣は第一弾として実行したと見られる。

現役幹部の派遣には一長一短がある。メリットは、監理団体の役員として組織をマネジメントする経験値を積むことができ、条例局長に起用された際に生かせる点だ。

また、ある事業局の幹部は「現役が監理団体の役員を務めていれば、都OBよりも協力を依頼しやすい」と話す。

一方、デメリットは、自主・自立的に運営する監理団体が「都の出先機関」になる恐れがあることだ。局間異動せずに現役派遣されるケースもあり、別の幹部は「都側からの要望があれば、現役は断りにくいはず。監理団体のプロパー職員の立場からすれば、都側の意向を重視し過ぎと言われかねない」と警戒する。また「監理団体に現職を派遣する際、他局から起用した方が、都と監理団体の馴れ合いの関係はなくなるかもしれない」との声も聞かれた。

ただ、8月から派遣される幹部7人は現役と言っても6人が59歳と60歳。今夏の局長級退職者は消防総監を除けば2人にとどまり、都庁内では「局長級を再任用として活用するための布石ではないか」との声が聞かれた。実際、19日の都政改革本部では、局長級の再任用の方針が示されている。

小池知事周辺は局長級の給与が高いとの問題意識を持っているとされる。部課長級が再任用した場合の給与はおおむね定年前の6～7割程度の水準になっている。再任用などの給与水準は都人事委員会勧告を踏まえ、都が局長級の給料表を策定することになるため、2018年度から適用される可能性が高い。

局長級の再任用は一見、「天下り根絶」のように見えるが、知事が掲げる「ワイズスペンディング」（賢い支出）に逆行する。退職したOBが再就職すれば、給料は再就職先から支出されるが、再任用では都職員の身分のままであり、再任用派遣が多くなればなるほど、都の財政負担が増大する傾向になると見られるからだ。

また、都は10年に都庁版人材バンクを創設し、監理団体などの求人情報を一元管理して職員に情報提供し、透明性や公正性を図ってきたが、文科省OBの違法な天下りなどのような問題点は何も指摘されていない。知事の再検証の意向で見直し作業がスタートしているが、「外向け」で見直しても現場の実態に合わなければ意味がない。

改革で本当に必要な視点は、都幹部やOBを有効活用し、都民サービスの向上に直結させることだ。どのような能力・経験が必要とされるのか、監理団体などの性格を見極め、人的派遣のルールづくりに取り組むべきだ。（石）

本音を語るには

若手職員のホンネ　東京のとある居酒屋で⑰

「色んな職場を知りたい」

C　働き方への考え方が変わってきている世の中で、若手の意見ってこれまで以上に必要になると思うし、上の世代の人たちも率先して若手がアイデアを出すことを求めていると感じる。

D　そのためには、まずは若手が本音で語り合える場づくりが必要だね。

A　これは都も区も同じだと思うけど、他部署の人なんかだと直接話す機会も少ないし。別の部署の若手と本音で話し合うことで、新しいアイデアが出てきて、職場を変えるきっかけになるかもね。

D　こういう集まりも、もっとやりたいよね。いきなり仕事から入ると、やっぱりどこか構えるから。そうなると、本音で話すほど仲良くなったりできなかったりするからね。

C　いや、そこは仕事上の交流があってこそいい関係が築けると思うけどな。単なる飲み会だけでは普段の仕事ぶりとかも分からないし、一緒に仕事をすれば共通の話題もできやすいしね。例えばお互いの上司のこととか（笑）。

B　そうだね。俺は区の職員だけど、例えば都庁の午後8時退庁はどう感じているのかとか、今回は感想程度の話だったけど、実際に8時退庁を守るためにはどんな工夫があるとか、実際に体験すれば職場に持ち帰れることとかも色々あると思うし、逆に「もっとこうしたらいいのに」って部外者の目から見て思うこともあるかもしれない。そういうことが分かってこそ、いいアイデアが出てくると思う。

C　確かに。単なる愚痴で終わらせないためには、いろんな職場のことをよく知って、その上で意見をぶつけることが大切だよね。

A　なるほど。確かに今までいろんな部署を経験してきたけど、やっぱり職場ごとに仕事の進め方とか、考え方の違いとかを感じたことはあるからな。今まではあまり深くは考えなかったけど、そういうことから求められているのかも。

D　都と区での普段からの仕事の交流って、実際には難しいんだろうけど、でも同じ東京で仕事をしてるわけだし、協力できるところはしていきたいよね。

＝おわり

都産業労働局

八王子市にMICE誘致拠点

多摩地域初、人材育成など支援

都産業労働局と（公財）東京観光財団は、国際会議や展示会など「MICE」の開催の拠点として地域や団体を指定して助成する事業を進めており、新たな支援団体として（公社）八王子観光コンベンション協会を13日に指定した。これまでは「東京ビジネスイベンツ先進エリア」として六本木など23区内の地域を指定してきたが、多摩地域の実情を踏まえた「多摩ビジネスイベンツ重点支援エリア」を新たに創設した。

「重点支援エリア」の目玉は、MICE誘致のための人材育成の取り組みへの財政支援で、年間最大200万円を4年間助成する。「先進エリア」では人材育成の助成はなかったが、MICEを開催するためにはビジネス用語を交えながら直接外国人と交渉する場面も多く、23区内に比べて外国人と接する機会の少ない多摩地域でMICE開催に対応できるホテルや展示場の職員を育成するために加えられた。

環境整備に向けた助成も23区内の支援エリアより1年長い4年間とし、年間で最大1千万円を助成する。また、プロモーションツールの作成や誘致機運醸成のセミナーを開催する。

八王子観光コンベンション協会は、八王子市内にMICEを誘致することを目的に、同市と八王子商工会議所、八王子観光協会によって4月に設立された。

同局は「八王子市は元々、大学や企業が多く、また駅前には大きなホテルも集約している上、高尾山などの観光資源もある。これをきっかけに都外にPRしたい」（観光課）と話す。

テレワーク推進センターを開設

都産業労働局

都産業労働局などは24日、「東京テレワーク推進センター」を東京圏国家戦略特区に開設する。民間企業のテレワーク導入に関する情報提供や相談サービスなどをワンストップで実施する。

センターにはIT・人事・業務改善の専門コンサルタントをコンシェルジュとして配置。ウェブ会議システムや労務管理ソフトなどを使用できる体験コーナーも開設する。また、セミナーを定期的に開催し、中小企業の課題を切り口にテレワークの導入を提案する。開設場所はK・I・S飯田橋ビル（文京区）で、平日午前9時から午後5時まで。

他方、総務局は今月24日を「都庁テレワーク・デイ」と位置付け、1千人規模の職員がテレワークを実践する。専用パソコンやタブレット端末を活用し、自宅やサテライトオフィス、出張先などでテレワークを体験。局長・部長は原則、全員がテレワークで勤務する。

I類A採用試験　251人が最終合格

倍率は5.9倍

都人事委員会事務局は19日、大学院修了程度を対象とするI類A採用試験の最終合格者を発表した。事務と4大技術を合わせた受験者数は1486人で、最終合格者数は前年度比87人減の251人だった。このうち女性の合格者数は67人。全体の競争倍率は5・9倍だった。

吉田　キミ子さん（よしだ・きみこ＝吉田正春・都青少年・治安対策本部総合対策部企画調整担当課長の母）13日死去、88歳。

訂正　18日付「局長級一覧」の表から「福祉保健局理事＝東京都医学総合研究所派遣」ポストを削除します。医学研の副理事長には現在、局技監が非常勤で就いていますが、兼務発令はしていません。

五輪への航海図⑲⑥

TOKYO 2020　開催まで　あと1099日

特別区の戦略⑱

荒川区　身近な運動で幸福実現

スポーツ振興の目的は、乳幼児から高齢者まで、あらゆる区民の「幸福実感」を高めること―。「幸福実現都市」を目指している荒川区。区が2016年4月に策定した「スポーツ推進プラン」では、西川太一郎区長が巻頭言でこう述べている。

区民の幸福度に関する調査によると、区民が「幸福な生活に欠かせない」と考えるものの第1位は「健康」。プランでは「健康を維持するためにも、日々のスポーツ習慣は重要な役割を果たす」とし、「仲間づくりやボランティア活動など地域との結びつきを強め、社会貢献活動などにもつながることから、健康増進はもとより生きがいづくりをサポートする」と強調する。

具体策の一つがウォーキングの普及だ。同区は23区で2番目に狭い上、木密地域が約6割を占め、大規模スポーツ施設の新設が難しい制約がある。区では身近なスポーツ環境を整えようと、区内の道路・公園に整備したウォーキングロードやマップを活用。ウォーキング指導員の養成にも力を入れ、「日本ウォーキング協会」の公認資格を取得できる講習会を開催する。

障害者スポーツの推進にも目を向ける。プランではパラ大会を好機と捉え、介助者や伴走者、指導者やボランティアなど人材を発掘・育成する方針を示す。

荒川総合スポーツセンターは19年度、大規模改修に入る

泉谷清文スポーツ振興課長は「下町ならではのつながりを生かしながら地道にウォーキングの愛好家や指導者を増やすとともに、障害者スポーツを支える側、スポーツボランティアを取り込めるような仕組みを模索中。20年に間に合うように検討したい」と話す。また、区内には成田空港から鉄道での「玄関口」となる日暮里駅があることから、文化交流などの方策を検討する考えも示す。

今後は20年以降を視野に入れた戦略づくりが課題になる。区内には義足などの義肢や装具を作成し、リハビリテーションを行う専門組織「義肢装具サポートセンター」や、首都大学東京健康福祉学部、アンチ・ドーピング研究所が立地する。こうした地域資源を生かし、パラ競技のサポートや教育などで長期的な展望を描くことが求められる。

30年度 職員教養講座 ▶4◀

東京都管理職選考対策

A論文（論文の書き方）②

今回は平成29年度の都管理職選考の問題について、論文作成のポイントを解説します。論文の正解は一つではありませんが、論文試験を通過するには、限られた時間内に説得力のある論文を書き上げることが必要です。この講座が少しでもみなさんの参考になれば幸いです。

問題

別添の資料は、東京を取り巻く近年の社会経済情勢に関する状況等を示したものです。

① 誰もがいきいきと暮らせる、活躍できる、働ける都市・東京の実現を目指す観点から資料を分析し、その分析結果に基づき抽出した課題について、資料のデータが示す意味に言及した上で簡潔に述べなさい。なお、資料8点のうち、3点以上に触れること。（400字程度）

② ①で述べた課題に関し、今後、都はどのような施策を推進するべきか、理由を含めて具体的に論じなさい。なお、都が実施しているまたは実施を予定している施策の説明にとどまらずに、あなたの創意工夫等を盛り込むこと。（1300字以上1800字程度）

※資料は著作権などの関係から掲載しません。

論文例

①の解答例

1 女性の活躍推進

○2016年の待機児童数は8400人を超えている。

○保育サービス利用児童数は26万人を超え、今後も利用者の増加が予想される。

○非求職理由として、出産・育児を挙げた女性は80万人存在する。

2 障害者や高齢者、非正規労働者の雇用環境改善

○どの産業においても、障害者の実雇用率は法定雇用率2・0%を下回っている。

○健康状態を「よい」「まあよい」と答えた人の割合は、60代・70代ともに男女問わず7割を超えている。

○非正規の労働者は、雇用者全体の37%を超え、そのうち約15%は正規の仕事がないために非正規で働いている。

3 誰もが安心して暮らせるまちづくり

○健康状態の評価は、男女ともに年齢の上昇に伴って低くなる傾向がある。

○公共交通機関のうち、最も利用者の多い鉄道駅のバリアフリー化は80～90%台であり、車両のバリアフリー化は62%にとどまる。

②の解答例

1 少子高齢・人口減少社会の到来を迎えて

東京都の人口は2025年をピークに減少し、生産年齢人口が減少する一方で、65歳以上の老年人口は400万人以上に増加する見込みである。これからは、労働力を確保し、社会の活力を維持することが一層重要になる。都はこれまで、ダイバーシティーを積極的に推進してきた。この取り組みをさらに加速させ、都民の期待に応えていく責務がある。今こそ、誰もがいきいきと暮らせる、活躍できる、働ける都市・東京の実現に向けた取り組みを強力に推進しなければならない。

2 都政にとって特に重要な三つの課題

ダイバーシティーの推進を阻害する要因について、以下の通り考察する。

第一に、仕事と出産・子育ての両立が困難なことである。共働き世帯の数は、専業主婦世帯の数を上回り、保育サービスの需要は高まるばかりである。一方、いまだに多くの女性が出産を機に離職している。就業継続を希望しながら、やむを得ず退職を選ぶことは、本人にとって不幸なだけではなく、社会にとっても大きな損失である。

第二に、障害者、高齢者、非正規労働者の力が十分に生かされていないことである。働く意欲を持つ人々が活躍できることは、誰もがいきいきと暮らし、活躍でき、働ける社会を実現するために欠かせない。しかしながら、意欲があっても働く場を得られない障害者や高齢者は多く、正規雇用を希望しながら不本意に非正規雇用で働く人は280万人を超えている。

第三に、まちに段差などの危険が存在することである。今後老年人口は増加し、車椅子や杖を使う高齢者も増えていく。一方で、公共交通機関等におけるバリアフリー化は道半ばであり、整備の促進が求められている。健康状態が悪化しても、行きたい場所に自由に行くことができ、住み慣れたまちで安心して生活できる環境が求められている。

3 課題の解決に向けて

これらの課題を克服するための施策を以下に進める。

第一に、仕事と出産・育児の両立支援である。都は、女性が就業を継続し活躍するために、区市町村と連携して保育所の開設を後押しし、待機児童を解消する。低賃金や長時間労働を背景に保育人材の確保は厳しいため、保育士のキャリアアップ補助や事務のICT化の支援を拡充する。

また、公園等の公有地の活用や整備費の補助を行い、保育園の開設を増やす。もっとも、育児の負担が女性だけに偏れば、仕事との両立は困難を極める。そこで、男性も育児に参加できるよう、働き方改革を推進し、男性の育児休業取得や、長時間労働の改善を図る。さらに、テレワークを活用した労働生産性の向上に取り組み、安心して子供を産み、育てながら働ける環境を築く。

第二に、障害者や高齢者、非正規労働者の雇用環境整備である。都は、障害者雇用を希望する企業にインターンシップ型の採用選考を実施する。また、65歳以上の就職希望者を対象に高齢者就職面接会を開催する。

さらに、非正規雇用者を対象に正規雇用への転換のための職業訓練を拡充する。非正規雇用の若年層の賃金格差は、結婚や出産をためらう一因となっている。非正規から正規雇用への転換を支援し、安心して働き続けられる環境を整備する。もっとも、企業側にも利点がないと取り組みは浸透しない。そこで、多様な人材を積極的に採用する企業を「ダイバーシティ推進企業」として表彰し、企業の採用意欲を高める。

第三に、ユニバーサルデザインのまちづくりの推進である。公共交通機関の発達した東京では、移動の際に電車やバスを利用する都民は多い。そこで都は、公共交通機関のバリアフリー化を加速する。特に利用者の多い鉄道路線から優先的にホームドアを導入し、段差を解消するとともに、視覚障害者誘導ブロックを導入する。

さらに、高齢者が安心して地域で暮らし続けられるよう、在宅療養環境や救急医療提供体制を整備する。もっとも、ハード面の整備だけでは不十分である。心のバリアフリーを進め、ハード・ソフトの両面から、全ての人に優しいまちを作らなければならない。そこで、オリンピック・パラリンピック教育を活用し、東京の未来を担う子どもたちに心のバリアフリーへの理解を促し、共生社会を築いていく。

4 誰もがいきいきと暮らせる、活躍できる、働ける都市・東京の実現へ

日本は急速な少子高齢・人口減少社会を迎え、育児など様々な事情を抱えて働く人は、今後ますます増えていく。

年齢、性別、障害の有無などの事情にかかわらず、誰もがいきいきと暮らし、働き、活躍することのできる社会の実現に向け、都は不断の努力を続けなければならない。私は管理職として、課題の解決に全力を尽くす覚悟である。

解説

資料では、東京を取り巻く近年の社会経済情勢として、保育サービス需要の増加、障害者雇用の現状、バリアフリー化の状況など様々な内容が取り上げられています。資料をよく分析し、問題文の指示に沿って解答することが重要です。

①では「課題について、資料のデータが示す意味に言及した上で簡潔に述べる」「資料8点のうち、3点以上に触れる」、②では「理由を含めて具体的に論じる」「あなたの創意工夫等を盛り込む」――ことに注意して論述します。

まずは、問題文をよく読み、どちらの問題を選択するかを決めます。すぐに答案用紙に解答を書き始めるのではなく、論文の骨子をまとめたレジュメを作成して論旨を整理しましょう。

①は、箇条書きと文章のうち、書きやすい構成を選びましょう。資料から読み取れる客観的な事実から課題を抽出します。具体的な数字を挙げると説得力が増します。ここでは、ダイバーシティーの推進のために、特に重要と思われる課題を三つ提示しました。なお、平成28年度の出題では「特に重要と思われる課題を一つ挙げる」よう指示がありました。出題の内容は変化するので、様々な形式に対応できるよう準備しておきましょう。

②は、3段構成（序論、本論、結論）または4段構成（起承転結）のうち、書きやすい構成を選びましょう。今回は4段構成を説明します。

4段構成では論文を4章に分けます。1章では、広い視点から都政の課題を論述します。2章では、都政にとって特に重要な課題を挙げます。3章では、課題の背景を分析し、課題を解決するために都が推進するべき施策を具体的に論述します。4章では、これまでの論述をまとめ、管理職としての決意表明で締めくくります。

全体を通して、都政の課題と解決策を力強い言葉で言い切り、明るい未来を展望できる内容にするのがベストです。これにより、管理職として頼れる人物であるという印象を採点者に与えることができます。あいまいで自信のなさを感じさせる文章や、都政をひとごとのように批評する文章、暗く悲観的な文章は避けましょう。

試験当日は、用意した論文をそのまま使用できることはまずないと思うのが賢明です。試験では、初めて見る資料から適切に課題を抽出できる判断力や、問題で指定された形式に柔軟に対応できる応用力が試されます。どのような問題が出題されても、焦ることなく冷静に対応しましょう。そのために、論文対策では、都政を俯瞰（ふかん）し、多くの課題と解決策を検討し、短い時間の中で自分の考えを表現できるよう練習を重ねてください。

最後に、論文試験では管理職候補者として何を求められているのかを意識して論述することが大切です。実施要綱によれば、主任級職選考では「問題意識、問題解決力、論理性、表現力等」を評定されるのに対して、管理職選考では「問題意識、政策形成力、論理性、表現力等」を評定されます。この違いから読み取れるのは、管理職選考では「政策形成力」が特に重要だということです。今年度の試験で「あなたの創意工夫等を盛り込む」よう指示があったのも、将来管理職として新たな政策を立案し、実行する役割を期待されていることの表れだと言えます。

次回は創作事例を取り上げます。

昇任試験対策のページ

特別区 管理職試験講座 38

I類択一・記述　I・II類論文　29年度

I類論文

試験直前の勉強の仕方

今回は、I類論文試験の直前対策について、ご紹介します。

はじめに

試験まで約1カ月となります。論文の直前対策としては、まずは「明日の区政を担う管理職員を目指して」等を基に、評定ポイント、出題傾向等を改めて確認しましょう。択一式が足切りにならない程度に得点できるようになった方は、この時期は論文、記述式に一定程度時間を割いたほうが良いでしょう。筆者の経験からすると、論文と記述式については、いきなり書こうと思ってもなかなか筆が進まず、難しいものです。論文を書くことが不得手だと思われる方は、必ず準備した方が良いでしょう。

準備の仕方

① 以前紹介したように、まずはレジュメ（論旨の骨格）を作成してみましょう。

文末に、平成21年度からの出題された課題を掲載しました。これらを踏まえて、いくつか想定される課題を設定してみましょう。

例えば、ここ最近の話題ですと、インバウンド（訪日外国人旅行者）、オリンピック・パラリンピック、地域包括ケア（介護予防、認知症対策など）、オープンデータ、自治体間連携、ふるさと納税、空き家対策等のトピックがあります。

まずは、これらのトピックについて、言葉の意義や背景、何が23区で課題になっているのかなど、基本的な事項を新聞や行政文書などで確認しておきましょう。これらについては、論文はもちろん記述式での出題の可能性もありますので、意識して進めておいたほうが良いでしょう。

② 加えて、直近の人口動態などの統計やこれらのトピックに関連した数値等を確認しておきましょう。

例えば、出生数、合計特殊出生率、健康寿命、訪日外国人観光客数、ふるさと納税の歳入額や影響額、空き家率等といったものになります。これらについて、全国、東京都、区部の基本的な数字は押さえておいたほうが良いでしょう。

③ その上で、試験本番を想定し、本番で使用する筆記用具を用いて手書きで原稿用紙に2時間以内で回答を作成する予行練習を行います。手書きに慣れない状態では、指定文字数を書き上げるのは骨が折れる作業です。試験時間の感覚を体感することで、本番に落ち着いて臨めることにもつながります。

本番当日の注意

事前準備で想定した問題が出題された場合は、準備していた論文を基に実際の出題意図に沿うように修正を図りながら記述していきましょう。

もし、全く想定から外れてしまった場合でも、焦る必要はありません。試験で自身の論理展開力やプレゼン能力を示すと割り切り、これまで用意していたレジュメの例にならって、落ち着いてレジュメを作成するところから始めましょう。

論旨の骨格ができていない状態で書き始めると、途中で文章の流れが悪くなり、手戻りすることになるので、時間の許す限り、レジュメに時間をかけることをお勧めします。

また、要求された文字数を必ず満たすように注意してください。

試験の筆記用具は、HBの鉛筆が望ましいとされていますが、シャープペンシルであればBか、出来れば2Bの芯が良いと考えます。鉛筆の場合もBをお勧めします。試験では2時間書き続けることになります。筆圧が弱くなっても濃く書ける筆記用具を準備すると、疲れた時間に差が出ます。また、採点者も文字が薄いと採点しづらいため、見やすい楷書での筆記を心掛けましょう。これに加え、できる限り丁寧に字を書くとともに、誤字、脱字がないよう十分注意してください。

参考

過去に出題された課題は次の通りです。

《平成21年度》

（1） 社会におけるインターネットの功罪について

（2） 新たな公共経営手法と住民参画による自治体経営について

《平成22年度》

（1） ワークライフ・バランスの定着に求められる社会のあり方について

（2） 分権型社会における行政と地域住民の役割について

《平成23年度》

（1） 持続可能な社会の形成と地域の役割について

（2） これからの公共施設のあり方について

《平成24年度》

（1） 用形態の多様化について

（2） 自治体からの情報発信について

《平成25年度》

（1） 都市の魅力を内外にアピールし地域の活性化を実現させるシティプロモーションについて

（2） 高度化する行政課題と職員の能力開発について

《平成26年度》

（1） 自治会への加入率が低下している現状を踏まえ、地域コミュニティーの活性化について

（2） 公共インフラの老朽化への対応について

《平成27年度》

（1） 社会における女性の活躍推進について

（2） 社会経済状況の変化に対応できる財政基盤の構築について

《平成28年度》

（1） 地域社会における子供の貧困対策について

（2） 地域との協働によるまちづくりの更なる推進について

働く人々㉕

バラ園を支える専門職員

大瀧安良

旧古河庭園（以後「庭園」）のバラは、その背後に建つ見事な洋館とともに、春秋の季節の話題としてテレビにもよく取り上げられるので、ご存知の方が多いことでしょう。

バラが毎年春と秋に見事に咲く、ということの裏には、専門職員のたゆまぬ努力があります。今回、その仕事の一部（春バラが咲いた後、秋バラを咲かせるまでの管理）をお客様に解説・実演するという企画「伝統技能見学会」があり、梅雨の時期のつかの間の晴れの土曜日、庭園を訪れました。

スタートの午後2時には、既に自宅でバラ栽培の経験がある人から、これから始めたいという人まで20人余りが集合。皆おとなしそうな様子ですが、バラへの情熱は人一倍、という雰囲気が伝わってきます。

このイベントを支えるのは、庭園に配属されている4人の専門職員（農園芸職）です。最初に親方の中林さんがボードを使って概要を説明します（絵❶）。その後、参加者を5～6人の四つのグループに分け、実際のバラの株の前での実習を始めます。

咲き終わった花（花がらという）を取り除いたり、枝を切り取ったりする目的は、イベントの時期に合わせて見事な花を咲かせることにあります。バラが本来持っている生命力と人間が長年の経験で蓄積してきた自然の一部をコントロールする技とのギリギリの「調整」をやっているような気がします。

絵❷、絵❸は、職員がバラの株の前で、枝や葉の出方を解説し、また、実際に枝のどの部分をどのような角度で切る（剪定する）かを説明しているところです。絵❹は、花がらをハサミで切る作業を参加者にやってもらっている場面です。直後、その人はハサミの切れ味に感激していました。当たり前なのでしょうが、職人の道具はすごい！

炎天下、1時間近くの講習が終わり、皆さん、職員作成の「バラの本」をお土産に満足して帰られたようです。

4人の仕事は、バラ園を含む洋風庭園だけではなく、その数倍もある日本庭園を含めての庭園の維持管理です。季節によって仕事が増える時期には、入園者のいない時間帯に作業を行うなど、人知れぬ苦労があります。好きなればこそでしょうが、植物に対してだけでなく人間にも優しい姿が見え隠れします。誤って終了間際に来てしまった参加者に対して、時間外の「特別授業」をしている親方の姿がありました。

❷バラの株の前で説明する専門職員

❸紅一点の専門職員もいます

❹花がらの取り方を指導

❶概要を説明する中林さん

上野動物園

子ども動物園リニューアル

「学び」の機能を充実

恩賜上野動物園は11日、園内の子ども動物園をリニューアルし、新しい「学び」の機能を充実させた「子ども動物園すてっぷ」をオープンした。

1948年に日本で初めて設立された子ども動物園は、戦後、娯楽の少なかった子供たちのため、動物と間近に接することのできる施設としてスタートした。当時から今日に至るまで、主に身近で親しみやすい小動物や家畜の飼育展示、ウサギやモルモットと触れ合える体験プログラムなどを通じて、命の大切さや生き物の魅力を伝えている。

今回のリニューアルオープンでは、設立当初の基本的な理念はそのままに、現代の子供たちに向けた「学び」の機能を充実させている。3歳までの小さな子供専用のスペースとして「はじめてルーム」を設置した。ここでは、絵本に登場する生き物に実際に出会ったり、飼育係ごっこや卵のプールなどで遊んだりする体験を通じ、小さな子供たちでも無理なく動物を身近に感じることができる。

「しのばずラボ」では、身近な自然や不忍池の生き物たちの暮らしぶりについて、季節ごとに学ぶことができる。ここで興味を持ったら池に出掛けて本物を探し、池で不思議を見つけたら、ここに戻って調べるという自然観察体験の場となる。

「わくわくスペース」では、子供たちが直接触れることのできる小動物を用いて、動物の体つきの工夫や命の大切さについて学ぶ体験プログラムを開催する。

オープン前日の10日には現地で記念式典と内覧会が開催された。

記念式典では、来賓として地元の服部征夫台東区長が「わくわくする展示内容だ。これからも子供たちの体験学習の場として大いににぎわうことを期待している」とあいさつ。台東区立忍岡小学校の子供たちが合唱を披露し、くす玉を開いた。

式典後、福田豊園長は「動物園以外では都会の暮らしで動物と触れ合う機会は少ない。動物のことをよく知って、驚きや感動、新たな発見で好奇心を膨らませてほしい。自然の誠実さ、複雑さ、はかなさを少しずつ知る第一歩にしてほしい」と語った。

「子ども動物園すてっぷ」は弁天門からすぐの場所で、11日からは出口専用だった弁天門でも入場が可能となっている。

鳥が空中で餌を〝フライングキャッチ〟＝10日、子ども動物園すてっぷで

知的生活の創造

若手職員へのアドバイス❹

読んでもらうための技術

どんなにいい文章でも読んでもらえなければ意味はありません。読んでもらうために、主張があり分かりやすい文章であることは言うまでもありませんが、書く技術も大切なことです。私が心掛けているのは、第一に書き出しで読み手を引きつけること、第二にリズムを調え、スタイルを整えること、第三に結びで余韻を残す書き方です。

書き出しは文章の印象を決定づける重要な部分です。具体的な体験談やエピソードをつづったり、著名人の言葉を引用したり、また、会話体や動きのある文章で始めるなど書き出しを工夫し、関心を引くことができれば読者はついてきます。その後、読み続けてもらうためにはリズムが必要です。三島由紀夫は、『文章読本』で「文章のなかに一貫したリズムが流れること」が重要と述べています。

声に出して読みやすい文章かチェックします。類語辞典などを傍らに置いて、一言一句、言いにくく違和感を覚える所は分かりやすい字句やしっくりくる表現に見直すなど、リズムある文章へと調えるとともに、時間をかけて推敲を重ね、スタイルを整えます。

高校生留学受け入れ事業

私が仕事でいろいろな人と出会い、学び、書いた文章として、朝日新聞の「論壇」に掲載された「高校生留学の受け入れ拡充を」（2001年）があります。

筆を執ったきっかけは、当時、（財）東京国際交流財団で留学係長として高校生の留学受け入れ事業を担当した経験からです。たった一人の留学生の受け入れが、家庭、学校、地域に大きな効果をもたらすことを深く認識する一方、受け入れるホストファミリーへの応募は毎年減り、その確保に苦慮している現実も知ったからです。そこで、高校留学生受け入れの現状と効果について、広く社会に訴えたいと執筆しました。

図らずも、森喜朗首相（当時）の留学受け入れ事業についての発言を得て、論文の冒頭で「森喜朗首相（当時）はASEAN10カ国首脳と会談して、留学プログラム（短期の受け入れ事業）を高校生まで広げる方針を明らかにした」と書き出しました。

続いて受け入れ事業の現状と効果として、「高校生の長期留学は、当時の文部省の調査によると、派遣が約4200人に対し、受け入れが1300人余りと少なくバランスを欠いている。高校生受け入れ事業の効果は、家庭、学校、地域をはじめとして、留学生に関わるすべてに及ぶ。留学生を派遣する場合、その人だけの『点の効果』であるのに対し、受け入れ事業は何倍ものインパクトと多方面にわたる『面の効果』があると言える」と述べました。

大学生の留学が即戦力となるような成果を期待されるのと異なり、高校生の留学は将来に向けての種まきです。その受け入れ、水やりは、我々国民の義務であると同時に責任でもあり、異文化理解を深める絶好の機会ともなります。その効果を高めていくためには、アジア諸国からの受け入れを積極的に拡大していくことが必要です。

感受性豊かな高校留学生を受け入れることにより、将来の親日派を育てるという戦略的意義もあるのではないかと考えたのです。

終わりをいかに結ぶかが難しい。文章は全体で書き手の主張を表します。書き出しで読み手を引きつけ、流れるように結びの言葉へと向かっていきます。主張は結びの言葉へと収斂します。

論文の終わりは、「アジアからの受け入れが少ないのは、日本が欧米志向で、アジアへの派遣が少ないことも理由に挙げられよう。『交換留学』を通じ、日本人の意識がアジアへ向かうよう手助けすることにも意義がある。政府、自治体による留学支援策の拡充を検討していくべき時である」と結びました。

この論文は、私が子供の頃、父が「戦後、米国はフルブライト留学制度により積極的に留学生を受け入れ、世界各地に知米派、親米派を築いてきた」と話してくれたことが頭に残っていて、書くヒントにもなったのです。

読んでもらう文章にするためには、内容に主張があることが一番大切ですが、書く技術の面からは絶えざる試行錯誤と精進との積み重ねが必要です。

（港湾局　木藤亮）

東京 橋くらべ②

紅林　章央

多摩川大橋

今も残る昭和史の縮図

国道1号線が多摩川を渡る箇所に架かるのが多摩川大橋である。

道路は当初、1940年に開催予定であった東京オリンピックのマラソンコースとして整備が進められた。橋は38年から工事が始まったが、オリンピックの中止や戦況の悪化により橋脚が完成した時点で中断。その後、戦時物資輸送の強化のために、45年3月に木造の橋桁が架けられたが、4月の空襲で全焼し落橋した。わずか半月の命であった。戦後、占領下で京浜間の輸送力アップを図るため、48年に橋桁工事の再開が認められ、翌年4月に現在の鉄橋が完成した。

この橋には他の橋に見られない大きな特徴がある。進駐軍は主な道路や橋にローマ字の案内板を付けることを命じた。大半は看板に書かれた仮設であったが、占領下に完成したこの橋には唯一、「TAMAGAWA－OHASI」と刻まれたブロンズの立派な橋名板が設置され、今も残されている。この橋は大戦前後の昭和史の縮図なのである。

多摩川大橋（戦前に造られた橋脚らしく、一部に石が貼られている）

ミニガイド

◇東京国際フォーラム20周年記念　ネオ屋台村スーパーナイト「Yukata de Night－ゆかたでないと－」　▷日時　7月27日㈭、28日㈮　午後3時～10時▷場所　東京国際フォーラム地上広場▷内容　浴衣で楽しむオトナの夏祭りをイメージし、盆踊りやよさこいなど、一緒に踊れるステージ演目や、昔懐かしい射的などの縁日、ネオ屋台村のメニューもお祭り仕様となる。仕事帰りでも浴衣に着替えられるよう更衣室を用意し、浴衣の販売や着付けも行う▷問い合わせ☎03・5221・9038（平日午前10時～午後5時、東京国際フォーラム営業部）

都政新報

発行所　都政新報社
〒160-0023 東京都新宿区西新宿7-23-1 TSビル
（編集・読者）03-5330-8781
（企画広告）03-5330-8784
（編　集）03-5330-8786
（出　版）03-5330-8788
（ファクス）03-5330-8808
購読料 月1,730円（税込）
毎週火・金曜日発行
ただし、祝日は休刊

紙面から

新法施行待ったなし

民泊解禁　観光振興と規制の狭間で（上）

「都の所管が決まらないのは困る。協議しようにもできない」。ある区の民泊事業を担う課長は、宿泊日数制限など同事業の都道府県からの権限移譲に向け、早期に協議を始められない現状をこう嘆いた。

国会で6月、可決・成立し、同16日に公布した住宅宿泊事業法、いわゆる「民泊新法」。同事業の所管は都道府県だが、知事と協議の上、23区を含む保健所設置市への権限移譲が可能な仕組みとなっており、区長会からは、権限移譲や事務内容に関する都と区の検討会を早急に開くよう要望が出されている。このため都は、担当所管の決定に加え、実務面での検討会設置の必要性に迫られていた。

だが、都では民泊新法の担当所管を巡り、産業労働局と福祉保健局の間で調整が難航。23区では民泊の苦情対応などは保健衛生担当部署が担っている。その観点から福祉保健局健康安全部が所管部署となるのが適当とみられたが、同法は公衆衛生面ではなく観光面に焦点が当たっており、産業労働局観光部との間で所管を決め切れずにいた。福祉保健局の木村秀嘉環境保健衛生課長は「新法の目的は基本的に宿泊施設の増設などの観光施策」と強調し、実際、民泊新法に関する国の所管も観光庁観光産業課が担っている。

しかし、所管を決められない間に法の施行期限は迫ってくる。同法は遅くとも公布から1年後の来年6月には施行となり、その3カ月前には施行準備を開始しなければならない。都の権限を区や保健所設置市に移譲するには、今年の第4回定例区・市議会などで条例を制定することがタイムリミットとなり、残された時間は少ない。

こうした中、都は6月に民泊に関するプロジェクトチーム（PT）を発足。さらに20日には、区市町村との協議や連絡調整の体制強化を目指し、副知事をトップとする住宅宿泊事業対策本部に格上げした。PTでは産業労働局と福祉保健局、政策企画局の3局が幹事を担っていたが、同本部では産労局観光部に事務局を一本化。懸案だった所管部署を巡る課題に事実上の終止符が打たれた格好となった。

同本部の会議の冒頭、本部長の川澄俊文副知事は、事務を押し付け合うのではなく、ノウハウのある部署が積極的に引き受け、折り合いの付かない場合は本部長と事務局の観光部が相談して決定する方針を示した。加えて、必要な職員を配置することも確約。21日の部課長級人事の内示で、8月1日付で住宅宿泊事業調整担当課長を置くことが決まった。

今回の対策本部設置を受け、産業労働局の浦崎秀行観光振興担当部長は「なるべく早く区との検討会を設置する」考えを示す。

担当所管

新たに「まちづくりの視点」も

都庁でも外国人観光客を目にしない日はない＝21日、都庁で

旅館業法に違反するいわゆる「違法民泊」を巡っては、騒音やごみ出しなどのトラブルが絶えず、一定の規制を想定したまちづくりの観点からの制度構築を図ることも重要だ。今回の対策本部では、幹事を担う副本部長に都市整備局都市づくり政策部長を加え、そうした事情を反映した。

新法には、生活環境の悪化防止のため、区域を指定した上で宿泊期間を制限できる規定が盛り込まれている。この制限基準は「政令で定める」とされ、まだ明らかにされていないが、少なくとも区域を定めるという観点は、まちづくりの取り組みの一環だ。

国で民泊の在り方検討会の座長を務めた浅見泰司東京大学大学院工学系研究科教授は「（都道府県で）基準を一律に縛るのは困難。各自治体の方針に合わせ、住環境と地域活性化をてんびんにかけるしかない」と指摘。自治体ごとの実情に応じた制度構築を訴える。

マンションの一室を民泊として活用する際の課題もある。民泊利用者がマンション共用部分などをルールを守らずに使用する恐れがあるためだ。浅見教授は「専門的な見地からマンション管理規約などへの技術指導が求められる」と話す。

こうした論点は、いずれも都市整備局が所管する業務で、同局の松井裕明調整担当課長は「政省令が出ていないので、法に対してはニュートラルな立場」と語るが、対策本部の幹事に加わったことで、局をまたぐ事務を包摂する民泊事業への対応が一歩前進した。

同本部は24日に保健所設置市の町田市と移譲に関する相談の場を持ったのを手始めに、同じく保健所設置市の八王子市や多摩地域の市長会、町村会にも順次アプローチする。法施行に向けて待ったなしの民泊事業。いよいよ都のエンジンがかかった。

■　■

民泊を巡っては違法民泊が横行し、苦情対応に奔走する区は多い。民泊新法の[illegible]に加え、[illegible]調整は待[illegible]。住民の[illegible]から、い[illegible]る観光振[illegible]。絶妙な[illegible]れる自治[illegible]わたって[illegible]

豊洲新市場　業界団体と調整本格化

ロードマップより開場半年ずれ込み

豊洲市場移転に関係する局長らを一堂に集めた関係局長会議が21日に都庁第一本庁舎で開かれ、2018年春から秋をめどに移転に向けた環境が整うことが報告された。昨年11月に小池知事が示したロードマップと比べて半年程度の遅れが生じている。移転時期は業界団体と協議して決めるが、調整が難航する恐れもあり、五輪時の駐車場としての利用や環状2号線の整備が控える中、来春に移転できるかが焦点だ。

豊洲新市場への移転を実現するには、環境アセスメントや農林水産相への認可手続きなどをクリアする必要がある。新市場の環境アセスは、施設下に盛り土がある前提で環境局に提出しており、盛り土を地下空間に書き換えるとともに、新たな地下水対策工事を盛り込んだ変更届を8月中旬までに提出する方針。その後、環境影響評価審議会で環境に及ぼす影響を審議し、結論が出るまでには1～2カ月かかる。

地下水対策工事は、地下空間の床にコンクリートを敷き、換気を行う。地下水に含まれる水銀などが気化し、施設内へ進入するのを防止する目的だ。対策工事費の補正予算案提出時期は検討中だが、早ければ第3回定例都議会に提出する見通し。工期は約6カ月で、完了は来年3月の予定。

都は追加対策工事後、中央卸売市場の認可権限を持つ農林水産相に豊洲の認可申請を行う。審査は通常、1～2カ月かかり、認可されれば、豊洲移転に向けた環境が最短で2018年春に、遅くとも来秋に整う。昨年11月に小池知事が示した市場移転のロードマップは今冬～来春に移転予定としていたが、豊洲の地下水を検証した専門家会議の報告書の提出が遅れるなど、当初よりも半年程度ずれ込んでいる。

実際の移転時期は、小池知事が目標に掲げる18年5月に間に合うかどうか微妙な状況だ。知事は21日の会見で「（移転時期は）工事をいつ始めるかによって変わるが、来年5月の移転は物理的に可能。実際には市場関係者の協力を得ないと移転はできないので、（来年5月が）独り歩きされても困る」と慎重な言い回しに徹した。業界団体の幹部が18年の8～9月、19年2月を候補に挙げていることに関して、知事は「真摯（しんし）に対応する」と述べるにとどまり、早急に業界調整を本格化させる考えを示した。

さらに、豊洲開場に当たり、地下水に含まれる有害物質を基準値以下に抑える「無害化」を条件に設定していたが、達成できないことから、「地下水管理システムの適切な運用により、中長期的に水質の改善を図る」などと方針転換した。知事は「環境基準を達成できていない現状を反省しなければならない。（安全）対策をきっちり進めて、都民や都議会にも理解を求めていきたい」と力を込めた。

事業費を適正化へ

都予算依命通達　客観的指標を導入

都は21日、4副知事による2018年度予算の見積もりについて各局に通達した。新たに「客観的指標」（エビデンス・ベース）に基づく評価を盛り込んだ。

エビデンス・ベースによる評価は、大規模施設やインフラの整備・改修などを実施する際、計画段階で他の自治体、民間企業の事例を参考に、見積もり額の妥当性を分析、検証する手法。都ではこれまで計画段階の見積もり額よりも施設の着工時に事業費が増えるケースがあった。都財務局によると、職員の経験など過去の事例に限られているのが一因だという。小池知事は21日の会見で「事業費の適正化を図る」と導入の目的を語った。

計画時と着工時で、事業費の乖離（かいり）を解消するポイントは、「他の自治体や民間がどういったものを造っているのか比較・分析し、進行管理を行うこと」（同局主計部）という。

また、予算の見積もり方針では、重点政策方針2017の実現に向けた取り組み、実行プランで新規・拡充を行う[illegible]一方、その他の[illegible]シーリング[illegible]則として、ゼロシーリングを継続した。

◆日本橋の首都高地下化

都と国土交通省は21日、日本橋上空に架かる首都高速道路の地下化の検討を開始すると発表した。道路を維持管理する首都高速道路㈱が2014年に同エリアの大規模更新計画を公表したことに加え、16年には日本橋川沿いの3地区が国家戦略特区の都市再生プロジェクトに追加されるなど、地下化の機運が高まっていた。地元では14年から延べ44万2千筆の署名が集まり、衆参両院議長に提出されている。

小池知事は同日の会見で「品格のある都市景観を形成し、日本橋の顔を作っていく」と話した。今後は都、国、首都高の3者を中心に、構造や対象区間などを詰める。

冗句ジョーク

昨日24日は都庁で一斉テレワーク等
「もし、もーし、ムニャムニャ…」
——早朝勤務に挑んだ管理職

都政策企画局　予算化へ方針示す

「3つのシティ」推進で

都政策企画局は21日、小池知事が掲げる「三つのシティ」を推進するための重点政策方針2017を発表した。各局は、同方針の八つの戦略に基づき、新年度の予算要求や実行プランのブラッシュアップを行うことになる。実行プランを策定してから半年以上が経過する中、社会情勢の変化に対応するのが目的。

八つの戦略は、①既存の政策の組み合わせ②創意工夫と先端技術の活用③都や区市町村が持つ資源の掘り起こし・活用④民間企業やNPOの社会活動のサポート——という四つの視点に立って策定した。戦略は各世代のライフステージに応じて、出産、子育て、介護・保育サービス、格差解消、未来の東京などをテーマに設定している。

政策企画局は「八つの戦略は具体的ではなく、政策の方向性を示している」（計画部）と説明。小池知事は21日の会見で、「人に焦点を当てた政策を大義と共感のもとで展開していく」と意気込みを示した。

例えば、子育てなどの戦略の項目では、産後ケアの充実や、食事作りを始めとした子育て支援を例示した。政策企画局は「各局は例示した方向性を発展させていくことになるが、例示以外でも戦略に沿った取り組みはある」と言及し、必要な政策を予算化するよう求めている。

知事は重点政策方針の実現に向け、「全庁横断的に一層の創意工夫を凝らし、政策を立案することが必要」と強調した。

◆豊洲特別委「継続すべき」

19期都議会の任期満了に伴い、豊洲移転問題特別委員会の山﨑一輝委員長（自民）は20日、改選後も特別委を継続すべきとの考えを示した。特別委の総意として発表する準備を進めていたが、自民党以外の会派が全て反対し、委員長自らが会見を開く事態となった。

小池知事が6月20日に示した豊洲移転と築地再開発の基本方針を受け、山﨑委員長は特別委を開催して都側から報告を受ける必要があると判断し、各会派に働きかけたが、日程が合わないとの理由で開催は実現しなかった。その後、20期に引き続き特別委を設置することなどを申し送りする[illegible]

◆自民党幹事長に秋田氏

[illegible]総会を開き、幹事長に[illegible]4期目の秋田一郎氏を選出した。任期は8月1日から1年間。政調会長と総務会長は8月1日に発表する予定。

浜渦氏と赤星氏を偽証の疑いで告発

都議会百条委

豊洲市場への移転問題を調査した都議会百条委員会で、豊洲の用地取得を巡り、うその証言をしたと認定された浜渦武生元副知事と赤星経昭元政策報道室理事について、都議会は20日、地方自治法に基づく偽証の疑いで東京地検に告発した。

都と東京ガスが2001年7月6日に豊洲用地の売買に関する基本合意を交わした後、浜渦氏は土地取得への関与を否定していたが、元知事本局長の前川燿男練馬区長が、浜渦氏が副知事を辞職する05年まで市場を所管していたと証言。百条委は偽証と認定した。

浜渦氏は05年、社会福祉総合学院の補助金に不正があるかのような発言をしたことを契機に都議会百条委が設置され、偽証認定されたが、東京地検への告発は自公などの反対で見送られた。

今回の百条委で偽証認定に反対した都議会自民党の高木啓幹事長は「虚偽の陳述と認定するには証拠不十分」と指摘した上で、「都議が与えられた権限を恣意（しい）的に運用してしまうと、関係者の基本的人権を損なう恐れがあることを忘れてはならない」と苦言を呈した。

都政の東西

鬼門

国や全国の自治体からの東京一極集中批判が強まる中、区長会は内閣改造後に行う国への要望活動に併せ、23区での大学新増設の抑制に反対する意見を表明する方向で検討を進めている。

この問題では、昨年11月に全国知事会が「若者の東京一極集中に歯止めをかけるため、次元の異なる抜本的な対策を求める」として緊急決議を可決。政府も今年2月にまち・ひと・しごと創生本部に有識者会議を立ち上げ、報告書を基に骨太方針や創生基本方針に盛り込んだ上で6月に閣議決定した。その後、文部科学省が23区内の私立大学に対し、来年4月の定員増を認めない[illegible]は、全国知事会が「東京一極集中を是正する流れに逆行する」として緊急声明を出している。

政府が2014年にまち・ひと・しごと創生本部を立ち上げて以降も依然として東京圏への転入超過が拡大の一途をたどり、成果が上がらない中での窮余の策という印象が強い。多くの若者にとって大学は通過点の一つで、就職やその後のライフスタイルなど地方で生活できる環境をいかに整備できるかが重要なはずだ。その点では、[illegible]を進める方がよほど生産的に思える。

区長会による大学抑制への反対意見は、全国の自治体からの批判を受けることになるかもしれない。しかし、地方が求める「次元の異なる対策」が単に東京を困らせて留飲を下げるだけに終わる可能性は決して小さくない。政府は大学の新増設では加計（かけ）学園問題で既に痛い目に会っているはずだ。鬼門となっている大学に関する問題で、新たな火種を生むことにならなければ良いが。

来年度末に休止へ

9割資源化で車両を抑制

北区ごみ船舶中継所

豊島、北、荒川、板橋、足立の5区の不燃ごみを中央防波堤埋立地に船舶輸送する際に積み替え作業を行っている北区堀船船舶中継所が2018年度末で運用を休止することが分かった。同中継所を巡っては、隣接するマンションなど近隣住民から積み替え作業時の騒音で苦情が寄せられている一方、陸上輸送に切り替えた場合、輸送車両の増加による臨海部への影響が課題となっていた。休止に当たっては、5区が不燃ごみの9割を資源化し、陸上輸送を最小限に抑えるという。

堀船船舶中継所は、都が1961年に「堀船ごみ取扱所」として開設。65年から不燃ごみの船舶輸送を開始し、2000年の清掃移管後は3～7区が中継所を利用し、09年度から地元の北区など5区の不燃ごみを取り扱っている。23区がサーマルリサイクルを導入した08年度以降は搬入量が減少し、16年度は07年度比75%減の6186トンだった。

中継所の運用を巡っては、アームと呼ばれる機械を使用して不燃ごみを船舶に積み替える際に発生する金属や陶器片などの音に対し、近隣住民から苦情が上がっていた。都が71年に隅田川の護岸工事で船舶輸送を中止した際には、翌72年の再開を巡って反対運動が起こり、都と地域住民が協議会を設置して専用搬入路や搬入上限量を設定した。清掃移管後は、サーマルリサイクル導入に当たり、08年度に防音工事を実施。搬入量の削減や搬入車両の低公害車への切り替えなどの対応を進めてきたが、住民からの根強い反発が続いていた。

こうした中、都が15年度に中防埋立地での五輪会場整備に伴い、不燃ごみの揚陸施設の移設を決めたことに併せ、区長会で船舶輸送への対応を検討してきた。

清掃主管部長会を中心とする検討では、船舶輸送から陸上輸送に切り替えるに当たり、搬入5区の不燃ごみを15年度ベースで9割資源化し、10分の1以下にする。資源化率が現在9割を超える足立区の実績から試算したところ、各区の1日当たりのごみ量がいずれも小型プレス車両1台分の1・15トン以下となる見通しとなった。搬入車両による影響を最小限に抑えることで、臨海部に理解を求めるとともに、清掃労組との協議を進める考えだ。

中継所が立地する北区生活環境部では、「中継所を利用する4区や輸送路に位置する江東、品川、大田の3区の協力があってこその運用休止で、今後も丁寧に説明していく」と話している。

5区が不燃ごみを搬入している堀船船舶中継所。すぐ隣にはマンションが立地している＝20日、北区堀船で

文京区

ふるさと納税「宅食」に活用

民間と連携し全国モデルに

文京区は20日、ふるさと納税を活用し、民間団体と連携して生活困窮世帯に食品を提供する「こども宅食」を開始すると発表した。民間団体と連携し、食品の配達を通じて各家庭が抱える悩み相談に応じることで、生活支援を必要とする家庭にピンポイントで働きかける。食品はフードバンクや企業からの寄付、区の備蓄を活用し、人件費などはふるさと納税を活用して安定的に賄うことで継続的に事業を実施していく。参画するNPO団体代表によると、ふるさと納税を活用した子供の貧困対策は全国初の取り組み。全国的に波及するモデルの構築を目指す。

「こども宅食」では、児童扶養手当や就学援助を受けている世帯の希望者に対し、米や飲料などを配送する。配送世帯とは無料通話アプリ「LINE」を通じて相談を受け付ける体制を作り、行政や民間による支援へとつなげる。今年度は10月から2カ月に1回、来年度以降は通年で毎月届ける。宅食支援を受けている世帯の情報保護のため、食品は通常の宅配便で使う箱で運び、受給が分からないよう配慮する。

対象となる児童扶養手当を受給する700世帯のうち100世帯から配送希望があった。今月中に就学援助を受けている1千世帯で希望者を募る。予定数150世帯を超えた場合は抽選とし、漏れた世帯は来年度から優先的に支給する考えだ。

区は実施に当たり、子供の貧困対策に取り組むNPO法人など5団体とコンソーシアムを組む。このほか、パートナー団体として食品提供団体や運送業者などが加わり、各家庭の食事の改善や生活を支援する。

事業費は全額をふるさと納税で賄うため、20日から募集を開始した。今年度は2千万円を目標額に設定。成澤廣修区長は「ふるさと納税の在り方に一石を投じたい」と力を込め、「資産や職を持っている方が多い自治体だからこそ、（支援が必要な家庭が）『見えない』状態が色濃く出てくる」と全国に先駆けて取り組む意義を示す。

全国初の事業をPRする成澤区長（右から3人目）とコンソーシアム構成員＝20日、厚生労働省で

同区は貧困対策の一環で子ども食堂も実施しているが、食堂には困窮世帯以外の子供が訪れることもあり、「支援に限界を感じていた」（成澤区長）。民間団体でも同様の葛藤を抱えており、家庭からの相談を担当する認定NPO法人フローレンスの駒崎弘樹代表理事は「これまでは支援が必要な子供がどこにいるかわからず、『闇の中』で支援をしてきた」と話し、「支援を必要とする家庭のデータを保有している基礎自治体と協力すれば、支援を必要とする家庭とピンポイントでつながる」と期待する。

アドバイザーとして参画する食品ロスに詳しい㈱office3・11の井出留美代表取締役は「行政の備蓄の入れ替えを活用することは他の自治体でも適用しうる」と、国際的な課題となっている食品ロスの解決にもつながると指摘する。

全国のモデルとするため、ノウハウを積極的に開示し、地域の団体による自律的な運営を促す方針。効果を「見える化」するために、コンソーシアムに加わる日本ファンドレイジング協会の鴨崎貴泰氏は「配送した量だけでなく、配達で家庭の困窮状況がどのように変化していくのかも含めてデータを集め、効果測定する」と語る。

中野区

情報管理で国際認証

自治体初の全庁取得

中野区は20日の定例会見で、情報管理（ISMS）に関する国際認証「ISO27000」を取得したと発表した。区によると、戸籍住民担当や情報システム担当など部署単位では都や杉並区、三鷹市が取得しているが、全庁規模での取得は全国の自治体で初という。

区は昨年5月に認証取得に向けた検討に着手。ISMS基本方針を策定し、施設への不正な立ち入りの制限やパスワードの定期変更、不正アクセスへの対策プログラムの導入、情報管理に関する職員研修などの対策を進めてきた。

しかし今年1月、区の住民情報システムを悪用し、わいせつ目的で女性が住むマンションなどへの侵入を繰り返していたとして、臨時職員が住居侵入と区個人情報保護条例違反の容疑で警視庁に逮捕される事件が発生。区は認証取得を延期した上で執務スペースへの監視カメラの設置など対策を更に強化し、取得にこぎ着けた。

認証期間は2020年7月までの3年間で、更新には審査が必要になる。田中大輔区長は「行政サービスの充実を図る上で、ICTの活用は避けて通れない。リテラシーを含めて情報を守ることを基礎としていきたい」と話している。

自治体政策のススメ

公共政策の公示形式と政策の循環過程

政策法務の基礎③

高崎経済大学准教授　岩﨑　忠

公共政策として意思決定されると、広く公に示される公示形式として定められる。その中心は、法律・条例に代表される議会で制定される「法」である。また、一定の期間における行政活動の目標と手段を総合的・計画的に定める「計画」や、会計年度（4月1日から翌年の3月31日まで）における施策や事業を裏付ける歳入・歳出の見積もりである支出可能性を示す「予算」もある。

公共政策は、「法」だけで定めることもあれば、「法」を定めず「計画」や「予算」を定めて対応する場合がある。ただし、個人の自由や財産を制限するなど義務を課す場合には、「法」形式で定めなければならないとする侵害留保説という考え方が通説である。喫煙の自由を制限する路上喫煙防止条例などがこれに当たる。

分権型社会の今日、「乾杯条例」などが各地で制定されているように、その自治体にとって重要な事項を法形式（条例）で定めようとする重要事項留保説という考え方も有力視されている。

こうした政策は、どのような過程で立案されるのだろうか。まず、公的機関が社会に生じた課題を認識して検討する「課題設定」が行われる必要がある。次いで、課題解決のために必要な手段を列挙してメリット・デメリットを比較しながら「立案」し、立案された複数の案をもとに「決定」していくことになる。さらに、決定された内容を執行機関が「執行」する。最後に、政策執行を踏まえて、政策の内容、執行の方法を点検し、「評価」していくことになる。

「評価」の結果、新たな政策づくりや政策の見直しにつなげ、政策の立案に戻って内容を見直したり、執行段階に戻って執行方法を見直すなど、「フィードバック」させることが重要だ。このような政策過程は政策サイクルとして捉えることができる。こうした政策の循環過程を政策法務にも当てはめて考えることは重要であろう。

新人都議の横顔①

◆区部◆

第20期都議会が23日に始動した。新たな一歩を踏み出した都民ファースト39人、公明4人、自民2人、共産8人、民進1人の総勢54人の新人都議の横顔を2～3面で紹介する。

若い女性の視点を政治に

成清梨沙子氏　都民ファーストの会・墨田区

働く母親の一人として待機児童や高齢者介護が身近な問題となった。「原因は行政が利用者に便利な仕組みをつくっていないこと」と感じ、会社員から議員への転身を決意する。第20期都議会議員で最年少で、「20代で子育てをしている女性の視点が政治に入るのは良いことだ。先を見据えて政策判断ができる」と話す。

選挙活動中から子育て支援の充実を訴え、有権者の支持を取り付けた。「子育てはお金がかかる。どの保育所や幼稚園に通っても格差が生じない一律の補助ができると良い」と提案する。

大学在学中に公認会計士の資格を取得し、大手監査法人で働いた経験を持つ。「民間企業と比べ、行政や政治は節約する意識や、長期的に採算をとる考えが弱い。決算書を細かく読み込むなど数字を詳しく見て、自分の価値を発揮したい」

小池都政については、「情報をオープンにしたことで、発覚した問題も多い」と評価する一方で、「地域の代表として、知事に意見をするのが都議の役目」と言い切る。「知事と我々が折衝しているのを議事録に残して公開するなど、ウェブを通じて議会から積極的に情報を発信することで、納税者がいつでもほしい情報を得られるのが理想的」と考える。

おいしいものを食べることが趣味。特にパンが好きで、選挙期間の街頭演説後にはよくパン屋に寄っていたと笑顔で話す。座右の銘は「為せば成る」。東大経済卒。27歳。

30年後のための政治を

尾島　紘平氏　都民ファーストの会・練馬区

「30年後も現役世代。30年後に責任を持つ政治を心掛けたい」――28歳の若き侍は力を込める。

大阪から上京して大学に入学した時に世間を包んでいたのは、政権交代前夜の閉塞感だった。「有権者が信用できる政治家が必要だ」と考え、自民党学生部の門をたたいた。初めて出会った政治家は、衆院議員時代の小池知事。インターンシップの派遣先となったのも小池事務所だった。「運命的なものを感じた」

事務所でアルバイトを続け、秘書としてリクルートされた。練馬区担当として地域を回る中、信頼を勝ち取り、15年区議選では小池知事の秘書としては初めて候補者に抜擢。9位で当選を果たし、昨年の知事選では「七人の侍」として小池知事誕生に汗をかいた。

2年間の区議生活では、執行機関が繰り返す「都に求める」との答弁が胸のつかえだった。「区は独立した自治体であるにもかかわらず、都区財調制度などで内部団体に近い状態。実動部隊の区を都が支える体制を強化したい」と都議選への立候補を決意。5万票を超える得票で当選した。

「まだ生まれていない次世代の都民のために」と、まずは子育て支援に取り掛かる考えだ。「単に保育所を増やすのではなく、育児休業や所得保障など環境整備に力を入れる」

趣味は温泉巡りで、富山県黒薙温泉や群馬県霧積温泉などがお気に入り。特技は1歳で始めたピアノで、「絶対音感」を持つ。早大政経卒。28歳。

認知症介護チームを提案

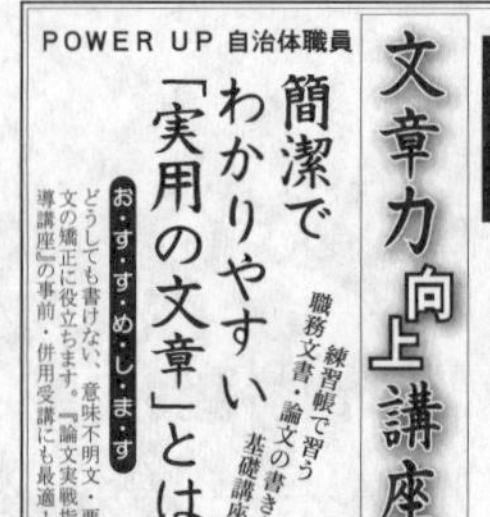

薄井　浩一氏　公明党・足立区

足立区議を1999年から5期務め、ユニバーサルデザインに関する条例や推進計画の成立に尽力した。「区民からの『ありがとうございます』の声が忘れられない」と区議時代の思い出を話す。

都議に挑戦した理由は「よりたくさんの人に喜んでもらいたいから」。区議になる前は郵便局の簡易保険の営業マンだったが、「自分の行動を通して顧客に喜んでいただいたことが心に残り、もっと多くの人達に喜んでもらいたいと思った」と政治の道を志した。その初心は今も変わらない。

都議として取り組みたいのが、認知症の早期発見ができる体制づくりと、適切な介護を行う人材の育成だ。母親が病気で介護施設に入った時、認知症患者とその家族を間近で見たことがきっかけで、選挙戦でも強く訴えた。「都で介護の専門チームを作って、各自治体にも広げていきたい」と提案する。「高齢化の進行で、たとえ自分がならなくても、家族や親戚が発症する可能性は高い。認知症は本人も周りも苦しい病気。そういう時に支えられるプロの介護人材が必要だと思った」と力を込める。

好きな本は『巌窟王』。地位や財産を奪われた主人公の復讐譚だが、「何があっても諦めない気持ちに共感する」と語る。趣味は街歩きで、「スポーツとしてのウォーキングより、散歩しながら店を探すのが楽しい」と言い、休日には北千住から銀座や上野まで歩くこともあるとか。富士短期大学卒。57歳。

記者席

浸透させるのは至難の業

○……ニューフェースの登場は何ともすがすがしい。32歳で先の都議選で初当選した共産党の池川友一氏のインタビューを通じ、そう感じた。同氏は「町田駅前でビラ配りをしていたら、握手待ちの行列ができた」と選挙戦のエピソードを紹介し、「ドラマみたいなことの連続だった」と振り返った。

新聞各社の出口調査によると、先の都議選では無党派層の約2割が共産党に投票。3～4割を集めた都民ファーストに次ぐ割合で、自民や民進を上回り、反安倍政権の受け皿として一定の地歩を固めていることを印象付けた。そこに登場した若手のホープ。圧倒的な人気を誇る小池知事にどう対するか。第20期都議会の一つの目玉だ。

○……都が主導する「ラジオ体操プロジェクト」が24日、始まった。東京大会に向けた機運醸成や都民の健康増進が目的で、小池知事も率先して体操の実施を都内企業や都民に呼び掛けている。

そんな折に何だが、一昔前に「TOKYO体操」なるものがあったのをご記憶だろうか。発案は石原知事時代の08年。やはり五輪招致の機運醸成などを狙ったもので、イメージキャラクターにはアイドルの大島優子さんら当時のAKBメンバーを起用する力の入れようだった。

「アクティブバージョン」と、座ったままできる「シッティングバージョン」があり、気軽にできるのがポイントだったが、国民的アイドルが出てもなお都民に浸透したとは言い難く、行政主導の難しさを痛感する。果たして今回は。

○……国土交通省は21日、日本橋の上にかかる首都高の地下化に向けて都や区との協議に着手すると発表した。小泉政権下に有識者が提言を出してから約10年間の空白期間を経ての再始動となる。

日本橋の上を覆う首都高は建設当時、川の上に建設したことで用地取得にかかる時間を省き、1964年五輪に間に合わせた画期的な事業手法とも言われているが、同日の会見で小池知事は「イケてないモデル」とバッサリ。

地下化には高額な事業費の財源確保が最大の課題となる一方、道路構造物は老朽化して更新期に差し掛かっている。首都高の更新は将来の日本橋の景観やまちづくりの議論抜きには考えられない。国・都・区の英知を結集し、「イケてる」将来像を具現化する時期に差し掛かっている。

三鷹市

庁舎建て替えで最終報告

再整備へ検討開始

竣工から50年以上が経過する三鷹市役所の新庁舎整備に関する研究会の最終報告書が13日に市議会に報告され、建設場所を現在の市役所敷地内とし、庁舎機能を集約することが望ましいなど、現時点での検討結果が公表された。同市では昨年の熊本地震をきっかけに、老朽化した市役所の機能確保のために建て替え検討を開始。今後は研究会の報告を受けて、市が8月中に論点を整理する方針。新庁舎に関する具体的な協議結果が初めてまとまったことで、整備に向けた取り組みがスタートを切った。

三鷹市は昨年9月、三鷹まちづくり総合研究所に、庁舎建て替えに向けた研究会をNPO法人三鷹ネットワーク大学推進機構と共同設置。学識経験者や市職員が参加し、今年6月までに11回の議論を行った。

研究会は建て替えの必要性について、現在の庁舎はコンクリートの耐用年数とされる60年程度に近付いており、長寿命化には多額の事業費や庁舎機能の一時停止が必要になると指摘。2025年に築60年を迎えることを契機に建て替えを行うこととし、他自治体では検討から建て替えまで10年を要していることから、速やかに検討に入ることが望ましいと結論付けた。

新庁舎の位置については、現庁舎が建つ三鷹市野崎を適地とした。市庁舎のほか議場棟、市公会堂、市民総合体育館、福祉会館があり、老朽化した体育館と福祉会館は今年度以降、除却する予定となっている。この敷地内に、現在の庁舎機能や議場、教育委員会事務局を再整備することなどを想定した。

市有地などの適地が限られる中で、同敷地は市が昨年4月に整備した防災公園と隣接していることなどから、市民の利便性や安心・安全の向上につながると判断。警察署や消防署、農協などとも近く、他官公庁との連携にも優れているとした。

三鷹市は地形上「中心」が位置付けにくい事情があり、現庁舎も調布市との市境に近い。それでも来庁者へのアンケートでは、現在の立地について「便利・満足」と「普通」を合わせて8割を占めるなど、市民の需要に応えられると判断した。

現在市庁舎。壁面にはクラック（ひび割れ）も目立つ＝18日

建築手法や、設計・施工を一括化するかなどは報告書では結論付けておらず、市の今後の検討に委ねられた状態だ。

一方で、今後の計画策定業務や発注関係事務の支援を民間事業者に委託する「コンストラクション・マネジメント方式」を採用することが望ましいと指摘。22年に着工するスケジュール案を示した上で、今後は「様々な手法を検討し、更なるスケジュールの短縮化」も求めた。

市企画部企画経営課は「今回はあくまでも報告書を受けた段階で、今後は市としての方向性を示すことになる」と話す。清原慶子市長は8月中に論点を整理した上で、今年度中に市民からの意見を募る姿勢を示しており、新庁舎整備に向けた青写真が整うのはもう少し先になりそうだ。

報告書を作成した研究会の松岡拓公雄座長は「整備に向けての本格的な検討はここからが真のスタート。今後、市民、市議、市職員の参加を経て、議論を深め、明快な方向性を出してもらいたい」と、今後の検討に期待を示している。

多摩26市議会

意見書・決議37件

国際問題への対応求める

多摩26市の第2回定例会・6月定例会が6月30日までに閉会し、全体で意見書33件、決議4件を可決した。

もっとも多くの議会で可決したのは「駐留軍関係離職者等臨時措置法の期限延長」に関する意見書で5市が可決。在日米軍施設の再編などに伴う基地労働者の離職者救済を目的とした同法は2018年5月16日で失効する予定で、意見書では在日米軍再編の動きがある中で日本人従業員の雇用確保などのため、期限を延長するよう国に求めている。立川、昭島、福生、武蔵村山、羽村の各市議会のほか、都議会でも6月7日に同内容の意見書を議決している。

決議では、北朝鮮の弾道ミサイル発射に抗議する決議を東大和、清瀬、東久留米の3市議会と、日の出町議会で可決した。福生市議会では決議ではなく、北朝鮮のミサイル発射と核開発中止を政府に求める意見書として採択した。

もっとも多くの意見書を可決したのは小金井市議会で、いわゆるテロ等準備罪（共謀罪）に関する法改正の撤回を政府に求める意見書や、森友学園・加計学園疑惑の真相究明を求める意見書、高浜原発の再稼働に抗議する意見書など9件を可決。また、都に対する意見書では、原発に頼らない再生可能エネルギー導入計画の策定を求めたほか、国保料の負担軽減のために財政出動を求める意見書を採択した。国保料に関わる都の財政出動は、羽村市議会からも同意見書が出されている。

五輪関係では、多摩市と稲城市議会が自転車競技（ロードレース）を当初の計画通り、市内を通るルートで行うよう求める意見書を可決した。

そのほか、国立市議会では、「日本軍『慰安婦』問題に対する国の誠実な対応を求める意見書を継承する決議」を可決。同市議会では09年に同内容を政府に求める意見書を可決したが、今年の第1回定例会で「（09年の意見書）以前の状態に戻ることを確認する」と決議している。今回の決議は、一定での決議を「新たな主張がない事項が決議されたことは残念」と否定的に捉え、09年の意見書の内容を「尊重し、継承していくことを確認する」と決議した。

◆未来に向けて③　16年度市町村自治調査会報告書

実態把握や庁内外の連携が鍵

子どもの貧困対策

子供の6人に1人が平均的な生活水準の半分以下で暮らしているとされる。「基礎的自治体における子どもの貧困対策に関する調査研究」では、多摩・島しょ地域の市町村や、子供に関わる現場関係者への調査、先進事例のヒアリングなどを基に、自治体が行うべき子供の貧困対策を検討した。

多摩・島しょ39自治体に子供の貧困対策に関する施策・事業の実施状況をアンケートしたところ、「実施している」と「今後実施する予定」が全体の6割以上となる一方、13団体は「実施しておらず、今後も実施する予定はない」と回答した。

また、子供の貧困対策を進める際の課題では、「人員不足」を挙げた自治体が18団体と最も多く、次いで「支援が必要な子供（保護者）の把握が難しい」「庁内の連携・情報共有不足」が共に17団体となり、人員や庁内連携、実態把握の難しさなどの課題が浮かび上がった。

このうち、子供の貧困の把握状況については、内容によって偏りが見られる。「生活保護受給世帯の生徒の高校進学率・進路」は32団体が把握し、「経済的な理由で不登校の児童・生徒数」や「生活保護受給世帯の自治体内の都立高卒業時の進路未決定者数」も共に23団体が把握していたが、「子供の朝食以外の食事の欠食状況」（4団体）や「子供の孤食の頻度」（6団体）、「自治体域内の都立高校の中退者数」（9団体）などは把握している団体が少なかった。

また、子供の貧困対策に関する庁内連携については、14団体が「連携できている」と回答したが、6団体が「できていない」と回答。一方、庁外連携も、「連携できている」は11団体で、「できていない」は9団体となった。

報告書では、子供の貧困を把握するため、幼稚園や保育所、小・中学校などの場を活用するとともに、窓口等で保護者と接する機会を捉え、把握するための仕組みづくりの必要性を示した。

また、庁内連携に関しては、貧困対策の主管部署がない自治体で「庁内連携ができている」と回答した団体はなく、全庁的な旗振り役となる所管部署の設置が有効とした。

庁外連携についても、「子ども家庭支援センター」「民生委員・児童委員」（各9団体）や、「児童相談所」「保健所」「社会福祉協議会」「医療機関」（各8団体）と連携している例は比較的多かったが、「企業」（3団体）や「高校」「大学」「地域活動・ボランティア」（各2団体）は少ない実態が明らかになった。特に高校の中退予防が貧困対策には有効であり、高校との連携を優先的に取り組むことが必要としている。

また、多摩地域には大学が多く、福祉や教育関係を専門とする研究者や学生と連携することで、子供の貧困対策に向けた力添えを得られる可能性があると指摘。さらに、地域で子ども食堂を自主的に開設・運営するNPOや地域ボランティアが増えており、地域での子供の貧困対策の担い手として活躍するために、行政の支援が有効だとしている。

子供の貧困は経済的困窮の問題と捉えられがちだが、教育や健康、自己肯定感の欠如など、複合的な課題をはらんでいる。子供の貧困の課題を様々な視点から捉え、庁内の関係部署が連携して総合的に対策を行うとともに、対策に当たっては、地域ボランティアやNPO、大学、事業者等の地域と連携しながら取り組むことが鍵となりそうだ。

MEMO　子どもの貧困　貧困には飢餓や栄養失調などをもたらす「絶対的貧困」と、社会の標準的な生活水準に比べて相対的に貧困な状態を表す「相対的貧困」がある。相対的貧困は、世帯人数に応じた可処分所得が全人口の中央値の半額（貧困線）に満たない世帯員を指す。2013年の国民生活基礎調査では122万円が貧困線としており、親子2人世帯では年間約173万円（月額14万円）、同4人世帯は244万円（20万円）以下が貧困層となる。

15年度版子供・若者白書では、子供の相対的貧困率は16.3％で、17歳以下の子供の6人に1人が貧困の状態にあるとした。親が非正規の場合は子供の貧困率も高く、12年の調査では33.4％（正規の場合は6.7％）が相対的貧困としている。

調布飛行機事故から2年

補償遅れ、渦巻く不信

2015年7月に調布飛行場を離陸直後の航空機が墜落した事故から2年が経過したが、いまだに被害者への補償などの枠組みは定まっておらず、地元では不満が渦巻いている。国交省の運輸安全委員会が事故原因に関する調査報告を18日に公表したことを受け、都は安全対策とともに補償制度を早期に打ち出す考えだが、地域住民からは「補償も定まらない状態で航空機が飛ぶのは受け入れられない」と反発が根強い。

「事故機の関係者が航空法違反容疑で書類送検されるなど、都は違法状態を見逃してきた。住民からは、被害者の救済や生活再建が進んでいないことへの反発も強い」。調布市政策企画課はこう説明する。同市は調布飛行場に関する住民との協議会を定期的に開き、都に対しても自家用機の運行停止などの申し入れを行っている。

都は事故から1年となる昨年6月の住民説明会で、最低限の自家用機の運用を認めたいとの考えを示したが、住民からの反対意見が続出し、自粛を継続している状況だ。市職員は「補償制度がないままに自家用機の運行再開は受け入れられないという思いがある」と明かす。

2年間にわたり補償制度が定まらない理由について、都港湾局は「補償を行う考えは打ち出しており、制度内容を検討している」（離島港湾部管理課）と説明する。今回の事故原因調査結果の公表を受けて、制度構築を急ぐ考えだ。

家族連れがくつろぐ調布飛行場展望デッキ

空港は島しょ部と多摩地域をつなぐ拠点として重要な役割を持ち、市内には島しょ産の野菜や海産物を扱う飲食店もあるが、市は事故以降、積極的に打ち出すことができていない。凄惨な事故を乗り越えて再び住民の理解を得るための道のりはまだ長い。そのための第一歩は、救済制度の早急な構築だ。

新議長に子籠氏　副議長は清水氏

あきる野市議会

子籠敏人氏

清水晃氏

あきる野市議会は18日、改選後初の第2回定例会開会会議で議長選挙を実施し、新議長に「自民党志清会」の子籠敏人氏(44)、新副議長に「明るい未来を創る会」の清水晃氏(73)を選出した。

子籠氏は当選3回で、これまで福祉文教委員会や環境建設委員会、議会運営委員会で委員長を歴任。清水氏は5期目で、議会報編集特別委員会委員長や総務委員長などを務めた。

新八王子市史が完成

八王子市

八王子市が市制100周年の記念事業として10年にわたり取り組んできた『新八王子市史』の全14巻が完成し、きょう25日に最後の2巻を販売する。市史は八王子の歴史だけではなく自然や民俗・伝統文化についても網羅しており、付帯刊行物を含めると31冊に及ぶ。

市は新たな市史の編纂に当たり、200人以上の市民や学識経験者の協力を得て、地域や大学などから12万点の資料を収集。石森孝志市長は「編纂事業で本市の高い地域力と市民力が発揮できた」と話し、市史を通して郷土愛を育むことや、まちづくりに生かしていく考えを示した。

新たな市史は市内の図書館や資料館などで閲覧できるほか、市役所などで販売する。1冊3千円から5千円。

新人都議の横顔①　◆多摩◆

言い訳せずに完遂へ

増田　一郎氏　都民ファーストの会・立川市

曽祖父は埼玉県議会の副議長を務め、名前は同じ一郎だ。「曽祖父のように偉くなれ」という思いが込められており、同じ議員の道を歩むことになった。

金融界で29年間働いた。多くが現役引退する50代前半に差しかかり、「金融界の経験を違う世界で生かしたい」と考えていた時に偶然、希望の塾を見つけた。塾生となり、都議選候補の選抜試験に合格し、告示の約1カ月前に白羽の矢が立った。

都議となった今、実現したいのは東京をアジアの国際金融センターに復権させることだ。海外の金融系企業の誘致を阻む一因に英語の壁がある。金融ライセンスの申請手続きが英語化されていない課題があり、「バリアー解消に努める」考えだ。

大卒後に勤めた都市銀行の同期からは「ゴルフは手堅いのに人生は大胆」と評されている。都市銀行から外資系に転職したことに加え、都市銀行の最初の赴任先である名古屋で、取引先の受付嬢にアプローチしたことも大胆と言われるゆえんだ。東京に戻る前に交際を始め、3年半後に結ばれた。「同期の評価は当たっているかもしれない」と笑う。現在、妻とは週1回、テニスクラブで汗を流している。

座右の銘は「Get things done」（任務を完遂する）。「できなかったことを言い訳するのではなく、とにかく完了させることを仕事で意識してきた」と語った上で、今後は都議として政策づくりや条例化に向けて、成果を出したいという。早大法卒。52歳。

専業主婦にも保育支援を

齋藤礼伊奈氏　都民ファーストの会・南多摩

様々な経歴を持つ新人都議の中でも、「シンガーソングライター」という異色の肩書を持つ齋藤氏。アーティストとして子宮頸がん予防などの社会的な活動にも取り組んできたが、「政治家を志していたのではなく、信頼できる誰かに任せたい」と考えていた。そんな中で小池知事が就任直後に打ち出した待機児童対策のスピード感に感銘を受け、「この人が号令をかけて政党ができれば、様々な福祉対策が進む」と感じ、希望の塾に参加した。

知事の特別秘書の宮地美陽子氏は大学時代のサークルの先輩。宮地氏からは、待機児童対策などで職員や知事、特別秘書が絞り出して打ち出した新規事業に対し、「その上で、更にこういう政策をやるべきと提案してほしい」と、都議としての活躍を求められたという。

特に、自身が子育てをする中で感じた格差の解消に目を向ける。「非正規労働者や専業主婦への保育支援が不十分。専業主婦は認可保育所の一時保育を受けられず、自分の健診にもいけない」と強い問題意識を持つ。

知事や野田代表からは音楽活動を継続するよう勧められているが、「都議の年間スケジュールがつかめておらず、現時点では難しい。地元の意見も聞きながら決めたい」と話す。未発表の自作曲が400曲近くあるため、活用なども検討する。

趣味は料理。「何か作ることがやはり好き。ストレス発散になる」。夫、長男、長女と4人暮らし。早大政経卒。38歳。

現場との行間を埋める

池川　友一氏　共産党・町田市

高校3年生だった2003年にイラク戦争が始まり、危機感を覚えて共産党に入党した。同年、イラク戦争反対を掲げ、「全国高校生平和大集会」の事務局を担った。その後、24歳の時に体調を崩した共産市議の後継として白羽の矢が立った。「政治家になろうとは思っていなかったが、市民一人ひとりの暮らしを良くするために決断した」。25歳と8日での市議初当選だった。

今回の都議選では定数1増となった町田市選挙区で、悲願の議席獲得となった共産党。無党派の市民による勝手連が組織されるなど、「共産党と接点のなかった市民からの応援も大きかった」。反安倍政権の受け皿として、閣僚の失言を始め、「訴えかける以前に、市民の怒りは共有されていた」と振り返る。

市議2期7年の経験から、「現場のニーズを捉え、都との行間を埋めていく」と力を込め、当面の政策課題には多摩格差が残る公立中学校での給食実施や、高齢者バス利用優待のシルバーパスの改善などを挙げる。

小池都政へは是々非々で臨む。「都民ファーストの会に投票した市民から『知事をチェックしてほしい』と声を掛けられた」といい、「行政に対峙し、精度の高い条例提案もしたい」と意気込む。

趣味はアウトドアだが、6歳、3歳、1歳の3児の父で「最近は（アウトドアをするのが）なかなか厳しい」と苦笑い。座右の銘は「地道に、大胆に、しなやかに」。和光大人間関係卒。32歳。

る英語力」の向上と豊かな国際感覚の醸成～

東京都教育委員会では、世界で活躍できる人材の育成のため、様々な施策を展開している。今回は、その中から、いわゆる英語村「TOKYO GLOBAL GATEWAY」（TGG）と、国際交流について取り上げる。

TOKYO GLOBAL GATEWAY

「英語村」来年9月に開設

都教育委員会では、2018年9月の開設を目指し、江東区青海にTGGの整備を進めている。

整備に至る経緯とスキーム

都教委では、「児童・生徒が将来グローバル人材として世界を舞台に活躍するには、英語を使用して積極的にコミュニケーションしようとする態度や豊かな国際感覚を習得する必要があり、そのためにはこれまでの座学中心であった教室での授業に加え、外国人と直接接することや、諸外国の文化や考え方を知る機会など、体験や実践を通じた学習が非常に重要」という認識のもと、「児童・生徒が英語を使用する楽しさや必要性を体感でき、英語学習の意欲向上のきっかけ作りとなる環境を整備」（16年3月「『英語村（仮称）』事業募集要項」より）することとした。

整備にあたっては、民間事業者のアイデア、ノウハウ等が十分に生かされるよう、都教委が求める一定の条件の下で、民間事業者が独立採算により、主体的に整備・運営を行うこととした。企画提案方式により16年度に事業者を公募・選定を行い、17年3月に都教委と事業者との間で協議が整い、協定を締結した事業概要と施設の正式名称を公表した。

現在、当該事業者と都教委とで、18年7月予定のプレオープン、同年9月のグランドオープンに向けて整備を進めるほか、主な利用対象となる小・中・高校への広報活動を行っている。

TOKYO GLOBAL GATEWAY

事業の基本的な事項

当施設の主な利用対象は小学生から高校生であり、公立・私立を問わず利用できる。週末等を中心に、個人の利用も受け入れる予定。また、都外の学校も利用でき、修学旅行時等に活用してもらうことを想定している。一度に900人程度まで収容できる予定である。

運営期間は開業から10年の28年度末としているが、運営期間満了後の事業継続の有無については、今後適切な時期に都教委が決定する。

事業施設は、早期の開業を実現するため、既存の建物を内装改修して使用することとし、交通アクセスや近隣の環境、一定の広さを確保できること、危機管理の観点から低層階を使用できること等を考慮して、江東区青海のタイム24ビルの1階から3階約7千平方㍍を使用することとした。当ビルは、ゆりかもめテレコムセンター駅から徒歩2分で、近隣には日本科学未来館等が点在するほか、施設の前には、東京2020オリンピックパラリンピックまでに、世界最大のクルーズ客船にも対応可能な東京の新たな玄関口にふさわしい客船ふ頭が整備されることになっており、更なるにぎわいが期待されている。

事業者は、学習教材の学研、学習塾の市進、神奈川県相模原で英語漬けの国際小学校を運営するエデューレ・エルシーエー、文部省（現・文部科学省）の認可団体として英語研修などを行ってきた英語教育協議会（ELEC）、広告代理店大手の博報堂の5社が参画して設立した、㈱TOKYO GLOBAL GATEWAYである。

都は、開業までに発生する施設改修経費の2分の1（上限4億5千万円）と、事業期間中の事業施設賃料の10分の10を、民間事業者に補助金として交付する。また、学校等への広報活動には都教委も協力する。この結果、都内の学校の利用料金は、事業者が補助金なしに同等のサービスを提供する場合に比べて半額以下に抑えられるという。なお、都内の学校料金は3時間半で2400円、7時間で4800円（いずれも税抜き）を設定している。

英語を身近なツールに

TGGのコンセプト

TGGの狙いは、子供たちに、「英語を使う体験を通してグローバル社会に生きる自分を発見してもらうこと」という。

近い将来の東京は、更にグローバル化し、街なかやコミュニティー、学校、職場に外国人が増え、英語でのコミュニケーションが、今よりも普通のことになることが予想される。

都教委によれば、そうした「子供たちの日々や人生を取り巻く近い将来のことを考え、英語をより身近なツールとして、生活や社会の中で使う体験を提供することで、自分も英語を使おうと思えばできるのだ、英語を使っていろいろな人たちと触れ合ったり学んだりすることで、面白い世界が広がっていくのだ、ということに気づいてもらいたい」という。

TGGでの体験が、子供たちのその後の英語学習への意欲向上や内向き志向の打破につながることを期待している。さらに、TGGでの子供たちの活動状況を引率教員が見ることが、授業改善に役立つことも副次的な効果として期待される。

事業施設は、江東区青海のタイム24ビル1階～3階に

サービスの特徴

●豊富な英語スタッフ＝「エージェント」「スペシャリスト」

TGGのサービスの特徴は、子供たちが体験・行動を通して英語をより多く話す機会を得られることである。今では、学校に英語のネイティブ講師がいることは珍しくなく、授業も様々な工夫が凝らされているが、授業とは何が違うのかという観点から、以下のような特徴が挙げられる。

まず、英語のスタッフの位置づけである。学校の授業では先生と生徒という関係だが、TGGでは、スタッフはサポーターである。また、彼らが同じグループ内の生徒同士の英語での会話も促していく。

また、英語のスタッフの数が多い。学校では少人数指導を実施する場合でも10人から20人に1人の指導者が一般的だが、TGGでは6人から8人の子供たちのグループに1人の英語のスタッフが付く。この「エージェント」と呼称する同じ人物が滞在時間中、常に付き添ってサポートする。子供たちが数グループごとに分かれて行う各アクティビティには、「エージェント」のほかに、当該アクティビティの分野に長けた「スペシャリスト」というスタッフがアクティビティの進行管理を行う。施設には900人が収容できることを考えると、ピーク時には110人程度の英語のスタッフがいることになる。

●実社会を体験するアクティビティ＝日常生活体験からキャリア教育まで

TGGでは、海外の日常生活シーンやSTEM、すなわちプログラミングやサイエンスなど、子供たちが親しみやすい素材や、商品開発体験などのビジネス、世界共通の課題などを取り上げる国際貢献、外国人へのボランティア活動にも役立つ体験など、キャリア教育にもつながる多様なアクティビティを予定している。

また、各アクティビティでは、子供たちに、それぞれ「ミッション」が与えられる。ミッションは、生徒の語学レベルや発達段階に応じ、グループごとに異なるものが設定される。想定している語学レベルは、初心者から英検準一級相当まで、ミッションの複雑さ、指導内容を変えて提供する。子供たちは、与えられたミッションを達成すべく、エージェントとやり取りを重ねていく。

例えば、レストランのシーンで、注文したものと違うものが出されたとき、そのまま「ありがとう」と受け取っても良いが、それではミッションがクリアできない。一歩踏み込んで、自分が注文したものはこれではないと伝えられるかどうか。

または、商品開発のシーン。他のチームよりも面白い提案をグループでまとめなければならない。良いアイデアが浮かんだとき、「こうやったらどうだろう」と、チームメイトに提案できるかどうか。お互い意見が合わないとき、話が逸れていったとき、どう切り返すのがよいか。スペシャリストのアドバイスや、エージェントのサポートのもと、制限時間内に提案をまとめる。プレゼンテーションを作成する過程では、ちょっとした工夫で、分かりやすくインパクトのあるプレゼンになることを実感できる。

あるいは、自分の居住地や学校のCMやニュースを作るとしたら、どうするか。何をどのように伝えれば、外国人に行ってみたいと思ってもらえるだろうか。本格的な機材を使ってニュースを作っていく。スペシャリストの指導・助言で表現や切り口を変えてみると、最初とは見違えるように面白い仕上がりになる。

日常生活など「アトラクション・エリア」は、1コマ15分で通常1～3コマを体験。プログラミングや商品開発など「アクティブイマージョン・エリア」は、1コマ60分から120分。

●英語教育の専門性と東京ならではのリソースの活用

TGGでは、英語教育の専門的見地からも、高質なサービスの提供を目指している。アクティブイマージョン・エリアを中心に、先進的な英語教授法の一つと目される、内容言語統合型学習CLIL（クリル）の考え方を取り入れている。

アクティビティのシナリオや言語表現等については、NHKラジオやEテレの英語番組でもおなじみの立教大学グローバル教育センター長の松本茂氏、CLILの第一人者である上智大学教授の和泉伸一氏など（別表参照）、有識者の監修を受けながら作成している。

また、都ならではの豊富なリソースを活用していく。具体的には、様々なグローバル企業や、JICAや日本学生支援機構をはじめとする国際的な機関、都教委が教育に関する覚書を締結しているオーストラリアやニュージーランド、カナダなど海外の教育行政機関、東京に集積する各国大使館などの協力を得て、子供たちがよりリアルに実社会を垣間見る機会となるアクティビティや、留学を視野に入れたプログラムや交流イベント、様々な情報提供なども施設内で行っていく。

●学校教育との連携

TGGでは、学校教育の一環として利用できるよう、英語の学習指導要領に即した内容でサービスを行う。予約の段階で学校と打ち合わせを行い、基本的なプランを基に学校の希望に応じ、カスタマイズを行う。また、事前・事後学習に活用できる、教材や資料等の提供も行うほか、教員が生徒を評価する際の参考資料として使えるような、児童・生徒の活動状況に関する教員へのフィードバックを提供する。

TOKYO GLOBAL GATEWAY　運営指導委員会　委員一覧

職名	氏名
立教大学　経営学部国際経営学科教授、同大学グローバル教育センター長	松本　茂
上智大学　外国語学部英語学科教授　英語学科　学科長	和泉 伸一
東京都立両国高等学校・附属中学校　英語科主任教諭	布村 奈緒子
東京都立田柄高等学校　校長　全国英語教育研究団体連合会会長	栃倉 和則
一般財団法人　日本経済団体連合会　教育・CSR本部　本部長	長谷川 知子
筑波大学　人間系　教授	藤田 晃之
アーティスト	サラ オレイン

今後のスケジュール

9月1日から受付開始

当施設のプロモーションについては、今年4月以降、学校への個別訪問による説明を始め、様々な機会を捉えて広報活動を行っているが、より広く内容を周知できるよう、専用ウェブサイトを立ち上げた。内容は順次更新していくが、9月からは当ウェブサイトで利用の予約を受け付ける。

学校関係者からの要望に応え、来月には現地での説明会も予定している。9月1日からは、いよいよ都内の学校団体の予約を受け付ける。都外からの予約は10月から受付を開始する。個人利用については、今後詳細をアナウンスする。

標準的な利用の流れ（3.5時間コースの例）

- 入場：6～8人のグループに1人のイングリッシュスピーカー「エージェント」達が出迎え。スモールトークで雰囲気作りをしながらチームビルディング
- アトラクション・エリア：日常生活シーンに関するアクティビティ（15分程度を1～3コマを「エージェント」と共に体験
- アクティブイマージョン・エリア：より高度なアクティビティ（60～120分程度）を、「エージェント」やテーマの分野に強みをもつイングリッシュスピーカー「スペシャリスト」と体験
- リフレクション・退場：グループ毎に「エージェント」と活動のふり返り

世界で活躍できる人材の育成 ～「使え

都立学校の国際交流

国際感覚を醸成するための実践の場

グローバル化は、経済、学術、文化等、様々な分野で進展し、東京2020オリンピック・パラリンピックの開催を契機にその流れは一層加速することが予想される。

国際交流を推進することは、英語をはじめとする実践的な語学力の向上だけではなく、体験を通じた豊かな国際感覚や多様性を受け入れる態度の醸成、また日本人としてのアイデンティティーの涵養など、グローバリゼーションの日常化、多様化が進展する社会に求められる資質・能力を育むための重要な方策の一つである。

これまでも東京都教育委員会では毎年、都立高校生200人を海外に10カ月間派遣する「次世代リーダー育成道場」や、英語科教員及び小学校教員140人を英語圏の大学に派遣し、英語教授法を習得・実践させる教員海外派遣を実施してきたが、2016年度以降を中心に、より多くの生徒が国際交流を経験できるよう、裾野を広げる取り組みを行っている。

ここではそうした取り組みを中心に取り上げる。

世界ともだちプロジェクト

都教委では、オリンピック・パラリンピック教育の一環として「世界ともだちプロジェクト」を推進している。当プロジェクトは、都内の全ての公立学校約2300校を対象に、それぞれの学校が選択した複数の国（おおむね5カ国程度）について学び、さらに交流活動を目指していく活動であり、2020年には「世界中の全ての国と都内どこかの学校がつながった」という状態が創出されることを目指している。

訪日教育旅行の受け入れ

海外の児童・生徒による、ホームステイを伴わない半日や1日といったより短期の学校訪問の受け入れも行っている。十数人から数十人単位の外国人生徒が一つの学校を訪問する訪日教育旅行は、公益財団法人東京観光財団が窓口となり、海外からの受け入れ及び具体的な受け入れ校の調整を行っているが、学校が国際交流のきっかけを作りやすい機会であるため、都教委も東京観光財団と連携して都立校での受け入れを推奨している。

世界ともだちプロジェクトの取り組みとして、外国人への観光案内などに取り組む子供たち

海外の学校との学校間交流

学校における国際交流の手法として、理想的な手法の一つは、姉妹校交流を中心とする学校間交流である。これは、都立校が自校の特色や希望する交流形態に合わせ、海外の任意の学校を交流相手に選び、協定書等を取り交わして、オンラインによる交流や相互訪問等を行う形態である。こうした海外の学校との連携手法には、厳格な相互交流を求められるシスタースクールのほか、より柔軟なフレンドシップ校やパートナーシップ校等の形態がある。日本語では、これら全てを包含して、「姉妹校」という表現がしばしば用いられる。

学校同士で組織的に中長期にわたって活動を継続できるため、スケジュールや活動内容などの具体的事項について相互に希望を調整し、学校の実情に応じた交流内容を実現できる。また、単発の交流でなく継続的に交流実績を積み重ねることで、PDCAによる活動の改善が図れ、教員同士が相互に顔見知りになるため、互いに安心感や信頼感も持てる。学校同士で一定の関係性を持っていない場合、自校の生徒と海外の学校の生徒とを交流させたい時など、業者に紹介料等のマージンが発生するが、姉妹校等の関係を持つことで、こうしたコストを抑制できることもメリットだろう。

都教委では、海外の学校との学校間交流を推進するため、16年度から「姉妹校交流推進校」の取り組みを開始した。特別支援学校を含む都立校254校のうち、16年度は35校が姉妹校等の交流先を確保した。17年度は50校に拡大する。これまでに、日比谷高校や西高校のようなグローバル10指定校を始め、特別支援学校を含む多様な学校が姉妹校やフレンドシップ校を締結している。

学校における国際交流全般に関する課題は後述するが、特に学校間交流を促進する際の課題は、▽より適切な相手校探し▽相手校と適切な内容での提携文書の締結▽関係性の継続――である。世界中に潜在的な連携可能先が想定される中で、自校の交流ニーズに合う学校を探し当て、提携にこぎつけるには、相応のきっかけや推進力、情報量等が必要である。いざ目ぼしい相手校が見つかった場合でも、相手校と交渉し、適切な協定書を取り交わすには労力がかかる。また、協定書があるからといって何もせずに放置していると、次第に関係は薄れていってしまう。継続的に相手校とコンタクトを取り、毎年度何らかの活動を継続していくなど、地道な取り組みが必要である。

海外の教育行政機関との連携

多様な国際交流を推進していく際、海外で学校を所管する行政組織と直接対話を行い、具体的な手法等を検討していくことは有効である。これまでは、個別に交流先探しも含めて民間事業者に委託し、実施することが多かった。事業内容が多岐化し、関係する学校数も増加するに従い、より包括的に推進していく必要が生じてきたほか、当該地域におけるより網羅的な学校情報等や教育政策の動向等についても、情報を収集する必要が生じている。

こうした中、都教委では、海外の教育省や教育委員会に相当する教育行政機関と覚書を締結し、連携して国際交流を推進していく取り組みを始めた。

これまでに、カナダのブリティッシュ・コロンビア州、オーストラリアのニューサウスウェールズ州、クイーンズランド州、ニュージーランド、台湾の台北市、高雄市と締結している。いずれも、これまで他の事業や学校独自の取り組みで交流の素地があった地域で、英語圏から優先的に締結している。

今後は「世界ともだちプロジェクト」などの観点から、より幅広い国や地域と連携していく予定。

東京体験スクール

子供たちにとっての交流の形態として、自身が海外に行って交流を行うことのほかに、自校に海外からの留学生を招いて交流を行うことも有益である。

姉妹校交流等の一環や民間団体のあっせんで、学校が自主的に留学生を受け入れているケースは従来からあったが、16年度から都教委経由で海外からインバウンドの留学生を招き、受け入れを希望する都立校に配置する事業を開始している。16年度はオーストラリアから23人の留学生が来日し、都立校6校が受け入れ。都立各校から多くの受け入れニーズがあったため、17年度は80人強を受け入れる予定である。

また、今年度は、留学生にとって更に訪都のインセンティブとなる魅力的な留学機会を創出するため、学校の授業への参加に加え、日本型教育の体験や日本文化、東京の暮らし等に触れる機会を提供するモデル事業「東京体験スクール」として実施を開始した。

バディと一緒に授業参加する留学生

第一回は、都教委が教育に関する覚書を締結しているオーストラリアクイーンズランド州教育省から、6月19日から29日の12日間、生徒15名、引率教員2名が来日。都立白鷗高等学校が受け入れた。滞在中は日本人生徒が留学生のバディ（活動をサポートするペア）となり、留学生に自宅にホームステイしてもらった。授業では、STEM授業を実践し、双方の生徒同士が理数系授業で教科の内容をプレゼンテーションし合ったり、部活動や掃除を共同で行ったりしたほか、企業訪問、環境や防災関連の施設訪問、日本文化体験、日本語のレッスン等を行った。また、オーストラリアの引率教員による授業のデモンストレーションも提供された。

企業訪問では、汐留のソフトバンク本社で、人型ロボット「Pepper」を使ったワークショップ等を体験。QLD州とソフトバンクロボティクスは、同州が進める、教育を含めた各分野のプロジェクトにPepperを活用することで2016年に合意しており、今回の訪問はその流れを受けての州政府の希望により実現した。

現場では、社員より英語でPepperに関するレクチャーを受け、実際にPepperがダンスをする様子や人の動きとシンクロして動作を作れる体験などを通じて簡単なプログラミングの仕組みを学んだ。また、公共施設でPepperをどのように活用できるかというテーマで、留学生がブレインストーミングを行い、グループごとに発表。留学生からは、次々とアイデアが出された。

小笠原教場での弓馬術礼法体験の様子

日本文化体験では、白鷗高校内で茶道や書道、将棋などの授業を受けたほか、週末には弓馬術礼法の小笠原教場を訪ね、宗家一門から直垂や水干といった装束の着付けを体験したほか、礼法に則った歩射（弓術）や流鏑馬等のデモンストレーションの見学を行った。生徒たちは慣れない正座などで緊張した面持ちだったが、「何年くらいトレーニングすれば習得できるのか」「流鏑馬では弓と馬とどちらが重要か」など、様々な質問が出された。

このほか、放課後には、引率として来日した、STEM教育（理数教育）に関して州で最優秀とされる教員が、教員対象のワークショップを開催した。約20名の教員が参加し、クイーンズランドの理数教育におけるプロジェクト学習について体験的に学べる大変貴重な研修会となった。

ソフトバンク㈱でのワークショップ

更に、東京体験スクールとして第一回であることを記念し、留学生と日本人バディによる、小池知事への表敬訪問も行った。訪問では、留学生から知事への質問もあり、「自分たちの年頃だったころ、将来知事のような仕事に就くことを考えたことがあるか」「マルチリンガルであることは、どのように役立つか」といった質問が出された。

留学生へ実施したアンケートによると、東京体験スクールは概ね100%の満足が得られ、将来日本へ留学を目指したい、等の意見が挙げられた。また、8割以上の留学生が、こうしたスタディツアーに参加する際に最も重視する点は、ホームステイができることであるとし、今回の留学時に最も満足が高かった点については留学生全員が、日本人バディとの交流、と答えている。

国際交流の拡大への課題

将来的には、学校が自校の特色やニーズに合った形で自走して国際交流を行えることが理想だが、取り組みを拡大するにあたっては、課題も多い。①情報②人（労力）③費用――である。

①情報の面からは、どのような交流手法や交流可能先があるかが分からない学校も多い。都教委では、幅広く交流手法や手順、主な地域ごとの特性をまとめた「国際交流に係る手引き」を作成しており、こうした資料も学校が国際交流に関する一般的な知識を得るには有効である。しかし、自校に具体的にあてはめたとき、どのようにするのが良いか、実際にニーズに合う相手校はあるのか等、気軽に相談できる仕組みがなければ、学校は初めの一歩が踏み出せない。また、②では、実際に交流手法や可能性のある相手校が見つかったとしても、交渉を行い、交流事業をまとめ上げ、必要に応じ協定書の締結に持ち込むのはかなりの手間がかかる。交流時のロジも多くの人手がかかる。海外の学校では、校内で国際交流を専門に取り扱う職員がいるのが一般的である。一方、都内の学校では、授業を受け持つ教員が国際交流事業も手掛けている。当然、負担感が大きい。労力を補う支援がなければ、裾野は広がっていかない。

さらに現実問題として、③の費用面での課題も大きい。実際に渡航する際や交流時の経費など、国際交流には様々な費用がかかる。現在も姉妹校交流推進校等、予算措置はされているが、今後国際交流をさらに拡大していくには、費用面での工夫も必要だろう。

総務・枢要部長は11局で交代

女性初の主計部長が誕生

都部課長級人事

都は21日、部課長級異動を内示した。行政系の異動規模は昨年度よりも9人多い314人。夏期幹部異動の中心となる事務系の総務・枢要部長は11局で交代した。行政系の退職は6人にとどまった。医師・研究・医療福祉系の異動規模は10人、退職は2人だった。退職発令は31日、新任発令は8月1日付。（本文中の年齢は今年度末時点）

＝7面、8面に異動名簿

部長級の異動規模は106人。横転が81人、昇任が15人で、昨年度とほぼ同規模となった。

事務系の総務・枢要部長は11局で交代し、政策企画、総務、財務の官房3局で総務部長が新任。政策企画局は局内の事情に通じた横山英樹・同局外務部長（55歳、3A）を起用し、小室一人・同局計画部長（55歳、10B）を財務局経理部長に配置する。また、総務局総務部長には矢田部裕文・病院経営本部経営企画部長（57歳、9B）を充てる。

若手では8Aから総務部長を起用し、オリンピック・パラリンピック準備局総務部長に中村倫治・財務局財産運用部長（53歳、8A）が就く。五輪準備の経験はないが、財務局が長く、緻密な仕事ぶりに定評がある。

都市整備局、主税局、病院経営本部、下水道局の総務部長と総務局行政部長にはそれぞれの分野に精通した人物を起用し、安定感のある布陣となった。水道局総務部長は黒沼靖・同局理事（56歳、10B）の事務取扱となる。

財務局主計部長には松川桂子・港湾局港湾経営部長（53歳、6A）を抜擢した。主計部長に女性が就くのは初めて。主計部の経験はないが、実務能力が買われた。また、政策企画局計画部長に、財政に詳しい山下聡・同局調整部長（51歳、12B）を配した。

技術系では、都市整備局都市づくり政策部長に久保田浩二・財務局建築保全部長（55歳、7A）を、下水道局計画調整部長に中島義成・同局施設管理部長（59歳、7B）を任用する。

このほか、小池知事が注力するホストシティプロジェクトでも、文化・観光の連携を強化する人員配置を行った。

課長級の異動規模は208人。横転が177人、昇任が25人だった。このうち、統括課長の異動は26人（事務20人、技術6人）で、昨年度比7人の減。

本庁統括課長の標準年次は15A、18B、20C。1年前倒しで金久保豊和・総務局企画経理課長（46歳、19B）が統括課長となり、総務局人事課長に登用した。

課長級は、本庁課長の標準年次が21A、24B、20Cで、前倒しの昇任は計7人。

事務系では22Aから、小松弘尚・政策企画局国家戦略特区企画担当課長（38歳）、佐藤拓也・産業労働局観光部住宅宿泊事業調整担当課長（40歳）の2人。25Bから石賀裕・五輪準備局総合調整部局務担当課長（46歳）、吉川千賀子・福祉保健局医療費適正化担当課長（46歳）、池田千賀子・福祉保健局福祉のまちづくり担当課長（45歳）、松本朋之・産業労働局観光部企画調整担当課長（47歳）の4人。技術系では、齋藤雅文・五輪準備局大会施設部技術調整担当課長（49歳、26B、建築）が2年前倒しで起用されている。

新任の総務・枢要部長など　（敬称略）

年次	新任職	氏名	年齢
63A	下水道局総務部長	安藤　博	59
3A	政策企画局総務部長	横山英樹	55
4A	都市整備局総務部長	桜井政人	55
6A	財務局主計部長	松川桂子	53
7A	病院経営本部経営企画部長	児玉英一郎	53
8A	五輪準備局総務部長	中村倫治	53
9B	総務局総務部長※1	矢田部裕文	57
	主税局総務部長	小山明子	54
	生活文化局総務部長※2	鳥田浩平	55
10B	財務局経理部長	小室一人	55
14B	総務局行政部長	野間達也	55
63A	財務局建築保全部長	永島恵子(建)	59
7A	都市整備局都市づくり政策部長	久保田浩二(建)	55
7B	下水道局計画調整部長	中島義成(土)	59

※1は他局庶務担当部長からの横転　※2は2017年4月の異動

開閉会式方針で中間報告

五輪組織委　年内に基本コンセプト

五輪組織委員会は20日、2020年東京大会の開閉会式の基本コンセプトなどを議論する「有識者懇談会」（座長＝御手洗冨士夫・組織委名誉会長）を開き、大会の歴史的・社会的意義や開閉会式の方針などに関する中間報告を明らかにした。

中間報告では、五輪の開会式からパラリンピックの閉会式まで四つの式典を「一連の式典」と捉え、統一性を持たせる方針を表明。開閉会式では超高齢社会や持続可能性など多くの課題に向かい合って未来を提示することや、被災地からの復興支援に対する感謝を示すなどの案が出された。また、四季の色彩や江戸時代から続く情緒や、先進テクノロジーと伝統文化を組み合わせて未来を描く案も示された。

20日の懇談会では、「五輪の開会式は大会の顔。どう表現するかが大きなポイント」「パラリンピックの閉会式は東京大会全体のフィナーレを飾るものであってほしい」などの意見が出たほか、監督の資質に関しては「構想力・協調性・マネジメント力・調整力が大事」という声があったという。組織委は年内に基本コンセプトをまとめる予定。

選手村の監査請求棄却

「土地の評価手法は適切」

2020年東京オリンピック・パラリンピックの選手村予定地（中央区）の譲渡価格が違法・不当であるとして、小池知事に損害の回復などを求めた5月の住民監査請求について、都監査委員は19日、請求を棄却した。今後の事業に当たっては、専門家の意見を十分に聞くなど内部牽制体制を強化することや、意思決定過程・決定内容について、きめ細かな対外説明を行い、透明性を確保するよう求める意見を付した。

選手村予定地を巡っては、都都市整備局が16年12月、三井不動産レジデンシャル㈱を代表とする特定建築者と総額129億6千万円で譲渡する契約を締結。譲渡価格が周辺のタワーマンション用地の売却価格の8分の1～10分の1程度であり、「公正な評価の規制を免れるという違法な目的のために、都市再開発制度を乱用した違法・不当なもの」と主張していた。

監査結果では、「都が（再開発事業の）個人施行者として施行し、事業を認可することは違法・不当であるとは言えない」と判断。今回の土地の鑑定評価手法では、近隣の事例を基に不動産価格を算出する「取引事例比較法」ではなく、マンションなどの開発を想定して土地の価格を査定する「開発法」が採用されたが、土地の規模や開発手法から「適切」と結論付けた。価格の妥当性に関しても不動産鑑定調査会社2社に意見を求めたところ、妥当であるとの回答を得た。

夏の暑さに負けるな!!

知事ら、打ち水通じて

打ち水に興じる小池知事やタレントのりゅうちぇるさんら（左）＝20日、都庁都民広場

「知事、知ってましたか。打ち水はおもてなしという意味もあるんです」――タレントのりゅうちぇるさんがこう小池知事に問い掛けると、知事は笑顔で、「ごめんね。知ってた」と応じ、会場は笑いに包まれた。

都は20日、暑さ対策の一環として打ち水の周知啓発イベント「打ち水日和」を都庁都民広場で開催した。水循環などが専門の中央大学の山田正教授を交えたトークショーでは、同教授が「東京中を1度下げたら、原子力発電所2基分の電気を使わなくて済む」と紹介。同日の打ち水により、周囲の気温は約0・1～0・3度下がった。都が打ち水のイベントを主催するのは初めて。

同イベントは、民間団体が事務局を担う「打ち水大作戦2017」の開幕も兼ね、当日の参加規模は都内各所で153団体、1万3450人だった。都庁近くの新宿区立新宿中央公園では、同区が地元町会の住民らと打ち水を実施。同区環境対策課の担当者は「打ち水を通じて省エネを促進したい」と話した。

都組織・定数方針

働き方改革へ体制見直し

政策・予算編成と一体的に

都総務局は21日、2018年度組織職員定数計画などの策定方針を各局に通知した。組織定数方針では、首都直下地震への備えなどの課題を抱えるとともに、開催まで3年と迫った20年東京五輪の成功を強く意識した施策展開が求められる一方、民間の採用活動が活発であることなどから人材確保が課題になっていると指摘。中長期的な視点から創意工夫を凝らし、増員に依拠することなく、大会後を見据えた効率的な執行体制を構築するよう求めた。各局からの組織改正計画と所要人員計画の提出期限は9月8日、再雇用関係は同29日。

17年度の職員定数は、東京五輪の開催準備や重要課題に的確に対応するため、都全体で前年度比758人増。このうち知事部局等と公営企業では計187人増となり、3年続けて定数増となった。総務局によると、18年度も引き続き、東京五輪開催準備や「実行プラン」の関連要求が予測されるという。

人材確保の厳しさ指摘

組織定数方針では、国内の人口が減少局面に入り、都でも将来的に急速な高齢化が進行し、労働力の供給が制約される一方、民間企業は活発な採用活動を展開しており、都が必要とする人材の安定確保が、質・量ともに更に困難になると指摘。社会情勢の動向や都の行財政運営を巡る厳しい状況を全庁的な共通認識として18年度の執行体制を構築するよう呼び掛けている。

具体的には、既存事業は働き方改革の実現に向けた業務改革や事業評価の取り組みによる検証を踏まえながら執行体制を見直すとともに、新規事業の実施や事業拡大についても人的資源を最大限に活用し、スクラップ・アンド・ビルドを徹底するよう求めた。また、「人が生きる、人が輝く東京へ　重点政策方針2017」「都民ファーストでつくる『新しい東京』～2020年に向けた実行プラン」に関する事業についても、事業内容や執行体制を十分に精査した上で要求を行うこととしている。

東京五輪の関連事業に関しては、職員定数が3年連続で増えたことも踏まえ、改めて大会終了後を見据えた執行体制を検討し、事業の進捗に応じて見直しを図るよう求めた。

なお、組織運営に当たっては、都政で培われた幅広い知識や技術、経験の継承を確実に進めるとともに、専門性が高い人材の育成を強化すること、任期付職員を始めとした多様な人材の確保と活用を図りながら重層的な執行体制を構築する必要もあるとしている。

増員に依拠しない効率的な執行体制の構築については、同局では「必要な定数は措置するが、まずは仕事の進め方の見直しや無駄の排除などスクラップ・アンド・ビルドを徹底する。また、自律改革による事務の効率化や繁閑調整のための配置替えなど、各局の主体的な取り組みを定数の側面からも支援したい」とした上で、「政策のブラッシュアップ、予算編成と組織定数が一体となって積極的に取り組んでいく」との認識を示している。

リフォーム業者業務停止を命令

都生活文化局

都生活文化局は20日、屋根リフォーム工事の訪問販売業者に6カ月の業務停止命令を出した。処分を受けたのは㈱アリエッタハウジング（原田昌幸代表取締役）。「無料点検」を口実に高齢者の自宅を訪問し、「瓦がずれて雨漏りがする」などと不安をあおりながら工事契約を迫るなどしていた。2013～17年度に計51件の相談があり、平均契約額は約90万円だった。

平山　哲也さん（ひらやま・てつや＝東京オリンピック・パラリンピック競技大会組織委員会役員室長）。20日死去、49歳。通夜は28日午後6時から7時、告別式は29日午前10時から11時半、いずれも八王子市斎場第一式場（八王子市山田町1681の2☎042・664・5707）で行われる。

退職後のリアル

しくじり都庁OBの教訓⑱

セカンドライフの職探し⑥

ニーズとのミスマッチ

思い立ったら吉日、すぐに行動を起こすことにした。私の企画は、分かりやすいセクハラ対策に関する企業向けDVDの作成である。とはいえ、考えていることはあくまで素人の思い付きのレベルに過ぎない。具体化するためには少なくともシナリオにして、目に見える説得力のある内容にしなければならない。

後に触れるが、公務員時代にたった一度だけ転職を考えた時、こうしたシナリオづくりに少し関係した経験がここでは役立った。

そこで期待を込めて、推敲に推敲を重ねた自信作を携え、かつて取材を受けたことのある大手ビデオ制作会社を訪問した。しかし、本の原稿の持ち込みの時と同じで、作ることへの気合だけが空回りし、肝心の「売る」ことについてのプレゼンが全くできない無残な面接になってしまった。一言で言えば、いろいろと能書きは言えてもしょせん、武士の商法に似たものだったということである。

アイデアの弱点を指摘されることで、大きな挫折感を味わうとともに、まさに公務員的な発想の限界をいろいろと知らされることになった。しかし、退路を断った以上、もはや悠長なことは言っていられない。このアイデアを追いかけるにしても、とりあえず何か仕事をしなければならない。

何ができるのか、いろいろ悩み、求人広告を眺めながら考えた。高齢者求人広告にはなぜか、高齢者向けなのに体力仕事が多い。警備員、スーパーの倉庫管理、清掃員……、本来は体力のある若い人たちが就くべきと思われる仕事が高齢者求人には並ぶ。要するに、高齢者に期待される能力はもはや体力しかないということだ。衰えたとはいえ、残されたその体力と単調さに耐えることの他に勝負のできるものがないと見なされているからだ。

体力の減退を日々感じさせられている自らの現状と、求められる体力仕事とのギャップについて思いを巡らせている時、相手のニーズとこちらの自己評価の間に生じるミスマッチに気づかされた。（金子雅臣）

五輪への航海図197

開催まであと1095日

特別区の戦略⑲

板橋区　職員が「おもてなし」

板橋区は東京大会の開催による外国人観光客の増加や、少子高齢化の進行を踏まえ、3月に「板橋区ユニバーサルデザイン推進計画2025」を新たに策定した。区の施設やサービスにユニバーサルデザインの考え方を取り入れることで、国籍や年齢にかかわらず誰もが暮らしやすい街を目指している。

坂本健区長の就任以来、職員の接遇サービスの改善や、区内の観光事業に力を入れて取り組んできたが、東京大会をきっかけに、より様々な立場の人たちの目線に立った職員のサービスを実践する考え。

同区が計画の重点事業に掲げるのが区職員の「おもてなし」力の向上だ。職員の人材育成事業の「MOTENASHI　プロジェクト」では、東京大会で外国人が同区を訪れた際、より丁寧に対応できるよう、区内の大学などと連携し、職員の英会話能力の向上を図る。

具体的には、大東文化大学に区庁舎内での夜間講義の開催を依頼。1～3月に計10回、職員と区民を10人程度ずつ公募し、道案内などの実践的なシチュエーションを想定した会話を練習したり、大学の専門性を生かした文化の講義を受講したりして、外国人に対する理解と知識を深めている。

職員と区民が英語を学び、外国人への「おもてなし」に生かす＝2月、区庁舎で

区の魅力を再発見し、おもてなしにつなげるための取り組みも始める。同区には旧中山道「板橋宿」周辺の史跡や徳丸・赤塚地域の神事「田遊び」などの有形・無形の文化財が今も数多く残り、また赤塚地域の都市農業、荒川沿岸部の工業地域など多くの顔がある。こうした区の魅力を理解するために、東京家政大学と連携して職員と学生が区内を歩くオリエンテーションを9月から開始する。街歩きを通した学生の斬新な意見や視点から、職員に新たな発想を養ってもらう狙いだ。

このほか、子育て中の区民や障害者、高齢者など様々な立場の区民と座談会を開き、意見をまとめたハンドブックを今夏中に作成して、各職場に配布する予定。大澤弘昌・人事課長は「職員が普段の仕事をする上でより進んだおもてなしを実践するために役立ててほしい」と話し、職層別の職員の能力開発研修などにも利用する考えだ。

都幹部人事異動

8月1日付
◎印は昇任
(統)は統括課長級

部長級

▽政策企画局総務部長＝オリンピック・パラリンピック調整担当部長兼務（政策企画局外務部長）横山英樹▽政策企画局調整部長（政策企画局政策担当部長）佐藤智秀▽政策企画局戦略広報担当部長＝報道担当部長兼務（港湾局担当部長＝㈱東京臨海ホールディングス派遣）古川吉隆▽政策企画局ホストシティプロジェクト推進担当部長＝オリンピック・パラリンピック準備局事業調整担当部長兼務（政策企画局ホストシティプロジェクト推進担当部長＝オリンピック・パラリンピック準備局自治体調整担当部長兼務）高野克己▽政策企画局渉外担当部長（交通局安全管理担当部長）眞田勝己▽政策企画局計画部長（政策企画局調整部長＝調整部政策課長事務取扱）山下聡▽政策企画局外務部長＝外務部企画課長事務取扱（水道局経理部長）加藤英典▽総務局総務部長（病院経営本部経営企画部長）矢田部裕文▽総務局企画担当部長＝首都大学調整担当部長＝尖閣諸島調整担当部長＝オリンピック・パラリンピック調整担当部長兼務（総務局都政改革担当部長）池上晶子▽総務局復興支援対策部長（総務局統計部長）伊東みどり▽総務局復興支援調整担当部長＝被災地支援福島県事務所長兼務（総務局企画担当部長＝首都大学調整担当部長＝尖閣諸島調整担当部長＝オリンピック・パラリンピック調整担当部長＝被災地支援福島県事務所長兼務）松崎浩一▽総務局行政改革推進部長＝自治制度改革推進担当部長兼務（総務局行政改革調整担当部長）小林忠雄▽総務局都政改革担当部長（総務局担当部長＝公立大学法人首都大学東京派遣）豊田義博▽総務局コンプライアンス推進部長＝主席監察員＝政策法務担当部長＝訟務担当部長兼務（総務局コンプライアンス推進部長＝政策法務担当部長＝訟務担当部長兼務）貫井彩霧▽総務局企画調整担当部長＝監察員兼務（監察員）黒田浩利▽総務局行政部長（産業労働局商工部長）野間達也▽総務局統計部長（職員共済組合事務局事業部長）熊谷克三▽総務局人権部長（総務局企画調整担当部長＝監察員兼務）仁田山芳範▽監察員（副監察員(統)）◎田口真純▽八丈支庁長（副監察員(統)）◎岡本晃治▽総務局小笠原漁業・農業協同組合指導担当部長（交通局資産運用部資産活用課長(統)）◎山浦拓也▽総務局担当部長＝公立大学法人首都大学東京派遣（総務局人権部企画課長(統)）◎小河原静子▽総務局担当部長＝公立大学法人首都大学東京派遣（小児総合医療センター事務局長）榎園弘▽職員共済組合事務局事業部長（総務局復興支援調整担当部長）野口一紀▽財務局経理部長＝オリンピック・パラリンピック調整担当部長兼務（政策企画局計画部長）小室一人▽財務局主計部長（港湾局港湾経営部長）松川桂子▽財務局財産運用部長（財務局利活用調整担当部長）山根恭子▽財務局利活用調整担当部長（環境局担当部長＝東京都環境公社派遣）鈴木光祐▽財務局建築保全部長（都市整備局都営住宅経営部長）永島恵子▽主税局総務部長＝オリンピック・パラリンピック調整担当部長兼務（主税局税制部長）小山明子▽主税局税制部長（主税局課税部長）副島建▽主税局税制調査担当部長（千代田都税事務所長）栗原哲治▽主税局課税部長（主税局徴収部長）安藤敏朗▽主税局徴収部長（主税局税制調査担当部長）川上秀一▽主税局局務担当部長＝千代田都税事務所長（都市整備局連絡調整担当部長）菊澤道生▽生活文化局消費生活部長（生活文化局消費生活部長＝消費生活部企画調整課長事務取扱）三木暁朗▽生活文化局私学部長（中央卸売市場市場政策担当部長＝オリンピック・パラリンピック調整担当部長兼務）金子光博▽生活文化局文化振興部長（生活文化局文化振興部長＝文化振興部企画調整課長事務取扱）樋渡幸生▽生活文化局魅力発信プロジェクト担当部長＝産業労働局魅力発信プロジェクト調整担当部長兼務（生活文化局魅力発信プロジェクト担当部長＝文化総合調整担当部長兼務）堀越弥栄子▽生活文化局文化総合調整担当部長（総務局担当部長＝公立大学法人首都大学東京派遣）久故雅幸▽生活文化局担当部長＝東京都歴史文化財団派遣（選挙管理委員会事務局担当部長＝総務課長事務取扱）都築裕樹▽オリンピック・パラリンピック準備局総務部長（財務局財産運用部長）中村倫治▽オリンピック・パラリンピック準備局総合調整部長（オリンピック・パラリンピック準備局大会施設部長）根本浩志▽オリンピック・パラリンピック準備局自治体調整担当部長（産業労働局担当部長＝東京都中小企業振興公社派遣）小池和孝▽オリンピック・パラリンピック準備局大会施設部長（オリンピック・パラリンピック準備局開設準備担当部長）鈴木一幸▽オリンピック・パラリンピック準備局開設準備担当部長（環境局政策調整担当部長＝オリンピック・パラリンピック調整担当部長兼務）鈴木研二▽オリンピック・パラリンピック準備局施設整備担当部長（都市整備局建設推進担当部長）草野智文▽オリンピック・パラリンピック準備局施設調整担当部長（第四建設事務所長）湯川雅史▽オリンピック・パラリンピック準備局スポーツ計画担当部長＝国際大会準備担当部長兼務（オリンピック・パラリンピック準備局スポーツ計画担当部長）川瀬航司▽オリンピック・パラリンピック準備局局務担当部長＝東京オリンピック・パラリンピック競技大会組織委員会派遣（オリンピック・パラリンピック準備局担当部長＝東京オリンピック・パラリンピック競技大会組織委員会派遣）小林あかね▽オリンピック・パラリンピック準備局局務担当部長＝東京オリンピック・パラリンピック競技大会組織委員会派遣（生活文化局担当部長＝東京都歴史文化財団派遣）荒田有紀▽オリンピック・パラリンピック準備局局務担当部長＝東京オリンピック・パラリンピック競技大会組織委員会派遣（政策企画局渉外担当部長）佐藤直樹▽オリンピック・パラリンピック準備局担当部長＝東京オリンピック・パラリンピック競技大会組織委員会派遣（財務局建築保全部技術管理課長(統)）◎山崎浩明▽都市整備局総務部長（都市整備局住宅政策推進部長）桜井政人▽都市整備局連絡調整担当部長（オリンピック・パラリンピック準備局国際大会準備担当部長）土屋太郎▽都市整備局都市づくり政策部長（財務局建築保全部長）久保田浩二▽都市整備局住宅政策推進部長（総務局行政改革推進部長＝自治制度改革推進担当部長兼務）佐々木秀之▽都市整備局都営住宅経営部長（オリンピック・パラリンピック準備局施設整備担当部長）小野幹雄▽都市整備局建設推進担当部長（オリンピック・パラリンピック準備局局務担当部長＝東京オリンピック・パラリンピック競技大会組織委員会派遣）妹尾高行▽環境局環境政策担当部長＝オリンピック・パラリンピック調整担当部長兼務（環境局環境政策担当部長）小原昌▽環境局政策調整担当部長（下水道局担当部長＝東京都下水道サービス㈱派遣）松本明子▽環境局自然環境部長（環境局緑施策推進担当部長）須藤栄▽環境局緑施策推進担当部長（多摩環境事務所長）金子亨▽多摩環境事務所長（環境局環境改善部計画課長(統)）◎宗野喜志▽環境局担当部長＝東京都環境公社派遣（福祉保健局担当部長＝城北労働・福祉センター派遣）望月誠▽環境局担当部長＝東京熱供給㈱派遣（環境局担当部長＝東京二十三区清掃一部事務組合派遣）野村浩司▽福祉保健局担当部長＝城北労働・福祉センター派遣（福祉保健局高齢社会対策部計画課長(統)）◎山口真吾▽産業労働局商工部長（産業労働局観光部長）坂本雅彦▽産業労働局金融部長（生活文化局私学部長）加藤仁▽産業労働局観光部長（政策企画局戦略広報担当部長＝政策担当部長兼務）小沼博晴▽城東職業能力開発センター所長（総務局小笠原漁業・農業協同組合指導担当部長）杉田裕志▽産業労働局担当部長＝東京都中小企業振興公社派遣（総務局担当部長＝人事部人事課長事務取扱）高崎秀之▽産業労働局担当部長＝東京都中小企業振興公社派遣（都市整備局都市づくり政策部広域調整課長(統)）◎奥村勲▽建設局企画担当部長＝オリンピック・パラリンピック調整担当部長兼務（建設局企画担当部長＝オリンピック・パラリンピック調整担当部長＝オリンピック・パラリンピック準備局施設担当部長兼務）花井徹夫▽第四建設事務所長（南多摩西部建設事務所副所長兼工事課長）原田和生▽第六建設事務所副所長兼工事課長（流域下水道本部技術部計画課長(統)）◎小池進▽南多摩西部建設事務所副所長兼工事課長（都市整備局市街地整備部企画課長(統)）◎村上清徳▽港湾局調整担当部長（産業労働局担当部長＝東京都中小企業振興公社派遣）及川勝利▽港湾局港湾経営部長（港湾局港湾振興担当部長）藏居淳▽港湾局港湾振興担当部長（港湾局担当部長＝東京港埠頭㈱派遣）相田佳子▽港湾局臨海副都心まちづくり推進担当部長（港湾局調整担当部長）矢部信栄▽港湾局担当部長＝㈱東京臨海ホールディングス派遣（政策企画局外務部管理課長(統)）◎園原隆▽港湾局担当部長＝東京港埠頭㈱派遣（議会局議事部議案法制課長(統)）◎矢島剛▽病院経営本部経営企画部長（オリンピック・パラリンピック準備局総合調整部長）児玉英一郎▽小児総合医療センター事務局長（教育庁地域教育支援部義務教育課長(統)）◎岩野恵子▽中央卸売市場渉外調整担当部長（中央卸売市場市場調整担当部長＝政策企画局政策担当部長兼務）有金浩一▽中央卸売市場市場政策担当部長＝オリンピック・パラリンピック調整担当部長兼務（中央卸売市場築地市場長＝連絡調整担当部長兼務）松田健次▽中央卸売市場築地市場場長＝連絡調整担当部長兼務（城東職業能力開発センター所長）田中賢也▽交通局安全管理担当部長（港湾局営業担当部長）塩田孝一▽交通局担当部長＝研修所長事務取扱（交通局担当部長＝東京都営交通協力会派遣）加納卓夫▽交通局担当部長＝総合指令所長事務取扱（交通局担当部長＝馬込車両検修場長事務取扱）荒井昭▽交通局担当部長＝馬込車両検修場長事務取扱（交通局担当部長＝東京交通サービス㈱派遣）野澤光徳▽交通局担当部長＝東京都営交通協力会派遣（交通局担当部長＝東京交通サービス㈱派遣）上田貴之▽交通局担当部長＝東京交通サービス㈱派遣（交通局担当部長＝総合指令所長事務取扱）内山裕道▽交通局担当部長＝東京交通サービス㈱派遣（交通局車両電気部電力課長(統)）◎加納晴生▽水道局経理部長（環境局自然環境部長）志村昌孝▽水道局サービス推進部長（水道局サービス推進部長＝北部支所長兼務）小山伸樹▽水道局北部支所長（八丈支庁長）宮内和宏▽下水道局総務部長（主席監察員）安藤博▽下水道局計画調整部長（下水道局施設管理部長）中島義成▽下水道局施設管理部長（下水道局建設部長）池田匡隆▽下水道局建設部長（流域下水道本部技術部長＝技術部工事課長事務取扱）佐々木宏章▽下水道局中部下水道事務所長（下水道局南部下水道事務所長）新谷康之▽下水道局東部第二下水道事務所長（下水道局施設管理部管理課長(統)）◎蓮見伸一▽下水道局南部下水道事務所長（第六建設事務所副所長兼工事課長）大内浩之▽流域下水道本部技術部長（下水道局中部下水道事務所長）猪八重勇

課長級

▽政策企画局調整部政策課長（政策企画局調整部報道課長）黒岩幸三▽政策企画局調整部海外広報担当課長（福祉保健局生活福祉部福祉のまちづくり担当課長）門井信学▽政策企画局調整部国政情報担当課長（総務局総務部担当課長＝公立大学法人首都大学東京派遣）古瀬弘孝▽政策企画局調整部国家戦略特区企画担当課長（都市整備局都市基盤部担当課長＝首都圏新都市鉄道㈱派遣）小松弘尚▽政策企画局調整部報道課長（総務局行政改革推進部都政改革担当課長）鈴木成▽政策企画局外務部管理課長（政策企画局外務部企画課長）天津利男▽総務局総務部企画計理課長＝オリンピック・パラリンピック調整担当課長兼務（総務局総合防災部広域連携担当課長）芝崎晴彦▽総務局復興支援対策部被災地支援課長（総務局情報通信企画部企画課長）小野勝利▽総務局行政改革推進部都政改革担当課長（総務局総務部担当課長＝公立大学法人首都大学東京派遣）小川仁▽総務局情報通信企画部企画課長（総務局総合防災部計画調整担当課長）中川雅敏▽総務局情報通信企画部情報通信施策推進担当課長（総務局総務部担当課長＝公立大学法人首都大学東京派遣）中田英壽▽総務局人事部人事課長(統)（総務局総務部企画計理課長＝オリンピック・パラリンピック調整担当課長兼務）金久保豊和▽総務局コンプライアンス推進部コンプライアンス推進課長＝副監察員兼務（総務局コンプライアンス推進部コンプライアンス推進課長）斎藤圭司▽総務局コンプライアンス推進部監察担当課長（副監察員）小笠原和子▽総務局総合防災部計画調整担当課長（都市整備局住宅政策推進部適正取引促進担当課長）大村真人▽総務局総合防災部計画調整担当課長（都市整備局総務部契約調整担当課長）木元淳▽総務局総合防災部広域連携担当課長（政策企画局調整部政策担当課長）菊地智春▽総務局統計部人口統計課長（職員共済組合事務局事業部貸付課長）間船芳秋▽総務局人権部企画課長（総務局人権部人権施策推進課長）加藤いずみ▽総務局人権部人権施策推進課長（総務局統計部人口統計課長）持丸洋▽総務局総務部局務担当課長＝公立大学法人首都大学東京派遣（環境局資源循環推進部局務担当課長＝東京たま広域資源循環組合派遣）高橋一広▽総務局人事部局務担当課長＝東京都人材支援事業団派遣（オリンピック・パラリンピック準備局総合調整部全国自治体調整担当課長）高橋秀樹▽総務局総務部局務担当課長＝夕張市派遣（交通局総務部担当課長＝東京地下鉄㈱派遣）富山高明▽総務局総合防災部担当課長（政策企画局調整部渉外課統括課長代理）◎後藤佑介＝31日付▽三宅支庁産業課長（産業労働局農林水産部農業振興課統括課長代理）◎金子章敬▽総務局総務部担当課長＝公立大学法人首都大学東京派遣（オリンピック・パラリンピック準備局スポーツ推進部担当課長＝㈱東京スタジアム派遣）久保裕司▽総務局総務部担当課長＝公立大学法人首都大学東京派遣（政策企画局調整部政策課統括課長代理）◎泉澤華恵▽総務局総務部担当課長＝公立大学法人首都大学東京派遣（総務局情報通信企画部情報通信施策推進担当課長）菊地将司▽総務局行政部担当課長＝東京たま広域資源循環組合派遣（水道局経理部管理課統括課長代理）◎武井豊▽職員共済組合事務局年金保険部医療保険課長（職員共済組合事務局事業部厚生課長）竹島正道▽職員共済組合事務局事業部貸付課長（議会局管理部経理課長）谷口満▽職員共済組合事務局事業部厚生課長（人事委員会事務局試験部研究調査課長）伊藤聡▽職員共済組合事務局事業部健康増進課長（生活文化局都民生活部旅券課長）岸広樹▽財務局経理部検収課長(統)（財務局経理部検収課長）三浦大助▽財務局建築保全部保全担当課長（財務局建築保全部施設改修担当課長）尾上洋司▽財務局建築保全部技術管理課長(統)（都市整備局総務部技術管理課長(統)）金子陽子▽財務局建築保全部機械技術担当課長（都市整備局総務部設備技術担当課長）吉田晃章▽財務局建築保全部庁舎整備課長(統)（財務局建築保全部設備担当課長(統)）松本武志▽財務局建築保全部設備担当課長(統)（交通局自動車部車両課長(統)）小泉正一▽主税局税制部評価審査課長（主税局徴収部納税推進課長）佐藤竜太▽主税局資産税部審査申出担当課長（世田谷都税事務所徴収課長）川口厚▽主税局徴収部納税推進課長（主税局資産税部審査申出担当課長）門倉巧▽世田谷都税事務所徴収課長（教育庁八丈出張所副所長）武田秀章▽渋谷都税事務所副所長兼総務課長(統)（渋谷都税事務所副所長兼総務課長）秋元哲夫▽杉並都税事務所徴収課長（水道局港営業所長）林輝生子▽北都税事務所固定資産税課長（杉並都税事務所徴収課長）今和泉文人▽八王子都税事務所副所長兼総務課長(統)（八王子都税事務所副所長兼総務課長）葛西ゆかり▽生活文化局広報広聴部広報課長(統)（生活文化局広報広聴部広報課長）下島真弓▽生活文化局広報広聴部都民の声課長（職員共済組合事務局年金保険部医療保険課長）門柳明子▽生活文化局都民生活部地域活動推進課長（総務局復興支援対策部被災地支援課長）小林貴文▽生活文化局都民生活部男女平等参画課長（生活文化局広報広聴部都民の声課長）各務豊▽生活文化局都民生活部旅券課長(統)（生活文化局消費生活部生活安全課長）宮永浩美▽生活文化局消費生活部企画調整課長（生活文化局都民生活部男女平等参画課長）白石正樹▽生活文化局消費生活部生活安全課長（生活文化局都民生活部地域活動推進課長）猪俣聖人▽生活文化局文化振興部企画調整課長（政策企画局調整部海外広報担当課長）杉山浩二▽計量検定所検査課長（人事委員会事務局試験部研究調査担当課長）下村欣吾▽オリンピック・パラリンピック準備局総合調整部全国自治体調整担当課長（オリンピック・パラリンピック準備局総合調整部事業推進担当課長）松井真司▽オリンピック・パラリンピック準備局総合調整部事業推進担当課長（三宅支庁産業課長）大村公洋▽オリンピック・パラリンピック準備局パラリンピック部競技担当課長（総務局総務部局務担当課長＝夕張市派遣）大島由晋▽オリンピック・パラリンピック準備局大会施設部開設準備担当課長（議会局調査部特命担当課長）沖あすか▽オリンピック・パラリンピック準備局大会施設部技術調整担当課長（財務局建築保全部保全担当課長）齋藤雅文▽オリンピック・パラリンピック準備局大会施設部技術調整担当課長（建設局河川部土砂災害対策担当課長）渡辺修▽オリンピック・パラリンピック準備局スポーツ推進部ラグビーワールドカップ事業調整担当課長（オリンピック・パラリンピック準備局スポーツ推進部特命担当課長）寺沢良子▽オリンピック・パラリンピック準備局総合調整部局務担当課長＝生活文化局文化振興部担当課長兼務＝東京オリンピック・パラリンピック競技大会組織委員会派遣（オリンピック・パラリンピック準備局総合調整部担当課長＝生活文化局文化振興部担当課長兼務＝東京オリンピック・パラリンピック競技大会組織委員会派遣）堀和憲▽オリンピック・パラリンピック準備局総合調整部局務担当課長＝東京オリンピック・パラリンピック競技大会組織委員会派遣（福祉保健局総務部担当課長＝東京都福祉保健財団派遣）石賀裕

8面につづく

7面からつづく

▽オリンピック・パラリンピック準備局総合調整部局務担当課長＝東京オリンピック・パラリンピック競技大会組織委員会派遣（オリンピック・パラリンピック準備局総合調整部担当課長＝東京オリンピック・パラリンピック競技大会組織委員会派遣）坂下典久▽オリンピック・パラリンピック準備局総合調整部局務担当課長＝東京オリンピック・パラリンピック競技大会組織委員会派遣（都市整備局都市基盤部担当課長＝練馬区派遣）新妻基晴▽オリンピック・パラリンピック準備局総合調整部担当課長(統)＝東京オリンピック・パラリンピック競技大会組織委員会派遣（オリンピック・パラリンピック準備局総合調整部局務担当課長＝東京オリンピック・パラリンピック競技大会組織委員会派遣）太田洋子▽オリンピック・パラリンピック準備局総合調整部担当課長＝東京オリンピック・パラリンピック競技大会組織委員会派遣（オリンピック・パラリンピック準備局総合調整部調整課統括課長代理＝東京オリンピック・パラリンピック競技大会組織委員会派遣）◎草野聡子▽オリンピック・パラリンピック準備局総合調整部担当課長(統)＝東京オリンピック・パラリンピック競技大会組織委員会派遣（オリンピック・パラリンピック準備局総合調整部局務担当課長＝東京オリンピック・パラリンピック競技大会組織委員会派遣）天野美和▽オリンピック・パラリンピック準備局スポーツ推進部担当課長＝㈱東京スタジアム派遣（東京港管理事務所臨海地域管理課長）荒川博英▽都市整備局総務部広報担当課長（都市整備局市街地整備部販売活用担当課長）鈴木誠▽都市整備局総務部契約調整担当課長（都市整備局都営住宅経営部管理企画担当課長）遠藤邦敏▽都市整備局総務部技術管理課長（都市整備局都営住宅経営部局務担当課長＝西部住宅建設事務所建設課長）山崎明子▽都市整備局総務部設備技術担当課長（建設局総務部設備管理担当課長）杉木康成▽都市整備局都市づくり政策部広域調整課長（都市整備局総務部広報担当課長）山本清彦▽都市整備局都市づくり政策部政策調整担当課長＝都市政策担当課長兼務（都市整備局都市づくり政策部政策調整担当課長）佐々木啓文▽都市整備局住宅政策推進部適正取引促進担当課長（都市整備局都市基盤部担当課長＝東京都トラック協会派遣）山﨑美樹子▽都市整備局都市基盤部交通プロジェクト担当課長（都市整備局都市基盤部交通プロジェクト担当課長＝オリンピック・パラリンピック準備局大会施設部施設整備担当課長兼務）堀川誠司▽都市整備局都市基盤部街路計画調整担当課長(統)（都市整備局都市基盤部街路計画調整担当課長）末元清▽都市整備局市街地整備部企画課長(統)（都市整備局都市づくり政策部都市政策担当課長(統)）長尾肇太▽都市整備局市街地整備部販売活用担当課長（会計管理局管理部新公会計制度担当課長）小林千佳子▽都市整備局都営住宅経営部管理企画担当課長（総務局人事部担当課長＝東京都人材支援事業団派遣）鎌田毅仁▽西部住宅建設事務所建設課長（都市整備局都市づくり政策部緑地景観課統括課長代理）◎半田貴昭▽都市整備局都市基盤部担当課長＝首都圏新都市鉄道㈱派遣（総務局総務部担当課長＝公立大学法人首都大学東京派遣）工藤真紀▽都市整備局都市基盤部担当課長＝東京都トラック協会派遣（総務局行政部担当課長＝東京たま広域資源循環組合派遣）平野拓哉▽都市整備局都市基盤部担当課長＝練馬区派遣（都市整備局総務部企画経理課統括課長代理）◎野中聡▽環境局総務部アセスメント担当課長（環境局地球環境エネルギー部排出量取引担当課長）松岡公介▽環境局地球環境エネルギー部計画担当課長（環境局総務部担当課長＝東京都環境公社派遣）神山一▽環境局地球環境エネルギー部中小規模事業所対策担当課長＝排出量取引担当課長兼務（環境局地球環境エネルギー部中小規模事業所対策担当課長）宮田博之▽環境局地球環境エネルギー部環境都市づくり課長（環境局地球環境エネルギー部計画担当課長）海老原勉▽環境局環境改善部計画課長(統)（環境局地球環境エネルギー部環境都市づくり課長）川久保ルミ子▽環境局総務部担当課長＝東京都環境公社派遣（財務局主計部公債課統括課長代理）◎大橋永樹▽環境局資源循環推進部担当課長＝東京たま広域資源循環組合派遣（環境局自然環境部計画課統括課長代理）◎佐藤基以▽福祉保健局医療政策部救急災害医療課長（福祉保健局障害者施策推進部精神保健医療課長）行本理▽福祉保健局保健政策部医療費適正化担当課長（児童相談センター保護第二課長）吉川千賀子▽福祉保健局生活福祉部生活支援課長（福祉保健局保健政策部医療費適正化担当課長）渡部裕代▽福祉保健局生活福祉部福祉のまちづくり担当課長（福祉保健局保健政策部担当課長＝東京都国民健康保険団体連合会派遣）池田千賀子▽福祉保健局高齢社会対策部計画課長(統)（福祉保健局高齢社会対策部在宅支援課長(統)）坂田早苗▽福祉保健局高齢社会対策部在宅支援課長（福祉保健局障害者施策推進部共生社会推進担当課長）下川明美▽福祉保健局障害者施策推進部共生社会推進担当課長（墨東病院事務局医事課長）島倉晋弥▽福祉保健局障害者施策推進部地域生活支援課長（福祉保健局医療政策部救急災害医療課長）八木良次▽福祉保健局障害者施策推進部精神保健医療課長（福祉保健局障害者施策推進部地域生活支援課長）西脇誠一郎▽福祉保健局障害者施策推進部局務担当課長＝中部総合精神保健福祉センター事務長（福祉保健局生活福祉部生活支援課長）田中勝▽福祉保健局保健政策部局務担当課長＝東京都国民健康保険団体連合会派遣（収用委員会事務局調整担当課長）遠山勝▽南多摩保健所生活環境安全課長（動物愛護相談センター多摩支所長）近藤寛伸▽児童相談センター保護第二課長（総務局人事部人事課統括課長代理）◎星埜航▽健康安全研究センター企画調整部食品医薬品情報担当課長（南多摩保健所生活環境安全課長）石井健▽市場衛生検査所検査課長（健康安全研究センター企画調整部食品医薬品情報担当課長）薩垂真二▽動物愛護相談センター多摩支所長（市場衛生検査所検査課長）永渕恒幸▽福祉保健局総務部担当課長＝東京都福祉保健財団派遣（交通局総務部総務課統括課長代理）◎山下英樹▽産業労働局観光部企画調整担当課長（産業労働局雇用就業部担当課長＝東京しごと財団派遣）松本朋之▽産業労働局観光部住宅宿泊事業調整担当課長（産業労働局観光部担当課長＝東京観光財団派遣）佐藤拓也▽産業労働局観光部局務担当課長＝東京観光財団派遣（総務局人事部局務担当課長＝東京都人材支援事業団派遣）三浦塔子▽島しょ農林水産総合センター大島事業所長（島しょ農林水産総合センター振興企画室長）小野淳▽産業労働局雇用就業部担当課長＝東京しごと財団派遣（政策企画局総務部秘書課統括課長代理）◎中村満輝▽建設局総務部設備管理担当課長(統)（財務局建築保全部機械技術担当課長(統)）中村圭一▽建設局河川部土砂災害対策担当課長（第二建設事務所工事第二課長）西園寺英華▽建設局河川部改修課長(統)（建設局河川部改修課長）吉原信貴▽第二建設事務所工事第二課長（第四建設事務所補修課長）浅見卓也▽第四建設事務所補修課長（港湾局総務部企画計理課統括課長代理）◎黒田真行▽港湾局港湾経営部経営課長(統)（港湾局港湾経営部経営課長）渡邊正也▽港湾局臨海開発部臨海副都心用地販売担当課長（青少年・治安対策本部総合対策部安全・安心まちづくり担当課長）矢向弘明▽港湾局離島港湾部建設課長(統)（港湾局離島港湾部建設課長）石崎博▽港湾局臨海開発部局務担当課長＝東京港管理事務所臨海地域管理課長（港湾局離島港湾部局務担当課長＝調布飛行場管理事務所長）坪山義彦▽調布飛行場管理事務所長（港湾局総務部企画計理課統括課長代理）◎鈴木伸介▽港湾局総務部担当課長＝㈱ゆりかもめ派遣（政策企画局調整部政策課統括課長代理）◎枡山丁太▽会計管理局管理部新公会計制度担当課長（会計管理局管理部財務会計システム担当課長）土田文紹▽会計管理局管理部財務会計システム担当課長（オリンピック・パラリンピック準備局パラリンピック部競技担当課長）中川佳也▽青少年・治安対策本部総合対策部安全・安心まちづくり担当課長（港湾局臨海開発部臨海副都心用地販売担当課長）小関浩志▽病院経営本部経営企画部職員課長(統)（病院経営本部経営企画部職員課長）廣瀬肇▽広尾病院事務局庶務課長（広尾病院事務局医事課長）小澤耕平▽広尾病院事務局医事課長（生活文化局都民生活部地域活動推進課統括課長代理）◎小野孝也▽墨東病院事務局医事課長（総務局人事部制度企画課統括課長代理）◎大河原丈晴▽中央卸売市場築地市場設備課長（計量検定所検査課長）山田敦久▽収用委員会事務局調整担当課長（オリンピック・パラリンピック準備局大会施設部開設準備担当課長）石黒洋子▽交通局総務部安全対策推進課長（交通局自動車部営業課長）佐藤和哉▽交通局総務部お客様サービス課長（交通局職員部労働課長）木元隆平▽交通局職員部人事課長(統)（交通局職員部人事課長）堀内弘▽交通局職員部労働課長（交通局電車部営業課長）西崎晃▽交通局資産運用部資産活用課長(統)（交通局電車部管理課長(統)）池上拓史▽交通局資産運用部事業開発課長（主税局税制部評価審査課長）弦巻俊一▽交通局電車部管理課長(統)（交通局総務部お客様サービス課長(統)）築田直樹▽交通局電車部営業課長（交通局資産運用部事業開発課長）千台久美子▽交通局電車部運転課長（交通局総務部安全対策推進課長）酒井和則▽交通局自動車部事業改善担当課長（北部税事務所固定資産税課長）野澤正幸▽交通局自動車部営業課長（交通局自動車部事業改善担当課長）島崎健一▽交通局自動車部車両課長(統)（交通局電車部運転課長(統)）保泉正雄▽交通局車両電気部発電担当課長（交通局浅草線電気管理所長）乙訓諭▽交通局車両電気部車両課長(統)（財務局建築保全部庁舎整備課長(統)）竹下克▽交通局車両電気部電力課長(統)（交通局車両電気部信号通信課長(統)）一條勝夫▽交通局車両電気部信号通信課長（交通局車両電気部発電担当課長）神田隆司▽交通局浅草線電気管理所長（中央卸売市場新市場整備部施設整備課統括課長代理）◎軸薗健▽交通局総務部担当課長＝東京地下鉄㈱派遣（中央卸売市場新市場整備部管理課統括課長代理）◎上田誠▽水道局総務部プロジェクト推進担当課長(統)（水道局総務部プロジェクト推進担当課長）鈴木美奈子▽水道局職員部労務課長(統)（水道局職員部労務課長）山上徳一▽水道局給水部給水課長（水道局給水部給水課長＝貯水槽水道対策担当課長兼務）都丸敦▽水道局給水部貯水槽水道対策担当課長（水道局北部支所給水課長）茨木延和▽水道局建設部建設改良工事連絡調整担当課長（水道局総務部局務担当課長＝東京水道サービス㈱派遣）小久保学▽水道局浄水部局務担当課長＝水質センター監視課長（水道局建設部建設改良工事連絡調整担当課長）細谷昌平▽水道局総務部局務担当課長＝東京水道サービス㈱派遣（水道局東部建設事務所工事第二課長）成田岳人▽水道局水運用センター運用課長(統)（水道局浄水部局務担当課長＝水運用センター運用課長）北野守康▽水道局中央支所配水課長（水道局境浄水場長）富井康雄▽水道局港営業所長（建設局総務部企画計理課統括課長代理＝中央卸売市場管理部総務課統括課長代理兼務）◎佐藤弘安▽水道局北部支所給水課長（水道局給水部給水課統括課長代理）◎高津治▽水道局境浄水場長（水道局水質センター監視課長）竹中伸一▽水道局東部建設事務所工事第二課長（水道局中央支所配水課長）松葉修▽多摩水道改革推進本部多摩給水管理事務所施設課長(統)（多摩水道改革推進本部多摩給水管理事務所施設課長）芳賀博▽下水道局総務部国際展開担当課長＝IWA世界会議準備担当課長兼務（下水道局東部第二下水道事務所庶務課長）星智雄▽下水道局職員部人事課長(統)＝研修担当課長兼務（下水道局職員部人事課長＝研修担当課長兼務）飯森隆士▽下水道局職員部労務課長（下水道局総務部国際展開担当課長＝IWA世界会議準備担当課長兼務）井上俊治▽下水道局経理部業務管理課長(統)（下水道局職員部労務課長）長伸彦▽下水道局計画調整部技術開発課長（下水道局計画調整部技術管理担当課長）青山繁▽下水道局計画調整部技術管理担当課長（下水道局第二基幹施設再構築事務所工事第一課長）葛西孝周▽下水道局施設管理部管理課長(統)（下水道局経理部業務管理課長(統)）書間秀幸▽下水道局施設管理部局務担当課長＝西部第二下水道事務所みやぎ水再生センター長（下水道局施設管理部局務担当課長＝中部下水道事務所芝浦水再生センター長）中村紀和▽下水道局中部下水道事務所芝浦水再生センター長（下水道局北部下水道事務所三河島水再生センター長）佐藤浩一▽下水道局北部下水道事務所建設課長（流域下水道本部技術部計画課統括課長代理）◎栗村光一▽下水道局北部下水道事務所三河島水再生センター長（下水道局西部第二下水道事務所みやぎ水再生センター長）髙橋明宏▽下水道局東部第二下水道事務所庶務課長（環境局資源循環推進部計画課統括課長代理）◎山内真▽下水道局第一基幹施設再構築事務所工事第二課長（下水道局北部下水道事務所建設課長）長尾和明▽下水道局第二基幹施設再構築事務所工事第一課長（下水道局第二基幹施設再構築事務所工事第二課長）番場将一▽下水道局第二基幹施設再構築事務所工事第二課長（建設局道路管理部保全課統括課長代理）◎土井浩▽下水道局総務部担当課長＝日本下水道事業団派遣（下水道局第一基幹施設再構築事務所工事第二課長）岡本順▽流域下水道本部技術部計画課長(統)（下水道局計画調整部技術開発課長(統)）大塚文昭▽流域下水道本部技術部工事課長（下水道局総務部担当課長＝日本下水道事業団派遣）泉谷信夫▽教育庁総務部教育政策課長(統)（教育庁都立学校教育部都立高校改革企画調整担当課長）曽根稔▽教育庁総務部企画担当課長（教職員研修センター企画部総務課長）光永功嗣▽教育庁総務部契約管財課長(統)（教育庁総務部契約管財課長）川口英生▽教育庁総務部教育情報課長(統)（教育庁総務部教育情報課長）矢野克典▽教育庁都立学校教育部都立高校改革企画調整担当課長（文部科学省初等中等教育局教科書課課長補佐）宇髙章弘▽教育庁都立学校教育部営繕課長(統)（教育庁都立学校教育部営繕課長）茂木竜一▽教育庁地域教育支援部義務教育課長（教育庁総務部企画担当課長）新田智哉▽教育庁人事部職員課長(統)（教育庁人事部職員課長）滝沢毅▽教育庁八丈出張所副所長（政策企画局調整部政策課統括課長代理）◎秋元一猛▽教職員研修センター企画部総務課長（東部学校経営支援センター経営支援室長）常國圭二▽東部学校経営支援センター経営支援室長（広尾病院事務局庶務課長）清水伸吾▽選挙管理委員会事務局総務課長(統)（選挙管理委員会事務局選挙課長(統)）山﨑孝広▽選挙管理委員会事務局広報啓発担当課長（中部総合精神保健福祉センター事務長）山口敦士▽選挙管理委員会事務局選挙課長（選挙管理委員会事務局広報啓発担当課長）小倉由紀▽人事委員会事務局試験部研究調査課長（職員共済組合事務局事業部健康増進課長）森山絹恵▽人事委員会事務局試験部研究調査担当課長（中央卸売市場築地市場設備課長）吉田順一▽議会局管理部秘書課長（政策企画局調整部国政情報担当課長）松田純▽議会局管理部経理課長（議会局管理部秘書課長）池田貴洋▽議会局管理部企画調整担当課長（産業労働局観光部企画調整担当課長）川口貴史▽議会局議事部議案法制課長（議会局調査部調整担当課長＝図書館長兼務）冨樫誉▽議会局調査部調整担当課長＝図書館長兼務（議会局管理部企画調整担当課長）飯塚努▽議会局調査部特命担当課長（総務局総合防災部計画調整担当課長）福田孝由

医師・研究・医療福祉系

【部長級】▽駒込病院内科部長（駒込病院内科医長）◎片桐直子▽駒込病院外科部長（駒込病院外科医長）◎松本寛▽駒込病院外科部長（駒込病院外科医長）◎山口達郎

【課長級】▽心身障害者福祉センター障害認定課医長（心身障害者福祉センター障害認定課医員）◎相崎貢一▽島しょ農林水産総合センター振興企画室長（島しょ農林水産総合センター大島事業所長）長谷川敦子▽駒込病院内科医長（駒込病院内科医員）◎土岐典子▽駒込病院外科医長（駒込病院外科医員）◎本田弥生▽駒込病院整形外科医長（駒込病院整形外科医員）◎杉田守礼▽駒込病院泌尿器科医長（駒込病院泌尿器科医員）◎中西泰一▽駒込病院臨床検査科医長（駒込病院臨床検査科医員）◎関谷紀貴

都幹部退職

■行政系　31日付

【部長級】▽総務局復興支援対策部長　菊地俊夫▽産業労働局金融部長　山巻毅▽交通局局務担当部長＝研修所長事務取扱　大井英明▽交通局担当部長（車両電気部車両課長）　佐久間昌晴▽下水道局東部第二下水道事務所長　安藤康宏

【課長級】▽教育庁総務部教育政策課長　岡部渉

■医師・研究・医療福祉系

【部長級】▽病院経営本部担当部長＝東京都保健医療公社派遣　及川明博

【課長級】▽小児総合医療センター小児科医長　後藤正博

主任試験講座

平成29年度 43

地方公務員制度⑦

前回までに引き続き、問題と解説を掲載します。地方公務員法の講義は、今回が最後です。

問題

【問題16】

争議行為等の禁止に関する記述のうち、妥当なものはどれか。

①職員は争議行為または怠業的行為を行ってはならないが、職員の勤務条件の改善を目的として行うものについては、禁止されていない。

②職員は、同盟罷業、怠業その他の争議行為をし、不利益な処分を受けた場合でも、地方公共団体に対し、法令または条令等に基づいて保有する任命上または雇用上の権利をもって対抗することができる。

③職員が企業職員である場合には、地方公務員法の争議行為等の禁止の規定が適用されないため、争議行為を行うことができる。

④職員が一斉に年次有給休暇を取得する一斉休暇闘争は、年次休暇権の正当な行使のため、争議行為にはならない。

⑤職員は、争議行為を実行する行為またはこれを助長する行為を行ってはならないが、争議行為を実行した場合、当該行為に対する刑事責任を問われることはない。

【問題17】

地方公務員法に定める退職管理等に関する記述のうち、妥当なものはどれか。

①地方公共団体を離職後に営利企業等に再就職した元職員は、離職前の職務に関して、当該地方公共団体の職員へ契約事務等の要求や依頼などの働きかけが禁止される場合がある（以下、「働きかけ規制」という）が、その働きかけが禁止される期間は、離職後5年間である。

②職員は、再就職者から、禁止されている要求や依頼などを受けたとき、必要に応じて、人事委員会または公平委員会に届け出ることができる。

③退職管理の適正を確保するため必要などきは、条例で定めることにより、職員であった者の再就職情報の届け出義務を定めることができる。

④人事委員会または公平委員会は、働きかけ規制に違反する行為の疑いを把握したときは、任命権者に報告をした上で、調査を開始し、調査を終了したときに報告をしなければならない。

⑤再就職者は、離職後5年間、在職中に自らが決定した契約・処分に関する現役職員への働きかけが禁止されている。

【問題18】

地方公務員法に定める勤務条件に関する措置要求に関する記述のうち、妥当なものはどれか。

①措置要求は、臨時職員や条件付き採用期間中の職員は行うことができない。

②措置要求の対象となる事項は、給与や勤務時間その他勤務条件に関する事項全般にわたり、職員定数の増減や人事評価も対象になる。

③措置要求は、一般の行政事務に従事する職員は行うことができるが、地方公営企業の職員、教育職員、警察職員、消防職員及び単純労務職員は行うことができない。

④退職した職員であっても、過去の勤務条件に関して、措置要求を行うことができる。

⑤人事委員会は、措置要求に対する判定の結果に基づいて、当該事項に関して権限を有する機関に対して必要な勧告を行うが、条例や規則の改正についても勧告することができる。

【問題19】

地方公務員法に定める職員団体に関する記述のうち、妥当なものはどれか。

①職員団体に加入していない職員は、給与、勤務時間その他の勤務条件に関し、当局に意見を申し出ることが制限される。

②職員は、人事委員会または公平委員会の許可を受けたときに限り、登録を受けた職員団体の業務に役員として専ら従事することができる。

③管理職員等は、その範囲については、人事委員会または公平委員会が規則により定めることとされており、管理職員等のみで職員団体を組織することもできる。

④職員は、いかなる場合であっても、給与を受けながら職員団体のための業務を行うことができない。

⑤在籍専従の許可を受けた職員は、その許可が効力を有する間、任命権者からいかなる給与も支給されないが、その期間は退職手当の算定基礎となる勤続期間には参入される。

【問題20】

地方公務員法に定める営利企業等の従事制限に関する記述のうち、妥当なものはどれか。

①職員は、任命権者の許可なく営利企業等に従事した場合には罰則が適用され、懲戒処分の対象となる。

②職員は、分限処分を受け休職中であるときは、任命権者の許可を受けずに、報酬を得て他の業務に従事することができる。

③職員は、勤務時間内の営利企業への従事について任命権者の許可を受けたときは、別に職務専念義務の免除または年次有給休暇の承認を受ける必要はない。

④職員は、勤務時間外であっても、任命権者の許可を受けなければ、営利を目的とする私企業を営むことができない。

⑤職員は、営利を目的とする私企業を営むことを目的とする団体の役員になる場合であっても、報酬を得なければ任命権者の許可を受ける必要はない。

解説

【解説16】正答⑤

①誤り。禁止される争議行為または怠業的行為は、その目的を問わずに禁止されている。

②誤り。争議行為等を行った職員は、地方公共団体に対し、法令または条令、地方公共団体の規則若しくは地方公共団体の機関の定める規程に基づいて、保有する任命上または雇用上の権利をもって対抗することができなくなる（地方公務員法第37条第2項）。

③誤り。企業職員は地方公務員法第37条の規定の適用はないが、地方公営企業労働関係法が適用され、争議行為等が禁止されている。

④誤り。業務の正常な運営の阻害を目的として、全員一斉に休暇届を提出して職場を放棄するものと解される場合、その実質は同盟罷業であると解される（最判昭和48年3月2日）。

⑤正しい。争議行為を実行する行為は地方公務員法第37条第1項前段で禁止され、争議行為を助長する行為は同項後段で禁止されるが、前者は刑事責任の対象とならない（地方公務員法第61条第4号参照）。

【解説17】正答③

①誤り。働きかけが禁止されるのは、離職後2年間である（地方公務員法第38条の2第1項）。

②誤り。職員は、働きかけ規制に違反する要求や依頼を受けたときは、人事委員会または公平委員会に届け出なければならない（地方公務員法第38条の2第7項）。

③正しい。（地方公務員法第38条の6第2項）。

④誤り。任命権者は、働きかけ規制に係る違反行為の疑いを把握したときは、人事委員会または公平委員会に報告しなければならない（地方公務員法第38条の3）。また調査を開始するときは通知を、また調査を終了したときは結果を報告しなければならない（地方公務員法第38条の4第1項及び第3項）。

⑤誤り。全ての元職員は、在職中に自らが決定した契約・処分に関する現役職員への働きかけについて、期限の定めなく禁止されている。

【解説18】正答⑤

①誤り。臨時職員や条件付き採用期間中の職員も措置要求ができる

②誤り。職員定数の増減（行政実例昭和33年10月23日）や人事評価（行政実例昭和33年5月8日）は管理運営事項に該当し、対象外。

③誤り。教育職員、警察職員、消防職員は措置要求をすることができる。

④誤り。退職した職員は、現に職員の身分を有していないため、措置要求を行うことはできない。なお、退職していない職員が、過去の勤務条件に関して措置要求を行うことはできるとされている。

⑤正しい。職員の給与、勤務時間、その他の勤務条件は、条例で定める（地方公務員法第24条第5項）のであるから、条例に定められた事項であっても措置要求の対象となる（行政実例昭和28年8月15日）。

【解答19】正答③

①誤り。職員団体に加入していない職員も、給与、勤務時間その他の勤務条件に関して当局に不満の表明、意見を申し出ることができる（地方公務員法第55条第11項）

②誤り。人事委員会または公平委員会ではなく、任命権者の許可である（地方公務員法第55条の2第1項）。

③正しい。（地方公務員法第52条第3項ただし書き及び第4項）。

④誤り。職員は、条例で定める場合を除き、給与を受けながら職員団体のためその業務を行い、または活動してはならないとされている（地方公務員法第55条の2第6項）。

⑤誤り。前段は正しいが、在籍専従の期間は退職手当の算定の基礎となる勤続期間に参入されない（地方公務員法第55条の2第5項）。

【解説20】正答④

①誤り。許可なく営利企業等に従事した場合、懲戒処分の対象とはなるが、罰則の適用はない。

②誤り。営利企業等の従事制限は身分上の義務であるため、たとえ分限休職中であっても、任命権者の許可なく報酬を得て他の業務に従事することはできない。

③誤り。営利企業従事許可と職務専念義務免除等は性質が異なるため、各々別個の判断が必要。

④正しい（行政実例昭和26年12月12日）。

⑤誤り（地方公務員法第38条第1項）。

おわりに

地方公務員法は出題数が多いため、択一試験突破のためのポイントとなる科目です。比較的短期間で身に着けることができ、実務でも大変役に立つ科目ですので、着実に学習していきましょう。

カレントトピックス 29年度 43

都政事情

■奥多摩などでグランピング（6月9日）

都政策企画局は、国内で働く外国人らを多摩・島しょに集客する事業の一環として、グランピングなどを行う事業者を選定したと発表した。自治体と民間によるグランピング事業の展開は珍しいという。

グランピングはモデル事業として奥多摩町と八丈町で始める。運営事業者は広告代理店「博報堂」に委託して決定。多摩・島しょへの集客につながる事業かどうか判断してもらうためだという。都から補助金を受けた博報堂は、グランピングをPRするホームページの開設などで、運営事業者の広報活動を支援する。

グランピングを始める背景には、日本で働く外国人への多摩・島しょの知名度の低さがある。政策企画局が非公式で在日の海外メディアと意見交換した際、都内から2時間で訪問可能な観光地として、軽井沢や箱根などが挙がり、多摩・島しょの認知度を高める必要があると判断した。

■「ICAP東京シンポジウム2017」開催（6月14日）

「ICAP東京シンポジウム2017」が都内のホテルで開催され、ICAP（国際炭素行動パートナーシップ）のメンバーやアジア諸国、国内自治体の政策担当者が一堂に会し、国内外の先進的な取り組みなどを議論した。シンポジウムは排出量取り引き制度を普及、拡大することが目的。

シンポジウムに出席した小池知事はLED電球の普及促進施策や都市鉱山からメダルを製作する取り組みなどを紹介しながら、都市型キャップ&トレード制度、中小規模事業所の取り組みや家庭での省エネ支援、再生可能エネルギーの積極的な活用など、環境先進都市・東京を実現する考えを示した。

■五輪後見据えた会議を開催（6月28日）

都は「ホストシティ Tokyo プロジェクト推進本部」の1回目の会合を開いた。同プロジェクトは大会後も日本全体を成長させていくために、①大会機運醸成②魅力発信（観光・文化・シティセールス）③復興・防災④環境⑤先端技術――の5テーマを設定している。

本部長は山本副知事、副本部長は政策企画局長、オリンピック・パラリンピック準備局長、産業労働局長が務めるほか、プロジェクトごとにリーダーを置き、責任の所在を明確化する。

1回目の会合では、小池知事が冒頭のあいさつで、東京五輪に関して、「成熟した東京という都市の質を高め、長期的に都民生活に貢献することが問われる大会として、環境、産業、テクノロジー、まちづくりなど、都民生活全てに寄与するものである」と見据えた上で、「都民の期待に応えられるように、民間の協力も得ながら強力に推進し、オール都庁で総力を結集して、全員参加の気概を持って取り組んでほしい」と呼びかけた。

29年度 主任・係長 論文講座 43

特別区主任主事選考

直前対策①

特別区主任主事選考論文講座も残すところ2回となりました。最後の2回は直前対策を行います。

主任主事選考は早い区では8月末から行われます。残された試験までの期間をどう過ごすかは試験の合否に大きく影響します。今回と次回の直前対策を、これまでの試験勉強の総まとめに活用していただければと思います。また、本格的な試験勉強はこれからという方も、まだ十分に間に合います。あきらめることなく、ポイントを押さえて効率よく準備に取り掛かりましょう。

試験を知る

主任主事選考の筆記科目は、択一・論文・記述など、区によって方法が様々です。まずは、自分が受ける試験の実施方法をよく知ることが大切です。本講座は論文講座ですので論文に的を絞って説明しますが、論文以外の試験科目についても、選考実施要領で試験科目や試験時間、出題範囲などをしっかりと確認しましょう。また、近年の受験者数と合格者数、合格倍率の推移などを調べておくこともお勧めします。

論文対策については、基本的なルールや書き方を習得するとともに、過去問題の分析が重要です。過去の問題を公表している区もありますので、人事課などの担当課に確認してみましょう。また、先輩から資料や実際に書いた論文を見せてもらうことも、合格水準の目安をイメージできるなど、大変参考になります。

試験論文とは

試験論文は、主任主事としての能力、適性などを確認する手段の一つです。具体的には、次の点が評価の項目となります。

○課題に対する理解力や問題意識
○自分の考えを論理的に説明する構成力や表現力
○職務に対する意欲や姿勢
○誤字・脱字、字数等の論文作成のルール

論文で高い評価を得るためには、これらの項目を踏まえて記述することが必要です。評価の視点は選考実施要領に記載されていますので、必ず確認しておきましょう。

ただし、いくら形式や体裁が整っていても、当事者意識に欠ける評論家のような論文では、現実感のない空虚なものとなってしまいます。採点者は、受験生が主任主事として主体性を持ち、自らどのように行動したいのかという明確なビジョンの存否に注目しています。自らの言葉でリアリティーのある内容を書くことが重要です。

主任主事の役割

本講座でも繰り返し説明してきましたが、「自分が主任主事になったら何をするのか」を明確に主張するためには、主任主事の役割をきちんと押さえておかなければなりません。

特別区の主任主事に求められる役割は、大きく分けて次の3点が挙げられます。

①職務について十分な知識と経験を持ち、適切かつ確実に高度な業務を遂行すること
②区民にとって最も身近で区の最小組織である「係」の目標実現のため、係長を補佐すること
③経験と知識を生かし、後輩職員を指導・育成すること

これら3点について、主任主事として行うべき行動を具体的に考えてみます。

①については、「実務の中心を担う」ということです。例えば、▽担当する業務に精通する▽担当業務の課題、問題点、改善策を検討する――などの行動が挙げられます。

②については、いわゆる「係長の右腕」ということです。例えば、▽係長と係員との間のコミュニケーションを円滑にする▽係内の情報の共有化を図る――などの行動が挙げられます。

③については、「職場の頼れる先輩」ということです。例えば、▽日頃から自己啓発に努め、円滑な業務遂行のための知識を蓄える▽OJT（職場内研修）の実質的担当となる――などの行動が挙げられます。

想定論文の準備

試験当日、会場で課題を見て、すぐによどみなく論文を記述できる人はほとんどいません。

緊張感が高まる試験本番において、限られた時間で課題に即した論文を書くためには、事前に想定論文を用意しておく必要があります。過去の課題などを参考に、最低でも1本、できれば数本用意しておくことが望まれます。

試験本番では、出題意図やその背景を十分に理解した上で、用意した想定論文をベースとして課題に合わせた論文を書き上げていきます。論文課題は「区政課題に関するもの」と「主任主事の役割を問うもの」に二分されますが、出題の意図をつかむ必要性は「区政課題型」「役割型」のいずれも同じです。

出題意図を的確につかむためには、過去の課題を見て、その年度になぜこの課題が出題されたのか、出題の背景にあるものは何か、その時々の社会経済状況や最新の時事などを踏まえて考えることが有効でしょう。

論文の基本的構成

前述したとおり、論文には「自分の考えを論理的に説明する構成力」が求められます。論文の形に制約はありませんが、主任主事選考では「3段構成」と「4段構成」が基本的な構成として挙げられます。

「3段構成」は「序論・本論・結論」で構成されます。「本論」において問題点と解決策を続けて書くため、比較的少ない字数で考えがまとめやすいという利点が挙げられます。

一方、「4段構成」は一般的に「起・承・転・結」と言われますが、論文では「序論・問題点・解決策・結論」で構成されます。問題点と解決策が明確になるため読みやすいのが特徴ですが、制限字数に合わせ個々の内容を簡潔に表現する必要があるため、記述の難易度は高まります。

どちらの構成で記述するかは任意ですが、主任主事選考の場合、千文字程度の制限字数を考慮すると「3段構成」の方が書きやすいと思われますので、今回は「3段構成」を基本として説明をします。

序論

論文は「初め3行」と言われるほど、序論が重要な位置を占めています。導入部分をしっかりと書き込むことで、読み手を引き付けることができます。

ただし、あまり奇をてらい過ぎると、あとが続かなくなることが多いことと、ここに文字数をかけ過ぎないことへの注意が必要です。

具体的な記述内容としては、まずは課題に対し、その背景や取り巻く現状を論じます。その上で、出題された課題が特別区政における喫緊の課題であり、解決が必要であることを主任主事の立場から端的に記述しましょう。

本論

具体的な問題点と解決策を論じます。基本的には三つの問題点と、その解決策を記述します。

特に注意が必要なのは、序論での問題提起を受け、本論で記述する三つの問題点と解決策の整合性を取るということです。

本論で述べる問題点と解決策が、序論での方向性と論理矛盾を生じることなく、課題を的確に解決へと導くものでなければなりません。それぞれの解決策に対して、その必要性と具体的な取り組み内容を示し、その効果として課題が解決されるということを記述します。

《例》
「私は○○をする（結論）。なぜなら○○だからである（問題点・取り組む必要性）。そのために○○をすることで（具体的な解決策）、○○となる（結果・効果）」

繰り返しになりますが、論文とは自分の考えを論理的に説明するものです。「問題点・取り組む必要性」と「具体的な解決策」が的確に対応しているか、また、「具体的な解決策」と「結果・効果」に論理の飛躍がないかなど、記述内容の整合性を強く意識しましょう。

結論

本論の解決策によって期待できる効果を簡潔に既述した後、主任主事としての決意をしっかりと述べて締めくくります。

序論で述べた問題提起や本論での解決策など、既述部分との整合性がとれていることを確認してください。

なお、結論の中で新たな課題を提示することは禁物ですので、くれぐれも注意してください。

レジュメの作成

実際に論文を書く際には、事前にレジュメを作ることを心掛けてください。レジュメの作成は課題を正しく理解し、それに対する具体的な解決策を論理的に展開していくための重要な作業です。端的に要点をまとめることで、論理展開の一貫性や整合性を確認しやすくなることに加え、記述の際にポイントとなる重要な要素を明確に把握することができます。

また、本番までに想定論文を1本しか用意できない場合でも、レジュメを複数作成しておくことで、想定論文と異なる課題への対応も可能になります。社会経済状況の変化や区政の重要課題など、いくつか課題を想定してレジュメだけでも作成しておくようにしましょう。

では、ここからは具体的にレジュメの作成方法について説明します。

レジュメの作成方法に決まりはなく、無理に文章にする必要はありませんので、思いついた単語やフレーズを書き出しながら、頭の中を整理してください。

序論

まずは課題をよく読み、何が問われているかを正確につかみ、背景や課題を取り巻く現状を整理します。その上で、特別区政としての課題であることと解決の必要性を簡潔にまとめましょう。

本論

次に、具体的な解決策を複数書き出します。この時、書き出す解決策は思いつくまま、できるだけ多く書き出すと良いでしょう。この解決策を見比べて、最も課題解決に適した有効なものを三つ選びましょう。例えば「役割型」のテーマでは、主任主事の役割として説明した3点を意識し、一方「区政課題型」のテーマであれば、「ヒト・モノ・カネ」などを意識して解決策を選ぶと、課題解決に向けた多角的な視点からのアプローチとして有効です。

結論

最後に、解決策によって期待できる効果と自らの主任主事としての決意表明を簡潔にまとめましょう。

注意点

誰でも初めて論文を作成する際は表現が稚拙であったり、字数が制限の中にうまく収められないなどの苦労があると思います。そのようなときはレジュメを再確認し、推敲を繰り返しながら字数を調整していくと良いでしょう。

推敲に当たっては、読み手を意識して、主語と述語を明確にするなど分かりやすい文章とします。また、その他にも、論理展開の矛盾や飛躍がないか、誤字・脱字がないか、主任主事の役割や出題の意図を踏まえた論旨になっているかなどにも注意してください。この作業を繰り返すことで、より洗練された論文へと仕上がっていきます。

作成した論文は必ず上司や先輩の方々に第三者の視点から添削をお願いしましょう。推敲を重ね、自分では満足できる水準だと思っていても、読み手が異なれば矛盾点や修正点を多角的に指摘してもらうことができます。

論文作成を通して得られる「自分の考えを文章にまとめる能力」は、実務でも大変役に立ちます。試験のための勉強としてだけではなく、実務を視野に入れてぜひ前向きに頑張りましょう。

身近な存在と感じて

LGBT 議連発足

当事者からの発信（上）

文京区議会議員　前田　邦博

ゲイやトランスジェンダーであることを公表している地方議員が6日、都庁で記者会見を開き、「LGBT自治体議員連盟」の発足を発表しました。性的少数者の人権を守る条例や施策を、地方議会を通して全国の自治体に広げていくことを目指しています。記者会見で自ら当事者であることを公表した前田邦博文京区議に、議連立ち上げの動機や活動内容などを2回に分けて寄稿してもらいました。（編集部）

あなたの身近にLGBTはいますか。LGBTはあなたと共に暮らしています。納税者であり、有権者であり、行政サービスの受け手でもあり、そして、あなたと同じ公務員でもあります。

議員向けの研修会開催

私は文京区議として5期18年勤めてきました。7月6日に他自治体の当事者議員とともに、「性的指向と性自認に関する施策を推進するための地方自治体議員連盟（通称＝LGBT自治体議員連盟）」を立ち上げ、私も当事者として公表しました。今まで公務員の皆さんと共に働いてきた私が当事者として明かすことで、LGBTを身近な存在と感じてもらうためです。

13人に1人がLGBTの当事者であるとの民間の調査結果もありますが、LGBTを身近な存在として感じられないのは、当事者が声を出せないからです。私も今まで言えなかったのは、怖かったからです。初当選したとき、議会事務局にゲイであることについて嫌がらせの手紙が届きました。また、公務員でも上司に当事者であることがばれ、職場に居づらくなり、退職した人の話も聞きます。教員や公務員の当事者はたくさんいますし、公表しないで議員をやっている人もいます。

今回、自治体でのLGBT施策を推進するため、LGBT自治体議員連盟を発足させました。

議連発足の記者会見に臨む議員（右から2番目が前田文京区議）＝6日、都庁記者クラブ会見室で

議連の目的は、①性的指向と性自認に関する人権擁護に関する条例制定②同性パートナー制度の創設③性的指向と性自認に関する施策の推進──です。活動内容としては、議会での関連質問等の情報共有や研修会の開催、共同してのアピール活動を予定しています。

7月27日・28日には加盟議員向けの研修会を開催します。研修内容は、長谷部健渋谷区長のお話を始め、LGBT施策を立案する上で背景となる理論が学べる基調講演や世田谷、文京、中野、豊島などの先進自治体の担当職員から取り組み事例の紹介のほか、会員相互間の情報交換や交流をする場を設けます。新宿二丁目のコミュニティースペースaktaや渋谷区のダイバーシティセンターの見学も行います。各議員が、それぞれの自治体で、制度をつくり、社会からの認知を得るための議員活動に資するように企画しました。

パートナーとの死別体験

私自身、パートナーとの死別を体験しました。愛する人を亡くすこと自体つらいことですが、制度や社会からの理解がないために、よりつらい状況に置かれました。彼の両親が来るまで、集中治療室の扉の前で生死も知らされずに待たされました。単なる同居人では医療情報は開示されず、家族以外面会謝絶では面会できず、看取ることができません。

また、葬儀の場面でも配偶者であれば喪主になれるはずですが、喪主にもなれず、死亡届などの行政との手続きは彼の両親が行いました。遺品も何も手にすることができない可能性があります。賃貸住宅に住んでいましたが、相手の名義であったら、追い出される可能性がありました。

相手方の両親など周りの人に理解してもらうように働き掛け、二人の関係性が認められるように個人的に努力してきました。しかし、病院や葬儀といった普段関わりのない人たちと関わらなければならない場面では、第三者や世間というものから横やりが入れば対抗することができません。

LGBT以外の異性愛者にとって当然なことが、いざという時にLGBTには保障されていません。制度や社会的認知がないためです。家族観やイデオロギーの問題ではなく、地域に住む住民の生存権の保障や法の前での平等として考えなければならない行政課題です。

本を携えて旅へ出る

知的生活の創造

若手職員へのアドバイス ⑤

「習慣によって、言わば第二の天性がつくられる」という共和政ローマの政治家・哲学者キケロの言葉にあるように、習慣の力は大きく、身に着いた習慣は生まれつきの性質に劣らないものです。生活をうまく利用すれば、生活習慣によって人間は生まれ変わるくらい変化します。

外山滋比古の『知的生活習慣』では、日記をつける、図書館の利用、人の言うことを聴く、手紙を書くなど、日常のちょっとした工夫を習慣化すれば日々向上できるし、人生をやり直せると説いています。「よい知的生活習慣を身につけると精神的活力の源となって、人生を豊かにすることができる」と述べています。

私は歓送迎会など新入職員がいる席であいさつする機会があれば、日記をつけること、手紙を書くことの意義を自身の経験を通して紹介しています。日記と言えば、お正月に日記をつけようと決意しても、三日坊主でなかなか続きませんよね。私も過去何度、決意してくじけたことか。日記をつけることは、自分の生きた証しを残すことであり、継続することが必要です。

現在、『10年日記』をつけています365日・10年分書くことができます。その日の出来事、読んだ本、飲んだワイン、考えたことを気軽に書きとめています。自分の考えをアップデートし続けられることが利点です。

仕事始めの日には、日記と手帳の両方に知事の年頭あいさつを必ず記しています。石原元知事はしばしば、毛沢東の『矛盾論』を引用し、職員に仕事の進め方を説いていました。時折、知事の記者会見の発言を聞き、手帳を開き、年頭あいさつの言葉を見返すこともあります。

今の時代は、メールやLINEといった便利で手軽なツールが普及し、時間をかけて手紙を書く習慣は失われつつあります。しかし、日々の中で考えたことを手紙にすることは、言葉を自分で考える習慣につながり、人間関係や人脈の構築にもつながります。

私は、昔から担任の先生や友人、両親にたくさんの手紙を書いています。仕事のこと、趣味の話、海外で経験したことなどや私のエッセーなども書き送ります。手紙は日記と違い、相手に意思を伝えなければならないので、辞書を使いながら言葉を選びます。手紙を書くことは言葉を磨くことにつながり、手紙をもらった方も印象に残り、そこには豊かな時間があると思います。

人との待ち合わせ場所は昔から本屋と決めています。目的の本を探すだけでなく、待ち合わせのちょっとした時間でも書棚を旅するように巡っています。想像力が膨らみ、運命の一冊に出会うかもしれません。第2回で紹介した『ロウソクの科学』（旺文社文庫版）は書棚を巡り、目に入った本です。パラパラとめくり、実験器具の挿絵にワクワクしました。それ以来、私の愛読書です。

本を携えて、旅へ出る。旅では多くの人と出会い、様々な考え方の人と触れ合い、学ぶことができます。また、旅は読書の絶好の機会でもあります。日常から離れて、好奇心が旺盛になり、感性が高まるからです。旅の前、どの本を持って行こうかと考えるのは楽しいことです。旅先に関係する小説、エッセーでもいい。旅の知識を得られるばかりでなく、そこに住む人の感覚が分かるからです。旅から帰って読めば、出会ったことをより深く理解できます。

旅先の書店の「郷土本」コーナーや古書店をのぞくのも刺激的です。「郷土本」の出版が盛んな町や古書店の多い町は文化レベルが高い。町のことを深く知る本もあるし、思いもしない本に出会うこともあります。

今年4月17日、『知的生活の方法』を書いた渡部昇一氏が亡くなりました。知的生活を実践している自分がいるのは、彼の著作に出会ったからと今でも思っています。彼の「生活が知的に質が高いものであれば、表現の機会は一生のうち、二度か三度は訪れるはずだ」という言葉を信じて、本から学び、人から学び、旅から学び、自分の考えを文章として表現してきました。

書きたいことがあるから文章が生まれる。伝えたいことがあるから言葉が生まれる。そのためには日々考えることが必要です。知的生活習慣は、新たな創造につながる生活習慣であり、自らの生き方でもあると改めて考えました。

（港湾局　木藤亮）＝おわり

ミニガイド

◇新宿中央公園「水と緑のイブニングバー」▷内容　公園内の「水の広場」にケータリングカーが日替わりで6店出店。高層ビルの夜景を見ながら生ビールなどのドリンクやオードブルなどのメニューを楽しめる。『ミッション・インポッシブル／ゴースト・プロトコル』などの映画を無料で鑑賞できるイベントも▷日時　9月22日㊎までの水・木・金曜日午後6時～10時、7月29日㊏午後1時～10時（ラストオーダーは午後9時半）※8月11日㊗を除く。荒天中止▷場所　新宿中央公園「水の広場」（都営大江戸線都庁前A5出口そば）▷シアターイベント　7月26日㊌～29日㊏、8月23日㊌、9月6日㊌、20日㊌の午後7時上映開始

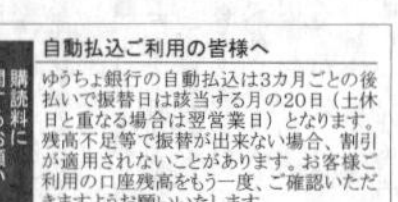
購読料に関するお願い

自動払込ご利用の皆様へ

ゆうちょ銀行の自動払込は3カ月ごとの後払いで振替日は該当する月の20日（土休日と重なる場合は翌営業日）となります。残高不足等で振替が出来ない場合、割引が適用されないことがあります。お客様ご利用の口座残高をもう一度、ご確認いただきますようお願いいたします。

協力：（一財）日本ファッション協会

シネマ夢倶楽部 Japan Fashion Association　オススメシネマ

幼な子われらに生まれ

© 2016「幼な子われらに生まれ」製作委員会

バツイチ、再婚。一見良きパパを装いながらも、実際は妻の連れ子とうまくいかず、悶々とした日々を過ごすサラリーマンの田中信（浅野忠信）。妻・奈苗（田中麗奈）は、男性に寄り添いながら生きる専業主婦。田中はキャリアウーマンの元妻・友佳（寺島しのぶ）との間にもうけた実の娘と3カ月に1度会うことを楽しみにしているとは言えない。実は、信と奈苗の間には、新しい生命が生まれようとしていた。血のつながらない長女はそのことでより辛辣になり、放った一言、「やっぱりこのウチ、嫌だ。本当のパパに会わせてよ」。今の家族に息苦しさを覚え始める信は、怒りと哀しみを抱えたまま半ば自暴自棄で長女を奈苗の元夫・沢田（宮藤官九郎）と会わせる決心をするが…。

重松清の傑作小説を豪華アンサンブルキャスト、『しあわせのパン』『繕い裁つ人』などで幸せの瞬間を繊細に、丁寧に紡ぎ感動を届けた三島有紀子監督による映画化。

◆推薦委員コメント

安藤紘平（映画監督）

同居している妻の連れ子、別れた妻のもとにいる本当の子供、そして生まれ出ようとする新しい命、血のつながらない家族と血のつながった他人の間を彷徨いながらそれでも幸せを模索する不器用な大人たち。演ずる浅野忠信、田中麗奈、寺島しのぶ、宮藤官九郎が見事。そして、3人の子供たちがまた素晴らしい。

監督をした三島有紀子は“家族とはなにか？”という普遍的なテーマを新しい感覚で“今”の映画として、珠玉の名作に織り上げた。

藤原作弥（元日本銀行副総裁）

離婚、再婚、結婚…、さまざまな男女の結びつきの過程で親子、夫婦の形態もさまざまに変わり、さまざまな悲劇も。そうした家族の人間関係の負の部分を描いたストーリー。深刻に言えば、テーマは「血のつながりとは何か」だが、家族の原点が「出産」という大いなる喜びにあることを三島有紀子監督（荒井晴彦脚本）は高らかにうたい上げた。

2016年／日本／127分　配給：ファントム・フィルム

［8月26日（土）より、テアトル新宿、シネスイッチ銀座ほか全国にてロードショー］

◇　◇　◇

〈キャスト舞台あいさつ付〉　8月2日㊌18：15～「ニッショーホール」で開映。※この上映会に10組20名様を抽選でご招待します。Eメールで件名を「上映会招待希望」とし、〒・住所・氏名を明記の上、henshu@toseishimpo.co.jpまでお申し込みください（28日必着）。

（一財）日本ファッション協会の「シネマ夢倶楽部」では、いい映画・上質な映画をお薦めしています。会社・学校・地域での上映会をご希望の方は、事務局までご連絡ください。シネマ夢倶楽部事務局（電話03・3295・1411　http://www.japanfashion.or.jp/cinema/）

横田さんて、だーれ？③

鈴木俊一と横田政次の深い人間関係を論じる場合、やはり時計の針を、この時点から12年前の昭和42年に戻さなければならないだろう。言うまでもなく、保革一騎打ちが続いてきた注目の6度目の都知事選挙の年である。

例によって候補者選びが保革とも混迷を続ける中、現在の政策企画局長に当たる企画調整局長の職にあった横田は、ポスト東龍太郎として副知事鈴木の担ぎ出しに焦点を絞った。

「地方自治の神様」と言われていた鈴木は、8年前に自民党の川島正次郎幹事長や赤城宗徳官房長官に背中を押されて官房副長官から東京都副知事に転身、東知事を助けて見事に東京オリンピックを成功に導いた。

この間、国との難しい折衝を一手に引き受けただけでなく、面倒な都議会との調整にも労を惜しまず走り回る鈴木の活躍ぶりに、横田が「次の都知事はこの人以外にいない」とぞっこん。一介の局長の則を越えて動き出したのである。

横田はまず村田宇之吉（葛飾）や清水長雄（新宿）、建部順（台東）といった自民党都議団の複数の実力者の感触を探った。もちろん、異存はない。「問題は知名度だ」と、彼らは口をそろえて言った。そこで「カギは公明党」と横田は読んだ。同党の主張に熱心に耳を傾け、真摯に都政に取り組む鈴木の姿勢に同党幹部の竹入義勝、大川清幸、龍年光らは好感していた。鈴木出馬ということになれば「公明党は乗るだろう」と踏んだ。

しかし、肝心の東知事の胸中が分からなかった。次期知事選に自民党本部筋から口を封じられていた東の本会議での答弁はノラリクラリとしていた。

そこで、鈴木とともに当時副知事の職にあった御子柴博見に助けを求めることにした。横田の作戦は「次の知事選に鈴木で動き出していいかどうか」を、東に直接聞こうというものだった。その役目を御子柴に頼んだのだ。

東から御子柴が得た回答は「僕は出ない。鈴木さんなら安心して後事を託せる」というものだった。御子柴からのこの返事を聞いた横田は「これで鈴木知事実現は間違いない」と、飛び上がらんばかりに喜んだ。

だが、革新が社共統一で美濃部亮吉の出馬を決める一方、横田が相乗りを期待していた公明党が独自候補の擁立に踏み切ったことを受けて、時の佐藤栄作総理が民社の推す松下正寿への相乗りを決断したことで、横田の鈴木担ぎ出しのもくろみは最終局面で頓挫した。

鈴木擁立で燃え上がった自民党都議団は佐藤総理の決断に不満を表明。「都議団だけででも鈴木で戦おう」と気勢を上げたが、その鈴木が「総理の方針に従う」と下りたため、横田の鈴木擁立作戦の第一幕は不発で終わりを告げるのである。

しかし、いったんこうだと思い込むと諦めないのが横田の持って生まれた性分らしい。

知事選後、「M項パージ」（美濃部知事の頭文字をとったもの）で野に下り、都市づくり公社の前身に当たる新都市建設公社の副理事長になってからも、横田の鈴木擁立活動は続くのだ。

（敬称略）

都政新報

発行所 都政新報社
〒160-0023 東京都新宿区西新宿7-23-1 TSビル
〈総務・読者〉03-5330-8781
〈企画広告〉03-5330-8784
〈編　集〉03-5330-8786
〈出　版〉03-5330-8788
〈ファクス〉03-5330-8808
購読料 月1,730円(税込)
毎週火・金曜日発行
ただし、祝日は休刊

紙面から

公明が固辞「慣例重視で」

都議会議長人事

都民ファーストから選出

23日にスタートした第20期都議会の議長人事に注目が集まっている。都民ファーストから議長就任の要請を受けた公明党は第1会派から議長を選出するという慣例を重視して固辞。都民ファーストから議長が、第2会派の公明党から副議長が選出されることになる。8日に開会予定の臨時会で正副議長が決まる見通しだ。

＝3面に関係記事

都議会では、議長を第1会派、副議長を第2会派から選出するのが慣例だが、都民ファーストの会の幹部は改選前、選挙協力した公明党幹部に水面下で議長就任を要請した。公明党は「第1会派から選出した方がいいのではないか」と述べ、議長就任を固辞した。

公明党が辞退した理由に関して、都議会内では「議会で問題が起きれば、議長が矢面に立たされ、責任を取らされる。それを避けたかったのではないか」「国政で連立を組む自民党に配慮したのではないか」などの憶測が流れたが、公明党幹部は慣例順守を挙げた。

同党幹部は「都民が選んだ第1会派から議長を選ばないと自民党から攻撃される。仮に第2会派から議長を選出すれば、常任委員会の委員長ポストも話し合いで決めることになるなど、ややこしくなる」との懸念を示した。また、議長に就任しなくても、副議長の立場から議会運営をサポートしていくことが可能との考えを伝え、都民ファーストは公明党の主張を受け入れたという。

その後、都民ファーストは役員会を開き、議長候補を選出することを確認。他会派の都議は「少数野党の自民党が議会改革などで攻撃を仕掛けてくる可能性があり、調整が難航するのではないか」と推察し、議長にはこれまで以上に高い調整能力が求められると指摘する。

現時点で、議長候補として有力視されているのは、いずれも元民進党で4期目の石毛茂氏、尾崎大介団長の2人だ。石毛氏は西東京市議会議長を経験し、都議会民主党の幹事長を務めた。幹事長時代を知る都議は「温厚な人柄であるだけに議会をまとめられるのだろうか」との声がある。

一方、尾崎氏は都民ファーストの団長に起用された。過去に民主党の団長が議長になった例は現杉並区長の田中良氏がおり、会派役員であっても議長になった前例はある。

正副議長は、臨時会で選挙で選出される。全会派の代表が出席する26日の各派世話人協議会で、31日に各派代表者会の開催を決定した。代表者会で正式に臨時会招集日を8月8日とし、常任委員会の委員などの選任を行う。これまでの都議会では事前に正副議長の候補が各会派に伝えられていた。

ある都議は「第1会派から議長選で応援を要請されたら、一般的に応援する」との考えを示した上で、「本当に議長にふさわしい議員を選出してほしい」と都民ファーストに注文をつける。都民ファーストの幹部は議長候補に関して、「これから検討する」と語り、人選を急ぐ考えを示した。

各派世話人協議会後、取材に応じる都民ファーストの会の増子博樹幹事長＝26日、議会棟で

今年度も不交付団体に

都財務局「実態を表していない」

都財務局は25日、2017年度の普通交付税算定結果を公表した。東京都は地方交付税制度が発足した1954年度以来、64年連続で不交付団体となった。都道府県で不交付団体となったのは都のみ。

基準財政収入額は4兆7672億円、基準財政需要額は3兆5725億円で、財源超過額は対前年度比510億円増の1兆1947億円だった。

都は同算定に対し、「都の実態を表していない」と主張。都独自の待機児童対策や東京五輪開催費用などの需要が算定されていないのに加え、約320万人に及ぶ昼間人口は、制度上の上限値として72万人で算定されるなどしていることを根拠に挙げる。都は人口集中地区や地価の算定項目を合わせ、割り落とし額は4170億円との試算を示した。

同局の吉澤恭子財政担当課長は「実態を踏まえておらず、都に財源余剰があるとするのは妥当ではない」と話している。

都は地方交付税法に基づき、通常の道府県分と、23区内で都と23区が実施する市町村行政分の「大都市分」を合算して算出している。これまで道府県分は10～13年度、大都市分は1962～76年度に財源不足となっているが、合計では一貫して財源超過団体となっている。

都政の東西

犠牲の上に

24日に開会まで残り3年となった東京五輪。都庁前の都民広場では、大々的な記念イベントが行われた。機運醸成はまだ道半ばだが、大会成功に向けて会場整備や受け入れ態勢など準備のピッチを早めていかねばならない。

だが、そんな矢先、大会の成功に暗い影を落とす事件が明るみになった。新国立競技場の建設現場で働いていた23歳の男性社員が今年3月に自殺していたことが20日、明らかになった。

男性社員は新国立競技場の建設を受託した大成建設の下請け会社に昨年4月に入社。同社は地盤改良工事に携わり、現場では作業員らの安全管理や材料の品質管理などを担当していたが、新国立のデザイン白紙撤回で工期が遅れ、工事は急ピッチで進められていた。そうした中、男性社員の時間外勤務は今年1月に143時間、自殺直前の2月は211時間に達していたという。新国立競技場の建設が、いかにブラックな体質で行われていたかを物語る。

長時間労働による自殺では、2015年12月に電通の社員が自殺した事件を受け、世の中の風向きが変わった。小池知事も都庁の働き方改革を訴え、その成果は超勤縮減という形で徐々に出つつある。だが、自殺した男性社員のように、仕事を抱えた現場には改革の美辞麗句は届かない。五輪の成功が至上命令の中、社員の自殺は計画見直しによる突貫工事のしわ寄せを末端の現場が被ることを如実に示すが、そうした犠牲の上に立つ五輪の成功などありはしない。

計画見直しで五輪に絡む点では、都の市場移転も通じる部分がある。最前線の現場で働く職員に「働き方改革」の掛け声はどう聞こえるのか。

東京五輪まで3年

都庁で記念イベント

「3 Years to Go」――都議会議事堂に東京五輪開幕3年前を告げるメッセージがプロジェクションマッピングで映写された。

開幕までちょうど3年前となる24日。都や五輪組織委などは都民広場でフラッグツアーフェスティバルを開催。東京の魅力やこれまでの五輪大会の映像をプロジェクションマッピングを通じて発信し、五輪に向けて機運を盛り上げた。

イベントには、小池知事や五輪組織委の武藤敏郎事務総長らに加え、フラッグツアーアンバサダーを務める総勢27人のオリンピアン・パラリンピアンや、人気アイドルグループ・TOKIOのメンバーが登場。全国道府県関係者100人強を始め、約5千人の参加者とともに開幕3年前を祝った。

また、同日はフラッグツアーの全国巡回の開始日で、五輪競技会場のある埼玉県と千葉県からスタート。26日には北海道でも始まり、2019年3月まで順次各道府県を巡る。

小池知事は「あと3年。たった3年。ますます機運を盛り上げて、みんなのオリンピック・パラリンピックにしていきたい」とあいさつした。

待機児童8586人

国の新定義で増加に

都福祉保健局

都福祉保健局は24日、今年4月1日時点の都内の待機児童数が8586人に上ったと発表した。2016年度に過去最多の1万6003人分の保育サービスを確保したが、国の待機児童の新定義などが影響し、待機児童は前年度比120人増となった。

＝2面に関係記事

これまでの待機児童の定義では、保護者が育児休業中の場合は各自治体の判断で待機児童に含めないことが可能だったが、国の新定義では育休の保護者が復職したいケースを待機児童とした。都の待機児童数は旧基準で算定した場合、前年度比773人減の7693人だった。福祉保健局は「区市町村は認可保育所などの整備を促進し頑張った」と評価する。

都の実行プランでは、16年度から4年間で保育サービスを7万人分増やす目標を掲げているが、17年度からの3年間は年1万8千人分を確保しないと、目標の達成が困難な状況となっている。

品川など4区も参加

情報共有と対応検討

ヒアリ連絡会

ヒアリが東京港の大井埠頭で6日に発見されたことを受け、都は26日、「東京港におけるヒアリ等対策連絡会」（座長＝松川桂子・港湾経営部長）の初会合を都庁第二本庁舎で開催した。都港湾局と環境局、福祉保健局、建設局に加え、港、江東、品川、大田の4区で委員を構成。オブザーバーとして警視庁や環境省、国交省なども参加した。

同会議では、ヒアリの特徴や発見経緯、関係機関の対応状況などが報告され、都はヒアリ確認地点などでのベイト剤（毒餌）設置や目視調査、トラップ調査を継続する方針を示した。また25日現在、新たなヒアリは確認されていないという。次回は9月に開催予定。

松川座長は会議の冒頭、「ヒアリは元から絶つのが重要。水際で食い止めるために、情報共有と今後の対策の検討の場が必要」と狙いを述べた。

五輪に向け小池知事「テレワーク推進を」

小池知事は25日、帝国ホテルで開かれた内外情勢調査会・全国懇談会で、東京五輪に向けた東京大改革をテーマに講演した。知事はテレワークをソフトレガシーとして定着させた2012年のロンドン五輪に関し、「参考になる」との考えを示した。20年7月24日から9月6日までの大会期間中、企業の協力を得てテレワークで仕事した場合、交通のスムーズな流れを確保する観点などから有効とした。結果として、「働き方改革とオリ・パラの両方の成功につながる」と語り、今からテレワークを進めることを呼びかけた。

民泊解禁

観光振興と規制の狭間で ㊥

事情異なり対応に「温度差」

基礎自治体

地下鉄の新宿三丁目駅から歩いて10分。新宿区富久町の一画に、高さ約180㍍、地上55階建ての超高層マンションがある。竣工は2015年。都心の一等地にたたずむ高級マンションだが、住民は見知らぬ外国人らの出入りに不安を感じている。旅館業法に違反するいわゆる「違法民泊」の舞台となっているからだ。

新宿区では同エリアに限らず、違法民泊への対応に苦慮。民泊に関する苦情件数は15年度に95件、16年度に246件と年々増加し、今年は4月だけで40件に達した。このペースで推移すれば、年間500件に迫る勢いだ。

こうした状況に置かれる同区は16年10月、「民泊問題対応検討会議」を設置。区長をトップに副区長や関連部長に加え、学識経験者、町会・商店会、マンション管理組合、不動産団体、警察、消防の関係者で構成し、5月に開かれた第4回会合では、住宅宿泊事業法、いわゆる「民泊新法」の法案をベースに、各条文への検討方針や留意事項を整理した。民泊事業の実施の制限や事業開始前の近隣住民への周知など踏み込んだ内容となっており、同区をヒアリングした都も「こんなに検討が進んでいるのか」と焦りを覚えたという。

ただ一方で、過度な規制は観光振興という法本来の趣旨に合致しない上、規制を逃れようと違法民泊が増加する可能性がある。同区保健所衛生課の担当者は「バランスを考慮しながら対応していく」と話し、国内外の観光客への宿泊需要にも応えていく構えだ。

渋谷区も規制とともに地域活性化への活用を模索する。現段階では商工観光課に「具体的な業務は下りてきていない」（担当者）が、生活衛生課の豊田理香課長は「二段構え。規制による適正な運用をした上で、国際交流などを通じて渋谷の魅力増進につなげたい」と語る。同区の民泊への苦情件数は月間約50件。まずは住環境の整備が先決だ。

取り組みが先行する都心区に対し、周辺区は違った状況にある。「当面は地域を限定した規制の必要はない」。そう言い切るのは、江戸川区の生活衛生課だ。同区の昨年度の苦情件数は45件で、渋谷区の1カ月分に及ばない数。遅くとも来年6月施行のスケジュールから逆算し、今年の第4回定例区議会での権限移譲に関する条例制定を目指す区が多い中、「事務移譲の手は挙げるが、条例は作らない。民泊施設が増え、条例を作る必要性が出てきたら検討する」（同課）と話す。

江戸川区と似た方針を示すのが、保健所設置市の八王子市だ。同法は23区を含む保健所設置市に権限移譲ができる仕組みとなっており、都は各地域の実情に応じた制度構築の必要性から、事務処理特例を含め、原則基礎自治体への権限移譲を想定している。同市都市戦略課は「積極的に民泊は活用しない方針」と話すが、「一定の規模の自治体の責務として、業務を引き受ける考えはある」とし、窓口業務などで協力する意向を示す。

だが、他の多摩地域の自治体は苦情対応などに追われておらず、もう一つの保健所設置市である町田市生活衛生課は「（民泊の）開業の相談も受けたことはない」といい、「市として民泊業務に取り組むメリットがあるのか」と首をかしげる。外国人に人気の観光地となっている「三鷹の森ジブリ美術館」のある三鷹市も「まだ検討を始めていない」（生活経済課）状況だ。

20日に副知事をトップとする民泊対策本部を設置した都は、こうした自治体の温度差に危機感を強め、区市町村への連絡体制を強化した。都福祉保健局の担当者によると、多摩地域の保健所にも事業者からの問い合わせは寄せられており、潜在需要はある。事前に打てる手は打ち、施行への備えを万全にしておくことに越したことはない。

民泊新法に対して先手を打つため、全区的な検討会を設置する新宿区＝2016年10月26日

冗句ジョーク

都、重点施策方針2017策定、小池知事は〝人に焦点を当てた政策を大義と共感のもとで展開していく〟

「えっ!? それって施策方針だったの? 私は幹部異動の方針だと思っていたわ―」

――幹部異動に共感していない管理職

23区の待機児童数

67人増の5665人に

基準変更で大幅増の区も

都福祉保健局は24日、今年4月1日現在の待機児童数を発表し、23区は前年比67人増の5665人となった。国は3月31日に育児休業中の保護者の取り扱いなど待機児童数の算出方法で新たな基準を通知したが、今年度の適用は各自治体の裁量としたため、目黒区や大田区など基準を変更した区で大幅増となり、全体を押し上げた。来年度は新基準での算出が義務付けられ、特に、国がこれまでカウント方法を自治体に任せていた育児休業延長のケースを待機児童に含めていない区への影響が予想される。

厚生労働省が示した新たな算出基準では、保護者が育児休業中で復職の意思がある場合や、求職中の場合は待機児童として算出することとしている。このうち育児休業を延長したケースは、国がこれまでは「待機児童に含めないことができる」としていたため、自治体ごとにカウントするかの判断が分かれていた。

23区では2016年度までに品川、世田谷、足立の3区が育休延長の全ケースを待機児童としてカウント。千代田、中央、港、文京、板橋の5区も独自に一部を待機児童として算出していた。

厚労省が今年3月末に通知を出したことに伴い、新たに大田区が待機児童の算出方法を新基準に移行。新宿、台東、目黒、中野、荒川の5区も今年度から育休延長を待機児童に含めることとした。

このため、大田区では旧基準上は前年度比128人増だったが、新基準で育休延長を待機児童にカウントしたことで、都内最大の前年度比343人増となり、572人で都内ワースト3位となった。松原忠義区長は「時代に合った数値とするために急きょ新基準への移行を指示したが、1千人規模の定員拡大を進めたにもかかわらず、この数字となるのは複雑な心境」と困惑する。区は今後も1千人規模の定員拡大を進める方針。

それ以上に基準変更の影響が大きかったのが目黒区。旧基準では23人の微増にとどめたが、新基準では318人増の617人で都内ワースト2位に悪化した。就学前人口が09年度比26・9%増となっていることに加え、認可保育所への入所希望者数は同年度比75・1%の大幅増で施設整備が追い付かないのが実情という。区は国有地や区有地などを活用するとともに、民間賃貸物件の掘り起こしや開発に併せた保育所整備など様々な手法を組み合わせて待機児童の解消を図る考えだ。

他方で、墨田、江東、渋谷、杉並、豊島、北、練馬、葛飾、江戸川の9区は今回の待機児童数に育休延長のケースをカウントしなかった。都福祉保健局少子社会対策部では、「大田区や目黒区など今年度から新基準に変更した区の状況を見ると、来年度から導入する9区にも一定の影響が想定される」（保育支援課）と説明。その一方で、国が新基準で保護者に復職の意思を確認するために電話やメールなど手順を詳細に盛り込んだことに対しては、「数字を出すためだけにマンパワーを割くようなやり方を求めるよりも、区市町村が定員拡大を図ることに注力できるような支援が望ましい」（同）と指摘した。

国は今年度末までに待機児童ゼロを実現するという当初目標を事実上先送りし、22年度末までの解消を目標に掲げている。

4月1日現在の23区の待機児童数　（単位：人）

区名	17年度	基準変更	変更前	16年度	前年度比	変更前
千代田	0	―	0	0	0	0
中央	324	―	324	263	61	61
港	164	―	164	64	100	100
新宿	27	○	27	58	▲31	▲31
文京	102	―	102	98	4	4
台東	227	○	211	240	▲13	▲29
墨田	148	―	148	134	14	14
江東	322	―	322	277	45	45
品川	219	―	219	178	41	41
目黒	617	○	322	299	318	23
大田	572	○	357	229	343	128
世田谷	861	―	861	1,198	▲337	▲337
渋谷	266	―	266	315	▲49	▲49
中野	375	○	274	257	118	17
杉並	29	―	29	136	▲107	▲107
豊島	0	―	0	105	▲105	▲105
北	82	―	82	232	▲150	▲150
荒川	181	○	181	164	17	17
板橋	231	―	231	376	▲145	▲145
練馬	48	○	39	166	▲118	▲127
足立	374	―	374	306	68	68
葛飾	76	―	76	106	▲30	▲30
江戸川	420	―	420	397	23	23
合計	5,665	―	5,029	5,598	67	▲569

※網掛けは、育休延長を待機児童に算入していない区

3区がギャンブル依存対策要望

区議会2定　意見書・決議　江東、渋谷は五輪関連で

23区の第2回定例区議会が19日までに閉会し、10区議会で意見書16件、決議5件を可決した。

複数の区議会で可決された意見書は2件で、新宿、板橋、葛飾の3区議会は「ギャンブル等依存症対策の抜本的強化を求める意見書」を可決した。昨年12月に「特定複合観光施設区域の整備の推進に関する法律」が成立したのを受け、早期に対策を具体化し、規制・監視を行う独立組織を立ち上げるよう国に求めている。

また、「精神障害者も心身障害者医療費助成制度（マル障）の対象とすることを求める意見書」は墨田、中野の2区議会が可決した。障害治療以外でかかった医療費を助成する同制度の対象者に精神障害者を加えて負担軽減を図るため、都に要請する。

開会まで3年を切った五輪関連では、江東区議会が文化プログラムの一環として振興を目指す「障害者アート」の発展のため「障害者による文化芸術活動の推進を求める意見書」を可決した。制作環境の整備や販売支援などで法律制定を国に要望している。

また、渋谷区議会は「新国立競技場建設計画における駐輪場・駐輪台数の増加を求める意見書」を可決した。都は都内を自転車で回遊できる環境整備を進めており、五輪までに自転車レーン400キロメートルを整備する計画を立て、対象地区に新国立競技場周辺地区を含んでいる。意見書では計画の95台収容の1カ所では「少なすぎることは明白」と指摘し、2カ所で1千台以上を確保すべきだと国に訴えている。

決議では、足立区議会が「国会における憲法論議の推進と広く国民的議論の喚起を求める決議」を自民と公明らの賛成多数で可決した。共産、民進、一部の無所属会派議員は、6月に安倍晋三首相が20年までの改憲を表明したことや、共謀罪やテロ等準備法案での国政与党の対応を批判し、反対した。

6千万円課税漏れ　株式譲渡反映ミス

豊島区

豊島区は24日、今年度分の個人住民税に関し、42人分の課税ミスで総額約5935万円を増額徴収すると発表した。

区税務課によると、18日に区民の問い合わせを受けて発覚。税制改正に伴う税務システムの修正の際、一般株式等の譲渡に関する82人分のデータの取り込み漏れがあり、このうち42人分の再計算が必要となった。1人当たりの影響額が最大で1千万円を超えるケースもあったという。

区は42人に謝罪し、増額後の課税額を通知する。区税務課では「適正な事務処理で信頼回復に努める」としている。

首都高の地下化

地元中央区で期待高まる

「日本橋に青空を」

日本橋上部に架かる首都高速道路の地下化に向け、21日に国と都が協議を本格化する方針を正式に表明したことを受け、地元中央区ではまちの活性化に期待が高まっている。江戸時代初期に架設された日本橋は、日本全国につながる五街道の起点としてにぎわい、国の重要文化財にも指定されているが、現在は1964年東京五輪に併せて建設された首都高が上を覆っている。地元関係者は「日本橋に青空を」を合言葉に、首都高の移設撤去を求めており、区と地元住民は「ここからがスタートだ」と気を引き締める。

「文明が文化を駆逐するまちを終わりにしよう」。中央区の矢田美英区長は、国や都が地下化に向けた方針を発表した2日後に日本橋で行われた橋洗いの冒頭にあいさつし、晴れやかな表情を見せた。

参加者が各団体でそろいの法被をまとい、ブラシで延長50メートルの石橋を磨き上げる様子を眺めていた主催者「名橋『日本橋』保存会」の中村胤夫会長は、年に一度の橋洗いを「参加を希望する団体が多く、調整が必要なほど。日本橋は地域の誇りだ」と目を細める。

日本橋上部の首都高は架設後53年が経ち、構造面から更新が必要な時期に差し掛かっている。保存会は首都高の移設撤去に向けた要請活動を強めており、15年からは「日本橋地域ルネッサンス100年計画委員会」らと共に署名活動を開始。一昨年9月に衆議院に32万9500人分、今年6月に参議院に11万2665人分の署名を提出した。

100年計画委員会の橋本敬会長は「重要文化財の上に高速道路が走っている。海外では例がなく、文化を大事にしない国だと思われてしまう」と話し、国や都の方針を評価。一方で、同委員会に参加する中小ビルオーナーからは、「ビルの下に道路が通ると建物の資産価値が下がる」と懸念する声も上がっており、「行政には補償策を考えてほしい」と注文を付ける。

地下化の実現には事業費の抑制が課題となる。中央区は周辺の再開発事業と連動させることで課題解決を図るため、国や都に働きかけてきた。日本橋付近では首都高沿いの5地区で民間再開発が計画されており、再開発事業と併せて地下化移設工事を行えば地上部の整備は民間事業者が行うため、用地取得費などが抑えられる可能性がある。日本橋に面する野村証券本社などを含む地区での都市計画案がまとまり、年末に都市計画審議会にかけられる見通しとなったことから、区は14日に区長名で小池知事と国土交通省に地下化とまちづくりを連携して進める要望書を提出していた。

区が再開発の動きを受けて15年9月にまとめた日本橋川沿いのまちづくりビジョンでは、水辺の開放的な空間づくりや舟運を通じて人の往来が絶えない将来像を目指している。地元からは「インフラ更新と併せたまちづくりのモデルになる」との声も聞こえる。区地域整備課の菅沼雅広課長は「この機会を逃したら日本橋に青空を取り戻すことはできない」と強調し、地元や民間事業者と連携して再開発を推進する姿勢を示している。

橋洗いには毎年千人規模が参加し、汗を流している＝23日、日本橋で

新人都議の横顔②

◆区部◆

保坂　真宏氏
都民ファーストの会・台東区

都と区の変革に挑戦

今置かれている状況に満足することなく、挑戦者であり続ける「限りなき挑戦」を座右の銘にしている。父は都議や参院議員を務めた保坂三蔵氏で、自身も地元台東区議の1期目途中だったが、「東京が変わらないと23区も変わらない」と思い立ち、自民党を離党して都政に挑戦。2万9838票でトップ当選を果たした。

「台東区には多くの観光客が訪れるが、区の潜在能力を生かしきれていない。もやもやする気持ちを抱えてきた」と語り、都議として実現を目指す政策に無電柱化と受動喫煙防止を挙げる。

無電柱化は、「父の時代から課題となっている不忍通りでの事業を継続し、広域的に取り組んで防災性を高める必要がある。事業費の負担率を上げるなど都が関わりを強めないと区は動かない」と長期的に働きかける姿勢を示す。

また、上野で外国人が子供を喫煙場所から遠ざけて歩かせる姿や路上喫煙の防止で罰則を設けている千代田区との区境でポイ捨てが多くなる状況を見るにつけ、「忸怩たる思いだった」と語り、「吸える場所と吸えない場所を確保する必要がある。まず都が五輪までに受動喫煙防止を条例化し、23区に続いてほしい」。

小池知事との距離感を尋ねると、「知事とは志が同じだが、地域に影響のある個別の政策に関しては衝突することもあるだろう。議論を通じて結論を導き出すのが大切。全体が良い方向に進めればよい」と話した。

趣味は30年来続けている野球。ポジションはセンターかファーストで、「足で稼ぐのが得意」と話す。米WVウエスリアン大学大学院修了。43歳。

星見　定子氏
共産党・目黒区

国保料引き下げに注力

目黒や世田谷で区議を務め、過去にも選挙を経験してきたが、「これまでと異なる雰囲気だった」と振り返る。街頭で演説していると高級外車が停車して激励してくれたり、サラリーマンが夕方、政権批判をぶちまけながら応援の声をかけてくれたりしたという。地元の「市民連合」も勝手連的に応援に回り、共産党として前回よりも1万票多い支持を得て、16年ぶりに議席を奪還した。「都議選の象徴的な選挙区だった。自民党を追い落とす戦いだった」と総括する。

大学時代に「教え子を再び戦場に送るな」というメッセージに感銘を受けて共産党に入党。卒業後は児童養護施設の調布学園に就職し、虐待を受けて笑顔を失った子供たちと接した。ショックな現実に直面し、「社会の矛盾が子供に陰を作る。根本を解決しなければ繰り返される」。その思いを引きずりながら今も同じ仕事をしている感じ」と語る。

都議として力を入れたいのは、区議時代から「トップ公約」に位置付けてきた国民健康保険料の引き下げだ。国保の運営が都道府県に移管されるのに合わせて、「財政投入しながら引き下げないと格差が広がる」。区内の「子ども食堂」をボランティアで手伝っており、子供の貧困対策にも力を入れる考え。「目黒区の国保料の滞納は1万2千世帯。生活保護も合わせると、区民の1割が経済的に破綻し始めている」と指摘し、認可保育所の増設や学校給食の無料化も訴える。

趣味は合唱。大学時代は音楽科で、昨年、合唱団に入ったとか。区内の銭湯も巡る。好きな言葉は、ヘーゲルの「自由とは必然性の洞察である」。北海道教育大卒。59歳。

福島　理恵子氏
都民ファーストの会・世田谷区

テクノロジーで課題解決

東芝の研究開発員として基礎研究に当たってきた。当初は5人のチームで進めてきた裸眼3Dテレビの開発では、最終的に100人の大所帯のまとめ役として製品化に成功。日経BP社がその年に活躍した女性に贈る「ウーマン・オブ・ザ・イヤー2011大賞」を始め、官民を問わず様々な賞を受けた。

研究開発で成果を上げ続ける一方で、テクノロジーを社会課題の解決に役立てようとした際、常に市場規模がハードルとなってきた。「市場規模が小さいと、困っている人のための技術も社会で受け入れられない。それを乗り越えるのは政治的な決断」と政治への挑戦を決意。小池知事が掲げる「東京大改革」に同じ女性リーダーとして共感し、世田谷区から出馬。2位を2万票以上引き離す7万471票を獲得してトップ当選した。

都議として実現を目指すのは、介護や福祉などの政策課題をテクノロジーの活用で解決するための環境整備だ。「今の形では売れないものも、市場の形を整えれば伸びるテクノロジーは多い」と指摘し、民泊などICTを通じて遊休資産を有効活用する「シェアリング・エコノミー」を育児などの分野に広げることを構想している。「例えば、子育てに一段落した人が介護を担うなど、テクノロジーによって新たな地域の支え合いを構築できれば」とアイデアを披露する。

尊敬する人物は「技術で人々の困りごとを解決してきた」東芝創業者の田中久重。趣味は「育てること」で、ペットや植物の飼育だけでなく、子育てや後輩研究員の育成も楽しんで行ってきたのが自慢だ。東北大大学院修了。46歳。

記者席

これって交換できますか?

○……白熱電球2個をLED電球1個に無償で替える都の事業で、ピコ太郎との軽快なダンスで注目を集める小池知事。その映像が流れる街の電気店で、あり得ない光景を見た。なんと、小池知事の映像が映るモニターの前に、白熱電球が山積みされ、80円で売っていたのだ。店員に「この電球を買って、LEDと交換してくれるのか?」とは聞かなかったが、果たしてどうなのだろうか。

ただ、持ちこんだ白熱電球をその場で処分する同事業には、庁内からも「果たして主婦が使える電球を破棄するだろうか」と疑問視する声が上がっていた。電機店も売るために仕入れた商品が売れない事態は避けたいはずだ。確かに省エネにはつながるだろうが、消費者や販売者の心が置き去りにされてはいないか。

○……機械技術の普及啓発活動を行う日本機械学会が24日、勝鬨橋の開閉用設備を「機械遺産」に認定したが、実は設計段階ではもう一つ、大がかりな機械を勝鬨橋に取り付ける予定だったという。

当時の設計図案を見ると、隅田川の地下にトンネルを通し、橋が開いた時は車がそこを通る計画だったらしい。エレベーターを使って車ごとトンネルまで下り、川を越えたらまたエレベーターで上がるという寸法だ。今なら事故や渋滞が起こりそうな方法だが、設計当時、大阪市には同じ方式の開閉橋があり、その交通量なら可能だったようだ。結局、勝鬨橋のエレベーター計画は地盤の硬さの違いからトンネルが掘れず実現しなかったが、もし実現していればこちらも機械遺産に認定されていたに違いない。

○……9月29日、調布駅に再開発商業施設「トリエ京王調布」が開業する。百貨店や家電量販店を含む同施設には大型のシネマコンプレックスも入居し、念願である映画館がオープンすることになる。

調布市には映画の撮影所やスタジオなど、映画を作る施設が集積しているが、市内には映画館がなく、上映イベントなどは文化会館で行うこともあった。大スクリーンや最新の設備を備えた新施設への期待は大きい。

一方で、映画館が林立する新宿を始め、同駅沿線にもライバルは多い。市幹部は「映画ファンも映画館のはしごはしない。多くの人の行きつけになれるか、最初が肝心」と話す。

「映画を見るまち調布」が印象付けられるかどうか。市関係者は映画以上に手に汗握り見守っている。

都民ファースト　女性役員は1人のみ

第20期都議会

自民党は初の第3会派

公用車廃止は難航も

第20期都議会が23日からスタートした。24日までに会派結成届が提出され、議会構成や各会派の役員人事が決まる中、議会改革などへの対応を求める会派も出ている。主要会派の動き、今後の見通しなどを追った。

都民　増子博樹氏
公明　東村邦浩氏
自民　秋田一郎氏
共産　大山とも子氏
民進　中村洋氏

■議会構成

各会派が24日までに会派結成届を提出した結果、都民ファーストの会が55人で第1会派となり、第2会派は23人の公明党、第3会派が自民党（22人）、第4会派が共産党（19人）、第5会派が民進党（5人）となった。都議会で自民党が第3会派に転落するのは初めて。

自民党は同党から離脱して新風自民党を立ち上げた大場康宣氏を復帰させようと説得に当たったが、実現しなかった。大場氏は「本当に自民が変わったのか見極めたい」と理由を説明し、第3回定例都議会での質問、小池知事との向き合い方などをチェックする構えだ。

都議会自民党内では大場氏に対する意見が分かれている。引き続き戻ってほしいという声もある一方、「選挙で自民党の国会議員が応援に入ったのに、一緒に会派をやらないのは信義則違反」との批判も出ている。

第1会派の都民ファーストは、自民や民進、無所属などの寄り合いで意思統一を図るのが難しく、「分裂含み」と指摘する他会派の都議もいる。

その試金石となり得るのが、都職員の給与に関する条例だ。昨年12月の第4回定例都議会では都民ファーストの前身である「かがやけTokyo」の3人が、知事与党であるにもかかわらず都職員の給与に関する条例に反対した。都人事委員会勧告に従って、都が機械的に職員給与を増額することを問題視しているからだ。

今年の人事委勧告でも、民間企業の平均給与やボーナスが公務員を上回れば、都職員の給与は増額となり、都民ファーストの対応が焦点となる。

他会派の都議は「都民ファーストの一部が反対するために会派を離脱するかは現時点で分からないが、第4回定例都議会が最大のヤマ場」と見ている。

■役員人事

情報公開を掲げる都民ファーストだが、幹事長など3役を決めた過程が不透明と指摘されている。11日に発表した会派の増子博樹幹事長など3役に関して、政務担当特別秘書を務める野田数代表らで構成する役員会が決定し、その後、当選した55人に3役を通知したという。都民ファーストの幹部は「役員会で決まったことが会派の決定事項となる」と解説するが、他会派からは「旧かがやけTokyoの3人が役員に入っていないのはなぜか」と疑問の声が上がっている。

24日の会見で新たに発表した役員人事は、団長に東京改革議員団で幹事長を務めた経験のある尾崎大介氏を据えるなど、役員12人の中で男性が11人を占めた。記者から女性の活躍を推進しているが役員に女性1人しか起用しないのは矛盾していると問われると、増子幹事長は「いずれ女性はたくさん出てくる」と述べるにとどまった。

自民では幹事長の選出に当たり、いずれも4期目の秋田一郎氏と中屋文孝氏の2人が立候補した。21日の総会中に2人が退席して話し合い、中屋氏が辞退したという。

任期数は同じでも、年齢は中屋氏が1歳上で、秘書時代なども含めれば政治のキャリアも長い。経験重視で中屋氏に一本化しても不思議ではなかったが、中屋氏は「我れ先にではなく、（秋田氏に幹事長ポストを）譲って、会派を一つにまとめることが大事」と説明する。ただ、中屋氏は「幹事長をあきらめていない」と述べており、次期幹事長を目指す考えを示している。

さらに、他会派の幹事長では、公明党の東村邦浩氏、共産党の大山とも子氏がそれぞれ続投となり、民進党は中村洋氏を起用した。

■議会改革

都議選で、各党が公約に掲げた議会改革。共産党は24日、各会派に議会改革などへの対応を申し入れた。8月上旬の臨時会に向けて具体化する考えだ。

例えば、正副議長以外の公用車廃止は同党に加え、都民ファーストや公明も公約に掲げており、賛成多数で実現するはずだが、公用車はリースであるため、契約途中での解約により違約金が発生する課題がある。また、運転手には都の正規職員がいるため、廃止する際は別の職場に異動する受け皿を探す必要があるなど一朝一夕にはいかない。

都民ファーストの会の一人は議会改革に関して、「一刻を争って議論するのではなく、都民のためになる議会改革が必要」と強調している。

東京最前線

多摩川水源森林隊

「東京の水」守れ

年150回の活動で保全

現場最前線

今年も本格的な夏が到来し、水不足が叫ばれる時期に差しかかってきた。都内の水道の約2割をまかなう多摩川水源は、多摩川上流域の森林によって守られているが、その多くを占めている民有林は手入れをされず放置され、荒れたままになっている。こうした民有林を整備する活動が、水道局で進んでいる。多摩川上流域の民有林を整備し、東京の水を守るために同局が組織したボランティアの活動と、荒廃した民有林の現状を取材した。

JR奥多摩駅から車で約45分、山梨県小菅村今川地区にある民有林が、この日のボランティアの活動場所だ。スギやヒノキが密集して植林されているが、地面には草はほとんど見当たらず、土がむき出しになっている。午前11時だというのに、太陽の光は森に届かず辺りは薄暗い。見上げると、木々の枝が日光を遮るように生い茂っていた。

現在、都が管理している多摩川上流域の森林は約2万3千㌶と、東京ドーム約4900個分に及ぶ。ただ、これは上流域の森林全体の4割程度で、それ以外はほとんどが民有林だ。

今、こうした民有林の荒廃が全国的に問題になっている。高度経済成長期に国が林業を発展させようと、スギやヒノキなど木材になる樹木の植林に助成を行っていたが、コンクリートや金属などが建築資材の主流になったため林業は衰退し、多くの森林が植林されたまま放置されている。こうした状況は多摩川上流域でも例外ではない。

「荒れた状態の森林に雨が降ると、大量の土砂がダムに流れ込み貯水量が低下する上、樹木が倒れて大規模な土砂災害が起こることもある」と水道局水源管理事務所の岩﨑浩美・技術課長は説明する。当時の業者は、建築資材に適した細く長い木材を作るため、密集させて植林していた。このため、木の枝が日光を遮断し、地面に草が生えなくなり本来森林が持つ保水機能がなくなり、雨が降れば土がそのまま流れ出す。7月に福岡県と大分県で発生した土砂災害も、民有林が放置され、草木が地面を保持しきれなかったことが一因と言われている。

このように荒廃した民有林を再生し、森林としての機能を取り戻そうと活動しているのが、多摩川水源森林隊だ。

多摩川上流域の民有林の保全を目的に2002年に結成した。都水道局と東京水道サービス（TSS）、東京都森林組合などが構成員だが、作業の中心になるのは公募で集まったボランティアたちだ。森林組合からの指導を受けながら、枝の伐採や木の間伐など様々な作業を年間約150日行っている。発足以来、順調に登録者数を増やし、現在では1200人を超える。

作業道をつくる森林隊。森林組合の指導を受けながら、真剣な表情で作業をする＝20日、山梨県小菅村で

「水を守る」やりがい

この日の作業は、森林に入り、間伐をするための作業道づくり。山肌をクワで掘りながら、横木に合わせて杭を打ち込み、道を作っていく。単純な作業だが急斜面で、地面はもろく、足に力を入れると簡単に崩れるため、かなりの重労働だ。作業中にも、降雨時に土砂が流れ落ちないよう丸太を横倒しにしたり、一カ所から水が流れて土を掘りすぎないよう、脇溝を作っておくなどの細かい対策を施していた。通常、一日で約200～300㍍の道を作るそうだ。

森林隊の一人の安藤忠勝さん（76）は、これまで600回以上活動に参加したベテランだ。「定年退職したころに森林隊の設立を知った。元々、登山が好きだったのが応募のきっかけ」と話す。「最初は健康のために参加した」と話す伊藤功さん（76）もリタイアしてからの参加。二人とも、参加した当初は直接水源林に興味はなかったそうだが、「家族や友人から、『東京の水はおいしい』と言われると、水源林を守っているという実感が湧く」とやりがいを感じていた。

森林隊の活躍もあり、小河内ダム（奥多摩町）は今年で建設から60年を迎えたが、ダム内の堆砂率は3％ほど。岩﨑課長は「世界の中でも驚異的な数字。通常、建設から60年経てば堆砂率が数十％でもおかしくない」と説明する。

若返りへの課題

森林隊の活動を行う上でも課題はある。山の所有者が分からなかったり、複数人で森林を所有していることも多いため、整備の許可が簡単には得られない。「山を持っていることを本人たちですら知らないこともあり、そういう人のほとんどの人は地元に残っていない。まず、地元住民への聞き込み調査から始める」と岩﨑課長は言う。

また、最大の課題はボランティアの高齢化だ。現在森林隊に登録しているボランティアの半数以上が60～70代。昨年度、実際に活動に参加した隊員の平均年齢は66歳だ。

「30代以下の登録者も2割ほどいるが、多くが23区内や青梅市以外の多摩地域の人で、距離などが理由で土日でも参加できない人が多い」と岩﨑課長は頭を悩ませる。

水道局は、こうした状況に危機感を覚え、活動地に近い奥多摩町や小菅村の祭りなどで森林隊のPRを行うが、地元からは若者が集まらないのが現状だという。

森林隊がこれまでに整備した民有林は253㌶。ボランティアが活動できない急斜面があるとはいえ、まだかなりの面積が荒れたままで残っている。「この活動に終わりはない」と岩﨑課長。今後、少しでも多くの民有林を再生していくためには、森林隊の若返りが必須となる。

◆「選挙プランナーの眼～地方政治の舞台裏から」は休みます。

私を変えた一冊

主税局総務課長　入佐 勇人氏

世におもねらず自分らしく

『竜馬が行く』　司馬 遼太郎〈著〉

少し古い話だが、本書と出会ったのは高校を卒業した直後のこと。高校時代を悪友と楽しんだせいか、大学受験に失敗。原付バイクのヘルメット着用義務違反、いわゆるノーヘルで警告書を受けた際、警官から「職業は」と聞かれ、「浪人生です」と堂々と答えたら、職業欄に「無職」と書かれ、自身の肩身の狭さを感じていた。当時、その悪友の一人から「人生観が変わるよ」と薦められたのが本書だった。

本書によって、歴史に埋もれた人物が後世に知られた価値は大きい。私は作者から入魂された龍馬が歩んだ短い人生にたいへん感銘を受けた。高知の郷士の家の出の龍馬は幼少時代、「泣き虫の寝小便たれ」と馬鹿にされ、いつも乙女姉さんの後ろにいたが、剣と出会い、自信と実力をつけ江戸留学を果たすことになる。そこにペリーの来航、太平の眠りから覚め、開国から大政奉還へと歴史の大転換を迎える。土佐へ戻った後に脱藩。浪人ながら薩長、幕臣いずれの高名な多くの人物と交流し、尊王攘夷の嵐と政治の混沌の中、他の志士とは一線を画した行動はユニークで、読んでいて痛快であった。蘭学を学んだ際に、蘭語が分からないのに誤訳を指摘したエピソードは勘の良さと本質を見極める力を持つ龍馬らしい話であった。

早世したのは残念であるが、決して時代におもねることなく自らの意思で行動し、オンリーワンの存在として、時代を変える一翼を担った龍馬の生き方は、歴史小説の中とは言え、爽やかな春風を感じる読後感であった。

その後、大学生、社会人と進む中で、時々不安になる時は、龍馬の茫洋とした気持ちをおもんぱかり、自らを鼓舞してきた。また、ことあるごとに高知、長崎、京都、鹿児島とゆかりの地も回った。

この頃、世にはハウツー本が氾濫し、対人関係の構築をテクニカルな手法に頼るのがはやりのようだったが、私はそうした技術的な面よりも人はどう生きるか、人間の内面から生まれる魅力とは何かを歴史上の人物から洞察する方が大事な気がした。読みやすい本で、私に歴史小説の楽しみを教えてくれた一冊である。

（写真は入都4年目の筆者）

自治トピ140

◆全教委が「閉庁日」実施　群馬県内全35市町村教育委員会は今夏、小中学校の全職員が休めるよう「閉庁日」を導入する。期間は、8月14～18日のお盆休みが中心で、部活動や行事などを一斉に行わない期間を設け、過労が問題化している教員の労働環境の改善を図るのが狙い。

◆こども園で基準違反　兵庫県は24日、県内全400カ所の認定こども園の調査結果を発表し、25施設で定員超過などの基準違反があったことが分かった。そのうち5施設は、定員を20人以上超過していた。同県によると、地元の市町が待機児童の受け入れを施設側に要請したためという。

◆バス1日券値上げへ　京都市は24日、観光地を結ぶ均一区間内のバス路線が終日乗り放題となる「1日乗車券」を来年3月に500円から600円に値上げすることを決めた。キャリーバッグなどを携えた外国人旅行者らの利用が急増し、一般市民が乗車できないなどの混雑緩和を目指す。

◆トイレ作りで民間連携　金沢市は24日、公共施設のトイレの機能や空間作りで連携するため、TOTOとLIXILと協定を締結した。今年度は金沢蓄音器館など文化施設6カ所に加え、観光施設での改修を実施する。このほか維持管理の手法の提案も受ける。費用は3カ年で3億円。

◆キャンプ地「二重予約」　東京五輪の事前キャンプ地を巡り、広島県と福岡県行橋市がダブルブッキングの事態に陥っていることが21日、分かった。対象はメキシコ五輪委（MOC）と同バレーボール協会（FMVB）。同県は5月にMOCと基本協定を、行橋市は今月16日にFMVBと基本合意書を結んだ。

◆くじ引きで当落決定　23日に投開票された島根県飯南町議選で、定数10に対して第9位の得票数が260票で3人並び、公職選挙法に基づきくじ引きで当選者2人を決めた。初めにくじを引く順番を決めるくじ引きを届け出順に実施。1人目が「3番」くじを引き、残る2人の当選が確定した。

◆式典の一般道民参加1人　北海道が「北海道みんなの日」として3月に条例で定めた7月17日、道議会で初の記念式典が開催されたが、一般道民の参加は1人だった。道は定員50人で募集していた。同日は幕末の探検家・松浦武四郎が1869年に「北加伊道」など蝦夷地の名称6候補を政府に提案した日。

◆自殺防止ポスターが波紋　名鉄が制作を呼びかけ、名古屋市営地下鉄なども賛同して昨年10月に441駅に貼りだされた自殺防止ポスターが議論を呼んでいる。「鉄道自殺は多くの鉄道利用者の安全や暮らしに関わる」とする内容に、「遺族を追い込む」との反発が出ているため。一部では撤去も始まった。

◆自民県連ポスターに批判　自民党新潟県連が作成した「政治って意外とHIPHOP」というコピーライトを載せたポスターが波紋を広げている。ネット上でヒップホップを安易に政治利用したことなどへ批判が噴出した。ポスターは県連主催の受講生を募集する内容で、10日に張り出された。

日本の衣・食・住・工を支えてきた様々な「匠の技」を体感できる3日間！

オープニング

9日（水）10:00～

○主催者挨拶など
○「キビタン」や「くまモン」が応援に駆け付ける予定です！
○凄腕左官職人「挾土秀平氏」も登場します！

©2010熊本県くまモン
協力 銀座熊本館

ステージプログラム

多彩な匠の技の実演

ステージを設け、多彩な匠の技の実演等を展開します。

四條流司家庖丁儀式

千二百年以上の食文化の歴史を継承し、日本料理道庖丁道の宗家、司家であり、ロイヤルファミリーの四條流司家は、現在41代四條保隆彦（當）代が基本体系を伝承しています。世界に類の無い日本が誇れる食礼の儀式がご覧いただけます。

人生の節目を匠の技が彩る着物ショー

ファッションショーで着物をＰＲ、仕立て、着付けの匠の技を紹介します。華やかなきものの世界を支える和装の匠たちによる着物や浴衣の仕立て・着付けの技をファッションショー形式でご覧いただけます。

全日本製造業コマ大戦Ｇ３

中小製造業者が自社の誇りをかけ、自ら設計・製造したコマで１対1で対決。日本の金属加工の優れた技術が土俵の上でぶつかり合います。
全日本製造業コマ大戦G3、ものづくり・匠の技の場所2017を開催いたします。

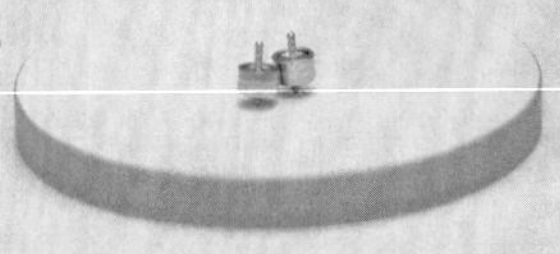

ステージプログラム（一例）

8月9日

10:45～11:15	ライブペイントパフォーマンス
11:45～12:30	オートクチュールコレクションタクミジャパン2017
14:00～14:45	障子づくり（制作）
15:10～15:45	I'su hari art！
17:00～17:45	狂言ワークショップ・狂言「福の神」

8月10日

11:25～12:10	いけばなライヴパフォーマンス
12:25～12:55	四條流司家庖丁儀式
13:25～14:10	ステージバック張替実演
15:40～16:10	下町ボブスレー"つながり"を"強み"に変えて
17:25～17:55	邦楽・アラカルト

8月11日

10:10～10:40	氷彫刻・氷像と花の透かし彫り
11:10～11:55	鬼板加工
12:25～13:10	人生の節目を匠の技が彩る着物ショー
13:30～14:30	全日本製造業コマ大戦G3
15:15～15:45	川越まつりの魅力 & 火縄銃実演

※予定は都合により変更する場合があります

テーマ展示

多彩な分野の職人技を多くの来場者の方々に理解してもらうため、「日本の家を築き上げる」「日本の家で暮らす」「未来を拓く町の匠」のテーマに沿って展示・実演を行います。

日本の家を築き上げる

・伝統的な日本建築と匠の技を紹介
・建築大工による棟上げ、左官の塗り壁、板金の実演等

日本の家で暮らす

・伝統的な住まいを茶室・庭で構成
・表具、建具等の匠の技を紹介
・匠の技に支えられた茶道等の実演

未来を拓く町の匠

・町工場等における未来志向の技術を紹介
・下町ボブスレーやロボット等の展示・紹介

日本各地からの出展 （ロビーギャラリー）

五感で楽しむことができるブースを地方自治体ごとに設置（22自治体）

日本各地から集めた逸品の実演、展示・販売を行います。
また、日本各地の匠の技を体験することが出来る共有スペースも設けます。
津軽こけしや井波彫刻、西陣織などが出展予定です。熊本県や大分県も出展します！

九州北部豪雨災害に対する義援金の募金箱を設置します。

津軽こけし

井波彫刻

主催：ものづくり・匠の技の祭典2017実行委員会

東京都／東京都中小企業団体中央会／一般社団法人東京都技能士会連合会／東京都職業能力開発協会／東京都伝統工芸品産業団体連絡協議会／東京都伝統工芸士会／東京商工会議所／東京都商工会議所連合会／東京都商工会連合会／株式会社東京国際フォーラム／公益財団法人東京都中小企業振興公社／地方独立行政法人東京都立産業技術研究センター

ものづくり匠

http://www.monozukuri-takumi-expo.tokyo

Tokyo Tokyo

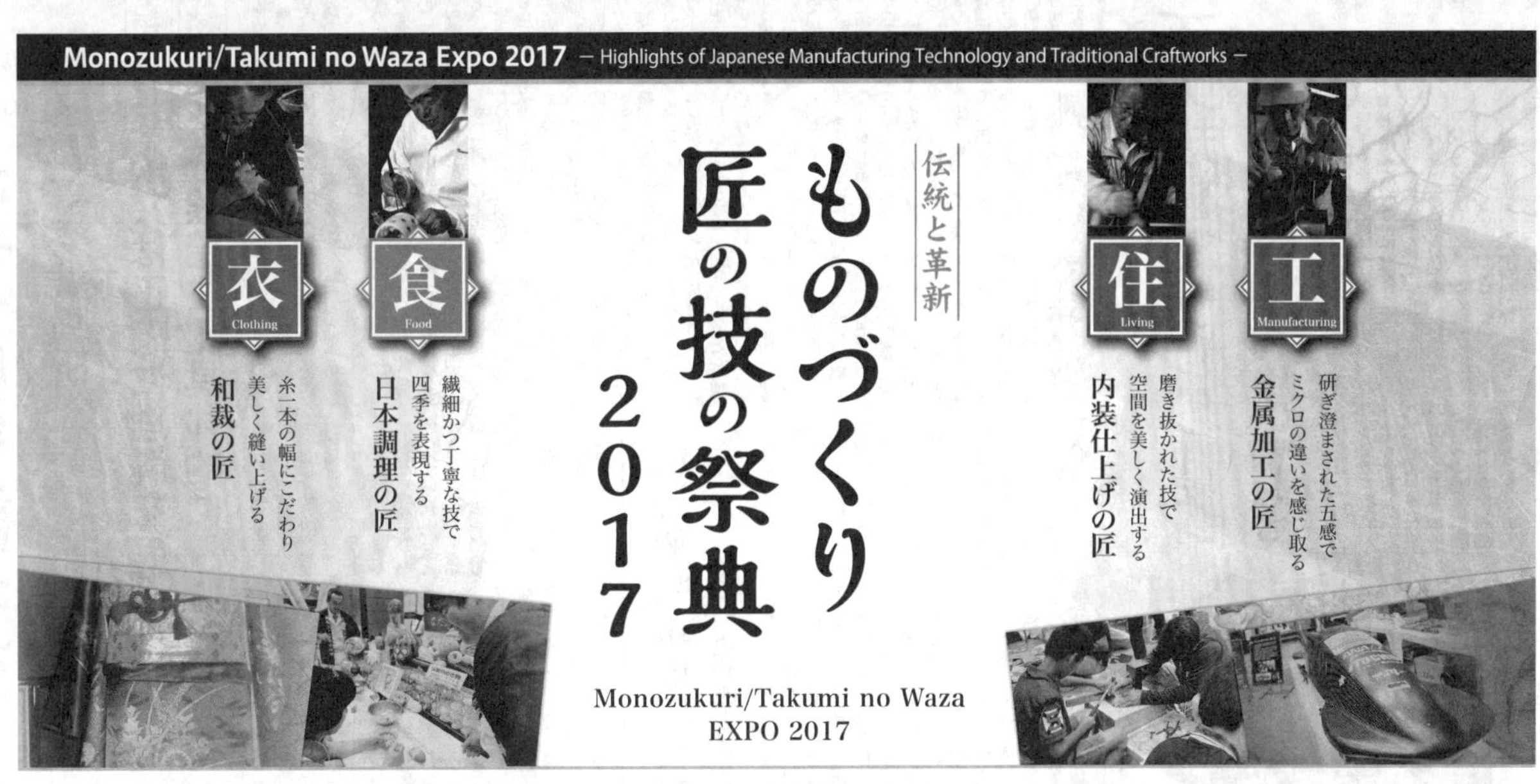

Monozukuri/Takumi no Waza Expo 2017 – Highlights of Japanese Manufacturing Technology and Traditional Craftworks –
伝統と革新
ものづくり
匠の技の祭典
2017
Monozukuri/Takumi no Waza
EXPO 2017
衣
Clothing
糸一本の幅にこだわり
美しく縫い上げる
和裁の匠
食
Food
繊細かつ丁寧な技で
四季を表現する
日本調理の匠
住
Living
磨き抜かれた技で
空間を美しく演出する
内装仕上げの匠
工
Manufacturing
研ぎ澄まされた五感で
ミクロの違いを感じ取る
金属加工の匠

会期　8月9日（水）〜11日（金・祝）
10:00〜18:00 ※8月11日は、10:00〜16:00

会場　東京国際フォーラム
●ホールE（メイン会場）●ロビーギャラリー（全国ブース）

メイン会場　（ホールE）

五感で楽しむことができるブースを職種ごとに設定（必見！ 50を超える団体が出展します）

「衣」「食」「住」「工」の分野ごとに、実演や展示・販売だけでなく、自ら「体験」ができるブースです。

衣　和裁、洋裁　貴金属　刺繍　等

食　日本調理　食器類　等

住　建築大工、左官　建築塗装、板金、内装仕上げ　タイル　等

工　下町ボブスレー　ロボット　金属加工　等

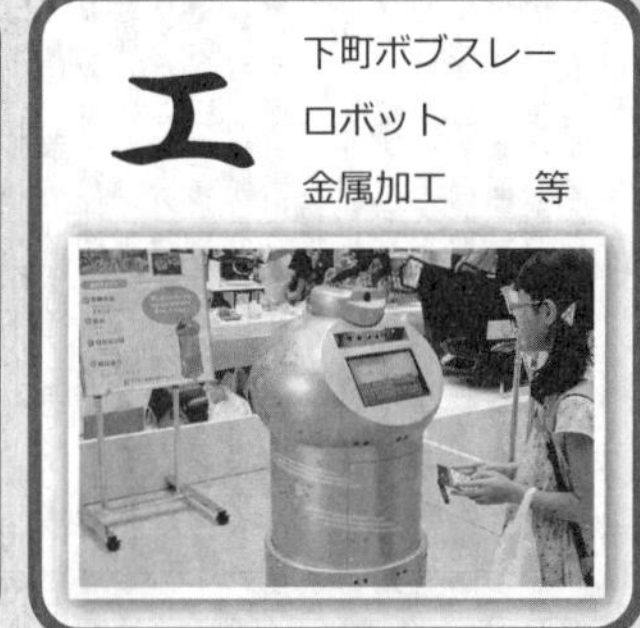

匠の技に触れる！ 体験する！

この機会でしか体験できないプログラムが盛りだくさん。
浴衣の着付けや野菜のむきもの、組子づくり、泥団子づくりなど、様々な体験プログラムをお楽しみいただけます。
（公式サイトから事前予約ができるものもございます。）

皆様のお越しをお待ちしております。

ものづくり・匠の技の祭典2017実行委員会

8月9日〜11日に東京国際フォーラムで開催する「ものづくり・匠の技 祭典 2017」は都内のみならず全国から技術・技能を集めて、日本の「匠の技」の魅力を発信するイベントです。

衣・食・住・工の様々な分野の優れた技を、観るだけでなく、自ら体験するなど、東京を訪れる海外の方も含めて、誰もが楽しむことができるイベントを企画しました。

ぜひ、多数の皆様のご来場をお待ちしております。

イベント当日、東京2020大会に向けたメダル協力ボックスを会場に設置します。不要になった携帯電話等の小型家電から抽出された金属で、東京2020大会の金・銀・銅メダルを製作します。

※回収品目の例：携帯電話、PHS、デジタルカメラ、ビデオカメラ、電話機、カーナビ、携帯ゲーム機、電卓、携帯音楽プレーヤー、ACアダプター、ドライヤー、電気カミソリ、ICレコーダー・ラジオ等）
※電池（充電池・乾電池）は、取り除いてから、回収ボックスへ入れてください。

区管試

8月26日に筆記考査

区人事委試験研究室長に聞く

Ⅰ類択一　条文は正確に理解を
Ⅱ類論文　経験踏まえ具体的に

2017年度の特別区管理職選考が8月26日、大正大学（豊島区）で実施される。今年度の合格予定者数は昨年度よりも多く、Ⅰ・Ⅱ類を合わせて計196人。筆記考査に向けて、特別区人事委員会の日向野秀紀試験研究室長に試験の出題範囲やポイント、最終盤の勉強方法などを聞いた。

——今年度の申し込み状況、合格予定者数について伺います。

今年度の管理職選考の申込者数は876人で、昨年度に比べて9人増え、申込率もわずかに増加しています。減少傾向にあった申込者数と申込率は、昨年度に続き共に増加しており、各区で行われている受験勧奨の成果が着実に表れているものと考えています。

申込者の内訳は、Ⅰ類は事務523人、技術226人、Ⅱ類は事務100人、技術27人です。一方、今年度の合格予定者数は、Ⅰ類は事務97人、技術34人、Ⅱ類は事務50人、技術15人となっており、昨年度に比べⅠ類、Ⅱ類ともに増加しています。

——今年度も「明日の区政を担う管理職員を目指して」を発行しました。

例年通り、筆記考査や勤務評定の評定基準等を公表することで選考の透明性を担保しています。また、参考資料として過去3年分の出題テーマを添付しました。出題傾向や頻出分野について自分なりに分析し、直前対策に役立ててほしいと思います。

Ⅰ類記述式問題は昨年度に引き続き、解答例を掲載しています。この解答例を参考に過去問を繰り返し解くことで、自分なりの解答形式にアレンジしていくことができるのではないかと考えています。

また、出題分野ごとに「Check Point」と題して、試験勉強のポイントを掲載しています。効率的に勉強を進めるためにも、必ず目を通してほしいと思います。

——Ⅰ類択一・短答式ではどのような勉強が求められますか。

Ⅰ類択一、短答式とも出題領域、出題数に変更はありません。

共通問題である地方自治制度、地方公務員制度は、条文を中心に関連する行政実例も出題します。法律の問題は、条文の趣旨を正確に理解することが必要です。過去問や問題集を解く際には、解答の解説だけではなく、条文を確認しておくと良いと思います。また、14年に一部改正された地方公務員法が、昨年4月から施行されました。特別区の管理職として理解しておく必要がある内容です。改正箇所は必ず条文を確認してください。

事務専門の択一式問題である行政法は基礎的な出題が中心です。範囲が広いので、問題集を繰り返し解きながら、疑問のある点について基本書により確認していくのが効率的だと思います。その際には、有名な最高裁判例も押さえておくと良いと思います。また、地方公務員法と同様に改正、施行された行政不服審査法についても改正点は条文を確認し、その内容を確実に理解してください。

財政学と地方財政制度では、地方財政に関する基礎的な知識を中心に出題します。『特別区職員ハンドブック』の地方税財政制度の章を一読することをお勧めします。

事務専門の択一問題は、過去に類似の問題が出題されている場合もあります。直前対策として、数年分の過去問を繰り返し解いてみることも有効な勉強方法でしょう。

一方、技術系の専門問題は短答式によるものが中心です。出題は、特別区の技術系管理職として知っておくべき基本的な知識を問うものになります。過去問で出題傾向と出題レベルを確認しておくと良いと思います。また、説明を求める問題では、言葉が足らない解答が目立っています。キーワードを捉えた過不足のない解答を心掛けてください。なお、技術の各分野の専門問題で必須解答の問題がありますので注意してください。

——Ⅰ類記述式問題は、どう対応すべきですか。

Ⅰ類記述式問題も出題様式に変更はありません。

Ⅰ類記述式問題は、実務に即した問題抽出力、問題分析・課題設定力や課題解決力を検証するものです。資料をもとに客観的に課題を抽出することはもちろん、管理職として幅広い視点から現実的で具体的な解決策の策定までを記述してください。資料は必要な資料を選択し、全て使用しなくても構いません。解答時間内に完成させることを心掛けてください。

——Ⅰ類の論文について留意する点は。

管理職として誰しも考えておくべき、昨今における社会や特別区政の課題について出題します。自分の仕事の担当分野だけではなく、社会で起きている事象が特別区にどのような影響を与えるのか、自分が管理職だったらどのように対応すべきかなど、日頃からの問題意識が問われます。特別区の管理職として、自分なりの問題意識に基づいた主張を展開し、説得力のある論文になるよう心掛けてください。

——Ⅱ類の事例式論文については。

事例式論文では、出題テーマに関しての現状認識を記述した上で、職場で起きた具体的問題に対してどのように対処するかを論述してもらいます。事例に対して、直ちにやらなければならないこと、今後やるべきことなどを整理して論じると、書きやすくなると思います。自らの経験を踏まえ、出題における課題の具体的な解決方法を、管理職の立場で論じてください。

——試験まであとひと月です。受験者にアドバイスをお願いします。

忙しい仕事の中で勉強時間を作ることはなかなか難しいことですが、毎日少しずつでも継続して勉強することが合格への近道だと思います。また、試験当日は日頃の実力を十分に発揮できるよう体調を整え、心身ともにベストな状態で試験に臨んで頂きたいと思います。暑い日が続きますが、ご健闘をお祈りします。

広尾病院、現地で再整備
検討委員会が意見書

都病院経営本部

都立広尾病院（渋谷区）の再整備に向け在り方を検討する「首都災害医療センター（仮称）基本構想検討委員会」（座長＝山本保博・救急振興財団会長）は24日、現在地で建て替え整備が望ましいとの意見書をまとめた。再整備の検討を始めた都の当初案では、青山の隣接地に整備する計画をしており、異なる見解を示した。

山本委員長は検討委の議論の経過を踏まえ、都病院経営本部に試案を提出。これまで以上に地域との関係性が重視されることや、災害医療のスペース確保のために容積率の活用と隣接する看護学校との連携が重要になることなどから、「効果的・効率的な病院運営のためには広尾病院が現地で培ってきた『地の利』を生かすことが肝要」とし、全ての委員が賛成した。

現在地での再整備には、検討委で工事期間中の災害拠点病院機能の維持や、平時の病院運営での患者への影響などに懸念の声があったが、最終的には他の医療機関と連携し災害時の相互補完体制を整備することや、看護学校との一体的整備などで診療への影響を減らせるとした。

都病院経営本部は2014年度から広尾病院の再整備を検討しており、当初は同区内の「青山こどもの城」跡地を買収し、移転する方針で16年度予算に用地取得費用を盛り込んでいたが、検討委委員から「検討が不十分なまま移転だけが決まっている」などと反対意見が上がり、小池知事は昨年度末に予算の執行を見送っていた。また当初、同本部は23年度の新病院整備を予定していたが、地域医療機関などとの調整が必要になることから、検討委は整備スケジュールを改めて検討する必要があるとした。

同日、同委は新病院整備方針を示す報告書もまとめ、建物の免震化や患者のプライバシーに配慮した医療環境の整備などを盛り込んだ。病床規模は広尾病院の稼働状況や需要見込みを踏まえ、現在の478床から400床程度に縮小するのが望ましいとした。

同本部は報告書と意見書を参考に、今年度中に整備地の最終決定を含む基本構想を策定。その後、病院開設時期や施設規模の詳細などを定める基本計画を策定する。

都働き方改革

千人規模でテレワーク
効果的なICT利用に懸念も

総務省が主導し、働き方改革の推進や東京五輪期間中を見据えた交通機関の混雑緩和を狙い、テレワークを官民で進める「テレワークデイ」が、東京大会の開催を3年後に控えた24日に全国の団体・企業で実施された。都庁でも1千人規模の職員がテレワークを行い、各局の局長・部長級が全員参加。ただ、ICTの利用法の職員の理解や、五輪後の定着への懸念など、浸透には課題も多そうだ。

都総務局はテレワークデイに合わせ、都庁第二本庁舎や東京都職員研修所など4カ所に、「1日サテライトオフィス」を開設。専用ネットワークに接続できるパソコンを用意し、各局で決めた担当者が普段の職場と異なる場所でテレワークを体験した。都税事務所や建設事務所などで働く職員の一部も、この日は都庁のサテライトオフィスに向かい、書類作成などの作業を行った。

局長・部長級は原則として全員テレワークを実施。都から貸与されたタブレットを使い、自宅などで業務を行った。都では4月から各職場の持ち回りで職員の在宅テレワークを試行していたが、利用していたのは資料作成などが主な仕事の一般職員が中心で、会議や打ち合わせが多い管理職は利用が少なかった。

実際にタブレットを使い、自宅でテレワークを行った事業局の総務部長は「朝の時間を有効に使えた」と感想を話す一方、「会議中、タブレットを操作しながら必要な資料を探すのに手間取ったり、WiFiの接続不良で打ち合わせが途中で途切れたりしたこともあった」と明かし、「浸透には都庁全体でのICTの効果的な利用法への意識向上が必要になると思う」との見方を示した。

都庁のサテライトオフィスでテレワークを実施＝24日、都庁第二本庁舎1階で

このほか、交通局は職員研修センターに、水道局は多摩水道改革本部と都庁内に独自にサテライトオフィスを開設。担当者がテレワークを体験した。他局でも、出先事業所とのテレビ会議やペーパーレス会議の実施など、テレワークにつながる取り組みが行われた。

テレワークの推進には、東京大会中の交通機関の混雑緩和という目的もある。12年のロンドン大会ではイギリス政府がロンドン市内の企業にテレワークの実施を呼びかけて約8割の企業が賛同。交通機関の混雑を避けられ、その後テレワーク文化がレガシーとして残ったという。

しかし、庁内には「五輪開催をきっかけとした働き方改革ならば、五輪後には結局元に戻るのではないか」と見る幹部もいる。実際に、過去には電力削減を目的とし時差出勤を推奨する「都庁版サマータイム」や、都庁の新宿移転に伴う業務のIT化による超勤縮減の取り組みも、「目立った効果が見られない」「調整主体の業務に合わない」などの理由で定着しなかった経緯がある。

都では、7月～8月を「都庁ライフ・ワーク・バランス推進月間」に位置付けており、引き続きテレワークを試行する。

総務局は「働く場所や時間、IT環境の整備など様々なニーズがあると思うので、今後も調査を続けたい」（職員支援課）としている。

2020年東京大会開幕までちょうど3年となった24日、五輪組織委員会は全国の夏祭りや盆踊りで大会を盛り上げてもらおうと、1964年の東京大会で故三波春夫さんらが歌った東京五輪音頭を現代風にリメークした「東京五輪音頭2020」をお披露目した。

新たな五輪音頭は64年版の歌詞にパラリンピックの要素を加えたほか、「平和」を意識した5番を追加。振り付けもスポーツの動作を取り入れたものにリニューアルした。障害者も楽しめるよう車椅子用の振り付けを作成したり、手話を取り入れるなど工夫している。

五輪音頭をリメーク
1964年版を現代風に

歌うのは演歌歌手の石川さゆりさん、俳優の加山雄三さん、若者に人気の歌手の竹原ピストルさんで、幅広い世代に親しんでもらうために人選したという。

同日には虎ノ門ヒルズ（港区）でイベントを開催。石川さんに加え、元女子サッカー選手の澤穂希さんやパラリンピック射撃の田口亜希さんらが東京大会公式の浴衣で踊りを披露した。

都教育管理職選考

1次選考を44人が受験
B選考、受験対象を拡大

都教育庁は23日、2017年度東京都公立学校教育管理職選考の第1次選考を駒澤大学駒沢キャンパス（世田谷区）で行い、教育管理職を目指す44人が受験（受験率100%）した＝写真。受験者数は前年度と同数で、有資格者に対する受験率は0・3%。今後は1次選考合格者等に対する個人面接を経て、最終合格者を11月下旬に発表する。

A選考は12人が、B選考は32人がそれぞれ受験し、いずれも前年度と同数。A選考の1次選考免除者を含めた受験者数は121人で、現時点では前年度より15人増。B選考の1次選考免除者を含めた受験者数は356人で、現時点では昨年度より79人増となった。受験者数増加の要因としては、組織的・計画的な受験者拡大への取り組みに加え、B選考では今年度から、一定の要件を満たす主任教諭も受験可能としたことなどが挙げられるという。

なお、C選考では小学校33人、中学校18人、高校5人、特別支援学校4人の計60人の受験申し込みがあった。

筆記試験は、2時間で1500字～2千字程度の論述を行う論文試験。A選考では2種類の資料から学校教育における課題について論述する問題を出題し、B選考では具体的な事例から学校経営における課題について論述する問題を出題した。

今後は1次選考合格者、A選考推薦区分受験者（1次選考免除者）、B選考推薦区分受験者（1次選考免除者）、C選考受験者に対して、10月上旬から下旬（予定）までの期間に個人面接を行い、日常の勤務実績を合わせて、最終合格者を11月下旬に発表する。

一方、主任教諭選考（職務レポート問題）は3484人が受験（受験率98・6%）した。職務レポートと日常の勤務実績の評定を合わせて、最終合格者を11月下旬に発表する予定。

また、校長選考は6月28日に1次選考を実施し、前年度より102人多い1075人が受験した。

同庁人事部選考課では、「これからの教育管理職には、教育者の視点、経営者の感覚、優れた人間としての魅力を持って、子供たちの将来や教育のあるべき姿を明確に展望し、組織として実践する豊かな識見と旺盛な行動力が求められている。特に、現状を変えようとする強い意欲と的確な判断力、力強いリーダーシップや指導力が重要」とし、「保護者や地域に信頼される教育が推進できる人材を選考するよう努める」と話した。

教育管理職・主任教諭選考受験状況

校種	申込者数	欠席者数	受験者数	受験率%
◎ A選考				
小学校	7	0	7	100.0
中学校	2	0	2	100.0
高等学校	1	0	1	100.0
特別支援学校	2	0	2	100.0
A選考・計	12	0	12	100.0
※A選考申込者数には、一次免除者は含んでいない。				
◎ B選考				
小学校	21	0	21	100.0
中学校	6	0	6	100.0
高等学校	3	0	3	100.0
特別支援学校	2	0	2	100.0
B選考・計	32	0	32	100.0
※B選考申込者数には、一次免除者は含んでいない。				
◎ A・B選考合計				
合計	44	0	44	100.0
◎ 主任教諭選考				
小学校	2,185	30	2,155	98.6
中学校	595	7	588	98.8
高等学校	578	10	568	98.3
特別支援学校	176	3	173	98.3
主任・計	3,534	50	3,484	98.6

五輪組織委員会

開閉会式など制作業務委託
チケットシステム開発も

五輪組織委員会は24日の理事会で、2020年東京大会の開閉会式の制作や聖火リレーの運営などに関する業務委託などについて報告した。

開閉会式は計画から出演者の手配、リハーサル、新国立競技場のインフラ計画調整まで企画・運営・実施を委託。プロポーザル方式で年内に選定する。国際的なスポーツ大会の開閉会式や博覧会イベントの制作・運営経験があることなどが要件。

聖火リレーは、ガイドライン作成や自治体調整に関する支援、聖火ランナー対応、聖火到着イベント（セレブレーション）などが主な内容。外部有識者を含めた審査会で事業計画・スケジュールの提案などのプレゼンテーション審査を行う。

また、聖火リレーで使用する「トーチ」は今秋以降、デザインビルド方式によるコンペを実施し、デザインから製造を一括して担当する事業者を選定する。デザイナーとエンジニア、製造者が共同事業体を組むことが前提。1万本以上のトーチを製造する。デザイン発表は大会1年前を想定している。

そのほか、チケット販売やサービスを担当する「チケッティングシステム&サービスプロバイダー」（TSP）を条件付き一般競争入札（総合評価方式）で選定する。システム開発・運用とチケッティングオペレーションが必須で、CRM（顧客情報管理）とチケットプロモーションの企画も任意で提案してもらう。オリンピック・パラリンピックやサッカーW杯などの国際大会のチケッティング業務経験を持つことなどが要件。

組織体制では1日付で、「共同実施事業管理本部」を新設する。役割分担の大枠合意を受けてコスト管理と執行体制を強化する。

選手村交流施設　国産木材を公募

組織委はまた、選手村の交流施設「ビレッジプラザ」を全国の自治体が提供する国産の木材で建設する方針を明らかにした。多様性と調和を表現するのが目的。ネット上では無償提供を否定的に捉える声があるが、希望する自治体から無償で借り受け、大会後は各自治体が持ち帰ってレガシーとして「後利用」するスキームとなっている。

木材を供給してもらう自治体の数は棟単位の5団体程度、部材単位の40団体程度を想定。被災地などは優先的に対応する。

「皆でラジオ体操」　都庁でキックオフ
小池知事

2020年東京オリンピック・パラリンピックの機運醸成と都民の健康増進を目的に24日、ラジオ体操を推進する「みんなでラジオ体操プロジェクト」が都庁で始まった。キックオフイベントとして、区市町村の職員や社員のスポーツ活動を推進している「東京都スポーツ推進認定企業」の社員80人が、都庁第一本庁舎で小池知事とともにおそろいのTシャツを着込み、ラジオ体操を披露した。

都ではこのイベントを皮切りに、パラリンピック閉会日に当たる9月6日まで、午後2時55分から各職場で職員によるラジオ体操を実施するという。

小池知事は「ラジオ体操は国民の心を一つにする。全国に広げてレガシーにしていきたい」とあいさつした。

入札・調達サイト　外郭団体も活用
都産業労働局

（公財）東京都中小企業振興公社など都産業労働局所管の外郭団体3団体は、入札・調達案件を集約したポータルサイト「ビジネスチャンス・ナビ」を8月1日から電子入札システムとして活用する。サイトを活用するのは同社のほか、㈱東京国際フォーラムと㈱東京ビッグサイト。同局は「他の外郭団体でも活用を促進する」としている。

凸版印刷の団交拒否　不当労働行為に認定
都労働委員会

都労働委員会は26日、凸版印刷㈱の団体交渉の拒否を不当労働行為に認定し、同社に団交に応じるよう命じた。

命令書によると、会社側が2015年11月に出した配転命令とその撤回に関し、組合側が経緯などを議題とする団体交渉を申し入れていたが、会社側が応じていなかった。命令書では「会社は組合に対して形式的な質問を繰り返すことにより、団交申し入れに対する回答を理由なく先延ばしにし、団交応諾についての回答を避け続けている」と判断した。

◆シリーズ「五輪への航海図」は休みます。

30年度 職員教養講座 東京都管理職選考対策 ▶5◀

今回は創作事例を紹介します。資料は著作権の関係から掲載できませんので、各自ご確認ください。

問題

別添の資料は、東京を取り巻く社会経済情勢に関する状況等を示したものです。

① これらの資料に基づいて、世界をリードする国際都市・東京を実現するために、都政にとって特に重要と思われる課題を抽出し、簡潔に述べなさい（400字程度）。

② ①で述べた課題について、今後、都はどのような施策を推進するべきか、あなたの考えを論じなさい（1300字以上1800字程度）。

資料

1 総合・分野別ランキング（世界の都市ランキング、森記念財団都市戦略研究所）

2 外国人旅行者受け入れ数の国際比較（統計情報＝観光庁）

3 外国人旅行者が旅行中に困ったこと（訪日外国人旅行者の国内における受入環境整備に関する現状調査＝総務省、観光庁）

4 MICE開催件数（2020年に向けた実行プラン＝東京都）

5 親企業の国籍別外資系企業数の推移、アジア各国・地域の立地競争力（東京の産業と雇用就業2016＝東京都）

6 主要業種別経常利益、日本で活動する上での阻害要因（第50回外資系企業動向調査2016年調査＝経済産業省）

7 水素エネルギーの市場の現状と展望（水素白書＝国立研究開発法人新エネルギー・産業技術総合開発機構）

8 都内水素ステーションマップ（東京水素ミルHP＝東京都）

論文例

①都政にとって特に重要な3つの課題

1 外国人観光客の受入環境整備

○日本の外国人旅行者数は世界で16位、アジアで5位である。

○旅行中に困ったこととして、無料公衆無線LAN環境を挙げた旅行者が最も多く、英語が通じない等コミュニケーションが取れないことが2番目に多い。

○東京のMICE開催件数は、1位のシンガポールと比べて3分の1程度である。

2 海外金融系企業の誘致促進

○日本に拠点を置く外資系企業のうち、東京に拠点を構える企業は76％以上を占める。

○日本の金融拠点としての評価は、過去6年の間に下がっている。

○金融・保険業の経常利益は伸びており、非製造業で最も多い。

3 スマートエネルギーの普及

○東京は世界の都市ランキングで総合3位だが、環境分野では12位にとどまる。

○水素エネルギーは、今後も市場の拡大が見込まれる。

○都内の水素ステーションの数は、12カ所にとどまる。

②の解答例

1 グローバル社会を迎えて

世界では、国境を越えた人・物・資本の動きが活発なグローバル化が進み、東京は日本の首都として、世界の主要都市間の厳しい競争にさらされている。不透明な国際情勢が続く中、熾烈な競争に打ち勝つためには、東京が日本の成長を牽引し、ひいては世界の発展をリードすることが重要である。都は今こそ、「スマート シティ」を推進し、世界をリードする国際都市・東京を実現しなければならない。

2 「スマート シティ」の推進を阻害する要因

「スマート シティ」の推進を阻害する要因について、以下の通り考察する。

A論文（創作事例）③

第一に、外国人観光客のニーズに十分に応えられていないことである。東京のファンを増やすには、外国人観光客の多様なニーズを満たす必要がある。

第二に、海外金融系企業が参入しづらい環境である。都は国家戦略特区を活用し、法人税率の引き下げ等の規制緩和を国と連携して推進してきたが、一層の取り組みが求められている。

第三に、低炭素社会の実現に向けた最新技術の導入が途上であることである。水素エネルギーや再生可能エネルギーの普及が課題である。

3 課題の解決に向けて

これらの課題を克服するための施策を以下に進める。

第一に、外国人観光客の受入環境整備である。東京のファンを増やすことは、経済成長だけでなく、東京のプレゼンスを高めることにもつながる。そこで都は、旅行者のニーズを満たす施策を推進する。

まず、最も要望の多いWiFiアンテナを都内の主要観光地に増設する。次に、ユニークベニューを充実させ、都立施設を中心に、庭園や水辺のライトアップを楽しめる会場を増やす。さらに、MICE誘致の専門知識を持つ人材を育成するため、企業や大学と連携してMICE人材育成講座を開講する。

一方、言葉の壁があると、旅行者の不便は解消されない。そこで、国や区市町村と連携し、ピクトグラムの普及を加速させる。さらに、飲食店のメニューの多言語表示や、おもてなしボランティアの育成等の施策も推進し、世界最高のPRIME観光都市を実現する。

第二に、海外金融系企業の誘致促進である。資産運用業やフィンテック企業の誘致は、日本全体の成長に欠かせない。そこで都は、ビジネスコンシェルジュを活用した金融ワンストップ支援サービスの拡充や、東京開業ワンストップセンターによる法人設立手続きの迅速化を図る。具体的には、許認可事務で英語申請を導入し、英語で相談できるサテライトオフィスを増やす。さらに、国内金融機関との商談会を開催し、マッチングを支援する。

もっとも、ビジネス環境だけでなく生活環境も重要である。そこで、外国語対応の可能な医療機関や、相談窓口の情報を掲載した冊子を作成する。都内の大使館や在日外国商工会議所の協力を得て配布し、都のウェブサイトでも多言語で情報を発信する。さらに、インターナショナルスクールの誘致を推進し、家族と安心して暮らせる環境を整え、国際金融都市としての地位を取り戻す。

第三に、スマートエネルギーの普及である。CO^2を排出しない水素エネルギーは、世界の持続可能な発展に欠かせない。そこで都は、水素社会の実現を推進する。具体的には、燃料電池自動車やバスの導入を支援し、水素ステーションの数を増やす。実現には、水素を扱う専門人材の育成が欠かせないため、資格取得に向けた講習会を開催し、民間事業者が水素ステーションの開設に参入しやすい環境を整える。さらに、東京2020大会をショーケースとして水素エネルギーの活用を進め、持続可能な未来都市の在り方を世界に発信する。ただ、大規模なインフラの整備には一定の時間と財源を要する。そこで、家庭や企業におけるLED照明の普及や、事業所における太陽光発電を活用したシティチャージの設置支援など、より少ない財源で短期間に実施できる施策を並行して推進し、スマートエネルギー都市として存在感を高める。

4 世界をリードする国際都市・東京を実現するために

世界的な人・物・資本の獲得競争の波に、都は正面から立ち向かわなければならない。グローバル社会の中で、東京は「スマート シティ」として成長を遂げ、世界の発展を牽引していく必要がある。

世界をリードする国際都市・東京の実現に向けて、都は不断の努力を続けなければならない。私は管理職として、全力で課題解決に取り組む決意である。

解説

今回は、2020年に向けた実行プランの三つのシティのうち、「スマート シティ」をテーマにしました。

①では、都政にとって特に重要な課題を抽出します。課題の重要性を裏付けるために、具体的な数字を挙げると説得力が増します。なお、創作事例だけでは、課題抽出の練習は難しいので、過去問も活用してください。

②では、都が推進すべき施策を論述します。資料から読み取れる課題は、（1）外国人観光客の受入環境整備、（2）海外金融系企業の誘致、（3）スマートエネルギーの普及の3点です。1章では世界の中での東京の立ち位置を俯瞰し、問題が示すテーマを実現する重要性を訴えます。2章では課題を挙げ、3章で解決策を示します。4章では全体を総括して、決意表明で締めくくります。課題と解決策を対応させ、全体を通して論旨を貫くことが大切です。

創作事例では、知事の施政方針や主要な計画を参考に問題を想定しましょう。都の公式ホームページやとちょう・iも施策の方向性を把握するのに参考になります。

論文対策のまとめ

《ポイント1》管理職の添削

論文対策と択一対策で大きく異なるのは、論文は独学で力を伸ばすには限界があるということです。参考書を読み、知識を蓄えれば対応できる択一とは異なり、論文では合格水準に達することが必要です。管理職から十分な添削指導を受けずに合格水準に達することは、相当困難です。そして、複数の管理職から添削を受けることが重要です。受験経験のある管理職から様々な指摘や助言を受け、修正を重ねる過程で徐々に合格レベルの論文が分かってきます。少なくとも3人以上の同じ受験種別の管理職に添削を依頼すると良いでしょう。

《ポイント2》計画的な準備

管理職選考は近年5月に実施されています。年度末までに、できれば2本は論文を完成させ、4月以降はレジュメ作成や時間内に手書きで論文を書く練習に集中すると良いでしょう。なぜなら、年度末・年度始めは都の多くの職場が繁忙期で、受験生・上司ともに異動などがあり、落ち着かない時期だからです。すべきことから逆算していくと、自身にとって最適なスケジュールを設定できると思います。突発的な仕事が入ることや、風邪などで体調を崩す可能性も考慮して、余裕を持って準備に取り掛かることが合格への近道です。

《ポイント3》日頃の取り組み

論文対策は、直前の付け焼き刃で対応できるものではなく、日頃からの準備が欠かせません。逆に言えば、日頃の着実な努力が実を結ぶ試験です。知事の施政方針、2020年に向けた実行プラン、新聞報道などを把握し、大局的な視点を養いましょう。

さらに、論文対策は口頭試問対策にも役立ちます。これは、口頭試問でも都政に関する問題意識を問われるためです。論文対策に十分な時間をかけ、都や国、他の自治体、世界のライバル都市の動向に理解を深め、短い時間の中で自分の考えを表現できるようにしましょう。

終わりに

論文対策は、種別Aの管理職として求められる全庁的な視点を意識して、日頃から取り組むことが大切です。まずは管理職の添削を受けながら、自分らしい形式を確立していきましょう。皆様のご健闘をお祈り申し上げます。

昇任試験対策のページ

特別区 管理職試験講座 39

I類択一・記述　I・II類論文　29年度

I類記述

試験本番まで1カ月を切り、受験する皆さんはいよいよラストスパートの段階と思います。今回は記述式試験の直前対策を紹介します。

試験概要

記述式試験について改めておさらいします。この試験は、各種統計や新聞記事等の資料から、現状や問題点を分析した上で、区政の課題を抽出し、その課題を解決するための具体的な施策の提案をまとめるものです。

まず、数多くの資料から、短時間で様々な情報を読み解き、課題を的確に把握した上で、特別区の課題と重ね合わせて解答を作成することが求められます。

そのためには、幅広い情報収集能力と課題を抽出するための分析力、また、柔軟な発想力と論理的に整理して相手に伝える力が必要となります。

また、A3の解答用紙に手書きで提案書を作成していきますので、2時間以内に仕上げるスピーディーさと、最後まで書き切る粘り強さも必要となります。

試験対策

記述式の試験対策は、全般的に「試験勉強」というよりは、「トレーニング」に近いと思います。勉強して知識を習得するのではなく、トレーニングで試験に必要な視点や考え方、やり方を体得するようなイメージです。日頃の業務の中で意識的に心掛けてトレーニングを積み重ねることが重要です。

① 情報収集

過去の出題傾向から見ても、この試験で取り扱われる課題は、日常的に新聞やテレビなどで目にしたり、現在、各自治体で取り組みを推進しているような課題となっています。

自区の取り組みはもちろんのこと、他自治体の取り組みや、法改正などの国・都の動向、更に国際情勢や経済の動向など、日頃から幅広く情報収集に努めることが大切です。新聞、テレビだけでなく、インターネットやスマートフォンアプリなど、様々なツールを活用して情報収集すると良いでしょう。

② 資料からの課題分析と発想力のトレーニング

資料からの課題分析や発想力についても、日頃の情報収集と併せて練習すると良いと思います。

先述の通り、日頃から、様々な媒体を活用して情報収集を行い、その際に、その事案に関する課題と「区としてどのような取り組みが考えられるか」ということを、常にセットで考えるようにすると良いと思います。

課題分析については、日頃の業務の中でも、課題を明確にし、言語化するトレーニングを行うと良いでしょう。

また、試験本番では発想力が勝負になります。課題の分析はできていても、比較できる施策案が複数なければ、最善策を提案できません。「複数の施策案から最善策を選択したいのに、施策案がひとつしか思い浮かばない」とならないよう、いくつかの案を発想できる力が必要になります。

緊張感の漂う試験会場で、いつも通りに「ひらめく」ためには、日頃から様々な課題に対して「自分が担当課長ならどんな施策を提案するか」を考えるなど、反復トレーニングをするのが効果的です。

③ 施策提案・評価の視点

複数の施策を提案する際には、「ヒト、モノ、カネ」や「ハード、ソフト、協働」など、それぞれ異なった切り口で提案するのが有効かと思われます。

また、それぞれの施策について、「効果、コスト、時間、協働」等の視点から評価し、比較することで、より実効性・実現性の高い「最善策」を選択します。

日頃から、自区や他自治体の既存の事業を、先述の切り口や評価指標に当てはめて整理してみるなどの練習をしておくと、考え方が整理され、参考になると思います。

④ フォーマットの確認

情報収集、発想力、考え方のトレーニングと並行し、あらかじめ解答として提案書のフォーマットを作成します。

資料の構成を決めるために、提案書に必要な項目を整理しておく必要があります。必要な項目や、文章の記載の仕方などは、議会や庁議等の資料をイメージすると分かりやすいのではないでしょうか。

また、特別区人事委員会が発行している管理職選考受験勧奨用冊子『明日の区政を担う管理職員を目指して』にも、フォーマットの見本が掲載されており、これを参考にすると良いでしょう。

内容を論理的にまとめるのはもちろんのことですが、視覚的効果も重要です。評価者にとって読みやすい資料となるよう、レイアウトや文字のバランスに留意し、メリハリのある構成を心掛けましょう。タイトルや項目名の文字の大きさを変えたり、重要な部分に下線を引くなどの工夫も効果的です。

フォーマットが固まったら、日頃から行う情報収集からの一連のトレーニングの一環で、課題や提案をどのようにフォーマットに落とし込んでいくか、実際に作文するなどして練習します。提案説明を受ける側の視点に立って、論理的に整理し、分かりやすく伝えることを心掛けます。

また、手書きで資料を作成するのは思っている以上に労力がかかり、時間の経過とともに作業のスピードも落ちてきます。全体の工程のペース配分を確認するためにも、準備段階から、本番と同じように時間の制限を設け、初見で資料分析を行い、手書きで解答を作成する練習を行うことをお勧めします。

試験直前の勉強の仕方

直前対策

直前の時期もこれまで通り、継続的にトレーニングするのが重要ですが、少しでも多く勉強時間を確保するため、効率的に勉強を進めたいところでもあります。その時にお勧めなのが、スマートフォンアプリの活用です。このところ、ニュース検索や法令データなど無料で試験に活用できるアプリが増えています。通勤時間や昼休みなど手軽に勉強できるため、一度確認してみると良いと思います。

また、直前の時期は、実際の試験時間で問題を解く予行練習を行って本番に備えることが重要です。その際には、「都政新報」の本講座で掲載された事例問題を活用すると良いでしょう。本講座の事例問題では、昨年度の試験で使われた表とよく似た資料が出題され、安心して試験に臨むことができました。仮に想定とは違った出題となった場合も、フォーマットを固めておくことで、提案する施策の検討に集中することができます。

まとめ

2時間の試験時間は、長いように思えて、実際にはあまり余裕がありません。課題分析や施策の案を考えることばかりに時間をかけ過ぎると、時間が足りなくなってしまいます。時間内に終えるには、効率よく作業を進めなければなりません。

試験開始後、何から着手するのか、好みのやり方は人それぞれだと思います。まずは過去問題等を活用して、自分にとって効率の良い進め方を見つけ、事前に時間配分を決めておくとよいでしょう。

いつもと違う環境で、いつもと違うことをしようとすると、緊張感が高まり、本来の力が発揮できなくなってしまうことも多いのではないでしょうか。

試験会場という「いつもと違う環境」で、「いつもと違うこと」をしようとすれば、気持ちが焦ってしまい、なかなか考えもまとまらないものです。反対に、試験本番で「いつも通り」のことができれば、自然と気持ちは落ち着き、目の前のことに集中できます。

そこで、逆転の発想をしてみます。

日常的にやっていることを試験会場で実行するのではなく、試験の際にすることを、日頃から実践して「いつもやっていること」にしてしまえば良いのではないでしょうか。

試験当日に、自らが本来持っている力を最大限、またはそれ以上に発揮するために、自分のやり方をしっかり身に着けておきましょう。

猛暑の夜空に江戸の華

独立記念のイベントも開催

夏の夜空を彩る花火大会が都内各地で開催されている。7月29日には「第40回隅田川花火大会」（台東区・墨田区）、8月1日には「第35回江東花火大会」（江東区）、8月5日には「第58回いたばし花火大会」（板橋区）、「第42回江戸川区花火大会」が開催される。「第39回世田谷区たまがわ花火大会」（世田谷区）は、「世田谷区制85周年」の冠を付けて、8月19日に開催。今年「独立70周年」を迎える練馬区では8月1日に4500発の仕掛け花火で独立を祝う「花火フェスタ」を開催する。

■隅田川花火大会

▽日時　7月29日㈯▽午後7時5分～8時半（雨天等の場合、翌30日㈰に順延）

伝統の両国川開き花火大会を継承する行事。第1会場（桜橋下流～言問橋上流）ではコンクール玉200発を含む約1万350発、第2会場（駒形橋下流～厩橋上流）では約1万1650発、計2万2千発が打ち上げられる。

■江東花火大会

▽日時　8月1日㈫▽午後7時40分～8時半▽会場　荒川・砂町水辺公園

打ち上げ数は約4千発と少ないが、荒川に浮かべた台船から次々とスターマインが打ち上げられる。河川敷までは150㍍の至近距離で、その豪華さ・雄大さは見ごたえたっぷり。

■練馬区独立70周年記念事業花火フェスタ

▽日時　8月1日㈫▽午後4時～8時（花火は午後7時半～15分間）▽場所　練馬区総合運動場など

練馬区が独立した記念日を締めくくる「花火フェスタ」を開催。4500発の仕掛け花火ショーのほか、ジャズライブや水合戦などのイベントも行われる。

都内最大の大玉「尺五寸玉」を打ち上げるいたばし花火大会

■いたばし花火大会

▽日時　8月5日㈯▽午後7時～8時半（荒天の場合は翌6日㈰に開催）▽場所　荒川河川敷

対岸の戸田橋花火大会と同日開催で、総打ち上げ数は1万2千発を超える。打ち上げ場所から観客席が近いことから、お腹に響く尺玉の音がだいご味になっている。

都内の花火大会では、4号玉から8号玉がほとんどだが、いたばし花火大会では10号玉を100発も打ち上げる。さらに、東京最大の打ち上げ花火の15号玉（尺五寸玉）も登場。関東でも最大クラスを誇るナイアガラの滝も見どころ。

■江戸川区花火大会

▽日時　8月5日㈯▽午後7時15分～8時半（悪天候の場合、翌6日に順延）▽場所　江戸川河川敷

今年の見どころは、オープニングの「満開！江戸川大輪花！」。江戸川名物の5秒間1千発打ちによるド迫力のオープニング。

さらに、「白銀の富士」で大自然にそびえたつ富士山が雪化粧する様を演出。そのほか、紫のやさしい光で癒やしと安らぎを与える「神秘の楽園～ムラサキの癒やし～」や、色の変化が幻想的なイリュージョン「イエローマジック!!」などで会場を魅了する。総計約1万4千発の花火を打ち上げる。

■世田谷区たまがわ花火大会

▽日時　8月19日㈯▽午後7時～8時（荒天の場合は中止）▽会場　世田谷区立二子玉川緑地運動場

今年のテーマは「響～たまがわに溶け合う光と音の輪～」。波紋が広がり、周囲に伝わっていく〝響〟をモチーフに、最大10号玉の大きく広がる精巧な響き、まるでダンスをしているようなエモーショナルな響き、世田谷の空を宝石のように彩る色彩の響きを、花火と音楽で表現する。計6085発を打ち上げる。

今年は区制85周年を区民と共に祝う大会として記念の花火を打ち上げるとともに、川崎市と世田谷区との連携・協力に関する包括協定により合同開催する。

もう透明人間ではない

LGBT議連発足　当事者からの発信 下

昨今のLGBTの権利擁護に対する世論の高まりや経済界の動向に沿い、都内の自治体でも取り組みが始まっています。

LGBTへの差別を禁止する条項のある条例が、多摩市、文京区、台東区で実現しています。また、世田谷区や渋谷区では同性パートナー制度が導入され、同性パートナーの存在を見える化することができました。同性パートナー制度を利用する数が行政資料として残り、存在の証しになります。LGBTはもう透明人間ではありません。

ダイバーシティー実現を

そして、6月には世田谷区が公営住宅条例を改正し、親族を同性パートナーにも拡大し、公営住宅への入居が可能となりました。公営住宅は生存権を保障する制度ですが、条例に同居親族要件があり、同性カップルは制度から排除されていました。国際問題ともなっていて国連から勧告を受け、国は2012年に公営住宅法改正で対処しましたが、各自治体では対応が遅れており、都営住宅を含め早急な対応が求められています。

また、みずほ銀行は住宅ローンを借りる場合、渋谷区が発行するパートナーシップ証明書の写しを提出すれば、同性パートナーを配偶者と同様に取り扱うと発表しました。現状では渋谷区民でないと住宅ローンが使えない経済的な不利益が生じており、都民の間で格差が生じています。憲法で保障されている法の前での平等を主張されたら、制度がない自治体の職員はどのように回答するのでしょうか。

都では今から20年前、施設の使用許可を巡って都が敗訴した府中青年の家事件において、「都教育委員会を含む行政当局としては、その職務を行うについて、少数者である同性愛者をも視野に入れた、肌理（きめ）の細かな配慮が必要であり、同性愛者の権利、利益を十分に擁護することが要請されているものというべきであって、無関心であったり知識がないということは公権力の行使に当たる者として許されないことである」という確定判決がなされた歴史を持っており、都の人権施策推進方針にも性同一性障害や性的指向についての取り組みが言及されています。

世界に目を向ければ、ドイツ連邦議会が6月に同性婚の合法化を可決しました。これでG7では、同性婚が認められないのは日本だけとなりました。アジアでも、台湾では台北・高雄両市で同性パートナー制度が導入され、5月に同性間の婚姻を認めない民法は違憲だとする判決がなされ、2年以内に同性婚を制定する準備が進められています。こうした世界の動きの中で、国際都市・東京として、世界標準なダイバーシティーの実現が必要です。

また、オリンピック憲章では性的指向による差別の禁止が明記されています。東京オリンピック・パラリンピックに関わるすべての物品やサービスは、性的指向や性自認による差別・ハラスメントを禁止している企業から調達する必要があります。しかも製品を製造する企業だけでなく、その材料を作っている企業、運搬する企業など、流通に関連するあらゆる企業に当てはまります。3年後の東京オリンピック・パラリンピックを開催するためには、都のLGBT施策推進は差し迫った課題のはずです。都政に関わる人にそうした認識はあるのでしょうか。

「東京レインボープライド」でパレードに参加した前田区議

具体的な施策展開を期待

国のLGBTに関する施策に関しては、人事院規則「セクシュアル・ハラスメントをなくすために職員が認識すべき事項についての指針」で、「性的指向や性自認をからかいやいじめの対象とすること」とされています。また、いじめ防止対策推進法基本方針でもLGBTへの対応を盛り込んで改定されており、各自治体でも早急な対応が求められています。

ともすると難しいものと感じられ、できないと思われがちですが、できることがたくさんあります。人事担当であれば、文京区で作成されたような職員・教員の対応指針の導入や研修、教育関係であれば、図書館・室でのLGBT関連のブックフェアの開催、福祉部門では、相談支援の窓口でLGBT関連の相談が可能なことの明示など、考えればやれることはたくさんあります。

「ダイバーシティ」を公約に掲げた小池知事になり、LGBTの都民が生きやすい東京になり、都民にとってLGBTが身近な存在と感じられるよう、具体的な展開を期待しています。

（文京区議会議員　前田邦博）

＝おわり

都～区トーク

嘘つきパラドックス

目の前にある紙に次のようなことが書かれていたとしよう。

「この文章は間違っている」

「この文章」とは、紙に書かれている「この文章は間違っている」を指している。いわば自分自身について述べているような内容だ。

世の中の物事は正しいか間違いかの二者択一しかない場合、紙に書かれた「この文章は間違っている」は果たしてどちらなのだろうか。

もし正しいのであれば、間違いは間違いのままなので、正しいのにこの文章は間違っているとなり、矛盾してしまう。逆に間違っているとしたら、間違っているのが間違い、すなわち正しいのだから、間違っているのにこの文章は正しいと、これまた矛盾してしまう。

何だかわけが分からなくなる話だが、これは論理学の分野で「自己言及のパラドックス」と呼ばれるものだ。自己について、ある条件の事柄を言及した場合、それが真とも偽とも決めることができない。このパラドックスは別名「嘘（うそ）つきパラドックス」とも呼ばれている。

さて、都議選からまもなく1カ月。6月に入り、小池知事は都民ファーストの会の代表に就任した。二元代表制への懸念に対しては、一貫して「問題ない」との認識だった。ところが投票日翌日の7月3日には一転して「二元代表制への懸念」を理由に代表を辞任した。選挙ファーストな代表就任だったのが見え見えで、「問題ないと言ったのは嘘だったのか」と批判されて当然だ。

この批判に対して、小池知事はどのように反論すればよいか。ここはズバリ「私は嘘つきです」と言えばよい。理由はこうだ。

小池知事の反論が文字どおりだとすると、「私は嘘つきです」という発言も嘘、つまり「私は正直者です」となる。極めて論理的な反論だ。一方、誰かが「そんなことない、小池さんは正直者だよ」と声をかけたらどうか。この場合、小池知事は正直に「私は嘘つきです」と認めたことになる。つまり正真正銘の嘘つきだ。だが、都民ファーストの候補者を含め、誰もが嘘つきだと内心思っているので、このような声はかからない。小池流「嘘つきパラドックス」だ。

今後、築地再整備についても同様の反論が使えるかもしれない。だが、論理的には正直者であっても、都民感情としては明らかに嘘つきになるので要注意だ。何だかこの話、科学的には安全であっても消費者としては安心できないに似てなくもない。

（私は嘘つきな偽都職員）

クラシックなアーチ橋

音無橋

音無橋は、王子の駅前に架かるクラシックな外観を持つ3連のコンクリートアーチ橋である。この橋は1930年に東京府によって架けられた。橋の名は、橋が架かる石神井川が音無川と呼ばれていたことに由来する。

音無川と呼ばれたのは、中世にこの地を治めていた豊島氏が紀州の出で、熊野大社を分祀して王子神社を建て、石神井川を熊野大社の脇を流れる音無川になぞらえたためという。

今は石神井川の本流は新たに造られた放水路を流れ、橋下は人工のせせらぎが流れる公園となっている。

建設時、橋の親柱などのデザインは当時流行したアールデコのデザインであった。その後、経年で劣化が進んだが、美しい橋を架け替えるのは惜しいとの声から、85年に補修工事に合わせ、バルコニーを設置するなど化粧直しが行われ、現在の姿になった。

30年を経た現在、更に寿命を延ばすために長寿命化工事を実施中である。これできっと100年後も美しい姿を見せてくれることだろう。

現在の音無橋、美しいコンクリートアーチ橋である

ミニガイド

◇2017年度第1回東京都健康安全研究センター環境保健衛生講習会「知って安心、測ってナットク！基礎から学ぼう放射線」　▷日時　8月30日㈬　午後2時～5時▷場所　東京都健康安全研究センター（JR大久保駅北口徒歩約10分）▷講師　欅田尚樹・国立保健医療科学院生活環境研究部長、山口一郎・同上席主任研究官▷内容　放射線の基礎的事項に関する講演、放射線の性質に関する実習、グループディスカッション▷募集人数　50人（参加無料、申込者多数の場合は抽選）▷申し込み方法　往復はがきか都の電子申請で、①氏名（ふりがな）②電話番号③業種④同行する全員の氏名⑤講習会で聞きたい内容、質問――を書いて。8月18日㈮必着（開催の1週間前を目安に参加の可否を連絡。〒169－0073　新宿区百人町3の24の1健康安全研究センター環境情報担当▷問い合わせ　同センター健康危機管理情報課☎03・3363・3440、3487

風流戯画草紙

作・橋本裕之

「東京五輪音頭2020」披露
夏の開催で「入道雲の夏の空」に歌詞を替えたようですが
「大雨雷雨、熱中症に気をつけて」も入れたほうがいいんじゃないですか

購読料に関するお願い

口座振替ご利用の皆様へ

銀行の口座振替は3カ月ごとの後払いで振替日は該当する月の6日（土休日と重なる場合は翌営業日）となります。残高不足等で振替が出来ない場合、割引が適用されなくなることがあります。お客様ご利用の口座残高をもう一度、ご確認いただきますようお願いいたします。

都政新報

発行所　都政新報社
〒160-0023 東京都新宿区西新宿7-23-1 TSビル
〈総務・読者〉03-5330-8781
〈企画広告〉03-5330-8784
〈編集〉03-5330-8786
〈出版〉03-5330-8788
〈ファクス〉03-5330-8808
購読料 月1,730円(税込)
毎週火・金曜日発行
ただし、祝日は休刊

紙面から

地方消費税見直しで舌戦

全国知事会

全国知事会議が7月27日と28日に盛岡市で開かれ、地方税財源などをテーマに議論した。初めて知事会の夏の定例会に出席した小池知事は、都の財源を地方に配分する偏在是正措置を牽制するなど地方税に関する基本認識を示した。今後は都など大都市に地方消費税の不利な見直しが行われかねず、小池知事の対応が問われている。

地方目線の配分割合変更
小池知事「賛同しかねる」

全国知事会で、都と地方の意見が分かれたのは地方消費税だ。荒井正吾奈良県知事は、小売やサービスの販売額が税収総額の75%、人口が17・5%、従業員数が7・5%という現在の配分割合に異論を唱え、人口の割合を高めるよう求めた。例えば、奈良県民が大阪府で食事や買い物などをした場合、最終消費地の大阪府に税収が入るが、人口のウエートを高め、販売額などを引き下げれば奈良県に税収が多く入ることになる。都をはじめとした大都市の税収を確保しようという思惑があると見られる。

また、荒井知事は最終消費量を算定する統計データとして、年間の商品販売額などを調べる商業統計調査にも言及。同調査は5年に1度、全ての事業者を対象に実施しているが、国は毎年1回、一部の事業者を抽出するサンプル調査に切り替える方向で議論している。荒井知事は「信頼性が損なわれる」と問題視する一方、人口の配分割合を見直す必要性に触れた。

これに対して、小池知事は人口の比重の引き上げを「賛同しかねる」と反対。地方消費税の最終消費地に税収を帰属させるという本来の趣旨から逸脱しているとして、統計データの精緻化を図るべきとの考えを示した。

国は奈良県と同様に人口のウエートを高める方向で議論している上、6月に発表した「骨太の方針」では「地方税の偏在是正措置につながる方策について検討する」と盛り込まれた。小池知事は国に対し、「地方間の限られた財源の奪い合いでは地方全体の財源不足の根本的な解決につながらない。地方の役割に見合う地方税財源の拡充が不可欠」と牽制した。

奈良県を牽制する発言は他県からもあった。石井隆一富山県知事は、最終消費地に配分する地方消費税の趣旨を重視し、人口だけが客観的な指標にはならないとの考えを示した。

7月28日にまとめた最終提言では、正確に最終消費を把握するため、「可能な限り経済活動の実態を踏まえたものとすべき」とする一方で、商業統計などで正確に最終消費を把握できない場合、代わりに人口の比率を高める方向で見直しを検討する必要性に触れた。

このほか知事会では、ふるさと納税の返礼品、23区内での大学の新増設の抑制、ヒアリ対策、災害対応などを議論した。

全国知事会で発言する小池知事＝7月28日、盛岡市で

財源を守る行動

【解説】小池知事はこれまで地方税の基本認識を示していなかったが、今回初めて「地方の役割に見合う地方税財源の拡充」を国の責任で行うようスタンスを明確にした。今後は、都の財源を吸い取られないための対応が求められる。

2018年度の税制改正に向け、議論の焦点となるのが地方消費税の配分割合の見直しだ。全国知事会では、大都市を抱える自治体以外からも奈良県の主張に真っ向から対立する意見もあり、東京をはじめとした大都市への包囲網が敷かれている状態ではないが、警戒は必要だ。「骨太の方針」では地方税の偏在是正の検討が盛り込まれており、過去に都の財源を国税化し、地方に配分する措置が取られており、さらに東京の税収が吸い上げられる恐れがある。

小池知事は地方税の基本認識を示すだけではなく、今後は具体的な行動が求められる。中でも最大の課題が、税制改正の実質的な決定権を握る自民党税調への要請だ。

これまでは自民党の都議などが党税調に要請してきたが、知事が対立を深めている同党都連から協力を取り付けるのは困難と見られており、第1党の都民ファーストの会を含め、知事がどう動くかが問われている。（石）

来年5月開場は「無理」

豊洲市場　業界団体幹部が表明

都と市場業界で構成する新市場建設協議会が7月28日に築地市場講堂で開かれ、協議会後に報道陣の取材に応じた市場関係者が「来年5月の市場移転は無理」との考えを示した。小池知事は7月21日の会見で、「来年5月は物理的に可能な時期」と語っていたが、実現は極めて困難な状況だ。

同協議会で、築地市場関連事業者等協議会の大野精次会長が築地市場の移転時期をただしたのに対し、都側は「事業者と調整して決めていくことになる。いつごろと申し上げられない」と述べるにとどまった。

協議会後、記者から市場の移転時期の質問を受けた東京都水産物卸売業者協会の伊藤裕康会長は「来年5月は早すぎる。（引っ越しの準備が）間に合わない」と指摘した。

また、東京魚市場卸協同組合（東卸）の早山豊理事長も、豊洲の施設下にある地下空間床にコンクリートを敷き、換気する対策工事に関し、「換気が稼働しているかどうかのチェックも含めると、来年5月は無理」と同調した。早山氏は現在、伊藤会長らと移転時期の検討を始めており、「足並みをそろえて移転時期を設定していきたい」と語った。

築地東京青果物商業協同組合の泉未紀夫理事長も来年5月の移転を無理だと述べた上で、「豊洲の安全・安心が確保されないと移転はできない。小池知事が先頭に立って（風評被害の払拭を）日々やってもらうしかない」と早期移転に向けて注文を行った。

民泊解禁

観光振興と規制の狭間で（下）

将来展望

物件の普及は未知数

「民泊事業への参入を検討したが、ペイしない」。23区内の某不動産業者はこう明かした。

180日の宿泊上限日数がある中で、リフォームや清掃費用、稼働率などを考慮すると既存物件を活用した事業参入のハードルは高いという。加えて、近隣住民や多言語対応のコストも重くのしかかる。いわゆる「違法民泊」は上限日数が事実上ない上、こうしたコストを十分に負担しないからこそはびこる。

民泊を巡っては、宿泊需要の争奪戦という観点からホテル・旅館業者の反発が根強い一方、不動産業者は空き物件を有効に活用できるため、前向きな立場を取っているとの見方が一般的だった。だが、実態は違った。前出のように多くの不動産業者は、事業としての見通しが立たずに検討を中断。大手開発事業者のように、民泊専用物件を観光地に新設するならともかく、「既存物件で空き室となっている期間だけ民泊として貸し出そう」といった考えは通用しそうにない。

需要増を上回る供給過多への懸念もある。東京都ホテル旅館生活衛生同業組合の齊藤源久理事長は「ただでさえホテルや簡易宿泊所の供給が増えている。民泊が始まれば倒産に追い込まれる事業者が出てくる」と話し、需給バランスの大幅な崩れを懸念する。「東京五輪後は（事業環境が）一層厳しくなる」（同）

供給過多は値崩れも招く。昨年11月、大田区蒲田にホテルチェーン「アパホテル」が同地区3棟目となるホテルを開業。供給急増は既存事業者を直撃した。蒲田駅前で営業する蒲田黒湯温泉ホテル末広もあおりをうけた一軒だ。同ホテルの西澤忠昭さんは「ここ3年で宿泊料金が2～3割下がった」と述べ、今春から客足も鈍っているという。

大田区では都内で唯一、「合法民泊」を認め、昨年1月に旅館業法の特例という形で「特区民泊」の申請受け付けを開始。今年6月には、認定物件の定員が500人を突破し、着実に件数を伸ばしている。

ホテル末広では、この特区民泊とフロント業務で連携しており、鍵の受け渡しを受託。西澤さんによると、圧倒的に外国人旅行者が多く、1カ月間滞在するケースもあるといい、「民泊の影響で宿泊客が減っているのかは分からないが、供給が増えすぎている」と現況を問題視する。

ただ、明るい観測もある。空き家やかつて子供部屋として利用していた空き部屋などを転用する手法だ。民泊の仲介・管理事業を提供する㈱百戦錬磨の伊藤佳子広報担当マネージャーは「遊休資産が動くことで、新たな交流や地域活性化の可能性が広がる」と話す。

中長期滞在できる宿泊施設は不足しており、一時帰国やビジネス、学生のインターンでの民泊利用も多いという。大田区では東邦大学と連携し、小児入院患者の付き添い家族向けに民泊を活用する方針も示す。

政省令はいつ

「政省令が示されていないので動くに動けない」——自治体関係者はみなこう口をそろえる。

民泊新法は遅くて18年6月に施行、3月に準備行為開始というスケジュールだが、民泊事業の実施制限基準などを示す政省令がいつ出されるか、見通しはつかない。権限移譲を目指す自治体に残された時間は少なく、都産業労働局の浦崎秀行観光振興担当部長は「10月ごろに政省令が出てくるのでは」と予測する。

こうした状況を受け、国は政省令の策定を急ぐが、観光庁観光産業課の担当者は「新しい法律なので、関係法令との整合性など時間がかかる」と説明。「できるだけ自治体に配慮してスケジュールを考えている」と話すが、詳細な基準は政省令制定後のガイドラインや通知での対応となる。

自治体に押し寄せる民泊という新種の「生き物」。地域社会にいかに融和させ、活性化につなげることができるか。自治体の手腕が問われる。

＝おわり

蒲田黒湯温泉ホテル末広のカウンターで特区民泊の手続きをする外国人利用者＝大田区

都政の東西

民進党惨敗

今回の都議選で、民進党は「惨敗」したのだろうか。確かに5議席では最盛期の10分の1だが、都議選前の報道各社や週刊誌の情勢予測では0～1議席だった。予想以上の善戦健闘だ。

安倍内閣への批判票の受け皿が、主に都民ファーストの会や共産党に流れたことは否めないが、自民党に対する逆風があまりにも強く、民進党まで議席がこぼれ落ちてきた形だ。だから、中野区や板橋区、三鷹市などは最後の議席を自民党に競り勝っている。

加えて言えば、今回の都議選では約150人いる同党の地方議員のうち3分の1が都民ファーストの会の公認・推薦候補を支援していた。投票日の7月2日、松原仁都連会長は「民進党の本来の票は、全東京にもっと湧き出てこなきゃいけない」と振り返り、反自民の受け皿としての民進党に対する期待の大きさを感じながらも得票に結び付かないもどかしさを嘆いていた。

最大の要因は離党組に対する対応が、実質的にスルーとなってしまったことだ。離党ドミノが、今回の選挙を分かりにくくした。[illegible] それこそ"惨敗"としか言いようがない。

検討会7年ぶり開催
父島の洲崎案を軸に

小笠原航空路

小笠原諸島と本土を結ぶ航空路開設を検討する第6回小笠原航空路協議会（会長＝多羅尾光睦総務局長）が7年ぶりに都庁で開かれ、今後は父島の洲崎地区に滑走路を建設する案を軸に検討を進めることを確認した。

同協議会ではこれまで洲崎地区活用案のほか、硫黄島の活用や水上空港を設置する案も検討してきたが、防衛施設や自衛隊・米軍との調整が必要になり、短期的な解決が困難な課題が多いとして、2案は検討の優先度を低めることとした。

航空路開設の最大の課題が、世界遺産に登録された島の自然環境保護だ。滑走路を短くすれば自然への影響を軽減できるが、大型機が離発着できず、小型機では本土から1千キロの航行に耐えられない。協議会での報告では、洲崎地区に滑走路を建設する際に周辺の山地を残せるよう可能性を模索することや、滑走路延長を1・2キロにすることなど、都の検討状況を説明。今後は自然への影響を軽減した滑走路延長などを費用対効果や採算性とともに検討することを確認した。

小笠原村は本土復帰50年を迎える来年までに航空路設置の方向性を示すよう都に求めており、森下一男小笠原村長は「来年6月の返還記念の式典で、知事が表明してほしい」と期待を寄せている。

◆都外施設に宝くじ活用

都は東京五輪の経費のうち都外競技会場の運営費について、協賛宝くじの収益を充てることを検討していることが7月27日に分かった。

都が検討しているのは、47都道府県と20政令市でつくる全国自治宝くじ事務協議会が発行する東京五輪・パラリンピックの協賛くじ。通常の宝くじは売り上げの39・8%が自治体の収益となるが、協賛くじはその一部を五輪経費に充てる。販売を開始した昨年度、都への協賛金は約10億円で、恒久施設の整備に充当された。都は20年度までに必要な協賛金として126億円を同協議会に要望して了承を得た。協賛金の使い道は年度ごとに決めており、都五輪準備局は「各自治体にオリ・パラ関連の業務が出てくるので、財源が必要になっている」として、都外運営費への充当を各自治体に提案。だが、自治体の一部からは先送りされた都外運営費を明らかにしてから提案すべきとの声もあったという。同局は「都外施設の運営費（350億円）以外もある。（協賛金は）精査する」と述べ、350億円を超える可能性を示唆した。

◆インフル患者に受検機会

都教育庁は7月27日、2018年度都立高校入学者選抜方法に関する検討報告書を公表し、新たにインフルエンザ罹患者に受検機会を確保する方針を示した。9月に策定する実施要綱・細目に向けて詳細を詰める。

都立高校の入試は、学力検査と推薦の2通り。学力検査は2月に実施する1次募集と、3月の2次募集がある。今回対象[illegible]

選抜方法は、2次募集の共通問題を使用しての国語、数学、英語の3教科の学力検査と面接、調査書（中学校の成績）を基本に行う予定。1次募集の学力検査は社会と理科を含めた5教科で実施するため、公平性を担保できるかが課題となる。

穴句ジョーク

今年の職員夏休み

「夏休み中にLED電球交換へ行ったり、ラジオ体操のスタンプ印押しに行ったり、パソコンにカメラ取り付けたり、道路沿いの花に水あげたり、もうヘトヘト……」

世田谷区

区有施設に宅配ロッカー

再配達問題受け23区初

ネット通販の普及による宅配便の利用増で、再配達の増加やドライバー不足の深刻化などが社会問題化する中、世田谷区は区役所本庁舎など区立施設3カ所に宅配便の受け取りができる宅配ロッカーを月内にも設置する。都内では東村山市に続き2例目で、23区では初の試みとなる。区政策経営部によると、同区は都内でも再配達件数が多い地域で、公共施設の一部敷地を宅配ロッカーの設置に活用することにより、住民の利便性向上や事業者の負担軽減に加え、税外収入の確保にもつなげたい考えだ。

区が区立施設3カ所に設置する宅配ロッカー＝7月27日、小田急線経堂駅で

区によると、設置する宅配ロッカーはヤマト運輸などが出資して設立した「パックシティジャパン㈱」が管理する「PUDO（プドー）ステーション」で、同時に最大27件分の宅配物を保管できる。保管期間は最長3日間で、ヤマト運輸や佐川急便、西濃運輸など複数の運送業者の宅配物の受け取りができる。

区は同社と連携して区役所本庁舎と区立上北沢地区会館、区立烏山中央自転車等駐車場の3カ所に設置。いずれも屋外に配置し、24時間利用できるようにする。区内では同社が区南部地域の駅周辺など15カ所に宅配ロッカーを設置しており、区は北部地域を中心に、若年層の女性や住宅地でのニーズ増を考慮して設置場所を決めたという。

設置に当たっては、自動販売機の設置など入札による用地の貸付契約ではなく、行政財産の目的外使用として同社から使用料を徴収する。徴収額は当面非公表。区官民連携担当課では「今回はモデル実施のため、区使用料条例上の規定で大幅な収入増にはならないが、実施状況を見て、今後の税外収入確保策としての可能性を検証したい」と話している。

多面的な効果に期待

【解説】 国土交通省によると、昨年度の全国の宅配便配達数は過去最高となる40億個を突破した。このうち約2割が再配達となっており、再配達に伴う総労働時間は運送業界全体で1億8千万時間に上る。これは9万人分の労働力に相当し、ドライバーの労働環境や採算性の悪化などで業界では時間指定配達などのサービス見直しや個人向け配達料金の値上げなどの動きが加速している。

こうした中、官民を挙げて宅配ロッカーの設置を急いでいるのが実情だ。国は有識者検討会の提言に基づき、昨年から道の駅での社会実験を開始。自治体では千葉市や埼玉県戸田市などで公共施設での設置を後押しする動きが広がっている。

このうち、都内で初めて公共施設での設置を開始した東村山市では、駐輪場での防犯対策の一環として、敷地一帯をカバーできる防犯カメラの設置を条件に設置業者に無償で用地を提供。単に宅配利用客の利便性向上や運送業者の負担軽減だけでなく、他の政策課題の解決法としても活用している。

世田谷区では、配送伝票に記載された電話番号などの個人情報の漏洩防止などを理由に若い女性の宅配ロッカー利用が増えていることから、設置を後押しすることで区の魅力向上につなげるとともに、税外収入確保の視点からの検証も行う方針だ。

社会状況の変化に伴い、行政が抱える政策課題も多様性を増している。東村山市や世田谷区のように、一つの課題に対して複数の政策的な効果を期待できる取り組みが今後の自治体経営では求められることになる。（米）

自民が元区議を告発意向

墨田区議会 政活費1840万円流用

墨田区議会の自民党会派の政務活動費を管理していた松本久区議が、政活費約1840万円を私的に流用していた問題について、同会派は7月27日に会見を開き、松本氏を刑事告発する意向を示した。松本氏は同26日付で区議を辞職しており、会見には出席しなかった。

松本久氏

同会派によると、松本氏による口座からの不正な引き出しは、同氏が出納担当幹事を務めていた2016年4月25日から17年4月24日までの1年間で計37回に上り、横領額は同会派への年間支給額の約8割に相当する。松本氏が経営に携わる会社の債務弁済に充てたほか、一部を遊興費に充てていたとみられる。

今年5月に後任者に引き継ぎをする際に預金残高が過少だったことが発覚し、松本氏が横領を認めた。その後、事情聴取や書類の確認などを経て、7月4日に横領と断定した。

田中邦友幹事長は、本人が認めてから公表まで2カ月かかったことを「慎重に裏を取ろうとした」と説明し、都議選への影響を考慮して公表時期を引き伸ばしたことは否定した。

区議会は7月28日に議会運営委員会を開き、きょう1日に第2回臨時区議会を開催。真相究明と再発防止に向けた特別委員会を設置する動議を提出して、同日に初会合を開く予定。

他会派が説明を受けたのは7月21日で、第2会派の公明党の加納進幹事長は「党の管理責任だけでなく公表を先延ばしした対応も検証対象になる」との考えを示した。民進党の堀吉彰幹事長は「政活費が問題になるケースでは不正受給が多いが、今回は多額をかすめ取っている。人間性を疑う」と非難した。

自治体政策のススメ

政策法務の立法、執行、評価

政策法務の基礎④

高崎経済大学准教授 岩﨑 忠

政策法務のプロセスを、公共政策の循環過程に当てはめると、立法法務、執行法務、評価法務の3段階として捉えることができる。

（1）立法法務

自治立法（条例・規則）を立案する段階では、いかに有効かつ効率的に制度設計を行うかが重要となる。この立法法務の段階では、▽社会問題を認識して、その原因を明らかにした上で、自治立法という「法」形式で対応しようとする「課題設定」の段階▽問題解決のために必要な手段を選択し、関係法令を整理して条例案とし、「立案」してまとめる段階▽権限をもつ機関（首長、議会）が条例案や規則案を決定する「決定」段階――の3段階に分けることができる。

（2）執行法務

法（法律、条例等）の目的を実現するためには、法を適切に執行する必要がある。法の内容を正しく解釈して具体化するとともに、個別の事案に当てはめて一定の結論を出すことが必要だ。自治体の場合は、国が制定した法律や政令・省令などと、自らが制定した条例・規則などの両方を執行する役割を担う。

法はあくまでも抽象的・一般的なルールとして定められているので、これをいかに解釈して直面する個別的かつ具体的な事実に、公平的・合理的に当てはめるかが重要である。すなわち、運用基準やマニュアルなどの執行規則への「ルール化」が求められる。

また、法に全て判断の基準が明確に明記されておらず、自治体職員の判断に恣意的な判断がないか、チェックする必要がある。

（3）評価法務（評価・争訟）

自治体を取り巻く環境の変化や個別課題に対応していくため、定期的に法執行の効果や状況を点検・評価して、必要があれば、法律改正に向けた提案や条例の改正、執行方法の見直しにつなげることが大切だ。法も予算や計画と同様に評価のプロセスを通して絶えず見直す（フィードバックする）ことによって、「よりよい法（法律、条例）」に成長させることが重要であろう。

練馬区

独立70周年で記念誌

「現在の魅力」をPR

練馬区はきょう1日に板橋区からの分離独立70周年を迎えたことを受け、記念誌『くるりとねりま』＝写真＝の販売を開始した。発行部数は3千部で、価格は1700円（税込み）。区役所本庁舎や区内22カ所、池袋駅周辺3カ所の書店で販売する。

カラー写真をふんだんに使用し、「練馬区の今昔ストーリー」や「今、練馬区がおもしろい」など、独立以降の歴史を踏まえた上で、区の魅力に焦点を当てた特集企画を掲載。このうち都市農業では、人気の農家レストランや都内初のワイナリーを紹介するなど、タウン情報誌感覚で街歩きにも活用できるよう工夫した。

また、区政運営の柱に据える区民協働を意識し、地域で活躍する区民や事業者が数多く登場しているのも特徴。

区広聴広報課では「過去を振り返りつつ、区民が活躍する未来志向の記念誌になった。区の魅力を知ってもらい、愛着を深めてほしい」と話している。

区はきょう1日に練馬文化センターで記念式典を開き、練馬総合運動場では4500発の仕掛け花火やステージでのジャズライブ演奏会を行って独立70周年を祝う。

広域連合議会

新議長など選出 副連合長を新任

東京都後期高齢者医療広域連合議会は7月28日の第2回臨時会で、新議長に桜井正千代田区議（自民）、新副議長に長村敏明町田市議（自民）を選出した。

また、新副広域連合長として松原忠義大田区長と長友貴樹調布市長、新監査委員に鳥飼秀夫荒川区議（自民）の選任に同意した。

北区

味の素と包括連携協定 若者世代の健康増進に

北区は7月27日、味の素と健康づくりに関する包括連携協定を締結した。健康寿命の延伸を目的として栄養バランスの良い食生活を普及させるため、特に学生や若者世代を対象に同社独自の栄養管理プログラムを利用した食育や区内の飲食店での独自メニューの提供などを予定している。

区健康推進課は「若いときから健康な食生活を心掛ける習慣をつけてもらい、健康寿命の延伸につなげたい」と話した。

新人都議の横顔③ ◆区部◆

秘書から総務会長に

荒木 千陽氏 都民ファーストの会・中野区

6年前に熊本から単身上京し、小池知事の秘書として同居、公私両面で支えてきた。都議選では中野区で4万票を獲得して首位当選を果たし、新人ながら総務会長に抜擢（ばってき）された。歯切れよく話す様は小池知事をほうふつとさせる。

議員を志したのは、熊本県議を務める父の影響が強い。夜中まで政策を練る姿や、訴えていた政策が実現して暗い通学路に明かりが灯されたのを見て、「高い志をもって真剣に取り組めば1人の議員ができることは大きいと感じた」と話す。

「師匠」と仰ぐ小池知事を「クールビズや時差出勤など、生活者に根差した視点から政策を生み出す人」と評価する一方、公私をともに過ごす中で「気分の波がないのは見習うべきところ。秘書に対しても食事をきちんと取っているか常に心配してくれるなど、周りへの気遣いを欠かさない。女性としても尊敬している」と話す。

小池知事には応援演説で「荒木さんからよく怒られる」と言われたと笑い、「信頼関係があるから厳しい意見が言える。この関係は行政のトップと議員になっても変わらない」。

総務会長としては、「議会の通例を知らないからこそ、多様な経歴を持つ党員からの意見を吸い込める」と意気込む。選挙期間中には都民ファーストは知事を追従する政党になるとの指摘を受けたが、「キャリアを犠牲にしてまで都政に懸けている人たちがイエスマンになるか。なめないでほしい」と反論する。

4歳の姪（めい）を溺愛（できあい）し、「トップ当選を幼稚園で自慢してくれている」と目を細める。座右の銘は「報恩感謝」。久留米大法科大学院修了。35歳。

実践的な公教育を実現

村松 一希氏 都民ファーストの会・練馬区

中学時代、英語の授業が苦手だった。「話すことではなく、テストで良い点を取ることが目的の授業で良いのか」。友人に聞くと、どの学校も似た状況と知り、「政治家になって変えてやる」と政治を意識するようになった。

大学卒業後は日本マクドナルドに入社。店長業務に向けた研修を受け、その思いが強くなった。「コミュニケーションスキルというプログラムがあったが、人との意思疎通は小中学校から実践的に教育すべきこと」と考え、政治の世界に飛び込もうと決意。知人を通じて紹介されたのが、衆院議員時代の小池知事だった。

小池知事の勧めもあり、2011年練馬区議選に自民党から出馬して初当選した。昨年の都知事選では「七人の侍」として小池知事の応援に回り、都議選への出馬を決意。区西部地区の代表として地域を回り、トップ当選を果たした。

都議1期目の目標に挙げるのは、政治を志すきっかけとなった実践重視の授業に向けた環境整備だ。「例えば、オランダで行われている異なる年齢の児童を組み合わせた少人数授業など、先進事例を研究して東京にあった形を提案したい」と意欲を示す。

また、区議時代に取り組んだ都営地下鉄大江戸線の延伸や2次医療圏の見直しなど、区の懸案課題の解決にも力を入れる。「区議としてできることが少なく、もどかしい思いを持っていた。適切な都区の役割分担が何かを考えていきたい」

趣味は小学生で始めたスキーで、高校時代はインターハイに出場。スキーシーズンには子供スキーチームのコーチを務めている。中央大学法学部卒。36歳。

記者席

議員とスタッフは運命共同体

○……現在、都民ファーストの会の控室は一時的に議会棟3階の第4委員会室を使っている。控室に入るとすぐに受付が設けられており、スタッフが数人いる。どこかで見覚えのある顔だと思ったら、元東京改革議員団の受付スタッフたちだった。都議会では通常、改選が行われるたびにスタッフが解雇されるが、他会派にスタッフが移籍するのは珍しい。都議選で民進党が5議席に減らし、スタッフが路頭に迷うところを都民ファーストが助け船を出したようにも見える。

民進党の現職や元職が都民ファーストに引き抜かれたように、スタッフも同じ道をたどったとの見方もでき、都民ファーストは民進色が強くなったと言えなくもない。会派名は都民というより民進ファーストの方が実態を表しているかも。

○……民進党の菅直人元首相がブログで、脱原発を掲げた「日本版緑の党」の結成を呼び掛けている。

菅氏は7月18日のブログで、民進党が原発ゼロの実現を公約に掲げることができなければ、「5人以上の国会議員が参加する脱原発党＝緑の党を全国規模で再結成」する考えを表明。同23日には、小池新党の動きについて、「5人以上の国会議員によって今年末までには政党助成金を受け取ることのできる小池シンパ新党が生まれることはまず間違いない」との見方を示した上で、「（民進党を）原発ゼロ派と原発維持派に分党すべき」とまで主張している。

右派からは「二重国籍」問題で責められ、左派からは「脱原発」で分党をちらつかされては、蓮舫氏が代表を辞めたくなる気持ちも分かる気がした。

○……練馬区はきょう1日、板橋区からの分離独立70周年を迎える。23区では区制施行の時期で「昭和7（1932）年組」と「昭和22（47）年組」の二つに大別され、いずれも今年は区制85周年か70周年に当たるが、そこは23区で唯一、「独立記念日」を持つ練馬区。他区と比べ、周年事業への思いが強い印象だ。

区は記念式典や記念誌の発行などに加え、区民約千人が参加してベートーベン作曲の『歓喜の歌』を合唱する「真夏の第九」や、10月に予定する記念パレードなど、区民参加で祝う企画を豊富に用意した。

一方、独立を祝う「花火フェスタ」は、ナイアガラに代表される仕掛け花火とした。打ち上げ花火では他区の花火大会に埋もれてしまうことを警戒した独立心からだろうか。

2017年度普通交付税

算定額が5年ぶりに増

羽村市が交付団体に

都総務局は7月25日、2017年度の普通交付税（市町村分）の算定結果を公表した。都内市町村全体の交付税決定総額は457億6714万円で、前年度と比べて23億4千万円、5・4%の増となった。決定額が増加するのは5年ぶり。地方消費税交付金や市町村民税法人税割の減などが主な要因。また、羽村市が交付団体となり、不交付団体は前年度の11団体から10団体に減少した。

基準財政需要額は6137億2500万円で、前年度から22億4700万円、0・4%減少。主な減要因の一つが、総務省の「トップランナー方式」の推進による歳出の効率化。これは歳出効率化に向けた業務改革で他団体のモデルとなるものを基準財政需要額に反映する制度で、昨年度から導入が始まった。また、景気回復による地域経済・雇用対策費の減も影響。交付税の不足分を補塡する臨財債振替額の増による需要額の減も見込まれている。

一方で、増要因では、国の一億総活躍プランに基づいて行われた保育士の処遇改善による社会福祉費や、15年の国勢調査で高齢者人口が増加したことによって、高齢者保健福祉費が増加。財政需要額全体の減は小幅だった。

基準財政収入額は、6061億9400万円で、前年度比で81億7千万円、1・3%の減。給与所得の増による市町村民税所得割の増加や固定資産税の増などの増要因があったものの、昨年度の増要因だった地方消費税交付金が、反発減となったことの影響が最も大きかった。また、一部法人の業績悪化などにより、市町村民税法人税割の減も影響を与えた。

今回決定した普通交付税の全国交付決定総額は15兆3501億円、うち市町村分は7兆977億円で、前年度から413億円、0・6%の減となっている。

一方、都内市町村分は需要額の減以上に収入額の減少が大きかったため、5年ぶりに5・4%の増となった。不交付団体は立川市、武蔵野市、三鷹市、府中市、調布市、小金井市、国分寺市、国立市、多摩市、瑞穂町で、いずれも前年度も不交付だった。一方、羽村市は市内の法人の業績が悪化したことで市町村民税法人税割が減少した影響などにより、収入額が減少して14年度以来、3年ぶりに交付団体となった。

2017年度普通交付税決定額（東京都市町村分）

（単位：千円、%）

市町村名	基準財政需要額	基準財政収入額	普通交付税決定額	増減率
八王子市	79,324,858	75,301,469	3,960,811	14.3
立川市	26,861,630	31,770,286	0	―
武蔵野市	20,777,970	31,338,219	0	―
三鷹市	25,995,221	31,004,277	0	―
青梅市	19,792,749	17,344,668	2,432,467	6.9
府中市	34,831,578	41,629,268	0	―
昭島市	16,349,864	15,953,769	383,197	134.7
調布市	30,101,552	36,225,541	0	―
町田市	59,188,606	57,874,419	1,267,494	82.9
小金井市	16,408,050	17,317,335	0	―
小平市	26,046,231	25,336,408	689,276	61.4
日野市	25,922,250	25,156,802	744,998	16.2
東村山市	21,697,295	17,703,042	3,977,136	1.5
国分寺市	17,835,117	18,306,491	0	―
国立市	11,592,973	12,002,810	0	―
福生市	8,843,240	6,960,435	1,875,829	0.5
狛江市	11,550,878	10,253,793	1,287,973	1.7
東大和市	12,504,215	10,756,136	1,738,215	9.3
清瀬市	11,970,405	8,216,568	3,744,394	3.5
東久留米市	16,952,693	14,269,261	2,670,058	1.3
武蔵村山市	10,434,362	8,792,068	1,634,062	▲3.6
多摩市	20,491,603	23,647,054	0	―
稲城市	13,106,593	12,574,806	521,447	▲5.1
羽村市	8,647,285	8,609,797	30,666	―
あきる野市	12,654,928	9,408,285	3,236,660	2.8
西東京市	29,134,715	26,407,924	2,703,807	1.3
市計	589,016,861	594,160,931	32,898,490	7.4
瑞穂町	5,307,693	5,516,512	0	―
日の出町	3,197,904	2,190,028	1,005,353	18.5
檜原村	1,303,821	209,415	1,093,377	▲3.9
奥多摩町	2,254,724	690,276	1,562,669	▲0.1
西多摩計	12,064,142	8,606,231	3,661,399	3.1
大島町	2,895,127	974,735	1,918,108	7.0
利島村	322,720	44,576	277,889	▲1.2
新島村	1,538,168	337,004	1,199,951	▲2.5
神津島村	970,254	225,356	744,133	0.6
三宅村	1,351,755	344,465	1,006,224	▲8.7
御蔵島村	362,008	44,090	317,632	▲6.4
八丈町	3,175,804	967,825	2,205,474	0.3
青ヶ島村	254,102	36,486	217,416	▲9.8
小笠原村	1,773,730	451,905	1,320,426	▲0.6
島しょ計	12,643,668	3,426,442	9,207,253	▲0.5
町村計	24,707,810	12,032,673	12,868,652	0.5
市町村計	613,724,671	606,193,604	45,767,142	5.4

全庁で統一基準作成を

未来に向けて④　16年度市町村自治調査会報告書

自治体の情報発信は、正確性、公平性とともに「伝達の確実性」が求められる。さらに、災害などの緊急時や、外国人・独居高齢者・視覚障害者など、全ての人に伝わるユニバーサルな情報発信の重要性が増すことが予想される。

「誰にも伝わる情報発信に関する調査研究」では、行政から住民への情報発信方法について、言葉と表現に着目し、ユニバーサルな情報発信・伝達を実現する表現手法を探った。

まず、多摩・島しょの39市町村に情報発信に関するアンケート調査を行ったところ、「分かりやすい情報発信に取り組んでいる」と回答したのが、各部署単位では9割以上だったのに対し、全庁を挙げて取り組んでいると答えたのは約5割（22自治体）にとどまった。このうち、情報発信に関して全庁の統一的な基準があると答えたのは、3割程度（13自治体）しかなかった。

行政分野別にみると、「子どもの保育」や「地域行事・生涯学習」「市民生活」などの分野では全庁の統一的な基準に沿って取り組んでいる部署が5割を超えたが、「税や国民健康保険」「保健・健康」などに関する分野では各担当者が独自に工夫して取り組んでいる部署が5割を超え、基準に沿った判断よりも担当職員の判断で取り組まれている実態が明らかになった

また、地域住民に対するアンケートでは、特に30代が他の年代よりも多くの分野で行政からの情報を「分かりにくい」と感じていることが分かった。例えば、「子どもの福祉や保育に関する情報」は26・9%が、「教育に関する情報」は29・6%が「分かりにくい」と答えるなど、30歳代にとって必要な子育てに関する情報がうまく伝わっていない状況が浮き彫りとなった。

住民に行政からの情報が分かりにくい理由を聞いたところ、広報誌やホームページは「どの情報が重要か分かりにくい」が5割を超え、「情報が多くて分かりにくい」も4割以上、「レイアウトやデザインが読みにくい」が3割以上になった。情報量を減らして発信することも分かりやすい情報発信のポイントとして浮かび上がった。

報告書では、分かりやすい情報発信に向けた取り組み策として、読み手の立場に立った文書を作成するため、▽具体的な読み手を想定して文書を作成する▽一定の基準や方針によって文書を作成する▽読み手の立場に立って文書を見直す――ことなどを提示。

また、具体的な取り組みを展開する体制づくりとして、表現方法や行政用語・専門用語の書き換え集の作成など、組織の統一的な基準を作ることや、統一基準を定着させるための継続的な研修、担当部署の設置などを提案した。

＝おわり

伝わる情報発信

小池知事　新島・式根島を視察

特産ガラスの製造を視察する小池知事

「島でテレワーク」展望語る

小池知事は7月29日、新島・式根島を訪問し、「新東京八景」に選ばれた式根島の神引展望台や、新島の特産品を製造するガラスアートセンターなどを視察した。両島の島民から島の特産品や観光名所などの「宝物」を紹介された。

当日は新島の羽伏浦海岸で行われるサーフィンの大会で都知事杯を授与する予定だったが、台風5号の接近によって中止に。知事は「楽しみだったが残念。これからもサーフィンの聖地であってほしい」と島の自然環境を「宝物」の一つと評した。新島観光協会の関係者から東京五輪でサーフィン会場に選ばれなかった無念が語られると、知事は「できれば会場になればいいのにと、今も思っている」と応じた。

また、新島では再生可能エネルギーの活用に向けた風力発電の実験施設を視察。8月下旬から大島支庁新島出張所に試験導入する電気自動車と合わせ、「自然エネルギーを利用すれば、ゼロエミッション（排出ゼロ）になる。環境を守ることにもつながる」と実用化に意欲を見せた。新島・式根島の両島は光回線の敷設事業が進められており、通信状況の改善が進めば「『究極のテレワーク』として島に住んで仕事できる。ITと島と組み合わせるとすごいことになる」と展望を語った。

待機児童数、市部で2900人

新方式で大幅増自治体も

都福祉保健局が7月24日に発表した4月1日時点の多摩26市の待機児童数は計2900人となり、昨年の2836人から微増した。

市別では、福生市と羽村市が待機児童数ゼロだったほか、15市で待機児童数が減少し、各自治体の待機児童対策の効果が表れた。一方で、増加した市での増数が大きく、全体での微増につながった。

今年度は原則として育児休業延長中の入所希望を待機児童にカウントする国の新基準を適用することになっており、市部では10市が算定方法を変更。このうち稲城市では都市基盤整備が進み、人口の流入が進んでいることも影響し、昨年のゼロから97人に大幅に増えた。

同市では6月の補正予算で保育所の受け入れ数を弾力化し、27人分の入所枠を増やすなど対策に着手している。今後も順次待機児童対策に取り組む考えだ。

同じく算定方法を変更した府中市でも待機児童が87人増加。一方、算定方法を変更した八王子、東村山、東大和、清瀬、東久留米、西東京の6市では、保育所の増設などの対策により待機児童数は減少した。

待機児童が最も減少したのは小平市で、167人から89人に約半減となった。同市では4月1日から認可保育所7園、小規模保育所1園を同時開設し、大幅減に成功した。同市では以前から育休延長者を待機児童に加えている。

今年度、26市では育休を待機児童に含まない自治体はなくなり、来年度以降、算定方法の変更による大幅増は起きない見込みだ。一方で府中、調布、三鷹などの市では依然として多くの待機児童がいる。また、都市基盤整備や再開発が完了する自治体も多く、都内外からの更なる人口流入を見据えた対策も求められることになる。

4月1日現在の26市待機児童数

（単位：人）

市名	17年度	16年度	増減
八王子	107	139	▲32
立川	145	198	▲53
武蔵野	120	122	▲2
三鷹	270	264	6
青梅	12	25	▲13
府中	383	296	87
昭島	17	21	▲4
調布	312	289	23
町田	229	182	47
小金井	156	154	2
小平	89	167	▲78
日野	252	183	69
東村山	64	76	▲12
国分寺	92	102	▲10
国立	101	81	20
福生	0	0	0
狛江	98	142	▲44
東大和	3	7	▲4
清瀬	33	44	▲11
東久留米	67	92	▲25
武蔵村山	12	0	12
多摩	83	79	4
稲城	97	0	97
羽村	0	1	▲1
あきる野	12	18	▲6
西東京	146	154	▲8
合計	2,900	2,836	64

※網掛けは算定方法を変更した自治体

都市長会

18年度予算で都に要望

格差是正に意見反映を

東京都市長会（会長＝長友貴樹調布市長）は7月26日、2018年度の予算編成に関する要望書を川澄俊文副知事に提出した＝写真。

多摩地域の振興にあたっては「新たな多摩のビジョン行動戦略」に基づき、各市の行動計画に即した取り組みを積極的に創設することができるよう財政的な枠組みを求めた。要望項目は昨年度の89件から93件に増加。重点要望では、新たに「小型家電リサイクルシステムへの財政支援」が加わったほか、一般要望では、障害者福祉施設の防犯対策などが新たに加わった。都の実行プランは、多摩地域と区部の行政サービスの地域格差を是正する視点を踏まえて各市町村の意見を反映して実施するとともに、市町村に新たな財政負担が生じないよう求めた。

新人都議の横顔　◆多摩◆

政治の原点は被災地支援

鈴木　邦和氏
都民ファーストの会・武蔵野市

東大将棋部をやめていなければ、今の自分はなかったかもしれない。プロ棋士を目指し、最強の将棋部がある東京大学に入学したが、1年足らずで退部。群馬県の高校で将棋を始め、県大会で優勝した実力の持ち主だったが、「上には上がいた。情熱が続かなかった」と振り返る。

挫折から抜け出せない中、「社会のために役立つことをしたい」と考え、東日本大震災の被災地でボランティアを始めた。地域住民が集うコミュニティーハウスを設置する自治体もあり、「今造るべきか」と疑問の声を聞いた。「政治をよくしないといけない」との思いを強め、市民と政治をつなぐ「日本政治ドットコム」というサイトを立ち上げた。

同サイトでは、憲法改正や集団的自衛権など政治課題を分かりやすく解説することを心掛け、市民の声を踏まえて世代間収入の格差解消などを実現しようと政治家へのロビー活動も行った。だが、何も変えられず、「自分で変えるしかない」と政治家を志した。

都議となった今、議会改革の中でも公聴会の開催を実現したいという。パリ市では、市民の意見を踏まえて政策に付ける予算などを決定している成功例を参考に、「都民の声を都政に反映させていきたい」と意気込む。

今後の抱負では議会改革をリードしていくとともに、「都民の皆さんの生活が変わったと実感する成果を出さないといけない」と語った。事務所のスタッフからは「他人ファースト」と評されている。

将棋は趣味で、今は高校時代の友達と対戦しているが、今後は武蔵野市内の将棋クラブに顔を出そうと考えている。東大工卒。28歳。

都政に腰据え声を届ける

伊藤　祥広氏
自民党・八王子市

前八王子市長の黒須隆一氏の秘書を10年務め、その後市議会議員を4期14年務めた。座右の銘は「一所懸命」。「あまり器用ではないので、懸命に仕事をすることを大事にしてきた」と語る。

今回の都議選で自民党は大きく議席を減らし、新人都議は2人のみ。多摩地域全体でも自民都議は大きく減った。落選した候補の分まで仕事をこなす決意だ。「厳しいときほどやりがいがある。生意気と言われるかも知れないが、地域全体の応援団としても頑張らないといけない」

三多摩地域は横の交流が多く、自身も三支連青年部の部長を務めていた。「議員同士や民間の青年部党員とも交流がある。青年部活動は選挙で一票にもならないが、だからこそ汗をかくメンバーが集まっている」と説明する。今では他の市町村議会などで中枢を担う当時のメンバーからも期待がかかっている。

地元・八王子へのこだわりは強い。選挙という洗礼はあるが、「八王子の代表として、都政で死ぬまで頑張る」と宣言する。「長く都議でいたほうが人脈も仕組みも分かる。都政を動かしていく気がないと、相手も本気にならない」と話し、都庁の職員とも腰を据えて相対していく考えだ。

都庁の関係部署を回った際、市役所を比べて都民の姿がないことに驚いた。「都民の声が直接届く仕組みではない。都政に八王子の声や都民感覚を伝え続けるのが大事だ」。巨大な組織で、知事が全てを仕切るのは不可能であり、「活躍のしどころはたくさんある」と話す。

趣味は海釣りやスポーツ観戦だが、休日も地域を回るなど、政治の世界一色の日々だ。早大教育卒。48歳。

経験生かして五輪を支援

桐山　ひとみ氏
都民ファーストの会・西東京市

新体操の名門、東京女子体育大学に入学するため故郷の京都府から上京した。新体操団体日本代表に選出されるなど活躍したが、肩のけがで現役引退。大学卒業後、NHKのテレビ体操アシスタントを務める傍ら、移り住んだ旧保谷市（現西東京市）で子供たち向けの新体操教室で指導したことが市議になるきっかけとなった。

新体操教室での活動では、「公共施設の場所が取れないなど、問題意識を持って行政に要望を伝えていた」。そうした活動が旧社会党系の知人の目に留まり、「市議選に出てみないか」と打診を受ける。当初は断っていたが、衆院議員まで交えた要請を受け、スポーツ振興の同志である地元のスポーツ指導員に相談。「市民に身近な現場の声を代弁してほしい」と後押しされて出馬を決意し、28歳での市議初当選となった。

東京五輪を控え、アスリートとしての経験を生かすために立候補した都議選では、「市議選とは異なる反応だった。高層住宅のベランダにも（有権者が）出てきていた」と振り返る。推薦を出した公明党の市議らの応援も心強かったという。

希望の塾・塾生として小池都政については「情報の透明化が進んだ」と評価。そうした市民の声を多く聞き、「今までの都政で実現したい政策とは違う」と語る。アスリート支援が「地元のアスリートを市民は意外と知らない。育成段階から地域で支援する体制を築きたい」と意気込む。

趣味は宝塚歌劇を始めとする舞台鑑賞。「舞台は生。時々で違う空気感に引かれる」。座右の銘は「なせば成る」。東京女子体育大体育卒。46歳。

団体派遣で昇任者数確保

過去最多、女性5人が局長級

都はきょう1日、都幹部人事を発令し、新体制がスタートする。今回の夏期幹部異動は、小池知事の就任後、初めての本格的な局長級人事。小池知事が都幹部の再就職の検証を指示する中で、今年度末までに60歳を迎える局長級の去就が注目されていたが、退職者は計3人と最小限にとどまった。行政系の異動規模は局長級・部課長級を合わせて347人で、石原都政以降で最小の規模だった昨年度とほぼ同じ水準となった（本文中の年齢は今年度末時点）。

都幹部異動分析（上）

今夏の局長級異動のポイントは、▽再就職の検証が進む中での対応▽女性活躍の推進▽オリンピック・パラリンピック準備の体制――などが挙げられる。

このうち庁内的に注目されていたのが、今年度末までに60歳を迎える局長級の処遇だ。知事の意向で再就職に「待った」がかかり、めどが付かない状況だったからだ。

60歳を迎える条例局を見ると、多羅尾光睦・総務局長（61A）は留任、醍醐勇司・水道局長（62A）と石原清次・下水道局長（63A）は退任。その他局長級3人は残留となった。

これまでは勧奨退職するのが慣例で、「雇用と年金の接続」の関係で再就職とセットで考える必要があり、都としては現在も再就職の方向性を検討中だが、過渡期にあって目立ったのが、昇任者を含めて現役の局長級7人を団体派遣した点だ。

局長級昇任者の団体派遣はこれまでも東京しごと財団や国際フォーラムで行っているが、今年4月の異動ではこれまでOBが就いていた東京都歴史文化財団副理事長ポストに新たに現役の昇任者を派遣。今夏の異動でも浅川英夫・東京都社会福祉事業団理事長（59歳、5B）、福田良行・東京都中小企業振興公社理事長（59歳、1A）など局長から横転するケースが出ており、人事の流動性を作り出した形となっている。

ただ、来年度以降も同じ傾向が続くかは、再就職の検証の動向次第となる。仮に局長級も再任用とする場合は、夏の勧奨退職ではなく年度末までの勤務継続が前提になるため、夏期に行うことが通例の局長級人事が春期に集約される可能性もある。また、今夏の異動では局長から理事に転じた幹部もおり、処遇で不利益が出ないよう調整が必要になる。

■小池色

今回の局長級人事で小池知事が特にこだわったとされるのが、女性幹部の登用だ。

浜佳葉子・選挙管理委員会事務局長（55歳、3A）は猪熊純子・会計管理局長（59歳、61A）と共に、都議会の「ひな壇」に座ることになる。今回の異動では女性の昇任者はゼロだったが、4月には武市玲子・生活文化局理事（55歳、4A）が昇任し、計5人の女性が局長級に同時に就いている状況では都政史上最多という。

また総務・枢要部長でも、松川桂子・財務局主計部長（53歳、6A）、小山明子・主税局総務部長（54歳、9B）が新たに起用されるなど、次世代を見据えた配置が進んでいる。

更に、オリンピック・パラリンピック準備局にも知事の意向が反映され、「3年後に迫った大会開催時まで一貫して対応できる体制を整備する」（小池知事）こととした。これまで競技会場の見直しや役割分担に終始したが、費用分担が大枠で固まり、より精緻な予算の精査が必要になる中、新体制で準備に当たる。潮田勉局長（56歳、8B）は前政策企画局次長。鈴木勝次長（56歳、10B）は総務部長を3年半務めた末に直進した。

条例局長では、塩見清仁・生活文化局長（58歳、2A）、中嶋正宏・水道局長（57歳、1A）、渡辺志津男・下水道局長（59歳、5B、土木）と、実力や経験を踏まえた起用となった。

水道局では国際会議の準備を担当する理事ポストを新設し、前総務局長の黒沼靖氏（56歳、10B）を任用。黒沼氏は総務部長の事務取扱とし、専任の課題以外に局全体に目配りしながら局長を支える体制を取る。

なお、梶原洋・福祉保健局長（59歳、63A）が留任し、4年目に突入する。遠藤雅彦・環境局長（58歳、63A）も3年目に入る。

行政系の局長級昇任者は7月異動と合わせて12人で、前年度と同数。種別Aでは昨年度、5Aから昇任者が出たが、今年は1Aと4Aの2人のみで、若返りは図られなかった。このうち岩瀬和春局長（54歳、4A）は前財務局主計部長で、同ポストは3代続いて主計部長からの起用となった。種別Bでは14Bから小暮実・政策企画局理事（59歳）が誕生。昇任者の平均年齢は57歳で、前年度と同水準だった。

また、人権担当の箕輪泰夫・総務局理事（58歳、9B）は人権部長からの昇任。同ポストはこれまで、榎本雅人次長（54歳、3A）が兼務していたが、都政改革本部の事務局を担当している上、LGBTやヘイトスピーチ対策など新たな課題が出る中、箕輪氏の実務経験を活用する。人権部長からの局長級昇任は異例。

赤ちゃんパンダ名前を募集中

東京動物園協会

赤ちゃんの体重を測定＝東京動物園協会提供

東京動物園協会は10日まで、恩賜上野動物園（台東区）で6月に生まれたジャイアントパンダの赤ちゃんの名前を募集している。生後100日を迎える9月下旬に決定し、決定した名前に応募した人の中から抽選で、同園オリジナルグッズを進呈する。名前は「シンシン」のような同音の繰り返しでなくても良い。応募はインターネットやハガキのほか、都立動物園・水族園の応募箱でも受け付けている。

電通を指名停止に

労働基準法違反で

都財務局

大手広告代理店の電通が労働基準法違反の疑いで起訴されたことを受け、都は7月19日から1カ月間、同社を入札指名停止にすることを決めた。都は指名停止の要項を6月に改正しており、業者が法令違反で逮捕・起訴された場合は指名停止にすることを明記していた。19日以前から公開している入札案件についても開札の段階で同社を発注対象から除外する。

停止期間について財務局は「過去に労基法違反で指名停止になったケースではほとんどが1カ月の停止で、今回もそれにのっとった」（契約調整担当）と説明する。

同社は2020年東京オリンピック・パラリンピックの準備に深く関わっており、パラリンピック応援サイト「NO LIMITS SPECIAL」など、これまで複数の案件を受注している。こうした大規模な事業は通常、開始の前年から契約を済ませるため来年度以降の一部の五輪関係イベントなどに、実績のある同社が参加できなくなる可能性がある。

指名停止前に契約完了している案件には影響はないといい、五輪準備局は「入札に参加できなくなるのは残念だが、他社を活用してコストパフォーマンスを上げていくしかない」（契約管財担当）と話す。

現場実態に見合う制度を

特別区人事委員会 中山弘子委員長 インタビュー

なかやま・ひろこ　都職員、新宿区長などを経て、2016年4月から現職。趣味は映画鑑賞。月4本程度はシアターで鑑賞するという。『隠し砦の三悪人』や『七人の侍』など黒澤明監督の比較的初期の作品を好む。72歳。

特別区では、30年ぶりに見直された行政系人事制度が来年度から始まる。また、改正地方公務員法が2020年から施行され、臨時・非常勤職員の任用が厳格化されるなど、特別区職員を取り巻く環境は変改期を迎えている。一方で都や国との新規採用の競争や、管理監督職の不足は特別区の長年の課題となっている。特別区人事委員会の委員長として就任2年目を迎え、職員がより力を発揮しやすい制度の構築を進めている中山弘子・人事委員長に聞いた。

――民間採用が好調ですが、特別区に人材を集めるために取り組むことは。

公務員志望者が一定数いる中、必要な人材を確実に確保していくことがより厳しくなっている。特別区が今後発展していくためには良い人材を確保していくことが最重要。現場により近い、特別区ならではの「仕事の魅力」を発信していくとともに、採用チャンネルの拡大など、時代の変化に即した採用の見直しが必要と考えている。

――行政系人事制度の見直しに向けた準備については。

行政系の職層については30年ぶりの大きな見直しになる。これまで他の自治体と比べて特別区の係長級職員の割合が少なかった。現行の主任主事職を廃止し、「係長を補佐する」役割を明確化した主任職の新設がポイントになる。また、スタッフ係長の増設による監督職の充実や、統括課長と課長の統合で管理監督職を安定的に確保し、組織力の強化を目指している。それに対応できるような新しい給料表の作成と勧告が今年度の大きな仕事。職員の意欲と能力を引き出せるような人事制度になるようにする必要がある。

――管理監督職が不足している現状はどう考えますか。

現状の行政系人事制度を30年間抜本的に改正しなかったことが、現在の管理職不足につながっていると考えている。現在、18年4月の改正に向け労使交渉が進んでいる。今回の人事制度の改正の趣旨は、管理監督職を適正に確保し、組織力の向上を図るためメリハリのある人事・給与制度を促進するもの。適切に運用され、意欲と能力を持った管理監督職が増えることを期待したい。

――近年、管理職選考の受験率が低迷しています。

選考の改正から10年が経過し、客観的で公平な能力実証としての選考をさらに進めることはもちろん、合格後は人材育成や能力開発を充実させることが管理職の確保に必要。また、政策立案に深く関わったり、執行に責任を持つことが仕事の幅を広げるという管理職の魅力を伝えることや、それに見合った待遇など、様々なことが合わさってこそ、受験率の低迷は改善すると考えている。

――2020年には改正地方公務員法が施行され、臨時職員・特別職非常勤職員の任用が厳格化されます。

特別区には2万人以上の臨時・非常勤職員が存在し、区政の一翼を担っている。行政の役割が広がる一方、財政の問題などで正規職員を増やすことが難しい中、例えば非常勤特別職として任用し一般事務を担ってもらうなど、臨時・非常勤職員制度を活用し、対応している現実がある。法の内容を十分に検討した上で、現場実態に見合い、働く人々が納得のいく特別区の統一的な制度構築を急ぐ必要がある。

――これまでのご自身の職務の経験をどう生かしていますか。

私の強みは「現場を知っていること」だと思う。都の職員や新宿区長など、様々な立場で現場を見てきた。少子高齢化や情報化など、時代が大きく変わり、制度疲労を起こしている中で、行政の取り組みも変えていかなければならない。住民の理解を得ることも重要だが、職員自身が納得して仕事に取り組める環境も作る必要がある。現場経験を生かしている。

――最後に、職員へのメッセージをお願いします。

働き方改革など、公務を取り巻く環境は変化しているが、それを恐れず様々な課題と向き合って真摯に努力し、他者への想像力の翼を広げて、現場から政策立案できるようになってほしい。そうすれば、特別区の仕事は「素晴らしい仕事」と感じられると思う。

教員の資質向上へ指標

課題解決への能力示す

都教育庁

4月の教育公務員特例法改正を受け、都教育庁は7月27日、「校長・副校長及び教員としての資質の向上に関する指標」を策定した。これまでの「都教員人材育成基本方針」や「OJTガイドライン」などの育成指針を一つにまとめ、職層や年数ごとに求められる資質を示しており、新たに「教育課題に対する対応力」の視点を加えたのが特徴。

具体的には、1～3年目の教諭には課題に対する知見を持ち主体的に対応し、主任教諭は主幹教諭を補佐し、若手に適切な助言をするよう求めた。また、都の教育施策の基本計画となる「都教育ビジョン」などに基づいて、グローバル人材の育成や人権教育の推進、不登校など九つの教育課題をまとめ、課題解決に必要な能力を示した。業績評価につながるものではないという。

同庁は今後、指標を各学校に配布するとともに指標に基づいた教員の育成計画を策定する予定。

広報局長に小野氏

藤澤氏の後任に

五輪組織委

五輪組織委員会は1日、広報局長に小野日子・スポークスパーソンを充てる人事を発令した。藤澤秀敏氏は退任する。

小野氏は一橋大社会卒。1988年に外務省に入省し、広報文化外交戦略課長、内閣副広報官・官邸国際広報室長、国際交流基金総務部長などを歴任。2016年1月からスポークスパーソンを務めていた。

退職後のリアル

しくじり都庁OBの教訓⑲

セカンドライフの職探し⑦

相手企業に依存、空回り

何度か面談を重ねるうちに、大きなミスマッチがあることに気付いた。「企業向けのセクハラ対策DVD」という私のアイデアと思い入れは、相手の大手ビデオ会社の求めるものとはズレがあり、明らかに空回りをしているように思えてきた。就職活動に例えれば、大手企業志向で何度も面接を繰り返して失敗するようなことに似ていた。

思い起こせば現役時代、再就職で苦労している人たちに、「企業の規模やネームバリューにこだわるのはやめた方がいい」とアドバイスしていた。また、前歴のプライドを捨てることや自信を持ってやってきた仕事の内容を具体的にPRする大切さを繰り返し説いていたが、今私がやっていることは、まさにそのやってはいけない地雷を踏んでいることのような気がしてきた。

私は安定志向で、ひたすら大手ビデオ制作会社へのシナリオの持ち込みと、その会社でのビデオ化を求めていた。そこには、無意識に自分のシナリオへの過大評価を前提に、大手の制作力や販売力に期待する、相手への依存度の高いミスマッチがあることに気付かされた。

つまり「寄らば大樹の陰」的な発想で、大手の販売力に期待しての企画持ち込みしか考えていなかった。自己評価の甘さも含めて、いわば冒険心のないミスマッチな試みを繰り返していたのである。そもそも、自己評価と相手選びを根本的に間違っていた。

今やろうとしていることは、これまでの手法とは違う、新たなDVD制作の提案である。そうなれば、とかく堅実な手法を取る傾向のある大手には不向きだということになる。そうした反省から、私は発想の転換をすることにした。

これまでの企業への企画の売り込みから、多少のリスクを覚悟でパートナーとして私の試みに賛同してもらえそうな相手探しという発想に切り替えた。そして、実は私のやろうとしていることが「起業」に近いことが分かってきた。

（金子雅臣）

五輪への航海図 198

TOKYO 2020

開催まで あと1088日

特別区の戦略⑳

足立区　英語力向上へ実践教育

中学校で身に着けた英語力を発揮して2020年、街にあふれる外国人観光客に区のPRを――。足立区は英語教育に力を入れ、将来的には世界で活躍できるグローバル人材の輩出に挑む。

柱の一つが、外国語学部を有する明海大学（千葉県浦安市）との連携事業。区は1月、同大学と児童・生徒の英語基礎力の定着と向上に向けた協定を結んだ。大学教員や留学生などの資源を生かし、英語力を高めるプログラムを展開する。

具体的には、同大学の留学生らが区内の小中学校を訪問し、児童・生徒と英語でコミュニケーションする機会を提供する。2月には先行的に、米国やインドネシアなど10の国・地域の留学生22人が区立竹の塚中学校を訪問。中学生約80人が留学生の出身国での暮らしや文化などについて英語で質問し、交流を楽しんだ。プログラム後には「英語学習をさらに頑張る気になった」という声が出るなど、区としても手応えを感じている。教員の指導力向上も大学連携の狙いで、大学教員が「英語教育重点支援校」に出張し、授業・補習の指導方法をアドバイス。魅力ある授業づくりに取り組む。

中学生は4人1班で留学生と対話＝2月、区立竹の塚中学校

今年度はまた、一定レベル以上の英語力を持ち、意欲が高い生徒を対象とする「英語マスター講座」もスタートさせる。文法・語彙力と英会話によるコミュニケーション能力を高めるのが目的で、外国人講師によるオンラインのマンツーマンレッスンと講義を組み合わせて英会話の量を増やし、英語の活用力を身に着けてもらう。希望者には国内で英国の生活を体験できる「ブリティッシュヒルズ」（福島県）で2泊3日の留学体験も予定する。

その他、新学習指導要領に対応した英会話の「スピーキングテスト」をモデル的に実施する方針。従来の英語力は「聞く」「読む」「書く」が中心だったが、「話す」を加えた4技能について課題やつまずきを調査しながら、授業の改善につなげていく。中1を対象に年2回の実施を予定している。

森太一・学力定着推進課長は「区としては小中連携で英語力を高めるのが課題。20年に向けて区内に外国人を招いて案内することも想定しながら、児童・生徒の英語力を向上させていきたい」と話している。

昇任試験対策のページ

主任試験講座 平成29年度 44

直前対策 ①

今年度の都主任級職選考が9月24日に実施されます。都人事委員会事務局から発表された実施要綱によると、AI類事務の合格予定者数は687人で、前年度より48人増加しています。筆記考査まで1カ月余りとなるラストスパートの時期に入る中、主任試験に向けた直前対策として、分野ごとに出題傾向や予想、直前の勉強方法などを3回に分けて掲載します。

■統計資料の見方

出題傾向

平成18年度以降は、資料解釈4問と統計知識1問の計5問が出題されていましたが、平成29年度からは、資料解釈の出題がなくなり、統計知識2問の出題に変更となります。

統計知識からの出題内容については、『職員ハンドブック(※)』(第Ⅲ編第9章第3節)の統計データの分析の分野となっております。この分野の過去の出題傾向としては、統計上の用語や概念を問う問題が出されていますので、解析方法とあわせて必ず押さえておくようにしましょう。

直前対策

統計知識については、『職員ハンドブック』の該当部分を熟読し、出題パターン別に瞬時にデータの分析方法が思い浮かぶように準備をしておくことで、容易に正答を得ることができます。実践を意識した方法で知識の確認を行い、時間をかけず解けるようにしておきましょう。

また、試験直前は暗記を中心とした他の科目の勉強に多くの時間を割かれる傾向にある中で、今回から全出題数に占める配点の割合が下がったところではありますが、日常業務においても必要な知識となりますので、通勤時の電車の中や、昼休みの最後の10分など、隙間の時間を有効活用し、確実に得点しましょう。

※ここでの『職員ハンドブック』は2015年度版です。

■地方自治制度

出題傾向

平成18年度以後出題数は10問(I類技術は6問)であり、今年度も同程度の出題数が見込まれます。過去5年間の出題内容は次のとおりです。

《24年度》
(1)地方公共団体の区域(2)条例及び規則(3)議会(議会の会議)(4)議会(議員の懲罰)(5)長の地位・権限(6)補助機関(7)再議制度(8)行政委員会(9)分担金・使用料・手数料(10)公の施設

《25年度》
(1)選挙(2)条例(3)議会の会議(4)議会の権限(5)長の専決処分(6)付属機関・補助機関(7)監査委員(8)予算(9)住民監査請求(10)債権・基金

《26年度》
(1)普通地方公共団体の事務(2)事務の監査請求(3)議会の権限(4)議会の議員(5)長の権限(6)会計管理者(7)外部監査契約に基づく監査(8)住民訴訟(9)職員の賠償責任(10)公の施設

《27年度》
(1)地方公共団体の区域(2)直接請求(3)規則(4)通年の会期(5)長の再議権(6)付属機関(7)行政委員会(8)分担金、使用料、手数料(9)財産(10)住民監査請求

直前対策

《28年度》
(1)条例(2)議会の調査権(3)長の専決処分(4)副知事(5)公の施設(6)地方公共団体の協力方式(7)指定都市・中核市・特例市(8)会計年度(9)予算(10)現金・有価証券

試験では、基本的に地方自治法の規定、内容が問われます。出題範囲は法律全体にわたりますが、過去に出題された分野からも繰り返し出題される傾向にあります。特に地方議会の分野は、毎年何らかの形で必ず出題されています。条文を確認しながら過去問等を丁寧に解くことで、知識の定着を図りましょう。

また、今年度に公布された改正地方自治法(内部統制や、監査制度の充実強化など)を念頭におく必要もあります。最近の社会事情にちなんだ出題も予想されるため、新聞等で地方自治に関する情報を収集するようにしましょう。

出題予想

○選挙○規則○直接請求○議会の組織○議会の権限○議会の委員会○長の地位及び権限○付属機関・補助機関○行政委員会○再議制度○財産○住民監査請求○国の関与

カレントトピックス 29年度 44

経済事情

■地方税収が7年ぶり減 (7月14日)

総務省は、2016年度の地方税収が前年度を804億円下回り、40兆3246億円になる見込みだと発表した。地方税収が前年度を下回るのはリーマン・ショック後の09年度以来、7年ぶり。政府が地方自治体の歳入と歳出の総額を見積もる「地方財政計画」の見込み額と比べても3247億円少なかった。

地方自治体に配分されている「地方消費税」の落ち込みが響いた。16年度前半の円高進行により輸入品にかかる全体の消費税収が円換算で目減りしたことに比例して、地方消費税は前年度比5・5%減の4兆7028億円にとどまった。地方税収には、国税として納められ、地方自治体に配分される「地方法人特別譲与税」も含まれる。総務省は17年度の地方税収を41兆1270億円と見込むが、16年度の税収が当初の想定を下回り、17年度も見込み額を確保できるかどうかは見通せなくなっている。16年度の国の税収は、法人税収などの減少で55・5兆円にとどまり、地方税収と同様、7年ぶりの前年度割れとなっている。

■基礎的財政収支の黒字化目標困難に (7月18日)

内閣府は経済財政諮問会議で、2020年度の国と地方を合わせた基礎的財政収支が8・2兆円の赤字になるとの試算を示した。

今年1月時点の試算(8・3兆円)と比べ、赤字額の縮小は0・1兆円にとどまった。政府が財政再建目標として掲げている20年度の基礎的収支の黒字化は、極めて困難な状況となった

今回の試算で20年度の基礎的収支の赤字額が1月時点よりも縮小したのは、18年度に歳出の削減が進むと見込んでいるため。1月時点では、18年度に見込む具体的な歳出削減の効果を織り込んでいなかった。今回は、物価の伸びと同じ程度に増加すると見込んでいた歳出の伸びが半分になると試算した。

ただ、その効果は限定的だ。20年度に基礎的収支の黒字化目標を達成するには、社会保障費などの政府の歳出を削減したり、増税で歳入を増やすなどして、8・2兆円分の赤字を穴埋めする必要がある。いずれの場合も、景気の腰折れを招きかねず、政治的にも現実的な選択肢にはなりにくく、政府や経済界では「現状のままでは達成は絶望的」との見方が圧倒的となっている。

■首都圏マンションの平均価格が26年ぶりの高値 (7月18日)

不動産経済研究所が発表した2017年上半期(1～6月)の首都圏(東京、神奈川、埼玉、千葉)のマンション発売戸数は、前年同期比1・9%増の1万4730戸となった。

都内の供給が好調で、上半期としては4年ぶりに増加に転じたが、1戸当たりの平均価格は3・5%高い5884万円で、1991年上半期(6450万円)以来、26年ぶりの高値水準だった。

都心などでは地価の高騰に加え、建設作業員の人手不足などで施工費が上昇。マンション価格に転嫁され、平均価格を押し上げている。

6月単月では前年同月比25・1%減の2284戸で、6月としては92年(2018戸)以来の低い水準だった。

同時に発表された近畿圏の上半期のマンション発売戸数は1・4%減の8815戸、平均価格は2・7%低下し、3709万円だった。

29年度 主任・係長 論文講座 44

特別区主任主事選考

直前対策 ②

今年度の主任・係長論文講座の「特別区主任主事選考」編も最終回となりました。引き続き「直前対策」を行います。今までの講座内容から重要な点を振り返るとともに、試験当日に向けた準備と心構えなどについてお話します。

1 出題の傾向

特別区における主任主事選考で出題される論文の課題は、各区により独自の傾向がありますので、自区における過去の問題の把握や、受験された先輩方から情報収集するなど、その傾向は必ず押さえてください。

ここでは、主な出題パターンである「仕事の進め方」「中堅職員の役割」「職場づくり」の三つに、選考論文を書くに当たって一番重要である主任主事の役割「業務の推進役」「係長の補佐役」「職員の指導・育成」を結びつけてまとめます。

(1)「仕事の進め方」～業務の推進役

・職場(係)の中核を担う職員として、積極的に業務を遂行すること
・日頃から職務に関する知識に加え、課題を整理しておくこと
・組織(係や担当グループなどのチーム)が一丸となって課題克服へ向かっていけるよう、業務の課題や問題点を発見し、改善策や解決策を提案するなど、チームを引っ張り支えていくこと
・日頃の情報収集や各種研修への参加など、自己啓発を行い、それをチームメンバーにフィードバックすること
・職場の困難事例に対しても最後まで責任感を持ち、やり遂げること

記述に当たり大切なことは、日々の業務の中で皆さんがどのようなことを解決すべき課題として捉えているか、またその課題に対し、主任主事として具体的にどのように行動するかを明確にすることです。

(2)「中堅職員の役割」～係長の補佐役

・係長への「報告」「連絡」「相談」を適時適切に行い、計画どおりに仕事を進めていくサポート能力があること
・他の職員と良好なコミュニケーションを築き、係長と同僚・後輩職員のつなぎ役となること
・他係との連絡・調整や地域の関係者などと手を携えて課題解決に取り組む際の事務局・連絡役を務めるなど、「コーディネーター」としての役割を務めること
・係長や他の職員から説明や意見を求められた際には、的確に、自分の意見をはっきりと述べること

記述に当たり大切なことは、職場における中堅職員の役割をしっかりと理解できているか、また、その実践内容が課題解決に当たっての解決策となるかどうかです。

(3)「職場づくり」～職員の指導・育成

・係内の中堅職員として、今まで培ってきた知識や経験を生かし、後輩職員を助言・指導すること
・他の職員への積極的なサポートや助言、チーム内の意見交換に配慮すること
・後輩職員へ助言していく以上、職員として守るべきマナーやルールなどについても常にお手本となるような行動をとること

記述に当たり大切なことは、日常業務を円滑に進めるために、どのように係・チーム内の環境を整えるか、また、OJTの担い手として職員相互の育成・切磋琢磨をどのように進めていくかです。

いずれにしても出題された課題に主任主事の役割を結びつけ、「主任主事の視点で自分の意見や考えを述べる(私は○○する)」ことが重要です。

2 出題される課題への対応

試験当日は、複数の課題から一つを選択し、限られた文字数と試験時間の中で、課題に即した論文を書き上げなければなりません。自区の出題傾向から、ある程度課題を予想して臨むことと思われますが、当日、予想が大きく外れて頭が真っ白になってしまわないためにも、事前準備としてレジュメの作成をお勧めします。本講座「直前対策①」でも触れていますが、レジュメとして問題点・解決策のセットを複数用意することにより、想定外の課題への対応も可能になります。また、ひと目で構成や内容をチェックすることができるため、選考直前や本番当日の見直しにも役立ちます。

3 論文の構成における注意点

主任主事選考の論文課題は、各区ともおおむね1千字から1200字程度となっています。ここでは、3段論法(序論・本論・結論)を用いた場合の注意点について再確認します。

(1)「序論」～区政課題を簡潔に

出題意図を把握した上で、区の現状、問題点、今後のあるべき方向性について述べます。本論の内容と整合性を図るため、背景・問題点・方向性を整理した表現とする必要があります。

論文の書き初めの部分であることや、序論がしっかりと記述できていないと採点者に最後まで読んでもらえないのではないかという不安から、試験準備の際、序論に力を入れる受験生が多いことと思います。しかしながら、論文で一番大事なのは「本論」です。序論においては、決して立派なことを書かなければならないものではありません。ポイントは自区の主な区政課題は何なのか、区を取り巻く環境はどういう状況なのかを把握し、文章にできるようにしておくことです。主な区政課題でかまいませんので、テーマ別にレジュメにまとめて理解しておきましょう。出題された課題に対する背景を論じ、課題解決の必要性を訴え、問題提起し、最後に主任主事の役割から解決の方向性を示すことで、本論へつながるきれいな流れをつくることができると考えます。

(2)「本論」～論理構成に注意

本論で述べる解決策は、序論で述べた方向性等に即したものとし、優先順位の高いものから主任主事として主体的に何をするのかを具体的に三つ程度記述します。一歩踏み込んだ内容を書くことで、提示した解決策が現実味や説得力を持ち、読み手に伝わりやすくなります。また、三つの解決策は、文字数が同程度となるようバランスに配慮することや、解決策相互で内容の重複がないよう十分精査しましょう。本論で一番大事な点は、課長でも係長でもなく、「主任主事」としての役割を述べるということです。主任主事として実現可能なものでなければなりません。本講座の初めに、主任主事の役割を三つに分けてまとめましたが、それを参考に自分なりの切り口をいくつか持っておくと、テーマが変わっても対応しやすくなります。

(3)「結論」～力強い決意表明を

論文の締めくくりである「結論」です。まず、本論で論じてきた解決策を実行することによって期待される効果について述べます。その際、序論・本論を踏まえること、全く述べていない新たな指摘や補足をしないよう注意しましょう。そして、主任主事としての決意表明をします。ここは最後の自己アピールの場です。区の進むべき方向性を意識し、その一躍を担う職員の一人として、昇任へ向けた熱い気持ちを自分の納得のいく言葉で力強く表現しましょう。

4 試験本番に向けての準備

(1)自分の手で書く

想定論文を作り上げたら、原稿用紙を使って実際に手で書いてみましょう。日常、パソコンでの作業に慣れていると、制限時間いっぱいに手を動かすことの負担に驚くはずです。また、予想以上に時間がかかることも実感できると思います。注意したいのが誤字・脱字です。いざ書こうと思ってもなかなか漢字が思い出せず、書けないものです。単純な誤字・脱字のミスで減点されてしまうのは非常にもったいないです。また、読み手に伝わるよう読みやすく丁寧な字で書くためにも、手で書く練習を重ねることが大切です。

(2)問題に合わせる

論文課題を予想し、準備して臨む方が多いと思います。しかし、出題された課題に合わない論文であると分かっていながら、準備してきたものをそのまま記述してしまったり、準備してきた論文内容に無理やり結びつけてしまったりしては、課題に対する答えにはなりません。出題された課題に合わせ、準備してきた論文をアレンジする必要があります。そのためにも、想定論文を暗記するのではなく、あらかじめ準備したレジュメの内容と流れを押さえ、柔軟に対応できる力を身に着けておくことが大切です。

(3)試験時間に合わせる

書く練習を繰り返す中で、何分かかるのかを計っておきましょう。この時間を知ることで、自分なりの時間配分ができ、本番で時間が足りなくなることを防ぐことができます。試験時間は区によって異なりますが、例えば、試験時間が1時間30分だとすると、出題の意図を理解して全体の構成を考える時間が20分、原稿用紙に書く作業で60分、最後の確認作業に10分を充てるなどの時間配分をすることができます。書くペースは個人差がありますので、練習を重ねる中で自分に合った時間配分を見つけましょう。必ず、見直しの時間を残しておくことがポイントです。

5 試験日までの注意

本番で体調を崩さないためにも、試験直前は無理のないスケジュールで過ごしましょう。前日は、事前準備で作成したレジュメの確認程度にとどめ、受験票や筆記用具、試験に向けて準備したノート等の持ち物をそろえます。念のため、受験会場と受付時間、交通機関・経路を再確認し、早めに休みましょう。試験日までに余裕があれば、受験された先輩方に当日の過ごし方や持ち物等についてアドバイスを受けると、より安心できると思います。

6 最後に

試験当日は、どうしても緊張してしまうため、練習どおりの時間配分で取り組めなかったり、予想外のハプニングに見舞われてしまったりする可能性もあります。しかし、周りの受験生も条件は同じです。どうか焦らず自分のペースとモチベーションを保ちましょう。また、出題された課題が予想していたものと違ったとしても、記述することを諦めないでください。レジュメにまとめた内容を頭の中で思い出し、組み合わせてメモ書きすることにより、自分の考えをまとめることができます。また、記述の途中で、あれも書けば良かった、書き忘れた、ということを起こさないためにも、試験開始と同時に原稿用紙のマスを埋め始めるのではなく、20分程度の時間をかけて問題用紙の空いている部分などに論文構成やキーワード等を簡単にメモ書きして、落ち着いたところで書き始めると良いと思います。

今年度の特別区主任主事の論文講座は今回をもって終了となります。執筆陣一同、日常業務で培われた皆さんの実力が試験本番において、いかんなく発揮され、合格を勝ち取られますことを心よりお祈りし、エールといたします。

Art・Essay&Opinion　アート・随筆・オピニオン

言いたいことが山ほどある　小池都政、都議選❺

小池都政1年、政局より政策を

明治大学教授　青山佾

小池知事が率いる都民ファーストの会は、都議選で追加公認を含めて55議席を獲得して第1党となっただけでなく、得票率でも追加公認を含め4割超を得て圧勝だった。この結果から、小池都政1年は都民に支持されたといえよう。

しかし都議選前、市場移転問題についての小池知事の基本方針に対する各種世論調査の評価が必ずしも高くなかったこと、都議選告示後に自民党国会議員や大臣の不祥事、失言が相次いだ結果、内閣に対する批判票が都民ファーストの会に集まった点などは割り引いて受け取るべきだ。

また、都民ファーストの会が都議選に当たって掲げた政策が抽象的で都民の印象に残るものがなかったことなどを考えると、小池都政の政策が支持されたというより、小池氏のキャラクターが都民に支持されたと考えるべきだ。

将来世代のための都市基盤整備

小池知事就任後の1年間の大半は、五輪施設経費の見直し問題と市場移転問題に費やされてきたように見える。これらはもちろん大切な都政課題だが、都知事の責任は福祉、教育、経済、産業、都市、環境、交通、防災その他、多岐にわたる。

都政の改革を標榜するなら、各分野にわたる政策の内容や仕組みを現在と将来に合ったものに変革していくことが求められる。目前の支持率や人気には結びつかないが、将来世代のための道路や鉄道など都市基盤整備に取り組むのも都知事の重要な責務である。

戦後東京の長い間の懸案であった都心居住を今日、ようやく実現しつつあるのは、環7、山手通り、地下鉄大江戸線など環状方向の道路や鉄道の整備を続けてきた結果である。東京大都市圏がニューヨークやロンドンをはるかにしのぐGDPを毎年稼ぎだし、欧米やアジアの人たちがうらやむ清潔で機能的な都市生活を実現したのも、圏央道、羽田空港、つくばエクスプレスなど国際的かつ広域的な交通ネットワークの整備に努めてきた結果である。

都政改革は情報公開や経費の節約だけではない。資源を自分たちの世代で使い尽くすのではなく、時代に合った、特に将来世代のためになるプロジェクトに重点的に資源を配分していくことも大切である。

そのためには、政局重視から政策重視へと都政の軸足を変える必要がある。目前の人気取りや当面の支持率向上を考えていると冷静な判断ができなくなる。いろいろな問題がきちんと整理整頓されて頭に入っているように見える小池知事のことだから、必ずこのような都政改革を実施すると期待したい。

都知事の仕事のほぼ9割は政治ではなく行政である。憲法と地方自治法は、内閣と国会の関係とは違って自治体の議会と首長の関係を二元代表制とすると同時に、知事や区市町村長を執行機関の長とした。三権分立制の元で、政治家である首長を行政の長とした。

都知事は選挙で選ばれた政治家であるが、行政の長でもある。この二つの立場を峻別しないと混乱する。予算編成権をもつ知事が業界団体から、その団体の直接の予算について要望を受ける場合、少なくとも選挙の応援と関連づけるようなことがないよう気をつけなくてはならない。

知事が業界団体と政策について意見交換する努力は多とするが、予算要望ではなく政策についての意見・提言を受けるべきだ。古今東西を通じて行政と政治の混同が権力の腐敗を招く事例は多かった。現在の国政の混乱の一因も両者の力の均衡が崩れた状況が招いた面がある。

都庁の幹部がもっと発言を

1922年、汚職が頻発し伏魔殿と呼ばれた東京市政を改革するために東京市長となった後藤新平は、同じく汚職が頻発したニューヨーク市政に対して改革提言をしたチャールズ・オースティン・ビーアドを呼んで6カ月にわたって東京市政の調査と提言を依頼した。

そのときビーアドが東京市に残していった報告書のオリジナル・タイトルは、The Administration and Politics of Tokyo――A Survey and Opinions『東京の行政と政治――調査と意見』となっている。行政と政治の区別を強調するビーアドの提言は今日の都政にも当てはまる。

知事・執行機関と議会の関係について、ビーアドは「市長以下の理事者が議場に出て直接議員の質問に答えるのは珍しく思った。ニューヨークでは理事者は一切議場に出ないから、議員からどんな質問があったのか、翌日の新聞を見て初めて知る」と日本のやり方を評価している。

市場移転問題について、都の職員からの発表や発言が少なくて、テレビのバラエティー番組等が偏った報道をするたび私はもどかしく感じたが、都庁の幹部はもっと伸び伸びと、プレスに対しても議会に対しても発言していくべきではないか。文書を出すのも情報公開だが、率直な発言も情報公開だ。

後藤新平が東京市長のとき、長期的な東京改造計画をつくったのは、行政に対する政治介入を避ける目的もあった。現在の都政は短期間に知事の交代が続いた結果、長期的な政策が欠けている。小池都政に期待するのはこの点である。若い人に未来を語らせるのはかえって酷だ。年月の経過に実感をもつベテラン政治家こそ長期的な政策を残すべきだ。

山から文化を展望する

山へ！ to the mountains展　世田谷文学館

田部井淳子のエベレスト登頂時の装備一式も展示されている

山の文学が残っていたのか？ 本展ポスターを見て、大事なことを忘れていた悔恨の気持ちに襲われる。古くは志賀直哉から井上靖、北杜夫、植村直己、沢木耕太郎、夢枕獏と、確かにそこには名峰が連なっている。

だが、本展は山と文学に拘泥した展覧会ではない。「先駆者」「植物学」「建築学」「生活」「漫画」「写真」と、高峰から広く文化の領域を展望する、風通しのいい企画だ。

会場アプローチには新田次郎の名作『孤高の人』を原案に、気鋭の漫画家・坂本眞一が描いた同名作品の鮮烈なシーンが掲示されている。

宗教行為だった日本の登山に、近代の理念が導入されたのは明治の半ば。英国人登山家ウェストンとの交流を重ね、理念の普及と日本山岳会の創設に尽くしたのが「先駆者」・小島烏水だ。

会場で目立つのは「文学」の深田久弥に関する展示。歴史的ベストセラー『日本百名山』の著者である。「山のような人間にならねばならぬ、山のような文章が書けるようにならねばならぬ」。おおらかで広い視界の背景にあるのは旧制一高の教養主義だろう。この人に山を学んだ人は数知れない。ピッケル、腰皮、菅笠、アイゼン、気圧計など、時代を感じさせる実用本位の登山具と、地図や大小の手帳や整理カードなどが、山の心得を説いているようだ。

高校では深田の先輩で長く親交を結び、しばしば山行を共にしたのが「植物学」の田辺和雄。自ら植物写真を撮り、『原色高山植物』『原色日本植物図鑑』など先駆的な仕事を残した人である。

ル・コルビュジエの弟子にして斬新な建築設計で知られる吉阪隆正が、キリマンジャロ、マッキンリーで知られる冒険家であったと知る人はかなりの情報通だ。野沢温泉ロッジなど、山岳建築の仕事が紹介されている。

世界で初めて女性としてエベレスト登頂に成功した田部井淳子は、自らの実践を通じて女性と登山、生活と登山を近づける活動を続けた。彼女のエベレスト登頂時の装備一式が見られる。

「写真」は石川直樹。探検と学問をひとつにした彼の仕事が、若者を引きつけている。国東半島の埋もれた民俗生活を伝える写真が展示されている。

谷川岳、浅間山、大雪山などの鉱物の展示もあるから、苦しかった登山道の記憶を、ここでよみがえらせる人もいるかもしれない。

マナスルのように、敗戦後、日本の閉ざされた心に光をもたらした歴史的登山もあった。山に託して、その時々の時代精神をもしのばせてくれる好企画だ。

9月18日まで開催中。

風流戯画草紙

作・橋本裕之

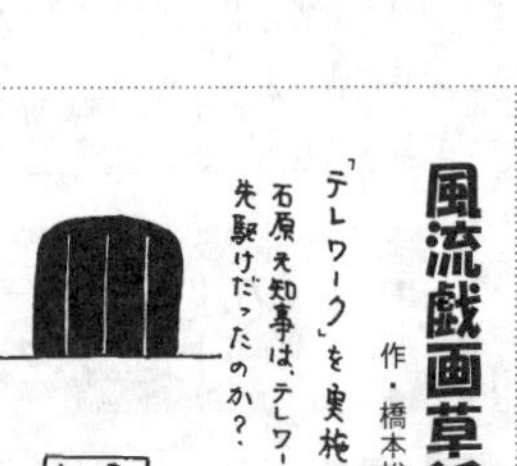

ミニガイド

◇ふくしま⇔東京キャンペーン「第11回福島産直市」　▷内容　福島県産品の販売と観光ＰＲ。その他、目玉商品は福島県を代表する名産物の桃、日本酒、新鮮な野菜、銘菓などを豊富に取りそろえている▷日時　８月４日㊎　正午～午後８時、５日㊏　午前11時～午後５時▷会場　東京メトロ三越前駅銀座線コンコース（Ａ１出口付近）▷主催　東京メトロ▷共催　東京都、福島県▷問い合わせ　東京メトロお客様センター☎0120・104106

購読料に関するお願い

口座振替ご利用の皆様へ

銀行の口座振替は3カ月ごとの後払いで振替日は該当する月の6日（土休日と重なる場合は翌営業日）となります。残高不足等で振替が出来ない場合、割引が適用されなくなることがあります。お客様ご利用の口座残高をもう一度、ご確認いただきますようお願いいたします。

副知事人事ノート

都政研究元主筆　大塚英雄　第4回

横田さんて、だーれ？④

都の副知事を2期・8年務めた鈴木俊一は、3年後の昭和45年に大阪で開催される万国博覧会の事務総長に就任、単身西下した。

翌46年は、言うまでもなく都知事選の年である。2年前に消防総監への内示を断って野に下った横田政次は、新都市建設公社の副理事長として八王子の地にいた。しかし、4年前の土壇場での無念の挫折にもかかわらず、鈴木擁立に対する横田の情熱は、少しも変わることはなかった。いや、傍目で見ていて、その闘志はむしろふくらむ一方だった。

だが、東京都に限らず、首長の2選目はとにかく強い。美濃部とて例外ではない。都民対話・参加の旗を掲げ、福祉・環境に次々と新しい施策を打ち出し、更に美濃部スマイルと相まって、女性の人気は絶大であった。

対立候補として名前の挙がった保守系の候補者たちは、こぞって尻込みした。そうした中で、総理の佐藤栄作が対抗馬として指名したのが、皮肉にも4年前に「彼では勝てない」と、自ら引きずり下ろした鈴木俊一だったのである。「我が意を得たり」と、小躍りして喜んだのは横田であった。

しかし、4年前に比べて喜びは半分ぐらいだった。美濃部人気に肝心の鈴木が出馬に否定的だったことを、事前の接触で感じ取っていたからだ。案の定、佐藤総理が万博の石阪泰造会長を通じて鈴木説得に乗り出したものの、鈴木は「川の中で舟を乗り換えるわけにはいかない」と、男の意地を見せたのだ。

本来なら、この時点で都知事選と鈴木とのかかわりは「終わった」と見るべきだろう。ところが、この話はそれから8年経ったあと、もう一度派手に燃え上がるのである。

その「火ダネ」になったのは、横田の区政会館入りだ。この話には鈴木が絡むことになるのだ。

46年の都知事選の美濃部の対立候補に絡んだという理由で、2度目の「M項パージ」に引っかかり、横田は1期で新都市建設公社を追われることになる。

鈴木はその責任を痛感、大阪万博で知り合った中堅ゼネコン鴻池組会長に横田を紹介。同社の常務にとってもらう。このあと区長公選復活など自治権拡充運動で意気上がる区長会が横田に目を付け、事務方ナンバー1の常務理事に招聘されることになったのだ。

これが一度は消えかけた横田の晩年のライフワークともなった鈴木擁立運動第2幕へののろしとなったのである。

そして都財政破綻、美濃部の根っからの「太田薫嫌い」、中道主導による自・公・民の統一戦線結集が鈴木にとって強力な追い風になった。

しかし、念には念をと、横田は一度ならず二度も「M項パージ」の旗を振った参謀の小森武のところに足を運び、「（美濃部知事に）太田氏の車に乗らないように」と懇願に及んだのである。

「韓信の股くぐり」と、当時の都政人の間で話題になったものだ。

（敬称略）

都政新報

発行所　都政新報社
〒160-0023 東京都新宿区西新宿7-23-1 TSビル
(総務・読者) 03-5330-8781
(企画広告) 03-5330-8784
(編　集) 03-5330-8786
(出　版) 03-5330-8788
(ファクス) 03-5330-8808
購読料 月1,730円(税込)
毎週火・金曜日発行
ただし、祝日は休刊
©都政新報社 2017

紙面から

職員の意見、聞く耳乏しく

小池都政1年　【第1部】政治姿勢を問う㊤

意思決定

ある事業局の執務室。時計の針が午後2時55分を指すと異様な光景が広がった。大半の職員が事務作業を止めて立ち上がり、庁内放送のラジオ体操の音楽に合わせて真剣な表情で運動を始めたのだ。ラジオ体操を終えた女性職員は「心身ともにリフレッシュができ、仕事の効率が上がるだけでなく、職場のコミュニケーションもラジオ体操によって増えた」とすっきりした表情で語った。

ラジオ体操の実施を決めたのは小池知事だ。ロンドン五輪の文化プログラムの一環として、大勢のダンサー、子供たちがトラファルガー広場で一斉に踊った「ビッグダンス」の映像を見た知事は「素晴らしい」と感動し、日本を象徴する取り組みとしてラジオ体操を思い付いたという。また、知事は「みんなでやったら盛り上がる」と幹部職員に持ちかけ、ラジオ体操を東京五輪の機運醸成として活用することを決定した。事業局の幹部は「婚活の取り組みなどのように、知事は都民が盛り上がることを打ち出す傾向にある」と解説した。

ラジオ体操は実施するだけにとどまらず、PR動画の制作も自ら決めた。都のゆるキャラを総動員した動画だけでなく、第2弾として職員バージョンの制作に当たっている。2日の午前中に都民広場に100人以上の職員が集い、Tシャツ、ズボン姿の知事が一緒にラジオ体操する様子を録画。また、別の日には4人の副知事がラジオ体操をする姿を撮影したいという。

ラジオ体操を推進するイベントに参加する小池知事＝7月24日、都庁第一本庁舎で

「忖度」過ぎれば暴走招く恐れも

都庁内からは、「元ニュースキャスターの知事は動画好き。個人的な趣味で動画づくりを楽しんでいるようだ」「他に税金の使い道はあるのに、税金が余っているような印象を他県に与えてしまう」と批判的な声もあるが、「動画を製作してPR効果が高まるなら、一つの成果だろう」と理解を示す意見もあり、評価は分かれる。

各局が小池知事に行うブリーフィングでは、イベントなどを報告する際、目的や考え方を説明するよりも、面白さを伝えることが重要と言われている。事業局の幹部職員は「小池知事は理屈には興味がない」と明言した上で、「目的などを詰めきらないまま動き出す傾向にある。ラジオ体操の狙いを五輪の機運醸成と言われてもピンとこないのはそのためだろう」と分析する。

石原都政以降、知事が興味を示す取り組みは、都政の課題とかけ離れていても待ったをかけるのは困難な状況にある。例えば、石原都政では尖閣諸島の購入に向けて動いていたが、最終的に国が購入することで決着。「自分がやりたいことにこだわるのは政治家だから仕方がない」とあきらめ顔の幹部もいる。

一方、小池知事は興味のある政策とは違い、重要案件は決められないとの評価が多い。その典型が豊洲への市場移転だ。4月に市場のあり方戦略本部という会議体を設けるなど移転の可否の判断を先送りすると見られていたが、都議選告示前の6月20日に臨時会見を開き、突如、豊洲移転の基本方針を発表した。

小池知事は会見直前に副知事を知事室に呼び出し、基本方針を説明したが、資料は一切なく口頭で行われた。知事から豊洲と築地の両立を目指す方針を初めて伝えられた副知事は、豊洲が中央卸売市場であることを念押ししたという。その後の会見で、知事は豊洲が中央卸売市場だと明言したが、築地再整備をもくろんでいた特別顧問は「豊洲が中央卸売市場」との発言に不満を示したとの証言もある。

基本方針は、顧問が座長を務める市場問題プロジェクトチームの報告書が色濃く反映されており、知事と顧問が基本方針を策定したことがうかがえる。都幹部の一人は「どうしたらいいか分からないなら副知事に意見を聞くべきだ。そうしないと行政がゆがめられてしまう」と指摘した。

反対に、職員サイドで知事に進言する幹部が不在であることも問題と指摘する声が庁内から聞かれる。石原都政時代、元局長級幹部が知事に進言して聞き入れられ、暴走を抑止する効果が一定程度あった。だが、小池都政では、知事の意向を過度に酌もうとする幹部が多く、知事の視点に立って取り組み内容などの修正を各局に求めてくるという。小池知事への「忖度」が行き過ぎると、「小池ファースト」に陥り、都民目線の政策が少なくなる恐れがある。

■　■

小池知事が就任して2日で1年が経過した。この1年を振り返ると、情報公開や働き方など都政改革が進む一方、市場問題では業者の混乱を招いた。知事の意思決定などに問題はなかったのか。第1部では知事の政治姿勢をテーマに2回で掲載する。

議長人事可決の見込み
市場特別委は設置されず
都議会代表者会

都議会の主要会派の代表が集まる各派代表者会が7月31日に開かれ、正副議長を決める臨時会を8日に開会すると正式決定した。都民ファーストの会と選挙協力した公明党は1日の会見で「(都民ファーストから出す)議長をしっかり支えていき、賛成したい」との考えを示しており、仮に他会派が議長人事に反対した場合でも賛成が過半数を占め、可決の見込みとなった。議長人事は尾崎大介氏が有力視されている。

また、市場問題に関する特別委員会の設置を巡っては、自民党、共産党、民進党が求めているが、都民ファーストと公明党が難色を示している。都民ファーストの幹部は「知事が豊洲移転という基本方針を示したので、豊洲移転問題の審議は常任委員会に戻すべき」と説明している。一方、五輪に関する特別委員会は、全会派が設置に賛成した。

各派代表者会では、9つの常任委員会の委員長ポストの割り当てが決まった。▽都民ファーストは都市整備、経済・港湾、環境・建設、警察・消防▽公明党は財政と厚生▽自民党は総務と公営企業▽共産党が文教――の各委員長ポストを確保。

都幹部の一人は「市場特別委員会の設置に反対した都民ファーストが豊洲問題を審議する経済・港湾委の委員長に就任するのは、知事の片棒を担いでいることが一層明らかになった。市場問題は知事にとってのアキレス腱であるため、攻撃されたくないのだろう」と指摘した。

都政の東西
無関心な市民

7月30日に投開票が行われた横浜市長選は、現職の林文子市長が約60万票を獲得し、次点に倍以上の差を付けて3選を果たした。大差となった結果からは、住民が地方政治に基本的に無関心であることがうかがえる。

注目の争点となっていたのは「カジノ誘致」と「中学校給食の実現」だ。出口調査では誘致に反対する市民は約6割と多数を占め、地元紙の世論調査で中学校給食を要望する市民は5割以上いることも分かっていた。

落選した2候補は共にカジノ誘致反対を強く掲げ、給食の導入に賛成していたが、林氏はカジノ誘致を「現時点では白紙」としながらも誘致の検討を公約に掲げており、給食については同市で現在実施している弁当配達システムの充実にとどめていた。

確かに、「カジノ反対・給食実現派」の票は割れた上、林氏には2期の実績があり、目立った失政もなかった。しかし、出口調査や世論調査を見る限り、市民が争点に対する各候補のスタンスを理解していれば、当落はともかくこれほど大差が付くとも思えない。重要と思われていた争点は、争点となり得ていなかったと言わざるを得ない。

東京はどうだろうか。都政はかつてないほどの注目を浴び、知事率いる都民ファーストの会が都議選を圧勝した。ただ、現在の注目度の高さは「敵」を作る知事の劇場的な手法によるところが大きく、都議選での圧勝も政策に関心を持っての投票がどれほどあったのかは疑問が残る。

どれだけの都民が政策を理解しているかは分からないが、この注目度の高さが無関心になりがちだった地方政治に都民が目を向けるきっかけになると信じたい。

職員との協力 前面に
新体制後初の庁議

就任から2日で丸1年を迎えた小池知事は同日、新任局長らが就任した新体制後初の庁議を都庁第一本庁舎で開き、局長らに訓示を述べた。「決意を新たにしつつ共に東京大改革に邁進していきたい」と話し、職員との協力姿勢を前面に打ち出した。その上で、市場移転問題や東京五輪などに触れ、引き続き「スピード感」ある対応を求めた。

「あっという間の1年だった。また大変な1年だった」。小池知事は庁議の冒頭で、知事就任1年目をこう振り返った。「職員の皆さんは、時には不満を感じたこともあるだろう」と述べつつ、「新しい方向性に今、都庁は向かっている。協力をお願いしたい」と訴え、「職員と一緒に新しい東京づくりを進めていきたい。ポイントはスピード感だ」と2年目の意気込みを示した。

就任1年目の都政を「未来に向けた種まきをした」と回顧し、「これからは種をしっかりと根付かせていく段階に入る」と言及。待機児童の解消、高齢社会への対応、防災・国際金融・経済都市の実現に取り組む姿勢を改めて示した。その上で、▽市場移転問題▽東京五輪▽多摩・島しょの活性化――の3点を当面の課題として列挙した。

市場問題は都議選前に方向性を明示したが、いまだ明確な方針は示されておらず、「豊洲も築地も共に発展させる基本方針に基づいて、各局が連携して迅速に対応する必要がある」との言及にとどまった。一方、開会まで3年を切った東京五輪へは、「準備を着実に進め、記録と記憶に残る史上最高の大会に導く。全庁一丸となって力強く推進していきたい」と意気込みを示した。

先の都議選で小池知事の支持勢力が過半数を大幅に上回る結果となったことにも触れ、「将来に安心と希望を持てる都政を、都民に見える形で進めてほしい」とする有権者の要請が強かったと推測。民間企業やスポーツ選手など非議員出身者が多数当選したことに対しては、「様々なスキルや専門性に富んだ議員がたくさん誕生した。都議会からのチェックもこれまでとは違う切り口になる」と指摘した。

働き方改革にも言及。「『ライフ・ワーク・バランスの聖地は都庁』と言われるぐらい徹底してテレワークなども進める」との意向を示した。また、目安箱に寄せられた職員の意見を活用する方針を引き続き示し、「(職員)自身のライフが充実するために、都民のための東京大改革を成功させるための改革を進めていきたい」と力を込めた。

前向きに受け止め

職員の多くは知事訓示を前向きに受け止めたようだ。幹部職員の一人は「以前は市場問題や東京五輪などに発言が偏っていた。今回は高齢社会や少子化など、都政の課題に真正面から立ち向かう姿勢だった」と述べ、「新しいことをやっていく気迫を感じた」と評価。また、「都議選が終わり、都政に重心が置かれた印象」という声も聞かれた。

職員と協力する姿勢が強く打ち出されたことへの肯定的な意見も目立った。ある都幹部は「職員に(仕事を)任せようとしている」とした上で、「(職員も)どれだけ力量があるのか試される。信頼を得るためにしっかりと従事する必要がある」と語った。

市場移転問題と密接に絡む東京五輪へは、「与えられた中でやるしかない。それが役人の務め」といった声や、新しい都議会について「専門性を持った議員と政策論争しやすい環境が整った」との意見があった。

高齢者特化の救急医療対策協が「中間報告書」
都福祉保健局

都福祉保健局は7月31日、今年度第1回の救急医療対策協議会を開催し、高齢者に特化した救急医療の在り方に関する報告書の「中間のまとめ」を公表した。高齢者に焦点を合わせた救急医療の方針を示すのは初で、来年2月に最終報告をまとめ、3月策定予定の保健医療計画に盛り込む。

16年の高齢者の救急搬送数が07年比で約10万人増えたことを受け、医療・介護サービスの提供の有無などケースごとに方向性を整理。また、かかりつけ医と連携し、地域密着型の受け入れ態勢を強化する方針を示した。

主要5会派が知事と面会
小池知事「車の両輪」自民に使わず

都民ファーストは総勢19人で知事と面会した＝1日、都庁第一本庁舎で

都議会の主要会派の新役員は1日、小池知事と面会してあいさつした。

都民ファーストの会の増子博樹幹事長は役員19人を紹介。知事は「車の両輪として、スピード感を持って都政をしっかり進めていただきたい」と力を込めた。あいさつ後、増子氏は会見で副政調会長7人が各分野で政策を立案する部会長となり、条例提案に取り組む考えを示した。

知事与党の公明党の東村邦浩幹事長は「しっかり現場を調査して知事に提案し、都政を前に進めていきたい」と語った。知事は「公明党らしい提案を期待している」と応じた上で、車の両輪として「都政課題について(解決に)取り組んでほしい」と呼びかけた。

小池知事は19人中13人が女性議員の共産党に「女性のパワーを発揮し、生活者の観点から都庁と車の両輪になって都民のために協力をお願いしたい」と要望。民進党には「車の両輪としてしっかりと切磋琢磨し、議論を重ねながら、都民の目線に立った協力をお願いする」と語った。

これに対し、知事は自民党には4会派に使った「車の両輪」という言葉を使わず、「歴史と伝統ある自民党のこれまでの経験や知見を生かしつつ、さらに磨きをかけてもらいたい」と述べるにとどまった。知事へのあいさつ後に開いた会見で、公明党は自民党について「政策課題では話し合いをしていかないといけない。従来の連携はない」と語った。

政調会長らを発表
ベテランの起用も
自民党幹部人事

都議会自民党は1日、政調会長に鈴木章浩氏、総務会長に早坂義弘氏を起用する人事を発表した。任期は1日から来年7月末まで。秋田一郎幹事長は1日の会見で、「謙虚に愚直に全員野球で進めていきたい」と抱負を述べた。

また、副幹事長に高島直樹氏、政調副会長に宇田川聡史氏、総務副会長に吉原修氏の3人の幹事長経験者を据える異例の人事となった。秋田氏は自ら頭を下げて3人に依頼したとのエピソードを披露した上で、「(通常であれば)ベテランには大所高所からの指導を仰ぐが、今はそんな余裕はない」と起用の理由を説明した。

冗句ジョーク

小池知事、就任1周年の庁議で職員に向け
“ねぎらい2割、さらなる奮起8割”
「都知事もまだまだワーク・ライフ・バランスだな…」――幹部職員

区長会

役割分担協議を都に要望

議会要請は臨時会後に

特別区長会（会長＝西川太一郎荒川区長）は2日、都の2018年度の施策と予算に関する要望書を提出した。要望は20項目で、このうち都区の役割分担に関する協議の実施と児童相談所（児相）の設置に関する対応の2項目を最重点要望として強調。中断している「都区のあり方検討委員会」の再開や、児相設置に当たっての人材育成支援の拡大などを求めた。この日は都要望に併せて例年行っている都議会与党会派への支援要請は行わなかった。区長会事務局によると、臨時都議会後の実施を検討しているという。

要望活動には西川会長ら役員区長5人が出席。川澄俊文副知事が要望書を受け取った。

区側が今回の要望で最重点項目に挙げた2項目のうち、都区の役割分担に関する協議の実施では、新たに2011年12月の書面開催以降中断されている都区のあり方検討委員会の再開を要請。444項目の事務配分に関する方向性の整理や税財政制度など「次の展開に向けた議論」を求めた。

これに加え、都が6月に発表した国際金融都市構想骨子で、法人事業税と法人住民税のいわゆる「法人2税」の減税を検討する方針が盛り込まれたことを受け、調整税の減免を検討する際には事前協議を行うよう要請。「都区財政調整制度の財源である固定資産税・市町村民税法人分（法人住民税）は共有財源であることを踏まえた対応を」としている。

また、用途地域の都市計画決定権限や都市計画税の在り方に関する協議の場の設置を前年度から引き続き要望。「全国の基礎自治体の中で唯一、特別区だけが外されている」として対応を求めた。

一方、児相設置では、「移管に必要な財源を確実に移譲すること」として、区が児相を設置した場合の財政支援を要請。最大の課題となっている人材確保では、区職員の派遣研修の受け入れ拡大や都職員の区児相への派遣を求めるとともに、児相や一時保護所の整備用地として、未利用都有地の無償譲渡や無償貸し付けなどを要望した。

区立児相の設置に向けては、20年度開設を目指す世田谷、荒川、江戸川の3区と都が6月から設置計画の「モデル的確認作業」を行っている。区側は設置希望の22区に影響が及ぶ広域的な課題があるとして、モデル的確認作業とは別途、協議を求めているが、都側は「まずはモデル的確認作業を進めるべき」として難色を示している。

他方で、この日は都要望に伴う都議会への支援要請は行わなかった。区長会事務局では「都議会構成が固まった後に行うことになる」としており、8日の臨時都議会以降に都民ファースト、公明、自民の3会派に支援要請すると見られる。

当日は74万人が傘を差しながら鑑賞した

台東・墨田区

SNSからトラブル検知

隅田川花火に全国初のAI

台東区と墨田区が7月29日に開催した「第40回隅田川花火大会」で、人工知能（AI）による画像解析技術を全国の花火大会で初めて導入した。開発事業者と連携してSNSに投稿された情報からトラブルをリアルタイムで検知し、会場周辺の警備強化に活用した。

江戸時代から続く隅田川花火大会は、毎年約95万人が集まる夏の一大イベント。当日は朝から雨が降り続いていたが、主催者発表で74万8千人が訪れた。花火会場周辺には、実行委員会事務局を務める台東区の職員らが常駐する大会本部のほかに会場本部や地区本部を置き、警察・消防を併せて約1万人体制で警備に当たっているが、路上でのごみのポイ捨てや見物客同士のトラブルへの迅速な対応が課題となっている。

採用された画像解析技術「Spectee（スペクティ）」は、画像や動画情報を学習させたAIがSNSに投稿された情報から「混雑」や「ケンカ」などのキーワードに該当する情報をリアルタイムで検出。事業者が緊急度をランク付けして整理し、問題となりそうな案件を大会本部に電話やメールで連絡した。

同システムから発覚した事案で、大会本部に通報があったのは17件。会場最寄りの浅草駅や周辺の道路が混雑している状況や、電車の遅延、ごみの散乱などの情報が寄せられ、本部が誘導などを行った。

また、SNSに墨田区側の立ち入り禁止区域から撮影された投稿があることが大会本部に伝わり、大会本部が即時に注意喚起をするよう墨田区に依頼した。

同技術は事業者側からの提案を受けて採用が実現。イベントへの導入が初めてだったことから、試行として無償提供された。

台東区の担当者は「広域の情報が収集でき、安全性を補完するのに役立った」と振り返り、「効果を検証し、来年度に事務局を務める墨田区に引き継ぎをしていきたい」と話している。

8日に本人招致

政活費の横領で

墨田区議会

墨田区議会は1日、元区議の政務活動費横領が発覚したことを受け、第2回臨時区議会を開き、真相究明と再発防止を図るための特別委員会を設置することを全会一致で可決した。同日に開いた初会合で不正を働いた自民党元区議の松本久氏を参考人として次回8日の特別委に招致することを決めた。

特別委は各会派の幹事長を含む15人で構成する。委員長には第2会派の公明党の加納進幹事長が、副委員長には第3会派の共産党の高柳東彦幹事長が就任した。

初会合では委員からの質問に自民党の田中邦友幹事長と横領事件の調査を担当した佐藤篤区議の2人が答える委員間討議が行われた。

討議では、政活費の管理を松本氏に一任していたことや、本人が横領を認めて以降も第2回定例区議会や都議選の応援などで議員として活動していたことなどに批判が集中した。今後は、会派としての管理責任が焦点となる見通しだ。

特別委は今月中に全6回の委員会審査を開き、31日に報告書をまとめる。

事業系ごみ減量へ 生ごみ処理機助成

品川区

品川区は1日、スーパーや飲食店など食品廃棄物の排出が多い事業者向けに生ごみ処理機の購入費助成を開始した。区によると、事業系の食品廃棄物を対象とする助成制度は都内でも珍しいという。

区が助成するのは、生ごみを微生物や電気などを使って分解する「消滅型」や堆肥化する「バイオ型」などの処理機。助成額は購入価格の3分の1で、処理量が10㌔以上の機器は上限40万円で1件、10㌔未満は上限15万円で4件の計5件を助成する。10㌔以上の機器はスーパーや弁当販売店などの利用を想定し、10㌔未満は小規模飲食店の申請を見込む。

23区では家庭ごみの減量が進む一方、事業系ごみは増加傾向にあり、食品廃棄物は他のごみに比べて重量が大きいことから減量効果が高いと判断した。区清掃事務所では「社会問題となっている食品ロスの啓発につなげたい」と話している。

記者席

海外からの支持率も絶好調

○……都議会議事堂を華々しく彩ったプロジェクションマッピング。先月24日の五輪開会3年前を祝う記念イベントで行われ、翌25～29日までは午後7時半～9時の間、1日5回映写されていた。新たな観光資源にもなりそうだが、「常設するのは難しい」と都五輪準備局総合調整部の担当者。機器を組み立てるのに相応の費用がかかり、また、映写する建物の形状に合わせて制作しているため、単純に移設するわけにもいかないという。

同イベントで映写されたのは2作品。東京の魅力と、スポーツの素晴らしさを発信する内容で、数秒間隔で映し出される鮮やかな映像美は圧巻だった。ところが、後者の最後に映し出された「3Years to Go」だけは貧相なデザインで、同担当者も「反省点」と漏らした。

○……隅田川花火大会にAI技術を売り込んだ民放子会社の担当者によると、「自治体に対しては当初、災害時に利用する技術として売り込んでいた」という。

例えば、「土砂崩れ」を検知するように設定しておけばSNS上に投稿された各地の情報を集約し、避難指示を出すか判断するための材料にできると提案したが、複数の自治体への営業は難航した。

実績が少なく、信頼性が実証できない点も一因になったのではないかと考えると、隅田川花火大会では技術の無償提供を条件に、実証実験の場を提供したとも受け取れる。どんなに優れた技術も実証を経ないことには磨かれていかない。今回の取り組みが行政と民間が歩み寄ったことで行政課題の解決につながる好事例となれば良いが。

○……小池知事の「都市外交」が好調だ。と言っても都庁内での話。公務・政務は別にして、海外要人などからの面会依頼が絶えないという。先月も英外相やオーストリア大使らが来庁。携帯電話から五輪・パラリンピックのメダルを作る「メダルプロジェクト」をPRする機会にもなっている。3年後に東京大会を控え、東京の注目度が高まっていることもあるが、小池知事の人気は海外、特に中東方面で高いようで、在京アラブ外交団が知事を訪問することも今までになかったことだ。

小池知事が就任以降、1年間で約70件の面会があったが、これは海外出張に明け暮れていた前知事の約1・5倍に上るとか。石原元知事は面倒だからかビッグネームとしか会っていなかった。そう考えると、東京の都市外交は今が旬？

出番です 新副区長に聞く

新時代の地域行政へ

世田谷区 岡田篤氏

区職員になろうと決めたのは、大学時代に世田谷区の街づくり推進課長を務めていた八頭司達郎元助役と出会ったのがきっかけだった。区は当時、住民参加のまちづくりに向けた地区計画の策定を進めており、「公務員になろうとは全く考えていなかった中、役人のイメージが変わった。自分も世田谷区で仕事がやりたいと思った」。

出会いの翌年の1983年に入区。官房系部署での業務を中心にキャリアを重ねる中、03年に世田谷総合支所地域行政担当部すぐやる課長に昇任すると、数多くの現場を歩き、区民や事業者らとの協働の在り方を議論した。「現場に最も近いことが区の職員のだいご味。時には厳しいことも言われるが、それだけ住民生活に直接関係する仕事で、やりがいも大きい」と語る。

保育課長を04年度から3年間務めた際には、区立保育所の民営化で連日深夜まで地元と協議。保護者や地域住民の不安解消に努めた。待機児童の増加が深刻化する中で13年度に子ども部長に就任すると、不動産事業者と連携し、保育所建設用地の確保に奔走。その一方、14年度には量と質の両立という保坂展人区長の方針の下、具体的な指針として保育の質ガイドラインをまとめた。

今年4月1日現在の待機児童数は前年比337人減の861人。依然として23区最多だが、千人の大台からは脱出した格好だ。「成果が出ずに悔しい思いばかりだったが、改善に向けて少しは自分の仕事が役に立ったと信じたい」と笑う。

副区長として目指すのは、入区から人一倍思い入れが強い住民参加による地域行政の構築だ。「区長が掲げる参加と協働をどう実現するか。区長の時代に敏感な感性と発信力の高さを施策や事業として具体化するのが自分の役割になる。社会が変わり、地域も変わる中、ICTなども活用しながら新しい時代の地域行政制度を作り上げたい」と力を込める。

若手職員の採用拡大で組織の世代交代が進む中、人材育成も取り組むべき課題だ。職員に向けては「ぜひ仕事を楽しんでほしい。区民や様々な事業者と直接関わることができるのが基礎自治体という職場の魅力だ。前例踏襲に縛られず、現場に飛び出して今何が起きているかをつかむことで力をつけてほしい」とメッセージを送った。

◇　◇

58歳。早大政経卒。趣味は「土いじり」で、自宅がある稲城市で約30坪の畑を借りて季節の野菜を栽培している。最近のお気に入りは、菜の花に似た野菜で、西多摩地域で栽培が盛んな「のらぼう菜」。「炒め物やあえ物など、どんな食べ方でもおいしい」と満足げに語る。

新人都議の横顔④ ◆区部◆

人を大切にする政策を

細田勇氏
公明党・江東区

都議5期務めた木内良明氏の後継として昨年9月、公認を受けたが、二人三脚で動き始めた矢先、今年1月に木内氏が急逝。「絶対に託されたバトンを落とすわけにはいかない」と選挙に挑んだ。「都政が極めて注目を浴びる中で行われた歴史的な選挙戦」と振り返り、「（木内氏の）足元にも及ばないかも知れないがしっかりと志を持って、全力で活動したい」と意気込む。

有島重武、東祥三両衆院議員の公設・政策秘書を経て、健康食品会社での勤務も経験。「人の幸せに貢献できる仕事にチャレンジしたい」と江東区議に転身し、3期務めた。

任期の初めから取り組みたい課題の一つは豊洲市場の開場。区議会では節目で清掃港湾・臨海部対策特別委員会の副委員長を務めてきた。「大事なのは豊洲市場を生かすこと」と強調し、安全対策や風評被害払拭に全力を挙げる考え。千客万来施設や地下鉄8号線の早期実現、築地の今後についても、都側と議論しながら、「都民・区民に『安心・安全で、移転できて良かった』と言ってもらえる形を目指す」。競技会場が集中する区でもあり、「レガシーの展開も、江東区選出としてやり続けなければいけないテーマ」と語る。高齢化対応と子育て支援にも力を入れたい考えで、「東京が日本のエンジンとして発展し続けるため、人を大切にする政策実現に取り組む」。

小学校で剣道を始め、中学・高校とキャプテンを務めた。今は散歩や自転車に乗るのが趣味で、自宅ではハイビスカスを育てる。臨海部の競技として、「カヌーもチャレンジできたら」。座右の銘は「一人の人を大切に」。創価大経営卒。56歳。

子育てママの声を都政に

森澤恭子氏
都民ファーストの会・品川区

大学生だった2000年に、現在参院議員の太田房江氏が大阪府知事選に当選。初の女性知事誕生に注目が集まる中、「世の中の半分は女性なのに、それまで女性知事はいなかったのか」とショックを受けた。

元々政治への関心は高く、日本テレビに入社して首相番記者などを務めたが、「取材だけでなく、世の中の課題に主体的に取り組みたい」と森ビルの広報に転身。順調にキャリアを重ねていった。

転機となったのは、夫の海外赴任で会社を退職し、シンガポールでの1年間の専業主婦生活を経て帰国した時だ。再就職活動を始めたが、子育てと仕事を両立できる職場はなかなか見つからず、生まれたばかりの長男を預ける「保活」も困難を極めた。「子育てや介護などの社会課題に直面する機会が多いのは女性。女性の声を政治に届けたい」と考え、小池知事が主宰する希望の塾に入り、公認候補として出馬。ママ友を中心に支援を広げ、3万票を超える得票でトップ当選した。

都議としての目標は「子育てママの声を都政に反映させる。『待機児童』という言葉を根絶させ、子育てしやすい環境を作ること」。また、シンガポールでの子育て経験から、国際都市としての東京の地位向上の側面を挙げ、「シンガポールにヒト・モノ・カネが集まる背景には、教育・医療の充実や、多様な文化を受け入れる寛容さがあり、それは子育てしやすい環境そのもの。東京が目指す国際金融都市にも重要な視点」と意気込む。

趣味はヨガで、ママ友に呼び掛けて自宅マンションを拠点にサークルを立ち上げた行動派。慶大法卒。38歳。

直原裕・東久留米市教育長に聞く

国語力で深く考える力を

「働き方改革はまず原因分析から」

都教育庁で都立高校改革や人事制度の見直しなどに長く携わってきた直原裕氏。2014年4月に東久留米市の教育長に就任。いじめ報道などで学校や教育委員会に厳しい目が注がれる中、「顔の見える教育委員会」でありたいと、教育課題を発信し、その解決に向け力を尽くしている。教員の働き方にも目を向けるとともに、学力向上に取り組み、児童生徒には「知識の裏付けのある考える力」を養いたいという直原教育長に話を聞いた。

都から義務教育の現場へ

都教育庁次長に就き、定年を意識し出した頃、もう少し教育行政の前線で仕事をしたいという気持ちが芽生えた。東久留米市教育長の職を打診され、「巡り合わせ」と思い、「やらせてください」と即答したという。

義務教育の現場に出て、「小中学校が地域の方々によって支えられていることがよく分かった。学校が抱えている課題とそれにどう取り組もうとしているのか、保護者をはじめ地域の方々に丁寧に説明し、その理解と協力を得ることを大切にしたい」と教育長。

そして実感したのが、小中学校教員の長時間勤務。「これは、社会のニーズ変化に学校が従来のまま対応してきた結果と捉えるべき。だから問題の根っこへの対策が必要だ」と話す。

ポイントの一つが学校のマネジメント。教員は授業と学級担任の他に分掌組織に属し、総務部や生活指導部といった学校として必要な業務を分担する。既存の分掌組織に当てはまらない課題については委員会を組織するが、「地域との関係づくりなど次々に新しい課題が出て来る中で、学校のマネジメント体制はつぎはぎだらけとなっているのが実態。これが非効率と多忙の一因になっている」と言う。

都で人事を担当した際は、新たに主幹教諭と主任教諭の職を設置した。

「その時は、学校内部の既存のマネジメントの仕組みを前提として、その各分掌組織の責任者に主幹や主任を位置づけた。今や仕組みを見直す必要がある。そうすれば主幹や主任の力をもっと生かせるはずだ。文科省の言う『チーム学校』を実現する上でも、専門家をどのように組み入れてチームとして成り立たせるのかが課題となる。責任ある新しいマネジメントの仕組みづくりに正面から取り組んでいかなくては。単に人を増やせば解決する問題ではない」

ポイントの二つ目は副校長の業務過多。学事、給与、会計、施設管理などの事務について、「都立高校には経営企画室長がいて責任を持つが、小中学校は副校長が責任を負う。ここまで大変とは正直見えてなかった。都立高校と同じように副校長の管理スパンから外す工夫が考えられないか。副校長には教育内容や教員の指導育成、子供の安全確保、地域との関係づくりなどに集中してほしい。知恵を絞りたい」。

もう一つが中学の部活動。休養日の設定や外部指導員を配置すべきとの声があるが、その前に整理しなくてはいけないことがあるという。「休養日は20年前から言われてきた。守られないのには理由がある。部活動は学校教育として行っているのだから、教員の負担軽減のためという以前に、中学生にとって教育上どのような部活動が望ましいのかという視点での議論が必要。私としては、中学生にはもっと多様な活動を経験し、幅広い交友関係を作ってほしい」

いずれも一つの市で解決できる問題ではなく、市区町村の教育長と一緒に検討を進めたいとし、都教委とも協力しながら考えていければと話す。

いじめ対策と学力向上

保護者の願いは「何といっても、子供がいじめに遭わないことと学力をしっかり付けてほしいということではないか」。

都でいじめ対策に関わり、情報の共有化と組織的対応を図ってきたが、今もいじめが頻発する状況で、感度を常に磨き直す必要を感じる。校長会などで、「教員一人ひとりがいじめの兆候をキャッチできているか。いじめ対策委員会は機能しているか、形骸化していることはないか」と話し、教員全員にチェックリストで確認してもらっていると話す。

児童生徒にも、「いじめる子といじめられる子がいるだけではなく、現実には周りで見ている子供がいる。閉じた集団の中で、嫌だと思いながらも声を上げると次は自分が標的になるのではと思ってしまう。見て見ぬふりでよいのか自分の問題として捉えてほしい。子供だって善悪の判断はしなくてはいけない」と。生徒会活動でも取り組む一方、教科化する道徳の授業でも取り上げ、生徒自身で議論し考えてもらうのだという。

学力については、平均点でなく分布を見ることで学校ごとの課題が浮かんでくるとして、できる子には更に伸びる手立てを、理解の遅い子には基礎学力をしっかり付けるなど、一人ひとりの力を伸ばしていくことだと強調する。

大学入試改革が議論されているが、技術論に偏してはいないかとの問題意識も。「情報革命やグローバル化の波の中、日本の子供たちがパワーあふれる中国人、アイデアのある米国人、成熟した思考力を持つ欧州人などと伍してやっていけるだろうか。自分の考えを明確に、説得力を持って話せる人間を育てていかなくてはいけない。そのためには知識の裏付けも必要だ。根幹にあるのは、一人ひとりが自分の責任で考えるということだ」

思考力の基盤となる国語力を養うため、昨年度から小学校で、今年度からは中学校で国語力ステップアップ学習事業に取り組んでいる。国語科を中心に、書くこと話すことを通して、自分の考えを深め、論理的に分かりやすく伝える術を磨いてもらうのだという。

また、国と都の学力調査の他に数年前から市独自の学力調査を実施。今年度から時期をずらし、小2、小4、小6、中2の学年末に行うことにした。「2年ごとに実施することで、同じ子供が2年間でどれだけ伸びたかが分かる。また、卒業という節目に、どれだけ学力を定着させることができたかを小学校で確認でき、中学校ではどのような課題があるかを踏まえた上で入学時から指導ができる」。小中学校が互いに課題を共有し、連携して責任を果たすのだと話す。

最後に、小中一貫教育について考えを尋ねると、「小学校を卒業して中学に入学する際に、人間関係の切り替え、再編が起こる。別れと出会いだ。ちょうど思春期の始まった時期でもあり、本人にとっては高いハードルとなる。けれども、これを乗り越えることによって人間として成長する。我々がすべきなのは、ハードルを上手に飛び越えられるようにしてあげることであって、ハードルを取り除くことではないと思う。小学校と中学校、初等教育と中等教育の連携を大事にしたい」との答えが返ってきた。

◇

「ここに来て、本当に良かった」と言う。「これからの厳しい社会で、前を向いてたくましく生きていける力を付けてあげたい。地域の活性化に貢献するとともに、世界で活躍する子が出てきてほしい」と夢は広がる。

教育ひろば

Tokyo2020の先へ　未来へつなぐオリパラ教育　9

清瀬市立芝山小学校

命の教育の充実と豊かな心を育む

ある時、地域の方からとてもありがたいお電話をいただいた。「学校でプルタブを集めていると聞いたので、差し上げたいのですが…。大量にあるんです」。

全校児童や地域の方々の協力により集めたプルタブで車椅子を購入し、市内にある特別養護老人ホーム「恵泉ホーム」に毎年贈呈している。贈呈式は、本校体育館で全校児童が参加して行う。施設からは代表の方がいらして、感謝の言葉を直接児童にかけていただく。

「恵泉ホーム」には毎年4年生が訪問し、交流を続けている。施設職員のお話を伺い、風呂やトイレ、食堂などの施設・設備を見せていただく。車椅子で移動したり、職員に付き添われたりしながらホールに集まってくださった入所者の方々の前で、歌や合奏などの出し物を披露させていただく。さらに、入所者と直接対話し触れ合う時間も貴重である。児童にとっては、高齢者の力強さや命のありがたさを感じる機会となっている。このような交流が既に30年近く続いている。

本市に隣接する東村山市に、国立ハンセン病資料館がある。命の教育の一層の充実と豊かな心を育むために、毎年6年生が訪れている。館内を見学し、担当者のお話を伺う。今年度からは「知ろう・聞こう・考えよう」をキーワードとして、ハンセン病資料館を活用した道徳授業を学校で実施している。DVDや図書資料を活用した調べ学習や語り部による講演、そして語り部や担当者との交流学習を想定している。今年度は、資料館の学芸員にお話を伺った。これは、障害者理解の促進という視点でも重要な取り組みと認識している。障害の有無にかかわらず、互いを正しく理解し、共に助け合い、支え合って生きていく力を身に着ける貴重な機会である。

また、「夢・未来」プロジェクトとして、昨年度、リオデジャネイロオリンピック陸上400㍍ハードル代表選手でブラジル出身の杉町マハウさんとの交流の機会を得た。全校児童には講演会とデモンストレーション、6年生には体育でハードルの授業を、そして5年生の児童とは給食交流の機会をもった。子供たちの感想の一部を紹介する。

「高跳びとハードル走、二つも種目をやってすごいなと思いました。記念撮影の時、近くに来てくださって、背が高いなあと思い、興奮しました」（3年女子）、「夢をもつことが大切だと分かりました。ぼくにも目標ができました。それは、2020年のオリンピックでU―18のサッカー選手の代表として選ばれることです」（4年男子）、「僕も夢や目標のために努力しようと思いました。ハードルをうまく跳ぶコツを教えてもらったので、早く実践してみたいです」（5年男子）、「ハードルを跳んだ時、走るのも速く、頭の位置が全然変わっていなかったのがすごかったです。講演を聞いて、夢を追うことは大切だなと思いました」（6年男子）

本校には、課外クラブとして「陸上クラブ」があり、多数の児童が所属しているが、これまで陸上競技の専門家を招聘することができなかった。今回の企画で、念願の「陸上」のアスリート、しかもオリンピック選手を招聘することができた。人権感覚や困難を乗り越える姿勢、粘り強く取り組む態度などを育てる一助となった。他にも、「車椅子バスケ」や「ブラインドサッカー」等の取り組みを行っている。

今年度、本校はオリパラ教育アワード校に認定された。その取り組みの一つとして、「スクールアクション『もったいない』大作戦〜東京3Rプロジェクト〜」がある。児童、教職員、保護者、地域と連携した校庭全面芝生管理を「みどりの絆プロジェクト」として実施している。内容は芝刈りや草取り、雨水を芝生育成に利用するなどの取り組みである。今後ともプルタブ回収やセロテープの芯回収を含め、環境保全に係る取り組みをより一層充実・発展させていきたい。

前回の東京オリンピックの時、私は小学生になったばかりだった。地方に住んでいたので、直接競技会場に行くことはなく、家族そろって白黒テレビでの観戦だった。開会式でさっそうと入場する日本選手団の雄姿が50年以上たった今でも鮮やかに思い出される。

2020東京大会は、子供たちにどんな素敵な思い出を残してくれるだろう。

（清瀬市立芝山小学校校長　佐藤強）

国立ハンセン病資料館の学芸員による道徳の出前授業

教育じてん　87

防災リーダー育成を目指す「合同防災キャンプ」

夏休みに入り、各学校・地域では、長期休業の期間を活用した様々な活動や教員研修等が行われています。

都教育委員会では、防災活動のリーダーとして活躍できる人材の育成を目指し、昨年度から「合同防災キャンプ」を実施しています。本キャンプは、東日本大震災の被災地を訪問し、復興支援のボランティアや現地の高校、震災体験者との交流活動等を行うとともに、「防災士」の資格を取得することで、奉仕の精神の涵養や、地域防災に積極的に関わる態度を育み、防災リーダーとして活躍できる人材を育成することを目的として開催されています。

内容は、開講式を含めた事前研修、被災地での2泊3日の宿泊研修、防災士の資格取得試験を含めた事後研修及び報告会からなっており、今年度は都立高等学校等の生徒87人、教員14人が参加しています。宿泊研修は、夏季休業中の8月23日から25日までの3日間、宮城県南三陸町、石巻市、女川町において、被災地の状況の視察、現地の高校生や大学生との交流、農業、漁業、林業、物販の復興支援ボランティア活動、防災士講座の受講等を行います。

都教委では、これまでも都立高校生のボランティア意識を向上させる取り組みとして、2007年度から教科「奉仕」で社会に役立つことの喜びを体験的に学ぶ機会を設け、15年度からは「奉仕」を発展させた新教科「人間と社会」を全校で実施しました。自助・共助・公助を基本としつつ、積極的に社会参画できる力を養っています。また、全ての都立高校（全日制課程）、中等教育学校及び特別支援学校で1泊2日の宿泊防災訓練を実施しており、防災への意識を高め共助の精神を育んでいます。

この「合同防災キャンプ」は、これらの取り組みを更に充実させるものとして、被災地におけるボランティア活動や防災士の資格取得などを通して、生徒の具体的な行動実践を促進する研修となっています。昨年度の受講者からは、「今後、私たちの住む地域で災害が起きたとき、防災のリーダーとして地域の方々を助けることができるようになりたい」との言葉があり、自覚をもった頼もしい姿がみられました。

防災に対する高い意識をもった参加者が、学校の垣根を越えて交流する場となる本キャンプを通して、夏休みという貴重な期間に、生徒が地域の防災・減災に関心をもち、災害発生時にはリーダーとして活躍できるように育つことを大きく期待します。

世田谷区

教育政策で公開ディスカッション

総合教育会議と推進会議を同時開催

世田谷区では区長が主宰する「総合教育会議」と、教育委員会が主催の「世田谷教育推進会議」を区民に開かれた場で同日に行っている。今年度も7月21日、「これからの時代を生きる子どもたちの〝元気〟をはぐくむために」をテーマに開催。区内の幼稚園と小中学校の教員や保護者、地域住民らが区民会館ホールをいっぱいに埋めた。

第1部の教育推進会議では、基調講演にサッカー元日本代表の北澤豪氏が登壇。野球少年だったが、落ち着きがなく一つのポジションには収まりそうもないと考えた父親からサッカーを勧められたという。「行く方向が決められなくて迷子になっている子供が多い。夢や目標ができるように、教育者は指導やアドバイスをしてほしい。世田谷区には夢を見つけられるフィールドがいっぱいある」と話した。

参加者を壇上に上げ、サッカーボールに思いを込めたポーズを取らせてリスペクトの精神を語ったり、ボールを蹴って椅子に乗せられるよう、その人に合う言葉かけでコミュニケーションスキルを実践。また、会場の全員に2人ずつで手を握らせて、「手が下になっている人はポジティブで、上の人はネガティブ」と話すと笑いが広がった。

「物事をポジティブに受け止める瞬間的な判断ができると、チャンスを最大限に広げることができる。そういう子供を育てたい」などと語った。

社会貢献にも尽力する北澤氏は、障害別に分かれていた7団体を日本障害者サッカー連盟として統括できたことに触れ、「障害があるのにすごいね、と言われたが、アスリートとして見てもらえる時代になった。今後はお金を生み出すことを考えたい」と話した。

パネルディスカッションでは、白旗和也日本体育大学教授をコーディネーターに、松田恵示東京学芸大学副学長と野井真吾日本体育大学教授、吉田伊津美東京学芸大学教授がパネリストとなり、「体力向上・健康推進の取り組みと幼児教育（非認知能力）について」をテーマに話し合った。

4人は3年前に「体力向上・健康推進検討委員会」に属し、「世田谷3快プログラム〜快眠・快食・快運動〜」を提唱。それぞれ園や小中学校を担当し、実践に協力してきた。昨年度からは全園・校で展開し、その成果を図るため、2014年度と16年度に子供の健康に関する調査も実施。睡眠問題とインターネット依存について、前者には改善が見られたが、後者は小学生にまで依存度が高まっているとして喫緊の課題だという。

目的に向かう力や社会性、自分の情動をコントロールするなどの非認知能力（社会情動的スキル）を育てるためには、意欲や自己決定を促す幼児期からの「遊びとしての運動」が重要。それが小中学校につながるとした。

また、子供たちが日々、出会いがあってワクワクするためには、先生や学校という場にも出会いがなければいけない。チームアプローチで取り組むことで、先生の仕事にも余白と遊びが生まれてくるなどという意見も。

第2部の総合教育会議は、「幼児期からの豊かな『遊びと学び』の環境づくり」「『学びの質的転換』と『新教育センターの役割』」について、保坂展人区長と堀恵子教育長、教育委員がディスカッション。21年度に開設を予定する教育総合センターには、シンクタンク機能に学校への具体的な支援、新しい学力観の理解が必要などという意見や、不登校の子供たちへの支援も強調された。

「総合教育会議」では、保坂区長や教育長、教育委員の意見交換が区民に公開された

Essay エッセー 64

絶えず研究と修養に努める教師に

先日、ある研修会の講師を務めるため、都教育委員会の予算を確認していました。すると約8千億円近い予算の約85%が給与関係費、いわゆる教師等の人件費で占めていたことが分かりました。

「教育は人なり」と言われていますが、教師の資質や能力が学校教育の成否を左右することが、この予算からも裏付けられていると改めて感じました。

「進みつつある教師のみが人を教える権利をもつ」。これはドイツの教育学者ディースターヴェークの言葉です。教育を取り巻く状況は日々変化しています。時代や社会の要請へ的確に応えていくため、学校には新しい学習内容が次々に位置付けられます。その都度、教師は研究と修養に努め、自らの資質や能力を高めていくことが必要です。

私は初任者の時、研修でほかの学校を訪問することが大好きでした。参観した授業はどれも新鮮で、ベテランの先生の発問や板書の仕方を「盗もう」と必死でした。訪問した学校の掲示物一つひとつを参考に、次の日には自分の教室掲示に活用したこともありました。当時は少しでもいい授業をして、子供たちのためになりたいという思いで頭の中がいっぱいだったことを覚えています。

その後は、当時の教頭から「教科研究をしっかりやりなさい」との助言から社会科の指導研究に打ち込みました。研究授業を重ねていくうちに、目の前の子供たちがぐんぐん変わっていくことが実感できました。そして、授業が変わるといじめなどの問題も少なくなっていったことも、とてもうれしいことでした。

しかし、最近、一部の教師から「研修が負担だ」との声を聞きました。研修のために学校を離れなければならず、子供と向き合う時間が減ってしまうとの理由です。また、校内で取り組んでいる研究のため、授業を公開することも負担らしいのです。研究授業に向けた準備が大変だからとのことです。分かる気もしますが、残念な気持ちにもなりました。

研究と修養を怠る教師の授業は、見ればすぐに分かります。これまでの「経験と勘」だけに頼っているような授業を展開しているからです。もちろん個人の職人技が輝く素晴らしい授業もありますが、〝自己流〟の場合も多く、癖のある個性的な授業と紙一重です。

もしも、絶えず研究と修養に努めている医師と、ここ数年間、最新の医学書を読んだことも先進的な技術を学んだこともない医師がいたとしたら、どちらに自分の命を預けたいでしょうか。同様に、確かな理論に基づく最新の教授法を身に着けた教師と、そうでない教師のどちらに保護者は大切な子供を託したいと思うのでしょうか。

教育公務員特例法には「教育公務員は、その職責を遂行するために、絶えず研究と修養に努めなければならない」とあります。研修は教師の義務です。特に「絶えず」研修していくことが大切です。単に教職経験を重ねるだけで、よい教師になれるというものではありません。教育という仕事そのものが、教師に絶えざる研修を要求しているとも言えます。

私はこの4月に、都教職員研修センターに着任しました。教師にとって意義のある研修を一つでも多く提供していきたいと思う今日この頃です。

（都教職員研修センター企画部企画課長　児玉大祐）

他局総務部長で任用目立つ
規模縮小の背景に退職者減

都幹部異動分析（下）

今夏の異動では総務部長が政策企画、総務、財務の官房3局とオリンピック・パラリンピック準備局など計8局で交代し、枢要部長の総務局行政部長、財務局主計部長も新任となった。総務部長では当初、所属局での任用が想定されていた幹部が他局で任用されるケースも目立った。また、庁内からは、「女性活躍や肝煎り施策での人材登用など、知事の意向を実現するための体制を一部で反映させた人事」という声が聞かれた。

今夏の人事で他局から総務部長に起用されたのは5人。このうち官房系では、小室一人・財務局経理部長（55歳、10B）が政策企画局計画部長からの起用となった。総務局主計部長での起用もあり得たが、財務局主計部の経験があることも踏まえ、財務局に回った。また、矢田部裕文・総務局総務部長（57歳、9B）は、病院経営本部経営企画部長からの横滑り。

中村倫治・五輪準備局総務部長（53歳、8A）は前財務局財産運用部長で、局内での起用が取り沙汰されたが、大会まで3年を切り、経費負担などの財政的な調整が重要になる中、局長・総務部長とも財務局出身者を充てた。児玉英一郎・病院経営本部経営企画部長（53歳、7A）は同本部総務課長の経験者で、局事業に精通している。

枢要部長では、松川桂子・財務局主計部長（53歳、6A）が女性として初めて同ポストに就いた。教育庁や港湾局で要職を歴任し、港湾局総務部長の候補にも挙がっていたが、女性活躍を掲げる小池知事の意向を反映する象徴的な人事となった。

野間達也・総務局行政部長（55歳、14B）は産業労働局商工部長からの横転。総務局総務課長・区政課長を務めた。安定感があり、適任との見方が強い。

小池知事が掲げた「重点政策方針」の推進を担当する政策企画局では、山下聡・計画部長(51歳、12B)、佐藤智秀・調整部長（50歳、14B）が局内からの登用となった。共に知事補佐担当部長の経験者で、周辺事情を把握した幹部の任用が続いている。

都政の重要課題である五輪準備では、根本浩志・五輪準備局総合調整部長（54歳、8A）、鈴木一幸・大会施設部長(同)とそれぞれ局内から任用。技術系では新設ポストに湯川雅史・施設調整担当部長（52歳、12A、土木)を起用し、建築・土木で課長級2人を配置。仮設競技会場の仕様や経費の精査を担当する。

小池知事が「豊洲・築地の両立案」を表明した市場移転は今後、移転に向けた業界調整や築地の再開発など課題が山積しており、今夏の異動では中央卸売市場で松田健次・市場政策担当部長（49歳、11A）と、その後任に田中賢也・築地市場場長（54歳、13B）を据えた。ただ、築地の将来像は依然見えておらず、都としては身動きが取れないまま優秀な人材を逐次投入する形となっている。

行政系の課長級の異動規模は昨年度よりも9人多い314人。ただ、事務取扱・兼務の解除などがあり、実質的な規模は石原都政以降最小だった前年度と同程度となっている。

要因の一つが、退職者数の減少だ。今夏は行政系でわずか6人と、前年度比13人減。退職を迎える管理職の絶対数が少ないことに加え、管理職の需給が逼迫していることから年度末まで勤務する部課長が増えていることが背景にあり、当面はこうした傾向が続く可能性がある。

統括課長の標準年次は15A、18B、20Cで、金久保豊和・総務局人事課長(46歳、19B)は標準年次よりも早い統括付与。前年度は1年前倒しで5人が統括課長になったが、今年は1人にとどまった。

本庁課長の標準年次は21A、24B、20Cで、若い年齢・年次では小松弘尚・政策企画局国家戦略特区企画担当課長(38歳、22A）を抜擢した。小池知事が掲げる「3つのシティ」の推進に向け、新規の特区申請も検討する。

また、五輪準備局では石賀裕・局務担当課長（46歳、25B）を大会組織委員会の財務課長として新たに派遣した。

都幹部の一人は「重点方針や女性活躍の推進など、知事の意向を一部反映させる形で人材を配置しており、『踊り場』的な人事になったのではないか」と表現し、「ただ、これが今後、都全体の人事戦略として定着するかは見通せない」と解説した。

行政系の年次別昇任者数

年次	部長級		統括課長級		課長級	
	事務	技術	事務	技術	事務	技術
61A	1					
4A			1			
10A	1	1				
13A	2	2				
14A			1			
15A			1	1		
23A					4	2
10B	1					
13B			1			
14B			1			
15B	1	1				
16B	2	1				
17B			4	3		
18B	1		5	1		
19B			1			
25B						2
26B					11	6
18C	1					
19C						
20C			5	1		
合計	10	5	20	6	15	10

「横の連携、常に意識を」「楽しく、メリハリ付けて」
新旧局長が職員に訓示

新任局長らが1日付で就任し、それぞれ局職員に向けて訓示を行った。今夏は生活文化局、オリンピック・パラリンピック準備局、水道局、下水道局の4条例局長が交代。職員への期待や局の課題解決、ライフ・ワーク・バランスへの配慮など思いを語った。

新任に当たって訓示する潮田五輪準備局長＝1日、都庁第一本庁舎

2020年東京大会に向けては昨年、ボートなど一部競技会場の変更問題や、地方仮設会場の費用分担問題で大会組織委員会や関係自治体との溝が深まった。全庁的な視点と調整力の高さを期待され就任した潮田勉オリンピック・パラリンピック準備局長は「準備局内はもちろん、庁内各局、組織委員会と横の連携を取りながら一体にならないと大会を成功させることはできない。国、関係自治体、地元の区市町村との横のつながりも大事。常に意識しながら一緒にやっていきたい」と強調。「大会が迫ってくるほど具体的な課題がたくさん出てくる。1人、係で抱え込まず、皆で解決したい。東京、日本が元気になる取り組みにするために、職員一人ひとりが元気を出してやっていきたい」と呼び掛けた。

塩見清仁生活文化局長は、1999年に同局外郭団体の東京都歴史文化財団総務課長の経験はあるが、局自体は初めて。「皆さんの力を借りて仕事をしていきたい」と話し、「仕事は楽しく、メリハリを付けて、休む時は休むことが重要。東京大会まで文化を中心とした機運醸成が課されている。都庁一と言えるような局にしていきたい」と抱負を語った。

中嶋正宏水道局長は幹部職員に、「水道局の事業が認可されて130年、この間築き上げられた東京水道の素晴らしさを次の100年に継続することが私の使命」とあいさつ。前職の生活文化局では、海外に向け東京大会のプロモーション活動をする機会が多かったという。「海外の観光客が一番感心するのは、東京の水の素晴らしさ。東京の魅力を海外に発信する上で一番の根幹になる」と期待を示した。

職員らと握手を交わす、前下水道局長の石原氏＝7月31日、都庁第二本庁舎

渡辺志津男下水道局長は「局員2500人の先頭に立って事業を着実に進める」と訓示。同局は、都民アンケートの結果などから下水道の役割の周知を課題としており、「事業を続けるためには多くの工事や作業が必要で、下水道事業への理解を広げなければならない」と呼び掛けた。「下水道はどんな状況でも都市活動に不可欠な重要な都市基盤という自負を持って、明るく元気に、前向きに仕事を進めていきたい」と述べた。

「強い思い持って」

7月31日には退任する局長らも職員に向け、あいさつを行った。

水道局の醍醐勇司氏は、11年3月の東日本大震災で、総務局総務部長として都庁全体の対応に当たった際、「正確な情報を隠すことなく都民に伝えた水道局は『命につながるライフラインを担う公営企業として、常に正直に、うそをつかない』という姿勢を感じた」と当時を振り返った。職員に向けては、「水道は電気やガスと違い、直接飲んだり触れたりするライフライン中のライフライン。安全でおいしい水道を安定供給するという使命は、局がどのような状況であっても変わることはない」と語り、「この水道局で卒業できる幸せに心から感謝している」と謝意を述べた。

下水道局の石原清次氏は「現場力・技術力・組織力がある局だが、強い思いがないと力を発揮できない」と力説。「都政改革や浸水対策など、新しい課題はあるが、『都民の安全・安心、快適な都市生活のために努力する』という気持ちを持ち続ければ解決策は必ず見つかる」とアドバイスし、「一介の民間人になるが、これからも局の応援団としてできる限りのことはしたい」と激励した。

五輪マスコット公募開始
最終選考は小学生に

2020年東京大会のマスコットの一般公募が1日から始まった。大会組織委員会は台東区立蔵前小学校で公募開始のセレモニーを開催。小学生や地元チアダンスチーム、元プロテニス選手の杉山愛さんらが参加した。

応募作品は組織委のマスコット審査会が12月までに3～4候補に絞り込み、最終候補作品は全国の小学校のクラス単位による投票で決定する。組織委マスコット審査会座長の宮田亮平文化庁長官は「素晴らしいものを選ぶのは大人ではなく、君たち」と小学生らに呼び掛け、同校の各務裕也君（10歳）は「今までにない新しい、親しみのあるマスコットを選びたい」と話した。

マスコットは会場や大会関係のイベント、ライセンス商品などに登場し、大会を盛り上げる。

応募資格は18歳以上の日本人または日本在住の外国人で、18歳未満の場合でも条件を満たす代表者と共にグループとして応募が可能。期限は14日までで、組織委公式サイトから応募する。

多摩動物公園

トキ5羽が孵化、成長中
繁殖保護事業　今年は人工育雛も

東京動物園協会は1日、多摩動物公園で飼育している4ペアのトキが産卵し、5羽が順調に育っていると発表した。環境省が進めるトキ保護増殖事業の一環。同園では2007年12月以降、佐渡トキ保護センターからトキを預かり、非公開で飼育している。

トキの繁殖では原則、自然育雛を目指しているが、今年は5羽のうち、2羽を飼育員がエサを与えて育てる「人口育雛」とした。トキの繁殖期は例年3～7月頃で、羽が生え換わる「換羽」を終えると親鳥はひなを育てなくなってしまうが、今年は気温が高く、換羽の時期が早かったため。昨年は4羽が孵化し、全て自然育雛だった。

ひなは今後、秋から冬にかけて佐渡トキ保護センターに返し、同センターが来春以降、個体数や年齢、雌雄のバランスを見ながら放鳥する。

環境省によると、今年は全国7施設の29ペアで繁殖に取り組み、計166個の産卵から53羽が孵化。47羽が巣立ち、国内で飼育しているトキは201羽となっている。

生後約2カ月が経過したひな（左）＝7月、同協会提供

平山前組織委役員室長　遺児育英資金呼び掛け

7月20日に死去した東京オリンピック・パラリンピック競技大会組織委員会役員室長の平山哲也氏の遺児育英資金を、都庁幹部らが発起人となって呼び掛けている。平山氏は元都職員で、組織委員会に派遣中の2月末に退職していた。育英資金は1口2千円で、申込期限は31日まで。取りまとめ先は同局総務課長代理＝庶務担当（☎03・5388・2158）。

本部長に大澤氏　廣田氏の後任で
青少年・治安対策本部

都は2日、青少年・治安対策本部長に警察庁長官官房サイバーセキュリティ・情報化審議官の大澤裕之氏を10日付で起用する人事を発表した。廣田耕一氏の後任。

大澤氏は東大法学部を卒業後、1986年に警察庁に入庁。香川県警公安課長、警察庁警備局外事課課長補佐、長野県警警務部長、防衛省運用企画局運用支援課長、大分県警本部長、警察庁情報通信局情報通信企画課長、警視庁交通部長などを歴任し、17年1月から現職。1962年生まれ、55歳。

大澤裕之氏

■都人事異動

10日付

【局長級】▽青少年・治安対策本部長（警察庁長官官房サイバーセキュリティ・情報化審議官兼長官官房付兼生活安全局付兼警備局付）大澤裕之

◆都退職

9日付

【局長級】▽青少年・治安対策本部長　廣田耕一

■渋谷区人事異動

1日付　◎印昇任

【統括課長】▽土木清掃部管理課長㈱＝交通政策担当課長兼務（土木清掃部管理課長）◎山中昌彦

葛飾区　柴又に外国人誘致

人気映画『男はつらいよ』の舞台、葛飾区柴又。地域の魅力をフルに生かし、インバウンド（訪日外国人客）を呼び込む動きが本格化している。

区は5月、相撲の「東関部屋」が墨田区から柴又に移転すると発表した。相撲部屋は外国人観光客にとって人気の観光資源で、東関部屋は現在も旅行会社と組み、稽古の見学やちゃんこ鍋の会食をセットにしたツアーを企画しているが、墨田区内には複数の相撲部屋が立地し、その中で埋没しがちという側面もある。一方、葛飾区では区観光協会や帝釈天前参道の商店街から相撲部屋を歓迎する意向が強く、「柴又と相撲部屋の雰囲気が合う」こともあって、双方のニーズがマッチ。区も「柴又の観光で面白いコンテンツになる」と期待し、実現に結び付いた。

区は用途が固まっていなかった市街地整備の代替用地（約500平方㍍）を有償で貸し出し、同部屋が親方・力士の住居や稽古場を建設。部屋としては年明けにも本格稼働する見通しだ。東関部屋は12代東関（高見山大五郎氏）が創設し、これまでに曙や高見盛などの関取を輩出した名門。地域振興にもつながりそうだ。

外国人の訪問も増えている帝釈天前参道商店街

区の施設を観光に生かす事例もある。旧柴又職員寮が今年3月、ホステルとして生まれ変わった。2005年度に廃止されて以降、活用されていなかったが、総務省による公共施設リノベーションのモデル事業に採択され、民間事業者が改装。全室個室でラウンジや中庭を有し、長期滞在に適したランドリーや共用キッチンを完備。花見シーズンの週末はほぼ満室だったという。区内を周遊できるようにレンタサイクルも配備する。

更に、柴又を「風景の国宝」とも言える「重要文化的景観」に選定してもらう取り組みにもめどが付いてきた。区が10年度から調査してきた事業で、選定されれば都内初。帝釈天前参道のひさしが特徴的な商店街や、寺社・旧家など歴史を感じさせる街並みを保存し、「土地柄とあいまって観光客の誘致につながるのでは」（小曽根豊・生涯学習課長）。

区の吉本浩章広報課長は「定番の観光地だけでなく、日本の庶民的な暮らしぶりも観光資源になり得る。東京大会後も見据えて観光などの仕掛けをしていきたい」と話す。

30年度

職員教養講座 ▶6◀

東京都管理職選考対策

B事務（福祉・保健医療）記述

今回は「B事務（福祉・保健医療）」の記述、次回は論文対策を解説します。

記述問題は、6題中2題を選択して解答するものですが、今年度は法律分野3問、時事分野3問という出題構成で、制度分野からの出題はありませんでした。

例年はおおむね①法令知識を問うもの②福祉・保健医療制度③時事問題——の3パターンから出題されます。法律分野は比較的、基礎知識があれば回答しやすい傾向にありますが、時事問題は、前年度発表の計画、調査結果、審議会提言に関する出題など出題範囲が広く、都の発表ものだけでなく国の動きなど詳細な知識、説明をまとめる文章力が問われる傾向にあります。非常に広い分野の中で、日頃からアンテナを高くして情報収集し、独自にまとめていく習慣を身に着けていく必要があるでしょう。

具体的な試験対策は、法律分野について過去の出題傾向を分析した上で、基礎知識をレジュメにまとめつつ、時事分野は都政の中で重要とされている福祉・保健医療分野の施策も念頭に置きながら、特に自分の得意分野を中心に情報収集を積み重ねることで、確実に得点に結び付けられると言えます。

出題と傾向

過去10年分の出題を6分野ごとに分析します（かっこ内の数字は出題年度）。

社会福祉法

《過去の出題》

(20) 社会福祉法人の設立手続き (21) 社会福祉事業の事業経営の準則 (22) 社会福祉協議会 (23) 社会福祉法人に対する行政上の監督及び助成 (24) 福祉サービスの適切な利用に向けた社会福祉事業の経営者の義務 (25) 苦情解決の仕組み (26) 社会福祉主事 (27) 福祉に関する事務所 (28) 社会福祉法に定める地域福祉計画 (29) 社会福祉法人の機関・評議員会の位置付け及び評議員の選任

《出題傾向》

「社会福祉法」の条文などの基本的な知識を問うものとなっています。毎年出題される分野ですので、過去の出題内容を分析し、基本的な事項に係る出題傾向を把握するとともに、同法の改正内容についても理解しておく必要があります。

生活保護法

《過去の出題》

(20) 被保護者の権利及び義務 (21) 保護の補足性 (22) 保護の種類 (23) 保護の原則 (24) 生活保護の実施機関及び生活保護の決定・実施に至る過程 (25) 保護施設の種類及び設置主体 (26) 平成25年12月の生活保護法改正の主な内容 (27) 保護の種類及び範囲 (28) 生活保護法に定める基本原理 (29) 被保護者の権利及び義務

《出題傾向》

「生活保護法」は、条文が少ないため、範囲が絞りやすく、得点源になります。今年度は平成20年度と同じ内容が出題されており、今後も過去の出題内容と同様の問題が出される可能性があるので、予想される関連条文や判例などをまとめてください。

地域保健法

《過去の出題》

(12)～(28) 出題なし (29) 保健所の設置・保健所が行う事業及び行うことができる事業

《出題傾向》

「地域保健法」は平成11年度以降18年ぶりの出題でしたが、今年度を含め過去3回しか出題されておらず、出題の可能性は低いと考えられます。余力があれば目を通すぐらいにして、他の勉強を優先しましょう。

社会保障・保健医療制度

《過去の出題》

(20) 出題なし (21) 介護保険法に定める要介護認定及び要支援認定 (22) 医療保険の医療給付、国民年金における保険者と国民年金法に定める被保険者及び給付の種類 (23) 介護保険法に定める居宅サービス、地域密着型サービス及び施設サービス (24) 医療供給体制に関する医療従事者の資格及び医療提供施設 (25)～(26)出題なし (27) 介護保険法における居宅サービスの種類と訪問系・通所系サービスの内容 (28)～(29) 出題なし

《出題傾向》

「社会保障・保健医療制度」では、医療保険・年金・介護保険などの社会保障に関する制度の改正点、大綱の要旨等が出題されています。直近の国の動向を把握するとともに、大きな制度改正や大綱作成の背景・意義等を把握した上で、内容の理解に努めましょう。なお、近年は、医療保険や介護保険などの社会保障の基礎的な知識が問われているので、各制度の基礎的な用語を理解しておく必要があります。

その他の福祉・保健医療

《過去の出題》

(20) 「児童虐待の防止等に関する法律」の主な改正点 (21) 高齢者の医療の確保に関する法律に定める特定健康健診及び特定保健指導 (22) 出題なし (23) 都における保健医療圏 (24) 平成23年10月または平成24年4月に施行された「障害者自立支援法」及び「児童福祉法」の改正内容 (25) 「地域社会における共生の実現に向けて新たな障害保健福祉施策を講ずるための関係法律の整備に関する法律」の概要 (26) 「障害者虐待防止法」に定める「障害者虐待」等の定義及び「障害福祉施設従事者等による虐待の防止等」の内容説明 (27) 出題なし (28) 障害者差別解消法における目的・差別的取り扱い及び合理的な配慮 (29) 出題なし

《出題傾向》

「社会保障・保健医療制度」以外の法律、要綱の概要、基礎的知識、改正点及び都の施策や現状・課題等が出題されています。時事的問題として出題されそうなテーマに関連する法改正の内容、それに関連する基礎的知識、その他都の動きなどの把握が必要です。

時事的問題

《過去の出題》

(20) 「東京都地域ケア体制整備構想」「第2次都立病院改革実行プログラム」「東京都保健医療計画（平成20年3月改定）」 (21) 都の救急医療対策協議会がとりまとめた「迅速・適切な救急医療の確保について」、東京都障害者施策推進協議会が提言した「障害者の地域における自立生活の更なる推進に向けて（提言）」 (22) 少子高齢時代にふさわしい新たな『すまい』実現プロジェクトチームが提案した「東京モデル」、「『10年後の東京』への実行プログラム2010」に述べられている施策「365日24時間安心できる医療システムの構築」 (23) 都社会福祉審議会が意見具申した「福祉の将来展望における論点」について、都が実施するに当たっての留意すべき視点、「東京都周産期医療体制整備計画」 (24) 新型インフルエンザ保健医療体制ガイドライン（平成23年4月）、「東京都高齢者保健福祉計画（平成24年3月）」における「重点的取り組み」 (25) 「『2020年の東京』へのアクションプログラム2013」の施策14「子供を産み育てる家庭を社会全体で支援し、少子化を打破する」のうち、「保育サービス等のさらなる拡充」及び「特別な支援を必要とする家庭等へのサポート」、東京都災害医療協議会が報告した「災害医療体制のあり方について」、都立病院経営委員会が報告した「今後の都立病院のあり方について」 (26) 「東京における自殺総合対策の基本的な取組方針」、厚労省への「大都市における地域包括ケアシステムの実現に向けた介護保険制度の見直し等に関する緊急提言」、「東京都薬物乱用対策推進計画」 (27) 「ホームレスの自立支援等に関する東京都実施計画（第3次）」における「就業機会の確保」、東京都福祉保健基礎調査「障害者の生活実態」、「東京都蚊媒介感染症対策会議報告書」における「今後の蚊媒介感染症対策」 (28) 「保健医療2035」策定懇談会が提言した「保健医療2035提言書」における保健医療のパラダイムシフト、東京都児童福祉審議会が提言した「児童虐待死亡ゼロを目指した支援のあり方」の「関係機関の取り組みに対する提言」について検証の経緯に触れた上で説明、都が東京商工会議所及び東京都医師会と連携して開始した「職場で始める！感染症対応力向上プロジェクト」 (29) 都が取りまとめた「待機児童解消に向けた緊急対策」、東京都児童福祉審議会が提言した「家庭的養護の推進について」について養育家庭委託等の更なる推進に向けての提言、都立・公社病院診療データバンク構想検討委員会が取りまとめた「都立・公社病院診療データバンク構想の基本的方向性と課題について（中間のまとめ）」

《出題傾向》

都の福祉・保健医療に関する審議会、協議会、委員会の「答申・報告・提言・意見具申」の概要、都の計画や構想の中の福祉・保健医療に関連する部分が出題されています。近年は、前年6月ごろから年度末ごろまでの事項から出題される傾向にありますので、プレス発表される内容を普段から確認するとともに、重要施策や計画は、ポイントとなるキーワードを中心に深く掘り下げ、策定の趣旨や背景をつかんでおきましょう。

勉強方法

記述試験は6問中2問を解答する選択制で、時間は1時間です。1問当たり30分で600字から700字程度となります。文字を書くだけで時間がかかり、考えている余裕はあまりありません。このため、事前にしっかり出題予想を行い、事項ごとにまとめる練習をしておく必要があります。

出題予想と情報収集

まず、過去の出題傾向を分析、把握することです。

法律分野では、法の基本的な内容を問うものが繰り返し出題されているので、レジュメを用意して確実に得点源としながら、その他の分野に関しては、プレス資料、各審議会等の答申、国の発表資料をホームページ等から収集し、全体の動向を把握した上で、重要と思われる事項を絞り込みます。

模範解答の作成

レジュメの作成に当たり、勉強を効率的に行うため、出題の可能性が高く、基本的なテーマを中心にまとめましょう。①背景（意義、目的）②内容③関連事項（関連施策、国の動向）——などを簡潔にまとめ、キーワード、基礎的なデータ、最新情報も必ず盛り込むようにしてください。

本番では、記憶の全てを再現できませんので、少し多めの800字程度で準備しておくと良いでしょう。その上で、ポイントとなるキーワードとそれをつなげる骨子をつかんでおくと、レジュメを再現しやすくなると思います。当日の試験時間を意識するため、早い段階でレジュメを手書きしましょう。

□　□　□

都管理職選考の種別Bの受験生は、課長代理としての日々の仕事と家庭を両立しなければならないなど、多忙な日々を過ごしていると思います。そうした中で、試験準備のためにまとまった時間を確保することが困難な方も多いと思います。日頃の職務を通じて知識を深化させることや、休憩時間や通勤時間などを活用して取り組むことは大変ですが、過去の傾向を分析して情報や資料を収集することで、試験対策を効率的に進めてください。

特別区

管理職試験講座 40

Ⅰ類択一・記述　Ⅰ・Ⅱ類論文　29年度

Ⅰ類記述

試験直前の勉強の仕方②

Ⅰ類記述試験直前の時期は、本番と同様、試験時間内で解答用紙に書き込む練習を行って試験に備えることが重要です。2時間という長いように思われるかもしれませんが、慣れていないと回答を書き切るには難しい時間です。その対策の一つとして、あらかじめ固めた解答の枠組みを埋めていくやり方があります。昨年度に出題された問題を使って解答例を紹介します。

問題

特別区の課長として、次の資料の中から読み取れる問題を総合的に抽出・分析した上で、区政の課題を取りまとめてください。

その課題に対して、具体的な施策を提示し、実現する際に妨げとなる事柄を挙げ、その解決策を記述してください。形式は自由です（資料は省略）。

解答例

住み慣れた地域で、いつまでも自分らしく安心して暮らし続けるために～地域の誰もが活躍できる、人とつながる、支えあいのまちづくり～

1 趣旨

今後、更なる高齢化率の上昇や一人暮らし高齢者の増加が見込まれる中、地域とのつながりは希薄になっており、地域コミュニティーの衰退が喫緊の課題となっている。

元気高齢者の地域社会への参加や、地域住民の主体的な助け合い活動を支援し、一人暮らしでも安心して住み続けられる「支えあいのまちづくり」を推進する。

2 資料の分析

(1) 日本の人口は年々減少するが、高齢者人口は増加し、高齢化率は2025年には30%を超え、その後も上昇し続けることが見込まれる（資料1）。また、一人暮らし高齢者の数も、高齢者人口に占める一人暮らしの割合も増加傾向であり、今後も上昇し続けることが見込まれる（資料2）。

(2) 近所付き合いの程度は、立ち話やあいさつをする程度が大半で、「お互いに訪問しあう人がいる」割合は27・6%と少ない（資料3）。また、地域とのつながりに関し、「弱い」または「弱くなっている」と回答した高齢者は64・1%であった（資料4）。

(3) 自主活動で参加したいものは、「健康・スポーツ」が44・9%と最も高く、次いで「趣味」が23・3%、「生産・就業」が17・5%となっている（資料5）。また、過去1年間の社会参加の状況は、「趣味、スポーツ活動」が約半数を占める一方で、「活動していない」が4割弱となっている（資料6）。

一方、自主的活動に参加しない理由としては、「健康・体力に自信がない」が44・1%と最も多く、その他に、「同好の友人・仲間がいない」（15・1%）、「気軽に参加できる活動が少ない」（11・9%）、「どのような活動が行われているか知らない」（10・0%）などがある（資料7）。

(4) ADL（日常生活動作）の状況では、「日常生活のことはほぼ自分でできる」が約9割を占めており、「外出するには介助が必要」が5・6%、「部分的に介助が必要」が1・9%、「全面的な介助が必要」が0・7%となっている（資料8）。

(5) ボランティア活動継続の傾向では、「元気なうちはいつまでも」が28・4%と最も多く、次いで「80歳くらいまで」「75歳くらいまで」が共に22%台となっている（資料9）。また、就労希望年齢については、「働けるうちはいつまでも」が28・9%と最も高く、次いで「70歳くらいまで」及び「65歳くらいまで」が16・6%となっている（資料10）。

(6) 地域の人とのかかわりの状況別の健康感では、「よい」または「まあまあよい」の割合が、65歳以上の男性・女性ともに、「地域とのつきあいがない」が60%前後であるのに対し、「地域に相談しあえる人がいる」は82%前後と高くなっている（資料11）。

(7) 各自治体では、高齢者の社会活動支援や、健康寿命の延伸のための健康施策など、要介護者や医療費を抑制するための取り組みを推進している（資料12、13）

3 区政の課題

(1) 高齢化率は今後、ますます上昇し続ける見込みである。また、一人暮らしの高齢者も増加していく一方で、地域とのつながりは弱くなっており、今後さらに、高齢者の孤立等が危惧される。

(2) 高齢者が社会参加する活動の中でも、健康・スポーツ等の活動は、関心や参加の割合が高い。また、高齢者の約9割は最低でも町内程度の範囲なら一人でも外出できるが、その一方で、約4割の高齢者は社会参加の活動をしていない。

(3) ボランティアや就労等の社会的活動をできる限り継続したい高齢者は多い。また、地域とのつきあいがない人の方が主観的健康感は低くなっており、特に65歳以上でその傾向が顕著である。

4 具体的な施策

(1) 施策案

①高齢者の地域活動への参加の促進

高齢者の経験や知識を生かし、社会的役割や生きがいを持って活動・活躍できるよう、社会参加を促進する。

《妨げになる事柄と解決策》

地域活動の情報収集の場や、活動に参加するきっかけが少なく、気軽に地域活動に参加できる環境が整っていない。

そこで、出張所や図書館などの区民に身近な施設に、地域情報案内所を設置し、気軽に地域活動に関する情報収集や相談ができる環境を整備することで、地域活動への参加を促す。

さらに、案内所では、仲間を求める活動主体と、活動したい住民や、その活動を利用したい人をマッチングすることで、多種多様な人材のネットワークづくりを支援する。

②地域活動の場の提供

高齢者が地域とつながるための「通いの場」など、地域での自主的な活動を支援するため、活動場所の確保を支援する。

《妨げになる事柄と解決策》

区民センターや地区会館等の区民利用施設の稼働率は高く、既存施設だけでは新たな活動の場を広げていくのが困難である。

そこで、既存の区民利用施設だけでなく、教育委員会や区立小中学校と連携し、学校の空き教室の活用を図る。また、空き家・空き室等の活用や、高齢者施設等の地域コミュニティースペースの開放など、社会福祉協議会と連携して地域資源を把握・開発することにより、身近な場所で地域活動が実施できるよう支援する。

③自主的な活動への支援

より多くの高齢者が、主体的に地域での活動に取り組み、また、継続できるよう支援する仕組みを構築する。

《妨げになる事柄と解決策》

高齢者が興味や意欲を持って参加し、活動を継続できるよう、活動の内容を充実させる必要がある。

そこで、自主活動に取り組む住民グループに対し、活動にかかる経費の一部を補助する助成金を交付する。また、講師の派遣等により活動内容の充実を図ることで、自主活動の継続を支援する。

(2) 案の評価と選択

厳しい財政状況にある特別区は、住民主体の活動を支援し、循環型社会の実現を目指さなくてはならない。以上の視点から、①案の施策を最優先に推進する。また、①案をより充実させるため、併せて②案、③案についても効果的な実施方法を検討し、実行していく。

5 スケジュール（ステークホルダー）

(1) 今年度

①町会・自治会、民生委員等関係機関調整②社会福祉協議会、シルバー人材センター等調整③事業案の策定④予算計上⑤議会報告

(2) 翌年度

①区民周知②事業実施③事業評価④次年度への課題整理等準備

6 まとめ（成果見込み）

高齢者が地域で役割を持って活動することで、閉じこもりや孤立の予防を図るとともに、社会参加による高齢者の健康の維持・増進及び、区民が主体的に地域で助け合う「支えあいのまちづくり」に寄与することが見込まれる。

解説

解答例では、「主題～副題～」のタイトルから、1趣旨、2資料の分析、3区政の課題、4具体的な施策、5スケジュール（ステークホルダー）、6まとめ（成果見込み）——の構成としました。以下、特にポイントとなる3項目について注意点を紹介します。

資料の分析

資料数が多いため、全ての資料について解答に記載する必要はありません。資料にはある程度の流れがあり、グループ化しながら記載すると良いでしょう。また、資料を読み込む際は、資料にマーキングするだけでなく、資料から読み取れることを言語化して余白にメモしておくと、その後の作業をスムーズに進めることができます。

スケジュール

提案の施策を実行するためには、必ず様々な関係機関等への調整が必要となります。実際の施策提案ではないため、具体的なスケジュールを記載する必要はありませんが、ステークホルダーを意識するためにも、ある程度のスケジュールは記載できると良いと思います。

まとめ

まとめでは、提案する施策の「ねらい」や、「実施することでどのような成果が見込まれるか」といった視点を盛り込むと良いでしょう。結論の部分で採点者に「なるほど」と思わせることができれば、提案した施策の説得力が一層増すのではないでしょうか。

言いたいことが山ほどある　小池都政、都議選⑥

小池知事は二重構造の正常化を

東京大学大学院法学政治学研究科教授　金井　利之

「飛び降り者の都市（ダイバー シティ）」などを掲げて、国政から「飛び降り」した小池百合子（以下、全て敬称略）が、2016年8月に知事に就任してからほぼ1年間が経過した。小泉政権以降の国政を見習って、石原慎太郎（4期目、1年6カ月）・猪瀬直樹（1年）・舛添要一（2年4カ月）と3代にわたって任期を全うできない知事が続いたので、少なくとも1年間の政権を維持したことは大きな実績である。現在の都政においては、都知事で居続けることが合格ラインであり、その意味ではまずまずの滑り出しといえよう。

政策なき政局の小池劇場

しかし、小池都政が何をなしたのかと問われれば、世間的には疑問が残るだろう。築地市場問題では、「盛り土」や「ベンゼン」など、事態は紛糾するだけで、結局のところ、安心を確保する対策が取れるのかどうかがよく分からないまま豊洲に移転することになり、単に時間と費用を空費して「食のワンダーランド」を既に実演しているかの観がある。また、オリンピック問題においても、会場見直しや費用削減についても、いろいろと紛糾したのちに、結局、元のさやに戻るという「大山鳴動、鼠一匹」であった。「大きな黒い頭の鼠」がいるとして、あぶり出せばよいという、政局問題になってしまったのである。

つまり、小池都政1年は、政策なき政局の「小池劇場」であった。その極みが17年7月2日投開票の都議選である。小池知事を実質的な主導者とする「都民ファーストの会」という「首長政党」を結成して選挙に挑み、公明党など連携する政党合わせて、都議会過半数を掌握した。敵役であった都議会自民党・自民党東京都連は、ドンは不出馬、幹事長は落選、都選出国会議員は元秘書で都民ファースト出馬都議ともめ事など、惨憺たる状態になったのである。

都議選の結果が小池都政の安定的な政策推進に寄与するのであれば意味があるかもしれないが、「都民ファーストの会」には、都知事の方針に従うという以外、独自の政策公約があるわけではない。都民世論や世間もそれを見抜いており、都知事や「都民ファーストの会」が都政でどのような政策をするかではなく、小池知事が国政に復帰するかどうかが関心事項である。こうして、都政は巨大な空白状態が発生している。

機能不全を起こす都知事

元々、巨大都市社会を対象とし、莫大な財源と膨大な都庁官僚制と、強力な民間団体を相手にする都政の運営は極めて難しい。首長制である一般の自治体は、知事・市区町村長に大きな権力が集中する。しかし、都政で膨大な団体・人々の利害関係を調整して政策推進することは、都知事一人でよく為し得るものではない。需要サイドからすれば、都知事は異常に能力の高い人が求められる。

ところが、無党派層が多く移り気な都民から直接選挙される都知事は、知名度が高い「有名人」でないと当選できない。実力を求める需要サイドと、人気を求める供給サイドで、基本的には乖離する。その意味で、都知事は構造的に機能不全を起こしやすい。

都知事が機能不全を起こす中で、都政運営では都知事を看板に掲げつつ、実務を取り仕切る「陰の実力者」が必然的に必要になってきた。二元代表制の下で公式の最高決定権者である首長に実質的な実権が備わることが多い戦後日本の自治体は、権力と責任の所在が明確だが、東京都政は例外的に、「公式権限と実質権力の乖離」する二重構造が生じやすい。その意味で、都政は構造的に不透明な「闇」を抱えやすいのである。

内務官僚でもあった初代安井誠一郎はともかくとして、それ以後の知事は基本的に二重構造であった。オリンピック知事である東龍太郎は、東大教授・医師という金看板に過ぎず、実務は内務官僚の副知事・鈴木俊一が取り仕切った。次の美濃部亮吉は、「やさしい経済教室」でお茶の間でも有名なタレント学者であるとともに、天皇機関説事件の悲劇のヒーロー・美濃部達吉の息子という「世襲政治家」であるが、実務は「十階の先生」という異名を持つブレーン・小森武が差配した。

鈴木俊一の時代にしばらく二重構造は解消されたように見えたが、実態は「僕は裏方」・横田政次副知事が押さえたわけであるし、多選の鈴木都政末期には機能不全を引き起こしてしまった。

その後の青島幸男は世界都市博中止以外はなしえず、家族または都庁幹部が取り仕切る「大空位時代」の幕開けを行った。その青島を批判して「後出しじゃんけん」で当選した石原は、当初は華麗に演技をしたものの、次第に都政に興味を失い、透明人間化して登庁もしなくなった。結局、腹心の浜渦武生・特別秘書（のち副知事）に委ねるしかなく、さらに都議会自民党と浜渦が衝突すると、「都議会自民党のドン」・内田茂との協力が必要になった。

この事態は短命政権の猪瀬・舛添都政においても変化はなかった。むしろ、都庁官僚制と都議会との「正常化」を目指していた舛添知事は、スキャンダルでたたかれることになった。このような構造のなかで、「都議会自民党のドン」を敵役に据えることで、小池都知事が政局の主導権を取ったのである。

不透明かつ無責任な都政運営

しかし、小池知事が批判して、知事政権の政局的揚力として使ってきた、「公式権限と実質権力の乖離」の二重構造は、実は小池都政においても同じである。都知事には実力よりも人気が重要である。すると、実力を備えた誰かが、不可避的に必要になる。これは極めて不透明かつ無責任な都政運営なのである。

そこでは、外部から導入した、様々な「チーム」の専門家・ブレーンが、政策を左右するかもしれない。しかし、公式権限も能力実証も明らかでない「チーム」は、政策決定の責任の所在を不透明にする。また、都庁職員のやる気を殺ぐ。

あるいは、都議会議員でもないのに、政局・選挙や首長政党を取り仕切る「実力者」が現れるかもしれない。「チルドレン議員」を統制する人物は、何の正統性もないのに都民の代表者たる都議よりも上位に経つ存在になる。もちろん、日本国憲法の正統性を認めない人物ならば、憲法に基づく地方自治法や知事・特別秘書にも正統性はない。そもそも、役員が2人しかいない地域政党には、何の正統性も透明性も要らないのかもしれない。

こうした構造は、今後の小池都政の正統性と実効性に大きな足かせとなる。もちろん、何もしないで財源と時間を浪費する遊興都政であるならば、政策運営の実効性が低くても大きな支障はないだろう。とはいえ、早晩、都政運営の正統性と透明性には、大きな批判が避けられない。都知事の透明人間化ではなく都政の透明化を本当に目指すのであれば、小池知事は、早急に二重構造の正常化を図る必要があろう。

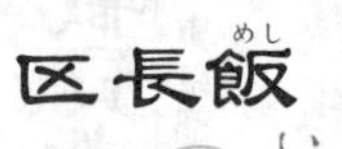

究極の酒のつまみは会話

杉並区長　田中　良

私は食べ物に関しては相当な「肉食」男子です。魚も好きですが、食べて元気がでるのは肉ですね。以前、酒宴の二次会で焼肉屋にいったら、誘ったみんなは肉に手を出さない。一次会でお腹がいっぱいで、結局私ばかりが食べていました。疲労回復にも焼肉はいいですね。

そして、酒好きの私が一番好きなのは焼鳥です。鶏皮、軟骨、ハツなどは塩で、つくねは時々タレで焼いてもらいます。想像してください。焼鳥屋に漂う肉の焼ける匂いとけむり、串をつかんで噛むと肉汁がじゅわ～。のどに流し込む冷たいビール、お値段も手ごろで、もう最高ですね。

杉並区にもおいしい焼鳥屋がたくさんあって、あちこちに行きつけの店を開拓しています。肉がでかい店、レバーが格別にうまい店、つくねに混ざった軟骨の歯ごたえがたまらない店、焼鳥以外のつまみがうまい店など、それぞれに個性があって飽きません。たまに一人で飲みにいくこともありますが、楽しみは半減ですね。

私にとって夜のつきあいはとても大事です。議員時代からいろいろな人と酒を酌み交わし、遅くまで語り合って知見や人脈が広がったことが私にとって大きな財産です。

焼き鳥をつまみに缶ビールをぐびぐび

私は、SNSはあえてやりません。自身の考えを個別に発信するのも大事だと思いますが、それよりもまちの中に出て、いろいろな人と話をすることが大事だと思っています。

そして、公務がない夜は区役所の中を巡回し、残っている職員をつかまえて居酒屋へ行きます。仕事が忙しいにもかかわらず、付き合ってくれる職員にはいつも感謝しています。職員との会話は楽しいですね。普段聞けないことも聞けますし、私も言いたいことを言っています。でも、なかなか「忖度」してくれないのが少し寂しいです。

つまみは当然焼鳥ですが、究極の酒のつまみは「会話」でしょう。会話があってこそ酒が進み、過ごす時間も有意義なものになります。人と語り合って過ごす時間が私の糧となっています。私にとっての区長飯は「会話」といってもいいと思います。このような時間をこれからも大事にしていきたいと思います。

最後に、肉ばかり食べていて大丈夫かと思われるかもしれませんが、最近は炭水化物をなるべく控えてバランスをとるようにしています。以前はお酒の〆にラーメンを食べていましたが、ここ数年では1回だけです。そして、帰りがどんなに遅くなっても、家で飼っているシェパードのブランカとの散歩も欠かしません。最低40分は散歩しています。

また、野菜をしっかり取るようにしています。妻が近所の体験農園で農家の方の指導を受けながらつくる野菜がとてもおいしく、しかもたくさん採れています。区長としての役割をしっかりと果たしていくためにも運動とバランスの良い食事を心がけ、健康には十分気をつけていきたいですね。

東京　橋くらべ④

紅林　章央

丸子橋

新幹線の車窓に映る

私の実家は東京だったが、大学は名古屋で学んだ。新幹線で帰省する際、車窓にこの橋が映ると故郷に戻ったという安堵感を抱いたものであった。橋は多摩川に架かる丸子橋。新幹線の多摩川橋梁のすぐ上流に架かる。

当時の橋は1931年に架橋されたもので、多摩川の流水部を3連の鉄製のアーチ橋で渡り、河川敷には10連のコンクリート製のアーチ橋が架けられていた。一つの橋で鉄橋とコンクリート橋が同居する珍しい構造であったが、多摩川の下流部で最も美しい橋だったと思う。

この橋は2000年に現在の橋に架け替えられた。新橋では川の流れを阻害しないように橋脚の数はぐっと減り、橋は5連となったが、この橋も一つの橋に2連の鉄製のアーチ橋と3連のコンクリート橋が同居する。これは、美しかった前橋のイメージを景観的に踏襲したためだ。

今日も新幹線の車窓には丸子橋の美しい姿が映る。帰京する人や旅立つ人の喜びや寂しさなど様々な思いを映しながら。

多摩川駅　東急大井町線　★丸子橋　東急東横線　沼部駅　東海道新幹線　JR横須賀線　新丸子駅　0　200　400m　N

現在の丸子橋（2連の鉄のアーチ橋と3連のコンクリート桁橋が架かる）

新宿区

親水テラスを開放中　神田川をより身近に

新宿区は13日まで、神田川をより身近に感じてもらうため、普段は入ることができない神田川に降りられる「神田川親水テラス」を開放している。

7月29日には神田川の「染めもの」の文化と自然を体験してもらおうと、同テラスで染色の工程「水元」の実演を行った。「水元」は、昭和30年代まで神田川で実際に行われていた染めの工程の一つで、糊や余分な染料を落とすために反物を水にたたきつけながら水洗いする。同テラスは戸塚地域センターそばで、午前10時から午後3時まで。川の深さは約20㌢で、長靴か汚れてもよい靴を持参。

染色の工程「水元」の実演

ミニガイド

◇多摩北部都市広域行政圏協議会緑化専門委員会主催・第2回公園経営セミナー「新たな段階を迎えた公園や緑地・広場などオープンスペース政策について」　▷日時　8月17日㈭　午後2時～5時15分▷会場　ルネこだいら▷定員　先着400人（無料）▷講師　町田誠氏（国土交通省公園緑地・景観課長）「『公園』を使い倒す！官民連携、公園・緑地の利用価値の最大化～新たな段階を迎えた公園・緑地など緑とオープンスペース政策～」、竹内智子氏（東京都東部公園緑地事務所工事課長）「東京の公園における官民連携　行政の立場から」、高井譲氏（西東京市みどり環境部みどり公園課課長補佐）「公園における市民協働推進型指定管理者制度について」、佐藤留美氏（NPO法人NPO　birth事務局長）「人、自然、まちを元気にする公園づくり」、富永一夫氏（NPOフュージョン長池会長）「公園における指定管理者制度について」▷申し込み　16日午後5時までに、電話またはメールで、名前・所属名（自治体名・団体名・会社名など）を連絡。同一団体から複数参加する場合は、代表者の名前と人数・所属を清瀬市都市整備部水と緑の環境課緑と公園係まで　☎042・497・2098　メール　m_midori@city.kiyose.lg.jp

◇認知症シンポジウム「認知症予防を考える～食と栄養、運動の視点から～」　▷内容　①基調講演「認知症予防～食と栄養、運動の視点から～」鈴木隆雄氏（桜美林大学老年学総合研究所所長）②実演「認知症予防へ向けた運動　コグニサイズについて」土井剛彦氏（国立長寿医療研究センター）▷日時　9月24日㈰　午後1時半～4時半▷場所　都庁第一本庁舎5階大会議場▷申し込み　往復はがきかファクスにて8月31日までに下記の内容を記入。応募多数の場合は抽選。①住所②氏名（ふりがな）③年齢④職業⑤電話番号⑥ファクス番号⑦車椅子利用の有無⑧点字資料、拡大文字資料や手話通訳、要約筆記等の希望の有無※当日、介助者等の座席が必要な場合はあらかじめ連絡を▷申し込み先　認知症シンポジウム事務局（㈱ナッソーインターナショナル内）〒169・0075　新宿区高田馬場1の29の7スカイパレスビル305　☎03・5155・3975　ファクス03・5155・3976

都政新報

発行所 都政新報社
〒160-0023 東京都新宿区西新宿7-23-1 TSビル
（総務・読者）03-5330-8781
（企画広告）03-5330-8784
（編集）03-5330-8786
（出版）03-5330-8788
（ファクス）03-5330-8808
購読料 月1,730円（税込）
毎週火・金曜日発行
ただし、祝日は休刊

紙面から

住宅セーフティネット法改正

新制度に自治体困惑

類似事業の住み分け課題

住まいの確保に悩む低所得の高齢者やひとり親家庭など住宅確保要配慮者（要配慮者）を支援する「住宅セーフティネット法」が4月に改正され、施行に向けて都内自治体の取り組みが本格化しつつある。法改正により要配慮者の入居促進に向けた民間賃貸住宅の登録制度が新設され、国は賃貸人や要配慮者向けの補助制度も予算化した。ただ、類似事業を実施する自治体も多く、新制度活用の広がりは不透明だ。

「国から突然示されたスキーム。都と区市町村の役割分担が現段階では不明だ」。都福祉保健局の森田能城地域福祉推進課長は新制度に対してこう話す。

法改正の柱である要配慮者の入居を拒まない民間賃貸住宅の登録制度は、都道府県と政令市、中核市が担う。だが、森田課長は「都は（賃貸住宅の）情報を持っていない。身近な自治体の区市町村で対応できる仕組みの構築が求められる」と話した。

国の方針が明確になっていないことも混乱に拍車をかける。国土交通省は7月に登録基準案を公表し、床面積25平方㍍以上や耐震性の有無、トイレや浴室の設置などを例示。ただ、登録住宅に関する登録・閲覧システムはまだ構築段階で、具体的な業務内容は見えていない。

新制度に合わせて国が予算化した補助制度への対応も定まっていない。

国は今年度、登録住宅への改修費補助と、低所得者向け入居費支援を用意したが、都は「制度の立ち上げ段階では（日程が）厳しい」として、今年度の利用は見送る方針だ。

都都市整備局住宅政策推進部の濱本真希企画担当課長は「区市町村の動向を見ながら、次年度以降で活用を視野に検討する」と話し、補助負担をするか今後詰める。

国のスキームには基礎自治体からも懸念の声が上がる。国の補助制度が要配慮者の専用住宅化を条件にしていることが一因で、改修費の補助には専用住宅期間を10年以上にする条件も重なる。豊島区の小池章一住宅課長は「（賃貸人が）様子見で手を挙げるには、ハードルが高すぎるのではないか」と疑問を呈し、杉並区住宅課の担当者は「新制度にどう対応するか、探りかねている」と話す。

新制度の実施に際し、国は自治体と不動産関係団体、居住支援団体などで構成する「居住支援協議会」の設置促進を掲げる。同協議会は構成メンバーで情報交換の上、要配慮者や民間賃貸住宅の賃貸人に物件や支援メニューなどを情報提供して両者をマッチングするのが狙いで、都内では4日現在、7区4市が設置済み。豊島区、杉並区も設けているが、すでに空き家を活用した同様の事業を展開しており、国の制度との整合性に頭を悩ませている。

都内の居住支援協議会設置自治体（7区4市）

区市名	設置年月
江東	11年9月
豊島	12年7月
板橋	13年7月
調布	15年12月
八王子	16年2月
千代田	16年7月
杉並	16年11月
世田谷	17年3月
日野	17年3月
多摩	17年5月
文京	17年7月

※17年8月4日現在

空き家対策の側面も

【解説】新制度の背景には、賃貸人の家賃滞納や孤立死などを恐れ、住宅所有者が要配慮者と賃貸契約を結ばない現状がある。だが今後は、高齢化の進展や、若年層やひとり親世帯の収入低下などにより、要配慮者が増加する見通しで、対策は急務だ。

一方、空き家件数は増加傾向にあり、内訳を見ると賃貸物件が過半数を超える。2013年の都内の空き家総数約82万戸のうち、60万戸が賃貸物件だ。活用可能な非老朽物件に限定しても、約66万戸のうち49万戸が賃貸用となっている。ところが、空き家活用を巡っては、多額の改修費や既存不適格、旧耐震基準などが障壁となり、広がりは限定的だ。都内は地価が高く、不動産市場で流通する物件が多いことも活用が進まない一因となっている。

こうした中、今回の新制度は、経済的理由から住居の確保が困難な「住まいの貧困」と、急増する空き家問題を同時に解消する可能性を秘める。

都が15年度から実施する類似事業「生活支援付すまい確保事業」では、実施自治体の杉並区が16年度、あっせん物件133件中、77件で契約が成立。家賃債務保証料助成の実績は39件に上り、一定の効果が表れ始めている。事業拡大の鍵を握るのは居住支援協議会の併用で、杉並区は同協議会を基礎に関係団体と連携し、事業展開を進める。

国の新制度と自治体の独自制度いずれを採用するにせよ、本来の制度趣旨に立ち返って、要配慮者の住まいをいかに確保するのかに知恵を絞るのが肝要だ。新制度の施行は10月下旬の見込みで、各自治体の判断が問われている。（草）

小池都政1年

【第1部】政治姿勢を問う㊦

豊洲風評払拭に動きなし

行動力

「今、何年生かな」。小池知事は今年2月、宮城県岩沼市を訪れ、小学生にこう問いかけた。子供は「6年生です」としっかりとした口調で答え、知事は「大きくなったね」と驚いた様子で話した。実は6年前の2011年4月、当時衆院議員だった小池知事は被災地を訪れ、この小学生にランドセルを手渡していた。約6年ぶりの感動の再会となった。

小池知事の被災地への思いは強い。東京五輪・パラリンピックの両大会旗を披露するフラッグツアーでは、知事が都外で初めて訪れたのは被災地だった。都幹部は「被災地に寄り添う姿勢を対外的に示すとともに、復興五輪を実現する意味でも意義のある視察だった。知事の行動力のたまものだ」と分析した。

小池知事は就任してわずか半年で被災3県を訪問した。舛添前知事が公明党から被災地を視察するよう2度も釘をさされ、ようやく重い腰を上げて福島県を訪問したのに比べるまでもなく、小池知事の行動力の高さがうかがえる。

また、小池知事は島しょ部を精力的に訪問しており、9町村のうち残すは神津島村のみだ。島民と直接会って話すのが好きなようで、17年度予算の知事査定では、島しょ部の魅力を発見する「東京宝島委員会」の設置を自ら決め、結果を出そうという姿勢がうかがえる。

官房系幹部の一人は「大島を訪れても、すぐに帰った前知事とは、島民の歓迎の仕方も、政治家としての器の大きさも違う」と分析する。

フットワークの軽さが高く評価され、強みになっている小池知事だが、反面、そのフットワークが重くなる場面もしばしば見られる。その一つが市場問題で、豊洲新市場の一角に建設する観光施設「千客万来」の運営事業者「万葉倶楽部」が撤退を検討していることへの対応にも表れた。万葉倶楽部は築地を再開発し、食のテーマパークを整備する都の基本方針に関して具体的な説明を求めているが、知事は7月14日の会見で「誠意を持って説明、対応するよう市場当局に指示した」と明かした。都幹部職員は「職員が築地再開発の基本方針に関わっていないのに説明しろと求められてもできるはずがない。詳細を詰めずに公表した責任は知事にある」と憤る。

知事の指示を受け、中央卸売市場の部課長は7月27日、万葉倶楽部の本社（神奈川県小田原市）を訪問し、高橋理社長ら2人と会談した。都の部課長は終始低姿勢で、「ご迷惑をおかけしている」などと謝罪したという。食のテーマパークに関して、「千客万来施設との整合を図りながら再開発していく」と、従来の説明を繰り返した。万葉倶楽部は本紙の取材に、「納得していないが、千客万来施設の撤退ではない。再度、具体的な説明を求めていく」と述べるにとどまった。

興味ある分野には強い推進力

市場団体幹部の意見を聞く小池知事＝6月22日、築地市場で

また、豊洲の地下水に含まれる有害物質が基準値を超え、豊洲は安全ではないという風評被害への対応についてもフットワークの鈍さを指摘する声が上がる。

知事は6月22日、築地市場を訪れ、業界6団体の代表に「（豊洲の風評被害を）先頭に立って払拭する」と明言したが、その具体的な動きは現在も見られない。

築地東京青果物商業協同組合の泉未紀夫理事長は「知事が豊洲に早期移転したいというなら、なぜこの1カ月以上、風評被害の払拭に取り組まなかったのか。（LED交換事業のPR動画で）ピコ太郎と踊っている時間があるなら、風評の払拭に取り組むべきだ」と痛烈に批判した。今後、知事に求められる対応として、「豊洲は安全とひたすら言い続けるしかない」と指摘する。

小池知事は興味のあることには強い推進力を発揮するが、万葉倶楽部への説明に関する指示や豊洲の風評払拭の有言不実行は、重要課題には距離を置こうとする政治姿勢が見受けられ、知事への不信感を生んでいる。就任1年目を種まきの時期と話した小池知事。2年目は、難局を打開する行動力が試されている。

＝第1部おわり。15日号からの第2部では、職員へのアンケートをもとに小池都政の1年を分析します。

市場問題PT

豊洲地下水対策を評価

知事の安全宣言「必要ない」

築地市場の移転問題を検証する市場問題プロジェクトチーム（PT）は4日、豊洲の地下水に関する報告書をまとめた。豊洲新市場の地下水対策を検討した専門家会議のセカンドオピニオンの立場から、同会議の地下水対策を「評価できる」とした。また、知事による安全宣言については、「法律的・科学的に安全であり、被害も生じていない。『安全宣言』というのも奇妙」として必要ないとの考えを示した。

豊洲新市場では、施設の床にひび割れが将来的に生じた場合、施設下の地下空間から地下水に含まれる水銀など有害物質が気化し、施設内に進入する恐れがある。このため、専門家会議は地下空間の床にコンクリートを敷き、換気する対策を打ち出し、市場問題PTが「安全・安心に資する対策」と評価した。

市場問題PTの小島敏郎座長は全11回の会合を振り返り、「会議は結論ありきではなく、皆さんの意見を反映し、アイデアを整理し、有益だった」と感想を述べた。今後、市場問題PTは報告書に修正を加え、小池知事に提出して解散する。

小島氏は現在、豊洲移転後に仲卸業者が築地に戻るための勉強会を同業者と開いている。PTの終了後、小島座長は報道陣の取材に応じたが、豊洲から築地に戻る際、都が検討している財政支援についての記者からの質問には答えず、「業者が戻ってくるかどうか自己決定できるよう情報提供した」と述べるにとどまった。

団体ヒアリング終了 全飲食店の禁煙など 都民ファーストの会

都民ファーストの会都議団は、都の施策に関する要望を各種団体から聞き取るヒアリングを3日に終了した。7月25日から計90団体の要望を聴取し、今後は団体と意見交換する。都民ファーストの増子博樹幹事長は「都では予算編成作業が始まっているので、なるべく早く団体から要望を聞き、反映させていきたい」と、早期の団体ヒアリングの狙いを語った。

3日に行われた都医師会のヒアリングは冒頭の3分間、報道陣に公開された。都医師会は受動喫煙防止など8項目の重点施策の実現を要望した。

都医師会の尾崎治夫会長は「（都民の）健康を考えると、全ての飲食店で例外なく禁煙にするのがベスト」と要望。都民ファーストのヒアリング前に小池知事に8項目の重点施策の要望書を提出した際、「ラグビーW杯までには知事も（受動喫煙対策を）何とかしたいと話していた」と振り返り、早期の実現を求めた。

ヒアリング後、増子幹事長は「子供の受動喫煙対策を中心に、罰則規定がないものについては速やかに準備していく」と述べ、子供が同乗する自家用車などでの禁煙に関して罰則規定を設けず、努力義務とする条例案を第3回定例都議会に提出する考えを示した。

都政の東西 新たな「のり弁」

小池都政が始動して2日で丸1年。この間、大方の職員は都政改革の一丁目一番地である情報公開が進んだとが受け止めている。

これまで、情報公開で提出される資料は黒塗りが目立つ「のり弁」が多かったのは事実だ。事業局の幹部は「都が不利になる情報は黒塗りにし、最低限の情報しか出していなかった」と証言する。現在、個人情報以外は基本的に公開し、黒塗りが最小限となり、小池都政の最大の成果と言える。

また、豊洲新市場の盛り土問題では、いつ、誰が施設下に地下空間を設けることを決めたのかが不明瞭だったなど、意思決定に関わった管理職以上の責任の所在をより明確にする対策も講じている。政策の起案文書では、これまで管理職以上の印鑑を押していたが、コピーした時に印章が見えにくいケースもあり、新たに氏名を記載するよう総務局が各局に通知。情報開示請求でも氏名が公開される。

だが、小池知事が示した豊洲移転の基本方針では、自身の情報公開に対する姿勢が問われている。公表直前になって初めて副知事に説明しており、職員と議論を積み上げていないのは明白だ。基本方針の意思決定の過程を開示請求された場合、起案文書が出てくるとは到底思えない。

知事は基本方針を公表後、意思決定の過程を説明していない。いつ、誰が決めたのかを明らかにしなければ、豊洲の盛り土問題と本質的に変わりはない。また、基本方針の策定過程が示されないのは、「のり弁」に等しいとのそしりも免れない。職員サイドの情報公開を進めるだけではなく、知事自らが情報公開を行うことが就任2年目の課題となっている。

◆新五輪担当相が知事を訪問

3日に発足した第3次安倍第3次改造内閣で、東京五輪担当相に就任した鈴木俊一大臣が4日、都庁を訪れ、小池知事と会談した。小池知事は鈴木大臣が東日本大震災の被災地の岩手県出身であることに触れ、「復興五輪という意味でも、共に連携したい」と話した。

鈴木大臣は「（震災では）世界中から支援を頂いた。感謝の気持ちを持って世界に（五輪を）発信していく」と力を込めた。

鈴木大臣は小池知事が2003年に着任した環境大臣の前任者。知事は「お互い環境大臣経験者。環境先進日本と環境先進東京をアピールしていきたい」と語った。一方で鈴木大臣は、五輪まで3年を切ったことに触れ、「ここからが重要な時期。細部を詰めるに当たって、都と組織委と国で意思疎通していきたい」と話した。

旬ジョーク

市場問題PT、環境面について法的・科学的に安全性を立証できたら、知事による安全宣言は必要なしとの見解

「法的・科学的に立証されても、落ちこぼれはあるヨ！」――避妊器具製造会社

次号は8月15日付発行

8月11日㊎は祝日のため、休刊とさせていただきます。あらかじめご了承願います。　都政新報社

個人番号カードで地域振興

豊島区

商店街買い物ポイントに

豊島区は、住民が任意で取得する個人番号カード（マイナンバーカード）を利用した地域活性化に乗り出す。国が構築する共同利用システム「マイキープラットフォーム」を活用し、マイナンバーカードを利用して商店街で使える商品券の発行や図書館からの貸し出しを行う国の実証実験に参加する。図書館は来月末から、商店街は11月からスタートし、今年度末まで効果を測る。同プラットフォームを利用するのは全国でも先駆的な取り組みで、マイナンバーカードの交付促進につなげる狙いもある。

「マイキープラットフォーム」はマイナンバーカードの個人認証機能を使って行政や民間サービスを提供するための情報基盤で、住民は必要なIDを作成・取得すればカード1枚で各種サービスが受けられるようになる。

区が行う商店街での実証実験は、区が主催する地域イベントへの参加で貯めたポイントやクレジットカードポイントを、商店街で使える商品券を発行するためのポイントに変換し、住民がマイナンバーカードを提示すれば商品券が発行できる。

実験場所は池袋本町と巣鴨にある商店街2カ所を想定し、このうち巣鴨地蔵通り商店街では、商店街内にアンテナショップを運営している大正大学が実験に加わり、月内に関係者と覚書を交わす。

一方、図書館からの貸し出しでは、実験に参加する他の自治体の図書館からでもマイナンバーカード1枚で本が借りられるようになる。区内外から利用者が訪れる中央図書館で実証実験をする。

区図書館課は「貸し出しカードは毎年住所確認をして更新を求めているが、区民からは面倒だとの声が多かった。マイナンバーカードであれば個人認証の機能もあるため、自動更新が可能になる」と期待を寄せる。また、地方にある貴重な資料をパソコンなどで閲覧できるネットワークに加われるのも魅力だという。

ただ、自動貸し出しシステムや館内の席を予約するシステムとは連携しておらず、利用には既存の貸し出しカードが必要になる。今後はマイナンバーカードで図書館のサービスを受けられるようにすることと、より便利な使い方の模索を並行して進めていく。

マイナンバーカードの申請窓口は、通常窓口の端。職員は常駐しておらず、申請者が来た時に対応しているという＝3日、豊島区役所で

■カード普及促進にも

2015年10月に通知が始まったマイナンバーを巡っては、今年に入ってからウェブ上で個人情報を確認できる「マイナポータル」が始動した。先月18日から自治体同士の情報連携が始まり、子育てに関連する手続きを電子上で申請できる機能が広がっていく予定。

一方で、総務省によるとマイナンバーカードの交付率は5月時点に全国平均で9％にとどまっている。豊島区の交付率は12・3％と23区内では上から5番目の水準だが、「実証実験によって交付を加速させたい」（企画課）と話す。

LGBTもクールビズ

「ドレスコード」に一石

渋谷区

渋谷区は1日、服飾セレクトショップ大手の「ビームス」と連携し、デザイン性と機能性を両立するクールビズのコーディネート発表会を開いた。長谷部健区長の肝煎りで2015年度に始まったプロジェクトで、3回目の発表会となった今回は、初めてLGBTなどの性的少数者のうち、体と心の性が一致しない性自認に悩みを抱える人（トランスセクシュアル）もデザイン性を楽しめるクールビズスタイルを提案。「あるべき性」が反映されがちな「ドレスコード」に問題を投げ掛けた形だ。

「トランスセクシュアルは、心の性と異なる服装にストレスを感じており、社会が要請するドレスコードに問題提起したかった」――区男女平等・ダイバーシティ推進担当の永田龍太郎課長は力を込めて語った。自身もLGBT当事者として区の男女共同参画施策の旗振り役を務めており、クールビズをきっかけに課題を投げ掛けた形だ。

発表会は、長谷部区長の呼び掛けで職員が立ち上げた区職員クールビズ推進委員会が15年度から実施。区が連携協定を結ぶビームスとタッグを組み、区職員をモデル役としてオフィスでの着用を想定したポロシャツやTシャツなどのコーディネートを提案してきた。

今回は、区が力を入れる「多様性の受容（ダイバーシティー）」の啓発の一環として、トランスセクシュアル向けのコーディネートを発表。「体が女性で心が男性」では、ボーイッシュなグレーのパンツスーツスタイルを基本に、女性が着ていても違和感がない範囲を意識した男性らしい固めの素材感の白いTシャツをアクセントとした。

一方、「体が男性で心が女性」では、ユニセックス（中性的）な襟がない紺色の「ノーカラージャケット」にゆったりとしたVネックの白いTシャツ、くるぶし丈の紺のスラックスをノーベルトで合わせた。

ビームスのスタイリストによると、「体が女性」の場合は比較的自由度が高く、同社にもボーイッシュな女性向けの商品を集めた店舗を持っているが、「体は男性」の場合は、スカートの着用が難しいなど制約が大きく、コーディネートに頭を悩ませたという。

永田課長は「男女平等という観点では、ドレスコードの自由度は男性の方が圧倒的に狭い。CO_2削減のためと言っても、職場で半ズボンはNGなのが当たり前だ。本当に大事なことのため、社会がドレスコードの在り方を一度考えてみる必要がある」と指摘した。

区職員がモデル（左から1人目と3人目）を務めたトランスセクシュアル向けクールビズ＝1日、区立商工会館で

火災で7棟燃える

知事「備え万全に」

築地場外市場

中央区の築地場外市場で3日に火災が起き、木造店舗など7棟約935平方㍍が燃えた。翌4日朝までに火は消し止められ、死傷者やけが人はなかった。

区防災課によると、築地場外市場は戦後に建設された木造店舗の密集エリアで、店舗事業者とはまちづくりの勉強会を開いており、一帯の不燃化が課題になっていたという。

火災を受け、小池知事は4日の定例会見で、「特に密集地域では災害への備えを万全にする必要がある」と話した。昨年11月に市場内で火災が起きたことに触れ、「見回りの強化や市場業者と連携した安全点検など必要な策を講じてきたが、改めて場内のチェックを強化するよう指示した。築地場外市場でも、火災がまた起こらないよう、（事業者が）それぞれ連携を深めてほしい」と求めた。

職員が生保費着服

4カ月間で260万円

荒川区

荒川区は3日、生活福祉課で経理を担当していた30代の男性主事が生活保護費260万円を着服していたと発表した。2日に発覚し、本人は全額を返済した。区は刑事告訴も視野に処分を検討している。

同主事は、経理担当に配属された今年4月から7月までの4カ月間に死亡者から「緊急払い」の申請があったと偽り、9件分、計260万円を架空請求していた。区生活福祉課によると、毎月の支出報告の中で7月の生活扶助費が突出していたことから調査したところ、不正が発覚した。

西川太一郎区長は同日、「厳正に対処し、全庁を挙げて再発防止に全力を注いでいく」とのコメントを出した。

セアカゴケグモ

区内で14匹発見

江東区

江東区は3日、特定外来生物のセアカゴケグモ14匹を東京ビッグサイト付近で発見したと発表した。同日中に殺処分し、人的被害は出ていない。

区保健所によると、3日の昼過ぎに区民から通報があり、送られてきた写真からセアカゴケグモと確認。周辺調査を実施したところ、さらにクモ10匹と卵を発見した。区はウェブサイトで注意を呼び掛けている。

自治体政策のススメ

執行法務と裁量の判断基準

政策法務の基礎⑤

高崎経済大学准教授　岩崎　忠

現代行政は、広範な範囲に及び、複雑かつ流動的な事態に対処しなければならないことから、全ての現象を予想して法律や条例を制定することが困難な時代になっている。

このため、法律や条例の規定には、「公益上必要が生じた時」や「やむをえないと認める時」など、行政庁に判断を委ねている規定もある。こうした場合、行政庁の判断が妥当な判断になっているか、行政裁量の判断基準に基づいて判断する必要がある。

つまり、恣意的な判断になっていないか（裁量権の踰越）、権限の範囲を越えていないか（裁量権の濫用）などの視点である。このような行政裁量の判断基準は、実体的な見地と、手続き的な見地という二つの側面から考えることができる。

実体的見地としては、▽特定の個人を合理的理由なく差別的に取り扱ったかどうかという「平等原則の基準」▽目的と手段の間に合理的関連性があったかどうかの「比例原則の基準」▽法律の趣旨や目的に沿って行政行為が行われたかどうかといった「目的拘束の法理」▽行政庁が課された裁量権行使の義務を怠ったかといった「義務の懈怠」▽事実認定に重大な誤りがあったかどうかといった「重大な事実誤認」▽行政が行われる判断の過程に着目し、考慮すべき事項を考慮したか、考慮に入れてはならない事項を考慮したかといった「他事考慮」――といった判断基準がある。

また、手続的見地からは、法律や条例が事前手続（決定に至るプロセス）を要求している場合に、その手続きが適正に行われたかどうかという視点でチェックすることが大切だ。例えば、意見書の提出や公聴会・審議会の開催、意見公募、不利益処分に伴う弁明・聴聞手続などである。

自治体を取り巻く環境の変化が激しい中、自治体職員は行政判断を行う上で、こうした基準（ものさし）を持つことは重要であろう。

記者席

雨も避ける知事の防災服姿

○……「テレビ局が小池知事に出演依頼するのではないか」。7月29日の隅田川花火大会前に都庁内でこんな憶測が流れた。案の定、声がかかり、着物姿で出席した知事の機嫌は良く見えたが、内心はどうだったか分からない。大雨の中で行われたからだ。

知事と雨で思い出すのがリオ五輪の閉会式。雨の中、五輪フラッグを振る知事はこの時も着物姿だった。知事が着物を身につけると、降水確率は高いようだが、昨年の総合防災訓練では知事が現れると雨がやみ晴れたから驚きだ。この時は防災服を着ていた。来年も花火大会に出席するなら防災服を着るしかない。肩書は元防衛相であれば問題ないか。

○……ロバート・ルイス・スティーヴンソンの『宝島』は、危険と隣り合わせの宝探しに出掛ける海洋冒険小説だ。都内の島しょは海賊の危険はもちろんないが、交通機関に関するリスクはある。小池知事の視察を取材した翌日、新島空港から調布飛行場へ向かう飛行機が、離陸直前に器材トラブルで運休になった時、それを目の当たりにした。

当日は後発の飛行機が全て満席で、振替はない。万事休すかと思われたが、サーフィン大会中止の影響か、ジェット船に空席が出ており事なきを得た。『宝島』への旅路であっても、休み明けの業務に支障が出るようでは困ると考えてしまうのは、悲しい性だろうか。

○……本紙4面、「五輪への航海」で5月から続けている「東京大会に向けた特別区の戦略」も、残り回数が少なくなってきた。

これまで様々な区の五輪担当や広報などに取材してきたが、それぞれ対応が違うのが面白い。会場から遠い区の担当は「いつも悩んでいる。他の区はどうしてるの？」と逆取材してきたり、逆に五輪関連事業が盛んな区では「1回で終わるのはもったいないんじゃない」と提案してくることも。

ただ、取材したどの区にも言えたことは、東京大会を区の活性化につなげたいと考えていること。本番まで後3年、困っていた区の巻き返しに期待している。

新人都議の横顔⑤

◆区部◆

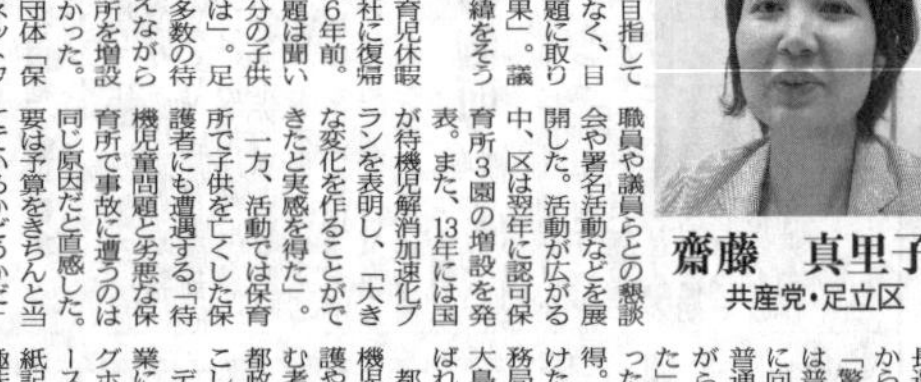

齋藤　真里子氏
共産党・足立区

市民活動から政治の道へ

「政治家を目指していたわけではなく、目の前にある問題に取り組んできた結果」。議員に至った経緯をそう振り返る。

きっかけは育児休暇が終わり、会社に復帰しようとした6年前。「待機児童問題は聞いていたが、自分の子供が入れないとは」。足立区は当時、多数の待機児童を抱えながらも、認可保育所を増設する計画がなかった。母親らと市民団体「保育所つくってネットワーク」を立ち上げ、区職員や議員らとの懇談会や署名活動などを展開した。活動が広がる中、区は翌年に認可保育所3園の増設を発表。また、13年には国が待機児解消加速化プランを表明し、「大きな変化を作ることができたと実感を得た」。

一方、活動では保育所で子供を亡くした保護者にも遭遇する。「待機児童問題と劣悪な保育所で事故に遭うのは同じ原因だと直感した。要は予算をきちんと当てているかどうかだ」

活動の延長線上にあったのが15年の足立区長選だった。市民団体から出馬要請を受け、「驚いたが、今の政治は普通に生活を営む人に向き合っていない。普通の人間こそ立ち上がらなければと感じた」。現職の壁は厚かったが5万票以上を獲得。その後は推薦を受けた共産党の都議団事務局で働き、引退した大島芳江氏の後継に選ばれた。

都議会では原点の待機児童問題に加え、介護や教育問題に取り組む考え。「都民第一の都政実現へ、変化を起こしたい」と意気込む。

デパートや外資系企業にも勤め、ワーキングホリデーで訪れたオーストラリアでは現地紙記者の経験も持つ。趣味はカフェ巡り。慶大文卒。42歳。

米川　大二郎氏
都民ファーストの会・葛飾区

元職員が都政改革に挑戦

大学卒業後に都庁に入庁し、12年間勤務した。総務局人事部の経験が長かったが、同じ内容の報告でも、チェックが上層部に上がっていく度に資料を作り直していたことに、「こんなことをやっていていいのか」ともどかしさを感じていたという。

退職後に民間企業に勤務していた時期もあったが、都政への思いを断ち切れず、2009年都議選に無所属で出馬したが落選。しかし、その縁で自民党の故・樺山卓司都議の秘書になったことで政治家への思いが強くなった。

樺山都議の死後、15年区議選に自民党から出馬して初当選したが、小池知事の勢いを感じて希望の塾に入塾。「最大のチャンス」と捉え、自民を離党して、公認候補の座を勝ち取った。

「都庁には権限があるが、現場は区市町村に任せている。都民の声を理解しきれていない」と指摘。自分のような区議経験者や民間出身者が在籍している党だからこそ「都民のためになる政策を提案して、改革を加速させるのが都民ファーストの役目」と話し、都改革の最初の一手に都庁の業務改善を挙げる。「改善して、今より時間が捻出できれば管理職が人材教育にかけられる時間も増える。生産性向上につながる都庁の意識改革に取り組みたい」と。

座右の銘は「初心忘るべからず」。都庁を退職した時や樺山都議の秘書時代などを思い出し、何のために今の場所にいるのかを問い自答しているという。

趣味は野球観戦。プロ、アマは問わない。高校の野球監督を務めていた時期もあり、試合展開を予測しながら観るのが好きだという。日大法卒。49歳。

「自然」とどう付き合うか

宝島は見つかるか 上
新たな島しょ振興への道

港区の竹芝桟橋を出港したジェット船は、約2時間40分で新島に到着する。台風の接近によって波が高いにもかかわらず、海上を飛ぶように進む船はさほど揺れを感じない。荒天を実感したのは、船が到着したのが波の強い新島港ではなく、若郷漁港に変更になった時だった。若郷は島の北部に位置している。

「本村と若郷にはそれぞれ港があり、天候によって船が到着する場所が変わる。観光客は宿からの送迎がなければ、タクシー・レンタカーを使わないといけない」。送迎の民宿の従業員がそう説明してくれた。天候次第で宿から迎えに行く港も変わることを「雰囲気でなんとなく分かる」とあっけらかんと話すが、船が離発着する港が突然変更になることは、旅行者にとって大きな不安材料であり、負担となる。

「空でも海でも『天気次第』だ」。小池知事は7月29日に新島村を訪れた際、島しょ部の観光振興における課題を、そのように話した。

当日は視察予定だったサーフィンの都知事杯が台風5号の影響で中止に。さらに直前の都議選では、八丈島で遊説する予定が濃霧によって飛行機が欠航になり、都民ファーストの会は島部で都内唯一の敗戦を喫したことも記憶に新しい。海でのウォータースポーツ、山でのトレッキング、そして都会では見られない星空と、島しょは都内有数の自然がセールスポイントだが、天候に左右されやすいという弱点も持っている。

そんな島の魅力と弱点に対し、どのような振興策をとるべきか。小池知事は今年3月に「東京宝島推進委員会」を発足し、有識者とともに新たな島しょ振興に乗り出した。

1日に行われた第2回の委員会では、大島、三宅島、神津島など各島を視察した委員らが島で感じた魅力や課題について報告。椿油やくさや、海産物や焼酎などの特産品のほか、火山島ならではの特徴的な景観や温泉、海でのアクティビティーなど、観光面での強みも挙げられた一方、生産者の高齢化などの事業の担い手不足や、伝統的な手作業による効率性の不足、販路拡大にまで手が回らない現状などの課題も確認した。

大きな課題の一つは、交通や利便性の問題だ。委員会でも八丈島・青ヶ島の視察が飛行機の欠航によって中止になり、島しょ観光の不安定さを印象付けた。

天候によっては観光客が訪れることができない、または帰れないというリスクは、特産品の安定的な取引が確約できないことにもつながり、島しょ産業の振興には大きな足かせだ。飛行機や船は小型の方が天候などの影響を受けやすいが、大型機・船体が就航するには飛行場や港も大きくする必要があり、一朝一夕に解決できる問題ではない。観光業をなりわいとする島民からは観光客増を求める声がある一方で、内閣府が主導した沖縄のブランド化施策のように、予算が潤沢ではないという課題もある。

委員会では今後、島しょが抱える様々な課題について、一体的に捉えて検討を進めることを確認。島ごとの違いや実情も踏まえ、「具体的な提案を行い、結果・成果を出していきたい」（山田敦郎委員長）方針だ。

「台風の余波があったほうが、（サーフィンが）好きな人にはいいかも知れない」。知事は新島でのサーフィン大会が中止になった際、そんな言葉で悔しさを表した。天候リスクは自然の魅力と表裏一体であり、「克服」ではなく「どう付き合っていくか」が問われている。

◇　◇

伊豆諸島、小笠原諸島には11の有人島があり、小池知事は就任から1年間で神津島と母島を除く九つの島を訪問するなど、「島を忘れていない」と積極的に島しょ振興に取り組む。昨年夏の知事選では告示直後に八丈島を訪問したことを端緒に、就任後の相次ぐ訪島は、島を訪れることに消極的だった前知事と比べ、島民らが大きな期待を寄せている。一方で、都庁の主導による島しょの振興には難題も立ち並んでいる。小池流の「宝探し」は功を奏するのか、3回で追う。

魅力とリスク

新島の羽伏浦海岸は吹き付ける風と波を楽しめるサーフスポットとして知られる＝新島村観光協会提供

災害時にドローン活用で協定

平野部で利用広がる

多摩川流域6市

無人で飛行し、空中から撮影などを行うことができるドローンを災害時に活用するため、多摩川流域の6市が7月26日にNPO法人と協定を結んだ。これまで多摩地域では、あきる野市、奥多摩町、檜原村が国家戦略特区制度を活用し、災害によって孤立した地帯など人が立ち入れない場所でのドローンの活用を進めているが、平野部での活用にも期待が高まっている。

不安定な天気や大雨による土砂災害、首都直下地震や森林火災──。都内自治体は数多くの自然災害リスクを抱えており、発災時には職員が人命救助や被害軽減の対策に追われることになる。消防などによる公助の大勢が整うまで72時間かかるケースもあるという。

「我々は災害時に自治体からの要請を待つことなく自発的にドローンを飛ばす。数分ごとに状況が変化するデータを収集し、解析結果を広く提供することで、世界中のボランティアが地図作成に協力してくれる」。NPO法人「クライシスマッパーズ・ジャパン」の理事長で、青山大学教授の古橋大地氏は協定内容をそう説明する。同法人は、これまで調布市、狛江市と協定を結んでいたが、今回新たに府中・日野・多摩・稲城市とも協定を締結。現在、ドローンを市街地などで飛ばすには航空法などの規制のほか、各自治体の認可を得る必要があるが、協定により同法人は災害発生時に自主的にドローンを発進でき、上空から災害状況を撮影し、「災害地図」を作成できる。

使用するドローンはビデオ撮影などに利用するプロペラ型とは異なり、1㍍ほどの翼を持った「有翼機」。非常に軽い素材で作られており、落下しても人や物に危険が少ないことが特徴だ。

ドローンは自動航行で上空を飛び、地上の様子を撮影。飛び立った地点に戻ってくる。価格は約300万円で、同法人が保有するもののほか、連携する各大学の「基地」からもドローンが発進できる。

収集した情報はオープンデータで公開される。市としての費用の持ち出しは全くなく、事業は無報酬で、災害地図の作成は同団体の理念に基づく活動だ。

今後は多摩川流域の他の自治体も参加を検討しており、地域が広がれば更に広範な災害リスクに備えることにつながる。

協定締結式でドローンを披露する古橋氏＝7月26日

■進むドローン廉価化

自治体自らがドローンを保有する動きもある。稲城市では、協定にも参加する一方で、消防署がプロペラ型のドローンを1台導入し、1日から運用を開始した。

資格を持った職員がドローンを操作し、上空から見た地上の様子を動画や写真で撮影、リアルタイムで確認できる。

稲城消防署の髙木玄洋署長の記憶に残るのが、2014年に多摩川河川敷で発生した火災だ。最終的に3万平方㍍が延焼した火事は、地上からは延焼状態が把握できず、対応が遅れたという。

「あの時ドローンがあれば、火の状況を確認して被害を抑えられたかもしれない」。ドローンが運用できれば、様々な災害に対処できる。稲城市は独自消防であるため、他自治体に先駆けて導入がかなった。

ドローンの価格は予備のバッテリーなど全ての装備を含めても40万円弱で、廉価なことも特徴だ。操作には免許が必要だが、4日間程度の研修で取得できる。今後は稲城消防署内で免許獲得者を増やしていく方針だ。

一方で、ドローンは風や雨などが強い場合には運行することができず、大雨による川の氾濫などは、天候が回復しなければ運用できない弱点もある。それでも「災害後の被害状況確認などに利用できる」（髙木署長）という。

平野部で活用するドローンの特徴は、高性能なカメラを備え、広範囲の精密な様子を捉えることができることだ。性能の向上や価格の低下によって活躍の場を広げるドローン。災害に対する最新の備えとなりそうだ。

町田市
庁用車から「カーシェア」へ
市役所で検証開始

町田市はこのほど、庁用車の在り方を検討する一環で、市役所駐車場の「カーシェアリング」用の車両2台を試験的に設置した。庁舎の立体駐車場の賃貸借契約を締結しているタイムズ24㈱と覚書を結び、駐車スペースを無償提供する代わりに、市が優先的に車両を利用できる契約で、市からの持ち出しはない。市役所駐車場でカーシェアリングを導入している自治体は他にもあるが、市の優先車両として利用できる取り組みは珍しい。

カーシェアリングは、15分単位で車両を借りることのできるサービスで、インターネットなどで手続きを行い、専用駐車場の車にそのまま乗り込める。同社のサービスは15分206円で、短時間ならばレンタカーよりも安く、またガソリンを入れる必要もないため経済的だ。

同市ではこれまで18台の庁用車とレンタカーで業務を行っており、今後はカーシェアリング車両のうち1台も、平日午前8時から午後7時まで市の業務に使用する。それ以外の時間帯や休日は、通常のカーシェアリング用の車両として市民が利用できる。

市役所周辺では既にカーシェアリングが行われているが、利用率が高く、庁舎駐車場でも利用が見込まれている。駐車場2台分のスペースがカーシェア専用として占有されることになるが、市役所の立体駐車場は平日でも約70％の使用率であり、支障はないと見ている。

市としては業務に使用する車が無償で提供でき、ガソリン代もかからない。庁用車1台につき年間の管理費は約30万円かかり、メリットは大きい。

市はテストケースとして取り組み、2018年度まで検証を行う。石阪丈一市長は「（台数を）増やせるようなら増やしていきたい」と話している。

ふるさと納税でマラソン出走
青梅市　参加者の裾野広げる

青梅市は毎年2月に開催している「青梅マラソン」で、次回からふるさと納税による出場枠を設ける。対象は3万円以上を納税した人で、先着で100人。10日から申し込みを受け付ける。

青梅市マラソンは来年が52回目の開催で、全国の市民マラソンの中でも長い歴史を持つ。30㌔コースの定員は1万5千人だが、先着順の一般受付開始後すぐに埋まってしまうなど、人気の大会だ。通常のエントリー料金は7千円。

ふるさと納税の返礼品としてマラソンの出場枠を用意する自治体は全国的にも多く、「京都マラソン」や「いびがわマラソン」などでも実施している。納税額は1万円から10万円など様々だが、納税者が税額控除を受ければ通常のエントリーよりも安く参加することもできる。

青梅市では10日から市民優先枠（抽選）のエントリー受け付けも開始するが、エントリーが重複した場合は全て無効になる。青梅市市民部スポーツ推進課は「ふるさと納税は、マラソン参加者の裾野を広げることが目的の一つ」と話している。

実篤記念館がゲームとコラボ
調布市

調布市の武者小路実篤記念館は2日から、女性向けゲーム『文豪とアルケミスト』とのコラボレーション企画を開始した。同ゲームは実在の文豪がキャラクターに転生したという設定のシミュレーションゲームで、PC・スマートフォンで利用できる。ユーザー登録数は60万人。

近年は文豪をモチーフにした漫画作品などが人気だが、武者小路実篤がキャラクター化されるのは同ゲームが初。ゲームに登場以降、記念館には若い女性の来館が目立つようになるなど反響が大きく、イベントを通して更に実篤への理解を深めたい考え。同館が外部とコラボ企画を行うのも初めてで、イベントでは実篤に関するクイズやイベント限定グッズなどを用意している。

新副市長に井上氏
羽村市

羽村市の新副市長に井上雅彦氏（60）が1日付で就任した。前任の北村健副市長の任期満了に伴うもので、任期は4年間。

井上氏は1957年1月生まれ。79年に羽村町（当時）に入庁し、子ども家庭部長、生涯学習部長を歴任。14年10月から企画総務部長を務めてきた。

新人都議の横顔 ◆多摩◆

子供たちの未来のために

奥澤　高広氏
都民ファーストの会・町田市

『人の足を進めるのは希望ではなく意思』。座右の銘を問われると、好きなマンガ『アームズ』のせりふから、そんな言葉を引用した。「行動し続けることが道を開く。意思を持って進み続ければ必ず希望が生まれると思っている」

政治を志したきっかけは、経営していた学習塾の教え子が目の前で自殺を図ったこと。家庭の困窮や社会保障の問題、家庭内暴力などで苦しむ姿に、「子供たちの未来を変えようとした時、教育の現場だけでは無理だという思いがスタートライン」と振り返る。

勉強のために2012年から自民党衆議院議員の秘書となったが、「一部の声や党利党略で動く選挙に違和感を覚えた」ことで、昨年8月に秘書職を離れた。

その後、希望の塾に入塾。都議選への出馬を志望したが、栃木県出身ということもあって選挙区へのこだわりはなかった。町田で公認が決まった際には喜んで受け入れ、「当落にかかわらず、ここで骨を埋める覚悟を決めた」と振り返る。

都民の声を聞くことを重要視し、選挙後の今でも辻立ちで一人ひとりの意見を受け止めている。今後は定例会ごとに地域で意見交換会を開くつもりだ。「町田市は10地区に分かれているので、ほぼ毎週行うことになる」と苦笑する。それでも、「一つひとつの声を、どう全体に結びつけていくかが都議の仕事だ」と意気込む。子供の居場所づくりなどの政策を、町田をモデルケースに進めていく考えだ。

休日は家族サービスで妻と娘と出かけることが多く、「家でのんびりすることはほとんどない」。慶大法卒。35歳。

住民運動は裏切らない

原　紀子氏
共産党・北多摩第四

「単独政権ではなく、共同で政権を目指す姿勢に引かれた」──大学1年生のころ、先輩に誘われたのを機に共産党に入党した。「侵略戦争反対も響いた」と振り返る。

ただ、政治家を志していたわけではなく、大学卒業後は保育士を目指した。そのころ、同党千代田地区委員会の職員になったことが、後の政治家への道につながった。

当時住んでいた東久留米市で、共産党の市議を1人増やす方針が示され、白羽の矢が立った。半年間断り続けたが、最後は「社会を良くするには議員の役割が重要」と思い至り決断。市議初当選は1999年で、5歳、3歳、1歳の3児の母だった。以来、5期18年の間市議を務め、市議会副議長も歴任した。

都議選で強く訴えたのが小児医療の充実だ。2010年に都立清瀬小児病院が閉院。多摩北部医療センターでの積極的な受け入れが条件だったが、「府中の都立小児総合医療センターに行っている」「府中に引っ越した人もいる」との声が届いた。「閉院に反対したのは過去のこと」。選挙戦では小児医療の話は前面に出さない方針だったが、気持ちが一変した。小児医療問題を強調し、見事に当選した今、「運動は裏切らない」と語る。

都政でも保育所民営化を阻止する考え。小池都政へは待機児童対策など前向きな取り組みを評価する一方、「子供の発達保障のために安心して預けられる保育所を」と力を込め、「規制緩和には歯止めをかける」と話す。

趣味は絵本を読むこと。「短い言葉と絵での表現が魅力」で、お気に入りは『もっとおおきなたいほうを』。座右の銘は「自然体で」。法大社卒。51歳。

都民全体に豊かな人生を

森村　隆行氏
都民ファーストの会・青梅市

都議会は、生命保険代理店の取締役を務めてきた中では見えない世界だった。選挙から当選後まで、初めての仕事が立て続けで、数百人のスタッフを従えていた頃とは勝手が違う。「政治家はこんな苦労を経ているのか」と身を持って知った。

選挙での街宣車やポスター貼りなども、かつては懐疑的に見ていたが「選挙を経験すると、有権者と接点があまりにも少なく、手段が限られている構造が分かった」。有権者にとって遠い政治の世界を、いかに市民に伝えられるかを課題と捉える。

青梅市や西多摩地域は、市外に住んでいた頃から趣味の山登りで頻繁に訪れており、愛着がある。「自然や文化、歴史の素晴らしさを一市民、訪問客として20年間味わってきた。その魅力を国内外に発信していきたい」と意気込む。

自然豊かな同地域の最大の強みは、都心から1時間の距離にあること。観光振興だけではなく、都民全体の生活の向上に役立てることができると考えている。「都心で働く人たちが、週末や月に一度の頻度で西多摩を訪れ、地域で余暇を過ごしたり活動を行うライフスタイルが醸成されることで、都民全体の人生の質や幅を広げる提案になると思う」と展望を語る。東京五輪を見据え、国内の他自治体に遅れを取らずに取り組みを進めたい考えだ。

趣味の登山では、関東近郊を中心に国内外で様々な山に挑戦し、ネパールの4千㍍級も踏破した。登山の魅力は「旅に出る前から計画を立て、装備を準備し、実際に体を使うのが、一つのプロジェクトとして面白い」。東大経済卒。44歳。

都フレックスタイム試行

4週間で88人が実施

「服務管理難しい」の声も

働き方改革の一環として、都で試行しているフレックスタイム制度。職員の生産性の向上と多様な働き方を推進するのが目的で、6月には88人が実施したが、勤務時間の違いによる管理の難しさを指摘する声や、職員の労働時間を過度に増加させる恐れがあると懸念する意見もある。

実際にフレックス制度を利用した職員の勤務パターン

①業務量に合わせて終業時刻を変更した例（1週／2・3週／4週　始業AM9:00、PM0:00〜1:00、PM4:45、定時PM5:45、PM6:45）

②毎週特定の曜日に早帰りした例（月〜木／金　始業AM9:00、PM0:00〜1:00、PM3:45、定時PM5:45、PM6:15）

③木曜日に休みを作り週休3日にした例（月〜水／木（週休日）／金　始業AM9:00、PM0:00〜1:00、定時PM5:45、PM7:45、PM7:30）

■休憩時間

現在、都で試行しているのは現行の時差勤務制度を活用したフレックスタイム。総務局総務部・行政改革推進部・人事部の3部署で、4週間を単位とし、その間の勤務時間を計155時間とした上で各週の正規の勤務時間を伸縮可能にする。各勤務日の始業・終業時刻は原則、現行の時差勤務のパターンから選択する。

6月に実施した職員は、管理職が一般職より多かったという。

勤務パターンは職員によって違い、業務量に合わせて週ごとに就業時間を変更した例や、平日のうち1日を週休日に設定して趣味や自己啓発の時間に充てたケース、子供の学校行事などに参加して、残りの日は午後7時以降まで勤務するなど様々。

試行した職員からは「職員によって勤務時間が違うので、服務管理が難しい」「全職員がそろう時間に会議を設定しなければならないなど、調整に苦労した」といった感想が出る一方で、「勤務時間を縛られないのは精神的に楽」「始業と終業の時間を調整し、子供の学校の送り迎えを家族で分担することができた」との意見もあった。

ある課長は管轄ライン全員の職員の始業・終業時間を掲示板にまとめ、共有し、時間管理の不足で業務が滞らないよう工夫した。「うまく管理できれば、仕事のメリハリはつくと思う」と話した。

今回のフレックスタイム試行は職員のライフ・ワーク・バランスの充実が目的の一つだが、現行の制度では最も早い始業が午前7時、最も遅い終業が午後7時45分となるため、「11時間以上の勤務も可能になる」と1日の勤務時間の増加を懸念する声もある。

組合側は、生産性の向上を目的としたフレックスタイム導入に反対しており、「職場にいる人数が少なくなるため連携が取りづらく、拙速な導入は都民サービスの低下をもたらす」「生産性向上のための働き方の見直しでは本末転倒。むしろ職員の労働強化につながる可能性もある」と、試行結果を労使で検討するよう求めている。

フレックスタイムの試行は26日までを予定しており、都総務局は「今後も試行結果を踏まえて、具体的な効果や課題を検証していきたい」（職員支援課）と話している。

財投機関債の割合増加

公金管理実績を発表

都会計管理局

都会計管理局は3日、2017年度第1四半期の公金管理実績を発表した。昨年の低金利政策導入で、都は今年度、財投機関債など利回りが確実に取れる債券を多く購入しており、財投機関債等の期末残高は1236億円、構成比が15・9%と、前期をそれぞれ432億円、5・1㌽上回った。一方で、マイナス金利となった国債は、期末残高が2104億円、構成比27・1%と、対前期比で25億円、1・6㌽減少した。

公金運用全体の実績は6月末現在、平均残高が5兆148億円で、利回りは0・049%。

内訳は、歳計現金等が9687億円で対前期比4782億円減。基金は3兆5749億円で対前期比1788億円増。準公営企業会計資金は4712億円で、対前期比135億円の減だった。同局は「スマートシティーやダイバーシティーの推進で、福祉先進都市基金などの積み立てや、無電柱化推進基金の新設で基金が増加した」と説明する。

都議会の会派控室

改選前（共産／自民／公明／民進）

改選後（民進／共産／自民／都民／公明）

都議会

14日から会派控室改修工事

都民ファ、09年民主と同規模

都議会は7月の選挙結果を受け、14日から各会派の控室の改修工事が始まる。

控室が最も広くなるのは49議席を獲得し、第1会派となった都民ファーストの会。2009年に大勝した民主党（当時）の控室と同規模で、自民党側に拡大する形になる。控室は議員1人当たり22平方㍍程度を目安に割り当てられ、計約1千平方㍍を確保することになる。一方、自民党は56議席から22議席に激減し、単純計算で控室も700平方㍍程度の大幅減。公明党、共産党は現状の控室をほぼ維持し、民進党は現在の生活者ネットのスペースなどに移転する。工事は9月の都議会第3回定例会前までに完了させる予定。

なお、14日以降の仮控室は、都民ファーストが現在と同じ議事堂3階南側の第4委員会室。そのほか、公明党が4階南側の第11委員会、自民党が3階北側の第8委員会室、共産党が3階南側の第3委員会室、民進党が4階北側の第14委員会室などとなる。

控室の改修工事にかかる当初の契約金額は6912万円。設計変更で変更となる可能性もあるが、前回の5128万円よりも膨らむ見通し。ただ、水回りや間仕切りは出来るだけそのまま使用し、経費を抑制する方針だ。

都公文書管理

廃棄・保存の峻別を厳格化

条例施行から1カ月

都公文書管理条例が施行されて1カ月が経過した。豊洲新市場の盛り土問題で、文書が適切に管理・保存されず、意思決定に至る過程が文書として明確に残っていなかった反省を受けた措置で、公文書を「都民共有の財産」と位置付けて廃棄ルールを見直し、意思決定過程を記録することなどが柱。知事が「二丁目一番地」と位置付けする情報公開を推進する狙いだが、実務的にどう変わるのか。

都の見直し案は、公文書管理条例の新設と管理規則の改正が柱。このうち条例では公文書管理の目的を示した。適切な文書管理を制度的に担保する。

管理規則では、重要な文書を廃棄する際、総務課長や文書担当課長、庶務担当課長の承認を得ることを規定している。都の公文書の保存期間は従来から、①1年未満②1年③3年④5年⑤10年⑥長期——の6パターン。

今までも期限が過ぎた文書を機械的に廃棄していたわけではなく、所管の主務課長が個別に判断。廃棄方法を定めた文書を起案し、廃棄を決定していた。

今後は例えば、訴訟リスクがある事案や都議会で集中的に審議されている事案は保存期間を延長するなど、多方面から文書の管理状況をチェックできるようにする。公文書の取り扱いを毎年度、知事に報告することも盛り込み、廃棄件数や保存期間を延長した公文書の数なども併せて報告する。

条例では新たに、重要な事案の決定に当たって、経過を明らかにする文書を作成することも定めた。文書管理は本来、内部管理の事務であり、条例ではなく規則で規定する自治体が多いが、都ではより厳格な管理を目指す。

ある総務課長は「起案が必要でない資料の管理は担当者の裁量によるが、今までも局長・部長レクに使う資料も含めて保存しており、条例施行を受けて徹底するようにした」と説明。ただ、「全ての文書の中身にまで目を通すわけではないので、どこまでチェック機能が働くかはやってみないと分からない」とした。

また、起案文書では印鑑だけでなく、氏名を記載することになり、別の総務課長は「本来、職務上の行為はポストに対する責任だが、今までよりも個人の責任が重く実感されることになるのではないか」と話した。

【解説】公文書管理条例は、これまで所管課だけで完結していた文書の廃棄・保存の峻別（しゅんべつ）に関し、庶務担当課長を含めてダブルチェックできるようにする趣旨だ。従来も大きな欠陥があったわけではないが、公文書の意義を定め、高い法意識で職務に当たることが求められている。

発端となったのは豊洲市場の盛り土問題だが、市場移転では小池知事が7月、築地と豊洲を両立させる案を突如表明した。ただ、どう意思決定がなされたかは、今も十分な説明がないままだ。

条例による公文書管理はボトムアップでの意思決定を想定しており、ある都幹部は「トップダウンによる知事や特別顧問の判断、意思決定をどう記録・管理するかも整理し切れていない」と明かす。

知事・顧問の決定も記録を

市場移転だけの問題ではない。今後は五輪や福祉、都市づくりの各分野でも知事主導の政策づくりが進むのであれば、同じ事態が起きる可能性が大きい。

これだけ情報公開を強調しているのであれば、条例施行前であっても姿勢として五輪の役割分担に至った経過の記録がなければ言行不一致と言われても仕方がない。文書、あるいは知事の好きな映像でもいい。「二丁目一番地」を守るためにも、知事や特別顧問による意思決定過程を記録として残し、公開する仕組みが必要だ。（一）

多摩地域で就業支援

育児中の母親対象に

都産業労働局

都産業労働局は4日、多摩地域で子育てする母親の就業を支援するため、職場体験を受け入れる企業の募集を開始した。2018年から事業を開始する。

女性向けの就職あっせん所の「マザーズハローワーク立川」や「マザーズコーナー八王子」などに登録する母親を対象に、パソコンスキルなど再就職に必要な知識を身に着けられるセミナーを8日間開講する。さらに、多摩地域の企業で2日間の職場体験も実施し、時間や体力の問題など再就職への不安を取り除いてもらう。

セミナーのコースは、一般事務や事務・接客など、自分が就きたい仕事に合わせて選ぶことができ、子育てに協力的な企業による、受講コースに合った専用求人にも応募することができる。同局は「多摩地域には23区内の会社に遠くて通えない人もいる。身近で自分に合った企業を見つけてほしい」（就業推進課）と話す。

■外郭団体等役員人事

◆就任

6月26日付

▽日本自動車ターミナル㈱代表取締役社長（東京都人材支援事業団理事長）秋山俊行▽首都高速道路㈱執行役員（日本自動車ターミナル㈱常勤監査役）森祐二郎▽日本自動車ターミナル㈱常勤監査役（元会計管理局長）塚本直之

1日付

▽㈱東京ビッグサイト代表取締役社長（下水道局長）石原清次▽多摩都市モノレール㈱代表取締役社長（水道局長）醍醐勇司▽㈱東京テレポートセンター代表取締役社長（東京臨海熱供給㈱代表取締役社長）細井優

◆退任

6月22日付

▽東京トラフィック開発㈱代表取締役社長　濵渦武生

6月26日付

▽日本自動車ターミナル㈱代表取締役社長　関谷保夫▽㈱東京ビッグサイト代表取締役社長　竹花豊▽首都高速道路㈱常務執行役員　関敏樹

7月31日付

▽東京熱供給㈱代表取締役社長　菅原秀夫▽東京都社会福祉事業団理事長　白石弥生子▽多摩都市モノレール㈱代表取締役社長　河島均▽東京都中小企業振興公社理事長　井澤勇治▽㈱東京ビッグサイト代表取締役常務　及川繁巳▽東京都都市づくり公社理事　升貴三男

退職後のリアル

しくじり都庁OBの教訓⑳

セカンドライフの職探し⑧

パートナー探しに転換

「起業」という発想に切り替えたことで、「人に使われたくない」「わずらわしい人間関係は嫌だ」という自分の思いを含め、様々なことが見えてきた。私には全く未経験な分野への第一歩でもあったので、とりあえず起業についての本を片っ端から読みまくり、会社設立の法的な知識もにわか勉強で詰め込んだ。

そしてこれまでとは視点を変え、「起業のためのパートナー探し」ということで、規模は小さくとも専門性や志がありそうなビデオ制作会社にターゲットを絞ることにした。差し当たり、やはり私の企画の中心はDVD制作が軸になるということで、趣旨に沿った会社への売り込みを始めた。そんなに広い業界でもないことから知り合いの会社を含めていくつかの会社の担当者とも会って企画をぶつけてみた

今度は思惑通り、どこの会社も反応は悪くはなかった。そうした中から、私の希望に一番近い会社との話を詰めてみると、思いのほか話がトントンと進んだ。後で分かったことだが、相手の会社も新規の企画を打ち出す必要性のあるタイミングという絶好の時期だった。会社が分離独立したばかりで、立て直しを図るために新機軸を打ち出さなければならない状況で、こちらの思いと重なった。偶然といえば偶然、必然といえば必然なのだが、人生は面白い。

私は更に、温めていた営業の企画も含めて持ち込んだ。現役時代に時折、依頼されていたハラスメントなどの学習会の講師経験をヒントに、DVDを活用して講演活動をするという提案だった。

座学一辺倒ではハラスメントを理解するのが難しいことへの対応策としての研修スタイルである。制作会社にとっても、講演でDVDを使用すればPRとなって効果的ということで、一も二もなく了解が取れた。

ここで徹底的に、自虐的にまで考えたことは、自分の弱点についてである。これまでは自分の強みを考えることを繰り返していたが、ここでは自分の弱点を知り、相手とどのようにかみ合わせてカバーできるかが勝負だと考えた。どうしたらコラボで1＋1＝2以上の効果になるかということである。

（金子雅臣）

五輪への航海図 200　TOKYO 2020

開催まで あと1081日

特別区の戦略㉒

江戸川区

カヌーを生涯スポーツに

2020年東京大会のカヌー・スラローム会場が建設される江戸川区は、大会を機に区民の水上スポーツの機運を盛り上げる取り組みが始まっている。

区は16年、区内で活動していた三つの愛好団体に呼び掛けて「江戸川区カヌー協会」を設立。連携して区民への普及啓発や競技者の発掘、教室の開催などを行っている。協会に講師の派遣を依頼して、「区民カヌー教室」や区内の小学校で行う「学校カヌー教室」を昨年から開講し、それぞれ年20回実施。区民がカヌーに触れる機会を作っている。

本格的に始めたい区民向けには、1ターム4回開講する「えどがわカヌー塾」を開講。カヌーに「触れる」ことが目的の体験教室とは異なり、直進やブレーキなどの基本的な技術を習得でき、昨年は20人の定員に130人以上が申し込む盛況ぶりだったという。また、協会も独自のスクールを開いて選手や指導者育成に取り組んでおり、区内でカヌーが上達できる環境を整えている。

ハード面では、新たな水上スポーツ拠点として新左近川親水公園を整備する。同園では

区内の小学校のプールで行う「学校カヌー教室」

これまでも、レジャーでカヌーを楽しむ来園者はいたが、コースなど専用の施設はなかったことから、スラローム、スプリント競技の練習場とカヌーポロの競技場を整備し、シャワーや更衣室を完備したクラブハウスの建設も予定している。19年春ごろの完成を目指しており、東京大会のカヌー会場にも近いことから、区はプレ大会と大会本番での練習場としての利用も期待する。

区は広報活動にも力を入れ、「オリンピック・パラリンピック啓発キャラバン」として区内の祭りなどでイベントを開催。バーチャルリアリティー機器や選手がトレーニングで使うパドリングマシンでカヌーを体験できるコーナーを設置し、水のないところでも魅力を伝えている。年度内には、区内でカヌーを楽しめるポイントを紹介するマップも作成する予定だ。

渡邊良光・スポーツ振興課長は「区と協会が連携して、東京大会のカヌー会場が江戸川区民で満員になるまで浸透させ、カヌーが生涯スポーツの一つに選ばれるように広めたい」と話す。

主任試験講座

平成29年度　45

直前対策 ②

■憲法

出題傾向

平成15年度から出題数が3問に増えており、引き続き憲法分野については3問程度の出題になると思われます。

制度改正後の出題傾向を見ると、全ての条文や用語の意味を正確に把握し、全ての選択肢について正確に正誤を捉えるというよりも、考え方や要点を押さえることで、消去法等を用いながら正答を導き出すことは十分可能です。したがって、過去問などを活用し頻出問題を着実に解けるようにすることと、近年出題されていない分野から出題予測をするなど、最後まで効率良く学習するとよいでしょう。

過去5年間の出題は次のとおりです。

《24年度》（1）天皇及び皇室の経済（4条〜8条）、（2）衆議院の解散（54条、69条）、（3）法の下の平等（14条）

《25年度》（1）表現の自由（21条）、（2）内閣の権能（6条、61条、73条、74条）、（3）租税法律主義（84条）

《26年度》（1）経済的自由権（22条、29条）、（2）司法権の独立（62条、76条、78〜80条）、（3）内閣総理大臣の地位及び権能（67条、68条、75条）

《27年度》（1）信教の自由（20条）、（2）社会権（25条〜28条）、（3）衆議院と参議院の関係（59条〜61条）

《28年度》（1）思想及び良心の自由（19条）、（2）職業選択の自由（22条）、（3）衆議院の解散（7条、69条）

憲法は、前文と103条の条文で構成され、出題範囲は広く、学習にはそれなりに時間がかかります。そのため、限られた時間しかないこの直前の時期はポイントを絞り、効率的に取り組む必要があります。まず、出題が予想される項目を中心に、どこが正しく、どこが間違いかを意識しながら問題集を解きましょう。時間があれば、判例や条文を再確認すると更に得点につながります。最近の判例もチェックしておきましょう。

出題予想

近年の出題傾向を見ていると、頻出分野として国民の権利が挙げられます。その中でも「人身の自由」「請願権」についてはここ数年出題がないことから、押さえておきましょう。

また、統治機構の分野より、出題が少ない「国会（第41条）」「違憲審査権（第81条）」はチェックしておく必要があります。さらに、近年の憲法に関する議論がある分野として、天皇（1条〜8条）、憲法改正（96条）及び国民投票法も重要です。

■地方公務員制度

出題傾向

地方公務員制度の出題は、Ⅰ類事務で10問程度、Ⅰ類技術とⅡ類で8問程度です。過去3年間の出題項目は次のとおりです。

《26年度》（1）一般職・特別職（2）職員の任用（3）条件付採用（4）離職（5）職務命令（6）職務に専念する義務（7）政治的行為の制限（8）争議行為等の禁止（9）勤務条件に関する措置の要求（10）職員団体（11）給与（12）営利企業等の従事制限

《27年度》（1）特別職（2）職員の任用（3）人事委員会（4）欠格条項（5）条件付採用（6）分限（7）懲戒（8）離職（9）政治的行為の制限（10）職員団体

《28年度》（1）職員に適用される基準（2）任期付職員（3）給与（4）再任用（5）服務（6）信用失墜行為の禁止（7）職務に専念する義務（8）退職管理（9）勤務条件に関する措置の要求（10）労働基本権

※26年度の（1）〜（5）、（9）は共通、（7）、（8）はⅠ類事務、（6）、（10）はⅠ類とⅠ類技術、（11）、（12）はⅡ類

＊27年度の（1）、（2）、（5）〜（10）は共通、（3）、（4）はⅠ類事務

※28年度の（1）、（2）、（4）〜（6）、（8）〜（10）は共通、（3）、（7）はⅠ類事務

直前対策

これまでに使用した参考書や問題集を見直し、知識を整理しましょう。

地方公務員法は出題数が多い一方で、基礎的な知識で足りる問題も多く、重要な得点源になります。勉強が進んでいない人も諦めずに、頻出分野を中心に最後まで頑張ってください。

特に、任用・給与のみならず、分限・懲戒や、服務（営利企業等の従事制限・政治的行為の制限等）、義務（法令及び上司の命令に従う義務・秘密を守る義務・職務に専念する義務等）の分野が頻出事項となっています。

また、昨年度より施行された改正地方公務員法（人事評価制度の導入や退職管理の適正確保など）を念頭におく必要もあります。

なお、重要なポイントは繰り返し出題される傾向があります。過去に出題された問題も繰り返し練習することで、しっかりと準備を進めてください。

頻出分野

○一般職・特別職○任用上の原則○欠格条項○条件付採用・臨時的任用○再任用○給与○分限○懲戒○法令及び上司の命令に従う義務○信用失墜行為の禁止○守秘義務○政治的行為の制限○営利企業等の従事制限○勤務条件に関する措置の要求○不利益処分に関する審査請求

■行政法

出題傾向

平成18年度の制度改正以降、事務では7問出題されています（ただし技術は3問）。

なお、過去5年間の出題は、次の通りです。

《24年度》（1）行政機関の種類（2）行政立法（3）行政行為の附款（4）行政行為の取り消しと撤回（5）行政契約（6）損失補償（7）行政事件訴訟法に定める執行停止

《25年度》（1）情報公開（2）行政行為の効力（3）行政指導（4）行政上の代執行（5）即時強制（6）行政不服審査法に定める教示（7）行政事件訴訟の種類

《26年度》（1）行政法の法源（2）申請に対する処分の手続き（3）行政行為の瑕疵（4）行政計画（5）行政罰（6）公権力の行使に基づく損害賠償（7）行政事件訴訟法に定める取消訴訟

《27年度》（1）行政法上の行政機関（2）行政立法（3）行政行為の取り消しまたは撤回（4）行政契約（5）国家賠償法に定める公の営造物の設置または管理の瑕疵に基づく損害賠償（6）行政不服審査法に定める不服申立て（7）行政事件訴訟法に定める抗告訴訟

《28年度》（1）改正行政不服審査法・改正行政手続法（2）行政行為の効力（3）無効な行政行為（4）行政行為の附款（5）行政代執行法（6）損失補償（7）行政事件訴訟法に定める執行停止及び内閣総理大臣の異議

直前対策

出題数が7問と多く、各分野からバランスよくなされているため、安易にヤマをはらず、行政行為、行政救済等の頻出分野を中心に、満遍なく学習しましょう。

なお、近年法改正のあった分野（行政不服審査法・行政手続法）については要注意です。

この時期は、問題演習を中心とした学習で知識を効率的に身に着けるため、新しい問題集よりも、これまで使用した問題集で反復演習する方が効果的です。

行政法は、学習量が結果に結びつきやすい分野ですので、最後まで諦めず、頑張ってください。

出題予想

過去の出題傾向から予想される出題項目は、次のとおりです。

○行政庁の権限の委任、代理、専決○その他の行政行為（行政計画、行政契約、行政指導）○行政行為の種類○行政行為の瑕疵○行政罰○公権力の公示に基づく損害賠償○行政不服審査法に定める教示○行政事件訴訟の種類○行政事件訴訟法に定める取消訴訟

カレントトピックス

29年度　45

社会事情

■羽田空港に「顔認証ゲート」設置へ（7月4日）

法務省は、羽田空港に帰国する日本人を対象に、10月から顔認証技術による自動の「顔認証ゲート」を活用し、審査手続きを簡素化すると発表した。増加する訪日外国人の入国審査に、より多くの審査官を充てる狙いがあり、来年度からは成田、関西、中部の各空港に拡大する。

日本のIC旅券には2006年以降、顔画像が登録されているが、「顔認証ゲート」ではこの画像を利用する形となる。旅券から読み取った画像と、その場で撮影した顔画像を照合し、特徴が一致していることが確認された場合に、ゲートが開いて入国できる。

これまでの入国審査では日本人も外国人も各ゲートで審査官が旅行者を1人ずつ確認してきたが、「顔認証ゲート」は1人の審査官が複数のゲートを同時にチェックすることが可能となる。このため、2020年の東京五輪・パラリンピックに向けて増加することが予想される訪日外国人の入国審査に、審査官を振り分けられるようになるという。

法務省は、全体の待ち時間の短縮やテロ対策の強化にもつながるとしている。

なお、羽田、成田、関西、中部の4空港では07年以降、在日外国人を含む指紋認証による自動の出入国ゲートが導入されているが、事前の指紋登録が必要で、利用率が伸び悩んでいる状況にある。さらに昨年の日本人に限った出国・帰国時の利用率は8・1%にとどまっている。

■ヒアリの水際対策を強化（7月11日）

強い毒を持つ外来種のアリ「ヒアリ」が全国各地で相次いで発見されている問題で、環境、国土交通、農林水産、厚生労働、財務の各省の担当者が参加する関係省庁の連絡会議が開かれた。水際対策を強化するため、中国だけでなく、ヒアリが定着する台湾やオーストラリアなどとの定期航路がある全国68港湾で生息調査を行い、毒入りの餌を置く方針を決めた。

神戸港や大阪港では、アスファルトのひび割れ部分でヒアリが発見されたことから、今後、ひび割れ対策も検討していく。ヒアリが見つかった場合の調査範囲を、発見場所の周囲2キロまで広げることも報告された。

農林水産省は、輸入農産物を対象にした検査を港や空港で行う際に目視調査をする。総務省消防庁は、人が刺された場合の救急対応は都道府県を通じて消防本部に連絡するほか、文部科学省は学校などへの情報提供を検討している。

ヒアリは、兵庫県尼崎市で5月26日に中国からの貨物船で運ばれ、保管されていたコンテナ内部で初確認された。さらに、6月には神戸港と名古屋港でも見つかっている。

■沖ノ島への一般上陸全面禁止（7月15日）

宗像大社（福岡県宗像市）は、ユネスコ（国連教育科学文化機関）の世界文化遺産への登録が決まった沖ノ島を保護するため、毎年5月に島で開催してきた現地大祭を来年から中止する方針を固めた。

沖ノ島は原則、入島禁止で、沖ノ島に一般男性の参拝が認められているのはこの日だけで、毎年、全国から公募で選ばれた200〜250人が参拝していた。今回、世界遺産登録に合わせて、年に1度だけ一般の上陸が認められる運用を厳しくする。

宗像大社によると、大祭は日露戦争の日本海海戦が1905年に沖ノ島近海であり、日本が勝利したことを記念して始まった。戦前は本土の宗像大社で式典をしたが、58年以降は大社の沖津宮がある沖ノ島で海戦のあった5月27日に開催し、両国の戦没者を慰霊してきた。

29年度 主任・係長 論文講座 45

特別区係長選考

書き方の整理

夏本番となり、暑さも厳しさを増していますが、係長昇任選考の受験を控える皆さんにとっては、非常に重要な時期になりました。係長昇任選考の実施要項が発表され、区によっては、受験の申し込みも締め切られている頃だと思います。

そこで、前回から約5カ月ぶりとなる今回は、昨年10月に開講した本講座を振り返り、改めて係長昇任選考の論文の書き方について整理します。昨年度から準備に取り組んでいる人も、今年度に入ってから受験を決意した人も、今回と次回から3回にわたる「直前対策」を参考に、論文対策の総仕上げをしてください。

係長の役割

係長昇任選考論文では、与えれた課題について、特別区の係長として、問題点を抽出し、解決のためにどのように行動し、組織（係）をまとめていくのかが問われます。事務改善レベルの内容では足りません。一方で、係長の権限を越える内容も評価されません。そこで、改めて係長の役割について確認します。

一　仕事の管理

係長が行う仕事の管理とは、区の方針（ビジョン）から導き出される課の使命（ミッション）を遂行するため、係の事業目標の達成に向けた計画を立て、適切な事務配分と環境整備により実施し、その結果を検証しながら改善を図っていくことです。係全体の状況を把握し、事業目標の達成のため、調整していくことが求められます。

二　組織の運営

係長は、係の運営責任者として、組織目標を明確化・共有化し、適切なリーダーシップを発揮して職員の意欲と能力を引き出していく必要があります。また、行政課題が高度化、複雑化している今日では、職員間のチームワークが不可欠です。職員間のコミュニケーションの円滑化と情報の共有を図り、組織力を高めていく必要があります。

三　職員の育成

職員の最も身近な上司である係長には、積極的、計画的に人材育成に取り組み、組織的に職務遂行能力を高めることが求められます。職員の育成は、職員一人ひとりの性格、能力等を見極め、計画的に行っていく必要があります。また、自ら考え、行動する職員の育成のために、職員に必要な情報を提供し、組織目標を理解させた上で、個人目標を職員自身に立てさせることも必要です。いずれにせよ、タイミング良く進捗状況を確認し、助言・指導を行い、適切な評価とフォローができる関係を築くことが重要となります。

四　課長の補佐

係長は、係の運営責任者であると同時に、課長の補佐役も重要な役割です。課長の職務上の命令や指示を的確に職員に伝えるとともに、係の状況を時機に応じて課長に報告し、組織的に情報や課題に対する意識の共有を図ることも重要です。また、必要に応じて課長に意見を述べ、その判断を助けることや、課全体の目標達成に向けた他係や他課との調整を行うことも求められます。

評価のポイント

昇任選考において評価される論文とは、与えられた課題に応じて、自分なりの考え方を論理的かつ説得力のある論旨で展開し、採点者になるほどと思わせるものです。ここでは、前述の係長の役割を踏まえた上で、係長昇任選考論文において評価されるポイントについて、各区でおおむね共通しているものを4点挙げます。

一　表現力

読みやすく、分かりやすい文章を書く能力です。原稿用紙の使い方等の形式面と文章自体の表現力を問うものです。後者については、主語と述語を対応させる、1文は短くまとめる（3行・60字以内が目安）、修飾語が長すぎる表現や、「おそらく」「だろう」といった自信がない印象を与えるあいまいな表現は避けることなどが評価のポイントとなります。

二　論理性

説得力ある論理を展開する能力を問うものです。論文課題に応じた問題点の抽出とその解決策の提示、係長としての意思表示の内容が首尾一貫していることがポイントとなります。

三　問題意識

与えられた論文課題に対して、出題者の意図を踏まえ、問題点を正確に把握できているかを問うものです。論文課題と自らの知識・経験を重ね合わせて、区政の最前線に位置する係の責任者の立場から論旨展開することがポイントとなります。

四　的確な解決策と当事者意識

課題に対して、当事者意識をもって取り組んでいるかを問うものです。論文課題から抽出した問題点に対応した、現実的で的確な解決策を提示することがポイントとなります。

論文の構成

論文の構成には「序論・問題点・解決策・結論」からなる四段構成と「序論・本論・結論」からなる三段構成の2種類があり、それぞれに長所、短所がありますが、係長昇任選考の論文では1千字から1600字程度と比較的文字数が少なめであるため、三段構成について解説します。なお、1600字程度の論文の文字数の配分は、序論が300〜350字、本論が900〜1千字、結論が300〜350字が目安となります。

一　序論

序論は、論文の導入部分であり、これからどのような視点で、どのような主張を展開していくかを採点者に予告する部分です。出題された課題に対する理解と解決の方向性（＝目標・あるべき姿）を端的に示すことが求められる部分であり、メーンとなる本論で述べる内容も、序論によって相当程度決まってしまうということを示しています。序論が論文の出来を左右すると言っても言い過ぎではありません。

論文のメーンは本論ですが、本論で述べる解決策は、係長の権限の範囲内で、かつ、実現可能なものでなければならないので、限られたものとなってしまいます。つまり、他の受験者も似たような解決策を提示する可能性が高く、差がつきにくいと考えられます。したがって、他の受験者との違いを出すためには、序論において採点者の関心を引きつけることが重要です。

二　本論

本論は、論文のメーンとなる部分であり、序論で示した「目標・あるべき姿」を実現するために必要な解決策を論じる部分です。区政や組織における問題点を指摘し、あるべき姿に向かうために、係長としてどのように行動し、解決していくかを具体的に提示していくこととなります。

出題テーマに即して、問題点の指摘と解決策の提示を三つの視点で論述するというのが、一般的な型となります。この際、三つの視点が似通ったものにならないように注意してください。

まず、問題点の指摘では、序論の内容との整合性に注意しながら、係長として解決すべき問題点を、できる限り具体的に指摘します。問題点を指摘する際には、係長の役割（仕事の管理、組織の運営、職員の育成、課長の補佐など）を意識してください。

次に、解決策の提示では、指摘された問題点に対して、係長としてどのように行動し、解決していくかを論じます。解決策を講じることにより、区政の現状（課題）を打破し、あるべき姿に向かっていけるものですから、実現性と実効性を考慮する必要があります。

解決策の提示で重要な点は具体性と実現可能性です。具体的な問題点に対して、できる限り具体的な解決策を提示すること。係長の役割を踏まえ、実現可能なものとすること。その上で、実効性を示すことができれば、説得力が増し、高い評価が得られます。

三　結論

結論は、序論、本論で論じてきたことをまとめ、係長としての決意表明を行う部分です。序論、本論を簡潔に要約し、解決策を実施することで、あるべき姿が実現できるということを示し、これまでの主張の正当性を強調します。

注意してほしいのは、序論、本論で論じていないことに唐突に触れることで、論旨の一貫性を崩すことがないようにすることです。言い回しを含め、細心の注意を払ってください。

係長としての決意表明は、係長として十分に職責を果たす意思と能力があることを採点者にアピールする部分です。熱意と積極性を力強く訴えるようにしてください。

試験本番に向けての準備

ここまで、本講座を振り返りながら、係長昇任選考試験における論文作成のエッセンスについて確認してきました。ここからは、試験本番に向け、この時期に準備すべきことについて述べていきます。時間的制約もあると思いますが、可能な限り取り組んでください。

一　情報収集

（一）過去の論文課題の入手＝係長昇任選考の論文試験では、2時間程度という限られた時間内で1千字から1600字程度（多い区では2千字程度）の論文を作成しなければなりません。試験の前に実際に論文を作成し、時間配分を決めておくことが重要となりますが、どんなテーマでも良いというわけではありません。どの区でも、一定の出題傾向というものがあります。そのため、過去の論文課題を入手し、出題テーマを予想した上で論文の作成を行うことが重要となります。人事課が過去の論文課題を公表していない区については、上司や先輩に相談して入手してください。

（二）過去の合格者の論文の入手＝合格者の論文がいわゆる模範論文であるとは限りません。しかし、論文に盛り込む要素、論旨の展開方法など、各区において好まれる論文の「型」を理解する上で、参考となることが多いと思いますので、入手することをお勧めします。

（三）区政の現状と課題の把握＝区議会における区長の所信表明、予算のプレス発表などは必ず目を通してください。また、他の区市町村の施策についても、本紙やインターネットなどを活用して把握しておくことが重要です。知識の有無が問われるわけではありませんが、新たな区政の課題に対応する解決策を導き出すためには、引き出しを多く用意しておくことが有効であることは説明するまでもないでしょう。

二　論文の作成と添削指導

これまでも、本講座において繰り返し述べてきましたが、論文を（できれば手書きで）作成し、上司や先輩に添削してもらいましょう。添削は複数回行い、磨きをかけていくのが理想ですので、完成度が低くても気後れせず、できるだけ早くお願いするようにしてください。

試験が間近に迫り、焦りも出てくる時期です。確かに、残された時間は多くはありません。しかし、今日から始めても間に合うだけの時間は確保されています。猛暑が続いています。体調管理にも留意しながら、計画的に準備を進めてください。

絶滅危惧種の蝶を保全

昆虫類で初の「繁殖賞」受賞

足立区生物園 解説員　荒牧 遼太郎

足立区生物園は小規模ながら、哺乳類、両生類、爬虫類、昆虫など多くの生物を飼育している動物園です。ここには亜熱帯のジャングルが再現された大温室があり、年間を通じてたくさんの蝶が飛び交う姿が見られます。

生息域外保全の取り組み

ここでは、日本で最も絶滅に近いといわれている希少な蝶「ツシマウラボシシジミ」の域外保全を行っています。

ツシマウラボシシジミは長崎県対馬にのみ生息する日本固有の亜種です。羽についた黒く丸い模様が特徴で、羽を広げても20ミリほどしかない小柄な蝶です。植林された杉林などに生息し、木漏れ日が差し込む林床や林の縁などで見られ、幼虫期はマメ科のヌスビトハギやフジカンゾウを食べて育ちます。

元々、現地では決して珍しい蝶ではなかったのですが、2005～10年頃にかけて急激に生息数が減り、現在では生息地でもほとんど見られなくなってしまいました。

数が減ってしまった原因は生息地に起こった二つの変化です。

一つは「杉林の放置」。通常、人々が枝打ちなどの管理をすることで明るいはずの杉林が近年では手入れが行われず、枝が密集した暗い林になってしまいました。

二つ目は「野生動物による食草の食害」。シカやイノシシが急増し、草食性の彼らによってツシマウラボシシジミの食草も食い荒らされてしまいました。

そして現在、当たり前に見られたはずのツシマウラボシシジミは、17年に種の保存法（絶滅のおそれのある野生動植物の種の保存に関する法律）にて「国内希少野生動植物種」に登録され、最も絶滅に近い蝶の一つになっています。

そこで足立区生物園では環境省からの依頼で、14年から本格的な生息域外保全の取り組みを行っています。

生息域外保全とは、環境悪化など生物種に存続の危機が迫った際に生息地から一時避難させることです。避難させた生物種は人工的に繁殖させて数を保つことで、環境が改善した時に必要な野生復帰用の個体を確保することができます。

しかし、寿命の短い昆虫で域外保全を行うには、安定して累代飼育を行うことが重要です。

足立区生物園には蝶の交配に適した温室があることはもちろん、幼虫から成虫まで育て、卵を採る高い技術があります。設備と技術を駆使することで安定した累代飼育を可能としているのです。

ツシマウラボシシジミを飼育する足立区生物園のスタッフ

交尾するツシマウラボシシジミ

蝶を育てる飼育員の苦労

①小さな幼虫

成虫でも20ミリほどのツシマウラボシシジミ。幼虫は更に小さく、生まれたての幼虫は1ミリに満たないような大きさです。飼育員は餌を取り換えなければいけないので、幼虫をつぶさないように慎重に餌を取り換えています。

②実は肉食系

ツシマウラボシシジミは植物を食べますが、幼虫を一緒に飼うと共食いをしてしまうこともあります。そのため1匹ずつ飼育容器を小分けにして、大切に飼育しています。

③旬の食材を用意

ツシマウラボシシジミの幼虫は餌にもこだわります。葉の新芽、実、花など、同じ食草でもその時期に適した餌を与えないと、ちゃんと食べてくれません。

④冬越しが難しい

ツシマウラボシシジミは幼虫の状態で冬を越す蝶です。成長した幼虫の状態まで育てても、冬の間に死んでしまうものもたくさんいます。安定した冬越しの方法を確立することが課題の一つです。

このような苦労を乗り越え、立派に育ったツシマウラボシシジミ。その可憐な姿を来園者の皆さまにも見ていただくために、7月4日から17日まで、繁殖試験に用いた個体を温室に放し、多くの方に楽しんでもらいました。

安定した累代飼育に努める

今年、この技術や活動が評価され、公益社団法人日本動物園水族館協会が規定する「繁殖賞」を足立区生物園として初めて受賞することができました。昆虫類が受賞対象になったのは、日本初だそうです。

今回、繁殖賞を受賞したことは大きな励みですが、生息地での本種の危機的状況は変わりません。今後も、本来の生息地である対馬での野生復帰の実現を目指し、より安定した累代飼育を行えるよう努めていくことが重要だと考えています。

100％前向きでポジティブ

日野原重明先生の思い出

中央区社会福祉協議会事務局長　斎藤 裕文

中央区予算発表記者会見で矢田中央区長と握手する日野原氏（左）＝2009年2月5日

聖路加国際病院の日野原重明先生が7月18日に105歳で亡くなられました。ご逝去の知らせを聞いて信じられない思いを抱いたのは私だけではないと思います。100％前向きで、ポジティブで、バイタリティーに満ちあふれたあの日野原先生が亡くなることはないとずっと信じていました。

中央区では高齢者福祉対策審議会委員を務められ、1999年11月には「広く区民が敬愛し、誇りとする」として中央区名誉区民に選ばれています。

私が初めて先生に直接お会いしたのは2006年でした。都心のオフィス需要やバブル期の地上げによって人口減少が続いていた中央区ですが、区立住宅の建設や住宅設置を誘導する「地区計画制度」など区をあげて人口回復に取り組み、この年の4月4日、目標であった定住人口10万人を達成することができました。そこで、区をあげてお祝いするため記念式典を開催することとし、日野原先生に講演をお願いすることとなりました。当時、区職員でイベント開催などに携わっていた私が先生との連絡役を仰せつかりました。

聖路加病院に先生をお訪ねし、趣旨を説明すると、先生から「人口が増えたのはどういう理由なの？」「どんな層の人たちが転入しているの？」「地域社会にどんな影響があるの？」「若い人たちが増えているなら産科や小児科、保育所などは大丈夫なの？」「中央区としてはどう対応していくの？」など矢継ぎ早の質問をいただき、頭の回転の速さ、知的好奇心の強さ、まちと子どもたちに対する思いの強さにただただ驚かされました。

式典では「都心での生き方上手」をテーマにご講演いただき、「60歳ぐらいからが大切。魅力的な友をつくってエネルギーをもらおう」「チャレンジが肝心。変化や苦労は人を強くする。遅すぎることはない」「生まれ変わったら舞台監督か指揮者になりたい」など、軽快な足取りと背筋をピンと伸ばした奇麗な姿勢で熱く語られました。

その後も産科施設の新設や防災訓練などでお会いする度に、すてきな笑顔で接していただきました。お亡くなりになったのはとても残念ですが、先生の生き方に接することができたのは私の大きな財産として、これからも大切にしていきます。

観光大使シナモンとコラボ

大井町駅前のホテルで　品川区

大井町駅前に立地するホテル「アワーズイン阪急」は1日から、サンリオのキャラクターであり、しながわ観光大使を務める「シナモロール」とのコラボレーションルームを始めた。

「品川区の観光促進に一役買いたい」というアワーズイン阪急の思いから実現した。

シナモロールは㈱サンリオのキャラクターで、白い子イヌの男の子。シッポがまるでシナモンロールのようにくるくる巻いているので"シナモン"という愛称で呼ばれている。2017年サンリオキャラクター大賞では1位に選ばれる人気ぶりだ。

部屋のタイプは、シナモンが生まれた遠い空の雲の上をイメージした部屋と、シナモンとその仲間たちが集う森をイメージした部屋の2種類。ホテルでシナモンとコラボレーションした部屋は、日本ではここだけ。

品川区は13年にシナモンを「しながわみやげ」応援キャラクターに任命して以来、区の観光のシンボルとして起用している。シナモンが表紙を飾っている冊子『しながわみやげ』は、（一財）地域活性化センターの「15年度市町村人気パンフレット」で全国11位、都内では最上位にランクインしている。今年2月にはシナモンをしながわ観光大使に任命しており、品川区では今後もシナモンと連携して区の魅力発信を行う予定だ。

【アワーズイン阪急】
住所　品川区大井1の50の5
☎03・3775・6121
※シナモンコラボレーションルームの予約は電話からのみ。

遠い空の雲の上をイメージした部屋　©2001,2017 SANRIO CO., LTD. APPROVAL No.G581393

ミニガイド

◇HIBIYAイノベーション・キャンパス2017・講演会「イノベーティブな問題の捉え方をデザインマネジメントの視点から考える」　▷内容　千代田区立日比谷図書文化館と慶応義塾大学イノベーティブデザインセンターが連携。システム×デザイン思考においても重要なイノベーティブに問題を捉え直すためのアプローチを学ぶ▷日時　9月19日㈫　午後7時～9時▷講師　田子學氏（慶応義塾大学大学院SDM研究科特任教授）、松坂浩志氏（㈱塩山製作所代表取締役）▷参加費　千円▷定員　150人（事前申し込み順）▷会場　日比谷図書文化館地下1階日比谷コンベンションホール▷申し込み方法　来館（1階受付）、電話（☎03・3502・3340）、Eメール（college@hibiyal.jp）いずれかにて①講座名②名前（ふりがな）③電話番号を連絡

◇都立中央図書館ビジネスリーダー講演会「脱近現代　多様性のある世界のために」　▷講師　落合陽一氏（メディアアーティスト）▷日時　9月30日㈯　午後2時～4時▷会場　都立中央図書館4階多目的ホール▷参加費　無料▷募集人数　100人（応募者多数の場合は抽選）▷申し込み　都立図書館ＨＰトップページの新着情報から▷締め切り　8月31日㈭

スタンプラリー開催中

沿線4区を都電で巡る　都電荒川線

都電荒川線沿線4区地域活性化協議会は9月24日まで、「東京さくらトラム　スタンプラリー」を開催している。

今回で5回目を迎える同イベントは、都交通局と都電沿線の北、荒川、豊島、新宿の4区が連携して開催。参加者はスタンプ設置場所や都営地下鉄各駅などでビンゴ形式のスタンプ帳を入手し、開催期間中にあらかわ遊園や北とぴあ、北区飛鳥山博物館、豊島区役所など沿線4区内9施設を回り、スタンプを押す。応募要件を満たしたら、スタンプが押されたスタンプ帳を応募専用箱に投函する。

賞品として4区の特産品セットや、カレンダーなどの東京さくらトラム関連グッズが抽選で当たる。

とうきょうと川柳会

●7月の宿題1「化粧」

記念日の母はほんのり薄化粧　石川 和巳
厚化粧しても隠せぬお人柄　佐野 和利
眠り猫化粧直してまた眠る　内山 明美
☆費用対効果を問わぬ化粧代　横塚 隆志

●7月の宿題2「粘る」

最終回粘るファールの意地の夏　石川 和巳
ダメ元の最後のメールソバニイテ　松本 宗善
粘り勝ち勝った方にも残る傷　西谷美恵子
☆美談にもストーカーにもなる粘り　佐藤 牧人
（☆印は選者の句）

とうきょうと川柳会のご協力で本紙読者からも川柳を募集します。8月の宿題は「雷」と「よせばいいのに」で、それぞれ各3句以内を作句し、Eメールでhenshu@toseishimpo.co.jp宛てか、ハガキで編集部宛てにご応募ください。8月16日必着。

副知事人事ノート　第5回

横田さんて、だーれ？⑤

都政研究元主筆　大塚英雄

同県人（茨城）ということもあって、僕は横田政次が昭和30年代前半に総務局庶務課だった時代から何かと目をかけてもらった。長いお付き合いを通じて、僕が横田にいつも驚かされていたのは、その人の人間性を示す人間関係という「引き出し」を、際限なく持っているということだ。

例えば、2選目の美濃部亮吉と自民党が擁立した前警視総監・秦野章との保革一騎打ちとなった昭和46年の都知事選挙のことである。紆余曲折の末、都知事選出馬を受託したある日、横田は秦野から電話をもらった。「（選挙の）相談に乗ってほしい」というものだった。一時期、都議会本会議場の「ひな壇」に席を同じくしていただけでなく、学部こそ違え、2人はともに日大出身で、個人的にも親しい間柄だった。

早速、会うと秦野は、「作家の川端康成を選挙の後援会長に引っ張り出したいんだが、骨を折ってもらえないか」と切り出した。いうまでもなく、あのノーベル賞作家のことである。秦野があまりにも気安く名前を持ち出すので、つてでもあるのかと聞き返したら、「だから横さんに頼むんだよ」と秦野の返事はあっけらかんとしていた。

横田は遠く少年時代まで記憶をさかのぼったが、川端との接点にたどり着くことはできなかった。しかし、郷里の近くの寺に作家の今東光が住職でいたことを思い出していた。その今東光が川端康成と親しいという話を横田は耳にしていた。直接話法のルートがないなら、この間接話法を利用できないか。

そこで、少年時代の仲間の中から今東光と付き合いが続いている友人に同道を依頼し、岩手県で住職を務める今東光の元を訪ねた。これが実を結び、それまで政治の世界とは無縁だった川端康成が後援会長を引き受け、秦野の選挙カーにも何度か乗って手を振った。

しかし、横田の懸命な奮闘努力のかいもなく、秦野は361万票対194万票と、美濃部に歴史的大敗を喫したのである。

鈴木にとって天下分け目の戦いとなった平成3年の都知事選の時もそうだった。鈴木知事の4選を阻止しようと、当時、自民党幹事長として権勢をほしいままにしていた小沢一郎が、公明党と組んで磯村尚徳を対抗馬に擁立。厳しい選挙戦となったが、横田の大車輪の活躍で圧勝した。しかし、初戦の昭和54年以来、与党だった公明党が離脱。鈴木知事は初めて過半数割れに追い込まれた。

この時、早速動いたのも横田である。36人を擁する第2党の社会党を与党に引っ張り込んだのだ。

これには訳がある。当時の同党幹事長は安形惣司（足立）。安形は横田が労働局庶務課長時代に臨時職員として同局に入ったという関係だ。もちろん、これだけの理由で安形が勝手に与党入りを決断することはできない。一般職の時代も副知事に復帰してからも、横田は野党ながら社会党を大事にし、同党の複数の実力者たちと深い信頼関係を構築していた。これがこの危急の時の貴重な「引き出し」になったのだ。

（敬称略）

都政新報

発行所 都政新報社
〒160-0023 東京都新宿区西新宿7-23-1 TSビル
(総務・読者) 03-5330-8781
(企画広告) 03-5330-8784
(編集) 03-5330-8786
(出版) 03-5330-8788
(ファクス) 03-5330-8808
購読料 月1,730円(税込)
毎週火・金曜日発行 ただし、祝日は休刊
©都政新報社 2017

紙面から

小池知事の1年・職員が採点

知事の評価、都民と職員で乖離

1年目の採点　平均点は46・6点

小池都政1年　【第2部】都職員アンケート①

小池知事1年目の点数は平均で46・6点――。本紙が都職員を対象に小池都政の1年目を評価するアンケート調査を実施したところ、小池都政を厳しく評価していることが分かった。また、同点数が合格点かどうかの質問では、「落第点」「合格点は与えられない」が全体の57・1%を占めた。各メディアの調査では、小池知事の支持率は70%に近い結果も出ているが、都民と職員の小池知事に対する評価のギャップが浮き彫りとなった。特別顧問の意見を重視する政治スタイルや政局重視の姿勢などが低評価につながっている。職員から見た小池都政をシリーズで分析する。

＝4面に「自由意見」と集計結果概要

職員による小池都政1年目の採点状況では、最も多かったのが「41～60点」で全体の35・5%を占め、「61～80点」(20・3%)、「21～40点」(18・6点)、「1～20点」(11・3%)と続いた。「0点またはマイナス点」をつけた職員も6・5%いた。40点以下の点数をつけた職員は36・4%に上る。

単純比較はできないが、本紙が前職の舛添都政1期目前半の評価を聞いた職員アンケートでは、スピード感を評価する声などから平均点は63・6点となり、40点以下は7%にとどまった。また、同じく石原都政の職員アンケートでは、1期目の平均点が71・1点と高く、ディーゼル車の排ガス規制など実績が評価につながっていた。

石原都政と比べて小池都政が低評価になった要因として、アンケートの自由意見では知事の政治姿勢を指摘する声が多かった。50点をつけた40代の課長は「石原元知事の時も最初は不安が大きかったが、国との対決姿勢を最後まで貫いたことで都民と職員の理解を得ることができた。(小池知事と)自民党との対決は都議選で終わってしまった。用意した命題が石原元知事に比べ、あまりに小さい」と指摘する。

都民の高い支持率とのギャップも特徴だ。小池都政1年目に50点をつけた50代の部長以上は「都民目線で見れば合格に見えるが、職員目線で見ればほとんど施策は進んでおらず、停滞した」と分析する。

また、自由意見では、小池知事の意思決定の在り方や判断に対する厳しい意見も多かった。その一つが市場移転延期だ。30代の課長代理は「市場の問題は落としどころも考えずに独断で動いた失政に他ならない」(30点)と手厳しい。40代の本庁課長も「中止、保留しかしていない。自らの政策理念がない」(10点)と指摘する。

知事が政策を進める際は本来、職員と議論を積み重ねるが、職員よりも特別顧問を重用し、職員を軽視する小池流には、幅広い年代・職層で不満がくすぶっている。60点と比較的高い点数をつけた50代の課長は「都民ファーストでなく、特別顧問ファーストになっている」と指摘。0点とした40代課長代理は「とにかく職員を信頼しなさすぎる。知事がやりたいことを進めるためには職員が必要なのに、自分で全てできると思っており、モチベーションが上がらない」と不満を述べ、20代一般職員は「目指す方向は崇高だが、進め方が独善的過ぎる。職員を信用しておらず、職員も知事のために働こうとは思わない」(50点)とコメントした。中には「職員をうまく使ってほしい」(60点、30代課長代理)と求める意見もあった。

さらに、小池知事のパフォーマンスや政局重視の姿勢にも、職員の嫌悪感は大きい。40代の課長は「自らが広告塔になって動画などに出演するのはよいが、それが都民感情を逆なでするようなものもあると思う。動画撮影に職員を動員するのもいかがなものか」(60点)と、職員が振り回されている現状を嘆く。

また、0点とした40代課長代理は「都政を完全に政争の具にしている。自らの評価が上がりそうな事柄にのみ、現実を直視せずに思いつきで政策を展開している。このまま進むと、次の知事の時には膨大な負の遺産が残る」と危惧する。

一方、小池知事を評価する面では推進力を挙げる声が多かった。「都政の中で優先すべき課題に取り組んでおり、一定のスピード感を持って解決に向けて進めている」(90点、40代課長)、「期限の迫る課題に対して丁寧なプロセスを踏みながらも結論を出して前に進める力を感じる」(60点、40代課長代理)、「メディアを味方に付けて都政を強力に推進したことは事実」(60点、40代課長代理)などの声が寄せられた。

知事が掲げる東京大改革にも一定の評価がある。「自律改革、事務改善、ライフ・ワーク・バランスなどを進め、一定の成果を出している」(60点、50代課長)、「(働き方改革に関して)我々のような一般労働者が皆、うすうす必要性を感じていたことに切り込んでくれた。幹部職員の意識は変わっていないので、継続して取り組んでほしい」(80点、40代課長代理)。

今後への期待感も込めて、合格点をつける幹部も見受けられた。70点をつけた50代の部長級以上から「今後は知事の強い理念と哲学を持って都政を運営してほしい」との声が寄せられた。

小池知事の1年目を採点

平均点＝46.6点

0点またはマイナス点	6.5%
1～20点	11.3%
21～40点	18.6%
41～60点	35.5%
61～80点	20.3%
81～100点	2.6%
無回答	5.2%

■アンケートの概要　本紙は小池知事就任から1年に当たり、都議選後の7月上旬に職員アンケートを実施した。本紙購読者の都職員を中心に800人を無作為に抽出。うち、245人から回答を得た。有効回答率は30.6%。

小池銘柄の政策　「移転延期」9割評価せず

小池知事が取り組んだ政策の評価

	評価できる	評価できない	無回答
市場移転延期	11.3%	88.7%	0.0%
五輪経費の費用負担	39.8%	59.7%	0.4%
議会との関係	29.4%	69.7%	0.9%
都庁の働き方改革	48.1%	51.1%	0.9%
受動喫煙対策への取り組み表明	69.7%	29.9%	0.4%
保育待機児童対策	60.6%	36.8%	2.6%
地方との連携構築	15.2%	83.1%	1.7%
都内区市町村との関係構築	23.4%	74.9%	1.7%
国際金融都市に向けた取り組み	29.9%	66.7%	3.5%
職員目安箱の設置	27.3%	71.0%	1.7%

アンケートでは小池知事がこの1年間に取り組んだ政策として、市場移転延期や五輪費用の経費負担、働き方改革など10項目を「評価できる」「評価できない」の二者択一で質問した。

職員が「評価できない」とした政策は、市場移転延期(88・7%)、地方との連携構築(83・1%)、都内区市町村との関係構築(74・9%)、職員目安箱の設置(71・0%)の順。

市場移転延期に関しては、採点で「落第点」「合格点を与えられない」と評価した職員から「停滞をもたらした責任は大きい」「自分から豊洲の風評被害を作り出した」などの声が上がり、「まあ合格点」と評価した職員も「待機児童対策など重要な改革を進めているが、市場移転は混迷した」と厳しい意見を寄せている。

地方との連携構築の低評価に関しては、「五輪会場費用について近隣県との関係悪化」(40代課長代理)が影響した模様。また、区市町村との関係構築は、小池知事が首長から今年度予算の要望を聞き取り、待機児童対策で意見交換したが、「当時は都議選が控えていたので、水面下で首長を味方に取り込もうとしていたとの憶測も流れた。パフォーマンスではないか」(40代部長級以上)と分析する声もあった。

一方、職員が評価できる小池知事の政策では、「受動喫煙対策への取り組み表明」(69・7%)、「保育待機児童対策」(60・6%)、「都庁の働き方改革」(48・1%)が上位となった。

受動喫煙対策は、舛添都政でも話題に上ったが、都議会自民党が条例による一律規制に反対し、最終的に法規制の必要性を訴えるにとどまった。40代の課長代理は「(実行力のある)小池知事だからできる取り組み」と受け止める。また、待機児童対策では「着実に進めている」(40代課長)、都庁の働き方改革では「歩み出していることは評価できる」(30代課長代理)との声が寄せられた。

◆豊洲住民訴訟の証拠撤回

豊洲新市場の土壌汚染のある用地取得を巡り、都が東京ガスから578億円で購入したのは違法として、石原元知事に損害賠償請求するよう都に求めた住民訴訟について、都の弁護団は7日、証拠で提出していた文書を撤回した。都はこれまで石原氏の賠償責任はないと主張してきたが、従来の都の主張を見直す考えを示した小池知事が1月、「用地購入の経緯が不透明」として対応の再検討を表明していた。

7日に東京地裁で行われた同訴訟の進行協議で、弁護団が撤回したのは、2002年に都が東京ガスなどの地権者と交わした売買の合意文書。これまで同文書によって土地の売買を決定したため、11年に契約を締結した石原元知事に賠償責任はないと主張してきたが、02年以降も土壌汚染に関する確認書などを締結していることから、同文書は「中間的合意」と判断して撤回した。一方で、弁護団は石原氏の賠償責任までは問えないとの考えをまとめ、小池知事の再検討する意図とは異なる判断を示した。

また弁護団は、石原氏の裁量権に関し、「契約の締結や金額で超えている疑いがある」として、裁量権を逸脱していないとの主張も見直した。その上で、都が石原氏の責任を問う場合、議会の同意を得て石原氏を訴える必要があり、弁護団に判断する権利はないとした。弁護団は今後、石原元知事に対する不利な証拠も含めて提出し、「裁判所に公正な判断を求める」との考えを示した。

◆土壌汚染対策で補正予算

小池知事は10日、今月28日に臨時議会を招集し、豊洲市場の土壌汚染の追加対策工事費や築地の再開発に向けた検討費として73億円の補正予算を計上すると発表した。

都議会臨時会

議長に都民ファ・尾崎氏　副議長は公明・長橋氏

都議会臨時会が8日に開かれ、議長に都民ファーストの会都議団の尾崎大介氏(43)、副議長に公明党の長橋桂一氏(60)が満票で選出された。尾崎氏は同会の団長を務めていたが、議長就任を理由に8日付で辞任し、後任に石毛茂氏が起用された。議会選出の2人の監査委員には都民ファの成清梨沙子氏(墨田区・1期)、公明の高倉良生氏(中野区・4期)が、共産党を除く賛成多数で選任同意された。また、九つの常任委員会と議会運営委員会の委員などを決めたが、市場移転問題に関する特別委員会の設置は、都民ファや公明などの反対多数で否決された。

尾崎氏は都議会民主党時代、2005年8月から1年半にわたり幹事長を務めており、自民党や公明党、共産党などとのパイプがある。都民ファーストの幹部は「幹事長を経験し、まとめる力量もある。都民ファーストの役員会で尾崎氏を議長候補に選んだ」と話した。尾崎氏と長橋氏が8日に各会派を訪れ、正副議長に立候補することを伝え、支援を呼びかけた。

自民党の一人は正副議長人事に関して、「尾崎氏は会派をまとめてきたので順当な人選。長橋氏は議会運営を熟知しているベテラン議員だ。第1会派から議長を、第2会派から副議長を出す慣例通りだから、あえて異を唱えることもない」と述べ、賛成した。

議長の任期は慣例で2年だが、4年間務め続けるのではないかと見る都議もいる。「3年後には東京五輪・パラリンピックが控えている。その時の議長は都議会の顔になる」(同都議)と説明する。

尾崎大介氏

74年2月15日生まれ。日大農獣医学部卒。衆院議員秘書などを経て05年初当選。4期目。都市整備委員長、警察・消防委員会副委員長など歴任。

長橋桂一氏

56年10月7日生まれ。創価大法卒。公明党本部の職員を経て01年初当選。5期目。厚生委員会委員長、議会運営委員会副委員長を歴任。

市場特別委は設置されず

一方、自民党や共産党などが提案した市場移転問題に関する特別委員会の設置は反対多数で否決された。都民ファーストの会都議団は討論で反対の立場を明確にした上で、「(改選前に中間報告が提出され)一定の目的を果たした」、公明党も「常任委員会に屋上屋を架し、チェック機能の強化とは言えない」と主張した。

臨時会後、特別委の設置を提案した自民党の秋田一郎幹事長と日本維新の会の柳ケ瀬裕文幹事長が共同で会見を開いた。秋田氏は「テーマを絞って集中的に全庁横断的に議論できる。設置されなかったのは残念」と語った。柳ケ瀬氏は「情報公開を掲げて当選した都民ファーストが議論する場をつくらない。都議会が死んだ日だ」と厳しく批判した。

議会改革検討委が設置

議員公用車の廃止など議会改革を審議する都議会議会改革検討委員会が8日に設置された。これまでの都議会のあり方検討会は議会運営委の下に設置されていたが、議会改革検討委は議長の諮問機関と位置づけられた。尾崎大介議長は8日の会見で「あり検は非公開だったが、(議会改革検討委は)原則公開とする」と話した。

8日に初めて開かれた委員会では、共産党から今月中に開催してほしいと要望が出されたが、都民ファーストの会都議団の木村基成委員長は非公式の打ち合わせ会で決定する考えを示した。委員会後には、委員が日程を巡り議論する場面も見られた。

今後は各会派が持ち帰り、議論する項目の優先順位などを検討する。

冗句ジョーク

築地市場の盆踊り唄(五木の子守唄)

〽移転が早よ来りゃ、早よ戻る～

トヨス
ツキヂ

都政の東西　日本橋の空

江戸・東京は水都だった――。東京の街には小河川が無数に流れ、水や河原、それをまたぐ橋は、都市の交通・物流を支えるだけでなく、住民の生活の一部だった。

先月21日。小池知事と石井啓一国土交通相は日本橋上空に架かる首都高を撤去し、地下化に向けて取り組みを開始すると発表した。「日本橋の空」が遮られたのは1964年。当時の東京では自動車増加とインフラ未整備により交通事故死亡者数が激増し、「交通戦争」とも揶揄される状況だった。ここで用地買収が不要な河川上空の活用という秘策が立ち現れ、日本橋の景観よりも、交通対策が優先されたわけだ。

ところが、インフラ整備が進展し、交通事故死者数が減少するに従い、優先順位が逆転。「なぜ、あのような愚策を犯したのか」との論調すら出始めた。小池知事も会見で「歴史や文化を無視し、利便性のみを追求したインフラの悪しきモデル」と非難した。

もう少し時計の針を巻き戻して戦災復興期に目を移せば、都は47年に戦災がれきの塵灰処理で河川の埋め立てを開始。50年代に三十間堀川(中央区)や東京駅前の外濠など多数の河川を埋め立てて売却した。日本橋川の首都高よりも失われた価値は大きいはずだ。だが一方で、当時の状況に照らせば喫緊の課題。安井誠一郎都知事(当時)は「あれ以上の名案は今日でも思いつけない」と後に回顧している。

くしくも2020年には東京で2度目の五輪開催を控える。「戦争」の時代が過ぎたからこそ、自然は都市の一部ではなく、都市が自然の一部なのだという命題に立ち返る好機なのかもしれない。

17年度都区財調区別算定

普通交付金9千億円に届かず

渋谷区が7年ぶり不交付

都総務局行政部は7日、特別区長会の承認を受けて2017年度都区財政調整区別算定結果を公表した。普通交付金の総額は前年度比1・3%減の8941億8041万円となった。マイナス算定は3年連続で、13年度以来、4年ぶりに9千億円の大台を割り込んだ。基準財政収入額と同需要額はともに前年度比1・7%減で、12年度以来5年ぶりの減。いずれも14年度から続いた全区プラスがストップした形だ。不交付は港と渋谷の2区で、渋谷区は10年度以来の不交付となる。

都によると、今年度の普通交付金の交付額は、区の配分割合が55%となった07年度からの11年間で6番目の水準という。基準財政収入額と同需要額はいずれも減少となったが、収入額よりも需要額の減少が大きかったことで、3年連続のマイナス算定となった。

基準財政需要額は1・7%減の1兆9976億9935万円で、20区が前年度比マイナスに転じ、プラスは中央、江東、葛飾の3区にとどまった。いずれも道路整備や公園用地の取得など土木費を中心に建設事業の実施に伴う算定加算が主な要因となった。

また、学校の新設や統廃合なども需要額の増減に反映された形だ。江東区では来年4月に開校する義務教育学校の新設整備などで2・1%増となり、2番目に高い伸び率となった。一方、中野区は第2次区立小中学校再編計画に基づく学校統廃合を本格化させており、マイナス4・3%で墨田区と並んで23区最大の減少となった。

基準財政収入額は1兆1231億8764万円で、需要額と同様に1・7%減。19区がマイナスに転じ、プラスは千代田、中央、港、台東の4区となった。

全体の約7割を占める特別区民税は、人口増に伴う納税義務者数の増などで1・2%増となったが、利子割交付金や配当割交付金、株式等譲渡所得割交付金などの税連動型交付金が大きく減少。0・1%未満の微増で実質的に横ばいだった台東区を除き、特別区民税の伸びが大きかった都心3区が前年度と同様にプラスを維持した一方、葛飾区が3・8%減、足立区が3・7%減、練馬区が3・6%減など周辺区で減額が大きくなっており、都心区と周辺区の「格差」の拡大が浮き彫りになった印象だ。

普通交付金を区別に見ると、不交付は港と渋谷の2区で、渋谷区の不交付は7年ぶり。交付の21区では、プラスが中央、江東、世田谷、杉並、北、練馬、葛飾の7区で、いずれも収入額の減少が需要額の減少よりも大きくなった。

交付額が最も大きかったのは足立区で966億2457万円。以下、江戸川、練馬、葛飾、大田区の順で、上位5区は08年度から同じ顔ぶれ。葛飾区は初めて70億円を突破した。最も小さかったのは13億3307万円の千代田区で、84・2%の大幅減となった。

2017年度都区財政調整区別算定結果

（単位：百万円、%）

区名	普通交付金額	前年比	基準財政収入額	前年比	基準財政需要額	前年比
足立	96,625	▲1.7	56,115	▲3.7	152,739	▲2.5
江戸川	85,566	▲2.3	60,072	▲3.5	145,638	▲2.8
練馬	77,550	0.3	71,717	▲3.6	149,267	▲1.5
葛飾	71,178	2.9	38,563	▲3.8	109,742	0.6
大田	64,047	▲4.9	80,266	▲2.4	144,312	▲3.5
板橋	63,244	▲1.0	51,481	▲2.7	114,725	▲1.8
江東	55,925	5.0	54,768	▲0.8	110,692	2.1
北	46,897	0.3	31,764	▲2.7	78,661	▲0.9
世田谷	39,593	1.6	119,669	▲2.0	159,262	▲1.1
杉並	37,214	0.7	66,292	▲2.8	103,506	▲1.5
品川	36,507	▲3.8	50,046	▲1.1	86,553	▲2.2
荒川	35,936	▲1.1	19,051	▲2.1	54,987	▲1.5
墨田	35,243	▲6.2	26,363	▲1.9	61,606	▲4.3
中野	32,062	▲6.6	35,829	▲2.1	67,891	▲4.3
豊島	26,938	▲2.0	34,359	▲2.5	61,297	▲2.3
台東	26,037	▲2.4	23,569	0.0	49,607	▲1.3
新宿	23,956	▲6.4	49,604	▲1.2	73,560	▲2.9
文京	14,766	▲3.8	32,552	▲1.1	47,319	▲2.0
中央	13,134	10.2	30,691	0.5	43,825	3.4
目黒	10,429	▲7.2	43,781	▲2.1	54,211	▲3.1
千代田	1,333	▲84.2	24,404	0.8	25,737	▲3.6
渋谷	0	―	47,977	▲0.5	47,896	▲1.5
港	0	―	74,254	2.7	54,667	▲3.9
合計	894,180	▲1.3	1,123,188	▲1.7	1,997,699	▲1.7

各区で平和願う

きょう終戦の日

目黒は「平和の石」に献花

「平和の石」に献花する鈴木勝副区長（右）と内野会長（中央）＝6日、目黒区庁舎前で

きょう15日に72回目の終戦の日を迎えるに当たり、各区が平和記念事業を開催している。

目黒区は広島に原爆が投下された6日、広島市から寄贈を受けて区庁舎前に設置した旧市庁舎の階段の一部「平和の石」に献花し、祈りをささげた。区内の被爆者団体「萌友会」の内野睦子会長は「原爆で友達や家族を亡くし、72年間経ってもそのことが残っている。皆さんがそういう不幸な思いを持って生きないよう平和を祈っている」と述べた。

大田区はきょう15日、平和都市宣言記念事業として「花火の祭典」を多摩川河川敷で開催する。式典後に約6千発の花火を打ち上げる。今回が30回目で、当日会場では参加者に平和への思いを尋ねるインタビューを初めて行い、式典で放映する。区文化振興課は「参加者には花火大会のイメージが強い。平和事業としてアピールし、戦争と平和について考えるきっかけにしてほしい」と話している。

また、江戸川区では15日に東京大空襲の犠牲者を弔う恒例の灯籠流しを開催する。足立区は、庁舎内で学童疎開などの資料を展示する。

区議長会

区児相設置に支援を

都来年度予算で要望

特別区議会議長会（会長＝沖山仁墨田区議会議長）は7日、都の2018年度の施策と予算に関する要望活動を行った。沖山会長や役員、提案区議会の議長ら13人が都庁を訪問し、川澄俊文副知事に要望書を提出した。要望は9項目で、前年度から3項目増とした。

新規要望は5項目で、区立児童相談所（区児相）の設置に向けた支援や公共事業での国産木材の使用、無料公衆無線LANや観光バス駐車場の整備などを盛り込んだ。

このうち区児相関連では、区が児相や一時保護所を迅速に設置し、円滑に運営できるよう財源措置を要請。また、「現状でも児相の人材不足が指摘されており、各区が設置した場合に大きな課題になる」として、児童福祉司や児童心理司ら専門職の人材確保や育成への支援を求めた。

また、前回要望した防犯カメラの設置に関しては、都が今年度から設置補助を拡充したことを受け、更なる施策の充実を要請。新たに町会や自治会などが設置した防犯カメラの維持管理費も補助対象に加えることや、NTT東日本や東京電力関連企業などが所有する電柱に設置した場合の共架料免除や設置スペースの制約の緩和を都として各社に働き掛けるよう求めた。

就労準備金を支給

介護人材の確保に

江東区

江東区は8日、区内の介護事業所に就職する人への就労準備金の助成制度を立ち上げると発表した。区によると23区初の制度で介護人材を確保するのが狙い。

区が今月末以降に開く就職希望者向けの相談会や研修に参加して区内事業所への就労が決まった場合、3万円を支給する。

区長寿応援課は「区内には人手不足によって受け入れを制限する施設も出てきている。インセンティブを与えることで人材発掘につなげたい」と話し、今後3年間かけて効果を測る考え。

期日前投票所を商業施設に設置

葛飾区

葛飾区選挙管理委員会は、11月12日に投票予定の区長・区議選の期日前投票所を商業施設「イトーヨーカドー四つ木店」に開設することを決めた。車で訪れやすい施設に設置し、投票率の向上を目指す。

民間施設への期日前投票所設置は同区初。品川区や豊島区などで導入しており、期日前投票した有権者の2～3割を占めているという。

記者席

初の議会で虹は見えたか

○……都議選後初の臨時都議会が開かれた8日、ツイッターをのぞいてみると、都民ファーストの会の議員の多くは、所属委員会の報告など無難な投稿ばかり。前期にネットの情報発信が話題を呼んだ音喜多駿氏も、控室の掃除を笑顔で報告するなど、当たり障りのない内容だった。

そんな中、茜ケ久保嘉代子氏は「残念なこととして印象深かったのは、ベテラン男性議員によるやじの嵐」と苦言。これに対して、内田真吾氏も「私もさすがにカルチャーショックを受けた」と驚いた様子だった。

ちなみに、この日のベストツイートは自民党の菅野弘一氏。「虹がかかりました」と雨上がりの奇麗な虹の写真をアップしていた。惨敗のショック冷めやらぬ自民党、初の臨時都議会で虹は見えたのだろうか。

○……「知事が通るタイミングと重なればここで渡せるのに」――7日の都への予算要望を前に、都庁第一本庁舎2階に集まった議長らが小池知事のぶら下がり取材を待つカメラマンを見て談笑した。残念ながら、知事が登場する前に副知事への面会時刻となり、実現しなかったが。

一方、2日に行われた区長会の予算要望では、早めに集合した区長4人と小池知事が遭遇。出張帰りの小池知事がロビーの4区長を見つけ、声を掛けた。この時は西川太一郎会長が到着前で、事務局職員は「集合時間をもう少し早くしていればここで渡せたのに」と苦笑していた。

○……突然のお願いであるにもかかわらず、多数の読者に小池知事就任1年の職員アンケートにご協力頂いた。この場を借りて厚くお礼申し上げます。

しかし小池知事への厳しい評価はある程度予想していたが、ここまでとは驚きだ。例えるならメディアによく出る好感度の会社経営者。視聴者受けはいいが、部下にとっては「本業をしっかりしてほしい」という感じだろうか。住民の生活に重い責任を持つ公務職場であればこそ、そうした思いはなおさらだろう。

厳しい評価の一因は、職員との信頼関係のなさにある。知事2年目の課題としてほしい。

自治体政策のススメ

政策法務の基礎⑥

高崎経済大学准教授　岩﨑　忠

評価法務（評価・争訟法務）

評価法務は、条例等を立案する段階で事前評価する点でも重要な意味を持つが、法（法律・条例等）施行後の評価・争訟段階において、事後評価し、条例の制定・改正や法執行、更には法改正への要望にフィードバックし、より良い法づくりに貢献できる点で大切である。

評価法務については、そもそも自治体が行わなければならないか、行うとしても計画でも予算でもない法形式をとる「必要性」が求められる。そして、目的達成のために法に掲げた手段が効果的かどうかを問う「有効性」、目的実現のためにより少ないコスト（費用・時間）で執行できないかといった「効率性」もある。

政策目的の効果を上げようとすると手続きが慎重になる一方で、効率性が損なわれる場合もあり、両者はトレードオフの関係にある。また、条例の効果が各人に等しく平等に配分される「機会」の平等や、住民等の収入や資産、年齢などに応じて配分される「結果」の平等の保障といった「公平性」も重要だ。

条例の仕組みに、どの程度住民や市民団体、NPOなどの参加や協力が盛り込まれ、尊重されているかを問う「協働性」といった基準は、条例が地域のルールであることを踏まえると、自治体政策法務では極めて重要な視点になるであろう。

最後に、当該条例が違憲か、違法か、他の法制度との整合性が確保されているかを問う「適法性」の基準がある。徳島市公安条例事件の最高裁判決（最判1975年9月10日、刑集29巻8号489頁）において示された「条例が法令に違反するかどうかは、両者の対象事項と規定文言を対比するのみではなく、それぞれの趣旨、目的、内容及び効果を比較し、両者の間に矛盾抵触があるかどうかによって決しなければならない」とする考え方は、機関委任事務が廃止された今日でも条例の適法性を判断する重要な基準であろう。

新人都議の横顔⑥　◆区部◆

シニア世代に活躍の場を

入江　伸子氏
都民ファーストの会・港区

大学生だったバブル景気黎明期にフジテレビのニュース番組でお天気キャスターを務め、番組を通じて知り合った同局記者と結婚。夫が支局長を務めるカイロで専業主婦として2人の息子を育てていたが、夫が1994年に飛行機の墜落事故で死亡し、シングルマザーとなった。「絶望の中で帰国したが、息子2人のため、母親だけでなく父親のリリーフ投手にもなると決めた」

フジテレビに契約社員として入社すると、97年に正式採用され、子供番組などの企画やプロデュースの担当などを経て管理職に昇進した。その一方で、母親として息子2人の教育にも力を注いだ。「幼児期までに子供が好きなことをやる中から才能を見つけるよう心掛け、2人とも東大に入れることができた」と胸を張る。

昨年、次男がフジテレビから営業職で内定を受け、「子育てが一段落した次は何か社会貢献ができないか」と考えていた中、希望の塾を知った。入塾して小池知事を間近にし、「働きながら子育てする女性の先輩として貢献できるかもしれない」と出馬を決断。2位にダブルスコアの大差を付けて当選した。

都議として目指すのは、子育てや介護などで住民同士が支え合う地域社会の構築だ。「例えば、私のように子育てを終えた人や、定年退職したシニア世代が働くママの子育てを手伝うなど、地域のおじさんやおばさんとして活躍する仕組みを作りたい」

趣味は料理で、昨年までは料理が得意な次男と切磋琢磨する日々を過ごしたという。「次男のパエリアは絶品でかなわないかも」と笑顔を見せた。成城大文卒。55歳。

衝撃の出会いから都議に

平　慶翔氏
都民ファーストの会・板橋区

高校時代には有名な学園ドラマに出演するなど俳優として活動していた。その後引退して大学に進学し、卒業後は不動産や携帯電話販売の営業マンとして2年間働いた。生活費を稼ぐためにアルバイトをする学生時代の友人や、収入が不安定なために貸家や携帯電話を契約できない顧客と出会う中、「裕福な家庭で育ち、好きなことを選んで生きてきた自分にとって衝撃的で、困っている人たちの役に立ちたい」と思い、政治の道を志した。

2013年から3年半、自民党の下村博文衆院議員の公設秘書を務めて経験を積む一方、小池知事が都連からの応援を受けずに立候補し、当選した姿を目の当たりにした。「組織に縛られずに有権者の目線に立った政治をするために立ち上がったのは、政治家としてあるべき姿」と強い憧れを抱き、下村氏の下を離れることを決意した。

都議会で実現したい政策として、都独自の給付型奨学金制度の創設を提案する考えで、「友人たちのように、学費負担が重いために進学を諦める若者を減らしたい」。また、「板橋区と周辺の区は、都内でも特に高齢者が多い。秘書時代に地域を回り、要望を寄せられながらも実現できなかった」ことから、特別養護老人ホームの整備推進を挙げ、「将来世代の負担軽減にもつなげたい」と語る。

男女6人兄弟の4番目で、2人の兄と姉、弟と妹に挟まれて育つ。姉は女優の愛梨さん。

趣味は乗馬。幼い頃から動物が好きで、動物と触れ合うとリラックスできるという。実家で犬や猿、ガチョウ、モモンガなど多様な動物を飼っていた経験もある。国士舘大政経卒。30歳。

市政に若者の声を

人口減対策

意見交換を施策に反映

多摩地域の市部で、若者の声を施策に取り入れる動きが始まっている。多摩市では6月から「多摩市若者会議」を開催。若者が地域活性化のアイデアを出し合い、具体的な施策として実践していく取り組みだ。他の自治体でも市内の学生に市政への興味を持ってもらうべく取り組みが行われている。市部では働き盛り世代の人口減少が進んでおり、身近な行政への理解や愛着によって、若者の流出を防ぎたいという狙いもある。

多摩市内ではデートしたくない——。ある若者から、そんな声が上がった。「だからこそ、市内のデートスポットを探したい」。若者会議の参加者たちは、市の魅力発掘に向けて前向きな意見を交わしていた。

パルテノン多摩で6月に行われた第1回若者会議では、市が抱える課題や将来像に関するテーマを洗い出し、8月4日の第2回では、具体的な施策化に向けた意見交換を実施した。どのように市の魅力を発信するかという課題に対しては、「飲食店が多いので、多摩市版の『食べログ』を作るべき」「インスタ映えするスポットをまとめて発信したい」などのアイデアが発表された。

同会議には、市内大学の学生や社会人など70人ほどが参加。4人程度のテーブルに分かれ、一定時間でメンバーが入れ替わる「ワールドカフェ」方式で実施した。コーディネーターが議論を促し、各人の発表に対する質疑応答も盛んに行われた。参加者からは「学生から社会人までいろいろな意見が聞くことができ、勉強になる」などの声も聞かれた。

「若者会議」で意見をぶつけあう参加者＝4日、パルテノン多摩で

同会議は、多摩市の「まち・ひと・しごと創生総合戦略」に基づいて、若い世代が「住みたい」「訪れたい」と思うようなソフト面での魅力創出・発信を目的としている。今回の会議の内容を踏まえて、21日には市内でフィールドワークを実施。10月以降は市のサポートを受けて、アイデアを具体的に実践していくことになる。

同市では急速な少子高齢化の進展や、若者世代の人口減少などが課題となっている。市企画政策部企画課は「会議への参加を通して市政に興味を持ってもらい、若者が集う場になることも目的の一つ」と説明する。来年度以降も事業を継続し、若者にとって魅力的な街を目指す考えだ。

■行政への興味を

若者世代の減少は、市部で共通の課題だ。全国的な少子化の影響に加えて、就職や結婚などを機に都心に移住し、地元を離れることも一因となる。市政への理解や愛着があれば、流出を防ぐことにもつながる。

町田市では、7月24日に市長と高校生との意見交換会「若者と市長が語る会」を開催。これまでも意見交換の機会はあったが、若者世代をターゲットにするのは市としては初めての試みだ。市内各地域の子どもセンター利用者などを中心に、高校生や中学生の参加者が市長に忌憚ない疑問をぶつけた。

「市長になった理由やきっかけは」「なぜ市内には映画館がないのか」。そんな率直な質問に対し、石阪丈一市長は、地元の同級生から出馬を進められた経緯や、映画館誘致が思うように進まない状況などを説明。「モノレールはいつ開通するのか」という問いに「12〜13年後には町田にも来るはず」と答えると、「結構すぐに来るんだ」と驚きと期待の声も上がった。参加した若者からは「市長の人柄が分かり、フレンドリーで安心した」と、行政を身近に感じる機会になったようだ。

今回の意見交換会はあくまでも市政に興味を持ってもらう入り口だが、同市は今後も若者の声を市政に具体的に反映できるよう、取り組みを進める考えだ。

高校生などの世代は、SNSなどを通して若者同士で独特のコミュニティーを持っており、行政からのアプローチが届きにくい面がある。石阪市長は「若者は他の街に出掛けることも多く、他市との比較の意味で、市に対する多様な意見を持っている」と話し、交流機会の重要性を説明する。

18歳選挙権も施行され、若者の意見の重要性が増す中で、市政への興味は都政や国政への入り口にもなる。もっとも身近な行政である市政には積極的なコミュニケーションが求められている。

「体験型」を観光の入り口に

宝島は見つかるか（中）

新たな島しょ振興への道

「パッションフルーツは穴を空けて、果汁とラム酒か島焼酎を合わせて飲むのがうまい。今回、これが飲めるんじゃないかと当てにしている」——。豊かな酸味と甘さが特徴の「パッションフルーツ」は、亜熱帯地域が原産で、知られざる「東京都」の特産品でもある。作家の椎名誠氏が島しょ部ならではの味覚を語ると、調布市文化会館の「くすのきホール」の客席は期待に湧いた。

文化の発信

都政策企画局は、民間事業者の体験型観光事業を認定する「NATURE TOKYO EXPERIENCE」のプロジェクト第一弾として、食を入り口に文化を学ぶ「ガストロノミーツーリズム」事業を認定。初回の7月28日には、同企画の案内人である椎名氏が講演を行い、島の特産品の魅力を大いに語った。今後は神津島や新島で、椎名氏らとともに島の食材を使った宴会なども予定している。

講演会には市内外から約250人が参加。特に関心を示したのは、普段は口にできないグルメに関するトピックだ。

「ウミガメはうまい。アカウミガメとクロウミガメがいて、味がいいのはアカウミガメのメス」「本当にうまいくさやを食べたかったら、臭いを気にせず島に行って食べる方がいい」——。椎名氏が語る島しょの味に、観客らは生つばを飲み込んでいた。

椎名氏は「島しょのうまいものがガストロノミーツーリズムをきっかけに調布に入ってくるなら、築地に高い魚を買いに行く必要もない」と期待を込める。だが、昔ながらの製法で生産される加工品など、増産が難しい特産品も多くある。

島焼酎の原料となる「アメリカ芋」を生産する新島の農家の男性は、「島では農産物はあげるものであり、もらうもの。農業で食べていこうという考えの人は少ない」と明かす。特産品も島民にとっては当たり前で、そもそも増産する考えがないという。産業の発展を目指す都庁側の考えは、必ずしも地元の考えと一致しない。

「都や新島村には島への移住者を増やそうという動きもあるが、なかなか定住するのは難しい。島には独特の雰囲気があり、なじめないこともある」。23区から伊豆諸島に移り住んだ男性は、観光だけでは見えてこないそんな実情を話す。

「独特の雰囲気」とは、変化を受け入れがたい保守的な空気だ。新島村に住む別の男性は、島の助け合い精神である「もやい」を例に挙げ、「みんなで一緒に頑張るという共同の心は、一人先に進んだり、抜きん出ることを嫌がる性質でもある」と話す。

もちろん、そうした声が島民の全てではない。新島村観光協会の大沼田美子会長も島外から移住した一人だが、「新島は住みやすく、離れようという気にならない。そんな雰囲気を観光にも生かしていきたい」と意気込む。島は海や山など自然の豊かさが知られているが、それらは地方の観光地では共通した魅力で、島独自の魅力を発信すべきと話す。

椎名誠氏の講演は「島はうまい！」をテーマに行われた＝7月28日、調布市くすのきホールで

大沼会長が目を付けているのが島特産のコーガ石だ。同島とイタリアでのみ産出するこの石は水に浮くほど軽く、ガラスに加工すると独特の緑色になる。島ではガラス製作を体験できるアートセンターもあり、小池知事も視察時に、自らの「握りこぶし」をかたどったガラス細工を製作した。アートセンターには世界的なアーティストが製作に訪れるなど、体験型観光としての高いポテンシャルを秘めている。

都庁の宝島推進委員会では、特産品の増産や都内外への発信などの課題についても検討を進める。島民自身が当たり前と思っている資源の中に、「宝物」がないかを探すには、島の価値観や暮らしの理解が不可欠だ。

一足飛びには変化しない島民の意識や生活文化も、島しょ振興における「宝物」に違いない。

SNSで「TAMASHIMA」

多摩・島しょの情報発信

都産業労働局と東京観光財団は、国内外からの旅行者への多摩・島しょの情報を発信を目的に、フェイスブックとインスタグラムで新たな公式SNSを開設した。多摩・島しょを「TAMASHIMA」と名付け、地域を旅した著名なブロガーなどが、写真や言葉でおすすめスポットなど現地の魅力を発信する。

近年は国内外を問わず、SNSやネット上で得た情報を基に旅行先を決定することが多く、積極的に情報を発信することで、アジア圏などを中心に広く観光客を誘致する。

さらに、写真共有SNSで人気を得ている「インスタグラマー」を招聘し、八丈島で10月、奥多摩で11月にイベントを開催。50万人以上のフォロワーを持つ有名インスタグラマーを写真撮影の講師に迎え、国内外の外国人の参加を受け付ける。高い発信力を持つ複数のゲストも迎え、約200万人に向けて情報を拡散。参加する外国人の数などは未知数だが、それぞれがSNSで情報を広めることで、実際の旅行意欲を喚起することも狙いだ。

都産業労働局観光部振興課は「昨年度は多摩・島しょを認知してもらう取り組みを中心に行ってきたが、今年度は理解促進や訪問につなげるよう、PRを前進させる」と話している。

武蔵野市

固定資産税誤りで約2.6億円還付

複合建築物で算定ミス

武蔵野市は7日、市内の複合構造建築物2棟に対し、17年間にわたり過大な固定資産税と都市計画税を課税していたと発表した。加算金を含めた所有者への還付金は約2億6千万円で、9月議会で補正予算を組む。行政が評価額を決めて税額を通知する固定資産税は全国的に算定ミスが相次いでおり、他自治体でも所有者による指摘が増えている。

過大に課税していたのは、会社事務所などが入居する建物計2棟。地下部分が鉄骨鉄筋コンクリート造、地上部分が鉄骨造の「複合建築物」で、本来は構造別に切り分けて税額を計算するが、新築時に市が課税台帳に登録する際、全体を耐用年数の長い鉄骨鉄筋コンクリート造としたため、誤りが生じた。

今回、建物所有者から市に対して情報開示請求があり、課税状況を確認したところ誤りが判明。同様のミスが起こりうる市内の436棟を確認したところ、もう1棟でも過大な課税が見つかった。最初の建物で約1億8800万円、もう一件で約3500万円を過剰請求していた。

邑上守正市長は7日に会見を開き、「市政を支える根幹の税務事務で誤りがあったことについて深くおわびする」と謝罪。同市では今後、新築家屋のデータを評価担当者とは別の職員が突き合わせを行うなどの対策を講じる。また、大規模な複合建築物は所有者に評価内容の説明を行う方針。

固定資産税の過大課税では、7月に山梨県南アルプス市などでも誤りが発覚している。行政が物件を評価する「賦課課税方式」は納税者が誤りに気付くのが難しく、ミスが長期に及ぶ場合もある。

不動産関係者など、大規模物件の所有者では、行政に対して情報開示請求する動きが広がっており、今後は他の自治体でも対応を迫られる可能性がありそうだ。

市制100周年で各種イベント

八王子市

八王子市は11日、市制100周年を記念し、「これまでの100年、これからの100年」をテーマにしたプロジェクションマッピングを同市片倉町の東京工科大学で実施した。市出身の高橋みなみさんがナレーションを担当し、市内小学生や保護者、学生らがワークショップで作成した絵を校舎に映し出した。

同市では10月の市制100周年記念式典に向けて、様々なイベントや講演会などを行っており、19日にはオリンピアンを招聘したスポーツ推進フォーラム、20日には働き方や生涯学習をテーマにした講演会を予定している。

新人都議の横顔 ◆多摩◆

違い乗り越え共に遠くへ

菅原　直志氏
都民ファーストの会・日野市

これまで6期24年の市議経験から、都議会議員の仕事は大きく二つ、「施策を展開すること」と「選挙活動」と捉える。「その両方ができなければいけない。どうしても施策展開に時間と労力を使いたくなるが、都職員に『菅原は2期も3期もやるぞ』と思われなければ、仕事が成り立たない」と新人都議らにアドバイスを送る。

アフリカのことわざで「速く行きたければ一人で行きなさい。遠くまで行きたければ一緒に行きなさい」という言葉に共感する。日野市議会では超党派の議員連盟が活発で、主張の異なる会派と連携を進めてきた。「休会中も連絡を取り合い、仲良くなると『そんなに違わないぞ』ということが分かる。共通点を話し合えればいいし、違う部分を協議できればそれこそが政治だ」。会派の違いを乗り越えてきた経験を都議会でも生かし、共に遠くへ進む考えだ。

地元の重要課題は「新たな三多摩格差」だ。交通アクセスの問題など従来の三多摩格差は解消が進みつつあるが、財源問題をベースに新たな格差が生まれていると見る。「市とも連携を取りながら問題点を整理しており、これから細かな部分を示していく」と語る。

五輪に向け、多摩地域の各市が参加国を勝手連で応援し、盛り上げにつなげることを提案する。いち押しはアフリカの国々。「100年後は世界人口の3人に1人がアフリカ人になる」ことから、子供たちの記憶や経験に残る資産になると考える。

朝から娘の髪型を整え、バレエのレッスンに送り出す子煩悩な一面も。家族で出かける際におにぎりを作るのは必ずお父さんの役割。文教大教育卒。49歳。

地域のためになる仕事を

田村　利光氏
自民党・西多摩

曽祖父の代から福生で自動車整備・修理会社を営み、今年で95周年になる。会社を拡大した祖父の田村利一氏は、都議としても地元に貢献した。「生前から『地域のためになる仕事をしろ』と常々言われていた」と振り返る。これまでは事業を通して地元に貢献してきたが、「この年になって、政治を通して地域のためになる仕事をしよう」と決意し、祖父と同じ都議として役割を果たすことを選んだ。

歴史的な敗北を喫した自民党の数少ない新人として当選したが、「たまたま弾が急所に当たらなかっただけ」と話す。保守の地盤をしっかりと味方に付けることを重要視し、「地元で以前から自民党を支援してくれている人たちを徹底的に回った」。中には祖父の名を知る人もおり、「そうなると無条件で応援してくれる」と感謝する。

祖父は非常に真面目で、「三多摩格差をなくしたい」ということが口癖だったという。モットーは「誠実・努力」で、問題があればすぐに現場に行き、行動を起こすという実直さを見て育った。自身にも同じ期待が寄せられていると受け止める。

地元に比べて23区の発展はスピード感があり、「厳然として格差はある」と感じる。多摩の振興に向けて、都議選を通して知った地域の魅力をまずは地元に周知する。「例えば福生の特産品を、羽村の人がどれほど知っているのか」。豊かな農作物や特色ある企業・団体など、地元の魅力にプライドを持つことが、外部発信の原動力にもつながると感じている。

趣味は山の中を走るトレイルランニング。「森林浴のようなもので、自然の中を走ると癒やされる」。早大商卒。50歳。

知事にもの申す議員に

佐野　郁夫氏
都民ファーストの会・小平市

米国の大学院に留学し、再開発や地域計画を学んだが、修了に必要な単位が足りなかった。半年間勉強し、1983年3月に修了する予定だったが、マントの形をした「ガウン」と帽子を身につけられる6月の修了式に出席するため、さらに3カ月間延期。「結構ミーハー」と笑う。

修了までの3カ月間はヨーロッパを訪問。「都市計画の見聞を広められた」と振り返る。

帰国後は建設会社に就職した後、転職と起業を経て、別の建設会社に転職し、屋上緑化の技術開発に取り組んだ。そんな矢先、父が自民党の元小平市議という縁もあり、党から市議選に出ないかと誘われた。「やってみよう」と出馬を決め、03年に初当選した。

それから14年。「都市づくりの専門性を都で生かしたいという思いはあった」と、希望の塾に応募して合格。都議選対策講座の試験もパス。1回目の講座の休憩時間に野田代表から声をかけられ、都議選への出馬を要請された。今年2月の千代田区長選の結果を見てから決断する考えを示し、回答は保留にしていたが、知事が支援した現職が大勝し、出馬を決意した。

都議選では圧勝を果たしたが、その後、街中で通行人から「都民ファーストの人でしょ。投票したよ。ところで名前は何だっけ」と言われたという。都議となった今、無電柱化や築地再開発に興味がある。「知事に全部イエスではなく、意見を言う」として、存在感をアピールする考えだ。

趣味は自然観察や庭の手入れ。「（自然は人間と違い）文句を言わないので（好き）」と語った。ポリテクニック大大学院環境デザイン修了。61歳。

小池都政 1年目の評価～都職員アンケートの自由意見から①

政局優先、募る職員不信

都職員アンケートでは小池都政1年目について100点満点で点数を付けてもらい、①合格点②まあ合格点③合格点は与えられない④落第──の四つで評価してもらった。自由意見では、都政に関心を集め、議会改革やライフ・ワーク・バランスに対する姿勢を評価する声がある一方、職員を信頼せず、政局優先の都政運営に辛辣なコメントも数多く寄せられた。

合格点

■100点　1年目は政治家としてのパフォーマンスの年と考えている。（都議選の結果は）そのパフォーマンスを数値化で証明できた議席数。本当にすごい。（30代、一般職）

■85点　待機児童対策など重要な改革や議会改革を推進している。市場移転問題の混迷、五輪準備における国や組織委員会とのコミュニケーション不足がマイナス。（40代、本庁課長）

まあ合格点

■70点　都民の期待を失墜させることなく1年を過ごしてきた以上、合格点の範囲に入る。ただ、市場移転など今後の懸案も多く、それを加味した。（30代、本庁課長代理）

■70点　「都民ファースト」という理念はいいと思うが、都民は多様な価値観を有しており、結局は中途半端な政策にならざるを得ない。（50代、本庁部長以上）

■70点　確かに政策面で進んだ部分はある。一方、働き方改革など一律に行かない部署もあり、予算をしっかりと付けて報いるべき。都民の理解も得られると思う。コンプライアンス上も必要。（50代、本庁部長以上）

■65点　個人的な評価は別にして、都民の心をつかむのがうまい。先々の政策が真に都民のためになることを望む。（50代、本庁課長）

■65点　プラスもマイナスもない。2年目からは何らかの成果を出していかないと「落第点」になると思う。（50代、本庁課長）

■60点　福祉・産業労働など重要分野は無傷。都民からすれば市場など業界内の些事。五輪の経費負担にめどをつけたことが評価できる。引き続き五輪を森喜朗組織委会長や国のためでなく、都民のためのものにしてほしい。（50代、出先課長）

■60点　勤勉、活動的なところはすごい。お金のかかることに敏感というのは姿勢として理解できるが、必要な経費は認めてほしい。職員への相談なしに決めるという手法は職員を信頼していない証し。自分たちを信頼しない知事に付いていくことができるとは言えない。（40代、本庁課長）

■60点　1年間はイメージと政局で動いてきたが、今後、都民ファーストの会が多数を占める議会の混乱、財政規律の緩みが心配され、政策なき都政運営のひずみは時間の経過とともに表面化していくのではないかと懸念している。（40代、本庁課長代理）

■60点　よくも悪くも都議会自民党を崩した点は評価する。豊洲市場移転問題を長期化させた点や、都政に（ワイドショー的な）マスコミ報道を誘因した点はマイナス。（50代、本庁課長）

■60点　政策を進めるためには安定多数の議会構成が必須である。そのために就任から1年、様々な手法も許されたが、それが成就した結果、これからが本番。（国政など）わき見をせずに都政運営に邁進してもらいたい。（50代、本庁部長以上）

■55点　広告塔、東京の顔として都政に注目を集める役割は果たしている。ただ、言葉遊びが過ぎて中身がないか薄いものになっている。「8を横にして無限大」と言って満足する都民はいない。スローガンではなく2年目は中身の議論をしていかなければいけない。（40代、本庁課長）

■50点　都政改革（情報公開、働き方改革）の方向性は良いと思う。内部の改革にとどまらず、各種施策の実現はこれからのため。評価は2年目以降。（30代、本庁課長代理）

「都政は何も進んでいない」

合格点は与えられない

■60点　都民のために改革していることは評価する。ただ、その改革を実現するために、職員がどれだけ大変な思いをしているか、都庁がライフ・ワーク・バランスを保てない職場になっているか、もっと足元を見ることも大切だと思う。（40代、本庁課長代理）

■50点　自身のパフォーマンスのため都政を利用し、混乱に陥れたことは到底納得できない。周囲では、知事サイドからと思われる突然の指示でバタバタしている場面がたまに見受けられる。それが都政の発展に資するものであれば対応もしっかりやらなければいけないが、正直なところ、単なる知事の人気取りのために利用されていると思ってしまうような内容ではないかと感じてしまう。（30代、本庁課長代理）

■50点　部外者の視点で過去の知事や議会の問題にばかりフォーカスを当てて批判する一方で、自らが都政の責任者であるという姿勢は見えにくかった。メディア受けばかり考えず、自治体本来の地道な仕事に関心を持ってほしい。（40代、本庁課長代理）

■50点　都政を劇場に仕立てた功罪がある。都民にとってのプラス面はあったが、政局への関心が目立ち、行動や判断に職員が振り回されている印象を受ける。（30代、本庁課長代理）

■50点　そもそも何をするために都知事となったのか。日本初の女性首相になるための土台にしたいとしか思っていないように感じる。権力を握るためには手段を選ばず、何でもやるが中身はあまりない人物に思える。（40代、出先主任）

■50点　目指す方向は崇高だが、進め方が独善的すぎる。職員の士気はどんどん下がっており、このままオリ・パラを迎えられるのか非常に心配。職員を信用しておらず、それでは職員も知事のために働こうとは思わない。（20代、一般職）

■40点　華々しく登場し、豊洲市場と五輪準備では連日、マスコミに取り上げられ、都民に関心を持ってもらったことは評価できる。しかし、昨年11月の豊洲移転延期から8カ月も過ぎるのに、いまだに結論が出ず、市場関係者は困っているし、都の無駄な財政支出が膨らんでいる。「総合的に判断する」という常套句の下、結論を先送りするのは都政や都民に大きなマイナス。知事としての職責を認識し、全うしてもらいたい。都政に精通している職員も多く、彼らをもっと活用し、中身の濃い政策を適時的確に実行してほしい。（50代、本庁課長）

■40点　外部に対するパフォーマンスが大きい。都民受けはいいかもしれないが、内側から見ていると必ずしもそうでないと感じる部分も多い。都政改革もいいが、もっと地に足の着いた政策についても地道に取り組んでいってほしい。（30代、本庁課長代理）

落第点

■30点　既存のものをやみくもに否定しただけの印象しかない。五輪施設整備費の削減も想定の範囲内だし、待機児童解消に向けた緊急対策も既に行っていた取り組みに手を加えた程度であり、都民に対する人気取りをアピールしているのに過ぎなかった。今度は地に足をつけた都政運営に尽くしてほしい。国政進出などもってのほか。（30代、主任級）

■15点　この1年間、都政は何も進んでいない。区市町村や民間がやる仕事ばかりに手を出すのはやめてほしい。LED交換も動画やポスター、のぼりにかかった経費を検証すべき。（50代、出先部長）

■10点　騒ぐだけ騒ぎ、混乱させるだけさせて結局何も進んでいない。特別顧問など、いざとなれば何の責任も取らない人たちが要らぬ仕事を増やしている。（40代、出先課長）

■8点　この1年間の全ては石原元知事や自民党都連に対する「私怨」が感じられた。加えて、野田数特別秘書の都議会自民党に対する意趣返し。それに安倍一強を崩すライバルの誕生を欲したマスコミが乗っかったもの。

組織のトップは本来、組織の過去の責任も含めて引き継ぐもの。ところが「過去は全て間違っていたので、自分が成敗する」という姿勢であり、自分が現在よって立つ組織を完全否定している。都政や東京をどうしたいかというビジョンはないように思える。従来の都議会を狙い通りぶっ壊した今、何をするのか。やはり国政に向かうのか。（40代、本庁課長）

■0点　都政を自身のアピールの踏み台にしている。都民の一人として、生活が改善した実感がない。20時退庁を指示しておきながら、知事の思い付きの一言で多くの部署・職員が過重負担になり、ダブルバインドである。職員を評価していない以上、知事を評価することはできない。（40代、課長代理級）

■0点　これまでを軽視することから入り、決定に時間がかかる割には建設的・現実的な答えを持っていない。現場を知らない、口だけの顧問団が混乱のみをもたらしており、真面目に働いている職員は本当に疲弊し、モチベーションが落ちている。「決められないトップ」。即刻辞任すべき。（40代、出先部長）

■0点　マスコミをフル活用して「前任者・職員は悪」と喧伝している。自民党批判を繰り返し、都議選対策として政治団体の代表に就任し、投開票翌日に代表を辞めるなど選挙対策ばかり熱心。職員を信頼せず、[illegible]とばかり政策を練っているので、職員は知事を信用していない。行政[illegible]という立場を理解していない。本来、知事とは地道に政策を推し進めていく立場である。ファッションショーに出たり写真集を出したりすることは知事の仕事ではない。（50代、本庁部長以上）

人事院勧告

月例給、特別給プラス改定

4年連続で同時引き上げ

人事院は8日、月例給0・15%、特別給0・1月分を引き上げるよう、内閣と国会に勧告した。月例給と特別給が4年連続で同時引き上げとなるのは1965年以来、52年ぶり。給与制度の改正では、本府省業務調整手当の額を係長級・係員級で引き上げる。また、公務員人事管理に関する報告では、長時間労働の是正の取り組みや定年の引き上げに言及した。国のプラス改定などが都にどのような影響を及ぼすかが焦点となる。

国家公務員の給与の前提となる民間給与実態調査（民調）は約1万2400カ所の民間事業所（約53万人）を対象に行われ、調査完了率は87・8%だった。月例給は国家公務員の方が0・15%下回り、勧告通りに実施されると631円のアップとなる。増額分の内訳は、俸給456円、本府省業務調整手当119円、諸手当の増額など跳ね返り分が56円となる。事務・技術の係員から部長までに適用される行政職俸給表（一）では、月額給与が平均41万1350円（平均43・6歳）となる。

特別給は昨年8月から今年7月までの民間と公務の支給割合を比較したところ、民間4・42月に対して、公務は4・30月と0・12月低かった。0・05月単位で改定していることから、今回は0・1月の引き上げとし、民間の支給状況などを踏まえて勤勉手当に配分する。

今年は既に6月期の特別給は支給済みであるため、一般職員の場合、今年12月期の勤勉手当は0・1月増の0・95月となり、18年度以降は平準化して6月と12月期ともに0・90月とする。

初任給は民間との間に差があることなどを踏まえ、総合職試験、一般職試験の採用職員の初任給を1千円引き上げる。若年層についても同程度の改定を行う。

また、地域間・世代間の給与配分などを見直す「給与制度の総合的な見直し」では、「本府省業務調整手当」の額を係長級で6%相当額に、係員級で4%相当額にそれぞれ引き上げる。なお、都には本府省業務調整手当はない。

長時間労働の是正措置を

公務員の人事管理では、働き方改革と勤務環境に関して報告を行った。

具体的には、長時間労働の是正に向けて「各府省の取り組みや上限規制に係る民間労働法制に関する議論などを踏まえ、各府省や職員団体などの意見を聞きながら実効性ある措置を検討する」とした。また、超過勤務の多い職員の健康への更なる配慮として、必要な措置を検討することも盛り込んだ。

また、非常勤職員の給与の改善に向けて、指針に沿った処遇が行われるよう、各府省を指導する。人事院は今年7月、非常勤職員の給与に関する指針を改正し、勤勉手当に相当する給与の支給に努めることを追加している。併せて、民間の「同一労働同一賃金」の実現に向けた議論を踏まえ、結婚・忌引などの慶弔に係る休暇などについて検討を進める方針を示した。

高齢期雇用では、定年の引き上げに向けた論点整理を行う。「質の高い行政サービスを維持するには、高齢層職員を戦力として能力・経験を本格的に活用することが不可欠」と指摘し、定年の引き上げに向け、「論点整理を行うなど鋭意検討する」とした。

人事院は11年、公的年金の支給開始年齢の引き上げに合わせ、13年度から25年度に向けて、定年を段階的に65歳まで引き上げることが適当とする意見を出している。

都への影響は未知数

近年の月例給を見ると、国より都における較差の方が厳しい。昨年は国のプラス0・17%に対し、都は12年ぶりに据え置きとなった。07年は国がプラス0・35%改定だったのに対し、都はマイナス0・07%となっている。今年も都でプラスとなるかは未知数だ。

特別給は、都では近年、国における較差の状況と同様に推移していたが、14年から国を上回り、現在は4・40月分。今回の勧告で再び都と国がそろった形で、都の勧告に関心が集まりそうだ。

働き方改革では、公務でも長時間労働の是正がかつてなく重要になっている状況を反映した勧告となったが、都では小池知事の就任以降、20時完全退庁を突破口に「残業ゼロ」を目指している。今後も取り組みを加速させると見られ、各職場に合った実効性ある対策が求められることになる。

高齢期雇用に関しては、都は再任用職員について、既に定年前と同様の本格的な職務への任用を進めており、フルタイム勤務職員の割合も高まっている。国の議論が都の制度にどう影響を与えるか注視が必要になる。

熟練の技、子供が実体験

匠の技の祭典2017を開催

左官の最高級仕上げの一つ「大津磨き壁工法」を団子状の材料で体験＝9日

職人の熟練の技が一堂に集結──。日本の伝統的なものづくり技術の魅力を発信する「ものづくり・匠の技の祭典」が9～11日、東京国際フォーラム（千代田区）で開かれた。縫製や塗り壁などを体験できるブースが開設されたほか、職人らが磨いた技術をパフォーマンスとして実演。夏休みとあって子供たちも職人の技に親しんだ。

9日のオープニングセレモニーでは、小池知事が「東京には伝統的な匠の技、最先端の技術が共存している」と述べ、「町工場の金属加工の技術は最先端産業に生かされ、高い付加価値を生み出している。匠の技やものづくりの魅力を発信し、何世代にもわたって伝えていきたい」とあいさつ。都議会経済・港湾委員長の伊藤悠氏（都民ファースト）も「東京大会を3年後に控え、東京・日本の持つ工芸品の技術の高さ、匠の技の偉大さを世界に伝えたい」と語った。

また、NHK大河ドラマ『真田丸』の題字を手がけた左官職人の挾土秀平さんも登場。桶の中に葛飾北斎の『富嶽三十六景』を模した作品を発表し、式典に花を添えた。

■区採用で最終合格者

特別区人事委員会事務局は7日、2017年度特別区職員Ⅰ類採用試験（一般方式）のうち、事務などの最終合格者を発表した。7月31日に発表した技術職系の区分と併せ、全試験区分の最終合格者数は3041人で、最終合格倍率は4・8倍。前年度の5・6倍から0・8ポイント下がった。

区分別では、事務が申込者数1万5178人に対して2176人が合格し、倍率は5・8倍で、前年度の6・6倍から0・8ポイント減となった。技術では土木が2・4倍、造園が4・1倍、建築が1・5倍、機械が2・1倍、電気が1・8倍など。今年度から追加された心理は申込者数224人に対して67人が合格し、倍率は2・8倍だった。

■都人事異動　16日付

【課長級】▽産業労働局金融部融資制度・債権管理担当課長（産業労働局金融部金融支援担当課長）西田雄一郎▽産業労働局観光部受入環境課長（産業労働局金融部融資制度・債権管理担当課長）福田厳▽産業労働局観光部特命担当課長（産業労働局観光部受入環境課長）本澤好貞

◆医師・研究・医療福祉系

【課長級】▽産業労働局農林水産部担当課長＝特命（産業労働局農林水産部担当課長＝東京都農林水産振興財団派遣）小嶋禎夫

■足立区人事異動　1日付

【課長級】▽政策経営部参事付副参事＝子どもの貧困対策担当（地域のちから推進部スポーツ振興課長）山根晃▽政策経営部参事付副参事＝総合事業調整担当　山根晃▽[illegible]▽総務部秘書課長（[illegible]総務部長事務取扱）[illegible]▽地域のちから推進部スポーツ振興課長（総務部[illegible]課長）高橋俊哉

■清掃一組人事異動　1日付　◎印昇任

【課長級】▽総務部[illegible]課長兼東京二十三区清掃協議会事業調整課長（[illegible]）能戸学▽総務部事業調整課長兼東京二十三区清掃協議会事業調整課長＝東京二十三区[illegible]（新江東清掃工場管理課長）増谷尚余▽新江東清掃工場管理課長（施設管理部施設課施設[illegible]統括係長）◎井上宏

■島　英之さん（しま・ひでゆき＝元瑞穂町議員）5日死去、75歳。

◆シリーズ「退職後のリアル」は5面掲載。「五輪への航海図」は休みます。

都職員アンケート結果～小池都政1年間の検証

○年齢＝20代以下（1.3%）　30代（17.3%）　40代（42.9%）　50代（35.5%）　60代以上（0.4%）　無回答（2.6%）

○所属＝都本庁（78.8%）　出先（6.5%）　その他（外郭団体等）（11.3%）　無回答（3.5%）

○職層＝部長級以上（16.9%）　課長級（34.6%）　課長代理級（38.5%）　主任（4.3%）　一般職（2.6%）　その他（0.4%）　無回答（2.6%）

■小池都政全般について

Q1　あなたは小池知事にどのような印象を持っていますか。次の各項目に「思う」「思わない」「どちらともいえない」でお答えください。

	思う	思わない	どちらとも	無回答
① 親しみやすい	[illegible]	48.1%	23.8%	0.0%
② 民主的	12.6%	62.3%	25.1%	0.0%
③ 革新的	36.4%	39.0%	24.7%	0.0%
④ 保守的	19.0%	44.6%	35.1%	1.3%
⑤ 行動力がある	62.3%	21.6%	16.0%	0.0%
⑥ リーダーシップがある	36.4%	39.0%	24.2%	0.4%
⑦ 決断力がある	14.3%	57.1%	28.6%	0.0%
⑧ スピード感がある	36.8%	38.1%	24.7%	0.4%
⑨ 独断専行である	74.9%	6.9%	17.7%	0.4%
⑩ 誠実である	12.1%	49.4%	38.5%	0.0%
⑪ 優柔不断である	35.9%	29.0%	35.1%	0.0%
⑫ 無責任である	45.9%	25.1%	28.6%	0.4%
⑬ 職員の声に耳を傾けている	8.7%	64.1%	27.3%	0.0%
⑭ 職員を信頼している	4.3%	75.3%	20.3%	0.0%

Q2　小池知事の都政運営について、あなたはどう思っていますか。次の各項目に「思う」「思わない」でお答えください。

	思う	思わない	無回答
① 都政改革に熱心に取り組んでいる	57.1%	42.9%	0.0%
② 民間の力を活用した都政運営を行っている	45.9%	53.7%	0.4%
③ 独断的な行動が都政運営に影響を与えている	89.6%	10.0%	0.4%
④ 都民、職員参加の考え方が強い	17.7%	82.3%	0.0%
⑤ 職員の声に耳を傾けている	11.3%	88.3%	0.4%
⑥ 区市町村との関係を重視している	21.2%	78.4%	0.4%
⑦ 都政を政局にしている	93.1%	6.9%	0.0%
⑧ パフォーマンスが先行している	94.4%	5.2%	0.4%
⑨ 東京の魅力向上に取り組んでいる	52.8%	47.2%	0.0%
⑩ 行革に関心が高い	67.1%	32.5%	0.4%

■政策について

Q3　市場移転について、知事は中央市場を豊洲に移転した上で、築地市場を再開発する考えを示しました。この方針について、どのように感じていますか。「評価する」「評価しない」のどちらかを選択し、その理由を自由記述で記載してください。

評価する　12.1%　評価しない　87.4%　無回答　0.4%

Q4　特別顧問の意見を重視して政策を決定する小池知事の政治姿勢について、どのように思いますか。「評価する」「評価しない」のどちらかを選択し、その理由を自由記述で記載してください。

評価する　4.3%　評価しない　94.4%　無回答　1.3%

Q5　都庁の働き方改革について、職場では改革が進んでいると実感していますか。「実感している」「実感していない」のどちらかを選択してください。

実感している　36.4%　実感していない　63.2%　無回答　0.4%

Q6　小池都政がこの1年間に取り組んだ政策等について、どのように考えますか。次の項目に「評価できる」「評価できない」でお答えください。

	評価できる	評価できない	無回答
① 市場移転延期	11.3%	88.7%	0.0%
② 五輪経費の費用（6000億円）負担	39.8%	59.7%	0.4%
③ 議会との関係	29.4%	69.7%	0.9%
④ 都庁の働き方改革	48.1%	51.1%	0.9%
⑤ 受動喫煙防止の取り組み表明	69.7%	29.4%	0.9%
⑥ 保育待機児童対策	60.6%	36.8%	2.6%
⑦ 地方との連携構築	15.2%	83.1%	1.7%
⑧ 都内区市町村との関係構築	23.4%	74.9%	1.7%
⑨ 国際金融都市に向けた取り組み	29.9%	66.7%	3.5%
⑩ 職員目安箱の設置	27.3%	71.0%	1.7%

Q7　そのほか、上記に挙げた政策を含め、小池知事の政策等について、感想などを自由記述でお願いします。

■都議選の結果について

Q8　都民ファーストの会が圧勝しました。勝因はどこにあると思いますか。以下の選択肢から勝因と思う要素の上位3つを選択してください。

① 小池知事の人気	84.4%
② 候補者の魅力	0.9%
③ 都政（議会）改革への期待	18.6%
④ 政策への期待	0.4%
⑤ 市場移転の対応	0.4%
⑥ 自民党（国政）への批判	85.3%
⑦ 自民党（都議会）への批判	42.4%
⑧ マスメディアの影響	59.7%

Q9　都議選の結果をどのように受け止めていますか。次の各項目に「思う」「思わない」でお答えください。

	思う	思わない	無回答
① 妥当だ	32.0%	68.0%	0.0%
② 都政課題を踏まえて選択された	4.3%	95.7%	0.0%
③ 都政改革が進む	27.7%	71.9%	0.4%
④ 議会改革が進む	63.6%	35.5%	0.9%
⑤ 知事の政策が進む	85.7%	13.4%	0.9%
⑥ 議会対応がスムーズにいく	10.0%	88.7%	1.3%
⑦ 職員の負担が大きくなる	96.5%	1.7%	1.7%
⑧ 都政が良い方向に進む	10.8%	85.3%	3.9%
⑨ 都政が混乱する	85.7%	11.7%	2.6%

Q10　次期都議会の構成について、期待と不安、どちらが大きいですか。次から選択してください。

期待が大きい　4.8%　不安が大きい　81.4%　どちらとも言えない　13.9%

Q11　Q10の理由について、自由意見で記述してください。

■小池都政2年目について

Q12　小池都政が今後、特に力を入れるべきだと思う施策について、次の項目の中から3つ選んで○を付けてください。

① 行財政改革	13.0%
② 人事制度改革	7.8%
③ 文化政策	0.4%
④ 五輪に向けた機運醸成	44.2%
⑤ 公営企業改革	1.7%
⑥ 訪都観光客拡大の取り組み	8.7%
⑦ 保育サービスの充実	33.8%
⑧ 高齢化対策	39.4%
⑨ 防災・災害対策	47.2%
⑩ 市場移転	28.1%
⑪ 築地再整備	3.5%
⑫ 働き方改革	12.1%
⑬ 都議会自民党との関係改善	16.9%
⑭ 国、五輪組織委員会、地方との関係強化	36.8%
無回答	1.3%

Q13　あなたは小池都政の1年目に100点満点で何点をつけますか。その評価は合格点ですか。選択肢から選んでください。また、その点数の評価を次の選択肢から選んで下さい。

平均＝46.6点

・0点またはマイナス点	6.5%
・1～20点	11.3%
・21～40点	18.6%
・41～60点	35.5%
・61～80点	20.3%
・81～100点	2.6%
・無回答	5.2%
① 合格点	1.7%
② まあ合格点	28.6%
③ 合格点は与えられない	33.3%
④ 落第点	23.8%
⑤ 無回答	12.6%

Q14　Q13の理由を自由意見で記述してください

昇任試験対策のページ

平成29年度 主任試験講座 46

直前対策③

■都政実務・都政事情

出題傾向

これまでの出題数は、「都政実務」がI類で15問程度、II類で12問程度。また、「都政事情」が5問程度でしたが、平成29年度から「都政実務」と「都政事情」を合わせて出題数20問に変更されます。各出題数は、「都政実務」が13問程度、「都政事情」が7問程度となりますが、都政の動向等により調整されます。

都政実務は『職員ハンドブック』（第II編及び第III編）を中心に出題されており、「人事」「文書」「財務」等の中で主要分野を中心とした出題となるため、重点的に勉強しましょう。また、出題数が削減されますが、過去に出題が多かった「都庁のIT化の推進」及び「問題解決の進め方」の分野も職員の基礎知識として確認しておきましょう。

都政事情の出題は、「計画・方針等」「答申・白書等」「調査等」「その他」の四つに分類されます。原則として都の基本方針や各局の主要な事業、計画等の中から基本的な内容が出題される予定です。

また、出題内容の公表時期は、その年の2月から6月が中心ですが、12月の公表内容が出題された年もあるため、重要事項は範囲外も押さえましょう。

直前対策

「都政実務・都政事情」は知っていれば確実に得点できる分野です。都政実務は『職員ハンドブック』を、都政事情は「とちょう--i」や「東京都ホームページ」等を活用し、繰り返し問題演習を行い、知識を定着させてください。

出題予想

1 都政実務

○旅費○服務○職員団体○公務災害補償○研修○人事考課制度○文書の管理○事案の決定○印刷物取扱規定・図書○決算○収入○財産○契約

2 都政事情

○東京都卸売市場整備計画（第10次）」（2月）○都有施設等総合管理方針（2月）○東京都男女平等参画推進総合計画（3月）○新規恒久施設の施設運営計画（4月）○東京農業振興プラン（5月）○東京の自然公園ビジョン（5月）○「国際金融都市・東京」構想骨子（6月）○東京都災害廃棄物処理計画（6月）

■論文

出題傾向

論文の出題内容は、I類、II類とも2題中1題を選択し、時間は2時間30分です。「都政」と「職場」の各分野から課題式により1題ずつ出題され、出題テーマに関する基本的認識を（1）として300字以上500字程度、具体的な取り組みを(2)として1200字以上1500字程度、それぞれ論述します。

なお、今年度から課題文に資料等を添付する形式に変更になりました。そのため、問題文に添付されたグラフや表等を読み取り、事実関係を的確に把握することがこれまで以上に重要になります。

「都政」では、都政全体を視野に入れた高い問題意識を示し、課題を様々な角度から分析した上で、具体的かつ実現性の高い解決策を論述する必要があります。都政の重要課題等から都政全体に関するテーマを整理してください。

「職場」では、事例で設定された課題を的確に抽出し、主任としての立場と役割を認識しつつ、自分なりの問題意識から具体的かつ効果的な解決策を論述する必要があります。人事委員会事務局が「主任級職選考における論文採点の基本的な考え方等について」として、「職場」の論文の書き方等に関する注意事項を明らかにしていますので、あらかじめ内容を確認しましょう。

直前対策

第一に、想定される問題で論文を完成させ、上司等による添削を受けるようにしてください。添削を受けることにより論文の構造や文章の型を身に着けることができます。なお、事前の想定課題では「職場」を選ぶ方が多いと思いますが、「都政」も準備することをお勧めします。人事委員会事務局が示した例題から鑑みると、一部の行政分野ではなく、都政の幅広い分野から論じることができる問題が出題されることも考えられます。

第二に、完成論文以外の課題についても、レジュメを用意して論文の骨組みを構築し、試験会場で再現できるとよいでしょう。本番で全く同じでなくても、同一分野に属するテーマが出題されれば、応用して使うことができます。

最後に、制限時間内で論文を書き上げられるよう、必ず一度は手書きで論文を書くようにしてください。思いのほか漢字を書けなかったりすることを実感できます。同時に、時間配分の目安をつけておいてください。

出題予想

○働き方改革○世界一の都市の実現を目指す上での課題と対策○職員それぞれが能力を発揮できる職場の環境づくり○突発的な課題に迅速かつ柔軟に対応する仕事の進め方

■現役上司からのアドバイス

9月24日の筆記試験まで残り1カ月あまり。夏休みを利用して集中的に勉強しようと計画している受験者も多いことでしょう。択一式や記述式については、過去の問題を数多く解いたり基礎的な専門知識をひたすら暗記するなど、自分一人の頑張りで何とかなるかもしれません。しかし、論文でこのような方法が通用しないことは受験者もご承知のことと思います。論文の準備では、他者の視点すなわち添削が必須だからです。ここでは、そうした論文試験への心構えを中心に述べます。

主任試験の論文といっても大学の研究者が書くような学術論文ではありません。あくまで日常的な仕事の延長線で求められる1500字程度の文書と考えた方がよいでしょう。つまり、私たちが日常の仕事で使用する文書、例えば内部検討用の説明資料や庁内外に発出する通知文などと変わりありません。違うのは原稿用紙に書くことぐらいです。

主任試験論文をこのような視点で捉えた場合、書き手の心構えは次の3点に要約できます。①自らの考えを読み手に的確に伝えること②伝えた内容について読み手の理解を得ること③前2者を担保するものとして読みやすい正しい日本語で記述すること——です。

そこで主任試験論文作成の極意をお伝えします。内容はいたってシンプルで、「一読して理解できること」です。どんなに素晴らしい内容でも読み手が何度も熟読して初めて理解できるような論文は評価が低くなります。なぜか。ほとんどの読み手は熟読しないからです。2千人近い受験者の中から合格者を選考する作業は時間との勝負といってもよく、当然ながら論文の採点も同様です。最初から最後まで一気に読み通せて、1回読んだだけで内容がおおむね把握できる。これが合格ラインです。これから書こうという受験者だけでなく、今まで何本か書いた受験者もぜひ、「一読」を視点に改めて添削してもらうことをお勧めします。

最後に、主任選考では筆記試験のほかに勤務評定も行われます。普段の仕事ぶりも評価の対象になっていることを受験者は心にとめて最後まで頑張ってください。

カレントトピックス 29年度 46

政治事情

■民進・蓮舫氏が辞任表明（7月27日）

民進党の蓮舫代表は国会内で記者会見し、「代表を引く決断をした」と述べ、辞任する考えを表明した。都議選惨敗を受けて辞任を表明した野田佳彦幹事長の後任選びの過程で、党運営に行き詰まったと見られる。民進党は7月28日の執行役員会で代表選日程を協議する予定で、早ければ8月中に代表選が行われる見通し。

蓮舫氏は記者会見で、辞任の理由について「いったん引いて、新たな執行部に率いてもらうのが最善の策だ」と語った。一方、25日の両院議員懇談会で東京都内の衆院小選挙区にくら替え出馬する考えを表明したが、「一度立ち止まって考える」と述べ、事実上、撤回した。蓮舫氏は昨年9月、岡田克也前代表の後任として代表に就任したが、1年も経たずに辞任。蓮舫氏は日本国籍と台湾籍の「二重国籍」問題で説明を二転三転させ、党内外の批判を招いた。岡田氏から継承した共産党との野党共闘路線についても、党内の保守派に異論が強く、求心力は低下していた。

■連合が「脱時間給」容認撤回を決定（7月27日）

連合は、札幌市で神津里季生会長らが出席して臨時の中央執行委員会を開き、働いた時間ではなく成果で賃金を決める「脱時間給」制度の創設を盛り込んだ労働基準法改正案について、政府、経団連との「政労使」合意を見送る方針を正式に決定した。法案修正などの条件付きで容認する考えだったが、傘下の産業別労働組合（産別）の反対を受けて、7月26日の三役会で見送りを決めていた。出席者によると、方針が二転三転したことについて、神津氏と逢見直人事務局長が「混乱を与えたことをおわびする」と陳謝した。

脱時間給制度は、高度な専門業務に就く年収1075万円以上の人を対象に労働時間の規制から外す内容。政府は、対象者への健康確保策の強化などを盛り込んだ修正案を秋の臨時国会に提出し、成立を目指す方針。

ただ、同法案は野党が「残業代ゼロ法案」として批判し、政府・与党も世論に配慮して審議入りを見送ってきた経緯がある。連合の方針転換で野党が勢いづくのは必至で、連合が支援する民進党も「長時間労働規制の例外をつくることには大反対」と批判を強めており、審議は難航しそうだ。

■稲田防衛相が辞任を表明（7月28日）

稲田朋美防衛相は閣議後の記者会見で、南スーダンのPKOに派遣された陸上自衛隊部隊の日報問題に関する特別防衛監察の結果公表に合わせ、一連の混乱の監督責任を取って辞任する意向を表明した。

稲田氏は防衛省での記者会見で、「防衛省・自衛隊を指揮監督する防衛相として、その責任を痛感している」と述べ、給与1カ月を返納するとともに、首相に辞表を提出したことを明らかにした。

日報問題を巡る一連の混乱で、稲田氏は「防衛省・自衛隊のガバナンスについても信頼を損ないかねない印象を与え、結果として隊員の士気を低下させかねないという点で極めて重大かつ深刻だ」と述べた。

安倍首相は、首相官邸で記者団に対し、稲田氏の辞表を受理したことを明らかにした上で、「閣僚の任命責任は全て首相たる私にある。閣僚に対する厳しい批判は、私自身、真摯に受け止めなければならない」と陳謝した。

29年度 主任・係長 論文講座 46

特別区係長選考

直前対策①

8月も半ばを過ぎました。この時期は、練習論文を何本か書き終え、上司や先輩に添削をお願いしているという頃ではないでしょうか。一方で、仕事や家庭生活とのバランスを取るため多忙な日々を過ごし、遅れ気味の方もいるのではないかと思います。

これから3回にわたり、直前対策を掲載します。完成の域に達している方は確認として、準備半ばの方には短時間で効率的に学習を進めるための一助となるよう進めていきます。

課題の把握

論文の質を高めるためには、区政を取り巻く最新の環境や区政課題への理解を深めることはとても大切です。特別区の今日的な課題への対応を出題している以上、たとえ同じような出題であっても、数年前とは課題の背景や内容が異なってきます。過去の模範論文等を参考にしてもかまいませんが、そのまま引き写すのではなく、最新の情勢の下に論じることが不可欠です。統計データも押さえながら、「なぜ今、区政においてそれが課題となっているのか」イコール試験における出題意図を的確に把握できるようにして、本番に備えましょう。

一 経済情勢

平成29年7月発表の内閣府月例経済報告によると、「景気は、緩やかな回復基調が続いている」とされ、先行きについては、「雇用・所得環境の改善が続くなかで、各種政策の効果もあって、緩やかに回復していくことが期待される。ただし、海外経済の不確実性や金融資本市場の変動の影響に留意する必要がある」と報告されています。

二 人口動態

厚生労働省の平成28年人口動態統計月報年計（概数）によると、全国の出生数は97万6979人で、前年の100万5677人より2万8698人減少し、出生率（人口千対）は7・8で前年の8・0を下回りました。

人口の自然増減数（出生数と死亡数の差）は33万7867人減で、前年の28万4767人より4万6019人減少し、自然増減率（人口千対）はマイナス2・6‰で前年のマイナス2・3‰より低下し、数・率ともに10年連続で減少かつ低下しています。自然増減数が増加した都道府県は沖縄県のみであり、我が国全体で人口減少が進行していると言えます。

三 人口減少

国立社会保障・人口問題研究所の「日本の将来推計人口（平成29年推計）」では、平成27年国勢調査で1億2709万人であった我が国の総人口は、以後、長期の人口減少過程に入り、50年後の平成77年には8808万人まで減少すると推計しています。

また、東京都が平成29年3月に公表した「東京都区市町村別人口の予測」によると、東京都の総人口は、今後もしばらく増加し、平成37年に1398万人でピークを迎えたのち、減少に転じて平成52年には1346万人まで減少すると予測しています。要因に、平成37年までは自然減の減少幅よりも社会増の増加幅が大きいため人口増加が続くが、その後は、自然減の減少幅よりも社会増の増加幅が小さくなり人口減少に転じる点を挙げています。特別区の総人口は、平成42年の979万人まで増加してピークを迎えたのち、減少に転じて平成52年には952万人まで減少すると予測しています。

四 少子化の進行

前出の人口動態統計月報年計によると、1人の女性が生涯に産むと推計される子供の数を表す合計特殊出生率は、「平成28年は1・44で、前年の1・45より低下している」としています。年次推移をみると、「平成18年から上昇傾向が続いていたが、平成26年に低下、平成27年は再び上昇したものの、平成28年は再度低下している」とあり、回復傾向にブレーキがかかる懸念があります。東京都の合計特殊出生率は1・24で前年から変わらず、全国で最低となっています。

五 高齢化の進行

総務省統計局が平成29年4月に公表した人口推計（平成28年10月1日現在）によると、我が国の総人口は1億2693万3千人で、前年に比べ16万2千人（0・13%）の減少と、6年連続で減少しています。年齢3区分別にみると、15歳未満は1578万人で、前年に比べ16万5千人の減少、15～64歳は7656万2千人で、前年に比べ72万人の減少となったのに対し、65歳以上（高齢者人口）は3459万1千人で前年に比べ72万3千人の増加となっています。総人口に占める高齢者人口の割合（高齢化率）をみると、27・3%と初めて27%を超え、過去最高となっています。

また、高齢者人口のうち75歳以上は1690万8千人で、総人口に占める割合は13・3%と過去最高を示しており、8人に1人以上が75歳以上の後期高齢者です。今後、団塊の世代が75歳以上となる平成37年には約2200万人と爆発的に増加し、将来的には4人に1人が後期高齢者となる超高齢社会に突入し、1人の若者が1人の高齢者を支えるという「肩車型社会」が到来することが予想されています。

六 子育て支援

平成24年8月の子ども・子育て関連3法の成立を受け、平成27年度から「子ども・子育て支援新制度」がスタートしました。

この制度は、幼児期の学校教育・保育、地域の子ども・子育て支援を総合的に推進し、地域の実情に応じた子ども・子育て支援の充実に向け、量的拡充や質の向上を図ることにより、全ての子供が健やかに成長できる社会の実現を目指しています。具体的には、認定こども園制度の改善（幼保連携型認定こども園の改善等）や地域の実情に応じた子ども・子育て支援（利用者支援、地域子育て支援拠点、放課後児童クラブなどの「地域子ども・子育て支援事業」の充実）などを基礎的自治体が主体となって実施しています。各区の特色を生かした様々な取り組みが展開されていますので、自分の区だけでなく、他自治体の施策も参考にすると良いでしょう。

七 高齢社会対策

団塊の世代が75歳以上の後期高齢期を迎える平成37年を見据えた取り組みとして、高齢者の尊厳の保持と自立生活の支援の目的のもとで、可能な限り住み慣れた地域で、自分らしい暮らしを人生の最後まで続けることができるよう、地域の包括的な支援・サービス提供体制である「地域包括ケアシステム」の構築が重要とされています。

第5期介護保険事業計画（平成24～26年）では、「地域包括ケアシステム」の考え方が国から示されました。

現在、最終年を迎えている第6期計画（平成27～29年）では、介護給付等対象サービスの充実・強化や在宅医療の充実及び在宅医療・介護の連携による継続的な支援体制の整備、介護予防の推進などが重点的に取り組むべき内容とされています。次期計画となる第7期計画（平成30～32年）では、地域包括ケアシステムの構築に向けて、医療計画等との整合性の確保や、自立支援・重度化予防に向けた基礎的自治体による地域マネジメントの実施、将来推計における目指すべき姿の明示とその実現に向けた施策への反映がポイントとされています。

八 地方創生

我が国は、人口減少社会を迎える中で、地域の崩壊や経済の衰退等が懸念されており、今まさに地域の活性化が求められています。国は、平成26年11月に「まち・ひと・しごと創生法」を制定し、続く12月には「まち・ひと・しごと創生総合戦略」を閣議決定しました。区市町村においても、国及び都道府県の総合戦略を勘案した総合戦略の策定が求められ、既に東京都及び特別区各区では地方版総合戦略の策定が完了しています。

一方、国は、全国各地域の疲弊は地方税の偏在にも一因があるとして、本来国が保障すべき地方財源を、都区の調整税である市町村民税法人分の一部を国税化し、その全額を地方交付税交付金の原資に充てる制度改正を行いました。また、平成31年10月に予定している消費税率10%段階において、国税化を拡大する法改正をしており、今後特別区を取り巻く財政はより厳しい状況にさらされることになります。

これに対し特別区長会では、東京と地方を対立する関係として捉えるのではなく、各地域がともに発展することを目指すべきとして、「特別区全国連携プロジェクト」に取り組んでいます。23区が一体となってプロジェクトを推進し、各区と各地域の市町村との新たな連携を創出するほか、各区においても独自の自治体間交流等を行っています。

九 東京オリンピック・パラリンピック

平成32年に開催される世界的なスポーツ文化の祭典を好機と捉え、観光、産業・文化振興、まちづくり、教育、地域コミュニティーの醸成等、様々な施策の推進力としての活用が考えられます。一方で、海外からの来訪者を迎えるための態勢整備や、地域住民との文化、習慣の相違等から生じる摩擦の解消といった、新たな課題が生じていることにも目を向けておくことが重要です。競技会場の有無やホストタウンの登録等、各区により状況が異なりますが、地域の活性化につながるよう、積極的な取り組みを進める必要があります。

十 防災・まちづくり

災害に強いまちづくりに向け、区に寄せられる期待は非常に大きいものになっています。災害危険度の高い密集住宅市街地の環境改善、建物の不燃化・耐震化の促進、近年頻発する集中豪雨等による水害対策の強化等を進める必要があります。同時に、大都市という特殊性を踏まえた、帰宅困難者や駅前滞留者対策等にも取り組まなければなりません。

東日本大震災以降、昨年の熊本地震を経て、地域防災に欠かせない自助や住民同士の共助の推進についても区民の防止意識は高まっています。区民の意識醸成につながる取り組みを継続することが重要です。

収集情報の活用

これまで挙げた課題以外にも、特別区が取り組むべき課題は多岐にわたっています。日頃から知識の習得に励むほか、情報のアンテナを高く張り、自分の区はもとより、他自治体の情報についても広く収集を心掛けましょう。

こうした情報は、各省庁や東京都、各区のサイト等から、容易に入手できます。各分野にわたる現況や、最新の統計データ等の確認をお勧めします。また、各区の基本計画や予算プレスリリース資料、区長の議会での所信表明等により、自分の区の政策の方向性を確認しておきましょう。

ただし、収集した情報をつなぎ合わせるだけでは、優れた論文にはなりません。自分の言葉として咀嚼（そしゃく）できるよう学習を進めてください。このことは試験のみならず、係長昇任後の円滑な業務遂行にも役立つはずです。

退職後のリアル しくじり都庁OBの教訓 21

セカンドライフの職探し⑨

己の弱点を突き詰める

私のできそうなことは限られている。企画に関するアイデアと職場実態に沿ったシナリオの作成と、それを活用しての講演などである。逆に弱点は資力がなく、営業を含めたマネジメント能力が全くないことだった。

元公務員の弱点の一つになるのかもしれないが、私に営業センスがないことは自覚していた。例えば何度か本を出し、書店から出版記念会なるセレモニーを持ちかけられても、一度もやったことはない。大々的にやることの面はゆさもあったが、それ以上に売らんかなのセレモニーが嫌で仕方なかったからだ。自分の趣味の延長で書いたような本を、友人や知人そして仕事の関係者などを集めて半ば強制的に売りつける手法に気が乗らなかった。

招待される側からすれば、散々お世話になっておきながら、少なくとも迷惑をかけておきながら（？）、その上、本の押し売りをされたらたまらないだろう。更に言えば、セレモニーでは当然、私が主役であり、参加者の多くは否が応でも著作をほめたり、私を持ち上げなければならない羽目になる。そんな、心にもない（？）ことをさせる理不尽が嫌でたまらなかったからだ。

しかし、これはいわば営業手段の一つであり、出版業界では常道でもある。そんなことに反発を感じる自分は、まったく営業ができない出版社泣かせの著者だったことは間違いない。よく考えれば本を書くこと自体、広く読まれることを期待した行動だし、たとえ押し売りでも読んでほしいなら、営業活動は大いにやるべきである。

そんな一貫した自己主張もできない自己矛盾に悩まされている方がおかしいのかもしれない。この弱点を全公務員に普遍化するつもりはないが、「そこまではやれない」というつまらないプライドや、「武士は食わねど高楊枝」という悪弊が身に着いていることは間違いなかった。しかし今回は、そんなことも言っていられない立場であることは十分に分かっていた。

（金子雅臣）

SF的想像力を超える

特別展「深海2017」

国立科学博物館

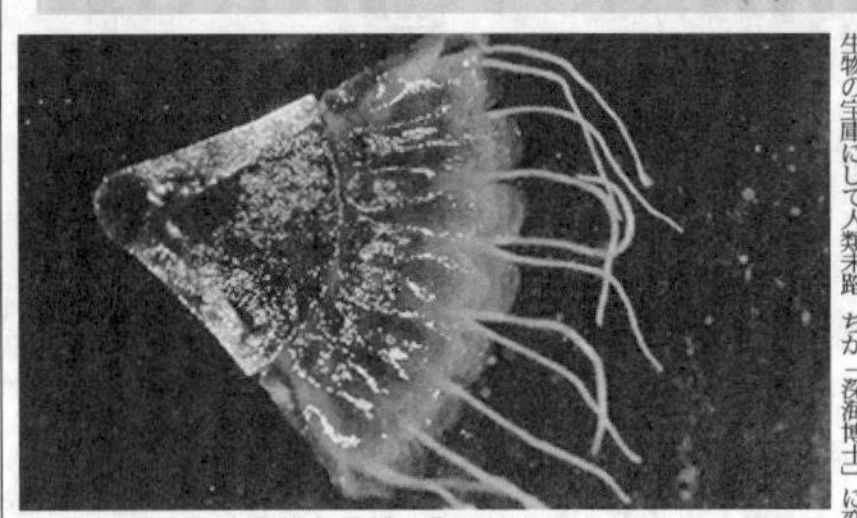

クロカムリクラゲ　©NHK/ZDF/ZDFE/CURIOSITYSTREAM LLC

奇跡的にとらえられた巨大深海生物・ダイオウイカの遊泳シーンが大評判になったことから、前回企画はこのイカが主役だった。

それに代わって今回の主役は、このイカを含む各種生物の宝庫にして人類未踏の領域「深海」に関する先端研究だ。

多くの機関、研究者、技術者の知恵と力が集結している。調査研究の濃い中身が、分かりやすく展示されている。夏休み中に子供たちが「深海博士」に変身する絶好の機会だ。

深海とは水深200㍍より深い海を言う。人の目には暗闇で、水は極端に冷たく、何よりも水圧が恐ろしい。日本が誇る有人潜水調査船「しんかい6500」の、つぶれた試験耐圧殻がそのすさまじさを物語っている。

地球表面の実に約7割が海。その平均水深は約3800㍍。だから深海は、宇宙以上に手つかずの未踏の領域なのだ。日本の研究者・技術者はそこに果敢な挑戦を続けてきた。

会場入り口付近に姿を見せているのは発光生物群。何と深海生物の約9割が発光能力を持っているという。暗いから光る、光って獲物をおびき寄せる、という理屈は理解できる。だが、クロカムリクラゲはなぜこんなに複雑に美しく光っているのか？　深海の神秘に魂を奪われる。

デメニギス（CG）　©NHK/ZDF/ZDFE/CURIOSITYSTREAM LLC

そこはどんなSF的想像力をもしのぐ、巨大で怪異な生き物の世界だ。巨大さでは成長すると体長7㍍にもなるオンデンザメの液浸標本など、深海ザメの世界が魅力的だ。怪異な点では、捕食の際に顔かたちが激変するミツクリザメか。

中層には緑色の巨大な眼球をもつデメニギスがいる。普段は上を向いているこの目が、獲物に向かう時は前方に移動する。ユーモラスで奇っ怪だ。

体内のタンパク質が水圧で壊れてしまうため、水深約8千㍍以深に魚はすめない。だがその深度の周辺にも、カイコウオオソコエビ、ダイダラボッチなどが潜んでいる。

地球生命の素は宇宙から来たという説がある。だがこれほど厳しい環境下でおびただしい生命体を生み出しているところから、深海熱水起源説が最有力視され追究されている。

深海はメタンハイドレード、レアメタルなど海洋資源の宝庫でもある。また、恩恵を受ける一方で、海洋酸性化など生態系への深刻な影響も懸念される。

「しんかい6500」の2分の1模型の先に、水深約7千㍍の海底下を掘削したドリルパイプなどが展示されるほか、多くの映像資料がある。3・11巨大地震の発生メカニズム解明のため、世界最大の科学掘削船「ちきゅう」に、10カ国28人が乗り組んで、核心のワンポイントを探り当てた汗と感動のドキュメントもその一つだ。深海も少しずつ解明されている。

◇

特別展「深海2017～最深研究でせまる"生命"と"地球"～」は、10月1日まで国立科学博物館で開催。ハローダイヤル03・5777・8600。この招待券を5組10名様にプレゼントします。Eメールで件名を「深海2017希望」とし、〒、住所、氏名を明記の上、henshu@toseishimpo.co.jpまでお申し込みください（22日必着）

ありがとう7000形

東京のりもの散歩　いちょうマークの車窓から－3－

交通局巣鴨自動車営業所　二坂　英之

6月11日、荒川電車営業所にて、2017路面電車の日記念「ありがとう7000形イベント」が開催された。路面電車の日とは、路（6・ろ）面電（10・テン）車のゴロ合わせから制定された記念日で、毎年この時期になると全国の自治体や路面電車事業者などによる各種イベントが盛大に行われている。

7000形が最初に登場したのは1954年。当時は車掌も乗務するツーマン運転であった。合計100両近くが製造されたが、都電の路線網縮小により廃車が進み、唯一残った拠点である荒川電車営業所に集約されたのは31両であった。その後77年から78年にかけ、ワンマン化に向けての大規模な車体更新を行い、製造時には丸みを帯びていた旧7000形は直線的な外見となり、乗降時の段差も解消された。そして荒川電車営業所で活躍していた31両のうち、最後の1両である7022号車が、イベント前日の6月10日をもって営業運転から退いた。

7000形は吊り掛け駆動の車両であった。吊り掛け駆動とは、一言で言えば旧世代の駆動方式である。加速時にはうなるような「ブーン」という音が車内に響き、重厚な物体が動いているという実感を覚えたものだ。今や吊り掛け駆動よりも走行音が静かで乗り心地の優れたカルダン駆動にとって代わられ、全国的にも少数派の存在となった吊り掛け駆動。7000形は、実は都内を走る最後の吊り掛け駆動の電車だったのである。

6月11日には7022号車の他、先に引退した7001号車と7002号車が車庫に並び、事前の抽選で選ばれた来場者を対象に撮影会が催された。遠巻きながら、撮影会の区域外からも、長い年月を走り続けた3両（うち2両は復刻塗装）の雄姿を拝むことができた。さらに、かつて都電の1系統（品川駅前～上野駅前）を運行していた三田電車営業所所属の車両を模した都バスのラッピング車両も展示され、一時代の終焉に華を添えた。

都電荒川線では、昨年からクラシックモダン調の7700形が運行を開始している。これは7000形の車体や空調機器を活用した上で大規模な改修工事を行った再生車両である。駆動形式はカルダン駆動に代わったが、引退した7000形の面影を残した最新車両がこれからも運行を続けるのは興味深い流れである。まさに「ありがとう7000形」といったところだろうか。

『都庁俳句』作品抄（9月1日発行）

板前の爪の桃色背越し鮎　葛西美枝子
買ひ替えし網戸に風の新たなる　奥田　弘學
缶詰を切り不死男忌を思ふなり　間中恵美子
新茶注ぐ言葉失せたる友とゐて　片野　信子
咲き継ぎてまた散り継ぎて百日紅　成戸　寿彦
朝顔市雨の浅草抜けて来し　内田　香晴
葦笛の上手な人と小半日　神山　俶江
砂浜に水着濡らさず子を見詰む　豊田真佐子
通し鴨松の根方で羽繕ふ　渋谷　はつ
片陰に車椅子押す漢かな　木村　裕子
梅雨空や星の王子の誕生日　伊　達　天
氷菓食む選挙結果を気にしつつ　山口　昭義
緑蔭や白テーブルのカフェテラス　武内　利夫
糠床の胡瓜主役を取り戻す　上部　隆男
あかつきの夢かや烏瓜の花　木曽　一阿
掛軸の風に揺れたる夏座敷　山崎三樹夫
流燈の遅れて海の闇に出る　佐々木いつき

会員募集・見本誌月刊『都庁俳句』贈呈。連絡先　佐々木☎03・3956・6342

ミニガイド

◇旧岩崎邸庭園東京建築探訪～旧岩崎邸と三菱一号館美術館を巡る～　▷内容　岩﨑家ゆかりの地として、また建築家ジョサイア・コンドルによる建築としてもつながりが深い旧岩﨑邸と三菱一号館美術館。これら2つの建築を巡る見学会を行い、双方の魅力を楽しみながら、貴重な建築の保存・修復・復元・活用の取り組みについて学ぶ▷日時　9月15日㊎　午前10時～午後2時半▷場所　旧岩崎邸庭園、三菱一号館美術館▷講師　河東義之氏（小山工業高等専門学校名誉教授　工学博士）▷参加費　2700円（事前振込制。当日、旧岩崎邸庭園の入園料及び移動時の交通費が別途必要）▷参加方法　申し込みは1通につき2人まで。往復はがきの場合、①イベント名「東京建築探訪」②参加者全員の氏名・年齢③代表者の氏名・住所・電話番号④返信面に代表者の氏名・住所を記入の上、〒110－0008　台東区池之端1の3の45旧岩崎邸庭園サービスセンター「東京建築探訪」係まで。電子メールの場合、①件名に「東京建築探訪」②本文に参加者全員の氏名・年齢③本文に代表者の氏名・住所・電話番号を記入の上、2teien-kouza@tokyo-park.or.jpまで。いずれも締め切りは8月20日㊐必着

◇鉛筆とカメラで探る東京の都市景観展PART22　▷期間　～8月18日㊎　午前9時から午後5時まで（18日は午後4時まで）▷会場　都政ギャラリー（都議会議事堂1階）▷展示内容　東京都選定歴史的建造物などの絵画や写真　約140点▷講演会　8月17日㊍　午後1時半～午後3時（都議会議事堂1階都民ホール、入場無料、予約不要）

購読料に関するお願い

自動払込ご利用の皆様へ

ゆうちょ銀行の自動払込は3カ月ごとの後払いで振替日は該当する月の20日（土休日と重なる場合は翌営業日）となります。残高不足等で振替が出来ない場合、割引が適用されないことがあります。お客様ご利用の口座残高をもう一度、ご確認いただきますようお願いいたします。

副知事人事ノート　第6回

都政研究元主筆　大塚英雄

横田さんて、だーれ？⑥

ところで、2期目の副知事に15年もの長いブランクがある超OBの元総務局長の横田政次を招聘してまで鈴木俊一が知事の政治生命をかけた都庁舎の新宿移転の行方は、果たしてどうなったか。

早期決着を目指す鈴木は、決戦の舞台を昭和60年の都議選直後の9月の「3定」に求めた。実は、鈴木の最初のハラは都議改選前より半年早い60年度予算を審議する「1定」だった。

しかし、この方針を鈴木が発表したところ、肝心の与党第1党の自民党から「選挙前というのはタイミング的によくない」と、「待った」がかかり、見送ったといういきさつがある。

自民党の下町の移転反対派がおさまらず、同党が分裂しかねないという雰囲気があったからだ。

日頃の接触でそうしたことを肌で感じとっていた横田は、鈴木に報告。「提案を選挙後に送ったらどうか」と進言した。だが、鈴木は「選挙後に必ず通るという保証があるならともかく、そうでなければ1定で決着をつけたい」と粘った。双方の言い分は平行線をたどり、結局は時間切れとなり、選挙後に持ち越したという経緯があった。

こうした事情から都庁舎の新宿移転は、当然のことながら、この時の都議選の最大の関心事になった。

ここに毎日新聞が選挙直前に立候補者全員に実施した庁舎移転のアンケート結果がある。それによると、「現状のままでよい」50人（22%）、「丸の内再建」65人（29%）、「新宿移転」75人（33%）。残る35人は「態度保留、わからない」。そして同紙は「鈴木は9月定例会に提案の予定だが、条例可決に必要な3分の2（85人）を確保するのは難しそう」と締めくくっている。

この時の125人の当選者を与野党別に分類すると、与党96（自民、公明、民主ク）、野党31（共産、社会、無）で、明らかに与党が優位に立っているが、庁舎移転は単純に与野党ということで仕分けはできない要素がある。

例えば、与党第1党の自民党は下町を中心に約10人の強硬な移転反対派を抱え、実際に採決があった日の本会議では、このうち8人までが出席をボイコットしたという記録が残っている。

さて、都庁舎移転を決めるための「3定」は9月12日から開かれ、会期を3日間延長して、最終日の9月30日に119人が出席。採決の結果、▽賛成88人（自民、公明、民主ク）▽反対31人（共産、社会、都民会議）で可決。鈴木知事の執念は実った。

そして都庁舎は平成3年3月9日に竣工式を挙行。4選した鈴木は最後の4年間、都知事として執務したのである。

一方、目的を果たした「庁舎移転請負人」の横田は、23人の区長たちが待つ古巣の区政会館に特別区人事委員長として帰還した。

（敬称略）

都政新報

発行所　都政新報社
〒160-0023　東京都新宿区西新宿7-23-1　TSビル
（総務・読者）03-5330-8781
（企画広告）03-5330-8784
（編　集）03-5330-8786
（出　版）03-5330-8788
（ファクス）03-5330-8808
購読料　月1,730円（税込）
毎週火・金曜日発行
ただし、祝日は休刊

紙面から

顧問重用 9割「評価せず」

小池都政1年

【第2部】都職員アンケート②

本紙が行った小池都政1年の都職員アンケートで、小池知事が政策を決定する際、特別顧問の意見を重視する政治姿勢を「評価する」「評価しない」の二者択一で質問したところ、「評価しない」が全体の94・4％を占め、「評価する」は4・3％にとどまった。評価しない理由では、顧問の職員に対する「無責任な言動」、知事と顧問が密室で政策を決める「ブラックボックス化」などの声が目立つ。

＝4面に「自由意見」

職員軽視の姿勢に不満

「評価しない」の意見では、第三者的な立場から職員に指示する特別顧問を疑問視する声が多い。「特別顧問は責任を取る立場にない」（50代部長級以上）と言った声や、責任がないにもかかわらず、政策立案に関わっているのは「おかしい。特別顧問はアドバイスにとどめるべき」（50代部長級以上）との意見が噴出している。

40代課長代理は「見える化改革の件でも『我々は触媒であって、責任は局になる』と発言したと聞いている」と明かし、職員に責任だけ転嫁されることを危惧した。また、「知事や顧問が去った後の責任を引き継ぐ行政職員の言葉にも耳を傾けるべき」（40代課長）と切実な声も出ている。

顧問重用は議会や職員軽視と分析する職員もいる。小池都政1年を振り返ると、市場移転延期は市場問題プロジェクトチームなどの会議体はあったが、築地再開発の考えは知事と職員が議論を積み重ねることなく、知事と特別顧問が決定した。50代部長級以上は「ここまで職員の意見に耳を傾けない知事は前代未聞。『情報公開が一丁目一番地』と言いながら、特別顧問との意思決定過程は一切明らかにされていない」と批判した。多くの職員が小池知事の政策決定を「ブラックボックス」と指摘するゆえんだ。

30代課長代理は「困ったら顧問の独断に任せているような印象。顧問重視、議会軽視であるなら、都議は必要ない。議会の意見も踏まえ、政策決定することが必要」と訴えた。40代主任も「（特別顧問の）意見を聞くのはいいが、職員をないがしろにするやり方は独裁と言われても仕方がない」と見る。

アンケートで、小池知事の都政運営について職員に尋ねたところ、「職員の声に耳を傾けている」と「思わない」と回答したのが全体の88・3％、「独断的な行動が都政運営に影響を与えている」と「思う」が89・6％に上った。ブレーンを重用していた点では石原都政も同じだが、40代課長は「（石原氏は）自身で善しあしを判断していた」と指摘。そのため、小池知事の顧問重用は「あまりに露骨」（別の40代課長）に映るようだ。

特別顧問の意見を重視する小池知事の政治姿勢についての評価を職層別にみると…

職層	評価する	評価しない	無回答
部長級以上		100.0%	
課長級	2.5%	96.3%	1.3%
課長代理級	7.9%	89.9%	2.2%
主任		100.0%	
一般職	16.7%	83.3%	
その他		100.0%	

「無意味に混乱させた」

さらに、顧問自身への不満の声もある。従来の都政運営に異を唱える顧問に対し、50代課長は「行政に刺激を与えている意味では評価できるが、行政の安定性を根本から破壊しようとしているように思える顧問の考えには賛同できない」との考えを示している。30代課長代理も「改革という意味では機能している点はあると思うが、これまでの都政運営の全てを否定するような前提が感じられる。もう少し職員や都庁文化を尊重しても良い」と苦言を呈す。

顧問行政がスタートして1年が経過するが、職員は都庁に何をもたらしたと見ているのだろうか。

40代課長代理は「特別顧問が都政の現場実態と合わない政策を無理やり押し付けているケースが見受けられ、対応に苦慮している」と指摘。「都政にあれこれ注文を付け、都政を振り回している。そのあおりを受けて、職員は無駄な業務に忙殺されている」（40代課長代理）と訴える。

職員と特別顧問の議論が深まらない課題もあるようだ。「特別顧問と職員が直接やり取りを行い、または指示を受ける機会が多いが、議論などがかみ合っていない」（40代部長級以上）、「知事と特別顧問の間でも意見の違いがあり、どちらの指示も従うことが困難な場合がある」（40代課長代理）と板ばさみに悩む職員もいた。顧問の重用が「都政や都庁内を無意味に混乱させただけ」（40代課長代理）との見方もある。

さらに、特別顧問の情報発信にも不満の声がある。50代課長は「（特別顧問は）所管部局が把握していない内容などを公表してしまう」と問題視する。こうした声の背景には、小池知事が6月の臨時会見で豊洲移転の基本方針を公表する前、特別顧問の一人がツイッターで「築地の次は、築地」など築地再整備の方向性を公表するとつぶやいていたことが念頭にあるようだ。

特別顧問への注文も出ている。50代部長級以上は「今の仕事を続けるなら顧問ではなく、はっきりと職員に位置付けるべき」と身分切り替えを要望。また、知事に対し、50代課長は「特別顧問の意見に対し、職員や都としての見解を取りまとめた上で知事は意思決定すべき」と求めた。

一方、顧問重用を「評価する」と答えた職員は「都職員の知見や経験をフル活用すべきという前提の上で、外部の有識者や専門家の発信力や影響力を利用するのは行政の常道と考える。両者が良好な関係を保てれば、成果につながる」（40代課長代理）などがあった。

市場移転延期では小島特別顧問（手前左）の意見が強く反映されたとされる＝昨年8月16日、豊洲新市場で

議会審議は紛糾の恐れ

豊洲移転で臨時会に補正予算

豊洲新市場への早期移転を目指して、小池知事が10日に発表した補正予算案。移転準備、築地再開発の検討など必要経費として73億円を盛り込み、28日開会の第2回臨時都議会に提出されるが、一部会派から反発が出ており、紛糾する恐れがある。臨時会に補正予算案を提案するのは1978年の美濃部都政以来39年ぶりとなる。

知事に焦りの指摘も

「（豊洲新市場への）早期移転を最優先させる」。小池知事は10日の記者会見で今回の補正予算案の提案理由をこう語った。このタイミングの発表は、移転を急がなければ東京五輪の開催までに環状2号線の側道整備などが間に合わなくなる焦りが知事にあるとの指摘がある。

補正予算案には、専門家会議の提言に基づく追加対策工事に41億円、豊洲開場に向けた移転準備に25億円、築地再開発の検討に2千万円などを盛り込んだ。

このうち、専門家会議の提言に基づく対策工事では、施設下の地下空間の床にコンクリートを敷き、換気する追加対策工事に19億円、地下水管理システムの機能強化に20億円などの内訳となっている。追加対策工事は入札で施工業者を決めるが、豊洲新市場整備での入札不調もあり、五輪が控える中で不調に終わる懸念もある。築地東京青果物商業協同組合の泉未紀夫理事長は「入札不調になると大変。環状2号線の整備も遅れ、オリンピックまでに間に合わなくなる」と警鐘を鳴らす。

また、豊洲開場に向けた移転準備費（25億円）には、引っ越し計画策定業務などに3億円、施設造作工事や習熟訓練に16億円、車両入退場管理に1億円などとしたが、自民党都議の一人は「（25億円は）根拠のない数字。職員に聞いてもよく分からない。情報公開を進めている知事だが、どこが『見える化』なのか」と批判し、十分に議論する必要性を訴える。

また、共産党と民進党も予算特別委員会を設置し、小池知事への質疑を求めている。知事は常任委員会での1問1答について10日の会見で「議会が決めること」とし、議会が知事に質疑を求める場合は応じる考えを暗に示したが、「突然、補正予算案を提案したため、臨時会はもめると思う」と予想する都議もいた。

さらに、市場業者の要望を受け、各街区の駐車場棟などのトイレ整備工事に7億円を計上。築地市場協会の伊藤裕康会長は、駐車場に屋根の設置なども求めており、「私たちが要望していることはいくつもあるが、全く取り上げられていない。当局も早く真剣に対応してほしい」と強調した。

このほか、豊洲の風評被害対策として、豊洲新市場の広報PRに1億円を盛り込んだ。豊洲の都民見学会の定期的な開催や豊洲の魅力発信などに充てる。また、築地市場に設置した施設「東京いちばステーション」では市場の情報発信などを行っていたが、移転延期決定後に閉鎖していた。都中央卸売市場の大谷俊也財務課長は「補正予算成立後に、なるべく早く再開に向けた作業に着手する」と話した。

築地再開発で検討会

今回の補正予算案では、築地市場跡地の再開発に向け、「築地再開発検討会議（仮称）」を設置する方針も示した。小池知事は10日の会見で、「築地のロケーションを最大限に生かしたまちづくりの観点から検討を進める」と述べた。

同会議では、地域特性や開発コンセプトなどまちづくりの観点から検討し、都市計画や経済・営分野の専門家や行政関係者らで構成。事務局は都市整備局が担う。企画提案型のプロポーザルも実施する。

豊洲の環境評価　変更届を提出

都中央卸売市場

都中央卸売市場は10日、豊洲新市場の環境影響評価書の変更届を都環境局に提出した。同市場に関しては2011年7月に主要施設下に盛り土を行う前提で評価書を提出していたが、地下空間を設置した内容に見直した。主な変更点では、施設下の地下空間の床にコンクリートを敷いて換気設備を設置し、地下水管理システムを機能強化することを盛り込んだ。

変更届は有識者で構成する審議会が妥当と評価した場合、評価書のやり直しが不要となる。一般的に審議会の判断は約1カ月かかるが、仮にやり直す場合は1年以上を要するという。市場移転延期が長期化し、東京五輪に影響を与える恐れがある。

子供の貧困対策を明記

都　子供・子育て支援総合計画

都は2015年3月に策定した「子供・子育て支援総合計画」の中間見直し案に、子供の貧困対策を明確に位置付ける方針を示した。9日に開催した都子供・子育て会議で明らかにした。子供の貧困対策は性質上、複数の局に事業がまたがっており、全体像が見えにくいのが課題だった。中間見直し案では、各局の関連事業を一覧で整理し、事業連携しやすい環境を整える狙いがある。

都ではこれまで各局が若者を対象にした学習支援や就労支援などを実施してきたが、その最大の目的は子供の貧困対策ではなかった。福祉保健局は「就労支援も学習支援も子供の貧困対策と重なる部分はあったが、各局は詳しく知らなかった」と課題を挙げた。

都は各局で情報共有を図るため昨年4月、福祉保健局や教育庁、生活文化局などで構成する子供の貧困対策推進連携部会を設置。各局が一体となって支援する必要性に対応した。

今回の中間見直し案では、各局の貧困対策に関連する全事業を盛り込んだ。福祉保健局は「局ごとにスタンスが異なるのが子供の貧困。体系的に整理することで、局同士の連携環境が整う」と話す。同事業の数値目標を示すかどうかは各局で調整しており、福祉保健局は「どういう形で都民に示すかは、これからの課題」と述べる。

同案では、14年1月施行の子供の貧困対策法に基づく計画であることを明記するとともに、新たに「子供の貧困対策の推進」の項目を設け、▽教育支援▽生活支援▽保護者の就労支援▽経済的支援――の4分野の施策を充実する方針を示した。併せて、子供の貧困の実態調査や、同事業の周知強化などを掲げ、区市町村を支援する考えも強調した。

都は今後、11月に開催予定の子供・子育て会議で改めて中間見直し案を示し、来年3月に中間見直しを公表する予定。また、同計画の計画期間は5年のため、来年度は次期計画策定に向けた事業成果の分析に取りかかる。

都政の東西

新たな地盤

多摩地域の新人都議にインタビューをしていると、当選後も広い選挙区での活動に四苦八苦している様子がうかがえる。地盤が弱く、これから地元とのつながりを築いていく必要がある議員も多い。8月は各地域で祭りやイベントが重なり、都議会開会前でも変わらぬ忙しさだ。休日の過ごし方を尋ねても、「そもそも休日をとれていない」という声がほとんどだった。

広い選挙区では高速道路を使って地域を回ることもあるという。移動中に選挙区外を通過する都議は、「そこで働く人も（自分の選挙区の）有権者かも知れない」とあいさつを欠かさない。選挙には「三バン」が必要というが、そのうちの「地盤」はたゆまぬ努力で維持されている。

今回は都議会改革の大きな風が吹いたが、「4年間で成果を出して名前を認められなければ、次の選挙は分からない」と自戒するのは、「看板」を武器に当選した都民ファーストの会の都議たちだ。特に落下傘で出馬した新人都議にとって、地域の課題把握は議員活動の上で不可欠。市民の声に耳を傾けるのはもとより、「地元の市議や関係団体からレクチャーを受けている」（新人都議）という。

ある新人は、都議が地元の冠婚葬祭や祭りに出席することを「自分の選挙のため」と捉え、議会での調査や施策立案と比べて否定的に考えていたというが、「会ったこともない相手は信用されない。地域を回ることで、課題や魅力を発見することもできた」と受け止めが変わったようだ。

新議長、各委員会の構成などが決まった都議会だが、都政課題は常に議場の外にある。新人が地域で信頼という地盤を得られるかは、これからの活動にかかっている。

水上バス活用し「客貨混載」実験

都建設局

都と東京都公園協会は、ヤマト運輸と連携し、水上バスを活用した乗船客と旅行者などの荷物を同時に乗せる「客貨混載」の実証実験を10日に開始した。今月末まで実施する。災害時の帰宅困難者や救援物資の輸送の円滑化を目指す都側と、交通渋滞対策や新たなビジネス創設を狙うヤマト運輸との利害が一致した。

10日の実験初日では、二つのスーツケースを積載できる台車2台を水上バスに搬入。墨田区の吾妻橋船着場から中央区の明石町・聖路加ガーデン前船着場まで搬送した。搬出入時間は各2分半で、今後数回実験を重ね、所要時間や運搬人員の有無、乗船客への影響などを検証する。都建設局河川部の松浦大輔管理課長は「災害時に実施できなければ意味がないので、実績を重ね、習熟させていきたい」と話す。

都は災害時の物資運送などで東京都トラック協会と協定を結んでおり、検証後に他業者との連携の可能性を探る。また、舟運や荷役などの業界団体との調整も進める。

冗句ジョーク

オリ・パラ大会まであと3年、今年の東京は8月に入って17日間連続雨降り

「今までミストや打ち水とか、暑さ対策が中心だったけど、今度は乾燥・除湿対策も必要だな」――関係部局

パタパタ日和

23区内

大学の定員増認めず

文科省が来月告示改正

文部科学省が14日、大学などの設置に関する告示の改正案をまとめ、23区内で私立大学の定員増を今後認めないことを盛り込んだ。東京の一極集中を是正する狙いの下、政府が今年6月に23区内の大学の新増設抑制を閣議決定したことを受けた措置だが、大学誘致を進めている区からは反対の声が相次ぎ、区長会は今月末に反対声明を出す予定だ。

誘致進める区に波紋

墨田区の大学誘致予定地。23区内の学生数が抑制されれば、誘致への影響は避けられない＝3月、墨田区で

告示改正案によると、18年度から23区内での大学や短期大学の定員増を、19年度からは学部・学科の新設・増設を原則認めない。来月12日までのパブリックコメントを踏まえ、来月中に改正に踏み切る見通しだ。文科省は関連法を整備する18、19年度の2年間は法律に準ずる拘束力をもつ「告示」の改正で対応し、20年度以降に法律で規定する構え。

文科省は、大学からの定員変更の申請を年2回受け付けている。閣議決定を受けて今年6月の受け付けを10月に延期したため、次回の申請から増員が認められないことになる。

ただし、現時点で事業化の話が進んでいる案件については例外規定を設け、ケースごとに判断を下す方針だ。18年度変更は、今年6月までに工事契約書類や支出証明書など「認可の申請についての意思の決定がなされたことを証する書類」があれば認可するとし、19年度には今年9月までに定員増の計画を公表すれば認めるとしている。

23区内にある大学数は93校で、全大学数の約12%、学生数では約19%を占めている。一方で、所在地が都心区を中心に偏在していることもあり、大学がないために誘致を推進してきた区からは一律抑制に反対する声が上がる。

総合大学の本部キャンパスが区内にない墨田区はこの10年間、大学誘致を重点施策として推進しており、今年3月に千葉大学とサテライトキャンパスを21年4月に新設することで合意した。

同区は、複数の大学集積を目指しており、区政策担当は「定員増の抑制は大学にとって進出の足かせになる」と話し、国の方針で誘致が滞ることに強い懸念を示す。

東洋大学が区内で増員を考えている北区は、パブリックコメントに反対意見を寄せる考えだ。「区内に大学があることは区民にとって親しみやすく、高齢化率が上がるまちの活性化につながる」（区企画課）と強調する。

例外規定が不透明な点も不安をかき立てている。江戸川区は4月に廃校後の小学校校舎を利用して4年制大学を開設する学校法人と契約を締結。足立区も6月に区内にキャンパス増設を予定する文教大学と包括基本協定を結んでおり、計画に影響が出ないか注視する。

江戸川区企画課は、「学生を都内に囲い込むことが目的ではない。契約先の学校法人が地方都市に構える学校との教育連携を考えており、学生が行き来するような仕組みを作っていきたい」と話し、「23区内の学生数を抑制すれば地方創生につながるのか疑問だ」と示している。

世田谷区

本庁舎整備へ「公開審査」

設計者選定で事業者案公表

区第1庁舎は築55年が経過し、早期の更新が求められている

世田谷区は、本庁舎の更新に向けた設計者のプロポーザル選定の一環で、応募事業者からの提案内容を21日から9月1日まで公開し、区民意見を募集する。区によると、事業者選定で提案内容を審査期間中に公表するのは全国でも異例で、寄せられた区民意見は参考資料とし、9月18日の公開プレゼンを経て審査委員会が設計者を選定する。同区の庁舎整備では、現庁舎の一部保存を巡って区議会が反発した経緯があり、今回の設計者選定で一定の結論が出る見通しだ。

同区の庁舎整備を巡っては、区が2015年9月に庁舎整備基本構想素案の検討状況を区議会に報告した際、「現庁舎の一部保存が前提となっている」として、災害対策機能の充実を求めて全面建て替えを訴える議会側が反発。一方、一部の区民からは日本近代建築を代表する建築家の前川國男が設計した現庁舎の一部保存を求める声が上がっていた。

これを受け、区はゼロベースでの議論を目的に翌16年4月に新たに基本構想検討委員会を立ち上げ、同12月に整備基本構想を策定。「（庁舎などの）空間特質をできるだけ継承」と一部保存に含みを残した上で、整備基本計画を策定せずに基本設計を行うことを明記した。今年1月には設計者を選定する有識者審査委員会（委員長＝深尾精一首都大学東京名誉教授）を設置し、4月には設計者選定の公募プロポーザルを開始しており、一部保存を巡る結論は事実上、事業者提案と審査委員会による設計者選定に委ねた形となっている。

区が公開するのは、プロポーザルに応募していずれも1次審査を通過した6事業者がきょう18日までに提出する2次提案書で、区内5カ所でパネル展示や資料閲覧などを行う。事業者側の最終提案で、施設の規模や機能、敷地内での施設配置などが示される。

公開に併せて行う区民意見募集では、各提案を4段階で評価してもらうとともに、提案テーマに設定した▽分かりやすく利用しやすい配置計画▽災害対策機能▽柔軟で効率的な執務空間▽総合的な環境性能▽現庁舎などの空間特質の継承▽工期短縮や事業費抑制――の6項目で関心が高いテーマを最大3項目選択してもらう。

また、9月18日には審査委による公開プレゼン審査を砧区民会館成城ホールで実施。同27日までに区民意見を参考資料とした上で最優秀者と次点を公表する。

区によると、透明性と公開性の観点から、審査期間中には異例となる提案公開と意見募集、公開プレゼンに踏み切った。

その一方、公平性の観点から、公開内容の撮影と録画は禁止し、区民意見も「人気投票とはしない」（区庁舎整備担当部）として、審査委の参考資料にとどめた。区は審査結果を受け、10月中旬をめどに設計者と委託契約を締結する。

区は整備基本構想で概算事業費を約410億円とし、20年度に着工する方針を掲げており、遅くとも26年度の竣工を目指す。

新宿ターミナル

秋めどに新マップを配布

周辺整備に応じ2年更新

JRや私鉄、地下鉄で計12路線が乗り入れる「新宿ターミナル」の利便性向上を目的に、都や新宿区、事業者らに学識経験者を加えた「新宿ターミナル協議会」（座長＝岸井隆幸日本大学大学院教授）は秋ごろをめどに、新たに作成したターミナルマップの配布を開始する。協議会が7日に開いた第7回会合で報告された。

ターミナルマップでは、JRの駅を中心に、地上図と地下図の2パターンで周辺施設や移動経路、階段、エレベーターなどを紹介。今回の第7回会合で取りまとめた整備計画とサイン計画に基づき、新たに統一した略称サインや英語表記を盛り込んだ。マップは都が印刷費の3分の1を補助した上で各事業者が合計10万部作成し、観光案内所やパンフレットラックなどで配布する。掲載内容は周辺施設の整備状況に応じ、区が2年ごとに更新する。

また、地上と地下の接続が分かりにくいことから、階段とエレベーターに特化したマップも作成。エレベーター周辺の拡大図を掲載するなどしてターミナルマップと併せて配布する。

能楽の表と裏を体験

20日に親子向け鑑賞会

文京区

文京区は20日、日本の伝統芸能「能楽」の親子向け鑑賞会を、区内にある能楽堂「宝生能楽堂」で開く。演目鑑賞のほか、舞台裏を巡るバックステージツアーを用意しており、能楽の表と裏を体験してもらう。

当日は、代表的な演目の「土蜘」を鑑賞した後に、能面の着衣体験、AR（拡張現実）メガネを通した動作や演目の場面に関する解説付きの鑑賞体験などがあり、ツアーでは能舞台や、役者が能面を付ける「鏡の間」を見て回る。区内在住・在学の小中高校生と保護者200組約400人が参加する予定。

区アカデミー推進課は、「子供から大人まで日本文化に触れる体験を通して興味をもってもらうとともに、区内の文化資源を知ってほしい」と期待を込め、来年度以降も継続する考えだ。

◆投票日は11月12日

葛飾区選管

葛飾区選挙管理委員会は14日、任期満了に伴う葛飾区長選挙と区議選挙の告示日を11月5日、投票日を同12日、開票日を翌13日に決定した。6月22日の選挙時登録での選挙人名簿登録者数は男性18万8146人、女性18万8790人の計37万6936人。

区長選には現職の青木克德区長が3選目の出馬を表明している。区議選の定数は40人。

2017年度都区財調普通交付金額 （単位：百万円、%）

区名	普通交付金額	前年比
足立	96,625	▲1.7
江戸川	85,566	▲2.2
練馬	77,550	0.3
葛飾	71,178	3.0
大田	64,047	▲4.7
板橋	63,244	▲1.0
江東	55,925	5.2
北	46,897	0.3
世田谷	39,593	1.7
杉並	37,214	0.7
品川	36,507	▲3.6
荒川	35,936	▲1.1
墨田	35,243	▲5.8
中野	32,062	▲6.2
豊島	26,938	▲2.0
台東	26,037	▲2.4
新宿	23,956	▲6.1
文京	14,766	▲3.7
中央	13,134	11.3
目黒	10,429	▲6.7
千代田	1,333	▲45.7
渋谷	0	―
港	0	―
合計	894,180	▲1.3

訂正　15日付2面「2017年度都区財調区別算定」の記事で、葛飾区の普通交付金額が初めて70億円を突破とあるのは700億円の誤りでした。また、江戸川・葛飾・大田・江東・世田谷・品川・墨田・中野・新宿・文京・中央・目黒・千代田区の普通交付金の前年比で計算に誤りがありました。正しくは上記の表の通りです。

記者席

らしくない忖度はサービス？

○……日本有数のブロガー議員として知られる都民ファースト前幹事長が、おひざ元のネット上で「フルボッコ」に遭っている。

発端は、10日の知事会見。市場移転を巡って、記者から意思決定に至る文書が存在しないことを指摘され、小池知事が「AI（人工知能）だからです」と意味不明の回答をしたのに対し、音喜多駿氏はブログ上で「リップサービスの意味」と弁護的な解釈を披露。ツイッターではこれに反論する形で、「擁護もほどほどにしておかないと」「都民を馬鹿にしないで」「あまりにも忖度しすぎ」「さすがに苦しすぎる」など批判的なコメントが殺到したのだった。

会派役員から外され、ネットでたたかれ…では針のむしろ。ただ、議員団がダンマリを決め込む中、同氏としては精いっぱいのリップサービスだったのかも。

○……終戦の日に併せて実施する平和事業は各区それぞれだ。何をするのか尋ねると新しい取り組みを披露する区がある一方で、「昨年と同じ内容です」と恐縮する区もあった。

そうした中、例年と同じく平和に関する展示会を区役所内で行っている足立区で、主催者の一人で区内の被爆者団体代表を務める女性が自身の被爆体験を昨日のことのように語り、語り継ぐことの大切さを訴えていたのが印象的だった。

悲惨な歴史が忘れ去られないためには同じ事業を継続することにも意義はある。昨年と同じでも恐縮する必要はない。

○……都は来月1日、中小企業向けサイバーセキュリティー対策の設備導入助成金の申請を開始する。増加傾向のサイバー攻撃に対し、企業秘密や個人情報保護を図るのが目的だ。

ただ、前途は多難のようだ。「中小企業側に自分たちの問題だという意識がないのが最大の問題」。サイバーセキュリティー対策を推進する都産業労働局の担当者はこうこぼし、「対策の導入以前に、どう認識してもらうかが先」と話す。そのため都は、入門レベルの中小企業向けガイドブックの作成なども並行して実施しているが、中小企業の意識はどこまで高まるだろうか。

新人都議の横顔⑦

◆区部◆

地方議員の奮闘に促され

古城　将夫氏
公明党・新宿区

公明党が約50年間守ってきた選挙区を引き継いだ。新宿区は過去、党の重鎮・藤井富雄氏の地元でもあり、「責任重大。必ず勝ち抜かなければという思いで臨んだ」と心境を振り返る。

これまでは党本部の「IT宣伝統括部」に勤務し、主に地方議員の情報発信のサポートを担当。同党には約3千人の地方議員が所属しているが、1年の半分は地方を訪れ、一緒に地域を歩きながら写真撮影のポイントなど広報のコツをレクチャーしてきた。高齢の議員にはスマートフォンの使い方から説明したこともあると言い、「スマホに慣れて有権者とコミュニケーションできるようになると、楽しくなって続いていく。『苦手』と言っていた方が喜々として日々の活動を発信しているのを見ると、やってよかったと実感する」と笑う。

自身が議員を目指したきっかけも、「地方自治の現場で汗をかいて奮闘する先輩議員の後ろ姿を見てきたのが大きい」という。昨年の熊本地震では発災直後に益城町に入り、地元の町議と共に最新の災害用トイレを届ける活動を担当。「政治の役割を改めて実感し、生まれ育った新宿区で役に立てれば」と立候補を決意した。

個人事務所は構えず、「何かあったらすぐに都議会に駆け付ける心構えで仕事をしたい」。都議としては帰宅困難者対策を含めた災害に強いまちづくりに取り組む考えだ。

趣味は「日本100名城」巡り。愛読書は『深夜特急』（沢木耕太郎）。座右の銘は「波浪は障害に合うごとに、その頑固の度を増す」。創価大経済卒、日大院法務研究科修了。37歳。

多様性を生かした社会に

龍円　愛梨氏
都民ファーストの会・渋谷区

テレビ朝日にアナウンサーとして入社し、政治や社会問題への関心から記者に転身。社会部に配属され、都庁担当として都政を取材した。記者として現場を見つめる中、都議会に対して「どこで何が決まっているのか見えにくかった」と振り返る。

2011年に局を退社して米国に移住。13年に現地で出産した長男がダウン症と診断された。告知直後はショックを受けたが、すぐに行政が支援体制を組んだため、育児に不安を感じたことはなかったという。

しかし、事実婚を解消して15年に帰国すると、日本のシングルマザーや障害を持つ子の母親が直面する課題を実感した。研究者の父の仕事柄、スウェーデンで生まれ、中学時代を英国で暮らした経験からも、他の福祉先進国並みの行政サポートが不可欠と考え、支援団体を立ち上げた。

小池知事が希望の塾を立ち上げると、「直接会って考えを伝えられる」と当初は政策提言のために入塾したが、知事に「実現したい政策があれば、政治家になるべきだ」と背中を押され、出馬を決意。トップ当選した。

都議としては、多様性を生かした社会の実現を目標に挙げ、様々な立場の人が政治参加する仕組み作りを目指す。「例えば、仕事を持つ人が一定期間、職場を離れて政治に取り組み、その後復職できるような仕組みがあれば、政策ごとに様々な立場からの意見が反映される。私のように障害がある子の母親の視点だけでなく、様々な違いを力に変えるような社会にしたい」

海が好きで、当選前はサーフィンや息子との砂遊びを楽しんでいた。法大法卒。40歳。

島しょ高校生サミットを初開催

「未来の創り手・島の次代を担うリーダー」育成へ

東京都の島しょにある7校の都立高校（小笠原・八丈・三宅・神津・新島・大島・大島海洋国際高校）の生徒会の代表生徒が集まり、第1回「東京都島しょ高校生サミット」が7月24・25日、大島高校を会場に開催された。東京都島しょ高等学校長会が主催し、生徒27人に加え、教員・教育関係者を合わせて57人が参加。「魅力ある学校づくり・島づくり」と「海洋文化とその発信」をテーマに白熱した議論を展開した。この模様を今年の会場校となった大島高校の浅見浩一郎校長に寄稿してもらった。

㊤各校の代表による意欲的で白熱したグループ協議
㊦島・学校の活性化のための様々な提案がなされた発表

島しょでは、多くの島が人口減少、高齢化、産業の縮小などの問題に直面している。また、将来を期待される高校生は、卒業後に進学や就職で内地に行き、島には戻らない者も多い。このような現状の中で、島しょ高校生サミットでは、「島の次代を担う高校生の代表が一堂に集まり、研修及び情報交換を行うことにより、各々の島の良さや他校の取り組みを理解し、課題の共有とその改善策の協議を通して、今後の活動の活性化を図る」ことを目的とした。

取り組みの内容、当日の様子は以下の通り。

①町役場への表敬訪問

第1日目、まず初めに大島町役場への表敬訪問を実施。副町長から町の現状と取り組みについて説明をしていただき、生徒からの質疑と応答が行われた。「新規農業従事者の定住化推進と人口増加について」「ジオパークや国際優秀つばき園の認定と観光客の増加について」「災害の復興状況と今後の取り組みについて」など、大きな視点から島の発展に関する質問が多く出され、生徒たちの課題意識の高さが感じられた。

②各学校の取り組み紹介

大島高校に移動し、各学校から学校の概要、特色ある教育活動、生徒会の主な取り組み、島の特徴や地域のPRなどのプレゼンテーションが行われた。皆、事前に準備を整え、パワーポイント、DVD、ポスター、衣装の披露など、工夫を凝らした見応えのあるものとなった。自然遺産・ジオパーク・火山など自然環境を生かした取り組み、ウィンドサーフィン・遠泳教室・海洋実習など海に関わる取り組み、海浜清掃・地域祭りなど地域と連携した取り組みなど様々な紹介があった。島しょの現状や課題などについて共通の理解がある一方で、島ごと学校ごとの特色ある文化や取り組みについて初めて知ることも多い様子で、活発な情報交換が行われた。

③テーマ別協議と発表

2日目、「魅力ある学校づくり・島づくり」「海洋文化とその発信」というテーマで、四つのグループに分かれて協議を行った。事前課題として、各校・各島の特徴と課題、これまでの実践活動と成果などを調べて現状を把握し、その資料やデータを持ち寄って協議に活用した。

協議では、目指す学校や島の姿、重点テーマ、活性化のための具体的な取り組みと提案などについて話し合い、模造紙にまとめて発表した。発表内容は、人口の増加、地域や町村役場との協力、島しょの連携などを重点テーマに置き、島や学校の特色活用と魅力向上、海洋文化の発展、情報発信の強化などについて具体的な取り組みが数多く提案された。意欲的で活発な協議、工夫された発表、白熱した質疑応答が行われ、主体的・創造的な探究の場となった。

生徒の意識に変容

最後に振り返りの時間を取った。「自分の住む島の問題や課題に関心を持っているか」という問いに「持っている」と回答した生徒は、サミット前は約半数であったのに対して、サミット後は生徒全員であった。また、「今回のサミットで、自分の住む島の良い点（強み）と課題（弱み）を知ることができたか」「他校・他の島の取り組みを知り、参考（刺激）になったか」「自分の住む島の課題を解決する方向性が（少しでも）見つかったか」という問いにも、全員の生徒が肯定の回答をしていた。この結果からも、2日間の協議などを通して、生徒たちの意識に大きな変容を見ることができた。

事前学習や他校のプレゼンなどから知識を相互に関連付けてより深く理解したり、情報を精査したりして考えを形成したり、問題を見いだして解決策を考えたり、思いや考えを基に創造・提案したり、まさに今求められている「主体的・対話的で深い学び」を実践している姿は大変頼もしく思えた。生徒たちも「2日間でこれほど充実した話し合いができるとは思っていなかった。予想をはるかに超えた充実感がある」と話してくれた。また、懇親会や島内観光も存分に楽しんで交流も深まり、強い仲間意識ができた様子であった。もう一つの目的「相互に働きかけて思考力・判断力・表現力や課題解決能力を培い、リーダーの在り方を学ぶとともに、島しょ都立高校生の横のつながりをつくる」ことも十分に達成され、大きな成果を得ることができたと言える。

◇

来年の第2回島しょ高校生サミットは、返還50周年を記念する小笠原で実施される。今回のサミットが生徒たちの今後の活動に生かされるとともに、将来においてもこの仲間たちが島を越えてお互いを支え合う関係を構築し、未来の創り手となることを確信している。そして、次年度は更に充実した取り組みとなり、サミットが島や学校の発展に貢献していくことを期待している。

（都立大島高校校長 浅見浩一郎）

教育ひろば

Tokyo2020の先へ 未来へつなぐオリパラ教育 10

世田谷区立三宿中学校

国際感覚豊かな生徒の育成

スポーツクライミングエリアで交流

1 オリンピズムの継承

オリンピズムには、「スポーツを通じて、人々がフェアプレーの精神の下に体と精神を鍛錬し、文化や国の違いなど様々な差異を超えてお互いを理解し合い、友好を深めて、世界の平和に貢献していこう」という理念が込められている。

本校では、こうした価値や意義をスポーツや文化に関わる教育を通して、生徒一人ひとりの後の人生の糧となるようなかけがえのないレガシーを心と体に残すことを目標としている。

世田谷区は、米国のホストタウンで馬術競技が開催される。本校はサッカーの公式戦ができる広い校庭を始め、恵まれた施設の中で夜間学級を併設している。現在、昼の生徒約300人と共に、八つの国と地域から10代～80代までの生徒約60人が学んでいる。

2 全体計画の作成

オリ・パラの意義や価値は、教育基本法や学習指導要領等の理念に相通じるものであるため、国・都・区の実施方針を踏まえ、関連を整理した。そして、学校教育全体並びに各教科、道徳科、総合的な学習の時間及び特別活動で教科を横断的な視点で捉え、その意義や価値を中核として全体計画を作成し、来年度の全面実施に向けて、段階的な取り組みを展開している。

（1）各教科、道徳科

オリンピックの価値から「卓越、友情、敬意・尊重」、同様にパラリンピックから「勇気、決意、平等、鼓舞」をキーワードとして各教科等の学習指導要領の内容との関連を考察し指導計画を作成した。例えば「敬意・尊重」について、保健体育では文化としてのスポーツの意義で学び、「決意」について、道徳では主として自分自身に関する内容を、パラリンピアンの柔道の経験を通して学んだ。

次年度は、全体計画に基づき、全ての教科、道徳科で1～2時間程度、総合的な学習の時間及び特別活動で横断的に実施していく。

（2）特活・総合的な学習

各教科等で学んだオリ・パラの価値について、生徒が学んだ内容を活用し、習得や定着を図る場として、特別活動及び総合的な学習の時間を位置付けている。

○夜間学級との交流活動

夜間学級の「文化学習発表会」で、昼夜間の生徒が協力して合唱や合奏を行うことにより、「友情」や「平等」について実体験をする場となっている。同様に、「国際料理交流会」で、ネパール、フィリピン、日本など、他国の郷土料理を協力して作り、会食しながら交流を図り、「敬意・尊重」について実感する場となっている。

○スポーツに親しむ活動

「スポーツ教室」を年間を通して週1回60分程度実施し、スポーツの習慣がほとんどない生徒、スポーツの習慣がある生徒が運動に親しむ機会となっている。

「ニュースポーツ教室」では、運動習慣のほとんどない生徒が教員と一緒に体つくり運動、ミニテニス等の手軽な運動を行い、参加すると意外と楽しかったなどの感想を述べ、「勇気」を味わう場となっている。

「ダンス教室」では、運動部活動等に所属している生徒が外部人材の指導の下、IOCの公式ソングに合わせてダンスを練習し、地域のオリンピックのイベントで発表して、部活動の垣根を越えた「友情」を味わう場となっている。今年度は「文化学習発表会」のオープニングセレモニーで昼夜間の生徒が共にダンスを発表する予定である。

（3）教育活動全体

生徒がオリ・パラの価値について学んだ内容を総合的に発揮して活用するためには、多様な児童・生徒が日常的に集い、交流を図る遊び場が必要である。

体育館の廊下に設置した「スポーツクライミングエリア」。安全面に配慮し、横方向に移動する

そこで、体育館廊下に「スポーツクライミング」ができる設備を設置して、授業、昼休み、放課後活動、地域の活動を行う交流拠点とした。

今後は東京2020大会に向け、このスポーツクライミングエリアが、昼と夜間の生徒、近隣の小学生、地域の方々にとって、スポーツを通して日常的に文化や言語の交流の場となる取り組みを展開していく。

3 東京2020大会を展望して

主体的・対話的に行動できる国際感覚豊かな生徒を育成するためには、コミュニケーションツールとして外国語やおもてなしの心などの習得が不可欠である。

そこで都と連携し、高校生以上を対象に実施している「語学ボランティア」養成講座に昼夜間の英語科教員が参加している。今後、本講座の語学・おもてなしの各プログラムを小中学生向けに編集し、英語授業の導入や総合的な学習の時間で継続的に展開していく。

（世田谷区立三宿中学校校長 牧野英一）

調布市男女共同参画推進センター

ポジティブな学校づくりへ

LGBT当事者が講演

教室に少なくとも1人はいると言われるセクシュアルマイノリティ（性的少数者）。そうした子供たちのために周りの大人たちができることは何か。調布市男女共同参画推進センターは市教育委員会の共催を得て、「LGBT当事者が語るポジティブな学校づくり」を7月28日、市文化会館で開催した。

講師はゲイの心理カウンセラーとして2007年にカウンセリングルームP・M・Rを創業し、企業・行政・教育現場へ研修やコンサルティングを提供している村上裕氏。2020年大会を控え、14年にはオリンピック憲章に「性的指向による差別禁止」が明記され、LGBTムーブメントが起こっているが、それに伴う様々な心の出来事にも力を尽くしている。

参加者は主に教員で、村上氏は「教えようとは思わない。寂しかった頃を思うと、こうして集まってくれただけで感無量。何か役立つものをお渡しできれば」と、心理支援の現場から見える三つの孤立について話した。

当事者が孤立するだけでなく、カミングアウトを受けた家族も「どう関わっていけばいいのか」「自分に原因があるのでは」などと孤立する。また、セクシュアルマイノリティの教育を受けた教師はほぼ皆無で、「教える立場だけにプレッシャーは強く、苦労していると思う」。20人～13人に1人と言われ、あらゆる場所に当事者はいる。教師自身が当事者だと、なお孤立してしまう。

適切に関わるには、状況的理解と共感的理解の両方で相手を理解し、カウンセリングとコーチング、コンサルティングの3種類の支援の仕方を踏まえ、相手が①何に困っているか②私（教師や親）にして欲しくないことは何か③私（同）にして欲しいことは何か④私（同）にどのように関わって欲しいか――を知ることが大切。「本人が求めている関わり方ではなく、自分がやりたい関わり方になっていないか」を意識することだと話した。

参加者の質問を受ける村上氏

差別は生理現象で、差別意識を持たないことは無理だと断言し、「差別をないものとして扱うのではなく、あると認めた上で、その人にどんな影響があるかを考えた時に、新しい発見があるかもしれない」と言う。

LGBT支援に取り組む意義については、「マイノリティの社会公益性」の考え方に言及。「アメリカに差別に対応する法律があるのは、法律で規制しなければならないほど差別が溢れているからだ。差別と共存しているニューヨークで学んだ考え方で、小数派やマイノリティは多数派に属さないことで恒常的に困難や障害に直面しやすい。その困難や障害を補完することで、時に多数派に属する人々が困難や障害に直面するのを予防できる」とし、日本でも視覚障害者が歩きやすいように道を整備することが、結果的にベビーカーを押す人や高齢者に役立っているなどの例を挙げた。

「いつも多数派でいることは難しい。マイノリティにならない人はいない。不具合に対処することが大切な人や自分がマイノリティになった時に安心を与えられる。こういう考え方で、ニューヨークでは多種多様な人々が生きている」

質疑では、中学校長が「学生時代に困ったことを教えてほしい」と尋ね、あくまで一個人の経験と前置きした上で、「修学旅行の入浴で、男子が女子をのぞいたら痴漢になると言われたが、同性愛者である自分の場合は男子と一緒の入浴が痴漢行為になるのではと、友達に話し掛けられてもうつむいたままで、罪悪感でいっぱいだった。男子の友達に性的な興味があるわけではないのに、自分が恥ずかしい存在のようで孤独を感じた。翌日は部屋にシャワーがあり、罪悪感を抱かずに済んだ。大浴場を強制されるのでなく、大浴場と部屋のシャワーを選べるとよかったと思う」と語った。

カミングアウトをするとき、「苦労しているね」「可哀想に」などと言われたことがあったが、「今は悪意がないと分かるので、ありがとうと言えるが、昔のどこにも居場所がない時だったら、自分は可哀想な人間なんだと自尊心が傷ついたかもしれない。可哀想と思って欲しいのではなく、困っていることがあって、困り事を解決するために手助けをして欲しいだけ」と強調した。

ポジティブな学校づくりとは、マイノリティへのサポートが学校の全員に役立つものとなるような取り組みではないかと実感させる講演だった。

通信制も無償化対象に
学生インターンが講演

高卒支援会

不登校や中退問題に取り組むNPO法人高卒支援会は7月26日、講演会「通信制サポート校の仕組み～東京都私立高校無償化の光と闇」を新宿エルタワー校で開催した。

同会は、働く体験を通して人とつながり、社会性を養えるよう、学生インターンを受け入れている。インターンは自身の問題意識から講演会も企画。講師の東山惇史さんもインターンで、小中一貫校から高校進学後、環境になじめず不登校の末に中退。同会で高卒認定を目指して学んでいる。

東山さんは通信制高校と通信制サポート校の関係などを解説し、高校中退の観点から私立高校無償化に言及。今回の無償化は通信制高校だけが対象から外れており、「経済的余裕のない家庭の生徒でも私立に入学できる機会が与えられるが、入学の機会を増やすだけでいいのだろうか」と問題提起。ニート・ひきこもりが全国で200万人と言われる中、生活・メンタル面や学習などの手厚い支援を受けて、通信制サポート校で輝くことができる子供たちもいるとして、「中退後の無償化も必要」と訴えた。

Essay エッセー 65

東京中の子供に願いを届けたい

昨年末、世代を超えてブレークしたあるアニメ映画を観た。定時退庁日に、たまたま通りかかった映画館に吸い込まれたのだ。

次の回の開始を待つロビー。汗と芳香剤が絶妙にブレンドされた青春のほのかな香りの密閉感が、どこか懐かしい。生徒が行き交う校舎に、一歩踏み入れた瞬間のあの感触。

この映画のブームが一段落した館内の座席に、人はまばらだった。映画が始まるまであと15分、私の前の席に着いたのは2人の高校生。男の子の左手と女の子の右手が大きな紙カップの中で触れ合うたび、青春の香りに濃厚なバター味が加わる。昔も今も2人で映画を観る時、ポップコーンは必須アイテムだ。

仲良くしていた友達と気まずくなったこと、部活をやめようか悩んでいること、担任がいい人なこと、校長の話が長すぎること、それでも学校が大好きなこと…女の子の話がとりとめもなく続く。こんなにもまっすぐに相手を見つめながら話しかけることができる高校生が都立学校にいる。私は、そのことがちょっぴりうれしくて、でもなぜか妙に照れくさくなって、話なんて絶対に聞いていなかったふりをして、慌てて文庫本を開く。

配給会社のロゴがスクリーンに映し出され、館内に静寂が訪れた。

オープニングの主題歌から、もう女の子が目をぬぐっている。とりあえず気付いていない素振りが、男の子の精いっぱいの優しさ。

ストーリーが佳境に入ると、女の子の震えが止まらない。男の子の左腕がさりげなく女の子の肩を包み込む。

映画の主人公2人の透明感抜群の想い合う力に引き込まれ、クライマックスでは私の目からも涙が溢れ出た。

そう言えば、この映画の主人公の男の子も都立高校の生徒だ（もちろん架空の学校だが）。

ずっと昔、2人で観た映画が終わって明るくなった瞬間に、何て話しかけようかと映画を観ているあいだ中、考え続けたりしている私がいた。でも、彼らは違った。ただ抱き合っている2人。情熱だけで、世の中の醜いもの全てを浄化できると信じているかのように。何の不自然さも感じさせない限りなく澄んだ空間が、2人を取り巻いていた。

映画のストーリーと、あの子たちの世界最強純愛物語に、すっかり心を射抜かれてしまった私。ふんわりとした空気の中を立ち去りかけたとき、女の子の声。「○○くん（映画の主人公の名前）って、かっこよくってかわいくて、大好き…」。男の子は「うん」と一言だけ。何て分かりやすい心のうちの告げ方！ 君たちもおんなじだよ、かっこよくってかわいいのは…。

子供たちのことを思い続けて仕事をしたい。私には今、その思いを直接伝えるすべはないけれど、それでも、いつもいつも思っていたい。東京中の子供に願いを届けたい。

映画館から駅へと続く夜の街。恥じらうことを知らずに輝き続けるクリスマスのイルミネーションを、あんなにじっくり眺めたのは何年ぶりだったろうか。妻と2人で、もう一度この映画を観たいと思った。

（教育庁指導部教育計画担当課長 小寺康裕）

教育じてん 88

都公立学校ボッチャ交流大会を実施

昨年度から都内全公立学校で取り組んでいるオリンピック・パラリンピック教育は、子供たちの障害者理解やボランティアマインドを高めるだけでなく、家庭や地域を巻き込んだ取り組みにより、共生・共助社会の形成につなげることをねらいとしています。

その取り組みの一環として、7月29日に都立府中けやきの森学園の体育館を会場として、「東京都公立学校ボッチャ交流大会」が開催されました。本大会は、都立特別支援学校と都内公立小・中・高等学校の児童・生徒の交流及びパラスポーツの普及・啓発を目的として、今年度新たに開催されたものです。

ボッチャとは、ジャックボール（目標球）と呼ばれる白いボールに、赤・青それぞれ6球ずつのボールをいかに近付けるかを競う競技であり、障害の有無にかかわらず誰でも楽しめることで、近年、注目されている競技です。都の肢体不自由特別支援学校の多くで、体育等の授業やクラブ・部活動でボッチャに取り組んでいます。

大会当日は、特別支援学校が都立・国立・区立合わせて20チーム、小・中学校と特別支援学校の混成が13チーム、小学校単独が2チームの合計35チームが参加しました。また、大会運営や各チームの補助等を行う高校生ボランティアとして、6校の生徒が参加するとともに、工業高校6校の生徒が、障害によって手でボールを投げることができない選手が使用するランプと呼ばれる投球補助具をそれぞれ工夫を凝らして製作し、大会を支援しました。

特別支援学校の児童・生徒による学校代表戦では、息詰まる真剣勝負が繰り広げられ、交流戦では、小学生がランプを押さえて照準を合わせたり、特別支援学校の生徒と小学生が相談して投球順を決めたりするなど、協力しながら試合を進める姿が見られました。また、控室でも次の試合に向けて円陣を組むなど、交流が活発に行われていました。

各チームによる白熱した戦いの結果、特別支援学校による学校代表戦では都立村山特別支援学校Aチーム、混成チームによる交流戦では都立城北特別支援学校・台東区立大正小学校Aチームが、それぞれ優勝しました。なお、学校代表戦優勝の都立村山特別支援学校Aチームは、小池都知事と都庁パラスポーツ部から成る都庁チームと、今後、対戦を行う予定です。

これを機に、パラスポーツへの理解が一層深まることを大いに期待します。

教育面は第1、第3、第5金曜日掲載

■小池都政 1年目の評価～都職員アンケートの自由意見から②

顧問政治

責任負わぬ第三者に丸投げ

知事が特別顧問の意見を重視して政策決定する姿勢に関しては、多くの職員が批判的に受け止めている。「外部の有識者の意見を聞くのは当然」と肯定的に捉える向きがある一方、「特別顧問は責任を取る立場ではないにもかかわらず、丸投げに近い形で任せている」と言った批判は強い。士気の低下を懸念する声も聞かれる。

評価する

■外部の有識者の意見により政策決定することが必要。職員の考えに耳を傾けていると感じており、一方的ではないと感じる。（40代、本庁課長）

■都職員の知見や経験をフル活用すべきという前提の上で、外部の有識者や専門家の発信力や影響力を利用するのは行政の常道。両者が良好な関係を保てれば、成果につながる。（40代、本庁課長代理）

■まだ1年。最初は実務より政治家としてのパフォーマンスが大切。2年目からは実務寄りになってほしい。（30代、一般職）

評価しない

■従来の施策に捉われない新しい視点が与えられる利点もあるかも知れないが、実際には現実に立脚しない机上の空論的な発想もある。結局は職員が特別顧問の意見の検証などに時間を取られ、都政が停滞する点で評価できない。（40代、本庁課長代理）

■特別顧問が政策決定過程のどこに位置づけられているのかあいまいで、ブラックボックスになっている。（30代、本庁課長代理）

■下からの積み上げを否定し、特別顧問の意見だけを参考に意思決定しており、今まで以上にブラックボックス化している。（40代、本庁課長代理）

■君側の奸。（30代、本庁課長代理）

■顧問が自らの思いで勝手に動いている感がある。どこまで知事の意向をくんでの行動・発言なのか、自身の立場を理解しているのか疑問。知事がコントロールできていないように見える。（50代、本庁課長）

■どのような時代や社会にあっても、船頭が余計に多い組織は混乱を来す。（40代、課長級）

■多くの顧問が自らのプレゼンス評価に感心があり、都民のことを考えていない。（40代、本庁課長）

■顧問は都民の信託を受けておらず、あくまで第三者。顧問があたかも独立して判断しているようで、知事の意向しか気にしていない、意味のない意見もある。（30代、本庁課長代理）

■知事の補助機関はあくまで職員であるという根本を理解していないのでは？　職員を悪者にし、マスコミをあおり、小池劇場をここでも展開するつもりか？　特別顧問の知見は参考になる部分も多いが、それを咀嚼した上で政策決定する姿勢が見られないことに不満。（30代、主任級）

■職員を信頼せず、一部取り巻きの考えをトップダウンで落としてくるやり方はいつの日か大きな落とし穴にはまる恐れがある。責任は職員が取らされるのだろう。（50代、本庁課長代理）

今まで以上にブラックボックス

■職員以外のブレーンがいてもいいと思うが、最低限、都民のことを自分より大切に考える人になってほしい。今の人たちは自分の物差しに都政の課題を無理に当てはめて矮小化して理解し、意見している。（50代、出先課長）

■顧問は知事に意見を言うのが仕事。職員に指示するのは越権以外の何物でもない。（知事も）それを知ってか知らずか放置している。（30代、本庁課長代理）

■施策を理解しているのかと疑問に思う。目立つことばかり追求し、長期的視野に欠ける。（40代、本庁課長代理）

■一部の顧問の横柄・尊大なヒアリング態度は鼻持ちならず、専門家でもない。なぜ重用するのか理解できない。（50代、本庁部長以上）

■特別顧問の意向にそぐわない事案では（職員が）抵抗勢力のように扱われており、モチベーションが著しく低下している。（50代、本庁部長以上）

■特別顧問は政策の結果について責任を負わないため、実現性がなくステークホルダーを無視した政策を進めている。既に長沼ボート場、築地再整備などがうまくいっていない。10年後には失敗が次々に判明し、批判される。（40代、本庁課長）

■主に経営面（狭義）でのアドバイザーであるため、行政としての総合性に欠ける。行政出身の顧問は自己のための行動を取っており悪質。（50代、本庁部長以上）

■顧問頼みは、知事就任から1年経過してもなお、庁内組織・職員を掌握していない証し。顧問は大阪市などの成功体験をそのまま都庁でも再現させようとしているが、市と都という違いがあり、内容は的外れなことが多い。（40代、本庁課長）

■大阪府と都庁とでは庁内の状況が全く違うし、財政状況も都はそこまで悪くない。都政改革本部を通じていろいろと作業が下りて来るが、現場の受け止め方は冷ややかだと感じる。都庁の風土に合っていないのではないか。（30代、本庁課長代理）

■全員ではないが、都民ファーストではなく「自分ファースト」「改革実績アピールファースト」の目線が強い人材を重用することには疑問を感じる。（50代、本庁部長以上）

■（知事が）自分の政治パフォーマンスをやりやすいように特別顧問にやらせている。（60代、その他）

■特別顧問の意見を聞くのはいいが、都政の各分野の専門性や経緯について十分な知識がない中でそれを重視するのはいかがなものか。各局所管事業の専門家である部長や局長の意見を十分聞いた上で何が多くの都民のためになるのかしっかり判断してほしい。（50代、本庁課長）

都主任選考

AI類申込率、最高更新
4人に3人が申し込み

都人事委員会事務局は15日、今年度の主任級職選考などの申込状況（速報値）を公表した。主任選考では、AI類全体の有資格者に占める申込者数の割合（申込率）は、過去最高だった前年度を1・5㌽上回る74・8%となり、2014年度以来、4年連続で過去最高を更新。有資格者のほぼ4人に3人が申し込む形となった。

AI類の受験資格は大卒程度で、全部受験が採用から5年（大学院修了程度は3年）、教養問題のみの前倒し受験が4年（同2年）。前年度に引き続き、大量採用された受験意欲の高い職員が主任選考の受験期に当たり、合格予定者数の増と相まって申し込みが増加している状況。

今年度の合格予定者数は687人で、前年度を40人上回っている。内訳は事務455人、土木135人、建築33人、機械30人、電気34人で、いずれも前年度より多い。

AI類の申込率は、建築を除く全区分で前年度を上回った。事務は71・2%で1・3㌽増、土木は87・6%で1・0㌽増、機械は77・0%で8・1㌽増、電気は74・3%で1・1㌽増。建築は81・7%で3・1㌽減となった。

AII類の申込率は4区分で増、5区分で減となり、このうち保健は36・8%で18・2㌽減、看護は19・2%で0・6㌽減となった。

前倒し受験の申込率は、AI類のうち事務、建築、機械の3区分で前年度を下回ったが、全体では95・9%となり、前年度並みとなった。

主任選考の筆記考査は9月24日に実施し、合格発表は11月10日を予定している。

主任級職選考申込状況（速報値）			2017年度 有資格者数	2017年度 申込者数	2017年度 申込率	2017年度 合格予定者数	2016年度 有資格者数	2016年度 申込者数	2016年度 申込率	2016年度 合格者数
A	I類	事務	1,971	1,404	71.2%	455	1,902	1,329	69.9%	437
A	I類	土木	475	416	87.6%	135	433	375	86.6%	126
A	I類	建築	115	94	81.7%	33	105	89	84.8%	29
A	I類	機械	122	94	77.0%	30	106	73	68.9%	26
A	I類	電気	144	107	74.3%	34	142	104	73.2%	29
A	小計		2,827	2,115	74.8%	687	2,688	1,970	73.3%	647
A	II類	福祉I	26	14	53.8%	4	27	18	66.7%	4
A	II類	福祉II	38	26	68.4%	5	33	19	57.6%	4
A	II類	産業技術I	152	119	78.3%	30	159	130	81.8%	32
A	II類	産業技術II	61	50	82.0%	12	41	33	80.5%	8
A	II類	産業技術III	26	22	84.6%	5	22	17	77.3%	4
A	II類	医療技術I	106	89	84.0%	21	115	92	80.0%	25
A	II類	医療技術II	210	80	38.1%	22	194	82	42.3%	20
A	II類	保健	19	7	36.8%	4	20	11	55.0%	4
A	II類	看護	1,514	290	19.2%	70	1,616	320	19.8%	75
A	小計		2,152	697	32.4%	173	2,227	722	32.4%	176
合計			4,979	2,812	56.5%	860	4,915	2,692	54.8%	823
B	事務系		1,449	344	23.7%	125	1,532	406	26.5%	133
B	一般技術系		477	153	32.1%	59	541	180	33.3%	67
B	医療福祉系		1,592	165	10.4%	99	1,630	173	10.6%	97
合計			3,518	662	18.8%	283	3,703	759	20.5%	297

※種別Aの申込者数は、「教養問題のみ（看護区分は専門記述のみ）」の申込者を除く

膵・胆管合流異常 論文が医学誌掲載

都立駒込病院

胆管がんや胆嚢がんを発症しやすくなる「膵・胆管合流異常」について、都立駒込病院の神澤輝実副院長（消化器内科）が執筆した論文がこのほど、英医学雑誌『ランセット』の姉妹誌に掲載された。

神澤副院長によると、「膵・胆管合流異常」では膵液が胆道に逆流するため、約半数が胆道がんを発症。日本人に多い疾患で、進行胆嚢がんを発症してから診断されるケースが多いという。論文では病態や早期診断、治療、予後、将来の展望などについてまとめた。日本人の筆頭著者による総説論文掲載は初めて。

神澤副院長は「いかに早くこの疾患を診断し、胆嚢摘出術などの予防的手術を行うかが重要。エコー検査とMRI検査を行えば、この疾患を診断できる」と話し、早期診断を呼び掛けている。

おつかれさまでした
退職局長から一言

大震災の経験生かし
前水道局長　醍醐　勇司

1982年の入都以来、都庁の様々な仕事に携わらせていただきました。この間支えていただいた多くの方々に対し、感謝の気持ちでいっぱいです。

振り返ると、本当にいろいろな仕事・出来事・そして事件や災害もありました。最初の本庁職場であった総務局の経理係では、そろばんの使い方から予算・経理までみっちりたたき込まれました。管理職試験合格後の人事部人事課時代には、シビアな利害調整の中で、都庁の仕事への取り組み方を覚えました。多摩都市モノレールや東京国際フォーラムへの派遣時には、様々な民間の方と共に仕事をする中で、企業の経営感覚を肌で学びました。

そうした中、特に強く思い出されるのは、総務局総務部長として関わった東日本大震災への対応です。被災地への職員派遣をはじめ、現地支援事務所の設置、被災者の都内への受け入れ、計画停電への対応など、次々に直面する事案に全庁の調整役として対応したことは、ついこの間のことのように覚えています。

最後の職場となった水道局には、2年前に初めて着任しました。水道は命に直結する、まさにライフライン中のライフラインであり、漏水事故への対応など、毎日が危機管理の職場です。私の東日本大震災やその後の危機管理監時代の経験が少しでもお役に立てばと思い、仕事に取り組みましたが、都民生活と首都東京の都市活動を支える真の基幹ライフラインを担っているのは、まさに職員の皆さんです。この2年間、安全でおいしい高品質な水の安定供給という、水道の根源的使命を何とか果たすことができ、職員の皆さんにお礼を申し上げます。

最後になりますが、このたび無事に退職を迎えられたのは、諸先輩をはじめ、これまで関わった全ての職員の皆さんのおかげです。皆さんのこれからのご活躍を、これからは外から応援しております。本当にありがとうございました。

仕事のだいご味感じた瞬間
前下水道局長　石原　清次

1983年に下水道局南部第二管理事務所に配属されて以来、34年余りの都庁人生でした。その時々に楽しいこと、また苦しいこともありましたが、そういった経験の積み重ねが今の自分の土台になっていると改めて思います。退職に当たり、支えていただいた方々に感謝するとともに、これからの都政を担っていく現役職員の皆さんの参考になればと、私が仕事のだいご味を感じた瞬間をお伝えしたいと思います。

まずは、「自分の目指す目的に思い通りに着地した時」です。

我々の仕事は多くの関係者との調整を経て、議会のチェックを受け、ようやく日の目を見ることができます。思いもよらぬ障害にぶつかったり、違った分野から新たな切り口を指摘されるなど、当初のもくろみ通りに進むことはまれですが、柔軟に、時には強硬に粘り強く取り組んだ結果、目的を実現できた時のうれしさは格別です。苦労が多ければ多いほど、後に楽しい思い出になるのは、「乗り越えることができた」という達成感が大きいからでしょう。

次に「『ありがとう』と言ってもらえた時」です。

都の仕事は法律や条例に基づいており取り扱いに差が出ることはないのですが、「そうなっています」と言い切ってしまうのではなく、必要があれば足を運び、置かれた状況や仕組み、考え方などを誠心誠意説明し、最後に言ってもらえる都民からの「ありがとう」は、われわれ都庁職員の仕事への情熱、向き合い方へのねぎらいの言葉です。

最後は「笑顔で送り出してもらえた時」です。

我々の仕事は、多くの先輩・後輩や上司、同僚、部下との連携によって進められます。都庁を去る最後の日に多くの方に笑顔で見送ってもらい、その一人ひとりと苦楽を共にできたことは、職員冥利に尽きる出来事です。

これから、従来と違うレベルの課題が、しかも数多く出てくるでしょう。しかし、私は都庁職員がみんなで知恵と力を出し合えば解決できない課題はないと信じています。皆さんのご活躍をお祈りします。

更なる安全・安心目指して
前青少年・治安対策本部長　廣田　耕一

2年余りの間、都庁の皆さんには大変お世話になりました。警察という風土も環境も異なる世界から飛び込んできて、当初は戸惑いもありましたが、優秀な職員の皆さんの支えを得て、やらなければと考えていたことについて、かなりの部分を実現することができ、大変感謝しています。

都政をめぐる課題は山積していますが、良好な治安の確保は都政、都民生活の基盤であり、東京2020オリンピック・パラリンピック競技大会を控え、その重要性はますます高まっています。

これは、もちろん警察だけに任せておけば良いというものではなく、広域自治体として都の果たすべき役割には大きなものがあります。

そのような思いから、この2年間、一般治安に関しては防犯カメラ補助事業の充実強化、GISを活用した防犯ポータルサイトの構築による住民への情報提供等、交通安全に関しては自転車安全利用条例の改正など自転車安全対策の強化、青少年の健全育成に関しては自画撮り被害防止のための条例改正に向けた青少年問題協議会への諮問などに取り組んできました。いずれも東京都でしかやれないことであり、その成果が今後さらに実を結ぶことを心から祈っています。

また、都内各区市町村の首長さんのところを訪問し、意見交換や警察も含めた三者連携の協力依頼をしたことも思い出深い出来事です。長年東京に住んでいますが、改めて東京の多様性、自然の美しさ、人々の温かさ、優しさに気付かされるとともに、各首長さんのお人柄やご見識、地域特性を踏まえた治世の一端に触れられたことは、役人として得難い、かつ楽しい経験となりました。

都政を取り巻く状況は厳しいものがあり、都民の皆さんの期待も大変大きいと思いますが、ライフ・ワーク・バランスを実現しつつ、これからも都民のため、都政発展のためにご尽力いただけることを期待しております。2年間、本当にありがとうございました。

広報局長が交代 外務省の小林氏
五輪組織委員会

五輪組織委員会は21日付で、広報局長に外務省の小林麻紀・欧州局政策課長を充てる。小野日子氏の後任。小野氏は1日付でスポークスパーソンと兼務する形で同局長に就任していたが、外務省に戻る。

小林氏は京大法卒。1990年に外務省に入り、大臣官房広報文化交流部文化交流課首席事務官、経済協力開発機構日本政府代表部参事官、国際法局経済条約課長、中南米局中米カリブ課長などを歴任している。

なお、後任のスポークスパーソンには、広報局の高谷正哲・戦略広報課長が就任する。

西沢　糸信さん（にしざわ・しのぶ）15日に49歳で死去しました。弊社に05年から編集部記者として勤務していました。生前のご厚誼に深謝いたします。葬儀告別式は近親者にて行いました。

五輪への航海図 201　TOKYO 2020　開催まであと1071日

特別区の戦略㉓

練馬区　都市農業で国際サミット

約216㌶という23区でも最大の農地面積を抱える練馬区。区内にはブルーベリー農園30カ所、野菜・果実の直売所が約270カ所ある。区内農家が発案した体験農園も17カ所開園し、練馬大根や「ねり丸キャベツ」などがブランド化されている。2015年3月には農家を支える人材を育成する「農の学校」も開校した都市農業の中心地だ。大都市の中に農地が存在し、都市農業が営まれているのは国内でも珍しい。

区は2020年大会の開催を控え、「世界都市農業サミット」を企画。農業が融合する都市の魅力と可能性を国内外と共有することが狙いで、区では昨秋、推進委員会を発足した。委員長に就任した横張真・東大院教授は「農業が都市の中で息づいているというのは、世界的に見ても例外的。世界にこうした実態を伝えることが必要」と話す。

大会前年に当たる19年秋、練馬文化センターをメーン会場に3日間、シンポジウムや農業体験、農産品を販売する「マルシェ」などのイベントを予定。海外から特徴的な都市農業に取り組む5都市程度を招聘することも想定する。例えば、ニューヨークでは若い女性が帰宅後に野菜を収穫するようなライフスタイルが生まれているほか、ロンドンでは12年五輪を契機に市民農園を2012カ所開設する目標を掲げ、それ以上を達成。都市農業に対するアプローチの参考にしたい考えだ。

区が都市農業に注目する背景には、都市農地の減少がある。区内の農地は相続などに伴い、10年間で約60㌶減少。担い手不足も深刻だ。ただ、追い風も吹いている。今年5月の生産緑地法改正で、500平方㍍以上となっている生産緑地の面積要件が300平方㍍以上に緩和され、小規模農地を保全できるようになった。一方、食のグローバル化に伴い、安全で良質な食の確保に対する消費者の関心も高まっており、区は身近な都市農地で生産される農作物が消費者に安心感を与えていることも踏まえ、都市農業の振興に力を入れる方針だ。

関口和幸・都市農業調整課長は「参加各都市が都市農業の意義と魅力を共有し、相互に学び、新たな取り組みを探ることにより、練馬区はもとより世界の都市農業の更なる発展につなげていくサミットにしたい」と話す。

ブルーベリー摘みを楽しめる農園も＝区提供

30年度 職員教養講座 ▶7◀

東京都管理職選考対策

B事務（福祉・保健医療）論文

今回は「福祉・保健医療」の論文対策を解説します。

論文では、都の取り組みの方向性を踏まえながら課題を明らかにし、具体的で実現可能な解決策をいかに論理的に記述するかが問われます。

過去の出題

過去の出題は以下の通りです。

《平成20年度》

（1）安心して子供を産み育てることができ、子供たちが健やかに成長できる環境を整備することは、社会全体で取り組むべき重要な課題です。全ての子供と子育て家庭を支援していくために、都として取り組むべき方策について、あなたの考えを論じなさい。

（2）今日、地域や診療科による医師の偏在や看護職員の不足などが、安心して医療を受ける上で大きな問題となっています。東京の地域医療を支える医療人材をどのように確保していくのか、都として取り組むべき方策について、あなたの考えを論じなさい。

《平成21年度》

（1）東京は、世界に類を見ない速さで超高齢社会を迎えますが、高齢者の7割は介護が必要になっても自宅での生活を希望しています。高齢者が住み慣れた地域で暮らし続けるために、都として取り組むべき方策について、あなたの考えを論じなさい。

（2）新型インフルエンザなど感染症の脅威がこれまでになく高まっており、感染症の発症を早期に把握し、迅速に対応する体制の確立が求められています。感染症から都民の健康を守るために、都として取り組むべき方策について、あなたの考えを論じなさい。

《平成22年度》

（1）都民が安心して福祉・保健・医療サービスを利用するためには、都と多様な事業主体とが連携・協力し、良質なサービスを提供することが求められています。福祉・保健・医療サービスの質をより一層向上させていくために、都として取り組むべき方策について、あなたの考えを論じなさい。

（2）心の健康は、生き生きと自分らしく生きるための重要な条件であり、QOL（生活の質）に大きく影響しますが、ストレスやイライラを感じている都民の割合は増加傾向にあります。都民の心の健康づくりを進めるために、都として取り組むべき方策について、あなたの考えを論じなさい。

《平成23年度》

（1）本年3月に発生した東北地方太平洋沖地震は各地に甚大な被害をもたらし、多くの方が避難所生活を余儀なくされました。都でも首都直下地震等による被害が懸念されますが、大規模地震が発生した場合に都民生活を守るため、被災者への支援や適切な保健医療の提供をどう行うか、都として取り組むべき方策について、あなたの考えを論じなさい。

（2）障害者が安心して暮らせる社会を実現していくためには、障害者がその障害の種別にかかわらず、地域において自立した生活を送り、多様な社会参加が促進されることが必要です。そのためには、多様な分野で総合的な施策の展開が求められますが、都として取り組むべき方策について、あなたの考えを論じなさい。

《平成24年度》

（1）都では児童虐待防止の取り組みを進めていますが、虐待により幼い命が奪われる痛ましい事件が後を絶たず、一層の取り組み強化が必要な状況にあります。子供を虐待から守り、児童虐待による死亡ゼロを目指すため、都として取り組むべき方策について、あなたの考えを論じなさい。

（2）少子高齢化の進展や生活習慣病の増加を受け、都民の健康づくりが一層重要な課題となっています。生涯を通じて健やかで心豊かに生活できる活力ある社会を実現するため、都として取り組むべき方策について、あなたの考えを論じなさい。

《平成25年度》

（1）東京では、高齢者の単身世帯や夫婦のみの世帯の割合の上昇、要介護高齢者や認知症高齢者の増加などが進む中、高齢者が可能な限り住み慣れた地域において、健康で安心して暮らせることが求められています。高齢者を地域で見守り、支えていく大都市東京を実現するため、都として取り組むべき方策について、あなたの考えを論じなさい。

（2）感染症や食中毒、環境に起因する健康被害など、都民の健康と安全を脅かす問題が次々と発生し、多様化する健康危機から都民を守ることが急務となっています。健康危機の発生、拡大の恐れの大きい大都市東京において、都民の安全・安心を確保していくため、都として取り組むべき方策について、あなたの考えを論じなさい。

《平成26年度》

（1）少子化の進行に歯止めをかけ、子供の笑顔があふれるまちを実現していくため、社会全体で子供の成長や子育てを支えていくことが求められています。次代を担う子供たちが健やかに生まれ、育成される社会をつくるため、都として取り組むべき方策について、あなたの考えを論じなさい。

（2）少子高齢社会に対応し、健康に対する都民の安心を確保するため、保健医療体制の充実が求められています。全ての人が質の高い安定した医療を受けることができ、生涯にわたり健康に暮らせる社会をつくるため、都として取り組むべき方策について、あなたの考えを論じなさい。

《平成27年度》

（1）東京においては、高齢者人口や認知症高齢者が増加する一方、介護の人材が慢性的に不足するなど、福祉サービス基盤の整備や人材確保に向けた施策が求められています。今後、高齢者が地域で安心して暮らせる社会を実現していくため、都として取り組むべき方策について、あなたの考えを論じなさい。

（2）東京においては、東日本大震災の教訓を踏まえ、首都直下地震など震災時に、的確かつ迅速に医療を提供していくことが求められています。今後、災害に備えた医療体制の充実強化を図っていくため、都として取り組むべき方策について、あなたの考えを論じなさい。

《平成28年度》

（1）我が国では、今、子供の貧困が問題となっています。貧困の連鎖を断ち切り、自らの希望を実現できる社会づくりに向け、局横断的な取り組みが必要となっていることを踏まえ、子供の貧困の現状に触れた上で、都として取り組むべき課題と方策について、あなたの考えを論じなさい。

（2）近年、エボラ出血熱や中東呼吸器症候群（MERS）などが流行したことを受け、感染症への対応の重要性が再認識されています。国外からの来訪者が大幅に増加しつつある東京において、東京2020オリンピック・パラリンピック競技大会を見据え、感染症対策を充実させるため、都として取り組むべき課題と方策について、最近の感染症の状況に触れた上で、あなたの考えを論じなさい。

《平成29年度》

（1）昨年4月に「障害を理由とする差別の解消の推進に関する法律」（障害者差別解消法）が施行されるなど、障害を理由とする差別の解消を推進し、共生社会を実現することが求められています。障害者がいきいきと暮らせる社会を実現するため、都として取り組む課題と方策について、あなたの考えを論じなさい。なお、都が実施している、または実施を予定している施策の説明にとどまらずに、あなたの創意工夫等を盛り込むこと。

（2）東京では、平成37年（2025年）に向けて、少子高齢化が更に進展し、医療需要が増加することが予測されています。医療需要の増加に対応し、患者の症状や状態に応じた効率的で質の高い医療提供体制を確保し続けるため、都として取り組むべき課題と方策について、あなたの考えを論じなさい。なお、都が実施している、または実施を予定している施策の説明にとどまらずに、あなたの創意工夫等を盛り込むこと。

出題傾向

例年の傾向を見ると、福祉分野、保健・医療分野からそれぞれ1題出題されています。福祉分野は、高齢社会対策、少子社会対策、障害者施策のいずれかから出題される傾向にありますが、今回は「障害者がいきいきと暮らせる社会の実現」を問うものでした。保健・医療分野の「医療提供体制の確保」に関する出題も、「医療需要の増加に対応」「患者の症状や状態に応じた」「効率的で質の高い」など複合的な視点からの回答を求められる内容でした。いずれも比較的準備のしやすいテーマでしたが、今回は新たに「あなたの創意工夫等を盛り込むこと」を求められていることが、例年との大きな違いです。

対策としては、例年の傾向をつかみ、日頃から福祉・保健医療施策のデータを押さえておくことが必要です。出題が予想されるテーマは、課題と解決策のレジュメを用意し、自分なりの考えを整理しておくべきでしょう。

論文の書き方

分量は、1500～2千字程度とされていますので、2千字を目標にまとめましょう。一つの文章は簡潔にまとめるのが基本です。

論文の構成

構成は起承転結が一般的です。4章の字数配分は「起」が400字、「承」が600字、「転」が700字、「結」が300字程度を目安にまとめましょう。

「起」では、現状認識と問題意識に言及します。都の福祉・保健医療に関する現状を踏まえ、課題を明らかにした上で、都政で、その取り組みがなぜ必要か、出題意図に沿って明確に説明し、次章以降で展開する内容につなげてください。「起」は、他の受験者と差別化を図るためにも重要なポイントになりますので、よく考えて作成する必要があります。

「承」は、「起」を受けて具体的な三つの課題を提示します。まず、端的に課題を挙げ、少し掘り下げて説明し、さらに具体的な事例をそれぞれ書くのが一般的です。「承」の冒頭は、「第一に」と始めるのでなく、全体を総括する内容から書き出してください。キーワードを活用しながら、2行程度でまとめると採点者に課題認識が伝わりやすくなります。また、具体的な数字や事例を用いると、より一層説得力が増します。

「転」は、「承」で指摘した課題を解決するための具体策を論じます。「承」と同様に、全体を総括する内容を述べた後、それぞれの解決方法を提示します。採点時に重視される「政策形成力」や「論理性」を十分意識し、問題点と解決策をしっかり対応させ、矛盾なく論理展開することが重要です。また、解決策は、従来の施策に加え、独自の考えを表現できるよう準備しましょう。

「結」は、論文の締めくくりとなります。論文全体を通じて、主張した解決策の必要性を一段高い視点から強調し、この解決策が都民にとっていかに重要かを総括します。まとめの章ですから、これまで主張していないことには触れないでください。また、決意表明を加えてもいいでしょう。

論文の作成と添削

完成したレジュメを基に、優先度の高いものから仕上げ、上司や知り合いの管理職の添削を受け、合格が可能な水準まで準備を進めてください。試験当日が近づいたら、試験時間(2時間)を意識して手書きすることが重要です。試験当日はいきなり原稿用紙に書き始めるのでなく、問題文を読み、レジュメや構成をメモするところから始まると思いますので、それを含めた時間配分を経験し、試験に備えることが必要となります。

来年の試験までは十分な時間があります。当日、自信を持って受験できるよう、過去の合格者の勉強方法を参考に、試験対策を効率的に進めてください。皆さんのご健闘をお祈りしています。

特別区 管理職試験講座 41

Ⅰ類択一・記述 Ⅰ・Ⅱ類論文 29年度

Ⅱ類論文

Ⅱ類受験予定者の皆さんは、日々の実務で重要な役割を担い、本番直前となった今も勉強時間を確保するのが難しい人もいると思います。今回はⅡ類選考に向けて改めて確認しておきたいことを紹介します。

試験概要

まずは改めて試験内容のおさらいです。Ⅱ類選考の筆記試験では、各区に共通して起こり得る困難事例をテーマとし、管理職としての対応を問う「事例式論文」が出題されます。文字数は1500字から2千字程度で、試験時間は2時間です。論文を通じ、テーマから課題を的確に分析するための「問題意識」や幅広い視点からの「理解力」、実現可能で妥当な対応策を導く「判断力」、その対応策を分かりやすく示す「表現力」などが評定されます。

出題内容は毎年度ほぼ同じ形式で、自分が新任課長として配属された課で、上司の部長や自分とは意見が異なる部下の係長などの職員、町会・自治会などの区民、区議らを登場人物としたトラブル事例が出題されます。過去5年間の事例のテーマは、▽平成28年度＝まちづくりと住民の合意形成▽平成27年度＝地域との連携による事業運営▽平成26年度＝区民施設再編に向けた地域住民との合意形成▽平成25年度＝民間事業者による施設建設の進め方▽平成24年度＝地域住民との合意形成――が出題されました。

試験に向けて

毎年度ほぼ同じ出題形式となっていることから、受験予定者の皆さんはある程度、回答のフォーマットを用意しているかと思いますが、改めて代表的なフォーマットを紹介します。

論文は自分の考えを論じるもので、主語が必ず「自分」であるのが前提です。その上で、それぞれに見出しを付けた「起」「承」「転」「結」の4段構成で論述するパターンが代表的です。

「起」と「結」は、どのような事例テーマでも応用できるような自分なりのフォーマットを作ることができます。可能であれば、複数パターンを用意できると安心です。自身の決意を表明する「結」の部分は、一定の文字数を配分し、管理職として責任を果たすことへの決意と自信を力を込めて示します。

試験直前の勉強の仕方

フォーマットを確実に自分のものにするには、手書きや読み込みなどを重ねることが大切ですが、あらかじめパソコンで作成したデータをスマートフォンの読み上げアプリで音声化し、出退勤時に聞くなどの工夫も効果的です。

「承」と「転」も書き方をある程度パターン化するのは可能ですが、テーマに沿った問題点の指摘や短期・中期・長期での多面的な対応策の提示が必要で、文章構成を磨き上げることと並行して区政に関する情報収集を行うことも大切です。新聞に加え、東京都広報や区政会館だよりなど各種行政広報紙、国や都、区などの各種報告書などをチェックします。時事的な課題から出題される傾向のⅠ類論文とは違い、Ⅱ類論文の場合は論理展開のための資料作成の視点を意識してチェックするのが良いでしょう。

回答の文字数は、1900字台にするのが理想的です。1800字未満では多面的な視点が盛り込めない場合があり、2100字を超えると論理的な構成に難があると判断される可能性があります。適正な文字数での構成を考えることで、読みやすい文章にもつながります。

直前の準備

試験直前のこの時期は、手になじんだ筆記具で手書き練習を重ねることに尽きます。終業時間の前後や昼休みだけでなく、業務中にメモを取る際に試験用の筆記具を使うなど、本番の手書きの際に違和感がないようにします。その上で、試験時間の2時間以内で論文を書く予行練習を複数回行って時間配分を体で覚えるようにしましょう。2時間手書きで文章を書き続けるのは思った以上に肉体的な疲れを感じます。スタミナをつけるためにも、可能な限り手書きする機会を多く用意するのが良いでしょう。

採点される状況を考慮することも重要です。採点者は多くの論文を読むことになり、目が疲れたタイミングで読まれることになる可能性もあります。そのため、読みやすい文章内容に加え、読みやすい字を書くことが大切で、鉛筆やシャープペンシルの芯は「太い、濃い」ものをあらかじめ選んでおくことをお勧めします。鉛筆の場合は、HBよりもBや2Bの芯がやわらかく濃いものが良いでしょう。シャープペンシルの場合は、一般的な太さ0・5㍉のものよりも、0・7㍉の太めのものがしっかりとした字を書くことができます。ただし、多少細かい字が書きにくくなるため、なじまない場合はいつも使っているものに戻した方が良いでしょう。大切なのは、採点者に読みやすい字を書くと心掛けることです。

最後に

Ⅱ類選考の昨年度の合格率は事務52・2%、技術93・3%で、合格率は比較的高いと言えます。既に総括係長として日常的に事務執行の中心的役割を担っている皆さんは、事例式論文という出題形式に対応することで、より合格が近付くと考えます。準備していたフォーマットで対応できない事例だった場合も、これまでの実務経験が役立つはずです。係長として行ってきた区民とのやり取りや議会対応を思い出し、冷静に試験に向き合ってください。

先述したように、2時間手書きする論文試験はある意味、体力も重要な要素になります。試験対策も大切ですが、試験当日にベストコンディションに仕上げられるよう、体調管理にも十分気を配るようにしてください。その上で、自信を持って本番に臨むことができれば、合格への道はおのずと見えてくるでしょう。

論壇

"協治"の再構築が喫緊の課題

民泊の視点と地域コミュニティー

大妻女子大学特任教授　玉井 和博

観光立国を目指す日本、とりわけ2020年オリンピック・パラリンピックに向けた東京都の役割と位置づけは言うまでもない。この20年に向けた都の主な観光KPI（重要業績評価指標）は、訪都外国人客2500万人（国は4千万人）、同消費額2兆7千億円（同8兆円）を目標としている。

この目標達成への大きな課題の一つとして宿泊施設問題がクローズアップされ、政府は先般、旅館業法の一部改正とは別に「住宅宿泊事業法」、いわゆる民泊新法を取りまとめたが、新法への対応を迫られた大きな要因は、「Airbnb（エアビーアンドビー）」を始め、インターネットを介して情報提供をそのビジネスの核とした新たなビジネスモデルの登場であった。

家主不在型には大きな不安

このビジネスモデルは既存のBtoB（企業間取り引き）やBtoC（企業と個人の取り引き）のみならず、CtoCいわゆる「個人間取引」の利便性をも飛躍的に拡大させた。他方、ITを中心とした科学技術の急速な進歩は、私たち消費者サイドの価値観をも大きく変化させることとなった。特にサービスマーケティングにおいては、「異なる価値観へのリアルタイムな対応」と「SNS中心の多用な関係性への対応」が大きな課題となっている。

産業革命以降、大きな社会変革のパターンは「技術革新→市場変化→制度改革」の流れをたどり、現在はインターネットという技術革新により、市場変化は消費構造ばかりか社会の在り方まで影響を受け、制度においては一部の既存法体系から社会規範まで再考を余儀なくされているが、この新旧の価値観対峙はある意味必然であろう。

ところで、観光の目的は多々あるが、その本質は"その国(地域)の日常を体験すること"である。

その視点からすれば、「民泊」はまさに観光立国を標榜する我が国において重要な役割となる。特に良質なホームステイ型（家主居住型）は、体験型観光として日本人のきめ細やかな対応をリアルな形で体験できる宿泊観光の理想型と言っても良い。

一方、いわゆる投資型（家主不在型）においては、その事業形態に大きな不安があることも事実である。民泊先進国である欧米でも数々の問題点が指摘されている。

昨年3月フランスのホテル産業連合（UMIH）や我が国の全旅連などとの民泊フォーラムの中で、一般的な外部不経済（ゴミ、騒音問題等）の他に、犯罪の温床化（麻薬取引、暴行、レイプ等）の事例が報告された。先般もスペイン・バルセロナでは、観光客のあまりに破廉恥な行為や、市内アパートの民泊転用によりアパート賃料が高騰して住人が減少する事態に、市内でのホテル建設禁止や民泊の規制強化が図られているとのニュースが報道された。これは東京でも少なからず予想される事態である。

ただ、投資型民泊が一概に全て問題なわけではなく、違法民泊が疑われる事業者が多い中にあっても既存の法律にのっとり、適正な事業経営をする優良事業者は存在する。新たな法の下ではこのような優良事業者に対し「正直者が損をする！」ことにならぬよう、適切な指導・育成と違法者に対する厳罰が何より重要となる。

新たな経済合理性とは何か

先にも述べたが、民泊を始めとするインターネットをプラットフォームとした各種個人間ビジネス（CtoC）が存在価値を増すにつれ、そのビジネスにおける社会規範の概念も、市場原理主義経済をベースとした企業社会中心から、コミュニティーに根ざした社会関係の中で醸成されていくことになろう。そして、この新法を効果的なものとするキーワードこそまさに「コミュニティー」である。

今回の制度改革の中で住宅所有者（住宅宿泊事業者）が在宅するホームステイ型はある意味、地域コミュニティーに帰属しており、その意識もある程度高いものと想定される。

他方、家主不在型では住宅所有者のほとんどは地域コミュニティーには属しておらず、民泊を経済合理性のみにて事業委託した場合の帰属意識問題に加え、その事業受託者である住宅宿泊管理業者が、建前だけでなく真に地域コミュニティーを意識した経営理念を持っているかにかかってくる。

この新たなビジネスモデルの登場は止めようのない厳然とした時代の変化であり、今後、"地域コミュニティーにおける新たな経済合理性とは何か？"を問われることになる。

そして、この地域コミュニティーの価値観と基準こそ、それぞれの地域住民一人ひとりに突き付けられた課題であり、行政との緊密な連携が今にも増して必要不可欠となる。

先に述べた海外都市での事象や東京都心部で起きつつある現象は今後、確実に日本全国の各地域に、東京でも多摩や島しょの市町村部を含む都内の全ての地域に伝播され、他人事ではない課題が眼前に迫っている。

そして、この市民（マーケット）の「多様な価値観」と「複雑な関係性」という社会・経済現象の変化に対し、私は今後の地域経営のキーワードを『混在と共存』と考えている。既に産業界では同一産業内のみならず異業種とのアライアンスビジネス（企業同士の連携）が急展開されている。

これまで存在しなかった民泊事業者が生まれ、地域社会に「混在」していく状況下で、住民の生命・財産や生活環境を守りつつ、新たなビジネスを根付かせて地域の活性化を図っていくために必要な条件があるとすればそれは何か。

最も重要なことは、民泊事業者及びそのサービスの利用者である旅行者と住民との間に「共存」の関係が構築されることであろう。そのために、行政とりわけ基礎的自治体である区市町村は、地域住民の合意形成を図りながら、新たなまちづくりを進めていくための規制や調整の手法を駆使して地域経営を行っていかねばならない。

これからの行政には、この市民レベルの意識変革のバックアップ体制として、異種な部門との混在と共存連携による協働すなわち"協治"の再構築が喫緊の課題となろう。

東京スイソミルで夏休み

イベントが盛りだくさん

東京都環境公社

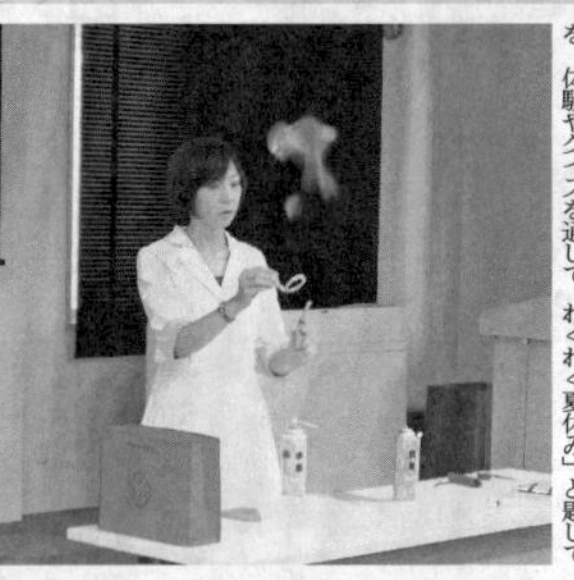

㊤すずきまどか講師のサイエンスショー
㊦こどもの城児童合唱団・混声合唱団×燃料電池自動車

（公財）東京都環境公社が運営する水素情報館「東京スイソミル」が7月26日に開館1周年を迎えた。次世代エネルギーとして期待される水素エネルギーに特化した国内初の普及啓発施設で、目に見えない水素のことや水素社会の将来像を、体験やクイズを通して楽しみながら学んでもらうことをコンセプトに、小学生から企業や行政視察まで連日幅広い層が来館している。

目指せ！水素マスター

東京スイソミルでは夏休み期間中、「スイソミルのわくわく夏休み」と題して毎週テーマを設けて、水素に関する様々なイベントを実施し、多くの来館者でにぎわっている。毎日開催しているスタディガイド企画では、新たに制作した自由研究に役立つスタディブックと研究シートを用いて、水素に関するクイズを館内に掲示している。子供たちは館内を巡って答えを探し、スタッフに正解を伝えてスタンプを押してもらい水素マスターを目指す。

1周年ウィークでは、サイエンスショーを開催。「かがくのおねえさん」すずきまどか講師による科学実験では、日本の電力事情や燃料電池の仕組みを分かりやすく解説。「サイエンスパフォーマー」クラウン・リオ氏はバルーンアートで水素と酸素の化学反応で電気と水ができることを楽しく表現し、来館者には1周年を記念してスイソミルオリジナルキャラクターが描かれた定規セットがプレゼントされた。

アートウィークでは、こどもの城児童合唱団・混声合唱団による演奏とスイソミルキャラクターとのコラボレーションが実現した。この日のために特別に作曲された「スイソミルテーマソング」の歌声とともに、「$H^{2}O$」をモチーフにした振り付けを来場者も一緒になって踊り、会場は大きな盛り上がりを見せた。また、演奏で使用した電子ピアノやシンセサイザー等の電源は、燃料電池自動車で発電した電気を使用するなど、水素エネルギーの新しい活用方法をPRする機会にもなった。

今週末は楽しい夏祭り

19日（土）、20日（日）の2日間は「第2回夏休み子供フェア」と銘打って、大規模な楽しい夏祭りが開催される。燃料電池の仕組みが分かる燃料電池バギー教室（当日整理券制）や燃料電池自動車ペーパークラフトのワークショップ、風鈴工作教室など盛りだくさん。また、燃料電池自動車の電気を使って作るかき氷も振る舞われる。

夏休みのラストを飾るスタディウィークは、燃料電池自動車と外部給電器の実演デモを開催。燃料電池自動車の電気で災害停電時の1週間を乗り切れるかどうかをワークシートや水槽を使ったデモで参加者に視覚的に示し、その供給能力の大きさや活用方法についても分かりやすく伝えていく。

東京都環境公社のスタッフは、「東京スイソミルが開館して、1年で約1万4千人のお客様が来館した。今後も先駆的な水素普及啓発施設として、魅力的な企画や情報を発信し、東京都が掲げる水素社会の実現に向けた一翼を担えるように努力したい」と話した。

◇　◇　◇

■東京スイソミル　▽場所　江東区潮見1の3の2▽☎03・6666・6761▽開館時間　午前9時～午後5時（入館は4時半まで、月曜日は休館）▽アクセス　JR潮見駅より徒歩8分、東京メトロ辰巳駅より徒歩20分

豊島区の歴史を掘り起こした

伊藤榮洪氏の追悼・著作集が発刊

「文学散歩　東京あちらこちら」を本紙に連載中、昨年10月に84歳で亡くなった伊藤榮洪氏の著作集と追悼集『伊藤榮洪先生を偲んで』が、氏の教え子である豊島区立雑司ヶ谷中学校の第9期生が中心の「文学散歩の会」と奥様の伊藤三美氏によって刊行された。

豊島区池袋に生まれた伊藤氏は、大学を卒業した1955年に雑司ヶ谷中の教師となり、真和中学、大塚中学を経て、80年から92年まで都立高島高校と向丘高校でも教鞭を取り、その後も私立巣鴨高校で2008年まで教師を続けた。その傍ら、豊島区の区史編纂委員や図書館専門委員を務め、区功労者表彰を授与され、昨年2月から区参与も歴任した。

追悼文には、真和中学時代に初めて出会ったという高野之夫区長が思い出を語り、功績をたたえた。雑司ヶ谷中学に赴任した当時、10歳しか違わなかった教え子からは、今も色あせない教師時代の氏とのエピソードがつづられている。

編集に協力した雑司ヶ谷中12期生の中川悟氏は「先生と教え子というより、友達関係だった。とにかく本を読み、下調べをした上で実際に歩かないと納得しない。何分かかるか時間まで計っていた」と話す。

著作集は、としま未来文化財団ニュース「みらい」に掲載した「おもしろ豊島区探訪」「おもしろ人物列伝」「おもしろ江戸の噂・村のうわさ」「女性の道を拓いた女性たち」のシリーズや、中央図書館通信に連載した「明治文学[illegible]」、本紙で57回に及んだ「文学散歩」も掲載してある。

A4判163㌻のフルカラーで、市販はしていないが、豊島区内の図書館で閲覧できる。

ミニガイド

◇清澄庭園「日本文化体験」～文化財庭園で"書道・茶道体験"　▷内容　清澄庭園の近隣にある教育施設の茶道部・書道部の生徒を講師として茶道体験・書道体験をしてもらう　▷日時　10月9日㈪㈷　【午前の部】10時～12時【午後の部】1時～3時▷場所　清澄庭園大正記念館▷参加費　茶道体験（お抹茶・和菓子付）300円、書道体験100円。いずれも入園料別途▷参加方法　当日自由参加（材料がなくなり次第、終了）▷協力　学校法人中村学園中村中学校・高等学校

◇都立中央図書館シリーズ展示「世界中の国のこと　もっと知ろう！」第6回　ヨーロッパPart 2・アフリカPart1編　▷内容　西ヨーロッパと北アフリカを中心に34カ国に関する本を集め、国別に展示▷期間　9月11日㈪～10月15日㈰　午前10時～午後8時（土日祝日は午後5時半まで）▷場所　都立中央図書館4階企画展示室（入場無料）

東京 橋くらべ⑤

三田用水の管きょが残る

紅林 章央

西郷橋

おしゃれな代官山の街並みにも調和した西郷橋

代官山といえば東京でもおしゃれな街だ。この街のメーンストリートの旧山手通りに西郷橋はある。かつて、この辺りは西郷山と言われた。西郷隆盛の弟で海軍大臣などを務めた西郷従道の屋敷があったためだ。橋名はそれにちなんで名づけられた。

現在の橋は1934年に東京府により架橋されたコンクリートのアーチ橋である。橋は平成の初めに化粧直しが行われ、周辺の街並みに引けをとらないクラシックで美しいたたずまいを見せている。

しかし、この橋は一見トンネル？と思うほどにアーチに厚みがある。

橋にはかつて、玉川上水から分水し、エビスビールの原水であったことでも知られる三田用水が通っていた。用水はほぼ旧山手通り沿いを通り、橋の中には直径約1㍍の用水の管渠が収められていた。このため他のアーチ橋に比べ厚いのである。

用水は74年に正式に廃止されたが、管きょは今も内部に残されている。この厚いアーチも東京の貴重な歴史の証人なのである。

「内藤新宿」を愉しむ

展示や講座など開催

新宿区教委

新宿区教育委員会は、「内藤新宿を愉しむ」をテーマに展示、ワークショップ、講座を四谷図書館、四谷地域センターなどで8月から10月まで開催する。

「内藤新宿」は甲州街道の宿場で、江戸と近隣の農村を結ぶ交通・経済の拠点として大変なにぎわいを見せて、「新宿」の地名の由来となっている。

28日から10月20日まで四谷図書館で「『よつば』で巡る四谷と内藤新宿」を開催。9月17日にはワークショップ「内藤とうがらしでハヤシカレー」を四谷地域センターで開催する。

このほか、盛り場の変遷を紹介する講座「新宿の歓楽街」や、街歩きワークショップも予定している。

都政新報

発行所　都政新報社
〒160-0023 東京都新宿区西新宿7-23-1 TSビル
〈総務・読者〉03-5330-8781
〈企画広告〉03-5330-8784
〈編　　集〉03-5330-8786
〈出　　版〉03-5330-8788
〈ファクス〉03-5330-8808
購読料 月1,730円(税込)
毎週火・金曜日発行
ただし、祝日は休刊

紙面から

決め方や実現性 職員から疑問符

市場基本方針

本紙が行った都職員アンケートでは、小池知事が中央卸売市場を豊洲に移転させた上で、築地市場の跡地を再開発する基本方針を「評価する」「評価しない」の二択で回答してもらったところ、「評価しない」が全体の87・4％に上った。都議選前に報道機関が実施した世論調査では、都民の約55％が基本方針を評価していたのに比べ、ギャップが浮き彫りになった。基本方針は職員の間で、移転反対派と推進派に配慮した「折衷案」、「都議選で議論を封じるための選挙対策」などの批判が多かった。

＝4面に「自由意見」

小池都政1年 【第2部】都職員アンケート③

「行政手続きを無視」

小池知事が6月の臨時会見で発表した基本方針は「築地は守る、豊洲を生かす」という内容で、二つの市場を両立させる考えを示した。これに対し、50代課長は「両市場の活用案は響きがいい」として、都民受けする内容だったと分析する。

一方、職員が基本方針を評価しない理由は、「（知事の決断が）中途半端」という意見が目立った。

40代課長は「移転賛成派・反対派の双方にいい顔をすることが第一の目的で、本当に市場のことを考えているようにはとても見えない」と批判。50代部長級以上も「築地市場の残留希望の方に期待を持たせてしまい、かえって混乱のもとになるのではないか」と危惧する。

また、方針のまとめ方にも批判は多い。都議選告示の3日前に発表されたことから、大方の職員は「選挙対策」と分析する。当時は知事と対立を深めた自民党が「決められない知事」と批判しており、「都議選直前に表明することで、議論を封印したかったのでは。（豊洲に）移転しなくては、公明党の（選挙）協力を得られなかった」（40代課長）との指摘や、「選挙で勝利するための方針」（30代課長代理）、「都政にとって最良の選択ではなく、自らの政治生命にとって有効な選択」（40代課長代理）との見方につながった。

知事が移転延期を決めてから基本方針を発表するまでの間、移転問題を検証する市場問題プロジェクトチーム、豊洲の地下水対策を検討する専門家会議、移転問題を総点検する市場のあり方戦略本部が設置され、議論を重ねてきたが、基本方針は知事と特別顧問が決めたとされる。6月の臨時会見で、小池知事は「一つひとつ行政手続きをこれまで踏んできた」と話していた。20代以下の一般職員は「（知事は）行政手続きを重視するとしていたにもかかわらず、市場のあり方戦略本部などの（総点検を踏まえて知事が総合的に判断する）行政手続きは無視された」と非難。また、40代課長は「多くの関係者を巻き込み、時間をかけて検討させた割には将来のあるべき姿を見据えた大局的な判断には至らなかった」と不満を漏らしている。

「財源確保の説明なし」

さらに、実現性の面からも基本方針を批判する声がある。都は豊洲整備に当たり5884億円をかけ、当初は築地市場跡地（4348億円）を売却して賄う計画だったが、豊洲移転後の収支見通しとして優位性が高いとされた築地の長期貸し付けに見直した。都によると、年間160億円の賃料を見込んでいるが、再開発が終了するまでは賃料収入がなく、「どう財源を確保するか説明がない」（40代課長代理）、「費用負担などのスキームを検討せずに再開発を進めることは問題」（50代課長）などの厳しい意見が寄せられた。

6月の臨時会見で豊洲移転などの基本方針を発表する小池知事

都は4～5年後に築地再開発の着工を見込んでいるとの報道もあるが、2025年には中央卸売市場が豊洲整備で発行した企業債の返還がピークを迎え、再開発の時期と重なる可能性が高く、「両地区の借金をどう返済するのか」（50代部長級以上）との懸念も出ている。

移転反対派と推進派に配慮した基本方針のしわ寄せは早くも出ている。知事は築地跡地に食のテーマパークを整備する考えを示したが、豊洲新市場の敷地内に整備する観光施設「千客万来」の事業者が競合することを理由に、撤退も含めて検討している。30代課長代理は「千客万来施設など、築地再開発による影響を考慮しているとは思えない」と問題視した。

食のテーマパークは、仲卸業者が豊洲に移転後、築地に戻って営業するための施設だが、職員アンケートでは卸が豊洲に残る「二つの市場」に異論が噴出。卸と仲卸の取り引きが非効率的となることから、「二つの市場の成立はあり得ない」（50代部長級以上）。

基本方針の決定に関しては、「築地ブランドに固執し過ぎ」（50代課長）との指摘も出ているが、「せめて方針を決定する前に職員に相談してくれれば、もう少し的を射た判断ができたのではないか」（20代以下一般職員）と、悔しさをにじませる意見も寄せられた。

一方、「評価する」の意見では、「中身はともかく、ようやく決断していただいたことのみうれしい」（40代課長）、「知事が決断したことは尊重したい」（40代課長）に加え、「築地の土地を売らないという選択も大局的には理解できる。市場会計の資金繰りの観点のみから売却ありきで決めることには慎重であってもいいと思った」（50代部長級以上）などがあった。

五輪輸送計画

市場移転混迷で暗雲

輸送拠点など着工できず

東京五輪成功の鍵を握る交通輸送計画。大会期間中に訪れる選手や大会スタッフ、観客らの円滑な輸送に欠かせないが、市場移転延期が同計画に深刻な影を落とし始めている。都が築地市場跡地に整備予定の輸送拠点や、同跡地を通る環状2号線（環2）などの工事に移れないでいるためだ。小池知事は10日の記者会見で、「豊洲市場への移転を全力で進める」とし、臨時会で関連の補正予算案成立を目指す異例の方針を示したが、背景にはリミットが迫る大会準備への焦りも見える。

「築地市場撤去のスケジュールが見えないのは致命的。深刻な状況だ」。中央区の吉田不曇副区長は、こう語った。

同区は晴海に建設中の選手村を抱えるとともに、鉄道輸送の窓口である東京駅八重洲口もあり、大会期間中、大量の人が押し寄せる。ところが、市場移転問題の影響により、輸送拠点候補地の築地市場跡地の活用スケジュールはいまだに固まっていない。吉田副区長は「更地にするのは来年秋が理想で、リミットは2019年2月」と警鐘を鳴らす。

都は同スケジュールを巡って7月21日に開催した関係局長会議でイメージ案を提示したが、資料には「整備内容や期間は精査中」と書くのみで明示できずにいる。こうした状況に地元の中央区では、「市場移転問題がネックになって、全てのことが頓挫している」との声も聞かれる。

「バス2千台に乗用車4千台」。都が現在、大会期間中に想定する選手や大会関係者、観客らの輸送に必要な車両数だ。都交通局の都営バス車両数が約1450台であることに比べると、その数の多さが分かる。

これだけの車両を駐車・運行するには、大規模な車両基地が必須になる。五輪組織委は昨年12月、必要な車両基地の規模を34万平方㍍と試算。同委と都は今年6月、燃料や洗車施設など輸送拠点に備える機能を盛り込んだ輸送運営計画（V1）を連名で示したが、都五輪準備局によると「拠点をいくつ設けるかなど、都有地を中心に情報収集中」なのが現状。ただ、敷地面積約23万平方㍍を誇る築地市場の代替地を見つけるのは困難で、同市場の解体が間に合わなければ、五輪輸送計画は事実上破綻する。

築地市場跡地は輸送拠点機能に加え、環2の開通区間でもある。環2は臨海部の五輪選手村と都心部を結ぶ生命線。築地場外市場を挟んで東隣の晴海通りは平常時でも混雑しており、環2開通は五輪開催の責務だ。

しかし、昨年8月に市場移転延期が決定した時点で、工期約3年半の環2本線（4車線）の整備が五輪大会に間に合わないことが確定。本線は築地市場跡地の途中で地下に潜るが、その地上部に設置予定の片側1車線の側道を優先的に整備し、大会を乗り切る方針だ。

ただ、地上部道路の整備も時間との戦いとなっている。都によると、整備区間は建物の撤去に半年かかり、地上部道路の工期は更に約1年を要する。関係局長会議では20年3月に同道路を開通させる計画を示しており、逆算すると、遅くとも18年9月には市場解体工事に着手する必要がある。

平常時でも混雑する晴海通り。環2が開通しなければ、五輪期間中の晴海通りは「パンク」が予測される＝中央区築地で

解体工事は全市場業者の退去が前提条件になるが、中央区の吉田副区長は「一部の仲卸業者が居座る可能性もある」と懸念を示す。実際、1989年に神田青果市場が大田市場に統合される際には、一部業者が居座りを図った経緯がある。

都中央卸売市場は昨年7月、市場移転を見込んで第1期の解体工事契約を締結。対象は敷地面積の約3分の2としたが、同契約は移転延期により現在凍結中だ。そのため同契約事業は今年度予算に盛り込んでおらず、契約再開には改めて予算化する必要があり、スケジュールの明確化がその条件になる。一方、同市場管理部の畠山宗幸財政調整担当課長は「輸送拠点の具体的な計画が見えないと、解体工事の手順が決められない」とも言い、計画の遅れの影響は至るところに波及する。

五輪まで3年を切った。大会成功に向け、市場移転延期を巡るこれ以上のスケジュールの遅滞は、許容できないところまで来ている。

知事特別秘書の給与 情報公開求めて訴え

都が非開示で対応

小池知事の特別秘書2人の給与などを情報公開請求したにもかかわらず開示しなかったのは違法として、都内のフリージャーナリスト・三宅勝久氏が17日、都を相手取って非開示処分の取り消しを求める訴訟を東京地裁に起こした。

三宅氏は7月、特別秘書の野田数氏と宮地美陽子氏の給与などの情報公開請求を都に行ったが、都は同月に野田氏の氏名や性別などを除いてほぼ非開示とした。

都総務局人事課によると、都の情報公開条例で、公開により個人の権利利益を侵害する恐れのある個人情報は非開示にすると定めており、職員や特別秘書らの給与が該当すると説明している。また、過去にも他の特別秘書の給与情報の開示請求もあったが、同様に対応したという。

原告の三宅氏は訴状で「首長の特別秘書は最高幹部に並ぶ重要な職種。給与表が公開されるのは社会通念上も当然」などとした。都は18日現在、「訴状が届いていないので現段階ではコメントできない」としている。

住民が都を提訴 売却価格が「不当」

五輪選手村用地

都が東京五輪・パラリンピックの選手村用地を民間企業に安価で売却したのを不当として、都民33人が17日、適正価格との差額を舛添前知事と小池知事らに請求するよう都に求める住民訴訟を東京地裁に起こした。

訴状では、都が2016年12月に中央区晴海5丁目の都有地（約13・4㌶）を巡り、約129億円で売却する契約を不動産会社など11社と締結したが、周辺の路線価などをもとに計算すると約1300億円の価値があったとしている。選手村予定地は、舛添前知事の時に売却への手続きを進め、小池知事が就任後に契約を締結したという。

一方、都都市整備局は「不動産鑑定士に委託し、適正に算出されている」と話している。

基本方針への協力を否決

築地市場の業界団体

築地市場の水産仲卸で構成する東京魚市場卸協同組合（東卸）は16日、臨時理事会を開き、豊洲移転と築地再開発に関する基本方針に全面協力することを盛り込んだ議案を反対多数で否決した。

否決されたのは、東卸の総代会（85人）の一部有志が、基本方針への全面協力などを議題とする臨時総代会の招集を求めた議案。臨時理事会では、築地再開発の内容が現時点で具体的でないとの意見が多数を占め、反対21人、賛成6人で否決した。東卸は「この議案で審議する項目が残されている。審議不十分での否決であり、小池知事の基本方針に反対するという意味での否決ではない」と強調した。

総代会の有志は臨時総代会を招集し、基本方針への全面協力などの議案の可決を希望している。臨時総代会の招集は理事会で否決されたが、これまでは都に招集を求め、認められたケースもあった。総代会の有志は17日に招集を都に求めた。

小池知事が示した基本方針では、市場業者が豊洲に移転した後に築地跡地に食のテーマパークを整備し、希望する仲卸業者が戻ることになっている。有志は臨時総代会で議案を可決させ、豊洲移転後に築地に戻る準備を始めたい思いがある。

都幹部の一人は「食のテーマパークで、仲卸がどんな商売ができるかの将来見通しはない。卸業者と分断された市場で商売が成立するか、事情を分かっている業者は再開発に距離を置くのではないか」と推測している。

都政の東西

平時から意識を

夏休み期間を迎え、都内は親子連れや来街者でにぎわっている。ベビーカーに乗せられた幼児から杖をついて歩く高齢者、大きな荷物を引いて歩く旅行者など様々な人とすれ違いながら歩いていると、ふと、今ここで大地震が起きたらどのような状況になるのか考えると不安がよぎる。

災害や事故で生じる帰宅困難者への支援策は、基礎自治体にとって大きな課題の一つとなっている。区の防災担当者は大量の人数が駅周辺や歩道に滞留することで二次災害を引き起こす事態は避けたいと話し、「帰宅困難者対策は共助」との認識を示す。だが、各区の帰宅困難者対策を見ると、共助に向けた取り組みよりも一時滞在施設の確保や情報発信などの滞留対策が中心だ。

例えば、新宿区は新宿駅東口付近の民間ビルに設置されている大型ビジョンから非常放送を流す協定をビル所有者と6月に結んだ。東日本大震災で活用した際、避難誘導に役立ったことがきっかけという。また、帰宅困難者対応に携わる人員を増やす取り組みもある。荒川区は、区内の日本語専門学校と協定を結び、災害時には多言語を話せる学生に避難誘導などのボランティア協力を要請する。

一方で、共助に関しては言葉こそ浸透してきているものの、実際に何をするのかはイメージしにくい。イメージするために有効な防災訓練は行政や町会、民間など実施主体が広がるが、実施時間や場所が限られたり、参加者が少ないという課題がつきまとう。自治体が本来担うべき公助に集中するためには、平時から住民への自助・共助の意識啓発や関係機関との協力体制の構築に取り組み、非常時に備えておくことが鍵になる。

穴句ジョーク

恩賜上野動物園ジャイアントパンダの赤ちゃんの名前募集に32万数千件

「かなわないナー、私の都議選獲得票数より多いわ。都民ファーストの次はパンダファーストかいな!?」――都議会議員

オリパラ教育

機運醸成は小中学生から

江東区　民間施設と連携
渋谷区　生で競技を観戦

東京オリンピック・パラリンピック競技大会まで3年を切ったが、機運醸成が道半ばとなる中、競技会場を持つ区では機運を高める取り組みを強めている。江東区は、オリンピック・パラリンピック教育推進事業の一環で、小学生が区内の民間施設や競技会場を巡るツアーを29日から開始する。渋谷区でも区民に競技を体感してもらう事業を展開している。小中学生から機運を醸成することで、全体の活性化につなげたい考えだ。

江東区では、五輪ワールドワイド公式パートナーのパナソニック㈱が湾岸部のショールーム「パナソニックセンター東京」内に設けた五輪に関する学習スペースを小学生が訪れ、競技体験や参加国について学習する。当日は、バレーボールと車椅子バスケットボールの競技会場となる「有明アリーナ」や、水泳競技を予定する「オリンピックアクアティクスセンター」、「有明テニスの森」など8カ所を回る。

いずれも区立小学校に通う5年生が対象だが、今年のみ6年生も含める。3年後には、小学校5年生から中学3年生までが同じ体験をしたことになり、児童・生徒が共通の話題を持つことで五輪を迎える意識を高揚させる狙いだ。

区教育委員会の本多健一朗指導室長は「競技会場は湾岸部にあり、区民でも目にすることは少ない。会場を知ってもらうとともに、出来上がっていく過程を見て期待感を感じてほしい」と話し、見学した予定地に関する情報や建設状況を子供たちが各校のウェブサイトから発信することで、区内外に広く興味を喚起することも考えている。

区内に競技施設があることを利用した取り組みでは、渋谷区も今年度から「リアル観戦事業」を実施している。代々木競技場と東京体育館で試合予定のハンドボールや卓球の国内トップレベル選手たちの試合を区スポーツセンターで開き、区民に選手のスピードやパワーを間近で体感してもらう。

これまで2回の実施では、親子連れや高齢者が参加し、観戦後にアスリートたちの指導で実際に競技を体験する時間も好評だったという。20日にはパラバドミントンを実施した。

同事業には中学生が運営ボランティアとしても参加し、区立中学校の部活動に所属する生徒が競技進行を手伝ったり、小学生がイベント後の清掃に当たったりしている。

区オリンピック・パラリンピック推進課は「五輪競技が区内で開催されるチャンスに、直接競技やアスリートと触れ合ったり、ボランティアに参加することで意識を高めてほしい」と期待を寄せる。

一方で、五輪まで3年を切ったが、盛り上がりは道半ばだ。「関心は高まってきているので、あと3年で区民が具体的なアクションを起こすことにつなげていきたい」（同課）との課題を示す。

オリパラ教育は都内全校で実施することになっているが、五輪に特化した授業を行うには、マンパワーや財源不足などが課題となっている。都教育庁が作成した実施方針に沿って、既存の教育事業の位置付けや目的を捉え直すだけにとどまっている区も少なくない。ある区の担当者は「具体的な取り組みは各校に任せており、地域性や教員の方針によって左右される」と指摘する。

パラ競技の「ボッチャ」を体験する小学生＝7月、江東区で

練馬区

「アイメイト」を知ろう
都内初　庁舎で盲導犬訓練

練馬区は、区内に本部を置く盲導犬育成団体「アイメイト協会」の訓練に区役所本庁舎を提供して育成を支援する取り組みを始めた。区障害者施策推進課によると、自治体庁舎内での盲導犬の訓練は都内初という。

「アイメイト」は同協会独自の盲導犬の呼称で、英語の「I（私）」と「EYE（目）」、日本語の「愛」の三つの言葉と「MATE（仲間）」を合わせ、「私の愛する仲間」という意味を込めた。協会から啓発活動での協力を打診され、区は昨年から庁舎でのパネル展示やアイマスクを着用した体験歩行などのイベントを行っており、今年度から本格的に盲導犬の育成支援に乗り出した形だ。

訓練は先月から開始。協会の歩行指導員と盲導犬がコンビを組んで階段やエスカレーター、エレベーターを乗り降りし、窓口での受付や職員食堂で空席を見つけるなど実践的なプログラムを行う。区は施設の提供に加え、庁舎正面入り口脇に補助犬用のトイレを設置。訓練時には来庁者に訓練実施への理解を求めるなどサポートする。

また、西武鉄道と連携して区役所から練馬駅への移動や電車の乗り降りを実施。訓練は毎月5日間程度行い、盲導犬のデビューにつなげる考え。

盲導犬や聴導犬、介助犬など補助犬の訓練を巡っては、身体障害者補助犬法で不特定多数が利用する施設が視覚障害者や聴覚障害者らの同伴を拒んではならないことが規定されているが、健常者のトレーナーの場合は規定がなく、専用の訓練施設以外での実地訓練が難しいという。区障害者施策推進課では、「アイメイトの取り組みを知ってもらうことで、障害を持つ人が暮らしやすい環境づくりを進めたい」と話している。

待合スペースの椅子を認識する訓練を行う歩行指導員と「アイメイト」＝区提供

自治体政策のススメ

条例の種類・法律との関係

政策法務の基礎⑦

高崎経済大学准教授　岩崎　忠

自治体を取り巻く環境は法の規律密度が高く、こうした環境の下で地域課題をいかに解決していくかが自治体行政に求められているが、自治体が制定する条例は、法律との関係で、自主条例と法令事務条例に分類することができる。

自主条例には、▽法律が規律していない事項を定める条例（路上喫煙防止条例等）と、▽法律が規律していても自治体が別の事務を独自に創設して政策の効果を高める条例（ラブホテル建設規制条例等）――がある。

後者は、法律のみの基準では地域の環境を確保できないため、自治体が条例を制定して別段の規制を設ける場合である。法律上の要件と効果と並行し、他方で条例上の要件と効果を定めることから「並行条例」とも呼ばれている。

また、法令事務条例は、法令に基づく事務を執行するために定める条例であり、法定処分等の基準や手続きなどを定めているもので、その効果は法律に帰属する。法令事務条例の場合、法律に条例委任されている委任条例の場合と、条例委任されていない法執行条例に区分されるが、法執行条例は、さらに要件を具体化する場合と、要件を変更して目的達成を確実にする場合がある。後者については、次の三つのパターンに分けられる。

すなわち、▽法令に定める基準等を条例で強化する上乗せ条例▽法律で規制する対象範囲とは異なる対象範囲（要件）を定める「横出し」条例▽法令で一定規模以上・基準以上の事項を規制対象にしている場合、条例によってその一定規模・基準未満の同一事項を同一目的で規制する「裾切り」条例――である。

こうした「上乗せ」「横出し」「裾切り」条例は、地域の特性があり、憲法上保護される必要性があって、自治体としての責務が存在するだけの立法事実が必要となる点を注意する必要があろう。

新人都議の横顔⑧　◆区部◆

五輪を心のレガシーに

白戸　太朗氏
都民ファーストの会・江東区

日本のトライアスロン黎明（れいめい）期だった1990年にプロ選手としてのキャリアをスタートし、20年間にわたって活躍。第一線を退いた後も、テレビ中継の実況・解説や大会運営、スクールや競技用具の販売などを手掛ける会社の設立など競技の普及に力を入れてきた。

世界各国を転戦する中、日本よりも経済的に恵まれていない国で豊かに明るく暮らす人々を見てきた。「日本と何が違うのか。健康で幸せを感じられる社会を作るにはどうすべきか」と政治家を志し、会社が立地する渋谷区で親交がある長谷部健区長に相談。都議選への挑戦を決めた。「政治家にあまり良い印象を持っていなかったが、長谷部区長と出会って変わった。『ちがいを力に変える』という考えに共感し、自分の経験を生かしてできることがあると感じた」

出馬に当たり、選挙区として頭に浮かんだのが、学生時代から練習拠点としている江東区だった。「街が大きく変わる姿をずっと見てきた。今でも道路のどこにへこみがあるか誰よりも詳しい」と笑い、「五輪では東京、そして最多の競技会場がある江東区が世界の中心になる。世界を肌で感じることが、都民の心のレガシーになると信じる」と力を込める。

都議会では、五輪の成功とそれを足掛かりとしてスポーツを通じた教育や健康施策、コミュニティー作りを目指す。「五輪はスポーツが苦手な人や嫌いな人にも訴え掛ける力を持っている。まずは機運醸成に力を入れたい」

「自分を見つめ直すリフレッシュ法」として、都議となった現在も時間を見つけてランニングや水泳、自転車で汗を流す。日本体大院修了。50歳。

医療現場の声を届ける

藤田　綾子氏
共産党・大田区

大田区内の病院で看護師として20年間勤務してきた。立候補の動機を「都議会を見ていても、医療現場の生の声が少ないと感じていた。自分で声を届けて、世の中を良くしていきたいと考えた」と語る。

共産党に入党したのは、看護師になって1年も経たない時期だった。現場で働く中、高齢者の生活に関する様々な問題に直面したことがきっかけだ。病気が治っても自宅で介護してくれる人がいない、貧困で冷暖房も満足に使えないといった理由で、病院に戻ってくる高齢者も多かったという。「小さい頃はおばあちゃん子だったので、高齢者を助けたいと思って看護師になったが、仕組みから変えていく必要があると感じた」

3人の子供を育てる母親でもあり、仕事と子育てを両立させる中、国や小池知事の「働き方改革」の方向性にも疑問を感じているという。「今の『働き方改革』は、両親の共働きが前提で、子供のためになっているとは思えない。一般家庭で無理なく子供を育てできる社会を作りたい」と話す。

看護師として知った高齢者の課題と、母親として感じた社会の問題。「どちらも解決したい」と力を込める。

趣味は体を動かすこと。次男が生まれる前はトライアスロンにも参加していた。最近はレースに出ていないが、自転車やマラソンなど個別の練習は続けている。「年配の選手も多く、子育てが落ち着いたらまた参加したい」と話す。イラストや手芸も得意で、看護師時代は院内報の挿絵などを描いていたとか。都立医療技術短大卒。43歳。

足立区

空き家利活用で連携基盤を構築

足立区は、空き家の利活用を促進するため、所有者や民間事業者、専門家らをつなげるためのプラットフォームを構築する。今年度中に仕組みと体制の検討を進め、来年度からの利活用事業着手を目指す。

プラットフォームでは、市場に流通していない空き家を区や町会が掘り起こし、不動産・建設事業者や金融機関、弁護士などの民間事業者にも対応検討段階から参画してもらうことで空き家の処置に悩むオーナーを支援し、改修や利活用を促す。空き家が多いJR北千住駅東側一帯をモデル地区にプラットフォームを作り上げていく。

区住宅課は「多様な事業主体が参画する仕組みを作り、将来的には区が仲介せずに民間同士で空き家を解消していく仕組みをつくりたい」と話し、高齢者の居住支援など他の行政課題の解決とも結びつけていく考えだ。

大田区

「黒湯サイダー」銭湯などで販売

大田区は17日、川崎市との産業連携協定に基づいて製品化した「黒湯サイダー」の販売を区内15カ所の銭湯や区観光情報センターなどで開始したと発表した。昨年3月に両区市で計6千本を限定発売した際には、約2カ月間で完売しており、同8月に1万2千本を追加販売した。今年も消費が見込める時季に販売することで、新名物として定着を図るのが狙い。

黒湯サイダーは、2013年4月の協定締結に伴い、両区市の銭湯で使用している黒褐色で美容効果が高いとされる「黒湯」にちなんで製造を企画。温泉成分は飲用に適さないため、カラメル色素を使って着色し、わずかに塩味を加えたサイダーで黒湯を再現した。

価格は200円（税込）と割高だが、見た目のインパクトと甘さ控えめの味で、昨年の販売終了後には再販売を期待する声が区に寄せられていた。区観光課では「銭湯で温まった後に試してもらいたい」と話している。

記者席

「普通の市」では物足りない

○……「任期3期12年」の公約を守り、今期で退任を表明した武蔵野市の邑上守正市長。同様の公約は多いが、公約通り勇退する首長はどれほどだろうか。「公約違反」は政治不信の一因にもなり、その意味で邑上氏の判断は潔い。

だが、事実上の後継となる松下氏の出馬会見で市民団体から苦言が出るように、邑上市政を「物足りない」と評する声は1期目から出ていた。コミュニティーバスの成功や活発な市民活動モデルなど、全国の自治体を牽引（けんいん）する施策を打ち出してきた同市の住民にとって「普通の自治体」では物足りなさを感じるのだろう。候補者には、ぜひ「全国一」の政策を競ってもらいたい。

○……来年9月に迫った「国際水協会（IWA）世界会議」だが、その準備は想像以上にIWAに振り回されているようだ。例えば、2月に小池知事が会議への参加を呼び掛けるビデオメッセージを出した際、報道発表資料には、「IWAのHPは準備中」とあった。都側は「すぐに開設されるだろう」と考えていたようだが、結局、開設されたのは7月に入ってからだった。また、提出する論文の締切り日も何度か変わったという。日本人の感覚からすると随分といい加減に映るが、根本的にスケジュール感が日本とは違うのかもしれない。20年東京大会でも、IOCとの調整は苦労していると聞く。国際機関との調整が難しいのはIWAも同じなのか。

○……都産業労働局が取り組み、島しょへの船旅を利用した「婚活」ツアーへの助成事業。最初に採択された神津島への船旅で、9月の初旬に出航する。ツアーでは、高速ジェット船で島に到着したあと、バーベキューを満喫。男女混合チームでの島巡りや、夜の宴会や花火の後に意中の相手を誘えるフリータイムもある。帰りは大型客船で8時間の船旅だが、船内でイベントを開催するなど、退屈しない工夫をしている。

冬まで順次ツアーを実施するほか、都は早速第2弾の旅行者を募集中。カップル成立となれば、島は2人にとって忘れられない「宝物」になるだろう。

邑上市長が退任表明

武蔵野市長選

松下玲子元都議が出馬 「継承と発展」掲げる

邑上守正武蔵野市長が14日、今期限りで退任する意向を表明した。一方、元都議の松下玲子氏（46）は18日、9月24日告示、10月1日投開票の武蔵野市長選挙に無所属で出馬する考えを表明した。松下氏は邑上市政の「継承と発展」を掲げ、市長の応援も受ける。3期12年の市政では中学校給食の導入やクリーンセンターの建て替えなどの実績があり、失政が見られない一方で、市民活動が後退したとの指摘もあり、市長選では、現職の何を引き継ぎ、何を変えていくのかが問われることになる。

市民団体の田村代表（左）と共に出馬会見に臨む松下玲子氏＝18日、武蔵野市内で

邑上守正氏

邑上市長は14日に会見を開き、中学校給食の導入や高齢者施策など「一つの時代を築くことができた」として、次期市長選に出馬せず、任期満了をもって引退する意向を表明した。12年前の選挙では前市長の多選を批判し、3期12年をスローガンに掲げた経緯もあり、「次期市長にバトンを渡す」ことを決意した。

邑上市長は後継指名を行わず、方向性を同じくする候補者を応援する考えを示した。今回、自身と同じ市民団体「市民の会」が擁立した松下氏に対しては、「武蔵野市をもっと良くするため、若い力に託す」とメッセージを寄せた。市長自身も松下氏の集会に参加する予定で、事実上の後継と言えるが、関係者は「松下氏にはもっと自由な立場でいてほしい」と話している。

松下氏は2005年から民進党の都議を2期8年間務めた後、13年、17年の都議選では民進党の公認を受けるも次点で惜敗。今回は市民の会からの要請を受け、民進党を離党して無所属で出馬する。市議会の民進党、共産党、武蔵野・生活者ネット、「空」の各会派市議から応援を受けるほか、政党からの支持も受ける見込み。同市長選への出馬表明は初。

松下氏は都議選直後に出馬の打診を受けた際、「選挙直後ということもあり、一度は断った」と話し、その後も複数の市民や関係者から要請を受け、今月上旬に出馬を決意したと説明。18日午前に総支部長である菅直人氏に直接離党届を提出した。

会見では、邑上市政の「市民が主役」路線を継承しつつ発展させることを表明し、これまで自身が取り組んできた外郭環状道路の地上部街路（外環の2）に対する反対や、待機児童対策などの諸課題についても市政課題として引き続き取り組む方針を示した。また、市長選に臨むスローガンとして「子ども子育て応援宣言」を掲げ、女性や生活者の視点を重視して住み続けられる街を目指すことや、「より進んだ市民参加に挑戦したい」とも話し、後継ではなく更なる発展を目指すことを強調した。

これまでの同市長選には自公推薦候補が出馬しているほか、小池知事が率いる都民ファーストの会としての候補者擁立の動向にも注目が集まっており、混戦が予想される。

邑上市長は05年、民主、共産、社民、生活者ネットの支持を受け、同市で市民団体が擁立した候補として初めて市長に就任。中学校給食の実現や、複合機能施設の武蔵野プレイス整備、クリーンセンターの建て替えなどの実績を上げてきた一方、関係者からは任期中2回の長期計画策定で市民参加枠が減少したことや、吉祥寺駅南口の再開発の遅れなどに対する不満の声がある。

松下氏は邑上市政を「敵味方を作らない公平・公正な市政運営」と評する一方で、松下氏の会見に同席した市民の会の関係者からは「行政評価に市民の無作為抽出を導入するなど、公平な市政なのは事実だが、逆に活動的な市民による参加が進まなかった面がある」と指摘する。同市では30年に及ぶ市民活動の歴史があるが、「市民代表の邑上市長の下で安心し、活動の懸命さがなくなった」との声もあるという。

市民の会代表で、市の長期計画策定も務めた田村和寿元桐蔭横浜大教授は「3期12年で行政の停滞が見られる」と多選の弊害を指摘、市政に新たな風が必要との見方を示した。

新人都議の横顔 ◆多摩◆

母として娘として都政に

清水　康子氏
都民ファーストの会・西多摩

各界のスペシャリストを擁する都民ファーストの会の中で、税務の専門家。東京国税局の職員を経て、税理士として活躍してきた。

小池知事の「ワイズスペンディング」の考え方などに共鳴し、「急いで必要書類を集め、入塾の手続きをした」。

当初は政治への参加を考えていなかったが、5人の子供を育てる母として、また3人の父母を介護してきた娘として、「自分も政治を考えていいんだ」と学んだことが、出馬を決意したきっかけになった。

西多摩地区への出馬は落下傘だったが、「姿を見せれば本気度が伝えられる」との思いから、広い選挙区内をのぼり旗などの荷物を運び、朝6時から駅頭に立ち続けた。その熱意が徐々に地元でも受け入れられたと感じる。

都議会では税務調査を20年以上続けてきた経験を生かし、資金の流れなどをチェックする考え。「議員としてどこまで切り込めるかは分からないが、過去の資料や業界へのお金の流れの調査などに生かしたい」。政策面でも3年目までに成果を出し、4年後にも有権者からの信託を受けることを目指す。子育て経験、介護経験を生かして課題に取り組むとともに、西多摩の観光振興や経営者の支援などにも税務の経験を役立てる考えだ。

小池知事に対しては、「これまで様々な問題点を浮き彫りにしてきた。それを減速させず、力になっていきたい。地元にも説明していきたい」と話す。その上で、支出が公正かどうかはプロの目でチェックする姿勢だ。

現在は夫と5人の子供との7人暮らし。選挙後も大量の洗濯物や料理などの家事に追われている。グロービス経営大院修了。50歳。

調布飛行場は移転すべき

井樋　匡利氏
共産党・北多摩第三

2015年7月26日、調布市内を自転車で走っていると、遠くに黒煙が上がっているのが見えた。最初は火事かと思って現場に駆けつけると、調布飛行場から飛び立った自家用機が墜落していた。「民家が完全に燃えていて、ショックだった」と振り返る。

調布飛行場は住宅密集地域にあり、危険と隣り合わせの状況にあるが、そこから離発着する離島便は、島しょ部の住民にとって本土に民間機で渡る際に必要な生活の足。「（解決に向けて）自分でやるべき」と考え、調布市議から都議を目指した。都議になった今、「離島便のための飛行場を他に確保して、調布飛行場は廃止すべき」との持論を展開。

都議選では、北多摩第三が定数1増の3議席になったとはいえ、これまで自民と民進が議席を分け合う中、公明のベテランが国替えし、落ちると思ったが、次点に僅差（きんさ）で勝利した。

実際、市議時代は3選を目指した03年選挙で落選。浪人中は名前と顔を覚えてもらうため、月曜から金曜までの午前5時30分から3時間、駅頭に立って議会報告を配り、4年後に市議に返り咲いた。自身の性格を「生真面目で不器用」と分析。

10年前、知人からゴスペルに誘われ、「神様に捧げる感謝の言葉とパワーに心を揺さぶられた」と話す。その後聖書を読むようになり、洗礼を受け、現在は市内の教会に通う。

座右の銘はヨハネの福音書の一節「神は実にそのひとり子をお与えになったほどに世を愛された」。「誰もが神様に愛されている。大切な命を守り、社会に貢献する仕事をしたい」という願いが込められている。東京農工大中退。53歳。

社会を変える「人間作り」

閼野　杜成氏
都民ファーストの会・北多摩第一

29歳から東大和市議を4期務め、一人会派で活動。市議会で質問や政策提案を行ったが、理事者からは「都に要望する」といった回答も多かった。「今後は都議として、直接知事に対してものが言える立場になった」

都民ファーストの会という大所帯の組織の一員となり、「経験者もいて、色々な人に相談ができるのは大きな違い」と喜ぶ。小池知事のリーダーシップに共感し、希望の塾を経て出馬を決めたが、定例会見などでの受け答えを見ると「知事にも得意な分野、不得意な分野がある」とも感じる。「単なる批判ではなく、都議会として足りないところを補い、提案していく」と決意を語る。

都議選では選挙区の3市議会や各市長からの応援は得られなかったが、今後は3市とも友好的な関係を築き、地域の課題を捉えていく考えだ。「知事や都議会がこうしたいと言っても、市長がやりたくないといえば進まない。各市長と議論していくのは大切」。[illegible]子供への教育を通じて大人や社会全体を変えていくことができる」

北多摩第一では、駅のない市である武蔵村山市のモノレール延伸が課題。「これまで10年以上動いていない。この4年間で一区間でも事業着工したい」と意気込む。

趣味はキャンプ。離島へ渡りバンガローで過ごすなど、「自然の中にいるのが楽しい」と語る。都立北多摩高卒。43歳。

変わりゆく「島の生活」

宝島は見つかるか　新たな島しょ振興への道　（下）

テクノロジー

「あの建物の近くは電波が入りましたよ」

小池知事の新島視察中、報道陣の間でそんな情報交換が度々行われた。会社に原稿や画像データを送るため、通信の確保は死活問題だ。宿に戻ればWIFIが用意されている場合もあるが、外では電波が弱いことも多い。

島に滞在中、完全な圏外を体験することはなかったが、画像など大きなデータをやりとりできるLTE規格には接続ができず、通信環境の未整備を実感した。

都総務局は昨年度から、島しょ部に超高速ブロードバンドサービスを提供するために海底光ファイバーケーブルの敷設を進めている。今年7月には神津島村、御蔵島村での利用を開始。利島村、新島村、青ヶ島村でも早期開設を目指す考えだ。

通信回線の整備は、生活の利便性向上はもとより、医療分野などでも役立つ。だが、高速通信回線をもっとも求めているのは、その便利さに慣れた本土からの観光客だ。

SNSに快適に写真をアップロードできれば、観光振興にもつながる。一方、島で民宿を営む女性は「回線が早くなるのはうれしい」と話すが、生活する上で困難に直面しているわけではないようだ。

通信以外にも、訪れて感じる島の不便は多くある。例えば、新島では二つの集落を結ぶ唯一のトンネルが車でしか通行できない。レンタカーやタクシーは移動に必需だが、島は輸送費の関係でガソリン価格が高く、出費が大きい。8月18日時点では、1㍑178円。都内と比べて50円以上高かった。生活の一部となっている島民にとっては当たり前でも、観光客には驚きだ。

都はそうした課題にもテクノロジーでの解決を目指す。総務局行政部は今年度、新島と八丈島で電気自動車の試験導入をスタート。15日に大島支庁新島出張所に庁用車として1台納車し、9月下旬には八丈島の宿泊施設に3台貸与する。観光客の送迎やカーシェアリングに活用し、効果などを検証する考えだ。島内は走行距離が短いため、長距離走行に向かない電気自動車とは相性がいいという。

「ITと島を組み合わせればすごいことになる。それが再生可能エネルギーで動くということになれば素晴らしい」

小池知事は新島で東京電力ホールディングスなどが行う風力発電の実験施設を視察した折、島しょの人口増に向けてそんな展望を明かした。「究極のテレワーク」として高速化する通信回線を用い、島しょに移住して仕事をするのも「ありではないか」と評した。

同施設では天候によって出力が変動する風力発電を、蓄電装置を活用して需給バランスを整え、実用化することを目指している。既に八丈島では電力全体の約25%を地熱発電で賄っており、島しょが最新テクノロジーとエコロジーのショーケースとなることもありえる。

「島で育った若者は『東京』に出ていくのが目標になる。やはり不便だから」。島民の男性はそう語り、複雑な表情を見せた。島しょは区部・多摩部と比較して高齢化の進行が大幅に早く、町村は将来に不安を抱えている。

都は昨年末に策定した実行プランの中で「多摩・島しょのまちづくり」を政策の柱に掲げ、島しょ特有の厳しい環境を乗り越えて地域を活性化させ、定住を促進する取り組みを進めることとしている。

一方で、外部から島に移住した人に話を聞くと、彼らは観光などで島を訪れ、その自然や暮らしに引かれて島での生活を選んだという。必ずしも快適さや利便性だけが人を引きつけるわけではない。

テクノロジーで島の生活が変わり、それを島から出ようとする人を引き止める力、外から呼び寄せる力につなげることができるか。島が持つ「宝物」を奪うのではなく、守りながら磨き上げることが求められている。

＝おわり

東電の風力発電施設を視察する小池知事＝7月29日

変わる公園経営の在り方

小平でセミナー開催

小平、東村山、清瀬、東久留米、西東京の5市で作る多摩北部都市広域行政圏協議会の緑化専門部会は17日、小平市のルネこだいらで、自治体関係者や公園管理者に向けた公園経営セミナーを開催した。

公園経営は、今年6月に都市公園法・都市緑地法などが改正され、都市公園内への保育所設置が可能になるなど、役割が多様化している。また、官民連携や民間活用による収益化や、利益を他の公園に還元する仕組みも求められている。

セミナーでは、国土交通省都市局公園緑地・景観課の町田誠課長や、都建設局東部公園緑地事務所工事課の竹[illegible]課長が都内の公[illegible]例に、商業施[illegible]設に位置づけ[illegible]官民連携の実[illegible]に求められる[illegible]園」を維持す[illegible]理の実態など[illegible]た。

公園管理での保育所設[illegible]

出番です　新副市長に聞く

市民に選ばれる街に

羽村市
井上雅彦氏

大学卒業後に当時の羽村町に入庁し、38年間にわたって市政一筋に勤務。今年3月に定年退職を迎えたが、8月から副市長として再び現場に戻った。「定年を迎えて余生を過ごすつもりだったので、最初に話があったときは正直少し考えた。けれど、行政が激しい変化を迎える時期で、もう少し見届けたい気持ちがあった」と語る。

前職の企画総務部長として目指してきた考え方は、市民から税金という対価を受け取り、労務を提供しているという「ビジネスライク」な方向性だ。職員にも仕事への向き合い方や働き方などで変化が出始めていると感じる。「絆や人のつながりを尊重する古くからの考え方も大切だが、市民に負担してもらっている税金をどう使うのか、真摯（しんし）に考えていくことが『選ばれる市』になるためには必要だと考えている」

羽村市には多くの法人が進出しており、税収に頼ってきた部分があるが、これからは「市民が住んでよかったと思える街にしなければいけないと思う」。

38年間で一番印象に残った職場は、8年目に配属された広報広聴関係。当時の上司と共に、新たな広報紙の紙面づくりや、特集記事の企画などをこなした。市民から「あの記事は良かったよ」などと声を掛けられ、「直接反応があり、やりがいがあった」。市の業務はどれも市民と接する機会が多いが、市役所に来るのはほんの一部。「多くの市民に声を届けるのが広報。[illegible]市政の目と耳と口であり、非常に重要」と語る。

[illegible]

1957年生まれ。60歳。[illegible]趣味で、3月に定年退職後、あちこち旅行に出かけた。[illegible]仲間とマリンスポーツもした[illegible]妻と長男、次男の4人暮らし。

■小池都政 1年目の評価～都職員アンケートの自由意見から③

市場移転

八方美人の遅い決断

築地市場の移転問題は、小池知事が7月の都議選直前に豊洲・築地の両立案を打ち出した。都職員アンケートの自由意見では、移転の決断自体を「前進」と評価する声が上がる一方、「選挙を意識しただけのパフォーマンス」「中途半端で（両市場が）共倒れになる恐れがある」という不安も広がっている。

評価できる

■決断を下したこと自体は評価できる。築地を売らない選択も具体的な方法論は別として、大局的には理解できる。市場会計の資金繰りの観点のみから売却ありきで決めることには慎重であってもいい。（50代、本庁部長以上）

■遅きに失した感があるが、一つの前進。築地の跡地は売却か長期の貸し付けに絞られており、今回の知事の表明もその枠をはみ出るものではなく、一種のレトリックに過ぎない。（40代、課長代理級）

■中央卸売市場に在籍していたが、正直、豊洲の安全性について都民への説明が不十分だと感じていた。そのうちに「安全性に対する議論が再燃するのでは」と恐れていたが、その通りになった。（40代、本庁課長代理）

■条件付きだが評価する。食のテーマパークは豊洲に集約し、築地は商業・住宅系で再開発した方が競合・共倒れのリスクが減る。（50代、本庁課長代理）

■「どちらにもいい顔」の結果ではあるが、それぞれがそれなりに納得できる案にまとめた。（40代、主任級）

■築地再開発、特に民間活力を利用する手法は評価するが、（知事が）その内容を理解しているか、もしくはこの手法を実現する信念を有しているかは分からない。（50代、本庁課長）

■時期が遅れた印象はあるものの、現実的な判断をした。各方面の意見を聞き、慎重に熟考したような印象を都民に与えた。（40代、本庁課長代理）

評価できない

■移転の決断は評価するが、市場機能を残す築地再開発の提案には疑問が残る。市場関係者に無用の期待を抱かせることになり、今後の移転作業にも大きな支障がある。（50代、本庁課長）

■移転に疑問を持った点は評価する。都政の意思決定の問題が浮上し、改善につながった。ただし、最終的な両方の活用策は費用や政策として無理があり、総合的に見て評価できない。（40代、本庁課長級）

■盛り土の問題を明らかにした成果はあるが、豊洲移転は既定路線で、築地の再開発は内容がよく分からない。実現するためのコストが不安。（30代、課長代理級）

■築地・豊洲の両立、5年後を目途の意図、事業収支シミュレーションの根拠など、説明がなさ過ぎる。これでは幹部職員が知事をサポートできないのでは。旧民主党・鳩山政権の二の舞いになる。（30代、主任級）

■「対自民」を目的としてパンドラの箱を開け、煙に巻く着地点として築地再開発では、混乱と損失が拡大し過ぎ。収束が困難。（50代、課長級）

■知事は豊洲を「中央卸売市場」と言ったり、「物流拠点」と言ったり、市場をどこに置くのかはっきりしない。財源の検討も不十分。選挙用のいい加減なアイデア。（50代、部長級以上）

「前進」「選挙対策」の声も

■職員の説明をきちんと聞かずに「盛り土されていない」ことをアピールして政治利用しているようにしか見えない。（40代、本庁課長）

■豊洲移転は条例で決まったもの。知事はそれに基づき、移転日を規則で定める義務を負ったに過ぎない。議会に問題提起（条例改正）せずに独断で移転を延期した時点で、手続きの妥当性を欠く。豊洲・築地両立論は両方の立場にいい顔をした、単なる選挙対策。（40代、本庁課長）

■政争の具にしただけで、実現可能性を踏まえてどうすれば良いかという視点が全く感じられない。知事自らが創り出した豊洲の風評被害への対応が全くない。幹部の「魔女狩り」を行い、見せしめの処分を断行するなど、完全に見世物にしている。職員は萎縮し、長期的に見てマイナスでしかない。（40代、本庁課長代理）

■有権者と市場業者をだます悪質な発言。職員のバランス力、専門性、総合力を活用せず、無責任極まりない。（50代、本庁部長以上）

■「デパ地下」を残してデパート本体は移転するようなアイデアに見える。市場機能と一体となった地域の発展を目指すことは最低限の共通理解。その場しのぎの八方美人が過ぎた判断だったと思う。（50代、出先課長）

■現在、土地はバブル期以上の高値で取り引きされている。早く築地の土地を売った方がいい。（40代、本庁課長級）

■財政的な見通しが明確でない。再開発には公的資金の投入が通常想定されることから、実現性が疑問。（50代、本庁部長以上）

■官制の再開発は失敗する可能性が高い。民間に土地を売却して自由にすべき。（40代、本庁課長代理）

■対外的な印象を考慮した判断のように見えた。二つの市場を活用するメリットなどの説明が不足しているように感じる。なぜ二つとするのか明確な理由が今も分からない。（40代、出先課長代理）

■先人が苦労して利害調整してまとめたことを感性で破壊した。どっちつかずの両方にいい顔をした罪は重い。（50代、本庁課長）

■中途半端で共倒れになる恐れがある。豊洲に行くのであれば、いずれ豊洲ブランドが成立するよう、行政としても市場関係者の意向を基に都民の不安解消に向け早急かつ積極的に対策を進めるべきである。（50代、本庁課長）

■いつ誰がどこでどういう理由で決めたのか全く不明。実現不可能な考えであり、これをやらされる職員が気の毒。知事が先頭に立ち、泥をかぶる気は毛頭ないだろう。（40代、本庁課長）

■政局を有利にするために移転延期を決め、環状2号線の建設、市場会計の健全化、五輪準備などが遅れた。リカバリーするのは職員。

防災対策も心配。震度6以上の首都直下地震が起きれば築地市場は崩壊する。建物の下敷きになる人も大量に出る。火事が起きれば、場外にも燃え広がり、中央区の西側は大火災となる。消防、自衛隊から大量の応援を投入することになるが、現在の中央区の地域防災計画は豊洲移転を前提に作られているため、想定外の事態となる。（40代、本庁課長）

「夢のみち2017」開催
道路の安全テーマに

東京都道路整備保全公社が主催する「夢のみち2017イベント」が17日と18日の両日、新宿駅西口広場イベントコーナーで開かれた。

都民に道への親しみを持ってもらうために毎年開催しており、都建設局が共催している。今年は道路の安全をテーマに様々な展示やコーナーを用意。西口ロータリーにはシートベルトをせずに自動車事故を起こした時の衝撃を体験できる「シートベルトコンビンサー」や、道路を清掃する「ロードスイーパー」を展示。夏休みで訪れた子供たちは、事故の衝撃に驚いたり、清掃車のブラシを触ったりして楽しんでいた。

また、俳優の藤岡弘、さんやプロレスラーの蝶野正洋さんらによる救急救命をテーマにしたトークショーもあり、訪れた人々を喜ばせた。

開催まで1年、準備本格化
過去最大の6千人参加が目標

IWA世界会議

来年9月16日から21日に東京ビッグサイト（江東区）で開催される「国際水協会（IWA）世界会議」まで約1年となった。日本で初開催となる同会議に向け、都水道局と下水道局は今年度から専門のポストを新設し、国や関連団体と協力して準備を本格化させているが、提出する論文や職員のレベルアップ、警備体制など課題も多い。

IWA世界会議は、世界各国の水関連企業や研究者、政府関係者などが論文発表や技術展示などを行い、上下水道や水環境のノウハウを共有することが目的。2000年にパリでスタートし、来年で11回目を迎える。昨年、ブリスベン（オーストラリア）で行われた会議には約100カ国から約4700人が参加した。

開催決定後、都水道局と下水道局は、15年に国や水関連団体と開催国委員会（現会長＝小池知事）を組織。このうち両局と日本水環境学会、日本水道協会、日本下水道協会が開催準備の中心主体となり、昨年から連絡調整会議を月1回開いている。過去最大の6千人の参加を目標に掲げ、発表候補になる論文の選定や、国内向けの広報イベントなどを検討している。

大きな課題となるのが、発表する論文の精査だ。東京会議では約350題の論文発表が予定されており、水道局で80題、下水道局で40題以上の発表を目標にしている。これまでの会議で両局は、上下水道の料金政策や震災対策、水質改善など様々なテーマで論文を発表してきたが、一度の会議では多くても10題程度で、これほど多くの論文を発表した例はない。下水道局は「発表する論文は最終的にIWAが決めるため、幅広いテーマで用意して、IWAの意向を読みながら精査する必要がある」（IWA世界会議準備担当）と説明する。

前回のブリスベン会議では、各国の事業者が水処理施設について説明を受けた＝2016年9月、ブリスベン

発表する職員の育成も欠かせない。両局とも海外の学会でのプレゼン実績は多く、外国人講師を招いた研修などで職員の能力向上を図ってきた。ただ、今回は参加人数が多いため、高いレベルの知識を持ち、かつ専門用語を英語で解説できる職員を今まで以上に多く育成することが必要になる。

また同会議は先進国から途上国まで、様々な国が参加することが特徴であり、最新技術だけでなく、日本では常識になっている技術や過去の歴史についての詳しい知見も不可欠だ。下水道局は「幅広い国からの要望に応えるために、知識を学べる勉強会を開く必要がある」（同）と話す。

運営上の課題となるのが、警備体制だ。過去の会議では各国の大臣クラスが参加している。実際の計画を作るのはIWAだが、開催国は計画内容の提案をする必要がある。IWAは日本の都市の構造や治安を知らないため、それらを踏まえた提案が重要になる。

国内での広報活動も重要だ。都は現在、他自治体に直接出向いたり、水関連事業者のネットワークを通じて参加を呼び掛けているが、過去最大の6千人の参加が目標で、展示会場での当日の一般参加者を増やすことも必要だ。水道局は「世界の最新技術を見られるチャンスなので、一般人にも来てほしいが、なじみの薄い専門家会議をどう一般に浸透させるかが課題になる」（IWA世界会議準備担当）と話す。

人事院勧告で人事委要請
都労連「全職員の大幅賃上げを」

都労連は18日、人事院勧告を踏まえて都人事委員会に要請を行った。今年度の人事院勧告は、月例給を平均631円（0・15％）、特別給を0・10月分引き上げる内容で、4年連続の引き上げとなった。都労連は「労働組合の闘いの結果を反映している」との認識を示しつつも、「この間の個人消費の低迷や可処分所得の減少、実質賃金の低下のもとでは、生活改善にはほど遠く、事実上の措置勧告」と批判し、「全職員一律の大幅な賃上げ、ボーナスの支給月数の改善を」と都人事委に求めた。

また、人事院勧告で非常勤職員の処遇改善、再任用職員の抜本的賃金改善について見送られたことについても「不十分」と糾弾。都人事委に対し「昨年の勧告では非常勤職員の処遇改善について言及がなかった。再任用職員は定年前と同じ業務をしているにもかかわらず、不当に低い賃金水準を押し付けられている」とし、非常勤職員の処遇改善や再任用職員の賃金水準の抜本的改善を求めた。

一方、人事院勧告で長時間労働の改善に関し、「業務量に応じた人員確保の必要性」に言及したことや、公務員の定年延長の具体的な検討を進めるとしたことについては、「労働組合からの強い要望を反映した」との見解を示し、都人事委には、36協定対象外の本庁職員や超勤手当のない教職員を含めた全ての職員の超勤縮減と、定年延長による雇用と年金の確実な接続についての踏み込んだ意見を要求した。

都労連要請を受けて、都人事委は「人事院勧告の具体的内容を分析している」と現状を説明。「国や民間の動向を踏まえながら、鋭意検討を行っている」とした。

ヒアリの女王アリ
東京港の貨物から発見

都港湾局・環境局

都港湾局と環境局は17日、東京港青海埠頭（江東区）で荷揚げされ、埼玉県狭山市で荷卸しされたコンテナ内で発見されたアリ1匹の死骸が、南米原産で強い毒を持つヒアリの女王アリだったと発表した。

今月10日、狭山市の倉庫で保管されていたコンテナ内の梱包材から事業者が見つけ、環境省が16日に確認した。コンテナは中国・広東省の黄埔港から貨物船で運搬され、7月11日に東京港で荷揚げされた。国内でヒアリの女王アリを確認したのは4例目で、東日本では初めて。

環境省は都港湾局に対し、同様のルートで製品を輸入する際、ヒアリなどの特定外来生物の付着・混入がないよう、倉庫やコンテナ置き場、積み出し港などの状況を把握し、対策を講じるよう求めている。

他方、東京港大井埠頭（品川区）のコンテナヤード内で13日に発見されたアリは、別の外来種のアカカミアリだったと発表した。港湾事業者が埠頭内で荷卸しを行うヤードの舗装面とコンクリート板の隙間を出入りしていたアリ40～50匹を発見。既に殺虫剤で駆除している。

アカカミアリは国内では既に沖縄県などで定着が確認されている特定外来生物。ヒアリに比べると毒は弱いが、刺されると激しい痛みを伴い、水泡状に腫れるとされる。

港湾局はヒアリ・アカカミアリ確認地点周辺でベイト剤（毒餌）を設置するとともに、目視調査やトラップ調査を継続し、監視を強化している。

東京スタジアムを指定管理者候補に

武蔵野の森

都五輪準備局は9日、武蔵野の森総合スポーツプラザ（調布市）の指定管理者の候補者を、㈱東京スタジアムを代表とするグループに決定した。施設に隣接する味の素スタジアム、西競技場との一体的な活用により、五輪やラグビーW杯の際の円滑な運営や、多摩地域の一大スポーツ拠点としての提案が評価された。都議会第3回定例会での議決を経て指定する。

公募には同グループのほか、（公財）東京都スポーツ文化事業団を代表とするグループなど4団体が応じていた。

赤ちゃんパンダの名前公募に32万件

都建設局

都建設局は17日、恩賜上野動物園（台東区）で生まれたジャイアントパンダの赤ちゃんの名前を募集したところ、2週間で32万2581件の応募があったと発表した。

今後、女優で日本パンダ保護協会名誉会長の黒柳徹子さんや上野観光連盟の二木忠男会長ら「選考委員会」が応募数の多かった名前100点から10点程度に絞り、中国側との協議を経て9月下旬をめどに決定する。

◆デザイン公募に2千件

五輪組織委員会は15日、東京大会のマスコットデザインの公募で計2042件の応募があったと発表した。内訳は個人の応募が1774件、グループでの応募が268件。

組織委は「マスコット審査会」で最終候補を3～4点に絞った上で、全国の小学生がクラス単位で投票して最終案を決め、来年2月ごろに決定する予定。同審査会の宮田亮平座長は「大会を盛り上げる存在であるマスコットに会える日を心待ちにしながら、応募者の熱い思いに応えられるよう、しっかりと審査していく」とコメントした。

■豊島区人事異動

15日付

【部長級】▽東アジア文化都市推進担当部長 小澤弘一文化商工部長兼務

退職後の「リアル」

しくじり都庁OBの教訓㉒

セカンドライフの職探し⑩

ウインウインのコラボ

「企業向けのセクハラ対策DVD」の制作に向けてコラボレーションの相手に期待することは、営業ができない自分の弱点をどうカバーしてくれるかが決め手になった。

事務所はもちろん、事務員も雇えない私の方は、知人・友人のネットワークでDVDの企画・脚本も含めたアイデアを出し、相手は営業を含めた事務所機能を担ってくれるという、願ったりかなったりの条件が少しずつ整っていった。あとは人頼みが中心とはいえ、自分にも営業が求められる。生まれて初めて飛び込み営業をやるようなものだったが、その覚悟はできていた。

営業へのアイデアは、DVDの売り込みと、講演の講師派遣のセットメニューである。2時間単位の講演では、話を聞きっ放しよりは30分のDVD視聴を入れる方が効果的だし、DVDのPRにもなる。

新作DVDの試写会と講演をセットにした第1回の発表会も予想を超える反響で、順調なスタートとなった。講演とはいえ、DVDのPRが主眼である以上、営業センスが求められる。まさに冷や汗をかきながらではあったが、何とか弱点を払拭することができた。

この手法で1＋1が3になり、4になるという効果をもたらし、滑り出しは期待以上に好調だった。時代の変化は、活字というアナログな手法からDVDという効果的な研修手段を押し出した。

「営業は苦手」などと言ってもいられないので、邪道であることは知りつつも都庁時代に培った人間関係や交換した名刺をフルに活用させてもらった。

今から考えてみれば、私の人生はこんなチャンスを呼び込む偶然が幾度も重なり合ってできているような気がする。相手は新企画が欲しい、そしてこちらはそのDVDを活用して講演活動を軸とした仕事をやりたい。そんなコラボが見事に成立した。

（金子雅臣）

五輪への航海図 202 TOKYO 2020

開催まで あと1067日

暑さ対策㊤

入退場の分散が課題

東京大会が行われる7～8月は、都内だけで約2千人が熱中症で搬送されている。大会組織委員会は7月、有識者による検討委員会（委員長＝小野雅司・国際環境研究協会プログラムオフィサー）を立ち上げ、暑さ対策の検討を始めている。

組織委員会の対策の観点は仮設会場の日よけ設備などの「会場施設」、水分補給や熱中症患者の対処などの「運営」、注意喚起を含めた「情報提供」の三つで、それぞれワーキンググループを設置し検討する考え。

暑さ対策は、競技や会場の特性ごとに検討が求められる。例えば、国立代々木競技場（渋谷区）では、観客の入れ替え時間が90分と短く、1万人近い観客を素早く入場させるためには屋外のデッキで待機させることになる。また、狭いスペースで行うビーチバレーは、後方の座席でも見やすいよう観客席を高く作るため入退場に時間がかかることが多い。組織委では現在、会場前の行列スペースやチケット確認場所、競技場入り口など様々な場面を想定し、各会場で最も効果的な対策を検討している。

競技間の観客の入れ替えも課題に＝16年8月、リオデジャネイロ

観客の入退場をいかに分散させるかも重要な課題だ。熱中症は、気温や湿度だけが原因ではなく、人ごみの圧迫感から気分が悪くなる場合も多い。組織委の暑さ対策を担当する江川哲雄・運営戦略企画部長は「花火大会は夕方で気温が低いはずなのに、毎年熱中症で搬送される人がいる」と説明する。

具体案については、リオやロンドンなど過去大会の例に加え、2007年の世界陸上大阪大会も参考にする。同大会では、気温や湿度などの総合的な暑さ指数の「湿球黒球温度」を色分けして観客にパネルで提示することで分かりやすく熱中症の危険を伝え、一定の効果があったという。

細かい部分では、観客がトイレを我慢しようと水分補給を少なくするケースや、視覚障害者が連れている盲導犬が暑さで動けなくなる場合も想定される。特に、犬は人間よりも体が地面に近いため輻射熱の影響を受けやすく、対策は必要になるという。

江川部長は「運営面での対策は一番工夫できるところ。様々な場面を想定してことに当たる」と話す。

主任試験講座
平成29年度 47

都政事情 ①

はじめに

今回から5回にわたって、「都政事情」の学習をしていきます。

都政事情は、知っていれば確実に得点できる知識問題ですので、本番で高得点を獲得するためには、試験当日までにできる限り多くの知識を身に着けておくことが重要です。また、平成29年度からは、出題数が「都政実務」と「都政事情」を合わせて20問に変更され、そのうち「都政事情」は7問程度に増加します(平成28年度までは「都政事情」のみで5問程度)。ただし、出題数は都政の動向等により調整されます。

出題内容は知識の有無を問うものであるため、直前期の頑張りが物を言う分野ですので、以下に述べる内容を参考に、効率的に学習し、ぜひ、高得点を目指してください。

出題傾向

過去5年間に出題された事項は、別表のとおりです。出題分野は、「計画・方針等」「答申・白書等」「調査等」「その他」の四つに分類することができます。

出題事項が公表された時期を見ると、おおむね2月～6月ごろとなりますが、その前後に公表されたものであっても、都政にとって重要なものについては出題される可能性が十分に考えられます。過去においては、平成20年度に7月に公表された事項が1問、平成23年度に1月に公表された事項が1問出題されています。

したがって、都政における重要事項については、12月から8月頃まで、少し対象を広げて押さえておくようにしましょう。具体的には、第1回定例会での知事施政方針及び第2回定例会での知事所信表明で言及されている事項などを参考にしつつ、内容を絞っていくとよいでしょう。

なお、5月の管理職選考で出題された内容であっても、特に重要なものは、主任試験でも出題されることがあります。

特に、「都民ファーストでつくる『新しい東京』～2020年に向けた実行プラン～」関連の計画などはよく確認しておく必要があります。

過去5年間の出題

発表時期【○…2月～6月】

	平成24年度(5問)	平成25年度(5問)	平成26年度(5問)	平成27年度(5問)	平成28年度(5問)	※平成29年度管試A
計画・方針等	○東京都産業振興基本戦略(2011-2020)(3月) ○東京都高齢者保健福祉計画(平成24年度～平成26年度)(3月) ○男女平等参画のための東京都行動計画(3月) ○東京都配偶者暴力対策基本計画(3月) ○緑施策の新展開～生物多様の保全に向けた基本戦略(5月)	○東京都観光産業振興プラン(5月) ○東京都消費生活基本計画(3月) ○東京都保健医療計画(3月) ○新たな多摩のビジョン(3月) ○東京都スポーツ推進計画(3月)	○森づくり推進プラン(3月) ○東京水道施設整備マスタープラン(4月) ○東京都豪雨対策基本方針(改定)(6月) ○首都直下地震等対処要領(4月)	○東京都子供・子育て支援総合計画(3月) ○東京都持続可能な資源利用に向けた取り組み方針(3月) ○パークマネジメントマスタープラン(3月) ○東京都蚊媒介感染症対策行動計画(6月)	○新宿ターミナル基本ルール(4月) ○都心と臨海副都心とを結ぶBRTに関する事業計画(4月) ○東京都食育推進計画(4月)	・東京都地域医療構想(7月) ・都民ファーストでつくる「新しい東京」～2020年に向けた実行プラン(12月)
答申・白書等	○首都直下地震等による東京の被害想定(4月)					・平成28年度東京都税制調査会答申(10月)
調査等			○東京都保育士実態調査結果(4月)		○契約社員に関する実態調査(4月)	・平成27年度国別外国人旅行者行動特性調査結果(9月) ・平成27年度国勢調査人口等基本集計結果概要(11月)
その他				○東京の自治のあり方研究会がとりまとめた最終報告(3月)	○ホール・劇場等問題に関する東京都の緊急の取り組みについて(5月)	・待機児童解消に向けた緊急対策(9月)

勉強方法

択一試験全般に言えることですが、5肢の中から適切な選択肢を選び出すためには、出題事項に関する正確な知識が要求されます。記憶があいまいだと、せっかく残り二つまで絞れても、そこから正答にたどりつけずに悔しい思いをすることになります。一方で、試験までの時間は限られていますので、前述の通り的を絞った効率の良い学習が不可欠になってきます。

そのため、学習の進め方は、①情報収集②内容の記憶③問題演習による記憶の定着という流れが基本となります。

それぞれについて具体的に説明していきます。まず、①情報収集です。『東京都ホームページ』の「これまでの報道発表」や『とちょう・i』の「都政ニュース」「iポケット」などから、都政において重要と思われる計画等をピックアップします。ピックアップすべき事項については、「出題傾向」を参考にしてください。なお、「これまでの報道発表」は、月別に、出題分野である「計画・財政」(=「計画・方針等」)、「審議会等の動き」(=「答申・白書等」)、「調査結果」(=「調査等」)に分かれて掲載されていますので、情報収集しやすいと思います。

次に、②内容の記憶です。ある程度、出題予想を立てた後、各事項について重要なポイントを記憶していきます。概要版や報道発表資料などは、各事項のポイントがよくまとまっていますので、まずはこうした資料を確認することから始めるとよいでしょう。記憶する際には、特にキーワードや数字などを中心に押さえていくように心掛けてください。数字は「計画・方針」であれば計画年数や目標値、挙げられている施策数など、「答申・白書」であればテーマや意見、指摘の数など、「調査」であれば順位や何割の人がどう回答したかなどが出題されやすいポイントです。ただし、これらの事項は、資料をただ漠然と読み込むだけではなかなか記憶できません。そこでお勧めしたいのが、大学ノートなどに、テーマごとにキーワードや数字を中心に要点をまとめていき、それを通勤時間や空き時間にこまめに確認する方法です。また、ICレコーダーなどを利用して、音声を聞いて記憶していく方法も有効です。

最後に、③問題演習です。『主任試験ハンドブック』や『時事問題総まとめ』などを使って、できる限り多くの問題を解いていきましょう。また、問題演習から始めるというのも効果的な方法です。問題を先に解いてみることで、出題傾向を肌で感じることができ、暗記すべきポイントがより絞りやすくなります。問題を解いた際は、必ず全ての選択肢について解説をチェックしましょう。なお、解説だけでは十分に理解できない場合は出典元の資料も確認し、ついでに関連事項も覚えておくと効率的に学習を進められます。

それでは、実際に問題を解いていきましょう。

問題

【問題 1】

本年3月に生活文化局が発表した「東京都男女平等参画推進総合計画」に関する記述として、妥当なのはどれか。

① 本計画は、昨年10月の東京都男女平等参画議会答申を踏まえ、策定されたものである。

② 「東京都女性活躍推進計画」と「東京都配偶者暴力対策基本計画」の両計画で構成されている。

③ 平成29年度から平成31年度までの3年間を計画期間としている。

④ 都の率先した取り組み事例として、平成29年4月に開設された「とちょう保育園」が掲載されている。

⑤ 「東京都女性活躍推進計画」では、審議会等における女性委員の任用率25%の早期達成を目標として掲げている。

解説

【解説 1】　正答 ②

① 誤り。本年1月の東京都男女平等参画議会答申を踏まえ、策定されたものである。

② 正しい。

③ 誤り。平成29年から平成33年までの5年間を計画期間としている。

④ 誤り。とちょう保育園の開設は平成28年10月である。

⑤ 誤り。任用率35%を目標として掲げている。

カレントトピックス 29年度 47

都政事情

■都若者総合相談センターが開所　(7月3日)

都青少年・治安対策本部は東京都若者総合相談センター(愛称＝若ナビα〈アルファ〉)を開所した。同センターでは、多様な悩みを抱える若者だけでなく、家族からの相談も受け付け、悩みを解決する一歩を踏み出すきっかけづくりの手伝いをする。従来の東京都若者総合相談「若ナビ」(2009年度開始)に来所相談を加え、バージョンアップした。

来所相談のポイントとしては、若者が利用しやすい新宿(新宿モノリスビル)で実施するとともに、専門職として実務経験5年以上の臨床心理士、社会福祉士などを配置し、対面相談で適切な支援につなげていく。

都内に居住する若者のうち、英語、中国語、韓国・朝鮮語は通訳を介した相談を月1回受け付ける。電話相談の受付時間は、午前11時～午後8時(日曜・年末年始を除く)で、メール相談は24時間受け付けるが、必要に応じて、電話またはメールで内容を聞いた上で、センターでの面談も行う。

■都と企業などが包括連携協定　(7月13日)

都は東京海上日動火災保険株式会社、損害保険ジャパン日本興亜株式会社、三井住友海上火災保険株式会社、住友生命保険相互会社と包括連携協定「ワイドコラボ協定」を締結した。

同協定は、都民ファーストの視点に立った都政運営を効果的、効率的に進めていくため、都と企業などが複数の政策分野にまたがって包括的・横断的な連携・協力を行うのが目的。

この協定の締結により、健康増進、文化やスポーツ振興に関する9項目について連携・協力を進め、地域社会の発展と都民サービスの更なる向上を図っていく。

協定の締結式に出席した小池知事は「各企業のネットワーク、人的資源を活用し、子供や高齢者を見守る防犯サポート事業、外国人への道案内などの語学ボランティア事業など、様々な分野で連携していきたい」と発言した。

■テレワーク定着に向けイベント開催　(7月20日)

テレワークを定着させるためのイベント「体感!テレワークフェスタ」が千代田区内で開催された。都では、時間や場所にとらわれずに仕事ができるテレワークを働き方改革の起爆剤として推進しており、同イベントを通して同24日の「テレワーク・デイ」に向けての機運醸成を図った。

出席した小池知事は、2012年ロンドン大会のレガシーの一つがテレワークであることに触れ、「テレワークを日本の働き方の一つとして定着させることで、子育てや介護など、様々な事情があっても、いつでもどこでも仕事ができるようになる」と言及した。

同イベントでは、身近なテレワークの導入事例を紹介するパネルディスカッションが開催されたほか、時差Bizやテレワーク・デイなどを紹介する動画が放映された。

昇任試験対策のページ

29年度 主任・係長 論文講座 47

特別区係長選考

直前対策 ②

まだまだ暑い日が続いています。日々の業務で忙しい中、係長昇任選考試験の勉強は本当に大変だと思いますが、体調の管理には十分注意しながら進めていきましょう。特に、睡眠が不足すると、仕事も勉強も効率が非常に悪くなります。しっかり食べて、しっかり水分補給をして、しっかり睡眠をとって、この夏を乗り切りましょう。

さて、今回は課題の捉え方や表現について考えていきます。

皆さんは、過去に出題されたテーマをもとに今年度のテーマを予想して、先輩の書いた論文や書籍を参考に、準備論文を書き進めているものと思います。

書き上げた準備論文については、自分なりに読み返していることと思いますが、ぜひ、上司や先輩に見てもらってください。自分では分かりやすい文章を書いたつもりでも、ほかの人が読んだら分かりにくい表現だったということは、思いのほか多いものです。

添削では、上司や先輩から厳しい指摘や指導を受けることもあるかもしれません。しかし、客観的な評価を受けることで論文の完成度は格段に上がります。

また、試験当日に出題されるテーマは、必ずしも書き上げた準備論文と一致しないかもしれませんが、しっかりした内容の準備論文を書き上げることができていれば、出題されたテーマに合わせた論文を書くことは十分可能です。量より質です。完成度の高い準備論文を作りましょう。

序論での課題の捉え方

序論では、出題されたテーマについて、どのような視点で、どのような主張を展開していくかを分かりやすく記述していきます。論文では、本論が主張のメーンとなる部分です。しかし、序論では出題されたテーマに対する理解と解決の方向性を示すことが求められ、序論によって論文そのものの内容が定まってしまうと言っても過言ではありません。

したがって、序論は非常に重要で、一言一句気を抜くことなく記述する必要があります。

採点者の視点から考えてみましょう。本論や結論まで読まないと課題や主張していることが分からない論文を安心して読むことができるでしょうか。逆に出題のテーマとその状況、係長としての取り組みが、しっかりと明確に序論に記述されていれば、そのことを軸に最後まで読んでいくことができます。

採点者は、短時間で相当数の論文を評価していきます。論文を気長にじっくりと読んでくれることは期待できません。言い換えれば、序論の印象で評価の大部分を決めてしまう、ということです。採点者に、論文を最後まで読んでみようという気を起こさせる「序論」を書くことが、試験合格のための大きな一つの目標となります。

序論の準備

準備論文が試験当日にそのまま使えることは、ほとんどありません。しかし、試験当日に出題されたテーマに沿って論文を一から構築することは、時間制限から考えて不可能と言ってよいでしょう。自分の区の過去の出題傾向から、複数の序論を用意しておけるとベターです。

論文のテーマは、「課題もの」と「役割もの」の二つに分類されます。「課題もの」は、「少子高齢化」や「区民との協働推進」など、区の直面している課題やその時々に話題となっている事柄を取り上げるものです。主に行政サービスの在り方について論じます。

一方、「役割もの」は、係長として取り組むべき職員の人材育成や職場管理に関することを取り上げるものです。どのように仕事や組織のマネジメントを行っていくのかを論じます。

どちらのテーマも、社会情勢の変化とそれに伴う区の状況をいかに把握するかが重要です。それを踏まえて係長として、その役割の中でどう対応していくかを記述することが求められます。

序論の書き方

【出題課題】

「職場において良好なコミュニケーションを形成するための係長の役割について、あなた自身の経験を踏まえ述べなさい」

一　課題の捉え方

行政課題が高度化、複雑化する現在では、職員間のチームワークは必要不可欠です。職場におけるコミュニケーションを円滑化し、良好に保つことが、係の使命(ミッション)を遂行していくために求められています。係長は係の運営責任者として、良好な人間関係の構築維持に努め、組織力を高めていかなくてはなりません。

このことを序論で述べていきます。

二　序論の例

――求められる職場におけるコミュニケーションの円滑化――

区民の価値観・ライフスタイルの多様化や少子高齢化の進展により、地域の課題や区民ニーズは高度化・複雑化している。

一方、景気は先行きが不透明であり、大幅な税収増は見込めない状況である。また、社会保障費の増加や老朽化した区立施設の改修需要もあり、区の財政運営の好転は見込めない。

このような状況の中、我が区は2016年10月に「○○区○○ビジョン」を策定し、限られた人員と財源で課題を解決し、質の高いサービスを提供していくための方向性と具体的な取り組みを示したところである。

区政の最前線のリーダーである係長は、この取り組みを着実に遂行していくため、職場内のコミュニケーションの円滑化に努め、組織力を高めていく必要がある。

【解説】

冒頭、社会情勢については、行政需要の増大と限られた財政状況の対比を述べます。

特別区は、厳しい財政状況において、新たな行政需要に対応していかなければならず、そのために行政としての組織力が重要です。

そして、係長は区の最前線の組織のリーダーです。組織力を高めるため、コミュニケーションを円滑化することを、出題課題に結び付けて述べています。

準備論文の中で、序論部分の作成は最も時間がかかるところです。社会情勢の引用については、「私はこんなに分かってますよ」とアピールする部分ですので、文字数の制限(序論でおおむね300～350文字)の許す限りこだわってもよい部分かもしれません。ただし、試験本番でいきなり考えるのはやめましょう。どんな出題課題でも当てはめられそうな内容を事前にしっかりと準備しておきましょう。

表現のポイント

ここまでは序論を中心に課題の捉え方と例文について述べてきました。その他、係長昇任選考試験の論文として、押さえておくべき表現のポイントについて挙げていきます。

一　係長の立場で書く

当たり前の話ですが、係長として何を行えるのか、しっかり踏まえて論じましょう。本文で示す解決策が、課長でないと成しえない事柄であったり、国や都の制度に係る内容であったりしては、あなたの係長についての認識が怪しいものと判断されてしまいます。

また、「自分は係長になれるよう頑張ります」と謙虚になり過ぎた書き方もやめましょう。頼りなさを感じます。むしろ、「自分は係長として、この役割を果たす」と力強く宣言し、「係長になったら」という仮定ではなく、既に係長の視点で考えていることを示す必要があります。なぜなら、現場では、現実のその職の立場で、物事を解決しうる即戦力の人材を必要としているからです。

二　自分を売り込むつもりで書く

係長としての当事者意識を持って書くことが重要です。なぜなら、昇任選考試験の論文で求められるものは、区政課題を単に分析しただけのものや、係長の在り方についての評論ではないからです。抽象論や「べき論」に終始しないように気を付けましょう。

例えば「人材の育成を行うべきである」と書かれていると評論家的、ひとごとに感じますが、「人材の育成が急がれている」「人材の育成が喫緊の課題である」と変えるだけで印象が変わります。小さな違いですが、当事者意識や熱意を感じることができませんか。

本論部分では、係長として実現可能な解決策を具体的に書きます。自分はどんな係長を目指しているのか、課題解決のために自分はどうするのか、切実性をもって論じていきます。強い意思を感じさせる内容で、「係長としての準備は既にできている、私にまかせてほしい」とアピールしましょう。

三　特定の職場に偏らない

現在の職場や今まで配属された職場の経験や知識は、論文を書く上で重要な武器になります。また、これらの職場への思いこそ、当事者意識や熱意を論文に付加させるでしょう。

しかし、特定の職場の例に偏らずに、どの職場においても共通する視点を持つことは必要です。特に、全編で一つの職場について論じることは避けましょう。係長として視野が狭いことを印象付けてしまいます。

専門職の方も、今まで配属された職場と全く異なった分野の係長となることが増えています。区民ニーズの高度化・複雑化に伴い、各職員の専門分野の能力を最大限発揮してもらう必要があるためです。広い視野で課題を捉え、解決策を示し、どの職場に配属されても対応できることをアピールしましょう。

おわりに

論文は、分かりやすく丁寧に書くことが何よりも肝要です。あえて、身の丈を超えた難しい熟語を使って自らを着飾る必要はありません。また、知識だけを披露する場でもありません。事実だけを並べ立てて、論点がどこにあるのか分からない論文にならないよう注意しましょう。

良い文章とは、独自の主張が伝わる表現で述べたものです。独自性は、自らの仕事に対する真摯な思いから生まれるものだと思います。日常の仕事に問題意識を持って、しっかりと取り組むことが、試験合格のための必要不可欠な条件です。本稿を読み、係長昇任選考試験に向けて日々努力をしている皆さんの文章からは、独自性が伝わるものとなっていると思います。

海苔の産地・大森を巡る

大田区広聴広報課　門馬 剛

週末回遊計画　とっておきのまち歩き⑧

今年は大政奉還から150年なので、江戸時代は遠い昔ではありません。その江戸時代に日本の大動脈とも言われ、最も重要な道のひとつであったのが東海道です。現在、旧東海道の大部分を車や電車が走っていますが、大田区では今でもその歴史的な道の一部として美原通りを歩くことができます。

美原の由来は、『通俗荏原風土記稿』によると「北・中・南原、俗に三原と称せられ、その昔磐井神社の領内に…」とあり、この三原が美原に美化したものです。京浜急行の平和島駅を降り、第一京浜を渡ったところに美原通りはあります。平和島駅は、品川駅や羽田空港国際線ターミナル駅まで12分と、海外や国内各地へのアクセスの良さを誇っています。

1939年に開始された京浜第2埋立地が第二次世界大戦中に連合国の捕虜を収容する場所となり、戦後は一時戦犯の収容所になっていた経緯から、平和への祈りを込めて「平和島」と名付けられました。

美原通りは、東海道の品川宿と川崎宿の中間に位置し、にぎわいました。通りにある商店街は昔の面影が残されており、昔ながらの食堂や伝統的な商品を扱う店がいくつかあります。

甘いものが好きな方はぜひ「御菓子処　大黒屋」に行ってみてはいかがでしょうか。大黒屋ではもなかから、季節ごとに美しい色、形を見せてくれる和菓子まで、あらゆる日本の伝統的なお菓子を取り扱っています。夏季限定のかき氷も人気です。"のり大福"や"海苔どーなつ"等、埋め立てで歴史を閉じた大森の海苔の食文化を伝えようと、海苔を取り入れたお菓子を販売しています。

通りを南に向かい、環七を渡ると、お総菜のお店「味菜」があります。料理人歴40年以上のご主人が作り出すお総菜は、80種類以上。味菜のお総菜やお弁当を求めて、ご近所の方だけでなく多くのお客様が来店されています。どのお総菜も、スーパーにない家庭の味そのものです。なかでも大きくカットされた豚の串カツ（100円）はボリューム満点。お米も産地直送のみというこだわりぶりで、ご飯を低価格で味わえるのも人気です。

味菜のある交差点を左折し、約10分歩くと、「大森　海苔のふるさと館」があります。まち歩きに疲れたら、休憩スペースも広く入館無料なので途中で涼むことができます。

浅瀬が広がる大森周辺は海苔の産地として発展し、江戸時代の終わりごろ、当地から海苔養殖の技術が各地に伝わりました。東京港の埋め立てなどの沿岸整備計画に応じて、63年春に海苔養殖の歴史を閉じました。

大森海苔のふるさと館は、その海苔養殖の伝統と歴史を後世へ伝えることを目的とした施設です。館内には、国指定の重要有形民俗文化財「大森及び周辺地域の海苔生産用具」が展示されており、子供たちにも分かりやすく工夫された展示物も多くあります。休日には、昔の海苔づくりの体験や自然観察、季節の飾りづくりなど様々なイベントが開催されています。現在、大森海苔のふるさと館では、海の生き物の多様性やその色合いの美しさに目を向けてもらい、それらの生き物を育む海の環境について考えてもらうため、企画展「海の生き物イラスト展～鈴木勝久作品展～」を11月19日（日）まで開催しています。

隣接している大森ふるさとの浜辺公園には、従来からある長さ400㍍の人工海浜やローラー滑り台に加えて、今年4月にはレストハウスや船着場ができ、隣接地の大森東水辺ひろばにはビーチバレーコート場などもできました。ビーチバレーコートの砂はベトナム製で、白く明るく、周囲の砂の色と違い際立っています。公園も海苔のふるさと館も今まで以上ににぎわっており、大田区内はもちろん遠方から訪れる人も増えています。

大森ふるさとの浜辺公園を南下して、貴船水門から、大森商栄会商店街へ向かうと「浜の湯」があります。大田区の銭湯数は都内第1位で、黒湯の温泉を持つ銭湯もあります。

浜の湯は温泉銭湯ではありませんが、玄関からトイレ、脱衣室、浴室まですべてバリアフリーであり、清潔な空間にあふれる湯船で、ジェットバスが気持ち良いです。また、無料で4人が楽に入れる低温サウナもあり、暑いこの時期、2人は入れる冷水の水風呂が最高です。

今回紹介したコースは、旧東海道美原通り、大森周辺の海苔問屋や商店街をめぐり、かつて海苔の一大産地として栄えた大森の風情や活気を感じることができます。週末は、道中の商店街で食べ物を手にして、街の風情を感じながらウォーキングを楽しんで、最後は銭湯で締めてはいかがでしょうか。また、今年3月から開始したコミュニティーサイクル（電動アシスト車）を利用して、快適に区内を回遊することができます。

（シティプロモーション担当）

平和島　環七　大黒屋　美原通　大森東小　大森海苔のふるさと館　大森東水辺スポーツ広場　大森ふるさとの浜辺公園　鷺之森稲荷神社　大森町　第一京浜　大森山谷公園　大森第一小　大田病院　浜の湯　昭和島

海苔の食文化を伝える「のり大福」

砂浜が奇麗な大森ふるさとの浜辺公園

陽子さんを通して「私写真」に迫る

荒木経惟　センチメンタルな旅1971―2017―

東京都写真美術館

〈センチメンタルな旅〉1971年より　東京都写真美術館蔵

陽子さんが亡くなってもう26年になるのか……ついこの間のことだったように思われるのに。

訃報は、荒木ファンや写真愛好者の枠を超え、静かな波紋となって広がった。有名写真家の妻としてではなく、その制作の深層にまで関わる、特別な夫婦関係を結んだ人の死だったからだ。

「妻が逝って、私は、空ばかり写していた」。ふたりの日常があったベランダ、そこから見上げる空、愛猫・チロ。いま見ると、作品をおおう寂寞感、孤独感に言葉を失う。それらの作品群は「陽子によって写真家になった」と語った彼が、喪失の危機に踏みとどまり、回復する過程を示しているようにもみえる。

危機はそこにとどまらなかった。右目の視力喪失、前立腺がん。だが彼は、その境遇にあっても手法やテーマを拡大し続け、膨大な作品を撮り、77歳になったいまも「天が与えてくれた才能を使い切れるか」どうか心配する心境にあると述懐する。

1960年代のデビュー以来、「私写真」のコンセプトを深化・拡張し、500冊を超える写真集を出し、国内は無論、世界各地で衝撃的な展覧会を開催してきた。今年もいくつかの企画があるが、最大のものが東京オペラシティアートギャラリーでの「荒木経惟　写狂老人A」（9月3日まで）。

描き続け、挑戦し続けた「画狂老人」・葛飾北斎にあやかった名前で、美醜を超越した「人妻エロス」、咲き崩れた花々の「花百景」、遊郭の「遊園の女」ほかの作品を大壁面に展開している。

それと対の関係にある大規模展がこの「荒木経惟　センチメンタルな旅　1971―2017―」。妻・陽子との、出会い、別れ、その後、に焦点を当てて、多種多彩な表現を見せるこの写真家の、核心に迫ろうとする企画だ。

関心はどうしても〈センチメンタルな旅〉オリジナルプリント全108点に向かう。伝説の私家版写真集。その中に、新婚旅行で船底に眠る彼女の姿が、死出の旅を予兆していたと語られる1点がある。

多くの若者たちと同じように、本当は貧しく、あてどなく、愛だけを頼りにした出発だったはずだ。彼はフリーにもなった。だが子細にみると、中には交接のシーンまである。何よりも自筆文字の、野心的な「私写真」マニフェストが。ふたりは理解し合い協働してきたのだ。

〈センチメンタルな旅・冬の旅〉には、その妻の死が記録されている。彼女が好きなコブシの花束を抱えて、病床を見舞う写真家の、階段上のシルエットの写真の前で足が止まる。

9月24日まで東京都写真美術館2階展示室にて開催。

自身の写真を説明する荒木氏

副知事人事ノート　第7回

3人全員を外部から①

都政研究元主筆　大塚英雄

ここで歴史の針を3期・12年、東京都知事の座に君臨した安井誠一郎が初めて都知事に就いた昭和22年4月、つまり70年前に戻す。

日本の地方自治行政運営の「憲法」ともいうべき地方自治法が施行され、都長官からトップの呼称も都知事に衣替え。また、長の女房役も次長から副知事の名称に変わった記念すべき年である。

同法に基づき、安井知事は「副知事の定数条例」を定めた。副知事の数は3人とした。以後、何度か定数増が話題に上ったことはあるが、実際に増員に踏み切ったのは、女性副知事を置くことになった44年後の平成3年のことだ。

安井は早速、定員いっぱいの3副知事体制をとることとし、しかもこの3人全員を外部から登用するとの方針を決め、記者会見の席上、その理由をこう述べ、胸を張った。

「ワシは東京市時代から都庁のことをよく知っている。庁内のことはこのワシが仕切る。そこで、3人の副知事に広く外に目を向けてもらって、知事の補佐役を担ってもらう」

安井がそう言うには、それなりの理由があった。安井が終戦直後、厚生省の事務次官から任命制の都長官に転じたのは、東京の街に大空襲の惨禍がまだ生々しく残る昭和21年11月だが、戦時中の内務官僚時代に東京市の防衛局長、交通局の前身の電気局長に計2年以上勤務した経験を持ち、都の幹部に顔見知りが多かったからだ。

それにごく短い期間とはいえ、東京府の番頭役である庶務課長に籍を置いたこともある。安井ならずとも、「庁内のことはこのワシが」と言いたくなるのも不思議はない。

ところで、この時、安井が同意を求めた副知事人事案は、▽大木操＝東大・法卒。衆議院書記官長（現在の衆議院事務総長）、貴族院議員、この間、欧米に3回出張。57歳▽住田正一＝東大・経卒。羽幌炭鉱、国際汽船などの重役。船舶関係、経済などの随筆がある。55歳▽山田文雄＝東大・経卒。東大教授。昭和14年河合栄次郎の東大事件とともに退官。太平洋文化協会常務、経済関係の著書あり。51歳。

副知事人事の同意は、都議会にとって初めての経験だが、知事から提案された3人が3人とも外部起用だったのに、各会派とも一様に驚いたらしい。

当時の議員総数は120人。都政自由クラブ46、東京都議会民主クラブ25と、与党だけで軽く過半数を超す71人を占め、帰趨は決まっていたが、社会党も「都政を混迷に導くのは本意ではない」と「白票」を投じた。ただ、同党から「食糧確保に最善の努力を尽くすべし」との付帯決議が提案され、全会一致で可決するというおまけまで付いた。

（敬称略）

都政新報

発行所 都政新報社
〒160-0023 東京都新宿区西新宿7-23-1 TSビル
(総務・読者) 03-5330-8781
(企画広告) 03-5330-8784
(編　　集) 03-5330-8786
(出　　版) 03-5330-8788
(ファクス) 03-5330-8808
購読料 月1,730円(税込)
毎週火・金曜日発行
ただし、祝日は休刊

紙面から

小池知事 就任1年インタビュー

1年目は「創造的破壊の年」

小池都政が誕生してから2日で1年が経過した。本紙が行った都職員アンケートでは、小池都政1年に採点をつけてもらったところ、平均点が46・6点と石原都政や舛添都政と比べて低かった。職員アンケートの受け止め、都政改革の手応え、2年目の抱負などを小池知事に聞いた。

「今後は職員とも相談」

――この1年間で手応えを感じた都政改革を三つ挙げてください。

改革本部を設けて自律改革を目標にして、各局から自律改革案を職員から出してもらったことが1点。例えば改革本部の流れの中から目安箱を作って、職員から本音の話が聞こえてきた。働き方とかね。中には『誰それがセクハラ』とか(笑)、とてもリアルな叫びが聞こえてきている。システマティックに組織的に改善していく流れを作ってきた。そして都政への関心が高まったことは一番手応えを感じたことです。

――もう一つ挙げるとしたら。

かつて大臣をやっていた時も1年目はいろんなことを壊した。創造的破壊(の1年)だと思います。

――フットワークの軽い知事から見て、職員の動き、働きぶりはどう映っていますか。

(都は)財源に恵まれていて危機感が薄いと感じる。さらに改善していく必要があると思っている。職員からすれば、ありがたくない知事だと思います。だけど私の使命は職員に喜ばれる知事よりも都民に喜ばれる知事。だから都民ファーストと言っているんで。

(都職員)アンケートの結果が低ければ低いほど良い仕事しているなと自分で思う(笑)。

――ただ、職員は知事の部下で、トップと一体でないと(機能しない)。

これからよ。

――本紙が行った都職員アンケートでは、(小池都政1年の平均点が)46・6点と低かった。

いや、アンケートは設問によって誘導されますから。

――石原都政や舛添都政と比べても低い。

御しやすかったんじゃないですか、みんな。

――職員アンケートでは(知事が)職員を信用していないという意見も多いです。

それは意識改革を進める上で仕方がない。

――職員との信頼関係あっての都政では。

これからですね。

――具体的にどう取り組んでいきますか。

基本的には職員に相談すると、あちらの(議会)棟に筒抜けになる。重要なことはあえて相談しませんでした。

――今後は。

相談しますね。(都議会の)環境が変わりました。

――信頼関係では、特別顧問に関する意見を言う職員が多かった。

そりゃ、耳の痛いことばかり言うんだから、歓迎されないよね。

――責任を持たない立場の顧問が指示するのはどうなのかという意見も多いです。

私が顧問にお願いしているわけですから。

――知事と顧問の間でも意見が合っていないのではという場面も(見受けられる)。

顧問はいろんなアドバイス、意見を出すから顧問なのであって、同じ意見の顧問に頼んでいたら意味がない。

――顧問からのアドバイスを(知事が)受け止めて指示を出す流れがいいと思いますが。

(指示を出すのは知事と顧問の)両方ですね。

(職員は)嫌なことは聞きたくないのよ。

都民の満足度「70%に」

――2年目に当たり、職員に求めることは。

よりコスト感覚を持って、都政をサステナブル(持続可能)な首都にしていくため、原点に戻ってシビルサーバントとして頑張ってもらいたい。女性力のある人はたくさんいる。そういった職員が伸び伸びとクリエイティブにこれまでの延長線ではなく、クリエイティブに、2度言いますけど、そういう仕事をしてほしいと思っています。

――そのための仕掛けは何かありますか。

ビジョンを明確にするということ。女性の活用をしきりと言っているが、女性の管理職や若い世代にもポテンシャルを持った女性陣が控えている。他のどの組織よりも女性比率が高いのが東京都庁。日本のモデルになれるようにしたい。女性を引き上げれば、男性も頑張るんですね。世界を見れば当たり前なんですが、日本はまだいびつで、『女性が、女性が』といっているうちは駄目。そういうところも出した東京都政にしていきたい。

――2年目以降の最大の課題は何か。

五輪や市場移転を着実に進めるのは当たり前の話。これからの人口構成を考えると、(少子高齢化となり)今から仕込んでおくのが責任だと思っている。

――そうした地に足のついた政治課題よりもパフォーマンスが目立つという声も多かった。

でも目立たなければ都政のことは知られないでしょ。

――(パフォーマンスに)政策がミックスしたら最強だと思います。合わさっていませんか？

――職員からは、そんな(パフォーマンス先行の)意見が多かった。

職員の声だけを聞いていると、本当に都民が求めている都政になるかは別だと思います。

――知事と職員が一体となって信頼関係があってこそ都政が前に進む。

それは当然じゃないですか。

――その部分についてアンケートでは厳しい意見が多かった。

聞き方よ(笑)。

――顧問の活用の仕方を変える考えは。

着実に一歩、一歩進めることですね。スピード感を更に高めていく。これまでは後ろ向きな話が多かった。これからはどんどん前向きにいきます。

――具体的に挙げるとすれば。

数字的な目標を出している。三つのシティもそうだが、都民の幸福度、満足度は50％なんです。東京のように人、モノ、金、情報がそろっていて蛇口からそのまま水が飲めて、複雑な地下鉄が数秒の狂いもなく走っていて、夜道を女性が一人で歩いても安全。子供が自分で学校に行く。当たり前のことだと思っていることは世界では珍しいことなのに満足度は50％。本当に心から満足してもらえる東京にしていきたい。その数値目標を50％から70％にしていく。アイテムはたくさんありますよ。待機児童とか、高齢化対策とか。でも総合的にどのくらい幸福かというのは皆さんに都政に共感を抱いてもらって、納得してもらって、本当にそうだよねということを一つひとつ具体的に進めていきたい。

――知事が明るい未来のビジョンを発信するのも重要では。

それをまたパフォーマンスと言うんでしょ。

――パフォーマンス自体は否定しませんけど。

否定しているじゃないですか(笑)。

市場移転は「政策判断」

――議会構成も変わりました。政策を進めやすくなるのでは。

都民が変化を求めたというのは知事選、都議選に表れているように思う。過去の延長線ではなく、新しいことを求めている証左。都民ファーストの会の方では、400近い公約を出しているけど、議会側の発信、都民の声をしっかりと受け止めながら、都の職員17万人と仕事ができる環境づくりというのが2年目につながってくる。

――情報公開は一丁目一番地と言っていましたが、豊洲移転などの基本方針は情報開示請求しても出てこないという話もあった。

では、石原知事の尖閣(諸島購入)については、いつどこで誰が(意思決定)したのか、情報公開されていますか？

――されていない。それを改善するのが小池知事かなと思っていた。

それは政策判断だからですよ。

――政策判断に関しては開示する起案文書がなくても大丈夫なのか。

知事ですから。尖閣にはありましたか？　総理が消費増税を先延ばしにすることについての起案文書はありますか？

――そこを改革するのが小池知事かなと。

それはものによりますよ。受け止め方のプアーさじゃないですか。

――市場はそういった事案ではなかったと。

これまで、それぞれの意見を出して、最終的な基本方針を固めたということです。

――市場移転はどう進めていきますか。

しっかりと安全性の確保のために専門家会議が進めてきた案を議会にかけて、安全性の確保に努める。市場の関係者の方々の意見をまとめていただき、いったん移転を決めていただいたときの気概を持って、中央市場としての豊洲開設を一歩ずつ進めていきたい。

――築地再開発は。

これは民間の力を最大限活用して、あれほどいい地の利のところはないわけですから、東京の資産として生かしていくことに尽きる。いっぱい案はあります。

――ありがとうございました。

補正予算案の賛否鮮明

都議会　野党は対決姿勢強める

豊洲移転と築地再開発の検討に関する経費を盛り込んだ補正予算案について、都議会主要会派の幹事長が本紙のインタビューに応じ、知事与党が賛成の立場を取る一方、共産党は「容認できない」との考えを明確にした。

＝3面に「都議会5会派幹事長インタビュー」

都民ファーストの増子博樹幹事長は、豊洲の地下空間の床にコンクリートを敷き、換気設備を取り付ける工事費などを計上した補正予算案に関して、「昨今は入札不調も多く、(都が)少しでも早く提案したいのだと受け止めている」と評価。また、専門家会議の提言に基づく安全対策工事や、市場業界団体の要望の一部も盛り込まれており、「前向きに受け止めて議論する」と強調した。

同じく知事与党の公明党も補正予算案を評価する。補正予算では築地再開発に向けた経費を2千万円計上したが、東村邦浩幹事長は「残りは全部豊洲に行くための予算。一刻も早く安全対策を講じて豊洲に行くべきという(知事の)主張と合致している。反対する話ではない」と話す。

一方、補正予算案に明確に反対するのが共産党だ。大山とも子幹事長は「豊洲移転などの基本方針も全く議会に報告されていない。あたかも規定路線であるかのように、補正予算を出したのは誤り。豊洲移転が前提で容認できない。市場関係者も納得しておらず、関係者、専門家など参考人の質疑も含めて徹底的に議論すべき」と批判した。

自民党は補正予算案への賛否を明らかにしていないが、秋田一郎幹事長は「提出時期が唐突」との印象を述べた。補正予算案は経済・港湾委や財政委などに分かれて議論することとなったが、「市場特別委員会で議論した方が手続き上は少なくとも楽だった」と指摘し、特別委設置に反対した与党を暗に批判した。

臨時会に予算特別委員会の設置を求めていたのは民進党だ。市場特別委が設置されない中、経済・港湾委には同党の委員が不在で市場問題を議論できない。30日の本会議では補正予算案への各会派の質疑が行われ、中村洋幹事長は「専門家会議から出された案を基に補正予算を組んでいる。食の安全・安心が本当に確保できるのか審議しなくてはならない」と述べた。

与野党の攻防が激化

経済・港湾委員会理事会が23日に開かれ、小池知事らの参考人招致を巡り与野党の対立が激化した。また、21日の議会運営委員会理事会でも、第2回臨時都議会の常任委員会の審議日程などを巡って紛糾し、波乱含みの展開となっている。

23日の経済・港湾委理事会では、自民と共産が小池知事らの参考人招致を要請したが、都民ファーストと公明は必要なしと主張。調整のため休憩をはさみ、午後4時前に再開した理事会で、都民ファーストが総務局長と都市整備局長の招致を提案したが自共はのまず、再び休憩に。水面下で都民ファーストは共産に、経済・港湾委理事会で参考人招致を求める動議を出すよう要請したが、共産は拒否した。

理事会は午後8時ごろに再開。自民は都民ファーストなどから参考人招致の合意を得られず、見送りを表明したが、共産が招致見送りに反対。最終的に25日の経済・港湾委に参考人として総務、財務、都市整備の3局長、臨時会中では財務、都市整備、建設の3局長の招致が決まった。

経済・港湾委の伊藤悠委員長は同委終了後、「(30日の)本会議の質疑での知事答弁をその後の(常任委の)質疑に備えてもらうことでまとまった」と話した。自民は「他会派の合意をなかなか得られず非常に残念」。共産は「引き続き(知事ら)参考人の話を聞ける場を作る努力をしていく」と語った。

日程調整を巡る与野党のさや当ては、21日の臨時会の議運から続いている。同日の議運理事会で、一部会派が「臨時会前に経済・港湾委で補正予算案の中身を議論したい」と主張。理事会は約5時間休憩となった。夕方には当初予定されていなかった同委員会の理事会を急きょ開き、25日に質疑を行うことを決定。その後再開した議運理事会は午後7時10分過ぎに終了した。

30日の補正予算案に対する質疑時間を巡り意見が割れたという。都民ファーストと公明党は2時間、自民党が4時間、共産党と民進党が2日間で計6時間を要望。最終的に3時間に収まった。

各会派の質疑時間は、都民ファと自民が各42分、公明が33分、共産が36分、民進が11分。ある都議は「会派の規模で質疑時間が配分されてきたが、それを無視した。これが慣例になればいい」と笑みを浮かべた。

また、臨時会中の常任委員会の審議日数でも意見が対立。議長案は2日間に対し、自民は3日間、共産は最低でも4日間を主張。議論の結果、3日間で折り合った。議運の増子博樹委員長は同理事会後の会見で、「しっかり審議しようということで増えた」と説明した。

冗句ジョーク

都議会臨時会、豊洲・築地関連の補正予算案は圧倒的与党数で可決見込みも、各党議論の中身に注目

「賛成・反対両派の意見に耳を傾け〝どっちも!?〟〝反対のための反対！〟寄らば大樹の陰の〝賛成？〟」

都政の東西　すれ違い

記録的な長雨となった今夏だが、3年後の東京大会に向けた機運醸成の動きは熱を帯びている。

都では「国民の心を一つに」とラジオ体操プロジェクトを展開中。組織委も夏祭りや盆踊りの時期に合わせ、公式の法被・うちわや五輪音頭のリメーク版を発表し、共に盛り上げに余念がない。

しかし今の時点では、「心が一つ」になっていないというのが共通認識ではないか。

象徴的なのが、トップのすれ違いだ。6月末、IOCを招いた晩餐会。東京側は組織委の森喜朗会長以下、都と組織委の幹部が一堂に会したが、小池知事の姿はなし。一方、先月は大会3年前イベントが都庁前で盛大に開かれたが、森会長は欠席している。

両者の関係は、全国に浸透させるべき取り組みにも表れている。スマホからメダルを作るプロジェクトや公式エンブレムをあしらったグッズ販売は各々が独自に展開し、トップがイベントで手を携える場面はない。共に「手柄」を渡さないようにしているというのは邪推だろうか。

組織委の森会長は、小池知事率いる都民ファが躍進した7月の都議選結果を受け、「議会は議会、都庁は都庁、組織委は組織委。粛々と事業を進める」と述べた。ただ、都庁関係者は「ステークホルダーの要は組織委。選挙結果を受け止めて、『連携を一層強める』と言わないと」と指摘する。一方、都庁内では職員らが黙々とラジオ体操に付き合うが、ある幹部は「こんなことやっている場合じゃないのにね」と自嘲気味に話す。

大会成功に向けて事務方は連携の深化に心を砕くが、政治的な色彩も強いだけに、心を一つに重ね合わせるのはやはり容易でないらしい。

◆豊洲新市場の再アセス不要

都環境局は21日、都中央卸売市場が提出していた豊洲新市場の環境影響評価書(環境アセスメント)の変更届に関し、「環境に著しく影響を与えない」として、再アセスは不要と決定した。28日に開く環境影響評価審議会に報告する。

都中央卸売市場は10日、豊洲新市場の建物下を盛り土から地下ピットに変更したことなどに伴い、環境アセスの変更届を環境局に提出。変更届では、▽水質汚濁▽土壌汚染▽追加対策で発生する廃棄物――の3点を改めて評価し、「影響は小さい」などとしていた。

都は地下ピットの追加対策工事を始めとした工事関連経費(41億円)などを盛り込んだ補正予算案を28日開会の臨時会に提案する。中央卸売市場は補正予算が成立し次第、同工事の契約手続きに着手する。契約を含めた工事期間は約8カ月の見込みだが、入札不調の懸念もあり、中央卸売市場の今宮正純技術調整担当課長は「入札は今後の話。適切に処置していく」と話す。

◆特別秘書の給与を公開

都政策企画局は23日、情報公開請求を受けて非開示とした知事の特別秘書2人の給与を同局のウェブサイトに公開した。月額は70万6千円で、給料と地域手当、期末手当を合計した年額は1410万3761円。給与は個人情報に当たるが、本人の意思に基づき公表した。同給与を巡っては17日、公開を求める訴訟が提起されていた。

◆シリーズ「小池都政1年～【第2部】都職員アンケート」は休みます。

21区が「住民トラブル懸念」

住宅宿泊事業法23区アンケート（上）　民泊襲来

長所と短所

9割の区が住民トラブルを懸念―本紙が23区に民泊に関するアンケート調査を行ったところ、経済効果などへの期待よりも、住民生活への悪影響を不安視している実態が浮き彫りとなった。国は成長戦略の柱として早期の普及を目指し、来年6月までに住宅宿泊事業法を施行する。同法では、都道府県が行う住宅宿泊事業者の届け出事務に関し、希望する区が事務処理を担う「手挙げ方式」を採用したことから、各区の判断が焦点となる。23区の課題意識を3回連載で紹介する。

23区に住宅宿泊事業法の可決・成立に伴う期待や懸念などを複数回答で聞いたところ、21区が「近隣住民とのトラブルの増加に懸念」と回答した。

ルールを守らないごみ出しや騒音などへの不安が挙げられる中、板橋区は「耐震強度や違法建築物など建物への対応も課題」と指摘。墨田区は民泊の営業形態自体を疑問視し、「都市計画として良質な住環境整備を進める中、（民泊は）本来の土地利用と異なり、事業者だけがビジネスとして利益を享受するのは問題」と批判する。

各区が住民トラブルへの懸念を強める背景には、住民から寄せられる苦情件数の増加がある。違法民泊がクローズアップされた2015年度には、新宿区や渋谷区など繁華街を抱える区や都心区などで苦情件数が急増。翌16年度には全区で前年度よりも増となり、新宿、台東、渋谷、杉並の4区が100件以上に膨らんだ。

住民トラブルを回答に含めなかったのは北区と足立区のみ。足立区は、「長所や短所、課題などを含めて整理・検討している段階」とする一方、北区は、旅館業法に基づく宿泊施設の過去10年間の推移を挙げ、「06年度から16年度の10年間で1件しか増えておらず、都心区よりも観光拠点が乏しい北区でどれだけの民泊需要があるのか不明」として、経営面を疑問視する。

板橋区も北区と同様に需要の点から疑問視するのに加え、23区で唯一、「特区民泊」に取り組む大田区と、池袋周辺を中心に苦情が急増している豊島区の計4区が懸念を示した。このうち大田区は、「民泊事業者から『年間180日で採算ラインの確保は難しい』との声を聞いている」とした上で、「法令順守で質が担保されたサービスが提供されるのか」と問題提起する。

同法に対する不安は、観光資源が確立している区で強い傾向にあり、千代田、中央、港の都心3区に加え、浅草と上野の2大観光地を擁する台東区や東京スカイツリーが立地する墨田区は、期待する点は挙げずに懸念事項や疑問点のみを回答。千代田区と中央区は「宿泊施設は既に充足している」との考えだ。また、江東、目黒、北、江戸川の住宅都市4区も同様に長所を挙げなかった。

他方で、民泊への期待に関しては、約半数の11区が挙げるにとどまった。最も多かったのが、観光振興への効果と既存ストックの活用策としての有用性で、いずれも7区が回答している。

民泊に関する年間苦情件数

区名	15年度	16年度	17年度
千代田	24	50	9
中央	23	81	35
港	18	80	30
新宿	95	246	174
文京	6	30	16
台東	25	147	79
墨田	22	84	48
江東	5	60	4
品川	0	3	0
目黒	22	96	27
大田	6	14	5
世田谷	16	55	25
渋谷	52	149	61
中野	4	74	44
杉並	8	100	32
豊島	10	74	29
北	5	12	10
荒川	7	34	11
板橋	2	13	11
練馬	2	9	5
足立	4	26	4
葛飾	2	18	16
江戸川	4	45	7

※17年度は7月末現在

住宅宿泊事業法に対する各区の評価

評価	区数
近隣住民とのトラブルの増加を懸念	21
その他の理由で疑問または懸念	9
区や区民にとってメリットが感じられず疑問	7
空き家対策など既存ストックの利活用に有用	7
観光振興に有用	7
現時点では分からない	5
宿泊施設不足の解消に有用	5
新たな産業として経営が成り立つのか疑問	4
新たな産業の参入による地域活性化に有用	3
宿泊施設は充足しており、既存宿泊事業者の経営面への影響に懸念	2
その他の理由で有用	2

（複数回答）　0　5　10　15　20

ふるさと納税制度見直しを国に要望

区議長会

特別区議会議長会（会長＝沖山仁墨田区議会議長）は22日、国の2018年度の施策と予算に関する要望活動を行った。要望項目数は前年度から1増の10項目で、沖山会長ら10人が1府7省を訪問した。

新規項目では、ふるさと納税制度の見直しを目黒、豊島、杉並の3区議会が提案。23区では、ふるさと納税による特別区民税の減収額が16年度に129億円に上り、17年度は更に2倍に膨らむ見通しとなっている。また、寄付が年間5自治体まで確定申告を免除するワンストップ特例制度に対しては、「国が負担すべき所得税控除分まで自治体の個人住民税控除で負担している」と批判。返礼品競争の是正に向けた制限ルールの導入や高額所得者への税額控除上限額の設定などを総務省に求めた。

このほか新規項目では、児童相談所の設置支援を厚生労働省に要望。2020年東京五輪に向け、観光バス駐車場や無料公衆無線LANの整備で国土交通省などに支援を求めた。継続要望は、保育対策や国産木材使用など重要案件に絞り込んだ。

国産木材の使用拡大を中川雅治環境相（右）に要望する沖山会長

記者席

紫色がもたらした和やかさ

○……紫色の模様をあしらったジャケットにスカート姿で登場した小池知事。22日に本紙がインタビューを行った際の服装だが、緑色の戦闘服を身に着けていなかったことが少し意外だった。というのも、職員からは「都政新報の職員アンケートの結果を知事が読んだら、知事は怒るのでは。知事に何を言われるか分からないよ」との指摘を受けていたからだ。だが、インタビューは終始、和やかな雰囲気で進み、知事は笑いながら「またパフォーマンスと言うんでしょ」などと話す場面もあった。紫色は穏やかな気分を与える心理的効果があるという。服の色がインタビューを和やかにしたのか、または知事の応対がパフォーマンスだったのだろうか。

○……区議長会が22日に行った国への要望活動は、内閣改造と地方議会の定例会との厳しい日程調整で行われたため、全国からの陳情活動と遭遇する場面が多かった。

このうち環境省は、地元選出の中川雅治大臣への訪問で、23人中22人を自民が占める区議長会では「お祝い」の意味もあった。エレ[illegible]ないよな」と不安の声が漏れていた。前回までの要望活動は、中川氏が各省との調整を一手に引き受けていたため、大臣就任で調整が難しいのかと心配したようだが、笑顔で出迎えた中川大臣を見て安心したようだった。

○……都議会自民党の川松真一朗氏が22日のブログで、舛添前知事の仰天プランを初告白している。

2020年東京オリンピック・パラリンピックの開催時期が猛暑になる懸念が広がっているが、舛添氏は公私混同疑惑でバッシングを受けていた当時、通信社ブルームバーグ創業者で、ニューヨーク市108代市長だったブルームバーグ氏と来国で面会して、五輪開催時期の変更を提案していたことを、川松氏[illegible]し、提案は実らず。開催まであと3年、残された希望は、今年のように連日雨続きの冷夏になるしかないのか。

都民ファーストが3人擁立

葛飾区議選　足場固めの試金石に

都民ファーストの会が21日、11月5日に告示、12日に投票（翌日開票）が行われる葛飾区議選の1次公認候補3人を発表した。同区議選は7月の都議選後に初めて行われる区議選で、都議選で大勝した同党が区市町村議会の議員選挙への公認候補擁立を発表したのは初となる。都議会で55議席を占める第1党の都民ファーストの会が区市町村政で足場を固められるかを占う試金石となりそうだ。区議定数は40で、区選挙管理委員会は立候補予定者説明会を9月7日に予定している。

長雨がやみ、久しぶりに朝から晴れ間が見えた23日、JR金町駅では区議らが駅頭に立ち、バスや鉄道に乗り込む通勤・通学者にあいさつをしていた。駅頭に立っていた自民区議は、都議選で党が惨敗し、葛飾選挙区での獲得議席数も2議席から1議席に減ったことが念頭にあるといい、「都民ファーストの全容はまだ見えないが、過半数に届く人数を候補に立ててきても、第一党を譲るわけにはいかない」と警戒を強める。「例年より早く動き出したが、自民にとってはそれでも遅い。新人候補が5人立つ予定だが、特に厳しい状況になる」と顔を曇らせた。

日本維新の会の区議は「投票率が上がれば、都民ファーストに票が流れる。自分が議席を失えば、他の選挙区の議員にも動揺を与える」と2019年の統一地方選などへの影響も懸念する。

都民ファーストが公認した3人はいずれも希望の塾出身の新人で、同党は「1次公認」としている。同党事務局は「今後も優秀な人材がいれば、随時公認を出す。出馬する人数は決めていない」としている。区長選への出馬については、「現時点では答えられない」（同党事務局）と話しているが、区議らの間では独自候補者擁立の憶測も出ている。自民は既に出馬表明している現職の青木克徳区長を支援する意向を示しているが、先の自民区議は「独自候補が出て小池氏が応援に来ると、難しい状況になるのでは」と牽制（けんせい）する。

同区議選は、「東京大改革」を掲げる小池知事勢力が区市町村での足場をどの程度固められるかという点からも注目される。

23区議会で現在、都民ファーストの区議団が結成されているのは、豊島、中野、練馬の3区議会。都知事選の際に小池知事を支援した自民からの離党者や無所属議員が中心で、いずれも少数会派だ。

同党特別顧問を務める小池知事のおひざ元の豊島区議会には、都民ファーストの会豊島区議団として23区議会で最多の4人が所属する。都知事選で自民に所属しながら小池知事支援にまわった「七人の侍」のうち同区議の5人が昨年12月に設立し、当初幹事長を務めていた本橋弘隆氏は都議選で当選した。

中野区議会は、都知事選で小池知事を支援した3人の無所属区議が5月に区議団を結成している。練馬区議会は、都知事選で小池氏を支持した「七人の侍」の村松一希氏と尾島紘平氏が都議に転身したため、現在は1人会派となっている。

他区のある区議は「都民ファーストの支持は小池知事の人気に比例している。党として推進する政策が見えていない今の段階では、区政で過半数をとることは考えにくい」と指摘している。

駅頭に立つ都民ファーストの新人候補ら。既に前哨戦の様相だ＝23日、JR金町駅で

庁舎更新で事業者6案公開

建物一部保存は2案に

世田谷区

世田谷区は21日、庁舎と区民会館の更新で設計者を決めるプロポーザルに応募した事業者の最終提案6案を公開した。焦点となっている建物の一部保存は2案、全面建て替えは4案となった。

一部保存を採用したのはA案とF案。A案は庁舎併設の区民会館・区民ホールを耐震化して保存再生する。庁舎棟は敷地を西ゾーンと東ゾーンに分けた上で、3棟を新築する。4棟が囲む形で広場を置き、中庭とした。

F案は、第1庁舎と区民会館・区民ホールを耐震化し、第1庁舎を一部減築して保存再生する。敷地西側には本部棟と区民協働棟の2棟を新築。中庭も配置する。

一方、B、C、D、Eの4案は全面建て替えを採用した。

B案は庁舎棟3棟と区民会館1棟の4棟で構成。4棟が囲む「小さな中庭」を置くとともに、広場は国士舘大学に面する敷地北側に配置した。

C案は、地上9階建ての庁舎棟を新築し、庁舎機能を1棟に集約する。庁舎棟にはピロティを採用し、中庭を配置する。

D案は、行政棟と議会棟、区民会館・区民ホールが入る区民交流棟の3棟構成とした。中庭を継承した配置で広場を整備する。

E案は庁舎棟3棟と区民ホール棟の新築4棟構成で、4棟が囲む広場に加え、庁舎の一部に休日も使用できる立体公園を整備する。

6案は、9月1日まで区本庁舎や総合支所など5カ所で公開。有識者審査委員会による事業者への公開ヒアリングを経て、同27日に審査結果を公表する。

車いすバスケで交流

港区

港区は27日、車いすバスケットボールのオーストラリア代表チームと区民が交流するスポーツイベントを区スポーツセンターで開催する。選手たちによる競技実演の見学に加え、実際に車椅子に乗ってドリブルやシュートなどを体験してもらう。

豪代表が31日から都内で開催される国際大会に参加するため、練習場所として区スポーツセンターを利用する機会を受け、区がイベントを打診して実現した。同区での海外選手を招いたパラリンピック競技体験イベントは初めてで、29日にはイギリス代表との公開試合も予定している。

区生涯学習推進課は「実際に競技を見てもらい、五輪への機運醸成につなげるとともに、障害者スポーツに参画するきっかけにしてほしい」と期待を込める。

新人都議の横顔⑨　◆区部◆

謙虚に職員と向き合い

樋口　高顕氏
都民ファーストの会・千代田区

元警視総監の長男で、幼少時代を千代田区で過ごした。「公や社会に奉仕する仕事をしたい」との思いで、学生時代の4年間は、当時兵庫6区選出の衆院議員だった小池知事のインターン生として活動した。大学卒業後は営業職として民間企業に就職したが「小池知事の就任後に都政の様々な問題が明るみに出たのを見て、都民に奉仕したいと思い立った」と都議選に立候補し、自民が牙城を築いてきた千代田区で議席を獲得した。

都議選では当初、子育て支援やコミュニティー形成促進などを前面に出していたが、区内を歩いて住民と接する中で「都議が仕事で何をしているのかが見えず、全体的に静かな不満がたまっている」と感じ取ったことから、「『しがらみ政治を打ち破る』と強い言葉での訴えに転換して支持を取り付けた」と振り返る。

議員として最初に取り組みたいのが都政の見える化だ。「入札制度を都民にも分かりやすい制度に変えるための条例提案に取り組む。さらに、会派や個人の政務活動費を公開するなどして税金の無駄遣いをなくしたい」と述べる。

モットーは「謙虚に、誠実に」。都庁の職員に対しても、「（職員は）裏方として、今まで東京都というメガシティーを支えており、敬意を払うべき。行政と議会で互いに研鑽（けんさん）し、指摘し合える関係を構築していきたい」。

学生時代に過ごした京都への愛着は深く、愛読書である梨木香歩の『家守綺譚（きたん）』を読んでは、「京都に暮らしていた頃を思い出す」と語る。当時は茶道部に所属し、今でも茶をたててくつろぐことがあるという。京大法卒。35歳。

やじではなく議論の場に

茜ヶ久保嘉代子氏
都民ファーストの会・杉並区

東京大学を卒業後、人材系コンサルティング会社など4社を経て2015年1月にキャリアアドバイザーとして起業。この間、長女を出産し、保育所に預けられる可能性がある区を夫と手分けして探す日々が続いた。「小さな子供を持つ共働き夫婦にとって、住む場所を決める基準は保育所に入れるかどうか。これで良いのか。政治が後手に回っているのではないか」ともどかしさを感じていた。

昨年7月の都知事選で小池知事が当選し、「今までの政治家とは違うリーダー」と期待を抱く中、希望の塾の開設を知った。「行政の仕組みに応じたやり方ではなく、仕組みそのものを変えられるかもしれない」と入塾。知事の政策を知る中で政治家への思いを強め、子育てのために移り住んだ杉並区での都議選出馬を決めた。

都議会に対しては「やじ問題で不信感を持っていた」と語り、都議会改革への思いが強い。「やじや足の引っ張り合いという印象を持っていたのは自分だけではない。会派一丸となって、『期待すらされなかった都議会』を『議論の場』に変える」と意気込む。

また、政策面では、キャリアアドバイザーの経験を生かし、企業と連携して働き方改革を進める。「特に子育て中の女性には、多様な働き方が必要」と訴える反面、「中小企業には負担かもしれない」として、「マッチングの仕組みを作り、労使双方に行き詰まり感がないようにしたい」と意欲を示す。

特技はダンスとバレエで、大学時代は体育会系の競技ダンス部に所属した。「東大が六大学で勝てる数少ない競技」と笑顔で胸を張った。東大農卒。41歳。

東京最前線

都議会5会派幹事長に聞く
小池都政と議会改革

都議会が改選し、各会派の新役員が決まり、始動した第20期都議会。前期と比べて議会構成が変わり、各会派が小池知事とどう対峙し、改革勢力である都民ファーストの会が中心となって、どこまで議会改革を進められるかなどが焦点となる。議会改革の在り方、小池都政1年の評価、今後の会派運営など主要会派の幹事長に聞いた。

都民ファーストの会・増子 博樹氏
車の両輪で政策作りを

――議会改革をどう進めていくか。

議会改革検討委員会を提案し、賛同を得て、議長の諮問機関として設置ができた。前期は議会運営委員会の理事会の下に非公開の議会のあり方検討会があったが、今回は公開で議論し、都民に見えるところで議論を進めていくべきだと思う。

――議運理事会に設置しなかった理由は。

議運の理事会は非公開で、その下に公開の会議体をつけると分かりにくくなる。

――何から議会改革を始めるのか。

公用車の使い方が公務であるのか疑問に感じる面もあり、正副議長以外は公用車の廃止を提案したい。また、多くの都民が疑問に思っているのが政務活動費による飲食。新年会は多い人で300カ所を回っているが、少しあいさつして帰るのが実態。そこで政務活動が行われているとは考えにくい。政活費による飲食禁止は条例改正が必要で、提案すれば可決はできるが、議会改革検討委員会で議論し、他会派の賛同も得たい。

――小池都政1年の評価を。

非常にスピード感があり、都民目線を大切にしてきた1年だったと思う。情報公開が一番進んだ。関係局長会議も公開の場で議論している。早い時期に議事録も出てくる。

――小池都政2年目への注文は。

今の都民目線を大切にしてほしい。我々も知事に負けないくらい、都民目線を大切にする都政を目指していかないといけない。オリンピックが近づき、都政の運営が忙しくなる。スピード感を持って議会も一緒になって課題を解決していきたい。

――他会派との関係構築は。

他会派の執行部はこれまでよく議論してきた人が多く、会派の執行部同士は話ができる状態であるので不安はない。

――今後の会派運営をどうするか。

人数は多いが、公約という目標に向かってやっていくことになる。全員で協議するというよりは常任委員会ごとに部会を作って動き出している。改選後に知事にあいさつした時、「執行機関側と政策競争するくらいのつもりでやってほしい」と言われた。政策や条例作りで提言を通じて、知事と車の両輪で都政を進めたい。

公明党・東村 邦浩氏
知事与党 都民ファ連携で

――議会改革をどう進めるか。

知事は打つ手が早く、定例会という枠組みで手を打って来ない。受ける側の議会を通年化すべき時が来た。また、（実行プランなど）長期計画を議決事項に加えたい。そうなると、議員は計画の事前修正など専門分野でスキルアップの必要性に迫られる。

――議員公用車の廃止については。

議長・副議長以外は原則廃止の立場だ。ただ、常任委員長は式典などの公務が多く、議会局に要請して使えるようにするのも一案かもしれない。また、理事者側の局長車廃止に波及しないか心配している。運転手の雇用確保も懸念材料だ。

――受動喫煙防止条例への立場は。

17日に会派内でプロジェクトチーム（PT）を発足させ、都民ファーストの会と協議した。今後、お互いに検討した案を持ち寄って協議を進める。まずは3定に理念条例で踏み出し、国の動向を見ながら本格的な条例を提案する。条例の罰則規定は検察庁の審査を受ける必要があり、慎重に検討を進める。

――小池都政をどう評価しているか。

ものすごく評価している。特に人への投資の部分で考え方が合致している。私学授業料の実質無償化を勝ち取ることができた。市場問題では6月の基本方針発表前に、築地は再整備でなく再開発とすることや、再開発で税金は投入しないことを確認し、都議選前に決断してくれた。

――知事には「顧問重用」との批判もあるが。

味方がいない中に入る時には戦略・戦術が必要で、専門家を引き連れる手法を選んだのではないか。ただ、4月に設置した市場のあり方戦略本部は職員のみで構成するなど徐々に変わってきた。職員との信頼関係が生まれたのではないか。副知事を代えなかったのは最たる表れだ。

――小池都政2年目にどう臨むか。

最大の課題は団塊世代が後期高齢者になる「2025年問題」。要介護人口が増えた時の仕組みを今から仕込まないといけない。保健医療計画と介護保険計画の同時改定の大事な時期で、PTを作って進め、提案していきたい。

自民党・秋田 一郎氏
全員野球で立て直し図る

――議会改革へのスタンスは。

議会改革で一番重要な議論は議員の身分についてだ。現在の特別職の非常勤という身分を、本来地方議員の身分はどうあるべきかという根本的な議論をしてから必要な議会改革をしないと上っ面の改革になる。

――正副議長以外の公用車の廃止などが議論される見込みだが。

なぜ、議員に公用車が与えられているのか、「なぜ」という観点が一番重要だ。物事には理屈があり、何となく作った制度ではない。理屈がおかしいから変えていくというのが筋論。その点を無視して改革を行ったら、都議会の歴史に汚点を残すことになる。

――小池都政の1年をどう見ているか。

まだ評価する段階ではない。本来、都民の皆さんが評価すべきもの。

――豊洲移転などの基本方針の評価は。

知事から報告を受けていないので、評価のしようがない。

――小池知事は会見後に議会に報告する政治スタイルを取っている。

民主主義とは何かと考えた時、重要なのは手続きだ。専制主義であれば、独裁で早く決まり、スピード感は出てくるが、民主主義は、手続き（調整）をしっかり踏んで成立するもの。だから、コストも時間もかかる。その手続きをちゃんと為政者が踏むことが大事だ。知事が公表前に議会と議論する手続きを踏まなければ、民主主義、二元代表制を否定することになると思う。

――知事への注文はあるか。

奇策や奇手はもう必要ない。知事の与党である都民ファーストの会が第1党を取ったのだから、正々堂々と（議会と議論するなど）王道を行くべきだ。

――自民党は少数野党となった。

都議選では史上最低の議席数に終わり、自民党は変わらなくてはいけない。謙虚に愚直に全員野球で立て直すべく努力をしたい。社会学者のマックス・ウェーバーは「何かを変えることは、情熱と判断力を駆使して固い岩盤に穴を開ける作業」と言っている。変えることは地道な作業で、その積み重ねができたときに自民党も変わっていけると考えている。

共産党・大山 とも子氏
他会派と一致点で協力も

――議会改革の方針は。

議長・副議長以外の議員公用車の廃止と、政務活動費の見直しは、大方の会派で一致している。できることからやっていく。公用車は最優先課題の一つだ。22台もあるところは他にない。ただ運転手の雇用は確保しなくてはならない。

――そのほかの改革案は。

委員会の理事会の公開もすぐできる。理事会で各会派の意見が出るので、例えば議会運営委員会を傍聴しても決定事項の報告だけで内容が分からない。理事会を公開すべきだ。また、請願・陳情者の意見表明の場の保障や、予算特別委員会の常設化については、28日からの臨時会で踏み出そうと、設置を提案した。

――8日の臨時会で設置した議会改革検討委員会はどう進めるべきか。

公開での検討委員会が設置されたことは重要。打ち合わせ会は事務的な日程調整などにとどめ、委員会の場で意見を出し合うべきだ。

――小池都政の評価は。

私立高校生の授業料補助や保育士の人件費補助の拡充など前進した部分は評価するが、豊洲移転が前提の市場議論には反対。是々非々の立場だ。

――小池都政への注文はあるか。

福祉の充実を求める。規制緩和でなく、人を配置して量も質も充実させていく立場だ。不要不急の大規模開発は見直すべき。市場移転の基本方針など、議会に報告し、議論する姿勢を持ってもらいたい。

――実現したい政策は。

築地市場問題は現在地再整備で都民の運動と力を合わせる。子供医療費助成など「多摩格差ゼロ」も前に進める。毎年値上げが続く国民健康保険料の引き下げも必要で、前期に条例提案したが今期は実現させたい。シルバーパスの改善も重要。高齢者の移動が保障されれば、外出の機会につながり、健康を保つことにもなる。多摩都市モノレールや県境のバス路線での利用拡充など進めたい。

――どう存在感を発揮していくか。

都民の切実な要求実現のために、19人の議員全員が力を合わせ、徹底した調査、提案、論戦に全力を尽くす。都政・都議会の改革を前に進めるために、一致点での各会派との協力にも一層努力したい。

民進党・中村 洋氏
少数精鋭、是々非々で

――議会改革へのスタンスは。

まずは議会の権能を高めることだ。そのために通年議会にすべきと主張している。議会側で議案の審議日程が決められるようになる。また、都の重要な計画が議決事項になっていない。こうしたものの採決を必須にすれば、チェック機能が高まる。

――開会中の臨時会でも予算特別委員会(予特)の設置を求めていたが。

通年議会にするのなら、予特は常設にすべき。国会は予特が常設化され、必要があれば総理を呼んでいる。

――市場移転を巡っては基本方針の議会報告がされなかった。

何を議決事項にするかの問題はあるが、通年議会であれば柔軟に対応できる。

――現在の市場移転の動きをどう見るか。

豊洲移転は、安全安心の確保という条件付き賛成の立場だが、都民は不安に感じており、知事が率先して不安解消に取り組んでいく必要がある。移転に際しては関係者との合意が必要と主張してきた。市場業者だけでなく、江東区や中央区との情報共有も図るべきだ。

――小池都政には「顧問政治」との批判もある。

実際に仕事をするのは職員だ。職員との信頼関係を築いてほしい。担当職員を呼んで事業説明を聞く際、「分かりません」と答えられたら困る。

――知事と職員との関係はどうしていくべきか。

知事は都民感覚からして都庁の組織がおかしいと思ったのだろう。それを含めて変えるのも知事の責任だ。ずっと職員を信用できないというわけにはいかない。

――一方で評価できるポイントは。

情報公開や公文書条例などスピード感があり、改革姿勢は評価する。今後も積極的にやってほしい。ただ、スピード感やリーダーシップの反面、政策決定過程が見えにくく、透明性や公平性を担保する必要がある。

――野党として今後どう臨むか。

知事の推薦がなく当選した5人なので、会派名を「民進党」に戻すことは自然の流れだ。政策提案も含め、是々非々で発言し、都民から「ちゃんと判断している」と思われるようにしていきたい。

自治トピ 140

◆壇蜜さんのPR動画削除　宮城県は21日、タレントの壇蜜さんが出演する観光PR映像を動画投稿サイトから削除すると発表した。動画では県の観光地や特産品をPRする内容で、7月の公開以降、再生回数は300万回を超えていたが、「性的な表現が含まれている」という批判も出ていた。

◆JR四国路線維持で懇談会　JR四国の路線維持について、四国4県の知事や有識者らが協議する懇談会が18日、初会合を開いた。人口減少が見込まれる中、利用促進やコスト削減などの方策を検討し、来夏にも中間報告をまとめる。JR四国は87年の発足以来、鉄道事業の赤字が続いている。

◆ごみ分別案内が好評　横浜市とNTTドコモによるごみ分別案内の実証実験が好評だ。システム上でごみの品目を入力すると、AI（人工知能）技術によるチャット形式で案内してくれる仕組み。当初は6月末までの予定だったが好評を博し、市は実証期間を延長している。

◆政活費不正で3人辞職　政務活動費の不正で、詐欺罪で神戸地検に在宅起訴された神戸市議会の「自民党神戸」（解散）の3人が8月中に辞職する見通しになった。岡島亮介、竹重栄二、梅田幸広の3氏は10～14年度、虚偽の収支報告書を作成するなどし、政活費計約2310万円を詐取した。

◆九州豪雨の復旧対策で補正予算　7月の九州豪雨の被害を受け、福岡県は9月の県議会に、道路・河川の復旧・復興対策を盛り込んだ補正予算案を提出する。予算額は過去最大規模の約643億円。被災地の旅行・宿泊料金を割引する「ふくおか応援割」に約6千万円を計上する。

「選挙プランナーの眼」は筆者の体調不良のため、前回の掲載をもって休載とさせて頂きます。

私を変えた一冊

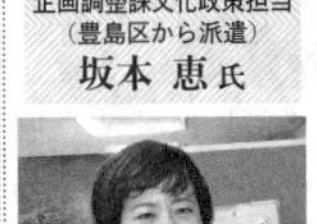

生活文化局文化振興部企画調整課文化政策担当（豊島区から派遣）
坂本 恵氏

『深夜特急』沢木 耕太郎〈著〉

「ワレ成功セリ」。デリーからロンドンまで乗り合いバスで行き、旅の終着点から電報を打つ。そんな真剣に酔狂なことをするという甚だしい矛盾を冒した『深夜特急』。この本に魅せられ、私が終着点ロンドンへとザックを背負い飛び出していったのは15歳の夏でした。それ以降40カ国以上を歩いてきました。

欧米、アジア、中東、そしてアフリカと旅の目的地の変遷とともに、清掃、広報、教育と豊島区での業務も移り変わっていきました。世界中の街を歩けば、必ずこれまで向き合ってきた業務と結びつく出会いがあります。どんな辺境の地であろうとも、そこには人々の生活があり、「ごみ」も「学校」も、もちろん「役所」もあるのです。私の仕事の経験値が増せば、おのずと旅での出会いの幅も広がり、厚みをも増していきます。

イランで清掃車を追っかけて収集作業、モザンビークの学校で授業。仕事で得た視点と旅の視点が街のどこかで交差していきます。路上でチャイをすすりながらお互いの「今」を交換し、「こうありたい」と語り合う。遠く離れ、違う文化を生きてきた私たち故に共に何かを見いだすことができるのでしょう。そんな創造性や相互理解を自然と身に着けさせてくれる世界に、私を引き込んだのがこの本でした。

2020年ここ東京の地から

「ヤパーン（ジャパン）グッド」。彼らの日本に対する憧れや期待は、街の至るところにあります。はるか1万1千キロも離れたスーダンにも。毎度帰りの飛行機は自問自答の時間となります。「今まで先人たちが築き上げてきた日本へのこの思いを守っていきたい。果たして、私に何ができるのか……」

今、幸運なことに、私は2020年に向け、文化を通して東京の力を世界へ発信していく業務に携わっています。旅先で出会った彼らに「ありがとう！　これからの東京の力も見ていてくださいね」と伝えるためにも、一旅行人そして一行政人として、この機会に真摯に向き合っていきたいと思います。3年後の夏、ここ東京の地から全世界に向け電報を打てるように。「ワレラ成功セリ」と。

都主任選考

都人事委試験課長に聞く

合格チャンス、今年も続く

2017年度の東京都主任級職選考の筆記考査が9月24日、都内の大学などで実施される。今年度の選考では、AI類の対有資格者申込率は昨年に引き続き過去最高を更新して74・8％に達した。筆記考査を直前に控える中、都人事委員会事務局試験部試験課長に申込状況や試験の留意点、受験者へのアドバイスなどを聞いた。

論文試験　資料の要点まとめる練習を

——今年度の申込状況はどうですか。

申込者数は種別A・B合わせて3474人となりました。申込率で見ると、種別Aは昨年比1・7ポイント増、事務と四大技術を合わせたAI類の申込率は1・5ポイント増で、昨年までと同様、上昇しています。受験意欲の高い大量採用世代の職員が本格的に主任試験の受験期を迎えていることが理由として考えられます。

加えて合格予定者数の増加が受験申し込みを更に後押ししていると感じます。専門職種のAII類は、申込率、合格予定者数とも、ほぼ昨年と同様の数値となっています。

種別Bは昨年度より1・7ポイント減少しました。合格予定者数は昨年に比べて若干減少した区分もありますが、引き続き合格のチャンスは大きいと考えています。

教養試験の前倒し受験も昨年を上回る申込者数であり、計画的な受験が定着したと言えます。

——既に公表されていますが、今年度行われる出題構成の見直しについて改めて内容を教えてください。

都政の課題が高度化・複雑化し、職員の育成の重要性もますます高まる中、人事委員会ではこれまで職員採用試験について様々な改正を行い、多様な人材の採用を進めてきました。これを受け、主任級職選考についても、主任級職にふさわしい能力をより一層適切に実証するため、見直しを図ったものです。

今回の見直しは種別Aを対象としており、教養試験の択一では、AI類、AII類とも合計の問題数はこれまでと変更ありませんが、基礎的法令、都政実務、都政事情の出題数を見直すとともに、採用試験との重複を解消するため統計資料の見方の出題数を削減します。

AI類のうち土木、建築、機械、電気の選考区分で出題される教養試験の記述では、職務上必要な知識の習得の観点から工学的な計算問題を導入します。

論文については、AII類の所属局の事業の課題について論述する問題はこれまでと同様ですが、それ以外の問題は自らの視点で課題を抽出・分析し、現実的かつ具体的な解決策を論述するため、課題文に資料などを添付し、詳細な状況設定を行います。

主任選考は今年度から出題形式が見直される＝16年9月、立教大

——論文試験の改正で留意すべきポイントは。

今回の改正では、論文の出題形式は見直しますが、論文採点の評定項目については変更しません。見直しの内容としては、自らの視点で課題を抽出・分析し、現実的かつ具体的な解決策を論述する形式とします。都政に関する出題では、新聞記事や調査報告などの資料を添付し、そこから課題を抽出する形とします。また、職場に関する出題では、設問中の職場に関する組織図や課題に関連した資料を添付し、状況をより細かく設定します。

決意表明については評価の対象にしません。設問で問われていることに対し、十分に字数を使って論述してください。ただし、決意表明がなくても、論文として完結していることが分かるようにする必要がありますので注意してください。

——最後に受験者にアドバイスをお願いします。

今年度は出題形式の見直しがあり、特に論文についてはどのような対策をすべきか悩まれている方もいるかもしれません。これは一例ですが、所属の課長代理や課長級職員が過去に仕事で扱った資料を参考に、資料のポイントをまとめたり、それに対する自分の考えをまとめたりなどの練習を行っておくことが望ましいのではないかと考えられます。

受験される皆さんは現在、既に各職場で、中核的な役割を担われていることと思います。そこで培った力を基にして今後、監督職、管理職として都政の様々な課題に果敢に挑戦し、活躍していただくために、この選考をぜひ突破してもらいたいと思います。

試験まで残された時間が少なくなり、焦る気持ちもあるかと思いますが、最後まで自分のペースを貫いて、諦めずに頑張ってください。

清掃労組

災害廃棄物対策を議論

自治研集会　熊本地震の教訓踏まえ

東京清掃労組は20日、公共サービスとしての清掃事業の在り方を考える「自治研集会」を自治労会館（千代田区）で開催した＝写真。集会は今年で54回目。組合員を中心に区議15人や東京自治研センターの研究員など135人が参加した。

今年の主なテーマは大規模災害時の廃棄物対策。桐田達也執行委員長は冒頭、「各区が主体的に災害対策に向き合い、23区間・都と連携して、あらゆる事態を想定した処理計画を策定するよう求めていく」とあいさつ。「区民が少しでも安心できるような計画や作業マニュアルの策定に向けて努力したい」と呼び掛けた。各区では「特別区災害対策マニュアル」に沿って、処理計画や作業マニュアルを策定することとなっているが、清掃労組は「各区の動きが鈍い」と指摘している。

集会では、熊本市職労現評清掃部会の上田二三男さんが熊本地震での実体験について講演。同市では収集を民間委託している地域が5割を占め、災害廃棄物処理が遅れていたが、市長の指示で直営による応援態勢を敷き、進捗率を上げる対応を取ったと報告した。その上で、災害廃棄物排出の在り方や非常時の分別方法の周知、廃棄物の仮置き場の設置など、平時からの準備が重要であるとして、自治体職員による処理体制の必要性を訴えた。

区議2人と現場職員によるパネルディスカッションでは、各区で対応が遅れている点やマニュアル策定に向けた行政と住民の協力について議論。参加者からは震災当時の災害廃棄物の衛生管理に関する質問が出たほか、幅広い議論に向けて各区横断的なワーキンググループの設置を求める意見も出された。

清掃労組の染裕之書記長は「社会的な課題について政策提言を行い、実現のために力を傾注することも労組の責任」と総括し、今後の運動に期待を示した。

ご当地メニューをランチに

五輪会場の立地自治体から

小池知事が村井宮城県知事との会談で、気仙沼フカヒレ中華丼を紹介＝22日、都庁

東京オリンピック・パラリンピックのご当地メニューをランチに——。都庁の職員食堂で28日から、競技会場がある自治体の料理が食べられるフェアが始まる。メニューは日替わりで▽スープカレー（北海道）▽気仙沼フカヒレ中華丼（宮城県）▽会津ソースカツ丼（福島県）▽カボチャの丸ごとグラタン（茨城県）▽黒豚の生姜焼き（埼玉県）▽真サバの塩焼き（千葉県）▽釜揚げしらす丼（神奈川県）▽しおかつおうどん（静岡県）——など。価格は510～750円程度。

各自治体との連携に向けて都五輪準備局が企画したもので、メニューは各自治体からの提案を基に食堂事業者が考案したという。フェアは9月8日まで。

SNS教育で新展開

都教育庁　補助教材を全面改訂

SNSによる犯罪被害やいじめなど、子供がネット上でのトラブルに巻き込まれるケースが増加する中、都教育庁は情報モラル教育に力を入れている。昨年作成した補助教材の『東京SNSノート』を、わずか1年で改訂する異例の措置を取り、情報リテラシーについて子供や保護者がより主体的に考え、話し合えるよう刷新した。背景には子供のスマートフォン利用率の増加や保護者のSNSへの理解不足がある。

警察庁によると、SNSやチャットなどの「コミュニティーサイト」が原因で犯罪被害に遭う子供は2016年に全国で1700人を超えて過去最多となった。また子供同士でもSNSでのやりとりから、いじめに発展するケースが社会問題となっている。

こうした中、都教育庁は15年に「東京SNSルール」を策定。家庭や学校での情報モラル教育の実施を求め、昨年は小学校から高校までの授業で使う補助教材『東京SNSノート』を作成したが、今年度に全面改訂した。

改訂版では、SNSに載せた写真が意図せず他人に利用されるケースをストーリー付きで紹介したり、「かわいい」「真面目」といった他人への評価が書かれたカードを使って、「受け取った相手がどう思うか」を考えさせる項目があり、情報モラルを子供が考えながら学べる内容とした。都内の小学生のスマートフォン使用率は約6割、高校生は9割以上に上り、都教育庁は「今までのような『禁止』を前提とした指導はもはや不可能。使い方を子供自ら考えることが最良の方法」（指導企画課）と説明する。

また同庁は、子供が自ら情報モラルを考えるきっかけを作る取り組みも始めている。7月には、高校生が墨田区立寺島第一小学校など3校で、「メールの文章が相手にどう受け止められるか」などをテーマに同教材を使って小学生に授業を行い、参加した高校生からは「自分のネットの利用法を振り返る機会になった」との声が上がったという。

『東京SNSノート』を使い、高校生が小学生にネットの使い方を教えた＝7月、墨田区立寺島第二小学校

また、保護者の意識啓発にも力を入れている。同庁の調査によると、家庭内でSNS使用のルールを決めている家庭は約6割で、東京SNSルール策定前より約2割上昇したが、「『子供の方が詳しい』と考えてSNSの利用を子供に任せきりにする家庭や、親が決めたルールを子供に押し付けてしまうケースも多い」（同）と話す。LINE㈱が高校生を対象に行った調査では、メッセージを無視されたことが「SNSを利用する上で嫌だった経験」の上位に挙がっており、「午後8時以降はネット禁止」などの家庭のルールがいじめにつながるケースも考えられる。

このため、改訂版SNSノートには、保護者同士が各家庭でのルールを話し合える項目を盛り込んだ。また、年間150校の小学校を対象に親子でSNSの利用法を学べる講座も開催している。

同庁は「子供のSNS利用の実態に合った家庭での適切なルール作りは重要。単に一律でルールを作ればいいわけではなく、家庭内で話し合うきっかけとしてほしい」（同）と話す。

都教育庁は今年度中に有識者会議を開き、改訂版SNSノートや親子講座の具体的な効果を検証し、内容の改善につなげる予定だ。

区採用試験

I類新方式など申込状況を発表

特別区人事委員会は14日、2017年度特別区職員I類（土木・建築新方式）、III類、経験者採用、身体障害者採用試験（選考）の申込状況を発表した。

I類の新方式では、土木造園（土木）・建築の採用予定者22人程度に対し、申込者数は452人で前年度比117人の減。合格倍率は20・5倍。土木は269人、建築は183人が申し込んだ。

経験者は採用予定者数計260人程度に対し、申込者数は2704人で同20人減。2級職で1246人、3級職（主任主事I）で894人、3級職（主任主事II）で564人がそれぞれ申し込み、倍率は6・9倍、12・8倍、62・7倍。

III類採用試験は事務職のみ。採用予定者数135人に対し4125人が申し込み、同213人の増。倍率は30・6倍だった。

身体障害者採用は採用予定者数33人程度に72人が申し込み、倍率は2・2倍となった。

都教育庁

八王子東高校で原因不明の火災

都教育庁は22日、都立八王子東高校で火災があったと発表した。

火災は同日午後7時10分ごろ、同校の教員が化学室から火の手が上がっているのを見つけて通報。同40分ごろ消防隊によって消し止められた。この火災で教卓や実験台などが燃えたが、けが人は出ていない。

出火原因は23日時点で不明で警察と消防による調査が続いているが、放火の可能性は低いという。

◆自転車無断使用で停職

都教育庁は23日、他人の自転車を無断で使用したとして、多摩地域の小学校の女性教諭（24歳）を停職1月の処分とした。

同庁によると、教諭は3月、深夜に帰宅途中に未施錠の自転車を見つけて自宅付近まで使用。自転車を降りたところを警察に呼び止められ、発覚した。教諭は酒に酔っていたという。

また、約1年間にわたって届け出と異なる経路で通勤し、通勤手当計約5万円を不正に受給していた中学校の女性主幹教論（59歳）を減給処分とした。

◆聖火リレーを石巻から

宮城県の村井嘉浩知事と同県石巻市の亀山紘市長が22日、都庁を訪れ、「復興五輪」の象徴として石巻市が東京五輪の聖火リレーの出発地になるよう小池知事に要望した。

同市は東日本大震災の死者・行方不明者数が3977人に上った。亀山市長は「『心の復興』を成し遂げるため、出発地にぜひお願いしたい」と語った。出発地の決定権は五輪組織委員会にあるが、小池知事は「組織委に皆さんの声をしっかり伝えたい」と応じた。

暑さ対策㊥

街路樹で木陰作り

競技の中でもマラソンは特に熱中症の危険が高い。真夏のコンクリートの路面温度は60度を超えることもあり、選手や観客、スタッフは炎天下に長時間さらされる。都建設局は熱中症のリスクを減らそうと、マラソンや競歩のコース、会場周辺の都道で熱がたまりにくい「遮熱性舗装」や、保水材を詰めて水の蒸発で温度を下げる「保水性舗装」の整備を進めている。同局では昨年度までに計約106キロの都道を舗装しており、大会までに更に30キロを整備する。

同局ではまた、都道沿いの街路樹の剪定を工夫し、枝を伸ばすことで木陰を増やす計画を打ち出している。例えば、靖国通り沿いの「スズカケノキ」は、毎年の剪定により冬場は1・5メートル程度しか広がらないが、大会前には倍の3メートル程度まで広がるよう剪定する。昨年度に対象地域を29カ所抽出しており、今年度中に全ての地域で剪定する予定だ。同局道路管理部の福永太平・保全課長は「枝が広がりすぎて信号機や標識を隠したり、風で折れたりすることのないよう一本ずつ精査して対応する」と説明する。

マラソンコースの沿道で声援を送る観客＝12年8月、ロンドンで

地元自治体や民間企業の暑さ対策を後押しする動きもある。都環境局は東京大会の会場周辺で観光客など人が多く集まる地域にミストや緑化などで暑さを緩和する「クールエリア」を創出するため、1地域当たり5千万円の助成金を出す事業をスタートした。初年度となる今年度は、中央区と調布市が立候補。中央区では東京スクエアガーデンや数寄屋橋公園、京橋エドグランなどの7施設が対象で、施設を管理する事業者はそれぞれミスト付きパラソルや日よけ、減熱ベンチなどを設置している。調布市では市が暑さ対策を受け持ち、東京スタジアム周辺の主要道路への遮熱性舗装などを行っている。

他にも同局は、会場周辺のバス停にミスト装置を導入したり、事業者に対しビル屋上・壁面の緑化を促している。同局地球環境エネルギー部の海老原勉・環境都市づくり課長は「都市部の暑さはビルやコンクリート道路なども原因となっている。地道な取り組みを根気よく、効果が出るまで続けるしかない」と話す。

30年度 職員教養講座 ▶8◀
東京都管理職選考対策
技術（土木）記述・論文

平成30年度の都管理職選考実施要項は、まだ発表されていませんが、試験対策は早期に始めればそれだけ時間が確保できる上、真剣に勉学に励むことで試験への対応力も高められます。しかし、日常業務や様々な家庭事情もあって、思うように試験勉強がはかどらない受験者も多いと思います。また、モチベーションをなかなか高められない受験者も多いのではないかと思います。そのような時は、管理職や最近の合格者になぜ管理職を目指したのか、どのように試験に対するモチベーションを高めていったのかなど、経験談を聞いてみると参考になると思います。試験勉強の方法についても、まねてみるのも良いかもしれません。

記述試験

出題内容はA・B共通で、前半4題、後半6題から計4題を選択する構成となっています。Aは前後半2題ずつ、Bは前半1題、後半3題を、1時間50分で解答する試験です。

前半の問題は例年、構造力学、水理学、土質工学及びコンクリート工学から出題されています。いずれの分野も土木の基礎的知識として必要な内容を問うもので、学生時代に使用していた教科書、市販の専門書や就職試験の問題集を使用して基礎勉強を行うことで、十分に対応できます。1～2題の選択解答ということもあり、勉強時間を確保できない場合には、過去の出題傾向を分析したり、得意分野に限定して試験対策を行っても良いと思います。

後半の問題は、各局の主要事業、各局で必要な知識や土木分野で話題になった語句などが多く出題されています。これらの情報は、都の刊行物、各局のホームページ、事業概要、各種専門書や各種新聞などから情報を収集します。出題傾向としては、直近1年間の話題が多く出題されますので、これを考慮して効率的に情報を収集し、要点を整理してキーワードを覚えていきます。

記述試験は、一定の基準に達した受験者に対して、翌年度以降、3年間の免除が認められており、毎年度多くの人が免除を受けています。この状況を踏まえると、記述試験では、高得点を狙う必要はなく、一定の合格水準に達する勉強方法で良いのではないかと思います。口頭試問に進むためには、全得点に占める論文試験の割合が大きくなってきているのではないかと考えられます。

過去の出題

《平成29年度》

〈基礎分野〉①組み合わせ部材の圧縮応力度、ラーメンの水平反力、鉛直反力、影響線②開水路における水理学的に最良断面、比エネルギー、限界水深、常流・射流の判定③モールの応力円とクーロンの破壊線、内部摩擦角と粘着力、垂直応力とせん断応力、全般せん断破壊、杭基礎の周辺摩擦力④コンクリートの設計基準強度、限界状態設計法、コンクリートの中性化

〈専門分野〉⑤2040年代の東京の都市像とその実現に向けた道筋について⑥道路設計における視距、道路構造令で定める計画交通量と設計基準交通量、車線数の決定手順⑦土留め掘削に伴う周辺地盤の変位の原因、地下埋設物の保安措置⑧配水池の役割と容量の決定方法、雨水流出量の算定式、雨水流出抑制施設⑨東京都臨海部地域公共交通網形成計画⑩社会資本整備重点計画、予防保全型管理、治水安全度達成率、エリアマネジメント、中央防波堤外側コンテナふ頭

《平成28年度》

〈基礎分野〉①直角二等辺三角形の断面係数、偏心荷重を受ける短柱の応力度②ケーソンの喫水及び安定性の検討③CBR、過圧密と正規圧密④非破壊検査機器を用いたコンクリート構造物調査、疲労による鉄筋コンクリート床板の劣化

〈専門分野〉⑤東京都国土強靭化地域計画⑥東京における都市計画道路の整備方針及び区部・多摩地域における都市計画道路の整備方針⑦トンネル予防保全計画⑧緩速ろ過方式と急速ろ過方式、伏越し⑨道路工事調整会議、東京都内の路上工事対策五箇年計画、環境影響評価⑩運輸政策審議会答申第18号、品川シーズンテラス、新客船ふ頭（臨海副都心）、ドローン、防災船着場

《平成27年度》

〈基礎分野〉①トラスの名称、影響線と部材力②ダルシー・ワイスバッハの式、摩擦損失係数、ポンプの軸動力③地すべり、崖崩れ、土石流、平面すべり、円弧すべり④コンクリートの混和材及び混和剤

〈専門分野〉⑤品川駅・田町駅周辺まちづくりガイドライン2014⑥計画給水量、地球温暖化が水道水の安定供給へ及ぼす影響、水道の震災対策⑦中央環状品川線⑧東京港第8次改訂港湾計画⑨東京都豪雨対策基本方針（改定）⑩BRT、スマートインターチェンジ、ラウンドアバウト、ヤンゴンにおける無収水対策事業、神田下水

論文試験

試験は、2題から1題を選択し、1500字以上2千字程度を2時間以内で論述する形式です。課題式で出題され、問題意識、政策形成力、論理性及び表現力などに関して評定が行われます。

設問には、論文として何を求めているのか明記されているため、出題文を良く読み、出題内容に合うよう論文を書き上げましょう。論文は、平易かつ簡潔に論じ、1文があまり長くならないようにまとめます。平成29年度の論文試験からは、受験者の創意工夫を求める出題となっていますが、都の実施または予定している施策の範囲で論じましょう。

論文の構成は、第1章から第4章に分けて論述していく方法が一般的です。

第1章は、論文の導入部であることから、読み手を引き込むように論じることが非常に重要となります。まずは、土木分野、都の土木技術者などを取り巻く状況や都の土木技術者の使命などについて論じます。また、論文に具体的な数字を盛り込むことによって、論じている内容の正確性や信憑性が高まり、訴求力のある論文となります。第1章の文字数は、約400字程度にまとめます。

第2章では、設問に対する課題を3点挙げます。3点の課題に関しては、設問の内容の実現が難しい理由、異なるその要因3点を挙げます。課題は、日頃の業務遂行上の課題等を参考にしながら、列挙していきます。具体例を挙げることによって、真実味のある論文となります。第2章の文字数は、約600字程度にまとめます。

第3章では、第2章で列挙した課題に対する解決策を論じます。都の方針に合わせ、具体的で実現性のある解決策を提案します。解決策は、単に都の方針の列挙や第2章の裏返しではなく、具体例を挙げることにより説得力のある論文となります。第3章の文字数は、約700字程度にまとめます。

第4章は、論文の総括となる章です。第2章で挙げた課題を第3章の策により解決した後の展望を論じます。さらに、将来、自分自身が管理職となり、課題が発生した際には自ら解決に当たるという決意表明があっても良いかもしれません。第4章の文字数は約300字程度にまとめます。

論文を作成する前に、合格論文を提供してもらい、論文の構成や書き方について覚えます。論文を作成する際には、いきなり全文を書き始めるのではなく、レジュメを作成し論理立てて論述するようにします。その後、レジュメに沿って実際に論文を作成していきます。使用する言葉は、平易な表現を選び、簡潔な文章を心掛けます。また、文章も論理的に文章がつながるよう留意し、論理的に破綻を来さないよう気を付けます。論文が完成した際には、数人の管理職に論文を見てもらい、いろいろな視点での様々な意見を率直に述べてもらいましょう。その意見を反映させて、文章の推敲を重ねていきます。さらに推敲段階では、文章の内容が正確か、同じ内容を繰り返していないかなど再度詳細なチェックを行うだけでなく、紙面を最大限使用し、自分自身の意見を論述するようにします。

試験当日は、2時間で2千字程度の論文を書き上げなくてはなりません。そのためにも、事前に論文を数本完成させ、試験日に向けて暗記しておきます。出題予想が的中した場合は、暗記したものをそのままを書き込んでいきます。予想が外れた場合でも、数本の完成論文を基に設問に合うようにその場でアレンジして書き上げます。さらに、2時間という時間感覚を身に着けるためにも、試験までに時間を測定しながら、手書きで論文を仕上げる練習をしておきます。管理職選考の合否では、論文試験の配点が大きな割合を占めるため、高得点を獲得するようしっかり準備してください。

過去の出題

《平成29年度》

（1）東京2020オリンピック・パラリンピック競技大会の成功とその先の持続可能な東京の大前提となるのは安全・安心の確保です。首都直下地震、集中豪雨及び大規模事故等の様々な災害リスクに対して、都民の生活を守り、首都機能を維持していくために、都は、どのように災害に強い都市の実現に取り組むべきか、土木技術者の立場から、あなたの考えを論じなさい。なお、都が実施している、または実施を予定している施策の説明にとどまらずに、あなたの創意工夫等を盛り込むこと。

（2）都市の魅力と国際競争力の向上、快適な都市生活と機能的な都市活動の確保などの実現に向けた社会資本の整備や維持更新において、工事を着実かつスピーディーに実施していくために、どのようなことに取り組むべきか、都の土木技術者の立場から、あなたの考えを論じなさい。なお、都が実施している、または実施を予定している施策の説明にとどまらずに、あなたの創意工夫等を盛り込むこと。

《平成28年度》

（1）自転車は、生活に密着しているだけでなく、環境にやさしく健康増進に役立ち、公共交通の補完的な役割を担うことも期待される交通手段です。成熟した都市の魅力や豊かさを実感でき、環境に配慮した交通体系を実現するために、都は、自転車の活用をどのように促進していくべきか、あなたの考えを論じなさい。

（2）都は、職員定数の削減等、これまで身を切る改革を行い、少数精鋭の効率的な執行体制を構築してきました。また、経験豊富なベテラン職員の大量退職に伴い、若手の割合が増加するなど、職員の年齢構成も変化しつつあります。このような状況を踏まえ、土木技術職員の技術力を維持・向上していくために、都はどのようなことに取り組んでいくべきか、あなたの考えを論じなさい。

《平成27年度》

（1）本格的な少子高齢・人口減少社会を迎えることが見込まれている状況においても、東京を将来にわたって持続的に発展させ、「世界一の都市・東京」を実現するために、都は、どのようなまちづくりに取り組んでいくべきか、都市構造に言及しながらあなたの考えを論じなさい。

（2）都が土木事業を行うに当たっては、都民をはじめ、民間企業、国及び他の地方自治体など様々な主体からの協力を得ることが必要不可欠です。各主体からの信頼を得ながら事業を進めるために、都の土木技術者はどのようなことに取り組んでいくべきか、あなたの考えを論じなさい。

昇任試験対策のページ

特別区 管理職試験講座 42
Ⅰ類択一・記述 Ⅰ・Ⅱ類論文 29年度
Ⅰ類択一・記述・論文
試験の心構え

特別区管理職選考の筆記考査が間近に迫りました。今回は試験前日から当日にかけて留意すべき事項を択一式、記述式、論文式の順で確認していきます。

択一式問題

出題数は40問で、出題分野ごとの内訳は①地方自治制度14問②地方公務員制度6問（以上が事務と技術系共通）③行政法16問④財政学・地方財政制度4問――です（技術系は別途ご確認ください）。

試験時間は90分ですので、1問につき2分15秒で解答する必要があります。つまり、一つの選択肢の判断にかけられる時間は27秒しかありません。本番では、難問や自分の知識が足りない、苦手と感じる分野の出題があった場合に、その問題に時間をかけ過ぎないことです。まずは確実に解けるものから解答していきましょう。解答したものを最後にもう一度見直して、さらに最後に時間が余ったところで、スルーした問題を解くというぐらいの心持ちで良いと思います。

択一式は、クリアすべき得点に達すれば良いので、準備が終わっているのであれば、論文式、記述式について時間を割いた方が良いでしょう。

《地方自治制度》

最近の出題傾向は、「議会」と「執行機関」から4問ずつ出題されています。直前にしっかりとポイントをチェックしておきましょう。問題のレベルは、地方自治法の条文や行政実例や判例の一部を加工しただけの素直な問題がほとんどです。

《地方公務員法》

出題傾向は、「分限及び懲戒」「服務」「勤務条件に関する措置要求・不利益処分」「職員団体」は頻出分野なので、チェックしておきましょう。出題範囲が比較的狭く、多くの受験者の得点源となる分野です。取りこぼしのないように注意しましょう。

平成28年4月1日の地公法改正により退職管理規定の追加等がありました。昨年度の試験では、再就職者による依頼等についての規制に関する問題が早速出題されています。周辺部分をチェックしておきましょう。

《行政法》

出題数が最も多く、出題範囲も最も広い分野です。過去の出題傾向は、特別区人事委員会発行の「明日の区政を担う管理職員を目指して」に掲載されています。記述や論文対策でも大いに役立つ資料のため、改めて確認してみてください。全体の範囲が広く、満遍なく出題されていることから、これまでに取り組んだ問題集で間違えた部分を復習するなど、最終的なチェックをしてみましょう。

《財政学・地方財政制度》

出題数が4問と最も少ないので、これまでに対策をしてきた人以外は、直前になって再度時間を割かないことをお勧めします。この分野で失点したとしても、出題数の多い地方自治制度と行政法で確実に得点すれば十分合格ラインに届くはずです。

記述式問題

直近の出題テーマは、▽高齢者が暮らしやすい社会づくり（平成28年度）▽空き家対策（平成27年度）▽外国人との共生（平成26年度）▽待機児童対策（平成25年度）――です。

必要な対策は、①解答フォーマットの作成②過去の出題テーマや最近の社会情勢から今年度の出題テーマを2、3件予測して解答案を作成③どんな出題テーマでも応用できるように「具体的な施策と妨げとなる事柄及び解決策」の部分を抽象化――となります。これまでに十分対策を行っている方は、直前まで暗記作業を徹底しましょう。

①のフォーマットについては、「明日の区政を担う管理職員を目指して」に例が掲載されています。筆者も受験時にはこれを使用しました。こちらをご覧になり、解答イメージをまとめておきましょう。

試験当日は時間との闘いになります。資料の分析、解答案の構想、答案の作成など、あらかじめプロセスごとに割り当てる時間を決めておきましょう。120分間の試験時間内に答案を確実に完成させることが必須となります。特に「具体的な施策と妨げる事柄及び解決策」の部分に十分な時間を配分できるようにすることが必要です。したがって、資料分析には時間をかけ過ぎないよう注意しましょう。新聞記事等の資料は、キーワードのみ拾い読みするのが効率的です。

論文式問題

過去の出題傾向からテーマを予測し、合格レベルの論文またはレジュメ（骨子）をあらかじめ作成しておきましょう。

数年前までは、政策系と管理系のテーマが1題ずつ出題される傾向がありましたが、最近は2題とも政策系のテーマの場合があるので注意が必要です。

管理系のテーマであれば、準備した論文と本番で出題されたテーマが多少ずれても、キーワードをいくつか入れ替えることで対応することができます。一方、政策系のテーマでは調整が困難です。つまり、2題とも政策系で、かつ準備していた分野から外れると、かなり厳しい状況となります。

このため、レジュメで構いませんので、自治体に関する政策課題のトレンドを分析し、出題される可能性の高いテーマについて作成しておくことがポイントとなります。とはいえ、外れる場合もあります。その時にもレジュメの型を意識して作成することが、本番で慌てないことにつながるでしょう。

本番においては、必ずレジュメを作成してから、文章を書き始めましょう。このレジュメの内容が固まらないと、後で手戻りや書き直しが発生し、論文が完成しないリスクが高いため、なるべく粘り強くレジュメを作成してください。

したがって、答案の再現にどのくらい時間がかかるかをあらかじめ把握しておき、レジュメの作成にどれくらい時間がかけられるか試験前までに計算しておきましょう。当日は定められた文字数の範囲に必ず収まるように注意し、減点されないようにしましょう。

筆記具は手が疲れにくいものを使用するのがお勧めです。シャープペンシルのHBなどを使用すると、採点者にとっては文字が薄く、非常に読みづらいことから、B、2Bを使用しましょう。同様に、読みやすい答案の作成のために、字は丁寧に書きましょう。また、見出しの部分を見やすく大きめの字で書く、太い芯を使用して強調したりするなど工夫をすることも有効です。

終わりに

試験会場へは、電車が遅れた場合などにも間に合うように、十分余裕を持って到着するようにしましょう。会場に向かう電車の車内や、到着後、試験が始まるまでの時間は、貴重な勉強時間です。択一式の問題集や記述式のフォーマット、論文式のレジュメなどの暗記作業を試験開始直前まで徹底して行いましょう。直前にやったものほど、本番でも記憶に残るものです。

筆者は、昼休みもバタバタしないよう弁当を用意していきました。知り合いに会うこともあるかと思いますが、自分のペースで試験に臨めるよう、あまり話し込まず軽いあいさつにとどめて、最後まで試験に集中しましょう。

試験が開始され、退室可能な時間になると、制限時間前でも足早に会場を出ていく人が結構います。そういう人のほとんどは記念受験です。気を取られずに最後の最後まで粘り抜き、自分の力を出し切りましょう。時間が余った場合は、答案を見直し、マークシートの記入誤りや誤字脱字などのケアレスミスがないかをしっかり確認しましょう。

試験は長丁場のため、かなり体力を消耗します。試験の前から体調管理に気を付けて、万全の体調で臨めるようにしましょう。

1年に1回の試験です。悔いのないよう、集中して試験に臨んでください。健闘をお祈りいたします。

自虐的で思わずクスッと
絵本と動画で区をPR

練馬区

㊤独立70周年記念絵本の表紙㊦練馬区の〝あるある〟で自然と愛着がわいてくる

練馬区では、練馬への愛がギュッとつまった絵本と動画『I♡練馬あるある』を制作しました。これは、みどり豊かな練馬区の魅力を全国に発信する広報キャンペーン「よりどりみどり練馬」の一環として実施したものです。

本区は、首都圏を対象にした「住んでみてよかった街」ランキングでは上位10位に入るにもかかわらず、「住んでみたい街」ランキングでは10位以下に落ち込みます。つまり、住んでみて分かる練馬区の魅力が区外の方には伝わっていないということ。そこで、区外の方に区の魅力を伝え、区民の方には地元に対してより誇りと愛着を持ち、ずっと住み続けたいと思ってもらえるように、区民参加型の広報キャンペーン「よりどりみどり練馬」を2015年3月より実施しています。

これまでの「よりどりみどり練馬」

1年目は、区の新しいみどり色「ねりまグリーン」をつくることを目的に、区内で撮影した「みどり」をテーマにした写真を募集。約2300枚の応募がありました。その写真からみどり色を抽出し、5色の「ねりまグリーン」を開発し、絵の具として実物化しました。

また、みどり色の服を身に着けた千人以上の区民の方とともに練馬区初のテレビCMを制作。マーチングバンドやチアガールなど区内で活動している団体が巨大な絵の具のチューブから出てきてパレードしたり、巨大な人文字グリーンアートを形作ったりする様子を撮影しました。

2年目は「願いの木」をテーマに区民の方から「未来の練馬区への願い」を募集。「自然が多いまち」「たくさんの笑顔があふれるまち」など6千点もの応募がありました。そこで寄せられた願いを含めた約100万枚の葉っぱ型の紙を空に舞い上げ、一瞬しか見ることのできない巨大な「願いの木」をつくるCMを約1200人の区民とともに撮影しました。

絵本作家のぶみさんとコラボ

「よりどりみどり練馬」3年目の今年は、練馬区が板橋区から独立して70周年を迎えます。それを記念し、練馬区の魅力を伝えるだけでなく、区民の区に対する愛着をより一層育んでもらうことを目的に、「I♡練馬あるある」をテーマに、区内在住の絵本作家のぶみさんとコラボし、絵本と動画を制作しました。

区民から練馬区の〝あるあるネタ〟を募集し、300のネタの中から完成した絵本や動画は、のぶみさんらしい絵のタッチによって、「練馬区の一番のオススメを聞かれるとみんな答えられない」「23区なのにJRが通っていない」など、練馬区の〝あるある〟を少し自虐的に表現しつつも、どこかクスッと笑えて、最終的には練馬区への愛着が自然と湧いてくるようなほっこりとする内容になっています。

また、親の板橋区に子の練馬区が成長して強がりを言うと、親が「もともと同じだったんだよ」といさめているユーモアで練馬区が23区の中で唯一独立して70周年を迎えたことを伝えています。

絵本は、1200円で区の観光案内所等で販売しているほか、区内図書館で貸し出しています。また、動画はYouTube「練馬区公式チャンネル」で公開中ですので、ぜひご覧ください。

一方通行でなく区民参加で

3年間推し進めてきた広報戦略としては、（23区でありながら）練馬区＝緑、そして行政の一方通行のCMではなく区民参加ということにこだわってきました。

また、表現していく広報戦術としては、①企画性（よりどりみどりな練馬の魅力をあるあるで表現）②ストーリー性（区民公募によるあるあるネタがCMに）③話題性（地元在住の人気絵本作家のぶみさんとのコラボ）――を常に意識しています。

調査では、この区民参加による広報キャンペーンを通じて、地域や行政に興味を持つ人が増えてきています。現在、区民の方が「よりどりみどり練馬公式PRサポーター」として、練馬区の魅力や情報をフェイスブックで発信してくれています。引き続き区民参加にこだわり、よりどりみどりな練馬の魅力を、区民との協働へつなげることも含め、推し進めていきます。

（練馬区区長室副参事＝広報戦略担当　市橋歩）

今夏必見の展覧会
サンシャワー　東南アジアの現代美術展

国立新美術館×森美術館

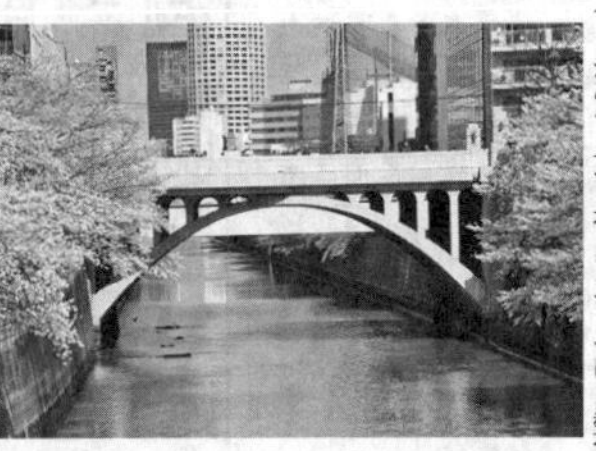
リー・ウェン《奇妙な果実》2003年

アジアに現代美術なんてあるのか？　若い学芸員の企画案を一蹴した文化高官のひと言として、業界にひそかに流布したことがある。無論、昔話だ。だがそうとばかりは言い切れない、欧米偏重の傾向は続いてきた。日本でアジアの現代美術が不在だったわけではない。たとえば福岡市。この街はアジアの一都市という自覚に基づいて、最初は市立美術館で、後にはアジア専門の美術館まで造って各国作家の紹介に努めてきた。それに加えてアジア映画祭も主催。容易ならぬ歳月も乗り越えて、今ではアジアの現代美術や映画を知りたければ、福岡に行けと認知されるまでになっている。

東京で、開館以来アジアの現代美術を積極的に紹介してきたのは森美術館だ。ここと国立新美術館が、国際交流基金の賛同を得て共同開催するのが「サンシャワー　東南アジアの現代美術展　1980年代から現在まで」である。ASEAN10カ国、86組約190点余の作品による大規模現代美術展だ。

今なぜ？との疑問も湧くが、何はともあれこれほど広域の、多数の作家を知る機会に恵まれたことを素直に喜びたい。

多彩で多様でエネルギッシュな作品群に圧倒される。これが近年急速に距離感の縮まっている隣人たちの作品だ。両美術館の10人の学芸員と現地スタッフが、2年間にわたって調査・研究してきた成果である。日本で知られ始めた、世界的に注目される作家も含まれている。

現代美術だからと身構える必要はない。無論、すべてを理解できるはずもない。だが誰でも、自分の感覚にぴったりフィットする作品に出合えると思う。両会場で費やす半日以上の時間は、決して無駄にならないだろう。

民族、言語、宗教、歴史、自然環境、生活文化、近代化の過程など、とてもひとくくりにはできない地域である。それを前提に「情熱と革命」「日々の生活」「瞑想としてのメディア」など全9本のテーマを掲げ、森美術館が四つのテーマ、国立新美術館が五つのテーマのもとに展示空間を作っている。中には「アートとは何か？　なぜやるのか？」など、作品を通してその社会の様態を透視するテーマもある。

アートは社会を映すと言われる。例えば、現代作品の源泉のひとつにドキュメントがあるが、アジアには事実上ドキュメンタリー映像を禁じている国もある。我が国の現政権も、ドキュメントには神経質で抑圧的。同じアジアなのだ。

正視が困難な表現もある。だが、言葉にするととげとげしくなる表現にも、豊かな交歓の回路が開けることがある。やっぱりアートって良い！

◇

「サンシャワー」展は国立新美術館と森美術館で10月23日まで同時開催。ハローダイヤル03・5777・8600。この招待券を5組10名様にプレゼントします。Eメールで「サンシャワー展希望」とし、〒、住所、氏名を明記の上、henshu@toseishimpo.co.jpまで（9月1日必着）。

多彩なインドの染織布展示
畠中光享氏のコレクション

渋谷区立松濤美術館

6・4メートルの高さからつるされた108本のターバンは圧巻

渋谷区立松濤美術館では9月24日まで、「畠中光享コレクション　インドに咲く染と織の華」を開催している。

1498年にポルトガル人のバスコ・ダ・ガマがインド航路を発見し、ヨーロッパ人のインド洋貿易への進出が始まる。その後の交易を通じて世界に輸出されたインドの染織品は、その美しさと技術において世界の人々を魅了した。日本にも近世初期から木綿布に手書きや木版で文様染された「更紗」や縞織の間道が輸入され、茶の湯において珍重された。古来、ヨーロッパや日本では木綿がなく、日本での本格的な木綿の生産は江戸時代後期から始まる。染色の難しい木綿布に、赤や黄、青など鮮やかに染められたインドの染織品は、世界の人々を驚嘆させた。

日本でも江戸時代には綿の布が一般的に作られるようになったが、その色のほとんどが白か藍色だった。綿は色を染めるのが難しく、日本では藍という植物からとった染料で青く染めることがほとんどだった。その一方で、インドでは茶・紫・赤・青・黄・緑などの色を綿で染める技術が発明され、色鮮やかな文様を持つ綿布がつくられた。しかし、遠くインドからの輸入品のため大変高価で、一部の人しか手にすることができなかった。

同展では、日本画家・畠中光享氏のコレクションから約150件を選び、染、織、絞、刺繍といった多彩なインドの染織布をダイナミックに見せている。

◇　◇

■会期　9月24日（日）まで
■開館時間　午前10時～午後6時（入館は5時半まで。金曜は午後8時閉館で、入館は午後7時半まで）
■入館料　一般500円、大学生400円、高校生250円、小中学生100円、60歳以上250円
■休館　8月28日（月）、9月4日（月）、11日（月）、19日（火）
■主催　渋谷区立松濤美術館、日本経済新聞社
■後援　インド大使館

ミニガイド

◇東村山福祉園祭　▷内容　開催テーマは「あふれる気持ちにはじける笑顔」。絵画作品の展示、メインステージ（太鼓、フラダンスなど）、模擬店（生活棟・家族連絡会・地域の作業所ほか）など▷日時　10月15日（日）午前10時～午後3時（雨天実施）▷場所　東村山福祉園園内▷問い合わせ　☎042・343・8141　担当：奥野

◇竹芝客船ターミナル・ミュージックフェス2017　▷日時　8月26日（土）　①午後3時半～4時半②午後5時半～6時半▷内容　ジャズ・ポップスの演奏（「M&K」MERI〈vo.〉×スインギー奥田）、ハワイアンミュージックの演奏（バッキー白片Jr.）▷場所　竹芝客船ターミナル中央広場（JR浜松町駅北口より徒歩約7分、ゆりかもめ竹芝駅より徒歩約1分）▷主催　東京港埠頭・テレポートセンターグループ▷入場無料、荒天中止（小雨の場合は第二待合所で開催予定）

◇第12回東京大集会　▷内容　「共生社会の実現に向けて一歩前進しよう」をテーマに、共生社会の実現のために、多様な立場の方々からの問題提起を受けて施策提言をしていく。平野方紹立教大学コミュニティ福祉学部教授による講演「障害者総合支援法の3年後の見直しと報酬改定」、都選出国会議員をパネリストに招いたパネルディスカッションなど▷日時　9月10日（日）　午後0時45分～4時15分▷会場　文京学院大学本郷キャンパス仁愛ホール（東京メトロ南北線東大前駅下車徒歩1分）▷定員　800人▷参加費　無料▷主催　東京大集会実行委員会（東京都社会福祉協議会知的発達障害部会、東京都発達障害支援協会、東京都知的障害者育成会、東京知的障害児・者入所施設保護者会連絡協議会、東京都自閉症協会、日本ダウン症協会）

東京で最も美しい橋景色

目黒新橋

目黒駅から目黒川へ行くには二つのルートがある。一つは目黒雅叙園へ通じる行人坂、もうひとつは目黒通りの権之助坂を下るルートである。

行人坂は目黒通りの旧道であり、下ったところで目黒川を渡る橋が太鼓橋である。ここには江戸時代、江戸の河川で唯一石造のアーチ橋が架けられており、その外観から太鼓橋と呼ばれた。

権之助坂は行人坂が余りに急であったため、江戸中期に開かれたもので、初めは新坂と呼ばれていた。新坂を下ったところで目黒川を渡る橋であったことから新橋。これが目黒新橋の名前のいわれである。

現在の橋は、1931年に架橋されたコンクリートのアーチ橋で、アーチのスパンドレルに小アーチが連続する美しい橋である。同じアーチ橋でも御茶ノ水の聖橋にはスケールの点で一歩譲るが、聖橋より輝く時がある。桜の開花時期、太鼓橋から目黒新橋を眺めると、目黒川が桜色に染まり目黒新橋が桜色に包まれる。東京で最も美しい橋景色となる。

太鼓橋から眺めた桜に包まれた目黒新橋

北とぴあ演劇祭2017
区民手作りで企画・運営

9月16日から

「みる・でる・つくる」をキャッチフレーズに、ボランティアによる実行委員会が企画・運営する区民手作りの演劇祭「北とぴあ演劇祭2017」が9月16日から10月15日まで北とぴあで開催される。

北とぴあ演劇祭は、図書館や学校のように、街に当たり前に劇場があって、観たり、演じたり、学んだりすることができる「演劇のある生活」を身近にしようと、2000年9月に初めて開催。今年で18回目を迎える。

今年は、区内高校の演劇部や区内で活動するアマチュア劇団など29団体が参加。各劇団が本公演の見どころを3分間でPRしあうオープニングイベント（9月9日・入場無料）を皮切りに、現代劇のほか時代劇や大衆演劇など様々なジャンルで、珠玉の舞台を熱演する。一般公募団体による参加公演のほか、企画公演として中高生が参加する公演や、事前に行った脚本ワークショップで生まれた脚本を受講生自らが舞台化した公演など29本を予定。入場料は400円～千円程度（入場無料の公演も多数）で、演劇を楽しむための講座やワークショップも行われる。

都政新報

発行所　都政新報社
〒160-0023　東京都新宿区西新宿7-23-1　TSビル
〈総務・読者〉03-5330-8781
〈企画広告〉03-5330-8784
〈編　　集〉03-5330-8786
〈出　　版〉03-5330-8788
〈ファクス〉03-5330-8808
購読料　月1,730円（税込）
毎週火・金曜日発行
ただし、祝日は休刊

紙面から

都議会経済・港湾委

知事不在　議論深まらず

市場の基本方針で賛否　自共が知事の出席再要請

豊洲新市場の追加対策工事費など約55億円を盛り込んだ補正予算案を審議する第2回臨時都議会の本会議が28日に開かれ、小池知事は豊洲新市場の追加対策工事が来年6月上旬に完了する見込みと表明。補正予算案に理解を求めた。だが、これに先立って25日に行われた都議会経済・港湾委員会では、小池知事が示した豊洲移転と築地再開発の基本方針に、都民ファーストの会と公明党が賛成する一方、共産党は反対。自民党は質疑で都側から明快な答弁が得られず、賛否の態度を明らかにしていない。知事の参考人招致が見送られる中、自民と共産は同委への知事の出席を再要請したが、実現のめどは立っていない。

都民ファーストの会の栗下善行氏は、小池知事が示した基本方針の内容に関して、市場のあり方戦略本部での議論と乖離があるのかを確認。「戦略本部の議論が反映されている」との都側の答弁を受けて、「（豊洲の）安全性など多角的に検証されて知事による政策判断が行われた」と述べ、基本方針の意思決定過程が不透明との批判には当たらないとの考えを示唆し、基本方針の実現に全力を注ぐ考えを明確にした。同党の質疑時間は60分間だったが、栗下氏は約20分残して質疑を締めくくった。

公明党の上野和彦氏は、専門家会議が提言した豊洲新市場の地下水管理システムの機能強化により地下水位の上昇は抑えられるとの都側の考えを評価した。また、同党の細田勇氏は「築地を守る」とした知事の方針について、「建設的な議論を重ねながら、早期に前に進めないといけない」と注文し、知事の基本方針に賛成の立場を明らかにした。

一方、基本方針に反対したのは共産党だ。尾崎あや子氏は、都が豊洲の地下水に含まれる有害物質を基準値以下に抑える無害化を実現できず、地下水管理システムで水質改善を図ると方針転換したことに対し、「（都議会で）合意の手順を踏んでいない。豊洲移転はやめるべき」と主張。同党の畔上三和子氏は、築地女将さん会が23日に基本方針の実現性を疑問視し、「立ち止まるべき」と知事に要請したことを踏まえ、「（市場業者の）基本方針の合意を得られていない」と指摘した。

自民党は基本方針の賛否を明確にしなかった。柴崎幹男氏は基本方針を「意思決定過程が不透明だが、顧問団が考え抜いたと思う。異常な行政運営が行われている」と批判した。同党の山崎一輝氏は、都が初めて示した「（築地再開発は）5年以内に着工することを目指す」との考えに対し、「いつから5年なのか」と質問したが、村松明典中央卸売市場長は明確に示さなかった。

自共は同委で小池知事らの参考人招致を求めており、伊藤悠委員長は後日、同委に諮る考えを述べた。

【解説】都議会の常任委などは午後1時からスタートするのが通例だが、25日の経済・港湾委は午前10時から議論を開始した。同委の伊藤悠委員長が23日に報道陣の取材に対し、「異例の措置」と説明したように、多くの質疑時間を確保したい自民や共産に配慮したことがうかがえる。だが、参考人として基本方針を決めた小池知事らではなく、基本方針の決定に関わっていない総務局長や財務局長ら3人を招致したのは異例と言える。

参考人に関しては、自民と共産が22日に参考人リストを伊藤委員長に提出したが、都民ファーストは23日の同委理事会で小池知事の出席を拒否。招致しない理由に関して、「30日の本会議での質疑を十分に取ったから」と説明したという。代わりに都民ファーストが参考人として提案したのは総務局長らだった。

疑問解明が議会の役割

知事が不在の中、基本方針の決定過程など新たな事実は何も解明されなかった。質疑の時間を多く確保しても、肝心の参考人がいなければ、時間が浪費されるだけで建設的な議論ができるはずもない。

自民と共産の委員は引き続き経済・港湾委に知事の出席を求めており、今後は都民ファーストや公明が応じるのかが焦点だ。基本方針の策定に関わっていない都幹部では正面から答弁することはできず、基本方針を決定した知事との質疑が実現しない限り、質疑は堂々巡りとなる。知事の出席要請を拒否すれば、都民ファーストや公明に対し、知事隠しとの批判は免れない。疑問があれば解明していくのが議会の役割であることを肝に命じる必要がある。（石）

小池知事と石井国交大臣が面談

五輪へ連携確認

「環状2号線は引き続き支援したい」――24日、東京五輪の準備に関する要望のため、霞が関を訪れた小池知事に対し、石井啓一国交相はこう伝えた。

知事は五輪開催中の輸送や物流の確保などで協力を要請。「3年後に間に合わせるため綿密な連携を取らせて頂きたい」と求めると、石井大臣は「東日本大震災の力強い復興と、成熟都市・東京を発信する絶好のチャンス。全力で連携したい」と応じた。市場移転問題で環2整備の先行きが不透明だが、石井大臣は「選手や関係者、観客の輸送と、日常的な物流の両立をしなくてはならない」と話し、財界との連携も示唆した。

また、先月21日に検討開始を発表した日本橋上空の首都高地下化についても意見が交わされ、知事は「機能性と景観の両方を考える新しい時代」と述べ、改めて連携を確認した。

小池都政1年

【第2部】都職員アンケート④

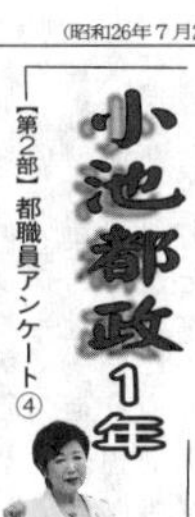

繁忙の偏り、評価二分

働き方改革

本紙が実施した職員アンケートでは、午後8時完全退庁など働き改革の取り組みを「評価できる」としたのが48・1％に対し、「評価できない」が51・1％と意見が分かれた。一方、働き方改革を実感できているかについては63・2％が「実感していない」と回答し、改革が道半ばの状況が浮き彫りとなった。担当部署によっては知事の矢継ぎ早の政策による業務量の増加などの就労実態を訴える声も上がった。

＝6面に自由意見

「残業が減った」（40代本庁課長代理）、「残業が増えた。休日も家で仕事」（50代課長級）――午後8時退庁方針が示されたことへの職員評価は真っ二つに割れた。

小池知事は昨年9月、「仕事の仕方そのものを変えるショック療法」と強調し、午後8時完全退庁の導入を表明。同月14日には庁内放送で直接職員に呼び掛け、翌月14日から同時刻の一斉消灯と、午後8時以降の退庁者の庁舎出口チェックをスタートした。

都総務局職員支援課によると、都庁の超勤は昨年9月まで増え続けていたが、10月以降は対前年度比で減少。最も減少幅が大きかったのは制度導入月の昨年10月で、本庁1人当たりの超勤時間は対前年比3時間減。以降も、平均で2～3時間程度減少しているという。

超勤縮減に加え、職員の意識改革が促されたことも大きな効果だ。30代の課長代理級は「意識面で少しずつ変化が見られる」と指摘し、40代の部長級以上も「超勤を減らそうとする意識が強くなった」と実感を述べる。具体的に「（午後8時退庁を）意識して当日の業務計画を考えるようになった」（50代本庁課長）という声もあった。

また、40代の課長級は「これまでの知事の下では遅々として改革が進んでいなかった」と振り返り、働き方改革に踏み出した知事の実行力を評価する声もあった。

一方で、職層や年齢による評価のギャップも浮き彫りとなった。40代の本庁課長代理は「局長、総務部長、各部長の意識が変わっていない」として、資料作成の指示に対する配慮を求めた。

午後8時以降の暗がりの中、仕事に従事する都職員

先月19日に開かれた都政改革本部会議（第10回）では、同会議に設置したプロジェクトチームが実施した職員アンケートの調査結果に、作成したが未使用の資料があるなど「資料の過剰品質」の問題提起があったと紹介。安藤立美副知事は「例えば予算編成作業に当たって、メッセージを発信したほうがいい。やるべきことは早くやったほうがいい」と言及した。都総務局行政改革課では現在、資料作成や会議運営に関する都庁内のルールの改善を検討中という。

また、自由意見では、「直属の上司次第。指示の出し方でも意識の有無で大きく違う」（30代の本庁課長代理）とのコメントもあり、上長の意識改革につなげる全庁的な対策も急務だ。

知事は昨年9月に管理職が職員の育児・介護との両立などを考慮した行動目標を職場に宣言する「イクボス宣言」を発表したが、本紙の職員アンケートでは「今までになかったものを取り入れている」（40代本庁課長代理）と評価する声の一方、「全く意味が分からなかった」（40代課長代理級）と反対の声もあった。

「知事に振り回される」

働き方改革への否定的な評価の代表例は、業務量自体が減らなければ実質的な超勤縮減につながらないという意見だ。「業務内容は何も変わっていない」（40代出先主任）などの意見が飛ぶ。

一方、「知事が次々出す政策や要望で業務量は増えている」（50代本庁課長代理）との指摘も多く、知事が打ち出す政策領域により、各所管での業務量の多寡が発生している現状が浮かび上がる。同様に「（知事の）個人的趣味の指示が多く振り回される」（40代部長級以上）との声があり、知事や顧問の関心に左右される就労実態が明らかになった。中には「（顧問らから）休日にも指示が来る体質を改めることが第一」（40代部長級以上）との意見も聞かれた。

働き方改革は23区や多摩自治体でも導入が相次ぎ、その多くは業務改善がセットとなっている。都総務局の内田知子職員支援課長は「全庁、各局・職場、個人の各レベルで取り組みを進める」と話すが、一部の部署や職員に偏るしわ寄せを可能な限り削減し、「ライフ・ワーク・バランス」を一人でも多くの職員が享受できる就労環境の整備が求められる。

都税調小委

固定資産税の見直し牽制

民泊への宿泊税も議論に

都税制調査会小委員会（委員長＝諸富徹京都大学院教授）が24日、都庁第二本庁舎で開かれ、委員からは固定資産税の見直しへの牽制や宿泊税の引き上げなどの意見が出された。

固定資産税は、2017年度までの特例措置として200平方㍍以下の小規模住宅用地は固定資産評価額の6分の1に減免されている。地方からは税収増となるよう軽減措置の見直しを求める声が出ており、15年度の税制改正大綱では、固定資産税を充実する観点から検討することが盛り込まれており、今年度が検討時期に当たっている。仮に軽減措置が縮小された場合、地価の高い23区の納税者の負担は重くなることから、委員からは全国一律ではなく、23区など大都市に配慮した措置を講じる必要性の声が上がった。

一方、都が独自に課税する宿泊税は委員から引き上げを求める意見が出た。同税は1万円以上1万5千円未満の宿泊施設に泊まる場合には100円、1万5千円以上は200円を課税し、観光振興の財源に充てている。17年度の税収は24億円だが、都の観光振興施策には164億円の予算を措置しており、年々広がる宿泊税と観光振興費との乖離を縮めるため宿泊税の引き上げを求める意見が出た。

都は観光客受け入れに向けて無料Wi-Fiの設置などを進めており、税引き上げの根拠に挙げる委員もいた。

また、小委員会では民泊に関し、宿泊税の課税対象にすべきとの声も相次いだ。民泊新法が来年6月までに施行され、民泊の事業者は都道府県に届け出を義務付けられるため、都などは民泊事業者を把握できるようになる。現在は都の宿泊税の課税対象に民泊事業者を加えていないため、委員は「税の公平性の観点から民泊を課税対象に含めた方がいい」と述べた。

会長選考で検討委設置　自民党都連

自民党都連は24日、党本部で支部長・常任総務合同会議を開き、次期都連会長の選考に向けて「会長選考あり方検討委員会」を設置し、9月中に結論を出すことを決めた。これまでは国会議員らの話し合いで決めており、小池知事は都連の意思決定過程が不透明とし、「ブラックボックスだ」と批判していた。

同会合では、「全党員に（会長を選ぶ）選挙資格を与えるべき」との声が上がる一方、「（全党員は）きれいごとではないか」と慎重論も提起された。今後は同検討委員会で有権者の範囲や選考方法などが議題となる。

また、小池知事や公明党との関係修復を求める声も相次ぎ、出席者からは「知事との政治的和睦を果たすべき」「公明党と協力するのが現実的」との意見が飛んだ。

さらに、マスコミ批判の声も上がった。先の都議選で落選した川井重勇前都議会議長は「小池知事と握手をしなかったことは一度もない」と言及。握手を拒否しているかのように意図的な印象操作が行われたと改めて主張した。

次期会長選では、現執行部側では細田派の丸山珠代前五輪相、非執行部側では石破派の鴨下一郎元環境相の名前が挙がっており、選考を巡って駆け引きが激化しそうだ。

◆豊洲市場でカビ発生

都中央卸売市場は24日、豊洲新市場の水産仲卸など計96店舗の設備にカビが発生したと発表した。カビが確認されたのは、棚やシンク台など木製造作物のほか、段ボール包装やステンレス製設備で、施設を巡回していた警備業者が15日、発見した。

都は7月中旬以降の高湿度が原因と推察し、時間限定で実施していた換気に替え、空調を終日運転して湿度を低減させる。中央卸売市場によると、店舗事業者に説明し、都で対応するよう要請を受けたという。

都はカビを除去するため清掃を行う予定だが、木製造作物では取り除けない可能性があり、個別に対応するとしている。

都政の東西

頂点と裾野

2020年東京パラリンピックまで3年を切った。12年ロンドン大会以上の成功を目指し、都や競技団体などはスター選手の発掘とPRに力を入れている。前回リオ大会では、64年東京大会以来初の金メダルゼロに終わっており、選手たちには多くの応援の下で力を発揮してもらいたい。

ロンドン大会では、自国のスター選手が日替わりで登場し、観客の来場を後押しする一因となった。障害者スポーツ自体が発展途上のため、魅力的な選手がアイコンとなれば注目度は高まる。都庁のロビーで放映されている躍動感あふれるパラリンピアンの紹介映像は、見た人の関心を引き付けている。

その一方で、競技の魅力やスポーツイベント自体の高揚感、あるいは体を動かすことそのものの楽しさを知ってもらう取り組みも進んでいる。渋谷区は「リアル観戦事業」と銘打ち、一流パラ選手の試合観戦や競技体験を実施。豊島区は立教大学と協定を結び、障害者水泳の指導者養成や区内での競技会を通じたボランティア育成に着手した。

障害者スポーツは、車いすバスケなど独自の高い競技性がある一方、ボッチャのように、スポーツが苦手な人も熱中できるなど、健常者スポーツにはないポテンシャルを秘めている。競技性の魅力をPRするスター選手ら頂点と、誰もが参加できるような広い裾野の両面を視点に盛り上げを図ることが不可欠だが、まだ道半ばだ。

ある新人都議は「もっと焦らなければならない」と危機感をあらわにする。競技会場や費用負担などネガティブな側面がクローズアップされ、機運醸成というムードではなかったが、東京に残された時間はもう3年もない。

冗句ジョーク

8月も末、子供の宿題にヤキモキする親

「今日はテレワーク推進センターに行ってきます…」――都職員

生活衛生所管で規制の色彩

民泊襲来　住宅宿泊事業法23区アンケート㊥

担当部署

産業観光部門が1区、生活衛生部門が8区、未定が14区――本紙が行った民泊に関する23区アンケートで所管部門を聞いた結果だ。この結果からは、制度開始が決まっているにもかかわらず、国から詳細が示されないことへの困惑と、民泊の普及を目指す政府と住民に直接向き合う23区との思惑の隔たりが浮かび上がってくる。

住宅宿泊事業法（民泊新法）では、施行の3カ月前に準備行為として事業者の届け出を認めており、国が来年6月に新法を施行した場合、今年度中に届け出が行われる可能性がある。23区には「手挙げ方式」で権限が与えられるが、制度の詳細がいまだに明らかにならず、半数以上の区が所管を決められずに足踏み状態となっている。

墨田区観光課は「政令や省令、ガイドラインが示されなければ、検討が前に進まない」と焦りをにじませる。都が産業労働局を事務局として住宅宿泊事業対策本部を設置したことを受け、同区は観光課を連絡窓口とし、省内連絡会を立ち上げて対応を検討している。

一方、豊島区や北区は企画部門が中心となって所管調整を進める。23区の企画・財政担当部長会で住宅宿泊事業法を取り扱ったことや、特区民泊の検討の際に調整を務めたことから、庁内検討の窓口となっているという。

新法民泊の検討に向けた所管

担当部門	区名
産業観光	杉並
生活衛生	中央、新宿、台東、渋谷、板橋、練馬、葛飾、江戸川
未定	千代田、港、文京、墨田、江東、品川、目黒、大田、世田谷、中野、豊島、北、荒川、足立

こうした中、具体的な検討に向けて所管部署を定めたのは9区。このうち8区が生活衛生部門をメーンの所管課として選定した。

国は「新法民泊」を国土交通省と厚生労働省の共管としているが、普及の側面から国土交通省と観光庁が旗振り役となっている。これに対し、23区では住民生活への影響を考慮し、管理監督による規制にかじを切りつつある実態が浮き彫りとなった格好だ。

旅館業法で許可する宿泊施設数が23区最多の台東区では今月、全庁的な調整の結果、保健所生活衛生課を所管課に決めた。同課では「旅館業法の窓口として住民からの問い合わせに既に対応しており、国が観光振興を目的としているからと窓口が変わると混乱が生じる」と説明する。

同じく生活衛生課を所管とした中央区は「国は旅行業法の運用を参考にしたのではないか」と指摘する。旅行業法では都道府県事務として産業部門が登録事務を担い、監督指導に当たることになるが、区市町村の産業部門にはそうした機能がない。同課は「観光目的であることは理解しているが、住民不安への対応を考えれば、事業者を指導する保健所が中心的な役割を担うことになる」と話す。

他方で、杉並区は23区で唯一、産業観光を担う区産業振興センターを所管としたが、あくまで都の対策本部との連絡調整窓口としての役割で、今後更に検討を進める上では保健所が中心となる見通しだ。同センターは「（民泊は）観光に一定の効果が期待できるかもしれないが、それは住民の安心が前提で、保健所の指導監督の視点が不可欠」と語る。

足立区
区立公園の魅力アップ
再整備計画へ意向調査

足立区は、区立公園の魅力向上を図る再整備事業「パークイノベーション」の推進計画を策定する。9月からオープンハウス形式で区民の意向調査を行う。再整備で公園利用を促すとともに、子供の遊び場確保や高齢者の健康増進などの区政課題の解決を図る場として機能拡充する。

同区では区立公園の面積が23区で最も広い一方、遊具やトイレの老朽化やバリアフリー化の不備などで利用者の減少が課題となっている。同事業で、子供たちが遊び回れる公園や多世代が休憩に訪れる公園など、公園ごとにターゲット層や機能を設定し、遊具の更新や園路整備を図る。

これまで3カ所でモデル的に再整備を実施している。地域の特性に合った個性的な公園づくりも目標の一つで、例えば江戸時代の俳人・小林一茶が句を詠んだ炎天寺に近い六月町公園では、施設を和風のデザインに更新し、俳句を掲示する。

区担当課は「魅力的で、異なる機能をもった公園を地域ごとにバランス良く配置することで、区民が気分や目的によって利用する公園を選べるようにしたい」と話す。意向調査後、計画案を来年1月に区議会に報告し、意見公募を経て4月に策定する見通し。

港区・港区議会
米軍ヘリ墜落で要請
防衛省に再発防止を

港区と同区議会は25日、「米軍ヘリコプター事故に関する要請書」を小野寺五典防衛相に提出した。同区には23区で唯一の米軍基地「赤坂プレスセンター」があり、15日にハワイ沖で起きた米軍機の墜落事故を受け、防衛省に対し米国に事故の原因究明と再発防止を求めるよう申し入れた。

赤坂プレスセンターは米軍のヘリポート基地で、元々旧日本軍の駐屯地だったが、戦後米軍に接収された。区と区議会は毎年、米軍基地撤去の要請を防衛省と都に行っている。

江東区
防災センターで火災
早朝、職員らが通報

江東区の防災センターで26日午前6時ごろ、火災が発生し、6階にある河川公園課の執務スペース11平方㍍の天井や壁、床が燃えた。人的被害はなく、消防が出火原因を調査している。同課は28日から6階の燃えていない箇所などで業務を継続している。

火災は、宿直の職員や煙が上がっているのを見た通行人らの119番通報によって発覚し、午前9時13分に消し止められた。区総務課によると、出火場所にはシュレッダーや扇風機、ファイルを入れたキャビネットなどが置かれていたという。

自治体政策のススメ
政策法務の基礎⑧
自治体政策法務の今後の展望

高崎経済大学准教授　岩﨑　忠

従来の法律学は、国が制定した法律をいかにうまく現実社会に当てはめるかといった法解釈が中心だったが、価値が多様化し、自治体を取り巻く外部環境の変化が激しい今日、与えられた知識で問題解決するだけではなく、問題解決するための知識を自らが創造する政策立案能力が求められている。すなわち、与えられたルールにより問題解決するだけではなく、コミュニケーションによりルールを作り出し、問題解決する立法能力が求められているのだ。自治体職員の研修も、知識を与える研修から、様々な職場経験を踏まえた職員の意見交換を中心としたグループワークによる研修に移行することになるだろう。

また、人口減少時代を迎え、一つの自治体が全ての行政サービスを行う総合行政、いわゆるフルセット型の行政を目指すのではなく、自治体間が連携した行政運営が求められている。

さらに今後、いつ大震災が起こるか分からない状況が続くことで、日本全体が災害救急業務と通常業務、復興業務の三つの業務を同時並行的に行わなくてはならなくなった「震災ガバナンス時代」（鈴木庸夫・千葉大学名誉教授の造語）においては、自治体間の連携は近隣自治体間での圏域形成のみならず、遠隔自治体間の連携に広がり、2自治体間から3自治体間以上の多角的関係に発展している。このような自治体間の連携には、当事者に構築された信頼関係が大切であり、不当に破壊してはならない（「（自治体の）長の交代による工場誘致方針の変更」1981年1月27日、最高裁判決参照）。

これからの政策法務は、画一的かつ一般的な法律や条例を立案・執行・評価するだけでなく、コミュニケーションを中心とした個別の契約によるオーダーメード型の対応が求められるであろう。　＝おわり

◇　◇

次回は9月5日号から、渋谷区の永田龍太郎男女平等・ダイバーシティ推進担当課長が「LGBT施策の課題」をテーマに執筆します。

新人都議の横顔⑩　◆区部◆

時代に合わせた変化を

西郷　歩美氏　都民ファーストの会・中央区

自らの性格を「勘が鋭いタイプで、好きになった事にのめり込むマニアックなところもある」と分析する。象徴的なのが、高校時代にのめり込んだアーチェリーだ。

「競技を直に見てすぐに『始めた方がいい』とひらめいた」と言い、その後高校3年間、徹底的に練習した。千葉県大会、関東大会で優勝した経験も持ち、全国ランキング2位まで上り詰めた。「一時はオリンピック出場も目指していた」と振り返る。

政治の世界に入ったのも、やはり「ひらめき」。母方が政治家の家系で、幼少期から政治の道に進むという感覚はあったが、具体的に考え始めたのは現山梨県知事の後藤斎氏の秘書を務めていた頃。後藤氏が知事選に臨む際、中央区議選に立候補した。「自分で考えて世の中を良くしたいと直感した」

区議に当選したのは29歳で、区議会では当時最年少だった。「力を入れて取り組んだのが、デジタルサイネージやドローンなど、最新技術の区政への導入。年配の先生が弱い分野にあえて切り込んだ」と振り返る。

都議になっても、新しい技術や制度を取り入れたい思いは強い。「街は時代とともに変わっていく。それに合わせた変化が都政にも求められる」

趣味は史跡・城巡り。生まれは千葉県流山市で、新選組の近藤勇と土方歳三の今生の別れの地。「子供の頃から歴史に親しんで、今では西郷（隆盛）家に嫁いでしまった」と笑う。5代前の祖父が西郷隆盛本人と会ったことがあるといい、現在は西郷家の一員として坂本龍馬など歴史上の人物の子孫と講演会を開く機会も多いという。国際学院埼玉短大卒。32歳。

庶民の声をキャッチする

慶野　信一氏　公明党・荒川区

実家は金属加工業を営む町工場で、「庶民の出」を自認する。大学卒業後は自身も一職人として働く傍ら、公明党荒川総支部の運動員として党勢拡大に奔走してきた。

30代半ばからは党青年局の責任者として都内全域の選挙に携わるようになり、2012年と14年の衆院選で東京12区の太田昭宏衆院議員の選挙を支えた縁で同氏の秘書に。鈴木貫太郎前都議の引退に伴って後継に選出されたが、元々、政治家を目指していたわけではなく、議員も党のための活動の「延長線上」という。

秘書時代は地元担当や議員の随行を主に担当。有権者への振る舞いや官僚のレクチャーへの対応を目の当たりにし、「一挙手一投足が参考になった。図らずも政治的な訓練の機会になった」と振り返る。

議員として心掛けたいのは、庶民の声を都政に生かすこと。「キラキラしたキャリアや学歴があるわけではないし、庶民の出であることしか誇りはない。小さな町工場を営む両親が苦労してきた庶民の感覚を持っているのは自分しかいないという自負でやらないといけない」と話し、「私に期待を寄せて投票してくれた大多数は、日々の生活にも苦しむ庶民の方。社会的な弱者ほど、発言力が小さい。『声にならない声』を肌感覚でキャッチできる政治家を目指したい」と抱負を語る。

学生時代から続けているという柔道は4段。忙しくても腕立て、腹筋、背筋のトレーニングは欠かさないという。座右の銘は武者小路実篤の「人見るもよし、人見ざるもよし、我は咲くなり」。妻と2男。白鷗大経営卒。41歳。

記者席
入念すぎる？　ラジオ体操

○……長い――。こう感じた記者は、他にもいたかも知れない。24日、パラリンピックのカウントダウンイベントで披露されたラジオ体操だ。登壇者がパラ競技を体験する前の「準備運動」という位置付けで、炎天下の中、観衆を巻き込んで約3分間、体を動かした。

イベントでは当初、小池知事らがブラインドサッカーに挑戦すると見られていたが、ラジオ体操で尺を食い過ぎたのか、あるいは既に十分汗をかいてしまったからか、知事と鈴木五輪相が「目隠し」を体験しただけで、主役の競技体験を準備体操が食う形に。来賓の都議からは「知事がボールを蹴るところ、見たかったな～」という声も出ていた。

○……「浜離宮は素晴らしい資産。ホテルに借景代を払っていただきたいくらい」。小池知事は23日、浜離宮恩賜庭園などを視察した後、報道陣にこう語った。同庭園を巡っては6月20日発表の市場の基本方針で、築地市場跡地との一体的な活用に言及し、注目が集まっている。

築地再開発に関しては地元中央区も都への要望に向けて調整中。同区は2004年に区議会や町会などと共に再開発案を作成し、それを基に都に協議を求める要望を実施している。知事は一体的な活用方法について、「いろいろ意見を聞きながら」と話すが、方々から飛び交う案がどう収束するか、移転反対派も交えた激論は必至だ。

○……今年の8月は長雨で暑さが和らいだ期間があったが、自治体の暑さ対策は9月以降も続く。このうちヒートアイランド抑制は打ち水がブーム。タレントなどを呼んで水をまく姿は華やかだ。

翻って、もう一つの暑さ対策である熱中症予防では、ある区の担当者が「区の判断で予算はゼロ。予算が付けば啓発イベントができるのに」とため息を漏らす。雨天で気温が上がらなくとも湿度が高ければ熱中症リスクは潜む。区民の意識啓発が急務との焦りもあると話す。

打ち水も熱中症予防啓発も水に関わる点は同じだが、楽しそうに水をまく人々と担当職員の姿はあまりに対称的だった。

多摩市

認証保育所「単願」で助成

隣接市で定員奪い合いも

多摩市は新たな待機児童対策として、来年4月から市内の認証保育所に単願で申し込んだ入所契約者を対象に、入園料を補助する取り組みを始める。同市では市内の認証保育所に他市の利用者が入所し、市内利用希望者が待機児童になるケースがあったという。一方で、認可外の認証保育所ではなく、市民が優先して利用できる小規模保育所など認可保育所に転換を図る自治体もある。

「市外利用者に使われている認証保育所の定員を、市民の下に戻したい」。多摩市の子ども青少年部子育て支援課は、そう意気込みを話した。来年4月の入所から適用する助成制度は、市内の認証保育所に単願で契約した世帯を対象に、2万円～5万円の入園料を2万円を上限に補助する。認可保育所の1次申請前に契約を結ぶ必要があり、認可との併願は対象外だ。認証保育所入園料の補助は福生市なども行っているが、特定の条件をつけて市民の優先利用を促すのは珍しい。

同市の待機児童数は4月時点で83人。市内の認証保育所定員345人のうち、60人が市外の利用者だという。「60人分を取り戻し、4月に新たに認証保育所1園を開園すれば、待機児童はゼロになる」（同担当者）との考えだ。

認証保育所側には、できる限り定員に近い入所者を早期に確保し、運営を安定させたい思いがある。一般的に保育所利用希望者はまず認可保育所を申請し、認められなかった場合に認証保育所を検討する「併願」申請を行う。だが、待機児童数が多く、競争率の高い市では、早い時期に市外の認証保育所を希望する利用者もおり、申請が通りやすくなる。

各市の認可保育所は市民が優先利用できるのに対し、認証保育所は都民全体が対象で、制限はない。各市は市民優先での入所を事業者に依頼しているが、「保育所も運営の都合があり、強制はできない」（他市担当者）のが実情だ。

利用者需要に対応

多摩市と同様に周辺市の待機児童が「流入」している自治体では、認証から認可への転換を促進する例もある。待機児童数98人の狛江市では現在5園の認証保育所があるが、今後は認証の新設は行わず、現行施設もニーズの高い認可保育所への転換を進めていく考えだ。認可ならば市民が優先利用できるメリットが大きい。担当者は「年度によって状況は違うが、他市や世田谷区の利用者が市内認証保育所を利用している実態はある」と話す。

101人の待機児童が発生した国立市も、これまで市内に3園あった認証保育所のうち2園が認可に移行。残る1園も、19年4月から認可になる見込みだ。認可になれば補助金額も増えるため、園の安定運営にもつながり、積極的に推進する考えだ。

一方で、多摩市や国立市に隣接し、4月時点の待機児童数が市部で最多の383人だった府中市では「市外の認証保育所の空き状況など情報を持っておらず、市民の誘導もしていないが、独自に情報を得て市外に預ける利用者はいる。迷惑はかけているかもしれない」と複雑な様子だ。

同市では、市外の職場近辺の認証保育所を希望する世帯もあるなど、制限なく利用できる認証保育所の役割は大きいと見ている。また、「小池知事就任後、認可外施設への補助金が上乗せされたことで、所得によっては認可よりも認証の方が安くなったケースもある」（同担当者）と、認証の需要が高まっている状況も説明。認可園の新設などの対策と合わせ、認証保育所の増設も進めていく考えだ。

市部における待機児童問題は地域によって大きな偏差があるのが特徴だ。ある市では「隣接市にある認証保育所から『定員が埋まらなさそうなので、入所希望者に宣伝してくれないか』と頼まれたこともある」と明かす。保育所の運営者や利用者にとっては、市境を越えることに抵抗はない。待機児童数の天井が見えない中で、対策には広域的な視点も求められる。

マンホールカード大好評

想定以上の人気で「審査待ち」も

下水道事業の啓発に

各自治体の趣向を凝らしたマンホールふたをカードにした「マンホールカード」が全国的に人気を博し、都内の各自治体が熱視線を送っている。八王子市を端緒に、小平市、羽村市、瑞穂町、そして今月から小金井市が配布を開始。新たに発行を申請する自治体も増えている。発行自治体には全国から「愛好家」が来訪。小金井市では3週間余りで1200枚以上を配布した。カードの配布によって、普段は目を向けない足元を支える下水道事業の啓発に生かしたい考えだ。

マンホールカードには自治体独自のマンホールふたの図案と絵柄の解説、設置場所の緯度経度などが記載されている。「下水道広報プラットホーム（GKP）」（事務局＝（公社）日本下水道協会）が発行。今年8月1日時点で191自治体が参画し、222種のカードを配布している。基本的には申し出るだけでカードが手に入るが、自治体によっては居住地や年齢、性別など簡単なアンケートへの協力を求める場合もある。

カードのマンホールはスマートフォンなどで市内のどこに実物があるか分かるようになっており、八王子市では水循環部下水道課の窓口でカードを配る際、マンホールの位置を示した地図も配布。「街歩きをして、実物を見つけてほしい」という狙いがある。

八王子市はカード導入直後の2016年4月から参加。カードには、1987年から採用している伝統工芸品「車人形」をあしらったデザインの由来や、下水道事業の基本方針などを紹介している。市下水道課は「正直、最初はカードの発行に効果があるのか懐疑的だった」と明かす。だが、発行を開始すると全国からカードを求めて来庁者が増加し、既に2200枚以上を配布した。カードと同じデザインのマンホールは京王線高尾山口駅にあり、市内周遊にもつながっている。かつてスナック菓子に付いていたカードを集めていた世代が定年を迎え、「コレクター」になることも多いという。

担当者は「地味だと思われがちな下水道だが、マンホールのデザインだけではなく、各市工夫を凝らしている。自治体の広報としても反響が大きい」と歓迎する。

「北九州や近畿圏内、東海地方など、全国からカードを求めてコレクターが来ている」。小金井市環境部下水道課も想定以上の好評に顔をほころばせる。同市は今月から配布を開始した最後発組だが、既に発行枚数2千枚のうち1200枚を配布。同市のマンホールカードは桜をあしらったデザインだ。担当者は「本物の桜は季節限定だが、マンホールは一年中PRできる。カードを契機に、足元の下水道の役割に目を向けてもらいたい」と話す。今後、在庫の配布が完了した後は、新たなデザインのマンホールふたの導入やカード化も検討したい考えだ。

小金井市の桜をあしらったデザインマンホール

人気を背景に新たなカード発行を申請する自治体は増加している。昨年12月から発行している羽村市は新たなカードの発行も申請中。立川市、多摩市などは新デザインのマンホールふた導入とともに、カード化を申請する予定。だが、ある市の担当者は「何度も申請しているが、審査があり、なかなか採用されない」と明かす。参加する自治体が増加しているため、「順番待ち」の状態だ。

そんな中でカード発行を果たした市の担当者は「ポイントは、単にカードを発行するだけではなく、PRに向けた熱意があること。また、土日にも配布可能な自治体が優先されるようだ」と、「コツ」を明かした。

GKP主催のイベント「マンホールサミット」や、全国のマンホールデザインをまとめた書籍の発行、愛好家女性が集う「マンホール女子」などのファンコミュニティーも盛んになるなど、マンホール人気は更に加速する勢いだ。カードへの注目を契機に、生活を支える下水道機能への理解につなげる機会にもなるか。各自治体の取り組みが問われそうだ。

三鷹市 市庁舎建て替え

現在地で再整備の方針示す

隣接郵便局との連携も視野

市役所本庁舎（右建物）と隣接する三鷹郵便局＝24日

三鷹市の庁舎建て替えについて、清原慶子市長は24日の記者会見で、本庁舎や公会堂などが立地する現在地で再整備する方針を示した。9月の第3回定例市議会に報告した上で、正式に「基本的な考え方」を公表する。また、市長は庁舎に隣接する三鷹郵便局も建て替え時期が近いことから、「一体的な整備の可能性も検討したい」と話し、協議を進める構えだ。

同市庁舎の建て替えでは、三鷹まちづくり総合研究所が6月にまとめた最終報告書で、建て替えの必要性や現在地で複合施設とすることなどを提言していた。

これを受けて清原市長は、現在の本庁舎から第三庁舎までの機能と、議場棟、公会堂、教育委員会などの各施設との一体的な整備がふさわしいと判断。市民へのアンケートでも「一つの庁舎であってほしいとの声が多かった」として、今年4月にオープンした同市の複合施設「元気創造プラザ」と同様、多様な機能を持たせる方針を示した。

また、市長は本庁舎に隣接する三鷹郵便局に関して、「一緒（の時期）に立て直すなら、一緒に考えていきたい。話し合いを始めたい」と話し、同局の敷地を含めた合築や、建物の共有化などの可能性について検討する考えだ。

他自治体では国などの公的機関との合築や、民間のホテル、マンションなどと複合化している例もあるが、郵便局との一体化は都内では例がない。市は郵便局の事業は公共性が高く、一体的整備には意義があるとしている。正式な協議の打診はこれからだが、市の意向は局側にも伝達しているという。

市は9月22日の市庁舎・議場棟等建替え検討特別委員会に基本的な考え方を報告した上で、市民や外部有識者などと共に基本構想の策定に向けた協議を行いたい考えだ。

市長会

観光振興で助成拡大

初の広域動態調査も

東京都市長会（会長＝長友貴樹調布市長）は来年度から、観光振興に関する広域連携活動に対する新たな助成事業を開始する。

多摩・島しょ広域連携活動助成事業を改正し、観光振興に関する事業区分を新設。複数の市町村が連携して企画・立案した観光振興事業を対象に、最長5年間の事業で最大2500万円を助成するもので、2019年のラグビーW杯や東京五輪を契機に、地域における観光事業の活性化を図る。

また、多摩30市町村同一の条件で、地域外からの来訪者に関する観光動態調査を実施する。多摩地域全域を対象とした調査は初で、対象者の性別、年代や周遊経路、各地域の滞在時間など基礎的な情報を収集するのが目的。各市町村の新観光施策検討にも活用できるものとする考えで、25日の市長会で1350万円の補正予算を計上した。9月から業者選定を行い、12月までに調査・分析を実施する予定。

市長会は昨年度の政策提言で、「多摩地域が一体で取り組む観光地域づくり」を掲げており、今回の事業による具体化によって、各市町村の観光振興施策にもつなげたい考え。

青ヶ島村長選が告示

一騎討ちの見込み

任期満了に伴う青ヶ島村長選と村議選がきょう29日に告示される。これまでに現職以外に前回選挙で現職に破れた山田英三郎氏（58）も出馬の意向を示しており、前回と同じ顔ぶれの戦いとなる見込み。

現職の菊池利光氏（64）は現在4期目。都立荒川商業高校卒業後、青ヶ島総合開発㈱を経て、青ヶ島村村議に当選。2001年10月から村長を務める。13年9月1日に行われた12年ぶりの村長選では、64票を獲得して再選した。元村議の山田氏は、38票で現職に破れている。

近隣住民の反対で保育所開設が延期

武蔵野市

武蔵野市は21日の市議会文教委員会で、吉祥寺南町に来年4月に開設予定だった認可保育所について、周辺住民との協議が難航していることから開設を延期すると報告した。同市では吉祥寺東町に今年4月に開設予定だった認可保育所が住民の反対を受けて中止となった経緯があり、市は今後も周辺住民への説明を継続し、来年度中の開設を目指す。

今回延期となった認可保育所は、吉祥寺南町の約1400平方㍍の市有地に整備する予定で、市が近隣住民への説明を行ってきたが、騒音や自転車交通量の増加などを理由に反対の声が根強かった。

同市子ども家庭部子ども育成課は「市有地なので時間はまだある。断念ではなく、じっくりと理解を得ていきたい」と話している。

今年4月に東町で開設を断念した保育所は、民間事業者が民有地で開設準備を進めていたが、周辺住民の反対で事業者が撤退した。今回はまだ運営事業者が決まっていないこともあり、市は計画を継続しながら慎重に説得を続ける構えだ。

今回1園が延期となったが、市は来年4月、吉祥寺本町と東町に認可保育所3園を開設する予定で、着実に準備を進める考え。

新人都議の横顔

◆多摩◆

現場の経験発信が役割

内山　真吾氏
都民ファーストの会・昭島市

昭島市議に当選する前は、自らが立ち上げた野外教育NPO法人で、いじめや不登校、学級崩壊など、様々な問題の中にある子供たちと向き合ってきた。

「短ければ2時間、長ければ5～6日間の関わりの中で、子供たちは変わる。一定の成果を出す中で、9年間をかけて学校や行政は何をやっているんだ、という思いがあった」

当初は政治家を目指す考えはなかったが、父の紹介で長島昭久衆院議員と出会い、「親孝行のつもりで」提出した論文が高い評価を受けて同氏の秘書に。1年後には昭島市議に当選し、政治の世界へ踏み出した。

その後、都議選を志し、「知事の考えを知ることができる」と希望の塾に入塾。選挙には民進党の公認を受けて出馬する考えだったが、「党や仲間に愛着があったが、共産党との共闘など、もういよいよ無理だなと感じた」ことや、同党と都民ファーストの会の選挙協力決裂などを受けて離党。長島氏とも政治行動を共にした。

知事の東京大改革には共鳴するが、政策では合うことも合わないこともある。その上で、「現場のたたき上げとして目の前で子供たちが変わる瞬間を見てきた。その経験を発信していくのが役割」と話し、会派内でも建設的に意見を戦わせる。

都議会では、自身が「議員である理由」と話す学校教育の改革に取り組む一方、「待機児童対策も重要だが、チルドレンファーストで考えたとき、保育の中身をどうするのかが抜け落ちている」と指摘し、乳幼児期の教育内容なども議論していく考えだ。

休日は4歳になる娘と遊ぶのが過ごし方。日体大体育卒。37歳。

都市計画の専門性生かし

滝田　泰彦氏
都民ファーストの会・八王子市

着眼大局、着手小局――大所高所から物事を俯瞰する力と、目の前の一手を実践する力を兼ねそろえることの重要性を説くこの言葉を座右の銘とする。大学院で都市計画を専攻し、大手総合商社で10年勤めたが故の視点だ。

都議を志したのは、社会人生活を10年間送り、「自分は何をしたかったのか」と原点を顧みたのがきっかけ。「身近な生活環境を良くしたい」との学生時代の素朴な思いを呼び戻し、国政ではなく地方政治を選んだ。

「街の活性化には補助金の支出ではなく、お金を循環させる仕組み作りが重要」。民間企業出身者ならではの思考だ。そのために、「行政の慣例やルールを変える」と意気込み、変えられる土台を作ったことが小池都政の最大の成果と受け止める。

都議会では都市整備委員会に所属。都市公園を活用した保育所整備や、空き家のリノベーションなどストックをどう生かすかに知恵を絞り、人口増の時代の発想からの転換を訴える。その背景には、都市計画の専門知識とビジネス経験を併せ持った政治家としての自負がある。「行政用語的な都市計画からの脱却」が目標だ。

八王子市は落下傘だったが、今までの引っ越し回数は16回を数え、転勤族の家庭で育った。「八王子にずっと住んでいる人とは違う切り口での発想が自分の役割」としつつ、今は地元の同市を走り回る。

趣味は自転車で、これまで日本やドイツ縦断などを敢行。「まちの雰囲気やにおい、音が感じられる」と他の交通手段では得がたい自転車の魅力を語り、「時間ができれば自転車を走らせたい」と話す。東大院修了。35歳。

都民以上に都民のことを

藤井　晃氏
都民ファーストの会・府中市

大学卒業後、日本マイクロソフト社やベンチャー企業でIT分野の法人営業などに携わってきた。政治の世界に関わったのは、1年前の都知事選で小池陣営の手伝いに知人の紹介で参加したことがきっかけ。

当初は有力候補ではなかった小池氏の演説に、徐々に千人、2千人が集まるようになり、「東京が大きく変わろうとしていて、都民がそれを望んでいる。その中で自分が住んでいる府中から東京を更に良くしたいという思いが生まれた」。

出身は世田谷区だが、5年前に妹の病気療養のために府中市に移住。妹はがんで2年半前に亡くなったが、府中の人々から受けた恩を返すために、「政治という方向性があるのだと気付いた」。

自身の経験を生かし、ITを活用した働き方改革などによる生産性の向上や、地域の活性化などに取り組む考えだ。

営業職時代の上司や先輩からは「お客様以上にお客様のことを考えていなければ、本当の営業はできない」と教えられた。「単に言われたことを解決するのではなく、根本にある問題が何なのかを考えて提案していく。これまではお客様が相手だったが、それが都民全体に広がった」と意気込む。企業で培った費用対効果の感覚で無駄を省き、事業の継続性も大切にしていく。

座右の銘は、小学校の担任から送られた「大いなるチャレンジャーであれ」という言葉。「今は東京が変わる最後のチャンス。みんながチャレンジできる環境を整えていかなければいけない」。

趣味はスポーツ全般や山登り。多摩川沿いをランニングすることも。京大経済卒。35歳。

東京都・調布市合同総合防災訓練

災害対策の質的な向上へ

都は、2012年4月に「首都直下地震等による東京の被害想定」を公表し、東日本大震災を反映させた震災の被害像を明らかにした。この被害想定への対応として、「東京都地域防災計画（震災編）」の修正、「首都直下地震等対処要領」の策定、さらにオリンピック・パラリンピック競技大会開催年となる2020年を視野に入れた「東京の防災プラン」を策定し、様々な防災対策を着実に進めている。その一環として、地域住民の参加による防災力の向上を図る総合防災訓練を毎年、区市町村と合同で実施している。警察、消防、自衛隊など防災機関相互の連携強化を図る総合防災訓練を実施している。昨年の熊本地震や最近の九州北部豪雨など、自然災害は絶え間なく発生しており、災害対策の質的な向上は、喫緊の課題である。

来るべき直下地震に備えて

今年度の総合防災訓練は、多摩直下地震を想定した震災対策訓練として、9月1日（金）及び3日（日）に調布市と合同で、多摩川児童公園（河川敷）その他の会場で実施する。

今年度の総合防災訓練の主な狙いは、以下の3点である。

①本部要員の緊急参集による災害対策本部の早期立ち上げと運営手順の確認

②自助、共助の理念に基づき、防災意識の向上を目指す参加・体験型訓練の実施

③河川や輸送拠点を活用した隣接都県市からの応援部隊の進入や応援物資の受け入れ

以上の三つの特徴を踏まえて訓練の概略を述べる。

救出救助訓練

速やかな災害対策本部の立ち上げ

発災当初の初動期の早期の本部設置と対処方針の策定は、被害状況の把握ばかりでなく、その後の災害対策の帰趨を決すると言っても過言ではない。このため、今年度の訓練では職員の参集訓練と災害対策本部の審議訓練を同時に実施し、本部の早期立ち上げの運営手順を確認する。

本部長以下の職員が安否確認を実施しつつ都庁に参集し、情報の集約や応急対策活動の準備を行う訓練を実施する。

住民参加型訓練による防災意識の向上

地震発生時の被害を軽減するためには、地域住民による「自助」や「共助」の取り組みが欠かせない。主会場となる調布市多摩川児童公園（河川敷）では、地域の消防団や小、中、高校生が参加し、消火器や可搬ポンプによる初期消火訓練、バールやジャッキなど身近なツールを使用した応急救助訓練を行うほか、応急給水も体験する。

訓練会場周辺の町会では、「我が家の無事」を周囲にアピールするため、黄色の旗を玄関に掲げて目印とする地域全体の安否確認訓練に取り組む。会場内の展示や普及啓発ゾーンと併せて会場外でも体験型訓練を実施することで、防災意識の向上を図る。

隣接県市からの応援の受け入れなどの広域的な相互連携

首都圏での災害の発生は日常生活や経済活動への影響が大きくなることが想定され、被害軽減のためには、9都県市など広域的な相互連携が欠かせない。

今年度の物資搬送訓練では、立川市の東京都多摩広域防災倉庫を初めて訓練で使用し、周辺各県市からの支援物資を集積させ、調布市内の地域内輸送拠点を経由して物資搬送する訓練を行う。計画的で円滑な搬送を目指し、陸路のみならず海路、空路などのルートを総合的に選定、支援協定締結事業者からの物資も効果的に受け入れる。

さらに、隣接県からの応援部隊の受け入れのため、河川を利用した架橋による部隊の進出も実施する。

上 共助訓練　下 本部審議訓練

その他実施する訓練

◆罹災証明書発行訓練

速やかな生活再建のためには、被災者の生活再建に必要となる罹災証明書を速やかに発行することが重要となる。展示訓練会場において、都が推進する「被災者生活再建支援システム」を活用し「罹災証明書」を迅速に発行する実演訓練を実施する。

◆医療救護班活動訓練

多摩川児童公園上流部及び調布病院では、地震で多数の傷病者が発生した状況を想定し、連携病院前医療救護所（仮想）におけるトリアージや応急処置、重症者等の搬送訓練を実施する。

ライフライン応急復旧訓練

地域住民への普及啓発として、電気・水道等のライフライン防災機関による応急復旧訓練の実演を行うとともに、各機関が保有する特殊車両を展示するなどして防災への関心の向上を図る。

田邉揮司良・都危機管理監 インタビュー

東京2020大会を契機に防災対策を着実に前進

国内外から求められる都の防災対策

3年後の東京2020オリンピック・パラリンピック競技大会の開催に向け、これから一層、世界からの視線が東京に集まってきます。

30年以内に70%の確率でマグニチュード7クラスの首都直下地震の発生が予期されるとともに、近年の異常気象により数十年に一度と言われている豪雨が各地に発生し、毎年大きな被害が発生するなど、国内外から都における防災対策の強化が求められています。

東京都の危機管理担当者として過去の教訓を踏まえながらも、それらにとらわれることなく、想像力をもって災害・危機を想定し、関係機関、都民の皆さんとともに一歩一歩着実に防災対策などを進めていくことが大切と感じております。

多くの都民の防災意識の向上を

都の防災・減災対策においては、環状7号線周辺の木造住宅密集地域の不燃化、緊急輸送道路沿道の建築物の耐震化、電線地中化などのハード事業を一段と加速していくとともに、東京都仕様の『東京防災』の普及啓発による事前の備えなどソフト事業の拡大を図ることにより、ハード・ソフト両面からの様々な対策を展開していくことが必要です。

特に、阪神・淡路大震災以降、改めて見直された地域住民による自助、共助の取り組みをさらに推進していくことは重要です。

このことは、震災時だけでなく、本年の九州北部豪雨災害などにおいても実証されたところです。都では、都民一人ひとりが、家族や友人、さらには近隣の方と一緒になって防災意識の向上を図っていくと同時に、地域の防災を担う町会や自主防災組織への支援や女性リーダーの育成などに取組んでいます。

本年度は調布市と合同で総合防災訓練を実施しますが、都民の皆様においても、各地域で行われる訓練への積極的な参加を通じて、防災意識の向上を図るなど、今一度、防災対策を見つめ直す機会としていただければと思います。

訓練の積み重ねで防災力の強化を

住民参加の訓練の重要性は言うに及ばず、都や国、区市町村、隣接自治体、防災関係機関との連携は極めて重要です。特に行政関係職員は約2年で交代することもあり、訓練の準備段階で顔を合わせ、ひざを交えて調整することが公助力の向上につながります。

今後とも、すべての人々が安心・安全を感じることのできるセーフ・シティ東京の実現に向け、都庁各局や関係自治体、関係機関と連携して実践的な訓練の機会を増やしていく必要があると考えています。

東京都・調布市合同総合防災訓練（多摩川児童公園会場）概要図

実施日　9月3日（日）
訓練時間　9:00～13:00
訓練講評　12:00

調布駅方向
京王多摩川駅
京王多摩川駅から徒歩5分
都立調布南高校
検視・検案訓練
展示・体験訓練
医療救護訓練
観覧席
来賓駐車場
P
下流 狛江市方向
公助訓練
共助訓練
炊き出し
特殊車両展示
ライフライン応急復旧
多摩川
川崎市

【会場住所】
調布市多摩川3－75先

東京の防災対策
主要団体からメッセージ

指定地方公共機関の使命を果たす
東京都医師会会長　尾崎治夫

昨年4月に発生した熊本地震のような大地震だけでなく、近年の特徴として河川の氾濫や濁流による大水害が問題になっています。今年の7月には集中豪雨により福岡県、大分県等で土石流が発生し数多くの家屋が流され、たくさんの人的被害が発生しています。

災害時の医療救護活動は、都民の生命と身体を守る要となる重要なものであり、大規模災害の発生時にも機敏に対応する体制の強化が求められております。

東京都医師会では、実際の災害に対しても迅速に対応するため、日頃からの訓練として本年度も「東京都総合防災訓練」に医療救護班を編成し参加します。

東京都においても「いつ」大規模災害が起こるか分かりません。平時の備えが重要であり、他人事ではなく切実なものとして、できる備えをしておくことが大切です。

東京都医師会及びその会員が東京都の災害医療体制に積極的に協力し、「災害時に一人でも多くの都民を救う」を合言葉に、各関係機関との連携の下に一丸となって指定地方公共機関としての使命を果たしてまいります。

歯科医師会における災害時への備え
東京都歯科医師会会長　山崎一男

東日本大震災から6年余りが経過しました。ここに改めまして、お亡くなりになられた多くの方々のご冥福をお祈り申し上げますとともに、今なお多くの困難に直面されている方々に、心よりお見舞い申し上げます。

さて、昨年は熊本地震が発生し、関東地方においても、やや大きめな地震が相次ぎ、東京都でも首都直下巨大地震がいつ発生してもおかしくないと考えられています。巨大地震が発生した場合、想定される人的被害は甚大であり、そのような状況下において、歯科医師は被災者の歯科治療や遺体の身元確認等自らの使命と役割を理解し、有事に備えなければなりません。

私ども公益社団法人東京都歯科医師会は大規模災害に遭遇した場合に備え、東京都との防災協定や地域防災計画に基づき、大規模災害時における地域ごとの歯科医療救護班の編成、歯科的所見による身元不明遺体の確認作業班の編成等、協力体制の整備を行っているところであり、また、関東地区歯科医師会と大規模災害時の対応及び相互協力体制の強化について検討しています。

毎年、「防災の日」における東京都総合防災訓練への参加はもちろんのこと、常日頃から非常時に対応できるよう年2回、独自の身元確認研修会、また、東京都福祉保健局のご協力の下、2012年度からトリアージ研修会を開催し、臨場感を持って東京都の防災訓練に臨み、有事に備えています。

安心・安全な医薬品の供給
東京都薬剤師会会長　石垣栄一

東日本大震災から6年以上が経ち、昨年4月には熊本地震が起こりました。その都度、東京都薬剤師会からも多くの薬剤師が支援活動に従事いたしました。被災者の方の中には、毎日服用している医薬品の名前も、気が動転して正確に思い出せない方も多く見受けられました。

東京都薬剤師会では、都民の皆様に普段から「お薬手帳」を身近に置くよう習慣づけていただき、災害時には薬剤師がその「お薬手帳」の情報を基に、必要な医薬品を提供できる体制をつくる等、都民の皆様と一緒に取り組む対策を実施しています。

また、近い将来、発生が予測されている首都圏直下型地震に備えて薬局BCP（業務継続計画）の策定を徹底し、「災害時における薬剤師班活動マニュアル」の改定、また地域における災害薬事コーディネーターの養成に取り組んでいます。

さらに、東京都や区市町村及び都内の地区薬剤師会、あるいは地域医師会等の医療関係諸団体と連携・協調して、災害時にあっても都民の皆様に安心かつ安全に医薬品を供給し、必要な治療や処置の継続が可能となるよう、一層の体制整備に努めてまいります。

社会インフラの緑ナンバートラック
東京都トラック協会会長　千原武美

東京都トラック協会は、都内に本社・支店・営業所を置く緑ナンバートラックの運送事業者で構成する団体です。安全・安心な輸送サービスの提供に努め社会との共生を図り、健全な業界発展のため事故防止・環境対策など様々な活動に取り組んでおります。

災害対策では、当協会は防災機関として東京都に指定されており、万一の事態でも円滑・迅速に救援物資の輸送が行えるように常に備えております。

また、首都直下地震が起きた場合、都内だけでは緊急輸送などの救援活動が困難になる事態が想定されるため、現在、関東1都7県のトラック協会が相互に連携・協力して対応するための協定締結に向けて協議を進めるなど、広域的な防災体制の整備に取り組んでいます。

これからも、緑ナンバートラックは、社会インフラとして皆さまの期待に応えられるよう努めてまいります。

木密地域不燃化プロジェクトに協力
東京都宅地建物取引業協会会長　瀬川信義

本会は、宅建業法に基づく公益社団法人で、公益の増進への寄与、宅建業の適正な運営と健全な発展を図ることを目的に、消費者利益の保護と宅地建物の円滑な流通を推進する事業を行っています。

東京都は、2012年に山手線外周部を中心に広がる木造密集地域約1万3千㌶のうち、特に甚大な被害が想定される約6900㌶の整備地域を対象に「木密地域不燃化10年プロジェクト」を立ち上げ、20年までに重点的、集中的な取り組みを実施し、不燃領域率の70%への引き上げと都市計画道路28路線（特定整備路線）の整備完了により、「燃えないまち、燃え広がらないまち」にすることを目標としています。

本会は、都の依頼を受け、東京都と各地域の本会支部が協定を締結し、特定整備路線事業に伴う地権者の代替地、移転先、仮住居等の情報提供・仲介・あっせんなどの生活再建を柱とした協力を行っています。現在は、墨田、中野、豊島、足立、品川、板橋、北、荒川、世田谷、江戸川の10支部が事業進捗に合わせて協力しています。

また、02年から当協会は、震災が発生し災害救助法が適用された際に、都の要請に基づき、被災者の応急仮設住宅として民間賃貸住宅の提供の協力を行うよう東京都と協定を締結しております。さらに本年3月には、関東ブロックの9都県と該当都県の宅建協会との間で、大規模広域災害が発生した場合における民間賃貸住宅の被災者への提供等についての協定を締結しました。

当協会は公益法人として、今後も行政との連携・協力を進めてまいります。

協同の力で防災・減災対策を強化
東京都生活協同組合連合会会長理事　竹内誠

当連合会には75の生活協同組合が加盟し、都内の32%を超す世帯で約290万人の組合員が出資者、利用者、運営者として地域・職場・大学等で参加しています。

東京都との関係では、1996年に当連合会と締結した「災害時における応急生活物資供給等に関する基本協定」の履行のため、都が実施している総合防災訓練の緊急物資搬送、医療救護班活動や災害ボランティア活動訓練へ毎年参加するとともに、都が実施する図上訓練に参加しています。

また、災害時のボランティア活動を担う人材育成を目的としたコープ災害ボランティアネットワークは、養成講座修了者が500人を超す組織となり、ボランティアリーダーを養成する機会を増やし、他のボランティア団体との情報交換や交流も行っています。

今後は、首都直下地震をはじめ、東京で発生する風水害など様々な災害を視野に入れた備えを強化するとともに、東日本大震災の支援を軸として地域コミュニティーの再生まで中・長期的に継続できる被災者支援活動のあり方を検討し、様々な団体との連携をさらに強化していきます。

社会的使命を果たすために
東京建設業協会会長　飯塚恒生

近年、激甚化する自然災害が頻発しており、災害時における迅速な応急復旧や復興工事等を担う建設業の役割がますます高まってきております。

おりしも東京都では、「セーフシティ」（「地震が起こっても、倒れない・燃えない」まちづくり）をはじめとする「3つのシティ」の実現を目指して施策に取り組まれているところです。当協会といたしましても、積極的に協力してまいる所存です。

一方で、深刻な担い手不足という大きな課題がございます。これを克服するためには、「働き方改革」や「生産性向上」などを強力に推進する必要があり、個々の建設企業がさらなる努力をすることはもちろん、受発注者双方の意識改革も重要です。

行政や都民の皆さまのご理解・ご協力のもと、建設業が将来にわたって社会基盤整備を担い、安全・安心な東京のまちづくりに寄与していけるよう努めてまいりたいと存じます。

東京港の防災体制を充実・強化
東京港運協会会長　鶴岡純一

この度の九州北部豪雨では、福岡、大分両県において甚大な被害が発生し、多くの方がお亡くなりになられました。心よりご冥福をお祈り申し上げますとともに、被災地の一日も早い復興を願ってやみません。

近年は、地震のみならず異常気象による気象災害でも痛ましい、また甚大な被害が発生しております。いつ、発生するかわからないこれらの災害に対し、日々の備えが非常に大切だと考えています。

東京港は、災害発生時には緊急物資の受け入れなどの役割を担うとともに、復旧復興活動の重要な拠点となります。災害時には、これらの役割を十分に果たせるよう、実効性のあるマニュアルの作成に努めるとともに、これを活用して実践的な訓練を行ってまいりたいと思います。また、昨年度、当協会が支援する東京ウォータータクシー株式会社が地域の警察署と大規模災害発生時における協定を締結いたしましたが、当協会は同社を通じて水上タクシー等の舟運を活用した防災活動にも努めてまいります。

引き続き、東京都をはじめとする関係機関と連携しながら、東京港における防災体制の充実・強化に努めていきたいと思っております。

高度な設備技術で支える
東京下水道設備協会会長　片岡啓治

昨年の大地震、大水害に続き、本年も7月の記録的な大雨となった九州北部では豪雨災害が発生し、防災対策の重大さを思い知らされています。

小池百合子都知事は、首都直下地震対策を都政の最重要課題のひとつとしています。また、都下水道局でも5年間の事業計画である「経営計画2016」において、下水道管の耐震化といった土木的な対策に加え、設備関係では断水時も運転可能な無注水ポンプの更なる導入や、デュアルフューエル発電機・移動電源車等による非常用電源の確保等の対策を進めています。

当協会会員はそれらに供する設備の開発や工事を担っており、高度で専門的な技術を活用し、対応しています。

また、当協会は2001年より都下水道局と「災害時における水再生センター等の応急復旧業務に関する協定」を結んでおり、東日本大震災時には迅速な復旧を行いました。不幸にして震災や水害に見舞われた際には、更に迅速で的確な復旧を行うよう連絡・出動体制の充実を図り、東京下水道の防災対策を支えてまいります。

TGS　災害時の管路施設情報の活用と管理システム

東日本大震災以降、ハードによる防災が限界を見せる中、各業界において、ビッグデータを利用した防災を模索する動きが加速してきている。

東京都下水道局では、震災以前から国内最大の規模を誇る下水道管網約1万6千㌔㍍の施設情報を、下水道台帳情報システム（通称SEMIS）により適切に管理し、また、この膨大な施設情報を効果的に活用して、補修や再構築などの計画立案・工事を実施してきた。

SEMISは、都下水道局が他都市に先駆けて独自に開発し、1986年度より運用を開始している。その後、99年度に、都下水道局はSEMISを再構築することを決定し、再構築にあたっては、将来、長期にわたりSEMISを運用できる会社として、東京都の下水道事業を補完代行している東京都下水道サービス株式会社（TGS）を選定した。そして、TGSは共同開発者の民間企業1社とともに、2000年度からSEMISの再構築に着手し、汎用のGIS基本ソフトウェアパッケージをベースとして、下水道施設管理用に機能を充実強化するかたちで、下水道総合情報管理システム（トータルイズム）を開発した。このトータルイズムを都下水道局仕様にカスタマイズしたものが、現在のSEMISとなっている。

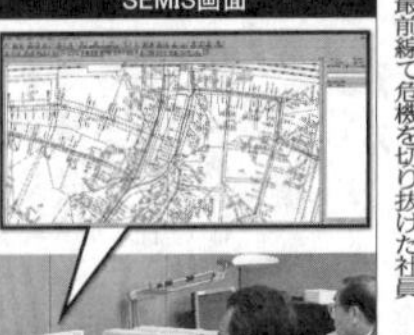

TGSでは、『30年のあゆみ』という記念誌に「3・11 東日本大震災」にTGSはどう動き、復旧にどう努めたのか、それぞれの現場の最前線で危機を切り抜けた社員の証言を掲載している。その中で、発災時には早急に水道を確保するため、SEMISで流路を確認し、上流から随時清掃をかけ5日間で排水を確保したことやSEMISからの出力図面を基に被害状況を調査したと述べられている。また、その後の災害査定においても、SEMISの管路施設情報をCADデータに切り出し、申請資料用の図面を作成したと記載されている。このように、SEMISによる管路施設情報の活用が震災時にも大いに役立つことが実証された。

SEMISのベースとなっているトータルイズムは、修繕・改築等の施設データ、点検・管きょテレビカメラ等の調査データ、浸水履歴や道路陥没などの維持管理データを容易に蓄積・活用できる多様な機能を備えている。台帳機能だけでなく、管路の損傷予測や健全性・緊急度の判定ができ、モバイル端末で台帳図に維持管理情報の登録・削除も可能である。

さらに、震災時の教訓から、緊急時に一層使いやすい簡易なインターフェイス機能を開発し、平面図、縦断面図が簡単に出図、その図面を簡易CADで編集・書き込みを可能とした。加えて、広域を対象に下水道管の耐震化状況を簡単に把握でき、耐震化対策を支援できる機能も備えた。

今後もTGSは、東京が被災して他都市、民間の支援を受ける場合を想定し、災害査定報告書作成・災害復旧情報の管理などの災害復旧支援の機能の充実を図り、誰もが使いやすいシステムとなるよう、一層の開発を推進していく。

特別区管理職選考

Ⅰ類で受験者数・率増加

難度は「過去問で対策可能」

2017年度の特別区管理職選考の筆記考査が26日、大正大学（豊島区）で行われた。前倒し受験を除いたⅠ類とⅡ類の受験者数は計764人で、それぞれ656人、108人だった。受験率はⅠ類で前年度比3・8㌽増の87・6％、Ⅱ類では同3・0㌽減の85・0％で、全体では同2・8㌽増の87・2％となった。口頭試問進出者の通知は10月2日で、口頭試問は10月14～15日のうち、指定する1日。最終合格者の発表と択一・短答式問題受験の免除者の通知は10月31日となる。

今年度の管理職選考の合格予定者数はⅠ類事務が97人、Ⅰ類技術が34人、Ⅱ類事務が50人、Ⅱ類技術が15人の計196人だった。

今年度は、全体の申込率は4・9％と微増にとどまったが、Ⅰ類の受験者数・受験率は増加。特にⅠ類事務では全ての受験方式で受験率が増加したのが特徴。受験方式別の受験率で見ると、全部受験方式で同5・9㌽増の83・0％、分割受験方式で同3・2㌽増の88・8％、免除受験方式で同0・5㌽増の91・5％、前倒し受験方式では同0・9㌽増の93・0％となった。

区人事委事務局の星野浩昭任用課長は「ライフプランに合わせて前倒し受験や分割受験を活用し、計画的に受験をしている人が増加している」と見ており、「引き続き任命権者と連携して、昇任意欲醸成の取り組みを進めていきたい」と話す。

特別区管理職選考受験状況（速報値）　（単位：人、％）

種別	選考区分	申込者数		受験者数		受験率	
		2017年度	2016年度	2017年度	2016年度	2017年度	2016年度
Ⅰ類	事務	523	537	456	437	87.2	81.4
	技術Ⅰ	104	89	90	80	86.5	89.9
	技術Ⅱ	55	50	48	42	87.3	84.0
	技術Ⅲ	67	66	62	63	92.5	95.5
	技術計	226	205	200	185	88.5	90.2
	小計	749	742	656	622	87.6	83.8
Ⅱ類	事務	100	96	86	85	86.0	88.5
	技術	27	29	22	25	81.5	86.2
	小計	127	125	108	110	85.0	88.0
合計		876	867	764	732	87.2	84.4

※Ⅰ類の申込者数、受験者数は全部、分割、免除受験方式での人数

Ⅰ類択一・短答式

択一では、地方自治法は議会、委員会・委員、公の施設など、地方公務員法は人事委員会・公平委員会、人事評価、分限処分などが出題された。

事務の受験者の一人は「例年通りの出題分野で、基本的な内容を問うもの。行政法の判例なども代表的なものが出題されていた」とし、「初めての受験だったが、対策をしていれば十分対応できる」と話した。一方、行政別の受験者からは、実例や最高裁判例をベースにした問題は過去問で対応可能としながらも「行政法の分野でほぼ毎年出題されていた情報公開・個人情報保護制度からの出題がなかったことや、行政不服審査法からの出題が改正法の趣旨を問うものだったため過去問では対応できない点もあった」と指摘した。

Ⅰ類記述

Ⅰ類記述のテーマは「自転車の利用について」。交通ルールについての統計や、自転車利用の安全施策に関する新聞記事などから読み取れる課題を分析し、具体的な対応策を示す問題。資料は統計が10件、新聞記事が3件だった。

受験者からは「資料の中にいくつか先進自治体の事例が示されており、施策を考える際にそれにとらわれて視野が狭まってしまった」「最近の報道などから民泊からの出題を予想しており、テーマは想定外だったが、資料を読み進めることで出題の意図は見えた」との声や、「新聞報道で確認している内容ではあるものの、いざテーマとして出題されると書くのが難しかった。特別区の課長は幅広い視点が求められていると再認識させられた」との感想が上がった。

Ⅰ類・Ⅱ類論文

Ⅰ類論文では「観光振興による地域の活性化について」と「行政課題が複雑・多様化する中での組織間連携について」から1題を選択する。

ある受験者は「昨今の訪日外国人増加や民泊解禁の動き、行政課題の多様化を考えると、2題とも十分に想定されたテーマ」と分析した上で、「観光振興をどのように地域の活性化につなげるかの記述は工夫が必要だと感じた」と指摘した。

Ⅱ類事例式論文は、「学校施設の活用と地域住民との合意形成」がテーマで、学校施設を住民に開放する際、課長が進捗状況を把握せず係長に任せきりにしたため開放予定日直前に問題が発覚し、その対応を答える問題。

受験者の一人は「地域との合意形成という過去にも多く出されたテーマだが、学校は地域にとって最も身近な公共施設で多くの関係者がおり、合意形成の対象が自治会と保護者と多くなっているところは難しく感じた」と話した。

Ⅰ類・Ⅱ類全体の傾向や難易度に関しては、ある受験者は「全体の難易度は、例年並みかやや易化した。基礎的な理解があれば十分対応可能で、昨年のアダム・スミスのような意外な出題もなく、満遍なく基礎を勉強していれば満点も狙えたと思う」と指摘した。

都小委

人事院勧告で労使が議論

非常勤・高齢期雇用なども

都と都労連は24日、小委員会交渉を開き、人事院勧告について議論した。

今年の人事院勧告は月例給、特別給ともに4年連続引き上げる内容だったが、都側は「月例給の引き上げ幅は4年間で最小。この間、都の較差は国より小さく推移しており、昨年改定を見送った都の較差がどうなるかは不透明」として、「人事委員会勧告を注視する必要がある」と述べた。

勧告に関連して、都側は非常勤・高齢期雇用の両制度にも言及した。このうち非常勤制度に関しては、総務省が23日、地方自治体に対し「会計年度任用職員制度の導入等に向けた事務処理マニュアル」を発出しており、都側はマニュアルの詳細な分析を行い、6月末に発出された運用通知も踏まえ、都の実情に合わせた具体的な検討を加速させる考えを示した。高齢期雇用では、再任用制度の運用実態が都と国とでは異なると説明。その上で、高齢層職員の活用をより一層促進する観点から、「国の動向を注視しつつ、都の実情を踏まえて検討を進める」とした。

一方、都労連は、今回の勧告について、「民間と公務が一体となった春闘の闘いが一定反映されたもの」としつつも、「生活改善には程遠く、霞が関などに勤務する職員を除いては事実上の据え置き勧告」と指摘。非常勤については「常勤職員との均等待遇や雇用の安定につながる制度改善について言及していない」とし、再任用に関しても「生活関連手当の支給や賃金の抜本改善は見送られている」と勧告は不十分との認識を示した。

非常勤・高齢期雇用の両制度については、今後、各単組の意見を集約し、都側に「臨時・非常勤要求」「高齢期雇用制度改善要求」を提出する。

今回の勧告は「働き方改革」もテーマの一つとなった。都側が、この間実施してきた時差勤務の拡大やテレワーク・フレックスタイム制の試行、9月からのテレワークの試行規模拡大などに触れ、「更なる働き方改革の推進に向け、引き続き幅広く検討を進めたい」と説明したのに対し、都労連は「都の対応は現場を置き去りにしている。様々な事情を抱える職員が働き続けられる職場づくりと労働条件の改善こそが真のワーク・ライフ・バランスの実現だ」として、都労連要求の実現を求めた。

パラリンピックまで3年

「瞬間大切に 最高の準備を」

5人制サッカーの加藤選手が軽快なドリブルを披露＝25日

「残り3年、瞬間・瞬間を大切に、最高の準備をして東京大会を迎えたい」。2020年東京パラリンピックの開幕まで3年となる25日、カウントダウンイベントが都内で開かれ、パラ陸上でリオ大会銅メダリストの芦田創選手が大会に向けた意気込みを語った。

イベントでは「5人制サッカー」の加藤健人選手がアイマスクをした状態でドリブルし、シュートを決めるデモンストレーションを披露。目隠ししたままボールを離さずに動き回る妙技に、観衆も見入っていた。

小池知事は「3年後の東京の姿を想像して、皆さんとともに方向性を一致させながら、オールジャパンの素晴らしい大会にしたい」とあいさつ。鈴木俊一五輪相も「様々な競技を体験できる機会が全国各地に広がるよう、取り組みたい」と抱負を述べた。

■小池都政 1年目の評価～都職員アンケートの自由意見から④

「退庁しやすく」「残業増えた」

働き方改革

小池知事肝煎りの「働き方改革」では、職員の賛否が拮抗（きっこう）している。自由意見を見ると、知事が号令を発して以降、「早く帰宅しようとする雰囲気は出てきた」という意識が広がりつつあるようだ。その一方、「思うように超勤時間が減らせないのが現状」「仕事量は増えている」と吐露する職員も少なくない。

実感している

■定時退庁、一斉消灯など、目に見える形での一定の成果は実感できる。（50代、本庁課長）

■午後5時45分にチャイムが鳴る。「イクボス宣言」など、今までになかったものを取り入れている。（40代、本庁課長代理）

■退庁時間を午後8時としたことで、職員が意識して当日の業務計画を考えるようになった。（50代、本庁課長）

■残業しづらい雰囲気が出ている。（30代、本庁課長代理）

■ライフ・ワーク・バランスを公言することに後ろめたさがなくなり、心情的にありがたい。（30代、本庁課長代理）

■早く帰る職員が増えた。ただしチェックされているからそうしているだけ。（40代、本庁課長）

■早く帰宅しようとする機運は高まっているものの、実質的に皆、残業となっている。結果的に係長（課長代理）級はサービス残業をしている。（50代、本庁課長代理）

■歩みは遅いが、少しずつ前に進もうとしている。これを機に従来からの事務処理方法が改まることを期待する。（30代、出先課長代理）

■午後8時退庁との明確な方針は数字上、成果につながっている。テレワークや勤務時間の多様化も取り組みが進んでいる。（40代、課長代理級）

■情報公開を進めることになり、業務が増えたが、効率的に取り組もうとする意識が出ている。（40代、主任級）

■管理職だけでなく、職員の意識面で少しずつ変化が見られる。（30代、本庁課長代理）

■午後8時退庁、時差出勤、テレワークなど、職員に考える場を与えることで、少なからず改革は進んでいる。（40代、本庁課長）

■身近な同僚がテレワークの話をするようになった。（40代、本庁課長）

■形だけ付き合っているのみ。「モーレツ社員」でのし上がった局長・部長がいる間は実現不可能。（50代、出先課長）

■変化は実感するが、ライフ・ワーク・バランスは掛け声の精神論で、結局、持ち帰り仕事が増えるだけ。仕事量はむしろ思いつき発言により増えている。（40代、本庁課長代理）

■制度としては新たな取り組みや強力な進め方で働き方が変化していることは事実。一方で、そのしわ寄せがいずれどこかで発生する可能性が高い。（40代、出先課長代理）

■午後8時退庁、フレックス、テレワークなど、トップの旗振りによるところが大きいと思う。（50代、本庁部長以上）

■表向きは残業をする職員が減っているように見えるが、今まで無理に残業しなくても済んでいた職員が残業をしなくなっただけ。優秀な一部の職員に仕事が集中している構図に変化はないように見える。（50代、本庁課長）

■午後8時をめどに帰りやすくなったように思う。一方で人員も仕事量も仕事の回し方も変わらないのに、残業時間だけやみくもに減らせと言う上司がいるのは困る。仕事の回し方など、根本を変えなければ超勤縮減は難しい。（30代、本庁課長代理）

雰囲気は一見変わったが…

実感していない

■働き方改革の定義がそもそも不明。仕事の進め方や休日にも指示が来る体質を改めることが第一。（40代、本庁部長以上）

■直属の上司次第。効率的に業務を進め、部下にも徹底させようと思うか否かだと思う。指示一つとっても意識の有無で大きく違う。（30代、本庁課長代理）

■各局ともアリバイ作りの対応しかしていない。午後8時退庁など職員にとって全くメリットのない取り組みが多い。（40代、本庁課長）

■早朝出勤を行っているが、超勤が常態化しており、実感までは遠い。（40代、本庁課長代理）

■上から降ってきた仕事に振り回される場面も見られる。小池都政になって逆に仕事が増えているような気がする。（30代、本庁課長代理）

■メリハリをつけた働き方を心がけようという雰囲気が職場に感じられるが、業務多忙のため、なかなか思うように超勤を減らせないのが現状。（30代、本庁課長代理）

■午後8時退庁など表面的には実行されていても、その裏では仕事の先送りやサービス残業が行われている。（40代、本庁課長代理）

■打ち上げ花火的な施策が次々に打ち出され、むしろ職場は疲弊している。地道でもいいから業務量の正確な把握と縮減こそ必要。（20代以下、一般職）

■これまでの職員定数削減や行革でかなり工夫してきており、これ以上を求められると質の低下を招く。（50代、本庁課長代理）

■生産性向上、ICT導入など耳触りの良いことばかりでなく、都民サービスをやめるという政治的決断が必要。テレワークはIBMなどでも廃止していると聞いた。実は時代遅れではないか。（40代、本庁課長）

■超勤縮減、午後8時退庁ありきで仕事は見直されていないため、持ち帰り残業など職員の負担が増している。顧問団からの資料作成・ヒアリング要求など対都民サービスに直接結びつかない不要不急の新たな仕事も多い。（40代、本庁課長）

■局長、総務部長など管理職の意識が変わっていない。時間や労力を無制限にかける前提で資料作成、修正のオーダーをすることをやめない限り、残業はなくならない。予算要求の場面で主計部が期限の短い資料要求をすることもやめるべき。（40代、本庁課長代理）

■勤務日の超勤管理をしても、土日が野放しでは隠れ残業を容認するも同然。五輪関係では、人柱を心配する。激務の幹部には酷なので、皆で止めなければと思う。（40代、本庁課長代理）

■ライフ・ワーク・バランスと口で言っても、ただでさえ五輪関係でどの部署も多忙であるのに、顧問政治によって無駄な仕事が増えている。（40代、本庁課長代理）

■確かに超勤は減っているように感じるが、根本的な原因に目を向けていない。予算削減、人事要求、議会対応などのボトルネックを改革せずに、真の働き方改革は成し遂げられない。（40代、本庁課長代理）

■知事のために仕事が増加し、負担はワーク・ライフ・バランスができない人に集まる。人事部が場当たり的に対応しているだけ。（50代、本庁課長）

■生産性＝単なる効率化。今までの職員削減の実情を分かっていない。（30代、本庁課長代理）

■都庁も都議選結果を踏まえて身を切る改革を検討する必要がある。（50代、本庁部長以上）

■一律の午後8時退庁はナンセンス。必要なら残業はやるべき。また休暇制度が整っている公務職場にテレワークは不要。都庁には様々な職場があるのだから、人事異動（配置転換）によって解決できる。（40代、本庁課長）

■サービス残業が増えただけ。電通と同じ。年々、ひどくなっている。メンタル（不調）になる者も多い。（30代、本庁課長代理）

■業務量が増大する中での午後8時退庁を進めるがために本来やるべき仕事をないがしろにし、若手職員も仕事の基礎を身に着ける機会が失われている。（50代、本庁部長以上）

■局部長クラスが知事を気にして報告事件が増えるだけでなく、主に資料作りのオーダーが半端でなくなり、残業が急増している。（50代、本庁課長）

■8時退庁は定着しつつあるが、職場内格差が広がっている。少なくとも時差勤務は進んでいないし、各部署の裁量で人員配置の変更がもっと簡単にできないと根本的な改革とはならないのでは。（50代、本庁課長）

◆引越社に命令書

都労働委員会は23日、「アリさんマーク」で知られる㈱引越社とそのグループ会社による労働組合の脱退勧奨や従業員の配転命令などを不当労働行為として認定し、全部救済の命令を出した。

命令書によると、同社は2015年、従業員に金銭を支払って組合からの脱退を勧奨したほか、組合に加入していた男性従業員にシュレッダー係への配転を命じ、その後、懲戒解雇処分とした。更に懲戒解雇理由を「罪状」などとして顔写真入りで社内に掲示した上、社内報にも掲載。命令書では、このことが不当労働行為に認定された事実を社内報に掲載し、全従業員の自宅に送付することも命じた。

命令書では組合の脱退勧奨や従業員の配転の狙いについて、「（組合の）組織拡大を抑止することにあった」と指摘し、「組合の弱体化を企図した支配介入に当たる」と判断した。

◆熱中症で生徒意識不明

都教育庁は25日、都立特別支援学校の男子生徒がバスケットボール部の活動中に熱中症で意識不明になったと発表した。

事故があったのは都立永福学園高等部（杉並区）。男子生徒は23日の午後3時ごろから顧問教員の指示で1周450㍍の校舎外周をランニングしていたところ熱中症になり、うずくまっているのを他の教員に発見されて救急車で搬送された。男子生徒は顧問教員が指示したタイムで外周を走ることができなかったため、ペナルティーとして43周追加で走るよう命じられており、その最中だった。28日の時点で生徒の意識は回復していない。

■都人事異動

9月1日付

【部長級】▽環境局地球環境エネルギー部長（環境局都市エネルギー推進担当部長）小川謙司▽環境局都市エネルギー推進担当部長（総務局監察担当部長）村山隆▽環境局特命担当部長（環境局地球環境エネルギー部長）松下明男

【課長級】▽多摩教育事務所調整担当課長（教育庁総務部担当課長＝特命）望月一憲

退職後のリアル

しくじり都庁OBの教訓㉓

セカンドライフの職探し⑪

偶然を計画的に引き出す

最近、「計画された偶発性理論」という言葉がちょっとした話題になっている。ウィキペディアによれば、スタンフォード大学のジョン・D・クランボルツ教授が提案したキャリア論に関する考え方で、個人のキャリアの8割は予想しない偶発的なことによって決定される。その偶然を計画的に設計し、自分のキャリアを良いものにしようという考え方、とされる。

私はまさに偶然にこの言葉を知った。経営学や人生論などで度々出会うこの種の○○理論といったものをあまり信じない方だと自認しているが、今回の出来事を説明するには、この偶発性という言葉がぴったりくるように思っている。

こうした困難に直面した場面で予期しない出来事をただ待つだけでなく、自ら創り出せるように積極的に行動したり、周囲の出来事に神経を研ぎ澄ませたりして、偶然を意図的・計画的にステップアップの機会へと変えていくべきであり、その計画された偶発性は以下の行動特性を持っている人に起こりやすいと考えられるという。

①好奇心――たえず新しい学習の機会を模索し続けること

②持続性――失敗に屈せず、努力し続けること

③楽観性――新しい機会は必ず実現する、可能になるとポジティブに考えること

④柔軟性――こだわりを捨て信念、概念、態度、行動を変えること

⑤冒険心――結果が不確実でも、リスクを取って行動を起こすこと

（参考：『その幸運は偶然ではないんです！』ダイヤモンド社／ジョン・D・クランボルツ、A・S・レヴィン著）

結果論ではあるが、退路を断ってリスクを取ったことや楽観的だったこと、そして好奇心や持続性を持って臨んでいたことなど、当てはまることが多い。そして、それが偶発性としての今回のコラボを生み出したように思える。④、⑤の要素は公務員気質とは対極のものではないかと勝手に解釈しているのだが、困難に直面した場面には参考にしてほしい。（金子雅臣）

五輪への航海図 204

TOKYO 2020

開催まで あと1060日

暑さ対策㊦

外国人への広報に注力

「暑さに慣れない冷帯出身の外国人は、日本の夏の暑さで日本人の2～3倍体温が上昇する」――。日本気象協会と名古屋工業大学などの研究グループは、外国人の汗腺数の違いなどのデータからこんな研究結果を発表した。

また、気象協会が昨年度実施したアンケートでは、在留外国人200人のうち7割以上が「日本で熱中症の経験がある」と答え、東南アジアや南米などの熱帯地域の出身者でも、6割が日本の夏は母国より「過ごしにくい」と答えている。熱中症に詳しい三宅康史・帝京大医学部教授は「日本の蒸し暑さの知識がなかったり、熱中症の予防・応急処置方法を知らないことが原因。実際に医療現場でも、外国人の救急搬送者数が増加傾向にあると感じる」と解説する。

こうした中、都福祉保健局は東京大会開催で熱中症により搬送される外国人が増えることを想定し、医療体制の周知を進めている。

その一つが、同局の医療情報案内サービス「ひまわり」の改善だ。症状別に最適な都内の医療機関を探すためのサイトで、15年までは一般利用者は日本語検索のみ対応していたが、昨年度からは英語・中国語・韓国語の3カ国語に拡大。また、グーグルと提携して検索結果の上位に同サイトが表示されるようにするなど、使い勝手を向上させている。

屋外競技では熱中症対策が重要に＝16年8月、リオデジャネイロ

また、外国人に熱中症への意識を持ってもらうための広報活動にも力を入れる。都福祉保健局は、外国人居住者向けに熱中症予防の講演会や多言語リーフレットの作成など、熱中症対策啓発の事業に取り組む区市町村に補助金を出す事業を始めた。初年度となる今年度は、英語版リーフレットを作成する港区に約100万円を助成。同区は幼稚園や保育所、保健所などで配布しており、区の担当者は「外国人と日本人の夫婦に好評で、『リーフレットを見せると熱中症の怖さを理解してくれる』との声がある」と話している。

このほか、昨年2月の9都県市首脳会議は、大会公式ホームページやSNS、公共交通機関のデジタルサイネージを使い、外国人向けに熱中症の予防法などを発信することを国に提言。国の要望により昨年から日本航空の機内放送では英語など3カ国語で熱中症対策を呼び掛けている。

主任試験講座

平成29年度 48

今回は、問題演習を行います。

問題

【問題2】

本年3月に教育庁が報告した「SNS東京ルール」の成果と今後の取り組みについての内容に関する記述として、妥当なのはどれか。

① 本ルールは、平成28年3月に定められたものである。

② 家庭等において、SNS利用にルールを設けている割合は約4割で、2年前とほぼ横ばいであった。

③ 補助教材「SNS東京ノート」の全面改訂を実施し、「小学校全学年用」から、「小学校低学年用」と「小学校高学年用」にきめ細かく分類した。

④ インターネット利用時において、トラブルや嫌な思いを経験した児童・生徒の割合は減少し、10%程度となった。

⑤ 「SNS東京ノート」については全面改定を行い、都内全ての公立学校の児童・生徒に配布し、平成29年4月から活用を開始した。

【問題3】

本年3月に都が策定した「東京都住宅マスタープラン」の内容に関する記述として、妥当なのはどれか。

① 本プランは、2016(平成28)年度から2030(平成42)年度まで15年間を計画期間としている。

② 政策指標として、子育て支援住宅認定制度に基づく認定住宅の戸数を5千戸とすることとしている。

③ 政策指標として、整備地域における不燃領域率を60%以上とすることとしている。

④ 本プランは「豊かな住生活の実現と持続」という基本方針の下、「生涯にわたる都民の豊かな住生活の実現」と「まちの活力・住環境の向上と持続」という二つの住宅政策が目指す方向について、それぞれ二つの目標を設定している。

⑤ 「既存ストックの有効活用」「多様な主体・分野との連携」「地域特性に応じた施策の展開」の三つに着目し、具体的な施策を総合的・計画的に推進していくものである。

【問題4】

本年3月に福祉保健局が報告した「東京都子供・子育て支援総合計画」の実施状況等の内容に関する記述として、妥当なのはどれか。

① 本計画は、平成27年度から平成29年度までの3年間を計画期間としたものである。

② NICU病床数は平成29年度目標200床に対して平成27年度実績として、250床を整備した。

③ 本計画は、子ども・子育て支援法第62条に基づく都道府県子ども・子育て支援事業計画と次世代法第9条に基づく都道府県行動計画と合わせて一体的に策定したものである。

④ 本計画は、「全ての子供たちが個性や創造力を伸ばし、伸び伸びと健やかに成長できる環境を整備する」「学校及び地域社会で一丸となり、子育てを支援する」の二つの理念の実現を目指し、策定されたものである。

⑤平成28年4月の保育サービス利用児童数は、昨年度より約5千人増加した。

【問題5】

本年3月に下水道局が策定した「アースプラン2017」の内容に関する記述として、妥当なのはどれか。

① エネルギー基本計画である「スマートプラン2014」との両立を図りながら、それぞれの目標達成に向けた取り組みを推進する。

② 2000年度比で2020年度までに15%以上、事務事業活動から発生する温室効果ガス排出量を削減することを目標としている。

③ 2000年度比で2030年度までに25%以上、事務事業活動から発生する温室効果ガス排出量を削減することを目標としている。

④ 本プランでは、「スマートプラン2014」の取り組みには入っていない「微細気泡散気装置の導入」や「省エネルギー型濃縮機・脱水機の導入」に取り組み、徹底した省エネルギーを図ることとしている。

⑤ 温室効果ガス排出量の基準年度となる2000年度の排出量は、80万㌧(CO_2換算)である。

【問題6】

本年5月に環境局が策定した「東京の自然公園ビジョン」の内容に関する記述として、妥当なのはどれか。

① 本ビジョンの計画期間は、2020年オリンピック・パラリンピック競技大会とその後の、おおむね10年間としている。

② 本ビジョンは、東京が有する約5万㌶の自然公園の持つ魅力を更に拡充し、豊かな自然を守りながら、国内外の多くの方々にその素晴らしさを体感していただけるよう、自然公園の姿を明示することを目的としている。

③ 本ビジョンでは、東京の自然公園が大事にすべき特徴・価値として「多様性と連続性」と「都心部との相違性」の二つを示している。

④東京都には現在、三つの国立公園、一つの国定公園及び四つの都立自然公園がある。

⑤本ビジョンは、「都民ファーストでつくる『新しい東京』～2020年に向けた実行プラン～」を踏まえた、自然公園に関する総合的なビジョンである。

解説

【解説2】　正答⑤

① 誤り。平成27年11月に定められたものである。

② 誤り。家庭等において、SNS利用にルールを設けている割合は約6割で、2年前よりも約2割上昇した。

③ 誤り。「小学校低学年用」と「小学校高学年用」から、「小学校1・2年用」「小学校3・4年用」「小学校5・6年用」に分類した。

④ 誤り。7%程度となった。

⑤ 正しい。

【解説3】　正答⑤

① 誤り。平成28年度から平成37年度までの10年間である。

② 誤り。1万戸としている。

③ 誤り。70%以上としている。

④ 誤り。二つの住宅政策が目指す方向に向かってそれぞれ四つの目標を設定している。

⑤ 正しい。

【解説4】　正答③

① 誤り。平成27年度から平成31年度までの5年間を計画期間としている。

② 誤り。平成31年度目標320床に対して、326床を整備した。

③ 正しい。

④ 誤り。「全ての子供たちが個性や創造力を伸ばし、社会の一員として自立する環境を整備・充実する」「安心して子供を産み育て、子育ての喜びを実感できる社会を実現する」「社会全体で、子供と子育て家庭を支援する」の三つの理念の実現を目指している。

⑤ 誤り。利用児童数は1万4192人増加した。

【解説5】　正答①

① 正しい。

② 誤り。2020年度までに25%以上削減することを目標としている。

③ 誤り。2030年度までに30%以上削減することを目標としている。

④ 誤り。「微細気泡散気装置の導入」や「省エネルギー型濃縮機・脱水機の導入」は、「スマートプラン2014」の取り組みとされている。

⑤ 誤り。106・5万㌧(CO_2)である。

【解説6】　正答⑤

① 誤り。2020年オリンピック・パラリンピック競技大会とその後の、おおむね30年間としている。

② 誤り。東京の自然公園面積は約8万㌶である。

③ 誤り。「多様性と連続性」「人の営みとの関係性」「都心部からの近接性」の三つである。

④ 誤り。三つの国立公園、一つの国定公園及び六つの都立自然公園がある。

⑤ 正しい。

都政事情②

カレントトピックス

29年度 48

経済事情

■JDIが3700人削減（8月9日）

経営不振の液晶パネル大手ジャパンディスプレイは、国内外の拠点再編による3700人規模の人員削減などを柱とする再建策を発表した。グループ全体の従業員の約3割に当たる。今後は市場が拡大する有機ELパネルに注力するため、海外メーカーとの資本提携を含めた協業を検討する方針だ。

JDIは再建に合わせて2018年3月期決算に1700億円程度の損失を計上する予定で、最終利益が4期連続の赤字になる可能性が高い。自前の液晶技術にこだわった結果、スマートフォンでの有機EL普及など変化を読み誤り、抜本的な改革を迫られた。

人員削減の大半は海外の製造子会社で、今後は統廃合を進めて外注などに切り替える。国内では能美工場（石川県）の生産休止などの拠点再編や240人の希望退職者を募る。構造改革により年間約500億円のコストを削減し、19年度に営業利益400億円の目標を掲げた。

東入来信博会長兼CEOは8月9日の記者会見で、「有機ELなくして、スマホ（向けのパネル）ビジネスに将来はない」と述べ、有機EL重視の姿勢を鮮明にした。

■円高進行でアジア株下落（8月11日）

北朝鮮を巡る国際情勢の緊迫化を受けて8月11日のアジアの主要株式市場は下落し、欧州株式市場も下落して始まった。ロンドン外国為替市場では比較的安全な資産とされる円を買う動きが強まり、円相場は一時、1㌦＝108円70銭台まで上昇し、約4カ月ぶりの円高水準となった。

アジア各国の主要株価指数の下落率は、香港が2・04%、韓国が1・69%、中国・上海が1・63%と特に大きく下げた。シンガポールの株価指数も1・31%の下落となった。

東南アジアは輸出依存型の国が多く、中国や日米が主な輸出先だ。直接攻撃を受けない場合でも、日米経済の悪化を通してマイナスの影響を受ける。

影響は、欧米市場にも及んだ。8月10日のニューヨーク株式市場では、ダウ平均株価の終値が前日比204・69㌦安の2万1844・01㌦と約3カ月ぶりの下げ幅を記録した。8月11日の欧州市場では英国、フランスの主要株価指数が値下がりし、英国株は一時、1%超下落した。日米経済が悪化すれば欧州経済も無傷では済まないとの警戒感が広まったとされる。

■トランプ氏が対中301条調査の検討指示へ（8月14日）

トランプ米大統領は、情報技術分野で中国に不公正な貿易慣行や知的財産権の侵害などがないか、米通商法301条に基づく調査実施の検討を米通商代表部（USTR）に指示することを明らかにした。

301条の適用が決まれば、高関税などの制裁を一方的に発動できる。核・ミサイル開発を加速させる北朝鮮に対し、中国から一層の協力を引き出すために貿易面で圧力をかける。

USTRが調査開始を判断する時期は未定で、調査を始めても結論が出るまで約1年かかる可能性がある。調査で不公正があると認定した場合、中国と協議して是正されなければ、輸入する中国製品への関税引き上げなど制裁措置が可能となる。

昇任試験対策のページ

29年度 主任・係長 論文講座 48

特別区係長選考

長期間にわたって連載してきました特別区係長昇任選考の論文講座も今回が最終回です。これまで、係長昇任選考の論文試験の傾向と対策や課題の整理、論文の書き方などについて、紙面の許す限り述べてきました。

試験直前のこの時期に、論文のポイントである係長の役割を改めて確認します。あわせて論文の最終チェックと本番直前の準備について述べていきます。

係長の役割の再確認

係長昇任選考の論文で問われるのは、目の前の課題に対して、あなたが係長としてどう考え、どう取り組んでいくかということです。出題者は、実現可能性のないことや係長としての権限を越えることを求めているのではありません。係長昇任選考ですから、当然、区政の最前線を担う係長としての視点になっていないと意味がありません。求められる係長の役割を十分理解して、論文を書きましょう。

また、係長としての視点などを想像しにくい場合は、今まで自分の上司だった係長の考え方や対応方法などを思い出してみるのもいいでしょう。きっと参考になることがあるはずです。

一 仕事の管理

係長は、部や課の目標と整合を取りながら、行うべき係の目標を明確に係員に示さなければなりません。その目標を達成するよう、仕事を係員に割り振り、随時、進捗状況を確認します。あわせて係員が仕事を進めやすいように良好な職場環境を整えなければなりません。

また、係長は、係全体の事業の進行管理を図るだけでなく、プレイングマネージャーとして自らの担当職務を行わなければなりません。係長の担当職務は、係員の職務よりも困難かつ複雑なものになります。係員の率先垂範となるよう、今までの経験を生かして、質の高い仕事を進めていく必要があります。

二 組織の運営

係は実際に事業を執行し、区民サービスを提供する区政の最前線です。係組織が十分に機能しなければ、山積する区政課題を解決していくことは困難です。

係組織を構成しているのは一人ひとりの係員です。係員がそれぞれ自分勝手に仕事を行っていては、組織目標を達成することはできません。係長は、積極的にコミュニケーションを図り、課題解決に向けて問題意識と情報の共有を進める必要があります。

係長と係員の上下方向のコミュニケーションだけでなく、係員間の横方向のコミュニケーションも活発に行われるよう、組織力の向上を図っていきます。

三 人材の育成

係員と係長の役割で最も異なる点は、人材の育成といっても過言ではありません。

限られた人員体制で、様々な課題を解決していくためには、係員の育成が不可欠です。一人ひとりの能力や個性を見極め、助言・指導を行っていくとともに、適切な事務分担や職場内外の研修受講の勧奨などを計画的に行っていきます。

また、係員のやる気を育むためにも、係員に個人目標を設定させることが必要です。個人の能力に比べ、低すぎる目標や高すぎる目標は係員の育成につながりません。目標設定時や進捗に応じて助言・指導を行うとともに、目標を達成した時の評価や未達成の場合のフォローを欠かさないようにしましょう。

四 課長の補佐

課長の補佐も係長の大切な役割です。係長は掌握している係の状況や課題への対応について、適切な時期に課長に報告し、課長の判断を求められるようにしておきます。そのためには常に情報を収集し、何が問題なのか、何がポイントなのか整理しておく必要があります。課長に判断を全て委ねるのではなく、自分なりの解決策や考えも用意し、課長を適切にサポートすることも求められていることを付け加えておきます。

また、係長は課長と係員のパイプ役になります。課長の方針や指示を係員に正しく理解させるとともに、係員の意見を課長に伝えていくことも大切な役割です。

直前対策③

論文の最終チェック

一 字数

定められた字数は必ず守ります。例えば、「1200字から1500字以内」の場合、1200字未満は減点対象です。最悪の場合、採点対象になりません。

また、「1500字程度」とあれば、おおむね1割以内（1350字から1650字）ならば許容範囲といえます。

二 文体

特に指定がない場合、「ですます体」でも「である体」でも、どちらでも良いと思いますが、試験の論文では、「である体」を推奨します。ただし、各区の「型」もあると思いますので、上司や先輩の意見も参考にしてください。なお、「ですます体」と「である体」が混在している場合は、減点対象となる場合もありますので、統一を図ってください。

三 1文の長さ

論文では、自分の主張を的確に相手に伝えることが必要です。1文が長くなりすぎると、主語と述語の関係が不明確になったり、主張したいことが分かりにくくなったりします。1文を短く、簡潔にすることにより、読み手にとって分かりやすい論文となり、テンポの良い論理展開につながっていきます。60字（3行）程度を目安としてください。

四 課題と論文の整合性

論文を読み返してみると、論文試験で問われているテーマが書かれていない、若しくは自分が書いている論文の内容がテーマとずれてしまっていることがあります。論文試験で問われていることは何なのか、それに対し自分はどう考えるのか、結論としてどうまとめていくのか、十分にイメージしてから書き出しましょう。

論文の構成がうまくても、論文試験で問われているテーマに対応していない場合は、減点や採点対象外となる場合があります。

五 課題と解決策の関係

解決策は課題の裏返しではありません。例えば、「職員の意識が十分ではない」という課題に対しては、「職員の意識を高める」というのは解決策にはなりません。その意識を高めるために具体的にどのようなことを行うのかが解決策になります。解決策を実施した結果、「職員の意識が高まる」ことにつながっていくのです。

解決策が抽象的になってしまうと、主体性に欠けているとの印象を採点者に持たれてしまいます。係長昇任選考の論文ですから、具体策を意識しましょう。

六 表現

係長選考の論文は評論文ではありません。「〇〇した方がよい」「〇〇が望ましい」などといった表現ではなく、「私は係長として〇〇を実現する」「私は自ら〇〇を行っていく」という自分の熱意や意気込みを前面に出し、力強い表現にしましょう。

七 用語

係長選考で求められている論文は、学術論文ではありません。専門用語や難解な語彙を使っても、採点者が理解できなければ意味がありません。自分が知っている専門分野について採点者が十分に理解していないという前提で、分かりやすさを第一に考えましょう。採点者が初めから終わりまでスムーズに読める論文が良い論文です。

八 その他

誤字や脱字、語句の誤用にも細心の注意を払ってください。あまり誤字や脱字が多い場合は、減点対象になります。パソコンでの文書作成に慣れていると、漢字を忘れてしまったり、誤変換で覚えてしまったりといったことも生じます。試験当日は手書きですので、そのようなミスは絶対に避けましょう。

また、段落の書き始めは1マス空けること、句読点は行のはじめに書くことはできないことなど、文章を書く上での基本的なルールを守るようにしましょう。

本番直前の準備

一 手書き

ほとんどの方が準備論文の作成にパソコンを使っていることと思いますが、本番前に少なくとも1回は手書きで論文を書いてみましょう。

限られた時間内で、考えながら自らの手で書くことはかなりの負担になります。時間が経てば経つほど、肉体・精神的な疲労は大きくなっていきます。本番前に手書きを行うことは、体を慣らすことだけでなく、次に説明する時間配分を考える上でも必要なことです。

また、論文の採点は、各採点者に論文用紙のコピーが渡されるのが一般的です。コピーした際に、文字が不鮮明にならないように濃くはっきりとした文字を書きましょう。採点者のことを考え、できるだけ丁寧な文字を書くよう心掛けてください。

二 時間配分

自分が規定文字数を書くのにどのくらいの時間が必要なのか把握します。制限時間から論文の記述にかかる時間を除いたものが、論文の構成や最終確認に使える時間です。

論文を記述するに当たり、①課題の把握と分析②論文の構成を検討③論文の記述、④見直し・修正——などの時間が必要です。

例えば、試験時間が2時間ならば、課題の把握・分析と論文構成の検討で20分、論文の記述で80分、見直し・修正で20分など、自分なりの時間配分を考えておきましょう。

おわりに

皆さんは、多忙な職務、家事や育児などの時間をやり繰りしながら、昇任選考試験の勉強時間を何とか生み出して準備を進めてきたことと思います。残された時間はわずかですが、最後の最後まで諦めず、全力で取り組んでください。まだまだ暑い日が続くと思いますが、健康に留意して、計画的に勉強を進めてください。皆さんの健闘を心からお祈りいたします。

自ら動いて学び、現場に出る

元廿日市市 副市長 川本 達志

新人議員紙面セミナー まちを変える 質問の仕方①

都議選で新たな議会構成が決まり、新生都議会がスタートしました。9月には多くの新人都議が初めての定例都議会に臨み、本会議の一般質問にも立つことでしょう。この連載では、広島県廿日市市で副市長を務めた経験があり、地方議員向けのセミナーを行っている川本達志さんに、「まちを変える質問の仕方」をテーマに紙面セミナーを5回に分けて執筆してもらいました。（編集部）

一般質問の心構え

7月2日投開票の都議会議員選挙で、当選した127人の都議のうち、54人（42・5％）が新人議員でした。都民ファーストの擁立した議員のほとんどが政治経験のない民間出身ということもあって、あまり例のない新人当選率となりました。これまでの都議会に対する評価であるわけですが、それ以上に問われているのは、これからの都議会がどのように都政の中で役割を果たしていくのかです。

とすれば、54人の新人議員を含め議員一人ひとりがいかに地方議員として「仕事の成果」を出すのかが問われているといえます。

地方議員にとって仕事の成果とは

それでは、地方議員としての「仕事の成果」とは何でしょうか。地方自治法第2条第14項には、「地方公共団体は、住民の福祉の増進に努めるとともに、最少の経費で最大の効果を挙げるようにしなければならない」とあります。「住民の福祉」とは、住民の幸福あるいは暮らしの豊かさというほどの意味です。議会も地方公共団体の機関ですから、最小の経費で最大限の「住民福祉の向上」という具体的な成果を出さなければならないことになります。しかし、このように言うと、議会には予算提案権も執行権もないのだから、首長が議会に提出してくる議案の是非を審査すればよく、そのことが「仕事の成果」ではないのかという指摘がありそうです。

確かに、チェック機関としての機能も重要です。しかし、議会は政策提案をし、具体的な事業提案をすることもできます。そのために予算の修正もできますし、必要であれば議会として調査をすることもできます。議員としても一定の議員の賛同があれば、条例案や予算修正案などを提案することもできます。議会内に設置する委員会にも同様の権能が認められています。議会が議決すれば、執行部はその議決に拘束されることになり、議会が一方の住民代表として自治体行政を主体的に動かすことができるのです。

今、多くの地方議会で議会改革が盛んに取り組まれています。これは、地方議会が首長の単なるフォロワーではなく、住民に最も身近な存在として行政を動かす機関としてその主体性を回復しようとする動きだといえます。

一般質問も、このような地方議会の改革の文脈の中で役割を果たしていかなければなりません。では、そもそも「一般質問」とは何でしょう。何を根拠に議員は一般質問をしているのでしょう。地方自治法に規定はなく、各議会が定めた「議会会議規則」にその根拠があります。東京都議会では議会規則第80条に、「議員は、都の一般事務に関し、議事に先立って質問することができる」とあるだけです。議長の許可が必要ですが、その内容について制約する規定はありません。

すなわち議員は、なんら制約を受けることなく、議会を構成する一員として、具体的な「住民の福祉の向上」という成果を出すために一般質問をするのです。

質問の前に最低限の学習を

そして、「仕事の成果」を出すためには、情報と知識、そして一定の経験と技術が必要です。しかし、残念ながら「当選」という事実は、これらの中の何一つ与えてはくれません。学校を卒業した新入社員が、入社しただけで、仕事に関する情報も知識も経験も何一つ手に入れることがないのと同様です。成果を出すためには、自ら動いて情報を取り、必要な知識を集中して学び、先輩から教えを乞いながら自らも現場に飛び込んでいくことが必要です。一般質問が、議員としての仕事の成果を出すためのツールであるとすれば、一般質問をする前に、質問事項についての最低限の学習が必要ということになります。

議員は任期中の活動について、第三者から表立った評価をされることがありません。議場の一般質問についても客観的に評価されることはありません。自分の活動を振り返り、改善するチャンスが少ないのです。それだけに、よほど自らを律して学習し、現場に接して情報を取り続けなければ、成果を出すことはできないことを知っておきたいものです。

川本達志（かわもと・たつし）＝1956年生まれ。九州大学法学部政治学科卒。80年広島県入庁。05年、合併後の廿日市市に移り、08年副市長就任。11年に退任し、12年から野村総合研究所上級コンサルタント、大阪市立大学大学院非常勤講師、広島大学大学院非常勤講師等を務める。14年に独立し、地方議員向けセミナーにて講演を行う。廿日市市の市民団体「はつかいちワクワク塾」代表。著書に『地方議員のための役所を動かす質問のしかた』（学陽書房）。

正副議長も決まり本格始動した都議会＝8日、都議会本会議場で

平山哲也君を悼む 大切な友を失って

都産業労働局観光部長 小沼 博靖

都庁時代の大会組織委員会で執務する生前の平山哲也さん

東京オリパラ組織委員会で役員室長を務めていた平山哲也君が7月20日、49歳の若さで急逝された。編集部から一文をとの依頼をいただいた。想い出をたどりながら平山哲也君を偲びたい。

彼と私とは入都同期でずっと親しくさせていただいた。入都まで回り道をしてきた私が既に妻帯者でかつ四つも年上ということも影響があったか、私たちの関係は、友人関係でもあり、かつまた、彼が悩みや愚痴を吐き出しリフレッシュするための相談相手でもあったかもしれない。私自身、家庭生活も仕事も一生懸命に頑張る彼を弟のように可愛がってきた。ここでも普段と同じように彼を「平山」と呼ぶことをお許しいただきたい。

■屈託のない笑顔が接着剤に

平山と出会ったのは都の職員採用1次試験の会場。明大の大教室で隣になるという偶然だ。試験の最中に文房具一式を派手にぶちまけた後ろの席の女子を手助けしていた。それが彼の最初の記憶で、平山のいつものニコニコ顔がそこにあった。

昼休みになると平山が唐突に話しかけてきた。私の昼食のパンをのぞき込み、手作り弁当を見せてきたのだ。

「いいでしょ。どれか食べてみますか」。高校時代からお付き合いをし、後に奥さまとなる彼女が早起きして試験頑張れと用意してくれたそうだ。不思議なやつと思いながらも彼女自慢が微笑ましかった。平山との縁は続いた。後日の2次試験も並びで面接を待つこととなったし、当時ひと月に及んだ新採研修も同じクラスとなり、研修中は昼夜一緒に過ごしていた。クラスが仲良くなったのも平山のおかげだ。

屈託のない笑顔が皆の接着剤となっていた。加えて、宿泊研修で早々に酔いつぶれた平山をクラスほぼ全員で介抱するという出来事もあったから、後々「平山～」とクラスの皆から常に声を掛けられいじられる愛すべきキャラクターとなった。

平山と私は同じ職場になることはなかったが、局の総務課長にほぼ時期を重ねて就いていたため、議案説明や事業説明等々、議会棟で顔を会わせることの方が多くなっていった。

当時、東日本大震災への対応という重い課題が私たちの両局に共通してあり、説明、議論の場で席を共にし、また、平行線のまま深夜に及ぶことも多かった。そうした場での平山の仕事振りは「真摯」に尽きる。立場の違いで意見がぶつかることも、説明しても納得いただけないことも当然あるが、平山は真面目にそして常にひたむきだった。平山のそうした姿勢は、会派を問わず都議会の多くの先生方からも職場の同僚からも厚い信頼を得ていた。

平山は寂しがり屋さんでもあった。寂しくて友を求め集まりたがり、宴が始まれば安心したようにいつもの笑顔で杯を重ねていた。初めて平山が酔いつぶれ、私がそばにいないと知った時、「小沼さんはどこ。小沼さんを連れてきて」と叫び続けていたそうだ。面倒だとも思ったけどうれしかったよ。

平山は、困ったことつらいことがあると、「聞いて聞いて」と携帯電話や職場に寄っては話をしに来た。気の利いたアドバイスもできず、平山の話のただただ聞き役だったけれど。少しは気が晴れてくれたのかな。もちろん、楽しいことうれしいこともたくさん聞けた。そんなことは家族の話が多かったと思う。

■ずっと忘れません

平山の訃報に接してから早ひと月がたったが、いまだ実感が湧かないような気も時としてする。しかし、大切な友を失った悲しみはとてつもなく深い。そして、とてつもなく寂しい。私だけでなく、平山と仕事を共にした同僚、同期、友人皆がそう感じている。

これまでありがとう。そして、私たちはあなたをずっと忘れません。

◇　◇

平山さんの遺児育英資金を、都庁幹部らが発起人となって呼び掛けています。平山さんは組織委員会に派遣中の2月末に都を退職していました。育英資金は1口2千円で、期限は31日まで。取りまとめ先は同局総務課長代理＝庶務担当☎03・5388・2158。（編集部）

江戸城大奥の貴重な図面 企画展示で所蔵初公開へ

都立中央図書館

都立中央図書館は10月28日から、江戸城大奥に関する図面群「豊田家文書」の一部を、東京文化財ウィーク2017参加企画『幕末の大奥と明治の皇城―和宮と昭憲皇太后―』の展示の中で初公開する。

同館では、江戸城大奥の造営に関わっていた豊田家が受け継いできた西丸御殿や二丸御殿の大奥に関する図面を含む「豊田家文書」を新たに特別文庫室に収蔵した。国内で公開されている江戸城大奥に関するこれまでの図面は、本丸御殿の大奥に関するものであり、その多くが平面図だった。「豊田家文書」には平面図以外にも矩計図、建地割図などがあり、江戸城の各御殿の大奥を知ることができる非常に珍しいものだという。

昭和女子大学の平井聖名誉学長は「江戸城については、いまだ解明できていない点も多く、この『豊田家文書』をもとに研究を進めることで、幕末の江戸城について新たな知見を見いだせる可能性がある」とコメントしている。

都では「TOKYOアーカイブ」を通じて、「豊田家文書」のデジタル画像をインターネット公開する。

■東京文化財ウィーク2017参加企画展『幕末の大奥と明治の皇城―和宮と昭憲皇太后―』（入場無料）

内容 初公開の大奥の建物に関する図面群「豊田家文書」をはじめ、重要文化財を含む3館の貴重資料で、幕末から明治にかけて江戸城が皇城へと変化する様子を紹介する。あわせて、14代将軍徳川家茂の正室・和宮と、昭憲皇太后（明治天皇の皇后）に焦点を当て、激動の時代を生き抜いた2人の女性の姿を紹介する。

主催 東京都立中央図書館・東京都公文書館・宮内庁宮内公文書館

展示期間 10月28日(土)～11月12日(日)（休館日 11月2日(木)）

時間 （月曜～金曜）午前10時～午後8時 （土日曜、祝日）午前10時～午後5時半

場所 都立中央図書館4階企画展示室・多目的ホール

ミニガイド

◇都民を対象としたテーマ別環境学習講座【第2回】『都会の中の生物多様性に触れよう！』 ▷日時 9月26日(火) 午前9時半～午後4時半▷場所 ①講義（講師：プロナチュラリスト 佐々木洋氏）：公益財団法人東京都環境公社本社会議室（錦糸町駅から徒歩1分）②視察：「大手町の森」～東京建物㈱、「おおはし里の杜」～首都高速道路㈱▷定員 50人（参加費無料）▷申し込み https://www.tokyokankyo.jp/（「イベント・セミナー」より） 9月18日(月)締め切り▷問い合わせ 公益財団法人東京都環境公社 ☎03・3644・8886

◇2017年度健康セミナー・シリーズ「生活習慣病の一次予防を考える～超高齢社会を見据えて～」第3回『健やかな高齢者社会を目指して、今できること～健康経営の視点から』 ▷内容 直近の国民健康・栄養調査からの報告を踏まえて、今なぜ認知症、フレイルが健康長寿社会にとって重要な問題かを考える▷日時 10月4日(水) 午後2時～5時5分▷会場 有楽町朝日ホール▷申し込み 東京顕微鏡院のHP（http://www.kenko-kenbi.or.jp/）から▷主催 医療法人社団こころとからだの元気プラザ、一般社団法人東京顕微鏡院

購読料に関するお願い

口座振替ご利用の皆様へ

銀行の口座振替は3カ月ごとの後払いで振替日は該当する月の6日（土休日と重なる場合は翌営業日）となります。残高不足等で振替が出来ない場合、割引が適用されなくなることがあります。お客様ご利用の口座残高をもう一度、ご確認いただきますようお願いいたします。

副知事人事ノート 第8回

都政研究元主筆 大塚英雄

3人全員を外部から②

何はともあれ、外部招聘の3副知事を従え、1期目の「安井丸」はスタートしたものの、最初から波乱含みだった。

これは、副知事として主に教育・文化を担当することになった山田文雄の次の就任談話からも容易に想像することができるだろう。

「言いたいことを言い、したいことをして、うまくいかなければ引き下がる決心だ。成果が上がるかどうかは人の問題だから、良い教育者の養成に重点を置く。東京都はもっと文化的にならなければならないという原則論で出発しよう。とにかく僕は官僚が大嫌いだから、今までの官僚制度の弊を力の限り改めていきたい」

まるで就任早々から喧嘩腰だ。こんな調子ではうまくいくはずがない。就任に同意した都議会の議員や都の幹部職員は「先は長くないのではないか」と読んだ。

大方の予想通り、破綻は早くも2年後の24年11月にやってきた。3人のうち住田正一、山田の2副知事が「その任に耐えられない」と安井知事に辞意を申し出たからである。

大木操と違い、行政経験皆無の純民間出身の場合、前例主義、予算万能主義を金科玉条とする「役所の水」になじめなかったことが「途中下車」の引き金になったようだ。

かねて都議会や庁内幹部との不協和音を耳にしていた安井は、あえて2人を引き留めなかったという。仮にこの時はとどまったとしても、早晩辞任話が再燃することが目に見えていたからだろう。しかし、残ったもう1人の大木から「この広い庁内をとても1人ではカバーしきれない」と〝泣き〟が入った。

初代の3副知事全員が外部登用とはいえ、前歴が衆議院の書記官長だった大木には行政経験があった。一高、東大・法を経て、会計監査院入りした大木は、その後、自らの意思で衆院事務局に転じ、事務方のトップにまで登りつめる。

同じ一高、東大を経て、ほぼ同時期に内務省入りした安井と接点があったかどうかは知らないが、安井が副知事に白羽の矢を立て、しかも第一副知事に指名、人事や予算、労務など都政の中枢機能を託したことに、大木に対する安井の並々ならぬ信頼感が伝わってくる。

米空軍の連日連夜にわたる空爆で灰燼に帰した東京の再興と日常生活にも困窮する都民生活を取り戻すために、コメの生産県に自ら供米行脚に足を運ばなければならない超多忙の安井にとって、庁内に目を向けるだけの余裕はない。

「早速、後任を考えて」と、安井は大木の申し入れに応じた。だが、この2年間、不協和音と副知事間の対立に悩まされ続けた安井は補充方針を、①庁内から起用する②副知事が2対1にならないよう総数を奇数にしないで今回は1人とする――と決めた。

さて、経歴書入りの幹部名簿のページをくくりながら、安井は候補者を2人に絞った。1人は財務局長の岡安彦三郎（55、当時）であり、もう1人は交通局長の大須賀兵吉（57、当時）である。当時の幹部や都議会はこの人選を「常識的」と評価した。（敬称略）

都政新報

発行所　都政新報社
〒160-0023 東京都新宿区西新宿7-23-1 TSビル
（総務・読者）03-5330-8781
（企画広告）03-5330-8784
（編　　集）03-5330-8786
（出　　版）03-5330-8788
（ファクス）03-5330-8808
購読料 月1,730円（税込）
毎週火・金曜日発行
ただし、祝日は休刊

紙面から

第2回臨時都議会

市場問題で論戦

知事の答弁に不満噴出

第2回臨時都議会の本会議が8月30日に開かれ、豊洲新市場への移転と築地市場の再開発に関連する補正予算案の質疑が行われた。これまで不透明と批判された基本方針の意思決定過程に関して、知事与党の都民ファーストの会と公明党からは質問が一切なく、自民党などがただしたが、知事は「様々な意見を聞いた」と答弁し、疑問解消に至らなかった。知事との論戦は「不十分」との批判が噴出している。

質疑は、与党と野党で知事へのスタンスが鮮明に分かれた。都民ファーストの会の木村基成氏は、小池知事が発表した豊洲移転・築地再開発の基本方針を「都市づくりの観点から示され、高く評価している」と強調。築地市場の跡地に関し、民間企業に貸し出して再開発を行う手法に賛意を示し、再開発の検討状況を知事に質問した。

公明党の野上純子氏も、豊洲への早期移転を進める知事の姿勢を評価し、豊洲地域全体の風評被害の払拭について知事にただした。また、築地跡地に関し、市場会計から一般会計に移す「有償所管換え」を「財政安定化に寄与し、開発もしやすくなる。選択肢の一つに残しておくべき」と述べ、知事の見解を求めた。

一方、野党からは厳しい追及が相次いだ。共産党の曽根肇氏は豊洲移転に反対の立場から質問。市場移転問題を検証した市場問題プロジェクトチームが6月に知事に提出した報告書では、「選択肢の一つ」と記載されたことを踏まえ、知事が「困難」と判断した理由の説明を求めた。

基本方針の意思決定過程を質問したのが自民党の早坂義弘氏と民進党の西澤圭太氏。早坂氏は、豊洲移転などの基本方針の意思決定過程を「段階を踏んだ」と話した小池知事に対し、「議論の末、磨き抜かれた結論ではない。透明性に欠ける」と批判。公表するまでの議論の過程を明らかにすべきと迫った。

西澤氏は知事が会見で基本方針の意思決定過程を「回想録に残すことができると思っている」と発言したのを受け、回想録に何を書くのかと質問した。

小池知事は築地再開発の検討状況に関し、「民間のアイデアを募り、夢のある姿を描いていきたい」と答弁。有償所管換えに関しては、「提案を含め多角的に検討し、経済合理性の確保に努めていきたい」と語った。また、築地再整備に関しては、「様々な意見を聞いて困難と判断した」と説明。豊洲全体の風評被害払拭に関しては、「臨時会後に早い段階で豊洲市場に足を運びたい」との考えを示した。

さらに、基本方針の決定過程に対し、知事は「様々な意見を聞いた」と述べるにとどまった。回想録については「文書として残すならば、政治家としての回想録になる。本日の会議の内容も回想録で伝えていきたい」と語り、質問に正面から答えなかった。

なお、本会議の冒頭には、8月29日にミサイルを発射した北朝鮮に抗議する決議を行った。知事も「都として厳重に抗議する」と発言した。

◆都議会経港委が中止

8月31日に開会予定だった都議会経済・港湾委員会と同理事会が中止になった。30日の同委理事会で、同日の本会議で豊洲移転・築地再開発の補正予算案の質疑の検証が必要として取りやめたという。同委の質疑は1日と4日に実施する予定。

臨時会で答弁に立つ小池知事＝8月30日

「議会軽視」の印象も

【解説】改選後、初めてとなる知事と各会派の質疑では、基本方針など意思決定過程を質問する中で、知事がけむに巻く場面が何度も見受けられた。

例えば、基本方針の意思決定過程に関する自民の質疑では、知事が「様々な意見を踏まえた」などとはぐらかし、自民の再質問に対しても、同じ答弁を繰り返した。このやりとりに都民ファーストの会の都議は「よし」と叫び、拍手を送った。

また、自民からは豊洲の安全宣言を行う考えがあるのかという質問も出たが、知事は明言せず、野党からは「なぜはっきり言えないのか」とヤジが飛んだ。

臨時会に先立つ8月25日の都議会経済・港湾委員会では、野党から「知事がいないので質問ができない」と不満が噴出したが、本会議では知事が正面から答弁せず、議論の質は変わらなかったようだ。

この質疑を聞いていた都幹部の一人は「議論なき都議会」と総括した上で、その責任は答弁しない知事の姿勢にあると指摘する。知事野党にとって本会議での知事との論戦は消化不良のまま終わった。知事の姿勢は「議会軽視」を印象付ける形となり、知事にとっては幸先の悪い質疑となったと言える。（石）

小池都政1年

【第2部】都職員アンケート⑤

印象・都政運営

「独断専行」に募る不満

行動力はあるが、決断力がない――都職員はこうした印象を小池知事に持っていることが本紙のアンケートで分かった。

「知事にどのような印象を持っているか」との設問では、職員の62・3%が行動力があると「思う」と回答したのに対し、「思わない」が21・6%だった。しかし決断力について聞くと、あると「思う」が14・3%、「思わない」が57・1%と逆の結果となった。

行動力に関し、40代課長代理級は「無電柱化や時差通勤など『小池印』の政策への注力は目を見張る」と評価。40代本庁課長も「政策決定が進みやすくなっている」とコメントした。

一方で、決断力については「考え方や政策上のスタートはいいが、決断力が遅い」（40代課長代理級）、「（五輪会場見直しや市場移転に関し）実態を理解できないまま結論めいたことを言い、後始末に時間を要している印象」（40代出先部長）など厳しい意見が目立った。

40代の本庁課長級は「これまでの都政に対する偏見をなくし、大局的な都政運営を行ってほしい」と注文。「東京大改革」の旗印の下、独自視点で都政に切り込んだ小池知事は、本紙のインタビューに知事就任1年目を「創造的破壊の年」と総括したが、ビジョンが見えにくい中での「破壊」が職員には大局観の欠如と映ったようだ。

こうした点は、「パフォーマンス先行との印象も職員に喚起する。知事の都政運営に関する設問のうち「パフォーマンス先行」では、94・4%の職員が「思う」と回答した。

自由意見では、「パフォーマンス先行。豊洲移転延期は失策で、五輪の競技会場（見直し）も他自治体まで巻き込み、工程をいたずらに遅らせた」（40代本庁課長）、「マスコミ受けする政策しかなく、背景や実現可能性は考慮していない」（40代本庁課長代理）などの批判の声が寄せられた。

■小池知事の印象（抜粋）

	思う	思わない	どちらとも言えない
行動力がある	62.3%	21.6%	16.0%
独断専行である	74.9%	6.9%	17.7%
無責任である	45.9%	25.1%	28.6%
民主的	12.6%	62.3%	25.1%
決断力がある	14.3%	57.1%	28.6%
職員を信頼している	4.3%	75.3%	20.3%

■小池知事の都政運営についての評価（抜粋）

	思う	思わない
独断的な行動が都政運営に影響を与えている	89.6%	10.0%
パフォーマンスが先行している	94.4%	5.2%
行革に関心が高い	67.1%	32.9%
都民・職員参加の考え方が強い	17.7%	82.3%
職員の声に耳を傾けている	11.3%	88.3%
区市町村との関係を重視している	21.2%	78.4%

高まる「知事不信」

「都民・職員参加の考え方が強いと思わない」が82・3%、「職員の声に耳を傾けていると思わない」は88・3%――。知事の印象で74・9%の職員が「独断専行」と回答したように、職員の大半は職員と対話しない知事の姿勢に不満を抱いていることも分かった。

これは知事と職員との信頼関係の問題に直結し、75・3%の職員が知事は「職員を信頼していない」と回答。50代の本庁部長以上は「政治主導は結構だが、都職員を信頼して庁内で十分検討した上で（新たな施策を）打ち出すべき」と求め、30代の本庁課長代理は「特別顧問を通じて情報が入ることもあり、職員本人の意向なのか、職員が疑心暗鬼になっている」とコメントした。

こうした政策形成過程での職員軽視は知事周辺への不信感につながり、「（職員を信用していない知事の下では）職員も知事のために働こうとは思わない」（20代一般職）との意見まで上がった。

知事は8月10日の会見で市場移転の基本方針に関する記録の不存在を問われ、「一言で言えば政策判断」としてけむに巻いた。ただ50代本庁部長以上は「政策とは組織として練り上げ、メリット・デメリットを検証して打ち出すもの」と指摘した上で、「知事が打ち出すものは『思いつき』の類い」と一蹴。「無責任な側近政治、利害関係者無視の政策」（40代本庁課長）との声も上がった。

職員を生かさない知事の姿勢に、職員は苛立ちを隠さない。知事は組織のトップとして職員を躍動させることが今後の課題と言えそうだ。

都五輪準備局

民活運営期間は25年

有明アリーナ　大規模修繕時期を考慮

小池知事が昨年12月に会場の新設と東京五輪大会後のコンセッション（公共施設等運営権）方式の導入方針を示した有明アリーナについて、都五輪準備局は8月28日、同施設の「管理運営に関する基本的な考え方」を公表した。2月に実施した民間事業者ヒアリングを踏まえ、運営期間は25年間程度と設定した。

有明アリーナは、五輪ではバレーボール、パラリンピックでは車いすバスケットボールの会場になる。メインアリーナの規模は約4100平方㍍で、観客席数は約1万5千席。都内で1万席以上確保できる会場は限られており、今回の「考え方」では、スポーツ利用期間を年間2カ月程度確保することを条件にした。4月に策定した「新規恒久施設の施設運営計画」では、バレーボールワールドカップなど大規模スポーツイベントを年間10大会開催することを目標に掲げていた。

また、同施設の大規模修繕は都が費用負担することを定めた。25年間とした運営期間は、大規模修繕が必要な期間を根拠にした。

運営権利者が都に支払う運営権対価は、原則変動のない固定部分と、利益に連動する変動部分に分けたことも特徴。金額については今後詰める。

都は来年5月に募集要項を公表し、9月に事業者提案を募集する方針。同施設は2019年12月に竣工予定だ。

都民ファ・公明

罰則付きは来年以降に

子供の受動喫煙防止で条例案

都民ファーストの会と都議会公明党は、9月20日開会予定の第3回定例都議会（3定）で制定を目指す「子どもを受動喫煙から守る条例」案を8月29日に発表した。全13条から成り、子供のいる家庭での受動喫煙防止への努力義務などを規定。煙の出ない加熱式たばこの蒸気も対象にした。関係団体のヒアリングやパブリックコメントを踏まえ、3定告示日の13日までに成案をまとめる。

家庭内のほか、公園や学校周辺、小児病院などでの受動喫煙対策の努力義務化を盛り込んだ。

また自動車内だけは罰則規定を持つ国が多いことから、「喫煙してはならない」とし、他の「努めなければならない」より文言を強めた。同条例案の案文を作成した都民ファーストの岡本光樹都議は、「将来的には車内は罰則を設けることも検討すべき」と話した。

罰則付きの受動喫煙防止条例については、検察庁との調整に期間を要することが判明したため、年内の制定は見送ることも明らかにした。都民ファーストの山内晃政調会長は罰則付き条例に関し、「公明党と協議、調査していく」と述べた。

築地市場協会

豊洲の風評被害　知事に払拭要請

築地市場の主要団体の幹部で構成する築地市場協会は8月30日、小池知事に対し、豊洲新市場の安全宣言を行うよう要望書を提出した。同日の臨時都議会での質疑では、自民党が知事に安全宣言を出すよう求めたが、知事は明言しなかった。

同協会によると、知事が昨年8月に市場移転延期を表明して以降、豊洲の安全性への懸念が広がり、「豊洲から魚を仕入れる仲卸との取り引きは打ち切る」との買い出し人もいたという。専門家会議が6月に豊洲の安全対策を打ち出した後も状況は変わっていない。

風評被害の払拭を先頭に立って行うと語った知事に対し、「風評は感情的なもの」と指摘した上で、「払拭するには知事が都民の感情に訴え、豊洲が安全で安心であると話すことが非常に有効」として、豊洲の安全宣言を行うよう要望した。

同協会の伊藤裕康会長は同日に会見を開き、豊洲市場の96店舗でカビが確認されたことに触れ、「都の管理が極めて不十分。みんなが安心して使える状態に戻してほしい」と求めた。

◆海外の芸術作品に助成

都歴史文化財団のアーツカウンシル東京は、東京五輪に向けた文化プログラムに民間企業などの参加を促すため、新たに二つの助成事業の公募を8月28日から開始した。いずれも2千万円を上限に経費の2分の1以内を補助する。

一つが、海外発文化プロジェクト支援で、音楽や演劇、舞踊、美術、写真など海外のアーティストの作品のイベントを開催する芸術団体などが対象となる。

一方、未来提案型プロジェクト支援はアートとテクノロジーを融合したプロジェクトなどを実施する芸術団体、大学・研究機関などが対象。アートとテクノロジーの融合の代表例として、LEDを搭載したドローンを夜空に飛ばし、鳥などを描いたものがある。

都政の東西

信頼感

「行動力はある（62・3%）」「決断力はない（57・1%）」「独断専行（74・9%）」で無責任（45・9%）」――。本紙が行った小池都政1年の職員アンケートでは、職員の抱くこんな「小池知事像」が浮かび上がってきた。

普段、職員を取材する中で、知事に対して良い印象を持っていないことは感じていたが、知事に付けた点数が平均46・6点と低位にとどまったのは予想外だった。

特に驚いたのが知事に対する信頼感の低さだ。知事に抱く印象で、「職員を信頼しているとは思わない」が75・3%に上り、「思う」はわずか4・3%。同様に「職員の声に耳を傾けているとは思わない」が64・1%で、「思う」（8・7%）とは大きな開きがあった。

なぜそこまで信頼感がないのか。アンケートで垣間見えた要因の一つが特別顧問の存在だ。特別顧問の意見を重視して政策を決定する知事の政治姿勢を「評価する」はわずか4・3%で、「評価しない」が94・4%に上った。自由意見では、「下からの積み上げを否定し、特別顧問の意見だけを参考に意思決定しており、今まで以上にブラックボックス」「知事の補助機関はあくまで職員であるという根本を理解していない」「顧問頼みは就任1年を経過しても庁内組織・職員を掌握していない証し」など、厳しい声が寄せられた。

知事と職員とはいえ、人間同士のつながりである以上、仕事を進める上では信頼関係が基本になる。部下が上司に疑心暗鬼を抱く職場環境は健全ではない。知事は「ライフ・ワーク・バランス」として働き方改革に力を入れているが、まず改革すべきは職員との信頼関係だろう。

冗句ジョーク

小池知事。知事と議会との両輪獲得か？
知事への忖度ぶりが目立つ与党の質疑

「もう自動ブレーキを取り付けるしかないな」――議会事務局

渋谷区

街中アートで避難誘導

駅周辺の帰宅困難者抑制

9月1日の防災の日を前に、渋谷区が新たな防災対策「シブヤ・アロープロジェクト」を打ち出した。大地震発生後の帰宅困難者による混雑を緩和するため、来街者が一時的に身を寄せられる「一時退避場所」に誘導する矢印（アロー）サインを、特に人が集まりやすい渋谷駅周辺を中心に掲出していく計画。サインはデザイナーに依頼して場所ごとに異なるデザインや形状を採用する方針で、まちの雰囲気になじむパブリックアートとしても話題を起こし、周知につなげる狙いがある。

矢印サインの特徴は、場所ごとに異なる見た目や形状になる点。例えば、区役所付近の商業施設前の歩道に設置されたオブジェは、街路樹に様々な色や大きさの矢印が付いているイメージで、最寄りの一時退避場所の青山学院大学の方向を示している。また他の場所では、区が管理するビル壁に、ポップな色合いのチューブや円で形作られた全長約10㍍の大きな矢印のイラストを貼り出し、明治神宮の方向を指す。

國副隆帰宅困難者対策担当課長は「区が作ると、統一的なデザインになって埋没し、周知方法も区報などに限られてしまう」と課題認識を示し、来街者の目を引く誘導サインを設置することで認知率の向上や、SNSでの拡散に期待していると話す。

新プロジェクトを発表した長谷部区長（右）ら。背後に立っているのが実際のサイン＝8月30日、渋谷区で

新たなサインを作った背景には東日本大震災での教訓がある。渋谷駅周辺は地形が谷状で、谷底にある駅周辺に人が集まりやすく、東日本大震災の際には10万人の滞留者が発生して問題となった。この課題を克服するため、区は帰宅困難者が受け入れ施設の準備が整うまでの数時間を過ごせる「一時退避場所」を設定。

東日本大震災後に地元協議会がまとめた試算によると、百貨店や人気雑貨ショップが集積する駅の北西側では大地震が起きると約4万3300人が建物の外にあふれ出る想定だが、受け皿となる一時退避場所を駅周辺には約9千人分のスペースしか確保できていない状況にある。

矢印サインによって、駅北西部で被災した場合には、駅と反対側に位置する大規模なオープンスペースの国立代々木競技場や明治神宮などにいったん逃げ込むよう促す考え。サインの設置箇所は数十から100カ所程度になる見込み。また、防災目的以外でもサインを利用した土産品の企画・販売による地域活性化や、落書き防止など区政課題の解決につながる副次効果を狙う。

サインの設置費用は場所や素材などにより数十万円から数百万円程度で、商店会や民間団体で構成する実行委員会が寄付金を募って賄う。区は実行委員会には入らずに協賛金を拠出する考えで、予算の持ち出しを抑える。

8月30日に会見を開いた長谷部健区長は「区からも協力を要請して回っているが、好感触を得ている。3年ほどで整備していきたい」と自信を見せ、区内に複数店舗を構える服飾大手の「ビームス」に矢印のデザインや、サインをモチーフとした商品製作・販売に協力してもらう方向で話を進めていると明かした。

菊池氏が無投票で5選

青ヶ島村長選

青ヶ島村長選・村議選が8月29日に告示され、いずれも無投票で当選となった。

村長選には元村議が出馬の意向を示していたが、現職の菊池利光氏（64）のみが立候補を届け出て5選を果たした。菊池氏が無投票で当選するのは2期目、3期目と合わせて3回目。

また、村議選（定数6）は、現職5人・元職1人が当選した。いずれも無所属。告示日時点の選挙人名簿登録者数は144人。

当　廣江　貢33　無現
当　菊池　久夫57　無現
当　菊池　正　71　無現
当　菊池　俊幸58　無現
当　立川　佳夫68　無元
当　佐々木吉輝48　無現

墨田区長も送付せず

「都の対応を参考」

朝鮮人犠牲者追悼文

墨田区の山本亨区長が、きょう1日に市民団体が区内の都立横網公園で開く「関東大震災朝鮮人犠牲者追悼式典」への追悼文を今回から送付しないことがわかった。同式典の追悼文を巡っては小池都知事が送付しない考えを表明しており、区秘書担当は「都の対応も参考にした」と説明している。

不送付の理由には、「（式典の前に執り行われる）慰霊大法要で、震災によって犠牲になった全ての方々に追悼の辞を送っており、その中には外国人も含まれている」（秘書担当）と小池知事と同様の理由を挙げ、来年度以降も送付しない考えを示している。

山本区長は2015年の就任以降、式典を主催する実行委員会からの要請に応じ毎年9月に行われる追悼式にメッセージを送ってきたが、今年は送らないと8月28日に実行委員会へ回答したという。同会によると、都知事と墨田区長には追悼文を毎年要請しているが断られるのは初めて。

区長会

大学定員抑制に反論

「日本の創造性の源泉奪う」

国が来年度以降、23区内に立地する大学の定員増を認めない方針を示したことを受け、特別区長会（会長＝西川太一郎荒川区長）は8月29日、方針の撤回などを求める緊急要望を行った。

緊急要望は林芳正文部科学相と梶山弘志まち・ひと・しごと創生相に提出。23区が大都市特有の行政需要を抱える中、大学との連携が課題解決に大きな役割を果たしている点を強調した。その上で、「全国の人材が交流する大学の持つ多様性は、創造性やイノベーションの源泉で、日本の研究・教育の発展に大きく貢献するとともに、地方創生に重要な役割を果たす」として、国の定員抑制策に反対する意向を示し、大学の新設・増設を認めるよう求めた。

一方で、大学誘致に向けて区と大学側が既に調整を進めている計画中のケースには、特段の配慮を要請。方針撤回に至らない場合を見据え、現実的な提案も盛り込んだ格好だ。

23区内の大学定員抑制を巡っては、東京一極集中の是正を理由に、全国知事会や全国市長会などが決議を行うなど国への要請を強めており、政府は6月に閣議決定した「骨太の方針」や「まち・ひと・しごと創生基本方針2017」で大学の新増設を認めない方針を盛り込んだ。8月14日には文科省が23区内で来年度以降の定員増を認めないとする告示改正案を公表し、12日までパブリックコメントを行っている。

清掃一組

孫請け作業員が死亡

高所作業中に転落

東京二十三区清掃一部事務組合は8月28日、新江東清掃工場の補修作業に当たっていた男性作業員（63）がクレーンから転落して死亡したと発表した。詳しい原因は労働基準監督署が調べている。

清掃一組によると、死亡した男性は工事を請け負っている㈱タクマの2次下請け会社「北畑開発研究所」に勤め、8月27日にごみを焼却炉に投入するクレーンのワイヤーの張り替え作業をしていたところ、8㍍下のコンクリート床に転落した。

高所作業中に付けることが義務付けられている安全帯を一時的に外していたとみられ、同じく高所作業に当たっていた作業員2人が転落に気付き、すぐに都立墨東病院に搬送されたが、午後7時30分ごろに死亡が確認された。

事故を受けて清掃一組（施設管理部技術課）は、「改めて工事現場の安全確保を徹底したい」と話している。

都民が求めた都議会の姿は

○……「様々な意見とは、どなたの意見か？」「あまりに多すぎてこの場で答えるには時間が足りない」——。8月29日の都議会臨時会本会議で、市場移転の基本方針を決定した際の経緯をただした自民の早坂義弘氏を、小池知事はけむに巻いた。

野党への「塩対応」は石原都政でも繰り返され、それが議会といえばそれまでだが、情報公開が「一丁目一番地」の小池知事では話が違う。そんな「明解な」答弁に拍手喝采の都民ファーストの会も、石原都政下の自民と変わらないように見える。同会の質問での知事への賛辞は、議会に求められるチェック機能への不安だけが募った。先の都議選で都民が求めた議会の刷新は果たせたのだろうか。

○……「喫煙所で職員が上司の業務の進め方について、文句・愚痴を言っていた。見苦しい」。こんな苦情が7月分の「都民の声」に寄せられた。聞くに堪えない罵詈雑言だったのならば仕方がないが、職員にとって喫煙所は言わば「ガス抜きの場」。喫煙者の自分から見ると多少、気が緩んで煙と一緒に愚痴を吐き出すのも無理はないように思える。

都議会の一部会派が提出しようとしている受動喫煙防止条例案は、子供がいれば自宅でも禁煙を努力義務にする内容。都職員の喫煙者は男性で約2割、女性で1割未満だというが、ガス抜きの場がまた一つ減り、肩身の狭い思いをすることになるのだろうか。

○……「我々も同じ日程で花火大会を行っていたかもしれない」。長友貴樹調布市長は8月29日の記者会見で、19日に世田谷区・川崎市が予定していた多摩川花火大会が、突然の雷雨で中止となった事態に言及した。

同市は「映画のまち調布」を冠した花火大会を昨年8月21日の日曜日に開催している。今年は、9月29日に調布駅前に念願の大型シネコンがオープンすることを踏まえ、東京五輪開催1千日前の10月28日の開催とした。

花火そのものは雨の中でも打ち上げることができるが、問題なのは雷と観客の安全だ。不安定な気候が続くが、「秋花火」は秋晴れの中で行われてほしい。

住宅宿泊事業法23区アンケート（下）

民泊襲来

詳細見えず8区が「未定」

権限と条例

本紙の調査では、23区が権限を持つことができる民泊事業者の届け出事務を「希望する」が15区だったのに対し、8区が「未定」と回答した。今年度中に届け出が始まるのを前に、制度設計が明確でないことから、3分の1の区が態度を明らかにできない実態が浮き彫りとなった格好だ。

民泊新法では、希望する区に都が行う事務処理権限の一部が移譲される「手挙げ方式」を採用し、地域の実情を反映させるために「区域を定めた日数制限条例」の制定を可能とした。

しかし、制度の詳細を定める政令や省令、ガイドラインが国から示されず、23区は対応に苦慮。8月中に開かれると見られていた国の自治体向け説明会は今月8日に行われる見通しだが、政令や省令とともに事務執行の詳細を定めたガイドラインが示されるかは不透明な情勢だ。

こうしたことから、アンケートでは8区が権限移譲に手を挙げるかについて「未定」と回答。このうち目黒区は「国が政・省令やガイドラインなどを示していない中で判断に至る状況にない」としており、足立区は「具体的な事務量が不明」と指摘。都内屈指の繁華街を有する豊島区も「庁内で調整中」と述べるにとどめた。

また、権限移譲を希望する方向で検討する15区のうち6区が条例制定に関しては「未定」と回答。中野区は「日程的にかなり厳しい。政・省令やガイドラインとともに、届け出システムの具体的な内容を早急に示してほしい」と述べ、板橋区は「短期間で条例を検討しなければならず、どこまで地域特性と他区との整合性を考慮できるか」と苦言を呈した。

新法は施行日を「公布から1年以内」と定めており、遅くとも来年6月の施行が既定路線だ。しかし、同法付則では、準備行為として法施行の3カ月前から事業者が届け出を行えるとしており、条例制定の実質的なタイムリミットは来年3月となる見通しだ。

このため、条例制定を検討する9区からも不満の声が上がっている。台東区は早々に権限移譲を受ける方針を固め、第4回定例区議会での条例提案を目指しているが、「非常にタイトなスケジュールで、仮に施行時期が早まるようであれば厳しい」と言葉を絞り出す。

課題は施行までの日程の短さにとどまらない。国は自治体の条例制定に当たり、「区域を定めた日数制限」を挙げているが、区域の考え方や制限可能な日数の上限などの詳細は示されていない。

23区で唯一、国家戦略特区に基づく「特区民泊」を進める大田区は、新法民泊との整合性を問題視。特区民泊の場合は区の認定が必要である反面、新法民泊では認定を受けずに届け出で営業を開始できるため、一定区域での「営業可能ゼロ日規定」の可否など新法民泊をどこまで規制できるかを条例制定のポイントに挙げる。

一方、千代田区は区内に住居専用地域がなく、区域指定の考え方を課題に挙げるとともに、旅館業法との整合性に関し、「設置や維持管理での細かな基準をクリアしたホテルや旅館との公平性は考慮する必要がある」と述べた。

他区に先駆けて昨年10月に外部委員を含めた検討委員会を設置した新宿区は、新法で示されなかった自治体の視点での対策を条例に盛り込む必要性を強調。具体的には、事業者による近隣住民への事前説明や宿泊者の対面での本人確認、区による届け出施設の公表などを検討しているという。

地域の実情に応じた条例制定を図る動きがみられる一方で、江東区は大都市としての一体性にも言及。区は「具体的な事務が明らかでない段階では検討できない」とする反面、「法制定の趣旨を踏まえ、区として対応する必要があると認識している」とした上で、「都には条例のひな型を示すなどの役割に期待する」としている。

国が成長戦略として期待をかける一方で、住民生活への影響を懸念する23区。様々な思惑が交錯する中、民泊襲来の足音は刻々と迫っている。＝おわり

新法民泊に関する各区の方向性

区名	権限移譲	制限条例
千代田	希望する	制定する
中央	希望する	制定する
港	希望する	制定する
新宿	希望する	制定する
文京	希望する	制定する
台東	希望する	制定する
墨田	希望する	未定
江東	未定	未定
品川	未定	未定
目黒	未定	未定
大田	希望する	制定する
世田谷	希望する	制定する
渋谷	希望する	制定する
中野	希望する	未定
杉並	未定	未定
豊島	未定	未定
北	未定	未定
荒川	希望する	未定
板橋	希望する	未定
練馬	希望する	未定
足立	未定	未定
葛飾	未定	未定
江戸川	希望する	未定

新人都議の横顔⑪

◆区部◆

原田　暁氏
共産党・杉並区

税金の使途、順序正す

前杉並区議で、5期務めた吉田信夫氏の後継。区議を辞めることへの批判があった上、同氏が都議団団長だったこともあり、選挙戦では苦労もあった。「（区内を）回ってみると『後をちゃんと継げるのか』という声も聞こえた」と振り返る。

元々、政治家を目指していたわけではなかったが「歴史を変える一員になりたいというエネルギーがあった」と言う。共産党に入党したのは、教師を目指していた学生時代。党員の学生が中心となって大学で自主的に開いていた「未来の教師たちへ」という連続講座に参加し、自ら企画したプログラムが人気を集めたことがきっかけだ。「積極的に動けば何かが変えられると感じたし、自分が入党すれば当時から応援していた共産党がより伸びると思った」と語る。

大学卒業後、小学校で非常勤講師として働きながら教員免許取得の勉強を続けていた26歳の時、「若い自分が議員になることで、新しい共感を得られ、年配の議員ではできない仕事ができると思った」と区議選に立候補し、政治家の道を歩み出した。

都議会で成し遂げたいのが「議員や職員の税金の見方」を変えること。「都議会で『経済の起爆剤』という言葉を耳にするが、そのために税金を使って、本来の目的の福祉やインフラの整備費が削られている」と指摘する。「入ってきた税金が何のために使われるのかを忘れている議員や行政マンが多い。順序を正したい」

座右の銘は先輩区議から受けた「住民の要求は教科書」。住民は教師、趣味はギターで、子供会の行事ではキャンプファイヤーを囲みながら歌う。妻と1女1男。東京学芸大教育卒。42歳。

後藤　奈美氏
都民ファーストの会・足立区

現場に寄り添う政策を

選挙直前までリクルートで会社員生活を送っており、政治に興味を持ったのは前職での業務がきっかけ。東京、神奈川、千葉、埼玉の介護・福祉事業者を相手に雇用問題の改善や働き方改革の事業の立ち上げに携わり、累計で1千を超える事業者と対話する中で、現場の切実な声を聞いてきた。「特に都市部の現場からは『高齢者の受け皿が足りない、仮に作っても担い手がいない』という声が多く、何とかしたいと思った」

リクルートで仕事を続ける中で、「介護・福祉をライフワークにしていきたい」との考えを持った。議員になった今、実現したい政策は全産業の中でもワーストとなっている介護職の離職率の改善だ。「今働いている人を辞めさせないようにする手はいろいろあると思う。辞める理由に着目して、現場に寄り添った政策を提案したい」

妊娠中ということもあり、女性が働きやすい社会の実現も目指す。「（産休・育休を取る議員の）前例がほとんどなかったことが、議論が進まなかった原因だと思う。一人の女性として、母親として、仕事と子育てを両立できる制度を作るのは自分の使命」と力を込める。

自治体の政策を検討するオブザーバーに参加した経験もあり、行政の仕事にも明るい。「東京は課題が大きいのでスピード感を持って進める必要がある。東京が変われば他の道府県も変わる」

好きな言葉はリクルート社訓の「自ら機会を創り出し、機会によって自らを変えよ」。休日の趣味は橋巡りで東京の橋が好きだといい、特に好きなのは聖橋だとか。東京の水路を巡るツアーにも時々参加している。共立女子大文芸卒。31歳。

教育ひろば

都立志村学園

「継続は力なり」を体得

知・肢ともに進路実現100％

学校訪問

都立知的障害特別支援学校41校のうち、就業技術科があるのは5校。志村学園は高等部就業技術科と、小・中・高等部の肢体不自由教育部門の併置校として、2013年4月に開校した。「継続は力なり」を校訓に、一人ひとりの自己実現を図り、卒業後も見据えた児童・生徒のQOLの向上を掲げ、教員と行政職員が一丸となって取り組んでいる。夏休み前の一日、学園を訪れてみた。

学内で本物の就業体験

志村学園で驚くのは、開校5年目とは思えぬ奇麗な校内だ。廊下ではモップを持った生徒が元気よくあいさつしてくれ、清掃は授業の一環。堀内省剛統括校長は「一番の自慢」という倉庫に案内し、「奇麗な環境を整えれば、生徒はすぐに吸収し、当たり前にやれるようになり、彼らのプライドにもなる」。4S（整理、整頓、清潔、清掃）の精神を徹底させていることがよく分かる。

就業技術科は流通・サービスと家政・福祉の2系列に分かれ、それぞれに2コースがある。生徒は全コースを経験し、2年次後期から自らのコースを選択。企業就労を目指す。どのコースでも作業に即したデータ管理をパソコンで行い、情報処理の基本的な知識・技術が学べる。教室の外にはタイムレコーダーがあり、出退勤が自然に身に着くようになっている。

校内のカフェレストランは、食品加工コースの生徒たちの実習の場だ。

市民講師の指導を受けて調理を行う食品加工コースの生徒

一流ホテルと同様の接客サービスが身に着き、厨房は専門家が指導。レストランは予約ですぐに満杯になるが、取材の日は肢体不自由の子供たちがテーブルマナーを学ぶ体験の場ともなっている。

介護・コミュニケーション・コースでは、介護やホテルの接遇などを学ぶ。ホテル実習室は調度品も本物で、客室そのもの。ベッドメイキングや清掃を実習する。福祉施設を模した実習室では、理学療法士が介護技術を指導していた。フランス料理のシェフやホテルマン、理学療法士など、市民講師は7人。「教員は経験則でここまでと思ってしまうが、市民講師は限界を決めないで、子供の力を引き出してくれる」と、開校前から開設準備担当として堀内校長と学校づくりに尽力した菊地直樹主幹教諭。

山本進主任教諭は、カフェレストランのお客様からのアンケートを基に振り返りを行い、「BGMやコーディネートも生徒が担うので、その努力がお客様に伝わっているのが分かると、頑張る気持ちにつながる。皆が意見を出し合って改善できるよう、考えさせる時間を十分に取っている」と話す。

介護・コミュニケーションとしたのは、介護はチームで協力し合うことが必要だからだ。「声を掛け合うなどコミュニケーションが利用者を守ることにつながる」と古屋文代主任教諭。

高等学校から同校の公募に応じた山本教諭は「パソコンや各種検定など多くのスキルを身に着けて就職してほしいと思ったが、臨む姿勢は普通科の高校生以上だった。時間をかければ内容を変えなくても吸収してくれる。ハイ、と返事ができる素直さが力に結び付いていると思う」と語る。

教職員はロールモデル

肢体不自由教育部門の上肢下肢訓練室では、教員と外部からの自立活動指導員が自立活動を行っていた。同指導員は11職種19人に及ぶ。新井洋子主幹教諭は、子供の12年間を見据えて様々な工夫を凝らしながら積み重ねていく「基礎になる大事な取り組み」と話す。「みな素晴らしいので、一人ひとりが個性を発揮できるようになれば」。

波多野裕子主任教諭も「1人の子供について、いろいろな意見を聞きながら皆で育てていき、手応えが出てくるとやりがいを感じる」と言う。

広々とした廊下は歩行訓練に最適。教職員には子供たちのロールモデルになることを課しているだけに、「物を置いたままにはしない」と4S精神を徹底させている。

同校が「児童・生徒の人権」を基盤に置いていることは、ジャージなどでなく標準服を着用し、全てのトイレに個室スペースが設けられていることにも表れている。開設準備の段階で、可能な限り設計に修正を加えてもらったという。

肢体不自由教育部門の中学部訪問学級の入学式。生徒宅を校長・副校長らが訪ねて行う

行政職員の協力が力

目指す学校像を、▽学校教育を通して児童・生徒のQOLを向上させる学校▽特別支援教育の専門性において全国トップレベルの学校とし、「その実現には、行政系の職員の協力なくしては成し遂げられない」と強調する堀内校長。

給食でも「特別支援学校のトップレベルを目指す」と話す経営企画室の渡會勲課長代理は、栄養士として約480食の給食を提供する。高齢者と同じではないかと思われるが、「全く逆で、持っている機能を生かして更に発達させるハビリテーションの考え方」と言い、実際、飲み込む機能の発達期から押しつぶし練習期、咀嚼（そしゃく）機能の発達期まで5段階に分けて調理。「これだけの施設と環境を与えられ、やりがいを感じる。食事の面から社会に出る子供たちの背中を押したい」

鹿山健治経営企画室長は、情報共有に力を尽くし、平素はもとより災害時に備え、停電時の太陽光発電の利用方法やエレベーターのセーフティー機能などのマニュアルを作成した。「教育理念を共有し、QOLの向上のため、学事や環境整備の面で質的向上に寄与していきたい」と話す。

追指導でもQOL向上を

「児童・生徒一人ひとりが入学して良かった、学んで良かった」と言える学校を目指し、希望する進路先への移行率100％を実現。卒業後のQOL向上のために継続教育も実施し、3年間の追指導を行っている。今後は生涯にわたってプラットホームとしての存在となるよう、親の会とも連携を図っているところだ。

「障害の状態などにより通学したくてもできない子供が7人いる」と訪問学級の児童・生徒にも思いを巡らせる校長。ここにも志村らしさが表れ、学校歯科医も自宅を訪問し、入学や卒業の節目には校長と副校長が訪問して式を行うという。

堀内校長と菊地主幹教諭にとって、同校は共に命を吹き込んできた宝物のような存在。「やれば出来ると自己有用感を実感でき、自分の活躍できる場があることで、どんどん表情が輝き、声が明るくなっていく。どんな困難があっても、努力することによって結果が変えられるのだと、子供たちはまさに継続は力なりを体得している」

入学してくる児童・生徒には、過去に傷ついたままの子供も多い。「前は先生にしか相談できなかったけど、この学校では友達に相談できると書いてあったり、卒業文集は本当に感動的」と言い、「皆、夢を描いて卒業していく。夢が持てることは大きい」と2人。「完成形を描いているので、あと5年はやりたい」と堀内校長の夢は広がる。

Tokyo2020の先へ
未来へつなぐ　オリパラ教育　11

品川区立八潮わかば幼稚園

地域と共に幼児の豊かな心を育む

2020東京五輪・パラリンピック開会式まで3年となった7月24日。園児が夏季プールを楽しんでいるそばでは、お母さんたちが円陣を組んでビーチバレーボールをしています。

本園は品川区八潮にあります。近くにはホッケーの競技会場になる大井埠頭（ふとう）中央海浜公園もあります。ビーチバレーボール会場の潮風公園は路線バスで行くことができます。保護者の意識は既にオリンピックにあるのかもしれません。

昨年度より、オリパラ教育の一環として様々な活動をしてきました。オリンピック会場の近くにある園として、子供だけでなく保護者・地域と一体になって取り組んできました。

5月には日本IBMラグビーフットボール所属の西山淳哉さんを講師に、入園して2カ月の4歳児もラグビー体験。並ぶこともままならない子供たちに「ラグビーボールは卵だから、落とさないように走ろうね」と、丁寧に優しく指導してくださいました。首都大学東京の学生さん2人に持ち上げてもらってのリフトやトライ等、初めは泣いていた園児も、最後は「もっと遊びたい」と笑顔になりました。多くの子供が家庭で楽しかったことを熱く語ったのでしょう。保護者から「私たちもラグビー体験をしてみたい」という声が殺到。2回目の体験会には保護者も参加することにし、3学期に予定しています。

また、元ヤクルトスワローズの宮本慎也さんの野球教室を参観した保護者からは、「子供はサッカー好きでしたが、野球にも興味を持ったようです。侍ジャパンを親子で応援します」との感想がありました。

子供は体験を通して興味や関心が広がり、体を動かすことの楽しさを実感することができました。保護者も一緒に体験することで、子供の成長を感じたり、東京2020大会に関心を寄せたり、オリンピックが身近に感じられるようです。

本園は以前より、品川区の国際交流園として毎年、海外の方との交流会をしていました。そのこともあり、地域ボランティアの方による「英語で遊ぼう」の活動を月2回実施しています。

昨年はニュージーランド・オークランド市の先生との交流会をしました。歓迎セレモニーでは、「英語で遊ぼう」で楽しく歌っている『ハローソング』を英語で披露したり、質問をしたりしました。学級では日本文化に触れていただこうと、園児たちと双六やカルタ取り、折り紙をして遊びました。お弁当も一緒にいただきました。お客様が箸を上手に使って和食のお弁当を召し上がっている様子を見た4歳児が、翌日から箸を持ってきました。担任が降園時に今日の感想を話す中で何気なく、外国の方でも箸を上手に使い素晴らしいねと話したそうです。苦手意識のあったことに挑戦しようとする良いきっかけになりました。

この交流会には、「英語少し話せます町会」を目指している地域の方々も参加し、共に国際交流を学ぶ場にしました。

本園は今年度、「アワード校」に認定され、4月には顕彰記念プレートをいただきました。

今年度の重点は「日本人としての自覚と誇り」です。今までの実践を踏まえて体を動かす楽しさを実感する活動はもちろん、「和の心」を大事にした日本の伝統文化を踏まえた活動に取り組んでいきます。そして、3年後のオリンピック・パラリンピック開催に向けて、日頃は地域の方々が行っている団地内花壇の花苗植えや掃除に親子で取り組んだり、アサガオ等のグリーンカーテンを栽培したりして、「ボランティアマインド」「おもてなしの心」を育む活動も計画しています。

緑豊かな自然環境に恵まれた八潮地域です。幼稚園と地域が一体となって、「ようこそ　八潮へ」という思いで取り組んでまいります。

（品川区立八潮わかば幼稚園園長　竹内浜江）

①オークランド市の先生方との交流会②楽しんでラグビー体験③毎年、初釜を体験する園児④地域の方に品川音頭を教えてもらう

千代田区立千代田小学校

陸上のプロから学ぶ

日本陸連が教員に指導者講習会

千代田区立千代田小学校（浅岡寿郎校長）は8月24日、日本陸上競技連盟から陸上のプロフェッショナルを招き、指導者講習会を実施、区内外から教員35人が参加した。

浅岡校長は区の体育部会部長を務め、ボール投げや立ち幅跳びが苦手と言われる小学生に向け、グローバルプログラムであるキッズアスレティックスの体験プログラムを昨年から導入。今年度は6校で実施する。そこで関わった小林敬和中央学院大学教授が日本陸連普及育成委員会副委員長を務めることから、今回の講師派遣につながった。

教員全てが体育の専門的知識を習得しているわけではなく、指導に悩む教員もいる。講習会では丸一日かけて、「走」「跳」「投」の指導法などを4人のプロが伝授した。

日本陸連では、中・高校の指導者講習は行っていたが、小学校の教員を対象とした指導は今回が初めて。小林氏は「小学校の先生方にもノウハウや持っているものをお伝えし、授業に生かせるものにしてほしい」と話し、千代田区をモデルとして、今後は全国に展開していきたい考えだ。

陸上のプロフェッショナルから「跳」の基本を学ぶ小学校の教員

浅岡校長は「小学校教員にはどうかなと思ったが、ディスカッションしながら、親しみのある雰囲気で指導してくれた。普段、小学校の教員は授業づくりの研修を一生懸命やっているので、今回も教員には新鮮に映り、知識理解の部分を得られたことは大きい」と話す。

参加した教員からは、「運動に姿勢や形などフォームが大切なことを知った。姿勢は普段の生活にも大きく関わるので、まずは児童らの姿勢を直したい」という感想や、「教える立場になって、運動の動作をどう言葉で伝えればよいか分からなかった。授業では一番、力をためることができるパワーポジションの見つけ方を教えたい」という初任の教員の感想も聞かれた。

「いじめ条例」の理解へ

児童生徒にリーフレット

多摩市教委

多摩市は今年4月、市全体でいじめ問題に対する連携の強化と、いじめ防止の対策を総合的かつ効果的に推進できるよう「多摩市いじめ防止対策推進条例」を施行した。

この条例を児童生徒にも理解してもらおうと、市教育委員会は「いじめ防止リーフレット」と教師用の指導資料を作成し、2学期を前に全校に配布。道徳の時間や学級活動等、また保護者会でも活用してもらい、11月にはリーフレットの活用状況を確認するための調査を行う考えだ。

リーフレットは小学生版と中学生版があり、小学生には条例の内容をかみ砕いて説明し、「相手がいじめと思ったら、いじめとなる」「人として絶対ゆるされない行為」として、「いじめはぜったいにダメ！」と断言。

中学生に対しては、法律と条例の違いや、この条例ができるまでの道のり、調査結果からいじめの現状、条例の構成や条文の趣旨を分かりやすく説明した内容を掲載。特に、市と学校・教職員、保護者の責務を明記し、生徒自らで考えられるよう工夫を凝らした。

また教師用の指導資料でも、誰もが「いじめは人として絶対ゆるされない行為である」との認識を持つことを強調した。

担当した教育指導課の山本武参事は「条例の内容や、市全体でいじめ問題に取り組む姿勢でいることを理解してもらうため、リーフレットを作成した。授業等で活用してもらうことで、教師、子供たち、保護者・地域の方々の間にいじめ防止の意識が高まり、子供たちの生き生きとした生活につながってくれることを期待している」と話した。

Essay エッセー 66

遊びの引き出しを増やす

子供の頃の私の遊び場は、工場の跡地、奥まった道路、路地、原っぱ、校庭……屋外がほとんどでした。手打ち野球、缶けり、各種鬼ごっこ、ろくむし、ベーゴマ、三角ベース、メンコ…等々、様々な遊び方で遊んでいました。遊ぶ仲間は近所の仲間と遊ぶことも多くありましたから、5〜6歳くらい離れている年齢の中で遊んでいたのを懐かしく記憶しています。

集まる年代がその日ごとに遊ぶということは、自分たちで遊び方を選択し、ローカルルールを設定し、年齢関係なく楽しめるように考える必要がありました。

当時の遊びを振り返ると、そこには「創造性」と「人間関係」という二つのキーワードが思い浮かびます。

戸外での運動遊びに限らず、ごっこ遊びなど、集まった仲間でその場所でできることは何かを決め、さらには物理的に遊び場にないもので必要なものは代替するなどという行為は、まさに創造性が培われたのではないかと思います。私は野球が好きでしたから野球で例えますが、バットがなければ手打ち野球、ピッチャーは下投げワンバウンド、人数が足りないから透明ランナー……まさに与えられた状況の中で、野球という完成されたスポーツに類似するローカルルールにおけるベースボール型ゲームがその都度考えられ、展開されていました。

このように子供たちは今ある環境の中で、遊びを集まったみんなで作りあげていたのではないでしょうか。

また、遊びは人間関係を構築する上でも、大きな意味がありました。特に、近所の仲間と遊ぶということは、同級生のみならず、その弟や妹も一緒に遊ぶ、自分たちより上の年代も一緒に遊ぶことになります。上の年代でも遊びになれば容赦はなく、実力の世界。でも、先輩として敬う気持ちはもっている。一方、下の年代には特別なルールを与えたり、打ちやすいボールを優しく投げたりと自然と誰しもが楽しめる環境を築いていたのではないでしょうか。それは、人と人が暮らす社会の中で、大人になるにつれて身に着けるべき人間関係構築のエキスが含まれていたのではないかと考えます。

遊びには他にも多くの要素が含まれています。特に体を動かして遊ぶ「運動遊び」に限定しますと、「体力」を向上させる上でも重要であると捉えています。「体力」は、生まれ持つ個による違いはありますが、ワクワク、ドキドキしながら運動遊びに没頭する中で高め、培うことができると考えています。

私は都の公立小学校の教員として着任して以来、子供たちの遊び、特に運動遊びの引き出しをどのように増やしていくかを考え、実践してきました。子供たちは固定された遊び方でしか遊ばないのではなく、遊び方を知らないだけではないでしょうか。運動遊びの引き出しを増やすことは、創造性や人間関係のみならず、体を動かす楽しさや心地よさに触れるとともに、豊かなスポーツライフにつながるものであると信じています。学校、家庭、地域が連携・協働する中で、どのように遊びの引き出しを増やしていくかを今後も考えていきたいと思います。

（町田市教育委員会学校教育部指導室長兼指導課長　金木圭一）

教育じてん　89

質の高い授業の実施に向けて

教育研究員の宿泊研究会

夏休み明けの元気な子供たちの声が、学校中に響き渡っている頃ではないでしょうか。

この夏休み期間は、子供たちだけでなく先生方にとっても、授業準備や自己研鑽（けんさん）に励む大切な充電期間となっています。多くの先生方が、都教育委員会や区市町村教育委員会が実施する様々な研修を受講したり、研究団体等が主催する研究会に参加したりすることによって、教師としての指導力の向上を図っています。

そのような研修等の一つとして実施されている「東京都教育研究員」事業の宿泊研究会が今夏も行われましたので紹介します。

この「教育研究員」事業は、都内各地区の教育研究活動の中核となる教員を育成するために、1959年度に開始されたものです。幼稚園、小学校、中学校、高等学校、特別支援学校の全校種から教育研究員となる教員を集め、各教科等の部会を設置し、担当指導主事等の指導の下で1年間の研究を行っています。その研究成果を年度末に発表することによって、授業力向上を図るとともに東京都の教育の質の向上に資する事業です。

研究部会は、総会と年間12回程度の月例会、そして夏休み期間中の2泊3日の宿泊研究会から成り、都教育委員会が示した共通の研究テーマの下、各教科等に関する内容、指導方法等の実践的研究を行います。

今年度の宿泊研究会は、前期が8月14日から16日まで21部会160人、後期が8月16日から18日まで20部会164人の教育研究員の参加により、青梅市御岳山の宿泊施設を会場として行われました。新学習指導要領の内容を踏まえた共通テーマ「『主体的・対話的で深い学び』の実現に向けた授業改善」に基づき、各部会が子供たちの実態や教科等の課題を踏まえた研究主題・仮説を設定し、指導方法の工夫等について協議を深めていました。

寝食を共にし、同じ課題意識の下で授業の在り方を追究するこの3日間は、その後の研究の方向性を決める貴重な機会になっています。また、互いに切磋琢磨（せっさたくま）し合うことにより、教員自身の指導力を高める重要な場ともなっています。年度末に行われる部会別発表会や各学校に配布される研究報告書には、この宿泊研究会をはじめとした研究の積み重ねが成果となって表れていることでしょう。

今年も、よりよい授業を目指す先生たちの熱い思いと努力が、子供たちの笑顔につながっていくことと思います。

教育面は第1、第3、第5金曜日掲載

ちの軌跡

29年　都内初の市制施行100周年を迎える。人口は約58万人

市制100周年を記念した多彩な事業の展開

ドイツヴリーツェン市と海外友好交流協定を結ぶ

29年リニューアルオープン　⑧

り「こども科学館」を開館=写真⑧

料展示「絹の道資料館」を開館

て
を制定

えた芸術文化
ル」を開館

市制90周年

設「夕やけ
現・夕やけ
）を開園

点「学園都市

11年　生涯学習センター「クリエイトホール」を開館

13年　本市の顔にふさわしい景観　八王子八十八景を選定

15年　くらしの中の美術館をコンセプトに「夢美術館」を開設

16年　不登校児童・生徒のための小・中一貫校「高尾山学園」を開校

18年　中国・泰安市、台湾・高雄市、韓国・始興市と海外友好交流協定を結ぶ

19年　都内初の道の駅「八王子滝山」を開設=写真⑨

圏央道の八王子JCT－あきる野ICが開通

⑨

22年　「八王子駅南口総合事務所」を開設

23年　多摩地区最大のホールを備えた新市民会館「オリンパスホール八王子」を開設=写真⑩

⑩

24年　圏央道の高尾山IC－八王子JCTが開通

26年　国際大会を開催できる総合体育館「エスフォルタアリーナ八王子」を開館=写真⑪

⑪

27年　都内初の中核市に移行=写真⑫

高尾山麓の観光施設「高尾599ミュージアム」を開館

⑫

28年　神奈川県小田原市・埼玉県寄居町と姉妹都市の盟約を結ぶ

圏央道八王子西ICがフルインター化し、開通

祭り

われます。特に春の「フラワーフェスティバル由
踊れ西八夏まつり」、「八王子いちょう祭り」に
大きなにぎわいを生み出しているのは、市民同
せて伝統の祭りを盛り上げます。

市制100周年を迎えて

新たな100年の輝きに向けて

八王子市議会議長
伊藤　裕司

八王子市が市制施行100周年という記念すべき節目を迎えるにあたり、市議会を代表し心からお祝い申し上げます。

本市は、古くから交通の要衝として栄え、特に明治以降は「織物のまち」として活気に満ちあふれ、多くの人でにぎわうようになりました。このような歴史の歩みの中で、大正6年9月1日、本市は当時の東京府で東京市に次いで2番目に市制施行し、多摩地域の中心都市として今日まで発展を続けてきました。

「都会にないもの　田舎にないもの　ここにある。」これは、八王子市のシティプロモーションサイト名ですが、東京都内にありながらも自然やみどりが豊かな本市の特長を端的に表現しているフレーズだと思います。現在の本市は、100年の時の流れを経て、多くの大学等が集まる学園都市、計画的にニュータウンが整備された首都圏のベッドタウン、都内随一の生産高を誇る農業や先端技術を含む製造業が行われる産業都市など、多様な顔を持つ都市として成長を続けています。

結びになりますが、市制施行100周年を迎え、私たち市議会は、次の100年も八王子市が輝き続けるよう、先人たちから受け継いだ議決機関としての重責を果たしてまいる所存です。皆様におかれましては、引き続き、様々な場面でご指導ご鞭撻を賜りますようお願いし、ごあいさつに代えさせていただきます。

百年の彩りを次の100年の輝きへ

八王子市長
石森　孝志

今年9月1日、八王子市は市制を施行以来、満100年となりました。市制を施行した大正6年当時の人口は約4万人でしたが、隣接9町村との合併を経ながら発展し、現在は58万人都市となっています。

古来、地理的な好条件に恵まれ、人とモノが交流する拠点としてにぎわってきた歴史と伝統に育まれた本市は、この100年間、鉄道や道路交通の発達と先人たちの努力に支えられ、1万9千を超える事業所や21の大学・短期大学・高等専門学校が集積する首都圏西部の産業・経済の拠点として発展し続けてきました。一昨年4月には都内初となる中核市に移行し、地方分権を牽引する成熟都市を目指しています。

記念すべき節目の年を迎え、今年は市民の皆様とともに120を超える多彩なイベントを展開しています。これまでの100年の成果を「まなび」、次の100年の発展に向けたビジョンを「むすび」、次世代に八王子の夢と希望を「つなぐ」をコンセプトに、『未来への提言』をテーマにした「ビジョンフォーラム」をリレー形式で実施しております。そして、今月から来月にかけては、メイン事業となる花とみどりあふれる参加体験型の「第34回全国都市緑化はちおうじフェア」を開催いたします。

これらの事業を通して、市民の皆様が改めて本市の歴史を振り返り、魅力を共有する機会にしていただきたいと願っています。そして、次の輝きの100年に向けて、若い世代が八王子に「住み続けたい、住んでみたい」と思えるまちづくりを推進し、「選ばれ続ける都市」の実現に取り組んでまいります。

八王子市の概要

◆市章（マーク）
大正6年、市制施行を記念して制定

◆市のシンボル

市の木　イチョウ
市の鳥　オオルリ
市の花　ヤマユリ

◆市のプロフィール
東京都心から西へ約40kmに位置。リーディングシティを目指し、平成27年に都内初の中核市となった。

◆市制施行：1917年（大正6年）9月1日制定
市制施行100周年は全国の自治体で66番目

◆人口：577,513人　※平成27年国勢調査集計結果
（全国第29位・都内第6位）

◆面積：186.38km²（都内第2位）

◆合併の変遷

✽はちおうじフェアの主な会場構成✽

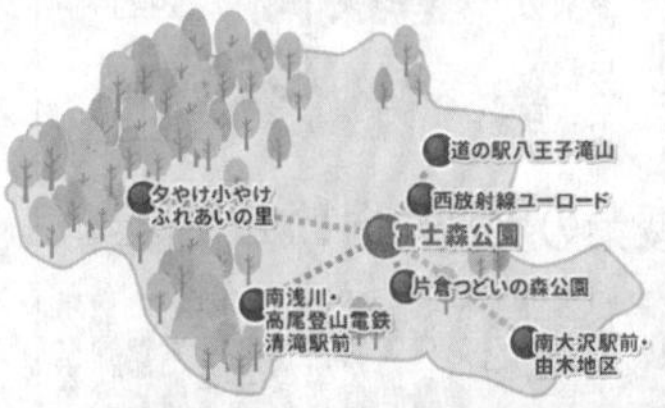

公式PRキャラクター

サテライト会場［市内6エリアに展開］

サテライト会場　中央エリア：西放射線ユーロード

さまざまな商店が並ぶ八王子市の中心市街地にある会場です。テーマは"にぎわいを彩る"。華やかなウェルカムゲートの出迎えに始まり、店先やポケットパーク等を花とみどりで修景し、来場者をおもてなしします。

特に日頃から多くのイベントでにぎわう西放射線ユーロードでは、フェア期間中、花とみどりで周辺を彩り、それらのイベントをさらに盛り上げていきます。

また、オープンカフェが登場し、花とみどりに囲まれながら、憩いのひと時を過ごせます。

主なイベント
- 生花の髪飾りでみんな笑顔
- まちなか体験教室
- オープンカフェ

JR中央線・八王子駅北口徒歩1分

サテライト会場　北エリア：道の駅八王子滝山

『農と歴史がふれあう里』をテーマに、高月の田園風景や豊かな滝山地区の自然とふれあえる『里』の会場です。

主なイベント
- 田んぼアート
- 里山あそび

東京都八王子市滝山町1-592-2

サテライト会場　東南エリア：片倉つどいの森公園

『秋をたのしむ』をテーマに、お月見や収穫祭、ハロウィンパーティー等、皆がつどい楽しむ『実り』の会場です。

主なイベント
- つどいの森収穫祭
- お月見のつどい
- つどいの森ハロウィン　など

JR横浜線
八王子みなみ野駅徒歩15分

サテライト会場　西エリア：夕やけ小やけふれあいの里

『森とふれあう』をテーマに、恩方地区の自然や上川地区の自然を体験することのできる『森』の会場です。

主なイベント
- 夕やけ小やけの祭典
- ザ・上川の里歩き
- 手作り公園をあそび尽くそう！

東京都八王子市上恩方町2030
入場料／大人200円
中学生以下100円
4歳未満無料　※団体割引あり
受付時間／9:00～16:30

サテライト会場　東エリア：南大沢駅前・由木地区

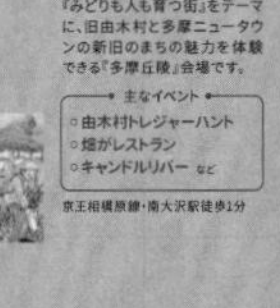

『みどりも人も育つ街』をテーマに、旧由木村と多摩ニュータウンの新旧のまちの魅力を体験できる『多摩丘陵』会場です。

主なイベント
- 由木村トレジャーハント
- 畑がレストラン
- キャンドルリバー　など

京王相模原線・南大沢駅徒歩1分

サテライト会場　西南エリア：南浅川・高尾登山電鉄清滝駅前

『水とふれあう』をテーマに、南浅川の水辺環境とふれあい、様々な交流が展開される『川』の会場です。

主なイベント
- みどりと水の景観づくり
- 水と親しむ体験学習
- ステージイベント開催

南浅川会場：JR中央線・京王高尾線
高尾駅北口徒歩20分

スポット会場　市内各地の街かど花壇など

市内各地の街かど花壇等、八王子市民や市内事業者が育む、魅力的な花とみどりのスポットを展開します。

主なスポット会場
- 医療刑務所壁面アート
- オープンガーデン
- 街かど花壇　など

平成29年 八王子 100th

百年の彩りを次の100年の輝きへ

八王子市市制100周年記念

時代を彩ったま

100年の歴史を未来につないでいくために伝えていきたいまちの歩みがあります。先人たちが郷土の発展を願いながら築いてきたまちの歴史を振り返ります。

大正

元年　八王子町の大字名と区域を変更（19町から29町に）

6年　市制を施行、八王子市となる。人口4万2043人。市制施行祭開催＝写真①

①

12年　中村雨紅が童謡「夕焼小焼」を発表

15年　玉南電気鉄道が京王電気軌道（現・京王線）と合併。東八王子－新宿間が直通で結ばれる

市制施行

昭和

2年　高尾登山鉄道がケーブルカーの営業運転を開始＝写真②

9年　八高線が全線開通

②

11年　市制20周年を記念して市歌を制定（作詞・北原白秋、作曲・山田耕筰）

16年　小宮町と合併

25年　市内初の市立保育園を開設

26年　三多摩で初めて小学校の完全給食を実施＝写真③

③

30年　横山・元八王子・恩方・川口・加住・由井の6か村と合併

人口が10万人を超える

34年　浅川町と合併

39年　世界で初めて「親切都市宣言」をする

由木村と合併

東京オリンピックが開催。八王子市が自転車競技会場となる＝写真④

40年　人口が20万人を超える

42年　都内で3番目となる公立の「郷土資料館」を開館

京王高尾線の北野－高尾山口間が開通

中央自動車道の八王子－調布間が開通

43年　中央自動車道の八王子－相模湖間が開通

47年　銀座に次いで2番目となる歩行者天国を甲州街道で実施（～昭和52年）＝写真⑤

48年　北海道苫小牧市と姉妹都市の盟約を結ぶ

49年　栃木県日光市と姉妹都市の盟約を結ぶ

「市民体育館」（現・富士森体育館）を開館

人口が30万人を超える

50年　多摩ニュータウンの八王子市域分で建設が始まる＝写真⑥

市制50周年

⑤

⑥

市制70周年

51年　市制60周年を記念して市の木「イチョウ」と市の花「ヤマユリ」を制定

58年　市庁舎（現・市庁舎）が完成＝写真⑦

八王子駅ビルが完成

人口が40万人を超える

60年　「中央図書館」を開館

国道16号バイパスの左入町－相模原市橋本間が開通

⑦

④

平成

元年　プラネタリウム併設の

2年　生糸貿易に関する資料

3年　市制75周年を記念して市の鳥「オオルリ」を

6年　最新の音響設備を備え会館「いちょうホール」

8年　レクリエーション施設小やけ文化農園」（現小やけふれあいの里）

9年　学園都市づくりの拠点センター」を開設

人口が50万人を超える

八王子の魅力

全国有数の学園都市

本市は、市内に21の大学・短大・高専が立地する全国有数の学園都市です。その地域特性を生かして、大学コンソーシアム八王子を設立し、包括連携協定を締結するなど、大学等との連携を通じて地域とともに、まちづくりを進めています。

首都圏西部の産業都市

繊維産業で培われた製造業や商業に加え、都内随一の産出額を誇る農業、高尾山に代表される観光など多様な産業と、交通の結節点としての利便性を活かし、MICE都市を目指しています。また、企業立地支援制度により新たな産業集積が進んでおり、市内企業に就職する市内在住の若者への奨励金制度や地域資源を活用した後継者育成や創業支援など、独自の産業活性化施策を展開しています。

市民の心をつなぐ伝統の祭

一年を通して、様々な祭りが行わ木」、夏の「八王子まつり」、秋の「は、毎年たくさんの人が訪れます。士の一体感です。市民が力を合わせ

市制100周年記念事業

―第34回―
全国都市緑化はちおうじフェア

みどりの丘の花絵巻はちおうじ2017

はちおうじフェアは、「花とみどり溢れる文化的なライフスタイルの体験」をコンセプトに、美しい「花とみどり」の中で、みどりの恵みである「食」や「ガーデニング」、「アウトドアスポーツ」をはじめとする様々な楽しみや学びが体験できる「参加体験型」のフェアとして、数多くの市民交流の場を提供します。

花とみどり溢れる参加体験型の緑化フェア

メイン会場となる富士森公園のほか、市内6エリアにサテライト会場を展開し、様々なイベントを開催します。

また、街かどの花壇をはじめ、ガーデンのあるカフェ等をスポット会場とし、フェア期間中は各会場で八王子の魅力を紹介、発信していきます。

平成29年 9.16 土曜日 ▶ 平成29年 10.15 日曜日

メイン会場

富士森公園（八王子市台町2丁目2）

メイン会場は市の中心に位置する富士森公園。テーマごとに、趣向を凝らした数々のガーデンを展開していくとともに、ご家族で楽しめる様々な楽しいイベントをご用意しております。

✤ 八王子100周年アーカイブガーデン

市制100周年を記念し陸上競技場の100m走路を活用した、長さ100mの大花壇です。市民参加により植栽されます。

✤ はちむすびガーデン

八王子市と多摩地域の豊かな花とみどりを紹介するガーデンです。

✤ はちおうじ学生ガーデンMachiNiwa

八王子市内の学生たちが、未来の「みどりの環境調和都市」を提案。学生たちの製作によるガーデンです。

✤ ガーデンレストラン・マルシェ

八王子ならではの「食」を、花とみどりの中で楽しめるガーデンです。

■小池都政 1年目の評価～都職員アンケートの自由意見から⑤

いまだ見えぬ「東京大改革」

都政運営

自由意見で小池知事の政策や政治姿勢などについて感想を聞いたところ、「熱心に改革に取り組んでいる」「高い発信力で都民の関心を高めた」との評価の一方、「パフォーマンス優先」「思いつきの類いで政策と言えない」と冷めた目で見る職員も少なくない。「都政のビジョン、都市像を持っていない」と指摘する声もあった。

■既定路線の枠内、延長線上の取り組みが多く、斬新さは感じない。しかし議会との関係、無電柱化、受動喫煙対策など、小池知事だからできた取り組みもある。総じて都民の関心を都政に向けた点で評価できる。（40代、本庁課長代理）

■のろしを上げたことは評価する。実現できるか見守りたい。（40代、本庁課長）

■石原都政以降、知事の無関心な分野については淡々と進め、限られた関心分野について、（知事の意向を）忖度しながら進めるのだと思う。海外出張や公用車の利用が非難された後だけに、公金使用も慎重な点で都民にとってはより良い政治が期待できる。（50代、出先課長）

■短い言葉（キャッチコピー）で記憶に定着させ、注意喚起やムーブメントを起こすことには長けている。エコ、無電柱化、時差通勤など「小池印」の政策への注力は目を見張る。（40代、課長代理級）

■以前に比べて庁内の雰囲気が良い。知事のキャラクターによるもの。政策決定が進みやすくなった。（40代、本庁課長）

■都民を引きつける手法、打ち出し方はさすが。（50代、本庁部長以上）

■国政へのステップ程度にしか知事職を考えておらず、豊洲にしろ五輪にしろ、問題でないことを大ごとにして大衆をけむに巻いている。（40代、一般職）

■都政を政局化しており、実際に政策が前に進んだ印象は薄い。「都民ファースト」を掲げているものの、都民目線で事が進んでいない。（30代、本庁課長代理）

■リーダーとしてのビジョン、問題解決能力、人望は全く感じないが、マスコミの扱い方と肝の据わり方はそこら辺の政治家では到底かなわないと思う。（40代、本庁課長）

■パフォーマンス第一のやり方に迷惑している。自分の思いを押し付けて、「できない理由を言うな」と言うが、きちんと話を聞いてほしい。（40代、本庁課長）

■思い付き、マスコミ受けするものが場当たり的に乱造されている感じ。（40代、本庁課長代理）

■個別の政策についてはスピード感、成果を感じられるものがあるが、「東京大改革」はいまだに見えない。都議選に圧勝したのだから、今後は都政を政局化せずに具体的な成果を出すべき。（50代、本庁部長以上）

■目の付け所は悪くないが、顧問やPTといった手法を活用し過ぎ。都政そのものには本質的に無関心だと感じる。（40代、本庁課長代理）

■いかに自分を良く見せるかに腐心している。職員を全く信用していないので、モチベーションダウンが著しい。（40代、部長級）

反対意見にも耳傾けて

■「目安箱」や特別顧問など、通常の意思決定ラインを無視する都庁運営は行政をゆがめる。民意が離れれば国政の混乱の二の舞いになる。（森友学園・加計学園）（20代以下、一般職）

■「目安箱」は隠れていた事実や不満の吸収にある程度、効果を上げているが、これを基に仕事をすることは危険な面が多い。大多数の意見は声を上げない中にある。（40代、出先課長代理）

■「見える化改革」は職員の負担が増えただけで、顧問の手柄を職員が考えることになっている。（30代、本庁課長代理）

■特区に提案できる案件がないか、顧問らが各局にヒアリングを行っているが、必要のない事項や既に法改正に向けて動き出している事項まで無理やり提案させようとするのは本末転倒。（40代、本庁課長代理）

■情報公開や議会改革は他自治体より遅れていると思っていたが、豊洲移転延期は（別の）やり方があったと思う。五輪の競技会場も経費削減だけを宣言すればよいものを、他自治体まで巻き込み、工程をいたずらに遅らせた。（40代、本庁課長）

■待機児童対策などで一定の取り組みを進めているが、職員の尽力によるところが大きい。知事の言う透明化や分かりやすさは重要だが、行政には地道な活動が求められるものや地味な取り組みもあり、「分かりづらい」という一言で隅に置かれてしまうのは危惧を感じる。（30代、本庁課長代理）

■政策の柱がないため、個別の施策をバラバラと打ち出しているように見える。重点政策方針に見られるように、偏った施策の積み重ねになっている。（40代、本庁課長）

■長期的視野に立った都政の将来像について、知事自身の考え方が見えない。（50代、本庁部長以上）

■「&東京」など、知事好みの不要な見直しが多く、無駄な経費支出が多い。（30代、本庁主任）

■豊洲と五輪だけが話題になるが、都政は都市計画、まちづくり、中小企業対策、福祉、教育、港湾と幅広い分野で都民生活にかかわる重要な仕事を行っている。これらの分野にもっと目を向け、関心を持つとともに、部下である職員と共に総合的な行政を担ってもらうことが、都民が望んでいることではないか。（50代、本庁課長）

■小池都政で一番評価しているのは情報公開。ただし公開のための行政コストはきちんと都民に負担させるべき。（50代、本庁課長）

■保育サービス拡充は知事就任で強力に進められたように宣伝されているが、局レベルで実務的に準備されていたようなものであり、誰が知事になっても同じく打ち出されたはず。その他は具体性・実効性に欠く。（40代、本庁課長）

■オリ・パラの費用削減は誰（が知事）でもできる。首都東京の知事ならば、経費削減ではなく、国から予算を引っ張ってきてほしい。（30代、一般職）

■五輪の会場見直しも市場移転も実態を理解できないまま結論めいたことを言ってしまい、後始末に時間を要している印象。（40代、出先部長）

■知事はアイデアは出すが具体性がなく、結局、中身を考えるのは職員。政治力や国政を動かし現実的な解決策、発展策を自らが行うべき。（50代、本庁課長）

■後から見ると何も残らないのではないかと危惧している。（40代、本庁課長代理）

■10年後の東京、都民を見据えた骨太の政策を進めてほしい。石原知事の時のディーゼル車規制のように。（50代、本庁課長）

■今後の東京の在り方などについて自らの哲学を語る場面が増えれば、求心力も高まると思う。（50代、本庁部長以上）

■都職員の矜持を傷つけたことはしこりとして深く残っている。（40代、本庁課長代理）

■20年大会を目前に、ワイドショーの「フェイクニュース」を利用して誕生した知事。日本のポピュリズムもここに極まった。後世の政治家からは「日本の終わりの始まり」と言われるだろう。（40代、本庁課長）

■まだ何も実現していないので、1年目に出した様々な構想をどう実現していくか。構想段階では特別顧問の力が目立っていても、政策の実現には職員の力が不可欠なので、職員を信頼し、良い意味でうまく活用してほしい。（30代、課長代理級）

■初めての女性知事誕生は、都政の新しい時代の扉を開いた。「恐怖政治」とも言われるが、「今までの都政を変えたい」という熱意と行動は評価する。発信力は石原知事以上。この使い方が都政の鍵。しかしこれだけ躍進すると、1期までは途中（衆院解散など）で国政へと行ってしまい、また都政は使われるだけにならないか。（40代、本庁課長代理）

■「自分だけが正しい」という姿勢ではなく、間違った方向に進まないように謙虚な姿勢で、反対意見にも積極的に耳を傾けることが必要。（50代、本庁課長代理）

シリア難民選手が抱負

五輪で「勇気与える」

シリア難民で昨年のリオデジャネイロ五輪に「難民選手団」の一員として出場した競泳のユスラ・マルディニさんが8月29日、大会組織委員会を訪れ、職員を前に五輪への思いを語った。

マルディニさんは2015年8月、内戦中のシリアから姉と共に脱出。ドイツに渡り、水泳のトレーニングを続けてきた。難民選手団としての大会出場が決まった当初は「難民という冠を付けられることで『家のない可哀想な人』という見方をされる」と抵抗感もあったというが、出場後は多くの反響があり、「多くの人に勇気を与えているんだ」と実感。「世界中で苦労している難民の分も頑張らなければいけないという気持ちで水泳を続けている」と話した。東京大会への出場にも意欲を見せ、「最低でも20位以内に入りたい。まだまだトレーニングを積まなければ」と抱負を述べた。

マルディニさんはリオ大会出場後、史上最年少で国連難民高等弁務官事務所（UNHCR）の親善大使に任命され、東京大会を目指しながら難民問題の認知と支援を呼び掛けている。

都管試（1次選考）合格者を発表

前年16人上回る157人

A事務系の合格率7.2%

都人事委員会事務局は8月31日、2017年度管理職選考（1次選考）の合格者を公表した。種別AとBの合格者数は計157人で前年度を16人上回り、4年ぶりに合格者が増となった。種別Aは事務が38人、技術が9人の計47人。A事務系の合格率は7・2%で、前年度を1・3㌽下回った。種別Bの合格者数は計110人。種別A・Bの合格者に占める女性の数は計21人だった。交通局の運輸管理職選考には2人が合格した。

■A事務系（38人）

▽安田翔（政策企画局）▽森田海渡（政策企画局）▽小田周平（総務局）▽酒井祐太郎（総務局）▽赤井佑輔（総務局）▽富田良（総務局）▽稲垣裕之（総務局）▽田口雅崇（財務局）▽高木宏尚（財務局）▽石川絢也（主税局）▽中尾有吾（主税局）▽谷口大介（主税局）▽間ヶ数大峻（主税局）▽臼倉集人（主税局）▽大川徹（主税局）▽榎戸慶一（生活文化局）▽中村修一郎（生活文化局）▽岡野祥平（オリンピック・パラリンピック準備局）▽前田創太（都市整備局）▽永洞智康（都市整備局）▽幸田友資（都市整備局）▽佐久間麻由（福祉保健局）▽篠原寛侑（福祉保健局）▽藤井琢也（病院経営本部）▽山下秀明（産業労働局）▽後藤康行（産業労働局）▽山本啓介（産業労働局）▽河除智哉（中央卸売市場）▽西本恵一朗（建設局）▽刀根稔樹（港湾局）▽木内崇弘（港湾局）▽高島進（港湾局）▽山添桂稚（会計管理局）▽中島健一（会計管理局）▽池田充孝（水道局）▽池田拓也（教育庁）▽大石直行（教育庁）▽竹村友晴（議会局）

■A技術系（9人）

【土木】▽寺谷次明（オリンピック・パラリンピック準備局）▽岡田直也（建設局）▽藤木健太郎（建設局）▽荒川貴志（港湾局）

【建築】▽鮫嶋俊二（都市整備局）▽岩崎啓介（中央卸売市場）

【機械】▽濱口峻（建設局）

【電気】▽樋口達巳（下水道局）

【生物・医化学】▽森川拓未（水道局）

■B事務系（79人）

【福祉・保健医療】▽六串知己（福祉保健局）▽片山敦之（福祉保健局）▽立澤文敏（福祉保健局）▽古川恵（福祉保健局）▽菱田彰（福祉保健局）▽福田玲奈（福祉保健局）▽小泉孝夫（福祉保健局）▽田村陽子（福祉保健局）▽佐藤大輔（福祉保健局）▽有原正俊（福祉保健局）▽篠和子（福祉保健局）▽波田桃子（福祉保健局）▽平川祥子（福祉保健局）▽小澤康子（福祉保健局）▽藤井佐和子（病院経営本部）

【教育・文化】▽弥重寿樹（病院経営本部）▽由井彬（会計管理局）▽松島正明（教育庁）▽渡邉貴志（教育庁）▽浅野理在子（教育庁）▽小山欽也（議会局）

【産業・労働・経済】▽大黒康広（政策企画局）▽磯部光弘（政策企画局）▽新目亮太（生活文化局）▽横田裕子（オリンピック・パラリンピック準備局）▽岡本広（産業労働局）▽山口繁樹（産業労働局）▽末廣康二（産業労働局）▽柳下栄（産業労働局）▽高橋大輔（産業労働局）▽清水秀樹（水道局）▽土屋卓志（水道局）

【財政・税務】▽伊藤真也（政策企画局）▽千野亮介（総務局）▽解良信郎（総務局）▽野村美和子（総務局）▽鈴木康仁（総務局）▽大道竜嗣（総務局）▽青木裕之（財務局）▽工藤聡（財務局）▽板山明正（主税局）▽沼口昌之（主税局）▽斉藤啓（主税局）▽勝見浩行（主税局）▽石川秀之（主税局）▽内海寛司（主税局）▽小池徹（主税局）▽水上研信（主税局）▽古川裕之（主税局）▽牧野晴美（主税局）▽土岐理佐子（主税局）▽柴田博道（生活文化局）▽富山由衣（生活文化局）▽横山潤（オリンピック・パラリンピック準備局）▽林渉（オリンピック・パラリンピック準備局）▽齊藤武（港湾局）▽信田洋和（会計管理局）▽大塚昌俊（会計管理局）▽青木力哉（水道局）▽橋本龍（議会局）

【環境】▽田中大輔（環境局）▽田中貴浩（環境局）▽宇田浩史（環境局）▽坂井彰洋（環境局）▽猪股幹（水道局）▽古川修司（水道局）▽竹内一生（水道局）▽星野敬雄（水道局）▽関根信一（下水道局）

【都市づくり】▽芝田香（財務局）▽滝沢祐介（財務局）▽野島毅（都市整備局）▽崎久保杏子（建設局）▽池野谷晃子（建設局）▽蔵持修（建設局）▽大木龍介（港湾局）▽寺田篤史（港湾局）▽新井喬雄（港湾局）▽小俣大介（水道局）

■B技術系（31人）

【土木】▽大友陵（財務局）▽大竹剛（建設局）▽島野知幸（建設局）▽内田繁（建設局）▽野元秀美（建設局）▽笠原仁（港湾局）▽渡辺宗（港湾局）▽橋本憲太朗（港湾局）▽長谷川進（水道局）▽和田正豊（水道局）▽高橋健一（水道局）▽梶川洋史（水道局）▽大舘高明（下水道局）▽山岸和人（下水道局）▽寺松靖広（下水道局）▽樋渡圭介（監査事務局）

【建築】▽大木秀一（財務局）▽井上公之（都市整備局）▽上杉衛史（中央卸売市場）

【機械】▽中村正樹（下水道局）▽柳下幸永（下水道局）▽廣田裕司（下水道局）

【電気】▽桑原郁夫（水道局）▽横山幹夫（下水道局）▽富岡洋貴（教育庁）

【生物・医化学】▽河野章（総務局）▽武田啓子（産業労働局）▽中屋雄一郎（産業労働局）▽小堺恵（産業労働局）▽豊嶋省二（建設局）▽濱本亜希（下水道局）

■運輸

▽佐々木潤（交通局）▽戸澤光一（交通局）

次の時代の防災対策 29日にシンポジウム

日本自治体危機管理学会

2020年東京オリンピック・パラリンピックの開催を控え、首都圏の防災対策の強化が課題になる中、日本自治体危機管理学会（会長＝中邨章・明治大学名誉教授）は29日、「次の時代の防災対策のあり方について～都市における防災課題を多面的に考える～」と題したシンポジウムを新宿NSビルで開催する。

Ⅱ部構成で、Ⅰ部は「次の時代の防災対策のあり方」について、学識経験者や行政経験者、民間企業から提言が行われる。中林一樹・明治大学危機管理研究センター特任教授が趣旨説明を兼ね、次の時代の防災対策の在り方について総論を述べるほか、加藤孝明・東京大学生産技術研究所准教授や藤山秀章・（公財）河川財団理事、垣内俊哉・㈱ミライロ社長、大西康弘・㈱オリエンタルコンサルタンツが話題提供を行う。

Ⅱ部では登壇者らがパネリストとなり、都市における防災課題について多面的にディスカッションを行う予定。コーディネーターは中林氏が務める。

会場は30階NSスカイカンファレンス／ホールA・B。参加無料で定員400人程度。事前申込制で、希望者は氏名、団体名、連絡先（電話番号・メールアドレス）を明記の上、bosai_sympo2017@oriconsul.comまで。問い合わせは㈱オリエンタルコンサルタンツ（事業本部防災事業部・中尾、木村☎03・6311・7863）。

五輪への航海図 205

TOKYO 2020

開催まで あと1057日

会場運営への移行㊤

代々木競技場で図上演習

大会当日の各競技会場の運営を想定した「図上演習」が昨年11月から今年5月にかけて、国立代々木競技場（渋谷区）をモデルに行われた。いわゆる「モデルベニューエクササイズ」である。

大会組織委員会の業務は現在、大会運営に必要な機能別に52のFA（ファンクショナル・エリア）に分けて行われているが、今後は40の会場単位に切り替わり、それぞれに運営計画が作られる。

今回の演習では各FAの担当者らが集まり、大会当日の動きを想定しながら実務的な運営方法を議論した。会場運営に移行するプロセスをたどり、モデル的な計画を作るのが主眼だ。

組織委としては演習を通じて各FAで会場計画の中核を担う人材を育成することに加え、これまでのFA内での検討から会場ごとの検討体制に移行する転換点と位置付けて、今後の「会場チーム」の先行事例とすることも意図している。

その検討事項は多岐にわたる。会場内の諸室配置や動線計画、各FAの役割分担、サービス内容、スタッフ、備品の数量・配置などで内容も細かい。組織委の会場マネジメント担当が中心となって年明けに週3回程度の頻度で会議をリードし、スポーツ施設の設計やスポーツ・コンサルティングに実績を持つ米企業の知見も踏まえながら課題を抽出。解決の方向性を整理した。

議論の過程で見つかった課題もある。暑さ対策だ。

代々木競技場ではオリンピックのハンドボール、パラリンピックのバドミントン、ウィルチェアーラグビーが実施されるが、競技によっては試合の合間が90分と短く、限られた時間内で約1万人の観客を入れ替えなければならない。炎天下の屋外デッキを次の試合の観客の待機スペースとせざるを得ないという。

どの程度の時間であれば屋外で待機することを許容するのか。整列して身動きが取れない状況では対策が必要になるのではないか──。

「暑さ対策が必要なのは、屋外競技の立ち見観戦では不要ではないか場に限った話ではない」として、新たにPTを立ち上げ、暑さ対策を講じる基準を整理することになった。

代々木競技場で「図上演習」が行われた＝渋谷区

30年度 職員教養講座 9
東京都管理職選考対策

経営に関する知識 ①

今回から3回にわたり、「経営に関する知識」を解説します。

この分野は平成19年度以降、出題数が3題から8題に増えており、択一試験で重要分野の一つと言えます。また、「経営に関する知識」は政策立案、課題解決や組織運営などに役立つため、管理職選考に合格後も管理・監督職の立場として、仕事していく際に必須となる知識です。経営に関する知識は、管理職選考に合格するために暗記するのではなく、将来を見据えた自己啓発を図る良い機会と捉えて、積極的に学習に取り組んでほしいと思います。

1回目は、出題傾向や学習方法、参考図書、キーワードを説明します。次回以降は、実際の出題形式に沿った演習問題を用いて解説していきます。

出題傾向

出題範囲は「組織・人事管理を中心に、企業の経営戦略や企業形態等に関する事項を出題する」（18年8月7日付人事委）としています。さらにマーケティングを加え、毎年、幅広く出題されています。

また、近年は最近の経営用語や世間で注目されたトピックに関する問題も出題されているため、経営に関するニュースは普段から新聞やインターネットなどでチェックし、ポイントを理解しておくことが大切です。

過去5年間の出題内容は、次の通りです。

《平成25年度》
バーナードの組織論、組織形態、アンゾフの経営戦略論、7S、ドラッカーの経営論、経営分析、マーケティング、組織文化

《平成26年度》
企業形態、サイモンの意思決定論、マズローの欲求階層説、ブルー・オーシャン戦略、PM理論、PPM、ポーターの競争戦略、マーケティング

《平成27年度》
企業の集中、人間関係論、マグレガーのX理論・Y理論、リッカートの経営論、コンティンジェンシー理論、チャンドラーの経営戦略論、コトラーの競争戦略、イノベーション

《平成28年度》
コーポレートガバナンス、人的資源管理、ナレッジマネジメント、リーダーシップ、組織形態、アンゾフの経営戦略論、企業買収、マーケティング

《平成29年度》
ベンチャー、人的資源管理、ハーズバーグの2要因理論、SBU、経営の多角化、経営における提携、マーケティング、製品の販売単価

学習方法

過去の出題内容を分析すると、難易度はそれほど高いわけではありません。論者名と学説の組み合わせ、ある概念や経営用語とその定義の正誤を問うパターンが大半を占めます。そのため、学説や用語の内容を正確に把握し、暗記することが重要です。ただし、非常に広範囲から出題されますので、いかに効率的に勉強するかが問われます。

勉強に活用する書籍は、大学の授業などで使う経営学の専門書もありますが、試験対策としては時間がかかりすぎます。基本事項がコンパクトにまとめられており、頻出問題が多く掲載されている公務員試験や昇任試験用の問題集を活用することをお勧めします。

この時期から準備を始める場合は、一度参考書に目を通し、基礎知識を体系的に身に着けた後、問題集に取りかかることをお勧めします。勉強する時間があまり取れない人は実際の過去問を解き、問題の難易度や頻出分野を把握した上で、問題集中心の勉強をしていきましょう。頻出分野を中心に、出来るだけ多くの問題を解くように心掛けましょう。

問題集を解く際は、単に正誤を判定するのではなく、解説をじっくり読み込み、正しい知識を吸収するとともに、選択肢がなぜ正しいのか、誤っていたかを理解しながら知識を習得します。参考書は、問題集の解説だけでは十分に理解できなかった場合に確認するなど、補助的に用いることをお勧めします。

管理職選考の択一は満点を取る必要はないので、あまり細かい点にこだわる必要はありません。問題集に載っていない内容が出題されたら、「仕方がない」「他の受験生も解答できないはず」と諦め、着実に点数が取れる問題を外さないことが重要です。問題集に繰り返し出てくるような重要で基本的な事項を理解し、確実に知識を身に着けてください。

また、最近の経営用語や世間で注目されたトピックに関する問題に対応するため、普段から新聞やインターネットなどで情報収集することが重要です。

過去の事例を見ると、平成23年度と25年度には小説の大ヒットをきっかけとしたドラッカーブームを反映し、「ドラッカーの経営論」が出題されています。平成21年度の「コンプライアンス」、平成19年度の「企業の社会的責任」は、当時社会問題化した企業の不祥事をベースにしています。日常のニュースなどで経営関連が話題に上った際には、インターネットなどで関連用語を簡単に調べ、記憶する習慣を身に着けておくと良いと思います。

参考図書

①『公務員試験 新スーパー過去問ゼミ4 経営学』（実務教育出版）
②『公務員Vテキスト13経営学』（TAC出版）
③『要点演習5 経営管理』（公職研）
④『経営学検定試験公式テキスト（1）経営学の基本』（中央経済社）
⑤『経営用語の基礎知識（第3版）』（ダイヤモンド社）

①と②はどちらも公務員試験向けなので、公務員試験の際に活用された方もいるかもしれません。①は過去問が多く掲載されており、②は重要事項が簡潔にまとまっているという点では使いやすいと思います。③は地方公務員の昇任試験向けで、問題も掲載されています。④は経営学検定試験向けで、過去問が別売りされています。⑤はボリュームは一番多いです。⑤はウェブ上でも閲覧でき、最近の経営用語の確認と学習を兼ねることができるのでお勧めします。

キーワード

これまでの傾向を通して、出題が予想される分野ごとにキーワードを挙げます。学習を進めるに当たっての参考にしてください。

【経営戦略】
▽アンゾフの四つの成長ベクトル▽垂直統合戦略▽水平統合戦略▽多角化戦略▽チャンドラーの命題▽シナジー効果▽コングロマリット▽コア・コンピタンス▽PPM（プロダクト・ポートフォリオ・マネジメント）▽経験曲線▽製品ライフサイクル▽GEグリッド、ポーターの競争戦略▽コストリーダーシップ戦略▽差別化戦略▽コ・クリエーション戦略▽集中戦略▽パレートの法則▽コトラーの競争地位別戦略▽ニッチ戦略▽組織間関係戦略▽M&A▽TOB（株式公開買い付け）▽LBO▽リストラクチュアリング▽リエンジニアリング▽戦略的提携▽R&D（リサーチ&ディベロップメント）▽クロスライセンス▽OEM▽EMS▽アウトソーシング▽ファブレス企業▽SCM（サプライチェーン・マネジメント）▽デファクト・スタンダード▽デジュール・スタンダード▽ドミナント戦略▽グローバル企業▽マルチナショナル企業▽インターナショナル企業▽トランスナショナル企業▽イノベーション▽トヨタ生産方式▽セル生産方式▽フォード・システム▽QCサークル▽バランス・スコアカード▽KPI（重要業績評価指標）▽ベンチマーキング▽ドメイン（事業領域）▽ナレッジ・マネジメント▽バリューチェーン（価値連鎖）▽7S（Seven S Model）▽MOT（マネジメント・オブ・テクノロジー）▽BCP（事業継続計画）

【マーケティング】
▽セグメンテーション▽マーケティング・コンセプト▽マーケティング・ミックス▽マーケティングの4P▽マーチャンダイジング▽プロダクト・ミックス▽製品差別化戦略▽市場細分化戦略▽プル戦略▽プッシュ戦略▽上層吸収価格戦略▽浸透価格戦略▽ストア・ロイヤルティ▽ロジスティクス▽フランチャイズ・チェーン▽ボランタリー・チェーン▽リレーションシップ・マネジメント▽CRM（顧客関係管理）▽ロイヤルティマーケティング

【組織・企業形態】
▽ライン組織▽ファンクショナル組織▽ライン・アンドスタッフ組織▽フラット組織▽ネットワーク組織▽プロジェクトチーム▽クロスファンクショナルチーム▽職能部門制組織▽事業部制組織▽マトリックス組織▽カンパニー制▽アカウンタビリティー▽SBU（戦略的事業範囲）▽分社化▽持ち株会社▽委員会等設置会社▽特定目的会社▽ベンチャー企業▽社内ベンチャー▽コーポレート・ガバナンス▽インサイダー取引▽スピンアウト▽会社分割制度▽学習する組織▽企業文化▽コミットメント▽コラボレーション

【人事労務・経営管理】
▽伝統的管理論▽ファヨールの管理過程論▽人間関係論▽行動科学的管理論▽マグレガーのX理論・Y理論▽マズローの欲求階層論▽アージリスの成熟―未成熟理論▽ハーズバーグの動機付け・衛生理論▽期待理論▽近代管理論▽コンティンジェンシー理論▽バーナードの組織論▽サイモンの意思決定論▽意思決定のごみ箱モデル▽アンゾフの意思決定分類▽リーダーシップ特性論▽行動科学的リーダーシップ▽マネジリアル・グリッド▽リーダーシップのコンティンジェンシー理論▽SL理論▽PM理論▽連結ピン▽制度的リーダーシップ論▽職務拡大、職務充実▽OJT▽職務給▽職能給▽エンパワーメント▽コンピテンシー▽コーチング▽ファシリテーション▽フレックス・タイム制▽裁量労働制▽人的資源管理▽成果主義▽選抜型人事▽専門職制度▽CDP（キャリア・ディベロップメント・プログラム）▽エンプロイヤビリティー

【その他】
▽コーポレート・シチズン▽アントレプレナー▽コンプライアンス▽サーベンス・オクスレー法▽私的整理▽SRI（社会的責任投資）▽ステークホルダー▽独占禁止法▽リサイクル関連法▽倫理規定▽CSR（企業の社会的責任）▽PL法▽新会社法▽会社更生法▽民事再生法▽企業再生・企業再生ファンド▽デューディリジェンス▽マッチングギフト制度▽エコファンド

昇任試験対策のページ

特別区 管理職試験講座 43
I類択一・記述 I・II類論文 29年度

択一式問題の正答

I類択一

特別区人事委員会は8月31日、平成29年度の管理職選考筆記考査（8月26日に大正大学で実施）のI類択一式問題の正答と受験者の正答数を公表しました。

I類事務択一式受験者の平均正答数は40題中21・3題で、前年度の19題から2・1題上昇しました。最高正答数は満点の40題で、前年度の35題から大きく上昇しました。

I類技術は、I類事務と共通問題となっている20題の平均正答数が技術I（土木造園）と技術II（建築）で8・1題、技術III（その他）で7・5題となりました。前年度と比べると、技術Iがプラス0・7題、技術IIがマイナス0・1題、技術IIIがマイナス0・1題という結果です。最高正答数は技術Iが18題（前年度16題）、技術IIが16題（同18題）、技術IIIが18題（同17題）でした。

選考区分	択一式問題（40題）	
	最高	平均
事務	40題（35題）	21.3題（19.0題）

選考区分	択一式問題（20題）	
	最高	平均
技術I	18題（16題）	8.1題（7.4題）
技術II	16題（18題）	8.1題（8.2題）
技術III	18題（17題）	7.5題（7.6題）

※かっこ内は平成28年度の数値

共通問題

問題No.	正答
1	4
2	4
3	1
4	2
5	2
6	5
7	4
8	1
9	5
10	3
11	2
12	2
13	3
14	3
15	1
16	2
17	3
18	4
19	1
20	5

事務専門問題

問題No.	正答
21	4
22	5
23	2
24	3
25	5
26	3
27	2
28	2
29	1
30	4
31	3
32	1
33	4
34	5
35	5
36	3
37	2
38	1
39	2
40	3

前倒し受験を除いた今年度のI類・II類の受験者数は764人で、前年度から32人増となりました。内訳はI類事務456人、I類技術200人、II類事務86人、II類技術22人でした。

受験率は87・2%で、前年度から2・8㌽増となりました。内訳はI類事務87・2%、I類技術88・5%、II類事務86・0%、II類技術81・5%です。

このうちI類事務では全受験方式で受験率が増加しました。全部受験方式が5・9㌽増の83・0%、分割受験方式が3・2㌽増の88・8%、免除受験方式が0・5㌽増の91・5%で、前倒し受験方式も0・9㌽増の93・0%となりました。

口頭試問進出者には10月2日に通知され、10月14日～15日のうち指定する日に選考が行われます。最終合格者の発表と択一・短答式問題受験の免除者の通知は10月31日です。

今年度の管理職選考の合格予定者数は、I類事務97人、I類技術34人、II類事務50人、II類技術15人の計196人です。前年度と比べ、I類事務が5人増、I類技術が7人増、II類事務が3人増、II類技術が2人減で、全体では13人増となっています。

全体の受験者数と受験率はいずれも前年度増となりましたが、受験者からは試験問題について「例年並みか、やや易化した」という声が上がっていました。本講座などで対策を進めてきた受験者には十分に超えられるハードルだったのではないでしょうか。

次回からは、択一式問題の解説を掲載します。

自治体職員はなぜ災害対応が苦手なのか

克服の処方箋は人材育成

近年、災害対策はどの自治体も重要施策の一つに掲げている。だが、実際に災害が起きると対応が後手に回ることが少なくない。こうした言行不一致には、私たち自治体職員の根本的な部分に災害対応を苦手とするような原因があるのではないか。以下考えてみたい。

■災害時のスピード感

私たちはよく「スピード感を持って仕事に取り組むように」と訓辞を受ける。

通常、重要施策ならば、審議会などで外部有識者の意見を聴いた上で案を作成し、議会審議とパブリックコメントを経て決定という手続きが標準で、1年をかけて行うことが多い。スピード感を持って取り組むとは、これを半年や3カ月で仕上げることだろう。

一方、災害時において意思決定に許される時間は事案の重大性に反比例する。住民の生死に関わるような重大事案ほど即断即決し、即実行に移すことが求められる。その際に用いる時間の単位は「分」。これが災害時のスピード感だ。

分単位で迅速に意思決定を行うためには、あらかじめ決められた権限に基づき一人の責任者が判断・決定し指示できる体制、すなわち厳格な「指揮命令系統」が必要だ。だが、自治体はこうした機動性のある組織体制で普段、仕事をしていない。

■短期の将来予測

前年度の実績を踏まえ、課題を洗い出し、次年度に向け事業の見直しを行う。自治体職員にとって当然な仕事の進め方だ。

これは自らを取り巻く状況が当面（少なくとも1年間）は大きく変化しないことを前提に、過去の行動を修正し、将来に適用する作業にほかならない。だが、状況が常に変化する災害時にはこれが通用しない。

直面する現状から短期の将来（数時間、数日、数週間先）を予測し、その予測に基づき対策を準備し、予測と現実にギャップが生じれば準備した対策を修正して実行に移す。災害対応とはこうした作業の繰り返しだ。

将来の予測に必要なのは客観的なデータだけではない。実際はそれ以上に「想像力」が求められる。私たちが最も苦手とする分野だ。

■Whatより重要なHow

地域防災計画は自治体や関係機関が災害時に何をすべきかを定めている。一方、現実の災害対応は言わば「方法論」の世界だ。

救出救助や医療救護を始め、緊急物資や避難所など被災者を救援すべきなのは当たり前の話で、物理的・技術的な制約が著しい災害時において重要なのは「どのようにして」救援するかであるが、実は地域防災計画ではこの点が欠落している。

つまり「何を（What）」行うかは書かれているが、「どのように（How）」行うかはほとんど記されていない。せいぜい「関係機関と連携して」といった程度だ。

通常、どのようにして行うかは「災害対応マニュアル」に定めてある。だが、マニュアルと呼ばれるだけあって、法定計画である地域防災計画より断然格下扱いだ。議会報告もないので管理職の関心も低い。

■未着手の人材育成

これまで自治体職員はなぜ災害対応が苦手なのかを述べてきたが、本稿は苦手であることを開き直るのが目的ではない。ここからは苦手克服の処方箋を考えていきたい。

結論を述べると、取り組むべきは人材育成だ。要は今いる大勢の自治体職員の中から苦手を克服した職員を作り出すしかない。

これまで災害が起きるたびに、多くの自治体が地域防災計画などを躍起になって見直してきたが、不思議なことに人材育成には未着手といってよい。

その代わり、災害対応の即戦力として警察・消防・自衛隊のOBを登用する自治体があるが、本来その役割は「幕僚」だ。もし彼らが自治体の災害対応に適任ならば迷わず現役組織に全てを委ねればよい。だが、それはできない。自治体の災害対応は職員が担うしかない。

■ジーン・クランツの10箇条

それでは、災害対応に優れた人材をどのように育成すればよいか。参考にしたいのは「ジーン・クランツの10箇条」だ。

ジーン・クランツ氏は、1970年に米国NASAが月面着陸でアポロ13号を打ち上げた際に主任管制官を務めた人だ。アポロ13号は打ち上げ後、宇宙空間で爆発事故を起こすが、クランツ氏ら管制官たちは最善を尽くし、乗組員を地球に無事帰還させた。この史実は映画にもなった。

この10箇条がなぜ参考になるのか。それは、災害時と同様に物理的・技術的な制約が著しい状況下で、彼らは宇宙船事故から乗組員を無事帰還させた。技術より人間の知恵が勝っていた時代を生きた人たちの教訓だからだ。

■防災アレルギーの根絶

防災の仕事に対して多くの自治体職員が「防災アレルギー」とも呼べる忌避意識を持つのは事実だ。「災害があると大変だから」が理由だろう。だが、この認識は完全に間違っている。ひとたび災害が起きれば、自治体職員は部署に関係なく全員が大変になる。もし防災担当の職員だけが大変だとしたら、その自治体の災害対応は被害を拡大させることしかできない。

苦手意識は曲がりなりにも相手と向き合うことで初めて持つものだ。災害対応の苦手克服に最も効果がある処方箋は、防災アレルギーの根絶なのかもしれない。

（都政策企画局計画部計画担当課長　上村淳司）

阪神・淡路大震災での神戸市災害対策本部（写真提供　神戸市）

ジーン・クランツの10箇条

- Be proactive（先を見越して積極的に行動せよ）
- Take responsibility（自分の仕事には責任を持て）
- Play flat-out（全力を尽くせ、手を抜くな）
- Ask questions（分からないことはその場で質問せよ）
- Test and validate all assumption（考えられることはすべて試し、確認せよ）
- Write it down（重要なことはすべて書き出せ）
- Don't hide mistakes（ミスを隠すな、仲間の教訓にもなる）
- Know your system thoroughly（自分の持ち場を熟知せよ）
- Think ahead（次に何が来るか常に意識せよ）
- Respect your teammates（仲間を尊重し、信頼せよ）

共感できる課題を発見する

役所を動かすには

新人議員紙面セミナー　まちを変える質問の仕方②

一般質問には、大きく三つのタイプがあります。

一つは、政策提案型です。議員の考える課題解決のための政策や施策を提案するものです。現状の政策の改善提案を含めると、このタイプの質問が最も多いのではないかと思います。

次に課題責任追及型の質問です。違法不当な事務執行や行政の不作為のために残された課題などについて、その法的または政治的責任を追及するものです。首長に対して批判的な議員が政治的イニシアチブを握るために行います。

もう一つは、自己主張型質問です。広報や議事録に載せることを一義的な目的として、受け入れられる可能性の少ない提案を自己の考えとして述べるものです。

3番目のタイプの質問は、元々役所を動かすことを目的としていません。一方、1番目と2番目のタイプの質問は、いずれも課題を提示して積極的であれ消極的であれ役所を動かすための質問です。

ただ、課題の多くについては、予算提案権と執行権を持つ首長が、役所組織のマンパワーと情報を駆使して、解決のために最善と考える政策や施策を法令等に当てはめて提案しています。その中で、残された課題を発見すること自体が簡単なことではありません。

共感を獲得できる課題

ここで、「課題」とは何でしょうか。辞書風にいうと、住民が幸福に暮らすのに障害となる様々な事柄、といえるでしょう。とすれば、政治、特に地方政治は、住民の暮らしの中にある課題解決のための諸々の営みということになります。課題解決のために制度を作り、税を収入として予算を再分配しているわけです。もちろん、民主主義は多数の意思で決めることが原則ですから、政治に携わるより多くの人々に、提示された課題が解決すべき課題であると共感を獲得し、そして解決策について賛同を得なければなりません。

議員の一般質問で提案される課題も同様です。議員が提案する課題に対して、「なるほど、そのような課題が残されていたのか、ぜひ解決すべきだ」という共感を、首長及び執行部並びに多くの議員に呼び起さなければ、提案は受け入れられることはありません。このように一般質問で役所を動かすには、共感を獲得できる課題を発見する「課題発見能力」がポイントになります。

では、どのようにして共感を得られる「課題」を発見すればいいのでしょうか。課題として残されているということは、現在ある制度や予算の再分配機能では解決されていないということですから、まず現在ある制度や予算の内容を知る必要があります。課題への共感は、その課題が既存の制度や予算では解決できていないという現状を共有することから始まるのです。

議員になられた皆さんの多くは、何か課題を解決したいと考えておられると思いますから、最初は、全ての分野についてではなく、自分が政治家としてテーマとする分野を決めて深く学習することをお勧めします。そして、書籍や論文・資料をある程度学習して分からない部分が出てきたら、その課題を担当している「係長」（呼称はどうあれ「係」、「班」あるいは「グループ」のリーダー）に尋ねましょう。役所の中では、係長が担当している制度や予算について最も精通している人だからです。

学習を深めると知識も

このように学習を深めていくと、テーマとした課題以外の周辺の情報や知識も徐々に身に着いていきます。そして、これまで課題と考えていなかったことが新たに課題として見えて来ることもあります。このようなプロセスを経て、一般質問で最も重要な課題発見能力が高まることになります。

役所を動かすためには、まずは共感できる課題を発見することです。そのためには、執行部と共に課題を解決するというスタンスで、執行部とコミュニケーションを取り、調査し情報を集め知識を獲得して質問に臨むことだといえます。

（廿日市市元副市長　川本達志）

初の都議会本会議に臨む新都議＝8月8日、都議会本会議場で

東京橋くらべ⑦

紅林 章央

旧牟礼橋

珍しい煉瓦アーチ橋

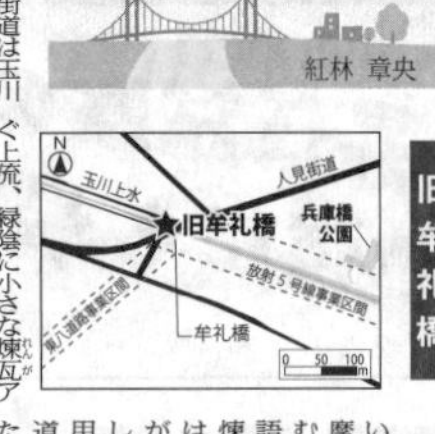

三鷹市内、人見街道は玉川上水を牟礼橋で渡る。そのすぐ上流、緑陰に小さな煉瓦アーチ橋が架かる。旧牟礼橋である。

架橋は大正初期と言われている。橋名はこの地域が北多摩郡牟礼村であったことに因む。なお牟礼とは、古代朝鮮語で小高い山や森を指した。

煉瓦アーチ橋は全国に鉄道橋は約500橋も現存しているが、道路橋はわずか20橋ほどしかない。これは、煉瓦の使用は明治時代が中心で、当時道路橋は木橋が一般的だったためである。

ところが、北多摩地域には本橋と小平市の久衛門橋、東村山市の中橋、国分寺市の一里塚橋と4橋もある。これは、この地域でいわゆる永久橋の架橋が明治末頃から行われたことや、橋長が短く地盤も良好で煉瓦アーチ橋を架けるのに適していたことなどがその理由と思われる。

橋のすぐ脇には都市計画道路放射5号線が通るが、橋は保存されることになった。アーチの中央の要石には鳳凰が刻まれている。このようにいつまでも永らえてほしい。

旧牟礼橋、アーチ中央の石の要石には鳳凰が刻まれる

とうきょうと川柳会

●8月の宿題1「雷」

天災に人の微力を思い知る　信　寛良

反抗期父の雷受けた恩　佐野　和利

親父より雷ママと子供言う　近藤泰二郎

☆雷が夫婦喧嘩を停止させ　谷村　洋一

●8月の宿題2「よせばいいのに」

ちょっかいがセクハラという汚名着る　加藤　富清

原発は止めずカジノを作る国　斎藤　弘美

止り木で持てたつもりが金が飛ぶ　貝田　誠作

☆お節介やいた二人がもう離婚　太田　芽夢

（☆印は選者の句）

とうきょうと川柳会のご協力で本紙読者から川柳を募集します。9月の宿題は「シルバー」と「踊る」で、それぞれ各3句以内を作句し、Eメールでhenshu@toseishimpo.co.jp宛てか、ハガキで編集部宛てにご応募ください。9月15日必着。

ミニガイド

◇公益財団法人東京島しょ振興公社主催「東京愛らんどフェア」開催　▷内容　「東京の島には、『愛』がある。」をコンセプトに、各島特産品の展示・販売・観光PRを実施。東日本大震災復興応援として福島県の特産品展示・販売も行う。プレゼントが当たる抽選会も▷日時　9月29日㈮午前11時～午後7時、30日㈯　午前10時～午後5時▷場所　新宿駅西口広場イベントコーナーA1・A2ゾーン▷入場料　無料

都政新報

発行所 都政新報社
〒160-0023 東京都新宿区西新宿7-23-1 TSビル
(総務・読者) 03-5330-8781
(企画広告) 03-5330-8784
(編集) 03-5330-8786
(出版) 03-5330-8788
(ファクス) 03-5330-8808
購読料 月1,730円(税込)
毎週火・金曜日発行
ただし、祝日は休刊

紙面から

「知事擁護」鮮明に

都民ファーストの会

第2回臨時都議会

豊洲移転・築地再開発に関連した補正予算案の採決が行われる5日の臨時都議会。都民ファーストの会や公明党などの賛成多数で可決される見込みだが、これまでの本会議質疑などでは小池知事を持ち上げる都民ファや、自民党などの質問に答弁をはぐらかす知事の姿勢が鮮明になった。補正予算案の審議が尽くされておらず、今後の都議会の審議に不安を残す形となった。

都議会経済・港湾委員会で質問する樋口都議（右）＝1日

「都の損害は何が考えられるか」。1日の経済・港湾委で都民ファーストの樋口高顕氏がこう質問した。

豊洲新市場内の観光施設「千客万来」を運営する万葉倶楽部が、築地再開発の内容次第では都へ損害賠償請求を検討していることに対し、樋口氏は「まだ（築地の）工事が始まっていない」などを理由に都が損害賠償を負う責任はないとの考えを示した。

樋口氏は、中央区がにぎわい創出で整備した築地市場内の商業施設「築地魚河岸」に触れ、「築地再開発は中央区（の築地魚河岸）と基本的に同じ（考え）で、新しいことではない」との持論を展開。築地再開発を打ち出した知事に責任が及ぶことを回避しようという思惑がうかがえる。

だが、他の委員からは、「万葉倶楽部にそう言って来いよ」とのヤジが飛んだ。

同じ知事与党で、樋口氏の質疑を聞いた公明党の都議からも「都と万葉倶楽部の関係がこじれるから、損害賠償を負う責任がないと踏み込むべきではない。都を訴えていない段階で慎重に行うべき」との苦言も漏れる。

また、都民ファの音喜多駿氏も同委員会で基本方針の意思決定過程が不適切との指摘があることを取り上げ、その受け止めを村松明典市場長ら4人に確認。全員から「問題ない」との答弁を引き出すなど、知事批判をかわす質疑に終始した。

知事との論戦の場となるはずの8月30日の本会議の質疑でも、都民ファは知事に賛辞を述べることに徹した。木村基成氏は「（移転に）待ったをかけたのは勇気ある決断」と切り出し、築地再開発などを「高く評価している」と賞賛を繰り返した。

都民ファは1日までの臨時会での質疑で、知事に意見や注文する場面は1度もなかった。ある都幹部は「都民ファは知事のイエスマン集団との印象を強くした」と話す。

公明党都議の一人は「知事を評価しながらも知事に提案していくことが必要。知事を持ち上げすぎてヤジが飛んだが、第3回定例都議会の質疑に生かしたらいい」と語った。

■一問一答を警戒？

一方、知事の自民党などへの答弁は歯切れが悪かった。基本方針の意思決定過程を追及した自民の早坂義弘氏に対し、「様々な意見を聞いた」と答弁。早坂氏が「誰の意見か」と再質問しても、知事は「あまりに多すぎて話すには時間が足りない」とはぐらかした。

事業局幹部は「都民が知りたがっていたのが基本方針の意思決定過程だと思うが、知事が本筋となる質問を軽くかわした。審議を尽くさずに、補正予算を成立させようという意図が透けて見える」と憤る。

熟議とならなかったのは、都民ファなどによる委員会運営も一因だ。臨時会中の経済・港湾委の審議日程は当初、3日間の予定だったが、本会議質疑の翌日に予定していた同委を中止。同委での質問を練るためには時間が必要であると同委理事会が判断した。

また、都民ファや公明は臨時会前の8月23日の同理事会で、知事らの参考人招致に反対し、最終的に総務局長や財務局長らの招致が決まった。臨時会前の同委だけ知事を呼ばないのではなく、同30日の理事会では、この決定事項が会期中にも及ぶことが確認された。結果として、質疑時間という量とともに参考人と議論する質も確保できず、議論が深まらなかったのが一因だ。

知事の委員会出席を拒否した理由に関して、経済・港湾委での一問一答の怖さがあると見る都幹部もいる。過去に猪瀬元知事や舛添前知事も一問一答で辞任に追い込まれたからだ。都幹部の一人は「質疑は議員にとって知事に対するチェック機能を果たす上で生命線。知事を呼ばなかったのはチェック機能を放棄したようにしか思えない」と問題視した。

古い議会を新しい議会に変えると選挙公約に掲げた都民ファ。臨時会の質疑を見る限り、新しい議会の実現は程遠い結果となった。

小池都政1年

【第2部】都職員アンケート⑥

「慣例」巡り不安大きく

議会構成・2年目の注文

議会対応がスムーズでなくなり、職員の負担が増えるとともに、都政が混乱し、悪い方向に進む――。本紙の職員アンケートでは都職員の多くが先の都議選の結果をこう受け止めていることが浮き彫りとなった。今期の都議会構成に「不安が大きい」と答えた職員は81・4%に上った。＝4面に「自由意見」

職員が不安要因として挙げたのは、第1党になった都民ファーストの会の39人に及ぶ新人議員の存在だ。40代の本庁課長は「限りなくゼロからのスタートに近く、大いに不安」とし、30代の課長代理級は「素人先生ばかりで混乱するだろう」と予測する。

混乱を予測する理由は、従来の議会との事前調整が通用しない可能性があるためだ。これまでは都政を円滑に進めるため、第1会派だった自民を始め、議会と綿密に事前調整する仕組みを築いていた。50代の本庁部長以上は「都政では議会との事前調整の場で政策が練り上げられてきた」とコメント。「議員未経験者には施策内容を丁寧に説明する必要があり、かなりの時間を要するだろう」（50代本庁課長）との声もあった。

一方で、「従来のルールを一から見直す好機」（40代本庁課長）、「自民党と行政の癒着を打破してほしい」（40代本庁課長代理）など、今回の議会構成に期待する職員もいた。40代の本庁課長代理が「初めは混乱するが、時間が解決していくと思う」とするように、「旧弊打破」を打ち出す都民ファーストを軸に、都庁と議会との関係性が新局面を迎える可能性は高い。

ただ、「（都民ファが）知事のイエスマン集団になり、議会としてのチェック機能が十分働くか疑問」と40代本庁課長が危惧するなど、事実上、小池知事が率いる都民ファの動きを懸念する声は大きい。

アンケートでは知事の政策が進むと「思う」と回答した職員が85・7%だったのに対し、都政改革が進むと「思わない」は71・9%と一見矛盾する結果が出た。

他会派へのコメントも寄せられた。都議選前に都民ファとの連携を打ち出して知事与党となった公明党へは、「実質は公明党主導になるだろう」（40代本庁課長）、「キャスチングボートを公明党が握っている。公明党は基本的にわがままので、大変だと思う」（40代出先部長）などの意見が寄せられた。また第3会派になった自民へは、「自民との距離の取り方が難しくなる」（40代出先部長）、「これまでの対応を変えるべきか悩ましい」（50代本庁課長）など、慣例を変えるか否か苦慮する姿がうかがえる。

都議選の結果をどのように受け止めているか

	思う	思わない	無回答
妥当だ	32.0%	68.0%	
都政課題を踏まえて選択された	4.3%	95.7%	
都政改革が進む	27.7%	71.9%	0.4%
議会改革が進む	63.6%	35.5%	0.9%
知事の政策が進む	85.7%	13.4%	0.9%
議会対応がスムーズにいく	10.0%	88.7%	1.3%
職員の負担が大きくなる	94.8%	3.5%	1.7%
都政改革が良い方向に進む	10.8%	85.3%	3.9%
都政が混乱する	85.7%	11.7%	2.6%

構想の実現段階へ

本紙アンケートでは、「安定した都政運営を」否定的な評価が目立った知事就任1年目。「10年後の東京を見据えた骨太の政策を進めてほしい」と50代の本庁課長が記すように、職員は大局観の明示を知事に求めている。

また、「特に力を入れるべき施策」の設問では、防災・災害対策（47・2%）、五輪の機運醸成（44・2%）、高齢化対策（39・4%）が上位に挙がった。五輪開催まで3年を切り、その後には未曽有の「2025年問題」といった超高齢社会が待ち受ける。首都直下地震など災害への備えは言をまたずだ。

「望む」。50代の本庁課長級はこうコメントする。そのためには知事が職員を最大限生かす必要があり、30代の課長代理級は「政策の実現には職員の力が不可欠だ」とした。

「結果が出るのはこれから」（40代出先主任）、「評価は2年目以降」（30代課長代理級）と長い目で見る若手職員もいる。「混乱の1年」と映った就任1年目が、周到に仕組まれた未来への布石だった――。後にこう回顧されるよう、都政の命運を一手に握った小池知事の今後に期待するしかない。

＝おわり

都入札監視委

監視強化で審議件数増

新委員長を外部から起用

都は8月31日、公共工事の入札契約手続きの運用状況などを審議する入札監視委員会を都庁第二本庁舎で開いた。都政改革本部で1者入札の中止などを盛り込んだ「入札契約制度改革の実施方針」が3月に示されて以降、同委員会の開催は初となる。入札契約手続きの監視強化のため、専門部会を新設。また、昨年9月に辞任した元都中央卸売市場長の岡田至委員長の後任には、都職員OBではなく初めて外部有識者を選出した。

3月の実施方針では、予定価格の事後公表や1者入札の中止などの入札契約制度改革とともに、入札契約手続きの事後検証の強化として、入札監視委員会の監視強化や審議件数の増加などが提言されていた。

それを踏まえ、都は同委員会の設置要綱と運営要領を改正。会合の原則公開や、委員定数の12人への増員（5増）、専門部会の設置などを規定し、7月25日に施行した。

同委員会に制度部会と監視部会（2部会）を設置し、各部会委員と部会長を選任した。制度部会では当面、新制度の試行状況を検証する。

二つの監視部会は審議件数を増やすため原則、毎年度2回以上開催し、目安として1回で5件の工事契約案件を扱うことが決まった。昨年度までは1者入札や低入札価格案件を中心に、年間審議件数は2～3件程度だった。審議案件の抽出に当たっては、運営要領で定めた▽高額な契約金額▽1者入札▽高落札率▽低入札価格調査の実施▽同一事業者の長期継続受注▽社会的注目度――を基準にするとともに、委員会や部会で必要と認めた案件も対象に加えた。

また、3月30日に実施した都政改革本部「内部統制プロジェクトチーム」と有識者との意見交換会に有識者として出席した上智大学大学院教授の楠茂樹委員を委員長に互選。楠委員長は「（同委の）ミッションは制度改革の検証強化で役割は大きい」とあいさつした。

歴代の委員長は都職員OBが務めており、岡田元中央卸売市場長が昨年9月に辞任して以来、不在だった。岡田前委員長を巡っては、予定価格の99%台後半で落札された豊洲新市場の施設建設工事が、同委員会の審議対象にならなかったことが問題になっていた。

今後は10月ごろに制度部会と第1監視部会を開催後、11月ごろに再度制度部会を開いて制度改革の試行結果を検証し、入札監視委員会で同検証結果を報告する予定。

都都市整備局

40年代に電柱ゼロ

都市ビジョンを策定

都都市整備局は1日、新たな東京の都市ビジョンや基本方針を示した「都市づくりのグランドデザイン」を策定した。目標時期は40年代に設定し、都内の電柱ゼロや、交通空白地域の解消、緑の総量の維持などの目標を「挑戦」として掲げた。

同グランドデザインではまた、車中心だった道路空間を歩行者や自転車、緑を軸に再編する方針を初めて示した。3環状道路などの整備が40年代までにほぼ完了するため、発想の転換を図る。日本橋の首都高地下化の方針決定を受け、歴史や文化を踏まえた「日本橋の顔づくり」に取り組むことも明示した。

5月に公表した同都市ビジョンの素案では、未設定だったキャッチフレーズについても、素案の出前授業を実施した都立高校の生徒のアイデアを生かして「東京の未来を創ろう」と決めた。

小池知事は1日の会見で「（40年代は）東京五輪大会で世界を感じた小中学生が社会の中心を担う時代。先人たちから受け継いだ東京を引き継いでいく」と語った。

メット着用など拡充

交通安全実施計画策定

都青・治対策本部

都青少年・治安対策本部は8月29日、第10次東京都交通安全計画（計画期間2016～20年度）に基づいて今年度の実施計画を策定し、自転車のヘルメット着用促進事業の対象に児童や保護者らを加えるなど拡充施策を盛り込んだ。

ヘルメット着用を巡っては近年、子供が同乗する電動アシスト付き自転車による事故が多発。同自転車は重量が重く、転倒事故に備えて児童や保護者を同事業の対象に加えることにした。

また東京五輪関連では、大会関連施設の工事車両やそれに伴う交通渋滞対策を新たに盛り込んだ。具体的には開発事業者に対し、児童に配慮した運行計画の策定や交通安全教育の徹底などを要請し、交通事故を未然防止するとした。

同本部は「『交通戦争』と呼ばれた前回の五輪大会時の再来を招いてはいけない」（交通安全課）と話している。

◆完了時期の認識にずれ

小池知事は1日の記者会見で、豊洲新市場の追加対策工事の完了が来年6月上旬の見込みであることに、「もう少し工事が早くなると素人として考えた」と話した。

同工事では専門家会議の提言に基づいて地下ピット追加対策や地下水管理システムの機能強化などを実施予定で、知事は8月28日の都議会第2回臨時会で「（工事完了は）来年6月上旬の見込み」と答弁していた。移転時期を巡っては、市場関係者から来年9～10月ごろを希望する声が上がっており、仮に工事完了時期がずれ込んだ場合は影響が懸念される。

また、豊洲新市場の「千客万来施設」の事業予定者・万葉倶楽部が都への損害賠償を検討していることに対し、知事は「基本協定を守ることが必要。丁寧な説明を続けていく」と話した。

冗句ジョーク

都、公金支出情報の公開始める

「ご夫人、ご夫人、個人の給与情報の公開はありません、それは夫婦間でやってください！」――担当者

都政の東西

Jアラートの限界

全国瞬時警報システム（Jアラート）が伝えるのは、弾道ミサイル情報だけではない。国民が最も身近に利用しているのは、緊急地震速報ではないだろうか。

8月29日早朝、北朝鮮が発射した弾道ミサイルが日本の上空を通過し、襟裳岬沖の海上に落下した。Jアラートの警報音に、戦時中の空襲警報を思い出した人が多かったようだ。蛇足だが、戦時中の空襲警報では「待避」はできても、「避難」は許されていなかった。この点は現代とは大きな違いである。

緊急地震速報と弾道ミサイル情報は、性格が似ている。緊急地震速報は、震源から遠ければ遠いほど誤差が生まれる。そして、震源が近いと速報よりも揺れが先に届いてしまう。弾道ミサイルの場合も発射してすぐに警報を出せば、落下地点を予測することが難しく、対象地域は広範囲に広がる。しかし、どこに落ちるのか分かってから警報を出していたら、警報より先にミサイルが落ちてくる。

国民の中には早朝のJアラートに不快感を持った人も多いようだ。今回の経験で感じたのは、弾道ミサイル情報が緊急地震速報くらいの精度で受け止めるしかないという現実だ。警報を出しても出さなくても、物理的な被害は変わらないだろう。だが、一人ひとりの減災（被害の軽減）にはつなげることはできる。

残念ながら、北朝鮮は当面、瀬戸際外交でほえながら、日本を飛び越える弾道ミサイルを撃ちまくるだろう。戦時中の庶民の生活を描いて大ヒットしたアニメ映画『この世界の片隅に』での主人公のせりふを思い出す。「警報、もう飽きた」

そんな時代にだけはなってほしくない。

16年度特別区決算

経常収支比率悪化も70%台

歳入 歳出 4年連続で過去最大

都総務局は1日、2016年度の特別区普通会計決算を公表した。決算規模は、歳入が前年度比2・2%増の3兆7281億円、歳出が2・8%増の3兆6026億円となった。いずれも6年連続の増で、13年度から4年連続で過去最大規模を更新したが、法人住民税の一部国税化などによる一般財源の減少や公共施設の更新による支出増など不安要素もうかがわせる結果となった。一方、経常収支比率は荒川区を除く22区で悪化したが、1・5ポイント増の79・3%となり、2年連続で70%台を維持した。

■2016年度 特別区普通会計決算（単位:千円、%、ポイント）

区名	歳入総額	歳出総額	歳入歳出差引額	経常収支比率	前年度比
千代田	59,887,247	57,708,758	2,178,489	72.0	2.0
中央	98,580,357	95,745,348	2,835,009	75.0	1.9
港	135,352,780	128,423,868	6,928,912	68.0	2.6
新宿	143,502,150	139,650,738	3,851,412	82.5	0.8
文京	86,383,977	83,213,220	3,170,757	82.8	6.0
台東	98,001,492	95,631,979	2,369,513	82.8	1.5
墨田	115,163,601	112,200,562	2,963,039	83.7	0.4
江東	190,724,029	186,084,694	4,639,335	76.0	0.1
品川	164,543,367	159,246,900	5,296,467	71.8	0.7
目黒	93,336,308	89,781,232	3,555,076	85.6	6.6
大田	257,274,693	250,187,395	7,087,298	81.1	1.4
世田谷	296,894,481	286,323,855	10,570,626	82.5	1.8
渋谷	92,878,783	83,361,624	9,517,159	73.7	4.4
中野	126,519,153	122,999,658	3,519,495	76.9	0.4
杉並	186,736,492	179,405,697	7,330,795	81.9	2.2
豊島	128,122,453	125,520,457	2,601,996	77.8	0.4
北	147,003,118	143,111,565	3,891,553	84.9	1.5
荒川	99,878,321	97,394,161	2,484,160	81.7	▲0.1
板橋	204,806,845	200,476,870	4,329,975	83.5	0.3
練馬	262,200,867	254,958,186	7,242,681	84.9	2.8
足立	287,024,513	278,881,815	8,142,698	76.5	0.7
葛飾	195,785,596	187,080,353	8,705,243	79.3	1.4
江戸川	257,506,091	245,165,796	12,340,295	74.4	0.6
特別区計	3,728,106,714	3,602,554,731	125,551,983	79.3	1.5

※都総務局発表資料より作成

■歳入

歳入は、一般財源が0・9%減の2兆3073億円で、特定財源が7・8%増の1兆4208億円。

一般財源は6年ぶりの減となった。特別区民税が人口増による納税義務者数の増加や雇用環境の改善などで3・7%増となる一方、特別区財政調整交付金が法人住民税の一部国税化で0・9%減、株式等譲渡所得割交付金や利子割交付金、配当割交付金などの各種交付金が、株式・金融市場が一時低迷した影響を受けて14・9%減となった。

特定財源は2年ぶりの増。国庫支出金が年金生活者等支援臨時福祉給付金などで7・4%増、都支出金が待機児童解消に向けた緊急対策などで8・9%増、繰入金が学校建て替えを始めとする公共施設の更新経費の増などで58・6%となり、歳入全体を押し上げた。

■歳出

歳出を性質別でみると、義務的経費が2・5%増の1兆7734億円で、投資的経費が18・4%増の4799億円、両経費以外のその他経費が1・4%減の1兆3493億円となった。

義務的経費は3年連続の増。歳出に占める割合は0・2ポイント減の49・2%で、50%を割り込むのも3年連続となる。公債費が元利償還金の減少で20・6%減となったが、人件費が退職者の増で0・8%増、扶助費が臨時福祉給付金や待機児童対策などで5・4%増となった。

投資的経費は2年ぶりに増加。歳出に占める割合も1・7ポイント増の13・3%となった。品川区や中央区の再開発に加え、新宿区や目黒区、豊島区などの学校整備が主な要因だ。その他経費の減は11年度以来5年ぶり。一般財源の減と歳出増で積立金が12・4%減となったことが影響した。

■財政指標など

経常収支比率は79・3%で1・5ポイント増。算出する際に分母となる経常一般財源が地方消費税交付金の減少などで0・8%減となった反面、分子となる経常経費充当一般財源は扶助費の増で1・2%増となった。

区別では、港区が68・0%で3年連続の60%台を堅持。一方、70%台は10区で、文京、目黒、大田、杉並の4区が80%台に上昇した。このうち目黒区は財調交付金の減が大きく影響し、23区最大となる6・6ポイントの上昇により、23区で最も高い85・6%となった。

地方債現在高や積立金現在高などから算出する「将来にわたる財政負担」は24・6%減で9年連続のマイナスとなった。

外圧に備えを

【解説】法人住民税の一部国税化やふるさと納税ワンストップ制度の導入など、国からの「外圧」が強まる中で迎えた16年度決算。経常収支比率は2年連続で70%台を保ったが、国が繰り出す「ボディーブロー」の効き目が23区の財政運営に表れ始めている印象を受けた。

アベノミクスではないが、国は更に二の矢、三の矢を放つ見通しだ。政府は18年度税制改正に向け、地方消費税の清算基準の見直しで検討会を設置。東京への財源集中を是正すると息巻く。

地方消費税を巡っては、全国知事会も関心が高く、小池知事も7月の会議で舌戦に臨んだばかりだ。地方消費税交付金が23区の歳入に占める割合は6・2%で、2千億円を超える規模となり、見直しが行われた場合、各区の財政運営に少なからず影響を与える額になる。ふるさと納税による区民税の減収が拡大し続ける中、消費税10%段階で国が更に東京の財布に手を入れる懸念も残る。

その反面、国は23区内で来年度以降、大学の定員増を認めない方針を示すなど、国や地方は「23区1強」のイメージを強めている印象だ。今回の決算を見て、国や地方の攻勢は激しさを増すことになる。23区にとっては、更なる外圧への備えを本格化させる機会となるだろう。（米）

墨田区

水辺空間を民活で整備

都有地と共同で定借権

墨田区が都と共同で計画している隅田川の両国船着場の再整備事業で、都と区は8月31日、整備事業者を決定した。約50年間の定期借地権を設定し、都有地と区有地を一体的に事業者に貸し付け、事業者が船着場を核とした複合施設を整備し、観光や災害時の避難機能を向上させる。

予定地には現在、水上バスの待合所や区の子育て支援施設などの公共施設が別々に立地している。選定事業者の提案によると、既存の公共施設に加えて、民間企業が運営するホテルやレストランなどを併設する。

新施設のうち区が子育て支援施設を、都が待合所を事業者から借りるスキームで、賃料は区が月額412万8840円、都が同102万3840円となる見込み。いずれも土地貸付料を下回る額で設定する。

今月中に基本協定を結び、都が区有地を含めて更地にして、来年10月に定期借地権契約を締結。2020年6月の開設を目指す。

アニメとコラボで 都市構想PR動画

豊島区

豊島区は1日、若者らに人気のアニメ「秘密結社鷹の爪」のメーンキャラクターが区の「国際アート・カルチャー都市構想」を紹介するPR動画を公開した。池袋駅前2カ所の大型ビジョンや動画配信サイトの区公式チャンネルで放映する。

同アニメの劇場版の公開と、区が後援する国際アニメ見本市「TIFFCOM」の開催がいずれも10月下旬で重なったため、コラボ企画が実現した。動画は20秒間で、メーンキャラの「吉田くん」が「豊島区は誰もが主役になれる劇場都市を目指します」と都市構想を紹介する。駅前ビジョンでは行政使用枠を使用し、1時間ごとに1日十数回放映。経費はかからないという。

練馬区

コンビニ拠点に見守りを

認知症研修、産官学で開発

練馬区は、コンビニを認知症高齢者の見守り拠点とするため、産学官連携で店員向け研修プログラムを開発する。区民や事業者が発案した企画を区が支援して事業化する協働プロジェクトの一つで、コンビニ店員に特化した認知症対応研修は全国的にも珍しいという。

高齢者のコンビニ利用が増える中、店員が認知症高齢者への対応に苦慮していることから、東京大学大学院医学系研究科の講師や福祉施設事業者、コンビニ経営者らが企画した。プログラムは、コンビニの店員が認知症高齢者の行動にどう対応するかを介護事業所の専門職らと共にゲーム感覚で学ぶ即興劇形式のワークショップを通じて作成。練馬区のNと英語の「improvisation＝即興劇」から「N－impro（ニンプロ）プログラム」と名付け、来年度中に開発した上で、2019年度に他自治体への普及に着手する。

区は協働事業として年間100万円を上限に、最長3年間事業費を補助し、若手職員を派遣して事業をサポートする。

自治体政策のススメ

LGBT施策の課題①

渋谷区が取り組む背景

渋谷区男女平等・ダイバーシティ推進担当課長　永田 龍太郎

渋谷区は昨年、20年ぶりに新たな基本構想を策定しました。スローガンは「ちがいをちからに　変える街。渋谷区」。人権課題にとどまらず、子育て、教育、福祉から、産業、文化といった領域に至るまで「ダイバーシティ（多様性）&インクルージョン（包摂）」＝一人ひとりの違いを個性として尊重し、生かしていくこと＝を成長のエンジンと捉えて取り組んでいます。

私は前職の区内の民間企業で社内外へ向けたLGBT施策を立ち上げた経験が縁となり、特定任期付き職員として、昨年秋より「渋谷男女平等・ダイバーシティセンター〝アイリス〟」を拠点に、多様な性の共同参画社会実現に向けて取り組んでいます。

「なぜ渋谷区はLGBT施策に力を入れるのか」との質問をよく受けます。私は「性的少数者を含む全ての人権が尊重される多様性社会を目指した条例が生まれ、その思想が基本構想につながっている」と説明しています。

この連載では、多様な性の共同参画社会実現に向けた事業の中から、同性パートナーシップ制度といった現在進行形のLGBT施策に加え、既存事業の延長としてスタートできること、そして今後の課題を紹介します。

各種調査によると、日本の人口の7〜8%、つまり約13人に1人がLGBTと言われています。子供から大人まで決して少なくない市民が様々な行政サービスやセーフティーネットにアクセス困難な状況に置かれているのです。この連載がLGBT施策を検討中の自治体の参考になり、かつ「私の所管は関係ない」という人も「出来ることがあるかもしれない」と考えるきっかけになれば、当事者としても幸甚です。

◇

ながた・りゅうたろう＝1975年福岡県生まれ。株式会社東急エージェンシー、ルイ・ヴィトンジャパン株式会社、ギャップジャパン株式会社でマーケティングに携わる。前職でLGBT施策を立ち上げた経験を生かし、16年9月に渋谷区男女平等・ダイバーシティ推進担当課長に着任。多様な性の共同参画推進に取り組む。

新人都議の横顔⑫ ◆区部◆

東京を健康長寿都市に

鳥居　宏右氏
都民ファーストの会・杉並区

父を早くに亡くし、祖父母を始め親類や地域の人に支えられて育った。「人のために」との思いを原点に、研究開発の仕事に携わろうと大学院に進み、95年に化粧品大手のノエビアに入社。当時は化粧品メーカーの過渡期にあり、「単に身なりを整える行為から健康という側面に領域を広げ始めており、魅力を感じた」という。

入社直後から頭角を現し、研究員として出向した慶大大学院では、脳細胞研究から育毛剤の開発につながる研究成果を上げた。13年に42歳で執行役員に就任すると、15年に「未来コミュニケーションラボ・東京研究所」を設立し、顧客や地域住民と直接コミュニケーションできる場を整えるとともに、若手研究員が活躍できる環境を用意。成長産業の健康食品分野への基盤固めを進めた。その年には最年少の44歳で取締役に就任。研究開発部門のトップに立った。

企業人として順風満帆だった反面、キャリアをより広く生かしたいと考える中で、小池知事の希望の塾を知り、入塾。「都心に近い良好な住環境で、住民の参加意識が高い」と杉並区からの出馬を決め、トップ当選した。

都議会では、企業と連携して都民の健康づくりを進めるとともに、新興国での健康意識の高まりを背景に、健康産業の輸出拡大を下支えして経済の活性化にもつなげたい考え。「病気になる前から備える『未病』の観点から健康長寿都市を目指す。都民と楽しく超高齢社会を乗り越えたい。その結果、医療費の圧縮や税収増など経済も付いてくる」

趣味は合気道で、「相手を思いやる武道の精神にひかれた」。慶大院修了。47歳。

東京をブランディング

木下富美子氏
都民ファーストの会・板橋区

シングルマザーとして娘を育てながら広告代理店・博報堂に所属し、近年は地域ブランディングを担当。全国32カ所でまちづくりに関わった。12年〜14年には、内閣府に出向し、女性活躍推進やダイバーシティーの政策を手掛けた。

政治を志したのは「法律や制度」で社会を変えていこうという思いから。「世の中を動かす車輪は三つ。共感、制度と法律、新しい技術」。自身が博報堂で仕事ができたのも「男女雇用機会均等法の恩恵があってのこと」と感じている。前職の経験を生かしつつ、法律や制度という仕組みづくりに関わっていく考えだ。

自治体のプロデュースはお手の物だが、自分を売り込み、有権者の投票行動にまで結び付ける選挙は初めてのチャレンジだった。板橋区は自民党都連会長（当時）のおひざ元で、都民ファーストからは2人の候補が立候補。しかも自身は落下傘で、「厳しい選挙だった」と振り返る。それでもチラシや街宣車の色でオリジナリティーを打ち出すなど、ブランディングの経験を選挙活動にも随所に取り入れた。区内の「希望の塾」塾生は多くが選対に加わってくれ、トップ当選。「3カ月の活動で6キロ痩せた」と笑う。

在任中に取り組みたい仕事は、女性活躍推進と東京のブランディング。情報公開。オープンデータの活用では、「民間が自ら情報発信できるムーブメントを作ることができれば、もっと分かりやすい（公共の）情報発信ができるのでは」と話す。

趣味は食べ歩き・街歩き。「板橋はふらっと入ってもウエルカムな居心地がいい店が多い」。座右の銘は「禍福は糾える縄の如し」。東京外語大卒。50歳。

記者席

刻み込まれた「知事に倣え」

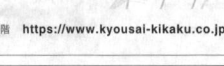

○……6日まで都庁で実施されるラジオ体操。午後2時55分になると庁内放送から音楽が流れ出し、一部の職員が体操を始める。発案者は小池知事だ。この時刻に知事にブリーフィングを行っていた局では、報告の最中であっても知事が体操を始めるため、職員も一緒に汗を流すことになるという。知事は7月の会見で「音楽を流せば勝手に体が動いてしまうというぐらい、日本人のDNAに（ラジオ体操が）刻み込まれている」と語った。だが、ある都幹部は「知事がラジオ体操を始めたら、やらざるを得ない」と苦笑する。「DNAに刷り込んでいる」の間違いではないか。

○……本紙の読者アンケートの結果がネット上でも話題になっているが、最近、「都政新報の記者がフジテレビのバラエティー番組『バイキング』に出演していた」という怪情報がツイッターなどで度々流れてくる。

同番組はお昼の生放送で、タレントの坂上忍さんがMCを務め、芸能から政治まで幅広いジャンルを扱っているが、本紙の記者が出演したことはない。よく調べてみると、名前がよく似ている別の新聞社の幹部が出演していたようだ。

話題のアンケート結果も、媒体名を間違えてネットで拡散している人も多いので、ぜひ本紙の1面右肩にある『都政新報』の4文字を確認してほしい。

○……先週、週刊誌やワイドショーなどをにぎわせた世田谷区での「往復ビンタ」問題。区の体験学習プログラムの一環で開かれたコンサートで、国際的なジャズ・トランペット奏者の日野皓正氏が中学生に体罰を加えたと報じられると、インターネットで当日の動画が公開されていることが分かり、瞬く間に拡散。ネット上では日野氏に同情的な書き込みも数多く見られた。

区が体験学習の機会充実を目的に、2004年度からスタート。その中でもジャズプログラムは人気で、6月の定例記者会見では保坂展人区長が力を込めてPRしていた。会見での反応は小さかったが、不本意な形での大反響となり、保坂区長も酒をラッパ飲みしたい気分ではないか。

16年度市町村決算

歳入・歳出増も鈍化傾向

経常収支比率は90%台に

都総務局は1日、2016年度市町村普通会計決算の概要を発表した。決算規模は前年度に比べて、歳入は0・5%の増、歳出は1・1%の増となった。歳入・歳出の増加は4年連続。地方税も4年連続で増加した一方で、経常収支比率は3・0ポイント増の91・1%となり、改善傾向が見られた昨年度よりも悪化し、財政構造の硬直化が顕著になっている。地方消費税交付金や地方交付税などの一般財源の減少が要因であり、財政基盤の強化や行財政改革が急務だ。

決算規模は歳入総額が1兆6321億400万円で、前年度に比べて0・5%の増。歳出総額は1兆5845億2700万円で1・1%増加した。歳入・歳出ともに昨年度に比べて伸び率は鈍化したものの、増傾向が続いている。

実質単年度収支は黒字だった前年度から218億円の減となり、赤字に転じた。

■歳入・歳出

歳入では、地方税が0・4%の増となった。地方税全体の約半分を占める市町村税は、納税義務者の増加などによって個人住民税所得割が1・5%増。だが、法人税率引き下げの影響などを受けて法人住民税法人税割が20・2%の減になったことで、全体では1・2%の減となった。

地方交付税は普通交付税が6・6%減、特別交付税が2・6%減に対し、震災復興特別交付税が14・8%増となり、全体では6・1%の減となっている。

歳出では、義務的経費が2・2%増。歳出全体の占める割合は0・6ポイント増の49・1%となった。

人件費は前年度に行われた国勢調査のための委員等報酬が2・7%減となったことなどにより、1・4%の減。扶助費は障害者自立支援給付費や保育所運営費の増などにより、前年度から4・4%増加している。

投資的経費は2・0%の増で、全体に占める割合は0・1ポイント増の10・9%。普通建設事業費は施設整備等の増より2・4%の増になった。

その他の経費は0・5%の減。各自治体が前年度に発行したプレミアム付き商品券発行事業の関連経費の減などにより、補助費が2・6%の減となっている。

■財政指標

実質収支比率は前年度を0・9ポイント下回る5・0%。財政の弾力性を示す経常収支比率は、分子の経常経費充当一般財源等で扶助費が増加し、分母にあたる経常一般財源等で地方消費税交付金の減が重なったことで、前年度から3・0ポイント悪化し、91・1%となった。臨時財政対策債と減収補填債（特例分）を除いた率で計算しても前年度を2・8ポイント上回る93・4%で、改善傾向にあった前年度に比べて後退した。

将来にわたる財政負担では、地方債現在高が臨時財政対策債や一般単独事業債の減などにより、前年度から1・1%減。積立金現在高は、財政調整基金が0・8%減となった一方で、その他特定目的基金が6・2%の増となったことで、3・7%の増となった。

一方で、債務負担行為翌年度以降支出予定額は施設整備等の支出予定額が増加し、16・4%増。これによって将来にわたる財政負担は前年度に比べて3・9%の増となっている。

■2016年度 市町村普通会計決算　（単位：千円、%、ポイント）

市町村名	歳入総額	歳出総額	歳入歳出差引額	経常収支比率	
					前年度比
八王子	195,932,846	193,944,232	1,988,614	88.8 (93.2)	4.8 (5.2)
立川	78,160,310	73,814,658	4,345,652	88.5 (88.5)	0.6 (0.6)
武蔵野	70,917,979	68,486,113	2,431,866	80.8 (80.8)	0.0 (0.0)
三鷹	69,938,622	68,653,953	1,284,669	86.8 (86.8)	2.8 (2.8)
青梅	49,994,131	49,127,546	866,585	100.1 (107.3)	3.4 (3.7)
府中	109,896,989	106,980,011	2,916,978	83.2 (83.2)	1.9 (1.9)
昭島	43,841,958	42,505,442	1,336,516	95.2 (96.5)	2.2 (1.1)
調布	89,753,737	85,795,274	3,958,463	90.9 (90.9)	5.9 (5.9)
町田	144,519,334	139,899,675	4,619,659	93.7 (95.1)	3.4 (2.5)
小金井	42,321,264	40,218,989	2,102,275	92.7 (92.7)	1.9 (1.9)
小平	63,172,051	61,529,066	1,642,985	94.9 (96.8)	3.1 (2.6)
日野	68,796,815	66,281,575	2,515,240	93.9 (95.6)	2.1 (3.8)
東村山	54,382,759	52,874,825	1,507,934	93.8 (100.5)	4.9 (4.2)
国分寺	48,036,341	46,817,189	1,219,152	92.9 (92.9)	2.0 (2.0)
国立	30,038,366	29,276,803	761,563	92.7 (92.7)	2.4 (2.4)
福生	26,689,464	25,576,518	1,112,946	91.1 (91.1)	4.9 (2.2)
狛江	28,044,199	26,792,968	1,251,231	90.1 (93.8)	1.3 (0.7)
東大和	34,697,816	33,100,214	1,597,602	92.7 (98.7)	1.9 (1.1)
清瀬	29,883,228	28,838,518	1,044,710	92.5 (98.5)	2.0 (1.2)
東久留米	39,951,359	39,166,722	784,637	93.8 (99.8)	1.6 (1.2)
武蔵村山	28,392,470	27,751,755	640,715	95.2 (101.2)	3.2 (2.7)
多摩	54,800,263	52,711,296	2,088,967	90.6 (90.6)	2.8 (2.8)
稲城	34,537,388	33,886,137	651,251	91.6 (94.8)	4.5 (3.4)
羽村	23,877,112	23,272,370	604,742	103.5 (103.5)	6.8 (6.8)
あきる野	29,681,405	29,275,851	405,554	98.8 (105.6)	5.1 (4.1)
西東京	70,415,425	68,745,697	1,669,728	95.8 (101.6)	3.3 (4.1)
市計	1,560,673,631	1,515,323,397	45,350,234	91.2 (93.5)	3.0 (2.9)
瑞穂	14,403,216	13,845,268	557,948	90.4 (90.4)	2.3 (2.3)
日の出	8,920,923	8,676,443	244,480	112.4 (120.3)	7.1 (6.9)
檜原	3,694,275	3,544,787	149,488	76.1 (79.1)	4.1 (3.3)
奥多摩	6,547,939	6,322,860	225,079	73.5 (77.2)	▲0.5 (▲1.5)
大島	10,171,548	10,141,633	29,915	88.1 (92.4)	4.1 (3.4)
利島	1,248,726	1,233,921	14,805	78.8 (81.9)	5.3 (4.8)
新島	3,890,694	3,699,094	191,600	79.8 (83.2)	0.3 (▲0.6)
神津島	3,083,391	3,016,378	67,013	80.0 (83.4)	0.9 (0.1)
三宅	4,045,253	3,910,425	134,828	80.6 (84.2)	▲1.3 (▲2.3)
御蔵島	2,235,823	1,961,323	274,500	71.7 (74.4)	▲1.0 (▲2.0)
八丈	7,461,643	7,338,951	122,692	88.0 (92.2)	▲1.2 (▲2.1)
青ヶ島	1,129,601	1,095,259	34,342	85.8 (85.8)	8.3 (8.3)
小笠原	4,597,518	4,416,985	180,533	83.5 (87.0)	▲3.7 (▲4.6)
西多摩計	33,566,353	32,389,358	1,176,995	92.0 (94.6)	3.1 (2.6)
島しょ計	37,864,197	36,813,969	1,050,228	84.2 (87.9)	0.3 (▲0.5)
町村計	71,430,550	69,203,327	2,227,223	88.3 (91.5)	1.7 (1.2)
市町村計	1,632,104,181	1,584,526,724	47,577,457	91.1 (93.4)	3.0 (2.8)

※経常収支比率のかっこ内は臨時財政対策債などを分母から除いた数値

進む財政硬直化

【解説】　市町村の経常収支比率は昨年度から悪化し、1年ぶりに90%台に戻った。地方交付税の減少や少子高齢化に伴う扶助費の増加で、自治体の行財政運営から弾力性が奪われる流れが進んでいる。

都行政部は、歳入面で海外経済の不確実性や金融資本市場の変動の影響に留意するとともに、歳出面では老朽化した公共施設などの更新整備に伴う負担増が見込まれることから、「引き続き財政基盤の強化や行財政改革が必要」としている。

国は東京をターゲットに据えた財源集中の是正に取り組む方針を示している。市町村が受ける影響は23区に比べれば小さいと見られるが、内容次第では予断を許さない。都内の市町村では歳入規模が大きく異なり、「一極集中是正」によってメリット・デメリットがそれぞれ表れる可能性もある。自治体ごとに法人税や個人住民税など依存する歳入区分も異なり、先行きは不透明だ。

今後、都市機能の更新を迎える中でも住民サービスを維持するために、各市町村には徴収努力などの歳入増に向けた取り組みや、これまで以上の財政規律が必要だ。（南）

「ホストタウン」で大会参加

独自イベントやSNS利用も

東京五輪まで3年を切り、湾岸地域に集中する競技会場から遠い多摩地域での機運醸成が課題となる中、各市は五輪参加国の「ホストタウン」に名乗りを上げて、事前交流やキャンプ地誘致などを通して大会の盛り上げを図っている。イベントの開催やSNSの活用などで国際交流や地域振興につなげることが事業の目的だが、相手国への理解促進を図ることで、「遠い大会」をより身近なものにする狙いもある。

小学生と交流するドイツ人のカヌー選手＝青梅市提供

内閣官房オリパラ事務局の「ホストタウン」事業は、国内の地方公共団体と五輪参加国・地域が相互交流し、自治体のグローバル化や活性化、観光振興を図ることが狙い。隣接する自治体が共同で特定国のホストタウンになる場合もあり、7月7日時点で全国179件がホストタウンに登録されている。都内では8自治体が登録し、市部では武蔵野市がルーマニア、青梅市がドイツ、調布市がサウジアラビア、町田市が南アフリカ、東村山市が中国のホストタウンに選ばれている。相手国からの留学生との交流や、勉強会の開催など、各市が工夫を凝らしている。

武蔵野市ではルーマニアのホストタウンとして同国をPRするため、オリジナルキャラクターを作成。同市に住む男子学生という設定の「ジョータ」のSNSアカウントを取得した。今後、「ルーマニアから来た少女」のキャラクターのアカウントも作成し、SNS上で交流を進め、市民の理解と国際交流の活性化を進める考えだ。

大々的なイベントを企画するのが青梅市だ。浜中啓一市長は8月28日の会見で、ドイツのホストタウンとして同国の伝統的な催しである『オクトーバーフェスト』を10月8日・9日に市役所で開催すると発表した。

オクトーバーフェストは、ビールやソーセージを楽しむイベントとして近年国内でも盛んに行われている。同市の催しには市内の飲食店などが参加する見込みで、市幹部は「市民とともに、ドイツについて勉強しながら手作り感のあるイベントにしたい」と意気込む。1万人の来場を見込んでいる。

青梅市は昨年6月にホストタウンに登録。1965年にボッパルト市と姉妹都市提携を締結し、交流を続けてきたことが縁になった。同国のカヌー・スラローム選手団の事前キャンプを御岳渓谷に誘致したい考え。

同市企画部企画政策課は「練習だけがキャンプの目的ではない。都心からも日帰りで来ることができ、自然の中でのリフレッシュや山岳信仰を始めとした日本文化など、市の利点を生かして誘致していきたい」と話す。

■「多摩格差」乗り越え

同じくホストタウンを契機に事前キャンプ地に名乗りを上げる自治体が町田市だ。南アフリカのホストタウンの同市は、15年に同国のラグビーチームが強化合宿を行った実績もあり、誘致を進める。町田市内には野津田陸上競技場などラグビー以外の競技にも使用可能な施設があり、複数の国が視察に訪れている。「競技会場などからのアクセスも悪くなく、施設の評価も高い」と各国から好感触を得ているが、やはり「南アフリカの事前キャンプは狙いたい」と意欲を見せる。

多摩地域の各市がホストタウンや事前キャンプ地に名乗りを上げるのは、東京五輪という一大イベントを前に、23区との「格差」を実感していることも理由の一つだ。現在、五輪の競技会場は湾岸部を中心とした23区内の21施設に対し、多摩地域は東京スタジアムと武蔵野の森総合スポーツプラザの2カ所にとどまる。一方、会場見直しなどで都外会場は16施設にのぼる。

現在は自転車ロードレースが多摩地域を周回する可能性も残されているが、「国際競技連盟の要望を受けて、ゴールは皇居外苑から静岡県の富士スピードウェイに変更になるのが濃厚」（市幹部）だ。必然的に都内を走る距離は短くなり、周回コースを見込んでいた多摩市と稲城市の不満は大きい。

稲城市の高橋勝浩市長はコース変更の動きについて、「コンパクトな大会という当初のコンセプトならば容認できた」とする一方、方針が変わり会場が都外に出ることは「話が違う」と「多摩格差」に苦言を呈する。

ホストタウン登録やキャンプ誘致は、各市にとって国内外への魅力周知や観光振興であると同時に、五輪成功に向けた最大限の協力でもある。競技会場から離れた地で、どのような形で大会に関わることができるか。残り3年、各自治体の努力が続く。

稲城市

夫婦にオリジナル「証明書」

婚姻届提出の記念品に

稲城市は同市に婚姻届を提出した夫婦を対象に、オリジナルの婚姻届特別受理証明書を10月2日から発行する。独自の婚姻届の作成は立川市など多くの自治体が行っているが、特別受理証明書を独自デザインにする例は都内で初めて。市民課は「全国的にも珍しいのでは」と話している。

婚姻届受理証明書と特別受理証明書はいずれも各役所で発行している公的書類で、夫妻の名前や受理日が記載される。特別受理証明書は全国でほぼ一律1400円で発行することができ、通常の受理証明書に比べて紙質などが良く、記念として額縁などに飾ることを想定している。

だが、デザインは「賞状のよう」（髙橋勝浩稲城市長）で無機質な印象があったため、同市はより記念品にふさわしいオリジナル証明書の作成を決めた。市のキャラクター「稲城なしのすけ」や特産品の梨やぶどうのイラストを配置した。

同市ではオリジナル婚姻届の作成も検討するが、婚姻届は窓口に提出するため、手元に残るのは控えのみだ。高橋市長は「夜間窓口に婚姻届を提出し、通用口で写真撮影をする人もいる。届け出を出すだけでは可哀想」と、記念品としての証明書発行の意図を話した。今後は写真撮影用のバックボードの設置なども検討する。

同市では、2013年から年5回程度、婚活パーティーを開催するなど市内での結婚を推進。これまでに3組の結婚が成立している。

武蔵野市長選

自民市議の高野氏が出馬へ

2人目の新人候補

9月24日告示、10月1日投開票の武蔵野市長選に、市議の高野恒一郎氏（自民）が出馬を表明した。4日に市内の選挙事務所で会見を開いた。自民党の支援を受けるほか、公明党にも「応援してもらいたい」と話している。

同市長選では、現職の邑上守正市長が3期で引退し、次回選挙には出馬しない意向を示しており、各政党・団体による候補擁立の動きに注目が集まっている。これまでに元民主党都議の松下玲子氏が無所属で立候補を表明しており、高野氏の立候補は2人目。

高野氏は2013年に自民党の公認を受けて市議補選で初当選し、現在2期目。前回市議選ではトップ当選している。

小学生と接触事故 女性主事を懲戒処分

東大和市

東大和市は、通勤中に人身事故を起こした子育て支援部の保育士の女性主事（47）を8月31日付で減給10分の1（2カ月）の懲戒処分にした。

同主事は今年2月2日、自家用車で通勤途中に、信号のある交差点の横断歩道を渡っていた小学生2人と接触し、けがを負わせた。刑事処分が下されたため、今回の処分に至った。

◆新島補選きょう告示

新島村議補選がきょう告示される。欠員は2人で投開票は10日。

■調布市人事異動

1日付

【課長級】▽生活文化スポーツ部生涯学習交流推進課長＝生活文化スポーツ部生涯学習交流推進課生涯学習交流推進係長事務取扱（生活文化スポーツ部生涯学習交流推進課長）半澤清美

新人都議の横顔

◆多摩◆

都議としてたばこ対策を

岡本　光樹氏
都民ファーストの会・北多摩第三

希望の塾に入塾した動機は「受動喫煙防止に向けた都議候補者との人脈作りが目的だった」と明かす。弁護士としてのライフワークでもある「受動喫煙問題」では当初、厚生労働省の屋内禁煙を原則とした法案に期待を寄せていた。都民ファーストの会から都議選出馬の打診があった際にも、「候補者へのサポートなど、裏方として関わらせてほしい」と一度は断わった。

しかしその後、自民党たばこ議連との協議で厚労省案が暗礁に乗り上げた。小池知事が「国ができないなら都がやる」と条例化を打ち出したことで、都議として自ら条例策定を見届ける決意を固めた。

大学在学中に司法試験に合格。当時から他人のたばこの煙でのどを痛めて理不尽さを感じ、受動喫煙の被害者が集まる集会などに参加。職場でたばこの煙にさらされ、誰に相談したらいいのか分からないといった声を聞き、「労働者の人権問題」という思いを強くした。

その後、弁護士として、全国で初めて受動喫煙に関する法律相談を受け付けるホームページを開設。罰則がなく、判例も少ない分野の案件に取り組む弁護士は少なく、全国から相談が寄せられた。その中には、子供の受動喫煙に関する周囲の大人からの相談もあった。

「子供は自ら訴えることができないが、潜在的には苦しんでいる人、心配する人がたくさんいる」と感じ、都議会に家庭などで子供の受動喫煙防止を定めた条例案を持ち込んだ。

会派では新人ながら副幹事長を務め、多忙な日々を送っている。アメリカでバックパッカーの経験もある行動派だが「旅行には行けていない」と苦笑する。東大法卒。35歳。

多摩格差解消に取り組む

辻野　栄作氏
都民ファーストの会・小金井市

中学生の頃、入院中の祖父を見舞った際に医師の仕事を目の当たりにしたのを契機に、「人の役に立つ仕事がしたい」と思い、医師を志望するようになったという。山口県の高校から北海道大学に入学し、卒業後、同大学で外科医の研修を受けていたが、麻酔科医を志し、2001年に大阪大学に移った。

大阪大学医学部麻酔科学教室に在籍していた時は過重労働もあったが、「手を抜かずに一生懸命やるだけ」との思いで臨んだ。その後、同精神医学教室を経て、単身上京し、09年に文京区でクリニックを開業。経営は厳しかったが、次第に軌道に乗った。

議員を目指そうと思ったきっかけの一つになったのが、これまで100回程度の海外渡航歴があり、「特にアジア諸国の子供は純粋で目が輝いているが、日本の子供も夢や希望を持って生活を送ってほしいと思った。日本を何とかしないといけない」との問題意識を抱いたからだ。その後、希望の塾が昨年11月、塾生を追加募集していることを知って応募。都議選に向けて小金井市から出馬することが決まった。

これまでの人生はチャレンジの連続だったが、「必ずうまくいくと思ってやってきた」とポジティブだ。[illegible]東京全体のことを考えながら、多摩格差の解消にも意欲的に取り組む考えだ。

座右の銘は「明日[illegible]」。毎日を大切にしようと考えている。これまでは、仕事と勉強一筋だったが、今後は「家庭を持って、落ち着きたい」と話す。北海道大医卒。48歳。

都・調布市総合防災訓練

木密地域での自助・共助を強化

ヘリで知事緊急参集も

都は1日と3日、調布市と合同で総合防災訓練を行った。今年度は多摩直下型地震（マグニチュード7・3）が発生した想定で、木造住宅密集地域で倒壊した建物から被災者を救助する訓練を実施。住民の自助・共助の意識を高める狙いで、旗を住民が自ら掲げることによる安否確認や応急処置、初期消火の体験も実施した。

今年の訓練では、がれきにより警察・消防が現場に到着できない状況を想定し、多摩川河川敷の多摩川児童公園に倒壊した家屋を設営して木密地域を再現。ドローンや自衛隊の航空機が被災状況を確認。がれきで救助の車が入れないことが分かるとヘリコプターによる消火のための散水や、ホバリング飛行をしながらけが人をつり上げて救助する「ホイスト救助」を行った。

堤防の決壊や津波で多摩川に人が流されたことも想定し、川からヘリで被災者を引き上げた。

昨年12月の新潟県糸魚川市周辺での大規模火災では消火水の約2割が糸魚川から取水されたことを踏まえ、ミキサー車を使って多摩川から消火水を補給。地元住民や消防団が中心となって初期消火や負傷者の救助も行った。

さらに、警視庁の捜索隊や救助犬、東京消防庁、東京DMATのチームが入り、チェーンソーで家屋を切り崩してけが人を救出したり、動かなくなった車の牽引訓練などを行った。

また、今年度は住民による自助・共助の一環として、地元町会と連携して「黄色旗大作戦」を実施。住民は家屋の玄関やベランダなど、道路から見えやすい箇所に「わが家は無事です」と書かれた黄色い旗を掲げた。静岡県富士市では10年前から同様の取り組みが行われており、参加した40代の主婦は「これをきっかけに、普段から防災について家族で考えたい」と話した。

多摩川児童公園では自助・共助の体験も行った。小中学生を含む調布市民や、都立調布南高校の生徒240人らが参加し、ジャッキを使っての倒壊家屋の持ち上げや、消火栓を利用した飲料水の確保、消火器での初期消火や三角巾やAEDでの応急処置などを体験した。

阪神・淡路大震災では、救助された人のうち8割が家族や知人から救助されたといい、小池知事は「地元住民の日頃の訓練や、『地元を守る』という意識があるからこそ、防災機関との連携ができることを確認できた」と講評した。

また、1日には知事の緊急参集訓練を実施。知事就任後初で、都や警視庁など関係各所の連携体制の確認や知事の参集にかかる時間などのデータ収集が目的。

知事は自宅からパトカーで中継地点まで向かった後、警視庁のヘリで都立代々木公園（渋谷区）の陸上競技場まで移動。その後、都の災害対策車に乗り換え都庁に参集した。総務局は「警視庁との連携は滞りなく進んだ。今回の参集ルートのほかにも空路・陸路でいくつかのルートを想定しているので、今後確認していきたい」（総合防災部）と話す。

小池知事は3日、記者団に対し、「自助・共助が『安全ネット』になることを改めて認識してもらいたい。防災を基本にし、その上で生活を彩っていくことを確認し、都民と共有していきたい」と語った。

警視庁のヘリで緊急参集訓練に向かう小池知事＝1日、都立代々木公園（渋谷区）

東京消防ボランティアによる、けが人の救護訓練＝3日、多摩川児童公園（調布市）

都会計管理局

公金支出状況の公開開始

まず7月分の5万3千件

都会計管理局は1日、全ての公金支出情報の公開を始めた。全27会計の年間約70万件の支出状況について、課ごとに支払日・支払科目・支出額などを一件ずつ公開する。

公金支出情報は検索・集計しやすいよう、エクセルファイルで作成。都の情報公開ポータルにリンクを張り、各会計の所管局のホームページに掲載する。一般会計・特別会計（15会計）は会計管理局がまとめ、公営企業会計（11会計）は各所管局がそれぞれ担当している。

同日付で公開したのは、7月分の約5万3千件。「管外出張旅費」「公共料金支払」「複写・プリントサービスに係る支出」などのほか、「ようかんの購入に係る支出」「市場問題プロジェクトチームによる検討作業補助委託」といった具体的な項目も記載している。支出先の個人名が明らかになるなど、東京都情報公開条例に規定する非開示情報は対象外。警視庁分は犯罪の予防、捜査情報が含まれることがあるとして事業名を記載した。公開情報は毎月下旬に更新する。

都は税金がどのように使われているのかを都民に知ってもらい、職員の意識を向上させ、「税金の有効活用（ワイズ・スペンディング）」に役立てたい考え。小池知事は1日の定例記者会見で、「情報公開を続けることにより、透明性の確保を進めていきたい。個人情報の部分はしっかりと守っていく」と述べた。

都の公金支出の件数は他道府県・政令市と比べても多く、大阪府の年間約26万件の2・7倍。各局経理担当による処理作業の量も膨大となっている。

支払内容の詳細については情報公開制度に基づく開示請求を行う形になるが、小池知事は「（開示の）作業だけで何年もかかることもあるので、吟味する」と述べた。

都産業労働局

タブレットでテレビ会議体験

テレワークセミナー開催

都産業労働局は8月30日、都内中小企業向けのテレワーク体験セミナーを豊島区内で開催した。社員や経営者ら15人を対象に、（一社）日本テレワーク協会の講師が既にテレワークを導入している企業の成功事例を説明しながら、オフィスでの業務が少なくなり電力削減につながった企業や、テレワークを採用活動でPRして入社希望者が増えたケースなどの副次的なメリットも紹介。また、2時間の通勤を60歳まで続ければ約2年を通勤に使う計算になることを説明し、働き方改革でのテレワークの重要性を示した。

その後、参加者は8班に分かれてロールプレイング形式でテレワークを体験。班はそれぞれ「営業」「開発」など異なる部署という設定で、タブレット端末を使用した他部署とのテレビ会議やメールを使った業務の共有を実践した。

参加した40代の男性会社員は「普段、グループで仕事をしているが、全員で集まれる時間は限られている。今日学んだことをうまく業務に取り入れたい」と話していた。

同局は9月中に五反田や秋葉原などで同様のセミナーの開講を予定している。

■小池都政　1年目の評価～都職員アンケートの自由意見から⑥

チェック機能に疑問符

7月の都議選では、小池知事が率いた「都民ファーストの会」が圧勝し、公明党と合わせて過半数を制した。新人議員も数多く誕生している。「古き悪しき体質が改善される」として議会改革の好機と期待する職員がいる半面、「素人ばかりで混乱する」という不安や「知事与党であり、むげな対応はできない」と戸惑いも聞かれた。

議会対応

期待が大きい

■選挙結果を踏まえ、都政を適切に進める努力をするのが職員の務め。（50代、本庁部長以上）

■都議会自民党は尊大で扱いにくい。自分の意見に合わない説明をするとすぐに怒鳴り散らすなど議論にならず、そういう議員の態度を改めてほしい。共産や公明は委員会などの質問通告が直前に行われることが多く、職員の残業を増やしている。この点も改革し、議会として職員の残業を減らすよう改革してほしい。（40代、本庁課長代理）

■自民党と行政の癒着を打破してほしい。（40代、本庁課長代理）

■従来のルールを一から見直す好機。（40代、本庁課長）

■新しい体制なので、よくなることを期待したい。（40代、出先主任）

不安が大きい

■会派構成が激変した中で、どのような議員対応が及第点となるのか、期待と不安が入り混じった思いでいる。（40代、課長級）

■答弁ギリギリまで対応を迫られそう。議会待機で無駄な超勤が発生しており、事前調整はもちろん、質問通告をもっと早く締め切るなどの改革をしてほしい。（30代、本庁課長代理）

■これまで慣れてきた対応・方法が通じない事態が生じるのではないかという漠然とした不安がある。（30代、本庁課長代理）

■目先の点数稼ぎのために議会のルールを守らず、職員に対する不当な要求、質問などが増える恐れがある。混乱は必至であり、不毛な残業が増えそうだ。（40代、本庁課長）

■知事の会派が多数を占める状況で、チェック機能が働くか疑問。新たな風が入ることで古き悪しき体質が改善される期待もあるが、地に足を付けた都政運営ができるのか、不安が残る。（40代、出先課長代理）

■都民ファと知事の関係、バランスの取り方が見えない。地方自治法など都政の基礎をどの程度理解しているのか分からない。公明党の役割も見えない。（50代、本庁部長以上）

■第1党が知事のコピーマシンなのに、独自性を出したがるので、余計な振り付けが必要だし、党として一枚岩にならないので大変。（50代、出先課長）

■「職員＝悪」という姿勢で臨んでくるのではないか。都民ファは組織として機能するのか疑問。自民との関係も悩ましい。議会改革を言うのであれば、質問調整の在り方を会派としてしっかり定め、働き方改革につなげてほしい。（40代、本庁課長代理）

■かつての民主党のように、個々の議員の行動や考えがバラバラで会派としてのまとまりを欠いた場合、混乱が長引くのではないか。現時点では後者の不安が大きい。（50代、本庁課長）

■行政のイロハが分かっていない議員が半分以上いると思われ、09年の民主党第1党とダブる。（40代、本庁課長級）

■民主党大勝の時もわけが分からない1年生議員が大暴れして大変だったが、今回は更に知事与党であり、むげな対応はできないため、相当混乱すると思う。（40代、本庁課長代理）

「古き体質」改善されるか

■知事＝都民ファーストなので、慣れてくれば今よりも施策は通りやすくなるかもしれない。（30代、課長代理級）

■志のない連中が当選しただけ。民主党の補欠や自民党の落ちこぼれ組が大挙してやってくる。悪夢。（50代、本庁課長）

■区市町村議会と異なり、都議会では完璧な事前調整を是とする風潮があったため、幹部職員レベルや人事評価の視点でその風潮をなくす方向にならないと、課長級以下はかなり困るのではないか。政治経験者が少なく、小池知事に「右に倣え」の議員が多い中、自由闊達な議論を求めるとなると、これまでの自民党への説明とはまた別の仕組みが必要になるかもしれない。（30代、主任級）

■議員に求められる調整役・裏方仕事が忘れられ、議場でのパフォーマンスに終始すれば、一つ一つの施策の実現には暗雲が立ち込める。（20代以下、一般職）

■都民ファの会がどのような態度で理事者側に対応を求めてくるのか未知数で不安。当面は様子見するしかない。（50代、本庁部長以上）

■古い体制にも問題はあったが、批判する以外できない議員がいきなり議員になったことで、偉くなったと勘違いする者が多くなり、「自分ファースト」が増えると懸念している。（50代、課長級）

■次回の都議選まで身分が保障されているため、傲慢な議会運営が行われることが心配。（20代、一般職）

■国政、経済・産業界など、首都のキーマンとの連携があるとは思えない。都民主義は結構だが、生活感覚だけでは首都の政治は進まない。企業なども都民であることを忘れてはいけない。（50代、本庁課長）

■政策を意識して当選した議員は少ない。単なる一分野の専門家に過ぎない。政治とはあらゆる人の考え方や立場、将来像、利益・不利益などを総合させる高度な仕事。とてもできるとは思えない。（50代、本庁部長以上）

■会派ごとの取りまとめ役となる議員が、会派の壁を超えて話ができるかどうか。（40代、本庁課長）

■新風は必要だが、限度がある。都民ファの面々の多くは都政や議員が未経験で、必死になって勉強しても1～2年かかる。それまでは個人の感性に頼るかイエスマンになるしかない。新人には政策をしっかりと勉強してほしい。（50代、本庁課長）

■自民党が第1党の時は、良くも悪くも事前調整によりスムーズに都政が回っていたが、都民ファになることにより、各事業に遅れが出ることはあっても加速するとは思えない。素人議員と都職員が対等に議論することは難しい。（30代、本庁課長代理）

■知事与党勢力は過半数、安定的多数の議会構成だが、二元代表制の観点から自民党が健全な野党としての立ち位置を示せるか不安が大きい。（50代、本庁部長以上）

■あまりに極端な結果のため、4年後の選挙でも同様の結果になるとはとても考えられない。少数野党に転じた自民との距離の取り方が非常に難しくなる。（40代、出先部長）

■寄せ集めの都民ファの議員が、いつまで野田数代表に従うのかが不安。（40代、本庁課長）

■テレビの観すぎのような、議会と行政に一方的なイメージを持っている議員もいるのでは。（50代、本庁課長）

■議会の若返りは時代的には必要だが、3分の1以上が1期生というのはどうかと思う。議員自体が改革の名の下に、点数稼ぎの成果要求とならないことを祈りたい。（40代、本庁課長代理）

どちらとも言えない

■知事と議会の関係が良い方が望ましいが、そもそもの改革の進め方に疑問があるため、独裁的になる危険性を感じる。（30代、本庁課長代理）

■他会派が危機感を持って行動してくる点ではいいかもしれない。（40代、出先主任）

■一応、知事与党が多数派なので…。（50代、本庁部長以上）

■都民ファーストの方針は把握できても、個々の議員の関心ある課題は把握していない。（不明）

五輪中は授業せず　学生の参加後押し

首都大学東京

首都大学東京は8月30日、2020年の東京オリンピック開催中（7月24日～8月9日）は原則授業・試験は行わないと発表した。20年度のみの特別措置で、学生の東京大会への参加を促し、スポーツやボランティアの機運醸成と大会レガシーの継承に貢献する取り組みの一環。

通常、同大学では7月末から8月初めは前期期末試験期間だが、20年度は授業開始日の繰り上げや祝日授業などを実施し、授業や試験を大会開催前に終了させる。20年東京パラリンピック期間中は大学の夏季休業に当たる。

同大学は「大学を挙げて年間スケジュールを五輪に合わせるのは全国でも初めてではないか。学生は会場で競技を観戦したり大会ボランティアに参加するなどして、生涯印象に残る貴重な経験をしてほしい」（経営企画室広報・特命担当）と話す。

■豊島区異動

1日付　◎印昇任

【部長級】▽政策経営部参事＝政策経営部企画課長事務取扱（政策経営部企画課長（統））◎高田秀和

退職後のリアル　しくじり都庁OBの教訓㉔

リターン・トゥ・東京①

やはり便利だった東京

現金なもので、老後のライフプランが明確になることで、あれほど落ち込んでいた気持ちも少しずつ前向きになった。同時に意欲や自信も何となく持てるようになり、「セクハラ対策DVD」の事業展開とは別に個人的な活動にトライしてみたいという思いも強くなってきた。

そのイメージは、労働分野に関する広い評論活動のようなものだった。今でこそよく見掛けるようになったが、私はささやかな文章を書くときに「労働ジャーナリスト」という肩書を名乗っていた。当時は○○専門家という肩書が一般的だったが、その呼び名に抵抗があったからだった（恐らく私が初めてではないかと自負しているのだが、確証はない）。その「労働ジャーナリスト」という肩書の分野の活動をいろいろとやってみたいという思いだった。

老後破産回避のために追い詰められたことから、これまでの時計は完全に逆回転を始めたようだった。再度仕事中心の生活を思い描くことで、もう一度、仕事のために東京に戻ることにした。

一極集中の悪弊がいろいろと取り沙汰されるが、東京を離れてみると、改めてその集中という便利さを痛感させられる。通勤はもちろん、講演活動で全国を飛び回るとなると、東京生活以外は考えられないというのが結論だった。

しかし、東京の郊外に持っていた家は既に売却を前提にしており、これからの活動には不便すぎた。そこで拠点確保にむけた本格的な「東京リターン作戦」を始めることにした。

元々、我々の老後設計は、漠然とではあるが、75歳くらいまでは半田舎生活を続け、その後は東京に戻ってマンションでこぢんまりと鍵ひとつの生活をするイメージだったので、それを早め、東京のマンションを取得する決心を固めた。（金子雅臣）

五輪への航海図 206　TOKYO 2020

開催まで あと1053日

会場運営への移行㊦

人員・備品配置を精査

国立代々木競技場（渋谷区）での「図上演習」では、大会組織委員会の36のFA（ファンクショナル・エリア）に都、警察・消防、会場所有者のJSCなど担当者が一堂に会し、会場計画に関わる実務的な課題を議論した。検討項目は、①スペース②サービス③スタッフ④モノ――の4点について、これまで積み上げたプランを精緻化した。

「サービス」では、会場内における各ステークホルダーの1日の基本的な動きと、提供されるサービス項目を整理。例えば、選手は競技会場に到着後、アスリートラウンジ、更衣室／ウォームアップコートを経て競技に臨み、その後は記者会見やドーピング検査などを行ってから選手村に戻る。アスリートラウンジで提供される食事は、冷蔵保存できるサンドイッチやサラダ、フルーツなどのパック、ドリンクはコカ・コーラ社製の500ミリリットルペットボトルといった具合に、サービス内容を細かく確認していった。

選手の記者会見ではプロの通訳者が逐次通訳を行うことになっているが、その言語は最低限、金・銀・銅メダリストの母国語で行うことや、要望に応じて他言語も追加することなどが議論されたという。

また、「スペース」は各FAと検討を重ね、部屋の割り当てを見直すとともに、机や椅子、キャビネットなどの備品も配置。これまではゾーンごとの色分けにとどまっていたが、建物の配置を落とし込み、プレハブやテントの仕様も明記した。

「スタッフ」はボランティアや警備、観客誘導員など各FAのピーク時の人数を図面上に落とし込み、他のFAのプランと重ね合わせることで人員の重複を避ける考え。「モノ」も同様で、会場運営をつかさどる「ベニューオペレーションセンター」では当初、各FAから1人1台のパソコン配置の要求があったが、主な業務は日報作成などであることから、複数のスタッフで1台を共用できることが判明。備品の数量を精査し、予算縮減の可能性も見えてきたという。組織委は今後、「モデルベニューエクササイズ」を他会場にも順次拡大する予定。会場運営に必要な予算や人員の詳細を固めるためにも、地道で細かい作業の積み重ねが各会場で求められている。

代々木競技場第二体育館のフロアマップ。スタッフや備品の配置を図面上に落とし込んでいく＝JSCの公式サイトから

主任試験講座 平成29年度 49

都政事情 ③

今回も、引き続き問題演習を行います。

問題

【問題7】

本年1月に都が策定した「東京都職員『ライフ・ワーク・バランス』推進プラン」の内容に関する記述として、妥当なのはどれか。

① 計画期間は、平成29年2月から平成32年3月までである。

② 2年に1回程度、進捗状況や今後の方向性について職員と意見交換などを行う機会を設けることとしている。

③ 本プランには、「20時完全退庁」「残業削減マラソン」による意識改革・働き方改革が、新たな取り組みのひとつとして掲げられている。

④ 行政系の管理職に占める女性の割合を2020年までに15%まで高めることを目標としている。

⑤ 平成25年度から平成27年度までの3年間の東京都女性職員の育児休業取得率は80%程度で安定している。

【問題8】

本年5月に都が発表した「平成28年度訪都旅行者数等の実態調査結果」の内容に関する記述として、妥当なのはどれか。

① 平成28年に東京都を訪れた外国人旅行者は約1200万人で対前年比5%増であった。

② 訪都旅行者が都内で消費した金額(観光消費額)は約6・9兆円、外国人旅行者の観光消費額は約2兆880億円で、いずれも対前年比で増加となった。

③ 平成28年の訪都日本人旅行者数は、増加となった。

④ 本調査は、観光産業振興に向けた施策を推進するための基礎資料とすることを目的としたものである。

⑤ 本調査は、観光関連施設5カ所、港・空港2カ所において旅行者に対するアンケートを実施したものである。

【問題9】

本年4月に下水道局が策定した「東京下水道見せる化マスタープラン」の内容に関する記述として、妥当なのはどれか。

① 下水道の基本的な役割として、「汚水の処理による生活環境の改善」「雨水の排除による浸水の防除」「公共用水域の水質保全」がある。

② 本プランは、ソフトの面から東京下水道の「見せる化」を推進するプランである。

③「見せる化」の理念と二つの方針、五つの視点で、基本的な方向性を示し、取り組みを効果的に実施する。

④ 平成31年度中を目途に、本プランに基づき、取り組みを具体的に進めていくための実施計画として、「東京下水道 見せる化アクションプラン」を策定する。

⑤ 東京の地下に張り巡らされた下水道管は約1万2千㌔にも及び、水再生センターは10カ所、ポンプ所は75カ所ある。

【問題10】

昨年12月に都と公益財団法人東京オリンピック・パラリンピック競技大会組織委員会が策定した「東京2020大会に向けたボランティア戦略」の内容に関する記述として、妥当なのはどれか。

① 競技会場・選手村などの大会関係施設において、会場内観客の案内・誘導等を行う「都市ボランティア」を募集する。

② 空港や主要駅、観光地等において、国内外からの旅行者に対する観光・交通案内等を行う「大会ボランティア」を募集する。

③「大会ボランティア」及び「都市ボランティア」について、平成32年4月1日時点で満20歳以上の方を対象として募集する。

④ 障がい者や働く世代・子育て世代など、多様な参加者がボランティアに参加しやすい環境整備に取り組む。

⑤ 接遇や大会概要等については、都と組織委員会とがそれぞれに研修を実施する。

【問題11】

本年3月に東京都情報公開・個人情報保護審議会が取りまとめた「情報公開の新たな取り組みについて」答申の内容に関する記述として、妥当なのはどれか。

① 都は、条例で定める情報公開の責務を徹底し、都民等の請求があれば情報の公表をすべきであるとしている。

② 公文書開示に係る閲覧手数料(1枚30円、1件200円を限度)を無料化することは情報公開の推進に有効としている。

③ 写しの交付を、最低限の実費相当(モノクロ1枚20円から10円、カラー1枚100円から50円)に減額することは妥当としている。

④ 本答申は、昨年10月に知事が諮問した「情報公開の新たな取り組みについて」に対するものである。

⑤ ICTの進展と普及の状況を踏まえ、公文書開示を電子データによるオンライン対応にシフトすることは、時宜にかなった取り組みであるとしている。

解説

【解説7】 正答③

① 誤り。平成29年2月から平成33年3月までである。

② 誤り。年に1回程度、職員と意見交換などを行う機会を設けることとしている。

③ 正しい。

④ 誤り。20%まで高めることを目標としている。

⑤ 誤り。90%以上で安定している。

【解説8】 正答④

① 誤り。約1310万人で対前年比10・2%増であった。

② 誤り。訪都旅行者観光消費額は約5・7兆円、外国人旅行者の観光消費額は約1兆8800億円で、いずれも対前年比で減少となった。

③ 誤り。訪都日本人旅行者数は、減少となった。

④ 正しい。

⑤ 誤り。観光関連施設16カ所、港・空港5カ所において旅行者に対するアンケートを実施したものである。

【解説9】 正答①

① 正しい。

② 誤り。ハードとソフトの両面から東京下水道の「見せる化」を推進するプランである。

③ 誤り。「見せる化」の理念と三つの方針、七つの視点で、基本的な方向性を示す。

④ 誤り。平成29年度中を目途に策定する。

⑤ 誤り。下水道管は約1万6千㌔にも及び、水再生センターは20カ所、ポンプ所は86カ所ある。

【解説10】 正答④

① 誤り。「大会ボランティア」の説明である。

② 誤り。「都市ボランティア」の説明である。

③ 誤り。平成32年4月1日時点で満18歳以上の方を対象とする。

④ 正しい。

⑤ 誤り。都と組織委員会とが連携し、接遇や大会概要などの共通的な研修を実施する。

【解説11】 正答⑤

① 誤り。都民等の請求を待つことなく情報の公表をすべきであるとしている。

② 誤り。閲覧手数料は1枚10円、1件100円を限度としている。

③ 誤り。カラーは1枚100円から20円に減額するとしている。

④ 誤り。知事の諮問は平成29年1月12日である。

⑤ 正しい。

カレントトピックス 29年度 49

社会事情

■宅配便40億個超す (7月28日)

2016年度に国内で運ばれた宅配便は、前年度と比べて2億7363個(7・3%)多い40億1861万個だったと国土交通省が発表した。2年連続で過去最多を更新し、初めて40億個を突破したが、インターネット通販の拡大が続いているのが主な要因。

約40億個のうち、トラック運送は39億7780万個、航空などを利用した運送は4081万個だった。インターネット通販の拡大を背景に、この20年間で約2・5倍に増えた。

16年度の宅配便を企業別のシェアで見ると、トラック運送は、ヤマト運輸46・9%、佐川急便30・6%、日本郵便、西濃運輸、福山通運が続き、上位5便で、全体の99・8%を占めている。

ドライバーの不足が深刻化する中、ヤマト運輸や佐川急便は個人向けサービスの値上げを決定するなど、ドライバーの待遇改善や仕事の効率化など経営の見直しを進めている。今後、ネット通販企業などとの価格交渉では、より一層、せめぎ合いが続いていくことが予想される。

■社会保障給付費は約115兆円 (8月1日)

年金や医療、介護などに使われた2015年度の社会保障給付費は114兆8596億円で、過去最高を更新したと国立社会保障・人口問題研究所が公表した。

高額薬の増加で医療費の伸びが目立ち、前年度比で2兆6924億円(2・4%)増えたが、特に伸び率が大きかった医療費で3・8%増えた。12~14年度の伸びは2・0%前後だったが、C型肝炎薬のソバルディやハーボニーといった高額薬の登場が背景にある。

介護費の伸び率は過去最低の2・3%となり、高齢人口の増加率2・6%を下回った。これは9年ぶりのマイナスとなった15年度の介護報酬改定が影響したものとみられる。

また、社会保障給付費に施設整備費なども加えた「社会支出」を分野別に対GDP比で見ると、子育てに使う「家族」向けは1・31%であるが、主要国の13年度の統計と比べると米国の0・69%より高いが、英国の3・79%、フランスの2・92%を大幅に下回る水準だった。

■損保大手が自動車保険料引き下げへ (8月5日)

損害保険大手各社は、任意で加入する自動車の保険料を、2018年1月から平均2~3%引き下げる方針を固めた。車の安全性能が向上して事故が減り、損保各社の収益が改善していることが主な理由で、契約者に還元する。

保険料は、車種や等級、契約者の年齢などに応じて決まる。引き下げ率が最も大きくなりそうなのが三井住友海上火災保険とあいおいニッセイ同和損害保険で、平均約3%の引き下げを予定している。

東京海上日動火災保険は、平均で2・8%引き下げる方向で、普通乗用車で40代の契約者が年約9万円の保険料を支払っている場合、2500円程度安くなる。引き下げは2003年8月以来約14年ぶりとなる。

損害保険ジャパン日本興亜は平均2%の引き下げにとどまるが、契約者の年代によって引き下げ率を変えており、40代だと4~5%引き下げられるケースもあるという。

また、発売後約3年以内の自動ブレーキなどを搭載する「先進安全自動車」(ASV)については、各社とも9%の引き下げを実施する予定である。

昇任試験対策のページ

主任・係長 論文講座 29年度 49

直前対策 ①

都主任選考

今年度の主任試験までおよそ1カ月となりました。

既に準備論文を完成させた人は、構成や表現方法を今一度見直し、論文の完成度を高めてください。まだ論文を書いていない人も、合格のチャンスはありますので、最後まで諦めずに頑張ってください。

最後の1カ月間、体調管理を万全にして、ベストを尽くしましょう。

試験の概要と採点の考え方

平成29年度より、主任Aについては、課題文に資料等が添付され、課題の抽出、解決策の提案などを論じる出題となっています(※AⅡ類は「職場に関する出題」のみ)。

詳細は、人事委員会事務局からの通知「主任級職選考の出題構成等の見直しについて」(平成28年9月12日)、「主任級職選考の論文出題例について」(平成28年12月26日)、「主任級職選考における論文採点の基本的な考え方等について」(平成29年6月30日)を確認してください。なお、前年度選考において評価の低かった論述例も記載されていますので、必ず確認しておきましょう。

まず、人事委員会事務局からの通知に基づき、論文試験のポイントをおさらいします。

出題の狙い

29年度より資料を分析し課題を抽出する出題となっていることから、試験当日、その場で考え、論述させる要素が増えています。準備論文の丸暗記では対応できず、これまで習得した実務能力、論理的思考力、的確な表現力が問われていると言えるでしょう。

よって、常日頃から問題意識を持ち、より良い業務遂行のために努めていることが、合格の土台となります。

出題内容・論文形式

◇主任A

Ⅰ類、Ⅱ類ともに、「都政に関する出題(または局※AⅡ類)全体に関する出題(都政もの)」と「職場に関する出題(職場もの)」の2題のうち1題を選択します。試験時間は2時間30分で、2部構成で論述します。

第1部は資料等の課題を抽出・分析した上で、出題テーマに関する基本的認識を300字以上500字程度、第2部では第1部で提示した課題に対する具体的な解決策を1200字以上1500字程度で、それぞれ論述します。

◇主任B

職務などに関する3題の出題の中から1題を選択します。字数は1千字以上1500字程度、試験時間は2時間です。より実務に近い出題となっており、事前準備が非常に重要です。

評価のポイント

論文試験では、「問題意識」「課題解決力」「論理性」及び「表現力」の各項目について評価されます。

(1) 問題意識

四つの評価ポイントの中で、最も重要なのが「問題意識」です。「都政もの」では、出題テーマに対して、都政や局全体を視野に入れ、資料から課題を的確に抽出する高い問題意識を持っているかが検証されます。

また「職場もの」では、本文や資料の事例における現状を認識し、課題を的確に抽出する高い問題意識を持っているかが検証されます。

都政や職場の現状を正しく把握し、何が課題なのかを整理して論述しましょう。

(2) 問題解決力

「問題解決力」では、抽出した課題に対して、具体的かつ効果的な解決策を提示しているかが検証されます。自らの経験も踏まえつつ、事例における最も効果的で実現可能な解決策を、主任の立場から具体的に挙げて論述します。

(3) 論理性

論理一貫していて矛盾がなく、バランスのよい構成となっているかが検証されます。

現状分析ができているか、課題の抽出は的確か、課題と解決策の整合性はあるか、解決策は実行可能なものか、効果的な解決策か、などが問われます。論文全体を通して、論理の飛躍や矛盾がないかを確認するためにも、論文作成の際には、まず骨子を作成することをお勧めします。

(4) 表現力

自身の考えを、分かりやすい表現で論理的に述べているかが検証されます。文章は主語と述語の関係を明確に、かつ端的な表現とし、内容の説明に字数を割くようにしましょう。簡潔明瞭な文章とし、1文を60字以内に収めるよう意識します。

また、規定の字数未満、字数オーバー、完結していない論文は、大幅な減点対象になります。なお、誤字・脱字は減点対象ですので、試験当日も含め、論文を書き上げたら、必ず見直します。

これから論文を書く人へ

これから論文を書き始める人を対象に、直前対策として論文作成方法を示します。準備論文を完成させている人は、完成度をより高めるための参考としてください。

【主任A】

「都政もの」は、都や局の重要課題で、全庁または局を挙げて解決していく必要があると考えられる出題テーマを設定します。知事の「施政方針」「所信表明」で触れられている課題、その他重要な発表等は必ず読んでおきます。

「職場もの」は、どの職場にも共通する課題と考えられる「事務の改善・効率化」「人材育成・活用」「職場の活性化」「都民対応・都民との信頼関係」等の中から、出題テーマを設定します。

(1) 第1部(300字以上500字程度)

第1部は、採点者が最初に目にする部分であり、論文の評価が大方決まると言われるほど重要です。まずは落ち着いて出題テーマをきちんと理解し、問いに正面から答えることを意識することが重要です。ポイントとなるのは先程挙げた「問題意識」です。出題されたテーマの背景や課題について、的確な認識を示すとともに、あるべき姿に向けた今後進むべき方向性を示します。分かりやすい表現となるよう推敲を重ねて納得のいくものに仕上げます。

「都政もの」については、まず、資料を解釈・分析し、出題テーマの都政や局全体における位置付けや今日的背景を述べます。次に、都政を取り巻く環境の変化に言及します。重要性を示す事象や数字などに触れつつ、課題を明らかにしていくとよいでしょう。最後に出題テーマを受けた、今後進むべき方向性、あるべき姿を示します。

「職場もの」については、まず、都政を取り巻く環境の変化を述べ、なぜ、その出題テーマが重要なのか、その背景に触れます。そして、現状とあるべき姿との間にどのようなギャップがあるか、課題を明らかにしていきます。最後に出題テーマを受けた、今後進むべき方向性を示します。

なお、本文や資料で設定されている事例職場における課題を的確に抽出し、事例等の内容を受けた論述となるよう留意してください。

(2) 第2部(1200字以上1500字程度)

まず、「都政もの」「職場もの」ともに、課題が改善されない背景や要因を三つ指摘します。その際、三つの事項については、「第一に、〇〇が要因である。……」「第二に、〇〇が背景にある。……」というように表現を統一します。その上で、様々な角度から分析を行い、なぜそれが背景や要因なのかを示します。

次に、三つの要因等に対応する解決策を三つ提示します。解決策についても、「第一に、〇〇を行う。なぜなら、……」「第二に、〇〇を推進する。なぜなら、……」というように、表現を統一します。解決策の内容は、三つの要因等にそれぞれ対応させる内容とします。またその解決策は、なぜ必要・効果的なのか、実現可能性が高いか等について理由を記載することが必要です。常に「自分がその事例の当事者であったら、主任としてどうすべきか」という視点で考え、実現性の高い、具体的な解決策を提示しましょう。

最後に、まとめは第1部から論じてきた内容を大きな視点で総括します。前段で論じていないことは、新たに書かないように注意してください。ここで都政におけるテーマの方向性を格調高く書くことにより、論文全体が引き締まります。なお、主任としての決意表明は評価の対象とはなりません。

【主任B】

出題数3題の中から1題を選択回答するため、いかに事前準備を行うかが合否を大きく左右します。また、得意分野で論文を書くことができることが多く、より質の高い内容の論文が求められます。

そこで、「局の重要な課題」「職場の活性化」「都民ニーズに応えた質の高い行政サービスの提供」等のテーマで、複数の準備論文を仕上げておくことをお勧めします。

主任Bについては、過去の合格論文をできるだけ収集して参考にしながら、自身の準備論文の書き方を確立することが、合格への近道です。

留意点

(1) 当事者意識を持つ

特に「職場もの」では事例の職場で、自分はどう取り組むかという視点が伝わるように論述しましょう。加えて、主任としての役割を意識しながら論述することも重要です。

(2) 問いに素直に答える

出題内容の問いに対して正面から素直に答えることが大前提です。準備した論文をそのまま記載するだけでは評価は低く、合格は難しいでしょう。

試験当日は、出題内容をよく読み、出題の問いや留意事項を踏まえた論文となるような記載をしましょう。

(3) 論文の添削を受ける

作成した論文は、必ず所属の課長や課長代理に添削してもらいましょう。

主任試験や管理職試験に合格した諸先輩方に添削してもらうことで、貴重なアドバイスをもらうことができます。添削を受けた論文は、お墨付きをもらえるまで、繰り返し添削を受けましょう。

業務をこなしながら論文対策を行うのを負担に感じることもあるかと思いますが、今後1カ月の時間をいかに有効に使うかが合否に大きく影響します。論文添削のサイクルをペースメーカーとして勉強し、最後まで諦めず、ベストを尽くして試験当日を迎えてください。

市民の手で財政白書づくり

学習会から政策提言へ

たちかわ・財政を考える会会長　加藤　良重

◆市民活動団体として発足

2012年度末から13年度にかけて、立川市における生涯学習の中心である「市民交流大学」の市民企画講座で、自治体財政の入門講座と連続講座（全10回）が実施された。硬いテーマで、しかも長丁場であったが、毎回25人前後の市民が熱心に聴講した。終了時に、講座企画の中心者が財政白書づくりを目指した学習会継続の提案したところ、20人が参加を表明し、翌14年4月に「たちかわ・財政を考える会」が発足した。

この財政講座には、市の長期総合計画づくり参加メンバーが中心の市民活動団体で、各種計画づくりへの参加や、財政や条例の学習活動、議会傍聴、自治基本条例の制定などの活動に取り組んできた「たちかわ市民みらい会議」から8人のメンバーが参加。このメンバーと財政講座の参加メンバーがドッキングすることによって、新たな市民活動が始まった。

市民が集まって立ち上げた「たちかわ・財政を考える会」

◆財政白書づくりと財政学習会を柱に

考える会は、主権者・納税者である市民の視点から市民の手による財政白書づくりと財政学習会の実施を2本柱として活動している。14年度には、財政白書づくりに向けて市財政課の出前講座（4回）と会員同士の学習会（15回）を行い、財政に関する基礎知識の共有を図った。15年度に入り、会員全員参加の編集会議を設けて、財政白書の全体構成、資料の収集・集計、執筆分担、写真撮影、インタビューなどを決めて具体的な作業に取りかかった。

資料の収集・集計では、市政情報コーナーで過去10年間の決算資料を中心に会員が共同してコピーした。また、図表・グラフ作成のエクセル勉強会を行った上で、各自のノートパソコンを持ちより、グループに分かれて数日間かけて決算数値の集計をした。

このようにして15年12月に『市民からみた立川市の財政』（通称「たちかわ市民財政白書」）が出来あがり、同月に市民、市議会議員、自治体職員など予想を超える67人の参加で完成発表会が行われた。

16年度には、この財政白書をもとに定例学習会の開催（9回）と地域での学習会に出向いた（4回）。また、編集会議を開き、「財政」をより正確に知るための基礎知識をまとめた『なっとく　自治・政策・財政　市民ハンドブック』と、基本的資料を集めた『たちかわ市民財政白書資料集』を発行した。

17年度には、ハンドブックと資料集を活用して定例学習会（7回）と団体等の学習会に出向いている（随時）。7月にはハンドブックと資料集の「追加版」を発行している。

◆活動の継続と新たな展開

今後の活動の重点は、第2弾の市民財政白書づくりと新機軸の財政学習会の実施である。第2弾は立川市の15年度決算を中心に、18年3月の発行を目指して準備を進めている。

新機軸の財政学習会では、立川の地からまちづくりに結びつくような市民の手による「たちかわ・市民財政塾」を開講することにしている。この市民財政塾では、参加者が主権者・納税者の立場から政治・行政の在り方を視野に入れながら、ハンドブックと資料集を最大限に活用して、広く税金や社会保険料の使い道・使い方について共に学び・考えていきたい。

17年度後半に「プレ市民財政塾」を開いてハンドブックと資料集の読み方・使い方について共通認識を持ち、18年度にはハンドブックの1章ごとの読み合せ、意見・質問の出し合い、執筆責任者のコメントを考えている。

開催日は土・日のいずれかで月1～2回（全7～10回）で、1回につき90～120分程度を予定している。市民財政塾には、どなたでも、どの地域からでも自由に参加できることにしている。

さらに、今後の活動では、財政白書づくりや学習会の実施だけで終わらせることなく、そこで明らかになった問題や政策課題の解決策を議会や行政部局に要請・提言することにしている。これからも、外部から何らかの関与も受けず、利用されることもなく、行政部局の肩代わりや下請けの役割を担うこともなく、市民活動としての独自性・自主性を貫くことの原点に立ち返り、〝明日〟に向けて活動を続けていきたい。

政策提案型質問の作り方

新人議員紙面セミナー

まちを変える　質問の仕方③

政策提案型質問とは、一般質問の形をとりながら首長及び執行部に対して、議員が政策または施策について採用してはどうかと提案する質問です。

もちろん、一般質問で提案したからといって採用されるとは限りませんし、一般質問だけが政策・施策の実現方法ではありません。議会は多数決で議決する機関ですから、議会内で絶対多数を取れば、首長への提案と政治的な折衝で政策は実現することがあります。

成果を出すには段取りが重要

ただ、この方法では、住民には決定までのプロセスが分かりにくく、役所がいわゆる「ブラックボックス化」してしまいます。

このたびの都議選での都民の意思は、政策決定プロセスの透明化という点も大きいかと思います。この意味では、多数会派といえども公開の場である議場での一般質問は、政策実現のための一つの重要なツールであるといえます。

執行部と同じ構造で提案する

では、どのように政策提案型質問を作ればいいいでしょうか。

前回、共感できる課題の発見が役所を動かすポイントだと書きました。しかし、課題を発見したからといって、それだけで政策提案ができるわけではありません。議員が提案するとはいえ、政策提案である以上はその質問の構造は理解しやすいものでなければいけません。そこで、参考にすべきなのが、執行部で通常行われている政策提案の構造です。質問をする相手が首長及び執行部ですから、同様の構造で提案すれば理解しやすいということです。

通常、執行部の政策提案は、「現状認識」→「課題認識」→「仮説」→「検証」→「政策」という構造です。「現状認識」は、問題となる事実を提示し、その事実を共有することです。「課題認識」は、前回も書きましたが、より多くの関係者が解決すべきという共感をもつ課題の捉え方です。「仮説」は、このようにしたら課題が解決するのではないかという方法の提示です。「検証」は、提示した「仮説」が「課題」を解決するという高い蓋然性を証明することです。「検証」できれば、正式な政策ということになります。

理事者席に向かう小池知事＝8月8日、都議会本会議場で

まず「現状認識」ですが、課題の前提になる事実を共有することは必須です。事実の提示は住民に最も近い政治家である地方議員の得意とするところでしょう。同様の課題を持つ住民をより多く確認して示すことで現状の重大性は高まります。また、正確な事実の共有のためにできる限り数字を付けて提示することです。

「課題認識」は、前回も書いたように課題発見力が重要ですが、一度の質問で共感を獲得できることはまれなことです。しかし、課題認識について共感を獲得することが政策実現には最も重要なことでもあります。この点で、同様のテーマで継続して質問することが必要になります。

論理的かつ政治的理念を持つ

例えば、課題について共感を得るところまでを1回目の質問の目的とし、そのための現状調査の約束を取り付ける。2回目の質問で現状について共有し、課題認識についての共感を前提に、具体的な政策提案（「仮説」の提示と「検証」）を行う、といった段取りです。場合によっては、3回目の質問で首長の前向きな言質を取るということも必要でしょう。もちろん、これらの一般質問の議会と議会の間には、執行部の担当部課長等との協議や折衝が求められます。議員も仕事の成果を出すためには、段取りが大事だということです。

そして、最後に「仮説」と「検証」です。「仮説」は、得られた現状と課題などに関連する情報や知識から、最少の経費で最大の効果を上げることのできると思われる政策や施策を提示することです。提示した「仮説」が有効であると論理的に説明するのが検証です。検証は、課題を抱える住民の意見、専門家の意見、先進自治体の実例を挙げながら、「仮説」の正しさを理解させるためのものです。この二つが相まって提案となります。

政策提案型質問は、議員が首長・執行部を共に課題を解決する方向に導くものです。そのためにも、常に論理的かつ政治的理念をもって質問に臨みたいものです。

（廿日市市元副市長　川本達志）

ミニガイド

◇ふくしま・いわき盛りだくさんフェスタin東京都庁　▷日時　9月7日㈭午前11時～午後6時半、8日㈮午前9時半～午後3時▷会場　都庁第一本庁舎2階全国観光PRコーナー▷いわき市産コシヒカリ「Iwaki Laiki」プレゼント、いわき市産農林水産物の加工品プレゼントなども▷主催　福島県いわき地方振興局

◇東京選挙フォーラム－「選挙のススメ」ができるまでー　▷日時　10月7日㈯午後2時～4時▷場所　イイノホール&カンファレンスセンターRoomA（霞ヶ関駅直結）▷内容　18歳、19歳を含む若い人たちの選挙への気持ちがアガるアプローチについて考える。午後2時～「若い人たちを取り巻く選挙に関する話題～彼らはどう行動したか～」　午後2時45分～「『鷹の爪団・選挙のススメ』ができるまで」▷申し込み方法　S9000045@section.metro.tokyo.jpまで、所属、名前（フリガナ）、連絡先（電話番号）を連絡。10月2日㈪必着▷問い合わせ　東京都選挙管理委員会事務局選挙課啓発担当　☎03・5320・6913

副知事人事ノート

都政研究元主筆　大塚英雄　第9回

3人全員を外部から③

ここで安井知事が白羽の矢を立てた2人の副知事候補の人物紹介をざっとしておきたい。

岡安彦三郎は大正14年の入市。当時としては東大・法卒が主流の局長級の中で、同じ帝大系でも京大・法出身だが、振り出しは財務局の今の財産運用部の前身の地理課。途中、他局に出たこともあるが、地理課に長かったことから、いつしか付いたまたの名が「万年地理課長」。

その岡安も一度だけ幹部への登竜門と言われる任命制時代の区長を経験したことがある。公選制にかわる直前の21年5月である。これが岡安にとってラッキーだった。

というのは、戦時中の区長は本人の意思と関係なく、その職に就くと戦争遂行の一環として、「大政翼賛会」の支部長を命ぜられた。このことが戦争協力者の廉で、戦後占領軍の「公職追放」、いわゆるパージの対象になった。したがって、もし岡安のこの区長発令が戦時中のことだったら、当然、公職追放に引っかかり、都庁に戻ってくることも、副知事候補にのぼることももちろんなかっただろう。

その岡安にラッキーがもう一つ重なった。戦時中の区長経験者だった財務部長・山口寛雄のパージだ。

当時、事業部門には局が設けられていたが、管理部門は長官官房制をとり、その下に人事、文書、財務、会計、用度、考査の各課（その後いずれも部に昇格）を配してきた。都政運営の要とも言うべき財務部長の椅子を空席のままにしておくことは許されない。知事の安井はその後任候補を日本橋区長の岡安と、神田区長の村瀬清（元千代田区長）の2人に絞った。

2人は東京市時代から旧知の仲で、山口がパージになった時から、「どちらかに声がかかってくるだろう」と軽口をたたき合っていたという。しかし、この頃になると既に区長公選の実施が日程に上ってきており、しかも2人は地元有力者の働き掛けで、区長選出馬にかなり乗り気だったという。

知事の安井は東大卒で「高文」の資格を持つ村瀬をまず口説いたが、神田、麹町両区の合併で誕生する千代田区長選出馬の腹を固めていた村瀬に辞退された。案の定、安井の電話はもう一人の岡安にかかってきたが、中央区長選を視野に入れていた岡安も丁重に断った。

しかし、2人に辞退され、デッドロックに乗り上げた安井からの「君に断られて困っている」との再度の電話に、岡安は「そこまで知事がおっしゃるのでしたら」と、なかば反射的に受諾の返事をせざるを得なかったという。

こうして岡安は、日本橋区長在職わずか半年足らずで財務部長として都にバック。その1年後には組織改正で財務局長に昇格。初のプロパー副知事に向けて順調に歩を進めることになるのである。（敬称略）

訂正　8月29日付本欄で、岡安彦三郎は50歳、大須賀兵吉は52歳の誤りでした。

都政新報

発行所 都政新報社
〒160-0023 東京都新宿区西新宿7-23-1 TSビル
（総務・読者）03-5330-8781
（企画広告）03-5330-8784
（編集）03-5330-8786
（出版）03-5330-8788
（ファクス）03-5330-8808
購読料 月1,730円（税込）
毎週火・金曜日発行
ただし、祝日は休刊
©都政新報社 2017

紙面から

前に進める二元代表制を

尾崎大介・都議会議長に聞く

都議会の議長と副議長が選出されてから8日でちょうど1カ月となる。この間、第2回臨時都議会で豊洲移転と築地再開発に関連した補正予算案が賛成多数で可決されたが、審議する日程を巡り、会派間の意見調整に追われるなど混乱も見受けられた。尾崎大介議長に臨時会の感想、小池都政の評価、今後の抱負などを聞いた。

＝3面に長橋副議長インタビュー

――議長としての抱負をお聞かせください。

オリンピック・パラリンピックやラグビーW杯を成功に導くという大きな目標があるが、都には華やかな課題だけではなく、地道に取り組むべき課題も混在している。例えば、児童虐待などを理由に親と暮らせなかったり、養護施設に入っている子供は都内に計4千人いると言われている。あまり問題が顕在化してこないところにスポットを当てられるような施策を進められる都議会にしていきたい。

――議長として取り組みたいことは。

多摩振興に力を入れたい。歴代の知事も多摩振興に取り組むと話していたが、進んでいないのが現状。また、多摩の中でも格差があり 下水道が完全に普及していない地域もあるが、多摩地域は23区にはない観光資源がある。オリンピックを契機に、23区とは違うインバウンドを考えないといけない。小池知事とも連携してやっていきたい。

おざき・だいすけ＝1974年2月15日生まれ。42歳。衆院議員の秘書を経て05年都議選で初当選。現在4期目。都市整備委員長、警察・消防副委員長などを歴任し、都議会民主党や東京改革議員団などの幹事長を務めた。

――小池都政1年目をどう評価しますか。

石原都政から見ているが、特に小池知事は政策を打ち出すスピードが速い。また、知事の政治姿勢が都民感覚に合っていると思う。これはポピュリズムという言葉で片付ければ簡単だが、時代に適したリーダーは必要だ。猪瀬元知事、外添前知事は都民感覚にはまっていなかった。

――前知事らと議会の関係は良好ではありませんでした。

知事と議会の関係は二元代表制と言われ、対等という本質は変わっていない。だが、今の都政に合った二元代表制は、知事サイドも政策を、議会も条例を提案し、都民感覚に合ったスピード感を議会も知事と同じように出していかないといけない。車の両輪として、知事が政策を打ち出すスピードは速いのに議会が遅ければ車は走らない。今後は対立するのではなく、共にタイヤを前に動かしていく二元代表制が必要だ。

――小池知事は職員との必要最低限の意見交換、答弁調整しか認めていません。

本会議での質問時間は限られており、事前の答弁調整はある程度必要。一問一答形式は、常任委員会や予算特別委員会で行える。局との事前調整やヒアリング、様々な場所でも自らの意見を付しながら、議論を深めていくことはできている。

――臨時会の日程を決める際にもめました。

予算特別委員会を開いて、知事と一問一答を行いたいという声がある一方、本会議の質疑で知事とがやり取りができれば、十分という意見もあった。また、審議時間を大幅にほしいと要求する声もあった。皆さんの意向に沿った形での審議時間は十分に取れたと思う。

――まとめるのは苦労しましたか。

理事会は多数決ではなく、あくまでも協議で決めるので、（議長が会派間を仲介するため）話して、無難なところでまとまったのではないか。39年前に臨時会で補正予算案を組んだ時は約200億円だったと思う。今回は約70億円。補正予算案の金額と審議時間は比例するものではないが、かなり十分な審議日程だったと思う。

――豊洲移転などの基本方針をどのように受け止めていますか。

昨年11月に知事が市場移転のロードマップを示し、スケジュール通りに進んでいる。都議選前に築地再開発と豊洲移転の基本方針を打ち出し、事前に議会への報告はなかった。だが、基本方針を前提にした補正予算案を組んで進めていくのが現実的な路線。都民の皆さんに説明を果たすという意味で臨時会が開かれ、段階的なプロセスは踏んでいると思う。

――第20期の都議会は新人が増えました。

民間で活躍した多種多様な方がいる。民間と政治の世界は違うが、民間の世界で培ったスキルを都議会で発揮してもらうのは悪いことではない。ニュータイプの人たちが入ってくることで今までの慣例を断ち切っていく転換期に突入した。不要な慣例は議会改革の中でもいろいろと示していくことになる。

――議会改革検討委員会が議長の諮問機関として設置されました。

各会派から上がってきているテーマは違う。多数の意見が集約されている改革は、スピード感を持って進めていくべきだ。できれば年内に一つでも二つでも進めていければいい。

――議員へのメッセージをお願いします。

意見対立はいつの時代もある。全ての議員の意見を集約するのは難しいが、できる限り丁寧に議会運営をしていきたい。また、スピード感を持ってやっていく。今までの議会と違うところは見せていかないといけない。

「理事枠」巡り場外乱闘

五輪議連、自民欠席で新役員決定

都議会の2020年オリンピック・パラリンピックを成功させる議員連盟（五輪議連）の足並みが乱れている。4日に開かれた総会では、会長に公明党の東村邦浩幹事長を選任したが、総会の日程調整を巡り、自民党が「議員の総意ではない」などとして欠席するなど混乱が生じた。都議選の結果、都民ファーストの会と公明に主導権が移り、政局の影響が色濃く映し出された格好となった。

髙島氏「非常に残念」

「非常に残念。この1日、2日が何をもたらすのか理解できない」。自民の高島直樹都議は5日の第2回臨時都議会終了後、報道陣にこう嘆いた。

元五輪議連副会長の高島氏は8月29日、同じく副会長で都民ファの石毛茂氏から議連の役員会の日程調整の連絡を受け、臨時会終了後の9月6日か7日に副会長会を開きたいとの意向を示した。

だが1日、石毛氏は元副会長の中嶋義雄氏（公明）と連名で役員会を4日に開催すると高島氏らに通知。同議連は従来、大多数の会派の参加を条件に議会局が日程調整などで協力していたが、今回の通知は石毛氏個人が取りまとめる体裁で、自民はこの手順に強く反発し、役員会を欠席した。

石毛氏は1日に通知した理由について、「都民ファ、公明、共産、民進の4会派から早急に議連を開くよう要望書が1日に出されたため」と話すが、背景には五輪組織委員会の理事会が25日に迫っていることがある。

都議の組織委の理事は現在、改選前の五輪等推進対策特別委員長の高島氏と、同議連会長の川井重勇前都議会議長が名を連ね、理事選任の権限を持つ評議員会で6月に再任されている。理事の任期は約2年で、変更には辞意表明が必要となる。

ただ組織委によると「都議枠」を設定しているわけではなく、都の意向を十分に踏まえる方針だという。同理事には都の五輪準備局長も入っている。8月1日付の人事異動で同局長が変更となり、都は理事会前の臨時評議員会での理事交代に向けて調整中で、都民ファと公明はこのタイミングで都議の理事も交代したいとの思惑がある。

そうした経緯から都民ファと公明は4日に自民不在の中で役員会を開催。5日の臨時会終了後に総会を開くことを決めたが、自民は「議員の総意ではなく、役員会も非公式な会だ」などとして総会も欠席した。

同総会では議連の存続と新役員人事案を全会一致で可決。人事案では自民に配慮し、副幹事長と幹事ポスト各1人を自民枠として空欄にした。

都議選で流れ込んだ新風は会派間の調整機能すら吹き飛ばしてしまったのか。議連が一枚岩にならなければ、五輪成功に支障を来しかねない。

五輪議連の進行に異議を唱える自民の高島都議（右）ら＝5日、都議会で

市場の補正予算案が可決

第2回臨時都議会　知事与党、自民など賛成

5日に開かれた第2回臨時都議会の最終本会議で、豊洲移転と築地再開発に関連した補正予算案は知事与党などの賛成多数で可決した。また、3日に北朝鮮が核実験を実施したことに対する決議を行った。

採決に先立つ討論では、都民ファーストの会の荒木千陽氏が補正予算案に賛成を表明。仮に小池知事が市場移転を延期しなかった場合、盛り土がないことが発覚せず、「大混乱に陥った」として、移転延期した知事を持ち上げ、築地再開発を「新しい東京のランドマークになる」と評価した。

公明党の細田勇氏も補正予算案に賛成し、8月30日の本会議質疑で築地跡地に関して、市場会計から一般会計に移す有償所管換えを検討するとした知事答弁を高く評価。一方、自民党が4日の経済・港湾委で提出した付帯決議に対し、これまでの都側の答弁と重なる内容で「屋上屋を架す必要はない」と反対した。

自民党の小松大祐氏は知事が豊洲移転を決めたことを「賛意を表明したい」と語ったが、本会議質疑での知事答弁が「不透明」などと批判。その上で、「補正予算案を認めるには付帯決議を出したが否決された」としつつも、豊洲の早期移転の必要性を訴え、「断腸の思いで賛成する」と述べた。

民進党の山口拓氏も補正予算案に賛成。「都民の理解と納得を得るには豊洲新市場の安全宣言が必要」と強調し、新たに地下水から基準値を超える有害物質が検出された場合は「更なる追加対策をすべき」と求めた。

補正予算案に反対したのは共産党と生活者ネット、日本維新の会で、共産の戸谷英津子氏は、豊洲の地下水を基準値以下に抑える無害化を実現できず、「許されることではない」と非難。築地再開発に関しても、「民間主導でどうやって築地を守るのか」などと疑問を呈した。

本会議終了後、小池知事は報道陣の取材に「予算を認めていただき、移転を着実に行う。正確な情報を伝えていくことが安全の証しになる」として、安全宣言する考えがないことを示唆した。

都議会3定議案

福祉施設の「種地」建設

マラソンコースで浚渫工事も

都は20日に開会する第3回定例都議会に議案31件を提出する。都議会各会派への議案説明が6日に行われた。知事提出の議案は条例案9件、契約案15件、事件案7件。このほか6件の人事案も提出する。議員提案では子供の受動喫煙防止条例案が提出される予定。

契約案では社会福祉施設の「建替促進施設」の案件を盛り込んだ。民間が社会福祉施設を現在地で建て替える際、入所者らの一時移転先に、都が都立清瀬小児病院跡地に障害者（定員96人）と、特別養護老人ホームの入所者（同120人）向け施設を1棟ずつ整備する。入居期間は3年以内。老朽化施設の建て替えの種地が少ない事情を考慮する。工期は2019年1月末までで、契約金額は約22億円。

また、JR市ケ谷駅～飯田橋駅周辺の皇居の外濠を浚渫する工事契約案も提出。同区間は東京五輪のマラソンコースで、外濠の泥土を取り除いて沿道環境の整備を図る。

人事案では、教育委員会委員に東京大学大学院准教授の北村友人氏の任命を提案する。暴行事件で辞職した大杉覚首都大学東京教授の後任。

都が方針を一部見直し

石原元知事の責任など　豊洲住民訴訟

都が土壌汚染のある豊洲新市場用地を東京ガスから購入したのは不当だとして、石原元知事に損害賠償請求するよう都に求めた住民訴訟の口頭弁論が4日、東京地裁であった。都は従来の基本方針を一部見直した。

住民訴訟では、石原氏が土壌汚染を知りながら豊洲用地を購入したのは知事の裁量権を逸脱しているという原告側に対し、都側は当初、裁量権の範囲内と主張していた。小池知事が1月に都の基本方針の見直しを検討するとともに、新たな弁護団の結成を表明した。

準備書面では、2000年に都と東京ガスが締結した基本合意を「中間的合意」と位置付けており、この合意に基づき豊洲用地を購入する義務を負っていたという従来の都の方針を撤回した。

また、石原氏の裁量権に関して、「高額に過ぎ裁量の範囲外という考えもあり得る」として従来の方針も転換。最終的に裁量権の逸脱は東京地裁の判断に委ねた。

冗句ジョーク

小池知事、東京オリ・パラの地方運営費と地方聖火リレー費を宝くじ収益金で

「1等3億円を我が家の運営費に、前後賞4千万円を相続税対策に、丸く収めてイッピッヒ……」――捕らぬ狸の皮算用職員

都外施設の運営費など 宝くじ収益充当で合意

東京五輪

東京五輪の経費のうち、都外競技会場の運営費などについて、都と関係自治体は6日、協賛宝くじの収益を充当することで合意した。小池知事は同日の報道陣の取材に対し、「大会経費のめどが立った」と話しており、これまで結論が先送りにされていた都外運営費の財源問題が決着するとの考えを示した。

財源となるのは、47都道府県と20政令市が発行する全国自治宝くじ事務協議会が発行する東京五輪・パラリンピックの協賛宝くじ。売り上げの約4割が自治体の収益となるが、その一部を五輪経費に充てている。

都と五輪の関係自治体は、聖火リレーに40億円と、都外の競技会場の警備などに300億円を合わせた340億円がかかり、協賛宝くじを充てることで合意した。都などはこれまで、全国自治宝くじ事務協議会に2020年度までの支援要望額として126億円を求めており、このうち都外経費は116億円を占めていた。都外経費の340億円との差額である224億円を同協議会に追加支援するよう要望した。同協議会が10月に承認する見通し。

これとは別に、都と関係自治体は6日、都外施設の改修費用に関して、自治体にとって使い道の自由度が高い社会資本整備総合交付金などを活用し、地方財政措置を講ずるよう、総務省や国土交通省などに要望した。

都政の東西

出せないSOS

夏休みが終わり、都内で子供の死亡が相次いでいる。4日、墨田区内マンションで中学生の女子生徒が倒れているのが見つかり、病院に搬送されたがその後、死亡した。また同日、江戸川区の公衆トイレで男子高校生が首をつって死んでいるのが発見され、警察はいずれも自殺と見ている。死亡した二人の生徒は、勉強や進路での悩みを抱えていたといい、何らかのサインを出せなかったのかと沈痛な思いをさせられる。

こうした中、都福祉保健局の「自殺総合対策会議」（座長＝大野裕（一社）認知行動療法研修開発センター理事長）は4日、第1回の会合を開き、7月に改訂された国の自殺対策の指針「自殺総合対策大綱」にのっとった計画を策定するための議論を始めた。新たな大綱には子供・若者の自殺対策を更に推進するとあり、SOSの出し方の教育や相談相手となる知人などへの支援を自治体に求めている。

同局は、これまでも相談ダイヤルの設置や、コンビニなどと提携して来店した子供に声掛けなどを実施する「自殺防止サポート活動」などで、子供のサインを見逃さない取り組みを進めてきた。ただ、大野座長は「『相談しましょう』『SOSを出しましょう』と教えても、それができない子供が命を絶つ」と指摘。「もっと自然と話せる場を作ることが重要ではないか」と提案した。

都の自殺者数は2013年から減少し続けているが、学生・生徒に限れば全国では11年から減り続けているのに対し、都は増減を繰り返す横ばい状態で対策は急務だ。都は、子供の自殺を少しでも減らすためにSOSを出せない子供の心理を研究し、今後の自殺対策に生かす必要がある。

網羅から集中にシフト

70％の壁（上）　不燃化特区 選定から5年

23区内では旧耐震基準の木造住宅が密集する、いわゆる「木密地域」のうち、地震時に大規模火災が誘発される危険性が高い地域が区総面積の約1割にも及んでいる。都は2012年、「木密地域不燃化10年プロジェクト」を立ち上げ、区が申請する「不燃化推進特定整備地区（不燃化特区）」に対して助成や事業支援メニューを提供し、区が主体的に不燃化事業を行う後押しをしてきた。都が先行実施地区に11区の12地区を選定してから5年。各区は取り組みを続けているが、目標の不燃領域率70％の達成には高い壁が立ちはだかる。2回にわたり、先行実施地区の現状を追う。

合意形成

幹線道路から一本脇道に入った住宅街。狭い道を人や自転車がぶつからないように行き交い、立ち並ぶ家々の中には昔懐かしい木造家屋が点々と見受けられる。防災上の課題が多いことを理由に指定を受けられる不燃化特区内に息づいているのは、他の地区でも見られそうな生活風景だ。

不燃化特区制度は、家屋の除却や新築の設計・工事費に対する一部助成、都市計画税と固定資産税の5年間減免などをメニューとして備えている。先行実施地区11区の担当者に聞くと、共通して特区の導入により不燃化が加速したと話すが、20年度までに目標に到達するめどがついている地区は約半数。

北区では整備プログラムの中心に据えていた生活道路整備や再開発事業が遅れており、不燃領域率は16年3月の公表値で51％と、特区当初と比較して4％増にとどまる。区十条まちづくり担当課は「中核事業以外だけでは計画期間内の70％達成は厳しい」と話す。

先行実施地区として唯一、2地区の指定を受けた墨田区は、両地区とも不燃領域率が昨年3月の公表値で53％と、伸び幅は3～5％だが、特区以前から約40年にわたって燃えないまちづくりを進めてきた土壌がある京島地区では、中核の開発事業が進行して目標達成が見込めている。一方、鐘ヶ淵地区では開発が遅れ、見通しが不透明だ。

70％到達を阻む要因の一つに、地権者との合意形成がある。建て替えには経費がかかることに加え、仮住宅の確保や家財の整理、新しい家の設計・施工の注文などの準備や手続きに時間と労力が必要になる。

いずれの地区も高齢者が多い傾向にあるものの、品川区で住民の相談を受け付ける窓口業務の受託業者によると「60代の住民が相続の内容を問い合わせに来たり、息子世代が親世代を引き連れてくることが多い。70代以上の単身者はほとんど訪れない」と話し、身近に相談できる身内や相続人がいない場合には建て替え意欲が停滞しているケースが浮き彫りとなっている。

各区は制度活用を網羅的に呼び掛ける方法から、建て替え意欲を示している住民に対する支援を集中的に行う方向にかじを切っている。制度が浸透してきたため、次は地権者一人ひとりの事情に合わせて具体的な解決方法を提示することで着実に事業化まで運ぶ狙いだ。

墨田区防災まちづくり課は「街区ごとに家屋の状況を把握し、旧耐震の密度が濃い街区から協力を呼び掛けている」、荒川区防災都市づくり部担当者は「アンケート調査で建て替えを考えていると回答した地権者に対して、サポートが手厚い特区期間中に制度を利用するよう勧めている」と話し、まずは成功事例を積み上げることで、地区全体への波及を狙う。

中野区の弥生町3丁目地区では、仮住まいの確保のための援助策を組み込んでいる。道路や公園の整備予定地に該当する土地権利者の代替住居地として都営住宅跡地に整備する戸建て住宅や、区営住宅を割り当てる、住民の生活レベルに適した仮住宅を選択できるようにしている。

まちの不燃化を促進するため、従来以上に住民の生活に寄り添い、生活再建まで見据えた支援が求められており、それは制度の支援メニューの内容にも表れ始めている。

特区期間は残り3年半。各区が木密解消を加速させようとしている＝8月、荒川区で

北朝鮮問題

16区が抗議文発表

有事想定し、学校で訓練も

Jアラート発令を想定し、地下に避難する生徒＝4日、千代田区で

北朝鮮が3日に水爆実験を実施したことを受け、15区が4日に抗議声明を発表した。いずれも「恒久平和を希求する全世界の人々の願いを踏みにじる行為」「遺憾の極み」などと、強い論調で非難の意を示している。

声明を出したのは、千代田、中央、港、新宿、文京、墨田、品川、大田、杉並、豊島、北、板橋、葛飾の13区と区議会。

世田谷と荒川は区が4日に声明を発表し、区議会は次期定例会本会議に決議案を提出する予定。練馬区は6日の第3回定例区議会初日に、区が声明を出し、区議会が全会一致で決議文を議決した。目黒区・区議会も抗議を出す方向で検討している。

北朝鮮水爆実験に先立ち、先月29日には同国が実験として発射した弾道ミサイルが日本上空を通過した。国際情勢が緊迫さを増している状況を受け、千代田区の区立神田一ツ橋中学校では4日、全国瞬時警報システム（Jアラート）が発令されたことを想定した避難訓練を実施した。実際のアラート音は使わず、発令されたことを知らせる校内放送を流し、全校生徒約240人が地下1階のホールに移動した。

太田耕司校長は「スピード感を持って避難することが大事」と話し、緊張感をもって訓練に臨むよう生徒に呼び掛けたという。

若年性認知症の実態把握へ

中野区　自治体単独調査は全国初

中野区は4日の定例会見で、若年性認知症を発症した65歳未満の区民を対象とした生活実態調査を行うと発表した。区地域支えあい推進室によると、基礎自治体が単独で若年性認知症の実態調査を行うのは全国初という。高齢化に伴い、国や自治体が認知症対策を強化する一方、65歳未満で発症する若年性認知症に関しては生活実態の把握が進んでいないのが実情で、田中大輔区長は「発症しても安心して地域で暮らすためにどのような支援が必要か、検討する材料にしたい」と話している。

若年性認知症の場合、介護保険制度に基づくデイケアサービスなどを受けることができるが、特に初期ステージの場合には本人の抵抗感が強く、利用されないケースが多いという。区地域支えあい推進室は「本人や家族が孤立を深めている実態がうかがえ、支援につなげるための周知が急務」と指摘する。

区によると、若年性認知症に関しては国が2006～08年に全国調査を実施して以降、区内を対象とした調査は行われていない。国は15年1月に策定した認知症施策推進総合戦略（新オレンジプラン）に基づき、都道府県単位の抽出方式で調査を行っているが、地方での実施が中心となっているという。田中区長は「地域包括ケアシステムの構築に向け、高齢者だけでなく現役世代も含めた形に視野を広げる必要がある」と説明。区単独での調査実施を決めたという。

調査は将来的に他自治体や全国調査と比較できるよう、都健康長寿医療センター研究所が示している標準実施手順を基準として行う。月内に1次調査として、区内の医療機関や介護事業所など約300カ所に若年性認知症と診断した事例や施設の利用実態などを確認。年内に患者本人や家族に対し、病状や就労、医療や介護などの行政サービス利用状況などを調査するとともに、日常生活を送る際の不安や困りごとなどを書面で教えてもらう。

また、了承を得られた場合には、年明けにも本人や家族と面会。進行ステージに応じた問題点や行政に求める支援など、具体的な課題に関する聞き取り調査を行う。

田中区長は「働き盛りで家庭でも重要な役割を果たしている現役世代が発症した場合、世帯全体に大きな影響がある」と語り、「行政として実際にどのような支援が求められているか、調査を通じて明らかにした上で対策を検討したい」と話している。

中央区

今月末に都に要望書

「移転し、環2早期整備を」

中央区は、築地市場移転時期の決定や環状2号線の全線整備を早期に進めることなど5項目を盛り込んだ都への要望書案をまとめた。都が6月に示した豊洲移転と築地再開発の基本方針を受け、従来の約束履行を改めて要請する。地元と区議会への報告を経て、今月末に都に提出する予定。

要望書には、築地市場の移転時期の早期決定や環状2号線本線の早期全線開通のほか、2020年東京大会時には市場跡地を交通広場として活用すること、築地再開発はまちの活性化につながるよう区の意見を聞いて進めることを求める。また、マンションの開発ラッシュによる人口増で、朝方に人や車両の混雑が著しい月島地域の交通環境改善に向け、BRTの運行開始と都心部・臨海部を結ぶ地下鉄新線の早期実現も要望している。

築地市場は当初の移転予定時期から1年が経とうとしているが、着地点がいまだに見えない。区担当者は「計画が遅れることで一番しわ寄せを受けるのは区民だ。大会後のまちを担う地元区として、喫緊に整理してほしい」と話している。

杉並区

地震被害想定を独自作成

50㍍四方で「見える化」

杉並区は6日、区独自に作成した首都直下地震時の区内での被害想定を公表した。都が2012年4月に発表した都内の被害想定が250㍍四方を単位としているのに対し、独自版では50㍍四方単位で震度や建物被害、人的被害などを示した。田中良区長は「被害想定を更に見える化することで、区民一人ひとりが自助意識を高める契機にしてほしい」と語った。

区が独自作成した被害想定では、区東部地区で震度6強、それ以外では震度6弱の揺れとなる。建物の全壊は約2500棟、半壊は約1万2千棟に上り、地震に伴う火災で約2万7千棟が焼失すると予測する。

また、区は独自想定とともに、建物耐震化助成や狭隘道路拡幅整備事業などの対策による効果を反映したシミュレーション地図も公表。対策を通じ、全壊棟数が約82％減、焼失棟数が約36％減となることをPRし、制度の利用や事業実施に向けた住民合意の形成につなげたい考え。

23区初のウェブ版発行

「成長する」区史に

葛飾区

葛飾区は、2012年の区制80周年を機に編纂を始めた区史を10月末に発行する。書籍版に加え、「ウェブ版」と、内容を分かりやすくした「子供版」の計3バージョンを初めて発行する。

ウェブ版は区史が「成長する」点が特徴。新たに判明した情報や見つかった史料があれば、学芸員などの確認を経て追加することができる。時代ごとの変遷が見られる地図機能なども搭載する。

区担当課によると、「冊子を電子書籍化するケースはあるが、ウェブ版として発行するのは23区初になる」と話す。史料提供者に掲載確認をとる段階で、「書籍に比べて電子上ではコピーしやすいため、書籍版に提供をもらった写真や図版の1割程度はウェブ版への掲載を断られた」と苦労を明かした。

子供版の制作も23区で初の試みになる。区立小学校全校に配布し、来年度から教材に利用してもらうなど従来の区史よりも活用の幅を広げる。書籍版と子供版は有償で各3千部を発行。ウェブ版は無料で閲覧できる。

記者席

メディアの姿勢も変化の兆し

○……都議選で圧勝して2カ月。向かうところ敵なしに見える小池知事だが、市場移転問題の混迷に加えて、関東大震災の朝鮮人犠牲者に対する追悼文中止もあり、ここに来てメディア批判も目立ち始めている。それでも舛添前知事が公私混同問題で受けた集中放火のような批判は起きていない。なぜか。

ある部長級職員は「都民の支持は依然高く、メディアも様子見しているのではないか」と分析する。「追い込まれたら『窮鼠猫を噛む』ではないが、国政での勝負に出ないとも限らない。政権への影響も含め、（批判に）慎重になっているのでは」。絶えず国政進出がささやかれる小池知事。それだけに、妙に納得してしまった。

○……「（情報）操作になるのではないか。正確に書いていただければと思う」。小池知事は先月30日の第2回臨時会本会議後の報道陣による囲み取材で、某全国紙を名指しして、こう迫った。

自民党から都民ファーストの会に合流した山内晃氏と木村基成氏が昨年度、飲食を伴う会合の会費に政務活動費を充てていたことに、同紙が「都民フ2人　政活費で飲食　公約と食い違い」とスマホ画面で報じたことが発端。記事では「自民から合流の」と記載していたが、スマホではその部分が削られていた。

同紙は知事の指摘を受け、スマホ表示を改修したというが、知事は相当メディア対応に神経をとがらせている。

○……行政の計画から議員の政治活動まで、ウェブ上での情報公開は今や欠かせないものになりつつあるが、いまだ対応していないものもある。区史もその一つだったのは少し意外に感じた。

葛飾区は23区で初のウェブ版区史を来月発行する。従来のような分厚い本とは異なるイメージで発信し、区史になじみのなかった若者などが触れるきっかけとする狙いもある。

リリース直後の11月頭には、同区の区長・区議選が控えている。ウェブ版区史に初めて追加される情報は、次期区長の名前かもしれない。区史とともに「成長する」区長は誰になるのか、こちらも楽しみだ。

新人都議の横顔⑬　◆区部◆

保育の住民運動の先頭で

戸谷　英津子氏
共産党・練馬区

練馬区で生まれ育ち、3人の子供を育てる母親として保育所の父母会を設立。学童クラブの職員削減反対に向けて署名に取り組むなど、住民運動に力を注いできた。その後、練馬区労協や党区議団事務局を経て、「自治体の理不尽なやり方に対する保護者の怒りをぶつけていきたい」という思いから2003年に区議に。4期14年務め、党幹事長としても区議団を率いた。

都議選は初めてのチャレンジ。都議を4期務めた松村友昭氏を引き継ぐのに加え、衆院選につなげる役割も背負い、「かなりプレッシャーはあった」と明かす。それでも選挙期間中は、「安倍政権への怒りが広がっているのを感じた」。

また、築地市場の再整備に向けて支持を広げてくれた有権者もいたといい、「手応えのある選挙だった」と振り返る。SNSを通して中学・高校の友人が電話をくれたり、街頭演説に駆け付けてくれることもあった。

都議としては、認可保育所の増設による待機児童の解消や医療過疎の解消などを政策に掲げている。「練馬区でも待機児童問題が深刻。区が保育園の民間委託を打ち出す中で、保育の質を守り、子供の健全な発達が保証できるような取り組みをしたい」

都と練馬区が都市計画道路の整備を重視して取り組む姿勢も批判し、「社会保障や福祉を充実させるべき」と力を込める。

趣味は「最近は行けていない」というハイキングと、友人と一緒にお酒を飲むこと。赤ワインが好み。選挙の直後に初孫が生まれたといい、仕事の合間を縫って顔を見に行くことも。駒沢大経済中退。54歳。

適齢期迎え、都政進出

馬場　信男氏
都民ファーストの会・足立区

区議を4期務め、地方議員として“適齢期”を迎えたことから、都議への転身を決めたと語る。「（党がスローガンに掲げた）新しい政治への期待に応えるため、議員の仕事が都民の生活にどう関わるのかを分かりやすく伝え、親しみをもってほしい」と意気込む。

自民からの離党組の一人で、都民ファーストに加わる以前は「都知事選での自民の敗北を目の当たりにし、改革をしようと声を上げたが周りから反応はなかった」と、もがいていた時期があったと振り返る。都議選では自民の公認候補を希望したがかなわず、無所属での出馬も考えたが、「小池台風に吹き飛ばされるくらいなら」と、都民ファーストへの合流を決め、当選を果たした。

「自民からは大きく距離を置くことになったが、良い刺激になると信じたい」と古巣への思いをにじませながらも、「都民ファーストを力強くしていきたい」と襟を正す。知事与党にはなるが「議会の原点に立ち戻って厳しく行政を監視し、時代にそぐわない点は意見する」と力を込める。

所属委員会は、自ら希望していた都市整備委員会。「日暮里・舎人ライナーの発展に取り組みたい。舎人公園を始めとした沿線地域の魅力を高め、昼間の乗降客増加や新しい車両基地の増設などにつなげる」。また、「荒川区から移転予定の東京女子医大東医療センターの開業効果を生かしていきたい」と見込む。

趣味の音楽鑑賞は、アナログ派。温かみがある音が好きだと話し、バッハやハイドンなどのクラシック音楽をよく聴くという。座右の銘は「不易流行」。国学院大文卒。56歳。

東京最前線

◆ヒアリ1千匹発見　愛知県などは1日、名古屋港船見埠頭に運ばれたコンテナから女王アリ1匹を含むヒアリ約1千匹を発見したと発表した。1カ所で発見された数では国内最多。事業者などが殺虫処分し、県は定着していないとしている。コンテナは8月に中国・天津港を出港していた。

◆民泊の独自条例制定へ　京都市の門川大作市長は8月31日、来年施行予定の住宅宿泊事業法（民泊法）に関し、規制と活用両面での条例制定に向け、9月にも有識者会議を立ち上げる意向を示した。違法民泊の取り締まり強化や、町家の1棟貸しなどの宿泊推進を検討し、条例案をまとめる。

◆民泊の営業制限に着手　北海道は8月30日、民泊法の施行を控える中、有識者会議の初会合を開き、民泊の営業を制限する条例案の検討を始めた。学校周辺では登校日の営業を、別荘地では夏休みの営業の制限などを検討する。札幌市の昨年度の民泊苦情件数は149件に上る。

◆宿泊税導入へ検討開始　北海道は8月30日、外国人観光客の受け入れ態勢強化に向け、宿泊税を念頭に新税導入の検討を始めた。有識者会議で来年1月にも原案をまとめる。道は2020年度に外国人観光客を500万人にする目標を掲げているが、外国語対応や公衆無線の整備費用が課題になっている。

◆復興五輪へ推進会議　東京五輪のサッカー会場がある宮城県で8月29日、県や市町村、民間団体など149団体で構成する五輪の推進会議が発足した。「おもてなし・機運醸成」「大会運営調整」「ボランティア」「聖火リレー」の各専門部会を置き、検討する。県内ではパラオなどの事前合宿も予定している。

◆医療費抑制で市町支援　栃木県は来年度から医療費抑制の成果に応じて市町を財政支援する制度を設ける。財源は約20億円で、来年度から国民健康保険の運営主体が市町村から都道府県に移行することに伴う国の財政措置と、県の一般会計で賄う。特定健康診査の受診率などを指標に交付額を決定する方針。

◆県域の水道一元化　香川県と県内16市町は8月30日、来年4月に水道事業を一元化する基本協定を締結した。施設老朽化や技術継承、人口減少による需要減などに対応し、運営効率を高めて料金上昇を抑えるのが狙い。岡山県から給水を受ける直島町を除く県全域での事業統合となり、全国でも異例。

◆モノレールに財政支援　千葉市は8月30日、市が93％出資する千葉都市モノレール対し、今年から12年間で総額35億6千万円を補助することを発表した。車両基地の耐震補強や車両購入費などに充てる。同モノレールは1988年の開業当初から赤字経営で、2度目の大型支援となる。

◆共同でクルーズ観光　石川県の谷本正憲知事と京都府の山田啓二知事は8月29日、金沢市で懇談し、クルーズ船の観光活用を共同で取り組むことで一致した。石川県の金沢港、京都府の舞鶴港がクルーズ船の寄港地となっており、両知事とも県内周遊観光に向けたインフラ整備の重要性を強調した。

長橋桂一・都議会副議長に聞く

通年議会が改革の柱

新人議員に期待「慣例打ち破って」

ながはし・けいいち＝1956年10月7日生まれ。公明党本部職員を経て、01年の都議選で初当選。厚生委員長、議会運営副委員長などを歴任したほか、都議会公明党の幹事長や副団長も務めた。

――副議長就任の感想を。

都議選で議会構成が様変わりした中での副議長就任となったが、議会改革にしっかりと取り組んでいきたい。都民ファーストの会の尾崎議長は、私が公明党の幹事長時代に民進の幹事長で、様々な場面で話し合い、気心が知れているので、しっかりとサポートしていきたい。

――議会改革はどう進めていくことを望みますか。

議会改革検討委員会では通年議会を大きな柱とするべきだ。同委員会は議長の下に置かれ、オープンに議論されるので、各会派の議論を都民の皆さんにもしっかりと示していくことになる。

――なぜ通年化にする必要があるのですか。

首都直下地震やゲリラ豪雨などの災害時に、議会もすぐに対応できる。改革を進めるに際しても、議会がチェックしていくには通年化が望ましい。

――臨時会での豊洲新市場の追加対策工事などに関する補正予算案の審議は尽くされたと考えますか。

豊洲市場の追加対策工事は来年6月までに完了するので開場はそれ以降になるが、（知事の）「安全宣言」を含めてスケジュールが示されなかった。議会からは早く日程を示すように求める声も出ている。業者の皆さんは中途半端な状況に置かれ、不安を募らせている。豊洲市場が開場後に機能するのが一番大事で、移転を決めた業者、移転しない業者双方の細かい声を追っていく必要がある。特に中小企業の人たちにすれば生活がかかっている。不安の払拭が大事だ。

――築地市場の再開発もスケジュールが示されないと議論が前進しません。

再開発の中身が全く分からない。（築地市場跡地は）都の貴重な財産であり、ポテンシャルは高い。将来を考えると、売却も一つの方策として考えるべきだ。また再整備が短期間でできるのかも疑問。埋蔵文化財や環境調査、都市計画決定などスピード感を持ってやる必要があり、今から具体的な中身のあるものにしなくてはならないが、具体的な検討はまだなのだろう。

――知事は最近、再開発について「食のテーマパーク」とは言わなくなりました。

「食のテーマパーク」も一案という話だった。収支計画の見通しをつけてから議論しないと絵に描いた餅になる。豊洲市場の「千客万来施設」の問題もある。（運営事業者の）万葉倶楽部から最近、「困っている。当初の計画と違う」との話があった。知事は「説明していく」としており、どう説明するか注目している。

――今期の都議会は新人議員が多いのも特徴です。

多くは都民ファーストの議員。都政改革を進めていきたいとの希望がある人たちで、期待している。都庁は一国の大きな政府のようなもの。現場感覚と初心を忘れずにしてほしい。私が1期目の時は一つ一つが目新しく知らないことも多い中、自分らしさを発揮するためにまずは勉強した。

――都議会の慣例を新人議員が壊すのではとの懸念があります。

都議会の慣例踏襲を打ち破ることは大いに結構だ。ただ、いろいろな人の意見を聞くことも大事。賛成、反対両方の声を聞かないと判断を見誤る。

――小池都政の1年目をどう評価していますか。

知事自ら報酬を半減して改革の決意を示し、都議会も議員報酬の2割カットを全会一致で決めた。その後も私立高校の授業料無償化などが予算編成に盛り込まれ、知事の改革に向けた対応を評価している。ただ、改革はこれから。引き続き議会側からも提案していく。

――小池都政2年目に注文はありますか。

市場問題と五輪の道筋をつけることだ。改革についてはスピード感を持ってやるよう、訴えていきたい。

――知事の印象を聞かせてください。

都知事選に出たことも含めて非常に思い切りのいい方。知事が衆院議員時代は東京10区だったので同じ選挙区だった。私は都議の立場でそれ以来の仲。地元の課題について一緒に取り組んできた。知事と議会が対決しても不毛だし、五輪以降の高齢化や少子化問題に対しても具体的に提案していく。

――議員へのメッセージをお願いします。

選挙で選ばれたということは、それだけ都民の負託を受け、期待されているということ。だからこそ、都民に分かりやすく発信するとともに、しっかり勉強しなければならない。常に課題は新しくなるので、積極的に体を動かしてほしい。

大学定員抑制に反対 転換求めて国へ要望

小池知事

小池知事は4日、内閣府を訪れ、23区内の大学定員数の抑制方針を国が示したことに対し、「大学の定員の抑制はしないでいただきたい」と、梶山弘志まち・ひと・しごと創生担当相に立法措置などを行わないよう要望した。梶山大臣は「（要望書）をしっかり読ませていただく」と応じた。

知事は会談後、報道陣の取材に「23区内の学生を抑制しても東京の一極集中は解決しない」と言及。梶山大臣からは「地方の過疎の問題は深刻。有識者からの話もあり、こういう流れになっている」との説明があったことを明らかにした。

要望書では、「東京と地方が共存共栄し、日本全体の発展に寄与する取り組みを支援していくこと」と明記。また、大学の国際競争力の低下を招き兼ねないと反発し、国の方針に反対を表明した。

◆パラの種目が決定

国際パラリンピック委員会（IPC）の理事会が4日、アラブ首長国連邦で開かれ、東京パラリンピックで新たに追加されるバドミントンやテコンドーを含め22競技、537種目を実施することを決定した。

東京パラリンピックは2020年8月25日から13日間の日程で実施される。参加人数は4400人、うち女性選手枠は1756人を想定しており、いずれも過去最多となる。

小池知事は「女性選手の枠が増加し、活躍の場も広がっている。史上最高の幸せな大会となるよう組織委員会と連携し、大会準備に万全を期す」とコメントした。

論壇

「例外なし」の受動喫煙対策を

東京都医師会理事　蓮沼 剛

都民ファーストの会と公明党が、子供を受動喫煙から守る条例（案）を第3回定例都議会に提出する予定です。（公社）東京都医師会は疾病予防としてのタバコ対策と介護予防としてのフレイル（虚弱）対策を徹底し、高齢化がさらに進む東京都で真の健康寿命延伸を目指しています。東京都医師会が考える受動喫煙対策について述べたいと思います。

■「最低」レベル

「たばこの規制に関する世界保健機関枠組条約（FCTC）」という条約があります。1999年の第52回WHO総会で条約の起草・交渉のための政府間交渉会議設立が決定され、2005年2月27日に発効しました。日本は04年3月9日に署名、同6月8日に国連事務総長に対して受諾書を寄託しており、日本でも効力が発生しています（内容は表の通り）。

日本国憲法では条約や国際法規の順守を定めており（第98条）、国内で条約違反の状態が続いているのは非常に問題であることが分かると思います。改善するには、速やかに受動喫煙対策の法律を作らなければなりません。

WHOの調べでは、世界49カ国で、医療機関や大学・学校、飲食店、公共交通機関などで「屋内の全面禁煙」を法制化していますが、日本の健康増進法(03年5月)では屋内禁煙に関しては努力義務にとどまっています。

厚生労働省が16年9月に公表した「喫煙の健康影響に関する報告書（たばこ白書）」によると、WHOの評価基準では、日本は受動喫煙防止策、脱たばこのメディアキャンペーン、たばこの広告・販売・後援の禁止の各項目で「最低」レベル。更に医療や教育施設、大学、官公庁、一般の職場、レストラン、カフェや居酒屋、公共交通機関の八つの場所の全てで全面禁煙になっておらず、「最低」と酷評されました。

■規制の視点

受動喫煙対策に関して、東京都医師会は以下の点が重要であると考えています。

①例外なしの屋内完全禁煙を

バーやスナックなど小規模な飲食店を含めた全ての建物の屋内を完全に禁煙とすべきです。店舗面積などに関する例外規定は絶対に作るべきではありません。

②飲食店は本来、食の安全と味で勝負すべき

たばこを吸えないと客が来ないという発想自体に大きな問題があります。顧客と従業員の受動喫煙の害を認識すべきです。

③飲食店街の外に喫煙スペースの設置を

大きな公衆電話ボックスのような、密閉式のたばこによる有害物質が外に漏れないものが望ましいです。この場合、屋外での禁煙条例を制定している区市町村との調整が必要です。

④子供を守る条例

「子供がいる自家用車の中での禁煙」「子供がいる自宅での禁煙」に関しては「プライベート空間である自家用車や自宅まで規制すべきでない」という意見もあります。しかし子供は自らの意思で受動喫煙を避けることが困難であり、保護の必要性が特に高いのです。子供が受動喫煙から受ける健康被害は大人以上に深刻です。乳幼児突然死症候群（SIDS）、気管支炎、気管支喘息、肺炎、中耳炎などの疾病との関連が既に判明しています。全ての成人は、子供の前での喫煙や喫煙直後に子供と接することが「虐待」であることを認識する必要があります。

実際、海外では子供が同乗する自家用車での喫煙は、オーストラリア、フランス、米アーカンソー州・ルイジアナ州・カリフォルニア州、イギリス、バーレーン、キプロス、モーリシャス、南アフリカ、アラブ首長国連邦などの国・地域で罰則付きの法律により禁止されています。

⑤いわゆる「電子たばこ」「加熱式たばこ」等に関して

新型のたばこに関しても、紙巻きたばこと同様の受動喫煙の害があります。たばこの規制は、例外なく全てのたばこを対象にすべきです。

■規範となる条例を

誠に残念ですが、今国会では受動喫煙の防止対策強化を盛り込んだ健康増進法改正案は成立しませんでした。しかし、大変喜ばしいことに、17年の都議会議員選挙で全ての主要政党はそのマニフェストに受動喫煙防止条例の制定を挙げています。

都は20年に東京オリンピック・パラリンピック開催を控えています。都議会は都という地方公共団体の意思決定の場であり、約1300万人の都民の要望や意見を代表し、都の行政に反映しています。今後、東京都議会が国をリードするような、また、他道府県の規範となるような「例外なし」の受動喫煙防止条例を制定することを願ってやみません。

たばこの規制に関する世界保健機関枠組条約 (WHO Framework Convention on Tobacco Control)	
(イ)	職場等の公共の場所でたばこの煙にさらされることからの保護を定める効果的な措置をとる(受動喫煙の防止)。
(ロ)	たばこ製品の包装・ラベルについて、消費者に誤解を与える恐れのある形容的表示などを用いることによりたばこ製品の販売を促進しないことを確保し、主要な表示面の30%以上を健康警告表示に充てる。
(ハ)	たばこの広告、販売促進、後援(スポンサーシップ)を禁止または制限する。
(ニ)	たばこ製品の不法な取引をなくすため、包装に最終仕向地を示す効果的な表示をさせるなどの措置をとる。
(ホ)	未成年者に対するたばこの販売を禁止するため効果的な措置をとる。
(へ)	条約の実施状況の検討、条約の効果的な実施の促進に必要な決定などを行う締約国会議を設置する。締約国は、条約の実施について定期的な報告を締約国会議に提出する。

私を変えた一冊

福祉保健局 指導監査部指導調整課長　渋谷 恵美氏

明日から頑張れる一冊

『精霊の守り人』上橋 菜穂子〈著〉

「私を変えた一冊」はどれにしよう――。柄ではないと友人達には笑われそうだが、『精霊の守り人』を選んだ。

かれこれ20年近く前に読んだファンタジー小説だ。主人公の女用心棒バルサは、まだ子供の皇子チャグムを王の刺客や魔物から守った。チャグムは、自分の身に宿った水の精霊の卵を魔物から守り、国に雨をもたらした。理不尽な状態や課題にもかかわらず、バルサもチャグムも、敵に立ち向かい、自分の役目を果たす。ストーリーも、その土台になっている世界観も、とてもおもしろく、印象的だった。

当時の私は、初めての局間交流の後で、仕事のやり方の違いに悩んでいた。「今、理不尽に思えることの向こうに何かあるかな、もう少し頑張らなくちゃ」と、思ったものであった。

その後、バルサとチャグムの〝旅〟は、十数年に渡り、「守り人シリーズ」となった。私も、少々遅れ気味ではあるが、順にシリーズを読み進めた。

最終章「天と地の守り人」の頃には、チャグムは、国民を第一に考える、王にふさわしい青年になっていた。誰もが無理だと思う隣国との同盟のために、自らが必死になって行動し、同盟を果たす。バルサやその時々関わった人達が助けてくれる。そして、同盟国の兵士を引き連れ、帰国し、巨大な敵国を追い返し、国と国民を守ることはできた。しかし、父王と王都は水没した。全てがうまくいくわけではない。

これを読む頃の私は、課長になっており、大きな課題を抱える部署にいることが多かった。自らが信念を持って行動しなければ、何も始まらない。助けてくれる仲間が大事。与えられた条件の中で最適な行動とは何かなど、仕事の面でも示唆がある。

今も時折、「守り人」を読み返す。その都度、色々なことを感じ、考える。この年齢になっても、明日からまた頑張ろうと素直に思う。「今も私を変えてくれる（一冊でなくてすみません）シリーズ」である。

多摩都市モノレール

乗客数1日平均14万人に

多摩都市モノレールが来年、開業20周年を迎える。同社は2016年度の決算で、乗客数が前期比2・4%増の1日平均約14万人となり、営業収益と共に過去最高を更新した。また、初めて「経営理念」を決定。中期経営方針では安全確保や利用者サービスの改善に向けた具体策とともに、固有職員の育成に力を入れる考えを打ち出した。

中期経営方針　ダイヤ改正に着手

16年度の営業収益は、2%増の86億1900万円。沿線に大型商業施設がオープンしたことで通勤定期が5・5%増と大幅に伸び、通学を含めた定期全体で2・9%増となった。運輸収入は1・9%増の83億7700万円で、過去最高。乗客数の増に伴い、店舗事業収入や自動販売機収入も増加し、運輸雑収は3・3%増の2億4100万円となった。営業利益は18・4%増の18億9800万円。

また、新たに「経営理念」「長期経営方針」を決定。経営理念は①安全確保②乗客サービス向上③沿線地域との連携④経営基盤の強化――を4本柱とし、おおむね10年間に実現を目指す目標を経営方針として示した。

例えば乗客サービスでは、システム改修に合わせて初めてダイヤ改正を行う。同路線は立川や高幡不動、玉川上水などでJR、私鉄と連絡しており、乗り継ぎの利便性向上や混雑緩和が狙いだ。また、全19駅のうち11駅が無人駅で、聴覚障害者への対応を検討する。

沿線の活性化もテーマの一つ。多摩動物公園（日野市）や西武ドーム（埼玉県所沢市）など近隣施設の利用との「セット券」を販売しており、特に「ららぽーと立川立飛」（立川市）のセット券はコンスタントに1カ月に2千～3千枚を売るヒット商品になっている。

安全対策では、ヒヤリ・ハットの情報収集・分析を強化し、ヒューマンエラーや事故防止の対策につなげる。

固有職員が管理職に

経営基盤の強化では、人材育成が課題になる。

同社は従来、都や鉄道運行や工務・保守点検のノウハウを持つ私鉄からの派遣を受けているが、昨年度は初めて固有社員3人を管理職に起用。駅務・乗務管理所長と本社総務部の副課長に充てた。今後は経営の中核を担う固有社員の管理職も増やす方向という。

人材育成の転機になったのが「ららぽーと」開業に伴う立飛駅の改修工事だ。駅から連絡デッキを施設に直結する社を挙げた事業だったが、実務の大半を技術系の固有社員が手掛けた。

同社では今後、駅舎のリニューアルや信号通信・電気設備や車両などの老朽化対策も控える。固有社員の能力を引き出す視点が重要になる。

延伸は費用対効果が鍵

多摩都市モノレールでは現在、箱根ヶ崎、町田、八王子の各方面に延伸する構想がある。国土交通省の交通政策審議会は16年4月、事業化に向けた調整を促す答申を出し、都は箱根ヶ崎と町田について沿線市町を含めた連絡調整会議を設置している。

ただ、事業化はそう簡単ではない。難題が建設コストで、現行の約16キロを敷くため、都と同社は約1200億円ずつ投入した。

同社は初期投資の借入金の返済にめどを付けたとはいえ、多摩地域でも人口減少を控え、現在の住民の利便性向上というだけでは説得力に欠ける。投資に見合った沿線まちづくりの効果を示す必要がある。

今後、経年化に伴う施設の大規模修繕も課題になる＝立川市

■多摩都市モノレールの１日平均乗車人員と運輸収入

（千人）（百万円）
1日平均乗車人員（左目盛り）
運輸収入（右目盛り）
全線開業
1998　99　2000　01　02　03　04　05　06　07　08　09　10　11　12　13　14　15　16（年度）

MEMO　多摩都市モノレール　上北台駅（東大和市）～多摩センター駅（多摩市）の全線約16キロのモノレール路線。多摩地域の公共交通網の充実や都市間の連携強化などを目的に、鈴木都政下の1982年、「東京都長期計画」で構想された。98年11月に立川北～上北台、2000年1月に多摩センター～立川北が開業。都が株式の約8割を保有する監理団体が経営している。

経営転換期の羅針盤に

【解説】同社の経営理念は、多摩地域の縦軸の交通アクセスを改善し、東京を職・住のバランスを取れたまちにするという開業当初の使命を改めて明文化した形で、内容が刷新されたわけではない。ただ、担当者は「経営再建から自立的・持続的な経営を目指すステージに変わり、羅針盤を示した」と解説する。

同社には苦い教訓がある。開業の初期投資が重荷となり、08年度に資金ショートの危機に直面。他の軌道系3セクと異なり、車両基地用地の取得費を会社側が負担したことも背景にあるが、多額の借入金の返済に負われてきた。

「経営安定化計画」では人員削減や給与カットに切り込んだほか、都が約299億円を増資。借入金の返済期間の延長（リスケジュール）、沿線5市による固定資産税の減免継続を受けた。

同社はその後、9期連続で黒字を計上し、経営環境も好転。ただ、設備更新に多額のコストがかかる見通しもあり、「守り」の意識が続いたことは否めなかった。そうした中で、積極的な展開を促す意味合いもある。担当者は「沿線の価値を高め、住民から選ばれる路線にしなければならない。人口減少の中でも地域と共に持続的に成長し、乗客数の増加につなげたい」と話す。

折しも監理団体全体の在り方が変革期にある。多摩都市モノレールは公的な色彩が強い事業だが、経営環境が転換する中、チャレンジの芽を摘むような縛りではなく、創意工夫を促す環境づくりも求められる。（一）

児相設置見据え法定研修

特別区研修所　虐待対応の実践力強化

児童福祉法改正を受けて特別区で児童相談所の設置に向けた動きが活発化する中、特別区職員研修所は2018年度、専門性を強化するための法定研修を職員共同研修としてスタートする。児童虐待への実践的な対応力を向上させるのが狙い。

特別区では世田谷、荒川、江戸川の3区が20年度の児童相談所開設を先行して目指し、準備を本格化させているほか、今年度からは23区で心理職の統一採用試験が始まり、専門職の育成が急務になっていることが背景にある。

18年度から新たに始める研修は、児童福祉法などに基づく法定研修の「児童福祉司任用前講習会」「指定講習会」。主な対象は、子ども家庭支援センター職員を始め、保健師、保育士、福祉職、心理職を含む子ども家庭福祉行政に携わる職員だ。

特別区が児童福祉法に基づく法定研修を23区の共同研修として位置付けたことを受け、同研修所では、次年度は児童福祉司任用前の職員に加え、子ども家庭福祉行政に携わる職員を広く対象として実施する。講習会は共に全6日間（予定）で、時期は8月～10月を予定。厚生労働省通知などに基づき、カリキュラムや研修到達目標を定めて行う。

講義形式で児童福祉法などの関係法令や制度に関する基礎的知識を習得するほか、模擬事例の検討などを基に、虐待を受けた子供の心身への影響に関する理解を深め、包括的アセスメントや支援計画、ケースマネジメント、相談対応、調査・記録の留意点、関係機関との連携、要保護児童対策地域協議会（要対協）の運営等を内容に盛り込む。講義の他にグループ討議や事例演習、ロールプレイなどの手法を加え、児童虐待に迅速・的確に対応できる実践力の強化を目指す。

研修実施後は、科目ごとに研修レポートの作成を課すほか、厚労省通知による目標達成度について受講生が自分でチェックできるよう、確認シートを導入して基礎的知識の定着を図る。研修内容の振り返りやOJTを通して、習得した知識やスキルを職務で活用してもらいたい考え。

同研修所では今年度、カリキュラムや運用方法を専門的な見地から検討してもらうため、学識経験者や子どもの虹情報研修センター、児童相談所、子ども家庭支援センター職員などによる「研修企画委員会」を設置。今後も研修内容や手法を改善していく予定。

また、児相設置を見据え、20年度には児童福祉司の任用後研修や課題別フォローアップ研修なども行う予定。

児童福祉法に基づく法定研修について、同研修所は「23区以外の自治体からの受け入れも可能な範囲で検討する」としている。

同研修所では従来も専門研修として児童虐待対応の研修を実施。今年度は「児童虐待への対応」「児童家庭福祉」「子どもの発達障害」「発達障害者支援」をテーマに、子ども家庭支援センター職員や保育士、保健師などを対象に、被虐待児の対応、社会調査・記録、精神疾患を持つ保護者への対応、児相を含む多機関連携・協働の在り方、個別ケース検討会議の進め方など、事例演習を交え、特別区職員の虐待対応スキルの強化を図っている。

今年度中には心理職を対象とする「児童心理」研修を新たに試行実施し、虐待が子供に与える影響や心理アセスメント、保護者対応、子供からの聞き取り方など、心理職が担う役割に合わせた研修を導入する予定。また、来年度は法定研修と併行して専門研修を実施し、各区のニーズに応じ、子ども家庭福祉分野に携わる職員の専門性強化に向けた研修を拡充する。

JKK東京

家族との「近居」支援

少子高齢社会の対応で

東京都住宅供給公社（JKK東京）はこのほど、経営改革アクションプラン（2017～19年度）を策定した。

柱の一つが、公社一般賃貸住宅の再編整備。賃貸住宅需要の動向や住宅ごとの特性を踏まえ、効果的・効率的に建て替えを進める方針で、今期は新たに、石川町（大田区）、弦巻（世田谷区）、小金井本町（小金井市）の3住宅を建替選定住宅とした。公社では16年度までに約6500戸（39団地）を建て替え済み。公社住宅7万2千戸のうち、約1万4500戸の建て替えが必要になっている。

少子高齢社会への対応では、子育て世帯・高齢者世帯の入居機会を確保する。世代間で助け合いながら生活できるように家族の近くに住む「近居」を支援し、今年1月の新築物件の募集から「近居世帯倍率優遇制度」を始めた。空き家募集に事前登録することで優先的に入居できる「近居であんしん登録制度」を4月から開始している。

また、公共住宅の建替えで創出した用地を社会福祉法人などに賃貸し、特別養護老人ホームなど福祉インフラ整備を促進する。具体的には広町（中野区）、向原（板橋区）、茗荷谷（文京区）の住宅用地で地域密着型特別養護老人ホームなどを、田端（北区）で認可保育所を整備する。

経営基盤の強化では、「住宅のプロ」として高い専門性・実践力を持つ人材を育成する方針。若手職員を対象に思考力や現場実践力を身に着ける研修を行い、早期戦力化を図る。併せて階層別研修や外部交流などにより、管理職・指導監督職の育成にも力を入れる。

主な経営指標では、公社一般賃貸住宅利用率は金額ベースで96・3%（16年度実績）と、目標を上回る状況。借入金残高は4634億円（同）で、17年度は4469億円への圧縮を目指す。

都政改革本部

働き方改革に新機軸

「都庁BPR」で事務効率化

都政改革本部会議が6日に開かれ、都は働き方改革の新機軸として「都庁BPR（ビジネス・プロセス・リエンジニアリング）」を打ち出した。「中間処理レス」「ペーパーレス」「キャッシュレス」による事務効率化が柱で、総務局を中心に検討チームを立ち上げて調査・点検を実施する。

庁内の手当・休暇申請や会計などの総務事務は、所管部署に申請が届くまで各局・部・課のそれぞれの階層ごとに取りまとめや確認を行う「中間処理」があり、作業が煩雑になっていた。このため、各階層で行っている業務を集約化したシステムを作り、各職員の申請が所管部署に直接届くようにする。

ペーパーレスについては、10月を全庁的な強化月間とし、ネットワーク環境が整った会議室で行う会議や打ち合わせはTAIMS端末を使用して100%ペーパーレスで行うことを目標にした。これにより、紙の削減量や紙の方が効果的な資料などを把握し、11月以降は強化月間の取り組み結果を踏まえて各局がペーパーレスの目標を定める。

キャッシュレスでは、受領確認や引き渡しの事務、紛失などのリスク管理の負担を減らすことを目的に、これまで現金でのやり取りが多かった少額物品の購入や出張宿泊費の事前受領を、電子決済や口座振替に移行することを目指す。

今回の改革メニューには、既に各局の自律改革で行っているものもあり、全庁に広げる。検討チームは効果を検証しながら年度内に総務事務改革の工程表を策定する。

また同会議では、総務局が3月に実施した職員アンケートで5千件以上の働き方の改善案が寄せられたことが報告された。今後、全ての提案を検証し、実現可能性や効果を踏まえて各局の自律改革に反映する。働き方改革ではこのほか、翌日の出勤まで一定の時間を空けなければならない「勤務間インターバル」の導入や、繁忙期でも土日の連続出勤を禁止するなどのルール作りも検討している。

さらに当日は、監理団体の改革についても議論が行われた。

都は監理団体を行政の支援団体と位置付けているが、今後は都の事業を執行・提案する「都庁グループ」の一員にする必要があるとし、全団体による経営改革プランの年度内の策定や、機能・役割に応じた団体のグループ化の検討などに取り組む考えを打ち出した。

上山信一特別顧問は8月に行った監理団体へのヒアリングを基に、「（監理団体は）都庁と同じ考えを持つことが多く、自立性、戦略性に欠けている」と指摘。「受諾団体としてのメンタルを捨て、（監理団体が）自活する将来展望が必要」と提言し、都以外の仕事の受諾や監理団体が蓄積したノウハウの販売にも取り組む必要があるとした。

上山顧問はまた、「（監理団体の）政策提言能力は高いが、本庁側に吸い上げる考えがない」と都の姿勢にも言及。多羅尾光睦総務局長は「いただいたアドバイスを参考に、改革を進めていきたい」と話した。

聖火リレー警備費　国に負担を要望

全国知事会

全国知事会会長の山田啓二京都府知事が4日、大会組織委員会の森喜朗会長と会談し、組織委と協力して国にも聖火リレーの警備費などを負担するよう求める考えを示した＝写真。

聖火リレーは、全ての都道府県を回るため、各都道府県は来年4月以降に実行委員会を立ち上げ、ルートやランナーの選定を行う予定。山田会長は、知事会内に聖火リレーの準備会を設置することも明らかにし、「知事会で連携を取って、成功に導けるよう、共通理解を深めたい」と話した。

スカート内盗撮　教員を懲戒免職

都教育庁

都教育庁は4日、女性の下着を盗撮したとして区立小学校の男性教諭（41）を懲戒免職にした。

男性教諭は昨年12月、都内の駅構内でカメラ付き音楽プレーヤーを使い女性のスカート内の下着を撮影していたところを別の男性客に見つかり、駆け付けた警察官によって逮捕された。その際、男性教諭は同年7月にも同様の手口で下着を盗撮していたことが分かり、罰金30万円の略式命令を受けた。

また同庁は同日、体罰で生徒にけがを負わせた区立中学校の男性教諭（30）を停職3カ月、酒に酔って自転車を盗んだ区立中学校の男性教諭（24）を停職1カ月にした。

■渋谷区人事異動

1日付

【課長級】▽経営企画部副参事＝シェアリングエコノミー推進担当課長（総務省）山下俊浩

■千代田区人事異動

5日付

【課長級】▽和泉橋出張所長（政策経営部災害対策・危機管理課長）石綿賢一郎▽政策経営部災害対策・危機管理課長　山崎崇政策経営部防災計画担当課長兼務

佐々木　義信さん（ささき・よしのぶ＝元港区議会議長）4日死去、86歳。通夜は8日午後6時から、告別式は9日午前10時半から、いずれも善光寺会館（港区北青山3の5の17☎03・3401・3915）で行われる。

五輪への航海図　TOKYO 2020　207　開催まで あと1050日

医療の外国人対応㊤

治療費未払いで帰国も

外国人観光客が増える中、医療機関の対応も急務だ。「日本に来る外国人のうち、約3%は何らかの理由で病院に行く」。こう解説するのは、NTT東日本関東病院（品川区）の外国人向けの医療体制構築を担当する海老原功氏。都福祉保健局の「外国人患者への医療提供体制に関する検討会」のオブザーバーも務める。同病院は「外国人患者受入認証機関（JMIP）」認証を取得していることもあり、昨年は5千人以上と都内でも多くの外国人患者が訪れており、様々な課題に直面するという。

医療現場では、国や地域による医療システムの違いからトラブルが起きやすい。最も多いのが、患者が医療費を支払わずに帰国してしまう未収金。旅行のような短期滞在の場合、日本の保険証がないために高額の医療費を払えなくなるケースも多いが、数万円程度で済む軽症患者の未収金も少なくない。「日本は中国のように前払いではないため、治療費を払わずそのまま帰るケースが多い」（海老原氏）。

文化の違いもトラブルの原因だ。イスラム教の女性は戒律で女性の医師の診察しか受けられないなど国や地域によってタブーがある。

日々、多くの外国人患者が訪れるNTT東日本関東病院

言語の壁も大きく、病院の場所などの情報を得ることができずに、軽症でも救急車を呼ぶ人もいるといい、「多言語での医療情報の提供の充実が必要」と海老原氏は指摘する。

昨年の訪日外国人数は、過去最高となる約2400万人。2020年東京大会の開催を控え、今後も更に増えることが予測される中、病院の外国人受け入れ態勢の整備が急務だ。

都福祉保健局はNTT東日本関東病院など都内の医療機関を対象に異文化研修会を招き、JMIP認証を取得した病院から講師を招き、都内の医療機関を対象に異文化研修会を実施。初年度となる昨年度は国や地域別の文化の差異について講義し、約600人が参加した。今年度は受診から支払いまでのケース別で起こりうるトラブルと対処法がテーマで、計1千人の受講を目標としている。

同局は今年度、民間医療機関の外国人対応充実を進めるための補助事業も始めた。具体的には、パンフレットやホームページ、看板などを多言語化する場合、最大50万円を助成する。同局医療政策部の久村信昌地域医療担当課長は「様々な国の外国人が利用しやすい医療体制の整備を進めたい」と話す。

30年度

職員教養講座

東京都管理職選考対策 ▶10◀

経営に関する知識②

今回は「経営戦略」「マーケティング」に関する問題演習を行います。

問題

【問題 1】

企業買収に関する記述として、妥当なのはどれか。

① M&A（合併と買収）は、垂直的統合と水平的統合によるM&Aに分類できる。垂直的統合によるM&Aとは、同様の事業を営む企業同士が統合し、規模の経済性を追求して行うものを言う。

② M&Aは、アメリカでは企業の多角化が盛んに実施された1960年代に盛んに実施された。日本でも1980年代中ごろから円高を背景に、大企業を中心とした敵対M&Aが盛んに実施された。

③ MBOとは、経営陣による企業買収を意味し、企業の子会社や事業部門の経営陣が、自己資金または他の投資家の資金で、自らが属する企業や事業を買収し、代表権を獲得することをいう。

④ 企業買収の対抗手段として、買収企業に対し、逆に企業買収を図る対抗手段をホワイト・ナイトという。

⑤ 企業買収の対抗手段として、被買収企業の経営者が解任された場合の退職慰労金などを高額に設定することで、買収を思いとどまらせる対抗手段をポイズン・ピルと言う。

【問題 2】

アンゾフの経営戦略論に関する記述として、妥当なのはどれか。

① アメリカの大企業の組織が職能別組織から事業部制組織へと移行している実態を指摘し、「組織構造は戦略に従う」という命題を主唱した。

② 製品・市場マトリックスを提示し、製品及び市場の既存・新規の別により、市場浸透戦略、市場開発戦略、製品開発戦略、多角化戦略の四つに分類した。

③ 市場浸透戦略は、既存の顧客層に対して、新規の製品やサービスを提供する戦略である。

④ 多角化戦略では、自社の製品やサービスを今までに購入していなかった顧客層に提供する戦略である。

⑤ 製品開発戦略は、新しい製品やサービスをこれまでとは異なる市場をターゲットとして事業展開する戦略である。

【問題 3】

ポーターの競争戦略に関する記述として、妥当なのはどれか。

① 競争状況における競争要因として、既存企業間の敵対関係、新規参入の脅威、代替製品・サービスの圧力、買い手及び売り手の交渉力とし、この五つの競争要因が企業の収益性に影響を与えるとした。

② コストリーダーシップ戦略は、競争他社よりもできるだけコストを低くすることによって、常に黒字を出しつつも低価格を実現し、他社に対する競争優位を確立する戦略である。

③ 差別化戦略とは、価格や機能、デザイン、顧客サービスなど、自社の製品やサービスを他社とは違う特異なものと顧客に認知してもらい、業界での優位性を築こうとする戦略である。

④ 集中戦略とは、特定分野に経営資源を投入して競争優位を確保しようという戦略であり、選択した特定分野でコスト優位を実現することを差別化集中戦略とした。

⑤ 成熟した市場において、企業はコストリーダーシップ戦略と差別化戦略とを組み合わせて実施する必要があると主張した。

【問題 4】

ボストン・コンサルティング・グループ(BCG)による製品ポートフォリオ・マネジメント(PPM)に関する記述として、妥当なのはどれか。

① BCGによるPPMは、市場成長率と相対的マーケットシェアの2軸によって、新規事業の有効な資源配分を検討することで、企業全体としての持続的な成長・発展を計画していく手法である。

② 「金のなる木」に位置付けられる事業や製品は、相対的マーケットシェアは低いが、市場成長率は高く、投資を上回る資金流入をもたらすため、他事業へ資金を供給する資金源となる。

③ 「花形」は、市場成長率と相対的マーケットシェアがともに高いものをいい、企業は「花形」に分類される事業に集中し、それを維持していく戦略が望ましい。

④ 「問題児」は、成長が鈍化し、将来の魅力も小さく、競争力も持たない事業のため、企業として撤退を考える必要がある。

⑤ 事業の望ましい移動の方向は、「問題児」や「花形」から「金のなる木」へという順序が望ましい。また、資金の移動の方向は、「金のなる木」から「花形」または将来性の見込める「問題児」へというのが望ましい。

【問題 5】

マーケティングに関する記述として、妥当なのはどれか。

① 一つの市場を、同じようなニーズを持つ複数のグループに分類した時、それぞれをセグメントという。小さく、他の企業が参入できないような隙間的なセグメントをチャネルという。

② プル戦略は、流通・小売業と協力して販売員などによるセールス・プロモーションを駆使して製品を顧客に販売する手法である。

③ 市場価格が定まっていない導入期の製品について、初期に高い価格設定をして、高級感を維持しつつ単価当たりの利益を確保し、一定の時間が経過した後に価格を下げる価格戦略を浸透価格戦略という。

④ 生産志向のマーケティング・コンセプトとは、生産の向上や流通の効率化を経営の主要課題とする理念である。このコンセプトは、顧客ニーズから出発してそれに見合う製品を提供するというものである。

⑤ マーケティング・ミックスは、市場に最適なマーケティング活動を効果的に組み合わせることであり、マッカーシーは顧客に満足を与える四つの要素として、「Product」「Price」「Promotion」「Place」を提唱した。

【問題 6】

プロダクト・ライフ・サイクルに関する記述として、妥当なのはどれか。

① プロダクト・ライフ・サイクルは、製品が市場に投入されてから廃棄までの過程を示したものであり、縦軸に販売量を、横軸に時間を記載した図で表される。

② 導入期は、競争者が多数存在する上、売上高も少ないが、平均より所得水準の高い「イノベーター」が主要顧客となるため、利益を確保できる場合が多い。

③ 成長期には、広告や販売経路整備等の非価格的競争及び価格競争が行われ、製品の価値が認められるとともに、需要も利益も増大するが、市場参入業者も増加し競争が激しくなるため、利益率は徐々に低下する。

④ 成熟期には、製品需要が飽和に達すると過当競争が生じるため、新たな製品需要の開拓よりもコストの合理化を優先する。

⑤ 衰退期には、代替製品の出現等により需要が減退するため、企業は生産・流通コストの削減や製品のマイナーチェンジを行うことで、安定した売上・利益確保を図る。

解説

【解説 1】　正答 ③

① 誤り。水平的統合によるM&Aの説明である。垂直的統合によるM&Aは、自社事業に対してサプライチェーン上の川上や川下に属する他企業を買収・合併し一貫生産・販売を実現することである。

② 誤り。日本では、友好的なM&Aが主体であり、その件数も欧米に比べて少ない。それ以外の記述は正しい。

③ 正しい。

④ 誤り。パックマン・ディフェンスの説明である。

⑤ 誤り。ゴールデン・パラシュートの説明である。

【解説 2】　正答 ②

① 誤り。チャンドラー命題の説明である。

② 正しい。

③ 誤り。製品開発戦略の説明である。

④ 誤り。市場開発戦略の説明である。

⑤ 誤り。多角化戦略の説明である。

【解説 3】　正答 ①

① 正しい。

② 誤り。コストリーダーシップ戦略は、他社よりも低価格を実現するため、あらゆるコスト削減を行い、事業が軌道に乗るまでは赤字になることもある。

③ 誤り。差別化戦略は価格以外の面で自社の独自性を確立することにより、競争優位を獲得しようとする戦略である。

④ 誤り。コスト集中戦略の説明である。

⑤ 誤り。市場の成熟度にかかわらず、ポーターは、コストリーダーシップ戦略と差別化戦略はトレードオフの関係にあり、両立は困難であると指摘した。

【解説 4】　正答 ⑤

① 誤り。BCGによるPPMは「既存」事業による効率的な資源配分を実施するための手段である。

② 誤り。「金のなる木」は、相対的マーケットシェアが高く、市場成長率が低い。それ以外の記述は正しい。

③ 誤り。PPMは、特定の事業に経営資源を投入するのではなく、次世代の「金のなる木」となる「花形」や将来性のある「問題児」などに投資し、育成していくことが望ましい。

④ 誤り。「負け犬」の説明である。

⑤ 正しい。

【解説 5】　正答 ⑤

① 誤り。隙間的な市場はチャネルではなく、ニッチである。

② 誤り。プッシュ戦略の説明。プル戦略は広告・宣伝によって顧客に対して、直接呼び掛け、製品に対する顧客の選好を引き出す戦略である。

③ 誤り。上層吸収価格戦略の説明である。

④ 誤り。生産志向のマーケティング・コンセプトは、大量生産体制が確立された時代の売り手主体の考え方である。

⑤ 正しい。

【解説 6】　正答 ①

① 正しい。

② 誤り。導入期は市場規模が小さく、製品に必要な研究開発費や広告費等を賄うだけの利益を確保できず、赤字になる場合が多い。

③ 誤り。成長期は、必ず利益率が低下するとは限らない。競争の中で、地位を確立した製品の利益率は上昇する。

④ 誤り。新たな顧客層の開拓や買い替え需要を喚起し、製品差別化戦略や市場細分化戦略が導入される。

⑤ 誤り。安定した利益確保は難しいため、赤字に転落する前に他事業に経営資源を転換するか、早期に撤退する必要がある。

昇任試験対策のページ

特別区

管理職試験講座 44

I類択一・記述　I・II類論文　29年度

29年度問題解説 ①

I類択一

8月26日に実施された平成29年度特別区管理職選考の択一式（40問）について、各問の解説を4回に分けて掲載します。今回は地方自治制度の10問について解説します。

地方自治制度

出題数は14問で、内容としては、通則から1問、直接請求から1問、議会から4問、執行機関から4問、財務から2問、公の施設から1問、特別区から1問となっています。出題は、ほとんどが条文や行政実例から出ており、例年通りオーソドックスな内容となっていました。

【問題 1】　正答 ④

① 誤り。直ちに総務大臣に届け出なければならない（地方自治法第7条第1項）。

② 誤り。総務大臣が定める（同条第3項）。

③ 誤り。都道府県知事は調停に付すことができ、全ての関係市町村から申請があるときは関係市町村の境界について裁定できる（同法第9条第1項、第2項）。

④ 正しい（同法第9条の2第1項、第3項）。

⑤ 誤り。都道府県知事が告示しなければならない（同法第9条の5）。

【問題 2】　正答 ④

① 誤り。事務の監査請求ができるのは選挙権を有するものであるため、法人を含まない（地方自治法第75条第1項）。

② 誤り。特定個人たる監査委員に対しての請求を認めたものではない（行実昭26・7・30）。

③ 誤り。直ちに請求の要旨を公表しなければならない（同条第2項）。

④ 正しい（行実昭44・5・8）。

⑤ 誤り。監査の結果の内容に対する争訟はできないものと解する（逐条解説304㌻）。

【問題 3】　正答 ①

① 正しい（地方自治法第101条第1項、第3項）。

② 誤り。議会運営委員会の議決を経る必要がある（同条第2項、第4項）。

③ 誤り。違法である（行実昭26・4・14）。

④ 誤り。地方公共団体の議会は、定例会及び臨時会とされている（同法第102条第1項）。

⑤ 誤り。直ちに会議に付議することができる（同条第6項）。

【問題 4】　正答 ②

① 誤り。特別委員会も議会の閉会中に審査できる（地方自治法第109条第4項、第8項）。

② 正しい（同条第6項）。

③ 誤り。参考人の出頭を求め、意見を聴くことができる（同条第5項、第115条の2第2項）。

④ 誤り。委員の選任その他委員会に関し必要な事項は条例で定める（同法第109条第9項）。

⑤ 誤り。常任委員会に関する条例の発案権は議員に専属する（行実昭22・8・8）。

【問題 5】　正答 ②

① 誤り。同一の事件につき再度招集してもなお半数に達しないとき等にも会議を開くことができる（地方自治法第113条）。

② 正しい（行実昭32・12・24）。

③ 誤り。学識経験者からも意見を聴くことができる（同法第115条の2第1項）。

④ 誤り。議員の定数の12分の1以上の者の発議によらなければならない（同法第115条の3）。

⑤ 誤り。出席すべき日時に議場に出席できない正当な理由がある場合に、その旨を議長に届け出たときは欠席できる（同法第121条第1項）。

【問題 6】　正答 ⑤

① 誤り。権利能力のない社団の代表者による請願も認められ、当該地方公共団体の住民たると否とを問わない（行実昭29・7・26、行実昭25・3・16）。

② 誤り。新たな紹介議員を付するべきである（行実昭49・4・2）。

③ 誤り。受理を拒むことはできない（行実昭25・12・27）。

④ 誤り。必ず採択した請願のとおり措置しなければならないというものではない（逐条解説466㌻）。

⑤ 正しい（地方自治法第125条）。

【問題 7】　正答 ④

A〜Eの各項目の正否は、次の通り。

A 誤り。意見書原案の発案権は議員にある（地方自治法第99条、行実昭25・7・20）。

B 正しい（同法第149条第2号）。

C 正しい（同条第3号）。

D 誤り。会計管理者の職務権限である（同法第170条第2項第1号、第7号）。

E 正しい（同法第149条第5号）。

【問題 8】　正答 ①

① 正しい（地方自治法第165条第1項）。

② 誤り。任期中においても解職できる（同法第163条）。

③ 誤り。当該普通地方公共団体の議会の議長ではなく、当該普通地方公共団体の長である（同法第166条第3項）。

④ 誤り。短時間勤務職員と兼ねることもできない（同条第2項、第141条第2項）。

⑤ 誤り。省令ではなく政令で定め、過料を設けることができる（同法第159条、第166条第2項）。

【問題 9】　正答 ⑤

① 誤り。その経費を予算に計上して支出することができる（地方自治法第177条第1項、第2項）。

② 誤り。再議に付さなければならない（同条第1項）。

③ 誤り。否決されたものについては再議の対象にならない（行実昭26・10・12）。

④ 誤り。長は失職しない（行実昭25・11・30）。

⑤ 正しい（同法第179条第1項）。

【問題 10】　正答 ③

① 誤り。普通地方公共団体に置かなければならない委員会には人事委員会または公平委員会もあり、農業委員会及び固定資産評価審査委員会を置かなければならないのは市町村である（地方自治法第180条の5第1項、第3項）。

② 誤り。普通地方公共団体の委員会の委員または委員は、当該普通地方公共団体に対し、その職務に関し請負をする者及びその支配人または主として同一の行為をする法人の無限責任社員、取締役たることができない（同条第6項）。

③ 正しい（同条第5項、第196条第4項）。

④ 誤り。長の補助機関である職員に補助執行させ、または専門委員に委託して必要な事項を調査させることもできる（同法第180条の7）。

⑤ 誤り。教科書その他の教材の取り扱い及び教育職員の身分取扱に関する事務も教育委員会の職務権限に含まれる（同法第180条の8）。

東京都慰霊協会

70年の歴史を記念誌に

公益財団法人東京都慰霊協会理事長　住吉 泰男

両国駅から徒歩10分、都立横網町公園内にある東京都慰霊堂。震災戦災で犠牲となった市民約16万3千人の遺骨が安置されている霊廟である。この慰霊堂で1947年以来、毎年3月10日と9月1日に震災戦災犠牲者の慰霊祭祀を執り行ってきたのが、東京都慰霊協会である。

■ベールに包まれた経緯が明らかに

東京都慰霊協会は、まだ戦後の混乱が続いていた47年3月に財団法人として設立され、今年70周年を迎えることとなった。このたび、初めてこの70年の歴史をまとめた記念誌を発刊することができた。

この中で、これまでベールに包まれていた慰霊協会設立から55年までの出来事、特に文京区小石川から墨田区横網町公園に慰霊協会事務所が移転した経緯について詳細が明らかになったことは収穫であった。そこで、皆さまにその一端をご紹介し、慰霊協会の都政の中で果たしてきた役割を少しでもご理解いただければと思う。

■文京区小石川から墨田区横網町へ

設立の趣旨は二つあった。一つは戦前から都主催で実施していた関東大震災の慰霊法要を戦後の政教分離政策のもとで、都から民間団体に移譲すべきとの考え方に従ったものである。

もう一つは、戦前設立された戦没者の忠霊塔建設を目的とした「忠霊塔建設事業協会」が、当初の目的を遂行できず解散することとなり、その後継を託されたことである。

当初、慰霊協会の事務所は文京区小石川にあった。今の東京都戦没者霊苑の近くである。この戦没者霊苑を含む小石川一帯の地は、旧陸軍工科學校敷地であり、忠霊塔建設事業協会は、ここに戦没者忠霊塔を建設する計画を進めていた。しかし、太平洋戦争の激化、そして終戦を迎え、仮納骨堂は建設したものの本格的な忠霊塔建設は断念せざるを得ない状況となり、東京都慰霊協会に土地建物一切を引き継ぐこととなった。

1960年9月1日慰霊大法要

1995年8月3日戦後50年 天皇皇后両陛下行幸啓

47年3月、慰霊協会は設立されたものの、その運営は楽なものではなかった。都の補助は期待できず、慰霊大法要を自らの手で行わなければならないという責務を負わされ、その費用を捻出するために当時の役員はあらゆる知恵と努力を傾注した。本所仏教会が始めた小さなお塔婆による寄進もその一つである。

また、東京大空襲の際に仮埋葬した遺体を掘り起こし、火葬に付す「戦災殃死者改葬事業」を都が実施すると、その遺骨を安置する場所を確保しなければならなかった。東京市の初代公園課長で当時、慰霊協会の常務理事であった井下清は、小石川の地に軍関係の戦没者と一般戦災犠牲者を共に奉安する慰霊塔の建設をめざしていたが、GHQから心よい返事はもらえなかった。

改葬遺骨の安置は喫緊の課題であることから、49年8月、慰霊協会はGHQの示唆を受け入れ、関東大震災の犠牲者を祀ってある墨田区の震災記念堂（現東京都慰霊堂）に遺骨を納め、事務所も移転することとし、小石川の慰霊協会敷地を都に買収してもらって記念堂内納骨室の改造費用を捻出した。ただし、軍関係の戦没者の遺骨は小石川の仮納骨堂に残すこととなった。

その後、51年9月、サンフランシスコ講和条約が締結され、主権を回復した日本は、それまで禁止されていた戦没者追悼式を復活するなど、戦没者の慰霊追悼に関する考え方を大きく変化させた。60年には、慰霊協会が都に寄付した小石川の土地に東京都戦没者霊苑が建つこととなる。2年の間に慰霊追悼に関する考え方は大きく変化したのだ。

井下常務が描いた軍関係戦没者と戦災犠牲者を共に奉安したいという願いは、2年という時の狭間に埋もれて実現することができなかったのである。

そして、東京都慰霊協会は震災戦災犠牲者の慰霊追悼事業に専念することとなり、春秋の慰霊大法要を皇族のご臨席のもと、都区や多くの奉仕団体に支えられて執り行ってきた。

■大転換期を乗り越えて

東京都慰霊協会の組織運営に大きな転換をもたらしたのは、08年度から導入された指定管理者制度と11年度に認定取得した公益財団法人への移行である。これまでの慰霊堂だけの管理運営から指定管理者として横網町公園全体の管理運営を任されることとなった。また、公益財団法人として、より一層、公益目的事業の充実を図る必要も生じた。この二つの試練が重なったことで、慰霊協会はむしろ大きく力強い組織に生まれ変わったと思っている。

■その他の事業

東京都慰霊協会は、大法要の執行のほか、東京都の公共功労者の慰霊事業も行っている。寛政の改革を主導し、七分積金制度を起こした松平定信公の墓前祭もその一つである。その積立金は明治維新後、養育院の設立や東京府庁舎、銀座煉瓦街の建設、道路河川公園事業等近代日本の首都建設の礎を築く事業に使われた。

毎年6月14日に江東区霊巌寺で松平家当主参列のもと墓前祭が執り行われており、今年188回忌を迎えた。これも以前は都が執行していた行事である。

■今後の課題

既に阪神・淡路大震災や東日本大震災の記憶の風化が懸念されているように、関東大震災や東京大空襲の記憶は、さらに遠くの歴史の中に封じ込められようとしている。そして、戦後世代が人口の8割を超える中、全国各地の戦災関連施設が資金難のために存廃の岐路に立たされており、東京都慰霊堂の大法要も例外ではない。これまで慰霊法要を支えてきてくれた遺族の人々の減少も顕著である。遺族の善意に頼るだけの運営では、いずれ立ち行かなくなる時が来るであろう。

あと6年で関東大震災100周年を迎える。このような節目の年に、震災戦災の記憶を取り戻し、次の100年に向けた態勢を指し示すことができるよう、思い切った施策を慰霊協会のみならず、国や都が主体的に企画構築することを期待したい。

新人議員紙面セミナー　まちを変える　質問の仕方④

事実の真実性がポイント

課題・責任追及型の質問

課題・責任追及型の質問は、首長の政策・施策に関する課題を追及するための質問です。政策を執行したために生じた課題、あるいは政策を実行しないがために取り残された課題などについて、首長の責任を問うものです。首長側の様々な活動（提案、権限行使など）に対して行われる点で受動的で、議員が主体的に発信する政策提案型と異なります。

しかし、議会がチェック機関でもある点から言えば、執行部が住民福祉の向上に効果のない、あるいは逆行するような施策をしようとしたときには、その施策の課題や、首長としての責任を問うことで住民の利益を守ることは議会本来の活動です。

改選後初の代表質問に対応している小池知事ら＝8月30日、都議会本会議場で

権限行使の法的根拠を意識する

目のつけどころとしては、①違法・不当な権限の行使②成果のない事業の継続③財政運営上の課題④首長の政治家として不適切な行為⑤議会無視・軽視――が挙げられます。しかし、実際にはなかなか首長の責任を追及しきれていない質問が多いと感じます。

首長は、議会に比べて圧倒的に多数の職員に補助されています。職員は、首長の法的あるいは政治的責任を追及されないように事業を組み立て、権限行使をさせることに非常に神経を使っています。このことから、①の「違法不当な権限の行使」を指摘する機会は実は相当に少ないのです。これを指摘するためには、常に権限行使の法的根拠を意識していなければなりません。行政は、法律に基づく権限行使しかできませんから、常にどのような法的権限で執行しているのかを調べる癖をつけることです。

議員の強みは現場にありますから、②の「成果のない事業の継続」、あるいはこれとは逆の「不作為による課題の放置」に対する首長の課題・責任の追及はしやすいのではないでしょうか。いまだに中央集権的な地方自治制度を持っている我が国では、行政施策は国の政策によって決められることが多いのが現実です。特に東京都は、2020年のオリンピック・パラリンピックにも象徴されるように、国の政策と深く関わりのある事業も多いという点で特別な存在です。国の指導に従った事業がその地域の実情に合わない場合もあります。常に住民の生活課題を意識して指摘していくことが重要だと思います。

次に、③の「財政運営上の課題」ですが、財政運営はすべての政策・施策執行の基礎になるものですから、常にその持続可能性、すなわち健全性が問題になります。現在の地方財政は、臨時財政対策債（赤字地方債）という借金で収支尻を合わせている状況なので、単年度ごとの財政赤字が顕在化することはほとんどありません。しかし、臨時財政対策債が実質的には地方交付税の前借であることや、国と地方を合わせた基礎的財政収支を2020年には黒字化する国の基本的方針、労働人口の減少などからすれば、現時点で財政運営が何とかできていても、それが将来の持続可能性を担保するものではありません。議会としてはこの点を踏まえ、各自治体の財政状況を客観的に把握したうえで指摘・追及することになります。

二重三重に事実の存在確認を

最後に、④の「首長の政治家として不適切な行為」及び⑤の「議会無視・軽視」です。これらはいずれも、首長または執行部の行った事実を問題とするものです。その点では、追求しようとする事実の真実性ということが絶対の条件です。この前提が崩れてしまうと、虚偽の事実を提示したということになり、自らの政治責任に発展することになります。二重三重に事実の存在確認をする必要があります。それでも疑念にとどまるようであれば、事実の調査を執行部に要求するという質問が考えられます。

課題・責任追及型の質問のポイントは、いずれのテーマの質問でも、追及の対象となる事実の真実性ということになります。

（廿日市市元副市長　川本達志）

見えているものではなく

高松明日香展　届かない場所

三鷹市美術ギャラリー

《動き出す》（部分）2017年

不思議な絵である。そもそも画家がどうしてこのシーンに注目し、なぜこのように描いているのか分からない。それなのにじわじわ引きつけられていく。

シーンはテレビ画面やDVDの中から任意にピックアップしたものという。それらは美男美女の〝決め〟のポーズでも、作品の劇的で象徴的なシーンでもない。次の行動に移りつつある少年の一瞬の姿や、画像全体のある部分のように、流動的で未完結で中途半端なのだ。

画家はそれをじっと見続けているようである。そこで起こっており、そこに在ると思われているものが本当にそうなのかを探っているようである。

それらが、青みがかった白を基調とした独特の色彩と、揺らぐような筆づかいで描かれている。だが見ているうちに、それがあいまいな表現ではなく、リアルで正確なものと感じられてくる。

日常の、習慣と惰性の中で育った感性は、モノや世界がそうであることを疑わない。だが、ごくまれにそう感じない人がいる。この画家もそのようだ。

作品の提示の仕方に特徴がある。普通は制作年順に並べられるのだが、その固定化を嫌ってか、彼女は制作年もサイズも異なる大小の作品数点を任意に選んでひとくくりにし、その集合に作品としての新しいタイトルをつける。制作年も2017年に。すなわち本展の全作品が2017作に統一されているのだ。彼女の中では過去の作品も時間を超えて並列、流動し〝今〟の感覚に基づいて新たな作品を形作るのだ。

そのタイトルが示唆的。「ここではない」「すべてうそ」「地中海地方の天気予報（午後のレディ）」「ないものねだり」「最後にこちらを向いた人」「鳥を印象する」「見えるけれど行けない」「自分が何度も映る」。

それらが、揺らぎ、懐疑し、未完結の状態を維持し続ける彼女の作品世界を表しているようだ。

セザンヌは、画家であることを疑われるほど、何度も何度も果物や山の絵を描いた。後世の人は残された作品を通して、見えていると思われていることが、実は見えていなかったことを教えられた。

彼女が見ているものに共感する。彼女の絵を通じて、これが真実だと思うようになる。不思議な力を持った絵だ。

高松出身の若い画家である。今までは主として、四国・中国地方で作品を見せてきた。東京でこれだけの規模の展覧会は初めて。新しい感性に出会える機会を喜びたい。

10月22日まで開催。

焼夷弾から命を守った

東京　橋くらべ⑧　紅林 章央

大和田橋

焼夷弾から市民を救った大和田橋

大和田橋は八王子市の旧市内の入り口で、甲州街道が浅川を渡る箇所に架かる。初めて橋が架けられたのは1905年で木橋であった。その後、関東大震災の復興事業の一環として27年に鉄橋が架けられたが、35年の水害で大破し、41年に現在のコンクリート橋へ架け替えられた。

現在、橋の歩道はグレーのタイルで舗装されているが、ところどころに色の違う茶色のタイルが貼られている。これは単なるデザインではない。45年8月2日、八王子はB29の空襲を受け、市域の80%を焼失した。この時、橋に落とされた焼夷弾の傷痕が橋の床に残されており、茶色のタイルはその位置を示したものなのだ。

両側の歩道で15カ所、さらに透明なアクリル板で傷痕が2カ所ほど直接見えるように工夫されている。橋に落とされた焼夷弾は50個を超えたという。それでも橋は耐え、橋下に逃げた多くの市民の命を救った。橋は八王子のシンボルであり、先の大戦の生きた証人でもある。

浅川　市立第五中　簡易裁判所　大和田橋　京王八王子駅　京王プラザホテル八王子　八王子駅　JR中央線　京王線　JR八高線

都政新報

発行所　都政新報社
〒160-0023 東京都新宿区西新宿7-23-1 TSビル
(総務・読者) 03-5330-8781
(企画広告) 03-5330-8784
(編集) 03-5330-8786
(出版) 03-5330-8788
(ファクス) 03-5330-8808
購読料 月1,730円(税込)
毎週火・金曜日発行
ただし、祝日は休刊
©都政新報社 2017

紙面から

LGBT受け入れ環境整備

国家戦略特区

国際金融都市に向け　パートナーの在留資格緩和

都は外国人の性的少数者(LGBT)のパートナーの受け入れ促進を目的に、在留資格が認められていない同パートナーの資格要件を緩和するよう国に初めて特区提案した。5日に首相官邸で開かれた国家戦略特区諮問会議で明らかにした。日本では現在、その国の法律で成立した同性婚の配偶者に限り、特別に在留資格を認めているが、LGBT当事者には高度な金融業の専門性を持つ外国人が多く、受け入れを強化する狙いだ。一方、所得税控除の対象に資産運用業とフィンテックを追加する提案も行うなど、都は国際金融都市の実現へ取り組みを強めている。

「(LGBTの)パートナーの在留が認められない不都合が生じている。特例の創設をお願いしたい」。小池知事は5日の国家戦略特区諮問会議でこう発言した。

日本では現在、外国人の在留資格として、法的な婚姻と、自治体などが制定・運用するパートナーシップ制度を峻別。諸外国で法的に認められた同性婚の配偶者の場合、国は人道的配慮の観点から原則、入国・在留を認める一方、事実上の「事実婚」であるパートナーについては認めていない。法務省入国管理局は「外国人の同性パートナーを配偶者と同等とすると、外国人だけ認めることになり、国内法と矛盾する」(総務課)と趣旨を説明する。

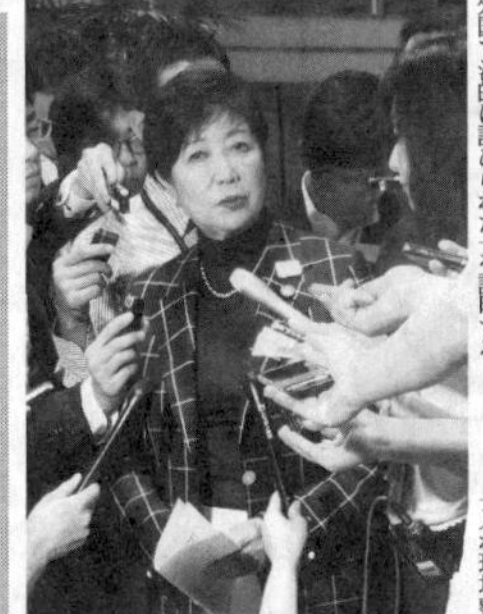

国家戦略特区諮問会議後に取材に応じる小池知事＝5日、首相官邸

都が同特区を提案した背景には、高度な専門性を持つ外国人材の受け入れを促進し、国際金融都市の実現につなげたいとの思惑がある。高度外国人材には一定数、LGBT当事者がいることが分かっており、都は6月に開催した外資系金融機関経営者らとの意見交換会でもLGBT人材の受け入れ環境整備の要望を受けていた。

都は特区諮問会議でパートナーが在留できないことを理由に、高度外国人材が都内進出を見合わせる恐れを訴えた。LGBTの受け入れが進まない場合、「人権後進都市」との悪評が流布する可能性もあり、「ダイバーシティ」を掲げる知事としては同提案を実現させたい思いがある。

法務省入国管理局は「国としては聞いたばかり。国内法との整合性や解釈など課題はあるが、これから検討する」(同)と話す。

フィンテックの税優遇も

国際金融都市の実現を巡っては4日の国家戦略特区合同会議で、資産運用業と、ITを活用した金融サービス「フィンテック」分野を、国家戦略特区の所得控除制度の対象に加えることも提案した。知事は会議後、報道陣の取材に「資産運用とフィンテックは東京を国際金融都市にしていくために必要な産業」と提案理由を述べた。

特区の所得控除制度の対象は現在、▽国際▽農業▽医療▽IoT――の4分野。これらの事業を営む設立5年未満で国の指定を受けた法人の事業所得を20%控除する仕組みだ。

都は同対象に資産運用とフィンテックの両分野を加えることで、設立間もない企業を税制優遇により誘致し、大企業に育て上げる素地を作るとともに、欧米に後れを取る資産運用業を活用して投資促進や企業成長を促し、将来の税収確保や経済波及効果の広がりにつなげる狙いがある。

内閣府は2018年度税制改正で、所得控除制度の延長に加え、一定の金融業を対象に加えるよう財務省に要望しており、年内にも判断される見通し。ただ、所得税控除は法人税の減収に直結する可能性があり、国に加え、法人住民税などを原資とする都区財調交付金にも影響するため、23区の反発も予測される。

一方で都は、6月に公表した「国際金融都市・東京」構想骨子で、都税である法人2税軽減の検討とともに、国に対して法人税の軽減を求めると明記。今回、都が率先して税収減の可能性がある同提案をすることで、国に圧力をかける狙いもある。

トランプ米大統領やマクロン仏大統領が相次いで法人税減税の方針を打ち出すなど、国際間競争は激化している。小池知事は6日、大手金融機関グループのメリルリンチ日本証券主催の機関投資家向け会議で講演し、都の取り組みを紹介するとともに東京への投資を呼び掛けるなど、「国際金融都市・東京」の実現へ邁進している。

都が受動喫煙防止条例

罰則付き、年度内制定へ

19年ラグビーW杯までに施行

小池知事は8日の記者会見で、罰則付きの受動喫煙防止条例(仮称)の基本的な考え方を公表し、年度内の制定を目指すことを明らかにした。原則屋内禁煙としており、知事は「近年の(五輪)開催都市は屋内を全面禁煙するなど罰則を伴う対策を講じている。ホストシティーの役目」と発言。2019年のラグビーW杯開催までに施行する考えを示した。来月6日までパブリックコメントを実施する。

条例は都民の健康を確保することが狙いで、紙巻きたばこに加え、葉巻や加熱式たばこも対象とした。喫煙禁止場所は多数の人が利用する施設として大きく三つに分類。小中学校や医療施設など未成年者や患者らが利用する施設は敷地内の禁煙、官公庁や大学など他で代替えがきかない施設は屋内禁煙とする。

一方、法制化を巡って国で争点になった飲食店は、喫煙専用室の設置を認めた上で原則屋内禁煙としたが、バーやスナックなど面積30平方㍍以下の店舗には例外措置を設け、未成年者の入店を禁止する店で、従業員を雇っていなかったり、全従業員が喫煙に同意している場合は喫煙を認める。

また、知事は都庁での対応について、「隗より始めよ。予算を伴うが、できるだけ早い対応をしたい」と話した。都庁には現在、喫煙専用室を設置している。

喫煙者らが違反した場合、罰則として5万円以下の過料を想定。国は30万〜50万円の過料で議論を進めており、都福祉保健局は「パブリックコメントを受け、より厳しい罰則を設定する可能性もある」(健康推進課)と話す。自治体は地方自治法で過料の限度額が5万円とされているため、増額する場合は罰金での対応となる。罰則付きの同条例を持つ道府県では、神奈川県が過料のみ、兵庫県は一部に罰金も加えている。

20日開会の第3回定例都議会では、都民ファーストの会と公明党が子供に特化した受動喫煙防止条例案を共同提出する予定で、両会派は罰則付きの屋内禁煙条例を来年以降に議員提案する意向も示しているが、知事はこのタイミングで都が方針を示したことについて「ラグビーW杯に間に合わせることにフォーカスした。事業者もいろんな作業を強いられ、この時点に至った」と説明した。

都病院経営本部

広尾病院は現在地で整備

災害時は400→800床に増

都病院経営本部は8日、老朽化した広尾病院を現在地で建て替えるための基本構想案を発表した。

構想案では、病床数を現在の478から400程度に適正化する。2016年度の1日当たりの入院患者数が312人と年々小傾向にあることを踏まえて推計した。

また、広尾病院は災害拠点病院であり、災害時に約400の簡易ベッドを会議室や廊下などで活用し、平時の約2倍の患者を受け入れる。災害時に重症患者を簡易ベッドで治療できるよう、人工呼吸に必要な医療ガスの配管を設置するという。

基本構想はパブコメを踏まえて策定し、11月以降に基本計画の検討に着手し、早ければ1年後に策定される見込み。

広尾病院は当初、旧都立青山病院及び隣接する国立児童館「こどもの城」跡地に移転する方針だったが、小池知事が移転方針の決定過程などを問題視し、昨年12月の報道番組で「白紙にする」と表明。医療関係者でつくる検討委員会が7月に「現地建て替え」を望ましいとする意見書を提出していた。知事は同日の会見で、現地再整備に踏み切った理由を「広尾病院に期待される役割や機能を将来にわたって発揮させるため」と説明した。

また、16年度予算でこどもの城跡地の取得費として370億円を計上していたが、見直しに当たり全額を減額補正している。知事は、こどもの城跡地に隣接する旧青山病院跡地を合わせると敷地は2・7㌶を超える点を重視し、「都心の一等地であり、まとまった土地はポテンシャル、財産価値も高まる。今後、活用の可能性を検討していきたい」と話した。

視点

豊洲訴訟方針見直し

決め手欠く石原責任論

石原元知事が土壌汚染を知りながら豊洲新市場用地を578億円で購入したのは知事の裁量権を逸脱しているとして、石原氏に損害賠償請求するよう都に求めた住民訴訟。小池知事が1月に都の訴訟方針の見直しを検討すると表明してから約8カ月後の今月4日、一部見直しを盛り込んだ準備書面が東京地裁に提出された。

当初は3カ月で見直すはずのスケジュールだったが、大幅にずれ込んだにもかかわらず、方針は小幅の修正にとどまったことから、石原氏の賠償責任を問う決定打がなかったことがうかがえる。

今回、見直した方針のポイントは大きく分けて2点ある。一つが2002年に都と東京ガスなど全地権者が締結した基本合意だ。基本合意は、土壌汚染対策は都環境確保条例に基づき、東京ガスなど原因者が実施した後、都が適正な時価で購入するという内容であり、汚染を考慮しない価格で豊洲の売買契約を結ぶ根拠としてきた。だが、今回の準備書面では、都と東京ガスが05年に土壌処理に関する確認書を締結したことなどから、基本合意を「中間的合意」と位置付け、契約締結の法的義務はないとの主張に転換した。

これまで、都は02年合意を根拠に汚染を考慮外とする売買契約義務があったと主張することで、石原元知事の損害賠償責任はない理由としていたが、この方針転換で「石原氏の責任はない」との主張はできなくなった。

もう一つの方針変更が、石原元知事の裁量権だ。原告側は、土壌汚染のある豊洲用地を高額で購入したのは石原氏による裁量権の逸脱と主張しており、今回の準備書面でも「(豊洲用地の購入費は)高額に過ぎ裁量の範囲外という考えもあり得る」とし、原告側の主張に近付いた。

都が08年に豊洲用地を調査した結果、最大4万3千倍のベンゼンが検出されたことなどから、東京ガスが対策費のうち78億円を負担したことを考慮しても、裁量の範囲外と判断される可能性に言及した。

二つの方針転換は、石原氏の賠償責任を問うことが目的と見られるが、方針見直しで新たに結成した弁護団は、石原氏に責任があると明言しなかった。石原氏への賠償請求訴訟を起こすには本来、都議会の議決が必要であり、弁護団が責任を認めるのはなじまないとして、裁判所の判断に委ねた。

一方、準備書面で一切触れられなかったのが、「瑕疵担保責任の免責」だ。東京ガスは、豊洲用地から基準値の最大4万3千倍のベンゼンが検出された後、都と協議して、対策工事費用のうち78億円を負担した。その際、都と東京ガスが締結した協定書で、「今後、土壌汚染にかかる費用負担をしない」と盛り込んだ。これが「瑕疵担保責任の免責ではないか」と指摘されており、小池知事が訴訟方針の見直しのポイントの一つと述べていたが、弁護団は免責がなかったと判断したようだ。土地売買契約には、新たな汚染が見つかった場合など、協議事項も設けられているため、免責したとの指摘は当たらないと判断したと思われる。

■微修正に批判も

小池知事が鳴り物入りで訴訟方針を見直したにもかかわらず、今回、方針見直しが小幅にとどまったことには批判も出そうだ。

今回の準備書面を見る限り、方針転換は不発に終わり、浪費した時間や費用などを考慮すれば、方針見直しの明確な理由が問われることになる。

特別顧問などの助言を受け、当時、知事との対立を深めていた石原氏に賠償責任を負わせる政治的意図とともに、都議選などを見据えて不正を暴き、改革姿勢をアピールしようとするパフォーマンスと言われても仕方がない。

また、弁護士費用は、施設使用料などを原資とする市場会計から捻出されている。真相究明を求める都民の意を酌んで小池知事が見直し検討を指示したのであれば、一般会計から支出するのが筋という声も庁内から噴出している。大山鳴動して鼠一匹となった説明責任は小池知事が果たすべきだ。(石)

冗句ジョーク

小池知事、都政改革疲れに警鐘 "なんちゃって改革"にならないように

「フー、なんちゃって体操が終わった途端だよ……」――都職員

都政の東西

道義的責任

豊洲市場内の観光施設「千客万来」の整備に暗雲が立ち込めている。築地跡地に食のテーマパークが開発されれば競合することになるため、施設を運営する万葉倶楽部が都への損害賠償請求を検討する中、1日の都議会経済・港湾委員会では、都民ファーストの会の樋口高顕氏が「(損害賠償請求の)法的根拠がない」と発言。万葉倶楽部の対応が注視されている。

樋口氏は都と万葉倶楽部の基本協定に「築地再開発をしない」などの文言はなく、都の賠償責任はないと主張した。

基本協定書をひも解けば樋口氏の主張にも一理あるが、企業として利益を追求し、株主責任を負う万葉倶楽部に寄り添う姿勢はみられない。

小池知事も同日の会見で、「何を持って損害とするか法的にチェックしなければならない」と言及。万葉倶楽部の一進一退が焦点となる中、法的な観点から逆なでする指摘をしたことは理解に苦しむ。

万葉倶楽部が損害賠償請求を検討するきっかけを作ったのは小池知事だ。豊洲には千客万来施設が必要との立場を示しつつ、築地跡地に食のテーマパークを整備すると発表したのは信義則違反と言われても仕方がなく、都の道義的責任が問われている。

最悪のシナリオは、万葉倶楽部の事業撤退だ。江東区が豊洲市場を受け入れる条件の一つだったにぎわい施設の開業が頓挫すれば、豊洲開場はおぼつかない。都幹部の一人は「そうなれば、築地再開発ではなく、再整備が再浮上しかねない」と警戒する。

再整備は市場業者の合意が得られず、実現困難だ。豊洲開場を進める以外、選択肢はない。知事には千客万来施設の整備に向けて汗をかくことが求められている。

◆市場業者が知事に要請

築地市場の水産仲卸で構成する東京魚市場卸協同組合(東卸)は7日、移転問題に関する要望書を小池知事に提出した。豊洲の土壌汚染問題や築地再開発など15項目にわたり要望している。

小池知事が6月に基本方針で示した築地再開発に関しては、「具体性がないため、組合員に戸惑いと混乱が生じている」と批判した上で、「(再開発のために)豊洲市場は仮移転先であるのか」などと確認している。22日までの回答を求めた。

また、豊洲の土壌汚染問題では、都知事による安全宣言を実施し、風評被害払拭のための具体策を講じるよう要望した。

◆知事が住民と豊洲視察

小池知事は9日、昨年8月以来2度目となる豊洲新市場の視察を行い、見学会に訪れていた江東区豊洲地区の住民約130人と共に屋上緑化広場などを見て回った。知事は地元住民に「豊洲の素晴らしさをアピールし、地域の誇りにしたい」とあいさつした。

また見学会終了後、豊洲町会の小安勲会長は報道陣の取材に応じ、「単なる物流市場なら我々にメリットはない。(知事に)千客万来施設をちゃんと造ってくださいと言った」と明かしたが、知事から明確な返答はなかったという。

◆知事がパリに出張へ

小池知事は10月21日から25日までパリに出張する。地球温暖化防止に取り組む海外都市グループ「C40」の運営委員会に出席するのが目的。知事の海外出張はリオ五輪とパラリンピックの閉会式に続き、今回で3回目。

豊島区

造幣局跡地整備に暗雲

大学抑制で防災公園に影響も

国が来年度以降、23区内で大学の定員増を認めない方針を示したことを受け、豊島区では、造幣局東京支局の跡地利用への影響を懸念する声が上がっている。区はUR都市機構の防災公園街区整備事業を活用し、跡地利用策として大学誘致を計画。また、同一敷地に大学との連携を視野に入れた防災公園の整備を予定している。いずれも月内には事業者募集を開始する方針だが、跡地利用の軸となる大学誘致に暗雲が立ち込める状況に、高野之夫区長も「計画に影響するようでは困る」と不安を口にする。

造幣局跡地は池袋サンシャインシティに隣接する約3・2㌶で、区は跡地活用を池袋駅周辺の都市再生に向けた主要プロジェクトの一つに据えている。区は2014年10月に造幣局地区街づくり計画を策定し、1・7㌶を防災公園区域、1・5㌶を市街地整備区域と設定。このうち市街地整備区域の1㌶を文化交流機能と位置付け、大学誘致を計画している。

また、防災公園は、災害時の負傷者搬送や物資集配拠点とするとともに、平時にはにぎわい拠点として、大学と連携したイベントの開催を計画。公園の設計に当たっては、大学との連携を意識したデザインを想定し、20年4月の開設を予定する。

こうした中、国は8月に23区内での大学定員増を18年度以降は認めないとする告示改正案を発表。計画中の場合の例外規定も盛り込んだが、来月に用地の譲渡先の大学を決める豊島区のケースが例外に該当するかは不透明な情勢だ。

区は6日に開いた月例会見で、防災公園の整備に向け、全国初となる設計・施工・管理運営一体型の事業者コンソーシアム方式で事業者を選定する方針を発表。月内にも公募を始め、来年2月には選定した事業者コンソーシアムとの協定締結を予定する考えを示した。公募では、設計から開設後のイベント運営に至るまで、大学連携の視点が評価項目の一つになる見通しだが、大学誘致そのものが不透明となっており、スケジュールに影響する可能性もある。

また、跡地利用に当たっては、UR都市機構の防災公園街区整備事業を活用しており、全体事業費約188億円のうち区負担額は約13億円に抑えているが、大学誘致が認められなかった場合、事業スキーム全体への影響も懸念される。

この日の会見では、池袋西口公園に最大1500人収容の野外音楽ステージを整備する方針が発表され、高野区長は笑顔で取材に応じていたが、造幣局跡地に話が及ぶと、「国の大学定員抑制は大きな不安要素」と表情を曇らせ、「区長会と連携して国の方針に反対していきたい」と述べた。

昨年度の移転以降、解体作業が進む造幣局跡地＝7日、東池袋4丁目

江東5区

初の広域避難シンポ開催

水害対策促進を呼び掛け

洪水や高潮が発生すると水没する危険性が高い「海抜ゼロメートル地帯」が広がる墨田、江東、足立、葛飾、江戸川の江東5区は9日、大規模水害時の広域避難を推進するためのシンポジウムを墨田区のすみだリバーサイドホールで初めて開催した。5区の区民約450人が来場した。

江東5区では、洪水と高潮が同時発生する最悪の事態が起きれば総人口の9割超に当たる250万人が住む一帯が浸水する上、排水に2週間以上かかると想定されている。5区は住民に区外への避難を求めており、今年5年には広域避難推進協議会の初会合を開いた。このシンポジウムを契機に、防災訓練や地域ごとでの水害対策を促していきたい狙いだ。

シンポジウムでは広域避難のアドバイザーを務める片田敏孝東京大学大学院情報学環特任教授が基調講演を行い、近年の台風が大型化し、進路の予測が困難となっている点を指摘した上で「早めに避難することが自分や地域を守る」と強調した。

協議会会長を務める多田正見江戸川区長は「どのような対策が必要なのかを住民同士で話題にしてもらい、安全で安心できる地域にしていかなければならない」と協力を呼び掛けた。

23区議会

9月定例会がスタート

16年度決算審査を中心に

23区議会の9月定例会が6日開会の練馬区議会をスタートに、28日開会の渋谷区議会まで順次開会する。今定例会では、22区議会が特別委員会を設置して2016年度決算を審査する。墨田区議会は閉会後に特別委員会で審査を行い、第4回定例会で採決を行うのが慣例となっている。

16年度決算以外の議案のうち、条例の新規制定では、練馬区が生産緑地法の改正に伴い、生産緑地の下限面積に関する条例案を提出。豊島区は子供の受動喫煙防止条例案の提出を予定する。

子供の受動喫煙防止を巡っては、第3回定例都議会に議員提出議案として条例案が提案される見通し。豊島区の条例案では罰則は盛り込まないが、子供がいる部屋や車内で保護者らに禁煙を義務付け、受動喫煙の常態化が疑われるケースを目撃した場合に保健所など区への通報を求める。

また、補正予算案の提出も予定されており、中野区や杉並区などが待機児童解消に向けた保育士確保費用の補助などを計上。港区は区立児童相談所用地の取得費を盛り込んでおり、葛飾区は2020年東京五輪に向けた都の「花の都プロジェクト」を活用した立体型花壇の設置費を計上している。

9月定例議会の開会予定

区議会名	会　期
千代田	9/20～
中　央	9/22～10/19
港	9/13～10/6
新　宿	9/20～10/16
文　京	9/11～10/17
台　東	9/11～10/25
墨　田	9/12～9/29
江　東	9/21～10/20
品　川	9/21～10/19
目　黒	9/7～9/29
大　田	9/20～10/16
世田谷	9/20～10/20
渋　谷	9/28～
中　野	9/11～10/13
杉　並	9/11～10/13
豊　島	9/20～10/27
北	9/12～10/6
荒　川	9/12～10/13
板　橋	9/21～10/26
練　馬	9/6～10/13
足　立	9/21～10/20
葛　飾	9/11～10/3
江戸川	9/21～10/24

主体性が問われる局面に

70%の壁　不燃化特区 選定から5年　(下)

独自支援

「この辺りの道路を広げて、幹線道路まで避難しやすくする計画です」――水戸街道から1本脇道にそれた住宅街で、葛飾区密集地域整備担当課の職員が地図を示しながら、区道の拡幅整備計画を住民に説明していた。

耳を傾けていた町会長を務める林茂雄さん(67)は、道路拡幅でセットバックに協力した住民の1人。避難場所に指定されている神社に続く自宅の前面道路を眺めながら、「最初は家を建て替えることに戸惑いがあったが、このままでは『危ない』『怖い』と近所でも話し合っている。ここが不燃化のモデルになれば」と語った。

不燃化特区創設の引き金となった東日本大震災の後も、熊本地震や新潟県糸魚川市の大火災を始めとした災害は後を絶たず、住民の防災意欲を高揚させている。

2020年度までに火災の延焼を防げる指標とされている不燃領域率70%の達成を目標に据える不燃化特区制度の助成メニューには、老朽家屋の除却と新築のための設計・工事費用などがあり、区が地区ごとに必要なメニューを選択して適用するスキームとなっている。国の密集住宅市街地整備促進事業では補助対象にならない未接道宅地に建つ家屋も対象に含まれ、特に家屋の除却助成は手厚く、戸建て住宅ならば7～8割の経費が賄える。

しかし、現時点では先行実施12地区のいずれも70%に満たず、住民らの意欲の高揚が実際の建て替えにつながっていないのが実情だ。こうした中、特区制度の効果を引き上げようと、区が独自に支援策を打ち出す動きが出てきている。

品川区は、特区の指定数が23区中最多の9地区に及ぶ。同区は、今年度から特区に隣接する地区で住宅が密集しているが、国や都の事業対象から外れる一帯についても、対策の必要性などを住民と検討する。同区では、昨年度から仮住まいへの引っ越し費用を区が負担する取り組みを始め、初年度には100件もの申請があったという。今年度から都が特区の支援メニューに加え、他区でも導入が進んでいる。

同区が特区に強い期待を寄せる背景には、過去に都内の危険度ランキング上位の半分を占めた苦い記憶がある。区木密整備推進課は「木密地域の取り組みのゴールは安全なまちの実現。それまでは進み続けなくては」と力を込める。

一方、ソフト面を支援することで、住民の機運醸成を促す区もある。墨田区は、区が防災ベンチを町会ごとに配置する独自の取り組みを特区メニューに盛り込んだ。区防災まちづくり課は「住民と地区内を歩き回って考え出した対策。設置をきっかけに自主的な防災活動を促していきたい」と話す。

特区の計画期間終了まであと3年半となる中、目標の70%達成が困難な地区からは、特区の継続を要望する声が上がる一方、個人資産に自治体が補助を出すことは平等性に欠ける側面があるとの指摘も根強い。また、「制度が呼び水となって機運が高まっている中、あえて事業期間を区切ることで、早期に取り組む必要性を区民に理解してもらう後押しになる」（江戸川区まちづくり推進課）との考えを示す区もある。

70%の壁を乗り越える最後の一歩は住民に踏み出してもらうしかない。そのためには、機運が高まっているチャンスを逃さず、住民に一番身近な存在の区が主体的に支援策を打ち出しながら、住民に寄り添い続ける姿勢が問われている。　＝おわり

住民に道路拡幅を説明する職員＝8月、葛飾区で

災害時の施設提供　池上本門寺と協定

大田区

大田区は8日、区内にある池上本門寺と災害時の施設提供などに関する協定を結んだ。災害発生時の補完避難所として池上本門寺が所有する檀家（だんか）向けの宿泊施設「朗子会館」を提供してもらう。

区は小中学校など区内91カ所を1次避難所に指定しており、1次避難所で収容が困難な場合、近隣に補完避難所を立ち上げて収容するとして、都立高校や民間事業者などに施設の提供を求めてきた。

また、災害発生後に協議を行った上で、敷地内にある他の施設も提供してもらう。敷地内には約100台収容の駐車場が2カ所あり、警察や消防、自衛隊による救援活動の地域拠点としての活用を検討する考え。

区防災危機管理課では、「区内には一定規模のオープンスペースが少なく、区の中心に位置する池上本門寺の協力により、区内全域の対応力向上につながる」と話している。

政活費横領で特委が報告書

墨田区議会

墨田区議会は8日、元自民区議による政務活動費の横領に関する調査特別委員会を開き、調査報告書をまとめた。再発防止策として、経理責任者会議の設置や政活費運用指針の見直しなどを盛り込んだ。12日に開会する第3回定例区議会本会議に報告する。

自民党の松本久元区議が昨年度の1年間、会派に支払われた政活費のうち総額1840万円を不正に引き出し、自身が取締役を務める会社の借金返済などに充てていた。自民は5月に横領の事実を確認していたが、公表は都議選後の7月末だった。松本氏は7月26日に議員辞職した。

報告書では、各会派の経理責任者で組織する会議体を設置して政活費の管理体制などを相互にチェックし合う体制の立ち上げや、指針の見直しに早期に取り組むとした。

また、議会改革特別委員会などを通じて、政活費の交付回数の見直しや後払い方式の導入などを検討する。

[illegible]

自治体政策のススメ

「LGBT」から「SOGI」へ

LGBT施策の課題②

渋谷区男女平等・ダイバーシティ推進担当課長　永田　龍太郎

「LGBT」という言葉は、「L＝レズビアン」「G＝ゲイ」「B＝バイセクシュアル」「T＝トランスジェンダー（性同一性障害は診断名で、ごく一部が相当）」で、各英単語の頭文字を取った造語です。これらに含まれない性的少数者もいるため、性的少数者の「総称」として使われています。

頭文字の意味を逐語で覚えたとしても、どこか腑に落ちなかった人も多いのではと思います。

性の在り様は大きく分けて、▽からだの性＝戸籍上は二分されるが、性分化疾患などもあり二分できない▽こころの性＝自分の性をどう認識しているかという性自認▽好きになる性＝性的指向▽表現する性＝服装や立ち居振る舞いなど――という四つの要素の掛け合わせと言われています。実は「L」「G」「B」は性的指向、「T」は性自認という異なる要素の話を十把一絡げにしたため、非常に分かりにくくなっていたのです。

世界的潮流としては、性差別と偏見という文脈において「SOGI（ソジ）」という言葉がLGBTに取って代わりつつあります。先述の性的指向（Sexual Orientation）と性自認（Gender Identity）の頭文字を取った言葉です。LGBTが「人」ベースの概念であるのに対し、SOGIは「全ての人の性的指向と性自認の在り様を尊重する」という視点に立った概念です。

また、「トランスジェンダー女性でレズビアン」という人に出会ったとしても、性の多様なグラデーションをSOGIで理解していれば、混乱することはありません。

さらに新しい言葉ですが、「SOGIハラスメント」という考え方があります。これまでの男女間のセクシュアルハラスメントや性暴力に加え、性的少数者間のそれらも多様な性の平等から一つで捉えられる点が画期的です。ジェンダーやセクシュアリティーに関する問題をSOGIの視点から考えてみると、男女平等や共同参画と、LGBTの課題が、地続きの「多様な性の共同参画」として見えてくるのです。

新人都議の横顔⑭　◆区部◆

住民の防災意識広げる

森口つかさ氏　都民ファーストの会・新宿区

都議になって取り組みたいのが、安心・安全のまちづくりだ。

兵庫県の出身で、子供のころに起きた阪神・淡路大震災では兄を亡くし、自身も倒壊した家屋に足を挟まれて身動きが取れなくなった経験がある。そんな時、助けてくれたのは家族や近所の人々だった。防災面での地域のつながりの大切さを知った。「いざという時、行政は助けに来られない。住民同士が共助の意識を持つことが大切。町会や商店街は高齢化が進み、機能しなくなってきている。若い世代が中心の新しいコミュニティーづくりに取り組みたい」と語る。

建物の不燃化、住宅密集地の整備などハード面の防災も進めたい考え。「阪神・淡路大震災の死亡者の多くは火災が原因。新宿区にも消防車が通れないような細い道が多い」と話す。

また、高齢者や女性のセカンドキャリアにも関心が高い。「選挙活動は、子育てを終えて日中時間が空いた地域の女性にかなり手伝っていただいた」と振り返る。「社会貢献したくても、その場がない人々は潜在的にたくさんいる。ビジネスでも教育でも、何かの形で活躍できる場づくりが必要になる」

2016年の補欠選挙以来、2度目の都議選挑戦で初当選。青年会議所の理事を務めながら社会活動をする中で、「『次の世代の子供のため』という責任感が自然と出てきた」と、政治家の道を志した。「東京を世界一の街に」と力を込める。

趣味は体を鍛えることだが、現在の一番の楽しみは3歳になる娘と一緒に過ごすこと。「かわいい盛りで、抱っこしているだけでも楽しい」と父親の顔に。京大工卒。妻と1女。35歳。

納税者の意識向上を

藤井　智教氏　民進党・練馬区

高校時代に55年体制が崩壊。細川護熙内閣の誕生を目の当たりにしたことが政治を志したきっかけだという。「政治が動くダイナミズムを感じた。傍観者ではなく、プレーヤーとして社会を動かしたいと思った」と話す。大学では弁論部に所属。銀行マンや衆議院議員秘書を経て、27歳で練馬区議に立候補し、初当選を果たした。公認会計士の資格も持つ。

区で力を入れて取り組んだのが税金の使途の透明化だ。「税金の[illegible]

[illegible]

好きな本のジャンルは政治・経済小説。中でも、高度経済成長期の通商産業省の官僚たちを描いた城山三郎の「官僚たちの夏」が一番の愛読書。「世界観にあこがれる。高校生のときに初めて読んで以来、今でも読み返す」。慶大商卒。41歳。

記者席

知事の姿勢も正せるか

○……「記者さんは、座り方の姿勢が悪いですね」。都民ファーストの会の森口つかさ氏のインタビュー中にそう指摘された。森口氏の好きな言葉が、スポーツメーカーのリーボック社が提唱する「Be More Human」だという。「正しい体の使い方をすることで健康になり、また自己成長できる」と話す。正しい姿勢を教えてもらい、背筋が伸びて気持ち良くなった。

5日の臨時都議会で、都民ファが小池知事持ち上げに終始し、議会のチェック機能を疑問視する声が上がっているが、記者の座り方を正してくれたように、知事の姿勢に悪いところがあれば指摘してくれることを期待したい。

○……「ここは俺の店だ。[illegible]

○……「ワンマン市長」[illegible]

都民ファ、候補擁立に苦戦

9月24日告示、10月1日投開票の武蔵野市長選は、現職の邑上市政の「継承・発展」をうたう松下玲子氏（46）と、「改革・立て直し」を掲げる高野恒一郎氏（45）が出馬を表明している。同市は自民の土屋正忠氏と民進の菅直人氏の地盤で「土菅戦争」の舞台ともなってきた。そこに小池知事の事実上の新党である都民ファーストの会の台頭が波乱を起こそうとしている。市政の課題と選挙の争点を上下回で追う。

問われる 武蔵野市政の明日 上

市長選・発展か転換か

「武蔵野市長選挙への出馬は見送る」――。武蔵野市議の深田貴美子氏は7日、自身のSNSサイトでそう表明した。同氏は先の都議選で都民ファーストの会の候補を積極的に応援し、「武蔵野大改革」を掲げて今回の市長選にも意欲を見せており、都民ファ支援候補として最有力視されていた。既に都民ファには出馬辞退の断りを入れたという。

深田氏によれば、準備不足が断念の理由。告示まで2週間余りとなる中で選挙体制の構築は後手に回っており、市長選出馬によって市議の議席を失うことを回避した格好だ。深田氏は前回市長選にも出馬したが、現職と自民候補に次ぐ3位に沈んでいる。

都民ファの関係者は同日、深田市議を軸に調整してきたことを認めながらも、「勝てる候補、強い候補の擁立という点で、最終決定には至っていない」と明かし、深田氏以外の候補者も検討していると説明した。

都民ファが圧勝した都議選後初の市長選に慎重な態度で臨む背景には、投票率への懸念がある。都議選の投票率は54・28%で、激戦の末に都民ファの鈴木邦和氏が5千票差で勝利を収めた。一方、過去3回の市長選投票率は40%前半で、「投票率が上がらなければ、勝負は難しくなる」（都民ファ関係者）。候補者選定は選挙協力関係にある公明党と足並みをそろえる必要もあり、一筋縄ではいかない。告示日が迫る中、関係者は今週中にも結論を出したい考えだ。

2陣営が火花

候補者擁立に苦戦する都民ファを尻目に、立候補を表明している2陣営は既に火花を散らしている。最初に出馬を表明した元民進党の松下氏は、8月23日に決起集会を開催。登壇した現職の邑上守正市長は「独り善がりの前市長のワンマン市政から、都民が主役の市政に変えた」と自身の取り組みをアピールしながら、市政の継承・発展を掲げる松下氏にエールを送った。

松下氏は民進と共産の市議から応援を受けるが、政党に支持は要請せず、受け身の姿勢。「市民からの候補」を強調する。決起集会には民進党の菅直人元首相も駆け付けたが、短いあいさつのみで来賓扱いではなく、政党色を消して支持を広げたい意向がうかがえる。

松下氏は選挙で「子供・子育て応援宣言」をスローガンに、更なる市民参加の推進を掲げる。また、「『平和を守る』と言える候補は私しかいない」として、脱原発や護憲についても声を上げていくという。

一方、自民党の支援を受ける前市議の高野氏の陣営は、民共市政の打破と保守政治への回帰を訴え、松下陣営への批判を強める。現市政が進める市民の参加について、「実際には市が主導している見せかけの市民参加」と主張し、真の市民参加実現を掲げる。

現在、市が武蔵境駅北口の市有地に公民連携で進める屋上にバーベキュー広場を備えた複合施設建設については、低額の賃借料や手続き内容などを疑問視して見直す方針。現市政下で外郭団体職員が倍増したことも問題としている。

7日に行われた高野氏の決起集会には、前市長の土屋正忠衆院議員が登壇。市民税の税収が国内でも上位という市の財政力を挙げ、「標準行政だけでは怠けて仕事をしていないのと同じ。日本一の税金を収めてもらっているのだから日本一の市政を目指して当然」と邑上市政を批判。「日本一働く市長」を目指すという高野氏を激励した。

だが、選挙に向けて同陣営の危機感は強い。補選で当選した高野氏は市議経験2期で、知名度が十分でないことに加え、公明党の支援を受けていないためだ。自民はこれまでの市長選で公明と連携して候補者を擁立しており、今回も推薦依頼を行う予定だが、都民ファと歩調を合わせる同党からの支持は難しいと見ている。陣営関係者は「都民ファが候補者を擁立するのかどうかも含め、推移を見守りたい」と話しており、都民ファの出方が選挙に大きな影響を与えそうだ。

候補者の決起集会に集まる支援者ら

勤勉手当

22団体が扶養手当除外せず

市町村給与制度

都総務局は8月31日、都内市町村の職員給与制度の状況（4月1日時点）を公表した。役職ごとの最高号給や高齢職員への給料については、国や都の水準に合わせて抑制が進んでおり、配偶者と子への扶養手当の開きについても各自治体で均等化に向けた経過措置が取られている。一方で、勤勉手当の基準に扶養手当を含まないとする国の方針については、いまだに22自治体が対応していないなど、制度改正の遅れも見られる。

人事委員会を持たない都内の市町村には独自の給与勧告制度がなく、国や都の水準に合わせて条例や規則を定める自治体が多い。このため、都が市町村の給与制度の状況を公表することで、給与制度の透明性向上を促す狙いがある。

国は2014年8月の総務省通知で、公務員の勤勉手当の基礎額から扶養手当を除外するよう通知しており、既に都は除外している。

月額給与に応じて定額の期末手当と比べ、成績率が評価基準に含まれる勤勉手当では、扶養手当の除外により支給額が下がる場合もあり、職員団体などとの調整が必要になる。

勤勉手当基礎額への扶養手当加算状況

算入あり	立川、府中、調布、町田、小金井、小平、東村山、福生、狛江、東大和、東久留米、武蔵村山、多摩、羽村、あきる野、西東京、瑞穂、檜原、奥多摩、利島、新島、三宅
算入なし（勧告に準拠）	八王子、武蔵野、三鷹、青梅、昭島、日野、国分寺、国立、清瀬、稲城、日の出、大島、神津島、御蔵島、八丈、青ヶ島、小笠原

ある市の人事担当者は「都や国からも再三指導を受けており、進めなければいけないと認識しているが、期末・勤勉手当の職務段階別加算率など、他にも都の水準に合わせなければいけない課題があり、そちらを優先している。今後は優先度合いを上げて対応したい」と話している。

また、扶養手当に関しては人事院が昨年8月、配偶者手当を抑制し、子供の手当を引き上げて同水準にするよう勧告している。各市は経過措置として、配偶者手当を1万3～4千円程度から1万円程度に引き下げ、子供手当を6千円程度から7500～9千円程度に引き上げる経過措置を取っている。来年度中に多くの自治体が配偶者・子供の扶養手当額をそろえる見込みだ。

12年に人事院が勧告した高齢職員の昇給抑制については、21市町村が国に準拠して55歳超を昇給なしとした（標準の勤務成績の場合）。昨年度の18自治体から調布、日野、国立が加わったが、それ以外の市町村ではいまだに2号・3号抑制や57～58歳からの昇給停止となっており、対応が進んでいない。都総務局では引き続き、国や都の水準に合わせるよう各自治体に働き掛けていく方針だ。

一方、役職ごとの最高号給では、主事級・主任級ではほとんどの自治体で国もしくは都の水準に合わせているが、福生市は都と給与表が異なり、最高号給が高いため、主事級、主任級、係長級で都の水準を超えた。同市ではこれまでも都水準を超過している問題に取り組んでおり、今年3月の市議会で職員の給与に関する条例を改正。付則で18年度から給与表を都の号数に合わせることを決定した。

係長級以上では調布市が超過していた部長級の最高号給を抑制し、係長・課長級を引き上げる形で7月から都の水準に合わせるよう条例を改正した。これにより、都水準を超えた給料表の自治体はなくなる見込みだ。

26市議会

9月議会が開会

武蔵野市は決算を繰り延べ

羽村市の9月定例議会が6日に開会し、多摩26市の市議会がスタートした。

今定例会では武蔵野市を除く市議会で2016年度の決算の集中審議が行われる予定。武蔵野市は邑上守正市長が引退を表明しており、新市長就任後の12月に繰り延べる。同市では05年に当時の土屋正忠市長が国政選挙出馬のため辞職して以降、市長選の年は決算認定を先送りしている。今議会には繰越金に関する補正予算案や水道事業会計の決算認定を上程した。

また、調布市が府中市、小金井市に隣接する二枚橋ごみ焼却所跡地に移転整備するリサイクル施設「クリーンセンター」が、府中・小金井が共同で設置した下水道施設を利用するため、3市の市議会に利用に関する協定を結ぶための協議を求める議案が提出された。調布市が使用を求めているのは小金井市公共下水道前原幹線。センターから幹線に接続する施設を調布市が建設し、使用料は小金井市が徴収する。

調布市は9月議会にクリーンセンター建設に向けて15億5300万円の工事請負契約締結の議案を提出。3市で共同運営していた焼却所跡地の一部を府中市から購入して建設を進め、来年度中に竣工し、19年4月から本格稼働する予定。

町田市では消防団に関する条例改正案を提出。これまでは市内居住者が対象だったが、在勤・在学の人も対象に加え、不足しがちな消防団員の拡充を図る。

その他、地方税法の改正に伴い、これまでに条例改正を行っていない各市が市税条例の一部改正の議案を提出した。

9月定例議会の開会予定

市議会名	会期
八王子	9/4～10/11
立川	9/4～9/27
武蔵野	9/5～9/20
三鷹	8/31～9/28
青梅	9/1～9/29
府中	9/4～9/29
昭島	9/1～10/3
調布	9/4～9/21
町田	9/1～9/29
小金井	8/31～10/5
小平	9/5～9/29
日野	9/1～9/27
東村山	8/29～9/27
国分寺	9/1～9/29
国立	9/1～9/22
福生	9/5～9/28
狛江	8/31～10/5
東大和	9/5～9/22
清瀬	9/1～9/29
東久留米	9/5～9/26
武蔵村山	9/5～9/28
多摩	9/1～10/3
稲城	9/1～9/29
羽村	9/6～9/29
あきる野	9/4～9/26
西東京	9/1～9/29

日野・武蔵村山市

生産緑地の要件を緩和

都市農地確保へ条例案

日野市と武蔵村山市は開会した両市議会に、生産緑地地区に指定できる区域規模を変更する条例案を提出した。

同条例は、これまで一団で500平方㍍以上の区域が必要だった生産緑地地区の下限を、300平方㍍まで引き下げるもので、指定を受ければ建物などの建築が制限される代わりに、土地所有者は固定資産税の減額などの優遇措置を受けることができる。

これまでは、生産緑地の指定を受けていても、隣接する緑地が指定解除されれば一団としての面積が足りなくなる「道連れ解除」が起きるケースがあり、農業委員会やJAなどが対応を求めていた。国が今年6月に改正生産緑地法を施行したことで、市区町村が条例で面積要件を緩和できるようになった。

日野市内には現在約115㌶の生産緑地があるが、近年は年間2㌶ずつ減少している。生産緑地への指定拡大は市の税収減につながるが、同市では学校給食に地元の食材を使用するなど地産地消の取り組みを進めており、景観確保の面からも都市農地の確保を進めていく考えだ。

一方で、生産緑地に指定されれば30年間は宅地建設などができなくなるなど、制限も大きい。現段階で指定を望む所有者がどれほどいるかは未知数な面もある。

日野市まちづくり部都市計画課は戸別訪問などで対象地域を回り、登録を促していく考えだ。

各自治体が非難声明

北朝鮮の核実験受け

北朝鮮が3日に6回目の核実験を強行したことを受けて、多摩地域の各自治体では非難声明を発表し、抗議文を送付する動きが相次いでいる。

これまでも北朝鮮に対して抗議文を送付してきた稲城市では、先月29日の弾道ミサイル発射と合わせて非難する文書を北朝鮮に送付。また、開会中の各議会でも非難声明の発表や、非難決議の議決が行われる見通しだ。

多くの自治体の抗議文は金正恩国務委員長宛てで、安保理決議に反する北朝鮮の核実験を非難する内容。送付先は都内の朝鮮総連本部だが、これまで各自治体から送付した抗議文は未開封のまま受け取り拒否で戻されることが多いという。

新人2人が当選

新島村議補選

現職の死去によって行われた新島村議会議員の補欠選挙（定数2）が10日に投開票され、行政書士の大沼弘一氏と会社員の青沼弘氏が当選した。いずれも無所属で新人。前回の都議選出馬の共産候補は敗れた。任期は2019年2月14日まで。

開票結果は以下の通り。

当大沼　弘一　1031　無新①
当青沼　弘　426　無新①
小久保利佳　282　無新
綾　亨　135　共新

◆複合施設整備で意見交換

国立市

国立市は、国立駅南口の複合公共施設整備に向けて「マーケットサウンディング調査」を実施する。施設の建設や運営に関する事業者を公募して個別に意見交換・対話を行う取り組みで、整備に向けた事業手法などを検討し、事業の効果や実現性を高める狙いがある。10月6日まで事業者の参加申し込みを受け付け、同月16日、18日、19日に調査を実施する予定だ。

同市は駅南口の複合公共施設整備基本計画を今年2月に策定し、公共施設と民間施設の一体的整備を計画している。

新人都議の横顔 ◆多摩◆

都の情報を地元に還元

細谷　祥子氏
都民ファーストの会・北多摩第四

福祉や文化施策を充実させたい――。この素朴な思いが東久留米市議に挑戦するきっかけだった。生まれ故郷の同市で福祉・文化活動をする中、「思いを実現するには市の中枢と結びつく必要がある」と考えたからだ。

大学で放送学科を専攻した経験を生かし、地元でタウン誌の記者やコミュニティーラジオのパーソナリティーを務める傍ら、趣味の楽器演奏では和太鼓クラブを主宰。20代で団体を設立し、ドイツや中国で海外公演をするまでに育て上げた。福祉に音楽を活用する音楽療法も専門で、医療・福祉の現場で活動した。こうした中、49歳の2003年に市議初当選。自民党に所属して4期14年務め上げた。

「リセットしたくなる時がたまに来る」。市議会議長の座を退き、都議選出馬を決意した当時をこう振り返り、「自然の成り行きだった」と淡々と語る。希望の塾には通っておらず、関係者から声が掛かった。「リセット」を決意させたのは小池知事の都政改革で、都政の見える化が進んだと感じたためだ。「そうでなければ自民を飛び出さなかった」

先の都議選は市議選とは「手応えが違った」。都政の変革を求める市民の期待感を強く感じ、「どこに行っても声を掛けられた」と話す。

都政では多摩格差の解消を掲げる。子供の医療費助成や公立学校施設などに格差が残り、都の情報を多摩自治体に確実に伝えることを目指す。市議時代に都と市の情報連携が不十分で、活用できる制度が見過ごされることが散見されたからだ。

座右の銘は「初心忘るべからず」で「謙虚に物事に取り組む秘訣」という。大阪芸大中退。63歳。

都議会でも正論貫く覚悟

山田　浩史氏
都民ファーストの会・三鷹市

弁護士として大手事務所に所属し、アメリカ留学などのキャリアを積んできた。企業経営者などと取引をする中で、法律で決められた範囲でしか問題の解決を図れないことにジレンマを感じていた。

都議に就任し、「政治家は既存の枠組みを超えて、必要があれば根本的にルールを変えることもできる。依頼主個人ではなく、全体の利益を追求できることは興味深く、魅力的な仕事だ」と話す。

高校生の頃は体も大きくなく、スポーツなどが苦手で、論理立てて正論を主張することのできる弁護士の仕事に憧れた。都議としては、都民ファーストの姿勢という正論を貫く意気込みだ。

政治の世界に興味を抱いたのは社会人になってからだが、学生時代から政治家の不祥事に対して憤りの気持ちを持っていた。小池知事の希望の塾に参加した時点では政治家になる考えはなく、都議選出馬には葛藤もあった。それでも「ここでやらなければ、持ち始めていた疑問・関心に挑戦する機会はない」と、自らプレーヤーになることを決意した。弁護士のキャリアもあるが、今後は政治家として活動していきたい考えだ。

都議としては、企業の振興や働き方の改善に取り組む。「現場の人々が頑張っているのに、社会全体はなだらかに停滞している。日本は失敗圧力が強く、現場が自由に力を発揮できる環境になれば、経済も上向いていくのでは」と思いを語る。

大学では高校時代と打って変わって三鷹市の井の頭公園でテニスに明け暮れるなど、地元への愛着は強い。2児の父で、休日は子供と買い物や遊びに出掛けることが多い。東大法卒。33歳。

都職員採用

障害者の受験者大幅増

識者「専門家との連携必要」

都の障害者採用（Ⅲ類）の一次選考が10日、都職員研修所（江東区）で行われた。今年度から、従来の身体障害者に加えて発達障害を含む知的・精神障害者にも採用の門戸を広げており、申込数は昨年度の4倍以上に増えた。知的・精神障害者の採用は他自治体でも例はあるが、都の採用予定者数は全体で45人と多く、入都に備えて全庁的なサポート体制を作る必要がある。ただ軽度の発達障害者の場合、周囲や本人の障害への理解不足などから的確なサポートが難しく、識者は「詳しい専門家に直接相談できるシステムが必要」と指摘する。

今年度の障害者採用の申込人数は399人で、前年度比304人の増。倍率は同6・2ポ増の8・9倍だった。入都後の業務はデータ入力や文書整理、庶務などの一般事務で、これまでの障害者採用枠と変わらないが、精神障害者の場合、個々の障害特性に応じた細やかな配慮が求められ、サポート体制の整備が必要になる。そうした中で課題になるのがアスペルガーやADHD（注意欠陥多動性障害）など、軽度の発達障害者への対応だ。発達障害者を長年にわたって診察・研究してきた福島学院大学の星野仁彦教授は、「発達障害者への職場での適切なサポートは非常に難しい」と指摘する。

軽度の発達障害者は、見た目や知能は健常者と変わりないが、業務の得意・不得意がはっきりしており、書類や金銭の管理、電話・来客対応や打ち合わせなど対人業務を特に苦手とする傾向がある。実際に星野教授のもとを訪れる障害者も、勤務先での業務と適性のミスマッチで、半年から2年ほどで退職しているケースが多く、「公務員も少なからずいる」と明かす。

都においては、所属長が本人と面談を重ねた上で、それぞれの障害特性や個々の状況に応じた配慮を行っている。さらに配属先の所属長を窓口とした相談体制を確立するなど、障害者が業務を行う上での体制整備も進めている。発達障害者の業務適性を見極める上で大きな問題となるのが「本人自身の自己分析能力の低さ」と星野教授は説明する。「障害の特性を認めたがらず、できないことを『できる』と強く思い込んでいる患者も多い」

医師の診断に基づいた障害者手帳を受けている場合でも、日本の発達障害研究が欧米に比べて遅れていることもあり、適切な助言を受けられていないケースもあるという。

また、職場や職員の理解も不可欠になる。都は、各局に配布している公務職場での障害者雇用の事例集を7月に改訂し、庁内へ周知を行った。また、各局の人事担当者に対して、知的・精神障害者への理解を深める研修を実施するなど、職員の受け入れ理解の促進に向けた取り組みを始めている。

管理職側の心構えとしては「とにかく、長い目で見ること」と星野教授。「発達障害者はトラウマに弱く、一度ミスをすると落ち込み過ぎるなど、感情のコントロールがうまくない。多くの場合、躁うつ病や依存症などの二次疾病につながる」と解説した。

総務局は「引き続き、専門家や支援機関との連携をとりながら体制整備を進めていきたい」（人事部）と話しており、星野教授は「公務職場に限らず、日本の職場では発達障害者への理解・支援が遅れている。発達障害に詳しい医師や臨床心理士に直接相談できるホットラインが必要」と提案する。

八王子に東京キャラバン

伝統舞踊やダンスが共演

伝統舞踊から現代のダンスまで多彩な踊り手が集まった＝10日、八王子市

多彩な芸術家がジャンルを超えてコラボレーションする「東京キャラバン」が10日、八王子市に登場し、新旧の舞踏やダンスが観衆を盛り上げた。多摩地域での開催は初めて。

今年の東京キャラバンでは振付師の近藤良平さんを中心に、琉球舞踊や八王子芸妓衆、原宿ストレンジャーズなどのグループが参加。アーティストの日比野克彦さんがデザインした特製の「やぐら」をバックに、各地の伝統舞踊やパラパラ、ジュリアナなど1950年代から現代までの踊りが共演した。総監修は劇作家の野田秀樹さんが務めた。

東京キャラバンは2020年五輪の文化プログラムを先導する都のリーディングプロジェクトで、15年にスタート。昨年はリオデジャネイロや東北地方などで実施し、今年は京都・二条城と八王子に続き、熊本城でのパフォーマンスを予定している。

仮設会場費を適正管理

東京五輪　都・国・組織委で検証へ

都と国、五輪組織委員会は7日、3者による共同事業のコストを管理する共同実施事業管理委員会の初会合を都庁第一本庁舎で開催した。懸案だった都外競技会場の警備費などの財源について6日、宝くじを充てることで一定のめどが立ち、同委員会の初開催にこぎつけた。

会合では同委員会の下に都と国、組織委に加え、都外の関係自治体で構成する「作業部会」を各自治体ごとに設置することを決めた。コスト管理の対象は都が経費負担する仮設会場整備費が主で、コスト縮減の可能性や事業実施体制の強化に向けて協議する。また都と国が4分の1ずつ経費負担するパラリンピックについても作業部会を設けた。

同日の会合では、委員長に山本隆副知事、副委員長に元都副知事で組織委の佐藤広副事務総長を選出した。山本委員長は「大会経費の透明化を図り、経費の抑制に努めていきたい」、佐藤副委員長は「（五輪は）計画から実施の段階に入った。効率的・効果的な事業執行をし、準備に遅れが出ないよう取り組んでいく決意だ」とあいさつした。

共同事業は経費負担を都や国、事業実施を組織委が担うため主体が分離され、コスト管理などのチェック体制が不十分になる恐れがあり、今後、同委員会で検証することになる。

組織委は昨年末に策定した「バージョン1（V1）予算」を更新する「V2予算」を年末にも定める予定で、同予算に一定のめどがついた段階で次回会合を開催する方針。

教員の働き方改革

会議・調査の縮減が課題

中教審が緊急提言

文部科学省の諮問機関である中央教育審議会（中教審）の特別部会は8月29日、国や全国の教育委員会に対し教員の働き方改革に関する緊急提言を行った。教員の長時間労働に歯止めをかけるのが狙いで、タイムカードや留守番電話の導入が柱。都内でも、各自治体の教育委員会や学校単位で超勤縮減策を始めているが、業務改善の面では効果的な対応策の実施に頭を悩ませているようだ。

中教審は提言で、タイムカードやICTによって教員の勤務時間を把握。集計し管理するシステムの導入を国と各教育委員会に求めた。文科省が2016年度に全国の小・中学校を対象に実施した調査では、タイムカードを使って管理している学校は1割強にとどまり、教員による自己申告で管理する学校が多い実情を踏まえた。

また、教員の休憩時間の確保も提言。時間外の会議を削減することや、勤務時間外の保護者からの問い合わせに対応できるよう、学校に留守番電話を導入し、連絡体制の整備を支援することを国と教育委員会に要求した。

こうした中、都教育委員会は教員の働き方改革に向け動き始めている。都立学校では、12年から出勤時間は管理していたが、9月から下校時間もタイムカードで管理することを決め、一部の学校で試行を始めている。「教員の勤務実態を把握しながら、他の学校にも広げていきたい」（指導企画課）と話す。同委は、区市町村が教員の働き方改革の計画を作る際の指針となる方針を年度内に策定する予定。

また、幼稚園、小・中学校教員の勤務時間を管理する区市町村でも、教員の働き方改革に取り組む動きがある。

港区では、区教委が主導し、9月から全ての区立学校で午後8時までの退勤を目標に定め、学校ごとの超勤縮減策を始めている。ある中学校では水曜日は原則として部活を休止し、定時の午後4時45分に退勤する取り組みを行っており、区教委は「部活動や授業の準備、保護者の対応などが長時間勤務につながってきた。心身ともに健康に働いて質の高い教育を行うために働き方の改善が必要だと考えた」（指導室）と話す。

また、台東区では、お盆に当たる8月11日～15日の間、全校を閉鎖している。元々は11年の東日本大震災による節電対策だったが、教員が休暇を取りやすくするための措置として現在も続けている。

一方で、業務改善の面では苦戦する区市町村が多いようだ。具体的な課題の一つが行政機関からの調査で、定期的な調査の他にも事件・事故が起きた時の突発的な調査も多いという。

調査の簡素化や削減は、多くの教育委員会が取り組んでいるが、「具体的な効果の検証ができない」「議会対応などで早急な回答が必要になることもある」などの理由から効果的な対応策を打てないのが現状だ。

ある区教委の課長は「単純に臨時職員を付けて事務処理を減らせばいいというものでもなく、学校事務の経験者でないと、かえって負担になることもある」と頭を抱える。別の区の課長は「子供が下校してから自分のペースで業務に取りかかる教員も多く、教員側の業務効率化への意識改革が必要」と指摘する。

ただ、都教組が2月から3月にかけて、小・中学校の教職員を対象に行ったアンケートでは、休憩時間にかかる会議・業務や教委からの調査・報告書を縮減してほしいと回答した教員が7割以上に上ったという。

都教組は「授業準備や教材研究の時間が取れない中、調査や報告が教職員の大きな負担になっている。各区市町村が、競い合うように『教育改革』を進めていることが原因」と指摘し、都教委や各地教委に業務量削減の具体化を求めている。

教員の働き方改革を進めるため、自治体は現場の声を聞きながら、抜本的な業務改善の方針を定めることが急務になりそうだ。

退職後のリアル　しくじり都庁OBの教訓㉕

リターン・トゥ・東京②

再度の借金生活に入る

東京でのマンションを探し始めることにしたが、資金はない。そんな悲壮な決意をし始めていた時に、幸運なことに急きょ、現役時代に住んでいた家の売却がまとまった。

こんなタイミングもあるのかという、ギリギリでの出来事だった。そして、これで抱えていた熱海のローンを完済し、残された資金で東京に家探しをするというリターン・トゥ・東京に弾みが付いた。そもそも半田舎暮らしが不本意だった妻にもスイッチが入った。元々、家にこだわりを持つ彼女の入れ込みは半端ではなく、モデルルームを回って徹底的にリサーチを始めた。

半田舎暮らしの時の住宅設計は私の夢ということもあり、私が主導していた。しかし、その失敗の負い目から今回の主導権は完全に妻に渡すことにした。仕事の利便性はもちろん、老後の暮らし、彼女のこだわり（山手線内側など）に加えて、私のミーハー的な要素（タワーマンション、夜景など）を加味した家探しが始まった。

こうした場合には必ずと言っていいほど直面する課題であるのだが、希望の物件には予算が届かず、常に妥協を強いられる。これまでも経験してきたが、いろいろ物件を見てしまうと、条件を下げることは難しい。こんなことを繰り返しながらのマンション探しだったが、最終的には全ての条件を満たす浜松町のマンション購入を決めた。9千万円台というビジネスの先行投資とはいえ、財政事情をはるかに超えた買い物を決断することになった。

老後の生活を顧みない暴挙に近い選択だったが、「終のすみか選びで後悔したくない」という彼女の決心の堅さと度胸のよさに押し切られての選択だった。家を売ったことで少し息をつくことはできたが、老後への生活の蓄えがないことには変わりなく、またしても老後に向けて借金生活に入ることになった。

（金子雅臣）

訪都外国人旅行者　平均支出額13％減

都産業労働局調査

2016年度に都内を訪れた外国人旅行者の平均支出額は約13万円で、前年度比で13％減少したことが都産業労働局の調査で分かった。中国人などの「爆買い」ブームが一段落したことなどが影響したと見られる。

同局の「外国人旅行者行動特性調査」によると、訪都外国人1人当たりの旅行中の支出額（推計値）は13万1871円。最も支出額が多い費目は土産買物費で6万4117円だったが、前年度比17・3％減少した。最も支出額が高い国・地域は中国の20万3816円で同18％減。特に土産買い物費は同19・9％減の13万9769円と落ち込んだ。

訪問先は、新宿・大久保が56・9％で最も多く、浅草、銀座が約48％で続いた。訪都回数は2回目以上が50・6％と半数を超え、94・7％が再訪の意向を示している。

調査は羽田、成田両空港の国際線ターミナルで聞き取り形式で行い、「東京を訪問した」と回答した1万2959票について集計した。

◆交通局が技術発表会

都交通局は8日、第28回車両電気部技術発表会を都議会議事堂1階の都民ホールで開催した。

同部電力課は老朽化が進んでいた都営新宿線の18変電所の更新過程を発表。新たに導入したランニングコストの低い電力制御機や、環境にやさしい絶縁体を紹介した。また今回の更新で使われなくなった岩本町変電所を職員研修所として再活用しており、局の技術力の維持・向上と継承に役立てていると報告した。

また、浅草線電気管理所は線路上で列車を各ホームに振り分ける「転轍」の交換作業について発表した。夜間工事のため短時間でレールや枕木を移動する必要があったが、線路の点検のために始発前と終電後に走らせる鉄道車両を取りやめて、通常の夜間工事より作業時間を長めに確保した。

このほか、（公財）鉄道総合技術研究所から招いた講師による無線による電車制御システムの講義や、多摩モノレールの電力貯蔵装置の導入の発表があった。

五輪への航海図 208　TOKYO 2020　開催まで あと1046日

医療の外国人対応㊦

タブレットで問診

「痛いところはありますか？」――。日本語で質問すれば、すぐさまタブレットで翻訳される。都立広尾病院（渋谷区）で昨年から始まった、タブレット端末を使った外国人患者への問診だ。翻訳可能な言語は30言語に上る。

同病院は都立病院の中でも外国人患者数が最も多く、年間1千人以上が来院する。2020年東京大会の選手や関係者の受け入れ先となる「オリンピック病院」にも指定されており、外国人対応の充実に力を入れている。

「通訳がいないと言葉が分からなかったり、手書きの問診票が読めなかったり、苦労することも多かった」と話すのは、看護師の岡内真由美さん。岡内さんは英語の通訳も担当しており、以前は課題を感じていた。院内通訳は、岡内さんを含めて5人。突発的な事故や病気で外国人患者が運ばれてくる場合、現場に入れないこともある。岡内さんは「患者の付き添いが日本語を話せる時、医師は付き添いと治療法などについて話すため、病院側の通訳がいないと患者が置いてきぼりになることもあった」と説明する。

タブレット端末を紹介する看護師の岡内さん＝7日、広尾病院

また、タブレット導入に加え、各部署での対応力強化を図るため、マニュアルも昨年に作成。外国語を話せる医師や看護師、職員をリスト化し、通訳が対応できない状況でも別部署から応援に駆け付けられる体制も作った。

こうした取り組みにより、以前は言葉が分からず断らざるを得なかった患者も受け入れることができるようになり、翻訳などで待たせることも少なくなった。「何より、患者の納得と安心感を得られやすくなったことが大きい」と岡内さんは話す。

同病院は今年、「外国人患者受入れ医療機関認証制度（JMIP）」の認証を取得。都病院経営本部は、広尾病院を外国人対応の「モデル病院」と位置付け、取り組みを他の都立病院にも広げる。今年度は先行事業として、タブレット端末を墨東病院（江東区）や駒込病院（文京区）などに導入する。同本部経営企画部の石川重正広報担当課長は「随時取り組みを拡大していき、19年までに全ての都立・公社病院でのJMIP認証取得を目指す」としている。

昇任試験対策のページ

平成29年度 主任試験講座 50

都政事情 ④

問題

【問題 12】

本年4月に都が策定した「伊豆小笠原諸島沿岸海岸保全基本計画（改定）」の内容に関する記述として、妥当なのはどれか。

① 本計画は、平成18年の当初計画から10年が経過したことから、社会情勢の変化等を踏まえて見直しを行い、パブリックコメントを実施し、改定案として取りまとめたものである。

② 海岸保全基本計画とは、海岸の「防護」「環境」「利用」の観点から海岸の保全や整備の方針を示すものである。

③ 「利用推進ゾーン」の名称を「環境・防護利用ゾーン」に変更した。

④ 「環境保全ゾーン」の名称を、「自然保護ゾーン」に変更した。

⑤ パブリックコメントを実施したところ、合計2件の意見が寄せられた。

【問題 13】

本年3月に都市整備局が公表した「選手村地区エネルギー整備計画」及び「事業実施方針」の内容に関する記述として、妥当なのはどれか。

① 平成28年12月に外部有識者を交えた「選手村地区エネルギー検討会議」が設置された。

② 水素ステーション整備用地として、都有地を期間15年の定期借地により貸し付ける。

③ 本事業実施に当たり、水素ステーション等の整備、運営等の経験のある者・グループを公募により選定する予定である。

④ 水素ステーション整備用地は、約2500平方㍍である。

⑤ 事業予定者の決定は、平成30年11月～12月を予定している。

【問題 14】

本年3月に都が策定した「高齢者による万引きに関する報告書」の内容に関する記述として、妥当なのはどれか。

① 東京都では、高齢者による万引きの背景や要因等を探るため、平成28年11月に「万引きに関する有識者研究会」を設置した。

② 高齢者で万引きで捕まった人のうち、過去に万引きを含む犯歴のある人は20％程度で高くはなかった。

③ 都内の満60歳以上の万引き被疑者と60歳未満の万引き被疑者、一般高齢者（60歳以上）の比較により、調査分析を行っている。

④ 高齢被疑者は、同年代の他者と比べて、体力の衰えを実感している割合や認知機能の低下が疑われる割合が一般高齢者と比べて少なかった。

⑤ 高齢被疑者は、配偶者なしが約6割、独居が約5割弱で家族との連絡頻度、家族等による経済的、情緒的サポート等が弱い。

【問題 15】

本年3月に都が策定した「平成29年度東京都食品衛生監視指導計画」の内容に関する記述として、妥当なのはどれか。

① 都は、飲食に起因する衛生上の危害の発生を防止するため、食品衛生法に基づき、監視指導等の計画を2年に1度定めている。

② 腸管出血性大腸菌による食中毒対策として、発症時に重症化の恐れのある高齢者や子供が利用する社会福祉施設等に対し、監視指導や講習会による指導啓発を実施する。

③ 食品製造業者に対し、食品表示法及び米トレーサビリティ法等に基づく表示事項等について、延べ1万件の監視指導を行い、適正な表示の実施を徹底させる。

④ 平成28年に都内で発生した食中毒は253件であり、前年より増加した。

⑤ 食中毒の病因物質別の発生件数は、カンピロバクター食中毒が63件で1位であった。

【問題 16】

本年5月に都が策定した「海上公園ビジョン」の内容に関する記述として、妥当なのはどれか。

① 東京都は、これまでに25公園・約600㌶の海上公園を整備し、開園してきた。

② 都政モニターアンケートでは、「今後、海上公園でしてみたいこと」として、ランニング・ジョギング及びサイクリング、マリンスポーツが上位を占めている。

③ 民間事業者との連携によるカフェ・レストランの導入や、水辺のレクリエーション環境の整備により、地域ニーズへの対応とにぎわいの創出に取り組む。

④ 本ビジョンは、東京2020大会とその後を見据え、おおむね20年後を目標とし、今後の海上公園の整備・運営・管理に関する中長期的な指針とするものである。

⑤ 中央防波堤内側埋立地において整備中の海の森では、これまでに延べ1万人が植樹に参加している。

解説

【解説 12】　正答 ②

① 誤り。平成15年の当初計画から13年が経過したことから、見直しを行ったものである。

② 正しい。

③ 誤り。「防護・利用推進ゾーン」に変更した。

④ 誤り。「環境保全・利用ゾーン」に変更した。

⑤ 誤り。合計4件の意見が寄せられた。

【解説 13】　正答 ③

① 誤り。平成28年7月に設置された。

② 誤り。定期借地の期間は20年である。

③ 正しい。

④ 誤り。約4864・53平方㍍である。

⑤ 誤り。平成29年8月～9月を予定している。

【解説 14】　正答 ⑤

① 誤り。平成28年6月に設置した。

② 誤り。58・7％であり、再犯者率が高かった。

③ 誤り。65歳以上または65歳未満の被疑者・一般高齢者の比較を行っている。

④ 誤り。一般高齢者と比べて多かった。

⑤ 正しい。

【解説 15】　正答 ②

① 誤り。毎年度定めている。

② 正しい。

③ 誤り。延べ1万6千件の監視指導を行う。

④ 誤り。136件であり、前年より減少した。

⑤ 誤り。ノロウィルス食中毒が51件で1位であった。

【解説 16】　正答 ③

① 誤り。38公園・約790㌶を開園した。

② 誤り。眺望を楽しむことや散歩・休憩などが利用ニーズの上位を占めている。

③ 正しい。

④ 誤り。おおむね10年後を目標としたものである。

⑤ 誤り。延べ2万3千人が植樹に参加している。

カレントトピックス 29年度 50

政治事情

■働き方改革に2800億円を　（8月25日）

厚生労働省は自民党厚労部会で、2018年度予算の概算要求を示した。一般会計総額は、17年度当初予算比2・4％増の31兆4298億円で、6年連続で要求額が30兆円を超えた。「働き方改革」関連施策に約4割増の2800億円を計上し、正社員と非正社員の間の不合理な待遇差をなくす「同一労働、同一賃金」や長時間労働の見直しなどの関連予算を盛り込んだ。

働き方改革では、「同一労働、同一賃金」など非正社員の処遇改善に799億円を計上した。企業向けマニュアルの作成など周知や相談支援（16億円）、処遇改善に取り組む企業の支援（782億円）が柱だ。

長時間労働の是正や労働者の健康確保には309億円を要求した。このうち、労働時間の短縮に取り組む企業の支援（49億円）には前年度当初予算の2倍超を予定し、コンサルタントらが個別の企業に助言、指導する体制の整備を進める。違法な長時間労働への対策としては、労働基準監督官の定員を100人増やすなど監督・指導の体制強化（20億円）や、退社から次の出社までに一定時間を確保する「インターバル規制」の導入促進（15億円）を行う。

■羽田孜元首相が死去　（8月28日）

羽田孜元首相が8月28日午前7時6分、老衰のため、東京都内の自宅で死去した。82歳だった。羽田氏は1935年8月24日、東京都大田区で生まれた。成城大経済学部卒業後、69年衆院選で父の羽田武嗣郎元衆院議員の後継者として、旧長野2区から自民党公認で初当選し、連続14選を果たした。

中曽根、竹下両内閣で農相、宮沢内閣で蔵相を歴任し、小沢一郎・自由党共同代表らとともに「竹下派七奉行」の一人に数えられた。93年6月に宮沢内閣不信任決議案に賛成して自民党を離党。小沢氏らと新生党を結成し、党首に就いた。同8月、細川内閣に副総兼外相で入閣し、94年4月の細川首相辞任後、第80代首相に就任した。内閣発足直前に社会党が連立を離脱したため、少数与党での不安定な政権運営となり、6月に総辞職した。在職日数は戦後2番目に短い64日だった。

退陣後は新進党、太陽党、民政党を経て、98年4月の民主党結成に参加。12年11月の衆院解散で政界を引退した。

■北ミサイルが太平洋上に落下　（8月29日）

北朝鮮は8月29日午前5時58分ごろ、同国西岸の首都平壌・順安から北東方向に弾道ミサイル1発を発射した。政府は北京の大使館ルートを通じて北朝鮮に厳重な抗議を伝えた。

ミサイルは同6時5～7分ごろ、北海道の渡島半島や襟裳岬の上空を通過し、同6時12分頃に襟裳岬の東約1180㌔の太平洋上に落下した。北朝鮮のミサイルが日本列島の上空を通過するのは、「人工衛星」と称する弾道ミサイルが沖縄県上空を通過した2016年2月以来で、5回目。北朝鮮からのミサイル発射の事前通告はなかった。航空機、船舶への被害や落下物は確認されていない。

政府は8月29日午前、首相官邸で国家安全保障会議4大臣会合を開催し、今後の対応を協議した。安倍首相は「政府としては、発射直後からミサイルの動きを完全に把握していた。我が国を飛び越えるという暴挙は、これまでにない深刻かつ重大な脅威だ。国際社会と連携し、更なる圧力強化を強く国連の場で求めていく」と記者団に述べた。

29年度 主任・係長 論文講座 50

直前対策 ②

都主任選考

今回は、都政や職場について課題を論じる上で参考となる都議会での知事の施政方針、所信表明、基本方針を確認します。

今日の都政の役割や今後の取り組み姿勢、各施策の背景や意義、職場に期待される役割などを理解し、繰り返し考えることで論文の精度を高めてください。特に、所属局の施策及び自分の職務に関わる記述は必ず確認してください。

都政を取り巻く状況は大きく変化してきており、施策の質的転換が強く求められています。施策の背景や意識、都政や職場に期待される役割、都政全体の改革の本質を理解し、推敲を重ねて、論文の精度を高めてください。

なお、紙面の都合上、概要のみの掲載となりますので、原文についてはホームページなどを確認してください。

平成29年第1回都議会定例会知事施政方針表明

東京大改革を進める

▽東京大改革とは、「透明化」を根付かせ、これまでの延長線を超えた「新たな発想」を常に生み出すために自律改革を重ねて、都政の手法と体質を変えること。都民と共に大義と共感のある政策を進め、誰もがいきいきと輝ける、東京の明るい未来を築く「実行プラン」と「予算」を両輪に、明るい未来を切り拓く

■未来への航路となる「2020年に向けた実行プラン」

▽「セーフシティ」「ダイバーシティ」「スマートシティ」の実現に向けた道筋を明らかにし、東京のさらなる成長のための「4つの挑戦」と「5つの戦略」を掲げ、大義ある政策目標を、具体的な工程に従って着実に達成し、都民の共感を追い風に、「未来への航路」を突き進んでいく。

■平成29年度予算案

▽過去最高となる382件の新規事業を盛り込むなど、大義あふれる予算。事業評価の徹底などによりメリハリを利かせ、財政構造改革の一層の推進を図り、一般会計の規模は5年ぶりの減少。「改革を強力に推し進め、明るい未来への確かな道筋を紡ぐ予算」。

オリンピック・パラリンピックが東京を変える

■パラリンピックを契機に誰もが「優しさ」を感じるまちへ

▽道路バリアフリー化について、競技会場や観光施設周辺の都道において重点的に進めるとともに、区市道への支援も新たに開始し、面的に広げる。都営バスへの新たなフルフラットバスの導入、鉄道駅におけるエレベーターやホームドアの設置、トイレの洋式化など、パラリンピックも見据え、幅広い取り組みを進める。

■大会成功を支える安全・安心の確保

▽災害に強い都市に向け、市街地の不燃化や延焼遮断帯の形成、緊急輸送道路沿道の建築物の耐震化など、「燃えない・倒れないまちづくり」に加え、近年頻発する集中豪雨への対策などにも着実に取り組む。町会・自治会等による防災活動を後押しするため、コンサルタントの派遣やサポートガイドの作成を行う。

▽テロ対策にも万全を期し、東京の玄関口である羽田空港の警備強化や、官民連携の基盤づくりを着実に進めるなど、都民生活の安全・安心を確実に確保していく。

■2020年に向けて都市の魅力・品格を高める

▽「東京文化プログラム」を本格的に展開。都民と共に大いに盛り上げ、集大成として2020年に開催する文化フェスティバルへとつなげていく。

▽受動喫煙防止対策については、国の法制化の動きを注視しつつ、都民の意識や、飲食店・宿泊施設の実態等について調査を行うなど、対策に向けた準備を加速する。

▽動物愛護の取り組みについては、平成31年度までに殺処分ゼロを達成するため、子供が命の大切さを学ぶ機会の充実や、動物譲渡に関する情報発信サイトの開設に取り組む。

「人」こそが「新しい東京」の主役

■女性がますます活躍できる社会へ

▽保育士の処遇改善策として、現行のキャリアアップ補助を拡充。23区内で保育所用地を有償で貸し付ける場合に固定資産税・都市計画税を10割減免する税制支援を導入。「企業主導型保育施設」について、設置・運営に関する相談窓口や、開設費用の一部を独自に支援する助成制度を設け、整備を促す。

▽「TOKYO創業ステーション」において、女性起業家向けのセミナー開催や相談員配置などのサポートを行う。

■全ての子供の学びのために

▽東京の教育の根本方針となる教育施策大綱を策定。子供たちの希望ある未来のため、東京の最大のエネルギーである豊かな人材の育成のため、給付型奨学金を創設・拡充し、家庭の経済状況による「教育機会の格差」を解消していく。

■「働き方改革」を牽引する

▽時間や場所にとらわれずに仕事ができるテレワークの推進を、働き方改革の起爆剤に。民間企業のテレワーク導入に向け、国と連携し、情報収集や体験・相談がワンストップで行えるセンターを開設。

▽国や民間企業等と共に「快適通勤プロモーション協議会」を立ち上げ、時差出勤の導入や混雑の見える化など、鉄道利用の分散に向けたムーブメントを展開する。

■誰もがいつまでも安心して暮らせる東京へ

▽区部と比べ土地確保が比較的容易な市町村に対し、地域のニーズを超えた特養整備へのインセンティブを設け、広く都民が利用できる施設を都内全体で増やしていく。キャリアパスを導入する事業者の支援を強化し、職責に応じた処遇の実現につなげていく。

▽適切な支援の実施に向け、障がい児の通所支援施設や特別支援学校、保育所等への看護師配置などを推進。

日本経済を牽引する首都・東京

■「PRIME 観光都市」の実現

▽2020年までに2500万人という目標を確実に達成するため、「観光産業振興実行プラン2017」に基づいて戦略的に施策を展開し、世界最高の「PRIME 観光都市」を実現。

■アジアナンバーワンの国際金融・経済都市へ

▽国際金融都市にふさわしい金融産業、資産運用や、フィンテックをはじめとする新しい分野の企業と人材を東京に集積させるためには、ニーズを踏まえた支援が必要。

▽成長産業への参入や新たな価値の創出に向け、設備投資から技術支援、IoT化による生産性の向上まで、中小企業を多面的に支援していく。

■持続的な環境先進都市東京

▽水素エネルギーについて、都営バスへの燃料電池車の一部導入や、羽田空港における燃料電池フォークリフトの実証事業等を通じて、本格普及を目指す。都の環境施策を都民・国民の投資を通した後押しによって強力に進めるため、来年度、200億円規模の「東京グリーンボンド」を発行。

平成29年第2回都議会定例会知事所信表明

都政改革をさらなる高みへ

■着実に変わりつつある都政

▽都政改革では、「しごと改革」「見える化改革」「仕組み改革」を進めていく。年度末には、「2020改革プラン（仮称）」を策定する。入札契約制度についても、透明性の確保に向け、改革を進める。

オリンピック・パラリンピックの成功に向けて

■都民・国民一丸となって大会成功へ突き進む

▽オリンピックと共にパラリンピックを大いに盛り上げて、街の段差の解消、共助の社会づくりなど、成熟都市・東京の一層の進化にもつなげていく。大会のホストシティとして、都民・国民の期待を膨らませる取り組みをますます充実させて、オールジャパンで大会を成功させていく。

「新しい東京」への取り組みを着実に進める

■安全・安心が希望と活力を生み出す

▽無電柱化の推進については、都道府県では初となる条例案を提案。都市防災の機能強化、良好な都市景観の創出など、無電柱化の大義を明確にして、都道への電柱新設を禁止するとともに、区市町村との連携やコスト縮減につながる技術開発等を進めていく。避難所における着替え、授乳への配慮など、女性視点の対策を充実させる防災ブックの作成を検討していく。

■誰もがいきいきと輝く環境で、持続的な成長を実現

▽待機児童対策には大胆に予算を配分。保育士の処遇改善や、企業主導型保育施設の開設費用の一部助成など、多面的な取り組みを進めている。待機児童の解消に断固たる決意を持って取り組み、保育サービスを利用する児童を平成31年度末までに7万人増やす目標を是が非でも達成する。

▽教員の働き方を見直し、教育の質の維持向上を図るための「学校の働き方改革推進プラン（仮称）」を、今後策定。未来を担う児童・生徒一人ひとりがその可能性を存分に伸ばせるよう、教育現場の実情にもしっかりと目を配る。

▽高齢者も障がい者も共に過ごし必要な支援を受けられる共生型サービスの推進、生活困窮者の支援体制の整備、福祉人材の確保など、分野を超えたきめ細かな対応を充実させる「地域福祉支援計画」の策定に向け、有識者等による検討を開始。将来への安心感が活力を生み出し、誰もがいきいきと毎日を送ることができる東京を実現していく。

■都市間競争に打ち勝ち世界をリードする国際都市へ

▽金融分野と先端分野の活性化は、東京の成長戦略の中核。アジアナンバーワンの国際金融都市実現に向けた新たな構想を打ち出す。人材確保や、知的財産面からの海外展開のサポートなどを含め、幅広い取り組みにより、中小企業の経営力、稼ぐ力を高めていく。

▽家庭で使われている白熱電球2個以上をLED電球1個と交換する取り組みを開始。各家庭で省エネ効果を実感していただき、普及を進めていく。

▽「都市づくりのグランドデザイン」の素案を公表。環境・社会・ガバナンスに配慮した都市づくりを進め、「みどり」「まち」「人」を守っていく。

■多摩・島しょ地域から東京を元気に

▽自然公園の総合的なビジョンとして全国初の「東京の自然公園ビジョン」を策定。内外の多くに価値や魅力を発信し、自然公園のポテンシャルを最大限に発揮し、多摩・島しょ地域をはじめとする東京の魅力向上につなげていく。

平成29年度予算の執行について（29年4月）

▽我が国の景気は、雇用・所得環境が引き続き改善し、経済の好循環が進展する中で、民需を中心とした景気回復が期待される。一方で、少子高齢化や潜在成長力の低迷といった構造要因を背景に、いまだ個人消費や民間投資は力強さを欠いた状況にあることに加え、海外景気の不確実性や金融資本市場の変動の影響など、今後の景気の動向には注視が必要である。

▽こうした中、今日の都政は、首都直下地震への備え、待機児童の解消など子供を安心して産み育てられる環境の整備、これまでに経験したことのない超高齢化の進行に対応する医療・介護基盤の整備など、都民が直面する課題解決に向けて取り組みを加速化していかなければならない。

▽加えて、科学技術の飛躍的な進歩による経済活動や都民生活の変革などを踏まえた、新たな発想に基づく政策や、ライフ・ワーク・バランスの充実や女性の活躍推進など、誰もがいきいきと暮らし、豊かに暮らせる成熟した社会の実現に向けた政策の展開が求められている。

▽同時に、東京2020オリンピック・パラリンピック競技大会の成功と、次世代に継承していくソフト・ハード両面での確かなレガシーの構築に向け万全を期すこと、国際競争力の向上に資するインフラ整備や観光産業の活性化など、日本全体の成長にもつながる施策を積極的に講じていかなければならない。

▽都政に求められる役割が、多様化、高度化するこのような状況にあって、今、都がなすべきことは、「都民ファーストでつくる『新しい東京』～2020年に向けた実行プラン～」に掲げる将来像と、更にその先にある明るい東京の将来「Beyond2020」を見据え、一つ一つの施策を都民ファーストの視点から練り上げ、都民の共感を推進力に力強く前へ進めていくことである。

平成29年度予算は、「『新しい東京』の実現に向けた改革を強力に推し進め、明るい未来への確かな道筋を紡ぐ予算」と位置付け、第一に、「セーフ シティ」「ダイバーシティ」「スマート シティ」の三つのシティ実現に向けて、東京が抱える課題の解決とより一層の成長創出のための施策展開を力強く進めること、第二に、全ての事業の総点検を実施し、無駄の排除を徹底して行うなど、都民ファーストの視点に立った財政構造改革の一層の推進を図ることを基本として編成した。

「人が生きる、人が輝く東京へ 重点政策方針2017」策定（29年7月）

▽東京都は2016年（平成28年）12月、「都民ファーストでつくる『新しい東京』～2020年に向けた実行プラン～」を策定し、「セーフ シティ」「ダイバーシティ」「スマートシティ」の三つのシティを実現して「新しい東京」を創り上げていくための政策を、現在、全力で推し進めている。

▽一方、変化を続ける社会情勢に的確に対応し、実行プランを着実に推進していくためには、喫緊の課題等を踏まえ、重点分野について、全庁横断的に一層の創意工夫を凝らし、取り組んでいくことが必要である。

▽「人」の持つ活力こそが東京の課題を克服し、持続的な成長をもたらす全ての基礎となる。そこで、「人」に着目し、妊娠、出産、子育てなど、ライフステージに応じた政策を重点的に展開していく観点から、「人が生きる、人が輝く東京へ 重点政策方針2017」を策定した。

平成30年度予算の見積りについて（29年7月）

▽我が国の景気は、雇用・所得環境の改善が続く中で、緩やかに回復していくことが期待されるものの、潜在成長力や消費の伸び悩み、アメリカの金融政策正常化の影響やアジア地域での景気の下振れリスクなど、今後の景気の動向には注視が必要である。

▽一方、都税収入については、平成28年度の国の税収が7年ぶりに前年度を下回る見通しであることに加え、平成30年度税制改正に向け、国は本年4月より地方消費税の清算基準の見直しの検討を開始するなど、都の財源が奪われる動きもあり、減収のリスクに留意する必要がある。

▽こうした中、今日の都政には、待機児童の解消、団塊世代が後期高齢者となる2025年を見据えた高齢者対策の推進、災害に強い都市づくりなど、東京が直面する課題の解決に向け、時機を逸することなくスピード感を持って実効性の高い施策を確実に推進していくことが求められる。

▽同時に、2020年東京オリンピック・パラリンピック競技大会の成功と、次世代に継承するレガシーの構築に向け、万全を期すとともに、国際金融都市の実現や、成長分野の発展など、世界の都市間競争に勝ち抜き、2020年のその先も、東京が日本の成長エンジンとして、日本全体の持続的成長につながる施策を積極的に展開していくことが求められる。

▽都政に課されたこれらの課題に対し、施策を戦略的に展開していくためには、従来にも増して創意工夫を凝らし、より一層無駄の排除を徹底するなど、不断の改革を進め、施策展開の基盤となる財政対応力を中長期的に堅持していく必要がある。

▽このため、新たに、客観的事実に基づき事業の妥当性等を検証するエビデンス・ベースによる評価を実施するなど、これまで着実に成果を積み上げてきた事業評価について更なる深化を図り、一つひとつの施策の効率性や実効性の向上につなげていく。

▽平成30年度予算は、将来を見据えて財政の健全性を堅持しつつ、東京2020大会の成功とその先の未来に向け、東京が持続的成長を続けていくため、都政に課せられた使命を確実に果たしていく予算として、

第一に、東京が直面する諸課題の解決と成長創出に向けて果敢に取り組むとともに、三つのシティの実現、「新しい東京」の創出を目指し、東京の持つ無限の可能性を引き出す取り組みを積極的に推進すること

第二に、中長期にわたって施策展開を支える強固な財政基盤を堅持するため、従来にも増して創意工夫を凝らし、より一層無駄の排除を徹底するなど、ワイズスペンディング（賢い支出）で都民ファーストの視点に立った取り組みを推進すること

第三に、東京2020大会の開催準備に係る取り組みを着実かつ効果的に進めること

を基本として編成することとする。

■平成30年度組織及び職員定数計画並びに東京都監理団体職員配置計画の策定方針について（平成29年7月）

▽我が国の総人口は既に減少局面にあり、都においても、将来的に全国を追って急速な高齢化が進行し、労働力の供給制約を受けることは必至である。一方、民間企業においては活発な採用活動が展開されており、都が必要とする人材を安定的に確保することが、質的にも、量的にも更に困難になることが予見される。

▽こうした中、都政は、首都直下地震への万全の備え、誰もが安心して子供を産み育てられる環境の整備、超高齢化の進行に対応する医療・介護基盤の整備など、克服すべき多くの課題を抱えている。同時に、開催までわずか3年と迫った、東京2020オリンピック・パラリンピック競技大会の成功を、強く意識すべき時期にある。

▽都政に課されたこれらの課題を解決し、「セーフシティ」「ダイバーシティ」「スマートシティ」の三つのシティの実現により、誰もが輝ける「新しい東京」を創出するためには、都の政策を総動員した、戦略的かつ適時の取り組みが不可欠である。

▽そのため、都は、中長期的な視点も併せ持ち、創意工夫を凝らすとともに、増員に依拠することのない、大会後の未来を見据えた効率的な執行体制を構築していく。

▽また、既存事業に係る組織や仕事の進め方の見直しにとどまらず、事業継続の要否や公民の役割分担、民間活力のより一層の活用など、不断の検証を徹底して無駄を排除するとともに、人的資源を最大限に活用し、変化の激しい行政課題に即応して喫緊に克服すべき優先度の高い事業にマンパワーシフトを図るなど、職員配置の一層の最適化を進めなければならない。

▽さらに、組織運営に当たっては、都政で長年培われた幅広い知識や技術、経験の組織的な継承を確実に進めるとともに、専門性の高い人材育成の強化や任期付職員をはじめとした多様な人材の確保・活用を図りながら、重層的な執行体制を構築する必要もある。

▽監理団体については、都と共に各施策の実施機能を担っており、都が進める都庁の機能強化に向けた改革の動きと軌を一にした取り組みが欠かせないことから、これまで以上にメリハリを意識した戦略的な経営や執行体制の確立に努めていかなければならない。

※「人が生きる 人が輝く東京へ 重点政策方針2017」は政策企画局のホームページで、「平成29年度予算の執行について」及び「平成30年度予算の見積りについて」は財務局ホームページで、「平成30年度組織及び職員定数計画並びに東京都監理団体職員配置計画の策定方針について」はTAIMSの総務局人事部掲示板で確認できます。

世田谷美術館

華麗なパリジェンヌの世界

マネの大作から斬新なドレスまで

7月から改修工事で休館している世田谷美術館が2018年1月13日から再開します。その最初の企画展として開催される『ボストン美術館 パリジェンヌ展 時代を映す女性たち』の報道発表会が5日に開催されました。

約70年ぶりの修復を経て初公開されるマネの大作《街の歌い手》を始め、ドガやルノワールなど印象派の巨匠が描いた女性の肖像、カサットやモリゾなど女性芸術家による傑作、カルダンやバレンシアガの斬新なドレスから、ブリジット・バルドーなど映画や舞台で活躍した女優のポートレートまで、ボストン美術館所蔵の多彩な作品約120点を通して18世紀から20世紀のパリを体現する女性たちの姿に迫ります。

■約70年ぶりの修復

修復された《街の歌い手》は、これまで鈍いねずみ色だった上着やスカートが、青みがかったシックなグレーに。細いストライプも浮き出て、扉の奥の居酒屋の様子もより良く見えています。

画題は、酒場を渡り歩く流しの歌い手。モデルを務めたのはヴィクトリーヌ・ムーラン。マネのお気に入りのモデルですが、実は後に画家として活躍しました。

ルイ＝レオポルド・ボワイー《アイロンをかける若い女性》は1800年ごろの作品。うら若い召使いは、よく見るとちょっと胸元がはだけています。そして、ちょっと誘いかけるようなまなざし。アイロンがけをしている白い布の端が、今にも火が付きそうです。

そんな含みのある絵は、当時のブルジョアの男性に大変人気があったそうです。世田谷美術館学芸員の塚田美紀氏は「働く若いメイドにご主人様がどんなファンタジーを抱いていたのかが非常によく分かる興味深い絵です」と解説します。

ルイ＝レオポルド・ボワイー《アイロンをかける若い女性》1800年頃 Charles H. Bayley Picture and Painting Fund 1983.10 Photograph ©Museum of Fine Arts, Boston

ジョン・シンガー・サージェント《チャールズ・E・インチズ夫人(ルイーズ・ポメロイ)》は、海を越えたボストンのパリジェンヌを描いています。いかにもエレガントなパリジェンヌに見えますが、モデルは著名なボストンの女主人です。実はこのとき既に2児の母。しかも、この絵が描かれていたときには3人目の子供がお腹の中にいたといいます。

赤いイブニングドレスはアメリカ製で、フランスの人気デザイナー、ウォルトのデザインに想を得たもの。

ジョン・シンガー・サージェント《チャールズ・E. インチズ夫人(ルイーズ・ポメロイ)》1887年 Anonymous gift in memory of Mrs. Charles Inches ' daughter, Louise Brimmer Inches Seton 1991.926 Photograph ©Museum of Fine Arts, Boston

■見ると元気になる

塚田氏は「パリが新しい生き方を求め、強くてしなやかな女性たちの街であり続けたということが、非常によく分かる展覧会。見ると元気になるし、勇気が出るパリジェンヌ展をぜひ多くの方に見に来てほしい」と語りました。

パリジェンヌ展は4月1日まで開催されます。早割ペア券(2枚セット・2千円)と、ムーラン・ルージュをモチーフとしたA5サイズノートと前売券のセット券(1500円)を6日から販売しています。

◇　◇　◇

▼開館時間 午前10時〜午後6時(入場は5時半まで)▼休館日 月曜日(ただし2月12日は開館、翌2月13日は休館)▼観覧料 一般1500円、65歳以上1200円、大高生900円、中小生500円▼主催＝世田谷美術館(公益財団法人せたがや文化財団)、ボストン美術館、NHK、NHKプロモーション

機関として政策提案を

まちを変える 質問の仕方⑤

新人議員紙面セミナー

議会改革の提案

これまで4回にわたり一般質問の仕方を中心に書いてまいりました。第1回にも書きましたが、一般質問は議員がなんら制約を受けることなく、議会を構成する一員として、「住民の福祉の向上」のために行う質問です。しかし議員個人は、実は法的には何の権限も持っていません。議員はあくまで議会の構成員であって、住民を代表して権限行使するのは合議機関である「議会」です。ここに一般質問がなかなか成果を上げられない原因もあります。

一方で、議会が代表機関として住民の多数意思を実現するためには、議会が主体的に機関として政策提案をする必要があります。議会の中で情報を集め、専門家の意見を聴き、議論を深め、最適と思われる政策を提案するということです。多くの議会は、首長の提案した議案を議決するだけの活動をしています。賛成、反対のための議論はあっても、政策提案のための議論が行われている議会は少ないのです。政策型議員提案条例を提案したことがない議会が7割もあるという調査(早稲田大学マニフェスト研究所『議会改革度調査2015』)もあります。

研修会に参加した都民ファーストの会の新人議員たち＝7月5日、新宿区内で

議会が政策に責任を持つ

そこで、議会改革の必要性が叫ばれ、現在多くの議会で改革に取り組んでいます。しかし、多くの議会改革は、議会活動に対する住民の関心を高めることにとどまっている感じがします。議会広報を発行し、議会報告会を行っても議会の必要性や信頼性が高まるとは思えません。議会が本当に必要で信頼される機関になるためには、議会が代表機関本来の機能である住民のニーズに適合した提案を機関として形成・提案していくほかないのではないでしょうか。

政策提案にしても、課題責任追及にしても、議会が機関として行うのであれば、首長及び執行部はその意思に従うほかありません(再議や予算措置の問題はありますが)。このことは、議会が政策等に対して住民に対する責任を持つということでもあります。責任を持つ活動をしてこそ、議会への信頼も高まるというものです。

一般質問の主要な目的の一つが、議会からの政策提案であることを考えたとき、一般質問の仕方も重要ですが、議会が機関として政策提案をすることができるかどうかもさらに重要ということになります。望まれる議会の姿は、機関として主要な政策についての意思形成を主体的に行いつつ、より住民に身近な制度の改善や予算措置については議員個人がきめ細かく対応・提案するということだと思います。この原点に帰って、議会の代表機関として活動を見直そうというのが、「議会改革」の本来の形ではないかと思います。

議会改革の嚆矢である北海道栗山町議会では、町長提案の総合計画案を議会で7割方修正提案をしたといいます。このような活動こそが、二元代表制の下では望まれています。議会は様々なフィールドと価値観を持つ議員で構成されますから、課題についての解決策を導き出すには議論が必要で時間を要することも考えられます。一方で、多様なアイデアが出る可能性もあります。

政策形成の議論のプロセス

時間を要しても、機関として、公共の福祉の増進という成果を出していくことが必要です。その際に参考になるプロセスが、政策提案型一般質問の構造である、現状認識→課題認識→仮説→検証→修正→提案というプロセスです。

福島県会津若松市議会では、住民とのコミュニケーションをとって、問題発見、課題設定、問題分析、提案を行うという政策形成の議論のプロセスを創りだしています(会津若松市議会編集『議会からの政策形成』参照)。このように、議会が合議機関として議論し、住民意思を統合していくことが、全てのニーズに応えることのできない超高齢・人口減少社会では、ますます求められます。

まちを変えるのは、議員個々人の一般質問だけではなく、議会の代表機能を十分に発揮させるための各議員の活動であるといえます。

(廿日市市元副市長 川本達志)＝おわり

ミニガイド

◇東京都水道歴史館「秋の特別企画展」

▷内容 東京都文化財ウィーク2017に合わせて、「上水記展」と「水道歴史展」を同時開催。①「上水記展〜地下に遺された江戸の上水道〜」…東京都指定有形文化財(古文書)である『上水記』を全巻公開。実物を目にできるのは、年に1度、この機会のみ②「水道歴史展 貯水と水道〜小河内ダム竣工60周年〜」…江戸時代からの貯水の歴史とともに、小河内ダムの計画から竣工、その後の活用の歴史などを紹介▷開催期間 10月28日㈯〜11月5日㈰▷開館時間 午前9時半〜午後5時(入館は4時半まで)▷入館料 無料▷場所 東京都水道歴史館(文京区本郷2の7の1☎03・5802・9040)

◇「井の頭100祭」100th Anniversary

▷開催日時 10月21日㈯、22日㈰ 午前11時〜午後4時(小雨決行)▷場所 井の頭恩賜公園野外ステージ広場及び井の頭池周辺▷(吉祥寺駅徒歩5分)▷内容 ライブ演奏やファッションショー、フラダンス、バレエなどのステージパフォーマンスのほか、井の頭公園アートマーケッツ、「井の頭公園検定」(通称『いのけん』)を紹介するコーナー、井の頭公園ミュージアム、井の頭公園公式キャラクター「ひゃくさいくん」と遊べるコーナーなど▷主催 井の頭恩賜公園100年実行委員会

子どもの貧困と教育の無償化

―学校現場の実態と財源問題

中村文夫著 明石書店刊

近年、「子どもの貧困」という課題が現代の貧困問題の中からクローズ・アップされてきた。各自治体は乏しい教育財政の枠、その枠の中でのやりくりに頭を悩ませている。学校現場は、補助教材費、修学旅行、スポーツ、文化活動に関わる保護者からの徴収、あるいは徴収免除の問題で、教育活動とは別の煩雑な実務に時間を割かれている。ことに少数しか配置されていない学校事務についてはなおさらである。今さらながら、日本国憲法の「義務教育は無償」という原則(現実にはなおかけ離れている)にどのようにして接近していくのかが問われている。

近年は幸いに教育、なかんずく公教育の負担軽減・無償化への新たな歩みが進み始めている。児童手当の普及、高校授業料の無償化への接近、高等教育における奨学金問題(就職後の返済が荷重で、ますます困難になっている事態)について、野党のみならず与党内部からの様々な提案が出されている。政策はようやく進みはじめているようにも見えるが、実際には事態はますます深刻化しているのではないか。新たな貧困化の進行、富裕層と貧困層(多くは雇用労働者の40%に近い非正規労働者)への分極化という現実から見れば、日本社会の中での分断への後追い的な対応に過ぎないのが実態だ。

著者の中村文夫さんは、地味な学校事務の長い経験がある。現場レベルから自治体、そして国のレベルに至る教育財政問題に通暁し、加えて社会や家庭・地域の構造・機能の変化、グローバル化の側面までを踏まえて考えるというマクロ的な視野で論じることができる稀有な方である。

「教育の無償化」は社会の分極化を防ぐ重要な手掛かりともなるかもしれない。実務家、教育に携わる人、日本社会の将来に「想い」を致す方々にぜひお薦めしたい一書である。

定価 2700円＋税

(鳥取県立大学名誉教授、教育行財政研究所主宰、専修大学非常勤講師 井上定彦)

副知事人事ノート

都政研究元主筆 大塚英雄

第10回

3人全員を外部から④

もう1人の大須賀兵吉。振り出しは交通局の前身の電気局で、このあと副知事として登場してくる春彦一とともに一高、東大だけでなく、入庁も同期(大正14年)の2人は、戦中・戦後の東京の交通事業を舞台にライバルとして激しくしのぎを削ることになるのである。

電気局にはその昔から交通事業を支える電車、バスなどの現業グループと、財政、庶務、労務などに属する事務グループが存在し、この二つのグループは人事などで常に対立を繰り返してきた。そして、ある時期頂点に立ったのが、この2人であった。

ただ、入庁同期の2人の中で、局内で一歩先んじたのは大学在学中、「高文」の資格を取った春であった。2人は港湾局長、交通局長と同じ道を歩むが、先陣を切ったのはいずれも春で、副知事の話が舞い込んだのは、春が岩手県知事に出た後だ。

岡安との比較から言えば、局長級昇任は大須賀の方がわずかに早かったが、そこは岡安が都議会各派ににらみの利く財務局長という「地の利」にも恵まれた。安井の軍配は岡安に上がった。ここにプロパー初の副知事が誕生したのである。

◇　◇

しかし、「片肺飛行」状態から脱してホッと胸をなで下ろした安井にとって、一難去ってまた一難。新たな難題が降りかかってきた。外部起用のうち、ただ1人残ったナンバー1の大木が「(副知事を)辞めたい」と言い出したのだ。理由は25年6月に行われる参議院選挙に東京選挙区から出馬したいというのだ。

安井は慌てた。というのは、実弟の謙の参院選への出馬話が大詰めにきていたからだ。安井の弟思いは有名で、戦後、「国策会社」南満州鉄道から着の身着のままで引き揚げてきた謙を、自らの特別秘書に取り立てたものの、いつまでもそのままにしておくわけにはいかず、落ち着き先を模索していたのだ。そこへ降って湧いたように持ち上がってきたのが、謙の参院選出馬だ。有志の自民党都議が安井の胸中を忖度したものと、当時話題になった。将来、国政を目指す安井にとっても願ってもない話だ。

そこに大木が参戦したいと言い出したのだから、兄貴の安井も穏やかではない。定数が4人とはいえ、当時の自由党からは謙、大木以外にも手を挙げそうな候補者もいたし、社会党などにも有力候補の出馬が取り沙汰されていた。敵は少ない方がいいと、安井は大木を懸命に口説いた。「ワシも2期で辞めて国政に行く。その後を君に譲ってもいい」との条件まで示したとの話まで流れた。

だが、大木はなぜか参議院にこだわった。これは、副知事に就任する前の22年の戦後第1回の参院選の全国区に出馬したことや、28年の参院選に再チャレンジしたことにも表れている。多分、戦後の貴族院議員に選ばれ、参議院が「良識の府」と言われていたからかもしれない。

しかし、3度目の挑戦に失敗した後、戦いの場を衆議院の東京7区に求めた大木はここでも落選。念願の国政復帰を諦めた。(敬称略)

都政新報

発行所　都政新報社
〒160-0023　東京都新宿区西新宿7-23-1　TSビル
〈総務・読者〉 03-5330-8781
〈企画広告〉 03-5330-8784
〈編　　集〉 03-5330-8786
〈出　　版〉 03-5330-8788
〈ファクス〉 03-5330-8808
購読料　月1,730円（税込）
毎週火・金曜日発行
ただし、祝日は休刊

喫煙特例　都の基準最も厳しく

受動喫煙防止条例の策定へ動き出した東京都。8日に示した基本的な考え方（都案）では、厚生労働省の案を基礎にしながら独自の強化策も盛り込んだ。他の道府県で同条例を制定しているのは神奈川県と兵庫県で、防止策には違いも見られる。小池知事は8日の会見で年度内の条例制定と、2019年ラグビーW杯までの条例施行を明言。期限が迫る中、有効な対策を講じるためにどんな規定を盛り込むべきか。都、国、神奈川県、兵庫県の4者の違いを比較する。

＝4面に関係記事

受動喫煙防止対策の比較

	東京都（2019年9月までに条例施行方針）	厚労省案（2019年9月までに法施行方針）	神奈川県（2010年4月条例施行）	兵庫県（2013年4月条例施行）
飲食店の喫煙特例	30平方㍍以下 ※ 面積要件に加え、未成年者立ち入り禁止で、従業員使用無しor全従業員が喫煙可に同意の特例要件あり	30平方㍍以下	100平方㍍以下（厨房を除く）	100平方㍍以下（客室面積のみ）
罰　則	過料5万円以下	過料50万円以下（施設管理者）、30万円以下（喫煙者）	過料5万円以下（施設管理者）、2万円以下（喫煙者）	罰金10～30万円以下（施設管理者）、過料2万円以下（喫煙者）
職場（民間）	原則禁煙	原則禁煙	対象外	対象外
加熱式タバコ	対 象	科学的知見を収集して法施行までに判断	対 象	対 象
実施主体	保健所	保健所	県	県

受動喫煙防止対策に違い

「国の対応が遅れているので条例化に踏み切った」。都福祉保健局の担当者は条例の基本的な考えを示した理由を説明する。都は従来、受動喫煙対策は国が講じるべきとの立場だったが、19年9月に東京で開会するラグビーW杯に法律が間に合わない可能性が浮上。条例制定にかじを切った。

ただ厚労省は今月下旬に開会見込みの臨時国会に法案を提出する方針で、国もラグビーW杯までの法施行を目標に据える。

法の規定は自治体の条例などに適用されるため、都は今回の方針作成に当たっては、厚労省が3月1日に公表した受動喫煙防止強化策の「基本的な考え方の案」（厚労省案）に準拠した。

ただ、大きく異なっている点が飲食店の喫煙特例要件だ。面積基準は厚労省案の30平方㍍以下を横引きしたが、更に未成年者の立ち入り禁止に加え、従業員がいない店か全従業員が喫煙に同意している店に限るとした。海外では屋内全面禁煙とする国が多い中、小池知事は日本の対策の遅れを指摘。8日の会見では、「厳しめかもしれないが、明確な方向性を固めた」と強調した。

一方で、先行して条例を施行している神奈川県（10年4月条例施行）は厨房を除いて100平方㍍以下に、兵庫県（13年4月条例施行）は客室面積100平方㍍以下と規定している。神奈川県は3年に1度条例の見直しを検討しているが、事業者からは喫煙専用室の設置コストや客離れの懸念から現状維持の声が強く、今のところ同基準を変える考えはないという。都福祉保健局の担当者は「15年の実態調査で店舗面積100平方㍍以下の飲食店は全体の83%だった。100平方㍍を基準にするとほぼ全てが対象外になってしまう」と、国基準に合わせた理由を話す。

民間事業者の職場を規制対象に加えるかにも違いがある。都は厚労省案に合わせて職場も原則、屋内禁煙としたが、両県は対象外。厚労省は交渉などで不特定多数の人が訪れることを理由に挙げるが、神奈川県は「公共的な場でない上、条例検討時に労働安全衛生法での規制を想定していたため対象外とした」と説明。都や国の案に対して、「プライベートな施設や建物は、施設の規約などで対応するのが第一義ではないか」と話す。

加熱式たばこを対象とするかどうかの違いもある。加熱式はたばこ事業法で「パイプたばこ」に分類されることから、3都県は規制対象とする。一方で厚労省案は法律の規制対象に加えるが、同たばこから出る蒸気の健康影響が明らかになっておらず、政令で適用除外できる形とした。ただ対象外とする考えではなく、同省は「科学的な知見を収集して法施行までに判断する」との方針を示す。

このほか違反者への罰則も異なる。都は条例の実効性の担保として喫煙者と施設管理者一律に、違反者に対して5万円以下の過料を科すとした。ただ厚労省案は違反者のうち施設管理者には50万円以下、喫煙者には30万円以下の過料とし、兵庫県は施設管理者には10万円～30万円の罰金規定を設けている。地方自治法上、自治体の過料の上限は5万円。都福祉保健局は「厚労省案が過料だったので合わせた」と説明。パブリックコメント次第では金額を上げて罰金とする可能性も否定していない。

同条例は基礎自治体にも影響する。都案と厚労省案は、保健所が違反者への行政指導を担う枠組みとしているため、都内の場合は保健所設置自治体の23区と八王子市、町田市が実施主体となる。他方で神奈川県と兵庫県は県が単独で実施している。都福祉保健局は「これから区市と調整する」と話すが、実効性を高めるためにも基礎自治体との連携は必須となる。

紙面から

代表に1期生の荒木氏

都民ファーストの会　代表選考過程に異議も

13日の都民ファーストの会都議団の総会で、地域政党の同会の代表に1期生の荒木千陽氏が就任することが了承された。荒木氏は知事が国会議員時代の公設秘書で、党代表は知事側近が2代続く。前代表の野田数氏は10日に「政治課題が増え続けている」との理由で退く考えを表明。翌11日に党の特別顧問ら3人で構成する代表選考委員会が党本部で開かれ、増子博樹幹事長と山内晃政調会長が会の立ち上げに関わり、党をよく理解している荒木氏を推薦。異論がなく決まった。

荒木千陽氏

だが、選考過程については、内部から「納得がいかない」と異論も出た。

同会の都議の一人は「民主的な決め方ではない。55人に事後報告するのは都議を軽視している」と訴えたが、執行部は「規約にのっとって決めた」と説明したという。同議員は本紙の取材に対し、都議の意見を踏まえ役員を選考するよう執行部に求めていくと話した。

荒木氏は13日に代表就任の会見を開き、決定過程を問題視する記者の質問に、「代表選考も含め規約の改正を検討したい」と語った。また、党の代表選考委に党の特別顧問を務める小池知事が加わっていることについて、別の記者が「二元代表制に反するのでは」と質問したのに対し、荒木氏は「小池知事の意見がストレートにつながっていない」と強調し、問題はないとの認識を示した。

都政の東西

民進の「立ち位置」

野党再編の動きが現実味を帯び始めている。再編の主役に躍り出たのは小池知事側近の若狭勝衆院議員率いる日本ファーストの会だ。都民ファーストの会と同じく公募した塾生には約600人が手を挙げた。最終的に200人に絞るというが、次期総選挙に向けて攻勢を強める。

一方、野党第1党の民進党は前原新体制となり、12日には都連の役員も一新。新会長に就任した長妻昭元厚生労働相は「社会を変える者の矜持を忘れずに努力を続けることで道は必ず開ける。荒波を不屈の精神と団結で乗り越えていこう」と党関係者に訴えた。

民進党離党組が若狭氏との連携を探る中、民進党はどう立ち回るのか。12日の民進党都連臨時大会では参加者から野党共闘の方針について質問が飛んだが、川合孝典参院議員は「民進党の立ち位置が明確になれば、おのずとどこと連携できるか定まる」と応答。党の立て直しが急務との認識を示した。ただ前原新体制への国民の期待感は低調で、各紙世論調査でも約6割が「期待しない」と回答している。

「国政の動きは無関係ではない」。[illegible]交代の主役に舞い戻れるか。

新会長に長妻氏選出　中村都議は政調会長

民進党都連

民進党東京都連は12日、臨時大会を永田町の星稜会館ホールで開き、新会長に長妻昭元厚生労働相を選出した。先の都議選での惨敗を受け、衆院議員の松原仁前会長は7月に引責辞任していた。前任を引き継ぎ、新会長の任期は来年9月末まで。同会合では新役員人事も決定し、都議では中村洋幹事長を政務調査会長に、山口拓氏を副会長に選出した。

長妻氏は会長就任を受け、「ここが正念場。世の中を変え、政権交代ができる民進党に立て直さなければならない」と決意を述べ、▽はっきりした主張と実行▽構成員内の理念・目標の共有▽選挙に強い都連――の三つの方針を掲げた。また政調会長に就任した中村氏は「政策そのものが選挙に通じる。皆さんの協力をいただき、しっかり（政策を）作っていきたい」とあいさつした。

◆ヒアリ確認されず

都と区などで構成する第2回東京港におけるヒアリ等対策連絡会が13日、都庁第二本庁舎で開かれ、ヒアリ対策の取り組み状況が報告された。

都内では、ヒアリが7月に大井埠頭でコンテナから初めて発見された。殺処分後、都と国はヒアリ発見地点から2㌔程度まで目視、トラップによる調査を8月に実施したが、ヒアリは確認されなかった。9月にも同様の調査を行い、ヒアリの有無を確認中だという。

港湾局港湾経営部長の蔵居淳座長は、「（今後）東京港には貨物が東南アジアや中国から続々と到着する時期。南方はまだ暑いのでヒアリが（コンテナに）積み込まれるリスクが高い」と警戒し、ヒアリ定着を水際で防ぐため、早期発見に協力するよう呼びかけた。

◆自動走行の相談窓口開設

都と国は11日、民間事業者が都内全域で自動走行の実証実験を行うための相談窓口「東京自動走行ワンストップセンター」を都庁第一本庁舎11階の政策企画局内に開設した。国家戦略特区の一環として、自動走行の実証実験に必要な手続きの相談を一括で受け付ける。

民間事業者が公道で自動運転の実証実験を行う際には、内閣府や警察庁、国土交通省など5省庁や道路管理者などとの調整が必要で、手続きが煩雑となる。同センターでは、事業者からの相談を受けるほか、関係省庁との調整などを行うことで実証実験を促進し、自動走行の技術開発につなげていくのが目的だ。

これとは別に、都は今年2月、関係省庁と大田区、自動車やIT関連の民間事業者と羽田空港周辺で加速・制御などを運転手以外が行う完全自動運転の実証実験を実施すると発表しており、モデルケースとして進める考えだ。

新任局長に聞く㊤

都庁一の組織目指す

塩見清仁・生活文化局長

生活文化局には1999年4月に同局の外郭団体である歴史文化財団の総務課長に就任したが、翌年1月に総務局行政改革推進室に異動、わずか9カ月間の在籍。「過去の記憶は貴重。しかし、生かせるほどでないので、新たな気持ちでしっかりとやっていきたい」と意気込みを示した。その上で、「2020年大会は、ボランティア始め都民が支える大会。したがって、その都民の日常生活を支える我が局の果たす役割は大きい。職員一人ひとりが自信を持って職務に当り、自分の仕事に誇りの持てる、そんな都庁一の局づくりを目指したい」と力を込める。

東京五輪パラリンピックに向けて、文化面から機運を醸成するのが課題だ。参考になるのが12年のロンドン大会で、イギリス全土では音楽や演劇、美術、ダンスなど多彩な分野で11万回とも17万回とも言われるプログラムを実施した。街中などで開催するプロジェクトも多く、規模が拡大する原動力になったという。

「2020大会を文化の面から盛り上げていくために、既に都では、文化プログラムを先導するプロジェクトとして『東京キャラバン』や『TURN』を展開しているが、都民の認知度をいかに高めるのかが課題だ。知事の発信力と相まって、さらに盛り上げていく何らかの仕掛けが必要」と話す。

思い出に残る職場については、「全てというか常に全力でやってきたつもり、過去を振り返るより今の仕事を中心に考えたい」とした上で、「情報公開、町会・自治会、広報広聴、消費生活対策、私学・文化振興など、都民生活に密着した裾野が広く、奥行きの深いやりがいのある仕事。局一丸となって楽しく、ときには厳しく仕事をしていきたい。そのためには英気を養う余暇の時間の活用も重要」と職員にエールを送った。

夏休み、久しぶりに皇居2周に挑んだら1周でひざが痛くなってしまったことから、最近は自宅付近でウォーキングを楽しんでいる。週末は、散歩した後に銭湯に行き、気分転換している。「銭湯が大好き」と自認し、「今度は所管の仕事なんですが」と笑う。中大法卒、58歳、2A。

連携強化し成功に導く

潮田勉・オリンピック・パラリンピック準備局長

世紀の祭典と言われる東京オリンピック・パラリンピックの開催まで、残り3年を切った。これから準備をさらに加速させる必要があるが、「局が一丸となり、関係局、国、組織委員会、関係自治体などと連携していきたい」と抱負を語る。

小池都政1年を検証するために本紙が実施した都職員アンケートでは、都が五輪の開催費用で6千億円を負担することに全体の約6割が評価しなかった。その理由として、費用負担を巡る都外自治体との関係悪化を挙げる職員もいた。「初めての経験だから関係自治体も先が見えない不安があると思う。テストイベントもあるので、スピードを上げて準備を進めながら、関係自治体と情報共有していく」と語った。

また、五輪が外国人の呼び水になることを期待する。「ロンドン大会のように、期間中だけでなく終了後も世界中から観光客に来てもらい、東京だけでなく地方の経済も伸ばしていくことを考えないといけない」と強調した。

五輪準備と密接に絡む懸案事項が、築地市場の移転だ。築地市場跡地には輸送拠点を整備する計画だが、「築地も大事な拠点ではあるが、複数箇所が必要になる。どこに整備するか、組織委員会と整理していく」と話す。

印象に残る職場は、産業労働局商工部の副参事時代だという。都中小企業振興公社が運営する知的財産総合センターの立ち上げに関わったほか、当時は中国で模倣品が流行しており、中小企業向け対策などを打ち出した。「最前線で働く人の意見を聞き、うまく政策に取り入れるための考え方を学んだ」と振り返る。

局の職員に対しては、「オリンピック・パラリンピックは大きなプロジェクトなので、率先垂範して頑張っていくのはもちろんだが、みんなで楽しみながら成功に導いていってほしい」と要望する。

休日は、鹿島スタジアムや江ノ島など都外の五輪競技会場を自動車で巡っている。「他県と話す時、土地勘があった方がよく話ができる」。ドライブも兼ねているので、「仕事と趣味が半々」という。明大法卒、56歳、8B。

喫煙者は肩身が狭い、都が受動喫煙防止条例や屋内喫煙防止条例を立案中

「オリ・パラ大会の地方運営費等に宝くじの収益金を充てる案と、たばこ税を充てる案もあったそうな?」――ふんだりけったり

障害者の政治参画

文京区議が「配慮」要望

外部介助の同行や録音

文京区議会第3回定例区議会本会議で13日、藤原美佐子区議（65）が一般質問のため、区議会事務局職員に脇を支えられながら、杖を突いて登壇した。昨年7月に脳出血で倒れ、右半身不随と高次脳機能障害が残っている。障害を抱える体になり、この日の一般質問では政治活動を続けるための「合理的配慮」を区側に求めた。障害を持つ議員がいる自治体では、障害に合わせてそれぞれ対応を図っているが、任期中に障害者となった議員への対応策は前例が少なく、対応のスピードが課題となっている。

本会議場に入っていく藤原氏＝13日、文京シビックセンターで

「まさか自分が障害者になるとは思ってもみなかった。辞職を考えたこともあるが、まだまだ訴えたい政策があり、応援してくれる支援者もいる。議員を続ける手立てを考えたい」。藤原氏はそう話す。

藤原氏は現在2期目。後遺症により、自立歩行や書き取り、長時間の会話、聞いた話を記憶することなどが以前と比べて困難になった。サポート体制などの意見が合わず、所属していた生活者ネットワークを3月に離党。4月に復帰後、7月には区議会会派「市民の広場」からも離れ、1人会派となった。

生活者ネットの事務局は「段階的に人材やサポートを広げようとしていたが、本人のスピード感に合わなかったかもしれない。障害当事者の視点は政治に必要なので在籍していてほしかった」と残念そうに語った。

今年5月には、理事者との打ち合わせや区議会の内部会議に藤原氏が指定する外部の介助者の同席、議事の録音、本会議場での歩行援助、議場付近への手すりの設置などを区と区議会に求める要望を区と区議会に提出した。区は同日の一般質問の答弁で、「執行機関として意見を述べるのは適切ではなく、区議会で議論されるべきもの」とし、区議会事務局は「議員のみに提供する情報を外部者が知りうることについては議論が必要」との考えを示した。

答弁を聞いて藤原氏は「合理的配慮要請の意思表明が4カ月もたなざらしにされている重要性の認識を持っていない」と反論し、早期の問題解決を求めた。

先行自治体では職員が対応

障害を持つ議員への介助は、障害の内容や程度に応じて個別に事務局職員が対応するのが一般的だ。東久留米市議会は視覚障害を持った宮川豊史氏が2003年に初当選したことを契機に、議場へのパソコン持ち込みを認めた。

北区議会は15年の区議選で聴覚障害を持つ齊藤里恵氏が当選したことを受け、当初は傍聴者用に備えることを考えていた音声ソフトを質疑でも採用することにした。

同ソフトは、音声を文字に変えてディスプレイに表示し、文字を打ち込んで音声に変換することで意思疎通を図るツール。文字を表示するディスプレイは区が貸し出しているが、齊藤氏が意見を打ち込むパソコンは自前のため、「第三者が議員の私物を触ることなく、意思疎通が図られている」（区議会事務局）という。

対応が先行する自治体では、障害を持つ議員が当選し、就任するまでに議会側が準備する期間があった。文京区のケースは突発的な事例であり、状況は異なるが、議員の高齢化が進行する中、どの自治体でも起こりうる問題だ。区議会がどのように、どの程度のスピード感で、どう対応すべきかの試金石となりそうだ。

葛飾区　水害時の水陸両用車導入

平時の意識啓発も狙い

葛飾区は、自治体として初めて水陸両用車を導入する。災害時の救出・復旧に活用するのに加え、平時の防災意識の向上にも役立てる狙いがある。11日に開会した第3回定例区議会に提出した補正予算案に、購入費用714万4千円を盛り込んだ。

区が購入予定の車両は8輪駆動で、ぬかるみやがれきの上や住宅が密集する一帯でも走行可能。陸上では6人、水上では4人を乗せられる。浸水や液状化を始めとした水害が起きた地帯での、避難者や物資の搬送、人員救出活動を実施する。

同区は、満潮時の海水面より地上面が低いゼロメートル地帯が広がり、浸水しやすく排水しづらい地勢上のリスクを抱えている。既に導入しているゴムボートに加えて水陸両用車を配備することで、救出活動の幅を広げられると期待する。補正予算案が可決されれば、年内に購入する予定。導入後の状況を見て、追加購入も検討するとしている。

区担当者は「車の展示は子供たちに評判が良く、訓練への参加者増加につなげられるとみている。訓練への参加をきっかけに水害への備えをしてもらいたい」と話している。

区が導入予定の水陸両用車

日野氏のジャズ体験　継続実施に前向き

世田谷区

世田谷区の保坂展人区長は11日に開いた定例記者会見で、先月20日に区が開いたジャズコンサートの舞台上で、トランペット奏者の日野皓正氏が指導に当たっていた男子生徒を平手でたたいたとされる問題を受け、生徒と家族、日野氏と話したと言及し、「継続して発展するよう応援していく」と来年度以降も事業を続ける考えを示した。

保坂区長は当日現場には居合わせず、ビデオで状況を確認。8月31日に生徒本人と父親に会い、「事業を中断しないでほしいと言われた」と説明した。日野氏には「体罰の一歩手前の行き過ぎた指導だった。改善してほしい」と要請し、日野氏から改めるとの返答があったという。

同コンサートは、区教育委員会が主催する中学生向け体験学習講座の発表会で、今年で13年目を迎えた。

記者席

時空を超えてやってきたニャー

○……「最近、始球式の依頼が多い」。小池知事は8日、都庁記者クラブとの懇談会でこう話した。過去2回の始球式では、暴投とワンバウンドという結果。ストライクを投げることができなかったのが悔しかったようで、「（都庁第一本庁舎）7階で秘密練習している」と明かした。

これまで、知事は都政でも暴投が目立った。例えば、多くの市場業者が求めていた移転を延期したのは「暴投」の一例だ。その後は豊洲の風評被害が広まり、市場業者にとっては「死球」に。築地跡地に食のテーマパークを整備して仲卸を戻す方針は、多くの賛同を得られていないのが現状だ。コントロールが良い方とは言い難い。

○……「個人的に足立ナンバーには愛着がある」――江東区の山崎孝明区長は13日の定例会見で記者の質問に苦笑いを浮かべた。山崎区長は会見で、国が募集する車のご当地ナンバーに「江東ナンバー」で応募すると発表。葛飾区も応募する方針で、交付の2020年には23区で少なくとも7種類のナンバーが走る見通しだ。

一方、現時点で品川ナンバーが交付される区に応募の動きは見られない。ナンバープレートは社会の偏見を映す鏡でもある。質問した記者も決まりが悪いのか、「足立ナンバーだから応募するのか」という直接的な質問を避けていたのが印象的だった。

○……板橋区立美術館のツイッターで10日に投稿された猫の画像が注目を集め、13日現在で5700を超えるリツイートを記録している。

同館では現在、企画展「館蔵品展　江戸の花鳥画」を開催しているが、展示中の椿椿山の《君子長命図》に描かれた猫にそっくりな猫が美術館の玄関前で中に入りたそうな様子で座っている。猫は最近、同館を毎日訪れているという。コメント欄では「もしかして絵に戻りたがっているのかな？」「多分子孫」「時空を超えて見に来たんです。だれか入れてあげてください」など盛り上がっている。

企画展は10月9日まで。猫にも会えるかもしれない。

就学援助の入学準備金

「入学前支給」が潮流に

新宿・文京区は新小1にも

低所得世帯向けに自治体が独自に支給している就学援助で、小中学校の入学準備金の支給時期を従来の入学後から入学前に早める動きが23区で加速している。中学校では、今年度までに6区が入学前支給を導入し、来年度には11区に増えて約半数に上る見通しだ。また、新宿区と文京区は、他区に先駆けて来年度からの小学校入学準備金の入学前支給を決めた。子供の貧困が社会問題化する中、家計で出費が増大する3月までに支給することで経済的な負担軽減を目指す。

就学援助は、低所得世帯の就学を経済的に支援する制度で、国が生活保護受給世帯、自治体が生活保護に至らない低所得の「準要保護世帯」に対し、学用品の購入費や給食費などを助成する。23区ではおおむね生活保護受給世帯の年収の1・2倍程度を対象としている。

このうち、入学の際に必要な学用品などの購入を目的とする入学準備金は、板橋区が2011年度に中学校で入学前支給を開始したが、大半の区は世帯所得が確定する6月以降に支給していた。これに対し、受給者からは家計負担が重なる3月までの支給を求める声が上がっていた。

こうしたことから、今年度から港、新宿、文京、世田谷、豊島、葛飾の6区がいずれも中学で入学前支給を開始。来年度には千代田、北、練馬、足立の4区も導入を計画し、23区で入学前支給が広がりを見せている。

また、新宿区は11日の定例会見で、来年4月の小学校入学児童への支給時期を、これまでの7月から3月に早めると発表した。中学校と同様に小学校への入学前支給を検討する中、システム改修など事務処理上の対応にめどが立ったため、来年度からの実施を決めた。

これに加え、国が3月に生活保護世帯への補助を引き上げたことを受け、支給額をこれまでの都区財政調整基準単価から国庫補助額に増額。小学校は2万3890円から4万700円、中学校は2万6860円から4万7400円に引き上げる。支給増額は今年4月入学者にも適用し、新たな支給額との差額分を対象者に給付する。20日に開会する第3回定例区議会にシステム改修費や周知経費を含めた事業費約3500万円を盛り込んだ補正予算案を提出する。

文京区も来年度から小・中いずれも入学前支給に切り替える。システム改修によるデータ管理が当面は難しいことから、臨時職員を増員して支給業務の増加に対応する。区は国庫補助の増額に合わせて今年度から入学準備金を引き上げており、差額の支払いは発生しない。事務経費を含めて約780万円を計上した補正予算案を11日開会の9月定例区議会に提出した。

墨田区は小中いずれも入学前支給に向けて検討中という。

中学校の入学前支給が広がる一方で、小学校に関しては、課題が少なくないという。

千代田区教育委員会では、「中学校入学の場合は、小学生時点で申請があるケースが大半を占め、所得状況の把握は難しくないが、小学校入学の場合、未就学児童が支給対象となるため、区教委に事前にデータがなく、早めに申請してもらうにも保育所や家庭保育の世帯への周知が課題となる」と説明する。

中野区教委は「所得が確定する6月以前に支給する場合、2年前の所得状況で支給を判断することになる。この1年間で急速に所得環境が悪化した世帯が漏れる可能性もあり、必要な世帯に必要な支援を行うという制度趣旨に合わない恐れもある」と指摘する。

さらに、支給額の引き上げに関しても、大半の区は他区の対応や都区財調協議の動向などを見た上で判断する方針だ。杉並区は他区よりも低い支給額となっているが、通学用の靴の購入費などを通常の学用品費として支給しており、合計支給額は財調単価とほぼ同水準となるという。また、中央区は生活保護受給世帯と準要保護世帯に小学生2万円、中学生5万円の上乗せ補助を独自に行っており、支給額の引き上げよりも入学前支給の課題整理などを先行して行いたい考えだ。

17年4月入学者1人当たりの入学準備金（単位：円）

区名	小学校		中学校	
	支給時期	支給額	支給時期	支給額
千代田	入学後	40,600	入学後	47,400
中央	入学後	43,890	入学後	76,860
港	入学後	23,890	入学前	26,860
新宿	入学後	40,600	入学前	47,400
文京	入学後	40,600	入学前	47,400
台東	入学後	32,600	入学後	38,400
墨田	入学後	23,890	入学後	26,860
江東	入学後	23,890	入学後	26,860
品川	入学後	23,890	入学後	26,860
目黒	入学後	23,890	入学後	26,860
大田	入学後	23,210	入学後	26,120
世田谷	入学後	23,690	入学前	26,780
渋谷	入学後	23,890	入学後	26,860
中野	入学後	23,890	入学後	26,860
杉並	入学後	20,700	入学後	22,900
豊島	入学後	23,890	入学前	26,860
北	入学後	23,890	入学後	26,860
荒川	入学後	23,890	入学後	26,860
板橋	入学後	23,870	入学前	26,860
練馬	入学後	23,890	入学後	26,860
足立	入学後	23,890	入学後	26,860
葛飾	入学後	22,800	入学前	26,300
江戸川	入学後	23,090	入学後	26,010

新人都議の横顔⑮　◆区部◆

悔しさバネに待機児解消

森　愛氏
都民ファーストの会・大田区

大田区議として3期10年活動したなかで、教育の充実や羽田空港を起爆剤としたまちづくりの推進には、都政からアプローチする必要性を感じた。「都民の思いに寄り添う都政にしたい」と話す。

1歳の娘を育てながら働き、保育所を探している当事者でもあり、待機児童の解消や子育て世代の働き方改革に注力する方針。背景には、悔しい経験があったという。大田区議会の現職区議で出産したのが初めてのケースで、「男性区議からマタニティーハラスメントのような言葉を掛けられたこともあった」。つわりがひどい時期に決算委員会が重なったこともあったが1日も休まず、出産当日まで働いたと振り返る。

「ママ友からも『子供が生まれたら仕事を辞めるかパート勤務しか道はないのか』と訴える声が聞こえる。喫緊に取り組むべき課題」と力を込める。

さらに、「父親と母親が子供と一緒に過ごせる時間を確保できるよう、働き方を変えていかなければ待機児童問題は解消しない」と言い切り、企業内保育と時差ビズを併せて推進することを提案する。「中小企業に対しても企業内保育室や産休取得を促す支援ができれば、大きく変わる」と考える。

都民ファーストの会には同じく子育て中の若手議員や、出産を控える女性議員がおり、「サポートできることはしたい」と話す。

趣味は天体観測。都内の子供たちにも星空を眺めてほしいと目を輝かせる。歌うことも好きで、ギター奏者とのデュオを結成してライブ活動を続けている。座右の銘は「動機善なりや、私心なかりしか」。専大経卒。40歳。

「都の壁」を乗り越える

本橋　弘隆氏
都民ファーストの会・豊島区

代々、地方議員を務めた家柄で、政治家への思いは強かった。父の区議引退に伴い、後援会から推される形で1999年の区議選に自民党から出馬して初当選し、5期の区議生活では議長を2回経験した。昨年の都知事選では「7人の侍」として支援し、その後は自民からの除名報道が過熱する中、希望の塾の設立・運営事務局だった旧都民ファーストの会で初代代表を務めるなど知名度を高め、他の「侍」や小池知事、高野之夫区長らの後押しを受けて都議選への出馬を決意した。

選挙戦では逆風もあった。区議会事務局職員に対する発言がパワハラに当たるとして、選挙直前の定例区議会で自民や無所属区議らが非難決議を可決。「あくまで政局の中の出来事」と反論しつつ、「注目されていたため、売られたケンカを買えなかった」と振り返る。

しかし、知事自ら町会連合会などの有力団体に推薦を依頼するなど、他党顔負けの組織選挙を展開。2位にダブルスコアの大差を付けてトップ当選した。

都議会では、「都の壁を乗り越えることで地域の期待に応えたい」と意気込む。「例えば、特定整備路線などは都の所管のため、区議として地域課題の解決を図るには限界があった。まずは地域と都政のパイプ役として、しっかりと役割を果たす」と述べ、防災やまちづくりなどに力を入れる考えだ。

区議時代から政治家や公務員を志す学生をインターンとして受け入れ、計800人が社会に巣立った。「議員の生の活動を見て、体験することで、今後の人生に生かしてもらいたい」と、今後も続けていくという。立大法卒。55歳。

＝おわり

都立国立高校

「日本一の文化祭」開く

3年生8クラスが演劇で火花

学校祭の季節が到来。都立国立高校でも9日と10日の土日、第70回の文化祭が行われ、1万1717人が来場した。人気のわけは3年生が各クラスで取り組む演劇。そのクオリティーと生徒自身によるイベント運営能力の高さから、「日本一の文化祭」と評される。新入生のアンケートでも、6割の生徒が文化祭で演劇をしたいからと、志望動機に挙げるという。そんな国高を訪ねてみた。

担任・級友と3年間共に

国立高校の校則は「上履きをはく」だけ。3年間、クラス替えはなく、担任も原則、3年間変わらない。クラスは4桁の数字で表し、1年1組は「1100」。そのまま「2100」「3100」と進級していく。3年生は8クラスで、「3100」から「3800」までが公演を行った。

文化祭前日の8日には総合的な学習の時間に2回、公演が行われた。同校に着任して7年目になる岸田裕二校長が「地域の人や同窓生にも見てもらいたい」と6年前から実施。この日の2回と、文化祭の2日間での各4公演を合わせて、生徒は80分の劇を全部で10公演こなすことになる。

この日の第一公演は在校生や教職員向け。オリジナル作品の『イチカバチカ』を演じた3500の監督兼主演の菅大哲さんは「オリジナルに挑戦してほしい」と後輩に語り掛け、「直前まで手直しし、その度に照明も音響も変えなくてはいけない。軽々しくは勧められない」と続けた。泥棒たちの劇で、盗もうとする名画がムンクの『叫び』に模した『岸田の叫び』というので大爆笑。始めに緊張しないよう観客をポテトと思えばいいと、「ポテトヘッド」と指さしたのも、その愛称の教師が客席にいたのを見つけてのアドリブだ。殺陣ありダンスあり笑いありの素早い展開の舞台に皆が引き込まれていた。

3700の『シグマシンドローム』もオリジナル。一生、学生のままで「成績優秀者」を目指すだけの世界からタイムスリップしたことで、「選択と生きることは同じ」と悟る。「何か心に残ってくれれば」と監督の三浦滉平さんは語った。

『岸田の叫び』のために、顔写真を撮りにきたと笑う岸田校長。代々受け継がれてきたマニュアルがあり、卒業生が指導にくるなど「伝統の力」を強調する。学校行事は全て生徒自身による委員会が企画・立案する。避難訓練も生徒の発案で事前に行ったという。

演劇を始め、目玉企画の懸垂幕が校舎を覆う

教室が小劇場に一変

文化祭当日は早朝から行列が続いた。以前は演劇を目当てに4時半から並ぶ人もいて近隣の迷惑になると抽選制になり、第一公演の申し込みは7時15分から45分。結果発表は8時5分から45分の間、上演は9時20分からと、第四公演まで時間をずらして行われる。

スマホで申し込みと結果が確認でき、合間に展示などを見て回ることが可能。システムを開発したのは今年の卒業生で、落選回数で当選確率が上がる。有人受付では中学生優待もあるという。

抽選に必要な6桁のナンバーを記した「国高祭パスポート」を手に、公演ごとの集合時刻に整然と並ぶ来場者。誘導がスムーズに行われていく。

手の込んだ装飾に圧倒されながら劇場内へ。中は舞台が半分を占め、座席は暗幕で覆っている。天井に照明が付き、舞台装置は本格的。教室とは信じられない小劇場の趣だ。75人の定員いっぱいに詰め込まれていく。

福岡の劇団「万能グローブガラパゴスダイナモス」の『ナイスコントロール』を3100が、『月ろけっと』を3300が上演。同劇団員も見て、クオリティーの高さをツイートしていた。演劇ユニット「TEAM NACS」の『悪童』を3200が、大泉洋が作・演出の『下荒井兄弟のスプリング、ハズ、カム。』を3800が演じた。

『月ろけっと』は、悪魔にそそのかされ、寿命と引き換えに欲望を満たしていく話。監督の小林悠人さんは「一年間を費やして自分たちで作った。寿命で買うのでは得られない思い出がたくさん残った」と語った。

『下荒井』は意表を突く舞台で爆笑の渦。いずれも脚本があるだけに、役者の演技が光った。

東野圭吾原作の『ナミヤ雑貨店の奇蹟』を3400が、石田衣良原作の『アキハバラ@DEEP』は3600が演じた。

『ナミヤ』は、店のシャッターが下りているだけの殺風景な舞台が暗転と同時に雑貨店の中の部屋になり、驚きの声が上がった。いずれも脚本がよく仕上がっていた。

2年の文化祭が終わると演劇にシフト。修学旅行のバスの中でも芝居のDVDを見たりして演目を探すという。著作権が難しくなっているが、生徒たちが丁寧に出版社や作家と交渉するといい、岸田校長は「生きた勉強になっている」。「40人のクラスでキャストは10人くらいだが、地味な仕事でも熱心にやっている」。オーディションも行われ、「結構もめます」と笑って話す生徒も。

1、2年生のクラスも駄菓子屋やチャイナタウンのゲームコーナーがあるかと思うと、トロッコに乗ったり廃工場に迷い込んだりと魅力的。こうしてイベント力が鍛えられていくのだろう。

上『ナイスコントロール』の一場面　下外装も生徒たちの腕の見せ所だ

学習も行事も部活も

15日に体育祭と後夜祭が行われ、国校祭は幕を閉じる。この場でアンケート結果を基にアカデミー賞が発表される。「前はシリアスなものが多かったが、コメディーなどいろいろな人に観てもらえるものも増えてきた」と校長。皆がアカデミー賞を狙っているのだ。

これから本格的な受験モード。普段の授業を大事にするため、授業に付いていくには2時間の自宅学習は必要で塾に通う生徒は少ない。担任が変わらないので継続した進路指導ができ、ガイダンスは3年間で16回以上。

「保護者ともしっかり話し合うなかで、やりたいことが見つかると浪人してでも目指す。研究者を希望する生徒が多い」

文化祭には京大総長でOBの山極寿一氏も訪れた。3年前から「京大ツアー」を行い、この夏も1、2年生40人が参加。一橋大の講義を聞いたり、各界で活躍するOBの講演会も開くという。

学習も学校行事も部活動も全部、最後まで頑張るのが校風。掛け持ちする生徒もいて、部活動加入率は120%を超す。岸田校長自身がハンドボール部の顧問に熱中していた。「いろいろなことに夢中になり、挫折も経験することで、新しい自分が見える」と話す。

演劇を見た保護者は、「皆、この学校のことが分かって入ってくる。最高の学校です」と。

「進学指導重点校としても実績を残すことで、自由なことができる」と岸田校長は話した。

渋谷区

特別な才能に着目した教育システムへ

東大先端研との連携プログラム始動

「ちがいを　ちからに　変える街。渋谷区」を区の未来像として、新たな基本構想を策定した渋谷区。「ひとの個性がきらめく学習の浸透」をうたっており、1日には「特別な才能に着目した新たな教育システムの構築」事業に係るキックオフイベントを渋谷ヒカリエで開催。募集に応じた区民ら60人が参加した。

同事業は東大先端科学技術研究センターと連携して行うもので、同センターの中邑賢龍教授と長谷部健区長が「ユニークな子どもに対する多様な学び方の価値をデザインする」をテーマに対談。

区長は「人種や性別、障害の有無にかかわらず自己表現でき、持てる力を最大限花開かせてあげたい」と、中邑教授が主導する「異才発掘プロジェクトROCKET」の知見を得て多様な教育機会を提供したいと話し、中邑教授はこれまでのノウハウの蓄積を基に一緒に事業ができる自治体を求め、「ちがいを　ちからに　変える」というコピーを聞き、「面白いことができそうだと感じた」と期待を示した。

AI時代に生き残るのは好きなことを極める子供だが、学習障害があると、ポテンシャルが高くても今の学校教育の中では潰されてしまう。矯正教育ではなく、エンハンスメント（ICTを使って能力を増強）と環境・調整による教育が必要とし、「集団型人間と脱集団型人間が共存する教育」を目指すと中邑教授。長谷川区長は「非常に共感し、わくわくしている」と応じた。

抽選になるほど区民の関心は高い＝渋谷ヒカリエで

「目的的な教育には意味がない。目的は自分で作ればいい」という中邑教授は、トップランナートークin東大で多彩な人を招き、「このおじさんだって生きられるんだから、好きなことをやっていいんだ」と子供の背中を押すという。育てにくい子を挑発して伸ばし、学習障害で不適応や不登校になり二次障害を起こす子供を救えるケースもあると言い、「公教育で初めての試みだが、少しずつ枠を外して、個に応じた多様な教育機会を創り出したい」と語った。

「ROCKET」は突出した能力はあるものの不登校傾向にあるなど現状の教育環境になじめていない小・中学生を選抜し、継続的な学習保障と生活のサポートを提供するもので、2014年12月にスタート。中邑氏と福本理恵特任研究員がその取り組みを紹介した。

「解剖して食す」でカニやエビをさばいたり、小麦1粒から粉を取り出してワッフルを焼いたりに挑戦。アウシュビッツとサイバスロンへの旅では、一方は技術を悪用、一方は技術を良く用いているが、能力の高いことが素晴らしいという発想は同じ「優勢思想」という結論になったという。時間も空間も超越した試みに皆、聞き入っていた。

また、平林ルミ特任助教は「学びを保障するテクノロジーの活用」について話した。「ROCKET」に応募してきた約600人の子供の約20%に読み書きの困難さがあり、通常校の中にも一定程度いるとして、調査を行っているという。

ノートが書けない子にはタブレット、計算が定着しない子には電卓を使わせるなど個に応じた配慮をすることで、トップの学校に進学することも可能という。入試でも配慮をしてくれる学校が出てきているという。

区では、①特別支援教室拠点校の巡回指導員の指導を受ける児童②情緒障害等通級指導学級に在籍する生徒③長期欠席者――を対象に「教育プログラム」に参加する児童生徒を募るとしている。

江東区が部活動応援

生徒の夢を後押し

江東区は独自のオリ・パラ教育推進事業として今年度から19年度まで、区立中学校で部活動に所属する生徒たちから部活動の夢や目標を聞き、その実現を後押しする取り組みを進めている。

具体的には、部の競技力を上げたり生徒の気持ちを高めるために、オリンピアンや達人に指導してもらうなど。実施状況はHPで紹介していく。

教育ひろば

Tokyo2020の先へ　未来へつなぐ　オリパラ教育　12

大田区立大森第五小学校

蝶の舞うすてきなまち「大五」へ

ブルートライアングルプロジェクト

ブルートライアングル（和名アオスジアゲハ）は、クスノキ（大田区の木）を食草とし、ランタナ（帰化植物）やヤブガラシ（雑草）を吸蜜植物とする欧米では人気のある蝶である。本校に隣接している広大な「平和の森公園」は、かつて大田区でクスノキの圃場として活用していたので、クスノキの大木に覆われた広場は、多くの公立小学校が遠足で訪れるなど、区民の憩いの場となっている。

本校では、この隣接する広大な公園を、図工・理科・生活科で活用するだけでなく、縦割り班活動でのクリーンアップ作戦、クラブ活動での季節遊びクラブ、体育での持久走大会、国語の野外創作活動（短歌・俳句・詩等）や朗読発表会など、豊かな自然環境を活用した教育活動を日常的に行っている。

大田区では2015年度から、この平和の森公園や東京湾岸沿いにバタフライガーデンを整備するなどして、オリンピック・パラリンピック施策の一つとして「蝶の舞う美しいまち　大田」を目指して、ブルートライアングルプロジェクトを展開している。

本校では、今年度は東京都オリンピック・パラリンピック教育アワード校・大田区における特色ある教育の推進校として、従来から取り組んでいる地域の自然環境を生かした教育活動に「ブルートライアングルプロジェクトへの積極的な参画」を加え、持続可能な社会の環境教育に取り組むと同時に、生命を尊重する児童の豊かな心の育成を図ることとした。

今年度に取り入れた具体的な取り組みと予定は下表の通りである。

月	取り組みの具体的内容
5月	クリーンアップ大作戦 クスノキ調査　卵の採取
6月	教室内での飼育（夏羽化）
7月	花畑づくり　オリパラ報告会
9月	お花畑整備　クスノキ整備
10月	卵の採取　クリーンアップ大作戦2
11月	教室内での飼育（秋羽化）
12月	越冬さなぎの保護活動

7月2日、3日には全学年で地域・保護者向けのオリパラ報告会を実施した。1年生はブルートライアングルを飼育したことを劇化するなど、どの学年も発達段階に応じた方法で、「蝶の舞うすてきなまち大五（大森第五小学校）」を作っていこうと発表した。

とはいえ、蝶の飼育は簡単ではない。クスノキの若い葉を常に用意しておくこと。葉を刺しておくのに適切な大きさの空き缶を集めること。土日も含めた毎日の水替えが必要なこと。週末は涼しい玄関に集めること。これだけ手をかけて育てても、蛹になる前に蜂に寄生されて命を落とす幼虫もいる。さなぎから羽化することができても、羽が折れて飛び立つことができないまま死んでしまうものもいる。

だから、「先生、生きるってことは、本当はすごく大変なんだね。うちのブルートライアングル頑張っているよ」と、子供たちは羽化の瞬間に立ち会い、感動しながら、しみじみと語っている。

毎年7月に形は変えながらも児童集会や放蝶などを定期的に行っていけば、持続可能な社会を目指す「蝶の舞う美しいまち　大田」として、2020年東京オリンピック・パラリンピックの開会式には、東京湾岸一帯に、大森第五小学校生まれのブルートライアングルが飛び交っているかもしれない。

（大田区立大森第五小学校長　嶋田英樹）

「羽を乾かす時だけは手乗り蝶」になる　ブルートライアングル（アオスジアゲハ）

Essay　エッセー　67

「一期一会」

昨秋、長野県の諏訪大社に行った時のことです。かつて住んでいた地には諏訪神社があり、氏神様として夏の祭礼や季節ごとの祭事、正月の初参りなど幼い頃より遊び場としていました。とはいえ、それまで総本社にあたる諏訪大社に詣でたこともなく、ましてや、諏訪大社が四宮あることをその時初めて知るほどでした。7年ごとに行われる御柱祭はニュースなどで聞いてはいましたが、諏訪地方では、大社だけではなく近隣の神社それぞれに御柱祭を行うことにも驚きを覚えました。

下社の秋宮に詣でた時に、イギリス人の青年と言葉を交わす機会がありました。英語は苦手で、今まで自ら言葉をかけることを避けてきていたのに諏訪の神様が舞い降りてきたのか、めちゃくちゃ英語で言葉をかけている自分がいました。

その時、青年が言っていたことは恐らく「日本に10日ほど滞在して、日光、諏訪、金沢、京都と巡り、伝統的な建物や文化に興味があって一人旅をしている」ということだと思います。なにせ、あやしい英語しか使えない私が話しかけていたものですから。わずか20分ほどの縁ではあったとはいえ、これもオリ・パラの国際交流と天狗の鼻になっていました。

茶道の世界で伝えられている「一期一会」で、心に残る思い出があります。30年以上前のある日の稽古で、全くお手前の記憶がなく仕舞いを終えたことがありました。その時、初めて宗匠に「今日のお手前は、いつになくあなたらしくてとても良かった」とお褒めの言葉をいただきました。「あれ、お席に入ってから仕舞いまで、今日のお手前の流れを全く覚えていません」と告げると、「禅で言う『無』なのかもしれませんね」と言われたことがありました。

何かに取り組む時や初めての人や物事に出会う時に、邪推を抱き迷いながら関わることがあります。頭の中で考え過ぎ、心から楽しんでいない時ほど悪い記憶が残ることがあります。その時ほど「一期一会」の言葉に込められている「一生に一度の出会いであるということを心得、互いに誠意を尽くす心構え」とは程遠いものになってしまっています。

通勤の電車で、ふっと見かけた車中の人。街中の道端で目にした草花や、日々の食卓に並ぶ夕餉にしても、もう二度と同じ時間で、同じ状況で、同じ心根で出会うことはないと宗匠から伺ったことがありました。心にゆとりがなく、ほどよい緊張感もなく、流されながら過ごす日々を思うと、とても空しく感じ、ため息をついてしまうことがあります。

「出会い」や「縁」には、心から接し、心から向き合うことの大切さが込められています。全校朝礼での講話で、「出会い」について考え、諏訪の旅ではどうであったかを振り返ってみた時がありました。イギリスの青年がその後どのような旅をして帰国したか、心残りはあります。ファーストネームしか互いに告げていない短い「縁」であり、再び出会えることは奇跡と言えるでしょう。しかし、日々の生活に今一度、「一期一会」を思い起こさせることができたことは、彼からの贈りものだと思っています。私の贈りものは、下社秋宮のご朱印をいただいた朱印帳を差し上げました。

（杉並区立阿佐ヶ谷中学校校長　小澤雅人）

教育じてん　90

第1回総合教育会議を開催

2017年度第1回東京都総合教育会議が8月24日に開催されました。

今回のテーマは、「小学校教育の現状と今後の在り方～山積する教育課題への対応～」。冒頭の知事のあいさつでは、学校現場が抱える課題が複雑化、多様化する中で、特に小学校においては限られた時間の中で多くのことを教えなければならない状況があること、新学習指導要領の実施に際しては、その傾向がますます顕著になること、この問題は教員の長時間労働につながることも懸念されていること、加えて、小1問題として小学校就学前後の課題についても意見交換したいこと等の問題意識が示されました。そして、より質の高い教育を確保し、あわせて教員の働き方改革を進めるという観点から、今後の小学校教育の在り方を議論するために本テーマを設定したといった趣旨の話がありました。

会議には教育委員の他、都内公立小学校の校長、主幹教諭、教諭の学校関係者3人が出席しました。

前半の「小学校のカリキュラムと教員の勤務の状況について」では、学校関係者から、▽保護者との長時間にわたる対応が日常化していること▽地域人材の活用を進めているが事前準備や打ち合わせ等にかなりの時間がかかること▽新たに位置付けられる英語や道徳の教科化に関して授業準備や評価の実施を含めて多くの時間がかかること――等の話がありました。それを受けて、留守番電話やコールセンター等による対応の工夫、専科教員の配置や地域と学校との連携の必要性、家庭も含めた福祉と教育との連携の重要性などが話されました。

後半の「小1問題について」では、小学校1年生は発達等の個人差が激しく、個別対応が必要となる場面が多いこと等の現状が学校関係者から話され、幼稚園、保育所と小学校との違いに慣れさせ、学習態度を身に着けさせるためには、5歳児からの教育も視野に入れる必要があるといったことについても話題が及び、活発な意見交換が行われました。

最後に知事から、「一人ひとりの能力を生かし、一人ひとりが希望を持てる東京づくりのために励んでいきたい」との言葉があり、会議は幕を閉じました。

今回の会議における様々な意見等を踏まえ、質の高い小学校教育の実施に向けた教育施策について、今後、都教育委員会で検討が進められることを期待します。

官公庁の受動喫煙防止

「たばこ難民」多数発生も

全面禁煙で見直しの事例

都が8日に示した「受動喫煙防止条例（仮称）」の考え方では、官公庁は原則、屋内を全面禁煙とした。パブリックコメントを踏まえ、年度内に条例案を提出する方針で、2019年までの施行を予定している。条例案の詳細は固まっていないが、官公庁での屋内禁煙がトレンドになる中で、都庁や区役所でも対応が必要になる。

「『隗より始めよ』と思う。予算を伴うので、できるだけ早い対応をしていきたい」。小池知事は8日の定例記者会見でこう話し、都庁が率先して受動喫煙防止対策に取り組む考えを示した。

都庁本庁舎の執務室には現在、喫煙室がほぼ3フロアに1カ所あるほか、第一・第二本庁舎の職員食堂の一角にも喫煙スペースがある。かつては各階に喫煙室を設置していたが、受動喫煙対策で2009年までに、現在の規模に削減。03年には健康増進法を受け、屋外排気が義務化され、設備を整備してきた経緯がある。また、都庁第一・第二本庁舎をつなぐ2階の屋外部分にも2カ所の喫煙所があり、主に来庁者が利用している。

条例が施行されれば、屋内の喫煙所は廃止されるが、都庁舎がある新宿区は全域が路上喫煙禁止であり、職員は屋外の喫煙スペースを使用せざるを得ない。高層階からはエレベーターで2階に下りなければならなくなる。

来庁者対応としては2階の喫煙室を拡張する選択肢もあるが、都庁舎は「特定街区」に建設され、周辺の敷地が公開空地とされているため、屋外に喫煙室を設ける場合は制約があるという。財務局は「パブリックコメントの意見によって、条例の内容がどうなるか注視していきたい」（庁舎管理課）と話す。

現在行われている都庁舎の改修にも影響が出そうだ。工事の設計は喫煙室の設置が前提。屋内は全面禁煙になる可能性が高いが、財務局は「正式に指示がないので、既定の設計に従って改修を進めている」（庁舎整備課）。改修工事は21年3月までを予定しているが、条例施行後の対応はその時点での判断になるという。

他方、議会棟の地下には飲食店が並ぶ。各店舗は都人材支援事業団の依頼により昼食時間帯を禁煙としているが、それ以外の時間は事業者の判断で喫煙可能だ。だが、条例施行後は「飲食店とはいえ庁舎内なので、時間帯に限らず全面禁煙を考えざるを得ないのではないか」（食堂売店担当）と話す。

議事堂内の議長・副議長室や各会派の議員控室内は一律の喫煙・禁煙のルールを定めているわけではなく、それぞれの判断に委ねているのが実情。議会局は「掌握しているわけではない」と話すが、条例の網がかかれば議員も例外でなくなる。

都庁周辺には新宿中央公園に2カ所の喫煙所があるほか、近隣のオフィスビルの敷地内に喫煙スペースがある程度。ただ、都職員の喫煙者は男性で約2割、女性で1割未満と言われる。現状では吸収できる規模ではなく、多数の「たばこ難民」が発生することも予想される。

都庁舎周辺のオフィスビルの喫煙スペース。「たばこ難民」が流れる？＝新宿区

■対策の好機

区役所もひとことではない。

文京区は今年度、5カ所あった職員向けの喫煙スペースのうち2カ所を削減した。部署によっては区民が子供と一緒に来庁することもあり、受動喫煙に配慮した形だ。また、庁舎内に住民が使用するホールがあり、週末にも利用できる喫煙スペースを用意している。

ただ、庁舎内が全面禁煙となった場合の対応は見通せない。区役所周辺は路上喫煙対策禁止区域に指定されている。屋外にも区民向けの喫煙所を1カ所設けているが、「喫煙所を増やすのは難しいのでは」（施設管理課）。区役所内を分煙としている台東区も屋外に喫煙所を設けるのは難しいという。

全面禁煙を事実上、撤回した区もある。足立区は12年4月、出先も含めて敷地内を全面禁煙にしたが、14年3月、敷地内に喫煙スペースを開設。全面禁煙にした際、職員がたばこを吸うため近隣のコンビニや駐車場などを利用し、昼休みは喫煙者であふれるなど、新たに受動喫煙問題が発生したからだ。対策を検討したが妙案は生まれず、敷地内の人通りの少ない場所にやむなく灰皿を配した。「解決策が見つかれば敷地内全面禁煙という方針に従ってすぐにでも廃止するのだが」（庁舎管理課）と頭を悩ませる。

施設的に喫煙を制約しても喫煙者がすぐに減るわけではなく、一筋縄ではいかない受動喫煙対策。ただ、区によっては「内々にオリンピック・パラリンピックを見据えて公共施設の全面禁煙を検討中」「都と足並みをそろえる必要がある」など、庁内的にオーソライズされていないものの、都条例を対策の好機ととらえる向きもある。

都小委

勤務間インターバル試行へ

再任用職員　採用選考方法見直し

都と都労連は13日、小委員会交渉を行った。今回の小委では都労連要求に関連し、都側が勤務間インターバルの試行開始や在宅勤務型テレワークの試行状況などについて説明した。

勤務間インターバルは、勤務終了時刻から翌日の始業時刻までの間に、8～11時間のインターバルを確保する内容で、具体的な時間数は部・課単位で設定。翌日の勤務時間は短縮せずに、始業時刻の変更に合わせ終業時刻を変更する。併せて、7日以上の連続勤務の禁止も試行する。実施時期は10月中旬から今年度末まで。今後、関係単組と議論の上、実施する予定。

他方、在宅勤務型テレワークに関しては、8月末までに30の職場で延べ100人を超える職員が実施。ライフ・ワーク・バランス推進に効果があるとの意見がある一方、職場のコミュニケーションに関する意見なども寄せられているといい、「職場理解の醸成やICTツールの活用などによる利便性の向上が課題」との認識を示した。9月以降、試行規模等が拡大されるが、毎月の「都庁テレワーク・デイ」の取り組みも通じて、柔軟で多様な働き方に向けて様々な角度から効果・課題などを検証するとした。

インターバルに関し、都労連は「長時間労働を一定是正する取り組みであり、意義あるもの」としつつも、今回の試行では「直接、超過勤務の縮減につながるものではない」との見解を表明。関係単組とともに、都労連との検証を行うよう求めた。

テレワークに関しては「都民や利用者、児童・生徒と直接対応する仕事に従事している職員や交代制勤務職場では導入が困難」と改めて指摘。試行は来年3月までの予定だが、その間でも随時、労使による詳細な実施状況の検証を要求している。

小委ではまた、臨時・非常勤職員制度や再任用職員の採用選考方法についても、労使で議論した。

都側は、8月に総務省が発出した「会計年度任用職員制度の導入に向けた事務処理マニュアル」の内容に言及し、「都の実情に合わせた具体的な検討を加速させていく必要がある」と説明。改正法が20年度に施行されることを踏まえ、「近々にも2年半後の見直しに向けた基本的な考え方を整理し、皆さんとの議論を深めたい」と述べた。

また、再任用職員の採用選考における実施方法の見直しについて説明。再任用職員は現在、書類選考・面接と健康診断で選考しているが、今年度の選考から、いわゆる「無年金期間」は定年退職予定者などについて原則、面接を行わない方針。面接を実施しなくなる対象者については、所属長が別途、本人の意欲や配属意向などを確認する。

都労連は「臨時・非常勤職員の実情に合わせ、労使交渉で制度を見直すことに異論はない」とした上で、「制度改正の前提は常勤職員との均等待遇の実現による臨時・非常勤職員の処遇改善」との立場を強調。「2年半後の未来の賃上げではなく、直ちに改善することを要求する」と述べた。

再任用職員の採用選考では、「無年金期間に面接というステップを外す見直しは都労連要求の実現に一歩近づいた」としつつも、局が必要と認める者についての面接は、本人意向を確認する必要がある場合などに限定することと釘を刺した。

都水道局・下水道局

下水処理水が水道に混入

飲用・炊飯に使用の住民も

都水道局と下水道局は12日、足立区内で下水処理水が上水道管に混入する事故があり、27世帯に影響があったと発表した。

10日午後3時、住民から「水道水から異臭がする」との通報を受けて水道局が調査したところ、東京都下水道サービス㈱（TGS）の建設土のリサイクル施設「中川建設発生土改良プラント」内で処理水配管と上水道管が接続されていたことが判明。通常は上水道と処理水配管の間の弁を閉めているため混入しないが、10日昼ごろにトイレ清掃を行った職員が誤って弁を開け、清掃終了後も閉め忘れていたため、11日正午ごろまでの約1日間、弁が開いたままになり、処理水が上水道に逆流した。都で同様の事故が起こるのは初めてで、水道局は「全国でも例はないのではないか」（給水課）と話す。

今回の事故は2012年に同プラントの改修を行った際、TGSの職員が両局に無断で処理水配管と上水道を接続していたことが原因。同施設では改修以前、トイレ洗浄に下水処理水を利用していたが、水再生センターの工事などで処理水の供給が止まることがあったため、安定して水が流れるよう上水道を接続させたという。

水道法では上水道と下水道を接続することを禁じているが、下水道局は「TGS職員に違反の認識がなかったのではないか」（工務課）としている。

飲料水や炊飯に使用した住民もいたが、両局によると規定の濃度の塩素で消毒されているため、健康上の問題はないという。

下水道局は今後、他施設で同様の誤接続がないか調査する。またTGSも「全社員に事故の内容を通達し、研修などで意識の向上を図る」としており、再発防止に努める。

都議会

控室改修工事に1億円

想定を3千万円上回る

都議会議事堂の会派控室のレイアウト改修工事について、都財務局は11日、概算額が約9910万円に上ったと発表した。当初予定していた約6900万円を約3千万円上回った。都民ファーストの会が55議席に躍進するなど、各会派の議席数に大幅な増減があり、工事対象エリアが増えたことが要因。

同局は限られた工期で改修工事を行うため、選挙前に仮のレイアウトで発注。過去3回の都議選の実績を踏まえ、6912万円で契約し、選挙後に決定されたレイアウトで工事を行った。控室の使用開始後に機器調整などを行い、最終的に金額を確定させたという。同局によると、会派構成が変更になったことでパーテーションを付け替えるなどし、照明・コンセント設備の変更も行ったところ、金額が増えたという。

改修工事とは別にブラインドや汚れた壁クロスの取り替えも行い、2460万円を要した。

近隣県の改修工事を見ると、千葉県議会で124万円（15年）、埼玉県議会で85万円（同）にとどまっている。

都福祉保健局　予防マニュアルを作成

避難所での食中毒に注意

都福祉保健局は29日に都議会議事堂都民ホールで開催する「食の安全都民フォーラム」で、同局が1日に作成した『避難所ですぐに使える食中毒予防ブック』を踏まえた講演を行う。京都府や横浜市で災害時の食品衛生管理の資料を作成していた例はあるが、食中毒に特化した冊子を作成したのは都が初めて。

防災ブックは、避難所管理者向けに手洗い場所の整備の仕方や嘔吐（おうと）・糞便の取り扱い方法などをイラスト付きで掲載。食事や清掃など担当者ごとに役割が分かれた時のために各ページを切り離せるように工夫している。

また、避難者向けのリーフレットとポスターも付属しており、避難所で食事を作る際の衛生管理方法や食べる時の注意点をまとめているほか、外国人避難者も想定し英語・中国語・韓国語に対応している。

東日本大震災や熊本地震では、炊き出しの食事で避難者が食中毒になったケースがあり、作成に至った。

予防ブックは各区市町村の防災担当者に配布しており、今後都内の全ての指定避難所に配置される。

都環境局・首都大学東京

希少生物、続々発見

南硫黄島を10年ぶり調査

「幻の植物」再発見か――。小笠原諸島南硫黄島を10年ぶりに調査した結果、数十年間確認の記録がなかった「シマクモキリソウ」と見られる植物＝写真＝を含めた希少な生物が複数見つかった。都環境局と首都大学東京は6月13日～同28日までの間、同島をNHKと共同で調査しており、結果を12日に発表した。

「シマクモキリソウ」はランの一種で、1982年に同島を調査して以来、生育している姿が確認されておらず、一部の研究者の間では「幻の植物」と呼ばれていた。現在、国立科学博物館で同定作業中だが、同種だった場合は35年ぶりの再発見となる。

また今回は、ドローンを使った調査も行っており、国や都の絶滅危惧種に指定されている「アカアシカツオドリ」の集団営巣の様子を国内で初めて撮影に成功した。このほか、新種の貝や、これまで標本が1体しか存在しなかった珍しいゾウムシなども見つかっている。

同局は今回の調査結果について「報告書の作成や学会発表などで周知するとともに、島の生態系の保全管理にも役立てたい」（緑環境課）と話している。

◆「知事への声」約10倍

都生活文化局は13日、昨年1年間の「都民の声総合窓口」に寄せられた「知事への声」が約4万6千件と前年の約10倍だったことを発表した。

小池知事が就任した8月以降の件数は前年同期比約6倍。賛否については集計していないが、「市場移転問題では、盛り土がないことが分かった9月ごろは知事を支持する意見が多かったが、次第に五輪への影響を懸念する声も増えてきた」（都民の声課）と話す。

また、7月以前は前年同期比約15倍で、舛添前知事への批判が多かった。

■都人事異動

16日付

【部長級】▽議会局調査部長＝調査部外務担当課長事務取扱（議会局調査部長）山内和久

【課長級】▽議会局調査部特命担当課長（議会局調査部外務担当課長）加倉井博子

20日付　◎印昇任

【課長級】▽政策企画局外務部担当課長＝自治体国際化協会派遣（政策企画局調整部政策課統括課長代理）◎小林晶子

10月1日付

【部長級】▽政策企画局外務部長（政策企画局外務部長＝外務部企画課長事務取扱）加藤英典

【課長級】▽政策企画局外務部企画課長（政策企画局外務部担当課長＝自治体国際化協会派遣）古橋悦子

五輪への航海図 209

TOKYO 2020　開催まで あと1043日

ユスラの夢

難民の立場を超えて

昨年のリオ大会で、IOCが結成した「難民選手団」。政情不安などを理由に他国に逃れたシリアや南スーダンなどの10人が参加した。五輪史上初の試みだ。

シリア出身のユスラ・マルディニさん（19歳）はその一人。元々は、シリアでも将来を嘱望された競泳選手で、内戦が始まってからもトレーニングを続けていたが、戦闘が激化し、外出もままならなくなった。「このままでは（五輪という）目標にたどりつけない。何が何でも水泳を続けたい」という思いからドイツに渡った。

2015年8月、マルディニさんは同じく競泳選手だった姉と共にダマスカスを脱出する。トルコから乗った船のエンジンがエーゲ海上で故障し、泳ぎながら押し続けてギリシャの島にたどりついたエピソードは、世界中の注目を集めた。

「難民選手団」としての出場に抵抗もあったという。ただ、携帯電話やSNSで「（マルディニの活躍が）刺激になっている」というメッセージを受け取り、考え方が変わった。「（以前は）目標を達成するのに夢中だったが、今は他人の夢をかなえたい。勇気を与えることで、逆に私も勇気をもらえている現状がある」

大会組織委員会を訪れ、五輪への思いを語るマルディニさん（右）＝8月29日、港区

マルディニさんと共に組織委員会を訪れたUNHCRのダーク・ヘベカー駐日代表は、「難民チームを結成しないに越したことはない。しかし、ユスラは一人の競泳選手として、『泳ぎたい』『夢をつかみたい』という思いで、難民選手団の存在にかかわらず、泳いでいるのだと思う」と解説した。

難民選手団は、五輪という場で初めて難民問題をクローズアップさせた。IOCは東京大会でも難民選手団を継続する方針で、マルディニさんは「上位20位以内」を目標に掲げている。

組織委員会の布村幸彦副事務総長は「難民選手団がなければよりいい社会だと思うが、結成されれば組織委としても全面的にバックアップしたい」と応じ、「難民問題について、日本は遠く離れた国だが、何ができるか考えるきっかけを作っていただいた。組織委としてもUNHCRと連携して取り組みたい」と約束した。

昇任試験対策のページ

30年度 職員教養講座 東京都管理職選考対策 ▶11◀

前回に引き続き問題演習を行います。今回は「組織・企業形態」「人事労務・経営管理」に関する問題演習を行います。

問題

【問題 7】

経営管理に関する記述として、妥当なのはどれか。

① メイヨーらは、ホーソン実験内のリレー組立実験において、労働条件を変えて作業量の推移を測定したところ、労働条件が改善されると生産性は向上したが、条件を元に戻しても生産性は低下しないことが分かった。

② テーラーは、組織的怠業を解消し、「高い賃金と低い工賃」を実現するため、指揮の一元化、従業員の団結など14からなる管理の一般原則を考えた。また、組織の階層化を行うなどの組織の編成原理を説いた。

③ バーナードは、組織が存続するためには対外・対内的にも組織均衡を保つ必要があり、対外的均衡には個人的動機の満足度を表す「有効性」と組織的目的の達成度を示す「能率」という二つの条件を満たす必要があるとした。

④ 官僚制組織は、規則による権限と責任の明確化など形式的合理性によって特徴づけられるが、実質的合理性を重視しすぎると、形式的な規則の順守が軽視されるようになることを、マートンは官僚制の逆機能と呼んだ。

⑤ バーンズとストーカーは、不安定な環境下では責任・権限の所在が明確な機械的組織が有効であり、安定した環境下では分権的で柔軟な構造を持つ有機的組織が有効であると説いた。

【問題 8】

リーダーシップに関する記述として、妥当なのはどれか。

① リッカートは、システム4理論を提唱し、システム1（独善的専制型）、システム2（温情的専制型）、システム3（集団参画型）、システム4（相談型）の四つの組織システムのスタイルのうち、システム4が組織業績の点で最も高いことを明らかにした。

② ブレイクとムートンは、業績に対する関心と人間に対する関心の二次元を横軸と縦軸にとり、リーダーシップの類型を行った。そして、このマネジリアル・グリッドから五つの典型的なスタイルを示し、業績と人間の関心が共に中程度である5・5型が望ましいとした。

③ PM理論では、リーダーシップ・スタイルを目標達成機能と集団維持機能の二次元から分類し、このうち、目標達成機能がより高い方が望ましいとした。

④ フィードラーは、有効なリーダーシップのスタイルと部下の成熟度の関係性を研究し、部下の成熟度の程度にかかわらず、有効なリーダーシップは一つであるとした。

⑤ オハイオ研究では、配慮と構造づくりの二つの要因によりリーダーシップ・スタイルを分析し、両要因がともに高いレベルを最も理想的と考えた。

【問題 9】

企業形態に関する記述として、妥当なのはどれか。

① 日本では、第二次世界大戦後、独占禁止法により持ち株会社が禁止されてきたが、水面下では株式の相互持ち合いという形で持ち株会社は存在していた。しかし、金融再編を促進するため、1997年の改正独占禁止法施行により、金融持ち株会社から順次、解禁された。

② アメリカ合衆国では1930年ごろから、所有と経営の分離の進行が指摘されていたが、1960年代に入るとM&Aの流行により、相互に関連性をあまり持たない産業に進出するコングロマリットが急成長を遂げた。

③ 相互会社は、保険業法によって保険業を営む企業だけに認められた特殊な会社形態であって、被保険者自身が同時に社員として会社を構成し、保険料を限度とする有限責任を負う。

④ 株式会社は、有限責任社員である株主で構成されている会社で、最高の意思決定機関は株主が集まって開く株主総会であり、株主総会での議決は、株主数に応じた多数

経営に関する知識 ③

決の原理が貫徹されている。

⑤ 有限会社は、有限責任社員で構成され、取締役と監査役の選任を義務付けられていた会社で、2006年の会社法施行に伴い廃止され、株式会社に一本化されたが、既存の有限会社はこれまで通り有限会社の商号が認められている。

【問題 10】

仕事のモチベーションに関する記述として、妥当なのはどれか。

① ハーズバーグは、仕事に対する満足をもたらす要因と不満をもたらす要因は異なるとし、前者を動機付け要因、後者を衛生要因と呼んだ。また、従業員の職務意欲を喚起するためには、衛生要因に働きかける必要があると主張した。

② アージリスの未成熟－成熟理論によれば、従業員の職務を拡大することは、組織メンバーに「未成熟な」特質を要求する環境を醸成し、受動的、依存的、短期思考的傾向を助長するとした。

③ マズローの欲求段階説は、人間の欲求を低次から順に生存・関係・成長の3欲求に区分し、その欲求の頭文字からERG理論とした。

④ ブルームは、人間を動機付ける力は、基本的に期待と達成することによって得られるかもしれない報酬との価値との積によって示されるとした。

⑤ マグレガーは、人間は状況次第で、自己の欲求実現に向けて自主的に仕事に取り組む存在とする考え方をX理論、人間は元来仕事が嫌いであることを前提とした伝統的な管理の考え方をY理論とし、Y理論の考えに立って組織の運営を行うべきであると主張した。

【問題 11】

人事・労務管理に関する記述として、妥当なのはどれか。

① 目標管理制度は、組織目標と各従業員の業務目標を結び付けて、各自の動機づけや主体性、問題解決能力を高める制度であり、日本では1960年代に導入された。

② 人材育成方法として、日常業務を離れて研修を受講するOJTと勤務時間内に直接の上司から業務に必要な事柄を教わるOff－JTとがある。

③ 仕事ごとに賃金水準が決まり、同じ仕事を担当する人にはだれでも基本的に同一賃金が支払われるのが、職能給である。

④ キャリア・ディベロップメント計画においては、企業が戦略展開のために必要な技能を持つ従業員を外部から積極的に採用するとともに、各人の成長欲求を充足するためのキャリア・パスを市場メカニズムに委ねようとする。

⑤ 従業員持ち株制度は、管理職や一般従業員に一定価格で自社株の購入権を与える業績連動型の報酬制度である。

【問題 12】

経営組織に関する記述として、妥当なのはどれか。

① ライン組織は、命令系統が最上位から最下位まで1本のラインで結ばれ、命令一元化の原則が徹底されている組織形態である。

② ファンクショナル組織は、職能別組織とも呼ばれ、「専門化の原則」により、管理職能の高度化の可能性を持つ組織形態である。また、各労働者は単一の職長の命令のみに従うことから「命令一元化の原則」にも合致するため、様々な分野で一般的にとられる組織形態である。

③ ライン・アンド・スタッフ組織は、企画・人事などをライン部門とし、生産や販売などメーンの業務部門をスタッフ部門として、ライン部門に付置する組織形態である。この組織形態では、スタッフ部門からライン部門への命令権限もある。

④ 事業部制組織は、組織を製品・地域・市場の別に独立した事業部として分割し、その分割された単位ごとに独立の小会社を設立して運営させる組織形態である。

⑤ プロジェクト・チームは、既存の組織ではうまく処理できない特別な課題の解決に向けて必要な人材を部門の枠を超えて召集した常設の組織形態である。

解説

【解説 7】　正答 ①

① 正しい。

② 誤り。14からなる管理の一般原則や組織の階層化を言及したのは、ファヨールである。

③ 誤り。能率と有効性の説明が逆である。

④ 誤り。官僚制の逆機能とは、規則や命令の形式的な順守を徹底するあまり、手段である規則等の順守が目的化してしまうことである。

⑤ 誤り。不安定な環境下では有機的組織が、安定な環境下では機械的組織が有効とした。

【解説 8】　正答 ⑤

① 誤り。システム3が相談型、システム4が集団参画型である。

② 誤り。マネジリアル・グリッドでは、9・9型が理想的なリーダーとした。

③ 誤り。両機能がともに高い場合、生産性、モラールとも最高になる。

④ 誤り。フィードラーは、有効なリーダーシップは一つではなく、リーダーシップのスタイルと状況好意性の関係で決まるとした。

⑤ 正しい。

【解説 9】　正答 ②

① 誤り。戦後の独占禁止法制定により、純粋持ち株会社は禁止されてきたが、事業持ち株会社は存在していた。法改正により純粋持ち株会社から解禁となった。

② 正しい。

③ 誤り。相互会社で社員として会社を構成するのは、被保険者ではなく保険契約者である。

④ 誤り。株主総会では、株主は原則として1株につき1票の議決権を持つ。

⑤ 誤り。有限会社法では、取締役の選任は義務付けられていたが、監査役の選任は任意だった。

【解説 10】　正答 ④

① 誤り。前半部分は正しい。従業員の職務意欲を喚起するためには、動機付け要因に働きかける必要があると主張した。

② 誤り。職務拡大は、従業員の能力発揮の機会を増やし、従業員の成長への意欲を支援する方策と主張した。

③ 誤り。ERG理論を唱えたのはアルダーファーである。

④ 正しい。「期待」と「報酬との価値」（誘意性）に「道具性」を加えた三つの積の和で動機付けが決定されるとする問題もあるので注意が必要。

⑤ 誤り。X理論とY理論の説明が逆である。

【解説 11】　正答 ①

① 正しい。

② 誤り。OJTとOff－JTの説明が逆。

③ 誤り。職務給の説明である。職能給は、従業員の職務の遂行能力に対して支払われる賃金である。

④ 誤り。従業員の長期的な経歴や技能の形成を図るため、企業と従業員の面談を通じて、相互の希望や期待を調整し、配置転換や研修を計画・実施する。

⑤ 誤り。ストック・オプションの説明である。

【解説 12】　正答 ①

① 正しい。

② 誤り。ファンクショナル組織は「職能的」組織である。また、ファンクショナル組織は「専門化の原則」に基づき編成され、命令系統が多元化するため、労働者は複数の職長の命令に従う。

③ 誤り。ラインとスタッフの説明が逆。また、スタッフ部門はライン部門への助言・勧告は行うが、命令権限はない。

④ 誤り。本社は各事業部に大幅な権限移譲を行うが、独立させるわけではない。

⑤ 誤り。プロジェクト・チームは、課題の達成後に解散する「臨時的」な組織形態である。

特別区 管理職試験講座 45

Ⅰ類択一・記述　Ⅰ・Ⅱ類論文　29年度

Ⅰ類択一

前回に引き続き、平成29年度試験の択一式の解答と解説を取り上げます。

地方自治制度

【問題 11】　正答 ②

① 誤り。政令で定める場合に該当するときに限り、随意契約によることができる（地方自治法第234条第2項、地方自治法施行令第167条の2第1項）。

② 正しい（同法第234条第3項）。

③ 誤り。入札保証金は当該普通地方公共団体に帰属する（同条第4項）。

④ 誤り。債務負担行為として議会の議決を経る必要はない（通知昭38・12・19）。

⑤ 誤り。検査を委託することもできる（同令第167条の15第4項）。

【問題 12】　正答 ②

① 誤り。公有財産や基金に属するものは含まれない（地方自治法第239条第1項）。

② 正しい（同条第2項、地方自治法施行令第170条の2第1項第2号）。

③ 誤り。普通地方公共団体の長の通知がなければ、物品の出納をすることができない（地方自治法施行令第170条の3、第168条の7第2項）。

④ 誤り。重大な過失による場合も損害を賠償しなければならない（同法第243条の2第1項）。

⑤ 誤り。価格が法令の規定により一定している物品は譲り受けることができる（同法第239条第2項、同令第170条の2第1号）。

【問題 13】　正答 ③

① 誤り。必ずしも所有権を取得する必要はなく、賃借権や使用貸借権などで公の施設を住民に利用させる権原を取得することで足る（逐条解説1060㌻）。

② 誤り。個人を指定管理者とすることはできない（地方自治法第244条の2第3項）。

③ 正しい（同条第4項）。

④ 誤り。当該普通地方公共団体の住民を他の地方公共団体の住民に比べてある程度優先的に利用させることは許される（逐条解説1062㌻）。

⑤ 誤り。利用料金は、公益上必要な場合を除き、条例の定めるところにより、指定管理者が定める（同条第9項）。

【問題 14】　正答 ③

① 誤り。特別区は普通地方公共団体ではなく特別地方公共団体である（地方自治法第1条の3第3項）。

29年度問題解説 ②

② 誤り。都は、市町村が処理するものとされている事務のうち、人口が集中する大都市地域における行政の一体性及び統一性の確保の観点から一体的に処理する必要がある事務も処理する（同法第281条の2第1項）。

③ 正しい（同法第282条の2第1項）。

④ 誤り。助言または勧告をすることができる（同法第281条の6）。

⑤ 誤り。都区協議会の委員は、都知事、都知事の補助機関たる職員の中から都知事が指名する者7人、特別区の区長の中から協議により特別区の区長が指名する者8人、計16人の委員で組織される（地方自治法施行令第210条の16第3項）。

地方公務員制度

出題数は6問で、内容としては、人事委員会または公平委員会の権限、人事評価、分限処分、秘密を守る義務、勤務条件に関する措置要求、罰則から各1問出題されました。

出題は、ほとんどが条文や行政実例から出ており、例年通り、オーソドックスな内容となっていました。ただし、一部の選択肢の中には、逐条地方公務員法（学陽書房）を確認しないと正誤の判断ができないものもありました。

【問題 15】　正答 ①

① 正しい（地公法第8条第1項及び第2項）。

② 誤り。公平委員会も協定を結ぶことができる（同条第7項）。

③ 誤り。公平委員会も措置要求の審査、判定及び必要な措置を執ることができる（同条第2項第1号）。

④ 誤り。公平委員会も不利益処分の審査請求に対する裁決ができる（同項第2号）。

⑤ 誤り。公平委員会規則を制定することができる（同条第5項）。

【問題 16】　正答 ②

① 誤り。職務遂行に当たり発揮した能力及び挙げた業績を把握した上で行われる勤務成績の評価である（地公法第6条第1項）。

② 正しい（同法第23条）。

③ 誤り。人事評価の結果に応じた措置も講じなければならない（同法第23条の3）。

④ 誤り。任命権者が地方公共団体の長及び議会の議長以外の者であるときは、地方公共団体の長に協議しなければならない（同法第23条の2第3項）。

⑤ 誤り。人事評価の実施に関しても勧告できる（同法第23条の4）。

【問題 17】　正答 ③

① 誤り。減給ではなく降給である（地公法第27条第2項）。

② 誤り。降任も、地公法に定める事由による場合でなければ、職員の意に反して、なされることはない（同項）。

③ 正しい（行実昭37・6・14）。

④ 誤り。任命権者の裁量であり、犯罪の成否、身体の拘束その他の事情の有無を問わない（逐条解説581㌻、東京高裁昭35・2・26）。

⑤ 誤り。休職のまま退職させてさしつかえない（行実昭27・10・24）。

【問題 18】　正答 ④

① 誤り。退職後も同様に守秘義務が課される（地公法第34条第1項）。

② 誤り。職務上知り得た秘密を洩らしたことになる（逐条解説684㌻）。

③ 誤り。法律に特別の定めがある場合を除き、拒むことができない（同条第2項、第3項）。

④ 正しい（同法第29条第1項、第60条第2号）。

⑤ 誤り。「職務上の秘密」と「職務上知り得た秘密」の説明が逆である（行実昭30・2・18）。

【問題 19】　正答 [illegible]

A～Dの各項目の正否は以下の通り。

A 正しい（行実昭26・[illegible]・21）。

B 正しい（行実昭33・[illegible]・17、行実昭33・10・23）。

C 誤り。一事不再理の原理を適用することはできない（行実昭34・3・5）。

D [illegible]

【問題 20】　正答 [illegible]

[illegible]

働く人々㉖

大瀧安良

東京都環境科学研究所

東京都環境科学研究所（以下「研究所」）は、東京都環境公社の一翼を担い、東京都の環境対策に必要な調査・研究等を行う機関です。夏に行われる各種行事案内（『広報東京都』）で研究所のイベントが目に留まり、この度の取材となりました。

東京都公害研究所（1968年～85年）という名を聞いていろいろ思い浮かべる人は現役の皆さんには少ないかもしれません。研究所はその直系で、その後、清掃研究所と合わさり現在に至っています。調査・研究を余すところなく紹介するのは無理なので、取材した日に実際に仕事をしている皆さんの姿を通してその一端をお伝えします。

絵❶は、薬品を用いて業務に使うガラス容器を洗浄しているところです。水1リットル中にある1ナノグラム（10億分の1の比率）の物質を検出できるレベルまで、容器に付着している不純物を取り除くことができるというから驚きです。洗浄した容器はアルミホイルでふたをして棚に収納され、出番を待ちます。

絵❷では、研究員が試料の分析をしています。手前の円盤状の装置にセットされている小さな円筒形の容器に入っている試料が順番に分析され、結果が奥のモニターに表示されます。

「大気中の汚染物質の状態に対して、植物（都会においては街路樹などの樹木）が一定の影響を与えている」という説を検証するのがテーマの一つだそうです。都環境局が外部の専門機関に委託した分析結果について、その精度を確認するという仕事もあるといいます（今こそ出番が多いかも）。

自動車の排出ガス規制について、かつて大きな取り組みがあったのは記憶に新しいところです。研究所は実際に走行している車の排出ガスについて現在も調査研究業務を担っています（絵❸）。対象となる車を巨大な装置（シャシダイナモメータ）に載せて、室内で外部走行しているかのような状態を作ります。運転手は前方のモニターに映される折れ線グラフのような表示に従って速度を上げ下げし、停車し、また発進する、を繰り返します。この状態で排ガスを採取し、国が定めた規制値と比較するわけです。

去る7月22日、研究所の一般公開日「Let's サイエンス」に行ってみました。どの企画も親子連れを中心に満員盛況です。

絵❹は「空気の性質をしらべてみよう！」というイベントで実験を披露する所員と熱心に見守る子供たちを描きました。子供たちの表情を見ると日本の将来は暗くない（？）。次世代を育てる役割を研究所が担っている様子は、私自身、都の職員として誇らしく思えてきます。

❶完璧な道具を用意する

❷植物が大気汚染に影響？

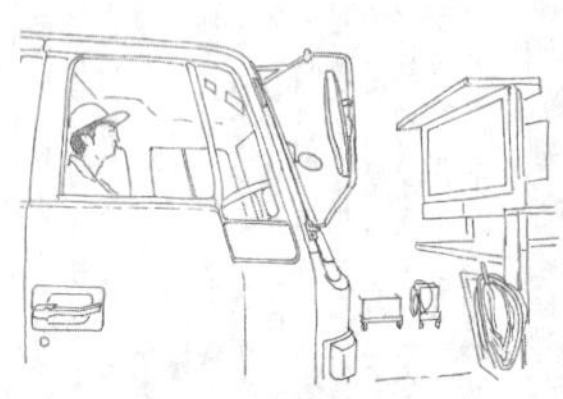

❸体育館の中で車を「走らせる」

❹実験を見守る将来の科学者

東京橋くらべ⑨

紅林章央

東秋留橋

土木遺産に指定された名橋

アーチが連なるコンクリート製の連続アーチ橋は美しい。そのうちの1橋にあきる野市の秋川に架かる東秋留橋がある。1939年に架けられ、アーチの数が東京都で最も多い6連で全国でも屈指の規模を誇る。

この橋は幅員が5メートルと狭く大型車がすれ違えなかったために、架け替えられ撤去される危機があった。17年ほど前、既に新橋の設計は出来上がり、地元説明会も終わり、翌年から工事着手という段階にあった。しかし橋を撤去するのは忍びなく、どうにかして残せないものかという思いが建設局内にもあり、計画の再検討が行われた。

その結果、新橋を現橋と離し秋川に斜めに架け、現橋は歩道橋として残すという案を作成し、地元住民や関係機関などを説得。アーチ橋は残されることになった。一度公表した計画案を変更するという稀有（けう）な例になった。橋は2015年、土木学会が優れた歴史的土木構造物に贈る「選奨土木遺産」に指定された。多くの人に訪れてほしい名橋である。

JR五日市線　東秋留駅　コピオあきる野　秋川野辺郵便局　睦橋通り　西光寺　東秋留橋　秋川グリーンスポーツ公園グリーン広場　N　0 200 400m

手前が歩道橋化したコンクリートアーチ橋の旧東秋留橋、奥が道路橋の新橋

区長飯（めし）いただきます 10

「少し締まった？」

文京区長　成澤廣修

いっそのこと趣味はダイエットだとうそぶこうかと思うほど、おいしい食事とお酒を食べ続けるための努力が何年も続いている。昨年、息子が小学校に入学したのに合わせ、同じ時間に家を出ることにしたのをきっかけに、区役所近くのスポーツクラブで有酸素運動を始めました。週3～4回、1日300～400キロカロリーの消費を目標に頑張って、8キロの減量に成功！

しかし、今年はその半分がリバウンドしてしまっています。夏に欠かせない生ビールは「中生」で200キロカロリー分。いたちごっこが続きます。

そんなある日のこと。文京区内で放送しているCATV「文京区民チャンネル」の収録で学校給食の献立の料理に挑戦しました。文京区では学期に1回、区立の全小中学校で「和食の日」の取り組みを行っています。和食はユネスコ無形文化遺産にもなっている日本の誇るべき食文化であり、それを子供たちにも知ってもらおうというものです。また当日は牛乳ではなく緑茶を合わせているのも特徴です。

収録のお相手は区立金富小学校の松丸奨栄養士。松丸さんは2013年の「全国学校給食甲子園」で見事日本一になったほか、昨年放送されたテレビドラマ『Chef～三ツ星の給食』の監修や、「給食王子」と呼ばれレシピ本の出版などで活躍中です。この日のメニューは「白身魚のずんだ焼き」＝写真㊦＝でしたが、キンキンに冷えた白ワインが飲みたくなりました。

「和食の日」の収録で、自作の献立料理を試食する成澤区長（右）と松丸さん

自称「包丁を持つと気持ちが落ち着く危ない性癖の持ち主」の私ですが、最近は家で料理をする時間がなかなか取れないのが悩みの一つ。でも、例えば夏ならカツオの刺身を買ってきて、ただ刺身で食べるのではなく、夏野菜のミョウガをはじめネギ、ショウガ、にんにく、大葉などたくさんの薬味を刻んで柑橘類を搾り、ポン酢をかければ、「カツオのタタキ」風となり、ひと工夫するだけでお酒が進みます。私のもう一工夫は薬味にパクチーを加えること。最近巷に急増しているという「パクチー女子」の皆さんにおススメします。ちなみにパクチーは卵かけご飯にもよく合います。

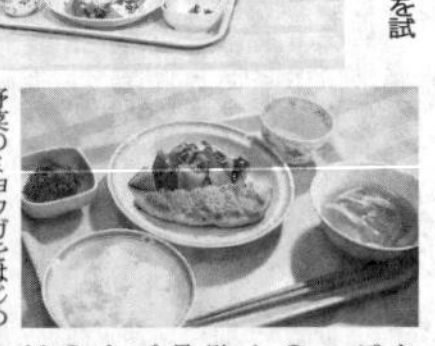

現在、文京区では五つのNPO団体等とコンソーシアムを組んで就学援助受給世帯等を対象に食品を届ける「こども宅食」プロジェクトを展開中です。好き嫌いの多い子供の隣に、1日1回の給食が頼りという子供がいるかもしれない。全ての子供たちが笑顔で食卓を囲めるよう支援を続けていきます。

さて、読者の皆さん、次に私と会った時に「また太ったんじゃない？」と言ってはいけません。「少し締まった？」と言ってください。そのひと言が今年後半再スタート予定のダイエット成功の鍵を握っていますので。

ポコラート全国公募展　16日から千代田区内で

千代田区とアーツ千代田3331は16日から10月9日まで、「ポコラート全国公募展vol.7」を開催する。

「ポコラート（POCORART）」とは障害のある人、ない人、アーティストが核心の部分で相互に影響し合う場という理念を示す名称。全国各地から年齢や地域、経験など様々な枠を超えて応募のあった1383点の中から入選作品128点を展示する。会場は、外神田6丁目にあるアーツ千代田3331。料金は一般500円、65歳以上300円、中学生以下は無料。

ミニガイド

◇NPO日本朗読文化協会「第8回声に出す平和への祈り　ジョー・オダネル写真展＆朗読会」

▷内容　占領軍の米空爆調査団の公式カメラマンだったジョー・オダネルの写真展と朗読会▷日時　9月29日㊎～10月3日㊋　午前10時～午後5時（朗読会：9月30日㊏／10月1日㊐　各日午前11時～／午後2時～。朗読は日本朗読文化協会会員）▷会場　港区立高輪区民センター2階展示ギャラリー（入場無料、地下鉄白金高輪駅から直結）▷共催　港区

都政新報

発行所　都政新報社
〒160-0023 東京都新宿区西新宿7-23-1 TSビル
（総務・読者）03-5330-8781
（企画広告）03-5330-8784
（編集）03-5330-8786
（出版）03-5330-8788
（ファクス）03-5330-8808
購読料　月1,730円（税込）
毎週火・金曜日発行
ただし、祝日は休刊
©都政新報社 2017

電磁パルス攻撃、どう対処
知事「想定外とは言えない」

北朝鮮の度重なる核・ミサイル実験で緊張が高まる中、北朝鮮の国営通信社は上空で核爆発を起こして地上部に強力な電磁波を発生させる電磁パルス（EMP）攻撃が可能だと報道した。発電所や上下水道施設などの社会インフラは破壊され、パソコンなどの電子機器が使えなくなる可能性が高く、小池知事はEMP攻撃を受けた際、都として何ができるか整理するよう幹部に指示した。都は地下鉄、上下水道などをどう復旧させるかに加え、行政情報の保護など難題を抱えている。

「（核弾頭に）電磁パルス攻撃まで加えられる」。北朝鮮の朝鮮中央通信が今月3日、EMP攻撃能力を得たと報道した。その後、日本政府だけでなく、元防衛相の小池知事もEMP攻撃があった場合、都として何ができるか整理するよう危機管理監に指示した。

知事はEMPに対する問題意識が強い。国会議員時代の2010年1月の衆院予算委員会で、EMPへの取り組み状況を当時の民主党政権にただすなど、北朝鮮の脅威を早くから認識していた。知事が今回、危機管理監に迅速に指示した理由もここにある。

EMP攻撃は、上空30～400㌔と高度が高い地点で核爆発を起こすと強力な電磁波がより広範囲に発生し、対策を取っていない電子機器や電子回路に大量の電流が流れ込む。そのため、人体や建物への影響は出ないが電気やガス、水道などの社会インフラや、インターネットやスマートフォンなどの通信インフラ、飛行機や鉄道をはじめとした交通機関が機能不全となる。

過去には、米軍が1962年に北太平洋の上空400㌔で核実験を実施した際、約1400㌔離れたハワイで信号が破壊され、停電が起きたという。今よりも電子機器が格段に少なかった当時でも被害が生じたが、EMPに詳しい日本戦略研究フォーラム政策提言委員の鬼塚隆志氏は「東京などがEMP攻撃を受けると、社会インフラそのものが壊れ、ハワイとは比較にならないほどの被害を受ける」と指摘する。

EMP攻撃に伴い、食品工場なども稼働停止となり、飲料水や食料不足に陥り、多くの都民が餓死する最悪の事態が想定される。都総合防災部は「地震や津波のように、被害想定を策定しないと対策が取れないのではないか」との認識を示す。

だが、鬼塚氏は「社会インフラが破壊されるので、地震や津波のような被害想定の必要はない」と強調した上で、「（都は）何から復旧させるべきか優先順位を決めておくことが大事」とアドバイスする。

社会インフラの中では電力の復旧が最優先課題だ。電力会社による早期対応が求められるが、電力供給がストップする中で、都として電力を確保しなければ、上下水道や地下鉄の復旧作業を始められない。仮に自家発電機がEMP攻撃の影響を受けず、数日間の電力を確保できた場合でも、車が電磁波の影響で動かなくなれば、燃料の運搬手段がなくなる。また、鬼塚氏は太陽光発電に関して、「電磁波の影響を受けるかどうか分からないので、発電が可能か検証がいるだろう」と指摘する。

都では都民の個人情報などはデータベース化されているが、電磁波で消える可能性もあり、民間企業のクラウドサービスの導入などを検討する必要がありそうだ。このほか、電磁波を遮断するため、鉄製のシェルターでシステムなどを覆うとともに、「紙ベースで残しておく備えも重要」（鬼塚氏）と訴える。

小池知事は8日の会見で「（EMP攻撃による被害は）想定外だったとは言えない」と明言したように、都は都民の生活や財産をどう守るのか検討が必要となる。

北朝鮮は15日朝もミサイルを発射した＝15日、新宿で

都福保・産労局
待機児解消へ追加対策
賃借料補助で大幅拡充も

都福祉保健局と産業労働局は15日、待機児童解消に向けた追加対策を実施すると発表した。予算総額は約35億円で、年度当初想定していなかった国の補助制度新設による予算の未消化分などを充当し、当初予算の範囲内で実施する。

追加対策では都独自に事業者への保育施設の賃借料補助を拡充する。都は昨年9月に発表した待機児童解消の緊急対策で同制度を新設。地価に応じてエリアを4区分し、施設開設後5年目まで年間750万円～4千万円を上限に補助する仕組みだった。しかし国が今年度、類似の補助制度を開始したことを受け、都は同仕組みに上乗せし、都内一律に5年目までは上限年4500万円、6年目以降は同2200万円の賃料を4月1日にさかのぼって補助することを決めた。都は同追加対策で賃借料が高い駅周辺などでの整備を促したい考え。予算規模は11・2億円を見込む。

また企業などが従業員らを対象とした認可外保育施設を設置する際に区市町村と連携して地域枠を設けた場合、保育士の給与改善費用を補助することにした。国が昨年度に開始した同事業は、企業の福利厚生の面が強いため、自治体の支援は想定していなかった。予算額は約5千万円。

このほか、賃貸物件を活用した保育所向けの防音壁や人工芝設置費の独自補助、保育士の再就職支援に関する就職準備金の倍増なども行う。

都は待機児童解消に向けて都内約3万8千世帯などを対象に保育ニーズの実態調査を実施中で、来年3月に子供・子育て支援総合計画を改定する方針。

予算編成で提案制度
都民・職員から募集
小池知事

小池知事は15日の定例記者会見で、2018年度の予算編成に都民・職員による事業提案制度を試行的に導入すると発表した。

都民による事業提案制度では、①子育て支援②高齢化対策③働き方改革④防災対策⑤空き家活用⑥環境対策――の6分野を対象に募る。行政にない発想を活用し、都政への参画を促す狙い。予算枠は計10億円。

都として期待する視点は▽IoT（モノのインターネット）、AI（人工知能）、FinTech（ITを活用した金融サービス）などの最先端技術▽ビッグデータ▽ボランティアや地域コミュニティ▽若者・女性・高齢者・障害者▽ゼロエミッション――などで、都民1人または1グループ当たり1件まで事業を提案可（上限2億円）。原則として単年度事業で、現金給付・施設整備は不可。

他方、職員による事業提案制度は、管理職を除く全職員から、所属部署を超えた提案を受け付ける。職員の改革マインドを高め、垣根を超えた都政運営への参画が狙い。

募集締め切りはいずれも11月7日。都民提案型は、12月に選定案を公表し、インターネットによる投票を経て知事査定にかける。

基準120倍のベンゼン
「地上部は科学的に安全」
豊洲新市場

都中央卸売市場は14日、豊洲新市場の地下水から基準値の最大120倍のベンゼンが検出されたと発表した。モニタリング調査を始めた2014年以降で最大値となったが、地下水位を抑える「地下水管理システム」が昨年10月に稼働し、汚染された地下水が観測地点に移動したのが原因と見られる。一方、建物内部と屋外で空気測定調査も実施したが、ベンゼンは基準値を超えなかった。

都は16年までの2年間、豊洲の201カ所の地下水をモニタリング調査し、そのうち有害物質の基準値が高い地点など46カ所で引き続き調査している。今回は5月～8月の調査で、非検出が基準値となるシアンは1㍑当たり最大1・5㍉㌘を検出。ヒ素は基準値の最大3・3倍の0・033㍉㌘が検出された。

一方、都は地下水に含まれる有害物質が揮発し、施設内などに進入していないか調査するため、8月に地上部の空気測定を実施。建物1階の6カ所で基準値を下回るベンゼンが確認されたが、シアンと水銀はいずれも検出されなかった。

豊洲の地下水を検証する専門家会議は結果に関し、「全体的に見れば、大きく汚染状況が変化した傾向は見られない」とコメント。また、空気中のベンゼンについて、屋外と屋内の濃度がほぼ同じであることから、地下水の有害物質が揮発したというより、車の排ガスに含まれるベンゼンが屋内に入ったとして、「科学的な安全性は確保された状態にある」とした。

中央卸売市場は今後、地下水管理システムを機能強化する追加対策工事を実施することで、水質改善を目指す考えだ。

◆五輪決定で知事が祝福

国際オリンピック委員会（IOC）は日本時間の14日、2024年大会の開催都市をパリに、28大会を米ロサンゼルスに正式に決定した。小池知事は同日、「素晴らしい都市とともに、協力や連携を行っていけることをうれしく思っている」とコメント。東京大会との連動にも触れ、「（東京の）盛り上がりをパリ、ロサンゼルスにつなげるべく、開催都市として準備を着実に進めていく」と決意を示した。

都政の東西
脅威と慣れ

15日朝6時57分、北朝鮮が再び日本の上空を通過するミサイルを発射し、北海道・襟裳岬沖の太平洋上に落下した。先月29日の発射と同様、国内では一部地域でJアラートで緊急情報が伝えられた。

脅威の程度は今後の詳細な分析を待つ必要があるが、国内では比較的冷静な受け止めが目立ったようだ。不安をあおるJアラートの警報音も、2週間程度の間隔で耳にすると一種の慣れが生まれるのかもしれない。

ミサイル発射を受けて、自治体レベルでも首長からの抗議文の送付や、開催中の議会からの非難声明が相次いでいる。狛江市では同日中にミサイル発射を「断じて容認できるものではない」とする高橋都彦市長の声明を北朝鮮に送付。市議会も同国への抗議とともに、政府に対して「関係諸国と連携した確固とした対応」を求めた。

今月3日の核実験以降、他の都内自治体も横並びで抗議の声を強めているが、基礎自治体から同国への非難に実効性はなく、文書は開封されることなく戻されることもある。それでも意思を表明し続けることに意義があるのは間違いないが、度重なる凶行に対し、抗議そのものがルーティン化する恐れがある。届かない抗議の声を送り続けるだけではなく、危機感を共有する自治体間のより一層の連携や独自の避難訓練の実施など、取りうる策があれば進め続ける必要がある。

国土をまたいでミサイルが発射されるという異常事態に慣れてしまえば、本当の危機に直面したときに動きが鈍り、悲劇につながる可能性もある。外交・防衛問題は国の専権事項だが、いざというときに住民の命を守るのは自治体の危機意識だ。

新任局長に聞く（下）

長期的な視点で想像
中嶋正宏・水道局長

五輪準備局、生活文化局に続き、3局目の局長就任になった。水道局は初の職場で、「安全でおいしい水を安定的に毎日都民に供給する究極の基幹事業。責任感、使命感を職員皆が持っている局」と印象を述べる。

ソフト面で掲げる課題はITの活用だ。技術進化は著しく、「最先端の技術を活用する姿勢は不可欠。いかに即応して、より効率的でお客様のためになるようなサービスにするか真剣に考える」と意気込む。

一方、ハード面は施設の老朽化と震災対策が課題と捉える。高度成長期に造った施設が大量に更新期を迎え、「長いスパンの話になり、計画的にやらなくてはならない」と先を見据える。震災対策では円滑な応急給水に向けた取り組みとともに、「被害を少なく、また被害を受けてもできるだけすぐに修復して通水できるよう施設の耐震化を進める」と力を込める。

来年9月には世界水協会（IWA）の世界会議・展示会が東京で開催される。参加規模は国内外の水道関係者約6千人。「東京の水道の技術力やすばらしさを発信する」と話す。外国人は蛇口から直接水が飲めることに驚愕するという。

局の壮大な目的は100年、200年先を見越した事業の継続性だと自覚する。東京の近代的な水道事業は淀橋浄水場が完成した1898年に始まり、来年は120周年を迎える。「この間に壮大なシステムが出来上がった」と感慨を込める。2019年には八ッ場ダムが完成予定で、「施設の長寿命化を含め、知恵を出しながら長期的な計画を練る」と話す。

こうした職場だからこそ職員には、日々の大切さとともに将来を想像することを求める。「過去を知り、現在を見つめ、将来を考えるような仕事の仕方が必要」とアドバイスを送る。

思い出の職場は3年間務めた総務局人事部長だ。その当時、東日本大震災が発災し、「ガスも電気も水道もない中に、都の職員は率先して飛び込んでいった。職員のすごさを感じた」と振り返る。

休日は「家族と一緒に過ごすのが一番」と笑顔。ゆっくり休むように心掛けている。早大政経卒、57歳、1A。

得意分野携え挑戦を
渡辺志津男・下水道局長

都庁人生の大半を下水道局で過ごしてきた。「局の職員2500人の先頭に立って都民サービス向上を目指し、下水道事業を前に進める決意だ」と力を込めて語る。

現在は昨年2月に策定した2020年までの「経営計画2016」の推進中で、中でも老朽化した管渠の再構築が喫緊の課題だ。今のところ大きな遅れはないが、繁華街での作業など難しい工事が残っている。工事は古い施設から順に着手するため、始めは都心区に対象が集中。「交通に支障を来さないのは難しく、地元の皆さんの理解は欠かせない」と気を引き締める。

住民対応では浸水対策でも丁寧な対応が求められる。ゲリラ豪雨など実際の被害地域と工事基地が一致しないためだ。例えばシールド工事で必要になる垂直に地面を掘り下げる立て坑は、地域の公園を活用することが多いが、公園が浸水現場から離れていると住民に理解してもらうのが一苦労。「賛同を得るために根気強く説明する」と述べる。

技術継承も課題だ。下水道局では約10年前、20代～30代の若手職員が全体の2割以下だったが、現在は約4割に増えた。10年後には6割に達する見込みで、「若手が多いと活気はあるが、事業進捗に危うさが残る」と話す。今年度から技術継承担当の再任用のベテラン職員3人を本庁に配置。出先事務所などを巡回し、「徐々に打ち解けて、若手職員から純粋な技術的な悩みが出てくるようになった」と手応えを語る。

思い出深い職場は技術管理担当副参事時代で、下水道事業では日本で初となるPFI事業を担当した。下水汚泥から発生するメタンガスを活用した発電事業で、「複雑な法手続きなど不慣れな事務作業に繁忙を極めたが、大きな達成感を得られた。一生懸命やればいずれ道は開ける」と振り返る。

職員に対しては「得意分野を持ってほしい。大きな自信につながり、新しい挑戦に踏み出した際のステップになる」とエールを送る。

趣味は散歩。家の近くを約1時間かけて歩き、気分転換と運動不足解消に努める。長岡技術科学大建工卒、59歳、5B。

穴句ジョーク

9月15日北朝鮮のミサイル通過、16日台風18号接近中

「ある意味、今年で良かったけど、3年後も思いやられるナー」――危機管理担当

パラ大会 8/25～9/16

紙面から

2　「潜在待機」は1.6万人超
2　高校無償化で新奨学金
3　聖地認定で観光客誘致
4　土日連続の休日出勤禁止
6　ギャンブル依存症対策を提言

待機児童

「潜在待機」は1.6万人超

区独自施設カウントに困惑も

「23区の潜在的待機児童数は1万6253人」――厚生労働省が1日に発表した今年4月1日現在の保育サービス状況のうち、都認証保育所や区保育室など区独自の保育室に入るなどの「潜在的待機児童」は前年度比で674人増えた。23区では、保育ニーズの高まりと子育て世帯の人口流入が重なる中、用地探しや人材確保が課題となって施設整備が追い付かない状況が続いており、保育を希望する保護者の不満に追い打ちをかける潜在的待機児童の公表に各区からは困惑の声が上がる。

潜在的待機児童は、▽都認証保育所や区保育室など地方自治体の単独事業として運営する認可外保育施設を利用している▽育児休業中で復職の意思が確認できない▽兄弟・姉妹で同一の保育所に入所するなど特定の施設を希望している▽保育所に預けられずに求職活動を休止している――の4パターンで、国は昨年度から区市町村単位で人数を公表している。

23区では、港区が前年度比1368人増の2517人で最多となった。1千人を超えたのは港、杉並、江東、大田、江戸川の順で5区となり、前年度は1191人で5番目に多かった世田谷区は認可保育所の整備が奏功し、275人減の916人となった。港区の大幅増に伴い、23区全体の潜在的待機児童数が押し上げられた格好だ。

港区で大幅に増加したのは、地方単独事業を利用するケースが1027人増となったことが要因で、その背景には、深刻な用地不足が大きく影響している。

オフィスビルの集積や高額な地価などで認可保育所に適した用地の確保が極めて困難なため、区では空きビルを活用した施設整備に軸足を置かざるを得ない。一方で、急速に拡大する保育ニーズや、増加傾向に歯止めがかからない人口流入に対応するには、施設建設や大規模改修、申請手続きなどで開設までに2～3年を要する認可保育所の新設では間に合わない。このため、区は緊急対策として、認可保育所の整備と併せて独自の「区保育室」を開設し、当面のニーズに対応している。

区保育室は、1人当たり面積や職員配置、利用料などを認可保育所と同一基準に設定。施設にビルの空きテナントやプレハブを使用し、認可外施設として開設することで、数カ月での開設が可能という。昨年度は区保育室で600人規模を定員拡大しており、1日に発表した来年度に向けた緊急対策では、1千人分の定員拡大のうち、区保育室が540人を占める。

区保育課では、「あくまで認可保育所の設置が前提。保育室の場合、国の補助などが受けられないため、財政上も厳しいが、ニーズに応えるにはやむを得ない」と話し、「地方単独事業だから潜在的待機児童と呼ばれるのは疑問」と困惑を隠さない。

杉並区も地方単独事業の利用が1528人で、潜在的待機児童の大半を占めている。このうち、前区長時代に整備した区保育室23カ所を506人が利用しており、都の認証保育所や家庭福祉員など国の新制度に含まれない事業や他自治体の単独事業を利用する区民などで港区に次ぐ人数になっている。区保育課では、「認可保育所の整備で待機児童解消を目指す」とする一方、「希望して認証保育所や区保育室を利用しているケースもあり、一概に潜在的待機児童とされるのは厳しい」と話している。

国が公表した17年4月1日現在の待機児童数と潜在的待機児童数（単位：人）

区名	待機児童数	潜在的待機児童数 地方単独事業を利用	育児休業中	特定の保育所のみ希望	求職活動を休止中	合計	待機＋潜在	来年4月の定員拡大予定
千代田	0	318	0	92	0	410	410	117
中央	324	149	103	105	0	357	681	525
港	164	1,797	34	686	0	2,517	2,681	1,000
新宿	27	224	0	66	0	290	317	662
文京	102	163	181	34	2	380	482	208
台東	227	159	2	197	0	358	585	595
墨田	148	183	126	153	66	※528	676	1,048
江東	322	537	504	69	292	※1,402	1,724	1,074
品川	219	306	0	74	30	410	629	686
目黒	617	485	0	0	0	485	1,102	785
大田	572	659	0	418	195	1,272	1,844	1,100
世田谷	861	684	0	222	10	916	1,777	1,651
渋谷	266	428	0	62	0	※490	756	812
中野	375	451	0	212	0	663	1,038	1,353
杉並	29	1,528	96	165	43	※1,832	1,861	1,430
豊島	0	40	0	95	0	※135	135	777
北	82	41	72	138	0	※251	333	778
荒川	181	135	9	74	21	239	420	401
板橋	231	86	86	227	82	481	712	636
練馬	48	237	172	256	113	778	826	700
足立	374	334	0	79	0	※413	787	1,055
葛飾	76	108	39	266	0	※413	489	322
江戸川	420	364	430	172	267	1,233	1,653	1,095
23区計	5,665	9,416	1,854	3,862	1,121	16,253	21,918	18,810

地方単独事業＝認証保育所など自治体が補助する認可外施設
※旧基準の数値を含む

品川区

障害者施設の防犯強化

カメラ設置など全額補助

昨年7月に相模原市の障害者施設「津久井やまゆり園」で起きた殺傷事件を受け、品川区は民間障害者施設が設置する防犯対策機器の費用を全額助成する。区によると、全額助成は都内でも珍しく、21日に開会する第3回定例区議会に事業費3050万円を盛り込んだ補正予算案を提出し、年度内に交付する方針。

区は事件を受け、昨年度中に区立の障害者施設に非常通報装置や暗証番号入力式ドアロックなどを設置する一方、民間施設への対応が課題となっていた。都が今年度、福祉保健区市町村包括補助事業のメニューに追加し、事業費の2分の1を都補助金で賄えるため、全額助成を決めたという。

助成額は防犯カメラやカメラ付きインターフォンが上限120万円、非常通報装置が同30万円、人感センサーやセンサー式ライト、防犯灯の設置が同10万円。希望する施設は複数のメニューを利用できる。区によると、区内の民間障害者施設40カ所のうち、既に防犯設備を設置している施設や入居する建物の所有者が別途対策を行う施設などを除き、32カ所が助成を利用する意向を示している。濱野健区長は「安全のため、積極的に進めていく」と話している。

中央区

区が被害店舗を支援

「築地魚河岸」の広場提供

中央区は、先月3日に起きた築地場外市場の火災で被害を受けた事業者に区の商業施設「築地魚河岸」の屋上広場を仮設店舗として貸し出す。現在、海産物の小売店など7店舗が貸し出しを希望しており、順次利用を開始する予定。事業者の生活再建のめどが立つまで営業を認める。

仮設店舗は、区都市整備公社が管理する築地魚河岸の小田原橋棟の屋上テラスの一角にテント4基を設置しており、希望者が多ければ追加設置も見込んでいる。利用料は、電気代を含んで月額1万5千円程度とし、水道代は無償で共用部を使用できる。

区は先月から、被害を受けた17店舗の事業者と面談して賃貸借意向を確認した。飲食店には食堂や休憩所のスペースを提供できないか調整しているという。

記者席

リクエストは織り込み済み?

○……15日の小池知事の定例記者会見。知事の笑顔が最も輝いた瞬間が、観光ボランティアの新ユニフォーム発表だった。

最初はマネキンに飾られていたユニフォームだったが、知事はカメラマンのリクエストに応じてブルゾンに腕を通すと、「どうでしょうか」とポージング。報道陣から「せっかくなんで演台の前で」と求められ、持ち前のサービス精神でキャットウォークまで披露して見せた。

舛添前知事が先代の制服を発表した際は、若手職員がモデルになっていたが、今回は声がかかるのを想定したかのように小池知事が生着用。ランウェイは譲らなかった。

○……「政策を軸に都政に邁進（まいしん）している」。都議会・都民ファーストの会の増子博樹幹事長は、民進党の代表選や同党都連の新体制の受け止めをこう説明し、「あまり関係ない」と述べた。特に憲法や原発など国政のテーマは原則コメントしない方針で、「（都民ファーストの中で）いろいろな考えの人はいる」と言い添え、「都民ファーストや情報公開などが政策の基準になる」と話した。

一方、国政で野党共闘が話題に上る都議会共産党の大山とも子幹事長は「とにかく一致点を探るしかない」と言及。理念ではなく一致点が共闘の軸になると繰り返した。野党再編の動きが世間をにぎわす中、都政は「あまり関係なし」のようだ。

○……「臨海部は築地、豊洲、有明まで一体的に考えないと有効利用はできない」。混迷が続く築地市場と豊洲新市場の問題について、あるディベロッパー幹部に話題を振るとこう返ってきた。

ディベロッパーが手掛けるまちづくりの手法は強制的だと行政や議会から非難されることもあるが、「タウン」「シティ」「ヒルズ」などと名付けられたまちが周辺に波及効果をもたらす側面もある。

都市部の都市計画は、民間開発の誘導と住環境の確保を両立させる視点が必要で、グランドデザインを描くのは行政の役目だ。広い視点でまちを描くべき行政が民間事業者にあきれられるとは恥ずかしい事態だ。

台東区

局地的な混雑解消されず

観光バス予約の効果検証

台東区は13日、浅草駅周辺で今年2月から開始した観光バスの乗降場分離と予約システムの効果検証結果を発表した。車の移動が全体的に円滑となっている一方で、乗車場と降車場の位置が近い地点では混雑が解消していない実態が浮かび上がった。

国土交通省関東地方整備局東京国道事務所が提供する「ETC2・0データ」で計測した通過車両の走行データを基に検証した。浅草駅周辺の平均旅行速度は時速14・5㌔となり、システム導入前と比較して同0・6㌔速くなった。

しかし、1日当たりの利用者数が平均90台だった言問通りに設置した降車場付近は、午前中を中心に渋滞がみられた。区交通対策課によると、「乗車場が近いため、ガイドが客をそこまで案内する間に停車していることが一因」という。解決策として、付近に降車場を増設する方向で検討しているという。

同課の石川洋二課長は「予約システムは事業者に普及している。今後、1年間を通して効果を検証し、さらに改善を図っていきたい」と話している。

練馬区

イベント情報で街歩き

多機能健康アプリ開発

練馬区は街歩きによる健康づくりを目的に、地域のイベント情報などの配信機能を付けたスマートフォンアプリ「ねりまちてくてくサプリ」を11月1日から公開する。区によると、地域情報の配信機能が付いた多機能型健康支援アプリは都内の自治体で初という。

アプリでは、歩数を自動表示し、血圧や体重、過去の健診結果などが記録できる。アプリ内の地図には、区が作成した石神井公園周辺などの散策コースを表示し、コース途中に設けたチェックポイントを通過すると区の公式キャラクター「ねり丸」などのイラスト画像データがスマートフォンに自動で保管され、他のメールアプリなどで使用できるようになる。

配信する地域情報は、イベントや区内の運動施設の紹介などに加え、GPS機能を活用して現在地周辺にある区内産農産物の直売所や、区が「食育応援店」に指定する飲食店なども表示する。

アプリ開発費は850万円で、区健康推進課では、公開開始からの1カ月間でダウンロード数5千件を目標とし、利用を呼び掛ける方針。

高校無償化で新奨学金

足立区は大学進学に軸足

国や都が進める高校実質無償化の動きを受け、区でも奨学金の新制度創設が相次いでいる。足立区は12日に大学進学のための奨学金受給者に対して返済をサポートする助成制度を発表し、文京区は高校の入学準備金に充てる給付型奨学金制度の創設を13日に発表した。いずれも家庭の経済状況にかかわらず教育を受けられる環境を整えることで貧困の連鎖を断ち切るのが狙いで、来年度にスタートする。

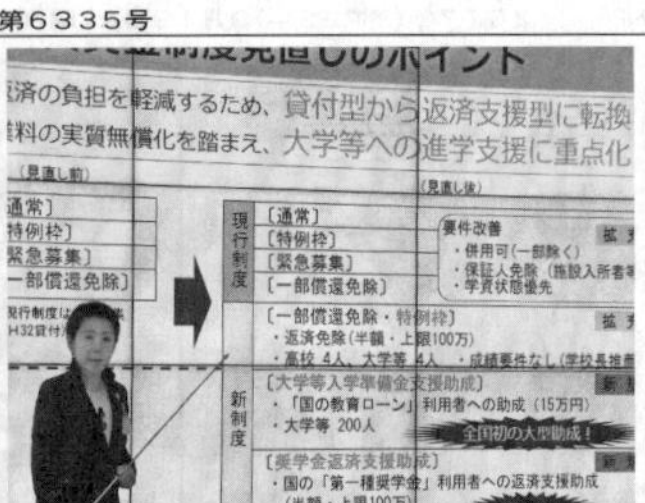

新しい奨学金制度を説明する近藤区長＝12日、足立区庁舎で

高校無償化を巡っては、国が就学支援金を支給し、都が世帯年収760万円未満の世帯を対象に奨学金を支給することで実質無償化となっている。

低所得世帯の授業料負担がなくなったことで、両区とも高校生を対象とした授業料の貸付制度への申し込みは定員割れの傾向が続いていた。

こうした状況を受け、足立区は生活保護世帯の中高生を対象に入学金や授業料を貸し付ける育英資金制度を見直し、区に6カ月以上在住していることを条件とした大学進学の助成制度にシフトし、区の制度よりも貸付額が高い国の奨学金制度の返済支援に集中する。

国の教育ローン利用者や児童養護施設入所者を対象とする入学準備金助成で、15万円を上限に支給する。

また、低所得世帯であれば成績要件なしで利用できる国の「第一種奨学金」の借入金の半額に相当する100万円を上限に支給する。区によると実現すれば都内で初。

卒業後10年以内に2年分の区民税を納めることが受給の条件で、区学務課は「大学まで出て就職した後、いったんは地方に赴任したとしても足立区に戻ってきてくれれば」と定住化促進の効果にも期待を寄せる。

助成の財源となる基金の使途変更を含む条例改正案を21日に開会する第3回定例区議会に提出する。可決されれば、10月下旬から募集を開始し、来年4月から支給を開始する。既に国の貸付が終わっている返済助成は、来年度から募集する。

近藤やよい区長は「大学卒業者が多額の借金を背負って社会に出るのは問題。区の財源を本当に必要としている人に手厚く届けるために軸足を移動する」と説明した。

文京区は給付型を創設

一方、文京区では、返済の必要がない給付型の奨学金制度を新たに立ち上げ、制服や学用品購入など高校の入学準備に必要となる経費に充ててもらう。給付額は、私立の入学者が10万円、公立が6万円。

また、中学生を対象に学習塾へ通う費用に対する助成を始める。給付額は中学2年生が年間で上限5万円、中学3年生が同10万円。保護者から請求書や領収書の提出を受けて、保護者の口座に振り込む。

給付型奨学金は11月定例区議会に条例改正案を提出し、学習塾費用の補助は年度内に要綱で定める。給付型奨学金は補正予算を編成し、学習塾費用の支援は来年度当初予算案に盛り込む予定。事業費はともに1100万円程度を見込む。

23区の中でも高所得者層が多い同区では、子供の貧困の実態が見えにくくなっているという。しかし、区がふるさと納税を活用した食事支援事業を立ち上げた際には想定を上回る申し込みがあり、一定の支援需要が見込まれている。

区教育総務課は「子供の将来が生まれ育った環境に左右されることなく、世代を超えた貧困の連鎖がなくなるよう積極的に施策を実施する」としている。

自治体政策のススメ

多様性から生まれた人権条例

LGBT施策の課題③

渋谷区男女平等・ダイバーシティ推進担当課長　永田 龍太郎

日本初となる同性パートナーシップ制度を含む「渋谷区男女平等及び多様性を尊重する社会を推進する条例」は、区が基本構想に掲げる「ダイバーシティ&インクルージョン」のように、まさに多様な人が交じり合うコミュニティーの中から生まれました。

2005年に設立された「グリーンバード」は、各地のチームが地元でゴミ拾いをするNPOで、長谷部健区長（当時区議）は創設メンバーの一人です。

その歌舞伎町チームには、トランスジェンダー当事者がいました。彼は06年に自身の半生とトランスジェンダーであることをカミングアウトした書籍を発表しました。その反響は大きく、全国の当事者から「会いたい」「話を聞いてほしい」という手紙が寄せられました。彼は「僕は歌舞伎町でゴミを拾っているよ。拾いながら話そう」と返事を書いていたところ、集まった参加者の3分の1がトランスジェンダー当事者という日もあったそうです。

一緒にゴミを拾うという短い時間を過ごすためだけに、当事者が全国から集まるのです。長谷部区議（当時）はこの状況を目の当たりにし、当事者の置かれた孤独の深さと困難にショックを受け、「自治体に出来ることはないか」考えるきっかけとなったといいます。

そして、長谷部区議が同性パートナーシップに関する質問・提案を行った12年6月定例区議会をスタートに、他の区議による質問が続き、14年夏に桑原敏武前区長が条例検討会議を設置。条例は15年3月定例区議会で賛成多数で可決され、現在では条例に基づく人権課題として、様々な所管が連携しながら、区民や事業者と共に「オールシブヤ」で取り組んでいるところです。

パートナーシップ証明ばかりが注目され、メディアで「パートナーシップ条例」と表記されるケースが散見されますが、これは誤りです。正しくは、男女平等に加え、性的少数者の人権に取り組むことをうたった「人権条例」なのです。

アニメを起爆剤に
聖地認定で観光客誘致

「アニメ」をキーワードに国内外の観光客を官民連携で誘致することを目的に、一般社団法人アニメツーリズム協会が8月、ファン投票により国内の88カ所を「アニメの聖地」に認定し、多摩地域では9市が選ばれた。今後、同協会が観光庁の支援を受けて進める周遊ルートの設定など振興策によって、国内外からの誘客や各地域の活性化を図る。アニメファンの「聖地巡礼」による地域振興は都内の自治体間で温度差があるが、海外からの観光客誘致など、新たな観光資源として活用の動きが活発化しそうだ。

「この森の奥に『鬼太郎』が住んでいるんです」。調布市の産業振興課の担当者は「聖地」の一つである布多天神社をそう説明した。市役所から北に位置する神社に実際に足を運ぶと、確かにそんな趣がある。厳かな雰囲気の境内や、500年以上続く社を眺めると、その背景にある森の中に漫画家・水木しげる氏が描いた妖怪たちが潜んでいるような気がしてくる。

同市は「水木マンガの生まれた街」として聖地に認定された。水木氏が50年にわたり市内に住み続けたことが縁で、国民的な代表作『ゲゲゲの鬼太郎』のキャラクターが神社前の商店街に設置されているほか、グッズを扱う公式ショップもあり、国内外からファンが集っている。

昨年11月には水木氏の命日にちなんだ「ゲゲゲ忌」を開催。キャラクターの着ぐるみによるグリーディングやイベントを実施し、スタンプラリーには5千人が参加した。市は今年もゲゲゲ忌を開催し、継続行事にしていきたい考えだ。

また、今後は駅前再整備に合わせて駅西側にキャラクターを配置した公園なども整備する計画。市担当者は「作品が放送されているアジア地域からの観光客も多く、『水木ゾーン』によって回遊性を高めていきたい」と話している。

布多天神社前の商店街に設置された『ゲゲゲの鬼太郎』像＝調布市

アニメを活用した集客にいち早く取り組んできた自治体が立川市だ。同市は『とある魔術の禁書目録』というSFファンタジーライトノベルのモデルということがファンの間で周知され、訪問客が増加。今回は同作品のスピンオフコミックが原作のアニメ『とある科学の超電磁砲』の聖地として認定を受けた。

市は観光協会や市内事業者と共に「とあるアニメの連絡会」を設置し、作品とのタイアップ企画や市内周遊を促進してきた。「きっかけは、ファンが作品の舞台ということに気付いたこと。今回もファンに選ばれて聖地に認定され、ありがたい」（産業観光課）と話す。聖地認定に関わる事業は未定だが、アニメ関係のイベントを継続して実施していく方針だ。

新選組をモチーフにした女性向けゲームが原作のアニメ『薄桜鬼　真改』の聖地となった日野市では、昨年度からふるさと納税の返礼品に同作品のタペストリーを用意するなど、積極的にコラボレーションを行う。「新選組のふるさと日野」というPRにアニメの魅力も付加することで、ファンを誘致している。

■「財産」になるか

「聖地認定」によって一層の観光振興を図る動きがある一方、戸惑いを見せる自治体もある。町田市はライトノベルをアニメ化した『デート・ア・ライブ』の舞台として認定されたが、幅広い層に認知されている作品とは言えず、「選んでもらえたことはありがたいが、盛り上がりの熟度が上がっておらず、今後の対応については様子見」と話す。

作品による誘客効果は自治体にとって未知数な側面がある。西東京市では同市周辺が舞台となっている『ケロロ軍曹』と鉄道会社などとのコラボ企画が先行して行われており、今後は協会側からの提案も踏まえて、取り組みを検討していく構えだ。

大手出版社や旅行事業者などが参画するアニメツーリズム協会では、聖地認定によって、海外・国内の観光客への発信を強化し、経済効果につなげることを目的にしている。これまで、都内各自治体は東京五輪を契機とした観光施策に取り組んでいるが、都の国別外国人旅行者行動特性調査では、訪問先の多くが23区内にとどまり、多摩地域への周遊につながっていない実情がある。

作品の魅力を生かした「アニメツーリズム」には、他地域との差別化という意味でも大きな可能性がある。作品の力を生かして海外からの観光客誘致につなげることができれば、「アニメ」が自治体にとって新たな財産となりそうだ。

都産業労働局

市部を電動アシスト自転車で
モニターツアーで検証へ

自治体向けの西多摩モニターツアーの様子＝観光部提供

都産業労働局観光部は10月、多摩地域を電動アシスト自転車で周遊する都民向けのモニターツアーを実施する。東多摩、西多摩のそれぞれの観光地を自転車で巡ることで、電車やバスを補完する二次交通手段としての有効性や、今後の課題などを整理することが目的だ。多摩地域では南北方向の交通手段が乏しく、シェアサイクルなどの自転車交通が弱点の克服につながる可能性がある。

モニターツアーは2コース用意し、それぞれ20人程度を募集する。中学生以上で、20キロ以上自転車で移動できることなどが条件。いずれも1泊2日の日程で、参加費は無料。

東多摩地域では、武蔵野・調布・小金井・稲城の各市を軸とした地域を自由に周遊することができるツアーを開催。自転車で、各市にまたがる野川公園や江戸東京たてもの園、井の頭恩賜公園などを回ることを想定している。

西多摩地域は、福生市・羽村市・瑞穂町を軸とした地域が対象で、ガイドが先導して決められたルートを回る。清岩院（福生市）や玉川上水・羽村取水堰（羽村市）、耕心館・けやき館（瑞穂町）などを巡回する予定だ。

都内では都心区を中心に電動アシスト自転車のシェアサイクルが行われており、区境を超えて移動や返却ができる広域連携が実現している。多摩地域では独自にレンタサイクルやシェアサイクルを実施する自治体はあるが、広域連携は実現しておらず、南北交通を補完する交通機関とはなっていない。モニターツアーを通して有効性が示されれば、区部と同様に民間事業者が広域でのシェアサイクルを導入する可能性もある。

今回のツアーは一般の都民向けだが、観光部は今年7月～8月に多摩地域の自治体や事業者を対象にした自転車モニターツアーを実施しており、電動アシスト付き自転車による周遊が有効との声が多かった。一方で、事故を防ぐための道路環境整備や駐輪場所の確保など、自転車ならではの課題もある。

観光部振興課は「モニターツアーの結果は各自治体や事業者に情報提供していきたい」と話し、自転車の活用に期待を示している。

八王子市

医療刑務所に壁画完成
市の過去・未来描く

八王子市の市制100周年を記念して16日から開催している「全国都市緑化はちおうじフェア」の一環として、市の委託を受けた東京造形大学が、子安町の医療刑務所北側の壁に140㍍の壁面アートを完成させた。同大の学生が市民や市内の児童・生徒らとともに約2カ月半かけて描いた。

戦後の復興が描かれている壁画の一部＝14日

壁画は「八王子の過去・現在・未来」をテーマにした絵巻物のデザインで、地元町会などで実施したワークショップを通して検討を進めてきた。戦国時代に八王子を治めた北条氏照のイラストや、江戸から昭和にかけての発展、戦火に見舞われた歴史、前回の東京五輪で自転車競技の会場となるなど復興の様子などが描かれている。未来の八王子の姿は、地元小学生のアイデアを基に作成された。全国都市緑化フェアは10月15日まで。

東村山市

人材派遣会社と連携協定
働き方改革など共同研究

東村山市は8日、働き方改革や雇用拡大などを進め、持続可能な経営を目指すことを目的に、総合人材サービスのパーソルテンプスタッフ㈱と包括連携協定を結んだ。

協定では、市と同社が緊密な相互連携とお互いの強みやノウハウを生かした共同経営を推進することで、「東村山創生」を加速させることを目指す。具体的には▽働き方改革による新たな就労形態・雇用拡大▽女性や若者、シニア層の就労機会の拡大▽創業支援、産業振興▽少子化対策――などの項目について連携・協力して、最適な施策創出に向けた共同研究を行う。

テレワークや短時間勤務などの働き方改革が進めば、市内の雇用創出や定住人口増にもつながる可能性があり、市は協定を通した施策の検討を進める考えだ。

問われる　武蔵野市政の明日　下
市長選・発展か転換か

両候補「見直し」で一致点も
迫る変化の時

武蔵野公会堂で15日に行われた市長選予定候補者の討論会は、民進・共産の支援を受ける松下玲子氏と、自民推薦の高野恒一郎氏の一騎打ちとなった。

「12年間で市民参加や健全財政が進んだ。中学校給食が実現し、保育所・特養の定員も倍増している」「決められない市政、大事なことが前に進まない市政。最大の原因は市長のリーダーシップ、決断力が足りなかった」。両候補の意見がはっきりと分かれたのが、邑上市長への評価だった。

現市政への批判を繰り広げる高野氏は、市が進める武蔵境駅北口市有地の活用事業について、「市政初の公民連携がやりたくて、制度ありきで進められた」と指摘。同市有地で建設が進む民間との複合公共施設は、建築費や維持管理費が事業者負担となる一方、安価な土地貸借料や計画の不透明さが指摘されている。高野氏は事業を見直し、保育所整備に切り替えることを公約に掲げる。

また、市が検討している施設一体型の小中一貫校に関しても、一人ひとりの児童・生徒の体験機会などが制限されるとして見直しを主張する。

高野陣営の関係者は「選挙での広い意味の争点は革新市政の転換」としており、現市政に対しては「評価できる点が思いつかない」（高野氏）と辛辣（しんらつ）な評価だ。

対象的に、現市政の継承と発展を掲げる松下氏は、自身の政策集で「引き継ぐべき成果」として、邑上市長による放置自転車の解消や中学校給食の実現、市民参加の推進などを挙げている。

都民ファーストによる候補擁立が暗礁に乗り上げる中、一見すると最大の争点は「邑上市政の継続か転換か」であるようだが、実際には両氏の個別政策では一致点も多い。

武蔵境駅北口で整備が進む複合公共施設（左奥）＝15日

高野氏が問題視する駅前市有地の活用では、松下氏も「市民や議会の意見がしっかり反映される仕組みを作る」と話し、現行計画の進め方には疑問を呈している。松下氏は小中一貫校に対しても消極的な姿勢で、「当事者の意見をしっかり聞いて、慎重に検討していきたい」としている。

また、都市計画道路の外環の2については両者とも反対の立場。市議会でも検討が行われている自治基本条例の制定に関しても、前向きな姿勢で一致している。

当然、「住民投票制度導入を進める」（松下氏）か「慎重に対応すべき」（高野氏）かや、「認可保育所の充実」（松下氏）か「施設の一定整備と家庭での保育などの選択肢を用意すべき」（高野氏）といった主張の違いはある。それでも両者の主張に共通する部分が多いのは、邑上市政12年間の「安定運営」の結果とも言える。

高野氏を支援する自民党関係者は「現市政は何もしてこなかった」と批判するものの、市内では中学校給食導入などの評価は高く、市民の共感を得られる批判材料は多くない。一方で、松下陣営でも現市政を全否定するのではなく、「変えるべきところは変える」（松下氏）姿勢だ。結果として「変化の方向性」が一致する部分も多くなっている。

高野氏は45歳、松下氏は46歳と、新世代の候補であることも今回の選挙の特徴だ。有権者の一人は「（土屋正忠氏と菅直人氏が地盤争いをする）『土管戦争』はもうやめてほしい」と訴える。「市を良くしたい気持ちが同じなら、一致する部分もあって当然。イデオロギーではなく政策で判断したい」

いずれの候補が当選しても、世代交代によって武蔵野市は変化の時を迎えることになる。『住民自治のまち』が選ぶのはどちらの変化か。選択の時は近い　＝おわり

パラバドミントン国際大会で優勝
調布市職員が快挙

長友調布市長（左）から花束を受け取る山崎主事

町田市総合体育館で10日、パラバドミントン国際大会の決勝戦が行われ、調布市職員の山崎悠麻主事が世界ランキング1位の選手を破り、女子シングルス（車いす）で優勝する快挙を果たした。これを受けて調布市では12日に市役所正面入り口で報告会を開催。長友貴樹市長が健闘をたたえるとともに、3年後の東京大会を見据えた今後の活躍にも期待を示した。

山崎主事が優勝したのは7日から10日まで開催した「ヒューリック・ダイハツJAPANパラバドミントン国際大会2017」で、日本で行われる初の国際大会。世界29カ国・地域から188人の選手が参加した。

山崎主事は13年の東京国体で車いすバドミントンを観戦したことをきっかけに競技を始め、現在は育児と仕事を両立させながら練習にも励んでいるという。報告会では周囲の職員の支えにも感謝を述べ、「東京五輪の出場権を得るために、さらに上を目指していきたい」と意気込んだ。

長友市長は「（東京五輪に向けて）期待も高まる。プレッシャーも大きいが、糧にして頑張ってほしい」とエールを送った。

多摩の振興プラン策定
目指すべき地域像示す

都総務局

都総務局は15日、多摩の目指すべき地域像や施策の方向性を示した「多摩の振興プラン」を策定した。都の「2020年に向けた実行プラン」や「都市づくりのグランドデザイン」を踏まえ、地域の実情や当面の取り組み、施策の基本的な考え方などをまとめている。

持続可能なまちづくりでは、多摩ニュータウンをはじめとする大規模団地の改修・建て替えを促進。また、緑の保全では「緑を減らさない」ことを大原則に、生産緑地地区の指定が区切りを迎える22年に向けて、里山や樹林地などの自然環境保全に取り組む。さらに空き家や空き地をコミュニティー施設や保育所などに活用するほか、「空き時間の活用」としてテレワークなどの柔軟な働き方の普及促進も掲げた。

小池知事は15日の会見で、「多摩地域の発展は活力ある東京に欠かすことができない。宝物の地域をもっと生かしていく」と説明した。

都超勤縮減

土日連続の休日出勤禁止

「休み方改革」でルール作り

都総務局は10月中旬から、職員の長時間労働防止の新たな取り組みとして「休み方改革」のルールを決め、土日の連続勤務禁止や出勤日の間に一定の間隔を設ける「勤務間インターバル」を全庁的に試行する。「働く」と「休む」のメリハリを付けて職員の休息を確保することが狙いで、労使協議の上、実施する予定だ。ただ、庁内からは長時間労働の原因として業務の偏りや議会対応を挙げる指摘もあり、実効性を疑問視する声もある。

午後8時以降の退庁者の推移

（人）1800／1600／1400／1200／1000／800／600／0

10月 11月 12月（2016年） 1月 2月 3月 4月 5月 6月 7月（2017年）

※2016年10月は14日〜31日までの集計

インターバルが11時間の例

現在：9:00 出勤 17:45 定時 24:00 退庁 ←9時間→ 9:00 出勤 17:45 定時

試行後：9:00 出勤 17:45 定時 24:00 退庁 ←11時間→ 11:00 出勤 19:45 定時（時差勤務で翌日の終業時刻を調整）

■正規の勤務時間 ■超過勤務

具体的には予算編成や人事異動、議会対応のような繁忙期でも土日の連続勤務を原則禁止し、1週間で最低1日の休務日を確保する。都はこれまで、午後8時完全退庁や各局で超勤時間の削減量を競う「残業削減マラソン」など超勤縮減の取り組みを行ってきたが、休日出勤には言及しておらず、平日に終わらせられなかった業務を土日にこなしている実態もあった。

また、退勤から翌日の出勤時間まで、8〜11時間の間隔を設けることを義務付ける「勤務間インターバル」も10月中旬から導入する。例えば、11時間のインターバルを取る場合、午前0時に退庁すれば、翌日は午前11時前の出勤は原則禁止となる。勤務時間そのものを短縮するのではなく、勤務開始時刻に合わせて現行の時差勤務制度を使い、終業時刻を調整する。インターバルの時間は各部・課単位で設定する。

都は働き方改革の取り組み開始から、1カ月平均で一人当たり2・7時間の超勤縮減を達成しているが、今年7月には午後8時以降に退庁した職員が約1300人となり、取り組みを始めた昨年10〜11月と比べるとやや増加傾向にあった。

また、職員の健康増進という側面もあり、月100時間以上または2カ月〜6カ月の平均で80時間以上超勤した職員に対して産業医が健康指導を行う「長時間労働面接」の対象者が、15年度から16年度にかけて約2割増えていた。

都総務局は「繁忙期はがむしゃらになって働き過ぎる職員もいる。職場で休み方のルールを作って、健康についても見直してほしい」（職員支援課）と話す。

このほか、これまで1日単位だったテレワークを9月から半日単位や出張帰りでも利用できるようにするなど、働き方改革の制度も拡大して仕事と休息のメリハリをつけ、職員の「ライフ・ワーク・バランス」を推し進めたい考え。

■議会も意識改革を

一方で、庁内からは「業務のやり方を変えるだけでは根本的な休務時間確保にはつながらない」との声も出ている。

ある本庁課長は「翌日の朝一番に会議がある時は、その準備で退庁時間が遅くならざるを得ない」と話し、「ある一定の時間勤務を禁止するよりも、業務の平準化を図った方が実効性があるのではないか」と要望。別の本庁課長は「実際に土日出勤や、長時間の残業をせざるを得なくなるのは議会対応のため」と漏らし、議会側の意識改革の必要性に言及した。

新たなルールは労使協議を経た上で試行する予定で、都労連側は「長時間労働の是正に向けて必要な取り組み」としながらも、「超勤縮減に直接つながるものではない」との認識を示し、効果の検証を求めている。

都総務局

監理団体経営目標を設定

「効率化」など新視点追加

都総務局は15日、今年度の監理団体経営目標の設定状況を発表した。都が監理団体を評価する指標で、今年度から新たに「効率化」「収益増加」の二つの視点を追加。2015年度までは「財務」の1視点でまとめていたが、16年度に「ワイズスペンディング」の観点から監理団体の評価制度を見直し、細分化した。

また、財団法人と株式会社の経営形態の違いを踏まえ、目標設定も差別化した。15年度までは全団体一律で4目標だったのに対し、今年度から財団法人は「利用者・都民本位」で3目標以上、「効率化」で1目標以上、「収益増加」は任意設定で計5目標。株式会社はそれぞれ2目標以上、1目標以上で計4目標設定することが義務付けられた。株式会社については、目標に加えて財務指標の観点からも評価する。

このほか、経営目標には大学教授や経営コンサルタントなどの意見も取り入れられており、都が評価する際にも外部有識者の意見を参考にする。

2億円の私債権放棄

都市博中止の救済融資も

都は13日、昨年度に放棄した私債権が、前年度比約1億円増の約2億3千万円だったと発表した。最も金額が大きい案件は、世界都市博覧会の中止に伴い、中小企業に融資した私債権で、約4千万円だった。青島元知事が中止を決定したのは1995年。都はルールに基づいて債権回収を続けているが、都側の判断で中止したため早期に積極的な回収に踏み切れなかった事情もあり、20年以上経った今なお後処理が続いている格好だ。

放棄したのは、都市博の工事や関連製品の作成に関わった中小企業の救済策として設けられた特別対策緊急融資の債権。都が発注した会社の協力会社が主な対象で、融資の上限は2億円。融資額が4千万円以下の場合は担保が不要な上、1千万円以下であれば連帯保証人も要らず、中止の影響を受けたと都が認めれば融資を受けられた。返済期間は7年だった。

融資を始めた当時、都が金融機関をあっせんし、計280件・約78億円が貸し出されたが、その後、103件が不良債権化。返済が滞った場合は債権を都が買い取る仕組みだったため、都は延滞料や利子も含め、全ての不良債権を金融機関から引き取っており、その額は約20億円に上る。このうち、今回の4千万円を含めた約5億円が融資先の倒産や行方不明により回収不能となり、債権を放棄している。

同局によると、滞納者に納付書を送りながら登記所などを確認し、返済能力の有無を調べているが、「金融機関が回収不可能と判断した債権のため、回収は難しいのではないか」（金融課）と話す。

都はそのほか959件の私債権を放棄した。病院経営本部では都立広尾病院（渋谷区）の私債権放棄が多く、既に帰国し、死亡している外国人患者の治療費未払い分約300万円の私債権を放棄したほか、昨年度から少額の未収金の回収を強化しており、数百〜数千円の私債権放棄が増加した。

都観光ボランティア

ユニフォームを刷新

季節を通じて統一感を持たせたデザインに＝15日、都庁で

東京都観光ボランティアの新たなユニフォームが15日、お披露目された。都の新たなアイコン「Tokyo Tokyo」で使用している青色を基調に、市松模様で日本の伝統を、背中のQRコードで革新を表現したのが特徴。産業労働局は10月上旬から使用する予定。

25日からは2018年度以降に活動する観光ボランティアの募集も始める。これまでに登録済みの約2500人に加え、新たに500人を募集し、街中での観光案内やガイドとして活動してもらう。

社説

都議会第3回定例会が明日20日に開会する。今議会は、第20期都議会として初の定例会であり、小池知事が本紙インタビューで「創造的破壊の年」と語った就任1年が終わり、都政を前進させることが期待される2年目のスタートとなる。新たな陣容となった定例会で丁々発止の議論を期待したい。

■旧弊打破はどこへ

まず、予算審議のために開かれた39年ぶりの臨時会について述べる。都議選後の知事の言動や、豊洲新市場の追加対策工事費などを審議した臨時会の有り様は、誠に残念と言うほかない。

「築地は守る、豊洲を生かす」——。都議選告示直前の記者会見でこう表明し、豊洲新市場への移転と築地市場跡地の再開発を唐突に打ち出した小池知事。その関連予算を審議する臨時会は、基本方針について知事から説明を聞く最初の場となるはずだった。

ところが、都議会第1党となった都民ファーストの会は「都市づくりの観点から示され、高く評価している」と知事を持ち上げるだけで、不透明と批判されている基本方針の決定過程や築地・豊洲両立案の課題など重要な論点に触れることはなかった。

地方議会には、議決機関としての団体意思の決定、行政のチェック機能、政策提案等を行う役割があり、都民ファーストの会は自民党を中心とした従来の都議会では、こうした機能を果たしていないと都議選で批判してきたが、のっけから従来型の議員と同じ振る舞いをするのにはあきれた。旧弊打破の公約を忘れたのだろうか。

都議会第3回定例会が開会

出直すきっかけとなる議会に

また、知事自身にも問題がある。決定過程を聞かれた定例記者会見では「AI（人工知能）が決めた」と意味不明の発言で唖然とさせ、野党からの質問には正面から答えなかった。早くも与党多数の議会にあぐらをかき始めたのだろうか。都政運営でこれだけ重要な案件を判断したにもかかわらず、説明責任を果たそうとしない姿勢は、都民を愚弄していると言われても仕方ない。

情報公開を錦の御旗にする小池知事が情報公開を拒むようでは、看板倒れも甚だしい。第3回定例会は、出直すきっかけにしてほしい。引き続き都政の焦点となる市場移転問題には、二元代表制に恥じない質疑を望む。

■刹那的判断の行く末

この1年は、築地市場移転の延期に始まり、五輪の費用負担を巡る組織委員会や他自治体とのあつれき、都議会自民党とのバトルなど、東京発の話題は全国の注目を集めたが、都政そのものは停滞していた。

本紙の都職員アンケートで知事に対する評価は平均46・6点と驚くほど低く、都民の高い小池支持率とは裏腹の結果だった。ブラックボックス化した意思決定や、責任を一切負わないのに口だけ挟む特別顧問の重用、一言でいえば執行機関の職員を信用しない知事の姿勢が低い評価の背景にある。都政の困難な案件は、知事と職員の一体感があって初めて乗り切れるということを肝に銘じるべきだ。

担当部局と相談せず、知事が刹那的な判断を行うと、先々どのような事態を招くか。分かりやすい話として五輪を例に挙げる。都の計算通り、2018年秋に築地市場が移転できたとしても、そこに整備される環状2号線の仮設道路は、もはや「世紀の祭典」を支える都市インフラにはほど遠いものとなる。片側1車線では交通処理量が全く足りず、どのような次善の策を講じるか、頭の痛い問題だ。市場移転を延期したことによって、ただでさえ難しい案件をさらに複雑にしている。

庁内には「環2は何とか五輪に間に合うからまだ良い」（都幹部）という意見がある。市場施設の解体に時間がかかることを見越して、築地川の上にせり出す形で仮設道路を計画したり、現在、市場施設が建っていない所を縫うように走らせる道路計画になっているからだ。庁内で異口同音に間に合わないと指摘されているのは、駐車場、ガソリンスタンド、洗車場、運転手の休憩所などを整備する輸送拠点だ。築地市場に現在ある立体駐車場などを活用することで、乗用車約2千台分の駐車場は何とか確保できそうだが、見通しが立たないのは約1千台分のバス駐車場である。都心部には、築地市場に代わってこれだけの規模のバスを駐車できるスペースはない。

築地は五輪メーンスタジアムと選手村を結ぶ動線上にある絶妙の場所で、ここを当初の計画通りに使えないとなると、輸送計画などの大幅な見直しは避けられない。代案の本格的な検討と関係機関との調整を急ぐべきである。

これまで小池知事は、過去の行政執行や都議会自民党を仮想敵にしていれば良かったが、自ら率いる都民ファーストの会が第1党になり、これからは都議会も含めて全て知事自身の責任となる。臨時会で「（移転に）勇気ある行動」（都民ファーストの会）などと賛辞を送られ、言葉に酔っている場合ではないのである。

■受動喫煙対策

第3回定例会の議案で注目されるのは、都民ファーストの会が公明党と「子どもを受動喫煙から守る条例案」を共同提案する。都も国に先んじて受動喫煙防止条例の策定に動き出し、その考え方は厚生労働省案や先行する自治体の条例の先を行くものだ。本来、五輪を開催する都市なら率先垂範して取り組むべき課題だったが、自民党との調整が難航して実施が遅れてきた施策だ。

東京が国を先導するという点では、石原元知事のディーゼル車排ガス規制と共通する。かつて会見で受動喫煙対策を口にしたが、腰砕けとなった舛添前知事と比べても、小池知事の政策推進力を示す1期目の実績となるだろう。

こうした政策を職員とともに一つひとつ積み上げ、職員の信頼を勝ち取るきっかけにしてもらいたい。

知事と与党多数の都議会は、小池都政に何をもたらすのか。施策を大胆に進められるようになるのか、それとも重要案件はやはり一部の人によって決められていくのか。就任2年目の今、都知事として都政を前に進める本気度も試されている。

無電柱化推進で研修会

検討委の中間報告解説

快適まちづくり支援センター

防災・エコや無電柱化など総合的なまちづくりに取り組んでいるNPO法人・快適まちづくり支援センター（堀邊専理事長）は27日、無電柱化推進に関する研修会を清澄庭園・大正記念館（江東区）で開催する。

国土交通省の「無電柱化推進のあり方検討委員会」が8月にまとめた中間報告を解説するほか、関東整備局が一部改定した電線共同溝参考資料（マニュアル）を説明する予定。NTTインフラネット、東京電力パワーグリッド、快適まちづくり支援センターの関係者が講師を務める。

国交省は昨年末の「無電柱化推進法」の成立・施行を受け、無電柱化推進の具体策を検討する検討委員会を設置。8月に無電柱化推進計画の骨子となる中間報告をまとめ、多様な整備手法や低コスト手法など無電柱化推進に向けた具体策を提言した。研修会では中間報告の中身を具体的に解説しながら、無電柱化推進の課題や今後の基本的な方向性、電線管理者としての課題などを説明する。関東地方整備局は電線共同溝のマニュアル改定のポイントと設計・施行上の注意事項、電線管理者としての課題などを報告し、参加者と質疑応答を行う。

事務局は同センター無電柱化推進委員会（担当＝白石、南澤）。問い合わせは☎5830・7537、FAX5830・7538、t.shionoya@kaiteki-machi.jp（塩谷忠章事務局長）まで。

■渋谷区人事異動

15日付

【部長級】▽危機管理対策監（防衛省）吉見隆

退職後のリアル

しくじり都庁OBの教訓㉖

リターン・トゥ・東京③

男のロマンは疎まれる

10年近くを過ぎた現在、マンションを買うという選択は、ほぼ間違いなかったと思っている。今だから言えることだが、起業した勢いと、借金のプレッシャーでその後の10年を無我夢中で走り続けることができたからである。それと何よりも仕事自体が現役時代とは違って100%やりがいのある仕事だったことが最大の要因だったと思う。

生活設計をしっかりと定めて、目標をもって生きることがどれくらい人生を充実させることになるのかを改めて知らされた。そして今、つくづく思うのは、「老人よ、安易に引退して田舎生活を目指すな」である。

日本版CCRC構想で「希望する高齢者が健康時から移住し、自立した社会生活を営める」などと高齢者への田舎生活が喧伝されている。50代では半数以上の男性が田舎生活を目指す一方、その連れ合いである女性たちは圧倒的に都会志向であるという乖離が面白おかしく言われていた。

現実派の妻とロマン派の夫との意識差も注目されるが、それ以上に注目すべきは、男性たちも60歳代になると急速に地方移住希望が減少していることである。30%半ばに落ち込んで性差も少なくなる傾向が示されていた。私はデータ通りのことを実践したわけである。男の老後の田舎生活のロマンには様々な困難が伴うことや、妻からは疎まれているという現実を完全に見落としていた。

もちろん、年を取って体力が落ちるなど田舎暮らしが困難になるという現実もあるが、それ以上に「幻想」が覚めて「現実」になるということではないだろうか。50歳代での田舎移住はあくまで夢であって、田舎暮らしのリアルには超えなければならない様々な障害があるということだ。

こうした覚悟がある人はいい。しかし私は現実と向き合うことなく田舎暮らしを試みた「しくじり先生」だったと言ってもいいだろう。

この現実は、近年の老後の東京暮らしを称賛する声が出始めてきたことも裏付けているようだ。

（金子雅臣）

五輪への航海図 ⑽ TOKYO 2020 開催まで あと1039日

ショールーム開設

原宿で若者にアピール

五輪組織委員会は14日、公式ライセンス商品のショールームを開設した。若者の街・原宿で東京大会を身近に感じてもらうスペースとして期間限定でオープンするもので、盛り上がりに欠ける若者世代をターゲットにアピールし、機運醸成につなげる狙い。

ショールームは約35平方㍍。Tシャツや文房具、雑貨などのグッズが並ぶほか、新商品の先行展示も行っている。また、若者に人気の写真共有サイト「インスタグラム」で発信してもらえるよう、写真コーナーを設けた。営業時間は午前11時〜午後7時。

ショールームは11月下旬まで開設し、三つのテーマで展示替えを予定。10月16日までの第1期は東京大会の商品を楽しんでもらうことをテーマとし、第2期（10月19日〜11月13日）はオリンピック1千日前、第3期（11月16日〜11月28日）はパラリンピック1千日前と平昌冬季大会をテーマにする考え。

組織委はこれに先立ち、大会3年前の記念グッズを展開中。新たなTシャツは家族や友人とつながりながら大会を盛り上げるという思いを込め、2枚並べると一つのエンブレムができあがるデザインを採用した。「大胆なグラフィックながらスマートなシルエットに仕上げており、肌触りのよいコットンと乾きやすいポリエステルを混紡した素材を使用している」。エンブレムをあしらったメモリアルプレートは、計2020枚の限定生産という。

7月には夏祭りの時期に合わせ、法被やうちわを販売。1月には伝統工芸や最先端技術を取り入れ、エンブレムの組市松紋の意匠を凝らした「東京染小紋風呂敷クロス」「横浜捺染トートバック」を発表している。

立候補ファイルによると、ライセンス商品の売り上げによるロイヤリティー収入は140億円。ライセンシング事務局は「ショールームの第2期に向けて、新商品を展開していきたい」と話している。

㊨ショールームに所狭しとグッズが並ぶ＝渋谷区 ㊧大会3年前を記念したTシャツとプレート＝組織委員会提供

昇任試験対策のページ

主任試験講座

平成29年度　51

今回も、引き続き問題演習を行います。

問題

【問題17】

本年3月に都が実施した「ドアの安全性に関する調査」の結果に関する記述として、妥当なのはどれか。

① 本調査は、小学校3、4年生の子供と同居する保護者500人を対象に実施した。

② ドアに「挟まれた」または「挟まれそうになった」経験をした経験時のドアの種類の約8割が「開き戸」であった。

③ ドアに「挟まれた」または「挟まれそうになった」経験時の年齢は、5歳が最多であった。

④ 自宅のある玄関ドアに、指挟みの防止対策をしているか調査をした結果、「ドアに市販の指挟み防止グッズをとりつけている」が、52%と最も多かった。

⑤ 自宅の室内にあるドアに、ドアの閉じる速度を調整する機能（ドアクローザ等）がついているか調査した結果、「ついていない」と「ついている」が、いずれも45%程度で同程度であった。

【問題18】

本年1月に都が策定した「PRIME観光都市・東京～東京都観光産業振興実行プラン2017～」の内容に関する記述として、妥当なのはどれか。

① 本プランでは、訪都外国人旅行者数を2020年に2千万人、2040年に2500万人にすることを目標としている。

② 本プランでは、訪都国内旅行者数を2020年に4億人にすることを目標としている。

③ 外国人旅行者数は、この10年で約1・3倍に増加している。

④ 外国人旅行者の受け入れ環境向上のため、緊急時や災害時における外国人旅行者の安全・安心の確保や、多様な文化や習慣に配慮した受け入れ体制の整備に取り組む。

⑤ 八王子・高尾山エリアが多摩・島しょ地域としては唯一、平成27年度に東京を訪れた外国人旅行者の訪問地域の上位10位以内に入っている。

【問題19】

本年3月に都が報告した「社会参加に関する障害者等の意識調査」の結果に関する記述として、妥当なのはどれか。

① 障害者等がスポーツや文化、芸術活動等に参加するにあたって求める支援は、「施設等の利用料減免等、経済的な支援」が多い。

② 障害者等の通信手段としてファクスやメールを求める意見も多く、コミュニケーションをとる上で必要な配慮も障害種別により多様である。

③ 障害者を主な対象やテーマとしたイベント等の実施の課題として、企業の回答では、「障害者に配慮した運営が難しい」が23・5%で最も多かった。

④ 本調査は、東京都内に居住する12歳以上の身体障害者と知的障害者を対象として実施したものである。

⑤ 必要な支援について、障害種別では、身体障害者は、「障害にあわせたプログラムの充実」「活動の場までの送迎」が他の種別に比べて上位である特徴が見られた。

【問題20】

本年3月に都が策定した「東京都における文化財庭園の保存活用計画（共通編、旧浜離宮庭園）」の内容に関する記述として、妥当なのはどれか。

① 本計画（共通編）は、東京都が管理する5庭園について、共通する課題を整理し、今後の保存活用の在り方を示したものである。

② 本計画（旧浜離宮庭園）は、おおむね5年を目途に、状況を踏まえて、改定していくものとしている。

③ 旧浜離宮庭園の開園時間は、8時30分から16時30分である。また、休園日は12月29日～1月1日である。

④ 旧浜離宮庭園の入園料は、一般500円、65歳以上300円、小学生以下及び都内在住・在学の中学生は無料である。

⑤ 平成27年度の外国人来園者数は都立庭園全体で約27万人に上った。また、外国人が来園者に占める割合が最も大きいのは旧浜離宮庭園であった。

【問題21】

本年2月に都が取りまとめた「グリーンボンドの発行方針について」の内容に関する記述として、妥当なのはどれか。

① 総額100億円程度の発行を想定している。

② 新規対象事業として、「中小河川の整備」及び「高潮防御施設の整備」が選定されている。

③ グリーンボンドとは、企業や地方自治体等が、地球温暖化をはじめとした環境問題の解決に資する事業に要する資金を調達するために発行する債券のことである。

④ 発行時期は、平成30年1月～3月を予定している。

⑤ 「都有施設・道路の照明のLED化」は、平成28年度にトライアルとして発行された「東京環境サポーター債」の対象事業である。

都政事情 ⑤

解説

【解説17】　正答②

① 誤り。小学校1、2年生の子供と同居する保護者1030人を対象に実施した。

② 正しい。

③ 誤り。2歳が最多であった。

④ 誤り。「対策をしていない」が90・0%と最も多かった。

⑤ 誤り。「ついていない」が68・7%、「ついている」が25・7%であった。

【解説18】　正答④

① 誤り。2020年に2500万人、2040年に3千万人にすることを目標としている。

② 誤り。6億人にすることを目標としている。

③ 誤り。約2・6倍に増加している。

④ 正しい。

⑤ 誤り。上位10位は全て区部の地域である。

【解説19】　正答②

① 誤り。「適切な指導者」「一緒に行う仲間」が多い。

② 正しい。

③ 誤り。「参加する障害者が少ない」「特にない」が23・5%で同率1位であった。

④ 誤り。東京都内に居住する18歳以上の身体障害者、知的障害者及び精神障害者並びに難病患者と障害当事者及び支援者団体、障害福祉サービス事業所等、民間企業を対象として実施したものである。

⑤ 誤り。「障害にあわせたプログラムの充実」「活動の場までの送迎」が上位であったのは知的障害者である。

【解説20】　正答⑤

① 誤り。東京都が管理する9庭園について、共通する課題を整理し、今後の保存活用の在り方を示したものである。

② 誤り。おおむね10年を目途に、状況を踏まえて改定していくものとしている。

③ 誤り。開園時間は9時00分から17時00分（最終入園は16時30分）である。休園日は正しい。

④ 誤り。一般300円、65歳以上150円である。小学生以下及び都内在住・在学の中学生については正しい。

⑤ 正しい。

【解説21】　正答③

① 誤り。総額200億円程度である。

② 誤り。「中小河川の整備」及び「高潮防御施設の整備」は、環境サポーター債対象事業である。

③ 正しい。

④ 誤り。平成29年10月～12月を予定している。

⑤ 誤り。環境サポーター債対象事業には選定されておらず、新規対象事業である。

最後に

これまで5回にわたって「都政事情」を勉強してきましたが、いよいよ試験まであとわずかとなりました。本番に向けて、これからの追い込みが重要です。日々の業務も忙しい中ですが、くれぐれも体調管理には留意して頑張ってください。試験当日に皆さんのこれまでの努力が実を結びますよう、心よりお祈りしています。　＝おわり

カレントトピックス　29年度　51

都政事情

■多摩地域の魅力発信　（8月7日）

都産業労働局と（公財）東京観光財団は、国内外からの旅行者が多摩地域・島しょ地域（TAMASHIMA）を訪れるよう、公式SNSを開設した。

TAMASHIMAとは、西多摩地域（青梅市・福生市・羽村市・あきる野市・瑞穂町・日の出町・檜原村・奥多摩町）と、島しょ地域（大島・利島・新島・式根島・神津島・三宅島・御蔵島・八丈島・青ヶ島・父島・母島）の総称である。

今回、開設するSNSでは、TAMASHIMAへの旅行を促すため、各エリアの魅力的な情報を発信する。また、週末や連休の旅先候補になるよう、身近で様々な楽しみがある場所であることを伝えていく。

■ものづくりの祭典を開催　（8月9日）

東京国際フォーラムで、「ものづくり・匠の技の祭典2017」が開催された。伝統と革新をテーマに、日本を支えてきた伝統的な匠の技と最先端のものづくり技術の魅力が伝えられた。

会場では、東京を中心に全国各地から集まった日本のものづくりの伝統を継ぐ約80団体が「衣」「食」「住」「工」「伝統工芸」と「全国」のゾーンに分かれ、各ブースで匠の技術の実演や逸品を紹介し、工芸品づくりなどを体験できるブースなども設置した。

出席した小池知事は「東京には伝統的な匠の技と最先端の技術が共存し、町工場の金属加工技術は、最先端産業に生かされ、高い付加価値を生み出している」と述べた。

また、伝統ある老舗の作品・産品などを磨き上げて国内外に発信する「江戸東京きらりプロジェクト」の取り組みにも触れ、匠の技をこれからも後世に伝える考えを示した。

■今年度初の都総合教育会議　（8月24日）

「東京都総合教育会議」が今年度初めて開催され、教育委員のほか、都内公立小学校の校長・主幹教諭・教諭が出席した。

会議冒頭、小池知事は「重点政策方針2017」に触れ、教育の充実が明るい未来を切り開くという認識を示した上で、「未来の東京を支える人づくりに積極的に投資し、教育の充実に向けた取り組みを進めていくことを盛り込んだ」と語った。

さらに、知事は学校現場で抱えている課題が複雑化、多様化している現状を取り上げ、特に小学校では限られた授業時間で多くの内容を教える必要があるため、教員の長時間労働につながることも懸念されると発言。「より質の高い教育を確保するとともに、教員の働き方改革を進めるという観点に立って、小学校教育の在り方について議論していきたい」と言及した。　＝おわり

29年度　主任・係長　論文講座　51

直前対策 ③

都主任選考

試験直前の過ごし方

主任試験まで、あとわずかとなりました。今回は試験直前の過ごし方や試験当日の注意点についてお伝えします。

これまで頑張って準備を進めてきたことと思いますが、試験当日まで気を抜かないことが何より大切です。直前の対策を怠ってしまったために、試験当日に実力を発揮できないことがないようにしましょう。一方、多少準備が遅れていても、最後に追い込みをかけ、見事合格する人もいます。

勝負は試験当日まで分かりません。油断せず、最後まで諦めずに努力することが大切です。

受験の心構え

主任になれば、自分の担当業務、自分が任された仕事だけこなしていればいいということではなく、課長代理を補佐していかなければなりません。組織で業務を行う上で課題を解決するために、主任として広い視野や立場でものごとを考えられるか、ということが問われます。

この機会にぜひ、なぜ主任試験を受けるのか、今後の都庁人生をどのように歩んでいきたいのか等、改めて今の自分自身と向き合ってみてください。自己分析を行うことで、合格へのモチベーションにもつながりますし、何よりも、論文に説得力が増します。

また、仕事が忙しい、家庭の事情など、試験勉強に費やせる時間は、それぞれ限られていると思います。しかし自分に与えられた時間の中で、効率的に取り組むことで、ベストを尽くしましょう。

論文作成時の注意点

▽論文作成においては、必ず最初に骨子を作成することをお勧めします。全体構成をあまり考えずに論文を作成すると、論理展開がずれたり、バランスが悪くなります。

▽論文の冒頭は、大局的な話から、具体的な業務の話に流れていくような展開を心掛けます。都政の情報や国の白書等を確認するなど、常に最新の情報にアップデートしておきましょう。

▽解決策を書くに当たっては、課題にしっかりと対応するようにしましょう。そのためには、課題が進まない背景や要因を分析し、それを解決するための取り組みを論理的に記載します。「何のためにそれをするのか」「それを行うとどのような効果が得られるのか」を常に自分に問いかけ、確認してください。また、準備段階では必ず、レジュメを作成し、論理的に整合性があるか骨子等で確認しましょう。

▽自分が具体的にイメージできない解決策を書いても、現実味や説得力を持たせることは困難ですし、採点者にも必ず伝わります。自身で考え、現実味や説得力のある論文になるよう、推敲しましょう。

▽論文は話し言葉で書いてはいけません。主任試験の採点に当たっては、論文の内容はもちろんのこと、条例や通達などの公文書を適切に作成できるか、ということも見られているからです。

▽なるべく端的な表現とすることを心掛け、内容の説明に字数を割くよう意識します。その際には、常に5W1Hを意識し、採点者が読みやすく分かりやすい文章にすることが重要です。

▽1文は必ず60字以内にします。また、解決策は21～22行、結びは12～13行くらいのボリュームにするとバランスが良くなります。

▽話し言葉で使っていても、カタカナは多用しないようにしましょう。都庁内でオーソライズされている言葉を使用するようにします。

▽職場ものでは特に、解決策と考えられることが、課長代理の仕事なのか、主任の仕事なのか等については、常に意識してきちんと区別し、文章を作成しましょう。主任試験では主任としての立場を理解しているかが問われます。主任としての立場からの解決策でなければ、実現性も薄くなってしまいます。

▽知事がよく使うフレーズや都庁内でタイムリーな施策、オリンピック・パラリンピックなどをキーワードとして、論文で触れておくことも効果的です。なぜなら、主任として、最新の都政事情についてもしっかりと把握していることを、採点者にアピールすることになるからです。

準備論文の見直しと手書き

▽論文や骨子が完成したら、繰り返し見直しましょう。見直して繰り返し考えることで論理展開に必要なキーワードが自然に身に着いていきます。

▽試験では、準備した論文のテーマがそのまま出題されることは、まずありません。準備した論文をベースに、どのように修正して書き上げるか、本番を想定したイメージトレーニングをしておくと、本番で焦ることなく落ち着いて取り組むことができるでしょう。

▽準備論文はパソコンで作成している人がほとんどだと思いますが、この時期からは必ず手書きで論文を書きましょう。思った以上に腕や手が疲れることを実感されると思います。また、手書きで論文を書くことにより、漢字の忘却や誤字・脱字などのミスを防ぎ、うまく時間配分する練習にもなります。せっかく完成させた準備論文を自分のものにするためにも、試験直前には、数回でいいので、時間を計りながら手書きで原稿用紙に論文を書いてみましょう。

また試験当日は、出題テーマについて、全体の構成を検討する時間も必要です。自分がどのくらいの時間で論文を書き上げることができるのかをあらかじめ把握しておくと、本番でも落ち着いて書き上げることが出来ます。

試験前日から当日の準備

▽試験前日は緊張してあまりよく寝られなかったという話もよく聞きます。試験当日は緊張するでしょうし、試験時間は2時間から2時間30分の長丁場になりますので、体調管理が重要です。今まで準備してきたことを生かして実力を存分に発揮できるよう、前日は食事をしっかりとって、十分な睡眠をとりましょう。

▽事前準備として、試験会場までの経路や所要時間を調べておきましょう。集合時間は試験開始の30分前ですが、交通機関が遅延する可能性も含めて、余裕を持って試験会場に到着するよう心掛けます。

▽昼食を持参する場合は、試験会場付近のコンビニなどが混雑する可能性が高いので、朝、自宅の最寄り駅付近等で調達しましょう。

▽筆記用具は、書き慣れた鉛筆数本（HB）またはシャープペンシル（替え芯）、良く消える消しゴムを準備します。また、字が薄いと、コピーしたときに読めないため、採点されない可能性があります。

▽服装は自由です。長時間、椅子に座ることを考え、普段から着慣れたものを着用するのが良いでしょう。また、試験会場内の温度は当日でないと分からないので、脱ぎ着のできる、温度変化に柔軟に対応できる服装で臨みましょう。

試験本番での注意事項

時間配分の目安

実際の試験では目安とおりに時間配分できないこともあるかもしれませんが、落ち着いて柔軟に対応しましょう。

◇2時間30分の場合
課題の選択　5分程度
構成の検討　20分程度
論文の作成　110分程度
論文の推敲　15分程度

◇2時間の場合
課題の選択　5分程度
構成の検討　15分程度
論文の作成　90分程度
論文の推敲　10分程度

課題の選択

主任Aは、「都政または局全体に関する出題（都政もの）」と「職場に関する出題（職場もの）」の2題のうちから1題を選択します。また、主任Bは、職務などに関する3題の出題のうち1題を選択します。事前にしっかり準備をしていれば、予想が外れて全く書けないといった可能性は低いと思われます。

試験が始まったら、まず、問題文を冷静に読んで内容を確認します。自分が用意したテーマと完全に一致することは、まずありませんので、落ち着いて出題内容を確認してください。準備した論文を漫然と書き始めるのは危険です。

仮に、全く予想外の出題テーマであったとしても、決して焦らず、自分の土俵に引き込んで論述できるか、落ち着いて考えます。その上で、どの出題テーマなら最後まで書き切れるか慎重に判断します。

なお、本番では後戻りしている時間的余裕はないので、一度選択したら他の出題テーマは忘れて、目の前の出題テーマに集中しましょう。

構成の検討

試験本番では、論文用紙のほかに、下書き用の紙が配られます。論文を書き始める前に、下書き用の紙に簡単な骨子を書き出し、論文の構成や見出し、問題点や課題、解決策などのポイントをキーワードで書き出します。準備論文から修正が必要な場合は、この段階である程度、構成を組み直します。

論文の作成

論文は、バランスよく、かつ論理が一貫するように、骨子を確認しながら書いてください。

また論文はコピーされ、採点者に配付されます。コピーされても読みやすいよう、大きな文字で丁寧に書くことを心掛けてください。字の読みやすさや丁寧さは、採点者の心証に影響を与えます。

論文を書き終えたら、必ず一通り読み返して、誤字・脱字、主語と述語の関係などを確認します。

最後に一番大事なことですが、出題内容や添付資料を良く読み、問いには素直に応えるようにしましょう。準備していた論文をそのまま記載し、出題の問いとずれていると大幅な減点となり、合格することは難しいです。また、本番では問題文のキーワードに下線を引いておき、論文の随所に記載するなど、出題内容を意識していることを採点者にアピールすることが効果的です。

最後に

本番では、ここまで頑張ってきたのですから、諦めずに最後の1文まで書き上げてください。また、誤字脱字などで減点されることがないよう終了ギリギリまで何度も見直してください。論文は、最後まで書き終えた受験者の間での戦いです。最後は気持ちの勝負ですので、諦めずに最善を尽くして頑張ってください。　＝おわり

立場超え超党派で議連結成

ギャンブル依存症対策を提言

大田区議会議員　岡 高志

超党派の地方議員有志で構成する「ギャンブル依存症対策地方議員連盟」が1日に横浜市役所で記者会見し、ギャンブル依存症対策の提言書を発表しました。提言書では自治体の相談窓口や生活保護のケースワーカーなどへの助言などに加え、公営競技や宝くじなどの運営者に対する社会的責任にも言及しています。議連の代表を務める岡高志大田区議に、議連としての取り組みを報告してもらいました。（編集部）

■取り組みの背景

2016年12月15日にIR推進法が成立し、ギャンブル依存症問題についても注目が集まっています。ギャンブルにのめりこむ中で、破産による生活保護への転落、家族等からの市民相談対応、育児・介護のネグレクト対策など、ギャンブル依存症に関連した負担を地方自治体も迫られます。

また、地方自治体は競馬、競艇などの公営競技の主催者としての顔もあります。つまり、地方自治体こそギャンブル依存症は重要な課題であり、自治体が責任を持って対策に取り組むことが不可欠です。

カジノや既存の公営賭博・遊技場への立場や賛否は脇に置いて、全ての地方議員がギャンブル依存症対策を避けては通れません。そのため、関心の高まったこの機を捉え、17年2月に超党派でギャンブル依存症対策地方議員連盟を立ち上げました。

議員連盟を立ち上げるに際して、自民党、民進党、日本維新の会、地域政党、無所属など、党派の垣根を越えた活動を意識しました。最終的に提言書に名前を連ねた地方議員は16人ですが、他にも名前は記載していないものの公明党も含めたメンバーが研修会に参加し、活発に議論してきました。

また、パチンコの是非や、最近話題のカジノの是非など、立場も様々です。「カジノは絶対に認めない」「依存症対策をしっかりやって、IRは推進すべき」など様々な考え方があります。しかし、そこで対立しては物事が先に進みません。立場の違いや賛否は脇に置いて、地方自治の本旨である「住民の福祉の増進」のためにギャンブル依存症対策は必要だ、との認識を共有しながら地方議員が対策に取り組む議論の土台ができたと考えています。

■4回の研修会を実施

これまで議連として4回の研修会を実施しました。

《第1回》ギャンブル依存症の啓発活動に取り組んでいる「一般社団法人ギャンブル依存症問題を考える会」代表理事・田中紀子氏を講師に招いた研修会＝写真

《第2回》国立病院機構久里浜医療センターのギャンブル依存症外来を担当している「成瀬メンタルクリニック」院長・佐藤拓医師を講師に招いた研修会

《第3回》回復施設である「認定特定非営利活動法人ワンデーポート」施設長の中村努氏とパチンコ等事業者団体である東京都遊技業協同組合の役員の方々を講師に招いた研修会

《第4回》議員間で各地のギャンブル依存症対策について情報共有をしながら意見集約。また、研修会以外に現場に出向き、各地のメンタルクリニック、回復施設、自助グループ、パチンコ店、競艇、競馬の視察を実施したほか、支援団体との懇談も行いました。

私単独ではありますが、パチンコ依存症の相談センターとして長く活動している沖縄県の「リカバリーサポートネットワーク」まで足を伸ばしました。

研修会の講師の選定や視察先もバランスを意識しました。依存症当事者、回復したサバイバー、支援団体、専門医、事業者など、立場によって様々な視点があり、それぞれの見解が食い違う面も目の当たりにしました。こうした中、一部の専門家の見解をうのみにすることなく、幅広い知見を生かすことに留意しました。

さらに、自治体へのヒアリングや、国のギャンブル依存症対策をとりまとめる内閣官房のギャンブル等依存症対策推進チームとの意見交換も実施しました。

■自治体は「原因者」でもある

本提言書はギャンブル等依存症について、地方議員の皆様に対策を考えて頂く際のガイドブックを目指して制作しました。有志議員で研修会を重ね、自らの自治体の現状を調べ、支援の現場を視察するなどして、議論してきた内容をもとに書き出したもので、この経験から得たものを共有する趣旨です。

提言書では大きく次の4章に整理をしています。「1 自治体での対策〜自分のまちで取り組むべきこと〜」「2 国での対策〜国に取り組んでもらうべきこと〜」「3 民間での対策〜支援団体等に担って頂けなければいけないこと」「4 事業者での対策〜企業の社会的責任として期待されること〜」。

自治体には、①負担者＝生活保護などで依存症の影響を受ける立場②受益者＝公営競技等からの配当金等を受ける立場③原因者＝公営競技等の運営者――の三つの立場があります。①②については、どの自治体にも関係するため、本提言では「1 自治体での対策」に記載していますが、③については、「4 事業者での対策」に記載しています。

■今後に向けて

自治体のギャンブル依存症対策は、自治体によってまちまちであり、多くの自治体ではほとんど緒に就いていないのが現状です。この提言書を活用頂き、各地で議論を重ねて頂くことで、全国の底上げを図ることを期待しています。

（提言書の詳細については、ギャンブル依存症対策地方議員連盟のフェイスブックをご参照ください。 https://www.facebook.com/GA.members/）

区長飯（めし）　11

地産地消の野菜がごちそう

板橋区長　坂本 健

私の家は代々、板橋区で農業を営んでいます。日々農作物を作り、その大地の恵みを食すことができる幸せは、都市化の進んだ都区部では得難い、とても貴重なものだと感じています。

1964年の東京オリンピックの頃でしょうか。私は幼稚園児だったと思いますが、その頃を境に、板橋区では区画整理により、水田や農地が次々に宅地へと姿を変えていきました。オリンピック道路が完成したり、都営地下鉄6号線（現在の三田線）が開通したりと、新しいまちづくりが大きく進みました。今の若い方々には信じられないかもしれませんが、現在の高島平団地一帯は、見渡す限りの広大な水田だったんです。

当時、稲刈りは親戚や近所の農家の皆さんの手を借りて、大勢で行っていました。お昼の休憩のときに食べた「にぎり飯」の美味しさは、今でも私の食の原点です。重箱にギッシリ詰まった、海苔（のり）も巻かない塩だけで握ったおむすびと、自家製の漬物。質素ですが、苦労して育てたお米のおいしさはもちろん、人の温かさも感じることができる、本当のご馳走（ちそう）でした。まあ、稲刈りの作業といっても、私は傍らで遊んでいただけなのですが。

自宅の畑で収穫期を迎えたゴーヤ

現在でも私の自宅には、わずかながら畑や果樹園があります。私が多忙なので、普段の野菜の手入れや収穫などの調整は、妻が先頭に立ってくれており、日々新鮮な野菜を食せることに感謝しています。

夏にはジャガイモ・ゴーヤ・ナス・キュウリ、冬には大根・小松菜・白菜などが採れます。果物は梨と柿ですね。幼稚園の子供たちが、初夏にはジャガイモ掘り、秋には梨もぎを楽しみにしてくれています。

先日は、ジャガイモを掘り起こしました。採れたてのジャガイモは蒸して、そのまま塩をかけて食べるのが最高です。秋まで寝かせて水分が少し抜けたら、煮物や肉じゃがにするとおいしいですね。思わずお酒も進んでしまいます。

板橋産の野菜を使った給食が好評

正月には、採れた大根・小松菜・ホウレンソウなどをたっぷり使って、大鍋で雑煮をつくります。坂本家では代々、「雑煮を作るのは男」という習わしがあり、私と息子が腕を振るいます。家族は息子の作る雑煮の方がおいしいと言いますが、そんなことはないハズなんですが……。自家製野菜の雑煮は、何物にも代えがたいおいしさがあり、新年会続きの胃にも優しく、1月中は毎日食べても飽きません。

板橋区は23区内では農地が残っているほうですが、近年は都市化が進み、その減少に歯止めがかかっていません。農地は生産の場のみならず、貴重な緑地として、避難場所として、教育や食育の場としてなど、多様な機能を持っており、何とか次世代へと継承していきたいと考えています。

板橋区では、地産地消や食育を推進するために、板橋産の野菜を学校給食に取り入れています。採れたてで新鮮なので、とてもおいしいと評判です。大根を食べた子が、その甘さに驚いたと話していました。

農家の皆さんも、「地元産の新鮮な野菜を食べてほしい」という思いを込めて作ってくださっています。子供たちも畑を見学することで、「〇〇さんの作った野菜」ということが分かり、食べ物について考える意識が芽生えているようです。

一人でも多くの子供たちに、地元で作った野菜のおいしさや、人の温かさを感じてもらいたいと思います。そして、私が子供の頃に感じた「本当のごちそう」の感覚を肌で感じ、今以上に板橋を好きになってくれるとうれしいですね。

副知事人事ノート　第11回

都政研究元主筆　大塚英雄

都議会を何と心得る！①

3人目の大木が副知事の座を去ったのは、昭和25年2月。約1年後に知事選を控えていることから、知事の安井はそれまで不補充、つまり岡安の「1人流」も考えたが、その岡安から「1人では手が回らない」と言われ、岡安の意向も斟酌（しんしゃく）して内部昇任の方針を決めた。

しかし、2副知事が退任した半年前の時と比べて候補者が多数いた。前回、候補者の1人に上った大須賀兵吉交通局長、内務省出身で、経済局長から警視総監にかわったばかりの田中栄一、前教育長の宇佐見毅、総務局長から行政管理局次長に転出した大野木克彦など多士済々。

安井が本命に挙げたのは、前回岡安とその座を争った大須賀だ。岡安にももちろん異存はない。安井にその旨を伝えると、「彼には君から話してくれないか」と言われた。当時、大須賀は胃がんの手術で入院していた。幸い術後の経過もいいということで、岡安は見舞いがてら大須賀を訪ね、この話をした。

だが、喜んでくれるものと期待していた大須賀の返事は、「せっかくだが辞退したい」というものだった。辞退の理由を、大須賀はこう述べたという。「交通一筋の俺にとって交通は最後の職場。もし退院して復帰できるようだったら、交通で残る役人人生を全うしたい」

この話は生前、じかに聞いたものだが、その際、「多分、大須賀君は余命がないことを察知していたんだろう」と、岡安は付け加えた。それを裏付けるかのように、大須賀は「全休」した25年度の予算都議会の「1定」が終わった約1カ月後に病院で息を引き取ったのである。

その後、安井から名前が挙がったのが、大須賀同様、安井が電気局長時代によく知っていた交通局長経験者で、浪人中の春彦一だった。

春は終戦直後の交通局長時代、当時の内務省から官選の岩手県知事にスカウトされた都庁有数の逸材。春は地元の輿望（よぼう）を担って22年4月の初の公選知事への出馬の腹を固めていた矢先に、都の労働局長に呼び戻された。断ればいいものを、律儀な春はこれに応じたため、肝心な時期に岩手を留守にしたことがたたり、落選の憂き目を見た。以後、東京で浪人生活を送っていた。安井がそれに目をつけたというわけだ。

岡安はもちろん、東京市時代から春をよく知っていた。それどころか市時代に一つ組織の中で上下関係だったことさえある。

東京市の行政を総合的、計画的に実施していくため常に司令塔となる中枢機能の一元化が求められてきた。昭和17年の東京市時代にも俎上に上った。当時設置されたのは計画、予算、都市計画などを包含した市長直轄の企画部（局待遇）である。

その企画部長にはまだ若い44歳の電気局課長の春彦一が抜擢（ばってき）され、岡安はその下の予算課長に指名されたのだ。ついでに言えば、約2年前に岡安と並んでポスト財務部長候補に上がった村瀬清も企画課長として企画部入りしている。

（敬称略）

都政新報

発行所 都政新報社
〒160-0023 東京都新宿区西新宿7-23-1 TSビル
（総務・読者）03-5330-8781
（企画広告）03-5330-8784
（編集）03-5330-8786
（出版）03-5330-8788
（ファクス）03-5330-8808
購読料 月1,730円（税込）
毎週火・金曜日発行
ただし、祝日は休刊

紙面から

小島特別顧問が辞任

都民ファの事務総長に就任

「知事の英断」と評価も

小池知事のブレーンを務める小島敏郎特別顧問が19日、知事宛てに「一身上の都合」として辞表を提出し、受理された。小島氏は20日付で都民ファーストの会都議団の政務調査会事務総長に就任した。本紙が実施した小池都政1年の都職員アンケートでは、特別顧問の意見を重視して政策決定する知事の姿勢を「評価しない」が94・4％を占め、「顧問政治」への不満が噴出していた。一方でアンケートでは、「顧問が去った後の責任を引き継ぐのは職員」との意見もあり、小島氏がもたらした市場業界の混乱などをどう収拾するか、重い課題を残している。

「政策の整理などをサポートする方としてぴったり」。小池知事は20日の第3回定例都議会の本会議後の囲み取材で、事務総長に就任した小島氏をこう評価した。知事は事務総長就任の経緯に関して、都民ファが打診したと明かした。

小島氏が19日付で提出した辞表では、「一身上の都合」を理由に挙げた。受理されたことは知事も辞任を認めたことになり、庁内からは「英断だ」との声も出ている。

今回の突然の辞任に関して庁内では、小島氏と築地市場の水産仲卸の勉強会が原因ではないかと見る向きもある。

この勉強会は7月18日、市場内にある東卸会館で開催されており、その議事録が既に市場業界などに出回っている。それによると、小島氏は勉強会で「築地は守る、豊洲を生かす」という基本方針に賛同するよう迫る一方、仲卸がいったん豊洲新市場に移転した後に戻ってくる際、「補償はいろいろある。都議会で知事に表明してもらい、予算を立てる」などと口約束していた。

こうした小島氏の勉強会について、小池知事は第2回臨時都議会の質疑で擁護した。小島氏の勉強会に対する認識を自民党から問われた知事は「プライベートな立場で勉強会に招かれた。自身が有する知識や経験などに基づいて個人の見解を述べることは自然なこと」と発言。自民党は今月4日の都議会経済・港湾委で、「プライベートの域を超えている」と批判した。

かつて市場に在籍していた都幹部も「特別顧問の立場を超えている。小島氏が自民党に責任を追及されたら反論のしようがない。逃げたとしか思えない」と指摘する。

都民ファの事務総長に就任した小島氏は今後、本会議や委員会の質問の作成に関わることになる見込み。今月1日の経済・港湾委で都民ファの樋口高顕氏が豊洲に整備する観光施設「千客万来」の運営事業者「万葉倶楽部」が都に損害賠償請求を検討している問題で、「法律上は都に賠償責任がない」と明言したが、この質問に小島氏が絡んでいると言われている。

都幹部の一人は「万葉倶楽部を刺激するような発言をしても、都にとって何も得策ではない。豊洲移転を滞らせるのが目的で樋口氏に質問させたなら、小島氏の責任は重い」と批判した。

約1年間、特別顧問を務めた小島氏に対して、本紙の職員アンケートでは「無意味に混乱させただけ」との意見が目立った。また、小島氏の辞任後を見据えたコメントとして、「結果責任を問われない」との声もあり、職員の不安が現実になっている。今後は、職員が豊洲移転を円滑に進めるため、市場業者との調整が求められている。

特別顧問を辞任した小島氏＝5月24日の市場問題PTの会合で

知事、衆院選出馬否定せず

衆議院の解散総選挙が行われる公算が大きくなる中、小池知事は20日の都議会後、選挙に出馬する可能性に関する報道陣の質問に、「これから都政でやらなければならないことがある」とした上で、「いろんな想定外、想定内があると思うが、環境を見ながら、都、国にとって何が良いのか最善の方法を考えていきたい」と答え、否定しなかった。また、昨年7月の都知事選で小池知事を応援した若狭勝氏が立ち上げる予定の新党の役職に就く予定があるのかとの質問に対しては、「そこまで話はしていない」と語った。

都議会3定開会

築地再開発、来月初会合へ

小池知事 豊洲移転時期は明言せず

第3回定例都議会が20日に開会し、小池知事は所信表明で先の第2回臨時都議会で成立した補正予算に盛り込まれた「築地再開発検討会議（仮称）」を来月に開始すると初めて表明した。同会議は都市計画などの専門家や行政関係者で構成し、都立浜離宮恩賜庭園との一体整備を視野に、民間プロポーザルを活用して検討を進める方針。また、豊洲新市場への移転時期については「業者の意向も尊重し、早期に決定したい」と述べるにとどめた。

所信表明では「人への投資」を強調。中でも団塊の世代が75歳以上になる「2025年問題」に触れ、「地域包括ケアシステムの構築は喫緊の課題。生涯現役を合言葉にいつまでも生きがいを持って活躍できる社会を実現したい」と力を込めた。都は現在、来年度から3年間を計画期間とする第7期高齢者保健福祉計画の策定を進めている。

女性活用では、長期的なキャリアデザインを描く参考に、第一線で活躍する女性らと「女性が輝くTOKYO懇話会」を年内に開催すると明らかにした。3月策定の女性活躍推進計画に示した「女性の活躍推進シンポジウム」の具体化で、同会には知事も出席予定。

防災では「セーフシティ東京防災プラン（仮称）」を年度末までに策定すると表明した。都総務局によると、同プランは自然災害を対象とし、地域防災計画とは一線を画して都民向けに分かりやすい表現で都の施策を紹介するとともに、自助・共助の取り組みを加速させる狙いがある。2020年までを計画期間とし、知事は「防災対策の効果の『見える化』、女性視点の対策の推進、熊本地震の経験の反映の視点を加える」と語った。

環境対策ではCO_2を出さない都市「ゼロエミッション東京」や、全国自治体初となる環境事業向け債権「グリーンボンド」の発行に加え、水素エネルギーの活用として今秋に民間団体や都内自治体と「Tokyoスイソ推進チーム」を発足することを明らかにした。同チームでは先進事例の情報共有や共通の情報発信などを行う予定で、知事は「官民両輪によるムーブメントを醸成する」と意欲を示した。同チームは昨年11月の「水素社会の実現に向けた東京推進会議」で今年度中に結成するとしていた。

知事は本会議後に報道陣の取材に応じ、「2年目に入ったと改めて感じた。今回は女性、人を中心とした政策について伝えた」と述べた。

所信表明を述べる小池知事＝20日、都議会本会議場で

大学定員抑制に反対 全会一致で意見書可決

第3回定例都議会

第3回定例都議会が20日に開会し、都議会は同日、国が進める23区内での大学定員抑制の動きを牽制するため、国に立法措置や告示改正などを行わないよう求める意見書を全会一致で可決した。意見書では「『東京対地方』という構図ではなく、東京と地方が共存共栄し、日本の発展に寄与する日本全体の創生を目指すべき」との認識を示した。

また同日には名誉都民の選定同意案も出され、日本人初の冬季五輪メダリスト（スキー回転競技）の猪谷千春氏と、前衛芸術家の草間彌生氏、女優でユニセフ親善大使の黒柳徹子氏の3人は全会一致で、物理学者の有馬朗人氏は共産党を除く会派が賛成した。有馬氏は原発推進論者のため共産は「ふさわしくない」として反対した。このほか15日付で警視総監に就任した吉田尚正氏が都議にあいさつした。

都は本定例会に条例案9件、契約案15件、事件案7件の計31件の議案を提案した。会期は10月5日までの16日間。

都福祉保健局

社会福祉施設の受け皿整備

建て替え促し老朽化防ぐ

都は社会福祉施設の建て替えを促進するため、建て替え期間中に入居者の受け皿となる施設を建設する契約案を20日開会の第3回定例都議会に提出した。特別養護老人ホームと障害者支援施設各1棟を新築。11月に着工し、2019年1月末の竣工を目指す。都内の社会福祉施設は敷地が狭い上、地価も高く、現地建て替えや仮移転用地の確保が困難な現状に対応する。全国的にも先駆的で珍しい取り組みだ。

施設側 資金・用地確保難しく

建て替え中の施設の利用者と職員を受け入れる施設の建設を提案する—。2012年、都社会福祉協議会（東社協）が提言を出した。

東社協は築30年以上の社会福祉施設が増えてきたのを問題視し、都内特養施設に建て替えに関するアンケート調査を実施。約34％の施設が「建て替えを希望」と回答する一方で、73％が「建て替えは困難」と答えた。

要因では、全体の8割以上が資金調達、約7割が用地確保が困難であることを挙げた。同時に実施した石川、福井、島根3県の特養施設へのアンケート調査結果では用地確保が阻害要因に上がらないなど、都内特有の事情が浮かび上がった。

都福祉保健局は同提言を受けて検討を開始。14年度には同様の調査を実施し、約5割の特養施設が建て替えの際に「別敷地での代替施設が必要」と回答。そのうち6割は代替施設の貸付制度があれば改築可能とした。また障害者支援施設からも同傾向の回答を得た。

都はこうした状況から東社協の提言の具体化を決定。用地は都立清瀬小児病院跡地を活用することに決めた。約2万7600平方㍍の敷地に、特養施設（定員120人）と障害者支援施設（同96人）を各1棟造る計画とした。施設整備費は総額約42億円。

また資金調達に悩む施設事業者の現状を受け、代替施設の貸付料は借受者である社会福祉法人の負担力に応じて決定することとし、現在のところ特養施設は年額約2千万円、障害者支援施設は約1500万円を見込む。都の試算では100床規模の特養施設の整備費はプレハブ構造でも約2億4千万円かかり、施設事業者の金銭的な負担はかなり減ることになる。

貸付期間は上限3年。施設の建て替えは解体を含めておおよそ1年強のため、現在応募している特養施設は2年の貸付期間を希望している。ただ、建て替え計画の策定期間を含めると最低でも5年が必要で、東社協福祉部は「建て替えの積立金を用意している施設はあまりなく、すぐに計画は立てられない」と話す。

一方で、今年度の利用は厳しいが、次回以降に利用したいという事業者の声は多いという。

同代替施設の最大のネックは地理的制約だ。今回整備するのは清瀬市で、入居者の負担に加えて施設職員の確保が課題になる。特に非常勤職員は施設周辺の人材を採用することが多く、代替施設と建て替え施設との距離が離れると、通勤面などで離職者の発生が予測される。都福祉保健局は「ある程度市街地でないと職員が来ない傾向にある」（契約管財課）と漏らし、東社協は「夜勤もあり、正規職員の確保も問題になるかもしれない」と指摘する。

都は板橋区にある都健康長寿医療センター跡地に新たに特養の代替施設を2棟造る考えだ。それ以降の計画は現時点でないが、代替施設は資金面での施設支援に加え、首都直下地震への備えにもつながる。施設側との調整を深化させ、より利用しやすい制度にしていくことが求められそうだ。

選手村のエネ計画 事業予定者を決定

都都市整備局は19日、中央区晴海に建設中の五輪選手村で推進する「エネルギー整備計画」の事業予定者を決定した。水素エネルギーの活用による低炭素化や省エネの強化、東京五輪開催時に都が実施する水素社会に関する周知事業の協力体制などを評価した。10月ごろに事業者と基本協定を締結する。

事業者は東京ガスが代表者の全4社で構成する企業グループで、他事業者の応募はなかった。水素ステーションの設置や同地区に水素を供給するためのパイプラインや燃料電池の整備などを担う。実用段階でのパイプラインによる街区への水素供給は全国初。水素ステーションの整備は五輪大会後に着手し、パイプラインの敷設と併せて、水素供給の本格稼働は2022年の同地区の街開きに合わせる予定。

冗句ジョーク

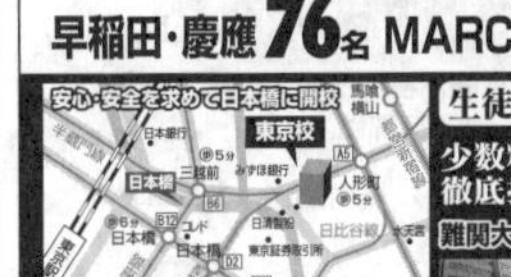

写真週刊誌に本紙の都職員アンケートに関する記事

「いつもは家族に隠れて見てるが、今日は堂々と食卓に置いてきた。もちろん都政関係の記事に大きなフセンを付けてね！」

都の帰宅困難者対策 改めて方向性提示へ

都総務局

都総務局は19日、「今後の帰宅困難者対策に関する検討会議」の第1回会合を都庁第二本庁舎で開催した。東日本大震災から6年、都の帰宅困難者対策条例施行から4年が経過し、都民の記憶が徐々に薄まる中、改めて都の方向性を示すのが目的。10月に次回会合を開き、年末までに報告書を取りまとめる。

会合は学識経験者や自治体職員、企業従業員の12人で構成。座長には都市防災などが専門の廣井悠・東京大学大学院准教授を選任した。

議題は帰宅困難者対策に関して▽都民や事業者向けの普及啓発▽一時滞在施設の確保▽発災時の地域での助け合い——の3点。普及啓発では事業者の規模が小さいほど同対策が浸透していない現状が報告され、委員からは「中小企業はBCP（事業継続計画）の策定率も低い」「防災に人手を割けない会社もある」などの声が上がった。

また、事業者が自社ビルに帰宅困難者を受け入れた際、余震による照明落下でけがを負わせた場合などの損害賠償請求を恐れ、一時滞在施設に手を挙げない企業が一定数あるのではとの指摘もあり、免責の制度化を求める意見が上がった。制度化については内閣府で検討中という。このほか、外国人観光客の「帰国困難者」も話題に上り、委員から空港でのパンフレット配布などの案が示された。

都政の東西

嵐の再来

再び嵐が来るようだ。安倍晋三首相は週明けにも衆議院の解散を表明し、来月22日に投開票となる見通しとなっている。解散に踏み切る要因の一つには、7月の都議選で小池知事率いる都民ファーストの会が圧勝し、自民党が惨敗したことが挙げられるだろう。

「僕と小池さんの間で、都議選は都知事選、千代田区長選に続く『第三幕』だと話している」。都議選の前日、若狭勝衆議員はこう話していた。しかし、「第四幕」の国政進出に向けては準備段階で、小池知事は自身の国政進出については言葉を濁している。選挙に当たっても、機先を制しようとする与党の思惑通りとなりそうだ。

北朝鮮の脅威が日に日に増し、解散総選挙の第一報が入った日は大型台風が日本列島を縦断しているタイミングでもあった。首相にとってはどこ吹く風のように見える。野党は今回の解散を「大義なし」と非難している。

大義を示してほしいと思っているのは野党の政治家だけではない。地方議会は決算審議を迎えている。「都議選に続いて、衆院選にも地方議員が駆り出されれば、審議に影響が出そうだ」と区職員は嘆息する。

加えて、今回の衆院選から新たな選挙区割りが適用されるが、公職選挙法では今月15日までに欠員が生じた場合の補選は旧区割りで実施する規定となっている。このため、一部地域が新区に編入される江戸川区選挙管理委員会は「住民の混乱を避けるため、新たな区割りの周知は補選の時期を過ぎてから予定していたが、早急に説明する必要が出てきた」と話し、急きょ周知を強めている。霞が関から吹いてくる突風が地方政治の現場をかき乱している。

区長会

23区狙い撃ちに危機感

ふるさと納税損失230億円超

国や地方が東京一極集中批判を強める中、特別区長会（会長＝西川太一郎荒川区長）は15日、2017年度版の「税源偏在是正議論についての特別区の主張」を発表した。今回の主張では、ふるさと納税による減収の拡大を特に強調。国の政策誘導に下支えられる形で23区合計損失額が230億円を超える見通しとなったことを受け、「寄付を建前としながらも税源偏在是正の目的が明白」と指摘した。また、地方からの声を受けた形で地方消費税の清算基準の見直しを検討していることに対し、「地方間の対立をあおるような調整」と批判し、例年以上に強い危機感を示した格好だ。

区長会は13年度に総務省の有識者会議が法人住民税を一部国税化し、地方交付税の原資とするよう提言したことを受け、初めて主張を取りまとめて以降、5年連続で税源偏在是正議論への意見表明を行っている。

今年度の主張は、ふるさと納税による影響について強い懸念を示した点が特徴だ。今年度の23区の合計損失額は前年度比で約1・8倍となる231・6億円で、特別区民税に占める割合も同約1・1ポイント増となる2・5％に上った。この金額は、100人規模の区立保育所に換算した場合、新設整備費で112カ所分、運営経費では184カ所分に相当するという。

また、ふるさと納税ワンストップ特例制度に伴う申告特例控除額が10億円に達したことにも言及。同制度では、所得税の控除相当額が申告特例控除として住民税から控除される仕組みで、「国税の肩代わりが10億円規模に増大しているのは看過できない状況」として改善を求めた。

損失拡大には国の政策誘導が大きく影響している。国は地方創生を理由として15年度から個人住民税所得割の税額控除を1割から2割に引き上げ、寄付が年間5自治体以内の場合は確定申告を行わずに税額控除が受けられるふるさと納税ワンストップ特例制度を新設。地方での返礼品競争が過熱する引き金となった。新制度が反映される前の15年度控除額と比較すると、今年度の損失額は約10倍となる計算だ。

区長会は3月に当時の高市早苗総務相に対し、ふるさと納税に関する緊急要望を実施。過熱する返礼品競争の抑制のため、返礼品の金額に上限を設けることなどを要請した。これを受け、総務省は全国の自治体に、返礼品の価格を寄付額の3割までに抑えるよう求める通知を出した。

しかし、8月の内閣改造で就任した野田聖子総務相は「極端な例だけで抑え込むのではなく、転売をどう止めるかを考えたい」として、返礼品の価格に関しては自治体の方針を尊重する姿勢を示している。

区長会事務局によると、区長からは、各区が足並みをそろえて制度の見直しを国に強く求めるべきとの意見と、寄付文化の醸成などを目的に各区が独自にふるさと納税への対応を検討すべきという意見が上がっており、アンケート調査で各区の意向を確認した上で今後の対応を検討する方針だ。

このほか今年度の主張では、消費税10％段階での法人住民税の国税化による損失額を1012億円と試算。増税による23区の合計増収見込み額は1551億円で、国税化により増収分の大半が相殺されると指摘した。

また、国が検討する地方消費税の清算基準の見直しでは、消費税8％時点で73億円の損失となるとして、「税収の適正な帰属を確保する視点で議論すべき」と批判した。

ふるさと納税の影響額と区民税に占める割合

区名	16年度	割合	17年度	割合
千代田	3.1億円	2.6%	6.0億円	4.6%
中央	5.0億円	2.2%	9.0億円	3.8%
港	15.4億円	2.4%	23.5億円	3.5%
新宿	6.7億円	1.8%	11.7億円	2.9%
文京	5.3億円	1.8%	9.4億円	3.0%
台東	1.9億円	1.2%	3.8億円	2.1%
墨田	2.2億円	1.1%	4.1億円	2.0%
江東	7.5億円	1.7%	13.5億円	3.0%
品川	6.4億円	1.6%	11.9億円	2.9%
目黒	6.1億円	1.5%	11.9億円	3.0%
大田	7.4億円	1.2%	13.6億円	2.1%
世田谷	16.4億円	1.5%	31.0億円	2.7%
渋谷	7.3億円	1.7%	13.1億円	3.0%
中野	3.6億円	1.2%	6.4億円	2.1%
杉並	7.1億円	1.2%	13.7億円	2.3%
豊島	4.1億円	1.5%	7.0億円	2.6%
北	2.7億円	1.1%	4.9億円	1.9%
荒川	1.7億円	1.2%	3.0億円	2.0%
板橋	3.7億円	1.0%	6.9億円	1.7%
練馬	6.7億円	1.1%	8.9億円	1.5%
足立	3.3億円	0.8%	6.3億円	1.5%
葛飾	2.2億円	0.8%	4.3億円	1.4%
江戸川	4.3億円	1.0%	7.7億円	1.7%
23区計	130.0億円	1.4%	231.6億円	2.5%

葛飾区

妊婦にICカード交付

外出支援に新たな課題

葛飾区は、妊婦を対象に鉄道や路線バスに利用できるICカード「マタニティパス」の支給を10月から開始する。妊娠期の外出を促すことで、マタニティーブルーを防止し、心身を健康に保ったままで出産を迎えてもらうのが目的。区によると23区初の取り組みという。ただ、当初はバスのみを対象とする予定だったが、事業者側が難色を示したことなどを受けて、既存のICカードの利用に方針を転換。交通費以外の用途にも利用できるなど課題が浮かんでいる。

交付の対象は、今年4月1日以降に母子健康手帳の交付を受けた妊婦。区がICカードに6千円を入金し、区役所や保健センターなどで支給する。預かり金を差し引いた5500円分を利用できる。支給は年間4千人を見込んでいる。

同区内の公共交通は、鉄道がJRと京成の2路線で、東西方向の移動が中心だ。これに対し、路線バスは都営や京成、東武ら5事業者で計50路線が区内全域をカバーしている。

バス路線が病院への主要な交通手段になっていることなどから、区は当初、バス専用の優先パスとして支給することを企画していた。しかし、道路運送法で定める運賃の割引対象の要件に妊婦が該当しない可能性が浮上。また、区が実施した調査では、0～1歳児がいる家庭の6割がバスを利用していることが分かったが、路線や頻度までは把握できておらず、区育成課によると「地域差があることも予測された」という。このため、事業者側からは「割引を許容するための手続きの確認に時間がかかる」との声が挙がった。こうした課題から、ICカードを支給する形式に切り替えたという。

区はICカードとしたことで利用者層が増加する効果を見込む半面、コンビニでの買い物などにもカードを利用できるため、区が目的とする交通機関に利用されるかは不透明だ。加えて、公共交通機関が使いにくい土地に住む妊婦はパスを使う機会が少なく、公平なサービス提供にならない点も懸念される。

区育成課は「子育て施策にはスピード感も大事。まずはサービス提供を開始し、走りながら実態を把握し、次の一手を考えていきたい」と話している。

他区では徒歩圏内の環境充実

都や他区が実施している妊娠期を含めた子育て世代の外出支援事業では、移動手段の支援よりも授乳スペースなどの設備や、割引特典などが充実する施設や店舗をウェブサイトなどで紹介する事業が主流になっている。

足立区では区の紹介サイトに8月末時点で702店舗が登録しており、「商店街に位置する地域密着型の店舗も多く、好評を得ている」（区子ども施策推進担当）と話す。

荒川区では子育て世代の移動支援として、双子や三つ子を育てる家庭を対象に年間上限2万円分のタクシー券を助成している。しかし、区子育て支援課は「移動支援よりも交流サロンなど子育て世代が利用しやすい施設を地域ごとに整備することに力を入れている」（子育て支援課）という。フラットな地形のため徒歩や自転車での移動が多いと想定し、身近な環境を充実させて外出を促すことにつなげる狙いと説明する。

葛飾区内を巡る路線バスでは、妊婦や子連れが利用する姿もみかける＝19日、亀有駅で

目黒区

20年4月に待機児童解消

定員拡大を2千人規模に

目黒区は今年4月1日現在の待機児童数が全国ワースト3位の617人となったことを受け、2020年4月の解消を目標とする新たな取り組み方針を策定した。賃貸物件を活用した認可保育所2カ所の整備費補助として5億3745万円を計上した補正予算案を7日開会の第3回定例区議会に提出しており、今年度中に761人、19年度までに2629人の定員拡大を図る。

新たな方針では、待機児童の9割を占める0～2歳児のうち、1～2歳児の定員拡大を重点対策に設定。待機児童になることを防ぐために育児休暇を切り上げて0歳から保育所を申し込む保護者が増えており、育休明けの1～2歳段階で預けられる環境を整備することで育休取得を促すのが狙いという。区は認可保育所や小規模保育所、定期利用保育などで20年4月までに1歳児で464人、2歳児で507人の定員拡大を図る方針。

また、事業者による民有地を活用した保育所整備提案を呼び込むため、都の加算制度の適用有無で補助率が8分の7から16分の15で変動する施設整備費補助を、補助率16分の15に固定する。先の第2回定例区議会では、大規模マンションなどの建設に当たって保育所の設置に関する区との事前協議を建設事業者に義務付ける条例改正が全会一致で可決しており、民有地の掘り起こしを進めたい考えだ。

区保育計画課では、「育児休暇中の保護者に関する定義の見直しの影響もあり、待機児童が大幅に増加した。当初目標の19年4月解消は難しいが、民有地を広く活用し、育休明けとなる1～2歳児の受け皿をしっかりと確保することで、待機児童の解消を目指す」と話している。

練馬区

自殺防止を呼び掛け

都や鉄道事業者と合同で

練馬区は20日、自殺防止を呼び掛ける啓発キャンペーンを練馬駅周辺で行った。世界保健機関（WHO）が9月10日を世界自殺予防デーとしていることを受け、初めて都や西武鉄道との合同キャンペーンとして実施。区職員ら15人がいじめやDV、多重債務など自殺の原因と見られる問題に関する相談窓口を記載したリーフレットなどの啓発グッズ1千セットを駅利用者に配布した。

昨年1年間の全国の自殺者数は2万984人で、同区では112人となった。区は自殺予防強化月間の3月に自殺の実態を紹介するパネル展示を行い、自殺のサインを察知して支援につなげる役割を果たす「ゲートキーパー」の養成講座を年4回開催するなど啓発活動を進めてきた。

区保健予防課では、「出勤時間のキャンペーンだったが、30分でグッズがなくなり、関心の高さを感じた。相談窓口を知ってもらい、自殺のない社会を実現したい」と話している。

合同キャンペーンでは西武鉄道の駅員も啓発グッズの配布に協力＝20日、西武池袋線練馬駅で

北区

JOCとパートナー協定

23区初、連携を加速

北区は、日本オリンピック委員会（JOC）とパートナー都市協定を締結する。同協定は都が2007年3月に締結しており、23区では初めて。協議が整い次第締結する方針で、区担当課は「今年度内に締結したい」としている。

パートナー都市協定は、国内選手の競技力向上を目的に、自治体のスポーツ施設をJOCに提供したり、スポーツ振興のために相互協力する。

北区には、トップアスリート専用の練習施設「味の素ナショナルトレーニングセンター」が立地しており、これまでもセンターを利用しているアスリートが指導するスポーツ体験教室などの連携事業を実施してきたが、協定によって協力関係をさらに強めたい考えだ。

区東京オリンピック・パラリンピック担当課は「五輪の機運醸成に向けた連携を深め、シティープロモーションを発展させていきたい」と期待を寄せ、ナショナルトレーニングセンターの開放などを希望しているという。

JOCは02年度以降、26都市と締結してきており、12年に締結した秋田県では中学生を対象としたスポーツ教室を毎年開催している。県スポーツ振興課は「スポーツを通した地域活性化につなげていきたい」と話す。

JOC所属選手が指導に当たったスポーツ体験教室＝2月、区立滝野川体育館で

記者席

おいしい病院食はいかが？

○……国政でにわかに解散風が吹き始め、10月後半にも総選挙が行われるとの見方が強くなっている。直前の10月1日投開票の武蔵野市長選は、その前哨戦と目されている。現在の予定候補は、現職の路線継続を訴え、民進・共産が支援する松下玲子氏と、自民が市政奪還を期する高野恒一郎氏の2人だ。

7月の都議選で自民が歴史的惨敗を喫してから2カ月余り。内閣が一定の支持率を回復する中で、市長選でどこまで票を伸ばすかが注目だ。

一方、衆院選への擁立準備を進めるとしている「小池新党」は、市長選で音沙汰がない。この人材不足も、国政に向けた貴重な情報になるかもしれない。

○……都立墨東病院の管理栄養士や調理師が作成した病院食レシピ集『家族みんなで健康ご飯』が19日から発売され、都庁第一本庁舎32階の職員食堂でも日替わりで一部のメニューを提供している。栄養の偏りを気にしている記者も早速「鯖の味噌煮」を食べてみたが、病院食とは思えないほどおいしかった。

食堂での提供は毎週火曜日限定で、10月31日までを予定している。都議会第3回定例会と期間が重なり、本庁の職員も多忙を極めるだけに、栄養バランスが良く、おいしい病院メニューで体調を整えてほしいが、過労で本当に病院で食べる羽目にならないよう注意してもらいたいところ。

○……和歌山県太地町のイルカ漁をテーマにしたドキュメンタリー映画「おクジラさま」では、自治体の情報発信の在り方に関して象徴的な場面がある。環境保護団体のシーシェパードが、イルカ漁の様子をリアルタイムでSNSで発信し、世界中から賛同を得る一方、太地町はホームページを年に1度更新するだけ。例えば海外から取材に来る報道陣はシーシェパードの情報をもとにするため、取材前から価値観が植え付けられている。

米国在住の佐々木芽生監督は「日本は世界に対して情報を発信しきれていない。もちろん英語で」と話す。この状況は大都市東京の自治体もそう変わらないように感じる。

災害時の簡単レシピを紹介

中央区

中央区は、災害時にライフラインが停止した際に調理できる「災害時簡単料理レシピ」を区公式ウェブサイトに1日から掲載した。発災後一週間分の主食やおかず、デザートのメニューを写真付きで紹介している。

発災から3日目までは缶詰や調味料を組み合わせるメニューを中心に、ライフラインの復旧が見込まれる4日目以降は加熱調理の仕方を載せる。例えば麻婆豆腐は、ポリ袋に高野豆腐とレトルト調味料を入れてゆで、蒸らすと完成する。ポリ袋を使うことで、洗い物を減らす効果もあるという。

区は、「このレシピを普段の食事に採り入れ、日頃から備えてほしい」と話している。

高島平の再生でオープンカフェ

板橋区

板橋区はマンモス団地群の老朽化が進む高島平地域の再生の一環で、28日から10月1日までオープンカフェの社会実験を行う。

同地域の再生に向けては、区や大学、企業が参加して昨年11月にまちづくり組織「アーバンデザインセンター高島平」を設立。社会実験の期間中は「高島平グリーンテラス」と銘打ち、センター主催で高島平駅前を南北に延びる「けやき通り」の散策道化に向けたワークショップやオープンハウス形式による区民との意見交換会を開く。

子供の受動喫煙防止条例案提出を見送り

豊島区

豊島区は20日に開会した第3回定例区議会で予定していた子供の受動喫煙防止条例案の提出を見送った。高野之夫区長が同日の招集あいさつで表明した。

高野区長は、同日開会した第3回定例都議会に都民ファーストの会と公明党が議員提出議案として子供の受動喫煙防止条例案を提出することを理由に挙げ、「都条例案の内容や都議会の審議で出された意見などを参考に今後の対応を検討する」と説明した。

都議会改革

検討委員会　打ち合わせ会が流会

次回開催の調整つかず

議会改革が課題となる今期の都議会だが、各会派の足並みがそろっていない。議事整理する打ち合わせ会を当初、14日か15日で開催する予定だったが、日程調整がうまくいかずに流会となった。次回の開催日の日程の調整もついていない状況だ。また今後、議論する改革メニューについても「小粒」との指摘が出ている。

「これから調整する」。6日の議会改革検討委の打ち合わせ会の終了後、検討委の木村基成委員長（都民ファーストの会）が今後の日程に関して、報道陣にこう答えた。打ち合わせ会は14日か15日で調整していたが、各常任委員会の説明や質疑を控える中、各会派の日程が合わず、開催できなかったという。

議会改革検討委のメンバーは、打ち合わせ会が流れることを「議会局から連絡があった」「人づてに聞いた」などと答えた。「委員長の動きが悪い。スピード感を持って改革を進めていくなら、委員長自らが汗をかかないといけない。検討委員会で早く議論を始めないと、都民に熱意を示すことができない」と指摘した。

打ち合わせ会の日程案は現在、第3回定例都議会開会中の10月3日か4日で調整しているが、各会派との調整は難行している。さらに先延ばしになると、10月22日に取りざたされている衆院解散総選挙の影響を受けるほか、都議会の決算特別委員会も控えており、日程の確保が一層難しくなる。

都民ファーストの会の幹部は「これまで打ち合わせ会の日程案を3回出し、委員長が各会派を回っているが、午後1時からの開催を求める会派もあり、なかなかまとまらなくて困っている」と打ち明けた。

この間の打ち合わせ会では、政務活動費の使途の見直しや常任委員会のインターネット中継、正副議長以外の議員公用車廃止の論点整理を行っており、今後は検討委で具体的に議論する項目を決定する流れだった。

検討委の一人は「（この3点は）各会派の賛同を得やすいテーマだと思うので、すぐに議論すべきだ。改革のメニューは多いので、議論する時間がますます必要になる。拙速に議論を進めれば、一丁目一番地の議会改革が二丁目二番地になりかねない」と危惧する。

■「小粒」の印象

先の都議選で各会派が選挙公約に掲げた議会改革だが、議会改革検討委で今後、議論する項目は「小粒」との指摘もある。

政務活動費の見直しでは、飲食費、新年会などの会費、自宅で購入する新聞や雑誌への政務活動費の使用の在り方に加え、政務調査会の事務局の人件費などの扱いも議論することが見込まれる。公用車の廃止は公務の範囲の確認、常任委のネット中継はカメラを固定式か可動式にするのかなどが論点になる。

いずれのテーマも議会活動の周辺の話であり、議会の権能を高める改革とは程遠い。

さらに、今後の議論テーマに関しては、各会派が重要視するテーマを取り上げていく方向で検討する。都民ファーストが最優先で取り組みたいテーマは介護、出産や育児などを理由にした議員の欠席規定の設置だ。提案内容は具体的に報告されていないが、都民ファーストには出産を控えている議員がいるため、欠席規定が必要と判断したようだ。

他会派からは「議会改革検討委で議論する話ではない」と冷ややかな声がある一方、「規定を設けることに反対する話ではない。産前産後の休暇はきちんと保障しないといけない」「産前産後などの休暇中の議決権を認めても良いと思う」など前向きに受け止める意見もある。

だが、全体的に議会改革が「小粒」であるのは、都議会が即座に改革できることを中心に議論しているためだ。本来は都議会の在り方などを議論した上で必要な改革を実施することが求められる中、都議の一人は議会改革のポイントをこう強調した。「他県の議会に追いつくのが改革ではない。都議の職責をまっとうするのに必要な制度は何かを考えていかないと、今期の都議会の存在意義が問われることになる」

次回の議会改革検討委はいつ開催されるのだろうか＝8月8日

ファンド事業者決定　ベンチャー創業支援

都産業労働局

都産業労働局は14日、資金調達に悩む創業前後の企業や起業家を支援するため、ベンチャーファンドの運営事業者を選定したと発表した。都は来年1月ごろまでに同ファンドに10億円を出資。米英などに比べてベンチャー企業への投資水準が劣る事業環境の強化を図る。同局は2013年にものづくり産業のベンチャー企業に特化したファンド（総額55億円）を設立しており、今回で2例目となる。

5月に事業者を募集し、8者から運営事業者「インキュベイトファンド」を選んだ。創業初期の投資や育成に特化していることに加え、起業家と一体で事業を立ち上げる姿勢を評価した。ファンドは既に立ち上がっており、約60億円規模になっている。投資先など実際の運用は今後判断する。

都は昨年12月に策定した「実行プラン」で開業率（企業数に占める開業数の割合）を24年度までに10%台（15年度は5・6%）とする目標を掲げており、局は「日本ではリスクマネーへの資金供給が活発ではないが、そこに資金を回し、ベンチャー企業を活性化していきたい」（金融課）と話す。

「ICT戦略」へ方向性　ビッグデータ活用など

都総務局

都総務局は13日、情報通信技術（ICT）の活用戦略の策定に向けた基本的な考え方と施策の方向性を取りまとめ、都が保有するビッグデータの活用や、オープンデータの推進強化などを盛り込んだ。都民ニーズの把握や施策分析への活用可能性を探る。このほかインフラの維持管理や災害時の状況把握などへの活用も掲げた。設定目標は5年後。

今回の方向性ではICTやデータの活用に加え、官民連携での課題解決に向けた仕組みの構築や、企業の生産性向上に生かすことを柱に設定。中小企業の技術・経営支援などを通じ、東京や日本の経済成長につなげる考えを強調した。

またICTやデータ活用に当たってはサイバーセキュリティーとともにデータ管理を課題に挙げた。都総務局情報通信企画部は「大量のデータが世の中に出回り、様々に活用される。公開してはいけない情報の選別や、データの信憑性の確保など、しっかりとデータ管理しなければならない」（企画課）と話す。

都は10月12日までパブリックコメントを実施し、今冬ごろをめどにICT戦略を策定する方針。

東京最前線

非常勤職員制度改正の「負」を読み解く（上）

採用難と格差解消に逆行

「そして誰もいなくなった」？

NPO官製ワーキングプア研究会理事　本多 伸行

地方自治体の非常勤職員の任用根拠などを定める地方公務員法・地方自治法の改正を巡り、現場から「臨時／非常勤職員の雇用不安を増大し、意欲を奪うのではないか」という指摘が出ている。非常勤職員を会計年度ごとに任用することになるため、雇用の安定が失われ、人材の流出を招くのではないかというのだ。非常勤職員の処遇改善に取り組むNPO官製ワーキングプア研究会の本多伸行理事に現状と課題を2回に分けて分析してもらった。

都内自治体の臨時／非常勤職員数は5万1186人で、全職員に占める非正規の割合は16・8%（40%台が4市1村）――。総務省が2016年に行った調査結果である。ほとんどの自治体が臨時／非常勤職員を活用しなければ業務が回らなくなることを意味する。

現場に目を向けると、例えば港区では保育所非常勤の欠員が深刻だ。4年連続20%台で、現場からは悲鳴が上がる。背景には増大する保育士不足がある。保育士だけの問題ではない。有効求人倍率は1・52倍（7月現在）と高く、公務員人気にも陰りが出ているのが現状だ。

民間の有期／パート雇用では安定と均衡の法整備が進み、国の非常勤雇用でも安定化と手当支給が始まった。しかし総務省が新設する「会計年度職員」制度は、1年限定の短期不安定雇用をその柱としている。例外的に期末手当は支給できるとするが、我々が総務省に情報公開請求をして得た詳細な調査資料によれば、少なくない自治体が臨時／非常勤職員にこれ以上の手当を支給しており、実際は多くが「切り下げ」になりかねない。

◆屈辱的な身分格差

総務省の調査では、全国自治体の41%が臨時／非常勤の保育士を「10年以上同一人を繰り返し任用」している。消費生活相談員・事務補助員・給食調理員では各31%に上る。

厚生労働省の「有期雇用ガイドライン」では、有期労働契約の更新は契約期間をできる限り長くするよう求めている。これは、労働基準法第14条の「3年単位雇用」を含んでおり、厚労省が幾多の事例から導き出した雇用トラブルの回避策だ。我々の独自調査によると、東京23区では14区に雇用更新回数の限度がなく、他の区は4～9回の雇用更新を認めている。

港区の場合は組合の提起により、厚労省ガイドラインに沿って最初の更新から3年単位の雇用とし、実質的に65歳定年としてきた。これが非常勤職員に大きな安心感を与え、人材確保につながっている。

一方、総務省は非常勤職員について、通知などで「臨時／非常勤の職は本来、原則1年毎にその必要性が吟味される『新たに設置された職』と位置付けられる」「同じ職の任期が延長されたのではなく、あくまで新たな職に改めて任用」として、更新という扱いを禁じてきた。ただ、ほとんどの自治体の取り扱い要綱等（就業規則）は更新と記載しているはずである。

翻って、会計年度職員は補助職という身分に置かれ、更新なき1年雇用を強いられる。そして多くは継続雇用されるだろうが、再採用（いったん退職）となる。

更に、どんなに熟練しても毎年度初めに屈辱的な「条件付き採用期間」という試用期間を強いられる。これは、本格的業務の職として3～5年雇用となる任期付任用職員との「身分格差」なのである。

総務省が示した「会計年度職員制度の導入等に向けた事務処理マニュアル」の「職種の分類」では、補助職として差別される職に医師・看護師・保健師・教員をはじめとした非補助職が並ぶ。法で縛るのだから、採用・人事担当が優秀で意欲ある人材に長期就労を求めれば、それは脱法行為とされてしまうのだ。

私は、港区で長く臨時／非常勤担当組合役員という立場で、優秀な非常勤が意欲とプライドをくじかれて民間に流出し、立派な保育園長や図書館長になるのを見てきた。臨時／非常勤職員の意欲や尊厳をないがしろにする自治体には大きなしっぺ返しがあるはずだ。

（次回の「東京最前線」は10月13日号です）

■地方公務員法・地方自治法改正の主な内容

- 1年（度）限定の雇用で、「会計年度職員」制度を新設し、現行の臨時／非常勤職員のほとんどを移行させる。フルタイム可。
- 特別職非常勤職員は厳密に絞る（限定列挙）。
- 臨時職員は主にフルタイムの常勤欠員の代替に限る。
- 非常勤への手当支給の原則禁止は堅持しつつ、パート会計年度職員に限って期末手当を支給できるようにする。

自治トピ140

◆**全施設対象の宿泊税**　京都市は21日に開会した9月議会に、宿泊客1人に200円～千円の宿泊税を課す条例案を提出した。全国で初めて民泊を含む全宿泊施設を課税対象とし、1泊の宿泊料金が2万円未満は1人200円、2万円以上5万円未満は500円、5万円以上は全国最高額の千円とした。

◆**観光拠点整備へ始動**　奈良県は15日、滞在型の観光拠点を目指して一体整備する大型コンベンション施設やホテルなどの開発事業の起工式を奈良市で開いた。同県は日帰り観光客が多く、最大4千人規模のコンベンション施設に加えて「マリオット」ブランドのホテルを誘致し、宿泊需要を開拓する狙い。

◆**子供の貧困で提言**　愛知県の「子どもの貧困対策検討会議」は12日、全48項目の子供の貧困対策に関する提言を大村秀章知事に提出した。提言は「教育の機会の均等」「健やかな成育環境」「支援体制の充実」の3区分。入学時の制服やランドセルの費用負担や支援団体のネットワーク化などを盛り込んだ。

◆**性犯罪被害者に給付金**　名古屋市は、来年2月の定例市議会に提案予定の犯罪被害者の支援条例に、支援金の給付対象に政令指定都市初となる性犯罪被害者を含める方針を固めた。預貯金200万円未満で生活に困窮していることを条件とする予定。併せて被害者への配食サービスの実施も検討中。

◆**市街化調整区域に農業振興施設**　埼玉県川口市は来年度、市街化調整区域の規制を緩和し、農産物直売所やレストランなどの設置を認める。来年4月に一部開設予定の赤山歴史自然公園周辺が対象で、周遊性を高める狙い。市街化調整区域は通常、市街化の抑制のため開発行為が限定されている。

◆**災害廃棄物処理で連携**　佐賀県は1日、災害時の建築物などの解体撤去に関し、解体業者21社で構成する佐賀県解体・リサイクル協議会と協定を締結した。災害で発生するがれきの再利用を巡っては分別が課題となっているが、同業者は分別ノウハウを持ち、がれき処理の迅速化につなげる狙いがある。

◆**返礼品数を1.5倍に**　北九州市は、ふるさと納税の返礼品に工場夜景ツアーや年末で閉園する遊園地「スペースワールド」のフリーパスなどを追加し、昨年度比約1.5倍の170品に拡充した。先月リニューアルし、寄付総額を昨年度の約6700万円から8千万円に増やす目標を掲げる。

◆**子牛命名権を返礼品に**　宮崎県小林市は、ふるさと納税の返礼品に全国初となる子牛の命名権を加えた。市内の牧場が7日～11日に仙台市で開かれた全国和牛能力共進会の一部門で内閣総理大臣賞を受賞するなどしており、和牛農家の支援につなげる。命名権のほか宮崎牛400㌘などもセット。

◆**競輪場建て替えで国有地取得**　千葉市は13日、千葉競輪場の再整備に向け、敷地の3分の2を占める国有地を取得すると表明した。年間約1億1千万円の借地料を支払ってきたが、取得して将来負担を軽減する。再整備では、国際規格に合わせて木製の1周250㍍に変更し、ドーム型の屋内施設とする方針。

政策企画局
調整部報道課長
鈴木 成氏

真田親子の姿重ね仕事に

『真田太平記』　池波 正太郎〈著〉

学生時代は勉強嫌いで専ら野球ばかりしていた私ですが、なぜか本を読むのは好きでした。野球バッグの中から本を取り出し、電車の中で睡魔と戦いながら通学したのは今となってはいい思い出です。もっとも、ひたすら乱読するという読書スタイルなので、読書中に既視感に襲われ、確認すると以前読んだ本だったということもよくあります。そんな私が、一番心に残っているのが高校時代に読んだ本書です。

真田家といえば、あと一歩まで徳川家康を追い詰めた大坂夏の陣での真田幸村の活躍が有名です。

判官びいきもあり、私は子供の頃から、劣勢であった豊臣家の武将として壮絶に散っていった真田幸村の生き様が好きでした。そんなこともあり、全12巻にも及ぶ本書を手にしたのですが、読んでみると一番有名な真田幸村と徳川家康との対決シーンはわずかしかありません。本書は、時の権力者が目まぐるしく変わる時代の中、弱小な田舎の豪族に過ぎなかった真田家の苦悩の物語です。真田家は上杉、織田、豊臣、徳川という、とてもかなわない強国に囲まれる現実の中、葛藤しながらも主君を頻繁に変え、生き残っていきます。一方で、後半では、豊臣家への忠誠を最後まで尽くして戦う男気もあり、大長編にもかかわらず夢中になって読みました。

その後、私は都庁で働くことになりましたが、当然ながら裁量もほとんどなく、なかなか自分の思うことができないのが現実でした。そのような時に、現実と理想を両立しながら生きていた真田親子と自分とを恥ずかしながらひそかに重ね合わせて仕事に取り組んでいました。

今回、本に関する寄稿の打診があり、最近すっかり忘れていた『真田太平記』と当時の気持ちを思い出しました。

著書である池波正太郎氏は都職員の大先輩でもあります。未読の方はぜひ、秋の夜長に一読をお勧めします。

「解散突風」に慌てる選管

開票・期日前投票　区割り変更で影響

安倍首相が28日の臨時国会の冒頭にも衆議院を解散し、衆院選が10月22日に執行されるとの観測が強まる中、各区市町村の選挙管理委員会が臨戦態勢に入り始めた。今回の総選挙は「一票の格差」を是正するための公職選挙法改正を受けて新たな区割りで実施されることになるが、区域が複数の選挙区に「分割」される区市も発生し、実務に与える影響は大きい。突然の解散風に、各選管の担当者は準備作業に追われている。

施設・人員確保に制約も

新たな区割りでは、都内全25選挙区のうち第9(練馬区)、第15(江東区)、第18(武蔵野市、小金井市、府中市)、第20(東村山市、東大和市、清瀬市、東久留米市、武蔵村山市)の4選挙区を除く21選挙区で境界線が変わる。例えば、第10選挙区は従来、豊島区の全域と練馬区の一部で構成していたが、見直し後は豊島、練馬、中野、新宿の一部地域で作る選挙区になる=表参照。都選管の幹部は「前回(2014年)も準備期間が短かったが、今回は区割り変更の対応が必要になる。日程的にはタイトで厳しい」と話す。

このうち中野区は従来、全域が第7選挙区だったが、見直しで区の北部地域が第10選挙区に移り、区域がほぼ2分割される形になる。区選管は「解散宣言が出ていないので、正式に準備をしているわけではない」と話すが、下準備には余念がない。

特に対応が必要になるのが、期日前投票と開票。同一のフロアでテーブルを分けて二つの選挙区の開票作業を行えば、票が混在するリスクが増える。例えば、第10区の有権者が誤って第7区の候補者名を記入して投票した場合、本来は無効票になるはずが、有効票とカウントされてしまう。

区はこれまでの選挙で、期日前投票所を区役所と区民活動センターなど計6カ所に設置している。区選管によると第7区と第10区に3カ所ずつ立地し、区割りには対応できそうだが、「エリアの中で開設するのが基本だが、(過去の)利用状況を見ながら検討していきたい」と話す。

また、これまで第7区では渋谷区と交互に「選挙長」を担当してきたが、第10区では4区が絡み、他区との調整も必要になる。区選管は「人員や設備、金額的な部分に配慮しながら、公正に選挙執行できるよう手はずを整えたい」としているが、業務量は増えそうだ。

他方、葛飾区は11月に区長選と区議選を予定しており、「期日前投票所・開票所の確保が一段落したと思っていたら、その前に選挙が執行されることになった」(担当者)。期日前投票所となる地区センターは敬老会や運動会で予定が詰まっている時期で、イベントが重ねてキャンセルになる可能性もあるだけに、利用状況にも気を使うところだ。

多摩地域でも事情は厳しい。稲城市と多摩市は、これまで第22区、23区に属していたが、今後は両市の一部市域が第21区に移る。

稲城市は「特に開票と期日前投票にしわ寄せがくる。未体験で不安を抱えている」と言う。期日前投票はこれまで市内3カ所で実施していたが、他の選挙と会場を変更すると混乱が生じかねず、「できるだけ今までの形を変えないで行いたい」と明かす。

開票も本来は票の混入を防ぐため、別々の会場で行うのがベストだが、1カ所での実施も検討中。「人員の制約もあり、疑問票のチェックなど、目の届く範囲で行いたい」というのが理由だ。同市の事務局は3人体制と余裕があるわけではなく、準備作業が本格化するにつれて職員の負担も重くなる。

そのほか、各選管にとっては選挙公報を地域に応じて正しく配り分けるなど、周知の部分でも慎重さが求められそう。区域の分割は多くの自治体にとって初体験だけに、「解散突風」に当面、振り回される日が続きそうだ。

衆院選小選挙区の新たな区割り

※島部は第3選挙区

都選管

50歳代で10ポイント超上昇

都議選の投票行動結果

都選挙管理委員会事務局は20日、7月に執行した都議選の年代別投票行動調査結果(速報値)をまとめ、全年代で前回(2013年)投票率を上回ったと発表した。特に50歳代は10ポイント以上上昇し、全体の上昇幅よりも大きかったのが特徴。50歳代の投票率は59・32%で、前回比10・99ポイント増。20歳代は26・44%で同2・8ポイント増と微増にとどまった。未成年の投票率を見ると、18歳が46・43%、19歳が32・2%。全体の投票率よりも低かったが、20歳代を上回った。

男女別では、男性の投票率が51・02%で、女性に比べて0・5ポイント低かった。女性が男性を上回った年代では30歳代が2・95ポイントと最も差が開いた。

区市町村別では、区部の投票率は51・13%。最高は北区の57・16%、最低は港区の44・35%だった。市部の投票率は51・54%で、最高は国分寺市の55・03%、最低はあきる野市の46・35%。あきる野市は前回、市部で最高の54・77%を記録したが一転、最下位に転落した。

金色に輝く優勝トロフィーを囲む小池知事、ジョセフHCら=18日、千代田区

ラグビーW杯

2年前イベントで盛り上げ

優勝トロフィーお披露目

「日本中にラグビーのムーブメントが広がって、次の年につながれば」。2019年ラグビーW杯の大会2年前イベントが18日、東京国際フォーラム(千代田区)で開催され、小池知事が大会成功と東京オリンピック・パラリンピックに向けた展開に期待を示した。

イベントには日本代表のジェイミー・ジョセフ・ヘッドコーチ(HC)や代表選手らが出席。ステージ上ではW杯の優勝トロフィー「ウェブ・エリス・カップ」がお披露目され、ジョセフHCは「この国でW杯が行われると想像するとワクワクする」と勝利への意欲を燃やしていた。会場ではマオリ族の伝統舞踊「ハカ」やアフリカの民族楽器による音楽パフォーマンスが披露され、観衆の視線を集めていた。

この日は参加体験型スポーツイベント「チャレスポ！TOKYO」も開催され、小池知事が車椅子に乗りながら、ウィルチェアラグビーのタックルやバドミントンを体験した。

ラグビーW杯は19年9月20日から11月2日まで。開幕戦は味の素スタジアム(調布市)で行われる。

都定例監査

契約変更、書面で行わず

20局に計153件の指摘

都監査委員は20日、都議会第3回定例会に定例監査報告書を提出した。監査は28局を対象に行い、20局に計153件の指摘などを行った。指摘金額は合計で約1億4622万円。今回の監査は、重点監査事項として社会経済状況や都政の重要課題を踏まえた「行政課題」と、事務執行の中から設定する「事務」に分けて行ったのが特徴。

主な指摘事項のうち、契約内容の変更を書面で行っていない事例が五輪準備、都市整備、港湾、交通4局であった。委託・工事契約の履行状況を確認したところ、仕様書で定めた業務内容通りではない状況が見られたが、口頭だけで指示するなど、書面で手続きが行われていなかったという。

更に環境、福祉保健、病院経営、建設、港湾、交通、水道の7局では委託・工事契約で業務の履行状況を確認するための記録写真を提出させていない事例を指摘。記録写真がないか不十分であったり、写真の提出を仕様書で定めていなかったという。

また、教育庁が委託で実施している都立学校の生徒の健診で、結果が異常値を示していたにもかかわらず、原因分析を行わないまま二次・三次検診の追加契約を行い、経費が余計にかかった事例を指摘した。具体的には、尿たんぱくの検診結果の陽性率が通常3～4%であるのに対し、一部区域で20%を超過。検査機器の精度管理が行われていなかったことが原因と見られるが、精度管理記録を確認していなかった。

福祉保健局に対しては、健康安全研究センターで液体性の感染性廃棄物を軟質の合成樹脂製容器で保管しているため、腐敗ガスで変形し、飛散・流出の危険性があるなどとして、改善を求めた。また、総務局は「災害時帰宅支援ステーション」をインターネットの地図上で確認できる仕組みを作っているが、最新の情報に更新されていない事例があると指摘した。

■工事監査

設計・施工などの各段階で技術面から検証する「工事監査」では7局と島しょ関係部局の607件を抽出し、指摘事項は15件だった。重点監査事項としては、東京五輪に向けた施設・インフラの整備など大規模な工事が増え、公金の有効活用に都民の関心が高まる中、「単価設定」を挙げた。

主な指摘事項では、東京消防庁でアスファルト舗装解体の積算の際、誤った舗装の厚さで単価設定を行い、積算額が約653万円過大だった事例が見られた。また、交通局では車両基地内の橋の耐震補強改修工事で、「共通仮設費」の率分に含まれる費用を「直接工事費」に計上し、積算額が約1040万円過大となった事例があり、積算を適切に行うよう求めた。

芸術文化体験に関心も　ライブの機会は少なく

アーツカウンシル東京が調査

芸術文化体験に関心はあるものの、ライブで体験・鑑賞する機会は少ない——。アーツカウンシル東京が実施した都民の芸術文化体験に関する調査で、こんな実態が明らかになった。

調査は8月、都内在住の1100人に対し、インターネットで芸術文化への関心度や体験などを聞いた。84・4%が「芸術文化をライブで体験・鑑賞することは大切」と回答し、関心を寄せる一方、過去1年間の芸術文化体験の頻度については1カ月に1回以上、ホール・映画館・美術館などを訪れて芸術文化を体験・鑑賞する割合は23・4%にとどまった。理由としては、「お金がかかる」(48・5%)、「時間が取れない」(35・5%)などが挙がった。

芸術文化体験の中身を見ると、映画や美術、音楽などは比較的、機会が多かったが、バレエ・ダンスなどの「舞踊」、歌舞伎や日本舞踊、能・狂言、伝統音楽などの「伝統芸能」、お笑い・漫才など「芸能」はライブで楽しむ機会が少ないことも分かった。

都民が求めるアートイベントとしては、「無料」「街中で開催され、予約が必要ない」など気軽さを求める声が多かったという。

公衆WiFiを拡大　安全意識向上が課題

都産業労働局

都産業労働局はこのほど、公衆無線LAN「FREE Wi-Fi & TOKYO」を都立上野恩賜公園(台東区)の2カ所と浜離宮恩賜庭園(中央区)の計3カ所に新設した。都の公衆無線LANは計141カ所となる。サービスは東京メトロや東京国際フォーラムなど九つの公衆無線LANと提携しており、7月からは一度登録すれば2週間は再登録が不要になるサービスも始めた。

一方、公衆無線LANはメール内容や閲覧中のウェブサイトを盗み見られる危険が伴うため、セキュリティー意識の向上が課題。同局は警察などと連携しセキュリティー対策の周知方法の検討を進める考えで、「今後も利用者が安心して使えるWiFiの整備を目指す」(受入環境担当)と話す。

君が代の不起立で　6人の処分取り消し

東京地裁

都立学校の卒業式や入学式で、君が代斉唱時に起立せず、懲戒処分を受けた都立学校や特別支援学校の教員ら14人が処分の取り消しと損害賠償を都教育委員会に求めた訴訟で、東京地裁(佐々木宗啓裁判長)は15日、6人に対する7件の減給・停職処分を取り消す判決を出した。

判決によると、14人は2010年～13年に君が代斉唱時に起立する職務命令に従わなかったとして、停職6カ月や減給6カ月など、合わせて19件の処分を受けており、14年3月に提訴。東京地裁は減給・停職処分については「裁量権の逸脱・濫用がある」とし、違法と判断した。一方、12件の戒告処分は適法とし、損害賠償請求は棄却した。

グリーンボンドが　第三者評価を取得

都財務局

環境事業に必要な資金を調達する債券「東京グリーンボンド」について、都財務局は20日、ドイツの第三者機関から「対象事業は社会面・環境面で価値があり、持続可能性も良好」という評価を取得したと発表した。評価取得は債券の適格性・透明性を確保し、投資家への訴求力を向上させるのが目的。国際資本市場協会による原則でも評価取得が推奨されている。

評価の取得先はグリーンボンドの評価で世界的な実績を持つドイツの「oekom research AG」という調査機関。「東京グリーンボンドの品質向上のためには今後、更に具体的な効果測定基準などの整備が強く推奨される」としている。同社のグリーンボンドに関するオピニオンを受けるのは世界の自治体で初。

グリーンボンドは10月以降に発行する予定で、総額200億円規模。

イルミネーション　関東最大級へ刷新

大井競馬場

東京都競馬(株)は2018年度、大井競馬場(品川区)内の照明の大規模リニューアルを行う。競馬場としては世界初の大規模イルミネーションスポットの実現に向けて、初年度は関東最大級の約800万球を予定。夜景評論家の丸々もとお氏を総合プロデューサーに据えて、同競馬場でしか見られないイルミネーションを目指す。

18年はトゥインクルレースの開催日に加え、新たに秋から冬に競馬非開催日を中心に、一般公開も展開。競馬ファンだけでなく、近隣住民や国内外の観光客などを呼び込む。

場内の照明リニューアルは同社の「第2次中期経営計画」に記載。競走用コースとパドックエリアの照明はLED投光器に更新し、CO_2排出と消費電力を現行設備と比べて約4割削減できるようにする。併せて最新の光制御技術を活用し、多彩な光でダイナミックな演出を可能にする。

同社は「世界に類を見ない光り輝く競馬場とすることを目指し、来場者にこれまで以上の感動や楽しさを提供していく」(開発課)と話している。

五輪への航海図 ㉑① TOKYO 2020　開催まで あと1036日

留学生の滞在支援

ルール・マナーを周知

東京大会をきっかけに外国人留学生が増加することを見越し、都青少年・治安対策本部は6日、警視庁、日本学生支援機構と三者連携で外国人留学生の滞在を支援する協定を締結した。共同でイベントなどを開催し、外国人留学生に日本のルール・マナーを周知し、トラブルや犯罪に巻き込まれないよう啓発することが目的。同本部はこれまでも同様の活動を進めてきたが、連携することで取り組みを拡大する。

留学生のような長期滞在を前提とした外国人は、日常生活を送る上でのルール・マナーが分からずに住民といさかいになるケースが多い。例えば、ゴミを収集日ではない日に出す、アパートの廊下に私物を置く、賃貸契約書の規約を守らずに同居人を増やすなどが挙げられる。

留学生に多いのが許可を取らずにアルバイトをしてしまうケースも多い。通常の「留学」の在留資格では長期休暇中以外のアルバイトは認められておらず、許可を受けなければ懲役や罰金、強制送還の対象となる。

都青少年・治安対策本部が過去に開催した外国人留学生向けの日本のルール・マナーの講習会

2009年度まで警視庁に在籍していた同本部総合対策部の渡邊清隆治安対策課長は、こうしたトラブルを収めに出動したことが度々あったと明かし、「外国人の中には、日本の常識では考えられないようなトラブルを起こしてしまう人もいるが、ほとんどはルールを知らないだけ。特に東京は、日本に来る4割の外国人留学生が集中している。東京大会を前にまずは周知し、それを守る環境づくりが重要」と語る。

10月21日には、連携イベントの第一弾として、東京国際交流館(江東区)で講演会を開催する。外国人留学生とその家族などを対象に、ストーリー仕立てのビデオ学習のほか、左側通行の日本の道路に慣れてもらうための歩行シミュレーションや、パトカーへの体験乗車を予定するなど、楽しみながら日本の習慣や法律を学んでもらう。

同本部は、現場実態を知っている警視庁や、留学生の声を拾うことができる日本学生支援機構と連携することで、今後更に幅広い啓発活動が可能になると期待する。

30年度

職員教養講座

東京都管理職選考対策

▶ 12 ◀

今回から2回にわたって、「B事務」(教育・文化)の記述問題と論文問題を解説します。

8月末、今年度の管理職選考の合格者が発表になりました。来年度の受験を考えている方は、そろそろ対策を考え始める時期に差しかかっています。

種別Bを受験する皆さんは、課長代理として公私ともに多忙なことと思われますが、早い時期から準備を始めることが合格への近道です。この講座をきっかけに受験対策に取り組んでほしいと思います。

今回は、記述問題の解説をします。記述では、教育・文化に関する基礎的な法律的知識、基礎的知識、時事問題から6題が出題され、その中から2題を選択して解答することとなります。平成29年度管理職選考実施要綱では、教育・文化の出題領域は、教育基本法・学校教育法・社会教育法に関連する基礎的法令知識、教育制度一般及び文化に関する基礎的知識、教育・文化に関連する時事的問題としています。解答時間は1時間ですので、1題を約30分で解答することになります。字数の指定はありませんが、おおむね600字から700字程度にまとめる必要があります。

出題と傾向

過去5年間の出題を法律やテーマごとに分類し、傾向を分析しますので、参考にしてください(かっこ内の数字は出題年度)。

■法律分野

【教育基本法】

過去の出題

(25)教育の機会均等(26)学校教育(27)教育の目標(28)政治教育(29)義務教育

出題の傾向

教育基本法は、教育の根本的な理念や原則を定めたもので、前文と18の条文からなる法律です。

教育基本法からは、基本的事項が毎年のように出題されています。平成29年度は「義務教育」について出題されました。「義務教育」については、平成21年度にも出題されています。過去に出題されている問題でも、今後、繰り返し出題される可能性が高いと思われます。教育基本法は条文が少ないので、全ての条文を理解しながら覚え、高得点に結び付けましょう。

【学校教育法】

過去の出題

(25)児童、生徒及び学生の懲戒・体罰(25)(関連法規を挙げて)学校施設の目的外使用(26)就学援助(27)設置者管理主義及び負担主義(28)特別支援教育(29)教科用図書及び教科用図書以外の図書その他の教材

出題の傾向

学校教育法は学校教育制度の基本となる法律で、毎年のように出題されていますが、条文が非常に多いため、出題予想は困難です。学校教育法でも、過去に出題された問題が再度出題される例がありますので、過去に出題された問題のうち、重要と思われるものや、最近話題となったキーワードを含む条文など、ポイントを絞って準備を進めましょう。

【社会教育法】

過去の出題

(28)社会教育の定義と国及び地方公共団体の任務(29)学校施設の利用(教育基本法及び学校教育法にも触れて)

出題の傾向

社会教育法は、社会教育に関する国及び地方公共団体の任務などを定めた法律です。平成29年度は「学校施設の利用」に関しての出題でしたが、教育基本法や学校教育法の知識も必要な問題でした。

社会教育法からの出題ですが、平成28年度、29年度と連続して出題がありました。それ以前は、平成22年度、23年度と連続で出題されました。過去10年間で4回しか出題されておらず、今後も出題されるかどうか予想するのは困難です。重要な法律ですので全体を理解しておくことは大切ですが、試験対策としては、これまでの法改正や基本的な事項などを押さえておくくらいとなるでしょう。

B事務(教育・文化)記述

【その他の関連法令】

過去の出題

過去5年間の出題実績はありません。

出題の傾向

その他の関連法令からは、平成22年度以降は出題されていません。教育委員会の役割などが定められている地方教育行政の組織及び運営に関する法律からは、22年度に「教育委員会の会議及び教育委員会規則」についての出題がありましたが、22年度以降は出題されていません。出題頻度は多くありませんが、26年度の改正や、新たな教育委員会制度などの内容は把握しておきましょう。

地方教育行政の組織及び運営に関する法律以外では、平成22年度に「著作権法の主な改正点」について出題がありました。過去の出題傾向を見ると、教育関連法令からの出題が散発的に見られる程度です。対策としては、教育関連を中心に文化・スポーツ分野に関する国や都の動きを注視し、法改正などの動きがあった場合には、変更点を押さえておきましょう。

■時事分野

【国の施策・答申】

過去の出題

(25)中央教育審議会答申「今後の青少年の体験活動の推進について」(25)文部科学省策定「いじめ、学校安全等に関する総合的な取り組み方針」(26)「第2期教育振興基本計画」(26)中央教育審議会答申「今後の地方教育行政の在り方について」(27)中央教育審議会答申「子供の発達や学習者の意欲・能力等に応じた柔軟かつ効果的な教育システムの構築について」における「小中一貫教育の制度設計の基本的方向性」(27)文部科学省策定「公立小学校・中学校の適正規模・適正配置等に関する手引」(28)中央教育審議会答申「チームとしての学校の在り方と今後の改善方策について」(28)閣議決定「文化芸術の振興に関する基本的な方針」

出題の傾向

平成29年度は、国の施策・答申からの出題はありませんでしたが、これまでは毎年のように出題されていますので、今後も出題される可能性は高いです。重要な法律が施行された場合は注意を要しますが、出題頻度が高いのは中央教育審議会の答申や文部科学省の施策などです。最近出された答申や現在審議されている内容は、十分に理解しておきましょう。

【都の施策・答申】

過去の出題

(25)「『2020年の東京』へのアクションプログラム2013」の中の「多様なスポーツ環境の創出とアスリートの育成」(26)「いじめ総合対策(いじめに関する専門家会議報告)」(26)「体罰根絶に向けた総合的な対策」(27)「都立専門高校改編基本構想検討委員会報告書」(27)「東京都いじめ防止対策推進基本方針」(28)「東京都女性活躍推進白書」の中の「東京に変革をもたらすための取り組みの方向性」(29)「東京都英語教育戦略会議報告書」の中の「英語教育の改善の視点と方向性」(29)「東京2020大会に向けたボランティア戦略」(29)都立多摩図書館の概要

出題の傾向

平成29年度は、都の施策・答申から3題出題されました。基本的には、注目されている時事ネタが出題される傾向にあります。とても範囲が広いですが、受験の前年度夏ごろから年度末までに発表された計画などについて、関係局のホームページなどを参照し、内容を把握しておきましょう。

勉強方法

情報収集し、ある程度問題を予想した上で、レジュメを作成し、暗記する方法が一般的です。試験当日は、暗記したレジュメを思い出しながら書くことになりますが、完全に復元するのは困難ですので、レジュメの文字数は少し多めに作成してください。

情報収集と出題予想

法律分野では、関係する条文を単に覚えるのではなく、その内容を「逐条解説」などで掘り下げて理解することが重要です。また、法改正があった場合は、改正内容にとどまらず、その経緯や都への影響なども押さえておきましょう。

出題予想は、主要な法律ごとの出題数や過去の出題パターン、法改正の有無、最近話題となったキーワードを含む条文などを参考に、ウエートを付けて行うと効率的です。

特に教育基本法は、条文が少ない上に出題頻度が極めて高いので、できれば全部覚え、解答できるようにしましょう。まずは各条文のキーワードを覚え、それから徐々に暗記する内容を広げて、最終的に全部覚えるという方法もあります。その他の法律は、分かりやすくまとまった市販の参考書などを活用し、ポイントを絞って学習すると良いでしょう。

時事分野では、国関連では文部科学省、文化庁、スポーツ庁などのホームページを、都関連では関係局(教育庁、生活文化局、オリンピック・パラリンピック準備局、青少年・治安対策本部)のホームページをチェックし、必要な情報を積極的に収集してください。ホームページの情報からレジュメにまとめるのは大変で地道な作業ですが、着実に行いましょう。

出題を予想する際は、審議会答申、計画の策定、報告書の発表などを省庁や関係局別に整理し、過去の出題傾向を基に総合的に判断してください。

レジュメの作成

レジュメには、(1)趣旨(2)背景(3)具体的な内容——などの見出しを付け、重要なキーワードを盛り込みましょう。審議会答申や計画の策定は、報道発表資料があれば、まとめる際の参考になりますので確認する必要があります。レジュメの文字数は少し多めに作成してください。

仮に予想が外れても諦めず、最後まで粘り強く、持っている知識を全て出し切るようにしましょう。

平成29年度の問題解説

29年度に出題された教育基本法に定める義務教育について、どのような情報を盛り込むか例示します。義務教育は、教育基本法第5条に規定されています。まず、教育基本法第5条の概要について書くことになります。その上で、旧教育基本法からの変更点や、条文にある普通教育や授業料などのキーワードについて説明することになります。

□　□

管理職選考Bの合否は、筆記考査(記述・論文)、勤務評定、口頭試問及び適性評定の成績を総合的に判断して決定されます。受験生の中には忙しい業務の中で思うように試験勉強が進まず、焦りを感じてしまう人もいるかもしれません。日頃から仕事に責任を持って取り組みながら、休憩時間や通勤時間等の限られた時間を有効に活用し、無理のない計画をしっかりと立てて、効率的に試験勉強に励んでください。

昇任試験対策のページ

特別区

管理職試験講座 46

I類択一・記述　I・II類論文　29年度……

前回に引き続き、平成29年度試験(択一式)の解答と解説を掲載します。

行政法(第1回)

出題数は例年と同様に16題で、出題が最も多い分野でした。また、行政法は毎年幅広い分野から出題されており、今年度の出題傾向も同様でした。行政手続法や行政事件訴訟法、行政不服審査法、国家賠償法等の条文に関する問題もありましたが、行政法学上の問題が数多く出題されました。また、平成28年4月に改正された行政不服審査法から今年度も出題されており、最近の法改正の内容をしっかりと把握することも必要な試験となりました。

I類択一

29年度問題解説 ③

【問題21】正答④

①誤り。人事院規則及び会計検査院規則も法源としての命令に含まれる。

②誤り。条約の中には国内における立法措置なしに国内法としての効力を持つ自動執行条約と国内法による立法措置によって国内法としての効力が生じるものがあるが、いずれも行政法の法源となる。

③誤り。地方公共団体の長や委員会が定める規則も行政法の法源となる。

④正しい。

⑤誤り。下級審の裁判所であっても先例である最高裁判決に従わないことは可能であるから、判例を当然に法源とみることはできない。

【問題22】正答⑤

A~Dの各項目の正否は以下の通り。

A 誤り。重大かつ明白な瑕疵を有するため無効な行政行為に公定力はない。

B 正しい。

C 誤り。根拠規範が必要と解される。

D 正しい。

【問題23】正答②

A~Dの各項目の正否は以下の通り。

A 正しい(最判昭53・5・26)。

B 誤り。道路管理者の認定の留保について裁量が認められている(最判昭57・4・23)。

C 正しい(最判平8・3・8)。

D 誤り。その結果と当該処分を比較してその軽重を論ずべきものではなく、懲戒権者の裁量権の行使に基づく処分が社会通念上著しく妥当性を欠き、裁量権を濫用したと認められる場合に限り違法であるとしている(最判昭52・12・20)。

【問題24】正答③

①誤り。行政行為の取消しは、行政行為に瑕疵があることを前提としている。

②誤り。裁判所ではなく処分庁である。

③正しい。

④誤り。授益的行政行為の場合、法律による行政の原理と私人の信頼保護という二つの利益が衝突するので、取消権の制限が生じる。

⑤誤り。行政行為に当初から瑕疵があったことを前提とするため、取り消しの効果は遡及するのが一般的である。

【問題25】正答⑤

①誤り。マスタープランは実施計画ではない。

②誤り。環境基本計画は環境基本法に基づく法制上の計画である。

③誤り。土地区画整理事業計画は拘束的計画である。

④誤り。「条件プログラム」ではなく「目的プログラム」である。

⑤正しい。

【問題26】正答③

①誤り。法規命令ではなく行政規則の説明である。

②誤り。各省の外局に置かれる各行政委員会の制定する規則も法規命令に当たる。

③正しい。

④誤り。執行命令は、権利や義務の内容自体ではなく、その実現のための手続きに関するものである。

⑤誤り。現行憲法では認められていない。

【問題27】正答②

①誤り。行政上特別の支障があるときを除く(行政手続法第5条第3項)。

②正しい(同法第6条)。

③誤り。法令に定められた許認可等の要件が数量的指標により明確に定められている場合であって、当該申請がこれらに適合しないことが申請書の記載等から明らかであるときは、申請者の求めがあったときに理由を示せば足りる(同法第8条第1項)。

④誤り。審査の進行状況及び処分の時期の見通しを示すよう努めなければならず、申請に必要な情報の提供に努めなければならない(同法第9条)。

⑤誤り。必要に応じ、公聴会の開催などの機会を設けるよう努めなければならない(同法第10条)。

【問題28】正答②

①誤り。申請をした者に限り、提起することができる(行政事件訴訟法第37条)。

②正しい(同法第3条第7項)。

③誤り。公法上の法律関係に関する確認の訴えは、客観訴訟ではない。

④誤り。自己の法律上の利益にかかわらない資格で提起するものである(同法第5条)。

⑤誤り。機関訴訟は客観訴訟であるから、訴訟以外の方法で解決を図るのが通常であり、その根拠が法定されている場合もある。

【問題29】正答①

①正しい(行政事件訴訟法第12条第1項、第4項)。

②誤り。故意または重大な過失によらないで被告とすべき者を誤った場合の救済措置である(同法第15条第1項)。

③誤り。請求の基礎に変更がない限り、原告の申し立てにより、訴えの変更を許すことができる(同法第21条第1項)。

④誤り。あらかじめ当事者及び第三者の意見を聞かなければならない(同法第22条第2項)。

⑤誤り。相手方の申し立てにより、決定をもって執行停止の決定を取り消すことができる(同法第26条第1項)。

【問題30】正答④

①誤り。法律に再調査の請求ができる旨の定めがあるときは、処分庁に対して再調査の請求ができる(行政不服審査法第5条第1項)。

②誤り。審理員は、審査請求に係る処分または当該処分に係る再調査の請求についての決定に関与した者以外の者でなければならない(同法第9条第2項第1号)。

③誤り。処分があったことを知った日の翌日から起算する(同法第18条第1項)。

④正しい(同法第85条)。

⑤誤り。行政委員会ではなく、執行機関の付属機関である(同法第81条)。

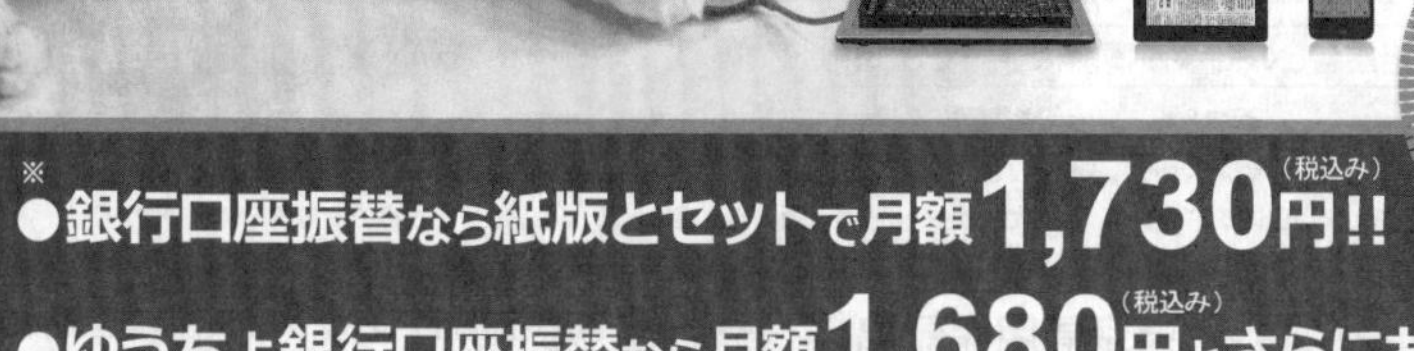

Art・Essay&Opinion　アート・随筆・オピニオン

真のインクルージョンとは

『おクジラさま～ふたつの正義の物語』佐々木芽生監督に聞く

2009年に長編ドキュメンタリー部門でのアカデミー賞を受賞した『ザ・コーヴ』で世界の注目の的となった和歌山県太地町のイルカ漁。世界中から批判の声が集まる日本の小さな町を追ったドキュメンタリー映画『おクジラさま～ふたつの正義の物語』が現在上映中だ。価値観の違いをいかに受け入れるか。日本の小さな町で起きている物語は、2020年東京五輪を前に、ダイバーシティーとインクルージョンが課題となる東京にも通じる。6年にわたり撮り続けた佐々木芽生監督に話を聞いた。

■　■

「『ザ・コーヴ』を見て、本当によくできた映画だと衝撃を受けたが、日本から何の反論の声も聞こえてこなかったのがすごくショックだった。描かれ方には誤解もあるし、日本への無理解、偏見も含め、誰も声を上げない。どうしてかと驚いた」。佐々木監督は映画を撮り始めたきっかけをこう語る。

映画では、イルカ漁の漁師と、漁をやめさせようと太地町で反対活動する環境保護団体「シーシェパード」、それを取り巻く内外の関係者や、記者らの目を通して問題の本質を探ろうとする。

イルカ漁は先祖代々から続く大切な文化だと話す太地町の漁師たちと、イルカは家畜と異なり、自然界の動物で頭がよく、「特別な生き物」なので、捕鯨を禁止しろと主張するシーシェパード。ぶつかり合う二つの「正義」を前に、カメラを回す佐々木監督自身も「正義とは何か」が分からなくなったという。そして「太地町で起きていることが世界中の紛争など、価値観の衝突と同じだとの思いに至った」と話す。

異なる価値観の衝突を解決に導くには何が必要か。映画に出てくる右翼団体の男が放つ言葉が印象的だ。

「最初はシーシェパードが来たからびっくりしたのよ。なんだよ、あいつはって思ったけど、今は違うね、考え方は違うけど尊敬している。話し合いすればいいのよ」

男の呼びかけで太地町とシーシェパードの話し合いが実現したが、議論は平行線に終わり、その後も話し合いは行われていない。ここには決定的に足りないものがあった。

「両者とも、自分たちは正しいというところから一歩も出なかった。なぜ相手がそういうことを言っているのか、理解しようとしなかった」と佐々木監督。

一方、漁師やシーシェパードとは異なる視点を持つ人物として登場するのが、元AP通信記者のジェイ・アラバスターだ。中立・公平な視点で町の出来事を見る視点は佐々木監督の視点と重なる。

ジェイは「太地町で捕っているイルカは絶滅危惧種ではない。数が一定数いるものを（声高に）守れというのは、海兵隊を陸に送り込むようなもの。太地町の方がよほど絶滅危惧種だ」と語る。

当事者たちが自らの正義を疑わない中、ジェイの存在は小さな変化を起こした。問題を知るために現地に移住し、早朝、漁に出る漁師たちにあいさつをすることから始めると、外国人メディアに警戒心を抱いていた漁師らも徐々に心を開き、ジェイがアメリカに帰るため町を離れるときには送別会を開いて別れを惜しむ。漁師たちが部外者を受け入れた瞬間だ。

「ジェイが太地に住んでコミュニケーションしたので、『外国人でもこんなに理解してくれる人がいるのだ』と心を開いたのだろう」と佐々木監督。問題を解決するヒントがここにあるが、中立・公平な視点は当事者が持つことこそが重要だ。

「インクルージョン。自分と合わない意見、価値観を排除するのではなく、共存する。その認識が必要。例えばLGBTも、これまで表に出てこなかったし、受け入れようという土壌もなかった。時代によって価値観は変わっていく。それをどう受け入れていくのかをオープンに議論しないと、ゆがんだ形で世論が傾いてしまう。正義の反対は悪ではなく、別の正義であるということをお互いにもっと理解することが必要」。ダイバーシティーとインクルージョンを目指す東京にとっても重要な視点だ。

◆

タイトルの「おクジラさま」は生類憐みの令の5代将軍綱吉の「お犬様」にかけた。実はイルカは成体で約4㍍以下のクジラの通称で、太地町では漁で採るコビレゴンドウなどをクジラと呼んでいる。「おクジラさま～ふたつの正義の物語」は渋谷・ユーロスペースで絶賛公開中。また、映画を題材にした同名の書籍（集英社）も発売中。

明る寂びの美

陶匠 辻清明の世界

東京国立近代美術館工芸館

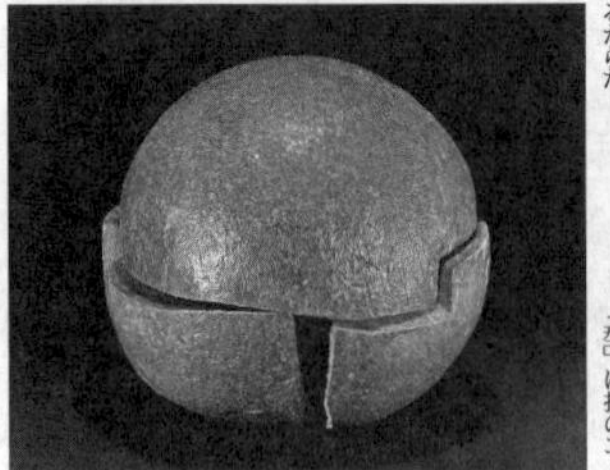

《信楽大合子　天心》　1970年　東京国立近代美術館蔵　撮影：藤森武

「型」から入れと言われる。「型」を学び「型」を自分のものにしろと。無手勝流で挑んでも、悪戦苦闘ばかりで時間の浪費に終わるからだ。

元は能、歌舞伎などの舞台芸術、俳句、短歌などの文芸、さらにお茶、お花、無論、陶芸など伝統芸術界の言葉だろう。

「型」は技のエッセンスでできている。先人たちの、ときには数百年にもわたる経験と知恵と汗が濃縮されている。それを学び取るために、何年も、何十年も修行するのだ。

だが「型」は恐ろしい。そこから出られなくなるからだ。偉大な技の集積がブラックホールのように人を引きつけ拘束し、「型」通りの表現しかできなくなってしまうのだ。

特に近・現代になってアートの価値観が入ってくると、伝統芸術の世界でも個性や独創性が求められるようになり、「型」と創造の問題が浮き彫りになった。それは創造者の沃土なのか個性を吸い込む底なし沼なのか。

辻清明（1927～2008）の作品群は、その難題に向かう一つのヒントを与えている。「型」や伝統との距離の取り方である。

陶芸にとって有利な地ではなかった東京で仕事をした人である。だが、父親が書画骨董の趣味人で、少年期に野々村仁清の香炉をプレゼントし、古瀬戸の名品に心奪われるきっかけを与えるなど、彼は日本の古美術に親しむ環境で育った。

そして、何と14歳のときに「辻陶器研究所」を立ち上げ、姉と共同で作品制作に取り組む才能の持ち主でもあった。

このころに富本健吉、板谷波山などの名工に教えを受けている。同時に、ろくろの名人について徹底的な技の修練もした。彼はその世界に浸り込むことなく、客観的な目を持ちながら、伝統の技を身に着けていったのである。

頭角を現したのが茶陶の世界。厳しい批評眼のあるライバルの多い世界である。彼はここで、取り寄せた土を使って、信楽の地産ではない信楽焼を発表したのである。

後に、彼は自分の仕事に「明る寂び」の言葉を掲げた。伝統表現を超える新しい美の提唱である。素材の質感に反するような、空き缶、ボトル、ステッキに帽子、鬼の金棒なども自在に作った。

会場では、富本憲吉、濱田庄司、小山富士夫ほかの名品も展示され、辻清明が伝統の世界で目指した境地を暗示している。

◇

工芸館開館40周年記念特別展「陶匠辻清明の世界―明る寂びの美」は、東京国立近代美術館工芸館で11月23日まで開催。この招待券を10組20名様にプレゼントします。Eメールで件名を「辻清明展希望」とし、〒、住所、氏名を明記の上、henshu@toseishimpo.co.jpまでお申し込みください（30日必着）。

東京 橋くらべ⑩

紅林 章央

枕橋

橋名も親柱も粋な橋

重いコンクリートアーチ橋の枕橋

墨田区の北十間川の最も下流に架かるのが枕橋である。

枕橋とは面白い名である。このいわれは、江戸時代に北十間川に源森橋が架けられ、また北側に隣接する水戸藩下屋敷内の小さな堀にも小橋が架かっていた。2橋は並んで架けられていたため、いつの頃からか枕橋と称されるようになる。艶っぽい話である。

明治になり小橋は撤去されたが、源森橋は残り、正式に枕橋と改名された。現在の橋は震災復興で1928年に東京市によって架けられたコンクリートアーチ橋で、アーチ側面に石が貼られた重厚な橋である。地盤高が低く、地盤が軟弱な墨東地区では、軽く、橋桁下の空間も取れるトラス橋が多く架けられたが、重いコンクリートアーチ橋は少なく、この橋が唯一である。

橋の親柱も特徴がある。中央が膨らんだ円筒型の形はビア樽を模しているのである。これは、近くの吾妻橋際にアサヒビールの工場があったことに由来している。橋名といい、親柱といい、粋な橋である。

ミニガイド

◇「あんど！大島2」特別公開講座～起業を通して離島の未来を創ろう～　▷内容　日本島嶼学会副会長の可知直毅首都大教授が「離島の未来を創る」、川島理史前大島町長が「伊豆大島の魅力と可能性」について語る▷日時　10月14日㈯　午後1時～4時▷場所　秋葉原ダイビル12階・首都大学東京秋葉原キャンパス（秋葉原駅電気街口すぐ）▷定員　40人（先着順、参加無料）▷申し込み　あんど！大島2事務局宛てにメールで▷締め切り　10月12日（定員になり次第終了）▷主催　首都大学東京▷問い合わせ先　あんど！大島2事務局　andohshima@jmj.tmu.ac.jp

◇一般社団法人東京下水道設備協会公開講演会「自然エネルギーと水素による将来の低炭素社会に向けて」　▷日時　11月14日㈫　午後2時～4時▷講演者　トヨタ自動車㈱コーポレート戦略部・水谷英司氏▷会場　角筈区民ホール（角筈区民センター3階、地下鉄都庁前駅・京王新線初台駅徒歩10分）▷申し込み　「11月14日講演会希望」と記載の上、11月8日までにファクスにて　03・3346・3055（入場無料、先着80人）

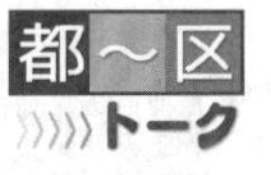

都～区トーク

自我の目覚め

オリンピック招致にまつわる話である。といっても2016年大会のことだ。当時、オリ・パラ招致本部にいた知り合いと話をして感じたのは、招致の仕事は通常の役所の仕事とは性格が全く異なるということ。端的に言うと、彼らが受ける評価は「オール・オア・ナッシング」。招致できなければ自分たちの取り組みや努力は全て無に帰してしまう。こうした世界は、まさに政治家の選挙と同じだ。

選挙と言えば、数年前にある自治体の首長から伺った話を思い出す。この首長は、自民党から衆議院議員1期生を集めた研修会の講師を頼まれた。何を話したかというと、選挙に落選した時の経験談だ。この首長は現職での落選を経験しており、その厳しさを直接伝えてほしいと頼まれたそうだ。依頼したのは、当時同党の衆議院議員だった小池百合子都知事。首長いわく、小池氏は徹底したリアリストだと。

さて、目を転じて都議会である。市場関係の補正予算案を審議した臨時会では、都民ファーストの会が見せた小池知事への無批判な迎合ぶりが何より際立っていた。発足当初から知事のイエスマンを懸念する声が絶えなかったが、ある意味でこうした懸念に見事応えたといえる。都民ファが掲げた選挙公約の一部は、小池知事が昨年12月に発表した「2020年に向けた実行プラン」をパクっているのは周知の事実だ。つまり無批判になるのは自明の理である。

ちなみに計画名の「～実行プラン」は実はサブタイトルで、メインタイトルは「都民ファーストでつくる『新しい東京』」。「で」を「が」に変更すれば選挙公約のタイトルになるという寸法。さすが小池知事、良く出来たタイトルだ。

ところで、本紙に連載された「新人都議の横顔」という連載記事で、今回初めて都議になった都民ファの新人議員の考えや抱負の一端を知ることができる。本部の統制があったかどうか不明だが、決してイエスマンとはいえなかった。

早い話で恐縮だが、彼らに2期目はあるのだろうか。今回の都議選はまるで比例代表制のごとく、有権者は「都民ファースト」というにわかブランドめがけて票を投じた。次回の都議選では知事は交代しているかもしれない。これからの4年間、小池知事のイエスマン集団ではなく、都議としての自我に目覚め、都政への職責を果たしていくことでしか再選はありえないだろう。

（上から都民目線）

都政新報

発行所　都政新報社
〒160-0023 東京都新宿区西新宿7-23-1 TSビル
(総務・読者) 03-5330-8781
(企画広告) 03-5330-8784
(編集) 03-5330-8786
(出版) 03-5330-8788
(ファクス) 03-5330-8808
購読料 月1,730円(税込)
毎週火・金曜日発行
ただし、祝日は休刊

紙面から

豊洲は築地再開発の「種地」

混乱と分断　翻弄される市場(上)

勉強会　小島元顧問が極秘に会合

6月22日午後3時30分。小池知事が築地市場で、業界6団体の代表と会談を始めた時、特別顧問(当時)の小島敏郎氏は築地市場厚生会館で極秘に会合を開いていた。水産仲卸の若手で構成する東京魚市場青年団体連合会(青団連)の役員ら約20人を前に築地再開発に関する説明を行った。また、当時は都議選告示の前日で、仲卸の一人は「『都民ファーストに投票してほしい』と発言した」と証言する。小島氏が業者に協力を呼びかけたのは、都民ファーストなど知事与党が過半数を握り、築地再開発を進めていくためだという。

この会合から約1カ月後の7月18日。小島氏による勉強会が東卸会館で開かれ、青団連の有志ら70〜80人が集まった。集会の冒頭、司会が勉強会の趣旨を「なぜ築地と豊洲を市場として生かすという形で考えたのか説明いただきたい」と出席者に話した。都から具体的な説明がないため、知事の基本方針の策定に関わった小島氏を講師に招いたという。

この勉強会の議事録を読んだ移転推進派などが問題視しているのは、小島氏の発言内容にある。その一つが豊洲移転の理由であり、小島氏は「最も短い時間で築地を再開発する」ことを挙げつつ、「(築地の)建て替えの種地が豊洲市場だ」と言い切った。移転推進派によると、これが豊洲に移転する真の目的と見ている。

小島氏は水産仲卸の経営状況にも言及し、「築地も毎年約20事業者が廃業し、利益率はあまり高くなく、経営は厳しい」と指摘した上で、「これまでの営業形態では20年、30年(後)を考えるとなかなか生き残れない。(生き残るには知事の)基本方針に対して積極的に乗るかどうか」と迫った。

ある水産仲卸は「なぜ、築地の仲卸だけが消滅するのか、基本方針に賛成して将来展望が開ける根拠は何か全く理解できない。会場から小島氏の発言を聞いて何も反発が起きなかったのも問題」と批判する。

小島氏は2022年9月に築地再開発を完了させることを明らかにした。再開発で懸案だった土壌汚染や埋蔵文化財の調査などは2年間で、再開発は5年間で可能との考えを示した。それまでに都と食のテーマパークの管理会社が基本協定を結び、「使用料が高くならないようにする」と強調した。

移転推進派の一人は「施設使用料を安く設定したいと考える民間企業は存在するのか。使用料を安くすれば、築地の賃料の値下げも求められるはず。豊洲市場の整備費の返還が滞るだけであり、市場会計が破綻しかねない。小島氏は築地で再び営業できる夢や期待を抱かせているだけ」と憤りをあらわにした。

小島氏による勉強会に出席した業者は「築地に残れるのはありがたい」と評価するが、「お客が築地に戻って来るのか」と不安視する。一方、勉強会に出席後、「(再開発を)実現できるのか」と疑問を呈す業者もいたという。

この勉強会を境に、東卸は四つに分断された。これまでは移転推進派と反対派、慎重派に分かれていたが、いったん豊洲に移転した後に築地に戻る「築地リターン派」も加わった。

東卸の幹部は築地リターン派にこう警鐘を鳴らした。「小島氏は東卸に楔を打ち込み、移転反対派を取り込んだ。鼠を笛の音色で引き寄せて溺死させた童話『ハーメルンの笛吹き男』と同様に、小島氏についていくことは同じ結末になるのではないか」

◇

築地市場の移転延期や知事の基本方針の策定に関わった小島特別顧問だが、19日付で辞任した。今後の市場問題にどう関わるかは不透明であるものの、これまでの小島氏の言動が都、市場業者などに暗い影を落とした。その余波を3回で追う。

市場問題プロジェクトチームの報告書を説明する小島敏郎氏＝6月13日、都庁第一本庁舎7階で

まちづくりの視点策定へ 構成メンバー10人を決定

築地再開発検討会議

小池知事は22日、築地市場跡地の再開発に向けた検討を行う「築地再開発検討会議」の初会合を10月12日に開催すると発表した。メンバーは有識者らで構成し、まちづくりが専門で日大教授の岸井隆幸氏、シャネル社長のリシャール・コラス氏、築地本願寺代表役員の安永雄玄氏、都の特別顧問の右田左近氏ら10人を決定。知事は「自由な発想で幅広い意見をいただき、(再開発の)コンセプトのベースにする」と話した。来年5月ごろまで議論し、築地まちづくりの視点をまとめる予定。

築地再開発に向けて、都は2018年度中に築地のまちづくり方針を策定した後、約3年かけて事業者からの提案募集、設計、土壌汚染や埋蔵文化財の調査を実施する。5年以内の着工を目指す方針。

クラウドFを活用し 創業支援の資金調達

都産業労働局は22日、クラウドファンディング(CF)を活用した創業希望者らの資金調達支援に乗り出すと発表した。創業希望者らが実施予定の事業をインターネット上に掲載し、不特定多数の賛同者を募って資金提供を受けるCFを通じ、創業促進や新サービスなどの普及を目指す。事業開始日は10月2日。

都は事業実施に当たり、CF事業者6者を選定した。CF事業者は資金調達希望者から事業を募集し、審査後にウェブサイトに掲載して出資者を募る。CF事業者は資金調達が成功した見返りに調達者から手数料を受け取る仕組みで、都は手数料の2分の1(上限30万円)を補助する。

都はこのほか、CFの情報を提供する電話相談窓口や専用ウェブサイトの開設、テーマ別のセミナーの開催なども実施し、CFの認知度向上も目指す。

都政の東西　立ち止まった理由

小島敏郎顧問の電撃辞任は、都庁内に大きな驚きをもたらした。築地市場の移転延期という小池知事の政策判断にも大きく影響を与えた「張本人」だったからだ。本来であれば昨秋に完了しているはずの豊洲市場の開場は、最短でも来年秋にずれ込む見通しとなっている。

昨年の知事選で小池氏は「(移転を)一歩立ち止まるべきだ」と言った。その理由に挙げたのは、①安全性②巨額で不透明な費用③情報公開の不足——の3点。突然の延期から1年が経ち、三つの疑義は解消されたのか。

まず安全性。地下水から基準値を超過するベンゼンが検出されたが、専門家会議は地上部を安全と判断している。地下に盛り土がないインパクトは大きかったが、技術職から見れば設計上、当然の話だ。

二つ目のコストは巨額の建設・維持管理費を批判したものだが、移転延期で逆に約100億円の負担が発生した上、築地の再開発は収支が見えぬまま走り出している。入札制度の改正で予定価格の事後公表や一者入札の中止を打ち出したものの、築地市場の解体を含め、五輪関連の工事に支障を来すとの懸念は強い。

最後の情報公開に関しては自身と顧問のやり取りに関する公文書が存在せず、ブラックボックス化が甚だしい。

築地の再開発は「5年以内に着工」としているが、ある幹部は「誰もできると思っていない。都庁全体が(知事の意向を)忖度しているのではないか」と批判する。移転延期に至った三つの疑問はどう解消され、どんな理由で再開発につなげるのか。「AI」「アウフヘーベン」といったワンフレーズではなく、真摯で丁寧な説明を聞きたい。

国保移管へ議論大詰め

一般財源繰入など課題山積

新制度は来年4月スタート

国民健康保険が区市町村から都道府県に移管されるまであと半年。今回の制度改革は、都道府県を保険者として国保財政の安定性を高め、事務の効率化や標準化を図ることが目的だ。都は区市町村を除く利害関係者で構成する会合とともに、区市町村とは非公開の連携会議で調整を進める。だが国保は制度趣旨に反して区市町村の一般財源が国保財源に充当されるなど、構造的な課題が山積している。保険料の統一化に向けた議論も低調で、都と区市町村の財源を巡る綱引きは新制度運用後も火種として残りそうだ。

「利害が異なる団体の代表における協議会の決定は、必ず不満足を伴う」。20日に開かれた都国民健康保険運営協議会(国保運協)の初会合で、会長の土田武史・早稲田大学名誉教授は、議論に入る前にこう述べた。同協議会は区市町村が都に支払う国保事業納付金や、国保運営方針などを検討する会合で、被保険者や保険医・保険薬剤師、都国民健康保険団体連合会、国保以外の保険者の代表者ら21人から成り、まさに利害の異なる関係者の集合体だ。事務局は都福祉保健局が担う。

国民健康保険は本来、保険料5割、公費5割(うち国41%、都道府県9%)での運営を想定。だがこれでは賄いきれず、区市町村の一般財源からの繰り入れが行われているのが実態だ。15年度の同繰入金は都内区市町村で全国の約3割を占める計1169億円に及び、他道府県比で突出して高い水準となっている。

区市町村の一般財源を投入する実態に、全国健康保険協会(協会けんぽ)は国保運協の会合で、「国保加入者以外の住民も負担する構図になっている」と述べた上で、「給付と負担の関係が不明確となり、国保財政の『見える化』が損なわれている」と言及。制度趣旨に反する運用の弊害を指摘した。

協会けんぽを始め、他の被用者保険加入者にすれば、保険料の「二重取り」になる。更には74歳までの前期高齢者数に応じて各保険者間で財源を調整する仕組みにより、国保は他の保険者から前期高齢者交付金として15年度で約2800億円の充当を受けている。

繰入金の問題は区市町村の財政運営に直結する課題で、区市町村は一般財源からの充当は避けたいのが本音。だが一方で、赤字補塡の解消は保険料に跳ね返って被保険者の負担増を招く。市部の国保協議会の幹事長市を担う西東京市は「繰入金の削減が最大の懸念材料」と話す。

都は20日の国保運協の会合で国保の運営方針素案を提示。同繰り入れに関しては「計画的・段階的な解消が図られるよう取り組む」と明記した。

こうした動きに対し、区市町村は急激に保険料が上がらないようきめ細かい措置を都に要望。都福祉保健局は「全国共通のスキームに沿って、医療費の9%の範囲内で激変緩和に対応する」とし、繰入金については「各区市町村の判断に委ねる」と牽制する。

国は保険料上昇の激変緩和措置を少なくとも6年間は用意するが、どう軟着陸させていくのかは制度改革後の大きな課題として残る。

■統一保険料の選択は

23区の国保保険料は、区が都の内部団体だったこともあり、全区で同額となっている。

国は制度改革に当たり、同じ都道府県内の区市町村で保険料を統一できるような制度設計とした。ただ一部報道によると、統一化に向けた具体的な検討をしているのは宮城県や大阪府、広島県など一部自治体にとどまり、動きは鈍い。

都は運営方針素案で、「将来的には保険料水準の平準化を目指す」と明記する一方で、「医療費水準や保険料収納率の差異が大きく、直ちに統一を目指すのは困難」とした。実例として都は、区市町村間の1人当たり医療費や収納率の差を示した上で、医療費の適正化や収納率向上の推進を統一化の条件に掲げる。

だが同医療費を巡っては最大、最小ともに島しょ部で、23区からは区部とは医師数などが絶対的に異なる島しょと同列に考えるのは実態にそぐわないとの声が上がる。特別区長会の国保課長会幹事の板橋区は「医療水準が違う自治体を比べるのはおかしい。都は島しょを除いた医療費格差を示すなど、保険料の統一に向けた具体的な議論をすべき」と主張する。

次回の国保運協は11月の予定で、都は12月の第4回定例都議会で区市町村の納付金の算定方法を定める条例案を提出し、18年1月に区市町村の納付金と標準保険料率を決定する方針。新制度開始に向け、いよいよ大詰めを迎える中、次年度以降も利害関係者間の議論が続くのは必至だ。

五輪大会経費

コーツ氏、「1000億円削減を」

仮設の基本設計など精査へ

東京五輪・パラリンピックの準備状況を確認する10月3、4日開催予定のIOCプロジェクトレビューで、IOC調整委員会のジョン・コーツ委員長が、大会経費を1千億円削減すべきと五輪組織委員会に提案する見通しであることが分かった。東京大会全体の経費は5月時点で1兆3850億円と試算されており、昨年12月時点と比べ、既に1150億円削減している。

コーツ委員長は一部メディアの取材で、大会運営費の5500億円が経費削減の対象になるとの考えを示した。五輪招致を検討している都市の立候補を促すのが目的だという。

この報道を受け、小池知事は20日の第3回定例都議会の本会議後に報道陣の取材に応じ、「オリンピック・パラリンピックもあと3年で、どういうふうに(削減)しようか」と困惑の表情を浮かべた。

21日に開かれた五輪を審議する都議会特別委員会でも、経費削減への懸念が示された。

自民党の川松真一朗氏は1千億円の削減目標を「突然降ってきた」と驚きつつ、「大会運営に影響はないか」と質問した。

これに対し、都側は組織委員会で仮設施設の基本設計を実施している中、「こうした業務の内容や計画の具体化の状況を踏まえつつ、運営のみならず仮設等のハードを含めた大会経費全般の縮減を図る」と語った。

都によると、現在の大会経費は仮設施設の基本設計前に見積もられたため、設計段階で不要な設備などがあれば設置を取りやめ、経費削減を図る考えだ。

現在、都と国、五輪組織委員会が、都内外の仮設競技場の整備費などを共同管理する委員会を設置し、経費抑制や削減を進めている。主に、都が負担する仮設整備費、輸送やセキュリティーなどの運営費を合わせた3750億円が対象だ。

21日の都議会特別委で、公明党の谷村孝彦氏がどのような手法でコスト管理するのかをただしたのに対し、都側はコスト縮減方法などが課題となる場合、第三者の専門家の意見を聞く考えを示した。

五輪準備局は「1千億円削減はハードルが高い。実際、いくら削減できるかこれから検討する」と話している。

冗句ジョーク

安倍首相の衆院解散表明、急な仕事増にビックリの全国の選管事務局

働き方改革に期待していた都選管職員「皆さーん、今日から午前8時に一斉消灯しまーす。それ以降働く方は総務課へお問い合わせください」

◆宗教施設で帰宅困難対策

小池知事は21日、東京都宗教連盟と都庁第一本庁舎で会談し、災害時の協力に関する要望を受けた。同連盟傘下の宗教法人は都全域に宗教施設を約4千カ所有しており、同連盟は災害時の防災備蓄や帰宅困難者の一時滞在施設として宗教施設の活用を認める考えを示した。

小池知事は「被災者は不安な中、地域に根差したお寺や神社、協会で受け入れられるのは安心につながる」と話し、新倉典生・東京都宗教連盟担当理事は「全面的に協力ができるような体制作りを始める」と応じた。

同連盟の要望事項は、▽災害対策に関する都との会合の設置▽宗教施設の帰宅困難者一時滞在施設などへの活用促進——の2点。会合は情報共有を目的とし、実務者レベルで調整を図る考え。宗教施設は防災倉庫としての活用も視野に入れる。

帰宅困難者対策を巡っては、都は首都直下地震時に約517万人の帰宅困難者が発生すると想定。都は一時滞在施設として92万人分を確保するとしているが、7月現在で約33万人分しか用意できていない。都総務局は「一次滞在施設の確保は道半ば。今回の要望は大変ありがたい」(帰宅困難者対策担当)と話す。

墨田区

清掃還元施設廃止を検討

次の地域貢献考える岐路に

墨田区は、清掃工場から排出される余熱を利用した温浴保養施設「すみだ健康ハウス」の温浴利用について、廃止を含めた見直しを検討している。12日に開会した第3回定例区議会に関連議案を提出しており、年内には方向性を出す見通しだ。清掃工場の建設時に、住民から理解を得るための還元施設として整備した施設が周辺の都市化が進んできたことを受けて、在り方や地域貢献の方法を再検討する岐路に立っている。

3定に関連議案を提出

現在のすみだ健康ハウス＝21日、墨田区で

清掃工場の白い煙突の足元には、昔ながらの産業廃棄物処理や鉄筋、タイヤなどの工場が点在する。その一方で、新しい戸建て住宅やマンションの新築工事も進んでいる。この一角にあるすみだ健康ハウスの前には半年前から休止中の看板が掛けられたままだ。

看板には、歩いて5分の区立スポーツ健康センターを利用するようにと書いてある。30年来、この近くに住んでいるという女性は「孫たちがスポーツセンターのプールにはよく行っているが、健康ハウスの温浴施設は利用したことがない」と話す。

すみだ健康ハウスは、ごみの焼却熱で沸かした湯を利用した打たせ湯やジャグジーなどを備える健康増進施設で、1998年4月に開設し、06年度から指定管理者に運営を委託していた。しかし、10年に供給管が損傷して蒸気の供給が止まり、ボイラーで水を沸かしていたことでランニングコストが年間700～800万円増加していた。さらに、今年3月に天井裏が腐食していることが分かり、落下する危険性があるとして全面的に休館とした。

区が7月に実施した調査では、浴室の天井部材や建具、機械設備の腐食などが発覚。改修して施設を維持するための工事には最低でも1年かかり、費用は2億円超と試算した。加えて、供給管は損傷の原因が特定できておらず、改修に着手できない状況だという。

この結果を受け、区は温浴施設として利用し続けることが困難と判断。第3回定例区議会に施設の指定管理者の指定期間を9月末で打ち切る議案を提出した。

21日の地域子ども文教委員会では、議員からパブリックコメントなども利用しながら地域の意見を反映して今後の施設利用を定めていくよう求める意見が上がり、区は第4回定例区議会に施設の在り方を示す考えで検討を急ぐ。

自民区議は「付近には工場に代わって住宅が増えてきた。区民のニーズも感覚も変わってきている」と指摘し、余熱利用の廃止も検討すべきとの意見を示した。区は、健康ハウスが担っていた健康増進機能を、同様に余熱供給を受けているスポーツ健康センターに一本化することを検討している。

23区内には、すみだ健康ハウスのように清掃工場から余熱の無償提供を受けている施設が24カ所あるが、他施設では廃止に向けた動きは見られない。足立区で余熱利用施設を管理する担当者は「利用者の減少などが見られれば見直しも必要になってくるだろう」と話す。

維持管理経費が多額になる公共施設を巡っては、全国の自治体が総量抑制や機能見直しに踏み出している。墨田区地域活動推進課は「還元施設の使命は継続していかなくてはならない。地域のニーズを組み込みながら次の施設の在り方を考えていきたい」と話す。

新副区長に山本氏

江戸川区

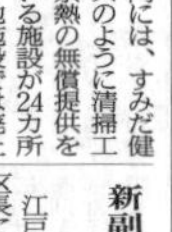

江戸川区は21日、新副区長に経営企画部長の山本敏彦氏（61）を選任する人事案を第3回定例区議会に提出し、全会一致で同意を受けた。任期は9月21日から4年間。前任の原野哲也副区長は一身上の都合で7月31日に途中退任した。

山本氏は1980年に早稲田大学社会科学部を卒業し、81年に入区。教育委員会事務局中央図書館長、健康部長などを歴任した。

羽田空港機能強化

11月から住民説明会

騒音防止や落下物対策など

国土交通省は、都心上空を旅客機の発着飛行ルートに加える羽田空港機能強化の導入に向け、11月1日から来年2月17日までに飛行ルートに含まれた13区で住民説明会を開く。国は今回の説明会を第4フェーズと位置付け、新たに決まった騒音防止策や落下物対策などを報告する。

説明会が開かれるのは、羽田空港の地元の大田区と、到着ルートに含まれた港、新宿、品川、目黒、渋谷、中野、豊島、北、板橋、練馬の10区、出発ルートに含まれた江東、江戸川の2区。過去3回の住民説明会と同様、パネル展示と職員の個別対応によるオープンハウス形式で行う。

説明会では、着陸時の飛行高度を約20㍍引き上げ、低騒音機の導入を促すために着陸料を変更するなどの騒音対策を紹介。学校や病院などを対象とした防音工事の助成基準を緩和し、来年度にも工事に着手できるように制度を見直す方針を説明する。

また、落下物対策では、検査回数を増やすとともに、新たに被害者への見舞金制度を創設して補償体制を強化する考えを示す。23日には大阪市で関西空港を離陸したオランダ機の機体の一部が国道に落下する事故が起きており、説明会では住民の反発も予想される。

新宿区

漱石山房記念館がオープン

終焉の地に書斎を再現

新宿区は24日、明治の文豪・夏目漱石の終焉の地となった早稲田南町に区立漱石山房記念館を開館した。漱石に関する本格的な記念館は全国初となる。今年が漱石生誕150年に当たることを踏まえ、区の歴史や文化の側面をPRし、区民に魅力を再発見してもらうとともに、観光面では区内全域の回遊につなげたい考えだ。23日には開館に先立って記念式典を開き、吉住健一区長は「建設がゴールではない。『土地の記憶』をしっかりと伝え、愛される記念館として育てたい」と語った。

24日にオープンした区立漱石山房記念館

記念館は地上2階、地下1階建て。漱石が晩年の9年間を過ごし、「漱石山房」と呼ばれた邸宅の書斎などを館内に再現した。展示室では直筆の草稿や初版本などを公開し、読書しながら漱石の好物だったバターケーキなどを味わえるブックカフェなども設置した。

区によると、2007年度に生誕140年の記念事業として邸宅敷地の一部にある区立漱石公園をリニューアルした際、記念館の整備構想が浮上。漱石の孫で同館の名誉館長に就任したエッセイストの半藤末利子氏は区文化施設の広報紙に寄稿し、「区が新しく山房を建てたいと表明した時、財政逼迫の時代に建てるべきでないと否定的だった」と当時を振り返る。

しかし、08年度に区議38人全員が参加して議連を立ち上げるなど、整備に向けた機運が高まり、区は11年度、敷地内にあった区営住宅の老朽化に伴う再編に併せて記念館を整備する方針を決定。翌12年度に半藤氏ら親族や有識者をメンバーとする検討委員会を設置し、整備・検討を進めてきた。

区文化観光課では、記念館を区の歴史・文化の魅力発信の中核に位置付ける。

同区は新宿駅周辺や歌舞伎町など繁華街の印象が強い反面、漱石を始めとして島崎藤村や坪内逍遥ら近現代の多くの文化人が区とゆかりを持つことはほとんど知られていないという。

親族や有識者の意見を基に館内に再現した漱石の書斎

記念館の整備に当たっては、13年度から「夏目漱石記念施設整備プロジェクト」と銘打ち、講演会や演劇、感想文コンクールなど周知事業を進めてきた。区文化観光課では、「多くの区民は新宿が漱石生誕の地で、かつ終焉の地であることを知らない。区の歴史と文化を知ってもらうことで、区民に魅力を再発見してもらいたい」と訴える。

また、観光面では、新宿駅や新宿御苑周辺に集中する観光客に区内を広く回遊してもらうための起爆剤にしたい考え。記念館から徒歩約3分の弁天町には、世界的に知られる前衛芸術家の草間彌生氏の美術館が10月1日にオープンするため、「記念館の魅力向上とともに、一帯を芸術文化の拠点として認知してもらえるよう、PRをすすめたい」（同）。

その一方で、区が整備費に充当するため13年度に設置した基金は伸び悩んでいる。整備費約12億円のうち2億円を目標に設定したが、9月5日現在の寄付額は約1億1千万円にとどまる。区文化観光課は「資料収集などに活用するため、引き続き寄付を呼び掛けたい」と話している。

自治体政策のススメ

LGBT施策の課題④

渋谷区男女平等・ダイバーシティ推進担当課長　永田　龍太郎

パートナーシップ証明のジレンマ

日本では現在、世田谷区、三重県伊賀市、兵庫県宝塚市、那覇市、札幌市、渋谷区の6自治体が同性パートナーシップ制度を実施しています。渋谷区では2015年11月5日に発行を開始し、今年9月1日現在で21組に証明書を交付しました。全国では計110組を超えたところです。

渋谷区のパートナーシップ証明の仕組みは、他自治体の要綱に基づいた「宣誓書」とは異なります。区は同性の二人が交わした「合意契約」と「任意後見契約」の2種類の公正証書に基づき、男女の婚姻関係と異ならない程度の関係性を実質的に築いているパートナーシップ状態と認め、「証明書」を発行します。

これは、区条例検討会議で収集された「パートナーの入院時や医師からの病状説明、入院や手術の手続きを可能にしてほしい」「同性カップルでも部屋を借りられるようにしてほしい」などのLGBT当事者のニーズを基に、区として最大限の要請が行える方法を議論した結果としての制度です。

その一方で、区はパートナーシップ証明が抱える根本的なジレンマに直面しています。

「渋谷男女平等・ダイバーシティセンター〝アイリス〟」では、パートナーシップ証明書に関する相談を随時受け付けています。その中で、多く寄せられる質問が「戸籍や住民票に何か追記されますか?」です。

担当者が「申し訳ございませんが、区の制度のため、記載されません」と回答すると、「良かった（職場や親戚等に意図せずバレる危険性はない）」という反応がとても多いことに驚かされます。2人で人生を歩もうと決意したカップルでさえ、「アウティング＝暴露」のリスクにおびえています。社会全体の空気が変わることなくして、申請は増えないのです。

そもそもパートナーシップ制度の受益者はLGBTの中でも限定的です。多くのLGBT当事者の生きづらさを緩和するためにも、目に見える形で区全体が「LGBTフレンドリー」に変わらねばならないという、根本的な課題に立ち返ってしまうのです。

ヤフーに河川映像提供
情報配信源の多様化に

北区

北区は、区内を流れる石神井川に設置したライブカメラの映像をヤフー㈱に提供し、同社ウェブサイトから配信する取り組みを15日から開始した。区は公式ウェブサイトからもリアルタイムでの水位情報を配信しているが、配信源を増やすことで早期の避難準備を促し、区ウェブサイトのアクセス集中を防ぐ狙いがある。同社への河川の情報提供は23区初。

区が提供するのは、石神井川の4カ所に設置しているライブカメラで撮影している映像。ヤフーの災害ページ内の「河川水位情報」で全国の河川の中から石神井川を選択すると見られる。

石神井川のライブ映像

区は、2015年10月にサイト運営社のヤフーと災害時の情報発信に関する協定を締結し、避難所の位置情報を提供していた。区広報課は「民間事業者と協力し、様々な媒体を通じて発信できるのは心強い。一層の協力体制を構築したい」としている。

同区は石神井川のほかに、荒川や隅田川が流れており、洪水や高潮対策として水害時の情報発信を進めてきた。今年3月には防災タウンページに全国初の自治体専用ページを設け、地図情報に浸水状況をAR（拡張現実）で見える化する機能を実装している。

8月庁舎火災で給与減額条例案

江東区

江東区は、8月に区防災センターで発生した火災を受け、21日に開会した第3回定例区議会に山崎孝明区長と副区長2人の給料を減額する特例条例案を提出した。条例案では、11月の給料1カ月分を山崎区長が10％、両副区長が5％を減額する。

火災では人的被害はなく、出火した6階は修復工事中。出火原因は冷蔵庫が電源コードを踏んだ状態で置かれていたため、ショートを起こしたと特定された。これを受け、区は電化製品を点検し、再発防止策を11月までにまとめる方針。

山崎区長は「防災センターで出火したことを重く受け止めており、全庁を挙げて防災体制の強化に努める」と述べた。

記者席

イニシャルは「K・Y」だけど

○……「小池知事は辞任して衆院解散総選挙に出馬するの？」。最近、都職員から多く受ける質問だ。「都政に専念する」と宣言した知事だけに、都政を投げ出すとは考えにくいが、ある職員は「小池知事は65歳。首相を目指すなら、今回がラストチャンスだろう」と分析する。小池氏が辞任する事態となれば、この5年間で都知事は4人辞めるという異常事態になる。「もしそうなれば、長期計画も一から作り直しになり、つらい。それだけは本当に勘弁。こんな都庁内の空気を読んでほしい」と嘆く職員もいた。小池百合子知事のイニシャルは「K・Y」。名は体を表すのだろうか。

○……解散総選挙を控え、若狭勝氏や細野豪志氏らによる「小池新党」に合流する国会議員が相次いでいる。民進のみならず、自民やこころなど、主流派になれなかった〝落ち武者〟ばかりだ。

かつて新党の党首を務めた橋下徹前大阪市長は25日、自らのツイッターで、「政治家として生き延びたいために維新に一度足をかけ、その後どこかに行き、そして今度は小池新党に入ろうとするチョロネズミは新党に害。小選挙区で負けて比例復活しただけの議員も党内主導権を獲ろうとうるさいだけ。それでも5人そろえなければならないのでつらいが。経験者より」と本音を語った。維新が国政に進出した当時、寄せ集めの集団で離合集散しただけあって、説得力がある。

○……24日にオープンした新宿区立漱石山房記念館。21日の報道機関向け内覧会に出席しようと、最寄り駅の東京メトロ東西線早稲田駅から徒歩で向かった。漱石記念館だからと夏目坂に足を向けたが、それは間違い。夏目坂を横目に早稲田通りを東に進むと「漱石山房通り」が見えてくる。10分もかからずに記念館に到着だ。

一方、都営地下鉄大江戸線牛込柳町駅からは、外苑東通りを北に10分ほど歩くと、早稲田通りとの交差点の手前で漱石山房通りに出る。ただし、このルートには10月1日開館の草間彌生氏の美術館がある。思わぬ「道草」を食いそうだ。

武蔵野市長選告示

新人2人の一騎打ち

市政12年の評価分かれる

現職の任期満了に伴い行われる武蔵野市長選挙（10月1日投開票）が24日に告示された。届け出順で、市政の転換を訴える前市議の高野恒一郎氏（自民党推薦）と、同市長の路線継承・発展を掲げる松下玲子氏（民進・共産・生ネ支持）が名乗りを上げている。新人2人の一騎打ちで住民自治が盛んな武蔵野市政の行方が問われることになるが、国政のあおりを受けて10月後半に控える解散総選挙の前哨戦という意味合いも濃くなっている。また、高野氏の市議辞職に伴い、市議補選も同時執行される。

■高野陣営

高野氏は午前10時、選挙事務所に近い市内事業者の敷地で出陣式を行い、支援者ら100人前後が集まった。

高野氏は4年間の市議活動の中で、青少年健全育成や健康長寿社会の実現を政策の柱としてきたことを強調する一方で、「理念やリーダーシップに欠ける現市長の12年間の市政運営の結果、市民目線を欠いた政策やサービスの低下、形ばかりの市民参加が繰り返されてきた」と現市政を批判。武蔵境駅北口市有地の公民連携の問題では、情報開示請求をしても黒塗りが多かったとして、「徹底した情報公開によって隠し事のない市政を実現し、市民のために働く市役所、市民に感謝される職員を育て、日本一働く市長を目指す」と気勢を上げた。

応援演説に立った前市長の土屋正忠衆院議員は「優秀な市議会議員から、優秀な市長候補に脱皮しつつある」と高野候補を評価。また、対立する松下氏が7月の都議選に出馬し落選していることを挙げて、「3カ月前までは『ブレないで都政一筋』と言っていた」と転身を皮肉り、18歳までの医療費無償化を掲げる相手陣営の政策についても「仕組み上（基礎自治体では）できるはずがない」と否定した。

出陣式には自民党の市議らが駆け付けたほか、公明党本部からの推薦を受けていないものの、公明市議が姿を見せ、高野氏にエールを送った。

松下玲子氏

高野恒一郎氏

■過去の武蔵野市長選の結果

2013年10月6日				（投票率41.29%）
当	邑上　守正	無現	民共社ネ	25,573
	木崎　剛	無新	自公	14,203
	深田貴美子	無新		7,164
2009年10月4日				（投票率43.03%）
当	邑上　守正	無現	民共社ネ	33,668
	田中　節男	無新	自公	14,567

（四角囲みは推薦、丸囲みは支持政党）

■松下陣営

松下氏は正午から三鷹駅北口で第一声を上げ、支援者や駅利用者など数百人が足を止めた。

松下氏は13年に民主党公認で臨んだ都議選に敗れた後、地域の約2万世帯の有権者の元を訪問し、「保育所に入りたくても入れない人や、仕事や子育て、介護の両立で悩んでいる人など、様々な声に耳を傾けてきた」と市民目線の立場を強調。今年7月の都議選で敗れた際は、政治活動をやめて民間で仕事をしながら活動をすることも考えたが、「市民や超党派の市議から、公平で公正な市政運営を引き継いで、市民が主役の武蔵野を築こうと何度も説得を受け、決断した。時計の針を12年前に戻すわけにはいかない」と、土屋市政下で中学校給食が実現しなかったことなどを踏まえ、現市政の継承を訴えた。

自身も2人の子供を認証・認可保育所に預けた経験から、「保育所は親のためのものではなく、子供の育ちの場所。安心して通うことのできる保育所を実現したい」と質の確保にも言及した。

現職の邑上守正市長が応援のマイクを握り、10月8日の任期満了に向けて、「最後の仕事は松下氏にバトンを渡すこと」と自身の路線継続を求めた。また、自治基本条例や待機児童解消などに期待を示すとともに、相手陣営の高野氏がプロスキーヤーを志して都立高校を中退した経歴に触れ、「それが市長になりえる経験なのか」と疑義を呈した。

◆市議補選

市議補選の立候補者は以下の通り。

東　真理子	51	自元
沖田　豊史	52	無新

都民ファ不在も影響大

今回の市長選で候補者擁立を検討していた都民ファーストの会は「勝てる候補」の不足で擁立を見送ったが、都議選で躍進を遂げた同会の存在は両陣営に影響が大きい。

自民党はこれまで公明党とともに市長候補を推薦していたが、公明は都議選で都民ファーストと選挙協力を結んで自民党と対立しており、推薦はない。高野陣営関係者は「（公明の）市議は応援してくれているが、本部との間で板挟みになっているかもしれない」と話す。

一方、松下陣営では、先の都議選で勝利した都民ファースト候補は、自民票を取り込んでいたと分析。その不在で自民党が票を取り戻すことを警戒する。

松下氏は民進・共産・生活者ネットなどの支援を受け、実質的に「野党共闘」が実現しているが、出陣式などに政治家の姿はなく、会派とは距離を置く。陣営関係者は「政党などの縦のつながりではなく、地域主義としての横のつながりが重要。各政党は距離感を保った支援をしている」と説明。幅広い票を取り込むために、政党色を薄めた選挙戦を進める方針だ。（南）

多摩地域ごみ実態調査

いっそうの減少傾向続く

住民の問題意識が功奏

東京市町村自治調査会が2016年度のごみ実態調査をまとめ、多摩地域の30市町村の総ごみ量は前年度から2・0％減少して約106・8万トンとなり、統計開始から過去最少を更新した。多摩地域でのごみ量減少は、住民の削減意識の向上や、有料化の進展などが影響していると考えられ、今後も減少傾向が続くとみられる。

自治調査会による実態調査は1988年から毎年実施している。直近10年間のごみ量は、ほぼ例年減少しているが、今回は前年の減少率0・8％と比較しても大きく量を減らした。

内訳では、主に家庭ごみが占める「収集ごみ量」が前年度から約1・2万トン減の90・3万トン。事業系ごみが多くを占める「持ち込みごみ」は1万トン減の約16・4万トンとなった。

収集ごみは前回調査で横ばいだったが、再び大きく減少に転じた。持ち込みごみは昨年度、それまでの横ばい・増加傾向から4年振りに減少させたが、今回は更に量を減らした。

自治調査会は家庭ごみの減少が進んだことについて、「住民の意識向上」を要因に挙げる。多摩地域ではごみ処理施設や最終処分場に関する問題が周知され、ごみを減らそうという意識が高まっている。

国が3月に行った調査では、全国の人口50万人以下10万人以上の自治体で比較した場合、一人当たりのごみ量が少ない自治体トップ10のうち7自治体が多摩地域だった。50万人以上の自治体では八王子市が全国トップとなるなど、多摩地域全体で人口増が続く中、住民の努力によってごみ量の削減が進んでいる。

事業系ごみに関しては、自治体の制度改正が影響を与えている。15年に八王子市、14年に立川市が持ち込みごみの料金を値上げし、多摩市が昨年度事業系ごみの料金を上げたことで、事業者などが持ち込みを控える傾向があるという。

これに伴い、不燃残さや焼却残灰の最終処分量は、前年度から15・7％減の約1490トンとなった。焼却残灰のエコセメント化施設が稼働したことで大幅な削減が進んでおり、最終処分量も過去最少となった。

今後は、10月から東久留米市が家庭ごみの有料化に取り組むなど、各自治体の有料化・値上げによって更なる削減が進む可能性もある。また、国や都が主導するフードロス対策などの取り組みによる消費者意識の高まりや、生ごみを絞り水分を除くなど自治体によるごみの捨て方に関する啓発も進んでいることから、いっそう減少傾向が進むと見られる。

一方で、資源化率に関しては、資源ごみや収集後の資源化を合わせたごみ資源化率で33・0％、そこに集団回収を含む総資源化率で37・6％と、どちらも前年度から0・1ポイントの微増にとどまった。多摩地域の資源化率は近年高止まりの傾向が続いており、今後も横ばいとなる可能性が高い。

多摩地域のごみ量と資源化率の推移

年度	07	08	09	10	11	12	13	14	15	16
ごみ量 計（千トン）	1,238	1,194	1,148	1,120	1,120	1,113	1,112	1,099	1,090	1,068
ごみ量 持ち込み（左目盛り）	240	222	197	185	182	182	184	184	175	165
ごみ量 収集（左目盛り）	998	972	951	935	938	931	928	915	915	903
総資源化率（右目盛り、%）	36.7	36.7	36.9	37.6	37.9	37.6	37.5	37.5	37.5	37.6

「インスタ」で子育てPR

羽村市　若者世代の定着へ

羽村市は「市内で子育てをする楽しみ」を発信する「はむら家族プロジェクト」の一環として、子育て世代を対象に、子供や風景の写真を撮るコツなどを教える交流会を初開催する。市では写真共有アプリ「インスタグラム」を通したPRに力を入れており、交流会を機に参加者らの発信を促す考えだ。

市が主催する交流会「ココドコはむら」は9月30日から全3回を予定している。プロのフォトグラファーを講師に迎え、参加者にはスマートフォンに着用するレンズや「自撮り棒」などをプレゼントする。各回20組の参加を予定している。

市ではシティープロモーションの基本方針の中で、若い世代に向けた発信強化を掲げており、若年世代に人気のインスタグラムを通したPRに着手している。インスタグラムは写真の共有をメーンに据えた交流アプリで、投稿写真に対するメッセージをやり取りしたり、共通のテーマの写真に「ハッシュタグ」を付けて交流することができる。若者世代は3人に1人が利用しているというデータもある。

市は今年3月からインスタグラム上で「愛情はむら」のハッシュタグによる写真募集を開始。6月にはインスタグラム内に市の公式チャンネルを開設し、投稿写真や職員が撮影した写真などを公開している。こうしたプロモーションは近隣自治体では例がなく、珍しい取り組みだという。

少子高齢化が進む中で、若者・子育て世代の定着は同市にとっても死活問題だ。総務省統計局の調査では、同市の転入・転出者はともに20〜30代がもっとも多いが、20〜34歳は転出者が上回っている。SNSを活用したPRは「子育て世代に向けて働き掛けることで、転出抑制につなげる」（同市シティプロモーション推進課）ことが目的だ。市では今後もインスタグラムを活用した取り組みを進めていく方針。

羽村の観光資源チューリップを背景にした、インスタグラムへの投稿写真＝羽村市提供

清瀬市

新庁舎基本設計でパブコメ

「サステイナブルな庁舎」目指す

清瀬市は分散化解消や耐震化を目的として現在地に整備する新庁舎建設に向けて、基本設計の取りまとめを進めており、10月に基本設計（案）を公表する。同市はこれまで新庁舎設計のコンセプトとして、「緑と一体になった、サステイナブルな庁舎」を実現すると説明してきた。環境負荷の低減や災害時の機能発揮により、社会の変化に柔軟に対応して「持続可能な庁舎」とする方針。

廊下や階段室などの構造による通風や、窓面を大きく設けた採光などとともに、自然エネルギーを生かす採用や太陽光発電などの創エネ手法を検討するとしている。防災拠点としては免震構造などの災害時自立システムを設けるほか、一時避難場所や職員仮眠室などを設計段階で設定し、突然の災害に備える考え。

また、同市のシンボルのけやき通りから、新庁舎や敷地内の北端にある保健センターまで緑を連続させ、「緑のプロムナード」をつなげる。プロムナードは来庁者の導線として機能し、市民スペースや飲食場所などを沿うように配置することで、オープンな空間計画も行う。建物内外に広場や飲食スペースを計画し、公園のような庁舎を目指す。

庁舎は市民生活や健康福祉、教育・子供家庭などの市民機能を持つ部署を低層に配置して階移動の負担を軽減するなど、ユニバーサルデザインを取り入れた移動経路も確保する方針。

市は10月1日に基本設計（案）を公表後、パブリックコメントを踏まえて12月に基本設計を確定する方針。その後実施設計を経て、2019年4月から建設に着手し、竣工は20年10月ごろの予定。

建設費等の高騰が懸念される東京五輪目前での着工、大会終了後の完成となるが、市新庁舎建設室は「建設にはコンサルも入れており、五輪関係の発注は既に出そろっている。あまり極端に高騰はしていない」と説明している。

三鷹市

古民家「魅せ方」講座

展示に市民の声取り入れ

三鷹市は、来年秋から一般公開する市指定文化財「大沢二丁目古民家」の展示に関して、歴史・文化財連続講座「学芸員と学ぶ古民家の魅せ方」を開催する。プロの学芸員が講師を務め、同古民家をモデルに展示品の扱いや展示プランの考え方などをワークショップ形式で学ぶ内容だ。

古民家ではかつてわさびの栽培や養蚕を行っており、市の文化・産業を学ぶことができるため、一般公開後は作業に使っていた民具の展示や体験学習などを行うことを予定している。今回、施設の「魅せ方」を冠した講座では、整備工事の状況を見学できるほか、民具への光の当て方などの展示方法や、古民家の魅力が伝わる方法を知ることができる。

対象は一般の市民で、博物館学を学ぶ学生などの参加を想定している。

市生涯学習課は「古民家の公開に当たっては一般の市民の意見も取り入れていきたい。ワークショップの中で、学芸員からは出てこないような展示のアイデアを出してもらいたい」と話している。講座は10月14日から全4回。

福生市

乾杯用グラスを配布

「地酒条例」に実効性

福生市は観光資源の地酒を振興するため、11月からオリジナルグラスを市内飲食店などに配布する。同市は今年3月に、都内で初となる「地酒で乾杯を推進する条例」を制定し、機運醸成に努めている。いわゆる「理念条例」だが、飲食店で同グラスが使用されれば、見た目にも地酒の普及が分かりやすくなり、実効性が高まることにも期待がかかる。

オリジナルデザインのグラス＝写真＝は、石川酒造株式会社（福生市）の広告デザイン担当社員が作成。市内にある酒造の2銘柄の上に、市章や「乾杯」のマークを並べ、「乾杯の瞬間」を表現した。

配布対象は市内飲食店や町会などで、3千個を作成した。申請方法は10月半ばに公開するが、既に酒販組合などに問い合わせが入っており、予定数を超える場合には追加も検討する。

同市シティセールス推進課は「グラスの配布を機に条例について知ってもらい、普及促進を図りたい」と話している。

日の出処分場でメガソーラー稼働

東京たま広域資源循環組合

東京たま広域資源循環組合は、日の出町の谷戸沢廃棄物広域処分場のメガソーラー施設を10月1日から稼働する。同施設は多摩地域で最大級の発電量となる約2メガワットの出力があり、年間発電量は約500世帯の電気使用量に当たる。発電した電気は東京電力パワーグリッドに売電し、循環組合の収入となる。

設置場所は広域処分場のうち、既に埋め立てが完了しているⅡ期エリア。事業主体は循環組合だが、施設は大和リース㈱と契約した包括リース方式で運用され、設置から維持管理までを一括して契約している。発電期間は20年間。

国は2014年度から廃棄物最終処分場への太陽光発電導入促進を行っており、全国で導入が進んでいる。メガソーラーを設置することで、埋め立て後の維持管理コスト削減にもつながるとしている。

ICTで高齢者帰宅支援

町田市

町田市は27日、ICTを活用し、認知症などで帰宅が困難になった高齢者を支援する新サービスの実証実験を行う。富士通㈱と市内のベンチャー企業㈱アジラが共同開発した同システムは、帰宅困難となった人の画像を専用アプリで撮影すると、事前に登録された帰宅困難者の画像とマッチングし、家族側に居場所などを通知する。プライバシーの保護に配慮した機能も付いている。

実験では町田市の中心市街地で、帰宅困難者役を家族役が発見するまでの流れを確認。サービスの有用性を検証する。

市による実験は産業支援の一環だが、高齢者福祉の面でも実効性に注目している。

都立高校等における理数教育の充実に向けて

科学技術系の人材を育成へ
外部人材で多様な活動を展開

都教育委員会では、科学技術で引き続き世界をリードし次代を担う科学技術系人材を育成する重要性を踏まえ、都立高校等において「理数アカデミー校」「理数イノベーション校」「理数研究校」を指定し、観察や実験など体験的・問題解決的学習を充実させた授業やカリキュラムの導入、大学や研究機関との連携及び外部人材の活用を通した講演や講義・体験活動を展開し、科学技術分野に関心と知識をもち理数に秀でた生徒の能力の向上を図っている。また、文部科学省からスーパーサイエンスハイスクール（SSH）に指定されている都立高校等が5校あり、都教育委員会の指定校とともに、東京都における理数教育を牽引している。今年度の国際科学技術コンテストにおいては、国際地学オリンピックでは都立小石川中等教育学校の生徒が「金メダル」、国際地理オリンピックでは都立武蔵高校の生徒が「ポスターセッション（団体）一位」を獲得するなど、都立高校生の活躍が報告されている。

研究機材の説明を受ける生徒

研究構想の打ち合わせの様子

「理数アカデミー校」

都立富士高校・附属中学校

中学校段階から6年間一貫した教育により、理数に興味・関心の高い生徒や理数に秀でた生徒の能力を伸長する。科学技術系人材の素地を育成する拠点として、東京都の理数教育を牽引する。

「理数イノベーション校」

八王子東高校、国分寺高校、南多摩中等教育学校

大学や研究機関と連携して最先端の実験・講義を通して、理数に秀でた生徒の能力を一層伸長するとともに、科学技術系人材育成の拠点校とする。

「理数研究校」

葛飾野、竹早、科学技術、西、調布北、八丈、小笠原、駒場、目黒、新宿、世田谷総合、桜修館、北園、農芸、豊島、町田、成瀬、立川、府中東、武蔵、小金井北、六本木、つばさ総合、多摩科学技術

校内の理数に関する部活動を中心に、大学や研究機関等と連携し、理数に関するテーマについて研究を行い、理数に興味をもつ生徒の発掘と才能を伸長する。

「スーパーサイエンスハイスクール（SSH）」

小石川中等、日比谷、戸山、科学技術、多摩科学技術

先進的な理数教育を実施するとともに、高大接続の在り方について大学との共同研究や、国際性を育むための取り組みを推進し、創造性、独創性を高める指導方法、教材の開発等の取り組みを実施する。

参加生徒による研究活動の様子

参加生徒による研究発表会の様子

科学者から研究活動を学ぶ
2017年度の新規事業

「理数研究ラボ」

都立高校等の理科や数学、科学技術に対する興味・関心がある生徒が、科学技術に関する最先端の研究機関や研究施設を訪問して先端的科学技術及びその研究に接したり、専門家からの講習や指導を受けたりしながら継続的な研究活動を行うことを通して、将来の進路に向けての触発・動機付けの機会とするとともに、コミュニケーション力やプレゼンテーション力を身に付けることを目的に、今年度より実施する事業で集中型と通年型の二つのタイプがある。

集中型は8月21日から23日の日程で、最先端の研究機関が集中する筑波研究学園都市で「オリジナルロケットの開発」「人工衛星開発プロジェクト」「色素増感型太陽電池開発」「遺伝子組み換え微生物研究」「１ｏＴ遠隔マシンの開発」の五つのテーマに分かれて33人の生徒が研究体験活動に参加した。

参加した生徒は、研究者から研究活動の心構えやこれまで得た知識を研究レベルまで高める探究活動の在り方などについて学ぶとともに、最終日にはチームごとに研究成果の発表を行い、研究者から質問や講評を受けるなど、研究活動の一連の流れを体験した。

通年型は、都内の大学や研究機関において、最先端の科学技術に接し、月1～2回研究者からのアドバイスを受けながら研究活動を行う。

研究は8人程度を1グループとし、1人1台貸与するノート型PCでデータを共有しながらの共同研究で最終回は発表会を行う。

理数アカデミー校として理数教育を推進

都立富士高等学校・富士附属中学校長　上野　勝敏

本校は平成28年度から都教育委員会より都立学校唯一の理数アカデミー校に指定されています。この指定期間は6年間であり、対象は高等学校及び附属中学校の6学年となっています。

この指定は、本校のミッションである「国際社会のリーダーとして活躍できる能力や資質を育てる」ための追い風となり、より一層充実した教育活動を展開しています。平成22年のAMA（アメリカンマネジメント　アソシエーション）調査では、これから社会で求められる力を「英語力＋4C」と規定し、クリティカルシンキング・コラボレーション・コミュニケーション・クリエイティブ&イノベーションという「4つのC」の重要性を説いています。これは本校の目指す方向と一致しており、この中で必要とされる「3つの思考力」を理数アカデミーで育成したいと考えています。「3つの思考力」とは、すなわち批判的思考力・創造的思考力・協働的思考力のことですが、本校では特に批判的思考力を重視しています。ヨーロッパではソクラテス以来、不変の哲学としてクリティカルな精神を重視しています。日本語では批判と翻訳されるため、ネガティブな印象を持たれるクリティカルシンキングですが、この思考力こそが、これからの国際社会で活躍する人材にとって必要不可欠な資質であると考えています。

これらの力の育成を目標として本校で展開している理数アカデミーの様々な活動の中から、今回は附属中学3年間にわたって取り組んでいるアメリカ講座と、オリジナリティーを意識しながら中学・高校の長期計画で取り組む探究未来学の2点に絞って紹介します。

アメリカ講座は、附属中学1年の5月から中学3年3月のアメリカ・シリコンバレー研修旅行直前まで、放課後の時間を使って実施しています。講座のスローガンは「グッド　トライ」です。成功は失敗の中から生まれてくることを教え、能動的・主体的な学習に挑む意義を理解させることを基調として、英語のみでの活動などを実施しながら講座を展開しています。シリコンバレー研修に参加を希望する生徒は、中学2年1月の校内プレゼン大会で思考力の高さなどを基準として審査され、選抜されます。

選抜された生徒は、中学3年から始まる探究未来学で一つのゼミに集まり、シリコンバレー研修のプログラムの中で発表する英語論文を作成していきます。生徒はこのアメリカ講座で三つの思考力の重要性に気付くと同時に、失敗を恐れず課題に挑む精神を育んでいきます。

続いて、探究未来学は、本校独自の学校設定科目です。生徒個人が自らの興味関心を基に課題を設定し、仮説を立てて検証しながら、多面的な考察を加え、結論を目指します。

附属中学校の国語でアクティブ・ラーニングを多用した授業を行う

当初は起承転結が重視され、形式を整えてまとめることに目的を置く傾向がありましたが、今はプロセスを極めて重視しています。専門書をひも解き、先行する研究実績を調べ、自分で考えたオリジナルな仮説に考察を加え、成果と課題を明確にします。結論が不十分であれば、次に取り組むべきテーマが見いだされ、さらなる探究意欲が生まれます。この探究学習の中に組み込まれている中間発表会やゼミ内発表会では、生徒は互いの研究について批評し合い、新たな創造に知恵を絞り、互いに協働することを体験していきます。三つの思考力の向上が全体のレベルアップに直結していることが明確になる取り組みになっています。

簡単には解決できない課題に挑戦し、一般論や先行研究を検証しながら、自他の研究を互いに批評し合い、協力して思考のレベルアップと習慣化を図る探究未来学は、本校の生徒の力を大きく伸ばしています。

理数アカデミーの取り組みは、これ以外にも多岐にわたっています。東京大学の宮脇守先生を講師とする起業家育成プログラムのワークショップも年間を通して実施しています。また、授業のある土曜日の放課後には、有識者を招いた土曜講座も実施しています。

最後に、理数アカデミーの様々な企画に対して特に興味・関心をもち、熱心に参加しているのは高校生のみならず附属中学生も多数いることを明記しておきたいと思います。自分の将来がまだ明確になっていない中学生は、何事にも関心を寄せてくれます。理数アカデミーの指定にぜひとも附属中学を含めてほしいと思ったことに誤りはなかったと安堵しています。

富士の理数アカデミーの今後にご期待下さい。

フィールドワーク活動を教育の柱に

都立南多摩中等教育学校校長　永森 比人美

本校では、開校以来、体験的探究活動である「フィールドワーク活動」を教育活動の柱にしています。生徒の身近には、たくさんの〝不思議〟があります。生徒はそれらに気付き（課題発見）、仮説を立てて、検証をします。その結果得られた事柄から、自分の考えをまとめ発表します。多くの人々との交流や様々な体験を経て、自分で考えて判断し表現するというステップを自立的・体験的に行っていく学習活動が本校の「フィールドワーク活動」です。前期課程では、学年進行で地域調査、モノに関する探究、科学的検証を行います。そして後期課程では、自分の将来を視野に入れて、最も興味・関心のある分野の探究に個人で取り組み、各自4千字の論文を仕上げていきます。自己の興味・関心、研究テーマ、今後進みたい進路がつながるよう指導を行っていることから、本校では後期課程でのフィールドワーク活動を「ライフワークプロジェクト」と名付けています。

昨年度は太鼓部の生徒が「ライフワークプロジェクト」で取り組んだ論文「和太鼓のバチの寿命予測」で日本学生科学賞東京都大会の奨励賞を受賞し、これを基に東京大学への推薦合格を果たしました。高校生活で打ち込んだ自らの興味・関心事と研究主題、そしてそれが進路・将来へとつながり、まさしく「ライフワークプロジェクト」を体現した例となりました。今後も「南多摩の学校生活の全てが、私の進路実現そのものにつながった」と言える生徒をたくさん輩出していきたいと思います。

都の指定事業を活用

本校のこのような教育活動は、平成27年度からの「理数イノベーション校」の指定により都教育委員会から配付された予算を外部人材の派遣等、日頃の授業や課外活動に有効活用することにより支えられています。また、指定校事業に真摯に取り組み進路実績等で着実に成果を出していることを評価していただき、今年度指定の「知的探究イノベーター事業」につながったことも光栄に思います。「知的探究イノベーター事業」では、新学習指導要領における「学習の基盤となる資質・能力（言語能力、情報活用能力、問題発見・解決能力等）」の育成、「主体的・対話的で深い学び」の実現、そして自己のキャリア形成の方向性と関連付けながら、生涯にわたって探究する能力を育む「総合的な探究の時間」等の実践に取り組んでまいります。

具体的な理数教育の取り組み

本校における理数教育はこのような基盤の上に成り立っていることから、その目的を理数系に特化した生徒の育成だけとはせず、フィールドワーク活動を中心とした教科横断的な学習により、全ての生徒の論理的思考力を育成し、将来の活躍につなげていくことを中心に据えています。そしてその先に、科学好きな生徒への指導（種まき）や理科の教科指導を充実させ、それを核としながら生徒の活躍の場を更に広げていく「理数系リーダーの育成」を目指しています。

科学好きの生徒を育てる種まきは、授業以外でも「磯の生物観察会」（磯の生物の観察・採集、プランクトンの顕微鏡観察、地層の観察など）や「山への校外宿泊研修」（亜高山帯の植物や蝶を始めとする昆虫の観察、入笠山天体観測所の見学、35ｾﾝ反射屈折望遠鏡を用いた天体観測会、天体写真の撮影、ペルセウス座流星群の観測など）といった自然観察活動や、研究開発型大学や研究機関への訪問（「そうだ京大、行こう」、中3による研究室訪問、JAXA筑波宇宙センター・高エネルギー加速器研究機構訪問等、最先端技術開発を行っている企業のテクノロジーセミナーへの参加）、大学との連携（調査・研究に係る指導・助言、分野別大学模擬授業等）、各種理数系コンテストへの参加、校内外の理数に関わる講演会・フォーラム等への参加など多岐にわたります。また今年度は、生徒に自ら社会や自然環境における課題に気付かせたり、持続可能な社会活動や社会に関わる探究活動を体感させたりする取り組みとして、里山でのフィールドトレーニングを他校と共同で実施しています。更に今後は、地域活性への取り組みやグローバルな視野に立ったプロジェクトへの参加・立ち上げなどに挑戦する意欲を喚起するために、海外フィールドワーク活動も視野に入れていきたいと考えています。

このような個々の取り組みをさらに洗練させてカリキュラムマネジメントにつなげ、生徒が自己の将来の姿や社会との関わりを見据えた在り方・生き方を深く考えられるよう、6年間のストーリーを深化させ次代を担う人材を育成してまいります。

ポスターを用いたフィールドワークの成果発表会（前期課程）

より探究的な学習活動へ転換

都立八王子東高等学校校長　木下 和彦

本校は「健康・勉学・良識」の教育目標を掲げ、高い学力を備えるとともに、健康で良識あふれ、将来わが国を背負って立つ有為なリーダーの育成を目指している。生徒には常に高い志をもたせ、難関国公立大学等への進学実績を着実に伸ばすよう努めている。さらに教職員全員が一つのチームとなって、本校の特色である学校に軸足を置いた学習指導・進路指導を一層充実させ、進学指導重点校として、都民の高い期待に応える学校を目指している高校である。

この春に第39期生が卒業し、現役国公立大学合格者数は120人となり、この人数は都立高校トップの人数であった。センター試験出願率99%、センターフル型受験率77%は国公立大学進学志望の表れであると考えている。また、現役の難関私立大学（早大、慶大、上智）合格者数は61人、東京理科大及びGMARCH合格者数は209人であり、「生徒の高い進路志望をかなえる高等学校」として結果をあげている。また、現浪あわせた難関国立大学（東大、京大、東工、一橋及び国公立医学部）の合格者は23人であった。

従前からの進学実績の更なる向上に向けた取り組みとともに、平成27年度から理数イノベーション校の指定を受け、大学や研究機関と連携して最先端の科学に触れる機会を設けるとともに、生徒の知的探究心を刺激し、論理的思考力を育むための取り組みを一層充実させ、将来、科学技術等の分野で活躍できる人材の育成を目指している。そこで、以下にその取り組みの一部を紹介する。

理数イノベーション校としての取り組み

理数イノベーション校としての取り組みは大きく分けて、講演会・施設見学会・授業・研究発表から構成されている。講演会は、初年度は3回であったが、昨年度は10回実施し、今年度は7月現在で5回が計画されている。演者は、東京大学や東京工業大学等の大学や、霊長類研究所等の大学付属の研究施設、国立科学博物館等の国立の研究機関などで最先端の研究をしている教授陣に依頼している。最先端の研究の講演が聞けるので他校の生徒の参加もあり、講演後の質疑では活発な発言が見られている。施設見学会は、大学の研究室や企業の研究所、JAXAやJAMSTEC等の研究機関に依頼し実施している。今年度は宿泊を伴う実習として、基礎生物研究所等と連携し、ウミガメ産卵地等の見学も行った。授業は、高2の総合的な学習の時間を利用し、全員対象の講演会を2時間、数学や理科以外の教科・科目を含めた10程度の講座から2時間ずつの2講座を選び学習を4時間、計6時間で実施している。今年度は、日本総合研究所会長の寺島実郎先生の講演と各教科計13講座の授業を行った。研究発表は、探究実験に基づき科学の祭典や各種の学会での発表を行っている。「ケミカルライト」や「クマノミの行動」「植物バイオテクノロジー」をテーマとし継続的に探究し、日本共生科学会・日本生物教育会・日本植物学会等で発表を行っている。

生徒の変容

高1・2年生全員のアンケート結果から、理数イノベーション校の取り組みに参加したことで、科学技術に対する興味・関心・意欲について「大変増した」31%、「やや増した」47%であった。科学技術に関する学習に対する意欲は、「大変増した」23%、「やや増した」52%であり、学習効果が上がっていると考えられる。その他のアンケート結果からも、興味・探究心・思考力が高まったとの回答が得られている。新入生の募集にも好影響を与えていて、理数イノベーション校であることで受験した生徒も多くなっている。また、理系の生徒は高3の約53%である。理系の大学・学部への現役合格者数も伸びてきていて、平成27年度は267人、進学者数は105人に対して、昨年度は合格者数327人、進学者数は121人であった。

探究活動の充実に向けて

本校の理数イノベーション校としての目標は、理系文系を問わず、生徒の知的好奇心を高め、生徒の思考力・判断力・表現力を育成することにある。

次期学習指導要領では、「未知の状況にも対応できる、思考力・判断力・表現力の育成」が求められている。そのため次期学習指導要領に対応するため、新しい時代に必要となる資質・能力を踏まえた教育課程の見直しが必要である。本校では、教育課程や学習内容や指導方法に改善を行い、より探究的な学習活動への転換を図っている。探究活動を一層充実させることにより、生徒の思考力・判断力・表現力を効果的に育成できると考えている。

理数イノベーション見学会（基生研）

科学的な課題解決力育成

都立国分寺高等学校校長　角 順二

国分寺高校は、都教育委員会より進学指導特別推進校に指定されている進学重視型単位制高校である。本校では、生徒全員に高い水準の文武両道に努める指導をしながら、主体性や自律性等が高く、諦めることなく目標に近づこうとする生き方ができる人間としての育成を図るとともに、グローバル社会で活躍できる資質の育成と研究水準の高い大学等で学ぶに足る学力の育成を図ることに学校全体で取り組んでいる。

その結果、平成27年度以降、国公立大学100人、難関大学200人（いずれも現浪含む）以上の生徒が合格するようになっている。

本校では、生徒の半分以上が理系大学への進学を希望している。したがって、本校が理数イノベーション校として取り組もうとしていることは、生徒の科学的思考力を高く伸ばすために、課題研究やフィールドワークで課題解決のための方途を具体的に考える体験等を大学等と連携して実施し、大学や社会でも活躍できる人材として育成を図ることである。

具体的には次のような事業を実施している。

①課題研究の実施

2年生の学校設定科目「研究生物」履修者全員に1年間かけてグループごとに課題を設定して研究に取り組ませている。

その際、課題の設定や研究方法について、大学や研究機関の先生等、専門家の指導を受けるようにさせている。昨年度は13のグループが研究に取り組み、研究成果が専門誌に掲載されたり、各種学会でポスター発表を行い、表彰されたりした。

2年次の保健体育では、学年全員に課題研究を行わせ、優秀な研究は1年生全員の前で発表を行わせている。これらの学習活動によって、生徒の発表能力を格段に向上させることができている。

今年度は、先の二つに加えて有志企画として自然エネルギーのプロジェクトチームをつくらせ、放課後等の時間を活用して研究活動を続けさせるようにした。

②各種見学会の実施

昨年度は、夏休みに物理の教員が中心となり、高エネルギー加速器研究機構（KEK）や宇宙航空研究開発機構（JAXA）への見学会を実施した。また、地理の教員が中心となって伊豆半島の火山や地震に関する史跡である丹那断層や柿田川湧水などの見学会も実施した。生物の教員が中心となって霞ヶ浦環境科学研究センターで、プランクトンの同定の実習などを生徒に行わせた後、茨城大学広域水圏環境科学教育研究センターの指導で投網や曳き網を使っての魚の採集法や同定の仕方についての体験学習等も実施した。

また、今年度は自然エネルギーに興味をもたせるため、八ッ場ダムや電力中央研究所赤城試験センターの見学会を夏休みに実施した。今後は、草津方面の地理の巡検および複数回の霞ヶ浦の調査を予定している。

③講演会の実施

昨年度は、首都大学東京の福田公子先生を講師とした「科学的ものの見方」についての講演を1、2年生中心に実施した。今年度も複数回の講演会実施を予定している。

平成30年度入学生より、1、2年生に総合的な学習の時間を設置するように改めるとともに、その時間で生徒に探究学習を実施させるよう、教育課程の改訂を行った。

各自が設定した課題について、原因や解決策などについて仮説を立て、検証させるなど、生徒一人ひとりに主体的、継続的、計画的に、探究する学習活動を展開させ、生徒の協同性・主体性を高めるとともに、学問に対する理解や教養を養い、深い学びを実現させることを図ることが学校として必要と考えたためである。

また、今年度から本校の理数イノベーション校外部評価委員として正式に首都大学東京の福田公子先生と東京学芸大学の中西史先生が就任された。そのため客観的な立場からの指導・助言・評価も受けやすくなり、教育活動の改善・推進がさらに図りやすくなった。

このような状況や環境にあることを学校として好機ととらえ、来年度から総合的な学習の時間で全生徒が行う探究的な学習活動を充実させること、特に理系大学への進学を希望している生徒が大半である本校では、意図的・計画的に理数教育の推進に生かしていく。

これらの取り組みを通じて、従来の理数教育の充実・推進だけでなく、思考力・判断力・表現力をより一層生徒に育ませるような効果的な教育活動を日常的に行い、科学的な課題解決能力の高い生徒の育成を図り、本校の一層の飛躍を図りたいと考えている。

単位制を活用し、日々の授業からきめ細かな指導

2017年度都主任選考

出題形式改正で「手探り」

課題抽出に苦戦の受験者も

2017年度都主任級職選考の筆記考査が24日、立教大学や日本大学など7会場で実施された。今年度は出題形式の見直しが行われ、特に論文は資料を分析して取り組みを論述させる内容になった。受験者からは「資料から課題を読み解き、取り組みにつなげる練習が必要。一つのテーマについて多面的に理解しておく必要がある」という感想があったほか、「人事委員会の例題を頼りに準備を進めてきたが、試験問題は例題以上に状況設定が細かいのに加え、読み取るべき課題も多かった」と、苦戦をうかがわせる受験者も少なくなかった。

「早めの論文対策が重要」

種別Aのうち、教養試験の択一では基礎的法令、都政実務、都政事情の出題数を見直すとともに、採用試験との重複を解消するため統計資料の見方の出題数を削減。AⅠ類のうち土木、建築、機械、電気の選考区分で出題される教養試験の記述では、職務上必要な知識を習得する観点から工学的な計算問題を導入した。

論文は自らの視点で課題を抽出・分析し、現実的かつ具体的な解決策を論述するため、課題文に資料などを添付し、詳細な状況設定を行う見直しが行われた。

「都政もの」は、東京の観光振興についての資料から課題を抽出した上で、取り組みを論述させる設問。資料は①訪日・訪都外国人旅行者数の推移②外国人旅行者が訪問した場所③訪都中の活動④情報収集方法の変遷――の4点。

「職場もの」は、報告書の受付・登録業務を行う事業所の担当課において、業務を効率的・円滑に進める上での課題や解決に向けた取り組みを述べさせる設問。資料は同じく4点で、①局の組織図②業務の流れ③受付・登録類型件数の推移④事業所に寄せられた問い合わせと苦情の内容。AⅡ類で所属局の事業の課題について論述する問題はこれまでと同様だった。

「都政もの」を選択したという受験者の一人は、「一つのテーマを深く掘り下げる形の出題形式で、観光以外の論点を矛盾なく取り入れるのは難しく、深く勉強していないと内容のある論文を作成できないと感じた」と振り返り、「今後は『都政もの』だけに絞って勉強するのではなく、用意した内容とテーマが合致しなかった時のために、『職場もの』も併せて準備しておくほうがよいと感じた」とコメント。

別の受験者は「事前に準備した論文を再現するだけでは足りず、問題文を読み込み、課題を見極めた上で、自身で考えた解決策を記載する必要がある」と考察し、「主任としてどのように対応すれば職場の課題を解決できるかを日頃から意識することが試験対策を進める上で重要だと思う」と受け止めを話した。

また、ある受験者は「論文の出題形式が変更されたことで、これまで以上に頭をフル回転させる必要があると感じた。論文に充てる余力を確保するためにも、教養試験は前倒し受験で突破しておくことが大事」とした上で、「合格予定者数は前年度に比べて増加したものの、申込者数も増加しており、倍率に大きな変化はない。差をつけるには早い時期からの対策が重要ではないか」とアドバイスしていた。

主任級選考は7会場で実施された＝24日、豊島区

択一　細かい知識問う出題も
論文　資料の分析力が重要に

■択一の出題傾向は、憲法、統計、資料解釈は過去の出題と同様だったため回答できたが、行政法は法源や情報公開など過去問で見たことがない出題も多く、難しかった。地方自治法、都政実務は過去と同様の問題が出ており、難しさを感じなかった。（事務）

■択一は都政事情の問題数が増えた。その他の分野は例年と変わりなかったが、一部、細かい知識を問う出題もあった。問題集を繰り返し解き、知識の定着を図る必要がある。（事務）

■択一は昨年度よりも難しく感じた。特に行政法の問題が多くなったことで、対策準備にやや影響があった。論文は資料が増えたことにより、ヒントが多くなったため、設問の職場状況をつかみやすく、昨年度に比べて論文作成が容易になった。一方で変更初年度であり、構成など手探りの部分もあったが、時間内には十分作成できる設定だったと思う。専門分野は計算問題が出題され、難問ではなかったが、一瞬、戸惑うような設定だった。（建築）

■論文の「都政もの」は防災、高齢者、治安など近年続いていたテーマと毛色は異なっていたが、一つのテーマについて掘り下げて論じるという点は昨年度と同様だった。（事務）

■論文は資料が提示されるようになったため、これまでと比較して論述内容に工夫が必要だが、求められる内容は大きく変わらなかったため、準備した内容を設問に合わせて検討した上で論じれば、問題ないように感じた。（事務）

■論文は「都政もの」を選択した。典型的な論点を誘導する資料がなかったため、個人的には昨年より難しかったと感じる。対策としては、一つのテーマについて掘り下げて論述するパターンと、大きな視点をもって各論に触れるパターンの両方を準備する必要がある。

「都政もの」は「資料4点のうち、2点以上に触れること」という記載があるなど、試験会場で資料を分析する力がより重要になったと感じる。合格者予定数の増加がどう影響するかは分からないが、論点を誘導するような資料ではなかったため、試験の難易度を高くすることで、人材を選抜するのではないか。（事務）

■「職場もの」は問題が長文化していた上に資料の数も多く、課題を抽出するのに時間がかかった。個人的に時間は足りなかった。業務改善や人材育成、進行管理など、用意した題材を書けるような出題者の意図・配慮は感じられた。（事務）

■論文の「職場もの」は人事委員会が示していた例題を頼りに準備を進めてきたが、試験問題は例題以上に状況設定が細かいのに加え、読み取るべき課題も多かった。時間内に全ての課題を抽出し、それに対応した効果的な改善策をまとめるのは非常に難しく、これまで以上に時間配分が重要になってくると感じた。（事務）

■論文の「職場もの」は状況設定に関する情報量が多くなったため、限られた時間で多くの情報を分析し、的確に課題を抽出する能力がこれまで以上に必要だと感じた。課題解決に向けた取り組みは例年通り、職場の状況設定を踏まえ、具体的に説明することが重要だと思う。（土木）

地域との更なる連携を

都青少年・治安対策本部長　大澤（おおさわ）裕之（ひろゆき）さん

青少年・治安対策本部長に8月に就任。都への印象を「組織の大きさや仕事の幅の広さを感じる」とした上で、「やらないといけないことは多いが、やれることも多い。都民のためになることを実現できるのではないか」と期待も強い。

前職は警察庁長官官房サイバーセキュリティ・情報化審議官で、過去には情報通信局情報通信企画課長も歴任。IoTの脆弱性に付け込んだ犯罪の対策に取り組んでいたため、ネット社会の便利さと危うさを熟知している。都で力を入れて取り組みたいと語るのも青少年の「自画撮り被害」の対策だ。「自画撮り被害は、青少年の判断能力の未成熟さやネット社会の整備されていない部分に付け込んだ犯罪」だといい、「ネットは悪い情報や人にも触れやすい。どういう時に危ないのかをよく理解して頂く必要がある」と力を込める。

一方で、東京の特徴を、地域住民のつながりが強いことと捉える。警視庁交通部長時代には、地域の交通安全イベントを開く中、住民が積極的に参加し、安全を呼び掛ける姿を見て、そう感じた。ただ、住民と対話して、聞こえてきたのは「新しく地域に入ってきた人たちをどう取り込むかという問題意識。交通安全の他にも防犯ボランティアや再犯防止の取り組みなど、都の仕事を進めるには地域住民の協力が不可欠だ。「住民と一緒に、連携していくことが目指すべき方向。新しい人を巻き込むのは難しい課題だが、その時の経験をしっかりと生かしたい」と話す。

学生時代から「世の中の役に立ちたい」と考え、公務の仕事を目指したが、警察に興味を持ったのは試験に合格した後。「警察は政策が現場でどう生きるかが見えやすかった」と振り返る。ただ、「理由は本当に漠然としていた」とも明かし、「自分と比べると、今の若い世代はしっかりしている。日本の将来は悲観したものではない」と目じりを下げる。今の職場に対しても「よく仕事のできる人が多く、若手にもチャンスが多い」と評し、「子供やお年寄りの役に立てる仕事なので、その意味を考えてくれればきっとやりがいを感じられる」と激励する。（篤）

大阪府出身、東大法卒。86年警察庁に入庁。薬物銃器対策課長、防衛省運用企画局運用支援課長、大分県警本部長などを歴任。プライベートの目標は、多摩地域や島しょなど東京の各地を回ること。「東京に住んで長いが、意外に行く機会が少なかったので、入都を機に掘り下げてみたい」。妻、1男1女の4人暮らし、55歳。

都指定管理者運営状況

評価区分「A＋」を新設

「S」は減、基準見直し影響か

都総務局は20日、2016年度の都指定管理者の管理運営状況の評価を公表した。今回から、よりきめ細かい評価をするため、従来の「A」の中から、優れた取り組みを行っている施設を「A＋」とし、特筆すべき実績や成果を収めた最高評価の「S」と、一部良好でないと判断された「B」と合わせて4区分となった。

対象の197施設のうち、「S」評価は10施設、「A＋」は35施設、「A」は151施設、「B」は1施設だった。「S」は前年度の35施設から大幅に減少したが、都総務局は「昨年度から新たな指定期間に入り評価基準の見直しがあった施設も多く、その影響があったのではないか」（行政改革課）と分析している。

「S」評価を受けた都建設局所管の野山北・六道山公園（武蔵村山市・瑞穂町）は、昨年8月に台風9号で土砂崩れなどの被害があったが、指定管理者の西武・狭山丘陵パートナーズが都や瑞穂町と連携し、迅速な対応や住民の安全確保を行ったことが評価された。

新設の「A＋」評価を受けた都生活文化局が所管し、東京都歴史文化財団グループが管理する東京都現代美術館（江東区）は、昨年の改修工事に伴う休館中に行った「MOTサテライト」で周辺のカフェやギャラリーで作品を展示し、「地域や街の魅力を引き出す取り組み」と評価された。また、昨年開催した「ピクサー展」で約24万人の来館者を集め、同館で行われた企画展で過去最高となった点も評価につながった。

前年度の「A」から「A＋」となった都環境局所管の都立多幸湾公園（神津島村）は、管理者の神津島村による来園客への「おもてなし」の取り組みが取り上げられた。同園は星空観察会などの自然を利用したイベントを開催するとともに、ホームページやパンフレットをリニューアル。従来のファミリー層以外の顧客確保に力を入れ、宿泊客への積極的な声掛けにより情報を集めて顧客満足度を高めている。

唯一の「B」評価となった七生福祉園（日野市）は、利用者全員への老化度チェックを実施し、個別の支援や安全確保に生かしていると認められた一方、職員が利用者に対して人権侵害と取れる言葉を浴びせていたことが分かり、職員の人権意識の醸成と支援技術の向上に努めるよう、所管の都福祉保健局から要求された。同園を管理する東京都社会福祉事業団は昨年、改善計画書を策定し、人材育成に取り組んでいる。

清掃労組定期大会

「現業系の職責評価を」

18年度運動方針確認

東京清掃労組は24日、第87回定期大会を連合会館（千代田区）で開催し、2018年度の運動方針などを確認した。

桐田達也委員長は冒頭のあいさつで、昨年度の賃金確定交渉を振り返りながら、現業系職員の処遇に言及し、「複数の技能長を取りまとめる統括技能長の賃金は、行政職の主任主事と同程度。技能主任への昇任資格を得る期間が行政職よりも長く、退職手当の調整額にも矛盾が生じている」と批判。

「切替調整措置も継続され、多くの組合員の賃金が据え置かれている。職責と賃金が明らかに乖離（かいり）し、『現業差別』と言っても過言ではない」と指摘。全組合員一丸となって労働条件の改善に取り組む考えを強調した。

清掃事業に関わる下請け事業者にも言及し、「安易な委託は『安かろう悪かろう』であり、しわ寄せは労働者に来る。良質な公共サービスとしての清掃事業は全ての労働者の労働条件の向上なくしてあり得ない」と述べ、下請け労働者と連帯していく考えを表明。

「自治研活動」で良質な公共サービスとしての清掃事業の確立を幅広く発信するとともに、要求実現に向けて闘う力の向上を図る考えを示した。

主な運動方針では引き続き、職場実態に合わせた賃金水準の改善と切替調整措置の廃止を要求する。人事制度では、統括技能長・技能長の23区統一に準じた選考の実施や区間交流を活用した人事交流、技能長・技能主任職で新たな職の設置・処遇を求めていく。さらに「自治研活動」を各区で推進する方針も示した。

なお、定期大会は次回以降、3月開催に変更する規約改正も承認された。

「現場実態に即した現業系人事制度を勝ち取らなければ」と訴える桐田委員長＝24日

■都人事異動

10月1日付

◆医師・研究・医療福祉系

【部長級】▽墨東病院内科部長（ナショナルジューイッシュヘルス　アシスタントプロフェッサーオブメディスン）中村万里

【課長級】▽広尾病院呼吸器科医長（日本医科大学大学院医学研究科呼吸器内科医員）小林研一▽広尾病院整形外科医長（日本赤十字社医療センター脊椎整形外科医員）平尾雄二郎▽墨東病院内科医長（医療法人社団おきの旗の台病院副院長）小林正芳▽墨東病院皮膚科医長（墨東病院皮膚科非常勤医師）加藤恒平▽墨東病院泌尿器科医長（社会福祉法人同愛記念病院泌尿器科医員）村山慎一郎▽多摩総合医療センターリウマチ膠原病科医長（病院経営本部経営企画部担当課長＝東京都保健医療公社派遣）島田浩太

■都退職

30日付

【課長級】▽建設局河川部設備調整担当課長　國田義正

◆医師・研究・医療福祉系

【課長級】▽広尾病院呼吸器科医長　栗林英彦

退職後の「リアル」

しくじり都庁OBの教訓㉗

リターン・トゥ・東京④

安易に田舎を目指すな

私の暮らす港区は昼間人口が多く、まさにサラリーマンの街だ。10年前にはこんな都会で暮らすことは想像もつかなかった。都会はスーパーマーケットが少なく、買い物難民の街として知られ、物価が高いとも言われる。しかしそうした状況は、ここ5年ほどで一変し始めている。

コンビニの多さは都市の特徴であり、都心生活は「コンビニ生活」と揶揄（やゆ）される傾向もあったが、ここにきて都市型スーパーの普及が目覚ましい。私の住む地域も至近距離に3軒のスーパーが競合し、値段も郊外に引けを取らない状況になっている。

都会生活の最大の難点は食生活であり、これが克服されれば「鬼に金棒」だ。駅前の大型書店が図書館替わりにもなり、必要な文献がいつでも手に入ることもうれしい。もっと言えば、ネットの普及で買い物の不便はほとんど解消されたと言っていい。

浜松町という選択は都庁時代の懐かしの研修所があったこともあるが、何といっても交通の利便性にある。地下鉄は3線乗り入れ、東京経由で新幹線を利用するにも至便だが、羽田空港に着けば家の玄関に着いた気持ちになれることがうれしかった。この利便性は、その後の仕事の上での行動力の大きな支えとなっている。

不動産屋のCMのようになってしまったが、老後の住まい選びには、この利便性が欠かせない。どこに行くにも、年々それなりのエネルギーの負荷が高くなってきていることを自覚し始めているからだ。

都会の喧騒（けんそう）を離れて田舎暮らしを…とも言うが、今やマンションの機密性は都会でも喧騒を寄せ付けない。一歩部屋に入れば静謐そのもので、あとは室内のBGM次第である。

あえて不便を承知で田舎生活を選ぶこともない。「老人よ、安易に田舎生活を目指すな」。これが私の結論であり、教訓である。（金子雅臣）

五輪への航海図 ㉑②

TOKYO 2020

開催まで あと1032日

式典コンセプト

四部作の起承転結に

五輪組織委員会は20日、大会の開・閉会式に関する基本コンセプトの中間報告をまとめた。オリンピックの開会式からパラリンピックの閉会式まで四つの式典を四部作と捉え、ストーリー性のある「起・承・転・結」で構成する方針を新たに決定した。

起承転結の「起」に当たる五輪の開会式では、国内外の注目度が最も高く、世界のアスリート・観客を歓待する式典であることも踏まえ、日本の文化・歴史をひも解き、キーコンセプトを明確に訴える。併せて、東日本大震災からの復興支援への感謝を伝え、世界中の被災者を励ますメッセージも込める。

続いて五輪の閉会式では、競技を終えたアスリートをたたえるとともに、大会の熱気と興奮をパラリンピックに引き継ぎ、パラリンピックの開会式では共生社会を目指すことを世界に発信。「結」のパラリンピック閉会式は東京大会全体を締めくくるフィナーレとして、障害の有無や人種、性別にかかわらず、互いに認め合い、一つになる姿を分断の広がる世界に向けて描くという。

大会全体のコンセプトとしては、①平和②未来③共生④日本⑤復興⑥アスリート⑦参画――の7項目が挙がった。具体的には、平和を希求してきた日本の姿勢や、日本が培ってきた価値観や美意識などを描く。また、式典を会場内だけで完結させず、映像などのメディアを通してより多くの人が参画できる仕組みも作るとした。コンセプトは大筋で固まったが、網羅的にならないよう、年内を目途に最終報告で演出のベースとなるキーコンセプトを固めていく。

今後、焦点になるのは、開・閉会式の演出を担う監督の人選だ。

大会のコンセプトについて議論を重ねてきた組織委の「有識者懇談会」（座長＝御手洗冨士夫・経団連名誉会長）では同日、監督の資質についても意見を交わし、「ヒューマニズムを表現できる」「海外の共感が得られる」「崇高さとエンターテインメントの両方を演出できる」といった意見が出た。また、「若手の登用が大事」という声もあったという。式典に関する業務を統括する中井元・チーフ・セレモニー・オフィサーが明らかにした。

組織委は今後、有識者懇談会と相談しながら絞り込み、年度内に監督を決定する方針。

リオ五輪の閉会式は「喜びと祝福」がテーマになった＝16年8月

昇任試験対策のページ

平成30年度 主任試験講座 －1－

はじめに

開講にあたって

都の平成29年度主任級職選考の筆記考査が9月24日に実施されました。このことは、来年度の筆記考査に向けた勉強を始める時期がいよいよスタートしたことを意味します。

とはいえ、今の時期から明確に目標を定めて、具体的な対策を進めている人はほぼいないと思います。現時点ではそれで構いませんし、焦る必要など全くありませんが、ただ、約1年後にはチャレンジするのだ、という意識だけは今のうちから明確にしておく必要があります。

皆さんに与えられている時間は限られています。また、その時間は基本的には皆同じです。では、合否の分かれ目はどこにあるのでしょうか。それは、限られた時間で最大の効果を発揮するための勉強方法の確立やスケジュールの確保等のマネジメントにかかっているのではないでしょうか。

そのような意味で、本講座は、主任級職選考の合格を目指す皆さんのよきペースメーカーとなるよう、筆記考査のうち教養問題（択一式）について、今後1年間にわたって基本的な対策方法や問題例を掲載していきます。この講座をうまく活用していただき、対策の効率化を図ってください。

カリキュラム

これから約1年間、来年の試験日直前まで、次の内容で掲載していく予定です（試験日により変更の可能性あり）。

10月　29年度出題傾向、試験問題解説①②③④

11月　試験問題解説⑤、統計資料の見方①②、憲法①

12月　憲法②、合格体験記①②③

1月　地方自治制度①②③④

2月　行政法①②③、地方公務員制度①

3月　地方公務員制度②③、都政実務①②

4月　都政実務③④⑤⑥

5月　都政実務⑦⑧、地方自治制度⑤⑥⑦

6月　地方自治制度⑧、行政法④⑤⑥

7月　行政法⑦、地方公務員制度④⑤⑥⑦

8月　直前対策①②、都政事情①

9月　都政事情②③④⑤

主任とは

既に主任を目指している皆さんには、何を今さらということかもしれませんが、ここで改めて主任とは何か、整理したいと思います。

「主任制度」は昭和61年度に導入されました。現行の人事制度上、主任とは「特に高度な知識または経験を必要とする係員の職」となっています。具体的には、他の部署との折衝や調整、組織内・外における円滑なコミュニケーションの確保、後輩職員の指導などを通じ、監督職を補佐することが主任の職責と言えます。また、主任は各職場における中核を担う職員として、なくてはならない存在であり、職員一人ひとりの資質・能力の更なる向上が求められています。

そして、課長代理選考や管理職選考は、主任にならないと、その対象とはなりません。したがって、将来、監督職や管理職として都政運営に携わっていきたいと考えている皆さんには、どうしても越えなければならない第一の関門でもあるわけです。

主任級職選考に合格するためには、基礎的法令等に関する知識や都政に関する知識、そして自らの視点で課題を抽出し、分析、解決策を考えて、論理的に論述する表現力など、広範囲の知識や能力が要求されます。これらは、主任級職員として仕事をしていくにあたり必要不可欠な、最低限の知識や能力となります。

したがって、主任級職選考に向けた対策を単なる「試験勉強」として捉えるのではなく、これを契機に都職員としてのキャリアアップを図るのだ、という前向きな姿勢で取り組むことが合格の道へとつながっていきます。

対策のポイント

仕事をしながら限られた時間の中で、効率的に対策を進めるためには、次の点が重要となってきますので、常に意識しておくことが大切です。

（1）相手（筆記考査）を知ること

「敵を知り、己を知れば百戦危うからず」と言うように、まず対策を進めていく際に、主任級職選考の筆記考査では、どのような問題が実際に出題され、どのような傾向があるのかを知ることは、とても大切です。当たり前のことと思われそうですが、実は、こうした事前準備や前提をおろそかにしたままの人が結構います。

しかし、効率的な対策を目指すためには、過去問題の分析は必要不可欠です。過去数年分の問題を科目別に見ていくと、よく出題される分野や難易度などが見えてきます。合格に必要な内容・レベル感と自分の現状を比較することで、各科目で必要となる対策が把握できますので、今後スケジュールを立てる際に役立ててください。

なお、平成29年度から筆記考査の出題構成が変更となりますので、必ず確認しておきましょう。

（2）スケジュールを立て、勉強する習慣を身に着ける

勉強を始めるということは、多くの人にとって、なかなか気の進まないものだと思われます。特に、学生時代の試験勉強とは異なり、仕事をしながら勉強をするということは、想像以上に大変な取り組みとなります。だからこそ、なるべく早い時期から対策に取りかかり、少しずつでも良いので、勉強をする習慣を身に着けることが大切です。ある意味で、勉強する習慣や生活リズムを早期に身に着けることができれば、対策の内の半分は達成したといっても過言ではありません。いつ（まとまった時間が確保できるのは平日か休日か、細切れの時間はどれくらい確保できるかなど）、どこで（自分が集中できるのは自宅か、図書館やカフェかなど）、何を・どのように（各科目で問題集を何回繰り返すのかなど）の観点で、自分にとって最も勉強しやすい時間帯や環境、必要な対策を考えてみてください。

勉強する習慣を無理なく、そして、できるだけ早期に身に着けるため、学生時代の試験勉強の経験や自身の性格、仕事の状況等を踏まえつつ、自分にとって効率的に勉強しやすい環境等を見つけ、準備するようにしましょう。

そうした上で、順調に勉強を進めるためにも、前節で述べた過去問題の分析を踏まえ、さらに、担当している職務の繁忙期等も考慮しながら、ある程度の余裕を持ったスケジュールを立てましょう。勉強を進めていく過程で、仕事が忙しい時などはスケジュール通りに進まないこともありますが、焦る必要はありません。各科目に要する時間を意識しながら、スケジュールを適宜修正していくようにしましょう。

（3）強い気持ちを持つ

主任級職選考に挑戦する以上は今回で合格する、という強い信念と断固たる決意を持って取り組むことが極めて重要です。

仕事をしながら対策を続けていくということは、とても大変なことです。思うように進まなかったりすると、仕事も忙しいことから諦めにも近い気持ちが生まれることもあります。しかし、今年が忙しければ来年もまた同じように忙しいのではないでしょうか。このような苦しい対策をもう1年繰り返すことを思えば、今年1年頑張って、なんとしても今回で合格するという心構えで主任級職選考に向き合うべきではないでしょうか。

「絶対に、今回で合格します」と上司や職場に宣言し、甘くなりがちな自分自身の退路を断つ、という方法も有効です。そうすることで、周囲の理解や応援を得られるとともに、自らのモチベーションの維持にもつながります。有言実行、強い気持ちを内外に示して取り組んでください。

（4）勉強仲間をつくる

そうは言っても、人間誰しも自らには甘くなりがちであり、ひとりで計画的に勉強を進めることはなかなか難しいものです。仕事の忙しさから勉強が遅れたり、やる気がなくなったり、家のことなどでなかなか勉強に時間を割けないことがあるかもしれません。また、そうしたことから、様々な焦りや不安に襲われたりすることもあります。そのようなときに、仲間として、そしてライバルとして切磋琢磨しながら励まし合うことができる同期などがいると、精神的にプラスになり、勉強意欲も湧いてきます。さらに、お互いに出題予想をしたり、情報交換をするなど、効率的に勉強を進める上でも大いに役立ちます。

対策を進めていく上では、問題集を解きながら、適宜、解説や根拠にあたるという手法が基本となりますが、根本的な理解を深め、知識の定着を図るという意味では、「調べる」「教える」という方法が効果的です。そのために、例えば、勉強仲間で科目等の分担を決めて、お互いに出題・解説し合うなどの勉強会を実施することはお勧めの対策法の一つです。

（5）常に問題意識を持って仕事に取り組むこと

そして最後に、常に問題意識を持ちながら仕事に取り組んでいくことです。程度の差こそあれ、主任級職選考の問題は必ず都政に関わっています。職務を遂行する上で、その事務の根拠は何か、なぜこのような事務が必要なのか、国や社会経済の動向が自分の仕事にどう関わってくるのかなど、常に考えをめぐらせていることが大変重要です。

このような日々の問題意識の持ち方は、択一式の教養問題はもちろん、都政や職場運営に関する見解を問う論文においても必ず役に立ってきます。

当然のことですが、仕事をおろそかにして、勉強に没頭するなどということは、もってのほかと言えます。このことは、制度の名称が主任「試験」ではなく、主任級職「選考」であるということや、合否が日頃の勤務態度などを含めた総合評価で決まることからも明らかです。都職員として仕事を進めていく過程のその先に主任級職選考があることを決して忘れないようにしてください。

◇

さて、今回は主任級職選考の概略や勉強のポイントや心構えなどを述べてきましたが、次回は、出題分野別の勉強方法や29年度筆記考査の出題傾向を掲載します。

平成30年度 主任・係長 論文講座 1

はじめに

9月24日に平成29年度の都の主任選考が実施されました。特別区においては、今年度の試験がまだ終わっていないところもありますが、今回より平成30年度の都区主任選考・係長選考に向け、1年間の論文対策講座を始めます。

本講座では、論文作成上の具体的なポイント、論文を書くための課題の整理、さらに実際の論文例を基にした添削指導など、初めて論文試験に挑戦する皆さんにとって、理解しやすいように連載していく予定です。

最初に、都とそれぞれの区で行われている選考試験の概要について紹介します。

都主任選考A

年齢40歳未満（本則）の職員を対象とし、例年9月下旬の日曜日に試験が実施されます（試験の実施日程は、例年、前年度2月上旬に発表）。AI類の事務の試験科目は、教養問題A（択一式）と論文です。さらに、AI類のその他の職種（土木、建築、機械及び電気）には、教養問題B（記述式・語句説明）が加わります。

論文は、2題（①都政に関する出題②職場に関する出題）のうちどちらか1題を選択し、1500字以上2千字程度の解答を、2時間30分で作成します。なお、AII類として、福祉I・IIや産業技術I・II・III等9区分の試験が実施されます。

【29年度選考からの変更点】

29年度の選考から、自らの視点で課題を抽出、分析し、現実的かつ具体的な解決策を論述するため、課題文に資料等を添付し、詳細な状況設定を行うこととされています。具体的には、都政に関する出題については、新聞記事や調査報告等の資料を添付し、そこから課題を抽出する出題形式に、また、職場に関する出題については、設問中の職場に関する組織図や課題に関連した資料を添付し、状況をより細かく設定する出題形式に変更されます。

都主任選考B

年齢40歳以上の職員を対象とし、主任選考Aと同日に試験が実施されます。試験科目は論文のみです。出題される3題のうち1題を選択し、1千字以上1500字程度の解答を2時間で作成します。

区主任選考

特別区では、主任主事選考が例年9月から11月にかけて実施されています。区によって選考方法が異なりますが、多くの区で択一式問題か論文のいずれかを課しています。論文の字数は様々で、800字から1200字程度が多くなっています。

区係長選考

例年、おおむね9月から12月にかけて実施されています。区ごとに独自の選考方式がとられていますが、論文と一部を除き面接（個別あるいは集団）が課されているほか、択一式や記述式が課されている区もあります。論文の字数はおおむね1千字から1500字程度で、時間は2時間といった区が多いようです。問題は、区政の課題や職場の課題から出題され、2題あるいは3題の中から1題を選択します。

講座の構成

これから約1年間にわたり、以下のテーマで掲載する予定です。

【10月】
○論文の書き方のポイント（都主任）
○課題整理（区係長）
○課題整理（区主任）

【11月】
○傾向と対策（都A）
○傾向と対策（区係長）

【12月】
○傾向と対策（区係長）
○課題整理（都A・職場）

【1月】
○論文添削（区係長）
○論文添削（都A）

【2月】
○論文添削（都A）

【3月】
○論文の書き方（区係長）
○課題整理（区主任）
○課題整理（都A・都政）

【4月】
○課題整理（都A・都政）
○論文添削（区主任）

【5月】
○論文添削（都A）

【6月】
○論文添削（都A）
○傾向と対策（区主任）
○論文の書き方（都B）

【7月】
○模範論文（都B）
○課題整理（区主任）
○直前対策（区主任）
○論文の書き方の整理（区係長）

【8月】
○直前対策（区係長）
○直前対策（都A）

【9月】
○直前対策（都A）

「論文試験」とは

それでは初めに、論文試験とは何かについて確認していきましょう。

論文とは、あるテーマについて、自分の意見を論理的に伝える文章を言います。

論理的に書くという点で、自分が感じたこと、思ったことを書きつづる感想文や随筆とは異なります。また、筆者の意見を積極的に述べるという点では、事実を書くレポートや報告書とも異なります。

論文試験においては、与えられたテーマについての状況把握、状況の分析、分析に基づいた課題の設定、課題に対する解決策の提示という流れで、論理展開に一貫性を持たせて、自分の意見を表現していくことが必要です。

特に主任（係長）選考の論文では、都区職員として、都政や区政が現実に直面する課題に対して、どのような解決策を講じるのか、また、主任や係長として、職場における業務遂行上の課題を見いだし、どのような改善策を講じるのかについて、論理的かつ具体的に書くことが求められます。

評価のポイント

次に、主任（係長）選考では、どのような論文が評価されるのかを確認していきましょう。

どんな試験にも当てはまることですが、採点する側がどのような点を評価のポイントとしているのかを知ることで、試験対策を効果的に進めることができます（以下、都主任級選考種別AI類の内容を中心に記載していますが、種別AII類及び種別Bにおいてもおおむね同様の内容となっています。詳細は、人事委員会事務局からの通知等をご確認ください）。

（1）問題意識、問題解決力

第一の評価のポイントとして、出題されたテーマに対して高い問題意識を持っていることが求められます。その上で具体性、現実性、効果等を踏まえた解決策を論じなければなりません。さらに、都政に関する出題においては都政全体を視野に入れ、自らの視点で課題を抽出、分析して論じることが、また職場に関する出題においては事例の職場における課題を的確に抽出し、抽出した課題について、主任としての役割を認識しつつ、自分なりの問題意識から論じることが必要です。

出題されるテーマは、現実の都政や区政と無関係に設定されているわけではなく、実際に問題となっているなど、そのテーマが設定される必然性があります。出題側としては、現実に直面している問題について、主任・係長に昇任する職員として、その職員自身の考えを求めているのです。

このため、出題の意図を考慮せず、テーマに即していない論文では、当然、評価は低くなってしまいます。論文を書き始めるに当たり、まずは出題の意図をよく理解し、論文の大枠、方向性を的確に捉えることが重要です。

（2）論理性

第二のポイントとして、文章が論理的かどうかという点が挙げられます。

論文を書く場合には、「状況把握」→「分析・解釈」→「提案」という論理の型で組み立てます。内容に程度の差はあっても、論理の型は基本的に同じです。

そして、書いた論文は上司や先輩に添削してもらいましょう。そうすることにより、自分では気付かなかった論理の飛躍や、抽出した課題と提示した解決策との不整合などのような、論理性の点での指摘を受ける場合が少なくありません。

論理性は、論文としての核となるポイントですが、自分ではなかなか改善しにくい点でもあります。基本となる論理の型を身に着けるとともに、論理性を効果的に高めるため、いろいろな人に論文を添削してもらいましょう。

（3）具体性

第三のポイントとして、論文が主任・係長の視点で具体的に書かれているかという点が挙げられます。

都政や区政の最前線を担う主任・係長への昇任試験ですので、抽象的、客観的なものではなく、日々直面している課題についての対応策など、具体的かつ現実的な内容が求められます。論文を書く際には、皆さんがこれまで仕事を通して経験してきたことや経験に基づく想像力を総動員して、具体的な記述に結びつけることが重要です。

（4）表現力

第四のポイントとして、分かりやすい表現で文章が書かれているかという点が挙げられます。

誤字脱字がないか、適切な語彙が使われているか、文章が冗長になっていないかなどの点に注意しつつ、都政や区政に携わる職員として適切で分かりやすい文章表現としましょう。総論的、抽象的な表現や難解な言葉は使わずに、複雑な構成は避け、簡潔明瞭な文章や単純で平易な構成となるよう心掛けましょう。

（5）その他

これらのほか、積極性も重要な評価ポイントの一つになります。

行政に携わる者として、問題の解決に主体的に関わっていく熱意、新しい課題や困難にも果敢に挑戦していく「チャレンジ精神」も問われています。自分の仕事ではないから関係ないといった姿勢は、論文の中にも表れてしまうものなので、日頃から積極性を持って仕事に取り組むことが大切です。

以上、連載を始めるに当たり、評価のポイントを中心に説明してきました。試験対策を始める前に、都区の主任（係長）選考における論文試験のポイントを把握し、今後の対策に生かしていきましょう。

問題意識や論理性、表現力などは、実務を進める上でも全ての職員に必要なことであり、試験に特有のものではありません。この論文試験は、日頃の仕事を通じた問題意識の持ち方、課題への取り組み姿勢や説明力などが問われていると言えます。

合格するためには、単に論文の作成技術を習得するだけでは十分ではないということを理解しつつ、これまでの仕事への考え方や進め方を振り返り、今後、どのように仕事と向き合いながら約1年後の試験に臨むのかを考えていくことが大切です。論文試験対策の取り組みを通して、都政や区政、職場運営に関する見識を深めながら、主任・係長の視点で職務に当たりましょう。

□　□

以上、選考試験の概要を紹介しました。次回から具体的な講義に入っていきます。

平成30年度 カレントトピックス 01

経済事情

■ゆうパックが値上げ（9月5日）

日本郵便は宅配便「ゆうパック」の運賃を平均して約12%引き上げると発表した。実施は2018年3月1日から。人手不足による人件費単価上昇等へ対応する。日本郵便の宅配便の値上げは、2015年8月1日以来、2年7カ月ぶり。値上げ幅は荷物のサイズと発着地により、110～230円の引き上げとなる。

ヤマト運輸、佐川急便は既に年内での値上げを発表している。各社は値上げにより従業員の待遇改善に取り組み、人材の確保につなげる方針。物流施設の集約化、自動化等にも積極的に投資し、サービスの向上にも努める。

日本郵便はWEB決済し、オンラインでラベル発行をした場合の割引を新たに導入、値上げによる利用者負担と手間を軽減する。配達時間帯も、午後7時～9時の枠を新たに追加する。「はこぽす」や、宅配受取ロッカー等の活用により、受け取り場所をおおむね6千カ所に増やす。利用者の利便性が高まるとともに、再配達抑制が期待される。

■来年度概算要求が101兆円（9月6日）

財務省は、2018年度予算に対する各省庁の概算要求・要望額の総額が100兆9586億円となったと発表した。要求総額は4年連続で100兆円超。財務省が目標とする98兆円を達成するには、3兆円程度圧縮する必要がある。

最大の要求額は厚生労働省の31兆2294億円で、過去最高となった。政府の重点施策である「働き方改革」の推進に加え、高齢化に伴う医療、介護等の支出増も加わり、額が膨らんだ。同省は労務管理に関する技術的な相談支援実施のための「働き方改革推進支援センター（仮称）」を47都道府県に新設する。

ほかにも、国土交通省と連携し、他産業と比較して高齢化が進行している建設業の人材確保・育成に向けた取り組みを推進する。施工時期の平準化、施工のICT化等の浸透を図りつつ、中小企業への支援・助成を拡充することで、魅力ある職場環境を整備していく方針。

■10カ月ぶりの円高水準（9月8日）

9月8日の為替市場で、円が10カ月ぶりに1ドル107円台に突入した。米南部で猛威をふるう巨大ハリケーンを始め、国際問題、政権運営等の様々な要因が、ドル売り・円買いにつながった。円高による企業業績の下振れの可能性への警戒も広がっている。

ドルは円のほか、対ユーロに対しても2015年1月以来の水準まで下落した。

ドル売りの誘因には、米利上げに関する確率の低下が挙げられる。前述の巨大ハリケーン「イルマ」は、警戒レベルを下げたものの、米国の新規失業保険申請件数は増加しており、今後の経済下振れが懸念されている。ほかには、6日には利上げに積極姿勢を示していた米連邦準備理事会のフィッシャー副議長が辞任を表明したことも、ドル売りが進んだ一因とみられる。

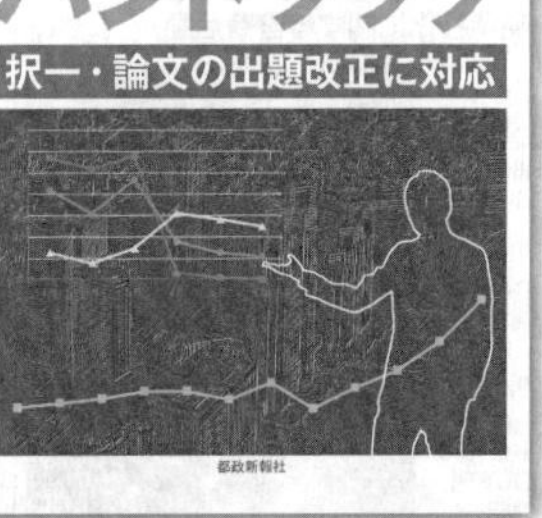

小島、顧問やめたってよ
～知事側近が操る知事与党に身構えよ～

都政の潮流

世にも奇妙な

1週間前の火曜日、顧問の小島氏が辞任した。あまりに突然のことだったので、世情に疎い私なんぞは「すわっ、衆院選に出馬か!?」と浮足立ったものだが、転身先は都民ファーストの会の政務調査会事務総長だというから二度驚かされた。知事側近中の側近が都議会最大与党のお目付け役に就任するとは、「世にも奇妙な」ことである。

7月の都議会議員選挙の前から、地方自治体の長が率いる地域政党が地方議会を牛耳ることに関して、二元代表制の本旨が損なわれないかとの指摘が各方面からなされていた。都議会での質疑でも取り上げられた。これに対して知事は「緊張感を持ってやっていく」「問題はない」と説明してきたが、8月上旬の臨時都議会における都民ファーストの会の代表質問では、知事を礼賛する字句が躍り、「知事さまさま」の姿勢をあらわにした。そして揚げ句の果てに、都民ファーストは知事と共に都政をチェックするとまで言い切った。えっ？　私は耳を疑った。開いた口が塞がらなかった。議会が知事をチェックするのではない。与党と知事が一緒になって都政を監視するのである。知事傘下の政党が知事の威を借りて都庁官僚の悪事を裁いてやろうとでもいうのだろうか。少なくとも私にはそう聞こえた。都民ファーストは議会のチェック機能の意味を分かっているのか、甚だ疑問だと言わざるを得ない。

テコ入れ策

とは言え、出来たばかりの新しい政党である。最初から多くを期待しては可哀想だ。未経験の新人議員と既成政党から逃げ出した既存議員の寄り合い所帯が正常に機能するまでには相応の時間がかかることには目をつぶろう。そのテコ入れ策として、知事の判断で小島氏を鳴り物入りで都民ファーストの会に送り込んだと見るのが妥当なところだろう。

あるいは深読みすれば、小島氏が築地市場で勉強会を開催しているのは個人の立場なのか否かなど、顧問政治批判がじわじわと噴出する中、その象徴とも言うべき小島氏を知事周りから形式上は外すと同時に、都民ファーストの会としての地固めを行う、そんな一石二鳥を狙ったとの見方も十分に成り立つ。

民主主義の危機？

渦中の小島氏であるが、同氏は8月下旬の補正予算を審議する臨時都議会において、都民ファースト内部で既に暗躍していたのではないかとのうわさもチラホラ。そして、そのあまりの強権ぶりに都民ファーストの議員の一部が早くも辟易していると風の便りで聞こえてきている。

そんな人物がこれからは事務総長サマである。党代表も幹事長も、ましてや常任委員会の委員長など、反論はおろか口ごたえすらできないであろう。もちろん事務総長の後ろには知事がいる。議員の動向はこれまで以上に知事に筒抜けになる。議員が萎縮するのは目に見えている。

さらに問題なのは、知事と表裏一体の人物が都議会最大会派の実質トップに君臨し、その一挙手一投足をコントロールする事態が出現しようとしていることである。つまり大げさに言えば、これは議会制民主主義の危機なのではないか。首長の意思が懐刀を通じて無批判に議会の議論・決定に結びつく。多数決の論理を軽々と乗り越えて一つの意思だけがまかり通る。どこかで見たような光景……。戦前や戦後、特定の地域で多く見られた体制とよく似ていると言ってしまっては言葉が過ぎよう。

だが、侮ってはいけない。我々都庁職員は今、北朝鮮のミサイルよりも根本的な問題に直面している。そう自覚すべきだ。私にはそう思えてならない。

パラダイスか孤島か

閑話休題。そう言えば、音喜多駿都議のツイッターは秋の声を聞く前からすっかり鳴りを潜め、往時のやんちゃぶりは見る影もない。自由な発言を禁じられたファーストペンギンの行く末がひとごとながら心配でならないが、彼に限らず言論統制下の新人議員たちは、今頃こんなはずではなかったと悔やんでいるのではないか。時ならぬ追い風に乗って当選したものの、そこは民主主義パラダイスではなく独裁の孤島だった——出来の悪いサスペンス映画の予告編モドキだと笑ってばかりはいられない。これは都政が突き付けられている現実なのである。

さて、今日26日から始まる第3回定例都議会の代表・一般質問。都民ファーストがどんな切り口でどんなテーマを取り上げるのか、質問の出来栄えにぜひ注目してみたい。仮にも大政翼賛的な言動を繰り返すなら、私のつたない予感は的中したことになる。よもや小島事務総長の直筆原稿を声を張り上げて読み上げるだけといった醜態を再びさらすことはないであろうが。（ラストカナリア）

パラダイス→ガラパゴス

千代田区立日比谷図書文化館

最古級「江戸始図」を公開
特別展「松江城と江戸城」

千代田区と「松江城歴史的価値発信事業実行委員会」（島根県・松江市）は19日から千代田区立日比谷図書文化館1階特別展示室で、共同企画特別展「松江城と江戸城―国宝になった城と天下人の城―」を開催しています。松江市で発見され、徳川家康築城直後の最古級の図面「江戸始図」を東日本で初めて公開しているほか、江戸城本丸松之廊下と大広間をＣＧで再現。戦乱の世から平和の世の到来によって政治の場へと推移する江戸城をひも解いています。（編集部）

オープニングセレモニーでテープカットする関係者＝19日、日比谷図書文化館（左から2番目が石川千代田区長）

今回、公開されている絵図群「極秘諸国城図」は、東北から九州に至る各地の城と城下町を描いた74枚からなる絵図群です。この絵図群は、1950年から55年にかけて行われた松江城天守の解体修理で城に関する資料を収集していた際に市民から松江市に寄贈してもらったものですが、その来歴は明らかになっていません。各図は折りたたまれており、収納された袋には「元禄五年」と見えることから、この絵図は元禄5年（1692年）以前に製作されたと考えられています。

「極秘諸国城図」の中には、2017年2月に徳川家康築城の江戸城を描いた最古級の絵図であることが判明した「江戸始図」や、大坂の陣で構築された真田丸を描いた「大坂　真田丸」、堀尾吉晴が居城とした「遠州浜松城」、松平直政が一時居城とした「信州松本城」など、松江城主に関わる城下町絵図も含まれており、特別展ではこれらの絵図を紹介しています。

また、謎解き「江戸始図」として、この絵図と現存する遺稿、発掘成果を照らし合わせて、家康の江戸城が東西の城づくりの技術を取り入れ、防御に優れた本丸であることを紹介しています。

さらに、「極秘諸国城図」には「江戸始図」のほか、江戸時代の中頃と考えられる「今江戸図」があります。この2枚の江戸城絵図を通して、江戸時代の江戸図を紹介し、「今江戸図」の謎解きもしています。

■地方との連携・交流

この特別展示は、千代田区としては初めて、江戸を通じた他の自治体との共同開催となります。

19日に日比谷図書文化館で開かれたオープニングセレモニーで、石川雅己区長は「日本の文化や産業は江戸と地方の藩との交流を通じて掘り起こされた。今回の共同企画は、文化財を通じた東京・千代田区と地方の皆さんとの新たな連携・交流の一歩だと思う」とあいさつしました。

特別展は11月19日まで（10月16日は休館）。入場無料ですが、熊本城再建の募金箱を展示室内に設置しています。

すみだ郷土文化資料館

明治の墨田区の街を描く
区制施行70周年記念展示

すみだの様々な風景を描く浮世絵を展示

すみだ郷土文化資料館では、区制施行70周年記念特集展示「すみだの街角1　清親と安治―明治を描いた師弟―」を開催している。

明治時代に墨田区を舞台に活躍した絵師・小林清親による「光線画」や、清親の門弟・井上安治が描いた作品について紹介するもので、作品を通じて江戸から明治に変わる街の様子を知ることができる。清親の作品と安治の作品を比較しながら展示。清親は弟子である安治と一緒に東京の風景をスケッチしたと言われ、2人が同じ構図で描いた作品を展示している。同じ場所を描いていても、天候の変化や人の配置など、演出をして描く清親と、風景を忠実に描く安治との対比が面白い。

清親は特定の師を持たず、独学で絵を習得したと言われており、西洋画や写真、石版画の技術も学んだ。そんな彼によって作られた「光線画」を世に問うべく版行した作品の一つである「東京小梅曳舟夜図」（1877年）も展示。夜空に光るまばらな星と低く黄みがかった月の描写に加え、白い帯で表された月夜に光る川面の表現は、それまでの浮世絵にはない夜の情緒を描き出している。

ほかにも、戦から帰る夫を首を長くして待つ母子の様子を風刺した「日本萬歳百選（撰）百笑細君の歓迎」（1895年）も展示。大国である清との戦争に緊張を抱える一方で、国内は戦勝ムードに沸き、徴兵された兵士が英雄化される美談などが報道された。この絵画では、こうした風潮に対して「名もない」民間人である夫が、英雄として帰還することへの妻子の誇りを滑稽に風刺している。

展示は11月26日まで。休館日は毎週月曜（祝日の場合は翌日）、第4火曜。開館時間は午前9時から午後5時まで。入館料は100円。

ミニガイド

◇おくすり講座・薬剤師が伝えたい「役立つおくすりの話」～1人ひとりが薬を安全に効果的に使うためのポイント～▷内容　おくすりをもらう前に薬剤師に伝えてほしいことや、特にシニア世代に知ってほしいおくすりの量や使い方、意外と知らない間違ったおくすりの使い方の事例紹介、身近にいるかかりつけ薬剤師・薬局の活用法について分かりやすく解説▷講師　公益社団法人東京都薬剤師会常務理事　髙松登氏▷日時　10月20日㈮　午後2時～3時半（開場　午後1時半）▷会場　都議会議事堂1階都民ホール▷定員　200人（当日先着順、参加無料）

◇ＧＴＳ観光アートラインを巡るフォトラリー2017▷内容　「ＧＴＳ観光アートライン」とは、「ＧＴＳ（東京藝術大学・台東区・墨田区）観光アートプロジェクト」によって誕生した浅草と東京スカイツリーをアートでつなぐ観光ルート。東京スカイツリーのビューポイントに設置された環境アート作品12作品とアートベンチ5作品からなり、アートを楽しみながら、浅草観光や東京スカイツリー観光を楽しむことができる▷期間　10月7日㈯～11月5日㈰（参加記念品がなくなり次第終了）▷参加方法　①参加者は開催期間中にＧＴＳ観光アートラインを巡り、全部で12作品設置されているアート作品のうち4作品以上の写真を撮影②記念品交換場所で写真を提示した人には、藝大デザインオリジナルランチトートバッグをプレゼント（先着千人）③全12作品を撮影した人にはランチトートバッグに加えて台東区立文化施設4館共通入館券と墨田区内循環バス「すみだ百景すみまるくん・すみりんちゃん」の1日乗車券をセットにしてプレゼント（先着100人）▷交換場所　浅草文化観光センター（3階事務室）、産業観光プラザすみだまち処、吾妻橋観光案内所（いずれも午前10時～午後5時）▷主催　東京藝術大学、台東区、墨田区

副知事人事ノート
第12回
都政研究元主筆　大塚英雄

都議会を何と心得る！②

春彦一の副知事就任で元の2副知事体制に戻り、岡安彦三郎はほっと胸をなで下ろしたが、その岡安にとって新たな頭痛のタネが持ち上がった。副知事が複数になると、知事の代理を務める順位を決めておかなければならないからである。

順位はその時の知事の胸三寸で決まるが、安井は「着任順でいいだろう」と、岡安、春の順に並べた。この時はまだそうした前例がなく、庁内は「常識的な判断」と受け止めたものの、律儀な岡安には胸に引っかかるものがあった。前述のように東京市時代のこととはいえ、同じ組織内で岡安が春企画部長の下で予算課長を務めたことがあるからだ。2人が副知事でいる限り、岡安は旧上司の春に対して、ずっとそういう立場に立つわけだ。

その後、例外はあったとしても内部昇格の場合、副知事の順位はおおむね年齢・管試順が大勢だが、岡安、春のように、さみだれ昇任の場合、必ずしもそうではない。例えば石原慎太郎知事の3、4期目に56Ａの佐藤広が先着し、その後から54Ａの吉川和夫、55Ａの村山寛司が副知事に就任したが、ナンバー1は佐藤がそのまま務めた。

ただ、安井もこの時、無条件で順位付けをしたというわけではない。便宜上、岡安、春の順に並べたものの、2人を「対等」と位置付け、わざわざ局長を集めてこのことを周知するとともに、その象徴として総務、財務の中枢部局を「共管」としたのである。

だが、岡安の春に対する気持ちはこれだけでは済まなかった。衆知のように、都議会の本会議場の「ひな壇」には、知事の横に副知事が順位に従って並ぶ決まりだが、岡安はこれを本会議ごとに春と交互にしたいと考え、安井に申し出たという。安井も苦笑まじりに「君達の好きなようにしたまえ」と言い、これによって2人の「ひな壇」での席次交代は実現した。

にわかに信じがたい出来事だが、実際にあった話である。しかし、この岡安の謙譲美徳とも思える気配りは、時の都議会議長である石原永明（品川）の目に留まるところとなった。議長室に呼びつけられた岡安、春の2人は、「気持ちは分かるが、議決機関を何と心得るか」と、厳しい叱責を受けた。繰り返しになるが、これらのことはいずれも岡安から直接、聞いた話であることを付け加えておきたい。

さて、2人の任期は、安井知事の2期目の任期（昭和30年4月）が訪れる前に満了となるが、いずれも再任、続投ということになる。内部昇格ということもあり、当然といえば当然のことだが、議会各会派の評判も良かったからである。

したがって、再任は「既定路線」と各方面から受け止められたが、しかし、人事というのはいつの場合でも下駄を履くまで分からないものだ。春再任の際、「別件」で自民党からクレームがつき、同党から知事のパイプ役として都議を副知事に送るべきだという物騒な議論が飛び出したのである。

（敬称略）

発行所 都政新報社
〒160-0023 東京都新宿区西新宿7-23-1 TSビル
(総務・読者) 03-5330-8781
(企画広告) 03-5330-8784
(編集) 03-5330-8786
(出版) 03-5330-8788
(ファクス) 03-5330-8808
購読料 月1,730円(税込)
毎週火・金曜日発行
ただし、祝日は休刊
©都政新報社 2017

紙面から

小池知事、新党代表に就任

公明は連携解消も示唆

小池知事が代表を務める国政新党「希望の党」が27日に結党した。これに先立ち、25日に都庁第一本庁舎で会見を開いた知事は、都知事を辞任しない考えを示した上で、「都政を進めるために、国政の改革の速度を上げたい」と自ら結党理由を語った。だが、知事と党代表の「二足のわらじ」を履くことに、知事与党の公明党も26日の都議会代表質問で苦言を呈した。公明は都民ファーストの会との連携解消を検討しており、知事の新党結成への波紋が広がっている。=5面に「職員の声」「社説」

新党結成を表明する小池知事=25日、都庁第一本庁舎で

「今日は名前の発表が多いが……」。小池知事は25日に都庁第一本庁舎で2回会見を開き、上野動物園のパンダの名前を公表した後、国政新党の名称を披露する際にこう前置きした。希望の党という名称は、自身の政治塾「希望の塾」から引用したことを明らかにした。

会見を見ていた都幹部は「小池新党のインパクトが大きく、パンダの報道はかすんでしまった。今後は知事が全国に応援演説に回り、公務がキャンセルとなり、都政が停滞しかねない」と顔を曇らせた。

知事は27日時点では知事を辞任せず、党代表を兼務する考えを示した。国政に関与する理由については「都政をより磨きをかけていく。改革のスピード感を出すためには国政に何らかの関与をしたい」と語った。二足のわらじで、都の改革のスピードに悪影響を及ぼすのではないかとの記者の質問には、「その懸念は全く当たらない」と否定した。

当初は昨年の都知事選で小池知事を応援した若狭勝衆院議員らが新党を立ち上げる予定だったが、急きょ知事が自ら設立した。その理由を「立場を明確にすることで勢いをつけていきたい」と述べ、知事選や都議選に続き、小池旋風を巻き起こす考えを示した。

希望の党は27日に新宿区内のホテルで会見を開き、自民党や民進党などを離党した14人が出席。小池知事は「各地に候補を立て、有権者の希望に応えていく」と語り、全国規模で候補を擁立する。

■「都政を踏み台」

26日の都議会代表質問では、都民ファ以外の会派から批判や苦言が噴出した。小池知事と連携する公明党の谷村孝彦氏は冒頭、「都民が知事に期待したことは都政に専念し、改革を強力に推進することである」と語気を強めると、「そうだ、そうだ」と共鳴する声が議場に響いた。続けて、「都政を踏み台にして他の狙いがあるかのような報道がなされていることは非常に残念」と知事の衆院選への出馬を牽制(けんせい)した上で、「都政を強力に推進していくとの初心に立ち返り、都民のためにしっかりと汗を流していくこと」を強く求めた。

自民党の秋田一郎氏は希望の党を立ち上げた知事に対し、「東京への思い、愛情が感じられない」と厳しく批判。「知事の思いが今も別のところにあるのではないかという懸念が拭いきれない」と指摘し、国政ではなく都政に軸足を置き、課題を解決するよう求めた。

民進党の中村洋氏は「二足のわらじになるが、都民が直面する多くの課題解決に向けて取り組みを進め、東京改革のスピードをより一層アップするために全力で取り組んでいかなければならない」と指摘した。

共産党は25日に新党結成に関して、「改革に希望を託した都民の願いに背を向けており、小池知事の改革の中身が問われている」と声明を出した。

■読めぬ公明の真意

今回の新党旗揚げで、都庁内では知事と公明党の関係悪化が懸念されている。25日の知事会見後、同党幹部は「(都ファとの)連携を解消するかどうか党本部と相談していたが、26日には連携解消するかの判断を「そんなに急ぐ話ではないと思う」とトーンダウンした。

公明が連携解消に慎重な姿勢を示す背景には、都の来年度予算があると見られる。今年度予算には、公明と知事が話し合い、私学助成の拡充などが盛り込まれたが、25日の代表質問では0歳から2歳にかけての幼児教育と保育の無償化の検討などを求めた。公明党の幹部は「予算(編成)に向けて時間があるので、そこは焦らないで冷静になって、大局に立って判断していければと思っている」と述べた。

さらに、連携解消を検討する中、公明は都議会自民との関係に関して、「従来通り変わらない」との考えを堅持し、関係修復はないと明言した。

都幹部は「公明の連携解消発言はポーズなのか、本気なのかよく分からない。公明が知事与党でなくなると、都政は混乱する」と指摘する。知事の去就も注目される中、都政は混沌としている。

豊洲新市場 4件が入札中止に

追加対策工事 「1者入札禁止」の影響深刻

豊洲新市場の土壌汚染対策の追加工事9件のうち、4件の入札契約が中止になったことが分かった。入札参加者が1者以下だったためで、都財務局は22日に入札を取り下げた。早期の市場移転を目指し、臨時会を開いてまで発注を急いだが、再入札となることで移転への影響が懸念される。

入札を中止したのは、豊洲新市場地下ピットの床のコンクリート敷設工事3件と、同地下ピットの換気設備工事1件の計4件。都中央卸売市場は今後、再入札の実施に向けて入札参加資格の見直しを検討するが、現在のところ発注時期は未定。同市場は「早期に再入札を行う予定」(財務課)と話す。

都は3月に示した入札制度改革の実施方針で、予定価格の事後公表などに加え、一定金額以上の財務局契約案件について入札参加者が1者以下の場合は公正性に欠けるとの理由から中止にすることを打ち出していた。都は6月26日公表分の案件から同方針の運用を試行的に開始。9月25日までの3カ月間で試行対象とした全207件中30件の工事が「1社入札」で中止となっていた。同規定の影響が豊洲新市場の追加対策工事に及んだ格好だ。

都は追加対策工事の完了時期について、来年6月上旬と見込んでいるが、今回の入札契約の遅れで日程がずれ込む可能性がある。都は6月に開いた専門家会議で、契約と工事期間を合わせて8カ月と提示している。新しい入札方針では再入札に関し、入札参加資格を最大限見直すことを条件に1者でも入札を実施するとしている。

同改革を巡っては26日の第3回定例都議会の代表質問でも各会派から質問が相次いだ。都民ファーストの会の増子博樹幹事長は入札改革の今後の見通しに関する小池知事の所見を求め、知事は「1年間の試行期間の中で検証した上、より良い入札契約制度になるよう不断の見直しを進める」と答弁した。

一方、自民党の秋田一郎幹事長は「恐れていたことが現実となった」として、今回の追加対策工事の入札中止に触れ、「実情や現場の実態に向き合うことなく、机上で作り上げられた入札契約制度変更の弊害が表面化してきた」と批判した。

都は年内にも新制度の検証に関する中間報告をまとめる方針。

都政の東西

第3幕も

小池知事が電撃発表した新党「希望の党」の結党と代表就任は、安倍首相の解散表明とともに大々的に報じられた。衆院選はすっかり「安倍対小池」の構図となり、「小池劇場第2幕」の様相だ。全国で候補者を擁立し、目標に単独過半数という大風呂敷を広げた小池知事。国政政党の代表と知事の兼務による都政への影響など懸念や憶測が交錯しているが、一連の小池劇場の余波が区市町村に波及するのは必至だ。

衆院選後から来年にかけ、特に23区は統一地方選の年に次ぐ選挙ラッシュとなる。11月12日は葛飾区長・区議選のW選挙となり、来年は練馬、中野、杉並、品川、新宿の5区で区長選が行われる。

葛飾区議選では、都民ファーストの会が15日までに6人の公認候補擁立を決めており、衆院選での結果次第では追加公認の動きが加速することも想定される。

来年行われる区長選も、何らかの巡り合わせを感じさせるラインナップだ。練馬区は小池知事が衆院議員時代に地盤としていた土地柄で、中野区は現都民ファ代表の荒木千陽氏の選挙区で、区議会には都民ファ所属区議が3人会派を構成する。杉並区は、現職の田中良区長が市場移転問題や高齢者福祉などで小池知事に苦言を述べ、距離を取る立場を鮮明にしており、現時点で出馬の動きは見られないものの、小池知事勢力が参戦する可能性は決して小さくない。

これら3区長選では、第4回定例区議会で現職の態度表明が予想されている。どのような形であれ、衆院選の結果による影響は避けられないだろう。「小池劇場第3幕」のプロローグは既に始まっているのかもしれない。

崩れた移転推進の団結

混乱と分断 翻弄される市場(中)

東卸への干渉

「知事の基本方針に賛成してほしい」。都議選後、特別顧問(当時)の小島敏郎氏が「築地は守る、豊洲を生かす」という基本方針の賛否を示していなかった東京魚市場卸協同組合(東卸)の幹部を個人的に呼びつけて、こう迫った。

築地市場の水産仲卸で構成する東卸は移転反対派が多いことで知られている。小池知事の側近である小島氏は、希望する仲卸が豊洲移転後に築地に戻るという知事の基本方針に東卸として賛成してほしいとの立場だ。だが、この幹部は小島氏に態度を明確にしなかったという。

その後、東卸の臨時理事会が8月に開かれ、知事の基本方針に全面協力する方針を盛り込んだ議案が提出されたという。「全面協力」という文言に違和感を覚えた業者からは「基本方針が具体的に示されていないのに、なぜ全面協力すると言えるのか」と疑問が示された。この議案は臨時理事会で、「審議不十分」などの意見もあり、否決された。

東卸に加盟する業者の一人は「小島氏は東卸に知事の基本方針を賛成させようと主導した。東卸には小島氏の支持者がいる」と話す。

小島氏がこの議案提出を主導できたのは、今年1月の東卸の理事長選で移転慎重派の早山豊氏が現職の伊藤淳一氏を破ったことが背景にある。移転推進派の伊藤氏は、東卸が機関決定した築地再整備を白紙撤回して豊洲移転に方針転換し、移転反対派をまとめていた。だが、伊藤氏の落選で東卸のガバナンスが崩れ、反対派が再整備を求めるようになった。ある水産仲卸は「小島氏が東卸の内政に付け入る隙間ができた。小島氏が移転反対派をたきつけて、築地跡地に整備する食のテーマパークに戻るリターン派を増やそうとしている。とんでもない」と憤りをあらわにした。

最近、東卸内では築地再開発に関する委員会を東卸に設置するため、一部の業者が署名活動を行っているという。豊洲移転の準備に関する委員会は既に設置されているが、再開発の委員会も加われば、豊洲移転にブレーキがかかるのではないかと見る業者もいる。

「小島氏が絡んでいるようだが、この委員会が設置できなければ、築地に戻る議論は東卸内で前に進めることができなくなるはず」と予想する。

知事の基本方針発表を踏まえ、会見を開いた東卸=6月29日、東卸会館で

小島氏が特別顧問を辞任した今、引き続き市場問題に関わっていくのかが焦点の一つだ。ある業者はこれまで、築地市場で小島氏を目撃していたが、最近はほとんど見かけないと話す。

「小島氏は市場問題プロジェクトチームで私案という形で築地再整備を打ち出し、移転反対派に夢を見させた。築地再整備を目指していた一部の業者は、小島氏を『裏切り者』と批判しており、一部の業者しか小島氏を支援していない。これ以上、小島氏の支持者を増やすのは難しいのではないか」と分析した。

東卸は現在、移転推進派と反対派、慎重派、築地リターン派の4分裂となっているが、再び一枚岩に戻ることは可能なのだろうか。仲卸業者はこう語った。

「一つに束ねていたひもがほどけてしまい、もう二度とまとまらないだろう。寝た子を起こした小島氏は罪深い」

寸句ジョーク

パンダの赤ちゃん"香香(シャンシャン)"に決定

「さー、次はヒンイン(希望)だ!」 ――小池知事

鴨下氏が新会長に 高島幹事長ら残留

自民都連

自民党都連は27日、支部長・常任総務合同会議を永田町の同党本部で開き、新会長に鴨下一郎元環境相を全会一致で選出した。都議の高島直樹・都連幹事長を始め、その他の役員は原則、鴨下新会長と同じく来年11月の任期満了まで継続することも決まった。都議選惨敗を受けて検討していた党員選挙などの新たな会長選考方法については、10月に解散総選挙が急きょ実施されるため今回は見送り、会長選考委員会での選考となった。

支部長・常任総務合同会議では、高島都連幹事長が「会長選考は緊急を要する」として、先月に設置を決めた会長選考あり方検討委員会を会長選考委員会とすることを提案。鴨下氏のみが新会長に立候補し、協議の結果、「渦中の栗を拾うような極めて厳しい時に手を挙げたことに敬意を表したい」として満場一致で同氏の推薦を決め、支部長・常任総務合同会議で全会一致で承認した。

また、次期会長選考から、総務会の構成員と各支部の党員数に応じて配分する代議員の計1157人による党員選挙を実施することを決定した。

鴨下新会長は会合後、報道陣の取材に応じ「厳しい状況だ。知事選や都議選と同じ轍を踏まないため、限られた期間の中で考えていく」と話した。また小池知事が立ち上げた新党「希望の党」については「どういう政策で戦うのか見極めないといけない。(連携の可能性は)選挙結果を見ないと申し上げられない」と言及。小池都政にも触れ、「約1年経つが結果はまだ出ていない。(知事への)都民の評価は分かれると思う」と述べた。

◆川井氏が辞任届を提出

五輪組織委員会の理事会が25日に虎ノ門ヒルズで開かれ、先の都議選で落選した川井重勇・前都議会議長が、理事の辞任届を提出したことが報告された。川井氏は2020年オリンピック・パラリンピックを成功させる議員連盟(五輪議連)で会長を務めていた。

一方、都議で唯一、理事を務める都議会改選前の五輪等推進対策特別委員長の高島直樹氏(自民)は、理事を続投する意向を示した。これまで同委員会の理事は、都議では五輪議連会長と五輪特別委員長が就いていた。組織委は理事に「都議枠」はないとしているが、都議会の改選を受けて新たな議連会長と特別委員長が就任しており、川井氏の後任人事は事実上、都議会の判断に委ねられている。

◆都教育委員に北村氏

都議会は27日の本会議で、都教育委員の中途議決を行い、東京大学大学院准教授の北村友人氏を任命する人事案に同意した。任期は10月6日から2021年2月27日まで。また、同日は都人事委員会委員に昭和女子大学客員教授の山極清子氏を選任する人事案にも同意した。

世田谷区

区民会館部分を「保存再生」

庁舎改築で審査結果公表

世田谷区は27日、区役所本庁舎と庁舎併設の区民会館の建て替えに向けた有識者委員会による設計事業者の審査結果を公表し、区民会館部分の保存再生を提案した事業者を最優秀者に選定した。両施設は日本近代建築を代表する建築家の前川國男が設計し、建物の保存を求める声が上がる一方、防災面から全面建て替えを訴える意見も出ていた。保坂展人区長は「様々な面でバランスが取れた提案」と最優秀者を評価。「審査結果を尊重する」として、来月中に最優秀者と契約を結ぶ見通しで、20年度着工を予定する。

審査は、▽分かりやすい配置計画▽災害対策機能▽柔軟で効率的な執務空間▽環境性能▽現庁舎の空間特質の継承▽工期短縮と事業費抑制を踏まえた施工・建築計画――の提案テーマ6項目に加え、区民協働など、建て替えに当たっての業務の取り組み方針と、公開プレゼンや公開ヒアリングでの対応などを踏まえた総合評価の計8項目を採点。各項目20点満点の計160点満点で審査委員7人が個別に採点し、その合計点で選定した。

最優秀者に選定されたのは、区民会館を保存再生し、東西2棟の庁舎棟と接続するデッキで中庭を囲むプランを提案した㈱佐藤総合計画。西棟が地上5階建て、東棟が地上10階建てで、執務スペースを原則6階以下とした配置計画や、区民会館の保存再生による空間特質の継承で高い評価を受けた。その一方で、災害対策機能では、非常時の広場（中庭）の利用方法に更なる検討が必要との指摘を受けた。

審査委員長を務めた深尾精一首都大学東京名誉教授は「いずれの提案も特徴的だったが、区民会館を残すことは（他の委員にも）高い評価となったのではないか」と講評を述べた。

保坂区長は「保存すべきという区民からの意見に耳を傾けるべきと思っていたが、庁舎に必要なことは他にもある。審査結果は様々な面で最適な解」と感想を語った。

最優秀者が提案した北側から見た本庁舎などの建て替えイメージ

焦点は実務へ

【解説】前川建築の保存か全面建て替えかが焦点となった世田谷区の本庁舎等改築は、区民会館部分を保存再生する「一部保存」で決着となった。事業者提案の展示や公開プレゼンテーションなど事業者の審査過程としては異例と言えるプロセスを踏み、区民からの高い関心の下で示された審査結果だ。今後は事業者が示したプランを基に建て替えが進むことになる。

同区は庁舎建て替えを巡り、様々な曲折を経てきた。15年9月には整備基本構想素案の検討状況を区議会に報告した際、保坂区長に批判的な立場を取る自民や公明などが「一部保存が前提になっている」などとして反発したことを受け、検討を白紙撤回。政局に翻弄される中、保存の是非を事業者提案と有識者による審査委員会にゆだねる形となった。

保坂区長は「この手法には様々な意見があったが、採用して良かった」と胸を張る。同日に開かれた区議会特別委員会でも審査過程への不満の声はなく、具体的な設計内容に関する質問が大半で、議会側も庁舎問題はいったん幕引きの様相だ。

今後は建設スケジュールや事業費の圧縮など実務に焦点が移ることになる。区は原則として、現庁舎敷地内で業務を継続しながら建て替えを進める方針だが、仮設庁舎なしで業務継続が可能かは検討を要する。もっとも、政局が最大の課題というよりは建設的な悩みかもしれない。（米）

台東区

「シャンシャン」で誘客

観光振興に補正予算案

「シャンシャン」命名に盛り上がる上野

上野動物園のジャイアントパンダの赤ちゃんの名前が「シャンシャン（香香）」に決定し、年末にも一般公開が始まることを受け、地元の商店街は上野一帯への誘客につなげようと盛り上がる。台東区は、上野観光連盟が実施する記念イベントに対する助成費を補正予算案として、開会中の第3回定例区議会に提出し、後押しする。

「パンダを見ようと上野動物園を訪れた客が、食事や買い物をするために上野の街を回遊してもらえるよう仕掛けていきたい」と話すのは上野観光連盟の二木忠男会長。同連盟は、シャンシャンの一般公開と合わせて来年1月6～8日に記念事業を開く計画を立てている。

計画によると、上野駅周辺でパンダに関するグッズや料理メニューを提供する店舗などを紹介する「うえのパンダマップ」の作成や、駅近辺の施設数カ所を巡ると記念品を渡すスタンプラリーなどを考えている。このほか、「パンダ広場」の愛称がついている御徒町駅南口広場などでは、AR（拡張現実）を用いた赤ちゃんパンダとのフォトスポットを設ける。

区は助成費950万円を第3回定例区議会に補正予算案として提出した。また、庁舎内の各課窓口に点々と置いてあったパンダのぬいぐるみに赤ちゃんパンダを加え、祝賀ムードに華を添えている。

服部征夫区長は、都が名前を発表した25日に、「一般公開が待ち遠しい。区は、地元関係団体と一体となってお祝いムードを盛り上げ、パンダの赤ちゃんがすくすく育ってくれることを祈っている」とのコメントを出した。

学校給食の牛乳に異臭

新宿区など4区で訴え

新宿区と板橋区は26日、区立小中学校の給食で25日に提供された牛乳を飲んだ両区の児童・生徒計約1900人が異臭や味に違和感を訴えたと発表した。また、渋谷区と豊島区でも異臭などが報告された。いずれも㈱明治が埼玉県の戸田工場で22日に製造した牛乳を提供しており、同社や区保健所などが原因を調査している。

新宿区は小学校22校と中学校7校の給食で提供し、児童・生徒約1300人が「普段の味と違う」「普段と違う臭いがする」などと訴えた。このうち3人が体調不良を訴えたが、いずれも翌26日に登校しており、健康被害は報告されていない。

板橋区では全75校中24校で提供し、約600人が異臭などを訴えたが、健康被害は報告されていないという。

渋谷区では小中26校のうち複数の学校から異臭などが報告された。3人が腹痛を訴えたが、牛乳が原因となったかは特定されていない。豊島区では小中10校で提供し、6校から味の違和感などが報告されたが、体調不良を訴える児童・生徒はいなかった。両区は現在、詳細を調査中という。

江戸川区

スケート場を10月にオープン

24時間体制で製氷作業

江戸川区は、都内唯一の公営スケートリンクを10月1日にオープンする。区立の複合スポーツ施設「スポーツランド」内のプールを冬季はスケートリンクにしており、20日から24時間体制で氷を張る作業に当たっていた。来年5月まで営業する。

スケートリンクの面積は1800平方㍍で、フィギュアやアイスホッケーの公式試合を行うことが可能。一般利用の他にも全日本選手権や校外授業に利用し、昨年は約14万人の利用客が訪れた。氷の層の間にシートを挟み、リンクの中央に区のシンボルマークをあしらっているのも特徴だ。

入場料は大人510円、小中学生210円で、幼児は無料。オープン日は中学生以下を無料にする。初心者向けの無料レッスンや上級者向けの講習会を用意しており、中島秀行館長は「家族そろって足を運んでアイススケートを楽しみ、良い思い出をつくってほしい」と話している。

水を繰り返しまき、氷を張っていく＝26日、江戸川区スポーツランドで

墨田で食器リサイクル開始

各区がリサイクル品目拡充

墨田区と中野区は10月から、ごみの資源化品目を拡充する。墨田区は、陶磁器製の食器類を食器に再利用する23区で初めての事業に乗り出し、中野区は年間約2千㌧が廃棄されている陶器・金属・ガラス類の資源化を始める。ごみの収集・運搬、中間処理、処分埋め立てのうち、23区は収集・運搬を担っており、各区が不燃ごみや粗大ごみのリサイクルに取り組んでいるが、予算や分別作業用地の確保の苦労が尽きないなど、「手詰まり」を感じる区も出てきている。

墨田区は陶磁器製の食器をこれまで同様に不燃ごみとして回収した後に分別し、「美濃焼」の産地として有名な岐阜県東濃部で活動している団体に委託して、食器に再利用する。

陶磁器類の再利用は砕いて道路の舗装材に活用する方法が主流だが、区すみだ清掃事務所担当者は「実際に岐阜県に足を運び、陶磁器の原材料が不足している話を聞いた。資源循環型社会の形成につながると考えた」と話す。

同区の陶磁器類の収集量は15年度に年間297㌧。不燃ごみの中では金属とガラスに次ぐ量で、全体の15%を占めている。区によると、運搬費だけを見れば中央防波堤の埋め立て地に搬入するよりも年間で1千万円程度の経費削減になると見込んでいるが、全体の費用対効果は手探りの状況だ。

資源化「手詰まり」感も

ただ、灰皿や置物など食器以外の用途だったものはリサイクルできないため、研修を受けた区職員が清掃事務所で手作業で選別する。委託先の民間団体によると「自治体から持ち込まれている陶器はほぼ再利用できている状況」としているが、区の担当者は「手選別の効率性や岐阜県までの搬出頻度を検証していくことから始める」と話している。

中野区は年間2400㌧を埋め立て処分していた陶器・金属・ガラスを、10月から民間事業者に委託して資源として回収する。区内に資源化のプラントを持つ区の事業者がいないため、板橋区の事業者に委託。長距離の運搬費用負担を余儀なくされるが、区ごみゼロ推進分野は「コストは上がることになるが、割合が多いごみの資源化に取り組む必要がある」と話す。

今年4月から粗大ごみに含まれる鉄などの金属類の資源化を開始した荒川区は、9月末までの半年間で140㌧を処理した。処理を民間委託し、売却益によって委託料の3分の2を賄うスキームだったが、鉄の相場が通常の倍程度に上がっているため、当初賄えると試算していた委託料を超える可能性も出てきたという。

ただ金属類資源化の出だしが好調な同区では、用地の問題に直面している。金属類の分別場所は清掃工場の一角を空けて置き場を創出できたが、粗大ごみで多い布団や大型棚、タンスを始めとした箱物家具の資源化には取り組めていない状況だ。荒川清掃事務所の伊藤勝弘所長は「資源化する品目を増やしたいが、区には中継作業場所がなく、選別などに必要な場所の確保が難しい」とため息をつく。

■先進区でも課題顕在化

分別を細分化し、リサイクルに取り組む動きが加速する一方、リサイクル率の向上にはごみ総量の削減という課題も立ちはだかる。

23区内で不燃ごみの全量資源化を先駆けて達成した足立区は、今年度初めから粗大ごみとして回収していた羽毛布団やタオルケットなど布団の一部の資源化に着手した。約半年間の処理量は区が見込んでいた1・55㌧に達した。同区では、14年度から木製家具を砕いて接着させ板状の建材に再利用する独自の事業を開始し、毎年、粗大ごみ総量の1割に当たる400㌧超をリサイクルしている。

だが、燃やすごみの資源化率は16年度に19・5%にとどまり、今年度の目標値の23・5%に到達するには更なる取り組みが求められる。「今後は資源化できる品目も限られてきている。ごみの総量を抑える取り組みを進めながら、新しい方策を考える必要がある」（区ごみ減量推進課）と話している。

墨田区が実施する食器リサイクルのための分別作業のイメージ（墨田区提供）

航空機落下物事故で国交省に独自要請書

豊島区

23日に関西空港を離陸したオランダ機の機体の胴体パネルが落下し、大阪市内の市街地の国道を走る乗用車に直撃した事故を受け、豊島区は26日、国土交通省に対し、再発防止などを求める区独自の要請書を提出した。

要請では、区上空を含む新たな航空機の飛行ルートの導入に対し、「東京の国際競争力強化や急増する訪日外国人観光客の受け入れのための必要性や重要性は理解する」とした上で、「区民の安全をないがしろにするものであってはならない」と指摘。「23区で唯一のWHO（世界保健機関）セーフコミュニティー認証都市として看過できない」として、原因究明や再発防止策、情報公開の徹底を求めた。

オリパラテーマにこども新聞を創刊

文京区

文京区は、東京2020公認プログラムの一環で、区内の小中学生が取材した記事を掲載する『オリンピックこども新聞』を10月1日に創刊する。小学4年生から中学3年生までの44人が参加し、スポーツ選手のインタビューや区内で開かれたイベント取材や写真撮影に携わり、記事を作成する。

区オリンピック・パラリンピック推進担当は「子供たちが能動的に取材している姿が印象的だった。オリパラに関わる第一歩としてほしい」と話す。記者は随時募集し、五輪本番まで年3回のペースで新聞を発行する。

記者席

主役の座奪われた恨みは深く

○……国政に乗り込む理由を「（五輪準備で）国にブロックされる瞬間がある」と説明した小池知事。27日の都議会一般質問で自民都議から発言の趣旨を問われると、「国にはもっと全面的に大会に関わっていただきたい。マリオとして出演するだけでなく」と答えた。念頭にはもちろん、昨年のリオ大会閉会式でマリオに扮して登場した安倍首相の姿がある。

確かに当時、着物姿の知事は雨に打たれながら旗を受け取るだけで、主役の座は安倍首相に。さすがに記者も違和感を持って見ていたが、今更その話を持ち出すなんて、やっぱり根に持っていたのね……。

○……「『様々な』を言いなさいよ」。都議会議事堂にやじが響き渡った。26日に開かれた第3回定例都議会で、共産党は関東大震災の朝鮮人虐殺への認識について小池知事に質問。小池知事は「何が事実かは歴史家がひもとくもの」とした上で、「（大震災に続く）様々な事情で不幸にも亡くなられた全ての方々に哀悼の意を表する」とだけ述べ、「様々な」と明言を避けたことに反発の声が上がったのだ。

知事は先の臨時都議会でも市場移転問題を巡る方針の意思決定過程について「様々な意見を聞いた」と発言し、意見を聞いた人の名前をついぞ明かさなかった。急場をしのぐ「様々な」は次回、いつ登場するのか。

○……「ものづくりとコラボできないか」「子供たちが参加できる記念イベントを考えてほしい」。赤ちゃんパンダの名前発表前に開かれた台東区議会の文化・観光特別委員会では、職員が苦笑いするほど委員から矢継ぎ早に要望が告げられた。

発表後は街中もパンダ一色に。上野観光協会の二木忠男会長は「シャンシャンの響きは昭和の味や香りを思い起こさせる。上野をよく表現している名前だ。浸透させたい」と力を込める。

メディアやSNSを見る限り、当日の話題性では、小池知事の新党代表就任と互角に渡り合っていたと思う。同じ日に発表したのは知事の策略だったのか想定外の事態だったのか気になる。

教育ひろば

都立拝島高校 都立福生高校 進化する巨大貼り絵

都立拝島高校と都立福生高校の文化祭で、今年も巨大貼り絵が披露された。両校とも天候が心配されたが奇跡的に除幕式は雨に降られず、大勢の生徒や参加者が見守る中で力作が姿を現すと大きな拍手が湧いた。拝島高校では初めて全校生徒が制作に携わり、福生高校では〝平和〟への思いを新たにするなど、進化を遂げる巨大貼り絵だ。

都立拝島高校 頂を目指し、高みへの挑戦

葛飾北斎『冨嶽三十六景「山下白雨」』

第19回目を迎え、都立拝島高校の伝統となっている巨大貼り絵。今年も23日と24日の清流祭（文化祭）で披露され、23日に除幕式が行われた。河野浩二校長は「今回の貼り絵は新たな挑戦ということで、全校生徒825人と、8月に学校見学にきた中学生約300人が制作に関わってくれた。美術部員と顧問が最終的にコントロールしてくれ、皆さんにご覧いただけるまでになった。来年度に向けて、また新たな貼り絵をやっていきたい」とあいさつ。

「一滴の絵の具も使わず、色紙を指の大きさにちぎって糊で貼り付けていく巨大貼り絵。拝高生の誇りです」と、吹奏楽部のファンファーレが響く中で始まった除幕式。生徒会の委員が進行を務め、作品について「全校生が関われるよう誰でも知っている富士山で単純な構図ということで、北斎の『山下白雨』を選んだ。「頂を目指し、高みへの挑戦」のテーマは、この絵を見ながら美術部、生徒会、清流祭委員が4月に何回も話し合って決めた。ふもとでは雷が鳴っているが、山頂には青空が広がっている。困難な状況でも必ずいつかは目標を達成し、澄み切った青空のような気持ちになれるということを表している」と説明。今回の清流祭のスローガン「雲外蒼天～個も集えば団となる～」も、貼り絵を基に決定したという。

また、各クラスから2人から4人が貼り絵委員となってサポートし、7月には学年ごとに体育館で貼り絵を制作。学校見学の中学生約300人が貼り絵体験をするなど、総勢1100人が貼り絵制作に関わったことも紹介。昨年に続き、五輪・パラリンピックのエンブレムも制作した。

美術部顧問の武田博昭教諭は「初めて参加する生徒も多く、貼り絵の楽しさ、また大変さを感じたようだ。展示後は自分が貼ったところがどこかを気にするような姿も見られ、例年以上に貼り絵に対する興味が深まり、学校全体での取り組みになったことで、除幕式に参加する生徒も多くなった。学校としての一体感が高まったように感じる」と話した。

19年目にして初めて生徒全員が制作に関わることになった巨大貼り絵。美術部員が少ない中で、伝統を絶やしてはいけないという教職員の思いが結集したものだと河野校長も語った。

都立福生高校 平和はここに 美は世界の架け橋に

ルノワール『ムーラン・ド・ラ・ギャレットの舞踏会』

都立福生高校（飯田圭一郎校長）の東雲祭（文化祭）は16、17日に開催。16日には4年目となる巨大貼り絵の除幕式が行われた。まず、美術部部長の遠藤ももさんと副部長の宮寺千紗さんが、今回のテーマ「平和はここに 美は世界の架け橋に」の意義を訴えた。

「ここ」とは、この貼り絵や〝美〟そのものを指し、美は国を越えて文化・宗教の違う人同士をつなげる架け橋になると考え、昨年実際に鑑賞して感銘を受けた『ムーラン・ド・ラ・ギャレットの舞踏会』を題材に選んだと語った。現代世界は混迷を極め、決して平和とは言えない。そんな中、美術はどんな役割を果たすことができるのか。ルノワールの傑作を見た感動を経て、原爆投下の際に京都・奈良が当初標的になっていたが、古都を破壊したら日本は再起できなくなるとの考えから、投下標的は変更されたという史実を改めて考えたという。

もし世界の各地に、そのような美が数多く存在したら、人間は兵器を使うことはできなくなるはずではないか。美は国境や宗教を超え、世界をつなぐことができる。それを信じる気持ちから、今回のテーマが生まれたなどと説明した。

また今回、制作者全員に平和への思いをつぶやいてもらった「平和へのマイ・アナログ・ツイート」に言及。集まった約460にのぼるツイートのうちのいくつかを紹介した。生徒や卒業生・教職員・貼り絵体験をした小・中学生、そして地域の人々、転勤した教職員まで、立場の違いを超えて平和を考え、平和を願う声が集まり、参加者は張り絵とともにその内容に見入っていた。

カウントダウンでは、「平和はここに！」との司会の声に「美は世界の架け橋に！」と応え、ファンファーレの鳴り響く中、幕が降ろされ、飛び交う風船と歓声とともにルノワールの巨大な貼り絵が姿を現した。

美術部顧問の松岡健太郎主任教諭は「現在、世界が最も願い求める『平和』を生徒自身が設定したことを大変に頼もしく感じた。その実現を自分たちが実際に鑑賞した美術作品に託したことも、とても素晴らしいことだと感動している。来年は5年目となる福生高校の貼り絵をさらに発展させていきたい」と話した。

Tokyo2020の先へ 未来へつなぐオリパラ教育 13

武蔵村山市立小中一貫校村山学園小学部

中学部と連携してスポーツに親しむ児童

村山学園は第四小学校と第二中学校を母体とする施設一体型の小中一貫校です。小学部通常の学級14学級、情緒障害等特別支援教室拠点校、日本語学級2学級があり、中学部には通常の学級7学級と知的障害学級4学級、日本語学級があります。そしてこの環境を生かし、コミュニティ・スクールとして地域の方々にも協力をいただきながら小学校と中学校の先生が協力して児童や生徒の教育を行っています。

また、中学生が小学生に手本を示したり面倒を見るなど、「カッコイイ中学生」の姿を示す場面が日常的に見られます。

◇小学部はスポーツ志向

【基本方針】

オリンピック・パラリンピック教育として、中学部はボランティアマインド、小学部はスポーツ志向、全校で環境学習と国際理解、4年生からは福祉学習としての障害者理解、さらに多様な和文化教育（日本人としての自覚と誇り）の学習に取り組んでいます。

今年度、中学部はボランティアマインドのアワード校となりました。

【環境の整備】

村山学園では最初に環境の整備に取り組みました。まず時間の確保です。施設一体型小中一貫校であることから、小学部と中学部で生活時程が異なることです。数年間、様々な工夫を重ね、中休みを確保し、昼休みと合わせて外遊びを推奨しています。

次に施設の整備です。防球ネットにテープを貼り、サッカーゴールを4カ所作ったり、バスケットボールのゴールも廃品を工夫するなどして4基設置しました。また、ドッジボールがいつでもできるようパーマネントコートを2面設置したり、一輪車や竹馬などの器具も整備しました。そして各学級に五つずつボールを用意するなどの環境を整備しました。

【環境の活用】

整備したスポーツ環境や、中学生や中学校の先生がいるという施設一体型小中一貫校の環境を活用する工夫もしました。

◇中学の先生から指導

小学部のスポーツ志向に向けた小中の連携では、中学部の先生から小学生が体育指導を受けています。例えば、バスケットボールでインターハイ優勝経験のある中学部保健体育科・酒田真一郎教諭からバスケットボールの指導を受けたり、中学部数学科・濱中良介教諭からアメリカンフットボールの指導を受けました。全国高校女子駅伝大会出場経験のある中学部国語科・打野里奈教諭からも市陸上競技大会に向けての指導を受けました。

さらに、日本陸上競技連盟河野謙三賞を受賞していることもあり、統括校長として私が2～6年生に走り方の基本を教えました。

◇中学の部活動と連携

中学部のボランティアマインドと小学部のスポーツ志向を連携させる取り組みとして、例えば小学部のクラブ活動ではバスケットボール、バドミントン、サッカー、ソフト・ドッジボールの各クラブは中学部の部活動と連携し、中学生に手本を見せてもらったり、練習の相手になってもらったりする場面が多く見られます。

◇児童の課外クラブ

村山学園では放課後の児童課外クラブとして「村学クラブ」を作り、活動しています。村学クラブができたことで、市関係の相撲大会、水泳大会、陸上競技大会、ドッジボール大会、サッカー大会、市民駅伝大会、市民ロードレース大会に多くの児童が参加するようになり、賞状をいただく児童も多くなりました。

◇全校で大縄大会

毎学期末には1年生から9年生までの全校で大縄大会を行っています。1学期は八字跳び、2学期は4人跳び、3学期は全員跳びです（1・2年生は発達段階に応じて飛び方を変える）。各学級は学級会で練習計画を立て、朝や昼休み、放課後などに自分たちで練習をし、本番に臨みます。昨年末の4人跳びでは、6年1組が中学生全学級に勝つことができました。

村山学園では運動会や陸上記録会、持久走大会などでも小中学生が一緒に行っています。

（武蔵村山市立小中一貫校村山学園統括校長 齋藤実）

「走り方教室」では、筆者が2～6年生に指導（写真は5年生）

教育じてん 91

都教育実践発表会の開催に向けて

都教育委員会は都民の教育に対する関心を高め、次代を担う子供たちの教育に関する取り組みを都民全体で推進し、都における教育の充実と発展を図るため、2004年2月に、毎年11月の第一土曜日を「東京都教育の日」と定めました。

今年度は11月4日が「東京都教育の日」となりますが、その日を中心として「オリンピック・パラリンピック教育の推進～異文化の尊重と豊かな国際感覚の醸成～」を全体のテーマとし、多様な事業の展開が予定されています。その関連事業の一つである東京都教育実践発表会が、10月2日に東京都教職員研修センターにて開催されますので、その内容を紹介します。

教育実践発表会は、優れた教育実践の普及・啓発を目的とし、都内公立学校教職員や保護者、都民等を対象として行われています。

今年度は、二つのテーマに基づく舞台発表と、各学校や研究団体の特色ある展示発表等が行われる予定です。

前半の舞台発表では、「オリンピック・パラリンピックを見据えた体育・健康教育の推進～子供の体力・健康をどう育むか～」をテーマとして、小学校、中学校、特別支援学校の特色ある取り組みが発表され、その後に発表校の代表者によるパネルディスカッションが行われます。

また、後半の舞台発表では、「グローバル社会を生き抜く人材の育成～子供のコミュニケーション力をどう育てるか～」をテーマとして、国際教育の取り組みやコミュニケーション力の育成、ICT機器を活用した指導等が学校から発表され、それを受けた特別講演として、ウォルマート・ジャパン・ホールディングス株式会社執行役員シニア・バイス・プレジデント 最高人財責任者の野田公一氏から、「『グローバル社会を生き抜く人材の育成』～これからの学校教育への期待～」という演題の講演が行われます。これらは、当日、「YouTube」でリアルタイム動画配信も行う予定です。

そして、都立学校や教育研究団体における優れた教育実践や、都立図書館やスーパーアクティブスクール等による教育施策に基づく取り組み、都教職員研修センターが行う教育課題研究の紹介等が展示発表されるとともに、特別支援学校の生徒たちによる喫茶サービスや手作りパン等の販売も行われます。

次代を担う子供たちを育成する様々な教育活動に触れることができる発表会、ぜひ参加してみてはいかがでしょうか。

足立区立第五中学校 留学生と生徒が交流学習

明海大学との連携協力協定受け

東京2020大会を控え、世界に目を向ける中学生を育成しようと英語教育に注力する足立区は今年1月、明海大学と英語教育に関する「連携協力協定書」を締結。2月には区立竹の塚中学校で、同大の留学生と1年生が交流会を行った。今年度は同中学の他、第五中学校と入谷南中学校でも交流事業を実施する。

12日には第五中学校（平塚喜宏校長）に同大から9カ国18人の留学生が参加して、交流学習が行われた。体育館で3学年103人が待つなか、自国の小旗を手にした留学生が登場すると大きな拍手が湧いた。早川祐二副校長は「英語力を発揮して大いに楽しんで会話してほしい」と話し、定野司教育長は「チャンスは人生をよくするわけではない。変わることが大切。ChanceとChangeは一文字しか違わない。GとCで、GにはTが入っている。Tryだ。挑戦して人生を変えてほしい」とエールを送った。

3クラスある3学年の教室に6人ずつ留学生が入り、グループに分かれて交流を開始。自己紹介をし合い、互いの文化を紹介し合った。20分ごとに留学生が入れ替わり、自己紹介も徐々に慣れてきた様子で、あちこちで笑いが起こっていた。

英語科の上尾栄美子主任教諭は、同校では英語と数学について全学年で少人数制を取っており、それも習熟度別ではないという。「スローランナーばかりだと言葉が出ないことがあるが、ファーストランナーが助けたり、教え合ったり、得意、不得意がいてちょうどよい。普段の授業もほんわかしていい感じです」

文化の紹介では、生徒たちは6月末の京都・奈良への修学旅行を題材にした。「文化交流で、改めて日本の文化とは、と言っても、よそ行きになってしまう。体験したことなら実感のこもった言葉が出てきて、ハードルが低いと思った」と上尾主任教諭。ALTを留学生に見立ててリハーサルも行ったと話す。撮ってきた写真を前に熱心に説明する生徒に、「イエス、ベリービューティフル！」などとうなずく留学生の姿が目立った。

明海大学には現在、約600人の留学生が在籍している。この日はインドネシア、アメリカ、中国、カナダ、ネパール、フィンランド、イギリス、ギリシャ、スリランカからの留学生と大学教員も参加。同行してきた明海大教職課程センターの大庭裕教授は「声も出ていて、だいぶ慣れてきた。ネイティブの英語よりへたくそ同士がいいのでは」と笑い、「留学生も生き生きとして楽しんでいる。自国の文化を紹介するのもうれしいし、聞くのもうれしいと思う」と続けた。

明海大の教員も参加して交流学習を実施

Essay エッセー 68

「はしのうえのおおかみ」

うさぎ・おおかみ・きつね・たぬき役の小学1年生が、お面を被って教室に置かれた一本橋に見立てた平行棒を渡っていきます。くま役の保護者・教師が橋の途中に待ち受けています。ぶつかると思った瞬間、くま役は、子供を抱き上げ、後ろへそっとおろします。子供は、うれしそうに平行棒を渡り、飛び降ります。三つ用意された一本橋で、クラス全員の児童が抱き上げられました。

これは、私が勤務していた小学校の道徳授業地区公開講座で実践された「はしのうえのおおかみ」（文部科学省『わたしたちのどうとく』）の授業の光景です。話は、「一本橋の上で、自分より小さなうさぎ・きつね・たぬきを通せんぼし、いい気分になっているおおかみ。そんなとき、向こうから大きなくまがやってきた。おおかみはあわてて道を空けようとするが、くまはおおかみをやさしく抱き上げ、通してあげる。くまの行為に心を打たれたおおかみは、くまのように小さな動物を優しく通してあげる、優しいおおかみになった」という内容です。

この授業は、子供自身が、温かい心で親切にされることを実感できるように工夫されていました。子供にとって、そして私にとっては、心に響く、そして思い出に残る道徳授業となりました。

いま「特別の教科 道徳」の完全実施に向けて、小・中学校では準備が進められています。小学校では2018年度から、中学校では19年度からのスタートです。1958年、学習指導要領に「道徳の時間」が特設されてから60年を経ての、道徳の教科化となったのです。道徳教育関係者を始め多くの人々の期待・関心は高まっています。

こうしたことからか、私自身、今年度「道徳」に浸っています。一つは、11月に行われる全日本中学校道徳教育研究会東京大会の運営に携わっていることです。二つは、教員対象の研修会に講師として、いくつも参加させていただいたことです。

特に、教員の研修会は、教員が熱心に参加しています。『考え、議論する道徳』とは何か」「道徳科の評価はどう行うのか」「質的転換とは何か」「道徳科における問題解決的な学習とは」など、多くの疑問や課題に真剣に学び合う大勢の教師がいました。こうした転換が求められる部分に着目し、研修会を実施することは、確かに重要なことです。

しかしながら、教育は地道で息の長い営みです。本質の部分は、いつの時代であっても変わらないものです。道徳科でいえば、「週1回・年間35回の道徳の授業を他の活動に振り替えず、義務教育の9年間、淡々と実施してきたのか。教師と生徒が人間としてのよりよい生き方を求め、共に考え、共に語り合う時間となっていたのか」が問われるのです。

「特別の教科 道徳」の完全実施を契機に、児童・生徒と教師が共に考え、共に語り合い、心に響く、そして思い出に残る道徳科の授業が、より一層、各学校で実践されていくことが期待されています。

教師生活の終盤で、このような機会が訪れるとは、想像さえしていませんでした。当分の間、「道徳」に浸ってみようと思います。

優しいくまさんに、なれるように……。

（世田谷区立深沢中学校校長 池田富太郎）

平成29年度 中央卸売市場 市場まつり開催!!

東京都中央卸売市場では、都民の方へ卸売市場と生鮮食料品に関する理解を深めていただくとともに、食生活の向上や食育・花育の普及などを目的として、各市場において、市場まつりを開催しています。

年に一度の市場開放イベントですので、ぜひ、ご家族やご友人をお誘い合わせの上、お越しください。多くの皆様のご来場をお待ちしております。

 野菜　 果物　 魚　 食肉　 花き

北足立市場まつり

日時 10月1日(日) 10:00～13:00

会場 北足立市場(足立区入谷6-3-1)

北足立市場は、区部北東部における青果及び花き流通の拠点市場であり、日暮里・舎人ライナー「舎人公園」駅からも徒歩10分とアクセス良好な市場です。青果部には、近郊農家が栽培する新鮮でおいしい野菜が入荷され、花き部では都中央卸売市場では唯一「手ぜり」を採用し、せり人の威勢の良い声が響いています。

毎年開催されている「市場まつり」では、野菜や花を特別価格で販売し、市場ならではの模擬店コーナーも充実しています。

◆取扱品目及び取扱量(平成28年一日当たり)　青果物:565トン　花き:54万本

食肉市場まつり

日時 10月14日(土) 10:00～16:00　10月15日(日) 10:00～15:00

会場 食肉市場(港区港南2-7-19)

食肉市場は、都内で唯一、お肉を取り扱う市場です。取扱高は、食肉市場として全国一の規模です。主に牛と豚の枝肉や内臓等を生産する「と場」と、これらの製品を取引する「市場」の二つの部門から成り立っており、全国から国産の銘柄牛や銘柄豚が集荷されてきます。

毎年10月には、「東京食肉市場まつり」を開催し、食肉流通の拠点である当市場の機能や役割について紹介しています。お求めやすい価格での食肉販売や試食会、イベントも多数開催されます。

◆取扱品目及び取扱量(平成28年一日当たり)　食肉:315トン

豊島市場まつり

日時 10月22日(日) 9:30～12:00

会場 豊島市場(豊島区巣鴨5-1-5)

豊島市場は、江戸三大市場の一つである駒込青果市場を起源とし、豊島・北・文京区等の城北地域を中心に野菜・果物を供給する、地域に密着した市場です。都内の中央卸売市場の中では敷地面積が最も小さく、せり人、仲卸業者、買い出しに来る青果小売商などの市場関係者がお互いに顔が分かる関係の中で取引を行っています。

市場まつりでは、野菜・果物等の販売コーナーとともに、福引やイベントコーナー(ダーツ・ルーレット)が人気で、毎年、多くの方が来場されます。当日は、市場まつりと合わせて、豊島市場開場80周年記念式典が開催されます。

◆取扱品目及び取扱量(平成28年一日当たり)　青果物:350トン

淀橋市場まつり

日時 10月22日(日) 8:30～12:00

会場 淀橋市場(新宿区北新宿4-2-1)

淀橋市場は、青果市場としては大田、築地に次ぐ取扱量ですが、敷地面積は約2.4haであるため、卸売場棟も3階建てです。築地市場などの卸売市場でおなじみのターレットトラック(通称ターレ)はほとんどなく、環境に優しい電動アシスト荷車(通称マイティーカー)が活躍しています。毎月第3金曜日は、淀橋市場の日としており、「淀橋市場直送!!」の「のぼり」のある青果店さんで、淀橋市場直送の旬のおいしい野菜・果実をご購入いただけます。

市場まつりでは、恒例の淀橋市場名物「開運宝船」も登場し、飾り付けられた野菜・果物はその後、ステージで模擬ぜりにかけられるなど、毎年大好評です。

◆取扱品目及び取扱量(平成28年一日当たり)　青果物:873トン

世田谷市場まつり

日時 10月22日(日) 9:30～12:30

会場 世田谷市場(世田谷区大蔵1-4-1)

世田谷市場は、環状8号線沿いの砧公園や世田谷美術館に隣接し、砧公園の関連施設に見えるほど、周囲の景観に溶け込んだ緑豊かな場所に位置しています。青果部では、全国各地からの青果物を扱うほか、世田谷産農産物の「せたがやそだち」など地場産野菜も取り扱っています。また、卸売場の約7割の面積を低温化整備し、高度な品質管理を実現しています。花き部では、バラ、シクラメン、胡蝶蘭などの高感度の品種を中心とした、個性的で魅力あふれる切り花や鉢物を扱っています。

市場まつりでは、青果物や花の即売、模擬セリなども行われ、毎年たくさんの人が訪れています。

◆取扱品目及び取扱量(平成28年一日当たり)　青果物:152トン　花き:79万本

板橋市場まつり

日時 10月29日(日) 9:30～13:00

会場 板橋市場(板橋区高島平6-1-5)

板橋市場は、板橋区北部、荒川及び新河岸川南岸に位置し、板橋区、練馬区、北区及び豊島区等の西北部地域を主たる供給対象地域としている、青果及び花きを取り扱う市場です。青果部は、仲卸業者等を介したスーパーなど量販店との取引が比較的多く、花き部は北足立市場、大田市場に次ぐ都内3番目に開場した中央卸売市場です。

毎年、市場まつりでは、新鮮で安全な青果物・花き等を販売し、食育・花育等の各種イベントを実施しています。

◆取扱品目及び取扱量(平成28年一日当たり)　青果物:450トン　花き:56万本

葛西市場まつり

日時 11月19日(日) 9:30～13:00

会場 葛西市場(江戸川区臨海町3-4-1)

葛西市場は、江戸川区、葛飾区、墨田区及び江東区等の区部東部地域を主な供給対象地域としている青果物及び花きを取り扱う市場であり、大田市場、築地市場に次ぐ敷地面積(東京ドームの1.6倍)があります。江戸川区とその周辺地域は、小松菜の発祥の地でもあり、場内では毎日定温卸売場内にて移動せりを行っています。併せて地元の花き園芸農家からは、シクラメンやポインセチアなどの鉢植えも入荷し、地産地消の市場として、新鮮で安全な生鮮食料品や花き等をお届けしています。

市場まつりでは、青果物や花の即売や各種イベントなどを実施しています。

◆取扱品目及び取扱量(平成28年一日当たり)　青果物:453トン　花き:62万本

あだち市場の日(奇数月の第2土曜日に開催)

日時 11月11日(土) 9:00～11:00

会場 足立市場(足立区千住橋戸町50)

足立市場は、都内で唯一の水産物専門の中央卸売市場です。鮮魚やマグロ類、冷凍品、塩干加工品の他、貝類、海そう類も取り扱っています。

2カ月に一度開催されているあだち市場の日では、一般の方もご購入いただけますので、ぜひ、ご来場ください。

○大田市場まつりは、隔年開催
＜前回は、平成28年10月23日(日)に実施＞ 

○築地市場まつりは、不定期開催
＜前回は、平成28年5月3日(火・祝)に実施＞ 

お問い合わせ　東京都中央卸売市場 管理部 総務課 広報担当　TEL 03-5320-5720　中央卸売市場HP http://www.shijou.metro.tokyo.jp/

小池知事が新党結成

国政復帰の意欲明らかに

振り回される職員に動揺と失望

職員の声

安倍首相の解散宣言に対抗するように、小池知事が新党「希望の党」の代表に就任した。本人は今回の衆院選への出馬には否定的な考えを示したが、突然の新党結成に都庁内には動揺が広がり、「心はやはり国政にあった」と確信する職員は少なくない。「森友・加計学園」の疑惑隠しと受け取られている首相の「大義なき解散」に小池知事の「大義なき代表就任」。都政はどこまで国政に振り回されるのか。庁内の声を聞いた。

心はやはり国政に

小池知事の心はやはり国政にあり、都政は通過点、キャリアアップのステップでしかなかったということ。この1年間、踏みつけられ続けた都職員はたまったものではない。政治は権力闘争と割り切れば、「大義なき解散」も「大義なき代表就任」も五十歩百歩。既成政治の批判をする前に、都政の混乱の責任を取ってもらいたい。早く国政に復帰してもらいたいと言うのが本音。（本庁部長）

かじ取りは誰が

都職員を全く信用せず、宦官政治のごとく側近を重用する知事が主軸を国政に移すなら、都政は誰が責任を持ってかじ取りしていくのかと暗澹たる思いになる。

都政は以前から国政の動向にリンクして揺れ動くことはあったが、今回はかなりの衝撃。知事という立場で政党代表に就くことは過去にも見られたが、五輪や市場移転を始め、課題が山積する都政において知事が直接、国政に関与する姿勢に対し、職員はもとより、支援した勢力ですら疑問に思う人が続出するだろう。「都民ファースト」という耳触りの良い言葉で都民を籠絡した小池知事が、衆院選でどのような策を弄して国民を懐柔するのか、国政での復権が現実になった時、都政をどうしていくのだろうか。（出先部長）

同じ穴のむじな

安倍首相が新党を早めに潰そうとしていたことは明らか。小池知事が「大義なき解散」と述べたのはその通りだと思う。ただ、それに対抗して都知事のまま新党の代表に就任するということならば、結局のところ同じ穴のむじな。「大義なき就任」だと思う。（本庁課長）

表情が全てを物語る

「希望の党」の設立会見で見せた表情が全てを物語っている。国政を語る時は表情が生き生きとしていた。おのずと都政への力の入れ方が弱まると感じている。「これから副業を始めます」と言われて、うれしい部下はいない。国政に触手を伸ばし、虻蜂取らずになるのではないか。東京都は大阪府とは仕組みも規模も違う。都政に専念できず、都政本来の課題に向き合うのは難しくなるのではないか。都知事という本業に専念してほしい。（本庁部長）

演出はセンス抜群

安倍首相の解散表明会見と同日のタイミングで大変驚いている。演出やタイミングなどインパクトがあった。政治的な見せ方は本当にうまく、敵を作る手法を含めてセンス抜群だ。ただ、新党立ち上げの理由としたオリンピックや国家戦略特区に対する姿勢には疑問符が付く。今後の展開に注目したい。（本庁部長）

都民ファとの関係は

地方自治体の首長が政党の代表に就任するのはこれまでも例があり、違和感はない。むしろ新党と既存の都民ファーストの会との関係が別組織のままなのか、同一の組織になるのかが気になっている。

国政の選挙に都政が影響を受けることは仕方ないと思うが、突然の解散にまつわる動きが都政の政治的対立を生むことに懸念がある。（本庁主任）

国政復帰の手土産

安倍首相の解散発表の同日会見には、国政復帰への並々ならぬ意欲を感じた。知事は様々な問題提起をして都政改革というパフォーマンスを繰り返したが、所詮は国政復帰にしか目を向けておらず、改革もそのための手土産という印象が強くなった。五輪準備で国との連携がうまくいっていないという理由も、自分が国政に入り込むためのこじつけにしか見えない。（本庁課長代理）

「そうり」目指して

国政政党の代表になった以上、政権を獲得し、愛犬の名前でもある「そうり」を目指すべきである。国政は議院内閣制であり、それがルールである。そして憲法を改正して、東京都を国直轄にして自ら統治したらいい——。そんなことを思ってしまう今の流れである。（出先課長）

東京の政策にも影響

新党は急ごしらえとは言え、ある程度は議席を取るだろうから、第2党、第3党になった時に、霞が関の役人が説明に来るようになり、ただでさえ知事ブリーフィングの予定が取れないのに余計に時間が取れなくなるのではないかと心配している。「希望の党」は公約に「原発ゼロ」と「ゼロエミッション社会」を掲げているが、党首が都知事であり、「東京では原発を使わない」という政策転換になるのではないか。（本庁課長）

都政の独立性が心配

「小池百合子」の名前で「希望の党」に投票する有権者は多いだろう。ただ、一都道府県知事が国政選挙を前にバタバタと新党の代表に就任することがそもそもおかしい。現役の都知事が国政政党の代表に就任し、与党を狙うということなので、都政の独立性が守られるのか心配。（本庁課長）

「希望」につながるか

新党代表に就任するとの記者会見には正直驚いた。知事からすれば勝負をかけたのだろう。選挙の勝敗がどうなるにせよ国政・都政に大きな変動が起きるだろうが、「希望」につながるのかは不透明だ。

しかしながら、政党の党首と両立できるくらい都知事の仕事は軽くなったのか。オリンピック・パラリンピックを無事開催し、「シャンシャン」と締めることができるのだろうか。我々、職員はやるしかないが。（出先部長）

都主任選考

AI類で2011人が受験

制度改正以降、最多更新

都人事委員会事務局は26日、都主任級職選考の筆記考査（24日実施）の受験状況（速報値）を発表した。教養のみの受験を除いた受験者数が種別AI類全体で計2011人となり、2006年度の制度改正以降で最多を更新。受験率は95・1%だった。

教養のみを除く受験者数は、種別Aが2687人、種別Bが580人で、全体で3267人。受験率は種別Aが95・6%、種別Bが87・6%だった。

教養のみの受験者数はAI・II類を合わせて1185人。受験率は97・1%となっている。

AI類全体の合格予定者数は前年度を48人上回る687人。このうち事務は455人。技術系では土木135人、建築33人、機械30人、電気34人。種別Bは事務125人など。合格発表は11月10日を予定している。

都主任級職選考受験状況（速報値）　※教養のみ受験者は除く

			2017年度		
			申込者数	受験者数	受験率
A	I類	事務	1,404	1,337	95.2%
		土木	416	387	93.0%
		建築	94	89	94.7%
		機械	94	93	98.9%
		電気	107	105	98.1%
		I類計	2,115	2,011	95.1%
	II類	福祉I	14	13	92.9%
		福祉II	26	26	100.0%
		産業技術I	119	116	97.5%
		産業技術II	50	49	98.0%
		産業技術III	22	22	100.0%
		医療技術I	89	89	100.0%
		医療技術II	80	73	91.3%
		保健	7	7	100.0%
		看護	290	281	96.9%
		II類計	697	676	97.0%
	小計		2,812	2,687	95.6%
B	事務系		344	282	82.0%
	一般技術系		153	137	89.5%
	医療福祉系		165	161	97.6%
	小計		662	580	87.6%
合計			3,474	3,267	94.0%

主任級職選考A（教養問題のみ）

		2017年度		
		申込者数	受験者数	受験率
I類	事務	640	616	96.3%
	土木	186	184	98.9%
	建築	40	39	97.5%
	機械	55	53	96.4%
	電気	51	49	96.1%
	小計	972	941	96.8%
II類	福祉I	9	9	100.0%
	福祉II	5	5	100.0%
	産業技術I	31	31	100.0%
	産業技術II	23	23	100.0%
	産業技術III	9	9	100.0%
	医療技術I	37	36	97.3%
	医療技術II	74	71	95.9%
	保健	12	12	100.0%
	看護	49	48	98.0%
	小計	249	244	98.0%
合計		1,221	1,185	97.1%

社説

大義なき新党代表就任

無責任な「二足のわらじ」

「大義はどこにあるのか」。28日の臨時国会冒頭に衆議院解散を表明した安倍首相を、小池知事はこう批判した。この問い掛けは、そのまま小池知事に跳ね返る。「代表就任の大義はどこにあるのか」と。

25日午前、小池知事は国政政党「希望の党」を立ち上げ、自らが代表に就くことを表明した。安倍首相が解散を発表する会見に先んじて急きょ表明するやり方は、知事選出馬時に他の候補に先手を打った時と同じ構図だ。新たな「小池劇場」の幕開けを強く印象づけた。

■自分ファースト

小池知事はいずれ国政に転身するだろうという見方は、知事就任直後からくすぶっていた。都政に関心がないのは、はたから見ても明らかだった。こうした懸念を払拭するかのように国政転身を否定し、「都政に専念する」と強調していたが、衣の下から鎧が見えたと言うほかない。

今のところ知事自身は、今回の衆院選に出馬しない意向を明らかにしているが、突然の代表就任の動きからも、それを額面通りに受け取る人はいない。ギリギリまで政治動向を見極め、情勢次第では立候補が現実のものとなるだろう。

こうした知事の動きに対し、都議会からも批判の声が上がる。特に注目されるのは、鈴木都政から続いてきた自公連立を解消し、小池与党にかじを切った公明党だ。東村邦浩幹事長は「都政を改革し、前に進めていくということで協力した。裏切られたという思いだ」と述べ、都民ファーストの会との連携解消も示唆した。当然である。公明党が離脱すれば、不安定な都議会の下で小池知事が進めようとする施策や改革が行き詰まるのは必至だ。

知事職と国政政党代表の「二足のわらじ」について、小池知事は「国政で勢力を拡大することが、東京にとってもプラスになる」と弁明するが、総理を目指して注力すれば、都政に対して「心ここにあらず」となるのは自明だ。「都民ファースト」ならぬ「自分ファースト」の小池知事の振る舞いに、化けの皮がはがれたと思っている都政関係者は多いだろう。

■小池知事の責務

選挙準備のためか、既に知事の公務にキャンセルが出ていると聞く。今回の騒動で都政の停滞が心配される。

例えば、築地市場移転問題。小池知事が移転を延期し、混乱が続く中、都議選告示前に突然「築地は守る、豊洲を生かす」という基本方針を打ち出した。10月12日には築地再開発検討会議を立ち上げ、本格的な議論に入るが、自らの判断で延期を決めた知事には、自身が先頭に立って問題を解決する責務がある。「知事は市場に混乱と分断をもたらしただけで、責任を取ろうとしない」。この時期の代表就任は、そう見られても仕方ない。

こうした状況も見据え、自身の代わりに小島敏郎元都顧問を都民ファの事務総長に就任させ、自らは混乱の収束に乗り出さないというのであれば看過できない事態だ。尻ぬぐいを職員に押し付けることが都政を前に進めるための選択と言えるのか。

■置き去りの都政

小池知事は二足のわらじを両立可能と豪語するが、都政運営だけでも大変と考えるのが常識である。都議選中も都職員は選挙応援する知事の時間が取れないことが多かったという。衆院選公示後に知事が全国に応援演説に歩けば、都政は選挙モードで置き去りにされるだろう。ただでさえ五輪準備などは遅延しているのに、ますます滞ることが危惧される。

さらに問題なのは、知事自らが今回立候補する可能性が有力なことだ。年齢を考えればラストチャンスとも言えるので、再び清水の舞台から飛び下りる公算はある。そうなれば、都政にまた空白期間が生じ、今度は都民だけでなく国民全体に都政で起きた問題が波及する。

昨年8月以降、都政は特定の分野で政局に巻き込まれ、事務の停滞、想定外の財政支出、関係者への影響など大きな問題を引き起こした。これを目の当たりにしてきた私たちとしては、いたたまれない気持ちである。都政は国政のステップではないかとの小池知事への不信感が確信に変わった今、職員のさらなる士気低下も免れない。

■深い行動を

知事は、代表就任の会見で「日本には希望がない」と語った。確かに日本のダイナモとなる東京都のトップは、日本全体を、そして世界の中の立ち位置も見据えて物事を考えなければならない。だがそれも都政に軸足を置いてこそだ。都政を前に進めるというのであれば、知事職に専念するしかない。さもなくば職を辞すべきである。

「シャンシャン」見に来てね

赤ちゃんパンダ名前決定

「シャンシャン（香香）」と呼んで——。恩賜上野動物園（台東区）で6月に生まれたジャイアントパンダの赤ちゃんの名前が25日、発表された。「呼びやすく、漢字の『香』は花開く明るいイメージ」としている。12月を目途に一般公開される見通し。

パンダの名前募集で集まった32万2581票のうち、シャンシャンは5161票。選考では応募数が多かった上位100点の名前について、国内外のパンダについている同じ名前や既存のキャラクター名などを除外。黒柳徹子さんらによる選考委員会や商標登録の調査、中国側との協議を踏まえ、決定した。

シャンシャンは今月21日で生後100日を迎え、体重は6㌔、体長は65㌢と順調に成長中。体を支えて数歩前進できるようになったという。母親のシンシンとは室内で一日中一緒に過ごし、シンシンが体をなめたり、授乳したりと、熱心に世話をしているようだ。

東京動物園協会では17日、職員が宿泊して見守る体制を終了しており、今後は映像記録などを活用し、観察を続ける。

生後100日を迎えた「シャンシャン」＝20日、東京動物園協会提供

都労連

賃上げ、超勤縮減など

5単組が人事委に要請

都労連は25日、都人事委員会に対し要請を行い、5単組の代表がそれぞれの職場の実態を訴え、都人事委勧告に反映するよう求めた。

都庁職は、全ての職員の大幅な賃上げの要求に加え、1カ月の超勤が100時間以上もしくは2カ月～6カ月の平均超勤時間が80時間以上の職員に対する「長時間労働面接」の対象者が2015年度から16年度にかけて約2割増加していることを挙げ、抜本的な超勤縮減について勧告を行うよう求めた。

都教組と都高教は教員の長時間労働改善について強く要求。都教組は2～3月にかけて行った小・中学校教員へのアンケート結果を踏まえて、勤務時間外の業務や会議、国や都、市町村からの調査の削減に加え、正規職員の増員を要求した。

都高教は、都立学校で10月から開始するカードによる在校時間の管理を「長時間労働の実態把握の第一歩」としながらも、管理職と現場が「勤務時間」を意識した働き方ができるような勧告を求めている。

東交と全水道東水労は、主に現業職員の給与改善を要請。東交は「職場の圧倒的多数の職員が、行（一）1～2級が直接連動する企（二）1～3級内で職業人生を終える」と述べ、行（一）1～2級の見直しに抗議した。また、全水道東水労は団塊世代の大量退職に伴い、少数のベテラン層で新人育成を行っている実態を述べ、号給カットに反対した。

都人事委は都労連のこれまでの要請に対する回答を述べ、公民比較は従来通り従業員50人以上の企業を比較対象とし作業していること、給与改正は職責・能力・業績を給与に反映させる考えなどを示した。

これに対し、より大規模な企業との比較や全ての職員の賃上げを求める都労連は「到底容認できない」と強く抗議し、次回の要請で各職場から寄せられた署名を提出するとし、職員の理解と納得を得られる勧告を行うよう求めた。

都議会

子供の受動喫煙防止条例

都民ファ・公明が共同提案

都民ファーストの会と公明党は27日の都議会本会議で、子供の受動喫煙防止条例案を提出した。家の中でも子供がいる部屋や自動車の中では喫煙しないことを努力義務とする内容。罰則規定はない。

同条例案では、学校や児童福祉施設の周辺、児童遊園で受動喫煙防止に努めることなども規定。

きょう30日の都議会厚生委員会で質疑が行われ、10月5日の本会議で可決・成立する見通し。

一方、共産党は小中学校の給食費助成条例案を提出した。小中学校と特別支援学校の児童・生徒1人当たり月額1千円を助成する内容。

築地の再開発

「幅広い視点で」

都議会代表・一般質問

【新生児聴覚検査】都内で新生児の聴覚検査に対する助成を実施しているのは3市1村にとどまり、その他の自治体では全額自己負担であるとして、梶原洋福祉保健局長は「妊娠届け出時に共通の受診券を交付し、全ての新生児が都内全域の医療機関で検査を受けられる体制の整備などについて、今年度中に都と区市町村、都医師会で協議を開始する」と説明した。谷村孝彦氏（公明）の代表質問に対する答弁。23区が乳児検診で確認した同検査の受診率は83%という。

【築地の再開発】　築地市場（中央区）の跡地の再開発について、邊見隆士都技監は「検討会議では自由な発想で幅広い観点から議論し、ステップを踏みながら開発コンセプトを具体化する」と説明した。「周辺のまちづくりの動向も視野に入れながら築地のまちの魅力と付加価値を高め、東京の持続的な成長にとってより良いものになるよう、検討を行う必要がある」との認識を示した。川松真一朗氏（自民）の一般質問に答えた。

【ホスピタリティハウス】　五輪期間中に各国・地域、企業が文化・観光情報などをPRする「ホスピタリティハウス」について、潮田勉五輪準備局長は「地域との人的・文化的交流やにぎわいの創出が期待される」とし、「各国の状況や様々な意見を参考にして連携を図り、来訪者に楽しんでもらえる大会を目指す」と述べた。樋口高顕氏（都民）への答弁。

【竹芝客船ターミナル】　斎藤真人港湾局長は竹芝客船ターミナル（港区）を訪れる外国人旅行者の利便性を向上させるため、トイレの洋式化や多言語サインを充実させる考えを示した。今年度に基本設計に着手する。

日の出埠頭では旅客用桟橋の新設や民間負担で桟橋利用者のための小型船ターミナルの整備を行う。菅野弘一氏（自民）に答えた。

【中小企業支援】　中小企業が使用する展示会場が不足しているとして、藤田裕司産業労働局長は出展の要望に柔軟に対応するため、IT技術を活用したビジネスマッチングで販路開拓を支援する考えを示した。栗下善行氏（都民）への答弁。

【帰宅困難者対策】　小池知事は帰宅困難者について、「大都市特有の課題で、都民や民間事業者の幅広い協力を得て進めることが重要」と述べ、9月に設置した有識者会議で民間との連携について検討し、年内に施策の方向性をまとめる考えを示した。清水康子氏（都民ファ）に答えた。

【保育サービスの情報提供】　福祉保健局は年度内に、認可保育所や認証保育所、認定こども園、地域型保育事業、幼稚園の定員・開所時間などの情報を一元的に管理し、所在地や種別などの条件を指定して検索できる情報サイトを開設する考えを示した。木下富美子氏（都民ファ）への答弁。

五輪への航海図 (213)　TOKYO 2020

開催まで あと1029日

新グラフィック

1000日前に祝祭の花火

東京大会の1000日前に向けて機運をより華やかに盛り上げるための新グラフィックデザインが25日、発表された。のぼりや横断幕、ホームページ、SNSなどを彩るほか、公式グッズにも展開するという。

新たなグラフィックデザインのモチーフは「花火」。大会エンブレム「組市松紋」と同じく45個の四角形で構成し、一瞬に放たれる強い光を表現した「閃光」や華やかで美しい様を描いた「絢爛」など、色彩や形状によって5パターンのデザインを制作した。マーケティング局の吉原潤デザイン担当部長は「スポーツの祭典にふさわしい日本独自の光の名を付け、多彩な祝祭性を表現した」と説明している。

25日のデザイン発表会にはロンドン五輪体操女子の田中理恵さんらが出席し、「花火に日本らしさを感じた。（デザインの）一つひとつにテーマがあり、鮮やかな印象」と感想を話した。また、リオ・パラリンピック陸上の高田千明さんは「色とりどりの花火をイメージして、選手だけでなく見ている方もキラキラと輝ける大会になれば」と期待を示した。

新グラフィックは最終的に大会の会場などを装飾する「ルック」のデザインとは異なるものだが、特に使用期限は定めずに使用していく方針。同じような事例は過去大会にもあり、2014年のソチ大会ではエンブレム発表と同じタイミングで「雪の結晶」をモチーフにしたグラフィックデザインを発表している。

これまで公式なグラフィックとしてはエンブレムだけだったが、組織委としては幅広く機運を広げるため、新たなデザインを地方自治体を含めた幅広いステークホルダーに使用してもらいたい考えだ。

組織委は10月28日と11月29日にオリンピック・パラリンピックそれぞれの1000日前イベントを開催するほか、双方をつなぐ約1カ月間を「1000 Days to Go!」月間と銘打ち、都内の区市町村や全国自治体、スポンサー企業などに向けてキャンペーンを打つ予定。国民参加型のキャンペーンも実施する。

アスリートがTシャツを着用して新グラフィックをPR＝25日、港区

都政新報　電子版

実質プラス **100** 円/月!!

家でも
オフィスでも
通勤中でも
あなたのスタイルで
お好きな時に最新記事を

昇任試験の勉強にも最適!!

電子版では

紙面そのまま、PC、iPad、iPhone、Android端末でご利用いただけます。最新号は発行日の朝6時から配信。カラフルな紙面で過去8年間分の紙面も読み放題!

無料トライアル
(お試し版)で
ぜひお試しください

紙　版＋電子版　セットで

1,830円/月(税込み)

口座振替など割引が適用されている方も
電子版とセットなら月額プラス100円です

(例)銀行口座振替割引の場合
紙版のみ購読………1,630円(月額)
電子版とセット購読…1,730円(月額)
※電子版のみの購読はお受けしておりません

お申し込み・詳細は　www.tosei-d.com

★職場の同僚や後輩の方にも都政新報★
読者紹介キャンペーン
どなたでも何人でも　新しい読者をご紹介ください!
紹介すると 1,500円分の図書カードがもらえる
詳しくは都政新報ホームページ ご購読案内 をご覧ください
(新聞送付先やお支払い方法等の設定があるため、新規購読希望者ご本人による「購読申込フォーム」のご入力もお願いいたします)

こちらでも情報発信中!!
twitter　https://twitter.com/tosei_denshiban
facebook　https://www.facebook.com/denshiban.toseishimpo

※電子版のご利用には、登録いただくユーザーIDとパスワードが必要ですので、電話やファクスでの申し込みはできません。お手数ですが上記サイトから登録手続きをお願いいたします

都政新報電子版
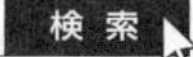

昇任試験対策のページ

30年度 職員教養講座 東京都管理職選考対策 ▶13◀

B事務(教育・文化)論文

今回は、「B事務」(教育・文化)の論文問題を解説します。論文は職群ごとに2題出題されるうち、1題を解答することになります。解答時間は2時間で、字数は1500字以上2千字程度と指定されています。論文は課題式により出題され、問題意識、政策形成力、論理性、表現力などが評定されます。

論文を1本完成させるのは大変で、時間を要するので、早期の準備が不可欠です。推敲を重ねた上で管理職や管理職選考の合格者に添削してもらい、内容に磨きをかけてください。

出題傾向と分析

過去5年間の出題は、次の通りです。

【平成25年度】

(1)子供たちが、社会で自立して生きていくには、確かな学力や豊かな人間性、たくましく生きるための体力を身に着けていることが必要です。子供の知・徳・体を社会全体で育み、グローバル化の進展など変化の激しい時代に自ら判断し、行動する力や社会の発展に貢献する力を培っていくため、都として取り組むべき方策について、あなたの考えを論じなさい。

(2)インターネットは、有用で便利なメディアとして青少年にも広く浸透する一方、様々なサイトを通じて青少年が犯罪の被害者または加害者になることや、過度の利用による弊害などが指摘されています。こうした状況の中、インターネット利用に伴うトラブルや危険及び弊害などから青少年を守るため、都として取り組むべき方策について、あなたの考えを論じなさい。

【平成26年度】

(1)多岐にわたる課題を抱える都にとって、スポーツの力を都市戦略として活用していくことがますます重要になってきています。2020年の東京オリンピック・パラリンピック開催を契機として、スポーツを通じて人々が豊かに暮らせる「スポーツ都市東京」の実現を目指すため、都として取り組むべき方策について、あなたの考えを論じなさい。

(2)近年、経済のグローバル化が進展し、国際協力が求められる中で、世界を舞台に活躍できる人材が必要とされています。子供の潜在能力を最大限に引き出し、世界に伍して活躍し貢献できる人として育成していくため、都として取り組むべき方策について、あなたの考えを論じなさい。

【平成27年度】

(1)東京には、文化的ポテンシャルの高い地域が点在しており、演劇、絵画、音楽など様々な芸術活動が展開されています。こうした都市が持つ芸術文化の魅力や強みを十分に生かして、芸術文化都市を創造し、日本文化の魅力を世界に発信していくために、都として取り組むべき方策について、あなたの考えを論じなさい。

(2)都内の小・中学生の学力は、様々な取り組みの結果、全国47都道府県中で上位3割以内に位置するようになりましたが、児童・生徒個々の習熟度には依然として大きな差が見られます。児童・生徒の学力の定着・向上を図り、東京、そして日本を支える人材を育成するために、都として取り組むべき方策について、あなたの考えを論じなさい。

【平成28年度】

(1)今後、東京が持続的に発展していくためには、全ての都民が共にグローバル都市・東京の一員として活躍することが必要不可欠です。東京が多文化共生社会を実現し、都市としてのプレゼンスを高め、より多くの優れた人材が集う都市となるために、都として取り組むべき方策について、あなたの考えを論じなさい。

(2)これからの東京を誰もが夢や希望が持てる明るい都市にしていくには、それを支え、牽引する人材が必要であり、子供たちへの教育が未来の礎を築くものであると言えます。東京、そして日本の発展を担う人材を育成していくために、都として取り組むべき方策について、あなたの考えを論じなさい。

【平成29年度】

(1)グローバル化の進展や情報技術の発展など、大きな社会の変化は、子供たちの人生にも大きな影響を及ぼすものとなっています。全ての子供の可能性を伸ばし、充実した幸せな人生を送るための力を身に着けさせる教育の実現のために、都が取り組むべき課題と方策について、あなたの考えを論じなさい。なお、都が実施している、または実施を予定している施策の説明にとどまらずに、あなたの創意工夫等を盛り込むこと。

(2)東京は、伝統文化から新しい文化まで、多彩な文化に満ちた都市です。文化の祭典でもある東京2020オリンピック・パラリンピック競技大会の開催に向けて、東京や日本の文化に世界の注目が集まるようにするために、都が取り組むべき課題と方策について、あなたの考えを論じなさい。なお、都が実施している、または実施を予定している施策の説明にとどまらずに、あなたの創意工夫等を盛り込むこと。

勉強方法

《出題傾向》

これまでの論文問題の傾向を見ると、おおむね教育分野と文化分野から1題ずつ出されていることが分かります。過去、青少年関係やスポーツ関係から出題されたケースもありました。

教育分野では、学力・体力向上、規範意識、社会貢献意識などのテーマについて出題されています。文化分野では、文化の発信、多文化共生社会などから出されています。

過去の出題テーマの傾向をつかみ、日頃から教育・文化に関する動向を踏まえて出題を想定しておく必要があります。また、平成29年度から問題文の最後に「なお、都が実施している、または実施を予定している施策の説明にとどまらずに、あなたの創意工夫等を盛り込むこと」という文言が付け加えられました。現在実施されている施策を羅列するだけでなく、管理職として、どのように対応したいのかを創意工夫して書く必要があります。

《情報収集》

論文を作成するに当たり、情報収集は重要です。情報収集は、都関係局(教育庁、生活文化局、青少年・治安対策本部、オリンピック・パラリンピック準備局など)や国(文部科学省、文化庁、スポーツ庁など)のホームページから、重要な報道発表資料、審議会の答申や各種計画などを確認してください。特に、都関係局のホームページは定期的に確認することをお勧めします。また、都や国が行った教育・文化分野の重要な調査についても、結果の概要をおさえておく必要があります。

《論文作成》

予想問題を作成したら、論文を書く練習が必要となります。注意点はいきなり原稿を書き始めるのではなく、全体のレジュメを作成した上で、論理的な矛盾がないことを確認してから解答することがポイントです。

論文は、採点者が読みやすく、分かりやすい文章で書くのが大前提です。具体的には、主語と述語が対応しているかを明確にし、1文は短くする。余計な語句は削り、誤字、脱字に注意することです。

また、論文は評論家のような内容であれば、試験に合格はできません。施策を羅列させるのではなく、「管理職としての具体的な考え」を工夫して書き込みましょう。

論文の構成は、4段構成(起承転結)が一般的ですが、3段構成でも構いません。4段構成の場合は、以下の内容を書くことになります。

第1章は、現状分析・問題提起をすることになります。設問の背景を踏まえた上で、現状認識について分かりやすく書いてください。都の教育・文化に関する現状を書き、その取り組みがなぜ必要か説明することになります。第1章は、論文全体の流れを左右する重要な部分ですので、採点者にアピールできるように書きましょう。

第2章は、第1章の背景などから明らかになった課題を、重要なものから三つ挙げます。まず、課題を示した上で少し掘り下げて説明し、具体的な事例を書くのが一般的です。その際は、根拠や出典を示すと、説得力のある文章になります(例=平成○○年に都が実施した○○調査によると、○○が○○%だった)。

第3章は、第2章で指摘した課題について、都の方針に沿った解決策と効果を具体的に書きます。なお、第3章が第2章の裏返しにならないように注意する必要があります。例えば、「子供の学力が低いことが課題」とし、「子供の学力を向上させることが解決策」では、課題の単なる裏返しになってしまいます。繰り返しになりますが、解決策は、現在実施されている施策を羅列するだけでなく、管理職としてどのように対応したいのかを創意工夫して書く必要があります。

第4章は、論文のまとめをします。新たな問題提起をしないよう注意してください。また、管理職としての決意を書いてもよいでしょう。

字数配分の目安は、第1章は400字程度、第2章は600字程度、第3章は700字程度、第4章は300字程度になります。

《添削・再現》

論文を書き上げたら、管理職や管試合格者などに添削をお願いしましょう。添削は何度も繰り返していると、異なる指摘を受け、どれを採用すべきか戸惑います。最終的には自分の判断になりますが、参考になった意見や助言をベースに論文を仕上げることが大切です。完成論文が仕上がった後は、本番と同様に手書きをしてください。こうした実践練習は手書きの時間配分をつかめます。

完成論文を覚える方法として、論文のキーワードを手始めにして、次第に暗記の範囲を広め、最終的に細部まで再現できるようにしましょう。特に課題と解決策のポイントは、必ずセットで覚えてください。

また、本番では、用意したテーマが必ずしも出題されるとは限りません。むしろ、出題されないと思った方がいいかもしれません。可能であれば、異なるテーマで3本程度、論文を用意しておきましょう。時間に余裕がない場合は課題と解決策を9セット程度用意して、レジュメを整理する必要があります。組み合わせ次第で論文が書けるので、余裕を持って本番に臨めると思います。

□ □

管理職選考の論文対策はどう進めれば良いか不安な人もいるとは思いますが、「備えあれば憂いなし」です。早期に対策を始め、万全の態勢で試験に臨んでいきましょう。ご健闘をお祈りしています。

特別区 管理職試験講座 47 Ⅰ類択一・記述 Ⅰ・Ⅱ類論文 29年度

今回は、平成29年度試験(択一式)の解説(全4回)の最終回になります。行政法の残り6問と財政学・地方財政制度について解説します。

29年度問題解説④

Ⅰ類択一

行政法(第2回)

【問題31】 正答③

① 誤り。懲役も含まれる。

② 誤り。刑法総則が適用され、法律に特別の規定がある場合は過失により処罰される場合もある(刑法第38条第1項)。

③ 正しい(地方自治法第255条の3第1項)。

④ 誤り。法律または条例の根拠が必要と解すべきである。

⑤ 誤り。条例は法律に違反することはできないので、正当な理由がない場合は、当然に給水拒否が可能になるわけではない(最決平成元・11・8)。

【問題32】 正答①

① 正しい。

② 誤り。条例を根拠とすることも可能であると解される。

③ 誤り。義務を命ずる暇のない緊急事態や、義務を命ずることでは目的を達しがたい場合に、相手方の義務の存在を前提とせずに行使されるものである。

④ 誤り。即時強制は事実上の行為であるため、事前手続きについて十分な定めはなく、あらかじめ文書で戒告しなければならないというものではない。

⑤ 誤り。即時強制も「公権力の行使に当たる行為」の中に含まれるため、取消訴訟の対象となる。

【問題33】 正答④

A~Dの各項目の正否は以下の通り。

A 誤り。当然受忍しなければならない責務であって、損失補償は不要である(最判昭38・6・26)。

B 正しい(最判昭43・11・27)。

C 正しい(最判昭48・10・18)。

D 誤り。憲法は補償の同時履行までをも保障したものと解することはできない(最判昭24・7・13)。

【問題34】 正答⑤

① 誤り。司法権も含まれる。

② 誤り。求償権を有するが、行使する義務はない(国家賠償法第1条第2項)。

③ 誤り。求償権を有する(同法第2条第2項)。

④ 誤り。費用負担者にも賠償請求できる(同法第3条第1項)。

⑤ 正しい(同法第6条)。

【問題35】 正答⑤

① 誤り。取り消し・停止も含まれる。

② 誤り。責任は被代理機関に帰属する。授権代理については、法律の根拠は不要である。

③ 誤り。本来の行政機関の権限は、被代理機関に帰属する。

④ 誤り。行政庁が欠けたとき、または事故があったときに限らない。

⑤ 正しい。

【問題36】 正答③

① 誤り。立入検査や収去等の態様もある。

② 誤り。任意調査には法律の根拠は不要である。

③ 正しい。

④ 誤り。行政調査は多様なため、個別法に様々な規定がある。

⑤ 誤り。犯則調査によって得られた資料をもとに課税処分を行うことは許される。行政調査は、所定の行政目的以外のために行うことはできないので、犯罪捜査のために行政調査を行うことは許されない(最判昭63・3・31)。

財政学・地方財政制度

例年同様、問題数は4問でした。財政健全化法や地方税の原則、財政理論、都区財政調整制度に関する出題で、いずれも頻出分野についての基本的な知識を問う設問でした。

【問題37】 正答②

① 正しい。早期健全化とは、地方公共団体が、財政収支が不均衡な状況その他の財政状況が悪化した状況において、自主的かつ計画的にその財政の健全化を図ることをいう(財政健全化法第2条第5項)。

② 正しい。

③ 誤り。健全化判断比率は、議会に報告し、かつ、公表しなければならない(財政健全化法第3条第1項)。

④ 誤り。財政再生計画は、議会の議決を経て定めなければならない(財政健全化法第9条第1項)。

⑤ 誤り。総務大臣の同意を得ている場合に限り、地方債を起こすことができる(財政健全化法第12条第1項)。

【問題38】 正答①

① 正しい。

② 誤り。「安定性の原則」の説明。

③ 誤り。「応能性の原則」の説明。

④ 誤り。「普遍性の原則」の説明。

⑤ 誤り。「負担分任の原則」の説明。

【問題39】 正答②

価値財は、消費者の生活を矯正することを目的として政府が消費者の生活に介入するという形で提供している財であり、義務教育などの例がある。

【問題40】 正答③

① 誤り。特別とん譲与税ではなく、特別土地保有税が正しい。

② 誤り。特定財源ではなく、一般財源が正しい。

③ 正しい。

④ 誤り。平成12年度の都区制度改革により、「特別区の都に対する依存心を助長している」と指摘されていた総額補填制度は廃止された。

⑤ 誤り。都知事はあらかじめ都区協議会の意見を聴かなければならない(地方自治法第282条の2第2項)。

=おわり

都会のサンクチュアリ

江戸川区経営企画部財政課長　後藤 隆

週末回遊計画　とっておきのまち歩き⑨

バードウォッチングの魅力と出会い、約5年。休みの日には朝からカメラを担いで野鳥を追いかけています。最近は、観察のために移動する距離も徐々に伸び、またカメラやレンズに投資する経費も同様に伸びてきており、何とも言えない恐怖と不安を覚えるこのごろです。

初めてバードウォッチングに興味を抱いたのは、地元、江戸川区南部に位置する葛西臨海公園での出来事です。たまたま同地を訪れ、たまたま行われていた観察会に飛び入りで参加させてもらった際に、スタッフの方が、「今、カワセミの声がしましたね」と。それまでカワセミを一度も見たことはなく、「カワセミ＝清流の宝石」が葛西に居るの？と半信半疑。そして…、目の前を「チッ、チー」と声を発し、「宝石」が飛び去っていく姿に、ズキューン、と一発で胸を撃ち抜かれました。翌週も観察に出かけ、その翌週には、カメラ店に…。

日本で見られる野鳥の数は、およそ600種類と言われていますが、条件によって見られる野鳥は全く異なります。水辺の鳥、山野の鳥、暖かい地方の鳥、寒い地方の鳥、また春夏秋冬によるものなど。毎年同じ場所に同じ種類の鳥が現れるかというとそうでもありません。台風などによって、たまたま迷い込んでしまう鳥もいます。それら多くの鳥を、できるだけ多く見たい！　その想いが、時間とお金のかけ方につながってしまうのでしょう。

能登半島の先、日本海に浮かぶ島で、舳倉島（へくらじま）という島があります。周囲約5キロの小さな島ですが、この島は、バーダー（野鳥観察者）にとって、垂涎（すいぜん）の島です。大陸と日本、日本の北と南、季節により移動する鳥がいます。渡り鳥です。海上は外敵が少ない反面、休憩場所が乏しい厳しさがあります。舳倉島などの離島は、渡り鳥が行き来する中継地に当たり、立ち寄って栄養補給と羽休みをするには好都合な場所なのです。そのため、迷鳥、珍鳥はじめ、様々な鳥がわんさか立ち寄り、バーダーにとって垂涎の島となります。でも、残念ながら、こうした離島に出向くには、多額の経費と長期間の休暇が必要で、簡単に行くことはできません。

しかし、地元の葛西臨海公園をはじめ、都内にある、少し大きめな公園などでは、多くの鳥を観察することができます。1年中とどまっている野鳥もいますが、渡りの途中に都市公園に寄っていくのです。北から南、低地から高地。その際、どうしても市街地を通過しなければならない場面が出てきます。カラスや自動車、人間…、野鳥にとっては、厳しい環境でしょう。休む場所や食料の確保もままなりません。いわば、野鳥にとって市街地は、「海」です。そして、まとまった広さを持つ公園は、「島」、つまり都内の公園も、離島と同じで渡りの中継地として必要な場所なのです。

コアジサシ

クロツラヘラサギ

ユリカモメ

総延長27キロの親水公園・緑道

特に葛西臨海公園・海浜公園には、バードサンクチュアリ（鳥の聖地）が陸地部分だけではなく、干潟部分にも存在します。20年以上の月日と先人の努力による葛西沖の開発事業により、人工のなぎさも含めて100㌶を超える広大な面積を持つ巨大な公園は、完成から30年近くが経過。今では人工とは思えない自然豊かな場として見事に生まれ変わりました。それは、野鳥にとっても、同じです。

春には、コアジサシが繁殖のためにここで過ごします。冬には、世界で3千羽しかいないと言われているクロツラヘラサギや2万羽を超えるスズガモなどが毎年、飛来します。キビタキやオオルリ、サンコウチョウ、多くのシギ、カモ類、時にはコウノトリなども、この公園で観察できました。それはとても都会とは思えない光景です。

また、江戸川区内には総延長27キロにも及ぶ親水公園・親水緑道が各所に張り巡らされています。鳥から見れば、〝細長い島〟と映っているのでしょうか。季節を問わず、多くの野鳥を見ることができますが、特に木漏れ日に揺れる新葉の下、遊歩道を散策しながら耳にする小鳥のさえずりは格別です。

旧中川や新川などの中小河川も水鳥たちのオアシスです。離島に出かけずとも、このような身近なところで多くの鳥たちに出会うことができる素晴らしい環境に感謝でいっぱいです。

私は鳥を観に行く時はたいがい同じ場所にとどまり、目当ての鳥を待ちます。8時間、同じ場所に居たこともあります。待っている間がいいのです。この枝に止まってくれ～、この石の上で、こういうポーズで止まってくれたら…。考えているだけで日頃のストレスは吹っ飛びます。それが魅力なのです。

これからの季節、関東近郊、都内の公園にも、冬鳥と呼ばれる野鳥がやってきます。特に冬は木々も落葉し、観察するにはもってこいです。皆さんも野鳥観察、始めてみませんか。普段何気なく歩いていた公園が違った景色に見えるはずです。

協力：（一財）日本ファッション協会

シネマ夢倶楽部 Japan Fashion Association　オススメシネマ

はじまりの街

夫から逃れ、親友カルラを頼ってローマからトリノへ移り住むアンナと13歳の息子ヴァレリオ。新しい街、新しい生活。自身とヴァレリオのために今までの人生をリセットし、ゼロから必死に基盤を築こうと焦るアンナ。一方、突然無邪気な子供時代に終止符が打たれてしまったヴァレリオは、苛立ちと孤独を抱えて居場所を探す。そして、人生の不完全さを意識していたカルラ自身も二人と一緒に暮らすことでかけがえのない人生に思えるようになっていた――。人生の新たなスタートに向けて歩もうとする母と子、そしてその二人をさりげなく見守る心優しき人たち。本作は、住み慣れた世界を捨て、見知らぬ土地で生きていく親子が、嵐を乗り越え、確実に未来へと進み始めていくまでを描いた珠玉の人間ドラマ。

◆推薦委員コメント

大黒昭（株式会社アスピカ会長）

人はみな、多かれ少なかれ悲しみや悩みを抱えているが、それは周囲との絆によって克服できるものも少なくない。この映画はそうした人生の可能性をうたい上げた作品だ。アンナは夫のDVに耐えかね、一人息子ヴァレリオを連れてトリノに向かう。そこで心優しく陽気な親友カルラの庇護（ひご）で生活を始める。しかし思春期のヴァレリオは大好きなサッカー仲間も見つからず孤独感を深める。揚げ句の果て、ストリートガールに好意を寄せるが思わざるしっぺ返しを受ける。ヴァレリオは自暴自棄となりアンナとの溝も深まるがそれを救ったのは、カルラの機転であり近くのレストランのオーナー、マチューの包容力であった。かくてトリノは二人にとって人生再出発の「はじまりの街」となる。地元の人の絆がとりわけ強いイタリアらしい映画だが、トリノの街の自然の移り変わりも美しい。

藤原作弥（元日本銀行　副総裁）

DVの夫の元から息子とイタリアのトリノに逃れて新生活を始めたアンナ。不安ながらも見ず知らずの街の美しさと人間の優しさを見いだし、自立の道に到達するまでの物語。思春期前の傷つきやすいナイーブな少年の心理と行動を演じきったアンドレア・ピットリーノが好演。人間は孤独で苦難な道をたどっても希望（原題の「人生の可能性」）があるとうたい上げた人間賛歌。

2016年／イタリア、フランス／107分

配給：クレストインターナショナル

［10月28日（土）より、岩波ホールほか全国順次ロードショー］

◇

シネマ夢倶楽部　10月17日（火）午後6時30分～　ニッショーホールで上映。この上映会に10組20名様を抽選でご招待します。Eメールで件名を「上映会招待希望」とし、〒・住所・氏名を明記の上、henshu@toseishimpo.co.jpまでお申し込みください（10月6日必着）。

（一財）日本ファッション協会の「シネマ夢倶楽部」では、いい映画・上質な映画をお薦めしています。会社・学校・地域での上映会をご希望の方は、事務局までご連絡ください。シネマ夢倶楽部事務局（☎03・3295・1411　http://www.japanfashion.or.jp/cinema/）

東京 橋くらべ⑪

紅林 章央

22歳の若き技師が設計

豊海橋

隅田川には多くの小河川が注ぐが、その最も下流、つまり隅田川寄りに架かる橋の形は全て異なる。これは震災復興で架橋された際、橋の形を見ただけで川の名前が分かるようにとの措置だったという。

これら橋の中で最も特徴があるのが、日本橋川に架かる豊海橋である。梯子（はしご）を横に倒したような橋の構造はフィーレンデールと呼ばれるもので、ベルギーのフィーレンデール博士により考案され、当時、米国や英国にもなかった最新の構造であった。当然、我が国でも初めてである。

この橋は構造計算が大変複雑で、その困難な設計担当に白羽の矢が立ったのは、復興局の弱冠22歳の技師、福田武雄であった。この人選は正解で、福田は見事に設計をやり遂げ、後年東大教授や土木学会会長に就任する。

橋の外観は無骨とも思えるほど骨太である。これは隣接する雄大な永代橋に景観的に見劣りしないようにと考慮されたものであった。その狙い通り、永代橋とも見事に肩を並べている。

当時、日本初だったフィーレンデール橋

焼失前の「唐門」史料を募集

古写真、スケッチ、絵はがきなど　小石川後楽園

都建設局は、小石川後楽園の「唐門」の古写真・スケッチなどを探している。

小石川後楽園では、「東京都における文化財庭園の保存管理計画」「東京都における文化財庭園の保存活用計画」に基づき、庭園の修復や復元事業を進めている。同園の唐門は、水戸藩上屋敷の御殿の庭から後楽園に入る正式な入り口として、庭園構成上や景観上、重要な建物だったが、1945年に戦災により焼失してしまった。今回、都では唐門の復元を目指し、調査・検討を進めているが、復元根拠となる史資料が不足しているため、戦災による焼失前の唐門の古写真、スケッチ、絵はがき、古地図などを探している。

募集期間は11月末まで。史資料の返却時期については、別途相談する。史資料は、原本・コピーの場合は持参または郵送、デジタルデータの場合はメールで送付。史資料を提供した人には粗品を進呈する。

《送付先》小石川後楽園サービスセンター　〒112-0004文京区後楽1の6の6　Kourakuen-karamon.sm@tokyo-park.or.jp

---

ミニガイド

◇公益社団法人東京自治研究センター・No.257月例フォーラム「指定管理者制度の現在」　▷内容　「指定管理者制度の現在～指定管理者基本条例の必要性～」幸田雅治氏（神奈川大学法学部教授）▷日時　10月30日(月)　午後1時半～4時15分▷会場　中野サンプラザ7階研修室8（JR中央線・総武線・東京メトロ東西線中野駅より徒歩2分）▷参加費　千円（会員は無料）▷問い合わせ　公益社団法人東京自治研究センター　☎03・6256・9912

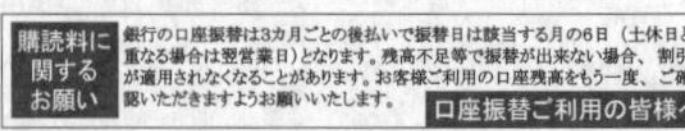

風流戯画草紙

作・橋本裕之

都政新報

発行所 都政新報社
〒160-0023 東京都新宿区西新宿7-23-1 TSビル
〈総務・読者〉03-5330-8781
〈企画広告〉03-5330-8784
〈編　　集〉03-5330-8786
〈出　　版〉03-5330-8788
〈ファクス〉03-5330-8808
購読料 月1,730円(税込)
毎週火・金曜日発行
ただし、祝日は休刊
©都政新報社 2017

紙面から

副知事人事

2増3減案にサプライズ

22年ぶり女性任命へ

小池知事が副知事を2増3減とする方針を固めたことが分かった。5日の第3回定例都議会の本会議に長谷川明政策企画局長（59歳、62A）と猪熊純子会計管理局長（59歳、61A）の人事案を提出する見込みで、可決されれば、女性副知事の誕生は鈴木俊一都政の金平輝子氏以来、22年ぶりとなる。都庁内では副知事の交代に「サプライズ人事」と衝撃が走っている。

今回、4人の副知事のうち、退任するのは安藤立美、中西充、山本隆の3副知事。川澄俊文副知事は留任して当面は3人体制となる。昨年6月、舛添前知事が辞任する際の第2回定例都議会で任期切れとなる副知事の人事を提案し、3人体制から現在の4人体制になったが、議案が可決されれば再び3人体制に戻る。

長谷川氏は財務局長や同局主計部長などを歴任し、「バランス感覚がある」と評価されており、今回の副知事起用は「順当」という庁内の声は多い。一方の猪熊氏に対しては、女性の活躍推進を公約に掲げた小池知事の意向が働いたのと同時に、過去に女性の副知事起用を求めていた公明党にも配慮したとの声も庁内から聞かれた。

小池知事は9月29日の記者会見で、副知事人事の狙いに関し「これまでまいてきた様々な施策の種を育て、花を開かせていく段階に移行する。私を補佐するトップマネジメント体制も刷新していきたい」と語った。

「今週（9月25日の週）から、この副知事人事案が浮いたり沈んだりした」。ある都幹部は副知事を2増3減とする方針がなかなか固まらず、決まったのは9月28日だと明かした。「知事は国政との関係で打ち出すタイミングを考えていたのではないか」と推測する。

都庁内では、国政進出するのかどうか注視されている小池知事に対して、今回、副知事人事を提案することから続投するのではないかとの見方がある。一方で、幹部職員の一人は「我々の常識を超える発想の持ち主なので、辞任することも想定される。続投することを見せかけたのであれば、話題作りだと考えてしまう」と問題視する。

3副知事の退任は、舛添都政時代から引き継いだ体制を刷新することになる。事業局の幹部は「議会対応に強い副知事を切ってどうするのか。開催まで残り3年を切った五輪を担当する山本副知事が不在で、準備が遅れないか不安だ」と漏らした。別の幹部は五輪担当の後任に対し、「全庁を見てきた政策企画局長でないと難しいのではないか」と指摘する。

副知事人事案に対し、都議会の都民ファーストの会幹部は「基本的に賛成」、公明党都議は「ウェルカムの人事」とそれぞれ賛成の立場を表明しており、5日の本会議で可決される見込み。

今後は2人の後任がポイントとなる。政策企画局長には、知事本局（現政策企画局）理事を務めた遠藤雅彦環境局長や、福祉保健局長4年目の梶原洋氏らの名前が取りざたされている。会計管理局長には、2代続けて中2階局長から起用されており、同局管理部長を経験した土渕裕労働委員会事務局長らが浮上。新任発令は今月16日付になると見られる。

副知事の前を横切る小池知事＝8月8日の臨時都議会で

武蔵野市長選

松下氏が初当選

同市初の女性市長誕生

現職の任期満了に伴う武蔵野市長選が1日に投開票を迎え、新人で元都議の松下玲子氏（47）＝民進、共産など支持＝が3万4166票を獲得し、初当選を果たした。同市では初の女性市長となる。当日有権者数は12万11人（男性5万6695、女性6万3316）。投票率は前回から2・97ポイント増の44・26％だった。

＝3面に関係記事

松下氏は、邑上市政の継続と発展を旗印に「子供・子育て応援宣言」を掲げて選挙を戦った。市政の転換を訴えて保守層の支持獲得を目指した高野恒一郎氏（45）＝自民推薦＝を寄せ付けず、終始有利に選挙を進めた。

松下氏は名古屋市出身。2005年の都議選に民進党公認で初当選し、2期8年務めた。13年、17年の都議選はいずれも次点で敗れた。

松下玲子氏

都議会厚生委

「行政の介入」巡り平行線

子供の受動喫煙防止条例案

都民ファーストの会と公明党が共同で提案している「子供の受動喫煙防止条例案」を巡り、9月29日の都議会厚生委員会で議員同士の質疑が行われた。条例案は家庭内でも子供がいる部屋では喫煙しないことなどを罰則規定のない努力義務として課す内容で、自民、共産両党の質問に都民ファ、公明両党の議員が答弁に立った。

自民党の小宮安里氏は条例案の趣旨について、「子供を受動喫煙の被害から守ることには全面的に賛成」としつつ、「家庭内や私的空間というプライベートに行政が踏み込むことになる」と懸念を表明。「家庭の中を条例で規制するのは見過ごせない深刻な状況があり、具体的な改善が期待できる場合に限るべき。議論が不十分で、拙速すぎる」などと述べ、継続審査を求めた。

これに対し、都民ファの岡本光樹氏は「受動喫煙は、子供の健康被害・生命に影響し得る。自分の意思で避けることが困難という点で、児童虐待に類似するという発想を持つべきだ」と主張。さらに「これまで受動喫煙に関して飲食店でも様々な議論がなされ、何度も頓挫してきた経緯がある。健康被害が明らかになっているにもかかわらず、特に自民党の議論によって条例化が進んでこなかった」と指摘し、「スピード感を持って改革する」と早期の条例制定を訴えた。

また、共産党の和泉尚美氏は、条文の対象範囲などについてただし、「条例の実効性は都民の理解と合意、協力で担保される。都民的な議論の中で合意を作ることが必要だ」と一定の理解を示した。

条例案はきょう3日の同委で採決され、賛成多数で可決する見通し。

起業10年未満の海外進出を支援

都産業労働局

都産業労働局は9月29日、海外進出を目指す起業家向け支援プログラムの受講者の募集を開始した。対象は創業10年未満の起業家で、英語で応対できることなどを条件とした。進出先は米国の東海岸とし、ボストン市にある創業支援団体と事業連携する。募集期間は13日まで。

事業分野は▽メディア▽フィンテック▽ライフサイエンス――など米国東海岸で盛んな産業を想定するが、その他の分野でも応募可能とした。現地の法制度やプレゼンテーションの慣習などを事前に支援するとともに、現地企業を都内に招いたり、インターネット電話などでつなぎ、起業家とのマッチングを支援する。日本の起業家が世界市場でマーケットを獲得できるよう後押しすることに加え、海外企業の目を東京に向けることも狙い。

審査の上、今月下旬までに5社程度を選出。30日から来年1月中旬までプログラムを行い、同2月下旬には成果発信イベントを実施する。都は来年度末までに新たに欧州や東南アジアなど世界6地域を対象に同プログラムを実施する方針で、今回と合わせて計35社程度を支援する考え。

「コミケ」20年も開催

五輪の利用制限緩和

東京ビッグサイト

小池知事は9月29日の記者会見で、東京五輪のメディアセンターとして活用する東京ビッグサイトについて、利用制限を緩和し、日本最大の同人誌即売会「コミックマーケット（コミケ）」が開催できるよう調整していると発表した。知事は「（2020年）5月1日から5日までコミケ関連で使えるようにする」と述べた。今年8月に開催したコミケは3日間で約50万人が来場したが、20年夏の開催が危ぶまれていた。

利用可能になるのは、西・南展示棟の計約5万平方㍍。20年は大会期間を含む5月～9月の利用ができないこととなっていた。併せて同7月～9月を利用不可としていた仮設の青海展示棟（約2万3千平方㍍）も、7月1日～14日と9月10日～30日の利用を可能とした。都産労働局によると、ともに五輪組織委員会と調整の上、決定した。

東京ビッグサイトの利用制限については、9月27日の第3回定例都議会の一般質問で、都民ファーストの会の栗下善行氏が、代替スペースの確保や事業者との調整などについて質問。都側は、当初予定よりも西棟と南棟は2カ月以上、仮設の青海棟は1カ月以上、五輪での利用を短縮したと答弁していた。

都政の東西

創造的破壊

「かつて大臣をやっていた時も1年目はいろんなことを壊した。創造的破壊（の1年）」――。小池知事は本紙が8月に行ったインタビューで就任1年をこう語ったが、最近、衆院選で小池新党に事実上、のみ込まれる民進党の議員が、この「創造的破壊」という言葉をよく使う。解党してでも政権交代を成し遂げるという意味なのだろうが、小池知事主導の政界再編劇を見ていると、その行方はどうも怪しい。

シュンペーターは企業の利潤形成のための意思として創造的破壊（イノベーション）を提唱した。小池氏のこの1年の取り組みは、破壊という点では合点がいく。執行機関と議会や、都と五輪組織委員会、地方との関係を壊して回った。では、その結果、何が生みだされたのか。

確かに、働き方改革では新たな秩序が生まれつつある。だが、市場移転では「築地は守る、豊洲を生かす」との考えだけは示したが、具体的な説明はなく、「民間活力を生かす」という言葉の下、12日から始まる有識者らの会議に「丸投げ」した状態だ。

また都議選では、自民党が歴史的大敗し、小池知事率いる都民ファーストの会が第一党に躍進して新たな議会が「創造」された。これにより、これまで自民党政治の中で遅滞していた受動喫煙防止条例などが進めば創造的破壊と言えるが、他にはそうした事例はあまり見当たらない。

破壊してまで小池知事が都政で創造したかったものは何なのか。その姿は現時点では残念ながら見えにくく、小池知事の意思は「破壊ありき」に思えてならない。創造の姿を示すことなく、本人が都政の場を去ることになれば、後には荒野が残るだけだ。

消えぬ知事の国政進出

豊洲移転ずれ込む懸念も

国政政党の代表となった小池知事。衆院選出馬による知事辞任は否定しているが、既に後継者の検討に入っているとの報道もある。今週になって出馬への動きはトーンダウンしたが、なおくすぶっている。万が一、出馬した場合は辞職のタイミングが焦点となる。懸案の市場問題などを解決しないまま国政に進出すれば、市場移転の時期、豊洲の風評被害の払拭にも影響を及ぼす懸念がある。また、4人続けて知事が任期途中で辞任となれば、都民の政治不信を助長する事態は避けられない。

出馬すれば自動失職に

「後継は誰が出るまで（マスコミは）にぎわっているが、この国会が変わらない限り、都政でしっかり頑張る」。9月28日に日本記者クラブで会見を開いた小池知事は、衆院選への出馬報道に不快感を示し、改めて辞任を否定した。

だが、都庁内では知事の発言をうのみにしない職員が多い。幹部の一人は「知事は策士だから、衆院選出馬を強く否定することで、出馬待望論を強めようとしているのではないか」と見る。

既に小池知事の後継として、元大阪市長の橋下徹氏や元宮崎県知事の東国原英夫氏らの名前が取りざたされている。日本維新の会の柳ヶ瀬裕文都議は現時点で橋下氏の出馬は「ない」と断言した上で、「小池知事にエールを送っている橋下氏の名前を後継として出すことで、知事が辞任するための環境整備をしているのでは」と分析する。

仮に知事が辞任する場合は二つの方法がある。知事が4日に辞職を議長に申し出て、5日の本会議で出席議員の過半数の同意を得る方法。あるいは衆院選が公示される10日に知事が立候補し、自動失職する方法だ。

知事が議会に辞任の同意を求めた場合、知事与党の判断が焦点となる。都民ファーストの会の幹部は「知事が辞任することは想定していないが、万が一、辞任する場合は対応を協議して決める」と話した。公明党都議は「自動失職できるので、仮に議会の同意を求められた場合は反対しても意味がない。辞意を表明することは知事にやる気がないことであり、辞任を認める」と明かした。

知事選なら11月中旬

小池知事が辞任して知事選が行われる場合は、日程がポイントとなる。都議会議長から都選挙管理委員会に知事の辞任を通知した翌日から50日以内に知事選を実施することになる。

22日投開票の衆院選とのダブル選挙は、知事が5日に辞任し、議長が選管に通知した場合、都知事選の告示が同日になるため、日程的に実現不可能だ。都や区市町村の選管の準備を考慮すると10月中の実施は困難となる。

ある都議は「小池知事が率いる希望の党が衆院選で大勝した場合、都民ファとしてはその勢いに乗って知事選に臨みたいので、できる限り早期に実施したいはず」と見ている。

11月の第一日曜の5日は、3連休の最終日に当たり、外出により投票率が下がる可能性がある。仮に知事が10月5日か10日に辞任した場合、選管の準備などを考えると、知事選の投開票は早ければ12日や19日が有力となる。

小池知事が希望の党結成を公表して以降、知事の公務のキャンセルが発生しており、9月30日の六本木アートナイトへの出席を取りやめた一方で、女性ベンチャー促進のためのイベントは一度は欠席を決めたが、急きょ参加した。さらに八王子市制施行100周年式典にも参加すると打ち出した。ある幹部は「硬派なイベントに出席している傾向がある。軟派なイベントに出ると、遊んでいると対外的に思われるのを嫌がったのではないか」と深読みする。

知事が国政進出した場合、知事不在となり、都政は停滞する。最も深刻なのが市場問題だ。新しい知事が決まるまで知事の空白期間が1カ月以上続く見込みだが、豊洲移転の協議などが進まなければ、移転時期がずれ込み、築地の一部を通る環状2号線の側道整備なども遅れる懸念がある。ある市場業者は「市場長が率先して進めないと、五輪に間に合わなくなる」と危機感を示す。

また、小池知事は先頭に立って豊洲の風評被害を払拭すると話していたが、知事の辞任で風評が長期化する恐れもある。別の業者の一人は「知事は希望の党を結成したが、市場業界にどんな希望をつくったのか」と痛烈に批判した。

都幹部の一人は小池知事にこう苦言を呈す。「291万票を取って、わずか1年で辞任したら都民への背信行為だ。小池都政で情報公開は進んだと思うが、市場移転延期など都政を混乱させた責任は大きい。都政をまともに運営できない知事に首相が務まるとは思えない」

冗句ジョーク

今回の衆院選は〝国難対処選挙〟ではなく、〝寄っかかり総選挙〟

「押しくらまんじゅう、押されて泣くな！」

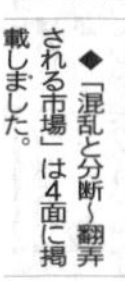

区部大学定員抑制

「到底納得できない」

小池知事

小池知事は9月29日、文部科学省が23区内の私立大学・短大の定員増を抑制する告示を制定したことに対し、「到底納得できない。反対する」とのコメントを文書で出した。同告示では23区内で18年度の定員増と19年度の大学・短大の新設を原則、認めないとした。国は今後、恒久的な法整備に着手すると見られる。

知事は「国益を損なうことにもなりかねない」とも警鐘を鳴らすとともに、同日の記者会見では「弥縫策（びほうさく）だ。そのようなところに解を求めるのが、今の政治の閉塞感を呼んでいる」と述べた。

◆「混乱と分断～翻弄される市場」は4面に掲載しました。

公衆浴場で地域活性化

江戸川区は多世代交流

のれんをくぐると、熱気の中を子供たちが走り回り、大人たちは話し込んでいる。どのまちでも見かけ、「銭湯」の名で親しまれてきた公衆浴場は、住民の清潔さを確保するだけでなく、社交場としても発展してきたが、戦後に都市化が進むにつれて家庭風呂が普及すると減少傾向に転じた。老若男女を問わず訪れやすく地元コミュニティーの形成の場としても利用できる銭湯を維持するため、各地では入浴以外の目的で人を集めようとする動きが盛んだ。区も浴場組合と連携し、区政課題の解決と絡めた利用促進策を充実させている。

健康増進や観光振興にも

江戸川区では、背中を流すことを通じて高齢者と子供の交流を促している

入浴以外の目的で集客

敬老の日に当たる9月18日、江戸川区内に36カ所ある銭湯では、中学生が銭湯に訪れた高齢者に「お背中流しましょうか」と声をかけていた。めったに銭湯を利用することがない生徒も、この日は常連客らと湯けむりの中で会話を弾ませた。

同区生活振興部の彦田義敬参事は「銭湯は日本の文化。子供が高齢者と交わるきっかけとして、後日近所で会ったらあいさつするなど地域コミュニティーの活性化にもつなげたい」と語る。

同区ではほかにも、銭湯をランニング愛好家の「ランステーション」として使ってもらっている。また、銭湯を巡るスタンプラリーの景品として好評だったことから着想し、ピンバッジの交換会会場としても利用する。「ピンバッジは国内外に愛好者が多い。交換会をきっかけに外国人にも銭湯を訪れてほしい」（生活振興部）と銭湯利用者の拡大に期待を寄せている。

集客力を高める取り組みでは、荒川区などが高齢者の健康づくりの一環で浴室での体操教室を実施。葛飾区は浴場組合連合会が主催するウォーキングイベントをサポートしている。職員が区内にある名所や史跡を解説しながら参加者と歩いて回り、最後に銭湯で汗を流す。いずれも、公衆浴場の活性化と区政課題の解決を結び付けて取り組んでいる。

葛飾区浴場組合の担当者は「夫婦やリピーターの参加も多い。区の協力には感謝している」と話す一方で、「都と区の補助金がなければみんな廃業している」と漏らした。

■都が活性化に乗り出し

都内の銭湯数は今年8月末時点で575カ所で、うち23区は521カ所。最も多かった1968年と比較して4分の1以下まで減っている。

背景には家風呂の普及による影響があるが、銭湯経営者の中には「銭湯はマンネリ化している。新規の客層の取り込みや外国人観光客の受け入れなどの変化に対応していかなければ後継者が見つからず、廃業するしかなくなる」と危機感を強める向きもある。自治体からの補助金が命綱となっている状況だ。

区が行う公衆浴場への補助は、バリアフリー化や耐震改修、都市ガスやLED照明器具の設置などのハードの補助と、イベントの情報発信経費などを対象とした活性化事業費補助がある。建て替えや大規模改修などには都が上乗せしている。

文京区内に6カ所ある銭湯がそれぞれアーティストとコラボした絵画や写真作品を飾る「銭湯ミュージアム」を9月30日から開始した文京浴場組合。岡嶋登支部長は「区の補助金はイベント開催に必須だが、企画に慣れてないと使いにくい人がいるかもしれない」と指摘する。ある区の担当者は「浴場組合が積極的に動いている中、行政の補助が行き届いているか気にかけている」と話す。

こうした動きを受け、都も公衆浴場の活性化に向けて動き出し、9月22日に銭湯経営者や利用者、有識者で構成する検討会の初会合を開いた。来年2月に方策をまとめる見通しだ。

都生活文化局は「五輪を見据え、利用者と担い手を増やしていくための方策を考えながら、都の補助メニューも検討していきたい」（生活安全課）と話している。

委員の一人で、中小規模店舗の経営をサポートする㈱ラフィネット総合企画の水井澄人代表取締役は「銭湯の強みは客同士が交流しやすい雰囲気があること。まずは『入ってみよう』と思わせる仕掛けが必要。経営改善の意識が高い層と低い層の間の中間層に対する補助に集中し、成功事例の創出を促すことが業界活性化につながる」と指摘する。

中防埋立地帰属問題

調停原案を両区に内示

江東区86％、大田区14％

江東区と大田区が帰属を主張する中央防波堤埋立地に関し、都の自治紛争処理委員が9月29日、江東区約86％、大田区約14％の面積割合で帰属させる調停原案を両区に示したことが分かった。

原案では、江東区に内側埋立地全域と、外側埋め立て処分場のうち北東側に位置する「その2」全域と南西側に位置する「その1」の一部を帰属させる。2020年東京五輪で競技会場となっている「海の森クロスカントリーコース」（馬術）と「海の森水上競技場」（カヌー、ボート）が含まれる。

一方、大田区には外側埋め立て処分場「その1」のうち、臨海トンネルが接続する西側の一部を帰属させる。都が整備を進めるコンテナ埠頭が含まれる。

都総務局行政部では10月中旬に調停案を示す予定としており、「現在は自治紛争処理委員による調停中で、内容に関するコメントは難しい」としている。また、江東区政策経営部は「現時点で詳細については差し控えたい」とコメント。大田区の松原忠義区長は「軽々に話すことはできず、合理的な勧告を強く期待する」との談話を出した。

豊島区

邪魔な看板、撤去します

路上障害物防止条例を施行

豊島区は1日、歩道に置かれて通行の邪魔になる看板などを撤去する路上障害物防止条例を施行した。23区では昨年12月に施行した新宿区に続く2例目で、豊島区では看板を撤去しない事業者名の公表や、ビル入居者が看板を置いていた場合にオーナーに通知する制度などを初めて盛り込んだ。条例施行に先立ち、9月26日に高野之夫区長や職員、警察、地域住民ら約100人が池袋駅周辺の商店街で啓発活動を実施。高野区長は「安全安心で歩きやすい街にしたい」と意欲を示す。

「歩道への看板設置は条例で撤去対象になります」——飲食店などが立ち並ぶ池袋駅西口のロマンス通り商店街で区職員が店舗スタッフに呼び掛ける。職員の指摘を受けたある居酒屋の店長は、派手な電飾看板を横目に携帯電話を取り出し、本部の指示を仰いだ。「撤去しないと店名公表らしいです」

区土木管理課によると、ロマンス通り商店街周辺だけで約400店舗が歩道上に電飾看板や風船状のエアー看板、のぼり旗、商品陳列台などを設置しているという。同課では「中には畳1枚分の大きさの看板もあり、歩道が使えない歩行者は車道を歩くしかない。池袋のイメージアップのためには、路上看板の撤去は必須条件」と力を込める。

10月から施行した条例では、歩道上に看板などを置く事業者に指導や勧告を行い、改善が見られない場合は、除去・保管に加え、事業者名を公表することとした。路上障害物に関する事業者名の公表は都内初の規定だ。飲食チェーンや不動産業者、携帯電話販売店など、企業コンプライアンス上の不祥事が売り上げに直結する大手企業が自主的に路上看板を撤去するよう促すのが狙いだ。

また、指導段階で店舗側に看板撤去の同意書提出を義務付け、勧告時に店舗が入居するビルオーナーや地権者に通知するのも特徴という。同課では「オーナーはテナントの不祥事を嫌う。抑止力としての効果が期待できる」と話す。今後は地元警察や地域住民らと週2～3回のパトロールを行い、池袋駅や大塚駅周辺などを区の部課長級らが数十人規模で月2回程度巡回指導する。

条例施行をＰＲする高野区長や区職員ら＝9月26日、池袋駅西口で（画像は一部処理しています）

区は2011年5月施行の路上喫煙・ポイ捨て禁止条例と、15年4月施行の客引き防止条例、そして今回新たに施行した路上障害物防止条例を繁華街のイメージアップ策の「3本の矢」と位置付ける。高野区長は「池袋は汚い・怖い・危険の3Kなどと言われた時期もあり、悔しい思いをしてきた。3本の矢で、安全安心・楽しい・美しい街にしていく」と語った。

路上看板の撤去に向けては、新宿区が昨年12月に23区初の条例を施行し、指導を強化している。区交通対策課によると、今年8月までの9カ月間に店舗への指導が延べ約2800件、勧告が約360件、撤去が6件だった。

同区は新宿駅東口・西口や歌舞伎町、西新宿7丁目など9地区を重点地区に指定しており、このうち約60店舗が小滝橋通りの歩道上に看板を出していた西新宿7丁目では路上看板がほとんど見られなくなった。

その一方、歌舞伎町の路地や高田馬場駅周辺の早稲田通りなどでは依然として歩道上の看板が後を絶たないという。区交通対策課では「まだ施行から1年経っていない段階だが、効果や課題を検証した上で対策を進めていきたい」と話している。

連続選挙で対応　掲示板の転用も

葛飾区選管

衆議院選挙の投開票日が10月22日に決定したことを受け、11月に区長・区議選を控えていた葛飾区は連続執行する体制を整えた。衆院選とは2週間しか間がなく、区選挙管理委員会は「綱渡りの日程だ」と話す。

区長・区議選は11月5日に告示し、投票日は12日、開票は翌13日の予定で準備を進めていたが、その前に衆議員選挙を実施する。衆院選は10月10日告示、22日に投開票予定。

これを受け、区選管は区内に435カ所設置するポスター掲示版の設置作業を効率化するため、衆院選の掲示板を区長選に転用することで対応する。

選挙事務に携わる職員への事前研修も、票の枚数確認作業など両選挙に共通する内容の場合は、衆院前の研修でまとめて実施する予定。また、区民が入場整理券を混同しないよう封筒や券の色を変えて送付する。

都に要望書を提出　築地、環2整備を

中央区

中央区と同区議会は9月29日、築地市場跡地の再開発や環状2号線整備の早期着手を求める要望書を都に提出した。移転後の跡地計画の作成に区の意見を反映させることや、大会後に選手村跡地に住宅を開発する晴海地区と豊洲地区を結ぶBRTを、当初の予定通り2022年に運行開始するよう盛り込んだ。

区は「大会まで3年を切った今、具体的な方向性を示さなければ、大会後の円滑なまちづくりはもとより区民生活に重大な影響を与える」と訴えている。

新副区長に柳澤氏

渋谷区

渋谷区は9月28日に開会した第3回定例区議会で、新副区長に福祉部長の柳澤信司氏（61）を選任する人事議案を提出し、全会一致で同意された。9月30日付で任期満了となった千葉博康副区長の後任で、任期は1日からの4年間。

柳澤氏は中大法卒。1981年に入区し、防災課長や総務課長、危機管理対策部長などを歴任し、16年4月から福祉部長を務めていた。

先輩として言わずにいれない

記者席

○……「総理だって総裁と総理を兼ねてらっしゃるわけで、何ら問題はありません」。9月29日の定例記者会見で、知事と政党の代表を務める「二足のわらじ」の弊害を問われ、小池知事はこう返した。

質問では衆院選の影響か、出席をキャンセルしたイベントに再度、出席することにした点にも触れられた。総理を引き合いに出したのは、むきになって思わず出た本音か、それとも相手に想像力をかき立てさせる知事独特の言い回しなのか。

真意はさておき、質問の発端は、舛添前知事が「私は政党代表も都知事も経験したが、まじめに仕事するなら両立は困難」とツイートしたこと。なるほど、経験者だけに言えることだが、残念ながら説得力はゼロだ。

○……9月29日の都議会総務委員会の休憩中、議事堂4階を取材をしていたら、後ろから「総務委員会ってどこ？　ここは何階？」と叫ぶ声が聞こえてきた。振り返ると、都民ファの総務会長の荒木千陽氏が大慌てで職員に3階の第1委員会室まで案内してもらっていた。どうやら北側と南側が分断されている議事堂の構造に不慣れで迷ってしまったようだ。

誰でもそうだが、1年目は慣れないこと、分からないことばかり。多くの1年生議員を政治の道に案内した小池知事は、来る衆院選にばかり目が向いているが、ちゃんと付いてきているか振り返り、道に迷わせないようにしているだろうか。

○……「えらい迷惑だ」。多摩市の阿部裕行市長は、突然降ってわいた解散総選挙による都政の混乱に、そんな言葉をもらした。安倍総理の会見と同日に「希望の党」の結党を宣言した小池知事には「ランナウェイ（逃亡者）にはならないでほしい」と知事職を全うするよう釘を差した。

知事の途中退任が続く中、政治の信頼を揺るがすことにもつながりかねない。

国政は慌ただしく、希望の党への「合流」の動きが相次ぐ。劇場型選挙は地域の代表を選ぶのではなく政権選択の戦いになる。別の市幹部は「知事は関心が得られる絶好のタイミングで出馬するだろう」と諦め顔で語った。

自治体政策のススメ

空気を変える鍵は「アライ」

LGBT施策の課題⑤

渋谷区男女平等・ダイバーシティ推進担当課長　永田　龍太郎

社会の空気を変えるには、LGBT当事者が社会において可視化され、声を上げ、共感の輪を広げることが重要です。しかし、LGBTは「見えないマイノリティー」とも呼ばれ、声を上げるには厳しい現状があります。家族や友人に自身のセクシュアリティーについて打ち明ける「カミングアウト」もままならないのです。

そうした中、期待が寄せられているのが「アライ」と呼ばれる人たちです。

「アライ」とは、英語の「Ally」で、同盟や支援を意味する「アライアンス＝Alliance」が語源となっています。「LGBTアライ」とも呼ばれますが、LGBTも生きやすい社会になってほしいと願っている非当事者を主に指す言葉です。LGBTアライが増え、共に声を上げることが、無知や偏見に打ち勝つ大きな力になり得るのです。

大阪市淀川区など「LGBT支援宣言」を行って支援と啓発に取り組む自治体が現れており、渋谷区では昨年11月、LGBTダイバーシティ＆インクルージョン推進のシンボルマークとして「レインボー・アイリス」を開発しました。

LGBTのプライドや支援を表す代表的なモチーフとして、「6色のレインボー」があります。太陽光をプリズムで分解してできる虹のグラデーションが「多様な性のグラデーション」にぴったりということで、今や6色レインボーは世界共通のモチーフです。このレインボーを区の花「ハナショウブ」のマークにあしらったバッジやシールなどを作成し、イベントなどで配布しています。

「見えないマイノリティー」であるLGBTと同様、アライも目に見えない存在です。アライがレインボーグッズを身に着けたり、オフィス等に飾ることで、支援の意思が可視化され、次なる理解や支援の輪につながります。区は今年度、区内の事業所や店舗で掲示できる小型の「LGBTアライ宣言ポップ（仮称）」を開発し、アライ企業の輪を可視化、拡大することを目指しています。

◆伝統工芸PRサイト開設

◇台東区◇

台東区は2日、区内の伝統工芸を紹介する専用ウェブサイトを開設した。日本語以外に英語、中国語、韓国語版にも対応。フェイスブックやインスタグラムともリンクさせ、リアルタイムな情報を国内外に発信する。区によると、伝統工芸に特化したウェブサイトは珍しいという。

同サイトは、区内で生産される表具やガラス細工を始めとした伝統工芸品のラインナップや歴史、ものづくりを見学・体験できる工房などを紹介する。一人ひとりの職人を紹介したり、ものづくりの体験記を載せるのが特徴だ。

区産業振興課は「ウェブサイトをきっかけに伝統工芸の魅力を知り、興味を持ってほしい。工房に足を運び購入してもらうことにもつなげ、販路拡大を後押ししたい」と話している。

武蔵野市長選
元都議の松下氏が制す
現市政の路線継承へ

新人2人の一騎打ちとなった武蔵野市長選挙が1日に投開票され、元都議の松下玲子氏（47）＝民進・共産・自由・社民・生活者ネット支持＝が、前市議の高野恒一郎氏（45）＝自民推薦＝に倍以上の差を付けて初当選し、武蔵野市政で初の女性首長が誕生した。松下氏は4年前の都議選に次点で破れて以降、地域の住民を戸別訪問して課題を聞き取るなど「市民の声に耳を傾けてきた」と実績を強調。今年7月の都議選では再び苦渋をなめたが、高い知名度を生かし、都議選2年以内の待機児童解消や、中学生までの医療費無償化などを公約に掲げて支持を広げた。

武蔵野市北町の松下氏の選挙事務所には、開票が始まった午後9時過ぎから支援者が集まり始め、松下氏や現職の邑上守正市長と共に、ラジオの開票速報で吉報を待った。午後10時過ぎ、2回目の速報で高野氏に1万票以上の差を付けて当選を確実にすると、事務所は歓声に包まれ、涙を見せる支援者の姿もあった。

松下氏は選挙を応援した市民らに深々と頭を下げ、選挙への参加を感謝。「まずは公約に掲げてきた政策を実現する」と決意を話した。

真っ先に取り組む考えを示したのが2年以内の待機児童ゼロ。同市では吉祥寺に整備予定だった認可保育所が地域住民の反対を受けて中止や延期となる事態が続いている。松下氏は自身も子育て中の母親である点を強調するとともに、「来年度増える446人の定員で足りるのかどうか、市民の意向を調べたい」と話し、実態に応じて整備を進める方針を示した。

邑上市政の継承に関しては、「公平で公正な市政を引き継ぐことをうれしく思っている」と現職の市政運営を改めて評価。共に開票を見守った邑上市長は、7月の都議選で敗れたことを踏まえ、「こんなに勢い良く復活するとは思わなかった」と喜びを表現し、自ら用意した松下陣営のテーマカラーであるオレンジ色のバトンを松下氏に手渡し、市政の継承をアピールした。

邑上市長の肝煎りで、自民党などが問題視して見直しを求めてきた武蔵境駅北口市有地の公民連携での開発について、松下氏はこれまで公開討論会などで「市政初の手法であり、これまで以上に地域の意見を聞いたり、議会で議論するなど、丁寧な対応をとるべきだった」と話していたが、この日は「市で予算も組んでおり、事業を見守っていきたい。手法も問題ない」との考えを話した。

今回の市長選で松下氏は市民代表を強調しており、支援者で武蔵野市を地盤とする民進党の菅直人元総理は積極的に表に立たなかった。投開票当日に会場に姿を見せた際にもあいさつに立つことはなかったが、その後、松下氏とは固く握手を交わし、「縁起がいいから」と目前に迫る衆院選を意識した発言もあった。

一方、自民党の推薦を受けた高野氏は及ばず、同市長選で自民は4連敗を喫した。陣営では保守勢力による市政奪還を期していたが、高野氏は「個人の力不足。政党の看板を背負った戦いではなかった」と敗因を語った。今後については「これで自分の全てが終わったとは考えていない」と話し、活動を模索していく方針だ。

高野氏の市長選出馬に伴う市議補選の結果は以下の通り。

当　東　真理子　25499　自元
　　沖田　豊史　25122　無新

邑上市長（左）とともに万歳三唱する松下氏＝北町の選挙事務所で

武蔵野市長選開票結果（投票率44.26％）

	得票	氏名	年齢	党派	推薦・支持
当	34,166	松下　玲子	47	無新①	民共由社ネ
	17,933	高野恒一郎	45	無新	自

（四角囲みは推薦政党、丸囲みは支持政党）　＝選管確定＝

【解説】「市民参加」で手腕問われる

武蔵野市長選は事実上の野党共闘の支持を受けた松下氏が市民の信託を受け、新市長に選ばれた。

都議選後初の都内首長選ということもあり、都民ファーストの会の動きにも注目が集まったが、結局は前回、前々回と同様に、自民推薦候補と国政野党の支持候補の対決となった。だが、市長選で自民と歩調を合わせてきた公明党が積極的な関与を避けたことは、都議会の勢力図の変化を強く印象付け、他の首長選にも影響がありそうだ。

今後の市政運営では、住民投票制度が盛り込まれた自治基本条例の制定など、市民参加の取り組みが進むかが注目される。一方で、国政で野党共闘が暗礁に乗り上げる中、支持勢力をどうまとめていくかが課題だ。

保育所設置一つとっても賛成と反対が対立する中で、松下氏は広く市民の意見に耳を傾けた上で市政課題の解決に臨む方針を示している。利害の一致しない問題についても、時には市長が決断して前に進めることができなければ市政は前に進まない。多くの市民が納得する形で新たな武蔵野市の姿を示すことができるか、その手腕が問われることになる。（南）

奥多摩町
旧中学校で外国人教育
IT・日本語学校が開校

旧奥多摩町立古里中学校の校舎を活用した「奥多摩日本語学校」がきょう3日に開校する。2015年3月に閉校した校舎を奥多摩町が貸し出し、国内外で日本語教育や人材紹介事業などを行う民間事業者が運営する。出身国でIT系の大学を卒業した外国人を対象に、日本語教育やITエンジニアとしての研修、日本での暮らし方などを学ぶ。奥多摩町は「自治体が校舎を民間に貸し出して日本語学校を運営するのは全国でも珍しいのでは」と話している。

3日から同校に入学するのは、ベトナム出身1人、フィリピン出身3人、インドネシア出身6人の計10人。当初は30人程度の入学を予定していたが、初年度ということもあり、高いIT技術を持つ学生を厳選し、質を確保した。学生らは既にベトナムの現地法人で基本的な日本語を習得している。

日本語学校でのカリキュラムは1年半。午前中は日本語を学び、午後からはITエンジニアとしての養成や、実際の就業を行う。学生が住む施設も校舎内に整備しており、最初の半年間は校内に居住。その後、市内などに住居を移すことを検討している。地域で暮らすことで、日本で生活するための基本的な知識や習慣なども伝える。4日には学生に向けて警察による講習会を行い、日本での文化や習慣の違いから、トラブルや犯罪に巻き込まれないよう指導する。

同町では、日本語学校によって町内産業の振興や定住者増に期待を寄せる。町で生活することで、カリキュラム修了後も学生が定住してテレワークで業務を行うことや、IT専門人材の育成が進むことで、町に企業が進出する可能性も想定する。

日本語学校の学生は半年ごとに募集。次回の入学生は20人程度の予定で、徐々に入学者数を増やしていく考えだ。

町田市
災害時に段ボール提供で協定
避難所生活の改善目指す

町田市は9月27日、災害時にベッドなどとして使用可能な段ボールの提供を受ける協定を、東日本段ボール工業組合と締結したと発表した。同組合との協定は都内の自治体で初めて。

災害時に、小中学校の体育館などでの避難生活は床で就寝することになり、身体面や衛生面で厳しい状況が想定される。協定は、避難所となっている小中学校に段ボール製のベッドやパーテーション、シートなどを有償で提供を受ける内容で、市の要請を受けて全国17カ所の工場から直接送られる。段ボールベッドは100㌔以上の荷重に耐えることができ、保温効果に加え段差で寝起きしやすくなる。

また、市は同時に無償で畳の提供を受ける協定を、「5日で5000枚の約束」プロジェクト実行委員会と締結。災害時に調湿・衛生効果の期待できる畳を全国500店の参加畳店が被災地に提供する。

都産業労働局
島しょ振興に「通貨」導入
スマホで新サービスも

都産業労働局と東京観光財団は2日、島しょ地域の観光振興に向けたプレミアム付き宿泊旅行商品券「しまぽ通貨」の販売を開始した。

1セット1万円分を7千円で販売するもので、ネット上でのみ購入可能。1万円のうち、7千円分は宿泊施設でのみ使用できるほか、残り3千円は島しょ地域の各島の商店や飲食店など、加盟店156店舗で利用が可能となっている。スマートフォンの画面上で利用金額を千円単位で入力し、店側が電子スタンプで画面上に押印すれば決済が完了する仕組み。12万セットの販売を予定している。

また、都が昨年7月にスタートした「東京島めぐりパスポート」も、2日からスマートフォンで利用できる電子版「しまぽ」の発行を開始。11の有人島をめぐり、各島のスタンプとポイントを集めるスタンプラリーに参加して記念品などを受け取れるほか、登録画面を提示すれば、島内の加盟施設で割引などを受けることができる。

調布市
駅前に「トリエ」オープン
大型映画館で活性化図る

調布駅の地下化に伴う駅前再開発ビル「トリエ京王調布」の開業記念セレモニーが9月29日に行われ、大型家電量販店や市待望の映画館などを含む駅直結の商業施設がオープンした。

セレモニーに出席した長友貴樹調布市長は、施設の開業を起点にまちづくりを進めていく決意とともに、「既存の施設や商店と共存・共栄していくためには、来訪者を増やしていく必要がある」と話し、市がバックアップして魅力発信や活性化を進めていく方針を示した。

「トリエ」は「3本の木」を表す造語で、駅前3館のビルの中に、それぞれ専門店などが入居する。もっとも西側に位置するC館には、全11スクリーン・総座席数約1650席を有するシネマコンプレックス「シアタス調布」が登場。「映画のまち調布」を掲げる市では、市内在住の中学生以下の子供や高齢者、障害者に対して、映画の料金を500円補助するサービスを実施。新たな映画館による地域の盛り上げに躍起だ。

また、市では施設の開業に合わせて、「調布100日祭り」を開催。70以上のイベントを行うほか、10月28日には例年から時期をずらした「秋花火大会」を実施する予定だ。

セレモニーに出席する長友市長（中央）

西東京市
フレイル予防は地域再生で
URと協定で取り組み推進

高齢者の入院や寝たきりを事前に防ぎ、地域で長く暮らすことができるよう、フレイル（虚弱）予防という考え方に注目が集まっている。西東京市では昨年末に都内で初めて東京大学高齢社会総合研究機構と協定を結び、「フレイルチェック」の取り組みを始めた。要介護と元気な状態との狭間のフレイルの予防には、心が弱ることも含まれ、社会とのつながりや精神的な活力が重視される。運動や健康管理だけではなく、地域コミュニティーとの関わりによって、継続的な予防を目指す点が特徴だ。

両手の人差し指と親指で輪を作り、自分のふくらはぎを囲めるか。隙間ができてしまうほど余裕があれば、それは筋力の衰えの証で、黄色信号だ。

今年5月に西東京市のUR都市機構ひばりヶ丘団地の集会所で行われた都内初のフレイルチェックには地域の高齢者ら20人が参加。なかなか自覚しにくい衰えの兆候を、東大高齢者総合研究機構が開発したプログラムに沿って診断する。体重減少や運動習慣のほか、友人との交流や買い物習慣の有無もチェック対象だ。

西東京市に住む70代の男性は、スポーツ経験もあり、体力には自信があった。だが、実際にフレイルチェックを受けてみると、運動をしない妻よりも悪い結果に。高齢化で友人との交流がなくなり、思った以上に体力が悪化していた。チェックシートで自分の社会参加が少ないことにも気付いたという。チェックは習慣づけのために2回1セットで、参加者は半年後である今月の第2回にも参加し、この間の改善や問題点を確認する。

市内8カ所の会場で運営を担うサポーターは市の職員ではなく、講習を受けた地域の高齢者だ。市高齢者支援課は「チェックの間にも集会を開き、参加者同士の交流などを進めている。これをきっかけに交流が進んでほしい」と狙いを話す。

これまで都内の自治体では、寝たきりや入院を防ぐための「ロコモティブシンドローム（運動機能障害）予防」を掲げ、地域のジムや公園などでの運動を促すなどの取り組みを行ってきた。

だが、運動そのものを目的とした習慣づけは個人の意思の強さに左右され、定着しにくいのが実情。健康寿命を延ばすためには、積極的な運動やメタボリックシンドローム対策よりも、生活の中で虚弱に陥らないことが重要になる。そのために必要なのが地域コミュニティーの力だ。

■地域再生の手掛かりに

西東京市では5月から実施している団地の集会所でのフレイルチェックの取り組みから更に前進し、8月にUR都市機構と地域の健康に関して連携協力する協定を締結。「超高齢社会における地域づくり」「健康寿命の延伸・健康づくり」「多世代交流の促進、居場所づくり及び全世代型の相談体制の構築」――などの項目で連携する。

同団地では、一部の棟をコミュニティースペースとして改修し、入居者のだんらんやカフェなどに使用している。市は同スペースを地域の交流の場としての利用や、子供の放課後の居場所づくり・学習支援などとしても提供を期待している。

都内自治体では町会・自治会の加入率が年々減少し、特にマンション・アパートなどの集合住宅では交流が希薄になりがちだ。少子高齢化が進む中で地域が包括的なケアの受け皿となるためには、多世代が参加するコミュニティーの構築が不可欠。団地周辺を含むコミュニティーが形成されることで、住環境の向上につながり、URの商品価値が高まるというメリットもある。

市担当者は「社会とのつながりを失うのがフレイルの最初の入り口」と話す。フレイル予防に乗り出す自治体は都内でも増えつつあり、地域の力で健康寿命を延ばす取り組みが広がりそうだ。

「指わっか」で足の筋肉量をチェックする参加者

■昭島市人事異動　1日付　◎印昇任

【課長級】学校教育部庶務課長（学校教育部指導課特別支援教育係長）◎加藤保之

■調布市人事異動　1日付

【課長級】▽生活文化スポーツ部生涯学習交流推進課長（生活文化スポーツ部生涯学習交流推進課長＝生活文化スポーツ部生涯学習交流推進係長事務取扱）半澤清美

■日野市人事異動　1日付

【部長級】▽市立病院事務次長＝診療情報センター長＝診療情報管理室長事務取扱（市立病院事務次長＝診療情報センター副センター長＝医事課長＝診療情報管理室長＝情報システム管理室長事務取扱）日原仁

【課長級】▽市立病院医事課長（市立病院医事課主幹）角明子

■武蔵村山市人事異動　1日付

【課長級】▽協働推進部協働推進課長（健康福祉部生活福祉課長）増田宗之▽健康福祉部子育て支援課長（協働推進部協働推進課長）三條博美▽健康福祉部生活福祉課長（議会事務局次長）田代勝久▽議会事務局次長（健康福祉部子育て支援課長）小林真

■多摩市人事異動　1日付

【課長級】▽企画政策部広報担当課長（企画政策部広報担当課長＝秘書広報課広報担当主査事務取扱）尾崎ゆかり▽くらしと文化部副参事（永山公民館長）古谷真美▽くらしと文化部オリンピック・パラリンピック準備室長（くらしと文化部オリンピック・パラリンピック準備室長＝オリンピック・パラリンピック準備係長事務取扱）澤井吉之▽会計管理者（兼）会計課長（総務部副参事）宮本一義▽永山公民館長（会計管理者（兼）会計課長）小林弘宣

■瑞穂町人事異動　1日付

【部長級】議会事務局長（企画部秘書広報課特命担当主幹）村野隆夫

◆退職　9月30日付

【部長級】議会事務局長　栗原裕之

「君が代」不起立訴訟

減給以上は「違法」の判例多数

「裁量権の逸脱」争点に

都立学校の入学式や卒業式で「君が代」斉唱時の起立を拒否し、2010年～13年にかけて、処分された教員らが処分の取り消しなどを求めた裁判で、東京地裁は9月15日、原告14中6人の停職・減給は違法とする判決を出した。「君が代」斉唱時の起立を教員に求める「10・23通達」が都教委から出された03年以降、同様の理由で処分を受け、訴訟を起こした教員や元教員延べ328人の判決が確定しており、57人・67件の停職・減給の処分が違法として取り消されている。都教委による「裁量権」の逸脱や、通達が「思想及び良心の自由」に反するかが裁判の争点となっているが、一連の判決を受け、現場からは「処分の考え方の見直しが必要になるのでは」との声もある。

これまでの判例では、「君が代」斉唱時の起立や伴奏を命じた職務命令への違反を理由とする停職・減給処分は違法とする判決が多く、2012年1月以降に最高裁で判決が出された裁判では、都側の上告を不受理とした2件を加え、11件中8件が都側の敗訴または一部敗訴となっている。

例えば07年～09年にかけて処分された教員らによる訴訟では、15年に東京地裁・高裁が判決を下し、原告50人のうち計26人の停職・減給処分を違法とした。

また、13年の東京地裁判決では「君が代」不起立で減給1カ月の処分を受けたが再発防止研修を受講しなかった教員への減給6カ月の処分を違法とした。

一方で、戒告や再雇用の取り消しは適法とされており、07年～09年にかけて出された25人への戒告は都教委の主張を認めた。03年に都立高校教員10人が定年退職後の再雇用の取り消しを求めた裁判も、最高裁が「君が代」斉唱時の起立の職務命令を式の円滑な進行を図るための合理的なものとし、原告の上告を棄却している。

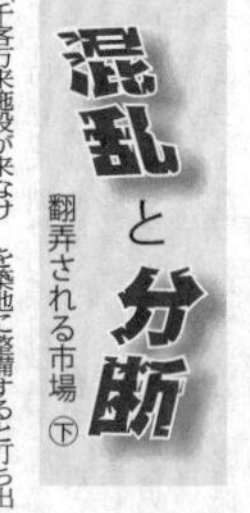

都教委に処分の取り消しや「10・23通達」の撤回を要求する「被処分者の会」（写真奥）＝9月22日、都庁第一本庁舎で

MEMO　10・23通達　学習指導要領に規定されている、入学式や卒業式での日の丸の掲揚や「君が代」斉唱時の起立を教員に徹底させる目的で、2003年に都教委が発布した。同通達の以前は職務命令の根拠がなく、管理職や都教育庁から学習指導要領の内容を通知するにとどまっており、都内の学校では、日の丸・君が代に関する規定が守られているとは言えない現状があった。

■「裁量権」と「憲法」争点に

一連の裁判で争点の一つとなっているのが、都教委の裁量権だ。判例では、戒告については手続き上問題なく進められ、適法と判断されているが、停職・減給は最高裁に「裁量権の逸脱がある」との認識が見られる。

「君が代」不起立の職務命令違反への都教育庁の処分は、1回目は戒告、2～3回目は減給、4回目以降は停職と、処分回数で処分が重くなる形をとっていたが、最高裁が13年に戒告取り消しを求める上告を退けた際、「過去に戒告1回の処分歴があることのみを理由に減給処分を選択した都教委の判断は、社会観念上著しく妥当を欠く」との見解を示し、同庁が処分決定のプロセスを見直した経緯がある。

また、憲法第19条の「思想及び良心の自由」を侵害しているかどうかも争点の一つだ。都教委が03年に発布した「10・23通達」では、「君が代」斉唱時の起立を求める職務命令に従わない場合は服務上の処分に問われることを明記している。

原告側は通達自体を憲法第19条に違反すると主張しており、同通達に基づく処分の一部が最高裁で違法とされたことなどを理由に、通達の撤回と処分の取り消しを都教委に求めているが、処分内容の決定について都教育庁は「個々の案件の事実確認をした上で、過去の処分や判例を参考に決めている」（職員課）と説明。「今後も見直す予定はなく、都教委で議論もしない」と話しており、通達についても「学習指導要領にあるため、通達の変更はしない」（指導企画課）としている。最高裁は12年に原告側の通達撤回についての上告を棄却している。

一連の裁判による現場の反応を見ると、ある校長は「近年では採用面接時に学習指導要領を守れるか確認しているため、現場での影響は少ない」としながらも、「停職や減給の処分は個人的には重すぎると思う。裁判の結果が示すように、都教委は処分決定のプロセスを見直さざるを得なくなるのでは」との見解を示した。

交錯する思惑 戸惑う住民

混乱と分断　翻弄される市場（下）

築地再開発の余波

「千客万来施設が来なければ徹底的に反対運動を展開する。道路に寝そべるなど人海戦術も辞さない覚悟だ」。豊洲新市場の地元住民、小安勤豊洲町会長が厳しい表情でこう語った。小安氏の念頭には小池知事と都民ファーストの会の樋口高顕氏のにぎわい施設「千客万来施設」（千客）を巡る発言がある。

知事が「築地は守る、豊洲を生かす」とした基本方針で「食のテーマパーク」を築地に整備すると打ち出したため、千客の運営予定事業者・万葉倶楽部は、年内に都の基本方針が具体化しなかった場合、都への損害賠償請求を検討する考えを示した。

こうした動きに対し、知事は9月1日の記者会見で「何をもって損害とするのかなどは、法的にチェックしていかなければならない」と牽制（けんせい）。一方の樋口氏は同日の都議会経済・港湾委の質疑で、「法律上は都に賠償責任がない」と明言した。同質問には小島敏郎特別顧問（当時）が関与したと言われている。

地元住民にすれば、千客が併設されずに基本方針のイメージ図の通り、物流基地に特化するような市場になれば、豊洲住民には市場に出入りする関係車両による騒音や交通量の増加などデメリットしか残らない。反発は容易に想像できる。

かつて市場に在籍したある都幹部はこう指摘する。「江東区が豊洲の受け入れ条件とした千客が整備されなければ、（同区は）豊洲開場を認めず、市場移転が止まるとの狙いがあったのではないか。もし仮に開場を認めない事態になれば、築地再整備が浮上しかねない。そうなれば、小島氏の思うつぼだ」

知事は9月9日に実施した地元住民向けの市場見学会に参加。住民と会話したが、肝心の千客については言及しなかった。小安会長は「うまくかわされた」と感想を述べた上で、「住民のことを考えている印象を受けなかった」と語った。地元住民の都への不信感は募る一方だ。

豊洲住民と豊洲新市場を視察する小池知事。千客万来施設への言及は避けた＝9月9日

「食のテーマパーク」

他方、食のテーマパーク構想について、築地市場の地元、中央区はどう受け止めているのか。

「豊洲は物流戦略本部、築地は（日本食材の）ショーウインドーにしたい」。吉田不曇副区長は本紙取材にこう述べた。同区は9月29日に、築地再整備に関して区議会とともに、水・陸交通拠点の整備や環状2号線との車両動線の確保などを都に要望。再整備に足並みをそろえる。

吉田副区長は「豊洲に千客が来ても来なくても、築地に影響はない」と語り、更に踏み込んだ私案もしためる。地下と地上階を交通拠点とし、2階はショーウインドー機能を備える「食のテーマパーク」とする案だ。市場移転延期で苦しい経営を強いられている区立商業施設「築地魚河岸」については「全く心配していない」と話し、移転後の経営環境の反転と再整備による相乗効果をもくろむ。

「食のテーマパーク」への認識は両区で乖離（かいり）している。その主因が知事の基本方針にあるのは明らかだ。

市場移転を巡って錯綜（さくそう）する地元両区の思い。豊洲商友会協同組合の渡辺哲三理事長は「物流と迷惑は豊洲、にぎわいとブランドは築地との印象だ」と顔を曇らす。

ただ移転後の豊洲地域のにぎわい創出に向け、渡辺会長は築地市場の水産仲卸組合・東京魚市場卸協同組合（東卸）との連携を深め、東卸は9月30日に豊洲で開催された祭りに参加。海鮮焼きを住民に振る舞った。

移転日や築地再開発の見通しがつかない市場問題。話が具体化し、関係者が一斉に動き出すのはいつになるか。混乱と分断の修復は容易ではない。＝おわり

技とテクノの融合展2017

中小企業の技術が集結

自動追従ロボット実演

東京信用保証協会（理事長＝村山寛司元都副知事）は9月28日、東京国際フォーラム（千代田区）で、「江戸・TOKYO 技とテクノの融合展2017」を開催した。中小企業同士の連携をサポートするのが目的で、今回で11回目。伝統工芸やIT・情報通信など様々な分野から約280の企業・団体が出展した。

今回は、来場者が商品に触れて体験する実演スペースを拡大した。作業用ロボットの開発・販売会社の㈱Doogは、工場や倉庫での運搬作業に役立つ荷台型ロボットを実演展示。レーザーセンサーを内蔵し、地上30㌢の高さにあるものを検出して自動的に追従する。モードを切り替えることで、あらかじめ床に引いたラインに沿って走行することも可能で、障害物を検出すれば自動的に停止する。

また、「スポーツを支える中小企業の力」として特別展も開いた。スポーツ用品メーカーの㈱ウエサカティー・イーは、バーベルのウエイトを作る職人の技を紹介した。国際大会では重量の4％までなら超過しても規定内だが、同社の職人は1㌘の誤差もなく作り上げることが可能だという。

開催式典では、都産業労働局の藤田裕司局長が「持続的な都市の発展を実現するため、東京、日本の産業を支える中小企業の活性化に取り組みたい」とあいさつした。

テープカットに臨む村山理事長（右から４人目）ら＝９月28日、東京国際フォーラム

豊島区

条件なし時差勤務を導入

23区初　午後出勤も試行

豊島区は1日、特別な理由がなくても勤務時間を選択できる時差勤務を23区で初めて導入した。職員が働きやすい勤務環境を整備することで、ワーク・ライフ・バランスの推進を図り、勤労意欲の向上や業務の効率化などにつなげるのが狙い。

同区の勤務時間は従来、午前8時30分～午後5時15分だったが、時差勤務では行政サービスの低下を招かない範囲で、A～E勤務の5種類の勤務時間を選択できる。具体的には、始業時間が午前7時30分から9時30分までの30分刻みで選択でき、終業時間は午後4時15分から6時15分となる。

最も早い勤務と遅い勤務の始業時間の差は2時間で、勤務パターンは月単位で選択する。利用割合は所属ごとに設定し、例えば夕方の職員数を確保するため、早出を制限する運用も可能になる。

区は7月、時差勤務を試行し、参加した約200人のうち約8割が「満足」「やや満足」と回答していた。

区ではまた、午後出勤（F勤務）も試行する。午後1時から午後9時45分まで勤務し、休憩時間は午後5時～6時。夜間の会議や住民説明会などがある日に限定して利用でき、超勤縮減につながることも考えられる。職員の意見を反映して設定したという。

澤田健人事課長は「時差勤務の導入を契機とし、将来的には時間や場所にとらわれず成果を上げる区独自のワークスタイルを確立していきたい」と話している。

区では6月、育児・介護を行う職員の早出遅出勤務制度も新設している。

危機管理産業展

リスク対処の施策紹介　ドローン実演・展示も

東京ビッグサイトは11日～13日の3日間、「危機管理産業展（RISCON TOKYO）2017」を開催する。今回は特別併催企画「サイバーセキュリティーワールド」のほか、初めて「災害対策ロボット・ドローン実演コーナー」を設置するなど、様々なリスクに対処する施策や取り組みを紹介する。

会場は①防災・減災②セキュリティー③事業リスク対策―の3ゾーンで構成。防災・減災ゾーンでは熊本地震や東日本大震災などから得た教訓や課題を踏まえ、行政や企業、住民による対策などを具体化した製品として、災害対策トイレ、津波シェルター、ワンタッチテント、災害対策ロボット・ドローンなどを展示する。

セキュリティーゾーンでは、2020年の東京五輪や大規模な国際スポーツ大会、国際会議などに対応する入場管理システム、監視・防犯カメラなど最新の資機材・サービスのほか、防犯対策製品、次世代テクノロジー防犯対策などを展示紹介する。

また、事業リスク対策ゾーンでは、工場・現場の事業活動を取り巻くリスク対策として、漏水警報システム、LED警告灯、作業者接近検知システムをはじめ、BCPを意識した衛星通信サービスや非常用電源などを出展する予定。

東京都パビリオンでは首都東京の危機管理をテーマに、総務局総合防災部や青少年・治安対策本部、水道局、下水道局、産業労働局、東京都中小企業振興公社、警視庁、東京消防庁が一堂に出展する。

11日には「首都東京の危機管理」と題したシンポジウムが行われ、パネリストには田邉揮司良・都危機管理監、大塚大輔・消防庁国民保護室長、菅井理博・成田国際空港総合安全推進部次長が出席。コーディネーターは福田充・日本大学危機管理学部教授が務める。

シンポジウムなどは公式ウェブサイトでの事前申込制で、聴講は無料。

都議会都市整備委

築地再開発検討会議で　来年5月に意見まとめ

都都市整備局は9月29日、築地地区の再開発を目的に設置された「築地再開発検討会議」の意見を、来年5月を目途に取りまとめることを都議会都市整備委員会で明らかにした。

同局の山崎弘人まちづくり担当部長は、12日に開催する第1回検討会議で開催頻度などのスケジュールを決め、外部調査の結果なども踏まえた上で、「来年5月ごろに築地のまちづくりの大きな視点を整理する」と答弁。

また、会議での検討状況は業界関係者に報告し、業界団体からの意見も適切に対応すると述べた。具体的な検討方法や再開発の内容は今後、検討会議で議論するとした。

退職後のリアル

しくじり都庁OBの教訓㉘

オール・アバウト・マネー①

老後生活のイメージを

私の定年後の最大の誤算は、老後生活プランの失敗だった。「何とかなるだろう」という大雑把な経済感覚と現実を直視しない楽観主義から、老後破綻の寸前まで行くことになった。

公務員生活を続けてきた人たちの多くは、現役時代に経済的な苦労が比較的少ないこともあり、私同様にあまり経済感覚がないのではないかと思われる。それはそれで何事もなければいいことなのだが、問題なのは、そうした人たちは一度、苦境に陥ってしまうと、立ち直りが困難になることである。

私も決して例外ではなかった。経済危機に追い込まれ、崖っぷちで立ち往生し、再就職を巡って「使えない元公務員」の悲哀を嫌というほど味わった。

私のようなしくじりがなくとも、最近では年金の目減りが現実化するなか、公務員の老後といえども決して安泰とは言えない。「将来、年金をいくらもらえるのか」「老後にはどんな生活が待っているのか」は最大の関心事になりつつある。

年金の受給額は各年金の加入期間、給与や賞与などを基に計算されるため、正確な年金額は退職間際にならないと分からない。政治や経済の事情で何度も改正を繰り返してきた結果、複雑極まりのない年金制度は分かりにくい。

しかし、そうした事情があるにせよ、全く分かっていない人が多いことにも驚かされる。「公務員として30年以上も真面目にやってきたのだから、まあ何とか生活できるくらいの年金はもらえるだろう」などと、漠然と考えている人が多いと思う。

そこそこの貯えのある人は別としても、せめて現在の給料と比較してどの程度少なくなるのかくらいは知っておく必要がある。その上でアバウトでもいいから生活のイメージはもっておいてほしい。

そこで定年後の生活をリアルに見つめるため、私の実体験も含めてオール・アバウト・マネーについて考えてみたい。

（金子雅臣）

五輪への航海図 ⑭214　TOKYO 2020

開催まで あと1025日

入賞メダル開発

イノベーティブな工夫も

五輪組織委員会は、オリンピック・パラリンピックの入賞メダルのデザインをコンペで選定する。今秋にも応募受け付けを開始し、2019年秋の1年前イベントで発表する予定だ。

五輪のメダルのデザインには明確な規定があり、表面には「第32回オリンピヤード競技大会」という正式名称とギリシャ・パナシナイコスタジアムに立つ勝利の女神ニケを、裏面には大会エンブレムと競技・種目名を描く必要がある。パラリンピックは制約が少なく、パラリンピック・シンボルを含むデザインのほか、競技大会名、競技・種目名を入れることになっている。競技・種目名はメダルの縁に刻印することも可能だ。東京大会ではリオやロンドンと同じく、直径85㍉・重さ500㌘・厚さ10㍉以上を想定。素材は既に、携帯電話などの小型家電を回収し、再生金属を使用する準備が進んでいる。

デザインには高度な専門性が必要であることも踏まえ、マスコットやエンブレムのような公募ではなく、参加資格を設けたコンペで平面デザインと立体（レリーフ）の二段階で審査する予定。

リオ大会のパレード終了後、報道陣にメダルをかざす体操の内村航平選手ら＝16年10月

また、「伝統の上に斬新さを加えたい」として、「新進気鋭の若手」を登用する考えも示した。芸術大学生を含め、立体造形物の製作実績を持つデザイナーを想定する。アスリートの視点を重視し、審査メンバーにアスリート出身者を入れる方針も盛り込んだ。

応募要件の詳細は今後詰めるが、仮にグラフィックデザイナーが優れた図柄を考案したとしても、立体的に再現できるかが重要になる。なお、ロンドン大会ではオリ・パラでデザイナーが1人ずつ選定され、五輪はインダストリアルデザイナーが、パラリンピックはジュエリーデザイナーが製作を手掛けている。

リオ大会ではパラリンピックのメダルを振ると音が鳴り、視覚障害者にも分かるギミックが仕込まれていた。こうした工夫はIPCなどからも期待されているといい、組織委は「同じようなギミックを施すのか、他の形でパラリンピアンが触って分かるメダルにするか。何らかの工夫を検討したい」とした。「イノベーティブなメダルを目指す」（中村英正企画財務局長）という。

昇任試験対策のページ

平成30年度 主任試験講座 －2－

平成29年度の東京都主任級職選考の筆記考査が9月24日に行われました。I類の教養問題Aでは、各選考区分の平均点が前年とほぼ同一だったことから、難易度は同程度だったといえます。また、出題分野ごとの傾向に関しては例年と大きな差はありませんでした。

今回は、勉強方法の概論と29年度筆記考査について、出題傾向を述べていきます。

勉強方法

択一式問題

平成18年度の制度改正により、I類の教養問題A「択一式」の出題数及び出題分野が変更になりました。問題数が増えた分、分野ごとに幅広く知識を問われることになりますので、択一式問題もしっかりと勉強しておく必要があります。ここでは出題分野ごとの勉強方法の概論について、平成29年度からの出題構成の変更点を踏まえながら述べます。

【統計資料の見方】

統計に関する知識、定義の理解が必要となります。平成29年度からは資料解釈が廃止され、統計データの分析から2題出題される形に変更となったため、『職員ハンドブック』の統計データの分析部分の熟読が不可欠となります。過去問題から出題形式を分析し、解答に必要な知識や計算方法を身に着けましょう。

対象分野の広い法律科目に比べて「統計資料の見方」の対策は後回しになりがちですが、慣れれば確実な得点源となりえるので、地道な取り組みを進めていきましょう。

【基礎的法令】

I類のみ、憲法と行政法について出題されます。この分野は知識がものをいいます。コンパクトにまとまった参考書等で知識を整理するとともに、過去問題や問題集を数多くこなしていきましょう。法律科目の全てに共通することですが、その際、忘れずに根拠条文にあたることも大切です。また、平成29年度からは、基礎的法令の知識が重視され、行政法の出題数が7題から10題に増えました。

なお、法律科目の勉強が初めてという方は、まず憲法から取りかかってみましょう。

【地方自治制度】

これもI類のみの出題となります。この分野も正確な知識を身に着けることが重要となりますが、法律の範囲が広いので、過去問題の傾向をみながら、なるべくコンパクトにまとまった参考書等で知識を整理するとよいでしょう。過去問題や問題集を数多くこなすこと、不明な点は根拠条文にあたることが得点への近道となります。また、併せて直近の改正内容についても、関係資料に当たるようにしましょう。地方自治法は、言うまでもなく地方自治に携わる者としては基本となる法律です。筆記考査対策ということを契機に、理解を深めるようにしましょう。

【地方公務員制度】

I類、II類とも出題されます。この分野もやはり知識がものを言います。法律は短いので、直接に法律を参照しながら参考書等で知識を整理し、過去問題や問題集を数多くこなすこと、不明な点は他の法律分野と同様に根拠条文に当たることが得点への近道となります。数多く問題をこなすことによって知識が確実なものとなりますので、問題集については、少なくとも2回、できれば3回は繰り返して解き、不正解の問題については徹底的に解説や根拠条文に当たるようにしましょう。

【都政実務】

都政実務は、都職員としての日々の業務に密接に結びついた分野からの出題となります。出題数も多いことから確実な得点源としたいところです。まずは『職員ハンドブック』の熟読が基本となりますが、その他にも必要に応じて各種の手引き等も精読し、数多くの問題演習をしてください。そのため、過去問題を解くなどの対策はもちろんのこと、日々の仕事の根拠を改めて確認したり、疑問に感じたことをその都度調べたりするような地道な取り組みも重要となってきます。このような取り組みは、今後も仕事を進めていく上で非常に大切となります。

なお、平成29年度からは、「人事」「文書」「財務」等の主要分野を中心に、出題数が13題程度に減少しました。

【都政事情】

この分野は、試験直前に集中的に取り組むことをお勧めしますが、都の基本方針や各局の主要事業、計画等の中から基本的な内容については、日頃から新聞や都政新報、「とちょう――i」などに目を通しておくとよいでしょう。その際、全ての内容を正確に理解・記憶することが難しいと思いますので、自分に合った方法で、情報収集をしておくと、直前の労力軽減につながると思います。

なお、平成29年度からは、都政実務と合わせて、出題数が20題、うち都政事情は7題程度に増加しました。

論文

本講座では取り上げませんが、AI類の論文では、2時間30分で1500～2千字程度の論文を作成します。論文では、問題意識・問題解決力・論理性・表現力等が問われることになります。最初に論文を書き上げるのはなかなか大変ですが、5月の連休明け頃を目安に、まず一本書くことを目標にしましょう。そして、先輩や上司の方に見てもらい指導や添削を受けるようにすることが大切です。

なお、平成29年度から論文についても出題形式の見直しがありましたので、新たな出題形式については必ず確認しておきましょう。

29年度出題傾向

出題傾向

29年度筆記考査の傾向を出題分野ごとに述べたいと思います。

【統計資料の見方】

「資料解釈」が廃止されたため、「統計データの分析」のみ2題出題されました。いずれも、定義や計算式を覚えていれば解けた問題でした。

「統計のデータの分析」については『職員ハンドブック』第9章第3節に記載されている用語の定義や計算式を着実に身に着けることが求められます。

【法律分野】

平成29年度から行政法の出題数が従来の7題から10題に増加しました。それ以外は憲法3題、地方自治法10題、地方公務員法10題と、従来どおりでした。過去に出題された分野からの出題も多く、各分野に関する正確な知識や理解が求められるという本質については、これまでと変わらないといえるでしょう。

対策としては、時間の許す限りより多くの問題を繰り返し解くとともに、解答、解説をしっかりと読み、理解を深めていくことが必要不可欠となります。特に間違えた問題については参考図書などで調べ、根拠を確認することが大切です。

【都政実務】

平成29年度から出題数が従来の15題から13題に減少しましたが、全体に占めるウエートが依然として高い分野です。また、地方自治法や地方公務員法とも密接に関連し、さらに論文対策にも役立つため、非常に重要な分野といえます。

対策としては『職員ハンドブック』を十分に読み込んだ上で、過去問題や問題集を数多く説きながら知識の定着を図っていくことが基本となります。日頃の業務でも密接に関わる事項ですので、前述したように、疑問に思った点は規則等の根拠に直接当たって内容を確認するなど、知識を確実に自分のものにしていくことが求められます。

【都政事情】

平成29年度から出題数が従来の5題から7題に増加しましたが、過去の出題と同様に、都の施策に関する計画や調査ものからの出題が中心でした。正答のためには、「とちょう――i」に取り上げられた重要発表事項等を中心に、都政に関して幅広い知識を身に着けることが重要です。その際、過去問題の出題形式を参考に、どの部分が出題にされやすいかを意識して、情報を整理しておきましょう。

また、各自の担当職務の域を超えて都政全体を把握しようとする姿勢や取り組みは、まさに主任級職員に求められるものです。単なる試験対策というだけではなく、自己啓発という意味でも大変有意義な良い機会と捉えてみてはいかがでしょうか。

さて、いろいろな心構えなどについて述べてきました。この講座は来年の筆記考査直前まで約1年間掲載します。皆さんの対策や勉強の一助となるよう執筆していきますので、一緒に頑張っていきましょう。

次回からは、29年度の教養問題A（択一）の各問題を詳しく解説していきます。

訂正　3月28日付の29年度主任試験講座「都政実務(3)」の問題2の選択肢①が正答となっているのは誤りでした。通勤経路から逸脱した場合の通勤災害認定要件に関して「逸脱または中断する前後の経路についても、通勤による災害と認められなくなる」という表現は誤りで、「その間及びその後の移動中の災害は除かれる」が正しい表現です。よって同問題は正答なしとなります。

平成30年度 カレントトピックス 02

社会事情

■国民生活の世論調査結果（8月26日）

内閣府は26日、国民生活に関する世論調査の結果を公表した。調査は6～7月、18歳以上の1万人を対象に個別に面接調査を実施し、6319人が回答した。それによると、現在の生活に「満足」とした人は、前年より3・8%増え73・9%と過去最高になった。年齢別にみると、「満足」とする者の割合は18～29歳及び30歳代で、「不満」とする者は50歳代で、それぞれ高くなっている。

これに関連して、前年と比べ生活が「向上している」と答えた人は6・6%（同1・1%増）、「同じようなもの」は78・4%（同1・7%増）、「低下している」は14・7%（同2・8%減）だった。

また、「今後、政府はどのようなことに力を入れるべきか」（複数回答）では、最も多かったのは「医療・年金等の社会保障の整備」（65・1%）、「景気対策」（51・1%）、「高齢社会対策」（51・1%）と続いた。前年と比べると、「防衛・安全保障」が31・9%から36・2%に増加。内閣府は「北朝鮮によるミサイル発射が相次ぐなど、日本の安全保障環境が一層厳しさを増していることが、国民意識に影響したのでは」との見解を示している。

■「キッズウィーク」導入へ（9月8日）

政府は8日の閣議で、自治体ごとに公立小・中学校、高校の長期休暇を分散させてつくる大型連休「キッズウィーク」の導入に向け、学校教育法施行令の改正案を決定した。

改正案では、大学を除く公立の学校の休業日について、夏休み、冬休み、学年末などに加え、「家庭や地域での体験的な学習活動のための休業日」を市町村や都道府県の各教育委員会が定めると規定した。休業日の設定に当たっては、「各地の教育委員会が休業日の時期を適切に分散させて定める」としている。

改正政令は、直ちに公布、施行され、政府は来年度以降の導入を全国の自治体に呼び掛ける。また、子供と親が休暇を共に過ごせるよう、親も学校の休業日に合わせて有給休暇を取得できる環境の整備に向け、経済団体とも連携していくこととしている。

■北朝鮮への制裁決議を全会一致で採択（9月12日）

北朝鮮が9月3日に6回目の核実験を強行したことを受け、国連の安全保障理事会で日本時間の12日朝、新たな制裁決議が全会一致で採択された。

決議では、当初アメリカが草案に盛り込んでいた北朝鮮への原油の禁輸は除外され、原油の輸出量は事実上、現状が維持されることになり、厳しい制裁に慎重な中国やロシアに配慮した形となった。

一方で、北朝鮮へのガソリンや灯油などの石油精製品の輸出量には来年以降、年間200万バレルを上限とする新たな規制が設けられた。

このほか各国に対して、北朝鮮からの繊維製品の輸入を禁止し、北朝鮮の出稼ぎ労働者に新規に就労許可を与えることも禁止している。

この決議を受け、安倍内閣総理大臣は「北朝鮮に対する格段に厳しい制裁決議が迅速に全会一致で採択されたことを高く評価する。今後、国際社会でしっかりとこの決議を履行していくことが求められる」と述べた。

平成30年度 主任・係長 論文講座 2

書き方のポイント ①

今回から2回にわたり、論文試験の学習を始めるに当たっての事前準備や、論文構成の概略等を説明していきます。

これから論文試験に向けて、忙しい仕事の合間に学習を進めていくには、効率的に準備を進めなければなりません。皆さんの学習を少しでも効率的に進めることができるよう、事前準備から直前対策までのポイントを解説していきます。

事前準備

(1) 過去の出題の確認

まず、自分が受験する種別について、過去にどのような問題が出題されていたかを確認することから始めましょう。

例えば、都の主任選考Aでは、毎年出題数が2題あり、都政または所属局の事業の課題に関すること（都政もの）と職場に関すること（職場もの）が出題され、どちらか1題を選択して解答します。都政ものと職場ものとでは、試験対策として、少し異なる学習が必要になります。そこで、これから自分がどちらに重点を置いて学習を進めていくのかイメージを持つためにも、まずは過去の出題を確認しておきましょう。

具体的には、過去10年分くらいの出題を確認し、出題傾向を把握します。

都政ものであれば、なぜその年にその出題がされているのか、自分なりに分析してみましょう。その年の前後に注目された都政の動きなどが見えてくると思います。

また、職場ものについては、表現は異なるものの繰り返し問われている論点などの特徴が見えてくると思います。

(2) 出題テーマの予想

次に、過去の出題状況等から、次年度の出題を予想してみましょう。

都政ものでは、最近注目されている都政の動きについて、答申や計画、議会における知事の所信表明などを参考に調べてみると良いでしょう。

また、知事の定例記者会見や日々の報道発表をチェックするよう心掛け、自分の仕事以外の分野についても、日頃から関心を持つように心掛けましょう。

都政ものは、都政に関する知識の蓄積や、都政を分析した上での出題予想の当否が解答に大きく影響します。こういった知識や分析力は一朝一夕では身に着かないので、日々の積み重ねが1年後、大きな力となり試験に生きてくるはずです。

職場ものでは、予算や人員などについての方針や計画を確認するようにしましょう。予算や人員に関する最近の状況について的確に書かれています。

職場ものについては、ある程度論点が絞られているため、大きく予想が外れることがないという利点があります。このため、本番の試験でも職場ものの課題が選択されることが多いようです。職場ものは、①事務の改善・効率化②職員の育成・活用③組織の活性化④都民対応・都民との信頼関係――の以上四つのテーマについて、事前に論文を準備しておくと良いでしょう。

(3) 合格水準の確認

次に、論文の合格水準について把握しましょう。

効率的に学習を進める上で、試験ではどの程度のものを書けば合格できるのか、最終的な仕上がりの水準を知っておくことが重要です。試験合格者の再現論文や、書店に並んでいる模範論文集等を入手して、10本程度の論文に目を通し、合格水準のイメージを持つようにします。

合格水準の論文を読んでいくうちに、論文の構成や課題設定、提案等の内容のレベルが分かってきます。また、集めた論文中に優れた文章表現や課題解決策等があれば、自分が論文を書く際の参考にもなります。

ただし、このような合格水準の論文を丸写しして覚えても意味はありません。先にも触れましたが、論文試験では暗記力ではなく、その場で考えて論述する論理性や表現力が求められています。合格水準の論文はあくまでも参考にとどめ、自ら考えて論文を完成させることが大切です。

(4) 情報収集

先の出題テーマの予想でも触れましたが、論文に関する情報を収集しましょう。

前回の本講座でも述べましたが、論文は基本的に「状況把握」→「分析・解釈」→「提案」という展開で書いていきます。この展開を見ると、論文を書くに当たっての最初の作業は、「状況把握」から始まるということが分かると思います。

まずは、都政を取り巻く周辺環境や都庁の内部環境について定期的に最新の状況を情報収集し、常に更新するよう心掛けましょう。これらの客観的事実は、都政もの、職場ものに共通して必要な基礎的知識になります。

次に、都政ものであれば、都のホームページや知事の定例記者会見等の情報源を基に、都が現在行っている施策をしっかり把握するようにします。また、都の施策の特徴や先進性を理解するという観点から、国や他の自治体の施策等も調べておくのも良いでしょう。

職場ものでは近年、現実に生じているような具体的な事例が出題されています。まずは、日頃から問題意識を持ちながら仕事に取り組んでいく姿勢が大切です。そして、日々感じる課題や、実際に改善した事例などを書きとめておくと良いでしょう。

また、事務の改善や効率化について、民間企業の取り組みを調べておくと、提案を考える際の参考になると思います。

論文試験は、仮に同じテーマの出題があったとしても、そのテーマが出題された時代背景が異なれば、論述すべき内容も異なってきます。論文の土台となる的確な状況把握のためにも、情報収集は非常に重要であると言えます。

論文作成

(1) スケジュールを立てる

今後、自分が重点的に学習していく論文について、都政ものにするのか職場ものにするのかを決めた後、実際に書き始めることになりますが、最初は、所定の字数に従って書き上げるまで、想像以上に時間を要することになると思います。その後、上司や先輩に添削をしてもらいながら、論文を合格水準まで高めていくには、それから更に日数がかかることになります。

このため、仕事の繁忙期やご家庭の状況等も踏まえて、長期的なスケジュールを立てておくことが必要となります。

(2) レジュメの作成

実際に論文を書くに当たり、初めから試験で課せられる所定の字数を書こうとしても、まとまりのある文章を書くことはなかなか困難であると感じるかもしれません。そこで、まずは論文の構成順に、レジュメを作成することから始めることをお勧めします。

▽出題に対しての状況把握▽状況の分析▽分析に基づいた課題の設定▽課題に対する解決策の提示▽まとめ――以上を箇条書きで書き出し、それぞれの項目についての概要をまとめるようにすると良いでしょう。その際、説得力と安定感のある論文とするため、課題設定と提案は、題意に最も的確に対応しているものを三つ選んでまとめていくのが一般的です。

(3) 論文の作成

骨格としてのレジュメが出来たら、そのレジュメを中心に肉付けをしていきましょう。肉付けしていく中では、冗長な文章にならないよう、適切な表現を使うように心掛けます。表現については、都の計画や要綱を参考にすると良いでしょう。

なお、試験は手書きですが、この段階ではパソコンで文章を作成する方が効率的です。字数の確認や文章の入れ替えなど、論文の添削を受けて完成論文が出来上がるまでは、パソコンで学習を進めることをお勧めします。

なお、前回の本講座でも述べましたが、都主任選考A（ただしAII類の所属局の事業の課題について論述する問題を除く）については、平成29年度の選考より、自らの視点で課題を抽出、分析し、現実的かつ具体的な解決策を論述するため、課題文に資料等を添付し、詳細な状況設定を行う形式に変更されましたので、人事委員会事務局が示す論文採点の考え方等をよく読んでおく必要があります。

(4) 添削指導

論文が完成したとしても、自己満足的な論文では意味がありません。客観的な意見を採り入れるために、作成した論文は上司や先輩に添削をお願いしましょう。

また、文章には人それぞれ表現に個性が表れますので、バランスの良い文章を作るという意味で、論文は2～3人程度の複数人に添削してもらうと良いでしょう。

直前対策

試験前には、制限時間や字数等、本番と同じ条件の下で、実際に手書きで論文を書く練習を必ずしてください。論文試験は長丁場ですが、実際の試験では時間の流れが予想以上に早く感じるものです。時間内に論文を書き上げられないという最悪の事態は、絶対に避けなければなりません。

一方で、時間を気にするあまり、内容を飛ばして論旨が一貫しない文章となってしまったり、後半、急に字が乱雑になったりしないように気を付けなければなりません。そのためにも、レジュメ作成や各章を書く時間配分を意識しながら手書きで書く訓練が必要不可欠です。

以上、事前準備から直前対策までのポイントについて解説してきましたが、これらの他にも、日頃から仕事に対して問題意識を持って取り組んでいくことが論文の完成度を高めることにつながります。

仕事と切り離した特別な勉強として試験準備を進めるのではなく、仕事の中で考えて行動していくことが大切です。

□　□

次回は、論文の構成について解説していきます。

Art·Essay&Opinion アート・随筆・オピニオン

届け！若者からのメッセージ

墨田区選挙管理委員会事務局 藤原 聖一郎

若年啓発グループinすみだ（仮）

18歳選挙権ムーブメントの熱気を冷ますな

「若年啓発グループinすみだ（仮）」（以下、若年G）を紹介する前に、「選挙啓発活動」という言葉を聞いて皆さんはどういったことを想像するでしょうか。選挙期日が近くなると街頭などで行うティッシュ配りを想起される方や、中にはあまりピンとこない方もいるかもしれません。事務局では選挙が行われる際に実施する「選挙時啓発」以外に、選挙がない時期にも「常時啓発」を行っており、実は後者の方により多くの時間を割いています。

昨年7月の参院選で初めて国政選挙で18歳選挙権が適用されましたが、それと同時に常時啓発に新しい難題が降りかかりました。「投票率向上」という啓発の効果が見えづらい課題に、「若年層の」というワードが加わったことでますます難しくなりました。

これまで連綿と続いてきた啓発スタイルを刷新する必要性について、事務局内で何度も検討を重ねました。その議論の中から、昨年起きた18歳選挙権という一大ムーブメントの熱気を一過性のもので終わらせず、その熱量を今後に伝えうる存在として若年Gの立ち上げ案が生まれたのです。

若年啓発グループによる検討会

連携先の模索

こうした経緯で、啓発活動に意見をしてくれる若者を実際に集めようという段階になり、一つ大きな壁に直面しました。現在、23区で唯一大学・短大のキャンパスがない当区にあっては、事務局との連携を呼びかける対象の選定に困っていました。若年Gの立ち上げに関して、先進事例として参考にさせていただいた岐阜県関市のIKOMAIプロジェクトもメンバーの多くは市内の大学生で構成されるチームでした。そこで、過去の選挙時に期日前投票所などで投票立会人としてご協力いただいた方々をターゲットの中心に据え、区の公式SNSも活用して広く公募することになりました。

果たして若者は集まるのか

若年Gの第1回検討会は8月4日に開催しました。担当者の最大の不安は全く人が集まらないことでしたが、それも杞憂に終わり、18歳から27歳までの5人（男4・女1）に集まってもらいました。大学生から育児中のメンバーもおり、様々な意見が期待できました。自己紹介では「生まれ育った墨田区のために何かしたくて応募した」という心強い表明もありました。

検討会は大学のゼミのようなイメージで、初めに選挙啓発の課題をメンバー間で共有しました。「若者が選挙に行かないとどうなるの？」といった観点から、それが分かりやすい例として過去に行われた大阪都構想の住民投票やイギリスでのEU離脱の投票結果を引き合いに出し、事務局職員が講義を行いました。世代間で意見が違った場合に、若年層の投票率が低かったため若者の意見が通らなかった事例紹介は、メンバーも大変興味を持って聞いていたようでした。課題を共有した後、検討会のメーンの議題である新しい啓発グッズの選定を行いました。

職員では思いつかない啓発グッズ

〝今までになかった啓発グッズ〟というテーマでの選定にあたり、まずは現在の定番となっている物をいくつか紹介しました。

例えば、ポケットティッシュ、紙風船、ごみ袋、クリアファイルといった物です。それらのメリットとデメリットについて比較し、新しいグッズを選ぶ際の参考としました。事務局では、事前に数社の業者に協力を依頼し、様々な啓発グッズのサンプルを提供していただきました。そのおかげで、実際にグッズを見て、触って、活発な意見交換ができました。

若者たちが選んだ啓発グッズのふりかけ

こうして集まった多くのグッズから選ばれたのが、今回初めて事務局が作成した「ふりかけ」です。グッズを渡された時に抱く〝選挙×ふりかけ〟の「意外性」や「違和感」が選定の決め手となりました。

また、パッケージに貼付するシールのキャッチコピーも若年Gに考えてもらいました。「未来は自分の手で決めよう～Let's go vote～」。若者から有権者へ届けたいメッセージです。

今後の展開について

7日と8日に墨田区の錦糸公園で開催されるすみだまつりで、事務局が啓発コーナーを出店する予定です。若年Gには、自分たちで選定した「ふりかけ」を来場者に配布するという経験をしてもらいたいと企画しています。ぜひ、皆さんにもご来場いただき、新しい啓発グッズを手にとってもらえればと思います。

若年Gはまだ立ち上がったばかりで人数も少ないですが、今後、草の根運動的に広がっていってほしいものです。そして遠くない将来、若者たちが選挙や政治に関する課題を自分事と捉え、メンバーのモチベーションを原動力として自ら回り始め、周りを巻き込む大きな渦の中心となってくれたらとてもうれしく思います。

シルクロード特別企画展 ▷▷▷東京藝術大学大学美術館

「素心伝心」―クローン文化財　失われた刻の再生

日本発で世界初

最初の一歩で奈良・法隆寺の金堂に入る。復元かと思うが、実はこれがクローン空間。中央に鎮座するのは門外不出のはずの釈迦三尊像。それを焼失前の鮮やかさを保った壁画が囲んでいる。読経が響き香も漂っている。

現在の金堂壁画は1949年の火災後に再現模写されたもの。東京藝術大学は、ガラス乾板写真ほか残された美術資料を徹底検証し、デジタル技術によって統合、質感や彩色の再現は人の手によって、焼失前の壁画再現に成功した。

焼失以前に戻るということは、飛鳥の創建当時に近づくということ。釈迦三尊像では高度三次元デジタル画像処理技術を駆使し、元はこうであったという姿に迫った。

脇侍は左右を入れ替えられ、大光背の周囲には飛天が取り付けられ、仕上げにはこの大学ならではの芸術的感性と手わざを動員、金銅を削るやすりの制作には江戸やすり職人の協力を得るなど芸術の魂が吹き込まれた。これが、先端科学技術と芸術の融合によるクローン文化財である。

その特徴は、北朝鮮、高句麗遺跡復元室に移ってさらに明らかになる。百済、新羅など朝鮮半島文化に比べ、北方に位置した高句麗の研究はこれから。

中でも世界文化遺産の江西大墓、四神図のある玄室は、奈良・キトラ古墳壁画との関連で注目されている。だが玄室が地下にあり、壁画も花崗岩の壁面に直接描かれているため劣化が著しい。そこで数少ない資料を基に、鮮明な原寸大画像を壁のざらざらした石の質感も含めて再現した。

法隆寺はシルクロードの東端に位置する仏教美術の拠点。本展はその道を逆にたどって、各地で花ひらいた仏教美術を、本物以上に本物の、クローン文化財によって開催する世界初の美術展だ。

たとえば華麗な美しさで知られながら、保存のため非公開になっている中国・敦煌の莫高窟・第57窟。2001年に爆破されたアフガニスタン・バーミヤン東大仏の上の天上壁画。現地から流出後に戦火にあって焼失した新疆ウイグル自治区のキジル石窟壁画。どれも消滅の危機にある、また既に消滅した文化財を、クローンの技術で再現した成果である。

単なるコピーではない。高精細、短時間、低予算で再現ができる。移動も容易だから各地での展示や移動美術館も可能。芸術の精神性も含めて、人類の文化遺産を広く普及し、次代の創造につなげることができる。

東京藝大では、クローン文化財を発祥の地に里帰りさせる計画を持っているという。日本だからこそできる、日本がするべき、世界文化への貢献だ。

◇

本展は、東京藝術大学大学美術館本館3・4階で10月26日まで開催。観覧料は一般千円（中学生以下は無料）。問い合わせはハローダイヤル03・5777・8600。

風流戯画草紙

作・橋本裕之

受け皿作り
この間は 都民の受け皿
今回は 国民の受け皿
どの土を入れるのか入れないか問題よね
いろんな土を混ぜて作って あとで ひびが入るんじゃないですか

ミニガイド

◇日野用水開削450周年記念シンポジウム　▷日時　10月15日㈰　午後1時～4時半▷内容　日野用水は、今年で開削450年を迎える。先人が残してくれた恩恵である水辺環境を、市と市民の力で次代に伝えていくためのシンポジウム。基調講演＝陣内秀信・法政大学デザイン工学部教授「土地・水・緑／暮らしのデザイン―ヴェネツィア・東京・そして日野―」、パネルディスカッション＝「日野の用水の現状と課題」、清流ポスター表彰式▷申し込み　当日開場受付（入場無料）▷主催　日野市・日野用水開削450周年記念事業推進委員会

副知事人事ノート

都政研究元主筆 大塚英雄

第13回

都議を副知事に

前号で紹介した「別件」とは、この時の副知事再任とは全く縁もゆかりもない自民党議員の海外渡航問題だ。前回東京オリンピックが開催されたのは昭和39年だが、安井都政2期目のこの時点で、既に都の招致活動は活発に動き出していた。

たまたま春の再任問題が持ち上がった29年6月にアテネでIOC総会が開かれることになり、都議会として招致活動をバックアップしようと、代表を現地に送り込むことになった。しかし、当時の日本の外貨事情は厳しく、海外に行くには国の渡航審議会の許可が必要だった。だが、不要不急と判断され、「×」になった。たまたまこの時の派遣対象議員が自民党だったため、同党がおさまらなかった。しかも、渡航を担当する所管が春の所管する外務室だった。「春副知事の政治性の欠如」と、同党の血の気の多い議員は騒いだ。

与党だからといって、知事との間は常に「ツーカー」というわけではない。都政の重要事について、与党幹部に話を通す前にマスコミに報じられたりした場合、必ず「与党の我々にも連絡しないで」とクレームがつく。

例えば、半年前の岡安再任の28年11月の時もそうだった。再任を前に岡安は自民党総会に呼びつけられ、当時「都政の七不思議」として話題になっていた事件の追及を受けた。

普段は低姿勢の岡安が、「事業をやろうとすると、その裏になにか利権が絡んでいるかのように言われるが、下衆の勘ぐりだ」と開き直ったかのような答弁をしたからたまらない。

〝下衆の勘ぐり扱い〟に怒った自民党は、数日後の総会に安井知事の出席を求め、「言葉が過ぎて申し訳ない。ワシから本人に注意する」と頭を下げさせる一幕があった。

◇　◇

この荒唐無稽とも思える「我が党議員から副知事を送り込むべきだ」という議論は、自民党総会で真剣に、実際に数時間にわたって展開されたのである。これは、当時の都政専門誌（都政通信）に詳しく報じられた。

この議論がいかに独り善がりであるかは、地方自治法をひもとけば合点が行く。同法には地方公共団体議会の議員の「兼職の禁止」という規定があり、衆参議員のほか、解釈・運用として副知事、選挙管理委員、更には別の法令で裁判官や教育委員、公安委員、人事委員などの兼職も禁じられている。

したがって、法律を読めば「無意味な議論」ということがすぐに分かるはずだが、頭に血が上っている時には威勢のいい議論に押されがちだ。おまけに当時の自民党には安井知事や執行部に不満を持つ血気盛んな長老、若手議員が多数いた。また、この時、名前の挙った菊池民一（島しょ）、四宮久吉（文京）、大沢梅次郎（墨田）など知事ら執行機関から一目も二目も置かれた人格者ということが、そうした議論に拍車をかける結果にもなったと、都政通信の田中社長は解説してくれた。

しかし、このことが「ガス抜き」になったのだろう。これを機にぴたりとそうした議論は収まり、2度と「都議副知事論」が持ち上がることはなかった。

（敬称略）

都政新報

発行所 都政新報社
〒160-0023 東京都新宿区西新宿7-23-1 TSビル
〈総務・読者〉03-5330-8781
〈企画広告〉03-5330-8784
〈編集〉03-5330-8786
〈出版〉03-5330-8788
〈ファクス〉03-5330-8808
購読料 月1,730円(税込)
毎週火・金曜日発行
ただし、祝日は休刊

紙面から

知事の求心力低下避けられず
音喜多・上田氏が都民ファ離党
国政進出 会派運営 深まる疑念

都民ファーストの会から初の離党者が出た。音喜多駿、上田令子両都議は第3回定例都議会閉会日の5日、同会に離党届を出した。都民ファ内の閉鎖性や情報統制に対する不満に加え、「都政に専念する」との言葉とは裏腹に、国政進出に躍起になる小池知事の政治姿勢を理由に挙げており、小池知事の求心力低下は避けられない状況だ。会派内には同様の不満を抱える議員が複数人いるといい、更なる離党者が出れば小池知事の都政運営にも黄信号がともりかねない。

「小池知事の政治姿勢に強い疑念がある」。音喜多氏は3日、本紙の取材にこう答えた。「市場移転問題や東京五輪など、都政の課題が山積する中で、国政進出に力を入れるのはおかしい」

同氏の批判は会派運営にも及ぶ。9月11日に同党の新代表に荒木千陽氏が就任したのを受け、▽議員・都民への党規約の公開▽党・会派運営費用の使途公開▽総会の公開や意見交換の実施▽意思決定過程の抜本的見直し▽情報共有体制の改善▽取材や政治活動の規制の緩和▽所属全議員での党の代表選実施——の7項目を10月5日を回答期限で党に申し入れていた。だが、荒木代表からは「回答期限を延期させてほしい」との話があったという。

音喜多氏は「（延期の）理由は国政選挙が忙しいからだ。都政が優先されるべき」と反発する。

党運営を巡り、特に両氏が問題視するのが、小島敏郎前特別顧問の都民ファ事務総長決定過程だ。両氏とも「報道で初めて知った」と声をそろえ、上田氏は「決定後にメールが入った。都の特別顧問だった小島氏を事務総長にするなら、議論が必要だった」と語る。

また、今回の離党を受け、同党が常任委員会ごとに設けている部会や党主催以外の私的な所属議員同士の飲み会を禁止していたことも明らかになった。音喜多氏によると、同党は「分派工作による党内の派閥化を防ぐため」と説明したといい、「部会単位であれば、役員のお目付け役がいる。あまりに閉鎖的過ぎる」と強い懸念を示す。

3日に「離党劇」が報じられたのを受け、同会の小山有彦幹事長代理が報道陣の取材に応じ、「国政に出られなかったことが離党につながったのなら残念。（希望の党の）1次公認に入れなかったので、こういう結論になったのではないか」と言及した。

これに対し、音喜多氏は「事実無根」と反論。「希望の党から衆院選出馬のオファーがあり、東京1区で検討した」と明かした。同区の情勢調査まで実施したという。

一方の上田氏にも非公式に出馬の依頼があったという。「（希望の党が）候補者探しに難航しており、検討するよう打診はあった。ただ、民進党との（事実上の）合流が決まってから声は掛からなくなった」と話す。

だが音喜多氏は「出馬について迷ったのは事実だが、（政治姿勢に）疑問を持っている小池知事に一生頭が上がらなくなる」として出馬を辞退。上田氏は「主張の異なる元民進党議員に巻き込まれる。区政や都政で築いた今までの足場を崩したくなかった」と話した。

現在2人に追随する動きはないが、音喜多氏は「会派運営や小池知事の政治姿勢に疑問を持っている人はいる」と述べ、「知事の看板で当選した新人は、（会派を）飛び出すのが怖いのではないか」と分析。改選前に行動を共にしていた両角穣氏は現時点で離党の意向は示していない。

両氏が離党し、新会派を設立したことで、委員会の構成が変わる。音喜多氏は、経済・港湾委員会の理事や公営企業会計決算特別委員長（第1分科会）、上田氏は財政委員会の理事や各会計決算特別委員長に就いていた。音喜多氏は「ポジションは都民ファに戻す。会派数に応じて振り分けられたポストで2人でやっていく」と話した。

小池知事就任時は蜜月関係にあった上田氏と音喜多氏（中央）＝16年8月2日、知事初登庁で

2副知事が選任同意
1年ぶりに3人体制に

都議会は5日の最終本会議で、新副知事に長谷川明政策企画局長と猪熊純子会計管理局長を選任した。都で女性副知事の誕生は鈴木俊一都政の金平輝子氏に続き2人目で22年ぶり。任期は16日から4年間。安藤立美、中西充、山本隆の3副知事は15日付で退任し、川澄俊文副知事は留任し、副知事は1年4カ月ぶりに3人体制に戻る。副知事ポストは現在1人空席となっており、都庁内では「外部から起用するのではないか」との憶測が流れている。

政策企画局長は遠藤氏が有力

「副知事2人の名前はピンポイントで聞いていた」。ある都の幹部は副知事人事を刷新する方針が浮上した時から長谷川氏と猪熊氏が副知事候補に挙がっていたと話す。

2人の名前が出たのは9月25日。別の幹部は「一部のメディアが早い段階でこの人事案をつかんでおり、27日には報道すると思っていたが、知事の国政進出がうわさされる中で報道が29日にずれ込んだようだ」と語った。

副知事人事案が報道された29日、庁内からは「何も聞いていない」など驚きの声が上がった。ある職員は「これまでも副知事を交代させるのではないかとの憶測が流れたが、なぜこのタイミングで交代する必要があったのか」と首をかしげる。

都側が最初に副知事人事案を説明した都議会会派は公明党だった。安藤副知事は9月27日に公明幹部に対し、「4日の議会運営委員会に人事案を提案したい」と伝えた。同党幹部は二つ返事で了承したという。安藤氏は「（新副知事は）二人で大丈夫」と語った上で、「本当は（4人）全員が辞めるのが筋だが、束ねる人は必要」とし、川澄氏を留任させると説明した。同日の公明党役員会で人事案が報告され、異論は出なかったという。

副知事人事案が浮上した25日は、小池知事が国政新党を旗揚げしたことに公明幹部が不快感を示したのと同じ日だ。そのため、都庁内では「公明党に配慮したのではないか。知事の意向が働いたと思う」との見方がある。公明党は舛添都政時代の2015年6月の都議会代表質問で、女性副知事の誕生を求めていた。当時は女性の局長級が猪熊氏のみだったことから、都幹部職員の一人は「この頃から女性副知事には猪熊氏が公明党の議員の念頭にあったのではないか」と分析する。

だが、こうした憶測に対し、公明幹部は「今回の副知事人事に関して、知事からのメッセージ性はない」と否定した。

今回の副知事人事は2増3減となったが、4人体制を維持しなかった理由は不明との声が庁内で多く聞かれた。ある幹部職員は「外部から起用するために温存したのではないか。小池知事が国政に進出しなければ、今後はサプライズ人事を行って、話題作りをするのかもしれない」と見ている。

副知事人事が決まり、今後の焦点は2人の後任人事となる。政策企画局長には遠藤雅彦環境局長が有力視されている。都幹部は「知事を支える政策企画局などでの経験が豊富」と解説する。仮に遠藤氏が起用された場合、環境局長には同局に在籍経験がある幹部の名前が取りざたされている。また、会計管理局長には、同局管理部長を務め、土地勘のある土渕裕労働委員会事務局長が順当との声もある。新任発令は16日付になる見込み。

長谷川明氏 1959年1月27日生まれ、58歳。早稲田大学政治経済学部卒。主税局、総務局主査、財務局財政課課長補佐、住宅局副参事、環境局経理課長、人事委員会事務局任用給与課長、環境局総務課長、都市整備局参事、知事本局参事、環境局環境政策担当部長、財務局主計部長、都市整備局次長、知事本局次長、環境局長、財務局長、政策企画局長。62A。

猪熊純子氏 1958年12月8日生まれ、58歳。一橋大学法学部卒。財務局、総務局人事主査、墨田区高齢者福祉課長、港湾局副参事、福祉局計理課長、産業労働局総務課長、都立短期大学事務局長、産業労働局産業企画担当部長、知事本局外務部長、水道局経理部長、知事本局局務担当部長、知事本局理事、政策企画局理事、監査事務局長、会計管理局長。61A。

都議会3定

子供の受動喫煙防止条例成立
議員提案で制定は6年ぶり

都議会は5日の最終本会議で、都民ファーストの会と公明党、民進党が共同提案した「子供を受動喫煙から守る条例案」を可決した。自宅や車といった私的空間で子供の受動喫煙防止を目的とした条例が成立するのは全国初。東京都議会で議員提案条例が成立するのは都省エネルギー推進の関連条例以来、6年ぶり。

これに先立ち、同条例案を審議していた3日の都議会厚生委員会では、自民党が「都民の私的空間に行政が立ち入ることについて審議が尽くされていない」などと主張し、継続審査を求めたが、都民ファーストの会や公明党、共産党が反対し、継続審査は否決された。自民の主張に対し、都民ファは「子供は自らの意思で受動喫煙を避けることは困難。（条例制定で）啓発活動は行いやすくなる」と説明した上で、「都民への説明や周知が不十分であるから継続審査とすべきという意見があったが、啓発が目的の条例を制定前に『啓発せよ』というのも的外れの詭弁」と批判した。

同条例は、子供がいる家庭内や自動車内で保護者が喫煙してはならないと定めているが、違反しても罰則は設けていない。

さらに、第3回定例都議会は5日、民間社会福祉施設建替促進施設の新築工事など知事提出の31議案を可決し、閉会した。

東京五輪

お台場、水質基準満たさず
トライアスロン水泳会場で

都五輪準備局と五輪組織委員会は4日、2020年大会のトライアスロンと水泳のマラソンスイミング会場のお台場海浜公園で水質・水温調査を行った結果、調査した26日間中、トライアスロンの基準で20日間、水泳の基準で16日間、国際競技団体の基準を下回ったと明らかにした。都と組織委は今後、大腸菌の流入を抑える「水中スクリーン」を設置する方針。

調査は五輪開催予定期間（7月24日～8月9日）を含む21日間と、パラリンピック期間中（8月25日～9月6日）のうち5日間で、水中の大腸菌や透明度、水温などを調べた。都は基準に満たない日が多かった理由として、8月に21日間連続で降雨を記録するなどの異常気象を挙げた。

都は10年度から3カ年、水中スクリーンの実証実験を行っており、晴天や小雨の場合の有効性を確認している。都は同スクリーンを三重に設置する考えで、併せて雨水貯留槽など下水道施設の整備も強化する。

また同日には、3日と4日に開催した五輪大会の進捗状況を確認するIOCプロジェクトレビューの会見が虎ノ門ヒルズで行われた。ジョン・コーツIOC調整委員長は、先に提案した10億米ドル（約1120億円）の経費削減について「達成可能と考えている。無駄があってはならない」と話し、五輪組織委員会の森喜朗会長も「合意には至っていないが、経費削減の考え方は賛成だ」と述べた。都はIOCなどと調整し、照明や電源設備を始め、削減に向けて精査する考えで、組織委が年末に策定予定の「バージョン2（V2）予算」で削減額を示す方針。

築地再開発推進の委員会設置を否決
東卸

築地市場の水産仲卸で構成する東京魚市場卸協同組合は2日に臨時総代会を開き、築地再開発を検討する委員会を設置する議案を否決した。

豊洲移転に慎重な一部の業者が「築地は守る、豊洲を生かす」という基本方針を踏まえ、いったん豊洲に移転後に築地に戻る環境を整備するため、内部会議の設置を求める議案を提出したが、移転推進派などは市場が分断されることへの懸念を示し、この議案は反対多数で否決となった。

工期が2週間の遅れ
追加対策、再入札で
豊洲新市場

都財務局は2日、豊洲新市場の土壌汚染に関する追加対策工事で、参加者が1社以下だったため入札を中止した4件について、入札参加要件を緩和した上で再募集した。工期は来年6月4日までとし、前回の募集に比べて約2週間、後ろ倒しとなった。入札参加募集はきょう6日まで。

再募集したのは、地下ピット床のコンクリート敷設工事3件と、同地下ピットの換気設備工事1件。事業者の施工実績の対象期間や事業所の所在地などの要件を緩和した。前回は9月19日に発注したが、入札希望者が1社以下だったため、同22日に発注を取り下げていた。再入札の場合は入札希望者が1社でも契約する。

都は同追加対策工事の完了時期を来年6月上旬と見込んでいたが、今回の再入札の影響でずれ込む可能性がある。

目標を下回るペース
LED電球交換事業
都環境局

都環境局は2日、白熱電球2個でLED電球1個を交換する省エネ事業について、事業開始から11週間でLEDの交換実績が10万2624個だったと発表した。都は事業期間1年で100万個の交換を目標としており、このままのペースでは目標に届かないため、参加店舗を23日まで追加募集して取り組みを強める。

参加協力店は現在831店舗。大手家電量販店は対象外で、店舗面積500平方㍍以下や、都内に実店舗があることなどを登録要件としている。同局によると、事業者から「前回は応募しなかったが、考え直して応募したい」との声があるという。参加協力店は、エアコンや冷蔵庫の設定などの省エネに関する助言を通じ、新規顧客の開拓につなげられるメリットもある。

また、周知不足も課題で、同局は「事業が知られていない。区市町村の出張所にチラシを配布するなど、周知活動も強化する」と話す。

都政の東西
野望尽きて

代表である小池知事自身が立候補せず、既成政党の"落ち武者"ばかり集めた政党に、政権奪取などできるはずがない。小池知事は、最初で最後の首相になるチャンスを逃したのかもしれない。

かつて石原元知事の1期目も首相待望論が絶えなかった。だが、小泉旋風、民主党の政権交代などで、そうした機運は次第に薄れた。とはいえ、国政に対する未練はあっても知事は続けざるを得ない。週2日しか都庁に来ないで、記者会見のたびに国政に対する不満をぶちまけ、マスメディアは"石原節"と持ち上げるが、都政に関する発信はほとんどなし。3期目以降、そういう空虚な都政が続き、それでも石原氏の人気は健在だった。4期目の途中、老いた石原氏は国政に転身したが、時既に遅し。極右的なイデオロギーばかり目立ち、政治家としての存在はかすんでしまった。

築地市場移転も、東京五輪も、政局のネタとしてもてあそばれたとしか見えない。政権奪取を果たせず、自らの国政転身もかなわない小池知事が、これからの都政で何を残そうというのか。石原都政末期と同様、再び空虚な時間が流れ始めるのではないか。

都庁の幹部で、小池氏が任期満了まで知事職を全うすると思っているお人好しは少数派だ。次の衆院選、あるいは衆院補選かもしれないが、今回と同様に国政転身を仕掛けてくるに違いない。そんなリーダーの本性を知ってしまって、真面目に知事のために働こうとする都庁官僚などいるのだろうか。

今の小池知事は、石原元知事同様、国政に未練たらたらのレームダックにしか見えない。就任から1年2カ月、あまりにも早すぎないか。

冗句ジョーク

オリ・パラの水泳及びトライアスロン競技会場の水質問題に黄信号

「策士、策に溺れる、五輪選手、菌に溺れる」

——最近の都政詠嘆

高齢者の運転免許返納
ICカードなど交付で促進
千代田区が10月から開始

高齢者の運転による交通事故が社会問題となる中、事故防止の一環で、免許証を警察に自ら返納した高齢者に対して記念品を交付する免許返納支援事業が広がっている。23区では台東区と杉並区に続いて、今月1日から千代田区が事業を開始した。公共交通網が発達する都内では、支援事業に予算を割くよりも、警察と連携した交通安全教室の開催など意識啓発が主流だが、高齢者の事故が後を絶たない状況から新たな一手を講じる動きがみられる。

台東区役所の窓口を訪れた女性（79）が1枚の紙を差し出すと、区の職員が記念品を封筒に入れて手渡した。女性が持っていたのは、自主的に免許を返納した際に警察署が発行した「運転免許の取消通知書」。女性は「いつけがをしたり、病気になるかわからない。免許証を手放すのは惜しいが、体が元気で意識がしっかりしているうちに返しておこうと思った」と話す。

台東区は、2009年から65歳以上の免許返納者に、賛同記念品を贈呈している。区内を循環するコミュニティーバス「めぐりん」の乗車回数券と、上野の森にある下町風俗資料館など区立文化施設4館の共通入館券の2種類で、額にして1800円相当だ。交付件数は毎年300件程度で、区は毎年50万円程度を予算化している。

自治体による免許証の返納支援事業では、返納者に対して公共交通の乗車券やタクシー券を支給することで、返納のきっかけづくりとし、公共交通機関の利用に移行してもらう狙いがある。

千代田区は今月1日から、70歳以上で免許を返納した区民が申請すれば、無記名式の交通系ICカードを郵送で支給する事業を開始した。杉並区が10年度に始めた75歳以上の返納者を対象としたICカードの交付を参考に、5500円を区が入金し、預かり金を除いた5千円を返納者が利用できるよう設定している。

区交通施策推進課の谷田部継司課長は「区内には公共交通が充実している。ICカードを支給することで、公共交通機関の利用につなげ、高齢者の外出を促したい」と話す。

高齢者の交通事故が全国的に増加していることを受け、国は高齢ドライバー対策を強めている。特に事故を起こす危険性が高くなる認知症を早期に発見するため、今年3月には道路交通法を改正し、75歳以上のドライバーが信号や一時停止を無視するなどの違反行為を犯した場合、認知機能の検査を受け、認知症の疑いがあれば医療機関の診断を受けるよう義務化された。

都内でも高齢者の事故が増加傾向にある。警視庁の統計によると、昨年度に都内で発生した交通事故3万2412件のうち、65歳以上の高齢者が関わっている割合は22・3%にのぼり、この10年間で1・7倍に急増している。違反行為別に見ると、安全確認を怠ったことが最多の31・8%を占めている。

23区は公共交通が充実しているため、返納支援の事業効果を疑問視する声が多い一方、ある区の担当者は「車以外で移動できる環境が整っているとはいえ、免許証を保有している限りは運転して事故に遭うリスクがつきまとう」と懸念を示す。

港区は、09～11年度の3年間に5千円の共通商品券を期間限定で支給したが、現在は返納支援事業を実施していない。しかし、高齢者の事故が社会的にも問題視されている状況を受け、返納支援事業の再検討に入っているという。

区地域交通課は「区内にはタクシーの通行が多く、区民以外の高齢者ドライバーが事故を起こすケースもある。外部にも免許返納を働きかけるような取り組みが必要だ」と指摘する。

台東区では、区役所窓口で返納者に記念品を渡している＝3日、台東区役所で

契約時にLGBT配慮要請
文京区　工事発注など事業者に

文京区は今月から、区が発注する工事や物品買い入れを請け負う事業者との契約書類に、性的少数者（LGBT）に対する差別をしないよう求める条項を盛り込んだ。区によると、契約書類にLGBTへの配慮要請を明記するのは、全国初だという。

同条項は、契約に当たって業務の内容や期間を記す「仕様書」に、契約を履行する際の注意事項として追記した。

仕様書に明記することで、社員や下請け業者にLGBT当事者がいる場合に雇用の仕方や関わり方を見直すきっかけとしてほしいとの狙いがある。罰則規定や入札の加点など、事業者の条項への対応による具体的な措置は設けていない。10月1日以降に契約する案件が対象となる。

同区は2013年に施行した区男女平等参画推進条例で、性的指向や性自認を理由とした差別的な扱いや人権侵害を禁止しており、今年3月には具体的な行動例などを示した職員向け対応指針を作成した。この指針に基づき、区契約管財課が仕様書に差別禁止を記載することを決めた。

同課は「区に代わって仕事をしてもらう事業者に、契約前から区の考え方を示すことで理解を広めていきたい」と話している。

結婚を機に、区内定住を
独自婚姻届など23区で拡大

婚姻届を提出した夫婦をお祝いし、区に愛着を持ってもらうことで若い世代の定住につなげようと、オリジナルの婚姻届や婚姻届受理証明書などを発行する取り組みが23区で広がっている。板橋区は絵本の表紙をイメージした独自の結婚記念カードを作成し、台東区はパンダの親子などを印刷した複写式のオリジナル婚姻届を製作。いずれも11月1日から配布を開始する。23区では地方からの人口流入が続く一方、結婚を機に隣接区や近隣県に転出するケースも多く、担税力が安定する世代の定住化にわずかでもつなげようという各区の期待が垣間見える。

国立社会保障・人口問題研究所によると、2015年国勢調査による都内の生涯未婚率は、男性が全国の都道府県でワースト3位、女性がワースト1位となった。未婚化に拍車がかかる中、「ご当地婚姻届」の全国的なブームもあり、23区でも独自に新たな夫婦の門出を祝おうという動きが広がっている。

板橋区は11月1日から婚姻届を提出した夫婦にオリジナルの結婚記念カードを贈呈する。カードは仕掛け絵本で知られる造本デザイナーの駒形克己氏の協力を得て5千枚製作。区の花のニリンソウや区の鳥のハクセキレイなどをあしらい、カードを折りたたむと夫婦が手をつなぐ仕掛けで、リビングボードや棚に立てて飾ることができる。

ご当地婚姻届や独自の特別婚姻届受理証明書を作成する自治体が増加する中、カードの贈呈は全国的にも珍しいという。

坂本健区長は「板橋区は絵本のまち。板橋らしい祝福を考えた」と語り、「区を挙げて結婚を祝福し、思い出の日をいつまでも大切にしてもらいたい」と笑顔を見せた。

区戸籍住民課によると、結婚を機に埼玉県など近隣の自治体に転出するケースがあり、「カードにはシティープロモーションの意味合いもある。少しでも区に愛着を持ってもらって区内に住み続ける動機につながれば」と話す。

一方、台東区は11月1日にご当地婚姻届の配布を開始する。新たな婚姻届は、提出後も記念として手元に残せるよう複写式を採用し、区イメージキャラクターの「台東くん」や、区の花のアサガオ、上野動物園の赤ちゃんパンダ「シャンシャン」をイメージさせるパンダの親子などを描いた。

結婚記念カードを紹介する坂本健区長

同区では、結婚をきっかけに、ファミリー物件が多い近隣の荒川区や足立区などに転出する夫婦が多かったが、近年は区内で大規模マンションの開発が進み、住宅供給事情が変化。区も他区に先駆けて14年度に大規模開発に伴う保育所設置協議を開発事業者に義務付けるなど、子育て世帯の定住化に力を入れている。

区戸籍住民サービス課は「長く住んでもらうきっかけの一つになれば」と話す。

婚姻届は戸籍法施行規則で記入項目の様式が決められているが、用紙の色や背景などは各自治体でアレンジできる。都内では武蔵村山市が初めてご当地婚姻届を作成したことをきっかけに、23区では文京・墨田・江東・杉並・葛飾区などがオリジナル婚姻届を作成している。

このうち文京区は、区制施行70周年記念事業の一環で、1月から公募デザインによるご当地婚姻届の配布を開始。8月末までに窓口に提出された1296件のうち556件がご当地婚姻届だった。区戸籍住民課では「開始から8カ月間の成果としては、一定程度の浸透が見られるのではないか」と評価し、「さらに周知を進め、利用を促したい」と話している。

板橋区

都内初の史跡公園整備
24年度にオープン

板橋区は、旧陸軍の板橋火薬製造所跡一帯に整備する史跡公園を2024年度に開設する。区によると、史跡公園が完成すれば都内初という。

火薬製造所は1876年に開業し、終戦まで操業。燃焼実験室や長さ約30メートルの弾道管などが現存する。また、戦後には理化学研究所板橋分所などの研究施設が開設され、ノーベル物理学賞を受賞した湯川秀樹氏や朝永振一郎氏らが研究拠点としていた物理試験室が残っている。区は敷地の一部を区立加賀公園として開放しているが、旧火薬製造所の一部が民有地で立ち入り禁止となっており、遺構の公開などは行われていない。

史跡公園は製造所跡の約1万2553平方メートルに整備。製造所の燃焼実験室や旧理研研究施設などを保存再生し、産業ミュージアムとして活用する。また、製造所の操業前は旧加賀藩の下屋敷があったことから、金沢市との友好都市の交流に至る江戸時代からの歴史を紹介する。

坂本健区長は「日本の科学技術や産業の発展の原点となった地として広く周知していきたい」と語った。

出番です　新副区長に聞く
夢中になれる職場づくりを

江戸川区　山本 敏彦氏

入区して初めて異動を経験した産業振興の部署に在籍していた頃は、昭和から平成に移行するタイミングで、バブル景気真っただ中だった。区民まつりで区内の繊維産業やメーカーと協力したファッションショーを企画し、モデルを区民から募集した。「時代の熱気に押された。今ではできない発想だった」と笑う。

1997年4月に、中央図書館の建設準備室長に就任してから3年余りは開設準備に奔走した。3人だけの小さな部署で、中里喜一前区長から「色々な図書館を見に行け」と言われ、休日も利用して都内のほとんどの図書館を見て回り、室内の造りから蔵書まで参考にできる事例を求め歩いた。

2000年7月の開業とともに館長に就任。子供たちも使えるようなタッチパネルでの検索システムや、ウェブからの貸し出しシステムなどを先駆的に導入した。「他の図書館関係者も訪れるなど、誇れる図書館ができた」と胸を張る。

副区長になった今も、現場第一主義は揺るがない。各部の仕事と区長の考え方をつないだり、部署間の横の連携を図ることで、効率的に仕事が進められるよう自分から出向き、現場の声を吸収していく構えを見せる。「力のある人が仕事に夢中になれるような職場を作っていきたい」

区の最大の課題は、本庁舎や学校を始めとした公共施設の老朽化だ。「将来の人口構成を考えると、従来と同じ施設は作れない。将来のまちづくりを見据えた適正配置を、地元とともに考えていかなくては」と語る。

また、少子高齢化に対しては、民間連携が鍵になると考える。新人時代に比べ、支援の対象になる高齢者の数が増え、対応方法も幅が広くなったと肌で感じ、「地域住民や民間事業者と協力して、行政サービスを提供していく必要がある」と語る。

「自治体にとっては厳しい時代を迎えている。いずれの事業も支出を抑えながら、軟着陸させていく必要がある」

一方、20年スパンで事業を進めてきたJR小岩駅周辺のまちづくりでは攻めの姿勢を示す。不燃化事業や密集事業と合わせた再開発事業が折り返し地点を迎えており、「100年栄えるまちを目指して、住民とともに新しいまちづくりに打って出る」と意気込む。

◇　◇

61歳。早大社卒。中学生の頃から、広島カープの熱烈なファンで、「当時はものすごく弱いチームだったのに、市民球団として頑張っている姿を見て応援したくなった」と語る。半年前に退職を迎えた際には同僚からお祝いとして、赤いちゃんちゃんこの代わりにカープの優勝ユニフォームをプレゼントされ、部屋に飾っているが、「そのうち副区長室にも飾りたい」。

客引き防止条例
同時施行をPR
文京・台東区

文京区と台東区は2日、客引き防止条例の施行キャンペーンを開催した＝写真。両区の区長や住民ら総勢100人が、取り締まり対象地区の仲町通りを横断幕を掲げて練り歩き、通り過ぎる人に対して悪質な客引き行為に注意を呼び掛けた。

仲町通りは両区の区境に位置している。同条例では、居酒屋や風俗店の従業員が路上で通行人に執拗に入店を勧めることや、スカウト行為を繰り返した場合には5万円以下の過料徴収などの罰則を設けている。また、台東区ではアメ横で横行している修学旅行生への強引な販売も取り締まりの対象としている。

パトロールの冒頭にあいさつした文京区の成澤廣修区長は「2自治体が連携する画期的な取り組み。区民に安全安心を実感してもらいたい」と述べ、台東区の服部征夫区長は「2020東京大会に向けた最大のおもてなしは安全安心。区と警察、地域が連携してまちづくりが加速すると確信している」と力を込めて語った。

記者席
新党なのに、見た顔ばかり

○……「一つだけ確認したい」。4日の都議会議会運営委員会理事会で副知事人事案を説明した小池知事が委員会室を後にしようとした際、共産党の大山とも子幹事長がこう声を張り上げた。だが、質問は増子博樹委員長に遮られた。

大山氏は本紙の取材に、「知事を辞めないとは思うが、副知事人事案の賛否に関わるから、衆院選に出馬しないのか確認したかった」と話した。これほど信用されない知事も珍しい。都政よりも国政の方に関心が高いため、知事として「何をやりたいか」と思うのは職員も同じだろう。

「リベラル派は排除する」と発言した小池知事だが、都政から排除されなければいいが。

○……小池知事が代表を務める希望の党が3日、衆院選の第1次公認候補を発表した。東京の顔触れを眺めると、どこかで見たような人ばかり。東京2区の鳩山太郎氏は、故・鳩山邦夫衆院議員の長男で、都議を1期だけ務めた経験がある。東京15区の柿沢未途氏は、言わずと知れた夫婦で元都議。東京3区の松原仁氏は、ほんの3カ月前、民進党都連会長として都議選の敗戦の弁を取材したばかりだ。

そう言えば、松原氏はあの時、「民進党は解党的出直しをしなければならない」と語っていたが、あの時からもう「こりゃ、民進党じゃだめだな」と思っていたのだろうか。

○……立憲民主党の結党で衆院選の構図が固まり、都内も本格的に選挙モードの様相となっている。23区では選挙公示の10日時点で18区議会の定例会が開会中で、区議には目が回るような忙しさになるだろう。

しかし、大変なのは選挙後かもしれない。23区議会のうち会派名に「民進」を含むのは17区議会。議会構成への影響は限定的だが、希望の党や立憲民主党の結党に伴い、各区議会にも政界再編の波が及ぶことになるだろう。

民進系区議の所属会派名に「民進」が含まれない6区議会のうち豊島区議会は唯一、「民主」の名前を残している。再編の動きに先見の明があったわけではないだろうが。

共生社会に向けて進む交流

特別支援教育理解啓発フェアを開催へ

共生社会の実現を目指して、都教育委員会では特別支援教育の理解啓発に取り組んでいる。広く都民に呼び掛けるために理解啓発フェアも開催。10月7日に東部学校経営支援センターが都教職員研修センターで「広がれ絆！オープンフェスタ」を、14日には中部学校経営支援センターが都立王子総合高校で「中部フェスタ」を、11月11日には学芸大学を会場に「多摩地区都立学校教育フェア西風」を西部学校経営支援センターが開く。一方、特別支援学校と小・中学校・高校との交流活動は日常的に行われるようになってきた。都立三鷹中等教育学校と都立久我山青光学園の交流の様子をのぞいた。

フロアバレーで交流

8月22日、三鷹中等教育学校の女子バレーボール部員11人とバドミントン部の男子3人が久我山青光学園を訪れ、視覚障害教育部門中学部の運動部と交流した。同部に所属する7人は、9月16日に同学園で行われる関東地区盲学校中学部フロアバレーボール大会に向けて、夏休み中も練習に明け暮れているところ。

久我山青光の顧問の丸山光主任教諭は自己紹介ゲームで皆が打ち解けられるようにした後、「見えにくい子には、しっかり声を出してもらわないと何が起きているのか分かりにくい」と言い、「大会優勝を目指して頑張っているので、遠慮せずに全力でプレーしてください」と笑顔を向けた。

フロアバレーボールは視覚障害者と健常者が共に行えるスポーツで、バレーボールと同じルールだが、ネットの下を転がし、6対6で行うなどと説明。前衛の3人はアイシェードを付け、「ボールが跳ねてくる音や転がってくる音、仲間の声を聞き、コミュニケーションが大事で、そこが面白いところ。激しいスポーツなので、しっかり準備運動をして」と話した。

実際、試合になると、三鷹の生徒たちは歯が立たない様子。同校のオリパラ教育担当の木崎まりこ教諭は「怖がりすぎじゃない」と檄を飛ばし、「皆、自発的に参加し、事前にインターネット等でフロアバレーを見て、迫力に圧倒されていた子もいた。互いにコミュニケーションを取り、助け合って行うスポーツなので、すごく良い教材になると思う」と語った。

「声が重要なスポーツなので、必ず声掛けをして」と丸山主任教諭はアドバイス。「視覚に障害のある生徒は運動経験の少ない子もいる。思い切り体を動かせる場所がないので、運動をやりたくて仕方がない」と話す。

試合は久我山青光の圧勝。三鷹の生徒は「初めての体験で、速いサーブは痛かったけど楽しかった」「学校としても自分としても、障害者と触れ合える体験ができて良かった」などと感想を述べた。久我山青光の生徒は「近い場所にあるので、三鷹の授業にも行ってみたい。英語の授業にも参加させてほしい」などと話し、「9月16日に大会があるので、見に来てほしい」とも。

丸山主任教諭は「見えにくい人は何も言われないと不安だ。普段の生活でも障害者のことを気にかけてほしい」と語った。

この日の交流は2時間にわたって行われたが、久我山青光の生徒たちにとっては不完全燃焼らしく、教師に頼んでその後も猛練習が続けられた。

体験によるオリパラ教育

その後、今度は9月9・10日に開催した三鷹中等教育学校の文化祭に運動部の生徒が訪れ、ブラインドサッカー体験コーナーで共に汗を流した。大会を見に来てほしいという声にも応え、16日の大会に三鷹の生徒たちが応援に駆け付け、久我山青光は準優勝を飾った。

三鷹の藤野泰郎統括校長は「普通は特別支援学校に何かをやってあげるという形で、健常の子が特別支援の生徒に何かを教えてもらうということはできていなかったように思う」と言い、今後もサッカー部の生徒たちと交流し、ブラインドサッカーについて共に勉強していくという。「オリパラ教育では、共生社会やボランティアマインドなどを机上で教えるのではなく、体験を増やしていくことが大切だと思う」

フェスタ準備でも交流

両校を管轄する中部学校経営支援センターは、14日に迫った「中部フェスタ」の準備に余念がない。今年度の事務局は同支所で、「フェスタは日頃の取り組みを発表する機会」と前畑光男統括学校経営支援主事は話す。

同フェスタは第7回となり、テーマの「輪」は今回で3回目。輪の字の色を黒から黄、そして今回は緑とし、青、赤と続けて五輪の5色を表し、2020年を迎える趣向だ。講演や舞台発表、パラスポーツ体験、展示、販売と盛りだくさんの内容。

「こちらから参加を呼び掛けなくても、積極的に参加してくれる学校が増えてきた」と神田実季学校経営支援主事。ポスターとチラシは、特別支援学校の児童・生徒のアートプロジェクト展への出品作品をあしらったデザインを都立大泉桜高校の生徒が手掛け、都立志村学園の生徒が印刷した。当日の運営も高校等27校と特別支援学校9校がボランティアとして協力してくれるという。

「特別支援学校の子供たちは大勢の前で発表する機会が少ないので、こういう場が自分の力、可能性を感じられる機会になれば」と神田支援主事。前畑統括支援主事も「学校によって温度差はあるが、交流は大事という意識が浸透してきている。先生方の交流のきっかけにもなると思う」と言い、「理解啓発というと仰々しいが、堅苦しく捉えずに気軽に来て楽しんでもらえれば」と話す。

フェスタで三鷹中等教育学校は、久我山青光学園との交流をポスター展示で発表するという。

久我山青光学園で行われた三鷹中等教育学校とのフロアバレーボールによる交流

学び舎から

楽しい記憶

食べ残しの容器がズラッと並んだ写真には確かにインパクトがあった。中学校給食の話である。

神奈川県大磯町によると、昨年1月から今年7月に見つかった異物混入で84件中15件が業者側に原因があったと特定されている。業者側は別工場に起因するものも28件発生していると説明する。それにもかかわらず、同町が当初、給食業者を変更しないという判断をしていたことは到底理解できない。

考えてみてほしい。食事に行った店で、頼んだメニューに異物が入っていたとしたら。その店だけでなく、メニューにも嫌な記憶が結び付き、次に注文する際にためらうのではないだろうか。仮に1件でも給食に異物が混入していたら、その話が尾ひれをつけて、都市伝説化するのが中学生くらいの年頃だ。それが10数件の異物混入を招いた業者の給食を継続するというのは、生徒たちに食べるなと言うのと同じではないか。

ニュースを見ていた小学生の子供は「うちの学校の給食はおいしいのにね」と感想をもらした。最近、メニューによっては時々辛口の意見を口にすることもある。子供の頃に人気だったソフト麺は、今時の小学生にはすこぶる評判が悪い。一方で揚げパンは今も高い人気を保っている。

そんな会話ができるのも、給食が楽しい記憶と結びついているからだろう。自校やセンター、デリバリーとかにかかわらず、おかずをひっくり返して異物がないか確認するようなまねをせず、安心して口に運ぶことが当たり前であってほしい。

（みーとそーす）

早い時期から進路を考えよう！

多摩地区国公立大学合同説明会を開催

大学を知り、進路に対する視野を広げてほしいと、「都立高校生等のための多摩地区国公立大学合同説明会2017」が9月30日、都立多摩科学技術高校で行われた。

2014年から毎年開催し、今回が4回目。都教育委員会の主催で、西部と中部の学校経営支援センター管内の多摩地区の都立中等教育学校、高校、特別支援学校29校から1031人の生徒と教員60人が参加。多摩地区にある東京外国語大学、東京学芸大学、東京農工大学、電気通信大学、首都大学東京から説明を受け、一橋大学からは全員に資料が配布された。

生徒の参加は昨年度の874人から157人増えて過去最多となった。

各大学の担当者から▽大学の沿革や特徴▽学部で学ぶ内容やサークル活動などの学生生活▽入学から卒業までのカリキュラムと研究内容の紹介▽留学や奨学金制度▽就職支援体制と就職状況——などの説明があり、教員に向けては、さらにアドミッションポリシーや推薦・一般入試制度の説明など、進路に役立つ情報が提供された。

合同説明会後、午後には大学見学が用意され、生徒は班に分かれて各大学に向かった。大学では見学会や個別相談会を企画したほか、学芸大では「大学の先生と話してみよう」を実施。東京外大では言語文化学部と国際社会学部の体験授業が行われた。電通大では大学生と高校生との交流、首都大では大学1年生による研究成果発表、農工大では府中キャンパスと小金井キャンパスで大学生や大学院生によるキャンパスツアーと、それぞれ魅力的な内容が実施された。

大学からの説明を熱心に聞く都立高生ら

参加した生徒からは、「様々な国公立大学について一度に知ることができて良かった」「授業風景など、大学のサイトで知ることができないことが分かって良かった」「今後、大学受験に備えるために何をするべきかが学べた」などの感想が聞かれた。

教員からは、「この説明会をきっかけに、国公立大学を希望する生徒が増えた。今後も生徒を参加させたい」「生徒を参加させて良かった。来年は、学年単位での参加も検討したい」「進路指導について、最新の情報を知ることができて良かった」「国公立大学へ興味・関心を喚起し、国公立大学へ進学する目標をもてるよう指導したい」などの声があった。

西部学校経営支援センターでは、「参加生徒の98%が高校1年生もしくは中学校3年生。これから卒業後の進路について考える生徒たちへ国公立大学に関する具体的なイメージを伝え、大学進学を目指し、志高く学ぶための動機づけを行うことができた。また、教員へ大学の最新の教育内容を伝え、指導の更なる改善を促すことにもつながった」と話し、さらに「今回は、中部学校経営支援センター管内の多摩地区の都立学校の生徒の参加も実現した。より多くの学校のキャリア教育へ役に立てるよう、この事業を充実させていきたい」としている。

教育じてん　92

質の高い教育を実現する「学校の働き方改革」を

8月29日に開催された中央教育審議会「学校における働き方改革特別部会」において、教職員の長時間勤務の改善に向けた「緊急提言」が採択されました。この5月に報告された文部科学省「公立小中学校の教員の勤務実態調査」では、過労死ラインに当たる週60時間以上の勤務をしている教諭が、小学校で3割、中学校で6割に上るといった実態が明らかになったところです。本提言では、教員の長時間勤務の改善に向けて早急に取り組むべき事項がまとめられていますので、本稿で紹介します。

この提言では、新学習指導要領等の確実な実施や学校教育の改善・充実が必要不可欠であるとしています。そのため、教員が授業準備等に集中し、やりがいをもって勤務でき、教育の質を高められる環境の構築が必要であり、学校の働き方改革を推進するに当たっては、教職員一人ひとりの問題にとどめるのではなく、家庭、地域等を含めた全ての関係者が目指す理念を共有し、取り組みを直ちに実行しなければならないとしています。教職員の長時間勤務といった看過できない実態の改善に向けて、全ての関係者がそれぞれの立場から取り組みを実行し、教職員がその効果を確実に実感できるようにするための提言であること等が述べられています。

そして、緊急提言の柱として、①校長及び教育委員会は学校において「勤務時間」を意識した働き方を進めること②全ての教育関係者が学校・教職員の業務改善の取り組みを強く推進していくこと③国として持続可能な勤務環境整備のための支援を充実させること——の3本が明示されています。この柱に基づいて、ICTやタイムカードなどによる勤務時間を客観的に把握し、集計するシステムの構築、教職員の休憩時間の確保や長期休暇期間における一定期間の学校閉庁日の設定、部活動における休養日の設定、電子化による業務の効率化、学校徴収金に関わる業務の改善、事務職員の活用による事務機能の強化、事務作業等をサポートするスタッフの配置促進、小学校における専科教員の充実などが具体策として示されています。

教職員が生き生きと働く姿は、必ずや子供たちの笑顔につながります。未来を担う子供たちがより良い環境で学ぶことができるよう、本提言の趣旨や方向性を全ての学校関係者が共有し、質の高い教育の実現に向けた「学校における働き方改革」が早急に進められることを期待します。

Tokyo2020の先へ　未来へつなぐオリパラ教育　14

江東区立東陽小学校

夢を育み、共生社会を生きる子供たちに

「わー、すごい！」。4月24日、体育館中に子供たちの歓声が響き渡りました。江東区長と本校卒業生のリオ五輪女子バスケットボール日本代表の吉田亜沙美選手が五輪旗・パラリンピック旗を持って入場。区内45校の小学校をつなぐフラッグツアーのオープニングセレモニーです。

江東区は、東京2020大会で、オリンピック11競技が10会場、パラリンピック8競技が7会場で開催されます。世界のトップアスリートが、そして世界中の多くの方々が、自分たちが住んでいる街に集うことになり、江東区で学ぶ子供たちにとっては、未来につながる歴史の瞬間を体感することができる、またとないチャンスとなります。ですから、区では全ての子供たちが関われるようにと6年前から本校など推進校を中心にオリパラ教育の推進に積極的に取り組み、フラッグツアーも他区のような展示ではなく、全小学校を巡るものとなったのです。

本年3月、区教育委員会は「オリンピック・パラリンピック教育推進計画」を策定しました。子供たちが自ら課題をもってより主体的にオリパラ学習が進められるように、区内全小中学校が年間35時間程度を目安として様々な活動に取り組んでいます。

本校では、私が着任した4年前よりオリパラ教育の一環として「夢プラン東陽っ子」と題し、陸上の為末大選手や競泳の伊藤華英選手、スピードスケート・自転車競技の大菅小百合選手、女子柔道の杉本美香選手などオリンピアンを招聘し、子供たちとの交流活動を推進してきました。アスリートと触れ合い、競技に取り組む姿勢やその努力と生き方を知ることにより、将来に向けての夢や希望を大きく膨らませるよい機会となり、オリパラについての興味や関心が回を重ねるごとに高まりました。

一昨年度からは、都教育委員会のオリパラ教育推進校として「障害者理解」を中心に取り組んでいます。全校で取り組むアスリート交流「夢プラン東陽っ子」「世界ともだちプロジェクト」「オリンピック給食」に加え、各学年で取り組む内容を4テーマ×4アクションに関連付けながら、全体計画・各学年の年間指導計画を立て年間35時間程度で実施してきました。

4年生では、総合的な学習の時間の単元として「よりよく関わり合うために（10時間扱い）」を実施しました。区のまちづくり推進課とボランティアセンターに協力いただき、障害者の方々と交流し、自分たちが暮らす街がオリンピック開催に向けて変わっていくこと、また段差や階段、歩道等を車椅子やアイマスクをつけて体験し、障害者にとって優しい街になっているのかを考えました。みんなに優しい街にするためにバリアフリーやユニバーサルデザインを進めていくことが大切であると発表し、学び合いました。

また、『ベルナのしっぽ』の作者、郡司ななえさんと盲導犬ウランと交流しました。視覚障害のある方の苦労や普段の生活、盲導犬についてお話を伺いました。紙幣をどうやって判断しているかなどアイマスクをつけて体験もしました。障害者にどう接し、手助けをしてあげるといいのかを学びました。介助犬についても詳しく調べました。

さらに、リオパラリンピック陸上リレー銅メダリストの佐藤圭太選手から右足を失い義足になったこと、競技用義足と出会い陸上を始めてパラリンピックを目指したこと、リオパラリンピックの様子等のお話を聞いた後、義足体験をしました。少しの段差でも歩きにくいこと、でも義足によって健常者と同じように生活できることを知りました。

この他、5年生は「世界ともだちプロジェクト」として、ポーランド理解を深めるため、在ポーランド大使館と交流を行いました。高学年での取り組みでは、6年生が車椅子ラグビー日本代表の今井友明選手、5年生がブラインドサッカー日本代表の寺西一選手と障害者スポーツ体験をしました。低学年は世界の音楽を知る活動や特別支援学級との交流、全校での取り組みとしては、リオ五輪競泳金メダリスト金藤理絵選手との交流や年3回のオリンピック給食など多様な学習に取り組んできました。以上のような取り組みを通して、子供たちのオリンピック・パラリンピックに対しての意識や障害者理解は着実に育ってきています。

今年度、本校はオリパラ教育アワード校（障害者理解）に認定されました。今、求められている「生きる力」には、学力・体力だけでなく、国籍の違いや障害のあるなしにかかわらず共に生きる多様性が必要であり、「障害者理解」は特に大切なテーマであると感じます。2020年に向け、本校の子供たちがオリンピック・パラリンピックの学習を通して共に生きる素地を養い、次代の社会で世界中の様々な人たちと共に活躍できる人材として成長してほしいと願っています。

（江東区立東陽小学校校長　櫛田光治）

リオパラリンピック陸上4×100㍍リレー銅メダリスト佐藤圭太選手と義足体験

Essay エッセー　69

道のりは異なれど

「小学受験か中学受験か、それとも別の道か。親としては悩みますよね」。これは、幼児のお子様をもつ保護者が私に対して発した言葉である。洋の東西を問わず、我が子の教育について悩みを持たない親などいないだろう。子供にどのような教育を施すか、どのような環境においてあげればよいのか、若い親はあれこれと考えることも多いようだ。

この問いに対する解はない、と思っている。それぞれの判断だということだ。小学校入学前から、または小学校中学年から塾に通わせ、学習に重きを置いた生活をさせて受験を目指すのか。あるいは小学校・中学校時代はある程度のびのびと過ごさせ、その後学習にシフトしていく生活をさせるのか。いずれにせよ、どの道が自分の子供に合っているのか、そこが肝心である。

小さい頃から受験に向かわせる道は、子供自身の判断というより親の意思であることが多い。そうした道を順調に歩んでいけばよいが、やがて自我が芽生え、徐々に自分自身を客観視できるようになった時、それまでの道のりを受け入れられる子供と、否定的に見て学びへの意欲を亡くしてしまう子供とに分かれることもある。

日本のトップ大学が後期の入試を取りやめ、推薦入試を導入した背景には、幼少の頃から学習をさせられ、一貫校で大学入学を目的にしてきた生徒が、大学入学後に学問探究に向かっていくことができない、それができない現状があったからだと認識している。のびのびと育ってきたが、知的好奇心を持って、しっかりと学問探究に向かっていくことのできる、骨太な地方公立高校からの出身者をより多く入学させたいという意図があるのだ。

また過日、MIT（マサチューセッツ工科大学）の教授と対話した時の言葉が印象に残っている。彼は「大学1年の時点では、MITの学生も東大の学生も同じレベルにある。しかし、東大生は知識だけだ。その後、より意欲的に学ぶのはMITの学生であって、数年後には大きな差となっていく」。これは、学問探究に向かっていく姿勢の違いが、数年後に明らかな差となって表れてくる、という彼の実感を伝えてくれたものである。

私たち教育に携わる者は、単に上級学校に合格することを目的とした学びをよしとはしない。社会の中で自らの資質や能力を発揮して、答えのない課題を見つけ、チームとして協働しながら、新たな知や価値を創造する、社会貢献できる人を育てているのである。幼少期から受験に向かわせるのか、少年時代の後半からそれに向かわせるのか、いずれにしても親は、最終的な到達点を見据えた上で、我が子にふさわしい道を勧めてあげる伴走者であろう。

たとえ子供一人ひとりの歩む道のりは異なっても、最終的に人類に貢献できる大人へと育てていくのが、親や教育者の役割なのだ。

（都立日比谷高等学校校長　武内彰）

1都7県のトラック協会　災害時の相互応援で協定締結

協力して車両を確保　支援物資を緊急輸送

東京都トラック協会など1都7県のトラック協会で構成する「関東トラック協会」は9月8日、事業者大会を開催し、「災害時等の相互応援に関する協定書」にそれぞれ調印・締結した。協定は、首都直下地震など災害時に独自では緊急輸送に係る車両を確保できない場合に備え、相互に応援する体制を構築するため締結するもの。行政から要請があった場合、相互に協力して緊急輸送車両を確保し、支援物資の緊急輸送を行う。広域的な相互応援に関する協定をブロック単位で結ぶのは全国のトラック協会の中でも初めて。協定は同日から発効された。

関東トラック協会の相互応援協定は、東京都、神奈川県、千葉県、埼玉県、茨城県、群馬県、栃木県、山梨県の各トラック協会で締結。東日本大震災などの経験を教訓に、安全で安心な輸送サービスを提供し、国民生活を担うライフラインの役割を担うことがトラック運送業界に課せられた社会的使命との認識に立ち、この協定を結ぶことになった。行政では、都をはじめ9都県市で災害時対応に関する協定を結んでいるが、これに対応する形でトラック業界として初の広域的な相互応援協定を締結した。

昨年12月に開催した常任理事会で協定締結を基本的に合意し、今年6月には第1回防災対策会議を開催して協定内容などを具体的に検討。8月8日の常任理事会で協定案が審議・承認された。

協定では、地震等による災害時に、関東トラック協会を組織する各都県トラック協会における応援の要請及び実施に必要な事項について定めた。応援の内容は、緊急輸送業務に係る人員及び車両の派遣のほか、特に要請のあった事項。応援要請窓口は各トラック協会の専務理事とし、電話で応援を要請して後日、要請文書を提出する。応援を要請したトラック協会の経費負担は、原則として当該トラック協会と各自治体等との契約及び協定に基づく費用の範囲内とする。

9月8日の調印締結後の会見で、東京都トラック協会の千原武美会長は「（相互応援協定が）関東トラック協会から次の県に、また次の県にと拡大し、日本全国に広がっていくべきだと思う」と語った。

また、調印式で立会人を務めた国土交通省関東運輸局の持永秀毅局長は「首都直下地震など、いざとなった時に鉄道や船舶などを総動員しての物資輸送となるが、最後の最後に頼れるのはトラックだ。1都7県で助け合い応援し合う協定は今後、走りながら見直す部分も出てくるかもしれないが、まずはここまで漕ぎ着けられたことは大変心強く、意義深いことだ」と労をねぎらった。

相互応援協定に署名・調印した8都県のトラック協会会長ら＝9月8日、帝国ホテルで

災害時等の相互応援に関する協定

〈第1条／目的〉この協定は、地震等による災害時に、関東トラック協会を組織する各都県トラック協会（以下、各ト協）における応援の要請及び実施に必要な事項について定めることを目的とする。

〈第2条／窓口〉応援を要請する窓口は、各ト協の専務理事とする。

〈第3条／応援内容〉応援の内容は、次の通りとする。

①緊急輸送業務に係る人員及び車両の派遣②前号に掲げるもののほか、特に要請のあった事項

〈第4条／手続き〉応援を要請するトラック協会は、次に掲げる事項を明らかにした上で、電話等により要請し、後日、要請文書を提出する。

①行政庁が交付した緊急輸送業務に係る依頼書の内容②緊急輸送業務に係る職種別の人員及び車種③応援場所及び応援場所への経路④応援の期間⑤前各号に掲げるもののほか、特に必要な事項

〈第5条／経費負担〉応援を要請したトラック協会の経費負担は、原則として、当該トラック協会と各自治体等との契約及び協定に基づく費用の範囲内とする。

〈第6条／情報共有〉各ト協は、各自治体における地域防災計画のほか、緊急輸送業務に係る資料等を相互に交換し、防災に関する情報の共有に努めるものとする。

（以下、省略）

圏央道周辺にも積み替え施設を

東京都トラック協会では、「首都直下地震における緊急輸送支援システムの再構築」構想をまとめ、今年7月に都議会などに特別要望を行っている。このほど締結した関東トラック協会の相互応援協定もこの構想の一環。

構想によると、震災時の緊急支援物資輸送には、行政と物流の専門家による緊密な連携が不可欠になるため、東京都と東京都トラック協会が支援物資の供給から管理・緊急輸送までを包括した「委託協定」（図1）を締結する。

これに基づき、東京都トラック協会は支援物資などの受け入れ・荷役・仕分け・一時保管・配送などに関する助言や調整を行う「物流コーディネーター」を設置して、都と定期的な対策会議を開催し、緊密な連携体制の確立を図る。

また、首都直下地震が発生した際、海・河川を活用して有明の丘基幹的広域防災拠点に緊急支援物資を集積し、区部・多摩にトラックで輸送することは、現地に集荷・集積施設がなく、また道路陥没、家屋・電柱の倒壊などの被害が多数想定されることから、極めて困難なことが想定される。

そのため、構想ではこれまでの主に海側・河川側から支援物資を輸送する体制を見直し、海側に偏在した積み替え施設（トラックターミナル）に加え、圏央道周辺の山側にも平屋建ての積み替え施設を建設して対応するとしている。

図1　〈東京都と東ト協が包括的な「委託協定」〉

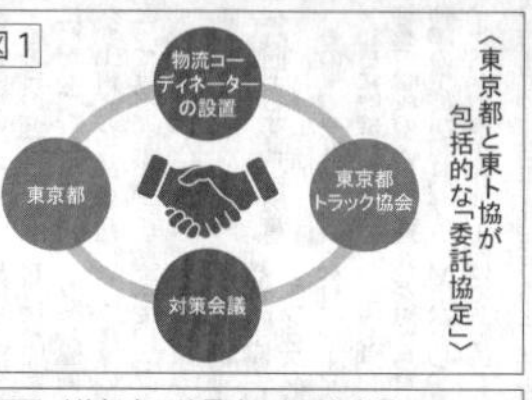

図2　〈首都直下地震時に必要な多量の緊急車両を広域的に確保〉

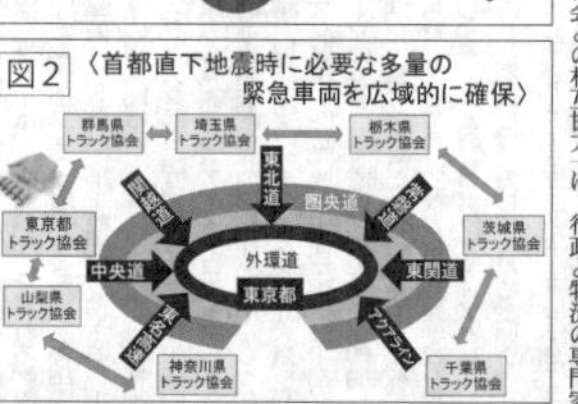

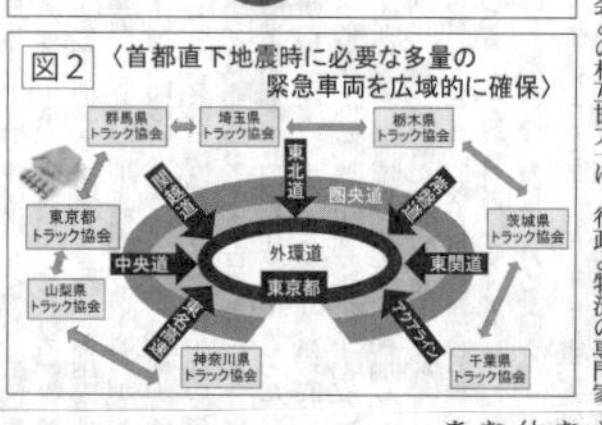

都民・県民の命は必ず我々が守る

東京都トラック協会会長　千原武美

9月8日に開催された第62回関東トラック協会事業者大会で、国土交通省関東運輸局長立ち合いの下、関東1都7県の各トラック協会の会長が「災害時等の相互応援に関する協定」を締結いたしました。

この協定は、全国のおよそ35％を占める約4500万人の人口を有する関東圏において、地震等の大規模災害が発生した際に、被災者へ救援物資を迅速かつ確実に輸送できるよう、関東1都7県の各トラック協会が人員や車両の相互応援を行い、盤石な体制を構築するものであります。トラック運送事業者が担っている、国民の生命を守るライフラインとしての公共的使命を更に一歩前進させ、「都民・県民の命は必ず我々が守ります」という強い気持ちを全国に先駆けて「形」にした画期的な取り組みであると確信しております。

こうした取り組みを通じて、関東トラック協会が一丸となって公共の福祉に寄与し、業界の社会的地位の向上を推し進め、トラック運送事業に携わる一人ひとりが夢と希望を持って働くことのできる環境づくりを実現していきたいと思います。

東京都トラック協会では、現在、圏央道の周辺に防災・教育研修センターの建設を検討しております。災害時には、救援物資の集荷・集積の拠点として、また、平素はドライバーの運転技術の向上に活用するほか、例えば、子供さんには楽しみながらトラックに親しめる職業体験スポットとして、地域の方々には屋内運動施設やお楽しみ広場として提供できればとも考えております。

「必ず東京を守ります」のメッセージを発信しつつ、皆様と共に、関東トラック協会が「都民・県民の命は必ず我々が守ります」を合言葉に、引き続き努力したいと思います。

産業・経済・国民生活支えるトラック協会

小池都知事が来賓あいさつ（要旨）

関東トラック協会の皆様には関東圏の産業、そして経済、国民生活を支えていただいていることに感謝申し上げる。

私は東京都知事として2020年のオリンピック・パラリンピック大会、その前には19年にはラグビーワールドカップ、このように大きな、歴史的にも非常に意義のある大会を東京で開こうとしている。その点についても、また皆様に様々なご協力をいただかなければならないと考えている。

最近は自然災害といっても本当に想定外のようなことが起きるし、北朝鮮問題は世界中、特に近隣の日本としてもどのような流れになっているのか、ハラハラするところだ。

そういう中で国民の生活が安定していくためにも、物流を支えていただいている皆様には本当に生活に最も不可欠な分野を担ってもらっている。

トラック一つをとってもディーゼル車などいろいろと皆様方に協力いただいたことも東京の歴史の中にはある。今後はFCV（燃料電池自動車）のトラックが出てくるのではないか。都バスは既に2台、FCVを導入して、次の2020年オリンピック・パラリンピックは水素オリンピックだと世界にもPRすることになろうとしている。

物流も、最近はこれだけネット通販が定着し、運輸会社の方々がヘトヘトになるくらい大変な物流の革命が起こっているなど、皆様の業界を取り巻く環境もあっという間に毎年のように激変がある。自動運転などもこれから世界の自動車会社の間では大競争になっていく。特にトラック業界では人手不足ということで、これまでも法律の見直しなども進めてきたが、これからもますます国民、そして関東一円の皆さんの生活を守って、そして安心・安全でスムーズに進めていくためにも、更なるご協力が必要かと思っている。

2020大会まで3年を切った。都は全力を挙げて準備を進めているが、千原会長をはじめとする皆々様、それぞれの地域で、また関東一円で、更に活発にご活躍されますよう、また様々な点でご協力をお願いしたい。

東京都トラック協会

新ドラコン実施

DR活用 日常運転を分析・評価

東京都トラック協会（千原武美会長）は、今年度の新規事業として、ドライブレコーダー（DR）を活用した「東ト協ベストドライバーコンテスト」を実施。従来の学科や検定コースでの実科検定によるコンテストとは異なり、日常の運送業務における運転操作やマナーなどに関するデータを分析・評価する、より実践的なドラコン。安全運転の励行に努める運転者を、業界が誇る優れた人材として評価・顕彰するとともに、コンテストで収集・分析したデータを活用し、運転者に対する安全運転指導・教育を推進する狙いもある。11月11日に表彰式を行う予定だ。

新ドラコンは、前方と運転席内を写す2カメラタイプのDRを各事業者の参加車両に順次取り付け、原則として2日間（1日当たり4時間）以上の運転データなどを収集・分析する。評価は、DRによる360度方位加速度データと運転席内外の画像データを組み合わせて行う。持ち点を100点とし、運転操作・行動・態度や法令順守、省エネ運転などの各項目の評価に応じて加減する。

足立支部が3年前から行っているDRを用いたドラコンを改良し、25支部に水平展開する形で実施することにした。

事業用トラックドライバーの法令順守や運転技能・姿勢などを分析・評価し、それにより安全意識の醸成・高揚を図り、ひいては運送業界やトラックドライバーの、社会的地位の向上を図ることを目的に実施するもの。

さらに、コンテストの実施だけにとどまらず、運転データの評価結果を参加事業所にフィードバックし、適性診断結果と連携して安全運転指導に活用し、更なる「安全・安心」の向上を図る狙いがある。

競技は、小型車・中型車・大型車・トレーラの4部門。当初、自動車安全運転センター発行のSDカード所持者（今年1月以降に交付のもの）を参加対象とすることも検討したが、幅広い参加を図る観点から要件とせず、SDカード所持者は加点対象とすることにした。

一方、東京都トラック協会が例年実施しているドライバーコンテスト（警視庁交通部と共催）は、7月8日に学科競技が行われ、会員事業者から運転者58人が参加。実科検定には36人が出場し、18日にトレーラ部門、30日に一般・女性部門が実施された。

同日の表彰式で、実行委員長の江森東副会長は「プロドライバーとしての社会的責務を十分自覚し、安全・安心、無事故・無違反をモットーに、職場や一般ドライバーの手本となり、トラックドライバーの社会的評価をさらに高めてほしい」とあいさつ。東京運輸支局の渡邉支局長は「輸送の安全確保に努めるとともに、他の模範となって、より安全で快適な車社会の実現に貢献していただきたい」と述べた。

ドライバー・コンテスト（7月30日）

貨物輸送評価制度

運送事業者281社を評価認定

うち東ト協会員は272社

東京都は、平成29年度「貨物輸送評価制度」で、運送事業者281社を評価認定した。このうち東京都トラック協会員事業者は272社を占め、中でもグリーン・エコプロジェクト（GEP）参加事業者は268社に上る。

評価制度は、自動車CO2排出削減を進める仕組みとして構築され、GEP活動で収集した実走行燃費データに基づき算出した燃費指標（ベンチマーク）で、エコドライブ推進などによる、運送事業者のCO2削減への取り組みを評価するもの。

都は24年度に試行運用を開始し、同年度の評価事業者は115社。このうち東ト協会員は112社で、1社を除く111社がGEP参加事業者だった。今年度で6年度目の評価認定だが、この間、東ト協会員の評価事業者数は約2・5倍に増加し、そのほとんどをGEP参加事業者が占めてきた。GEP参加事業者の取り組みレベルが高いことの証左と言える。

同制度の評価を受けたCO2排出が少ない事業者の優先的な利用を、荷主業界に推奨することにより、事業者の取り組みを促進する狙いがある。

営業用トラックは自家用に比べ、燃費効率が格段に高い上、その中でも燃費水準が高い事業者の利用を促進すれば、結果として運輸部門のCO2削減に大きく役立つ。

このため都はこれまでに、約90の荷主団体などに制度の周知や評価事業者の優先的な利用を働き掛けている。今後もこうした活動を継続し、営業用トラックの利用促進を図っていく方針だ。

こうした政策は、運送事業者にとって受注機会の拡大につながるインセンティブとなる。

都の評価制度はCO2削減にとどまらず、事故防止や燃料コストの削減にも効果があることから、東ト協ではGEPに参加し、積極的に評価取得に取り組むよう呼び掛けている。

東京都「貨物輸送評価制度」評価認定制度セレモニー（7月7日）

人材確保へ支援策展開

合同説明会 社長自らアピールする姿も

東京都トラック協会とマンパワーグループによる「東ト協コンソーシアム」は、「東京しごと財団」から受託・実施している「団体課題別人材力支援事業」の2年度目を迎え、活発に各種支援施策を展開し、成果を上げつつある。

「東ト協の社会実験」として、平成28～29年度の2カ年計画で、人材確保に向けた各種支援施策を行っているもの。

具体的には、人材採用と定着・育成支援の個別コンサルティングをはじめ、集合研修、トラックに乗務できる運転免許取得支援、業界への就業促進に向けた高校・大学などへの巡回訪問、合同企業説明会と仕事体験会などを実施している。

個別コンサルについては、既に採用支援6社、定着・育成支援2社のコンサルを完了。引き続き、選定企業を対象にコンサルを実施している。また、人材採用の法律実務や経営改善などをテーマにした集合研修（セミナー）を順次実施。8月下旬までに15回開催し、今後さらに15回実施する予定。

運転免許の取得支援も行っており、36社に取得費用の助成を行い、取得を進めているところだ。

さらに、業界の仕事内容や魅力を紹介し就業促進を図るため、高校・大学などへの巡回訪問を実施。8月下旬までに延べ40校を訪問しており、引き続き巡回訪問を展開中だ。

これらの取り組みと合わせ、7月27日には、トラック運送業界への就職を希望または関心を持つ学生などを対象とした合同企業説明会・仕事体験会「トラックde就活」を飛鳥ドライビングカレッジ日野で開催した。合同説明会には、来春卒業予定の新卒者をはじめ、女性7人を含む17人が参加。東ト協会員事業者から10社が参加し、業界の概況説明に続き、参加各社が1社当たり5分間で自社のプレゼンテーションを行い、会社概要や業務内容などについて説明した。

この後、各社の採用担当者が、グループごとに分かれた参加者を回る形で面談。中には社長自らが参加した企業もあり、仕事の内容などに関する質問や疑問に答え、採用に向けて前向きな話し合いも行われた。

併せて、トラック運送の仕事体験会を実施。ドライビングカレッジ指導員の同乗により、中型や準中型自動車免許に対応したトラックを実際に運転し、乗務体験を行った。

同様の合同説明会・仕事体験会を今年度末までに数回実施する予定だ。

一方、4月からは人材募集総合サイト「RUN TALK 109 TOKYO」を開設。主に若者や女性などを対象に、トラック業界の役割をはじめ、仕事の内容や魅力などを広く発信する目的で開設したもので、求人情報にとどまらず、運送業務に従事しているドライバーや経営者のメッセージなどを掲載し、求人企業の実像をより分かりやすく紹介している。

さらに、より多くの人達に関心や興味を持ってもらうため、求人関係以外のコンテンツとして、求職者からの様々な質問に対応する「そこが知りたいトラックドライバー」ページなども掲載している。

サイトには現在、23社の求人情報を掲載しており、さらに13社が準備中。これまでに同サイトを通じて18人の応募があり、2人の採用が実現した。

求人情報の掲載企業数が増えてきたことから、7月には大手求人情報会社のサイトと連結し、これにより一括検索サイト「Indeed」との相乗効果も期待され、より広く一般に情報発信されることになった。

合同企業説明会（7月27日）

協会改革へ「10の施策」推進

昨年7月に東京都トラック協会の新会長に選任された千原会長が打ち出した「10の施策」は次の通り（要約）。

【協会運営から協会経営に転換】

協会運営から「協会経営」に転換し、もっと経営感覚を取り入れる必要がある。会社経営では当たり前のことだが、要するに、目標の設定と職員の育成という視点を導入すること。経営では成果を出すことが求められるが、そのためにはこれらが不可欠。ビジョンと将来計画をきちんと持った「協会経営」に質的な転換を図り、直面する課題解決はもちろん、若い世代に引き継げる、将来戦略を持った新しい協会の確立を進めていく。

【3年先、5年先を見据えた協会の将来計画の策定】

将来ビジョンを持って3年先、5年先を見据えた協会経営を行うための計画策定に取り組む。

【正副会長会の仕組みを変える】

正副会長会の仕組みを変えて、協会のビジョンづくりの経営戦略会議の場にしていく。すなわち、会社における取締役会議のように、協会の最高戦略や目標を議論し、策定する場にしていくことが急務。併せて、正副会長会で何を議論し、どのような結論が出たのかを会員に伝え、共通の理解を持って目的に進むことが重要であり、そのためホームページに会議の内容を迅速に掲載し、透明性を向上させていく。

【本部組織の仕組みを変える】

現状、本部では計画的な職員採用・育成が行われておらず、会員目線の職員育成が急務。このため、組織経営のコンサルタントを活用し、1年間かけて本部組織のどこに問題があるのか課題を抽出し、次の1年間で採用制度や人事異動、待遇制度の改善など、今後の発展に必要な本部組織の仕組みづくりに取り組む。

【トラック業界の社会的地位の向上】

東日本大震災などでいかに災害復旧に貢献しているか、ようやく理解されつつあるが、災害が終わるとそうした意識も薄れてしまう。最も効果的なのは様々なPRを行うことだが、それには莫大な費用がかかる。現在の広報活動を精査し、ユーチューブなどを活用し、より効果的なPR活動を行っていく。

【防災・教育研修施設の建設】

運行管理者、管理職のための教育研修施設の開設は、会員から強い要望が寄せられている。まずは目標を設定することが大切で、どのようなハードルがあるか、具体的に検討していく。

【支部のあり方の検討】

平成27年度に支部の公認化を行ったが、支部のブロック化、共同で事務局組織を持つことなど、第2ステージに向けた支部の仕組みづくりに取り組む。

【支部交付金の継続】

「今年度で終わりとなっては困る」との話が多く寄せられている。来年度も継続できるよう全力を傾注する。

【会員の増強策の検討】

支部での勧誘のほか、本部でも取り組んでいるが、不十分と言わざるを得ない。新規会員の開拓を支部任せにせず、本部も連携して、積極的に取り組むことが大切。協会の主要な取り組みに位置付け、本部・支部の財政基盤を固めるための方策に取り組む。

【東ト協の社会実験の実施】

若年・女性ドライバー確保のための支援策を進めるため、東京都の外郭団体「東京しごと財団」の公募に応募している。その内容は公益団体が人材ビジネス会社とコンソーシアムを組み、2年間で1億円という事業費で課題解決のための取り組みを行うもの。これを協会の社会実験と位置付け、合同就職面接会、トラック乗車体験、高校への巡回説明会、会員へのコンサルタント派遣など、様々な取り組みを行っていく。

知事の国政進出

出ない？ 残る疑心暗鬼

続投でも職員との間に溝

衆院解散に伴う総選挙の公示が10日に迫っている。「知事を辞職し、衆院選に出馬する」との憶測が絶えなかった小池知事は、5日の都議会本会議でも辞任を表明しなかった。立候補に踏み切らない背景には、小池知事が立ち上げた新党「希望の党」への支持率が伸び悩んでいることがあると見られているが、都では今後、市場移転や五輪準備などの難題が山積し、ある幹部は「どう転んでもいばらの道」とため息をつく。一部にはまだ、「公示まで諦めないのではないか」という見方もある。

「どう転んでもいばらの道」

「私たちはあくまでもチャレンジャーだ。安倍政治では出来得ないことを訴える」「お友達忖度政治がいいのか、しがらみを断って新しい政治がいいのか」。小池知事は4日、記者団にこう語った。

「前から（出馬しないと）言っている」「100パーセント出ない。日本語で言っている」。この間、一貫して出馬の可能性を否定してきた小池知事。

国政批判が最初にクローズアップされたのは、9月18日に都内で開催された五輪・ラグビーW杯のイベント終了後。衆院解散の観測が強まる中、国内外のメディアが知事発言の取材に駆け付けた。

「何を目的とするのか、大義が分からない。国民に何を問い掛けていくのか、分かりにくい」と小池知事。安倍首相の決断に疑問を投げかけた。同25日、「希望の党」代表就任を表明した記者会見では、国政に進出する理由を「（五輪準備で）国にブロックされる瞬間がある」と説明し、更に政権批判を強めている。

解散の時期を巡っては、民進党内の混乱と新党の準備が整う前で「絶妙のタイミング」という見方がある一方、「森友・加計疑惑」で説明責任を果たさない中、「大義がない」との批判が噴出。菅義偉官房長官が記者会見で、「ここは質問に答える場所ではない」と説明を拒否するなど、強引な政権運営が目立った。

8月に発足させた「仕事人内閣」も実績を出せぬままの解散に、当初は新党に対する期待感も垣間見えた。

選挙情勢の潮目が変わったのは先週末。小池知事側近の若狭勝衆院議員の「次の次」発言だ。NHKの討論番組で、「次の次に確実に（政権）交代できる議席数に達するという思いならば、（小池氏が）今回の衆院選に出なくても構わない」と述べ、新党に対する期待感をしぼませた。

また、小池知事が民進党内のリベラル派を「排除」する考えを示したことから、民進党が事実上分裂。3日には都民ファーストの会の都議2人が離党する意向を示し、足元も揺らいでいる。都OBは「5年間の安倍政治を見て『何とかしなければ』と思った人も多かったはず。しかし『希望の党』の候補者選びを見ても、小池さんのやり方は乱暴。『排除』では人が離れていく」と指摘する。

都庁内では現在、「この支持率で知事辞職はないだろう」との見方が強い。それでも依然、「小池知事は計り知れない人。起死回生のタイミングをうかがっているのではないか」という声は絶えない。都政では今後、市場移転の遅滞に直面し、財政負担の増や東京五輪に向けた環状2号線や輸送拠点の整備に支障が出る恐れが大きい。都幹部の一人は「都政にいても今より立場が悪くなることは必至。（知事選で）飛び降りた崖をよじ登ることを考えると思う」。

別の幹部は「自民党の支持率は今後、下がるだろうが（組織的な）復元力があり、（小池知事が）ここで出馬しなければもう浮かび上がる場面はない」と読む。「心ここにあらず」で国政への意欲が浮き彫りとなっただけに、「知事続投でもレームダック化は避けられない」との指摘もあり、都庁組織に残した傷は大きい。

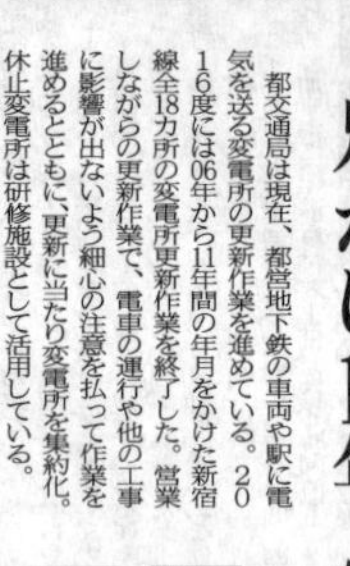

小池知事の主な発言

「いろんな想定外、想定内があると思うが、環境を見ながら、都、国にとって何が良いのか最善の方法を考えていきたい」（9月20日、都議会で記者団に）

「東京五輪・パラリンピックに向けた準備を都知事としてしたい。あくまでも都知事として、希望の党の代表としてこの戦いに臨んでいく」（同27日、結党会見で）

「今回は仲間を募り、国政に希望の党として送り出していきたい」（同29日、定例会見で）

「（小泉）進次郎さんがキャンキャンとはやし立てるが、お父さん（小泉元首相）と約束しているから出馬はない。都知事としてしっかりやっていく」（3日、鹿児島県庁で）

都交通局

新宿線で全変電所を更新

足かけ11年、綿密な調整

現場最前線

都交通局は現在、都営地下鉄の車両や駅に電気を送る変電所の更新作業を進めている。2016度には06年から11年間の年月をかけた新宿線全18カ所の変電所更新作業を終了した。営業しながらの更新作業で、電車の運行や他の工事に影響が出ないよう細心の注意を払って作業を進めるとともに、更新に当たり変電所を集約化。休止変電所は研修施設として活用している。

休止変電所を利用した研修所で、設備を操作する若手職員

厚さ15㌢ほどの頑丈な扉を開け、廊下を進むと3㍍ほどの大きな箱が並んでいる。箱の表面には赤や緑のランプが静かに点滅。正常に電気が流れていることを示すランプだ。

「ここは電力会社から直接電気をもらっている『受電変電所』。何らかの支障があると、電力会社にも影響が出ることもあるため、浸水しないように扉も鋼鉄製になっている」と説明するのは、変電所の更新計画を担当する同局車両電気部電力課の眞中賢二統括課長代理らだ。

新宿線の変電所は、最初の建設から06年の時点で27年が経過。老朽化が進み、補修部品も入手困難となっていたため、同局は同年に更新計画を策定。11年に及ぶ更新作業に取りかかった。

作業中、毎日欠かさなかったのが「KY（危険予知）ミーティング」だ。営業中の電車・駅に電気を送りながら作業するため、ミスがあれば運行に大きな影響を及ぼす。このため、電気を止める機器と止めない機器を区別し、確実に現場で共有できるようKYミーティングが日課となった。

変電所の更新は1カ所につき1～2年かかり、日常の保守作業や維持管理の工事も並行して行う必要がある。変電所工事の作業チームのほか、電力会社や駅内の別の工事チームに至るまで、綿密に調整を重ねたが、急を要する工事などと時間が重なってしまうこともあった。駅に電気が通らなければ、他の工事は進まなくなる。終電後から始発前までの短い時間で行うが、終電の大幅な遅延で、その日の工事は中止せざるを得なくなったこともあった。そうした時も、改めて作業日程を組み直し、他チームとの調整を繰り返した。

「複雑な電気回路のどこを止め、どこを生かすのかを伝え、間違えるとお客様に迷惑がかかる上、重大事故につながることもある」と眞中統括課長代理らは振り返る。

また、多くの地下施設を更新するに当たり、より効率的に進めるための工夫もあった。

変電所の多くは地下にあり通路が狭く、大きな設備を通常のルートから運び込むことは不可能なため、駅構内の換気用に設けられた「換気塔」を活用した。ダクトなどを撤去すると駅構内の冷房設備が使えなくなるという問題もあったが、搬入作業を冷房を使わない期間に集中させて解決した。

■研修施設として再活用

変電所の更新では、電力供給の再検討や設備の小型化により集約化を図り、全18カ所から13カ所に削減した。休止した5変電所のうち、1カ所は変電所の研修施設として再活用している。

これまでは、主に図面やマニュアル類で学ぶことが多かったが、数年前まで稼働していた設備を操作しながら復旧作業などを学ぶことも可能だ。

昨年度には、新規採用者からベテランまで約300人が研修施設で学び、団塊世代の大量退職により局の課題となっている技術力の維持・向上と継承に役立てている。研修を受けた職員からは新しいカリキュラムを提案する声が上がるなど、評判は上々のようだ。

他の路線の変電所更新は現在も続いており、昨年度からは大江戸線変電所の更新にも着手し始めた。同局は、新宿線で得た経験やノウハウを生かしながら更新を進めている。

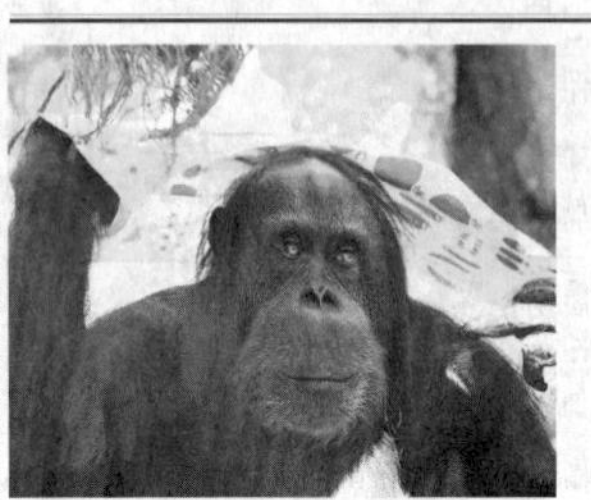

ジプシー安らかに

多摩動物公園

世界最高齢のオランウータン逝く

東京動物園協会は9月28日、多摩動物公園（日野市）で飼育していたメスのボルネオオランウータン「ジプシー」＝写真（東京動物園協会提供）＝が死んだと発表した。世界最高齢とされる62歳（推定）だった。

同協会によると今年8月から口からの出血が見られ、次第に固いものが食べられなくなった。27日午後に全身麻酔で口腔内の検査と治療を行ったが、麻酔から覚めたところ、様態が急変したという。

ジプシーは1958年7月にボルネオから来園し、国内で飼育されているボルネオオランウータンの33頭のうち、半数近い16頭がジプシーの血統という。

特別区管理職選考

331人が口頭試問に

進出率は54・6％で増加

特別区管理職選考の口頭試問進出者が2日、各区の所属長を通じて受験者に通知された。受験者606人のうち331人が口頭試問に進出。進出率は54・6％で、前年度比0・8㌽増加した。

Ⅰ類の口頭試問進出者は243人で、内訳は全部受験方式が87人、免除受験方式は156人。Ⅰ類の全部受験の進出率は36・3％で同2・8㌽の増。択一・短答式の免除受験の進出率は60・5％で同4・8㌽の減だった。

選考区分別では、Ⅰ類事務の口頭試問進出者は191人、進出率は55・4％で前年度比0・2㌽の減で、Ⅰ類技術（Ⅰ～Ⅲ）は進出者52人、進出率34・0％で同2・2㌽増だった。

口頭試問は14日と15日のうちのどちらか指定する一日で行われ、最終合格者の発表と択一・短答式問題受験の免除者への通知は31日となる。

Ⅰ類（全部及び免除受験方式）及びⅡ類

（単位：人、%）

種別	選考区分	受験者数（A）			口頭試問進出者数（B）			口頭試問進出率（B/A）		
		17年度	16年度	増減	17年度	16年度	増減	17年度	16年度	増減
Ⅰ類	事務	345	329	16	191	183	8	55.4	55.6	▲0.2
	技術Ⅰ	70	56	14	23	17	6	32.9	30.4	2.5
	技術Ⅱ	40	33	7	21	17	4	52.5	51.5	1.0
	技術Ⅲ	43	43	0	8	8	0	18.6	18.6	0.0
	技術計	153	132	21	52	42	10	34.0	31.8	2.2
	小計	498	461	37	243	225	18	48.8	48.8	0.0
Ⅱ類	事務	86	85	1	72	67	5	83.7	78.8	4.9
	技術	22	25	▲3	16	15	1	72.7	60.0	12.7
	小計	108	110	▲2	88	82	6	81.5	74.5	7.0
合計		606	571	35	331	307	24	54.6	53.8	0.8

社会福祉専門職を養成

高い合格率で地域貢献

品川社協

品川区社会福祉協議会の「社会福祉士養成コース」（定員100人）で、今年の国家試験の現役合格率が76・1％に達したことが分かった。全国平均は25・8％で、大学も含む全ての通信制養成校で全国1位。既卒生の合格率も全国上位で、これまでに600人以上の社会福祉士が生まれ、各地域で活動している。

同コースの教育コンセプトは、地域福祉の推進に貢献できる実践力と国家試験合格力の育成。教育課程は1年6カ月の通信制で、卒業時に社会福祉士国家試験受験資格を取得可能。テキストによる自宅学習が基本で、2カ月に4本のペースでレポートを提出し、添削指導を受ける。面接授業は相談援助技術について8日間、全て土日に行われる（入学時に1年以上の相談援助実務経験がない場合は、23日間の実習、6日間の面接授業が更に必要）。現在、行政や福祉現場の職員や福祉専門職の志望者らが集まり、実践と研究・教育経験を持つ講師陣の下、国家資格取得を目指して学んでいる。

品川社協は「品川介護福祉専門学校」「実務者養成コース」「社会福祉士養成コース」という福祉専門職の指定養成施設（片岡玲子施設長）を設置。地域の社協がこのような施設を設置運営するのは全国的に例がなく、これまで700人を超える介護福祉士を地域に輩出している。

同社協が介護福祉人材の養成を始めた背景には区内高齢者人口の増加と福祉サービスの拡充がある。95年に品川区のバックアップの下、独自の修学資金制度もある「介護福祉専門学校」を開設。02年には区内で働く福祉職の研修機関「品川福祉カレッジ」を設けて地域福祉の向上を目指しているほか、07年に「社会福祉士養成コース」を、16年には「介護福祉士実務者研修コース」を開設し、層の厚い福祉人材の育成に取り組んでいる。

南相馬市にメガソーラー

再生エネファンドから投資

都会計管理局

都会計管理局は、このほど官民連携で進める再生エネルギーファンドから、福島県南相馬市にメガソーラー発電所を建設する事業に投資したと発表した。投資額は公表していないが総事業費は約110億円で、出力は約3万6800㌔ワット。メーカーの試算では、1年間で発電できる電力量は一般家庭約1万世帯分の年間電力使用量に相当する。面積は約47㌶で東京ドーム10個分。これまで同ファンドから投融資した事業の中でも最大規模となる。発電した電気は、東日本大震災の影響で停止している原発の送電線を利用して関東圏に供給する予定。

津波被害を受けて使われなくなった農地に建設し、同局は「現地での税収や雇用の増加が見込まれ、復興と活性化への貢献が期待できる」（管理部）と話す。運転は2020年3月から開始する予定。

このほか、同局は群馬県嬬恋村の太陽光発電所建設事業にも投資したと発表。出力は約1万5400㌔ワットで、メーカーの試算によると、年間計画発電量は一般家庭約5千世帯分の年間電力使用量に当たる。総事業費は約62億円で、8月から運転を開始している。

都人事委員会に要請署名を提出

都労連

都労連は2日、各職場から寄せられた署名を都人事委員会に提出し、勧告で公民比較方法を見直すことや、行政職給料表（一）1～2級の給与水準の見直しに言及しないことなどを求めた。

都人事委は、公民比較は従来通り従業員50人以上の企業を対象とし、給与には職責・能力・業績を反映させる考えを強調。これに対し都労連は「人事委は当局と同じ主張を繰り返しており、中立・公平性を疑わざるを得ない」と指摘。第三者機関として要請を受け止め、勧告を行うよう要求した。

情報セキュリティー技術者育成で協定

都立産技高専

都立産業技術高等専門学校（産技高専）は9月25日、情報セキュリティ技術者の育成に関する産学連携協定を、新たに㈱サイバーディフェンス研究所、㈱FFRIの2社と締結した。教材の開発や学生の教育研究などに関して連携する。同協定を締結している企業は、㈱シマンテックや富士通㈱などを含めて計11社。「日々高度化するサイバー攻撃の最新の状況に即した、より実践的な教育プログラムを実現できる。これまで以上に情報セキュリティー人材の輩出に貢献していく」と話している。

産技高専は2016年4月、品川キャンパス電子情報工学コースに「情報セキュリティー技術者育成プログラム」を新設し、高度な専門知識と技術・技能を兼ね備えた技術者の育成を開始。実習では情報システムを構築・運用し、サイバー攻撃で引き起こされるインシデントを体験しながら対応方法を身に着けている。

■都人事異動

6日付　◎印昇任

【部長級】▽都市整備局まちづくり調整担当部長（都市整備局民間住宅施策推進担当部長）木村宣代▽都市整備局民間住宅施策推進担当部長（東部住宅建設事務所長）栗谷川哲雄▽東部住宅建設事務所長（都市整備局市街地整備部再開発課長）◎青木成昭

【課長級】▽都市整備局都市づくり政策部まちづくり推進担当課長（都市整備局都市基盤部交通計画調整担当課長）小原誠司▽都市整備局都市基盤部外かく環状道路担当課長＝交通計画調整担当課長兼務（都市整備局都市基盤部外かく環状道路担当課長）飯村一実▽都市整備局市街地整備部防災都市づくり課長＝再開発課長兼務（都市整備局市街地整備部防災都市づくり課長）栗原聡夫

■渋谷区人事異動

1日付

【部長級】▽福祉部長（清掃担当部長）藤野貴久▽清掃担当部長　大澤一雅＝土木清掃部長兼務

■足立区人事異動

1日付

【課長級】▽資産管理部副参事＝本庁舎改修準備担当（子ども家庭部待機児対策室長付副参事＝待機児ゼロ対策担当）金子俊之

訂正　3日付4面の「『君が代』不起立訴訟」の記事中、「再雇用の取り消しを求めた裁判」とあるのは「再雇用の取り消しの撤回を求めた裁判」の誤りでした。

飲食戦略素案（上）

栄養管理・食習慣に配慮

五輪組織委員会が東京大会の「飲食戦略」の素案をまとめた。大会の飲食提供に関する基本的な考え方を示すもので、有識者や実務者などによる検討会議（座長＝大久保洋子・和食文化国民会議調査・研究部会副部会長）で検討を重ねてきた。

組織委による飲食提供の対象になるのは①選手・チーム役員②国際競技連盟（IF）③IOC／IPCなどオリンピック・パラリンピックファミリー、要人④オリンピック放送機構（OBS）など放送サービス⑤プレス⑥マーケティングパートナー⑦観客⑧ボランティアなどスタッフ――の8グループに分類される。

このうち大会の主役となる選手は、主に選手村内のダイニングで食事を取る。競技で最高のパフォーマンスを発揮できるように栄養管理や食習慣などに配慮した「メーンダイニング」、選手村でリラックスでき、和食や各地の特産物を楽しめる「カジュアルダイニング」、競技日程が迫る選手でもサンドイッチやフルーツをテイクアウトできる「グラブ＆ゴー」の3種類のダイニングを設置する予定だ。選手・役員らの規模は五輪で1万8200人、パラリンピックで8千人を想定する。

衛生管理の徹底による食中毒対策が求められる＝16年9月、リオデジャネイロ

特に配慮が必要になるのは、選手の栄養管理だ。

飲食戦略では、試合を直前に控えた選手のニーズを把握し、スポーツ栄養の専門的知見を取り入れたメニューを作成する方針。特に高たんぱく・高糖質・低脂肪といった要望に応じたメニューが求められる。選手村のメーンダイニングには「栄養ヘルプデスク」で選手をサポートすることも盛り込んだ。

また、選手が実力を発揮できるようにするため、日頃、食べ慣れたメニューを提供することも必要になるほか、菜食主義を始めとした食習慣・宗教上の理由に配慮したメニューや、アレルギーに対応したメニューを取りそろえる予定。意図しないドーピングを防ぐため、調達を含めた食材管理も徹底する。

パラリンピアンの視点も欠かせない。特に肢体障害と視覚障害への配慮が必要で、選手村のダイニングでは車椅子が通りやすい座席の間隔やテーブルの高さとし、選手の負担軽減にも取り組むほか、ICT技術を活用した情報提供により、利便性を高めたい考えだ。

30年度

職員教養講座

東京都管理職選考対策 ▶14◀

技術（建築）記述・論文

今回は種別Bの建築の記述と論文を解説します。

記述試験

近年の記述試験の出題傾向は、種別A・B共通で前半4題及び後半6題から計4題を選択する構成となっていますが、Aは前半と後半で2題ずつ選択、Bは前半1題、後半3題を選択することとなっており、解答方法が異なっています。

出題分野は、①計画（原論・都市計画）②構造（計画・力学）③施工（工法・材料）④法規――の4分野となっています。

前半4題は、4分野から各1題が出題され、専門用語説明や構造力学の計算など、基礎的知識を問う内容です。

後半6題は、①建築物の設計と施工に関する問題が1題②各種行政計画の策定や改正などに係わる時事問題が2題③法令の制定や改正などに係わる時事問題が2題④各分野からランダムに抽出した五つの専門用語から四つの用語説明を行う問題が1題といった内容で、専門知識や技術情勢の理解度などが問われます。

参考に過去数年間の出題内容は次の通りです。

《前半4問》

① 計画（防災街区整備方針の説明、街並み景観づくり制度の説明、特定都市再生緊急整備地域の説明と地区名称の列挙、東京都建築安全条例第7条の3に定める新たな防火規制区域の説明、住宅市街地の開発整備の方針の説明、新しい都市づくりのための都市開発諸制度活用方針の説明）

② 構造（不静定ラーメン構造の崩壊荷重の計算、偏心率と剛性率の説明、等分布荷重が作用する片持ちばり系静定ラーメン構造の応力計算とせん断力・曲げモーメント図の作成、限界耐力計算の説明、静定トラス構造の軸力計算）

③ 施工（プレキャストコンクリートの特徴と留意点の説明、地盤調査の目的と特徴の説明、鉄筋コンクリート造における鉄筋継手工法の説明）

④ 法規（防火上主要な間仕切壁に係る規制の合理化に関する説明、エレベーターに係る容積率制限の合理化に関する説明、定期調査・検査報告制度の規制強化に関する説明、耐火建築物について耐火性能検証法に言及した説明）

《後半6問》

① 建築物の設計と施工に関する問題（基礎計画における支持地盤及び基礎形式の選定の説明、鉄骨造の部材接合方法の説明、地盤改良の工法の説明）

② 各種行政計画の策定や改正などに係る時事問題（公共工事の入札契約方法の説明、省エネ・再エネ東京仕様の説明、第2次主要施設10カ年維持更新計画の説明、住生活基本計画の説明、防災都市づくり推進計画の説明、良質なマンションストックの形成促進計画の説明）

③ 法令の制定や改正などに係る時事問題（耐火構造の構造方法を定める件の一部を改正する告示〈平成26年改正〉の説明、マンションの建替え等の円滑化に関する法律〈平成26年改正〉の説明、建築物のエネルギー消費性能の向上に関する法律〈平成27年公布〉の説明、建築基準法施行規則・建築基準法に基づく指定建築基準適合判定機関等に関する省令〈平成27年施行〉の説明、建築基準法の一部を改正する法律〈平成26年改正〉の説明、基礎ぐい工事の適正な施行を確保するために講ずべき措置〈平成28年施行〉の説明）

④ 各分野からランダムに抽出した五つの専門用語から四つの用語説明を行う問題（特定建築者制度の説明、東京都耐震マーク表示制度の説明、土砂災害特別警戒区域の説明、避難安全検証法の説明、アルミサッシのかぶせ工法の説明、CLTの説明、設計・施工一括発注方式の説明、長周期地震動の説明、風致地区の説明、連担建築物設計制度の説明、プレストレストコンクリートの説明、サービス付き高齢者向け住宅の説明、応急危険度判定の説明、特別用途地区の説明、建築審査会の説明）

◆対　策

建築の専門用語や力学的な知識については、1級建築士受験対策として市販されている書籍を参考にすることをお勧めします。また、建築関連の定期刊行物や雑誌などで、最近話題となっている施工工法や法令改正等をチェックし、新工法などの効果や法改正の経緯と都政への影響などを分析しておくと説明に深みが出てきます。

日常業務でも、都の条例の施行、行政計画の策定や改正、技術的な基準類や仕様書の改定などをきっかけに都政の動向を敏感に捉え、自分の業務と結び付けながら情報収集することで知識や応用力も高まり、自然と記述試験にも対応する能力をつけることができます。

日頃行っている業務を一工夫して、一つひとつ積み重ねながら記述試験の準備を進めてください。

論　文

建築の論文では、出題傾向が広範囲にわたり、かつ時事的要素の高い問題が出題されています。したがって、短期間に複数の合格論文を準備することは困難ですが、過去の出題を参考に数本程度の論文を仕上げる努力は必要になります。

まちづくりに対する技術的課題や公共建築物を整備する上での問題点を正確に捉え、どのような課題が出題されても落ち着いて対応できるよう準備をしておきましょう。日頃の業務に対する取り組み姿勢にも注意し、常に問題意識を持ち課題を正確につかんで具体的な解決策を提案できるような思考回路を整えておくことが大切です。

その上で、論文を書き上げる訓練を重ねていくことが大切になりますが、まずは過去の出題傾向と論文問題を紹介します。

◆出題傾向

今年度の出題は、国際的な都市間競争に勝ち抜く持続的成長が求められる中、首都東京の成長を支える活力あるまちづくりの推進に関する取り組みと、都政を取り巻く社会情勢の変化や、施策の実現に的確に対応していくための、公共建築物の維持更新の在り方について、建築技術者の立場から論じる問題でした。

近年のまちづくりものの出題傾向は、首都東京の都市づくりに関する政策を、少子・高齢社会、防災都市づくり、国際的都市間競争といった課題に対し、建築技術者の立場からどのように取り組んでいくべきかといった出題がなされています。以前は、東京2020オリンピック・パラリンピック競技大会を絡めた出題が頻出していましたが、ここ最近は減少傾向の模様です。

一方、ものづくりものでは、建設資材の高騰や技術者不足に対応した施設整備、公共工事の品質確保と職員の技術力向上を踏まえた少数精鋭体制下での体制づくり、社会情勢の変化や施策の実現に対応できる公共建築物の維持更新といった課題に対し、建築技術者の立場からどのように取り組んでいくべきかといった出題がなされています。以前は、東京五輪・パラリンピック後のレガシーを絡めた出題が頻出していましたが、ここ最近は減少傾向にあります。

なお、昨年度から、都が実施している、または実施を予定している施策の説明にとどまらず、あなたの創意工夫を盛り込むことといったフレーズが追加されました。都政に関する幅広い知識や情報量に加え、独自の視点による政策立案能力が要求されています。

過去の問題

《平成29年度》

（1）　東京は、日本の経済のエンジンとして、国際的な都市間競争に勝ち抜く成長を生み続けることが求められています。このような状況の中、首都東京の成長を支える活力あるまちづくりを進めるために、都はどのように取り組んでいくべきか、建築技術者の立場から、あなたの考えを論じなさい。なお、都が実施している、または実施を予定している施策の説明にとどまらずに、あなたの創意工夫等を盛り込むこと。

（2）　都が所有する公共建築物の多くは、昭和40年代及び平成一桁の時期に建設され、都はこれらの公共建築物の計画的な維持更新に取り組んでいます。このような状況の中、都政を取り巻く社会情勢の変化や、都が掲げる施策の実現にも的確に対応していくために、今後どのように公共建築物を維持更新していくべきか、建築技術者の立場から、あなたの考えを論じなさい。なお、都が実施している、または実施を予定している施策の説明にとどまらずに、あなたの創意工夫等を盛り込むこと。

《平成28年度》

（1）　東京では、首都直下地震を始めとする様々な自然災害から、都民の生命や財産、首都機能を守ることが求められています。東京2020オリンピック・パラリンピック競技大会とその先を見据えた、強靭な防災都市づくりの着実な推進に、都はどのように取り組んでいくべきか、建築技術者の立場からあなたの考えを論じなさい。

（2）　都の公共建築物は、都民の貴重な財産として着実に整備を行い、品質が優れた社会資本とすることが求められています。少数精鋭体制の下で、公共工事の品質確保と職員の技術力向上のために、都はどのように取り組んでいくべきか、建築技術者の立場から、あなたの考えを論じなさい。

《平成27年度》

（1）　人口減少や高齢化が進行していく中でも、東京の活力を更に高めていくためには、誰もが活動しやすく、快適に暮らすことのできる都市を実現していくことが求められています。今後このような都市づくりに、都はどのように取り組んでいくべきか、建築技術者の立場からあなたの考えを論じなさい。

（2）　2020年東京オリンピック・パラリンピックの大会関連施設等を、建設資材の高騰や技術者等が不足する中でも、快適な環境の提供や大会開催後のレガシーの創造に配慮し、着実に整備することが求められています。このような状況の中で、都は施設整備にどのように取り組んでいくべきか、建築技術者の立場からあなたの考えを論じなさい。

◆対　策

論文試験は、問題意識、政策形成能力、論理性、表現力などの視点から評価されます。

問題意識や政策形成能力は、業務に対する取り組み姿勢や情報収集能力で大きく変わってきますので、最新の技術情報の収集や都政の動きを日頃から敏感に感じ取る意識を持つことが大切です。

当面の情勢としては、「都政大改革」といった流れを抑えつつ、「2020年に向けた実行プラン」に掲げられている「セーフシティ」「ダイバーシティ」「スマートシティ」といった三つのシティの実現のための政策に目を向ける必要があります。

ここ数年、「2020年の東京オリンピック・パラリンピック開催を契機に」といった言葉が問題文に入ることが多く見受けられましたが、今後は2020年の更にその先に目を向けた課題への取り組みや、都民にとって透明性のある都政をどのように運営していくべきかなどを問われることも想定されます。

一方、建築技術者や組織の在り方を問う問題では、都が目指す少数精鋭による組織体制の実現に必要な技術力の維持・向上や、民間技術者との連携などを念頭に最小限の力で最大限の成果を上げられる方策が求められています。したがって、技術各論の展開に終始することなく、人材育成の視点や民間との連携、コスト意識を持った幅広い見識に裏付けされた提案が必要です。

知事の所信表明、さらには8月の人事異動で局長級の異動がありましたが、折に触れ、こうした幹部の着任のあいさつや方針などの情報収集を怠らず、都政の状況の変化や動向に鋭敏に反応する意識を持ちましょう。

論理性や表現力については、日頃の報告書の作成などで論理的思考力を働かせながら、文書を作成することで鍛錬することが可能です。論文は、序論・本論・結論で構成されるケースが多く、本論の中で政策の柱を数本作製し、その柱ごとに現状分析、課題、解決策を書くことになると思います。序論では問題文に対し、都が置かれた状況や背景を「2020年に向けた実行プラン」などを参考に説明しながら、本論につなげていく必要があります。本論の中の課題については、事実の本質に触れていないと論拠が浅い内容になってしまうので、原因を深く考えることが重要です。

また、現状分析では各施策の整備目標の数字を使用しながら作成することが有効で、全体のバランスとしては最後の解決策を少し厚めに書く方が良いと思います。

試験では2時間で約2千字を書き上げることになりますが、実際書き出すと時間が足りないことが多くあります。自分の書くペースをつかむことで時間配分も分析できますから、とにかく手書きに慣れるための訓練は惜しみなく行いましょう。また、一度書き上げた論文を後日、推敲することは非常に有効で、文章の構成、言い回し、語句の表現など、自分の悪い癖に気づくことができるよい機会であるため、一つの論文に対し、何度も推敲を行うことが大切です。

細かいことですが、シャープペンの芯は濃いものをお勧めします。薄い字は採点者が読めないことが懸念されるので、はっきり書ける濃い芯を使った方が効果的だと思います。

さらに、論文の添削ですが、建築職の管理職には技術的な知見を踏まえてアドバイスをいただくことを大切にし、事務職の管理職にも添削を依頼し、文書能力を向上させることも重要です。添削者が多いと様々な意見が出てきますが、複数の意見を聞くことで課題に対する見識が高まります。その上で必要な修正を加えると完成度が高まります。複数の管理職などに添削を依頼しましょう。その場合、複数の添削者に複数の課題を提出し、添削後さらに推敲した論文を再提出することで論文の完成度が高まっていくと思います。

近年、建築職で管理職試験を受験する割合が少ない傾向があるようですが、合格者がここ数年減少しているので、準備不足で臨んで合格できることは皆無です。

試験は年1回しかチャンスはありませんが、言い換えれば、1年間準備ができることになります。この1年をどう捉えるかは皆さん個人の意識にかかっていますので、それにより準備する時期も変わってくると思います。

また、管理職試験は日常業務と全く区別して臨む試験でもありません。かえって試験を意識しながら業務を振り返ることは、仕事に対する充実感を味わうことも多いものです。さらに、管理職を目指す意識を持って自己研鑽に励むことで、業務を通して積極的に建築技術に関わり、経験に裏打ちされた知識を積み重ねていく姿勢も身に着いていきます。

管理職試験に挑戦することは、決して無駄な努力ではありません。間違いなく、能力は努力した分だけ向上します。その努力が合格という結果に表れるよう応援しています。皆さまのご健闘をお祈りしています。

昇任試験対策のページ

特別区

管理職試験講座

I類択一・記述　I・II類論文　29年度

番外編▶上

I類・II類

特別区人事委員会は2日、今年度の特別区管理職選考の口頭試問進出者を各区の所属長を通じて通知しました。口頭試問は10月14日と15日のいずれか指定する日に東京区政会館で行われます。受験者の皆さんには最後の関門となります。今回は口頭試問の概要と対策を紹介します。

試験概要

まずは口頭試問の概要をおさらいします。口頭試問は、筆記考査及び勤務評定の結果を総合し、一定の基準以上の人を対象に個別面接方式で行われます。このうち事務系は合格予定者の2倍程度が進出し、今年度の口頭試問進出者数はI類事務が前年度比8人増の191人、II類事務が同5人増の72人となりました。また、進出率はI類事務が55・4％、II類事務が83・7％でした。

口頭試問では、受験者の口頭により、判断力や表現力など能力を検証することが目的となります。評定基準は、▽判断力＝質問の要点をよく把握していたか。質問に対する判断は適切であったか▽表現力＝自分の考えを分かりやすく話していたか。論理性があり、簡潔に話していたか▽問題意識＝将来への展望を持って思考する姿勢があるか。現状否定に終始せず、建設的な姿勢があるか▽柔軟性＝幅広い思考をしているか。物事を多面的に捉えているか▽人物＝誠実で、信頼できる人柄か。責任感があり、真摯な態度が感じられるか――の5項目です。1人の受験者に対して3人の面接官により、約30分間の面接が行われます。

試験に向けて

口頭試問の出題形式や出題内容は受験者が所属する区などによって様々ですが、共通する出題形式としては、服務事故や不祥事など一定の状況を設定した「事例」が出題され、受験者が管理職としてどのように対応するか即座に答える「事例式面接」が挙げられます。

口頭試問対策

過去に出題された例としては、誤った税納付書を区民に送付したことが発覚した場合や、区民の個人情報が流出した場合など、課で発生した事故への対応、課内でパワハラが疑われるケースといった内部管理に関する処理など、トラブル対応を中心としながら出題内容自体は多様な事例が出題されています。どのような事例が出題されるか予想するのは難しいため、様々な事例に対して評定項目に沿った回答ができるよう、自分なりに回答のポイントを押さえることが大切です。

事例を基に、管理職としての対応や心構えを問う出題スタイルは、II類の事例式論文に近いかもしれません。また、問題意識や表現が問われる点では、I類論文にも通じる部分があります。このため、面接官の質問に口頭で的確に答えられるよう、明快な論理展開や簡潔な表現など論文の勉強を思い出してみるのも良いでしょう。

例えば、突発的に発生した事例に対しては、事例での課題を三つにまとめたり、事実確認や緊急的な対策、情報公表や再発防止策など短期・中期・長期の三つの時期に分けて整理するなど、分かりやすい説明を意識するのが重要です。課内だけに終始せず、部長を始めとする上司への報告や議会対応、区民への説明など様々な主体も念頭に置く必要があります。その上で、口頭試問で提示する対策は、実現可能なものであることが大前提です。市販されている公務員向けの問題解決事例集などを参考に、回答の引き出しを増やしておくのも効果的です。

評定基準では「判断力」や「柔軟性」が挙げられており、仮に質問に対する答えが誤っていた場合は、率直に誤りを認めて考え直すことも必要です。面接官が誤りを示唆した場合は、自分の意見を押し通すことにこだわらず、改めて問題点を整理して考えるようにします。

また、口頭試問では「事例式」とともに、口頭試問進出者が事前に記入した「面接票」を基に面接官から質問が出されますが、これは受験者によって配分時間が大きく異なるようです。昨年度の受験者では、面接時間の2割程度が面接票に基づく質問だったケースもあれば、面接票に関する質問がほとんどなかったケースもあります。区によっては、面接票の記入内容から質問が派生し、開会中の定例区議会で印象に残った質問や答弁を挙げるよう求められたケースもあるようです。念のため、面接票にどのようなことを書いたか、記入内容を確認しておくことをお勧めします。

口頭試問進出者が通知されてから本番までは2週間足らずしかありませんが、この短期間にどの程度準備するかが勝負を分ける可能性があります。定例区議会の開会などで多忙な時期ですが、過去の合格者に相談するなど、試験当日をしっかりとイメージできるように用意してください。

試験当日の心構え

試験当日は、指定された時刻に東京区政会館に集合し、受け付けを行った後、大部屋の控室で待機となります。その後、20人前後のグループ単位で別の待機スペースに移動し、呼び出しを待って面接が行われます。待機のタイミングは2回で、いずれも携帯電話の使用は禁止となっています。スマートフォンによる情報収集やリラックス法はできないことを頭に入れておきましょう。

大部屋の控室での待機では、参考書を持ち込んで追い込みをかける受験者もいれば、小説などを読んでリラックスを図る人もいます。また、受験者同士が会話する小声が時折耳に入るかもしれません。自分なりにベストな状態で受験できるように工夫してください。

面接が行われるブースに呼び出される前の待機スペースでは、これまで以上に緊張してしまうかもしれません。受験者によっては、1時間近く待つ人もいるようです。当日までに積み重ねてきた努力を思い出し、自信を持って面接に臨んでください。3人の面接官のうち2人が自区の管理職となります。自分が管理職として意欲を持って仕事に当たる決意をしっかりと示しましょう。

最後に

今年度の区管理職選考の最終合格者の発表と択一・短答式問題受験の免除者の通知は10月31日に行われます。長期間にわたる勉強の成果が表れるまであとわずかです。それだけに、口頭試問に臨む際の緊張感は筆記考査以上に大きいと思います。体調管理に十分注意し、自信を持って試験当日を迎えられるよう祈っています。

秋は千住がオモシロイ。遊びに来てね!

足立区シティプロモーション課　舟橋　左斗子

千住は穴場のまち?

関東の「穴場だと思う街(駅)ランキング」で3年連続1位の座をいただいている足立区の北千住(SUUMO発表の「みんなが選んだ住みたい街ランキング2017関東」より)。

皆さんに「穴場」と言われるだけあって、自分で言うのもなんだが、千住のまちはおもしろい。江戸時代には宿場町、その後、明治、大正、昭和初期までものすごく栄え、「大千住」と呼ばれた時代。さらに戦後、昭和の千住では、たくさんの労働者が働き、暮らし、がんがん食べて飲んで遊んで……そんな時代時代の足跡が今も街中に残る街だ。

路地が張り巡らされ、江戸時代の町割りを残し、そんな路地の中に昭和の酒場とちょっとおしゃれなリノベーション・カフェが混在し、おいしいものを食べ歩くにはこと欠かない。ほんの2キロ四方の千住をぐるりと取り囲むのは、荒川と隅田川。ぎゅぎゅっと密集した街を楽しんだ後は、これが東京かと思うほど、スコンと抜ける広い空の下で癒やされるまち。癒やされるといえば、銭湯も多い。

そんな、うわさの千住に一度、遊びに行きたいなあ…と考えておられた方に朗報だ。

魅力の千住が秋はさらにオモシロイ。

というのも、様々なイベントが、特に秋に集中している。そこで足立区では毎年、「秋は千住がオモシロイ」とうたったリーフレットを作成し、配布している。行政が主催するイベントに限らない。むしろ、街中で様々なグループが開催するイベントをPICK UPしてまとめたリーフレットだ。ちょっと足を伸ばして、千住の外側の美術館や博物館なども紹介している。

ここでは、この中からいくつかのおススメ・イベントをご紹介したい。イベントをのぞきがてら、ぜひ千住のまちやカフェ、銭湯や酒場も楽しんで行ってもらえたらうれしい。

日本酒が飲み放題となる「あだち日本酒祭」

「秋は千住がオモシロイ」のリーフレット

神社で、酒場で、学校で

秋の千住のイベントの特徴のひとつは、ホールや区施設だけでなく、街中のいろんな場所で開催されるということだ。

たとえば、足立区に多い産業の一つ、印刷業界の精鋭たちと出版社が開催する「千住紙ものフェス」は、江戸時代に歴史をさかのぼる神社が会場だ(11月4日〈土〉午前11時~午後5時@千住四丁目氷川神社)。紙でできたいろいろなもの、書籍から意外なアイデア商品まで、販売やワークショップが満載。地元の手仕事の工房や飲食店も出店するので、おいしいもの、かわいいものにもたくさん出会える。若い世代や親子連れも多いオシャレイベントが、千住の歴史空間で開かれる、そのギャップがまた楽しい。

飲食といえば、こちらも恒例になりつつある「あだち日本酒祭」も人気だ。千住の飲食店に、日本各地の酒蔵がやってくる。チケットを購入すれば、珍しい日本酒が飲み放題、千住のおいしいつまみも楽しめるというので、当日はコップを持ったほろ酔い加減のグループが千住のまちを楽しそうに散歩する姿が多数見られる(11月4日〈土〉正午~@北千住駅東口エリア)。

また、芸術の秋、音楽関連のイベントも多い。サンダル履きでオーケストラを聴きに行ける「柳原音楽祭」は商店街が主催し、何と25回目となるイベントだ。今年はベートーベン交響曲第9番を奏でる(11月19日〈日〉午後2時~4時予定@千寿桜堤中学校)。

ライブハウスや隠れ家Barなど7店舗を1枚のチケットではしごできる「ミュージックライン千住」も、もう20回を重ねる。千住の路地裏スポットを、音楽を聴きながら、飲みながら楽しめるゴキゲンなイベントだ(11月11日〈土〉12日〈日〉@参加7店舗)。

音楽とともに、無数のシャボン玉が空間を埋め尽くすアートプロジェクト・大巻伸嗣「メモリアルリバース 千住 2017 関屋」は、子どもたちにも人気の千住のまちの定番イベント。毎年、街中のいろいろな場所で開催されるが、今年は地元の公園が会場だ(11月26日〈日〉午後2時~、午後5時~@関屋公園)。

このほかにも、まだまだ、千住の街中、それに美術館、ギャラリー、劇場などのイベントも掲載されているので、「秋は千住がオモシロイ」リーフレットを、ぜひ見てみてほしい。様々なグループのいろいろな活動がまちをオモシロくしてきた近年の動きにプラスして、今年は、長年廃墟となっていたボウリング場と銭湯の跡地をリノベーションした「BUoY(ブイ)北千住アートセンター」も始動。今後の千住に新しい動きが加わりそうで楽しみだ。皆さん、ぜひ、遊びに来てください。

※リーフレットの情報は、左記サイトでも見られる

日本語 http://www.city.adachi.tokyo.jp/citypro/akisenju.html

英語 http://www.city.adachi.tokyo.jp/citypro/akisenju-e.html

メモリアルリバース 千住

古民家と広重の浮世絵がコラボ

多摩中央公園で22日から公開

多摩市教育委員会と(公財)多摩市文化振興財団、MOA美術館は22日から共催で、「東京文化財ウイーク2017特別展」として、「広重がくる! 本物との出逢い~江戸時代への一日タイムスリップ~」を開催する。

多摩中央公園にある旧富澤家では、歌川広重の浮世絵「東海道五十三次」(保永堂版実物10点)と尾形光琳の屏風を展示する。旧富澤家は、歌川広重と同時代に建築されていた古民家で、広重の美と建築のコラボレーションが実現する。さらに、パルテノン多摩でのワークショップや、図書館での資料コーナー設置なども行う。

展示は31日まで。広重の浮世絵は初日のみ実物で、2日目以降複製展示。尾形の屏風は複製展示。展示時間は、22日が午前11時から午後3時、23日から31日は午前9時半から午後4時半。

「ごみを出さない生活の工夫」

フードロスのワークショップ開催

都環境公社

(公財)東京都環境公社は、本来食べられるにもかかわらず捨てられている「食品ロス」について、一般都民や事業者を対象とした特別企画「中央防波堤埋立処分場見学会と食品ロスを考えるワークショップ~処分場で『ごみを出さない生活の工夫』を考えよう!~」を9月7日に開催した。

食品ロスを考えるワークショップは同公社初の試み。(一社)フードサルベージから講師を招き、世界の動きや食品ロス対策に向けた世界の動きや食品ロスが発生する過程、賞味期限と消費期限の違いや食材を無駄にしない調理の工夫など、「誰にでもできる身近な食品ロス改善」の取り組みを学んだ。その後、「持て余しがちな食材」であるナッツ類やコーンフレークを使ったシリアルバーのレシピを紹介して試食し、「買いすぎず」「使い切る」「食べきる」ことを実践する「サルベージ・パーティー」を体験した。

参加者からは「サルベージ・パーティーは、食品ロス削減の一つの方法で、誰もが気軽に参加しやすく楽しく取り組める良い学び方だと思う」との感想が寄せられた。

その後、参加者は中央防波堤埋立処分場をバスで見学。処分場の歴史、ごみの埋め立て方法から汚水処理の流れ、家から出たごみが最終的にどのように処分されるのかを学んだ。粗大ごみ破砕処理施設では、タンスや椅子、畳を細かく砕いたり裁断する様子、不燃ごみ処理センターでは、ショベルローダーでごみをコンベアに入れる作業を見学した。埋め立てた場所を通過した雨水(浸出水)を貯める集水池では、汚水だけでなく、ごみの熱で温められた浸出水から湯気がみられ、参加者は驚いた様子だ。

日本では年間約2801万トンの食品が破棄され、まだ食べられるのに捨てられている食材は年間約642万トン、その半数の約312万トンが家庭から捨てられている。都内における食品ロスは約27万トンと推計され、外食産業だけでなく家庭からの食品ロスも多いと言われている。

東京都環境公社のスタッフは「家庭ごみを減らすことや3Rの促進、処分場の延命化のため、参加者一人ひとりが食品ロスのイベントを通じて、家庭でのごみ減量の工夫についてのヒントを得て持続的な資源循環に寄与していただけるよう期待している」と話す。

◇　◇

「中央防波堤埋立処分場見学会と食品ロスを考えるワークショップ」は今年度、あと4回実施する(申し込み受付中)。

・大人向け…11月6日(月)、12月11日(月)

・親子向け…2018年1月13日(土)、2月17日(土)

※10月23日(月)には、「世界食料デー」月間と3R推進月間の特別企画を開催

■申し込み

電話で申し込み。1グループで最大20名までの申し込みが可能。各回定員50名。中防管理事務所見学担当直通☎03・3570・2230(平日8時30分~17時)。

都環境公社が行った「食品ロス」ワークショップ

「アナタヲ愛シテ居リマス」

芥川のラブレター初公開

田端文士村記念館

北区の田端文士村記念館では7日から、芥川龍之介のラブレターを全国で初公開する企画展「芥川龍之介の生活~ワタクシハアナタヲ愛シテ居リマス」を開催する。2018年2月2日が芥川龍之介と塚本文の100回目の結婚記念日に当たることを祝して開催される。

1918年、2人は田端の料亭・白梅園で祝言を挙げ、天然自笑軒で披露宴を行った。翌年、龍之介は田端を創作と生活の拠点とし、27年に自宅で没するまで同地に定住し、数々の作品を送り出すとともに、多くの文士芸術家と交友している。

企画展では、龍之介から文に宛てたラブレターや、結納品の目録を全国で初公開。龍之介と縁のある文士芸術家の直筆資料や初版本などを展示する。また、今年は龍之介没後90年、死を看取った医師・下島勲の没後70年に当たり、2人をはじめとした龍之介の幅広い交友関係にも焦点を当て、作品とともに紹介する。

また、文と3人の息子たちとの関係や田端での暮らしぶりを紹介。類いまれな才気と下町人特有の世話好きな性格で多くの人々を引き付けた龍之介の愛すべき人柄を映し出している。

加えて、人気漫画家・香日ゆらによる書き下ろし4コマ漫画「文ちゃんとの出会い」も見どころだ。

関連イベントとして、芥川賞選考委員で、作家の島田雅彦氏による講演会「芥川のファミリーロマンス」(12月3日)などが予定されている。

企画展は、来年2月4日まで。入場無料。

◇

開館時間　午前10時~午後5時▽休館日　月曜、祝日の翌日、年末年始

全国初公開される芥川龍之介のラブレター

東京 橋くらべ⑫

紅林　章央

南高橋

両国橋の一部を移設

中央区新川、亀島川の最も下流にひときわクラシックな外観のトラス橋が架かる。橋の名は南高橋。橋の正面には上部の両側にゴシック風の塔屋を思わせる飾りや化粧板が付けられている。

この橋は、1904年に隅田川に架橋された両国橋の一部(3連の橋の中央部分)を、関東大震災の復興事業で当地へ移設したものである。橋の構造は米国式のトラス橋で、明治の橋らしくトラス橋の鉄の部材と部材をピン(ちょうつがい)で留めるピントラス橋というものである。このような構造は都内では唯一である。

橋に付く特徴的な飾りは、明治時代の両国橋の飾りを模して91年に復元したものであるが、今ではすっかり橋になじみ、この橋の最大の魅力になっている。

橋の設計は東京市役所の安藤広之技師が行った。自動車などなかった100年以上前の設計であるが、現在の自動車交通にも立派に耐えている。橋は夜間ライトアップされ、さらにその美しさを増す。特に桜の季節は必見である。

クラシックな外観のトラス橋

ミニガイド

◇**篠崎公園の歴史と魅力を感じよう**　▷日時　10月8日㈰▷場所　篠崎公園サービスセンター周辺▷内容　江戸川区と連携し、江戸川区民まつりにおいて開園50周年記念イベントを実施する。①開園50周年式典(午前10時~10時半)=アジサイの植樹②開園50周年記念プログラム(午前10時~午後4時)=篠崎公園の軌跡・パネル展示、子ども移動動物園、金魚のふるさと江戸川区・金魚養殖の紹介、防災公園PR

◇**「2017荒川線の日」記念イベント**　▷日時　10月15日㈰　午前10時~午後1時(雨天決行、荒天中止)▷会場　荒川電車営業所▷内容　①保守作業車の展示及び踏切遮断機の動作実演②保線業務の模擬体験③車両の床下通り抜け体験(事前応募制、既に応募〆切)④東京さくらトラムお子様縁日コーナー⑤車庫内見学⑥お子様車両撮影会⑦とあらん&みんくる登場(雨天中止)⑧切り絵の展示⑨鉄道模型の展示⑩物品販売及びPRブース

とうきょうと川柳会

●9月の宿題1「シルバー」

白髪染め止めてアタシを曝け出す　高松　孝子

シルバーのふくらんでいくおもちゃ箱　三浦　節子

敬老の日は他人事のままで過ぎ　斎藤　弘美

☆シルバーシート罪悪感に腰掛ける　永井　天晴

●9月の宿題2「踊る」

アイドルの踊りのマネを子に見られ　堀内　留美子

盆踊り序列を競う舞台裏　石川　旭

明日は海日記の文字が踊ってる　マダム・モモ

☆人前で踊る度胸がまだ足りぬ　中林　明美

(☆印は選者の句)

とうきょうと川柳会のご協力で本紙読者からも川柳を募集します。10月の宿題は「月」と「まぐれ」で、それぞれ各3句以内を作句し、Eメールでhenshu@toseishimpo.co.jp宛てか、ハガキで編集部宛てにご応募ください。10月16日必着。

都政新報

発行所　都政新報社
〒160-0023　東京都新宿区西新宿7-23-1　TSビル
〈総務・読者〉03-5330-8781
〈企画広告〉03-5330-8784
〈編　　集〉03-5330-8786
〈出　　版〉03-5330-8788
〈ファクス〉03-5330-8808
購読料　月1,730円（税込）
毎週火・金曜日発行
ただし、祝日は休刊

都民ファーストの会

「音喜多・上田の乱」波紋

知事　求心力低下で大ナタも

小池知事が事実上率いる都民ファーストの会から音喜多駿氏と上田令子氏の2人が5日付で離党した「音喜多・上田の乱」。小池知事の求心力低下は避けられず、知事が巻き返しを図るために東京大改革として大ナタを振るうのではないかと戦々恐々とする幹部もいる。今後の都政は先行きが不透明となっている。

都民ファに離党届を提出した2人は5日、都庁第一本庁舎6階の会見室に晴れ晴れとした表情で登場した。2人は都議選から約3カ月後に都民ファを離党することに対して頭を下げて謝罪し、都民ファや小池知事への批判を交えながら離党の理由を説明した。

上田氏は、文書質問や委員会での資料要求の禁止、党費など月21万円の徴収と、その不透明な使い道、都民ファの政治資金パーティーのチケット販売のノルマなどを問題視しており、「集権的、不透明な都政運営は議員の無力化とならないか懸念を抱いている。内心の自由、政治活動の自由のもとに、本当の都民ファーストを実現するために改革を進めていきたい」と語った。

一方、音喜多氏は、荒木千陽代表が就任するまでの情報公開の不足、都民ファと姉妹政党になる希望の党への抵抗、小池知事の政治姿勢への疑念を示した上で、知事に対して「（希望の党代表就任を）受け止め切ることができない。今、都民が何より望むことは、（3代続けて任期途中で辞任した）都政を立て直し、都政に専念する都知事の存在ではないか」と痛烈に批判した。

今回、2人が抜けた都民ファだが、5日には都議会民進党に対して合流するよう打診し、複数の民進都議が都民ファに移ることを検討している。民進都議の一人は「民進の全5人は衆院選が終わるまで党籍を抜かないが、衆院選後は都政の安定のためにもどうすべきか考えないといけない」と話している。

「新しい議会のはずが」

都議会からは、この会見による小池知事への影響が大きいとの声が出ている。

公明党都議の一人は、党費などの徴収に関して「調査活動もあるので、議員が党費などを払うのは当たり前」と話した上で、「（上田氏らが会見で）『自由、自由』と連発しており、これでは都民ファに自由がなく、締め付けられているというイメージを受け、知事のイメージダウンになると思う」と漏らした。

影響はイメージダウンにとどまらないとの声もある。都幹部の一人は「国政に色気を出して批判を浴びているところにさらに批判材料を与えてしまい、支持率や求心力の低下を招きかねない」と予想する。「人心が離れれば、その反動で東京大改革を一気に進めようとするのではないか。劇場型の政治家なので、やることは限られる。職員の定数削減など正しくない大ナタを振るわれたら大変。都政がおかしくなるだけだ」と指摘する。

官房系の幹部は「小池知事が就任してから、都政で何をしたいのかさっぱり分からない状況が続いている。都政で何をやり、東京をどう改革したいのか、都民に対して説明責任を果たして行動に移さないと、求心力はすぐには回復しないと思う」と指摘した。

2人の離党は、都民ファ会派内への影響も懸念される。例えば、上田氏が都民ファから政治資金パーティーのチケット販売にノルマを課せられたことを明らかにしたのに対し、都幹部の一人は「新しい議会にするはずだったのではないか。これが明るみになって、他の都議も支持者に説明しないと、言行不一致だという都民ファへの不信感が増幅してもおかしくない」と話した。

音喜多氏は、他にも都民ファの会派運営などに不満を持っている都議はいると言うが、会派離脱に同調する動きは現時点で見られない。ある都議は今後の都民ファの姿をこう見ている。「今の都民ファは能力主義で役職に就けていない。音喜多氏らが役員から外されたことからもよく分かる。まじめに議会改革をやろうと思っている都議ほど会派を離脱しようと思うはず」

都民ファーストの会の離党の理由を説明する音喜多氏と上田氏＝5日、都庁第一本庁舎で

音喜多氏ら会派結成　委員会の構成変更も

都民ファ離党

都民ファーストの会都議団を離党した音喜多駿、上田令子両都議は5日、新会派「かがやけTokyo」を結成した。幹事長には音喜多氏、政策調査会長には上田氏が就任した。また音喜多氏は公営企業会計決算特別委員、上田氏は各会計決算特別委員を辞任し、それぞれいずれも都民ファの樋口高顕氏と奥澤高広氏が就いた。常任委では音喜多氏が経済・港湾委員会から公営企業委員会へ移った。

都局長級人事

政策企画局長に遠藤氏

環境　和賀井氏　議会　松山氏

都は6日、長谷川明政策企画局長と猪熊純子会計管理局長の副知事昇格に伴う局長級幹部異動を発表した。注目の政策企画局長には、企画調整力と突破力に定評がある遠藤雅彦・環境局長（58歳、63A）を起用。知事本局時代に理事（報道担当）や政策部長、外務部長を歴任し、局内の事情に精通しているほか、「知事マター」とも言える環境局での実績も評価されたと見られている。＝本文中の年齢は今年度末時点、6面に異動名簿

後任の環境局長には、同局で次長や都市地球環境部長を歴任し、環境行政に精通した和賀井克夫・議会局長（57歳、1A）が就任する。調整力に定評があり、「環境先進都市・東京」の実現に取り組む。会計管理局長には土渕裕・労働委員会事務局長（57歳、2A）を任用する。同局管理部長や会計制度担当部長などを経験し、土地勘があるほか、現管理部長とは政策企画局時代に共に仕事をした間柄。

議会局長は松山英幸・人事委員会事務局長（57歳、63A）を充てる。議会局は初めてだが、「穏やかな人柄で勉強熱心でもあり、適任」との声がある。行政委員会では、人事委員会事務局長に砥出欣典・収用委員会事務局長（56歳、4A）、収用委員会事務局長に佐藤敦・都市整備局次長（57歳、7B）、労働委員会事務局長に池田俊明・環境局次長（58歳、63A）がそれぞれ回る。

また、オリンピック・パラリンピック準備局次長に小山哲司理事（59歳、7B）が就任し、政策企画局や五輪準備局の複数の理事ポストを兼務する。小山氏はこれまで国との費用分担を始めとする調整を担当しており、引き続き安定的な業務遂行が期待されている。

新任発令は16日付。8月に本格的な局長級人事を行ったことや事業執行上の影響を考慮して最小限の規模にとどめており、環境局と交通局の次長ポストは空席になる。

都人勧

例月給は改定見送り

特別給、4・50月分に引き上げ

都人事委員会（委員長＝青山佾元副知事）は6日、職員の給料表等の改定を見送り、特別給を4・50月分に引き上げるよう、小池知事と都議会に勧告した。給料表などの改定見送りは昨年度に続き2年連続。特別給は4年連続の引き上げで、1999年度に特別給の月数の勧告が始まって以降初めて。＝6面に関係記事

人事院と都人事委などが実施した民間給与実態調査では、都職員の例月給が民間給与を74円（0・02%）下回ったが、民間との差が極めて小さいことから、改定を見送ることとした。

特別給は、昨年8月から今年7月までの1年間で民間が4・51月分を支給したのに対し、都は4・40月だったことから、支給月数を0・10月引き上げ、勤勉手当に配分する。特別給の支給月数は国を0・10月分上回る。

勧告通りに実施した場合、都職員一人当たりの平均年収は4万円増の666万円となる。勧告を実施した場合の所要額は、共済費への跳ね返りを含めて84億円になる。

主な制度改正では、局長級の再任用の給与制度を新たに整備する。年間支給月数は国との制度的均衡を考慮し、期末・勤勉手当で計1・80月分。

また、都政の課題が高度化・複雑化する中、全ての職層にわたって定年前に培ってきた専門的経験を再任用により積極活用することが重要であるとしている。

小池知事は特別給の引き上げについて「緩やかな回復基調が継続する景気動向を反映したもの」とした上で、「景気回復に水を差すことなく、東京を持続的に成長させるには、施策をより効果的に展開できる執行体制の構築や業務の効率化などを図り、意識と制度の両面から都政の改革を重ねていくことが必要」とコメント。「生産性を高める取り組みを社会全体に波及させるためにも、働き方改革が重要で、都が柔軟で多様な働き方を先導していく必要がある」との認識を示した。

視点

都議会3定が閉会

色めく知事、揺らぐ足元

今定例会は国政の動きに完全にのみ込まれてしまった。小池知事が定例会開会から5日後の9月25日、国政の新党「希望の党」の設立と代表就任を宣言したからだ。一躍、知事に脚光が集まり、報道陣の質問も国政の話題に終始。翌26日の代表質問後、知事は「改革のチャンスが来ている」と気色ばんだ。

こうした中で行われた代表質問では、公明党の発言に注目が集まった。都政では知事与党だが、国政では自民党と連立を組む公明にとって、希望の党は敵対勢力になり、知事の国政進出宣言を受けて、都民ファとの連携解消を示唆したからだ。知事の表明直後、公明の東村邦浩幹事長は「完全に裏切られた。予算13兆円の都政をなめている」と憤りを隠さなかった。

しかし、それから一夜明けた代表質問では、「（知事が）都政を改革していくとの初心に立ち返ることを強く希望する」（公明・谷村孝彦氏）との主張にとどめた。閉会後、東村幹事長は記者団に、「（責任政党として）都民が不利益を被るようなことはあってはならない」とトーンダウンの理由を述べた。公明は感情を押し殺し、実利を重視したと言える。

知事の国政進出の動きは、知事が特別顧問を務める都民ファにも大きな変化を及ぼした。定例会閉会日の10月5日に音喜多駿、上田令子両都議が都民ファに離党届を提出し、新会派の設立を報告した。国政に色めく知事の政治姿勢や閉鎖的な会派運営を理由に挙げた。現在のところ追随する動きはないが、知事の足元が揺らぎ始めているのは確かだ。

質問はまだ「小粒」

知事の国政進出に翻弄された今定例会だが、本来の焦点は改選後初の定例会で、各会派がどのようなスタンスで小池都政に臨むのか、その姿勢にこそあった。特に第一会派となった都民ファは8月の第2回臨時都議会で知事の都政運営を礼賛し、議会としてのチェック機能を本当に果たせるのか疑問視されていた。しかし、今定例会では代表・一般質問で合計9人が登壇し、弊害が表れ始めた入札制度改革や、五輪開催時の東京ビッグサイトの利用制限問題など、多岐にわたる質問を展開。懸念を一定程度、払拭した。

課題は、増子博樹幹事長自身も「深みがなかった」と自戒するように、質問が小粒だったことだ。自民のベテラン都議は「中長期的な視点が欠けていた。単発で終わってしまうのか、見ていきたい」と指摘。都民ファの代表質問は、常任委員会ごとに設ける部会での意見を集約させたというが、次回以降は質と継続性の担保が課題となる。

また、今定例会では、都民ファ、公明両会派がともに作成し、民進党も共同で提案した子供の受動喫煙防止条例も注目された。都議会では、旧民主で現在は都民ファの伊藤悠氏が主導したエネルギー推進関連条例以来、6年ぶりの議員提案条例の成立となり、増子幹事長は「都民への約束を一つ果たすことができた」と振り返った。議会が政策立案力を示すことは、都政に好循環をもたらすはずだ。都民ファは毎定例会で議員提案条例を提出する意向を示す。

だが一方、自民が「議論が尽くされていない」「拙速だ」として同条例案に反対したように、家庭という私的空間への公共の介入に関して議論が尽くされたかの疑問は残る。「思いが先走り、条文の作り方が稚拙だ」と意見する都幹部もいた。

また、罰則付きの受動喫煙防止条例は、都民ファ、公明両会派が議員提案を見送り、都が年度末までに成立させる方針を示した。議員提案になじむか、実効性を担保できるかなど、議会主導の政策提案の精緻化が今後の課題だろう。都の方針決定は受動喫煙防止の法制化が滞っていることが主因で、ここにも国政の影響が影を落とす。

「風」はやんだか

知事は定例会初日の9月20日、「環境を見ながら最善の方法を考えていきたい」と衆院選出馬の可能性もにおわせていたが、民進党と事実上、合流した頃からトーンダウン。10月3日には「（出馬は）100%ない」と言い切った。国民・都民の「風」がひと夏を過ぎて弱まり、「チャンス」はしぼんだ。

一方、都政では、最大の課題である市場移転問題に関し、移転時期や築地再開発の意思決定過程について、知事の説明はまたも先送りされた。都政の主要課題をないがしろにし、国政に目を向ける姿勢では、「都政軽視」とのそしりは免れない。

また、定例会最終日に、安藤立美、中西充、山本隆3副知事を退任させ、新たに2人の副知事が任命された。退任した副知事には「自民人事」との観測があった人もおり、知事就任1年が過ぎ、体制固めに入ったとも映る。残る1枠の扱いは今後の焦点となる。

市場や五輪など課題山積の都政で、知事が言う「スピード感」は示していけるか。国政にうつつを抜かすことなく、着実に都政の地歩を固めていくのが常道だろう。（草）

冗句ジョーク

小池知事記者会見で、都政と国政と「二足のわらじ」に関する質問多し

「二枚舌や二股よりは、『二足のわらじ』の方がいいよ！」——冷静な都職員

紙面から

2　受動喫煙対策　千代田区は庁舎、公園禁煙
3　武蔵野市長　松下玲子氏に聞く
6　都人勧　特別給、4年連続引き上げ
6　シリーズ　食育の担い手～栄養教諭の実態
8　論壇　罪深い大震法の「延命」

都政の東西

全国の笑いもの

5日、都議会第3回定例会が閉会した。衆議院の解散や小池知事の国政政党「希望の党」の代表就任、都民ファーストの会からの造反者の出現など、開会中の2週間で都を取り巻く環境が目まぐるしく変わる中、知事は子供の受動喫煙防止条例の可決や22年ぶりの女性副知事の誕生など成果を強調したが、各会派からは「知事は都政に専念してほしい」といった声が相次ぎ、知事の国政進出の衝撃の大きさが感じられた。

小池知事が希望の党代表に就任した際、知事の辞職を予期させたのか、「どうして都民は最後までやりきれない人を知事に選ぶんだろう」と、他県に住む友人から尋ねられた。小池知事は今回の衆院選への出馬は「100%ない」と否定しているが、他人の目にはそうは映っていないようだ。メディアでは小池知事の言動が連日報道され、「出る」「出ない」と勝手な議論が過熱した。

しかし万一、辞任したとすれば石原、猪瀬、舛添各知事に続き、4知事連続。選んだ都民は全国の笑いものになるのではないか。仮に辞めなかったとしても、片手間で都政を手掛ける知事を選んだということになる。

舛添前知事が辞任した際には、都庁職員も嘲笑の的になった。ある管理職は「まるで都庁全体がセコいかのように見られ、屈辱的だった」と振り返る。しかし今回、笑いものになるのは都政の改革に期待し、291万票を投じた都民そのものかも知れない。先の管理職はそのことについてこう話す。「我々は、小池知事就任のずっと前から都民本位で頑張ってきた。その都民が政局やメディアに踊らされて笑いものになるのは、耐えがたい」

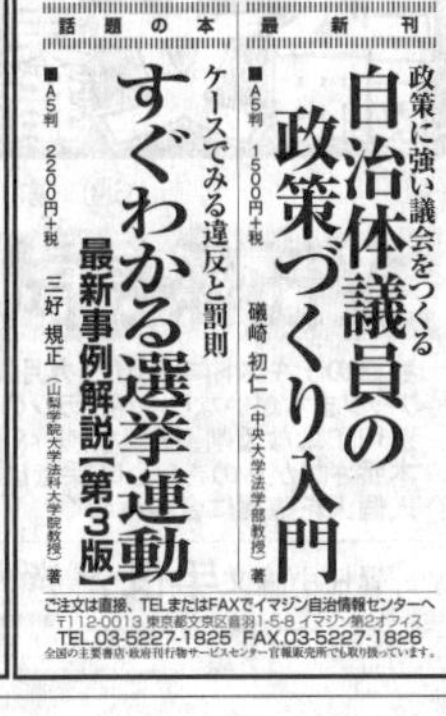

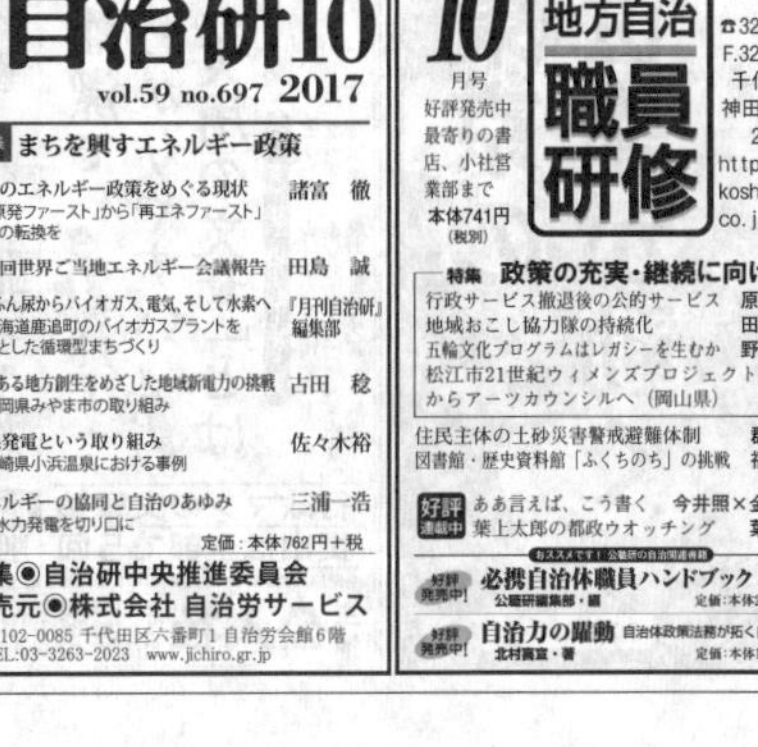
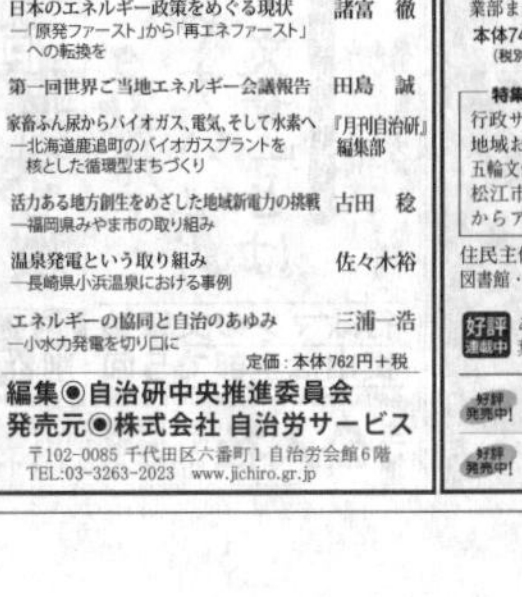

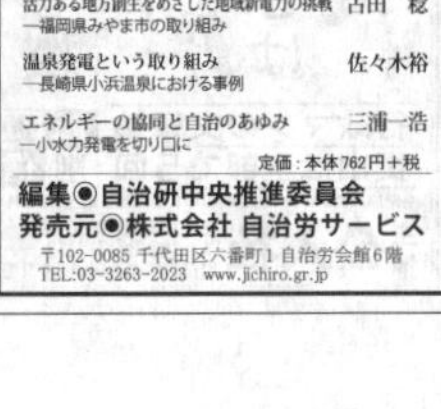

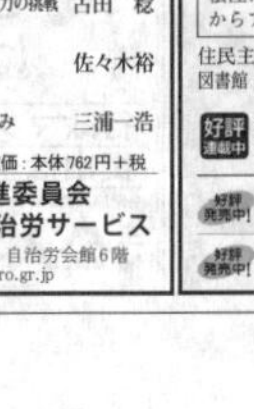
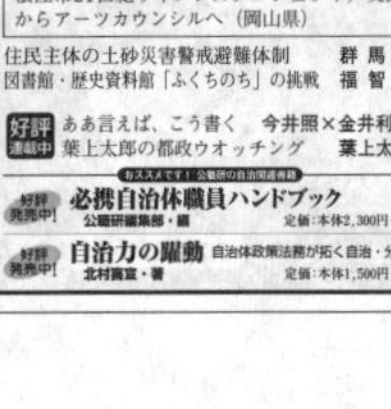

受動喫煙対策

千代田区は庁舎、公園禁煙

都条例の影響見る区も

都議会は5日、家庭内で禁煙の努力義務を課す子供の受動喫煙防止条例を可決し、年度内には都が公共施設内でのたばこを原則禁止する条例案を提出する方針を示すなど、都内で屋内禁煙を軸とした受動喫煙対策が国に先駆けて進んでいる。この動きを受け、千代田区は、公共空間の禁煙場所を広げ、12月には庁舎、来年度から子供の利用が多い公園の全面禁煙化を決めた。一方で、葛飾区などは都条例による影響を測りかねており、当初の計画を進めて様子見をする構え。

千代田区役所の喫煙スペースには、時間帯を問わず人が出入りしている。一人で来て1本吸ったら出ていく人、偶然居合わせた知り合いと会話を交わす人。1階の喫煙スペースは来庁者が手続きの待ち時間をつぶす場所になり、区議会の入る8階の喫煙室では、先程まで議論を交わしていた議員と職員が委員会の休憩時間に談笑する場となるなど、役所内の「社交場」でもある。

年内に廃止される喫煙室を惜しむ声も少なくない＝5日、千代田区庁舎で

区が年内に庁舎内の喫煙所を撤廃する方針だと聞いた職員は落胆し、「（勤務時間に当たる）8時間はハワイ行きの飛行機に乗っているとでも思って我慢する」と冗談めかして話していたが、「受動喫煙防止の大きな流れには逆らえない」とため息をついた。

同区は、国や都が受動喫煙対策を進めていることを受け、全ての区立施設を全面禁煙とし、屋外についても子供が多い公園での喫煙を禁止する方針を区議会に報告した。屋内外での受動喫煙防止を段階的に広げていく方針だ。

まず、建物内に喫煙所を設けて分煙としていた区役所本庁舎や日比谷図書文化館など4カ所の区立施設を全面禁煙とし、いずれも12月から喫煙室を廃止する。

屋外では、区民から苦情が多く寄せられていた、子供の利用が多い公園を順次禁煙とする。保育所の代替庭園となっている16カ所を中心に、12月から1カ月間のパブリックコメントを経て、来年4月に路上喫煙防止条例の適用範囲に加える告示をする。翌5月から2千円の過料徴収を含めた罰則規定を適用する。

区安全生活課は「喫煙者には民間の喫煙所や子供が少ない公園などを利用してもらい、タバコを吸わない人と共存してもらいたい」と説明し、助成制度の利用を促して民間の屋内喫煙所整備を後押しする。既に区庁舎内を禁煙としている港区でも同様の取り組みで、屋内禁煙化の動きに備えている。

一方、来年度の施行を目指して歩行喫煙やポイ捨ての禁止を定めた「きれいで清潔なまちをつくる条例」を改正する予定の葛飾区は、「都条例によって、屋外でたばこを吸う人が増えるかは分からない」（区地域振興課）と話す。改正案では、人通りが多い駅周辺や区立公園などを喫煙禁止区域に設定して原則禁煙とする方針だ。

総務課は、「今の都と区の受動喫煙対策の方向性は相反している。区庁舎内は既に禁煙としているが、喫煙場所を排除するだけではいたちごっこになってしまう」と指摘。当面は、駅前を禁止区域とするには指定喫煙場所の設置を条件とすることや、広い公園であれば分煙にするなどの方策で対応する考え。

渋谷・練馬・品川区

自転車シェア新たに3区

23区で導入広がる

専用駐輪場で電動アシスト付き自転車の貸し出しと返却を行う自転車シェアリングの導入が広がっている。渋谷区は1日から千代田、中央、港、新宿、文京、江東の6区で実施する広域相互利用実験に参加し、練馬区と品川区は、区内限定で事業を開始するなど、23区で取り組みが拡大している。

渋谷区は、環境負荷の低減や交通事故の防止などを目的に、20カ所の専用駐輪場を開設し、計200台を配備した。7区の専門駐輪場での貸し出し・返却が可能で、今後は専用駐車場50カ所、利用可能台数500台に拡大する考え。

練馬区は、光が丘地区や大泉地区など4地区に計20カ所の専用駐輪場を整備し、1日から事業を開始した。通勤・通学や区内散策での利用を想定しているという。

品川区は、観光振興の一環として、16日から貸し出しを開始する。しながわ水族館や天王洲第一水辺広場、大森貝塚遺跡庭園など水辺エリアを中心に専用駐輪場6カ所で計50台を配備する。今年度の利用状況などを検証した上で、来年度以降の広域相互利用実験参加を検討する方針。

運営事業者は3区とも、先行して導入した6区と同じ㈱ドコモ・バイクシェアで、料金も同額の月額2千円、または1回150円となっている。

葛飾区長選

木原氏が立候補表明

庁舎建て替え撤回を

11月5日告示、同12日投票（翌日開票）の葛飾区長選に、無所属の新人で、会社役員の木原敬一氏（64）が出馬を表明した。政党の推薦は受けず、共産党が支持し、無所属区議3人も支援する。同区長選への立候補を表明したのは、3選を目指す現職の青木克德氏＝自民・公明・民進推薦＝に続いて2人目となる。

6日に区議会委員会室で会見を開いた木原氏は「区役所本庁舎の建て替えに反対する。ワンイシューを掲げて立候補する」と語った。同氏は新庁舎建設に反対する市民団体の事務局長を務めており、「本庁舎の耐震性は十分で、建て替える大義がない。税金の無駄遣い」と批判した。

区は、区役所の老朽化や狭隘化を解消するため、現在地から移転し、京成立石駅北口で地権者が計画する再開発施設と一体的に新庁舎を建てる計画を進めている。木原氏は「再開発の事業費などが明らかにされないまま計画が進行している。開かれた区政を実現していきたい」と述べた。

支持する共産党の中村伸吾区議は「党として推薦候補者を擁立しようとしていたが見送り、木原氏を支持することにした」と話し、庁舎建て替えに反対する会派で候補を一本化したという。

前回の区長選の投票率は41・66％。同日には区議選も予定しており、定数40に対して約60人が立候補する見込みだ。

渋谷区

区版ネウボラで新施設

子育て支援機能を集約

渋谷区は、新庁舎の整備に併せて取り壊す神南分庁舎の跡地に、妊娠期から出産、育児期に至る支援機能を集約した「区版ネウボラ」の拠点となる新たな複合施設を整備する。2021年度の開設に向け、現在開会中の第3回定例区議会に設計費9909万円を盛り込んだ補正予算案を提出した。政府は切れ目のない支援に向けたワンストップ拠点として「子育て世代包括支援センター」構想を掲げ、全国展開を目指しているが、支援内容で施設が分かれるケースが大半で、一つの施設に支援機能を集約する事例は全国的にも珍しいという。

「渋谷に集う人が出会い、語り、つながり、地域を挙げて子供を育てる場にしたい」――長谷部健区長は9月28日の第3回定例区議会初日にこう語り、新施設の整備構想を明らかにした。

新施設には、現在は別の施設で実施している母子保健事業や子育て相談などを集約。親子同士の交流や子育てに関する悩みの相談を行う地域子育て支援拠点や、妊婦健診や乳幼児健診など母子保健に関する事業を実施する保健相談所、発達支援を行う子供発達相談センター、児童虐待予防などを担当する子供家庭支援センター、就学相談や不登校対策を行う教育センターなどを同一施設内に配置する。

整備予定地の神南分庁舎は、建設中の新庁舎とほぼ隣接し、徒歩約3分の好立地となっている。19年1月の新庁舎移転後に分庁舎の解体に着手し、20年度に建設工事を開始。21年度のオープンを目指す。

また、施設の開設に先立ち、新施設に集約する各機能を新庁舎移転後の仮庁舎に集め、遅くとも19年度から先行的に施設一体型の相談事業を開始する。

子供に関する切れ目のない支援を巡っては、政府が「子育て世代包括支援センター」構想として、専門人材の知見と当事者の視点を生かした情報共有や、ワンストップ相談窓口の設置、地域との連携構築などの仕組み作りを進めており、20年度末までの全国展開を目指している。これを受け、全国の各自治体で仕組み作りが進んでいるが、ほとんどの自治体で乳幼児健診や発達相談、就学支援などメニューごとに施設が異なるのが実情だ。

区健康推進部によると、新施設への相談機能の集約により、妊娠から子供が18歳になるまでの総合拠点として利用者の来訪を促すとともに、保健師やケースワーカーなど専門人材による支援を円滑に行うことで、虐待などハイリスク化の未然防止や早期対応を図るのが狙いという。

前田秀雄健康推進部長は「例えば、ベビーカー連れの若い子育て世帯が増えているが、別の施設への移動が大変という意見や、ベビーカーが快く思われていないと不安を感じて外出を控えているという声もある。子育て世代の孤立防止は様々な問題を未然に摘み取ることにもつながり、気軽に集まることができる場の整備は急務」と語る。

同区では、子育て世帯のうち3世代同居しているのは3割程度で、出産や育児で身近に相談できる人を求める声が大きいという。前田部長は「里帰り出産などをしなくても区内で楽しく出産・子育てができるよう環境を整備していく」と話す。

新施設の整備のため解体を予定する神南分庁舎。すぐ近くでは新庁舎の建設工事が進んでいる

自治体政策のススメ

LGBT施策の課題⑥

渋谷区男女平等・ダイバーシティ推進担当課長　永田　龍太郎

コミュニティースペース　#渋谷にかける虹

「インターネットで検索したりSNSでつながることができるから、今どきのLGBTの若者にはリアルの場は不要なのでは？」

「いや、LGBT関連キーワードの検索結果には、ネガティブなものとポジティブなものが入り混じっている上、どれが信頼できるか判断できない」

「ツイッターでつながったとしても140文字で深い話はできない。学生なら外出できる範囲も時間も限られるし、信頼できる人か判断しづらく、会うのが怖い」

LGBT、特に若者における「安心して話すことができ、正確な情報が得られる場」のニーズは、ネット時代の今でもなお高いのが実情です。「渋谷男女平等・ダイバーシティセンター〝アイリス〟」では月1回、当事者が安心して集い、気軽に話せるコミュニティースペース「#渋谷にかける虹」を支援事業の一環として開催しています。

この事業は、毎年ゴールデンウイークに代々木公園を会場にパレードを開催している「東京レインボープライド」に委託しています。このパレードには今年は約11万人が参加しており、彼らが告知することで当事者に広い認知ができるため、「#渋谷にかける虹」には毎月20人を超える当事者が参加しています。

区では月1回という開催頻度を考慮し、単なる居場所事業ではなく、多様な区民当事者がNPOにつながる機会を提供しようという意図で、毎月様々なテーマを設定しています。「LGBTの先生集まれ」「LGBTティーン集まれ」「LGBT家族や友人を持つ人」「ろう&LGBT」といったテーマでは、その領域で活動する団体をパートナーに迎えて開催し、好評を得ています。行政の立場としても、当事者の生の声を庁内へ適宜共有できるという利点もあります。

こうした事業では、行政施策という安心感もあり、孤立度及び困難度の高いLGBT当事者が参加する可能性があります。単なる場づくりだけでなく、相談事業やソーシャルワーカーとの連携、NPOとの連携といったニーズに対応できる体制構築も重要です。

渋谷区LGBTコミュニティースペース「#渋谷にかける虹」ホームページURL＝shibuya-niji.jp

記者席

メディア出演の自由を謳歌

○……「同じ政策を掲げて戦ってきた仲間の中から離党する方が出たことは残念」。都民ファーストの会の増子博樹幹事長は5日、音喜多駿、上田令子の両氏の離党を受け、記者団にこう感想を述べた。慰留したが、2人の決意は固かったという。

そんな音喜多氏は足かせを解かれたかのように早速、民放番組をハシゴ。SNSで発信できる環境にも「素晴らしいことだ」と繰り返し、自由を謳歌している様子だった。

古巣の批判を強めている同氏だが、増子幹事長については「常に物腰が柔らかく紳士的で、私の異論や批判にも時に耳を傾けてくださった」と謝意を表明。中からの組織風土の改善を要望した。

○……国政の影響を色濃く受ける昨今の都政。小池知事は6日の会見で「他会派から都民ファーストの会に入りたいという希望もある」と明かした。「他会派」とは都議会民進党で、何人移るのか、あるいは合流以外の連携の形を取るのかに注目が集まる。いずれにせよ衆院選後に具体化するとの観測が強い。

一方で、ある都議は「都民ファはいずれ分裂する」と予測。「希望の党と都民ファが合併する時が分裂のタイミング」と話す。民進出身都議の一部は、国政では希望の党ではなく、現在は立憲民主党に所属する議員の系譜にあるからだ。5日には別の理由で都民ファから離党者も出た。今後、どう展開するか。

○……きょう公示を迎える衆院選。安倍首相が解散総選挙をすると報じられてから約2週間、各自治体は準備に奔走した。11月にダブル選挙を控える葛飾区選管を訪ねると、事務局長は「忙しいけれど、2012年には三つの選挙日程が重なったことがある」と振り返った。同年12月16日には、衆院選と都知事選、都議補選が同日執行された。「あの時、勢いで乗り切ったのと同じような感覚が今回もある」

別の区の区議会事務局長は、連日の区議会の決算審議に加え、選挙準備にも駆り出される毎日。「この業務量で『残業するな』は無理な話」。働き方改革の道は険しいようだ。

大田区

長屋開発規制で条例に罰則規定

大田区は6日、15戸以上の住戸を備えたマンションや長屋など一定規模の開発行為に必要な手続きや基準を定めた「地域力を生かしたまちづくり条例」を改正し、条例に違反した事業者への罰則規定を新設したと発表した。9月29日に開かれた第3回定例区議会の中間本会議で条例改正が可決され、来年4月に施行する。

これまで同条例に違反した事業者に対して、指導や勧告、事業者名の公表などを行ってきた。しかし、開発事業者1社が長屋の建設に当たり、1戸当たりの住戸面積を条例で定める最低面積25平方m未満とするなど、2015年から今年7月までに7件の条例違反を繰り返していることから、抑止力の強化を目的に罰則の新設に踏み切った。

条例改正では、区の協定締結前に工事を開始した事業者に対し、工事の停止命令を行い、命令に従わない場合は6カ月以下の懲役または50万円以下の罰金とした。

子育て支援は未来投資

武蔵野市長・松下玲子氏に聞く

邑上守正市長の退任に伴い行われた武蔵野市長選挙は、新人同士の一騎打ちの末に松下玲子氏（47）が初当選を果たした。武蔵野市では市政への市民参加が進んでおり、自治基本条例の検討なども行われているが、住民の反対で保育所の設置が滞るなど、課題も山積している。市民間の意見の隔たりがある中で新市長がリーダーシップを発揮できるか。9日に就任した松下氏に聞いた。

まつした・れいこ＝1970年生まれ。早大院経済学研究科修了。2005年に民主党（当時）公認で都議選に出馬し初当選、2期8年を務める。13年、17年の都議選はいずれも次点で惜敗。趣味は映画鑑賞で、好きな作品は福島原発事故後の官邸を描いた『太陽の蓋』。夫と小学生の息子の3人暮らし。

――市長選を制した感想を。

3万4166票と、多くの市民から信任をいただいた。邑上市政からの発展・改革を掲げたことや、4年前の落選後に地域を一軒一軒訪問したことなど地道な活動が評価をいただけたと思う。

――7月の都議選出馬後の転身に驚きの声もあった。

市民からは都議選の時点で「市長になってほしい」との声も寄せられていた。それでも落選後の市長選出馬には逡巡があり、変節と捉えられることや、自分が市長にふさわしいのか考え、悩んだ末に一度は要請を断った。それでも、諦めない声が市民や市議から寄せられた。邑上前市長の思いを継ぎ、12年前の前市政に時計の針を戻さないために決断した。

――邑上市政から継承する点は。

自治基本条例の制定に向けて懇談会が立ち上がっており、これを更に発展させ、条例を制定する。また、待機児童解消に向けた保育所の整備や、特別養護老人ホームの倍増などもしっかり引き継いでいく。

――前市政から変わる政策は。

市民参加をより進めていく。12年前の邑上氏就任当初と比べ、後半は市民参加の形が変わってきている。施設一体型の小中一貫校の検討会には公募の市民委員がおらず、当事者である保護者、子供たちの声を聞く必要がある。私自身は施設一体型の必要性を認めていないが、市民参加の上で決めたい。また、武蔵境駅北口市有地のPPP（公民連携）についても、手続きの瑕疵はないが、議会や市民の意見をしっかりと聞く場を設けるべきだった。議会の声をしっかり反映した上で、新たな市民参加のルールを自治基本条例の中に定めていく。

――待機児童問題では質の確保を重視する姿勢を打ち出した。

法律に基づき、丁寧な対話を行った上で保育所を作っていきたい。質の確保は市の最重要課題。緊急的にビルの一室などで0～2歳児を預かる施設も増えているが、子供は他者との関わりによって人間性が育まれる。そうした環境を確保できる認可保育所を増やしたい。

――保育所増設では住民間の意見の相違もある。

市長としてしっかりと合意形成を図る。多様な意見に耳を傾けた上で、市長として最終的に判断する。保育所2園の中止・延期が取り上げられたことで、子育てする人が武蔵野市を避ける風潮があり、イメージとしてもマイナス。子供への投資は未来への投資であり、子供がいない世代や単身者にも理解してもらいたい。18歳未満の医療費無償化も、子育て応援のメッセージになる。

――国政や都政では政局的な動きがあるが、小池知事とはどう向き合うか。

自治体の首長として、小池知事とは対等であり、広域行政で担うべきことはしっかり求めていく。市長選の最中に起きた国政の動きはチェックできていないが、不安定な時だからこそ、武蔵野の自治をしっかりと進めていくべきだ。

――松下市政で大きく変わることは。

市民からは「自分と同じ子育てをしている市長が誕生してうれしい」との声が寄せられた。まだまだ子育てと仕事の両立には高い壁があるので、当事者感覚で出来る限りハードルを下げていく施策を作っていく。子育ては男性にとっても仕事一辺倒よりも価値がある。女性だけの特権ではなく、男女ともに分かち合えるようにしたい。

多摩観光で独自協議会設立

23区からリピーター誘客狙う

多摩地域への旅行者誘致を目指す多摩観光推進協議会が9月27日に設立した。東京都商工会連合会など14団体が連携し、都産業労働局の支援を受ける同協議会は、地域の特徴を生かした観光ルートの開発や、新たなマップを制作して、外国人を始めとする訪都旅行者を呼び込むことが目的だ。

「Another Tokyo Tama」――。新たに立ち上がった多摩観光推進協議会は「もう一つの東京」をキャッチコピーに掲げ、外国人観光客などをターゲットに観光振興や観光産業支援に取り組む。都の支援を受け、「魅力発信マップの作成」「観光資源の発掘・観光ルート開発」など、四つの事業ごとにプロジェクトチームを設置。検討を進め、2021年度までの5カ年計画で事業を展開する予定だ。

協議会での観光振興事業の特徴が、多摩地域を面的に捉えたPR。これまでは行政単位の観光振興事業が中心だったが、市のPR担当者からは「隣接する自治体と特産品などはほぼ同じで、他市との違いを打ち出すのが難しい。旅行者に受けるセールスポイントが分からない」との声も上がっていた。協議会ではエリアを広く捉えて観光振興を図り、外への広がりを持ったPRを目指す。

取り組みの一つが観光マップの作成だ。協議会では新たに3種類のマップを用意。23区から多摩地域へのルートをイラストで示したマップでは、新宿を起点に奥多摩方向を俯瞰。都会から1時間程度で訪問できるアクセス性の良さなどをアピールする。都内の地形を立体的に表した「3Dマップ」では、東京の起伏に飛んだ地形を視覚的に分かりやすく示した。

また、多摩地域の観光名所を個別にPRする目的で、A6サイズのカード式「観光図鑑マップ」では、表には高尾山などの観光地の写真、裏には説明や観光コースなどを記載。対象の観光地は今後検討し、専用のバインダーで気に入った場所のカードを集めることもできる。

これらの「3点セット」は、都内のホテルなど外国人観光客が多く訪れる場所に協力を募って無償で展示・配布し、訪都観光客を多摩へ誘致する足掛かりにする。今後はエリアごとやテーマごとなど、複数の地図作成を進める方針だ。

観光ルートの開発にも着手し、今年度は「武蔵野うどん」に関する歴史・文化の体験ツアーや、モニターツアーを実施。武蔵野地域で生産した小麦を使用する地産地消の特産品で、一般的なうどんよりも太く、コシが強いのが特徴。これまで観光の目玉になることは少なかったが、協議会では年末以降、外国人・プレス向けのモニターツアーを実施し、民間旅行会社による恒常化にも期待を寄せる。

さらに、東京観光の宿泊場所として選ばれるよう、多摩地域の古民家に着目し、宿泊体験モデルプロジェクトの検討もスタートする。多摩地域には歴史ある民家が点在しており、宿泊施設に活用できれば、日本の文化を体験したい外国人への訴求につながる。今年度は事業可能性調査を実施し、検討を進める。

東京を訪れる外国人観光客は年々増加しており、昨年は1310万人を突破した。だが、訪問先は23区内が中心で多摩や島しょ地域での滞在は少なく、15年度の外国人の行き先は、八王子・高尾山が2・8%、島しょは0・9%にとどまっている。

協議会が取り組む5カ年での事業計画は、東京五輪を見据えて観光客を増やし、大会後も継続して多摩地域を訪れる人の増加・定着を図ることが大きな目標だ。協議会の事務局である商工会の担当者は「多摩地域は都心からの交通アクセスが良く、食や文化、体験の魅力がある。触れる機会を作り、リピーターになってもらいたい」と話している。

協議会には商工会のほか農業協同組合中央会、酒造組合などが参加しており、今後は地域商店街などの参加も求めていく考え。

1日に16万5千人が利用するJR立川駅でも、外国人観光客の姿は多くない＝4日

多言語サイト開設へ協定

インバウンドに情報提供

調布市

調布市は5日、外国人観光客の市内周遊を進めるため、一般財団法人モバイルスマートタウン推進財団とパートナーシップ協定を結んだ。協定に基づき、財団は市内の名所やイベントを紹介する多言語情報サイトを同日オープン。市内観光地などに同サイトを案内するパネルやステッカーを掲示した。

スマートフォンでパネルやステッカーに記載されたQRコードを読み込めば多言語情報サイト「ガイドア」に接続し、利用者の使用する言語を読み取って、市内の深大寺や東京スタジアムなどについて8カ国語で観光案内が表示される。市が提供した情報を基に一からコンテンツを作っているのが特徴で、単純な翻訳よりも精度が高く外国人に分かりやすい内容になっているという。

また、サイトでは市内の観光施設のほか、イベント案内や、近隣の病院など生活案内を提供しており、災害時の避難所情報なども記載している。今後は飲食店や宿泊施設などの情報提供も検討していくという。

同財団との協定は都内では調布市が初となる。多言語サイトの提供は、インバウンドの観光を推進する自治体への支援が目的の社会貢献活動で、調布市は情報提供を行うのみで、サイト運営やパネルの設置は財団側が負担する。

長友貴樹市長は、調布市が2019年ラグビーW杯と20年東京五輪の会場になることを踏まえ、「国内外から多くの人が来る。言語の問題は大きなファクターであり、乗り越える必要がある」と話し、協定を歓迎。市は近隣の自治体に対して事業を周知していく方針だ。

同財団は調布市を端緒に、多摩川流域自治体などに対象地域を広げたい考え。23区内でも複数区が検討を進めているという。

市役所で行われた協定締結式＝5日

東久留米市長選

並木市長が再選へ出馬表明

「持続し発展する街を」

任期満了に伴い、12月17日告示、12月24日に投開票が行われる東久留米市長選挙に、現市長の並木克己氏（48）が出馬する意向を表明した。一期目と同様に無所属で出馬する予定で、自民、公明に推薦を依頼するほか、市政の安定を図るため幅広い政党への支援を求めていく。

並木市長は6日に東久留米商工会館で記者会見を開き、出馬を表明した。1期目の実績として待機児童解消の取り組みや、地方債を約44億円削減したことなどを挙げ、「超少子高齢化社会に突入し、子育て世代の支援策や地域経済の力を入れてきたが、完成はまだ。そうした事業をしっかりと進める」と述べた上で、「持続し、発展するまちづくりを目指す」と話した。公約は10月中に発表する予定。

並木氏は1969年生まれ。明治学院大学経済卒。02年に同市議会議員補欠選挙に出馬し初当選。4期務めた。09年には自公の推薦を受け同市長選に出馬したが、民主、社民、国新推薦の新人候補に敗れた。13年に再度立候補し、自公の支持を受け初当選した。

9月議会

17市議会が北朝鮮非難

「森林環境税」求める意見書も

多摩26市の9月定例議会が、11日の八王子市議会本会議を最後に全て閉会する。今定例会会期中には北朝鮮が弾道ミサイル発射・核実験を強行したことで、各市議会が敏感に反応。17議会が北朝鮮を非難した。

このうち同国に対する抗議・非難決議を採択したのは立川、三鷹、昭島、調布、町田、小金井、東大和、稲城、西東京の9市議会。同国の核実験やミサイル発射の中止を求める意見書を国などに提出したのが、府中、東久留米、多摩、稲城の4市議会だった（稲城は決議と意見書を両方可決）。

福生や狛江、あきる野など、会期日程や手続きの関係で市議会としての抗議声明を出すにとどめた議会もある。

また、総務省が来年度の税制改正で検討している「全国森林環境税」の創設については、7市議会が早期の実施を求める意見書を提出した。森林を有する自治体への財政支援や環境保全を目的とする森林環境税を巡っては、区長会・市長会が新税を地方税ではなく国税とすることや、税徴収は国の責任で行うよう要望していた。一方で、区長会が特定市町村への財政支援はまず地方交付税による措置を優先させるべきだと求めたのに対し、市長会では都市部の緑地保全や温暖化対策も対象として理解に努めることを求めていた。市部では区と比較して支援対象となる自治体も多く、市議会から肯定的な意見書が提出されたことで、新税に対する区部と市部の温度差が表れた。

そのほか、2020年から小・中学校で必修になるプログラミングの授業に関し、国の支援を求める意見書を三鷹、町田、小金井、東久留米の4市議会が提出。プログラミングの授業を巡っては学校現場の負担増を懸念する声が高まっており、今後も自治体や議会から同様の要望が続くと見られる。

26市議会全体で意見書42件、決議14件を可決した。

高齢者の出歩きを支援

多摩市内で実証実験

多摩市内の高齢者が多い団地などを対象に、国土交通省とヤマト運輸が3日、高齢者の出歩き促進に向けた実証実験をスタートした。同省とヤマトが高齢者の出歩きに関する実験を行うのは初めて。

実証実験では、出歩きに不安のある高齢者を対象に、介護予防イベントや商業施設への出歩きをサポート。ヤマト社員などが、エレベーターのない団地に住む高齢者の階段昇降を手助けしたり、会場への送迎、手荷物運搬を行う。国交省は出歩きの意欲を引き出すための意識調査を実施し、施策に生かす。

対象は、多摩市の貝取・豊ケ丘などに住む要支援1～2認定の高齢者。10月の毎週火曜日・木曜日に1日2回、各回10人を先着で募集する。

要介護を防ぎ、健康寿命を延ばすためには積極的な出歩きが有効だが、団地に住む一人暮らしの高齢者は引きこもりがちになる場合もある。市は実証実験を通して高齢者が、どのような支援を求めているのかを把握することで、今後の高齢者サポートの検討につなげる考えだ。

小学校「指導要録」紛失

卒業生の個人情報記載

小平市教育委員会

小平市教育委員会は6日、市立小平第十四小学校で卒業生の個人情報などを紛失したとして臨時保護者会を開催し、在籍している児童の保護者らに謝罪するとともに、経過を説明した。

同校が紛失したのは、2010年度の卒業生83人分の児童・保護者氏名、現住所、進学先などが記載された「指導要録様式1」。卒業後、学校が20年間保存する必要がある。

同校では、書類を校内の複数箇所の金庫に分散して保管しており、効率化のために8月29日に校長の指示で整理を行った際、指導要録の一部を紛失していることに気付いたという。その後、教育委員会に報告し、校内を探したが、発見に至らなかった。資料として使用した際に、誤って破棄した可能性もあるという。これまでに個人情報流出の被害は確認されておらず、警察に被害届は提出しない。

当該の卒業生と保護者に封書で謝罪を行うとともに、今後は他の書類などを基に指導要録を復元し、保管する予定。

市教委は「今後、事実の確認を進め原因を究明するとともに、再発防止を徹底する」としている。

多目的ホールに愛称

ネーミングライツで

国分寺市

国分寺市は4日、国分寺駅北口再開発ビルの公益フロアに設置するホールと屋上の愛称を、ネーミングライツで募集すると発表した。

ネーミングライツの対象となるのは、ビル5階に入居する最大260席の多目的ホールと、隣接する屋上部分。多目的ホールは床面積約280平方㍍、屋上は約650平方㍍の規模。市が求めるネーミングライツ料は年間200万円以上で、5年以上使用することを希望している。

応募資格は市内に事業所を置く法人で、安定した経営が見込まれることなど。応募を受けて、市が愛称そのものやスポンサーの事業内容、応募金額、振興や知名度向上への寄与などを判断して決定する。

市は16日から募集を開始し、11月中旬ごろに審査結果を通知する予定。

産業交流展2017

東京ビッグサイトで開催

11月15日～17日

首都圏・全国の中小企業、東京に集う！

今回で20回目！

東京都や各中小企業支援機関等で構成する産業交流展2017実行委員会は、今回で20回目を迎える中小企業による国内最大級のトレードショー「産業交流展2017」を11月15日（水）、16日（木）、17日（金）の3日間、東京ビッグサイト西1・3・4ホールで開催する。販路拡大や企業間連携の実現、情報収集・交換等のビジネスチャンスを提供することを目的としており、「情報」「環境」「医療・福祉」「機械・金属」の4分野等から858社・団体（956小間・9月14日現在）の出展と、約5万7千人の来場者を見込んでいる。入場無料、事前登録と最新情報は、公式WEBサイト（http://www.sangyo-koryuten.tokyo/）へ。

昨年度の開会式の様子

展示ブースの様子

多彩なメーンステージイベント

開催初日の11月15日には、中長期的なビジネスチャンスに向けて開発された、革新的で将来性のある製品・技術、サービスを選ぶ「世界発信コンペティション」の表彰式を開催する。また、法政大学大学院教授であり、一橋大学特任教授の米倉誠一郎氏による「未来をひらくイノベーション　日本のパラダイムチェンジ」と題する基調講演や、多摩川精機㈱取締役副会長の萩本範文氏によるセミナー「航空装備品開発に取り組む次世代産業へのねらい～地域企業のイノベーション戦略～」を実施する。

開催2日目の11月16日には、東京都が承認した「経営革新計画」に基づき、経営が顕著に向上した企業を表彰する「東京都経営革新優秀賞」の表彰式を開催する。また、三州製菓㈱代表取締役社長の斉之平伸一氏によるセミナー「三州製菓における働き方改革」を実施する。

開催3日目の11月17日には、慶應義塾大学政策・メディア研究科特別招聘教授の夏野剛氏による既存の産業にテクノロジーを融合させたX－TechをテーマとしたセミナーI「激変するデジタル社会と日本企業の未来」を実施する。

ご来場の目的は達成出来ましたか？

回答数 747件

達成出来なかった 9.0%

達成出来た91.0%

9割を超える来場者が来場目的を達成

次回の産業交流展へのご来場の予定はありますか？

回答数 736件

来場したいとは思わない1.1%

わからない 14.5%

出来れば来場したい 58.6%

必ず来場したい 25.8%

多くの方が次回も来場を希望

特別企画

☆テーマゾーン（新規）

昨今ビジネスシーンで、注目度の高い「X－Tech」「働き方改革」「地方創生」の三つのテーマに沿って、先進的な中小企業を結集し、その優れた取り組みを紹介する。

☆東京ビジネスフロンティア

「中小企業世界発信プロジェクト2020」の一環として、東京2020大会等を契機に開発された創意あふれる製品・サービス等を一堂に展示する。

☆全国ゾーン

産業労働局が2015年11月に公表した「ALL JAPAN & TOKYOプロジェクト」の一環として、昨年度に引き続き、実施する。全国の道府県等と連携し、日本各地の優れた製品・技術を有する100社以上の中小企業等を紹介する。

受付の様子

☆スポーツ産業見本市

スポーツ産業をリードする企業の先進的な技術や製品を発信し、産業の裾野を広げ、消費者のニーズを喚起し、スポーツ産業におけるネットワーク構築の場を創出することを目的とした見本市を開催する。

☆次世代ロボットゾーン

高度技術の結集であり、その関連技術分野が多岐にわたるロボットを展示し、中小企業・研究機関等の技術力をPRする。

☆国際ゾーン

日本でのビジネス展開に積極的な海外企業等が、製造技術・製品の展示を行う。また、各国市場進出のためのビジネス相談を実施するほか、貿易・投資環境に関する情報収集の場を提供する。

☆首都圏テクノネットワークゾーン

東京都立産業技術研究センターをはじめとする公設試験研究機関やベンチャー企業などが集結し、研究成果や技術シーズを広く紹介する。

☆公社総合展示ゾーン

都内中小企業の総合支援機関である（公財）東京都中小企業振興公社の事業を紹介するゾーン。支援企業の製品展示を交えて各種事業を紹介する。

同時開催イベント

★11月16日（木）開催

☆東京カイシャハッケンツアー

学生等を対象として、出展企業のブースをツアー形式で訪問し、経営者等と交流するほか、ゲストによる特別講演や、就職活動に役立つ「シューカツハッケン講座」を実施する。

★11月17日（金）開催

☆九都県市合同商談会2017

中小企業の取引先新規開拓のきっかけづくりや、新たなビジネスチャンス創出の機会として、九都県市による合同商談会を開催する。

都立産業技術研究センター

「中小企業の大きな夢を実現するために」

第三期中期計画2年目を迎え

東京都立産業技術研究センター（都産技研）では、2016年4月に奥村次徳理事長が就任し、第三期中期計画がスタートしました。第三期中期計画では、製品化・事業化に資するものづくり支援を目指して、事業のさらなる充実に取り組んでいます。「環境・エネルギー」「生活技術・ヘルスケア」「機能性材料」「安全・安心」を重点研究分野とした東京の成長産業支援、「3Dものづくりセクター」「先端材料開発セクター」「実証試験セクター」「複合素材開発セクター」を中心とした開発型中小企業の支援充実、中小企業の海外展開支援、ロボット産業の事業化支援等を推進し、中期目標の達成に向けた取り組みを推進しています。「中小企業こそがイノベーションを起こす」との強い信念のもとに、都産技研は中小企業の大きな夢を実現するために、より一層支援を強化していきます。

ロボット産業活性化事業では、技術開発にとどまらず、サービス分野ロボットの実用化と新しいサービスの事業化を引き続き支援します。設備導入が完了した東京ロボット産業支援プラザを活用し、試作・評価、安全認証技術支援、人材教育をさらに充実させて取り組みます。また、ロボット実用化プロモーション（地方創生加速化交付金事業）により得られたサービス産業などのロボットユーザーニーズや、全国のロボット事業化促進のための東京と地方の協力体制なども活用し、成果展開・市場投入を進めていきます。

また、中小企業の海外展開支援では、国際規格対応試験を強化するとともに、広域首都圏輸出製品技術支援センター（MTEP＝エムテップ）における専門相談員による相談、セミナー開催等の支援内容を充実させ、利用拡大を図ります。また、バンコク支所では、関係機関との連携を進め、現地技術支援事業を拡大していきます。さらに、医療関連機器等の展示会に出展する中小企業への技術成果の見える化をサポートし、海外展開を支援します。

上記に加え、2017年度は、中小企業のIoT化支援事業、航空機産業への参入支援、障害者スポーツ研究開発推進事業、医療機器産業への参入支援や城東支所リニューアルによる城東・城北地域のものづくり支援の強化など、新たな取り組みを開始しています。

東京ロボット産業支援プラザ導入設備

ドラム型走行耐久試験機

静的安定性試験機

サービス分野ロボットの実用化支援

中小企業のIoT化支援事業の開始

産業交流展2017の特別企画「首都圏テクノネットワークゾーン」および「次世代ロボットゾーン」において、都産技研はロボット産業活性化事業をはじめとする主要な支援事業に加え、技術シーズや最新導入設備などをご紹介します。

■ロボット産業への参入支援を充実

中小企業のロボット産業への参入を支援するため、2015年度よりロボット産業活性化事業に取り組んでいます。その拠点である「東京ロボット産業支援プラザ」には、ロボットの試作から信頼性・安全性の評価まで幅広く対応できる機器を整えています。さらに、ロボットの耐久性などを試験する設備を導入し、支援を充実させています。

ロボット産業活性化事業では技術開発にとどまらず、サービス分野ロボットの実用化とそれらのロボットを生かした新しいサービスの提供（事業化）を引き続き支援し、2020年東京オリンピック・パラリンピックを視野に、ロボットの活躍の場を発信しています。

開発を進める先導型案内ロボットLibra（リブラ）

■IoT化支援事業の開始

IoT開発セクターを新設し、IoTなどを活用した工場の生産性向上や新製品の開発による新事業参入を支援する「中小企業のIoT化支援事業」を開始しました。IoTに関する技術相談対応や中小企業と大学、大手企業等とのネットワークづくりを行い、IoT化を推進します。また、センサーやソフトウェアなどのIoT機器の開発支援や中小企業などのIoT化推進のためのシステム開発を支援します。さらに、IoT関連製品の開発（IoT共同開発研究）、IoTの活用による生産性の向上や業務の効率化、新たなサービス・ソリューション提供（IoTソリューション研究）を目指す中小企業の支援を目的として、公募型共同研究を10月から開始しました。

標準化されていないスポーツ用義足の評価法を提案

■障害者スポーツ用具の開発を支援

2020年オリンピック・パラリンピック東京大会に向けて、障害者スポーツに関連する製品開発を通じ、障害者スポーツの振興、障害者スポーツの競技力向上や障害者のスポーツへの参加拡大を図るため、「障害者スポーツ研究開発推進事業」を開始しました。素材の多様性や加工技術の進歩により、高度な技術が求められる障害者スポーツ用具（競技用車椅子または競技用義足）に関して、中小企業の新製品開発の支援を目的とした公募型共同研究を10月から開始しました。

■城東支所リニューアルによる支援強化

明日（10月11日）、城東支所（葛飾区青戸）に「デザインスタジオ」「ものづくりスタジオ」を開設します。デザインスタジオでは、作業スペースを従来の3倍に拡大し、製品のデザイン支援体制を強化することで、高付加価値なものづくり支援を行います。一方、ものづくりスタジオでは、新たに三次元造形機や加工機を導入し、試作品作製や部品加工、金型製作などの地域に密着した技術相談・支援を行います。

城東支所では、機械部品や玩具、生活雑貨など、さまざまな製品において「デザイン」「試作・加工」「製品評価・性能試験」まで一貫したものづくり支援を行い、城東・城北地域の中小企業に対する支援を強化していきます。

最大6種の複数材料を同時使用でき、さまざまな硬さの造形が可能な三次元造形機（城東支所新規導入設備）

“あらゆるリスク”に対処する「危機管理産業展2017」

安全・安心な都市の実現に向けて

東京ビッグサイトから情報発信

㈱東京ビッグサイトは10月11日（水）から13日（金）の3日間、西1・3・4ホールおよび屋上展示場、会議棟にて、「危機管理産業展（RISCON TOKYO）2017」を開催する。2005年の第1回開催から今回で13回目となる本展は345社531小間（共同出展を含む、10月2日現在）の展示規模を予定している。また、2回目となる「サイバーセキュリティワールド2017」を特別併催企画として展開するとともに、国内唯一となるテロ対策に特化した「テロ対策特殊装備展（SEECAT）'17」も特別併催企画展として同時に開催する。この他、危機管理に関する専門家・有識者を多数招聘して行われるカンファレンスや初めての設置となる「災害対策ロボット・ドローン実演コーナー」なども見どころである。

最新の製品、技術、サービス等を一堂に展示・紹介

「危機管理産業展2017」は、東京都の特別協力のもと、危機管理に関するあらゆる分野を網羅した国内最大級のビジネストレードショーである。

会場構成は「防災・減災」「セキュリティ」「事業リスク対策」の3ゾーンに加え「2020TOKYOセキュリティ」「災害対策ロボット・ドローン」などの集中展示を実施する。時宜にかなった“あらゆるリスク”に対処する施策や取り組みをテーマとして取り上げ、行政・企業に対して災害対策・犯罪対策などの必要性を提案し、安全・安心に関する製品、技術、サービス、情報などを一堂に展示紹介する。

展示の特徴・構成・主な出展物

○「防災・減災ゾーン」

昨今、わが国において豪雨、大地震など想定を超える自然災害が相次いでいる。日本列島縦断の大型台風による洪水・浸水がもたらした家屋の倒壊やライフラインの寸断、土砂崩れによる交通機関のトラブルや道路崩壊が原因による日常生活からの孤立などは記憶に新しい。また、都会で頻発しているゲリラ豪雨、雷雨、ヒョウなどの異常気象による災害などは身近な脅威となっている。

昨年発生し莫大な被害をもたらした熊本地震や、いまだ完全な復興を遂げていない東日本大震災のほか、将来高い確率で発生が想定されている首都直下型地震なども、切迫した災害リスクのひとつである。

防災・減災ゾーンでは、これまでの甚大な災害から得た尊い教訓や課題を踏まえ、行政・企業・住民が行ってきた取り組みや対策などを具体化した製品・資機材・サービス・情報等、災害対策を網羅、展示紹介する。また、国・行政関係者などから関心の高い対策・監視に向けた集中展示も行う。

〈構成〉地震・水害・雷害対策、救助・救出・救急医療、非常食・備蓄品、災害対策ロボット・ドローン集中展示など

【出展物】災害対策用トイレ、津波シェルター、防火服、AED、非常食、保存水、ワンタッチテントなど

○「セキュリティゾーン」

首都東京では2020年の大型イベントに向けたセキュリティ対策が喫緊の課題となっており、中でも大規模な国際スポーツ大会や国際会議などが開催されるイベント会場では高度なセキュリティ対応が求められている。また、国内外で発生している凶悪事件などを未然に防ぐ防犯対策の重要性が高まる一方、日常生活での身近な防犯対策も課題である。

セキュリティゾーンでは、これらに対応する入場管理システム、監視・防犯カメラなどを中心とした最新の資機材・サービス、防犯対策製品、次世代テクノロジー防犯対策などを展示紹介する。

〈構成〉監視・防犯システム・カメラ、入退室管理・外周セキュリティ、警備サービス、防犯グッズ、地域防犯など

【出展物】警備案内ロボット、顔認証、カメラ各種（IP、監視、HD対応）、入退室管理システム、監視カメラシステム、女性・高齢者に優しい防犯器具、ライフジャケット、ソーラーライトなど

○「事業リスク対策ゾーン」

物流業、運輸業、製造業、建設業などの各民間企業を取り巻く事業活動のリスク対策に焦点を当て、昨今、特に大型機材やロボット活用で省人化・自動化が進む中、生産現場・建設現場に潜むリスクに対応する製品・資機材、自治体や現場の指導管理者など事業を行う上で必要な安全対策が課題となっている。

事業リスク対策ゾーンでは、このような現場の安全対策を考え、作業などを行う上での事業活動を取り巻くあらゆるリスク対策を網羅した展示を展開する。

〈構成〉工場・現場の安全対策、非常時通信・ウエブ会議システム、物流・輸送リスク対策、停電・節電対策、その他BCP対策全般

【出展物】漏水警報システム、LED警告灯、作業者接近検知システム、各種無線通信機器、衛星通信サービス、BCP対応物流倉庫、蓄電池、照明機器、移動電源車、危険物タンクなど

○「東京都パビリオン」

首都東京の危機管理をテーマに、都総務局総合防災部、都青少年・治安対策本部、都水道局、都下水道局、都産業労働局、（公財）東京都中小企業振興公社、警視庁、東京消防庁が一堂に出展する。

○「JETRO商談会」

JETRO（日本貿易振興機構）と東京ビッグサイトが共催で今回4回目となる「海外販売代理店・バイヤー商談会」を開催する。日本の優れた防災・防犯機器等に関心の高い海外バイヤーによる商談会で現在9カ国から海外バイヤーを招聘予定である。

危機管理関係者は必聴・必見

○シンポジウム

11日（水）には「首都東京の危機管理～緊急時にどう備え、どう動く？情報発信のあり方～」と題し、東京都危機管理監の田邉揮司良氏ほか2名のパネリストによるシンポジウムを行う。このセッションでは災害などの有事に際し、緊急時に的確な情報をいかに伝達するかなど円滑な対応策を議論する。

○「サイバー攻撃」に対応した最新ソリューションが一堂に集結

自治体や企業の事業を揺るがすサイバー攻撃に対してどのような対策を講じる必要があるか。サイバー攻撃に特化した「サイバーセキュリティワールド」を昨年に続き開催し、国・自治体での取り組みや製造業・中小企業の対策など、幅広いテーマでセミナーやプレゼンテーションを行う。また、標的攻撃、IoTセキュリティ、マイナンバー対策、情報漏洩、スマホセキュリティなどを展示紹介する。

※画像は全て前回の様子

会場構成

10.11（水）WED▶13（金）FRI　www.kikikanri.biz

4F　西3・4ホール

防災・減災ゾーン：地震対策／水害・雷害・雪害・竜巻対策／救助・救出・救急医療／火災対策／非常食・備蓄品／感染症対策／老朽化インフラ・復興対策／防災ICT／その他災害対策全般／地場発（自治体・機関）アイデア防災製品ユニット

主催者企画：ロボット・ドローン実演コーナー（屋内）／災害対策ロボット・ドローン

集中展示　災害対策ロボット・ドローン：国・自治体の危機管理担当者や消防関係者からの関心が高い、災害救助活動や災害監視、インフラの保守点検に至る、防災・減災のあらゆるシーンで活用されるロボット・ドローンおよび関連製品・サービスの集中展示エリア。屋内・屋外でのデモンストレーションは必見。

集中展示　地場発（自治体・機関）アイデア防災製品ユニット：防災産業を支援する自治体・機関・団体がとりまとめたアイデア防災製品・技術サービス等を扱う企業が集結。

屋上展示場（屋外）：東京消防庁　救助ロボットなど／主催者企画　ロボット実演コーナー（屋外）

セミナー会場　特設ステージ　サイバーステージ（エスカレーター　1Fへ）

RISCON登録所

事業リスク対策ゾーン：非常時通信・ウェブ会議システム／停電・節電対策／リスクコンサルティングサービス／その他BCP対策全般／物流・輸送リスク対策／工場・現場の安全対策／データ・オフィスリスク分散対策

セミナー会場　会議棟　西1ホール会議室（エスカレーター　2Fへ）

JETRO 海外販売代理店・バイヤー商談会

集中展示　工場・現場の安全対策

1F　西1ホール・アトリウム

SEECAT　RISCON セキュリティゾーン　サイバーセキュリティワールド

東京都パビリオン　2020 TOKYO セキュリティ

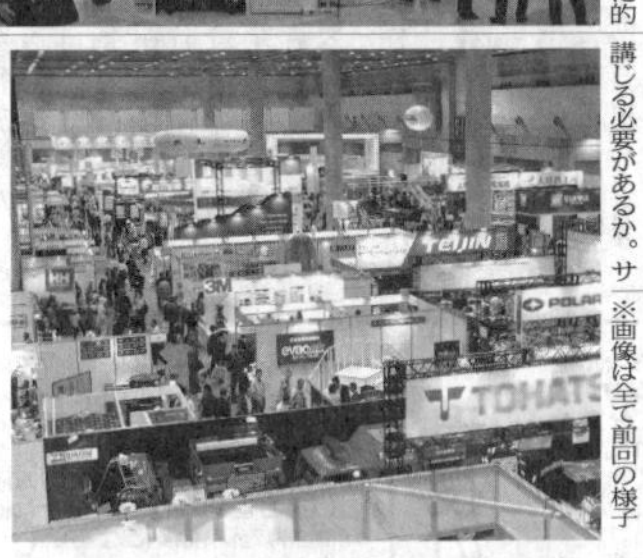

基調対談・シンポジウム・セミナー

公式WEBサイトでの事前申込制　聴講無料　www.kikikanri.biz

☆10月11日（水）（会議棟6階605～608会議室）

●基調対談（11：00～12：00）
日本の危機管理はどう変わる～世界の大きな変化の中で～
▽ゲスト＝丹羽宇一郎氏（元中華人民共和国駐箚特命全権大使・前伊藤忠商事㈱取締役会長）
▽ホスト＝志方俊之氏（帝京大学名誉教授）

●基調講演（13：00～14：00）
異常気象を知り、備える～局地化・激甚化する豪雨等気象災害の軽減に向けて～
▽講師＝隈健一氏（気象庁気象研究所所長）

●シンポジウム（15：00～16：30）
首都東京の危機管理～緊急時にどう備え、どう動く？情報発信のあり方～
▽パネリスト＝田邉揮司良氏（東京都危機管理監）　大塚大輔氏（消防庁国民保護室室長）　菅井理博氏（成田国際空港㈱空港運用部門総合安全推進部次長）
▽コーディネーター＝福田充氏（日本大学危機管理学部教授）

☆10月12日（木）

●行政主催セミナー（会議棟1階レセプションホールB）
▽東京都帰宅困難者説明会（10：00～12：00）
▽危機管理に関する事業者セミナー（14：00～15：45予定）　主催＝東京都総務局総合防災部

●危機管理セミナー（会議棟6階607＋608会議室）
いま最も必要な「事業継続計画（BCP）」と、その新たな価値とは（11：00～12：30）
▽岡本正氏（銀座パートナーズ法律事務所　弁護士・法学博士）
防災・減災事業リスク対策（企業・自治体向けBCP）
▽蛭間芳樹氏（㈱日本政策投資銀行サステナビリティ企画部BCM格付主幹）
防災・減災のためのロボット・ドローンの利活用と今後の展望（13：00～14：30）
▽亀川哲志氏（岡山大学大学院自然科学研究科講師）　田中基康氏（電気通信大学大学院情報理工学研究科准教授）　三好啓介氏（独立行政法人石油天然ガス・金属鉱物資源機構（JOGMEC）技術ソリューション事業グループ技術開発チームリーダー）　高田亮平氏（新日鐵住金㈱設備・保全技術センター（PFC）機械技術部機械技術開発室主幹）
グローバルスタンダードに基づく海外拠点におけるリスク対策～有事における対応～（15：00～16：30）
▽大越吉晃氏（コントロール・リスクス・グループ㈱シニア・コンサルタント）　清水丈司氏（同・シニア・アソシエイト）

☆10月13日（金）

●危機管理セミナー（会議棟6階607＋608会議室）
IoT時代のセキュリティ機器の安全性（11：00～12：30）
▽江川将偉氏（セキュアIoTアライアンス理事長）　川北潤氏（アライドテレシス㈱専務取締役）　松本泰氏（セコム㈱IS研究所コミュニケーションプラットフォームディビジョンマネージャー）
海外手法に学ぶインタラクティブ・ワークショップリスクハンティングーインシデントの予知・予測・予防（13：00～14：30）
▽講演＝宇田川登紀氏（Toki's SECURITY Lab.代表）　ファシリテーター＝サニーカミヤ氏（日本防災教育訓練センター代表）
「家庭が守れなくては、組織は守れない！」本当に役立つ防災の話　組織で「防災を美しく」って、ホントのところ何をすればいい？（15：00～16：30）
▽パネリスト＝杉谷佳美氏（㈱ヒューマックス総務部総務グループマネージャー）　今宮智未氏（NTTタウンページ㈱広報宣伝室・元東京23区版編集長）　赤プル氏（チャイム・大田プロ）
▽ゲスト講師＝あんどうりす氏（アウトドア流防災ガイド）
▽コーディネーター＝大越聡氏（リスク対策・COM編集長）

都人勧

特別給、4年連続引き上げ

局長級で再任用の給与制度

今年度の都人事委員会勧告は例月給を据え置き、特別給を引き上げる内容だった。主な制度改正では、新たに局長級でも再任用の給与制度を整備。人事制度・勤務環境に関する報告では、民間との間で人材獲得競争が激化する中、これまでの採用試験・選考に関して分析・検証して採用環境の変化に対応することや、長時間労働の是正で都議会の理解と協力を得ながら業務の合理化に取り組むことなどを求めた。

青山委員長（写真中央）から勧告を受け取る小池知事＝6日、都庁第一本庁舎7階

今年度の民間給与実態調査（民調）は、従業員50人以上の企業から1230事業所を無作為に抽出して実施し、904事業所の調査を完了。その結果、民間従業員の給与月額が40万1681円となり、都職員を74円（0・02%）上回ったが、民間との差が極めて小さく、給料表や諸手当の改定を適切に行うことは困難であるとして、改定を見送る。例月給の据え置きは2年連続となる。

特別給は民間企業が都を上回ったため、一般職員は4・40月から4・50月に、局長級などは3・30月から3・40月に、再任用職員は2・30月から2・35月にそれぞれ改定する。引き上げ分は全て勤勉手当に配分する。

主な制度改正では、新たに局長級の再任用の給与制度を整備する。国との制度的均衡を考慮して期末手当・勤勉手当の支給月数を定めることとし、18年6月期以降の年間支給月数は期末手当が0・75月分、勤勉手当が1・05月分の計1・80月分となる。

退職手当制度については、人事院が4月、国家公務員の退職給付水準を見直すことが適切との見解を示したことを受け、「国の退職手当の見直しの動向を注視し、適切に対処していく必要がある」とした。

今後の課題としては、行政職給料表（一）の1級・2級について、上位級との職責差を反映させる観点から、引き続き課題解決に向けた対応を検討する。昨年は1級の150～154号給の4号給をカットしたが、今年は給料表を改定していない。

公安職の給与については、警察・消防の任用などの実態の検証を進め、給与制度の在り方を研究・検討する。

■勤務環境

都人勧では人事制度・勤務環境などに関する意見も付した。

人材確保では、民間の採用意欲が高い水準で推移する中、有為な人材を安定的・継続的に確保・育成するため、これまでの採用試験・選考を分析・検証し、採用環境の変化に即して対応するよう求めた。また、SNSなど時代に即した手法による採用PRを強化する必要があるとした。

他方、少子高齢化の進展により働き手の確保が一層困難になる中、「働く意欲と能力のある高齢者の積極的な活用が不可欠」と指摘。都ではフルタイム再任用を部長級以下の管理職で活用しているが、「全ての職層にわたって定年前に培った専門的知識や経験を再任用により積極的に活用することが重要」としている。なお、局長級の再任用については、人事の停滞を招かないよう配慮した上で仕組みを検討する必要があるとした。

そのほか、障害者雇用の推進に向け、障害特性に応じた職域拡大や任用形態の多様化を提言。臨時・非常勤職員に関しては、地方公務員法・地方自治法改正の対応を促した。

■働き方改革

長時間労働の是正では、組織全体で対応する必要性を強調。知事・局長クラスなど組織のトップによる抜本的な業務改革に加え、部課長級の管理職によるマネジメント、職員個人の働き方の見直しなどの取り組みを求めた。特に都議会定例会の対応に言及し、「都議会の理解と協力を得ながら、業務の合理化・効率化に取り組むことが求められる」と指摘している。

教員については学習指導以外に生徒指導や部活動、保護者対応など多くの役割が求められ、過大な負担を軽減する観点から、勤務時間の把握や校務改善などの対応が重要であるとした。

都議会3定　こぼれ話

想定外の質問に局長は…　2局が合同で事故を陳謝

○……「ささやかながら都政の一端を担うことができたのは誠に光栄」。5日、都議会第3回定例会の最終本会議では、退任する3人の副知事があいさつに立った。それぞれ「至らぬところも多々あった」と殊勝に話すと、議場からは「そんなことないよ」というエールが送られた。小池知事は閉会後、説明員席に並ぶ副知事一人ひとりと握手を交わし、ねぎらう場面が見られた。副知事3人の退任にはもちろん知事の意向が働いたはずだが、議場ではそんな素振りは一切見せなかった。

○……9月29日、厚生委員会。都民ファーストの会と公明党などが提案した子供の受動喫煙防止条例案を巡って、議員間の質疑が行われる中、事務方の梶原洋福祉保健局長が想定外の答弁を求められる一幕があった。小宮安里氏（自民）が岡本光樹氏（都民ファ）と議論を交わす最中、「福祉保健局長も喫煙者で、大切な可愛い5歳の息子さんがいらっしゃる」と切り出し、「その前で喫煙することはないと思うが」と答弁を促したのだ。突然の指名に委員会室は大爆笑。梶原局長は「家庭では一切、たばこは吸いません」などと答弁して議事は滞りなく進んだが、プライベートのエピソードを議事録に残す形になってしまい、苦笑するしかなかった。

○……公営企業委員会では9月28日、足立区内で起きた下水処理水の水道混入事故が議題になった。議会局によると、主管の局以外が補助的に審議に加わるケースは、市場移転を巡って中央卸売市場と共に環境局が入るなど少なくないが、2局が一つの委員会に対等な立場で入るのは珍しい。1996年の地下鉄工事中の漏水事故を受けた交通、水道両局の対応以来という。

審議では両局幹部が陳謝したが、事故原因が東京都下水道サービス㈱の処理施設内の配管誤接続だったことから、水道局は下水道局側に損害請求する方針で、行政処分なども検討中。処分者と被処分者が同席する形になり、二重の意味で珍しい委員会となった。

都労連

17年度秋季運動方針を決定　「ぶれずに要求実現目指す」

団結コールをする都労連＝5日、田町交通ビル（港区）

都労連は5日、2017年度第1回中央委員会を田町交通ビル（港区）で開催し、秋季年度末運動方針を決定した。

西川晋司執行委員長は開会のあいさつで、希望の党の代表に就任した小池知事に対し、「国政を担いながら都政をコントロールできると考えているのであれば、都民、職員を愚弄していると他ならない」と強く批判。「あえて進言するならば、都政に専念するべき」と述べた。また、希望の党に対し、「意に沿わないものを排除する、独裁者の理論」と指摘。「積極的な改憲勢力の一翼を担うものであり、自公政権との見せかけの対立にだまされることなく、本質を見抜かなければならない」とした。

安倍政権に対しては、衆院解散を「政権維持のための究極の政治の私物化」と糾弾した。

秋季年度末運動方針では、全ての職員の生活改善につながる大幅な賃上げや退職手当の支給水準引き下げ阻止、年間総労働時間1800時間の実現などを掲げた。西川委員長は「国の状況により都や各自治体の労使交渉を阻む動きが出てくることも想定されるが、ぶれずに要求の実現を目指す」と決意を語った。

討論では、賃金引き下げの阻止や働き方の改善を求める声が上がり、教員の長時間労働や、団塊世代の大量退職により少数のベテランで若手を教育している現業職員など、職員の現場実態の訴えが相次いだ。

食育の担い手　栄養教諭の実態　上

業務過多で担い手不足

配置率は全国ワースト

学校給食により食育を進める「栄養教諭」の制度が都で取り入れられて今年で10年になる。栄養教諭は、食に関する授業を実施するなど、食育の中心となる存在だが、都の栄養教諭の配置率は全都道府県で最低だ。給与や昇進などの待遇面の問題、業務の過多により栄養教諭のなり手が少なく、早期に退職する教諭も多い。「食育」の担い手をどう確保するのか、2回シリーズで課題を追った。

「なるべく好き嫌いがないようにね」「この料理は東京で取れた野菜を使っているんだよ」

目黒区立五本木小学校の給食の時間に教室で子供たちに声を掛けながら見守る女性がいる。今年度から同校で栄養教諭を務め、「食育」を担当している松本恭子教諭だ。

栄養教諭は、2005年施行の改正学校給食法により制度化された。業務は献立の作成や調理室の監督、給食費の経理といった業務に加え、食に関する授業や指導案の作成など。さらに都では、07年に独自で創設した主幹教諭や家庭科教諭が中心となって食育を進める「食育リーダー制度」で助言する役割や、食文化理解のための研修会の講師も務める。

文部科学省は学校給食を「生きた教材」としており、地域の特産物や友好都市の料理などを給食の献立に取り入れて食事を通して文化や社会を学ぶ場として位置づけている。栄養教諭はその担い手と言える。松本教諭は「授業に合わせた献立を作るのも大切。例えば、『食材の輸入がなくなったらどういう食事になるか』というテーマで献立を考えたこともある」と語る。

学校や地域の食育を進めるのに重要な役割を担う栄養教諭。文科省は全ての栄養職員を栄養教諭に転換する方針を掲げているが、都では配置が進んでいない。13年の同省調査では、都の栄養教諭の配置率は約4％と全都道府県で最下位。1位の鹿児島県は約86％で、20倍以上の差があった。昨年度の採用試験では募集数26人に対し受験者はわずか4人だった。

希望者が少ない大きな理由は、栄養教諭の待遇だ。例えば、栄養教諭の試験に合格すれば新規採用扱いとなり、それまでの給料を下回ることもある。昇任制度もないため、下がった分の給料の埋め合わせは難しく、退職金に至っては栄養職員を定年まで続けた方が多く受け取れるのが現実だ。

また新規採用のため、必ず地区間の異動があることもネックになっている。異動先は栄養教諭が配置されていない地区に機械的に割り振られるため、本人の希望はかないにくいという。

加えて、他県より栄養教諭になるためのハードルが高いことも一因になっている。配置率が最も高い鹿児島県は、栄養士免許・教員免許の取得見込みがあれば受験することができるが、都の場合は栄養職員としてのキャリアが必須条件になる。

栄養教諭の業務過多も、栄養職員から栄養教諭への転身を阻む壁になっている。背景には、現場の教員や管理職の「食育」への理解不足がある。

栄養教諭を管理した経験を持つ校長が少ない上、栄養教諭の認識が不十分で、校長の裁量で業務範囲以外の仕事が任されるケースもある。「通常の教員と同じように会議や代教、休み時間の学校の見回りもしているため、本来業務の献立管理や指導案作成は業務時間後にやらざるを得ない」と松本教諭は説明する。取材当日、午前中はプールの授業の補助をしていたという。

都はこうした現状を改善しようと、栄養職員に対しアンケートを取り改善点を直接聞いたり、栄養教諭の受験に必要な栄養職員としての在籍期間を短くするなどの対策を講じているが、思うように増えていない。

「栄養教諭になれば児童や他の教員との距離が近くなるので、食育は進めやすくなる」と松本教諭。栄養職員では会議に出ることもなく、食育について教員に発言する機会も少ない。「都が食育を進めたいのなら、栄養教諭を増やすような制度の構築は必要」と力を込める。

MEMO　**栄養教諭と栄養職員**　都で栄養教諭になるには、栄養職員として6年以上勤務していることが条件。栄養職員とは違い、教員免許を所持した常勤の正規教員であるため、授業時間を受け持つことが許されており、食育を進めやすいという利点がある。

地産野菜についての授業。栄養教諭は子供の食育を担っている

高齢者の事故防止へ「見守りガイド」作成

都生活文化局

都生活文化局はこのほど、転倒などの高齢者の家庭内での事故を防止するためのガイドを作成した。同局は1月に一人または二人暮らしの70歳以上の高齢者の家族などを対象に、高齢者が起こしやすい家庭内での事故についてのアンケートを行っており、結果を反映させた。

ガイドでは、リビングや階段、風呂場など家庭の場面に合わせて、転倒や熱中症、寒さのために狭心症を起こしたケースなど、アンケートに寄せられた事例をイラスト付きで掲載。更に「段差が見えやすいように蛍光テープを貼った」「敷物の下に滑り止めシートを敷いた」などの高齢者の家族が行っている事故防止の工夫を紹介している。

■都人事異動　16日付

【局長級】▽政策企画局長（環境局長）遠藤雅彦▽政策企画局理事＝ホストシティプロジェクト推進担当（オリンピック・パラリンピック準備局次長＝オリンピック・パラリンピック準備局理事＝スポーツ推進担当兼務）鈴木勝▽政策企画局理事＝連絡調整担当　小山哲司オリンピック・パラリンピック準備局次長兼務▽政策企画局理事（政策企画局理事＝ホストシティプロジェクト推進担当）小池潔▽オリンピック・パラリンピック準備局次長（オリンピック・パラリンピック準備局理事＝大会準備調整担当＝政策企画局理事＝連絡調整担当兼務）小山哲司▽オリンピック・パラリンピック準備局理事＝大会準備調整担当　小山哲司オリンピック・パラリンピック準備局次長兼務▽オリンピック・パラリンピック準備局理事＝スポーツ推進担当　小山哲司オリンピック・パラリンピック準備局次長兼務▽都市整備局次長（交通局次長）小泉健▽環境局長（議会局長）和賀井克夫▽会計管理局長（労働委員会事務局長）土渕裕▽労働委員会事務局長（環境局次長）池田俊明▽収用委員会事務局長（都市整備局次長）佐藤敦▽人事委員会事務局長（収用委員会事務局長）砥出欣典▽議会局長（人事委員会事務局長）松山英幸

退職後のリアル　しくじり都庁OBの教訓㉙

オール・アバウト・マネー②

現役の4分の1で生活

私の周囲でも、いざ現実に直面することで「こんなものなのか」と予想外の状況に驚いたり、「趣味生活も満足にできない」と嘆く人が多い。こうした人たちを見ていると、これまでは経済的な不安が少なく、安定的な収入が期待できる生活をしてきただけに、目減り生活への不安感は人一倍強いように思われる。

そこで老婆心ながら、あなたの手にする年金額のおおよそを知るための大まかな計算方式についておさらいをしておきたい。減額が取りざたされている昨今の情勢からは、あくまで参考にしかならないかもしれないが、目安にはなると思う。

年金は「3階建て」になっているということは聞いたことがあると思う。1階部分は「基礎年金」（国民年金）であり、2階は「退職共済年金」、そして3階は「職域部分」である。

大雑把な計算をすれば、1階は公務員期間と20歳以降の国民年金の納付期間を合わせ、それに1万9500円をかけて算出する。2階と3階については、公務員期間に4万～4万3千円をかけて計算する。この合計が65歳からの年間の受給額だと思ってもらえばいい。

平均的な人で言えば、学生時代に年金など払っていない人が多いだろうから、22、23歳で就職して60歳で定年退職というパターンになる。22歳で就職すると、1階部分は約74万になり2階、3階部分は152万～163万円ということになり、合わせれば年間230万円前後になるという具合だ。

そこでまず、年間230万円前後で生活をしていくことをキチンと想定し、覚悟しておくことが必要になる。皆さんの定年間際の年収は恐らく1千万円前後であろうことを考えると、4分の1以下で生活をしていく覚悟が必要になるということである。

年金生活のイメージはできたと思うが、問題はこれでは生活していけないという現実だ。せめて月々の赤字補填分くらいは稼ぎたい。これがスタートラインになる。

（金子雅臣）

五輪への航海図 216　開催まで あと1018日

飲食戦略素案㊦

和食、被災地食材を発信

「飲食戦略」では、日本の「食」の特徴や魅力の発信、東日本大震災の被災地の食材の提供にも力を入れる方針を示している。

日本の食文化には蒸す・焼く・煮るなどの多様な調理法があり、選手にとって必要な栄養素を摂取しやすい特徴があるとして、組織委員会は日本食を食材や調理を工夫しながら提供する方針。また、都道府県を通じて各地の特産物の情報を入手し、メニューとのマッチングを考慮しながら活用したい考えだ。

一方、海外でも人気が高いラーメンや天ぷらなどの期待が高まると見られるが、選手の栄養管理や限られた厨房・飲食スペースでの運営を考慮すると会場内だけで対応するのが難しい面もあることから、ホストタウンやライブサイト会場などでの提供と合わせて、重層的に展開することになりそうだ。

東日本大震災の復興支援では、被災地で生産された食材を活用したメニューを提供し、被災地の食の魅力を発信する。特に東京電力福島第一原発事故以降、被災地の食材には海外から厳しい視線が注がれている面もあり、風評被害を払拭する努力を盛り込んだ。

ジャパンハウスでは和食で来賓をもてなした＝16年8月、リオデジャネイロ

また、酷暑の中での大会になるため、食中毒の未然防止に万全を期す構えだ。組織委による飲食提供の衛生管理では、世界標準のHACCP（ハサップ）の手法を採用。サプライヤーにも可能な限り、HACCPによる衛生管理を求めていく。

環境配慮では、食品ロスの抑制が柱の一つ。具体的には、食べ切れる量を考慮して料理の給仕量を調節する「ポーションコントロール」や、食器のサイズの考慮といった取り組みが考えられる。大会の飲食提供に関する業務はケータリング事業者やホテルなどに委託することを想定しているが、「対象者数や競技日程などを用い、ICT技術も活用しながら飲食提供数の予測に最大限取り組む必要がある」とした。食品廃棄物は飼料化・肥料化など資源循環を図り、再利用の食器を使用することも記載している。

組織委は今年12月上旬にIOC／IPCに提出し、来春までに内容を固める予定。実務的には今年度中に飲食提供の委託事業者を決定し、2019年度にメニューの決定や運営の具体化などの準備に入る。

平成30年度 主任試験講座 －3－

今回から29年度の教養問題A(択一)の解説を行います。AⅠ類(事務)の問題に沿って解いていきますので、AⅠ類(土木、建築、機械、電気)、AⅡ類を受験される方は、問題番号を読み替えてください(問題番号の下の( )内がAⅠ類(土木、建築、機械、電気)の問題番頭、「 」内がAⅡ類の問題番号になります)。

29年度問題解説①

問題解説

【No.1(1)「1」】正答②

統計知識の「統計データの分析」に関する問題です。『職員ハンドブック』の第9章第3節「統計データの分析」をマスターすれば解ける問題です。

分散は、データが平均値を中心にどの程度散らばっているかを示す値です。度数をf、中央値をxとすると、分散は、f・2xの合計をfの合計で割り、算術平均の2乗を引いて求めます。算術平均は、f・xの合計をfの合計で割ることで求めますので、7300÷100=73万円となります。よって、分散は、622000÷100－5329=891万円となります。

【No.2(2)「2」】正答⑤

続いて本問も、『職員ハンドブック』の「統計データの分析」をマスターすれば解ける問題です。

寄与率とは、各項目の増減が、全体の増減にどの程度の影響を与えたかを百分率(%)で表した値です。内訳項目の増減を、全体の増減で除し、100を乗じて求めます。全体の増減は57000百万円の減であり、都税の増減は117170百万円の減となります。よって寄与率は、117170百万円÷57000百万円×100=205・6%(小数点第2位四捨五入)となります。

【No.3(3)】正答⑤

① 誤り。年齢、個人的資質等に即して法上の取り扱いにおける差異を認める「相対的平等」である。

② 誤り。例示列挙にすぎず、それ以外の根拠によるものであっても、およそ立法機関が国民を差別的に取り扱うことは許されないとする。

③ 誤り。刑法第200条に規定された尊属殺人の厳罰化規定が、日本国憲法第14条(法の下の平等)に反するとして違憲判決が下された。

④ 誤り。選挙自体は無効とはしないとしている。前半は正しい。

⑤ 正しい。

【No.4(4)】正答⑤

① 誤り。明治憲法においても認められている。

② 誤り。外国人にも認められると解されている。

③ 誤り。請願の相手方は、国または地方公共団体の機関である。

④ 誤り。憲法16条は「何人も、損害の救済、公務員の罷免、法律、命令または規則の制定、廃止または改正その他の事項に関し、平穏に請願する権利を有し、何人も、かかる請願をしたためにいかなる差別待遇も受けない」と規定している。よって、損害の救済についても請願が可能である。

⑤ 正しい。

【No.5(5)】正答④

① 誤り。国が国権に基づいて収納する課徴金や公益事業料金等についても適用される。

② 誤り。租税とは、「国または地方公共団体が、一般的経費に充てるために国民から反対給付なく強制的に徴収する財貨」のことである。

③ 誤り。政令への委任については、具体的・個別的委任であることを要すとされている。

④ 正しい。

⑤ 誤り。日本国憲法では、永久税主義を容認したと考えられている。

【No.6(6)】正答⑤

① 誤り。条約は、原則として国内法の制定によって法源としての効力を持つが、自動執行的効力がある場合、国内法の制定を待たずに法源としての効力を持つ。

② 誤り。規則は法律の範囲内という限界や、地域的な限界はあるものの、それ自体が行政法の法源として機能している。

③ 誤り。慣習法は、法源の一つとして認められる。前半の慣習法の説明については正しい。

④ 誤り。判例法とは、同一内容の判決が繰り返され、その内容が法として承認されるに至ったもので、法源となるものである。

⑤ 正しい。

【No.7(7)】正答③

① 誤り。行政罰のうち、「行政刑罰」は一種の刑罰であることから罪刑法定主義が適用される。一方、「秩序罰」として科される制裁(過料)については、刑罰ではないため、罪刑法定主義が適用されない。

② 誤り。「行政罰」と「執行罰」の説明が逆になっている。「行政罰」は、過去の行政執行にかかわる義務違反に対する制裁として科されるものであり、「執行罰」は、将来にわたり、行政上の義務の履行を確保するために科されるものである。

③ 正しい。

④ 誤り。「行政刑罰」については、違反行為者だけでなく、その使用者も処罰の対象とする両罰規定が適用可能である。両罰規定を適用することができないのは、「行政上の秩序罰」である。

⑤ 誤り。行政上の秩序罰には、「過料」がある。行政刑罰には、「科料」の他、「懲役」「禁錮」「罰金」「拘留」などがある。

【No.8(8)】正答①

① 正しい。

② 誤り。諮問機関の具申は、法的には行政庁を拘束しないが、行政庁はそれを尊重しなければならない。

③ 誤り。行政委員会は、参与機関ではなく、合議制の行政庁である。

④ 誤り。警察官や消防職員も執行機関である。

⑤ 誤り。補助機関とは、行政庁等の職務を補助するため、日常的な事務を遂行する機関である。

【No.9(9)】正答④

① 誤り。国家賠償法では、第1条で「公権力行使による賠償責任」、第2条で「公の営造物の設置または管理の瑕疵」について定めており、異なる行政作用としている。

② 誤り。通説は、代位責任説を採用している。

③ 誤り。行政権力だけでなく、立法権や司法権に属する権力も含まれる。

④ 正しい。

⑤ 誤り。平成元年11月24日の最高裁判決では、宅地建物取引業者に対する行政庁の監督処分権限の不行使について直ちに国家賠償法1条1項にいう違法な行為に当たるものではないとしている。

【No.10】正答③

① 誤り。行政事件訴訟は、客観訴訟と主観訴訟に大別され、抗告訴訟及び当事者訴訟は主観訴訟に、民衆訴訟及び機関訴訟は客観訴訟にそれぞれ分類される。

② 誤り。抗告訴訟とは、行政庁の公権力の行使に関する不服の訴訟をいい、取消訴訟、裁決取消訴訟、無効等確認訴訟、不作為の違法確認訴訟、義務付け訴訟及び差止め訴訟の6種類の抗告訴訟が規定されている。

③ 正しい。

④ 誤り。機関訴訟とは、国または公共団体の機関相互における権限の存否またはその行使に関する紛争についての訴訟である。例として、地方公共団体の長と議会の間の訴訟や国の関与に関する訴えが挙げられる。

⑤ 誤り。民衆訴訟とは、国または公共団体の機関の法規に適合しない行為の是正を求める訴訟で、選挙人たる資格その他自己の法律上の利益に関わらない資格で提起するものをいう。例として、選挙無効・当選無効確認訴訟や住民訴訟等が挙げられる。

【No.11(10)】正答④

① 誤り。この法律は、国民主権の理念にのっとり、行政文書の開示を請求する権利を定めることにより、行政機関の保有する情報の公開を図り、政府の説明責務を全うし、公正で民主的な行政の推進に資することを目的として制定されたものである。

② 誤り。国会及び裁判所は、「行政機関の保有する情報の公開に関する法律」の対象とはされていない。また、独立行政法人等については、「独立行政法人等の保有する情報の公開に関する法律」が定められている。

③ 誤り。行政機関の職員が職務上作成し、または取得した文書、電磁的記録等であって、組織的に用いるものとして保有しているものが対象となる。

④ 正しい。

⑤ 誤り。開示請求者が開示決定を不服として審査請求を行った場合、当該行政機関の長は、「行政不服審査会」ではなく、「情報公開・個人情報保護審査会」に諮問しなければならない。

平成30年度 カレントトピックス 03

政治事情

■民進党新代表に前原誠司氏が選出(9月1日)

民進党は9月1日の臨時党大会で代表選を行い、前原誠司元外相を新代表に選出した。枝野幸男元官房長官との一騎打ちを制した。

国会議員と国政選挙の公認内定者、地方議員、党員・サポーターによる投票の結果、前原氏が502ポイント、枝野氏が332ポイントを獲得。前原氏が党内の議員グループの幅広い支持を集め、地方票でも枝野氏を上回った。

前原氏は党役員人事の検討に着手し、新執行部を発足させる。枝野氏を支持した勢力や、複数いる離党予備軍を含め、挙党態勢の構築は急務。また、次期衆院選に向けての態勢作りも課題となる。

前原氏は、東京都の小池百合子知事を支持する勢力が年内にも結党を目指す国政政党について、「連携をとりながら、われわれの力を最大化していく」と述べ、連携に前向きな考えを表明した。一方で、共産党との共闘については見直しを示唆した。

代表選は蓮舫前代表の辞任に伴い実施。任期は2019年9月まで。

■北朝鮮制裁、全会一致で採択　石油関連輸出3割減(9月12日)

国連安全保障理事会は9月12日、北朝鮮への追加制裁決議を全会一致で採択した。

今回採択した北朝鮮への追加制裁決議は9月3日の6回目の核実験を受けた措置で、通算9回目。安保理決議として初めて石油の規制に踏み込んだ。中ロに配慮し、当初の石油の全面禁輸から後退した一方、天然ガス液やコンデンセート(超軽質原油)の輸出は禁じた。

また、北朝鮮の主要産品である繊維製品の禁輸も盛り込んだ。石炭や海産物、鉄等の禁輸など過去の制裁とあわせ北朝鮮からの輸出の9割が断たれる見込み。北朝鮮人労働者への新たな就労許可も禁じて外貨獲得手段を断つ狙い。

一方、当初案では金正恩委員長の資産凍結・渡航禁止が内容に含まれていたが、中国に配慮して外した。

今回の制裁は、約1週間の短期交渉で決めた。日米韓が求めた「最強の決議案」からは後退したが、完全に履行されれば、北朝鮮へのエネルギー供給や外貨収入は徐々に細るとみられる。

■衆院が28日の臨時国会で解散、総選挙へ(9月28日)

衆議院は9月28日に召集された臨時国会の冒頭で解散した。安倍晋三首相は同25日、官邸で記者会見し、圧力重視の対北朝鮮政策の継続や、2019年秋の消費税率10%への引き上げによる増収分を教育無償化などに充てる方針を示した。

安倍首相は9月25日の自民党臨時役員会や、公明党の山口那津男代表との党首会談で、解散に踏み切る理由などを説明し、理解を求めた上で、記者会見し、衆議院の解散を正式に表明する予定。これを受けて、与党側は臨時国会が召集される28日、解散する手続きを進めていた。

これに対し野党側は、「臨時国会冒頭での解散は、国会をないがしろにしており、森友学園や加計学園をめぐる問題で、国会審議を避けるための解散だ」などと強く反発した。

衆院選は10日公示、22日投票の日程で執行される。

昇任試験対策のページ

平成30年度 主任・係長 論文講座 3

今回は、試験論文の基本的な構成について解説していきます。

基本的な構成が分かっていれば、後は構成に沿いながら論点を整理することで、基本的な論理展開を踏まえた論文が作成できるとともに、効率的に論文作成を進めることができます。そこで、試験論文の基本的な構成を習得することから始めましょう。

なお、都主任選考Aについては、平成29年度の選考より、自らの視点で課題を抽出、分析し、現実的かつ具体的な解決策を論述するため、課題文に資料等を添付し、詳細な状況設定を行う形式に変更されていますので、新たな出題形式に則した構成とするよう注意してください。

基本的な構成

論文の構成には、4段構成(起・承・転・結)と3段構成(序論・本論・結論)の大きく二つの種類があります。

4段構成は、①出題の背景と基本的考え②問題点の指摘③解決策の提示④まとめ――以上四つの章で構成し、3段構成は4段構成の②と③の部分を一つの章にまとめたものです。

どちらの構成も、採点上の有利・不利はありません。4段構成の文章は、論文の中核である問題点と解決策を明確に分けて記述でき、読みやすいというメリットがあります。一方、3段構成の文章は、各章ごとの字数のロスが少なく、4段構成と比べて問題点と解決策とを一連の流れの中で記述できる点にメリットがあります。

次に、論文の構成における主な留意点を三つ挙げます。

(1)4段構成で書き始めてみる

4段構成と3段構成のメリットについて触れましたが、初めは4段構成で書いてみることをお勧めします。問題点と解決策を分ける4段構成の方が、論理の流れをしっかりと整理しながら書くことにつながるので、論文を書くに当たっての基礎的な思考力を養うことができます。

そして、何度か論文を書くうちに、3段構成の方が書きやすいようであれば、そちらを選択するのが良いでしょう。論文の字数や内容によっては、課題と解決策を一つのまとまりとして書き表せる3段構成のほうが読みやすく仕上げられる場合もあります。

(2)字数配分の目安を持つ

1500字程度の論文における各章の構成については、以下の字数配分を目安にすると良いでしょう。実態を把握するために、合格水準の論文の字数を確認してみてください。

○4段構成の場合
第1章(出題の背景と基本的考え)300字程度
第2章(問題点の指摘)450字程度
第3章(具体的な解決策の提示)550字程度
第4章(まとめ・決意表明)200字程度

○3段構成の場合
第1章(出題の背景と基本的考え)300字程度
第2章(問題点の指摘と解決策の提示)900字程度
第3章(まとめ・決意表明)300字程度

これらはあくまで目安ですが、4段構成で言えば、第2章より第3章の字数を多くすることがポイントです。論文においては、問題点の指摘も大事ではありますが、どのような解決策を提示するのかがより重視されます。問題点を詳細に書きすぎて、一方で解決策の記述が短くなることがないよう、内容はもちろんですが、字数のバランスにも十分気を付けましょう。

(3)章ごとに見出しを付ける

各章には、番号と共に内容を端的に表現する見出しを付けましょう。読み手が内容を想像できるような見出しを付けることで、理解しやすい論文になります。

書き方のポイント②

記述の仕方

それでは、4段構成を前提に、章ごとの位置付けや記述の仕方を説明します。

第1章

第1章は、出題されたテーマに対し、その背景や状況の認識、そして自分がどのように分析し考えているのかを表現する部分です。なぜ、都政や区政にとって、それが課題であるのかという客観的な状況を的確に把握しているか、そして、状況に対して自分はどのように分析し、どのような考えを持っているのかを整理することが求められています。第1章では次の三つの要素を盛り込んで書くことが一般的です。

①状況把握
(例)「近年の○○により、都(区)民生活は△△であり、◇◇を求める都(区)民の声は高まっている」

②分析・解釈
(例)「しかし、都(区)政は△△の現状にあり、都(区)民ニーズに十分応えていない」

③提案(自分の考えの提示)
(例)「今、◇◇の実現が、都(区)政の重要課題になっている」

試験では、予想したテーマが実際の出題と完全に一致することはほぼありません。このため、出題テーマに対し、事前に準備した論文を応用して当てはめて書いていくことになります。事前に準備した論文をそのまま書くのではなく、テーマの違いを酌み取って、柔軟に対応できるように練習しておきましょう。

また、答申や計画等の冒頭には、論文に活用できそうな内容や表現等が記載されていることが多々ありますので、こまめに確認しストックしておくと良いでしょう。

第2章及び第3章

第2章は問題点の指摘、第3章は第2章で挙げた問題点に対する具体的な解決策を記述します。指摘する問題点は三つとするのが一般的です。第1章を踏まえて、出題テーマに沿った問題点を的確に抽出することが重要です。そして、その三つの問題点に対応する解決策を同じ順序で書いていきます。論文作成のテクニックとして、問題点と解決策は最初からセットで考えるようにしましょう。この作業の際に、レジュメの作成が役立ちます。

第2章の問題点の具体的な記述方法は、例えば「○○を実現するに当たっては、次のような問題が挙げられる」とし、段落を改めて「まず、第一に○○である」と簡潔に書くようにしましょう。ここで重要なのは、都政や区政または職場の中で、組織または職員として、解決が可能な問題点を抽出する点にあります。そうしないと、第3章で具体的な解決策が導き出せず、論文として成り立たなくなってしまいます。問題点の指摘が鋭くても、解決策のないものは評価が低くなってしまうので注意してください。

第3章の解決策の具体的な記述方法も、同様に「○○を実現するためには、次のような取り組みを進めることが必要である」とし、段落を改めて「まず、第一に○○することである」と簡潔に表現しましょう。

解決策は、問題点と整合させますが、裏返しの表現にならないよう注意が必要です。例えば「職場が前例踏襲で活性化していない」という問題点に対し、解決策が「前例踏襲を破り職場を活性化させる」では、単なる問題点の裏返しであり、解決策とは言えません。「積極的に若手職員の意見を採り入れる」など、具体的で現実的な内容を書くようにしましょう。

また、独創的な解決策を考えるのではなく、実際に取り組まれている施策や、今後、予定されている計画など、都政の方針を踏まえた内容にしましょう。不十分な知識で根拠のない自分なりのアイデアや提言などを加えて、現実性のない内容となってしまっては、評価も低くなってしまうので注意してください。

第4章

第4章は、論文の総括の部分です。これまで論述してきた内容を簡潔にまとめましょう。論旨を一貫させるのにふさわしい内容と表現を心掛けてください。今まで論文の中で触れていない点を思い付きのように美辞麗句で表現してしまうなど、せっかくの論理性が失われることのないように注意してください。論文の内容を強調する表現を適切に選び、第1章から第4章までを統一された論文として完結させましょう。

なお、以前は論文の最後に決意表明を加えることが一般的とされてきましたが、平成29年度以降の主任級職選考の論文試験において、評価の対象外であることが明示されています。

□　□

次回からは、論文についてより実践的な講義に入っていきます。

論壇

罪深い大震法の「延命」

武蔵野学院大学特任教授　島村 英紀

政府は9月26日、中央防災会議の関係会合を開き、「東海地震」の予知を前提としてきた防災対応を見直すことを決めました。これを受け、気象庁は「東海地震」の情報の発表を取りやめ、11月1日から南海トラフ全域を対象として、巨大地震発生の可能性を評価する新たな情報を出します。1978年に制定された大規模地震対策特別措置法（大震法）に基づく防災対策が大きな転換点を迎えています。地震学者の島村英紀武蔵野学院大学特任教授に、今回の見直しについて評価してもらいました。（編集部）

日本の防災体制が音を立てて変わっている。今まで地震予知が可能だという前提で進んできたのが、「地震予知はできない」という方向に変わったのだ。

日本の地震予知研究が国家計画として始まったのは1965年。以後、半世紀以上にわたって計画は続いているが、この間、一度も地震予知に成功していない。

78年には東海地震を対象に大震法（大規模地震対策特別措置法）が制定された。世界でも唯一の地震立法だ。地震予知を前提に「警戒宣言」が出されて、新幹線や東名高速道路を止めるなど強制的な措置が行われることになった。

だが、この10年来、地震学のほうでは、前兆があって大地震が来た例が世界的にあいまいになり、地震予知ができないことが明らかになってきてしまっている。

阪神・淡路大震災（95年）や東日本大震災（2011年）でも地震予知ができずに大きな災害になってしまった。

東海地震がその一部として起きる可能性が大きい南海トラフ地震で、まさか3度目の大失敗をするわけにもいくまい。このため、政府や気象庁は「地震予知ができない」ことを明らかにせざるを得なくなった、というのが実情なのである。

都と調布市による合同防災訓練＝9月3日、多摩川児童公園（調布市）

前兆が見つかったことはない

だが、地震予知はできないということが明らかになった後、実は不思議な大震法の延命策が講じられている。それは「警戒宣言」に近いものを出して、それによって住民避難などを行おうという筋書きである。

この延命策は、もちろん役所や研究者が今後とも潤い続けるためである。

政府の中央防災会議で9月に了承された有識者会議の報告書では、「地震予知はできない。大震法を運用するのは難しい」とした一方で、「前震や地殻変動などの異常現象に基づいて住民に避難を促す情報を出すといった新たな対策を検討する」ということになった。

つまり、報告書では、予知はできないと明確に宣言したものの、巨大地震につながる前震や地殻変動を観測した場合に住民避難を促す仕組みを検討することや、地震・津波の観測体制強化を求めている。

だが、これは科学的にはまやかしである。「巨大地震につながる前震や地殻変動」は、世界的に見ても大地震の前に見つかったことはない。

例えば、「南海トラフの東側で大地震が発生した」ときに、残りの西半分で続いて大地震が起きることを報告書は例に挙げている。「南海トラフの震源域の東側でマグニチュード（M）8級の地震が発生した場合、連動して西側でもM8級が3日以内に発生する可能性は96回のうち10回と推定し、短時間で津波が到達する沿岸地域の住民には発生から3日程度の避難を促す」とある。しかし、地震が続発しなかった例の方が圧倒的に多い。

そもそも「96回のうち10回」とは、1900年以後に起きた地震を世界中で数えているものなのだ。

しかも、今まで繰り返されてきた南海トラフ地震のような海溝型地震ではなくて、起きる場所もメカニズムも全く異なる内陸直下型地震も含めている。

それゆえ、次の南海トラフ地震に当てはまるかどうかは未知数なのだ。

地殻変動も同じで、事前に警告が出せるほどの観測例は世界的にもなかった。

内陸直下型地震の危険性

南海トラフ地震のようにプレートの境界で起きる「海溝型地震」はプレートが動き続けているので、予知は不可能でも、年々、地震に近づいていることは確かだ。

だが、注意しなければならないのは、日本に起きるもう一つの地震、「内陸直下型地震」については、どこに起きるのか、いつ起きるのか、全く分かっていない地震であることだ。こちらは予知が不可能なことが、元々分かっている。

あいにくなことに、東京など首都圏では、内陸直下型地震が起きるほかに、10万人以上の犠牲者を生んだ関東地震（1923年）のような海溝型地震も起きる。

大震法が78年にできたあと、地震予知が可能だという政府の宣伝に乗って、日本中で大地震の前には何かの警戒宣言が出るはずだという印象が世間に広まった。そのときに起きてしまったのが阪神・淡路大震災だった。

それと同じように、地震予知は不可能だと認めながら「巨大地震につながる前震や地殻変動」を言い出して、大地震の前に何かの情報が出て、人々が守られるという幻想を植え付けたあと、首都圏など、南海トラフ地震以外のところが地震に襲われることが、むしろ心配なのである。

大震法の「延命」は実は罪が深い。

新研究に初公開を加えて

特別展「運慶」

東京国立博物館

天才仏師・運慶。生年は不詳だが没年は1223年。だからこの2点は亡くなる10年ほど前の円熟期の作ということになる。無著菩薩立像と世親菩薩立像。ともに1212年のころ。

メーン会場の中央に、この2体がすっと立っている。インドの兄弟学僧が、何の誇張も装飾も演出もなく、ただそこに立っている。

憤怒に目をむき、けもののように口を開いて、全身の筋肉を浮き立たせ激しいポーズをとる諸仏の中で、拍子抜けするほど異質。荒々しい「力」ではなく内面からくる「力」だ。彫刻でその「力」を表している。仏師はここまでできる境地に到達していたのだ。

興福寺・中金堂が約300年ぶりに再建されるのを機に開催される、史上最大の運慶展。諸説があるが、現在31体とされている運慶仏のうちの22体に、父の康慶、子の湛慶、康弁らの作品ほかを加え、約70点による奇跡の展覧会だ。

この仏師の謎の部分に迫る研究が急速に進んでいて、本展にもそれが反映している。

たとえば父・康慶の作とされ、興福寺・南円堂に安置されている四天王立像の本当の作者は運慶ではないかという説もそれ。この研究に基づいて、これら四天王立像が、北円堂に置かれた無著・世親の両像を守護するという、この会場でしか実現できない構成が試みられている。運慶と彼の工房による諸仏がひとつになって、動の「力」と静の「力」の鮮烈な対照感をみせている。

この試みが許されるのは、興福寺が戦火や火災にたびたび遭い、諸仏像の設置場所も当初と変わった可能性が大きいからだ。

運慶の活動も、戦火に見舞われた奈良や興福寺と深く関係している。鎌倉に招かれて造仏することになったのだ。天才仏師の名作が関東各地に残されているのもこのため。

平安の公家文化から鎌倉の武家文化への転換期。仏像彫刻の主流は京都にあったが、運慶らは奈良にあり、さらに関東へと活動の場を移して、関東武士が求める新しいリアリティーと「力」を表現する作品に挑戦したのだった。

運慶仏の頂点とも言われる静岡県・願成就院の毘沙門天立像は国内では42年ぶり。神奈川県・浄楽寺の阿弥陀三尊像（10月21日〜）など5体も42年ぶりの公開。愛知県・瀧山寺の聖観音菩薩立像は寺外初の公開。この機会は逃せない。

◇

興福寺中金堂再建記念特別展「運慶」は、東京国立博物館で11月26日まで開催（一部作品の展示替えあり）。ハローダイヤル03・5777・8600。この招待券を5組10名様にプレゼントします。Eメールで件名を「運慶展希望」とし、henshu@toseishimpo.co.jp までお申し込みください（17日必着）。

国宝　毘沙門天立像　運慶作　鎌倉時代・文治2年（1186）静岡・願成就院蔵　写真・六田知弘

中央防波堤埋立処分場見学会

東京都環境公社

（公財）東京都環境公社は、都民や事業者を対象に、埋立処分場延命化のため、ごみの発生抑制（処分量の削減、適正処理等）を促進するための「中央防波堤埋立処分場見学会」を実施している。

見学会の来場者数は年間5万人以上を数え、小学校4年生の社会科見学を中心に民間企業や団体など幅広い層が参加している。

あと50年で満杯になると言われる埋立処分場を1日でも長く使うには「3R（リデュース・リユース・リサイクル）」の実践が必要。形を変えずに繰り返し使用する「リユース」、形を変えて資源として再利用する「リサイクル」は人々の生活に浸透し、より身近なものになっている。今後はごみそのものを発生させない「リデュース」の取り組みを、見学会やワークショップを通じて参加者に分かりやすく伝える企画を実施する。

◇

①団体や個人で申し込む場合＝☎03・3570・2230にて希望の見学日時を仮予約（学校・団体名〈個人名〉、担当者名、電話番号、FAX番号、見学者数、引率者数、車両台数が必要　※車両は各自で用意）

②電話予約後、書面にて申し込み＝「見学依頼書［A］（https://www.tokyokankyo.jp/kengaku/doc/a_kengaku.pdf）」に必要事項を記入の上、FAX03・3570・2231にて1週間以内に送信

③送信した「見学依頼書［A］」は、東京都環境公社見学担当が［受信確認］印を押し、FAXで返信＝本予約完了

ミニガイド

◇みやぎの復興まちづくりパネル展 in TOKYO　▷内容　未曽有の被害をもたらした東日本大震災から6年。震災の記憶の風化防止とこれまでの支援に対する感謝の気持ちを込め、沿岸市町の復興状況を伝えるパネル展を開催▷日時　10月18日㈬〜20日㈮　午前9時半〜午後5時半▷会場　都庁第一本庁舎南展望室東側展示スペース▷主催　東京都、宮城県▷問い合わせ　宮城県土木部復興まちづくり推進室　☎022−211−3207

『都庁俳句』作品抄（11月1日発行）

はらからの試歩に付き添ふ秋茜　内田　香晴
ほまち田に手作りといふ鳥威　間中恵美子
他人ごとのように過せり敬老日　内田　英一
噂には尾鰭がつきて秋扇　武内　利夫
野分かな引揚寮に住みたる日　山口　昭義
炎天下腕に種痘の老いを見せ　豊田真佐子
冬瓜を撫でて諦む旅半ば　葛西美枝子
長崎忌声ふり絞る秋の蟬　鈴木　征子
長雨の途切れ月待つ舫ひ舟　渡辺　正之
木槿咲く国は二つに割れしまま　伊　達　天
電子辞書ごきげん悪き残暑かな　上部　隆男
夕星の気配をたぐる秋簾　成戸　寿彦
桐一葉わが身辺を軽くせり　奥田　弘學
落書の秋のひと日の土蔵壁　片野　信子
病室の低く灯され秋はじめ　早津　満子
亡き友と酒酌み交す秋山墓　山本みつし
草臥れし革鞄なり扇置く　佐々木いつき

会員募集・見本誌月刊『都庁俳句』贈呈。連絡先　佐々木☎03・3956・6342

副知事人事ノート

都政研究元主筆　大塚英雄　第14回

汚職事件で伏兵の復活①

昭和30年4月、安井誠一郎は三度知事に選ばれた。しかし、当選は果たしたものの、決して本意ではなかった。2期で政治の舞台を国政に移し、総理の座を目指すというのが安井の本心だったからである。

難敵の元外相の有田八郎を破っての勝利とはいえ、安井の喜びも心半ばだった。それには二つの事情があった。一つは、瓦礫と化した東京の復興という赫々たる実績を引っ下げての挑戦にもかかわらず、結果は130万票対120万票と、予想外の接戦に持ち込まれたこと。

しかし、安井をそれ以上に不機嫌にしたのは、当選直後に起きた上に大の形容詞が付く都庁汚職事件である。共済組合の前身とも言える健康保険組合が経営する保養施設の建設工事に端を発した汚職事件は、あっと言う間に財務、建設、水道など都庁全域に広がった。しかも最初に捕まったのが、あて職とはいえ、健保組合の理事を務める総務局勤労部長だった。

安井3期目の副知事人事は、こうした緊張した非常事態の中でスタートすることになった。そこで、まず問題になったのが、この時点で2年半、約3年の任期をそれぞれ残す岡安と春の扱いだ。汚職事件発生の要因を「人事の停滞にある」と、安井は読んだ。これは3選後の初登庁の翌日、局長と総務部長共催の「当選祝賀会」の席上、安井が「人事刷新は焦眉の急」と檄を飛ばしたことにも端的に表れていると言えよう。安井の言う人事刷新は、広く局部長にも及ぶことを意味していた。

となれば、任期を残しているとはいえ、両副知事の交代はいわずもがなである。岡安、春の2人は淡々と安井知事に辞表を提出した。

その安井は2副知事体制の継続を決めたが、そのうちの1人を、外部登用でいくことにした。汚職事件でゆるんだ庁内の「タガ」を引き締めるには、外部のお目付けが必要と考えたわけだ。しかし、安井は1期目に2人の純粋な民間人を登用して失敗している。ただ、官僚出身の大木に対して、安井は「私の片腕としてよく助けてくれた」と、常々述べていた。つまり、この時、安井が考えた「外部起用」というのは、官僚を意味している。

そこで、白羽の矢を立てたのが、内務省の後輩の鈴木俊一だった。これは鈴木が書いた『回想・地方自治50年』にも出てくる。鈴木はその中で「27年に自治庁ができて次長になっていたが、私が抜けると自治庁全体のコントロールが難しい状況なので、お断りした」と記している。当時の鈴木は45歳。実現したら、とてつもなく若い副知事が誕生したことになるし、鈴木のその後の歩む道も当然かわっていたに違いあるまい。

この結果、浮上してきたのが、会計検査院長を辞めたばかりの佐藤基と、経済局長、警視総監を経て内務官房副長官に転じた田中栄一の2人だが、選ばれたのは佐藤の方だった。佐藤は大蔵省出身だが、官選の新潟県知事の経験を持つ。だが、この佐藤には、社会、共産の両党が同意に反対に回った。

しかし、都庁人の目はいつものことながら、中から誰が選ばれるかに熱い視線が向けられていたことは言うまでもない。（敬称略）

都政新報

発行所　都政新報社
〒160-0023 東京都新宿区西新宿7-23-1 TSビル
(総務・読者) 03-5330-8781
(企画広告) 03-5330-8784
(編集) 03-5330-8786
(出版) 03-5330-8788
(ファクス) 03-5330-8808
購読料 月1,730円(税込)
毎週火・金曜日発行
ただし、祝日は休刊

紙面から

知事報告の日程取れず 職員の士気低下著しく

小池知事 全国行脚で都政停滞

衆院選が10日に公示されて以降、希望の党を率いる小池知事は候補者の応援演説で全国行脚を行っている。公務のイベントには出席するものの、都庁に滞在する時間は少なく、知事へのブリーフィングが実施できないなど影響が生じている。政務中心にシフトした知事に対し、職員のモチベーションは著しく低下しており、小池都政の足元が揺らいでいる。

希望の党の小池代表が選挙カーに上ると、池袋駅西口前は拍手の渦に包まれた。小池氏は衆院選公示の10日の第一声で、自身が「戦闘服」と呼ぶ緑色の服に身を包み「安倍一強政治を終わらせよう」と声を張り上げた。この日は都内6カ所を精力的に回り、応援演説の間には公務のイベントに出席したが、都庁には1度も姿を見せなかった。

ある事業局の幹部は「不特定多数の前で発言すること自体が選挙活動に近くなる。イベント以外の公務もきちんと取り組んでほしいものだ」と皮肉交じりにぼやいた。

知事が公務よりも政務を優先する中、知事へのブリーフィングに影響が出ている。元々、衆院選の公示前から、知事ブリーフィングの日程を押さえるのは難しかったが、公示後は輪をかけて困難となり、重要案件しか報告できていない。

中央卸売市場は市場業界の動きなどを知事に報告していたが、現在はほとんど報告ができないと話す。また、築地市場の移転日に関しては、業界団体が知事との協議を求めているが、開催のめどは全く立っていない。

小池知事は各局からきちんと報告を受けていないと、幹部に対して「聞いていないわ」と露骨に不快感を示すことがあるという。事業局の幹部は「知事に報告したくてもできない。『聞いていない』と言われたら論外だ。都政に軸足を置けばいいだけの話」と吐き捨てるように語った。

知事側近から衆院選中は会議を開催しないよう指示を受けた局もある。選挙中に開催が予定されていたある会議は、メンバーに都議が含まれていることを理由に先送りされた。都議が一部の会議体のメンバーとなり報酬を受けているとの批判的な報道を受けた対応で、幹部は「選挙中に開いたら、知事のイメージが悪化するからなのだろう。都知事と党代表を務める『二足のわらじ』の弊害だ」と指摘する。

さらに、生活文化局都民の声課などには、知事の国政進出が取り沙汰された頃から批判が寄せられている。知事が新党旗揚げを発表した9月25日から今月2日まで、知事の国政進出に関する意見は約1750件あり、「都知事に専念しろ」など批判的な意見が大半を占めた。

官房系の幹部は「都民の声課だけでは対応できないと、政策企画局にも電話が回ってくる。知事が都庁に全く来ていないのではという誤解もあるが、政治とカネ問題で揺れた舛添前知事と比べれば、件数は少ない」と話した。ちなみに、舛添氏が知事を辞任するまで、政治とカネ問題などで都に寄せられた意見は約4万400件に上った。

知事の政務優先の姿勢に対し、職員の士気は急速に低下している。幹部職員の一人は「都政を踏み台にしようとしている知事の実績作りの手伝いをする気はない」と断言する。別の幹部は衆院選後を見据えてこう話した。「希望の党が大勝できなければ、代表を辞任するだろう。知事が都政に専念すると話したとしても、ただのポーズにすぎない。『死に体政権』をどう支えるか最大の課題だ」

衆院選の第一声を行う希望の党の代表を務める小池知事＝10日、豊島区内で

豊洲工事、再入札も中止

都入札制度改革 1者入札禁止の影響大

入札制度改革のひずみが浮き彫りになった。都は6日、豊洲新市場の安全対策に関する追加工事で1者以下入札だったため再募集した4件のうち1件について、希望者がゼロとなり、募集を取り下げた。都は同工事の完了時期を来年6月上旬と見込んでいたが、ずれ込むことが事実上、確定した。知事が本部長を務める都政改革本部で議論を進めてきた改革だけに、知事の説明責任が問われる事態に発展する可能性がある。

「同じような工事。なぜ7街区だけ応募がなかったのか分からない」。都中央卸売市場は再入札が不調となったことに首をかしげた。7街区は水産卸売場棟で、青果棟（5街区）と水産仲卸売場棟（6街区）は、同じく地下ピット床のコンクリート敷設工事の再入札で応募があったからだ。

今回、再入札を募集していたのは、9月5日の第2回臨時都議会で補正予算が成立した豊洲新市場の土壌汚染対策などの追加工事の一部。9月19日に計9件の工事を募集したが、4件は希望者が1者以下となり、10月2日に再募集を実施。このうち今回も1件で入札希望者が現れなかった。

中央卸売市場は「追加対策工事の完成に向け、早期に再度募集する」と話すが、来年6月上旬予定の工事完了はずれ込むことになる。

都の入札制度改革は1者入札禁止のほか、入札予定価格の事後公表、共同体（JV）結成義務の撤廃、低入札価格調査制度の対象範囲の拡大などが柱だ。このうち「1者入札」に関しては、当初から入札不調による工期への影響が指摘されていた。東京建設業協会は「1者入札で再入札となった分、工期が短くなっては困る」と訴える。

また、完成時期を後ろ倒しできない案件は突貫工事になり、現場の労務環境が悪化し、時間外労働の増加などで費用が増大する懸念もある。ある都議は「結局はゼネコン側に（高い工賃を）ふっかけられることになる」と指摘する。

都は現在、市場移転や東京五輪など、期限が決まっている事業を複数抱えており、1者入札禁止による今後の事業進捗への影響が心配される。

広がる困惑

入札制度改革を巡っては、他にも懸念材料がある。入札予定価格の事後公表もその一つだ。

従前、同価格は入札募集前に公表していたが、都が5月に実施した業界団体とのヒアリングで、業務負担増への懸念の声が上がった。都が示していた積算の内訳書は項目のくくり方が粗く、事前に業者が正確に見積もれないからだ。

都はこうした意見を受けて実施方針の一部を修正。入札応募の参考となる積算内訳書や図面を詳細化することを決めた。

10月30日には財務局契約案件以外にも同制度の試行対象を広げ、都の交通、水道、下水道の3公営企業局での適用が始まる。東京建設業協会は「公営企業局で（積算内訳書の詳細化などを）どこまで担保できるか問題だ」と話す。その他の局でも、同日以降の募集案件で「事後公表」のみ試行を開始する。

また、一定規模以上の案件で共同企業体（JV）結成義務を撤廃したことへの業界の批判も根強い。

都はJV工事の入札応募者数が単体工事に比べて少ないことを問題視し、JV結成義務を撤廃して単体企業も参加できる「混合入札」にすることで競争性が確保できるとした。

だが、これでは大企業が単体で落札し、一定の利益を「中抜き」した上で中小の下請けに再発注する恐れがあるとの声が都議会側で上がる。大手ゼネコンと共同で従事することで得ていた技術・ノウハウの継承の機会も失われる。

9月26日、第3回都議会定例会の代表質問で自民党の秋田一郎幹事長は、都の入札制度改革について「現場に混乱と苦悩が募っている」と言及。ある業界団体も「これまでの制度は長年、業界と都が調整して作り上げてきた。それを今回、急に変えられた。業界ヒアリングも方向性が決まった後に行われたのは遺憾だ」と非難する。

都財務局は今回の入札希望者ゼロによる募集の取り下げに関し、「一つの事象を切り取って騒ぐ段階ではない。事例を積み重ね、試行結果を検証していく」との見解を示し、年内にも都政改革本部で試行結果の中間報告を行う方針だ。同改革には、知事与党の都民ファーストの会も「一定の見直しが必要」（増子博樹幹事長）との立場を示す。

ある都幹部は「知事は入札制度でも混乱をもたらした」と言及。知事への批判が強まるのは必至で、同改革に関する早期の検証結果の提示が待たれる。

追加対策工事の再入札が中止となった水産卸売場棟の地下ピット。当時は地下水が満ちていた＝2016年9月24日

4年連続でプラス勧告

区人勧 年間給与、平均5万円増

特別区人事委員会（委員長＝中山弘子前新宿区長）は11日、一般職の給与について、月例給を526円（0・13％）、特別給を0・1月引き上げるよう各区長・区議会に勧告した。月例給、特別給ともに4年連続のプラス改定となる。職員1人当たりの平均年間給与は約5万円増の約657万1千円となる。

＝4面に関係記事

区の勧告で月例給と特別給が4年連続で同時引き上げとなるのは初めて。給与の公民較差は、月例給で526円、職員給与が民間を下回り、原則として行政職給料表（一）の全ての級・号給で給料月額を引き上げるよう求めた。課長職・係長職は職責が高まっていることなどを考慮し、昨年度と同様、6級（課長級）以上、4級（係長級）以上で引き上げを強めている。

特別給（期末手当・勤勉手当）は年間の支給月数を現行より0・1月引き上げて4・50月とし、勤勉手当に割り振る。改定に伴う所要額は特別区全体で約32億円で、昨年度比1億円の減。

給与制度では、国の扶養手当の見直しを踏まえ、特別区でも手当額を見直す。配偶者の手当額は6千円に引き下げ、子供の手当額は9千円に引き上げる。

行政系人事・給与制度では、係長職より下位の職や課長級の再編などの人事制度の見直しを踏まえ、職務給原則を徹底する観点から、給料表を抜本的に見直し、18年度から適用する新たな給料表を勧告している。

特別区の労使は3月、現行の1～3級職（係員・主任主事）を廃止した上で、新1級（係員）・2級職（主任）を新設することなどを規定した任用制度の大綱は合意しており、給与制度・切り替え方法などが今期の労使交渉の協議事項となっている。

特別区長会の西川太一郎会長（荒川区長）は「勧告を尊重する姿勢に立ち、特別区の置かれた厳しい諸状況を踏まえ、国や他団体の動向も勘案して、区民の理解と納得が得られるよう、慎重に検討していく」とコメントした。

安藤副知事が都参与に

築地再開発を担当

都政策企画局は11日、参与に安藤立美副知事を選任すると発表した。任期は16日から2018年3月末まで。

安藤氏は15日付で副知事を退任するが、小池知事の意向を受けて参与となる。副知事時代に都市整備局を所管しており、築地再開発で知事に進言や助言を行う。

ただ庁内からは「参与に起用するなら副知事を辞めさせる必要はなかったのではないか」と疑問の声も出ている。

市場は長谷川氏 猪熊氏が五輪担当

副知事担任事項

都はこのほど、16日付で3人体制となる副知事の職務代理順序と担任事項を発表した。知事の職務代理は川澄俊文副知事を筆頭に、長谷川明副知事、猪熊純子副知事の順となる。

3副知事の担任事項では、川澄氏が総務局や環境局、福祉保健局、病院経営本部、産業労働局などとなる。

長谷川氏は中央卸売市場に加え、財務局や主税局、都市整備局、建設局、公営企業3局などを担う。

猪熊氏は五輪準備局だけでなく、政策企画局、生活文化局、会計管理局などを担当する。

都政の東西

損得勘定

衆院選への出馬が取り沙汰[illegible]候補しなかった。自ら代表を務める希望の党の獲得議席数が選挙序盤の情勢で60議席台との調査結果もある。都幹部は「知事は損得勘定を重視するので、今は知事を辞めない方が得と考えたのだろう」と解説する。

新党結党の当初、自民党などは小池旋風が吹き荒れると警戒していたが、風はやんでいる。その要因は、小池代表の「リベラル派排除」発言が大きいが、国政新党旗揚げの目的が不明瞭な点も影響したとの見方がある。

小池氏はその目的を「都政改革のスピード感を出すため」と説明したが、街頭演説では「安倍一強政治を終わらせようではないか」としきりに訴えている。安倍政権の打倒が真の目的で、都政改革は二の次のように聞こえるため、「都政への関心はさらに薄まった」と受け止める都幹部は多い。

また、小池代表が安倍政権批判を展開することで、政権与党との関係悪化が懸念される。衆院選後も安倍政権が続投すれば、東京五輪で国の協力が得られなくなり、[illegible]よりも五輪準備が遅れる事態となりかねない。選挙の勝利と五輪の成功のどちらを優先すべきかは、論をまたないはずだが、選挙優先の姿勢は損得勘定を見誤っている。

そもそも、小池知事が辞任しなかったことは都民にとって損か得か。都庁内では「得ではない」との声が目立つ。五輪準備や市場問題など課題が山積する中、幹部職員の一人は「知事が辞めなかったのは首相になるための実績作りだと思う。都民のためにならない」と批判した。小池都政は末期の様相を呈し、都政停滞の恐れが高まっている。

民間基準に「お墨付き」

再生砕石の利用拡大へ　都環境局

都環境局は6日、今年5月に立ち上げた再生砕石利用拡大支援制度に基づき、初となる基準認証を行った。ビルの解体工事などで発生するコンクリート塊を破砕して作る建設資材の再生砕石には公的規格がなく、品質のばらつきや、産業廃棄物から作ることによる忌避感などで利用拡大が進んでいない。同制度では、民間団体等が定めた再生砕石の品質基準等を環境局が審査して認証（基準認証）するとともに、基準に沿った砕石を製造できる施設を認証（施設認証）し、再生砕石の利用拡大を図る。

今回、認証を受けたのは、東京都建設業協会などが基準を策定した「東京ブランド〝粋な〟えこ石」で、路盤材など4類の砕石を認証した。

コンクリート塊は2020年東京大会に向けた再開発や、高度経済成長期に建設された建築物の建て替えなど都市更新の進展によってビル等の解体が増加し、今後も発生量が増える見込み。現在はコンクリート塊の9割以上が再生砕石となり、主に路盤材に活用しているが、道路の新設が減少している上、維持補修技術が進歩し、路盤材を掘り起こさずに舗装の表層のみを削って再舗装する「切削オーバーレイ工法」が主流となり、再生砕石の需要が減っている。コンクリート塊の再利用拡大を図らなければ、ビルの解体等が滞り、都市更新の進捗に影響を生じる恐れもある。

同局資源循環推進部産業廃棄物対策課の須賀[illegible]行課長は「廃棄物由来で作られる再生砕石は活用しにくいという声が強かった。都が業界の基準に『お墨付き』を与えることで、利用拡大につなげたい」と話す。

今後は、砕石を作る施設認証を東京都環境公社が行う。また、他の民間団体等が策定した品質基準等で優れたものを追加認証していく。

一方で近隣県との連携も今後の課題だ。再生砕石は都内で発生することが多いが、「砕石を作る工場は関東一円に広がっており、都内だけでは循環しない」（須賀課長）のが現状。環境局は5月に行われた9都県市首脳会議の廃棄物問題検討委員会幹事会で取り組みを紹介しており、相互認証などに向けた働き掛けを進める考え。

冗句ジョーク

一部新聞、早くも総選挙結果予測〝自公堅調も希望伸び悩み〟

A「ねー、国難選挙って何？　米国の軍事力行使に追随しろってこと⁉」

B「さー今は、もっぱら都難選挙だよ！」

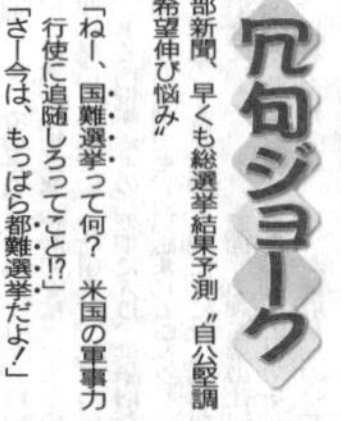

生産緑地指定拡大で農地保全

4区が条例で面積要件緩和

都市農地の保全を目的に、目黒、世田谷、練馬、足立の4区は、相続税や固定資産税などの税優遇がある生産緑地の面積要件を引き下げる。4区は第3回定例区議会に条例提案し、12日までに目黒、世田谷、足立の3区議会が可決。練馬区議会もきょう13日に開く最終本会議で可決する見通しだ。生産緑地の優遇税制は30年間の営農が条件で、2022年に大半の生産緑地が指定から30年を迎えることから「2022年問題」と呼ばれ、各区が対策を進めている。

練馬区南部の閑静な住宅街を歩くと、心地良い土のにおいとともに、鮮やかな緑が目に飛び込んでくる。近付いてみると、「生産緑地地区」と書かれた標識が立ち、標識の向こうにはオレンジ色に色付いたカキが実る。どこか懐かしさを感じる風景に、季節外れの暑さが幾分和らいだ気持ちになった。

23区には2016年1月時点で約527㌶の農地があり、その大部分が生産緑地指定を受けている。第3回定例区議会で条例制定する4区は、いずれも面積要件を法改正で定めた下限の300平方㍍に引き下げる。生産緑地の指定対象を拡大することで、農地面積の減少傾向に歯止めをかけるのが狙いだ。

このうち練馬区の農地面積は23区最大の215・6㌶で、約86%が生産緑地となっている。区内では生産緑地指定を受けていない「宅地化農地」と呼ばれる農地を中心に農地面積の減少が続いており、25年前の1992年と比較して総農地面積は半減し、このうち宅地化農地面積では8分の1以下となっている。

条例による面積緩和で、区内の宅地化農地約30㌶のうち2割程度が新たに要件を満たすという。

生産緑地は、23区など大都市圏の市街化区域内にある農地を都市計画の観点から保全することを目的に制度が創設され、1992年に区市町村による指定を開始。固定資産税の優遇課税や相続税の納税猶予などが受けられる一方、指定に伴い、三大都市圏では土地所有者に30年間の営農が義務付けられ、指定地区内での建築行為などが制限される。

国は、全国の生産緑地の8割が営農義務の30年間を経過し、土地所有者が自治体に対して買い取りを申し出ることができる「2022年問題」を受け、先の通常国会で生産緑地法を一部改正。面積要件を緩和した上で、100平方㍍以上の小規模農地が隣接街区など一定の範囲内に複数あり、合計面積が300平方㍍以上になる場合、区市町村が「一団の用地」と見なして生産緑地指定できる規定を新設した。

これに加え、30年間の営農義務期間を終える生産緑地を対象に、さらに期間を10年間延長できる「特定生産緑地指定制度」を創設。自治体に対する買い取り申し出の集中を防ぎたい考えだ。

その反面、特定生産緑地の税優遇に関しては、18年度税制改正で方向性を示すとしており、制度の詳細が不透明な状況となっている。

練馬区は「生産緑地の貸借を可能にした上で、買い取り申し出制度や納税猶予制度の適用拡大を進める必要がある」として、市街化区域内に農地がある都内38区市町村で作る「都市農地保全推進自治体協議会」（会長＝前川燿男練馬区長）を通じて国への要望活動を強めていく考えだ。

区の浅井葉子都市農業課長は「練馬区の大きな魅力となっている都市農地の保全のため、国に更なる規制緩和や税優遇の拡大などを働き掛けていく」と意欲を示す。

練馬区内にある生産緑地地区。周囲には戸建て住宅やマンションなどが立ち並ぶ＝10日

品川区

経営者育成で事業承継

後継ぎ対象にセミナー開講

品川区は中小企業の事業承継を円滑に進めるため、後継ぎ候補者を対象に、承継に必要なスキルや経営ノウハウを学んでもらうセミナー「しながわ後継者塾」を10日に開講した。区商業・ものづくり課によると、経営者を対象としたセミナーは各自治体で行われているが、後継ぎ候補者に対象を絞って体系的な育成プログラムを基礎自治体が行うのは全国でも珍しいという。

セミナーでは、来年1月までに8回の講座を予定。中小企業診断士による経営戦略をテーマとした講義や、自社分析に関するグループワーク、5年後の経営ビジョンに関するプレゼンテーションなどを実施し、事業所の後継者として養成する。

区はセミナーの開講に当たり、区内にある約2万事業所のうち金属やプラスチック加工などを行う町工場が約2千事業所を占めることから、中小製造業をメーンターゲットに設定。区が2015年度に実施した景況調査では、こうした町工場の半数以上が事業承継への対応が「進んでいない」と回答したという。区は昨年度から経営者向けのセミナーや中小企業診断士の派遣相談を行っているが、後継者向けの事業が必要との声が地元の産業関連団体から上がり、後継ぎ育成のセミナー開講を決めた。

区商業・ものづくり課では、「来年度以降も実施し、事業承継を支援したい」と話している。

後継者塾には定員を超える22人が参加した＝10日、品川産業支援交流施設「SHIP」で

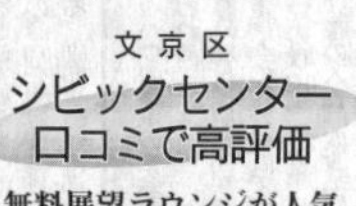

文京区

シビックセンター口コミで高評価

無料展望ラウンジが人気

文京区役所が入る「文京シビックセンター」が、世界最大級の旅行サイト「トリップアドバイザー」の「口コミ」で高評価を獲得した観光名所に贈られる「2017年エクセレンス認証」を受賞した。

同認証は、過去1年間に同サイトに投稿された口コミの数や評価点などで選ばれる。文京シビックセンターの紹介ページでは、「区役所25階にある展望ラウンジが無料」「ラウンジからスカイツリーや富士山が見える」などの書き込みがあり、高評価につながった。

区によると、展望ラウンジの来場者数は年間約30万人。昨年11月に初めて開催したビールやワインなどの販売イベントには3日間で3800人が訪れたという。

同区アカデミー推進部の鈴木大助観光・国際担当課長は「シビックセンターは単なる区役所ではなく、観光面でも中心的な施設。これからも多くの人に立ち寄ってもらえるような魅力的な施設としていきたい」と話している。

展望ラウンジでのイベントには約4千人が来場＝16年11月、文京シビックセンターで

記者席

本能で選んだ上野動物園

○……衆院選が公示を迎え、都内でも各選挙区で候補者の街頭演説が活発に行われている。ある市役所近くの大型スーパー前でも、新人候補の1人が政策を訴えていた。

会社員からの転身で、地域での知名度は全くない。短期決戦となった今回の選挙では、政策を訴える機会は非常に限られているが、政党の方針を叫ぶ声に耳を傾ける人は少ない。党首の演説には多くの聴衆が集まる一方、個々の候補が有権者の耳目を引くのは難しいようだ。

ようやく散歩中の親子連れが足を止めたが、数名いる係員に尋ねたのは「どの人が候補者?」。選挙期間は残り1週間余り、候補者は声を枯らす必要がある。

○……都環境局が今回、初認証した再生砕石利用拡大支援制度は、コンクリート塊の再利用を拡大するための仕組みだ。都市の更新期に入り、供給増が見込まれるコンクリート塊だけに、大都市が直面する課題解の仕組みとして期待がかかる。産業廃棄物のリサイクルはエコ社会の実現にも資する。だが、有益な取り組みも、今は解散総選挙の話題にかき消されてしまう。

コンクリート塊は都内だけでは受け入れや処理ができず、近隣県との連携も重要だ。本来なら知事が協力を呼び掛けるべきだが、当の本人は都政そっちのけだ。知事が国政に関与する理由の「都政を進めるため」という言葉が空虚に聞こえる。

○……9日に出産した恩賜上野動物園（台東区）のニシゴリラのモモコ。5度目の出産ということもあり、手慣れた出産だったようだが、慣れているのは職員も同じ。「パンダの時とは全然違い、皆落ち着いていた」と話す。

ただ、赤ちゃんの所有権については悩みの種だ。モモコは本来、千葉市動物公園が所有しており、同園と上野動物園を行き来している。父親のハオコにいたってはシドニーのタロンガ動物園の所有だ。

上野動物園は「所有権は、生育環境などを吟味した上で決める」と説明しているが、モモコの5度の出産場所は全て同園。赤ちゃんの生育に適していると、モモコに認められたということでは？

すごろくで食中毒防止　衛生管理を遊びで学習

台東区

台東区は10日、食中毒を防止するための子供向け教材として「食品衛生すごろく～食中毒にならないで～」の配布を開始したと発表した。すごろくのコマに食事や食品の取り扱いに関する注意点を記載することで、子供たちが遊びながら食品の衛生管理に興味をもち、食中毒を防ぐための知識を身に着けてもらう狙いがある＝写真。

すごろくは、春、夏、秋、冬の順に進んで、ゴールを目指す。例えば、4月のコマには「お花見に行って手を洗わずに食事をしたので1マス戻る」、7月には「かき氷を作る前に石けんで手を洗ったので、サイコロをもう1回ふる」などの指示が書いてある。中には、「さっきトイレの後に手を洗っていたら1マス進む、洗っていなければ1回休み」との指示もある。

区によると、すごろくは3千部作成し、7月に完成。学童保育所や食品関連のイベントですごろくの配布を始めた。区保健所の食品衛生担当窓口などでも配っているという。

区生活衛生課は「若い世代の食品衛生に対する興味や意識の向上を目指していく」とコメントしている。

足立区・江戸川区・西東京市

パラスポーツで地域課題解決

オランダと連携覚書

足立区、江戸川区、西東京市の3自治体は、パラスポーツ先進国のオランダと連携し、東京オリンピック・パラリンピックが開かれる2020年度までの間、地域社会の課題解決に取り組むモデルづくりに着手する。パラリンピックを契機とした自治体の取り組みは、これまで障害者スポーツの振興が中心だったが、地域課題解決のきっかけづくりとする新たな動きがスタートした。

3自治体と日本スポーツ振興センター（JSC）、オランダオリンピック委員会・スポーツ連合の関係者は10日、港区内のオランダ大使館で覚書に調印した。プロジェクトの名称は「Game Changer」で、スポーツを通じて、社会（Game）の枠組みや考え方、流れを変える（Change）のが狙いだ。各自治体は連携を通じ、それぞれ抱える地域課題の解決に生かす。

足立区は、貧困の連鎖を断ち切るきっかけの一つにスポーツを利用する考えで、特に子供たちへの働き掛けに力を入れる。障害と向き合いながら競技に励むアスリートを間近に見ることで、生活が苦しい状況であっても逆境に立ち向かうための自己肯定感を育成する。

11月には、区内の小中学校や特別支援学校の児童・生徒を対象に、パラスポーツで、バスケットボールのドリブルを禁止した「コーフボール」の体験会を計画している。

近藤やよい区長は「子供たちがパラリンピアンを見て、人生を切り開き、力強く生きることにつなげてほしい」と話した。

江戸川区は昨年4月に、スポーツ振興課内に障害者スポーツ係を設置し、オランダのホストタウンとして協力関係を構築してきた。区民が身近にスポーツが楽しめる環境を整えるとともに、障害者スポーツを支える人材育成のノウハウをオランダから学ぶ。

西東京市は、高齢者対策の一環となる健康増進や障害の理解促進などの地域課題解決を目指す。

同プロジェクトは段階的に進め、今年度と来年度は地域全体にパラスポーツの周知を図る。来月上旬にオランダのアスリートが各自治体を訪れ、競技体験会やトークショーを開くキックオフイベントを計画している。19年度からはオランダのアスリートやコーチを各自治体に派遣し、地域でのスポーツ活動を支える指導者に知識と経験を教え、大会後の共生社会の形成につなげる計画だ。

オランダはパラスポーツの強豪国であるとともに、アスリートの社会性を養成することにも力を入れており、16年のリオ大会では現地の学校にアスリートを派遣して教育プログラムの策定に協力した。日本とは15年にスポーツ振興の連携を盛り込んだ共同声明を発表。オランダが昨年、JSCに同事業を提案し、JSCが実施自治体を募った結果、3自治体を選定した。

■発想の転換期に

調印式ではオランダのパラアスリートが「子供の頃は家の近くで友人とスポーツを楽しんでいた。続けていくうちにトレーナーや地元のスポーツ団体、障害者の支援団体に恵まれた。環境が整っていたことがアスリートになれた要素だ」と語る一方、日本のパラアスリートは「体を動かそうとしても、（事故が起きた時に）責任がとれない、用具がないと言われることが多く、パラスポーツを知る機会が少ない」と問題点を指摘する。

パラスポーツの機会が十分に提供できていないとの課題認識は23区に共通しており、同事業に参加していない区からも、「パラリンピックを目指す障害者だけでなく、気軽に体を動かしたい障害者も運動できる場が必要」（北区スポーツ推進課）、「まだパラリンピックの知名度は低い。パラリンピックと合わせて成功に導くことが、大会後のまちづくりを考えるためにも欠かせない」（江東区オリンピック・パラリンピック開催準備課）との声が上がる。

同プロジェクトで自治体の計画立案などを支援するJSCの山田悦子氏は「現状の自治体によるパラスポーツ振興は、振興自体が目的にとどまっており、他分野の課題解決につなげる発想がない」と指摘した上で、「自治体にエビデンスを示すことで前進する」と期待を示した。

調印式に臨む3自治体の区長ら＝10日、オランダ大使館（港区）で

入学準備金の支給 来年3月に前倒し

大田区

大田区は、低所得世帯の就学援助のうち、小学校入学準備金について、これまでの入学後から3月に支給時期を前倒しする。来年度の入学予定者から適用する。23区で小学校入学者への入学前支給を決めたのは、新宿区、文京区に続き3区目となる。

区によると、来年度の小学校入学予定者は約760人で、中学校入学予定者は約900人。支給額は小学校が1人当たり2万3210円、中学校が同2万6120円で、今年度と同額とした。

入学準備金は、生活保護受給世帯の1・2倍の年収を得ている世帯を対象に、自治体が独自に支給しており、各区が独自に支給額や支給時期を決めている。これまでは支給時期を入学後とする自治体が多かったが、子供の貧困が社会問題化していることを受け、入学前に支給する動きが広がっている。

東京最前線

非常勤職員制度改正の「負」を読み解く（下）

短時間公務員制度の確立を

膨大な再採用事務が発生

NPO官製ワーキングプア研究会理事　本多 伸行

会計年度職員制度は、自治体に何を強いるのか。

まず、膨大な再採用事務を生む。1千人の臨時／非常勤がいたとすれば、1千人分だ。採用である以上、平等取り扱い・成績主義・客観的能力実証・条件付採用期間設定が毎年度、必要となる。

総務省は、恒久的業務に臨時／非常勤が就いており、ほとんどが継続雇用されるという自治体の現実を知っているから、人事評価や昇給を認める。しかし、長期雇用になることを嫌うため、更新と人材育成を認めない。実態を無視して管理・統制を優先する無理な制度は、混乱・トラブル・離反・係争を生む。

また毎年度、雇用にふるいがかけられれば、誤解やはき違いによる恣意的な解雇トラブルが起きる。これは組合側のみならず、人事当局の経験則でもあるはずだ。

総務省は法改正までして会計年度職員制度を導入しようとしているが、毎回の通知に必ず記載される「技術的な助言」は同省が訴訟の被告にはならないための逃げ道だ。「技術的な助言」と言いながら通知とマニュアルは90㌻に至り、詳細に定めている。自治体の裁量はない。自治体はここまで支配されることに甘んじるべきではない。

では各自治体は総務省の方針にどう対応すべきだろうか。

基本的には「短時間公務員制度」を創設するための法改正を国に求めることが必要だ。各自治体では、臨時／非常勤職員が恒久的で本格的な業務を担っているのが現状だからだ。実態に見合う雇用形態に変えるべきである。

政府は今、行き過ぎた有期雇用を規制するため、5年無期雇用転換制度（労働契約法）と短時間正社員制度を政策としている。短時間正社員制度は15%の民間事業所に普及しており、厚生労働省は2020年までに29%に拡大する方針だ。「同一労働同一賃金」も政府の方針である。総務省による法改正は単年度の雇用を迫るものであり、明らかに「政府内不一致」と言える。

各自治体はまた、会計年度職員制度をそのまま導入すべきではない。具体的には雇用の「更新」を続けるべきである。民間の雇用係争の教訓から導かれた厚労省の有期雇用ガイドラインや有期労働契約に関する基準こそ、守るべき指針だ。厚労省は有期雇用を巡り、「再度の雇用」には言及していない。民間では更新が主流で、このような愚かな手法は取らないからだ。

仮に総務省が会計年度職員の更新を違法とするのであれば、自治体は（地公法第17条の）一般職非常勤での任用を選ぶべきだろう。総務省は8月の全国人事担当課長等会議で「避けるべき」としつつも、国会答弁では「違法ではない」と述べている。つまり選択肢の一つなのである。

地公法では一般職非常勤職員の任用について何の制約も設けていない。更新はもちろん、無期雇用も可能としている。これは「短時間公務員」制度への階段や過渡的措置として有用である。

残るは非常勤職員への手当支給の問題だが、総務省はこれまでも非常勤への手当支給を違法として指導しておらず、政府の方針やパート労働法、司法判断との関係で、今後もできないと思われる。

◆臨時職員の救済

今回の地公法改正で唯一、評価できるのが臨時的任用の厳格化と任用替えだ。ただ、これまで長期雇用してきた臨時職員の救済も必要である。

自治体における臨時／非常勤問題の大元は、「定数外職員」を確保するための臨時職員の脱法的な長期雇用である。主流が非常勤雇用に変わってからも、簡易で調整しやすい臨時職員の雇用が定数外職員の土台をなしている。総務省調査では、全国の臨時職員は約26万人で、このうちフルタイムは約15万2千人（約59%）に達している。

臨時職員の任用原則は「1年以内に廃止が予定される臨時の職」（特別区人事委員会規則）だ。これをかいくぐるために、雇用空白や偽名強要など違法行為が蔓延してきた。この間の総務省通知には、空白期間中の勤務依頼という驚くべき違法行為が全国にあることが記述されている。

今回の法改正で、臨時的任用は常勤欠員代替えとしてフルタイムに限定された。これまで恒久的な職に脱法的に長期任用・誤任用されてきた臨時職員は、会計年度職員または一般職非常勤に切り替わる。自治体はこれまでの責任を取り、救済的で不利益を少しでも補償する措置を図るべきだろう。

自治体は唯々諾々と総務省に従うべきではない。臨時／非常勤が安心し、納得して意欲を持って働ける雇用制度、自治体行政の担い手として育成する人事制度こそ、目指すべきである。

◇

※自治体ごとの手当支給状況や非常勤職員の更新回数など、詳細な資料の希望者は本多さん（hitainiase@i.softbank.jp）まで。

離党の2人に聞く

さらば「都民ファースト」

都議会の改選後、わずか3カ月足らずで都民ファーストの会から離党し、会派「かがやけTokyo」を再結成した音喜多駿氏と上田令子氏。小池知事の政治姿勢に疑念を抱き、会派運営への不満を募らせ、内からの改革を試みたが実現せず、離党に踏み切った。この間、会派内でどんな思いを抱いてきたのか、2人に話を聞いた。

「知事が絶対善」は誤り

おときた・しゅん＝1983年9月21日生まれ。34歳。ＬＶＭＨモエヘネシー・ルイヴィトン・グループを経て、13年の都議選で初当選。現在2期目。都民ファーストの会都議団幹事長や、公営企業会計決算特別委員長（第1分科会）などを歴任した。

都民ファーストの会は、役員か非役員かで大きな壁があった。持っている情報量が全然違う。その役員決定過程がまさにブラックボックスだった上、選び方が恣意的だった。幹事長など3役以外の役員は、総会で報告があっただけで、選任理由の説明すらなかった。

代表も何度も変わり、一度も民主的なプロセスが踏まれなかったのは非常に大きな問題だ。都議選後、所属議員が55人に急増したことで、トップダウンの傾向や情報統制が更に強まり、意思決定過程が非常に不透明になった。重要事項は全員で決めるという当たり前の党規約に戻さなくてはいけない。

意思決定過程での小池知事と野田数前代表の関係性は分からなかったが、知事の影響力がないとすればガバナンスとしておかしく、あるとすれば、忖度があったということ。どちらにせよ、都議の発言力が弱いなど会派の独立性が低く、組織の運営方法として適切ではなかった。

また、同会事務総長で前特別顧問の小島敏郎氏の影響力は大きく、質問作りでも全面的に関わっている。都側で知事の側近だった人が来るのは「知事のイエスマン集団」と裏付けるもので、会派として全くプラスにならない。

小島氏が事務総長になる際には政調会の専権事項として、全体で協議しなかった。政治的意味があることは小学生でも考えれば分かる。極めて悪質な意思決定の仕方だ。

「都民ファは行政のチェック機能を果たしていない」との指摘は、その通り。与党でも公明党のように、時に苦言を呈して「本当に（その政策を）できるのか」とのスタンスで臨むのが正しい。それができていない。知事の意向は丸のみというのが都民ファの思考だ。「知事が絶対善」との立場は間違いでチェック機関の意味をはき違えている。

こうした体質は小池知事が影響力を持ち過ぎる限り、なかなか変わらないだろう。だからこそ「離党」というメッセージを出した。側聞すると、松井一郎大阪府知事が代表を務める大阪維新の会は、会派内で激しく議論し、時には府知事の提案を蹴るとも聞く。そのくらい活発に議論し、その過程を公開していくべきだ。

小池知事については、良く言えば考え方が柔軟で臨機応変、悪く言えば信念がない。場面場面で最適な選択を行い、「戦い」に勝つことに関しては非常に長じた能力がある。譲れない信念などで人を引きつける人ではない。

また、1年で国政に手を掛けるくらいなので、「中長期的に都政をこうしよう」「2期8年やろう」との思いは伝わってこない。サステナビリティーなど聞こえの良い言葉は言うが、実現していくか厳しくチェックしなければならない。

今後は、（上田氏と）2人で知事を是々非々で指摘していく。第4回定例都議会で人事委員会勧告に従って都職員の給与を上げる議案が出れば反対する。豊洲移転の基本方針についても、先が見通せないのであれば自由な立場で再検証したい。

（聞き手＝佐藤草平）

議員の権能フル活用を

うえだ・れいこ＝1965年5月21日生まれ。52歳。江戸川区議などを経て、13年都議選に初当選。現在2期目。都民ファーストの会都議団の前身である会派「かがやけTokyo」の幹事長や政策調査会長、各会計決算特別委員長などを歴任した。

9月20日の都民ファーストの会の総会時に文書質問や委員会・資料要求を禁止すると役員から言われ、スイッチが入った。

当然、資料要求することは可能と考え、総会前の財政委員会で要求したところ、それが政務調査会で問題となり、山内晃政調会長から「資料要求は与党だからしない」という話があった。私は「地方議会に与党も野党もないはず」と反論したが、「第一会派なので、資料は職員からもらえる」という答えが返ってきた。

文書質問に対しては、「財政委所管外の各課題につき質問の機会を」と求めたが、山内氏には「質問を当該委員会部会に渡せば良い」と一蹴された。文書質問は個々の議員の問題意識に基づき、一般質問などに生かすことが可能であり、都民ファがやろうとしていることは目的と違う。「古い都議会を新しく」と掲げているのに、議員の調査権を奪うこと自体が逆行している。

会派内から変えようと改善策を提案しても「駄目」と突き返され、変えられなかった。会派に所属しながら中から変えていけばいいという意見もあるが、そのエネルギーは即都民に還元できる調査活動などに使った方がいいと判断した。すぐに区切りをつけ、苦渋の選択である離党を決断するに至った。

質問を落とされたこともある。青木あすなろ建設が産業廃棄物を不法投棄して都から指名停止処分となり、第3回定例都議会で議案を取り下げたことに質疑の準備をしていたが、会派で「質疑はしない」ことが決まった。「与党だから」「都側が議案を取り下げたから、あげつらう必要はない」という理由だった。だが小池知事鳴り物入りの入札改革を進める中、自ら疑義をただすことこそが最大会派の役割であり、都政の健全運営のために率先して議員の権能をしっかりと活用すべきなのではないか。

都民ファの新人議員一人ひとりのポテンシャルは高いのに、彼ら彼女らは会派内で「物言えば唇寒し」のように感じているように思う。議員の職責は職人のように質問を練り上げることだ。新人の議員も、文書質問や資料要求を行わないことがあるべき議員像とは思わず、適宜調査権も質問権も行使してほしい。

改選後の都民ファは抑制が増えて、大変苦しんだ。改選前、一般質問は当時の（野田数）代表に渡し、なじまぬ内容などに「×」を付けられたが、資料要求も文書質問も行っていた。しかし、改選後は、都民や知事に良かれと思った会派運営が、結果的にブラックボックス議会の焼き直しになった。民進・自民出身役員の経験値で会派を運営しているので、今後もその仕組みを変えられるとは思えない。

知事との向き合い方は是々非々でいく。私は昨年7月の知事選前に小池知事から「支援してほしい」と要請を受けて応援した。引き続き東京大改革は進めていく。知事に直接訴えたい案件があれば、質疑などを通じて伝えていきたい。知事との関係性や期待は、今までと全く変わらない。

（聞き手＝石井紀匡）

◆大阪府・市が都構想素案　大阪府・市は9月29日、市を廃止して中核市並みの特別区を設置する「大阪都構想」の素案を公表した。特別区では児童相談所のほか、現在は府の事務である私立幼稚園の設置認可も担う方針。大規模災害対策や広域の都市計画は府に統一する。来年秋の住民投票を目指す。

◆関西3空港一体運営へ　神戸市は9月26日、神戸空港の民営化に向けてオリックス陣営に運営権を売却する契約を結んだ。同陣営は関西国際空港と大阪国際（伊丹）空港を運営しており、商業施設のノウハウの共有や、航空路線の効率化などにつなげる。今後は神戸空港の24時間化や国際化が焦点となる。

◆大手旅行サイトと初連携　京都市は9月27日、旅行予約サイト世界最大手の「エクスペディアホールディングス」と包括協定を結んだ。同社は複数の旅行サイトを運営しており、京都の情報発信強化に加え、宿泊客数や宿泊料金などのデータを施策に活用する考え。同社が国内の自治体と連携するのは初。

◆アニメの都市と姉妹提携　富山県南砺市は9日、アニメ『サクラクエスト』の架空都市「間野山市」と姉妹都市提携を締結した。自治体がアニメに登場する架空都市と提携するのは初めてという。提携の一環として、アニメファンや市民の協力を得て、市内に桜を再生するプロジェクトを来春に行う予定。

◆全中学校で給食実施へ　滋賀県大津市は6日、2020年1月から市立中学校全18校で給食を実施すると発表した。小学校給食の調理場を活用する一方で、市の東部では総工費148億円かけて新たに調理場を整備。中学生5千人分と、小学生1万人分など計1万7千人分の調理が可能で、全国有数の規模となる。

◆議場の携帯持ち込み可能　長野県議会は9月26日、北朝鮮の核・ミサイル問題を巡り、全国瞬時警報システム（Ｊアラート）に迅速に対応するため、議会事務局職員が議場や委員会室への携帯電話の持ち込みを許可した。県議会会議規則では、議員や職員による持ち込みを禁止していた。

私を変えた一冊

産業労働局観光振興担当部長　浦﨑 秀行 氏

『坂の上の雲』司馬 遼太郎〈著〉

名著に出会う喜び

第二次大戦中、私の亡父は陸軍に従軍し、中国大陸で終戦を迎えた。その後シベリアに抑留され、帰国後は北海道根室でサケマス漁を営んでいたが、北方領土付近ではロシア（当時はソ連）の臨検があり、拿捕される船もあったという。

時代が近現代に下るにつれて日露の関係はその濃厚さを増してきた。国民作家と称された司馬遼太郎氏の『坂の上の雲』は、近代国家として歩み始めた明治日本が、いかにして強国ロシアと対峙し、日露戦争に勝利したのかを伊予松山出身の主人公3人の生涯を通して描いた大作である。

秋山兄弟の兄・好古は世界最強と言われたコサック騎兵を破るなど勝利に貢献し、日本騎兵の父となった。弟・真之は東郷長官率いる連合艦隊がバルチック艦隊を撃破した日本海海戦で参謀として活躍した。真之の竹馬の友である正岡子規は病魔にさいなまれながらも俳句の世界で改革を成し遂げ、燃え尽きるように短い生涯を終える。

坂の上の雲を見上げるように、国民一人ひとりが国の行く末を思い、歩んでいた明治という時代。能力を生かし努力すれば、出自に関係なく立身出世がかなう時代が来た。そうした一種の楽天的な明るさが作品の魅力になっている。

志ある人々が強烈なエネルギーを発しながら後世に残る歴史の1コマが紡ぎ出されていく重厚な人間群像のドラマを読んでいると、背筋が伸びるような清々しさを感じる。

本作品は執筆に4年、事前の調査や取材には実に5年を要したという。40代は生活の大半をこの作品に投入した、と作者の後日談にもある。まさに国民作家・司馬遼太郎氏の渾身の大作である。

私は歴史ものが好きで、関ヶ原、城塞、項羽と劉邦などの司馬作品を読んできたが、この本に出会ったのは忘れもしない2000年だった。この年の管理職試験は諸先輩からの激励もあって根を詰めて臨んだ。試験が終わり、参考書や資料を暗記する苦行から解放され、これでようやく面白い本が読めるな、と手にしたのがこの作品だ。夜な夜なグラスを傾けながら歴史の世界に浸る時間を楽しみ、読み応えのある名著に出会う喜びを満喫したことを思い出す。

区人勧　月例給・特別給を引き上げ

扶養手当　子の手当を増額

特別区人事委員会勧告は、月例給で職員給与が民間を0・13％、特別給の支給月数で0・12月下回ったことから、共に4年連続のプラス改定となった。また、国の扶養手当の見直しを踏まえ、特別区でも配偶者の手当額を減額し、これによる原資を用いて子の手当額を引き上げる。行政系人事制度の見直しを受け、職務給原則を徹底する観点から給料表を抜本的に見直すことも盛り込んだ。

月例給の公民比較の結果は、職員が39万3512円（平均41・2歳）、民間が39万4038円で、職員が民間を526円（0・13％）下回り、公民較差を解消するため、給料表を改定する。課長級・係長級の職責の高まりを考慮し、4級（係長級）以上では引き上げを強め、6級（課長級）以上では更に強める。任用資格基準などを考慮し、全ての級で一部号給の引き上げを強める。また、人材確保に留意し、Ⅰ類（大卒程度）とⅢ類（高卒程度）初任給は、国の状況などを踏まえて月額1千円引き上げる。

民間給与実態調査は昨年度同様、企業規模50人以上・事業所規模50人以上を対象に、特別区内の1099事業所を実地調査し、789事業所から協力を得た。昨年度の公民較差は584円（0・15％）で、上げ幅は同水準。

特別給は職員が4・40月、民間が4・52月で、0・12月下回った。このため、年間の支給月数を0・1月引き上げ、勤勉手当に割り振る。

また、国の扶養手当の見直しを踏まえ、特別区でも2018年度から手当額を見直す。具体的には、配偶者は1万3700円から他の扶養親族と同額の6千円に引き下げ、子は6千円から9千円に引き上げる。受給者への影響を抑えるため、改正は段階的に行い、18年度は配偶者が1万円、子が7500円。国では配偶者の手当額は6500円、子は同1万円となっている。

■人材確保・勤務環境

人事制度の課題では、新たな経験者採用制度の構築に向けた検討を進める。「職員の適正な年齢構成を確保する観点から、更なる制度の充実が必要。職種・職層・受験対象者の拡大により、優秀な人材を安定的に確保することが求められる」とした。

また、障害者雇用促進法改正を踏まえ、18年度から法定雇用率の算定基礎に精神障害者が追加され、法定雇用率も引き上げられる。このため、受験対象者の拡大について任命権者と検討する。

非常勤職員に関しては、地方公務員法改正などに伴い、現在の特別職非常勤職員の大半を「会計年度任用職員」に移行させることになるが、非常勤の任用・勤務条件を条例・規則で位置付けることも提起した。

勤務環境の整備では、仕事と生活の両立に向け、支援制度の利用に関する実態把握・分析を進め、実効的な対策を要望。長時間労働の是正でも、「組織文化や労働慣行の見直しに向け、具体的な方策を講ずることが必要」とした。

行政系給料表、抜本見直し

区人勧では行政系人事制度の見直しに伴い、新たな人事・給与制度の構築に言及したこともポイントだ。

特別区の労使が合意した任用制度の大綱では、現行の1～3級職（係員・主任主事）を廃止し、係長職の下に係員（新1級）と主任（新2級）を設置することとしている。制度改正に伴う切り替え等については、現1～3級職は新1級職に切り替え、新2級職には昇任選考で任用する内容。新3級、4級、6級職への昇任は、人事評価などの能力実証で行う。

また、主任職は係長への昇任が前提となるため、「任用に当たっては、係長職への昇任の意思を確認するとともに的確な人材育成を行い、昇任に対する不安を軽減することが肝要」としている。

制度改正では係長・総括係長（現4～5級）に対応する職として、係長（新3級）と課長補佐（新4級）を設置し、新3級職には各区の実情に応じて柔軟に配置できるスタッフ型の「主査」を新設する方向だが、「主査」を含めた係長職のポスト数を拡大することで、係長職の負担軽減を図るとともに、計画的な配置・育成による組織力の強化が必要であるとしている。

部長級に関しては、「区政のトップマネジメントを補佐する職であることを踏まえ、能力・実績に基づく任用管理をこれまで以上に厳格に行う必要がある」とした。

給料表も、職務・職責を一層反映させ、昇任意欲を醸成するなどの観点から、抜本的に見直す。具体的には、係員の級は若年層で、主任の級も早期に給与カーブを立ち上げる一方、一定号給以降はフラット化。また、主任の級の号給数は、職の位置付けなどを踏まえて設定されている。課長の級も職務・職責を反映させた給与カーブとしているほか、新たな管理職手当の設定について言及し、重要・困難ポストの支給区分を別建てする内容も盛り込んだ。

勧告内容について説明する中山委員長＝11日、区政会館で

特区連・清掃労組　プラス勧告評価も　処遇改善など要請

区人勧を受け、特区連と清掃労組は11日、それぞれ区長会に要請を行った。

特区連は月例給・特別給の4年連続の引き上げ勧告を評価した上で、「生活改善にはつながらない」と指摘。給料表に関しては「幹部職員優遇の改定は組織の活力を削ぐ」と批判した。また、扶養手当の見直しについては、「『配偶者を欠く』『子』手当を廃止したことは容認できない」と述べた。

行政系人事制度の改正に伴う給料表に関しては、現在の主任主事に相当する新2級職の最高号給が5700円の引き下げになるとして、慎重な対応を強く求めた。

清掃労組は、民間の賃金改善状況を一定程度反映したと評価しつつ、「生活改善につながらない低い水準」と指摘。勧告に準じた業務職給料表を早期に明らかにするよう求めた。

また、清掃事業の実態を踏まえ、技能長職の負担軽減につながるよう、技能長職の拡大や職場を取りまとめる職員の処遇改善を要求している。

広がる定数との乖離　人員不足に現場で悲鳴

食育の担い手　栄養教諭の実態　下

「授業を持つことで、子供たちに食の大切さを伝え、健康を守りたいと考えていたが、このままでは自分の健康が保てない」。昨年、退職した区部の栄養教諭は、周囲にこう漏らしながら職場を去った。栄養職員と教員という二重の役割を背負う栄養教諭の業務過多は深刻だ。栄養教諭の約1割は定年前に職場を去っている。その多くは業務過多による病気休職を経ているという。

「普段は午後11時ごろまで仕事をしている。土日の出勤は当たり前で、中には学校の近くのホテルに泊まり、週に1～2度しか家に帰らずに仕事をしている栄養教諭もいる」と目黒区立五本木小学校の松本恭子栄養教諭は現場の実態を説明する。

また、栄養教諭の人数が少ないこともあり、現場レベルでの情報交換が難しく、学校の管理職や教員側にも、栄養教諭の扱いに戸惑いが見える。区部のある校長は「地区の校長会でも、栄養教諭が話題に上ることはほとんどなく、上手な生かし方を考えるのが難しい」と頭を抱える。

栄養教諭が不足する状況を打破するため、都教育庁は、栄養職員の5年次研修で指導案作成体験や食育の模擬授業を盛り込み、教育に積極的に参加することのやりがいを知ってもらうよう努めている。また、教員免許を持っていない栄養職員向けには、授業の実施や指導案の作成を行うことができ、管理栄養士の資格が必要な栄養教諭一種免許とは異なり、栄養士の資格のみで取ることができる二種免許が取得可能な認定講習会を開講している。栄養職員が受講しやすい学校の夏休み中で、栄養職員1年目から受けることができるなど、栄養教諭への転換を手助けする取り組みを行っている。

転換へ奮起促すも…

ただ、こうした取り組みも、栄養教諭確保の特効薬にはなっていないのが現状だ。

2008年度、都で栄養教諭の制度が始まって以降、12年度までは実数が定数を上回っていたが、13年度に逆転。その後も差が開いていき、定数と実数の乖離が起き始めている。栄養教諭の都の定数は昨年度の時点で小学校が56人、中学校は17人だが、昨年度に実際に勤務していたのは小学校で50人、中学校で13人。

現場からは「業務量の多さが解消されないと、不安で転換する気にならない」などの声が上がっており、待遇面での改善が不可欠になる。

「正直な話、栄養教諭になることでメリットは少ないと思う。ただ、子供の健康と食文化の理解を助ける授業を中心になって進められるのは、本当にやりがいがある」と松本教諭は力を込める。教育現場の食育は、栄養教諭の熱意のみによって支えられているのが現状だ。

05年の食育基本法の施行から12年。食育を受けながら育った子供たちが生涯正しい食生活を送れるかどうかはいまだ見えないところが大きい。今後、都が食育を進め、効果が実感できるまでに至るには、栄養職員を奮起させるだけでなく、栄養教諭が働き続けられるような制度の構築にかかっている。

＝おわり

ニシゴリラの赤ちゃん誕生

上野動物園　5度目の出産、母子共に健康

ニシゴリラの赤ちゃんと出産したモモコ＝東京動物園協会提供

パンダに続いて出産ラッシュ――。恩賜上野動物園（台東区）で9日、新たに赤ちゃんゴリラが動物園の仲間に加わった。出産したのはニシゴリラのモモコ。出産は5度目で、昨年12月の死産以来の出産だ。

東京動物園協会によると、性別や身長、体重は11日の時点で未確認だが、母子共に健康という。10日には授乳が確認され、モモコ自身も餌を食べて元気な様子が見られた。5度目の出産ということもあり、他のゴリラも落ち着いており、同協会は「病気など何かあった時を除き、生育は基本的には群れに任せる」（教育普及課）と話している。

名前の決定方法は未定だが、2013年に出産した際は園が候補を出し、来園者の投票によって決めた。

残業代未払い1.2億円

立川労基署から是正勧告　都立小児総合医療センター

都立小児総合医療センター（府中市）で、医師らの休日や夜間の勤務に対して適切な賃金を払っていなかったことが分かった。

未払いだったのは医師約80人を含む約130人に対する残業代。昨年3月に立川労働基準監督署から是正勧告を受け、2014年3月から2年間の残業代の未払い分約1億2千万円を6月までに支払った。

厚生労働省は、休日や夜間の労働で業務が負担の少ない範囲にとどまり、十分に睡眠時間が確保できる場合は、通常の時間外労働の割増賃金より低い「宿日直手当」の適用を認めており、同センターは、午後5時15分から翌午前8時半までの勤務について宿日直手当を支給。救急患者の対応をした際には割増賃金を支払っていたが、立川労基署は同センターでの休日や夜間の業務は負担が少ないとは言えないと判断し、宿日直手当との差額分を支払うよう求めた。

同センターの医師1人の夜間勤務は、1カ月平均で4～5回。救急患者は日中も含めて1日約100人を受け入れている。

同センターは今後の対策について、「医療の質を落とすことのないよう、労基署に効率的な勤務時間制のアドバイスを受けながら医師や看護師の働き方の改善に努めている」と話している。

都団交　組合「期待裏切る不当勧告」　都側「勧告尊重し、今後検討」

10月6日の都人事委員会勧告を受け、都と都労連は10日、団体交渉を行った。

今年の都人勧は例月給の改定を見送り、特別給を0・1月引き上げる内容だったが、都労連は「公民較差がプラスであるにもかかわらず、2年連続、給料表の引き上げを見送りとしたことは到底、納得できない」と強く反発。再任用職員や臨時・非常勤職員の処遇改善に言及していないことにも納得できないとした。

都労連はまた、都人勧の「国の退職手当見直しの動向を注視し、適切に対処していくことが必要」という意見に触れ、「退職手当に言及すること自体、認めることができない」と見直しに反対する立場も強調。「今年こそ賃金引き上げに期待を寄せていた職員の思いを裏切る不当勧告。断じて容認できない」と強い憤りを示した。

都側は「これまで同様、人勧を尊重しつつ、都民の理解を得られるよう取り扱いを検討する」と説明した上で、特別給について「引き続き国を上回る支給月数。職員の勤務条件に注がれる都民の視線は依然として厳しい」との認識を示し、「より効果的に施策を展開できる簡素で柔軟な執行体制の構築に向けて、引き続き意識と制度の両面から改革を推進していく必要がある」と述べた。

これに対し、都労連は「都民本位の都政を根底から支えているのは一人ひとりの職員」と強調。職場から積み上げた都労連要求に基づき、労使交渉で賃金引き上げ、人事制度改善などを実現するよう強く求めた。

非正規労働で相談会

都労働相談情報センターはパート・派遣・契約社員の労働月間の11月、非正規労働に関する「セミナー&相談会」を集中的に開催する。センター・各事務所で弁護士や社労士が労働法や社会保険制度などの基礎知識、労務管理の在り方を解説する。都に寄せられる非正規労働者に関する労働相談は毎年1万7千件を超え、全体の3分の1を占めるという。

■都人事異動　16日付

【課長級】▽政策企画局総務部副知事秘書担当課長（総務局人事部担当課長＝東京都人材支援事業団派遣）織田洋輔▽政策企画局総務部副知事秘書担当課長（西部住宅建設事務所折衝担当課長）東寛久

五輪への航海図　217

TOKYO 2020　開催まで　あと1015日

シドニーの教訓①　「グリーンゲーム」の実現

8月、オーストラリア・ニューサウスウェールズ州のグラディス・ベレジクリアン首相が都庁を訪れ、小池知事との会談で「2020年に向けて知見や経験を提供したい」と語った。00年シドニー大会はこれまでの五輪でも12年ロンドン五輪と並んで、最も成功した五輪の一つと言われている。シドニー大会はロンドン大会の準備でも成功事例として参照されており、東京大会の準備にも役立つ情報がある。現地派遣職員から見たシドニー大会の教訓を考察したい。

◇

シドニーへの五輪誘致が成功した決め手となったのは、大会運営の指針として掲げられた「夏季五輪のための環境指針」だったと言われている。シドニー五輪は市内から西部に約14キロ離れたオーバーン市内（現カンバーランド市内）に建設された「シドニーオリンピックパーク」を中心に開催された。

同パークが建設された土地は元々、その大部分が土壌汚染の進んだ産業廃棄物の処理場で、その他に工場や兵器廠などが点在する地域だった。一方で、地域内にはシドニー都市圏では希少な湿地や森林も残されていたため、生態系を保全した開発が要求された。

そこで汚染土壌を掘り返し、4カ所に集中させて埋め直した後、覆い、植栽を行った。また、絶滅危惧種に指定されたカエルが発見された地域での開発は中止し、生態系保護区とするなどの対処をした。そのほか、環境保護のため、雨水の再利用システムの導入による節水、自然光を取り入れる設計、ソーラーパネルの設置、建設材料にリサイクルされた材料を使用する取り組みなどが行われた。

環境に配慮した「グリーンゲーム」を実現したシドニー五輪は、IOCが13年に作成した五輪レガシーの説明冊子でも、環境面でのレガシーを残した五輪の代表例として挙げられている。

（自治体国際化協会シドニー事務所＝都政策企画局外務部管理課長　小松俊也）

五輪会場に隣接する生態系保護区

昇任試験対策のページ

30年度 職員教養講座 東京都管理職選考対策 ▶15◀

経済・財政に関する知識 ①

今回から「経済・財政に関する知識」を4回にわたって掲載します。初回は勉強方法などを解説します。

「経済・財政に関する知識」は平成19年度に再編され、それまでの「経済一般」からミクロ経済学・マクロ経済学・財政学を中心とした科目となりました。出題数は8題で、択一の全40問の2割を占めることから、重要科目の一つであり、確実に得点したいところです。

他の択一科目と比較して、基礎知識を押さえておけば得点源となる科目です。出題範囲は広いですが、苦手意識のある人も学習してみることをお勧めします。計算やグラフを使用する問題については、解法の公式やルールを暗記し、出題された問題へ的確に当てはめていくことが重要です。難易度は決して高くありませんので、問題の処理方法さえ身に着けておけば、確実に得点することができます。

また、計算だけではなく、基本的な知識を問う出題もあります。勉強時間に比例して得点を稼ぐことができる科目ですので、他の択一科目や論文対策とのバランスに配慮しつつ、効率的に学習していきましょう。

経済学は大きく二つに分類されます。消費者や生産者などの個々の経済活動を分析するミクロ経済学と、政府を始めとした経済全体を分析するマクロ経済学です。財政学は主に、租税理論や財政制度から構成されています。

これらを踏まえて、この講座では、ミクロ経済学、マクロ経済学、財政学という3分野に区分して、演習と解説を行っていきます。

過去の出題

過去5年間の出題内容を分野別に記載します（かっこ内は出題形式）。

【ミクロ経済学】

《平成25年度》
①効用最大化（計算）
②パレート最適（知識）

《平成26年度》
①異時点間の消費理論（計算）
②公共財（知識）
③独占市場（グラフ）

《平成27年度》
①利潤最大化（計算）
②クールノー均衡（計算）
③公共財（計算）
④課税・余剰分析（計算）

《平成28年度》
①財の分類（知識）
②費用関数〈操業停止点〉（計算）

《平成29年度》
①消費者理論（計算）
②パレート最適（知識）

【マクロ経済学】

《平成25年度》
①国民経済計算（計算）
②国際収支（知識）
③ポリシーミックス（グラフ）

《平成26年度》
①クラウンディング・アウト（計算）
②インフレ需要・インフレ供給曲線（知識）

《平成27年度》
①乗数理論（計算）
②消費理論（知識）
③新古典派経済理論（知識）

《平成28年度》
①為替レート（計算）
②フィリップス曲線（計算）
③トービンのq理論（知識）

《平成29年度》
①産業連関表（計算）
②貨幣理論（計算）
③流動性選好理論（知識）

【財政学】

《平成25年度》
①財政投融資（知識）
②経常収支比率（知識）
③地方債（知識）

《平成26年度》
①地方財政の財源（知識）
②投資理論（知識）
③乗数効果（知識）

《平成27年度》
①地方交付税制度（知識）

《平成28年度》
①ラムゼー・ルール（知識）
②乗数理論（計算）
③地方財政計画（知識）

《平成29年度》
①国庫支出金（知識）
②国民負担率（計算）
③ピグー税（計算）

上記の通り、例年の出題数は各分野2～3題ですので、3分野とも幅広く学習する必要があります。しかし、繰り返し出題されている論点や過去の出題を考慮すれば、おのずと勉強すべき論点が見えてきます。事前に過去問の分析を行った上で、早期の勉強スタートを心掛けましょう。

ミクロ経済学は、消費者や生産者の行動分析、市場理論などから、計算・グラフ、知識の各形式で出題されています。

マクロ経済学は、基礎知識の問われる問題が計算・グラフ、知識それぞれの形式で出題されています。

財政学は、日本（国・地方）の財政に関する税制度や理論などが主ですが、特に、地方財政及び国から地方への財政支援に関する問題が頻出です。近年は、ミクロ・マクロ経済学のように、計算を必要とする問題が出題されています。

学習方法

【ミクロ・マクロ経済学】

公務員試験の際に勉強した人、経済学が得意な人は、公務員試験対策の問題集などで復習しつつ、専門書で知識の補強を図ってください。

経済学が苦手な人や初めて経済学を学ぶ人はまず、過去問と公務員試験対策の問題集を照らし合わせ、出題されたことのある計算パターンや基本知識を洗い出しましょう。その上で、繰り返し問題を解くことによって、出題パターンごとの処理方法を身に着けます。難解な理論も多く含まれていますので、経済学に慣れていない人は、解法の公式やルールの暗記を最優先に効果的に学習することをお勧めします。

【財政学】

経済学と同様に、公務員試験対策の問題集を中心に学習しましょう。財政学は経済学に比べ出題分野が限られており、知識形式の問題が多いため、経済学が苦手な人でも得点源にしやすい科目です。特に、地方財政の分野は、必ずといって良いほど基本知識を問う出題がありますので、重点的に学習しておきましょう。

なお、計算問題には一部、経済学と重複する分野が含まれます。

◆参考図書

専門書から公務員試験対策の参考書まで、様々な書籍が出版されています。これらは、大まかに3種類に分けられます。

◎通常学習の教科書としての参考書
◎実践演習のための問題集
◎経済・財政用語の意味を確認し知識補強のための辞典

どの科目も基礎知識に関する問題が多いので、難しいものより理解しやすいものを用意しましょう。以下に参考書・問題集の一例がありますが、多くの本に手を付けず、自分のお気に入りの1冊を3分野でそれぞれマスターするつもりで臨みましょう。解法を身に着けるためには、特に問題集の活用をおすすめします。

《参考書・問題集》

▽『新スーパー過去問ゼミ ミクロ経済学』（実務教育出版）▽『新スーパー過去問ゼミ マクロ経済学』（同）▽『新スーパー過去問ゼミ 財政学』（同）▽『コア・テキスト ミクロ経済学』（新世社）▽『コア・テキスト マクロ経済学』（同）▽『コア・テキスト 財政学』（同）▽『公務員Vテキスト ミクロ経済学』（TAC出版）▽『公務員Vテキスト マクロ経済学』（同）▽『だからカコモンで克服！ミクロ経済学』（同）▽『だからカコモンで克服！マクロ経済学』（同）▽『公務員試験過去問新クイックマスターミクロ経済学』（東京リーガルマインドLEC総合研究所公務員試験部）▽『公務員試験過去問新クイックマスターマクロ経済学』（同）▽『公務員試験過去問新クイックマスター財政学』（同）▽『セミナール経済政策入門』（日本経済新聞社）▽『スタンダード財政学』（中央経済社）▽『有斐閣経済辞典』（有斐閣）▽『地方財政小辞典』（ぎょうせい）▽『体系都財政用語事典』（都政新報社）

キーワード

各分野のキーワードを挙げます。用語の意味、解法のパターンなどをきちんと押さえるようにしましょう。

【ミクロ経済学】

①消費者行動の分析
効用関数、無差別曲線、限界効用、限界代替率、予算制約線、効用最大化、需要曲線、上級財、下級財、需要の所得弾力性、代替財、補完財、ギッフェン財、所得効果、代替効果

②企業行動の分析
費用関数、平均費用、限界費用、損益分岐点、操業停止点、供給関数、生産関数、死荷重

③市場均衡と厚生分析
完全競争市場、ワルラス的調整課程、マーシャル的調整過程、くもの巣理論、消費者余剰、生産者余剰、パレート最適、エッジワース・ボックス

④不完全競争市場
限界収入、ラーナーの独占度、クールノー均衡、ゲーム理論

⑤市場の失敗
外部経済、外部不経済、ピグー効果、コースの定理、費用逓減産業

⑥国際貿易論
リカードの比較優位説、自由貿易、保護貿易

【マクロ経済学】

①市場、金融市場の分析
消費関数、貯蓄関数、45度線分析、乗数理論、均衡国民所得、インフレ・ギャップ、デフレ・ギャップ、IS―LM分析、流動性のわな、クラウディング・アウト

②消費と投資
ライフサイクル仮説、恒常所得仮説、相対所得仮説、加速度原理、トービンのq理論

③貨幣理論
預金総額、信用創造額、ハイパワード・マネー

④物価とインフレーション
AD―AS分析、フィリップス曲線、物価版フィリップス曲線、自然失業率仮説、マーシャルのk、フィッシャーの交換方程式

⑤経済成長理論
ハロッド＝ドーマーの成長理論、保証成長率、自然成長率、ソロー・スワンの新古典派成長理論

⑥国際マクロ経済学
購買力平価説、Jカーブ効果、国際収支均衡線（BP曲線）

⑦その他
GDP、産業連関表、投入係数表

【財政学】

①国の財政
プライマリーバランス、財政投融資、特例公債法、国税、国民負担率

②地方財政
地方財政計画、地方債計画、地方公共団体財[illegible]フロー・スト[illegible]負担比率、実質[illegible]経常収支比率）[illegible]交付税、国庫支[illegible]与税、地方税）

③公債
発行制度、管[illegible]論

④租税原則
スミスの4原[illegible]の9原則、マス[illegible]条件、ラムセー[illegible]

⑤公共財
フリーライダ[illegible]ル均衡、サミュ[illegible]ジニ係数

⑥財政政策
フィスカル・[illegible]ルトイン・スタ[illegible]

⑦その他
負の所得税、[illegible]事情

◇

2回目以降は、[illegible]題を中心に演習[illegible]ます。

特別区 管理職試験講座 Ⅰ類択一・記述 Ⅰ・Ⅱ類論文 29年度 番外編▶中

合格体験記

Ⅰ類事務

平成29年度の特別区管理職選考は、14～15日に口頭試問が行われる予定で、いよいよ佳境を迎えていますが、来年度の受験を検討している職員にとっては、そろそろ準備を始める時期になるかと思います。今回は番外編として、昨年度の管理職選考受験者の合格体験記を紹介します。

Ⅰ類事務・全部受験方式

私は経験者採用で入区したこともあり、当初は管理職になることに強い思い入れを持っていませんでした。しかし、主任から係長に昇任し、責任ある仕事を担当するようになり、何か物事を変えるためには更に責任ある立場になる必要があるという気持ちが次第に強くなっていきました。子供が小さく、育児が大変な時期だったため、不安もありましたが、尊敬する当時の上司が「向いている」と後押ししてくれたため、チャレンジしようと思い、受験を決めました。

勉強を始めたのは、受験4カ月前のゴールデンウイークからです。まずは択一式に重点を絞り、問題集を使って苦手科目の洗い出しを始めました。近年の管理職選考の択一式では、似たような選択肢が出題される傾向があるため、過去5年間に出題された問題をまとめた問題集を解くことから始めました。答え合わせの際には選択肢ごとに内容をチェックしました。

ゴールデンウイーク以降は、朝の出勤前と通勤時間、昼休みなどを勉強に充てました。5月中に択一対策をある程度完璧にしようと、問題集を繰り返し解く練習を続けました。2周、3周と続けるうちに、選択肢の細かな部分まで頭に入るようになりました。苦手科目だった行政法は特に重点的に問題を解くようにしました。

6月に入ってからは、択一式と並行し、論文式と記述式の対策を始めました。論文に関しては、入区する前の職場で財務レポートなどの作成を担当していたため、ある程度自信がありました。また、経験者採用や係長試験などで論文試験を経験し、行政に求められる論文の形がイメージできるようになっていたことも大きかったと思います。上司からもらった合格論文を読み込み、論文に盛り込むべき視点や論理展開する際に記入する「三つの課題」にふさわしい事例などを頭に入れるようにしました。

一方、記述は管理職選考特有の出題形式のため、まずは特別区人事委員会事務局が発行している受験勧奨用冊子『明日の区政を担う管理職員を目指して』に掲載されている解答例を参考に、解答の書き方を覚えることから始めました。解答形式が身に着いた後は、「都政新報」に掲載されているオリジナル問題を活用しました。都政新報電子版に加入すると、平成20年度以降のオリジナル問題と解説を確認でき、自宅での勉強に大いに役立ちました。

また、論文と記述で出題されそうなテーマに関する情報収集を進めました。都行政部が作成したレポートや区長会事務局の資料に目を通すとともに、区の基本計画や実施計画を通読しました。論文や記述の解答に具体的な施策や事業などを盛り込むことで、地に足がついた解答になります。特に記述の解答は企画書そのものであり、自区の基本計画をしっかり確認することをお勧めします。

ただ、私が当時所属していた部署は6月から7月にかけて繁忙期が続くため、まとまった勉強時間を確保できず、本格的に勉強時間を設けることができたのは筆記考査1カ月前の7月下旬からでした。

夏季休暇を勉強時間に充て、図書館で択一、論文、記述を一通りおさらいしました。択一では、少なくとも5年間の過去問は全問正解できるようになろうと、ひたすら問題集を繰り返しました。論文と記述は、予想問題を自作し、制限時間内で解答を書き上げる練習をしました。この時期は、試験で実際に使用する鉛筆を使うなど手書きに慣れることが大切です。可能であれば、論文・記述いずれも手書きで3本以上作ってみるのが理想ですが、育児などもあって実際に手書きできたのは論文と記述で1本ずつだけでした。

しかし、論文と記述に共通して言えることですが、管理職としての視点を解答でしっかりと示すことが重要です。尊敬する上司の日々の業務や議会対応などを間近で見る中で、管理職に求められる視点や切り口を自分に置き換えて常に意識していたため、論文や記述の解答を作成する際にも自然と管理職の立場を想定した内容とすることができたと考えます。

私の区では人事部門主催の模試があり、区の受験者の大半が利用しています。私は別の用事が入ったため、模試に参加できませんでしたが、問題と解説をもらって試験直前対策として活用しました。

筆記試験が終わった後は、区の人事部門から口頭試問対策の資料が手渡されました。「合格発表もまだなのに、気が早い話だ」と思った記憶があります。しかし、口頭試問の進出者通知から試験までは間隔が2週間もないため、資料を使って準備を始めました。資料では、口頭試問の具体的な内容や対策が紹介されており、過去の合格者による事例式面接での発言集や面接票を使った試問の対応方法などを勉強しました。

区では模試と同様に、人事部門主催で部長級による模擬面接が行われます。私は事例式面接の対策として模擬面接での指導を受け、面接票を使った試問に対しては、記入内容に応じた想定問答集を自作して覚えるようにしました。

口頭試問は3人の面接官のうち、2人が自区の管理職となります。上司に対策を相談することが合格に向けた一番の近道になるのではないでしょうか。

以上、私の勉強方法を紹介しましたが、人それぞれ勉強に割ける時間や自分にあった勉強法が違うと思います。私の例はあくまで参考として捉えてもらえれば幸いです。ただ、ポイントを一つだけ挙げるとすれば、受験する職員には、管理職としての自分の姿をイメージして日々の担当業務に当たってほしいと思います。管理職選考を受験する大半の職員は、常に忙しく、勉強時間を確保するのも難しいでしょう。受験である以上、多少のテクニックが必要で、丸暗記に頼ることもありますが、試験で求めら[illegible]理職としての心構[illegible]と考えます。自分[illegible]なった場合、どの[illegible]解決を図るのか常[illegible]ことで、わずかな[illegible]も大きな成果が得[illegible]います。来年度の[illegible]ている職員の方に[illegible]立つアドバイスに[illegible]祈るとともに、合[illegible]者の検討を願って[illegible]

アニマルハウスは現在進行形
松濤美術館が「謎の館」に

渋谷区立松濤美術館で7日から、企画展「三沢厚彦アニマルハウス　謎の館」が始まった。三沢厚彦は現代日本を代表する彫刻家の一人で、その作品は、のみと彫刻刀を使ってクスノキの丸太から彫り出され、油絵の具で彩色された実物大の動物たち「ANIMALS」。今回は「謎の館」の主人である三沢が親交の深い彫刻家の舟越桂、画家の小林正人と杉戸洋、写真家の浅田政志を「客人」として招き入れるという独特の世界を展開している。同展は11月26日まで。

元々、松濤美術館は、公立美術館にありがちな真っ白な四角い空間が広がる無機質な箱とは異なる独特な建築物である。

設計したのは、建築家の白井晟一。建物の中央に大きな吹き抜けがあり、噴水の池が配置された空間は、美術館というより邸宅のようだ。

三沢は、ここを訪れたときに「妙にわくわくとする懐かしい感じがした」と触発され、自らを主人とし、4人の作家を客人として招き入れ、対話しながら展示空間を創造する試みを考えた。

現在進行形の展覧会なので、「主人」が「客人」を招き、展覧会期間中も制作が進行している。美術館のスタッフは「執事」として、主人や客人のリクエストに応じている。6日の内覧会でも、「このキャプションの場所が近すぎる」という主人のクレームに執事がその場で対応していた。

■大広間と客間

地下1階の第1会場は「大広間」。入り口では三沢の木彫作品である「ANIMALS」と、客人たちの作品を紹介している。誰の、どの作品という区別より、作品同士の語らいを楽しめるよう、個々の作品のキャプションをあえて添えていない。

写真を撮ろうと後ずさりしていると、ふと足元の猫に気づいたり、背後にライオンの気配がする。作品の裏側に猫がいて、三沢が「これは今朝、ここに置いたばかり」と説明していた。明日は、気まぐれで別の場所にいるかもしれない。

2階の第2会場は「客間」。白井晟一が、まるで居室であるかのような落ち着く空間で、ゆったりと作品を見られるように設計したという。ここには、主人と客人たちのアトリエスペースを設けている。

客間には主人のお気に入りの音楽が流れ、「ANIMALS」があちらこちらに点在して、存在感を放っている。その中に客人たちのえりすぐりの作品も並ぶ。

タイトルには三沢厚彦の名前しか冠していないが、著名な彫刻家と画家と写真家の5人が集まったぜいたくな展覧会だ。

執事（美術館スタッフ）は「これは夢の共演。美術館が頼んだら、こんな豪華なメンバーはそろわない。三沢さんが呼び掛けたからこそ、それぞれ個展ができるような大作家が集まって、自主的に良い作品を出してくれた」と語った。

5人の作家は「大広間」や「客間」で、作品を制作しているかもしれないし、くつろいでいるかもしれない。

三沢は「6日間、ずっと話し合いながら、作品をみんなで作ってきた。スタッフは大変だっただろうね。夜7時から始まるから。みんな夜型なので」と話した。

（編集部）

◇

【三沢厚彦アニマルハウス　謎の館】

▽会場　渋谷区立松濤美術館（京王井の頭線神泉駅下車徒歩5分）▽期間　11月26日㈰まで▽時間　午前10時～午後6時（毎週金曜は午後8時閉館）▽休館日　毎週月曜日▽入館料　一般500円、大学生400円、高校生・60歳以上250円、小中学生100円▽主催　渋谷区立松濤美術館、読売新聞社、美術館連絡協議会

10月28日㈯と11月25日㈯には、作家集合トーク（構成メンバーは回により異なる。午後2時～）も開催される。会期中の土・日曜日（午後3時～）は、三沢厚彦、小林正人、杉戸洋、舟越桂の4人か、もしくはそのいずれかが展示室で公開制作を行い、即興で音楽を流したり、トークも行う。

大広間の入り口で解説する三沢氏

客間は主人と客人のアトリエスペース

大広間には今も"制作中"の作品が

国立新美術館

ファイティングポーズは変わらない
安藤忠雄展 ―挑戦―

今や「住吉の長屋」（1976年）と並んで伝説化している「光の教会」（89年）が野外展示場に再現されている。

高さ約8㍍、左右幅約6㍍、奥行き約18㍍の箱形建築が、これも伝説化しているコンクリート打ちっぱなしのシンプルな外観を見せている。

だが正面壁の十文字スリットから細い外光が差し込む室内は、一変して宗教空間。演出的要素は光だけ。祈りの場ではこれで十分なのだ。

建築費は7千万円。無論、入場料収入を充当するが、基本的には建築事務所が負担する。巨費を投じた異例の展示に、この企画にかける並々ならぬ意気込みが伝わってくる。

「安藤忠雄展―挑戦―」

――1941年大阪生まれ。学歴は高卒。貧しかったのでプロボクサーを目指したのち、世界放浪の旅で建築に目覚め、独学で学び、小さな住宅建築でデビューした。

この伝説の上に繰り広げられた氏の仕事の原点、住宅建築の代表作が一挙公開されている。それを含めた総計270点余の設計資料や模型、さらに89のプロジェクトなど、安藤忠雄の全貌を伝える大展覧会だ。

大阪・中の島。イタリア・ベネチア。地域再生の大プロジェクトを説明する模型や各種資料展示の中央に「直島プロジェクト」を複合的に可視化させた大空間がある。1992年の開始から完成までを、島の自然、四季の移り行き、一日の変化を通して体で感じられるよう、各種メディアを駆使して構成した空間だ。

全体の展示は「原点／住まい」「光」「余白の空間」「場所を読む」「あるものを生かしてないものをつくる」「育てる」の六つのセクションに分かれて、建築を軸にして広がるこの建築家の思想と行動を伝えている。

『連戦連敗』という著書がある。東京大学で教鞭をとり始めたころだ。中身は各種コンペで負けた数々の建築プランを包み隠さず公開したもの。数の多さと同時に、そこに見られる発想力、構想力の多彩さが読者を驚かせた。それでも負けるという。彼の仕事は奇跡ではなく、挑戦のうえに成立しているのだ。

大事な臓器を摘出する大手術を受けたが、予後は順調と公表されているものの、待ち構える記者たちの間には心配の空気があった。だが記者たちに囲まれ、話し始めた当人の表情はみるみるうちに生気を帯び、目には光が差して、なめらかな大阪ことばによる話は時間を大幅に超えて続いた。76歳にして「挑戦」！とまるで若者のようなタイトルをつける確信が、そこにもあるようだった。

◇

国立新美術館開館10周年「安藤忠雄展―挑戦―」は国立新美術館で12月18日まで開催。ハローダイヤル03・5777・8600。この招待券を5組10名様にプレゼントします。Eメールで件名を「安藤忠雄展希望」とし、tenshu@toseishimpo.co.jpまでお申し込みください（20日必着）。

光の教会、1989年、大阪府茨木市（撮影・松岡満男）

東京　橋くらべ⑬
鎧橋

紅林　章央

130年重交通支える橋台

中央区兜町で日本橋川に架かるのが鎧橋である。橋名は、江戸時代まであった「鎧の渡し」に由来する。

この渡しは平安時代中期、源義家が奥州討伐の際、この辺りまで流れていた隅田川を渡ろうとしたが風雨がひどく、自らの鎧を川へ投げ捨て神護を祈願したところ風雨が収まり、無事対岸へ渡れたとのいわれにちなんで名付けられた。

現在の橋は1957年に架け替えられたものだが、欄干や橋桁、橋脚など、60年も前の設計とは思えないほどモダンなデザインである。橋の下をのぞくとさらに驚く、橋台が煉瓦製なのだ。

この橋台は1888年に架橋された旧橋を再利用している。旧橋は、日本でも最初期の鉄橋の一つで、東京府技師長の原口要によって設計された。その[illegible]一部とはいえ、関東大震災や先の大戦を経て130年を経ても、現在も重交通を支えているのである。未来を生み出し、支え続ける。この橋を見るたびに、このような仕事が残せればとの思いに駆られる。

日本橋川に架かる鎧橋

全国シティプロモーションサミット
26・27日大井町きゅりあんで

シティープロモーションに積極的に取り組む自治体が主催する「全国シティプロモーションサミット2017」が26日と27日、品川区のきゅりあん（JR大井町駅前）で開催される。シティープロモーションに取り組む全国の自治体職員が一同に集まり、30以上の講演やブース展示での交流を通じて、まちの特色を生かした創意工夫や経験を共有し、課題の解決に向けた意見交換を行う。今年は初めて東京で開かれ、品川区が主催する。

初日の26日は、オープニングセレモニーの後、ローマ法王にお米を献上した高野誠鮮氏が基調講演。品川区と交流・連携している福井県坂井市の坂本憲男市長、特別区長会会長の西川太一郎荒川区長、サミットを主催する濱野健品川区長、田中里沙事業構想大学院大学学長がパネルディスカッションを行う。また、両日を通じてシティープロモーションに関わる様々なセミナーやワークショップ、関連イベントも用意している。

各自治体の持つ課題の意見交換や官民連携について交流を深める情報交換会を開催（事前登録制・有料）。エクスカーション（行政視察）も予定されている。大井競馬場やしながわ水族館を巡る「施設見学コース」と、天王洲エリアや旧東海道、戸越銀座商店街、大崎駅西口バスターミナルなどを巡る「まちあるきコース」の2コース（事前登録制・有料）。

講演・展示ブースは入場無料。申し込みは、以下のHPから。https://www.sendenkaigi.com/event/cp-summit/

旧古河庭園

洋館前の秋バラが見頃
澄んだ秋空に色鮮やか

見頃を迎えたバラと洋館（北区提供）

旧古河庭園内の洋館前に広がるバラ園の約100種類199株の秋バラが見頃を迎えている。

青く澄み渡った秋空の下、赤色が際立つカーディナルや、爽やかなオレンジに甘いピンクが優しく色を添えるサマー・ドリームなど、色彩豊かにバラが咲き誇っている。園内のバラは11月下旬まで楽しめる。秋バラは気温が低い時期に咲くため花もちが良くて香りも強く、春に比べると湿度が低い分、花弁に含まれる水分が少ないため、色が濃いのが特徴だという。

開園は午前9時から午後5時まで（入園は午後4時半まで）。入園料150円。同園では22日まで「秋のバラフェスティバル」を開催しており、秋バラの音楽会や庭園ガイドなど各種イベントもある。

ミニガイド

◇新公会計制度推進シンポジウム2017　▷日時　11月7日㈫　午後2時　～5時（午後1時開場）▷場所　日暮里サニーホール（荒川区東日暮里5の50の5　ホテルラングウッド4F）▷費用　無料▷参加方法　事前申込制（10月27日㈮参加申込締切）▷主催　新公会計制度普及促進連絡会議▷内容　「基調講演」（講師：大塚成男千葉大学大学院社会科学研究院教授）、「現場からの報告」（コメンテーター：中川美雪有限責任あずさ監査法人シニアマネジャー）（登壇団体：大阪府、町田市、荒川区、東京都）▷定員300人（先着順）▷申し込み方法　下記HPのURLから。http://www.kaikeikanri.metro.tokyo.jp/fukyuusokushin.html　※シンポジウム終了後、交流会（事前申込、会費制）を実施

◇2017年度東京都観光菊花大会　▷内容　今年で95回を迎える由緒ある大会。内閣総理大臣賞や都知事賞などの受賞作品をはじめ、約1300点の菊花が展示される▷日時　11月1日㈬～23日㈭㊗　午前10時～午後4時（最終日のみ正午まで）▷入場無料▷会場　都立日比谷公園草地広場▷展示種目　大菊盆養・大菊切花・盆栽・江戸菊・懸崖だるま・福助・実用花・ドーム菊等▽主催　日比谷公園菊花連盟、東京都、千代田区

都政新報

発行所　都政新報社
〒160-0023 東京都新宿区西新宿7-23-1 TSビル
（総務・読者）03-5330-8781
（企画広告）03-5330-8784
（編集）03-5330-8786
（出版）03-5330-8788
（ファクス）03-5330-8808
購読料 月1,730円（税込）
毎週火・金曜日発行
ただし、祝日は休刊

紙面から

築地再開発
検討会議がキックオフ
小池知事「自由に議論を」

築地市場移転後の跡地利用に向けた議論が始動した。築地再開発検討会議（座長＝近藤誠一元文化庁長官）の12日の初会合では、委員から和食や文化関連の施設、高級ホテルの整備などを求める声が出ており、自由闊達に意見が交わされた。残り6回の議論を経て、来年5月に築地再開発の大きな視点をまとめる予定だが、委員の考えをうまく集約できるか懸念の声もある。

「自由な発想で築地の再開発の意見をどんどん出して、それを（議論の）俎上にのせてコンセプトのベースを作ってほしい」。小池知事は12日の検討会議で委員にこう求めた。4分弱のあいさつを終えると委員に数回会釈して退室し、希望の党の候補者の応援演説に向かった。

検討会議では、各委員が思い思いに築地市場の跡地利用を述べた。青木茂建築工房社長の青木茂委員は、築地市場の施設を活用する考えを示した上で、ハンガリー・ブダペストの中央市場は1897年に完成した歴史的建造物であり、「そういうイメージで作れるなら、世界に誇れる市場になる」と語った。

シャネル社長のリシャール・コラス委員は「（日本は）全国に屋台があり、日本の和食文化を紹介できるところはどうか」と提案する一方、高層ビルは「風通しが悪くなり、海沿いの意味がなくなる」として、整備しないよう求めた。

築地本願寺代表役員の安永雄玄委員は、築地周辺にある歌舞伎座や新橋演舞場などに触れ、「江戸時代以降の文化を背負った地域。そういった観点を重視した再開発を考えてもいい」と述べた。

ホテル建設を持ち出したのは小西美術工藝社社長のデービッド・アトキンソン委員。「築地の価値を見ると、周辺にビジネスホテルが多いのはもったいない。少なすぎる高級ホテルを考えるチャンス」と言及した。

事務局を務める都市整備局は初会合の委員の意見に関して、「具体的に話してくれたので参考になり、有意義だったと思う」と感想を述べた。同局は今後、築地エリアの地域特性やポテンシャル、築地再開発の参考となる国内外のまちづくりなどの調査を民間委託し、結果を検討会議に報告する考えを示した。

検討会議は、全7回の会合を予定しており、各委員のプレゼンテーションなどを経て、来年5月ごろに築地再開発の大きな視点を固める。それを踏まえて都は2018年度中に再開発のコンセプトなどを盛り込んだまちづくり方針を策定する予定。

課題も念頭に議論を

【解説】小池知事は「築地は守る、豊洲を生かす」という基本方針で掲げた「食のテーマパーク」に関して、8月の臨時都議会に続き12日の検討会議でも封印した。代わりに、「築地のロケーションを最大限生かした夢のある姿を描いていきたい」と強調した上で、「自由な発想」で議論するよう委員に求めたのは事実上の白紙に軌道修正した形だ。

この知事の発言を巡っては、都庁内から「知事が具体的に食のテーマパークを語りたいと話すと委員が忖度すると考えたのではないか」との肯定的な見方がある一方、「知事は築地再開発も、やる気を失っているのでは」「議論が振り出しに戻ってしまった。これでは築地に戻りたい市場業者を逆なでしている」との厳しい声も上がっている。委員への配慮か丸投げかは不明だが、築地市場の水産仲卸を豊洲に移転した後に築地に戻す方針は残ったままだ。

ゼロベースで議論するとはいえ、一部の水産仲卸が求める食のテーマパークが整備されなければ、業者の批判は避けられない。一方で、検討会議の委員が食の関連施設を求めているため、築地再開発の視点に盛り込まれれば、豊洲市場内に整備する観光施設「千客万来」との整合性が再燃する。

検討会議の委員10人の考えは十人十色であるものの、都庁内から「夢物語にならないか」「うまくまとまるか」など懸念の声もある。だが、検討会議での議論のポイントとして、「千客万来」との整合性だけでなく、東京五輪後は不況に陥るとの予測があり、収益性の議論も避けては通れない。（石）

官民プロモ組織創設へ
国際金融都市構想
「あり方懇」が最終まとめ案

都は13日、国際金融都市・東京のあり方懇談会の最終会合（第8回）を都庁第一本庁舎で開き、「最終とりまとめ」案を示した。同案では、官民一体の海外プロモーション組織の創設や、新興資産運用業者の育成など日本初となる取り組みが盛り込まれた。「国際金融都市・東京」をキーワードに、小池知事肝煎りで昨年11月に始まった同会合。都は同案を受け、来月に「東京版金融ビッグバン構想」を策定する。知事は「これからはアクションの時代」と話し、取り組みの具体化を強調した。

「議論が冷めないうちに早速、進めていきたい」。小池知事は13日の会合で、官民一体の海外プロモーション組織設立にゴーサインを出した。約1時間の会合のうち、衆院選の応援演説を控えながらも30分間出席し、国際金融への関心の高さを示した。

最終案は、プロモーション組織の設立と、新興資産運用業者の育成を目指す「EMP（Emerging Manager Program）」の導入が柱。

このうち、プロモーション組織は、海外の事例を参考に方向性を提示した。同組織は海外金融企業の誘致活動に加え、将来的には資産運用業者の育成なども担うことを想定。政策企画局によると、約100億円規模の財団法人を官民で設立し、都が約半額を出資する構想だ。

海外では自治体主導や国営による運営形態もあるが、最終案では都と民間が中心に運営し、国とも連携する枠組みを示した。民間団体はこれまでの会合で、日本取引所グループや全国銀行協会など多数が候補として挙がっていた。

知事は「組織の構成や事業の内容、運営方法など、英知を結集して具体化していきたい」と意欲を示した。

一方、EMPは全国初の取り組みで、機関投資家などが資産運用業を志す候補者を発掘の上、資金を提供するなどして若手業者の育成を支援する事業。海外では米国最大の公的年金基金「カルパース」や、シンガポールの政府系ファンド「テマセク」などが手掛けている。一方、日本にはこうしたハイリスクの投資を行う金融業者が存在せず、出遅れているのが現状だ。

都は現在、GPIF（年金積立金管理運用独立行政法人）などの大手機関投資家と調整中で、近く連携先を公表する見通し。都も約3億円の補助金を投入する考えで、「東京版EMP」を来年度に創設する。

また、最終案では法人税の見直しにも言及し、「都自らが身を切る努力をし、国とも連携して対応する必要がある」とした。

さらに都は、9月の国家戦略特区諮問会議で資産運用業と金融とITを融合したサービス「フィンテック」の税制優遇の特区創設を提案。一定の条件を満たした法人の事業所得を20％控除する仕組みで、来年度の税制改正に向け、内閣府は財務省に一定の金融業を対象に加えるよう要望している。

「東京とロンドンに相互利益をもたらすだろう」。10月13日の会合では、都がシティ・オブ・ロンドン（ロンドン中心部にある金融街）と金融分野で交流・協力する合意書を締結することも発表し、次期同ロンドン市長のチャールズ・ボウマン氏がビデオメッセージを寄せた。金融教育面では、首都大学東京と現地の大学との連携も想定している。

会合であいさつする小池知事＝13日

長谷川氏と猪熊氏が就任
小池都政初の副知事人事

「東京都副知事に任命する」。小池知事が都庁第一本庁舎7階の特別応接室で辞令交付を行った。知事は、緊張した表情の長谷川明政策企画局長と猪熊純子会計管理局長に辞令を渡した後、2人にゆっくりと歩み寄り、「よろしくお願いいたします」と笑いながら声をかけ、握手を交わした。

2人は16日付で副知事に就任し、副知事は留任の川澄俊文氏と合わせて3人体制となった。小池都政で初めて行われた副知事人事に対し、庁内からは「五輪準備や市場移転など課題が山積する中で、副知事は4人いないと厳しいはず」との声が上がっている。

＝4面に関係記事

中防埋立地帰属
江東86％、大田14％に
都自治紛争処理委員が調停案

江東区と大田区の申し立てにより、中央防波堤内側・外側埋立地の境界画定に向けて検討を行っていた都の自治紛争処理委員は16日、江東区約86％、大田区約14％の面積割合で帰属させる調停案を示した。

江東区には、内側埋立地全域と、外側埋立処分場のうち北東側に位置する「その2」全域と南西側に位置する「その1」の一部を帰属させる。大田区には外側埋め立て処分場「その1」のうち、臨海トンネルが接続する西側の一部を帰属させる。都が整備を進めるコンテナ埠頭が含まれる。

検討に当たり、自治紛争処理委員は、両区の現在の水際線を起点とする等距離線（江東区側449・2㍍、大田区側540㍍）を最も重要な要素とした。また、都内で発生した廃棄物の処分地として埋め立てられてきた経緯から、廃棄物処分に関する両区の関わり方も考慮。廃棄物等への搬入は、大半が江東区経由で行われたと指摘した。

一方、大田区が主張していた海苔養殖の歴史等に関しては、「漁協等が特定の水面で漁業を営む免許を得ていたとしても、特別区が当該水面たる区域に対し、支配・管理・利用等をしていたということはできない」とした。

今後は両区が調停案を受諾するか審議することになる。受諾に当たっては地方自治法で議会の議決が必要になる。いずれかの区が調停案を不服とする場合などは裁判所に提訴できるが、今回は両区とも原則、調停案を受諾することを前提に調停申請している。

調停を受け、江東区の山﨑孝明区長は16日の記者会見で「中立的で合理的な判断がなされた」と高く評価する一方、「全島帰属を主張したが、五輪前に決めようと両区が固く約束した以上、多少不満があっても受け入れるべき」との考えを示した。25日の10月議会最終本会議までに結論を出す考え。

大田区の松原区長は主張していた海苔養殖の歴史的経緯が反映されず、また調停案が現在の水際線による等距離線を基準に示されたことから「本区の主張とは大きく異なる。72万区民を代表する区長として、これを受け入れることはできない」とコメントした。

夜間定時制の募集停止
都立雪谷、来年度から
都教育委員会

都教育委員会が12日に都庁第一本庁舎で開かれ、既に廃止が決定している都立雪谷高校の夜間定時制課程の生徒募集を来年度から停止することが決まった。また、同じく廃止する都立港北及び、敷地内に夜間定時制の代替となる引きこもり経験者らの入学を想定する「チャレンジスクール」を設置予定の荒川商業についても2019年度から生徒の募集を停止する見通しを示した。来年10月ごろ、正式に決定する方針。一方で廃止の受け皿として、六本木、大江戸、桐ヶ丘の3定時制高校は来年度、生徒募集を各30人分増やす。

都は16年2月、「都立高校改革推進計画・新実施計画」を策定し、夜間定時制高校全44校のうち、小山台、雪谷、港北、立川の4校を廃止することを盛り込んでいた。近年は夜間定時制の生徒は働きながら通学する若者が減少。16年度は全44校のうち19校が1学年1クラスとなり、在籍生徒数も1クラスの定員30人に対して平均18人となるなど小規模化が進んでいた。都教育庁はその他の廃止計画について「夜間定時制課程の募集状況や増学級の準備状況などを見ながら、毎年度判断していく」と話す。

一方で同日の教育委員会では、2校の新設計画がある「チャレンジスクール」のコンセプトをまとめた報告書が示された。同スクールは荒川商業高校の敷地（足立区）に22年度の開校を目指すほか、23年度には多摩地域で初めて立川地区に開校する方針。同スクールは現在23区内に5校ある。

冗句ジョーク

東京湾埋立地の帰属問題、自治紛争処理委結論は江東区86％、大田区14％

「江東ハロー、大田イーヨ、ダジャレかよ」
——全面領有を主張していた両区

安全都市ランク
東京が世界1位

都政策企画局は12日、イギリスの国際政治経済誌『エコノミスト』の調査研究部門が実施した世界60都市の安全性で、東京が総合ランク1位に選ばれたと発表した。初めて行われた2015年に続き、2回連続の1位となった。

今回の調査は、①サイバーセキュリティー②医療・健康環境③インフラ④個人——の4分野の安全性を対象に評価。東京は①が1位、②が2位、③が12位、④が1位だった。総合で2位はシンガポール、3位は大阪が続いた。

小池知事は「3年後の東京オリンピック・パラリンピックを控え、東京が世界一安全な都市になることは大きな目標。東京がこれからもセーフティーシティーとして一層努力していく」とコメントした。

都政の東西
「共闘」の行方

発達した資本主義国で社会主義・共産主義を目指すのは21世紀の新しい世界史的な課題だ——。日本共産党が2004年1月に改定した綱領の最終章にはこう記されている。同党はあくまで資本主義の「次」の国家像を見据える。

だが一方、そうした考え方も軟化傾向にあり、とりわけ安倍政権が安保法制や共謀罪などで強行姿勢を貫く中、野党共闘にかじを切り出した。来る衆院選でも、東京選挙区では計8区で党の候補者を下ろし、立憲民主、社民両党と候補者を統一。野党共闘の継続を印象付けた。同党東京都委員会は「我々も変わらなければならない」と語る。

翻って都政ではどうか。憲法改正や安保問題など、国政では大きな争点で他党と一定の一致点を図れているが、今のところ都政ではそうした政策が見当たらない。市場移転問題も共産党は唯一、現地再整備を訴え、他党との足並みはそろわない。他方で某共産都議は「そもそも民進都議の人数が少ない」ともこぼす。

その民進党は希望の党への事実上の合流により、旧民進党系の議員を中心に、立民を設立。報道各社の世論調査では、公示前の15議席に対し、倍増や40議席超との見方もある情勢で、リベラル支持層の受け皿として躍進する公算が大きい。

こうした中、都議会に立民の新会派は誕生するのか。今月上旬には複数の民進都議が都民ファーストの会に合流するとの観測が広がった。具体化は衆院選後の見込みだが、第4回定例都議会後には都民ファの立民系譜の都議が離党するとの見方もある。

都議会にリベラル会派が立ち上がり、軟化する共産党と共闘を強める展開が都政で実現する日は来るだろうか。

衆院選
区割り変更　混乱徐々に
選管　有権者への周知に苦心

今回の衆院選では、東京の全25選挙区中21選挙区で区割りが変更された。区部では港、新宿、台東、品川、目黒、中野、杉並、豊島、板橋の9区が二つの選挙区に分割され、大田、世田谷、足立、江戸川の4区で分割されるエリアが変更された。7月に改正公職選挙法が施行され、各区の選挙管理委員会では、区割り変更の対象となる有権者への周知を進めてきたが、10日の公示以降、住民からの問い合わせが後を絶たず、選管事務局職員も周知方法に頭を悩ませているのが実情だ。

「この人はどっちの選挙区？」「10区です」「別の選挙区ね」――中野駅北口駅前広場で行われていた街頭演説に足を止めかけた主婦2人連れは、選挙ビラを受け取らずに去って行った。

中野区は前回までは区内全域が東京7区に属していたが、区割り変更に伴って区南部が東京7区、北部が東京10区に分割された。選挙人名簿登録者数は東京7区が約14万人、東京10区が約13万9千人で、区内をほぼ二分する格好だ。区選管事務局では、区報や町会・自治会の掲示板、回覧板などで周知を進めてきたが、解散総選挙が決まって以降、選挙区に関する問い合わせが寄せられるようになったという。

このため、投票所入場整理券の郵送時に、東京10区に編入された有権者向けに改めて区割り変更を知らせるビラを同封した。また、立候補者のポスター掲示場には選挙区が属する住所を張り出して注意を呼び掛けている。

選管事務局では「現時点で大きな混乱はない」としているが、区割り変更に戸惑いを感じている有権者は決して少なくない印象だ。

11日からスタートした期日前投票では、同区は区役所本庁舎に限り、両選挙区の投票を受け付けている。東京7区は1階の特別集会室、東京10区は1階ロビーに仕切りを設けて特設会場を開設した。ただ、正面玄関を入ってすぐの位置にある東京10区投票所と比べ、東京7区投票所は通路奥に位置しているため、誘導員に投票場所を確認する有権者の姿が数多く見られた。

単一選挙区が新たに分割された区は、いずれも有権者への周知に苦心している。

目黒区は全域が東京5区だったが、区役所本庁舎を含む北部エリアの一部が東京7区に編入された。選挙人名簿登録者数は東京5区が約15万7千人、東京7区が約7万6千人となる。区選管では8月から町会向けに8千枚の周知ビラを配布しており、告示前日の9日には臨時区報を発行。また、東京7区の有権者向けに郵送した投票所入場整理券に注意喚起文を同封し、ポスター掲示場にも区割り変更を示すポスターを張る枠を設けて周知している。

しかし、区割りに関する区への問い合わせは後を絶たず、有権者に戸惑いが見られる。区本庁舎前に設置された東京7区の選挙ポスターを見ていた70代の男性は、「知らない候補者ばかりで、投票に行くか迷っている」と語った。

一方、区割りの分割エリアが変更になった区も対応に手を焼いている。

このうち大田区では、約1万6千人が東京3区から東京4区に編入されたことを受け、区報などで全区民にPRしてきたが、公示後は編入対象者に絞った周知に切り替えた。区内の選挙人名簿登録者数は約61万人で、全有権者に区割り変更を周知することで、変更がない有権者に混乱が起こるのを防ぐのが狙いという。区選管職員は「わずかな変更と思われるかもしれないが、だからこそ、これまで以上にきめ細かな対応が求められる」とため息交じりに語った。

中野区では、ポスター掲示場の右下と左下の枠を使って区割り変更をPRしている

大学定員抑制
各区議会で不安の声
「例外」の実現に注力

文部科学省が9月29日、来年度以降の23区内の私立大学の新・増設を抑制する新基準を告示したことを受け、区議会から不安視する声が上がっている。パブリックコメントで反対意見が相次いだことから、19年度の抑制対象は緩和された格好だが、複数の区で大学の新キャンパス開設が予定されている2020年度以降の対応方針は国の有識者会議が年内に最終報告をまとめるとしており、各区の計画が認可されるかは不透明なままだ。

「計画が白紙になるかもしれないという危機感を持って早く決めていかなくては」。文科省の新告示に際し、墨田区議会企画総務委員会では公明党区議が懸念を示した。

同区には大学の本部キャンパスがなく、約10年間にわたり区立小・中学校跡地への大学の誘致活動を続けてきた。区は同委員会で、今年3月に進出を発表した千葉大学に続いて他の大学とも交渉していると報告した。

同区の企画経営室は「交渉中の学校法人も強い進出意欲を示している。国の意向を確認しながら、早期に公表できるよう進めていきたい」と答弁した。

文科省の新告示では、私立大学・短期大学に関し、18年度の定員増、19年度の大学の新設を認めないとする設置基準を特例告示として定めている。当初規制する方針だった19年度以降の定員増と学部新設などは有識者会議の最終報告で対応を定めると先送りした。

来年度以降でも新増設を認可する例外では、定員増のための校舎整備を今年6月までに機関決定し、それを示す書類がある場合や、大学を新設することを刊行物やインターネットで今年9月までに公表しているケースなどを挙げている。

北区では、埼玉県内にある東洋大学の「ライフデザイン学部」を21年4月に区内の赤羽台キャンパスに移転する計画がある。同学部は福祉や教育の支援など幅広い分野を研究する学部で、連携事業により地域課題の解決につなげようとの区の期待が高い。

大学側は8月に移転計画を正式に発表しており、「移転は告示の対象となる『申請』ではなく『届け出』となるため、計画には支障がない」としている。だが、区議会からは移転の実現を不安視する声が上がり、区に対して他区と足並みをそろえて国の抑制の動きを注視すべきとの見方も出ている。

また、足立区でも懸念の声が上がる。近藤やよい区長は「（都心と地方が）教育の質で競争し合う関係が正当」と指摘した上で、「一定程度進んでいる計画については、現実的な路線で調整していく必要がある」と主張する。区内には5大学がキャンパスを設置し、21年には文教大学が新キャンパスを開設する予定だ。当面は文教大学の開校が実現するよう、大学や国と情報共有して計画を進める考え。

いずれの区も、大学との関係を確保した上で、引き続き交渉や手続きを進める方針だ。

国の定員抑制策に対しては、私立大学側の反発も根強い。全国の4年制私立大学約120校が加盟する日本私立大学連盟は9月27日、「地方創生に係る要望書」を文科省に提出。例外ケースについては第三者機関を設けて各ケースごとに妥当な判断をすることや、機関決定や公表の有無にかかわらず、具体的な計画があるものは定員増を認めるよう求めている。

同連盟の坂下嬢子事務局長は「社会イノベーションに寄与する事業が規制されないよう、例外ケースをどれだけ作り出せるかが重要になる」と話し、20年度以降の抑制を法律による恒久的な措置ではなく一時的な措置とすることで、方針を見直す余地を残すよう求める考えだという。

こうした反対意見に対し、文科省は「23区内の大学の抑制方針は変わらない。例外規定は、申請を受けて個別に判断していくことになる」（高等教育企画課）と話している。

足立区
幼児期プログラムを改定
小1プロブレム防止強化

足立区は、区独自の5歳児向け教育プログラムと小学校の初期カリキュラムとの一本化を目指す。今年4月に国が「幼稚園教育要領」「保育所保育指針」「幼保連携型認定こども園教育・保育要領」を改定したのを受けた取り組みで、担当課によると、一本化の動きは23区でも先駆的だという。

国の改定では、小学校進学時に環境の変化や学習になじめない「小1プロブレム」の防止が主眼となっている。このため同区も、2011年度に策定した「あだち5歳児プログラム」を改定し、就学前に学んだ知識や経験のつながりが小学校入学後に実感できる教育を目指す。

プログラムの改定で食育を充実させる

例えば、区が子供の貧困対策として力を入れている食育の一環で、未就学児向けの調理体験を充実させる。小学6年生までに炊飯やみそ汁を作れるよう体系的な学習を図る。

改定のための検討会を9月に立ち上げており、メンバーとして幼児教育や運動発達に詳しい学識者や、認可・認証保育所の職員らが参加。月に1回のペースで1月まで会合を開いた上で、3月にプログラムを改定する見通し。

区就学前教育推進課は「幼児期教育の重要性が高まっている。子供の成長には経験を積み重ねていくことが大事だと示し、広めていきたい」と話している。

台東区
地方業者との商談会開催
宮城や栃木から酒類出展

台東区は20日と21日に、区内の小売・飲食・宿泊業者らと地方の製造業者とのビジネス機会を創出する「ふるさとビジネス商談会」を開催する。2回目となる今年は、姉妹友好都市を始めとした全国10市町が酒類を出展する。

商談会は物産展の一環で開催する。区によると、昨年度は出展品目が米や肉、野菜の加工品など多岐にわたったため業者が目当ての商品を見つけられず、商談がまとまったケースが数件にとどまったという。

この反省を踏まえ、今年は品目を絞り、姉妹友好都市で生産地が多い酒類を扱うこととした。姉妹都市提携を結ぶ宮城県大崎市産のクラフトビールや友好都市の栃木県日光市産の地酒や焼酎などの製造業者が出展する。

区都市交流課は「当日は経営セミナーを同時開催するほか、試飲時におつまみを用意するなど楽しんでもらえる企画も用意している。多くの来場者を集めたい」と話している。

自治体政策のススメ
LGBT施策の課題⑦
渋谷区男女平等・ダイバーシティ推進担当課長　永田　龍太郎

性的少数者のための「にじいろ電話相談」

渋谷区では支援事業として、LGBT当事者とその家族や友人向けの電話相談を月2回開催しています。しかし、当事者において「行政がLGBTを支援する」というイメージが薄いため、区の各種広報に掲示しても情報が届かず、周知が課題となっています。

一般社団法人社会的包摂サポートセンターが常設する電話相談「よりそいホットライン」は当事者内でも認知度が高く、常に回線がパンク状態と聞きます。一方、それとは対照的に、行政や弁護士など専門家の団体による電話相談には、なかなか当事者からの相談が寄せられません。

これを解消すべく、区がコミュニティースペース事業を委託しているNPOの広報に相乗りすることで、徐々に相談数は増えていますが、最も孤立している子供と保護者への周知という点では、いまだ課題が残っています。

相談内容ですが、単純なセクシュアリティーの悩み相談は少なく、「トランスジェンダー×医療受援の困難×メンタルヘルス×就労困難による貧困」といった複合的なものが多い傾向です。また、具体的な支援相談よりも傾聴を求める方が多く、人間関係の孤立の深さがうかがえます。

ひと昔前には「LGBTは可処分所得が高い」といった報道が見られました。しかし、実態は必ずしもそうではありません。医療や福祉の門戸の多くがLGBTに対して開かれているとは言い難い社会的排除の状況にあり、孤立の中で貧困や困難を深めるLGBT当事者が数多く存在します。「差別や偏見なく対応してくれるか、不安で生活保護やDV相談のドアをたたけない」といった声が当事者からも聞かれます。

既存の女性・男性向け、異性カップル向けのセーフティーネットをLGBTに対応させることは既存事業の延長線上にあるため着手しやすく、かつ多くのLGBTにとって喫緊の課題の解消にもつながります。渋谷区でも今後の検討だと考えています。

性的少数者のためのにじいろ電話相談＝毎月第2・4土曜日、午後1時～午後4時、☎03・3464・3401

民泊条例で意見募集
住専地域月～木禁止
新宿区

新宿区は、民泊新法（住宅宿泊事業法）が来年6月までに施行されることに伴い、区が事務処理権限を受けて制定する条例骨子案を公表し、18日までパブリックコメントを行っている。

国が9月に示した民泊新法施行令案では、営業可能日数を年間180日以内とした上で、区域ごとに民泊営業を行ってはならない期間を条例で指定できるとしている。これを受け、条例骨子では民泊営業による生活環境悪化の防止を目的に、第1種低層住居専用地域など都市計画上の住居専用地域では、毎週月曜日から木曜日まで民泊を営業できないこととした。

また、民泊事業者に対し、近隣住民に商号や民泊営業の開始日、連絡先などを区への届け出の7日前までに書面で通知するよう独自に義務付けた。

区はパブリックコメントに寄せられた意見を踏まえ、11月29日に開会予定の第4回定例区議会に条例案を提出する方針。

沖縄ヘリ墜落で再発防止を要請
港区

港区と港区議会は12日、「米軍ヘリコプター事故に関する要請書」を小野寺五典防衛相に提出した。11日に沖縄県の米軍訓練場付近で発生した米軍ヘリの炎上墜落事故を受け、防衛省に対して事故原因究明と再発防止を米国に求めることを要請した。

同区には23区内で唯一となる米軍のヘリポート「赤坂プレスセンター」がある。要請書では、基地の早期撤去も求めている。

記者席
評論家然の姿勢は相変わらず

○……昨年6月、舛添前知事が辞任する中で3副知事が誕生したと思ったら、つかの間、そのうちの2人がわずか1年4カ月で退任した。約5年務めた安藤副知事も合わせると3人だ。都は、五輪準備で優秀な幹部職員を五輪組織委員会に派遣しているため、都庁内の人材が枯渇している状態だ。都幹部の一人は「まだ活躍できる副知事を退任させたのは、都政の宝を失ったことに等しい」と嘆いた。

小池知事は食品ロスなどに高い関心を示しているが、今回の副知事退任は「まさに使い捨てではないか」との声が都庁内から聞こえてくる。知事の「もったいない」精神はどこに消えてしまったのだろうか。

○……小池知事が代表として率いる希望の党が失速し、がぜん、元気になってきたのが舛添前知事。最近はテレビやネット番組に引っ張りだこだ。

15日のTBS系「サンデー・ジャポン」でも、小池知事が衆院選に出馬しなかった理由について、「女性初の総理大臣になることが目標で、目の前にそういうポストがあればやる。でも世論調査を見たら希望の党が失速しているから」とドヤ顔で解説していた。

上山信一特別顧問はツイッターで、「まとわりついて邪気をまき散らすといずれは貴方が邪気になって散り失せる。ご供養、申し上げたい。合掌」と、亡霊のごとく現れる舛添氏の〝成仏〟を願っていた。

○……日本を代表する女性シンガー・ソングライターの松任谷由実さん。『卒業写真』などの名曲で幅広い世代の人気を集めている。

世田谷区は区制施行85周年で区内在住の松任谷さんを名誉区民に選定し、8日の記念式典で顕彰した。しかし、会場モニターでは誤って「由美」と紹介。慌てて修正する一幕があった。実は区が松任谷さんの名前でミスするのは2回目で、7月の定例会見の映像でも「由美」と記載し、保坂展人区長が修正を命じていた。

松任谷さんの代表曲の一つに『リフレインが叫んでる』があるが、繰り返し（リフレイン）のミスに、この曲が頭に浮かんだ職員も多かったのではないか。

持続可能性の試金石に

多摩の振興プラン①　格差から発展へ

ニュータウン再生

都は9月に策定した多摩の振興プランで、多摩地域が目指すべき地域像や施策の方向性をまとめた。多摩地域ではこれまで「三多摩格差」の解消が進められてきたが、区部よりも進んだ少子高齢化や空き家率の増加など、課題はいまだに山積している。一方で、広大な多摩地域はエリアごとに強みや弱みも異なることから、区部との「格差解消」だけではなく、地域ならではの未来像を描いていく必要がある。新たなプランに基づく多摩振興の行方を5回で分析する。

多摩市諏訪二丁目に位置する地上14階分譲マンション。噴水付きの広場にはコミュニティーカフェが入居し、親子連れの憩いの場になっている。隣接する児童館や遊歩道からは子供たちの笑い声が響き、散歩中の高齢夫婦が温かく見守る。多摩ニュータウンの一角では多世代の暮らしが実現し、老朽化や住民の高齢化によって「オールドタウン」と呼ばれた光景は見当たらない。

この「ブリリア多摩ニュータウン」は、団地の管理組合が主導し、国内最大の団地建て替え事業として2013年に竣工。老朽化した築40年の6階建て団地を高層化し、住戸数は640戸から1249戸に倍増した。子育て世代が入戸したことで、地区の高齢化率は32%から24%に大きく低下した。

開発から40年以上が経過した4市にまたがる多摩ニュータウンは、施設の老朽化や住民の少子高齢化が進んでいる。現在は住民の数も横ばいだが、今後は減少に転じる見通しで、初期に竣工した多摩市内の区域では2050年には人口が27%減になる推計もある。

都は多摩の振興プランの中で、将来の地域像の一つに「サステイナブルなまちづくり」を掲げ、当面の取り組みとして多摩ニュータウンを始めとする大規模団地の再生を行うこととした。今年度中に再生に向けたガイドラインを策定するほか、約3900戸の都営住宅を計画的に建て替え、20年度までに一部竣工する予定だ。

都はガイドライン案の中で住環境の拡充とともに「多世代都市」や「外国人技術者、留学生の拠点」となる可能性などを示しており、将来的な技術革新も踏まえて、イノベーション創出による地域の活性化の役割を期待する。

だが、現在生活している住民を無視して「再生」を進めることはできず、都の描く多摩地域の青写真は、現地の住民や自治体とは同床異夢の面もある。

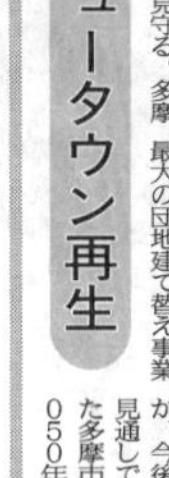

建て替え分譲マンションには、子育て世代の姿が多い＝諏訪二丁目で

都が「多世代都市実現の成功例」として示す諏訪地域も全地域でのモデルとはならず、「今の形の団地が好きという住民もいる。建て替えがまとまる場合もあれば、リノベーションがふさわしい場合もあり、決めるのは当事者だ」（多摩市都市整備部ニュータウン再生担当）と話す。

分譲、都営、UR、JKKなど、関わる当事者も様々だ。都都市整備局は「地域の活性化につなげるために、都市づくりをどのように誘導できるか検討していく」と話し、まちづくりの主役である所有者にどう働き掛けていくかが鍵となる。

■他エリアでの応用も

約3千㌶の多摩ニュータウンは、地域によって状況が異なるのも特徴だ。住環境が違えば、生活支援や空きストックの活用、住み替え支援など、必要とする取り組みも違ってくる。

八王子市都市計画部は「市内の多摩ニュータウンは地域ごとの状況が異なっており、初期に入居した地域や、現在も整備が進むエリアなど多様性がある」（都市総務課）と説明する。市は将来像等を定めるため、今年度から懇談会を設置。18年度以降に多摩ニュータウンのまちづくり方針を策定する予定だ。

市内全域と比較すれば多摩ニュータウンの高齢化率は低いが、大規模団地に一斉入居した住人が同時に高齢化する点には危機感を抱いており、若者の定住化を目指して首都大学東京の学生と高齢者との交流などのほか、全国的な先行事例なども検討していく方針だ。

「高齢化や空き家といった課題はこの地域に限った問題ではなく、竣工時期や規模が異なる団地でもいずれ出て来る。多摩ニュータウンでの検討は別の場所でも応用が効く」（同担当）と話す。

多摩ニュータウンは、歩車分離の徹底や身近に豊かな自然があるなど、住環境として優れた面も多く、建物の建て替えや集約化によって多世代が住む街に生まれ変わるポテンシャルは大いにある。

ニュータウン再生の青写真は、持続可能な東京を実現するための試金石と言えそうだ。

町田市　喫茶店で認知症支援

市民との交流の場に

「Dカフェ」記者も参加

町田市は10月から、認知症患者を支援し、市民への啓発を図る取り組み「Dカフェ」（Dementia＝認知症）をスタートした。市内8店舗のスターバックスコーヒーで毎月1回実施し、当事者や支援者、一般の市民らの交流機会にする。認知症は誰もが発症しうる一方、病気を受け入れられず悪化させてしまうケースや、引きこもりがちになるケースもあるという。記者もカフェに参加し、認知症当事者の声を聞いた。

「全然当事者に見えないでしょう」。町田市のNPO法人「認知症フレンドシップクラブ」の支援者が紹介してくれた男性の1人は、会話に違和感は全くなく、快活にコミュニケーションを取っていた。その様子は生活に何の問題もないように見えるが、実際には仕事を引退後に認知症を発症。「昔のことは鮮明に覚えているが、最近のことは忘れてしまう。記憶がまだらになる」という。ある時、出かけている最中に自分がどうしてそこにいるのか分からなくなった。「どうしたらいいかパニックになった」とその恐怖を話す。そうした失敗を経験し、そのまま外出ができなくなってしまう人も多いという。

NPOの担当者は「出かけたい、話をしたいと思っている当事者はいる。Dカフェは頑張るためではなく、不安を解消するための場所」と説明する。おしゃれなカフェを会場としたのも、当事者が訪れやすくするためだ。

町田市高齢者福祉課は「デイサービス施設の一角では参加したくないという当事者もいる。カフェで実施することで市民への周知にもつながり、認知症に優しいまちづくりを進めていく」と説明する。

全国と比べて市内に認知症が多いというデータはないが、「行政が行える医療的支援には限界があるが、多くの人が考える場を提供することも支援になる」（同担当）との考えから、NPOと連携した取り組みを進めている。

一方、認知症の当事者と企画段階で衝突が起こる場合もある。

9月に同市とNPOが協働で実施したイベント「注文をまちがえるカフェ」は、認知症患者がオーダーや配膳、接客を行う取り組みで、全国的にも注目度が高く、多くの来場者が認知症を身近に感じる機会となった。だが、実施には1カ月に及ぶ喧々諤々の議論があったという。

「注文なんて間違えない」。企画の意図は失敗を受け入れる環境づくりにあったが、「失敗を前提にしている」と認知症当事者が怒り、NPO担当者は説得のための会議を繰り返した。「やらせる、という形にはしたくなかった。興味本位ではない、多くの人に知らせることが目的と伝え、ようやく実施にこぎつけた」と振り返る。

実際に行われたカフェは盛況で、来場者への啓発だけでなく、参加者にも変化をもたらした。ある認知症の男性は、家族がいなければ外出できない状態だったが、当日は妻が用事で来られず、補助員と来場。だが、補助員と引き離されてカフェに立つと、接客や注文などの業務をしっかりとこなし、周囲を驚かせた。

「できないと思いこんでしまっていただけだった。認知症になって本人が自信を失うと、周囲も失敗をさせないようにしてしまう」。後から来場した妻は夫の姿を見て涙を浮かべ、「泣いている姿は見せられない」と会場を後にした。

認知症になってもできることは多いが、失敗を恐れて消極的になり、結果として症状を悪化させてしまう。社会とのつながりを保つには行政や支援団体による場の創出だけではなく、本人の意思も重要になる。町田市の目指す「認知症に優しいまち」は、「今後認知症になるおそれのある人」の不安を取り除くことにもつながる。

Dカフェに参加した当事者の1人は「認知症になっても怖がることはないと伝えたい。初期に相談すれば日常生活は送れる」と胸を張る。

話を聞くほどに、認知症への先入観がなくなっていく。看護師や学生などの他の参加者からも、「誰が認知症の人だったのか分からない」との声が上がり、「楽しかった」「また参加したい」と口をそろえた。認知症になっても暮らしやすいまちへ向けて、歩みは着実に進んでいる。

市内のカフェで語り合う認知症当事者と支援者ら＝13日

青梅市　ローソンと買い物支援で協定

困難地域で移動販売

青梅市は12日、㈱ローソンと「買い物環境向上に対する連携協定」を結び、同社が提供する移動販売車の出発式を行った。18日から本格実施する。協定は市内の商業施設がない地域で移動販売を行い、買い物の不便を解消し、住み慣れた地域で安心して暮らせるよう支援することが目的で、同社が都内で協定を結ぶのは青梅市が初めて。

移動販売車は毎週水曜日と金曜日に、成木地区の自治会館など市内10カ所の公共施設を訪れ、ローソンの商品約300品目を販売。市は販売場所を提供する。成木地区には899世帯が住むが、山間地域でスーパーやコンビニがなく、移動販売の仕組みもなかった。

今後は協定に基づき、ローソン本社が移動販売車などの設備を提供する。販売は市内でローソンを経営するオーナーが行い、住民からの要望で品ぞろえなども工夫していく予定だ。

週2回の販売について、ローソンの担当者は「困難地域の住民は週末に買い物をする人が多く、週の半ばや後半になると足りないものや欲しいものが出てくる」と説明。収益性については「地域支援が目的の一つで、売り上げ計画に到達しなければやめる、という取り組みではない」と話す。市内には他にも買い物困難地域があることから、市との協議の上で範囲を拡大していく。

ローソンはこれまで広島県神石高原町、佐賀県吉野ヶ里町、神奈川県川崎市、大分県杵築市で移動販売の実績があり、多摩地域全体での需要も高いと見ている。今後は都内の他自治体での事業展開も検討していく方針。

移動販売車の出発式に参加する浜中啓一市長（左から2人目）＝12日

福祉会館関連で上程見送り

小金井市議会

小金井市は6日の第3回定例市議会本会議で、提出予定だった旧福祉会館の地上権に関する和解案の上程を見送った。最終日2日前に送付した追加議案に対し、一部市議や市民から異論が挙がっていた。

小金井市の旧福祉会館は老朽化のために昨年3月に閉館しており、市は新たな福祉会館の建て替えに向けて基本計画の検討を進めている。一方、解体する予定の旧福祉会館は市内の宗教法人と年額934万円の地上権設定契約を結んでいる。2027年まで存続期間が残っていることから、合意解除・精算のため、議会の承認を得る必要がある。

今回、市は議案を議会に諮ることなく撤回したが、今後の再提出や見直しについては未定だという。

クリーンセンターがグッドデザイン受賞

武蔵野市

武蔵野市で今年4月から稼働した武蔵野クリーンセンターが4日、今年度のグッドデザイン賞を受賞した。同センターは、低炭素社会実現のためのごみ焼却施設として地域に開放し、通常は閉じている工場内を見える化。自由に見学できるコースやイベントの実施が可能なオープンスペースを備え、「市民がごみ問題に向き合える拠点」としての役割を担っている。

受賞に当たり主催者側は、迷惑施設となりがちなごみ焼却施設が、塀をなくして周辺の広場とつながる開かれた施設となっていることなどを評価した。

武蔵野市は基本計画やデザイン調整などを担当し、設計・施工を行った事業者らとともに同賞に応募していた。

グッドデザイン賞は、公益財団法人日本デザイン振興会が主催し、物事の本質を捉えていることや、創造性を発揮していることなどを基準に応募作品を審査。受賞すれば「Gマーク」を掲げることができる。受賞作は11月1～5日、東京ミッドタウン内に展示される。

国分寺市　再開発地区は「ココブンジ」

市民投票で愛称決定

cocobunji
ココブンジ

国分寺市は12日、国分寺駅北口地区の再開発タウンネーミングを「ココブンジ」に決定し、ロゴデザインを公表した。来年4月の開業時イベントで、最優秀作品と最終候補を表彰する。

同再開発事業では、メーンコンセプトである「にぎわいと交流の都市空間」にふさわしい愛称を、市民や在勤・在学者から募集。370点の作品から優秀作3品を選び、今年7月に市民投票を行った。

その結果、公共施設や商店会での投票では他の候補作品「ぶんテラす」への得票がもっとも多かったが、市内小・中学校の児童・生徒らは「ココブンジ」を支持。逆転で最優秀作品が決定した。

「ココブンジ」には人のつながりやにぎわいをイメージした「コミュニケーション」、宇宙開発発祥の地としての「コズミック」という言葉のほか、「心地よい」という意味も含まれているという。

井澤邦夫市長は愛称について、小中学生の投票によって最終決定した経緯を踏まえ、「子供たちが大人になっても国分寺を愛してほしい。市民だけでなく、駅利用者にも親しんでもらいたい」と話した。

北口再開発地区東街区と西街区それぞれのビルからなり、住宅や商業施設、公共施設のほか、バスやタクシー専用の交通広場などが含まれている。

「食べ歩き」パンフ発行

市への愛着の個店紹介

八王子市

八王子市は5日、「人」の発信をコンセプトにした市内の個人店を紹介するパンフレット『八王子食べ歩きBOOK』を発行した。市制100周年を記念し、市外からの来街者におもてなしや魅力を発信するのが狙い。

紹介しているのは同市に愛着を持ち、店を構えた個人経営の飲食店。昼と夜の行動時間に合わせた駅周辺の店舗情報のほか、無料のWiFiスポットやエリアの見どころなども紹介し、回遊を促す。6500部を発行し、八王子インフォメーションセンターや駅周辺のホテルなどで配布する。

また、都会と自然の両方が楽しめる同市の魅力を特集したプロモーションサイトの冊子版も3千部を同時発行し、市外不動産店舗などでの配布も開始した。

「なんぶリング」でPR

南武線沿線5市

JR南武線沿線の立川、府中、国立、稲城、川崎市の5市は今秋から、共同プロモーションプロジェクト「なんぶリング」を開始した。5自治体による「南武線沿線自治体シティプロモーション協議会」の取り組みで、そぞろ歩きを意味する「ランブリング」と、自治体の輪をイメージした「リング」、「なんぶ」を掛け合わせた。沿線で行われるイベントや季節の魅力を各市の広報誌やSNSで発信する。

初回となる「秋のなんぶリング」では、立川市の「ファーレ立川アートミュージアム・デー」から、川崎市の「ハロウィンパレード」まで、各市が行う芸術関連のイベントや市民まつりなどを紹介。南武線の各駅にもポスターを掲載した。今後も季節ごとに各自治体が連携して、沿線の魅力を発信していく予定だ。

■狛江市人事異動

1日付　◎印昇任

【課長級】▽企画財政部秘書広報室長＝秘書担当主査（総務部職員課長）上田博記▽総務部総務課長（企画財政部秘書広報室長＝秘書担当主査）小川みゆき▽総務部職員課長（総務部総務課長）立道雅央

【課長補佐級】▽総務部安心安全課長補佐＝消防係長（教育部学校教育課副主幹＝学校給食係長）加藤謙司▽児童青少年部児童青少年課長補佐＝保育係長（教育部公民館副主幹＝事業係長）矢野裕之▽教育部公民館副主幹＝事業係長（総務部安心安全課長補佐＝消防係長）刈田美江子▽教育部学校教育課副主幹＝学校給食係長（市民生活部課税課固定資産税係長）◎白井悟

新旧副知事に辞令交付

「五輪成功とその先見据え」

3氏の退任に惜しむ声も

都議会第3回定例会での選任同意を受け、長谷川明、猪熊純子両副知事が16日付で就任した。13日には両氏の新任と安藤立美、中西充、山本隆3氏の退任の辞令交付が行われ、新任の2人は「知事を支え、全庁を取りまとめる役割を果たしたい」（長谷川氏）、「他の副知事と連携して、局横断的に付加価値の高い仕事ができるように職責を果たしたい」（猪熊氏）とコメント。一方、安藤氏は退任後も築地再開発を担当する都参与として残ることになり、「全力を傾ける」と淡々と語った。

長谷川氏と猪熊氏は辞令交付を受けた後、報道陣の取材に応じた。長谷川氏は「2020年大会の成功とその先も見据えて、都政の重要課題はたくさんあるので知事をしっかり支え、全庁を取りまとめる役割を果たしていきたい」と強調。22年ぶりの女性副知事に就任した猪熊氏は「都庁には『ガラスの天井』がないことを力強くメッセージとして発信している人事だと理解している。重責を感じながら頑張る」と抱負を述べた。

知事から辞令を受ける長谷川、猪熊の両副知事＝13日

これに先立ち、退任する3氏も取材に応じた。

安藤氏は辞令を受けた感想を聞かれ、「一つの区切りという受け止め以上はない」と一言。副知事退任後も都の参与を務めるが、「検討会議をうまく運営して築地の開発を進める。その点に全力を傾けていくということだと思う」と手短に語った。

安藤氏は石原知事時代の2012年、財務局長から副知事に就任。昨年の再任を経て、計4代の知事に仕えた。特に石原、猪瀬、舛添3知事が任期途中で辞職した際には職務代理も務め、都幹部の一人は「やっと肩の荷が下りたかと思ったら、参与として残る形になった。現役時代に比べれば負担は少ないとはいえ、まだ力を借りることになる」と複雑な表情。別の幹部は「職務代理3回は新記録ではないか。激動期の議会対応も含め、大変だったと思う」と苦労を推し測った。

中西氏は総務局長や産業労働局長などを経て昨年、副知事に就任。「（都庁で）いろいろな経験もさせていただき、ありがたかった。今後は難しい時代になるが、職員一丸となってしっかり頑張ってほしい」と呼び掛けた。市場移転を担任し、苦しい場面も多かったが、公平感・安定感から部下からの信頼は厚く、都幹部の一人は「知事の意向を変に忖度せず、できることとできないことをハッキリ進言していたと思う」と謝意を示した。

山本氏も昨年、オリンピック・パラリンピック準備を専任する副知事として産業労働局長から昇格。「一つの区切りで、これまでいろいろな先輩・後輩に支えてもらってここまで来られた」と振り返り、「後の人たちに引き継いで最高の大会にしてほしい」とエールを送った。庁内からは「常に都庁全体のことを考え、各所にきめ細かい配慮をしながら、戦略を考えていた」「まだ若く、これからの都庁の中枢を担うと思っていただけに、第一線から退くのは大きな損失。引き続き手腕を発揮してほしい」との評が聞かれた。

報道陣の取材に応じる左から安藤、中西、山本の3氏＝13日

ある都幹部は今回の人事について、「小池知事が自分で選任した副知事でなかったことも交代の理由としてあったのではないか。五輪準備は費用分担が決着し、市場移転は補正予算が出され、曲がりなりにも節目ということで、交代のタイミングだと考えたのだろう」と推測しつつ、「3人はいずれも人格的に素晴らしい方で、都庁を去るのは残念」と退任を惜しんだ。

都労連が7要求書提出

都小委　人事給与制度改善など

都と都労連は12日、小委員会交渉を開き、都労連が人事制度や高齢期雇用など7課題に対する要求書を提出した。

要求書のうち人事給与制度については、人事考課制度を労使交渉事項とするよう要求。また、現業職員や島しょ職員の賃金水準の改善のほか、高齢期雇用制度では定年延長の速やかな実現や再任用職員の賃金水準について抜本的な改善を求めている。

臨時・非常勤制度に関する要求書も提出し、非常勤職員については賃金水準の抜本改善による常勤職員との均等待遇の実現を、臨時職員については時間単価の改善と通勤費の完全支給をそれぞれ求めた。

さらに地公法改正などに伴う「会計年度任用職員制度」の導入に関しては、現行制度を改善する観点から検討し、労使合意により実施するよう求めている。

これに対し、都側は「職員一人ひとりの意欲と能力を引き出し、組織の生産性向上を高める不断の見直しを進めていくことが不可欠」との認識を示し、要求について慎重に検討するとした。

また、この日の小委では、6日に出された都人勧に関連して、給与制度などで議論が行われた。

都側は給与制度について、「勧告を踏まえ、職責・能力・業績などに応じた処遇を徹底する観点から、必要な検討を進めたい」との考えを示し、退職手当制度に関しては「国の動向を注視しつつ、都の実情を踏まえて検討を進める」とした。

都人勧では「国の退職手当の見直しの動向を注視し、適切に対処していく必要がある」と言及している。

一方、都労連は行政職給料表（一）1級・2級の給与水準について、具体的な見直しは勧告されなかったものの、今後の課題として引き続き検討する考えが示されたことに言及し、改めて見直しに反対する考えを示した。併せて、退職手当水準の引き下げにも反対の立場を強調している。

臨時・非常勤制度については、都側が「総務省が示した事務処理マニュアルなどを踏まえ、都の実情に合わせた具体的な検討を進めている」と説明した上で、「今後の見直しに向けた基本的な考え方を速やかに示し、議論を深めたい」としたのに対し、都労連は「法改正にのっとった制度改正を行うためだけでなく、臨時・非常勤職員が安心して働くことができる労働条件を確立するため、労使交渉に臨む」と強調した。

臨時職員の無期雇用転換を容認

首都大労使で合意「全国でも画期的」

首都大学東京と首都大学東京労働組合は16日、団体交渉を行い、昨年度までに雇用した臨時職員（アルバイト）の雇い止めをしないことで合意した。大学側は5年以上勤務した有期労働者の雇用期限を無期限に転換できる「改正労働契約法」の施行から今年度末で5年となることを契機に、雇用期間を超える臨時職員の契約を解除する方針を示していたが、職場から不満の声が上がり、組合と昨年から協議を続けてきた。

改正労働契約法は本来、労働者の雇い止めの不安を解消するために制定されたが、コストの増大や組織の硬直化などを理由に東京大学や東北大学など、全国の大学で非常勤職員や臨時職員を5年以内で雇い止めする方針が出ている。

首都大の場合は、非常勤の講師や看護師、司書などは無期雇用への転換（無期転換）を認めてきたが、臨時職員に関しては雇用期間を厳格に適用し、上限を超えて勤務している臨時職員を雇い止めする方針を示していた。

勤務期間の上限は2005年の大学法人発足以来、研究などのプロジェクトが一般的に3年程度で終了することから、雇用要綱では契約期間を3年としていたが、実際には10月現在で約60人が5年以上継続して勤務しており、そうした臨時職員の中からも将来を不安視する声が上がっていた。

また、教員側からも大学の方針を批判する意見があった。臨時職員の業務内容は資料整理などの軽作業から学科事務室勤務、秘書など様々だが、長期にわたって勤務している臨時職員の中には教員を補佐するための専門的な知識を有している場合や就職支援などで教員より経験豊富なケース、留学生対応などのために外国語を話せる人材もおり、「3年で人が変わるのは困る」「ベテランの臨時職員を失うことは大学にとってマイナス」といった意見が上がっていた。

こうした中、首都大労組は雇用契約解除の方針に反対し、臨時職員の無期転換を認めるよう大学当局に要求。大学当局と首都大労組は2月に合同現場調査を、3月に意見交換会を実施し、双方の意見を出し合いながら議論を進めてきた。

今回の合意で、首都大は臨時職員の勤務時間の上限を週31時間未満とし、週20時間未満などの短時間勤務であっても、昨年度までに雇用し、通算60カ月を超えて勤務した臨時職員は来年度から本人の申請で無期転換できるようになる。これまでは無かった定年制を取り入れ、無期転換した臨時職員はキャンパス間も含めた人事異動の対象となる。社会保険が適用される場合は大学側が使用者負担分を負担する。給与には反映しないが、モチベーション向上のための人事評価制度も導入する。

一方、組織に弾力性を持たせるため、今年度以降に採用された臨時職員は雇用期間の上限をこれまでの3年から60月（5年）へと変更し、採用時か年度末の契約更新の際に本人に上限の確認を行う。

首都大労組の小林喜平書記長は「今年度以降に採用された臨時職員の処遇などは、まだ議論する必要があるが、臨時職員の雇用形態の改善まで当局が踏み込んだのは全国的に見ても画期的で、評価できる決断。ベテランの臨時職員の力を認めることは、大学にとっても良い方向につながる」と話している。

仮設退去後も7割が都内在住

都総務局　自主避難者へアンケート調査

東日本大震災で福島県から都内に自主避難した人の約7割が、仮設住宅を去った後も都内に住み続けていると、都総務局が11日に発表したアンケート結果から分かった。

アンケートの対象は、3月までに応急仮設住宅の提供が終了し、転居した自主避難者570世帯で、うち172世帯から回答があった。

現在も都内に在住している自主避難者のうち、約6割が「東京に住み続けたい」と回答しており、福島県に戻りたいと答えた世帯は約1割だった。一方で、都内在住者の約6割は以前と同程度かそれ以上に「避難者という意識がある」「避難生活で心身に影響が出ている」と答えており、それぞれ約3割、約5割だった福島県に戻った避難者との差が出ている。

回答者の年代や世帯人数を見ると、60歳以上の高齢者が約4割を占め、単独世帯は約3割。都内在住者の1割以上は連絡・相談する相手が誰もいないと回答しており、自由意見には「なかなか地域に溶け込めない」「帰りたいが家族が病気になり、帰ることができない。東京で話のできる友人を作りたい」など声も寄せられた。

この結果を同局は、避難生活が長期化する中、高齢化の進行や子供の成長があり生活の基盤が都内に移っているが、福島第一原発事故が避難者に与えた不安は大きく、戻りたくても戻れないために心身に影響が出ていると推測しており、担当者は「結果は福島県とも共有し、今後の支援に生かしていく。戻るか、住み続けるかは避難者が決めることだが、どちらにおいても支援していく」（都内避難者支援課）と話している。

アンケートは7月31日から8月15日に実施。転居先や生活の状況、求める行政サービスなどを調査するのが目的で、福島県からの自主避難者へのアンケートは今回が初めて。

無電柱化推進で研修会

「条例施行がうねりに」　快適まちづくり支援センター

NPO法人快適まちづくり支援センター（堀過理事長）はこのほど、NTTインフラネット㈱と東京電力パワーグリッド㈱の協力を得て、「無電柱化推進に関する研修会」を都立清澄庭園・大正記念館で開催し、センター会員など約130人が参加した＝写真。

堀過理事長は冒頭、昨年12月の無電柱化推進法 [illegible] したい」と抱負を述べた。

研修会では同センターの理事が、国土交通省の「無電柱化推進のあり方検討委員会」の中間とりまとめで示された無電柱化の方向性を解説し、国の制度設計に向けて継続的に議論していく必要性を強調した。狭隘道路でも無電柱化が進められるよう、「工法や材料など技術開発に知恵を出しながら、社会的ニーズに応えていきたい」と述べた。

また、NTTインフラネットの関係者が3月に改訂された「関東地方整備局電線共同溝参考資料（マニュアル案）」の新旧比較表による改訂ポイントを説明。特に浅層埋設に関する管種と埋設深 [illegible]

訂正　10日付「五輪への航海図」で、飲食提供の委託業者の決定は来年度中でした。

退職後のリアル

しくじり都庁OBの教訓㉚

オール・アバウト・マネー③

家計調査などからの推定では、年間230万円程度という年金生活では月々約7万円近い不足となり、それが貯えの中から目減りしていくことになる。老後25年間で必要な最低の資金は1860万円という試算もあるが、生活実感から言えばまさに最低ラインといえる数字である。

それを残された退職金などで賄わなければならない。老後のライフイベントや突発的な出来事を含めたり、少しでも余裕のある生活を望んだりすれば、3千万円が必要というのが妥当な相場だと思う。こうして考えると、老後はとても大変である。

私も何度か考えたが、欲張りなことは言わないから、せめてこの不足分を補塡するくらいの月々の収入は何としても欲しい。最近は、盛んに老後の投資が喧伝されるが、私の知る限りでは、こうした危機を投資の才覚を発揮して第二の人生を豊かに送っているという元公務員は少ない。むしろそうしたマネーゲームの才覚がないが故に、職業として公務員を選んだという出自を思い出した方が賢明なのかもしれない。

漠然と老後生活を考えている段階ではアドバイスはしにくい。何となくやっていけそうだし、老後はあまりあくせく働くこともないだろうという、リアリティーがない中で老後を考えるのは無理だからだ。できれば具体的な数字を前提に、多少の危機感をもってもらった方がいい。

印税生活は楽じゃない

現在、私は（一社）職場のハラスメント研究所の活動を中心に、講演や月刊誌の連載原稿執筆などで生活している。それ以外にも役所の各種委員会の委員や大学や企業のスーパーバイザーなども頼まれており、そこそこ忙しく暮らしている。

こんな紹介をすれば「夢の印税生活」と思われるかもしれないが、見かけほど楽ではないし、それで食べていくレベルになるには大変だ。振り返れば、私もこれまでに本を出したり講演を数多くこなしてきたが、あくまで「結果として」である。

（金子雅臣）

五輪への航海図 ㉑⑧

開催まで あと1011日

シドニーの教訓②

活気を取り戻した遺産

大会の中心会場として建設されたシドニーオリンピックパークは、レガシーが残る場として日本からの視察者も多い。現在は有益なレガシーと捉えられるが、大会直後にはイベント開催数が激減し、莫大な維持費から「負の遺産」になると危惧されてきた。

パークは約760㌶の土地に競技施設、商業施設、選手村、公園が整備された巨大な複合エリアである。このうち選手村は大会後に「ニューイントン」という街として分譲されたため、これを除いた約640㌶をニューサウスウェールズ州政府が設立した「シドニーオリンピックパーク協会」が管理・運営している。

同協会は2002年、パーク運営のマスタープランを策定し、同地の開発を続けることで1万人の就労者と3千人の居住者を呼び込む目標を掲げた。05年以降、4大銀行の一つコモンウェルス銀行や、国内最大の飲料会社ライオンがオフィスを設けたことなどにより、特に就労人口は順調に増加。16年の年次報告書によれば、現在、パーク内には1万7千人の就労者と2100人以上の居住者がいる。85万人以上が訪れるシドニーロイヤルイースターショーなど年間5600件以上のイベントが開催され、大会直後に約550万人だった年間訪問者数が約1400万人にまで増加。13年の調査では、国内で20番目の経済規模を有する地域とされた。

2030年ごろのオリンピックパーク予想図（マスタープラン2030＝改訂版より）

10年に新たに策定された「マスタープラン2030」では、パーク内の各地域別に土地の用途を明確化し、文化・娯楽・スポーツの拠点として、「最高の計画」のレガシーを継承させるとした。この長期計画は16年に改定され、現在は同地の就労人口3万4千人、居住者2万3500人、学生5千人を目標にしている。

パークはシドニー市中心部から西へ約40kmの距離にあり、州政府が州内第二の中心業務地区として開発を進めるパラマタ市とシドニー市の中間にある。そのため、今後は両市への通勤者の居住地としても更なる発展が期待できる。

継続的な開発と不断の議論で、活気を取り戻したパークは、五輪の記憶を語り継ぐとともに、新たに人々を引きつける場としての役割を担っている。

（自治体国際化協会シドニー事務所＝東京都政策企画局外務部派遣　小松俊也）

平成30年度 主任試験講座 －4－

【No.12】 正答②

①誤り。行政庁は、申請に対する処分に要する標準的な処理期間を定めるよう努めるとともに、定めたときは公表しなければならない（行政手続法第6条）。

②正しい。

③誤り。行政庁は、申請により求められた許認可等を拒否する処分をする場合は、理由を示さなければならないとされている（同法第8条）。なお、公表された審査基準等により理由が明らかである場合は、申請者から求められた場合に示せば足りる。

④誤り。行政庁は、申請者以外の者の利害を考慮すべきことが許認可の要件とされている場合には、公聴会を開催する等して、当該申請者以外の者の意見を聴くよう努めなければならないとされている（同法第10条）。

⑤誤り。行政庁は、他の行政庁で同一の申請者からされた関連する申請が審査中であることをもって、自らすべき許認可等の審査を殊更遅延させてはならないとされている（同法第11条）。

【No.13（11）】 正答①

①正しい。

②誤り。行政手続法第33条では、「申請の取下げまたは内容の変更を求める行政指導にあっては、行政指導に携わる者は、申請者が当該行政指導に従う意思がない旨を表明したにもかかわらず当該行政指導を継続すること等により当該申請者の権利の行使を妨げるようなことをしてはならない」とされており、申請の取り下げを求める行政指導をしてはならないわけではない。

③誤り。その場で完了する行為を求める場合や、既にその相手方に通知されている内容を求める場合は交付不要である。

④誤り。同一の行政目的を実現するため、一定の条件に該当する複数の者に対し行政指導をしようとするときは、あらかじめ行政指導指針を定め、行政上特別の支障がない限り、公表しなければならない（同法第36条）。

⑤誤り。行政指導は公権力の行使ではないため、原則として行政不服審査法に基づく審査請求はできないとされている。違法な行政指導に従ったことにより、国民に損害が生じた場合は、国家賠償法に基づき損害賠償を請求することは可能である。

【No.14】 正答④

①誤り。処分に当たらない事実行為である行政指導指針についても対象となる。

②誤り。意見公募手続期間は、命令等の公示の日から起算して30日以上でなければならない。

③誤り。他の行政機関が意見公募手続を実施して定めた命令等と実質的に同一の命令等を定めようとする場合、意見公募手続を行う必要はなく、他の行政機関が実施した意見募集手続きにおいて提出された意見を参考にする必要があるとも定められていない（行政手続法第39条第4項）。

④正しい。

⑤誤り。公示は、電子情報処理組織を使用する方法その他の情報通信の技術を利用する方法により行うものとされている（同法第45条第1項）。

【No.15】 正答④

①誤り。当該内容の規定はないものの、行政不服審査法第18条第1項ただし書き及び同条第2項ただし書きにおいて、正当な理由があるときは、適法な審査請求と見なされる場合がある。

②誤り。処分庁が誤って審査請求をすべき行政庁でない行政庁を審査請求すべき行政庁として教示した場合において、その教示された行政庁に書面で審査請求がされたときは、当該行政庁は速やかに審査請求書を処分庁または審査庁となるべき行政庁に送付し、かつその旨を審査請求人に通知しなければならない。審査請求書が審査庁となるべき行政庁に送付されたときは、初めから審査庁となるべき行政庁に審査請求がされたものとみなす（行政不服審査法第22条第1項及び第5項）。

③誤り。利害関係人から教示の請求があった場合には、書面による教示を求めたときに限り、書面で教示を行う必要がある（同法第82条3項）。

④正しい。

⑤誤り。当該処分に対する審査請求が可能になるものではないが、行政事件訴訟法の出訴期間上、不利にならない取り扱いをしている（行政事件訴訟法第14条3項）。

29年度問題解説②

【No.16（12）】 正答④

①誤り。「自治事務」とは、地方公共団体が処理する事務のうち、法定受託事務以外の事務をいう（地方自治法第2条第8項）。「法定受託事務」とは、法律またはこれに基づく政令により地方公共団体が処理することとされる事務のうち、国（または都道府県）が本来果たすべき役割に係るものであって、国（または都道府県）において適正な処理を特に確保する必要があるものとして法律または政令に特に定めるものである（同法第2条第9号）。

②誤り。第1号法定受託事務とは、法定受託事務のうち、国において適正な処理を特に確保する必要があるものとして法律または政令に特に定めるものである（同法第2条第9項）。

③誤り。法定受託事務も自治体の事務であるから、法令に違反しない限りにおいて条例を制定することができる（同法第14条第1項）。

④正しい。

⑤誤り。法定受託事務については、法令の適正な執行を確保する責務を負う立場にあるものによる審査の機会を確保するという趣旨から、審査請求の相手方は当該処分に係る事務を規定する法律またはこれに基づく政令を所管する大臣のみである（同法第255条の2第2号）。

【No.17】 正答⑤

①誤り。地方税の賦課徴収に関するものだけでなく分担金・使用料・手数料の徴収に関するものも請求の対象とならない。

②誤り。普通地方公共団体の長は、条例の制定または改廃の請求があったときは、直ちに請求の要旨を公表し、請求を受けた日から20日以内に議会を招集し、意見を付けてこれを議会に付議しなければならない。

③誤り。事務の監査請求の対象は、当該地方公共団体の事務の全てに及ぶ（地方自治法第75条第1項）。

④誤り。普通地方公共団体の議会の解散は、当該普通地方公共団体の議長ではなく、当該普通地方公共団体の選挙管理委員会に対して請求することができる。

⑤正しい。

【No.18（13）】 正答⑤

①誤り。普通地方公共団体の委員会は、法律の定めるところにより、法令または普通地方公共団体の条例若しくは規則に違反しない限りにおいて、その権限に属する事務に関し、規則その他の規定を定めることができる（地方自治法第138条の4第2項）。

②誤り。普通地方公共団体が義務を課し、または権利を制限するには、原則として条例によらなければならない（同法第14条第2項）。

③誤り。普通地方公共団体の長は、法令に違反しない限りにおいて、その権限に属する事務に関し、規則を制定することができる（同法第15条第1項）。

④誤り。規則には、その実効性を担保するために5万円以下の過料を科す旨の規定を設けることができる（同法第15条第2項）。過料は、行政上の秩序罰であり、長が執行する。相手方が納付しなければ、督促の上、地方税の滞納処分の例により、強制徴収することができる（同法第231条の3）。過料は、当該普通地方公共団体の歳入となる。なお、規則で罰金等の刑罰を設けることはできない。

⑤正しい。

【No.19】 正答②

①誤り。議員の定数は、条例で自由に定めることができる。平成23年5月の地方自治法改正により、自治体の運営の自由度の拡大を図る観点から、上限数を人口に応じて定めている規定を撤廃した。

②正しい。

③誤り。除名処分（同法第135条）による失職等がある。

④誤り。議長及び副議長の任期は、議員の任期によるため（同法第103条第2項）、4年である（同法第93条第1項）。

⑤誤り。議長及び副議長がともに事故があるときは、当該議会は仮議長を選出し、議長の職務を行わせる（同法第106条第2項）。なお、「事故があるとき」とは、在職はしているが、海外旅行で長期間不在の時、長期間病気のため入院したときのように職務ができない場合などをいう。また、「欠けたとき」とは、死亡・辞職・失職などにより欠員となった場合をいい、議長及び副議長が共に欠けたときは、すみやかに後任者を選挙すべきであり、仮議長により議事を運営すべきではない。

【No.20（14）】 正答③

①誤り。議員の定数の4分の1以上の者は、長に対し、会議に付議すべき事件を示して臨時会の招集を請求することができる（同法第101条第3項）。

②誤り。長は議長に対し、定例日以外の日において、会議を開くことを請求できるが、この場合には、会議に付議すべき事件を示さなければならない（地方自治法第102条の2第7項）。

③正しい。

④誤り。議会の議事は、出席議員の過半数で決する。可否同数の場合は、議長の決するところによる（同法第116条）。

⑤誤り。議会は、会期中に限り、活動能力を有する。また、議会は会期ごとに独立した存在であり、前の会期の意思は、後の会期には継続しない（同法第119条）。この結果、会期中に議決に至らなかった議案は、審議未了となり廃案になるが、必要があれば、次の会期に再度提案することができる。この会期不継続の原則の例外として、継続審査の制度があり、後会に継続する場合がある。

【No.21（15）】 正答③

①誤り。普通地方公共団体の長は、「おおむね」地方自治法第149条各号に掲げる事務を担任する（地方自治法第149条）とされており、限定列挙ではない。

②誤り。代理及び委任の他に「補助執行」の方法がある。

③正しい。

④誤り。長は、その権限に属する事務の一部を当該団体の職員に臨時に代理させることができる（同法第153条第1項）。代理者の行為の効果は、長の行為として当該団体に帰属する。なお、権限の委任とは異なり、代理者は、長の名と責任において対外的な行為を行う。

⑤誤り。長は、行政委員会と協議して、補助執行させ、または任することができる（同法第180条の2）。

平成30年度 カレントトピックス 04

都政事情

■東京都公式動画チャンネルを開局（8月25日）

都生活文化局は8月25日、都政の様々な動画をワンストップで視聴できるポータルサイトである、東京都公式動画チャンネル「東京動画」を開局した。収録動画総数は1千本以上あり、過去に都が制作してきた動画も分類・整理され、目的に応じて見たい動画が視聴可能なポータルサイトとなっている。

このポータルサイトを通じて、今までにない切り口の行政番組を配信し、都政を分かりやすく発信していくこととしており、開局時の主な番組ラインナップには、『片桐仁の都政ギリギリ問答』（都庁職員が都の個々の施策を、お笑い芸人・俳優である片桐仁氏に分かりやすく、ユーモラスにプレゼンする番組）や、『東京アイドル Yo!それ、都にお願いしちゃいなよ』（東京で活躍するアイドルたちが、知っていると役に立つ行政サービスを紹介していく番組）などがある。

生活文化局は今後も、都政情報や東京の魅力を伝えるたくさんの動画を順次制作し、都民が手軽に視聴でき、暮らしに役立ち、楽しめる動画サイトにしていくこととしている。

■外国人旅行者行動特性で調査結果（9月7日）

都産業労働局は9月7日、観光産業振興に向けた施策を推進するための基礎資料として、平成28年度国別外国人旅行者行動特性調査の結果を公表した。この調査は、訪都外国人旅行者の行動特性について、国籍別・地域別に把握するもの。

調査結果によると、訪都外国人1人当たりの都内での旅行中支出額は13万1871円となり、前年度に比べて13・0%減少した（最も旅行中支出額が高い国・地域は中国）。これまでの訪都回数が2回目以上となる旅行者は50・6%と過半数を超えており、また、訪都目的は「観光・レジャー」が70・0%で最も多く、次いで「ビジネス」が20・5%となっている。

訪都の満足度については、「大変満足（42・7%）」「満足（46・6%）」「やや満足（6・0%）」を合わせると95・3%となっており、「観光施設」「交通機関」「食事施設」などの項目別の満足度は、全ての項目で前年度を上回った。

■「多摩の振興プラン」策定（9月15日）

都総務局は9月15日、今後の多摩振興の道筋を示す「多摩の振興プラン」を策定した。このプランは、「都民ファーストでつくる『新しい東京』～2020年に向けた実行プラン～」及び「都市づくりのグランドデザイン」の内容を踏まえ、当面の取り組みのほか、2020年の先を見据えた多摩の目指すべき地域像や、その実現に向けた施策の方向性を示すもの。

当面の取り組みについては、「安全・安心で、誰もが暮らしやすいまちづくり」や「道路・交通ネットワークの充実強化」など五つのカテゴリーに分けて整理・掲示した。このカテゴリーに基づき、集約型の魅力あふれるまちづくりや多摩ニュータウンなどの再生、都市インフラの長寿命化・更新、主要南北・東西道路をはじめとする道路ネットワークの形成といった施策を展開する。

合わせて20年東京オリンピック・パラリンピック競技大会の先を見据えた目指すべき地域像として、ゆとりあるライフスタイルの定着や自由自在な移動と交流の実現などを掲げ、これを実現するための施策として、高齢者の見守りや介護分野等へのロボットやAI（人工知能）などの先端技術の活用、公的住宅の創出用地を活用した子育て支援施設の整備、多摩都市モノレール延伸の検討の深度化などを打ち出した。

昇任試験対策のページ

論文講座 平成30年度 主任・係長 4

特別区係長選考

課題整理①

はじめに

これから来年の8月までの約10カ月間、全13回にわたって係長昇任選考に向けた論文講座を進めていきます。仕事や家庭生活とのバランスを取りながら着実に学習を進め、心身ともにベストな状態で試験当日を迎えられるよう準備していきましょう。

係長昇任の動機を考える

まず始めに皆さんにお尋ねします。皆さんはなぜ、係長になりたいと思ったのでしょうか。最初に意識してほしいのは、「なぜ、受験するのか」ではなく、「なぜ、係長になりたいのか」を明確にすることです。「尊敬する上司のようになりたいから」「責任を持った立場で、自分で判断しながら仕事を進めたいから」「家族に頑張っている姿を見せたいから」等々、人それぞれの動機があると思います。中には、「上司や家族に勧められたから」と答える方もいると思います。それも良いのですが、それは受験の動機ではあっても、昇任の動機とは言えません。

なぜ昇任の動機を明確にする必要があるのでしょうか。皆さんは、各職場の中核を担う職員として日々、困難な業務に取り組む立場にあることでしょう。同時に、結婚や出産、子育て等、ライフステージの大きな変化に直面している人もいると思います。ワーク・ライフ・バランスを保ちながら、並行して受験勉強を進めていくうちに、勉強が苦痛になり、なぜこんなことをやっているのだろうと疑問が頭をよぎることがあります。そのとき、しっかりとした昇任の動機を持っていれば、自らを叱咤激励することができるからです。

とは言っても、受験者全員が最初からしっかりとした昇任の動機を答えられるわけではありません。学習を進めながら徐々に自らの昇任の動機を明確にし、係長になった自分がどのような姿勢で仕事に取り組んでいるかをイメージできるようにしてください。

「牛の歩みも千里」ということわざもあります。たゆまずに続けていけば、必ず大きな成果につながります。最後まで諦めず、取り組んでください。

係長の役割

係長昇任選考の準備に取り組むに当たりもう一つ熟考してほしい点は、係長の役割です。論文では、あなたが係長としてどのように考え、行動し、組織をまとめていくのかを述べる必要があります。あなたが係長としてふさわしい意欲、能力等を備えていることを十分に表現するためには、まず係長が果たすべき役割について知らなければなりません。ここでは一般的なものとして4点を挙げてみます。

一 仕事の管理

係長が行う仕事の管理とは、区の方針（ビジョン）から導き出される、課の使命（ミッション）を遂行するため、係の事業目標の達成に向けた計画を立て、適切な事務分担と環境整備により実行し、その結果を検証しながら改善を図っていくことです。係長は、仕事の管理責任者として、係全体の進捗状況を把握し、事業目標が迅速、正確かつ効率的に達成されるよう調整していく必要があります。

二 組織の運営

係長は、区における最小単位の組織である係の運営責任者として、組織目標を明確化、共有化するとともに、適切なリーダーシップを発揮して職員の意欲と能力を引き出していくことが求められます。また、高度化、複雑化する行政課題に持続的に対応していくには、多様な人材の英知を結集しなければなりません。様々な意見を持つ係員をまとめ、一つのチームとして機能する組織を創り上げるには、職員間のコミュニケーションの円滑化や情報共有を図り、良好な人間関係の維持に努めることが必要です。

三 職員の指導・育成

職員の最も身近な上司である係長には、積極的、計画的に人材育成に取り組み、組織的な職務遂行能力を向上させることが求められます。職員一人ひとりの意欲、能力等を見極め、どの部分を育成していくか、経験や家庭環境等、個人ごとの状況も踏まえての指導が必要です。また、自ら考え、行動できる職員を育成するには、必要な情報を提供して職員に仕事を任せることで、自ら計画を立て、進めていく意欲を引き出しつつ、タイミング良く進捗状況を確認し、適切な助言ができる関係を築くことが重要です。

四 課長の補佐

係長は係の運営責任者であると同時に、課長の補佐役も期待されています。課長の職務上の命令や指示を的確に職員に伝えるとともに、係の状況等を時機に応じて課長へ報告し、組織的に情報や課題に対する意識の共有を図ることが重要です。また、必要に応じて課長に意見を述べ、その判断を助けることや、課全体の目標達成に向けた他係や他課等との調整も大切な役割です。

論文において課題に応じた解決策を提示する際にも、係長が果たすべき役割を踏まえた現実味のある内容であることが前提となります。自らの言葉で、係長として何を実践するのかを明確に述べることができるよう、係を統率する責任者としての当事者意識を持つことを、日頃から心掛けてください。

昇任選考論文で求められるもの

さて、いよいよ本題に入ります。今回は論文の書き方の基本について整理します。

昇任選考における論文とは、与えられた課題に対して、論理的かつ説得力を持って自身の意見を述べる文章です。したがって、良い論文とは、論文の課題に応じた自分なりの考え方が論理的かつ説得力ある論旨で展開されており、第三者である採点者に「なるほど」と思わせる文章だと言えます。

では、良い論文を書くためには、どのような点に注意を払えば良いのでしょうか。各区により異なりますが、昇任選考試験の実施要項等で論文に関する評価のポイントが明示されていることがあります。ここには論文作成の大切なヒントとなる、採点者側の視点が要約されています。実際に書き始める前に必ず確認してください。本講座では、各区でおおむね共通している次の4点を挙げてみます。

一 表現力

簡単に言えば、読みやすく、分かりやすい文章を書く能力です。原稿用紙の使い方等の形式面と文章自体の表現力の二つの面があります。後者には、主語と述語を対応させる、1文は短くまとめる、必要以上に修飾語を重ねない、「ぐらい」「おそらく」「たぶん」といった採点者に自信がない印象を与えるあいまいな表現は用いない等があります。何度も作文を重ねることで次第に上達します。普段から意識して取り組んでください。

二 論理性

説得力ある論理を展開する能力です。序論で興味を引き、本論で論拠を示し、結論で言いたいことを伝える三段構成、あるいは起承転結でまとめる四段構成のいずれの書き方でもかまいませんが、文と文とが論理的に結ばれているかに注意してください。中でも、論文課題に応じた問題点の抽出とその解決策の提示、係長としての意思表示の内容が首尾一貫していることが重要です。

三 問題意識

与えられた論文課題に対して、出題者の意図を踏まえ、問題点を正確に把握できているかが問われます。論文課題と自らの知識・経験を重ね合わせて、現在の社会情勢や区政における位置付けを踏まえ、区政の最前線に位置する係の責任者の立場から論旨を展開してください。また、区政の基本的課題の多くは、長年にわたり継続してきたもので、解決には地道で忍耐強い努力が必要なものです。課題の重みや、解決に向けた過程の困難さに対する認識をベースとし、実務経験に立脚した問題意識の高さを表現できると、採点者に好印象を与えることができます。

四 的確な解決策と当事者意識

論文課題から抽出した問題点に対応する、現実的で的確な解決策であることが大切です。これには、実務経験に立脚した現実味のある提案であることに加え、係長としての当事者意識と熱意を感じさせる内容を、限られた時間や字数で正しく伝える訓練を繰り返し積んでいくことが肝心です。いずれも日頃からの心構えが重要です。

日頃の取り組みと心構え

これまで述べてきたことのほかに、日常的に取り組んでほしい点として、情報収集・分析を挙げておきます。選考試験の過去数年間の出題傾向を調べることはもちろん大切ですが、より重要なのは、区政の現状と課題を把握し、自ら分析することです。区が目指す将来像等を示す総合計画や中長期の実施計画、区長所信表明、平成30年度当初予算プレス発表資料等、参考となる資料は事欠きません。また、他区や国、東京都の動向等にも参考となる情報は数多くあります。日頃から関心を持って接することで、係長として組織を率いて進むべき方向性を見いだす助けとなります。

加えて、係長には収集・分析した情報を、係の仕事に活用していくことが求められます。事例をそのまま捉えるのではなく、新たな発想で再構築することが、論文試験はもちろん、係長としての現実の仕事においても、前例踏襲を超えた実践的な解決につながります。

最後に、論文の学習を進めるに当たっては早期に一度、論文を書き上げ、管理職等に添削をしてもらうことをお勧めします。完成度の低いうちに見せるのは気後れしがちですが、指導を受けることで、自らの考え方や論理性について、客観的に把握できる良い機会となります。庁内で勉強会等があれば、参加を検討しても良いかもしれません。ほかの受験者のペースに困惑する場合もありますが、長期間の学習のペースメーカーとしての役割や、長年にわたり蓄積されたノウハウの習得等が期待できます。皆さんの実情に応じて活用してください。

まずは繰り返し添削を受け、完成度の高い論文を一つ仕上げることです。論旨の通った論文の書き方について実感が持てれば、ほかの論文課題でも十分な表現力と論理性を備えた論文が書けるようになります。

今回は論文試験の学習を進める上での基本的な事柄について説明しました。課題が多いと感じている人も、コツコツと学習を続けていけばおのずと結果はついてきます。明日の区政を担う皆さんの努力に期待しています。

世界の都市総合力ランキング

東京、2位のNYに迫る

「文化・交流」「交通・アクセス」で評価

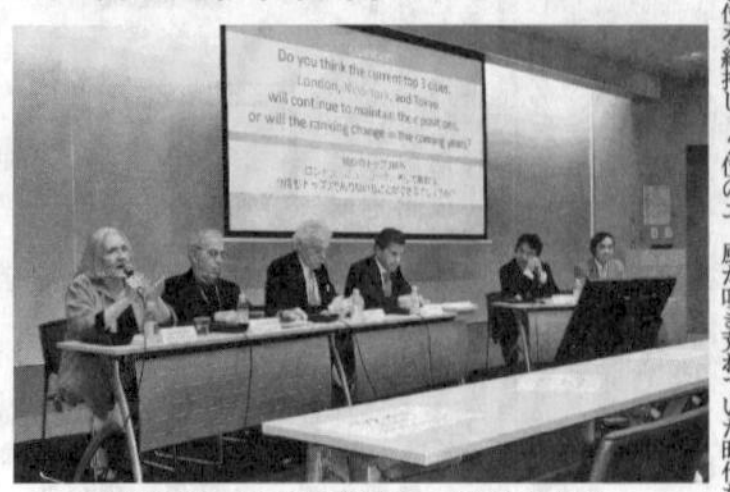

12日に行われた記者説明会＝六本木ヒルズで

一般財団法人森記念財団都市戦略研究所（所長＝竹中平蔵氏）は12日、世界の主要44都市を対象に評価した「世界の都市総合力ランキング（Global Power City Index, GPCI）」の2017年の結果を明らかにした。昨年、初めてトップ3に入った東京は、今年も3位を維持し、2位のニューヨークに迫った。ロンドンは高い総合力で他都市を大きく引き離し、6年連続で1位を維持した。

◇

同ランキングは今回で10回目。初回の08年は世界金融危機（リーマンショック）の直後で、日本でiPhone旋風が吹き荒れていた時代だ。当時のランキングは、ニューヨークをトップに、ロンドン、パリ、東京の順。ニューヨークと東京の差は大きく引き離されていた。

ランキングが大きく変化したのは12年。夏に五輪を開催したロンドンが1位に躍り出た。東京は翌13年に、20年五輪の開催都市に決定。16年にはパリを抜いて3位にランクアップを果たした。

今回、東京は上位2都市であるロンドン、ニューヨークと比べてやや弱かった「交通・アクセス」や「文化・交流」の分野での評価を高め、2位のニューヨークとのスコア差を縮めた。

「文化・交流」に関しては、美術館・博物館数などの「集客施設」や、海外からの訪問者数などの「外国人受け入れ実績」で着実にスコアを向上させ、昨年の5位から4位に浮上している。ただし、ロンドンが2位以下の都市を大きく引き離しており、ソウル、バンコクなどアジアの都市も追い上げている。

「交通・アクセス」に関しては、昨年まで国際線旅客数だけを指標としていたものを、今年から国内・国際線旅客数と改訂した影響が東京にも反映されている。また、国際線直行便就航都市数や、通勤・通学の利便性でスコアが上昇した。

一方、「経済」では円安の影響で1位から4位に順位を落とし、「居住」では社会の自由度・公平さ・平等さの評価が低く、大きく順位を下げている。

トップ4都市の総合スコアの変遷（GPCI-2008〜GPCI-2017）

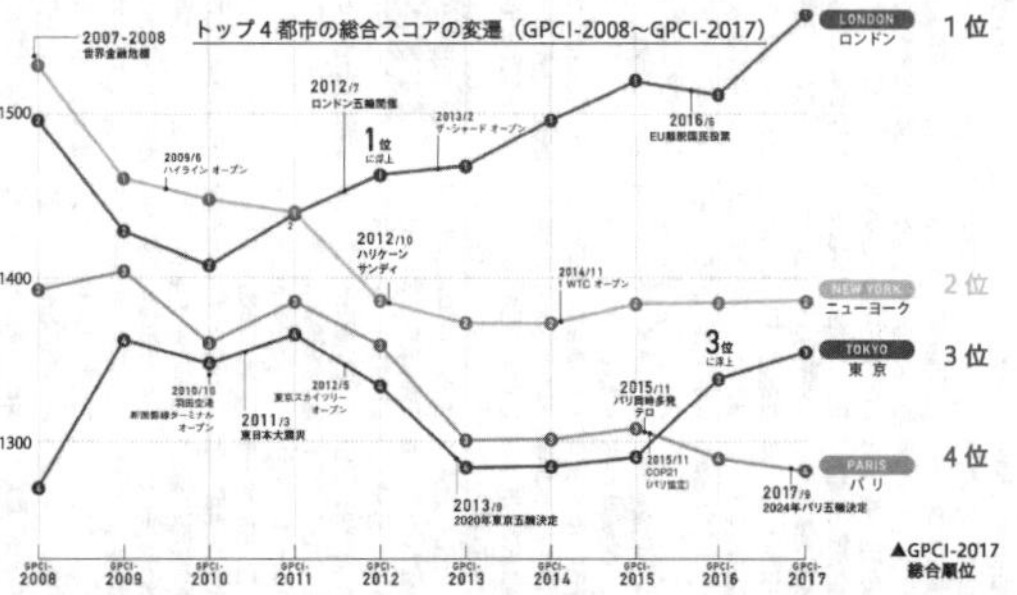

1位 LONDON ロンドン　2位 NEW YORK ニューヨーク　3位 TOKYO 東京　4位 PARIS パリ

2007-2008 世界金融危機　2009/6 ハイライン オープン　2010/10 羽田空港 新国際線ターミナル オープン　2011/3 東日本大震災　2012/5 東京スカイツリー オープン　2012/7 ロンドン五輪開催　1位に浮上　2012/10 ハリケーン サンディ　2013/2 ザ・シャード オープン　2013/9 2020年東京五輪決定　2014/11 1WTC オープン　2015/11 パリ同時多発テロ　2015/11 COP21（パリ協定）　2016/6 EU離脱国民投票　3位に浮上　2017/9 2024年パリ五輪決定

1500　1400　1300

GPCI-2008　GPCI-2009　GPCI-2010　GPCI-2011　GPCI-2012　GPCI-2013　GPCI-2014　GPCI-2015　GPCI-2016　GPCI-2017

▲GPCI-2017総合順位

今後もロンドンが堅調

1位のロンドンは、昨年からさらにスコアを伸ばし、他都市を大きく引き離した。「文化・交流」は昨年同様、高く評価されており、「食事の魅力」や「海外からの訪問者数」などが伸び続けている。英国のEU離脱が今後、ロンドンにどのような影響を及ぼすのかは未知数だが、同研究所では「人口が増加し、大規模都市開発が続いているロンドンの総合力は、当面の間は伸び続ける」と予想している。

さらに、「20年に五輪を控えている東京は、ロンドンと同じ成長カーブを描くことができれば、近い将来にニューヨークを抜いて2位に躍り出る可能性も見えてきた」と分析した。

この10年を振り返ると、上海、シンガポールなどアジアの都市の躍進が目立つ。市川宏雄明治大学公共政策大学院ガバナンス研究科長は「北米の都市が順位を落とした一方で、アジアの都市が経済力で順位を上げた。だが、これまで急激に伸びた都市が今は成熟化している。次の段階では、アジアの都市力が急激に伸びることはないのではないか」と話した。

（編集部）

10・22衆院選を前に

政治は「見えない声」を聞くことができるのか

自立生活サポートセンター・もやい　大西連

新宿駅西口。夜11時。昼間の暑さとうって変わって夜風が心地よい。オフィスビルが集まるエリアに人影はまばらだ。片側4車線の幹線道路はドライバーが仮眠をむさぼるタクシーに、時間をつぶす高速バスが列をなして駐車している。その車列にまぎれて、大きな荷物を抱えた小さな幾人もの影が集まってくる。あるものは段ボールを組み立て、あるものは寝袋を広げる。

〃新宿には100人以上の「ホームレス」が存在する〃

新宿駅東口。深夜2時。眠らない街の喧騒はとどまるところを知らない。雑居ビルの一角のネオンのなかに、24時間営業の店舗が乱立する。「ナイトパック1500円」「リクライニングシート完備1800円」「完全防音2000円」。終電を逃したサラリーマンや大学生ではなく、身分証のありなしや数百円の違いで一喜一憂する人たちがいる。マンガを物色するでもなく、ネットでゲームに興じるのでもなく、狭いブースに入ると器用に体を丸め、眠りにつく。

〃新宿には数百から数千人の「ネットカフェ難民」が存在する〃

そして、「ホームレス」も「ネットカフェ難民」も、昼間には存在しない。街が眠りにつく夜半に現れ、日が昇ると消えていく。彼ら彼女らは「見えない」存在であり、生活圏も多くの人とは重ならない。しかし、確かに存在している。同じ街で、同じ社会で、同じコンビニで買い物をして生きているのだ。

■「貧困」は可視化されたか

2000年代に入って、日本の「貧困」は徐々に可視化され、様々な諸制度も少しずつではあるが整備されてきた。

02年に「ホームレス自立支援法」が成立して「ホームレス対策」を国の責任として行うようになったり、08年のリーマンショック以降は、第二のセーフティーネットと呼ばれる「求職者支援制度」が成立したり、その対策による成果も少しずつではあるが出始めている。

13年には「子どもの貧困対策基本法」が与野党を超えた全会一致で成立するなど、メディアでの報道も含めて、「貧困」というものは認知され、解決されるべき課題であると社会的に共有されてきたとも言える。

では、実態はどうだろう。日本の「貧困率」は15・6%だ（15年厚労省「国民生活基礎調査」）。6人に1人が「貧困」である。向こう三軒両隣の中で1軒が「貧困家庭」。30人の小学校のクラスで4～5人の子供が「貧困」である。

正直に言って、これは多いだろう。自己責任と切り捨ててしまうことはできない規模に、実態としての「貧困」は間違いなく広がり、深刻化している。

■多数派を争う政局に終始

10月10日に衆議院議員選挙の公示日を迎えた。野党第1党が事実上解党し、分裂して新党が二つできた。与党は隣国のミサイル問題の危機を叫び、昔ながらの野党は護憲を訴える。消費増税の是非や原発の取り扱い、教育分野への投資など、重要な論点は多いが、メディアでの報道を見る限り、政策論争は空転し、多数派になることを争う政局に終始している。

各党のマニフェスト（公約）を見ても「貧困対策」の施策は見えない。教育や子供についての言及はあっても、「貧困」という言葉は使われにくくなっているのだろうか。

「貧困」は可視化されたが、「見えにくい貧困」は「言及されにくい問題」になってしまったのだろうか。

政治は誰のためにあるのか。これは、選挙のたびに私たちに突きつけられる問いだ。

新宿の「ホームレス」も「ネットカフェ難民」も、この日本社会で共に生きている。彼ら彼女らは「見えない存在」かもしれないが、この社会の一員であり、この社会がもたらす様々な要因によって（雇用の変化や社会保障の不備などによって）、住まいを失ったり経済的に困窮していると言えよう。

私が理事長を務める〈もやい〉では、今回の選挙にあわせて左記の声明を出した。

【緊急声明】貧困対策を最優先課題にしてください http://www.npomoyai.or.jp/20171005/3536

政治は「見えない声」を聞くことができるのか。この選挙は、各党、候補者の訴えにしっかり耳を傾けて、私たちの社会の未来を見据えた選択をする機会としたい。

◇

おおにし・れん＝1987年、東京都生まれ。認定NPO法人自立生活サポートセンター・もやい理事長。著書に『すぐそばにある「貧困」』。

日本の鉄道技術の原点探る

29日に講演会を開催　都立多摩図書館

都立多摩図書館は29日午後2時から、「東京マガジンバンクカレッジ」のイベントとして講演会「甲武鉄道と中央線の歴史に日本の鉄道技術の原点を探る」を開催する。

甲武鉄道は現在の中央線の御茶ノ水・八王子間の前身となった私設鉄道。外濠沿いに線路を敷設して踏切のない鉄道を実現し、後に電車を走らせるなど、当時の最先端の鉄道だった。鉄道技術に関する多くの著作がある講師とともに、日本の鉄道技術の原点を探る。

講師は、土木学会フェロー（専門・鉄道技術史、トンネル、橋梁、地質学）で、（公財）鉄道総合技術研究所情報管理部担当部長の小野田滋氏。会場は、都立多摩図書館2階セミナールーム。

申し込みは、都立図書館HPまたは電話で。締め切りは18日。http://www.library.metro.tokyo.jp/、☎042・359・4020

副知事人事ノート

都政研究元主筆　大塚英雄　第15回

汚職事件で伏兵の復活②

当時の都庁の人事は、局長は言うに及ばず、部課長に至るまで上から下までまさにふん詰まり状態だった。それはそうだろう。現在の管理職試験に当たる隔年ごとの二級試験で、課長候補者を見境なく「大量生産」しておきながら、一方で局長級の肩たたきはおろか、高齢の部課長も野放しのままだったからだ。

もっとも、肩をたたくと言っても、今のように送り込む外郭団体が皆無に近い中で、新陳代謝を求めるのはしょせん無理な話だろう。

したがって、安井知事が3選し、副知事の内部起用が話題に上った時、候補者には事欠かなかった。むしろ最後の期となる安井にとって、補佐役の副知事に誰を選ぶかが庁内の関心を集めた。

当時、俎上に上った候補者の名前をざっと挙げただけでも、金原進・消防総監（55）、細田義安・総務局長（53）、畑市次郎・財務局長（55）、萩原辰郎・人事委員長（事務局長兼務・53）など軽く4指に及ぶ。

この中で、1番手と見られていたのは金原だ。庁内では「OK牧場の決闘」ならぬ「OKライン」と言われるほど、岡安との結び付きが深く、消防総監になる前に既に中枢の財務、総務局長を経験、キャリア的には抜けていた。その金原が知事選のわずか半年前になぜ総務局長から消防総監か、という疑問が浮かんでくる。

これは金原が死んだ時に岡安が追悼文で謎解きをしている。当時の知事選の資金は候補者の自己調達と言われていた。副知事や主要局長ともなると、それなりの気配りが必要とされていた。金原は3選の直前にある筋から50万円、今の貨幣価値にすると1千万円相当の資金提供を受けた。岡安とも相談済みだったという。それが東京地検の特捜の知るところとなり、取り調べを受けた。それが安井の耳に入り、たまたま空席になった消防への横滑りにつながったのではないかというわけだ。

2番手は細田だ。当時の局長には副知事をもしのぐ個性派が多かった。徳川御三家をもじって「安井御三家」と呼ばれた細田、畑、中井喜代太の3人がそうだ。

その中での筆頭は細田だ。30歳で東京市の門をたたき、わずか18年で主税局長になり、51歳で最高峰の総務局長に達した。衆院選をうかがう細田にとって多摩地域を担当する同ポストは絶好のポジションだが、総務委員会での失言が災いし、財務局長への横滑りを余儀なくされた。その細田は安井への資金調達を「自前」を原則とし、人前で「他の連中とは違う」と豪語していた。しかし、そうした自我の強さが副知事の芽を摘むことになった。

自我の強さと言えば、畑も同様で、日本住宅公団の発足を機に、理事・東京支所長に転出、財務局長の椅子を細田に明け渡した。

御三家のもう一人の中井も個性派では細田、畑にひけをとらず、主計部長→財務局長直進ルートの「元祖」というだけでなく、予算編成にふるった辣腕ぶりは「天皇」として名をとどろかせた。しかし、財務局長在職中、脳出血で倒れ、副知事戦線からは早々と離脱した。

（敬称略）

都政新報

発行所　都政新報社
〒160-0023 東京都新宿区西新宿7-23-1 TSビル
〈総務・読者〉03-5330-8781
〈企画広告〉03-5330-8784
〈編　集〉03-5330-8786
〈出　版〉03-5330-8788
〈ファクス〉03-5330-8808
購読料 月1,730円（税込）
毎週火・金曜日発行
ただし、祝日は休刊

紙面から

希望の党 公約 都政に影響は？

道州制の導入や「原発ゼロ」、消費税増税凍結などを公約に掲げて衆院選を戦う希望の党。現在の情勢では過半数の議席を獲得する可能性はないと見られるが、小池知事が代表を務めているため、党が掲げた政策は都政に影響を与えることが予測される。主要3施策の展開を探った。

「道州制」は波乱含み

「道州制は（地方分権の）究極の形」。小池知事は13日の会見で希望の党が道州制導入を掲げた理由を報道陣に問われ、こう返した。

同党は、国の権限・財源を道州に移し、「世界レベルで競争するダイナミズムを創る」として、まずは公共事業を自治体に移管すると公約に明記した。公約の前提には同党の憲法改正の考え方がある。

小池知事が「憲法改正論議が9条に偏っている」とかねてから言及していることを反映し、公約では地方自治の条項の改正を改憲の柱に掲げ、地方分権の考え方や課税自主権、財政自主権などを憲法に位置付けるとした。

知事は同日の会見で、「（道州制は）地方分権の方法論の一つ。道州制を出すことで、議論が活発化し、中身のある方向性につながればいい」との認識を示した。

だが一般に、「道州制は東京問題」とも言われる。道州制の議論は、都区間で配分している財源問題に帰着する。千代田、中央、港の都心3区など都心部での膨大な財源をどう配分するかは、現行の都や区の解体が濃厚な道州制導入と切り離せないからだ。

都区財調の原資の固定資産税と法人住民税の配分割合は、都45%、特別区55%。2017年度当初算定では、原資のうち固定資産税が1兆1809億円、法人住民税が5662億円に上り、東京の財源を狙う国が道州制導入に際して、議論の俎上に載せるのは必至だ。

道州制を巡っては、国の地方制度調査会が06年2月に示した道州制の在り方に関する答申を受け、都と特別区協議会がそれぞれ、有識者会議で議論し、自治制度の方向性を提示。都側が07年11月に示した方向性では、道州制について1都3県を区域とし、交通や産業など各分野の広域的課題を効率的・効果的に解決していくことが求められるとした。

都の道州制に関する議論はそれ以来、止まっているのが現状だ。今のところ、小池氏は知事として道州制にまつわる指示を所管部署に出していないが、議論が再燃したとしても、一筋縄にはいかない争点となる。

小池氏は9月25日の希望の党設立宣言で政策の柱を発表した＝都庁で

「原発ゼロ」株主提案も

9月25日、小池氏は希望の党の設立宣言をした際、政策の目玉として「原発ゼロ」を表明。同党は公約で、30年までの「原発ゼロ」を正式に掲げた。

都は東京電力の第4位株主だが、これまで原発の賛否に関する態度を明らかにしていない。同社の株主総会に先駆けて実施していた株主提案も、舛添前知事からは行っていない。都環境局は「東京電力をどう扱うのかは国の問題」（都市エネルギー推進担当）と提案を見送っている理由を説明する。

「東京はエネルギーの大消費地。（原発ゼロの）工程表も必要だ。ビジョンを設け、政治、行政の両方から積み上げていきたい」。知事は9月29日の会見でこう述べ、知事の立場でもアクションを起こすことを示唆した。都が来年4月下旬以降に5年ぶりの株主提案を行い、都として原発に関する初の提案を行う可能性もある。

他方で、都は東日本大震災以降、水素や再生可能エネルギーの施策を強化。官民連携の再生可能エネルギーファンドに12億円出資するなどしており、「原発ゼロ」の公約が都の施策を後押しする展開も予測される。

さらに希望の党が「消費税増税凍結」を掲げたことの影響も無視できない。消費税を8%から10%に上げる2%分のうち、地方消費税分は0・5%。現在は8%のうち1・7%が地方消費税分で、都の16年度決算額は7146億円に上る。

都の歳出は、高齢化の影響で社会保障関連費が毎年300億～400億円伸びると想定しており、増税凍結による税収減は、都の財政計画を狂わせることになる。小池知事には、財源を含めて超高齢社会に都としてどう対応していくのかの認識も問われそうだ。

一方で、予定通り19年10月に増税が実施されれば、小池氏は公約実現のため、都有施設などの使用料・手数料の増税分を肩代わりするとの見方がある。ただ、都は8%に増税時、そうした施策は実施しておらず、「東京富裕論」が喧伝される状況では、都としての対応の余地は限られるだろう。

衆院選の投開票まであと2日。小池氏は一部報道のインタビューで、衆院選後も希望の党代表を続投する意向を示している。党の公約が知事としての公約にシフトする可能性もあり、ある都幹部は「中立性の問題からコメントはできないが、国政の動向を注視したい」と話した。

市場会計決算　移転延期などで32億円の赤字に

都議会公営企業会計決算特別委員会が16日に開かれ、2016年度の市場会計決算で経常損益が32億円の赤字になったことが明らかになった。15年度決算では経常損益が6億9千万円の黒字だったが、小池知事が決めた豊洲移転の延期などの影響を受けた形だ。

赤字の要因としては、築地と豊洲の両市場で発生している光熱水費、都環境確保条例に基づく届け出を怠って築地で行った土壌調査、豊洲の地下水などの安全性を確認する専門家会議の設置や開催などが挙げられる。

都入札制度改革　1者入札禁止 2割が中止に

都議会財政委員会が17日に開かれ、都財務局が試行中の入札制度改革について、9月末現在、入札希望者が1者以下で中止になったケースが168件中、31件に上ったことが分かった。都は試行途中のため影響の是非を判断する段階ではないとの立場だが、同委員会で、災害時の復旧工事など緊急性を有する案件では1者入札を認める可能性を示唆した。

都の入札制度改革は1者以下入札の禁止や、共同企業体（JV）結成義務の撤廃、入札予定価格の事後公表などが柱で、今年3月31日に実施方針を示した。6月26日に施行を開始し、検証期間は1年間としている。

1者入札禁止を巡っては、豊洲新市場の土壌汚染対策の追加工事で、9件中4件が中止、そのうち1件は2回目の募集でも希望者が集まらず、事業遅滞の要因となっている。

また都は、入札参加者の増加や競争性の向上を目的に導入した大規模工事でのJV結成義務を撤廃したことについて、9月末現在、開札した21件中、12件が単体工事、9件がJV工事だったと言及した。

さらに、例年8月に東京建設業協会など業界5団体と実施している入札制度の意見交換会に関し、来年1月に行う方針を新たに示した。今年8月31日開催の都入札監視委員会では10月ごろに行うとしていたが、試行実績が積み上がった後に実施することとした。

都は11月に入札監視委員会の制度部会で試行内容の検証を実施。年内をめどに、試行結果の中間報告を行う予定となっている。

都政の東西　結果は箱の中に

衆院選の投開票まで残り2日。慌ただしく突入した選挙モードも佳境に差しかかっている。私事だが、今回は公示後に転居の予定があったことから、白熱する各陣営の呼び掛けを尻目に期日前投票で一票を託した。

総務省によれば、公示から15日までの5日間で期日前投票を行った人の数は410万7108人に上り、前回の衆院選と比べて140万人以上の増となっている。区役所に設けられた期日前投票会場には次々と有権者がやってくる状態で、数字に表れる以上に期日前投票制度の浸透が実感できた。

都内の各選挙でも期日前投票が過去最高の割合を更新しており、候補陣営も演説の際には「この足で期日前投票を」と呼びか掛けるのが定番になるなど、大きなウエートを占めている。手続きが簡易で利便性が高いこと、周知が広がったことに加えて、ネット選挙の取り組みが進んでいることも無関係ではなさそうだ。

選挙戦は公示・告示から解禁され、候補者が弁を尽くし、投票日前日までに訴えを広げるという従来の選挙の形から、有権者がインターネットを通して能動的に情報を入手できる時代に変わった。「投票日まで待たなくても必要な情報はそろえている」。ネットを活用する若年層からはそんな声も聞こえる。動員数が選挙の趨勢を占う旧来の選挙活動が失われることはないだろうが、政策の発信や訴えのステージは変わりつつある。

折しも投開票日は天候の崩れも予想され、当日の投票率は低下の懸念もある。行政側が積極的に期日前投票を呼び掛ける動きもあるようだ。もはや投票日を待たず、既に箱の中には、選挙の結果が眠っているのかもしれない。

豊洲新市場　移転時期、来年9～10月で提案　五輪整備には「支障なし」

都中央卸売市場は16日、豊洲市場への移転時期を来年9～10月とする案を市場業界に示した。築地市場移転延期により、築地市場の一部を通る環状2号線などの整備への支障が懸念されていたが、この期間中に移転すれば、都は東京五輪までに「支障なく」整備できるとしている。

都はこれまで、来年6月から秋ごろまでに移転の準備が整うとしていた。豊洲新市場の追加対策工事では、一部が入札不調となり、完了時期は当初、専門家会議の確認を含めて来年6月を見込んでいたが、遅くとも7月末にずれ込みそうだ。

その上、水産や青果の業界団体の「商品が傷みやすいため、夏場の移転は避けてほしい」との要望を踏まえ、来年9～10月とする移転案を16日に業界団体の代表に示した。

業界団体の中では、東京魚市場卸協同組合（東卸）が移転推進派や反対派、慎重派などに分かれており、移転推進にまとめるのは困難との指摘もあるが、中央卸売市場は「各団体で意見を集約してほしいとお願いしたい」と話している。

仮に業界団体が移転時期を来年9～10月に決めた場合は、環2や輸送拠点の整備は間に合うというが、調整が難航し、11月以降に移転がずれ込んだ場合、環2を所管する建設局は「道路構造を簡素にする必要がある」と説明する。例えば、環2の地上部分は滑り台のように坂道となり、それを支えるためのコンクリートの壁を道路横に作ることになるが、工事に時間がかかるため、「土を盛るだけにして工期を短くする」と話す。

都は今月末に開催する予定の新市場建設協議会で、具体的な移転日の合意を得たい考えだ。

関東地方知事会議　国への要望事項 都がEMP対策

1都9県で構成する関東地方知事会議が18日、群馬県高崎市内のホテルで開かれ、国の施策と予算に関する各都県の要望などを決定した。

都は、北朝鮮の相次ぐ核・ミサイル実験で緊張が高まる中、上空で核爆発を起こして地上部に強力な電磁波を発生させる電磁パルス（EMP）攻撃に関して「国は検討を加速化させ、被害や国民生活への影響を予測し、対策を的確に実施するとともに、地方公共団体や国民にも情報提供を行う」ことを要望した。

衆院選の遊説で違い　「二足のわらじ」どう対応

小池知事 公務中止で奔走　松井知事 議会休会を活用

希望の党の代表を兼ねた小池知事に対し、都庁には知事職に専念するよう求める都民の声が相次いでいる。知事は会見で「二足のわらじ」批判を回避するため、「（松井一郎）大阪府知事などもいろいろと工夫している」と語り、松井知事も選挙応援していることに変わりはないとの考えを示した。だが、選挙期間中の小池知事と松井知事の対応を比較すると、公務のキャンセルなどで違いが表れている。

ホームページ上には、「公務日程なし」「出席行事なし」の文字が並ぶ。衆院選公示の10日から16日までの松井大阪府知事の公務日程だ。この期間は庁舎に登庁せず、日本維新の会の代表として衆院選候補の応援演説で全国を行脚していた。だが公務をキャンセルして政務中心に切り替えたわけではないという。

大阪府では10日以降、府議会の9月定例会常任委員会が開催され、松井知事が出席する予定だった。しかし、議会の要請を踏まえて選挙中の議会は休会となり、委員会は全て先送りとなった。議員が衆院選の応援を行うためだ。松井知事は当初から10～16日に委員会以外の日程を公務に入れておらず、大阪府政策企画部は「衆院選の応援演説で公務をキャンセルしていない」と強調した。

一方、小池知事は選挙期間中の庁内会議など一部の公務をキャンセルしたのに加え、18日に群馬県高崎市で開かれた関東知事会議の直後に応援演説を行った。また、19日には定例会見を1日前倒しして開き、庁議など公務を集約させた。小池知事はその理由として、13日の会見で「それ（選挙応援）も含めてだが、松井府知事なども工夫している」と話したが、大阪府は「（公務の集約など）工夫はしていない。知事からは『必要があれば登庁する』と言われている」（秘書課）という。

衆院選公示後から18日まで土日を除いた選挙応援の状況では、日程表によると、小池知事が39カ所（1都14県）、松井知事が28カ所（1都1府6県）だった。小池知事は東北地方から九州まで、松井知事は大阪府を中心に遊説した。

会見で松井知事を引き合いに出し、「二足のわらじ」批判をかわそうとする小池知事に対し、都幹部は「同じ立場の松井知事は許されて、なぜ自分だけ批判を浴びるのか、不満に思っているはず」と話した。

別の幹部職員は「松井知事を擁護する気持ちはないが」とした上で、「大阪都構想を実現するためには法改正が必要で、国政政党の立ち上げに携わった松井知事と比べて、小池知事が希望の党を旗揚げした大義名分はない。国政進出に一心不乱になっていた小池知事の姿勢が都民や国民の反感を買ったのではないか」と分析する。

振り回される職員

小池知事の選挙応援により、中止になった公務はイベントが中心だ。女性ベンチャー促進のためのイベントは、1度キャンセルした後に急きょ出席。六本木アートナイトはキャンセル後に出席するとの話が持ち上がったが、再度欠席に変更された。都庁内からは「担当の職員が振り回されている」と同情する声が聞かれた。

また、プレス発表されていない公務のキャンセルもある。16日午後に予定されていた会議は知事も出席するはずだったが、九州への選挙応援で延期となった。13日にこの会議の中止を知った事業局幹部は「会議の委員が知事の日程に合わせてくれることがある。気を使っている委員に対して失礼だと思わないのか」と批判する。

選挙期間中に中止に追い込まれた庁内会議は複数あるため、幹部の一人は「会議は出席する委員との日程調整も必要となり、11月以降に会議が集中するかもしれない」と予想する。

さらに、11月には知事がシンガポールに出張するため、知事の日程が取りづらくなるとの懸念がある。この間、会議などをキャンセルしたツケが回り、職員が対応に追われることになりそうだ。幹部職員の一人は「疲弊しそうだ」とため息混じりに語った。

冗句ジョーク

総選挙投票日間近、各党の悩み

自公「都合の悪いことに、ここに来て米軍や自衛隊の航空機事故……」

希望「都合の悪いことに、今週も長雨続きで〝希望の灯台〟も見え隠れ……」

訂正　17日付「夜間定時制の募集停止」の記事で、都立江北高校の名前に誤りがありました。

中央防波堤埋立地

大田区が調停案を拒否

「合理的でない」訴訟検討も

中央防波堤埋立地の帰属問題で、都の自治紛争処理委員が16日に勧告した江東区86・2％、大田区13・8％の面積割合とする調停案に対し、大田区は「合理的でない」として拒否する方針を固めた。区は同日開かれた第3回定例区議会最終本会議に勧告を拒否する議案を提出。継続審査として定例会は閉会したが、翌17日に総務財政委員会の閉会中審査が行われ、全会一致で可決された。29日に臨時区議会が開かれ、正式に可決される見通しで、帰属争いが司法の判断にゆだねられる可能性が高まってきた。

松原忠義区長が議案の提出に当たり、勧告拒否の最大の理由に挙げたのが、調停案が現在の両区の水際線からの距離が等しい埋め立て地上の地点を結んだ線を境界の基準とした点だ。この基準は、1982年に港、江東、品川の3区が帰属を主張した13号埋立地の境界確定の際にも採用され、江東区が東京湾の沖合に「領土」を広げる結果となった。

松原区長は、調停案で江東区の水際線に埋め立て地が採用されている点を踏まえ、「埋め立てによって沖合に領土を広げた区が将来にわたって領土を広げ続けることになる」と主張し、「公平性と公正性を欠き、合理的でない」と怒りをあらわにした。

議案の付託を受け、16日と17日に開かれた区議会総務財政委員会では、松原区長を支持する意見が相次いだ。

自民党は、大田区側が帰属の論拠に挙げた埋め立て造成以前の海面での海苔養殖実績が境界の基準に反映されなかったことに対し、「江東区のごみの話は採用されており、不公平だ」と批判。公明党は、自治紛争処理委員による調停案の提示前にほぼ同じ内容の原案が一部メディアで報じられたことに対し、「要綱で非公開と定めた文書が漏れること自体、公正公平な判断への期待を裏切るもの」と不満を述べた。また、共産党からは、「漁業権放棄で廃業に追い込まれた区民の苦しみの歴史を考えれば、現在の水際線での判断は公正でない」との声が上がった。

調停成立には、江東、大田両区議会が勧告の受諾を議決する必要がある。大田区議会で勧告拒否議案が全会一致で委員会可決したことを受け、同議会運営委員会は17日付で松原区長に臨時区議会の招集を要請。29日に開かれる臨時会の本会議で正式に可決された場合、区議から訴訟提起を求める声が多く上がっていることから、大田区側が境界確定請求訴訟を起こす公算が大きい。調停で決まらなかった場合は知事が境界を裁定することもできるが、都総務局行政部では「訴訟提起された場合に裁定を行うのは現実的に難しいのではないか」と話している。

調停案で示された区域と面積割合

生みの苦しみ続く

【解説】　1973年の埋め立て造成開始以来、懸案となっていた「領土問題」。2020年東京五輪の開催という大義名分を得て、解決に向けて加速したかに見られたが、約半世紀にわたる争いの歴史を背景に、両区が納得のいく結末には至らなかった。

江東区の山崎孝明区長は16日の勧告を受け、「両区が受け入れることを前提として調停にゆだねた以上、大局的な見地に立ち、十分に満足できなくても受け入れる必要がある」と述べ、25日まで開かれる第3回定例区議会に勧告を受諾する議案を提出する意向を示した。

両区は7月の申請に当たり、原則として調停案の受諾を前提とすることに合意した。しかし、申請前から有利がささやかれていた江東区側が「あらゆる結果の受諾」を想定していたのに対し、劣勢が予想された大田区側は「合理的な判断であれば」と条件を付けていた。いずれも全島帰属を主張していたため、調停の難航はある程度、予想の範囲内だったと言える。

大田区は勧告拒否議案の委員会審査で、訴訟となった場合、境界確定まで3年から6年を要するとの見通しを示した。この場合、五輪開催までの解決はほぼ絶望的となるだろう。

現在、中防埋立地への人の出入りは廃棄物処理業者など一部の事業者に限られているが、五輪を機に多くの人が訪れることになる。大会に向けた機運醸成なども考えれば、五輪開催までの解決が望ましいことに変わりはないが、埋め立て地の用途が都の港湾計画で定められている以上、両区が具体的に用地の活用を検討するのは、仮に調停がまとまった場合でも先の長い話になる。十分条件は満たせなくとも、可能な限り両区が納得できる必要条件を満たすまでには、更なる生みの苦しみが続くことになるだろう。　（米）

台　東　区

五輪に向けて文化をPR

発信プログラム事業を募集

台東区は19日、2020年東京五輪に向け、区の文化・芸術の魅力発信を目的に「たいとう文化発信プログラム」の対象事業の募集を開始した。大会開催後も見据え、区民や区内で活動する民間団体らを巻き込んだ「オール台東」で区の文化・芸術の魅力向上とPRを図る。

同区は9月にプログラムをまとめ、上野や浅草など区内に集積する多様な文化資源を生かした魅力発信を柱に据えた。その上で、認証事業については、▽文化資源の継承▽文化の魅力の発信▽あらゆる人々の参加▽次世代育成▽新たな文化の創造――の五つの観点で承認するとしている。現時点では、隅田川花火大会や映画祭などのイベント、伝統工芸産業支援、中小製造業の店舗改修事業などを対象としている。

事業申請時にどの視点に沿うものかを申し出れば、区は原則として承認し、ロゴマーク＝写真＝の使用を認める。使用のハードルを下げることで、ロゴマークによる一体感を演出する狙いがある。

当面は書類申請とし、来年2〜3月に専用ウェブサイトを開設してプログラムの本格的な周知を行う。区文化振興課の内田円課長は「20年大会とその後に向け、文化や芸術活動が区全体に広がるよう周知していきたい」と話している。

港　区

学校を英選手団に提供

東京五輪の練習施設に

港区と英国五輪委員会（BOA）は17日、区立小中一貫校の「お台場学園」を2020年東京五輪の「スポーツ・サービス・センター」として、BOAが使用する覚書を締結した。

スポーツ・サービス・センターは、五輪出場選手のトレーニングや身体のケアなどを行う施設で、英国選手団400人以上が五輪期間中に使用する。選手村から近く、プールやトレーニング施設などが充実していることが評価され、スポーツ・サービス・センターとして選ばれた。使用期間中は夏休み期間にあたり、学校に児童・生徒は立ち入らない。スポーツ・サービス・センターを設置するのは港区が23区で初めて。覚書締結を契機に、区は英国の五輪選手団と住民がスポーツを通じて国際交流ができるイベントを今後開催する予定だ。

武井雅昭区長は覚書を締結するに当たり、「区民の皆さんが英国の文化や五輪の歴史を学ぶとともに、五輪開催に向けて機運を盛り上げていきたい」と述べ、期待感を示した。また、BOAのビル・スウィーニー事務総長は「スポーツは国際的な絆を深めるには最も素晴らしい手段だ。日本・英国両国がより多くのメダルを獲得することを期待する」と述べた。

覚書を交わす武井区長とスウィーニーBOA事務総長＝17日、区内のホテルで

子供の「見えない貧困」対策

文京区　ふるさと納税で配食
渋谷区　NPOの活動後押し
港　区　ボラ参加し学習支援

高所得者層が多いとされる区でも、「子供の見えない貧困」に立ち向かう動きが活発化している。文京区では、NPOなど民間5団体とコンソーシアムを組んで生活に困っている家庭の食を援助する「こども宅食プロジェクト」の配送を15日にスタート。渋谷区では、塾に通うのに利用できるクーポンを発行するNPOの事業を区が後押しする。港区では生活保護世帯の生徒の学習支援をボランティアが行う取り組みに着手した。いずれもNPOやボランティアなど、外部を巻き込んだ取り組みが特徴だ。

14日早朝、文京シビックセンターの地下駐車場に集った約20人のボランティアが、積み上げられた段ボール箱から取り出した食材を青いコンテナに袋詰めにする作業に当たっていた。翌日、配送会社社員が区内の家庭を訪問し、玄関先でコンテナから取り出した二つの袋を母親に手渡した。袋の中にはお米やパスタ、醤油やごま油、せんべい、クッキーなどの食材や菓子類が入っている。家の奥から顔をのぞかせた子供たちは飛び跳ねて喜び、「宝箱みたいだね」と目を輝かせた。

同事業では、希望する生活困窮世帯に食材を届けており、食材や配送費をふるさと納税で賄っている。配達を通して、子供の貧困に悩む世帯から生活支援のSOSを引き出す狙いがある。配送を希望する世帯は当初想定の3倍に当たる450世帯に達し、区は順次配送先を拡大していく考え。

実施に不可欠な事業費とマンパワーの確保は、好調な滑り出しを見せている。ふるさと納税は、先週末時点で3千万円の寄付が集まった。募集開始から約3カ月間で、今年度目標額の1・5倍に上っている。配送の準備作業を手伝うボランティアの募集は約2週間で定員に達した。

朝から食品の仕分け作業に参加した品川区に住む会社員の女性は「自分の周りで貧困は見当たらないが、困っている人を支援する新しい行政の仕組みができ、毛細血管のように届いていくと良い」と期待を語った。

区子育て支援課の鈴木裕佳課長は「反響の多さに驚いている。民間団体と連携して情報発信したことで、子供の貧困に対して何かしらのサポートをしたいと考えていた人の受け皿になったのではないか」と話す。同区では今年度から子供の貧困対策を重点事業化しており、子育て世代に区役所の相談窓口の利用を促す狙いがある。

NPOと連携した貧困解消への取り組みは、渋谷区も計画している。NPOらが来年度から生活が苦しい世帯の中学3年生の希望者を対象に、事業に協力する大手学習塾や通信教育の受講に使える20万円相当のクーポン券を支給する事業を開始する予定。財源はNPOらがクラウドファンディングで募る。

同事業に対し、区は学校などを通じてクーポンの周知を後押しする。区担当者は「子供たちの学習機会や場の選択肢を広げるのに役立つ」と語り、来年度以降の助成などの事業化を検討している。

港区は、独自調査によって区が抱えている問題をあぶり出した。昨年にまとめた児童・生徒の生活実態調査から、中学生の就学援助認定率が他区と同水準の約3割に上ることが判明。これを受け、今年度から生活保護世帯の中学1、2年生を対象とした学習支援事業に着手した。他の自治体と同程度の40人を受け入れようと募集したところ、70人から応募があり、開催場所を増やして対応する。

学習ボランティアには、学生や区内企業で仕事を終えて参加するビジネスマンなどの若い世代からの参加者も出てきているという。事業を継続的に進めるため、文京区や渋谷区のような民間連携を充実させていくことが必要だと考える。区生活福祉調整課は「子供たちに支援を行き届けるには地域のサポートが欠かせない。区民や民間団体との連携を広げていきたい」と話し、イベントの周知活動などに力を入れる。

「宅食プロジェクト」で食品の分別作業に当たるボランティア＝14日、文京シビックセンターで

江戸川区

小松菜PRの最新版発行

4年目で紹介メニュー倍増

97品目の小松菜商品などを紹介している

江戸川区は、生産量が都内1位の小松菜をPRする冊子『小松菜力。』を発行し、来年1月までスタンプラリーを開催している。同冊子は、区内で味わえる小松菜を使用した料理や商品を扱う店舗やイベントなどを掲載。今年の掲載品目数は、初めて刊行した2014年版の2倍となる97品目に上る。区役所や掲載店舗、区ウェブサイトなどで配布する。

冊子では「小松菜サワー」や「小松菜のタレかつ丼」を追加した。また、今年7月にキリンビールが製造するビールと区内で小松菜を使った料理メニューを提供する店舗を紹介するPR事業を紹介。冊子の発行に合わせ、紹介した店舗などを対象としたスタンプラリーを8日から来年1月末まで開催し、小松菜の魅力をアピールする。

江戸川区では年間2859㌧の小松菜を生産しており、都内生産量の約4割を占める。区生活振興部は「区民に小松菜への理解も深まり、スタンプラリーを毎年楽しみにしている方もいる。民間企業とのコラボも積極的に広げていきたい」としている。

新教育長に坂田氏

千代田区

千代田区は16日、新教育長に政策経営部長の坂田融朗氏(59)を選任する人事案を第3回定例区議会に提案し、賛成多数で同意された。任期は19日から2020年10月18日までの3年間。現教育長の島崎友四郎氏は、10月18日の任期満了に伴い、退職する。

坂田氏は中央大法学部卒。82年に入区し、景観・都市計画課長、まちづくり総務課長、環境まちづくり部環境まちづくり担当部長などを経て、今年4月から政策経営部長を務めていた。

記者席

お疲れの身に降り注ぐ秋雨

○……「周囲に『疲れた』と漏らしているようだ」。ある都幹部が最近の小池知事の様子についてこう触れた。「時間が空いたら自宅で休んでいる」とも言う。知事自身が履いた知事と希望の党代表の「二足のわらじ」。公務と政務のダブルパンチで疲労困憊といったところか。毎週金曜日に行う記者会見は、衆院選の影響で今週は木曜日に変更となった。

こうした中の先週13日の会見では、同党が改憲で地方自治の条項を見直すと公約に掲げたことを問われ、知事は「地方自治の『本質』だったか、定義が不明」と言及。正確には地方自治の「本旨」だが、口ごもった末、ついぞ出て来なかった。疲れているとはいえ、自治体の首長としての資質を疑ってしまった。

○……終盤に差しかかった衆院選。興味深いのが各陣営の批判対策だ。自民党は安倍首相に対する「森友・加計学園疑惑」のヤジを警戒してか、遊説日程を非公表に。ところが今度は「逃げている」との批判を浴び、10日分から公表に転じた。ただ、現場の聴衆とは距離を取ったままで、ヤジに相当、神経をとがらせている様子。

一方の希望の党は18日、ツイッターで小池代表の写真と共に「全国知事会の会議を終えて、知事から希望の党代表に変わる時です」と投稿した。「二足のわらじ」が批判され、公務と政務を切り分けていることを強く発信する意図だろうか。もっともこの日、群馬県で開催されたのは全国でなく「関東」知事会だったが。

○……雨となった選挙サンデー。希望の党代表として都内を一巡した小池知事が最初の演説地に選んだのは、衆院選の約2週間後に区長・区議のダブル選挙を控える葛飾区を含む東京17区だった。

候補者や都民ファーストの会都議が雨に打たれながら支持を訴える中、予定より10分遅れて知事が登場すると聴衆から歓声が上がった。だが、雨にも負けない熱弁を振るった小池知事も「賛同いただける方は傘をこう（上下動）してください」との呼び掛けに応じた人はまばらだった。

投票日の22日は全国的に雨の予報だ。そういえば、都議選投票日は投票終了後、夜中から雨が降り出していたが、「雨女」の知事にとって投票日の雨はどう映るのだろうか。

教育ひろば

Tokyo2020の先へ
未来へつなぐ オリパラ教育 15

多摩市立連光寺小学校

学校、家庭、地域が一体となって

障害者理解

都内全公立学校でオリンピック・パラリンピック教育が始まった2016年度。重点的に育成すべき五つの資質として示された中で、本校が迷わず取り組み始めたのが「障害者理解の促進」である。

本校の取り組みの柱は3点。「特別支援学校との交流」「パラスポーツの体験」「障害者スポーツアスリートとの交流」である。

①特別支援学校との交流

本校の近隣に位置する特別支援学校の都立多摩桜の丘学園と、昨年度までの2年間をかけ、交流教育の授業モデルを協働して創り上げた。

本校における交流の中心は3年生。1学期には桜の丘学園特別支援教育コーディネーターによる出前授業を実施。「障害者理解促進授業」として、写真を活用しながら学校紹介や障害理解に関わる話をしていただいている。その後、児童同士による交流を開始。体を動かしながら自然に交流が進むプログラムで行った。

2学期には前回の交流を基に、多摩桜の丘学園児童の実態を把握した本校児童が遊びの交流内容を企画する。交流では背中を支えたり手を握ったりと、相手に寄り添いながら活動する姿が随所に見られた。次はパラリンピック種目「ボッチャ」を通した交流。1投ごとに同じチームの仲間として一喜一憂した。最後の交流は、本校児童が企画する2回目の遊び交流である。

3学期には1年間の交流を振り返り、保護者や地域の方に発表する機会を設定した。その際、出前授業で話していただいたコーディネーターも招待し、1年間の両校児童の変容を振り返っていただいた。活動を通して「心のバリアフリー」が確実に浸透していった。

他学年では、4年生が運動会で取り組んだ「よさこいソーラン」を多摩桜の丘学園夏祭りにおいて、毎年披露している。その後、出店を回り交流をしている。

②パラスポーツ「ボッチャ」体験

「ボッチャ」は障害者も健常者も同じルールで取り組むことができるスポーツで、わずかな練習ですぐに試合も可能である。交流の事前学習とともにパラスポーツへの関心を高める目的で、3年生が「ボッチャ」体験を実施。東京都障害者スポーツ協会から指導員の派遣や道具貸し出しなど、活動の支援を得ることができた。

③障害者スポーツアスリートとの交流

パラリンピアン土田和歌子選手（車椅子マラソン）のご厚意により、児童との交流会を毎年実施している。土田選手は自身の経験を通して、「失敗を恐れず、何事にも諦めないことが大切である」と話される。児童だけでなく参観している保護者・地域・教職員の誰もが土田選手の不屈の精神力を強く感じた。2016リオデジャネイロパラリンピックの際は、壮行会を開催し、全校児童で作成した横10㍍の応援横断幕を贈呈した。

今年度の交流会では、5年生がレーサー（競技用車椅子）を製作している八千代工業の技術者から話を聞く機会を得た。さらにレーサー試乗体験を行い、パラスポーツへの関心が一段と高まった。

本校ではこれらの三つの取り組みを柱に、「共生社会の実現を目指し、多様性を尊重する子供の育成」を図っている。また、共生社会の実現には、保護者や地域の方々の理解促進も欠かせない。学校の取り組みに積極的に参加していただくためには、学校からの「情報発信」が大切である。学校便りにオリパラの取り組みや豆知識を掲載したり、昇降口付近にオリパラ教育の写真を掲示したりする情報発信を継続している。

今後もオリパラ教育アワード校として、「障害者理解の更なる促進」に向けて学校・家庭・地域が一体となった取り組みを目指したい。

（多摩市立連光寺小学校副校長　北里浩一）

パラスポーツである「ボッチャ」を体験する児童

都立南大沢学園

「食育フェア」に出展

今年も「お客様を笑顔に」と生徒

「楽しみながら食を育もう！」と、第10回「東京都食育フェア」が11月11・12日に代々木公園ケヤキ並木通りで開催される。高校からただ1校、昨年に続いて出展するのが都立南大沢学園だ。お客様の笑顔に触れた3年生は今年もフェアに参加するのを心待ちにし、おいしいハンドドリップコーヒーの入れ方やクッキー作りに励んでいる。両日とも午前10時から午後4時まで、多くの人の来場を望んでいる。

江戸東京野菜を生かす

同学園には、食品コースの生徒が営業する「喫茶ひまわり」がある。専用の門から入り口に向かうまで、エコロジーサービスコースの生徒が植えた花々が迎えてくれる。厨房では、市民講師の指導で生徒がパン作りに取り組んでいた。

今年の食育フェアには江戸東京野菜の「本田ウリ」を使ったマドレーヌと、「内藤カボチャ」をカボチャ型のクッキーにして種も飾って出品。「三河島枝豆」で枝豆チーズパンも作る。担当する尾上真理子教諭は「3年生は去年経験しているので行きたくて仕方がない。お客様とじかに触れ合って、その方がおいしいと言ってくれるのですから全然違います」と話す。

江戸東京野菜の販売も行い、3年生の金井ありすさんは「どうやって味を伝えようかと何回も試食して味をかみしめた。お客様が勉強になったと言ってくれた」と目を輝かせる。「食べることが大好きなので、同じ大好きな方々と共有できたらいいなと、飲食を提供する仕事に就きたい」というのが目標だ。

ハンドドリップコーヒーを提供した3年生の織田舞さんは「お湯の注ぎ方で苦みが違ってくるので緊張した」と言うが、入れる人によって味が違うからと「味比べ」をするお客様もいたとか。幼い時から料理やお菓子作りが好きで、食べた親や友達が笑顔になってくれたと言い、「お客様が笑顔になってくれる仕事に就きたい」と話す。

パンの生地を丸める食品コースの生徒たち

3年間の積み重ねで成長

高等部就業技術科がある5校のうち4校は併置校で、単独校は同校だけ。食品の他、ロジスティクス、ビルクリーニング、福祉、エコロジーサービスの5コースがあり、各コース20人で1学年100人が学んでいる。

先の生徒は全く障害を感じさせない受け答えだが、「3年間の積み重ねがある」と山田智博主幹教諭。「地域の人との触れ合いや食育フェアで、コミュニケーション力や対応力が培われる。プロの市民講師から働く上でのマナーや態度を教わることは大きい」と話す。特別支援学校の進路指導に長く携わり、同学園には開校準備から携わった。「合理的配慮が進み、企業開拓もやりやすくなったが、マッチングをどう図り、働き続ける力を付けさせるかが課題。教師は異動するし、就労支援センターもマンパワーが足りない状態だ」

障害が軽いがゆえの問題もあるという。「見た目で障害が分からないので、同じように要求されてしまう。いろいろ指示が飛ぶと、返事はしても分かっていない場合があり、メンタル的に弱くなってしまう」

吉池久副校長は「念願かなって就業技術科に携わることができた」と話す。「小中学校の特別支援教育をやってきて、今度は社会就労を担当できる。ダウン症の弟が、うれしいこともつらいこともあったが、企業就労で成長していく過程を見てきた。同年代の仲間と比べて、就労していると立ち姿から違う。充実した様子がうかがえる」と言い、同校の生徒も「3年生になると、自分なりのビジョンを持って主体的に学ぼうと輝いている。寄り添う指導が体現されていると思う」と話す。

特別支援学級から入学してきた生徒が9割を占め、「対大人、対教員の中、少数の仲間と過ごしてきたが、ここでは部活動などの経験を通し、自分たちで高め合える。集団だから乗り越えることができる」と山田主幹教諭。中学校では部活動に入れてもらえない生徒もいたが、余暇活動の一環として全員が部活動に加入。卒業生も毎日のようにやってくるという。

地域に根ざした学校

東京2020オリンピック・パラリンピック大会を前に、昨年度から「日本の伝統・文化」を学校の設定科目にした。音楽、茶道、着付け、文芸、技能の5分野を体験し、2年生は昨年までの沖縄から、伝統工芸が引き継がれている金沢に修学旅行先を変更。取材の日は茂木裕之校長が同行して修学旅行中だった。3年生は東京を再確認するため、自分たちでコースを決めて校外学習を行っている。

「江戸東京野菜」を素材にして、食育フェアに出展するのも、そうしたオリパラ教育の一環だ。

開校10周年を迎える2019年までの中期目標として、「地域に根ざし選ばれる学校」を掲げ、特色が輝く学校を創るために四つのプロジェクトが進行中。「ほこ・やりプロジェクト」（誇りとやりがいを持つプロジェクト）では、エコロジーサービスコースが「江戸東京野菜」を栽培し、食品コースが焼き菓子に加工、ロジスティクスコースがチラシを作成。「食育フェア」の参加もその一つだ。「地域おやつ便プロジェクト」は、地域住民に理解者・応援者になってもらうため、食品コースが定期的に地域の方に焼き菓子を届け、ロジスティクスコースがチラシ配布と菓子の配達・集金を行うという。ビルクリーニングと福祉、エコロジーサービスの生徒が輝くためのプロジェクトも進んでいる。

吉池副校長は「眼鏡をかけるかどうかの違いくらいの意識で、どの学校においても個に応じた支援ができるようになることが理想」とし、山田主幹教諭は「18歳で社会に出て行く生徒たちの3年間の成長を見るのが一番のやりがい」と話した。

◇◇◇　書評　◇◇◇

『小学校 プログラミング教育がわかる、できる ～子どもが夢中になる各教科の実践』

一般社団法人教育デザイン研究所編

プログラミング関係の実践書は近年、書店の棚の多くを占めるようになったため、初心者ならどの書を参考にしたらよいか迷うところである。そうした類書がある中で、本書には他書にない大きな特色がある。「プログラミング教育とは何かについて、各教科とつなげる実践の具体が掲載されていること」である。そこで、本書を開くと、小学校の体育を除く各教科別に、小学生で扱えるプログラミングソフトのｓｃｒａｔｃｈ等の活用方法が新学習指導要領と関連付けられて解説されていることが一目で分かる。プラモデルのような小さなロボットを用いた学習も一部紹介されている。

各頁にはPC画面や写真がふんだんに盛り込まれ、多忙な教師も気軽に一読できる。しかも、子供のパソコン活用レベル別に学習の進め方を説いている。「まだPCなどが使えない→マウスは使えるがキーボードが使えない→キーボードは使えるがローマ字は使えない→キーボードでローマ字の入力もできる」という4レベル別の学習方法である。

例えば、国語では学習指導要領に関わるポイントとして、「言葉の組み立て」について名詞・動詞・助詞・助動詞を使った物語をつくることを課題に置き、「順序立てて考える力」などを学習のねらいとして例示する。「毎朝、天気予報を見る→雨なら傘を持って出かける」という状況文を提示し、これをプログラミングしたｓｃｒａｔｃｈ画面を示す。音楽では実際にPCで演奏させる方法も載せている。

本書の構成は、プログラミング学習の基本を説いた上で、そのためのツールを紹介してから、各教科の活用法の解説に進み、最後に人工知能について言及してまとめる形をとる。

著者は、プログラミングを各教科共通のツールとして活用するための条件として、「プログラミング学習は楽しくなければならない」「気軽に利用できることが大切」の2点を指摘する。なお、本書で紹介されているプログラムなどは読者専用サイトからダウンロードして活用できる。本書を手に取れば、楽しく気軽にプログラミングしたくなるだろう。

（日本大学教授　佐藤晴雄）

Essay エッセー 70

「優しさと思いやり」

「先生、あのね」。低学年の児童が担任によくする問い掛けです。それに対して、担任が視線を下げ、ひざをつき、「どうしたの？」と優しく応える。勤務校では日常のごく当たり前の光景です。私が元々中学校の教員であるせいかもしれませんが、何度見ても「ほっ」とし、「ほのぼの」する瞬間です。「あのね」に込められた児童の「思い」「話したいことがたくさんあるよ」という一生懸命な意思表示は、担任との信頼関係の上にあり、教育の原点のようにも思います。私はこのような日々の何気ない子供たちとのやり取りを丁寧に大切にしてほしいと、特に若手教員には話しています。

特別支援学級の担任が教えてくれた話です。男子児童と担任で「この先生は誰でしょう」クイズをしていたそうです。児童のヒントは、「男の人です」「怒ると怖いです」「とても厳しいです」「でも優しいです」。担任が答えましたが、結局当たりませんでした。答えは校長の私ということです。私が優しいかは別として、その報告を聞きとてもうれしく思いました。

特別支援学級の児童たちとは、宿泊学習も含め一緒に校外学習に出掛ける機会も多く、発達段階で注意の仕方は違っても「ダメなものはダメ」を徹底し、日頃より「安全・安心が全てに優先する」を自ら率先してきました。副校長時代に生活指導が困難な中学校で勤務した経験から、「生活指導が落ち着いている今だからこそ危機感をもつように」と当時の指導室長がよく語っていた言葉です。あの児童の話から、勤務校に「ダメなものはダメ」が浸透しているように思いました。

ある日の朝、校長室で副校長、主幹教諭と打ち合わせ中、何やら廊下が騒がしくなりました。副校長が見に行くと、1年生数人が「ヤゴからトンボにかえったので校長先生を呼びにきました」とのこと。着任した年、私が言い出してプール清掃前のヤゴ採りを始めました。「ヤゴ救出大作戦」と名付け、児童と一緒に採ったヤゴは一部児童が家に持ち帰り、残りは教室で飼育することになりました。時々、児童と一緒に水槽の中のヤゴをながめたりしていました。それがある日、児童たちが登校し、水槽をのぞいたらトンボに羽化していたので、「まずは校長先生を呼びに行かなくては」と急いで来てくれたのでした。児童の優しさ、思いやりがすてきでうれしかったです。この児童たちとは後の校外学習で一緒にザリガニ釣りも行い、生き物好きが増えたように感じています。

ある保護者の話。「新入生保護者会での校長先生のあの話、初めて小学校に子供を入学させるにあたってとても安心したんですよ」。「あの話」とは、「私の理想の学校は、自分の子供を通わせたい学校です」。この感想を聞き、「今までの学校経営や方向性は間違っていない」と安心し、感謝しました。なかなか困難な今の世の中にあって、何事もなく平穏無事に過ぎていくことは難しいと考えます。それでも私は、当たり前のことが普通にでき、「優しさと思いやり」に溢れた学校を創っていきたいと思っています。いろいろな場面で「優しさと思いやり」に触れる度に元気をもらい、目の前にいる児童のために教職員、保護者、地域の皆さんと共に健全育成に更に努力を続けようと思います。

（武蔵村山市立雷塚小学校長　井内潔）

特別支援教育理解啓発でフェスタ

「私たちの未来」を9人が発表

東部学校経営支援センター

都教育委員会は7日、東部学校経営支援センター所管の学校の協力で、特別支援教育理解啓発事業「広がれ絆！オープンフェスタ」を都教職員研修センターで開催した。

4回目となる弁論活動には「私たちの未来」をテーマに9校が参加。鹿本学園の関口大毅さんは「2020年の私」を、働くイメージが湧かなかったが、パソコンを使う事務作業ならできると考え、専門的な勉強をすることが目標と語った。城南特別支援学校の三浦夢叶さんは、障害のある自分だから出来ることとして、車椅子が街なかをスムーズに移動できるアプリなどを開発し、「全ての人が喜びを感じて生きていけるようにすることが夢」という。葛飾ろう学校の井上瑠泉さんの将来の夢は、聴覚障害者に寄り添える手話通訳者になることで、2020年にボランティアとして活躍することが一番の目標と話した。

足立特別支援学校の下重晴菜さんは「自立した姿を見せられるよう努力を怠らず、未来に向かって頑張りたい」と語り、江東特別支援学校の鳥海翼さんは社会貢献活動で笑顔の輪が広がった経験を通し、2020大会でも外国の人に笑顔で接して、「日本に来て良かった」と言ってもらいたいという。水元小合学園の太田菜奈花さんは、ビルメンテナンスの仕事に就く夢を実現させるために頑張っていると話した。港特別支援学校の阿比留史歩さんは将来、人の役に立つ仕事をするために何事にも一生懸命取り組んでいるという。

淵江高校の内田希来々さんは、中学校での特別支援学級との触れ合いから障害をそれぞれの個性だと思うようになり、「同じ仲間なので、可哀想と決めつけるのはやめよう。もっと交流の場を増やし、お互いに理解できる社会にしていきたい」と語った。つばさ総合高校の柿崎つづるさんはソーシャルワーカーになるのが目標。福祉施設でのボランティアを通し、残存機能を生かして頑張っている姿を見て、「必要以上の支援は相手の力を奪ってしまう。心の声に耳を傾けることが大事だ」と感じたと話した。

フェスタでは白杖歩行や点字名刺づくりの他、マッサージ体験もあり、順番を待つ人の姿が目立った。舞台発表も特別支援学校と高校とのコラボなど、熱演が続いた。

ポッチャの体験コーナーでは、ほほ笑ましい光景も

教育じてん 93

未来を担う人材の育成に向けて

科学技術の発展は、我が国の国際競争力を維持、向上させていくために必要不可欠なものです。未来を担う科学技術系人材を育成することは、喫緊の教育課題となっています。

東京都では、都立高等学校において科学や技術について幅広く学び、理系の専門性を高めるための基礎力を身に着ける科学技術科の設置、大学や研究機関と連携した最先端の実験・講義を通して理数に秀でた生徒の能力を一層伸長する「理数イノベーション校」の指定、部活動を中心に研究機関等と連携して研究を行い理数に興味・関心を持つ生徒の裾野を拡大する「理数研究校」の指定などに取り組んでいるところです。

このような中、12日の定例教育委員会において、「高度IT利活用社会における今後の学校教育の在り方に関する有識者会議」の提言が報告されました。

この会議の設立の背景としては、近い将来に想定される高度IT利活用社会においては、人間には人工知能（AI）を使いこなす能力が必要となることとしています。また、次期学習指導要領でも、膨大な情報から何が重要かを主体的に判断し、他者と協働しながら新たな価値を生み出す力が求められています。そこで、新しい時代に求められる資質・能力やそれらを育成する学校教育の在り方について探究し、大きな2本の柱で提言を取りまとめています。

まず、「全ての子供たちに求められる情報活用能力の育成」として、情報手段の特性を理解して適切に活用する力の育成、情報モラルの一層の涵養、子供たちの発達段階や各教科等の特質に応じた効果的なプログラミング教育の実践の促進、社会が求める人材の育成に視点を当てた学校教育の改善、企業等の持つ人的・物的資源の活用の促進が提言されています。

次に、「高度IT人材の育成」として、新たな価値を創造する力等を持った世界が必要とする人材の育成、他者と協働して活動できる力を身に着けた産業界が必要とする人材の育成、高校と大学との効果的な接続を通した人材の育成などが示されています。

今後は現在ある仕事の多くがAIに委ねられるといった予測もされている今日、新しい時代に求められる資質・能力をしっかりと見極め、子供たちに確実に身に着けさせることが重要です。本提言の内容を社会全体で共有し、その実現に向けた取り組みを着実に進めていくことによって、子供たちの明るい未来の一歩が築かれるのではないでしょうか。

教育面は第1、第3、第5金曜日掲載

非常勤・臨時職員制度

都小委で見直しの考え方

労使で協議事項を整理

都と都労連は18日、小委員会交渉を開き、今回の給与改定交渉期の協議事項を整理した上で、都側が今後の非常勤・臨時職員制度の見直しに関する基本的考え方を明らかにした。見直しは地方公務員法などの改正を踏まえたもので、2020年度に会計年度任用職員制度を創設し、6カ月以上の任用期間がある場合には期末手当を支給する方針。今後、この考え方に基づき、具体の制度検討を進めるとしている。

期末手当支給の方針

今回の小委員会交渉では、労使が給与改定交渉期の協議事項を整理した。都側は都人勧で特別給が引き続き国を0・1月上回ったことを受け、「現時点で、全国で最も高い支給月数。都民が厳しく注視している」と指摘し、勧告の取り扱いを慎重に検討する考えを示した。

また、昇給制度については、昨年4月の昇給から勤務成績に基づく昇給号給数などが見直されたが、今年の勧告を踏まえ、「職員の能力・業績をより適切に昇給に反映させる観点から、引き続き対応を検討する」との考えを示す。

扶養手当に関しては、昨年度から認定要件の見直しが協議事項となっており、「今交渉期で結論が得られるよう協議を進めたい」と改めて強調した。

一方、都労連は勧告の取り扱いについて、「職員の期待を裏切る不当な勧告を前提とせず、都労連要求の実現を求め、交渉に臨む」と改めて表明し、昇給制度については「制度改正がもたらす職場への影響を明らかにしないうちに更なる制度の検討などあり得ない」とした。また、扶養手当の認定要件の見直しにも、引き続き反対の姿勢を示している。

■来年度に一部切替

非常勤・臨時職員制度の見直しの基本的考え方で、都側は2020年度から会計年度任用職員制度を創設し、現行の全ての一般職非常勤職員と、大多数の特別職非常勤職員を切り替えていくと説明。職の形態は現行制度と同様、パートタイム型を原則とする。

併せて、現在、臨時職員を活用している業務を精査し、必要に応じて会計年度任用の職などへの切り替えも検討する。また、改正法は20年4月施行だが、その趣旨を踏まえて来年度から、現行法で対応できる範囲内で、一部の特別職を一般職に切り替えていく考えも示した。

報酬・期末手当の支給に関する制度の見直しもポイントになる。6カ月以上の任用期間がある会計年度任用職員には期末手当を支給する方針。なお、支給月数や支給割合の算定方法、具体的な支給方法などは、今後検討する。

今回の制度改正は、各種システムの整備などに相当の準備期間が必要になることから、都としては来年度中には制度の大枠を確定させ、条例・規則などを順次、整備したい考え。

地公法の改正は「一般職」「特別職」「臨時職員」の区分がある非常勤・臨時職員の任用根拠を明確にし、その大半を一般職の「会計年度任用職員」と位置付け、期末手当を支給できるようにする内容で、都では法改正や国が発出した事務処理マニュアル、人勧などを踏まえ、検討を進めていた。

一方、都労連は会計年度任用職員への切り替えの基準や特別職との線引きなどについて検討し、今後の労使交渉で議論を深める考えを示した。「いずれの切り替えについても、職員の労働・雇用条件の改善につながる制度改善を実現する観点から検討を進めることが基本」としている。

期末手当・報酬額に関しては、「常勤との均等待遇を図る観点から検討し、その支給水準を設定すべき」という考えを示し、職の切り替えに向けた制度改正の検討とともに、改正法の施行を待たずに一時金相当額を支給することや、賃金水準を抜本改善することを求めている。

都総務局

宗教施設にも防災啓発

帰宅困難者対策で骨子案

都総務局は16日、第2回「今後の帰宅困難者対策に関する検討会議」（座長＝廣井悠・東京大学大学院准教授）を開催し、同局が取りまとめた帰宅困難者対策の取り組みの方向性の骨子案について議論した。

都内の外国人居住者や観光客が増加していることを踏まえ、骨子案では、これまでの帰宅困難者対策条例にない新たな視点として、教会やモスクなど宗教施設での普及啓発を取り入れた。地震への知識が少ない外国人への防災知識の効果的な普及方法として検討していく。宗教施設は災害時のコミュニティー施設としての役割も期待されており、委員の一人からは東日本大震災や熊本地震では被災者が大規模な宗教施設に避難するケースが多く見られたとの意見も上がっていた。

大学などの大規模施設を保有する事業者への一時避難受け入れの協力要請もこれまで以上に進める。現在、都と一時避難者受け入れの協定を結んでいる都内の大学は、全154校のうち30校にとどまっている。

また、協定は3日間避難者を受け入れることが可能な施設を対象に結んでいるが、同局が東京商工会議所の約1500事業者にアンケートをしたところ、約2割の事業者が避難所が開設するまでなら受け入れ可能と答え、1割未満だった3日間受け入れ可能な事業者の数を大きく上回った。

同局の担当者は「帰宅困難者対策の根本は『共助』の考え方。住民への普及啓発と協力依頼が大切」（管理課）と話す。

取り組みの方向性は検討会議を踏まえ、12月までにまとめる予定。

庁内公募制人事

過去最大規模の429人募集

五輪準備　広報や予算管理も

都総務局は11月6日まで、2017年度庁内一般職員公募制人事の申し込みを受け付けている。今年度は43分野429人を募集。分野数は前年度比10増で、2000年度の公募開始以降、最大規模を更新した。

規模が膨らんだ要因は、東京オリンピック・パラリンピック準備に関する公募の拡充。特に大会組織委員会への追加派遣は来年度、事務職を中心に今年度の倍の250人程度にまで増加する見込みで、特に課長代理級が多く必要とされていることから、同局では「庁内公募制人事も活用した意欲ある人材の確保が急務」（人事課）としている。

五輪準備では新たに、①デジタルメディアによる広報戦略企画・運営（若干名）②アクセシビリティー（5人程度）③システムの構築・運用（5人程度）④予算編成・執行管理（10人程度）⑤財産管理（若干名）―の5件の職務で公募を追加。具体的には、大会組織委員会によるSNSやモバイルアプリなどによる広報や予算編成、各施設にアクセシビリティーの確保を要請・調整する業務などに当たる。

これとは別に、米ジョージタウン大学で約4カ月間の海外研修を受けてから国際感覚を生かして五輪準備の業務に当たる人材を若干名、求めている。40歳未満の事務2〜3級職が対象。五輪準備局では計10項目で100人超を公募する予定。

五輪以外では、国家戦略特区の関係事業として、金融全般や税務に関する専門知識を有し、国際的な感覚を持つ職員を必要とする「国際金融都市・東京の実現」を新規の職務として設定した。また、サイバーセキュリティー対策として「情報化推進」、複雑化する法的課題への対応として「法務」の分野で専門性を持つ職員を募集する。両分野では各局で需要が高まっており、情報化推進は総務局情報通信企画部に加え、主税、生活文化、会計管理、交通、教育の各局・庁で、法務は総務局法務課や生活文化局消費生活総合センター、産業労働局労働相談情報センター、収用委員会事務局などで募集している。

このほか、社会保険事務や消費者の安全確保、就職生活指導、社会的養護の推進・障害者支援などの分野で公募を行っている。

書類選考を通過した職員には11月末〜12月中に面接を行い、来年2月に合格者を最終決定する。昨年度は延べ595人が応募し、205人が合格した。

都人事委員会

任期付職員を採用

五輪準備を巡っては、様々な職場で一時的に業務量が増加していることから、都は昨年度に続き、本庁舎などで勤務する任期付職員を100人規模で募集する。

任用は18年4月1日または7月1日からで、いずれも20年9月末まで。任期満了後は退職となる。

申込受付期間は25日まで。教養試験を12月10日、口述試験・面接を来年1月10日または11日にそれぞれ行い、同26日に最終合格者を発表する。

都技術会議

新採職員育成へ冊子

庁外の学習促す取り組みも

都技術会議（座長＝邊見隆士都技監）が18日、都庁第一本庁舎で開かれ、技術職員の人材育成や昨年度から検討を進めてきた『OJTハンドブック（仮称）』の素案を発表した。都では技術の維持・向上と継承が長年の課題となっており、同会議の「技術力維持向上部会」でワーキンググループを設置。昨年度からハンドブックの作成を議論してきた。来年2月に完成する予定。

ハンドブックは新規採用職員の技術力向上を目的に作成し、工事着手から完了までの流れや危機管理能力など、技術職員として必要なスキルや意識などをまとめ、育成方法についてアドバイスする内容。項目ごとに具体的な事例を紹介し、先輩職員の体験談や失敗談を盛り込むことで理解を深める。また、各局が独自で行う人材育成の取り組みも掲載し、OJTを行うベテラン職員にも役立つ内容にする。

作成にあたり、同会議は今年の2月から3月にかけて、土木・建築・電気・機械の四大技術職の主事から部長級約250人を対象にアンケートを行っており、人材育成にはOJTが有効との意見を多く得た一方、団塊世代の大量退職により新規採用数を増やしているため「教える側の人材が不足している」との声も多数あった。

アンケートから「自己啓発の時間が取れない」との声が上がったことから、技術職の自主学習の環境を整える方針も打ち出した。

都がこれまで蓄積したノウハウをまとめた「東京都技術情報連絡会議」のホームページに自主学習専用ページを作成し、研修資料や資格取得の支援、大規模工事・特殊な工法の建設記録などを掲載する。さらに、都庁のテレワーク環境の構築や機運醸成とも歩調を合わせ、外部からアクセス可能なポータルサイトの開設も検討し、スマートフォンやタブレットを使い通勤時間などの自主学習に役立ててもらう方針。

また、同会議では各局の連携や都の技術のPR方法などを検討する「より良い社会資本の整備と有効活用部会」の今年度の活動方針についても議論。昨年度に引き続き「制度・組織の枠を超えたより良い施策の実現」をテーマに活動し、旧晴海鉄道橋（江東区）の遊歩道への再整備や、河川や港湾周辺の有効活用されていない土地にオープンカフェなどの誘致を関係各局が連携して進める。

PR活動についても昨年度に引き続き力を入れ、8月に開設した「東京都インフラポータルサイト」の英語版の作成や、「ホストシティTokyoプロジェクト」のHPとの相互リンクを図り、海外への発信を強めていく。

邊見座長は冒頭あいさつで、「将来を見据えた長期的視点を持って、新たな一歩を踏み出すことがより良い都市につながる。技術会議ならではのチャレンジをしたい」と述べた。

水道局の配管実務研修。各局とも若手の技術向上に努めているが、一方でベテランの退職で教える側の人材が不足している＝都提供

都福祉保健局

設備改修工事の入札

予定価格の誤り発覚

都福祉保健局は18日、都立北療育医療センター城南分園と都立広尾看護専門学校の電話設備の工事の契約で、予定価格を小さく積算するミスがあったと発表した。

入札後に、事業者からの問い合わせがあり、同局が精査したところミスが発覚。それぞれ本来の予定価格より約34万円、約25万円小さく見積もっていた。人件費などが含まれる一般管理費の積算で昨年度までの基準を適用していたことが原因。

今回、予定価格の誤りがあった2件は、いずれも応札者が最低制限価格以下の入札だったため不調となっており、同局は来週中に正しい予定価格で改めて入札を行う予定。応札があった事業者には既に経緯を説明しており、再入札への理解を得ているという。

同局は再発防止策として、「原因と経緯を設計部署に周知した上で、契約部署の審査も厳重にし、適正な積算を徹底する」（契約管財課）と話している。

都財務局

アスベスト含有建材撤去でミス

都財務局は18日、公社多摩南部地域病院の改修工事で、屋根部分に使用されたアスベストを含む建材を、業者が誤って通常の方法で撤去するミスがあったと発表した。本来は飛散対策や作業員の保護具の着用が義務付けられているが、集じん機を使用しながら電動工具で切断・撤去した。その後の分析で含有が判明したという。

同局は建材を撤去後、現場でアスベスト濃度を測定し、通常の大気濃度と同様であることを確認。他の工事の受注者にも指導を徹底する考え。

特別区職員採用

経験者採用は倍率減

1次試験合格者発表

特別区人事委員会は18日、2017年度の経験者採用とⅠ類（土木・建築新方式）採用の1次試験の実施状況を発表した。

経験者採用試験は、2級職・3級職の合計で2167人が受験し、合格者は633人。倍率は3・4倍で昨年度比1・3ポの減だった。区分別に見ると、2級職は受験者数1024人のうち413人が合格。3級職主任主事Ⅰ・Ⅱはそれぞれ716人、427人が受験し、合格者は180人と40人で、倍率は主任主事Ⅰが4・0倍、Ⅱが10・7倍だった。

Ⅰ類（土木・建築新方式）では受験者数が215人で、158人が合格。倍率は1・4倍で昨年度と同水準だった。

藤本　靖さん（ふじもと・やすし＝元都立立川高校長）10日死去、85歳。

五輪への航海図 ㉑⑨　TOKYO 2020

開催まで あと1008日

シドニーの教訓③

メーン会場は規模縮小

シドニーオリンピックパークには五輪大会の28競技中14競技を開催した九つの競技施設が集中している。今回は、このうち二つの施設の後利用について概観したい。

大会のメーン会場となった「スタジアム・オーストラリア」は大会後、運営費を得るため命名権が売却された。国内4大銀行の一つ、ANZ銀行が購入したことから、現在は「ANZスタジアム」と呼ばれている。ANZスタジアムは五輪史上、最大規模の約11万5千人を収容する会場だったが、大会後に収容人数は約8万4千人に規模が縮小された。ただ、3月の英国人歌手アデルのライブではフィールド内にも臨時の座席を設け、9万8千人以上を収容している。現在はサッカー、ラグビーの9チームのホームスタジアムとなっており、2003年ラグビーW杯決勝戦などのスポーツ試合会場やライブ会場として使用されている。

このスタジアムは「BOOT方式」で建設され、30年までは信託会社が運営した後、ニューサウスウェールズ州政府に無償で引き渡される予定だ。建設時に費用を集めるため信託会社が販売したパスの購入者は30年までに同施設で開催される全競技を観戦できる。

命名権が売却されたANZスタジアム

また、水泳競技の会場となったアクアティックセンターは大会後、学校や地域の水泳大会の開催場所として活発に利用されている。水泳大会が開かれることも多い時には月40回。更に大会後、ウォータースライダーや流水プールといったレジャー用設備を充実させ、水泳・水中エクササイズなどのレッスンを開催し、市民から親しまれている。

シドニー五輪の競技施設は大会後、規模縮小や機能変化・拡充などを通じてコスト削減・収益拡大を図り、維持管理を行っている。

（自治体国際化協会シドニー事務所＝都政策企画局外務部管理課　小松俊也）

MEMO　BOOT（Build Own Operate and Transfer）方式　建設主体の民間企業が施設を所有・運営し、その間の開発・財源調達・建設・運営のリスクを負いながら、契約期間終了後に所有権を返還する事業方式。豪州では1992年完成のシドニーハーバートンネルのほか、アデレード・ダーウィン鉄道にも採用されている。

30年度

職員教養講座

東京都管理職選考対策

▶16◀

経済・財政に関する知識②

今回はミクロ経済学、マクロ経済学から、計算及びグラフの問題を学習します。取り上げた事項は経済学の一部の領域に過ぎません。他にも重要な事項が多くありますので、問題集などで基礎を中心にしっかりと押さえておきましょう。

問題

【問題1】

完全競争市場において、ある企業の平均費用曲線が次式で示されている（別掲）。財の市場価格が36である時、企業の利潤を最大にする生産量として、正しいのはどれか。

① 2
② 3
③ 4
④ 5
⑤ 6

【問題2】

ある財の独占市場において、需要関数及び企業の総費用関数が次式で示されている（別掲）。この独占企業の利潤が最大になるときの死荷重として、正しいのはどれか。

① 250
② 300
③ 350
④ 400
⑤ 450

【問題3】

ある国の経済において、マクロ経済モデルが次式で示されている（別掲）。政府支出を90増加させた時、国民所得に与える影響として、正しいのはどれか。

① 120
② 240
③ 360
④ 480
⑤ 600

【問題4】

次の値は、ある国の経済活動の規模を表したものである。この国の国内総生産として、正しいのはどれか。

雇用者所得330、営業余剰90、固定資本減耗55、間接税40、補助金5、海外からの要素所得110、海外への要素所得60

① 420
② 510
③ 520
④ 560
⑤ 690

【問題5】

ある国の経済において、インフレ供給曲線とインフレ需要曲線が次式で示されている（別掲）。この経済において、期待物価上昇率が当期の物価上昇率に等しい場合に、名目マネーサプライ増加率を高めるときの変化に関する記述として、妥当なものはどれか。

① 物価上昇率は変化しないが、実質国民所得は増加する。
② 物価上昇率は上昇するが、実質国民所得は変化しない。
③ 物価上昇率は上昇し、実質国民所得は増加する。
④ 物価上昇率は低下するが、実質国民所得は変化しない。
⑤ 物価上昇率は上昇するが、実質国民所得は減少する。

【問題1】
AC=2／3q2−q+12(AC:平均費用、q:生産量)

【問題2】
D=120−P
TC=1／2q2−100
(D:需要量、P:価格、TC:総費用関数、q:生産量)

【問題3】
Y=C+I+G、C=40+0.5Y、I=10−1.5r、
L=0.5Y+160−3r、M／P=L、M／P=200
(Y:国民所得、C:民間消費、I:民間投資、G:政府支出、
r:利子率、L:実質貨幣需要量、M:名目貨幣供給量、
P:物価水準)

【問題5】
$\pi=\pi e+\alpha(Y-Yf)$
$Y=Yf+\beta(m-\pi)+\gamma g$
(π:物価上昇率、πe:期待物価上昇率、Y:実質国民所得、
Yf:完全雇用国民所得、m:名目マネーサプライ増加率、
g:実質政府支出増加率、α、β、γ:正の定数)

解説

【解説1】　正答③
別掲。

【解説2】　正答④
別掲。

【解説3】　正答①
別掲。

【解説4】　正答②

国内総生産（GDP）を分配面から見ると、次のようになります。

国内総生産＝雇用者所得＋営業余剰＋固定資本減耗＋間接税−補助金

問題文の値を代入すると、

330＋90＋55＋40−5＝510

よって、②が正解です。

【解説5】　正答②

インフレ需要曲線、インフレ供給曲線の設問は、グラフを描いて解答します。財政・金融政策の短期と長期の効果を分析するために、縦軸に物価上昇率を取る形状となることが特徴です（図2）。短期のインフレ供給曲線は右上がり、長期のインフレ供給曲線は垂直となります。設問中、期待物価上昇率が前期の物価上昇率に等しい場合は短期、期待物価上昇率が当期の物価上昇率に等しい場合は長期を表しています。政府支出の増加（財政政策）や名目マネーサプライの増加（金融政策）は、インフレ需要曲線を右にシフトさせることになりますので、シフト後の均衡点の位置を確認します。今回は、長期インフレ供給曲線を見ることになりますので、物価上昇率は上昇しますが、実質国民所得は変化しません。

よって、②が正解です。

◇

次回は、ミクロ経済学、マクロ経済学から知識問題（文章問題）を学習します。

【解説 1】

完全競争市場において、利潤を最大化する生産量を求めるには、価格P＝限界費用MCを使います。MCは、総費用TCを生産量qで微分して求めます。平均費用ACが与えられているときは、ACにqを掛けてTCを算出します。
TC=2／3q3−q2+12q
MCは、TCを微分して求めます。
MC=2q2−2q+12
P=MCに代入すると、
36=2q2−2q+12
これを解くと、q=4となります。よって、③が正解です。
微分を使いますので、事前に処理方法を確認しておきましょう。

【解説 2】

独占企業は、限界収入MR＝限界費用MCとなるように生産量を決定し、利潤最大化を図ります。まず、需要関数D=120−Pの需要量Dの記号を、生産量qに統一します。MRは、収入TRをqで微分したものです。
TR=生産量×価格=q×P=120q−q2
MR=120−2q
限界費用MCは総費用TCをqで微分して求めます。
MC=q
MR=MCに代入すると、
120−2q=q、q=40
これにより、図1を描きます。独占による死荷重は、CEFであるため、
(80−40)×(60−40)×1／2=400
よって、④が正解です。

【図1】

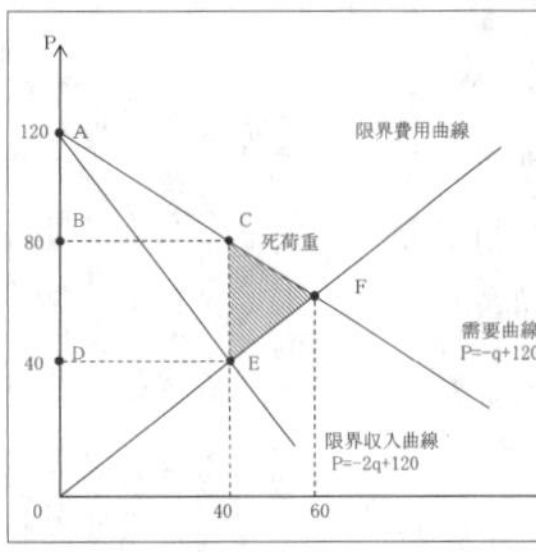

P
120 A
B
C
80
死荷重
F
D
40
E
限界費用曲線
需要曲線 P=−q+120
限界収入曲線 P=−2q+120
0　40　60　q

【解説 3】

IS曲線とLM曲線それぞれの式を整理し、連立させて答えを求めます。
財市場の均衡式Y=C+I+Gに、消費関数と投資関数を代入すると、
Y=40+0.5Y+10−1.5r+G
Y=100−3r+2G…①
貨幣市場の均衡式L=M／Pに、Lの式とM／Pの値を代入すると、
0.5Y+160−3r=200
0.5Y=40+3r…②
2つの式を連立(①+②)させて整理すると、
Y=2／3(140+2G)
政府支出Gの増加と国民所得Yの変化について聞かれているので、変化を示す△をつけて、それ以外は消し去ります。
△Y=2／3(2△G)
政府支出の増加分△G=90を代入すると、
△Y=120
よって、①が正解です。

【解説 5】

【図2】

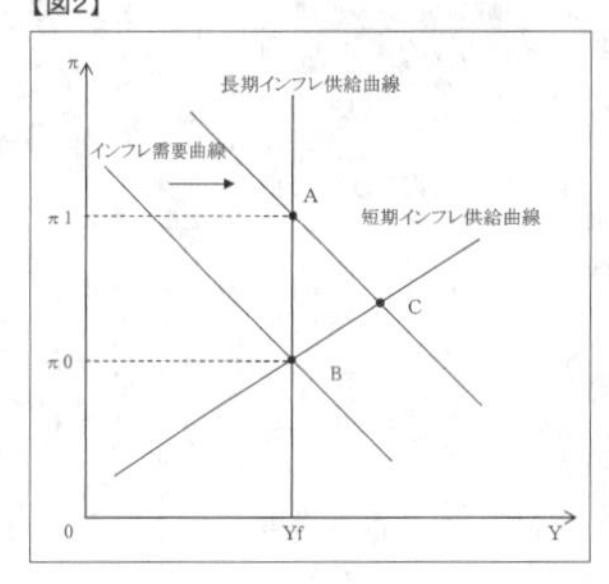

特別区

管理職試験講座

Ⅰ類択一・記述　Ⅰ・Ⅱ類論文　29年度

番外編▶下

平成29年度特別区管理職選考は、14日と15日に口頭試問が実施されました。合格者の発表と択一・短答式問題受験の免除者の通知は31日に行われます。今年度の試験日程が終了を迎え、来年度の受験を検討する職員は、そろそろ情報収集に着手することと思います。今回も番外編として、平成28年度受験者の合格体験記を掲載します。

合格体験記

Ⅰ類事務

Ⅰ類事務・分割受験方式

私は、入区した時から「将来的に管理職になりたい」と漠然と考えていましたが、具体的に受験を意識するようになったのは、都市計画部門の係長になった時でした。私の区では地区計画など地域ごとのまちづくりに対する議会側の関心が高く、上司とともに議会対応を重ねる中で、管理職としての自分の姿がイメージできるようになり、上司からも「受験するなら早い方が良い」と背中を押されました。ただ、家庭で子育てに忙しい時期だったこともあり、無理なく準備を進めるため、分割受験方式を選択しました。

分割受験方式の場合、1年目は択一・短答式問題のみの受験となります。係長業務が多忙で、家庭での勉強時間の確保も難しいこともあり、本格的に勉強を始めたのは、筆記考査の約4カ月前のゴールデンウイークからでした。私の区では、人事部門が受験者のサポートに積極的なため、人事部門と相談しながら、まずは実力を図るために問題集をひと通り解いてみました。都政新報の『1日10分』シリーズや実務教育出版の『スーパー過去問ゼミ』で行政法や財政法の勉強を集中的に行い、参考書も使って苦手な分野の克服を心掛けました。

択一受験者にとって、対応が分かれるのが財政学・地方財政制度だと思います。近年は出題数が4問で、地方自治制度や行政法よりも比重が小さいのですが、択一問題の1割と考えると、割り切って捨てるのは難しい決断だと思います。

私は「4問分をみすみす捨てるのはもったいない」と考え、勉強することを選びました。財政学は決して得意分野ではありませんでしたが、苦手意識もなく、「スーパー過去問ゼミ」を3回程度繰り返したことで、4問中2問は確実に正解できるようになりました。地方自治制度や行政法に比べると勉強時間が格段に少なかったことを思うと、私は捨てなくて正解だったかもしれません。しかし、苦手と感じる人は、財政学は捨てて行政法など比重が大きい分野に集中した方が良いと思います。区の先輩合格者に聞いたところ、2人に1人くらいの割合で財政学を捨てたようでした。

筆記考査までは、出勤前や通勤中、昼休み時間などに、ひたすら過去問を繰り返しました。本番1カ月前くらいからは、休日を使って実際の試験時間で過去問を解く練習を5年間分行いました。それでも、まとまった時間があまり取れなかったため、たとえわずかな時間でも、毎日休まず勉強することを心掛けました。それが良かったのか、1年目で無事に択一をパスすることができました。択一対策は、日々の反復練習に尽きます。少しの勉強時間を地道に積み重ねることをお勧めしたいと思います。

2年目の論文式と記述式に向けては、年明け前から情報収集を始めました。区では、年度初めから受験生向けに、論文と記述の練習問題を前年度合格者が添削する仕組みがあり、それまでに過去5年間の出題傾向を分析し、試験での出題テーマとなりそうな行政課題を絞り込むのが狙いでした。

このうち、先行して対策を進めたのは論文です。論文では、かなり具体的なテーマが出題されますが、過去の出題パターンから、「対区民の施策が問われるテーマ」と「庁内改革に関するテーマ」の2パターンに大別できます。このため、論文対策の参考書を活用しながら、2パターンの方向性に沿った論文のフォーマットを作り、添削に臨みました。添削を通して6月までに形を固め、7月以降はあらゆるテーマにも対応できるよう、表現のブラッシュアップに努めました。

一方、記述式は、明確に解答フォーマットを決めることができる反面、自習に活用できる教材はほとんどありません。そのため、勉強は『都政新報』の記述対策講座が出そろう7月に集中して行いました。過去3年間分の講座を入手して練習問題を解きました。オリジナル問題のため、出題されそうなテーマの予想に役立つだけでなく、解説を参考にして、行政課題ごとに適した分析の視点を養うことができました。

記述対策では、厳密なフォーマットを一つ作ってあらゆるテーマに応用させる人もいますが、私は過去の出題傾向から三つの解答パターンを作りました。日頃から新聞やニュースに目を通し、出題テーマを絞り込むことで、ある程度出題の山を張ることができますが、どのような資料が出題されるかを完全に予想するのは不可能です。また、一つのフォーマットでは、論理展開に無理が生じる可能性があります。複数の解答パターンを用意するのは、時間がかかると思う人もいるかもしれません。「三つの課題」など基本的な書き方が固まっていれば、私の経験上、想像よりも短時間で作成できると思います。

そして、これは論文と記述に共通して言えることですが、択一以上に試験時間で問題を解く練習が重要になります。鉛筆で字を書き続ける経験を日々の業務でこなしている職員はほとんどいないはずです。2時間鉛筆を握り続けると、徐々に力が入らなくなり、試験時間内に書き上げることの難しさを実感するはずです。少なくとも1回は試験時間内に手書きで論文と記述を書く練習をしましょう。特に記述では、フリーハンドで直線を書く練習を積んでおくことをお勧めします。

先輩管理職のサポートなどもあって無事に筆記考査を通過しても、安心してはいけません。口頭試問は通過者通知から2週間足らずで行われるため、実は一番対策に困った試験でした。所属部署の管理職に模擬面接に協力してもらい、事例式面接や、面接票を使った質疑応答など本番をイメージした練習ができましたが、通常の面接とは異なるため、空いた時間には面接票に対応した想定問答集を作る日々でした。面接当日も待ち時間に質問をシミュレーションしてメモに書き取っていたのを思い出します。口頭試問対策は、ほとんどの区で管理職による模擬面接が行われていると聞いています。試験内容も各区で大きく異なるため、自区の先輩合格者に相談し、試験までのわずかな期間を有効に活用してください。

最後に、私が合格できたのは、管理職としての自分の姿を明確に自覚できるようになったことが大きいと思います。全部受験方式か分割受験方式かは、受験者のライフプランに合ったやり方を選べば良いと思いますが、勉強時間が余分にあるからといって合格に近付くわけではありません。日々の業務の中で、自分が管理職ならどう考えるかを常に意識し、合格後に管理職として何をやりたいのかをイメージすることが、最大の試験対策になるのではないでしょうか。今年度の試験は、合格発表を残すのみとなりましたが、来年度の受験を考えている職員に私の体験が少しでも参考になれば幸いです。

市民が主役の市政を目指して

前 武蔵野市長 邑上 守正

12年間の歩み

12年前に、前市長の任期途中での辞任を受けての選挙で、市長に初当選し、就任した日が10月9日で私の誕生日。したがって、毎期ごとに誕生日からスタート、3期目が終了した翌日が還暦の誕生日というタイミングであった。12年間病気することもなく、全力で走り続けて公務をまっとうできたことを誇りに思う。積み残した課題もあるが、多くの施策は実現し、充実した12年間であったと思う。

■市民参加の進展

市民が主役の市政を運営の基本理念に据えて、市民参加の手法を多く取り入れてきた。委員会には原則、公募の市民委員を入れ、またテーマ別の市民会議や無作為抽出型の市民ワークショップなども多用し、多くの市民の参加を求めてきた。無作為抽出型では、今までなかなか参加できなかった多世代の市民の参加も得られ、参加した市民が今度は自ら公募委員となるケースも見られている。

また、市長自らも、市民と市長のタウンミーティング(TM)を開催し、合計69回、延べ5千人を超える市民の皆さんと意見交換を行うことができた。コミュニティーセンター(コミセン)と共催でのTM、学生とのTM、テーマ別のTM、街頭での青空TMなどでの市民の多くの意見を市政へ反映するように努めてきた。現在、武蔵野市ならではの市民自治の在り方を制度化しようと、自治基本条例(仮称)制定の検討が議員参加で進められている(座長・西尾勝東大名誉教授ほか、市民公募委員(含む)。今後の条例化を期待している。

新クリーンセンター工事棟落成式で(17年4月1日)

■子育て施策の充実

本市ではかつて、中学校給食が実施されていなかったが、小学校と同様のおいしい手作り給食を中学校でも実施することができた。お弁当を持参する家庭もあることから選択制にしたが、現在では95%以上が給食利用となっている。また、給食を教育の一環である食育として捉え、全国でも珍しい、財団法人武蔵野市給食・食育振興財団を設立し、意識の高い職員により給食・食育事業が実施されている。

特に地元農家との提携により、市内産野菜が多く供給されて、地産地消の取り組みが進められており、今後は校舎建て替え時などに小学校では自校調理場方式を拡充し、より豊かな食育の推進や災害時対応などを期待したい。

また、子供の人口は増加傾向にあり、保育所の定員拡充、学童クラブの拡充等に取り組んできた。保育所の定員は、この12年間で倍増し、定員を約1400人から約2800人に増員したものの、保育所を希望する世帯の割合も増加し、待機児童解消には至っていない(2017年4月現在待機児童120人)。来年4月に向け、400人以上の定員拡充を予定しているが、今後も保育の質を確保した認可保育所の増設が必要と考えている。多様な子育て・保育環境を充実し、さらに子育てしやすい武蔵野を目指してほしい。

■一人ひとりを大切にした福祉の充実

高齢化率は22%を超えたが、誰もが健康で長生きできる社会を目指したい。介護保険制度のみに頼らず、「地域包括ケア」の理念である「地域で支え合うまちづくりまちぐるみの支え合いの仕組みづくり」のための様々な施策を展開してきた。

地域団体などが運営するテンミリオンハウスの設置を拡充しているが、高齢者の居場所通いの場や健康づくり、コミュニティー形成に有意義有意な事業として定着している。また、介護予防や地域のコミュニティー形成にも寄与する「いきいきサロン事業」も市内17カ所で行われるようになった。今後も、医療・福祉・健康・地域の関係団体・ボランティアが連携して温かなネットワークを構築し、誰もが安心して暮らし続けられるまちを目指したい。

桜まつりで(武蔵野クリーンセンターの前、17年4月2日)

■市制70年を迎えて…持続可能な都市へ

本市は今年、市制施行70周年を迎えた。過去の歴史を振り返るとともに、未来に向けて子供たちが夢を描けるまちを目指していかなければならない。既にクリーンセンターの建て替えや市民文化会館の大規模リニューアルを成し遂げ、今後は小・中学校の建て替えや都市基盤の計画的なリニューアルが必要となる。積み立ててきた基金を有効に活用し、健全財政を維持しながら、他都市の参考ともなるような持続可能なまちづくりを進めたい。

「住みたいまち」としての評価に負けないように、さらに実際に住み続けられるまちに向けて、市民とともに不断の努力を重ねてほしいと願っている。

文京区ふるさと歴史館

文京の季節詠んだ空穂

生誕140年・没後50年で特別展

窪田空穂 1953年頃 自宅縁側にて 窪田空穂記念館蔵

初公開される空穂筆の和歌「老さくら…」 個人蔵

文京区ふるさと歴史館では21日から、特別展「季節のうた～歌人 窪田空穂 生誕140年・没後50年」を開催する。

窪田空穂(1877―1967)は、50年を超える年月を文京の地で過ごした縁の歌人・国文学者。明治・大正・昭和にわたる長い文芸活動の中で、全集に掲載されるだけでも1万4千首以上もの歌を詠み、また古典和歌や作歌について一連の研究を行い、早稲田大学などで教鞭(きょうべん)をとりながら、和歌を研究・愛好する多くの後継者を育てた。

文京の季節を詠んだ和歌のうち、「小日向のとある坂を登りつつ、ふと見出でたる初冬の富士」は、100年以上も前の文京ならではの風景と季節感を詠んだ歌。「目白台の空を真北に渡る雁稀に見る雁の四五十羽かも」は、数十羽もの雁が目白台の空を渡る光景を詠んでいる。現代では見渡すことができない富士山や、当時の文京の空を見た情感を、今日に伝える貴重な和歌となっている。

1895年、空穂は満18歳で故郷の松本を離れて上京し、現小石川の下宿に住んだ。1920年に早稲田大学の教員となると、翌21年に小石川区雑司ヶ谷(現文京区目白台)に新居を構え、67年に終焉(しゅうえん)を迎えるまでここに暮らした。

空穂は、『万葉集』『源氏物語』『古今和歌集』『新古今和歌集』などの古典和歌研究を進め、和歌という特別に長い歴史を持つ文化の研究者・理解者を多く育てた。また、全国に「空穂系」と称されるような多くの門人や、和歌を愛する歌人・研究者たちの人の輪を、生涯広げ続けたという。

特別展では、文京の季節を詠んだ空穂の和歌や歌集や、直筆の掛け軸、色紙、随筆、空穂ゆかりの品々として趣味に用いたトランプや碁盤、喫煙具、筆、硯(すずり)、ステッキなどを紹介。空穂が住んだ雑司ヶ谷の家の縮小模型も展示している。

今回、「老さくら張りて垂れたる細き枝をりをりこぼすその花ひらを」と詠んだ直筆の和歌を初公開する。これは、家族とともに小石川植物園で見た桜を詠んだもの。また、小石川の春の夕景を詠んだ歌が記された空穂直筆の和歌巻紙も初めて公開される。

特別展は12月3日まで。

◇

▽開館時間 午前10時～午後5時▽休館日 毎週月曜日▽入館料 一般300円、中学生以下・65歳以上・友の会会員は無料 ※11月3日は無料公開▽アクセス 丸ノ内線・大江戸線「本郷三丁目」より徒歩5分、三田線・大江戸線「春日」より徒歩5分

橋の欄干に江戸の粋

東京 橋くらべ14 紅林 章央

柳橋

アーチが優雅な趣のある橋

江戸時代、神田川は現在の千代田区や中央区あたりの南岸にだけ高い堤が築かれた。これは、洪水から都心側を守るためで、現在JR中央線が走る飯田橋駅と水道橋駅付近の高架はそれを利用して造られたものである。

この堤には柳の木が植えられた。橋の名はこれにちなむといわれている。柳橋の歴史は古く、江戸時代には既に橋が架けられていた。この辺りは隅田川の舟遊びや吉原通いの船の拠点として船宿が多くできて繁盛し、現在も屋形船の一大拠点になっている。

橋は1887年に鉄のトラス橋に、1929年に震災復興事業で現在のタイドアーチ橋に架け替えられた。長さ40メートルほどの短い橋であるが、アーチが優雅な趣のある橋である。

そして柳橋と聞いて思い浮かべるのは芸者である。江戸時代、両国橋の西側の橋詰めから柳橋、浅草橋辺りは江戸一の繁華街であった。その名残なのかも知れない。橋の欄干にはそんな江戸の粋を今に伝えるように、簪(かんざし)を模した飾りが付けられている。

猿江恩賜・東綾瀬公園

インタープリター号が登場

11月にお披露目イベント

猿江恩賜公園と東綾瀬公園では、自然の面白さを伝えるコンテンツを車内に詰め込んだ移動式の自然教室である「インタープリター号」のお披露目イベントを実施する。

インタープリター号は、〝公園の楽しみをこの1台に〟をコンセプトに、愛らしいデザインで自然の面白さを伝えるコンテンツを詰め込んだ車。環境学習プログラムを実施するための道具を搭載している。サービスセンターなど建物がない公園でも、どんな場所でも、インタープリター号を拠点にプログラムを展開することができる。

猿江恩賜公園では11月3日、午前10時から午後3時まで開催。「インタープリターと公園の秋探し」と題して、参加者と園内を散策しながら、ダンゴムシなどの生き物や落ち葉やどんぐりなどの自然を探索する。インタープリター号には飼育ケースやルーペなどの観察道具を搭載し、参加者が自由に観察できる。また、モニターを使ってインタープリターが解説を行う。最後に参加者が集めた木の実や葉っぱをコレクションボックスに収めて、オリジナルの「公園の秋コレクション」を作る。

東綾瀬公園では11月5日、午前10時から午後3時まで開催。「スマホ顕微鏡で見る公園の秋」がテーマ。手持ちのスマートフォンのカメラ機能を利用して観察を行う。スマートフォンやタブレットのカメラに専用の拡大レンズを装着し、モミジの葉や花壇の土などを観察することで、葉の細部や微生物を観察することができる。木々の紅葉が始まりかけた公園の自然を、マクロな視点とミクロな視点の双方から楽しんでもらうのが狙い。スマートフォンを持っていない利用者には、インタープリター号に搭載したモニターにそれらを映し出すことで観察してもらう。

いずれも随時受付で、参加費は無料。都立東部7公園(猿江恩賜・亀戸中央・大島小松川・尾久の原・東綾瀬・中川・宇喜田)を管理するアメニス東部グループでは、いずれは東部7公園全てで活躍する車を目指すとしている。

6メートルの巨大イルカが遊泳

「光のアクアリウム」開催

東京国際フォーラム

㈱東京国際フォーラムは開館20周年を記念し、同館のシンボルである舟型のガラス棟を巨大な水槽に見立てた「光のアクアリウム」を12月19日から26日までの期間限定で開催する。

バルーンを擬似的な生命体として見せる日本初の特殊技術により、6メートルの巨大イルカが約60メートルの吹き抜けの大空間を遊泳する。映像や照明・音響でガラス棟全体は幻想的な海の雰囲気に。まるで海の中にいるような体験をすることができる。

また、12月8日から26日、東京国際フォーラム開館20周年写真展「新たな船出」を開催。東京国際フォーラムの「過去・現在・未来」をテーマに、「現在・過去」のブースではかつて都庁があった時代の写真から開館後の様子や世界最大級のクラシックの音楽祭「ラ・フォル・ジュルネ」、「キッズジャンボリー」を始めとする主催イベントの感動シーンを中心に約100点の写真を展示する。

さらに、「未来」のブースでは、来館者を中心とする約3万2千人の写真からなる縦約3メートル、横約10メートルのフォトモザイクを設置。漫画家の松本零士氏が同展のために描いた未来の東京の姿を元絵に、東京国際フォーラムの「新たな船出」を表現する。

「光のアクアリウム」は、日没後から光の点灯を予定。写真展「新たな船出」は午前10時から午後10時。いずれも東京国際フォーラムロビーギャラリーで、無料。

巨大なイルカが泳ぐ「光のアクアリウム」のイメージ

ミニガイド

◇東京都弘済会「いきいき講演会」 ▷内容 古美術鑑定家・エッセイストの中島誠之助氏による講演「目利きの人生談義」▷日時 11月17日(金)午後6時45分～8時15分▷場所 損害保険ジャパン日本興亜㈱本社ビル2階大会議室(新宿駅西口徒歩5分)▷対象者 都民、都区職員、都区退職者等計300人▷参加費 無料▷申し込み 往復はがき:往信欄に「講演会」と明記の上、参加者全員の①氏名(3人まで可)②年齢③住所④代表者の電話番号・ファクスを記入、「返信欄」に所定事項を記入して、11月10日までに。ファクス:上記記載内容に加え、ファクス番号も記載▷主催 一般財団法人東京都弘済会(講演会担当) ☎03・3551・1101 ファクス03・3551・0678 〒104-0043中央区湊1の12の11 八重洲第七長岡ビル4階

◇アスリート・キャリアサポートシンポジウム in 東京ビッグサイト ▷日時 11月17日(金)午前10時半～12時▷場所 東京ビッグサイト西展示場1ホール メーンステージ▷内容 「国内最大級のトレードショー 産業交流展2017」で、アスリートを雇用することのメリットや社会的意義などをテーマに、企業向けのシンポジウムを行う。スペシャルゲストは荻原健司氏

購読料に関するお願い

自動払込ご利用の皆様へ

ゆうちょ銀行の自動払込は3カ月ごとの後払いで振替日は該当する月の20日(土休日と重なる場合は翌営業日)となります。残高不足等で振替が出来ない場合、割引が適用されないことがあります。お客様ご利用の口座残高をもう一度、ご確認いただきますようお願いいたします。

都政新報

発行所 都政新報社
〒160-0023 東京都新宿区西新宿7-23-1 TSビル
(総務・読者) 03-5330-8781
(企画広告) 03-5330-8784
(編　　集) 03-5330-8786
(出　　版) 03-5330-8788
(ファクス) 03-5330-8808
購読料 月1,730円(税込)
毎週火・金曜日発行
ただし、祝日は休刊
©都政新報社 2017

紙面から

どうなる都民ファの針路

「小池人気」失墜が鮮明

民進と合流は立ち消えに

自公が改選前と同じく3分の2の議席を獲得し、小池知事が率いる希望の党が惨敗した衆院選。一方で民進党が分裂して立ち上がった立憲民主党は躍進した。小池知事は、衆院選を通じて都民の人心を離し、求心力が著しく低下した。都議会第1会派の都民ファーストの会は、「小池人気」の強風に乗った政党だけに、衆院選の影響は避けられない。今後、小池知事が事実上率いる都民ファは都議会でどう展開していくか。

「選挙戦を通じて整理できた。ジタバタする気はない」。民進党の山口拓都議は多少興奮気味にこう話した。

5日、都庁第一本庁舎7階知事室。知事サイドと民進都議3人が同日の第3回定例都議会後に会談し、都民ファとの連携について話し合った。「衆院選の結果を見て検討する」と確認し、散会したという。

会談に同席した山口氏は「5人しかいない少数会派の打開策の一つに、都民ファとの連携があったのは事実」と振り返る。当時は連携に前向きな姿勢がうかがえた。

しかし、3日に結党したばかりの立憲民主党がリベラル支持や無党派層の投票を呼び込み、今回の衆院選で躍進。状況が一変した。同党は公示前に15だった議席を3倍超に伸ばした。選挙戦終盤、東京5区と6区で立民候補を支援した山口氏は「民主党が政権交代した時以上の風が吹いている」と手応えを口にした。

今後の会派運営について、同党の中村洋幹事長は「会派名を含めてひとまずこのまま。（国の）民進党の動向を見て判断する」と話す。都民ファとの連携話はリセットとなりそうだ。

都議会最終本会議後、都民ファーストの会の控室であいさつする小池知事＝5日

一方の都民ファの増子博樹幹事長は選挙期間中、「衆院選で誰を応援したかは（連携に）関わる」と述べ、立民を支援した民進を敬遠した。

現在の都議会は、定数127に対し、都民ファ53、公明党23の計76人が「知事与党」を形成。5日に都民ファから離党者2人が出たが、大勢に影響はない状況だ。

だが、衆院選で鮮明になった「小池人気」の退潮は、小池知事が特別顧問を務める都民ファに少なからず影響を与えるとの観測が出ている。

自民党都議の一人は「（小池知事の）磁力が弱まった。力を失った知事が都民ファ53人をどこまでまとめられるか」と会派運営を疑問視。ある民進都議も「都民ファは政策に強い信念を持っていない。『小池人気』次第では会派が割れる可能性もあるのでは」と口にした。

都民ファは5日、都政への協力を条件に、衆院選で希望の党を支援する政策協定を締結した。ただ、都民ファは自民や民進出身議員が多く、旧来支持していた国会議員とのねじれが顕在化することになった。

民進党出身の都民ファ都議からは「（選挙戦を）やりづらいのは当然。だが、やるより他ない」「後援者が支援する候補が、都議選と衆院選で異なる状況になってしまった」との声が漏れていた。

都民ファが分裂する可能性はあるのか。分裂予測の一方で、現実的には最大会派を捨ててまで離党するのは考えにくいとの見方が有力だ。数字上、都民ファから20人規模の離党者が出た上で、会派間の連携再構築がなければ新たな与党勢力は誕生しない。

ある都民ファ幹部は「話はシンプル。都民に約束した公約を果たしていくだけ」と述べ、分派観測を歯牙にもかけない。

増子幹事長も「分裂のうわさは妄想に近い。次期都議選を考えれば非現実的だ」と話す。都民ファは新人議員も多く、自力で当確ラインに持ち込める議員は限られる。

「分裂」が真実味を帯びるのは、都民ファと希望の合併話が浮上する時だ。地方と国政との連携を強める上でも、両党が合併する可能性はあり、「政策や考え方の不一致が表面化する恐れはある」（増子幹事長）。

都民ファは都政課題を軸にまとまった集団で、国の政策や思想などとの一致は不問としている。だが、希望の党は小池知事の「排除発言」に象徴されるように、憲法や安保政策などで公認条件を課した。こうした党の方針に賛同できなければ、合併時に離党者が出るとの見解だ。

ただ合併はあくまで仮定で、今のところそうした話は出ていない。次の大選挙は2019年の統一地方選挙と参院選。増子幹事長は「動きがあるとすれば、選挙前」と話した。

視点

小池新党の惨敗

戦略ミスの「二足のわらじ」

都議選の大勝利の勢いは衆院選でも続き、民進党をのみこんだ希望の党は大躍進。自公の与党勢力には届かなかったが伍する勢力を確保し、改憲を軸に国政でキャスチングボートを握る――。

不意打ちともいえる安倍政権が仕掛けた解散総選挙に対して希望の党の旗を掲げ、「二足のわらじ」批判もどこ吹く風で自ら代表として荒波にこぎ出した小池知事は、こんな勝利のイメージを抱いていたのかもしれない。だが、その思いはもろくも水泡に帰した。希望の党が惨敗した要因は小池知事自身の戦略ミスによる部分が大きい。

「安保法や憲法改正などで政策が一致しない公認希望者は排除する」。小池氏が希望の党への合流を決めた民進党議員を選別する意向を示したことで潮目が大きく変わった。

知事選でも都議選でも、小池氏は自民党という敵を作り、それを「ぶっ壊す」ことによって自らを改革派に仕立てて都民の支持を得てきたが、衆院選で小池氏が壊したのは、かつて政権を奪取した勢いを完全に失った民進党だ。壊すこと自体は同じでも、そのイメージは「悪役」に他ならない。国民に与えた印象は、壊された側の立憲民進党が大躍進したことが如実に物語っている。

小池氏の戦略ミスは、「参謀役が不在だったため」との指摘がある。公明党都議の一人は「希望の党の旗揚げのように小池代表が自分一人で決めてしまう。希望の党に参謀がいれば失言はなかったはず。小池氏の限界を露呈した」と分析する。

希望の党に勢いがなかったのは、小池氏自身が都知事を辞任して出馬しなかったことも一因だ。ある都幹部は「関ヶ原の戦いで、豊臣秀頼が大坂城にいて石田三成に戦わせて徳川家康に負けた。大将が城にいて指揮を執っているだけでは勝てない。小池代表の戦略ミスだ」と分析する。

また、選挙期間中に遊説で東奔西走した小池氏が「都政軽視」との集中砲火を浴びたことも逆風となった。小池氏は選挙期間中、「やるべきことは全てきっちりやります」と強調したが、庁内の会議が先送りされるなど、公務より政務優先との批判は最後まで払拭できなかった。

■職員は内憂外患

希望の党の敗北は、もはや国政の話ではない。小池氏が政党の代表として選挙を戦ったことは、知事自身が国政の政権闘争の渦中に身を投じたことになり、都政も政局に巻き込まれることを意味する。

職員からは「偏在是正措置や五輪の費用負担問題など、国が都の財源をさらに吸い取る動きが加速するのではないか」との懸念の声が多く聞かれる。

また、特区も国の協力がなければ実現しない。幹部職員は「知事が首相官邸に直談判しても協力してくれるのかどうか不安だ。知事が国に対して発言すればするほど逆効果になるのではないか。そうなれば都議会で自民が知事の責任を問う展開も予想される」と漏らす。

選挙期間中、政権批判を声高に展開した知事に対し、自民との連携で、国政と都政でねじれが起きている公明党の立ち位置も心配の種だ。職員は内憂外患に戦々恐々としている。

さらに、国政への意欲をむき出しにした小池知事に対し、職員の士気低下は避けられない。都政に軸足を戻す小池知事に、都庁内では「保身」との批判が起きている。「国政進出のステップアップにするために都知事の仕事を引き続き行うのであれば、衆院選に出馬すべきだった」との厳しい意見もある。

自公政権との関係悪化をもたらしたツケが都政に回ってくるのであれば、「二足のわらじ」の戦術は失敗に他ならない。（石）

都議会経済・港湾委

予定価格公表で再々募集

豊洲工事は2度の入札不調

都議会経済・港湾委員会が19日に開かれ、中央卸売市場が2度入札不調となった豊洲新市場の追加対策工事について予定価格を公表して再々募集することを明らかにした。

豊洲新市場の土壌汚染に関する追加対策工事では、9月19日に9件を募集したうち、4件が参加者1者以下で入札中止となり、10月2日に再募集した。だが、このうち1件は入札希望者がなく、再々入札することになっていた。中央卸売市場は「今後は予定価格を公表する」と説明。答弁を引き出した自民党の山﨑一輝委員は「つまずいたことで移転の足かせになってはいけない」と指摘し、移転時期を遅らせないよう求めた。

また、移転延期に伴う補償額の支出額について、都側は昨年11月から今月19日までに市場業者に約23億2千万円支出したことを初めて明らかにした。来年3月までには支払い済み分も含めて約49億円を支払う見込みだという。

同委員会では、自民党が都民ファーストの質疑を巡り、批判する一幕もあった。都民ファの栗下善行委員が土壌汚染の恐れのある築地再開発で食のテーマパークを整備する場合は、法的な安全に加え、都民の安心を確保する検討の必要性に触れたのに対し、山﨑委員が「都市整備委員会で行われるべき。常任委員会の枠組みでは扱いきれないと思い始めているのであれば、自ら特別委員会の設置を提案してもよいのではないか」と批判した。

こうしたやり取りに、ある都民ファの幹部は「特別委の設置は検討していない」とした上で、「かつて民主党が第1党だった時に市場の特別委の設置に反対したのは自民党だ」と指摘した。

このほか、都民ファの森村隆行委員は豊洲新市場の施設内に発生したカビの種類を質問。都側は空気中に存在する黒カビや青カビなどであり、人の健康に影響を与える病原性のカビではないと答弁した。

豊洲新市場の安全性　「しかるべき発信」を

小池知事

小池知事は19日の会見で、市場業者が求めている豊洲新市場の安全宣言に関して、豊洲の追加対策工事など安全面での条件が整った段階で、「開設者としてしかるべき発信をしていく」との考えを示した。だが、安全宣言を行うとは明言しなかった。

会見では、記者が豊洲の移転時期が具体化したのを受け、「移転前に安全宣言を出すことについての見解」を求めたのに対し、知事は「追加対策工事を着実に実施する」などと話した上で、「ワンフレーズというよりは、正確な情報を積み重ねていく。どのような形で発信をしていくのかは、具体的に検討していきたい」と話した。

都庁内からは「知事が安全宣言を行うと触れないのは、豊洲の地下水などで有害物質が検出された場合、訴訟を起こされることを懸念しているからではないか」との見方がある。

東京パラリンピック

ホテルの利便性課題　IPCが改善を要望

五輪組織委員会は19日と20日、国際パラリンピック委員会（IPC）と大会準備の進捗状況を確認する第4回の事務折衝を行った。IPCは前回に引き続き、大会で関係者らが使用するホテルのバリアフリーなどの利便性に課題があると指摘した。一方で前回の指摘を受け、国でホテルの利便性に関する現状調査を実施することを明らかにした。

組織委は会場やホテルなどの利便性の基準を定めた「アクセシビリティ・ガイドライン」を3月に策定しているが、既存のホテルは自主的な改善が前提となっており、組織委に強制力はない。

組織委の武藤敏郎事務総長は20日の会見で、「構造上の問題で実現できない場合、補助的な器具や人手を使って改善できないかなどを相談し、解決策を探す」と話した。

また19日には、9月に就任したIPCのアンドリュー・パーソンズ新会長がフィリップ・クレイバン前会長らと都庁第一本庁舎を訪れ、小池知事と会談した。

パーソンズ新会長は「東京大会がパラリンピック史上、一番素晴らしい大会だったと言えるようサポートしていく」と述べ、小池知事は「いいプレッシャーをいただいた。パラリンピックの成功なくして大会の成功はない」と応じた。都は11月29日に開催1000日前イベントを実施する。

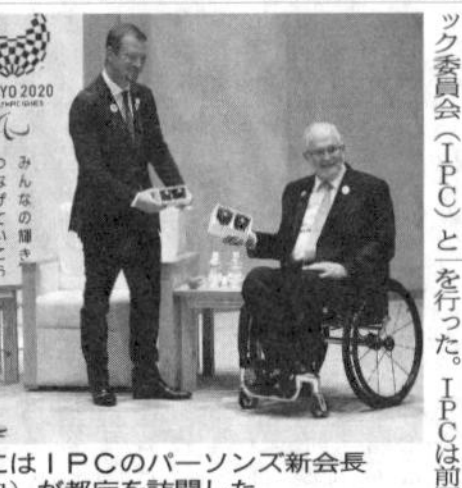

19日にはIPCのパーソンズ新会長（中央）が都庁を訪問した

◆水産仲卸が減少

19日の都議会経済・港湾委員会で、2017年4月現在の築地・大田・足立の3市場の水産仲卸数が10年前と比べて約4割減の648業者になったことが分かった。このうち、移転延期した築地市場では、移転前の前年同月比で1割減の551業者となった。水産や青果の卸・仲卸などの業者のうち、水産仲卸の数が減少傾向にある。加工品など市場外取り引きが増加し、赤字経営の水産仲卸も増え、淘汰される業者に歯止めがかからない状況だ。委員が要求した資料から判明した。

都政の東西

さあ、都政に？

衆院選が幕を閉じた。「小池知事は291万票の信任を得て知事に就任している。選挙が終わったら都政に専念してほしい」。都議選では都民ファーストの会の公認候補を、衆院選では自民党の公認候補の応援を求められた公明党区議は険しい表情で言い切る。同じ思いの職員や地方議員も多いだろう。

都政の課題は山積しているが、時機を逸することなく取り組まなければならない問題の一つに2020年東京五輪の機運醸成がある。今週末には開催1千日前を迎えるが、区担当レベルでは盛り上がりに欠けるとの見方が根強い。オリンピックロードや競技会場などの基盤整備の遅れが機運醸成に影響しているという意見もある。

整備が遅れることを回避するには、入札制度改革の見直しも一策だ。応札したのが1者だったのを理由に中止した入札件数は全体の2割に当たる30件に上ったことが判明した。入札の仕切り直しが頻発すれば都職員の業務量を増やし、その影響で工期にしわ寄せが来れば工事現場での事故につながる。早期に方針を見直し、入札中止を回避する対策も追加する必要があるだろう。

衆院選では、ベビーカーを押した若い母親や父親が雨に打たれながら小池知事の演説に聞き入っていた。「働きたくても保育園が見つからない。小池さんに状況を変えてほしい」という切実な思いは、都知事としての小池氏に期待されていることだ。

ただ、自民区議は「知事が希望の党の党首に就任した時に潮目が変わった。もう風は止んでいる」と語る。嵐の後には片付けが必要だが、そのための足場は残っているのだろうか。

冗句ジョーク

自公圧勝、立民・希望の党健闘果たすも、今回も野党の大同団結ならず
選管事務局「排除の言い方がキツカッタ」
人事委事務局「面接と言えば良かったのに」

葛飾区

SNSで若者にPR

認知症の啓発と早期発見

葛飾区は、若者への認知症の理解と患者の早期発見を促すため、スマートフォンアプリやSNSを利用した情報発信などを事業化する。今月末には、第1弾として区が独自に制作した認知症チェック機能を搭載したスマホアプリをリリースする。新事業は、多世代の委員による認知症の普及啓発に関する検討会がまとめた提言を基にしており、区は「認知症の普及啓発のために区民を交えた検討会を開くのは23区初ではないか」と話す。

検討会には、医師や地域包括支援センターの職員、20～70代の公募区民ら8人が委員として参加。5日の最終会合で、スマートフォンアプリやSNSの配信など、若者の視点を採り入れた普及啓発策などを提言としてまとめた。

これを受け、区は家族や本人が認知症をチェックできるアプリ機能を、配信中の区総合アプリに加える。

設問は本人向けが14問、家族向けが22問で、本人向けは「買い物のときにどうしたら良いか分からなくなることがある」など自覚症状を尋ねる。家族向けでは「人柄が変わった」「身だしなみに気を使わなくなった」と第三者から見える兆候を聞き出す仕組みだ。いずれも「はい」か「いいえ」で答え、「はい」が多ければ医療機関の受診を進める。

同様のアプリは、都内では国分寺市が民間の開発したものを提供しているが、同区のアプリは職員がオリジナルで作成し、オフラインでも利用できる点が特徴。

同区は2015年から、認知機能チェック表と医療機関での認知症健診を受診できる券をセットにして高齢者に送り、健診を受けることを促進する事業を開始している。しかし、受診率は開始以降、1割程度にとどまっていることから、アプリの配信によって家族への働き掛けを強化するとともに、本人の自覚を促す考えだ。

区担当者は「認知症患者には自覚がない人が多い。身近にいる家族や近所に住む人が、異変を感じたら手持ちのスマホやタブレットで確認してもらうことで不安を軽減したい」と話す。

幼児期から高齢者と交流を促す取り組みも検討している。区立の小・中学生向けに認知症サポーター養成講座をカリキュラム化することや、高齢者がベーゴマや竹とんぼなど昔ながらの遊びを通して幼児と交流する場を定期的に設ける考え。

また、下町が広がる葛飾区の地域特性を生かし、義理人情に訴える取り組みも企画。荒川の河川敷や柴又など区内の名所をバックに高齢者と子供たちが仲良く暮らすイメージ映像や、「インスタ映え」する画像の配信を検討する。地域コミュニティーの形成や定住化を促すことで、地域ぐるみで認知症の早期発見や支援に取り組むことを期待する。

区の高齢化率は23区内で3番目に高い水準にあり、このうち高齢者全体の約14%にあたる1万5590人が認知症患者とみられている。

区高齢者支援課の佐々木健二郎課長は「認知症には負のイメージが強い。重症化してから発覚すると支援しづらくなってしまう。認知症になっても安心して暮らし続けられるような地域づくりとPRを強化していきたい」と話している。

配信予定のアプリでは、スマホやタブレットで認知症チェックができる

民泊問題

住専地域規制で対応分かれる

大田区　全面禁止し不安を解消

新宿区　一部禁止で潜在化防止

来年6月までに施行される住宅宿泊事業法（民泊新法）に関し、焦点の一つとなっている住居専用地域での規制の在り方を巡り、区によって対応が分かれている。大田区が全面的に禁止する考えを固めた一方で、新宿区は期間を限定して営業を認める方針を決めた。23区は手挙げ方式で届け出事務などが都から移譲されるため、各区が検討を進めており、両区の判断は他区の今後の動向に大きく影響を与えそうだ。

国が来年6月までの施行を予定する民泊新法では、事業者が自治体に届け出を行えば民泊営業が可能になり、年間180日間以内の営業日数を条件に、ホテルや旅館が営業できない住居専用地域での営業を認めている。その上で、国は地域の実情を反映させるため、自治体が条例で区域ごとに営業期間を制限できることとした。

これを受け、大田区は住居専用地域では営業を認めない方針を固めた。第4回定例区議会に提出する条例案の策定に向け、きょう24日から意見募集を行う。

同区は、民泊新法の成立に先立ち、昨年から国家戦略特区に基づく地域限定の「特区民泊」を全国で初めて開始。特区民泊では、事業者が営業を行うには区の認定が必要で、ホテルや旅館と同様、住居専用地域での営業を認めていない。

同区では、民泊新法施行後、特区民泊と新法で解禁される民泊が併存することになる。区は、特区民泊の最低滞在期間を6泊7日から2泊3日に短縮する条例改正案を同じく第4回定例区議会に提案する方針で、規制が民泊新法よりも厳しい特区民泊の利用を促したい考えだ。

区健康福祉部では、「特区民泊では制度開始から44施設を認定しているが、近隣トラブルは発生しておらず、規制による実績がある。区としては、届け出のみで営業できる新法民泊よりも、区が審査を経て認定する特区民泊の利用を呼び掛けたい」と説明する。

国は同法の検討当初、規制緩和の観点から条例で住居専用地域での営業を不可とする「ゼロ日規制」は認めない方針を示してきたが、先の通常国会での新法成立以降は明言を避けており、ゼロ日規制が可能かは不透明な状況だ。

区健康福祉部では、「国から政省令が示されていない段階で条例案を検討せざるを得ず、全面禁止に踏み切った。議会への条例案の提出までに国が方向性を示してもらわないと困る」と話している。

一方、新宿区は条例骨子案をまとめ、住居専用地域での民泊営業を毎週月曜日から木曜日まで禁止することとした。5日から18日までパブリックコメントを実施しており、11月に開会する第4回定例区議会に条例案を提出する方針だ。

区健康部では、「現在の民泊問題の最大の課題は、違法状態にもかかわらず、実態が潜在化しているため、状況の把握すら難しい点だ」と指摘。「規制を強めることで、違法民泊が更に潜在化する可能性があり、事業者をルールに上手に乗せるためにも、全面規制は採用しない」と話している。

目黒区

保育所整備5年で118億円

実施計画改定素案を策定

目黒区は、2018～22年度の5年間を期間とする区実施計画の改定素案を策定し、11月20日までパブリックコメントを行っている。待機児童対策として約118億円を投じて私立認可保育所を39カ所整備するなど44事業を盛り込んだ。

区政策企画課によると、改定素案に盛り込んだ5年間の計画事業の総事業費は約368億円で、現行計画の1・8倍に増加。これに伴い、国庫支出金や都支出金などの特定財源の活用を図り、一般財源の充当を約129億円に抑えた。

改定素案に盛り込んだ計画事業のうち、区が重点課題に掲げる待機児童対策には総事業費の4割を充当した。国有地や区有地など公有地利用や賃貸物件の活用などで、5年間で2914人の定員拡大を計画。老朽化が進む区立認可保育所4カ所を民営化する。

一方、改定素案での新規事業は9事業で、2020年東京五輪の練習会場として使用予定の区立中央体育館の大規模改修を盛り込んだ。来年度からバリアフリー化などの工事に着手し、19年度中の完了を目指す。

また、20年度までに区立小・中学校22校のトイレを洋式化し、臭気対策として排水管や汚水管を改修する。事業費は約8億6千万円で、全額を国庫支出金などの特定財源で賄う。

区は実施計画とともに、計画期間中の財政計画のパブリックコメントも行っており、来年3月に計画策定する方針だ。

北区

フェンシングで国際交流

小学生が仏学園を訪問

北区は19日、区立柳田小学校と区内にある東京国際フランス学園でフェンシングを通じた交流会を開催した。両校の3～5年生64人が参加し、トーナメント戦を実施した。児童はお互いに防具の準備を手伝ったり、応援し合ったりし、交流を楽しむ姿が見られた。

同校は昨年度からフランス学園との交流を行っており、今年度からは5年生がオリンピック・パラリンピック教育の一環でフランス語や同国の国技のフェンシングを学んでいる。

同小の貝塚一石校長は「今後もスポーツや様々な文化を通じた交流を同園と継続していきたい」と話し、区の東京オリンピック・パラリンピック担当課は「2020年東京五輪に向けて、子供同士の交流が盛んになることを期待している」とコメントした。

交流会での真剣勝負＝19日、東京国際フランス学園（北区）で

中野区

ふるさと納税返礼拡大

区ゆかりの伝統工芸品

中野区は17日からふるさと納税返礼品のラインナップに、区内在住の職人の手により作られた伝統工芸品を追加した。

区の伝統工芸保存会との連携・協力により、長年受け継がれてきた職人の技による東京手描友禅テーブルセンターや江戸硝子のビアグラスなど27品で、区の魅力発信や地域産業の活性化を図る狙い。

区では、ふるさと納税制度による税源流出が進んでおり、流出額は2014年から16年までの3年間で約4億7千万円に上った。そこで昨年10月から、ふるさと納税制度の寄付に対する返礼品を導入しており、中野サンプラザの食事券などに加え、連携自治体である山梨県甲州市のウィスキーセットなどを用意している。

区では、ふるさと納税制度開始約半年間で寄付額は約2千万円となったとのことだが、当初の見込みよりは少なく、今回、返礼品を追加することでてこ入れを図る。田中大輔区長は「ふるさと納税制度を中野区なりに活用したい」と述べた。

区は今後、更に連携自治体とも協力しながら返礼品拡大を図っていく方針だ。

区内の職人が制作した手作り裏ごし

自治体政策のススメ

バリアフリーとLGBT

LGBT施策の課題⑧

渋谷区男女平等・ダイバーシティ推進担当課長　永田　龍太郎

「トランスジェンダーが最もドキドキする場所は、窓口で性別を記入し、確認される役所と病院です」――LGBT当事者を招いて開いた職員研修での言葉です。

区がLGBT施策推進のシンボルマークとして開発した「レインボー・アイリス」について第5回で紹介しましたが、区職員にもレインボー・アイリスのバッジを配布しています。来庁したLGBT当事者に少しでも安心してもらいたいとの願いから、窓口職員の多くがバッジを身に着けています。並行して各種書類での不要な性別記載の削除にも取り組んでいます。

このように、一見するとLGBTとは直接関係ないと思われる領域にも様々な障壁があります。その最たるものが、「トランスジェンダー＝からだとこころの性の違和」や「Xジェンダー＝性自認が男性でも女性でもない人」と呼ばれる人とトイレの問題です。社会の「無理解」のため、こうした人が自身のこころの性に沿ってトイレを利用することは難しいのが実情です。

これに対し、渋谷区役所仮庁舎や区内の企業、店舗では、「オールジェンダートイレ」の取り組みが始まっています。区が現在策定を進める「バリアフリー基本構想」などにLGBTの視点も加える議論が本格化していますが、「オールジェンダートイレ」は、実は増大する異性介助のニーズにも合致していることが分かりました。

同じように、男性同性カップルが相談しやすいDV相談窓口は、DV被害者男性の相談のしやすさにもつながります。LGBT視点による改善の受益者は、LGBTにとどまらないケースが多くあるのではないかと感じています。

差別や偏見は、マジョリティーの意識と、マジョリティー向けに設計されたシステムの問題です。区では、啓発講座「アライの輪をつくろう!」やLGBT当事者を小中学校に派遣して行う教員向け研修などを通じて「心のバリアフリー」を図っています。それに加え、文京区が作成した職員向けのLGBT対応指針の開発など、「行政サービスや施設のバリアフリー」の取り組みも活発化しています。渋谷区はLGBTという視点を通して、LGBTにとどまらない多様な性の共同参画社会を推進していきます。

記者席

負けたままでは終われない

○……「知事に1票を入れてしまったのが悔やまれる」「改革を叫んでいたが何が変わったのか」。最近、編集部に読者や都民から小池知事に対する「意見」が多く寄せられる。わざわざ電話をかけてくるので、基本的には厳しい声なのだが、衆院選で潮目が大きく変わったことを実感する。

小紙も報道機関として知事には厳しい事も言わなければならないが、この逆風では筆も鈍る。だが「知事のことだから、負けたままでは終わらない」との声も。確かに自民党内で主流派から外れていた小池氏が知事選に出馬した時も、自民都連を敵とみなして大勝利を収めた。「逆襲」は気になるところだが、そのバイタリティーは都政に向けてもらいたいと願うばかりだ。

○……19日午後3時ごろ、取材のため都庁第二本庁舎に入ろうとしたところ、2階の連絡通路の自動ドアが突如開かなくなった。多くの人が出入りする都庁だけにすぐに人だかりができてしまい、結局、数人でドアをこじ開けた。現在は問題なく稼働している。

庁舎管理の担当者に聞くと、「風の影響で勝手に開閉することはあるが、全く開かなくなるのは聞いたことがない」と話す。強い地震を感知した時は停止する場合もあるが、その日は揺れはなく、原因は不明。小池知事は「開かれた都政」を標榜するだけに、都庁のドアが開かないのはまずい。原因をしっかり探ってもらいたいところ。

○……「数が限られているが……」。八王子市の石森孝志市長は20日の記者会見で、そんな言い回しを連発した。日本郵便が発行する市制100周年を記念したオリジナルフレーム切手についての説明の中で、販売部数に不満げな様子を見せた。

1シート10枚という切手の数も、「本当はもう少しいろんな場面や、絵になるものがある」と物足りないようだ。

1千部という数は「すぐに売れてしまうんじゃないか」と、人口56万人の大自治体からすれば心もとないのかも知れない。日本郵便側は現時点で増刷の予定はないそうで、市長の予想通りとなれば、思わぬプレミア商品になるかも?

世田谷区

人口90万人を突破

20代の転入増加で

世田谷区の住民基本台帳人口が14日時点で90万2人となり、初めて90万人を突破した。区政策研究・調査課によると、就職に伴う20代の転入増加が主な要因で、「転入は都内や近隣県だけで8割以上を占めている。東京への一極集中批判により、23区が地方から若者を奪っている印象を持たれがちだが、少なくとも世田谷区はそれには当たらない」と話している。

区は9月に2042年までの人口推計を発表。現在の増加ペースが続いた場合、32年までは年少人口と生産年齢、高齢者人口のいずれも増加となる見通しで、27年に100万人を突破し、42年には108万7千人に達するという。

移動手段も島の魅力に

セグウェイなど　モニターツアーで検証

都産業労働局は新島・式根島の観光振興の一環として、両島で「セグウェイ」や「超小型モビリティー」などの交通用具を活用したモニターツアーを実施する。都は島しょ振興のために国内外の旅行者誘致を進めているが、島には公共交通機関が少なく、周遊のための二次交通手段が限られている。新たな移動手段によって島しょや多摩地域の交通不便地域での魅力向上に期待がかかる一方、地域の交通事情への対応や法整備などの課題も残されている。

モニターツアーでは、新島・式根島で電動アシスト自転車を使用し、島内を自由に観光することをベースに、「セグウェイ」など、新開発された乗り物の試乗体験・ガイドツアーを実施する。日程は11月17日からの2泊3日で、20人程度の参加者を募集する予定だ。

都内で試験的に導入された超小型モビリティー＝江東区提供

セグウェイは、公道での走行に厳しい制限があることから、新島の公園内で試乗体験を実施。一方、ゴルフ場で使用するカートに似た「公道用走行カート」、二人乗りの自動車で丸みを帯びたボディが特徴の「超小型モビリティー」は、走行実験としての許可を申請済みで、式根島でガイドが先導する形で運転することができる。いずれも普通自動車免許が必要。

同じく式根島で試乗できる「ウオーキングバイシクル」は、道路交通法上は自転車扱いのため、免許がなくても運転が可能だ。

島しょの観光振興では、飛行機や船で到着後の二次交通の乏しさが大きな課題になっている。

新島では島内の一部を周遊する村民向けのバスやタクシーが運行する一方、式根島は公共交通機関がなく、両島での移動には車や自転車がほぼ必須だ。式根島には電動アシスト自転車を用意している事業者もいるが、新島には配備されていない。都は今回の検証で有用性が証明されれば、民間での導入を促したい考え。

島内の移動が困難な理由の一つが島の地形にある。新島・式根島ともに海岸周辺はなだらかな道が多い一方、標高の高い島の中心に向けては坂道も多く、特に式根島は高低差が激しいことから通常の自転車での移動は難しい。レンタカーも料金の負担が大きく、島での新規参入は難しいことから利便性が向上しにくい面がある。

今回のモニターツアーで使用される乗り物はいずれも動力付きで、高低差のある島の地形にも対応できるため、新たな交通手段として期待がかかっている。最も導入が容易な電動アシスト自転車を軸に、更に便利な移動手段として新型の交通手段が普及すれば、島の魅力向上にも寄与することになる。

だが、実用化には法律の高い壁がある。セグウェイは以前、無許可で公道を走った事業者が摘発されるケースもあり、走行許可の取得が難しい乗り物だ。現在は運輸局と警察署に申請が通れば公道走行実験が可能だが、島内では歩道と車道が明確に分かれていない箇所が多いなど運用が難しい。

1～2人が定員の超小型モビリティーは江東区などで試験的な導入実績があるが、公道用カートやウオーキングバイシクルも現在の国の規制では導入が容易ではないという。都では国の法整備の動きも見ながら、実用化を検証していく考えだ。島しょでの移動手段としてだけではなく、多摩地域の不便地域などでの導入の可能性もある。

都産業労働局観光部は「新型の乗り物が島で普及すれば、それに乗れることそのものが観光資源になる可能性もある。様々な交通手段を検証し、島しょ観光へのハードルを下げたい」（振興課）と話している。

MEMO

ウオーキングバイシクル　岡山県の自転車部品製造メーカーが2014年に開発した、立ち乗りで運転する新型の三輪車。ウオーキングをする感覚で楽に乗ることができ、徒歩よりも早く移動できることが特徴。道路交通法上は普通自転車に分類され、公道を走ることが可能。電動アシスト付きで坂道にも対応している。都外では一部事業者がレンタルなどを行っているが、行政としての導入は前例がない。

町田市

都内初　略式代執行実施

所有者不在の特定空き家

町田市は18日、中町3丁目の所有者がいない特定空き家について、周辺に悪影響を及ぼして改善の余地がないとして、空き家等対策の推進に関する特別措置法に基づき、略式代執行を行った。所有者不在のまま同法に基づいた略式代執行を行うのは都内で初めて。

同空き家は交通量の多い都道と市道に面した角地に立地しており、都道沿いのトタン板が老朽化で崩れかけているほか、立木が道路にはみ出して生い茂り、交通上の支障になっていた。また、建物屋根のアンテナが倒れ、落下の危険があることも問題視された。

市は18日午前9時30分、代執行を開始。委託を受けた業者がトタン板の撤去や立木の伐採などの作業を行った。

都内ではこれまでも特定空き家などへの行政代執行が行われているが、所有者がいない場合、相続財産管理人の選定を待って手続きを進めていた。今回は所有者不明のまま進めることのできる略式代執行を実施し、今後、家庭裁判所が選任した弁護士などの相続財産管理人に対し、費用の償還を求める予定。今回の代執行費用は約30万円。

持ち主のいない空き家にも適用可能な略式代執行は全国で実施されているが、費用の回収が望めず、実施が難しい場合も多い。今年7月には世田谷区が同様に所有者のいない特定空き家に対し、民法で規定する「不在者財産管理人」の仕組みを使って解体したケースもある。

代執行が行われた特定空き家＝町田市中町3丁目

市によれば、今回の特定空き家所在地は駅からも近く、都道などに面していることから、土地を売却すれば代執行費用の捻出が可能だと見られるという。

八王子市

100周年記念切手発売

市内名所や歴史がモチーフ

日本郵便東京支社は23日、八王子市市制100周年を記念して、オリジナルフレーム切手の販売を開始した。

切手は八王子市の風景や名所などを題材にしたもので、八王子まつりや、同市が選定した「景観100選」から選ばれた高尾山のケーブルカー、八王子城跡などの写真が使用されている。100年前に行われた八王子市制施行祭、50年前の市民祭の情景など、市の歴史を感じさせるテーマも取り入れた。

20日には市役所で東京支社の山崎勝代支社長から石森孝志市長に対する切手の贈呈式が行われた。石森市長は「100周年ということで、切手には八王子の主だった名所など、魅力が込められている。できるだけ多くの人に手に取ってもらいたい」と話した。

八王子市内の全郵便局のほか、東京中央局、日本橋南局、西新橋局など計64局で購入することができる。また、25日からは日本郵便のウェブサイトからの購入も可能になる。

販売部数は1千シートで、82円切手が10枚となっている。価格は税込み1300円。

調布の飛行機事故で被害者提訴

都などに1億円賠償求め

調布市の住宅街で2015年7月、調布飛行場を離陸直後の小型プロペラ機が墜落し、住人女性や操縦士など3人が死亡した事故で、住人女性の遺族が13日、都や小型機の管理会社などを相手に約1億1千万円の損害賠償を求める民事訴訟を東京地裁に提訴した。都では事故被害者救済制度の新設を検討しているが、2年以上が経過しても被害者に対する補償は行われておらず、いまだにめどが立っていない状態だ。

訴状によれば、原告側は事故に関し、同小型機は「慣熟飛行」ではなく実際には認められていない「遊覧飛行」であったとして、飛行場の使用を認めた都に過失があると主張。遺族は「飛ばさなければ事故は起きなかった」と都の責任を追及している。

航空機事故では、事故原因の究明に時間がかかることから、自動車事故などと異なり、被害者が長時間救済されないケースが多い。今回の事故に関しては、今年7月に運輸安全委員会が小型機の重量超過による失速などが事故原因とする調査報告書を公表しているが、責任の所在についてははっきりとしておらず、被害者遺族に対して弁償や謝罪などは行われていないという。

都港湾局は提訴に関して、「訴状を見ておらず答えられない」としており、従来どおり被害者の生活再建に向けた資金貸付や一時金交付などの救済制度の整備に向けて、検討を進めていく方針を示している。

調布市の長友貴樹市長は「被害への賠償や生活再建が進展していない状況を踏まえると、被害者としてやむにやまれぬ事情があったものと受け止める」と提訴に理解を示し、都に対して安全対策強化や管理運営の厳格化、被害者救済制度の構築を引き続き求めていく考えだ。

多摩の振興プラン②　格差から発展へ

新たな技術で不便解消へ

テクノロジー

秋田県田沢湖の湖畔を、ワゴン車程度の大きさの小型バスが静かに走る。時速は10キロ程度とゆっくりだが、動力が電気で揺れはほとんどない。最大の特徴は運転手がいないこと。昨年11月、秋田県仙北市で全国で初となる、公道での完全無人走行実験が行われた。

㈱ディー・エヌ・エーが開発した小型バス「ロボットシャトル」は、設定したルート上をカメラやセンサー、GPSで自らの位置を測定しながら自動走行する。ハンドルやアクセル、ブレーキはついていない。

実験は内閣府と仙北市の共同で行われた。完全無人の自動走行車に関する技術は発展途上で法律などの壁も多く、導入のめどが立っているわけではないが、仙北市の担当者は「未来の実現に向けた実験。実運用に向けて期待したい」（総務部地方創生・総合戦略室）と話している。

無人走行に対して地方は熱視線を向けている。8月には栃木県栃木市で、今月14日にも北海道上士幌町などで自動走行の公道実験が行われた。背景には深刻化する高齢化による、公共交通機関の路線や本数の減少がある。乗客が減り採算が取れなくなっても、無人走行による市民の足確保に期待が寄せられているからだ。また、地域を巡り、車内でアナウンスを流すなど、観光目的での利用も検討されている。

こうした課題は多摩地域も同様だ。各市のコミュニティーバス運営主体はほとんどが自治体で、赤字前提の公共サービスとなっている。これに対し、都は多摩の振興プランの中で、「西多摩エリアの山間部で、自動運転などの最新技術を活用した交通手段の導入を支援する」という施策の方向性を掲げた。

都は今年9月、国と共同で「東京自動走行ワンストップセンター」を設立。公道での実証実験を促進するため、実験構想段階から実施までの関係手続きの相談に応じている。担当者によれば、「構想の前段階だが、多摩地域での実証実験に関する相談も民間企業から寄せられている」（政策企画局調整部渉外課）という。

自動走行は、公共のバスや一般車両のほか、物流を担うトラックへの導入検討も進んでいる。多摩地域での導入が進めば、生活環境の向上だけではなく、産業の活性化も期待できる。

一方で、実用化に向けたハードルはまだ高い。自動走行技術は、車が周辺の環境をセンサーなどで感知するタイプと、道路に埋め込まれた装置と車が相互に通信して走行する「路車間通信」のタイプに大別でき、2方面での開発が進んでいる。後者の場合は道路側の整備が必要になる可能性もあり、市道を走る自動走行バスの実現では、自治体の費用負担の懸念もある。

国内で初めて公道を走った無人走行バス＝仙北市提供

■先端技術で変わる未来

それでも、先端技術の発展による生活環境の向上は、多摩の未来像を描く際に必要不可欠だ。都は振興プランで、高齢者の見守りや介護分野へのロボットやAI、IoTなどの先端技術活用を掲げている。

都福祉保健局では現在、世田谷区と瑞穂町の介護施設で、ロボットや見守り機器の導入に関するモデル事業を実施。来年度以降、結果を踏まえて他の施設への導入支援も検討する。

区部と多摩地域の違いは、介護施設の広さにある。介助用ロボットは、天井からつり下げる形で介助者の動きを補助するものなど、広い面積を必要とする機器も多い。実際にモデル実施することで、多摩地域での導入のしやすさが明らかになったという。

一方で、高齢者の見守り機器などは施設用だけではなく、在宅用の商品開発も進んでいる。都高齢社会対策部は「分野としてまた始まったばかりで、介護人材の負担軽減の観点からまずは施設への導入を支援するが、将来的には住宅用の機器のニーズもある」と話し、今後は普及支援を検討することになりそうだ。

先端技術の活用は、人感センサー導入による照明などの省エネ化や、視覚障害がある人を道路に埋め込まれたICタグやビーコンで誘導するシステムなど、振興プランが掲げる「誰もが安心して生活できるまち」の実現にも資する。最新技術の動きに乗り遅れることなく、地域の課題解決に生かすことが求められる。

サイバー犯罪防止で協定

ものづくり企業を保護

府中市

府中市は20日、市内の中小企業へのサイバー犯罪を防ぐため、府中警察署、武蔵野府中商工会議所とサイバーセキュリティーに関する協定を締結した。

府中市内にはものづくり企業が約530事業所あり、都内第1位となる年間約9千億円の製造業品出荷額を誇る一方、セキュリティー対策が不十分な企業も多く、サイバー攻撃で企業・個人情報が流出する恐れが懸念されている。類似の協定は近隣市などで前例があり、同市も企業の保護のため締結を決めた。

今後は協定に基づき、中小企業向けのセミナーを積極的に実施することで、企業が持つ資産を守る取り組みを進める。広報啓発のほか、サイバー犯罪被害が発生した際には情報発信なども行う予定だ。11月には初回となるセミナーを開き、サイバーテロなどに関するレクチャーが行われる。

11月に神津島訪問

伊豆諸島9カ所目

小池知事

小池知事は19日の会見で、11月23日に神津島を視察すると発表した。

同島では、ありま展望台と神津島村開発総合センター、赤崎遊歩道、都立神津島高校などを視察する。赤崎遊歩道では海にせり出す観光施設などを訪問するほか、島への留学生を受け入れている神津島高校で生徒と交流する予定。

小池知事は就任以降、積極的に都内の島しょを訪問しており、神津島は9カ所目となる。知事は「島を訪れるのを大変楽しみにしている。現場を見て話を聞き、島の方々と交流を深めていきたい」と話している。

都政改革本部

潜在能力生かす成長戦略を

監理団体経営改革で方向性

都政改革本部が9月、都の監理団体の在り方の見直しに向けた中間報告をまとめた。各団体と所管各局へのヒアリングを行い、「実力を備えた団体が多く、経営状況もおおむね健全」と評価しつつも「戦略性は全体的に乏しい」と指摘した。所管各局と総務・財務局は年度内を目途に、「官・民・団（監理団体）」の役割分担を見直すとともに、各団体も2020年以降を見据えた経営戦略を策定する予定だ。上山信一特別顧問に改革の方向性などを聞いた。（編集部）

上山信一特別顧問に聞く①

都政改革本部では、人手不足の時代に都庁の仕事を担う重要なパートナーとして監理団体を積極的に位置付ける方針を打ち出している。一方で民間企業に任せられる業務は監理団体ではなく、民間企業に競争入札で委ねるべきだ。

今回ヒアリングではこうした観点から各団体の現状を点検した。ヒアリングの結果、全体に共通する特徴が四つ分かった。

■宝の持ち腐れ

第一の問題は「宝の持ち腐れ」、あるいは組織としての発達不全だ。

都の監理団体の中には他府県にない技術とノウハウを蓄積しているものがある。例えば、文化、観光、スポーツ分野の各団体は、本庁の政策・企画を分担できる可能性を持っている。しかし、団体側も本庁側もそうした意識は薄く、与えられた仕事を粛々とこなすだけで終わっている。

東京都歴史文化財団はプロパー人材の層が厚く、文化戦略についての知見を蓄積している。地方の自治体の同種の団体ではホール、美術館、博物館のうち1～2館だけを指定管理者として受託する場合が多いが、同財団は美術館や博物館のほか、「江戸東京たてもの園」（小金井市）など様々なタイプの館を管理している。来館者も多いので、工夫を凝らした企画展が開催しやすい。そのため他の類似団体に比べ、学芸員らがスキルを磨く機会が多い。元々、東京は人材が集まりやすく、施設も充実している。優秀な職員を採用し、育て、維持できてきたと思われる。

加えて過去には東京都写真美術館（目黒区）の館長に福原義春さん（資生堂名誉会長）が就任するなど、施設運営に民間の経営手腕が導入された経緯もある。

東京では他の文化施設との競争も激しい。国も東京国立近代美術館や国立西洋美術館、東京国立博物館を独法化し、気の利いた企画を展開し、企業とも連携する。こうした刺激もあって、同財団は文化政策まで作れるポテンシャル（潜在能力）を育んできた。

東京都中小企業振興公社も力を付けている団体だ。中小企業を支援する団体は他府県も持っているが、同公社は規模と業務内容で抜きんでており、バンコクにも現地事務所を開設している。東京観光財団もオリンピック・パラリンピックの対応で仕事が増え、民間出身のプロパー職員が頑張っている。

これらの監理団体はいわゆる業務の受託を超え、専門分野での都庁の政策・企画の立案を担う可能性を持っている。今時の新規施策は本庁の会議室ではなく、現場の実務の中から見えてくる。その意味でこれらの団体は業務の委託先というよりも地方独立行政法人的な存在としてもっと権限を委ねるべきだろう。

ちなみに地方独立行政法人は、いわゆる外郭団体を独立行政法人化したものではない。むしろ本庁の政策・企画の仕事を現場の執行現場に近いところで担う。文化、観光、スポーツなどでは現場に精通するこれら監理団体が政策・企画の立案を担った方がいい。（つづく）

特区連中央委

「改悪給料表」と強く批判

行政系人事制度の改正で

積極的な取り組みを呼び掛ける吉川委員長＝19日

特区連は19日、文京区民センター（文京区）で中央委員会を開き、行政系人事制度への対応を含めた秋季・年末行動計画を決定した。

吉川貴夫委員長は冒頭、月例給・特別給が4年連続で引き上げとなった区人勧について、「区職労の奮闘で築いた到達点」と評価した上で、住居手当の見直しで「事実上はマイナス勧告」と指摘。給料表の改定でも、「幹部優遇の格差改定。職員の7割を占める係員層に公民較差相当分の賃上げさえも保障しないという容認できない対応だ」と批判した。扶養手当で「配偶者を欠く一子」手当の廃止にも反発しており、具体的な配慮を求めていく考えを示した。

秋季・年末行動計画では区職員の生活改善に資する賃金改善とともに、技能・業務系人事制度の改善を行うよう求めていく。扶養手当については区の実情に合った改善も要求する。

確定交渉期の焦点の一つが行政系人事制度改正への対応で、吉川委員長は「改悪給料表を勧告し、不利益処分を強要する級の切り替え、級格付けの解消にまで言及している」と厳しく批判。勧告では現1～3級職（係員・主任主事）を新1級職（係員）に切り替え、昇任選考で新2級職（主任）を任用するとしているが、「級の切り替えで不利益処分の強要は断じて容認できない」と断じ、行動計画では現3級職（主任主事）を全員、新2級職に切り替えるよう求めていく方針を示した。併せて業務職給料表でも切替調整措置の終了と残号数廃止の実現に向けて取り組む。

交渉のヤマ場は11月21日になる見通し。

都庁議

「皆さんと共に」強調

小池知事が新体制で訓示

小池知事は「これまで以上のスピードで」＝19日

都は19日、新体制の発足に合わせ、庁議を開いた。小池知事は冒頭、退任した3副知事に対し、「力強いサポートをしていただいた」と述べたのを始め、「東京大改革」を進める上での職員の協力に重ねて謝意を表明。「皆さんと一体となって、都政をこれまで以上のスピードで前へ進めていきたい」と決意を述べた。

小池知事は就任以降、築地市場の移転延期やオリンピック・パラリンピックの会場変更を提起してきたが、「いったん立ち止まり、検証するなど、これまでとは異なる都政運営に戸惑われた皆さんも多かったかと思う」と振り返り、都政の透明化と豊洲・築地の両立、五輪準備の経費削減を例に「皆さんと共に取り組んできた課題というのは、持続可能な都市・東京を実現するため避けては通れなかったものばかり」との認識を示した。

築地・豊洲の両立案や五輪の会場変更は知事が顧問の意見を重視して判断し、庁内からも批判が噴出した経緯があり、これまでの「肝煎り」の政策の正当性を庁内的に示した形だ。

また、オールジャパンでの大会準備や特区制度の活用、地方分権の推進などにも言及。「首都であり、日本経済のエンジンである（東京の）責任。日本全国を元気にするという気概を持って、力を尽くしたい」と述べ、全国を意識した中での東京のスタンスを発言に込めている。

職員には「都民一人ひとりに対してのきめ細やかな目配り、旧来の発想から抜け出す大胆な取り組みを展開することが重要だ」と訓示。都では来年度の予算編成で「職員による事業提案制度」も導入していることから、「部下の皆さんにもアイデアを出すように奨励していただきたい」と局長に呼び掛けた。

新任の長谷川明副知事は「3人の副知事でチームワークを組み、都政を着実に前進させられるように全力を尽くす。限られた予算の中で、都民の声を施策に反映したい」とあいさつ。猪熊純子副知事は「都庁の元気な女性職員の頑張りや活躍をしっかりと応援する」と述べ、「都政が今どこにいるか、何を求められているか、今後何をすべきかを都民の目線で考え、課題解決に向けて汗をかいていきたい」と抱負を語った。

清掃労組

「現業系人事制度改善を」

中央委で秋季要求書を確認

東京清掃労組は13日、清掃会館SKプラザ（千代田区）で中央委員会を開き、秋季要求書を確認した。

桐田達也委員長は、昨年度の賃金確定交渉を振り返りながら現業系職員の人事制度に言及し、「昨年の賃金確定交渉期に、行政系人事制度の見直しに併せた現業系人事制度の見直しについて道筋を付けることができた。（今確定交渉期で）納得できる制度確立に向けて組織の総力を挙げて闘おう」と訴えた。

経過報告では区人勧について、「月例給・特別給ともに4年連続の引き上げだが、住居手当廃止の減額分にも満たない。生活改善につながらない低い水準」と指摘。行政系人事制度の見直しが労使で協議中であるにもかかわらず、新しい行政職給料表を示すなど、「第三者機関としての人事委員会の役割を逸脱する問題の多い勧告」と批判した。

要求書は現業系人事制度の改善を中心とする5項目35課題で、質疑後、満場一致で確認された。

染裕之書記長は「特別区では現業系職員が減っていることもあり、現業系人事制度について課題として認識していない区が多い。各区からの要請行動を積み上げるなど、本部と支部が一体となって課題解決を目指したい」と呼び掛けた。

清掃労組も団交で提出する要求書を確認＝13日

雨ニモ負ケズ…大茶会

「ホッとする時間が大切」

台風21号の接近に伴う雨の中、「東京大茶会」が21～22日、浜離宮恩賜庭園（中央区）で開かれ、小学生の頃に茶道クラブでお茶をたしなんでいたという女優の内山理名さんがトークショーに出席した＝写真。

内山さんは茶道の所作を披露しながら、「仕事やプライベートを忘れて、香りを楽しんだり花を見たり、今の時間を楽しむことができる」と魅力を話し、「今の時代、疲れている時にホッとする時間が大切だと思う」とコメントした。

庭園内では華道や着物の着付けなどの外国人向けの伝統文化体験プログラムも実施され、観光客らがテント内で花を生けたり、着物を楽しんだりしていた。

東京大茶会は、様々な茶道の流派が一堂に会し、茶道になじみのない人や外国人に「お茶の文化」を楽しんでもらうイベントで、今回で10回目。7～8日には江戸東京たてもの園（小金井市）でも開催された。

退職後のリアル

しくじり都庁OBの教訓㉛

オール・アバウト・マネー④

まず3000部売れるか？

読者の中にも、一度は自分の本を出してみたいという計画を温めている人も多いと思う。それでは一体、出版はどの程度の収入になるのか。

私の書いた本のジャンルは①ドキュメンタリー②公務員生活③ノウハウ本――の3つに分けることができる。原稿料や印税は発行部数と連動するので、そこを押さえながら出版の流れと収入について説明したい。

ドキュメンタリー分野については、私的には比較的、収入があった分野になる。発行部数については、初版は通常、3000～6000部程度の範囲で設定される。最低3000部は売れないと出版社としても採算が合わないということだろうと思う。

そこで入り口はまず、3000部が売れそうかどうかというハードルがある。何冊目かになれば、作者によっておおむねジャンルにもよるが、3000部は売れる人、5000は売れるなどと相場が決まってくる。小説と違っていきなり何万部などということはない。自分の書いたものがどの程度売れるかなどはやってみなければ分からないことで、私も最初は3000部を売ることがどの程度のことなのか、全く見当がつかなかった。しかし何冊目かになると、何となくではあるが自分の本の売れ行きがつかめるようになった。

この発行部数については、出版社の力の入れ方や力量も大きく影響する。いかに店頭に並べる能力があるかということもあるが、図書館の指定本となることや、ある程度、購入先を確保しているなど出版社の持つ力量が大いに影響するということである。

うまくすれば発行部数が万単位になり、それに応じて初版保証料も高くなる。そうした点を考えると確かに大手の出版社が優位ではあるが、その場合のハードルの高さに対する覚悟も必要になる。（金子雅臣）

■都市計画道路を事業化

都建設局はこのほど、補助第133号線（中村南）について国土交通省から都市計画事業の認可を取得し、事業を実施すると発表した。中野区上鷺宮1丁目～練馬区中村北3丁目の約1・1㌔の区間で、幅16㍍の道路を整備する。事業費は123億円。電線類を地中化する。

併せて三鷹3・4・14号国領吉祥寺線で、三鷹市下連雀5丁目の220㍍の区間でも事業に入る。幅8・5㍍の道路を16㍍に拡幅する。JR吉祥寺駅と京王線調布駅、仙川駅とを結ぶバス路線運行の定時性を向上させる効果もあるという。

■東池袋の再開発組合設立

都都市整備局は20日、東池袋4丁目で市街地再開発組合の設立を認可した。約0・3㌶の土地に36階建て（約125㍍）の住宅を建設する。低層階には店舗・事務所や子育て支援施設を併設する。

東池袋4～5丁目地区一帯には木造住宅密集市街地が広がり、延焼遮断帯を形成して防災性の向上を図る。また、東京メトロ有楽町線東池袋駅に直結する出入り口を整備し、利便性も向上させる。事業費は約166億円。竣工は2022年4月を予定している。

■わいせつ行為で停職

都教育庁は20日、区部の小学校に勤務する男性主任教諭（33）が女性教育実習生にわいせつ行為をしたとして、停職3カ月の処分にした。

男性教諭は昨年5～8月、校内や電車内などで教育実習生の体を触ったり、キスをしたりし、2月に教育実習生が同校長に相談して発覚した。

また、通勤届と異なる手段で通勤し、交通費を不正に受給していた区部の高校の男性教諭（59）、区部の中学校の女性主任教諭（49）、特別支援学校の男性主事（49）を減給処分にした。

■区Ⅲ類1次は4.2倍

特別区人事委員会は20日、2017年度Ⅲ類採用の1次試験の実施状況を発表した。

受験者数は3476人で昨年度比284人増加。合格者は826人で同比119人の増だった。倍率は4・2倍で同比0・3㌽減だった。

宮瀬 眞佐雄さん（みやせ・まさお＝宮瀬英治・都議会議員の父）17日死去、80歳。

五輪への航海図 220

開催まで あと1004日

シドニーの教訓④

選手村が新たな街に

シドニー五輪の特徴の一つと言えるのが選手村だ。選手村には多くの戸建て住宅が建設され、大会後には一つの町になった。

1997年、ニューサウスウェールズ州政府は不動産会社やオリンピックパーク中心部から約1㌔北西の地域に選手村が建設された。同地には住宅約850戸、アパート約350戸が建設され、五輪では約1万5300人、パラリンピックでは約7500人の選手・役員を収容した。規模が過去最大だったことに加え、インターナショナルゾーンを中心に提供されたサービスが充実していたことで、選手や関係者から高い評価を得た。特徴的なサービスとして、無料の医療・歯科治療やアーケードゲームの設置、毎日昼食時間中に行われたバンド演奏、オーストラリアをテーマにして会話力を高める英語レッスンの提供などがある。

99年3月に命名された同地の道路名には、過去の五輪・パラリンピック大会の有名選手の名前が付けられた。ナディア・コマネチに由来する「コマネチ通り」、カール・ルイスに由来する「ルイス通り」などがあり、アジアからは唯一、日本の体操選手・加藤沢男氏の名前を取って「カトー通り」が作られた。また、英語ができない選手にも分かりやすいように道路や住居にはオーストラリアの動物とそれを象徴する色のサインが付けられた。

全住宅にはソーラーパネルが設置され、建設当時、世界最大のソーラーパワー使用地域とも言われた。さらに、通常の飲料水と再生水の2本の水道が引かれ、再生水がトイレや洗濯用に活用されている。飲料水は緑、再生水は薄紫色のパイプで供給され、外観から見分けられるようになっている。

選手村の住居は広く販売され、大会翌年には地域にショッピングセンターが開設。現在では約6千人の人口を抱えるニューイントンという町になっている。また、大会時に医療センターだった施設は公立幼稚園・小学校になるなど、大会時の施設を活用したまちづくりが行われた。敷地内にはシドニー五輪に参加したオーストラリア代表全選手の名前を刻んだ記念碑もあり、五輪の栄光を語り継いでいる。（自治体国際化協会シドニー事務所＝都政策企画局外務部管理課 小松俊也）

選手村の様子＝シドニー五輪公式レポートより

平成30年度 主任試験講座 －5－

29年度問題解説 ③

【No.22】　正答②

① 誤り。普通地方公共団体は、法律または条例で定めるところにより、執行機関の付属機関を置くことができる（地方自治法第138条の4第3項）。

② 正しい

③ 誤り。付属機関は、法律または条例に基づき、執行機関に置かれる審議会、審査会などをいい、執行機関が行政を行う前提として必要な調停、審査、調査、審議などを行い、その行政執行を助けるもので、自らの執行権はない。

④ 誤り。執行機関の付属機関の委員その他の構成員は非常勤である。条例により常勤とすることはできない（同法第202条の3第2項）。

⑤ 誤り。付属機関の庶務は、その属する執行機関が行う（同法第202条の3第3項）。

【No.23（16）】　正答①

① 正しい。

② 誤り。継続費とは、普通地方公共団体の経費をもって支弁する事件で、その履行に数年度を要するものについて、予算の定めるところにより、その経費の総額及び年割額を定め、数年度にわたって支出することができるものである（地方自治法第212条）。

③ 誤り。歳出予算の金額、継続費の総額または繰越明許費の金額の範囲内におけるものを除くほか、普通地方公共団体が債務を負担する行為をするには、予算で債務負担行為として定めておかなければならないとされている（同法第214条）。

④ 誤り。一時借入金は、その会計年度の歳入をもって償還しなければならない（同法第235条の3第3項）。

⑤ 誤り。歳出予算の経費の金額は、各款または各項の間において、相互にこれを流用することができない。ただし、歳出予算の各項の経費の金額は、予算の執行上必要がある場合に限り、予算の定めるところにより、これを流用することができる（同法第220条第2項）。

【No.24】　正答②

① 誤り。基金とは、普通地方公共団体が条例で定めるところにより、特定の目的のために財産を維持し、資金を積み立て、または定額の資金を運用するために設置されるものである。地方自治法第241条第1項では「基金を設けることができる」とされており、基金を設けなければいけないというわけではない。

② 正しい。

③ 誤り。施設の建設資金を調達するための積立金等は、特定の目的のために、財産を維持し、資金を積み立てるための基金である。

④ 誤り。基金の運用から生ずる収益及び基金の管理に要する経費は、それぞれ毎会計年度の歳入歳出予算に計上しなければならない（同法第241条第4項）。

⑤ 誤り。特定の目的のために定額の資金を運用するための基金について、普通地方公共団体の長は毎会計年度、全ての基金の運用状況を示す書類を作成し、これを監査委員の審査に付し、その意見を付けて、主要な施策の成果を説明する書類等と併せて議会に提出しなければならない（同法第241条第5項）。

【No.25（17）】　正答③

① 誤り。会計管理者または会計管理者の事務を補助する職員が、故意または重大な過失により、その保管に係る有価証券を亡失したときは、これによって生じた損害を賠償しなければならない（地方自治法第243条の2第1項）。

② 誤り。支出負担行為の権限を有する職員で、普通地方公共団体の規則で指定したものが、故意または重大な過失により法令の規定に違反して支出負担行為をしたことにより当該団体に損害を与えたときは、賠償しなければならない（同法同条同項）。

③ 正しい。

④ 誤り。普通地方公共団体の長は、占有動産を保管している職員が法の定める行為によって当該普通地方公共団体に損害を与えたと認めるときは、監査委員に対し、その事実があるかどうかを監査し、賠償責任の有無及び賠償額を決定することを求め、その決定に基づき、期限を定めて賠償を命じなければならない（同法同条第3項）。

⑤ 誤り。普通地方公共団体の長は、当該団体に与えた損害がやむを得ない事情によるものであることについて、賠償責任を有する職員からなされた証明を相当と認めるときは、あらかじめ監査委員の意見を聴き、その意見を付けて議会に付議し、議会の同意を得て、賠償責任の全部または一部を免除することができる（同法同条第8項）。

【No.26（18）「3」】　正答④

① 誤り。地方公営企業法上の企業職員については、地方公営企業等の労働関係に関する法律の適用を受ける（地方公営企業法第36条）。

② 誤り。地方独立行政法人法に定める特定地方独立行政法人の役員及び職員については、いずれも地方公務員である（地方独立行政法人法第2条第2項）。

③ 誤り。県費負担教職員の任命権は都道府県教育委員会に属する（地方教育行政の組織及び運営に関する法律第37条）。また、県費負担教職員の給与・勤務時間その他の勤務条件については、都道府県の条例で定めることとしている（同法第42条）。

④ 正しい。

⑤ 誤り。地方公営企業職員にも労働組合法及び労働関係調整法が適用される。

【No.27（19）「4」】　正答①

① 正しい。

② 誤り。職員の職に欠員を生じた場合において、任命権者は、採用、昇任、降任または転任のいずれかの方法により、職員を任命することができる（地方公務員法第17条第1項）。

③ 誤り。職員の任用については、地方公務員法で受験成績、人事評価その他の能力の実証に基づいて行わなければならないという能力主義の原則によっている（同法第15条）。また、任用のうち、特に採用と昇任については、競争試験または選考によることとし、その方法を規定している。しかし、競争試験の具体的な実施方法までは定めていない。

④ 誤り。採用候補者名簿には、採用試験において合格点以上を得た者の氏名及び得点を記載するものとされており（同法第21条第2項）、得点順に記載することとはされていない。

⑤ 誤り。採用候補者名簿による職員の採用は、任命権者が、人事委員会の提示する当該名簿に記載された者の中から行うものとされている（同法第21条第3項）。具体的には、①任命権者が、人事委員会に対して提示請求を行う。②人事委員会は、任命権者に対して、採用候補者名簿を提示する。③任命権者は、提示された採用候補者名簿の中から適当と思われる者を選択し、採用する。④任命権者は、人事委員会にその結果を報告する。

【No.28】　正答②

① 誤り。地方公務員法第22条第1項では、臨時的任用または非常勤職員の任用の場合を除き、職員の採用は、全て条件付きのものとし、その職員がその職において6月を勤務し、その間その職務を良好な成績で遂行したときに正式採用になるものとすると定められている。

② 正しい。

③ 誤り。臨時的任用の期間は、6月を超えない期間であり、6月を超えない期間で1回に限り更新することができる（同法第22条第2項）。

④ 誤り。定年による退職の規定は、臨時的に任用される職員には適用しない（同法第28条の2第4項）。

⑤ 誤り。行政不服審査法は、臨時的に任用された職員には適用しない（同法第29条の2第1項）。

【No.29（20）「5」】　正答①

① 正しい。

② 誤り。職員の執務については、その任命権者は、定期的に人事評価を行わなければならない（地方公務員法第23条の2第1項）。

③ 誤り。人事評価の基準及び方法に関する事項その他人事評価に関し必要な事項は、任命権者が定める（同法同条第2項）。その場合において、任命権者が地方公共団体の長及び議会の議長以外の者であるときは、同項に規定する事項について、あらかじめ、地方公共団体の長に協議しなければならない（同法同条第3項）。

④ 誤り。人事委員会は、人事評価の実施に関して、任命権者に勧告を行うことができる（同法第23条の4）。

⑤ 誤り。人事委員会は、勤務成績の評定に関する計画の立案その他勤務成績の評定に関し必要な事項について任命権者に勧告することができるという規定は、現行の地方公務員法上にはない（平成26年5月一部改正）。

【No.30（21）「6」】　正答②

① 誤り。分限処分は、職員の身分保障を前提としつつ、一定の事由がある場合に、公務の能率の維持の見地から職員の意に反する不利益な身分上の変動をもたらす処分をいう。一方、懲戒処分は、職員の道義的責任を問うことにより、地方公共団体における規律と公務遂行の秩序を維持することを目的としている（地方公務員法第27条）。

② 正しい。

③ 誤り。条例に定める事由によっても降給される場合がある（同法同条第2項）。

④ 誤り。職員が禁錮以上の刑に処せられ、その執行を終わるまでまたはその執行を受けることがなくなるまでの者は職員になることができない（同法第16条第1項第2号、第28条第4項）。

⑤ 誤り。分限処分と懲戒処分の両方の事由に該当する職員がいる場合、一方の処分が先行すればそれによって職員の身分は失われ、他方の処分を行う余地はなくなるので、重ねて処分を行うことはありえない。ただし、原則として同一の任命権者が処分を行うものであり、しかも処分の効果が異なるものであることから、いずれの処分を行うかは事案に即して適切に判断すべきものである。同一の事実に基づいて分限処分と懲戒処分を行うことができるかについて、いずれの処分を行うかは任命権者の裁量によるとされており、禁止されているわけではない（行実昭28・1・14）。

【No.31（22）「7」】　正答④

① 誤り。公務員が憲法を尊重し、擁護する義務を負うことは、憲法の明記するところであり（憲法第99条）職員はその職務を遂行するに当たっては、法律、条例、規則、規程などの法令に従わなければならない。地方公務員法第32条は、職務遂行に当たっての法令順守を定めたもので、職員が職務と無関係な一市民として法令違反した場合は、その内容により、全体の奉仕者たるにふさわしくない非行に該当し、また、信用失墜行為に違反する場合は、懲戒処分の対象となる。

② 誤り。職務上の上司とは、職務の遂行について指揮監督する権限を有する者をいい、身分上の上司とは、職員の任免や懲戒等その他身分取り扱いについて権限を有する者をいう。

③ 誤り。職務命令の手続き及び形式については制限がないので、適宜、文書または口頭によることができる。

④ 正しい。

⑤ 誤り。職務命令が有効な命令かどうか疑問であるときは、その職務命令は一応有効であるとの推定を受けるので、その取り消しが権限ある機関によって行われるまでは、その命令に従わなければならない。

平成30年度 カレントトピックス 05　経済事情

■米税制30年ぶりの抜本改革（9月27日）

米トランプ大統領は9月27日、大型の税制改革案を公表した。連邦法人税率を現行の35%から主要工業国の平均法人税率を下回る20%への大幅な軽減を目指す。企業の海外での所得を米国に戻す際の35%の課税も、原則廃止する。企業の税負担を縮減することで、国内での投資、雇用を後押しつつ、海外所得の国内への戻入を促進する考え。

個人所得税も、現行の10～39・6%の7段階から35%、25%、12%の3段階に簡素化する。基礎控除の増額、子育て世代に対する所得控除の増額などにより、中間層の負担減を目指す。法案が成立すれば、レーガン政権の1986年以来約30年ぶりの大規模改革となる。

トランプ大統領は27日午後のインディアナ州の演説で、「歴史的な減税で米国に企業と雇用を取り戻す」「中間層に最大の恩恵がある」と主張した。一方、野党からは、個人所得税の最高税率引き下げと最低税率引き上げを巡って早くも批判が上がっている。

■大企業製造業の業況判断が10年ぶりの高水準（10月2日）

10月2日に公表された日銀短観（2017年9月調査）における大規模製造業の業況判断は、6月に実施された前回調査から5ポイント上昇の22と4期連続で改善した。市場予想を大幅に上回り、アベノミクス開始以降の最高点に到達。07年9月調査以来、10年ぶりの高水準を記録した。

素材業種では、原材料コストが上昇している鉄鋼などで悪化がみられたものの、内外需要の強さから化学などで改善し、4ポイント改善の21となった。加工業種では、機械の生産が堅調であったことに加え、スマートフォン、自動車向けなどの部品の需要増が後押しし、6ポイント改善の23となった。

一方、景気の先行きについては、大規模製造業で3ポイント悪化の19、非製造業で4ポイント悪化の19と厳しい見方を示した。北朝鮮情勢に対する懸念、人手不足感の高まりなどが要因とみられる。

■アサヒビールが酒類を10年ぶりに値上げ（10月4日）

アサヒビール株式会社は10月4日、ビール類を2018年3月1日以降の出荷分から値上げすると発表した。主に業務用に販売される瓶やたるを対象として、缶は含まない。

値上げは、麦芽や缶材の原材料価格の高騰を受け各社が実施した08年3月以来10年ぶり。

17年6月に酒税法などが改正され、酒類の過度な安売りを規制するため、正当な理由なく原価を下回る価格での販売を禁止したことを理由としている。同社では、原価割れまたはその可能性が高まっている商品があり、法令順守の観点から値上げを決めた。

原価割れの背景は、酒類業界を取り巻く市場環境の変化にある。1994年をピークにビール類の総市場は縮小傾向だ。車両やドライバーの不足による物流費の上昇の中、瓶やたるなどは空容器の回収・洗浄・保管等のコスト負担も増加しており、業界の厳しさが増している。

平成30年度 主任・係長 論文講座 5

特別区係長選考

前回は、導入として、係長の役割、論文の評価項目等について説明しました。今回は論文の質を高める準備として、区政を取り巻く環境や区政課題への理解を深めるために必要なポイントを説明していきます。

論文試験の課題

区によって詳細は異なりますが、複数の論文課題が出題され、そのうち一つを選択する方式が多いようです。課題の内容は、おおよそ次の二つに分類されます。

一 区政の課題

区が直面している課題を取り上げたもので、「子育てと就労の両立支援」「人口減少と少子高齢化対策」といった形で出題されます。「自分が経験した職場での課題を挙げ、これに対する取り組み方を係長の立場になって述べよ」等と、自ら課題を設定させる形での出題も見られます。

二 組織・職場の課題

係の運営責任者として取り組むべき、組織運営や職場管理、職員の人材育成に関するもので、「多様化する区民ニーズに応えられる職員の育成」「職場の活性化につながるワーク・ライフ・バランスのあり方」等について、係長の立場から述べよといった形で出題されます。

過去の出題傾向

論文試験の学習を進めるに当たり、自区の過去の出題傾向は必ず調べておいてください。区によっては、過去の論文課題を公表していない場合もあるでしょうが、受験した先輩職員等から情報を入手することは可能です。できれば、直近3年分程度の情報は入手し、出題傾向を分析してください。

区政課題の理解

与えられた課題に対応した、現実性のある解決策を自らの言葉で述べるには、どうすれば良いのでしょうか。まずは実際の職場で取り組む区政課題について、過去から現在までの状況を押さえた上で、将来を見据えた中長期的な視点を持って考えてみてください。過去の出題を見ると、多くは自区の区政課題をもとに出題されていることに気付くでしょう。区が直面している区政課題を正しく理解し、解決に向けた区政の動向を把握することは、論文試験対策だけでなく、係長昇任後の係運営にも生きてくるはずです。

具体的には、総合計画や中長期の実施計画、区長所信表明等を通じて、最新の区政課題と施策の方向性を理解することが大切です。様々な区政課題について十分な知識を持ち、どのような論文課題にも対応できるように、日頃から広く関心を持ち、積極的な情報収集・分析を行ってください。

課題整理 ②

区政を取り巻く環境

ここからは実際に区政課題の整理を進めていきます。まず、区政を取り巻く環境として、いずれの区においても重要視されるであろう、次の2点を挙げておきます。

一 経済情勢

政府は、平成29年6月に発表した「経済財政運営と改革の基本方針2017」（骨太の方針）において、4年半にわたるアベノミクスの取り組みにより、経済の好循環が生み出されていると分析しています。他方で、潜在成長率の伸び悩み、将来不安からの消費の伸び悩み、中間層の活力低下といった課題を抱えており、一時的なものではない「成長と分配の好循環」実現の必要性を掲げています。このため、「人材への投資を通じた生産性向上」を基本に、長時間労働是正、子育てや介護と仕事の両立、高度外国人材の積極的受け入れ等をめざす「働き方改革」をはじめ、幼児教育・保育の早期無償化、離職した女性の復職・再就職や社会人の学び直し支援等の「人材投資・教育」のほか、「少子化対策、子ども・子育て支援」「女性の活躍推進」等に重点的に取り組むとしています。これら国の方針は、区政を取り巻く環境に大きな影響を与えるものであり、今後も注視していく必要があります。

日本経済の現状については、内閣府は平成29年9月の月例経済報告で、「景気は、緩やかな回復基調が続いている」と表現していますが、様々な懸念材料を抱えており、景気動向の先行きは今後も予断を許さない状況です。好調な企業収益を投資の増加や賃上げ・雇用環境のさらなる改善等につなげ、地域や中・小規模事業者も含めた経済の好循環のさらなる拡大を実現するには、いまだ道半ばといった状況です。

二 東京2020オリンピック・パラリンピック競技大会

この10月には開催1000日前イベントが行われる等、多くの区で国や都と連携した取り組みが進められています。世界的なスポーツ・文化の祭典を前に、インバウンド（訪日外国人）数は過去最高を記録しており、観光、産業・文化振興、まちづくり等、様々な施策の推進力として活用が考えられています。一方で、海外からの来訪者を迎えるための体制整備や、地域住民との文化、習慣の相違等から生じる摩擦の解消といった課題への取り組み状況にも目を向けておくことが重要です。

多くの区政課題

このほかにも区政を取り巻く環境には様々なものが考えられますが、これらの環境の下、区政はどのような課題に直面しているのでしょうか。各区で詳細は異なりますが、特別区の主な課題について、まとめておきます。

一 区民と区の協働推進

特別区の特徴として、他の大都市に比べ人口が大きく増加、集中している影響で、区民の生活様式が多様化し、公共サービスに求められる範囲や内容が拡大している状況があります。一方、区の財政は、将来的な社会保障関係経費の増大等を考えると依然、厳しい状況であり、区だけで多くの行政需要に応えていくことは困難です。限られたヒト・モノ・カネで、より柔軟できめ細やかなサービスを提供していくには、区民との協働を一層推進していくことが必要です。協働を進めるに当たって大切なことは、協働のパートナーである区民の自主性、主体性を尊重し、その意欲や能力を発揮しやすい環境を整えることが区職員の役割であるという認識を持つことです。持続可能な取り組みとしていくには、パートナーと区との良好な関係を維持し、パートナーの満足度を高める仕組みを構築していかなければなりません。

二 少子高齢化対策

特別区長会事務局が平成29年3月に発行した「特別区財政の現状と課題」では、「特別区における要介護認定者数は37万人を超えており、他の大都市地域と比べて突出している」「今後、さらに高齢化が進み、要介護認定者数の増加も見込まれていることから、介護関係経費の増加による特別区の財政への影響が懸念される」とあり、高齢化の進行が行政サービスのニーズに大きな影響を与えることが予測されています。

これに対応するには、高齢者の自立支援と要介護状態の重度化防止の強化や、増加が見込まれる慢性期の医療・介護ニーズへの対応、住民参加による地域共生社会の実現に向けた取り組み等を進め、各区の実情に応じた「地域包括ケアシステム」の構築が急務です。

少子化対策では、核家族化や地域のつながりの希薄化等により、子どもを産み育てることへの不安や負担を感じている若い世代への対応が重要です。保育所待機児童の解消だけではなく、それぞれの家庭の状況、ニーズに合わせて、子育てをしやすい環境を整えていく必要があります。

三 災害に強いまちづくり

災害に強く、安全で、区民が安心して生活できるまちを実現することは、区の責務です。災害危険度の高い密集住宅市街地の環境改善、建物の不燃化・耐震化の促進、近年頻発する集中豪雨等による水害対策の強化等、災害発生に備えたまちづくりを進める必要があります。また、大都市という特殊性を踏まえた、帰宅困難者や駅前滞留者対策にも取り組まなければなりません。

地域防災に欠かせない自助や、区民同士の共助の推進についても、東日本大震災や熊本地震で、改めてその重要性が認識されました。今後も、年数の経過による風化を防ぐ意識啓発等の取り組みが必要です。

四 これからの行財政運営

歳出面では、社会保障制度の一環として支出される扶助費の総額が、生活保護経費や障害者自立支援対策経費、児童手当をはじめとする少子化対策への経費を中心に、年々増加しています。また、実質的な義務的経費である医療・介護保険制度への繰出金も高止まりの状態が続き、特別区財政圧迫の要因の一つとなっています。加えて、特別区が保有する公共施設の多くが更新時期を迎えており、その改築・改修に伴う経費の増加も懸念されています。

他方で、歳入面を見ると、区税収入は上向いているものの、特別区財政調整交付金は原資である法人住民税の一部国税化の影響を受け減収となっており、ほとんどの区では引き続き厳しい行財政運営が求められますが、そのような環境の中にあっても、新たな時代に真に必要とされる施策を積極的に展開していかなければなりません。それには、今以上に効果的・効率的な行財政運営と安定した財政基盤の確立が不可欠です。そして、最小の経費で最大の効果を上げるという地方自治体の責務を果たしていかなければなりません。民間活用のさらなる推進や、行政評価制度等を活用した区民サービスの不断の見直し、公共施設の効率的な管理運営、前例にとらわれず区民の要望に的確に対応できる職員の育成等、健全財政を維持しながら区民サービス向上を積極的に進める努力が求められます。

終わりに

ここで述べた区政課題は一例であり、ほかにも多くの課題が存在します。これまでの経験や発想では解決がおぼつかない新たな課題が生じる可能性もあります。

また、皆さんが学習を進めるに当たっては、必ず自区の状況を踏まえた整理を心掛けてください。例えば、都心部と周辺部では人口や産業の集積、都市基盤の整備状況等が異なります。当然、各区が抱える課題とその対策も一様ではありません。自区における課題の捉え方を見極めることが重要です。

どのような区政課題であっても、当事者意識を持ち、粘り強く取り組んでいく心構えを持って臨めば、必ず係長として求められる答えにたどり着けるはずです。苦しいときもあると思いますが、係長として力を発揮できるよう準備に取り組んでください。

品川の魅力を 発信・体験

課題解決へ意見交換

全国シティプロモーションサミット

品川区は「輝く笑顔 住み続けたいまち」を将来像として掲げ、様々な改革の充実を図っている。交通アクセスの良さ、買い物の便利さ、子育て環境の充実などから、人口も着実に増え続けている。

しかし、全国的な人口減少傾向の中、品川区でも将来的に人口減少が予測されている。

東京2020オリンピック・パラリンピック大会開催やリニア中央新幹線の開通等により、今後、品川区周辺エリアへの来訪者増加が見込まれている。これを好機と捉え、区が活力を維持し持続的に発展するために、区への来訪者及び定住希望者の増加につながるPR活動やイメージ戦略が必要となっている。

そこで品川区は、2015年度よりシティープロモーション事業をスタートさせ、一般公募によりキャッチコピー「わ！しながわ」を決定。さらに、ロゴマーク、サウンドロゴなどを作成し、区の魅力を全国に発信し始めた。「わ！しながわ」を合言葉に、区民には品川区に一層の誇りと愛着を持って住み続けたいと感じてもらい、区外在住者には、品川区へ興味を抱き、訪れ、住んでみたいと思ってもらえるような効果を期待している。

そして、品川区では今年、都内初となる「全国シティプロモーションサミット2017 in Shinagawa」を開催する。

「わ！しながわ」のロゴマーク

■シナモロールも登場

「全国シティプロモーションサミット」は、今年で5回目。全国の自治体職員等が一堂に集い、様々な講演やブース展示での交流を通じて、まちの特色を生かした創意工夫や経験を共有し、課題の解決に向けて意見交換を行う。

今回のパネルディスカッションでは、特別区長会会長である西川太一郎荒川区長、品川区と連携事業を進めている坂本憲男福井県坂井市長などをパネリストに招き、濱野健品川区長と『つながる』『つなげる』力で、地域を元気に。」をテーマに「特別区全国連携プロジェクト」の取り組みなどについて話し合う。また、ローマ法王にお米を献上し、限界集落を再生したことで知られる元スーパー公務員、高野誠鮮さんによる基調講演のほか、シティープロモーションに関わる様々なセミナーやワークショップを30以上用意している。

品川区の魅力発信としては、「都市型観光プラン」「人・地域・世代をつなぐまちづくり 東海道品川宿」「商店街から仕掛けるまちづくり」などのテーマを用意。都市型観光のPRのため、しながわ観光大使のシナモロールが登場したり、各地域で活躍している区民の方にまちづくりへの熱い思いを語っていただく。

さらに、27日の午後からは、品川のまちを実際に視察しながら意見交換を行うエクスカーション（行政視察、一部有料）を実施する。区内の人気エンターテインメント施設である大井競馬場としながわ水族館をめぐる「施設見学コース」と、天王洲、旧東海道、戸越銀座商店街などをめぐる「まち歩きコース」の2コースを設定している。各コースは、同サミット開催に合わせて開発した、ARで楽しむまち歩きアプリ「わ！しながわ巡り（ココシル品川）」と連動。参加者は、各所でオリジナルフォトフレームでの撮影やスタンプラリーを楽しみながら、品川の魅力を体験できる。

■新作動画を初披露

その他の企画では、オープニングイベントで、300人を超える区民などと一緒に、品川の魅力をオリジナルの楽曲とダンスで表現したシティープロモーション動画『Promise～シナガワにきっと～』を初披露する。

また、26日の午後6時45分からは情報交換会（有料）を開催し、各自治体の持つ課題の意見交換や官民連携について交流を深める。

同サミットへの参加申し込みは、専用サイトで受け付けているほか、当日の会場受け付けも可能なので、ぜひ、この機会に、同サミットに足を運んでいただきたい。当日、会場でお会いできることを楽しみにしています。

https://www.sendenkaigi.com/event/cp-summit/

（品川区企画部報道・プロモーション担当課長　木村浩一）

◇

全国シティプロモーションサミット2017 in Shinagawa「Connect～まちとひとをつなぐ体験を考える」

▼日程　10月26日㈭～27日㈮〈26日〉午前11時～午後6時半（午前10時半開場）〈27日〉午前10時～午後4時（午前9時半開場）▼会場　品川区立総合区民会館（きゅりあん）品川区東大井5－18－1▼主催　品川区▼後援　内閣府・総務省・観光庁・東京都・特別区長会▼参加対象　シティープロモーション・地方創生に関わる自治体職員、議員、企業、町会・自治会、まちづくりに興味のある方など▼参加費　無料（一部有料）

昨年10月に福井県坂井市で開催されたシティプロモーションサミット（マイクを握っているのが濱野健区長）

ライフコースをたどりながら

長島有里枝 そしてひとつまみの皮肉と、愛を少々。

東京都写真美術館

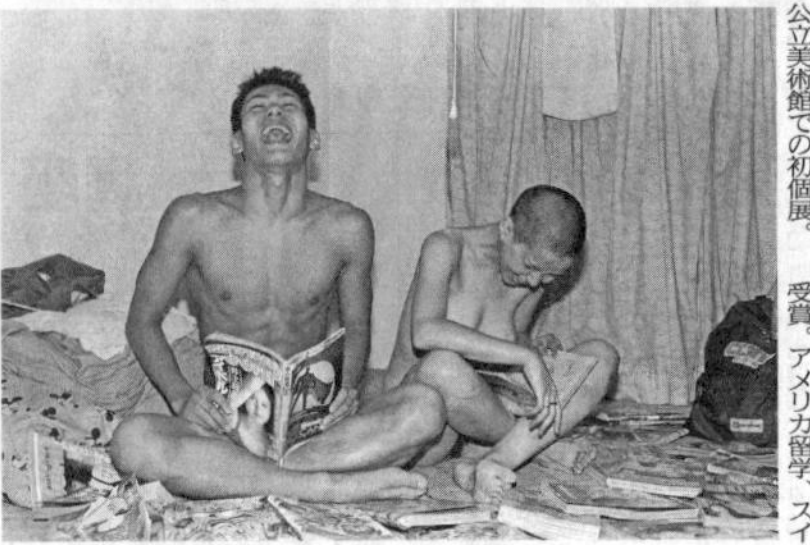

《Self-Portrait (Brother #34)》　1993年　ゼラチン・シルバー・プリント　東京都写真美術館蔵

長島有里枝（1973～）。若年のデビュー以来24年になる仕事をまとめた、公立美術館での初個展。

2001年に写真集『PASTIME PARADISE』で木村伊兵衛賞を受賞。アメリカ留学、スイスでの滞在制作などで表現の幅を広げ、近年は短編集『背中の記憶』で講談社エッセイ賞を受賞するなど、文筆の分野でも注目を集めている。

社会における「家族」や「女性」のあり方への違和感をテーマにしてきた人である。武蔵野美術大学在学中の1993年、パルコ賞を受賞したデビュー作はヌードの家族と撮ったセルフ・ポートレイトだった。

それらは〝現役女子大生のヘアヌード〟と、一部で紋切り型の関心を呼んだが、彼女はそれを承知していたかのように、刺激的なポーズをとる女子高生、ダンサーなどを演じて、性の商業主義が喜びそうなポートレイト集にした。ここでの彼女の表情は一転して不機嫌そうである。

日本の社会では「女性」や「家族」の現実は、「在り方」というより「在らされ方」であることの方が多い。

にわかに集めた老若男女をそれらしく組み合わせ、それらしい構図で撮った二セ家族写真のシリーズもある。家族って何だと問いかけてくるようである。

写すのは難しいテーマである。だから彼女は、「関係」を通して表現してきた。恋人から夫へ、息子の父親へと変化していったパートナーのシリーズにも、撮影している当人との関係とともに、彼女自身のライフヒストリーが写し込まれている。

かわいがってくれた祖母が残した花の写真を見て、本当は芸術志向の人だったと知り、隠されていたその意思に重ねるように植物の写真を撮った。

結婚、妊娠、子育てなどを経験していくうちに、彼女たちの「在らされ方」が切実に感じられてくる。葛藤があったという母親も、実はパリでお針子になる夢を捨てた女性だった。母親の縫製の技に頼って、テントの作品を共同制作する新しい試みを始めた。また、同じような夢を持っていた今のパートナーの母親とも、タープを共同制作している。

地域から家族まで、人間の関係性が動揺し崩壊しつつある今日、彼女のテーマはますます普遍性を増している。

しなやかで率直で知的な写真である。パーソナルであるとともに、社会性を意識した仕事である。ひとりの女性のライフコースを物語る写真に、多くの共感が寄せられ、支持者が広がっている。

東京都写真美術館2Fで、11月26日まで開催。

世界を変える美しい本

既成概念超えた挑戦に迫る

板橋区立美術館

板橋区立美術館では11月25日から、「世界を変える美しい本～インド・タラブックスの挑戦」を開催する。

ふっくらした手すきの紙にシルクスクリーンの多色印刷、製本までハンドメイドの美しい絵本が、世界各国から熱いまなざしを集めている。工芸品のような本を出しているのは、南インド・チェンナイの小さな出版社「タラブックス」。1994年の設立以来、絵、テキスト、グラフィックデザイン、造本にもこだわりながら、絵本を中心に多数の書籍を出版してきた。

印刷技法や造本の妙に目を奪われがちだが、タラブックスの真髄は、その編集方針にある。民族画家たちとの仕事に際しては、インド各地に調査に赴き、画家と出会い、彼らとワークショップを繰り返しながら時間をかけて本づくりに取り組んでいる。また、日本をはじめ外国のアーティストやデザイナーを積極的に起用し、インドの社会問題や商業美術も取り上げるなど、既成概念を超えた挑戦を続けている。

同展では、日本でもよく知られる『夜の木』『水の生きもの』を含む民族画家たちとの本作りやハンドメイド本を中心に、タラブックスの出版活動を絵本・原画・写真・映像など約300点の資料とともに紹介する。

同展の会期限定で、手作りのパンやお菓子が自慢の「カフェ・ボローニャ」がオープン。併設のブックショップでは、タラブックスの日本語版や英語版の本を取りそろえるほか、シルクスクリーン印刷のミスプリント用紙「フルークペーパー」を使ったタラブックス製のノートやカードなどを販売する。

同展は来年1月8日まで。開館時間は午前9時半から午後5時（入館は4時半まで）。月曜休館。

『夜の木』（2006年初版）

ミニガイド

◇一般公開講座「東京の近代化と建築」　▷内容　江戸の町が近代的な東京へと作り変えられていく過程や、関東大震災からの復興と都市計画など、東京の近代化についての講演▷講師　藤森照信氏（江戸東京博物館館長）▷日時　11月9日㈭　午前11時～12時20分▷会場　上野精養軒（☎03・3821・2181）3階ホール▷入場料　無料（講演に続く懇親会は、交友会会員のみで有料〈6千円〉）▷申し込み・問い合わせ先　（一社）東京都交友会事務局（☎03・3518・6455　受付午前9時半～午後5時）

◇大学祭参加企画「市民・学生・教職員のための無料法律相談」　▷回答者　江森民夫弁護士（東京中央法律事務所）▷日時　11月2日㈭　午後1時～4時▷場所　首都大学東京労働組合・事務室（首都大学東京南大沢キャンパス本部棟3階303）※学外の市民の方もお気軽にご利用ください。必ず事前に申し込みを▷主催・申し込み先　公立大学法人首都大学東京労働組合　☎042・677・0213　union@apricot.ocn.ne.jp

◇伝統文化体験講座「落語教室」　▷日時　12月2日㈯、9日㈯、16日㈯（全3回、午後1時半～3時半）▷会場　中野区立歴史民俗資料館▷対象　小学生～一般（3回とも出席できる方）▷定員　25人▷受講料　無料▷講師　春風亭柳若▷募集期間　11月1日㈬～18日㈯▷申し込み　直接申し込み：住所、氏名を記入した官製はがきを資料館に持参（午前9時半～午後4時半）往復はがき：往信面に①「落語教室」②郵便番号・住所③氏名（必ずふりがな）④電話番号⑤年齢⑥落語発表経験の有無を記入し（返信面の表にも②③を記入）資料館に郵送（締切内必着）▷問い合わせ　中野区立歴史民俗資料館　〒165・0022　中野区江古田4の3の4　☎03・3319・9221

副知事人事ノート

都政研究元主筆　大塚英雄

第16回

汚職事件で伏兵の復活③

しかし、この時、金原、細田といった強敵をなぎ倒して副知事の座を射止めたのは、伏兵と見られていた事務局長兼務で人事委員長だった萩原辰郎だった。

萩原という男は、まるで東京市（都）の人事行政に関わるためにこの世に生を受けてきたような印象さえ受ける。昭和4年に東大・法卒後に入市、同17年に東京市最後の人事課長になるが、その間、調査、服務、計理課と、人事課の掛長という掛長の職を総なめにしただけでなく、戦後の内務省の出向幹部によって占められてきた人事課長を都が取り戻した際の市出身の初代課長の辞令を手にした男でもある。いつしか人呼んで、「人事の神様」。これには萩原が人事行政に長かったということも多分にあるが、それ以上に庁内の関心が集まる人事に取り組む姿勢が厳しく、公平に徹したからであろう。

そして24年には46歳の若さで人事部長から総務局長に直進した。副知事候補にのぼっていた金原や細田より早い。しかし、萩原はここから26年に発足した初代の人事委員長に就任する。人事委員の資格が「人格高潔で人事行政に明るい」ということになれば、たとえ安井でなくとも、その頂点に萩原を選びたくなるに違いないが、当時の都庁幹部にはこれがなんとなく、「引き込み線」に入ったという印象を与えずにはおかなかった。

それに知事の補佐役の副知事にはアクの強さが求められる。時には承知の上でドロを被ることも必要だ。清廉の士の萩原にこれを求めるのは酷だとの見方が一般的だった。

だが、都庁始まって以来という汚職事件発生の中で、それが逆に萩原にとって追い風となった。こういう時にこそ萩原のような清廉の士が求められるというわけだ。幸運はそれだけにとどまらなかった。安井はこの時の汚職事件発生の原因を「人事の渋滞」と読んだ。そのためには庁内から上がる副知事には、その辺の大改革に思い切った手を打てる人物が必要だと考えた。そこで、安井が「人事の神様」の萩原の出番と、思いに至ったとしても不思議はない。そして副知事に就任した萩原は早速、人事制度改革に乗り出した。

まず、萩原が手を染めたのは部課長級に対する勧奨退職制度の導入だ。毎年若い職員を採用しながら、「出口」がなければ人事が行き詰まるのは当たり前の話だ。肩たたきの年齢を57歳とした。昭和60年に60歳定年が実施されるまで、この肩たたきが都の人事刷新の役割を担ってきた。57歳勧退から局長級を除外したのには、それなりの理由があった。当時の局長級には若い人が多く、57歳で線引きしても該当者がほとんどいないからだ。

しかし、その後、局長昇任が高齢化したため、57歳局長も増え、5年後の昭和35年から局長級にも57歳の肩たたきを導入した。もう一つはお目付け役としての監察員制度の実施だ。

金原が岡安ライン、細田が安井知事直参だったのに対して、この萩原は人事の流れから言うと、春副知事ラインということになる。（敬称略）

小池知事の敗戦処理

「都政に専念」どこまで

公明党との距離感が鍵

今回の衆院選で大敗を喫した希望の党。「祭りの後」も、党代表と都知事を兼ねる小池氏は現時点で代表を辞任せず、都政にも専念する「二足のわらじ」を継続する考えを示している。だが、小池知事と連携してきた公明党は今後も、これまでの関係を維持するには都政に専念することを求めており、知事が都政に向き合う姿勢次第では混乱が予想される。

「小池知事はどこ?」。知事がパリ出張中、川澄俊文副知事と田邉揮司良危機管理監が台風21号の対応を検討する災害即応対策本部会議を開催したと都総務局総合防災部がツイッターでつぶやくと、知事批判が相次いだ。

舛添前知事が昨年4月、米国出張中に熊本地震が発生し、イベントでオープンカーに乗って手を振る姿が批判を浴びた時と重なるという都幹部もいた。「都知事が日本に不在の場合、自然災害が発生するのはジンクスかもしれないが、小池知事に対する都民の視線が厳しくなっている。仮にパリ出張を辞退していた場合は、『選挙重視だ』と批判が起きていたかもしれない」

都議会自民党も台風21号の対応で知事批判を強めている。秋田一郎幹事長は「公務はほぼキャンセルして国政選挙の応援演説に走り回る一方で、パリ出張はキャンセルせず、災害対応は職員任せというのは知事としての責任の欠如、危機意識の欠落と言わざるを得ない」との談話を表明。自民都議の一人は「我々の応援団が増えると思う」とほくそ笑む。

都議会で知事との距離感が注目されているのが公明党だ。希望の党代表と都知事の「二足のわらじ」を維持する考えを示す小池知事だが、公明都議の一人は「希望の党の代表にとどまれば、(同党の離党者が相次ぎ)党は崩壊する。代表を退いた方が良い」と牽制する。公明が知事与党である立場を継続するには、知事が都政に専念することを最低条件に掲げた。

5日の最終本会議後、公明党都議にあいさつする小池知事

小池氏は衆院選を「完敗」と認めており、先の公明都議は「選挙が終わってしまえば、国政への関心は何もないのではないか。国政政党の代表をやって都知事の責任の重みに気付いたはず。もし、気付いていないのであれば、小池知事を見捨てる」と明言した。

出張先のパリで報道陣の取材に応じた小池知事は「国民、都民のみなさんからの『都政に邁進せよ』というメッセージだと受け止めている。都政については、しっかり対応して『都民ファースト』という言葉通りのことを実現したい」と語った。

■職員との信頼関係

小池氏が衆院選で安倍政権にたんかを切り、希望の党が衆院選で惨敗した結果、都政も政局に巻き込まれるとの懸念は都庁内で尽きない。国政では希望の党が第3党なのに対し、都政では都民ファーストの会が第1党で、ねじれが生じている。都幹部職員は「偏在是正措置への対応を都民ファにお願いして国への働き掛けは実現できても、要望がかなうとは思えない。本当は知事と自民党が和解してくれる方が仕事はしやすいのだが」と漏らした。

求心力が低下している小池知事は今後、支持率回復のために万人受けする取り組みを打ち出すとの見方も強い。幹部は「職員の常識では考えられないことを展開するのが小池知事。職員定数削減など職員に攻撃の刃を向けるのなら、19日の庁議で職員とともに都政を進めるとのコメントがうそになる」と強調した。

知事は庁議で「各局長の皆さんと一体となって、都政をこれまで以上のスピードで前へ進めていきたい」と抱負を述べた。「職員に寄り添おうという感じがした」との受け止めもある一方で、「知事は言行不一致が多い」との指摘が出ている。

知事が職員との信頼関係を構築するには、職員との議論を積み重ねて政策を練り上げる必要性を訴える幹部もいる。「まずは特別顧問を一掃することから始めるべきだ。知事が自ら職員の声を聞いて意識改革を進めていくしかない。それが職員の信頼回復への第一歩だ」

知事が〝敗戦処理〟を行わなければ、国、公明党などとの関係がぎくしゃくし、都政に混乱を招きかねない事態となる。それを回避するためにどこまで都政に専念するか、知事の政治姿勢が問われている。

都政新報

発行所　都政新報社
〒160-0023　東京都新宿区西新宿7-23-1　TSビル
〈総務・読者〉03-5330-8781
〈企画広告〉03-5330-8784
〈編　　集〉03-5330-8786
〈出　　版〉03-5330-8788
〈ファクス〉03-5330-8808
購読料　月1,730円(税込)
毎週火・金曜日発行
ただし、祝日は休刊

紙面から

都政の東西

割れた受け皿

衆院選では東京の全25選挙区のうち、自民党が21区を制した。比例の得票数は自民181万票余、立憲民主党140万票余で、立民が自民を上回った市もある。一方、希望の党は103万票余。総体として希望が立民の足を引っ張り、野党の分断で自民が「漁夫の利」を得たと言える。希望の党には敗戦後に体調を崩し、支援者の前に姿を見せない者まで出たというから、その惨状は想像に難くない。

例えば自民、立憲、希望の三つどもえとなった5区(目黒、世田谷)は、若宮健嗣氏(自民)が手塚仁雄氏(立憲)に約2千票の僅差で競り勝った。地元の都民ファ都議は民進出身で手塚氏の元秘書。だが今回は希望の支援に回り、自民を利する結果になった。

自民が小選挙区での当選を重ねた結果、比例東京ブロックの最後の議席を得たのは、比例単独で立候補していた前都議の高木啓氏だ。小池知事と対決し、都議選で涙をのんだ前幹事長が、希望の敵失で国政に押し上げられたのだとすれば、皮肉でしかない。

衆院選は自民党の完勝だった。しかし経済指標は回復していても実感には程遠く、「森友・加計学園」疑[illegible]まだ。同党の小泉進次郎氏は「おごり、緩みだけでなく(有権者の)『飽き』を感じた」と表現したが、今回は受け皿が割れただけで、長期政権への不満は鬱積している。

そして小池知事。訪問先のパリで、「鉄の天井があると改めて知った」と大敗を振り返った。都知事選と都議選で打ち破った「ガラスの天井」を独特の表現で置き換えたようだが、彼女はまた、新たな目標を見定めたらしい。国政でリベンジを狙っているのであれば、都政はまた否が応でも巻き込まれる。

小池知事

CO_2排出量ゼロに

五輪開閉会式の4日間

小池知事は23日、出張先のパリ市で開かれた地球温暖化防止に取り組む海外都市グループ「C40」の会合に出席し、東京五輪・パラリンピックの各開会式と閉会式から4日間、都内の二酸化炭素(CO_2)の排出量をゼロにする取り組みを実施すると明らかにした。

東京五輪の開会式は2020年7月24日、閉会式は同8月9日、パラリンピックの開会式は同25日、閉会式は同9月6日。都内の4日間のCO_2排出量は約72万トンと想定される。排出ゼロに向けて、大規模事業所を対象に10年度から導入しているキャップ&トレード制度を活用し、事業所が省エネで積み上げた削減量を都に寄付してもらうことで実現する考えだ。

また、小池知事は同日、パリのアンヌ・イダルゴ市長と会談し、文化や環境など4分野での交流や協力を深めることを確認した。文化分野では、パリ市が毎年、1都市と進めている文化交流事業「タンデム」を18年に東京とパリ市で実施する。

11年から始まったタンデムは文化交流を活性化させることが目的で、これまでロンドンやニューヨークなどと開催している。

東京での催しは来秋以降、都立文化施設などで20世紀の近代建築であるアール・デコをテーマにした展覧会、音楽や演劇などを開く予定。また、パリでは来年2～4月にデジタルアートを題材にした日仏のアーティストによる共演事業、同11月には小池知事が関心を示す風呂敷をテーマに江戸・東京の文化や芸術を紹介するアートイベントなどを行う。

さらに、24日にパリ郊外にある世界最大級の卸売市場「ランジス市場」を視察した知事は、施設の閉鎖的な空間に着目し、「豊洲と同じコンセプトで衛生の観点で先例。市場全体を企業が運営している点は参考にしたい」と述べた。

豊洲追加対策工事

3回目の募集開始

都財務局

都財務局は23日、豊洲新市場の土壌汚染対策の追加工事のうち、2回目の入札募集で希望者が集まらなかった1件の工事について、3回目の募集を始めた。これまでは入札予定価格を事後公表としていたが、今回は事前に公表。価格は4億1919万1200円とした。竣工予定は来年6月18日とし、1回目で提示した工期に比べ、4週間後ろ倒しとなった。入札参加条件は前回と同じで、27日まで募集する。

募集を開始したのは、豊洲新市場7街区(水産卸売場棟)の地下ピット床のコンクリート敷設工事。1回目の募集は9月19日～22日に実施したが、希望者が1者以下だったため入札を中止。10月2日～6日に募集した2回目は希望者が集まらなかった。

都は6月26日から1者以下入札の禁止や入札予定価格の事後公表などを盛り込んだ入札制度改革を試行的に導入している。新制度では2回目以降、入札希望者が1者でも応札を可能とし、3回目以降は予定価格を事前公表としている。新制度導入以降、3回目の入札募集を行うのは今回が初めて。

都は追加対策工事の完了時期を6月上旬としていたが、予定に間に合わないことが確定した。工事終了で、専門家会議を行うが、「市場開場に示した9月から10月の移転に影響ない」(財務局担当)と話している。

都議会決算特別委

地下鉄工事の不調18件

入札改革試行に懸念も

交通局が2016年度に発注した地下鉄工事105件のうち、18件が入札不調だったことが25日の都議会の公営企業会計決算特別委員会で明らかになった。都が自民党の舟坂誓生委員の質問に答えた。

入札不調のうち、最も多いのはトイレ改修など土木・建築工事で、全56件中15件となった。入札不調全体の8割超となる。夜間の時間帯に工事を行う上、長い工期が敬遠されることが不調の原因に挙げられる。

交通局の契約案件でも、1者入札禁止など入札契約制度改革が30日から試行される。昨年度に交通局が41件の契約を締結し、1者入札は8件あった。舟坂委員は「(1者入札禁止などの)試行を始めることで(不調となり)都民サービスの充実が遅れることがあってはならない」と指摘した。

INTERVIEW

長谷川明 副知事に聞く

チームワークで切り開け

小池都政で初めて行われた副知事人事。女性の副知事が22年ぶりに誕生する一方、舛添都政時代に選任された副知事を中心に交代させるなど「小池カラー」が鮮明となった。これまでの副知事4人体制から3人体制となったが、都政には豊洲市場移転問題や築地再開発、東京五輪の準備など重要課題が山積する。新たな体制で都政課題にどう向き合っていくのか。新任副知事2人に話を聞いた。

衆院選中のせわしい中での副知事就任となった。「思いがけなかったが、五輪まで3年を切るなど都政にとって非常に大事な時期。都政を着実に前進させるため、全力を尽くす」と決意を語る。

所管の一つが都政最大の懸案事項となっている市場問題だ。豊洲移転に向け、業界との調整が今後、本格化する。都は来年9月～10月を目途として移転時期を定めたいとの意向を示した。

「丁寧に説明し、真摯に寄り添って対応していくことが重要」とした上で、「引っ越し準備や習熟訓練などやるべきことはたくさんある。業界の意見を聞きながら移転時期をできるだけ早期に決定し、様々な調整や具体的な準備を円滑に進めたい」と力を込める。

都庁人生で思い出に残る仕事には、環境局で関与したディーゼル規制やキャップ&トレードを挙げた。「日本初、世界初の施策で、法的な部分や技術的な裏付け、業界との調整など様々なことを検討しなくてはならず、発想力や粘り強い交渉力を含め、都の職員の実力を感じた」と振り返る。

石原知事がペットボトルを振るパフォーマンスが印象的だったが、「知事の発信力とともに、それを支える職員の力が大きかった。発想力と現場力が両方備わっているのが都庁職員の強みだ」と確信する。

ディーゼル規制等がこれまでの延長線とは異なる仕事だった点では、市場問題や五輪、そして来るべき超高齢・人口減少社会に向けて取り組む現在の都政と似通う部分を感じているという。

「難しい課題や汗をかかなければならない調整ごとほど、実は都の職員は力を発揮できる。先輩たちが切り開いてきたことを考えれば、決して恐がることなく前に進めるはず。大変なことも多いが、チームワークでやっていけば切り開ける。それだけの能力が都庁職員にはある」

一方で、先の衆院選では、小池知事に対し、国政政党代表と知事の「二足のわらじ」批判が強まった。職員の士気低下も懸念されるが、19日の庁議では小池知事が「職員の力強いサポートで壁を乗り越えてきた」と職員をねぎらう場面もあった。

「それは実感だと思う。知事も都庁の力の源泉が職員の力だと理解している。職員も誇りを持って、しっかりと仕事をしてほしい」とエールを送る。また、自身としても「知事を支えるとともに、各局が円滑に事業を進められるよう、横断的な調整や、知事と各局の意思疎通を常に良くするのも副知事の役割。今は都政を前進させていかねばならない時期。都庁一丸となって組織力を発揮できるよう尽力する」と語った。

休日はクラシック鑑賞などで気分転換を図る。また最近、ぎっくり腰になったことで、ウオーキングなど健康管理にも気を付けている。特別職となり、一般職を退職となったことを契機に、「案外、東京のことを知らないこともある。今まで知らない東京を探しに歩いてみたい」と微笑んだ。早稲田大学政経卒。58歳、62A。

冗句ジョーク

ドーショウモナイ国民性、小池たたきか、はたまた女性たたきか!?

小池知事「都政に専念する…」

都庁職員「国政に専念する…」

庁舎建て議論が再燃

旋風の後に　葛飾区長・区議ダブル選挙（上）

11月5日告示、11月12日投票（翌日開票）の葛飾区長選。現職の青木克徳氏（68）＝自民・公明・民進推薦＝、会社役員の木原敬一氏（64）のいずれも無所属の2人が出馬を表明している。一方、同日に行われる区議選は定数40人に対して、約60人が立候補を予定している。同区長・区議選では、小池旋風が区政に及ぶかが注目される選挙と見られていたが、突然割り込んだ衆院選で風向きが変わった。政局に注目が集まる一方で、政策的な争点が乏しく、現時点で論戦の深まりは見られない。区長・区議選の動きを2回で追う。

「区長候補の擁立は厳しい状況」。第三極として区長候補を擁立するか注目されていた都民ファーストの会は現時点で動きを見せておらず、同党関係者はこう語る。党内では、衆院選で希望の党から出馬して落選した候補者から公認候補を立てる案が出ていたというが、22日に投開票された衆院選で希望の党が惨敗したことなどを受け、二の足を踏んでいる模様だ。

争点の陳腐化

現時点で区長選立候補を予定し、区選挙管理委員会による事前審査を受けているのは青木氏と木原氏の2氏のみで、前回と同じく一騎打ちになる公算が強い。

6月に立候補を表明した現職の青木氏は、政策の3本柱に据える子育て、高齢者、安全・安心に課題が残っているとし、3選に意欲を示す。同氏は葛飾生まれの葛飾育ち。区職員を経て2009年に青木勇前区長の後継として区長選に初当選した。

2期目の実績として、新小岩地域への病院開設や特別養護老人ホームの整備率が23区で1位になったことなどを挙げる。

木原氏は、区が10年来推進している区総合庁舎建て替えの撤回を訴える。区総合庁舎を巡っては、区が老朽化や執務スペース不足の解消を目指して整備の検討に着手した。14年10月にまとめた整備基本構想では、立石駅北口で地権者らが計画している再開発ビルの一部を区が買い取って区庁舎に利用する方針を示し、今年5月に区都市計画審議会が、この再開発事業を都市計画決定した。

地権者らの計画通りに22年の再開発ビル完成に合わせて新庁舎を開設するには、次期区長の任期中に区議会の同意を獲得する必要がある。

木原氏は共産党の支援を得て、「（庁舎建て替えの）ワンイシューで戦う」と明言しているが、区職員からは「前回区長選の対立候補も庁舎建て替え反対を訴えていた。それしか現区長を突く点がない」との声が上がる。

だが、区の現場に目を移せば、区政課題は山積している。

青木区長が掲げる政策3本柱に関しても、待機児童は過去4年間で約40～250人の間で推移しており、いまだゼロに至っていない。高齢化率は約25%に達し、23区でも高水準で進行する。また、社会保障費が区財政を圧迫する中で、庁舎を含む400の公共施設が一斉に更新期を迎えており、老朽化の解消や適正配置が急務となっている。

さらに、鉄道が走らない交通不便地域を中心とした公共交通網の確保や、近年の気候変動で大型化する台風や高潮に備える水害対策など、区特有の課題も待ったなしの状況だ。

庁舎建て替えは長年にわたる重要区政課題の一つだが、ワンイシューの選挙にできるほど、区政を取り巻く環境はやさしいものではない。次期区長には、3年後の東京五輪やその先に訪れる少子高齢時代を見据えたかじ取りが求められている。

新庁舎の建て替え予定地＝24日、葛飾区で

ハロウィーン　地域課題の解決へ

渋谷区　清掃で若者に地元愛

豊島区　旧庁舎再開発をPR

10月末のイベントとしてすっかり定着したハロウィーンを区政課題解決のきっかけにしようという取り組みが広がっている。駅周辺に若者が集まることによるトラブルが問題となっている渋谷区では、問題解決に若者の参加を促すことで、区が掲げる住民参画を進める機会として活用する考えだ。こうした取り組みは他区にも見られ、まちづくりや観光振興、多世代交流など様々な課題解決にハロウィーンを活用する動きが加速している。

「ハロウィーンは単なるイベントではなく、区政課題の一つと捉えている」――渋谷区環境保全課は、ハロウィーン直前の週末に向け、神経をとがらせていた。

同課によると、5年ほど前から渋谷駅周辺に仮装した若者や外国人が集まるようになった。そうした中で、ごみのポイ捨てや仮装時の店舗トイレの占領、路上での写真撮影や痴漢まがいの迷惑行為などのトラブルが増加。これを受け、地域住民と区が2015年に「ごみゼロ大作戦イン渋谷」を開始し、今年で3年目を迎える。

ごみゼロ大作戦では、区内在学の学生ら若者世代を中心としたボランティアがハロウィーン前後の早朝にごみ拾いを実施する。昨年は、4日間に延べ約1700人が集まった。31日には、ごみの臨時集積所や仮装用の着替えスペース、仮設トイレなどを設置。ボランティアが運営役を担う。

区環境保全課では、ハロウィーンの問題を機に来街者も含めた官民協働を進める場として活用しており、成果は徐々に表れている。

昨年は都がごみ袋を10万枚作成し、臨時ごみ集積所の運営人員を手配したが、今年は都は事業を行わない。これを受け、区内企業が協賛し、ごみ袋10万枚を無償提供した。若者のボランティア参加も増加傾向という。

同課は「トラブルを逆手にとり、区民や区内企業、来街者が渋谷をホームタウンとして地元愛を育むことで、まちづくりの担い手としての意識を醸成していきたい」と語る。

昨年のハロウィーンで渋谷駅周辺に設置されたごみの臨時集積所。かぼちゃに描かれた顔をイメージしたごみ袋が山積みになった

他方で豊島区は、定期借地権を設定した旧庁舎の民間再開発「ハレザ池袋」をPRするため28～29日の2日間、旧庁舎解体後の初めての行事として、全国最大規模のコスプレイベント「池袋ハロウィンコスプレフェス」との連携イベントを開く。工事中の仮設フェンスを提供し、高さ3㍍、幅約6～13㍍のモザイクアートを3枚描き、インスタグラムなどのSNS発信に活用してもらう。

また、旧庁舎に隣接する区立中池袋公園では、再開発ビルに入居が決まったコンテンツ制作大手の「ポニーキャニオン」と動画配信大手の「ドワンゴ」がコンサートなどを開く。

区は、旧庁舎に整備するシネコンや劇場などを備えた再開発ビル「ハレザ池袋」を、池袋の新たなにぎわい拠点に位置付けている。池袋駅周辺で行われているハロウィーンの大型イベントと連携することで、ハレザの知名度を高めるとともに、「駅袋」と呼ばれ、課題となっている街の回遊性を生み出すきっかけにしたい考えだ。区文化観光課は「コスプレにはルールがあり、ごみのポイ捨てなどの問題は起こっていない。サブカルチャーの発信地としてのにぎわい創出のため、ハロウィーンを大いに活用したい」と話す。

多世代交流のきっかけとして、区内企業のタカラトミーと共同イベントを開くのが葛飾区。子供や高齢者が参加し、きょう27日にパレードを行う。区は「古き良き昭和の面影を持つ下町」をコンセプトに観光振興を進めており、地域活性化にもつなげたい考えだ。

品川区は、しながわ水族館で特別企画「しな水ハッピーハロウィン」を31日まで開催。区は水辺を生かした観光客の誘致策を進めており、ハロウィーンをてことして集客アップを目指す。

江東区議会が調停受諾

中防埋立地問題　区長「満足ではないが合理的」

江東区議会は25日の第3回定例区議会最終本会議で、中央防波堤埋立地の帰属に関する都の調停案を受諾する議案を全会一致で可決した。同区は議決を受け、速やかに都に調停受諾を通知するとしている。一方、大田区は調停案を拒否する意向で、29日の臨時区議会で拒否議案が可決される見通しだ。

江東区の山崎孝明区長は議案提出に当たり、「100%帰属を求めてきた区にとって勧告案は十分に満足できる内容ではないが、合理的だ。東京五輪前までに解決を図る大田区との約束を尊重する」と調停の受諾理由を説明した。

榎本雄一議長は議案可決後、「大田区が調停を拒否するのは大変遺憾。早期解決が困難な場合は東京五輪の準備や運営、大会後のまちづくりなど影響が大きい」と述べた。

中防埋立地を巡っては、都の自治紛争処理委員が16日、江東区に五輪会場予定地部分を含む86・2%、大田区に13・8%を帰属するとした調停案を示した。

今後は、両区が都に調停案への対応を通知し、大田区が境界確認訴訟を起こすか知事による裁定のいずれかになる。山崎区長は「調停案を出した都が納めていく責任がある」と話し、早期解決を求めた。

衆院選の開票でミス　不在者数を二重集計　江東区

江東区は22日、衆院選と最高裁判所裁判官国民審査の開票作業で、不在者投票の投票者数を二重に集計するミスがあったと発表した。

区選挙管理委員会によると、各投票所から届いた投票録から当日投票者数を集計する際に、不在者投票者数を誤って二重にカウントしたために起きた。作業中に数が合わないことに気付き、再確認して発覚した。作業終了時間は目標よりも10分程度遅れた。

二重に集計した数は、小選挙区で1605人、比例代表で1607人、国民審査で1591人。これに伴い、都選管に報告した投票率速報値が、実際の投票率よりも0・39㌽高かったという。

区選管は「同様のミスが起こらないよう、チェック体制を強化していく」と話している。

金沢市と友好都市に　地域間交流を活性化　目黒区

目黒区は28日、石川県金沢市との友好都市協定の調印式を行う。歴史的・文化的なつながりが深く、協定を結ぶことで交流と地域活性化を促進させる。

区担当者によると13年ごろから友好都市協定の締結計画があり、北陸新幹線開通を契機に具体的な計画を立案。2016年10月に協定に向けた覚書を締結していた。調印式は同市の大樋美術館の茶室で婚姻に利用される「茶婚式」を模して行う。

区内には旧加賀藩前田家が駒場に建設した重要文化財の旧前田家本邸などがあり、区市のつながりが深い。前田家と縁のある裏千家のお茶をテーマとした茶婚式を模したしつらえは市が提案した。区は「かなざわ講座」と題した金沢の歴史や文化を学ぶ講座を過去3回開催しており、抽選になる人気だという。

青木英二区長は「この協定を機に、更に地域の交流が発展することに期待する」とコメントしている。

東北復興大祭典を開催　棟方志功特別企画展も　中野区

中野区は28日、29日に「2017東北復興大祭典なかの」「棟方志功サミットin中野」及び「棟方志功　特別企画展」を開催する。

区の復興大祭典は、東日本大震災で被災した地域への継続的な復興支援と被災地の復興への理解を深めることを目的とし、2012年から毎年開催している。青森市から提供された「ねぶた」の展示や運行などを行い、毎年20万人を超える来場者がある。

また、今年は復興大祭典に併せ、棟方志功ゆかりの五つの自治体（青森市、岡山県倉敷市、富山県南砺市、杉並区、中野区）の首長が集まる「棟方志功サミット」もコングレスクエア中野で開催する。自治体の交流と棟方志功の魅力を発信することが目的で、5自治体が創作活動の背景をそれぞれの地域から探ることをテーマに、パネルディスカッションを行う。

サミットは青森市で昨年初めて開催され、今回で2回目。同時開催する特別企画展では「大和し美し」など代表作を展示する。

記者席

OB都議ら　激闘の結果は

○……22日投開票の衆院選で、国政を目指した元都議の明暗が分かれた。

大田区選出だった旧民主党の田中健氏は、希望の党公認で静岡4区から立候補し落選。世田谷区選出の塩村文夏氏は、広島3区から民進党での出馬を目指したものの、一連の合流劇により無所属で立候補し、一歩及ばず。

世田谷区選出だった旧民主党の花輪智史氏は、宮崎3区で希望の党から立候補し、惨敗した。まだ政治家を目指していたのが驚きだが、なんで宮崎？

北区選出で、前回都議選で落選した自民党の高木啓氏は、東京比例区で当選。ネット上では「塞翁が馬とはこのことだ」とねぎらう声が相次いでいた。

○……マグロは泳ぎを止めると窒息するため、生涯眠らずに泳ぎ続ける。都幹部は「小池知事は『マグロ（と同じ）』と周囲に漏らしていたと聞いたことがある」と明かした。本人も行動し続けなければ窒息すると自覚しているようだ。これまでの行動を振り返ると、自民党を敵視して立ち向かうことが、都知事選や都議選での勝利につながった。今回の衆院選では「排除発言」で自爆し、国政進出は知事を辞めない限り難しいとの指摘がある。

マグロは世界中で7種類存在し、海の深さに応じて住み分けている。国政か都政か。知事がマグロと自覚しているなら、自分の住む世界がどこか分からないとまずいのでは。

○……「路上に大量の血痕がある」との通報を受け、警察官が駆けつけると、現場には仮装用の赤い塗料が漏れ出したプラスチック容器――昨年のハロウィーンでは、渋谷駅周辺でこうした騒ぎが頻発した。

「公衆トイレのドアを開けると、アイスホッケーの防具を身に着けようとしているスーツ姿の会社員がいた」「駅に向かって歩いていると、全身に包帯を巻いた人から謎のお菓子を持った」などちょっと笑えるエピソードがある一方で、「痴漢にあった」「写真撮影している人に因縁を付けられた」などの迷惑行為も後を絶たない。渋谷と言えば、DJポリスのホームグラウンド。活躍に期待したい。

日比谷公園の将来像策定へ

「都心の憩いの場」どう表現

歴史と変化の両にらみで

東京を代表する都立日比谷公園の将来像を打ち出す検討がスタートした。都心のオアシス機能を提供する公園だが、一方で施設の老朽化やうっそうとした樹木による暗さで、高齢者や女性が1人で利用しづらいなど課題を抱える。こうした中、都公園審議会が5月に官民連携による多面的な公園の活用を提言した答申をまとめたことなどを背景に、日比谷公園グランドデザイン検討会（座長＝進士五十八・福井県立大学学長）の初会合を16日に開催。来年6月に同公園の10年後の方向性を提言する。日本初の近代的洋風公園として1903年に開園した日比谷公園。歴史を残しつつ、いかに変化を受容するか――。新時代の公園行政の一端を探った。

銀座方面からJRの高架線をくぐると程なく、都心にひときわ目立つ木々の緑が目に飛び込んでくる。日比谷公園だ。日比谷通りを渡り、園内に入ると、散策したりベンチで談笑したり、思い思いに時間を過ごす来園者が目に映る。しかし、歩みを進めるうち、老朽化の目立つ舗装や売店が現れ、場所によっては薄暗く、快活な気分が時折削がれる。

都は16日の会合で、老朽化した公園施設やうっそうとした緑、バリアフリーの不十分さなどを課題に挙げた。

「公園は都市の骨格の一部。人々の第3の場所『サード・プレイス』としたい」。都建設局の細岡晃公園計画担当部長は東京を代表する日比谷公園の将来を見据え、こう語った。

「サード・プレイス」は米国の社会学者、レイ・オルデンバーグ氏が提唱した概念で、自宅（第1の場所）や職場・学校など（第2の場所）ではない、「自分らしさを取り戻し、くつろぐことのできる居場所」との意味だ。徒歩で行ける居心地の良いカフェや町場の理髪店など、人々が気軽に集える場所を指すが、その一つに公園があり、公園審議会答申でも言及された。

細岡部長は小説家の幸田露伴を引き合いに、「公園には労を癒やし、気を養うことが求められる」と話す。

幸田露伴が東京論を展開した『一国の首都』（1899）には、公園を題材にしたくだりがある。書き出しはこうだ。「公園は都府の肺臓なり。腐を転じて鮮となす公園の霊妙なる営作の都会に対する必要は言ふまでもなし」

幸田露伴が都市の公園を人間の臓器になぞらえたこの見方は、120年後の現在にも通ずる。こうした見方は、今後の日比谷公園を再構築する基礎となる。

思い思いに日比谷公園で過ごす来園者。大噴水（写真左）が心を和ます＝23日

愛着を育む

日比谷公園は、文明開化の象徴として、都市計画に基づく日本初の近代的洋風公園として1903年に開園してから今年で115年目を迎える。園内の二つの池や花壇、大木の首掛けイチョウなど、開園当初からの歴史的価値のある施設や空間がある一方、噴水や音楽堂、園路を始め、老朽化も目立つ。また、幅員30～44㍍の大通りに囲まれ、高齢者や子供連れのアクセスに難もある。

今後の課題は、歴史性を保ちながら、いかに時代に即した変化を組み込むかだ。16日に初会合を開いた日比谷公園グランドデザイン検討会では、日比谷公園の方向性を固めていくことになる。

進士座長は「全国的に公園の量的拡大の時代は『守りの公園行政』だったが、これからは公園を外に開き、積極的に生かす時代だ」と力を込める。

日本の都市公園制度は規制が強いこともあり、「行政は管理しかしてこなかった」（進士座長）。この「管理」をどう「利用」に反転させるか。

一つの切り口に、都市や地域に対する愛着や誇りを意味する「シビック・プライド」の発想がある。特定の場所と関わることで、愛着が生まれ、その人にとって大事な場所になるとの考え方だ。

好例は都立井の頭恩賜公園の100周年事業だ。同事業では、民間団体や住民らと共に、水質改善や外来生物の除去を目的に池の水を抜く「かいぼり」を実施。都建設局によると、準備に時間をかけ、かいぼりの意味や狙いなどを学んだことで、参加者が「次の100年のイメージ」を共有できたという。

こうした地域や利用者を巻き込んだイベントに加え、多様な個々人に寄り添う目線も重要だ。進士座長は「カップルは公園で花や噴水を眺め、愛を育む。そして、後から振り返り、青春の思い出ともなる。世代ごとに利用の仕方は異なるため、時間的座長軸を持つべき」と説く。

民活いかに

管理からの脱却に向けては、国が6月に都市公園法を改正し、園内の飲食店などの設置や管理を担う民間事業者を公募で選ぶ「公募設置管理制度（Park―PFI）」を創設したことへの対応も必須だ。園路や広場など公園施設の整備を一体的に行うことを条件に、設置管理期間を10年から20年に緩和したり、施設の公園に対する建ぺい率を2%から12%に拡大した。

園内には現在、開園当初からある洋風レストラン「松本楼」を始め、都が許可している飲食店が6施設あるが、都立上野恩賜公園や駒沢公園での民活によるレストラン・カフェの建築や運営の先例を参考に、議論が活発化する見込みだ。5月の都公園審議会答申では、都立公園の多面的な活用を基軸に、公共性を確保した上で民活の発揮や官民連携の取り組みを強く打ち出している。

「文化財以上の価値ある日比谷公園」（進士座長）。公共性を担保しつつ、いかに公園を外に開いて、多様な人々が憩う場所、サード・プレイスとするか。近代化を志した明治の精神が、平成の次の元号に引き継がれ、更に脱皮を果たす日までそう遠くはない。

ボランティアの定着へ PR動画を新たに作成

都生活文化局

都生活文化局は、2020年の東京五輪・パラリンピックの開催を契機に、ボランティアの機運を醸成するため、新たなPR動画を作成した。動画では、若者に人気のあるモデルのみちょぱ（池田美優）さんとお笑い芸人のロバートさんが出演し、外国人への道案内や商店街でのごみ拾いなどを実施し、「少しだけ自分の時間を誰かのために使ってみる」と語り、ボランティア活動を呼び掛けている。特に20代や30代の若者が身近な場所でボランティア活動に慣れ親しむことで、都はボランティア文化の定着を目指している。

小池知事は19日の会見で、「仲間と楽しく活動できる『ボランティアをやってみたいな』と思えるようなPR動画を作り上げた」と話した。都の公式動画チャンネル「東京動画」、スポーツイベントなどでPR動画を放映する。

11月4日は横浜でのラグビーテストマッチの開催と合わせて、日比谷公園内に設置するラグビーファンゾーンの一角で、ボランティアのPR活動を行う。当日はみちょぱさんが登場するステージイベント、ボランティア活動のきっかけとなる体験企画などが予定されている。

投稿

世相映すコンビニの食品ロス

―土屋トカチさんの作品から

東京清掃労組書記長　染　裕之

清掃事業の現場特有の隠語だが「ごみは生き物」と言われる。1年を通して決まった量が排出されるわけではない。排出量の多い季節、少ない季節があるし、祝日は排出量が落ち、次の排出日には落ちた分のごみ量が通常よりも多く排出される。

大規模住宅ができると排出量の増量を見込んで作業計画を組み直す。不適正排出のごみをやむなく取り残すと、更にごみが増えることもある。「ごみがごみを呼ぶ」のである。まさにごみは生き物で、景気の動向や世相を反映する。

■大量の食品廃棄

今や街のあちらこちらにコンビニエンスストアがある。コンビニもまた世相を映す業界かもしれない。おにぎりや弁当、菓子、生鮮食品、日用雑貨など、コンビニには豊富に商品が並ぶ。公共料金の支払いや宅急便の受け取りなどサービスは多様化し、「社会のインフラ」とまで称されるようになっている。日常生活でなくてはならない存在のコンビニだが、様々な問題を抱える業界であることも耳にする。

コンビニから排出されるのは事業系ごみで、家庭ごみを基本とする自治体による収集ではない。しかし事業系と家庭系の区分けが厳密でなかった頃は、コンビニのごみも自治体が収集を行っていた。

コンビニのごみ収集でいつも驚かされたのは、大量の食品廃棄だった。賞味期限が切れたばかりのお弁当やおにぎりなどが大量に排出されていた。「もったいない。なぜ賞味期限が切れる前に値段を安くしてでも販売しないのだろう」。そんな疑問と少なからずの罪悪感を抱きながら、排出されたごみを収集車に積み込んでいた。

ところが罪悪感と、もったいないという思いを抱いているのは、コンビニオーナーも同様なのだそうだ。何よりも売れ残りの商品廃棄は、コンビニ経営を苦しめることになっている。

■見切り販売

東京清掃労組は2015年、DVD『自然にやさしく人にやさしく』を製作した。戸別収集や環境学習など、普段目にする機会の少ない清掃事業の業務内容を収録して、清掃事業に対する理解を深めてもらうことが目的だ。

撮影を担当したのは、映画監督・土屋トカチさん。彼の最新作が、今夏完成した『コンビニの秘密』だ。東京清掃労組はこのほど、土屋さんを招き、その上映と講演会を開催した。

便利さと豊かさの裏側で、オーナーは本社との間で不利なフランチャイズ契約を結ばざるを得ず、十分な休みも取れないほど厳しい経営を余儀なくされている。コンビニ発祥の地である米国では、数十年前に法律で禁止された不当な契約体系が日本では横行している――。賞味期限切れ間近の食品を値引きする「見切り販売」を行うと、オーナーは儲かる半面、本部の取り分は廃棄するよりも減ってしまうため、本社からのプレッシャーなどで、「見切り販売」に踏み切れないオーナーがほとんどだ。

オーナーが見切り販売に踏み切れない主な理由は、①本社からの契約解除などのリスクを恐れている②販売促進費などの名目で本社から廃棄に対する補塡を打ち切られる――などである。

最高裁は09年、セブン・イレブンに対し、「見切り販売」の妨害は独占禁止法の優越的地位の濫用に当たるとして、排除措置命令を出した。ただ、最高裁で判決が出たとはいえ、本部にとっては「見切り販売」をせずに廃棄した方が利益が出るから、本部は「見切り販売」を避けたいのが本音だ。価格に対する信用も必要で、値下げを前提とした商品仕入れは、価格に対する不信感を持たせるというのである。食品ロスを防ぐよりも、顧客が商品を購入する機会ロスを防ぐことが優先なのだという。

■豊かさの裏側で

コンビニオーナーと本社との間には、厳然とした上下関係がある。この関係が、食品ロスを大きくしているように見える。コンビニ業界は、豊かさと便利さの裏側にあるまやかしの世界なのかもしれない。

こうした現状をただそうと店主らで「コンビニ加盟店ユニオン」が結成され、コンビニ本社に団体交渉を申し入れているが、本社は全く応じようとはしていない。「コンビニ業界に注目してほしい。コンビニ加盟店ユニオンの奮闘を支持して、労働組合の力で世界を変えよう」。土屋さんは講演会をこう結んでいる。

本当の豊かさとは？　働くことの尊厳とは？　毎日、額に汗して必死に働いている人たちとは別世界で、汗も流さず笑っている人がいるのではないか。土屋さんは『コンビニの秘密』の製作でそう訴えている。

東京最前線

◆神鋼の火力発電審査中断　神戸製鋼所のアルミ製品のデータ改ざん問題を受け、兵庫県は神鋼による火力発電所の増設に向けた環境影響評価の審査手続きを中断した。発電所建設にも改ざんがないか疑念を抱いたのが理由。神鋼は2021年度から22年度にかけて火力発電所を2基建設する計画だった。

◆竹を燃料に発電へ　竹を燃料にしたバイオマス発電所の起工式が山口県山陽小野田市で開かれた。民間が発電所を建設し、県は「円滑な竹の供給に協力する」と話し、竹は建設地から半径30㌔圏内から調達する考えだ。年間発電量は1万5800㌔ワットを想定し、竹による大規模な発電所建設は世界初。

◆消化ガス売却へ　静岡県藤枝市は11月1日から、下水道処理施設「浄化センター」の汚泥処理で発生した「消化ガス」を燃料源として発電事業者に売却を始める。民間企業が発電事業に取り組み、電力会社への売電で利益を確保する。市は土地の貸し付けで年40万円の収入を見込む。

◆総菜店の規制策　群馬県内のスーパーの総菜を食べ、腸管出血性大腸菌O157に感染し、集団食中毒を起こした問題を受け、県は20日に全国初となる総菜販売店向けの衛生管理指針をまとめた。指針では、食品の陳列時間は調理後4時間を上限とし、品目ごとにトングを用意するよう細かく規定している。

◆給食のアレルギー判定　兵庫県西宮市は食べ物にアレルギーを持つ子供が食べられない給食の献立がパソコンで自動的に検出されるシステムを9月に導入した。同市では子供の増加に伴い、アレルギーを持つ子供が増えており、同システムの導入でアレルギー事故の防止を図る。

◆健康づくりで特産品交換　茨城県北茨城市は10月から、健康診断などを受けた市民に地元特産品と交換可能なポイントを付与する「健康ポイント事業」をリニューアルした。昨年は40歳以上、74歳以下の市民を対象に実施したが、今年は介護予防などを考慮して参加年齢の上限を撤廃した。

◆おくやみコーナー開設へ　三重県松阪市は、家族が亡くなった後に必要な年金や保険など約30項目の手続きを一括して行う「おくやみコーナー」を市役所内に11月1日から設置する。同様の窓口の設置は全国的に珍しいという。相続や土地相続登記など市役所以外の手続きも案内する。

◆SNSで若者の定住促進　愛知県は若年層の転入や定住を促進するため、県内の高校生や大学生らがツイッターなどSNSを通して地域の魅力を発信する事業を始めた。同県では若者の首都圏への転出や県内の製造業の人手不足が課題となっている。事業は7月に始めたが、現在も協力者を募っている。

◆車両進入禁止で社会実験　富山県富山市は、市の中心市街地の一部で車両進入を禁止し、路面電車だけを走行させる社会実験を行った。同地域を原則、歩行者専用とし、道路でオープンカフェやイベントを開催。同市は路面電車の利用者数などを調べ、街の活性化や公共交通の利用促進につなげる考え。

私を変えた一冊

選管事務局総務課長　山﨑　孝広氏

『ビジネス＜勝負脳＞脳科学が教えるリーダーの法則』

林　成之〈著〉

性格前向きで重圧解消

この本との出会いは、新米管理職として交通局の都庁前駅務管理所長に着任した頃。

監査事務局や選挙管理委員会事務局といった小規模な局を渡り歩いた私にとって、光が丘駅から都庁前駅を経て新宿駅に至るまでの12駅、130人を超える職員を束ねることは、専門用語の壁も加わり強烈なプレッシャーでした。

ならばと、歴史上の人物から著名な政治家・経営者の成功例や名言集などの書物を読んではみましたが、どうにもしっくりきません。そんな時にランナー向け雑誌で紹介されていたのがこの本です。

著者は脳神経外科医。リーダーに必要な「勝負脳」の鍛え方や使い方について、脳の仕組みや本能を活用した理論や方法論を分かりやすく説明しています。それだけに、気合いや根性に頼るものではなく、資質や性格のような個人差もないので現実的な効果が期待できました。

著者自身もその仕組みを活用し、寄せ集めの救急医療チームを世界最先端まで導き、世界中の医療チームが視察に訪れるまでに成長させています。記述によると、明るく素直な性格の人は、前向きな気持ちが強く、ここ一番の集中力が高いので、結果を出しやすいとのこと。そのような性格に変えることのできる取り組み方法も具体的に紹介されています。

私自身、直感で「イケる！」と感じてこの本を購入し、試してみましたが、何より性格が前向きになりました。それに伴う好循環に助けられる場面が増えたのも事実。今でも時折、読み返しています。

世の中のほとんどの人が、組織の大小こそあれ、何かしらのリーダーを務め、悩みも抱えていることと思います。悩み続けるくらいなら、切り口を変えて取り組んでみるのも一つの方法です。堅苦しい内容ではないので、ちょっと空いた時間にでも読んでみてはどうでしょうか。きっと新しい扉が開くはずです。

（写真は都庁前駅務管理所長の時の筆者）

区団交

選考方法・給料表争点に

行政系人事制度の改正めぐり

特別区長会と特区連、東京清掃労組は24日、区人事委員会勧告後、初めての団体交渉を行い、区人勧の取り扱いや行政系・現業系の人事・給与制度見直しなどについて協議した。区長会が行政系人事制度の改正に絡み、職務の級や新給料表の切り替えなどを提案したのに対し、組合側は激しく反発。同制度の見直しに合わせて現業系人事制度もテーマになり、労使の意見の対立が深まっている。

現業系も議論は平行線

今年度の区人勧は月例給・特別給を共に引き上げる内容で、区長会は「勧告を尊重する姿勢に立ち、特別区の厳しい諸状況を踏まえつつ、国や他団体の動向も勘案して、区民の理解と納得が得られるよう慎重に検討する」と説明した。

これに対し、組合側は「職員の生活改善には遠く及ばない」と反発し、首都圏の生活実態に見合う給料月額の引き上げを強く要求。特に扶養手当に関して、区人勧は配偶者の手当額を減額し、その原資で子供の手当額を引き上げるとしていたが、「配偶者を欠く一子の手当」を廃止する内容も盛り込まれ、特区連と清掃労組は「ひとり親家庭の生活への影響は大きい」「配慮に欠ける極めて不当な勧告」などと指摘している。

区長会はまた、昇給制度の見直しに関し、「初任給調整号数」の廃止と、年齢による昇給抑制を提案した。具体的には55歳に達した翌年度以降の昇給で4号抑制する内容で、組合側はいずれも「受け入れられない」と反発している。

■行政系人事・給与

団交では、区長会が行政系人事制度の改正について提案した。このうち任用制度では、職務の級の切り替えについて、現1～3級職（係員・主任主事）を新1級職（係員）として任用し、現3級職と今年度の主任主事選考合格者は切り替えに伴う昇任選考を経て、新2級職（主任）に任用するとした。

現4～5級職（係長・総括係長）の合格者は、新3～4級職（係長・課長補佐）に任用。今年度の昇任選考合格者は、それぞれ対応する職への能力実証に合格したと見なすという。

給与制度では、新給料表への切り替え方法などを提示。具体的には、新給料表では切り替え前の号給と同額か、直近で上位の号給に切り替えることとした。新給料表の級に該当する号給がない場合は、現給保障としている。切り替えに当たり、「級格付」の解消も行うとした。

見直し案に対し、特区連は、現3級職から新1級職への切り替えについて、「制度の改正を理由に区職員の5割近くを占める現3級職全員が本人の同意なく降任させられることがあってはならない」と牽制。「新2級職への任用を昇任選考で行うことは受け入れられない。中堅・高齢層の主任主事の働く意欲を著しく低下させる」として、現3級職を全員、新2級職に切り替えるよう求めた。

給料表に関しても、「新給料表の2級は現3級と比べて、16号給分も高位号給をカットしており、制度改正を名目にした下位級に在職する職員への不利益の強要」と批判している。

■現業系人事・給与

技能・業務系の人事・給与制度も焦点の一つだ。区長会は「今給与改定交渉で（行政系と）一体的な解決を目指したい」と述べた。行政系・業務系の一体的解決は従来、組合側が求めていた。

区長会は「（行政系で）新給料表を適用する場合には、業務職給料表を見直す必要がある」と言及し、「これまでの経緯に留意しながら、慎重に検討を重ねている」と説明。考え方がまとまり次第、組合側に提示する方針を示した。

新旧の給料表の切り替えに関しては、「行政系の考え方と同一とするのが必然」との認識を示し、「級格付」の解消を示唆した。

これに対し、清掃労組は業務職給料表を早期に明らかにするよう求めた上で、行（一）との関連付けに対する関心を表明。新旧の給料表の切り替えに伴う「級格付」の解消に関しては「極めて不当な降格、不利益処分。断じて容認できない」と一蹴した。

現業系人事制度では、組合側が「技能長」の拡大を要求。清掃労組は「技能長の職務内容も多種・多様化している」として、過重な負担を軽減するため、「技能長職の拡大が喫緊の課題」と主張した。また、2級職の職員が班長・グループ長として取りまとめ役を担っている現状を踏まえ、処遇改善に向けた新たな職の設置を求めた。

組合側は更に、「技能主任」の昇任資格基準にも言及。現行では受験資格を得るのに最短10年かかり、「行政系に比較して著しく不利な制度」などとして改善を迫った。

都小委

昇給制度などで応酬

フレックスタイム制にも隔たり

都と都労連は25日、小委員会交渉を開き、昇給制度や扶養手当などについて協議した。

都側は昇給制度について、都人勧に言及しつつ、今年4月の勤務成績に基づく昇給決定の状況では9割超が中位以上であるとして、「能力・業績の適切かつきめ細やかな反映の観点から引き続き検討を進めていく必要がある」と説明した。

また、扶養手当の収入限度額に関しては、税制改正があっても、社会保障制度における被扶養者の判断基準となる所得限度額は引き続き130万円以下で設定されているとの認識を示し、「他団体や民間企業の状況などを踏まえ、認定要件を見直す必要がある」と改めて考えを述べた。

退職手当制度は国家公務員の取り扱いが依然、明らかでないが、「国の動向を注視しつつ、都の実情を踏まえた適切な対応について速やかに検討を進める」としている。

一方、都労連は都側が示した昇給決定の状況を受け、「これだけでは、制度の運用実態は明らかでない」と反論。より詳細な労使での検証を要求しつつ、更なる見直しには反対する考えを示した。

扶養手当については、「対象職員に、他団体との制度的均衡を理由に10万円もの年収減を強いることになる」と反発。退職手当制度でも、支給水準の引き下げに反対の立場を鮮明にした。

小委ではまた、働き方改革に関連し、都側がフレックスタイム制などの試行結果を説明。6～8月の期間中、対象職場では約5割に当たる約140人が実施し、職員のライフ・ワーク・バランスや意識改革に寄与しているとの考えを示した。また、夏季の時差勤務については、「取得実績が大幅に向上している」と説明。今回の実施状況などを踏まえ、引き続き柔軟で多様な働き方に資する勤務時間制度について検討する方針を示した。

一方、都労連はフレックスタイム制の検証結果に対し、むしろ課題の分析を進めるべきと主張し、本格実施に反対の考えを強調。時差勤務に関しては、事業所や学校でも、育児・介護の事情がある職員が一年を通じて日単位で取得できるよう要求している。労使の意見は対立の状況が続いている。

都交通局

珠玉のエピソードが本に

都電の思い出、今に伝える

都電にまつわる掛け替えのない思い出が一冊の本に――。都交通局が都電のエピソードを一般から募集し、東京新聞紙上で連載した『思い出ガタゴト 東京都電diary』が20日から全国の書店で販売されている。日本新聞協会の「新聞広告大賞」を受賞したことを記念し、書籍化した。

エピソードは紙面上に掲載された50点。都電の車掌や運転手を務めていた家族との思い出や、路線廃止の際に走った「花電車」の記憶など、都電と生活の密着ぶりを描く内容。エピソード選考の特別審査員を務めた、女優で父親が都電の乗務員だった倍賞千恵子さんら5人の都電への思いや、昭和初期から現代にかけて都電と人々の暮らしを写した写真も盛り込んだ。

同局は「都電の路線が減り、全盛期の姿を知る人も少なくなってきた。当時の話を、本を通して人々に伝えたい」（企画調整課）と話す。価格は1500円（税抜き）。

成長か縮小か 選択肢は二つ

組織再編が必要な団体も

上山信一特別顧問に聞く②

第2の問題は、特命随意契約や非公募型の指定管理者への「安住」だ。例えば公園、臨海エリアの開発、駐車場など。これらを担う都の監理団体は経営規模も大きく、本来ならば専門ノウハウを生かして特色ある施設運営や集客戦略などが提案できるはずだ。

東京の恵まれた立地の大規模公園なら集客イベントやテナント誘致などダイナミックなパークマネジメントができるだろう。しかし今の東京都公園協会の公園管理は小規模の地方の民間の指定管理者とあまり変わらない。それでいて監理団体の特命随意契約（非公募）になっているのはおかしい。行う業務が民間と変わらないなら競争入札とすべきだ。

ちなみに都庁は、都立日比谷公園（千代田区）について将来像と再整備の在り方を議論する「グランドデザイン検討会」を始めた。大阪市では民間企業から大規模公園の改革案を公募し、丸ごと管理運営を任せている。都の大規模公園についても民間提案を公募するとともに、公園協会の存在意義や位置づけはゼロベースで見直すべきだ。

東京都道路整備保全公社の駐車場管理業務も民間に委ねられる仕事だろう。駐車場は、タイムズなど全国で手広く事業を展開する専門事業者がたくさんいる。他の自治体でも民間譲渡や指定管理で民間に委ねている。今の公社が大きな無駄遣いをしているとは思わないが、公益性を理由に優先的に手掛ける理由は乏しい。

東京臨海ホールディングスは債務処理の過程で作られた持ち株会社だという事情は理解した。しかし、臨海エリア全体の価値を上げる仕事ができていない。民間ディベロッパーなら、地域ブランド戦略、羽田（空港）アクセスなどの交通対策、企業誘致などを手広くやるはずだ。しかし、ホールディングスは傘下企業の雑務の管理が中心でしかなく、株式会社の在り方としてもおかしい。港湾局側の意識喚起と合わせて問題提起したい。

都は施設の規模の大きさや防災上の都合、五輪準備などの理由から、いくつかの仕事や施設の維持管理を特定の監理団体に特命随意契約で独占させている。各団体が民間にないノウハウや卓越した経営品質を誇るのなら許されるかもしれない。

しかし今回のヒアリングではどちらかというと逆の印象を得た。基本的に民間との競争にさらすべきだろう。そこで勝ち抜けないなら規模の見直しもやむなしだし、生き残りたいなら各団体は専門人材を民間から雇い、積極投資をして卓越した能力を実証する必要がある。その意味で各監理団体には今後、成長か縮小かの二つの選択肢しかないと思う。

組織発展の目標

第3の問題は、過去の行革でいろいろな団体を統合したため性格の違う多様な事業の受け皿になってしまい、全体の目標が見えにくくなる現象だ。石原都政時代に「天下り見直し」「予算の効率化」「本庁の人減らし」の掛け声の下、ミッションが異なる団体が統合された。例えば東京都農林水産振興財団は農業の研究や花粉対策、緑化などを所管しているが、（元々の農業・畜産・林業の試験場に）いろいろな事業を吸収した。東京都環境公社も廃棄物処理施設の維持管理と環境科学研究所の仕事を同じ組織で担っている。性質がかなり異なる仕事を同一の組織で経営する合理性があるかどうか、ものによっては再編が必要だろう。（つづく）

■都人事異動

11月1日付 ◎印昇任

【部長級】▽総務局情報企画調整担当部長＝情報通信企画部長兼務（総務局情報通信企画部長）久原京子▽多摩水道改革推進本部多摩給水管理事務所長＝工務課長事務取扱（多摩水道改革推進本部多摩給水管理事務所長）大友和仁

【課長級】▽政策企画局調整部政策担当課長（政策企画局総務部副知事秘書担当課長）田村周▽総務局情報通信企画部情報通信技術担当課長（元日本マイクロソフト㈱CSSジャパンプレミアミッションクリティカルPMCソリューションマネージャー）天神正伸▽総務局情報通信企画部情報通信技術担当課長（富士通㈱デジタルフロント事業本部共創ビジネスセンターシニアマネージャー）野口直昭▽総務局情報通信企画部情報通信技術担当課長（㈱エヌ・ティ・ティ・データ第一公共事業本部e-コミュニティ事業部第一ビジネス統括部第一営業担当課長）乾嘉剛▽総務局情報通信企画部情報通信技術担当課長（㈱日立製作所社会イノベーション事業推進本部企画本部担当本部長）中西敬一郎▽総務局情報通信企画部情報通信技術担当課長（日本アイ・ビー・エムシステムズ・エンジニアリング㈱クラウドアプリケーションアソシエイト・アーキテクト）清水詳士▽総務局情報通信企画部情報通信技術担当課長（日本電気㈱未来都市づくり推進本部主任）清水直哉▽総務局情報通信企画部情報通信技術担当課長（パナソニックシステムソリューションズジャパン㈱システムプロダクツセンターコミュニケーションシステム部総括担当）相澤純一▽総務局情報通信企画部情報通信技術担当課長（グーグル・クラウド・ジャパン合同会社プロフェッショナルサービス部長）安倍伸征▽総務局人事部担当課長＝東京都人材支援事業団派遣（主税局総務部担当課長＝特命）谷口将太▽財務局主計部予算担当課長（政策企画局総務部副知事秘書担当課長）加藤浩▽オリンピック・パラリンピック準備局大会施設部関係者輸送担当課長（第四建設事務所工事第一課長）上本竜太郎▽オリンピック・パラリンピック準備局総合調整部担当課長＝東京オリンピック・パラリンピック競技大会組織委員会派遣（水道局東部第一支所配水課長）松野孝夫▽西部住宅建設事務所折衝担当課長（都市整備局総務部担当課長＝東京都住宅供給公社派遣）櫻庭拓也▽都市整備局総務部局務担当課長＝東京都住宅供給公社派遣（政策企画局外務部特命担当課長）今関理恵▽産業労働局観光部シティセールス担当課長（政策企画局総務部副知事秘書担当課長）藤野健▽産業労働局観光部振興課長（産業労働局観光部シティセールス担当課長）前田千歳▽産業労働局観光部特命担当課長（産業労働局観光部振興課長）吉田隆雄▽第四建設事務所工事第一課長（第六建設事務所補修課長）金澤大介▽第六建設事務所補修課長（建設局道路建設部計画課統括課長代理）◎日比野潤▽水道局東部第一支所配水課長（多摩水道改革推進本部多摩給水管理事務所工務課長）安孫子昌弘

折笠 千枝子さん（おりがさ・ちえこ＝折笠眞由美・都オリンピック・パラリンピック準備局総合調整部調整課長の母）20日死去、84歳。

鈴木 茂子さん（すずき・しげこ＝鈴木章浩・都議会議員の母）24日死去、88歳。通夜は11月2日午後6時、告別式は3日午前10時から、いずれもくらしの友蒲田総合斎場（大田区西蒲田8の11の7☎03・5710・8400）で行われる。

訂正 13日付「栄養教諭の実態㊦」の記事中、「普段は、午後11時ごろまで仕事をしている」を「午後11時ごろまで仕事をすることもある栄養教諭がいる」に訂正します。松本教諭の発言は一般的な栄養教諭の説明で、目黒区内や五本木小学校の実態ではありません。誤解を与えた関係者の皆様にご迷惑をおかけし、おわびいたします。

五輪への航海図 TOKYO 2020 ㉑

開催まで あと1001日

シドニーの教訓⑤

ボランティアに特別休暇

オーストラリアでボランティアが盛んになった契機はシドニー五輪だと言われる。大会期間中は約5万5千人が参加し、シドニー五輪の成功はボランティアの活躍なくして成し得なかったと評価されている。

シドニー五輪におけるボランティアの約半数は、技術者や施設運営者、スポーツ・フィットネスアシスタントなどの大会運営に関する専門的なスキルを有する人材だった。参加者の専門性を生かしたボランティアの配置が積極的に行われたことで、1996年アトランタ五輪から2008年北京五輪までを対象とした調査では唯一、シドニー五輪でのみ市民が自身の経験を生かすためにボランティアに参加したという結果が出ている。

シドニー五輪のボランティアの約60％は45歳未満であり、特に18～24歳の参加者が全体の約24％と高い数字を占めた。これは大会開催期間中、ニューサウスウェールズ州内の大学や学校を休暇としたことや、一部の大学がボランティア活動への従事を大学の単位として認定したことによる。

例えばシドニー大学臨床獣医学科では、馬術競技に出場する海外の馬から採取した血液の分析作業を補助することで、またシドニー工科大学のジャーナリズム専攻では選手村で無料配布する日刊紙の編集を補助することで、それぞれ単位を取得できた。更に、同州政府職員が大会ボランティアとして参加するため、5日以上の休みを取る場合には5日間の特別休暇を付与するなど、政府・企業の組織的な協力も見られた。

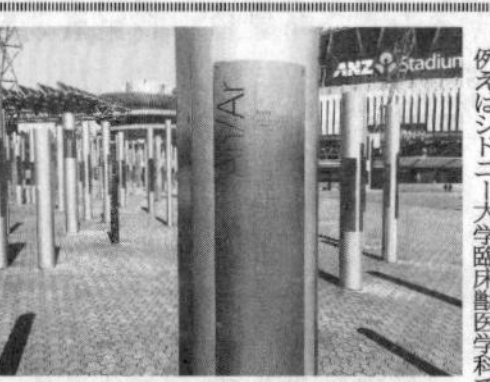

全ボランティアの氏名を刻んだ柱がメーンスタジアム横に立てられている

ボランティアには他州や他国からの参加者も多く、参加者を対象とした研修は国内の各主要都市で行われた。ボランティアの大半はシドニー都市圏内で行われたが、3カ月以上かけて国内各地を巡った聖火リレーでも地域在住のボランティアが運営を補助した。ボランティア参加の機運向上という五輪の効果はシドニーのみならず、国内全土に波及している。

シドニー五輪成功の立役者となったボランティアの氏名は、大会後にメーンスタジアムの横に設置された約300本の柱のモニュメントに刻まれた。功績が形に残るようにすることで、自身の参加に誇りを持てるようにした。

（自治体国際化協会シドニー事務所＝都政策企画局外務部管理課 小松俊也）

30年度

職員教養講座

東京都管理職選考対策

▶17◀

経済・財政に関する知識③

今回はミクロ経済学とマクロ経済学から知識問題（文章問題）を学習します。

問　題

【問題 6】

財の価格変化が需要量に与える影響に関する記述として、妥当なのはどれか。

① 下級財であるX財の価格が低下すると、代替効果、所得効果ともにX財の需要量は減少する。

② ギッフェン財であるX財の価格が低下すると、全部効果ではX財の需要量は増加する。

③ 上級財であるX財の価格が上昇すると、全部効果ではX財の需要量は増加する。

④ 上級財であるX財と下級財であるY財が代替財である場合、X財の価格が低下すると、Y財の需要量は減少する。

⑤ 上級財であるX財とY財が補完財である場合、X財の価格が低下した場合、Y財の需要量は減少する。

【問題 7】

公共財に関する記述として、妥当なのはどれか。

① 公共財の最適供給の条件は、各個人の限界代替率の合計が限界変形率と等しくなることである。

② リンダール均衡では、各個人は受益者負担となるため、公共財のフリーライダー問題は解消する。

③ 純粋公共財は、消費者主導にすると供給が過少となるため、政府により供給される財であり、例として学校給食や公営住宅がある。

④ 価値財は、消費における非競合性と非排除性の性質をあわせもった財であり、例として国防や警察がある。

⑤ 純粋公共財は、公共財のうち、非競合性をもつが非排除性をもたない財をいい、例として、防衛や外交が挙げられる。

【問題 8】

消費理論に関する記述として、妥当なのはどれか。

① ケインズの絶対所得仮説によれば、人々の消費は現在の絶対的な所得水準に依存するため、長期的に国民所得が増大するほど平均消費性向は上昇していく。

② モジリアーニのライフサイクル仮説によれば、個人の現在の消費は生涯において、その時々に消費することができる所得の総額に依存する。

③ デューゼンベリーの相対所得仮説によれば、個人の消費行動は過去の習慣に依存しており、消費は今期の所得だけではなく、過去最大の所得にも依存する。

④ フリードマンの恒常所得仮説によれば、消費は恒常所得に依存するほか、一時的な変動所得にも依存するとした。

⑤ トービンの流動資産仮説によれば、個人の消費は現在の所得水準には依存せず、流動資産の保有量に依存するとした。

【問題 9】

ある小国経済を前提とすると、マンデル＝フレミング・モデルにおいて財政政策や金融政策が国民所得及び利子率に与える影響に関する記述として、妥当なのはどれか。

① 固定相場制の下で、資本移動がない場合、金融政策によってマネーサプライが増加すると、国民所得は増加し、利子率も上昇する。

② 固定相場制の下で、資本移動が完全な場合、財政支出を拡大しても、国民所得は増加せず、利子率も変化しない。

③ 変動相場制の下で、資本移動が完全な場合、財政支出を拡大すると、国民所得は増加せず、利子率も変化しない。

④ 変動相場制の下で、資本移動がない場合、財政支出を拡大すると、国民所得は増加しないが、利子率は上昇する。

⑤ 変動相場制の下で、資本移動が完全な場合、金融政策によってマネーサプライが増加しても、国民所得は増加せず、利子率も変化しない。

【問題 10】

フィリップス曲線及び自然失業率仮説に関する記述として、妥当なのはどれか。

① 自然失業率仮説によると、長期的には、フィリップス曲線は垂直となり、金融政策や財政政策によって、失業率は自然失業率よりも低下する。

② 自然失業率仮説によると、政府が総需要拡大政策をとった場合、人々は現実の物価上昇率と期待物価上昇率の乖離を正しく認識するため、短期的に失業率を下げることはできない。

③ 自然失業率は、完全雇用が成立しておらず、かつ、自発的失業の存在しない場合の失業率をいう。

④ 短期フィリップス曲線は、期待インフレ率の大きさに依存しており、期待インフレ率が上昇した場合、上方にシフトする。

⑤ フィリップス曲線とは、名目賃金上昇率と失業率との間の正の相関関係を示す右上がりの曲線をいう。

解　説

【解説 6】　正答 ④

① 誤り。下級財であるX財の価格が低下すると、代替効果ではX財の需要量は増加します。また、所得効果ではX財の需要量は減少します。

② 誤り。ギッフェン財であるX財の価格が低下すると、X財の需要量は、代替効果では増加し、所得効果では減少します。ギッフェン財は、所得効果が代替効果よりも大きい下級財ですので、全部効果では需要量が減少します。

③ 誤り。上級財であるX財の価格が上昇すると、全部効果ではX財の需要量は減少します。

④ 妥当。X財とY財は代替財であるため、代替効果では、Y財の需要量は減少します。また、所得効果でも下級財であるY財の需要量は減少するため、全部効果でも減少します。

⑤ 誤り。X財とY財は補完財であるため、代替効果では、X財、Y財ともに需要量は増加します。また、所得効果でもX財、Y財ともに需要量は増加するため、全部効果でも増加します。

【解説 7】　正答 ①

① 妥当。サミュエルソンのルールの内容です。公共財の供給がパレート最適な状態ならば、各個人の限界代替率の和は、限界変形率と等しくなります。

② 誤り。リンダール均衡では、各個人は得られる便益に基づく費用負担となりますが、公共財は非排除性があり対価を支払わない者を排除できないため、負担を免れようとするフリーライダー問題が発生します。

③ 誤り。価値財の説明です。

④ 誤り。純粋公共財の説明です。

⑤ 誤り。純粋公共財は、非競合性と非排除性の両方の性質をあわせもった財を指します。

【解説 8】　正答 ③

① 誤り。ケインズの絶対所得仮説によると、長期的に国民所得が増大するほど平均消費性向は低下します。

② 誤り。モジリアーニのライフサイクル仮説によると、個人の現在の消費は、一生のうちに消費することのできる所得の総額、すなわち生涯所得に依存します。

③ 妥当。デューゼンベリーは、消費行動が過去最大の所得にも依存するとし、最高所得が消費の減少に歯止めをかけるラチェット効果を提唱しました。

④ 誤り。フリードマンは、消費は将来予想しうる平均的な所得である恒常所得に依存し、一時的な所得の変化には依存しないとしました。

⑤ 誤り。トービンは、ケインズ型の消費関数により、現在の消費が現在の所得に依存することに加えて、預貯金など流動資産の影響も受けるとしました。

【解説 9】　正答 ③

① 誤り。固定相場制で、資本移動が存在しない場合、金融政策は無効なので、国民所得は増加せず、利子率も変化しません。

② 誤り。固定相場制で、資本移動が完全な場合、財政政策の効果は有効なので、国民所得は増加します。

③ 妥当。変動相場制で、資本移動が完全な場合、財政政策の効果は無効なので、国民所得は増加せず、利子率も変化しません。

④ 誤り。変動相場制で、資本移動がない場合、財政政策の効果は有効なので、国民所得は増加します。

⑤ 誤り。変動相場制で、資本移動が完全な場合、金融政策の効果は有効なので、国民所得は増加します。

【解説 10】　正答 ④

① 誤り。長期的にフィリップス曲線は、自然失業率の水準で垂直となるため、失業率を自然失業率よりも下げることはできません。

② 誤り。自然失業率仮説によると、人々は短期的には現実の物価上昇率と期待物価上昇率の乖離を正しく認識できません。労働者は実質賃金が上昇したと錯覚し、労働量を増やすため、短期的に失業率が下がります。

③ 誤り。自然失業率は、働く意思のある者は完全に雇用されている完全雇用の状態が成立する場合に存在する失業率です。

④ 妥当。短期フィリップス曲線は、インフレ率を縦軸、失業率を横軸にとると、右下がりの曲線で描くことができます。フィリップス曲線は、人々が物価上昇を期待すると、期待インフレ率分だけ上方にシフトします。

⑤ 誤り。フィリップス曲線は、名目賃金上昇率と失業率との間の負の相関関係を示す右下がりの曲線です。

◇　◇

次回の講座では、財政学から知識問題を学習します。

昇任試験対策のページ

特別区 30年度管理職試験講座

11月10日号から掲載スタート

毎週金曜は充実の試験対策を

平成29年度特別区管理職選考は、8月26日に筆記考査、今月14〜15日に口頭試問が実施されました。最終合格者の発表と択一・短答式問題受験の免除者の通知は31日に行われ、今年度の管理職選考の全日程が終了することになります。

口頭試問を終えた受験者は、緊張の日々を過ごしていることと思いますが、来年度の受験を考えている職員にとっては、そろそろ試験の準備に取り掛かる時期になってきました。そこで、11月10日号から「平成30年度特別区管理職試験講座」の掲載を開始します。

平成30年度の講座では、Ⅰ類択一が地方自治制度や行政法など各出題分野の練習問題と解説を中心に全13回、Ⅰ類記述が過去の出題傾向を踏まえた4問のオリジナル問題と解説など全10回を掲載します。

論文対策は、文章構成や論理展開などの基本的な論文の書き方や、過去2年間の出題内容分析、模範論文など、Ⅰ類全6回、Ⅱ類全6回の掲載を予定しています。

筆記考査の1カ月前には本番に向けた総復習のため、出題科目別にⅠ類択一、Ⅰ類記述、Ⅰ類論文、Ⅱ類論文の直前対策を紹介します。これに加え、今年度は番外編として掲載した口頭試問対策を本講座に加え、事例式面接を中心した直前対策を掲載します。

特別区管理職選考の申し込み者数は増加傾向にあり、今年度はⅠ類・Ⅱ類いずれも前年度比プラスとなりました。このうちⅠ類事務では受験率も増加しており、今年度は全ての受験方式で前年度増となっています。受験者にとっては、競争相手が増えていると不安に思うかもしれません。

その一方で、管理職需要数も平成20年度の207人をピークとして、以降も高い水準で推移しています。今年度の合格予定者数は、Ⅰ類事務が97人、Ⅰ類技術が34人、Ⅱ類事務が50人、Ⅱ類技術が15人の計196人で、前年度から更に規模が拡大しており、ピーク時に迫る数字でした。来年度以降もこうした高水準が続く見通しです。

管理職として求められる人材が増えている現状は、受験に向けてしっかりと準備を進める人には、むしろプラスに働くことでしょう。今年度の受験者に話を聞くと、「対策をしていれば十分に試験に対応できる」との意見が多く、来年度の試験本番までの期間を有効活用してチャンスをつかんでもらいたいと考えます。

来年度の特別区管理職試験講座も受験者に役立つ充実のラインナップで、択一、論文、記述、口頭試問の順に、来年10月まで掲載する予定です（試験日が未定のため、変更する場合があります）。ぜひ本講座を活用し、23区の将来を担う管理職への道を開いてもらえれば幸いです。

（編集部）

回数	掲載日	掲載予定
1	11月10日	Ⅰ類択一（勉強の仕方）
2	11月17日	Ⅰ類択一（地方自治制度1）
3	11月24日	Ⅰ類択一（地方自治制度2）
4	12月1日	Ⅰ類択一（地方自治制度3）
5	12月8日	Ⅰ類択一（地方自治制度4）
6	12月15日	Ⅰ類択一（行政法1）
7	12月22日	Ⅰ類択一（行政法2）
8	1月5日	Ⅰ類択一（行政法3）
9	1月12日	Ⅰ類択一（行政法4）
10	1月19日	Ⅰ類択一（財政学）
11	1月26日	Ⅰ類択一（地方公務員制度1）
12	2月2日	Ⅰ類択一（地方公務員制度2）
13	2月9日	Ⅰ類択一（地方公務員制度3）
14	2月16日	Ⅱ類論文（勉強の仕方）
15	2月23日	Ⅱ類論文（論文の書き方）
16	3月2日	Ⅱ類論文（H29年度問題分析）
17	3月9日	Ⅱ類論文（H29年度論文解説）
18	3月16日	Ⅱ類論文（H28年度問題分析）
19	3月23日	Ⅱ類論文（H28年度論文解説）
20	3月30日	Ⅰ類論文（勉強の仕方）
21	4月6日	Ⅰ類論文（論文の書き方）
22	4月13日	Ⅰ類論文（H29年度問題分析）
23	4月20日	Ⅰ類論文（H29年度論文解説）
24	4月27日	Ⅰ類論文（H28年度問題分析）
25	5月11日	Ⅰ類論文（H28年度論文解説）
26	5月18日	Ⅰ類記述（勉強の仕方）
27	5月25日	Ⅰ類記述（H29年度問題解説）
28	6月1日	Ⅰ類記述（事例問題1）
29	6月8日	Ⅰ類記述（事例解説1）
30	6月15日	Ⅰ類記述（事例問題2）
31	6月22日	Ⅰ類記述（事例解説2）
32	6月29日	Ⅰ類記述（事例問題3）
33	7月6日	Ⅰ類記述（事例解説3）
34	7月13日	Ⅰ類記述（事例問題4）
35	7月20日	Ⅰ類記述（事例解説4）
36	7月27日	Ⅱ類論文（試験直前対策）
37	8月3日	Ⅰ類択一（試験直前対策）
38	8月10日	Ⅰ類論文（試験直前対策）
39	8月17日	Ⅰ類記述（試験直前対策）
40	8月24日	Ⅰ類択一・論文・記述（試験の心構え）
41	8月31日	Ⅰ類択一（問題の正答）
42	9月7日	Ⅰ類択一（問題解説1）
43	9月14日	Ⅰ類択一（問題解説2）
44	9月21日	Ⅰ類択一（問題解説3）
45	9月28日	Ⅰ類択一（問題解説4）
46	10月5日	Ⅰ・Ⅱ類（口頭試問対策）

論壇　衆院選後の小池都政

小池知事の政治生命は尽きたのか

日刊現代ニュース編集部長　小塚　かおる

「来年の都知事選を想定して、東京都がひそかに選挙費用50億円の予算の準備を始めた」

衆院選の中盤、永田町取材の記者の間にこんなうわさが流れた。ちょうど政党やメディアの情勢調査の結果が出てきた頃で、小池知事が率いる「希望の党」の失速は目を覆わんばかりだった。

これまで選挙に強いとされてきた元国交相の馬淵澄夫氏や国対委員長などを務めた山井和則氏など民進党の幹部クラスまでもが、希望の党に移った後、軒並み自民党候補に追いつかれ、調査の度に数字が下がっていく。もはや小池氏の政治生命は尽きたのではないか、国政どころか都知事も続けられるのか――。

猪瀬直樹元知事、舛添要一前知事と1期さえ務められない途中辞任が続いただけに、「2度あることは3度ある」という憶測の中、冒頭のうわさが広まったわけだ。

「排除」発言が全て

希望の党の惨敗は、小池氏の「排除します」という発言が全てだった。この発言は判官贔屓（ひいき）の日本人の心を揺さぶり、強者の論理を振りかざす小池氏に対する評価は、それまでの「好感」から一転、「嫌悪」のレベルに至った。産経・FNNの世論調査で、小池都知事の支持率が9月の66・4%から10月は39・2%に急落という数字がそれを物語っている。

投開票日、希望の党立ち上げメンバーのひとり、東京21区で当選した長島昭久氏は「国政は我々に任せてもらいたい」と突き放した。今後、小池氏は国政から距離を置いて、都政に専念せざるを得ないだろう。だが、それもいばらの道だ。これまでのような〝自分ファースト〟では立ち行かない。

都政の懸案事項では、豊洲市場の開場の遅れや2020年東京五輪の準備の遅れが都知事の指導力のなさを浮き彫りにしかねない。都議選直前に、豊洲市場移転と築地市場再整備の両立案をぶち上げたものの、生煮え案のそしりは免れず、問題山積だ。豊洲では、土壌汚染対策の追加工事で入札不調が2度続き、来年9～10月という開場時期に影響しかねなくなっている。築地では、第1回の「再開発検討会議」が今月開かれたものの百家争鳴で、何も青写真を描けていないことを露呈しただけだった。

どうも小池氏自身が豊洲・築地問題への関心を失っているように思える。無理筋の方針だけ示して、政治的には〝用済みのネタ〟とばかりに担当部局や有識者に丸投げでは、都の職員もサジを投げたくなるだろう。

議会運営についてはどうか。衆院選公示直前に音喜多駿都議と上田令子都議が与党「都民ファーストの会」を離党したインパクトは大きかった。党内の風通しの悪さやトップダウンの意思決定への批判は、自民党を「ブラックボックス」と断じ、情報公開を公約に掲げてきた小池氏のイメージダウンに大きく影響したのは間違いない。

実際、都民ファ内に、「意思決定がどこで行われているのかわからない」「我々にも情報を流してくれないと、第2の音喜多が出てしまう」という不満は根強い。今回の離党騒動を受け、事実上のトップである小池氏が、その手法を改めるのかどうかが今後の展開を左右しそうだ。

ただ、「第2の音喜多」がすぐに出るのかと言えば、限定的と見る。国政で立憲民主党ができたことで、民進党出身の2期や3期以上の都議が別の会派を作って分裂する可能性はなくはないが、都民ファの都議は1期の新人で政治の初心者がほとんど。都議としては議会の質問を自分で書き上げられるようになるのが先決で、小池氏の庇護（ひご）の下、「寄らば大樹の陰」で様子を見ることになるだろう。

公明党と利害は一致

むしろ小池氏の配慮は、ますます公明党へ向けられるのではないか。小池氏の突然の国政進出で、公明党との関係がギクシャクした。希望の党設立直後、公明党は「連携解消も検討」と反発したが、希望の党が「完敗」に終わったことで、連携関係は継続しそうだ。「なんやかんや言っても、公明党は与党でいることが全て」（都議会関係者）。公明党は「国政は国政、都政は都政」という使い分けで、与党としてキャスチングボートを握り続ける。小池氏にとっても都知事を続けるのであれば、安定した与党の存在は重要で、両者の利害は一致するということだ。

小池氏の求心力低下を尻目に、野党の自民党は「これまでと変わらず淡々とやっていく」（幹部のひとり）。都議選で第3党に陥落し、数がないのだから仕方ないが、それでも今回の衆院選で自民党は、昨年の知事選から続く嫌な流れにストップをかけようと、落選した元都議らもフル回転で動いていた。当初、「東京の全小選挙区が希望の候補にやられる」という予測まであったのだから、自民党東京都連の危機感は相当だったが、希望惨敗でリベンジを果たし、元気が出てきた。

世論の風を読むのがうまい小池氏のことだ。当面はおとなしく都政に専念する姿勢を見せる方が得策と判断していることだろう。そうやって〝リセット〟して反転攻勢のチャンスをうかがうのではないか。しかし、一度離れた世論を引き戻すのは簡単ではない。

広く深く怖さを知る

上野の森美術館「怖い絵」展

ポール・ドラローシュ　《レディ・ジェーン・グレイの処刑》　1833年　油彩・カンヴァス　ロンドン・ナショナル・ギャラリー蔵　Paul Delaroche, The Execution of Lady Jane Grey, © The National Gallery, London. Bequeathed by the Second Lord Cheylesmore, 1902

次に何が起こるのか誰でも想像できるが、誰も想像したくない絵だ。

イングランド最初の女王。在位はわずかに9日間。反逆罪の嫌疑による16歳の刑死。追いやったのは〝血にまみれたメアリー〟。カクテルの定番「ブラディ・メアリー」命名の由来、メアリー・スチュアートだが、実は彼女自身も悲劇の人だった（この人を主役にした本格的歴史ドラマ『クイーン・メアリー2』がNHK・BSプレミアムで放映中）。

新旧の宗教対立、スペイン、フランス両大国の脅威、疫病の流行、権力争いと渦巻く陰謀。政情不安が続くイングランドだった。

白すぎるほどの肌、身にまとった純白のサテン。断頭台の周囲に敷かれた藁（わら）、刑吏の腰の仕損じたときの短剣。

描いたのはフランス人画家、ドラローシュ。サロン展に出品後、作品はロシアの富豪に買われ、数奇な運命をたどって20世紀初頭、ロンドンのテート・ギャラリーに。1928年のテムズ河氾濫（はんらん）で行方不明になり、73年、奇跡的に再発見され公開へ。無論、日本には初お目見え。

『怖い絵』シリーズで知られる作家・ドイツ文学者・中野京子氏特別監修による展覧会だ。〝怖い〟という取りつきやすい表題のもと、「神話と聖書」「悪魔、地獄、怪物」「異界と幻視」「現実」「崇高の風景」「歴史」と、6章に分けた展示でテーマが深められていく。作家や年代や流派の枠にとらわれず、名作を自由に鑑賞できる楽しみもある。出品点数は約80点。

たとえば「神話と聖書」の章には、神をも恐れぬ智謀（ぼう）のため、戦勝の地・トロイアからの帰還を許されずに洋上をさ迷い、試練に耐えねばならなかったオデュッセウスの物語から、魔女のキルケーとセイレーンを絵画化した作品が掲示されている。ここでは、破滅へと誘う女性の妖しい美しさが〝怖さ〟となっているようだ。『聖書』の「ヨハネ黙示録」からは、青い馬に乗った死の騎士の、顔の見えない姿が。

〝怖さ〟の範囲は広く深い。格差社会の究極の街を描いたホガース。戦争の悲惨さ残虐さをむき出しに表現したゴヤ。

ターナー、ルドン、モロー、ビアズリー、アンソール、ムンクなど、その怖さを知っている人もいるだろう。またこれがあのセザンヌ、と驚く作品に出合うこともあるかも知れない。もちろん初めて知る怖さも。

テーマが神話や聖典や歴史的故事から採られていることも多い。これを機会に書棚の奥から、昔読んだ関連書籍を取り出して、理解を深めるのも良いだろう。

◇

「怖い絵」展は、上野の森美術館で12月17日まで開催。ハローダイヤル03・5777・8600。この招待券を5組10名様にプレゼントします。Eメールで件名を「怖い絵展希望」とし、〒、住所、氏名を明記の上、henshu@toseishimpo.co.jpまでお申し込みください（11月3日必着）。

東京　橋くらべ⑮

紅林　章央

聖橋

建設当時の美しさがよみがえる

復元工事前の聖橋全景

JR御茶ノ水駅前、神田川の谷をまたいでコンクリートアーチ橋が架かる。聖橋である。

橋は1927年に復興事業により架けられた。橋名は公募され、近くに湯島聖堂とニコライ堂があることから、聖橋と名付けられた。雄大で美しい外観は、日本のコンクリートアーチ橋の最高傑作といわれる。橋の構造設計は復興局の成瀬勝武が、またデザインは日本武道館の設計など後年、我が国を代表する建築家になった山田守が担当した。

橋のデザイン上の大きな特徴は、上がとがったパラボラ型の小アーチと、アーチ表面に石などを貼らずにコンクリートの肌地のままであること。これらは当時、山田が建築でも好んで用いた技法であったが、後者は後年の補修工事で石積模様が付けられ失われてしまった。

現在、長寿命化工事に併せ、アーチ表面や橋灯などのデザインの復元工事も行っており、工事が終わる2020年には完成当時の姿がよみがえる。当時の聖橋の本当の美しさを多くの人に見てもらいたい。

動物園の楽しみ方を写真で共有

雑誌『散歩の達人』とコラボ企画

都立動物園・水族園で

恩賜上野動物園、多摩動物公園、井の頭自然文化園、葛西臨海水族園の都立動物園・水族園4園では11月21日まで、雑誌『散歩の達人』とコラボレーションした写真投稿キャンペーン「Visit　Zoo×散歩の達人　ザ★フォトZOOニック！」を開催している。

撮影した写真をインターネット上で共有するアプリ「インスタグラム」を通じて、動物園の様々な楽しみ方を写真で投稿する。集まった写真はキャンペーン特設サイトに掲載され、ウェブ上で誰でも見ることができる。投稿期間終了後にはキャンペーン特設サイトに掲載された写真の中から『散歩の達人』編集部が厳選の上、2018年初頭に発売予定の『散歩の達人』誌面にて紹介する。

参加者は、スマートフォンやデジタルカメラなどで、期間中に都立動物園内で写真を撮影。参加者自身で開設したアカウントで、キャンペーンオフィシャルアカウント（@thephotozoonic）をフォローした上で、指定された投稿用ハッシュタグ（「#フォトZOOニック」＋「#〈撮影園名〉」）を付けて投稿する。

投稿された写真はキャンペーン事務局にて確認の上、キャンペーン特設サイトに掲載する。『散歩の達人』誌面に掲載するものとして選ばれた写真の投稿者には、キャンペーンオフィシャルアカウントからダイレクトメールで連絡する。

写真の応募は、インスタグラムアカウントからの投稿のみ。井の頭自然文化園内「アトリエ館」「彫刻館」（A館、B館）は撮影禁止となっている。

ミニガイド

◇第20回東京の図書館を考える交流集会　▷日時　11月4日㊏　午後1時～5時（開場0時45分）▷会場　日本図書館協会研修室（図書館協会2階、東京メトロ茅場町駅下車徒歩5分）▷講演　「地方自治と図書館指定管理」幸田雅治氏（神奈川大学法学部教授、弁護士）▷参加費　300円（資料代含む）▷主催　東京の図書館をもっとよくする会　大澤☎042・467・4716　池沢☎042・765・3382

◇第46回東京都農業祭　▷日時　11月2日㊍　午前10時～午後4時、3日㊎㊗　午前9時～午後3時（入場無料、雨天決行）▷会場　明治神宮宝物殿前広場（渋谷区代々木神園町、JR山手線・都営大江戸線代々木駅または小田急線参宮橋駅より徒歩）▷内容　都内産の農林産物などの品評会や即売、郷土芸能のステージ、花デコ軽トラパレード、野菜や花の無料配布など▷主催　東京都農業祭実行委員会（東京都、JA東京中央会、都内各JAほか）▷後援　明治神宮

都政新報

発行所 都政新報社
〒160-0023 東京都新宿区西新宿7-23-1 TSビル
〈総務・読者〉03-5330-8781
〈企画広告〉03-5330-8784
〈編集〉03-5330-8786
〈出版〉03-5330-8788
〈ファクス〉03-5330-8808
購読料 月1,730円(税込)
毎週火・金曜日発行
ただし、祝日は休刊

紙面から

豊洲開場日　有力候補は「10・11」

来年9月～10月の開場に向け、業者との調整が続く豊洲新市場。同9月中の移転は豊洲の安全対策工事の入札不調の影響から、業界では「間に合うのか」と疑問の声が多く、移転の準備時間も踏まえ、10月の開場を求める声が聞かれる。仮に10月開場となった場合、取引の影響を最小限に抑えるには休市日を活用する必要があり、来年10月11日の開場が有力となりそうだ。だが、移転日を巡っては水産仲卸が移転推進と反対などに分裂しているなど、調整が難航する恐れもある。

水産仲卸分裂で流動的

「我々は縁起を担ぐので、豊洲開場日は大安にしたい」。市場の業界団体の幹部の一人はこう明言した。豊洲が開場する予定だった昨年11月7日も大安だった。

都から来年9～10月の開場を提案された業界団体の幹部の一人は「豊洲の7街区(水産卸売場棟)の追加対策工事が2回連続で入札不調となり、来年9月の移転は時間的に難しいのではないか。他の街区だけ先行して移転することにはならない。豊洲も水産と青果を扱う総合市場になるので、一斉に豊洲に引っ越す」と話し、来年10月の開場を求めた。

昨年に予定された豊洲移転は、11月3日(文化の日)に築地を閉場し、土日を含めた4日間で行うスケジュールだった。市場流通への影響を抑えるには、来年10月は臨時休市日となる体育の日(8日)を絡ませる可能性が考えられる。8日前後の大安は7日と11日。仮に7日に豊洲が開場すると、体育の日は活用できないことから、11日が有力と見る市場業者もいる。

築地東京青果物商業協同組合(築地商組)の泉未紀夫理事長は豊洲開業日に関して、「移転まで1年しかない。青果部としては、頭数の多い水産で決めてくれれば良い。その判断に委ねている」と語った。

だが、水産仲卸で構成する東京魚市場卸協同組合(東卸)は、移転推進派や反対派、慎重派などに分かれており、移転日の調整がうまくいかないのではないかとの指摘がある。

東卸の移転推進派の一人は「築地市場は東京五輪の輸送拠点の一つとなるが、ガソリンスタンド、運転手の休憩場なども整備しないといけない。移転日の決定に時間をかけていたら、五輪準備が遅れる。なかなか移転日が決まらなければ、『市場業者は早く出て行け』と世間からバッシングを受けることになる」と早期決定の重要性を訴えた。

■環2の行方

豊洲の開場日決定は築地解体工事や築地市場跡地の一部を通る環状2号線の整備にも大きく影響する。築地市場の解体は半年間かかる見込みで、アスベストが使用されている疑いも指摘されており、その場合は工期が延びる恐れもあるが、都建設局は「来年9月～10月の移転を前提に解体工事を行えば、1カ月程度の遅れが生じても東京五輪まで環2を通せる」と強調した。

一方、移転時期や解体工期がずれ込むと、道路の構造を簡素化するなど計画変更が余儀なくされる。新大橋通りと築地大橋をつなぐ地上部道路(坂道)の整備は、コンクリート製の壁を道路の両脇に設置する計画だが、時間を要するため、工期を短縮できる盛り土に変更するという。

豊洲開場後、環2を通って豊洲に向かう市場業者の一人は盛り土の安全性に疑問を呈した上で、「いい加減なものを造られたら困る」と都に要望。

これに対し、都建設局は「(盛り土であっても)安全性を確保する」と明言した。

そもそも、環2は築地大橋手前で地下トンネルから地上部に出る予定だったが、移転延期で断念。環2は五輪が終わるまで、地下トンネルから地上部に出る新橋駅付近―築地大橋間は新大橋通りを使うことになるが、同区間には海岸通りや第一京浜などとの交差点に五つの信号があり、東京五輪の競技会場までの輸送ルートとして使う場合、開閉会式などは大渋滞が予想される。

市場業界の幹部は「五輪開催期間中、我々が環2を通ってもいいのか方針が示されていない。大混乱が起きないように万全を尽くしてほしい」と注文した。

五輪へ「わくわく感」
東京大会まであと1000日

東京五輪開会まで1000日を迎えた28日、都と五輪組織委員会は日本橋三越前の中央通りでカウントダウンイベントを行った。小池知事や鈴木俊一五輪担当相に加え、歌舞伎俳優の市川海老蔵さんらが参列したセレモニーでは、大会までの日数を表示するデイカウンターを初披露した。小池知事は壇上で、「多くの皆様と1000日後の五輪・パラリンピックをわくわく感と共に機運を盛り上げていきたい」と話した。

都議会決特

市場会計決算は認定へ
使用料値上げに反対も

都議会の公営企業決算特別委員会が27日に開かれ、経常収益が32億円の赤字となった2016年度の市場会計決算に関して、認定される見通しとなった。都民ファーストの会に加え、野党の自民党も認定する考えを示したため。15年度決算は、豊洲新市場の盛り土問題の発覚を受け、不認定だった。

16年度の市場会計決算は、移転経費が執行されず、移転を前提とした予算と乖離が生じた。予算では移転経費で約3千万円を計上したが、執行額はゼロだった。一方、築地市場では場内警備や清掃費、光熱水費などは増加した。知事が実施した市場移転延期の影響を受けた。

自民党の山崎一輝委員は「なぜ補正予算を組まなかったのか。知事の政治的、道義的責任は極めて大きい」と追及した上で、「決算を不認定にすべきと考えていない。事業の成果と課題を明らかにしつつ、改善に向けた取り組みを促すことが大事」と強調した。また、移転後も市場会計が赤字になるとの見通しを示し、使用料の値上げをしないよう求めた。

都民ファーストの村松一希委員は、16年度決算の評価などを都に求めたが、質疑の中では決算認定の可否の判断について明らかにしなかった。村松氏は本紙の取材に対し、「認定する立場」との考えを示した。

一方、共産党の畔上三和子委員は豊洲建設費が膨らんだ理由を都にただした。畔上氏は本紙の取材に「1・6倍に跳ね上がった理由は分からなかった」などとして、「不認定にする」と話した。

【解説】審議は十分尽くしたか

市場会計の決算が赤字になるのは1999年度以来、17年ぶりとなる。当時は不景気で使用料が伸び悩んだのが一因で収入減となり、00年度から使用料を値上げしたところ、再び黒字に転じた。当時の赤字の状況と比べて、16年度決算の赤字は知事の移転延期など政治的判断が大きく影響した。都は市場会計の保有資金で赤字を穴埋めする考え。

今回の赤字の中で市場業者が問題視している一つは、石原元知事に損害賠償請求するよう都に求めた豊洲住民訴訟の弁護士費用だ。小池知事が今年1月に住民訴訟方針の見直しを表明し、弁護団を再編成した。市場業者は「有名な弁護士で構成し、弁護士費用は従来よりも増えたと聞いている。知事が政治的判断で行ったのに、なぜ市場会計から支出し、市場会計の保有資金で穴埋めするのか」と批判した。

訴訟方針の見直しは、石原元知事の賠償責任を問う狙いがあったが、決定打は示されなかった。決算を認定することは方針見直しの意義が疑問視される弁護士費用を認めることになる。審議は十分に尽くされたとは言いがたい。(石)

◆予算ヒア1カ月前倒し

小池知事はきょう31日から来年度予算の業界団体ヒアリングを11月14日まで実施する。昨年は12月12日に開始しており、1カ月余り前倒しとなる。知事は27日の会見で「より早い段階から幅広く議論を行って、都民の声を適切に予算に反映する」と狙いを説明した。

団体の選定基準は昨年と同じく、都が補助金や委託料などの予算を1億円以上計上していることを基本に、▽都民の生活向上に関する事業の実施団体▽業界の上部機関や連合組織として業界を代表する団体▽会員の相互連携や専門性で都政に寄与している団体――の三つの視点から各局が推薦した。ヒアリングの対象は59団体で、昨年に比べて2団体増やした。

ヒアリングは31日～11月14日のうち7日間で行い、財務局の公式ウェブサイトでネット中継する。区長会や市長会、町村会も11月中にヒアリングを実施する予定。

◆ネットで公文書開示

都生活文化局は30日、情報公開の一環で、都の公文書情報をインターネットを通じて請求者に無料提供するサービスを開始した。同局によると、電子メールで公文書を提供する自治体はあるが、ネットを通じた無料提供サービスは珍しい。手続きを簡素化し、透明化や利便性向上を図る。

請求者は都の情報公開ポータルサイトから電子申請し、原則として請求日の翌日から14日以内に利用IDとパスワードを入力の上、ネットで情報を受け取れる。提供可能な情報は、知事部局と公営企業局、各行政委員会が保有する非開示情報を除く公文書情報とし、情報開示請求で対象となる警視庁や東京消防庁などは含めない。

都政の東西
時間がない

政府は衆院選後初めて開いた24日の閣議で、民泊を解禁する住宅宿泊事業法の施行を来年6月15日に決めた。27日には、遅れに遅れていた同法施行令が公布。23区では、権限移譲による事務の開始に向けた動きがようやく加速することになる。

届け出事務の開始は法施行の3カ月前で、残り半年を切っている。23区では、全区が権限移譲を希望すると見られるが、国の動きの鈍さの影響で、各区に地域実情を反映させる条例を制定する時間はほとんど残されていない。独自に検討を進めていた新宿区や台東区、大田区などが11月の第4回定例区議会に条例案を提出する方針を固めている一方で、来年の第1回定例会への提出も間に合わず、条例制定を断念する区もあるだろう。

ただ、国の動きの鈍さはこれだけではない。違法民泊に対する罰則は旅館業法を適用する仕組みだが、民泊解禁に伴って罰金の上限を3万円から100万円に引き上げる旅館業法改正案は、先の通常国会で継続審議となった。今年は特別国会などのため、実質的な審議時間はほとんどない。届け出事務が開始される来年3月15日までに罰則を強化するには、次期通常国会のできるだけ早い時期に同改正案を可決・成立させる必要がある。違法民泊の最大の抑止力となる罰則強化が宙に浮き、条例による規制の重要性が高まる反面、時間は半年しかないという難しい状況に、各区は困惑を強めている。

民泊問題は、近隣トラブルなど負の側面が強調されがちだ。地域へのメリットに光を当てるためにも、自治体には十分な時間が与えられなければならなかった。新たな民泊制度が不安の船出とならなければ良いが。

INTERVIEW

猪熊純子 副知事に聞く
現実見つめしたたかに

女性副知事の誕生は鈴木都政以来22年ぶりとなる。会計管理局長着任から2カ月半での副知事就任となった。「女性副知事を庁内から選任すると知事が判断されたことはありがたいこと。非常に驚いたが、自分なりのスタイルでしっかり仕事ができるよう働きたい」と意気込みを語る。

政策企画局、生活文化局に加え、大会まで3年を切った五輪準備局も担当する。28日には1000日前イベントを行い、「具体的に実務レベルで課題を一つひとつ潰していく時期にある」と気を引き締める。

五輪準備では組織委員会や国、関係自治体との連携が肝になる。5月には役割・経費負担で大枠合意に至ったが、「皆が共通のものさしを持ち、スタート地点に立てたことが大事。これからは具体的に前に進める段階で、基本合意をもとに予期せぬ問題が出たらビシッと対処する」との構えだ。

国際オリンピック委員会(IOC)調整委員会のジョン・コーツ委員長が3日～4日に行ったIOCとの事務折衝で、大会経費の10億米ドル(約1120億円)の削減を要請した。年末に策定予定の五輪組織委員会の予算(V2予算)に向けて、「会場経費や大会開催経費など、費用対効果を見極めて精査を図っていく」と話す。

豊洲新市場への移転延期の影響で、築地市場跡地に整備予定の輸送拠点(デポ)と環状2号線の整備の遅れが懸念されている。「築地市場の解体工事と、(デポの)整備を並行して行うなど効率的な進め方を工夫する。全体の輸送計画の中でいろいろな課題を含めて検討していく」と不退転の覚悟で臨む。

思い出の職場の一つに挙げたのが、課長に昇任した際に赴任した墨田区の高齢者福祉課だ。「生き死にに関わる住民に密接に関わる仕事だった。夜中に1軒1軒おむつを変えるホームヘルプサービス事業者の車に乗り、お婆さんが『人様にこんな姿は見せたくない』と話しながらも、そうしないと家族はもたないリアルな現場を体験し、それまで確固としていなかった管理職としての自覚が培われた」と振り返る。

また、臨海副都心の埋め立てで同意を巡る地権者との交渉も貴重な経験だった。期限が迫る中、残った3者の地権者に、「何回も足を運び、法的な根拠や技術的な可能性を調べ、信頼を徐々に築き、最終的に同意をもらえた」と述べ、「事実の確認や相互の立場を踏まえた交渉など、こうした現場での経験は五輪にも通じ、生かしていきたい」と力を込める。

都庁一筋36年。後輩職員に対し、「(どんな困難な時でも)明けない夜はない。悲観しないで、したたかに頑張ってほしい」とエールを送り、「外の意見を素直に受け止めて、都政として何をすべきかを考えている職員は多い」と期待感を示した。

休日はハイキングや旅行を楽しんでいたが、「以前ほど高山や海外に行けていない」。最近は退職後の楽しみの一つとして、笛にチャレンジ。細い竹で作られた篠笛から始め、今はより重量感のある雅楽の龍笛を吹奏しており、「まだ人に言えるほどのレベルではないけど」とはにかんだ。一橋大学法卒。58歳。61A。

都内公立校いじめ認知件数過去最多

都教育庁は26日、2016年度の児童・生徒の実態調査を行い、都内公立小中学校と高校、特別支援学校のいじめの認知件数が、過去最多の1万8154件だったと公表した。都教育委員会が昨年度に軽微な案件もいじめとして対応するよう教員に呼び掛けたことから、前年度比で1万1843件増となり、全校種で増加した。一方、都内私立学校のいじめ認知件数は前年度比178件増の611件だった。

穴句ジョーク

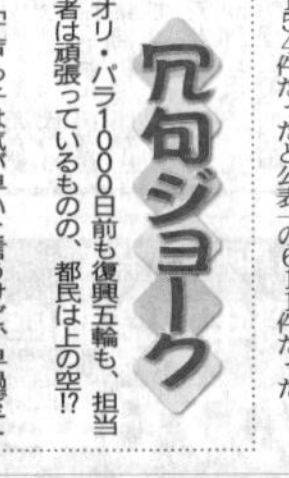

オリ・パラ1000日前も復興五輪も、担当者は頑張っているものの、都民は上の空!?
「江戸っ子は気が早いと言うけど、早過ぎて実の入ってないのはいけないよ!」

次号は11月7日付発行
11月3日(金)は祝日のため、休刊とさせていただきます。あらかじめご了承願います。
都政新報社

中防埋立地
大田区が境界確認訴訟へ
臨時会に提案、全会一致で可決

中央防波堤埋立地の帰属問題で、大田区は29日の第2回臨時区議会に境界確認訴訟を起こす議案を提出し、全会一致で可決された。区は早急に江東区を相手取って東京地裁に提訴する考え。都内の行政区域の境界を巡る紛争で、都の調停が成立せず、訴訟となるのは初めてのケースとなる。大田区の松原忠義区長は「現在の水際線を基準とする手法は不合理で、歴史的沿革を正しく評価すべき」と説明した。一方、江東区の山﨑孝明区長は「提訴は極めて遺憾」と不快感をあらわにした。

提訴議案可決後に記者会見を開き、訴訟を起こす理由を説明する松原大田区長＝29日

29日に開かれた大田区議会の第2回臨時区議会本会議では、都の自治紛争処理委員が提示した江東区86・2％、大田区13・8％の面積割合で帰属させる調停案を拒否する議案が審議され、全会一致で可決された。その際に、自民や公明などの主要会派が相次いで早期の境界確認訴訟の提起を求めたことを受け、松原区長は境界確認訴訟を起こす議案を追加提案。全会一致で可決された。

松原区長は提訴議案可決後の会見で、「合理的な調停案であれば、受け入れることを前提としていたが、受諾に値するという評価はできない」と主張。都の調停案が両区の現在の水際線からの等距離線を境界の基準に採用したことに対し、「これまでに広く埋め立て地を編入してきた自治体が将来にわたって多くの面積を編入し続ける」と批判した。その上で、「現在の水際線を基準とした境界確定は、司法の場では例がない」と述べ、提訴に自信をのぞかせた。

また、訴訟では、区が7月の調停申請で主張した海苔養殖の歴史的沿革への評価を求める方針。松原区長は「調停案では、通常の漁業権の観点から区の主張が採用されなかったが、区が訴えた区画漁業権は通常の漁業権とは異なる。今後、新海面処分場の帰属を決める際にも影響しかねない」と語った。

一方、全島帰属を求めるかなどの具体的な訴訟内容に関しては明言を避け、「訴状で明らかにしたい」（区企画経営部）と述べるにとどめた。区はできる限り早期の提訴を目指す方針。

これに対し、25日に区議会が都の調停を受け入れる議案を全会一致で可決した江東区は、山﨑区長がコメントを発表。「五輪前の早期解決という共通の目標に向けて、都に調停申請する以上は、両区ともに結果を受け入れると固く約束していた」と述べた上で、大田区が訴訟提起を決めたことに対し、「大義を投げ捨てた」と不快感を示した。

地方自治法では、境界確定の調停が不調となった場合、調停申請自治体による訴訟提起か、都道府県知事による裁定のいずれかで解決を図ることになる。

山﨑区長は「法の趣旨によれば、まずは簡素で迅速な行政的解決として、知事の裁定にゆだねるべき」と主張。更に、訴訟による解決までに要する時間や経費などを問題点に挙げ、「大田区の大局観を失った行為は後世に大きな負担を残しかねない」と厳しく非難した。今後は大田区に対し、訴訟理由を明確にするよう求める考え。

新宿区
外国人への情報発信強化
金融機関のアプリと連携

新宿区は26日、外国人居住者への情報発信を強化するため、㈱セブン銀行と「多文化共生の推進に関する協定」を締結した。セブン銀行が運営する多言語対応のスマートフォンアプリで、ごみの分別などの行政情報や災害時の緊急情報を発信する。川崎市や名古屋市がセブン銀行と同様の協定を結んでいるが、都内の自治体では初となる。

このアプリは英語や中国語に加え、タガログ語やタイ語など9カ国語に対応。また、歌舞伎町にあるセブン銀行の出張所に区の広報物を設置する。海外への送金機能があり、多くの外国人が利用しているという。

同区は人口の12％を外国人が占めており、外国語版の広報誌や公式ツイッター、フェイスブックなどのSNSを用いて情報発信している。更に多くの外国人が利用するアプリと連携することで、普段行政情報に目を触れる機会が少ない留学生にもアプリ内で情報が届くようにし、手軽に情報を得られるようにする。

吉住健一区長は「協定を機に、区の情報を良い形で外国人に伝えたい」と語り、セブン銀行の大口智文常務は「私たちのアプリを利用して生活が便利になれば」と述べた。

変化の後に固まる構図

旋風の後に（下）
葛飾区長・区議ダブル選挙

区長選の陰に隠れがちだが、同日行われる区議選も今後4年間の区政運営を進める上で重要になる。区長選の争点となっている庁舎建て替えを実現するには、庁舎位置を定める条例改正案に出席議員の3分の2以上の賛成による特別議決を得て、再開発保留床を購入する議案に過半数の賛成が必要となるからだ。

葛飾区議会の議員定数は40人で、現在は36人が在籍する。会派別にみると、自民党と公明党がそれぞれ11人所属し、共産党4人、無所属で構成する会派3人、民進党2人、1人会派が計5人と続く。

大勢巡る思惑

現在、区長選で青木氏を推薦している自民、公明、民進の3党の人数は合わせて24人で定数の過半数を占めている。選挙では、3党が計27人の候補者を立てる予定で、各党とも議席の確保や拡大に余念がない。区議選の公認候補と青木氏が握手を交わす区議選用ポスターを区内に貼り巡らし、候補者ごとの応援集会などにも青木氏を招いて連携を強調する。

区長与党を形成する3党だが、選挙戦略は都議選や衆院選の流れを受け、「攻め」と「守り」に対応が分かれている。

自民は引退する区議を除く現職10人と新人6人の計16人を擁立する攻めの姿勢で臨む。7月の都議選では都民ファーストの会の大躍進によって2議席のうち1議席を失ったが、22日の衆院選では現職国会議員が希望の党と共産の候補に大勝した。党内からは流れの変化に期待する声が上がる。

一方、公明は現有議席数を2議席減らす。同党都議は「厳しい状況にある。新人は立てず、現職でエリアを分けて議席を確保する」と話す。他党の区議は「前回、前々回と下位で当選した議員が出ている。人数を絞ったのは、地元の支援者が減っているという危機感の表れではないか」と分析する。民進も新人は立てず、現職2人が立候補する。

一方、庁舎建て替えに反対する共産は「区長選への独自候補の擁立を取りやめ、庁舎移転撤回を公約とする木原氏の支持に回ることで、他の無所属区議との野党共闘を図る」（同党区議）との戦略だ。区議選には現職4人と新人2人を擁立し、体制の強化を目指す。

現職区議から従来の勢力図を変える可能性があると注目されているのが、新興勢力の都民ファだ。同党は庁舎建て替えに関しては「建て替え自体には反対しない」と述べるにとどめ、建設地や事業スキームに関する態度は明らかにしていない。区長与党の当選者数次第では庁舎整備のキャスチングボートを握る可能性もある。

同党が区選管に事前審査を出したのは、小池知事が主宰する希望の塾の塾生を中心とした元職1人と新人4人の計5人。ただ、公認候補の擁立には難航した模様だ。都知事選から小池知事を支援してきた無所属の現職区議が公認を受けたものの、政治活動をするエリアを選挙エリア同様に分ける党の方針に異議を唱え、10月初めに辞退するなど、候補者数は当初の7人から2人減。自民、公明、共産に続く4番手の候補者数にとどまっている。

区内で支持を訴える候補者。有権者の目にはどう映っているのか

葛飾区長・区議選は、直前まで選挙結果や政治情勢などによって目まぐるしく状況が変わったが、ここに来てようやく構図が固まりつつある。区議選には定数40人になってから最大規模の60人が立候補を表明しており、激戦が予想される。しかし、喧噪の中でも有権者の目は冷静だ。

衆院選の前日に新小岩駅北口で開かれた地域の祭。7月の都議選で落選し、区議選には無所属で出馬する元民進党区議に、男性支援者が「党が大変なことになっているけど頑張れよ」と声をかけた。「一から頑張ります」と応じた元区議に男性はこう付け加えた。「今は無所属の方が、印象が良いよ」

区政課題を解決し、地域の未来を明るくするため、誰に一票を託すのか。区民の審判は2週間後に迫っている。＝おわり

記者席
候補者と雨は相性が良い？

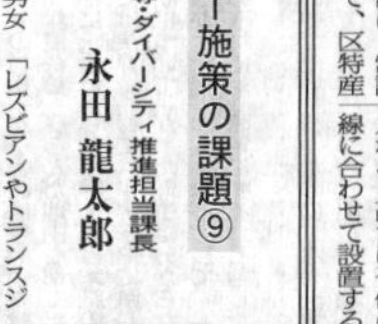

○……衆院選の応援で都知事としての公務のキャンセルなどが目立っていた小池知事だが、選挙後は一転、本人がイベントに出席するケースが相次いでいる。

今週は江戸東京野菜のPRイベントや暴力団追放都民大会、東京都農業祭、グリーンボンドセミナーでのあいさつに、週末の3連休も首都大学東京大学祭での学生とのトークセッションやヒューマンライツ・フェスタ、伝統的工芸品月間国民会議の出席など、予定が盛りだくさん。事前に想像できたとは言え、こうも分かりやすいのもね……。

○……「先生方の気遣いが小池知事は分かっていらっしゃらなかったのではと感じ、残念でならない」。知事が昨年度の都立高校・特別支援学校の卒業式に祝辞を送ったことに関し、自民都議の川松真一朗氏が25日の決算特別委員会第2分科会で発言した。選挙権年齢が18歳に引き下げられ、生徒が政治活動に巻き込まれないよう、現場教師が慎重に取り組んできたことを考慮した言葉だった。

川松氏は小池知事の祝辞とともに、過去10年間の歴代知事の同資料も請求。しかし、石原、猪瀬、舛添の3知事は同様のメッセージを出していなかったことも分かった。都は「法的に問題ない」と答弁したが、都議選を控える中での対応に、道義的な面から追及されそうだ。

○……3期目の続投を目指す葛飾区の青木克德氏の総決起集会は、予約した会場が衆院選の投票所になったため開けなかった。代わりに地区ごとに支援者が開く集会に青木氏が出向いているという。

先月から荒れ模様の天気が続いている。先の衆院選の選挙期間中も、候補者が傘やレインコートで激しい雨を防ぎながら遊説する姿が全国的に見られた。悪天候のために選挙活動の移動や準備の手間が増えたり、有権者の出足が鈍って投票率が落ちるのは困るだろう。

だが、はたから見れば背景は雨の方が、候補者が“頑張っている”感が際立つ気がした。選挙期間中に限って言えば、土砂降りの中、各集会を行脚する姿の方が受けはよさそうだ。

江戸川区
金魚の常設展示開始
区内初、特産をPR

江戸川区は11月3日、金魚を常設展示するアクアリウムを自然動物園内にオープンする。金魚すくいでおなじみのコアカや高級金魚のリュウキン、ランチュウなど14種類124匹が間近で楽しめるという。区は、常設展示することで、区特産の金魚に親しみをもってもらう考え。

アクアリウムの大きさは5㍍で、金魚の体型やひれの特徴ごとに分けて入れる。高さは子供の目線に合わせて設置する。

自治体政策のススメ
推進のきっかけをどう掴むか
LGBT施策の課題⑨
渋谷区男女平等・ダイバーシティ推進担当課長　永田 龍太郎

「渋谷のような中心区ならまだしも、うちの住民にいるの？」といった内部の声が障壁になり、行政関係者の多くが推進に苦労していると聞きます。「自分の周りにはいない」という声に、行政で働くLGBT当事者も、住民であるLGBT当事者もますます息をひそめているのが実情です。

実は今、東京を拠点に広域、または全国区で活動する団体とは対照的な地元LGBTグループが都内各地で生まれつつあります。「ごはん会」を開催するといった地元の親睦グループから、議員などとの協働を指向するグループまで活動内容は様々ですが、今まで見えていなかったLGBT当事者が「地域の生活者」として可視化されることは固定観念を覆す絶好のチャンスです。

また、学生から渋谷男女平等・ダイバーシティセンターへ問い合わせがしばしば入るのですが、調べてみたところ、渋谷区内の大学には学内LGBTサークルがないようです。もし「渋谷区内の大学生集まれ」といったLGBT向け企画を開催すれば、地元グループ作りのきっかけにつながるかもしれません。

各自治体の男女共同参画センターは、地域で芽吹く取り組みを支援する「場づくり」事業に長らく取り組んできました。残念ながらLGBTは女性団体に比べると層が薄く、まさに各センターが持つ支援ノウハウの出番だと思います。

一方、「男女共同参画でも課題が山積みなのに」という「真面目な」声も聞かれます。こういった声には、「レズビアンやトランスジェンダー女性を排除する社会において、全ての女性の活躍が実現できるだろうか」とお伝えしています。

渋谷区では現在、パートナーシップ証明書に関する多角的な追跡調査を実施中です。先進企業にもヒアリングしていますが、男女平等とLGBTを別個の課題と捉えている企業はほとんどありませんでした。女性の多様性という観点から、男女共同参画を「多様な性の共同参画＝インクルージョン」の視点へアップデートを促すことも、一つのアプローチ法かもしれません。＝おわり

◇

次回は11月7日号から環境エネルギー政策研究所の飯田哲也所長が「地域エネルギー」をテーマに執筆します。

西東京市

高齢者コンビニ就労支援

地域活性化の一助に

西東京市は24日、セブン・イレブン・ジャパンやハローワーク三鷹と共同で、65歳以上の高齢者を対象にした「お仕事説明会」を市役所で開催した。同市では今後の高齢者人口増加を踏まえ、高齢者の社会参加促進や健康寿命の延伸に取り組んでおり、昨年末にセブン・イレブンと地域活性化に関する協定を締結。高齢者の地域のコンビニでの就労を後押し、生きがいづくりや労働力の確保を目指す。多摩地域での説明会開催は同市が初めて。コンビニ業界では利用者の高齢化も進んでおり、シニア層の雇用によってサービス向上につなげたい考えもあるという。

レジの前に立った高齢者が、たどたどしくキーをたたく。商品のバーコードを読み取り、おでんの品目を入力する。セブン・イレブンの社員は「レジの操作に不安があるかも知れないが、誰にでも使えるように設計されている。覚えることは多いが、心配はいらない」と操作方法を丁寧に教えていく。

西東京市役所で行われた「お仕事説明会」には、約40人の高齢者が参加し、実際にレジスターを触って仕事への感触を確かめた。説明会では市内でコンビニを経営するオーナーからの説明や、「先輩」となる高齢者が活躍する店舗の映像を見た上で、同社の社員が就労に向けた相談にも乗った。

同市では、高齢になっても心や体の健康を維持することができる「健康応援都市」を掲げ、地域や町全体の活性化を目指している。市内住民は持ち家比率が61%と高く、地域に長く居住する住民が多い。一方、2060年には市内の75歳以上人口が2倍になるとの推計もあり、高齢者の社会参加や健康の確保は不可避の課題だ。

セブン・イレブンと昨年12月に交わした協定では、「高齢者支援及び中・高齢者の雇用に関すること」「地域や暮らしの安心・安全に関すること」などの項目で協力を進めることを掲げており、市企画政策課は「シニアが持つ知識や経験を生かし、雇用や活躍の場につながれば、地域の活性化にもつながる」と説明する。

少子高齢化が進む中で、法改正によって年金受給の選択年齢が引き上げられるなど高齢者の活躍の場が求められているが、依然として65歳以上を対象にした求人は限られているのが現状だ。

間もなく定年を迎える市内在住の女性は、自宅から自転車で通える店舗での就労を希望し、社員に出勤日など募集の詳細を確認。正式な申し込みはハローワークを通して行い、後日店舗での面接を経て採用されるが、熱心にレジの使い方やICカードへのチャージ方法を教わるなど、既に就労への意欲をみなぎらせていた。

高齢者の就労が行政課題となる一方、セブン・イレブンがシニア層の雇用に積極的な背景には、利用者の高齢化がある。家から近く、弁当やパウチされたレトルト食品などが人気商品だが、宅配便の受け取りや各種行政手続きなどサービスが煩雑化し、高齢者に分かりにくい面もある。

採用担当者は「（高齢者が働くことで）利用者に安心してもらえ、地域の情報に詳しいことを品ぞろえやサービスに生かせる」とメリットを説明する。

また、市担当者は同社が展開する弁当宅配サービスによる「地域見守り」の効果もあると期待を寄せる。500円以上の弁当を購入する際に、店員が近隣まで商品を届けるサービスで、地域住人のシニア店員が配達することで、引きこもりがちな高齢者の話し相手になったり、安否確認を兼ねることもできるという。

時間帯や立地によっては多忙を極めるコンビニでの就労に堪えられるのかという課題もあるが、既に高齢者を雇用している市内のコンビニ経営者は「みんな最初は不安に思うが、段階を踏んでクリアしていくので問題ない。1年後には活躍できるようになる」と太鼓判を押す。

市では今後、地産地消の促進や災害対策、環境対策などの面でもコンビニとの協力を強化していく方針だ。

現役の店員から熱心にレジの操作方法を教わる高齢者（画像は一部処理しています）

多摩市・稲城市

五輪自転車、多摩地域で 2市長が都に提案書

2020年東京五輪の自転車ロードレース競技で、国際自転車連合（UCI）が立候補時とは異なるコースでの開催を大会組織委員会に要請している問題で、多摩市の阿部裕行市長と稲城市の高橋勝浩市長が25日、都庁を訪れ、猪熊純子副知事に対し、立候補ファイル通りに両市内を中心に周回するコースで開催するよう提案書を提出した。

提案書では、多摩地域の豊かな自然や、両市を走る南多摩尾根幹線道路が世界の自転車愛好家に人気が高いことをアピール。また、五輪の機運醸成のための両市独自の取り組みとして、多摩市が市内の小中学生による各国の応援のぼりの作成や、五輪後には記念ロードレースを開催することを提案。稲城市は、南多摩尾根幹線道路をオリンピック道路として整備することや、シャワーや更衣室、自転車販売スペースを備えた自転車愛好家の集まる拠点となる「サイクルステーション」を整備し、大会の記念碑にする考えを示した。

立候補ファイルでは、皇居外苑をスタートし、多摩地域を周回して味の素スタジアム（調布市）にゴールする計画だったが、UCIは今年4月、テレビ映りなどを考慮し富士山を背景とするコースに変更するよう組織委に要請。渋滞緩和などの利点もあることから、組織委は具体的なコースを検討している。

阿部市長は「地域住民が身近で応援できることは、五輪の屋外競技のだいご味」と多摩地域での開催が住民にとってのレガシーとなることを強調。高橋市長は「UCIの提案ではコースの大半が都外になり、道路整備の経費負担も今後考える必要が出てくる」と費用負担問題への懸念を示した。

猪熊副知事は「コースは立候補ファイルを基本としている」とした上で、「競技性や交通への影響を考慮しコースを決定する。提案は、組織委員会とも共有し検討する」と話した。

猪熊副知事に提案書を提出する阿部市長（中央）と高橋市長（右）＝25日、都庁第一本庁舎

町田市

高校生が市事業評価

市政参加で地域に愛着を

町田市の石阪丈一市長は25日の定例記者会見で、11月に行われる市民参加型事業評価に市内の高校生を参加させると発表した。市の事業課題や解決策を話し合い、市民が評価を行う取り組みに高校生枠を設けるのは全国的にも珍しい。

町田市では2008年から2年ごとに市民参加での事業評価を行っており、今年で5回目。評価には1事業ごとにコーディネーターと市民2人、有識者、公認会計士の計5人が参加する。今回は保育所運営、地域高齢者支援、図書館事業など、8事業を評価対象事業に選定した。

今回の事業評価では市内の子どもセンターを利用する高校生が「スポーツ広場事業」「町田市民バス運行事業」について、6人のチームで評価に参加。市民らの評価人と共に、担当者との質疑応答の上で「要改善」「現状維持」「廃止」の3区分で判定を行う。判定が即座に反映されるわけではないが、市は評価を基に事業の改善を図ることになる。

市民参加での事業評価は施策の必要性に対して否定的な意見が出ることも多く、「事業仕分けの色合いが強い」（石阪市長）という。過去の開催では市民文学館の運営について「廃止」の判定を受けて、改善が求められたこともある。

町田市ではこれまでも高校生による市政参加を進めており、行政を身近に感じることで地元への愛着を深めたい狙いがある。石阪市長は「若年層の市政参加への機会を広げたい」と話しており、将来を担う子供たちの意見を市政に反映させていく考えだ。

決算事業報告をオープン化

多摩市

多摩市は26日、各事務事業の総事業費や成果などの情報をまとめた独自の「決算事業報告書」をオープンデータとして公開し、市民らが自由に利用可能な状態にしたと発表した。紙ベースでの公開よりも、容易に事業内容や経費をチェックすることが可能になる。

同報告書の「事業カルテ」では、各事業ごとに基礎となる法令や関連する計画、事業開始の経緯などを細かく記載。年度ごとの目標や予算とともに、職員の人件費を含めた経費などをまとめているほか、実際に行われた活動と成果を分析し、自己点検として事業の有効性を分析している。決算書とともに市民や議会に共有してきたが、このような詳細な資料を作成する自治体は珍しく、他市の担当者からは驚かれることもあるという。

これまでは紙の冊子として公開されてきたが、市民がデータを利用する際には手入力をする必要があった。今回、オープンデータ化によって機械判読が可能なCSVファイルなどで提供を開始したことで、同市の事業を分析することが可能になり、既に地域課題解決に向けて同データの活用を開始した市民団体もある。

多摩地域では八王子、調布、日野、武蔵村山、稲城の各市がオープンデータ化に取り組んでおり、多摩市は後発組だが、独自に取り組む事業ごとの詳細データを公開することで、先行自治体に追いつきたい考え。同市では今後も各種データの公開を進め、市民発案のアプリやサービスの作成を促進していく方針だ。

人口が12万人突破

小金井市

小金井市は27日、市内の人口が今月10日時点で12万人に到達したと発表した。同市の人口は1958年10月の市制施行時点で4万人だったが、2002年に11万人を突破し、その後も増加。来年の市制60周年を前に8万人増を達成した。

11月11日に記念証書贈呈式を行い、到達日に住民登録や婚姻届、出生届を提出した家族を招いて、記念品を手渡す。

狛江市

新広場のネーミング募集

駅前にぎわい創出地に

狛江市は来年度開設する狛江駅前の広場について、ネーミングライツによる愛称を募集する。ネーミングライツの取り組みは八王子市や府中市、国分寺市などでも行われているが、同市では初の試み。

対象となるのは狛江市元和泉1丁目に来年4月開設予定の約860平方㍍の「えきまえ広場」。広場名称は市民の投票により決まっているが、イベントなどを開催する際に使われる愛称をネーミングライツで募集する。

期間は開設から3年間で、契約料は年間50万円。

広場は狛江駅の北口に位置し、これまで「緑の三角広場」として誰でも使えるスペースとしてイベントなどに暫定的に利用されてきた。

狛江市は同広場の利便性を高め、にぎわいを創出するため、地面の整地・舗装やイベント用運搬車両への対応、スペースを広く使える花壇やベンチの配置など、全面的に整備する予定。

定期的に行われる即売会などの会場とすることを検討しているほか、調布市の東京スタジアムへの直行バスが運行されていることから、東京五輪開催に向けてにぎわいの創出地としていきたい考え。

マイナンバーでイベント

日野市

日野市はマイナンバー制度への理解を深めるため、普及啓発キャラクターのモチーフである「1」にちなんだ11月11日にPRイベントを市役所1階で実施する。

同市では他市に先駆けてマイナンバーカードのコンビニ交付を開始し、申請者の割合が今年9月末現在で26市中1位の19・79%となるなど、積極的な普及促進を行っている。

今回のイベントでは、マイナンバーに関する相談室や、コンビニ交付の利便性を解説するパネルを展示し、更なる申請を促進する。同市の産業まつりと同時開催し、会場を結ぶシャトルバスを運行して、両イベントへの参加を促す。

産業振興

多摩の振興プラン ③

格差から発展へ

空洞化逆手に発展を

「体の一部をもぎとられたような寂しさを感じる」――。2011年1月、日野自動車が日野市からの工場撤退を決定すると、当時の馬場弘融市長はそんな言葉で悔しさを表現した。約30万平方㍍の同工場の製造品出荷額は市の財政に多大な影響を与えており、同年には東芝日野工場（約9万平方㍍）も閉鎖。関連中小企業の撤退も懸念され、その余波は計り知れない。

多摩地域には企業・大学・研究機関が集積し、産業活動も活発。2014年時点の製造品出荷額は約4兆9千億円と、都全体の約6割を占める。だが、ここ10年間で見ると相次ぐ工場の撤退などの影響で出荷額は約2割減少しており、製造業の衰退が懸念されている。

一方で、多摩地域は都心に比べてオフィス賃料が安く、創業しやすい利点もあり、新たな企業や研究施設の開設が増加。都は振興プランの中で、大規模工場跡地などに先端技術の開発などイノベーション創出に向けた拠点づくりを支援する方針を示し、都内産業のエンジンとしての役割に期待がかかる。

日野工場の跡地も、国家プロジェクトとして国や都、民間企業が協力する先端技術開発の特区とし、都内最大級の商業施設や住宅を建設する構想が持ち上がるなど、注目が高まっている。

工場や働き手の減少に備え、どのような対策を行うことができるか。西立川にある東京都中小企業振興公社多摩支社が今年度から取り組んでいるのが、企業を招いたワークショップによる、新技術の導入による自動化や省力化への支援だ。

多摩地域の製造関連の中小企業は自社工場を持つことが多いが、工場の様態はそれぞれ異なり、効率向上や業務改善への問題意識を抱きにくい面がある。公社のワークショップでは、企業同士が「従業員のミスが減らない」「特定の社員に業務が集中する」など、ITとは無関係に見える部分の業務課題を洗い出し、IoTなどを活用した解決策を検討する。公社の多摩支社にはセンサーやIT機器の実物、試作用の3Dプリンターなども用意されており、企業が実際に導入した際のイメージを意識しやすくなっている。

八王子市のある企業では、成約や発注につながるとは限らない大量の見積書の作成が、他の業務を圧迫する状態が続いていた。そこで、企業はクラウド上で過去の見積もりデータを集計し、客先から示された係数を入力すれば自動的に書類を作成できるシステムを開発。膨大だった業務が社員1人で賄えるようになり、他企業への導入も進んでいる。

公社の担当者は「IoTを活用した省力化はサービス業・製造業かかわらず、業務改善につなげることができる」と説明する。避けられない人口減少社会を控え、マンパワーを補うシステムの導入は必須課題だ。さらに、「空洞化」を逆手に産業振興を図ろうとする動きもある。

■「空き」を活用

都では多摩地域の人口減少や産業衰退の防止に、約22万6千戸に及ぶ空き家を活用する方針を掲げている。西多摩エリアの山間部で、都心との二地域居住の住宅とすることや、遠隔で業務が可能なテレワークを活用したサテライトオフィス、SOHOの拠点として誘導し、定住化や産業活性化につなげる。都は区市町村に改修費を補助することで、活用を後押ししたい考えだ。

区部では生活空間の近さから、空き家は周辺への迷惑施設となることが多いが、多摩地域では地域の課題解決に利用できる。都都市整備局によれば、現時点では空き家の二地域居住やサテライトオフィスとしての活用などの事例はないものの、奥多摩町では空き家を活用して移住体験・定住化を図る「いなか暮らし支援」を行うなど取り組みも広がっている。「二地域居住やサテライトオフィスについても、地域の実情に応じて縛りをかけず支援していきたい」（住宅政策推進部住宅政策課）と話す。

多摩の振興プランでは、空きのある公共交通を貨物運送にも利用する「貨客混載」の促進など、「空き」の活用は物流システムにも及ぶ。単に衰退にあらがうのではなく、その空白をどう活用していくことができるか。反転攻勢の時が迫っている。

中小企業振興公社多摩支社にはIoT機器のサンプルが並ぶ

東京・丸の内で全国の伝統工芸の魅力に触れる4日間

第34回伝統的工芸品月間国民会議全国大会（CRAFT CROSSINGS in TOKYO）

11.3 FRI - 11.6 MON　各会場開場時間：11:00〜19:00

※フォーラムのみ4日から、各会場により一部開場時間が異なります

東京国際フォーラム

※フォーラムのみ4日から開催、6日は17:00終了

《ホールB7》全国各地の産地が集まる伝統工芸のマーケット

全国くらしの工芸展・東京のくらしの工芸展

全国各地の伝統的工芸品を、職人が自ら販売します！

Bows & Arrows × Pen

パリの人気ショップと、ライフスタイル誌『Pen』が伝統的工芸品をセレクト

日本伝統工芸士会作品展

匠の技と美意識を注ぎ込んだ新作のコンクール

「東京手仕事」プロジェクト

東京の伝統の技に光を当て、匠の繊細な「手仕事」の魅力を国内はもとより世界に発信します。

著名クリエーターとのコラボレーションプロジェクト

・世界的な有名ブランドとの実績を持つ海外ディレクターと、都の職人が新しい商品を共同開発
・女優の桐島かれん氏ほか4名のクリエーターと、都の職人とのコラボレーションによる商品開発

《ホールB5・ガラス棟》日本全国の伝統の技を体験

伝統工芸ふれあい広場（ホールB5）

全国の職人による製作実演や、製作体験（有料）を楽しめます。多彩なステージイベントもご用意しています。

これからを担う職人たちの作品展（ホールB5）

次代を担う東京の若手職人たちの作品を特集

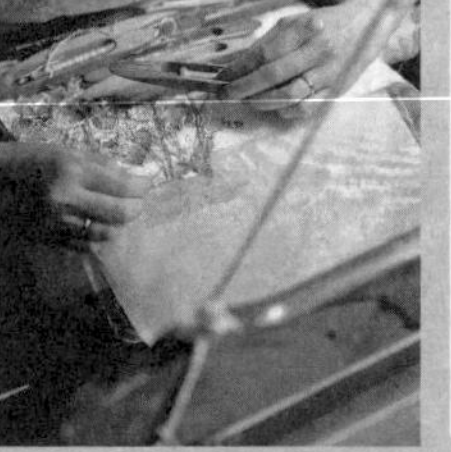

西陣織実演

都の職人による製作体験（ガラス棟）

東京の職人による製作体験（有料、HPで事前予約受付）です。
人数に余裕がある場合には当日受付も行います。

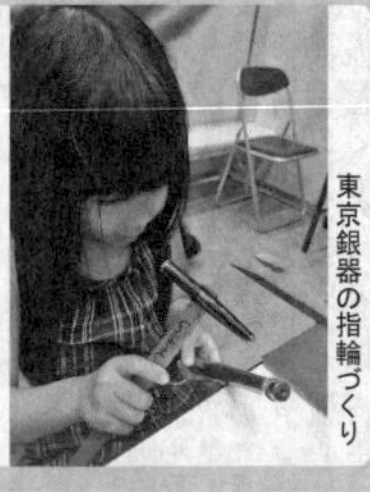

東京銀器の指輪づくり

JPタワー・KITTE　1階アトリウム

伝統工芸の高い技術や品質を、実感・科学・未来の切り口で紹介

実感ゾーン

原材料・道具・工程・色・柄・形などの観点から、伝統工芸の技術や品質に迫ります。

科学ゾーン

工芸品の分解展示や、ミクロの拡大展示など、職人の技能のすごさを視覚化

未来ゾーン

IoTなどの先端技術に使われる伝統工芸をご紹介

江戸指物の道具展示

東京ビルTOKIA　1階ガレリア（西側貫通通路）

江戸後期の暮らしを再現し、当時の伝統工芸品の使われ方を紹介するとともに、現代のライフスタイルへの取り入れ方を提案

（※3日のみ21:00終了）

「衣」「食」「住」コーナー

①江戸の呉服問屋・料亭・中級商人の家を再現
②現代のファッション・季節の食卓・リビングなどへの取り入れ方を展示

現代のリビングでの活用例を展示

「楽」コーナー

花魁道中や江戸小噺など、来場者の皆様が楽しみながら見学することができる空間を演出

丸ビル　1階マルキューブ

全国の伝統的工芸品の逸品を展示

同時開催　**江戸東京きらりプロジェクト**
モデル事業の展示・実演・ステージイベント等

博多人形

ライフスタイル誌『Pen』で全国大会の特集号を発行！
大会会場でも無料で配布します！
ぜひ、ご覧ください！

主催　経済産業省／伝統的工芸品月間推進会議／一般財団法人伝統的工芸品産業振興協会／東京都伝統的工芸品月間推進協議会／日本伝統工芸士会

詳しくはWEBで！ ▸▸▸ http://dento-tokyo.jp/

都健康長寿医療センター

認知症予防で「健康寿命」延ばす

高齢者が読み聞かせボランティア

都健康長寿医療センター（板橋区）の研究チームが立ち上げた、高齢者による子供への絵本の読み聞かせボランティア「りぷりんと」の活動が全国に広がっている。現在は都内を中心に川崎市や滋賀県長浜市など全国7自治体で活動しており、今年からは初めて東北地方で読み聞かせを行う。同センターの最近の研究により、読み聞かせが高齢者の認知症予防に効果があることが明らかになり、また、高齢者と地域の子供をつなぐ役割や、子供の情操教育の一環としても期待されている。

幼稚園で読み聞かせを行う高齢者＝中央区

十数名の高齢者が、互いに絵本を読み聞かせ、話し方や身振りを教え合う。住民の高齢化に悩む秋田県北秋田市で今年から始める「りぷりんと」の講習会だ。

この活動は2004年に始まり、幼稚園や保育所、小学校などで主に行っている。子供への読み聞かせが脳の記憶をつかさどると考えられている「海馬」の萎縮の抑制につながり、認知症を予防できる可能性があるという。

「作家の思いを子供に伝えるような読み聞かせの練習を積むうちに、高齢者の方々の表情が目に見えて変わった。最初は一人で参加していた人も、終盤には積極的に仲間と関わるようになっていった」。今年度から読み聞かせボランティアを始める同市生涯学習課の担当者が、参加した高齢者の変化を説明する。

「りぷりんと」を立ち上げた同センターの藤原佳典研究部長らの研究チームは、団体立ち上げの当初から活動を支援するとともに、MRIによる高齢者の脳の調査を開始。読み聞かせに参加する高齢者は、参加しない高齢者に比べて脳容量の変化が小さいことが分かった。

子供の注意を引き、分かりやすく読み聞かせるには技術が必要になる。そこで、ボランティアに参加する高齢者には全10回程度の講習会の受講を義務付け、発声の仕方や言葉遣い、感情の乗せ方など、読み聞かせの技術のほか、ページをめくる時に指をなめないようにするなど、子供が嫌がる高齢者にありがちな癖なども学ぶ。研究チームの桜井良太研究員は「ある程度厳しい基準で、しっかりとした技術を身に着けてもらっている。こうした気遣いが、海馬の活性化を加速させるのかもしれない」と推測する。

また、読み聞かせボランティアには、高齢者の認知症予防や社会参加だけでなく、児童教育への貢献という狙いもある。開催を依頼してくる自治体の中には、単に読み聞かせるだけでなく、道徳や自殺予防など具体的な内容を盛り込む要望を出すケースも多いという。研究員の一人は「子供が高齢者と一緒に住むことが少なくなったために、高齢者に対していいイメージを持たないことも多い。ポジティブなイメージに変わってほしい」と語る。

都福祉保健局の推計によると、何らかの支援が必要な認知症高齢者は2025年には現在の約1・5倍、44万人まで増加すると見られている。認知症予防に関する研究結果は、同研究所の研究員によってまとめられ、国際医療関係雑誌の電子版に掲載されて世界的にも注目を浴びている。

藤原部長は「少子超高齢社会を乗り越えるための処方箋は、シニア世代ができる限り元気で暮らし、その活力を次の世代の成長や成熟に役立てることに尽きる」と語る。

都団交

年末一時金要求書提出

都側「慎重期して判断」

都と都労連は27日、団体交渉を開き、都労連が年末一時金要求書を提出した。12月8日までに2・5月分を全額期末手当で支給するよう求める内容で、回答指定日は11月14日としている。

川澄副知事は「国家公務員の給与や退職手当については現段階でもその取り扱いが明らかではなく、例年にない状況が続いている」と説明。都の特別給については、全国で最も高い4・5月が勧告されており、職員の勤務条件への都民からの視線が厳しさを増しているとして、「慎重を期して判断しなければならない」との考えを示した。

今年の交渉では、給与制度や退職手当制度のほか、柔軟で多様な働き方に資する勤務時間制度などが論点になっているが、「職責・能力・業績主義を徹底するとともに、働き方改革を通じて組織の生産性を一層高め、山積する都政課題に的確に対応できる執行体制を構築することが不可欠」と述べた。

これに対し、都労連の西川委員長は「大都市東京の民間実勢を踏まえれば、国や他団体を上回ったとしても、ことさら、問題視する必要性は皆無だ」と反論し、職責・能力・業績主義の徹底などに反対の立場を重ねて示した。また、「山積し、複雑・高度化する都政課題と常に向き合っているのは、一人ひとりの職員だ」とし、「職員が安心して職務に精励できる環境を整えることこそ必要不可欠」と訴えた。

国の動向が不透明な中、激しい交渉が続いている。

都教育庁

教員研修計画を策定

教員の自己研鑽に利用

都教育庁は26日、2018年度「東京都教員研修計画」を策定した。4月の教育公務員特例法の改正を受けたもので、これまであった「OJTガイドライン」や「都教員人材育成基本方針」などの都の計画や指針を一つにまとめた。

計画は教員が自己研鑽や部下の指導をする際に利用するのが目的で、自己啓発を促すよう工夫。例えば、都内には各教科や進路指導などの分野で校長や教育研究者が立ち上げた様々な教育研究会があり、それらを一覧表にすることで自己啓発で能力を伸ばしたい教員と研究会を結び付ける。

また同庁は同日、「東京都教職課程カリキュラム」も策定。教職課程を持つ大学のカリキュラム作成を手助けするため、都が求める教員としての資質・能力をまとめた。

授業方法や教材の生かし方、児童・生徒とのコミュニケーションの取り方などを、現場の具体的な事例を交えて説明。文科省の「教職課程コアカリキュラム」にも対応し、都のカリキュラムのどの項目を実践すれば国が求める能力や資質を向上させられるか分かるようになっている。同庁の担当者は「都内だけでなく全国の大学で使えるもの」と話し、全国の国公立大学への配布や都内や関東圏で開かれる教育に関するシンポジウムでの説明などを通して、カリキュラムの周知を図る。

他流試合でスキル磨け

株式会社は外貨獲得し還元

上山信一特別顧問に聞く③

第4に、一部の株式会社では公益財団法人と内容が変わらないという問題がある。

監理団体の中には水道・下水道局のパートナー企業である東京水道サービス(TSS)やPUC、東京都下水道サービス(TGS)、また東京臨海ホールディングスなど、株式会社が多々ある。

このうち東京スタジアムは武蔵野の森総合スポーツプラザ（調布市）の指定管理者となるなど、事業を広げている。しかし、TSSやPUC、TGSなどは局の仕事の受託以外には技る程度で、企業としてみての成長戦略が見られない。

株式会社は本来、リスクをとって「増収増益」を目指すための経営形態だ。下水や水道の分野は国際展開や広域化、ITの応用のほか民営化など事業拡大のチャンスに恵まれている。ところがこれら各社は都庁からの受託業務に安住している。

他自治体の仕事を受注するなど、「外貨」獲得による収益を都民に還元すべきだろう。

ちなみに大阪市の場合、下水の監理団体が他自治体向けのエンジニアリングサービスや施設の運営受託の仕事を開拓中だ。「他流試合」をやると職員のスキルが磨かれるし、業務量の変動調整にも役立つ。将来はコンセッション（公共施設等運営権）の受け皿事業体になっていくという展望も開ける。もっと積極的な戦略を考えてもいいのではないか。

情報公開と透明性

これまで主に戦略的な課題を挙げたが、もう一つ非常に深刻な問題がある。各団体の情報公開だ。今は一部を除くとパンフレットを見ても何をやっている団体か分かりにくい。業務報告書の内容も透明性が低い。

例えば東京都住宅供給公社（JKK東京）は住宅不動産など資産を約2兆円も保有している。ところが業務の説明資料には「住宅管理事業」としか書いておらず、まるで町場の賃貸管理会社と変わらない体裁だ。わざと隠す意図があるとは思えないが、実態に全くそぐわず、不透明だ。更に言うと不動産は団体が保有するが、再開発や運用は局と相談してやっていて、経営の責任主体もはっきりしない。

なお、水道や下水道の監理団体（株式会社）では、機材を供給するメーカーや納入業者の団体が出資している。設立当時は誰も問題視せず、実際これまで支障はなかったようだ。しかし、今の基準に照らせば都民から都庁と特定業者との癒着の象徴と指摘されても弁明しにくい。コンプライアンス上、適正と言い切れるのか。極めて疑問だ。

横並び意識を捨てよ

今後は各団体と局が個々に経営戦略を見直すことになるが、大事なことは国や他の自治体との横並び意識を捨てることだろう。都庁は業務量が多く、本庁の各部署だけではなかなか業務が処理できない。多くの大企業が子会社を設立し、戦略的に活用するのと同じく、都庁もしっかりとした監理団体を持つ必要がある。

しかし、国の天下り是正や特殊法人改革の影響もあり、全国的に「外郭団体＝天下り＝悪」というイメージが流布され過ぎた。国でも自治体でも外郭団体はひたすら整理と統廃合の対象とされてきた。だが中央省庁の場合は分権改革も同時に進んだため、外郭団体の仕事が地方自治体に移管され、結果的に困らなかった。多くの自治体は人口縮減や税収減を背景に事務事業を整理し、それとセットで外郭団体を整理・廃止してきた。都庁も石原知事の時代に同じような行革をやった。

だが近年、都では人口が増え、急速な高齢化が始まり、同時に子育て支援の仕事が増えるなど業務が幅輳してきている。都会では極端な人手不足の時代であり、特に首都圏では医療・介護などの専門職人材が足りない。加えて2020大会に向けた準備でますます人手が足りない。そんな中で都庁は、国や他の自治体との横並びの発想で監理団体に対して抑制的なスタンスでよいのだろうか。

民間企業に業務を委託するといっても、優秀な専門人材を安定的に確保できるとは限らない。競争原理を働かせ、民間企業に任せる部分を増やす一方で、都政を安定的に担う人材集団、実務のパートナーとして監理団体も積極的に鍛え、育てるべきだろう。

トヨタなど巨大企業は系列子会社と系列外のベンチャーなどを併用し、競わせている。前者だけでは革新が起きないし、後者だけでは安定供給に不安がある。民間委託の推進と監理団体の育成は矛盾せず、両方同時に進めるべきだ。（つづく）

退職後のリアル

しくじり都庁OBの教訓32

オール・アバウト・マネー⑤

印税へのステップ

テーマや内容などの打ち合わせをしながら、書き手の思いと出版社の考え方のすり合わせが行われる。当然、売り手としての出版社は経験的な見識を含めていろいろと注文を付けてくるし、場合によっては書き直しや内容の方向転換を求めてくることもあり得る。最終的にはタイトルなどを慎重に吟味して、無事出版という運びとなる。

幸い私はこれまで、そうした大幅修正などということを求められたことはないが、オチについての意見交換や、それによる加筆などは幾度かやった。こうした場合には、さすがプロということで教えられることが多かったが、書き手としては不本意な意見もある程度は覚悟しなければならない。

特に、タイトルや帯のキャッチなど、書き手としての思いと担当者の気持ちのズレから幾度か議論をすることもあった。しかし多くの場合、そこはさすがに売り手としてのプロのセンスで、教えられることの方が多かった。

さて、そうした経緯を経て、ようやく出版契約にたどりつくわけだが、まずこの初版3千部への保証料としていわゆる原稿料が支払われる。ページ数などにもよるが、通常は保証料ということで30万～50万円程度と考えておけばいい。

初版が売り切れて、重版になる段階からはいわゆる印税ということになるわけだが、これは7～15％の間くらいで決められる。その先の売れ行きを見通して印税額を決めるということになるのだが、私の場合には10％前後のものが多かった。更に売れることになれば、5万部を超えたら15％などというように決められていくことになる。

「公務員生活」の分野は、現役時代からヒントを得て書いたものである。これは自ら売り込んで書かせてもらったものもあるし、頼まれて書いたものもある。それとは別に、行政関係の雑誌の連載を単行本にしたものもある。読者層が公務員に限られることもあるとは思うが、あまり売れなかった分野だ。

自らが売り込んで強引に本にしてもらったものは、初版3千部で35万円の原稿料として、印税は10％に設定してもらったが、初版で終わることになった。連載をまとめて本にしたケースは、既に月々の原稿料も頂いているので、初版5千部で5％の印税を約束した。これは出版社の力もあり、幸い何度か版を重ねることができている。

（金子雅臣）

都水道局

自治会とテロ対策協定

東村山浄水場で訓練も

都水道局は19日、各浄水場周辺の自治会と協力してテロ対策を行うパートナーシップ協定を締結したと発表した。3年後に控えた2020年東京大会を見据えた新たな取り組みで、東村山浄水場周辺の9自治会と締結。今後は金町浄水場や、浄水場以外の周辺自治会とも協定を結ぶ予定。

同局は、協定について「浄水場の敷地内は警備できるが、周辺の不審人物や車などを発見できるのは地域住民」（総務課）と説明し、異変を見つけたらすぐに警察や浄水場に通報してもらい、テロを未然に防ぐ目的がある。また、浄水場は原則立ち入り禁止だが、協定を締結した自治会を対象に定期的に見学会を実施し、浄水場に親しみを持ってもらうのも狙い。

同日、協定締結のキックオフイベントとして同浄水場でテロ対策訓練が行われ、周辺自治会から住民約30人が見学に訪れた。

中嶋正宏水道局長は「周辺の異変にいち早く気付くのは地域住民。これからのテロ対策は地域との協力が重要になる」と講評した。

■アース製薬が協賛

五輪組織委員会は27日、アース製薬㈱とスポンサー契約を結んだと発表した。契約内容は「東京2020オフィシャルパートナー」。カテゴリーは家庭用殺虫剤、虫よけ、肥料、培養土、除草剤。

シドニーの教訓⑥

国内観光振興につなげる

シドニー大会は、五輪効果を最大限活用して国全体の観光振興につなげた最初の五輪だったと言われる。オーストラリア連邦政府は、シドニー五輪招致の成功後、既存の観光振興プログラムの規模を拡大し、1998～99年の2年間で約1500の海外メディアを国内各地に招致した。これにより、豪州を訪れたジャーナリストがメディアを通じて魅力を世界に発信している。大会期間中には、非公認の報道関係者用のメディアセンターにもトラベルヘルプデスクを設け、情報を提供した。

また、大会組織委員会は聖火リレーのルートを決める際、国内観光マーケティング業界と綿密に話し合い、豪州の魅力を十分に発信できるルートを計画した。エアーズロック（ウルル）から始まり、グレートバリアリーフが広がる海に3分間潜り、火入れ収穫時の燃えるサトウキビ畑を背景にした聖火リレーは、世界中の視聴者を引き付けた。更に、これまで豪州への旅行を取り扱っていなかった海外の旅行業者に対して国内の観光情報を提供することなどによって、豪州への観光旅行の商品を増やした。

海の中を進む聖火＝シドニー五輪公式レポートより

このほか、五輪開催期間以外にも芸術祭などのイベントが企画され、開催年1年間を通じて豪州が観光やビジネス振興に積極的であることがアピールされた。一方で、地方の自治体では、住民が「五輪禁止地域」宣言をすることで、メディアの注目を集めた事例もある。

これらの取り組みにより、豪州では2000年、海外からの観光客数が約450万人から約490万人に前年比11％増加させた。さらに、併せて国際会議などの候補地として宣伝を行い、国際会議の開催件数が世界7位から4位に上昇した。一方で五輪後の投資やマーケティングは功を奏さず、旅行客数の成長率が減少したため、五輪後の10年は観光産業にとって「失われた10年」とも言われた。特に、日本からの観光客数は約72万人から約40万人に激減した。このため、五輪効果を最大化するには、大会後まで見据えた長期的な観光戦略が求められる。

（自治体国際化協会シドニー事務所＝都政策企画局外務部管理課　小松俊也）

平成30年度▶ 主任試験講座 −6−

29年度問題解説 ④

【No.32（23）「8」】正答②

① 誤り。秘密であることを明示している文書についても、最終的には客観的に判断されるべきである。

② 正しい。

③ 誤り。秘密を守る義務には、秘密事項の漏洩を黙認する不作為も含まれる。

④ 誤り。職務上の秘密に属する事項を発表する場合は、任命権者の許可が必要であるとされている（地方公務員法第34条第2項）。

⑤ 誤り。離職した者が秘密を洩らしたときは、その者は既に特別権力関係の外にいるので、懲戒処分の対象とすることはできない。刑事罰の対象とすることはできる（同法第60条第2項）。

【No.33】 正答①

① 正しい。都が定める「職員の職務に専念する義務の特例に関する条例」第2条第2項に定められている。

② 誤り。

③ 誤り。

④ 誤り。

⑤ 誤り。

【No.34（24）「9」】正答⑤

① 誤り。任命権者は、職員であった者に規制違反行為を行った疑いがあると思料するときは、その旨を人事委員会または公平委員会に報告しなければならない（地方公務員法第38条の3）。

② 誤り。任命権者は、規制違反行為の調査を行おうとする場合、人事委員会にその旨を通知しなければならず（同法第38条の4第1項）、調査終了後は遅滞なく、その結果を報告しなければならない（同法同条第3項）。

③ 誤り。人事委員会または公平委員会は、規制違反行為の疑いがあると思料するときは、任命権者に対し、調査を行うよう求めることができる（同法第38条第1項）。

④ 誤り。地方公共団体は、条例で定めるところにより、職員であった者で条例で定めるものが、条例で定める法人の役員その他の地位であって条例で定めるものに就こうとする場合または就いた場合には、離職後条例で定める期間、条例で定める事項を条例で定める者に届け出させることができる（同法第38条の6第2項）。

⑤ 正しい。

【No.35（25）「10」】正答③

① 誤り。地方公務員法第49条第1項では、「任命権者は職員に対し、懲戒その他その意に反すると認める不利益な処分を行う場合においては、その際、その職員に対し処分の事由を記載した説明書を交付しなければならない」と定められており、口頭での説明が必要である旨は定められていない。

② 誤り。任命権者は、当該処分につき、人事委員会または公平委員会に対して審査請求することができる旨を記載した説明書の交付を行わなければならない（同法同条第4項）。前半は正しい。

③ 正しい。

④ 誤り。不利益処分を受けた職員は、人事委員会または公平委員会に対してのみ審査請求を行うことができる（同法第49条の2第1項）。しかし、不利益処分以外の処分及び職員がした申請に対する不作為については、審査請求をすることができない（同法同条第2項）。また、不利益処分を受けた場合にできる審査請求については、行政不服審査法の規定を適用しない（同法同条第3項）。

⑤ 誤り。定期昇給の未実施及び年次有給休暇の不承認は、不利益処分に該当しない。

【No.36（26）「11」】正答②

① 誤り。1878年の郡区町村編制法により、多摩郡は四分割され、東京府に属するとされた東多摩郡を除く北多摩郡、南多摩郡及び西多摩郡（三多摩）は全て神奈川県に属する地域となっていた。1893年に三多摩が東京府に編入されたことは正しい。

② 正しい。

③ 誤り。都の紋章は、明治22年の市会で制定された従来の東京市の紋章を継承したものである。昭和18年7月1日東京都成立に際し、そのまま市の紋章として引き継がれ、正式には11月2日付で告示され今日に及んでいる。

④ 誤り。1947年に現在の23区は特別地方公共団体（特別区）として再編されたが、東京市の財産区ではない。また、地方自治法施行による再編以前についても、東京市や東京都の下部組織ではあったが、財産区ではなかった。

⑤ 誤り。1952年の地方自治法改正により、区長公選制が廃止された。また、1975年の同法改正により、区長公選制が復活した。

【No.37（27）「12」】正答②

① 誤り。キャリア活用採用は、2級職または3級職として任用される（『職員ハンドブック2017』223㌻）。

② 正しい。

③ 誤り。主任級職選考においても、勤務評定を適任者の選抜に利用されている（『職員ハンドブック2017』226㌻）。

④ 誤り。降任には、職員の意に反する降任と、意に反しない降任とがある。前者は職員の身分保障との関係で、地方公務員法に定める分限事由に該当する場合に行われる。後者の例として平成13年度から幹部職員に、平成20年度から一般職員に、希望降任制度が実施されている（『職員ハンドブック2017』232㌻）。

⑤ 誤り。全国知事会等の地方6団体や一般地方独立行政法人への派遣は、「公益法人等への一般職の地方公務員の派遣等に関する法律」に基づき行われる派遣である（『職員ハンドブック2017』234㌻）。

【No.38（28）「13」】正答①

① 正しい。

② 誤り。勤勉手当の算定基礎となる給与月額は、給与の月額、これらに対する地域手当、管理職については給料月額に一定割合を乗じて得た額及び主任以上の職にあるもの等については、職務段階に応じて給料の月額及びこれに対する地域手当に一定の割合を乗じて得た額の合計額である（『職員ハンドブック2017』251㌻）。

③ 誤り。住居手当は、34歳に達する日以後の最初の3月31日までの間にあり（管理職を除く）、自ら居住するための住宅（借間を含む）を借り受け、月額1万5千円以上の家賃を支払っている職員のうち、条例に定める条件を満たす者に支給される。ここにいう住宅には、都の公舎だけでなく、民間の社宅も含まれない（『職員ハンドブック2017』247㌻）。

④ 誤り。特地勤務手当の説明である。地域手当は、民間における賃金、物価等に関する事情を考慮して支給される手当であり、支給額は、給料、給料の特別調整額及び扶養手当の月額の合計額に支給割合を乗じて得た額であり、支給割合は地域ごとに定められている（『職員ハンドブック2017』246㌻）。

⑤ 誤り。扶養親族の要件は以下のとおりである。(1)他に生計のみちがなく、主としてその職員の扶養を受けている者。(2)収入の合計額が140万円未満である者。(3)扶養手当に相当する給与を他の者が受ける原因となっていない者（『職員ハンドブック2017』246㌻）。

【No.39（29）「14」】正答②

① 誤り。旅費は、公務旅行中に必要とされる交通費、宿泊料等の費用に充てるために支給するもので、その性格は、実費の弁償と解され、労働の対価として支給する給与とは異なる。また、税法上の取り扱いは、実費の弁償として、所得税法第9条第1項第4号により、非課税とされている（『職員ハンドブック2017』252㌻）。

② 正しい。

③ 誤り。旅費の支給は確定払が原則であるが、多額の経費を要する旅行などにあっては概算払によることができる（東京都会計事務規則第83条第1項第1号）。

④ 誤り。近接地内旅行においても、当該旅行が引き続く5時間以上で、かつ在勤庁から1㌔を超える場合には、旅行雑費が支給される（『職員ハンドブック2017』255㌻）。

⑤ 誤り。会議等で宿泊場所が指定されており、宿泊料定額を超える料金で宿泊する場合には、宿泊料定額を超える部分の額を増額して支給する必要があると考えられる。そのような場合、増額を要する旅費の額を調整することにより、実費弁償の徹底が図られている（職員の旅費に関する条例第42条第2項）。

【No.40（30）「15」】正答③

① 誤り。地方公務員法第39条第1項では、「研修は、任命権者が行うものとする」と定められている（『職員ハンドブック2017』303及び304㌻）。

② 誤り。都において研修を実施するに当たっては、東京都職員研修規則第5条に基づき、知事部局では総務局長が研修に関する基本方針を策定し、総務局人事部長はその方針に沿って研修に関する基本計画及び中央研修に関する実施計画を、局の長は局研修に関する実施計画を策定することとしている（『職員ハンドブック2017』304㌻）。

③ 正しい。

④ 誤り。若手職員による随時の指導はOJTである（『職員ハンドブック2017』306㌻）。

⑤ 誤り。自己啓発は、勤務時間外における取り組みである。また都では、自己啓発に対する費用面でのサポートも行っている（『職員ハンドブック2017』306㌻）。

【No.41（31）「16」】正答④

① 誤り。施行とは、起案文書の完結により確定した都の意思を、当該起案文書に定める方式により相手方に伝達することをいう（『職員ハンドブック2017』371㌻）。

② 誤り。事案によっては公告及び印刷物作成の事務も含まれる（『職員ハンドブック2017』371㌻）。

③ 誤り。浄書及び照合について、起案者が自ら行う場合に限らない（文書事務の手引き108㌻及び109㌻）。

④ 正しい。

⑤ 誤り。秘密の取り扱いを要する文書を発送する場合は、当該文書を封筒に入れて密封し、その旨を表示して発送しなければならない（『職員ハンドブック2017』373㌻）。

【No.42（32）「17」】正答④

① 誤り。使用を終了した全ての文書等は、必ずファイル責任者に引き継がなければならない（『職員ハンドブック2017』375㌻）。

② 誤り。電磁的記録にも分類記号を付す必要がある（『職員ハンドブック2017』376㌻）。

③ 誤り。長期、10年、5年、3年、1年及び1年未満の6種類である（『職員ハンドブック2017』376㌻）。

④ 正しい。

⑤ 誤り。総務局総務部文書課長ではなく、公文書館長に引き継がなければならない（『職員ハンドブック2017』378㌻）。

平成30年度 カレントトピックス 06

社会事情

■年金598億円支給漏れ、10万6千人に（9月14日）

厚生労働省は13日、情報システムの不備や事務処理ミスで、1991年以降、公務員の妻ら10万6千人に総額598億円の年金の支給漏れがあったと公表した。

支給漏れは、夫婦の間で年金の上乗せ部分を付け替える「振替加算」で発生し、対象者の96％は夫婦どちらか一方が共済年金に加入している場合で、国家公務員と地方公務員が五割弱ずつ、残りが私学共済の加入者である。2015年秋の年金一元化を受け、日本年金機構が共済年金の情報システムを直接利用できるようになったため、ミスが相次いでいた振替加算について昨年12月から総点検を実施して判明した。一人当たりの未払い額は最高で約590万円、平均約56万円となり、対象者に通知を送った上で、11月15日に支給する。時効は適用せず、未払い分の全額を支払うとしているが、約4千人は既に死亡しているため、未支給の年金を受け取る権利のある「生計が一緒だった三親等以内の親族」に知らせることになる。

公的年金については、これまでも前身の社会保険庁時代から不祥事が相次いでおり、日本年金機構になってからも、大規模なデータ流出が発生している。今回の年金の支給漏れを受け、政府は「再発防止に全力で努める」としている。

■1票の格差3・08倍、16年参院選「合憲」（9月27日）

「1票の格差」が最大3・08倍の昨年7月の参議院選挙は違憲だとして、二つの弁護士グループが選挙無効を求めた16件の訴訟の上告審判決で、最高裁大法廷（裁判長・寺田逸郎長官）は27日、「合憲」との統一判断を示した。

これまで最高裁は、最大格差が5・00倍の2010年参院選と、4・77倍の13年参院選を「違憲状態」と判断しており、合憲判断は07年選挙以来となる。最高裁は近年、参議院について衆議院と同様に選挙区と比例代表を組み合わせた制度になったことや、国会の是正策が小規模にとどまり5倍前後の格差が続いたことから、厳しい判断を続けていた。

国会は15年、鳥取・島根と徳島・高知の2合区を柱とする「10増10減」の改正公選法を成立させ、最大格差は13年から大幅に縮小した。今回は、この「合区」に取り組んだ是正策の評価が焦点となったが、判決は「これまでにない手法を導入し是正を図った」と評価した。裁判官15人のうち11人が合憲とし、2人は「違憲状態」、残りは「違憲」と「違憲・無効」だった。

■日本のスポーツの状況を公表（10月8日）

総務省は8日、7月に公表した「平成28年社会生活基本調査生活行動に関する結果」から、スポーツの状況に関わる統計を発表した。

「スポーツ」を過去1年間に行った10歳以上の人は7797万7千人で、10歳以上人口に占める割合は68・8％となっている。「スポーツ」の種類別に行動者率をみると、「ウォーキング・軽い体操」が最も高く、次いで「器具を使ったトレーニング」となっている。

「スポーツ」の行動者率を年齢階級別にみると、10〜14歳では「水泳」の行動者率が最も高くなっているが、15歳以上では、「ウォーキング・軽い体操」の行動者率が最も高く、年齢が高くなるにつれ、2位以下との差が大きくなっている。

「登山・ハイキング」などのアウトドアスポーツの行動者率を都道府県別にみると、「登山・ハイキング」は東京圏、大阪圏、「スキー・スノーボード」は北海道、関東地方など東日本、「つり」は中国地方、九州地方など西日本で行動者率が高くなるなど、地域ごとに差がみられる。

スポーツに関連し、趣味・娯楽における「スポーツ観覧」について、都道府県別の行動者率をみると広島県が32・9％と最も高く、次いで宮城県26・4％、福岡県26・1％となっている。広島県においては、01年と比べ10㌽超行動者率が上昇しており、特に女性の上昇幅が大きくなっている。

特別区主任主事選考

平成30年度 主任・係長 論文講座 6

主任主事選考は、特別区の任用制度において、職員として最初に受験する昇任選考です。係長、管理職に向けての第一歩であるこの選考で確実に合格するには、十分な事前準備が必要です。

本講座では、平成30年度の特別区主任主事選考に向けて、心構えや論文作成上の注意点、論文の具体例など、受験に役立つアドバイスを10回にわたりお伝えする予定です。

出題される論文課題は、「区政の課題に関するもの」と「主任主事の役割を問うもの」のいずれかに大別されるようです。

区により傾向が異なりますので、ご自身の区の具体的な選考方法や出題範囲を把握し、しっかりと対策を立てて臨んでください。

また現在、特別区では、行政系人事制度の見直しについて検討が進められています。本講座では、この検討も視野に入れながら、論文作成について解説を加えていきます。皆さんも十分ご留意の上、試験対策を進めてください。

論文とは

論文とは、「与えられたテーマから抽出した課題に対して、自分の考えを論理的な筋道を立てて積極的に読み手に伝える文章」を言います。合格水準を満たす論文に仕上げるには、まず、与えられたテーマとその出題意図を正確に把握する必要があります。その上で、抽出した一定の課題に対して、論理的かつ明快に解決策を答えなければなりません。さらに、テーマに対する十分な知識に裏付けられた、説得力のある分かりやすい文章とする必要もあります。

また、主任主事選考は、受験者が主任主事としてふさわしい能力を持っているかを検証する目的で行われます。このため論文では、主任主事として必要な基礎的知識や経験に基づき、課題を分析し、解決策を提示する必要があります。

読み手が納得する文章を作成する能力は、企画書の立案や資料作成をはじめ、日常業務の様々な場面で要求されます。論文対策は非常に骨が折れますが、その経験が自分の糧になることは間違いありません。本講座で学ぶことは、主任主事選考対策だけでなく、昇任後に必要となる職務遂行能力の向上にも役立ちます。最後まで諦めずに論文対策を乗り切ってください。

では、論文作成に先立ち、論文に求められる主なポイントを確認します。

一 「理解力」はあるか

設問をよく理解し、その出題意図や背景、現状について正確な分析をしているか。また、その上で、課題を的確に抽出しているか。

二 「課題解決力」は高いか

課題に対し、知識の寄せ集めや第三者的な論述ではなく、経験に基づく自己の見解として、具体的かつ実現性の高い解決策を導き出しているか。

三 「論理性」はあるか

論点や内容が整理され、順序立った形式で述べられているか。課題と解決策が対応し、文章全体を通して論理の飛躍や矛盾がなく、一貫した主張となっているか。

四 「表現力」は高いか

文章が簡潔で、読みやすく分かりやすい表現となっているか。適切な用語が使われ、誤字脱字がなく、制限字数や文章表現の基本的なルールが守られているか。

五 「積極性」は十分か

仕事への意欲と新しい問題や困難な事例に自ら果敢に挑戦していく姿勢が感じられるか。

読み手の気持ちを引き付け、共感を得ることができる論文を書くためには、以上のようなポイントが重要です。しかし、本番では時間と字数の制約もあります。課題に対する自分の考えを整理し、具体的に分かりやすく説明することを最低限心掛けましょう。

課題整理 ①

主任主事の役割

論文作成に当たっては、主任主事の立場と役割をしっかりと理解することが大切です。

主任主事は、職務遂行の中心的存在となる立場にあります。また、係の職場内研修（OJT）の実質的な担い手でもあるなど、職場における「中堅職員」に位置付けられます。

中堅職員である主任主事には、主に次の三つの役割が求められています。

一 業務の推進役

様々な行政課題の解決のため、業務に関する幅広い知識と経験を基に、与えられた仕事に責任を持ち、業務を確実に遂行することです。常に問題意識を持ち、業務改善に率先して取り組む姿勢も求められます。

このため、日頃の情報収集や各種研修への参加など、積極的に自己啓発に取り組む必要があります。

二 係長の補佐役

職場の活性化を図るため、他の職員と良好なコミュニケーションを築き、係長と同僚・後輩職員のパイプ役となることです。

また、係長や他の職員から相談を受ける機会も多くなります。このため、いつでも的確かつ迅速に回答できるよう、常に心掛ける必要があります。普段から職務に関する課題を整理し、自分の意見をしっかり持ち、正確に伝える力に磨きをかけることが重要です。

三 職員の指導育成

組織力の向上を図るため、これまで培ってきた知識や経験を生かし、後輩職員を指導・育成することです。他の職員にも気を配り、状況に応じた的確なアドバイスやサポートが求められます。

職員一人ひとりの個性や資質に合わせて計画的に指導するほか、勤務態度や接遇の面においても、他の職員の模範となることが期待されます。

このように、主任主事には、実務の中心的役割を担うとともに、活力ある職場づくりの推進役となることが求められています。

ご自身の区の人材育成基本方針や標準職務遂行能力の着眼点なども参考に、主任主事に求められる役割を改めて確認してみてください。

日常での心掛け

論文には、書き手の日頃の問題意識や知識量、仕事に対する考え方や態度、課題への対処方法が表れます。課題に対して一般的な解決策を模倣しただけでは、本番の試験では応用が利きません。

論文で自分の考えを展開するために、日頃から次の3点を心掛けてください。

一 普段の仕事から学ぶ

良質な論文を書くためには、常に「仕事の進め方はこれで良いのか」「もっと効率的な方法はないか」など、現状に対して問題意識を持ち、改善方法を考えることが大切です。どんな課題にも、解決に向けて具体的な方法を検討し、実践するという点は共通しています。

「課題発見から解決に至るプロセスを論理的に整理し、業務に当たる」ことを心掛けておけば、論文の骨子を組み立てることは非常に容易になります。あとは、「自分の考えを分かりやすく表現する」技術を磨くだけで、活力に満ちた説得力のある論文が完成します。

二 情報を収集し整理する

論文は必ずしも知識を問うものではありません。しかし、問題意識に対する分析をあいまいなものにしないためには、主任主事として必要な知識は身に着けておかなければなりません。そのために、日頃から区の重点施策などに関心を持ち、区政の動きを把握する必要があります。このため、区の広報誌やホームページはもちろんのこと、区長の所信表明や議会での答弁内容に目を通しておくことも重要です。

また、国や都、他自治体の動向や区政を取り巻く社会情勢についても、把握に努めてください。都政新報に加え、日刊紙を読む習慣を身に着けることをお勧めします。

こうした知識は、短期間で習得できるものではありません。日々、情報を収集し、整理しておきましょう。

三 主任主事の視点を意識する

主任主事選考なので、「主任主事の視点で論じる」ことが重要です。あなたが主任主事にふさわしいかを問われているのに、一般的な考えを評論家のように書き連ねていては評価されません。主任主事として実現可能な内容について、自分自身の言葉で具体的に意見を述べるよう心掛けてください。普段の仕事の中で、「もし自分が主任主事だったら」という視点で課題解決に臨むと、論文作成も容易になります。また、『特別区職員ハンドブック』の第Ⅲ編「組織と仕事」、第1章「組織と職員」なども参考になります。

作成の留意点

論文の作成にあたり、特に気をつけたい基本的な事項は、次の4点です。

一 文字は丁寧にはっきりと書く。文字が乱雑であったり薄いと読みづらく、良い印象を与えません。

二 字数に応じて、三段式または四段式の論文形式とする。三段式の場合は、序論に社会的背景・区政の現状、本論に序論でとらえた課題・具体的な解決策、結論に主任主事としての決意を述べるのが一般的です。

三 自分の言葉で主体的に述べる。平易な言葉で職場の実態などを踏まえて具体的に表現すると、主張が明確になります。

四 上司等に添削してもらう。自分では気付かない文章の癖や論理展開の矛盾を指摘してもらい、推敲を重ねることで、読み手に伝わりやすい論文になります。

論文の出題例

論文の具体的な出題例を紹介します。

「区政の課題」に関する出題例は、

一 「業務遂行において生じるリスクに対し、主任主事としてどのようにリスク管理に取り組んでいくか、あなたの考えを述べなさい」

二 「信頼される行政を推進するため、どのようなことを心掛けて区政運営に取り組むべきか、あなたの考えを述べなさい」

などが挙げられます。

「主任主事の役割」を問う出題例は、

一 「係長を補佐する立場として、主任主事は職場でどのように行動すべきか、あなたの考えを述べなさい」

二 「職場内で円滑なコミュニケーションを推進するため、主任主事としてどのように職務に取り組むべきか、あなたの考えを述べなさい」

などが挙げられます。

区によって傾向は異なりますが、これまでの職場経験を踏まえ、主任主事の立場から具体的に自分の考えを述べるというパターンは、今後も続くと考えられます。

結びに

今回は、主任主事選考の概要、主任主事に求められる役割、論文作成に当たっての留意事項などを整理しました。次回からは具体的な対策に移ります。

論文作成の過程で区政の課題や社会情勢に関心を持つことは、普段の仕事にも役立ちます。また、「主任主事のあるべき姿」や「組織で働く意義」を深く考えることは、自らの役割や仕事の進め方を考える貴重な機会となります。

ご健闘をお祈りします。

寒さに負けず職責果たしたい

風化させない　～被災地の今　-上-

東日本大震災から6年半、復興への熱い思いを胸に、現在も都からの派遣職員が岩手、宮城、福島の3県で復興業務に従事している。被災地で汗を流す3人の派遣職員に手記を寄稿してもらった。＝全3回（編集部）

岩手県

岩手県は、2018年度までの復興基本計画の下、現在、第3期の復興実施計画を推進している。東日本大震災津波から6年半余りが経過し、地域によって復興事業の進捗が異なるものの、災害公営住宅や道路などハード整備が順調に進む中、被災者のこころと体の健康問題への対応や新たなコミュニティー形成支援など、ソフト面の対策も進めている。

私は、本年4月から岩手県復興局復興推進課に派遣された。復興局では、復興への女性参画に関する専門委員会の運営や、県知事が委員となっている国の復興推進委員会に関する事務、5千人を対象とした復興に関する意識調査等の業務を担当している。また、復興を担う個人や団体など多様な主体が交流・連携することを目的とした「いわて復興未来塾」の司会も担当した。委員会の現地調査や未来塾など、実際に被災地で活動をされている方の話を伺う機会を多くいただいている。

まだ女性が何かしようとすると「女のくせに」という声もあるという風土の中、多くの女性が地に足をつけて活躍しており、自分もできることをしっかりやらねばと思う。

この4月には特に被害が大きかった沿岸南部の陸前高田市と大船渡市のかさ上げ地域に、市中心部再生の核となる商業施設が開業した。北海道に次いで広い面積を持つ岩手県では、沿岸部の市町村に行くにも一日仕事になるが、訪れるたび周囲の街並みも少しずつ変わってきており、新たなまちづくりが進んでいることを実感している。ここに至るまでの長い期間に思いをはせつつ、新たなまちがにぎわうことを願ってやまない。

県としても釜石市で開催されるラグビーワールドカップ2019や、沿岸部の復興道路や鉄道等の新しい交通ネットワークを生かした交流人口の拡大に力を入れており、多くの方に足を運んでいただきたい。なかなか時間がないという方にも、震災の経験や記憶を継承するため、県が構築した20万点以上の資料を収集した震災津波アーカイブ（http://iwate-archive.pref.iwate.jp/）を通じて、復興の状況を見守っていただければと思う。

転勤で盛岡勤務中の家族と県庁徒歩圏内に在住しており、岩手県の魅力を味わうべく、県産の食材で食事を作ったり、週末には近県も含めた名所や温泉にも足を伸ばしたりと、ライフ・ワーク・バランスが充実した生活を送れている。県の皆様、また現地事務所も含めた都からの温かい支援に感謝している。

冬の気配が近づいてきているが、岩手の厳しい寒さに負けることなく、最後までしっかりと職責を果たしてまいりたい。

（岩手県復興局復興推進課主査　境野晶子）

岩手県のさんさ踊りを踊る（前列一番左が筆者）

奇想の著述家の真髄

澁澤龍彦　ドラコニアの地平

世田谷文学館

館の入り口付近に設けられた関連資料ショップで、この人の文庫本の多さに驚かされた。目についたらその場で買っておかなければ、いつ絶版になるか分からない文庫市場でこの数。しかも女性読者が多いというのだ。

展示会場に入って2度目の驚き。手書き原稿がこんなにも！と同時に、その文字が丁寧に、きちょうめんに原稿用紙の升目に収められていることにも。これだけの仕事量なのだから、執筆速度はかなり速かったはずなのに、流したり崩したりしていない。仕事に向かうその姿勢を端的に物語っているようだ。

澁澤龍彦（1928～87年）没後30年。愛用のパイプ、収集物、書斎の1コーナーほか300点を超える草稿・原稿・創作メモ類を一堂に集めて、奇想の著述家の真髄に迫ろうという企画だ。展覧会副題にある「ドラコニア」とは「龍の国」すなわち〝彼の小さな書斎と、そこから広がる魅惑的な創作世界の両方をさす〟澁澤自身の造語である。

大戦下の抑圧から解き放たれて登場した、次代を担う俊才のひとりだった。だが平和と民主主義と文化国家をスローガンとしたこの時代に、この若者が提示したのはサドだった。

反道徳、瀆神、猥褻、加虐。想像の限りの悪を身にまとう、秩序壊乱者にして実在の貴族。

戦後の風潮に対してはまことに反時代的。しかもその紹介者は、少年の面影さえ残していた。

サドにはシュルレアリスムの領袖・ブルトンの『黒いユーモア選書』経由で到達した。同時にこの本を手掛かりに、彼は完全自由な創造を求めた芸術集団の、異端的で豊穣の水源に近づいていったのだ。

彼には少年期からの玩物愛もあった。そこで形成された感性の受容器には、プリニウスから南方熊楠、オカルトからマニエリスム、ボルヘスから日本・アジアの古典までが多数収容された。

交友関係も多種多彩だった。三島由紀夫、土方巽、瀧口修造、松山俊太郎、加納光於、高橋睦郎、種村季弘、四谷シモン。誰もが一流の異端者である。

作品や文献の翻訳・紹介の域を大きく超えて、縦横な想像力と創造力と夢想力によって誕生したのが『夢の宇宙誌』。やがて特定ジャンルに収まらない自在な記述の技は「澁澤スタイル」と呼ぶしかない領域に達した。

最高傑作にあげる人の多い小説『高丘親王航海記』が絶筆になった。最後の手を入れた決定稿が展示されている。そこには、声を失った病の床にあってもなお書こうとする、強靭な意志を示す手書き文字があった。

12月17日まで開催中。

自宅応接間の凸面鏡に映る澁澤　1976年

11月26日まで

中野をグルッと体験！

まちめぐり博覧会開催中

秋深し。10月に入り、中野区内では毎週のようにビッグイベントが目白押しである。「中野にぎわいフェスタ」を皮切りに、「花と緑の祭典」「東北復興大祭典なかの」などに、多くの来街者が中野に訪れ、にぎわいを増している。中でも区内外から注目されているのが「なかのまちめぐり博覧会」。10月21日から11月26日まで、ロングランで開催しているこの「博覧会」を紹介したい。

産官学が一体となって

今年で5回目となる同博覧会は、中野区内全域を会場としている。商店街、企業、学校、団体などが主体となり、区内の様々な地域資源を活用して自主的に企画・運営するイベントを集約し、約1カ月間、一体的に開催するイベントである。

中野区は都内でも屈指の住宅都市でありながら、神社・仏閣、アニメマンガ、食文化、個性的な商店街など、まちを彩る様々な地域資源が存在している。これらを観光資源として積極的に発信するため、産学官が一体となり、地域の活性化を図ろうと、2013年から毎年、この時期に開催している。いくつかのお勧めイベントをピックアップしよう。

中野区には、大学や専門学校が多くあるが、この時期、各学校では学園祭が開かれる。

例えば、今年70周年を迎えた織田学園のファッション、きもの、調理、栄養、製菓の各専門学校の学園祭が開催される（11月11日・12日）。学園祭では五つの専門学校それぞれが、趣向を凝らした企画で来場者を喜ばせる。お手製のレッスンバッグや、オリジナル巾着の製作が体験できる教室が面白いと評判だ。また、未来の料理人たちが作るコース料理が食べられるレストランや、フードコートの料理、焼き立てパンやケーキ、焼き菓子など、本格的な味を楽しめ、とても人気だ。

「第6回東京行灯祭」

学校法人織田学園　学園祭ケーキ・パンの販売

「なかのまちめぐり博覧会2017」パンフレット

アニメイベントも開催

今回注目のイベントと言えば、今年初参加の「中野×杉並アニメフェス2017 in 中野」である（11月12日午前9時半～午後8時）。中野と杉並は、日本有数のアニメやサブカルの集積地だ。そんな二つの街が連携し、それぞれの会場でアニメイベントを開催する。

中野区会場となるコングレスクエア中野では、「キラキラ☆プリキュアアラモード ショー」をはじめ、アニメの原型といえるソーマトロープづくりや動画トレースといった子供から大人まで参加できるワークショップなど、盛りだくさんの内容。そのほか、「日本のアニメ100周年記念展示」として、アニメの歴史紹介のパネル展示もある。ぜひ親子で参加して楽しんでもらいたい。

また、11月23日から26日まで中野区内数カ所で開催する「TOKYO AIDS WEEKS2017」がある。エイズ予防とHIV陽性者への差別解消を目的としたイベントである。12月1日の「世界エイズデー」を中心に世界規模で繰り広げられる市民向け啓発活動の一環で、同実行委員会と中野区との共催。多くの団体がHIVやエイズに関連したテーマで、ワークショップや展示、講演会、映画上映会などを実施。この機会にHIVやエイズに関してイメージをアップデートしてみては……。

川島商店街振興組合主催の「第6回東京行灯祭」では、アートと屋台、音楽で、五感のすべてを刺激する。日程は、11月3日・4日午後4時～9時、川島商店街（中野区弥生町3丁目）。全域が行灯やキャンドルでライトアップされ、路上では若手ミュージシャンの演奏なども。中野のあったかい雰囲気が楽しめるはず。

このほかにも、11月にはまだまだ中野区内ではコンサートやまち歩きのイベント、スタンプラリーなど様々なイベントが開催される。

中野ならではの魅力

中野区は、新宿からJR中央線で5分の中野駅を中心に、区の南には地下鉄丸ノ内線、北には西武新宿線、また都営大江戸線も走り、とても交通の便利な街である。中野駅から歩いて数分、再開発で誕生した「中野四季の都市」がある。広大な憩いの場「中野四季の森公園」を囲むように、オフィスビルや大学が立ち並んでいる。アニメや漫画などサブカルチャーで有名な「中野ブロードウェイ」は、世界中の旅行者が訪れる。さらに、区内東西南北あちこちの路地には、和食はもちろん、中国、韓国、インド、ネパール、タイ、スペイン、イタリアなど世界各国のレストランや居酒屋なども多く点在している。ぜひイベントに参加がてら、商店街の飲食店や神社・仏閣などに立ち寄ってほしい。中野区内に遊びにきて、「中野ならでは」の魅力をエンジョイしていただきたい。

（中野区都市政策推進室都市観光・地域活性化分野都市観光推進担当　小沼智子）

※なかのまちめぐり博覧会の詳しい情報は、区内公共施設等で配布しているパンフレットや、区の観光サイト「まるっと中野区都市観光サイト」でご覧いただけます。

www.visit.city-tokyo-nakano.jp

ボランティアツアー企画と運営を考える

TVAC

東京ボランティア・市民活動センターは12月2日、災害時のボランティアツアーの安全な企画と運営を考える「ききマネCafe　これでいいの？　災害時のボランティアツアーの企画と運営」を開催する。

参加費は500円で、定員は30人（事前申し込み）。会場は飯田橋レインボービル2階中会議室。申し込みは電話・ファクス・ウェブサイトより。☎03・3235・1171　ファクス03・3235・0050　https://tvac.or.jp/post_14.html

副知事人事ノート

都政研究元主筆　大塚英雄　第17回

公営企業担当副知事を

安井誠一郎の知事引退が1年後に迫った昭和33年3月、庁内人事に関する生臭い情報が駆け巡り始めた。退陣を前に知事が局長級一新の腹を固めたというのだ。ごく最近、辞任する知事が4人の副知事の選任同意を求めるという例があったが、引退を目前に控えた知事が幹部人事に手を付けるというのは、常識的にはあり得ない。これは、その後退陣した歴代知事の場合を見ても明らかだ。

しかし、その生臭い情報の火元を手繰っていくと、知事周辺にたどり着く。当時は定年制はもとより、肩たたきの制度もなく、局長級が辞めていくのは年に1人か2人という有り様だった。このため局長人事は大渋滞を来し、昇任できない庶務担当など主要部長をたらい回ししてお茶を濁すという時代が30年代半ばまで続いたのである。

安井は人事の大渋滞まで新知事に引き継ぐわけにはいかないと考えた。そこで、子飼いと言われ、在職年数が長くなった局長に因果を含め、勇退を求めることにしたというわけだ。

まず口火を切ったのが三多摩地区から衆院選を目指していた財務局長の細田義安。33年5月の総選挙に出馬するため辞表を出した。この時、細田の局長歴は7年になっていたが、年齢は55歳だった。安井はこのほか、在職11年の林武一労働局長（53）、同7年の中井喜代太出納長（56）、同9年の渡辺伊之助交通局長（55）に辞表提出を求めた。いずれも、庁内では「安井親衛隊」と呼ばれた面々だ。

◇

更にこの時の季節外れとも言うべき4月人事の火に油を注ぐ格好になったのが、都議会から噴出した副知事増員論である。都議会からというと、与党の自民と考えられがちだが、この時の言い出しっぺは社会党だった。しかも音頭を取ったのは、当時の同党の中で一大勢力を誇っていた都の交通局労組出身都議、いわゆる「東交グループ」で、増員の狙いは公営企業担当副知事の設置だった。この時点で公営企業担当副知事といえば、交通局長に8年間在職し、安井もその実力を認める渡辺伊之助を置いてほかにはいない。

しかし、東交グループのこの「渡辺副知事擁立」には、したたかな計算があった。交通局長の椅子が空けば、交通プロパーで、専門外の養育院長に長く置かれていた人見捨蔵をその後任に復帰させることができると読んでいたのである。人見も心底からそれを切望していたし、この時、既に渡辺より年長の56歳で、時間も限られていた。これに呼応するかのように労組も動いた。東交出身の都労連委員長と東交労組委員長が、こちらは人事担当の萩原副知事に陳情に及んだ。示し合わせた上での政労のアベック闘争だ。

だが、渡辺の実力を評価しながら、これに対する安井の対応は素っ気なかった。「渡辺副知事」には「ノー」だった。理由は「1年後に退陣することが決まっている知事が新しい副知事を任命するわけにはいかない」だった。

ただ、交通局内に待望論が強かった「人見交通局長」は、渡辺の退任で実現したものの、その渡辺は浪々の身となった。（敬称略）

都政新報

発行所　都政新報社
〒160-0023 東京都新宿区西新宿7-23-1 TSビル
〈総務・読者〉03-5330-8781
〈企画広告〉03-5330-8784
〈編　集〉03-5330-8786
〈出　版〉03-5330-8788
〈ファクス〉03-5330-8808
購読料 月1,730円（税込）
毎週火・金曜日発行
ただし、祝日は休刊
©都政新報社 2017

紙面から

都予算編成

問われる政策具体化

小池都政安定化の鍵

新年度予算編成に向けて、小池知事が各種団体から要望を聞き取る「団体ヒアリング」が14日まで行われている。昨年度から都議会による復活予算要望を廃止した措置としてスタートし、今年度で2回目。衆院選で希望の党が大惨敗し、支持率低下が著しい知事だが、今後の小池都政を占う意味でも新年度予算編成は重要となる。団体要望を取り込み、政策を具体化し、着実に進められるかが都政の安定化の鍵となりそうだ。

これまで都の予算編成は、知事査定後に都議会各会派が「復活要望」を提出し、200億円分が追加されて予算案となっていた。だが小池知事は予算編成の透明化を掲げて復活予算要望を廃止。代わりに小池知事が各種団体から直接ヒアリングし、予算に反映させる取り組みを開始した。

財務局は「小池知事が直接、団体の声を聞くことで事業の必要性や改善点が明らかになる」と意義を強調する。2年目の団体ヒアリングは、都の補助金を年1億円以上受けている東京都商工会連合会、東京私立中学高等学校協会など59団体を対象に、1団体当たり15分間で実施した。

昨年度は団体ヒアリングを通じて、知事査定で予算がついた事業の一つが、商店街での新規開業に当たり、都が一部を助成し、商店街を活性化させる取り組みだ。財務局は「現場の声を知事査定に反映できる」と話す。

今年のヒアリングは昨年よりも1カ月余り前倒しで実施。例年、11月上旬に公表している各局予算要求の前にヒアリングを行うことで、団体要望を予算要求に反映させるのが目的だ。財務局は「早い時期から課題認識を持ち、課題への対応を行う」と説明する。

だが庁内には、衆院選後のタイミングで行うヒアリングに、「排除発言」で支持率が低下した知事がV字回復を狙っているのではとの憶測がある。知事がヒアリングで、一部の団体幹部全員と握手を交わしていたのを見た幹部は「国政進出を諦めていないからではないか」と推察する。

別の事業局の幹部は「ヒアリングは元々、夏ごろから11月上旬に予定されていた。知事が復権のために急きょ開いたわけではないが、衆院選後であるため、そう受け止められても仕方がない」と冷ややかだ。

昨年はヒアリングしたが、今年は含まれていないのが築地市場協会だ。都の補助金を受けていないため、対象ではなかったが、昨年は市場移転延期の影響を受け、知事が自ら協会の要望を聴取した。同協会幹部は本紙の取材に対し、「昨年呼ばれたのは知事のパフォーマンスに過ぎない。今回は声が掛からなかったが、移転の関連費用を要望するまでもなく、予算に盛り込むのは当たり前」と歯牙にもかけない。

知事の支持率は昨年のヒアリング時点と比べて急降下しており、庁内からは「次期都議選を見据えると、各種団体は自民党との関係を軽視できなくなっているのではないか」との声が聞こえてくる。自民の団体ヒアリングは1団体当たり20分だが、説明を短くして質疑の時間を確保している。「本気で一問一答を行っているので、自民に出ていても、知事には出ていない要望もある」（同党関係者）と解説する。

団体から予算要望を聞き取る小池知事＝10月31日、都庁第一本庁舎7階で

知事は都民による事業提案を寄せるよう求める一方で、提案した団体に謝意を述べた。幹部職員の一人は「提案があまり寄せられていない裏返しのように受け取れるが、落としどころを決めずに都民による事業提案を行うから、各種団体に提案してほしいと知事が要望する事態となっている」とあきれた表情で語った。

昨年から始めた団体ヒアリングは、予算編成の透明化が目的だが、都議会自民党との対立が背景にあり、政治的意味合いが強かった。小池都政2年目の予算では政局よりも、更なる政策の具体化が課題となり、今年の団体ヒアリングをどう予算に反映させるか、成果が問われている。

市場移転問題

追加対策　不調相次ぐ

入札価格乖離「2倍弱」も

都中央卸売市場は豊洲新市場の安全対策追加工事のうち、10月30日に開札した5件中4件が入札不調となったことを受け、再発注に向けて発注内容やスケジュールを精査している。入札参加業者の提示価格と都の予定価格に大きな乖離があった案件もあり、中央卸売市場は同業者に対して任意で積算内訳書の提示を求めた上で、乖離原因の分析を急ぎ、「できるだけ早く都財務局に契約締結請求を出す」（財政調整担当）と話している。

入札不調になったのは、豊洲新市場5～7街区の地下水管理システム機能強化工事計3件と、5街区地下ピット換気対策工事1件。そのうち、業者の希望入札価格が都の予定価格を上回ったのが3件で、残る1件は全業者が入札を辞退した。

5街区地下水管理システムは鹿島建設1者が入札し、都の予定価格より約3億3600万円高い7億4千万円を1回目に提示。2回目で辞退して不調になるなど、価格差を始め発注内容の分析が急務となっている。都財務局によると、通常は再発注までに1カ月間を要する。

都は当初、来年6月上旬に追加対策工事を完了させるとしていたが、都が試行中の入札制度改革の一環で導入した「1者以下入札禁止」の影響を受け、完了時期を7月末に繰り下げていた。今回の不調案件は、制度改革の影響で開札がずれ込んでいる案件ではないため、更なる工期遅延の可能性が強まり、来年10月で調整中の市場移転スケジュールにも影響が出かねない。

◆地下化向け検討始動

日本橋上空の首都高地下化を検討する「首都高日本橋地下化検討会」の初会合が1日、霞が関で開かれた。これまでの地下化の検討経緯に加え、来春ごろに対象区間と地下ルート案を、来夏ごろに事業経費・スキームを提示する日程が示された。

検討会は国土交通省と都都市整備局、首都高速道路の3者が事務局を務める。都からは邊見隆士技監と西倉鉄也建設局長が出席。地元を代表し、中央区の吉田不曇副区長もメンバーに名を連ねた。会合冒頭、座長の森昌文国交省技監は「日本橋周辺のまちづくりと連携して、関係機関と協力して取り組むことが、地下化実現のキーになる」とあいさつした。

会合では課題も整理し、上下水や電気、地下鉄など同エリアの地下空間を縦横に走る埋設インフラや、周辺再開発計画との調整などを挙げた。

◆超高齢社会で有識者会議

都政策企画局は8日、「団塊の世代」が75歳以上になる「2025年問題」を見据え、超高齢社会の有識者懇談会を開催する。福祉の視点のみではなく、空き家などの住居問題や地域コミュニティーの希薄化など、総合的な観点から検討することを目的に、医学や経済、建築など各分野の専門家7人を委員に選任。来夏ごろに個々の地域特性を踏まえた「地域モデル」を提言する。

訂正　10月31日付「都政の東西」で、台東区が第4回定例区議会に民泊条例案を提出する方針を固めているとあるのは誤りでした。

都議会改革

政活費飲食禁止は限定的

都民ファ公約達成できず

都議会の議会改革検討委員会が10月31日に開かれ、政務活動費での飲食の一部禁止を決定した。視察や会議、宿泊に伴う飲食費を原則対象とし、宿泊費と明確に区分できない飲食は対象外とした。一方、新年会などでの飲食禁止は決定に至っておらず、政活費での飲食禁止を都議選後100日以内に果たすとしていた都民ファーストの会の公約は達成できなかった格好だ。

同日の検討委では、全常任委員会のインターネット中継の実施も決めた。来年度前半に総務委員会で試行を開始。カメラ台数や配信方法、経費などを検討し、実施体制を固めていく。今後は議長の諮問機関である情報公開推進委員会に検討の場を移し、16日に会合を非公開の打ち合わせ会で開く。

議会改革検討委員会は論点を整理の上、参加する全5会派の合意を得た項目から委員会に上げる仕切りとしている。木村基成委員長は「（政活費の）会費に含まれる飲食費、ペーパーレス化、議員公用車、議会棟の全面禁煙などを打ち合わせ会で話している」と述べた。次回の検討委員会は12月7日に開催予定。

都政の東西

試される地力

「これでいいのだろうか」。先日、ある都庁のOB幹部職員と会う機会があり、話題が今夏に行った本紙の小池都政1年に関する職員アンケートに及ぶと、浮かない表情でこう漏らした。

アンケートでは、小池知事がこの1年間で行った市場移転延期や五輪の費用負担などの政治判断などが低い評価となり、自由意見では異口同音で厳しい声が寄せられた。

OBは、そうした声自体には理解を示した上で、「では、職員自身はどうするのか」と問い掛ける。都政に興味がなく、国にばかり目を向け、都政を政局にしてしまう知事。衆院選では、その「本性」を表し、職員のモチベーションは下がりっぱなしだ。それでも職員は都政を前に進めなければならない。知事の悪口を言ってばかりいても仕方がない、というのだ。

そんな知事の下、職員はどう在るべきか。OBはキーワードに「専門性」を挙げる。

1千万人以上の有権者がいる都知事選は人気投票的な要素も強く、選挙の度に強いキャラクターの知事が誕生する。近年は短期間で知事が入れ替わり、方針も変わる。こうした状況では知事の意を酌み、調整する力が重視されがちだが、テクニカルな対応力だけでなく職員の専門性こそが試されるのではないか。

地方公務員の強みは現場を持っていることだと言われる。現場の中で課題を拾い、解決策を探る。そうして培った公務員としての専門性を武器に、都政に興味がない知事を引き寄せる、そんな力こそが必要だと話す。

変化が速い世の中、どんな状況でも対応できる能力は地力が源泉だ。OBは後輩にこうエールを送った。「同じレベルになり下がるな」

新任局長に聞く（上）　INTERVIEW

2人の副知事が就任したのに伴い、政策企画局、環境局、会計管理局、議会局の4局の局長級人事も行われ、新体制となった。2年目を迎えた小池都政を支えるため、どう課題を解決していくのか。4人の新任局長に話を聞いた。

政策の卵を孵化させる

遠藤雅彦・政策企画局長

母親の名前は小池知事と同じ「百合子」だという。「都庁人生で初めての女性上司も『百合子さん』になった。政策企画局長になったのは何かの縁だと思う」と笑う。

政策企画局の役割は、トップマネジメントの補佐だ。知事からは多様なオーダーがあり、知事の思いを見極めて政策化していくのがトップマネジメントの補佐だと話す。

また、知事のオーダーを卵から孵化させ、ひなを各局に渡す「インキュベーター」が政策企画局の役目でもある。

一方、知事からの指示には実現が難しいものもある。「（知事に）気に入られないかもしれないが、事業局からは言い出せないことは政策企画局が言わなければいけない。汚れ役になることもある」との覚悟で臨む。

都庁内からは、小池知事と波長が合うとの声が聞かれるが、「波長が合うというより、政策企画局長には知事の感覚を読み取れるかが求められている。こういう発想をするだろうと何手か先を読んでいかないとうまくいかない。ちょっと違うかもしれないが、（総務局）労務課に長くいたので、組合交渉で相手方が何を考え、どういう行動を取るか常に考えてきたのが役立っているのかも」と振り返る。

これまでの都庁人生で思い出に残る仕事は、東京マラソンの立ち上げだ。海外のマラソン大会、海外のマラソン選手の代理人との協議を経て、国際交渉の勉強になった。当時の人脈は今も生きている。スポンサーである製薬会社などとのパイプを構築し、環境局長時代には都民を対象にした熱中症対策の講座などへの支援につなげた。「民間企業とパートナーとして仕事をした経験が長いので、発想の段階で役所の殻を破ることに役立っている」と振り返り、「幅広い視点を持つのは重要」とメッセージを送る。

休日の過ごし方は2～3時間、自宅界隈を歩いたり走ったりしている。「最近運動不足で、太り気味」と嘆く。また、浦和レッズのサポーターで、試合があれば埼玉スタジアムで観戦するのも楽しみの一つ。大声で選手を応援することがストレス発散にはなるが、「試合に負ければストレスになる」と苦笑した。慶大法卒、63A、58歳。

100年先の都民想像して

和賀井克夫・環境局長

次長や都市地球環境部長を歴任した古巣の環境局に3年ぶりに戻って来た。温暖化防止や食品ロス対策、水素エネルギーの普及など課題が山積する中、覚悟を持って職に当たる。

同局の特徴は結果が出るまでに長い時間を要することだ。そのため仕事の心得では「今やっている仕事の成果はすぐには表れず、50年後、100年後に初めて花が咲き、実がなる。我々が『忖度』するのは50年後、100年後の都民の気持ちだ」と説く。水素エネルギーについても「宇宙の質量の4分の3は水素。これを生かさない手はない」と、スケールは壮大だ。

これまでの都庁人生で自治省（当時）や豊島区、民間シンクタンクなどに計6年間赴任したことも貴重な経験になったという。自治省では全国の自治体を視野に奔走する職員と共に働き、東京都を相対的に見る力が培われた。「いろいろな経験をさせてもらったのは財産」と振り返る。

職員には「相手の立場に立ち、想像力を働かせて仕事せよ」とメッセージを送る。病院経営本部時代に患者らと直接触れ合った経験から、「難しい要望を受けた時、まずはその要望の背景を考えてほしい。相手の話を聞き、相手の立場で物事を考えることで、要望そのものをかなえることは難しくとも、同様の効果を見込める様々な提案ができる」と力を込める。

また、働く上での気分転換の秘訣も披露し、「タイミング」と「開き直り」の二つを挙げた。「仕事を抱え込むな。抱え込んで100点に仕上げても、時間切れでは0点と同じ。60点でもいいから上司に答案を出して、早めに仕事を手放すこと。そこから先は上司が手直しして、いいものに仕上げていく」と説明。開き直りについては、「事情変化や政治状況によって積み重ねてきたものが吹き飛ぶこともあったが、いつまでも尾を引かないで諦め、開き直るのも大切」と話す。

週末はコーチを務める地元の少年野球チームで子供たちと触れ合うのが日課だ。15年以上続けており、「ノックもうまくなった。子供の力量にあわせて捕れるか捕れないかくらいのところに打つのが快感」と微笑んだ。慶大経卒、1A、57歳。

冗句ジョーク

今年も小池知事による各種団体ヒアリング

「結果、予算1万円計上されました。でも資料作成費や往復旅費等で2万円使いました」

――貧乏団体

葛飾区長選告示

現職と新人の一騎打ち

庁舎移転整備が争点に

任期満了に伴う葛飾区長選と同区議選が5日に告示され、区長選には届け出順に、新人で会社役員の木原敬一氏（64）＝共産支持＝と3選を目指す現職の青木克徳氏（68）＝自民、公明、民進推薦＝の2氏がいずれも無所属で立候補した。2期8年の実績を強調する青木氏に対し、木原氏は庁舎移転整備を争点に挙げ、白紙撤回を訴える。投票は12日に行われ、翌日開票される。4日現在の選挙人名簿登録者数は、男性18万8578人、女性18万9464人の計37万8042人。

■木原陣営

木原氏は午前10時、京成立石駅近くの選挙事務所前で第一声を上げた。共産党の和泉尚美都議が駆け付け、支援者ら約30人が集まった。

木原氏は、立石駅北口地区の再開発に合わせた区の庁舎移転建て替え計画を批判。「耐震補強済みの現庁舎をわざわざ取り壊し、高層ビルに移るのは、巨額な税金の無駄遣い。庁舎よりも古い小・中学校の建て替えを優先すべき」と述べ、建て替え中止を訴えた。

このほか、保育・介護職員の待遇改善や中小企業の後継者育成、情報公開の徹底などを公約に掲げる。木原氏は「区民の意見に聞く耳を持たない本末転倒の区政から、区民本位の開かれた区政に転換する」と支持を呼び掛けた。

■青木陣営

青木氏は午前10時に青砥駅前で出陣式を開いた。自民党の平沢勝栄衆院議員や公明党の山口那津男代表らが顔を見せ、選対本部長を務める青木勇前区長らが約60人の聴衆を前に応援演説した。

青木氏は2期目の実績として、2015年4月1日時点で252人だった待機児童数を2年間で76人に減らしたことや、特別養護老人ホームの整備率を23区で1位に押し上げたことを強調した。「区民や事業者らとともに政策を進める協働が区の発展につながる。区民の声を聞くには豊かな経験が必要だ」と力を込めた。

公約には、待機児童ゼロなどの子育て施策や観光・産業の活性化、地震や水害に強いまちづくりなどを挙げている。

青木克德氏

木原敬一氏

■過去の葛飾区長選結果

	氏名		区分	推薦	得票
2013年11月10日					（投票率41.66%）
当	青木	克德	無現	自公民	108,080
	野口	弘次	無新	共	36,699
2009年11月8日					（投票率47.44%）
当	青木	克德	無新	自	69,701
	内田	貴之	無新	民社国	38,345
	会田	浩貞	無新		20,360
	新井	杉生	無新	共	18,976
	谷野正志朗		無新		10,740

（四角囲みは推薦政党）

◆区議選は59人が出馬

定数40の区議選には59人が立候補した。現在の定数となった05年以降、最多となった。

内訳は、自民党16人、公明党9人、共産党6人、民進党2人、日本維新の会1人、諸派2人、無所属18人。結党後初の区議選となる都民ファーストの会は5人。

区民に選択肢を

【解説】実績を強調する現職と、庁舎建て替えの撤回を訴える新人の一騎打ち――区長選は4年前とほぼ同じ構図となった。しかし、同時執行の区議選の結果が区政運営に大きく影響を与えるため、前回とは様相が異なる選挙戦となっている印象だ。

木原氏が批判する庁舎の移転整備には、次の任期中に区議会で出席議員の3分の2の賛成による特別議決が必要になる。このため、青木氏の陣営では、単に区長選で当選するだけでなく、区議会での支持勢力の拡大を目標に挙げる。出陣式では庁舎建て替えに直接的に言及しなかったが、「区庁舎の建て替えは功績として残る。区議会で3分の2をとりたい」（陣営幹部）として、自民、公明、民進など区長与党の区議選候補者への応援に余念がない。

これに対し、木原氏も「庁舎建て替え反対という1点で、共産や無所属の一部との共闘を図りたい」と述べ、自身への支持と共に、区議会での建て替え推進勢力の拡大阻止を訴える。

そもそも、庁舎建て替えに対しては有権者の関心は高いが、現区政に失政は見当たらず、区長選は事実上の信任投票の色合いが強い。東京青年会議所が3日に開いた公開討論会では、違法駐輪対策やJR新金貨物線の旅客化などで青木氏と木原氏の意見が一致。庁舎建て替え以外の区政課題では政策論争には至っていない。

区は昨年度時点で高齢化率が約25%に達しており、待機児童対策や約450カ所の公共施設の維持管理など課題が山積している。数合わせの選挙戦に終始するのではなく、区民に選択肢を示すための議論の場にする必要がある。（伊）

各区で盛り上げに本腰

五輪1000日前

地域特性生かしてPR

2020年東京五輪まで1千日を切り、各区で機運醸成に向けた動きが本格化している。米国選手団が大会期間前後に区立施設を練習拠点として使用する契約を米五輪委員会と締結した世田谷区は、スポーツイベントや文化交流事業を企画。港区はランドマークの東京タワーを五輪カラーにライトアップして大会をPRした。台東区と墨田区は、観光連携協定を結び、五輪開催を国内外にアピールする共同事業を行うなど、23区で地域特性を生かした取り組みが進む。

五輪組織委員会は、五輪開会式の1千日前に当たる10月28日から、パラリンピック開催1千日前の11月29日までの約1カ月間を「1000 Days to Go!」月間と銘打ち、機運醸成を進めている。これを受け、各区が地域の特徴を生かした取り組みで盛り上げを図っている。

世田谷区は9月に区立大倉運動場と区立大倉第2運動場の2カ所を米五輪選手団が練習に使用する契約を米五輪委と締結。出場国が大会期間中の練習会場を決めたのは初めてで、区は10月23日に米五輪委との契約セレモニーを開き、米大使館の協力を得ながら連携交流を深めていくことを確認した。

区は昨年6月に米国のホストタウンに登録した。今年から同国のトップアスリートによるスポーツ教室を行っており、4月には中高生を対象とした野球・ソフトボール教室に、訪日中のペンス副大統領が参加。区民との交流を深めた。今後はスポーツイベントに加え、芸術や文化、教育など他分野にも交流事業を拡大する。

保坂展人区長は「区が米国のホストタウンということを区民はまだまだ知らない。あらゆる場面でPRを進める。特に子供たちが多くの思い出を積み上げて大会を迎えられるようにしたい」と語った。

観光地としての集客力を生かした取り組みも広がっている。港区は、五輪1千日前の10月28日に東京タワー周辺でスポーツ体験イベントを開催した。タワーを五輪カラーにライトアップし、台場海浜公園で行われるトライアスロンに親しんでもらうため、足湯休憩を織り交ぜた「スパトライアスロン」の体験コーナーを設置してPRした。また、福島県のブランド豚「美豚」を使った豚串焼きや、ご当地グルメの「浪江焼きそば」などを販売し、「復興五輪」としての位置付けを強調した。

今年で姉妹区提携40周年を迎えた台東区と墨田区は、新たに観光分野に特化した連携協定を締結した。両区の豊富な観光資源を生かし、来街者に大会をアピールする。大会までに国内外への合同プロモーション活動や、両区に沿って流れる隅田川の水辺空間活性化事業、両区を中心とした新たな広域観光ルートの開発などを行う。

台東区観光課は「日本を代表する観光エリアとして、国内外に発信する」と話し、墨田区観光課は「両区と鉄道でつながっている東北や北陸などとの地方連携も広げたい」としている。

Signing Ceremony for Team USA Camp for Tokyo 2020 Games

東京五輪に向けて協力を誓う保坂世田谷区長やアラン・アシュレイ米五輪委強化本部長（右から5人目）ら

23区議会

4区が受動喫煙対策求め

3定意見書・決議

23区の第3回定例区議会が10月27日までに閉会し、合わせて意見書38件、決議7件を可決した。

都が国に先行して屋内禁煙を規定する条例の制定を目指す受動喫煙防止対策に関しては、文京、荒川、葛飾、江戸川の4区議会が意見書を可決した。検討が遅れている健康増進法改正案の早期国会提出を求めており、国が明確に方針を定めるよう訴えた。

同意見書では、屋内公共空間は全面禁煙とする一方、小規模の飲食店舗には配慮するよう記載。加えて、各区が進めてきた屋外での分煙対策と共存できる規制の検討を厚生労働相や衆参両院議長に要請した。

墨田、中野、荒川、葛飾の4区議会は、国が小学校でのプログラミング教育を2020年に必修化することを受け、人材や財政支援を求める意見書を可決した。民間企業からの教員採用や他の自治体からの人材確保を認めること、IT環境を整備するための財政支援を、内閣総理大臣や文部科学相らに要望している。

来年6月に住宅宿泊事業法（民泊新法）を施行する民泊を巡っては、大田区議会と墨田区議会が、内閣総理大臣、厚労相らに意見書を提出。大田区は、特区制度で規定した範囲内で許可制で開業できる「特区民泊」を推進しており、意見書では、新法による民泊は届け出制のため、「安易な参入による質の低下などの懸念がある」ことなどを理由に、「受け入れがたい」と主張。自治体が特区民泊か新法による民泊のいずれかを選べるようにすることや、新法による民泊でも特区民泊同等の規制をかけるよう政省令に明記することを求めている。一方の墨田区議会は、違法業者を取り締まるための旅館業法の改正と、定期的な実態調査の実施を要請した。

決議は、江東、目黒、世田谷、荒川、練馬、足立の6区議会が、北朝鮮の核実験などへの抗議を可決した。

大田区

遺棄容疑で職員逮捕

交際女性の殺害認める

江東区の路上で1日未明に大田区に住む職業不詳の女性（47）の遺体が見つかった事件で、警視庁は3日、大田区選挙管理委員会事務局選挙担当係長の上田一美容疑者（55）を死体遺棄容疑で逮捕した。上田容疑者は容疑を認めており、女性の殺害も認める供述をしている。

上田容疑者は、1日午前0時ごろに江東区新木場の路上に女性の遺体を遺棄した疑いが持たれている。上田容疑者は女性と交際しており、遺棄現場周辺の防犯カメラに上田容疑者の車が映っていたことから、警視庁が捜査を進めていた。上田容疑者は「女性に別の交際相手がいることを知り、激高した。車の中で首をネクタイで絞めて遺体を捨てた」と供述している。女性の遺体には首を絞められたようなあとが残っており、殺人の容疑でも捜査が行われる見通し。

上田容疑者は2014年4月に係長に昇任し、選挙管理委員会事務局に配属された。

記者席

手慣れているのも困りもの

○……衆院選後、過密スケジュールが続く小池知事。2日の記者会見で、「都政邁進の表れか？」との質問に対し、知事は「就任以来、これが普通」と返した。確かに就任時から忙しく動いていたが、当時は都議会自民党とのバトルの真っ最中であり、また都議選も控え、何をするにも政局が見え隠れしていた。だが衆院選が終わり、戦う敵が目の前にいなくなった今は知事職に猛進しているように見える。

「こうやっていろいろ知事として活動ができるうちは、しっかり対応していきたい」とも。裏返せば「知事として活動できなくなること」を視野にいれているようにも取れる。果たしてどこに向かっているのか。

○……小池知事は2日、練馬区内の農家で江戸東京野菜のPRイベントに参加し、地元小学生らと共に練馬大根の種まきを行った。練馬大根と言えば、知事オリジナルの漬け物「百合子漬け」の材料。知事は10年以上前から練馬大根を作り続けているといい、種に土をかぶせていくのも手慣れた様子だった。

ただ、取材に訪れた記者からは若干の不満が。というのも、知事の種まきが手慣れていて予定より10分以上早く終わった上に、種まき中は一度も顔を上げてくれなかった。後にフォトセッションがあったとは言え、子供と一緒に笑顔で種まきする知事の絵を発信した方が、いいPRになったのではないか？

○……元SMAPの稲垣吾郎さんが5日にツイッターで、「本日結婚致します！」と突然、結婚宣言。これに対し、音喜多駿都議が「すごいなあ。あらゆる意味で、本当に自由だ。おめでとうございます」とお祝いした。

ところが、これは元SMAPの3人が出演したインターネット生放送の企画の一環。ネットで指摘を受けた音喜多氏は「いいじゃないですか。そういうのも含めて、SMAP元メンバーがなんか自由で！」と返した。

自由な発言が封じられた都民ファーストの会を離党し、自由を謳歌する音喜多氏にとって、事務所を離れた元SMAPメンバーの「自由」はひとごとではなかったようだ。

自治体政策のススメ

地域エネルギー政策の最前線①

環境エネルギー政策研究所所長　飯田 哲也

エネルギー大転換の時代

今、グローバルなエネルギー革命が進行中だが、地方自治にとっても大いに関係がある。なぜなら自然エネルギーの急激な拡大と同時に、中央独占型のエネルギー体制から地域分散ネットワーク型へと急速に移行しつつあるからだ。

拡大のペースは加速度的で、昨年、風力発電は世界全体で5千万㌔ワット増え、累積では原発の設備容量を大きく上回った。太陽光発電は昨年7600万㌔ワット増え、累積で今年中に原発の発電容量に達する見込みだ。

2000年にドイツで始まった固定価格買い取り制度（FIT）の世界的大成功が引き起こしたもので、普及とコスト低下の好循環の成果である。今や風力発電と太陽光発電は、世界のほとんどの国で、原発はもちろん化石燃料よりも「安い電源」となった。

気候変動対策やエネルギー安全保障などに加え、地域にとっては経済的な自立への重要な意味を持つ。長野県の試算では、エネルギー消費によって地域GDPの約5%が域外に流出しており、これらを地域内に循環させることができるからだ。

他方、急速な拡大は課題も生んでいる。日本でこの5年間に急激に拡大した太陽光発電の一部は、自然や景観への影響などから地域社会で紛争が起こっている。この問題の解決には、デンマークやドイツに見られる「地域の所有」が鍵を握る。

地域コミュニティーが参加し、所有するエネルギーを「ご当地電力」と呼ぶ。地方自治体には、こうした地域コミュニティーの参加の下、自然エネルギー政策が地域と調和して進められる環境を整えることが期待される。福島第一原発事故という未曽有の危機を経験した日本にとって、自然エネルギーによる地域の自立こそ、地方創生のための一丁目一番地ではないだろうか。

◇

いいだ・てつなり＝1959年山口県生まれ。京都大学大学院工学研究科原子核工学専攻修了、東京大学先端科学技術研究センター博士課程単位取得満期退学。政府の有識者委員や大阪府・大阪市特別顧問などを歴任し、2014年より一般社団法人全国ご当地エネルギー協会の事務総長を務める。著書に『エネルギー進化論』（ちくま新書）、『エネルギー政策のイノベーション』（学芸出版社）、『北欧のエネルギーデモクラシー』など多数。

江戸期の絵師屋敷

遺跡発掘で見学会

中央区

中央区は、京橋で民間再開発により江戸期の絵師屋敷地が出土したことを受け、10月27、28日に遺跡見学会を開いた。現地では区の文化財調査指導員が遺跡＝写真＝の説明を行い、近隣の会社員など約400人が参加した。

見学会の調査地点は江戸時代の絵師の中橋狩野家領地である可能性が高いという。絵師は人数自体が少なく、屋敷地が発掘されるのは珍しい。

2015年9月に再開発に当たって建設業者が試掘したところ遺跡が発見された。区の発掘調査によると、同地は元々、江戸時代の町人地であり、当時は大鋸町と呼ばれていた。

発掘調査箇所は約2100平方㍍を建物の解体工事と並行して20年まで行う予定。その後、出土した遺物を整理する整理調査を24年まで行う。発掘調査箇所には民間企業の建物が建設され、発掘された陶磁器や銭貨などは区の郷土天文館に展示する。

区教育委員会は「区にもこのような遺跡があると引き続き周知活動を行い、機会があれば見学会をまた開きたい」と話している。

認知症患者が座談会

患者の生の声、市民に届ける

小平市

小平市では、認知症患者への理解や対応を促進する取り組みに力を入れている。13日から18日まで「こだいら認知症週間」を初めて開催し、徘徊する高齢者への声掛け模擬訓練や、市役所でのパネル展示を行う。これに先立ち、10月20日には市内の認知症の高齢者を集め、座談会を開催。認知症患者の生の声を聞き、周知に役立てる考え。また、今月から道に迷った認知症患者の早期発見・保護のために「見守りシール」の配布を開始した。

「いつか自分が分からなくなるのかと思うと、不安で仕方がない」「認知症になっても、働ける場所がほしい」――。小平市で開かれた認知症患者の座談会後、参加者から聞かれた生の声だ。中には、「認知症は楽しい！もっと友達を作りたい」など症状を前向きに捉える声もあった。症状の軽重だけでなく、患者の症状に対する考え方や付き合い方に、それぞれ違いがあり、「認知症」と一言で言っても適切な支援は難しいことが分かる。

認知症患者の座談会は同市では初の試みで、担当者は「座談会を開く前は、最初期の軽度認知症患者でないと意見をうまく言えないのではないかと考えていたが、そうしたことは全くなかった」と話す。

「認知症週間」開催の背景には、認知症への理解が市民に行き届いていないという問題意識がある。同市ではこれまで、地域連携で介護を支えるガイドブック『認知症ケアパス』の作成や、認知症患者とその家族を支援する「認知症サポーター」の養成などを通じて市民の理解・周知を図ってきたが、一方で養成講座受講者から「認知症らしい高齢者を街中で見かけても、どう声を掛ければいいのか分からない」といった声が上がっていた。

担当者は「認知症患者は、実際に目の当たりにしないと分からないことがほとんど」と説明する。冒頭の座談会も、認知症患者の生の声を知る機会が少なく、理解が深まらないという意見が部署内で上がったことをきっかけに開いた。感想は「認知症週間」中に同市役所で行うパネル展で、市民に届ける予定だ。

見守りシール配布も

また、同市は1日から、認知症で道に迷った高齢者を早期発見・保護するために「おでかけ見守りシール」の配布を始めた。道に迷った認知症の高齢者にQRコードが印刷されたシールをかばんや杖などに貼ってもらい、見つけた人が、そのQRコードを携帯電話で読み取ると専用の電子伝言板にアクセスでき、家族と連絡を取りながら発見につなげる。

高齢者や認知症患者に目印を付け、徘徊時の早期発見を目指す取り組みは、町田市や多摩市などが市の高齢者支援施設の電話番号をキーホルダーに記載する方式で行っているが、電子伝言板を利用するのは都内で初めて。伝言板形式では、高齢者の持病の症状などをあらかじめ登録しておくことで保護した人が対応しやすく、また公的機関を通さないことで土日、祝日でも家族と連絡が取りやすい利点があり、地域連携での認知症介護に役立てる狙い。

しかし、他人同士がやり取りするため、保護した人から金銭を要求されるなどのトラブルに巻き込まれる可能性も否定できない。過去ログを市が確認することもできるが、あくまで事後対応となるためトラブルの回避は利用者個人の判断に任せられることになる。同市高齢者支援課は「トラブルの可能性があることは、登録の際に説明して納得してもらう。より家族との連絡が取りやすい方式を選んだ」と話す。

また、高齢者がシールを貼るのを嫌がるケースもある。今年1月から見守りシールの配布を始めた埼玉県日高市の担当者は「『自分は認知症だ』と宣言するようなもので、怒ってしまった高齢者もいる」と話す。一方で、通報を早めるにはある程度目立つ形で貼る必要もあり、「家族と相談して最適な場所に貼ってもらいたいが、自分が認知症だと自覚していない高齢者もいる」（高齢者支援課）と説明する。シールの普及には、高齢者自身の認知症への理解も不可欠になりそうだ。

小金井都計道で意見交換会

計画撤回求め住民反発

都都市整備局

都都市整備局は17日、小金井都市計画道路3・4・11号線に関する市民との意見交換会を開催する。同路線は自然豊かな「はけ」と呼ばれる国分寺崖線を横断することから、市議会が見直しなどを求める意見書を提出している。都市整備局では環境への配慮や道路の必要性を説明した上で住民の理解を得たい考えだが、傍聴席がなくネット中継もない意見交換会の開催に、市民団体などから反発が強まっている。

同路線は、同じくはけを横断する小金井3・4・1号線とともに都市計画道路の第4次事業化計画で優先整備路線に位置付けられており、都は事業を推進する方針を示している。一方、市議会では都の整備方針案に反対する市民の声を受けて、昨年3月に見直しを求める意見書を採択。今年9月の意見書でも、計画を進めることを前提とせず、見直しを含めた話し合いの場を設けることを求めていた。

今回の意見交換会は、小金井市市民会館・萌え木ホールを会場に、計画道路周辺に住む市民20人と、地域外の市民20人、各町会などの代表10人の計50人が参加。個別に意見を聞きながら進行するため人数を限定し、会場の広さの関係で傍聴席などは設けない。配布資料や議事録などは公開するが、個人情報の関係で中継や映像公開などは行わない方針。

都市整備局道路建設部は「反対を含め、様々な意見がある路線。住民に配慮しながら対応するよう知事からも指示を受けている」（計画課）と話し、説明会ではなく意見交換会とした趣旨を説明する。

一方、計画に反対する市民団体「はけの自然と文化をまもる会」の担当者は「意見交換会は、計画を進めることを前提にしている。計画そのものの是非を問うべき」と反発を強めており、会の公開や傍聴を求めている。

小池知事は知事就任前、同団体のアンケートに対し、「実際に現場を巡視した上で、不適切な場合には見直しを進めていきたい」と話しており、就任後も「状況を見て判断する」との考えを示しているが、現場視察には至っていない。

都市整備局では「道路の必要性や、優先整備路線に位置付けられているという根本は変わらない」として、あくまでも環境や景観への配慮に関して住民側の理解を得たい考え。来年度以降も継続して市民との意見交換を実施するとともに、年度内に多くの住民が参加できる説明会を開き、できる限り意見を交換していくとしている。

友好交流協定を締結

戦時中からの縁で

奥多摩・神津島

奥多摩町と神津島村は10月29日、奥多摩町福祉会館で友好都市協定を結んだ＝写真。

太平洋戦争の末期、神津島村から旧小河内村など現在の奥多摩町地域に400人以上が集団疎開しており、これが縁となって両自治体の交流がスタート。毎年行われている「奥多摩町ふれあいまつり」で神津島村の物産展を開催しているほか、1998年からは奥多摩町の小学生が神津島村に行き、同村の名産の黒曜石を使った工作や、海で水浴を行う「洋上セミナー」を行うなど、交流が続いていたが、正式な協定はなかった。

今回の協定をきっかけに、23日には神津島村で初めて奥多摩町の物産展を開く。

奥多摩町の担当者は「初めて洋上セミナーに参加した人は30代になっている。今回の協定がきっかけで、民間企業レベルでも交流が盛んになるかもしれない」と期待。神津島村は「これまでも長く交流があったので、今後も続けていきたい」と話している。

33年ぶり選挙戦へ

3人が立ち三つどもえの様相

利島村長選

任期満了に伴い、きょう7日告示、12日に投開票が行われる利島村長選で、6月の村議会で出馬表明した現職の前田福夫氏(74)の他、前職の梅田和久氏(71)、新人の前田隆夫氏(64)の3人が立候補する見通し。同村長選は1984年に選挙が行われて以来、33年ぶりとなる。

前職の梅田氏は2013年まで3期、村長を務めたが、し尿処理施設の建設事業者が入札参加資格に満たないことが発覚し、責任を取って辞職した。当初は立候補を固辞していたが、支援者の説得で出馬を決意した。

新人の前田氏は、無所属での出馬。昨年まで村議を5期務めた経験を生かし初当選を狙う。8日中に公約を発表する予定。

6日現在の選挙人名簿登録者数は252人。

市初の婚活イベント

クリスマス前に開催

東大和市

東大和市は12月16日に市の桜ヶ丘センターで市の事業として初めて婚活イベントを開催する。

イベントはセミナーとカフェでの交流会の二本立て。セミナーでは、「素敵に魅せる所作と言葉遣い」をテーマに、JALに勤務していた元客室乗務員が講義。交流会では市内にある1780年創業の茶屋「幸右衛門茶舗」が営業するカフェで抹茶デザートなどを楽しんでもらう。

国の地方再生総合戦略を受けての開催で、晩婚化や少子化の対策につなげる考えで、25～40歳程度の独身の男女が対象。男性のみ職業を持ち、同市内在住・在勤の人に限る。料金は男女ともに3千円。

市民とともに環境確保

多摩の振興プラン④ 格差から発展へ

台風一過の青空となった10月のある日、西東京市の「いこいの森公園」は、親子連れやランニング中の高齢者などでにぎわっていた。同市で最大規模を誇る公園には、バーベキュー場やスケートボード用の広場もあり、パークヨガやファーマーズマーケットなどのイベントも充実。駅からは離れた住宅地に位置しているが、多くの来園者が訪れている。人気の秘訣は、運営体制にある。

同市では、一部の公園管理に指定管理者制度を導入。民間のノウハウを取り入れて多彩なイベントを行い、市民に愛される公園づくりを進めている。指定管理を公園単位ではなくエリア単位で行うことで、大きな公園でのイベント収益は一帯の小さな公園の維持管理にも生かされている。

多摩地域には、人口比で1人当たり7・8平方㍍の都市計画公園が位置し、区部の4・4平方㍍、埼玉や千葉の7・3平方㍍と比較しても緑に恵まれた環境だ。だが、公園は子供のボール遊びや遊ぶ声、犬の散歩など、苦情のはけ口になりやすく、「迷惑施設」と呼ばれることもあるなど、その維持管理には頭を悩ませる自治体も多い。

西東京市みどりと公園課では、あえてそうした声の受け皿となり、当事者同士の話し合いの場となるワークショップや懇談会を開き、市民との二人三脚による緑の環境づくりが進んでいる。担当者は「行政がストーリーを作るのではなく、市民と共に公園運営を行っていくことで、よりよい公園を作っていくことができる」と説明する。

身近な緑の豊かさは多摩地域の大きなメリットだ。多摩地域のみどり率は67・1%にのぼるが、10年間で2・7%減少している。都が振興プランに掲げた「東京の緑の総量をこれ以上減らさない」という原則を実現するためには、市民の理解と協力が不可欠だ。

緑の総量維持

■担い手不足が深刻化

多摩地域に広がる緑の一翼を担う都市農業は、消費地に隣接する生産地として、食料調達や農業体験、災害時の防災空間としての役割を果たしているが、生産緑地面積はこの7年間で約290㌶減少し、農作放棄地も増加している。

多摩の振興プランでこの問題を見据え、生産緑地を都市計画公園・緑地に位置付けることや、農地の公有地化によって市民農園などとしての利用を進め、制度面で緑の確保を進める。

前提となるのが、農業の担い手確保だ。稲城市では、市内の農業を支える援農ボランティアを育成するため、今年1月から「いなぎ農業ふれあい塾」を開設。1年間にわたり、月に2回程度の実習や講座受講によって農業の担い手を育成することで、市内の高齢農家などを手助けするボランティア活動を行うことが目的だ。あくまでボランティアで、農家からの返礼なども禁止されている取り組みだが、定員を超える応募があり、抽選となる人気。今年度の2期生の募集も定員を大きく超えた。

稲城市市民部経済観光課は「市内にはナシ畑や農地が身近にあり、農業への意識が高い」と説明する。市内の高齢農家の継承に関してはまだ道半ばだが、今後は認定農家制度など、他市の事例も参考に検討を進める考えだ。

林業分野では、担い手不足が更に深刻だ。多摩地域の杉は木材として利用可能な50年以上のものが6割以上となっているが、林業従事者は年々減少。森林の環境確保には人の手が欠かせず、都はOJT研修などで新規就労者の確保・育成を進める考えだが、高度な技術が必要となる一方、木材価格が低迷し、伐採搬出経費が賄えないという根本的な問題がある。

「丸太を売っているだけじゃ赤字になる」。昨年7月、都の自然公園に関する懇談会で、都内の林業会社「東京チェンソーズ」の代表は、そんな言葉を投げかけた。業務内容は6割が公共事業で、丸太生産は補助金を加えても必要経費の方が大きく、伐採しても儲けにならない。都は多摩産材のブランド化などによって収益性向上を目指す考えだが、需要喚起につながるかは不透明だ。

都政モニターアンケートによれば、多くの都民は東京の森林に木材利用への期待はほぼなく、水源の浄化や二酸化炭素の吸収、自然体験などを求めている。だが、林業の振興がなければ環境維持は望めない。自然への興味を入り口にするため、振興プランではエコツーリズムの推進への支援や、ガイドインストラクターの育成促進を掲げた。その先にある担い手確保に向けて、民間事業者や自治体とも連携した取り組みを進めていく。

担い手育成にはまずは関心の喚起が必要となる。多摩地域の豊かな環境は、市民をはじめとした多様な担い手の理解と協働が不可欠だ。

多摩地域では市民が参加する農園への関心も高い＝稲城市提供

市制70・50周年記念式典

武蔵野市・国立市

武蔵野市と国立市は3日、それぞれ市制70周年と50周年の式典を、武蔵野市民文化会館とくにたち市民芸術小ホールで開催した。両式典には小池知事も出席した。

武蔵野市では、1992年から交流が続いているルーマニアの駐日大使が祝辞を述べたほか、松下玲子市長があいさつ。戦後初の市の誕生から現在までの歴史を説明し、更なる今後の市政の飛躍を誓った。

国立市では谷保天満宮で毎年9月に行われる祭りで奉納される「谷保天満宮古式獅子舞」の演舞＝写真＝や、市制50周年を記念して結成した合唱団による平和を祈る歌を披露。永見理夫市長は「人間を大切にするという、まちづくりの基本理念を大切に守り続けながら、次の50年に向けて市民と共に全力で取り組む」と式辞を述べた。

■八王子市人事異動

1日付 ◎印昇任

【部長級】▽市制100周年記念事業推進室長兼総務部長（総務部長）山崎光嘉▽福祉部生活福祉担当部長（会計管理者兼会計部長＝会計部会計管理課長事務取扱）小澤篤子▽拠点整備部付参事＝八王子市まちづくり公社（まちなみ整備部開発審査課長）◎守屋清志▽会計管理者兼会計部長＝会計部会計管理課長事務取扱（市制100周年記念事業推進室長）植原康浩

【課長級】▽市民活動推進部多文化共生推進課長（生涯学習スポーツ部学習支援課長）新井雅人▽市民部市民生活課長（市民部市民課長）高野芳崇▽市民部市民課長（図書館部生涯学習センター図書館長）新堀信晃▽都市計画部交通企画課長（道路交通部建設課課長補佐兼主査）◎山崎泰弘▽まちなみ整備部開発審査課長（都市計画部交通企画課長）中邑仁志▽生涯学習スポーツ部学習支援課長（市民活動推進部多文化共生推進課長）浅岡秀夫▽図書館部生涯学習センター図書館長（市民部市民生活課長）新納泰隆

区管理職選考

I類127人、II類55人合格

6団体でI類事務が不足

特別区人事委員会は10月31日、2017年度の特別区管理職選考の合格者を発表した。合格者はI類127人、II類55人の計182人で、前年度比14人の増。受験者数に対する合格率は30・0%で、前年度を0・6ポイント上回った。各区の合格者数を見ると、I類で6団体が、II類で9団体が管理職の需要数を下回っており、中長期的な組織運営に対する影響を指摘する声もある。

事務の合格者はI類93人、II類42人。II類は前年度比7人増となったが、いずれも合格予定者数を下回った。合格率はI類が27・0%、II類が48・8%だった。

技術は合格予定者数I類34人、II類15人に対し、合格者はそれぞれ34人と13人。I類技術は前年度を7人上回った。合格率はI類が22・2%、II類が59・1%となっている。

区別で見ると、I類事務では千代田、港、世田谷、渋谷、足立、特競馬の6団体で合格者数が需要数を下回った。I類技術では千代田、新宿、中野、杉並、荒川など7団体で合格者がゼロだった。

このうち港区は現在、都・区から計8人の派遣を受けている状況で、今年度は需要数を多く見込んだが、I・II類ともに合格者数が需要数を満たさず、引き続き他区の派遣に頼らざるを得ないという。千代田区も今年度、定年退職者数に対応して需要数を増やしたが、合格者数が下回り、再任用の活用などで対応する形になりそうだ。

世田谷区はI類事務の合格者数が2人で、需要数を6人下回った。当面の組織運営に支障はないが、19年度以降、管理職の退職者数が増える見通しで、管理職の需給が逼迫することも想定される。

管理職不足の背景には、係長の昇任希望者が少ないことがあり、人事担当課長の一人は「係長職の昇任選考の受験率が非常に厳しい。まず係長の数を確保する必要がある」と指摘している。

特別区全体の受験者（全部・免除受験方式）は606人で、前年度比35人増。口頭試問進出者は同24人増の331人、免除受験方式での受験者は同36人増の258人だった。

特別区人事委員会事務局では「免除方式での受験者数の増加から、ライフプランに合わせて計画的に受験している職員が増加している」（任用課長）との認識を示す一方、需要数に満たない区もあることから、改めて受験勧奨用冊子を周知するなど、より受験しやすい環境づくりを呼び掛けている。

ある区の人事課長は「口頭試問で不合格だった職員の中には、面接官とのやり取りの中で普段の実力が発揮できず、『もう少し研鑽を積んでから』と判断された受験者もいたのではないか。管理職に昇任後、能力を発揮するためにも必要なプロセスだと思うので、日頃の仕事で磨いてほしい」と感想を話した。

なお、今年度は162人がI類択一・短答式の免除資格を取得した。原則3年間、同試験が免除される。

2017年度管理職選考実施状況

（単位：人、%）

種別	選考区分	受験者数 17年度	受験者数 16年度	口頭試問進出者数 17年度	口頭試問進出者数 16年度	合格者数 17年度	合格者数 16年度	合格率 17年度	合格率 16年度
I類	事務	345	329	191	183	93	92	27.0	28.0
	技術I	70	56	23	17	15	11	21.4	19.6
	技術II	40	33	21	17	14	11	35.0	33.3
	技術III	43	43	8	8	5	5	11.6	11.6
	技術計	153	132	52	42	34	27	22.2	20.5
	小計	498	461	243	225	127	119	25.5	25.8
II類	事務	86	85	72	67	42	35	48.8	41.2
	技術	22	25	16	15	13	14	59.1	56.0
	小計	108	110	88	82	55	49	50.9	44.5
合計		606	571	331	307	182	168	30.0	29.4

※I類は全部及び免除受験方式の人数

2017年度管理職選考　区別・選考区分別合格者数

区名	I類 事務	I類 技術I	I類 技術II	I類 技術III	I類 小計	II類 事務	II類 技術	II類 小計	合計
千代田	2				2	1	1	2	4
中央	3	1			4	2	1	3	7
港	2	1			3	2		2	5
新宿	5				5	1		1	6
文京	4		2		6			0	6
台東	3		1		4	3		3	7
墨田	5			1	6	2		2	8
江東	5	1	1	1	8	3		3	11
品川	5	2			7	1		1	8
目黒	2		1		3	1		1	4
大田	7	2			9	1		1	10
世田谷	2	1	2		5	6	1	7	12
渋谷	5	2	1		8	1	2	3	11
中野	4				4			0	4
杉並	5				5	2	1	3	8
豊島	4	1			5	2		2	7
北	4	1	2		7	2		2	9
荒川	3				3	1		1	4
板橋	3	1			4	1	1	2	6
練馬	6	1			7			0	7
足立	4		2		6	2	2	4	10
葛飾	4	1			5	4	1	5	10
江戸川	4		2		6	1	3	4	10
特人厚	1				1	1		1	2
特競馬					0			0	0
清掃	1			3	4	2		2	6
計	93	15	14	5	127	42	13	55	182

特別区管理職選考合格者

■I類

◆I類事務

【千代田】赤海研亮、前田美知太郎【中央】武藤智寛、金広路子、平川康行【港】相川留美子、靏田祐介【新宿】菊地ゆみ、堀里威宏、青山豊、小原良太、高橋和孝【文京】坂田賢司、木口正和、高橋肇、進憲司【台東】行天寿朗、吉江司、三澤一樹【墨田】松本輝之、澤田敦子、岩本健一郎、堀啓一、楠幸輔【江東】小菅賢太郎、西野こずえ、岩崎裕之、鈴木賢、渡邊明雄【品川】小林徹、濵中宏章、簗山憩、豊嶋俊介、山下隆【目黒】関真徳、坂本祐樹【大田】桑原紀貴、阿部大輔、塚本靖章、鈴木啓介、若林弘、阿部浩昌、齋藤和孝【世田谷】齋藤真徳、伊藤祐二【渋谷】坂路雄、山口勝、花田和子、中島匡信、横手麻理【中野】竹内賢三、滝浪亜未、青木大、矢澤岳【杉並】石河内賢、近藤高成、高取将弘、高倉智史、田森亮【豊島】熊谷崇之、五十嵐友、勝島匠、宇野貢彰【北】染矢悠司、上里亮太、木暮貴志、山口正博【荒川】漆畑研太、田上誠二、遠藤伸記【板橋】小熊大介、浅子隆史、澤邉涼【練馬】阿部卓也、渡辺洋、苗村聡、染野好章、奥野翔、高橋雄貴【足立】山岸覚、安部嘉昭、鈴木孝昌、網野孔介【葛飾】和田敏道、羽田顕、疋田博之、山岸健司【江戸川】井口隆太郎、松岡永祐、栗間大介、田島勉【特人厚】林浩之【清掃】秋山兵吾

◆I類技術I

【中央】金広直樹【港】池端隼人【江東】川野英明【品川】小川晋、中道元紀【大田】中山岳人、藏方博史【世田谷】丸山寛樹【渋谷】中村彰男、野田有一【豊島】小澤正司【北】外山学【板橋】成清勝博【練馬】葭井公夫【葛飾】高橋正敏

◆I類技術II

【文京】岩田雅治、大畑幸代【台東】反町英典【江東】篠原徹【目黒】岡英雄【世田谷】小野道寛、菊池正則【渋谷】福嶋一平【北】佐々木暁、荻野慎一【足立】神山和洋、鴨居正雄【江戸川】櫻原真哉、武藤剛

◆I類技術III

【墨田】村田大輔【江東】鈴木剛【清掃】伊藤丈彦、柳信雄、中川智之

■II類

◆II類事務

【千代田】中根昌宏【中央】井山みさと、木曽雄一【港】鳥居誠之、坪本兆生【新宿】福岡淳也【台東】横倉亨、吉田美弥子、櫻井洋二【墨田】石岡克己、有澤恵美子【江東】篠崎修、千泥香、佐藤生男【品川】宮尾裕介【目黒】榧原和重【大田】浅沼雄一郎【世田谷】荒井久則、阿部辰男、木田良徳、瀬川卓良、大里貴代美、松田一清【渋谷】齋藤貢司【杉並】石田幸男、秋吉誠吾【豊島】時田哲、山本りか【北】小林誠、小野祐子【荒川】小堀純【板橋】齋藤栄【足立】神保義博、加藤鉄也【葛飾】伊藤香代、中島恵美子、南部剛、羽鳥秀明【江戸川】植田光威【特人厚】小島和親【清掃】山本泰弘、初瀬司

◆II類技術

【千代田】市川健介【中央】池田大介【世田谷】高野明【渋谷】早川玲子、神田真理子【杉並】塚田千賀子【板橋】内田洋二【足立】長澤友也、山坂延央【葛飾】箕美紀【江戸川】小泉京子、菊池佳子、本多吉成

都小委

フレックスタイム制提案

昇給制度の見直しも

都と都労連は1日、小委員会交渉を行い、都側がフレックスタイム制の導入や昇給制度の見直しなどを提案した。

フレックスタイム制は、総務局での試行を踏まえ、本庁職場での導入を提案。4週間を1単位とし、155時間の範囲内で1日当たりの勤務時間を伸縮できるようにする。始業・終業時刻は原則、各職場で設定している時差勤務の時刻から選択する。1単位のうち1日に限り、土曜・日曜に加えて週休日を設け、週休3日とすることも認める。実施時期は2018年4月1日から。

これに対し、都労連は「指摘や主張に一切答えていない」と激しく反発。「試行で明らかになった課題の解決方法を示すことなく本格実施を提案した強硬な態度を認めることはできない」として、撤回を求めた。

昇給制度に関しては、都側が勤務成績に基づく昇給号給数・付与率の見直しを提案した。

具体的には、勤務成績の区分で下位に当たる3号昇給以下の付与率を5%とする設定を、医療職（一）・教育職の監督職層にも広げる内容。都では16年度に勤務成績に基づく昇給号給数を7段階に拡大し、行（一）と医（二・三）の監督職層に下位以下の付与率を設定している。併せて、医（一）・教育・行（二）の監督職層と全ての一般職層について、現行は業績評価が「D」の場合に3号昇給、「D」が2年以上続いた場合に2号昇給としているが、それぞれ2号昇給、1号昇給へと見直し、全職員の扱いの統一を図る。

一方、都労連は「制度見直しの検証を十分に行うことなく、次々と制度を改変することは認めることはできない」と批判。提案の撤回を求めた。

都側はまた、10月に示した「基本的考え方」に基づき、一般職非常勤制度の見直しを提案した。

一般職非常勤は現行、1年を通じておおむね1カ月16日間・1日7時間45分勤務する職としているが、おおむね常勤の2分の1超の日数・時間を勤務する職までその範囲を拡大する。

職の基準の拡大に伴い、勤務条件の設定も見直す。例えば有給休暇は任用年数が1年目の職員の場合、月15～16日勤務であれば現行通り10日を付与。月11～14日勤務であれば旧専務的非常勤職員の例を踏まえ、5日としている。都労連は臨時・非常勤職員の処遇改善要求の実現と合わせ、議論することを求めた。

小委ではそのほか、都側が昨年度から引き続き協議となっている扶養手当の収入限度額（現行140万円）を国・他団体との制度的均衡を図る観点から130万円未満とする見直しについて、改めて説明。都労連は取り下げを要求し、労使の主張は平行線をたどっている。

この間、労使で議論してきた退職手当の見直しについては、国が給与改定と合わせて今国会で法案の成立を目指す方針を固めた。今後急変する情勢が、交渉の行方に大きく影響してくる可能性がある。

桐原書店に命令書

組合活動の介入で

都労働委員会

都労働委員会は10月25日、教科書の作成・販売を行う㈱桐原書店とその管理職が労働組合の意思形成や運営に介入する不当労働行為をしたとし、組合活動に介入しないよう命じた。

命令書によると、同社は昨年10月、別会社に事業譲渡することが決まり、従業員を全員解雇し、希望者は再度採用試験を受けさせる措置を取ったが、これに組合が反発。同社出版物の著者に対し、新会社との出版契約の締結を保留するよう働き掛けたところ、管理職が組合員に組合を脱退するよう促すメールを送信したり、同社社長が組合の活動により新会社の業務に支障をきたす可能性があることをブログに掲載したりした。

双方向・対等の人事交流を

役員は庁内外から公募制に

上山信一特別顧問に聞く④

都庁OBの再雇用に関しては今回、監理団体をヒアリングした範囲では特にOBの天下りの弊害が目に余る状況ではなかった。これまではOBの役員数を減らし、なるべくプロパーを登用するというのが改革の定石だった。この原則は今も正しいが、柔軟に考えないと不都合も出る。また適材適所であれば、OBだからといって排除すべきではない。

役員の数も問題だ。仕事の範囲が広いのに役員数が少な過ぎる団体があった。例えば、本来は（業務の範囲が広くて）4人必要なところ、行革のあおりで2人しかいない。更に2人とも都庁OBとなって結局、民間出身者が登用されず新しい発想が取り入れられない、といった現象である。

前回の都政改革本部会議で私は、監理団体の役員人事では公募制の導入や要職への若手の都庁幹部候補生の出向を提案した。国の独立行政法人の理事長は全て公募制だ。ここで言う公募は、民間からだけでなく庁内からも募る。他県のOBでもいい。

大阪府・市では外郭団体や区長、本庁の部長ポストを公募にし、民間企業や他県、中央官庁の元幹部が採用されている。東京ならたくさんの方が手を挙げられると思う。例えば、横浜市の元局長なども採用したらどうか。

現実には民間人にとって官庁組織は分かりにくいし、給与水準の限界もある。結果的に多くのポストは都庁OBが務めるだろう。また、適任者がいない場合は無理に公募人材の中から選ぶ必要はない。しかし、それでもいったんは手を挙げてもらうことで意欲と責任意識を確認すべきだろう。

グループ経営の鍵

監理団体の職員の確保についてはどうか。これまで都庁は、監理団体の定員を細かく管理し過ぎてきたきらいがある。今後は各団体に経営プランを描いてもらった上で、それに沿った職員採用など任せるなど経営の自主性を引き出した方がいい。

都庁は監理団体に大量に職員を派遣している。他県などに比べて異常に高い比率だ。これはプロパー職員の採用や業務の民間への再委託で減らすべきだ。その上で、戦略的な重要ポストには若手の幹部候補生を出向させる。とにかく都庁から団体に職員を安易に出さない。団体の事務作業で手が足りないなら民間企業にアウトソーシングすればいい。

一方、監理団体への戦略出向は、都庁の幹部候補生の人材育成に好影響を与えるだろう。都の職員数は昔に比べ全体に余裕がない。その結果、若い頃から本庁で事務仕事ばかりしている職員が多い。

しかし、例えば都庁の30代の若手が具体のプロジェクトで各団体に出向し、民間出身の団体職員と一緒に仕事をすると、現場の実態にも精通するし、人脈もできる。監理団体に出向して成果を上げた幹部が本庁の局長へ昇任するといった人事慣行があってもいい。

逆に、団体のプロパー職員の幹部候補生も本庁に出向させる。政府はJICAの幹部候補を外務省に出向させ、本庁の政策立案に参加させている。それで政策の質も高まる。

都庁でも、例えば東京都歴史文化財団の現場でたたき上げてきたプロパー職員は現場を良く知っている。その知識を武器に本庁の局で仕事をし、併せて国や議会との仕事なども学んだらいいと思う。人材交流は双方向で対等がいい。これがグループ経営の成功の鍵だ。

個々の監理団体の改革[illegible]に合わせ、改革[illegible]も手法、スピード[illegible]る。だが10年先[illegible]たとき、今の監[illegible]約4割は使命や[illegible]を抜本的に見直[illegible]あるだろう。その[illegible]団体だけではな[illegible]略の見直しも必[illegible]が多い。見直し[illegible]～3年でできる[illegible]しかし各団体が[illegible]してやっていけ[illegible]競争力や実質を[illegible]5年くらいかかる[illegible]

2020年に[illegible]輪対応が終わり[illegible]体に人員の余裕[illegible]る。その時期を[illegible]今から改革の道[illegible]るべきだろう。

（おわり）

時差B-iz推進で表彰

来年は時期・日数拡大

快適な通勤を促す「時差Biz」で、都は2日、優れた取り組みを行った12団体を「推進賞」として表彰した。

時差出勤やテレワークなどオフピーク通勤を評価する「ワークスタイル部門」では、損害保険ジャパン日本興亜㈱など8団体が受賞。同社はテレワークを全社員が無条件に利用でき、就業時刻を9パターンから選択できるシフトワークも導入。時差通勤の推進月間には実施者数が前年比約17%増加したという。また、官公庁では時差勤務を拡充した豊島区が唯一、受賞。

普及啓発の「プロモーション部門」では4団体。㈱セブン-イレブン・ジャパンが都内約2200店舗で時差Bizのポスターを掲示した。

小池知事は[illegible]と話した。来年は「時差Biz」の時期・日数を拡大する考えも示した。

わいせつ・窃盗で教諭を懲戒免職

都教育庁

都教育庁は10月30日、女性の胸を触るなどの強制わいせつ行為をしたとして、瑞穂町立小学校の男性教諭（30）を懲戒免職処分とした。6月、深夜に帰宅中に話し掛けた女性にキスをしたり、胸を触ったりし、警視庁に逮捕され、起訴猶予となった。

[illegible]

訂正　10月31日付「上山信一特別顧問に聞く③」の記事中、[illegible]

◆シリーズ「退職後のリアル」「五輪への航海図」は休みます。

平成30年度▶ 主任試験講座 －7－

29年度問題解説⑤

【No.43（33）】正答⑤

①誤り。継続費の説明である。特別会計とは、単一予算主義による不利不便を補い、特殊の事業内容を明らかにするために設けられるもので、公共団体が特定の事業を行う場合、その他特定の歳入をもって特定の歳出に充て、一般の歳入歳出と区分して経理する必要がある場合に、条例でこれを設置することができるものである（『職員ハンドブック2017』394㌻）。

②誤り。特別法により設置されているものもある。「母子及び父子並びに寡婦福祉法」によるものである「母子父子福祉貸付資金会計」など（『職員ハンドブック2017』395㌻）。

③誤り。企業会計方式により経理する特別会計である（『職員ハンドブック2017』395㌻）。

④誤り。「臨海地域開発事業会計」は、地方公営企業法の一部が適用されるものである（『職員ハンドブック2017』395㌻）。

⑤正しい。

【No.44（34）】正答⑤

①誤り。歳入徴収者は、徴収すべき歳入の金額が確定したときは直ちに調定し、収支命令者に、調定額等を財務会計システムに登録させなければならない（『職員ハンドブック2017』416㌻）。

②誤り。地方交付税などについては、納入の通知ではなく、納付書を使用することができる（東京都会計事務規則第26条）。

③誤り。金銭出納員が現金を受領したときは、納付書を作成し、これに現金を添えて即日または翌日、指定金融機関等に払い込まなければならない（『職員ハンドブック2017』417㌻）。

④誤り。都では、東京都収入証紙条例の定めるところにより、手数料についてのみ収入証紙による収入の方法を適用してきたところであるが、平成20年第2回都議会定例会において、東京都収入証紙条例を廃止する条例案が可決され、平成22年4月1日から直接現金で収入することとなった（『職員ハンドブック2017』417㌻）。

⑤正しい。

【No.45（35）「20」】正答⑤

①誤り。一般競争入札、指名競争入札、随意契約及びせり売りの4方法がある。

②誤り。随意契約においては、その性質上一般競争入札及び指名競争入札にみられるような制限としての資格は存在しない（『職員ハンドブック2017』438㌻）。

③誤り。なるべく5人以上の者を指名しなければならない（『職員ハンドブック2017』437㌻）。

④誤り。随意契約においても予定価格を定めなければならない（『職員ハンドブック2017』438㌻）。

⑤正しい。

【No.46（36）「21」】正答②

①誤り。占有権及び賃借権は公有財産に含まれない。

②正しい。

③誤り。地方公営企業管理者が公有財産を取得しようとするときは、地方公共団体の長の承認または同意を必要としない。

④誤り。「東京都公有財産管理運用委員会」を設置している。

⑤誤り。使用許可の期間は原則として1年以内に限られている。また、行政財産の用途または目的外の使用の許可を受けた者からは使用料を徴収することができる。

【No.47（37）「22」】正答①

①正しい。

②誤り。東京都サイバーセキュリティ基本方針は、情報セキュリティ対策について基本的な考え方を定めたものである（『職員ハンドブック2017』527㌻）。

③誤り。東京都サイバーセキュリティ対策基準は、基本方針に基づき、情報セキュリティー対策等を実施するために、各情報システム等共通の最低限必要な水準として、具体的な順守事項及び判断基準等を定めたものである（『職員ハンドブック2017』527㌻）。

④誤り。情報資産は、その種類により次のように定義される。①ネットワーク、情報処理システム及びこれらに関する設備、電磁的記録媒体②情報システム等で取り扱う電磁的な情報③情報システム等の仕様書及びネットワーク図等のシステム関連文書。

⑤誤り。

【No.48（38）「23」】正答②

①誤り。

②正しい。

③誤り。

④誤り。

⑤誤り。

【No.49（39）「24」】正答③

①誤り。65歳以上の在宅高齢者を対象としたものである。

②誤り。「一世代（夫婦のみ）」の割合が最も高く、次いで「二世代」「単身世帯（ひとりぐらし）」の順であった。

③正しい。

④誤り。「子ども」の割合が最も高く、次いで「配偶者」「ホームヘルパーなどの介護職員」の順であった。

⑤誤り。「現在の住宅に住み続けたい」の割合が最も高かった。

【No.50（40）「25」】正答③

①誤り。「予算を効率的に執行する」が前回より1㌽増加して1位であり、次いで「情報公開を積極的に進める」「都政情報をわかりやすく提供する」の順であった。

②誤り。「高齢者対策」が前回に引き続き1位であった。「防災対策」は前回より7㌽増加して2位、「治安対策」は1㌽減少して3位であった。

③正しい。

④誤り。「交通網が発達していて便利だから」が最も多く、次いで「東京に長く暮らしているから」であった。

⑤誤り。「学校・職場における交通安全教育」が47％でトップであった。

【No.51（41）「26」】正答⑤

①誤り。「公共施設等総合管理計画」は、平成26年4月に総務省が各地方公共団体に策定を要請したものである。

②誤り。本方針は、都有施設の維持更新の必要性について、都民にわかりやすく示すものである。

③誤り。建設後30年以上経過している橋梁は約7割である。

④誤り。施設の劣化や損傷がある程度進行したのを確認した上での事後保全型管理ではなく、予防保全型管理を推進するとしている。

⑤正しい。

【No.52（42）「27」】正答③

①誤り。2020年度までに25％以上、2030年度までに30％以上削減することを目標としている。

②誤り。これまでの再構築に合わせた省エネルギー型機器の導入に加え、早期に温暖化対策の効果を発揮させるために、老朽化に伴う再構築のみならず、既存設備よりも機能を向上した省エネ型の設備を前倒しで再構築することで、「徹底した省エネルギー」を進めるとしている。

③正しい。

④誤り。太陽光発電や小水力発電の導入に加え、焼却時の廃熱を利用した発電など、「再生可能エネルギーの活用」を拡大することで、可能な限り自らエネルギーを確保し、化石燃料由来の温室効果ガス排出量を削減するとしている。

⑤誤り。再生可能エネルギーを活用できる汚泥焼却システムや送風量を最適制御して送風機電力を削減する「技術の開発」に取り組み、温室効果ガス排出量のさらなる削減を目指すとしている。

【No.53（43）「28」】正答①

①正しい。

②誤り。職業能力開発センターを中心として、地域における中小企業のネットワーク構築と継続的な取り組み・自立化を支援するとしている。

③誤り。就業経験のないまたは浅い若者等を対象とするジョブセレクト科を多摩地域へ展開するとしている。

④誤り。「方向性3」は「技能の振興」であり、ものづくり・匠の技の魅力発信や教育機関との連携、国が実施する競技大会への参加促進・育成強化を主な施策をしている。文献や伝承をもとに再興し、継承するわけではない。

⑤誤り。職業能力開発センター・校については都の「第二次主要施設10か年維持更新計画」に基づき、平成36年度までを計画期間としている。

【No.54（44）「29」】正答③

①誤り。今後、ホール・劇場等の運営者や実演芸術団体、国、首都圏の地方公共団体などに本書を提供するとともに、関係者間の情報共有を進めていくとしている。

②誤り。ホール・劇場については、ポップス音楽の公演の増加や、ミュージカル・演劇等の大規模公演の増加が見込まれ、需要全体としては増加傾向にあるとしている。

③正しい。

④誤り。観客を固定化するのではなく、誰もが実演芸術を鑑賞できるようアクセシビリティーを強化していくことが重要であるとしている。

⑤誤り。「劇場、音楽堂等の活性化に関する法律」等に示されたソフト面の課題についても、適切に対応していく必要があるとしている。

【No.55（45）「30」】正答②

①誤り。本計画は、平成16年度に東京都建設局公園緑地部が策定し、平成19年度と22年度に一部改訂した「東京都における文化財庭園の保存管理計画」を、社会情勢や関連施策の動向を踏まえ全面的に改定するものである。

②正しい。

③誤り。本計画は、文化庁文化財部記念物課、東京都教育庁地域教育支援部管理課の指導・助言を得て、平成28年10月から、「東京都における文化財庭園の保存活用のあり方検討分科会」で議論を重ねたものを、「文化財庭園の保存・復元・管理等に関する専門委員会」で審議し、平成29年3月に、東京都建設局公園緑地部が策定したものである。

④誤り。小石川後楽園や六義園など、明治時代以前に造られた文化財庭園も対象となっている。

⑤誤り。本計画は、今後の保存、活用・運営、整備についての基本的な方針を示すことを目的として策定したものである。

平成30年度 カレントトピックス 07

政治事情

■メルケル独首相4選へ 議会選で与党勝利（9月25日）

9月24日投票が行われたドイツの連邦議会選挙は、全709議席のうち、メルケル首相率いる中道右派のキリスト教民主・社会同盟が246議席を獲得して第1党の座を確保し、中道左派の社会民主党が153議席で第2党になった。大連立を組んできた2大政党はいずれも大幅に議席を減らした。

これに対し、難民の受け入れに反対する新興の右派政党「ドイツのための選択肢」は94議席を獲得し、第3党に躍進。「ドイツのための選択肢」について、メルケル首相や社会民主党のシュルツ党首はドイツの価値観と相いれない排他的な政党だとして有権者に支持しないよう訴えてきたが、政府の難民政策や2大政党への国民の不満を背景に逆に躍進を許す形になった。

民族主義政党が連邦議会に席を占めるのは戦後の混乱期以来、ほぼ60年ぶりであり、旧東独に限ると第2勢力に。難民への不満や不安がドイツ社会に根強く存在することが浮き彫りになった。

■カタルーニャ州住民投票「独立賛成9割」（10月2日）

スペイン北東部カタルーニャ州で独立を問う住民投票が10月1日実施された。スペインからの独立への賛成は90・18％、反対は7・83％。投票総数は230万人近くで、選挙登録人の43％程度となった。

カタルーニャ州議会は27日、同州の独立を宣言する議案を賛成多数で可決。これに対し、中央政府は憲法に基づいて同州の自治権を一時的に停止し、同州のプチデモン首相らを更迭したと発表した。中央政府による自治権停止措置は1978年の憲法制定以来、初めて。中央政府のラホイ首相は州議会も解散し、12月21日に選挙を行うと発表した。

欧州メディアは「フランコ独裁政権以来、40年ぶりの政治的危機」などと報じている。

■自民圧勝、与党310超…立憲民主が野党第1党（10月23日）

第48回衆院選は10月22日投開票され、与党は自民党の追加公認3人を含め、総定数465のうち憲法改正の国会発議に必要な3分の2に当たる310議席を超えた。衆議院の確定した新議席（10月23日時点）は、自民284、立憲55、希望50、公明29、共産12、維新11、社民2、こころ0、諸派0、無所属22となった。

安倍首相が9月25日に衆院解散を表明後、野党第1党だった民進党が分裂、同党出身者は希望の党や立憲民主党などに分かれた。選挙戦は自民党・公明党の与党と、希望の党・日本維新の会、共産党・立憲民主党・社民党の3勢力が争う構図となった。野党候補が乱立して「政権批判票」が分散する結果となり、民進党の分裂は自民党に有利に働いたと考えられる。

来年9月には自民党総裁選が予定されているが、自民党が圧勝したことから、党内で首相の3選を求める声が強まる可能性もある。

一方、立憲民主党は公示前の15議席から3倍以上に増え、躍進。憲法改正や経済政策などを巡り、与党との対立軸を打ち出し、首相に批判的な有権者の受け皿となったようだ。

希望の党は拠点とする東京都内の選挙区をはじめ、全国で苦戦。小池百合子代表は22日、出張先のパリでの記者会見で「非常に厳しい有権者の判断が下った。今回は完敗とはっきり申し上げたい」と語った。

昇任試験対策のページ

論文講座 7 平成30年度 主任・係長

都主任選考

今回から2回にわたり、都主任級選考Aの論文対策について説明します。今回は選考の概要、過去の出題内容と傾向に関して取り上げます。

選考の概要

一　概要

都主任級選考Aは職種に応じてⅠ類（事務、土木、建築、機械、電気）とⅡ類（その他の職種）に分かれています。選考方法は、教養問題（看護区分は専門記述）の成績が一定の基準に達した人について、論文、専門知識評定（AⅡ類（看護区分を除く）のみ）、専門能力評定（看護区分のみ）及び勤務評定の成績を総合して合格者が決定されます。論文の出題形式は、次のとおりです。

【解答方法】課題式により2題出題され、1題を選択して解答します。

【出題内容】〈AⅠ類〉(1)都政に関する出題（以下「都政もの」という）(2)職場に関する出題（以下「職場もの」という）〈AⅡ類〉(1)所属局の事業の課題に関する出題 (2)職場もの

【試験時間】2時間30分

【文字数】出題テーマに関する基本的認識を論述する。（1）については300字以上500字程度。出題テーマに関する着眼点を示し、具体的な取り組みを論述する。（2）については1200字以上1500字程度。下限の字数に達しない場合は採点されないことがあります。

二　出題形式の見直し

平成29年度選考から都政もの及び職場ものの出題形式が見直されました。自らの視点で課題を抽出、分析し、現実的かつ具体的な解決策を論述するため、課題文に資料等が添付され、詳細な状況設定が行われています。

具体的には、都政ものについては新聞記事や調査報告等の資料が添付され、そこから課題を抽出する形とされており、職場ものについては設問中の職場に関する組織図や課題に関連した資料が添付され、状況がより細かく設定されています。

見直しに当たり、平成28年12月26日付「主任級職選考の論文出題例について」及び「主任級職選考の論文について」（人事委員会事務局）により出題例や注意事項等が示されています。TAIMSの人事委員会掲示板に掲載されていますので、必ず確認するようにしてください。

過去の出題内容

AⅠ類・AⅡ類に分けて、平成29年度の出題内容について確認していきましょう。なお、課題文に添付されている資料はTAIMSの人事委員会掲示板から確認してください。

一　AⅠ類

〈都政もの〉日本において、人口減少と少子高齢化によって今後の内需の大幅な伸びが期待できなくなる中、東京の将来に向けた持続的な成長と発展を実現する上で、観光の果たす役割はこれまでになく高まっています。このような状況を踏まえ、東京の観光を振興するためには、どのような取り組みを行うべきか、次の（1）、（2）に分けて述べてください。

（1）東京の観光を振興する上での課題は何か、資料を分析して課題を抽出し、簡潔に述べてください。なお、資料4点のうち、2点以上に触れること。

（2）（1）で述べた課題に対して、都は具体的にどのような取り組みを行っていくべきか、その理由とともに述べてください。

なお、資料は「訪日・訪都外国人旅行者数の推移」「外国人旅行者が訪問した場所」「外国人旅行者が訪都中に行った活動」及び「訪都外国人旅行者の情報収集方法の変遷」の4点が添付されています。

傾向と対策①

〈職場もの〉下記の事例と資料を分析し、次の（1）、（2）に分けて述べてください。

【事例】A局のF事業所の業務課は、条例に基づき都内の民間事業者から提出される報告書の受付・登録業務を行っており、多摩地域の約1千事業者を所管している。あなたは、この業務を担当する主任として昨年4月に配属された。今年度は、あなたの他に担当3年目で業務を熟知しているG課長代理、本年4月に他局から異動してきた入都3年目のH主事が同業務の担当となっている。

昨年末に条例の施行規則の改正が行われ、本年4月から報告書の様式が変更となった。これに併せ、A局では、様式への記載方法を従来の手書きからデータ入力に変更し、また、様式の窓口での配布を改め、ホームページからダウンロードする方法に変更した。

4月に入り、窓口での報告書の受付を開始したところ、民間事業者からの問い合わせが殺到し、日中は担当の3人が電話や窓口対応にかかりきりとなった。報告書の受付・登録累計件数の推移は資料3のとおりである。なお、F事業所を統括する本庁のB部への報告書の取りまとめ・提出期限は8月末となっている。

H主事は、4月の勤務初日にG課長代理から「窓口の対応については、これまで使用してきたQ&A集があるので参考にすること」「不明な点があっても、できる限り自分で調べて対応すること」などの指示を受けた。その後、H主事は黙々と受付業務をこなしていたが、問い合わせの内容によっては、対応に苦慮する場面がしばしば見受けられるようになった。

4月第3週目の月曜日の朝、H主事から職場に電話があり、業務がうまくこなせるか心配で気分がすぐれないとの理由で、年次有給休暇の当日申請が出された。また、業務課長から、「民間事業者から幾つか苦情が寄せられているので、早急に業務改善を図ること。また、B部等と調整が必要なことがあれば提案してほしい」との指示がG課長代理とあなたにあった。

（1）設問の職場において、業務を効率的かつ円滑に進めていく上での課題について、簡潔に述べてください。

（2）（1）で述べた課題に対して、今後、あなたはどのように課題解決に向けて取り組んでいくべきか、主任に期待される役割を踏まえて、具体的に述べてください。

なお、資料は「A局の組織図」「F事業所における報告書の受付・登録の業務の流れ」「F事業所における報告書受付・登録累計件数の推移」及び「F事業所に寄せられた主な問い合わせと苦情の内容」の4点が添付されています。

二　AⅡ類

〈所属局の事業の課題に関する出題〉都またはあなたの局の事業に関して、次の（1）、（2）に分けて述べてください。

（1）あなたが特に重要と考える都またはあなたの局の課題を一つ挙げ、その理由を述べてください。

（2）（1）を踏まえ、今後どのような取り組みが必要か、都民に信頼される都政の実現や、事業の効率的・効果的な推進という視点にも触れながら、あなたの考えを述べてください。

〈職場もの〉AⅠ類と同じ

出題傾向

過去の出題傾向を把握し、効率的に論文の準備を進めていきましょう。主にAⅠ類の出題に関して、都政もの・職場ものに分けて言及します。

一　都政もの

過去の出題内容を見ると、平成21年度は少子高齢化、22年度は次世代育成、23年度は震災に対する脆弱性、24年度は日本の再生と東京のさらなる進化、25年度は国際競争力の引き上げと都市の魅力の向上、26年度はオリンピック・パラリンピック大会の成功と持続的発展、27年度は人口減少社会を迎えても成長を続け、誰もが夢や希望を持てる社会の実現、28年度は都民が安心して暮らしていくための取り組み、29年度は観光振興がテーマとなっています。

このように、年度によって特定の分野に関するテーマが出題される場合と複数の分野に関するテーマが出題される場合があることが分かります。平成24年度から28年度までのテーマのように一定程度広範な分野に関して出題がされれば比較的論述しやすいですが、23年度以前及び29年度のテーマのようにある特定の分野から出題された場合には、その分野について準備をしていないと試験本番で論述するのは難しいものと言えます。その上、平成29年度からは出題形式の見直しにより、添付される資料についても予想をしてポイントをまとめておく必要が生じています。そのため、事前に準備していない分野から出題された場合には、平成28年度までより試験本番での対応が難しくなると言えるでしょう。その反面、出題テーマが準備していたテーマと合致した場合には、準備していた解決策を活用することができますので、職場ものよりも論述しやすく、他の受験者と差を付けやすいと言われています。

なお、AⅡ類は例年、都または所属する局の事業に関する課題を自ら設定し、その解決策を論述する形式となっています。

二　職場もの

過去の出題内容を見ると、設問で与えられる事例の職場は毎年度異なりますが、テーマは「職場の活性化」「業務改善（効率化、超勤縮減、進行管理等）」「人材育成」「都民との関係」「組織内外の連携・チームワーク」などに大別することができ、どのような職場においても共通する基本的な課題であることが分かります。また、「組織内外の連携」に対しては「課内連絡会の定期開催の提案」や「共有フォルダの活用」等、「業務の効率化」に対しては「事務フローの作成」や「役割分担の明確化」等の解決策といったように、課題に対する解決策を類型化して準備しておくことができるため、都政ものに比べると準備しやすいと言えるでしょう。職場ものの傾向で顕著なのは、年々設問が長文化し、具体的かつ詳細な事例設定となっている点です。また、平成29年度は設問中の職場や課題に関連する資料が添付されたことで、より細かな状況設定がされています。そのため、事前に準備した論文を試験本番でそのまま論述しただけではなかなか得点に結びつかず、設問をしっかりと読み込み、事例に沿った課題及び解決策を論述することが一層重要となっています。試験本番では事例への柔軟な対応力が求められますが、準備をしていないテーマが出題された場合でもその場の応用で対応することができますので、都政ものでの準備を考えている方も、少なくとも職場ものでの構成等は把握しておくことをお勧めします。

なお、AⅡ類は例年、AⅠ類と同じ内容が出題されています。

次回は採点基準や論文対策のポイントなどについて説明します。

論壇

衆院選後の小池都政

野望は五輪終了まで封印を

日本経済新聞編集委員兼論説委員 谷 隆徳

衆院選が終わり、小池都政が再始動した。安倍一強体制を批判し、知事選、都議選に続く「小池劇場」による3度目の勝利を目指したものの、希望の党は惨敗した。小池百合子知事の求心力の低下は避けられず、都政の先行きには暗雲が漂っている。

独善ぶりに有権者は戸惑い

「私の言動で多くの皆様を傷つけてしまった」。10月25日に開かれた希望の党の両院議員懇談会で、小池知事は改めて謝罪した。いわゆる「排除」発言についてだ。

この発言が今回の選挙の流れを変えたといわれるが、根底には「都知事の仕事に徹するべきだ」という民意があったのだろう。各社の世論調査をみても、知事の国政進出には批判的な意見が一貫して多かった。

7月の都議選直後に「都政に専念する」と都民ファーストの会の代表を辞めた小池知事である。舌の根も乾かぬうちに国政政党を立ち上げた独善ぶりに有権者は戸惑ったはずだ。「消費増税の凍結」と「原発ゼロ」という2大ポピュリズム政策を打ち出したものの、有権者の支持は得られなかった。

そもそも、知事が結党時に話した「国政進出で都政に磨きをかける」という言葉の意味が分からない。確かに、日本維新の会も松井一郎大阪府知事が代表を務めている。しかし、維新の場合は「大阪都構想」を実現するためには法改正が不可欠で国政に基盤を築く必然性があった。安倍政権と良好な関係を維持し、大阪への万博招致についても国の支援を得ている。

一方、小池知事が掲げる「東京大改革」のなかには国政を動かさなければ実現できないような政策は見当たらない。東京を国際金融都市に変えるためには法人税の減税が必要かもしれないが、東京に限定して減税するのは不可能に近い。希望の党が今回勝利していたとしても、地方選出の議員が多い国会で法案を通すのは至難の業だろう。

東京富裕論の再燃も

今回の選挙結果は今後の都政に二つの面で影響を及ぼすとみられる。一つは、国と都の力関係が変わり、都にとってマイナスな政策を抑えづらくなることだ。

その代表例が東京23区に立地する大学に対する規制強化策だ。文部科学省は9月下旬、私立大学や短大が23区内で定員を増やすことを原則認めないと告示した。政府はこれを立法化する予定だ。

文科省告示の廃止を公約に盛り込んだ希望の党が惨敗したことで、地方創生を所管する内閣府は胸をなで下ろしている。都の反対を押し切りやすくなったためだ。

東京富裕論も再燃している。財務省は地方消費税の配分基準を見直して、東京などへの配分額を減らす案を打ち出した。小池知事は反対するが、押し戻せるか微妙だ。

霞が関の官僚に与える心理的な影響も無視できない。小池人気に便乗して政策を進めようという雰囲気は後退し、これまで以上に官邸を配慮して都と一定の距離を置くようになる。都の幹部も「国と都が連携しづらくなるのではないか」と話す。

二つ目は、盤石なはずだった都議会が流動化する点だ。都民ファーストの会に合流する予定だった都議会民進党は早速、様子見に転じた。自民党が知事を追及する姿勢を強めるのも間違いない。2018年度の予算編成で公明党の要求が一段と強まるのも必至だ。小池人気の低下で、都議会での公明党の存在感がさらに増すことになる。

今回の結果は、小池人気だけで当選した都民ファーストの会の新人議員には衝撃的だったはずだ。今後、都政で実績を上げたくても、知事提案の予算案や条例案には反対できないのだから、やれることは限られる。

都政への直接的な影響はないだろうが、希望の党の公約には懸念すべき項目もあった。道州制を掲げた点だ。確かに分権改革の最終目標は道州制だが、制度設計の上で最も難しいのが東京の扱いである。1都3県で「南関東州」にすると財政力が強すぎて、他の道州との財政調整が難しい。

道州制論議が活発だった頃には、「東京単独州」「東京の一部をワシントンDC化」など様々な案があった。小池知事は具体案があって道州制を主張したのだろうか。

都知事の椅子の「魔力」

小池知事を新党結成に走らせた遠因は、都知事選で290万票を超す支持を得たことに伴う過信にある。13兆円の予算を左右できる万能感も判断を誤らせたのだろう。

国政に色気を出したのは小池知事だけではない。石原慎太郎元知事もそうだったし、舛添要一前知事も都市外交に必要以上に注力した。都知事の椅子が潜在的に有する「魔力」なのかもしれない。

小池知事が今後、求心力を回復するためには、地道に目の前の課題に取り組むしかない。まずは築地市場の豊洲移転問題を決着させ、五輪の準備を着実に進める。待機児童対策などで実績を上げることも不可欠だ。

衆院選で敗れたとはいえ、これで有権者が小池知事を完全に見限ったわけではないだろう。女性初の首相を目指す野望は五輪を終えるまで封印して「都民ファースト」に徹するしかない。

風化させない ～被災地の今 -中-

ここが踏ん張りどころ

宮城県

仙台・宮城観光ＰＲキャラクター「むすび丸」とのツーショット＝10月11日、宮城県庁にて

震災が発生した日の夜、仙台市荒浜で200人の遺体が見つかったという一報を聞き、何が起きているのかと胸がぎゅっとなった感覚が忘れられない。今、荒浜を訪れると、震災遺構の荒浜小学校だけが残っていた。震災発生から6年半、当時の小学生も皆卒業している。

私は、4月から仙台にある都の現地事務所に勤務している。3人の事務所であるが、私はここで派遣職員のサポートに加え、被災自治体との調整等を行っている。現在、宮城県内には計19人の都職員が派遣されており、土木工事、用地取得、企業復興支援、資産税評価など様々な分野で活躍している。

なお、各派遣先には全国の自治体から職員が派遣されている。都職員も、若手は他自治体の職員と互いに刺激し合い、ベテラン職員はリーダーの役割もこなしながら復興に貢献しており、大いに頼りにされている。

私も、都の窓口として信頼関係を築くことに努めている。現地に足を運ぶことで、事業の進捗に関わる地域的な背景・経緯から人間関係を含めた派遣先の職場環境まで、各自治体や都派遣職員から得られる生の情報も多い。

また、訪問のたびに感じ入るのが、こちらが恐縮するほどの感謝の言葉である。「震災発生時に都が遺体処理の支援をしてくれた」「都の○○さんはウチの職員も指導してくれている」など、都職員が被災地の力になってきたことを感じられるとともに、自らも頑張らなくてはと気を引き締めている。

一方、東北での生活については、ずっと東京で育った私にとって新鮮で、充実している。まず食べ物がおいしい。特に、現場調査は沿岸が多いことから、昼食で刺身や海鮮丼を扱う店も多く、とても気に入っている。また、歴史や景色を楽しめるので訪れたい街も多く、既に東北6県を旅行し、楽しみつつ見聞を深めている。

最後に、半年間宮城に身を置いて感じるのは、ここが踏ん張りどころだということである。復興庁の復興期間や宮城県の震災復興計画は、2020年度を一つの区切りとしており、ここにきて住宅関連の事業が完了した自治体や、応援職員の募集を終了する自治体も出てくるなど、復興の段階も変わりつつある。

その一方で、期間内の事業完了が厳しく、土砂を積んだトラックが頻繁に行きかう地域や、急ピッチの住宅整備に種々の業務が追い付かない地域もまだある。ここで食らいついていかなくては、復興が大きく遅れかねない。

都派遣職員は、このような困難だが、やりがいのある事業に派遣されており、今も貢献している。私も、現地事務所だからできることを行い、現地の動向をつかみつつ派遣職員を厚くサポートすることで復興に全力で取り組んでいきたい。

（東京都被災地支援岩手県・宮城県事務所課長代理＝被災地調整担当 若林孝介）

ミニガイド

◇第12回沖ノ鳥島フォーラム ▷日時 2018年1月21日(日)午後1時～4時▷場所 東京国際フォーラム・ホールＤ７▷内容 沖ノ鳥島に関する講演や周辺海域で獲れた魚の試食、写真・パネルの展示▷参加費 無料▷募集定員 230人（抽選）▷申し込み インターネットの応募フォームから http;//okinotorishima-forum.4ugeneral-p.co.jp▷締め切り 11月30日(木)（当日消印有効）▷問い合わせ先 ㈱ゼネラルプロモート 沖ノ鳥島フォーラム事務局 ☎045・900・2814

◇小野木学絵本原画展・ぼくの中のコドモ ▷会期 11月26日(日)～2018年2月11日(日)▷開館時間 午前10時～午後6時（入館は午後5時半まで）▷会場 練馬区立美術館2階展示室（観覧料無料）▷主催 練馬区立美術館（公益財団法人練馬区文化振興協会）

◇江戸東京たてもの園夜間特別開園・紅葉とたてもののライトアップ ▷日時 11月24日(金)、25日(土)、26日(日) 午後4時半～8時（開園は午前9時半～、入園は午後7時半まで）▷入園料 一般400円、中学生・高校生200円、大学生320円、65歳以上200円▷内容 あかりの灯った建物が建ち並ぶ町並みと、色づき始めた木々をやさしくライトアップ。キッチンカフェ＆キャンドルナイトも▷主催 東京都、江戸東京たてもの園

鈴木副知事の登場①

昭和34年4月の都知事選で初当選した東龍太郎は、関係者などへのあいさつ回りもそこそこに、羽田空港からドイツのミュンヘンに飛び立った。東京などが立候補している次期オリンピック開催地が、ミュンヘンで開かれるＩＯＣ総会で決まることになっていたからである。前知事の安井誠一郎も同行した。

したがって、知事の初仕事となる女房役の副知事選びどころではなかった。ただ、知事当選後、記者会見した東は、副知事構想の骨格だけは明らかにした。それによると、①政府や自民党との窓口②都庁内部、特に都議会との折衝役③なんでも話せる気心の知れた相談役――の3人体制が基本方針。

そして東は「人選はいずれもこれから」とお茶を濁したが、少なくとも都政にズブの素人の東の支えとなるべき副知事については、水面下で既に大詰めの段階に来ていたようだ。これは、鈴木が書いた『回想・地方自治五十年』の次の一文を読めば容易に想像がつく。

「〝君、副知事にならないか〟川嶋正次郎自民党副総裁に呼ばれ、そう言われた。東さんは行政の方はあまり得意ではないので、君が行ってぜひ助けてあげてほしいということだった。赤城宗徳官房長官からも同様な話があった」

既述のように、4年前に3選を果たした安井誠一郎から副知事への招聘（しょうへい）を受けた際には辞退している。それが、今回受けたのはなぜか。産経新聞記者の越智毅は著書『鈴木俊一の挑戦』の中で、当時の鈴木の心境をこう解説している。

「〝しばらく考えさせてください〟と、赤城官房長官に即答は避けたものの、鈴木の気持ちは既に決まっていた。内務省に入ったのも、〝知事、それも東京の知事をやってみたい〟と考えていたからだ。東京の副知事をやることは、東京の知事にも大きく近付くことになる」

いろいろ経過はたどったが、副知事を2期8年務めた12年後に知事の座に就いたのは、周知の通りである。

副知事人事は大体、一気呵成（いっきかせい）に決まるのが普通だが、この時は2幕、3幕があった。

5年後にオリンピック開催を控え、東京は道路、下水などの整備を中心とした大々的な都市改造が迫られていた。高速道路の整備も喫緊の課題であった。この大都市改造にはべらぼうな金が必要だ。鈴木は、このことを東に説明。第1副知事に内定した鈴木は、このことを東に説明。それを担当する技術系副知事を建設省からもらうよう進言、一任を受けた。そこで鈴木が白羽の矢を立てたのが、内務省後輩の建設省技監の富樫凱一だった。最初は渋ったものの鈴木の説得に首を縦に振った。

だが、肝心のところで〝詰め〟を誤った。都議会に根回しする前に、「富樫副知事」がマスコミに報じられてしまった。建設大臣がうっかり口を滑らしてしまったのだ。野党の社会党の追及は分かるとしても、この時むしろ与党の自民党の方が厳しかった。しかも、「3人のうち2人までを国からもらうとは、都が国の出先化した印象を都民に与える」と、地方自治の本質を突いたものだった。（敬称略）

都政新報

発行所 都政新報社
〒160-0023 東京都新宿区西新宿7-23-1 TSビル
〈総務・読者〉03-5330-8781
〈企画広告〉03-5330-8784
〈編集〉03-5330-8786
〈出版〉03-5330-8788
〈ファクス〉03-5330-8808
購読料 月1,730円(税込)
毎週火・金曜日発行
ただし、祝日は休刊

紙面から

都各局予算要求

一般会計は7兆円弱に

国際金融都市など積極予算

都財務局は8日、2018年度予算の各局要求を発表した。一般会計の要求総額は6兆8807億円で、今年度の当初予算と比べて733億円(1・1%)の減となった。要求総額が7兆円を下回るのは2年ぶりだが、政策的経費の一般歳出は、小池銘柄である国際金融都市の実現など554億円(1・1%)増の5兆989億円で積極予算となった。

一般会計の要求総額が今年度の当初予算を下回った要因は、都債の償還(867億円の減)が最も大きく影響した。一方、一般歳出が増えたのは、実行プランの政策実現などに向け、各局が必要な取り組みを要求したためだ。

各局別の内訳では、政策企画局の要求額が、国際金融都市・東京のあり方懇談会の報告書に盛り込んだ政策を実現するためのプロモーション組織の新設などで11億円増となる65億円だった。

総務局では、知事が働き方改革の一環として進めているテレワークの環境整備など28億円増の1690億円を求めた。

118・8%の大幅な増加となったのは中央卸売市場。来年10月に予定されている豊洲市場開場後の維持管理費が35億円(1日当たり1988万円)、移転経費が22億円、市場移転の延期に伴う市場業者への補償費が42億円。また、築地市場跡地の再開発に向け、環状2号線の建設予定地となる築地の解体工事は19年度までの債務負担行為として61億円、築地のまちづくりの調査委託費として6千万円などを盛り込んだ。

福祉保健局は、特別養護老人ホームの整備助成費、待機児童解消の取り組み、受動喫煙防止条例に関連した普及啓発など94億円増の1兆1382億円を要求した。

オリ・パラ準備局の要求は、五輪組織委員会が年末をめどに策定する「V2予算」を踏まえ、今後の予算編成で整理していく。

特別会計では、都道府県が国民健康保険の責任主体になるため、特別会計を新設するなど1兆1742億円増の5兆3056億円となった。

今回の予算編成では、新たに都民による事業提案を開始し、予算枠として10億円を確保。子育て支援や高齢者対策、働き方改革など6分野で提案を募集し、12月中に都民がインターネット上で投票し、1分野1事業程度に絞り込む。

また、大規模施設やインフラの整備・改修などの計画段階で他の自治体、民間企業の事例を参考にする「客観的指標」(エビデンス・ベース)に基づく評価を導入する。計画時と着工時で、事業費の乖離を解消するのが目的だ。

都は知事査定を経て、来年1月下旬に予算案を発表する方針だ。

各会計要求状況　(単位:億円、%)

区分	2018年度要求額	2017年度予算額	増減額	増減率
一般会計	68,807	69,540	△733	△1.1
特別会計	53,056	41,314	11,742	28.4
公営企業会計	19,744	19,688	56	0.3
合計	141,606	130,542	11,064	8.5

局別内訳(一般会計)　(単位:百万円、%)

区分	2018年度要求額	2017年度予算額	増減額	増減率
政策企画局	6,540	5,429	1,111	20.5
青少年・治安対策本部	2,695	2,523	172	6.8
総務局	168,961	166,209	2,752	1.7
財務局	28,131	29,337	△1,206	△4.1
主税局	70,291	69,262	1,029	1.5
生活文化局	222,543	211,213	11,330	5.4
オリ・パラ準備局	66,618	64,668	1,950	3.0
都市整備局	133,542	143,533	△9,991	△7.0
環境局	33,529	40,682	△7,153	△17.6
福祉保健局	1,138,172	1,128,726	9,446	0.8
病院経営本部	13,307	13,535	△228	△1.7
産業労働局	456,108	472,241	△16,133	△3.4
建設局	607,511	590,883	16,628	2.8
港湾局	125,154	118,601	6,553	5.5
会計管理局	3,122	2,741	381	13.9
労働委員会事務局	656	661	△5	△0.8
収用委員会事務局	526	611	△85	△13.9
議会局	6,003	6,202	△199	△3.2
人事委員会事務局	974	920	54	5.9
監査事務局	1,003	1,026	△23	△2.2
選挙管理委員会事務局	411	4,934	△4,523	△91.7
教育庁	818,818	809,200	9,618	1.2
警視庁	655,931	646,567	9,364	1.4
東京消防庁	254,384	249,101	5,283	2.1
公営企業会計支出金等	283,940	264,666	19,274	7.3
一般歳出	5,098,870	5,043,472	55,398	1.1
公債費	413,517	500,176	△86,659	△17.3
特別区財政調整会計繰出金等	1,368,282	1,389,642	△21,360	△1.5
集中的・重点的な政策展開のための基金積立	－	20,710	△20,710	皆減
合計	6,880,670	6,954,000	△73,330	△1.1

(注1)各計数は、原則として表示単位未満四捨五入のため、合計等に一致しないことがある
(注2)福祉保健局及び一般歳出の2017年度予算額は、国民健康保険財政安定化基金への積み立てを組み替えた数値である

新任局長に聞く INTERVIEW (下)

松山英幸・議会局長

政策提言や改革下支え

7月の都議選で都民ファーストの会が第1会派になる一方、続く衆院選では自公政権が支持され、「会派構成が大きく変わった上、国政とのねじれ現象もあり、非常に難しい局面での着任になった」と率直に語る。

職員からは、執行機関との違いを認識するよう言われているという。「議長を代表とする127人の議員が我々の上司。どんな状況でも円滑な議会運営に努めるのが至上命題になる」と気を引き締める。

都民ファーストの会が公約で12本の議員提案条例制定を掲げるなど、今まで以上に議会局の政策立案機能が問われる。「文書表現や法令との整合性、国との関係などを確実にチェックしていくことが重要」と自覚する一方、「議員提案ならではの先進的な条例により、議決機関からも政策を提言し、改革を加速するという視点も有効」と期待感も示す。

8月の臨時会で設置された議会改革検討委員会の下支えも重要になる。会派間の協議が前提のためスピード感に欠けるとの批判も聞かれるが、「論点を整理し、丁寧に進められている印象で、情報提供や調査などの面で着実にサポートしていく」と話す。

都庁人生の大半は教育行政に携わり、とりわけ思い出に残るのは石原都政下の教育改革だ。全国初となる主幹(現・主幹教諭)制度を創設したほか、国旗国歌や教科書問題などの難題にも携わった。「推進派や反対派など諸方面からのプレッシャーがあったが、政治的中立性の確保に努め、チームワークで何とか乗り越えた。生みの苦しみを経験した」と振り返る。

課長時代から勉強会を主宰し、職員には読書の大切さを伝える。「多様な視点を持つことが重要。仕事の背景の理解や考えの整理に役立ち、政策立案に深みが出る」と述べる。自身は全てiPadで読書するといい、「自分の視力に合わせて文字サイズを調整でき、疲れないので、読書量が倍以上になった」とのこと。

また、自他共に認めるクラシック音楽通で、職員向けにオペラ解説ツアーを実施している。「最近は映画館でも鑑賞できるようになり、手軽になった。事前にちょっと予習して臨めば、難しくはありません」と教えてくれた。横浜国大経営卒、63A、57歳。

土渕裕・会計管理局長

バランス保ち効率化を

会計管理局で会計制度担当部長や管理部長などを歴任し、満を持しての局長就任となった。3年ぶりに戻った同局は、「職員が入れ替わり、事業内容の課題も随分変わっていた。変化に驚いた」と第一印象を語る。

小池知事主導の都政改革でも会計管理事務は対象の一つ。適正な会計事務の確保とともに、業務の効率化実現も課題になる。「いま一度、事務の大きな流れを点検し、簡素化やシステム化できるものなど、答えを見いだしていく作業をしていきたい。上からでなく下から積み上げていくことが重要だ」と力を込める。

一方で、「効率化が先行し過ぎ、そこから適正な事務が崩れてしまっては本末転倒」とも言及。「単純に手続きを省略するのは簡単だが、アリの一穴ではないが大きな事故につながる恐れもある。局の一番の使命は事故を起こさないこと」と気を引き締める。

知事が推進する情報公開での役割も大きい。同局は9月、全庁の公金支出情報の公開を開始した。一般と特別、公営企業の全27会計が対象で、情報数は年間70万件に及ぶ。「行政情報のオープンデータ化にもつながる。アクセス数や利用方法など分析しながら、どう育つのか大きな観点で見ていきたい」と話す。

これまでの職場で特に思い出深いのは、青島元知事が世界都市博の中止を決定した95年当時在籍していた、東京フロンティア推進本部だ。中止に関する世間の注目は高く、「職場には毎日テレビカメラが来ていた。異様な雰囲気だった」と語る。だが、中止決定後の補償業務では学ぶことが多かった。「あれだけの大規模イベントの中止は全国初の事例だったが、訴訟沙汰にならなかった。補償基準を作り、後始末はほぼ完ぺきにできた」と、都政史に残る急場のエピソードを振り返る。

会計管理局を「縁の下の力持ち」と例え、職員には「各局の事業を下支えしている自覚と誇りを持ってほしい」とエールを送る。

休日の気分転換方法は家での映画鑑賞で、最近は改めて「寅さんシリーズ」を鑑賞。「笑いあり涙ありで、見終わった後にすっきりする」と笑顔を浮かべた。創価大法卒、2A、57歳。

整備費削減額が大幅縮小

五輪会場見直し 知事発表に60億円届かず

都五輪準備局は6日、東京五輪の新規恒久施設の整備費を、当初比で約413億円削減したと都議会特別委員会に報告した。小池知事が昨年12月に約400億円(最大427億円)削減できるとの試算を公表した3施設については、削減額が計346億円にとどまったことも判明した。

都では昨秋、都政改革本部の五輪調査チームが会場整備の抜本的見直しを提言。▽オリンピックアクアティクスセンター(水泳会場)▽海の森水上競技場(ボート・カヌー会場)▽有明アリーナ(バレーボール・車いすバスケットボール会場)を対象に検討を進め、3施設とも整備計画地に変更を加えなかったが、施設設計や工法の見直しなどにより、当初整備費より最大427億円削減できると試算していた。

今回明らかになった削減額は、海の森水上競技場が建物の低層化などにより183億円、オリンピックアクアティクスセンターが観客席を減らすなどして116億円、有明アリーナが地盤対策工法の見直しなどで47億円。一方で、地中障害物の処理や、遮熱性舗装をはじめ環境への配慮などにより、昨年12月の試算時に比べ、3施設で整備費が計63億円増加した。

大会費用を巡っては国と都、五輪組織委員会の3者が今年5月、総額1兆3850億円とすることで合意したが、国際オリンピック委員会(IOC)から10億米ドル(約1120億円)の更なる削減要請を受けている。今回、会場経費がおおむね固まったことで、今後は大会関係者向け施設や警備費などで削減の余地を検討することになる。具体的な削減内容は、五輪組織委が年末に策定予定の予算(V2予算)で示される予定。

「地域モデル」来夏に提言

都が超高齢社会あり方懇談会

都は8日、超高齢社会に対応したまちづくりを議論する有識者懇談会の初会合を都庁第一本庁舎で開催した。会合には医学や福祉、建築など多分野の専門家6人の委員が出席。同席した小池知事は「東京の超高齢社会は世界に先駆けて、どこの国も経験したことのない状況。世界に対してのモデルケースを示すことにつながる」とあいさつした。

超高齢社会は人口に占める65歳以上の割合(高齢化率)が21%超の状態をいい、都は2015年に同22・7%となり、超高齢社会に突入している。いわゆる「団塊の世代」が75歳以上になる25年には、高齢化率が23・3%になるとともに、都内総人口が1398万人をピークに減少に転じると推計され、超高齢社会の進展を見据えたまちづくりの形成が急務となっている。

会合では、関係者のヒアリングや現地視察を含めて複数回会合を開いた上、来年8月に個々の地域特性に応じた複数の「地域モデル」を提言することが示された。都は同提言を受け、実証モデルを構築・実施し、国内外に情報発信する方針。川澄俊文副知事を本部長とする超高齢社会対策検討本部を設置し、関係各局で政策の具体化につなげる。

モデルケースとする地域は、▽都内東部の下町地域▽団地が比較的多く人口減少の到来が早い多摩地域▽住居と商業・オフィス施設が混在する都心3区▽人口が急増する臨海地域──などが委員から案として挙がった。

また、委員からは、まちづくりを主導する経営主体が不在との指摘も出された。経済学が専門で学習院大学教授の鈴木亘副座長は「まちづくりの主体を見つけて育てる観点が必要。民間主体でまちにフィットしたモデルを作り出していく」と述べた。

都政の東西

悪夢から覚め

衆院選前に「次の次」という若狭勝前衆院議員の発言を聞いて、この人は何も分かっていないのだと悟った。小池知事の国政進出に「次の次」などあるわけがない。今回が総理の椅子を狙える最初で最後のチャンスだった。

希望の党には「公約」と称したキャッチコピーの羅列はあっても、理念や政策はない。元民進党右派の受け皿を利用した小池「総理」のみこしでしかない。「原発ゼロ」など本気でないことは、小池劇場の悪夢から覚めれば誰でも気がつくことだ。

希望の党は現状のままでは、そう遠くない将来、自民党や立憲民主党などに霧散し、吸収されてしまうだろう。だから、都庁の職員は安心して仕事に邁進すればいい。少なくとも次の都知事選までの3年間、小池知事が辞任することはない。

希望が絶望に転化した今、東京が直面する現実といかに向き合うのかが問われる。

豊洲市場は早期に移転・開場するしかない。土壌や地下水の「無害化」など妄想以外の何物でもない。築地の「再開発」という荒技は、知事が求心力を失った今では机上の空論だ。小池知事が今日の混乱を招いた現実を当事者として率直にわび、市場業者の理解を得るべきだ。

そして、小池都政は原点に戻って、都民ファーストの視点から都庁の改革マインドをいかにして上げていくのかを、知事と職員が腹を割って話し合うしかない。都知事の仕事は、いけにえの悪人をやっつけて、都民の溜飲を下げることではない。まして、国政への踏み台などではない。

今度こそ都政におけるワイドショー・劇場型政治に終止符を打ち、まともな自治体政策を進めてほしい。

冗句ジョーク

都庁トップによる「都庁働き方改革」宣言、率先してメリハリある働き方やムリ・ムダのない指示

「アレ、うちの課長なにもしゃべらなくなっちゃったヨ!?」

◆東京駅前広場が来月完成

都建設局は7日、JR東日本と連携して整備中の東京駅丸の内口の駅前広場が12月7日に完成すると発表した。広場から皇居に続く行幸通りの景観整備も同日までに完了となる。広場は花崗岩の御影石で舗装し、桜や紅葉、イチョウなど四季を意識した植栽を整備。首都の風格を表現する。

渋谷区

公正証書の作成支援充実を

同性パートナー証明で報告会

当事者からの評価や社会からの注目度は高いが、手続きなどに改善の余地あり――。渋谷区が5日に開いた同性カップルが結婚と同等の関係にあると認める「パートナーシップ証明」に関する調査報告会で、こんな実態が明らかになった。2015年11月に区が全国で初めて制度を開始して同日で丸2年を迎えるのに当たり、証明書の交付を受けたカップルや申請を検討している人らに聞き取り調査を実施。「住民として自治体から生き方を認めてもらえた」など区の制度を評価する意見が寄せられた一方で、公正証書作成時の支援などの課題が浮かび上がった。

報告会では、区が1日までの約2年間で同性カップル24組にパートナーシップ証明書を交付したと発表。区が当事者団体や学識経験者らとともに行った実態調査結果を紹介した。

調査は、区のパートナーシップ証明を受けた人や申請を検討している人を対象にヒアリング形式で実施した。申請の動機や手続き、活用状況、申請前後の人間関係や社会との関わりなど、交付済みの12人と検討中の4人の計16人が回答した。

区の制度に対しては、おおむね好意的な評価だった。背景にあるのが、区に続いてパートナーシップ制度を導入した他自治体との制度設計の違いだ。

全国では渋谷区に続き、世田谷区、三重県伊賀市、兵庫県宝塚市、那覇市、札幌市の計6自治体が制度化。10月31日現在、全国で合計133組がパートナーシップ制度を利用している。このうち、渋谷区が唯一、条例を根拠として公正証書に基づく証明書を交付しているのに対し、他の5自治体は条例ではなく要綱を根拠とし、公正証書が不要な宣誓制度や登録制度となっている。

このため調査では、行政がカップルの関係性を証明することによる承認欲求の充足に加え、法的効力を持つ公正証書が前提となっている点が長所に挙げられた。具体的には、証明書を使用して生命保険の受け取り人をパートナーに変更したことや、医療機関でパートナーの手術の際に証明書を使って関係性を説明したなどの事例が示された。渋谷区と世田谷区の制度を比較し、渋谷区に転居したカップルもいた。

公正証書がメリットとなっている点は、調査対象者の年齢構成にも表れている。渋谷区では20代から70代までの幅広い年齢層が証明書の交付を受けており、公正証書が不要な5自治体ではほとんど申請実績がない40代以上の世代にも交付しているのが特徴だ。永田龍太郎男女平等・ダイバーシティ推進担当課長は「公正証書による安心感が広い年代の利用につながっているのではないか」と分析する。

その一方で、公正証書の作成に向けた専門家による支援が課題として浮かび上がった。

区は証明書の交付申請に当たり、カップルとしての関係性を示す合意契約と将来に向けた任意後見契約の計2種類の公正証書の作成を要件としている。区は手引書で作成の手順を解説しているが、公正証書に関する知識に不安を感じて弁護士や司法書士、行政書士らに相談した申請者が多かったという。作成には合計で約5万円が必要となるが、行政書士から公正証書遺言の作成を勧められ、総額で約30万円に上った事例もあった。

永田課長は「調査対象者はいずれも年収400万円以上だったため、金額よりも手続きの煩雑さを課題に挙げる声が多かったが、制度を進める中で低所得者層も含めた公正証書作成の全体的な支援の在り方そのものも考えていきたい」と語った。

報告会にはLGBT当事者ら約40人が足を運んだ＝5日、渋谷男女平等・ダイバーシティセンター「アイリス」で

無電柱化の日

区道に「コストの壁」

技術確立より推進論が先行

きょう10日は、一般社団法人日本記念日協会が認定した「無電柱化の日」。頭上に張り巡らされた電線を撤去する無電柱化は、まちの防災性や景観を向上させる政策として戦後から進められており、昨年12月には電柱の新設を抑制する「無電柱化の推進に関する法律」が制定された。都は全国に先駆けて電柱の新設を原則禁止する「無電柱化推進条例」を9月に施行し、整備率も全国で群を抜いているが、技術的な課題が多い。特に国や都が推進しようとしている道幅が狭い区道での無電柱化には自治体が踏み出しにくい状況だ。

都営地下鉄新宿線の一之江駅を降りてすぐの今井街道沿いにある約2㌔の商店街。2車線相互通行の車道の脇には、昔ながらの理髪店や写真館などの個人商店が軒を連ねている。視界が開けていると感じるのは頭上に電線がないためだ。この商店街では、1980年代前半から進められてきた下水道整備と併せて電線を地中化した。

だが、道なりに歩いていると、途中で電線が頭上に現れる区間がある。区によると、この約450㍍の区間は、自治体が電力会社らに電線類の地中化を要請できる特措法が制定された95年より以前に下水道整備が完了したため、制定後に完成した区間と異なり電線が残っているという。商店街から無電柱化の要望を受けた区は、都の補助事業「無電柱化チャレンジ支援事業」に申請した。国と都から全額補助を受けて、来年から地中化工事に着手する。

ただ、他の区道での事業化は決まっていない。区土木部計画調整課の山口正幸課長は「一にも二にもコストがかかりすぎる。変圧器の置き場所も課題だ」と話す。

区は約450㍍の無電柱化工事にかかる期間を7年間、費用は8億円程度と見込む。商店街の活性化や防災性の向上が期待されるものの、技術上の課題が多いため、費用対効果の判断に頭を悩ます。

住宅街などの区道の無電柱化が遅々として進まない一方、五輪会場周辺での無電柱化は着実に進んでいる。品川区と大田区は、区境をまたいで立地する五輪のホッケー会場一帯と最寄り駅を結ぶ総延長約1・7㌔の区道の無電柱化を進める。14年度から設計に着手し、19年度末に完成する予定だ。

競技会場がある江東区や墨田区でも、五輪前の完成を目指して区道の無電柱化が進んでいる。いずれも幅員が広く、これまで都や区が電柱撤去を進めてきた幅2・5㍍以上の歩道が確保できる場所で、比較的事業化しやすい箇所だ。

無電柱化推進法では、無電柱化推進計画の策定を自治体の努力義務と位置付けている。都内道路の9割を占める区市町村道の推進計画は無電柱化を達成する上で大きなウエートを占めているが、計画を策定しているのは3区にとどまっている。

商店街での無電柱化を検討している区の担当者は「技術の確立よりも推進方針が先に立ってしまっている。補助がなければ、事業化は考えられない。技術の進歩と費用対効果を見極めて路線を選んでいきたい」と語った。

歩道が狭い区道での無電柱化ゼロへの道のりは長い＝8日、松江大通り（江戸川区）で

港区議会

和解案を全会一致で可決

エレベーター死亡事故

港区議会は6日に第1回臨時区議会を開き、2006年6月に特定公共賃貸住宅「シティハイツ竹芝」のエレベーターで起きた死亡事故の損害賠償請求訴訟で、東京地裁の和解案を全会一致で可決した。この訴訟は、死亡した男子高校生（当時16）の遺族が08年12月に、区やエレベーターを製造したシンドラー社、保守点検業者のエス・イー・シーエレベーター㈱ら5者を相手取り、総額2億5千万円の損害賠償を求めていたもの。

和解案は東京地裁が9月27日に勧告し、区に対して▽遺憾の意を表明すること▽国が定めるエレベーターの維持管理指針や、保守・点検の標準契約書の周知徹底を図ること▽和解金として区が原告に400万円を支払うこと――などが盛り込まれていた。

臨時会後に、武井雅昭区長は「区議会にも理解をもらえた」と話し、池田幸司議長は「事故発生から11年が経つ。遺族の心情を考えると、議会としても和解を受け止めるべきと考えた」とコメントした。

和解は、原告との協議で最終決定する。原告側代理人の前川雄司弁護士は「和解成立まではコメントを控える」としている。

同事故は、ドアが開いたままかごが上がったために、エレベーターから降りようとしていた男子生徒が挟まれて死亡したもの。事故を巡っては現在もシンドラー社員らの刑事裁判が続いており、事故の原因など全容解明には至っていない。

また、区がシンドラー社と保守点検業者など4社を相手取り、約13億8千万円の損害賠償を求める訴訟を東京地裁に起こしており、現在も審理中。事故以前にエレベーターの不具合が発生したことなど、管理上必要な情報の提供が不十分だったとして、保守点検業者が区を相手取った損害賠償請求訴訟は、一審と二審で業者の訴えが棄却され、最高裁で審理中となっている。

本会議での和解案採決＝6日、港区議会議場で

荒川区

結婚記念日に協定締結

吉村・津村夫妻ゆかりの文学館

荒川区の中央図書館ゆいの森あらかわ内にある「吉村昭記念文学館」と「福井県ふるさと文学館」は5日、相互交流を目的とする「おしどり文学館協定」を締結した。福井県ふるさと文学館は、同県出身で吉村昭さんの妻の芥川賞作家・津村節子さんが特別館長を務めている。津村さんは、ゆいの森あらかわの名誉館長も務めていることから、協定締結に至った。作家夫妻に関係する文学館が協定を締結するのは全国初という。

吉村・津村夫妻はおしどり夫婦として知られており、夫妻の結婚記念日の11月5日に合わせて締結式を開いた。両文学館がお互いの資料を出し合って特別企画展などを開催する。また、区民が福井県ツアーを企画しており、今後は職員交流や合同研究なども行っていくという。

津村氏は「福井県と荒川区に立派な文学館ができたことを、吉村にも見せたかった。集めた資料を両館に使ってもらえたら吉村も喜ぶと思う」と述べた。西川太一郎荒川区長は「おしどり文学館協定締結を機に、両地域の文化発展に貢献していきたい」と語った。

協定書を持つ津村さんと西川区長＝5日、ゆいの森あらかわ

記者席

今年の流行語大賞はあの曲？

○……希望の党の小池代表が発言した「排除の論理」。メディアで何度も取り上げられただけに、都幹部の一人は「今年の流行語になるのではないか」と語った。だが、「排除の論理」は1996年の流行語大賞に選ばれている。当時の民主党が一部の国会議員の入党を拒否したのがきっかけだ。

さて、今年の流行語の候補は何か。希望の党の結党などで世間を騒がせた小池知事絡みがノミネートされるのではないかと見る都幹部もいる。「個人的には小池知事を風刺した歌謡曲『豊洲の女』がいいな」と笑いながら話す。アマゾンの歌謡曲部門売り上げで2位にランクインした。ヒットしたかは微妙だが、流行語の候補から排除されないことを祈る。

○……なぜ11月10日が無電柱化の日なのか。1を電柱に見立て、「電柱（1）を0にしよう」という意味が込められている。ただ、「無電柱化」という言葉自体は一般的な言葉ではないかもしれない。そう感じたのも、区を取材する際、「無電柱化」と言って通じる時と、主な手法の一つの「電線類の地中化」と言い換えた方が伝わりやすい時とまちまちだったからだ。

日本記念日協会のウェブサイトを見ると、11月10日はほかに「ホワイト企業普及の日」や「コッペパンの日」に当たるらしい。言葉や記念日だけが形骸化しないよう、無電柱化の事業効果の積み上げが求められる。

○……目黒区内を舞台とした健康マラソン「目黒シティラン」が26日に開催される。今年で2回目だが、駒沢通りや山手通りなど東京の主要幹線道路を使用してアップダウンに富んだコース設定や、フラダンスや和太鼓など熱気のこもった沿道のパフォーマンスなどで人気となっている。

大会のスターターを務めるのは、区内在住でプロ野球巨人の選手や監督として活躍した原辰徳氏。前回の王貞治氏に続き、2年連続で巨人OBからの選出となった。6日の定例会見で発表した青木英二区長は「私が巨人ファンだから選んだわけではない」となぜか必死に釈明し、記者の笑いを誘っていた。

民間施設でトーク会

保育コンシェルジュ

豊島区

豊島区は6日、来春初めて子供を保育所に通わせる保護者を対象に、西武池袋店と東武百貨店池袋店で、ミニトーク会「はじめての保育園」を開催した。家庭に合った保育所を知ってもらうことが目的で、区の保育コンシェルジュが保育所の形態や入園の手続きなどを説明した。民間施設での開催は来街者に広く知ってもらうことも狙いで、会場では参加者から多くの質問が寄せられた。

区と両施設は「女性に優しいまちづくり」をコンセプトとしたFFパートナーシップ協定を締結しており、同じく協定を結んでいるルミネとサンシャインを含めた4商業施設では、来年4月の認可保育施設の入園申し込み方法を記載した入園のしおりを配布している。

区の担当者は「当日のアンケートからも結果は上々で、保育コンシェルジュを初めて知ったという人もいる。今後もこのような催しを開催することを前向きに検討したい」と話す。

区立スポーツ施設料

来年から6年間軽減

中野区

中野区は2日の区議会総務委員会で、区立スポーツ施設の使用料を軽減すると報告した。使用料軽減を適用する施設は区立哲学堂公園の野球場など10カ所ほどで調整しており、スポーツ振興や健康づくりと東京五輪の契機作りを促すことが目的。第4回定例区議会で関連条例改正案を提出する。2018年7月から6年間施行し、軽減策は東京五輪までの3年間及び開催後の3年間を効果検証期間として、継続の是非を検討する。

区のスポーツ施設は指定管理者による運営がほとんどだが、軽減策の実施により指定管理者の収入が減少した場合は、区が支出している指定管理料に使用料減額分を補塡する方針。なお、既に減額制度の対象となっている団体もあり、同団体については軽減策適用後の金額に対して、団体ごとに適用されている減額率を乗じる。

詐欺電話をブロック

50世帯に試験導入

目黒区

目黒区は6日、振り込め詐欺などで使用されたなどの不審な電話番号からの着信を自動的に拒否する機器を高齢者など50世帯に無償で配布すると発表した。区内では1月からの特殊詐欺の被害件数が前年比約2倍の54件で、被害額は同約3倍の1億8700万円に上っており、被害の拡大を防ぐのが狙い。

機器は、トビラシステムズ㈱が開発。電話機につなぐと、機器に配信される約2万5千件の番号リストからの電話の場合、着信音が鳴らなくなる。リストにない番号からの電話は拒否ボタンを押すとブロックされ、システムで共有される。

配布対象は、高齢者を中心に、特殊詐欺の被害にあった人や、警察が犯行グループから押収した電話リストに載っていた人で、地元警察署と連携して決める。無料利用期間は来年3月末までで、希望する世帯は年間使用料4800円で4月以降も利用できる。

訂正　7日付3面「小金井都計道で意見交換会」の見出し及び記事中で、都市整備局とあるのは建設局の誤りでした。

市場移転に懸念材料相次ぐ

豊洲工事　来年7月完了が鍵

きょう10日に予定されていた都と業界団体による新市場建設協議会が9日に急きょ中止となり、暗雲が立ち込める市場移転。だが、それ以外にも市場移転に影響を与えかねない懸念材料が相次いでいる。築地の水産仲卸（551業者）で構成する東京魚市場卸協同組合（東卸）は移転反対派が多く、一枚岩ではない。また、豊洲の安全対策追加工事の入札不調などが起こり、移転推進派にも不安が広がっている。

築地の業界団体で構成する築地市場協会の幹部が6日の午前中に市場内に集まった。この日は市場の移転日について話し合われ、来年10月11日とする方針を固めたが、午後からスタートした新市場建設協議会では「10・11」に決定できなかった。この間に開いた東卸の幹部の会合で「10・11」とする方針の了解を移転反対派などから得られなかったためだ。

東卸は現在、移転推進派と反対派、慎重派などに4分裂している。東卸に加盟する業者は「環状2号線の建設も控えており、早期移転が求められているが、『なぜ五輪に協力しないといけないのか』という理由で移転に反対する業者もいる」と漏らす。

また、2日には移転反対派の水産仲卸が東卸の早山豊理事長に対し、市場移転に関する意向調査を実施せずに移転時期を決めたことへの説明を求める質問状を提出。この業者は本紙の取材に対し、「小池知事が示した『築地は守る、豊洲を生かす』という基本方針に理事長が賛成を表明していないことなどにフラストレーションがたまっている。最終的に理事長をリコールしたい」と不満を募らせる。

東卸では、移転反対派が理事長を批判する事態となり、混乱を来している。移転推進派の一人は「市場業者は移転延期により被害者となったが、いつまでも移転反対を主張し続けると、環2の建設などを遅らせる加害者と受け取られかねない。移転日の決定を先送りしようとするのは得策ではない」と強調した。

■謎の予定価格乖離

さらに市場の豊洲移転に暗い影を落としているのが、豊洲の安全対策追加工事だ。10月30日に開札した5件のうち、4件が入札不調となった。3件が予定価格との乖離（かいり）で、1件が業者の辞退だった。

予定価格と乖離した3件に関して、都は各業者から積算内訳書の提出を受けて乖離の原因分析を進めており、積算の中で乖離が大きい項目があれば業者に確認する。業者の積算根拠に妥当性があれば、予定価格に反映する構えだが、予定価格との乖離を埋められなければ、再び入札不調となりかねない。

今回、不調となった4件の工期はいずれも6カ月強かかる。再入札までは通常であれば1カ月程度を要するため、仮に12月上旬に再入札して再び不調に終わった場合は、同7月末までの工事完了が危ぶまれ、「10・11」の移転に黄信号が灯る。

移転推進派の一人はこう指摘した。「都は来年7月末に工事完了見込みと話しているが、見込みではなく、必ず工事は来年の7月中に終わらせないといけない」

6日の新市場建設協議会では具体的な移転日を決められなかった＝築地市場講堂で

■池の護岸発見

市場移転時期に影響を受ける環状2号線の整備だが、環2の整備それ自体にも懸念材料がある。その一つが築地の地下に眠る埋蔵物だ。

環2の換気所の建設予定地である築地・青果部別館付近の地下から今秋、池の護岸として使われた石垣が発見された。石垣は現在、築地市場の隣にある浜離宮庭園のバックヤードで保管されており、同庭園は「明治時代に改修した石垣であり、文化財としての価値はない」と語るが、築地は江戸時代の蔵屋敷などの跡地でもあるため、埋蔵文化財が発見される可能性を指摘する声は多い。

環2の工事ではこれまでも、新橋・虎ノ門地区で遺構などが発見されたことがあった。この時は埋蔵文化財の調査に7年5カ月もかかっており、築地でも文化財が見つかれば長期的な調査は避けられない。ある市場業者は「環2の工事は東京五輪までに本当に間に合うのか心配だ」と顔を曇らせた。

また、築地市場内の土壌汚染も懸念材料だ。ターレの整備工場が市場内にあり、配管が青果門に向かって延びており、都建設局は「配管に有害物質を流している可能性もある。豊洲移転後に土壌汚染調査を行う」と話す。基準値を超える有害物質が発見されれば、対策工事を行う必要があり、環2の整備に時間がかかるのは必至だ。

ニュースの視点 1

週刊誌記者が見た国政と都政

先の衆院選では自民が圧勝したが安倍政権の支持率は回復せず、不安定なままの国政。一方、大敗を喫した希望の党を率いる小池知事は求心力が低下し、小池都政の先行きも見通しがきかない。政治ネタを追い続けている2人の週刊誌記者が国政と都政を長期連載で解説する。

小池劇場の行方

油断できぬ「政治勘」

一時は政権交代の期待まで抱かせた希望の党はわずか50議席にとどまる〝惨敗〟に終わった。この結果を受けて「小池劇場はこれで終焉（しゅうえん）した」とする見方が強いが、果たしてそうだろうか。

小池百合子氏の野望をなめてはいけない。小池氏は2008年に自民党総裁選で敗北した。09年には野党に転落。12年からの安倍政権では干され続けた。誰もが「小池氏は終わった政治家」とみなしていたところから昨年7月の都知事選、今年7月の都議選で大フィーバーを巻き起こしたのは紛れもない事実だ。

10月25日、希望の党の初の衆参両院議員懇談会の冒頭で、小池代表は党人事を国会議員組に一任する方針を示した。議員組からの要望でもあったが、それ以上に「独裁的」といった批判の集中砲火を浴びた傷を回復させるには党運営には前面に出ない方がいいという判断があったのは間違いない。この両院議員総会で議員から「代表の一言で180人の同志が戦死した」などの批判を浴びたため、今は喪に服している。ある程度の時間が経過すれば民進党を分断した悪役とのイメージも和らいでいく。その一方、代表の座を継続することで、国政にも足を突っ込み続けることができる。小池氏は逆襲を仕掛ける舞台に既に登っているのである。

これまでの歴史を振り返ると、旧民主党と民進党が自民党に代わる受け皿たり得なかった部分は、現実的な安全保障政策に対する疑念や改憲議論を許さないような姿勢もあったであろう。左から右までウイングを広げすぎ、「党内がバラバラだ」というイメージが強烈に付いてしまっていたことも大きかった。ざっくり言うと、左翼っぽさが多くの無党派層に敬遠されていたのだ。その点、旧社会党系を中心に左派が立憲民主党に集約されたことで、希望の党は小池代表が言うところの「フェアウェイ」を堂々と目指すことができる。その点で、今回の選挙は野党の立ち位置の交通整理ができたと捉えることができる。

外交、安全保障では自民党とほとんど違いはないが、原発や経済政策、社会保障などへの政策で自民党との対立軸を作るという方針は多くの国民が望んでいる「受け皿」となり得る。

また、希望の党は依然として、首都東京で都民ファーストの会という最大勢力と連携している。さらに、大阪では日本維新の会、名古屋では減税日本と3大都市に地盤を持つ勢力と連携できる新たな「三都物語」は整っており、政権交代への期待感を再び巻き起こす土壌は健在だ。19年の統一地方選が大きな足掛かりとなる。

小池バッシングは既に収束しつつあり、都知事としての支持率は一定程度ある。今後、小池知事は当面、都政に邁進（まいしん）していくことになる。国政進出で都議会公明党との関係悪化が懸念されたが、都知事に君臨する以上、都議会での連携は固く維持される。その連携は、再度国政で勝負をかけるときには公明党を抱き込むことも視野に入る。今後の都議会では与党による安定運営がより一層重要になる。自民党も公明党に対して正面から批判をすることは難しい。与党が安定すれば都政運営での問題が出ることなく、東京五輪関連などでのアピールで存在感を出していける。都政では、総選挙前に政府に先行し、受動喫煙問題に取り組んでいる。今後も情報公開など自民党が後ろ向きのテーマをターゲットとした政策を都政で実現していき、国政の対立軸を都政で示していくことが考えられる。

もう一つ大きなポイントは来年の自民党総裁選だ。ここで安倍総理が再任されれば岸田文雄、石破茂、野田聖子の3氏といったポスト安倍を狙う面々は一気にチャンスが遠のき、総理候補の座すらも危うくなる。これらの中から自民党を割るような動きが出てくる可能性がある。また、もしも安倍総理が敗れれば、党内が不安定になることは想像に難くない。実際、安倍政権の支持率は不支持率と拮抗（きっこう）し続けている。総選挙での比例代表得票数では希望の党と立憲民主党の2大野党を合わせた得票数は自民党よりも200万票以上多かった。自民党の大勝は野党が割れたためだったのは明らかで、自民党は決して盤石ではないのだ。

今回の小池、前原両氏による希望の党構想は予想を超えた驚くべき展開だった。しかし、これまでの政治史を見ても自民党が社会党と連立政権を樹立するなど考えられないことが起こってきた。今後、遅くとも4年以内には政治的な混乱がやってくるはず。その時にたぐいまれな〝政治勘〟を持つ小池氏が再び躍動する可能性は決して低くはない。

（吉田昌典）

東京最前線

◆「総合区」説明会を開始　大阪市は3日、都構想が実現しなかった場合に備え、8月に公表した「総合区」制度素案の住民説明会を開始した。市内全24区を8区に再編し、各区に保育所や公園事務など市並みの権限を移すことが柱。市は来秋実施予定の住民投票で都構想が頓挫した場合に総合区を導入する考え。

◆映画でユネスコ創造都市に　山形市は1日、ユネスコの「創造都市ネットワーク」に映画分野で加盟したと発表した。同分野での加盟は国内初。創造都市は文学や音楽など7分野あり、1989年から国際ドキュメンタリー映画祭を隔年開催していることなどが認められた。

◆自然エネ投資に税制優遇　島根県海士町は2日、ベンチャー企業の㈱海士パワーと連携し、太陽光・風力発電事業を推進すると発表した。ベンチャー企業などに出資した投資家が税制優遇される「エンジェル税制」を活用。全国から小口資金を募る。今年度は太陽光発電設備を5カ所設ける。

◆世銀と都市開発で連携　神戸市は1日、世界銀行と「都市パートナーシッププログラム」に関する覚書を締結し、経済交流や都市開発などで連携すると発表した。阪神大震災後の復興ノウハウを世銀と共有するとともに、世銀が持つ情報網を市内企業の海外進出に活用する狙いがある。

◆施設廃材がグッズに変身　神奈川県茅ケ崎市は11日、リニューアルオープンに向けて改修中の市民文化会館の不用品を活用したメモリアルグッズの販売を開始する。舞台用品を使ったスピーカーなど14種類322点の商品を製作。武蔵野市などでも実績のある、ぴあ㈱と販売委託契約を締結した。

◆外国人観光でＩＣＴ実験　長野県小諸市の一般社団法人こもろ観光局は3日、外国人観光客向けＩＣＴ（情報通信技術）活用実験を開始した。ＪＲとしなの鉄道が使用する小諸駅で観光客のパスポート情報を取り込んだＩＣカードを発行。電子看板での多言語の観光情報受信や、観光施設の入場に利用できる。

◆埼玉北部へ移住誘致ツアー　埼玉県北部の7市町は11日、移住受け入れ促進に向け「移住促進モニターツアー」を実施する。都内や県南部の若者を対象にバスで各自治体を巡ってもらう。同日は北部東側の熊谷市、深谷市、寄居町をコースとし、4日には西側の本庄市、上里町、美里町、神川町で実施した。

◆新幹線沿線拠点を大宮に　さいたま市は1日、東北や北陸など東日本の新幹線沿線23自治体で連携する「第3回東日本連携・創生フォーラム」を開いた。大宮駅東口に情報発信拠点「東日本連携支援センター」（仮称）を来年度中に開業することを報告。3階建てビルの1～2階の計514平方㍍を賃借する。

◆「ジブリ部署」を設置　愛知県は1日、「ジブリパーク構想推進室」を設置した。県は2005年開催の愛知万博の会場「愛・地球博記念公園」に20年代初頭にアニメ制作会社・スタジオジブリのテーマパークを造ることで5月に同社と合意していた。新部署には10人の職員を配置し、開業に向け本格的に始動する。

知事と東商が懇談　人材難などテーマ

小池知事は8日、東京商工会議所（東商）の三村明夫会頭らと懇談し、企業の人材不足や五輪に向けた取り組みで意見を交わした。都知事と東商の会頭が懇談するのは石原都政の2001年以来、16年ぶりとなる。

約7万8780社の会員企業で構成する東商は会員の中小企業の人材不足の状況を説明。従業員が100人以下の中小企業を対象に人材不足の状況を調査したところ、人材不足と答えたのは2015年の50・3％から17年には60・6％に増加した。中小企業では、即戦力となる人材を求めているが、応募がなかったり、求めていた人材ではなかったりする課題を解決できず、人材難に拍車がかかっている状況だ。

懇談で、三村会頭が人材不足に「本当に悩んでいる」と漏らしたのに対し、小池知事は人に焦点を当てた政策をやっていきたいなどと述べ、協力する姿勢を示した。

また、東商は組織内にオリンピック・パラリンピック特別委員会を設置し、大会を支えるためのアクションプランを策定中と説明。知事は「20年大会まで1千日を切っている。準備を加速させ、機運を醸成させていく段階」と述べ、協力を呼びかけた。

今後も、東商から懇談を継続するよう求められた知事は「そうですね」と応じた。

私を変えた一冊

産業労働局商工部長　坂本 雅彦 氏

『石光真清の手記』石光 真清〈著〉

真実は「現場」にあり

学生時代も大詰めになり、いよいよ社会人になるに当たり、ふと読み始め、いまだにちょっとした心のよりどころにしている本です。

明治から大正にかけて、満州やシベリアで諜報（ちょうほう）活動に従事した元軍人の手記を子息が自叙伝にまとめ上げた作品です。世間に隠してきた仕事の成果を成功譚（たん）なども交え滔々（とうとう）と述べる風は全くなく、任務や日々の生活に誠実さをもって打ち込む軌跡が訥々（とつとつ）と語られていきます。

近代史で著名な人物も随所に登場しますが、語り手である石光の視線は、日清と日露の戦役で労苦を共にした同僚や部下を始め、満州や極寒のブラゴベシチェンスクなどで出会った無名の人々の生き方やその行く末にのみ注がれているのが分かります。

二十歳前に読んだ『坂の上の雲』の司馬史観に魅了されながらも、登場人物たちが屈託なく明るい坂道をひたすら登っていく様子に違和感を持っていた私には、自分がこれから入ろうとしている社会の実相は、石光の自伝で描かれた状況の延長なのだろうと勝手に解釈し、納得をした覚えがあります。この手記は、司馬遼太郎が色鮮やかに描いた明治人とは、まったく異なる人生を余すところなく表現しているだけにリアリティーと示唆に富んでいます。

作品の最終局面がクライマックスで、シベリア出兵で現地に進駐してきた軍司令官から面罵され、石光自身は長年の自分の仕事は何だったのかと厳しい自問自答を迫られます。これにより、石光は自らの人生は失敗であったと総括するのですが、読者の多くは決してそうは感じないと思います。

この手記が今日の私たちに提供してくれる教訓めいたものは、本当の深い真実は現場や前線にあること、日の当たらない業務こそが重要であること、そして仕事の結果は長い年月ののちに初めて正確に評価されるだろうことであるかと思います。いまだに折に触れ、石光の作中の様々な独白を思い起こすことがあるということは、この作品が、職業人の私の一定部分を作り上げているというべきかなと考えています。

特別区労使に聞く 2017年度確定交渉

区人勧を受けた区確定交渉が本格化している。今年度の勧告は月例給・特別給を4年連続で引き上げる内容だったが、組合側は引き続き生活の改善に資する賃上げを要求。更に、今確定交渉では行政系・業務系の人事・給与制度の見直しを始め、課題が山積している。副区長会の鈴木勝会長(目黒区)と特区連の吉川貴夫委員長、清掃労組の桐田達也委員長に、勧告の受け止めや論点を聞いた。

勧告尊重し慎重に検討

鈴木勝・副区長会会長

―月例給、特別給の4年連続引き上げは初めての勧告です。

これまで同様、勧告を尊重する立場に変わりはない。一方で、特別区では五輪を始め、首都直下地震や超高齢社会への対応、子育て支援など、今後の財政状況は厳しさを増すことが予想される。職員の勤務条件に厳しい視線が向けられる中、区民の理解と納得が得られるよう慎重に取り扱いを検討しなければならない。

各団体の人事委員会勧告で4・5月の勧告を受けたのは、特別区と都だけだが、都は昨年に引き続き月例給は据え置きだ。民間給与調査の結果であっても区民の理解が得られるよう、より効率的・効果的な行政運営を目指すなど、自らを厳しく律していく必要がある。

―扶養手当の見直しも勧告されました。

昨年の国の見直し、民間企業における支給状況の変化、区職員の支給実態などを踏まえた結果だと受け止めている。女性の就労を巡る状況の変化や子育てに要する経費の実情、少子化対策の推進など、社会全体の動向にも配慮しながら検討を進めていく必要がある。

―行政系人事制度の見直しに向けては。

1987年に統括課長、主任主事を導入して以降、30年ぶりの大きな見直しとなる。

新制度の導入を機に、職務・職責にふさわしい給与処遇の実現や人材活用のための弾力的な任用管理を促進し、高度化・複雑化する区政課題に的確に対応するため、組織力の向上・活性化を図っていきたい。

―技能・業務系人事制度についても行政系と一体的な解決を目指すと表明されました。

この間、行政系人事制度の見直しにより、技能・業務系人事制度に影響が生じると見込まれる時には、対応を労使で協議すると言及してきた。行政系と一定の関係性の下に制度設計されている業務職給料表や手当などについても、今給与改定交渉で一体的な解決を目指していく。

―交渉の見通しは。

今交渉期では身体障害者を対象とする採用選考の見直しや昇給制度の見直しなど、例年にも増して多くの重要課題があり、非常に厳しい交渉が予想される。これまで築いてきた信頼関係を基に誠意を持って精力的に協議を進め、解決を図りたい。

不利益処分、容認できぬ

吉川貴夫・特区連委員長

―人勧の受け止めを。

月例給・一時金の4年連続引き上げ改定であり、一時金は国を上回る水準の維持は評価する。しかし人事院勧告や昨年の区人勧を下回る水準であり、住居手当見直しで一人当たりの月例給は610円下がっている。事実上のマイナス勧告だ。

給料表改定では、最高号給で主任主事はわずか200円の引き上げに対し、部長は1400円という幹部優遇の格差改定を強行している。職員の7割を占める係員に公民較差相当分の賃上げさえ保障しないのは容認できない。

―扶養手当の見直しも論点です。

「配偶者を欠く一子」手当の廃止は認められない。平均的な職員よりも厳しい生活を余儀なくされている1122人の一人親世帯の職員に月額4700円の賃下げを強要することになる。具体的な配慮措置を求めていく。

―行政系人事制度の見直しについては。

区人勧が示した「改悪給料表」は、全ての級で早期立ち上げ・フラット化という「エリート優遇措置」だ。新2級(主任)の最高号給で5700円も削減し、事実上、16号分の高位号給カットを強行している。行政職給料表(一)の適用者だけを見ても、既に約750人が最高号給に達しているが、新たに約2400人に昇給停止状態を強要しており不当だ。

―職務の級の切り替えでは、現1～3級職を新1級に切り替え、昇任選考で新2級に任用するとしています。

選考を経て昇任した主任主事を、本人の意に反して主事に任用することは「降任」で、明らかな不利益処分だ。断じて容認できない。級格付の解消も想定され、重大な課題となる。

―現業系人事制度の改善については。

給与水準低下を招かない業務職給料表作成方針を確立し、懸案の切替調整の終了と残号数廃止を実現しなければならない。

―確定交渉に対する意気込みを。

来年度の税制改正で地方消費税の配分割合が見直されるなど、特別区の財政に対する攻撃が強まる中で、区職員の生活改善に資する賃金改善を求める闘いになる。全ての職員の期待に応えるため、人事・給与制度の改善を勝ち取っていきたい。

行(一)給料表と関連注視

桐田達也・清掃労組委員長

―区人勧をどう受け止めますか。

4年連続の月例給、一時金の引き上げ勧告で、賃金抑制の流れが止まったことは評価できるが、平均住居手当額の減額分にも満たない事実上のマイナス勧告だ。区職員の生活改善にはつながらない。

―昇給制度では初任給調整号数の廃止が提案されています。

2006年の清掃職員の身分移管では、清掃事業の危険性や困難度、特殊性を鑑みて新たな職種として「技能Ⅴ」「Ⅵ」を設け、初任給基準は調整号数を他職種よりも加算することで労使合意に至った経緯がある。収集現場や清掃工場における作業の厳しさは当時と全く変わっておらず、提案は到底、受け入れられない。

―行政系と共に、業務職給料表が焦点の一つです。

十分な労使協議期間を確保するため、生活改善につながる業務職給料表を早期に明らかにするよう求めていく。給料表の切り替えでは、新たな行(一)給料表とどう関連付けされるのか、注視していきたい。

また、(区長会は)給料表の切り替えに伴い、級格付の解消を示唆しているが、現業職場では任用制度が導入された歴史も浅く、現業系職員は級格付制度により昇格してきた。提案は不当な降格、不利益処分であり、容認できない。

―組合側は技能長職の拡大など任用制度の改善も要求しています。

技能長に関しては、各区の年齢構成や昇任枠の不均衡で昇任選考に困難が生じ、人事の停滞につながっている。技能長の職務には公権力を伴う指導など、精神的負担の大きい仕事も多く、負担軽減は喫緊の課題だ。

級格付制度が廃止され、2級職の職員が「班長」「グループ長」を担い、職責だけが増している実態もある。処遇改善につながる新たな職の設置を求めている。

―区確定交渉の意気込みを。

区民サービスの最前線にいる職員の仕事は、区民サービスの在り方に直結する。当局が清掃事業と職員をどう評価しているのかを明確にし、自信と誇りを持って職務に邁進できる賃金水準、人事制度の構築を求めていきたい。

区団交

現業系給与制度で骨子

行政系は労使対立続く

特別区長会と特区連、東京清掃労組は6日、それぞれ団体交渉を行い、区長会が技能・業務系の給与制度改正について、骨子案を提示した。このうち新たな業務職給料表については基本的な考え方を示し、行政系人事制度の改正に伴う職の再編などにより、行政職給料表(一)との対応を維持できない箇所について、「新たな対応関係を設定する」と明らかにした。

また、新給料表への切り替え方法に関しては、切り替え前の級・号給と同額か、直近で上位の号給に切り替える。切り替えに当たって行政系と同様、「級格付」の解消も行うとした。

初任給基準も新たに設定し、「技能Ⅰ」は現行の初任給と加算限度号数の関係性に基づいて新たな加算限度号数を設定する。実施時期は2018年4月1日。

任用制度については、区長会が「職層別職員構成比や昇任選考の実施状況など、制度の運用状況について慎重に分析を進めている」とした上で、「技能長職昇任選考の有資格者に著しい増加が見られる」との課題認識を表明。「今給与改定交渉で課題の解決を目指したい」と踏み込んだ。

一方、組合側は「給料表は労働条件の根幹。職員の不安は大きい」として早期の提示を要求。「級格付」の解消については、清掃労組が「最高号給に切り替えられた職員は切り替え以降、昇給が停止することになる。不利益処分の強要に当たる」と強く反発、特区連も「05年の賃金確定交渉の労使合意に反する」と批判した。任用制度では、組合側の要求に応じた改善を示すよう求めた。

行政系の人事・給与制度は、労使の主張が対立している。

職の切り替えに当たり、区長会は現1～3級職(係員・主任主事)を新1級職(係員)として任用し、切替昇任選考を経て新2級職(主任)に任用する考えだが、これに組合側が反発している状況。今回の団交では、区長会が「切替昇任選考」は新2級職への意向確認・人事評価で行うもので、「不利益処分には当たらない」との認識を表明。丁寧に協議する考えを示した。

給与制度では、新たに期末・勤勉手当の職務別段階別加算割合について、主任は5%とする修正案を提示。労使の隔たりが大きい項目の一つに、新2級の最高号給の月額が現3級より5700円引き下げとなることがあり、区長会は「新2級の最高号給に切り替えられることにより現給保障となる職員をはじめ、切り替えに伴う影響を慎重に検討した」と述べた。

これに対し、特区連は「現3級職と今年度の主任主事昇任選考合格者は、本人の意思により新2級職に任用されるべき」と重ねて強調。「切替昇任選考」に対する不安の払拭を求めた。

給与制度に関しては、「係長職の拡大に向けた取り組みが全ての区で進展していない」と指摘。「このままでは新給料表の新2級は新たに2400人もの職員に昇給停止状態を強要する」と懸念を表明。「各区の検討・対応状況が進展しない中で、到底容認できない」として再考を求めており、労使の溝は依然として埋まっていない。

小池知事

都の「働き方改革」宣言

副知事・局長ら幹部集め

局長級のほか、部長級、総務課長などの管理職も集められた＝7日、都庁第一本庁舎

都庁の「働き方改革」を組織的に進めようと、小池知事は7日、副知事や教育長、各局長ら幹部職員を集め、「働き方改革」を改めて宣言した。小池知事は整列した約200人の幹部を前に、「都庁の働き方改革そのものを起爆剤に、社会全体のムーブメントにしたい」と訓示。「ライフ・ワーク・バランスとそのための新しい働き方を、しっかりと都庁に根付かせてほしい」と要望した。

宣言では、管理職が長時間労働是正をコンプライアンスの一つとして認識し、職員の勤務時間管理を徹底することを盛り込み、「メリハリある働き方や無理・無駄のない指示、休暇の積極的な取得に努める」とした。また、フレックスタイム制の導入を始めとする制度の見直しに積極的に取り組む方針を示した。

都では2016年10月以降、午後8時完全退庁や昼休みの分散化などに取り組み、本庁の超過勤務は前年度比1割減となったが、長時間労働を行う職員数の増加が確認され、「一層の取り組みが求められている」という。

都小委

労使の主張、激しく対立

都側「国の動向見定める」

都と都労連は7日、小委員会交渉を行った。都側が提案した昇給制度の見直しや扶養手当の認定要件の見直し、フレックスタイム制の導入などについて、労使の主張が対立する状況が続いている。

昇給制度の見直し案は、業績評価の総合評定が「D」となった場合の取り扱いを全職員で統一し、併せて、医(一)・教育職の監督職層について、行(一)などの監督職層と同様に、3号昇給以下の付与率を設定する内容。都側は「前回の見直しの趣旨を踏まえ、職員の能力・業績をより適切、きめ細やかに昇給に反映させる必要がある」との考えを重ねて表明した。

一方、都労連は「今必要なのは、日々職場で奮闘する職員を励ますことであり、昇給制度の厳格化によって職員のやりがいを削ぐことではない」と批判し、撤回を求めた。

扶養手当の認定要件の見直しでは、都側が手当額見直し後の今年度の支給状況などに言及。また、昨年度から引き続き、税制・社会保障制度における被扶養者の所得限度額は130万円以下で変わらないとして、「速やかに見直していかなければならない」と改めて強調した。これに対し、都労連は「見直しの影響が大きく理不尽であることが許せない」と怒りをにじませ、「影響を受ける職員がごく少数であっても断じて容認できない」と改めて提案の撤回を求めた。

フレックスタイム制は、都側が本庁職場での導入を提案している。「職員のライフ・ワーク・バランスの推進、組織の生産性向上に向けて、導入が不可欠」との認識を表明し、今回の提案は、「単に国の制度を横引いたものではなく、都の実情に応じた制度」と説明した。都労連は「長時間労働の是正にはつながらない」と反論。「都側の態度は導入ありきだ」と批判し、提案の撤回を迫った。

一般職非常勤職員制度に関しては、都側が見直し案により一般職として設置可能となる職の範囲を説明。来年度から、原則その範囲で特別職から一般職に切り替え、法に基づく適切な人事管理と勤務環境の整備を図る考えを示した。今後、具体的に切り替えを行う職を検討するとしている。都労連は、提出した解明要求への回答を速やかに行うよう求めた。

この日の小委ではそのほか、都労連要求を踏まえ、高齢期雇用制度や在宅勤務型テレワークについても議論が行われた。

また、交渉の最後に、都側が給与・退職手当に係る国の動向に言及。回答指定日までに国の取り扱いが決まらない可能性を示唆し、「国の動向を注意深く見定め、今後の交渉課題の回答について検討する」とした。都労連は、「労使合意により自主的に課題を解決することが都労連の変わらぬ立場だ」と語気を強めた。

回答指定日の11月14日が迫っている。

小松好子さん(こまつ・よしこ＝望月元美・台東区議会副議長の母)8日死去、84歳。

五輪への航海図 223

TOKYO 2020

開催まで あと987日

シドニーの教訓⑦

24時間運行の公共交通

大会準備では、前回のアトランタ大会で輸送面の失敗が見られたことから、過去の失敗を生かすため、1998年にオリンピック道路・輸送機構が設立され、大会期間中の輸送計画策定を担当した。

シドニーはオセアニア最大の経済都市だが、都市圏全体で人口約400万人(当時)と、他国の主要都市圏と比較して人口規模は大きくない。そのため、多数の選手・観客が訪れる五輪では渋滞の懸念があり、市内中心部への車両乗り入れ規制などが行われた。

観客の移動は主に州営電車・臨時の州営バスに頼った。電車・バスは開催期間中24時間体制で運行され、入場チケット所持者は、当該競技の開催日及び翌日の午前4時まで、これらの公共交通機関を無料で利用可能。なお五輪に由来するかは不明だが、現在でもシドニーでは、大規模イベント開催時にはチケット代に当日の電車・バスの運賃が含まれることが多い。これは交通ICカードが未導入の頃のシドニーでは混雑を避けるために重要だった。現在ではICカード利用者が9割を超え、改札駅員がいないことが多く、イベントチケットを駅員に見せる手間の方がかえって非効率にも思われる。

メーン会場に隣接したシドニーオリンピックパーク駅

観客が無料で利用できたのは基本的に州営電車及び州営バスだったが、ボランティアは民営バスやフェリーも無料の交通手段として選ぶことができた。会場までの州営バスとは別に、市内中心部を回る無料バスも運行されている。

また、公共交通でのアクセスが難しい観客のために、目的地までの途中で自動車から公共交通に乗り換える「パーク・アンド・ライド」システムを導入した。シドニー中心部と近郊の26カ所に計3万台分の臨時駐車場が設けられ、入場チケット所有者は基本的に無料で利用することができた。

一部で渋滞による選手用バスの遅れから試合開始が遅れることもあったものの、大会期間中の大きな輸送トラブルは避けられた。中には、「いつもよりバスが正確な時間に着くから、このままずっと五輪が続いてくれ」と言う人までいたという。

(自治体国際化協会シドニー事務所＝都政策企画局外務部管理課　小松俊也)

30年度 職員教養講座 東京都管理職選考対策 ▶18◀

経済・財政に関する知識 ④

今回は財政学を学習します。

問題

【問題 11】
予算原則に関する記述として、妥当なのはどれか。

① 統一性の原則とは、予算を編成するにあたり、歳入と歳出を可能な限り正確に見積もらなければならないという予算原則をいい、予算と決算の乖離を可能な限り小さくすることを求める原則である。

② 完全性の原則とは、全ての収入と支出は漏れなく予算に計上されなければならないとするものであり、この原則に基づき、我が国では総計予算主義がとられている。

③ 限定性の原則とは、収入と支出が計上される予算は一つでなければならないとするものであり、この原則から派生したものとして、特定の収入から特定の支出へ充当させるべきではないとするノン・アフェクタシオンの原則がある。

④ 会計年度独立の原則とは、予算は会計年度が始まるまでに編成を終え、議会の議決を得なければならないという予算原則をいう。

⑤ 明瞭性の原則とは、予算の内容が議会審議のためだけでなく、国民全体にも広く公開されなければならないという予算原則をいう。

【問題 12】
我が国の地方交付税制度に関する記述として、妥当なのはどれか。

① 地方交付税は、特定の事務事業の実施を推進するために、使途を特定の支出に限定して国から地方公共団体へ配分される。

② 地方交付税は、地方公共団体間の財源の不均衡を調整する機能を有しており、基準財政収入額が基準財政需要額を超える地方公共団体は、その超過分を国に納付する義務がある。

③ 基準財政需要額は、警察費や土木費等の経費の種類別に設けられた測定単位の数値に補正を加え、これに測定単位ごとに定められた単位費用を乗じた額を合算することによって算定される。

④ 基準財政収入額は、一般会計を経由せずに直接、交付税および譲与税配布金特別会計に繰り入れられる地方揮発油譲与税や石油ガス譲与税等の地方譲与税を除いて算定される。

⑤ 基準財政収入額は、地方税法に規定する標準税率ではなく、実際に課税されている地方税率を使って算定される。

【問題 13】
経常収支比率に関する記述として、妥当なのはどれか。

① 経常収支比率は、財政構造の弾力性を判断するための指標で、経常的経費に充当された一般財源の額の経常一般財源総額に対する割合である。

② 経常収支比率は、財政構造の弾力性を判断するための指標で、公債費に充当された一般財源の額の経常一般財源総額に対する割合である。

③ 経常収支比率は、地方公共団体の自主裁量性を分析するための指標で、全会計ベースの実質赤字額の標準財政規模に占める割合で示される。

④ 経常収支比率は、地方自治体の財政の弾力性を判断するための指標の一つであるが、一定の割合を超えた場合には、地方債の発行が制限される。

⑤ 地方財政は、経常収支比率が低いほど硬直化しており、新たな住民ニーズに対応できる余地が少なくなるとされる。

【問題 14】
アダム・スミスまたはアドルフ・ワグナーの租税原則に関する記述として、妥当なのはどれか。

① アダム・スミスは、人と物に課税し、各人の負担能力に応じて累進課税を行わなければならないとし、便宜の原則を唱えた。

② アダム・スミスは、課税は財政需要を満たすのに十分な税収入をあげるべきとする課税の弾力性の原則を唱えた。

③ アドルフ・ワグナーは、課税構造は経済の安定と成長のための財政政策を行いやすいものでなければならないとする経済の安定と成長の原則を唱えた。

④ アドルフ・ワグナーは、国民経済の発展を阻害しないよう正しい税源および税種を選択すべきとする国民経済上の原則を唱えた。

⑤ アドルフ・ワグナーは、課税は支払いの時期、支払いの方法、支払いの金額を納税者に明確にすべきとする公平の原則を唱えた。

【問題 15】
以下のような財市場のみからなるマクロ経済モデルを考える（別掲）。このとき、減税と同時に政府支出額を減少させた場合の国民所得の変化に関する記述として、妥当なのはどれか。

【問題 15】
$Y=C+I+G$、$C=a+b(Y-T)$（Y:国民所得、C:消費、I:投資、G:政府支出、T:税収、a、b:正の定数）

① 国民所得は、政府支出の減少額の1／b倍だけ減少する。
② 国民所得は、政府支出の減少額のb／(1−b)倍だけ減少する。
③ 国民所得は、政府支出の減少額の1／(1−b)倍だけ減少する。
④ 国民所得は、変化しない。
⑤ 国民所得は、政府支出の減少額と同額だけ減少する。

解説

【解説 11】　正答 ②

① 誤り。統一性の原則は、予算は一つでなければならないというもので、単一の原則とも呼ばれます。予算はできるだけ正確に見積もらなければならないとするのは厳密性の原則です。

② 妥当。完全性の原則は、総計予算主義とも呼ばれます。

③ 誤り。統一性の原則の説明です。統一性の原則から、特定の歳入から特定の歳出への支出を行うような個別の予算を作成すべきではないというノン・アフェクタシオンの原則が導き出されます。

④ 誤り。事前議決の原則の説明です。会計年度独立の原則は、ある会計年度の歳出は当該会計年度の歳入で賄わなければならないという原則です。

⑤ 誤り。公開の原則の説明です。明瞭性の原則は、予算は国民にとって分かりやすいものでなければならないという原則です。

【解説 12】　正答 ③

① 誤り。地方交付税は、使途が限定されずに国から地方公共団体へ配分される交付金です。使途が定められて国から地方公共団体へ配分されるのは国庫支出金です。

② 誤り。基準財政収入額が基準財政需要額を超える地方公共団体は、その超過分を国に納付する義務はありません。

③ 妥当。基準財政需要額は、全国標準に基づいて、合理的で妥当な水準で行政を行うため必要な経費のうち、一般財源をもって賄われるものの額です。種類別に設けられた測定単位の数値に補正を加え、これに測定単位ごとに定められた単位費用を乗じた額を合算して算定します。

④ 誤り。地方譲与税は、一般会計を経由せずに直接交付税および譲与税配付金特別会計に繰り入れられ、地方公共団体に譲与されるもので、その一部が基準財政収入額に含まれます。

⑤ 誤り。基準財政収入額は、標準的な状態で徴収が見込まれる税収入を基準に算定するため、実際に課税されている地方税率ではなく、標準税率を使って算定されます。

【解説 13】　正答 ①

① 妥当。経常収支比率は、経常経費充当一般財源を経常一般財源で割った数値です。

② 誤り。公債費に充当された一般財源の経常一般財源に対する割合は、公債費負担比率です。

③ 誤り。公営企業を含む地方公共団体の全会計に生じた赤字の財政規模に対する割合は、連結実質赤字比率です。

④ 誤り。地方債の発行制限に関わる指標は、実質公債費比率です。実質公債費比率が18%以上になると、地方債の発行が事前に制限され、起債の許可が必要となります。

⑤ 誤り。経常収支比率は、毎年度経常的に入ってくる経常一般財源に占める人件費等の経常的な支出の割合であるため、経常収支比率が高いほど地方財政は硬直化していると言えます。

【解説 14】　正答 ④

① 誤り。アダム・スミスは、租税は納税者が支払うのに最も便宜なる時期と方法によって徴収されるべきとする便宜の原則を唱えました。累進課税を唱えたのは、アドルフ・ワグナーです。

② 誤り。アドルフ・ワグナーは、課税は財政需要を満たすのに十分な税収入をあげるべきとする課税の十分性の原則を唱えました。

③ 誤り。課税構造に、財政政策を容易に実行できるものであることを要求し、経済の安定と成長の原則を提唱したのはマスグレイブです。

④ 妥当。アドルフ・ワグナーは、納税者への影響を見極め、正しい税源および税種を選択すべきとする国民経済上の原則を唱えました。

⑤ 誤り。課税は支払いの時期、支払いの方法、支払いの金額を納税者に明確にすべきとするのは、明確の原則である。アダム・スミス、アドルフ・ワグナーともに提唱している。

【解説 15】　正答 ⑤
別掲。

【解説 15】
乗数理論の問題は、マクロ経済学と重複する部分があります。機械的に処理していくことができる問題ですので、ぜひ押さえておきましょう。
解法は、まず、財市場の需要の式に消費関数を代入し整理します。

$$Y=C+I+G$$
$$Y=a+b(Y-T)+I+G$$
$$(1-b)Y=a-bT+I+G$$
$$Y=1/(1-b)(a-bT+I+G)$$

政府支出G、税収T、国民所得Yの変化について問われているので、変化を示す△を付けて、それ以外は消し去ります。

$$\triangle Y=1/(1-b)(-b\triangle T+\triangle G)$$

政府支出の減少額と減税額は等しいので、△T=△Gを代入します。

$$\triangle Y=1/(1-b)(-b\triangle G+\triangle G)$$
$$=1/(1-b)\times(1-b)\triangle G$$
$$=\triangle G$$

政府支出の減少額△Gと同額の国民所得△Yが減少します。
よって、⑤が正解です。

◇　◇

経済・財政に関する知識は、早期に対策を始めることができる科目です。事前に解法や知識を習得しておけば、試験直前期に復習することで十分得点が期待できる科目ですので、本講座をきっかけに、ぜひ取り組んでみてください。

昇任試験対策のページ

◆30年度◆ 管理職試験講座 ①

特別区　I類択一・記述　I・II類論文

I類択一

平成30年度の特別区管理職選考に向けて、今回から13回にわたりI類択一の学習方法について解説をしていきます。

管理職選考の筆記考査には、択一式、記述式、論文式があり、特に択一式は出題範囲も広範にわたります。試験の直前にまとめて勉強できる分量ではありませんので、この時期から計画的に準備していきましょう。

本講座の出題分野ごとの内訳は、①地方自治制度4回②行政法4回③財政学1回④地方公務員制度3回──となります。分野ごとに過去の出題傾向や勉強方法、参考書を紹介するほか、オリジナル問題とその解答・解説を掲載しますので、効果的に活用してください。

試験の概要

平成21年度から平成29年度までの9年間は、択一式問題の出題分野と出題数に変更はなく、①地方自治制度14問②地方公務員制度6問（以上が事務と技術系共通）③行政法16問④財政学・地方財政制度4問（技術系は別途参照してください）でした。

また、受験方法については、①全部受験方式（択一式問題、記述式問題、論文式問題の全てを受験する方式）②分割受験方式（択一式問題受験の免除資格を得るため、択一式問題のみを受験する方式。当該年度の管理職選考合格には至らない）③免除受験方式（択一式問題受験の免除資格を得ている人が、記述式問題及び論文式問題を受験する方式）④前倒し受験方式（主任主事の職にあり、その在職期間が3~5年目の人〈経験者採用制度により採用された人等の特例あり〉が、択一式問題受験の免除資格を得るため、択一式問題のみを受験する方式。本年度の管理職選考合格には至らない）──の4種類となっています。

平成29年度の管理職選考実施要綱が、4月5日に特別区人事委員会より公表されていますので、一度目を通しておいた方がよいでしょう。

また、平成30年度の実施要綱については、来年4月ごろに公表される予定ですので、出題分野ごとの出題数や、受験方式に変更がないかを必ず確認してください。

さらには、特別区人事委員会が管理職選考の出題傾向や解答のポイントなどをまとめた「管理職選考受験勧奨用冊子─『明日の区政を担う管理職員を目指して』～明確な目標を持って取り組むために～」を発行しています。併せて最新版をチェックしておきましょう。

得点目標

択一式問題では、受験方式によってクリアしなければならない得点が異なります。

分割や前倒しで受験する場合は、免除資格（翌年度以降3年間、択一式問題の受験が免除される資格）を得ることが目標になります。免除資格を得るためには、択一式問題の成績が受験者の上位30%程度に入る必要があります。

勉強の仕方

平成29年度の『明日の区政を担う管理職員を目指して』を見ると、平均点が18点だった場合の免除資格取得の最低得点ラインは24点前後と予測されています。しかし、過去5年間の実際の平均点を見ると、25年度が20・3点、26年度が23・4点、27年度が19・9点、28年度が19・0点、29年度が21・3点と、年度ごとに平均点は変動するため、免除資格取得の安全圏は7~8割（28点から32点）と想定して、確実にそれ以上得点できるよう取り組むことが必要です。

一方、全部受験方式で受験する場合は、口頭試問を受験するための一定の基準に達すればよく、おおむね平均点以上であれば大丈夫だと言われています。よって、得点目標としては6割（24点）以上の得点を目標に準備していきましょう。全部方式で一発合格を目指すのであれば、記述式と論文式の準備もバランスよく行う必要があるため、択一の勉強だけに偏らないよう注意してください。

なお、択一式問題の成績は、口頭試問進出者と免除資格取得者を決定する際にのみ影響を与えます。そして、最終的な合格者の決定については、記述式問題、論文式問題、勤務評定、口頭試問の成績を総合して行われます。

勉強方法

管理職選考の試験対策は時間との戦いになります。限られた時間の中で、いかに効率的に目標点に達する力を身に着けるかが肝要です。

まずは、自分の実力を把握することから始めましょう。そのためには、過去3年くらいの過去問を制限時間内に解いてみることをお勧めします。低い点数になるかもしれませんが、その結果に一喜一憂するのではなく、目標の点数まであと何点必要かを認識することが重要です。

自分の現在の実力と目標までの「差」を把握したら、問題集に取り組みます。問題集の前に参考書で知識を蓄えるのも一つの方法ですが、択一の出題範囲の広さや記述式、論文式にかける勉強時間も考慮すると、いきなり問題集から取り組んだ方が、より効率的だと思います。

問題集としては、都政新報社、学陽書房、公職研などから出版されています。好みがありますので、書店などで手に取って自分に合うものを選んでください。できれば、最新の法改正にも対応している問題集が望ましいでしょう。

参考までに、筆者は都政新報社の『実戦150題』を3冊（地方自治法・行政法・地方公務員法）と、条例や判例等の確認のために学陽書房の『地方自治ポケット六法』をそろえました。また、時間的な余裕がなかったため財政学・地方財政制度（4問出題）の勉強はできませんでしたが、全部受験方式の合格レベルには十分に達することができると感じました。

次に、問題集に取り組む学習計画を立てます。

勉強量については、問題集の内容を理解して覚えるために1回読み込み、その後、最低3回は解いてみることをお勧めします。既にある程度の知識がついている方については、読み込みの作業は省略するか、または自信のない部分を重点的に読み込むようにして、効率的に勉強を進めてください。

ペース配分については、試験当日までの日数を数え、問題集を1回読み込み3回解くためには、一日何問のペースで行わなければならないかを計算し、試験日までのスケジュールを作成してください。1回目は覚える作業となるため、2回目以降と比べて多くの時間を要します。そうしたことや、自身の仕事の繁閑等も勘案しながら、無理のない計画を立ててください。筆者の場合は、平日は少なめに設定し、その分休日にある程度まとめて解くようにしました。

最後に、問題の解き方ですが、単に正解すればよいということではなく、全部の肢を確認して、正確な知識を身に着けるよう心がけてください。間違えた肢については、解説をよく読んで知識の定着を図る必要があります。繰り返し解いてもなお自信をもって解答できない問題については、試験直前にチェックして、しっかりと記憶しましょう。また、自信をもって正解できた問題については、正確な知識がついていると判断し、試験日が近づいてきたら再度内容確認をするなど、試験までの残り時間等を考慮しながら勉強の効率化を図りましょう。

また、問題集の中で、気になった条文や判例を小六法等で確認しておくと知識が深まり、試験への対応力が高まりますので、時間の許す範囲で行ってください。

◇

次回からは、各出題分野の講座を連載します。各分野の出題傾向を意識しながら、頻出の項目については重点的に問題を解くなど、効果的かつ効率的に勉強を進めていきましょう。

そのバスは力強く上る上る

交通局巣鴨自動車営業所　二坂　英之

東京のりもの散歩　いちょうマークの車窓から －4－

「みんくるガイド」は、都バスの営業所・支所・車内などで無料配布されている路線案内である。これには一部の出入庫系統を除く都バスの全系統が色分けされて記載されており、運行頻度ごとに太さを変えてあるなど、視覚的にも分かりやすいものとなっている。皇居を中心とした23区内の路線図を裏返しにすると、都バスの乗り方や運賃制度の説明とともに、「多摩地域都バス路線案内」の項目が現れる。

多摩地域の路線図を見ると、実はかなり広範囲の自治体（一部は埼玉県）にも都バスが乗り入れていることが分かる。多摩地域の路線図には「都バス最高地点」という注釈があり、前々から気になっていた。今回はこの場所へ行ってみることにした。

JR青梅線宮ノ平駅から徒歩10分ほどの場所にある裏宿町。ここから発車する梅76甲系統、上成木行に乗車するのだが、本数が少ないので注意が必要である。梅76系統は、裏宿町から6停先の青梅駅始発の便もあるが、これを含めても、上成木行は一日4本（全日）という、貴重な路線なのである。

裏宿町を発車した梅76甲系統のバスは、青梅駅、東青梅駅を経由し、商店街や住宅街を抜けていく。青梅駅付近には、観光振興を目指したレトロな映画看板が多数掲げてあり、車窓が楽しい。柳川を過ぎると、フリー乗降区間となる。

フリー乗降区間では、原則として停留所以外でも乗降ができる。23区内の都バスにはない仕組みである。

新吹上トンネルを抜けると、一部の便を除き、バスは北小曽木停留所まで進んで折り返し、再度トンネルの出口付近で成木街道に戻る。

ぐいぐいと力強く、坂道を上るバス。右を見ても左を見ても緑色が映えている。紅葉の季節にはどのような色彩になるのだろう。雪が積もると、雰囲気はどう変わるのだろう。都バスの車窓から自然を見ることに慣れていないため、目の前を木々が流れていくのが新鮮だった。

終点上成木に到着すると、目の前には静寂と清流があった。都バス最高地点の標高は約300㍍。「みんくるガイド」を見ると、ここから高水三山ハイキングの登山口まで徒歩1分とのこと。調べると、上成木から標高700㍍級の高水三山（高水山、岩茸石山、惣岳山）を経由して御嶽駅まで、徒歩5時間ほどで到達できるそうである。

「次は登山道具を持って都バスに乗ろうか」。ふと、そんな気持ちが湧いてきた。山の空気の魔法だろうか。

パワフルな職場で奔走

風化させない～被災地の今　－下－

福島県

今もなお、古里に戻ることのできない方が大勢いる。こうした「福島の今」をご存知の方がどれだけいらっしゃるでしょうか。

2011年3月。福島県は、地震と津波の被害に原発事故が重なった。それから6年半。今春、県内の4町村で避難指示が一部解除されるなど、確かな復興の歩みを実感できるものの、いまだに多くの方が避難生活を余儀なくされている。

自分は被災地の役に立てたのだろうか。3・11の直後、短期の応援職員として宮城県石巻市役所で支援業務に従事して以来、こうした思いが胸のつかえとなっていた。そんな折、再び被災地のために働く機会を与えていただいた。

未曽有の災害からの復興に全力で取り組む、明るく闊達（かったつ）な職員に囲まれたパワフルな職場。私はそこで、福島再生加速化交付金や政府予算対策等を担当している。庁内各部署や市町村からの切実な相談を真摯（しんし）に受け止め、住民が安心して暮らすための環境整備等について国との調整に奔走する。

場合によっては何度も東京と福島を往復し、靴底をすり減らす。事業が採択され、無事に開設した施設を視察した際、施設利用者の喜ぶ顔を間近で見られると、それまでの苦労など全て吹き飛んでしまう。

また、避難地域にまつわる多くの情報が集まる部署だからこそ、交付金等の管理業務以外にも幅広い業務に携わることができる。現在、県では市町村等と協力して、復興を担う人材の育成に注力している。先駆的な取り組みを行い、近い将来、福島の農業を牽引するであろう農業者の育成（ふくしまFarmer's Camp）、同様に福島の産業を支える若手事業者の育成（福島復興産業人材育成塾）、交付金を活用した環境整備と併せて、ハードとソフトの両面から復興を推進する一助になれる。これほどやりがいの大きな仕事はない。

一方、プライベートでも抜かりなく福島を満喫している。苦楽を共にしている同僚と仕事終わりに近傍の温泉に行き、県の銘酒を酌み交わす。休日には友人や家族を招き、県内の名所を巡り、名産品を味わう。福島県は、全国新酒鑑評会の金賞受賞数が5年連続日本一の酒処であり、温泉地の数でも日本有数。モモやナシなどの果物が豊富に実る。また、同じ境遇の都派遣職員との交流もあり、公私ともに充実した日々を過ごしている。

最後に、残る避難指示区域の一部について政府は今後5年間を目途に解除を目指しており、福島の復興は着実に前進していく見込みだ。避難指示が解除され、真に復興を遂げた福島の姿を全国に、世界に示すことができるその日を迎えるために、「今、自分にできることは何か」を常に考え、引き続き復興業務に全力で取り組んでいく。

（福島県企画調整部避難地域復興局避難地域復興課　添野宏）＝おわり

福島の未来を担う農業者たちと（後列中央が筆者）＝9月21日

都～区トーク

お弁当の人

今から20年前、都議会対応で連泊していた際、同じ係の女性職員が朝食にお弁当を作ってきてくれた。おにぎりと簡単な総菜だったが、食生活が不規則になっている中で大変ありがたかった。

数日ぶりに帰宅して、このことを妻に話したら何やら不機嫌なご様子。理由を尋ねたら、「そんなところで女性をアピールするなんて嫌味な感じがする」とのこと。女性職員の名誉のため誓って言うが、そのようなことは決してない。連日の激務を気遣っての親切心からだ。この一件で学習したことは、女性が他人のために作ったお弁当は時として「女の武器」とみなされるということ。

お弁当といえば、かつて小池知事は小泉内閣で初入閣した際、首相官邸にせっせと手作り弁当を届けた。妻いわく、「首相官邸にはマスコミが必ずいるから、私は政治家だけど料理もできるのよ、とアピールしたいのが見え見え」。

筆者はこの指摘には納得せざるを得なかった。

さて、今回の衆院選。政局の中心でヒロインを演じる絶好の機会だったが、都議選直後に「都政に専念する」と宣言した手前、「都政をより磨いていく」という屁理屈（へりくつ）を掲げたら、かえって自身のメッキが剥がれてしまった小池知事。「磨く」とは「努力して更に立派なものにする」という意味だ。国政に手を出すことが努力とは誰も思わない。結党の記者会見で国政を語る表情を見れば、本人が何と言おうと都政への関心が失せたことは一目瞭然だ。お気に入りのキャッチフレーズなのかもしれないが、これほど空々しい言葉はほかに見当たらない。

結局のところ、小池知事にとって、お弁当も選挙も都民ファーストの会も希望の党も、そして都政も世間から注目を浴びるためのアイテムに過ぎない。本人の求心力はもはやマイナス、すなわち遠心力となってしまった。

かつて知事辞職という非常事態にあって都は本格予算を編成し、新知事に引き継いだ。議会の了解があったとはいえ、副知事以下相当な覚悟をもって臨んだに違いない。批判は当然あるだろう。だが、その覚悟には「都職員の矜持（きょうじ）」があったのではないだろうか。女性初の総理大臣を目指す踏み台にされてモチベーションが下がってしまうようでは都職員の名折れだ。

そこで提案したい。これからは小池知事の向こうを張って、「都職員の矜持」をキャッチフレーズに掲げて都政に取り組んではどうだろうか。ただし、排除されないよう胸に秘めながら。

（のり弁上等ヨロシク）

東京 橋くらべ⑯

紅林　章央

御茶ノ水橋

御茶ノ水駅前、神田川の深い谷に御茶ノ水橋が架かる。

この地域の神田川は、徳川家康によって開削されたが、谷が深く幅も広かったために、江戸時代には橋は架けられなかった。

明治の初めに民間による有料橋で石造アーチ橋の計画が持ち上がったが実現はせず、初めて橋が架けられたのは1891年、東京府の原龍太技師の設計によるものであった。構造は日本初の鉄製の上路式トラス橋で、深い谷に架かる鉄橋は東京名所の一つになった。しかし、関東大震災で木造の床が焼失、損傷したことから、1931年に東京市により現在のラーメン橋に架け替えられた。

設計者は、東京市の橋梁（きょうりょう）復興を主導した橋梁課設計係長の小池啓吉。当時、ラーメン橋は国内になかったことから、小池はまず千駄ヶ谷駅前に架かる外苑橋を小さなラーメン橋で試験施工し、より大きな御茶ノ水橋の設計に反映させた。

直線的な外観は、隣に架かる曲線的な聖橋と相まって、東京で最高の橋景観を造り出している。

東京で最高の橋景観

御茶ノ水橋の全景。奥に見えるのが聖橋

大森麦わら細工の特別展　12月24日まで開催

大田区立郷土博物館

大田区立郷土博物館では、大森名産の麦わら細工に関する特別展を開催している。大森麦わら細工のほか、兵庫県の城崎麦わら細工、外国の麦わら細工、北欧の麦わらクリスマス飾りなども紹介する。

日本では産物の素材に麦わらを使うことはまれで、縄やワラジなど日常使う「わら細工」の多くは、繊維の強さから「稲わら」で作られていた。こうした日本のわら細工の伝統の中で、麦わらの特徴に着目した珍しい細工物が江戸時代の中頃から江戸近郊の大森で作られ、「大森細工」「大森麦わら細工」と呼ばれていた。

近代に入り、人々の往来が鉄道へと移行すると、大森麦わら細工は衰退し、第二次世界大戦の頃に廃絶してしまったという。展示は12月24日まで（月曜休館）。入館料は無料。

ミニガイド

◇地球にやさしい環境づくり都民フォーラム　▷日時　12月5日㈫　午後1時～3時半▷場所　都議会議事堂1階都民ホール（入場無料）▷内容「地球温暖化　ストップ!!　いま地域、家庭でできること!!!」をテーマに、身近でできる温暖化対策の取り組みを科学者や気象庁職員、都環境行政関係者などと考える。講演「地球温暖化と私たちの未来」（国立環境研究所地球環境研究センター気候変動リスク評価研究室長　江守正多氏）、パネルディスカッション▷主催　（公社）東京のあすを創る協会▷共催　都環境局

とうきょうと川柳会

●10月の宿題1「月」

竹取の世から変わらぬお月さま　内山　明美

満月に吠える男の千鳥足　横塚　隆志

贅沢じゃ月は隅田の屋形船　諏訪原　栄

☆がんばろうなんて言わないお月様　三浦　節子

●10月の宿題2「まぐれ」

気晴らしに出かけた旅で君に逢う　長澤　昌三

第六感ピントが合った万馬券　大戸　和興

格下が勝ってまぐれと気をつかい　石川　和巳

☆僥倖という名で逃げる天才児　加藤　佳子

（☆印は選者の句）

とうきょうと川柳会のご協力で本紙読者からも川柳を募集します。11月の宿題は「凄腕（すごうで）」と「軋（きし）む」で、それぞれ各3句以内を作句し、Eメールでhenshu@toseishimpo.co.jp宛てか、ハガキで編集部宛てにご応募ください。11月15日必着。

都政新報

発行所 都政新報社
〒160-0023 東京都新宿区西新宿7-23-1 TSビル
〈総務・読者〉03-5330-8781
〈企画広告〉03-5330-8784
〈編　　集〉03-5330-8786
〈出　　版〉03-5330-8788
〈ファクス〉03-5330-8808
購読料 月1,730円（税込）
毎週火・金曜日発行
ただし、祝日は休刊

紙面から

都各局予算要求

「小池銘柄」に重点投資

国際金融都市や東京五輪、市場移転関連事業などが出そろった都各局の来年度予算要求。要求総額は都債償還の大幅減で一般会計規模が2年ぶりに7兆円を下回ったものの、「小池銘柄」に重点投資するなど随所にメリハリが見られた。小池知事就任以降、2度の追加対策が実施された待機児童対策や、部局を超えて議論を開始した高齢者支援などで新規事業を創設したほか、都税事務への新システム構築や都立公園の整備強化など、五輪後を見据え、直面する都政課題に即応する予算要求も盛り込んだ。

国際金融都市構想　資産運用業を支援

予算要求では、国際金融都市やテレワークなど「小池銘柄」を強く打ち出したのが特徴。10日に公表した「国際金融都市・東京」構想関連では、政策企画局が総額5億円を要求した。有識者懇談会が10月にまとめた「最終とりまとめ」でも提言された官民一体の海外プロモーション組織の設立調査費に1千万円を計上。海外都市の事例を参考に、業務範囲や財政スキームなどの詳細を詰める。

同じく同提言や都の構想に盛り込んだ、優れた金融サービスの開発・提供事業者を表彰する「東京金融賞」（仮称）に8300万円、若手の資産運用業者を発掘・育成する「東京版EMP」に3億円を計上した。EMP創設に向けては、現在連携する機関投資家と調整中で、来年度に契約先を決定する方針。

働き方改革では、総務局がテレワーク推進に40億円を要請した。遠隔地での業務に資するため、セキュリティー面を考慮してデータが端末上に残らないパソコン端末を3千台配備する。端末から遠隔操作して仮想化したデータを扱い、持ち運びを可能とする考え。本庁管理職らが対象となる。

喫緊の課題となる子育てや高齢者支援にも力を入れる。今年9月にも追加対策を実施した待機児童対策は、福祉保健局が新たに2事業を新設。一つは認可外のベビーシッター利用補助で6億300万円を求め、待機児の保育所入所が決定するまでの間、1時間1千円の補助を出す。

もう一つは、認可外保育所の認証保育所への移行支援。認証化へ運営費や改修費を補助する仕組みで、認可外保育所での死亡事故などが後を絶たず、保育所の質の向上を図るのが狙い。53施設分の6400万円を盛り込んだ。

高齢者支援を巡っては、介護人材確保策を強化。若手職員の離職を防ぐため、奨学金返済相当額の2分の1補助（事業費1億3200万円）や、退職者の介護職場への誘導を目的とした都内企業などへの介護福祉士養成施設の教員派遣事業（同4700万円）などを新設した。8日に初会合が開かれた超高齢社会の有識者懇談会関連事業は、議論が始まったばかりのため、今回の予算要求には盛り込まなかった。

主な予算要求事業

	事　業	要求額
国際金融都市	海外プロモーション組織の設立調査	1,000万円
	東京金融賞（仮称）の創設・表彰	8,300万円
	「東京版EMP」創設補助	3億円
働き方改革	テレワーク推進	40億円
五輪大会	ボランティア育成支援・機運醸成	11億4,800万円
	開催に向けた計画策定	6億1,800万円
	ラグビーW杯開催準備	13億9,900万円
市場移転	豊洲市場造作工事・習熟訓練、引っ越し作業対応	22億2,800万円
	豊洲市場移転支援	36億3,400万円
	移転延期に伴う市場業者補償	41億8,200万円
	築地再開発の検討	5,700万円
待機児童対策	ベビーシッター利用支援	6億300万円
	認証保育所移行支援	6,400万円
高齢者支援	介護職員奨学金返済・育成支援	1億3,200万円
	介護講師の民間派遣	4,700万円
	外国人介護実習生受け入れ支援	3,800万円
都税事務	固定資産評価のGIS構築	5億2,000万円
公園整備	個性豊かな都立公園整備	295億1,600万円

五輪　9万人のボランティア育成

開催まで3年を切った東京五輪の成功に向け、ボランティア育成に本腰を入れる。都五輪準備局は来夏にボランティアの募集を開始する予定で、研修費用や周知啓発を含めて今年度比8億8200万円増の11億4800万円を要求。都が所管する都市ボランティアと、五輪組織委員会所管の大会ボランティア合計で9万人規模のボランティア育成を目指す。

19年の開催間近となるラグビーW杯関連予算も積極的に計上し、13億9900万円を求めた。交通輸送やセキュリティー計画策定や仮設施設・設備の設計、パブリックビューイングなどを設営する「ファンゾーン」の企画運営などに充当したい考え。

豊洲新市場の開場日決定が先送りされる中、市場移転関係では、中央卸売市場が移転延期に伴う業者への補償費は、来年10月1日を移転日とした想定で最大41億8200万円を必要とした。また、移転に付随する習熟訓練や引っ越し作業対応などに22億2800万円を求めた。

一方、築地市場跡地の再開発の検討には6千万円を計上。都市整備局に執行委任し、来年度中にまちづくり方針をまとめる。築地市場の解体工事は6工区に分けており、5、6工区は19年度までの債務負担行為（61億円）で施工。1～4工区は契約停止中で、履行するには補正予算を組む必要がある。跡地には環状2号線や五輪輸送拠点を整備予定で、早期着工が急務だ。

このほか、主税局は固定資産評価で、地理情報システム（GIS）の構築に向けて5億2千万円を要求。登記情報の管理・更新を効率化するため、紙図面を電子化の上、GISと固定資産税課税システムを接続するためのインターフェースの構築につなげる。22年度までの全面稼働を目指す。

建設局は都立公園の整備を強化したい考えで、代々木公園拡幅のための用地取得費などを盛り込み、都立公園の更なる魅力向上に関する整備費に、295億1600万円を要求した。

都政策企画局

英「シティ」と連携へ

国際金融都市構想を策定

都政策企画局は10日、「東京版金融ビッグバン」の実現に向け、「国際金融都市・東京」構想を公表した。小池知事肝煎りで昨秋より有識者懇談会で議論してきた政策に一定の方向性を示した格好だ。知事は同日の会見で、「スピード感を持って取り組み、変わりゆく東京を国内外に示していきたい」と意欲を示した。

構想の柱は、▽官民連携での海外プロモーション組織の設立▽資産運用業者の発掘・育成を支援する「東京版EMP」創設▽都政課題を解決する金融商品を開発・提供した金融事業者などを表彰する「東京金融賞」（仮称）の創設──など。いずれも6月に策定した構想骨子や、10月の有識者懇談会の最終提言に盛り込まれた内容で、来年度予算要求に組み込んでいる。

一方で、英国ロンドン市内の金融街「シティ・オブ・ロンドン」と、金融分野のイベントや教育プログラムなどで連携する合意書を締結することを新たに盛り込んだ。当初は11月中の締結を目指していたが調整が難航し、年内に締結できるよう進めている。

また、日本取締役協会が実施している表彰式「コーポレートガバナンス・オブ・ザ・イヤー」に、都知事賞を創設することも新たに明示。投資先の企業価値を向上させるとともに、企業統治の適正化を側面支援する。

法人税減税を巡っては、金融とITを融合したサービス「フィンテック」と資産運用業の2分野の政策減税の実現を目指し、改めて構想にも盛り込んだ。小池知事は「（両分野に）インセンティブをもたらす。国際金融都市を作る意味での法人減税は（関係者への）メッセージになる」と強調した。

都政の東西

遠い世界の話

小池知事が都職員の働き方改革の取り組みを始めて一年が経った。昨年10月からの午後8時半完全退庁を皮切りに、テレワークやフレックスタイム制度、勤務間インターバルなど、様々な施策を試行。本庁の超勤時間は昨年度同期比で約1割減となったが、一方で東京五輪開催準備や市場移転問題の長期化などが原因で月100時間、もしくは2～6カ月の平均超勤時間が80時間を超えた職員は逆に2割程度増えている。知事は7日に改めて「働き方改革宣言」を発表し、働き方改革の徹底を職員に促した。

ただ、一連の働き方改革の動きで気になるのは、知事が「都庁から始める」と連呼していることだ。知事の発言の真意は「都職員から」という意味かもしれないが、働き方改革の試行状況を見ると、そうとも言い切れない。テレワークやフレックスタイムは、本庁の事務系職場での試行が多く、出先事業所での試行例は少ない。担当者は理由を「まずはできるところから始めて、効果を検証する」としている。確かに、出先事業所は都民と直接向き合うことが多く、事務所を不在にすることが前提になるテレワークやフレックスタイムは向かないかもしれない。しかし、実施が難しいところにメスを入れてこそ、検証ができ、より効果的な施策を打ち出せるようになるのではないか。

ある建設事務所で働く職員は、「都庁の働き方改革など、遠い世界の話に聞こえる」と漏らした。できるところから手を付けていくのは、目に見える数字を弾き出すにはいいのかもしれない。しかし、そうした部分ばかりに気を取られていては、長時間労働の改善にはつながらず、パフォーマンスにしかならない。

新市場建設協議会が中止

市場移転　深まる混迷

江東区への説明責任が鍵

豊洲市場の開場日などを決めるため、10日に開かれる予定だった都と市場業界で構成する新市場建設協議会が中止となった。江東区サイドが豊洲市場内に観光施設を整備する保証がないことに対し、市場の受け入れ拒否も辞さない構えを示したのが要因。都と江東区との関係修復が課題となるが、現時点で改善の見通しは立っておらず、市場移転は混迷を深める様相を呈している。

10日に開かれる予定だった新市場建設協議会が中止になったのは、業界紙の9日付の記事がきっかけだった。江東区議会の榎本雄一議長の豊洲開場日の決定を踏まえたコメントを紹介し、「豊洲の受け入れ『現状困難』」という見出しが踊った。市場業者の一人は「業者の多くが業界紙を購読している。この記事を契機に、9日の午前は市場内が騒然となった」と明かした。

江東区は従来から、豊洲新市場を受け入れる条件として、市場内に観光施設「千客万来」を整備するよう求めていた。山崎孝明区長も6日、千客万来施設の整備が確定しない限り、「市場の受け入れを再考せざるを得ない」とコメントした。

築地の水産仲卸（551業者）で構成する最大の業界団体「東京魚市場卸協同組合（東卸）」は同日の常務理事会で、豊洲市場の開場日を「2018年10月11日」に決める予定だったが、山崎江東区長や榎本議長の声明を踏まえ、新市場建設協議会の延期を決定せざるを得なかったという。

その後、築地の業界団体で構成する築地市場協会に急きょ出席を求められた村松明典中央卸売市場長が、6日の新市場建設協議会後に山崎区長や榎本議長から市場の受け入れを再考するという趣旨のコメントが出された現状を説明し、「情報の伝達が悪かったことについておわびする」と謝罪した。

会合後、同協会の泉未紀夫副会長は報道陣の取材に応じ、中央卸売市場が市場業界などと情報共有することを強く求めるとともに、「江東区との関係を修復してもらいたい」と注文した。

過去に市場に在籍していた都幹部の一人は、「江東区は振り上げた拳を下ろさないはずで、区の要望にどう応えていくか、市場当局には説明責任が求められている。江東区にとって築地再開発は目障りだと思う。知事が『築地は守る、豊洲を生かす』という基本方針を職員と議論せずに打ち出した問題が今になって噴出した」と指摘する。

豊洲移転を巡り、知事はこれまで説明のために江東区に1度も足を運んでおらず、市場業界の移転推進派は「知事が動かないとどうしようもない」と問題視し、知事が先頭に立って解決するよう求めた。

江東区との関係が修復されない限り、新市場建設協議会の開催のめどは立たず、豊洲開場日の決定は棚上げ状態だ。ある市場業界の団体幹部は「11月中の新市場建設協議会開催は難しいのではないか」との見通しを示しており、移転準備の遅延も懸念される事態となりそうだ。

市場業界に詳しい都幹部はこう嘆いた。「本来であれば豊洲開場日を決めるのは難しくない。それよりも大変なのが豊洲市場までの物流、衛生管理の徹底などだが、業界とは全く話ができていない。先が思いやられる」

都教育庁

読み解く力に課題

児童・生徒学力調査

都教育庁は9日、都内の公立小学5年生と中学2年生を対象に学力向上を図ることを目的に実施している調査の今年度の結果を公表した。

今年7月に実施した調査では、授業の内容が分かると回答した児童・生徒の割合が、過去の調査に比べて各教科で増加傾向にあった。教育庁は「今の学習指導要領を全面実施した時（小学校は2012年度、中学校は13年度）よりも授業改善が進んでいる」と捉える。

また、正答率が低かったのは中学2年生の社会で、地図や年表から読み解く問題。全3問の中で、最も容易な1問目は年表を見れば解答できる問題だが、正答率は55・3％にとどまった。

教育庁は「1問目でつまずくと、（複数の図表から読み解く）2問目以降は解けない。読み解く力が弱い生徒に対して、どう授業を改善していくべきか各学校で考えてもらうことが必要となる」（義務教育指導課）と話している。

NYと観光連携

相互にPR促進

都産業労働局

都産業労働局は10日、米国ニューヨーク市と「相互観光PRパートナーシップ」を締結した。同市と観光分野でパートナーシップを締結するのは初めて。両都市間での旅行客誘致を強化する。

ニューヨーク市では、20日～12月17日まで市内62カ所のバス停留所などに都の観光をPRする広告を掲出。一方、都では、11月13日～26日に、同市の観光をPRするポスターや広告を都営地下鉄の車内や駅、都営バスの停留所に出す。

また、10日には両都市を代表する同市のエンパイア・ステート・ビルと、東京タワーでも相互にPR。エンパイア・ステート・ビルでは、都の観光PRのアイコン「Tokyo Tokyo」のイメージカラーの青に、東京タワーではニューヨーク市旗の3色（オレンジ、白、青）にライトアップした。

旬ジョーク

11月10日開催予定の第23回新市場建設協議会が中止に

「千客万来施設が、迷惑千万施設にならないことを祈るよ…」──心配性職員

◆「東京水」デザインを一新

都水道局は10日、水道水をペットボトルに詰めて販売している「東京水」のラベルを一新したと発表した。デザインは都指定伝統工芸品の江戸切子をイメージ。全体の色は日本の伝統色である瑠璃色とするとともに、英語のロゴ「PURE TOKYO WATER」の名称も印字した。来年9月に国際水協会（IWA）世界会議が東京で開催されるのを契機に、「東京水」のPRを強化する。

11日から都庁内や上野恩賜公園など都内各所で販売を開始。希望小売価格は1本500ミリリットルで税込み103円となる。

また、同局は11日から、訪日外国人向けに都の観光アイコン「Tokyo Tokyo」をあしらった「東京水」のペットボトルの配布を開始。羽田空港内の観光情報センターや、全日空の国際線機内などで配布する。

◆武蔵野の森開業でイベント

東京五輪の新規競技会場第1号となる武蔵野の森総合スポーツプラザ（調布市）が25日に開業するのを控え、都五輪準備局は10日、開業日のオープニングイベントの詳細を発表した。当日は柔道の五輪金メダリスト・谷本歩実さんらオリンピアンによる競技体験などを実施。オープニングセレモニーには小池知事も出席し、開業宣言を行う予定となっている。

同施設は、バドミントンと近代五種（フェンシング）、車いすバスケットボールの会場となる。

葛飾区長選

青木氏が手堅く3選

福祉推進訴え、支持獲得

現職と新人の一騎打ちとなった葛飾区長選は12日に投票、13日に開票が行われ、無所属で現職の青木克徳氏（68）＝自民・公明・民進推薦＝が10万7794票を獲得し、ダブルスコアの大差で3選を果たした。2期8年の実績と、福祉や防災、防犯などの充実を訴え、幅広く支持を集めた。無所属の新人の木原敬一氏（64）＝共産支持＝は区庁舎移転整備の撤回を公約に掲げたが、届かなかった。投票率は区長選が43・61％、区議選が43・62％で、いずれも前回選挙よりも約2ポイント上昇した。

京成立石駅北口からほど近い青木克徳氏の事務所には、午前9時前から支援者が集まり始め、自民党の舟坂誓生都議や公明党の野上純子都議が駆けつけた。ほどなく青木氏が到着すると、ケーブルテレビで開票状況を見守り、午前11時半に当選が確実になると、支援者らとともに万歳三唱をした。

青木氏は「区民に意見を聞きながら、少子高齢化対策や防犯・防災を充実させていく」と決意を語った。ただ、投票率が前回選挙よりも上がったものの、今年7月の都議選や10月の衆院選と比べると低かったことを受け、「区民が区政に関心を持ち、参加してもらうような取り組みが必要だ」とした。

一方の木原氏は「時間がなく、支持を広げられなかった」と敗戦の弁を述べた上で、前回の区長選で区庁舎移転整備反対を掲げた候補者の獲得票数と比べ、1万3千票を上積みしたことに言及。「残念な結果となったが、ある程度満足している。青木区長の票数が前回と変わらないことをみると、自分の支援者が投票率を押し上げたのではないか」と話した。

当選確実を受け、支援者と万歳三唱する青木区長＝13日、選挙事務所で

葛飾区長選開票結果

（投票率 43.61％）

	得票	氏名	年齢	党派	推薦・支持
当	107,794	青木　克徳	68	無現③	自公民
	50,126	木原　敬一	64	無新	共

（四角囲みは推薦政党、丸囲みは支持政党）　＝選管確定＝

◆区議選は都ファ惨敗

区長選と同時執行された区議会議員選では59人が立候補し、定数40人が当選を果たした。内訳は自民党12人、公明党9人、民進党2人、共産党5人、日本維新の会1人、都民ファーストの会1人、諸派1人、無所属9人。

同区議選の立候補者数は、定数40となった05年以降で最多。初の地方議員選挙に臨んだ都民ファーストの会は5人の公認候補を擁立したが、新人4人が落選し、当選者は元職1人にとどまった。

満点には至らず

【解説】現職の青木氏は、相手候補にダブルスコアをつけて3選を果たした。だが、同じく新人との一騎打ちでトリプルスコアの圧勝を果たした前回よりも票差を詰められ、争点となった庁舎建設への批判票が流れたと見ることもできる。

加えて区議選では、区長選の争点となった区庁舎移転整備の前提となる庁舎位置を変更するための条例改正の可決に必要な3分の2に当たる27議席を区長与党の自民、公明、民進や移転支持の無所属区議で獲得できるかが焦点だったが、支持勢力の当選は26人にとどまった。

青木陣営は選挙期間中、27人の確保のため、区議選の応援に力を入れた。青木氏自身が駅頭に立つのは昼間に限定し、夜は自民や民進、無所属区議の個人演説会の応援回りに費やした。支持勢力の立候補者は31人で、厳しい戦いだったが、自民の新人候補4人が落選し、青木氏にとっては100点満点の選挙結果とはならなかった。

また、キャスチングボートを握るはずだった都民ファーストの会は、候補者5人中、元職1人の当選にとどまり、惨敗。衆院選以降、求心力の低下がささやかれる小池知事は選挙期間中の応援演説に立たず、存在感に乏しかった。こうした状況から、5人の諸派や無所属の新人が当選したが、庁舎移転への態度は明確にしておらず、今後の議会の行方が注目される。

青木氏には10万票を超える信任の一方で、約5万票の批判票が投じられた。この事実を謙虚に受け止め、待機児童の解消や一斉に更新期を迎える約440カ所の公共施設の更新などに道筋をつける中で、庁舎移転に関しても理解を得ていくことが求められる。（伊）

◆葛飾区議選開票結果

定数40－候補59　投票率43.62％

	氏名	年齢	党派	回数	得票
当	小林　等	44	維現	④	7,321
当	川越　誠一	54	民現	②	4,315
当	久保　洋子	63	公現	⑤	4,093
当	梅澤　豊和	39	自新	①	4,066
当	池田　久義	67	自現	⑧	4,058
当	中村　伸吾	56	共現	⑥	4,055
当	峯岸　良至	53	自現	②	3,797
当	出口　良行	59	公現	⑥	3,734
当	筒井　孝尚	55	自現	③	3,674
当	三小田准一	58	共現	⑤	3,654
当	安西　俊一	76	自現	⑤	3,651
当	中村　慶子	46	民現	③	3,597
当	山本　宏美	59	公現	②	3,591
当	秋家　聡明	53	自現	⑤	3,538
当	伊藤　義典	45	自現	②	3,508
当	倉澤　耀次	70	自現	⑩	3,502
当	米山　真吾	47	無元	④	3,415
当	上村　泰子	61	公現	③	3,365
当	中江　秀夫	57	共現	⑤	3,351
当	村松　勝康	73	無現	⑦	3,331
当	木村　秀子	52	共新	①	3,294
当	向江壽美恵	61	公現	③	3,253
当	蔦　絵梨奈	29	無新	①	3,212
当	黒柳　譲治	64	公現	⑥	3,187
当	工藤喜久治	72	自現	⑧	3,113
当	平田　充孝	44	自現	③	3,030
当	小山　達也	56	公現	④	3,029
当	大高　拓	47	無現	⑤	3,010
当	江口　寿美	53	公現	②	2,987
当	折笠　明実	67	共現	③	2,981
当	碁　英明	39	都元	②	2,965
当	秋本　豊栄	63	自現	③	2,958
当	立花　孝志	50	諸新	①	2,954
当	牛山　正	55	公現	⑤	2,946
当	梅田　信利	55	無現	③	2,612
当	鈴木　信行	52	無新	①	2,587
当	水摩　雪絵	33	無現	②	2,516
当	髙木　信明	54	自新	①	2,329
当	経塚理香子	31	無新	①	2,248
当	大森有希子	35	無新	①	2,176
	會田　浩貞	77	無現		2,175
	樋口　亮	30	共新		2,166
	内山　実	65	自新		2,152
	天野　友太	34	自新		2,079
	柴橋　宏子	50	都新		1,863
	村田　廣司	66	自新		1,849
	渡辺　郁弥	29	都新		1,725
	関　智之	52	自新		1,683
	神長　誠	62	都新		1,524
	小見　美和	44	都新		1,425
	谷野正志朗	75	無元		1,092
	川和　一隆	45	無新		1,051
	武田　政揮	28	無新		746
	鹿住　良人	50	無新		562
	眞榮城正太	32	諸新		473
	多村　寿理	61	無新		379
	仲　浩一	57	無新		362
	濵野　元貴	57	無新		326
	大理　則枝	64	無新		306

＝選管確定＝

会計検査院が指摘

13区が補助金過大受給

15年度マイナンバー事務

会計検査院は8日、2015年度のマイナンバー通知カード交付事務で13区が国の補助金を過大受給したと発表した。

同日公表された16年度決算検査報告書によると、住民が通知カードを紛失した際、災害などの特別な理由がない場合は有償で再発行し、国の補助対象としていなかった。通知カードを受け取れずに発送分の1～2割が区に返送される中、墨田、品川、目黒、大田、渋谷、杉並の6区が対象外となる分も含めて申請し、補助金を受けた。

また、転出の場合は、転出先の住所を記載して再発行する必要があり、国は15年12月末までに自治体に申し込みがあった再発行を補助対象としていた。しかし、発送を担当した地方公共団体情報システム機構の作業が遅れ、区によっては発送開始が11月下旬にずれ込むケースも発生。そうした中、中央、墨田、目黒、大田、世田谷、渋谷、杉並、豊島、板橋、練馬、葛飾、江戸川の12区が対象外となる16年1月以降分を独自に無償化するなどで補助申請し、過大受給したという。

会計検査院は「補助対象に関する理解と、対象外の再交付枚数の把握や確認が不十分だった」と原因を挙げ、指摘を受けた13区は国に過大受給分を返還するという。

杉並区

「区外特養」徐々に浸透

50人の入居枠に36人応募

杉並区が来年3月のオープンを目指して静岡県南伊豆町に整備を進める特別養護老人ホーム（区民入居枠約50人）の希望者が10月末時点で36人となったことが分かった。区から約200㌔離れた遠隔地ということもあり、7月の募集開始から9月6日時点では応募が21人と低調な状態が続いていたが、運営法人による見学ツアーなどが奏功し、徐々に応募が増えているという。23区では高額な地価や大規模用地の不足などが特養整備の課題となっており、同区が進める「圏域外特養」の成否が他区に与える影響は大きい。

「ずいぶん遠くまで来たわね」「懐かしい風景だわ」――南伊豆町で建設が進む特養ホーム「エクレシア南伊豆」の現地見学ツアーに参加した区民が談笑する。ツアーは運営法人の「梓友会」が主催。10月27～28日の1泊2日で行われ、入居を検討する区民や家族ら22人が参加した。

ツアー一行は、同法人が静岡県内で運営する特養ホーム「みくらの里」を見学。認知機能の維持・改善のために行っているパズルなどの教材を用いた学習療法や、カラオケを使ったレクリエーションなどのプログラムを確認した。参加者は熱心に写真を撮りながら法人職員の説明に耳を傾けた。

その後、エクレシアの建設現場に到着。整備が進む建物本体を外から見学し、法人職員から内装やサービス内容などの説明を受けた。参加者からは「インターネットの接続環境は大丈夫か」「部屋には自由に物が置けるだけのスペースがあるか」などの質問が飛んだ。

区は来年1月の竣工、3月からの入居開始を予定。保健福祉部では「当初想定していたオープン時点の入居者35人には達した。今後、徐々に埋まっていけば良い」（高齢者施設整備担当）と胸をなで下ろす。

建設中のエクレシア南伊豆を外から見学する区民ツアー参加者＝10月27日、南伊豆町で

エクレシアは全90床で、このうち区民枠が50人程度、町を含めた周辺市町村で構成する賀茂介護圏域の住民が40人程度となっている。区は建設費17・7億円のうち6・2億円を補助。区内整備の場合は、都の補助金が1床当たり500万円で、区が同300万円を上乗せ補助しているが、エクレシアでは区単独で同約520万円の補助額とした。「区が責任を持って整備と運営に関わる」（同）ことを示すのが狙いだ。

施設には、入居者が家族とテレビ電話で会話できる通信環境や、家族が安価で利用できる宿泊室を整備。施設の最寄り駅となる伊豆急下田駅には車で約30分かかり、法人が送迎バスの運行を検討している。

全国初の圏域外特養の整備に、町の期待も大きい。町健康福祉課の渡辺雅之課長は「整備や運営で町に雇用が生まれ、活性化の足掛かりになるとともに、良質な施設を町民に提供できる」と語る。運営法人梓友会の川島優幸理事長も「入居者と家族に満足してもらえるよう、しっかりと運営に当たることで、更なる地域貢献につながる」と気を引き締める。

その一方で、片道4時間の遠隔地での特養整備に対し、「姥捨て山」との批判は根強い。現地見学ツアー参加者の半数近くが「知り合いや近所の人に知られたくない」などと話し、取材を辞退。ある男性は「俺は家族がいないから最終的にここに入居するかもしれないが、単身高齢者は便利な都会でなければ暮らせない。家族がいる人も『田舎に追い出した』と思われないか不安だろう。このやり方（圏域外特養）がもっと世間に広がれば、状況が変わるかもしれないが」とつぶやいた。

豊島区

セーフコミュニティ再認証へ

調査機関が現地調査

豊島区は、WHO（世界保健機関）などが安全面で優れたまちづくりを進める自治体を認証する「セーフコミュニティ」の継続的な認証を目指し、6日から8日まで豊島区役所などで現地審査を受けた。

現地審査するグプリナー氏（写真中央）

セーフコミュニティ認証は認証期間が5年ごとで、再認証には審査を受ける。区は2010年に認証を目指し、地域団体や警察・消防などの関係機関等で構成する「豊島区セーフコミュニティ推進協議会」を設置。12年11月に都内自治体で初めて認証を受けた。再認証が決定した場合、18年2月に記念式典を開く予定。

今回の現地審査では審査機関の「セーフコミュニティ認証センター」から審査員のミカエル・グプリナー氏とル・パイ氏が来日。障害者とともに安全性を確認する街歩き調査や、池袋駅西口周辺での環境浄化パトロールなどを視察した。

高野之夫区長は「セーフコミュニティ認証は本区の目指す国際アート・カルチャー都市の前提。今後もより良いまちづくりに取り組んでいきたい」と述べた。

中央区

ふるさと納税で地域団体を支援

中央区は、地域で活動する民間団体への支援金にふるさと納税を充当するため、「ふるさと中央区応援寄付」を創設し、12月1日から募集を始める。民間団体の活動を見かけた人が、その団体を支援できる仕組みを構築することで、地域活性化とともに寄付文化の醸成を後押しするのが狙い。

同区のふるさと納税は、区政全般や政策分野を使い道として募ってきた。しかし、区内の活動団体との協働を進める中、活動団体に寄付したいとの要望があり、団体を指定して寄付できるようにした。区内には商店街振興や景観保存などでNPOやボランティア団体など約700団体以上が活動しており、指定された団体に寄付額の7割を上限に交付する。

ふるさと納税による同区の区税減収額は、16年度に前年度比6・5倍の5億円となり、今年度は9億円に上る見込み。区総務課は「減収は無視できない状況だ。制度の趣旨から外れる返礼品に頼らないことで、寄付文化の醸成につなげたい」と話す。

自治体政策のススメ

地域エネルギー政策の最前線②

環境エネルギー政策研究所所長　飯田　哲也

モビリティの未来

「8年後には世界中でガソリン車やディーゼル車は1台も売られなくなる」というショッキングなニュースが流れてきた。米国の大学教授の予測である。

電気自動車（EV）を軸とするモビリティ革命は既に始まっているが、内燃機関車（ICE）がEVに置き換わるという単純な話ではない。人々は、急激に進化する人工知能（AI）による自動運転のEVを「Uber（ウーバー）」に代表されるカーシェアで利用するようになる。

EV（特に蓄電池）は技術学習効果で普及とともに急速に低価格化が進み、過去5年間でおよそ4分の1に下がった。今後も普及とともにどんどん低価格になるEVは、初期費用とランニング費用の合計で見ると2年後にはICEよりも安価になり、その後は差が広がる一方となる。

つまり、2年後には、自動運転で走るEVをカーシェアで利用するサービスが本格的に広がり始め、10年以内に世界中の自動車移動の8割を占めるようになるという予測だ。その頃には一部の趣味人を除いて誰も自動車を持たなくなる。EVが安くなるだけでなく、そもそも所有する必要がないからだ。

そうなると何が起きるか。勝ち組は、クルマの購入費や維持費から解放される一般の人々と、EV中心の移動で改善する大気汚染や気候変動などの環境関連産業、そして石油の輸入を減らせる消費国だ。これに対し、負け組は、石油税収が減る政府と、何よりも壊滅的な構造転換を余儀なくされる可能性がある自動車産業と石油産業だろう。

もちろん、地方自治にとって、モビリティは自動車問題だけでなく、公共交通や都市計画、交通弱者のサポートなど多面的な問題だ。しかし、誰も予想しなかったAIやEVの急激な進化と普及によって変わりつつある「現実」を注視する必要がある。

記者席

朝の通勤列車、銀河を走る

○……まるで念仏のようだった。7日の都議会都市整備委員会で、自民や共産の委員から築地再開発検討会議の委員選出過程を問われ、都都市整備局が「知事と相談し、都市整備局と政策企画局で選考した」との趣旨の答弁を繰り返したからだ。

指摘があったのは、先の衆院選に希望の党から出馬するため委員を辞任した弁護士の松沢香氏と、代替で委員に就任した都顧問で弁護士の小池達子氏の選任について。質疑では、小池氏の選任時に「複数の候補者がいたのか」（共産）との質問に、都側が「候補者の検討段階についてはお答えを差し控える」と答弁する場面も。これでは「お友達人事」と言われても仕方ない。

○……外交とはこういうものかと感心したのが、トランプ米大統領を招いた中国だ。北朝鮮問題への姿勢確認と巨額の貿易不均衡是正がテーマとなったトランプ氏の中国訪問に対し、手厚い歓迎と29兆円もの商談をその場で成立させるパフォーマンスで習体制の力を内外に誇示した。安倍首相のゴルフ外交も親密な関係構築としてはまずまずだが、中国のような戦略性を持った外交は、日本人には難しそうだ。

さて、小池知事が15日からシンガポールに出張し、都が進める国際金融都市実現に向け、現地で要人らと意見交換などを行う。自己研鑽とは言わず、具体的な成果が伴った訪問としてもらいたい。

○……通勤電車の混雑緩和を促す「時差Biz」。小池知事肝煎りの施策に今回、協力したのが、知事とも親交があるという漫画家の松本零士さんだ。先進性・話題性に優れた取り組みで貢献した2社には、松本さんの名を冠した賞と共に、描き下ろしの絵がそれぞれ送られた。

松本さんと言えば『銀河鉄道999』。賞品の絵にも作中の登場人物とおぼしき女性と、空を走る列車を描いた。ただ、『銀河鉄道』では列車は宇宙を走るためか、「描いている時にうっかり、後ろ（の背景）を宇宙にしてしまいかけた」とか。「よく考えたら出勤は朝で、慌てて描き換えた」と明かしていた。

小平・村山・大和衛生事務組合

ごみ分別方法、3市で統一

新ごみ処理施設完成に合わせ

小平市、武蔵村山市、東大和市の3市は、新たなごみ処理施設の稼働に合わせて、ごみの分別方法を統一し、収集やリサイクル体制の効率化を目指すことを決めた。資源ごみは2019年開設予定の資源物中間処理施設の稼働に合わせて、可燃・不燃ごみは25年開設予定の新ごみ焼却施設の稼働までに統一する。

3市は1965年から小平・村山・大和衛生事務組合を共同で運営し、ごみ処理を一括して行っていたが、これまで各市で分別方法が異なっており、非効率な面があった。

例えば、容器包装プラスチックの分別では、武蔵村山市と東大和市が全て資源ごみとして回収していたのに対し、小平市ではビニール袋などの軟質プラスチックは可燃ごみに分類していた。今後は、これらの分別方法を統一。これにより、これまで小平市が焼却していた年間約1600トンの軟質プラスチックがリサイクルに回る。

また、可燃ごみでは、東大和市は15センチ以下のプラスチックを可燃ごみに分類しているが、小平市、武蔵村山市では不燃ごみとしており、粗大ごみ処理施設で破砕した後、焼却可能なごみは改めて可燃ごみとして分別するなど非効率な状況だった。

統一するごみの品目や基準は現時点で未定だが、衛生事務組合の担当者は「基準次第ではこれまで必要だった作業を省くことができ、業務の効率化や経費削減につながる」と話す。

また、同組合は新ごみ焼却施設の整備基本計画案も11月に発表した。新施設では、ごみ焼却時に発生した熱を発電に利用する蒸気タービンを整備。出力は一般家庭1万世帯分に相当する約4800キロワットで、施設全体の電力をまかなうことが可能で、年間約1億円の電気代の削減につなげるほか、災害時の緊急電力としても利用する。工場の排ガス設備も最新のものに更新し、公害防止の自主基準値も改善。ダイオキシンはこれまでの5分の1、塩化水素は15分の1の数値に見直した。

小平・村山・大和衛生事務組合の現在のごみ焼却施設。2025年には新規施設に更新される

小平市・東大和市

一般廃棄物処理計画を改訂

食品ロスの削減目指す

小平市と東大和市は、一般廃棄物処理基本計画を改訂した。計画が目標年度に達したことによる見直しで、新ごみ処理施設の建設も視野に入れた。

小平市の計画では、同市と武蔵村山市、東大和市のごみの分別基準を統一することを盛り込んだほか、重点施策に食品ロスの削減の取り組みを掲げた。現在、同市では環境フェスティバルや家庭での不要品回収事業「リサイクルきゃらばん」で家庭で食べられることなく消費期限が迫った食品を回収し、NPO団体を通じて貧困層など必要としている人に配布しているが、年間回収量は伸び悩み、周知が課題となっていた。こうした取り組みを広報やイベントを通じて「もったいない」の心を市民に啓発する。

また、市民1人当たりが出すごみの削減量が計画当初の中間目標を上回るペースで達成されたことから、最終年度の目標を見直し、当初の12年度比10％減から15％減に上方修正した。

一方、東大和市では、市教育委員会と連携して環境問題についての学校教育プログラムの実施を盛り込んだ。具体的には、施設見学会やパッカー車へのごみ投入体験などを行い、ごみ問題について子供の理解を深める取り組みを展開する。同市では過去にも市教委と連携して学校で環境問題を学ぶ取り組みがあったが、家庭ごみ有料化に伴う職員の事務量増加で近年は実施していなかった。

同市ごみ対策課は「子供への教育を充実させることで分別やリサイクルを習慣付ける。今年も市内の小学校から出前講座の依頼で市職員が教室でリサイクルについての説明をしたことがあり、教育現場での需要はある」と説明している。

東久留米市長選

市議の桜木氏が立候補

「新しい市政目指す」

任期満了に伴い、12月17日告示、24日投開票が行われる東久留米市長選に、市議の桜木善生氏（社民）が出馬を表明し、東久留米市商工会館で9日、会見を開いた。無所属で出馬し、共産、社民の推薦が決定しているほか、立憲、民進、自由にも推薦を依頼している。市議は辞職せず、告示に伴い自動失職する予定。

桜木氏は、現職の並木市長の市政運営に対し、公設の保育所を企業などの運営に切り替える民間化やごみの有料化に関し、「反対の意見が上がっているが、市長は市民と直接対話する姿勢が足りない」と批判。「市民が主役の、新しい市政を目指す」とした。

基本政策には、▽憲法を暮らしに生かすまちづくり▽市民参加のまちづくり▽原発ゼロの社会を東久留米市から発信する――など8項目を掲げ、公約には、現市長が進める保育施設民間化の見直しや、指定ごみ袋の値下げなどを盛り込む予定。

桜木氏は1950年生まれ。福祉施設の東京るめ園に就職し、労働組合の書記長、委員長を歴任。83年に日本社会党で市議に初当選し、現在まで9期務めている。

利島村長選

前田氏が僅差で再選

33年ぶりの選挙戦制す

任期満了に伴い、12日に投開票が行われた利島村長選挙で、現職の前田福夫氏（74）に前職の梅田和久氏（71）と元村議の前田隆夫氏（64）が挑み、現職が再選を果たした。次点の梅田氏との票差は5票だった。当日有権者数は252人（男性138人、女性114人）で投票率は94・05％。

前田氏は選挙戦で教育や子育て支援の充実、島外の医療機関を受診する際の交通費の補助などを訴えており、「公約の方向を理解していただいた。公約に掲げた新しい事業の完成を目指したい」と語った。

開票結果は次の通り。

当	前田　福夫	無現	98
	梅田　和久	無元	93
	前田　隆夫	無新	39

多摩市

子供の英語力、日本一の街に

ベネッセと包括連携協定

多摩市は8日、子供の英語でのコミュニケーション力の向上に取り組むことを目指し、市内に東京本部がある㈱ベネッセコーポレーションと包括連携協定を締結した。

連携事業の第一弾として、10日から同市立和田中学校でタブレット端末を使ったオンライン英会話教室を開始した。フィリピン人の講師と1対1で会話し、英語を使う環境を整えることで生徒の英語力の向上を図る。また、今後は「読む」「書く」「聴く」「話す」の英語4技能の定着度を計る検証や、小学校教員の英語力を向上させる取り組みを検討する。

協定締結の背景には、グローバル化への対応と大学入試改革がある。特に入試については2020年から大学入試で「話す」を含めた4技能の試験が行われることから、同市教育委員会は「都立高校の入試でも『話すこと』の導入がある」と見ており、小学校から英会話の下地を作り、中学校での実践で技能の定着を図る考え。

多摩市の阿部裕行市長は「今回の協定の締結で、魅力ある街、選ばれる街の実現に向けて取り組む。日本一英語が話せる児童・生徒を育成したい」と話し、ベネッセの小林仁社長は「多摩市の人々がより生き生きと暮らすことができるまちづくりに協力したい」とコメントした。

協定を結び、握手する阿部市長（左）とベネッセの小林社長＝8日、多摩市役所で

町田市

児童虐待相談増へ

小学校で出前講座

町田市は29日から市内の小学校で児童虐待防止の出前講座を開始する。都内では国分寺市、西東京市に続いて3市目。

出前講座は、市立小山小学校など5校に通学する小学校6年生の計468人が対象。子ども家庭支援センター職員が寸劇を演じ、児童虐待のパターンや、虐待を受けたときはどうすればいいのかを学んでもらう。

子供自身からの相談件数を増やし、潜在的な虐待の掘り起こしにつなげるとともに、子供に児童虐待の啓発を行うことで、子供が親になった時の虐待を防止するのが狙い。同市の昨年度の児童虐待の相談件数は465件で、多くは学校や近隣住民からの通報であり、同市が行っている子供専用窓口「まこちゃんダイヤル」に寄せられる相談は友人関係での悩みがほとんどだったという。子ども家庭支援センターの担当者は「幼いころから虐待が続いていたため、虐待と思わない子供もいる。親子関係を客観的な視点で捉えてもらわないと、子供が虐待を認識できない」と説明する。

多摩の振興プラン⑤　格差から発展へ

観光施策

五輪のにぎわい、生かせるか

「着地型観光で、土地そのものを楽しんでもらいたい」

町田市の石阪丈一市長は、11月からふるさと納税の返礼品に、市への『招待券』を追加する目的をそう話した。

ふるさと納税の返礼品は、各自治体の名産品などを送るのが一般的。高級な和牛肉や果物などが人気を集めている。町田市でも、市内で生産された蜂蜜や化粧品、ケーキセットなど人気商品を返礼品に追加。加えて、市内の旧白洲邸武相荘の入館券や、里山交流館でのうどん作り体験、ブルーベリー狩りツアーなどの招待券をラインナップした。

都内自治体では、ふるさと納税は流出の方が大きく、同市でも今年度、6千万円の収入見込みに対して課税ベースでの流出は5億円以上と、頭の痛い問題だ。

石阪市長は「渡すのではなく来てもらう。観光や地域振興に寄与するもので、制度の趣旨にも合っている」と説明する。寄付と市内での消費によって、少しでも流出を取り戻したい考えだ。

町田市では今年5月、観光まちづくりに関する基本方針を策定。市が抱える課題として、市民にも来訪者にも「観光を楽しめるイメージが持たれていない」など、魅力が知られていないことを挙げた。市外からの観光客だけではなく、市民に対してもまちの魅力を伝えることを目指し、12月までに観光振興のリーディングプロジェクトの策定や数値目標の設定を行う方針だ。

都内を訪れる外国人旅行者数はこの10年間で2・7倍になり、1300万人を超えた。国内旅行者数も5億人以上で推移している。だが、訪問先は23区が中心で、西多摩に目を向ければ旅行者数全体の増加率は6％にとどまる。多摩地域こそ誘致に本腰を入れなければ、観光客の足を延ばすことはできない。

都は今年6月、多摩地域で初となる観光情報センター多摩を立川市にオープンした。多言語対応で地域全体の観光情報や観光ルート提供、宿泊施設を紹介し、無料WiFiや検索用のタブレットなども用意して、多摩地域観光の出発点となる施設だ。立川駅は23区外のJR駅で最も乗降客数が多く、青梅・奥多摩や高尾方面など西多摩へ向かうこともできる要所といえる。

センターの利用者は開設から3カ月で4万人を超えているが、ほとんどが国内に住む人で、外国人旅行者はほとんどいない。都心に集中する外国人をどのように誘導するかが多摩の観光振興の課題の一つだ。

観光情報センター多摩を視察する小池知事＝6月、立川で

■エリア外から取り込み

多摩地域の市町村は、外国人を含む観光促進に必ずしも注力していない。目玉となる名所や名物が見つからない、あるいは気付くことができないことに加え、自治体単位では海外への展開に目が向かないことが一因だ。結果として、五輪競技会場や有名観光地を有する自治体が外国人誘致に積極的になる一方、周辺自治体には取り組みが広がらない現状がある。

「多摩地域に人を呼ぶためには、23区を訪れている人にアピールする必要がある」。9月27日に商工会連合会などが中心となって設立した「多摩観光推進協議会」の担当者は、多摩地域の活力を維持するためにも、都心部から多摩地域への誘客を進める必要があると強調する。

同協議会では外国人が多く訪れる都内のホテルなどを中心に、観光マップや観光地カードなどのPR素材を提供するなど、エリア外からの誘致に力を入れる方針を示している。

さらに特徴となるのが、これまで進んでいなかった広域的な観光施策を進める点だ。都は振興プランで、多摩地域をみどり豊かな西多摩、住宅地の多い北多摩、産学が盛んな南多摩などに分け、エリアごとの特色を示している。

自治体単位では発信できる魅力が限られるが、エリア単位ならば食や文化、見どころが共通しているため、ツアー造成などにもつなげやすい。商工会など民間が中心の協議会が主導することで、行政よりも柔軟な取り組みも期待できる。

東京五輪を契機にしたにぎわいは23区に集中し、他の地域では「格差」を感じる市町村も多い。都心での会場新設から都外施設の活用へとシフトしたことで、「多摩地域を無視している」と憤る市幹部もいる。だが、2020年以降の継続的な発展も含めた真の大会成功には、東京全体での一丸となった取り組みが不可欠だ。

東京が持つ多様な魅力の一翼を担う多摩地域が、エリアとしての魅力を世界に発信することができるか。23区との「格差」ではなく、「差」をどのように生かしていくかが、五輪成功と今後の多摩振興の鍵となる。

＝おわり

キョン捕獲チーム　都環境局

女子高生2人を表彰

その名も「キョンとるず」――。伊豆大島で農作物の食害などで問題となっているシカに似た外来生物「キョン」の捕獲チームの名称とロゴマークを都内高校生から募集していた都環境局は6日、都庁第一本庁舎で表彰式を開き、最優秀賞の名称を考案した私立女子学院高校3年の大久保美里さんとロゴマークを考案した都立大島高校2年の金森仁亜さんに小池知事が表彰状を手渡した。

知事は「大久保さんが考えた『キョンとるず』は、これ以上明確なものはないというくらい分かりやすい。金森さんが考えたロゴは、ひと目見て『キョンって何だろう』とみんなが考えるようになる」とコメント。「いろいろな意見もあると思うが、大島町にとって厄介な存在であることは事実。名称とロゴマークが決まり、対策がさらに進むように応援していきたい」と話した。

名称を考案した大久保さん（右）とロゴを考案した金森さん＝6日、都庁第一本庁舎で

都議会経済・港湾委

航空事故被害者に一時支援金を交付

調布飛行場付近で2015年に発生した航空機の事故で被害が出た住民に対し、都港湾局は9日、住宅の建て替えや補修に必要な資金の貸し付けと、被害者が即座に必要な資金を一時支援金として交付することを都議会経済・港湾委員会で明らかにした。上限額や導入時期は未定。

また、安全対策では、都のチェックシートを導入し、これまで機長が行っていた安全点検を空港管理者も行うとした。

都教育庁調査

中学教諭7割「過労死ライン」

副校長も長時間労働が常態化

公立中学校教諭の7割弱が「過労死ライン」――。都教育庁は9日、都内公立学校の「教員勤務実態調査」の結果をまとめた。校種別では中学校教諭の在校時間が最も長く、68・2％が「過労死ライン」と考えられる週60時間超、在校していることが判明。副校長では全ての校種で1日当たりの勤務時間が平均12時間を超えるなど、長時間労働が常態化している実態が浮かんだ。事態を深刻に捉えた同庁は「学校における働き方改革推進プラン（仮称）」を策定し、対策に乗り出す方針だ。

調査は6～7月、都内の公立小・中学校、都立高校、特別支援学校から105校を抽出し、計3380人を対象に行った。その結果、教諭のうち在校時間が週60時間を超えた割合は▽小学校37・4％▽中学校68・2％▽高校31・9％▽特別支援学校43・5％で、中学校が突出して多かった。平日の在校時間には大きな差が見られず、同庁は「土日の部活動が要因ではないか」（教育政策課）と推測している。

管理職である副校長の長時間労働も深刻だ。在校時間が週60時間を超えている割合は▽小学校84・6％▽中学校78・6％▽高校58・3％▽特別支援学校86・7％に上る。校務の実務的な責任者として、様々な業務がのしかかっていることがうかがえる。

これを受け、同庁は教員の長時間労働の解消に向けた「働き方改革推進プラン」を策定する方針。同日発表した中間まとめでは、平日の在校時間を1日11時間以内とし、土曜・日曜のどちらかは必ず休むようにする目標を設定した。

具体的な対策として、部活動の負担軽減や人員体制の確保、在校時間の把握と意識改革などに取り組む。部活動に関しては、学校教育法施行規則で定める「部活動指導員」の配置を促進。練習時間や休養日の設定、適切な指導体制の在り方について、都教委として指針を作成する方針を示した。

また、小学校の専科指導に必要な教員の配置など、新学習指導要領などに対応した体制を整える。来年度の小学校の英語教科化を受け、同庁は来年度予算要求で担当教員の配置を目指している。校務運営や授業準備を支援する人材配置など、副校長や教員が本来業務に注力できる環境も整備する。

在校時間の把握では、都立学校では10月からカードシステムによる在校時間の記録を開始。小中学校でもICカードなどによる在校時間の把握を促進する。同庁はパブリックコメントを経て、来年2月を目途に、推進プランを策定する予定。

在校時間を総量規制へ

【解説】教員の長時間労働は長く問題視されながら、これまで手が付けられてこなかったテーマだ。というのも、教員の労働時間は基本的に残業や超勤という考え方を取っていないため。「公立の義務教育諸学校等の教育職員の給与等に関する特別措置法（給特法）」では、一部例外を除いて時間外勤務を認めておらず、授業の準備や部活動の指導といった学校での業務は「自主的な活動」と見なされている。ただ、事実上の時間外労働であることは疑いの余地がない。勤務時間の概念が薄く、長時間労働に歯止めがかけにくい状況にあって、初めて在校時間に「総量規制」をかける方針を打ち出した形だ。

長時間労働で心身に不調を来す教員も少なくない。教員の自己研鑽の機会を保障することは、子供に向き合う時間を増やすことにもつながる。教育活動の質にも関わることを認識し、これを機に抜本的な対策を講じるべきだ。（一）

ロボットが都庁舎ご案内

都総務局 実証実験始まる

ロボットが都庁舎をご案内――。都総務局は13日、都庁舎の案内や観光案内サービスを多言語で提供する「サービスロボット」の実証実験を開始した。2020年東京五輪に向けて有効性を検証する。

9日、都庁で開かれたお披露目イベントでは、小池知事が都立産業技術研究センターの多言語案内ロボット「Libra（リブラ）」に「東京に世界自然遺産はありますか」と英語で問い掛けると、リブラが「小笠原諸島が2011年に登録されました」と説明。

他にも日立製作所や富士通、NTT東日本、ハタプロのロボットが公募・審査を経て実証実験の対象に選ばれ、来年2月下旬まで順次、都庁第一本庁舎2階と南側展望室に設置する予定。

小池知事は「実証実験中なので（質問に）答えられないこともあると思うが、これからどんどん質問を蓄積し、答えられるようになる。皆で育てて」と話していた。

浅草線でもホームドア

大門駅で実用化を検証

都交通局

都交通局は24日、都営浅草線のホームドア整備に向けた検証を開始する。車両ドアに張り付けたQRコードを専用カメラで読み取り、ホームドアの開閉と連動させる技術を新たに開発。実用化のめどが立ち、大門駅で部分的に設置したホームドアで1カ月程度、検証を行う。

都営地下鉄ではホームドア整備に当たり、車両ドアとホームドアとを連動して開閉させる装置を車両に設置するなど、大規模改修を行ってきたが、京成、京急、北総など5事業者で相互直通運転をしている浅草線は乗り入れ車両が多く、車両改修の経費と時間がハードルだった。

今回、車両ドアに15チセン四方のQRコードを張り付けてその情報をホーム上の専用カメラで読み取り、ホームドアとの開閉を連動させる技術を開発し、実用化のめどが立ったという。同局は2020年東京五輪までに新橋、大門、三田、泉岳寺の4駅でホームドア整備を進める方針。

また、都営新宿線でも全駅でホームドア整備を進める。18日から大島駅で先行的に設置を始め、試験・調整・訓練を行う。本八幡駅から隣接駅に順次設置し、運用を開始する。

日暮里・舎人線 2編成を増備

都交通局

都交通局は2019年度末に日暮里・舎人ライナーの車両を2編成・10両増備する。輸送力を強化するのが狙い。

座席を全てロングシートとし、全車両に車椅子スペースを設置。バリアフリーに配慮しながら、輸送力を増強させる。また、防犯カメラを各車両に2カ所ずつ設置するほか、乗降をスムーズにするために両開きドアを採用するなど、安心や使い勝手の向上も図る。

今回の増備で20編成100両となる。20年春ごろの運行開始を予定している。

村山 茂直さん（むらやま・しげなお＝元消防総監）3日死去、96歳。

◆シリーズ「退職後のリアル」は5面に掲載します。

17年度 都主任選考の合格者発表

都人事委員会事務局は10日、2017年度主任級職選考の合格者を発表した。合格者は種別A・Bを合わせて計1164人で、前年度比44人増。AI類は65人増の712人だった。合格率はAI類で35・4％。

■主任AI類

◆事務（476人）

【政策企画局】森まどか、金光高浩、牧岡慶樹、上道咲子、柳ゆかり、小松俊也、蛭田哲平

【総務局】新井実喜男、小崎一正、福岡俊雄、宍戸美咲、坂本盛應、加藤達也、太田理美、石田貴史、板垣真理、難波朋子、手島幸太、櫻井雄基、岩崎貴士、金子晴彦、梅田紗有、井上あゆみ、金子圭太、高野裕太郎、岩本真次、関真由美、古地唯香、西島正剛、荒牧真生、竹村龍一、本田麻梨絵、赤堀充、香月麗、田端翔悟、山田峻介、木村圭吾、午房佳貴、清水一平、菊池圭佑、森川美奈海、工藤麻里、越阪部亨、福田純也、若山永志、猪口翔、堀込竜也、高桑昭人

【財務局】立真有一、久保千明、中込里恵、合田真代、小泉暢彦、鶴海絵里子、山元武

【主税局】菊川央生、浜村美美、林慎也、幡野直樹、三井裕子、加藤麻衣、青木基、水野豪一、小山佳絵、石田亮平、松井優也、屋代吉隆、坪内一樹、横尾穂奈美、永沼隼人、寺川舞、藤原奈穂、松下知広、辻野和昭、田中祐二、黒木祥太、川原伸也、矢内雄真、松川龍介、竹本和紀、佐藤颯人、上田直哉、伊藤達也、金井滋、伊藤靖子、栗原孝太郎、堤佑城、伊賀瀬華子、坪来瞳、平光聡、竹廣郁華、三田航大、廣井江里加、三橋亮、川井拓紀、加瀬智美、熊川真紀子、五十嵐裕典、宮本江里子、高田紘樹、湯沢卓、鈴木亮佑、加藤千裕、吉見奈月、吉田尚弘、竹内誠治、原田匠、佐藤真里実、池田翔、高橋謙斗、中山諒美、近藤広崇、三谷洋介、古川新、安藤美祐希、須藤龍之介、脇田典子、武藤篤、清水文也、高橋砂耶、田上愛香、渡邉英生、星野梓、山口遥、井上かれん、西口賢、三田拓郎、佐藤麻依、吉田正子、西前俊二、星野文鶴、堺美香子、若井直樹、中里寿考、山田真名美、杉山麻衣、曲渕友村剛、渡毅弘、岡崎隆太、菱香、高橋優香、渋谷朋子、相蘇育代、國井太津也、吉田亮太、保土田光、七枝智美、南部新太、粂川恵莉、高信誠、大塚夏生、森本勇輝、山田領、井上和彦、吉野美緒、佐々木直美、野村直希、高橋公人、中島梓、谷田部亜希、塚原悠一朗、澤田貴志

【生活文化局】犬塚礼子、橋本侑吾、島田英朗、大久保実香、小林宏哉、瀧川のぞみ、町田智、森岡有紀、青木辰二

【オリ準備局】瀬谷藍我、岩崎博文、小杉裕二、新飯田兼、小川孝樹、加藤梓、小野敦史、福田庸平、後藤琢、中山壮太、西岡瑞姫、上野健太、松井明大、石川翔平、佐藤絢美、畑野蕗、市川正彦、鈴木雄介、梶原美希、高野詩織、清水友香、小島大毅、松本洋樹、能勢山真矢、米山拓郎、小野田俊夫

【都市整備局】浜口佳顕、瀬野和子、鶴澤志子、利根川尚也、平昌典、名本裕介、中村勇太、中山直樹、西尾陵、間下征之、緑川透

【環境局】辻愛里、野澤常、瀧屋直樹、三枝一将、吉岡知生、清水美帆、堀内賢一、中村圭一、森山大樹、神保亮太

【福祉保健局】井上航、長谷川敦士、田澤康平、高橋陽佑、佐藤祐司、鎌田朱美、冨沢克徳、渡辺桂、鶴岡一紀、渡部翠、草野美紀、樋口英理子、矢田芳郎、河野あゆみ、池田航一、高橋佑典、坂本礼紀、山川樹林、大竹彰、鈴木信裕、足立小織、樽見俊秀、土屋亮輔、若菜豊、安藤遼太郎、池田和央、福山紀之、金本栄一、齋藤純、平岡亜沙美、染谷直史、勝冨裕貴、稲葉千晶、深町尚弘、近藤あやか、小島大武、古市頌、益子祐太、江木晴香、佐藤壮、井出澤李采、小池幸江、赤石一浩、栗原拓、重盛直哉、岡里美、野口貴彦、沖山葉子

【産業労働局】藤井翠、西久保佑香、高野将和、古賀大意、北條圭太、田川耕治、小園英明、鈴木亜弥、辻野慎一郎、追田真理恵、渡邊隼、土田臣幸、武田雅子、高岡駿平、堤祐一郎、栗原翔、浦島美和、橋本美紗子、志村将太、谷口拓郎、森田美里、四宮理沙、菊地聡、小田ダニエル秀、伊東香織

【建設局】前田啓太朗、北山春花、白石直武、坂本祐樹、上田亜紀、加藤大樹、玉田辰哉、山本詩央美、長瀬真澄、松下菜奈子、平田幸一、佐藤遼平、橋本匡弘、青山大樹、長江沙知恵、林健斗、横井康仁、芝輝、山中友香、工藤涼平、重久開、高梨雅央、横溝康人、笹口朋亮、中澤昌、鈴木千恵、後藤佳央里、高萩大貴

【港湾局】野田彩子、奥村結香、角田竜一、森祐介、瀬古隼一

【病院本部】石塚聡、梶山紗絢子、渡辺健一、玉田祐樹、尾方仁美、木部路彦、阿部聡、杉村麻美、新井剛、名倉綱紀、戸根慶佑

【会計管理局】中島由貴、大追賢哉、山本純也、山口陽、小林家光、平山孝之

【中央卸市場】田口秀明、淵田将人、川島まどか、藤本佑樹

【収用委員会】畑中忍、棚橋淳一

【交通局】中村真大、森田隼人、町田紀信、霜崎俊哉、鈴木優太朗、依田優、浅尾栞、清水禎章、佐川純也、吉羽賢昭、栃木隆太、中村尚幸、高橋咲江、楠崎健太

【水道局】工藤康生、中村奈々恵、小澤尭、谷本健一、田中遼、小川公介、山口貴広、関口智史、坂部良介、小澤智宏、鎌形務、山平圭李奈、中村哲郎、中西望、市橋瞳、西川亮介、田上寧奈、木村飛鳥、門脇希美、田代圭吾、筒井智子、吉田梨乃、半田和隆、秋山勇人、森本敏文、高野夏樹、岡田千晴

【下水道局】吉田葵、林直幸、鈴木雄大、赤木沙綾、工藤宰、小畑かな、桝屋昂太、伊藤宏朗、小古間直人、那須有華、高山達也、今田泰輔、鈴木良介、小倉史子

【教育庁】坂口隼一郎、中野早苗、阿部翔太郎、菅川由衣、田村千尋、柏木健太郎、堀口奈穂、内藤理美、藤野彰人、吉田瑛紀、吉住幸祐、齋藤栞子、齋藤立樹、渡邉貴広、小林孝幸、上島拓也、山崎功達、吉村奈緒、土肥徳哉、小柳えり子、古野聖也、林真穂、佐々木健、日比野紗也香、中山優貴、藤木絢子、田邉隆久、野崎直人、阿部琴美、青井理恵、原田実里、田村美緒、宮下和大、安藤圭、田中航介、飯村奈津実、戸田征希、木村亮介、關根麻美、瀬口実生、日向野佐保、西口陸、相場由里奈、山下祐里、森地愛、小山耕平、沼辺整、上橋信泰、伊東槙一、石田有貴子、若木太郎、横山航、原田力、設楽政人、小田悠太、杉本悠、篠崎支帆子、松下謙太、安藏圭太、藤野皓介、上都裕介、南野貴彦、大原茜、平野将史、堀江拓也、佐藤弘樹、石井悠太、宇津彰人、木内創太、伊東萌

【議会局】宮本綾乃、渡邊政樹、森久保慧

【青少年治安】北園智之

◆土木（136人）

【総務局】和田康宏、藤紗也加、増渕実穂

【都市整備局】高木宏郎、吹野幸子、中野悠太、佐藤達基、辻本晋吾、長嶋治樹、溝口肇

【産業労働局】川合善雄

【建設局】二宮佳大、飯泉絵美、深野涼二、喜代田丈、五反田八紘、藤田啓史、金子大志、松本和也、本間祥太、守屋陽平、田井絵理子、湯本克彦、土屋里実、加古さや香、谷山潤、御厨純、佐々木優也、佐藤佑亮、島村豪、澤田和幸、市川吉洋、原田慎吾、吉岡孝浩、福永健、榎本将吾、金子典弘、大林勇太、向井勇人、武田晃昌、海谷宣弘、矢野健、山本園子、一丸結夢、長谷川本顕成、田嶋慶亮、廣間佳子、二、長澤将皓、高瀬陽彦、藤直之、矢元利幸、湯浅信平、不室太希、野田辰浩、原田直人、美濃部尚子、古谷宏一、海老塚裕明、織田尚紀

【港湾局】鈴木雄作、堤洋平、藤井元希、伊藤晃、加藤大地

【中央卸市場】猪股大祐

【交通局】井村圭一、野崎彬、安井真太郎、境野文隆、菊地健人

【水道局】栗山隆一朗、早川純一、山本修司、小野崎徹、新井陽子、金子幹、中沢雄太、山萬涼、本荘雄太、大山貴広、加倉井光、堀川博哉、佐野慶佑、井澤克、斎藤奈穂、和佐田陵亮、高岩秀多、藤本賢二、間峠康公、間瀬賢一、小川雄大、壽剛志、井上峻志、小美野樹、岩村淳志、関根敏彦、池谷靖史

【下水道局】喜多村洋兵、佐々木麻、立石佳祐、伊藤勝真、松林香純、井手宏樹、丸山岳朗、歓宏樹、浦野隆弘、酒匂邦生、堤大二郎、猪狩智大、田代達郎、郡川雄輔、橋本真、川連裕保、棚桃田哲也、白石祐也、黒田哲也、田中翔真、中村雄太、佐藤裕隆、吉原沙也佳、宮垣敬一郎、田中千鶴、今岡亮、山田和史、吉田拓史、和泉風太、瀬川勇輝、島田亮佑、渡部将来、鈴木大夢、良元泰雄、川村航太、依田貴大、小林伸也、糸川和弘、大山亮

◆建築（34人）

【財務局】大澤紘子、清登智、篠田裕樹、野島香織

【都市整備局】足立祐未、大塚慎平、野原かなえ、大津有紀、古川槙一、星澤府美子、淵澤俊一、長坂真理子、中谷文、小笠原れい子、新井研人、藤谷公平、工藤諒太、柏原葉那、菊次早紀、上田麻里、吉野祐太、齋藤英彦

【建設局】島崎和樹、天埜貴仁、大井清一郎

【港湾局】井上雄仁

【病院本部】菊地慶子

【中央卸市場】大谷彩

【交通局】永嶋洋介、桑畑勇太、村田潤一、新井智也

【水道局】川口玄

【教育庁】東奈緒美

◆機械（31人）

【都市整備局】日高徳昭

【環境局】山田紗貴

【建設局】武長拓志

【港湾局】小濱大史

【中央卸市場】松村侑磨、及川貴博

【交通局】赤羽栄介、石井和仁、鈴木瑛二、持田祐輔、矢島辰弥

【水道局】政田悟志、前川信二、水野嘉祐、須田智志、福村哲平、安藤誠泰

【下水道局】新井龍一、村里善晴、秋山和徹、乙咩敬亮、大村一輝、花田裕輝、松坂琢実、依田誠子、渡辺大樹、宮川英明、神戸洋祐、小澤和也、尾崎竜宏、吉澤孝紀

◆電気（35人）

【財務局】西岡聡、渡邉和人

【都市整備局】木ノ内宏樹

【環境局】山田慎太郎、松岩圭一郎

【建設局】早川隆、久保一哉、仙石知行、三平純希

【港湾局】坂本知宏、有光昇一

【交通局】林道洋、北島史明

【水道局】松岡将太、新井貴之、橋本英介、福田雅彦、菊地佑輔、石橋大介、北郷史明、箭内進太郎、上原城児、島山康弘、中村文哉、藤城孝裕、森川貴信、真島望

【下水道局】田中肇、小鮒格久、大澤耕祐、内藤浩一、佐々木祐介、森俊秋、中林慶、市川智大

■主任AII類

◆福祉I（4人）

【福祉保健局】木塚沙織、福岡智菜美、堀口祐太

【病院本部】辻愛季子

◆福祉II（5人）

【福祉保健局】茂見久、阿部聡子、保坂晴奈

【病院本部】吉崎広美

【教育庁】矢谷聡美

◆産業技術I（32人）

【環境局】河内奨、中山寛康、前川真紀子、木村祐紀

【福祉保健局】渡邉英樹、関香央里、中野恵美、山崎智沙、鈴木康規、平山いずみ、岡村良子、水嶋初実、岡本菜月、中村絢、北畠安理佐、阪口千尋、小西紀子、大川佳子、白川祐一

【産業労働局】綾部文香、向井悠太

【水道局】庄司亮、角入明日美、岩波亜紀子、久野草太郎、水谷百合香、太田美乃、宮崎麻衣、岩永秀

【下水道局】田代賢祐、近松康樹、佐藤絵里子

◆産業技術II（13人）

【総務局】小林美郷、中野真弓

【都市整備局】藤井宏樹

【産業労働局】亀山恵、金牧彩、飯田将行、小平要美、原田佳代子、長嶋大貴

【建設局】高階あゆみ、佐藤加奈子

【港湾局】平原俊

【水道局】安東萌子

◆産業技術III（5人）

【産業労働局】林田好史、山口善章、安藤弘毅、加藤勝、小川梓美

◆医療技術I（21人）

【福祉保健局】加藤啓文、高田朋美、塩澤優、佐々木隆宏、中川由紀子、鶴岡由実、縄田勇樹、中沢恒太、飯沼さゆり、日高由佳子

【病院本部】仙洞田佳悟、小池章弘、後藤総太郎、曽根玲司那、青木亮太、小西悠介、古谷智久、殿村直也、奥村俊一、鈴木洋平、本田大輔

◆医療技術II（22人）

【福祉保健局】渡辺早季、青柳恵未、竹内典子

【病院本部】江口由里子、楠野敬太、茂垣健仁、吉田沙織、小山内奈緒美

【教育庁】遠藤悠子、田中彬子、大島梨絵、木曽一真、齋藤久美、松坂夢実子、丸山葉子、古河原千花、名古屋絵理、菅田望、幸田蓉子、小林真由子、津田沙織、関谷望

◆保健（1人）

【病院本部】江黒仁美

◆看護（71人）

【福祉保健局】丸茂晃平、高木幸恵

【病院本部】尾崎風花、薄井冴子、天谷愛、松本茉子、才所正直、神林麻衣、中川晃江、安達佑里、沼絵理、野村優子、李聖愛、植村恵、堂下泰宏、松苗侑衣、野田裕美、村上郁美、藤原雅司、内舘あずさ、鈴木麻紗、宮川七海、大城長美、正島由里、横内智香、図師実香、木立義人、佐藤亜紀子、福田香織、成田琢己、関口智世、若生優子、橋本直子、坂井晴彦、新田司、上杉史世、井上愛子、堤麻貴、小山真樹子、石川亜弥、菅原志保、倉田慶子、難波由美子、生方千絵、宮井寛子、大和雄哉、大橋百合子、大舘恵子、鈴木なつ子、多田直子、中久喜夏依、三島正彦、柳瀬太郎、朝山純一郎、山崎直人、倉田薫、佐藤健太、石井里佳、下澤洋平、田地勝利、飯田さおり、増田あすか、星野唯、奥秋幸子、加藤真梨都、山内彩、土屋周平、山田淳知、船山もも、山口敬、藤田梨恵

■主任B

◆事務（126人）

【総務局】朝日大輔、布川総子、末森ユミ、南雅輝、徳光範子

【主税局】大塚悟司、武者洋美、町田千恵子、猪野悠貴、早川富美子、宮幸子、清水まゆみ、國分規子、山田弥香、照井由香、富田雅秀、森竹純子、吉田俊

【生活文化局】岡安香

【都市整備局】會田縁、宮井夏果、高柳晴美、川上慎也、長澤真理子

【福祉保健局】黒田和子、岩永幸子、大瀧茂子、小澤州子、石橋満也、日向健吾、小林歩、小林直美、上村亜紀子、百瀬薫、高橋智子、大竹剛志、金子敦子、錦織学、竹中明弘

【産業労働局】田中昌美、岩崎しのぶ、湖口和幸

【建設局】伊藤有希、倉嶋保宏、下田やす代、池田美智子

【港湾局】田中利幸、堀内典子、岡本洋子

【交通局】大日方亨、酒井清和、染谷譲

【水道局】保川和浩、島絵美、小嶋佐友里、石林美樹、豊田猛、吉田富士男、駒野扶喜子、永沢和宏、正木みほ、平野孝浩、本田技巣、小笠原恵一、鈴木夏代、立川弘幸、須藤祐治、不破野秀樹、宮田博幸、小林君治、鈴木良英、丸山友乃、富沢泰紀、太田ゆかり、鎌田恭介、山下竜太、石川久美子、佐藤洋樹

【下水道局】杉山美幸、松永基司

【教育庁】渡辺浩、松木敦子、関口有美、沼倉洋子、紀仲次、新井鈴子、野口誠一、山本泰雄、大野優子、五十畑和哉、三代朋子、田村尚美、井上菜都子、久木田恭子、川野邉祥子、中村牧子、吉田享代、今豊一、正名恵子、高野幹子、熊谷良子、橋本剛、齊藤真弓、吉成正志、櫻井基子、酒井優子、小板橋瞳、北澤智香、葉谷直政、木村育子、綱川祐介、美紀、足立純子、洞上知昭、小町恵一、川築安代、波多野奈穂子、合澤綾子、瀬津貴瑛、小野寺竜也、小川知子、栗栖細淵久実、石川緑、高橋英治、加成健二

【議会局】浅賀哲美

◆一般技術系（59人）

【生活文化局】真庭徹

【都市整備局】佐藤耕二、馬渡聡美、水関美絵、谷本桜、北川志織

【福祉保健局】谷真由美、小川順子

【産業労働局】川島雅夫、樋口聡、東元俊光

【建設局】小林由里香、土屋泉、迫間智征、青名畑亨、漆原寿和、小島崇、志村知彦

【交通局】西田啓輔、小西主税、山田直彦、臼井啓昌

【水道局】近藤邦江、堀安英、真下恵利子、八木潤治、白井勇、丸山佳紀、加藤秀明、田部井洋明、星野壮一郎、後藤教行、森祐二、小山内直之、高井雄一、熊川豊、山本貴之、椿智彰、小瀧龍矩、荒谷弘基、石田巧大、遠藤昭一、梅津透、内山孝行

【下水道局】外山訓之、田野倉邦和、行橋輝雄、藤田勇、北園義洋、藤原重也、齋藤高志、松下勝一、高田琢人、内野文、内山均、河野剛、酒井貴功、吉川清信、池谷康弘

◆医療福祉系（93人）

【福祉保健局】塩田津紀世、玉川麻美、金子喜代美、清水昌代、岡田佐枝子、杉尾智子、加藤由里子、橋口美香、酒井麻衣子、玉置真由美、アザデ緑、松村和子、谷口康子、手塚晴美、大沢純一、古川恭子、黒木美登里、小村のり代、藤川江美子、宮田厚、栗原真弓、瀬野由佳、森田雪子、興野千秋、菊池誠、奈良さつき

【産業労働局】高橋恵子

【病院本部】岩本志保子、窪田紀子、上原由紀子、小野泉、木場弘枝、椎橋エリ、泰楽瑠美、米倉由美子、伊藤美佳、大木京珠、長島弘美、長坂明子、坂本仁美子、石橋由美子、大友美津子、内田麗子、鍬崎智美、酒井美樹、峰尾真奈美、高橋千品、金野真紀、橋村真由美、赤坂優子、池田悦子、泉朋子、林理佳、太田紋乃、豊島嘉浩、酒井正彦、鍛治谷万里、大塚圭那、加藤邦彦、山口球、岡本れい子、金子智巳、脇坂安希子、浅賀恵子、沢口郁、吉本玲子、丸岡幸子、吉野みゆき、高篠佳代子、濱口敏子、吉田真実、市川真、矢野真理子、関口智美、平山幸代、寺谷麻衣子、村上悦子、小林真樹、北村由起子、山本百合江、佐藤真美、佐藤有希

【教育庁】鳥丸美和、青木宏美、篠原美穂、大久保直子、隈田朝江、隼瀬里香、米山弥生、八代めぐみ、佐久間直子、石森利恵、相原裕美

2017年度 主任級職選考 実施状況　（単位：人、（ ）は女性の数）

種別	類	選考区分	申込者数	受験者数	受験率（%）	合格者数	合格率（%）
A	I類	事務	1,404 (437)	1,337 (419)	95.2	476 (161)	35.6
		土木	416 (53)	387 (48)	93.0	136 (16)	35.1
		建築	94 (39)	89 (39)	94.7	34 (15)	38.2
		機械	94 (4)	93 (4)	98.9	31 (2)	33.3
		電気	107 (1)	105 (1)	98.1	35 (0)	33.3
		小計	2,115 (534)	2,011 (511)	95.1	712 (194)	35.4
	II類	福祉I	14 (10)	13 (9)	92.9	4 (3)	30.8
		福祉II	26 (20)	26 (20)	100.0	5 (4)	19.2
		産業技術I	119 (63)	116 (60)	97.5	32 (19)	27.6
		産業技術II	50 (23)	49 (23)	98.0	13 (9)	26.5
		産業技術III	22 (3)	22 (3)	100.0	5 (1)	22.7
		医療技術I	89 (50)	89 (50)	100.0	21 (6)	23.6
		医療技術II	80 (66)	73 (62)	91.3	22 (18)	30.1
		保健	7 (6)	7 (6)	100.0	1 (1)	14.3
		看護	290 (203)	281 (197)	96.9	71 (52)	25.3
		小計	697 (444)	676 (430)	97.0	174 (113)	25.7
	計		2,812 (978)	2,687 (941)	95.6	886 (307)	33.0
B		事務系	344 (158)	282 (139)	82.0	126 (77)	44.7
		一般技術系	153 (17)	137 (15)	89.5	59 (11)	43.1
		医療福祉系	165 (140)	161 (139)	97.6	93 (85)	57.8
		小計	662 (315)	580 (293)	87.6	278 (173)	47.9
合計			3,474 (1,293)	3,267 (1,234)	94.0	1,164 (480)	35.6

※種別Aにおける教養問題（看護区分は専門記述）のみの受験者を除く

五輪への航海図 224

開催まで あと983日

シドニーの教訓⑧

大会通して五輪教育

五輪を通じて努力の喜びやフェアプレー、多様な価値観などを学ぶオリンピック教育は、シドニー大会でも重要視された。

シドニー五輪の招致成功後、ニューサウスウェールズ州教育省はオーストラリア五輪委員会、シドニー五輪組織委員会と共同で教育戦略を策定した（当地では、小学校を含め公立学校は州立）。これにより、他国の学校との生徒間交流を促す友情ネットワークプログラム、中高生を対象にスポーツマンシップを発揮した学生に贈られる「ピエール・クーベルタン賞」、毎年6月に各学校で五輪について学習する機会を設ける「五輪周知週間」が始まった。

組織委は更に、1998年から各スポンサーの協力を得て「五輪全国教育プログラム」を開始した。小学3年生から高校3年生を対象とした五輪のニュースレター、5～18歳を対象とした五輪精神の学習キット（教師用ガイドブック、ポスター、ビデオ教材など）、五輪公式サイト内の生徒向けサイトの設立などである。環境・言語の分野での教育も促進され、フランス大使館と協力して作成された仏語教材が授業に取り入れられた。

また、国内全体の子供たちに「スポーツ」「多文化主義」「世界の人々を歓迎」「友好」などのテーマで作品を作ってもらう芸術プログラムを実施し、5万4千人が参加した。最優秀作品は五輪公式グッズのデザインに使われたほか、「歓迎」をテーマとした1万1千点以上の作品が選手村の部屋に飾られた。選手村に宿泊するアスリートは、自分の部屋に飾られた絵画を描いた子供に向けてお礼の手紙を送ることができ、五輪出場の記念に作品を持ち帰ることもできた。

子供たちは聖火リレーのエスコートランナー、開会式・閉会式への参加など、多様な場面で五輪への参加の機会を得た。例えば公式選手団の選手村歓迎式典では、州内学校の合唱部がシドニー五輪用に作られた曲を歌った。

世界の人々を歓迎する子供たち＝シドニー五輪公式レポートより

学校教育の中に五輪を盛り込み、大会中のあらゆる機会を通じて五輪教育が行われた。

（自治体国際化協会シドニー事務所＝都政策企画局外務部管理課 小松俊也）

平成30年度▶ 主任試験講座 －8－

統計資料の見方 ①

はじめに

今回から2回にわたり「統計資料の見方」の演習を行います。「統計資料の見方」は、職務を遂行する上で必要となる各種統計資料を正しく理解できるかを問うものです。

平成29年度から、基礎的な法令知識等、主任級職にふさわしい能力をより一層適切に実証していくといった観点から、出題構成等の見直しが行われ、これまで出題されていた「資料解釈」の分野が廃止となり、統計データの分析『職員ハンドブック2017』の640ページ以降）の分野から2問のみの出題となっています。

なお、平成29年度の統計資料の見方に係る出題数は、表1のとおりです。

「統計資料の見方」は、出題数が減少しましたが、本分野を確実な得点源にできるか否かが、一点を争う択一式試験での合否を分けるポイントとなります。

また、統計データの分析は、実務上でも日常的に活用でき、都庁職員として身に着けておきたい分野でもあります。

統計データの分析は、その場で考えて正解を導くことは難しく、正確な知識を身に着けておくことが不可欠ですので、これまでの出題傾向を把握し、効率よく習得していきましょう。

表1 「統計資料の見方」出題数とウエート

		出題数		ウエート(%)
		統計資料の見方	総出題数	
AⅠ類	事務	2	55	3.6
	土木、建築 機械、電気	2	45	4.4
AⅡ類		2	30	6.7

出題傾向

統計資料の見方に関する、データ分析の出題範囲としては、出題構成等の見直しが行われる以前と変わりなく、職員ハンドブックの第Ⅲ編第9章第3節から、統計上の用語や概念を問う問題が出題されています。難易度はさほど高くなく、計算を伴うとしても、計算が得意な方は暗算でも可能な簡単なものにとどまるので、第3節を中心にしっかりと覚えれば、確実に正しい解答をすることができます。

近年（平成24年度以降）の出題状況は表2のとおりとなっています。平成28年度までは、例えば、年度別の登録件数の構成比を積み上げ、グラフから読み取る設問や、商品別販売額の対前年比増加率を折れ線グラフから解釈する設問などが出題されていました。こうした設問は、これまでは「資料解釈」として出題されていたものと思われ、実際に平成29年度には出題されておらず、平成30年度も出題されないものと想定されます。平成29年度は分散（設問NO1）と寄与率（設問NO2）について出題されています。

当講座では、過去に出題された問題を参考に、習得すべき基礎知識や出題パターン別に演習していきます。

なお、統計の基礎知識については、職員ハンドブックの該当部分や過去の出題内容を参考とし、知識をしっかり身に着けるしかありません。とはいうものの、全て基礎的な知識ですので、繰り返し勉強して、しっかり覚えましょう。

解法のポイント

先ほど述べたとおり、「統計資料の見方」は、統計の基礎知識を身に着けてさえすれば、計算を伴うとしても統計資料の解釈よりも短時間で正解を見つけることができます。

表2 過去6年間の出題内容と形式

	平成29年度		平成28年度		平成27年度	
	内容	形式	内容	形式	内容	形式
問1	分散	表	構成比と実数	表	構成比と実数	表
問2	寄与率	表	変化率	グラフ	変化率	グラフ
問3	―		構成比と実数	グラフ	構成比と実数	グラフ
問4	―		指数	グラフ	指数	グラフ
問5	―		ラスパイレス式指数	表	偏差値	表

	平成26年度		平成25年度		平成24年度	
	内容	形式	内容	形式	内容	形式
問1	構成比と実数	表	構成比と実数	表	構成比と実数	表
問2	変化率	グラフ	変化率	グラフ	変化率	グラフ
問3	構成比と実数	グラフ	構成比と実数	グラフ	構成比と実数	グラフ
問4	指数	グラフ	指数	グラフ	指数	グラフ
問5	寄与率	表	分散	表	中央値	表

1 各分析の定義を理解

職員ハンドブックなどを基に言葉の定義を解説していきます。

まずは代表値についてです。代表値は分布を代表する値のことと定義され、分布上の全変数に関する代表値（計算による平均）と分布上の位置によって決まる代表値（位置による平均）の二つがあります。ハンドブック上は、特に以下の三つについて解説がされています。①算術平均＝変数の総和をその項数で割って計算される平均値。②中央値＝集団の値の大きさの順に並べたときの、中央に位置している値。集団の個数が偶数の場合は、中央の2項の中間、すなわち二つの変数を加えて2で割った値。③最頻値＝分布の峰に対する値。あるいは、統計資料の度数分布で、度数が最も多く現れる値。最頻値を含む階級を、その両端の階級の度数で比例分配する等で求める。

次に、分散度についてです。分散度は、平均値だけで集団の特性が十分に表すことができないことを踏まえ、これを補完して集団の特性を十分に表すような特性値であるとされます。ハンドブックでは、特に以下の二つの分散度について解説がされています。①分散＝データが平均値を中心にどの程度散らばっているかを示す値であり、平均値に対する偏差の二乗和（平方和）の平均で定義されます。データの散らばりが大きいと分散も大きくなり、散らばりが小さいと分散はゼロに近づきます。②標準偏差＝分散と同様に、データが平均値を中心にどの程度散らばっているかを示す値ですが、分散の平方根で定義されます。データの散らばりが大きいと標準偏差も大きくなる性質も分散と同様です。よって、標準偏差を求めるためには、まずは分散を計算する必要があります。

最後に、統計比についてです。統計比は、集団内・集団間の比率や増減の割合などを表す比率であり、ハンドブックでは、以下の統計比について解説されています。①構成比＝全体に占める個々の内訳（通常は百分率）で表されます。②変化率＝一般に期間の始め（期首）の値に対する期間中の増減数の割合（百分率）を表されます。③寄与度＝各項目の変化が全体をどの程度の割合で変化させたかを示すものであり、総数の期首の値に占める内訳項目の変化数の割合（百分率）で表されます。したがって、各項目の寄与度の合計は、総数の変化率に等しくなります。④寄与率＝各項目の変化が、全体にどの程度の影響を与えたかを百分率で表したものです。したがって、各項目の寄与率を合計すると100になります。⑤指数＝同一現象の時間的な変化（または場所的な変化）を、ある時点（または場所）を基準（100）として相対的に示すものです。

以上のような各用語の定義を理解した上で、設問の表の中のどの数字を使用すれば正しい答えを導き出せるのかを見極めれば回答を導くことができます。

短時間で計算に使用する数値を選択できるように、新聞、雑誌、書籍など、普段の生活や仕事の中で統計表やグラフなどを見る機会があるときに、分析方法や使用されている数値を意識してみるとよいでしょう。

2 計算方法を覚える

各用語の定義を覚え、実際に使用する数値を選択できても、計算方法を理解していなければ意味がありません。職員ハンドブックに計算例が記載されていますので、用語とセットでできる限り覚えておきましょう。計算自体は難しいものではないので、余白部分を使って計算をすれば時間内に十分に答えを算出できます。

計算が特に苦手な方については、Σを使った計算（分散や標準偏差、ラスパイレス式・パーシェ式指数を求める場合などに活用する）方法について、初学者向けの参考書等を基に勉強されることをお勧めします。

それでは、次回からは、出題パターン別に具体的に問題を見ていきましょう。

◇

出版から講演活動へ

退職後のリアル　しくじり都庁OBの教訓 33

オール・アバウト・マネー⑥

同じ公務員分野ではあるが、時の話題を取り上げて論評などでまとめた本は、対象が広がることで、そこそこ売れた。保証料も45万円前後で、印税は10%前後になっていて、版を重ねたものもある。

「ノウハウ本」は総じて原稿料や印税も安く、ページ数に比例した原稿料と7～10%前後の印税となる。ページ単価についてもいろいろだが、200字単価で3千～5千円程度という場合が多い。利点は時間をかけて売ってくれるので、長い間店頭に並んでいることもあり、印税もそれだけ息の長い支払いが期待できる。

余談だが、こうした通常の出版とは違い、既に出版していたものに文庫化の声をかけていただいたものもある。連載が本になるケース同様、いわゆる一粒で2度おいしいという世界もあるのだ。

本を書くことがスタートラインだと書いてきたが、確かに本を書いたことで一定の知名度が上がり、その分野の専門家として認めてもらえることは間違いない。あれだけの内容を書いているのだから一定の見識があり、話ができるだろうということで、雑誌の原稿や講演依頼が舞い込む流れが確かにあるからだ。

しかし、私の経験から言えば、本を出しただけでそうした流れができるかどうかはやや疑問だ。率直に言えば、書けることと話せるということはまったく別の能力だからである。講演ともなれば求められる能力は話術だけでもない。本を書いたことが講演依頼につながるケースはあるだろうが、勝負はきっかけをどう生かせるかである。

少し横道にそれたが、肝心の講演料はどうなのか。講師料を肩書でランク付けして決めているのは役所くらいで、多くの場合は実績と評判次第である。個人的には最高は60万円で、最低は交通費も自腹というケースである。基本は依頼主との交渉になるのでケース・バイ・ケースだが、煩雑さを避けるため、研究所では「2時間15万円」と決めている。

ルールを設定したことで交渉しなくても済むことや、事務方に任せることができるようになり、気が楽になった。こうした金銭の絡む交渉事は苦手なので、大きな肩の荷が下りた気がしている。

（金子雅臣）

昇任試験対策のページ

論文講座 8

平成30年度 主任・係長

今回は試験本番までの準備の流れに沿って、採点基準や対策のポイントなどについて説明していきます。十分な準備を行って試験本番に臨みましょう。

情報収集

一 採点基準

「主任級職選考実施要綱」では、論文について、問題意識、問題解決力、論理性、表現力等について評定するとされています。また、どのような観点から採点しているかについては、平成29年6月30日付「主任級職選考における論文採点の基本的な考え方等について」（人事委員会事務局）（以下「基本的な考え方」という）に記載されています。TAIMSの人事委員会掲示板に掲載されていますので、必ず確認するようにしてください。

二 合格者再現論文

採点基準の確認と並行して早い段階で行っておきたいのが合格者再現論文の読み込みです。合格レベルの論文を作成するためには、過去の合格者の論文を参考にするのが有効です。再現論文を読むことによって、合格水準や論文の構成などを理解することができます。また、優れていると思う表現はストックしておき、自身が論文を作成する際に活用しましょう。

三 参考資料

都政ものを記述する場合には、現在の都政の動向、各局における事業や課題等について情報収集しておく必要があります。「都民ファーストでつくる『新しい東京』～2020年に向けた実行プラン～」はもとより、知事の施政方針表明や所信表明、各局が策定する主要な計画等について、都のホームページや「とちょう・i」、都政新報などで、日頃から情報収集を行いましょう。また、前回説明したとおり、平成29年度からは課題文に資料が添付されるよう出題形式の見直しが行われています。前述した参考資料から情報収集を行う際には、掲載されている図表やグラフ等についても併せて確認するようにしましょう。

準備論文の作成

一 予想問題の作成

論文作成に当たり、まずは問題を作成する必要があります。これまでの出題傾向から予想問題を作成しましょう。職場で用意してもらえる場合にはそれを活用してもよいです。

二 構成の決定

論文の構成は、4段構成（起承転結）と3段構成（序破急）があると言われています。合格者再現論文等を参考に、自身が書きやすく、評価項目に沿った論文となるような構成を確立しましょう。ここでは3段構成の一例について紹介します。

解答（1）　課題抽出と問題提起のセットを三つ

解答（2）　解答（1）で挙げた課題に対して①背景②解決策3点③効果のセットを三つ。必要に応じて、最後に結論を書きます。

傾向と対策 ②

平成28年度以前は、結論として主任級職に昇任する上での決意表明を記述するのが一般的となっていましたが、基本的な考え方では「主任級職選考の論文試験は、受験者自身が主任級職に昇任する上での決意についての出題ではないので、設問で問われていることに対し、十分に字数を使って論述すること」とされています。

三 作成のポイント

テーマと構成が決まったら、実際に論文を作成していきます。最初は時間を気にせず、自由に書きましょう。字数オーバーしていたら少しずつ削っていき、制限字数内に収まるようにします。

解答（1）と解答（2）に分けて、記述する際のポイントを説明しますので、参考にしてください。

（一）解答（1）

〈都政もの・職場もの共通〉

基本的な考え方に「解答（1）の内容を踏まえて、解答（2）が論じられている」ことを採点の観点とする旨が記載されている以上、（1）と（2）の解答は関連している必要があります。論理的に一貫した論文を作成するためには、構成に沿った形でレジュメを作成し、あらかじめ課題と解決策を整理しておくとよいでしょう。

〈都政もの〉

問題文に「資料を分析して課題を抽出し」と書かれているため、「資料〇によると」といった表現を使用し、資料を十分に踏まえて課題を分析・抽出していることを示すようにします。また、触れる資料の点数が指定（平成29年度は「資料4点のうち、2点以上」）されていることにも注意が必要です。

〈職場もの〉

・平成28年度以前は、導入部に社会経済情勢や都政を取り巻く環境を記述する論文が多く見受けられましたが、基本的な考え方の参考資料2「平成28年度選考で評価の低かった論述例について」では、導入部の記述とその後の課題に関する記述の関連性についての説明がない、または非常に少ない論述内容は、評価を低くしたとされています。関連性の薄い内容の論述によって評価を下げないためにも、設問で問われている課題の論述に十分に字数を使うようにしましょう。

・事例の職場が抱える課題を抽出できるかが最大のポイントとなります。その際、複数挙げる課題が重複しないよう、注意しましょう。また、「資料〇によると」や「事例の職場では」といった表現を使用し、資料や問題文を十分に踏まえて課題を分析・抽出していることを示すようにします。

（二）解答（2）

〈都政もの・職場もの共通〉

・具体的な解決策を記述する前に課題の背景を書くのが一般的な形式となっています。現状の記述にとどまらず、課題の背景及び原因を分析して記述し、その原因が解決できるような取り組みを記述しましょう。

・解決策は、誰も考えたことのないような突飛なものでなくてよいです。発想力よりも実現性や具体性のある解決策を記述することが求められています。

・解決策の分量や内容に偏りが出ないよう、具体性や統一感等のバランスを整えましょう。また、順番についても、重要なものや真っ先に取り組むべきものを最初に記述するなど、自然な流れとなるようにしましょう。

・論理性という観点では、資料から素直に読み取れる論点に対し、自然な文脈で記述することが重要です。読み手を意識し、一読してすっと入ってくるような文章を書くよう、心掛けましょう。そのためには、1文が長くてもよくないため、1文60字程度までを目安にします。

〈都政もの〉

・解決策は、新たな取り組みを提案するか、または現在の都が行っている事業に対する改善策等を述べても良いとされています。いずれにしても、現実的かつ具体的な取り組みを述べる必要があります。なお、その際、既存の施策を真っ向から否定するような記述は避けたほうがよいでしょう。

・都の所掌範囲でない解決策とならないように十分注意しましょう。ただし、「〇〇を国と連携して進める」や「区市町村の□□が推進するよう支援していく」等は問題ありません。前述した参考資料等で所掌範囲を確認してから記述するようにしましょう。

〈職場もの〉

・事例の状況を反映した論文とすることが求められていますので、一般論としての取り組みを書くなど、事例を踏まえていない論述とならないよう、十分注意してください。

・主任としての役割を踏まえた解決策を記述します。例えば、課長代理に問題提起して解決策を提案したり、主事に指導・助言を行ったりするなど、チームとして解決策を推進していくのが主任の役割となっています。「定例会を開催する」「業務分担を見直す」等の取り組みは主任の所掌範囲を超えることになるため、書き方に注意が必要です。

・事例の職場の課題解決に取り組むのは「あなた」ということを常に意識しましょう。「～と考えられる」「～を行う必要がある」といった文末ではなく、「（主任として）～していく」「～する」と言い切るようにします。

四 推敲

もっとも、最初から筋の通った論文を書くのは難しいことです。次の観点等から作成した論文を見直し、推敲を重ねましょう。

〇資料及び問題文から適切に課題抽出ができているか〇適切な解決策を提示しているか〇課題及び解決策に重複はないか〇課題及び解決策を記載する順番は妥当か〇課題と解決策の対応は適切か〇課題及び解決策の分量は適切か〇論理構成に飛躍はないか〇内容に統一性はあるか〇同じ表現を繰り返してないか〇1文が長くなってないか〇読みにくい表現はないか

五 添削指導

論文を書き上げたら、必ず直属の上司等に添削を依頼しましょう。第三者の視点で論文を見てもらうことで、内容や表現を向上させていきます。最初は多くの指摘が入るかと思いますが、添削内容について真摯に受け止め、整理し、書き直した後、再度添削を依頼します。これを数回繰り返すことで、合格レベルの論文に仕上げていきます。

また、修正すべき箇所を明確にすることができるため、可能であれば、複数の管理職に見てもらうことが望ましいでしょう。

レジュメの作成

論文を数本準備したら、あとはレジュメを作成してストックを増やしましょう。併せて、資料から課題を抽出する練習もしておいたほうがよいでしょう。レジュメを作成したら何度も読み返し、通勤等移動の時間を活用するなどして覚えておきます。

手書き練習

約2千字を手書きするのは疲れる作業で、予想以上に時間がかかります。さらに、普段はパソコンで作業することが多いため、漢字が思い出せないこともあります。手書きする際には、濃く、大きく、丁寧に書くことを意識しましょう。

試験本番

焦って書き始めず、問題文をよく読み、出題意図を把握します。解答するテーマを決めたら、レジュメを作成し、全体の構成を整理します。時間配分の目安について一例を挙げると、テーマ選択・レジュメ作成（30分）、論文作成（110分）、推敲（10分）です。準備した論文を無理やり当てはめようとしないよう、十分注意してください。特に職場ものについては、事例の職場に沿った内容を論述しないと大幅な減点となってしまいますので、準備した論文をただ再現するのは避けましょう。また、誤字・脱字の確認は必ず行い、減点になるポイントはなくすようにしましょう。字数が一定数以下のものや、完結していないもの等は、仮に内容が優れていても大幅に減点することがあるとされていますので、時間が足りないと思っても、最後まで諦めずに書くようにしてください。

平成30年度 カレントトピックス 08

都政事情

■全国学力・学習状況調査で分析結果（10月12日）

都教育委員会は10月12日、文部科学省が発表した「全国学力・学習状況調査」の結果をもとに、東京都公立学校分の分析結果を発表した。調査対象は、小学校等6学年及び中学校等3学年。

小学校等6学年の各教科の平均正答率は、国語A・76%（全国平均75%）、国語B・60%（58%）、算数A・81%（79%）、算数B・49%（46%）となっている。また、中学校等3学年の各教科の平均正答率は、国語A・79%（77%）、国語B・74%（72%）、数学A・66%（65%）、数学B・50%（48%）となっている。

小学校は平成19年度の調査開始以降、中学校は平成25年度以降、全国平均を上回っている。なお、学校支援ボランティアの仕組みがある学校については、保護者や地域の人が学校の教育活動に参加している割合が増加しており、参加している割合が高い学校ほど正答率が高いといった分析結果も出ている。

東京都教育委員会は、今後とも「東京ベーシック・ドリルソフト」などの活用を促進し、知識・技能を確実に定着させるとともに、保護者向け「リーフレット」等による情報発信を推進し、学校の教育活動を支援する機運を醸成することとしている。

■東京都人口動態統計で調査結果（10月26日）

都福祉保健局は10月26日、厚生労働省が発表した「平成28年度人口動態統計（確定数）の概況」をもとに集計した東京都分の調査結果を発表した。

この調査結果によると、東京都の合計特殊出生率は1.24となっており、前年と同率だった。出生数は11万1962人で前年度より1232人減少、5年ぶりの減少となった。年代別に見ると、20～30歳代の出生数が減少、40歳代の出生数は増加した。一方、死亡数は11万3415人で、前年度より1742人増加、10年連続して増加した。死亡率は8.6となっており、全国の10.5より低い。

また、婚姻件数は8万6009組であり、前年より1158組減少した。離婚件数は2万3470組で、前年より665組減少している。婚姻率は6.5で、前年の6.6より低下したが、全国の5.0より高くなっており、離婚率は1.78で、前年の1.84より低下したが、全国の1.73より高くなっている。

■公文書情報提供サービス開始（10月27日）

都生活文化局は10月27日、都が保有している公文書情報を、インターネットを通じて都民に提供する新たなサービス「公文書情報提供サービス」を開始すると発表した。情報公開を推進し、都政の透明化を一層進めるため、東京都情報公開条例に基づく公文書開示制度とは別に新たなサービスとして提供するもの。

同サービスは、利用者がパソコンから情報提供依頼を行えば、対象の公文書をダウンロードできる仕組みとなっており、紙やCDなどの媒体での交付ではなく、インターネットを通じた電子データのみでの提供となっている。なお、提供対象は、情報公開条例に基づく開示制度の対象と同じ公文書であり、手数料は無料、24時間いつでも申し込み可能となる。

小池知事は、記者会見で「『東京大改革の一丁目一番地は情報公開にあり』と何度も申し上げていたが、そのツールが整った。ぜひご利用いただきたい」と発言した。

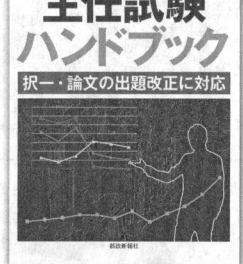

メガイベントで何を残せるのか

都市のレガシー 五輪開催3都市を巡って 1

都都市整備局　長谷川　昌之

TOKYO 2020

夏のオリンピック開催都市であるバルセロナ（1992年大会）、シドニー（00年大会）、ロンドン（12年大会）の3都市を夏休みの家族旅行ついでに毎年1都市、3年かけて巡ってきた。

この3都市は港湾物流の拠点として発展してきた歴史と、この四半世紀の間に夏のオリンピック・パラリンピック大会（以下、大会）を開催したという共通点がある。

私は世界の都市と建築を見ることが大好きで、これまでもいろいろな都市を訪ねてきた。

大会というわずか1カ月余りのイベントが、その後の都市にどのような影響を与えているかに興味を持った。そこで食事、買い物と何かと忙しい家族旅行の合間を縫いながら、オリンピックパーク（以下、OPパーク）や、かつての競技会場を訪ねるなどして、3都市のレガシーを実際に体感してきた。

多額の旅費を費やしたので、少しでも大会準備の参考となるよう各都市の発展の歴史と大会計画などの基礎情報を加えながら、体験レポートとしてまとめた。

バルセロナ大会のメーンスタジアム

大会規模の拡大と持続可能性

大会と開催都市との関係は、国や都市の発展段階、政治や統治形態、時代状況などが複雑に絡み合っている。

そこで、3都市の報告に入る前に大会のトレンドや過去大会の特徴について見ていく。

76年のモントリオール大会での大赤字を契機に、84年のロサンゼルス大会以降、民間スポンサーとテレビを中心にしたメディアに大きく依存する商業主義の大会となっていく。

テレビの放映権とスポンサー料が大会の度に高騰し、大会規模も拡大し続ける一方で、国連環境サミットが開催された92年以降、環境問題も大きな国際テーマとなり、メガイベントである大会の持続可能性と、大会を契機に生まれる良い影響や価値の創出（以下、レガシー）が重視されるようになっている。

大会規模の拡大と、環境やコスト負担なども含めた持続可能性への配慮という矛盾する課題と向き合っているのが近年の大会の最大の特徴といえよう。

この流れを意識しながら、この四半世紀中に開催された大会を概観する＝表。

レガシーの創出を期待

そして、2013年に国際オリンピック委員会（IOC）は、レガシーは偶然の産物ではなく、大会準備からの持続可能な取り組みの先にレガシーが創出されるという概念を示すために、過去大会のレガシー事例をホームページ上で初めて公開した。

同年に開催が決定した2回目の東京大会は、バッハ新IOC会長のもと14年に打ち出された持続可能な大会を目指す「アジェンダ2020」を踏まえて実施される大会であり、成熟都市としての新たな価値創出を強く期待されている。

東京大会の開催まで1千日を切り、大会準備も加速度を増して進められていく段階に入った中、「大会期間は1カ月、されど準備には7年を要するメガイベント」の開催で何が残るかではなく、何を残せるか？

次回から3都市を巡っていく。

＝全10回

【この四半世紀で開催された大会】

開催年	都市名	主なポイント
1992	バルセロナ	インフラ整備と再開発による観光都市化の成功モデル。文化プログラムが最初に実施された大会。
1996	アトランタ	近代オリンピック100年の記念大会。スラム化したダウンタウンをOPパークや中産階級向け住宅供給で再開発した大会。
2000	シドニー	郊外に大規模なOPパークを整備する再開発を行い、環境ガイドラインの作成など、環境配慮を徹底した大会。
2004	アテネ	大会開催が国の経済危機の引き金になり、新設施設も荒廃しているケースが多く、その後レガシーが問題視された大会。
2008	北 京	成長著しい中国が、国家の威信をかけて開催した開発色の強い大会。新設施設の一部が閉鎖されている。
2012	ロンドン	OPパーク建設による再開発と持続可能な大規模イベントの国際標準化（ISO）など、成熟都市における開催モデル。

ふたつの豊島（ゆたかなしま）から未来へのメッセージ

―持続可能な社会を目指して

香川県豊島の有害産業廃棄物不法投棄現場。広大な処分地には、廃油、製紙汚泥、シュレッダーダストなどが野積み（写真提供：NPO瀬戸内オリーブ基金）

1980年代、日本最大規模と言われた産業廃棄物の不法投棄があった香川県豊島（てしま）では、本年3月に不法に投棄された廃棄物の撤去が完了した。

この事件を機に、排出事業者責任の明確化、罰則の強化等廃棄物処理法が改正されるなど、豊島事件の教訓は、この後の数次にわたる廃棄物処理法の改正に大きな影響を与えた。

今回、廃棄物完全撤去の報告と、我が国における大量生産・大量消費・大量廃棄社会の在り方を見直す契機となった豊島事件の意義と教訓を改めて考えるため、展覧会「ふたつの豊島（ゆたかなしま）から未来へのメッセージ―持続可能な社会を目指して」が同じ名前の豊島区で開かれる。

■豊島事件の概要

香川県が豊島の事業者に対し、産業廃棄物処理業（木くず、汚泥等、ミミズによる土壌改良剤化処分業に限る）を許可したが、その後、処理業者はシュレッダーダストや廃油、汚泥等の許可外の有害産業廃棄物を大量に搬入し、野焼きや不法投棄を行った。香川県の指導が十分に行き届かなかったこともあり、約13年間にわたり不法行為が継続し、日本最大規模の不法投棄事件となった。

90年に兵庫県警の摘発後、93年に豊島住民が公害紛争処理法に基づく公害調停を申請、その後約7年を経て2000年に公害調定が成立し、香川県が不法に投棄された廃棄物を撤去、直島での処理が開始されたが、処理完了までには約17年間、費用約700億円を要した。今後も汚染された地下水の処理等は引き続き行われ、原状回復には引き続き莫大な時間と費用がかかることが見込まれる。

廃棄物の撤去が完了し、地下水の浄化が進む香川県豊島の有害産業廃棄物不法投棄現場＝2017年6月9日（写真提供：小林惠）

豊島事件を機に、廃棄物処理法は、94年に政令改正（シュレッダーダストは管理型処分場に埋め立て義務化）、97年に法律改正（全ての産廃にマニフェストを導入、原状回復基金制度の導入、委託基準の強化など）が行われるなど、適正処理に向けた規制が強化された。

しかし、その後も青森・岩手県境で大規模な不法投棄事件が発生し、その都度、廃棄物処理法の改正等が行われるなど排出事業者責任の強化に取り組んでいるが、いまだに不法投棄の根絶には至っていない。

不法投棄の撲滅に向けては、行政の果たす役割は大きいが、行政だけで撲滅できるものではない。排出事業者が処理責任を果たすとともに、処理業者及びサービスを享受する消費者も、豊島事件をひとごとと思わず、豊島の現状を知る、そして豊島事件の教訓を正しく伝えていくことも、廃棄物の適正処理に対する意識を高めるという点においては重要である。

展覧会では、豊島事件の記録写真等の展示のほか、不法投棄現場360度VR（仮想現実）の体験などがあり、豊島の不法投棄事件を知る貴重な機会となる。

このほか、サブイベントとして11月22日に産業廃棄物処理業者向け特別シンポジウム、最終日の24日には主催者NPO法人瀬戸内オリーブ基金の呼び掛け人である建築家の安藤忠雄氏の記念講演、展覧会のフィナーレとして「こどもの城合唱団」のミニコンサートを開催する。

また、祝日の11月23日には、「ゴミ拾いはスポーツだ」の合言葉の下、家族や友人同士で参加できる「スポーツごみ拾い大会」を豊島区で初めて開催する。3～5名でチームを組み、チームで力を合わせて豊島区役所の周辺のごみを拾い、その質と量をポイントで競い合う。上位入賞チームには、展覧会にちなんだ賞品が用意されている。

いずれのイベントも入場・参加は無料。特別シンポジウム及びスポーツごみ拾いは、事前の申し込みが必要。

この展覧会をきっかけに、豊島の事件をひとごとと思わず、豊島の現状を知り、改めて廃棄物の適正処理や持続可能な社会に向けた意識を高めるきっかけとしてほしい。

（公益財団法人東京都環境公社）

■イベント概要

展覧会「ふたつの豊島（ゆたかなしま）から未来へのメッセージ―持続可能な社会を目指して」▼日程　11月18日㈯から24日㈮まで（※展示は23日㈭まで）▼会場　豊島区役所1階としまセンタースクエア▼主催　「ふたつの豊島」展実行委員会（NPO法人瀬戸内オリーブ基金、豊島区）▼後援　香川県、環境省、東京都、（公財）東京都環境公社ほか▼問い合わせ先　（公財）東京都環境公社　環境事業部環境事業課☎03・3634・4030

東京都美術館

与え与えられる

ゴッホ展 巡りゆく日本の夢

油彩画とデッサンで約40点と、予想以上に多くのゴッホ作品が見られる。そこにはオランダに行けば見られるとは限らない、アメリカのいくつかの美術館や個人所蔵の重要作品も含まれている。

ゴッホ作品への、浮世絵の影響を説いた展示は過去にもあった。だが多くは、ひまわりや糸杉や夜のカフェなどの大傑作の展示に付随したものだった。

本展はこのテーマに、ファン・ゴッホ美術館との国際共同プロジェクトによって真正面から取り組んだ企画。約50点の同時代の画家の作品や浮世絵などと合わせて影響関係を浮き彫りにしている。京都の後にアムステルダムでも公開。

ゴッホは印象派ブームに間に合わなかった画家である。1886年にパリに来たとき、彼らは既に次代を担う位置にいた。暗く沈んだ絵を描いていたゴッホも、光あふれる印象派風の作品を試みるなど、独自表現を目指し苦闘した。彼がこのころ出会ったのが日本の浮世絵だった。

明るい色彩や大胆な構図に心を奪われた。400点にのぼる浮世絵版画を収集し模写し、文献なども読んで日本のイメージを膨らませた。日本は彼にとって、創造の源泉であるとともに暮らしの理想郷へと変容していった。「日本美術を研究すれば、もっと楽しく、もっと幸せになるにちがいない」

1888年の南仏・アルル行きは、この夢を実現するためだった。彼はそこで芸術家たちとのコミュニティーを作ろうともした。

だが誘いに乗ってやって来たのはゴーガンだけだった。ふたつの個性はほどなく激突。耳切り事件、精神錯乱、入院。そしてパリ近郊、オーヴェールでの37歳の死。近代美術史上の謎の期間である。

ほとんど直接的な模倣から内面化へ、そして熟成から鎮静へと、あの燃え立つような激しい絵に隠れて、彼の作品には日本美術の影を引く、もうひとつの系譜があったのだ。こんなに穏やかな絵を描いていたのかと救われる気持ちになる。アルルの謎が違って見えてくる。

この画家から日本人が受けた影響は、異能の板画家・棟方志功の「わだばゴッホになる」の一言に象徴されるかも知れない。だがほとんど無名のまま亡くなったため、その作品をまとめて見るのも困難な時代が続いた。

1910年代半ばから日本人の聖地行脚が始まった。そのひとつ、ゴッホと交友のあったオーヴェールの医師、ガシェ一族のもとで記された3冊の芳名録が展示されている。そこには佐伯祐三、前田寛治、橋本関雪、斎藤茂吉、式場隆三郎ほか、画家や文学者など何と240余名の日本人の名がある。

◇

「ゴッホ展　巡りゆく日本の夢」は、東京都美術館で1月8日まで開催。ハローダイヤル03・5777・8600。この招待券を5組10名様にプレゼントします。Eメールで件名を「ゴッホ展希望」とし、〒、住所、氏名を明記の上、henshu@toseishimpo.co.jpまでお申し込みください（21日必着）。

フィンセント・ファン・ゴッホ《蝶とけし》1889年、ファン・ゴッホ美術館（フィンセント・ファン・ゴッホ財団）蔵　©Van Gogh Museum, Amsterdam (Vincent van Gogh Foundation)

副知事人事ノート

都政研究元主筆　大塚英雄

第19回

鈴木副知事の登場②

副知事選任のための臨時都議会招集を数日後に控え、初当選の東龍太郎知事は副知事構想の軌道修正を迫られていた。官房副長官の鈴木俊一はともかく、建設省技監冨樫凱一の招聘（しょうへい）に社会党は言うに及ばず、与党の自民党内からも強い反対の火の手があがったからだ。

議論になったのは「冨樫副知事」の話を、時の建設大臣がポロッと口を滑らしたためだが、3人のうち2人までを国、しかも元内務官僚経験者を呼ぼうとしたことに根本原因があった。「東京都がさながら国の出先機関になったかのような印象を内外に与える」という都議会の反対論には妙な説得力があった。

しかし、この間、東は拱手（きょうしゅ）傍観していたわけではない。本人の了解を取り付け、名前まで新聞などに出てしまった以上、何としてでも都議会の同意を得たいと、都議会を走り回った。その中で東の口をついて出たのが、「副知事待遇」という聞き慣れない「特別秘書」の設置だ。特別秘書は安井知事時代から設けられてきたが、格付けは局部長待遇が相場だった。このため、東は副知事の起用方針（①政府・国会担当②庁内・都議会担当③何でも話せるプライベート的秘書）の変更を余儀なくされた。つまり、「冨樫副知事」を迎えるためにプライベート的秘書の枠を外さなければならなくなったということだ。

しかも副知事待遇の特別秘書に、1年前に社会党が副知事実現を安井知事に働きかけた前交通局長の渡辺伊之助を指名したのである。都議会のことを何も知らない東が、なぜプライベート副知事まで外して渡辺を指名したのかは謎とされているが、「知恵者」で知られる自民党幹事長の加藤好雄（江戸川区）辺りの「入れ知恵」との見方が強かった。

だが、この程度の妥協策で燃え上がった都議会の「怒り」をなだめることはできなかった。玉砕覚悟の強行突破で臨むか、冨樫起用を断念するかの二者択一を迫られた東は、提案者の鈴木と相談。冨樫に事情を説明して辞退してもらうことで収拾を図った。こうして、「技術副知事第1号」は幻に終わったのである。

余談になるが、僕はこの時、副知事待遇の高級秘書に名前の挙がった渡辺と接触した。話があったら受けるかどうかただしたところ、「副知事級といえば体裁はいいが、しょせん秘書は秘書だろう。正式な話はないが受ける気はないね」と素っ気なかった。そして、「冨樫副知事」を断念し、東は高級秘書を白紙に戻すとともに、3副知事体制の旗はそのままに当面、2副知事で都政に臨むことにした。

◇　◇

庁内の最大の関心事といえば内部登用副知事の行方だ。この時の下馬評には太田園・総務(52)、太田和男・財務(53)、羽田恵助・民生(56)、本島寛・教育(53)の名が挙がっていた。キャリアからいけば、局長歴通算10年で三つの条例局長を経験している太田園ということになるが、太田に次ぐキャリアで議会局長を踏んでいる羽田。教員の勤務評定導入で自民の評価の高い本島、メキメキ頭角を現してきた新鋭の太田和男の台頭など、「本命なき混戦」の様相を呈していた。（敬称略）

都政新報

発行所　都政新報社
〒160-0023 東京都新宿区西新宿7-23-1 TSビル
〈総務・読者〉03-5330-8781
〈企画広告〉03-5330-8784
〈編　集〉03-5330-8786
〈出　版〉03-5330-8788
〈ファクス〉03-5330-8808
購読料　月1,730円（税込）
毎週火・金曜日発行
ただし、祝日は休刊

紙面から

都議会

公明が「知事与党」離脱

都民ファと連携解消「是々非々」

都議会公明党は14日、第1会派の都民ファーストの会との「知事与党」を離脱する見解を示した。公明は昨年末に自民との友党関係を解消。今年3月に都民ファと都議選で選挙協力することで合意し、政策協定も結んでいたが、小池知事が希望の党の代表に就任したころから風向きが変わり、知事が同党代表を辞任したタイミングでの都民ファとの連携解消となった。都議会で事実上の過半勢力が消失し、都政の不安定化が懸念される。

14日、新宿の京王プラザホテルで開催された都民ファの政治資金パーティー。同会場には、支援者や各種団体の関係者ら約1700人が集まったが、公明都議は一人も姿を見せなかった。他党から参加したのは生活者ネットの2人のみで、ある公明都議は「幹事長を含め、予定が入っていた」と説明した。

だが、同パーティーの前に、東村幹事長は小池知事が希望の党の代表を辞任したことを受け、報道陣に知事与党からの離脱を明言。「小池氏は都政を踏み台にした」と切り捨てた。同日午前には都議会公明の総会が開かれたが、公明関係者によると、知事与党離脱は議題に上らず、公明都議も事前に知らされていなかったという。

東村幹事長は、小池知事が希望の党の設立と同党代表就任を発表した9月25日、「今まで構築してきた信頼関係が完全に裏切られた。国政への関与は都政をないがしろにする。（国政と都政の）二足のわらじは難しい」と言及。知事の国政進出に不快感をあらわにするとともに、都政運営への懸念を示していた。

公明関係者は「あくまで政策判断」として、政局をにらんだ判断ではないとの立場を示すが、先の衆院選や葛飾区議選で希望の党や都民ファが惨敗した後での連携解消となった。

一方、都民ファの増子博樹幹事長は15日、本紙の取材に「具体的な政策課題で『連携しない』などとは直接、言われていない。引き続き公明と協力していく考え」と話した。都民ファと公明は、連携に関する協定書などの文書は取り交わしていない。

現在、都議会の定数127（現員126）に対し、都民ファは53議席、公明は23議席。今回の「離脱劇」で知事与党は過半数を超える勢力が事実上なくなったことになる。自民都議の一人は「公明がようやく目を覚ました。当たり前のところに戻って来た」と述べ、今後は公明と自民の連携を含めた多数派工作が展開されそうだ。

公明党都議が出席しなかった都民ファーストの会の政治資金パーティー＝14日、都内ホテルで

強くなる発言力

「知事が公明の提案にどう反応するか。公明の動き一つで都政が変わることになる。その見極めにエネルギーを使っていかなければならない」。ある都幹部は、公明の知事与党離脱を受け、こう感想を漏らした。

公明は昨年12月、議員報酬削減案などを巡り、「都議会自民党との信義は崩れた」（東村幹事長）として、自民との決別を宣言。その後、今年3月に、都議選に向けて都民ファと政策合意した上で相互推薦するなどの連携関係を構築していた。

第3会派の自民は22議席、第4会派の共産は18議席と、都民ファとの連携解消後も公明が都議会のキャスチングボートを握る構図に変わりはない。来年度予算の審議を控える中、ある都幹部は「都議会で自公が決裂してから約1年が経ち、こうした政治状況になったが、公明が完全な野党の立場になるとも思えない。公明の判断で物事が決まっていくのではないか」と述べ、他の都幹部は「公明は実利第一主義。えらく強気な姿勢だ」と改選後の公明の振る舞いを総括した。小池知事の求心力が急低下する中、公明の発言力は一層増し、今後も都側は、第一会派の都民ファだけでなく、公明の出方を強く意識しながらの都政運営が強いられることになる。

共産都議が辞職

井樋氏　長男の逮捕受け

長男が強制わいせつ容疑で逮捕された責任を取って共産党都議団の井樋匡利氏が15日、都議を辞職した。尾崎大介議長が同日付で辞職を許可した。井樋氏は都庁第一本庁舎で記者会見を開き、「息子のことでご迷惑をお掛けし、申し訳ない。地域住民に対する責任を取り、職を辞する」と述べ、今後については「考えていない」と語った。

井樋氏は調布市議を5期務め、今年7月の都議選で初当選。財政委員会などに所属していた。これで都議会の構成は定数127に対し、126となり、共産は第4会派のまま18議席となった。

同氏の一人息子で大学生の井樋葉月容疑者は10月6日夜、調布市内の路上で面識のない20代の女性に背後から抱きつき、下半身を触るなどした疑いが持たれている。井樋氏によると、本人は「容疑はおおむね事実だ」と述べているという。

都、調停打ち切りを決定

中防埋立地「解決の見込みなし」

中央防波堤埋立地の帰属問題で、都総務局は13日、解決の見込みがないとして、調停を打ち切ったと発表した。都の自治紛争処理委員が約500haの土地を巡り、江東区が86・2%、大田区が13・8%とする調停案を示した後、江東区は受け入れを表明する一方、大田区が不服として江東区を提訴していた。

自治紛争処理委員が10日に対応を協議し、小池知事の同意を得て、調停打ち切りが決まった。都総務局は「再調停という道もあったが、大田区が訴訟で解決する道を選んだ。調停による解決は難しいと自治紛争処理委員が判断した」（行政部）と説明する。

都外の自治体でも、埋め立て地の境界線を確定するために訴訟となったケースがある。和歌山県海南市が1992年に和歌山市を提訴し、最高裁まで争ったが、和歌山市に帰属するという和歌山地裁の判決が確定。提訴から6年がかかった。

大田区が江東区を相手取った裁判も長期化が予想され、東京五輪まで中防埋立地の境界線確定は困難な状況だ。そもそも、両区をまとめられなかったのは、知事も含め都の調整を疑問視する声もある。小池知事は「両者の言い分を改めてヒアリングさせていただくことから進める必要がある」と述べ、都総務局も「今後、都としては両区の話を聞いていく」と語った。

今後、大田区に対しては、調停案を受け入れずに提訴したのはなぜか、江東区には合意点を見いだす考えはあるのかなどを確認する。都総務局は「中立的な立場で、合意点を探れる余地はあるのか話を聞いていきたい」と述べた。

豊洲新市場

追加工事また入札不調

移転時期への影響懸念

都財務局は13日に開札した豊洲市場の土壌汚染追加対策工事3件のうち、2件で入札が不調だったと公表した。いずれも都が入札制度改革の一環で試行中の、希望者が1者以下の場合に入札を中止する「1者入札禁止」を受け、10月2日〜6日に再募集の上、開札に至った案件。

不調となったのは、豊洲新市場の水産仲卸売場棟（6街区）の地下ピット床面工事と、同換気設備工事の2件。いずれも入札価格が事後公表の予定価格を上回った。都中央卸売市場は「年内には契約を締結したい」と話す。また、同日開札した青果棟（5街区）の地下ピット床面工事は、鹿島建設1者が入札し、落札率99%の4億2336万円で落札した。

一方、都財務局は15日、10月下旬に不調に終わった追加対策工事4件のうち、5街区の地下ピットの換気設備工事1件の再募集を開始した。同局によると、水産卸売場棟（7街区）での同工事が落札されていることなどから、今回は予定価格を事前公表とした。価格は税込みで1億7937万8440円。工期は来年7月2日までとした。募集期間は17日まで。今回は不調案件のため、「1者入札禁止」の適用外となる。

都は築地市場の豊洲新市場への移転を急ぐため、8月に臨時会議を開き、追加対策工事9件を含む補正予算案を提出し、可決された。だが、「1者入札」や予定価格と入札価格の乖離などで、契約スケジュールの遅延が相次ぎ、現在入札が成立しているのは2件のみ。都は10月の専門家会議の確認を経て、来年6月上旬に[illegible]見込んでいたが、同7月末に完了時期を繰り下げていた。

更に市場業者は今月2日、都に追加対策工事を7月末までに完了させる[illegible]し、都は「7月までに完了させる方針」と回答している。

都中央卸売市場は「事業者と工期を調整して日程に間に合う」と話すが、残る7件で不調が続けば、10月中旬の市場業界と調整を[illegible]移転時期へも影響が出かねない。

◆LED協力店を追加

都環境局は15日、家庭での省エネ促進を目的に、白熱電球[illegible]LED電球1個[illegible]家電店で交換する事業で、新たに参加協力店40店舗を追加したと発表した。登録店舗は計864店舗となる。都は7月の事業開始から1カ月でLED電球100万個の交換を目指していたが、現在の実績は平均約3万個ペースと目標を大幅に下回っており、事業拡大を急ぐ。

都政の東西

賃料騒動

観光客でにぎわう浅草寺（台東区）の門前に構える仲見世商店街だが、その風景が一変するかもしれない。都が所有していた商店街の建物を浅草寺側が今年7月に約2千万円で買い取り、賃料を約16倍に値上げする案を提示し、商店街側が「廃業になる」と反発している。

小池知事は10日の会見で、「これから当事者間でしっかりと議論いただきたい。うまく交渉が進むことを期待している」とひとごとのように話したが、一方で賃料騒動は築地再開発でも起こり得ると指摘する声がある。

築地再開発に当たり、知事は豊洲移転後に希望する水産仲卸が築地に戻るとの基本方針を示した。浅草寺のケースと異なるのは、知事が基本方針で築地に戻る水産仲卸の支援を明言した点だ。

赤字経営の水産仲卸が増える中、築地に戻る条件として低額の賃料を要求する可能性が否定できないが、都は再開発後の築地を民間事業者に貸し付ける考えだ。小島敏郎元特別顧問は水産仲卸との勉強会で、民間事業者と使用料が安くする協定を結ぶことを決定事項のように明言した。その実現性が問われている。

都が支援策として、仮に賃料補助を行った場合、一般会計から支出する可能性も否定できないため、他市場の業者からはなぜ築地の水産仲卸だけ手厚く補助するのか説明責任を求められる。道理がなければ住民監査請求が出され、訴訟にも発展しかねない。

こうした懸念材料が出る背景には、小池知事が築地再開発の青写真を固めずに発表したことがある。豊洲移転と同様、築地再開発で混乱を招かないように収束させることが都政に[illegible]ると断言した知事の責務だ。

視点

地方消費税見直し

都の財源維持　実働部隊なく

2018年度税制改正の最大の焦点が、都など大都市に多く配分されている地方消費税の配分割合の見直しだ。都や愛知県、大阪府は14日、野田聖子総務相に見直しを再考するよう求める要望書を提出した。

地方消費税はモノやサービスの最終消費地に配分されるため、小売りやサービスの販売額が多い大都市ほど多く配分される。現在は「販売額」が税収総額の75%、「人口」が17・5%、「従業員数」が7・5%の配分割合となっている。今回の見直しのポイントは、「人口」比率の引き上げにより、大都市と地方の税収格差を是正することだ。昨年の税制改正大綱では、必要に応じて地方消費税の「人口」比率を見直す必要性に言及していた。

これに対し、3都県の要望書では「税収を収奪することを意図した不合理なもの」と牽制（けんせい）。小池知事は14日に野田総務相と会談し、「人口比率を高めると地方税の意義そのものを失う」と直談判した。野田総務相は「乱暴なことはしない」と応じ、大ナタを振るわない考えを示したが、地方消費税の人口比率を高めることは否定せず、都の減収は避けられない見通しだ。

現在、総務省は地方消費税に関する検討会で見直しに向けた議論を行っている。これまで地方消費税の配分割合は2015年度と17年度の2度見直されており、いずれの改正も「人口」比率を高める一方で、「従業員数」を引き下げた。また、「販売額」を算定するための統計データから、旅行業、カタログ販売やインターネット販売などを除外した。

この結果、15年度改正では、経済センサス調査方法の見直しで都への影響はほとんどなかったが、17年度は「販売額」を算定する調査対象が変わったため、約90億円の減収となった。今回の税制改正で、総務省は「従業員数」を原則廃止し、「販売額」比率を引き下げ、その分を「人口」に上乗せする案を検討中だ。この案により、都の影響額は1千億円程度に上る見通しだ。

このほか、財務省でも大都市の税収を狙い撃ちする姿勢を鮮明にし、同省の財政制度等審議会分科会が「人口」比率を大幅に引き上げる案を示している。都幹部の一人は「財務省は地方消費税を社会保障財源として念頭に置いているようだが、都も総務省も反対している。財務省は税制改正で外野であり、この案は税制改正の影響は受けないはず」と分析するが、異口同音に各省から都の税収を奪う考えが示されることに警戒感を示す。

自民党税調は既に非公式で議論した検討課題の中に、地方消費税の見直しを盛り込んでいる。党税調の議論は22日から本格的に始まり、総務省案をベースに地方消費税の見直し議論が進められる。

これまでは、自民党税調で大都市の税収を吸い上げる議論が行われていた際、自民党都議などが党税調に働きかけ、都の財源収奪を一定程度抑制してきた。例えば消費税を10%に増税する際、法人住民税を国税化した地方法人税を拡充することが決まっており、都は当初、年5800億円の減収を見込んでいたが、働き掛けなどの結果、影響額を4600億円に圧縮した。

だが、今回は知事から「ブラックボックスと批判を浴びた都議会自民党が実働部隊になるとは想定しにくい。ある自民党都議は「自ら動くことはない。知事に助け舟は出さない」と突き放し、別の同党都議も「知事は総務相と仲が良いから、しっかり議論してほしい」と冷ややかだ。都職員の一人は「知事の求心力が低下し、国に要望してもどこまで影響力があるのか不透明だ」と懸念を示した。

小池氏は衆院選で国政新党を立ち上げ、消費増税せず」を公約に掲げており、知事として配分割合見直しの再考を求めるのはちぐはぐとの指摘がある。また、希望の党の惨敗の結果、知事の国への影響力が低下し、都の財源を収奪する圧力が高まったとの見方がある。

本来であれば、知事が先頭に立って早期に配分割合見直しの再考を求める行動を起こす必要があったが、知事は衆院選の候補者の応援に駆け回り、要望活動が置き去りにされた。都の財源を奪い取られる失態を招けば、小池知事の責任が問われる事態にもなる。

小池知事はワイズスペンディング（賢い支出）を重視するが、自らの行動が国に財源を奪取されるきっかけを与えたのであれば、本末転倒との批判は免れそうにない。（石）

寸句ジョーク

学校にも働き方改革、基になったのは〝都内公立学校教員の勤務実態調査〟
「詳細なアンケート結果はありがたいが、気になったのは1日1分の業務量がけっこう目立ったこと……」
集合、
解散！

渋谷区
クールなデザインで工賃アップ
福祉作業所が「お土産」開発

渋谷区は13日、知的障害者や精神障害者が働く福祉作業所などが製作したグラフィックデザイン「シブヤフォント」をあしらったTシャツやバッグなどの試作発表会を開いた。専門学校の学生らと共同開発したデザインを服飾メーカーなどの商品に採用してもらうことで、デザイン収入として福祉作業所の工賃アップにつなげるとともに、あらゆる人が活躍する多様性社会の実現をPRするのが狙いだ。福祉作業所の工賃アップに向けては、各自治体が独自の商品開発や販路拡大などを進めているが、具体的な商品ではなくデザイン自体を開発する取り組みは全国的にも珍しい。区は商品を「渋谷みやげ」と銘打ち、今年度中に販売開始にこぎ着けたい考え。

渋谷駅のシンボルの「モヤイ像」が独特のタッチで描かれたTシャツ、公園通りやファイヤー通りなど道路23路線の愛称を地図の形に列記した小物入れ、個性的な書体で「LOVE」と書かれた鮮やかな赤と青の配色のスリッパ——13日に渋谷ヒカリエで開かれた発表会では、区内6カ所の福祉作業所がデザインした服飾品や雑貨などが紹介された。具体的な商品としてデザインが使用されている状態を見てもらい、商品のデザインとして採用する際の参考にしてもらうのが目的だ。

区は昨年度、長谷部健区長が「区特有の土産物がない」として、福祉作業所と区内に集積するデザイン産業の連携による土産物の開発を発案。「渋谷みやげプロジェクト」と銘打ち、デザイン専門学校の学生が参加して検討を進めてきた。

そうした中、福祉作業所で働く知的障害者や精神障害者が制作したアート作品で描いた文字や模様に着目。グラフィック化して「シブヤフォント」と名付け、デザインの素材に活用することを決めた。

試作に当たっては、3Dプリンターや UVプリンター、レーザーカッターなどの高額な工作機械が使用できるカフェを区内で経営する「ファブカフェ」が協力。作業所が所有する設備では製造が難しい細かで立体的なプリントや裁断などが可能になった。また、足立区などで障害者アートの支援活動を行うグラフィックデザイナーらが支援し、デザイン性の向上を図ったという。区障害者福祉課では、「区の特徴を生かす意味で、アート性の追求と最新のデジタル工作機械の使用は外せない要素。渋谷らしい土産物の販売にまた一歩近づいた」と話す。

シブヤフォントは商標登録しており、一部のデザインは500円でダウンロード販売している。デザインを使用した商品をメーカーが製造・販売することで、デザイン料収入を新たな収入源とすることに加え、作業所製品に付加価値を与え、販売額の増加にもつなげたい考えだ。

同課は「デザインが多くの商品に採用されることで、自分が作ったものの広がりを感じ、自信につながる。障害の有無に関係なく勝負できることを実感できるよう、可能な限り多くの企業に採用してもらいたい」と語り、今年度中の商品販売に向けて企業との交渉を支援する方針だ。

発表会で紹介されたTシャツやバッグなどの試作品は来場者に好評だった＝13日、渋谷ヒカリエで

北朝鮮情勢受け
事前の情報発信強化
Jアラート
訓練実施し動作確認も

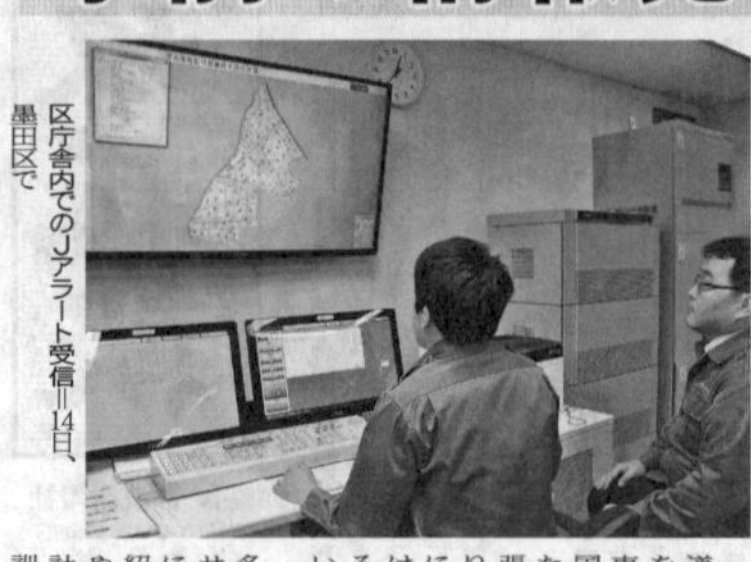

区庁舎内でのJアラート受信＝14日、墨田区で

今年に入り、北朝鮮が弾道ミサイルの発射や核実験を強行している事態を受け、23区でミサイル対応に関する動きが加速している。学校単位でミサイル対応訓練を行う動きも広がり始めたほか、14日に国主導で行われたJアラートの全国一斉情報伝達訓練では、同時にSNSでも情報を発信するなど取り組みが進んでいる。また、Jアラートを受けた住民の避難誘導に対応するため、新たに職員の訓練を実施する動きもみられる。

今年9月、北朝鮮の弾道ミサイルが北海道上空を通過し、北海道や北関東までの自治体を対象に国はJアラートを配信した。北朝鮮と米国との緊張関係はいまも続いており、区の危機管理担当課にも、ミサイル攻撃を受けた際の避難方法を尋ねる問い合わせが相次いでいるという。

こうした状況を受け、多くの区が区公式ウェブサイトのトップページに、国が示す避難方針を紹介している。また港区や豊島区では、国民保護計画に沿った職員の図上訓練などを検討しているという。

Jアラートは、区も住民と同時に受信するため、区が住民の避難誘導などに対応するには発生前に準備を万全にしておくことが重要となる。港区の担当者は「まずは職員間で訓練を行うことで、テロやミサイルを想定した情報共有の方法や現場での対応方法を考えていきたい」と話す。

また、都内の学校では、9月に千代田区の中学校がミサイル対応訓練を実施したのに続き、15日に葛飾区の区立中学校でも、弾道ミサイルが発射された事態を想定してJアラートのサイレン音を鳴らし、生徒が体育館に避難する訓練を実施した。

■不具合は見られず

Jアラートは、大規模地震や台風、テロなどの緊急速報を伝えるため、国が人工衛星を通じて自治体が設置している防災行政無線などを自動で起動させて情報を発信する仕組みだ。自治体によっては防災ラジオやケーブルテレビ、登録制の配信メールとも連動させ、音声と文字の双方で発信している。

14日の国主導の訓練では、午前11時に国が配信した試験放送を自治体が防災行政無線で流した。墨田区や江東区では同時に区公式ウェブサイトやツイッター、フェイスブックでも訓練の実施を伝えた。

一斉訓練は、自治体の設置する受信機が国からの電波を正常に受け取り、無線スピーカーなどの機器に情報が流れるかを確認するため、全国の全都道府県と全区市町村を対象に、2012年から年に一度実施している。それでも、機器の故障や設定の誤りが原因で放送が流れない自治体は後を絶たず、定期的な確認作業が求められている。今年9月に国が都を通じて、区の受信機から防災行政無線に接続の異常がないか確認するよう区に要請を出した。

昨年11月の一斉訓練で機器配線の接触不良のため全ての防災行政無線で音声放送が流れない不具合が生じた杉並区では、今年度から月1回、区の受信機から放送塔や区立施設に設置している戸別受信機に情報データが届くかを確認しているという。国の要請に先行して確認態勢を強化した格好となった。

江東区
「はっきりと見通しを」
豊洲新市場移転で山﨑区長

千客万来施設の整備が確定しない限り豊洲新市場の「受け入れを再考せざるを得ない」との考えを示していた江東区の山﨑孝明区長は15日の定例記者会見で、「千客万来施設の整備は市場移転のポイント。はっきりと見通しを立ててほしい」と述べ、都に対し、五輪前に新市場と千客万来施設を同時に開業させるよう改めて求めた。

同区は豊洲新市場を受け入れる際、▽にぎわい施設の整備▽土壌汚染対策▽地下鉄8号線の延伸——の3点を都と約束したと繰り返し主張している。

中でも、千客万来施設については「事業者にとって五輪の時に（施設を）オープンしていることが事業を軌道に乗せるチャンスになる。五輪まで3年となり、時間の余裕がない」と語り、危機感をあらわにした。

小池知事が「食のテーマパーク」を柱とする築地再開発構想を示したことを受け、千客万来施設の運営事業者が撤退を検討していることについては、「都が事業者を説得するのが仕事だが、（それが）見えてこない」と苦言を呈す。

山﨑区長は6日に出した千客万来施設を整備しなければ受け入れを再考するとのコメントについて、「再考であって拒否ではない。築地から移転してくる業者を快く迎え入れる気持ちは変わらない」と説明した。

杉並区
自動運転実験に区道提供
生活道路では都内初実施

杉並区は14日、都内で初めて公道を使用した自動車の自動運転実験を来年1月に行うと発表した。自動運転の技術開発を進めるアイサンテクノロジー㈱と東京大学の共同研究に協力する。

実験は、国際的に定められた5段階の自動運転レベルのうち、3番目に高い「レベル3」で実施。緊急時を除き、ハンドル操作やアクセル、ブレーキをシステムが自動で行うことが条件となるため、運転席がある市販の乗用車に自動運転システムを搭載し、ドライバーが乗車して行う。

実施場所はJR荻窪駅南口周辺で、駅前から荻外荘公園や大田黒公園などが立地する住宅地を結ぶ片側1車線の区道約2㌔を約2時間、交通規制せずに走行する。

区によると、実験には高精度の3次元地図データが必要で、区が2011年度に地籍調査のために作成したことから打診を受けた。区は12月までに共同研究する2者に加え、区の地図データを作成した区内の測量会社と4者協定を締結。地図データを提供し、実験用のデータ更新作業に協力する。

区交通企画課では、「社会貢献と報道による荻窪周辺のPRが目的」と説明。自動運転による区民への影響など区独自の調査は行わない考えで、「将来的に課題整理を行うかもしれないが、まずは実験に協力し、自動運転技術の確立に貢献したい」と話している。

大田区
逮捕の職員を懲戒免職
女性の遺体遺棄認める

大田区は13日、区内に住む40代の女性の遺体を遺棄した容疑で警視庁に逮捕された区選挙管理委員会事務局選挙担当係長の上田一美容疑者（55）を懲戒免職処分とした。

区人事課職員が上田容疑者と面会し、女性の遺体の遺棄を認めたことから、信用失墜行為の禁止を定めた地方公務員法33条違反と判断し、懲戒免職を決めた。人事課によると、上田容疑者は「迷惑をかけた。反省している」などと謝罪したという。

松原忠義区長は「事件を重く受け止め、区民の信頼回復に努める」とコメントした。

豊島区
駅案内表示を共通化
池袋駅地下通路で

共通化した駅構内の案内サイン

豊島区は池袋駅地下通路に設置している出口などの名称の案内サインを共通化する実験を12日からスタートした。案内サインは各鉄道事業者などが独自のルールに基づいて設置しており、東京メトロでは出口の表記は番号で表記しているが、JR東日本では「東口」「西口」と表記するなど名称が異なり、分かりづらいとの声が寄せられていた。東京五輪に向け、池袋を初めて訪れる観光客に対しても分かりやすく配慮する。

実験にはJR東日本、東武鉄道、東京メトロ、池袋ショッピングパークの4事業者が参加。16日に駅周辺で実施した帰宅困難者対策訓練に併せて、18日まで出口の名称や周辺施設誘導サインを統一した共通サインを池袋駅西口プリズムガーデン付近と池袋ショッピングパークレンガ通り内に設置している天つりサイン8カ所に提示する。

区は来年度から2年間で駅地下通路や地上出口などに案内サイン約350基を整備する予定で、JR東日本、東武鉄道、西武鉄道、東京メトロ、東武百貨店、池袋ショッピングモールの6事業者がサイン共通化に参加。費用は国・都・事業者が3分の1ずつを負担する。

既に案内サイン共通化は東京駅と新宿駅で行われており、今後は上野駅でも行われる予定だ。

トレセン通りPR
フラッグや看板で
北区

北区は東京五輪への機運を盛り上げるため、五輪推進事業費を390万円増額する補正予算案をまとめた。21日開会の第4回定例区議会に提出する。

区は「味の素ナショナルトレーニングセンター」などの五輪関連施設を通る都道85号線の一部区間を「ROUTE20トレセン通り」の愛称で周知を図っており、新たに五輪を想起させるフラッグや看板、照明などを設置する。フラッグでナショナルトレーニングセンターを練習拠点とする体操や卓球などの競技を紹介し、トレセン通りをPRする看板を約20基設置する。設置箇所は道路管理者の都と協議して決める。

調査設計は2年間で、910万円の債務負担行為を設定。来年度に設計に着手し、2019年度から設置する。

ひとり親世帯に家庭教師を派遣
足立区

足立区は14日、ひとり親家庭の児童・生徒を対象に家庭教師派遣事業を開始すると発表した。経済的に困難を抱えている家庭へ支援を強化し、教育格差の解消を図ることが目的。

対象は民間の塾や通信教育、区が実施する学習支援事業を利用しておらず、児童扶養手当を受給しているか、同等の所得水準のひとり親家庭の小学4年生から中学3年生までで、今年度は20人を予定。先月から募集を開始しており、先着順で決定。家庭教師派遣会社のコーディネーターが対象家庭と面談し、児童や生徒の学習状況を把握して学習科目を決定する。派遣は週1回、90～120分間で、曜日や時間は保護者と相談して決める。区はチラシを配ったり、スクールカウンセラーやソーシャルワーカーを通じて対象家庭に申請を呼び掛ける。

利用料は無料で、事業費は国が2分の1を負担し、都と区が4分の1ずつ負担する。区の親子支援課の担当者は「ひとり親家庭は様々な困難を抱えている。この事業を通じて教育格差を少しでも埋めたい」と述べた。

記者席
区長からも怒りの声噴出

○……最近、テレビ番組でもよく見かけるようになった舛添前知事。14日、小池知事が希望の党の代表を辞任することを知ると、ツイッターで「無責任極まりない」と小池知事を批判した。

舛添氏は「小池人気にあやかろうと塾に入り、候補になり、カネも召し上げられ、人生を狂わせられた人もいる。一方で、都知事の職は安泰だ。自業自得とはいえ、落選候補者には切ない結末だ」と語った。

もっともコメント欄は、「お前が言うな」「どの口が」「あんたが言う資格はない」などツッコミのオンパレードでプチ炎上状態。任期途中で無責任に辞任した舛添氏のみそぎは終わっていないようだ。

○……「ファッショ的な進め方だ」——杉並区の田中良区長は14日の記者懇談会で、小池知事が進める受動喫煙対策を痛烈に批判した。都が条例案の検討に当たり、区市町村への意見聴取を行わなかったことが背景にあり、「国が動かないから都が先にという話ではない」「千代田区から青ヶ島村まで一律に規制するのがダイバーシティーなのか」と怒りをあらわにした。

小池知事は区市町村との連携強化を掲げ、首長との意見交換を積極的に行っていた。しかし、市場移転問題や中防埋立地の調停不調などを見ると、都の調整能力は低下し、区市町村との関係は悪化している印象を受ける。このままで良いのか。

○……15日、市長として初の定例会見に臨んだ武蔵野市の松下玲子市長。記者から就任1カ月の感想を問われ、「分刻みのスケジュールで動いているので、忙しい」と答えた。

その忙しさをうかがわせるのが、同市ホームページで公開されている「市長の活動日誌」の更新頻度の少なさ。当選した10月9日から14日までは毎日欠かさず更新されているが、その後は会見当日まで一度も投稿がなかった。そのことを記者に突っ込まれると、苦笑いしながら「更新します」とのこと。市長としての初の議会を控え、多忙とは思うが当選当時の初心に戻ってもらいたいところ。

全日本中学校長会東京大会

中学校教育70年で式典

6項目の「大会宣言」を決議

中学校教育70年を記念し、東京国際フォーラムに約3800人が集って盛大に挙行された第68回全日本中学校長会東京大会。10月19日の記念式典には皇太子妃両殿下を迎え、林芳正文科大臣らが祝辞を述べた。全日本中学校長会の直田益明会長は「中学校教育の質が今後の日本の在り方を大きく左右する」として、今後も一層の努力を重ねていくなどとあいさつ。20日には大会宣言を決議し、ノーベル生理学・医学賞を受賞した大村智氏が記念講演を行った。

新制中学校の発足から70年を迎えたことを記念し、19日に開かれた「中学校教育70年記念式典」。皇太子殿下は「中学校教育は義務教育の最後の段階として、将来を担う子供たちが社会で自立して生きていく基礎を培う大切な時期に行われる。私自身も中学校で受けた教育は大変有意義なものであり、学業の面のみならず友人たちと一緒に充実した学生生活を送ったことが懐かしく思い出されます」とあいさつした。

全日本中学校長会研究大会は、研究主題を「社会を生き抜く力を身につけ、未来を切り拓く日本人を育てる中学校教育」とした。式典後の全体協議会では、八つの研究テーマのうち、「未来を切り拓くためのキャリア教育の視点に立った進路指導」と「時代の要請に応える学校経営の充実」について、それぞれ発表と質疑が行われた。

20日は文部科学省の白間竜一郎審議官から、配布資料を基に教育施策について詳細な説明が行われた。働き方改革については看過できない状況にあるとして、6月には中教審に諮問し、特別部会から緊急提言も出され、真剣に議論を進めているという。「今後もより良い中学校教育のための現場の在り方について、声を聞かせてほしい」と締めくくった。

続いて、「人間尊重の精神に徹し、『社会を生き抜く力』を育む教育に努める」など6項目の大会宣言が決議された。

大村智氏が記念講演

記念講演には、北里大学特別栄誉教授の大村智氏が登壇。「私の半生を振り返って」と題して講演した。忙しい両親に代わって面倒を見てくれた祖母から繰り返し言われた「人のためになることをしなさい」に影響を受け、大岡信氏の言葉「眺望は人を養う」の通り、山梨県の眺望に育まれ、「優れた情緒を身に着けることができた」と話す。情緒は人間の基本で、その上で学問や社会生活が身に着くとし、武田八幡宮の境内で遊ぶうちに自然に「敬神崇祖」も培われた。中学校卒業までは父親から農作業を徹底的に仕込まれ、後にコンラッド・ローレンツの言う「子供の頃に肉体的につらい経験を与えないと、大人になって不幸になる」という言葉が理解できた。中学生の大村氏を恩師は絶えず気にかけて励ましてくれ、道元禅師の言う「正師を得ざれば学ばざるに如かず」の言葉通りだったという。

高校に入ると自由に何でもやらせてくれ、スキーに熱中。ここでも多くを学んだ。大学進学を父親に勧められ、3年の5月ごろから猛勉強して山梨大学に入学。マイスター制度で、決まった教室に行きさえすれば化学の実験がいつでもできる環境が与えられた。地質の師からは「大学はどこを出たとか何を勉強したとかは役に立たない。卒業してから5年間、本気でやれば身に着く」と言われたという。

都の教員採用試験に合格し、墨田工業高校定時制の教諭になったが、力不足を感じ、都が主催するあらゆる講習会に出て勉強を重ねた。また、東京教育大の研修生から、東京理科大大学院の研究室に入り、NMR（核磁気共鳴）機器を使って有機化合物の化学構造を調べる研究に従事。当時、NMRがあるのは東京工業試験場だけで夜間なら使えるというので、昼間は大学で勉強し、夜は高校で授業、真夜中に解析法を身に着けていった。「修士号を取るまで5年かかったが、卒業して5年間が勝負という言葉通りになった」

定時制は、昼間の仕事がきつくて退学していく者が多かったが、クラスの36人全員で一緒に卒業しようと目標を立て、33人が卒業できた。この講演の話は、その時の教え子から来たという。ノーベル賞を受賞後、教え子たちは墨田工業高校にモニュメントを建立してくれ、今でも付き合いが続いているという。

研究者と結婚したいと望んでいた奥様は、その言葉通り研究に専念できる環境を整えてくれ、「ノーベル賞の受賞は、彼女がいれば一番先に喜んでくれたと思う」と無念そうに語った。

山梨大を経て北里研究所に入り、「研究を経営する」として財政的に厳しかった北里研を救うことになった。アメリカで客員教授を経験し、北里研に戻ってノーベル賞につながる研究を成し遂げていくが、研究グループを独立採算性にし、企業に共同研究を持ちかけるなど産学連携の先駆けとなる。動物薬のイベルメクチンが人間にも応用できることが分かり、メルク社と結んだ共同研究契約は20年も続く。氏の研究チームが発見した化合物は500近くになり、それを全て記載した本は『イエローブック』と呼ばれ、世界中の研究者に無償提供されている。

破綻（はたん）寸前だった北里研の財政再建に取り組み、北里大学を学校法人北里研究所に改称。イベルメクチンで得た巨額の特許料などで440床の病院を建設し、氏が収集した名画を飾り、コンサートも開くなど、ヒーリング・アートでも先駆けとなった。アウシュビッツから生還したヴィクトール・フランクルの「芸術は人々の魂を救い、生きる力を与えてくれる」という言葉も紹介した。

故郷の山梨県に韮崎大村美術館を建設し、「山梨科学アカデミー」を設立し、中高校生の教育にも力を尽くしている。心に残る言葉を書き留めておくという氏の講演は、そうした言葉が散りばめられ、日本の中学生の教育に当たる校長らの胸を打ったようだった。

閉会式で、直田益明会長は「学校教育に求められるものは年々多岐にわたり、それらに応えるために、校長に課せられた使命は大変大きい。全国の校長は、その使命を全うしていくことを喜びとし、生きがいとしている人たちの集団であると信じる。ここで得た様々な情報を糧として、明日からの学校経営に当たっていこう」と奮起を促した。

特別講演を行った大村智氏に花束を贈呈＝10月20日、東京国際フォーラムで

Tokyo2020の先へ　未来へつなぐオリパラ教育 16

北区立西が丘小学校

夢が広がるオリパラ教育

本校の体育館で、モルドバ共和国の国歌を6年生が歌い、同国大使が胸に手を当て、その歌声に感動している姿がありました。今年2月、「世界ともだちプロジェクト」の一環として行われたモルドバ共和国大使と6年生の交流の一場面です。教育支援プログラムの「CMCプロジェクトを通じた各国大使館との交流」を活用し、モルドバ共和国大使との交流を実現しました。大使から直接、モルドバについての話や実演等があり、そのお礼として児童は「モルドバ国歌」をプレゼントしました。児童にとって、大使と直接関われる夢のような時間でした。

世界ともだちプロジェクトで本校は、モルドバ共和国以外にも英国、ネパール連邦共和国、パラグアイ共和国、ニジェール共和国を担当しています。3〜6年生の学年で分担し、調べ学習をしたり、交流したりして、豊かな国際感覚を身に着けるとともに、3年後の2020東京オリンピック・パラリンピックで担当国の選手を応援することを児童は楽しみにしています。

さて、北区立西が丘小学校は統合して2年目の統合新校です。通常学級12学級に加え、日本語適応指導学級が併設され、近隣の小学校から様々な国籍の児童50人ほどが通級して日本語を学ぶ、国際色豊かな学校でもあります。近くにはパラリンピアンやオリンピアンが練習等で活用する「味の素ナショナルトレーニングセンター」や「西が丘サッカー場」があり、身近にオリンピックやスポーツを感じる環境もあります。さらに、稲付中学校とその校区の梅木小学校と本校で構成する稲付サブファミリーでは、北区の教育施策の一環としてオリパラ教育を重点的に進めています。オリンピアンを招いての小学校同士のスポーツ交流や3校が集まっての授業交流など、3校が連携しながらオリパラ教育アワード校として教育活動を推進しています。

校内研究では、主題を「たくましく生きる児童の育成〜オリンピック・パラリンピック教育を通して〜」と設定して研究を進めています。重点として、昨年度は自国の文化理解、今年度はそれに異文化理解を加え、児童の国際感覚の醸成に努めています。例えば昨年度は、オリンピック・パラリンピックが開催されたときに、担当国の選手や外国から来たお客様に、日本の伝統や自分たちが住んでいる地域の良さを伝えることを想定した学習に取り組みました。5年生が音楽で琴の演奏に取り組んだり、6年生が総合的な学習の時間で自分たちが住んでいる赤羽の良さを発見したりするなど、国際交流への意欲を高めました。

また、3、4年生では、オリンピック・パラリンピックについての学習を重点的に位置付けています。3年生は総合的な学習の時間で、オリンピックに関わる歴史や意義、競技種目等をグループで調べ、最後は発表会を開いています。4年生は、パラリンピックについて調べる学習や、パラノルディックスキー日本代表チームの監督と選手、義肢装具士の方と選手、ブラインドサッカー協会の方との交流や体験を通してパラリンピックへの理解を深めています。パラリンピアンとの交流は、その選手の前向きな生き方に感動し、今の自分を振り返って考えてみるとても良い機会となっています。

統合前の4年間もサブファミリーでオリパラ教育推進校として取り組み、統合後の2年間を合わせると6年間、本教育を推進してきました。多くの外国の方や、オリンピアン・パラリンピアンとの交流や調べ学習、体験的な学習等を通して、児童の中には「水泳の日本代表として、オリンピックに出たい」「パラリンピアンをボランティアとして支えたい」「がんばっている選手を会場で応援したい」など、未来に夢を持つ子が多くなりました。また、わんぱく相撲や地域のスポーツ大会に積極的にチャレンジする子もどんどん増えてきました。あと3年、オリパラ教育を通して2020東京オリンピック・パラリンピックに対する子供たちの夢やチャレンジ精神をさらに広げ、深めていきたいと思います。

（北区立西が丘小学校長　淵脇泰夫）

胸に手を当てて、6年生が歌うモルドバ国歌を聴くモルドバ大使

特別支援教育理解啓発で推進事業

車椅子バスケチームが実演

中部フェスタ

特別支援教育の理解啓発を進める都教育委員会は10月14日、都立王子総合高校で「中部フェスタ」を開催、中部学校経営支援センター所管の学校が集結した。

第7回となる今回のフェスタでは、車椅子バスケットボールのクラブチーム「NO EXCUSE」から3人の選手が登壇。会場との対話形式で競技用車椅子の特徴や、健常者のバスケとの違いは①ダブルドリブルの反則がない②プッシュ（ボールを持って車椅子を手でこぐ）は連続2回まで③障害の程度で1・0〜4・5点までクラス分けされ、コートに立つ5人の合計は14点以内――の三つなどと説明。会場の生徒と実演をしたり、バスケを始めたきっかけや魅力などを語った。

同チームは2003年に結成され、現在15人の選手が企業で働きながら日本選手権優勝を目指して練習に励む一方、社会貢献として各学校に赴いて、目の前で頑張っている姿を感じ取ってもらいたいと活動している。

障害が重い大嶋義昭さんは、セミプロのような形でアスリート雇用を結んでいるといい、「環境が整っているので、すごくありがたい。日本一になりたいという思いを分かってくれ、会社も日本一を目指すというので、ビジョンを共有できている。ビジョンを共有してくれる会社に雇用してもらうことがこれから必要になってくると思う」と話した。菊池隆朗さんと池田貴啓さんもそれぞれ目標を述べ、週4回のチーム練習以外の日は個人練習に充て、年間10試合をこなし、海外遠征も多いなどと、活動の様子を伝えてくれた。

舞台発表では、志村学園ミュージカル部と青鳥特別支援学校表現活動部が、12月25日に東京芸術劇場で開催される「舞台芸術・演劇祭」で発表する演目を披露。校種の違う学校同士が息の合ったパフォーマンスを見せてくれ、最後に手話を交えて全員で「ビリーブ」を合唱して散会した。

パラリンピック柔道の体験も

教育フェア「西風」

11日には多摩地区都立学校教育フェア「西風（にしかぜ）」が開催された。2006年度に西部学校経営支援センターが「フリマ西風」として、多摩地区の特別支援学校の作業学習で生み出した製品等の販売と教育活動の発表の場としてスタート。11年度からは、特別支援教育の理解啓発事業の一環として、都教育委員会が主催する現在の形になった。

多摩地区に根を下ろした活動として親しまれ、会場を今年から東京学芸大学に移した今回も晴天の中、多くの来場者でにぎわった。また、都内各地で展開している都主催のパラリンピック体験プログラム「NO LIMITS CHALLENGE」も行われ、柔道とアーチェリーを体験する人の姿も目立った。

パラリンピックの柔道は視覚に障害がある選手が対象で、視力の程度でなく体重別でクラス分けされる。一般の柔道との違いは組み合った状態で試合を始めることで、技が出やすくダイナミックだと言われる。こうした説明の後、東京パラリンピックでのメダルを目指して頑張っている齋藤大起選手がゲストアスリートとして登場。得意技の大外刈りと大内刈り、大腰を披露した後、アイマスクを着けた相手と対戦した。高校生の後に学芸大柔道部の学生も挑戦し、「目が見えないと怖い」などと感想を語っていた。

今年度のフェアには特別支援学校17校と高等学校16校が参加。おなじみの立川ろう学校高等部専攻科の生徒が作ったミニ電車が子供たちを乗せて走り、生産品や焼き菓子などを販売する生徒の声が響く。会場の芸術館では、八王子特別支援学校の生徒がコーヒーを、多摩桜の丘学園の生徒が茶道でもてなした。多摩桜の丘では、日本の心を学ぼうと琴や茶道を教えていると話す保護者は「地域の方を招いて、この日のために練習した。お菓子も子供たちが作ったんです」と、子供の様子に目を細めていた。

芸術館はバリアフリー構造ではないため、府中工業高校と田無工業高校の生徒が協力し、突貫工事でスロープを制作した。ステージ発表には15団体が参加。例年、この日のために特別支援学校と高校とが交流しながら練習に励んでいるという。

自分の番を終え、他校のダンスを見ていた特別支援の生徒はノリノリで手の振りをまねしていたが、「レベルが違い、言葉も出ない」と応えてくれた。手拍子を合わせ、ひときわ大きな拍手で「素晴らしい」と声を上げていた男性は、毎年楽しみに来ていると言い、「どの子も個性ありますからね」と話していた。

（上）会場の生徒も車椅子バスケに挑戦した（下）齋藤選手から技を掛けられる学生

教育じてん 94

特別支援学校アートプロジェクト展の開催

都教育委員会は、特別支援学校に在籍する児童・生徒一人ひとりが有する芸術に関する才能の発掘と一層の伸長を図るために、芸術教育の推進に取り組んでいます。その取り組みの一環として、「第3回東京都特別支援学校アートプロジェクト展　未来へ〜心ゆさぶる色・形〜」を11月16日から30日までの期間で港区北青山にある伊藤忠青山アートスクエアにて開催しています。

このアートプロジェクト展は、児童・生徒の素晴らしい才能をより多くの人に知っていただき、障害者に関する理解促進を図ることを目的としている展覧会です。今回は、都内に69校ある特別支援学校に在籍する児童・生徒から813点の応募があり、東京藝術大学美術学部の協力による審査を経て選ばれた、50点の多様な作品が展示されています。今年度も、会場には個性あふれる魅力的な作品が並んでおり、一歩足を踏み入れるとその素晴らしさに圧倒されてしまいます。

その中のいくつかを紹介すると、「ホッキョクグマの親子」という油彩画は、氷の世界にあって親子が寄り添う姿に母熊の温かさを感じられる作品です。「美ら海の魚たち　コラージュ『ギザギザの魚』」という作品は、素材を工夫して水中で輝く熱帯魚の鮮やかな姿を表現しています。「雪豹」という作品は、表情はユーモラスであるものの、その身構えた姿からは豹のしなやかさと俊敏さを感じ取ることができます。「やる気ネクタイ」という陶芸作品は、見る人によって様々な印象を与える表情ながらも、きりっと締めたネクタイが強い意志を表しております。どの作品も創った子供たちの内面の世界が描かれているとともに独自の視点が表されている、見る人の目をくぎ付けにする作品ばかりです。

また、全ての展示に工夫がなされており、作品の素晴らしさを一層際立たせています。これは展示に当たり、毎年、東京藝大美術学部の教授や学生の方々等に協力をいただいていることが大きいそうです。一つひとつの展示作品の額や台を個別に作成するとともに、照明や作品配置についても、それぞれの作品の良さをより引き立てるよう、時間をかけて検討している成果であるとのことでした。

多くの人々が関わり創り上げられているアートプロジェクト展。秋のひとときに、ぜひ、特別支援学校の児童・生徒の個性あふれる作品を観賞し、子供たちの豊かな感性に触れてみてはいかがでしょうか。

江戸東京野菜を素材に出展

食育フェアで接客体験

都立南大沢学園

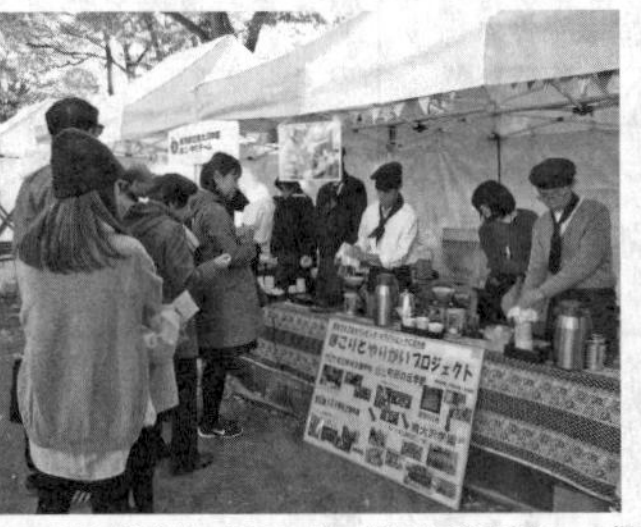

「ハンドドリップコーヒーはいかがですか」。都立南大沢学園の生徒たちの大きな声が響き渡る。同校の就業技術科食品コースで学ぶ12人は11日と12日、代々木公園ケヤキ並木通りで開催された「第10回東京都食育フェア」に出展。東京2020大会を前に、「日本の伝統・文化」を学校設定科目にした同校ではエコロジーサービスコースの生徒が江戸東京野菜を栽培し、食品コースが焼き菓子に加工している。

昨年に続いて、61団体がブースを開く中で都立高校からは唯一の出展。リピーター客も多く、江戸東京野菜おやつセットは300個が完売。内藤カボチャ20個と唐辛子40袋もまたたく間に売れていった。心を込めて一杯ずついれるドリップコーヒーは自家焙煎で、予定の700杯を提供することができた。

生徒たちは呼び込みに、接客、販売、レジと大張り切り。堂々とした様子に、「元気があって良いですね」と言葉を掛けられ、照れる様子も。今年もお客様に笑顔になっていただいたと満足げだった。

19年ぶり異例の交渉継続

退職手当巡り、21日ヤマ場

都確定交渉

都確定交渉は回答指定日の14日に団体交渉が開かれたが、結論は得られず、引き続きの協議が決まった。都側は退職手当も含めた一体的な解決を主張していたが、退職手当については国が来年1月から見直す方針を固めたものの、閣議決定は行われておらず、都側が見直しを提案できない状況。都労連は「労使の信頼関係が大きく揺らいでいる」と厳しく反発している。国は今週中にも閣議決定する見通しで、持ち越しとなった都の交渉のヤマ場は21日の見込み。確定交渉の継続は、財政再建下で人勧の取り扱いが焦点になった1998年以来、19年ぶり。

今交渉期では、給与や勤務時間、非常勤職員制度に加え、退職手当などが論点。

川澄俊文副知事は団交で、「職員の勤務条件に対して厳しい視線が注がれる中、全てを一体として解決することが唯一、都民の理解を得ることになる」との認識を示し、退職手当について提案できない中、「本日、結論を出すことはできないとの判断に至った」と説明。国の閣議決定を踏まえ、都も速やかに退職手当の見直しに対応する考えを明らかにした。

国は官民較差の解消に向け、国家公務員の退職手当を3・37%引き下げる方針を固め、勧告の実施と退職手当の引き下げをセットで今国会に提出する見通し。都側は公務職場を取り巻く情勢を踏まえ、都議会第4回定例会（12月1日開会）で条例改正案を提出する意向で、交渉のヤマ場は21日になる見込みだ。

これに対し、都労連の西川晋司委員長は「回答指定日に一切回答が示されないことは極めて遺憾。都側はその責任の重さを自覚すべき」と都側の交渉姿勢を厳しく批判。「今日に至った事態の重さを真摯に受け止め、労使自主解決に向けて、最大限の努力を惜しまないこと」と都側に強く求めた。同日の小委員会交渉では、「退職手当水準の引き下げに断固反対。国と軌を一にして、同程度の見直しを行う筋合いはない」と強調している。

退職手当を巡っては、12日の小委でも労使の意見が対立。都側が国の改正案を踏まえた都のシミュレーションなどを示した。具体的には、基本額の支給率を引き下げた上で、在職期間中の職責を反映する調整額の単価は引き上げて、支給水準の引き下げを国と同程度とする内容。都労連は「国と都の制度の違いがあるにもかかわらず、なぜ支給水準の引き下げを国と同程度とするのか、全く道理のない都側の検討だ」と反発するなど、労使の対立はエスカレートしている状況だ。

時差勤務見直しも

12日の小委ではまた、この間の交渉経過などを踏まえ、都側が昇給制度や扶養手当の認定要件の見直し提案について、修正案を示した。併せて都労連要求を踏まえて、時差勤務の取り扱いについて見直しを提案した。

時差勤務の見直し案は、新たに事業所や学校など本庁以外の職場でも、日を単位とした時差勤務を設定可能とするもの。更にその取得事由について、既に日単位設定が可能となっている本庁職場も含め、育児・介護などの場合に加えて、通院の場合も活用できるようにする。実施時期は来年4月1日から。

昇給制度の見直しでは、医療職（一）・教育職の監督職層への3号昇給以下の付与率5%の設定を、今回は見送ることを表明した。併せて、扶養手当の認定要件見直しでは、実施時期を来年1月から4月に修正した。

都労連は、時差勤務の見直しを「要求の前進につながる」と持ち帰って検討するとしたが、その他の修正案については「修正に値しないと言わざるをえない」として、引き続き撤回を要求。また、都労連要求に関する検討状況がほとんど示されなかったとして、実現に向けた検討結果を速やかに示すよう求めた。

退職手当も含めた一体的な解決を求める都側の主張を巡って、労使の主張が全面的にぶつかったまま、最後までギリギリの交渉が続く。

中小企業の革新技術表彰

産業交流展が開幕

スポーツ産業見本市では、顔認証と金属探知機を組み合わせた入場システムも出展された＝15日、東京ビッグサイトで

中小企業による国内最大級のトレードショー「産業交流展2017」が15日、東京ビッグサイト（江東区）で開幕した。産業交流展は中小企業の優れた技術や製品を一堂に展示し、販路開拓による受発注の拡大、企業間連携の実現、情報収集・交換などのビジネスチャンスを提供するのが目的で、今回で20回目。

今年度は「テーマゾーン」を新設し、既存の産業にテクノロジーを融合させた「X-Tech」や「働き方改革」「地方創生」の3テーマで関連企業を集めたほか、都産技研による「次世代ロボットゾーン」、五輪準備局による「スポーツ産業見本市」などの特別企画を用意。計884の団体・企業が出展した。川澄副知事は開会式で、「意欲ある中小企業を経営面や金融など様々な施策で強力にバックアップし、東京から日本経済を牽引していく」とあいさつした。

中小企業の優れた製品やサービスを表彰する「世界発信コンペティション」では計32件が受賞。このうち商品を収納庫から取り出す「ピッキング作業」をプロジェクションマッピングで支援する装置や、スマホアプリを使用した自転車オリエンテーリングのサービスが大賞に選ばれた。

「スポーツ産業見本市」では、各企業が2020年東京五輪を見据え、ICT分野で自社製品をアピール。金属探知機と顔認証を組み合わせてテロやチケット転売を防止するサービス、応援メガホンと専用アプリを連動させて応援の量をポイント化するサービスなどが来場者の関心を集めていた。

交流展はきょう17日まで開催される。

指標に「スポーツGDP」

スポーツ推進計画素案　20年までに1.4兆円

都五輪準備局

都五輪準備局は7日の都スポーツ振興審議会（会長＝野川春夫・順天堂大学特任教授）で「東京都スポーツ推進総合計画（仮称）」（2018～24年度）の素案を示し、スポーツ産業の市場規模を示す「スポーツGDP」を指標として取り入れる方針を明らかにした。都内のスポーツGDPを現行の0・7兆円から20年までに1・4兆円に倍増させる。

具体的な施策では、民間企業が技術・研究を発信する「スポーツ産業見本市」によるスポーツ市場開拓や、区市町村が域内の中小企業と行う障害者スポーツ用具の製品開発を支援することを掲げた。

一方、計画では障害者や女性、高齢者の「スポーツ実施率」の達成指標を定めるのも特徴で、このうち障害者のスポーツ実施率を19・2%（全国数値）から21年までに40%に引き上げる。都立特別支援学校を障害者スポーツの拠点の一つに位置付け、継続的な活動を促すほか、育児中の親子を対象としたスポーツ交流会・体験教室の開催を支援するなど、障害の有無や性別、年齢にかかわらずスポーツ振興を図る。

同計画は19年ラグビーW杯や20年東京五輪の開催を踏まえ、現行の「スポーツ推進計画」と「障害者スポーツ振興計画」を一本化。政策目標として①健康長寿②共生社会③地域・経済の活性化——の三つを掲げ、スポーツ実施率など九つの目標を設定。同局は年内に素案を固め、年度内に計画を策定する予定。

区確定交渉の焦点

「2400人昇給停止」に組合反発

21日ヤマ場へ予断許さず

特別区の2017年度確定交渉が最終盤に入った。今年度は行政系人事制度の改正に伴い、特別区人事委員会が新給料表を勧告。給料表の取り扱いを巡って労使の主張が対立していることに加え、区長会は現業系の人事・給与制度の見直しも提案し、職員の勤務条件を巡る交渉が激しさを増している。区人勧は月例給・特別給とも引き上げる内容で、区長会の判断も焦点。ヤマ場は21日になる見通しで、22日朝には特区連が29分間の職場大会、清掃労組が1時間のストライキを構えるなど、緊張が高まっている。

区確定交渉の最大の焦点が、行政系人事制度の改正に伴う給料表の切り替えだ。

これまでの団交で、区長会は現1～3級職（係員・主任主事）をいったん新1級職（係員）に切り替え、「切替昇任選考」で新2級（主任）に任用する方針を表明。特区連は「選考を理由に職員の意に反して係員に任用することは『降任』処分だ」と強く反発している。

また、新2級給料表では、現3級の高位16号給分がカットされていることから、特区連は、新2級職に切り替わっても「新たに2400人が最高号給に達し、現給保障となる」と指摘している。

係長職の不足は労使共通の認識だったが、組合側は「係長職の拡大に向けた取り組みが全ての区で進展していない」との問題意識を示し、「行政系人事制度改正が、新たに2400人に昇給停止状態を強要することになる」と批判。特区連によると、このうち約2千人が55歳以下という。区長会は「制度改正時に新2級の最高号給に切り替えられた職員でも、新3級職に昇任し、昇給することになる」としている。

労使は今年3月、全区での係長職の拡大やスタッフ職である「主査」の活用を盛り込んだ任用制度の見直しで大綱合意したが、組合側は各区の対応が進まない中での切り替えを認めておらず、交渉の行方は予断を許さない状況だ。

「級格付け」の解消も論点の一つ。区長会は「級格付け基準が廃止されている中で、現4級の主任主事を新3級（係長）に切り替えることは非常に困難」としているが、特区連は2005年度の労使交渉で級格付者を前の級に降格しないことを前提に、級格付け制度の廃止を受け入れた経緯があるとして、「労使合意に反する」と反発。労使の溝は依然として埋まっていない。

■技能・業務系

技能・業務系の人事・給与制度も重い課題だ。区長会が示した給与制度改正の骨子案によると、今後明らかにする新たな業務職給料表では行政系人事制度の改正に伴う職の再編などにより、行政職給料表（一）との対応を維持できない箇所について、「新たな対応関係を設定する」としている。一方、組合側は「給料表は労働条件の根幹」として早期の提示を要求している。また、組合側は給料表切り替えを機に、「昇給調整措置」の終了を決断するよう要求。厳しい交渉が続いている模様だ。

また、給料表の切り替えに当たっては行政系と同様、「級格付」の解消を行う方針を示し、労使の溝は依然として大きい。

任用制度では、組合側が求めている技能長職の拡大に向けて、区長会がどのような具体案を提示するかが焦点だ。区長会は6日の団交で「技能長職昇任選考の有資格者に著しい増加が見られる」との課題認識を示し、今交渉期での解決を目指す方針を示している。

■人勧・退職手当

今年の区人勧は、月例給を526円（0・13%）、特別給を0・1月引き上げる内容で、月例給・特別給ともに4年連続のプラス改定だった。区長会は「国や他団体の動向も勘案し、区民の理解と納得が得られるように慎重に検討する」とのスタンスだが、組合側は生活改善に資する賃上げを求めている。

扶養手当は国と同様、配偶者の手当額を減額し、子の手当額に充てる勧告だが、「配偶者を欠く一子」手当も廃止としたことから、組合側が反発している。

特区連の試算では、配偶者の手当の見直しで年間13万円以上、「配偶者を欠く一子」の手当の廃止で年間8万円以上の減収になると指摘しており、どのような配慮があるかがポイントになっている。

新公会計制度でシンポ

活用事例など報告

都会計管理局

都会計管理局などはこのほど、新公会計制度に関するシンポジウムを日暮里サニーホール（荒川区）で開催した＝写真。新公会計制度で得られた情報を分析し、いかに自治体マネジメントに活用するかを発信するのが目的。

土渕裕会計管理局長は冒頭、企業経営を引き合いに「財務諸表から得られる情報を事業の見直しや充実に結びつけ、効果の高い行政サービスをいかに住民に提供していけるかが問われている」とあいさつ。また、地元・荒川区の西川太一郎区長は「得られた財務情報をどのように正確に区民にとって分かりやすい形で開示していくかという視点で取り組んできた」と対応を振り返った。

シンポジウムでは大塚成男・千葉大院教授が基調講演で、財務4表が予算編成や行政活動など自治体運営の中でどのように活用されるべきかを解説。また、あずさ監査法人の中川美雪公認会計士をコメンテーターに、大阪府や町田市、荒川区が具体的な活用方法や行政評価での活用事例などを報告した。

シンポジウムは、都と同じ方式の制度を導入している17自治体で構成する「新公会計制度普及促進連絡会議」の主催。今年度は全国自治体で複式簿記による財務諸表の公表が順次始まっていることもあり、連絡会議の構成自治体に加えて全国から35自治体が参加。大学教授、公認会計士らを含め、計289人が出席した。同局は今後、同会議の動画を連絡会議のウェブサイトで配信する予定。

防災意識が向上

都民生活世論調査

都生活文化局

都生活文化局は9日、「都民生活に関する世論調査」の結果を公表した。都に特に力を入れてほしいこととして、防災対策（48・7%）が治安対策（48・2%）をわずかに上回り、3年ぶりにトップになった。また行財政（行財政改革）は4㌽増の31・2%で、小池知事の「ワイズスペンディング」発言もあり、都民の関心が高まったとみられる。

また、今年は随時テーマとして「東京の景観」を調査。まちの夜景を「良い」と答えたのは64%で10年前の前回調査より8㌽増加し、屋外広告物を「悪い」としたのも12㌽減少した。後世に伝えたい東京を代表する景観として、「小笠原諸島などの豊かな自然」が58%でトップになった。皇居周辺（55%）が続いている。

調査は、6月から7月にかけて3千人を対象に実施し、1810人が回答した。

三宮　克己さん（さんのみや・かつみ＝元府中市議）11日死去、91歳。通夜は17日午後6時から7時、告別式は18日午前11時から正午、いずれも府中の森市民聖苑（府中市浅間町1の3☎042・367・7788）で行われる。

早川　幸一さん（はやかわ・こういち＝元墨田区議）12日死去、91歳。

五輪への航海図 225

TOKYO 2020　開催まで あと980日

シドニーの教訓⑨

大会の経済効果を享受

ニューサウスウェールズ州政府によれば、シドニー五輪の費用総額は約65億豪㌦（当時のレートで約4225億円）で、うち約30億㌦が施設整備などのインフラ関係、約35億㌦がイベント関係費用だった。

資金の負担は、組織委員会が約28億㌦、州政府が約20億㌦、民間資金が約11億㌦、連邦政府が約2億㌦、その他が約4億㌦。五輪効果による州税の増収額等を計算に入れると、実質的な州政府の負担額は約13億㌦だったとしている。これは北京、ロンドンなどと比較しても格段に安く、BOOT方式の活用や民間企業建設の選手村などによる費用削減の成果と言える。

豪州では費用を抑えつつも、五輪を契機として経済活性化を図る取り組みが行われた。1996年から連邦政府と州政府、大手民間企業が合同出資し、実施した外資導入計画「インベストメント2000」では、00年までに外国企業45社の誘致に成功。このうち約半数が情報技術系の企業だった。なお、中国では北京市投資促進局が04年、この取り組みを参考に豪州の関係部局と提携し、「投資中国2008」を実施している。

シドニーではこの成果もあり、五輪招致成功の93年に65社だった市内・近郊のグローバル企業アジア太平洋本社数は、99年までに250社以上に増えた。また、00年度までに91年度比でホテルの会議室数を84%増加させ、国際会議開催数を世界4位に向上するなど、MICE誘致も積極的に行われた。

シドニーはビジネス都市としての地位を向上させた

これにより豪州の株価指数S&P／ASX200は五輪開催が決定した93年から00年の7年間で約72%上昇。これは04年以降の夏季五輪4大会の平均が約14%であることを考慮すると、莫大な数字である。

また、00年までの7年間で失業率は約11%から約6%にまで低下した。更に00年までの7年間、毎年4%前後（開催前年の99年は約5%）の経済成長率を保った。01年には成長率が1・9%まで下落したものの、豪州は五輪開催による経済効果を十分に享受したと言える。

（自治体国際化協会シドニー事務所＝都政策企画局外務部管理課　小松俊也）

昇任試験対策のページ

30年度 職員教養講座 ▶19◀
東京都管理職選考対策

B事務（産業・労働・経済）記述

今回は「産業・労働・経済」の記述対策を取り上げます。

記述問題は、基本的に法律や計画、施策等の説明を求められる形式です。したがって、勉強方法は、シンプルに各出題分野の主要事項を読んで暗記することに尽きますが、業務多忙な中でも、効果的・効率的に試験準備を進めていくためには、あらかじめ過去の出題傾向やポイントなどをつかんで、計画的に知識を習得していくことが重要になります。

出題傾向

「産業・経済・労働」の出題分野を見ると、大きく分けて産業、労働、消費生活、流通の4分野となります。分野別では、産業が中小企業・産業振興・観光と農林水産、労働が労働関係法規と労働事情に分かれます。過去の出題は次の通りです（かっこ内の数字は出題年度）。

産業分野

【中小企業・産業振興・観光】

(20)「東京都産業振興指針」の「戦略2 技術・経営革新の促進と経営基盤の強化を図る」の説明

(20)「東京都産業科学技術振興指針（第2期）」における「指針の位置づけ」「基本的考え方」の説明

(21)「東京都緊急対策Ⅱ」における中小企業支援・雇用確保対策の説明

(22) 中小企業者等に対する金融の円滑化を図るための臨時措置に関する法律の説明

(22) 東京都新保証付融資制度の説明

(22)「『10年後の東京』への実行プログラム2010」に述べられている「産業人材の育成」の説明

(23) 平成18年に改正された貸金業法のうち、昨年6月に施行された改正点の説明

(23) 東京版スキルスタンダードガイドラインにおける「東京版スキルスタンダード」の説明

(23)「東京都産業振興指針2011」における四つの戦略と主な取り組みの説明

(24) 東京都ベンチャー技術大賞についての説明

(24)「『2020年の東京』への実行プログラム2012」の施策「東京の発展を支える産業の育成により、アジアNo1のビジネス拠点を形成する」についての説明

(25) 東京都ベンチャー企業成長支援ファンドの説明

(25) 東京都観光事業審議会答申「東京の活力向上を図る観光振興の戦略的な取り組み」における「東京の観光振興における施策提言」の説明

(25)「『2020年の東京』へのアクションプログラム2013」の目標5「産業力と都市の魅力を高め、東京を新たな成長軌道に乗せる」の重点事業～「東京都・発ビジネス支援～における「中小企業の海外展開支援」、「アジアヘッドクォーター特区の推進」及び「成長性の高い産業分野の振興」についての説明

(26) 昨年6月に公布された「小規模企業の事業活動の活性化のための中小企業基本法等の一部を改正する等の法律」の目的及び主な内容の説明

(26) グローバルニッチトップ助成事業の説明

(26) 昨年5月に都が策定した「東京都観光産業振興プラン－世界の観光ブランド都市・東京をめざして－」における五つの戦略の説明

(27) 昨年6月に交付された「小規模企業振興基本法」の主な内容の説明

(27) 東京都動産・債権担保融資（ABL）制度についての説明

(27) 昨年12月に都が策定した「東京都長期ビジョン」における政策指針15「日本の成長を支える国際経済都市の創造」のこれからの政策展開のうち「中小企業の海外展開の促進」についての説明

(28) 青山創業促進センターについての説明

(28) 昨年10月から都が開始した「東京都ブランド推進キャンペーン」についての説明

(28) 昨年7月に都が策定した「東京都MICE誘致戦略」についての説明

(29) 昨年11月に都が設立した「中小企業連携促進ファンド」についての説明

(29) 本年1月に都が策定した「PRIME 観光都市・東京～東京都観光産業振興実行プラン2017～」について、「今後の取り組みの視点」を述べた上で、「観光産業振興に向けた施策展開」についての説明

◇　◇

記述問題では、都の産業施策の基本計画、各年の重要施策を中心に出題されています。論文でも出題される分野が多い分野であることから、施策の背景なども含めて把握しておくと、論文対策としても役に立ちます。

【農林水産】

(15) 東京都農林漁業振興対策審議会答申「21世紀における東京の水産業振興の基本的方向について」の概要説明

(19)「東京都畜産振興プラン」の概要説明

(21)「東京都生産情報提供食品事業者登録制度」の説明

(24) 東京都農林・漁業振興対策審議会答申「都民生活に密着した産業・東京農業の新たな展開について」の説明

(29) 昨年8月に東京都農林・漁業振興対策審議会が答申した「都市と共存し、都民生活に貢献する力強い東京農業の新たな展開」について、東京農業の現状と課題を述べた上で、「東京農業を振興する4本の柱」についての説明

◇　◇

これまで、それほど多くは出題されていませんが、審議会の答申や計画などが公表された場合、内容を理解しておきましょう。

労働分野

【労働関係法規・労働事情】

(20) 労働基準法に基づく休憩及び休憩の特例の説明

(20) 労働契約法に関し、その目的、労働契約の原則、労働契約の継続及び終了についての説明

(21) 労働基準法に定める時間外及び休日の労働の限度及び割増の説明

(21)「最低賃金法の一部を改正する法律」により改正された「最低賃金法」の改正点の説明

(22) 労働契約法に定める労働契約の成立及び変更の説明

(22) 東京都就職チャレンジ支援事業の説明

(23) 労働契約法で期間の定めのある労働契約について、「有期労働契約の締結、更新及び雇い止めに関する基準」に言及し説明

(23) 働き方の改革「東京モデル」事業の説明

(24) 労働基準法第36条に基づく労使協定（三六協定）についての説明

(24) 労働組合法が使用者に禁止している不当労働行為についての説明

(25) 労働基準法に定める解雇の予告の説明

(26) 平成24年8月に公布された「労働契約法の一部を改正する法律」における主な改正点三つの説明

(26) 重点産業分野就業支援プログラムの説明

(27) 労働組合法に定める労働協約の効力についての説明

(27) 女性しごと応援テラスについての説明

(28) 平成27年9月に施行された改正労働者派遣法の主な改正点についての説明

(28)「しごとチャレンジ65」事業についての説明

(29) 労働基準法に定める時間外及び休日の労働並びに割増賃金についての説明

◇　◇

労働事情の出題傾向を見ると、主に新規の重要施策の内容が問われています。また、労働関係法規は、法改正や社会的に注目される法制度から出題されています。

消費生活分野

(20) 東京都消費者被害救済委員会の説明

(20) 不当景品類及び不当表示防止法に定める不当な表示の禁止について、不当な表示の三つの類型に言及し説明

(21) インターネット取引に係る「特定商取引に関する法律」上の規制の説明

(21)「東京都消費生活基本計画」の説明

(22) 消費者庁及び消費者委員会の説明

(23) 東京都消費生活条例に定める不適正な取引行為の防止について、消費者の被害の発生防止及び拡大防止に向け都が行っている施策に言及し説明

(24) 第21次東京都消費生活対策審議会が答申した「消費者被害救済のあり方について」の説明

(25) 東京都消費者被害救済委員会の説明

(25) 東京都消費生活対策審議会答申「東京都消費生活基本計画の改訂について」における重点施策についての説明

(26) 昨年8月に都が策定した「東京都消費者教育推進計画」の説明

(27) 昨年6月に改正された「不当景品類及び不当表示防止法」の主な改正内容についての説明

(28) 東京都消費生活対策審議会答申「消費者被害から高齢者を見守る取り組みに係る都の役割と区市町村等との連携強化について」の説明

(29) 昨年6月に公布された「消費者契約法の一部を改正する法律」の概要について、改正の必要性に言及した上で説明

(29) 本年2月に第24次東京都消費生活対策審議会が答申した「東京都消費生活基本計画の改定について」について、計画全体を貫く「三つの視点」を述べた上で、五つの「政策の柱」についての説明

◇　◇

審議会の答申や法改正、時事問題などから幅広く出題されています。

流通分野

(14)「東京都卸売市場整備計画（第7次）」の概要説明

(15) 全国中央卸売市場協会が国に提出した「市場システム改革の七つの提言」の概要説明

(16) 市場活動に伴う環境負荷を低減させるための取り組みの説明

(17)「豊洲新市場基本計画」の概要説明

(18)「東京都卸売市場整備計画（第8次）」の概要説明

◇　◇

近年は出題されていません。

出題形式

記述問題は6題中2題の選択で、解答時間は1時間です。1題につき600字～800字の分量なので、試験中は覚えてきたことを答案に書くことに追われることになります。構成などをじっくり考える余裕はあまりありません。

出題予想

過去の傾向から見ると、産業分野、労働分野が頻出で、消費生活分野がそれに続くといった傾向が見て取れます。この分野を中心に、「都民ファーストでつくる『新しい東京』～2020年に向けた実行プラン～」等の各種計画や、審議会の答申、国の施策のトレンド、社会情勢等を踏まえた上で、出題を予想します。

模範解答の作成

出題を予想したら、模範解答の作成に取り組みましょう。定型の解答形式はありませんが、（1）背景〈意義、目的〉（2）内容（3）関連事項〈関連施策、国の動向など〉――といった構成が標準的です。文章は簡潔に記述することは言うまでもありませんが、ポイントとなるキーワード、基礎的な数値データ、最近の動きなども盛り込むといいでしょう。

試験本番では、緊張するあまり、暗記した内容をうまく再現できない可能性があります。そのため、少し多めに800字程度でまとめることをお勧めします。

また、多くの模範解答を用意した方が安心感はありますが、全分野を網羅するのは時間的制約があるので現実には難しいと思います。模範解答の準備ができないテーマは、キーワードを網羅したレジュメだけでも作成するといいです。

暗記と再現

模範解答を作成したら、あとはひたすら暗記することです。キーワードや数値データは確実に暗記することが必要です。

覚える際には、読むだけでなく、手で書いてみることも有効です。パソコンやスマートフォンの普及などにより、簡単な漢字でも意外と書けないということが往々にしてあります。その確認の意味でも書いてみることは重要です。

また、時間配分の目安を確認する機会にもなります。

最後に

最後に冒頭でも述べましたが、管理職選考Bを受験される皆さんは、業務多忙で、なかなか勉強の時間が取れないと思います。しかし、通勤時間や休日の空いた時間を活用し、小まめに効率よく勉強することで道は開けてくるものです。

本番で予想がストレートに当たらなかった場合でも最後まで諦めず、持ちうる記憶を頼りに少しでも書くことが重要です。2問とも完璧に回答できなくても、記述の成績が一定の基準に達すれば試験を通過することは可能です。皆さんの健闘を心からお祈りします。

◆30年度◆ 管理職試験講座 ②
特別区　Ⅰ類択一・記述　Ⅰ・Ⅱ類論文

Ⅰ類択一
地方自治制度 ①

今回は「地方自治制度」の択一式問題について、出題の傾向と参考書を紹介した後、出題パターンと解答のポイントを解説します。最後に例題が2問ありますので、解いてみてください。

○出題の傾向

過去の出題傾向を見てみると、地方自治法の条文や行政実例、判例の一部を加工した問題が多数出題されています。そのため、基本的には問題集を解きながら解説を読むことで、必要な知識を得るよう努めてください。また、解説を読んでも理解が不十分な場合には、地方自治六法に載っている条文や行政実例、判例等を確認し、しっかりと補完しましょう。なお、一部の選択肢の中には『逐条地方自治法』（学陽書房）を確認しないと正誤の判定ができないものもありますが、他の選択肢を解くことで正解を導き出すことが可能です。

平成25年度以降の出題は、別表の通りです。

○参考書

自分に合った参考書を見つけることが大切ですが、筆者としては『実戦150題 地方自治法』（都政新報社）、『地方自治ポケット六法』（学陽書房）のほか、過去問があれば十分かと思います。過去問は職場の人事担当を通じて入手できると思いますが、問題と解答だけで解説がありません。都政新報のバックナンバーや電子版等を活用するとよいでしょう。

○出題パターン

択一式問題の形式は、五つの選択肢から「妥当なもの」を一つ選ぶパターンがほとんどです。平成29年度の出題では「地方自治制度」分野の14題のうち、13問が「妥当なもの」を一つ選ぶ問題、1問が「妥当なものを選んだ組み合わせ」を選ぶ問題でした。なお、過去には「妥当でないもの」や「除外されているもの」を一つ選ぶ問題なども出題されています。問題文は慌てずに最後までしっかりと読み、例えば「妥当なもの」部分をマルで囲むなどして読み間違えをしないように注意しましょう。

○解答のポイント

択一式問題では、誤った選択肢を消去して、残ったものを正解とする「消去法」で解いていくのが基本です。選択肢の中で「明らかに誤りの箇所」と「疑わしい箇所」に下線を引いていきます。四つの選択肢に下線が引かれ、一つだけ下線のない選択肢があれば、それが正解になります。全ての選択肢に下線が引かれてしまった場合は、慌てずに下線部分のみを見直し、比較します。問題の途中で正解と思われる選択肢が見つかっても、ケアレスミスを防ぐために、残りの選択肢に「誤りの箇所」があることを確認してから次の問題に進みましょう。

本番では、90分間で40問の択一式問題を解かなければなりません。1問当たり「約2分」、1選択肢当たり「約25秒」で解答できるように時間配分しましょう。残りの約10分は見直しの時間とします。

また、制限時間内に全問解答するためには、一つの問題にとらわれて時間を浪費しないことが重要です。分からない問題があった場合は、とりあえず回答を記入して、次の問題に進みましょう。一読して分からなかった問題の正答率はあまり高いものではありませんので一つの問題にとらわれすぎて時間不足になることのないよう心掛けましょう。

それでは例題を2問紹介し、解説します。回答時間を意識しながら解いてみましょう。

例題

【例題1】

地方自治法に規定する条例または規則に関する記述として、妥当なのはどれか。

① 条例に違反した者に対し、科すことができる罰則の種類は、懲役、禁錮、罰金、拘留、科料のみで、過料は科すことができない。

② 条例は告示されるまでは効力を生じない。

③ 条例の規定による委任があれば、規則に刑罰規定を設けることができる。

④ 普通地方公共団体は、義務を課し、または権利を制限するには、法令に定めがある場合を除くほか、条例または規則によらなければならない。

⑤ 条例の効力は、当該地方公共団体の住民にのみ適用され、当該区域内の滞在者や旅行者には及ばない。

【例題2】

地方自治法に規定する普通地方公共団体の議会の会議に関する記述として、妥当なのはどれか。

① 普通地方公共団体の議会は、いかなる場合でも議員の定数の半数以上の議員が出席しなければ会議を開くことができない。

② 普通地方公共団体の議会の会議は、議長または議員3人以上の発議により、出席議員の4分の3以上の多数で議決したときは、秘密会を開くことができる。

③ 普通地方公共団体の議会の会期中に議決に至らなかった事件は、次の会期に継続する。

④ 普通地方公共団体の議会の議事は、出席議員の過半数でこれを決するが、この場合、議長は、議員として議決に加わる権利を有しない。

⑤ 普通地方公共団体の議会の議員は、自己の従事する業務に直接の利害関係のある事件については、当該普通地方公共団体の議会の同意があっても、会議に出席し、発言することはできない。

解説

【解説1】　正答②

① 誤り。秩序罰としての過料も科すことができる（地方自治法第14条第3項）。

② 正しい（最高裁判例昭25・10・10）。

③ 誤り。条例の規定による委任があっても、規則に刑罰規定を設けることはできない（行政実例昭25・7・31）。

④ 誤り。条例によらなければならない（同法第14条第2項）。

⑤ 誤り。条例の効力は、当該地方公共団体の区域に属地的に生ずる（最高裁判例昭29・11・24）。

【解説2】　正答④

① 誤り。除斥のため半数に達しないときなど、会議を開ける場合がある（地方自治法第113条）。

② 誤り。出席議員の3分の2以上の議決が必要（同法第115条第1項）。

③ 誤り。会期中に議決に至らなかった事件は、後会に継続しない（同法第119条）。

④ 正しい（同法第116条）。

⑤ 誤り。議会の同意があったときは、会議に出席し、発言することができる（同法第117条）。

	平成25年度	平成26年度	平成27年度	平成28年度	平成29年度
総則、通則、条例及び規則、直接請求	○地方公共団体の名称変更 ○事務の監査請求	○地方公共団体の事務 ○条例または規則	○市町村の区域 ○条例の制定または改廃の請求	○地方公共団体の事務 ○条例または規則	○市町村の区域 ○事務の監査請求
議会	○議会の議決事件 ○議長または副議長 ○議会の会議 ○議員の懲罰	○議会の招集及び会期 ○議会の委員会 ○議会の会議 ○議会の請願	○議会の議決事件 ○議長または副議長 ○議会の会議 ○議会の紀律	○議会の調査権 ○議会の委員会 ○議会の会議 ○議員の懲罰	○議会の招集及び会期 ○議会の委員会 ○議会の会議 ○議会の請願
執行機関	○長の担任事務 ○副知事または副市長村長 ○議会と長との関係 ○付属機関	○長の権限 ○専門委員 ○長と議会との関係	○長の公共的団体等の監督 ○副知事または副市町村長 ○長と議会との関係 ○監査委員	○長の権限 ○会計管理者 ○長と議会との関係 ○選挙管理委員会	○副知事または副市町村長 ○長と議会との関係 ○委員会及び委員
給与その他の給付、財務、公の施設	○分担金、使用料、加入金及び手数料 ○職員の賠償責任 ○公の施設	○給与その他の給付 ○継続費、債務負担行為または繰越明許費 ○住民監査請求または住民訴訟 ○公の施設の指定管理者	○契約 ○物品 ○公の施設	○決算 ○財産 ○公の施設	○契約 ○物品 ○公の施設
国と普通地方公共団体との関係及び普通地方公共団体相互間の関係			○地方公共団体相互間の協力	○国または都道府県の関与	
大都市等に関する特例、外部監査契約に基づく監査、特別地方公共団体	○特別区	○一部事務組合			○特別区

Art・Essay&Opinion　アート・随筆・オピニオン

漱石初の本格的な記念館

書斎・客間などを再現

新宿区

夏目漱石（本名・金之助）は、1867年1月5日（新暦の2月9日）牛込馬場下横町に生まれ、1916年12月9日牛込区早稲田南町の「漱石山房」で亡くなった。昨年は没後100年、今年は生誕150年と2年連続の記念年となっており、数多くの展示会やイベントが開催され、新全集を含む新刊書が出版され、テレビドラマも制作されるなど、漱石の名は愛読者以外にも再認識されている。

漱石といえば、松山市や熊本市での足跡が知られており、両都市とも文化・観光資源として大いに発信しているが、新宿区は漱石が生まれ、その生涯を閉じたまちであり、11年の作家生活のうち後半の9年間を過ごし、代表作の数々を執筆したまちである。

これまで新宿区では、生誕の地と終焉の地（「漱石山房」跡）の2カ所を区指定史跡に指定するなどして顕彰してきた。そして生誕150周年の本年、「漱石山房」跡に新宿区立漱石山房記念館が開館された。日本を代表する作家の一人であり、松山市・熊本市・静岡県伊豆市などに旧居やゆかりの場所や建物が保存または再現されているが、資料の収集や展示等を行う本格的な記念館はこれが初となる。

記念館の建設に際しては、1945年5月25日の空襲で焼失した「漱石山房」の跡地に建てられることを重視し、「漱石山房」の再現を行った。

漱石がこの家に入居したのは、1907年9月29日。英国留学から帰国後、駒込千駄木町（「猫の家」）、西片町を経て、生家に近い早稲田南町に越してきた。家賃は当時35円（明治40年ごろの大学卒初任給は約30円）。アメリカ帰りの者が1897年ごろに建てた家で、建坪約60坪、木造・平屋建ての全7間。中央の玄関を挟んで東側（書斎・客間・回廊）は洋風、西側（茶の間・子供部屋・台所等）は和風という構造であった。

再現にあたっては、当時の図面は存在せず、写真もよく知られる『漱石寫眞帖』（松岡譲編、昭和4年）以外に新たに見いだすことはできなかった。このため資料的な裏付けがとれるのは書斎・客間・回廊程度であり、家屋の西側の再現については断念せざるをえなかった。記念館はRC造、地上2階・地下1階。「漱石山房」の書斎・客間・回廊を建築史家の監修を得て再現したほか、展示室・収蔵庫・図書室・講座室・ブックカフェ等を備えている。

再現された漱石山房の書斎

漱石山房のベランダ式回廊

漱石山房記念館の全景

「漱石山房」は戦災で焼失したが、漱石文学が生み出された場所であり、創作活動のあり様を知る上で極めて重要である。和洋の書籍群に埋もれ、紫檀の文机に向かう漱石の姿、多くの友人や弟子たちが集った「漱石山房」の面影を、現地でぜひ感じていただければと思う。

（新宿区文化観光産業部文化観光課文化資源係〈文化財担当〉学芸員　北見恭一）

◇　◇

新宿区立漱石山房記念館

▼開館時間　午前10時から午後6時▼休館日　月曜日（休日の場合は直後の休日でない日）、年末年始▼観覧料　一般300円、小中学生100円（ただし通常展の場合）。団体20人以上はそれぞれ半額▼所在地　〒162・0043　新宿区早稲田南町7番地▼連絡先☎03・3205・0209▼http://soseki-museum.jp▼アクセス　東京メトロ東西線「早稲田」から徒歩10分、都営「大江戸線」牛込柳町から徒歩15分、都営バス（白61）牛込保健センターから徒歩2分

都市のレガシー　五輪開催3都市を巡って　2

バルセロナ①

1992年の特異性

都市発展の歴史

世界をリードしている都市は、産業革命後と第2次世界大戦後の経済成長に呼応するように大きく成長しているケースが多い。都市は経済や文化活動を原動力に成立しているからであり、都市景観や風景もこれに歩調を合わすかのように同時に変化していく。これから見ていくバルセロナ、シドニー、ロンドンの3都市も同じような傾向にある。

今、独立問題で話題のカタルーニャ州の州都バルセロナは、中世に地中海貿易の港湾都市として栄えた。

その後、新大陸から仕入れた材料を加工する繊維産業の育成に力を入れ、スペイン初の産業革命を成し遂げる。その勢いで爆発的に発展する都市に対して、1885年、土木エンジニアのセルダによって古い城壁を取り払い、現在の美しいグリッド状都市の原点となる拡張計画が立案された。

この壮大な計画は、88年国際万国博覧会（以下、万博）の開催決定により急速に実施され、20世紀に入ると、ガウディに代表されるモデルニスモ様式の建築家の誕生、またピカソやミロ、ダリなどの芸術家が集う欧州を主導する芸術・文化都市となっていく。

1929年、世界的な不況の最中に雇用の機会を与える手段として、再び万博が開催される。

36年にスペイン内乱が勃発し、フランコ将軍に抵抗し続けたため、カタルーニャ地方は独裁政権下で弾圧を受け、再び衰退した。

しかし、75年にフランコ将軍が没すると、バルセロナは再び活気を取り戻していき、92年の大会開催で頂点に達する。

このように、都市計画という社会技術と国際イベントを上手に活用して都市づくりを実現してきた都市がバルセロナと言えよう。

500年目の記念碑的な年

92年はコロンブスが新大陸を発見してから500年目に当たる。それと同時に国土回復運動によって最後のイスラム王朝がグラナダで陥落し、国内再統一を果たしてから500年目という記念碑的な年である。

そのことも関連してか、92年に大会がバルセロナで、万博がセビリアで同時期に開催されている。

私は92年8月、学生の貧乏旅行でヨーロッパを半月かけて周遊した際、安藤忠雄氏設計の日本館を見るためセビリア万博に向かう途中でバルセロナに立ち寄った。このときはオリンピックからパラリンピックへの転換期であったが、空港は仮設ターミナル、ホテルも市内はいっぱいで、ようやく泊まれたのは郊外の仮設ホテルであった。

「大会は、都市のキャパを超えて行うビッグイベント」であると実際に体感して驚いたものである。

さらに92年は、リオで環境と開発をテーマとする初の地球サミットが国連主催で開催され、94年にIOCはオリンピック憲章を改正し、環境や持続可能性を大きなテーマとして意識し始めるきっかけとなる年でもあった。

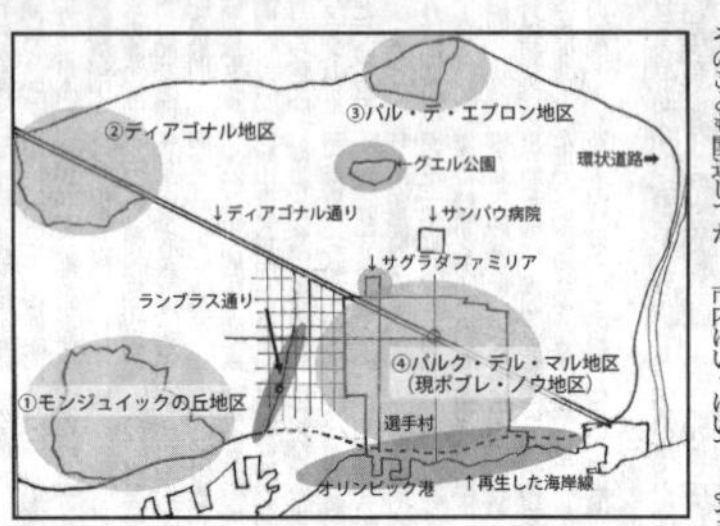

バルセロナの会場マップ

会場計画について

バルセロナは1924年、36年、72年大会にも立候補するが、落選。

4度目の立候補である86年、スイスのローザンヌで3回の投票を経て、半世紀以上の悲願である大会開催をようやく手に入れた。

大会招致の経緯があるため、会場計画もこれまでの国際イベントで蓄積されてきた施設を活用して計画されている。

会場は都心から約4㌔圏内にある四つのクラスターで構成されている。

①モンジュイックの丘地区＝開閉会式、陸上、競泳、体操の三大人気競技が集まるメーン会場。29年の万博会場であり、その際に整備された歴史あるスタジアムを外装を残して大規模改修して活用。また、サンジョルディ・アリーナ（磯崎新氏設計）や水泳場などの恒久施設も新設。

②ディアゴナル地区＝市内北西にある大学都市、郊外スラム地区であった場所にスポーツ施設を建設。

③バル・デ・エブロン地区＝北東郊外の山裾にあり、都市のスプロールが進んだ場所に、サイクリング・トラック、テニスとスポーツのパビリオン、報道陣のためのメディア村を建設。

④パルク・デル・マル（ポブレ・ノウ）地区＝海岸に沿って荒廃した臨海工業地域を再開発し、大会史上初めて海に面した選手村を整備。65㌶もあり、1888年の万博会場跡地公園も取り込んでいる。

この4地区は、大会から25年経過した今も都市に大きな影響を与えるエリアとして存在している。

（都都市整備局　長谷川昌之）

渋谷公園通りギャラリー

ダイバーシティー考える拠点

「あら　まほし」展を開催

公益財団法人東京都歴史文化財団は9日から、東京都渋谷公園通りギャラリーで、ダイバーシティーの理解促進をテーマとした「あら　まほし　Art, anything to access a world」と題した展覧会を開催している。

渋谷公園通りギャラリーは、旧トーキョーワンダーサイト渋谷のスペースを活用し、アール・ブリュット作品の展示を行う場に改変した新たな展示拠点。美術や福祉に関心のある人だけでなく、普段は絵画の鑑賞などをしない人でも気軽に立ち寄ることができる施設を目指しているという。

今回は、同施設のお披露目となる展覧会。作家や脚本家、映画監督、演出家など様々な分野のクリエーターとして活躍する大宮エリー、常に枠組みから自由に新たな絵画に挑み続ける画家・小林正人、誰もがあるがままにいられる障害福祉サービス事業所を運営する認定NPO法人クリエイティブサポートレッツ、粘土「あそび」から作品を生み出す戸次公明の4者が集まっている。

作品と作品の間にある壁には、大宮エリーが表現した〝草原〟が描かれ、会期中も壁に床に広がっていく。レッツは、福祉作業所の施設内を再現し、モニターに施設の日常の風景を映し出している。来場者はその空間でくつろぎ、落書きなどをして遊ぶこともできる。

東京都現代美術館の馬神祥子副館長は「様々な背景を持つ作家が個性豊かな表現によって生み出す作品を見てもらうことで、多様なものの見方や価値観、人間の持っている多様性を考えるきっかけになる展覧会にしたい」と話した。

会期は12月17日まで。開館日は木・金・土・日曜日（第2日曜日は休館）。正午から午後7時まで。入場無料。東京都渋谷公園通りギャラリーは、公園通り沿いにある渋谷区立勤労福祉会館の1階。

大宮エリーの描いた〝草原〟に展示された作品

東京橋くらべ⑰　紅林 章央

木場公園大橋

明石大橋で採用された技術

木場公園は中央を葛西橋通りが通る。公園が通りで分断されないよう、道路をまたぎ架かるのが木場公園大橋である。

橋幅が広いため、橋を渡っていても公園の一部としか思えない。橋の構造はコンクリートの斜張橋。同構造では東京都で最大の橋である。

橋には、いくつかの最新技術が導入された。コンクリートは施工時に型枠の隅まで均等に行きわたるように、バイブレーターという振動棒でかき混ぜを行うが、この橋ではこの棒を用いずとも均等に行きわたる、流動化コンクリートという新型のコンクリートが初めて使用された。またガラス繊維の入った特殊な型枠が用いられ、これは主塔の化粧材としても兼用された。これらの新技術は後に明石大橋の建設に採用された。

もし、これらの技術を用いなければ、世界最大の橋、明石大橋の施工はより困難になっていたことであろう。木場公園大橋を渡る時、橋の美しさだけではなく、こんな隠れた技術の一端も感じてもらえれば幸いである。

木場公園の南北をつなぐ

ミニガイド

◇2017年度東京都環境科学研究所・公開研究発表会　▷日時　11月30日㈭午後1時～5時10分▷場所　都議会議事堂1階都民ホール▷定員　当日先着250人（予約不要・参加無料）▷内容　特別講演「東京首都圏のヒートアイランド現象」三上岳彦氏（首都大学東京名誉教授）、研究発表（4テーマ）など▷問い合わせ　東京都環境科学研究所研究調整課研究調整係（広報担当）☎03・3699・1333

◇東京　橋と土木展―隅田川の橋―　▷内容　国指定の重要文化財「永代橋」「清洲橋」「勝鬨橋」の模型展示、「新宿駅」の複雑な通路・地下道を忠実に再現した立体模型と、駅周辺の変遷が分かる地形模型も展示▷日時　11月20日㈪～24日㈮▷場所　新宿駅西口広場イベントコーナー▷開催時間　午前8時～午後9時（初日は正午から、最終日は午後5時まで）▷主催　都建設局

購読料に関するお願い

自動払込ご利用の皆様へ

ゆうちょ銀行の自動払込は3カ月ごとの後払いで振替日は該当する月の20日（土休日と重なる場合は翌営業日）となります。残高不足等で振替が出来ない場合、割引が適用されないことがあります。お客様ご利用の口座残高をもう一度、ご確認いただきますようお願いいたします。

都政新報

発行所　都政新報社
〒160-0023　東京都新宿区西新宿7-23-1　TSビル
〈総務・読者〉03-5330-8781
〈企画広告〉03-5330-8784
〈編　集〉03-5330-8786
〈出　版〉03-5330-8788
〈ファクス〉03-5330-8808
購読料　月1,730円(税込)
毎週火・金曜日発行
ただし、祝日は休刊

紙面から

75歳以上 5人に1人時代

到来 超高齢社会

「東京モデル」いざ世界へ①

超高齢社会に突入した東京都。前例のない事態に都は本腰を入れ、超高齢社会に対応した「地域モデル」の提示へ向けた有識者懇談会での議論を開始した。都庁内では部局を超えた検討体制を整備し、来年度以降、「モデル」の実現に向けた政策の本格化が目される。この問題は、高齢者のみならず、地域社会全体を見据えた社会像の構築が求められるのが最大の特徴で、政策課題の幅は広い。課題ごとに超高齢社会のこれからを5回シリーズで追う。

「2025年には都の人口は減少に転じる。ピークアウトする」。小池知事は8日に初会合を開いた超高齢社会有識者懇談会の冒頭あいさつでこう述べた。都が昨年末に公表した人口推計によると、25年の都内人口は1398万人。その後、一貫して人口は減少し、60年には1173万人まで落ち込む。15年比で179万人の減だ。

一方で、年齢階級別人口を見ると、都に与える推計結果のインパクトは更に大きい。いわゆる「団塊の世代」全てが75歳以上の後期高齢者となる25年の高齢化率は23・3%に達するとともに、後期高齢人口は191万人に及ぶ。総人口に占める割合は実に約15%となる見込みだ。

更に60年には高齢人口395万人、高齢化率は33・7%と予測され、このうち後期高齢人口は245万人となる。人口比では21%に相当する規模で、都内の5人に1人以上が75歳以上という東京の未来像が浮かび上がる。

都が高齢化率21%超の状態である超高齢社会に突入したのは2015年(国勢調査ベース)。今回、有識者懇談会を開始し、都内複数の地域モデルを提示するきっかけの一つとなった。

顕著な地域差

「高齢者のための高齢対策ではなく、地域コミュニティー全体を見据えた対策が必要。そのために、サステナブル(持続可能)な地域モデルを提案したい」。

8日の同懇談会で、医療政策が専門でNPO法人日本医療政策機構事務局長の乗竹亮治委員はこう発言した。

会合の事務局・都政策企画局作成の資料にも、超高齢社会の課題として医療や介護など高齢者政策のみでなく、地域コミュニティーや団地・空き家などの住まい、都市の緑、雇用など、都全体が抱える項目を列挙。超高齢社会が高齢者問題のみにとどまらず、社会全体の在り方が問われる課題であることが分かる。

こうした幅広の課題を更に複雑化させる要因がある。都内の地域ごとに置かれている状況が全く異なることだ。

人口を指標に取ると、都は、区部の人口ピークは都内全域より5年遅い30年なのに対し、多摩・島しょ部は20年と推計。多摩・島しょ部では1995年に人口減少に入った福生市を始め(国勢調査ベース)、複数の自治体が既に減少期を迎えている。また区部でも、2010年~15年比で足立区の人口が減少するなど、人口推移は自治体ごとでまちまちだ。

人口の内訳に目を転じると、地域差は更に浮き彫りとなる。15年の高齢化率を例に取ると、都内自治体で最も高いのは奥多摩町で48・2%。檜原村が47・1%で続き、2人に1人が高齢者の状況となっている。市部では、青梅市が28・1%、清瀬市が27・9%。区部では北区が25・8%、足立区が25・0%の順に高齢化率が高く、20%台の小金井市や府中市、2割未満の中央区や港区と比べると、人口構成が大きく異なる。

都総務局は「要因分析は行っていないが、区部で高齢化率が高い地域は元々、高齢者が多い特徴がある」(人口統計課)と話し、都福祉保健局は「多摩西部は土地が安いこともあり、医療や介護施設が建ちやすい傾向にあることも、高齢化率を押し上げているのではないか」(高齢社会対策部計画課)と説明する。

世界的にも例を見ない超高齢社会の到来。東京都の場合は、高齢化率の高さだけでなく、その量(高齢人口)の多さが、地域社会に重くのしかかってくる。都総務局は来年3月末に、各自治体の男女年齢別人口推計を公表する予定で、各地域が抱える課題に即した「地域モデル」の提示への活用が期待される。

人口動態

都内の人口推移

※棒グラフは左目盛り　(万人)　高齢化率(右目盛り)(%)

年	老年人口(75歳以上)	老年人口(65-74歳)	生産年齢人口(15-64歳)	年少人口(15歳未満)
2015	144	157	873	152
2020	169	153	904	160
2025	191	134	913	159
2030	193	147	902	153
2035	188	175	867	145
2040	196	198	813	138
2045	216	196	769	132
2050	241	178	729	126
2055	249	163	696	119
2060	245	150	665	113

都政策企画局「2020年に向けた実行プラン」より作成

地方消費税配分に反発

人口偏重「消費を無視」

都税調

東京都税制調査会(会長=池上岳彦立教大学経済学部教授)は17日、都庁第二本庁舎で総会を開き、3年任期の最終年度の答申案を示した。2018年度の税制改正で、地方消費税の配分割合の見直しが焦点となる中、モノやサービスの最終消費地に税収を配分するという制度趣旨と合致した改正を行うべきとした。また、都議の特別委員らから都に不利な見直しが行われることへの批判が相次いだ。24日の都税調で、池上会長が答申を小池知事に手渡す。

地方消費税の配分割合の見直しでは、昨年の税制改正大綱で、税収を最終消費地に適切に帰属させるため、必要に応じて「人口」比率を高めることを盛り込み、18年度税制改正の課題の一つになっている。「人口」比率を高め、モノやサービスの「販売額」の割合を引き下げた場合、都などの大都市は減収となる。

税制改正大綱に沿って、全国知事会は今年7月、最終消費地に税収を帰属させる制度趣旨を踏まえ、商業統計などで正確に最終消費を把握できない場合は、「人口」の割合を見直すべきと国への提言をまとめた。

ところが、自民党税調の議論のベースとなる総務省案は、配分基準の「従業員数」を原則廃止し、「販売額」の比率を引き下げ、「人口」を高める方向で検討中だ。都の影響額は1千億円規模になる可能性もある。財務省の財政制度等審議会分科会も「人口」比率の大幅な引き上げ案を示した。

都主税局は「昨年の税制改正大綱で『必要に応じて人口の比率を高める』との記載があるが、その必要性が明確ではないので、納得がいかない」と指摘する。

答申案を議論する特別委員の都議ら＝17日、第二本庁舎で

都税調の答申案では、「人口」比率を高めようとする動きに対して、「地域ごとの消費性向や購買力などを無視したもの」と批判。その上で、最終消費を調査する統計データの精緻(せいち)化を図るべきとした。

同調査会の特別委員で公明党の齋藤泰宏氏は「地方の税財源の在り方を広く住民に訴え、味方にしていかないと、国の税制改正の大きな荒波にあらがうことはできない」と述べ、都の現状を広く伝える必要性を訴えた。都民ファーストの会の山内晃氏は「消費とは関係のない基準で配分することは譲与税と変わりがない。消費税(の一部)を地方税として獲得してきた努力を無にすると言わざるを得ない」と指摘した。

財政健全化の観点から地方消費税の「人口」比率引き上げに反対したのが慶応大学教授の土居丈朗氏。政府は20年度までに基礎的財政収支の黒字化を目指しているが、都などの地方消費税収の一部を地方に配分しても、「黒字化に貢献するわけではない。都市部から税収を召し上げて地方に配分するのはさっぱり分からない」と批判した。

さらに、ふるさと納税に関しては、17年度の都と区市町村を合わせた減収額が466億円となり、15年度比で約10倍に跳ね上がった。答申案では「高所得者が事実上の節税対策としているなど大きな問題」と指摘し、「(税の)受益と負担の原則をゆがめる制度。寄付という本来の趣旨に沿った制度に改めるべき」とした。

自民党の吉原修氏は「寄付に対する返礼品の割合を更に引き下げる」ことなどを求め、都ファの山内氏は「返礼品は自己負担」とするよう提案した。

議会棟は全面禁煙へ

都議会改革検討委員会

都議会の議会改革検討委員会は16日に非公開の打ち合わせ会を開き、木村基成委員長(都民ファーストの会)が議会棟の全面禁煙に関する私案を提示し、各会派がおおむね了承した。12月7日の同委員会で議論し、了承される見込み。全面禁煙は2018年の早い時期を目指している。

打ち合わせ会では、木村委員長が「議会棟の禁煙」というタイトルの資料を各委員に配布。これまで都民ファ、公明党、共産党が議会棟の全面禁煙を求めており、公明党が打ち合わせ会で「全面禁煙」に改めるよう委員長に要請したところ、運用が厳格化することになった。委員長私案では、喫煙スペースの確保が盛り込まれていたが、全面禁煙とするため、削除された。

現在、議会棟の喫煙スペースは地下と1階、4階に各1カ所、5階に2カ所あるが、全て撤去する。議会棟の建物の外でも喫煙は不可としている。

各会派からは全面禁煙に異論が出なかったが、自民党が「持ち帰りたい」と提案し、了承された。自民は総会で確認を取る考えだ。

さらに、16日の打ち合わせ会の前に同委員会が開かれ、東京大学の大森彌名誉教授へのヒアリングを決定。政務活動費を飲食費に活用する妥当性などをテーマに来月7日に実施する。

自民関係者は「政務活動費の飲食禁止ありきではない。団体との勉強会を開催した後に飲食を伴う意見交換を行う場合、政務活動費を使えないのか、有識者に確認する必要がある」と話した。

都政の東西

都政の時間論

小池知事が使う頻出用語の一つに「スピード」がある。「スピード感を持って実現したい」「日本のスピードでやっていたら間に合わない」など、昨年8月の知事就任以降、定例記者会見で「スピード」と発言した回数は計45回を数える。14日の都民ファーストの会の政治資金パーティーでも「日本の改革のスピードでは間に合わない」と決まり文句を披露した。

この「スピード」とは、いったい何を意味するのか。「日本の改革」と言う場合は、たびたび知事が米国やフランスの法人税率引き下げに触れることを考えれば、おそらく「あさってより明日」のように、単純に時間の速さを意味するのだろう。どこか9秒台を目指した陸上男子100㍍に象徴される世界観に似る。

この意味での「スピード」は、果たして都政で発揮されているかと問えば、答えはノーだ。いったん立ち止まった市場移転問題は、元のさやに収まるどころか、豊洲新市場の土壌汚染追加対策工事の入札中止や不調が相次ぐとともに、市場業者や地元江東区との調整も混迷を極める。皮肉だが、「スピード」を求めてエンジンをふかした結果、エンストを起こしてしまった形だ。

果たして「スピード」とは何か。「急がば回れ」ということわざもあるが、それとともに、事の本質は「時間とは何か」とのアポリアに行き着く。

時間論は物理学など自然科学で論じられる一方、人文科学では哲学の一分野として語られ、「そもそも時は流れるのか」と、前提から時間の脱構築が鮮やかに展開されていく。さて、知事もそろそろ「スピード」の捉え方を脱構築する時ではないか。

都議会4定議案

「自画撮り」要求で罰則

全国初条例　30万円以下の罰金

都は12月1日に開会する第4回定例都議会に議案60件を提出する。内訳は、条例案が22件、契約案が11件、事件案が27件となっており、このほか労使交渉が妥結されれば、速やかに提出される職員の給与関連条例もある。

条例案では、都青少年健全育成条例を一部改正する。中高校生が裸の画像を要求され、メールなどで送る「自画撮り」の被害が相次ぐ中、加害者が画像を入手していなくても、要求した段階で条例違反となる。罰則は30万円以下の罰金とする。可決されれば全国初となる。施行日は2月1日。

都立公園条例の一部改正では、「公募設置管理制度」を盛り込む。同制度は、公園内にカフェなどの収益施設を設置、管理する民間事業者を募集する手続きで、その収益の一部で広場などの整備に充てた場合、設置期間などで特例が受けられる。同制度を活用するかどうかも含めて検討する。施設使用料の上限は1カ月当たり683万8100円とする。議決後、速やかに施行する予定。

認知症患者に対応するため、都営住宅条例を改正する。都営住宅の入居には年1回、収入報告を行う必要があるが、困難な認知症患者もいる。その場合、都が官公署の書類を通じて収入状況を把握し、その額に応じて周辺の公営住宅の家賃以下に設定可能とする。

都職員の退職管理条例では現在、再就職情報の公表対象は管理監督職だが、透明性を確保するために勤続20年以上の一般職も対象に加える。施行日は来年4月1日。

シンガポールで法人減税を強調

小池知事

シンガポールに出張していた小池知事は16日、都内金融業をPRするため、講演会を現地で3回実施した。米金融大手モルガン・スタンレー主催の講演会の質疑では、23区内の法人実効税率を「最大10%引き下げることが可能」との考えを示した。投資家ら約300人が来場した。

都は10日、「東京版ビッグバン」として「国際金融都市・東京」構想を公表。その中で、金融とITを融合したサービス「フィンテック」と資産運用業の2分野で、政策減税を目指すとしていた。知事はこのほか、約1千人が参加したアジア最大級のフィンテック・フェスティバルと、現地の大学院で金融に関する講演を行った。

また16日午前には、リー・シェンロン首相やテオ・チーヒン副首相ら閣僚と会談。都によると、「国際金融都市・東京」構想を紹介したという。

冗句ジョーク

みんなのメダルプロジェクト、21日から都営地下鉄の13駅にもメダルボックス設置

「良い企画だから時々の再生メダルの見込み数を教えて！　でも持続可能性の観点からはメダルの大小を変えてもいいよ」

◆豊洲PRが再開

都中央卸売市場は16日、築地市場内に開設していた豊洲新市場のPRコーナー「東京いちばステーション」を再開した。市場移転延期に伴い、昨年11月以降、同コーナーは閉鎖していたが、地元住民らの要望に応じ、「豊洲」の風評被害払拭に向け、展示物などを追加した。8月に成立した補正予算事業の一つ。

東京いちばステーションは、築地市場内の東銀会館1階にある。一時閉鎖するまでは、豊洲新市場の特徴や移転の必要性などを紹介するパネルや、同市場のジオラマ模型などを展示。豊洲新市場の情報発信拠点として、2013年9月に開設していた。

今回の再開にあたっては、同市場だけでなく、「豊洲」の街に広がる風評被害払拭のため、市場地上部の空気測定結果や都民向け市場見学会を紹介するパネルを追加。有害物質対策で導入している地下水管理システムや市場内の様子を動画で紹介するなど、展示を一層充実させた。

◆築地再開発で専門委

築地市場跡地の再開発の検討に当たり、都は16日、専門委員2人を選任した。品川駅東口の再開発などに携わり、不動産開発のプロジェクトマネジメントが専門の小松壽氏と、住宅のリノベーションや不動産開発の企画、設計が専門の林厚見氏の2人。築地再開発を検討する都に助言を行う。任期は16日から来年3月末まで。都では、2018年度中に築地再開発検討会議の議論を踏まえ、築地再開発のまちづくりコンセプトを策定する予定だ。

中小企業のサイバー対策

3区が支援策打ち出し

動機付けに課題

中小企業のサイバーセキュリティー対策を支援する動きが23区で出始めている。都は2020年東京五輪に向けて対策を強化するため、警視庁や専門家、東京商工会議所と連携した支援ネットワークを昨年4月に立ち上げた。これを受け、江東区など3区が関係機関と協定を結び、「見えない敵」に立ち向かう支援策を打ち出している。しかし、都内企業の9割を占める中小企業では経営の資金繰りや後継者確保の問題が先立ち、ネット上の危機管理に対する意識の高揚と普及は道半ばだ。

従業員10人の中小企業に突然クレジットカード会社から電話がかかってきた。企業のウェブサイトがハッキングされ、顧客情報が流出していると告げられ、従業員は驚く。その後、専門会社に調査を依頼しても原因は特定できず、サイトの閉鎖を余儀なくされた。

都産業労働局が9日に発行したガイドブック「中小企業向けサイバーセキュリティ対策の極意」の冒頭には、このようなケーススタディーが掲載されている。中小企業でも製造品の受発注や企業PRのためにネット環境を活用しており、サイバー攻撃を避けるため定期的なソフト更新やウイルス対策ソフトの導入が必要だが、浸透していないのが実情だ。

昨年4月の都のネットワーク立ち上げを受け、23区では地元警察署や商工会議所とタッグを組んで、中小企業のサイバーセキュリティー対策を促進する協定の締結が進む。江東区が10月24日に締結したのに続き、同月26日に中央区、今月13日に荒川区と、これまで3区が協定締結に踏み出した。

事業所約3万7750カ所が立地する中央区は来月、専門家を講師に招いたセキュリティー対策セミナーを開く。同区商工観光課の田中智彦課長は「中小企業は大手企業と取り引きしており、重要な顧客情報を保有しているが、情報を保護するノウハウが少なく、意識も低い」と指摘する。

セキュリティー対策には投資が必要となるため、各区は融資対策や経営改善と絡めた「草の根」の支援を打ち出すことで、事業者自らの対策実施を促す。荒川区では、IT設備導入の融資制度をPRするほか、セミナー開催や啓発グッズの作成などを考えているという。江東区は来年度に、中小企業の数や経営状況、ソフトウェアの更新状況などを調査し、対策の具体化に生かす考えだ。

取り組みが動き出す区がある一方で、全区的な広がりには至っていない。事業者数が23区トップの港区や、ものづくり企業や飲食店の事業所数で23区トップの台東区では、現時点での事業化や関連機関と協定を結ぶ予定はないという。港区産業振興課は「対策の必要性は感じているが、具体的に要望が聞こえていないため」と説明する。

特に経営者が高齢化するほど情報セキュリティーへの理解を求めるのが難しくなる。加えて、必要性を実感できない中で設備投資を促す動機付けは大きな課題だ。江東区経済課は「見えない敵への対処をどのように広げたらいいか。専門知識のある警視庁や商工会議所と協力して対策を打ち出したい」と話す。

「見えない敵」の脅威は身近に潜んでいる。警視庁サイバーセキュリティー対策本部のデータによると、今年上半期にサイバー犯罪で検挙されたのは523件。企業のパソコンに感染させられたウイルスによって取引先の企業が不正アクセスを受ける事件や、インターネットバンキングでの不正送金などが発生した。また、被害には発展していないが、企業PRに利用しているSNSが乗っ取られ、不正メールが取引先に送信された事例もある。

ネット空間での犯罪は、1社の被害が社会的な損害に広がる危険性が潜んでいる。警視庁サイバーセキュリティー対策担当は「普段から中小企業に寄り添った支援をしている行政にも携わってもらえれば、強い味方になる」と期待を示している。

江東区は警察署や東京商工会議所と連携した対策促進に乗り出す＝10月24日、江東区防災センターで

豊島区

空き家をシェアハウスに

都内初の条例案を提出

豊島区は、15日開会の第4回定例区議会に空き家活用条例案を提出した。都内では初の条例。空き家をシェアハウスや高齢者のグループホームなどに活用するため、建築基準法の規制を緩和する内容で、可決すれば来年4月から施行する。

空き家をシェアハウスとして活用する際には、建築基準法上の「住宅」の用途では使用できず、「寄宿舎」の扱いとなる。この際、防災対策のための設備などを設置しなくてはならず、多額の改修費がかかるため活用を断念する所有者が多かったという。条例案では居住者が連名で所有者と契約を結び、「家族的な住まい方」と認定することで、用途変更せずに住宅のまま活用できるようにする。

条例案では居住者は18歳以上かつ4人以上で、居住者数が居室数を上回らないこととしており、有識者らが構成する審議会が認定する。

区はシェアハウスなどを活用し、ひとり親世帯同士や障害者と健常者のシェアハウスなどの世代を超えた交流を図りたい考えで、高齢者グループホームは福祉の拠点機能とする方針。

総務省の住宅・統計調査では、区内の空き家率は都内で最も高い15・8％で、区が昨年行った調査では戸建て住宅の空き家率は21％となっており、空き家対策が課題となっていた。住宅課の担当者は「この条例を通して、安心・安全なまちづくりを進めていき、地域の活性化につなげていきたい」と述べた。

文京区

闇の世界を明るく体験

暗室イベントで障害啓発

文京区は障害に関する理解を深めるため、視覚障害者の案内の下、暗室内で様々なレクリエーションを行うイベント「ダイアログ・イン・ザ・ダーク」を開いた。全国でイベントを開催している一般社団法人ダイアローグ・ジャパン・ソサエティとの協働事業で、16日は研修として成澤廣修区長や職員、区議らが参加。17〜18日は区民向けで、合計で約300人が「闇の世界」を体験した。成澤区長は「何も見えないことは、何もできないことではない。助け合うことの心強さを改めて感じた」と語り、障害への正しい理解を訴えた。

「ダイアログ・イン・ザ・ダーク」は、ドイツ発祥で、日本では1999年から行われている。2人以上でチームを組み、光が差し込まない暗室内で助け合いながら様々なゲームをクリアすることで、他者との関係性を見つめ直してもらうのが狙いだ。区は障害理解の促進を目的に、障害者施設の運営法人などと「共生のための文京地域支援フォーラム」を開催しており、視覚障害の啓発の一環で行った。

16日の研修は、8人がチームを組み、2チーム同時に実施。一人ひとりが視覚障害者用の白杖を持ち、案内役を務める視覚障害者と共に暗室に入った。

暗室内は完全に「闇の世界」だ。参加者は案内役の誘導の声を頼りに、杖を使いながらおぼつかない足取りで前進する。周りが全く見えず、他のメンバーに杖が当たる。「歩いています」「ここにいます」などと参加者から自身をアピールする声が上がり始めた。

「床が違うよ！」。前を歩く区議が叫ぶ。ほどなく、参加者全員の足を柔らかな感覚が包む。杖で突いても分からず、案内役に促されて床に触ると人工芝が敷かれていた。「それでは、杖を回収します。皆で車座になって座りましょう」。案内役の指示に、参加者は声を掛け合いながら手をつなぎ、腰を下ろした。

このイベントでは、参加者が同じ立場に立ってコミュニケーションを図るのが特徴だ。案内役は互いにニックネームで呼び合うよう提案。参加した職員は遠慮がちに成澤区長を「ナリちゃん」と呼んでいた。

メンバー全員が座ると、ゲームタイムがスタート。案内役がブラインドサッカーで使用される鈴入りのボールを取り出し、キャッチボールが始まった。「ナリちゃん、パスします！」「ちゃんとボールが来た！」——職員が成澤区長にブラインドサッカー用のボールを転がす。成澤区長はボールの音を頼りに、見事にボールをキャッチした。

暗室の中で約40分間過ごし、参加者は照明が抑えられた部屋に移動。感想を語り合った。「何も見えない中、肩に触れるだけで安心できることを実感した」「気兼ねなく話すことができた。今まで、視覚情報で先入観を持って人と接していたと感じた」「気持ちをしっかりと伝えることの大切さが分かった」などと体験を振り返った。

イベントの案内役を務める檜山晃さんは「障害や福祉などと肩ひじ張らずに、エンターテインメントとして楽しむ中で、人との関わり方などの『気付き』のきっかけにしてほしい」と語る。

区障害福祉課では、「障害の有無にかかわらず、誰もが安心して暮らせる共生社会の実現を目指す」と話し、今後も職員や区民向けに啓発活動を進める方針だ。

白杖を手に光が全くない暗室に入る区職員ら＝16日、文京シビックセンターで

23区議会

11月定例議会が開会

非常勤職員の育休延長など

23区議会の11月定例会が15日開会の豊島区議会をスタートに、順次開会する。12日に区議選が行われた葛飾区議会は12月6日に開会する。港区議会は22日の議会運営委員会で会期を決める。

各区共通の議案では、改正育児・介護休業法が10月1日に施行されたことに伴い、非常勤職員が育児休業を最長2年間まで延長できるよう、職員育児休業条例の改正案が提出される。また、2020年東京五輪に向けて大会組織委員会への各区の職員派遣規模が来年度も拡大する見通しで、千代田区や中央区、北区などが公益的法人への職員派遣に関する条例改正を予定する。

区別に見ると、杉並区が認可保育所の保育料を20年ぶりに改定するため、条例改正案を提出した。ひとり親世帯を除く住民税非課税世帯を無料から1400円とするなど、所得階層ごとに1〜3割の値上げとする。

文京区は奨学資金条例を改正し、来年度以降の高校入学予定者向けの奨学金制度を貸し付け型から給付型に変更する。中野区は五輪の機運醸成を目的に、スポーツ施設の使用料を半額に引き下げるため、関連条例の改正案を提出する。

他方、練馬区議会では、前川燿男区長が来年4月19日に任期満了を迎えることから、次期区長選に向けた態度表明の有無が注目される。

11月定例議会の開会予定

区議会名	会期
千代田	11/20〜12/11
中央	11/22〜12/6
港	未定
新宿	11/29〜12/11
文京	11/20〜12/7
台東	11/24〜12/19
墨田	11/27〜12/11
江東	11/28〜12/14
品川	11/24〜12/7
目黒	11/22〜12/6
大田	11/29〜12/8
世田谷	11/27〜12/6
渋谷	11/27〜
中野	11/28〜12/12
杉並	11/16〜12/6
豊島	11/15〜12/5
北	11/21〜12/4
荒川	11/28〜12/13
板橋	11/27〜12/13
練馬	11/30〜12/15
足立	12/1〜12/22
葛飾	12/6〜12/18
江戸川	11/28〜12/12

自治体政策のススメ

地域エネルギー政策の最前線③

ご当地電力のススメ

環境エネルギー政策研究所所長　飯田哲也

太陽光発電や風力発電など自然エネルギーの急激な拡大に加えて、地域コミュニティーが地域資源である自然エネルギーを活用して自立する動き、いわゆる「地産地消」や「ご当地電力」が世界中で広がっている。

2012年の固定価格買い取り制度（FIT）導入以降、日本で急速に拡大した太陽光発電のほとんどが地域外の大手資本による「植民地型」開発だ。その一方で、地域社会が主体的に関わり、エネルギーの地域所有や便益を地域社会に還元するご当地電力が少ないながらも生まれてきた。

「会津電力」（福島県喜多方市）は、東京電力福島第一原発事故で福島県浜通りや中通りから逃れてきた人々が会津地域に集まり、その悔しさを自然エネルギー自立で見返そうと立ち上がった。「ほうとくエネルギー」（神奈川県小田原市）は、東日本大震災直後の計画停電や観光客の激減、海の汚染に対する懸念などを経験した市民の間でエネルギーの自立を目指す動きが広がり、行政や地域経済界を交えて誕生した。そして幅広い市民と新潟市の協働で立ち上がったのが「おらって新潟市民エネルギー」（新潟市）だ。ご当地電力のほとんどは福島第一原発事故でエネルギーへの意識が高まったことが背景にある。こうしたご当地電力は、いまや全国で大小合わせて200を超えている。

一部の独占者が大型のエネルギー設備で電力を生産し、一方通行的に需要家に電力を供給する「中央・少数独占・大規模集中型」の伝統的なエネルギー体制は、遅かれ早かれご当地電力のような「地域自立・多数のオープン・小規模分散ネットワーク」に取って代わられる。

地方自治にとって、こうしたご当地電力という形でのエネルギー自治を進めていくことは、地域のエネルギー自立のみならず経済的な自立、さらには地方自治そのものを活性化する重要な動きとして期待される。

記者席

多彩な顔ぶれに気をもむ職員

○…3選を果たし、14日に初登庁した青木克德区長。職員への訓示では情報公開の徹底を呼び掛けた。頭には前日の開票結果があったのだろう。庁舎移転整備など政策に関する情報を公開していないと区長を批判した対立候補の得票数が、同様の構図だった前回選挙よりも約1万票上積みされていた。「誤解を生まないように」と強調したが、その言葉には自戒が込められているようにも聞こえた。

職員にとっては、同時に執行された区議選も話題だ。今期の顔ぶれには、SNSで過激な発言を繰り返していた元市議や週刊誌にスキャンダルを告発した新人が加わり、「どうなるのか」と苦笑いする職員も。新人区議との信頼関係を築くまでしばらく苦慮しそうだ。

○……ダ・ヴィンチ作のキリスト画『サルバトール・ムンディ』（救世主）が508億円で落札された。絵画好きの舛添前知事にとっては垂涎の的だろう。昨年4月にアメリカに出張した舛添氏は、同時多発テロ跡地の「9・11記念博物館」を見学した際、約11万円を使っていたことが政治資金収支報告書で明らかになった。入館料は2700円というから、その差額分で絵画を買ったのかと勘ぐってしまう。

舛添氏は政治とカネで知事を辞任し、都政を大混乱させた。事態を収拾させる小池知事だったが、さらに拍車をかけた。都政の救世主に会ってみたいものだ。

○……五輪組織委の理事の都議が現行の2人から3人に拡大される方向となった。五輪特別委員長の小山有彦氏（都民ファ）と五輪議連会長の東村邦浩氏（公明）が新任、現職の高島直樹氏（自民）は留任する見通しという。

元々、組織委の理事ポストには「都議枠」はない。組織委関係者によると、首脳も都議の役職者の「充て職」であることを口頭で確認していたというが、内規に明記されているわけでなく、都議選に大敗した自民としてはこれに助けられた格好だ。ただ、組織委の財政運営に厳しい目線を向ける会派もあり、事務方にとっては調整のハードルは上がりそうだ。

葛飾区議会

都ファと民進 新会派を結成

12日に選挙が行われた葛飾区議会の会派構成が14日に決まった。公認5人のうち当選が一人にとどまった都民ファーストの会は、民進党2人と無所属2人とともに計5人で新会派「かつしか区民連合」を結成した。共産党と並ぶ第3会派になる。幹事長は民進党で2期目の川越誠一氏。

同会派のうち4人は、青木区長支持の立場だが、都民ファの碁英明氏は「交渉会派になるために4人と組んだ。青木区長とは是々非々の立場をとる」と話す。碁氏は元民主党で、2009年区議選で初当選し、13年に落選した。

また、都民ファを離脱した音喜多駿都議と上田令子都議が支援した2人と維新1人の計3人が新会派「かがやけKatsushika・維新」を立ち上げた。維新でトップ当選の小林等氏が幹事長に就き、区長選の争点となった庁舎移転には反対の立場を取る。

同区議会の定数は40で、自民党12、公明党9人、共産党5人、かつしか区民連合5、かがやけ維新3。無所属6人はいずれも一人会派となる。

◆区長・区議選を同時執行

台東区選挙管理委員会は20日、来年2月28日任期満了の区長選と、同4月30日任期満了の区議選（定数32）を3月に同時執行することを決めた。選挙は3月11日から31日までの間とする予定。

町田市

遺産の「寄贈」相談増加

背景に増える独居高齢者

町田市では、遺産を市に寄附する「遺贈」を考える市民に向けて、10月から案内リーフレットの配布を開始した。遺産の寄付は以前から受け付けていたが、相続人がいない「独り身」の高齢者の増加などで遺産の寄付についての問い合わせが増え、リーフレットを作成した。配布するのは都内初の取り組みで、寄付された遺産の使い道や遺言書の作成についての詳しい説明を記載。市民の声を拾い上げる効果を期待する。

「自分が死んだ後に残った財産を、お世話になった自治体に寄付したいので遺言書の書き方を教えてほしい」「遺産を市のために役立ててほしいが、どうすればいいのか分からない」――こうした相談が今夏、町田市の相談窓口に立て続けに3件ほどあったという。同市の担当者は、具体的な件数は把握していないとしながらも、「最近になって寄贈の相談が増えてきていると感じる。今年度だけでも数十件以上の相談があり、実際に寄贈につながった」（財政課）と話す。こうした市民の声を受け、町田市はリーフレットを作成した。

リーフレットでは、寄付された遺産の使い道を詳しく説明している。同市では、寄贈された遺産は地域の子育て支援や高齢者・障害者の福祉や健康づくり、産業の育成や活性化などに使用すると示しており、寄贈する高齢者自身で選ぶ形となっている。

裏面では、窓口に寄せられる相談の中でも多い遺言状の正しい作成の仕方を説明。民法で定められた形式を誤ることのない「公正証書遺言書」の作成を進めたり、寄贈時にトラブルになりやすい「遺留分」の説明などを解説している。土地や建物の寄贈を考える高齢者も少なくないが、同市では受け付けられないため、現金化する必要性も示している。

こうした相談が増える背景にあるのが単独世帯の高齢者の増加だ。内閣府が発表した17年度版『高齢社会白書』によると、65歳以上の高齢者がいる世帯のうち、単独世帯は約26％の約600万人に上る。そのうち未婚の高齢者は男性で5・3％、女性では4・3％で、いずれも増加傾向にある。

町田市も例外ではなく、単独世帯の割合は高齢者がいる世帯のうち約11％。全国と比べると少ないが、90年時点と比べ6倍以上となっており、担当者は「今後も、増加する見通し」（高齢者福祉課）と話す。

民法第959条では、相続人のいない遺産は国庫に帰属すると規定されており、その額は2015年度で約400億円に上った。10年前と比較して約2・5倍になっている。

担当者は「寄付したいという申し出は多いが、遺言の形式などに誤りがあると受けられない。寄付してもらえるのはありがたいことなので、そうした市民の声を実現して寄付を増やし、市政の発展につなげたい」（財政課）と話す。

リーフレットは、市役所に相談に訪れた市民に配布している＝17日、町田市役所で

瑞穂町

「農福連携」で不耕作地解消へ

障害者や公営者が小麦撒き

不耕作地に小麦の種をまく施設利用者の高齢者＝15日、瑞穂町で

瑞穂町が「農福連携」をスタートした。障害者や高齢者が農業に参加し、生きがいや充実感を得てもらうと同時に、農地再生につなげる取り組みで、15日には町内の不耕作地となっている畑に近隣の福祉施設利用者を集め、小麦の種まきを行った。ダイバーシティー実現や農業の担い手不足が課題となる中、全国の自治体から注目を集めており、多摩地域の他自治体にも広がりを見せている。

瑞穂町箱根ヶ崎地区のとある畑で、精神障害者や高齢者が小麦の種をまいていく。「一カ所に集中するのではなく、なるべくばらけるように」「踏みしめないで、払うようにして土をかぶせて」。この日、参加者は同町職員や地元の農業委員に指導され、みな真剣な表情だ。

参加したのは、畑に隣接する福祉作業所「さくら」と精神障害者地域活動支援センター「ひまわり」を利用する障害者や高齢者計10人。まかれたのは「中力」と呼ばれるうどんの原料に適した小麦の種で、収穫後には農業委員が製粉し、うどんにして来年11月に参加者に配布する。参加した施設利用者の一人は「自分のまいた小麦がうどんになるのが楽しみ」と期待した。

農福連携は、障害者や高齢者が農業を通して生きがいや充実感を得られ、就労支援にもつながる取り組みとして注目され始めている。瑞穂町は2013年から毎年、箱根ヶ崎地区の不耕作地への小麦の種まきを行っているが、福祉施設と連携するのは今回が初めて。参加した2施設は、畑から100㍍ほどと近く、施設の職員は「自分でまいた種が育つのを見て、育てる喜びを知ってもらいたい」と話す。

また、農福連携は農業の担い手不足の解消や、不耕作地の再生という意味もある。町内の不耕作地は合計で約1万2千平方㍍あり、担当者は「雑草や害虫が発生しやすくなり、周辺の畑の生産性が落ちる上、不法投棄の温床にもなる」（農政課）と、課題意識を示す。

農業委員の一人は「今のところ、施設利用者が小麦の育成に関わってもらうのは種まきのみの予定だが、今後も麦踏みなど、できる作業は手伝ってもらうかもしれない」と話す。

農福連携の取り組みは多摩地域でも先駆例がある。西東京市では、14年から高齢者を対象に、市内の農家の蔵を改装したアトリエ「蔵の里」で農業体験を実施。市内の高齢者を集め、鉢植えなどで野菜を栽培している。担当者は「農業体験をすることで、高齢者の健康につながってほしいという考えで始めた。参加者は手足を動かしながら話が弾んでいるように見えた」と説明する。

「農福連携」という言葉が注目を集める前から、農業と福祉を連携させていた自治体もある。武蔵村山市では、高齢者専用の農場「よろこび園」を1980年代から運営しており、高齢者の介護予防につなげている。

瑞穂町の担当者は「障害者や高齢者なので、できることとできないことはあると思う。他自治体の例を参考にしながら取り組みの拡大も検討したい」と話す。

武蔵野市

少子高齢化とインフラが課題

松下市長が初の定例会見

初の定例会見に臨み「市政運営の基本は対話」と自らの基本姿勢を述べる松下市長＝15日、武蔵野市役所で

武蔵野市の松下玲子市長が15日、市長当選後初の定例記者会見を開き、施政方針を発表した。市の重要課題として「老朽化したインフラや公共施設の整備」と「少子高齢社会への対応」の2点を挙げた。

インフラや公共施設の整備では、同市が今年、市制70周年を迎えたことに触れ、公共施設や道路、上下水道の整備を早くから進めてきたことから、「施設更新の時期を迎えている。老朽化対策は市民の安全・安心のためには必要不可欠」との考えを示した。

具体的な課題の一つが、老朽化した小中学校の統合だ。同市では公共施設の整備計画を策定しており、建築後60年を施設更新の目安としている。小中学校では、市立第五小学校と第五中学校が築後60年を迎え、更新計画を検討する時期となっているが、同市では邑上守正前市長の頃から小中一貫での義務教育の実施を検討しており、更新計画策定を延期している。同市の計画する小中一貫校のメリットは、小学校区での実施となるため1校の児童数が少なく、教員を手厚く配置できる。

一方で、これまで小学校が立っていた土地に一貫校を建設するため、施設が手狭になる可能性もある。松下市長は「教育的観点から見て有益だと判断できれば、小中一貫校の設立を進める」と話しており、今年度末に検討委が答申を提出する予定。市長は「最終的には答申を見て判断する」とした。

また少子高齢化対策については、合計特殊出生率が微増しているとしながらも、「将来を見据えて対策を講じる必要がある。安心して子育てができる支援策が必要」と述べた。

西東京市

小学校でプログラミング教育

アニメやゲームを自作

西東京市は15日から、小学校でのプログラミング教育を開始した。今年3月の小学校学習指導要領の改定で、小学校でのプログラミング教育が2020年度から必須となることを踏まえて試行するもので、市立八木沢小学校や芝久保小学校など7校で実施している。

授業は2時間構成で、1時間目は小学生向けのプログラミング学習ソフト「scratch」を使い、ソフトに登場するキャラクターの動きなどを自由に組み立ててアニメやゲームを自作し、2時間目でそれを発表する。人材育成会社の㈱VNS（港区）から講師を招き、ゲストティーチャーとして派遣することで、プログラミングの力の向上や楽しさを伝えるだけでなく、児童の論理的思考の育成を図る。

同市は児童だけでなく、教員の研修にもプログラミング学習の項目を増やすことを検討しており、担当者は「最終的には外部講師を招かずに教員自ら授業を考案できるようにしていきたい。技術革新が進む中で論理的思考を伸ばし、『生きる力』を養ってもらえれば」（教育指導課）と話している。

福生市

ヘルプバンダナを配布

災害時の障害者支援で

「目が不自由です」「耳が不自由です」と書かれた障害者向けの「ふっさ　ヘルプバンダナ」を福生市が作成し、配布している。災害時に避難所で身に着けてもらい、周囲に障害の種類や支援の必要性を知らせる狙い。千葉県浦安市などでは既に配布している実績があるが、多摩地域では初の取り組み。

バンダナは目立つよう黄色地で、目や耳の他にも「支援が必要です」「SOS」と四隅に書かれており、自分に当てはまるメッセージが周囲に見えるように腕やかばんに巻きつけて使用するほか、70㌢四方で綿製のため、けがをした時には三角巾としても使うことができる。漢字にはふりがながふってあり、子供や外国人でも使いやすくした。

同市はバンダナを1千枚作成し、市内の災害時備蓄倉庫や障害者団体などに配布している。担当者は「障害者は避難所で配給を受け取るのに苦労したり、重要な告知や放送が見られなかったり、聞こえなかったりするが、周囲もそれに気づく余裕もない可能性があるので、一目で障害があり、支援を求めていることが分かるデザインにした」（障害福祉課）と話す。

「ふっさ　ヘルプバンダナ」を紹介する市職員

島しょで「縁結び」ガイドブックを作成

都産業労働局

都産業労働局は9日、「縁結び」をテーマに島しょ地域の観光ガイドブックを作成した。

ガイドブックのターゲットは20～30代の女性。島しょ11島の有名な観光スポットや地元で親しまれているグルメの紹介に加え、2本の椿の枝が手を取り合っているように見える大島の「夫婦椿」や、参拝すれば子宝に恵まれるという三宅島の「笠地観音」など、各島のパワースポットを「縁結びポイント」として取り上げている。

今年から同局が力を入れている島しょ観光振興と婚活を組み合わせたツアー事業の一環として作成し、「ツアーをきっかけに出会ったカップルが結婚した時、思い出の地として再び訪れてほしい」（観光課）と期待する。

10日発売の『オズマガジン』のとじ込み付録としたほか、竹芝客船ターミナルや東京観光情報センターなどで無料配布している。

◆市職員を懲戒免職

調布市は10日、衣服を窃盗したとして神代出張所勤務の山地哲也主任（56）を懲戒免職にした。

山地主任は10月、新宿駅付近の衣料品店で衣服2点、計3万20円相当を万引きし、その場で逮捕された。山地主任は「1月に異動したばかりでストレスがたまっていた」と供述しているが、昨年6月にも窃盗で逮捕されて不起訴となっており、停職3カ月の処分を受けていた。同市人事課は「防犯タグを切り取って窃盗しており、判断能力が低下していたとは考えにくく、懲戒免職とした」と話している。

同市は再発防止策として、同日に全職員に対して事件の経過を通知。コンプライアンスの順守を求めた。

奥多摩へ行こう vol.1

青梅線に乗って

週末の早朝、奥多摩行きの電車に乗ると、違った東京の姿が見えてくる。

いつもは都市部の会社や学校に通う人などであふれる車内だが、それとは明らかに別の目的で奥多摩に向かう人々。本格的な登山者やハイキングに向かう親子連れ、カップル、大学生のグループ……。様々な人たちが乗車する様子は奥多摩の奥深さをそのまま表している。

奥多摩に向かう目的は登山やハイキングだけではない。水遊びやバーベキュー、温泉、ロッククライミング、サイクリングなど様々なアクティビティーが充実している。

一方、東京都内にあり、身近に感じる奥多摩だが、時間的には結構遠い。最も早い中央線のホリデー快速でも、新宿から奥多摩駅は1時間35分。通常の快速では2時間以上かかる。青梅駅からの接続が悪ければさらに30分ほど待たされる。それだけの時間があれば新幹線で長野県まで行き、北アルプスの山々に向かうことも不可能ではない。

だが、時間的には遠くても距離的な近さが心理面に与える影響は大きい。例えば登山で予定より下山が遅くなり、辺りが暗くなっても「都内だから」という安心感がある。北アルプスならこうはいかない。もちろん、余裕を持った登山計画は重要だが、身近に大自然が広がることが奥多摩最大の魅力だ。

そんな奥多摩は今、紅葉の真っ最中。これから冬を迎えるが、実は秋から冬、春にかけてが奥多摩の山々のベストシーズンでもある。標高が比較的低い奥多摩の夏は暑すぎる。百名山の名峰・雲取山や山岳信仰の山・御岳山、巨石の庭園・ロックガーデンなど、様々な顔を持つ奥多摩の山々。高尾山には行ったことはあっても、奥多摩の山に足を運んだことがない人は意外と多いが、懐の深さでいえば奥多摩が一枚も二枚も上手だ。

今年は2017㍍の雲取山の標高が西暦と同じアニバーサリーイヤーでもある。年内も残り少なくなったが、ぜひ足を運んでみてはいかがだろうか。

◇

人口1300万都市にありながら、緑あふれる奥多摩の山々の魅力を10回シリーズでつづる。

雲取山記念イヤーの今年は、こんなインスタ映えする看板も登場＝11月、鴨沢登山口にて

都小委

退職手当の見直し提案

交渉、21日再度ヤマ場

都と都労連は17日、小委員会交渉を開き、退職手当の見直しなどについて協議した。都側は、国が同日、見直しを閣議決定したことを踏まえ、見直し案を提案。基本額で最高支給率を43月に見直すとともに、調整額単価を引き上げる内容で、都側は「ギリギリの踏み込んだ案」と説明した。一方、都労連は「修正案・最終案であるかのような言い方は認められない」と反発し、更に踏み込んだ検討を要求した。

都側が示した退職手当の見直しは、基本額について、勤続35年以上で適用される最高支給率を現行の45月から43月に見直し、最高支給率に到達するまでの支給率を段階的に引き下げる内容。また、都独自の「調整額単価」は現行の1075円から1090円に引き上げる。国と同様、2018年1月1日以降の退職者から適用する。

都側の説明によると、12日の小委で見直しの考え方をシミュレーションとして具体的に示していたが、16日に行われた都労連の小委員会・専門委員会両責任者による拡大折衝で強い申し入れがあったことも踏まえて改めて検討を行い、見直し案をまとめた。具体的には、減額の幅は官民均衡を図る観点から国と同程度とした上で、職級間の職責差は現行通りとし、定年時の勤続年数が35年未満の職員にも考慮して、勤続年数が短い場合の引き下げ幅を圧縮するなど、「都の任用実態などを踏まえた内容」と説明した。

退職手当を巡っては、国が17日の閣議決定で、来年1月1日から平均3・37%（約78万円）引き下げる方針を決定。地方公共団体に対しても国の改正に準じて必要な措置を講じるよう、法に基づく「技術的助言」を発出している。

都側の退職手当の見直し提案に対し、都労連は「退職手当の見直しは、退職後の生活設計に大きな影響を及ぼし、全ての職員の生涯賃金の引き下げにつながるもの」として、「国と同程度の支給水準の引き下げは納得できるものではない」と真っ向から反発。ただ、労使交渉期間が限られる中で交渉継続を判断したことを踏まえ、都側に更に踏み込んだ再検討を求めた。

■都労連要求

また、都労連要求について、都側が「先日の団交で協議が継続となったことを踏まえ、どのような対応が取り得るのか、改めて一つひとつの要求について検討している」と説明したのに対し、都労連は「検討した要求への回答を示すこと。一つでも多くの要求事項の実現が労使合意できるよう求める」と迫ったほか、提案事項についても再考を求めた。

この日の交渉では、都側が「人勧の取り扱いも含め、全てを一体として解決することが都民の理解を得るためにも不可欠」と改めて強調。一方、都労連は「全てを一体として解決することに固執するのであれば、限られた期間の労使交渉により結論を出すことは困難」と反論し、対立が続いている。

労使はきょう21日、再度のヤマ場を迎える。

災害・地域医療を強化

広尾病院で整備構想策定

都病院経営本部

都病院経営本部は16日、「広尾病院整備基本構想」を策定した。同病院（渋谷区）の施設老朽化に伴う改築に当たり策定したもので、新病院が担うべき役割や機能に関して、都の方針を明らかにした。主に大規模災害発生時の医療機能の強化や、地域医療への貢献を盛り込んでいる。

災害医療では、首都直下型地震に備えた免震構造の採用、災害時の電力確保のため、自家発電機を整備する方針。加えて、被災者への医療スペースの確保にも力を入れる。現敷地で可能な容積率317%に対して210%程度にとどまっている容積率を最大限活用するほか、敷地内にある看護学校スペースを災害医療に転用できるよう一体的に整備するなどの工夫を取り入れる。

地域医療に関しては、主に少子高齢化の進行に伴う医療需要への対応方針を打ち出した。具体的には地域の医療機関が対応できる場合などに患者を受け入れる「地域貢献病床」を新たに30床程度確保する。

同病院は都立病院として唯一、「外国人患者受け入れ医療機関認証制度（JMIP）」を取得しており、都立病院の中で外国人患者数が最も多く、今後の訪日観光客数の増加も見込まれることから、外国人患者の受け入れも強化する。

同本部では2017年11月以降に基本計画の検討に着手し、詳細な整備スケジュールを詰めていく予定。

同病院の整備を巡っては当初、青山の国有地（「子どもの城」跡地）への移転を想定していたが、有識者による検討委員会が「地の利」を生かせる現在地での整備がより望ましいと提言したことなどを踏まえ、現地での建て替えが適切と判断した。

渋谷区の長谷部健区長のほか、北九州市、岡山県玉野市、青森県三沢市の代表者が投票宣言を行った＝16日、虎ノ門ヒルズで

五輪マスコット

渋谷区など「投票宣言」

12月7日に3候補発表

2020年東京オリンピック・パラリンピックの大会マスコットの最終候補3作品が12月7日に発表されることになった。

大会組織委員会は全国の小学校のクラス単位による投票でマスコットを決定する予定で、12月11日から来年2月22日まで投票を受け付ける。

組織委では16日、投票を促進するため、自治体による「マスコット投票宣言」を東京五輪の参画プログラムとして認証する取り組みも開始。この日は渋谷区など全国の4自治体が地域内の小学校に投票への参加を呼び掛けることを宣言した。

このうち渋谷区は全18校（229クラス）で投票参加を目指す方針。区では全児童にタブレット端末を1台ずつ貸与しており、「端末に配信されたマスコット案のデジタルデータを見て、協働学習用アプリで一人ひとりが自らの考えを表明し、クラスの意見を集約することができるのでは」としている。

組織委は来年2～3月にマスコットデザインを発表する予定。投票に参加した小学校のうち、抽選でマスコットやアスリートの訪問、シール・ピンバッジが当たる特典があるという。

「要求の前進を目指して全力で闘おう」と吉川委員長＝17日、中野区

特区連

国・都の介入・干渉遮断を

ヤマ場前に総決起集会

特別区の2017年度給与改定交渉が大詰めを迎える中、特区連は17日、区確定交渉のヤマ場に向け、総決起集会をなかのZERO（中野区）で開催した。

吉川貴夫委員長は冒頭のあいさつで、国の「給与制度の総合的な見直し」に伴う現給保障の終了や都の退職手当見直しに言及。「（都の見直し案は）役職段階が上がるほど削減率・削減額が縮小する幹部優遇の不当な内容だ。特別区にもその影響が懸念される」と批判するなど、「国・都による介入・干渉を遮断して、自主的・主体的な対応を求める闘いだ」と訴えた。

行政系人事制度の改正も焦点の一つ。吉川委員長は「人事委が労使交渉事項に介入する極めて不当な勧告を行ったことで、労使協議は大変厳しいものとなっている」と報告し、職級の切り替えに伴う切替昇任選考や新2級職（主任）の高位号給カット、級格付け解消について、「断じて容認できない」と語気を強めた。

労使は3月、係長職の拡大と新たな「主査」を設置していることで大綱合意しているが、吉川委員長は「検討・対応を具体化している区はないに等しい。各区任せで、2400人規模の係長職拡大が直ちに実現する保証は全くない」と指摘し、「制度改正に伴う不利益の強要は断じて容認しない」と自主的・主体的決着に向けた共闘を呼び掛けた。

総決起集会では、区長会に特区連要求に応えるよう求める決議を採択。ガンバローコールで奮闘を誓った。

清掃労組

「不退転の決意で臨む」

総決起集会で表明

清掃労組も17日、全電通ホール（千代田区）で総決起集会を開催し、組合員約420人が集まった。

集会の冒頭、桐田達也委員長は「現時点でも区長会は切実な要求に歩み寄る姿勢を見せていない」と批判。「厳しい状況に変わりはないが、日程ありきの交渉に応じるわけにはいかない。22日の始業時から1時間の実力行使を背景に、不退転の決意で今後の交渉に臨む」と決意を表明し、職場からの引き続きの結集を呼びかけた。

自治労都本部の座光寺成夫委員長は、都の給与改定について「退職手当法改正の国の動向を受けて引き続き協議となった」と言及し、清掃労組の闘いにも連帯して取り組む考えを強調した。

職場からの決意表明では、「行政系人事・給与制度の見直しに合わせて新しい業務職給料表を作成するとしながら、いまだに提示すらされていない」「低い賃金水準で、若年層は将来に不安を抱えながら働いている」「職場の実態を踏まえ、技能長職の拡大を判断すべき」といった声が相次いだ。

行政系人事制度と現業系人事制度の一体的な解決を目指すとする区長会は、21日の妥結を求めているが、労使の主張は平行線を辿り、緊張の度を増している。

要求実現に向けて奮闘を呼び掛ける桐田委員長＝17日、千代田区

磁石の誤飲調査

15%が「経験ある」

都生活文化局

都生活文化局は14日、小さな磁石の誤飲などに関する調査結果を発表し、小学校1～2年生と保護者1千人の約15%に「誤飲した」「誤飲しそうになった」という経験があることが分かった。このうち1歳が約4割を占め、8割以上が1～3歳までに経験していたという。

また、約3割が「誤飲などによる事故があることを知らなかった」と回答した。

事故の具体的な事例として、冷蔵庫のマグネットを飴のようになめていたり、ケーキの形をしたマグネットを飲み込んだりする事例が挙がった。約8割の製品に誤飲などの注意を促す記載がある一方、取り扱いに関する記載が一切ない製品もあったという。

同局では「安全に配慮された製品を選択して」「子供の手の届かない範囲で使用・保管してほしい」（生活安全課）と呼び掛けている。

鈴木 勝さん（すずき・まさる＝鈴木常義・都立水元小合学園副校長の父）15日死去、78歳。

退職後のリアル　しくじり都庁OBの教訓34

オール・アバウト・マネー⑦

まめなマスコミとの付き合い

本を書いたことが必ずしもストレートに講演依頼や雑誌への原稿依頼などにはつながらない。その間を媒介する新聞や雑誌、テレビなどの取材やインタビューなどがある。マスコミとのこまめな付き合いや露出効果によって知名度が上がり、その積み重ねが講演依頼など次の仕事へつながる。

テレビや新聞を中心とするマスコミの影響力の大きさは、講演依頼などで「先日テレビで拝見しまして」とか「新聞でのコメントを見て」というものが多いことでも分かる。マスコミなどへのこまめな対応の積み重ねが次の仕事のステップとなっていくことは間違いない。

そうしたチャンスがそうそうあるわけではないので、機会に恵まれるかどうかは運次第。しかし、思わぬところからやってくる些細なチャンスにアンテナを張って見逃さないことは必要だ。私の経験では、すぐに仕事に結びつかないことでも丁寧に対応しておくことが思わぬ効果を呼ぶことがある。

マスコミとの関係での様々なことについてのオール・アバウト・マネーについても、簡単に触れておくことにする。テレビなどは局によって多少の違いはあるが、番組参加で10万円、コメンテーターなどで5万円、専門家としてフリップなどで意見を述べることで2万～3万円、番組構成協力で1万～2万円程度である。

新聞雑誌はピンキリだが、大手紙は電話取材などで3千～5千円程度が多く、支局などの取材では謝礼がない場合が多い。雑誌のインタビューは1万～3万円程度で、知名度のある雑誌ではきちんと取材料が決まっていることが多い。

こうした数字は、あくまで私の経験なので、客観的なものであるかどうかは分からない。私の場合は立ち上げた研究所の広告塔の役割もあるので、無料でも一向に差し支えがない。

参考までに最近はやりのネット配信型のニュース原稿については、「読売オンライン」「朝日論座」などでは1本3万円である。また最近では「ヤフー個人」など同じネット配信でもアクセス回数比例支払い型のものもある。こちらは、テーマにもよるが少額でも息長く、5円、10円などの単位での振り込みがされ続けていて驚かされる。

（金子雅臣）

シドニーの教訓⑩

世界都市ランクが向上

シドニー五輪ではオリンピックパークから14㌔東に離れた中心市街地でも、オペラハウスをスタート地点としたトライアスロンなどの9競技が開催された。また、市内中心部に設けられた6カ所のライブサイトでは、競技、閉会式などの中継が放映され、150万人以上の人が訪れた。

更に、五輪ムードを市街地でも盛り上げるため、聖火のトーチの市内到着時の祝賀イベントなどが盛んに行われている。閉会式後にはオペラハウスのあるシドニー湾を中心に、大規模な花火が打ち上げられ、約200万人の観客が集まった。

中心市街地の通常の昼間人口は約50万人だったが、五輪開催期間中は40万人以上増加することを見込んでイベント準備や都市計画が行われた。五輪開催時に外国人観光客に快適に過ごしてもらうため、2000年までの6年間でシドニー市は約3億豪㌦をかけて市街地整備を進めた。主な取り組みとしては歩道の拡張や公共交通網の整備、見やすいデザインの標識の導入、歴史的建造物の改築・文化施設としての利活用などが挙げられる。

閉会式後にシドニー湾で打ち上げられた花火＝シドニー五輪公式レポートより

五輪開催まで世界の人々が抱く豪州のイメージは、カンガルーやコアラといった動物や、ヒット映画『クロコダイル・ダンディー』の主人公のような、教養が高いとは言えない素朴な人々が住む国といったものが依然として多かった。しかしシドニーは、海外企業誘致やMICEの開催環境整備などを行うことで、急速にビジネス都市としての地位を向上させるとともに、その様子を五輪の機会を通して世界に発信していった。

基準が異なるため安易に比較できないが、GaWC（Globalization and World Cities）の世界都市ランキングで00年にシドニーは格上だった独フランクフルトを抜き、米シカゴやロサンゼルスに近付いた。その後、08年には東京に次ぐ7位まで上昇している（最新の16年のランキングでは、上海やドバイなどに抜かれ、10位までランクを下げている）。シドニーは五輪効果を最大限活用し、都市総合力を向上させたのである。

（自治体国際化協会シドニー事務所＝都政策企画局外務部管理課　小松俊也）

※小松氏の報告はこの項でおわります

平成30年度▶

主任試験講座 －9－

統計資料の見方②

今回は、過去の出題傾向を参考に、統計の基礎知識の問題をいくつか演習します。

【問題 1】

統計データの分析に関する記述として、妥当なのはどれか。

① 代表値とは、分布を代表する値であって、分布上の全変数に関する代表値(計算による平均)と、分布上の位置によって決まる代表値(位置による平均)の二つがある。前者の例として算術平均、後者の例として中央値や最頻値がある。

② 中央値とは、集団の値を大きさの順に並べたときの、中央に位置している値をいう。中央値は、典型的な値を求めたい場合に有効な代表値といえる。

③ 標準偏差とは、データが平均値を中心にどの程度散らばっているのかを示す値をいう。標準偏差は、平均値に対する偏差の二乗和(平方和)の平均で定義され、学力試験の成績などを表す偏差値を求める際に用いられる。

④ 算術平均とは、変数の総和をその項数で割って計算される平均値をいう。算術平均は、極端な変数の影響を避けたい場合に有効な代表値といえる。

⑤ 最頻値とは、分布の峰に対する値をいう。最頻値は、峰が二つ以上ある分布の場合にも、有効な代表値となる。

【解説 1】 正答 ①

この問題は、職員ハンドブックの「第9章第3節の統計データの分析」の内容に関する知識確認のための文章問題です。用語の定義と性質を正確に理解していれば、正誤の判別ができます。また、それぞれについて、計算問題が出ても解けるように準備しておきましょう。

① 正しい。代表値は、集団の特徴を示す最も重要な特性値です。職員ハンドブックにも取り上げられていますが、代表値の中でもよく使われる算術平均、中央値、最頻値については、定義と公式を理解し、与えられたデータからそれぞれの値を求められるようにしておきましょう。

② 誤り。前半は中央値の性質に関する正しい記述ですが、後半は最頻値の定義に関する記述となっています。最頻値とは、分布の峰に対する値をいいます。

③ 誤り。前半は標準偏差の定義に関する正しい記述ですが、後半の「平均値に対する偏差の二乗和(平方和)の平均」で定義されるのは分散です。標準偏差は分散の正の平方根で定義されます。なお、偏差値に関しては正しい記述となっています。

④ 誤り。前半は算術平均の定義に関する正しい記述ですが、後半は中央値の性質に関する記述となっています。算術平均の性質としては、極端にかけ離れた数値があるとそれに引きずられてしまう、という点が挙げられます。

⑤ 誤り。前段については最頻値に関する記述となっています。最頻値は、峰が二つ以上ある分布の場合には有効な代表値とはいえません。

【問題 2】

次の表❶は、ある会社の社員150人からの月収を調べた結果である。この表から求められる分散として、正しいのはどれか。なお、計算結果は、少数点第1位を四捨五入するものとする。

① 35万円
② 75万円
③ 105万円
④ 145万円
⑤ 175万円。

❶

収入(万円)	度数f(人)	中央値(x)	f・x	f・x²
10以上20未満	10	15	150	2,250
20以上30未満	20	25	500	12,500
30以上40未満	40	35	1400	49,000
40以上50未満	50	45	2250	101,250
50以上60未満	25	55	1375	75,625
60以上70未満	5	65	325	21,125
計	150	―	6,000	261,750

【解説 2】 正答 ④

分散に関する問題は、平成25年度及び平成29年度に出題されました。

分散は、データが平均値を中心にどの程度散らばっているかを示す値です。分散はf・xの2乗の合計をfの合計で割り、算術平均の2乗を引いて求めます。算術平均は、f・xの合計をfで割ることで求めます『職員ハンドブック』642・643㌻。

したがって、(261750÷150)－(6000÷150)の2乗＝1745－1600＝145万円となります。

【問題 3】

次の表❷は、A県の一般会計の歳入予算の内訳を示している。平成28年度に対する平成29年度の県税の寄与率として正しいのはどれか。なお、計算結果は、小数点第一位を四捨五入するものとする。

① 14%
② 33%
③ －167%
④ －226%
⑤ －300%

❷ A県の一般会計の歳入予算内訳　(単位:百万円)

区分	平成29年度	平成28年度
合計	719,000	716,000
県税	302,000	307,000
地方譲与税	22,000	21,000
地方交付税	146,000	150,000
国庫支出金	121,000	110,000
県債	80,000	80,000
その他	48,000	48,000

【解説 3】 正答 ③

寄与率に関する問題は、平成26年度及び平成29年度に出題されました。

寄与率とは、各項目の増減が、全体の増減にどの程度の影響を与えたかを百分率(%)で表した値です。内訳項目の増減を全体の増減で除し、100を乗じて求めます『職員ハンドブック』674㌻。

全体の増減は、719000百万円－716000百万円＝3000百万円です。

県税は、対前年度と比較し、5000百万円の減となってしまったので寄与率は、－5000百万円÷3000百万円×100＝－167%(小数点第一位を四捨五入)となります。平成29年度には、実際の出題で寄与率がマイナスとなる出題が出されました。今度も注意しましょう。

【問題 4】

ある大学で英語のテストを行ったところ、平均点が55点、標準偏差は12点であった。学生Aの点数が65点であったとき、偏差値はいくつか。ただし、小数点以下第2位は四捨五入する。

① 58・3
② 60・8
③ 63・2
④ 65・6
⑤ 68・2

【解説 4】 正答 ①

偏差値に関する問題は、平成27年度に出題されました。

標準偏差はデータが平均値を中心にどの程度散らばっているのかを示す値です『職員ハンドブック』642・643㌻。

偏差値(T)は、各人の試験の点数をx、平均点をy、標準偏差をzとすると、$T=50+10\times(x-y)/z$という計算式で求めることができる。問題文中の数値をあてはめると、$T=50+10\times(65-55)/12=58.3333\cdots$となります。

平成30年度 09

カレントトピックス

経済事情

■英10年ぶり利上げ　(11月2日)

英中央銀行のイングランド銀行は2日、金融政策委員会にて政策金利を現行の0・25%から0・50%に引き上げることを決めたと発表した。利上げは、2007年7月以来10年4カ月ぶり。08年に起こった世界金融危機以降初めての利上げとなる。

英国が欧州連合(EU)からの離脱を決め16年6月以降、英経済の先行きが懸念されたことから、外国為替市場におけるポンド安が進んだ。輸入品の値上がり、原油高などの影響により、消費者物価指数(CPI)が政策目標から上振れする状態となっていた。

インフレ率の引き戻しを図るため、緩やかな金融引き締めとするとした一方、将来の利上げは緩やか、かつ限定的に進められるとの見通しを示し、時間をかけて取り組む。

米国とユーロ圏に続き金融緩和策の縮小にかじを切ったものの、EUとの離脱交渉の進み方で通貨安が再燃するリスクを抱えており、経済政策は難しい局面を迎えている。

■ベトナムとTPP大筋合意目指す　(11月7日)

茂木敏充経済財政・再生相は7日、ベトナムのチャン・ダイ・クアン国家主席とハノイで会談し、8日に同国のダナンで始まる環太平洋経済連携協定(TPP)の閣僚・首脳会合で大筋合意を目指すことで一致した。

2016年3月に署名に至ったTPPは、17年1月にトランプ米政権が離脱を表明した。その後、米国を除いた11カ国によるTPP11の協議は、日本と豪州が主導する形で進められてきた。

11カ国は当初の合意内容のうち、離脱した米国が要求した項目の一部を凍結して発効させる見込みだが、日本は凍結する項目をできる限り絞りたい考え。

10月末に新たに誕生したニュージーランドのアーダーン政権についても、TPP11に後ろ向きとみる声もあるが、合意に支障となる法改正の検討を開始するといった柔軟な姿勢も見せ始めており、交渉への期待感も高まっている。

■日経平均株価25年10カ月ぶり高値　(11月7日)

日経平均株価が続伸している。11月7日の終値は、前日比389円25銭高の2万2937円60銭となり、1996年6月26日に付けたバブル崩壊後の高値2万2750円70銭を上回った。92年1月10日以来、約25年10カ月ぶりの水準まで上昇した。

世界経済の回復を背景に、日本企業の業績が伸びており、時価総額上位銘柄を中心にまとまった買いが入った。当時と比較し、東証一部の時価総額は約8割拡大。自動車をはじめとする産業の時価総額増が目立っている。半導体、スマートフォン関連の市場拡大に伴い高い成長を続ける企業も多く、高い技術力を強みとして産業構造の変化に対応してきた成果が見られる。

一方、電力各社の時価総額は減少している。東日本大震災以降の原子力発電を取り巻く社会環境の変化、電力小売の全面自由化などにより厳しさを増す。

不祥事を起こした企業も低迷している。日本株が上昇を続ける中、企業価値を高められるかが大きな分岐となっている。

昇任試験対策のページ

平成30年度 主任・係長 論文講座 9

傾向と対策①

今回から3回にわたって、係長昇任選考における論文試験の傾向と対策について説明します。試験方法、出題テーマ、書き方などについて紹介しながら、今後の試験勉強への取り組み方についても随時説明していきます。

試験方法

係長昇任選考における論文試験の方法は、各区により詳細は異なりますが、基本的な部分はそれほど変わりません。そこで、本講座では、一般的な試験方法について説明していきます。自区の試験方法については、実施要項を確認の上、対応してください。

なお、近年、試験方法の見直しを行っている区も多くありますので、人事担当課の発信する情報は逃さないようにしてください。そして、新年度に発表される最新の実施要項を必ず確認してください。

試験時間

論文試験の時間は、2時間程度が一般的です。与えられた論文課題から出題の意図を酌み取り、論文の骨子を作り、相当の文字数の論述を行っていくというプロセスを考えると、2時間という時間は、思っているほど長くはありません。

時間配分の目安として、論文の骨子を作るまでに1時間程度、論述に50分程度、誤字の確認等に10分程度を見込んでおいてください。

試験時間内に、論文が完成しなかった場合は、内容がどんなに良いものであっても低評価となることは避けられませんし、制限字数に満たない論文については最悪の場合、採点の対象にならないこともありますので、時間配分は大変重要です。

時間配分対策として最も効果的なものは、過去の論文課題などを活用して、実際に手書きで論文作成を行うこと。つまり、本番のシミュレーションをして、時間配分を決めておくことです。

そして、試験本番では、論述を開始しようと決めた時間になったら、論文の骨子が不完全な状態であっても、書き始めるという決断も必要となります。

字数制限

字数制限は1千字から1600字程度で設定される区が多いようですが、中には1800字から2千字程度で設定される区もあるようです。論文の字数は、後述する論文の構成の選択にも関わってきますので、事前に把握しておいてください。

言うまでもありませんが、設定された字数制限は守らなければなりません。制限字数に満たない場合、採点されない可能性があることは、前述したとおりですが、制限字数を超過した場合にも同様の不利益があるものと考えてください。

また、〇〇〇字程度という指示がされている場合は、プラス・マイナス1割以内が許容される目安となります。なお、その範囲にあっても、答案用紙のマス目のない部分まで書くことは避けた方が良いでしょう。

出題テーマ

論文課題は、各区が直面している今日的な課題となっている事柄について、係長としてどのように取り組むかを問うものをテーマとして出題されます。

出題の方法としては、複数の論文課題が提示され、そのうち一つを選択する方式が多いようです。その論文課題は、大きく二つのパターンに分類されます。

区政の課題

一つ目は「課題もの」と呼ばれるものです。特別区は、「災害対策」「少子高齢社会対策」「環境問題」など様々な課題に直面しています。このような行政課題をテーマにするものが「課題もの」です。

また、このような特定分野の課題のほか、いわゆる「行政改革」をキーワードに、「効率的な区政経営」「事務事業の見直し・改善」「委託・民営化」「区民との協働」などをテーマに出題されることもあります。

実際には、「少子高齢社会と区民サービスについて述べよ」「区民との協働の意義について述べよ」というような形式で出題されます。

このような課題に対して、係長としてどのように取り組むかを述べていく必要があります。そのためには、日頃から社会・経済情勢や区政の動向などの情報を収集し、把握してほしいところですが、まずは区の総合計画や中長期の実施計画、主要な個別計画、区長の所信表明やプレス発表などを通して、最新の区政の課題と施策の方向性を押さえておくと良いでしょう。特に、新年度予算のプレス発表には、区の重要施策が凝縮されていますので、必ず入手し、熟読しましょう。

組織・職場の課題

二つ目は「役割もの」と呼ばれるものです。係長は係の運営責任者として、「組織の運営」「仕事・職場の管理」「職員の人材育成」など様々な役割を果たさなければなりません。このような日常業務の中で必要とされる係長の役割をテーマにするのが「役割もの」です。

実際には、「職場の活性化と係長の役割について述べよ」「多様化する区民ニーズに応えられる職員の育成について述べよ」というような形式で出題されます。

このような課題に対して、係長として取り組むべき「役割」を具体的に述べていく必要があります。日常業務の中で経験した具体的な事例を踏まえて論じることで、論文に説得力が生まれます。実際、「役割もの」の課題には、自身の経験を踏まえて書くことを指示することも珍しくなく、経験を重視していることがうかがえます。そのため、日頃から問題意識をもって職務に取り組むことが重要となります。

論文の構成

論文の構成には「序論・問題点・解決策・結論」のパートからなる4段構成と「序論・本論・結論」のパートからなる3段構成の2種類があります。

4段構成は、論文の中核となる問題点の指摘部分と解決策の提示部分が明確に区分されており、読みやすいというメリットがあります。しかし、限られた文字数では、各パートでの文字数も必然的に制限され、特に問題点と解決策の主張が浅くなってしまいがちです。また、問題点と解決策のミスマッチが生まれやすいというデメリットもあります。

一方、3段構成は、問題点と解決策を一つのパートで論じることにより、コンパクトにまとめることができるので、比較的文字数の少ない論文でも問題点と解決策に深みが出るというメリットがあります。しかし、本論部分の分量が多くなってしまうことにより、論旨が分かりにくく、読みづらいものになりやすいというデメリットがあります。

4段構成でも、3段構成であっても、内容が充実し、整った文章にまとめ上げれば、採点上の有利不利はありませんが、それぞれの特性を考慮し、文字数の多い区(1600字超)の場合は4段構成、少ない区(1600字以下)の場合は3段構成を選択してはどうでしょうか。いずれにしても、試験会場で構成を選択しているようでは試験時間内の論文完成は程遠く、合格は見込めません。事前に型を作っておいてください。

レジュメの作成

昇任選考における論文とは、与えられた課題について自分の意見や見解を述べ、採点者に理解してもらうための文章です。自分の主張を明確にし、的確な問題点の指摘と解決策の提示を行い、論旨を一貫させた上で、まとめ上げることが要求されます。

そのため、論文を書き始める前に、その骨子をまとめたレジュメを作成することをお勧めします。上司や先輩に論文の添削をお願いするときは、レジュメも見てもらうと、より質の高いアドバイスが期待できます。

評価のポイント

論文は、受験番号1～50番まではA採点者、51～100番まではB採点者のように、複数の採点者により採点されるのが通例です。同じ論文であっても、採点者により多少の点数の違いが出ることがないとはいえませんが、論文を評価する基本的なポイントは共通しています。

課題に即しているか

当然のようですが、論文というものは、出題された課題に合わせて書かなければなりません。試験に当たり、事前に論文を準備すると思いますが、出題された課題の条件等を無視し、準備した論文をそのまま書き進めても、望む評価は得られません。課題のテーマに合わせて修正していくことが必要です。

論旨が一貫しているか

論文は、序論から結論の決意表明に至るまで、論旨に一貫性がなければなりません。

序論の記述と問題点や解決策の主張に関連性のないものや、提示された解決策からは導き出されないようなことを結論で述べているものなどが散見されます。文章のつながりに注意するのはもちろんですが、各パートや段落の関連性にも十分配慮し、一貫性を持たせるようにしてください。

係長の立場で論じているか

係長昇任選考の論文試験ですから、与えられた課題に対して、特別区の係長として、どのように対応するかということを論じなければなりません。係の一職員としての事務改善レベルでは物足りません。また、政策論だけでは、逆に係長の権限を超えてしまいます。区政の最前線に位置する係の運営責任者としての立場で論じてください。

読みやすい文章となっているか

論文は、一読して論旨を把握できる読みやすいものが評価される傾向があります。1文が長すぎたり、修飾語が重ねて使われていたり、専門用語が多用されていたりする文章は、読みやすいものとは言えません。

読みやすい文章とは、極論すれば、予備知識のない人が読んでも理解できる文章です。もちろん、採点者は区政に関する知識を有していますが、内容がいくら良いものでも読みにくい文章では、その良さが伝わらないこともあります。読みにくさは、なかなか自分では気づかないものです。上司や先輩に添削指導をお願いし、率直な意見をもらうようにしてください。

具体性・主体性があるか

抽象論だけでは、論文に説得力が生まれません。具体的な問題点を指摘し、それに対する実効性のある具体的な解決策を提示する必要があります。

このような具体的な解決策を論じるために重要なことは、日常業務における問題意識と、それに対する一つひとつの行動の積み重ねです。採点者は記述の良しあしだけでなく、論文から浮かび上がる皆さんの仕事ぶりにも目を向けていることを意識して、日常業務に励んでください。

次回は論文の序論について説明します。

特別区係長選考

Art・Essay&Opinion　アート・随筆・オピニオン

しずかちゃんという母性

「THE ドラえもん展」開催中

『ドラえもん』とは、母性の欠如から始まる物語だ。出来の悪い主人公・のび太に母親は容赦なく、ヒステリックに罵声を浴びせるだけで、息子のピンチには何の役にも立っていない。そこに突如、未来からタイムマシンに乗った猫型ロボットのドラえもんが現れ、母親の代わりにのび太を育て直すのだ。

ドラえもんは、欠けている母性を埋める役割を持っている。しかし、設定上は男子なので、この物語はヒロインである源静香（しずかちゃん）の役割が大きくなる。

「あんなこといいな 出来たらいいな」村上隆

■源静香の存在感

28組のアーティストが「あなたのドラえもん」を描いた「THE ドラえもん展」が六本木ヒルズ森アーツセンターギャラリーで開催されている。

同展の監修者は、明治学院大学教授の山下裕二氏。2002年から06年にかけて、全国13会場を巡回した「THE ドラえもん展」の続編ともいうべき企画だ。この15年、日本は東日本大震災など激動に見舞われたが、ドラえもんのキャラクターは健在で、今もテレビなどで活躍を続けている。

今回は、28組のアーティストに「あなたのドラえもんをつくってください」と呼び掛け。ジャンルを超えた独創性豊かな現代アートが集まった。

『ドラえもん』と言えば、ドラえもんとのび太が主人公だが、今回、内覧会を見学して目立ったのはしずかちゃん。物語では毎度、お風呂をのぞかれてしまう悲運なヒロインである。

鴻池朋子（美術家）の「しずかちゃんの洞窟（へや）」は、牛皮を縫い合わせた縦5㍍横12㍍のキャンバスに描いた油絵で、裸のしずかちゃんが何者かに食われようとしている。ドラえもんやのび太など、他のキャラクター（男子）も描かれているが、しずかちゃんに気を遣っているのか、みんな、目をつむっているのが微笑ましい。

会田誠（美術家）の「キセイノセイキ～空気～」は、お風呂で透明な何者かがシャワーを浴びている絵である。果たして誰がシャワーを浴びているのか、どこにも解説は書かれていないが、子供の頃に『ドラえもん』のアニメやコミックに親しんでいた昭和生まれのオトナの男子は、しずかちゃんしか思い浮かばないのではないだろうか。

『ドラえもん』の映画37作の中から1作を選んで制作を依頼した作品の一つが、坂本友由（画家）の絵画「僕らはいつごろ大人になるんだろう」。映画『のび太の宇宙小戦争（リトル・スター・ウォーズ）』をモチーフにした作品だが、大人になったしずかちゃんが水浸しになって、ミニチュアの街に現れた構図だ。ミニスカートのしずかちゃんの足元に小さなドラえもんの頭が見えるのが、この絵の肝である。

「しずかちゃんの洞窟（へや）」の前で撮影に応じる鴻池朋子さん

ドラえもんとのび太の冒険には、しずかちゃんが欠かせない。ドラえもんの四次元ポケットから繰り出される「道具」がハードだとすれば、ソフト面で物語の母性を支えているのが、しずかちゃんの存在だ。現代美術の若い新鋭作家たちも、そんなしずかちゃんの母性にインスピレーションを感じていたのだと思うと、『ドラえもん』の息の長さと幅の広さを感じる。

■藤子先生を探せ

しずかちゃんの話題ばかりでは怒られてしまいそうなので、同展の見どころも紹介したい。会場の入り口を入ると、最初に目に入るのは、村上隆（アーティスト）の描いた3㍍×6㍍の巨大な絵画。ドラえもんのキャラクターたちが集まったこの絵は、撮影OKだそうだ。絵には2カ所、原作者の藤子・F・不二雄さんもいるから、ぜひ探してみてほしい。

そんなことを言われて、一生懸命、藤子先生を探していたら、ここにもお風呂をのぞかれたしずかちゃんが描かれていた。皆さん、お好きですなあ。

◇　◇

▼会場　六本木ヒルズ森アーツセンターギャラリー（六本木ヒルズ森タワー52階）▼会期　2018年1月8日㈪㈷まで▼時間　午前10時～午後8時（火曜日は午後5時まで）▼観覧料　一般1800円、中学・高校生1400円、4歳～小学生800円▼主催　テレビ朝日、朝日新聞社、ADK、小学館、シンエイ動画、小学館集英社プロダクション、乃村工藝社、森アーツセンター

（編集部）

都市のレガシー　五輪開催3都市を巡って ③

バルセロナ②

欧州最大級の観光都市に

開催準備は「無駄なものは作らない、すぐ市民が使えるものを」というコンセプトで、海岸の整備や都心と海岸を分断する高速道路の半地下化、スラムの解消など、市民にとっても街のイメージを一新できる都市インフラの整備や改良に重点を置いたことが功を奏したといえる。

それに加えて、自分たちが長年夢見た大会開催ということで、市民にプライドと参加意識を強く持たせたことも成功要因であると言われている。

IOCが招致段階で市民の支持率を重視しているのも、開催都市の市民が受け入れ、参加してくれなければ道路や公園などの一部を封鎖して行う都市全体を巻き込むメガイベントの成功はあり得ないからであろう。

バルセロナの人々は、街を良くしてスペインの「ルーズなラテン」というネガティブなイメージを刷新しようとし、オリンピックの発祥地・ギリシャに敬意を示しつつ、地中海で開催される大会を強くアピールした。

その結果、海辺を取り戻し、地中海リゾート都市のイメージを世界に発信することに成功したわけである。

持続可能な都市づくり

先の国連環境サミットが開催された1992年を境に、欧州連合（EU）は持続可能な都市政策の形成と展開に傾注していく。その基本思想は「狭い欧州、川や陸域を共有し、他国に迷惑をかけずに一緒に発展していくこと。そのため、自然、経済、社会、文化的な環境の持続可能性を重視する」である。この考えを土台に、バルセロナの都市開発戦略は以下の通りとなっている。

①部分から全体へ

大会以前は小規模な広場・公園といった公共空間の改良から始め、大会開催を契機に民間セクターも含めた開発の量的な拡大を図る。

②質を確保した上での量的な発展

小規模なデザインのものから大会開催による大量投資を契機とした大規模な都市開発まで、質を維持した上での量的な拡大を目指す。

③難しいところから始める

住民の合意形成の取りにくい場所から改善していく。具体的には、環状道路整備や空港の拡張計画等の実施などである。

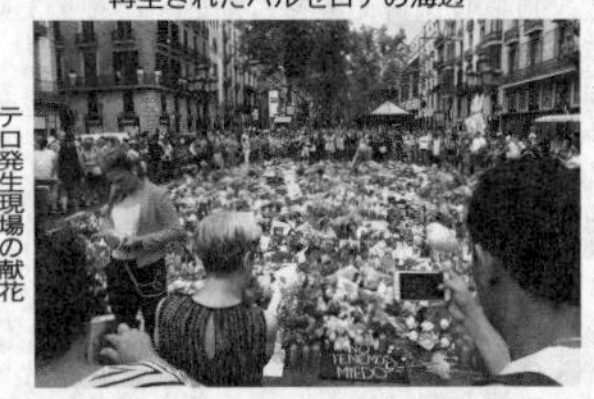

再生されたバルセロナの海辺

これらを市長の強いリーダシップのもと、大会後も継続的に都市のイノベーションを実施し、次から次へと新しい魅力を創出し続けている。

この成功はバルセロナ・モデルと呼ばれて高く評価されており、99年にRIBA（英国王立建築家協会）から市にゴールドメダルが授与されている。

このような取り組みの結果として、人口160万人の市に大会時は25万人が訪れ、90年に170万人の観光客が、95年には300万人、2006年には670万人と右肩上がりで増え続け、今では年間2700万人と欧州最大級の観光都市に成長している。

ランブラス通りでのテロ

私の25年ぶりのバルセロナ訪問は、テロ発生の2日後に日本を経つという日程となった。

連日のようにテロのニュースが流され、観光スポットにも多くの警官が張り付いていた。主犯格の男の逮捕までは、空港や主要幹線道路で検問も実施されていた。

また、ランブラス通りの中心広場では、追悼の献花やろうそくが大量に置かれ、毎日人々が祈りを捧げ、サグラダ・ファミリア教会では、国王も臨席する緊急追悼ミサも開催された。その同日の夕方、ランブラス通りの路上ではミュージシャンが集まり、『STAND BY ME』のような名曲を一緒に歌う追悼コンサートが開催されるなど、不要な混乱を避けて犠牲者を追悼し、犯人の早期逮捕により「テロに屈さない強い都市」という姿勢を常に示し続けていた。

私たち家族は、バルセロナに向かう機中で正直とても不安であった。しかし、現地入りしてテロに立ち向かう強い都市の姿を見ていると、次第に不安は解消されていき、特に偶然出くわした路上コンサートの輪に入って、世界中の観光客と一緒に歌を口ずさんでからは、国や人種を超えた心のつながりに感動するとともに精神的にも楽になれた。

テロ発生現場の献花

観光を主要産業としている都市にとって、テロの発生は致命傷であり、国や市の迅速な対応と市民の冷静な反応は、現地にいたからこそ知ることができた貴重な経験であった。

（都都市整備局　長谷川昌之）

副知事人事ノート

都政研究元主筆　大塚英雄　第20回

鈴木副知事の登場③

東龍太郎知事は、第1次選考で4人に絞った副知事候補を1人ずつ知事室に呼んで面談した結果、ともかく太田園・総務と羽田恵助・民生の2人に絞り込んだ。この個別面談を行うまで4人とは一面識もない東がどんな話をし、何を基準に判断したのかは定かでないが、都議会各派や幹部職員の受け止めは「ごく常識的な判断」との評価だった。実力が伯仲した時には無難な手法に限る。第一、20分や30分面談したところで、4人の一長一短などを的確に把握できるはずがないからだ。

しかし二者択一、候補者を1人に絞ることになって、東ははたと行き詰まった。東知事は6月10日の臨時会開会を2日後に控えた8日、都議会の正副議長や各派幹事長に対し、「明日の昼までに候補者を報告する」と刻限まで告げて連絡したものの、最後の決断を下すことができず、「1日延ばしてほしい」と議会幹部に頭を下げるはめになった。

そして、その結果、東が下した断は「太田園副知事」だった。当時は「ナゾの1日」と関係者の間で話題になったものだ。キャリアで劣る羽田は議会局長経験者で、太田に比べて議会内には羽田びいきが多い。当時、「日刊都政新聞」の取材記者だった僕は、この時の副知事人事の動向をつぶさに取材し、その時の取材メモを今でも大事に持っている。太田、羽田にも連日会って話も聞いている。

ぼくの取材感覚では最後まで客観的に「太田優位」で変わらなかったが、議会も含め、庁内の雰囲気はその逆で、「羽田優勢」だった。取材中に羽田から聞いた話だが、多数の有力議員から「あんたで間違いない」との電話がかかってきたというし、ある日刊紙の親しい記者から発表前日の夜遅く、「決まるまで活字にしない」という前提で、「抱負を聞きたい」と取材の申し込みまであったという。

したがって、東知事の決断が1日延びた裏に「羽田優勢」をひっくり返す画策があったのではないかとのうわさもまことしやかに流れた。しかし、東には副知事を太田にしなければならないしがらみがあったとは思えないし、議会筋から「なにとぞ羽田を」と言われる親しい議員がいたとも考えられない。

東は4年後の2期目の副知事選任の際、自民党有力筋から公然と特定局長に差し替えを求められた時、「知事の補佐役である副知事は、私のこの目で選ぶ」と、きっぱり言い切り、信念を貫いている。

こうした事実をたどると、東が誰かに言われて羽田から太田に乗り換えたということは到底考えられない。ただ、当の太田が残したメモを基に没後、息子が出版した著書『道ひと筋』には、こう書かれている。「東さんは東大医学部時代親しかった小山武夫衛生局長の意見を参考にされたのではないか」

昭和42年に美濃部知事が登場して事務系にスイッチするまで、都の衛生局長は厚生省の方針もあって医師を起用するのが慣例になっていた。太田は小山局長時代にその下で総務部長を務めていたことがあった。その小山は補佐役の太田を高く評価していた。そのことを指したものであろう。（敬称略）

都政新報

発行所　都政新報社
〒160-0023 東京都新宿区西新宿7-23-1 TSビル
〈総務・読者〉03-5330-8781
〈企画広告〉03-5330-8784
〈編　集〉03-5330-8786
〈出　版〉03-5330-8788
〈ファクス〉03-5330-8808
購読料 月1,730円(税込)
毎週火・金曜日発行
ただし、祝日は休刊

紙面から

都入札監視委

1者入札中止が約2割

有識者で構成する都入札監視委員会制度部会（部会長＝楠茂樹上智大学院教授）の初会合が22日に開かれ、財務局が入札制度改革を試行した8月から10月までの入札案件290件のうち、改革の柱の一つである1者入札中止が対象案件（204件）の約2割を占めたことが明らかとなった。同部会は、入札制度改革の効果や弊害を検証し、来年3月に報告書をまとめる予定。都は「必要に応じて見直していく」との考えを示している。

制度部会　制度改革の効果と弊害検証

都の入札制度改革は、1者入札禁止や予定価格の事後公表、JV結成義務の撤廃などが柱で、財務局は8月の開札、その他の局は10月の公告などから試行を開始した。

8～10月の財務局対象案件204件のうち、1者入札による中止は39件に上った。豊洲新市場の追加対策工事の不調が影響し、同工事に関する入札12件中、落札は2件にとどまっている。残り10件の内訳は、1者以下入札と辞退がそれぞれ4件、予定価格超過が2件。

契約業務を担う都職員の一人は「良い方向に進めるのが改革だが、結果として失策になっている」と顔を曇らせた。

部会で楠部会長は、入札不調や1者入札の件数などの評価に対し、「データだけが独り歩きして、実態とは違う評価につながる危険がある」と述べ、慎重に行う必要性を訴えた。

入札監視委制度部会で意見を述べる楠部会長＝22日、都庁第一本庁舎で

都の入札制度改革で、中小の建設業界などから特に問題視されているのが1者入札禁止だ。建設系の中小企業で構成する団体幹部は「都では競争相手が見えにくい電子入札を行っており、競争性が確保されているのに1者入札禁止は改悪でしかない」と吐き捨てた。

今回の入札制度改革の背景には、豊洲新市場の主要3棟の施設整備でいずれも予定価格の99%で大手ゼネコンを代表とするJVが落札し、1者しか入札しなかったことなどがある。都財務局は「より多くの業者に入札に参加してもらうのが今回の見直しの趣旨だ」と説明する。

国は1者入札の場合でも契約を締結するが、なぜ入札業者が1者にとどまったのか事後分析し、入札制度の改善を図っているという。

■事後公表の良しあし

一方、予定価格の事後公表も入札不調の大きな要因となっており、8～10月の財務局案件では入札不調が31件だった。

1者入札で落札率99%となる入札結果があったことを受けて導入した事後公表だが、建築関連の団体役員は「事後公表は建築資材の数量を推測しようがない。入札に当たり、適正な判断ができるデータを出してもらわないと落札はできない」と指摘する。財務局も「予定価格の事後公表は良い、悪いという議論の余地はある」と受け止める。

一方、予定価格の事前公表は、これまで都が導入していた制度だが、業者が予定価格を聞き出そうと職員と接触する機会がなくなり、不正防止に役立つという。企業からは事前公表に戻すよう求める声も出ているが、都財務局は事前公表の課題として、「予定価格に一定率をかければ、最低制限価格の一定のラインが分かってくる。適正に積算した業者が駆逐される恐れがある」と危惧する。

■入札希望者が増加

都財務局の契約案件は、これまで、6億円以上の建築工事や5億円以上の土木工事などでJVの結成義務を規定していたが、試行的に撤廃した。この結果、結成義務のあった16年度は入札を希望する業者が平均2・5者だったが、撤廃後は4・8社に増加。財務局の担当者は「これまでJVの入札参加者は増えていなかった。JVでは手が上がりにくい要因になっていたのではないか」と分析する。

中小の建設会社はJV結成義務の撤廃に異論を唱えている。ある企業は「都の場合、これまではJVを組んで受注すると施工実績が上がり、次の工事を入札する際、落札しやすくなる一面もあった。JVを組めなくなるのは死活問題だ」と肩を落とした。

別の企業は人材育成の課題を挙げる。「中小企業は技術力が大手に比べて劣る。大手と一緒に仕事をすることは技術力向上に役立っていた。中小企業泣かせの見直しは悩ましい」と漏らす。

入札制度監視委員会制度部会は来年3月に報告書をまとめ、同委員会に報告する。都は2018年度に業界団体のヒアリング、都政改革本部の意見を踏まえ、必要に応じて制度見直しに着手する考えだ。建設業界の団体職員はこう要望した。「業者が適正な価格で落札し、品質を確保することで好循環につながるのが理想。それに近付ける入札制度にしてほしい」

不調案件で再募集　予定価格4割上げ
豊洲追加工事

都財務局は20日、豊洲新市場の土壌汚染追加対策工事について、先月30日に入札不調となった4件中3件の再募集を開始した。残り1件は今月13日～17日に再募集済み。入札不調時に、業者の入札価格と都が事後公表した予定価格（落札上限額）に乖離があったことから、今回はいずれも予定価格を事前公表とした上で、前回比で約4割予定価格を高めた。

今回再募集したのは、豊洲新市場5～7街区の地下水管理システム機能強化工事。先月の入札不調時には、5街区（青果棟）と7街区（水産卸売場棟）の案件で、希望業者の入札価格が予定価格を超過し、辞退。6街区（水産仲卸売場棟）では、全参加業者が入札せず辞退した。

前回の業者との価格差を踏まえ、今回は予定価格を大幅に引き上げた。上げ幅は▽5街区が1億5597万円（1・39倍増）▽6街区が1億6318万円（1・42倍増）▽7街区が1億7666万円（1・42倍増）――とした。ただ5街区、7街区ともに、今回の予定価格でも前回業者が提示した入札価格を下回っており、落札されるかは不透明だ。

募集期間はいずれもきょう24日までで、開札日は12月11日。工期は来年7月2日とした。

五輪組織委員会
副事務総長に山本前副知事
都庁出身者を2人に拡充

五輪組織委員会の武藤敏郎事務総長は20日、山本隆前副知事を副事務総長に起用する人事案を明らかにした。副事務総長は1増の5人体制となる。今月29日の理事会の承認を経て、12月1日付で常勤として就任する見通し。

山本氏は財務・広報のほか、総務部門のうち人事・機構・ボランティアを除く業務を担当することが想定され、都と組織委のリエゾン役を担うことになる。山本氏は副知事時代に五輪準備を専任。組織委は「IOCや国、関係自治体とも幅広い人脈がある」として、大会経費の縮減や対外発信でリーダーシップの発揮を期待している。

組織委の副事務総長は現在、元文部科学省スポーツ・青少年局長の布村幸彦氏、元都副知事の佐藤広氏、UDトラックス㈱元社長の坂上優介氏、日本政策投資銀行出身の古宮正章氏の4人。組織委は最終的に8千人規模の体制になることから、武藤事務総長は「5人で多いということはない」としている。山本氏は昨年6月から副知事を務め、今年10月に退任。都庁内には当初から、「副知事退任後は佐藤氏との交代で組織委の副事務総長に就任するのでは」との見方が出ていたが、都人材支援事業団理事長に就任した。総務局などによると、同理事長としての進退は「調整中。組織委での業務内容が確定した時点で判断することになる」という。

組織委はまた、スポーツ局長代理のポストを新設し、㈱アシックス元社長の土方政雄氏を起用。室伏広治局長が海外出張の業務が多く、国内業務で局長不在になる期間が多いため、体制を強化する。都庁内には「スポーツ界に強いので、競技施設の見直しで競技団体から反発が起きても抑えられる」という見方がある。就任は12月1日付。

国保運営方針を答申　統一保険料は見送り
都国保連協議会

都国民健康保険運営協議会（会長＝土田武史早稲田大学名誉教授）は21日、2018年度～21年度までの運営方針を小池知事に答申した。都は答申を受け、12月1日開会の第4回定例都議会に国保関連の条例案を提出する。

来年4月から運営主体が都道府県に移行するのに伴い、都は都内自治体との協議の結果、62区市町村の統一保険料の導入は見送った。都内では、1人当たりの医療費が最高の新島村が約40・9万円に対し、最低の小笠原村が約20・2万円となり、約2倍の開きがある。答申では、医療費水準の低い自治体が、一律の保険料を課された場合、負担が増えるため、直ちに統一保険料を目指すことは困難と結論付けた。

62区市町村の統一保険料に関しては、「医療費適正化や収納率向上を推進する中で将来的には保険料水準の平準化を目指す」ことを掲げた。

国民健康保険は加入者の保険料と公費で賄っているが、不足分は区市町村が一般会計から繰り入れている。一般会計の繰り入れは給付と負担の関係が不明確となる課題があり、「（一般会計の繰り入れは）計画的、段階的な解消が図られるよう取り組む必要がある」と指摘した。

土田会長は国保制度の在り方に関し、「都道府県が運営しても抜本的な解決にならないが、国民皆保険を維持して（医療サービスの）供給は平等にするというシステムを維持していく」と必要性を訴えた。

都政の東西
汗と風

12日に執行された葛飾区議選は、小池知事率いる都民ファーストの会にとって、区議会への勢力拡大の試金石となる選挙だったが、結果は惨敗に終わった。同党で当選したのは元民主党区議で、地域での活動実績がある候補者で、新人候補4人は全員落選した。

他陣営の選対幹部は「それまで回っていない地域に投票2日前に来て演説している姿を見た。遊んでいるみたいだった」と同党の選挙戦を表現。落選した同党候補者の一人も「支持を広げきれなかった」と自省していた。だが、他区の区議は「小池ブームが去ったのだから当然の結果」と言い切る。

旋風が止んだ一方、都ファの公認候補を取り消された無所属区議や、離党した都議が支援した2人はともに当選。また、動画サイトやSNSで毎日のように主張を発信していた新人候補も、その内容が過激だったにもかかわらず当選している。衆院選や知事選などの常連もおり、空中戦で当選した議員は少なくない。

「地方議員の選挙はどれだけ足を動かし、握手をしてきたかで結果が決まる」。同選挙を取材する中で複数の候補者から聞いた言葉だ。地方議員は、住民からの意見を吸い上げて行政の機能をチェックし、地域の歯車を回していく役割を負っている。顔の見える関係で住民の声を拾い上げ、行政に届ける力のある候補者が選ばれるのが望ましい姿だろう。だが、地方選挙でも風の影響や、分かりやすく情報を発信した候補が当選している。

議員は実績を積み上げてこそ存在価値がある。区政との両輪を回す力量があるか、議員にも行政や住民からチェックが入っていることを常に意識する必要がある。

到来超高齢社会
「東京モデル」いざ世界へ②

コミュニティー
認知症対策 地域に開いて

「オランダやデンマークには、高齢者の集合住宅的な『認知症ハウス』がある。非常に参考になる」。8日、都で開かれた第1回超高齢社会有識者懇談会で、医師でNPO法人日本医療政策機構代表理事の黒川清座長がこう発言した。

ディメンシア・ビレッジ―。オランダの首都、アムステルダム郊外にある認知症向け介護施設（施設名「ホフヴェイ」）の別称だ。直訳すると「認知症村」。名前の通り、最大の特徴は施設全体で一つの村を形成していることだ。

同施設の総面積は約1・5㌶。甲子園球場のグラウンド面積よりもやや広い規模で、住居に加え、スーパーやカフェ、美容院、劇場なども建ち並ぶ。施設の外とは居住棟で区切り、入居者の徘徊を防ぐ構造としている。まさに一つの「村」なのだが、これらの施設は全て介護施設の職員が運営。認知症の人もできる限り普通の暮らしが送れるよう、同国の介護施設のヘルパーらが1990年代前半に構想を練り出し、2009年に開設した。

8日の会合では、委員からこのディメンシア・ビレッジへの言及が相次いだ。医療政策が専門で日本医療政策機構事務局長の乗竹亮治委員は、「ディメンシア・ビレッジには社会的なつながりがあり、認知機能の衰えが減少していく。天寿を全うできる」と発言。

建築学が専門で明治大学教授の園田眞理子委員は「『街で』ではなく、『街を』ディメンシア・ビレッジにすると（施設内外の）境界線が消える」と述べ、囲い込み型の施設ではなく、開かれた形にする必要性を訴えた。

■「社会参加」軸に

園田委員の指摘のように、高齢者施策の中心課題である認知症対策を巡っては、地域コミュニティーとの関係性が焦点になる。施設入所のみではなく、いかに住み慣れた地域での暮らしを維持できるかが問われるからだ。

16年の都内認知症高齢者数は推計約41万人で、見守りなど支援が必要な認知症高齢者数は同31万人。25年にはそれぞれ56万人、42万人となる見込みだ。

これだけの数の認知症高齢者をどう支援するか。キーワードの一つが「社会参加」だ。趣味やスポーツ、自治会など社会参加の割合が高い地域ほど、高齢者の認知症やうつ、転倒のリスクが下がることが科学的に実証されている。

社会参加を推進する課題には、退職後に引きこもりがちな高齢者をどう活動の場に呼び込むかがある。特に、女性よりも男性の方が引きこもるケースが多く、中でもサラリーマン勤めだった人の割合が高い。都福祉保健局によると、手に職がないことに加え、現役時に地域との関係が希薄だった人が多いためという。

都が15年に実施した調査では、社会参加の質問項目「1年間に行った地域活動状況」で、高齢者の実に5割が「活動していない」と回答している。

「我が事のように考えてほしい」。今月16日に立ち上げた都の超高齢社会対策検討本部で、本部長の川澄俊文副知事はこう述べた。関係各局のメンバーに、退職後の自分を想像して対策を検討するよう、訴えた格好だ。都福祉保健局は「高齢者が主体的にやる気を出す仕組みをどう作るかが課題。活動に1回だけ参加して長続きしないケースも多い」と話す。

「高齢化が加速することは明らかな事実。実際に現場を見て、設計図作りを進めていきたい」。小池知事は9月12日、多摩地域の介護施設を視察後にこう語った。福祉保健局は現在、次期高齢者保健福祉計画の改定作業中で、年度末に計画をまとめる。高齢者人口の1割強を占める認知症高齢者をどう地域社会につなぎとめるか。実効性のある政策立案は急務だ。

認知症対応型介護施設で体操する高齢者。地域社会とのつながりの確保が課題だ＝9月12日、調布市

冗句ジョーク

都庁舎におけるサービスロボットの実証実験

職員A「今日は同じロボットと3回会った。私と行動パターンが似てるのかな？」

職員B「最近のは学習機能付きだから、次はロボットの方から避けてくるよ！」

民泊条例

規制項目　各区に特色

世田谷区　住専地域土日祝のみ
文京区　一部商業地域も制限
中野区　住専一部を規制せず

来年6月15日に住宅宿泊事業法（民泊新法）が施行され、民泊が合法化されることを受け、23区で規制条例の制定に向けた動きが加速している。新宿区と大田区が第4回定例区議会に条例案を提出するのに続き、世田谷、文京、中野の3区が条例骨子をまとめ、来年の第1回定例区議会への条例提案を目指す。条例の焦点となっている規制区域の考え方と規制期間は、いずれの区も異なる内容で、各区の特色が表れた格好だ。一方、新宿、大田の先行2区では、条例施行に伴う指導監督に向けた人員の確保が新たな課題となっている。

＝3面に関係記事

先行2区は人員が課題に

民泊新法の施行を前に、民泊営業を行う事業者の届け出が来年3月15日からスタートする。このため、届け出事務を実施する各区では規制条例の制定作業が急ピッチで進んでいる。

世田谷区は20日の定例会見で、条例骨子案を発表し、ホテルや旅館が建設できない住居専用地域では、祝日を除く月曜から金曜まで平日の民泊営業を禁止する方針を明らかにした。

同区は6月に外部委員会を設置して条例検討に着手。住民生活への影響と観光振興の観点から、区民の目が届きやすい土・日・祝の営業を認めることにした。住居専用地域は区の面積の約78％を占め、営業可能日数は124日間となる。

保坂展人区長は「観光面では宿泊施設が限られる反面、穏やかな住環境は区のブランドでもある。バランスに苦労した」と語った。

一方、より規制色が強い条例を検討しているのが文京区だ。住居専用地域や住居地域とともに、準工業地域などホテルが建設可能な用途地域を規制対象とし、営業可能期間を土・日の週2日間に制限する。規制区域は区面積の7割を占めるという。

また、用途地域とは別に、特別用途地区の文教地区も同様に週2回に規制する。文教地区の一部は商業地域や近隣商業地域なども含まれており、近日中に規制面積を調査する考え。

区アカデミー推進部では、「住専地域と住居地域、準工業地域のエリアはいずれも閑静な住宅街で、用途地域による区別は難しい。民泊の適正な運営には生活環境の悪化を防ぐ取り組みが不可欠」と指摘する。

これに対し、中野区では、住居専用地域を祝日を除く月曜から木曜まで営業可能とした上で、駅から一定の範囲内では住居専用地域も規制の対象外とした。22・23日に開いた区民意見交換会を踏まえ、詳細を検討する方針だ。

同区は住居専用地域が面積の約7割を占めており、宿泊施設の建設可能なエリアが少なく、観光振興に向けて宿泊需要の受け皿拡大が課題となっていた。区都市政策推進室では「民泊の適正な実施にはアクセルとブレーキが必要。地域イベントが多く行われる金・土・日・祝日を営業可能にすることで地域交流を進め、民泊の良い部分を引き出したい」と語る。

他方、第4回定例区議会に条例提案を予定する新宿・大田の先行2区では、新たな課題が浮上している。

民泊営業を金・土・日曜に限定する新宿区では、届け出事務の処理に向けた人員体制を挙げる。区健康部では「現状で区内に約4千カ所の違法民泊があると言われている。法の網に乗せるため、全ての事業者の届け出を受け付け、適切な運営を指導監督するためには、人員の増強は欠かせない」と指摘する。

昨年1月に国家戦略特区制度を活用した「特区民泊」の利用を促すため、住居専用地域では特区民泊以外の営業を認めない条例案を提出する大田区も、「民泊新法は民泊の拡大を目指しており、一定数の届け出が想定される。現在の特区民泊の4人体制では確実に人手不足となる」と話している。

1万人収容のアリーナなどの整備を予定する区役所・サンプラザ地区

中野区アリーナ整備計画

国の支援メニューに採択
収益性確保など後押し

中野区は16日、スポーツ庁が実施する「スタジアム・アリーナ改革推進事業」の第2期公募委託先として、区役所・サンプラザ地区再整備事業で建設する約1万人収容のアリーナが採択されたと発表した。

スポーツ庁の事業では、アリーナ整備で課題となる収益性を確保するとともに施設を起点としたまちづくりを後押しするため、専門家を派遣して事業計画の策定を支援している。

区は区役所・サンプラザ地区の再整備事業で、1万人収容のアリーナやホテル、商業施設、住宅などが入る多機能複合施設を建設する計画。

12月に区役所・サンプラザ地区再整備事業の関係企業やスポーツ団体、音楽関係団体らで構成する「中野駅新北口駅前エリアアリーナ整備官民連携協議会」を設置し、整備手法や所有・運営の在り方などをスポーツ庁から派遣された専門家などにアドバイスを受けながら検討を進め、来年3月までに事業計画案をまとめる方針。

田中大輔区長は「スポーツ庁を通じて全国に区の整備事業について情報を発信できる機会を得た。官民連携協議会での議論などから新たな知見を得たい」と語った。

足立区

自転車施錠義務化PR
1月の条例施行に向け

来年1月1日に自転車の施錠を条例で義務づける足立区が、23日からPRキャンペーンをスタートした。

区では昨年1年間の刑法犯の認知件数が23区ワースト1位の6519件となったことを受け、4月に近藤やよい区長と区内の4警察署長が緊急対策会議を開催。刑法犯罪の認知件数のうち約4割を占める自転車の盗難対策が必要として、第3回定例区議会で「自転車等の駐車秩序及び自転車等駐車場の整備に関する条例」を改正し、施錠を義務化した。条例には罰則規定はないが、施錠を義務化することで、踏み込んだ対策を取る。他の自治体では滋賀県草津市で施錠義務化条例を施行しているが、都内では初の取り組みになる。

区は周知のため、区立中学校の生徒と警察官が一緒にチラシを配り、区営駐輪場や図書館などにポスターを掲示する。7月からはパトロール員20人を駅周辺や自転車盗難が多く発生している地域に派遣。自転車盗難の約6割が無旋錠で、区は「愛錠ロック作戦」と銘打ち、無旋錠の自転車に区の職員が鍵をかけて盗難を防ぐ取り組みを行っている。

区の駐輪場対策の担当者は「この条例は徹底的に自転車盗難を減らすという区の決意。庁内一丸となって安心・安全なまちづくりを目指す」と述べた。

自転車施錠義務化をPRする区職員

千代田区

学生と事業所を橋渡し
介護人材の好循環に

千代田区は、介護・福祉人材の確保に向け、区内の専門学校に通う学生と特別養護老人ホームなどを運営する介護福祉事業者とのマッチング支援に乗り出す。17日に区内にある専門学校2校と介護福祉法人7者との協定を結んだ。質の高い介護福祉の担い手を区内に囲い込む狙いがあり、区によると同様の協定は23区で初めてという。また同区では今後、補助事業の立ち上げも検討しているが、先行して実施する他区では厳しい状況が続いている。

千代田区の協定は、専門学校の学生の実習先として区内の介護事業所を紹介する内容。

介護職の資格を取得する場合、介護福祉士であれば現場実習を計450時間行う必要があり、学生や学校にとっては受け入れ先の確保が課題となっている。現在は、学校と事業所の間でやり取りしているが、実習内容や求める人材に関して区が仲介役となって双方の要望を伝えることで、人材のマッチングを後押しする。

同区では区内の専門学校の学生が卒業後に区外で就職するケースが多く、事業所を紹介することによって流出阻止を図る目的がある。

東京都社会福祉協議会の調査によると、ウェブサイトで仕事の様子などを発信した施設には応募者が増加したという結果が出ている。また、同区が昨年開いた就職面接会に参加した50人のうち6人が区内の事業所に就職した実績を挙げたことから、区は就職希望者に事業所の姿を知ってもらうことで区内就業を促す方針だ。

人口が6万人の千代田区では、2015年の高齢化率が18・6％で、要介護認定者も右肩上がりの状況が続いている。高齢化で介護・福祉事業のニーズが高まる中、介護人材不足は深刻さを増している。厚生労働省の推計によると、団塊の世代が後期高齢者となる2025年には介護職員の不足人数が国内で38万人、都内では3万6千人に上る見込みだ。確保対策は喫緊の課題となっている。

千代田区で実施したセミナーの様子

千代田区在宅支援課の小玉伸一課長は「お互いに顔が見える関係ができれば、好循環が作り出せる。協定によって道筋をつけたい」と話している。今後は奨学金制度の導入も考えているという。

■財政支援でも課題

ただ、人材確保のための財政支援には根本的な課題を解決できていない実情がある。江戸川区では昨年度から、介護福祉士の資格取得を目指す学生を対象に養成施設への入学金と学費に最大120万円を交付する事業と、初任者研修の受講費用に最大10万円を助成する事業を立ち上げた。いずれも、費用のほぼ全額を賄えるスキームだという。

同区では以前、担い手不足のために入所者の受け入れ人数を抑える施設が出ており、危機感を強めている。ただ、昨年度の申請件数は両事業とも10件未満と予定の半数にも満たず、区介護保険課は「就職希望者の減少や離職者の防止の解決には補助以外の対策も必要」とみている。

出番です　新副区長に聞く

新たな発想を地に足つけて

渋谷区　柳澤 信司氏

1981年の入区から、「現場に足を運び、区民と向き合う」を信条に、福祉や防災など住民の生命や健康に直結する分野に長く携わった。今年3月に定年退職を迎えたが、再任用で4月以降も引き続き福祉部長を担当。長谷部健区長が区政運営の柱に掲げる「ダイバーシティとインクルージョン」（多様性と包摂）の実現に直結する重要な部署を背負う中、新副区長として白羽の矢が立った。

長谷部区長が2015年4月に就任し、区政は大きな転換期の真っただ中にある。同年10月に23区初の民間出身副区長として澤田伸氏が登用されており、2人体制の副区長がいずれも企画部長や総務部長などの現役の官房系から選任されなかったのは同区としては異例だ。「長谷部区長からは、『一貫して区民対応の現場に身を置いており、職員からの信頼が厚い』と評価してもらい、現場経験を認められたのは素直にうれしかった」と振り返る。

仕事の原点となっているのは、主査時代に経験した福祉事務所でのケースワーカー業務という。2年連続で正月休み明けの日に、更生施設を退所させられた生活保護受給者の入所先探しに奔走したこともあった。しかし、区職員としてのやりがいと充実感も大きかった。「仲間と支え合いながら、粘り強く受給者と接することで、信頼を勝ち取った時の喜びは忘れられない」と懐かしむ一方で、行政が果たす責任の重要性も実感したという。「受給者を精神科に入院させたあの時の判断は正しかったのか、今でも自問自答することがある。区職員は人の人生を左右する重い立場だと改めて感じた」

9月の第3回定例区議会で全会一致の選任同意を受け、10月に就任。現場を知る職員出身の副区長として、長谷部区長や澤田副区長が打ち出す民間感覚を生かした独自の政策を、現場に根差した施策に落とし込むのが役目だ。「行政では発想すらしなかったことを、どのように地に足のついた施策として進めるか。そのためにも職員全体の意識改革を促し、人材育成に力を入れたい」と力を込める。

人材育成は重要課題の一つでもある。過去に新規採用を控えた時期があり、係長級の主力となる40代前半の職員の層が手薄になっているためだ。「若い職員と積極的に話すようにしているが、優秀な人材は多いが官房系に視線が向き過ぎている感がある。基礎自治体の基本は住民対応で、そのためには現場経験を多く積むことだ。職員が現場で大いに活躍できる環境を整えていく」と語った。

◇◇

61歳。中大法卒。根っからのアウトドア派で、テニスやスキー、マリンスポーツなどを楽しんだが、最近のお気に入りは40代から始めた登山。今夏は北アルプスの槍ヶ岳を制した。「自然の中で仕事を忘れられる最高のリフレッシュ法」と笑顔を見せた。

新議長に筒井氏　副議長は牛山氏
葛飾区議会

筒井孝尚氏

牛山正氏

葛飾区議会は21日、改選後初となる第1回臨時区議会を開き、新議長に自民の筒井孝尚氏（55）、新副議長に公明の牛山正氏（55）を選出した。両氏ともに初の就任となる。

筒井氏は現在3期目で、議会運営委員長や予算審査特別委員長などを歴任した。

牛山氏は、決算審査特別委員長や議会運営委員長などを務めた。現在5期目。

1票差で落選の候補　区選管に異議申し出
葛飾区議選

今月12日に執行した葛飾区議選で、次点で落選した會田浩貞氏（無所属）が、最下位で当選した大森有希子氏（無所属）の当選の効力に関する異議申し出を行い、区選管が12日付で受理した。当選した大森氏と落選した會田氏は1票差だった。

公職選挙法の規定では、区選管が申し出を受けた日から30日以内に対応を協議し、票の再点検か申し出を却下するかを決める。選管の決定に不服がある場合は、都選管への審査の申し立てや高裁に提訴できる。

過去には、2011年4月の渋谷区議選、15年5月の足立区議選で、次点者からの異議申し出があり、いずれも再点検が行われた。

来年4月15日投開票
練馬区長選

練馬区選挙管理委員会は21日、任期満了に伴う練馬区長選の日程を来年4月8日告示、同15日投開票と決めた。欠員5の区議補選も同時に執行する。

10月22日時点の選挙人名簿登録者数は男性29万2525人、女性31万2096人の計60万4621人。これまで出馬表明の動きはない。

訂正　21日付台東区の区長・区議選の記事中で、区長と区議の任期満了は、2019年の誤りでした。

記者席

超高齢社会の懇談会だけに

○……小池知事も出席して8日に初会合が開かれた都の超高齢社会有識者懇談会。座長には医師の黒川清委員が就任したが、会議運営面で珍しいことが起きた。黒川座長が副座長に指名した都顧問で学習院大学教授の鈴木亘氏が、会合の司会を担うことになったのだ。行政の審議会などでは座長が司会を務めるのが習わしになっている。鈴木氏は「黒川先生にはスピーカーとしてご活躍いただいた方がいい」と副座長就任のあいさつで説明した。

真相を都幹部に尋ねると「黒川先生は語りたい人だから」。黒川座長は御年81歳だが、会合でははつらつと持論を展開。誰よりも発言スピードが速かった。

○……連日のように報じられる横綱・日馬富士の暴行疑惑。最近では神奈川県座間市で起きた9人殺害事件よりも大きく報じられている。メディアの過熱ぶりは、国技であり、その頂点に立つ横綱に求められる品格故だろう。一連の報道で思い出したのが舛添前知事の「〝政治とカネ〟公私混同問題」報道の過熱ぶりだ。東京のトップに立つ知事として襟を正す姿勢を求められた結果だが、都政のワイドショー化には職員も大いに戸惑った。

一方、先日まで話題の中心だった「小池劇場」は、すっかり過去のものに。知事が都政に関心がないと嘆く声もあるが、変にメディアに注目されないのは平和な日々でもある？

○……160万年前のクジラ「アキシマクジラ」が年明けに新種認定される見通しだ。1961年に昭島市内の河原で発見され、大きさは約16㍍。現在は群馬県の施設で研究中で、一般公開はされていないが21年にオープンする市の教育総合センターにレプリカを展示する予定で、新施設のシンボルになりそうだ。

ただ、本物の化石は保存環境の関係から専門の研究施設で保管されるという。新地質時代「千葉時代」認定の由来となった千葉県市原市の地層には見物客が殺到し、地元ではブームになっているが、百万年以上前のクジラの全身骨格も世界的には貴重だ。本物が市内で展示できないのは残念なところ。

民泊新法 暗中模索の自治体

制度全体像 いまだ見えず

国は10月24日、住宅宿泊事業法、いわゆる「民泊新法」の施行期日を来年6月15日とすることを閣議決定した。併せて、同法の施行令や施行規則も同月に公布し、制度設計が徐々に固まりつつある。だが、自治体が望む肝心の規制基準などの全体像はいまだ示されておらず、事務を担う自治体は暗中模索の状況が続いている。

「観光庁の説明内容が1〜2週間でひっくり返る」。都産業労働局の担当者はこう苦言を呈する。都は現在、民泊事務の執行に向け、国の所管の観光庁と調整しながらルール作りに着手しているが、同庁が関係省庁との調整に難航しており、届け出事務など具体的なルール作りに支障を来しているためだ。

来年6月15日の施行が決まった民泊新法だが、決定に至るまでには紆余曲折があった。

今年6月に成立・公布した同法は、公布後1年以内の施行を予定。加えて施行日の3カ月前からは、民泊事業者の届け出を開始するとしており、届け出事務や規制基準などの詳細を定める施行令や規則の早期公表を望む声が自治体や事業者から上がっていた。

同法の事務権限は、都道府県と希望する保健所設置市が担う。地域住民の生活環境への悪影響を防ぐため、同法では民泊の営業日数や営業地域を条例で規制できるとした。そのため条例制定を目指す自治体は、施行日から逆算すると、今年暮れの第4回定例議会で条例を定めるのが望ましく、具体的な規制基準が盛り込まれる予定だった施行令・規則の早期公表が求められていたのだ。

だが、実際の日程はずれ込んだ。8月の公表が見込まれていた施行令・規則案は結局、1カ月遅れの9月下旬に公表。パブリックコメント実施後の10月下旬に公布された。

さらに施行令・規則では具体的な規制基準が盛り込まれず、内容面でも自治体の期待を裏切るものだった。観光庁は現在、より詳細な規定を整備するガイドラインを作成中だが、今月22日にガイドライン案の説明があると目されていた国による自治体向け説明会は、準備が整わず急きょキャンセルになったという。都の担当者は「これで11月のガイドライン公表の可能性はなくなった。12月か最悪の場合は年明けになるかもしれない」と顔を曇らせる。

体制構築も急務

民泊新法を巡っては、営業制限に関する自治体と事業者のせめぎ合いが焦点になりがちだが、他にも見過ごされがちな論点がある。事業者への参入障壁の高さと、自治体のチェック体制の確保だ。

「他道府県の担当者でも知らない人がいる」。都担当者がこう話すのは、国土交通省（建築指導課）が9月に告示案を示した民泊物件の安全確保策だ。

同案は民泊事業者に対し、非常用照明器具や防災警報器の設置を義務付けるとともに、物件が戸建て住宅や長屋の場合には、2階以上の各階の宿泊室床面積の合計を100平方㍍以下とするなど、設備基準を定めている。この床面積基準では、避難階や地上につながる直通階段を設置した場合は免除にするなど例外規定を設けるが、事業者は基準に適した物件でないと営業ができないことになり、改築費用などを踏まえると、事業参入のハードルが上がる。また、総務省消防庁では現在、スプリンクラーの設置など消防法上の設備基準を策定中で、そのハードルは更に上がる可能性が高い。

こうした物件を巡る規制は、営業の届け出事務を担う自治体にも影響を与える。物件が条件をクリアしているか確認しなくてはならないからだ。

ただ自治体の実情は、条例化に向けた検討段階のところが多くを占める。他自治体に先駆けて10月に独自ルールの骨子を公表した新宿区ですら「具体的な実施体制はまだ決まっていない」（保健所衛生課）という。物件確認には、建築士や建築職職員らとの連携が不可欠となり、現場では早期の体制整備が求められる。

法施行まで7カ月、届け出事務の開始まで4カ月を切った。国の方針が定まらない中、事務を担う自治体の力量が問われている。

合法民泊物件。民泊は地域住民との融和も課題だ＝大田区

東京最前線

◆ラインで中高生悩み相談　無料通信アプリの運営会社「LINE」と子供のいじめなどを防ぐ協定を結んでいる長野県は16日、LINEを通じて受けた相談結果を発表した。9月の2週間の試行期間に547件の相談があり、県が昨年度に受けた259件の2倍以上となった。県は来年度の本格実施を検討中。

◆アルコール依存で相談員　熊本県は14日、昨年4月の熊本地震後に急増したアルコール依存症に対する専門相談員を配置した。昨年度は149件だったが、今年9月までに昨年のペースを上回り、107件の相談が寄せられた。地震による失業、生活再建への不安など被災ストレスが影響したと見られる。

◆職員OB団体と災害協定　茨城県常総市は17日、市職員OBらで構成する「災害ボランティア行政支援隊」と災害協定を締結した。災害時、同支援隊は支援物資の受け付け、ごみの搬送などを行う。同支援隊は2015年9月の豪雨で市職員が対応に追われた様子を見たOBが支援が必要と判断し、10月に設立。

◆地下鉄に蓄電池を整備　神戸市は南海トラフ巨大地震による津波の浸水、広域的な停電に備え、市営地下鉄海岸線に設置する非常時用蓄電池の整備を12月に完了させる。蓄電池は同路線に送電している変電所で平時から充電。停電した場合も10分間走行でき、直近の駅まで移動が可能となる。

◆認知症徘徊に保険　神奈川県大和市は、11月から徘徊の恐れのある認知症高齢者などを対象に損害保険の保険料を公費で負担する取り組みを開始した。市は徘徊中に高齢者が踏切事故に遭い、高額の損害賠償を遺族に求められる事態などを想定している。こうした取り組みは全国初という。

◆健康寿命を数値化　福島県は17日、健康状態の新たな指標として、65歳時点からの健康寿命（健康に生活可能な期間）を市町村単位で初めて数値化し、発表した。県が要介護認定の状況などを踏まえ、独自に算定した。男性では三春町（18・07年）、女性では南相馬市（21・49年）が最も長かった。

◆ドローン飛行場を貸し出し　千葉市は小型無人機「ドローン」関連企業の誘致を促進するため、12月をめどに多目的グラウンドなど市有地の3カ所を「ドローンフィールド」（飛行場）として民間企業に無料で貸し出す。市は安全性を確保できる場所を選定し、今後、利用条件やルールを詰めていく。

◆ごみ集積所を一時廃止　横浜市は来年3月末まで、横浜中華街の山下町公園前のごみ集積所を一時的に廃止し、景観を維持する社会実験を実施している。同集積所は、家庭ごみ以外に事業系のごみ、観光客の飲食物が捨てられており、集積状況が最も悪かった。市は年明け以降に効果を検証する。

◆インバウンド人材育成　三重県は来月5日から、外国人観光客の誘致を目指す事業所を対象にインバウンド人材育成塾を開講する。宿泊施設や観光施設などに対し、2回の講座を開く。観光業向けの講座では、参加者がツアーを考案し、旅行会社にプレゼンし、高評価の場合はツアーとして採用される。

ニュースの視点 ②

週刊誌記者が見た国政と都政

「小池ブーム」終焉間近

代表辞任劇

14日、希望の党の両院議員総会で突如、小池百合子東京都知事が党代表を辞任すると表明した。

選挙後、「創業者としての責任がある」と話し、続投の意思を示していただけに党関係者のショックは相当であった。小池氏は辞任に関して、希望の党所属の国会議員に相談していた形跡は見られない。同日昼に、辞任の情報を全くの別筋で知った玉木雄一郎共同代表は絶句したという。すべての議員にとって寝耳に水の出来事だったのだ。

希望の党は20日の役員会で、小池氏を特別顧問に据える人事を決定し、21日に打診したという。小池氏が特別顧問の就任を受諾したが、意思決定を行う会議などへの出席はしない。希望の党への支持率が低下している中、事実上の国政からの"撤退"である。

投げ出しとも評される今回の辞任劇によって、加速すると目されるのが希望の党の分裂だ。

そもそも、党内の不協和音は選挙中、また選挙直後から露呈していた。例えば、先の衆院選の投開票から数日後、さる希望の党のチャーター（創設）メンバーは「党人事について、俺たち（チャーターメンバー）を議論にかませないとダメだ」と不満を漏らしていた。後発組の旧民進党議員は今でも小池色が強いチャーターメンバーを煙たがっている。事実、小池代表の辞任とともに発表された執行部人事で、チャーターメンバーは長島昭久政調会長や細野豪志憲法調査会長らを除き、党の要職には就かなかった。

また、共同代表選で玉木氏の対抗馬となった大串博志衆院議員とそれを支援した議員もほとんどが執行部入りはならなかった。彼らは公約であったはずの安保政策や憲法改正に公然と反対し、離党予備軍と言われる。大串氏のほかに、民進党で国対委員長を務めた山井和則衆院議員はその筆頭と目されている。選挙後、小池氏と会った際、山井氏はあからさまにぶぜんとした態度をとって不興を買っていた。

つまり、今の希望の党は、①チャーターメンバー②旧民進党で玉木氏を支援した議員③旧民進党で大串氏を支援した議員——という三つのグループがいがみ合っている状態で、いずれ衝突は避けられない。これでは、かつての民進党と一体何が違うのか。

加えて、希望の党と衆院選で政策協定を結んだ都民ファーストの会にもあつれきが生まれそうだ。

希望の党は今後、統一地方選や参院選に向けて地方組織を作ることが急務だが、東京に関して言えば、都民ファーストと連携するのが自然だ。しかし、辞任によって「それは無理だろう」（希望の党の議員）というのが大勢の見方である。

都民ファーストの中には、立憲民主党から当選した手塚仁雄衆院議員と親しい伊藤悠都議が含まれている。手塚氏と伊藤氏は民主党時代から二人三脚で活動してきた。野党の中で立憲民主党が圧倒的な支持を受ける中、今後、国政選挙が近づくと、伊藤氏が都民ファーストを離れる可能性もゼロではない。

また、音喜多駿都議が新たに政治塾を作ることを表明した。音喜多氏は都民ファーストのメディア出演規制などに反発し、結果的に上田玲子都議と2人で離党したが、近しい人物にかなり以前から離党を相談していた。実はその際、大人数で離党する案も練られていたのだ。

取り沙汰される希望と都民ファーストの分裂。小池氏を取材している記者は口々に「小池と希望は終わった」と話す。これはつまり、取材対象者として価値が一気に低下したことを意味する。

急造した組織だけに、足元が揺らげば崩落もまた早い。小池ブームの終焉が間近に迫っている。　（古池大）

9都県市首脳会議

地方消費税見直しで「財政調整」に反対

9都県市首脳会議はこのほど、地方消費税の配分割合の見直しをはじめとした地方税財政制度の構築に関する要望を国に行った。

地方消費税の配分割合見直しに関して、モノやサービスの「販売額」の比率を引き下げ、「人口」比率を高める方向で2018年度税制改正の議論が進められている。「販売額」は店舗の多い都など大都市ほど多く税収を見込めるが、「人口」比率を高めると大都市が減収になる。要望では「可能な限り経済活動の実態を考慮したものとする」と強調した上で、「地方自治体間の財政調整を目的として、制度本来の趣旨をゆがめるような見直しを行わない」ことを強く求めた。

また車体課税に関しては、消費税を10％に引き上げる19年10月に自動車取得税が廃止される予定で、廃止後は燃費基準に応じて課税される仕組みに替わるが、代替財源が確保されていない状況。同取得税が自治体の都市基盤整備などを進める安定財源となっており、減収分の補填措置を行う必要性に言及した。

一方、新税として、間伐などによる森林整備を推進する際に活用する森林環境税の導入が検討されている。政府・与党が現在、検討しているのが、住民税を納める国民から年500〜1千円を徴収する案が有力視されている。だが、17年度税制改正大綱で自治体の意見も踏まえながら具体的な仕組みなどを総合的に検討することが盛り込まれており、「税収の全額を地方自治体に配分すること」を要望した。

企業に出向き 女性防災研修

都総務局

都総務局は21日、女性の防災人材育成検討会議（第3回）を都庁第一本庁舎で開き、来年度実施予定の研修会のカリキュラム素案を示した。研修会は、災害時の避難生活に女性の視点を加えることが目的。一般向けの「ウーマンセミナー」（セミナー）と、防災リーダーの育成が狙いの「防災コーディネーター研修」（研修）の2種類を実施する。

今回のカリキュラム素案は、働く女性が参加できるよう、協力企業で研修会を実施するとしたのが特徴。セミナー、研修ともに、協力企業のオフィス内で行う。セミナーは平日夜間に90分程度、研修は休日に2日程度の実施を想定している。主な内容は、都の帰宅困難者対策条例や会社の備蓄、帰宅経路など、会社で被災した際の状況や対応について。両研修会ともに、地域住民向けのメニューも用意し、公民館や都庁内で実施するとした。

同日の会合では、研修会で利用するテキストの掲載項目案も提示。基礎編と応用編の二つから成り、応用編では、大規模災害時に3日間会社にとどまることをテーマとした項目「ワークショップ（職場編）」などを盛り込んだ。

次回会合は12月下旬に開催し、カリキュラムとテキストの最終案を提示する予定。

私を変えた一冊

水道局総務課長　石井 英男氏

『家康、江戸を建てる』

門井 慶喜〈著〉

組織の在り方に思い巡らす

恥ずかしながら、読書量が人より多いとは思えない私にとって、いささかこのお題は荷が重い。さすがに50歳を超えると、人生を変えるほどのパワーや純な気持ちは持ち合わせていない。だが、そんな私でも、最近読んだ本で感銘を受け、「人と組織の有り様」に思いをはせた本があるので、ぜひとも紹介したい。

門井慶喜著『家康、江戸を建てる』という本だ。本の構成は5話のオムニバス。すべて家康が始めた江戸入府の頃の公共工事や経済政策に焦点を当てている。

当時、流量が多く、関屋（足立区）付近で江戸湊に注いでいた利根川を鹿島灘へ流れを変える東遷事業、江戸市中の飲み水と生活用水確保のための神田上水整備事業や重さを量る「秤量貨幣」から枚数で正確な額による取り引きができる「計数貨幣」の世へと変えた慶長小判の鋳造などが登場する。

関八州の国替えに反対する家臣たちを「関東には未来（のぞみ）がある」と言って説き伏せるところから始まるこの物語は、家康没後も、実際に仕事を請け負った職人たちが代を重ね完成させる壮大な事業である。まさに江戸そして今日の東京の基礎を作った物語であるが、着目すべき点はこの偉業を成し得たのは家康や家康の家臣が選任した名もなき（一部は名声をはせているが）プロの職人たちだったということ。

選任に当たっては、平素の仕事ぶりや将来性（人事の業績評価で言えば能力伸長）などを見極めたものだが、決め手としたのは現場が掌握できているかといった、言わば「現場力」にあった。

治水や利水で言えば土地の形状のみならず、周辺の人々の暮らしへの目配り、小判の鋳造なら各地域での庶民の貨幣価値の考え方の分析など。その行動・業績は江戸開府から400年以上経った今も色あせることなく、より生き生きとした姿を見せるのだ。水道事業に携わる私にとっては至宝の書となった。

区確定交渉

勧告通り給与改定

行政系人事制度　係長昇任の能力実証

特別区の確定交渉は22日未明の団体交渉を経て妥結した。月例給・特別給は特別区人事委員会勧告通りに引き上げる。行政系人事制度改正問題では、組合側が新2級職（主任）に切り替わる2400人近くが昇給停止状態に陥ることを問題視していたが、一定の条件を満たす職員には今年度中に係長昇任に向けた能力実証を行うなど、係長職の拡大に向けて取り組むことで折り合った。また、業務職給料表の号給切り替えに伴う昇給調整措置を廃止する方針も決めた。

切替調整号数を廃止

行政職給料表（一）は勧告通り、月例給は平均0・13％、特別給は年間の支給月数を0・1月引き上げ、4・5月とする。職員1人当たりの平均年間給与は約5万円増の約657万1千円となる。業務職給料表も行政職給料表（一）の引き上げに準じた内容とした。

扶養手当の見直しについては、国と同様、配偶者の手当額を減額し、子の手当額に充てる。「配偶者を欠く「子」手当も廃止するが、2023年度までは一定の激変緩和措置を取ることで組合側が提案を受け入れた。

■係長職を拡大

行政系人事制度改正を巡っては労使が3月、「全ての区で係長職を拡大する」という大綱合意を交わしたが、組合側は「新たに多数の職員が昇給停止状態になるが、係長職の拡大が全ての区で進展していないため、そのまま昇給停止状態を強要されることになる」と反発していた。

区長会は21日の団交で、大綱合意を着実に履行する考えを示した上で、来年度に新2級の最高号給に切り替わる現3級職（主任主事）を対象に、新3級職（係長）昇任の能力実証を行う考えを表明。全ての区で新たな「主査」の活用を含めた係長職を拡大することで、係長職の負担軽減につながるとの認識を示した。能力実証は条件を満たす56歳未満の職員に意向確認・人事評価で行い、任命権者が「良好」以上の勤務成績であると判断した場合は、新3級職に任用されるとの認識を示している。

また、新2級職（主任）への「切替昇任選考」では、任用の希望者は地方公務員法上の「降任」の事由に該当しない限り、任用されるとの見通しを明らかにした。

給与制度に関しては、職務段階別加算割合は主任5％、係長8％、課長補佐10％とする。職務給原則の徹底の観点から、級格付の解消も併せて行う。

■担当技能長を新設

技能・業務系の人事・給与制度では、区長会が、新業務職給料表への切り替えに合わせて、業務職給料表の号給切り替えに伴う昇給調整措置を今年度で廃止する方針を明らかにした。

「業務職給料表は依然として高い水準にある」としつつ、組合側の強い要請を踏まえ、「職員の士気の維持・向上を図ることが不可欠」と判断した。切替調整措置は2010年の保障額表から業務職給料表への切り替えに伴うもので、多数の職員が実質的に昇給がない状況にあったことから、廃止は組合側の悲願だった。級格付けは行政系と同様、解消する。

技能長職の職責・設置基準を見直し、技能長と同じ3級職に「担当技能長職」を新設する。技能長と協力・連携し、豊富な知識・経験を必要とする業務を処理する役割を担う。

具体的な業務は、例えば清掃事業の収集現場ではグループリーダーとして、円滑で安全な業務運営の維持や不法投棄、苦情処理に対応することなどを想定している。区長会は「技能長昇任選考の昇任率の上昇や昇任圧力の緩和につながり、技能長職の拡大が図られる」との認識を示した。

■退職手当に言及

区長会はまた、退職手当に言及。総務省の要請を踏まえ、国の地方公務員法改正案の動向を注視し、「区の退職手当への影響が見込まれると判断した時には協議を行いたい」と説明した。退職手当を巡っては、国は来年1月1日から平均3・37％引き下げる方針を閣議決定し、地方公共団体に対しても国の改正に準じて必要な措置を講じるよう、法に基づく「技術的助言」を発出している。

これに対し、特区連は「退職手当は、最も重要な労働条件の一つ。拙速な見直しなど許されない」と牽制（けんせい）し、手当額の削減などに反対する姿勢を強調している。

外郭団体に活用呼び掛け

入札・調達ポータルサイト

東京都中小企業振興公社

官公庁の入札・調達案件などのポータルサイト「ビジネスチャンス・ナビ」について、東京都中小企業振興公社は都の外郭団体の活用を広げるため、団体向けの個別訪問による説明を始めた。

同サイトは都内外の中小企業の受注機会を拡大するため、官公庁の入札や民間企業の調達案件を一元的に集めたサイトで、約2万3千社が登録済み。官公庁では入札から落札までをサイト上で一貫して行える「電子入札システム」として使うこともでき、現在、五輪組織委員会や産業労働局所管の計7団体が活用している。

公社が7日に開催した説明会では計31団体の担当者らが出席し、電子入札システムを導入するメリットや、システム機能を紹介。出席者からは「どの程度、業務効率化を図ることができるのか」などの質問が上がった。現時点で4団体がテストサイトでの利用検証を開始しているという。

電子入札システムとしての発注は計74件を掲載（1日現在）。組織委が発注する東京大会関係では、仮設オーバーレイ基本設計や聖火リレー実施運営の業務委託などの案件が掲載されている。民間企業の調達案件も掲載され、受注企業は概算見積もりによる回答や技術を提案することが可能。これまでに「記念ノベルティグッズの制作」の発注など400件以上が掲載され、うち約140件の成約実績がある。

同公社は「各団体が個々に電子入札システムを導入するには多くの費用と時間がかかる。ビジネスチャンス・ナビを活用すれば、各団体は無料で電子入札システムを導入でき、業務効率化や契約の透明性・競争性の向上といった多くのメリットがある」とした上で、「外郭団体の活用が増えれば、入札参加希望者は都・組織委を含めた官公庁の入札情報を個別に探す必要がなくなり、利便性が高まる」と活用を呼び掛けている。

都確定交渉

退職手当引き下げで妥結

特別給　人勧通り引き上げ

2017年度の都確定交渉は22日未明の団体交渉を経て妥結した。特別給を都人勧通りに引き上げるほか、退職手当制度を来年1月から見直す。今確定交渉は都側が退職手当も含めて一体的解決を目指したのに対し、都労連が激しく反発。今期は回答指定日の14日を越えて交渉が継続する異例の展開をたどり、都労連が都の交渉姿勢を批判する中での幕切れとなった。

特別給は勤勉手当の年間支給月数を0・1月引き上げ、例月給は据え置く。いずれも勧告通り。年末一時金の支給日は12月8日だが、引き上げに伴う増額分は都議会での議決後、速やかに支給できるよう手続きを進める。

焦点となっていた退職手当制度の見直しについては、都側が同日の小委員会交渉で、「調整額単価」を1100円に引き上げる案を提示。退職手当の支給水準は平均で約3％減となる。適用となるのは18年1月1日以降の退職者。

昇給制度の見直しは、実施時期を19年4月1日に修正。下位区分の運用状況などについて19年度に労使で検証を行うこととした。

扶養手当の認定要件の見直しに関しては、影響を緩和する観点から経過措置を設定。具体的には18年3月31日に年収が130万円以上140万円未満で認定されている扶養親族について、18年度も同様の場合に条例で定める手当額の2分の1を支給する。

勤務時間・休暇制度では、年次有給休暇について、現在は時間単位の取得の場合5日を上限としているが、この上限を来年4月1日から撤廃。また、子供の看護休暇や育児参加休暇の対象を、来年1月1日から拡大する。子供の看護休暇は現在、予防接種・健康診断を受けさせる場合、小学校就学前の子に限定しているが、これを撤廃。育児参加休暇では、出産予定日前の休暇取得の対象となる「養育の必要がある子」について、中学校就学前の子まで年齢を拡大する。年次有給休暇と子供の看護休暇の見直しは、一般職非常勤職員にも適用される。

一般職非常勤職員には来年4月から育児欠勤が導入され、公募によらない再度任用の取り扱いを緩和。更に退職手当に関し、育児短時間勤務の取得期間について基本額の勤続期間及び調整額期間からの除算をしないこととした。実施は18年1月1日以降の退職者から。

現業系の任用制度は今年度選考から担任技能長職の昇任選考で資格基準の下限年齢を引き下げるほか、認定技能職員制度の認定数拡大なども決めた。

今期は退職手当も含めた一体的な解決を巡って交渉が難航。都側は22日の団交で「労使の考え方が鋭く対立し、大変厳しい交渉となった」と振り返りつつ、「労使双方が、労使協議により解決する姿勢を最後まで貫き通した結果、難局を乗り切ることができた」と語った。

一方、都労連は今確定交渉を「都側の強硬姿勢によって、労使交渉はおろか、事実上の膠着（こうちゃく）状態とも言える事態が続いた」と指摘し、「労使関係や労使交渉の在り方について、大きな禍根を残した」と都側の交渉姿勢や態度を強く批判した。

都労連は「回答は重い決断を行った全ての組合員の期待と心情を察すれば、程遠い厳しい内容」としつつ、「これ以上対立を深めることは、都民に責任ある立場からも避けなければならない」と述べ、今期の闘争の収束を図る考えを表明。最終回答を持ち帰り、「粘り強く闘った都労連と各単組の闘いの到達点」として、妥結を判断した。

メダル協力ボックスを囲み、プロジェクトをPRする小池知事と北島氏ら＝21日、都庁で

五輪メダルプロジェクト

金属回収をテコ入れ

「年末の大掃除から宝探しを」――。携帯電話などの金属を再利用してオリンピック・パラリンピックのメダルを作るプロジェクトで、小池知事は21日、都庁で行われたPRイベントに出席。家庭で不要になった携帯電話などの提供を呼びかけた。

同プロジェクトでは現在までに、都庁に設置した回収ボックスに約7万3千の携帯電話が集まったが、メダル製作には携帯電話に換算して2千万台が必要という。小池知事は「メダルを5千個作らないといけないので、まだまだ道半ば」と更なる協力を求めた。

イベントには、競泳元日本代表でアテネ・北京五輪金メダリストの北島康介氏、遠藤利明大会組織委員会会長代行らも出席。北島氏は「アスリートとして、国民の皆さんから提供されたものからメダルが作られるのは身が引き締まる思い。世界からも注目を集めるのではないか」と語った。

回収を促進するため、都は21日から都営地下鉄主要13駅にも回収ボックスを新設。また、都庁内で北島氏が獲得した計7個のメダル、リサイクル金属100％で製作された再生金メダルを26日まで展示する。

都福祉保健局

事故当事者もケアを

医療安全推進で講習会

都福祉保健局は20日、医療関係者への知識の共有を目的にした「医療安全推進講習会」を開催した。浜松医科大学の大磯義一郎・医学部教授が医療事故当事者へのメンタルケアについて、（公社）地域医療振興協会の石川雅彦・地域医療安全推進センター長が医療事故発生時のマネジメントについて、それぞれ講演した。

大磯氏は米ハーバード大付属病院で始まった「ピアサポートプログラム」という事例を紹介。医療事故を経験した医療従事者は訴訟などの結果、精神的に不安定になることが多く、同じような経験をした同僚などが当事者をサポートし、本人の能力・適性などに自信を持たせることを目指すという。

大磯氏は医療事故が起きた場合、事故の再発防止に向けた取り組みと訴訟対応などを分けて処理する欧米と、事故調査委員会が一体的に処理する日本の医療文化を比較した上で、「日本では医療事故が発生した際、刑事介入などの結果、医療事故当事者は罰せられる存在になるが、同時にケアする対象でもある、という文化の変容が必要」と述べた。日本で本格的に同プログラムが機能していくためには10〜15年かかるという見解も示した。

石川氏は、医師の入力ミスにより薬剤の種類を間違えたという具体的事例を挙げ、医療事故が発生した際、調査委員会に求められる適切な運営方法や事故調査に必要な視点などを解説した。

講習会は今月25日からの医療安全推進週間に伴い行われ、今年で10回目。都内の病院に勤務する医療関係者を中心に252人が参加した。

児童の安否確認でハンドブック作成

都総務局

都総務局は15日、災害時の児童生徒の安否確認を目的とするハンドブックを作成した。各段階での行動選択を適切に行い、安否確認ができるよう、各自治体の取り組みを参考に具体的に記載している。

参考事例として、宮城県の小学校の取り組みを挙げ、事前登録した登校ルートの中で目印となる施設をあらかじめ児童に理解させておく事例などを紹介している。

また、様々な状況を想定したQ&Aのコーナーのほか、災害発生時に迅速に運用できるようチェックリストなども添付した。

都総務局総合防災部は11月中に、都内小中学校、高等学校などを中心に、約1万1千施設で配布する予定。ハンドブックは、東京都防災ホームページからもダウンロードできる。

大会成功へ知見共有　3組織委が連携協定

五輪・ラグビーなど

五輪組織委員会は20日、2019年ラグビーワールドカップ（W杯）、21年に開催される生涯スポーツの国際大会「関西ワールドマスターズゲームズ」の両組織委員会と、大会の広報・PRやボランティアなどで連携・協力する協定を結んだ。3年連続で世界的なスポーツ大会が開催される好機を生かし、「1億総スポーツ社会」の実現を目指すという。

武藤敏郎事務総長は「各大会の成功に向けて、3組織委が持つ知見を共有し、お互いに協力することで、国民のスポーツ参加の促進など未来につながるレガシーを残したい」とコメントした。

五輪への航海図 227

TOKYO 2020

開催まで あと973日

携帯通信環境

観戦に必須のインフラ

五輪の観客や大会関係者にとって携帯電話回線を用いたデータ通信は、必須のインフラだ。会場内では写真をSNSに投稿したり、交通やチケット情報、他会場の競技結果を調べたりする用途が想定される。組織委員会はモバイルアプリで選手の情報や競技の解説などの大会情報を配信する計画で、IOCも通信環境の重要性を強調している。

一方、スマートフォンの普及に伴い、携帯電話のデータ通信量（トラフィック）は増加の一途だ。携帯電話の輻輳（ふくそう）や通信速度の低下により「遅い」「つながらない」といった状況が重なれば、大会運営の支障になりかねない。

こうした中、組織委は8日、携帯電話の通信環境の整備に向けたガイドラインを策定。観客・大会関係者がストレスなく音声通話・データ通信ができるようにするため、携帯通信事業者や施設所有者と連携し、設備の設置・保守を行う方針を打ち出した。

指針では、音声通話はユーザーの5人に1人が同時に電話をしてもつながるようにする目標を設定。データ通信は全てのユーザーがいつでも接続でき、混雑時以外は動画コンテンツも快適に見られるよう、最大限の設備容量を確保する。具体的には、競技の前後や休憩時間には通信の利用が集中するため、アンテナを増備する。基地局は事業者が設置・運営し、設置場所・電源などの確保は恒設・仮設により施設所有者と組織委が行う方向。費用分担は都度協議を行い決定する。

携帯電話で記念写真を撮る観客＝16年8月、リオデジャネイロ

ただ、指針はあくまで既存の通信サービスが前提。技術の進展で大会時の状況が見通せない面もある。例えば5G（第5世代移動通信システム）は2020年に商用化が見込まれるが、現時点では具体的なサービス提供のイメージが見通せず、「どれが実用に耐えられるか見極めたい」という段階だ。

特に、競技映像の放送とインターネットの同時配信が実現した場合、競技観戦の合間に別会場の競技を携帯端末で見ようとすると、通信量の急激な増加も想定され、組織委としても動向を注視している。組織委の井上淳也・テクノロジーサービス局情報基盤部長は「状況が変わった時にすぐに対応できるよう（事業者と）連携して取り組むことが大事。今後もトラフィックが増えるので、油断せずに進めたい」と話す。

30年度

職員教養講座

東京都管理職選考対策　▶20◀

B事務（産業・労働・経済）論文

今回は「産業・労働・経済」の論文対策を説明します。論文は、管理職として日常業務に取り組む上での問題意識と、「都として」対応すべき考え方を問うものです。決して個人の一方的な思いを主張したり、評論家のような見解を披露する場ではありません。奇をてらう必要もありません。都の取り組みの方向性を踏まえ、具体的で実現可能な解決策を、論理的に分かりやすく表現することが重要です。また、論文にはある程度、定型・形式があります。この点をしっかり意識しながら、早めに対策に取り組みましょう。

出題傾向

「産業・労働・経済」は産業分野の「中小企業対策」「観光」「消費生活」、労働分野の「雇用就業対策」を中心に2題出題され、このうち1題を解答します。

過去の出題を見ると、「中小企業対策」と「雇用就業対策」が頻出となっており、両分野の論文を用意しておくと、本番で全く対応できないという事態に陥る可能性はかなり低くなると思われます。まずはこの二つの分野の準備から行い、余裕があれば「観光」や「消費生活」についても準備しておくと良いでしょう。

次に、過去10年分の出題を紹介します。

《平成20年度》

○今後、世界的な成長産業として観光の重要性が一層高まり、旅行者の誘致・獲得を巡る国際的な都市間競争が激化することが見込まれます。東京を訪れる外国人旅行者数を更に増加させていくために、都が取り組むべき施策について、あなたの考えを論じなさい。

○近年、東京における企業の障害者雇用数は増加傾向にありますが、障害者の雇用率は、法定雇用率に達しておらず、全国平均も下回っているのが現状です。地域における障害者の自立した生活の実現に向け、障害者雇用を拡大していくために、都が取り組むべき施策について、あなたの考えを論じなさい。

《平成21年度》

○東京を新しい技術やアイデアで世界をリードしていく産業都市とするためには、産業を支える中小企業の技術革新や経営基盤の強化を進めることが必要となります。東京のポテンシャルを生かした中小企業の育成・支援について、都はどのように取り組むべきか、あなたの考えを論じなさい。

○厳しい経済環境の中で、行政には、当面の雇用確保策と合わせて、少子高齢化の進展や就業形態の多様化などの社会の変化を見据え、中長期的な視野に立った施策を実施していくことが求められています。雇用の分野において今後、都が取り組むべき施策について、あなたの考えを論じなさい。

《平成22年度》

○インターネットの普及に伴い、消費者向け電子商取引の市場規模が拡大していますが、フィッシング詐欺や広告の不当表示など、様々な犯罪やトラブルも発生しています。このような状況の中で、都民の消費生活の安全・安心を実現するため、都として取り組むべき施策について、あなたの考えを論じなさい。

○厳しい雇用情勢の中にあっても、働く意欲のある人が希望や個人の状況に応じて安心して働き、安定した生活を送ることができるよう、都はきめ細かい支援を行っていく必要があります。様々な都民ニーズに応じて雇用促進を図るため、都が取り組むべき施策について、あなたの考えを論じなさい。

《平成23年度》

○本年3月に発生した東北地方太平洋沖地震は企業の生産設備に被害を与え、事業の再開が困難となるなど、企業活動にも深刻な影響が生じています。都内には地域経済を支える中小企業が集積していますが、こうした中小企業が大規模な地震により甚大な被害を受けても、早期に事業を再開できるようにするにはどうすればよいか、都として取り組むべき方策について、あなたの考えを論じなさい。

○近年、雇用情勢の悪化が著しく、新規大卒者の就職は極めて厳しい状況にありますが、この要因の一つとして雇用のミスマッチが挙げられます。新規学卒者の就業支援を拡大し、雇用のミスマッチを解消するためにはどうすればよいか、都として取り組むべき方策について、あなたの考えを論じなさい。

《平成24年度》

○経済波及効果が大きく、飛躍的な成長が見込まれる観光産業を育成していくためには、東京の多彩な魅力を演出・発信し、東京により多くの旅行者を招くことが必要です。東京を訪れる国内外からの旅行者の誘致をさらに促進するため、都として取り組むべき方策について、あなたの考えを論じなさい。

○世界的な景気後退の影響などによる厳しい雇用情勢の中、誰もが意欲と能力を発揮して就業することができ、将来に向かって明るい展望を持つことができる社会の創出が求められています。意欲と能力に応じて活躍し、将来に希望を持てる社会づくりを行うため、都として取り組むべき方策について、あなたの考えを論じなさい。

《平成25年度》

○日本経済は、グローバル化の進展や少子高齢化の一層の進行など、大きな構造変化の中にあります。このような中、多くの企業が成長性の高い産業分野への参入や新事業の創出に意欲的に取り組み、東京の産業力を高め、東京の発展を支えていくために、都が取り組むべき方策について、あなたの考えを論じなさい。

○我が国の雇用環境は、正規雇用が減り、雇用調整が柔軟な非正規雇用の労働者が大幅に増加するなど、依然として厳しい状況が続いています。このような中、若年者から高齢者まで誰もが安心・納得して自らの働き方を選択でき、その意欲や能力を十分に発揮できるようにするために、都が取り組むべき方策について、あなたの考えを論じなさい。

《平成26年度》

○都内事業所の99%以上を占める中小企業は、地域活力の源泉として、また、東京の経済活動を支える基盤として重要な役割を果たしています。都内経済の活性化を図り、東京の持続的な発展を築いていくために、都が取り組むべき中小企業に対する支援策について、あなたの考えを論じなさい。

○経済のグローバル化や少子高齢化の中で東京の産業の活力を維持し向上させていくには、働く意欲のある全ての人が、その能力を発揮して安心して働くことができる社会の実現が求められています。東京の産業を支える人材の確保及び育成のために、都が取り組むべき施策について、あなたの考えを論じなさい。

《平成27年度》

○2024年ごろまでに訪都外国人旅行者数を年間1800万人にする目標を実現するためには、外国人旅行者誘致の取り組みを積極的に進めていく必要があります。世界中の旅行者から選ばれ、何度でも訪れたくなる世界有数の観光都市・東京の実現のために、都が取り組むべき施策について、あなたの考えを論じなさい。

○未就職学卒者や非正規で働く若者は依然として多く、正社員として働く機会を得られないまま年齢を重ねることも多い状況にあります。若者が持てる能力を存分に発揮して活躍できる社会の実現のために、都が取り組むべき施策について、あなたの考えを論じなさい。

《平成28年度》

○我が国の持続的な成長を支えるため、東京は、国際的な都市間競争に打ち勝ち、今後とも世界をリードする国際都市として更に発展していく必要があります。日本経済の原動力となる国際経済都市の創造のために、都が取り組むべき施策について、あなたの考えを論じなさい。

○雇用者全体の3分の1を超える非正規雇用労働者は、雇用が不安定であり、賃金や職業訓練の機会が少ないなど正社員と処遇面での格差が生じています。非正規雇用労働者の雇用環境の整備や正規雇用化を促進するために、都が取り組むべき施策について、あなたの考えを論じなさい。

《平成29年度》

○東京の経済の活力と成長をもたらすイノベーションを絶えず生み出す鍵は、都内企業の99%を占める中小企業にあります。中小企業支援による経済活動の活性化を図るため、都として取り組むべき課題と方策について、あなたの考えを論じなさい。なお、都が実施している、または実施を予定している施策の説明にとどまらずに、あなたの創意工夫等を盛り込むこと。

○東京の活力を高めるため、働き方の見直しにより、一人ひとりの100%の力を引き出し、社会全体の生産性を高めることが求められています。全ての人が充実した生活を送れるよう男女ともに生活と仕事を両立させながら、安心して働き続けられる環境を整備するため、都として取り組むべき課題と方策について、あなたの考えを論じなさい。なお、都が実施している、または実施を予定している施策の説明にとどまらずに、あなたの創意工夫等を盛り込むこと。

勉強方法

まずは都全体の計画や施策などを理解するため、「2020年に向けた実行プラン」から読み込むといいでしょう。

2020年に向けた実行プランには、都の重要施策が網羅されている上、「これまでの取組と課題」、「4カ年の政策展開」という構成になっており、それは論文で求められる型・形式でもあることから、とても参考になります。また、各政策の具体的な数値目標も記載されていますので、重要なものは覚えておきましょう。

次に、各局の計画や新規・主要施策を理解する作業になるかと思いますが、その際も論文の型である課題の背景、具体的な課題、解決策を常に意識して行うと良いでしょう。

知事の施政方針・所信表明も、大局的な視点から現状認識を深める上で大変参考になるので、併せて整理・活用しましょう。

なお、平成29年度の設問では、解決策の記述について、既存施策の説明にとどまらず、自身の創意工夫等を盛り込むことが設問上の縛りとされました。このため、計画等を読む際も、単に暗記するだけではなく、自分ならどうアレンジできるかを意識し、アイデアを書き留めておくといいでしょう。

論文の作成

管理職選考の論文構成は4章構成が一般的です。第1章は、設問の背景や課題に対する問題認識を300字程度。第2章は第1章の問題認識から抽出した課題を、3点提示する形で600字程度。第3章は第2章で提示した課題に対し、それぞれ具体的な解決策を提示する形で800字程度。第4章は論文全体を通して主張してきた論旨の総合的な効果や必要性を都全体の視点で300字程度にまとめます。なお、最後に新たな論点や課題を記述することのないように気を付けましょう。

論文の作成手順として、設問の出題意図を十分読み取り、主題を明確にします。その後、課題を抽出してから対応する解決策を整理する形でレジュメを作成し、実際に論文をまとめてみましょう。

論文は、▽文章が短く簡潔で平易な表現となっているか▽3点の課題と解決策は重複感や偏りなくバランスが取れているか▽施策のキーワードが随所に散りばめられているか——などの視点から、何度も修正しながらブラッシュアップしていきましょう。

まずは早めに1本目を仕上げ、管理職等に添削してもらいましょう。1本目を作る中でコツをつかめば、2本目以降は比較的楽に仕上げることができると思います。

論文は管理職の立場で考えて論じていくため、対策をしっかりと行えば、管理職選考に合格後も必ず役立つと思います。それを念頭に労を惜しまず準備を進めていきましょう。

昇任試験対策のページ

◆30年度◆

管理職試験講座③

特別区　Ⅰ類択一・記述　Ⅰ・Ⅱ類論文

Ⅰ類択一

地方自治制度②

今回は、地方自治制度の第2回目となります。演習問題を5問出題しますので、まずは確実に正誤の判別ができるよう、該当箇所に線を引きながら解いていきましょう。また、制限時間以内に解答できるように、1問当たり約2分を目指しましょう。

演習問題

【問題1】

地方自治法に規定する公の施設に関する記述として、妥当なのはどれか。

① 公の施設とは、住民の福祉を増進する目的をもってその利用に供するための施設であり、庁舎や学校がこれに含まれる。

② 普通地方公共団体は、公の施設の設置やその管理に関する事項については、条例または規則でこれを定めなければならない。

③ 普通地方公共団体は、その区域外に公の施設を設置する場合、設置される地域の住民との間に使用関係を生じないときであっても、関係普通地方公共団体との協議を要する。

④ 普通地方公共団体は、条例で定める重要な公の施設のうち条例で定める特に重要なものについて、これを廃止しようとするときは、議会において出席議員の3分の2以上の者の同意を得なければならない。

⑤ 普通地方公共団体の長は、公の施設を利用する権利に関する処分についての審査請求があったときは、その決定に際し議会への諮問は要しない。

【問題2】

地方自治法に規定する普通地方公共団体の長と議会との関係に関する記述として、妥当なのはどれか。

① 普通地方公共団体の議会の議決がその権限を超え、または法令若しくは会議規則に違反すると認めるときは、当該普通地方公共団体の長は再議に付すことができる。

② 普通地方公共団体の議会で、義務費を削減する議決が行われた場合、当該普通地方公共団体の長は理由を示して再議に付さなければならないが、再議の結果、出席議員の過半数でなお同様の議決がなされたときには、長は原案を執行できる。

③ 普通地方公共団体の長に対する不信任議決には、当該普通地方公共団体の議会において議員数の3分の2以上の者が出席し、その過半数の者の同意が必要である。

④ 普通地方公共団体の長が行った専決処分については、次の会議において当該普通地方公共団体の議会の承認が得られない場合には、長は速やかに必要と認める措置を講じなければならない。

⑤ 普通地方公共団体の議会は、当該普通地方公共団体の長が行う専決処分の指定事項について、将来に向かって指定を廃止する旨の議決をすることはできない。

【問題3】

地方自治法に規定する普通地方公共団体の事務に関する記述として、妥当なのはどれか。

① 都道府県は、市町村を包括する広域の地方公共団体として、広域にわたる事務及び市町村に関する連絡調整に関する事務を処理する。

② 市町村及び特別区が当該都道府県の条例に違反して処理した事務であっても、直ちに無効にはならない。

③ 普通地方公共団体は、法令に違反しない限りにおいて自治事務及び法定受託事務に関し、条例を制定することができる。

④ 普通地方公共団体の議会は、当該普通地方公共団体の事務の全てにおいて、調査を行うことができる。

⑤ 普通地方公共団体の事務所の位置は、条例でこれを定めなければならず、この場合、当該都道府県の議会において、出席議員の過半数の同意がなければならない。

【問題4】

地方自治法に規定する普通地方公共団体の議会の議員の懲罰に関する記述として、妥当なのはどれか。

① 懲罰処分の効力の発生の時期は、議決のときではなく、本人に対しその旨の通知がなされたときである。

② 正当な理由がなくて会議に欠席したため、議長が特に招状を発しても、なお故なく出席しない議員は、議長の権限で懲罰を科することができる。

③ 懲罰の動議を議題とするにあたっては、議員の定数の12分の1以上の者の発議によらなければならない。

④ 会議規則に違反して秘密会の議事を外部に漏らすことは、秘密性の継続にかかわらず懲罰事由とすることができる。

⑤ 議会の運営と全く関係のない議員の議場外における個人的行為は、懲罰事由とすることができない。

【問題5】

地方自治法に規定する普通地方公共団体の監査委員に関する記述として、妥当なのはどれか。

① 監査委員の定数は、都道府県及び政令市は4人、その他の市町村は2人とされ、条例でその定数を増加することはできない。

② 監査委員は、退職しようとするときは、普通地方公共団体の長の承認を得なければならない。

③ 監査委員の任期は、識見を有する者のうちから選任される者、議員のうちから選任される者ともに4年とされている。

④ 監査委員は独任制の執行機関であり、報告の決定または意見の決定は合議による必要がない。

⑤ 代表監査委員または監査委員の処分または裁決に係る普通地方公共団体を被告とする訴訟については、長が当該普通地方公共団体を代表する。

解説

【解説1】　正答④

① 誤り。庁舎は、住民の利用に供することを目的としないため、公の施設ではない（地方自治法第244条第1項）。

② 誤り。法律またはこれに基づく政令に特別の定めがあるものを除き、条例で定めなければならない（同法第244の2第1項）。

③ 誤り。設置される地域の住民との間に使用関係を生じないときは協議を要しない（行政実例昭18・6・23）。

④ 正しい（同法第244条の2第2項）。

⑤ 誤り。議会に諮問して決定しなければならない（同法第244条の4第2項）。

【解説2】　正答②

① 誤り。長は、理由を示してこれを再議に付さなければならない（地方自治法第176条第4項）。

② 正しい（同法第177条第2項）。

③ 誤り。出席議員の4分の3以上の者の同意がなければならない（同法第178条第3項）。

④ 誤り。議会の承認を得られなかった場合においても、法律上処分の効力に影響はない（行政実例昭26・8・15）。

⑤ 誤り。将来に向って指定を廃止する旨の議決をすることができる（行政実例昭35・7・8）。

【解説3】　正答③

① 誤り。その規模または性質において一般の市町村が処理することが適当でないと認められる事務も処理する（地方自治法第2条第5項）。

② 誤り。無効とする（同法第2条第17項）。

③ 正しい（同法第14条第1項）。

④ 誤り。労働委員会及び収用委員会の権限に属する事務等、調査対象とならない事務がある（同法第100条第1項）。

⑤ 誤り。出席議員の3分の2以上の同意がなければならない（同法第4条第1項及び第3項）。

【解説4】　正答⑤

① 誤り。議決のときである（行政実例昭25・10・9）。

② 誤り。議長において、議会の議決を経て、これに懲罰を科することができる（地方自治法第137条）。

③ 誤り。議員の定数の8分の1以上の者の発議によらなければならない（同法第135条第2項）。

④ 誤り。秘密性が継続する限り懲罰を科しうる（行政実例昭25・3・18）。

⑤ 正しい（最高裁判例昭28・11・20）。

【解説5】　正答②

① 誤り。条例でその定数を増加することができる（地方自治法第195条第2項）。

② 正しい（同法第198条）。

③ 誤り。議員のうちから選任される者にあっては議員の任期による。ただし、後任者が選任されるまでの間は、その職務を行うことを妨げない（同法第197条）。

④ 誤り。合議によるものとする（同法第199条第11項）。

⑤ 誤り。代表監査委員が当該普通地方公共団体を代表する（同法第199条の3第3項）。

葛飾区

寅さんサミットin柴又

ロケ地ゆかりの17地域が参加

映画『男はつらいよ』の舞台、葛飾柴又で11月25日と26日の2日間にわたって「寅さんサミット2017」が開催される。

「日本の原風景を守り、後世に伝える」をコンセプトに映画のロケ地となった地域が集結し、産業や文化の交流を行う。イベントでは特設会場を設け、各ロケ地がその土地自慢の特産品を販売するほか、開会式には諏訪さくら役を演じた倍賞千恵子さんが参加する予定だ。

寅さんサミットは2015年に初開催し、今年で3回目となる。『男はつらいよ』の世界に広がる「いつまでも変わらない風景や人情」を大切にしてきた葛飾柴又を会場に、映画のロケ地となった各地域のそれぞれの風景を「原風景」というキーワードで結び、これを大切に守り、育んでいく機会として開催する。

■ロケ地ゆかりの地域コラボメニュー

今年は、北は秋田県鹿角市から、南は宮崎県日南市、さらには映画第41作のロケ地となったオーストリア共和国ウィーン市までの17地域がイベントに参加。特産品の販売ブースなどを出展してイベントを盛り上げる。

ロケ地となった各地域の特産品と、柴又名物をかけあわせた「地域コラボメニュー」は、ここでしか味わえない。イベント時期だけの限定メニューで、毎年多くの来場者の人気を博している。

長野県小諸市の「信州味噌」と柴又帝釈天参道にある店舗「高木屋老舗」の団子がコラボした「ねぎみそだんご」や、茨城県つくば市の「つくば福来みかん」と参道店舗「い志い」のべったら漬がコラボした「福来みかんべったら」、岡山県津山市の「つやま生姜」と参道店舗「松屋」の飴がコラボした「つやま生姜のセキトメ飴」など、参道各店舗の職人たちが苦心して考案した、魅力あふれる商品が並ぶ。

そして、寅さんサミット期間限定で寅さんゆかりの「寅さんメニュー」も販売する。寅さんの雪駄をイメージしたどら焼きで、焼き模様に寅柄の縞がはいる「寅やき」や、寅さんの好物、芋の煮っ転がしが楽しめる「寅さん御膳」など趣向を凝らしたメニューが並ぶ。

今年の寅さんサミットのチラシ

昨年開催された寅さんサミット2016

特設会場ではロケ地ブースが設けられ、その地域で愛される特産品を販売する。その場で焼かれる炭火焼きの匂いに誘われて、各地域ご自慢の特産品を求めて毎年多くの来場者が列をつくるほどの人気だ。また、佐賀県小城市の「ようかんまかろん」や、宮崎県日南市の「日南レモンケーキ」など、ご当地スイーツも販売され、食欲の秋を盛り立てる。

■映画に出演したマドンナも登場

25日に行われる映画の上映イベントでは倍賞千恵子さんをゲストに迎え、寅さん演じる渥美清さんとの思い出や、映画出演者との思い出を語るトークショーも行う。『男はつらいよ』と言えば、各回に登場するマドンナと寅さんとの恋模様を描くのが恒例だが、26日の第28作上映会では、その回に登場するマドンナである音無美紀子さんをゲストに招き、撮影当時のエピソードを語る。

今年、開館20周年を迎えた寅さん記念館は、開館20周年記念特別展として、記念館20年の歩みを振り返る展示をしている。イベント中には、ロケ地ゆかりの駅弁として、北海道の海鮮や宮城県の牛タンなど20種類に加え、限定メニュー「寅さん記念館20周年記念弁当」を販売する。

イベント会場では、毎年多くの寅さんをはじめとした映画出演者に仮装した来場者を見ることができるのも楽しみの一つ。映画出演者に仮装して寅さん記念館に来場した人には、1日限定100人に限り「寅さんサミットオリジナル缶バッチ」をプレゼントする。記念館では寅さんの貸し衣装があり、トレードマークの帽子やかばん、お守りなどを身につけ、寅さんになりきることができる粋な計らいも人気だ。他にもスタンプラリーなど様々な企画盛りだくさんのイベントで、寅さんファンをはじめとした多くの来場者をお迎えする。

柴又地域では、映画の舞台となった原風景を後世に残そうと、地域一丸となって承継する取り組みが行われている。その結果、11月17日には文化審議会が行った文部科学大臣への答申に、「重要文化的景観」が3件新選定され、そのうち1件に「葛飾柴又の文化的景観」が加えられた。文部科学省の官報告示は来年行われ、選定されれば東京都では初となる。

文化的景観とは、「地域における人々の生活又は生業及び当該地域の風土により形成された景観地で我が国民の生活又は生業の理解のため欠くことのできないもの」をいう。

今後も葛飾区は、地域と協働して「寅さんのふるさと」葛飾柴又を守っていく考えだ。

（葛飾区政策経営部広報課シティセールス係　山田耕右）

都市のレガシー　五輪開催3都市を巡って④

スマートシティー化は必須

バルセロナ③

大会のレガシーを体感

今年は大会開催から25周年であり、地下鉄の乗り換え通路の長い壁面やモンジュイックの丘など、街の至るところで大会を振り返る写真の展示が行われていた。開会式や選手の活躍の写真はもとより、大会で街が変わっていく様子や新聞報道など50種くらいある大作である。市が大会開催を観光ブランド化し、それを丁寧に育てていることが強く感じられた。

モンジュイックの丘は、無料で見学できるメーンスタジアムや立派な五輪ミュージアムもある。3都市の中で、ここの展示がオリンピック関連では最も充実していて驚いた。過去大会の歴史から始まり、スター選手が使っていた競技道具、バルセロナ大会の開会式での衣装や小道具の展示、映像資料、幅跳びやボルダリングのようなスポーツ体験エリア、大会報道の歴史、世界のスポーツ漫画、地元出身のサマランチ元IOC会長の記念展示コーナーと、幅広く上手にスポーツや大会開催の素晴らしさを伝えるものとなっている。

また、バルセロナの観光名所を様々なスポーツ競技と重ね合わせて紹介するシティープロモーションビデオの鑑賞コーナーもあり、都市がスポーツを観光ツールとしても活用していることを強く感じられる内容で、家族で見て感動した。

私は宿泊地として、大会の四つの会場クラスターの一つである海沿いのポブレ・ノウ地区にあるホテルをあえて選んだ。この地区は選手村をはじめバドミントンなどの競技会場があった。再生した浜辺は徒歩1分の場所にあり、また、古い住宅とともに、新しい集合住宅やオフィスが混在して立ち並んでいる。元々は19世紀後半の産業革命によって紡績工場が立ち並び、工場労働者が暮らす街であったが、産業の衰退とともに荒廃。それが、大会開催により海辺と一緒に再生されたわけである。

選手村として使用されたツインタワーの足元は、クラブやカジノがあり、オリンピック・ポートという名称のマリーナと浜辺には、おしゃれなレストランが立ち並んでいる。また、リゾート気分が高まる広い遊歩道と自転車専用道路ではジョギング、ローラースポーツ、サイクリングなどを楽しむ人々でにぎわっていた。日が長く（夜9時までは明るい）、砂浜ではビーチバレー、公園では屋外で卓球などのスポーツを楽しむ人が多く、仕事が終わってから繰り出している人もかなりいた。

都市の歴史的遺産と大会を契機に再開発されたエリアがスポーツ、地中海の海辺のリゾートといった要素と上手に結びついて再生を遂げた都市であると感じた。

五輪ミュージアム

大会25周年の展示

スマートシティー化の状況

バルセロナはスマートシティー化が非常に進んでいて、大手ハンバーガーチェーン店も画面で発注、クレジットカード決済。主要な観光施設も時間別に事前予約制となっている。

市は00年から知識集約型の新産業とイノベーションを創出するための大規模なスマートシティープロジェクトを開始し、13年から4年間でマイクロソフト社とパートナー契約し、インフラ整備から市民へのサービス提供（公務員の職場環境の改善）、交通（バス路線の再編）や医療教育などにビッグデータシステムを活用している。14年には、EUにおける最もイノベーションを推進し、生活の質を向上させた都市にも選定されている。

私は現地入りしてから予約制と知り、慌ててサグラダ・ファミリアなどの予約をスマートフォンとクレジットカードで取得し、何とか滞在中に見て回ることができた。

施設の入退場にはスマートフォンに送られてきたQRコードのスキャンが必要で、施設を出た後は今回の感想や予約システムについてのアンケートが送られてきた。恐らく、このようなデータを収集・分析して観光客の満足度や滞在時間を知り、観光収入の増加や改善を図っているのであろう。

まだ試行錯誤の最中のようでもあるが、今回の滞在で、観光都市の実現にとってスマートシティー化は必須条件であると強く感じた。

（都市整備局　長谷川昌之）

東京　橋くらべ⑱

紅林　章央

八幡橋

米国土木学会から栄誉賞

堀は埋め立てられ、遊歩道に

江東区の富岡八幡宮の裏手に赤い小さなトラス橋が残されている。八幡橋という橋で、1878年に製作された国産初の鉄橋である。この橋は国指定の重要文化財であり、国内では唯一、米国の土木学会から「土木学会栄誉賞」を贈られた橋でもある。

橋は我が国初の政府留学生として米国で学んだ松本荘一郎が帰国後、東京府土木掛長の際に設計したもので、官営工場の赤羽製作所で製造された。鋳鉄と錬鉄で造られ、菊の御紋の飾りも残る。

この橋は当初、中央区の旧楓川に弾正橋として架けられた。関東大震災後の復興計画で橋は不要とされ、撤去される危機に見舞われたが、我が国の土木史上貴重な橋を廃棄することを惜しんだ復興局橋梁課長の成瀬勝武らの尽力で、江東区の八幡堀に移設された。

移設にあたり橋は人道橋になり幅も2㍍に縮小された。戦後、堀は埋め立てられ遊歩道になったが、橋は保存された。先人たちの仕事を忘れずに敬意を示すこと。私たちも見習いたいものだと思う。

協力：(一財）日本ファッション協会

シネマ夢倶楽部　オススメ シネマ

ユダヤ人を救った動物園

アントニーナが愛した命

©2017 ZOOKEEPER'S WIFE LP. ALL RIGHTS RESERVED.

1939年、ポーランド・ワルシャワ。ヤンとアントニーナ夫妻は、当時ヨーロッパ最大の規模を誇るワルシャワ動物園を営んでいた。アントニーナの日課は、毎朝、園内を自転車で巡り動物たちに声をかけること。時には動物たちのお産を手伝うほど、献身的な愛を注いでいた。しかしその年の秋、ドイツがポーランドに侵攻、第２次世界大戦が勃発。動物園の存続も危うくなる中、夫のヤンから「この動物園を隠れ家にする」という驚くべき提案をされる。人間も動物も、生きとし生けるものへ深い愛情を持つ彼女はすぐさまその言葉を受け入れるのだが…。

夫が不在になることも多い中、アントニーナはひとり〝隠れ家〟を守り、いくつもの危険を冒しながら、ひるむことなく果敢に立ち向かっていく。彼女たちはいかにして300もの命を救ったのか？　知られざる感動の実話。

◆推薦委員コメント

浅香光健（演劇舞踊浅香流名取）

実話に基づく映画化。強さと優しさを兼ね備えた美しい主人公をゴールデングローブ賞に輝くジェシカ・チャステインが熱演、深い感動を与える。最高の傑作、必見。

宮川直美（医師）

第２次世界大戦中、ユダヤ人をかくまい、命を救ったワルシャワ動物園主、ジャビンスキ夫妻の勇気ある行動を描いた物語。

閉鎖となった動物園をドイツ兵の食糧のための養豚場として機能させ、その餌を運搬する際にユダヤ人を紛れ込ませるアイデアは、なるほどそんな手があったかと感心してしまう。だが、機能させたばかりに、ヒトラー直属の動物学者に、絶滅した幻のバイソンなどを復活させる場として活用されてしまい、常にドイツ軍と学者が出入りすることになってしまう緊張感！　希少動物の保護に努め、絶滅種を復活させようと試みる動物愛護精神を見せながら、ユダヤ人の命を粗末に扱うナチスの矛盾に満ちた政策には空恐ろしさをおぼえる。

フェミニンな衣装に身を包み、常に柔らかな物腰が印象的なジャビンスキ夫人（ジェシカ・チャステイン）の、内に秘めた信念の強さと胆力には頭が下がる。どんな状況においても、命の大切さを見失わなかった人の精神は美しい。

2017年／アメリカ／127分

配給：ファントム・フィルム

［12月15日（金）より、TOHOシネマズ みゆき座ほか全国にてロードショー］

◇　◇

シネマ夢倶楽部　12月４日（月）午後６時15分～「ニッショーホール」で上映。※この上映会に10組20名様を抽選でご招待します。Ｅメールで件名を「上映会希望」とし、〒、住所、氏名を明記の上、henshu@toseishimpo.co.jpまでお申し込みください（28日必着）。

（一財）日本ファッション協会の「シネマ夢倶楽部」では、いい映画・上質な映画をお薦めしています。会社・学校・地域での上映会をご希望の方は、事務局までご連絡ください。
シネマ夢倶楽部事務局（電話03・3295・1411　http://www.japanfashion.or.jp/cinema/）

都政新報

発行所　都政新報社
〒160-0023　東京都新宿区西新宿7-23-1　TSビル
（総務・読者）03-5330-8781
（企画広告）03-5330-8784
（編集）03-5330-8786
（出版）03-5330-8788
（ファクス）03-5330-8808
購読料　月1,730円（税込）
毎週火・金曜日発行
ただし、祝日は休刊

紙面から

地方消費税見直し議論

都、1000億円の減収も

2018年度の税制改正に向けて、地方消費税の配分割合の見直しの議論が本格的にスタートした。自民党税制調査会では、総務省の検討会がまとめた報告書をベースに議論し、都など大都市の税収を地方に配分する格差是正が行われた場合、都は1千億円程度の減収になる見込みだ。東京都税制調査会（会長＝池上岳彦立教大学経済学部教授）は24日、3年任期の最終年度の答申を小池知事に提出し、都は今後、国への働きかけを強めていくが、自民税調で大綱の大枠のまとめ役とのパイプがなく、都の要望がどこまで反映されるか厳しい情勢となっている。

都税調の答申の手交式に出席した小池知事＝24日、都庁第一本庁舎で

都幹部「まな板の上の鯉」

「（都税調の答申は）大変心強く感じる」。24日、都税調の池上会長から答申を受け取った小池知事は力を込めてこう語った。知事の念頭には、地方消費税の配分割合見直しによる都の減収がある。

地方消費税は現在、小売年間販売額など消費統計指標を積算基準の75%、人口や従業者数の「消費代替指標」を同25%として算出している。

ただ国は、税収の偏在是正や社会保障財源化の観点から、消費統計指標の比率を下げ、人口の比率を上げる方向で調整を詰めているが、総務省の地方消費税に関する検討会が21日にまとめた報告書では、地方消費税の配分割合について、現在75%のモノやサービスの「販売額」の比率を引き下げるとともに、「従業員数」を廃止し、「人口」を引き上げるべきと提言している。報告書では「販売額」を算定する統計データから、商品の持ち帰りや県外発送などがある百貨店や家電量販店などを除外した。

また、土地は消費税が課されていないため、不動産や建物販売なども統計データから外した。

これに対し、都は「建物は消費税が課税されているので、建物販売を統計データから抜き取られると消費の実態とかけ離れる」と反論している。消費の実態に近づけるには、「電気やガスなども『販売額』の統計データに加えるべき」（同幹部）と求めているが、総務省の検討会はこれらを「販売額」に盛り込まない理由として、「消費量にすぎず、消費額ではない」ことを挙げ、都道府県別の電気やガスの消費量は推計調査を行わなければ把握できないとした。

報告書に沿って、統計データの除外分や従業員数の配分割合（7・5%分）を「人口」に充てた場合、「人口」比率は現行の17・5%から50%程度に大幅に引き上げられる。結果、都の減収は1千億円程度の見込みだ。

都税調の答申では、「（モノやサービスの）最終消費地と税収の最終的な帰属地を一致させる」という制度趣旨に沿って議論を行う必要があるとした。都は24日、答申を総務省に提出した。

これに先立ち、都、特別区長会や市長会、町村会が14日、地方消費税配分割合の見直しを巡り、野田聖子総務相と会談し、制度趣旨を踏まえた見直しを行うよう要望した。小池知事と親しい野田氏は「乱暴なことはしない」と強調した。

だが、この要望前に野田氏は記者会見で「地方税制は税源の偏在性が小さく、安定的な税体系が望ましい」など地方重視の発言を繰り返した。

都の官房系職員の一人は「人口を100%にする案も含めて大幅に引き上げるとした財務省の財政制度等審議会分科会の案と比べて、野田総務相は『乱暴なことはしない』と言いたかったのかもしれない」と分析した。

総務省の検討会の報告書をベースに、自民党税制調査会は22日、地方消費税の配分割合見直しの議論をスタートした。「販売額」の比率をどの程度引き下げ、「人口」を引き上げるか具体的な数字は示されていないが、自民党税調の宮沢洋一会長とともに首相官邸などとの調整役を務める「インナー」が税制改正大綱の大枠をまとめる。「インナー」との関係構築が都にとっての最大の課題だが、地方消費税を担当する「インナー」の塩崎恭久元厚労相は、小池知事が防衛相だった時、官房長官を務め、防衛次官の人事を巡って、火花を散らした経緯がある。最後は次官を更迭させ、小池氏に軍配が上がったものの、塩崎氏との関係は改善されていないとの声がある。今回は「八方塞がりの状態だ。小池知事の国政への影響力が低下する中で、都はまな板の上の鯉だ」と肩を落とし、知事がいくら要望しても、都の完敗になるとの見方を示した。

頼みの綱の都議会自民党は「政治的な動きは一切しない」（都議）と話している。都議会は地方消費税の配分割合の見直しに関する意見書を第4回定例都議会に提出する。ある自民党都議はこう述べた。「うちは知事与党ではない。意見書をまとめるだけだ」

地方消費税

積算見直しで反論
都「不合理な措置」

都は24日、国が進める地方消費税の清算基準見直しは「不合理な措置」として、都の反論をまとめた。都はこの見直しで、10年間累計で2・2兆円の税収減になると主張。都の喫緊の課題である高齢者や子育て支援施策へ投じる財源が奪われると主張している。

地方消費税について、税収の偏在是正や社会保障財源化の観点から、地方消費税の消費統計指標の比率を下げ、人口の比率を上げる方向で調整を詰めている国の動きに対し、都は地方消費税の応益性をゆがめると反論。人口配分の側面を強めると、地方消費税が譲与税化しかねないとした。また、自治体間の税収格差は地方交付税制度で調整済みとの認識を明示。地方交付税交付後の都の住民1人当たり地方税収は、全国平均と同水準とのデータを挙げた。

その上で都は、少子社会対策費が10年前に比べて倍増したことや、社会保障関係費が毎年300億円増加し、2038年度までに累計9・5兆円増加する見込みなど、大都市特有の財政需要を例示。国に異議を唱えた。

小池知事は24日の会見で、「（国の動きは）都民生活を脅かし、東京の活力を削いでいく。縮小するパイの取り合いで、国家の衰退にもつながりかねない」と述べた。

「食のテーマパーク」方針転換
市場移転問題で知事

小池知事は24日の会見で市場移転問題に触れ、6月に築地市場跡地を「食のテーマパーク」とする基本方針を示したことについて、「二つの考え方として申し上げた。築地再開発は検討会議を立ち上げ、自由な発想で民間主導で進めていく」と述べ、基本方針にとらわれないとの考えを示した。知事は基本方針で「仲卸業者の築地への復帰を支援する」としていたが、事実上の方針転換と受け止められそうだ。

「食のテーマパーク」案を巡っては、豊洲新市場内に併設予定のにぎわい施設「千客万来施設」（千客）の地元住民から「近距離に同じような施設が二つあっても仕方がない」など懸念の声が上がっていた。知事は会見で、築地再開発に際して、「千客事業のコンセプトとの両立や相乗効果を図れるよう配慮する」と発言した。

一方、千客には運営事業者の万葉倶楽部との基本協定に即し、「築地特有のにぎわいを引き継ぐ千客を最優先に整備するよう努力する」と明言した。地元・江東区は、市場受け入れ条件の一つに同施設の併設を掲げている。山崎孝明区長は6日、新市場建設協議会で豊洲新市場の開場時期を来年10月中旬とすることで決定したことを受け、「にぎわい施設の整備が確定しない限り、市場の受け入れを再考せざるを得ない」とコメントしていた。

到来 超高齢社会　「東京モデル」いざ世界へ③

住まい

用地創出へ団地集約化

高齢化率5割――。東京の将来像のことではなく、昭和40年代築の大規模団地では既に高齢者の割合が著しく高まっている。多摩市にある1970年築の都営和田団地の高齢化率は48・6%、同東寺方団地は43・6%（いずれも2016年現在）。約45年を経過し、入居者の多くが高齢者になった格好だ。

「団地を終のすみかと考えている。そのまま暮らしたい」。建て替えを控える都営住宅の入居者の声だ。

都営住宅は入居期間の制限がない。また単身者向け住宅では、入居資格要件の一つに年齢制限「60歳以上」があり、高齢者が多くなる構造になっている。都営住宅の名義人の年齢別世帯割合では、65歳以上が実に65・6%にも上る。

都都市整備局都営住宅経営部は「建て替えの際は現在の入居者が住むことが基本になり、単身高齢者を想定した間取りが多くならざるを得ない。ただ、地域コミュニティーの活性化を考え、若年ファミリー層向けの間取りも一定数用意している」（再編利活用推進担当）と話す。

都営に限らず、団地建て替えを巡っては、建物の集約化が鍵となる。

2013年に大規模建替え事業を終えた1971年竣工の公団住宅「諏訪2丁目団地」（多摩市）。民間ディベロッパーの東京建物も事業参画し、5階建て23棟に計640戸あった団地は、11階と14階建て計7棟に集約され、総住戸数は1249戸へ倍増。集約化で生まれた用地には、多世代にわたる入居者を想定し、保育所や介護施設などを整備した。全住戸とも即日完売され、事業は成功裏に終わった。

こうした建物の集約化と、それにより生まれる「創出用地」を最大限活用した団地再生が今後のトレンドとなる。

ただ課題もある。一つは団地住民の高齢化により、地域の活力が失われていることだ。都都市整備局住宅政策推進部は「団地が活性化していなくては、建て替えに向けた合意形成にも至らない」（計画調整担当）と述べ、団地再生へ向け先進事例の紹介や居場所作りを強化する考えを示す。

また、建て替えに際しては、周辺住民との調整が必須となる。特に街なかに建つ団地で中層の建物を高層化すれば、日照時間や景観など、周辺住民へ与える影響は大きい。「地元自治体と協議を重ねながら、粘り強い交渉をするしかない」（都都市整備局都営住宅経営部）が、建て替え後に地域へのしこりを出来る限り残さないことも重要になる。

中古物件の流通強化

住居の老朽化を巡っては、空き家問題も避けては通れない課題だ。都内の空き家率は11・1%で、総戸数は約82万戸に及ぶ（2013年現在）。中でも特に問題なのが、居住者が長期不在のいわゆる「その他空き家」で、計15・2万戸に上る。更にこの15・2万戸は、建物の老朽化具合に応じ、腐朽・破損のない11万戸と、腐朽・破損が著しい4・2万戸に2分類でき、行政の対応も異なる。

都は空き家対策を「有効活用」「発生抑制」「適正管理」の三つの観点から推進。このうち、有効活用は「その他空き家」の腐朽・破損のない物件、適正管理は腐朽・破損が激しい物件が主なターゲットとなる。区市町村では適正管理に重点を置きつつ、一部自治体で地域コミュニティー活性化につながるような有効活用事業を行う傾向にある。

ここで盲点となりがちなのが発生抑制だ。適正管理の対象となる前に、既存ストックをどう生かすか。

「安心R住宅」――。国は今月8日、一風変わった名称の制度開始を発表した。中古住宅のマイナスイメージを払拭し、中古住宅市場を活性化させることが目的だ。新耐震基準に適合し、構造上の不具合がないと認められた中古住宅に「安心R住宅」の標章使用を許可する。

中古住宅に対し、消費者は「隠れた不具合や欠陥」「価格の妥当性」などに不安を抱え、市場が停滞。十分に活用されない状況にあり、都内の居住用住宅取得に占める中古物件の割合は35%にとどまる（13年）。都担当者は「日本には新築が良いというイメージが根強い」と話し、都も中古物件の建物状況調査の促進など取り組みを強化する方針だ。

「空き家は半年あけたらどうにもならなくなる」。8日開催の都の超高齢社会有識者懇談会で、建築学が専門の委員はこう指摘した。人口・経済ともに右肩上がりの時代は過ぎた。当時、加速度的に供給された東京の住まいは曲がり角を迎え、新たな時代に即した住環境の整備は時間との戦いともなっている。

老朽化の目立つ都営住宅（手前）。奥は高層化した建て替え後＝世田谷区

川柳ジョーク

国の不合理な地方消費税の見直し措置に対する東京都の主張について、主張は正しいが効果は？

「こうなったらパラリンピックカウントダウンに合わせて、東京スカイツリー、東京タワー、都庁舎を赤信号でライトアップ！」

都政の東西

戦略なき改革

小池都政の1年を見ていると、どこまでパフォーマンスに付き合うべきなのかを考えさせられる。

例えば、入札契約制度改革。都政改革本部の特別顧問の主導で1者入札の禁止や予定価格の事後公表などが導入されたが、1者入札中止が対象案件の約2割を占めた。「ゼネコンも都の入札に関わるのは危なっかしくて手控えているのではないか」。都庁内では当初からこの改革に懐疑的な見方が強かったが、「ワイズ・スペンディング」の掛け声の下、顧問の主張がほぼ取り入れられ、強行した結果が現状の悲惨な事態を招いている。

豊洲市場の移転延期を筆頭に、職員を信頼しないばかりに傷が膨らむケースが相次いでいるが、「小池人気」に陰りが出る中、知事は表面上、職員との良好なコミュニケーションを演じようとしている。職員には制止すべきは制止する覚悟も求められる。

知事の肝煎り施策の一つに「女性の登用」がある。22年ぶりに女性副知事が任用され、今後も女性の登用が続くだろう。それ自体は歓迎すべきことだ。ただ、女性登用の末に何を進めようとしているのかは見えない。単にひな壇に並べれば気が済むのか。メッセージ性はあるものの、戦略は皆無だ。例えば「防災対策に女性の視点を取り込む」など、政策目的と結び付けなければ人事の意味は薄れる。

歴代の知事も外面にはこだわってきた。官僚としてその意を酌まなければならない場面は当然ある。しかし内容が空疎である以上、パフォーマンスに付き合う側としても単に追従するのみならず、知事の言動を奇貨として官僚主導の改革に結び付ける気概がほしい。

◆知事会で都が反発

全国知事会議が24日、都道府県会館（千代田区）で開かれ、来年度税財政に関する国への提案内容を議論した。同提案に地方消費税の清算基準見直しについて「人口の比率を高める方向で検討すべき」と盛り込まれたことを受け、都、愛知県、大阪府が反対の姿勢を示した。また都は、23区内の大学定員抑制策についても反論した。

◆仮設費の大半負担

東京五輪に関する都議会特別委員会が24日に開かれ、体操や新体操などが行われる仮設施設「有明体操競技場」の整備費253億円の大半を都が負担することが明らかになった。公明党の谷村孝彦氏の質問に答えた。

有明体操競技場は、五輪組織委員会が整備し、大会後は都が中小企業の振興を目的とした展示場とし、都が跡地利用に193億円を負担する。都はこれまで、残り60億円の負担を組織委と精査していると説明していた。

だが、国や都、組織委、関係自治体による4者が今年5月、経費分担の大枠として、都が仮設施設などを負担することで合意した。谷村氏は、都が費用を見直した3施設の整備費圧縮幅が縮減したことを踏まえ、経費削減を引き続き求める一方で、同競技場の整備費の大半を都が負担するという説明をしなかったことに対し、「都議会を欺く説明」と批判した。

また、谷村氏は同競技場を展示場として活用する期間を「20年、30年は使えないのか」とただしたのに対し、都は施設の利用状況などを踏まえ、対応を検討すると話した。

原則統一も区独自に含み
23区の来年度保険料率で
国保広域化

来年度から都道府県が国民健康保険の財政責任主体として保険者に加わる国保広域化を受け、23区では1959年1月の国保制度発足以来採用してきた統一保険料方式が岐路を迎えている。14日の区長会総会で、来年度以降も原則、統一保険料を採用する方向性が示された一方、都が仮係数を基に試算した来年度の標準保険料率の差が各区で大きかったことから、区独自の料率算定を容認することに含みを持たせたためだ。区長会は来年2月に新年度の基準料率を示す予定だが、独自算定に踏み切る区もありそうだ。

23区では、国民健康保険法による制度発足から統一保険料を採用しており、2000年の都区制度改革以降も継続してきた。国が進める国保広域化に向けた制度改革では、都道府県を区市町村とともに保険者とした上で、財政責任主体に位置付けたことから、統一保険料の可否を中心に全国で保険料の在り方が焦点となっていた。

都は21日に都国民健康保険運営協議会を開き、18～20年度の3年間を期間とする運営方針を策定。医療費水準や収納率が各区市町村で大きく異なることから、統一保険料の採用は困難と判断し、都が62区市町村別に算出した標準保険料率を早ければ来年1月に示した上で、各区市町村で決めることとした。

その際、都は仮係数を基に試算した来年度の標準保険料率を公表。このうち23区では新宿区が最も高い水準で、医療分では所得割率が8・85％、均等割額が5万339円となった。一方、最も低い水準となったのが千代田区で、医療分の所得割率が7・24％、均等割額が4万1148円だった。区ごとに最大で所得割率が1・61ポイント、均等割額が9191円の開きが出た格好だ。

試算では、歳入不足の補塡を目的とした一般会計からの法定外繰入金を投入しない想定で保険料率が示されている。これに対し、23区では葬祭費などを保険料に算入せず、法定外繰入金で賄うこととしており、各年度の基準料率は繰入金の投入分を除いた算定となっている。このため、都の標準保険料率と23区の統一基準料率を比較した場合、統一保険料を採用しない方が被保険者1人当たりの保険料が低くなる区が複数ある見通しとなっている。

23区は、都内全体の被保険者の7割を占めており、スケールメリットを生かした医療費の適正化や収納率アップなどの取り組みの実施に加え、負担の公平性の観点から統一保険料を採用してきた。しかし、こうした実情を踏まえて開かれた14日の区長会総会では、複数の区から独自算定の検討に踏み切る考えが示されたことから、23区では統一保険料の継続を原則としつつ、採用せずに独自保険料率を設定する区も容認する方向で一致したという。

区長会事務局では、「現時点ではどの区が独自保険料を設定するのか確定的に言える状況ではなく、あくまで23区統一保険料を原則として、これまで通り基準料率を示すことになる」と話しており、来年2月の区長会総会に提案する考え。これを受けて各区が統一保険料の採用の是非を判断する見通し。

仮係数に基づく2018年度標準保険料率（％、円）

区名	医療分 所得割	医療分 均等割	後期支援分 所得割	後期支援分 均等割
千代田	7.24	41,148	1.96	11,101
中央	7.98	45,354	2.36	13,356
港	7.47	42,458	2.18	12,355
新宿	8.85	50,339	2.83	16,047
文京	7.59	43,184	2.39	13,521
台東	8.53	48,520	2.56	14,488
墨田	8.44	48,013	2.38	13,493
江東	8.48	48,226	2.41	13,630
品川	7.70	43,777	2.27	12,839
目黒	7.84	44,603	2.27	12,861
大田	8.51	48,384	2.46	13,915
世田谷	7.76	44,147	2.39	13,543
渋谷	7.85	44,663	2.29	12,965
中野	8.25	46,885	2.67	15,138
杉並	7.96	45,278	2.59	14,649
豊島	8.43	47,914	2.71	15,344
北	8.45	48,053	2.52	14,283
荒川	8.51	48,398	2.41	13,653
板橋	8.75	49,742	2.59	14,660
練馬	7.87	44,755	2.41	13,672
足立	8.71	49,548	2.46	13,941
葛飾	8.52	48,467	2.39	13,521
江戸川	8.16	46,391	2.41	13,656

▼参考（23区の2017年度基準保険料率）

区名	医療分 所得割	医療分 均等割	後期支援分 所得割	後期支援分 均等割
23区	7.47	38,400	1.96	11,100

乳幼児の突然死防げ
センサー設置を補助
足立区

足立区は22日の定例会見で、乳幼児の睡眠時の突然死を防ぐために、睡眠中の状態をチェックする「監視モニター」や「ベビーセンサー」の設置経費を補助すると発表した。年度内に認可保育所や小規模保育施設など希望する285施設で導入し、1億2625万2千円を計上した補正予算案を12月1日開催の第4回定例区議会に提出する。

区が補助するのは、睡眠中の顔色や呼吸、乳幼児がうつぶせになっていないかを確認する監視モニターと、呼吸を検知して異常があれば警告音を発するベビーセンサーの2機器。補助額は1カ所当たり上限100万円。保育施設を対象に行ったアンケートではベビーセンサーの購入希望が多かったという。

区内の保育施設では厚生労働省のガイドラインに従い、保育士が睡眠中の乳幼児の呼吸を確認している。0歳児は5分間隔、1・2歳児は10分間隔で睡眠状態を確認しており、保育士の心理的負担を軽減するため機器の導入補助を決めた。

区では保育施設での乳幼児の死亡事故は起きていないが、安全対策の強化を目的に、都の補助制度「保育所等における児童の安全対策強化事業」を活用する。他区も都の補助金を活用して機器の導入を検討しているという。

近藤やよい区長は「機器の導入はあくまで補助的な対応だが、人と機器のチェックが二重になることで安全対策の強化につながる」と述べた。

「あり検」再開など要望
都来年度予算ヒアリング
区長会

小池知事による特別区長会（会長＝西川太一郎荒川区長）を対象とした都の来年度予算ヒアリングが24日に行われ、都区のあり方検討委員会の再開など都区間連携を中心に重点3項目を要望した。

区長会は役員区長6人が都庁を訪問。西川会長は要望3項目のうち、都区の役割分担に関する協議の実施を強調した。特に都区のあり方検討委員会に関しては2011年12月の書面開催以降、中断が続いているとして、早期再開を要請した。

また、都が都区財政調整制度の原資となる調整3税の政策的な減免を行う場合には事前協議を設けるよう要望。固定資産税の税率変更を巡り、事前に情報提供がなかったとして、都区の関係が悪化した過去があり、都が国際金融都市構想で法人2税の政策減税を打ち出したことを背景に重点要望に加えた。

これに対し、小池知事は調整税の政策減税に言及。「政策目的や効果、税以外の手法など十分に吟味する必要があり、慎重に検討しており、特例措置の創設に関しては、できる限り速やかな情報提供に努める」と述べるにとどめた。

都区のあり方検討委員会に関しては、多羅尾光睦総務局長が回答。「これまでに都区間で隔たりがあった事項の整理などを検討する必要がある」と述べ、再開に慎重な姿勢を示した。

小池知事と記念撮影する西川会長ら役員区長6人＝24日、都庁第一本庁舎で

情報発信し、協働促す
青木克徳・葛飾区長に聞く

任期満了に伴い、12日に投票が行われた葛飾区長選は、現職の青木克徳氏（68）が自民党、公明党、民進党推薦のもと3選を果たした。行政マン出身の区長として「誰もが暮らしやすいまち」を掲げ、現場に出向き、区民と対話する姿勢を強調して支持を固めてきた青木氏。しかし、前回同様庁舎移転整備反対を掲げる新人候補との一騎打ちとなった選挙戦の得票数は、相手候補が得票数を増やした。選挙結果の受け止めや今後4年間の抱負を聞いた。

——前回同様の一騎打ちの選挙となりましたが、対立候補が約1万3千票を伸ばしました。

結果を謙虚に受けとめたい。この状況を踏まえ、区民に区政課題や事業の進み具合を積極的に情報提供し、双方向でコミュニケーションを図りながら、区民・事業者・区と協働し、これまでの施策をさらに前進させていきたい。

——3期目の重要課題を。

区民の期待に応えられるよう、子育てや教育の支援、高齢化への対応、防災・防犯対策、経済対策などを進めていく。特に「待機児童ゼロを早期に実現する」「健康長寿を目指し、がん検診の受診率を上げる」などを目標とする。そのためには、まちづくりや環境問題、高齢化に向けた地域包括ケアシステムなど、区政に区民が関心をもち、参画する必要がある。広報紙などの媒体で、様々なアプローチを行っていこうと考えている。

——庁舎移転整備は任期中に庁舎位置を変える特別議決が控えています。

新しい庁舎は、ただ古いから建て替えるのではなく区民サービスを向上させる要素もある。まだ事業を知らない区民もおり、幅広く知らせ、意見を集めることが大事になってくる。再開発の進捗に合わせて、次は権利変換で移転経費が固まった時点など事業の節目ごとに必要な情報を出していく。

——任期中には東京オリンピック・パラリンピックを迎えます。

大会を絶好の機会と捉え、スポーツ熱を盛り上げていきたい。区民がスポーツに親しみ、いつまでも元気でいられるように健康を維持し、高齢者や障害者を含めて多世代がスポーツを楽しむ地域づくりを目指す。

——小池知事が就任して2年目に入りました。都政の評価は。

これまでも意見交換の場を設けてもらっていることに感謝している。今後も区から、具体的な事業提案などをさせてほしい。その中で、区と都が協働して施策を実現できればと願っている。

——区長会副会長として、都に求めることは。

何よりも大切なのは、コミュニケーションを密にしていくことだ。知事は大変に多忙で簡単ではないと思うが、こちらからも積極的に話し合う機会や実際の現場を見ていただく機会を提案していきたい。

——職員へメッセージを。

刻々と変化する状況を見極めて常にチャレンジを心掛けてほしい。チャレンジと言うと大きなことに聞こえるかもしれないが、今の状態を反省し、一つの仕事を改善するのもチャレンジの一つ。失敗を恐れず、試行錯誤することで前進してほしい。もちろん私自身もチャレンジし続ける。

あおき・かつのり＝1949年生まれ。都立葛飾野高校卒業。区経理課長、地域振興部長、政策経営部長、収入役を経て、09年区長選に初当選した。5月から特別区長会副会長を務めている。趣味は社交ダンスと囲碁だが、最近の休日は終日、地域や団体の行事に出席するなど公務のことが多いという。母、妻と。

損賠訴訟で和解成立
港区エレベーター事故

港区の特定公共賃貸住宅「シティハイツ竹芝」で2006年6月に起きた死亡事故の損害賠償訴訟で、24日に東京地裁による和解が成立した。事故で死亡した男子高校生の遺族が08年12月に区やエレベーターを製造したシンドラー社ら5者を相手取り、総額約2億5千万円の損害賠償を求めた訴訟で、和解金を支払った上で5者が再発防止策を講じることで合意した。

同訴訟を巡っては、東京地裁が9月27日に和解案を勧告したのを受け、区が6日に臨時区議会を招集し、原告への和解金400万円を支払うことなどを盛り込んだ和解案を提出、全会一致で可決された。

武井雅昭区長は和解成立を受け、「事故を風化させることなく、全職員に人命の大切さと安全を最優先する意識を徹底させ、安全・安心の確保に全力で取り組む」とコメントを出した。

記者席

石原ファミリーの新たな戦略

○……衆院選後の小池知事は、視察や会議への出席を積極的に繰り返しており、都庁内から地味だという声が聞こえてくる。10日の会見で記者から公務の目白押しを「（知事が）邁進の姿勢の表れか」と質問されたのに対し、知事は「これが普通」とまんざらでもない顔で答えていた。衆院選前に小池氏が安保法制に反対する民進党議員を「排除する」と発言して批判を浴び、今もその流れは変わっていない。

小池知事は衆院議員時代、自民党が下野した際に髪を伸ばし、自ら「臥薪嘗胆ヘア」と名付けた。小池劇場を封印しているのは「臥薪嘗胆」のようだが、本音は「臥薪嘗胆イヤ」ではないか。

○……衆院議員を辞めてマスメディアでお目にかかることがなくなった石原元知事が最近、ツイッターでの発言を増やしている。大相撲の横綱日馬富士による暴行問題では、「横綱の目下の者への暴力は相撲道の恥」と批判し、「貴乃花親方の勇気は素晴らしい」と賞賛。横綱白鵬の〝張り差し〟には、「横綱は何してでも勝てばいいと言うものでは絶対にない」と苦言を呈した。

大手新聞での連載コラムが休載となり、発言の機会が少なくなったためかと思ったが、衆院選後は息子の伸晃氏と宏高氏も頻繁にツイッターを更新している。小池旋風ですっかり影が薄くなった石原ファミリーの戦略なのだろうか。

○……「連携をお願いしたい」「連携を図るべき」「都区の連携が重要」——。小池知事による区長会への予算ヒアリングに参加した区長6人が異口同音に述べたのが「連携」という言葉だ。受動喫煙対策を始め、23区で都に連携を求める声が日増しに高まっており、今回、顕著に表れた印象だ。出席した6区長の表情も硬かったように感じた。

衆院議員時代から小池知事と旧知の西川太一郎荒川区長は「直接話す機会はいくらでもあるが、知事は聡明だから知事職に鑑みて個人的な機会を控えておいでだ」とチクリ。公開の場も良いが、水面下での胸襟を開いた議論も必要のようだ。

高額物件に継続的支援
保育所賃料補助を拡充
港区

港区は、公定価格を上回る水準の賃貸料を支払っている私立認可保育所を支援するため、29日に開会する第4回定例区議会に建物賃貸借料補助を拡充する経費として、4億963万円の補正予算案を提出する。同様の事業者を対象に、国や都が補助の交付期間を広げたことから、区も上限額の引き上げなどで、事業者を継続的に支援する。

区は現在、開設してから5年以内の保育所の賃料を補助しているが、補助累計額の上限や期限を設けていたため、運営年数が6年以上を経過すると補助を出せなくなる仕組みだった。今回の補助制度では、今年3月31日以前に開設して6年以上が経過し、保育所の賃貸料が公定価格の3倍を超える施設に対し、年間1650万円を上限に賃料の4分の1を補助する。国や都の補助と合わせて事業者負担を4分の1程度に抑えるスキームだ。

このほか、5年以内の施設は補助金上限額を現在よりも約400万円引き上げ、3937万5千円とする。補正予算案の可決後に補助金要綱を整備し、年度内に申請受け付けを開始する。

拡充によって現在区内で運営する38カ所中31カ所が対象になる見込みだ。区によると、区内の保育所では公定価格の4～6倍の賃料を支払っている保育所が15カ所あり、最高は公定価格の10・3倍に上るという。区保育課は「補助によって事業所の経営を安定させることで、保育の質の確保につなげていきたい」と話す。

自治体政策のススメ
地域エネルギー政策の最前線④
日本版シュタットベルケ

環境エネルギー政策研究所所長　飯田　哲也

昨年4月に始まった電力小売りの全面自由化によって、需要家数8千万件・8兆円の小売電力市場が開放され、これまでに約400社の新しい小売電力会社が名乗りを上げている。その中で、地方自治として注目したいのは「地域新電力」である。

ドイツは日本と同様、地方自治体が従来から上下水道やごみ収集、バス・地下鉄などを「公営事業」（シュタットベルケ）として行ってきている。その公営事業の中で電力供給は、売り上げや政策的な意味合いから中核的な事業として位置付けられる。

電力自由化で先行するドイツでは、1990年には民営化・規制緩和の流れで公営のエネルギー事業の民営化や売却が進められてきたが、ここにきて、地方自治体が地域の配電網を買い取って「再公有化」する動きがある。

これは、行き過ぎた市場原理主義のゆがみを正すとともに、送配電網が道路や空港、港湾と同じく市場経済や現代社会を支える「公共インフラ」であることを再確認していると捉えれば、自然な動きとみるべきだろう。

日本でも、ドイツのシュタットベルケを目指す「みやまスマートエネルギー」（福岡県）のように、地方自治体に密着した地域電力会社がいくつか誕生しつつあり、一部ではあるが「自営線」で地域配電網を整備する取り組みも始まっている。

また、地域新電力は、他の様々な地域サービスと連携することが特徴だろう。みやまスマートエネルギーでは、高齢者の見守りや市民と市の双方向コミュニケーション、地域マルシェ、省エネサービス（HEMS）など、行政と連携した地域新電力ならではのコミュニティーサービスの取り組みが見られる。

日本でも、戦前は数多くの地域電力会社があり、その一部は地方公営だった歴史がある。こうした地域新電力も、進みつつある分散エネルギー革命で大きな役割を担うに違いない。

障害者への配慮紹介
商店街向け冊子発行
江東区

江東区は22日、障害者や外国人ら全ての人が暮らしやすいユニバーサルデザインのまちづくりに向けた取り組みを紹介する啓発冊子『UDTRY（ユーディートライ）！』を発行したと発表した。

20～40代をターゲットに、店舗や窓口を訪れた障害者や外国人への配慮として具体的な取り組みを記載している。600部発行し、区庁舎などで配布するほか、ウェブサイトに掲載する。区によると、若者など向けの啓発冊子は23区初という。

冊子では、銀行員が視覚障害者を窓口に誘導する際は、「こちら」「あちら」などの指示語を使わない、飲食店ではメニューに写真をつけるなど身近な例を紹介している。

区がこれまで取り組んできたユニバーサル対応の普及促進は、小学校での出前授業などが中心だった。区まちづくり推進課は「区がアプローチできていない世代にも具体的な取り組みを示し、障害者や子育て中の人、外国人にもやさしいまちづくりにつなげたい」と話す。

国立マンション訴訟

4500万円を完全弁済

上原元市長「市民の力示した」

高層マンション建設を巡る訴訟で敗訴した国立市が、事業者に支払った損害賠償金を元市長の上原公子氏が個人で負担するよう市が請求していた問題で、上原氏は21日、遅延損害金約1400万円を市に完済した。今年5月に返済した賠償金と合わせて約4500万円を返済し、賠償金は上原氏を支援する市民らが結成した「くにたち上原景観基金1万人の会」が全国に呼び掛け、集まった寄付で賄われた。これにより、一連の騒動が一定の区切りを迎えた。

■国立景観問題を巡る経緯

1999年4月	「景観裁判訴訟」の原告団幹事だった上原氏が市長に当選
7月	明和地所㈱による40mのマンション建設計画が明らかとなり、景観を巡って市民と紛争が起きる
2000年1月	市議会で20m高度制限地区計画の条例化決定
2月	明和地所が市を相手に地区計画と建築条例の無効確認を求めて東京地裁に提訴
2002年2月	明和地所に対し4億円の損害賠償を支払うよう命じる地裁判決
2005年12月	東京高裁で損害賠償が2500万円に減額。市は上告
2007年4月	任期満了により上原氏が市長を退任。後継の関口氏が当選
2008年4月	市の上告を最高裁が棄却。2500万円に損害遅延金を加え、約3124万円を明和地所に支払う。後に同額を明和地所が市に寄付
2009年4月	明和地所に支払った損害賠償は上原氏個人が負うべきとして4人の市民が監査請求
5月	4人は監査委員の「市の判断に委ねる」とする報告を不服とし東京地裁に提訴
2010年12月	市が敗訴。翌年1月に東京高裁に市が控訴
2011年4月	関口氏が敗れ、佐藤氏が市長に当選
5月	佐藤氏が控訴を取り下げ、市が上原氏に支払い請求することが確定
2011年12月	上原氏が支払いを断り、市が支払いを求めて提訴
2013年12月	市議会で上原氏に対する債権を放棄することを議決
2014年9月	東京地裁は上原氏に支払いの義務はないとし、市が敗訴。10月、市は控訴
2015年5月	統一地方選挙で議会構成が変わり、上原氏に対する債権の行使を求める決議を可決
12月	東京高裁は上原氏に支払い義務があるとし市の勝訴。上原氏は上告
2016年12月	上原氏の上告を棄却
2017年1月	上原氏にこれまでの遅延損害遅延金を含めた約4500万円の請求書が届く
2月	市民らによる「上原景観基金1万人の会」が結成され全国からカンパを募る
5月	基金1万人の会は約3124万円のカンパを集め、市に返済
11月	残額約1432万円を市に返済し、約4500万円を完全弁済する

「景観を守れるのが国立市。応援しています」「国立市の自治の歴史は住民に住みよい住環境を提供するとともに、地方自治の在り方を示す貴重な実践だった」――。基金1万人の会に寄せられた「市民の声」だ。5月の一部弁済以降、新たに約280件の「声」が寄付とともに届けられた。基金1万人の会の佐藤和雄代表理事は、永見理夫市長に対し、損害遅延金約1400万円とともに「声」を手渡した。

完全弁済を受け、上原氏は国立市の景観を「市民が積み上げてきた努力の成果」とし「住民自治が評価され、全国から寄付があったのはとてもありがたい。権力に屈せず、最後までやり抜く市民の力を示した」と語った。また、上原氏の弁護団長の窪田之喜弁護士は「本来なら勝ち切って報告すべきなので複雑な思いだが、司法の誤った判断を超えて民意が示された。これを一ページに、住民自治はさらに前進する」と話した。永見市長は「市民が分断されていた課題が収束するのではないか。ほっとしている」とコメントした。

高層マンションを巡る訴訟では、40㍍の高層マンションを建設しようとした明和地所㈱が2000年2月、市から営業妨害を受けたとして20㍍高度制限地区計画の取り消しを求めて市を提訴。市が明和地所に約3124万円の損害賠償金を支払う判決が08年3月に確定した。これを受け、市が支払った損害賠償を提訴された当時市長だった上原氏個人に請求するよう市民4人が提訴した。

東京地裁は10年12月に上原氏の違法行為を認め、市に対して上原氏への損害賠償請求を命じた。これを不服とした当時の関口博元市長が東京高裁に控訴したが、11年4月の市長選で当選した佐藤一夫前市長が控訴を取り下げた。この判断に対して市議会は紛糾し、いったんは上原氏への債権を放棄することを議決したが、15年の統一地方選で議会構成が変わり、同年5月、上原氏へ損害賠償を請求することを可決。14年に下された上原氏に支払い義務はないとする司法判決も15年12月に東京高裁で覆り、上原氏が上告するも最高裁は棄却。16年12月、市に弁済することが確定した。

今後の論点は、弁済された約4500万円の使途だ。基金1万人の会の佐藤代表理事は「集まった寄付を国立市の景観保全のための財源として生かしてほしい」と要望している。永見市長は「金額が確定すれば、今年度補正予算として市議会に上程する」と話しているが、寄付ではなく損害賠償金のため税外収入として扱われ、使途の限定をすることができず、市の今後の対応が注目される。

「完全弁済」を支援者に報告する上原元市長＝21日、くにたち体育館で

調布市

市民と考える「空き家対策」

4月から専管部署、第1弾事業

住宅課内に今年4月、空き家対策のための専管部署を立ち上げた調布市は、事業の第1弾事業として18日から市民向けのセミナーを開始した。空き家は個人や事業者の所有物のため、修繕や利活用を行政主導で行えず、迅速な対応が難しいが、都や府中市、民間業者とも協力して市民への空き家問題啓発などに取り組み、将来の空き家増に対応していく考え。

「自宅や実家が持ち家の人は、誰でも『空き家予備軍』になりうるが、空き家問題が自分の身に起こる可能性があるという実感が薄いように感じる」。今年4月に住宅課の空き家対策専管部署に着任した松元俊介空家担当係長は、そう課題意識を示す。

同市の空き家対策は、昨年まで住宅課のほか防災や環境に携わる部署とプロジェクトチームを組み、空き家の状況や利活用策を検討していたが、空き家は個人の所有物のため、行政の力だけで対策するのは難しく、解決には市民の積極的な協力が不可欠だ。PT内では、「市民への広報・啓発ができていない」という課題が浮かび上がった。

2015年の国勢調査によると、同市の空き家率は約12％だが、この数値にはマンションの空き部屋なども含まれるため、実際に市職員が詳細な現地調査を実施。その結果、一戸建ての空き家を約500戸確認した。すぐに大問題になる数ではないが、介護認定者や障害者手帳所有者など近い将来、空き家問題に直面しそうな市民は3万人を超えることが想定されるため、早めの対策が必要との結論に至った。

市が考える空き家対策は、「市民啓発」と「他自治体や民間事業者との連携」の2本柱だ。

市は4月に専管部署を立ち上げて準備を進め、今月18日に都や府中市、NPO、民間不動産会社と連携して市民向けセミナーを開催。市民18人が参加した。定員には満たなかったが、40～70代の幅広い世代が訪れた。中には「市役所のポスターを見て来た」という飛び入り参加も見られ、担当者は「市民の潜在的な関心はかなりあるのでは」と手ごたえを感じる。

また、今後は府中市や民間業者とも連携し、調布市が有していない空き家利活用のノウハウを取り入れるとともに、空き家問題を多摩地域全体の課題として捉え、幅広く住民への啓発を図りたい考え。

来年3月には市内で専門家や不動産会社を招いたシンポジウムを開催。7月には電通大学など多くの大学が市内にあることを生かし、市民や学生を交えての空き家の利活用についてのアイデアソンの実施を予定している。このほか、不動産会社と提携した空き家案内アプリの開発や、府中市以外の自治体との連携の呼びかけも検討していく考えだ。

松本係長は「行政と市民が協力することによって、問題を解決していきたい。そのためには空き家の問題を身近に知ってもらうことが第一。他自治体とは一味違う空き家対策を進めていきたい」と語る。

セミナーには幅広い世代の市民が参加＝18日、調布市市民プラザ「あくろす」で

狛江市

職員の市内引っ越し支援

費用を助成、災害時の対応力向上へ

狛江市は来年1月から、市内に転入する職員に対し、引っ越し資金の一部を助成する制度を開始する。

対象となるのは、来年1月以降に市内に転入する正規職員または正規職員内定者で、2年以上市内に住み続けることを条件に、最大5万円を助成する。同様の制度は多摩26市では初めてという。

地震などの災害時に職員が迅速に参集するための体制づくりが狙い。今年4月時点の市内在住の正規職員は3割弱で、公共交通機関が災害で不通になった際、迅速な参集ができないと見られる職員が多かった。

27日開会の第4回定例市議会に3人分の費用15万円を補正予算として上程する予定で、希望者が増えた場合にはその都度、補正予算で対応する。高橋都彦市長は「将来的には、5割程度の職員が市内に住んでいる状態にしたい」と話している。

八王子市

市内7カ所に食育センター

地産地消の給食目指す

八王子市は22日、中学校用の新たな給食施設「食育センター（仮称）」を市内7カ所に整備する計画を発表した。

センターは、1施設当たり中学校5～6校分に相当する約2500食分の調理能力を備え、地元の農家や市内業者から優先的に食材を調達することで生徒の郷土愛の育成を図る。各センターを全ての中学校に30分程度で配達できる距離に開設することで、温かい給食を提供する。栄養士も各センターに配置し、担当区域の中学校への食育に関する教材の発信や出前講座の実施も検討している。

また、地域の食育活動を支えるため、調理場を備えたフリースペースの整備も検討しており、料理教室などに利用してもらいたい考え。

同市では現在、小学校は給食センター方式だが、中学校は民間事業者によるデリバリーランチ方式を採用。立川市内の工場で調理しているため、配達時間に差が出る上、1万食以上の給食を一括して調理するため、食材の調達先が規模の大きな業者に限られ、地元の農家などからの調達が難しかった。

同市の担当者は「これまで小学校給食で培ってきたノウハウを生かし、中学校給食でも地産地消や食育を進めたい」（保健給食課）と話す。

給食センターは、今後3年間で全て整備する計画。現在、開設のための用地選定に入っており、竣工した順に稼働を開始する。

町田市長選

石阪市長が4選へ立候補

対立候補に地域紙元記者

任期満了に伴い、来年2月18日告示、25日投開票が行われる町田市長選に、現職の石阪丈一氏（70）と新人の山根喜久子氏（51）が22日、立候補する意向を表明した。

石阪氏は現在3期目。同日、同市役所で行われた定例記者会見で立候補の理由を「市政の改革はかなり進んできたが、まちづくりは思うように進んでいない。特に交通機能は脆弱だと実感している。都市づくりで具体的な構想を固めるのが次の仕事」と語った。無所属で出馬し、自公の推薦を求めていく。

山根氏は同市の地域新聞『武相新聞』の元副編集長で、福祉政策の充実や大型商業施設の誘致を訴える。出馬の理由を「取材中、市政への不満をたびたび耳にした。市民の声をよく聞き、魅力的で持続可能なまちづくりを目指したい」と語った。無所属で出馬する。

山根喜久子氏　石阪丈一氏

市町村会

首長が都予算に要望

道路、ネット環境整備など

2017年度第1回都市町村協議会が24日、都庁第一本庁舎で開催され、市長会、町村会が小池知事に18年度都予算編成への市町村要望を提出した。また、多摩・島しょ地域の自治体の広域的な連携などについて意見交換した。

小池知事は冒頭、多摩・島しょの特性として大学の集積や豊かな自然などを挙げ、「こうした宝物に磨きをかけ、多摩・島しょの持続的発展につなげたい」と語った。

市長会会長の長友貴樹調布市長は多摩地域の課題として、幹線道路の整備や大型団地の再生などに言及。都の予算編成の重点要望として市町村総合交付金の増額、待機児童解消への取り組み強化、交通インフラの整備、災害廃棄物の広域処理体制構築などを求めた。

町村会会長の河村文夫奥多摩町長は、来年度から国民健康保険の運営主体が都道府県に移ることを受け、「（13町村には）収入の少ない人が多く、国保に多くかかっている」と述べ、都が示す保険料の標準化に注視していると訴えた。予算編成の要望では市町村総合交付金の増額や、ヘリコミューター定期運航事業の支援、超高速ブロードバンド整備などを求めた。

日野市

市立病院に是正勧告

残業月172時間の医師も

日野市立病院が36協定を超えて医師や職員らに残業をさせていたとして昨年12月に八王子労働基準監督署から是正勧告を受けていたことが、同病院への取材で分かった。

同病院事務部によると、協定を超えて残業をしていたのは医師1人、看護師1人、事務職員2人、薬剤師1人の計5人。このうち医師は昨年8月、協定で定められた月120時間を超え、172時間の残業をしていた。ほかの4人に関しても熊本地震への派遣などが理由で協定が定める時間を超えた月があった。

特定の医師に残業が集中した理由について、事務部は「医師は呼吸器系が専門で、入院患者も担当していた。また、責任感が強く、8月は医師が夏休みを取る時期でもあり、ほかの医師の業務を受け持っていた可能性もある」と説明している。

勧告後は、各科医長に残業時間が増加している医師に指導するよう通達するなど労務管理の体制を見直し、現状では100時間を超える残業をする医師はいないという。

また、同病院では36協定の期限が3月で切れたため、今年度は協定がない状態での時間外労働が続いており、これについても6月に同労基署から是正勧告を受けていた。現在、労使交渉中で、新たな協定は12月には締結される見込み。

奥多摩へ行こう vol.2

水源林で守られた自然

「水源林ってなあに？」「山の水が水道水になっているってこと。だからこの辺の水を汚しちゃいけないんだよ」

奥多摩を登山中、こんな親子連れの会話を耳にした。山中には所々に「ここは水道水源林です」という都水道局の看板が立っている。父親の回答は半分正しいが、言葉足らず。水源林は雨水を地中にため、洪水や渇水を和らげる涵養機能や水質を浄化する機能が主な働き。だから子供には木々を大事にしましょうということを伝えたい。

そして、この水源林が奥多摩の自然を守っている重要な要素なのだ。奥多摩地域は1950年に秩父多摩甲斐国立公園に指定され、ほぼ全域が都の水源林となっている。このため、ゴルフ場や大規模リゾートなどハイ・インパクトな開発が抑制され、貴重な自然資源が保たれてきた。都心に近いが豊かな自然が残る奥多摩は、地元住民や都水道局の職員が長年にわたって水源林を守ってきた遺産でもある。

そして、山々から流れ出た水が浸食し、多くの谷を形成しているのも奥多摩の特徴だ。これによって、特に日原側では、標高は高くないものの意外に急峻な山々が連なっている。

そんな奥多摩の登山道の特徴は、尾根や稜線歩きだ。低山の場合、稜線上は眺望はあまり望めないが、「谷が左右に切れ落ちたちょうど真ん中」を歩くのは山歩きのだいご味であり、気持ちの良いものだ。土地の境界線にもなっており、左右で樹種が植林と自然林に分かれている場所も少なくない。尾根が人里まで続くため、上り始めてすぐ本格的な登山の感覚が楽しめるのも奥多摩の魅力の一つである。

雲取山の山頂付近から稜線上の登山道を望む＝11月

都立高校における学力向上の取り組み

基礎学力の定着が課題に　学ぶ意義と明確な目標を

東京都教育委員会では都立高校における学力向上の一環として、各校が設置目的に応じて「学力スタンダード」を設定し、生徒の学力把握や教員間での指導方針等の共通認識を図る取り組みを推進してきた。

しかし、学力向上に向けた組織的な取り組みは十分とは言えず、学力調査等の結果によると、基礎学力の定着が十分でないことから、高校での学習に影響を及ぼしている状況が確認されている。

また、学ぶことの意義や明確な目標がもてないことから学業不振につながる生徒もいる。

これらは進路実現を図る上で阻害要因にもなり、場合によっては中途退学につながることもある。

このような状況を踏まえ、都教委では平成28年度より「学力向上研究校（校内寺子屋）」を10校、平成29年度より「ゆめナビプロジェクト研究校」を10校指定し、学力向上のための取り組みに資する研究開発を開始した。

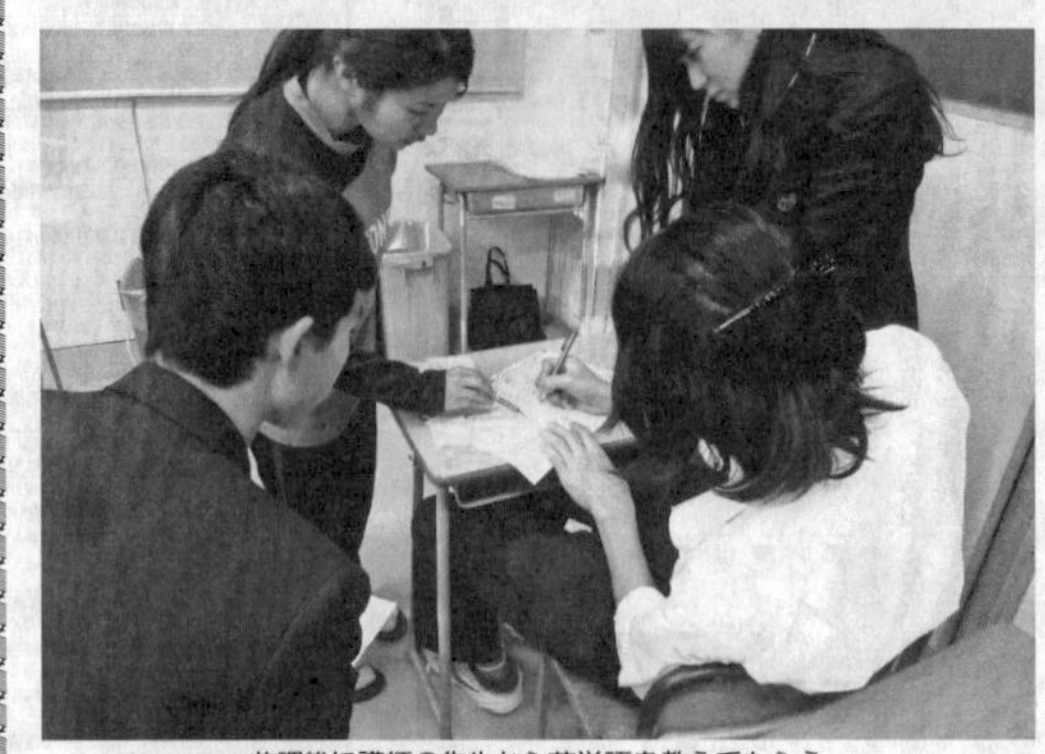
放課後に講師の先生から英単語を教えてもらう

学力向上研究校（校内寺子屋）

「都立高校学力スタンダード」学力調査の「基礎」段階を活用する学校の中には、義務教育段階の基礎学力の定着が十分でないため、高校の授業が理解できていない生徒が一部に見られることから、個に応じた学習を支援するため、「学力向上研究校」を指定し、学力定着の取り組みを行う。

具体的には放課後等に学習の場を確保するとともに、年間120回（週3回程度）、外部人材（元教員、時間講師、塾講師、大学生等）を活用して、国語・数学・英語に関する個に応じた学習支援を行う。

放課後に講師の先生から個別指導をしてもらう生徒たち

2年目を迎えた本事業は、実施校において次のような成果が確認されている。

・外部模試等の結果から、参加生徒の基礎学力の向上が見られるほか、定期考査の点数にも伸びが見られるようになった。

・懇切丁寧に生徒の指導を行っていることで、分からなかったことが分かるようになり、参加生徒へのアンケートの結果からも、「問題を自力で解こうとするようになった」「家庭での学習時間が増えた」等、生徒の学びに対する意欲が高まっていることが分かる。

・校内寺子屋に参加している生徒の様子を見て、他の生徒も自主的に参加したり、放課後に残ったりして、生き生きと勉強するようになった。

・指導者から教わるだけでなく生徒同士の学び合いの場になっている。

校内寺子屋指定校

青井高校▽荒川商業高校▽大森高校▽葛西南高校▽千歳丘高校▽光丘高校▽杉並工業高校▽町田工業高校▽拝島高校▽五日市高校

ゆめナビプロジェクト研究校

基礎学力の定着を重視する都立高校において生徒が明確な目標をもち、進路実現に努力できるように研究開発を行う。

取り組みとしては、企業やNPOと連携したキャリア教育の一層の充実、教科会の活性化を図り基礎学力を身に付けさせる指導改善や生徒一人一人に即した指導の検討、組織的な指導を行う体制づくりなどを行う。

実施の計画としては、インターンシップの実施、地域教育支援部の社会的・職業的自立支援プログラムを活用したキャリア教育の実施、卒業生による進路講話や大学・専門学校模擬授業、オープンキャンパス参加と在学生インタビュー、TBS職場体験等のキャリア教育などの取り組みが予定されている。

既に終了した取り組みからは、インターンシップや事前・事後指導を通して、マナーや職業観を身に付けることができ、生徒の職業に対する意識を高めることができた（足立工業）、ジョブシャドウにより職業人がどのような一日を送り社会貢献しているかを目の当たりにできたことは、各自のキャリア形成の上で大きな成果となり、生徒たちの意識を高めた（東久留米総合）などの報告がなされている。

インターンシップ受け入れ企業で体験する生徒

「マシュマロチャレンジ」というプログラムを通してコミュニケーション力や協調性を高める

ゆめナビ指定校

足立西高校▽足立工業高校▽大森高校▽葛西南高校▽練馬工業高校▽永山高校▽若葉総合高校▽東久留米総合高校▽多摩高校▽羽村高校

基礎学力向上への環境づくり

都立杉並工業高等学校校長　高　幹明

本校は、平成25年に創立50周年の記念式典を実施した、伝統と歴史のある工業系の専門高校です。機械科・電子科・理工環境科の工業3科を設置し、実に半世紀以上にわたって産業界で活躍する人材を多数輩出してきました。入学した生徒は3年間で、資格取得のための朝講習や5日間のインターンシップ、工業3科合同の研究成果発表会及び部活動等を通して得た、社会人としての「誠実さと勇気」をもち、たくましく卒業していきます。

都教育委員会は、平成28年度より新規事業として、都立高校における生徒の個の状況に応じた学力向上を支援するため、都立高校10校を学力向上研究校（以下、校内寺子屋）に指定し、本校もその1校に指定されました。

本校では、校内寺子屋事業を活用し、特に義務教育段階の基礎学力の定着状況が十分ではない一部の生徒に対して、学習意欲の向上と学習習慣の確立を目指し、放課後等に学習の場を確保するとともに、外部人材を活用することにより、個に応じた学習を支援し、学業不振による中途退学の防止につなげる取り組みを行っています。

【1年目の取り組み内容・成果・課題等】

国語・数学・英語の3教科について、基礎学力の定着が十分でない一部の1学年生徒に対し、校内寺子屋を8月22日〜26日の5日間、また、2学期の期末考査後の放課後を用いて、11月24日〜12月15日の16日間、集中講義方式で開講実施しました。本校では学習に取り組む姿勢の定着を目標に、1学年生徒全員に対し国語、数学、英語等の教科で、夏休みの宿題を課しています。そこで基礎学力の定着状況が十分ではない生徒は校内寺子屋を活用し、落ち着いて宿題に取り組むことができる環境を整えることを重視しました。講師は教職を目指す本校卒業の現役大学生3人を招き、本校学習活動の経験を生かした学習支援態勢を整えました。1年目は、担任の先生方の声掛けに素直に応じて、参加する生徒が予想以上に多く、内容的にも宿題等に確実に取り組むことで、学習に正対する習慣化が一定程度確立できたことが成果と考えています。課題は、年度当初に生徒の抽出や基礎学力調査を実施できなかったため、効果についての詳細な統計的分析が十分にできなかったことが挙げられます。

【2年目の取り組み内容・成果・課題等】

1年目の課題を踏まえ2年目は、3月の新入生説明会の際に基礎力養成ドリルを新入生全員に配布し、義務教育段階の学習内容の復習として各自取り組むよう課題を出しました。4月のオリエンテーション期間に業者を活用した基礎学力テストを行い、その結果と1学期中間考査の成績を分析した上で、22人の校内寺子屋対象生徒を決定しました。実施日は週2日とし、工業科の授業における実習課題や部活動の影響等を考慮した上で、月曜または金曜のいずれかの校内寺子屋に参加させる形式としました。実施教科は1年目と同様とし、取り組み期間は6月19日〜12月1日の36日間で、1・2学期を通して開講する学習支援態勢を整えました。使用教材として杉工版オリジナルの「校内寺子屋ステップ1〜3」を作成し、校内寺子屋を参加生徒の身近な取り組みと印象づけすることとしました。講師は数カ月にわたる開講期間を考慮し、昨年度まで本校で非常勤教員として勤務していた方と現在時間講師として本校に勤務する方にお願いしました。

8月末までの状況として、参加率は72％（16回開講）でしたが、生徒アンケートからは「やっぱり、分からないままじゃダメかな」と話す生徒が出る等、積極的に参加する生徒が徐々に増えてきています。その結果、対象生徒の1学期中間・期末考査の比較で、平均点では数学が約15点上昇しています。さらに1学年全生徒の1学期時点での全教科の成績は、昨年比で約60％の教科で上昇傾向にあります。また9月末時点での1学年生徒の中退率も、大幅に減少しています。様々な分析結果から1年目との比較において、おおむね改善されていることが読み取れ、学習意欲の向上と学習習慣の確立が徐々に浸透していると考えています。

都教委では次年度に向け、校内寺子屋事業をさらに拡大する方向で検討していると聞いております。本校も継続的な取り組みとして、対象生徒の実情に合った柔軟な指導法等に工夫を重ねることで、中退防止等に結びつけて、在校生徒・保護者はもとより、今後本校の受検を検討される受検生・保護者に対し、「面倒見のいい杉工高」として情報発信していきたいと考えています。

㊤校内寺子屋を受講する生徒㊨杉工版数学ドリル

生徒の力を真に伸ばす学校を目指して

都立拝島高等学校長 河野 浩二

本校は、平成28年度から2年間、都教育委員会より、基礎学力の定着が十分ではない1学年生徒に対し、「校内寺子屋」事業として放課後等における学び直し学習等の支援を実践し、その手立てを研究し成果を普及させることを目的とする、学力向上研究校の指定を受けた。

本校では、放課後の学び直し補習を「基礎ゼミ」と名付け、展開した。国語、数学、英語の学習について課題がある生徒に対し、学力の向上はもとより、自己肯定感の高揚や中途退学の防止等の課題解決の策としても活用することとした。

まず、学力検査に基づく選抜と入学当初に実施する実力テストの結果から、各教科下位20人程度の生徒（学習到達度18段階中17・18段階に属する生徒）を対象に、学期に4回、授業終了後の午後3時30分から5時まで、基礎ゼミを実施することとした。基礎ゼミは、年間3回の実力テストにより学期ごとに対象生徒を指名し、各教科年間12回3教科合計で36回行い、延べ650人ほどの生徒が出席した。対象生徒には、出席を失念させないよう工夫し、学年担任らによる組織的かつ厳格な出席指導が行われた。なお、基礎ゼミ対象生徒で、部活動に加入している生徒については、基礎ゼミ実施日には指定教材が全て正解になるまで、部活動参加を禁止することとし、職員会議等でこのことを学校全体でも確認した。

基礎ゼミに指名された生徒の反応は様々であった。基礎ゼミの指名出席に対し、当初は反感をもち、取り組み姿勢が心配な生徒もいた。担当教員らは、基礎ゼミの目的とともに、生徒の進路実現、職業選択に支障を来さないために、各教科の基礎を学び直すことの必要性を、丁寧に粘り強く説いた。基礎ゼミでの使用教材は、基礎の基礎から始まり、徐々に難易度が高まるドリル型教材である。基礎の基礎からの取り組みであり、当初生徒の中には戸惑いの表情を表す生徒や、教材を見下すように取り組む生徒もいた。生徒は、1枚の問題の全てに解答を書き終えると、それを担当教員または大学生等の学習支援スタッフに提出し、添削を受けた。全問正解になると、レベルアップした次の問題に取り掛かるということを繰り返した。生徒の自主的な学習姿勢を重視しながら、解答にたどりつけない生徒には、担当教員らが個別指導を実施した。

生徒らは、基礎ゼミを通して、中学校時代に誤って理解していたことに気付いたり、不正解の多い理由が自身の慌てすぎる性格に起因し誤った読み解き方をする傾向があったことを反省したり、担当教員らが丁寧にゆっくりと教えてくれることに喜びを感じたりしたこと等を、基礎ゼミ終了後のアンケートに回答していた。

本校では、実力テストを2学年までに6回実施する。難易度は回を追うごとに、更に学年が上るほど高まっていく。この実力テストを学力向上の指標として活用した。1年間基礎ゼミを実施してきた現2学年の今年9月、5回目の実力テストの結果は、昨年度の第1期基礎ゼミの成果を出している。本校では過去、2学年5回目の学習到達度17及び18段階に属する生徒が、入学当初の1学年1回目のそれと比べ、倍増することもあった。しかし、第1期基礎ゼミの現2学年は、この比較では、学習到達度同段階の増加人数はゼロであった。生徒及び関係教員の1年間の努力のたまものである。そして今年度、1学年による第2期基礎ゼミが始まった。昨年4人であった大学生等の学習支援スタッフも16人に増加した。「チーム学校」としての体制も整備されつつあり、より丁寧な指導を展開している中、1学年2回目の実力テストの結果が出た。学習到達度18段階の生徒は、ゼロとなった。更に基礎ゼミ効果として、学力向上意識が多くの生徒に涵養（かんよう）され、学習到達度12段階以上の生徒が55%、1～6段階の生徒は10%となった。昨年度の1学年を上回る好成績であり、本校の「新記録」となった。

本校は、「生徒の力を真に伸ばす学校」を目指し、PDCAサイクルに基づいた学力向上、体力向上のための指導に真剣に取り組んでいる。今後も教職員一丸となり、「校内寺子屋」事業の先進校という自負をもち、生徒のよりよい成長を目指し、生徒本位の教育活動を展開していく所存である。

「基礎ゼミ」で個別指導を受ける生徒たち

一人一人の進路実現の達成に向けて

都立練馬工業高等学校長 守屋 文俊

本校は平成16年度より都教育委員会から工業高校初の工業版エンカレッジスクールに指定され、キャリア技術科に改編し、今年で12年になります。健全な職業観・勤労観の育成を目指し、生徒一人一人の進路実現を達成するため、「キャリア教育」に重点を置き以下の3点のことに取り組んでいます。

①3年間を見通して進路実現を計画する、学校設定科目「キャリアガイダンス」の設置②インターンシップを中心とした、職業観・勤労観を育成③体験活動を充実させ希望進路を実現

この取り組みにプラスして、今年度より新たに「ゆめナビプロジェクト研究校」に指定され、進路実現に向けて取り組みを行っています。

キャリアガイダンス

本校では「キャリア教育」の充実を目指し、学校設定科目「キャリアガイダンス」を設置し、各学年でキャリア教育を計画的に実施しています。

1学年＝生徒自身の将来設計を描かせ、進路目標を設定し実現するための計画を立てる。

2学年＝「働く」こと、3年生の「専門系列（※）」の選択を考えさせるとともに、インターンシップを実施する。

3学年＝「キャリアガイダンス」での計画に基づき進路実現をする。

職業観・勤労観の育成を目指すインターンシップ

本校のインターンシップは「キャリアガイダンス」の一部として実施し、平成18年度から2学年全員が参加しています。毎年、東京商工会議所練馬支部、東京都中小企業家同友会、ハローワーク池袋、東京都中小企業振興公社と連携していただき、100社以上の企業から協力を得ています。

今年度は11月15日から17日までの3日間で、生徒160人が希望をもとに85社で実施しました。

また本校では、夏季休業中に希望する生徒に対し、技能習得型インターンシップも実施しています。これは、高校生がものづくり企業において、熟練技能者から実技指導を受け、実践的な技術・技能を備えたものづくり人材を育成するものです。今年度は6人の生徒が参加しています。

今後、お世話になった企業の方や在校生に向けて報告会を行います。更に卒業後の進路実現に向けて、職業や職場の現状を理解し、次年度に迎える進路決定の目的意識や意欲を培っていきます。

また、インターンシップに協力していただいた企業からの求人も多く、インターンシップを体験した企業に就職を希望する生徒も増えています。

電気設備の施工現場でのインターンシップ

進路実現に向けた新たな取り組み

「ゆめナビプロジェクト研究校」の取り組みの一つとして、「都立高校生の社会的・職業的自立支援教育プログラム」を実施しています。

企業や大学、若者支援に関する専門的知識や経験を有するNPO法人と連携し、社会や職業について実感をもって理解しながら、将来、社会人、職業人として生活していくために必要な能力等を身に付けることができるプログラムです。NPO法人「16歳の仕事塾」と連携して、社会人・職業人と接する機会が少なく、アクティブラーニングの授業が少ない1学年を対象に、三つのプログラムを実施しています。

①チームコンセンサス・ワークショップ②職業人へのインタービューワークショップ③社会人の中の自分役割から考えるワークショップ

10月に①のチームコンセンサス・ワークショップが行われました。グループ・ワークを通じて自分の考えや意見をしっかり他人に話し、ディスカッションしながらチームとして最適解を出すことが大切であることを学ぶ課題解決型のプログラムです。このプログラムを終えた生徒たちは、「みんなで意見を出し、まとめるのは大変だったけど面白かった」「一人の意見だけでは、判断できないことに気付いた」など、個人の意見を尊重し、集団討論を行う大切さを実感していました。

今後は、生徒一人一人が抱える課題を克服していくため、「個人カルテ」を作成し、ケース会議を開催し、学校組織として生徒が抱えている課題解決にあたります。また来年度には、「東京リ・スタディ（仮称）」に基づき、研究授業を実施し、基礎学力の向上を更に図るための、教科横断的視点に立った学習指導に取り組む予定です。

最後に、工業版エンカレッジスクールである本校では、健全な職業観・勤労観の育成を目指し、「キャリアガイダンス」「インターンシップ」「ゆめナビプロジェクト研究校」を進路実現するための柱と考え、「キャリア教育」の充実を図り、生徒の希望する進路に結び付けていきます。

※3学年から六つの系列①機械加工技術系列②オートメカニック技術系列③設備技術系列④デザイン・DTP技術系列⑤インテリア技術系列⑥コンピュータ技術系列――に分かれて学習します。

生徒の可能性を見いだし未来を切り拓く

都立羽村高等学校長 長嶋 浩一

本校は、都教育委員会から「カリキュラム・マネジメント推進校」「ゆめナビプロジェクト研究校」「東京都自立支援チーム継続派遣校」「部活動推進校（気力体力鍛錬道場）」の指定を受けています。教育目標である「和」「向上心」「創造性」の精神のもと、知・徳・体のバランスを重視し、生徒の自尊感情を育て、質の高い授業を展開し、生徒の希望進路実現や社会性の涵養に力を注いでいます。学力向上と進路実現は密接な関係にあるという考えのもと、教務部に学力向上推進リーダー（主幹教諭）を置き、進路部や教科主任等との緊密な連携により、学習指導やキャリア教育の充実を図っています。

学習面では、基礎・基本を大切にしながらも、生徒の様々な活動や思考も重視した授業を展開しています。全ての教員は、授業力向上のため、6月に教科ごとに3人一組で相互に授業を参観してレポートをまとめ、それを基にした校内研修を実施し、様々な授業実践の情報を共有しました。11月には教科を超えたグループを編成して、第2回の研修を実施します。また、7月に第1回生徒による授業評価を実施し、各教科で評価結果の分析や具体的な改善策の検討及び授業における実践に取り組んでいます。12月には第2回の授業評価を実施し、集計と分析を専門機関に依頼し、更なる授業改善に努めてまいります。

加えて、各教科会では「育てたい力及び到達目標」の具体化に向けた話し合いをしています。この取り組みは今後、学校として育てたい力を含むグランドデザインの策定へとつなげていきます。

夏季休業期間には、国数英社理の5教科の若手教員が1人ずつ、大手予備校の実施する教員対象セミナー、4人のリーダー層の教員が教育新聞及び大手予備校主催の授業改革先取りセミナーに参加しました。参加者は、講座の概要、把握した自らの教科指導上の課題、本校で実践できること・試してみたいこと、教科で共有できること等を記載した報告書を作成・提示し、全校で研修成果を共有しています。

本校では、市役所、動物公園、病院、保育園等、地域の施設で5日間の就業体験を実施しています。今年度は病院に15人、保育園に6人と特に多くの生徒が参加しました。

また、多摩地区の大学等とも連携しており、進学を希望する生徒たちが一定期間通学し、連携科目を学んでいます。さらに、公的機関や民間の関係機関と連携して、看護学校や公務員試験の受験を希望する生徒対象の講習会を開催し、進路実現の後押しをしています。

学力テストと分析会

また、毎学期、学力テストと分析会（教員対象・生徒対象）を行っています。教員対象の分析会では、生徒の学習や進路に対する意識の変化や、特に成績の伸びた生徒に対する具体的な励まし等の言葉かけのポイントを確認しています。その一方で、成績不振の生徒に対する指導のポイントも確認しています。生徒対象の分析会では、成績不振の生徒を集め、基礎・基本的事項について、実際の問題例を提示し、将来の進路にどのような形で必要になってくるのか、分かりやすく具体的に説明し、学習への動機付けを図っています。これらはいずれも定期考査の2週間前位までに実施し、その後、授業担当者等が定期試験に向けて、具体的な学習方法を伝えるとともに、補習・補講を行い、定期試験に臨ませるようにしています。

校内研修「3人一組の授業研究」中間報告会

ケース会議

学習面だけでなく、学校内外の人間関係や内面的な課題を抱えている生徒もいます。それらの生徒には、個々の状況に応じて、本校教職員と都から派遣される自立派遣チーム（ユースアドバイザー、ユースソーシャルワーカー、スクールカウンセラー等）が連携して手厚い支援をしています。毎週木曜日には、自立支援担当教員（主幹教諭）を核として、管理職、養護教諭、特別支援教育コーディネーター、各学年担任、進路指導担当教員及び自立支援チームのメンバーで定例会を開催し、情報交換及び生徒への具体的支援策の検討をしています。個々の生徒について集められた個人情報や面談記録等はカルテの形で保存し、教職員間での共有が図れるようになっています。また、関係機関とも連携し、課題に応じて適宜ケース会議を開催し、組織的な支援に努めています。

都福祉保健局

検案医が高齢化　空白地域も

多摩地域で巡回検案拡大へ

急性死や事故死した人の死因を究明するための検案・解剖業務について、多摩地域での体制を拡充するため、都死因究明推進協議会（会長＝村田篤司・秋津療育園名誉園長）はこのほど、大学による「巡回検案」を拡充する方針を示した。多摩地域では従来、都の委託事業として東京都医師会や大学が検案を行っているが、登録検案医の高齢化が進み、地域によっては検案医を確保するのが難しくなっているため。法医の専門家は全国的にも不足しており、長期的には検案医の確保が避けて通れない課題となっている。

都内では現在、監察医務院が23区の検案・解剖を行う一方、多摩・島しょ地域では東京都医師会等に「検案」を委託。多摩地域のうち、立川警察署管内では2007年12月から、監察医務院派遣の検案班が実施する部分もあるが、その他の地域では、基本的には各医師会の協力に頼る。

ただ、多摩地域の登録検案医は53人（16年度）にとどまり、このうち検案の実績があるのは32人のみ。特に三鷹、府中、調布、日野、稲城の5市は体制が厳しく、近隣市の医師会が代わりに行うか、大学への「持ち込み検案」で対応している状況だ。

高齢化も深刻で、東久留米市と西東京市では80歳代の医師1人が検案を担当。小金井市の医師も含めて1人で年間817件に対応し、負担が過重になっている。

こうした中で頼るのが大学の「巡回検案」。杏林大と慈恵医大が検案・解剖の受け入れに協力しているが、このうち慈恵医大の「巡回検案」を日野、杏林大では三鷹の両警察署管内に続き、府中、稲城にも広げる。併せて監察医務院と杏林大も体制が整い次第、他地域に拡大する方針。さらに、23区内の大学へのヒアリングを年度内に実施し、多摩地域における検案業務の可能性も検討する。

都福祉保健局は現在、医学部生・院生を対象とした「法医学セミナー」や症例検討などを主とした検案制度の向上に特化したサポート研修にも取り組んでいる。都内では今後、「所在不明高齢者」という身元不明の死体の増加が予想されるほか、近年は感染症や危険ドラッグなどによる死亡者も増え、死因究明は重要になる。大規模災害やテロ発生時には検案の必要性がより高まることから、検案医の確保や検案制度の向上に向けて継続的な取り組みが不可欠となっている。

MEMO

死因究明　医師の診療を受けずに死亡した事案や、交通事故や自殺・他殺など不慮の外因死などが対象。外表面から推定する「検案」と、「解剖」で死因を特定する。死者の尊厳を守るとともに、病気の予防や治療など公衆衛生や医療に生かすことも目的。多摩地域の一部では大学が各警察署などに出向く「巡回検案」も行われている。

「文化の祭典」もＰＲ

東京駅前でイベント

「文化の祭典」でもある五輪をオールジャパンで盛り上げようと、大会組織委員会は26日、「文化オリンピアードナイト」を開催した。

東京駅前の行幸通りに設けられた特設会場では、被災地を「音楽でつなぐ」をテーマにコンサートが行われ、人気デュオ・ゆずが被災地の高校の合唱団と共に「栄光の架橋」を熱唱。演出家の宮本亜門さんや歌舞伎俳優の市川海老蔵さんらのトークセッションもあり、海老蔵さんは「日本人の規則正しい細やかさを土台に、日本の文化と伝統を世界の方に見てほしい」などと話した。

指定管理者の候補決定

都立公園・福祉施設など

都は24日、2018年度からの都立施設の指定管理者の候補者を決定した。

このうち建設局の葛西臨海公園（江戸川区）は港湾局の葛西海浜公園（同）と共に、引き続き特命で（公財）東京都公園協会を選定。公園に隣接して五輪競技施設のカヌー・スラローム会場が整備される予定で、園内では改修工事などを予定していることから、大会後までの着実な管理運営を行うため、公園施設や利用状況に精通していることが必要と判断した。

環境局の自然公園施設では、3施設で新規に指定管理者制度を導入。高尾、御岳両ビジターセンター（八王子市、青梅市）は㈱自然教育研究センターが、御岳インフォメーションセンター（青梅市）は（一社）青梅市観光協会がそれぞれ公募で選定された。都立小峰公園（あきる野市）は引き続き東京都公園協会を選定した。地域の歴史・文化を踏まえた里山保全・利用プログラムの検討と自然体験プログラムの充実などが評価された。指定期間は5年間。

福祉保健局は児童養護施設の船形学園（千葉県館山市）や障害者入所施設の東村山福祉園（東村山市）など計8施設で、（社福）東京都社会福祉事業団を特命で選定した。東村山福祉園は17～22年度に建替工事を予定しており、法人交代を避けるため。その他の施設は今後、民間移譲を基本としており、事業運営の安定性などを重視した。清瀬喜望園（清瀬市）では（社福）東京アフターケア協会が選定された。

都総務局の人権プラザ（港区）は引き続き（公財）東京都人権啓発センターが運営する。指定期間は10年間。これまでの管理運営の実績などから特命で選定した。各局は都議会第4回定例会に指定の議案を提出する。

スタートライン　児童相談所開設に向けて①

子供の命を左右　重い責任

行政権限の行使

「小学校5年生のA君が父親から殴られ、目の周囲が青あざになっている。保護が必要だ」

区の子ども家庭支援センターから児童相談所にこんな連絡が入ったのは午後3時過ぎだった。

児童相談所の職員は学校でセンター職員と合流し、改めてA君から話を聞いた上で「一時保護」を決定。児童相談所が保護者に電話で連絡したのは、A君を乗せた車を見送ってからである。子ども家庭支援センター職員の当面の役割はこれで終わり、後の対応は児童相談所が引き継いだ。

電話に出た母親は絶句し、父親とともに児童相談所に来訪。既に3時間が経過していた。

「俺が殴ったって認めて謝っているだろ。俺の言うことが信用できないってことか」

「ご家庭の状況をいろいろ調査して、お子さんの気持ちも聞きながら、児童相談所として『家で生活しても大丈夫だ』と確認できないと、お帰しするわけにはいかないんです」

「今、ちゃんと調査すればいいだろう。全部正直に話しているのに。子供をここに連れてきて、直に話を聞けばいいじゃないか。これ以上、何を調べたいんだ」

父親が破り捨てた「一時保護決定通知書」は床に散乱し、児童相談所職員との押し問答が続く。

■相談援助との狭間で

児童相談所は「行政権限の行使」「相談援助」という二つの側面を持っている。

子供を保護された保護者は、自分の養育姿勢を否定された上に子供を取り上げられ、役所に屈服を強いられていると感じる。保護者の意に反して子供を（勝手に）連れて行きながら、同時に相談に乗り、支援するという児童福祉司の矛盾した話を保護者が理解し、信頼関係を築くことは非常に難しい。しかし児童福祉司と保護者の「関係性」が児童相談業務の肝の一つだ。

児童相談所と保護者が同じ方向を向いている場合は「支援関係」。双方が対話はできるが意見が対立しているものを「対峙関係」。話し合いにすら応じようとしないものを「対立関係」と言うことができる。

この関係性は保護者の精神状態や理解力、保護者を取り巻く関係者（親族も含む）の意見、また児童相談所の方針や児童福祉司の関わり方によって時々刻々、流動的に変化する。

「原則2カ月以内」という一時保護の期間がより厳格化される中で、保護者との対立関係あるいは、膠着した対峙関係から支援関係になることを急ぎ、リスク評価が不十分なまま家庭に帰した結果、子供が殺害されたと指摘されるケースもある。施設での生活より家庭養育が理想とされる中、子供の生命を左右する権限を持つ責任は、行政としても一職員としても、とても重い。

長く東京の子供たちを守り、保護者を支えてきた都の児童相談所ですら日々、想定外の事態に直面し苦悶している。児童福祉司の定着率の低さは都でも同様だ。

「4年目から一人前」と言われる児童福祉司だが、現状は経験2年以下の職員が半数を占める。多様な採用形態で、年間を通した集合研修、OJTによる手厚い職員の育成体制を取っているが、精神的に疲弊する職員が出てしまうのが実情だ。

■組織で支える体制に

特別区職員研修所が2018年度からスタートする児童福祉司任用資格を取得させるための研修は、保育士、教員資格、社会福祉主事などの一定の基礎資格と経験をベースに、児童福祉司としての任用に当たり必要最低限の「知識」を身につけることが目的だ。特別区は児童相談所を安定的に運営するために、これを担うことができる資格を持つ職員を、広く育成しておくことが求められる。

児童福祉司は保護者や関係機関から様々な圧力がかかり、どんなベテランでも多くの失敗や後悔を抱え、失敗のフォローと様々な期限に追われながら日々の業務に取り組んでいる。その職員を守り育てるためには区の組織全体で児童相談所業務を理解し支えることが重要だ。

現に児童相談所を持たない区ができることの一つは、様々な事情があっても親子が共に生活できるように在宅支援サービスを充実させ、今の児童相談所との連携関係を強め、将来の児童相談所を担える職員を広く育成することだろう。

（葛飾区子ども家庭支援担当係長　坂入健二）

◇

特別区における児童相談所の設置に向け、専門性を有する人材の育成が課題になっている。特別区職員研修所も18年度から法定研修を始めとする課題別の専門研修をスタートする予定だが、子ども家庭福祉の現場では深刻な虐待事例にどう向き合い、対応しているのか。葛飾区子ども家庭支援担当係長で、厚生労働省の「子ども家庭福祉人材の専門性確保ワーキンググループ」構成員や特別区職員研修所の研修企画委員を務める坂入健二氏に現状と課題を5回にわたって寄稿してもらう。（編集部）

イラスト・豊福まきこ

退職後のリアル　しくじり都庁ＯＢの教訓㉟

オール・アバウト・マネー⑧

声がかかれば飛んでいく

出版にせよ講演にせよ、こちらの願望だけでかなうことではない。相手があっての仕事であれば、こちらの計算だけでいかないことは言うまでもない。お声がかかれば飛んでいくという意味では、お座敷で声がかかるのを待つ芸者さんと同じ稼業だ。来年のことは分からない、いわゆる水商売感覚の仕事である。

余談はともかく、今の生活を「結果として」と書いたのは、当初からそうしたセカンドライフを描いていたわけではないし、こうしたライフスタイルは想像もしていなかったからだ。本はその都度、乞われて書いたものもあるし、自ら売り込んで書かせてもらったものもある。むしろ自分が意気込んで、書きたくて書いた本はあまり評判がよくなかった気がする。

そんな経験から、出版や講演で生計を立てることを相談されることも多い。とにかく本を1冊出せば、講演や連載執筆も夢ではないという過剰な思い入れを抱く人が多いかもしれないが、甘くはない。確かに1冊書けば名刺代わりくらいにはなる。しかし、それ以上のものに化けるかは、保証の限りではない。

まず本の執筆は結構、難儀なことだと心得ておいた方がいい。恐らく皆さんがまとまった文章を書いたという経験は、日記や大学での卒論、そして仕事での各種報告書の類いではないかと思う。　読者の中にも、そうした計画を内心温めている人も多いと思う。確かに公務員経験は文章を書くための基礎となる気はする。考えてみれば私自身、公務員生活が本の出版のそれなりのきっかけになっていたように思う。

そこで私のつたない経験から、役立ちそうなアドバイスとノウハウを紹介してみたい（まれに小説家を目指して原稿を書きためている人からの相談もあるが、そうしたジャンルは私の能力を超えるので、ここでは触れない）。（金子雅臣）

■「橋と土木展」視察

小池知事は22日、新宿駅西口イベントコーナーで開催された「東京　橋と土木展」を視察した＝**写真**（都生活文化局提供）。イベントは今年で7回目。「隅田川の橋」をテーマに大正から昭和初期の貴重な図面、明治時代に描かれた錦絵などが展示されたほか、土木学会の共催で、関東地方の歴史的な土木構造物の図面や写真をそろえた「土木コレクション」も同時開催された。

■万引きで自主退職

都教育庁は22日、区立小学校に勤務する女性教諭（37）がコンビニエンスストアで商品を盗んだとして、自主退職したと発表した。

女性教諭は今年6月、都内のコンビニで髪どめのゴム2点400円相当をショルダーバッグの中に入れ、支払いをせずに店を出ようとしたところ、店員に呼び止められ、逮捕された。

女性教諭は不起訴処分になったが、8月に退職届を提出し、今月22日付で辞職が承認された。

五輪への航海図㉘　TOKYO 2020

開催まで　あと969日

周波数の調整

無線機器の混信防ぐ

五輪組織委員会は8日、大会関係者が無線システムを支障なく使用できるようにするため、「周波数基本計画」を策定した。大会中は各国への放送中継や時間計測・判定などの競技運行、大会関係者の連絡、取材用など、多種多様な無線システムが使用される一方、東京では既に多数の無線局が開設されていて、大会用の無線システムの周波数と混信を起こさないよう調整する必要があるため。ロンドン大会では約2万件、リオ大会では約3万件の無線機器が持ち込まれ、2020年東京大会ではそれらを上回る持ち込みがあると見込んでいる。

組織委の役割は、所管官庁の総務省からライセンスを受け、ステークホルダーに使用可能な周波数を割り当てること。このため、同計画では事前に割当の可能性がある周波数帯を一覧で示した。

東京大会で使用される無線システムは、①ワイヤレスマイク／イヤーモニター（IEM）②ワイヤレスカメラ③連絡用移動無線電話（PMR）④P・P（Point to Point＝固定地点間）回線⑤インターカム⑥テレメータ・テレコマンド（競技の計測・記録、報道関連機器の遠隔制御など）⑦衛星通信⑧無線LAN（WiFiなど）――の8形態が想定されている。

例えば、放送のために使用されるワイヤレスカメラは約200の放送事業者のうち、多数が使用する見込み。組織委は安定した周波数の割当のため、150チャネルを確保する必要があると見ている。リオ大会では100チャネル以上が必要だったが、東京では多くの会場が広い平野に位置し、電波の伝達しやすい港湾に面しているからだ。高精細度の技術の進歩により、風景撮影用などに広帯域の利用が拡大していることも背景にある。

組織委は各ステークホルダーがどのエリアで、どの時間帯に無線を使用できるかハンドリングし、周波数の混信により業務が滞らないようにしたい考え。今後、2018年夏ごろに割当可能な周波数を詳細化した一覧を「周波数マップ」として公表し、19年秋ごろに申請受付を開始。20年春に審査・承認し、秩序ある周波数の使用促進を目指す。

海外メディアによる取材用の無線システムも多数使用される＝16年9月、リオデジャネイロ

平成30年度▶

主任試験講座 −10−

憲法①

はじめに

今回から2回にわたって、憲法について勉強します。

憲法については、管理職選考では平成16年度に廃止される一方、主任級職選考では平成15年度以降出題数が3問に増加しました。また、平成29年度から、基礎的な法令知識等、主任級職にふさわしい能力をより一層適切に実証していくといった観点から出題構成等の見直しが行われました。他方、憲法の分野についての変更はなく、実際、平成29年度の出題数は3問であり、出題内容についても従前の傾向から外れたものではありませんでした。こうしたことから、今後も、出題数や難易度に大きく変更はないと思います。

憲法は国の最高法規であり、その修得は試験科目であるないにかかわらず、公務員として職務を行っていく上で必須の知識であることは言うまでもありません。また、平成19年5月に「日本国憲法の改正手続に関する法律」（いわゆる「国民投票法」）が公布、平成22年5月に施行されたことや、憲法96条の改正の是非に対する見解が様々な主体から出されるなど、憲法に対する社会的な関心も広がりつつあります。今回、主任級職選考のために学んでいくことは、今後の職務に生かせるだけでなく、社会のトピックスとして注目されている内容ですので、出題数は決して多くはないですが、ぜひ腰を据えて勉強してください。

次に個別分野を概観してみます。まず、基本的人権の分野では、問題集などの勉強を通して、憲法の本質的な考え方を理解してしまうと、本番の試験でも正答に結びつきやすくなります。また、統治機構の分野では、細かい事項まで問われることが多いので、憲法の条文をある程度丸覚えすることが、得点につながると思います。

試験までまだ日数はありますが、時間が過ぎ去るのは意外に早いものです。計画的・効率的に勉強を進めていきましょう。

出題傾向

出題数が3問になった平成15年度以降では、条文や用語の意味を正確に知らないと正誤の判定ができない選択肢が多くなっています。しかし、憲法の考え方をおさえて勉強した場合には、丸暗記していなくても正答にたどりつく問題になっているようです。

過去10年間の出題は次のとおりです。

▽20年度＝①職業選択の自由（22条）②衆議院の解散（22条）③裁判官の身分保障（78条～80条）

▽21年度＝①財産権の保障（29条）②内閣総理大臣（63条、65条～75条）③条約（7条、61条、73条、98条）

▽平成22年度＝①信教の自由（20条）②社会権（13条、25～28条）③違憲審査権（81条）

▽23年度＝①請願権（16条）②刑事手続の保障（31条、34条、37～39条）③参議院の緊急集会（54条）

▽24年度＝①天皇及び皇室の経済（4～8条）②衆議院の解散（54条、69条）③法の下の平等（14条）

▽25年度＝①表現の自由（21条）②内閣の権能（6条、61条、73条、74条）③租税法律主義（84条）

▽26年度＝①経済的自由権（22条、29条）②司法権の独立（62条、76条、78～80条）③内閣総理大臣の地位及び権能（67条、68条、75条）

▽27年度＝①信教の自由（20条）②社会権（13条、25～28条）③衆議院の優越（59条～61条、67条）

▽28年度＝①思想及び良心の自由（19条）②職業選択の自由（22条）③衆議院の解散（54条、69条）

▽29年度＝①法の下の平等（14条）②請願権（16条）③租税法律主義（84条）

以上のように、過去10年間を見ても、大きな偏りなく、広い範囲から出題されていることが分かります。

問題

それでは、実際に問題を解いてみましょう。

【問題1】

憲法に定める憲法改正の手続きについて、妥当でない選択肢は次のどれか。

① 憲法改正案を発議するためには、各議院の総議員の3分の2以上の賛成が必要である。

② 国民投票については、国会による憲法改正の発議後、60日から180日以内に実施される。

③ 「硬性憲法」とは、通常の法律の改正手続きよりも丁重な手続きによらなければ改正できない成文憲法のことであり、日本国憲法はこれに属する。

④ 国民投票の投票権は、満18歳以上の日本国民が有するが、投票日が平成30年6月20日までの投票においては、年齢満20歳以上の者に限る。

⑤ 国民投票において、憲法改正案に対する賛成の投票の数が、投票総数の2分の1を超えた場合、国民の承認があったものとなる。

【問題2】

憲法に定める表現の自由に関する記述として、妥当な選択肢は次のどれか。

① 表現の自由は、出版の自由を含まないので、出版社が裁判所から取材フィルムの提出を求められた場合、出版社はそれに従わなければならない。

② 表現の自由は、基本的人権に含まれており、集会、結社及び言論、出版その他一切の表現の自由は保障されている。

③ 表現の自由は、知る権利を含まないので、政府は国民が情報の提供を求めた場合にも、その情報の内容を問わずそれを拒否しなければならない。

④ 表現の自由は、検閲の自由を含むので、公権力により事前または事後に検閲をすることは自由に認められる。

⑤ 表現の自由は、集団行動の権利を含まないので、地方公共団体の全てが公安条例によって集団行進やデモ行進を禁止している。

解説

【解説1】　正答①

① 誤り。国会議員（衆議院100人以上、参議院50人以上）の賛成により憲法改正案の原案が発議され、衆参各議院においてそれぞれ憲法審査会で審査されたのちに、本会議に付される。

② 正しい。選択肢のとおり。なお、具体的な期日は、国会にて議決される。

③ 正しい。日本国憲法は硬性憲法に分類される。なお、通常の法律の改正手続きと同じ手続きで改正できる憲法を「軟性憲法」という。

④ 正しい。憲法改正国民投票法は平成22年5月18日から施行されていますが、その一部を改正する法律が平成26年6月20日に公布・施行された。この改正により投票日が施行後4年を経過した日（平成30年6月21日）以後にある国民投票においては、投票権年齢が満18歳以上に引き下げられる。

⑤ 正しい。投票総数の2分の1を超えれば承認があったものとされる。なお、有権者数の2分の1ではない。

【解説2】　正答②

① 誤り。表現の自由は、出版の自由を含む。証拠上きわめて重要な価値を有し、被疑者らの罪責の有無を判定する上に必須と認められる状況にある取材フィルムの提出を裁判所から求められた場合、出版社はそれに従わなければならない。

② 正しい。表現の自由は、基本的人権に含まれており、集会、結社及び言論、出版その他一切の表現の自由は保障されている。

③ 誤り。表現の自由は、知る権利を含む。政府は国民が情報の提供を求めた場合には、その情報の内容によっては、それを公開しなければならない。

④ 誤り。憲法21条2項で通信の秘密を保障するとともに、検閲はこれをしてはならないと規定し、表現の自由を保障することとして、公権力による検閲を禁止している。

⑤ 誤り。表現の自由は、集団行動の権利を含むものである。地方公共団体の全てが公安条例によって集団行進やデモ行進を禁止しているわけではない。

平成30年度 10

カレントトピックス

社会事情

■南海トラフ巨大地震に関する情報を運用開始（10月26日）

気象庁は10月26日、中央防災会議防災対策実行会議における「南海トラフ沿いの地震観測・評価に基づく防災対応検討ワーキンググループ」の報告を受け、新たな防災対応が定められるまでの当面の間、「南海トラフ地震に関連する情報」を発表することとした。普段より大規模地震発生の可能性が高まっていると判断すれば、観測から最短2時間で臨時情報を出すことになる。この情報は1日から運用を開始した。

関連情報を発表するのは、南海トラフ巨大地震の震源域でマグニチュード（M）7以上の地震が発生した場合や東海地域に設置された岩盤の伸び縮みを観測する「ひずみ計」に特異な変化があった場合、地震は発生していないが、ひずみ計に大規模地震との関連が疑われる変化があった場合など。

南海トラフ巨大地震は、東海沖から九州沖の太平洋海底に延びる溝状のトラフ沿いで、100～150年周期で起きる地震。東海、東南海、南海の三つの震源域があり、連動してM9クラスの地震が起きた場合、大津波などで最大死者は30万人超に上ると政府は想定している。

■介護事業の厳しい経営状況（10月27日）

厚生労働省が10月26日に公表した介護事業経営実態調査によると、全ての介護保険サービスの平成28年度の利益率は平均3・3％で、平成27年度の決算に比べ0・5％減少した。平成28年度に介護報酬が引き下げられたことに加え、人件費が上がったことが影響している模様。

本調査は、介護保険でサービスを提供している約1万5千事業所の平成28年度決算から集計した。介護サービス事業者の収入となる介護サービスの単価である介護報酬は3年ごとに改定しており、経営実態調査はそのための参考数値となる。

調査報告書によると、全22種類のサービスのうち14事業で前年度決算に比べ利益率が低下した。中でも通所介護は利益率が2・2％減少している。一方、比較的利益率が高かったのは通所リハビリテーションで、利益率は前年度より0・5％増加し、5・1％だった。また、認知症対応型共同生活介護も利益率は前年度より1・3％増加し、5・1％であった。

■TPP大筋合意（11月10日）

10日、ベトナムのダナンで行われた環太平洋パートナーシップ（TPP）閣僚会合において、参加11カ国によるTPP交渉の大筋合意が確認された。参加国の国内総生産（GDP）の合計は米国離脱で世界の40％近くから13％程度に縮小したものの、貿易・投資を高いレベルで自由化した経済圏が誕生することとなる。

米国復帰まで効力を棚上げする凍結の対象は20項目で、6カ国の国内承認完了から60日後に発効する。凍結されたのは医薬品のデータ保護期間に関する項目や、著作権保護期間を米国並みの「作者の死後70年」にする項目などである。一方、繊維で関税撤廃・削減の対象を厳しく制限する原産地規則に関する項目は含まれなかった。またカナダが終盤で加えた要求など4項目は決着せず、関係国で協議を続ける。乳製品の低関税輸入枠などでは、将来の再協議を可能にする規定も盛り込まれた。

今回の大筋合意を受け、政府は、広範囲のアジア太平洋地域の自由貿易圏の構築に向けて協力する礎になると評価し、今回大筋合意に至った「包括的及び先進的な環太平洋パートナーシップ協定」の早期署名、発効を目指していく考えを示した。

平成30年度 主任・係長

論文講座 10

特別区係長選考

前回は、論文試験の方法、出題テーマ、論文の構成、評価のポイントなどについて説明しました。今回から2回にわたって具体的な論文の書き方について、「序論」「本論」（問題点・解決策）「結論」のパート別に説明していきます。

今回は「序論」について説明します。

序論の重要な役割

序論は、論文の導入部分であり、これからどのような視点で、どのように主張を展開していくかを採点者に紹介するパートです。

論文の構成から考えれば、論文の主要部分は本論であり、序論は本論の前置きに過ぎないと思う人もいるでしょう。たしかに、論文における主張のメーンとなる部分は本論で述べられますから、本論の内容が重要であることは間違いありませんが、序論は本論と同等、あるいは、それ以上の重要な役割を担っているのです。

序論は、出題テーマの課題を受け止めるパートでもあります。そのテーマが区政の課題となっている理由（＝出題意図の把握）、区政において目指すべき方向性（＝目標・あるべき姿の提示）について整理することが求められる部分です。すなわち、出題テーマの課題に対する理解と解決の方向性を端的に示すことが求められるということであり、主張のメーンとなる本論で述べる内容も、序論によって方向づけされるということを示しています。序論が論文の出来を左右すると言っても過言ではないのです。

序論で採点者を引きつける

採点者は、限られた期間内で相当の人数分の論文を読み、評価を行わなければなりませんので、全ての論文を十分に読み込む余裕はありません。そのため、論文を読み始めて最初に目にする「序論」で採点者を引きつけ、最後まで読んでみたいと思わせることができるかが、論文の評価に大きく影響してくるのです。

論文を読むとき、まずはこの受験者が課題をどのように捉え、今後どのように主張を展開しようとしているのか、という手掛かりを探します。

採点者は、序論から読み進めるわけですから、「序論」で「この受験者は、課題をこのように理解し、こういう視点で主張を展開しようとしているのだ」ということを理解してもらい、「分かっているな」「面白そうだな」と思わせることができれば、しめたものです。採点者に本論以降をじっくり読んでもらうことが可能となるのです。

序論で差をつける

論文のメーンが本論であることは先程述べたとおりですが、実は本論では、他の受験者と差がつきにくいと言われています。

本論は、序論で示した目標・あるべき姿を実現するために必要な解決策を論じるパートです。詳しくは次回説明しますが、区政や組織における問題点を挙げ、あるべき姿に向かうために、係長としてどのように行動し、解決していくかを具体的に示すこととなります。

しかし、この解決策は係長の権限の範囲内で、かつ、実現可能なものでなければならないので、「解」は限られたものとなってしまいます。つまり、他の受験者も同じような解決策を示す可能性が高く、本論部分の内容では差がつきにくくなってしまうのです。したがって、他の受験者との違いを出すためには、序論において、出題テーマの理解度と解決の方向性を端的に示し、採点者の関心を引きつけることが重要となるのです。

ただし、序論に力を入れるあまり、本論に十分な時間が割けず、主張が弱い場合は、論文全体の評価は上がりませんので、時間配分には注意が必要です。

序論の書き方

本論を生かすための序論

序論が本論の単なる前置きでないことは先程述べたとおりですが、やはり論文のメーンは本論です。

であるにもかかわらず、これから論じようとすることの大部分を序論に書き込んでしまったり、本論で論じきれないほどの大きな目標を示してしまったりする例が散見されます。中には結論を書いてしまうケースも見られます。

序論は、本論で書こうとしている問題点、解決策を意識し、本論が生きるようなものとしなければなりません（主役はあくまで本論なのです）。

傾向と対策②

序論を書いてから本論を考えるのではなく、本論で何を主張するかを検討・整理してから、本論につながるように序論を書くというプロセスを確立してください。そのプロセスでは、前回紹介した「レジュメ」を活用すると効果的です。

序論の構成

論文全体のうち、序論に割り当てられる分量は、おおむね5分の1程度、1600字程度の論文であれば300～350字程度が目安となります。

限られた字数の中で、出題テーマの課題をどのように理解し、何を主張しようとしているかを端的に示していかなければなりませんので、大変な労力を伴うものです。

各区によって論文の「型」のようなものがあるため、一概には言えませんが、序論を構成する基本的な三つの要素を紹介します。この三つの要素を押さえつつ、スムーズな展開となるように文章を組み立てることができれば、一定以上の評価が得られるはずです。

（1）社会・経済情勢と区の状況

【例文】　我が国の景気は緩やかな回復基調であるものの、世界経済にはいまだ不透明な部分があり、景気動向の先行きは予断を許さない状況である。

したがって、区の財政運営の好転は期待できず、引き続き厳しい状況にある。

【解説】　論文の出だしとなる重要な部分です。出題テーマの課題について、なぜ今、それが課題であるのかを、社会・経済情勢や区の状況に関連付けて論述します。

試験会場で考えている余裕はありませんから、事前に区政に影響を及ぼす社会・経済情勢について調べておき、実際に使えそうなフレーズを準備しておくと良いでしょう。

区長の所信表明（特に予算審議のある第一回定例会）、各区の予算編成方針などには、区の状況だけでなく、社会・経済情勢が触れられていることが多いですから、過去2年分くらいは確認しておきましょう。

社会・経済情勢の記述をせずに区の状況を記述していくという選択肢もありますが、両者を的確に関連付けることができると論文の幅が広がります。ただし、この部分については、あまり大きく広げすぎたり、深く掘り下げすぎたりすると、評論家風の当事者意識に欠ける文章になってしまうことや、字数が足りなくなってしまうことから、注意が必要です。

（2）区政の現状とあるべき姿

【例文】　一方、地域の課題や区民のニーズは、高度化・多様化している。

区は、限られた財源の中でこれらの課題に応えていかなければならない。

【解説】　序論の中核となる部分です。（1）で述べた社会・経済情勢や、区の状況を踏まえ、区政の現状を分析した上で、区政のあるべき姿（目指すべき方向性）を示す部分です。

方向性が定まらなければ、本論での主張がぶれてしまいます。課題をどのように解決していくのか、最終的に何を目指しているのか、区政のあるべき姿は何なのかを、明確に主張することが重要です。

区政の現状分析については、各区の実情や取り組んでいる施策などを踏まえて論述することが重要です。その際、区政の現状とあるべき姿の「ギャップ」を意識した論述ができれば、採点者に「課題を理解している」ことをアピールすることができます。

（3）係長の果たすべき役割

【例文】　そのためには、区政の最前線の長である係長が、リーダーシップを発揮し、効果的かつ効率的なサービスを提供する組織を構築していかなければならない。

【解説】　序論の結論部分です。区政の課題と目指すべき方向性を示しましたので、それを実現するために、係長が果たすべき役割について論じて序論を締めくくります。

係長の果たすべき役割については、「組織の運営」「仕事・職場の管理」「職員の人材育成」などがありますが、こうした個々の役割については、本論の解決策の中で具体的に論じていくこととして、ここでは本論で論じようとする係長像を示すことにとどめるようにしてください。

（2）で示した方向性の実現と、係長の権限の範囲内ということを意識し、端的に述べることが必要です。そのためにも、日頃から「自分が係長だったら」ということを意識して、職務に取り組むようにしましょう。

様々な序論の書き方

以上、オーソドックスな序論の書き方を示しましたが、この基本形を踏まえた上で、序論の書き方を工夫するのも良いと思います。2例ほど紹介しますので、参考としてください。

一　区政の現状分析を先に書く

【例文】　少子高齢社会の急激な進展などにより、地域の課題や区民のニーズは、高度化・多様化している。

一方、景気は緩やかな回復基調であるものの、世界経済にはいまだ不透明な部分があり、景気動向の先行きは予断を許さない状況である。したがって、区の財政運営の好転は期待できず、引き続き厳しい状況にある。

区は、このような状況の中で限られた人員と財源で課題を解決し、質の高いサービスを提供していかなければならない。

【解説】　先程の例文の（1）、（2）のうち現状分析部分を先に記述するパターンです。課題となる部分が先頭に来るためインパクトがあります。文章のつながりに注意すれば効果的な書き方です。

二　社会・経済情勢を記述しない

【例文】　職員は、全体の奉仕者として公共の利益のために勤務するものであり、その職務は住民の信託と負担により遂行している。したがって、職員には民間企業の従業員以上に厳しいモラルが求められている。

【解説】　社会・経済情勢を記述しない書き方を選択することもあることは既に紹介しましたが、実際「役割もの」の中には、記述しなくても全く問題ない場合や、むしろ記述することに違和感がある場合もあります。課題をしっかり把握した上で、必要がないと判断できれば、無理に記述しなくても良いということです。

例文は、コンプライアンスをテーマとして出題された「役割もの」の序論の一部分です。このテーマについても、昨今の不正問題などの社会・経済情勢を記述した上で、論述していくことは可能ですが、職員（公務員）に普遍的なテーマとして捉えれば、あえて記述しないという判断も可能でしょう。

◇

次回は、論文の本論（問題点・解決策）、結論について説明します。

市場移転前、最後の年末
築地魚河岸が1周年

朝、築地周辺を歩いていると長靴を履いて竹籠やクーラーボックスを持っている人をよく見かける。銀座や日本橋の有名な寿司屋や料亭をはじめ、都内外の飲食店の関係者が買い出しに来ている姿だ。「買出人」と呼ばれ、築地市場の仲卸の店舗と築地場外市場の店舗を数軒ずつ巡り、その日の食材を買い回る。何十年も同じルートで買い回る買出人もいると言う。

昼に近づくにつれ、築地には一般客や国内外からの観光客が大勢訪れる。築地は観光スポットとしても大きなにぎわいを生み出している。こうした築地のにぎわいと活気が築地市場の移転後も継承され、より一層の魅力を生み出すために中央区が整備した施設が「築地魚河岸」だ。

■築地ブランドを次世代に引き継ぐ

築地魚河岸は「食のプロに支持され、一般客・観光客にも親しまれる、食のまち『築地』のにぎわいの拠点となる施設」を基本理念に掲げ、市場移転後を見据えて整備した商業施設だ。1階には仲卸を経営母体とした新鮮で多品種の水産物・青果物を扱う店舗が並び、2階は各店舗の事務所になっている。3階にはフードコート形式の「魚河岸食堂」と屋上広場がある。

昨年の築地市場移転延期により、豊洲移転後も築地のにぎわいを守るというコンセプトに齟齬が生じてしまったが、移転日のめどがたたなかったことから、2016年11月19日にプレオープンとして開業した。築地市場の移転問題の長期化により、本来の姿とは違う営業を余儀なくされたこともあり、決して順調ではなかった。その中でも各店舗の工夫により、来客数はオープン当初に比べて増えてきており、早朝に買出人が買い出しをしている姿も見るようになった。

築地には、日本橋魚河岸時代から続く歴史や伝統、仲卸業者等の目利きによる品質への信頼、日本一の豊富な品ぞろえ、プロの買出人が認める評価、そして集まる人々による活気やにぎわいなど〝築地ブランド〟とも称される唯一無二の魅力がある。築地市場移転後も「やっぱり築地が良い」と親しみを持ってもらえる街であり続けられるよう、「築地魚河岸」が〝築地ブランド〟を次世代に引き継ぐ象徴となることを思い描いている。

11月で1周年を迎えた築地魚河岸

大勢の人でにぎわった1周年祭

■プロに支持される食材が買える

築地魚河岸の魅力は季節によって店内の景色が変わるところだ。各店舗が「目利き」を生かして厳選した季節ごとの旬の食材は目にも鮮やかで、食材を通じて四季を感じることができる。その魅力を感じにぜひとも直接足を運んでほしい。

特にプロの方々には日常の買い出しルートから少し外れて築地魚河岸に寄ってもらい、築地市場が移転してもこれまで通り、築地で買い回りができることを今から知ってほしい。豊洲市場まで足を伸ばすのが負担であったり、築地での買い出しという日常を変えることに抵抗を感じている方もいるはずだ。各店舗もそういった方々の期待にこれからますます応えていくと思う。

また、一般の方はプロに支持される食材を買えることを単純に楽しんでほしい。売り方も店舗によって様々で特色がある。タイミングが良ければ店頭でマグロを解体しているところを見ることもできる。魚を1匹丸々買ったり、野菜や果物もカットされていないものを買うのが面白い。

「料理の仕方や食べ方が分からない」という人はぜひ、お店の方に聞いてほしい。おいしい食べ方や保存方法を気軽に教えてくれる。出来上がった刺身や総菜、カットされた野菜やフルーツを買って食べる以上の楽しみを知ることができる。繰り返しお越しいただければ、その分新しい発見がある。リピーターになってほしいと思う。

12月、築地は1年で一番にぎわう時期を迎える。特に年末は歩くのも大変なほどの人々が訪れ、毎年必ずニュースになっている。築地魚河岸も2回目の12月を迎える。オープンから1周年を迎えた11月に「築地魚河岸1周年祭」を開催し、年末に向けて大きなイベントはないが、この時期の築地はいつにも増して威勢の良い掛け声が飛び交い、毎日が祭りのような活気にあふれた街になる。

築地市場がある築地が迎える最後の12月になると思う。これまでの築地の雰囲気を感じるとともに、これからの築地を担っていく築地魚河岸にぜひお越しいただきたい。

今年の年末は築地魚河岸で買った食材で食卓を囲みながら、年越しを迎えてはいかがだろうか。

◇　◇

築地魚河岸

所在地・中央区築地6の26の1、27の1

営業日・原則として東京都中央卸売市場の営業日に準じる。市場が休みとなる12月31日は各店舗の自由営業日として営業する。

営業時間・施設の開館時間は午前5時から午後3時まで。午前7時から午後2時までは全ての店舗が営業している。その他の時間は各店舗の自由営業時間。魚河岸食堂は一部店舗で午後10時まで夜間営業も実施しており、市場の味を気軽に楽しめる。

（中央区都市整備部地域整備課まちづくり推進主査付　原周作）

都市のレガシー　五輪開催3都市を巡って　5

シドニー①
「持続可能な発展」に強み

都市の発展の歴史

わずか2世紀足らずの間に流刑囚のあばら家集落が、世界最速で世界遺産となったオペラハウスで知られるハーバーの開発に成功し、摩天楼都市にまで発展を遂げたのがシドニーである。3都市の中でロンドンとバルセロナは、ローマ帝国を起源とする都市であるのと比べると、シドニーは非常に若い都市と言えよう。

シドニー市は、オーストラリア大陸の南東部に位置するニュー・サウス・ウェールズ州（以下NSW州）の州都で、オーストラリアの経済・交通・流通・文化の中心地である。

1788年に英国の流刑植民地のNSW州初代総督アーサー・フィリップが上陸した入り江の名前を、当時の英国内務大臣シドニー卿にちなんでシドニー・コーヴと命名した。そのため、移民団が歴史的な第一歩を記した建国の地と言われている。

1842年に市制が施行され、オーストラリアで最初の市となり、その後も、産業革命後の公害に覆われた悲惨な英国都市からの移住が続き、1925年までにシドニーの人口は100万人に達している。

街の開発は、人口の増加とともに郊外へと進み、ロンドンや東京と同様に大都市圏を構成するようになる。現在、一般に単にシドニーというと、このシドニー大都市圏のことを指し、人口は約440万人、面積は約1万2428平方㌔にも及ぶ。

そして73年には、街のシンボルであるオペラハウスが竣工する。

80年代に入り、オーストラリア建国200年の記念事業として、NSW州政府主導による再開発事業が実施される。この再開発では、市の中心部に近いダーリング・ハーバー地区にある工場や港湾施設の跡地（約54㌶）に、大会の会場にもなったコンベンションセンター、海洋博物館、水族館、大規模なショッピングセンターなどを建設している。

その後も再開発は続けられている。かつての荒廃した港湾地域から、今やオーストラリア有数の商業・観光地域に生まれ変わっており、私もこの地区に宿泊した。

大会招致と大会計画

シドニーの大会招致は財政的な理由などから、1972、88、96年大会にそれぞれ立候補を検討しながらも断念している。

そして2000年大会の招致で、これまでの準備や経験を十分に生かして名乗りを上げ、93年に大会招致に成功する。成功の背景には、招致時点で既にOPパークの複数の競技施設の建設が進められていたことや、汚染土処理などの環境改善策、水資源の再利用、緑地化による生態系保存など持続可能な発展への積極的な取り組みをアピールできたことなどが強みとなったと言える。

また、環境保護団体と大会組織委員会が協調関係をもって、大会全体の環境基準である『大会の環境ガイドライン』を策定している。

同ガイドラインは、92年の国連地球サミットで採択された原則に基づいて作成され、グローバルな環境問題を解説するとともに、大会開催都市で考慮すべき点を示しており、その後のロンドンや東京の招致活動にも大きな影響を与えている。

そして招致が決定すると、大会開催準備に向けたシドニーOPパーク開発計画が策定され、『1995年大会基本計画』として発表された。

その内容は、各競技会場と関連施設、OPパーク駅と環状線路、緑地公園、道路、居住施設、ホテル、商業施設、下水道・水再利用設備などの建設・整備であった。その後、部分的な見直しが行われながら開催準備が進められていった。

大会の会場計画は、以下の三つのクラスターで構成されている。

①シドニーOPパーク＝開閉会式、陸上のメーンスタジアム、水泳場、体操の大会三大競技、バスケットボール、ホッケー等、全競技の半数以上で会場の集積度はロンドン以上

②ダーリング・ハーバー＆イースト地区＝ウエイトリフティング、柔道などの屋内競技が主に既存のコンベンションセンター、エンターテインメントセンター、他にも既存スタジアムでサッカーなどを開催

③シドニーウエスト地区＝馬術、射撃、ボート、自転車などの郊外型屋外競技を開催

（都都市整備局　長谷川昌之）

会場配置図

ダーリング・ハーバー

ミニガイド

◇スポGOMI大会in荒川　▷内容　海ごみをテーマに講義・河川敷でのごみ拾い体験を通じて身近にできることを考える▷日時　12月9日㈯▷場所　足立区生涯学習センター、荒川河川敷▷開催時間　午前10時～午後1時▷定員　100人程度（参加費無料）チームまたは個人で12月6日までにHPかファクス、Eメールで申し込み▷問い合わせ　公益財団法人東京都環境公社連携推進担当係　☎03・3644・8886

◇単身、困窮、障害のある人が暮らせる「支援付き地域」～認知症になっても、地域で孤立せず、最期まで～ふるさとの会・支援付き住宅推進会議共催シンポジウム　▷日時　12月16日㈯　午後1時半～5時15分▷場所　サンパール荒川第7集会室▷定員　100人（要申し込み）▷参加費　千円（資料代）▷基調講演　辻哲夫氏（東京大学高齢社会総合研究機構特任教授、元厚生労働事務次官）「居住、生活、就労支援システムの普遍化を目指して一柏プロジェクトからの問題提起一」▷問い合わせ・申し込み先　特定非営利活動法人自立支援センターふるさとの会　☎03・3876・8150　FAX03・3876・7950　Email　info@hurusatonokai.jp

◇公益社団法人東京自治研究センター月例フォーラム　▷日時　12月12日㈫午後1時半～4時15分▷会場　中野サンプラザ7階研修室8▷内容　「図書館の指定管理者を考える」齋藤誠一氏（千葉経済大学総合図書館長）▷参加費　千円（会員は無料）▷問い合わせ　東京自治研究センター　☎03・6256・9912

◇「#ちょいボラ」in Shibuya Street Dance Week 2017　▷日時　12月3日㈰午前11時～午後3時45分▷場所　代々木公園ケヤキ並木（原宿側入り口付近）▷内容　ボランティア活動が気軽で身近なものであることを分かりやすく伝え、ボランティア活動に親しんでもらう。①ごみ拾い体験（正午～、午後4時～）②ボッチャ体験③補助犬ユーザーサポート体験▷入場料　無料（事前登録不要）

副知事人事ノート　第21回

都政研究元主筆　大塚英雄

初の私学副知事誕生①

第1期東都政は2副知事体制で船出したものの、3副知事にしたいという東の当初の信念は不変で、都議会の質問戦や記者会見の席で、そのことを言い続けてきた。

東知事が就任以来、庁内向けに言い続けてきたことがもう一つある。組織の抜本的改革だ。その中で「目玉」にあげたのが現在の政策企画局の前身となる企画室の新設と、ハード部局の計画部門と実施部門の分離である。

当時の都には中枢機能をつかさどる専管組織はなく、総務局総務課総務係で数人の職員が片手間に担当していた。医者の東はこの組織を人間の「脳下垂体」に例え、早期設置を唱えていた。この「脳下垂体」は1年後の35年に局待遇の企画室としてスタートした。その後、自治省監査が入り、中枢機能強化の勧告を受けて筆頭局の企画調整局への昇格となった。

しかし、第2弾となる計画部門と実施部門との分離は、組織の改廃や分断につながるため、その影響を受ける部局から猛烈な反対論が噴出。中には組織条例の改正を伴うため労組とアベックで都議会に駆け込む幹部職員が続出。たまりかねた東知事から「私の方に顔を向けて」と叱責が飛ぶ事態にまで発展した。

このため総務局と関係局との協議が難航。35年の1定に提案予定だった組織条例改正は、6月の2定にもつれ込むことになった。東知事としては、36年度がスタートする4月から新組織を発足させ、これに合わせ、3人目の副知事、つまり1定に選任同意を求める腹づもりだったが、こっちも2定に見送った。

◇　◇

2定が近付くに従って、組織改革の行方へとともに、庁内の関心は当然のように第3副知事の人選に注目が集まった。しかし、1年前に4人の名前があがり、激しいバトルが展開されたばかりという役人世界の中で、にわかに新たな有力候補が現れるはずはない。結局、前回選考に漏れた羽田・総務（大田園のあとの総務局長に横すべり）、太田・財務、本島・教育の3人によって争われることになった。

だが、この1年間によって副知事を取り巻く客観情勢は大きく変わっていた。まず、知事自ら3人に限らず、仕事を通じて全ての局長の評価をする機会を得たこと。もう一つは、残るもう1人の副知事に何を求めるかの「復習」ができたこと。更に東は局長人事の渋滞を解消するため、「57歳肩たたき」を局長級にも拡大する方針を固めた。羽田はこの年、57歳になる。もう1人の本島は、この頃になると自民党の後押しで、東京2区からの衆院選出馬が現実味を帯びてきていた。

となると、勢い各方面の注目は局長歴2年の一番若い太田和男に集まってくる。しかも、真摯に都政に取り組む姿勢は野党の社会党も含め、都議会の評価は抜群に高かった。太田の副知事実現によって人事刷新にも弾みがつくだろうと、庁内は歓迎した。かくして1年前には最後の最後まであれほどちゅうちょした東は、2定を前に第3副知事にためらうことなく太田和男を指名したのである。昭和22年以来、私学初の副知事の誕生だ。（敬称略）

都政新報

発行所 都政新報社
〒160-0023 東京都新宿区西新宿7-23-1 TSビル
(総務・読者) 03-5330-8781
(企画広告) 03-5330-8784
(編集) 03-5330-8786
(出版) 03-5330-8788
(ファクス) 03-5330-8808
購読料 月1,730円(税込)
毎週火・金曜日発行
ただし、祝日は休刊

紙面から

「一律規制」に異論も

都受動喫煙防止条例

都が2019年のラグビーW杯までの施行を目指している受動喫煙防止条例。原則、飲食店などの屋内を全面禁煙とし、保健所の命令に従わない施設管理者に過料を科すのが条例の基本的考え方だが、パブリックコメントでは反対（約5割）が賛成（約4割）を上回った。さらに、区市町村からは基本的考え方の策定で「事前の相談がなかった」との不満の声も漏れる。条例案の策定では現場の声をどこまで反映できるかが焦点となる。

都議会　陳情は継続審議

都庁舎の議会棟が全面禁煙になれば、喫煙所は撤去される＝11月29日

都が9月に示した受動喫煙防止条例の基本的考え方は、公共施設や飲食店などの室内を原則全面禁煙とし、30平方㍍以下のバーやスナックなどは全従業員が喫煙に同意する場合などに限り、喫煙を認める例外規定を設けている。保健所の命令や勧告に従わなかった施設管理者には5万円以下の過料を科す。

都は9〜10月に基本的考え方のパブリックコメントを募集。その結果、5085人から計1万6972件の意見が寄せられた。うち、条例に賛成したのは全体の38%に当たる6464件に対し、反対と一部反対が計8192件（48%）で、全面禁煙に対する反対は根強い状況だ。

都議会にも、一律の全面禁煙に反対する陳情が3件提出され、11月28日の厚生委員会で審議した。自民党のみが趣旨採択を求めたのに対し、都民ファーストの会と公明党が継続審議、共産党が不採択とすべきとした。

意見表明した共産党の和泉尚美氏は「子供やがん患者、ぜんそく患者を受動喫煙から守るためには飲食店の全面禁煙は当然の措置」と述べ、罰則付きの条例を求めた。だが、陳情では小規模店舗の経営を守る必要性に触れており、和泉氏は「どう守るかは知恵と工夫を凝らす必要がある」と課題を挙げている。

一方、都の受動喫煙防止条例が制定されれば区市町村にも影響が及ぶ。このため、自民党の舟坂誓生氏は「受動喫煙防止対策の強化と都独自の条例制定に当たり、実効性を担保するには都民や関係団体、区市町村との連携が必要」と指摘した。

ある区長は「区有施設は区に管理権限があるが、（基本的考え方の公表前に）相談は一切なく、知事会見で一方的に示された。10月の区長会に都幹部が説明に来て、都内の対象になる官公庁の数を把握していなかった。準備不足だ」と批判した。

また、この区長は区役所内にある喫煙スペースを撤去した場合、代替場所として屋上などがあるが、近隣住民に見える問題があるという。仮に屋外に喫煙スペースを設ければ、職場に戻るまで時間がかかるため、業務上非効率となり、「喫煙室を撤去して得るところは何もない」と指摘した。

福祉保健局は「この基本的考え方が決定事項ではない。区市町村とは今後、協議していく」と話している。都はパブコメや区市町村との協議などを踏まえ、来年の第1回定例都議会に条例案を提出する予定だ。

実効性ある条例案を

【解説】都条例の基本的考え方では、屋内は原則全面禁煙、過料5万円の罰則規定などを柱としており、福祉保健局の幹部は「高めに球を投げた」と語るように、ハードルを高く設定したことを認めている。

この都の基本的考え方の根底には、神奈川県の受動喫煙防止条例が反面教師としてある。同条例では、厨房を除く100平方㍍以下の店舗などを対象に受動喫煙防止を努力義務とした上、年間で約千件程度の違反があるものの、過料5万円以下の罰則は一度も科されておらず、条例そのものが形骸化している。

都条例の基本的考え方のパブコメで、「罰則は止めるべき」などと反対意見も寄せられている。だが、各党が都議選で受動喫煙防止条例に罰則規定を設けるべきとの公約を掲げた以上、罰則抜きという選択肢はあり得ないはずだ。

罰則という『伝家の宝刀』が抜かれると、路上での喫煙者が増える恐れがある。だが、千代田区のようにほぼ全区域で路上喫煙者から過料を取る自治体もあり、屋外での喫煙スペースの確保が課題となる。現場が抱える課題を巡り、都は今後、区市町村との協議を行う考えを示している。都は現場との綿密な調整を行いつつ、実効性のある条例案を策定することが課題となっている。（石）

築地再開発検討会議

「築地ホテル館」復元案　地勢生かした提案も

都都市整備局は11月27日、都庁第一本庁舎で第2回の築地再開発検討会議を開いた。委員からは再開発案として、食や医療を軸としたまちづくりや、日本最初の本格的なホテルとされる「築地ホテル館」の復元案などが示された。

委員4人によるプレゼンテーションで、築地本願寺代表役員の安永雄玄委員が「築地ホテル館」の復元案を示した。同ホテルは現在の築地市場の立体駐車場付近に1868年に完成。木造2階建て（一部4階）と平屋で構成し、当時の築地は外国人居留地だったため、外国人向けに建てられた。しかし、築地居留地は発展せず、経営難からわずか3年で休業、翌年に焼失し、「幻のホテル」とも言われる。

同案は、全国調理師養成施設協会事務局長の大崎久美子委員も提案し、「築地の新たなシンボルにしてはどうか」と述べ、実際にホテルとして利用するとした。

また、都市計画学が専門の出口敦委員は、東京湾に着目し、築地のまちづくりが「東京湾に背を向けてきた」と指摘。街から東京湾を見渡せるような景観面でのつながりや、ヒートアイランド現象を軽減する海風を取り込む環境面などの観点が必要と訴えた。

会合には都顧問や専門家の委員のほか、地元の中央区もオブザーバーで参加。同区は、築地場外市場など周辺環境を考え、マンション開発には反対する意向を示している。同区企画部は「情報収集の観点から委員の意見を聞き、区のまちづくりに生かしたい」（都心再生・計画担当）と話す。

次回会合は12月中に開催予定で、会議と並行して築地の現況や活用策などの調査を行い、来年5月ごろに方向性をまとめる方針となっている。

豊洲追加対策工事

予定価格公表も再度入札不調に

都財務局は11月27日、豊洲新市場の土壌汚染追加対策工事1件を開札したが、不調になったと公表した。業者が提示した入札金額が、都が事前に示した予定価格（落札上限額）を大幅に超過し、無効となった。同件は都が試行する入札参加希望者が1者以下だった場合に入札を中止する「1者以下入札」の影響で2回入札中止となっていた。

不調となったのは、豊洲新市場7街区（水産卸売場棟）の地下ピット床面工事。大成建設のみが提示した入札金額は、都の予定価格を約1億2千万円上回る5億3800万円だった。他の業者は7者が辞退、2者は入札に参加しなかった。

また財務局は同日、11月13日に入札不調となった6街区（水産仲卸売場棟）の地下ピット床面工事と、換気設備工事の2件の再募集を始めた。開札日は12月15日で、工期は来年7月9日まで。

都は専門家会議が追加工事を確認する期間（約1カ月間）を含め、来年7月末までに工事を完了させる方針。都中央卸売市場は「専門家会議の確認期間を精査し、工期と調整していく」と話す。

都生活文化局

消費生活計画素案に　倫理的消費盛り込む

都生活文化局は11月28日、2018年度から5年間を計画期間とする消費生活基本計画（素案）を策定したと発表した。同計画は、消費生活に関連する施策を総合的に推進することを目的に、これまで別途策定していた消費者教育推進計画を内包して一体的にまとめた。

同計画は、▽消費者被害防止で求められる消費行動の変革促進▽情報通信技術などへの対応▽区市町村など様々な主体との連携――の三つの視点で構成している。この視点を踏まえ、5本柱の政策を掲げており、「消費者教育の推進と持続可能な消費の普及」を初めて取り入れた。

消費者教育の推進に関しては、成人年齢を18歳に引き下げる民法改正案が来年の通常国会に提出される予定であることから、消費者被害を未然防止するため、教員や高校生向けに啓発資料を作成し、消費教育の充実を図る。

また、持続可能な消費の普及では、環境や社会に配慮した製品を購入する「エシカル（倫理的）消費」の理解促進を盛り込み、障害者支援につながる商品、フェアトレード商品、エコ・リサイクル商品、被災地産品などの消費を促していく。

同局は11月29日から募集したパブコメの意見や都議会文教委員会での議論を踏まえ、来年3月末に計画を策定する予定。

都政の東西

冬の訪れ

最近耳にする機会が減った「東京大改革」というフレーズを久々に聞いたのは、特別区協議会が11月28日に開いた特別区講座の席だった。口にしたのは、特別区制度懇談会座長の大森彌東京大学名誉教授。冗談交じりに「都の嫌われ者」を自認する地方自治の論客は、小池知事が都区制度改革に関心を示していないとして、「都区制度改革を抜きに、何が東京大改革か」と批判した。

区長会は11月24日に開かれた知事の予算ヒアリングで、会長の西川太一郎荒川区長が自ら都区のあり方検討委員会の早期再開を要望したが、小池知事は多羅尾光睦総務局長に答弁を任せ、自身の考えを明かさなかった。23区中22区が開設準備を進める児童相談所に関しても、「子供の安全を守ることを最優先に考えていく」と、舛添前知事と同じ言葉を繰り返した。

その一方で、国が進める地方消費税の清算基準見直しに関しては、区との共闘体制の構築を強調。区側の要望よりも知事自身の関心の大小が区との連携に影響する印象を与えた格好だ。

予算ヒアリングでは、出席した区長から都区間の連携強化を求める声が相次ぎ、23区では小池知事に対する批判や失望感が表面化しつつある。田中良杉並区長は受動喫煙対策を巡って「ファッショ的」と批判。山崎孝明江東区長は中防埋立地の帰属問題が訴訟に発展したことを受け、「都の行政責任は大きい」と述べ、不信感をあらわにしている。

区長会にとって都区制度改革は最重要の政治課題で、都区のあり方検討委員会の再開要望を前面に出したのは、小池知事に対する警告の表れだ。冬の訪れが都区の関係性に及ばなければ良いが。

知事の政治姿勢に　都民の声3600件届く

都生活文化局は11月27日、小池知事の政治姿勢に対する意見が都民の声総合窓口に10月に計2094件寄せられたと発表した。9月分を合わせると3635件に上る。声の大半は、衆院選で希望の党を立ち上げ、代表に就任した小池知事に対し、「都政に専念してほしい」との内容だった。

知事への声は9月に2057件、10月に2839件寄せられたうち、知事の政治姿勢に関する意見がそれぞれ1541件と2094件だった。都政に専念するよう求める声以外では、「党代表を頑張ってほしい」など応援する意見も含まれていたという。

到来 超高齢社会　「東京モデル」いざ世界へ④

都市農地の保全いかに

みどり

「健康増進をする都市計画・緑化政策が科学的に証明されている」。都庁で11月8日に開かれた都の超高齢社会有識者懇談会で、NPO法人日本医療政策機構事務局長の乗竹亮治委員がこう言及した。農地や公園など都市に緑があふれていれば、都市住民、引いては高齢者の健康増進に寄与するとの考え方だ。

都内の「みどり率」は2013年現在、50・5%。都都市整備局は9月に策定した40年代の東京の将来像「都市づくりのグランドデザイン」で、「緑の総量を減らさない」との目標を掲げた。

この緑を構成する一要素に農地がある。都市農地には農作物の生産という基本機能に加え、様々な効用がある。

「都市農地はそれ自体が交流の場になる」。農家が住民向けに農業指導を行う「農業体験農園」など先駆的な事業を実施する練馬区の担当者は、都市農地の持つ力をこう述べる。例えば地域とのつながりが希薄だった退職者が、地域につながるきっかけとして機能する可能性を秘める。更には農作業を通じて身体機能を使い、介護予防など健康増進にも寄与する。

都市整備局の担当者は「都市農地には認知症対策を始め、副次的効果を見込める」と話す。最近では市民向け農園の一形態として、福祉部署が所管する高齢者向け農園に取り組む自治体が増加する傾向にある。

だが、都市農地は確実に減少を続けている。都内の農地は05年から10年間で1210㌶減少。みどり率に占める農地も03年から10年間で0・7㌽減った。同期間のみどり率全体の減少幅は1・9㌽で、都環境局の担当者は「みどり率の微減傾向の主要因に農地の減少がある」と述べる。

東京の農地を巡っては、更なる難題が待ち構える。農地である生産緑地の指定が解除され、宅地に転用される可能性がある「2022年問題」だ。同問題は通常、宅地の大量供給による地下急落の恐れを指すが、反面、農政や緑施策から見れば農地の大量消失の恐れを示唆する。

「不確実な情報が氾濫（はんらん）し、農家が混乱している」。都産業労働局の担当者はこう明かす。一部不動産業者が「2022年問題」を口実に、宅地転用を農家にたきつける実態もあるという。

国はこうした背景から今年6月、10年間の猶予期間を定める「特定生産緑地制度」を施行した。だが、産業労働局によると、区市やJA（農業協同組合）から「特定生産緑地制度にどれくらい移行するのか不透明」との懸念の声が上がっており、「切り替えによるメリットなどが十分に当事者まで行き届いていない」（農業振興課）という。

都内の生産緑地面積は16年現在、区市合計で3225㌶。東京ドーム約690個分に相当する。

土地は個人財産

「とにもかくにも相続」。ある区の担当者は農地保全を阻む最大の課題をこう表現する。農地は基本的に個人財産だ。いくら行政が音頭を取っても、相続が発生すれば相続人が最終的に売却や保全などの方針を決定する。この土地を巡る財産権の問題は行政課題であり続ける。更に高齢人口の増加は、相続問題の増加と裏表の関係にもある。環境局の担当者が「東京はすべからく誰かの土地」（緑施策推進担当）と比喩するように、農地だけでなく宅地の空き家など、至るところで表出する課題だ。

健康増進への期待が高まる農地だが、生産緑地の「2022年問題」の課題も横たわる＝杉並区

「公園整備や大規模再開発に伴う緑化は実効性がある。問題はミニ開発だ」。同担当者はみどり率維持に向けた障壁の一つをこう見据える。大規模再開発の場合は、一定の緑化を義務付けて緑を確保できるが、戸建て1棟だった土地に新築2棟の戸建てを建てるようなミニ開発の場合、敷地が狭小のため緑化の余地が少ないためだ。

都の超高齢社会の進展は高齢人口の増加を伴う。これは多くの都民の死とどう向き合うのかという課題を付随する。相続に伴う農地の減少や管理が行き届かない緑など、私有財産との距離の取り方が一層問われることになる。

冗句ジョーク

もう12月。月日の経つのは早いもの。1千日前のイベントは早すぎると思ったものの…

「あれ？ 私、仕事頑張ってきたのに、再来年の春に定年退職だ!?」

――オリ・パラ関係職員

江戸川区

児相開設へ地域連携

警察と協定し、虐待未然防止

2020年4月の「区立児童相談所（児相）」開設を目指す江戸川区は4日、地元警察署と「児童虐待の未然防止と早期発見に向けた情報共有等に関する協定」を締結する。区によると、警察署と虐待に特化した連携協定を結ぶのは23区で初めて。昨年3月の児童福祉法改正を受け、練馬区を除く22区が設置に向けて準備を進める中、江戸川区は区児相の開設に向け、地域ぐるみで虐待に対応するための体制構築を急ぐ考えだ。

江戸川区が警察署との連携協定で目指すのは、相互の情報共有を円滑化し、地域から寄せられた情報を虐待の早期発見と対処に結び付けることだ。

家庭でトラブルが起きた場合、区子ども家庭支援センターや警察などに通報が届く。子供の安全を確保するためには、機関ごとに届いた通報から、家庭ごとにトラブルを把握し、虐待の傾向や予兆を見落とさないことが重要になるという。

昨年度に区子ども家庭支援センターと区内にある3警察署の間で照会された情報は212件。これまでは個人情報が含まれていることを理由に、すぐに共有できない情報があったが、協定により以前にも虐待の通報があったか、通報を受けて駆け付けた際の子供の様子はどうだったか、親とはどのような会話をしたかなどの情報を、氏名や住所などの個人情報を含めて共有する。

区子ども家庭支援センターの甲斐豊明所長は「お互いが保有する情報は、子供を一時保護すべきかの判断材料になる。虐待対応はスピード勝負で、情報を他の機関に提供する許可確認だけに時間がかかる事態は避けなければならない」と意義を語る。

同区では、10年に両親から虐待を受けた当時7歳の男子児童が死亡する事件が発生。区は都児相と区子ども家庭支援センターの連携不足が原因になったという反省から、区児相の設置に併せて現行の区子ども家庭支援センターを廃止し、区児相に虐待対応と、子育てや夫婦関係などの相談業務を一本化する考えだ。

区は協定をてこに、地域ぐるみの児童相談体制の構築を目指す。虐待の深刻化を防ぐには、警察以外にも地域を見守る他機関との協力強化が欠かせないとして、児童福祉法で設置が「努力義務」と規定されている要保護児童対策地域協議会（要対協）との連携も強化する。要対協には、保育所や学校、医療機関、民生委員ら地域関係者が参画。甲斐所長は「子供や親と、実際に関わっている保育所や学校の教職員や、ケースワーカーなどからの情報を得て、虐待が心配される家庭についての情報を関係者で共有し、関係機関で役割分担することが重要」と話す。

また同区では、学習支援事業や、町会や民生委員らから紹介された低所得世帯などへの食事提供事業などのアウトリーチ型支援を通じ、家庭の環境を把握し、社会的なサポートにつなげる取り組みを進める。子供の貧困対策を所管する区児童女性課は「親が子供を虐待してしまうほど気持ちが追い込まれないためには、他人との関わりをもつことが大切。将来的には地域が子供を見守る態勢を目指したい」と話している。

区による学習支援事業。地域ぐるみでの見守りが子供を守る

中防埋立地帰属問題

来年1月に口頭弁論

江東区は知事裁定要望

中央防波堤埋立地の帰属問題で、大田区が江東区を相手取って起こした境界確定訴訟の第1回口頭弁論が来年1月26日に開かれる。江東区の山﨑孝明区長が、11月28日の第4回定例区議会で明らかにした。

同日の代表質問で自民党・無所属クラブの米沢和裕氏が今後の対応策を質問。これに対し、山﨑区長は「仮に司法的手続きに進めば事態の長期化が見込まれ、東京五輪の準備や大会後のまちづくりへの影響が懸念される」とした上で、「早期解決に向け、都に対して知事裁定を含め、具体的対応を求める」と答弁した。同区は事務レベルで都に働き掛けているという。

一方で、小池知事が11月2日の定例記者会見で「都としては、まず両区それぞれから話を聞いて、それに応じて必要な対応を検討していきたい」と発言したことに対して、山﨑区長は「まだ意見を聞きに来ない。都の行政責任は大きい」と苦言を呈した。

区政策経営部では、「100％帰属を主張するか、都の調停案の案分を主張するかは決めていない。今後、弁護士と相談し、戦い方を考える」としている。

中防埋立地の帰属を巡っては、両区が7月に都の地方自治紛争処理委員に調停を申請。都は10月16日に、面積割合を江東区86・2％、大田区13・8％とする調停案を勧告した。江東区は調停案を受諾したが、大田区は「水際線を基準とする調停案は不合理」などとして受諾拒否と訴訟提起の2議案を区議会に提出し、可決後の10月30日に東京地裁に提訴した。これを受け、都は11月13日に調停を打ち切った。

原告の大田区は、本紙の取材に「訴状の内容は区の主張も含めて現時点で非開示としている」（区企画経営部）と説明し、口頭弁論で明らかにする考えを示した。江東区が求めている知事裁定に関しては、「出た場合は内容を確認して、対応を決めたい」（同）と話している。

港　区

新橋駅でカウントダウン

パラ1000日前機運醸成に

東京2020パラリンピックまで1千日前となった11月29日、港区は新橋駅前のSL広場に大会までのカウントダウン用デジタルサイネージを設置した。同装置は、区内に本社を構える五輪公式スポンサーの富士通が製作したもので、区と同社はサイネージを活用した情報発信などで五輪の機運醸成を図る。

装置は高さ2・7㍍、幅4・2㍍で、液晶ビジョンは330㌅。富士通によると、自立型液晶としては国内最大級の大きさという。大会前には区の歴史やまちの催し物情報、災害情報などを発信し、大会期間中にはパブリックビューイングを予定している。同社の担当者は「年間1億人が訪れるSL広場で、日本文化が発信できる」と期待を込める。

武井雅昭区長は「カウントダウンは大会を盛り上げるのに役立つ。レガシー創出に向け、区の取り組みを発信したい」と語った。

デジタルサイネージをお披露目する武井区長（中央）ら＝11月29日、新橋SL広場（港区）で

目黒区

胃がん検診受診者4倍に

内視鏡検査で早期発見

目黒区が無料で行っている胃がん検診で、今年4月から10月までの7カ月間の受診者数が3718人となり、前年同月比で約4倍に増えたことが分かった。区健康推進課によると、今年5月から胃カメラを使った内視鏡検査を検診メニューに加えたのが要因という。区は2008年度から全国に先駆けて胃がんを引き起こすとされるピロリ菌の無料検査を実施しており、内視鏡検査の導入による胃がんリスクの把握から発見までの一貫した検診体制の構築に、他自治体からの視察が相次いでいるという。

区健康福祉課によると、今年度の胃がん検診の申し込み者のうち、内視鏡検査希望者は91％に上り、バリウムを使った胃部X線検査を大きく上回っている。区は9月の第3回定例区議会で可決された補正予算で検診事業費を約4千万円増額したが、申し込みが増えており、来年の第1回定例区議会で再度事業費の増額を図る方針だ。同課の島田幸雄課長は「ここまで効果が表れるのはうれしい誤算」と笑顔で語る。

区は国がガイドラインを改定し、昨年度から胃がん検診に内視鏡検査を追加したことを受け、区医師会との検討に着手。医療機関ごとに異なる検査手順や準備作業などを統一した実施マニュアルを策定し、区内32カ所での無料内視鏡検査を開始した。検査結果は区医師会に集約。複数の医師が診断結果をチェックして見落としを防ぎ、早期発見・治療を促すのが狙いだ。

区によると、08年度にピロリ菌検査を開始し、16年度末までの9年間で96人のがん発見につながった。メタボ検診など他の健診と併せて受診できる気軽さもあり、受診者数は年間3千人程度で安定して推移しているという。

これに対し、バリウム検査の受診者数は年々減少傾向にあり、12年度の1371人に対し、昨年度は1123人で200人以上減少。受診率は2・3％で低迷に歯止めがかからない状態が続いていた。

バリウム検査は、受診者の身体的な負担や抵抗感から敬遠しがちなことに加え、検査精度も課題となっていた。区によると、08～16年度までの9年間でがんが発見できたのは10人にとどまっており、発見できた場合は内視鏡による精密検査が必要になることから、早期の内視鏡検査導入を決めたという。

区は医師会との協議で、内視鏡検査導入の課題だった検査費用負担額をバリウム検査とほぼ同額の1人当たり約1万5千円とすることに合意。無料での受診が可能になった。島田課長は「元々、区民の健康意識が高く、受診ニーズ自体はあった。適切にニーズを把握し、受診率の向上につなげたい」と話す。

一方で、内視鏡検査の導入効果は、早期発見や受診率の向上にとどまらないという。区ではピロリ菌検査と連動させることで、胃がんリスクが高い人を優先的に内視鏡検査につなぎ、早期治療のルートを確立して医療費の抑制を図る考えだ。

内視鏡検査は、受診需要に対して設備面や医師の技術面などの課題から実施可能な医療機関が少なく、全国的に予約待ちの傾向にあるという。23区では千代田区や杉並区が先行して内視鏡検査を導入しているが、島田課長は「先行区の事例を参考に、区で独自に医師会と連携してリスク発見から一貫した検査システムを構築した。優先順位の適正化を図ることで、他区や医療機関が少ない全国の自治体でも導入が可能になる」と説明。「区民への周知を強化して定期的に受診してもらうことで、健康寿命の延伸を図りたい」と話している。

目黒区内では32カ所で内視鏡検査の無料受診が可能だ＝区医師会提供

中野区

哲学堂公園をPR

シンポジウム開催

中野区は9日、ハンガリー出身の彫刻家で、区立哲学堂公園の「哲学の庭」などを代表作とする故ワグナー・ナンドール氏に関するシンポジウム「『哲学のまち・中野』をめざして」を中野サンプラザコスモホールで開催する。区は哲学堂公園を観光拠点に位置付けており、2019年度の国指定の名勝を目指している。名勝指定に向けて盛り上げを図るのが狙い。

今年はワグナー氏の没後20年に当たり、シンポジウムではワグナー氏の哲学観や区との交流などを紹介。パラノビチ・ノルバート駐日ハンガリー大使やワグナー氏の妻の和久奈ちよ氏らを招く。

哲学堂公園は東洋大学創立者の井上円了が創設し、「哲学の庭」や四聖堂などの哲学をコンセプトとした建造物がある。区は同公園の観光拠点化に向け、10月に公園再生整備基本計画案をとりまとめ、年内をめどに計画策定する方針。

計画案では、駐車場や売店があるエリアに学習展示施設を新設し、井上円了の記した「哲学堂案内」に基づく77場の順路の復元などを予定。来年度から再生整備工事に着手する。

豊島区

公園で住民交流促進

良品計画と協定締結

子育て世代の公園活用を目指す豊島区は11月21日、「無印良品」をブランド展開する㈱良品計画と「女性に優しいまちづくり」をコンセプトに企業との連携を図る「FFパートナーシップ協定」を締結した。良品計画が商店街に住む旧住民と、大規模マンションに住む子育て世代などの新住民が交流するイベントの企画・立案に参加し、住民同士の交流を促進する。自社のテーブルなどを提供し、居心地の良い空間演出を手掛ける。

同区の区民1人当たりの公園面積は23区中最低だが、区の面積当たりの公園数は23区トップクラスで、小規模な公園が多い。区女性にやさしいまちづくり担当課によると、「公園が狭く、地域交流のイベントがやりづらい、子供の遊び場が少ないとの声が子育て世代から上がっていた」という。近隣住民のニーズにマッチしていない現状があることから、協定を結ぶ前から南池袋公園などで地域活性化事業の企画に参加し、公共空間活用のノウハウを持つ良品計画との連携を決めた。

区は同協定を西武池袋店や東武百貨店など4社と締結しており、今回で5社目となる。

今年3月に良品計画と連携して行った公園活性化イベント

練馬区

栗のブランド化へ

和菓子店と商品開発

練馬区は11月28日、区内産の栗のブランド化に向け、和菓子店と連携して開発した商品を販売する「ねりま和菓子の里プロジェクト」を開始したと発表した。昨年度に続く2回目の開催で、今回は8店舗が区内産の栗を使用してオリジナル商品を開発し、PRする。500円以上の商品購入で和菓子をプレゼントするスタンプラリーを行う。開催期間は12月31日まで。

大泉学園町で営業する「大吾」が開発したペースト状の栗をあんこで包んだ「美山づと」＝写真＝や、豊玉上で営業する「湖月庵」が開発した「焼き栗」などオリジナル商品を100～200円で販売する。

区商工観光課によると、区内産の栗は直売所を中心に販売されて流通量が少なく、区民に認知されていないという。区は商店街活性化に向けて店舗単独に新商品開発費の一部助成を行っており、プロジェクトを通じて区内産の栗をPRする。

同担当課は「昨年の評判は上々で、区内で栗を栽培していることを初めて知ったという声も多かった」と話す。

記者席

似た者同士で気が合う2人

○……「鼻っ柱の強い人という印象だ」。小池知事が経済企画庁政務次官時に、同庁にいた官僚出身のある大学教授がこう語った。教授は小池氏に当時、「役人の言うことをそのまま受け入れたらバカにされると思っているのでは」との思いを抱いていたという。

一方、同教授は都民ファーストの会事務総長の小島敏郎氏とも環境庁出向時に同僚で、「革新的な人だった」と振り返った。革新的とは政治思想のことではなく、組織が練り上げた政策に異議を唱えるという意味。築地再整備の私案を披露し、豊洲移転のちゃぶ台をひっくり返した人柄は、どうやら変わっていないようだ。知事と気が合う理由でもあろう。

○……「都民ファーストと名乗った方が票が減るという厳しい結果だった」。都民ファの候補が5人中4人落選という厳しい審判を受けた葛飾区議選について、選挙プランナーの松田馨氏は今週、都内の講演でこう振り返った。「小池人気」が絶頂だった今年の都議選が遠い過去のようだが、「大きな潮目の変化」として聴講者らを首肯させていた。

ただ、「小池人気」に陰りが見え始めた一方で、松田氏は「（小池知事が都政で）実績を上げれば、カムバックする可能性もある。非常にタフだ」とも。確かにここまで大敗しながら踏みとどまるのは尋常でない。今後、逆襲はあるのだろうか。

○……「人の往来が多く、本社から望める場所に自社製品が置かれていることは、会社の活性化にもつながる」。港区がパラ1000日前を迎えて新橋駅前に設置したデジタルサイネージについて、製造した富士通の役員は期待感を強調した。

区によると、駅前広場は法定上、「道路」に当たるため、広告媒体を設置するには自治体が主体となるよう都条例で規定されている。このため、同社は区に装置を無償で提供しているという。

メーカーが製品の料金を取らないとは破格の対応だ。込められた期待を現実にするため、五輪を盛り上げるという開催都市の責任は大会が近付くにつれて重くなる。

第51回全日本中学校道徳教育研究大会東京大会

道徳科の完全実施に向けて

指導と評価の一体化を

中学校での2019年度からの道徳科の完全実施を踏まえ、第51回全日本中学校道徳教育研究大会と第46回関東甲信越中学校道徳教育研究大会の東京大会、第48回東京都中学校道徳研究大会が11月9日と10日、豊島区立西池袋中学校と日本教育会館（千代田区）で開催された。全国から延べ約1300人が参加し、「共によりよく生きる力を育む道徳教育　人間を見つめ、深く考える道徳科の創造と実践」をテーマに研究を深めた。

納得解を得る

9日は西池袋中学校で公開授業と研究会が行われ、文部科学省の澤田浩一教科調査官が「道徳科の指導と評価」について指導講和をした。道徳教育の充実が求められる背景に▽深刻ないじめの本質的な問題に向き合う▽決まった正解のない予測困難な時代を生きる──を挙げ、「納得解」を得るための資質・能力が求められる中、その役割は大きいとした。「評価は個々の内容項目ごとでなく、大くくりなまとまりを踏まえ、生徒がいかに成長したかを積極的に受け止めて認め、励ます個人内評価として記述式で行う」などと話した。

文例集で議論も

日本教育会館での2日目は、指導計画や教材の開発と活用の工夫、現代的な課題や発達段階を踏まえた指導の工夫、家庭や地域との連携を生かした道徳教育の推進、指導と評価の分科会を開催。

評価への関心は高く、▽生徒の主体的・対話的で深い学びを実現するより質の高い指導▽教師と生徒が共に語り合い、人間としての生き方について深く考える指導▽学習活動における生徒の取り組み状況等、道徳性に係る成長の様子を見取る評価──がテーマの「道徳科の指導と評価」分科会では、大田区立田園調布中学校の名手久美子主任教諭が「一人一人の良さを伸ばし、成長を促すための指導と評価の在り方」を提案。昨年度、都中学校道徳教育研究会が都内公立中学校全校を対象に、教科化に向けた課題を調査した結果、評価を79・3％、指導方法を73・3％の学校が課題に挙げたという。

学習指導要領や文科省の報告などから、求められる授業を設定。評価を見取る基本的な考え方を▽一面的な見方から多面的・多角的な見方へと発展しているか▽道徳的価値の理解を自分自身との関わりの中で深めているか──とし、教師の発問を工夫。道徳的諸価値や物事に対して疑問や混乱を生む「ゆさぶり発問」「批判的な発問」「教科の主題を掘り下げ追求するテーマ発問」などを組み込み、生徒の思考を深める工夫を行った。

また、年度当初と年度末に22の項目を重点化して生徒の意識を調査。当初、重要だと考えた▽自主、自律　自由と責任▽希望と勇気▽公正、公平、社会正義▽生命の尊さ▽よりよく生きる喜び──などは年度末に大きく選択率を下げ、「重要だ」と考える項目と「成長した、真剣に考えた」とする項目が違う生徒も多く、「重要と捉えているからこそ、簡単に成長したとは答えられなかったと考えられる」と述べた。

名手教諭は研究を進める中で、改めて指導と評価の一体化の重要性を痛感したと話し、質疑に移った。評価の記述には文例集が必要という声に、都の道徳の教育研究員で前日に授業し、分科会で司会を務めた品川区立荏原第五中学校の戸上琢也教諭は「ワークシートの温かいコメントを積み重ね、この場面ではこういう意見が出ていたとコメントを活用したり、個々の生徒のエクセルシートを作って共有フォルダーに入れ、教師がいつでも書き込めるシステムにしておけば、負担感は薄れるのではないか」と発言。助言者の世田谷区立深沢中学校の池田富太郎校長も「生徒は一人ひとり違う。文例集があっても、それはあくまでも例だ」と話した。教科化の前に評価の話が出て、研究を重ね、指導方法が重要だとして今回の研究につながった。「これが完成形とは思っていないが、一つでも二つでも実践してほしい。多くの実践を通し、具体的に検証して練り上げていくことだ」

古田貴之氏が記念講演

記念講演は、2足歩行の人口知能を持ったロボットを世界で初めて開発した千葉工業大学未来ロボット技術研究センター所長の古田貴之氏が「ロボット技術と未来社会」について話した。

ロボット技術は道具に過ぎず、「何をするか」が大事。「心と体と社会は循環し、どんなに心が元気でも体が悪ければ動けないし、心が病んでいても動けない。そんなときに友達や社会が引っ張ってくれる。社会、コミュニティー、団体などで助け合える世の中をつくりたい」。ロボットが得意だから、それで世の中が生き生きワクワク元気になる手伝いをしたいが、どんな仕事でもそれはできると話した。

ロボット技術を使って何をするか。開発した「ILY－A」は、あらゆる物を感知して自動操縦する未来の乗り物として東京オリンピックで使われる。「物を作っただけでは駄目。法令を作り、場も整備するなど、ものづくりより物事づくり、人づくりが重要」とし、「子供たちの未来をつくりたい」と強調した。

子供たちの未来のためにと記念講演する古田氏

福島第一原発事故では、いち早く対応に追われ、レベル7の原発で動ける唯一のロボットを作り、全て無償貸与している。夜5時から朝5時まで原発ロボットを作り、始発で帰宅し、娘と朝食を食べ、一緒に登校する生活を続けた。「人生は1回きり。お金儲けより良い世の中をつくりたい」

2歳から8歳をインドで過ごし、日本人の僧侶から「心の目で本質を見なさい」といつも言われた。インターナショナルスクールでの人と違うことが素晴らしいという環境から、帰国後は全てがカルチャーショック。小学校でプラモデルに夢中になったが、それをいくら作っても本質ではないと気づき、設計図を作るようになった。中学2年生の時に若年性進行性筋ジストロフィーを発症。1年間全く植物状態寸前という状態になったが、奇跡的に回復。「皆、死ぬために生きる。人って何だろうと考え、種の保存で子孫を残すことと、個体の保存で仕事を残すことだと思い、こんな奴がいたから、世の中が増しになったとちょっとでも思ってもらえれば」

技術が未熟だから、バリアフリーが存在する。「例えば、でこぼこ道でも行けるよう技術が進めば、道を整備するなど環境を変えなくてもいい。技術も人間も未熟だと周りが厳しい。人も技術もやさしくありたい」と、足と車輪で動き、人工知能を乗せて自動で動くものをずっと追求してきたのだという。

自分一人で何でもできると思ったひどい奴だったが、良い先輩のふりをして研究助手を集め、知っていることを全て教えた。「互いの能力を認め合う姿に、人っていいなとその時思った。それからは皆、対等でやってきた。臆病で自信がなかったから強がっていたんだと気がついた。全ての争い、いじめは相手を認められれば起こらない」

未来をつくるには志を継いでくれる人をつくることだと、小学生にロボットを作る授業を手弁当でやっていると、子供たちの様子を楽しそうに披露。「自分でやろうと思いが大事。食べログや映画は星五つなど評価を他人任せにしないことだ。人間は体験したことしか分からない。互いに認め合い助け合っていると、ねたみ、ひがみはない」と締めくくった。

多摩市立和田中学校

授業で「オンライン英会話」

来年度から全中学校で導入へ

多摩市立和田中学校（福田洋一校長）で11月10日、2年生を対象に「オンライン英会話」の授業が行われた。学校に配備されているタブレット端末をインターネットでフィリピンと結び、生徒1人に現地の英会話講師1人が対応し、約30分間にわたりマンツーマンでの英会話を行った。

生徒は自らの趣味や特技、日本や地域のことなどについて英語で紹介した後、カリキュラムに基づいて用意された教材を基にレッスンを行った。

多摩市（阿部裕行市長）は、同市に東京本部を置く通信教育大手ベネッセコーポレーション（小林仁社長）との間で、地域の持続的な発展に資することを目的として、11月8日に包括連携協定を締結した。これを受けて多摩市教育委員会では、「日本一英語の話せる子どもの育成」をスローガンに掲げ、他自治体に先駆けた英語教育の充実を図るため、包括連携協定事業の第1弾として中学校でオンライン英会話を導入することになった。

授業を終えた生徒たちは、「とても緊張したけど、自分の話した英語が相手に伝わったときは感動した」「30分がとても短く感じた」「今回はうまく話せなかったけど、次の機会にはもっと話せるようになりたいから、英語の授業をさらに頑張りたい」などと感想を話していた。

福田校長は「グローバル化に対応したコミュニケーション力を育成するためには、『読む』『聞く』『話す』『書く』の英語四技能をバランスよく高めていかなければならない。生徒一人ひとりがカリキュラムを踏まえて実践・確認できるオンライン英会話は英語力の向上に確実に資する」と期待を示す。

授業を参観した市教委の須田雄次郎教育部長は「オンライン英会話の導入を生徒が学ぼうとする関心や意欲につなげ、多摩市に住んでよかったと思えるまちづくりを進めたい」と話した。

英語教育改革が進む中、市教委では英語が話せる子供の育成を目指し、来年度からオンライン英会話の授業を中学校の2年生と3年生で行う予定で、実現すると都内では全公立中学校で実施する初のケースとなる。

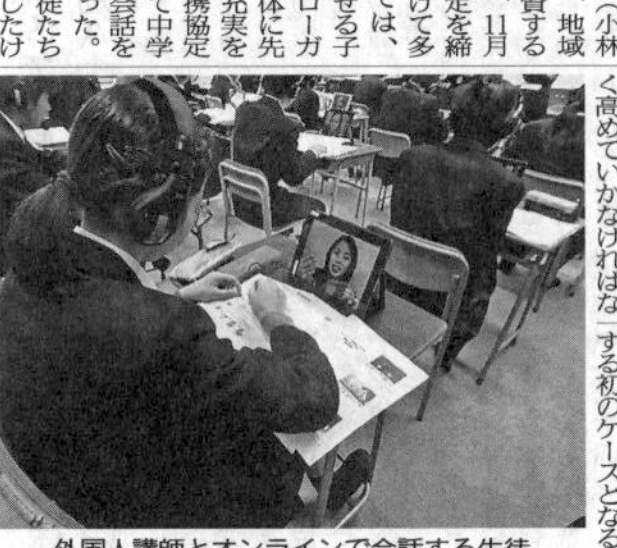

外国人講師とオンラインで会話する生徒

教育じてん　95

世界を舞台に活躍できるグローバル人材の育成

東京2020大会まで1千日を切り、日本を訪れる外国人旅行者数が増加している現在、国内にいながらにして海外の人と触れ合う機会が増え、誰もが日常的に国際交流に関わる状況になりつつあります。そのような中、11月9日に開催された都教育委員会で「東京グローバル人材育成計画20（Tokyo Global STAGE'20）（素案）」が報告されましたので、その概要を紹介します。

本計画のねらいは、2020年とその先を見据え、成熟した都市である東京の姿とこれからのグローバル人材育成に向けた学校教育の在り方を明示することです。策定のコンセプトは、都の長期計画で示された「Beyond2020」を踏まえ、教育の視点からグローバル人材が活躍する未来像を描き、その実現のための今後3年間の具体的な施策をファーストステージとして示すこと、「東京都英語教育戦略会議報告書」をベースに「新学習指導要領」などの新要素も組み込むことなどです。

計画の内容ですが、第1章には東京や世界でグローバル人材が活躍している未来像として、外国人との交流機会の飛躍的な増大、英語と他教科との融合の進行などが示されています。また、2020年までの取り組みとして▽社会や世界の動きを見通し自ら人生をたくましく切り拓く人材を育成すること▽日本の未来を担い、東京の発展を支えリードする人材を輩出すること──が示されています。

さらに、第2章には、育成に向けた20の施策に関して、これまでの動きや現状から見える課題、取り組みの方向性等が個々に詳細に記載されています。施策の例としては、小学校英語の教科化等への対応、ネイティブ・スピーカーの活用による授業改善、日常的に英語を使用する校内環境の整備、日本や東京の文化・歴史等を英語で発信できる力の育成、海外留学への支援、国際色豊かな学校の拡充などです。

あらゆる分野・場面でグローバル化が進み、世界が加速度的に変化を続ける今、グローバル社会を切り拓く人材として求められる資質・能力は、全ての子供たちに育成すべきものです。今後、12月11日までパブリックコメントを経て計画が策定されます。これからの時代に求められることを皆で考え、子供たちが次世代を生きる力を確実に身に着けられる教育が推進されることを期待します。

Tokyo2020の先へ　未来へつなぐ　オリパラ教育　17

豊島区立池袋小学校

国際理解教育

「世界に羽ばたく池袋の子供」へ

豊島区立池袋小学校は、2016・17年度豊島区教育委員会研究推進校として「国際理解教育」を通して研究を進めている。さらに今年度、オリンピック・パラリンピック教育アワード校として承認をいただいた。

昨年度より国際理解に視点を当てて研究を進めるにあたり、校長としてこれから世界に羽ばたく子供たちが「東京オリンピック・パラリンピック」に向けて、何かに関わることができればと考えていた。校内研究と併せてオリパラ教育重点校として「豊かな国際感覚の醸成」への取り組みを進めていく中で、昨年5月に本校にとってうれしい依頼を受けた。それは、「2016リオオリンピック閉会式」での「フラッグハンドオーバーセレモニー」で、「芸術パート」における東京・日本を紹介する場面の中の一役を担ったことである。世界的な祭典に、本校の子供たち全員が関わることができた。

時間にしてわずか5秒程度であったが、学校の校庭に児童全員で作った「MERCI」（フランス語のありがとう）という人文字が全世界に発信された。

数秒の映像でも、次期開催の東京オリンピック・パラリンピックに関わったという素晴らしい経験ができ、子供たち・保護者・地域・教職員の皆で感動を共有した。

この人文字の演出は、東京2020年を担う次世代の若者や子供たちが参加し、「若者参加・国民参画」という意味、そして、東日本大震災の際に、世界中の人々から差しのべられた支援への感謝の気持ちを表している。

11月2日には「互いのよさを認め合い、進んで関わろうとする児童の育成～国際理解を通して～」を研究主題として研究発表会を実施した。外国籍や外国との関わりのある児童が大勢いる学校であるが、外国籍児童が多いというのはあくまで実態であり、特色ではない。外国籍や外国との関わりのある児童・保護者が多いことから、日本だけでなく世界的な視野で教育活動が可能である。学校が小さな国際社会となり、学校に居ながら異なる文化を直接学び、力を伸ばせることが池袋小の特色である。

校内研究における目指す児童像として、①伝統文化・国際理解への関心・追究②コミュニケーション能力③自己の生き方への気付き──の3点の視点を設定し、この児童像・研究主題に迫るための手立てとして「豊島ふるさと学習プログラム」を創出した。これは、教育活動全体を見渡したカリキュラムマネジメントの見直し・修正である。教科横断的な内容を入れて、地域等を含めた人的・物的資源の効果的活用を図った。

他にも、日本の伝統文化・外国の文化への興味・関心を喚起した。外国文化を学ぶ際に、世界ともだちプロジェクトの5カ国や在籍児童と縁のある国を取り入れた。低学年では、外国籍保護者から外国の遊びについて学び、中学年では、地域の文化や商店街の歴史・取り組みについて調べた。地域の文化では、池袋で行われる大きなお祭りである「東京よさこい」を教材に取り上げ、自分たちで何ができるかを考えさせ、「東京よさこい」にも学校をあげて参加している。高学年では、日本のよさを学ぶために日本文化の学習に力を入れた。体験型を多くし、茶道・華道・柔道・和菓子・邦楽・手描き友禅などを学び、さらに自分たちで調べ、その内容を留学生に発表し理解してもらう学習スタイルを作った。その結果、受け身でない発信型の学習スタイルとなり、日本文化を多くの人に伝えたい、外国の人ともっと親しくしたいという意識が高まり、様々な場面で自己肯定感・自己有用感の高揚につながったのは大きな成果である。

今後さらに、「世界に羽ばたく池袋の子供」「世界に広がる池袋の街」に向けて、オリパラ教育の理念に基づいて学び・成長してくれることを大きく期待している。

（豊島区立池袋小学校校長　北條覚）

学校をあげて「東京よさこい」に参加

教員志望者に相談会

都教育庁

都教育庁は教員志望者を対象に「個別相談会」を17日、都庁第一本庁舎で開催する。教育現場への不安や疑問を解きほぐし、「東京の先生」の魅力を伝えることで、公立学校教員採用候補者選考の受験者数拡大につなげたい考え。

午前10時と午後1時半からの2回実施し、都が求める教師像の説明のほか、各ブースに分かれて現役教員が個別の悩みや不安に答える。定員は各回400人。専用フォーム（https://secure.try-sky.com/kobetsusodan）まで事前に申し込む。

◆教員昇任選考の合格者は12月5日号に掲載します。

Essay エッセー　71

「凡事徹底」

2015年4月に校長に昇任し、多摩地区にある中学校に赴任した。07年度まで3年間、その自治体には指導主事として勤務していたこともあり、当該校の様子もある程度理解しているつもりでいたが、実際に学校の中に入ってみると、学校独自の学習面・生活指導面・教育課程等の課題が数多くあることに気付き、早急な徹底した対応が必要であると実感した。

最初に手掛けたことは、「当たり前のことを当たり前にできる学校に」という目標を掲げたことである。「凡事徹底」を学校の合言葉とするよう、朝礼の校長講話でも伝え、学校便りにも常に掲載した。入学式や卒業式の式辞にも「一つだけ伝えたいことがあります。それは『凡事徹底』です……」と必ず述べ、徹底してこの言葉の意義を伝えた。

そして、このことを具現化するための行動も積極的にとった。学校は学習する場であるので、まず生徒の学習環境を整えた。生活指導部が中心となり、「授業規律」を確立することにこだわった。具体的には、身だしなみ・あいさつ・清掃・時間厳守等の行動を学校として徹底した。「始業3分前着席」や清掃の徹底を図ることで、学校の学習環境は大きく変わった。私も毎朝始業前に、学校中の窓枠の桟を水拭きし、「日本一きれいな窓の桟です」と来校された方にも自慢していた。集中的な働き掛けをした結果、授業の前に生徒が授業準備を完了していたり、机がしっかりと並んでいたり、保健体育の授業を受ける生徒が昼休みに掛け声をかけて準備体操をしていたりする姿が見られるようになった。

また、学習意欲を高めることが授業へ臨む意識を高めると考え、学習結果にこだわる取り組みも行った。特に基礎・基本の定着にこだわった。このためには反復学習が必要であると考え、放課後の補習を実施したり、「7・2・1」の生活習慣（睡眠7時間、家庭学習2時間、登校1時間前の起床）を推奨するなどの取り組みを行った。数学の教員は、年間の学習内容を1月末までに終了し、2・3月は振り返りをする計画を立て、成果を上げた。全国学力・学習状況調査の結果にも成果は表れた。

体力向上の面でも、オリンピック・パラリンピック教育推進校の予算を活用し、ハンドグリップを購入して授業の補強運動で使用したり、ジャベリックスローを運動会種目に取り入れたりと工夫を凝らした。体力調査時に、立ち幅跳びをする際は2㍍の目標線を引いたり、反復横とびをする際は50回を目標にするなど、具体的な指導を行った。その結果、体力調査の結果も飛躍的に向上し、16年度は都教育委員会から「子どもの体力向上推進優秀校」の表彰を受けた。

さらに、取り組みの成果を細かく評価し、改善につなげられるよう、学校関係者アンケートを7月と12月に年間2回実施した。アンケート結果を基にした改善策を半年スパンで講じたことで、16年12月に実施した保護者アンケートの結果は、▽「環境美化」についての肯定的な評価＝91％▽「授業規律の徹底」についての肯定的な評価＝89％▽「基本的な生活習慣（身だしなみ・あいさつ）」についての肯定的な評価＝93％──となった。

この結果を得るためには、学校も真剣に取り組んだが、保護者の理解や地域や関係機関等の支援・協力のたまものでもあると考えており、感謝している。

校長として勤務できたのは2年間という短い期間であったが、16年度末に都教委から団体で職員表彰を受けることができた。目指す方向が間違っていなかったことを実感することができた。

「凡事徹底」とは、当たり前のことを徹底して行うことで、「平凡」なことが「非凡」なことに変わるという意味であると私は認識している。これからも、この言葉にこだわって、教育指導課長として多摩市の学校教育の充実に尽くしたいと考えている。

（多摩市教育委員会教育部参事＝教育指導課長事務取扱　山本武）

都政改革本部で報告
学校支援体制を拡充へ

都は11月28日、都政改革本部を開き、各局が「見える化改革」の取り組みを報告した。このうち教育庁は都立・区市町村立の学校運営・支援するため、監理団体を活用する検討に着手。教員の多忙化が深刻化していることに加え、教育課題が多岐にわたっている現状を踏まえ、支援体制を拡充する。また、水道局は工業用水道の事業継続・廃止について、交通局は発電事業の経営の在り方について検討していることを説明した。

教育庁　監理団体の活用検討

教育庁は都立・区市町村立学校の支援体制を拡充する方針を示し、この中で監理団体の設立も視野に検討していることを明らかにした。

背景には、教育現場の疲弊がある。教員の忙しさが深刻化している上、学校に求められる教育課題はいじめやICT、人権、食育など多様化しているからだ。小中学校では事務職員の配置が原則、1校1人で、事務処理の統一性やノウハウの蓄積などに問題もある。

こうした中、同庁は部活動や補修授業を指導する外部人材を確保する「人材バンク機能」や各教育委員会支援業務の充実・強化、学校事務・施設管理業務のセンター化などの課題を指摘した上で、支援の実施体制として①都教育委員会による直営②民間委託③監理団体を活用――の3パターンを検討。このうち監理団体について、「区市町村を支援しやすく、スケールメリットを生みやすい」と評価している状況だ。

上山信一特別顧問らは「区市町村立の小中学校を新たな支援対象とするためには、都直営による支援体制では限界がある」として、「民間委託や公益財団法人などを通じた効率的・機動的な支援体制への移行が望ましい」としている。

交通局　水力発電で効率化

交通局は多摩川で行っている水力発電の経営の在り方を検討中だ。同局の発電所は▽多摩川第一▽白丸▽多摩川第三――の3カ所で、経営は安定しているものの、多摩川第一・第三は運用開始から60年程度が経過し、今後、大規模更新が必要になる。

同局では①直営②コンセッション（運営権売却）③民間譲渡――の3択を提示。2020年代までに施設の劣化調査を進めながら、収支見通しと共に方向性を決定する考えを示す。

併せて執行体制も見直す。現在は直営で23人、監理団体（東京交通サービス）5人の計28人だが、18年度からの人員削減に向けて、職員の担当業務の見直しに着手している状況。

上山顧問らは「民間にもエネルギー事業者は多数存在する」として、「都庁が手掛ける必然性は高くない」と指摘。新電力など専門企業の方が効率的に運営できるとして、早急に民間に運営・更新投資を委ねる可能性を探るよう提案している。

水道局　工業用水道、廃止視野

水道局は工業用水道について、廃止も視野に検討を進めている。工業用水道は元々、地盤沈下を抑制するため、地下水の揚水規制に伴う行政施策として、墨田、江東、北、荒川、板橋、足立、葛飾、江戸川の8区と練馬区の一部を給水区域として供給している事業。ただ、1970年代後半に地盤沈下はほぼ沈静化し、事業の当初目的は達成できているという。

供給件数は減少し、水量は1日約2万立方㍍と、ピーク時の17分の1以下となっている。利用者は皮革・化学・食品などの中小企業を含めて539件（2016年度）。同局は施設の統廃合や業務委託を進めてきたが、一般会計から約8億円を補塡（ほてん）しており、収支は赤字。事業継続するにも老朽化施設更新で約2300億円のコストがかかるという。

一方、事業廃止となれば工業用水供給を上水道に切り替える必要があり、排水管の撤去コスト約900億円や既存の利用者の支援も必要になる。同局は「事業廃止を含めた抜本的な経営改革について関係局で検討を進める」としている。

◇

このほか東京消防庁は救急活動の改善案を提示した。救急隊が署を出てから現場に到着するまでにかかる時間を現在の7・5分から7分に抑える目標を打ち出した。救急活動のビッグデータを分析し、要請件数が多い地域や1隊当たりの面積が広い地域、時間帯によって出場件数が大きく変化する地域を正確に把握し、救急隊の増隊や機動的な運用を検討する。

併せて「応急手当」の実施率を現在の64・3%から22年に70%に引き上げる目標を掲げ、救命講習の受講促進を進める考えを示した。

パラ大会もカウントダウン

アスリートらが"抱負宣言"

2020年東京パラリンピックの1000日前カウントダウンイベントが11月29日、東京スカイツリータウン（墨田区）で行われ、パラアスリートたちが東京大会に向けた抱負を語った。

水泳の一ノ瀬メイ選手は「表彰台！」、陸上の高桑早生選手は「全ての人に感動という東京土産を！」と、それぞれボードに思いを書き込んで"宣言"。ロンドン大会の柔道金メダリストの正木健人選手はステージ上のデモンストレーションで大外刈りなどの技を披露するなど、パラ競技の魅力をアピールした。

1千日前に合わせて、スカイツリーや東京タワー、都庁ではパラリンピックカラーの赤、青、緑の3色にライトアップ。イベントにはミュージシャンのYoshikiさんも出席し、盛り上げを呼び掛けた。

「全国に大会の成果を」
五輪の機運醸成シンポ
都五輪準備局・議会局

東京五輪音頭などの文化芸術パフォーマンスが披露された＝11月27日、中央区

都五輪準備局と議会局は11月27日、全国の自治体職員・議員を対象に、2020年東京大会に向けて機運醸成を図るシンポジウムを開催した。

小池知事は冒頭、「リオで受け取ったオリンピック・パラリンピックの旗を持ってフラッグツアーを各地で行ったが、これからも『旗振り役』として各地を回りたい」とあいさつ。都職員などによる「ラジオ体操」や再生金属でメダルを製作するプロジェクトなどを紹介した上で、「いろいろな形で、国民、道府県の皆さんが面白いな、一緒にやろうという機運を盛り上げてほしい」と要望。

尾崎大介都議会議長も「それぞれの地域で事前合宿などを通じて世界のアスリートと直に触れ合い、海外とのつながりをより緊密なものとしてほしい」と期待を示し、「東京だけでなく日本全体が発展する真の地方創生を実現するためには、各地との連携を深めることが重要。全国各地に大会の成果が行き渡り、日本全体がより元気になるよう全力を尽くす」と決意を述べた。

シンポジウムでは、障害者スポーツの理解促進に向けたアイデアについてアスリートらが意見を交わすパネルディスカッションが行われた。

都管試　択一のみで受験可能に
種別A「選択肢広げる」

都人事委員会事務局は、2018年度の管理職選考から、種別Aの筆記考査で「択一のみ」で受験できるように制度を見直す。

都管試の種別Aの筆記考査試験科目は事務系が択一・論文、技術系が択一・記述・論文。事務系であれば今まで択一・論文の両方を受けないと、管試を受験したと見なしていなかったが、「分割した方が受験しやすい」という声があったことから、生活と仕事の両立支援の一環として職員のライフスタイルに合わせた受験機会を拡充する狙い。同事務局は「一方だけ準備して受験したい職員もいると思う。選択肢を広げておきたい」（試験課）としている。

受験資格は「択一のみ」「記述のみ」「択一・記述のみ」が52歳未満（年度末）で2級職の在職期間が2年以上5年未満（キャリア活用採用選考の合格者は2年以上3年未満）。

同事務局は来年2月に実施要綱を公表する予定。

開閉会式の制作　電通に業務委託
五輪組織委

五輪組織委員会は11月29日の理事会で、開・閉会式の制作業務を電通に委託することを決めた。業務内容や実施体制などを審査し、業務の理解が深いことやコスト削減の視点を持ってスケジュールを詳細に検討していることなどが選定理由。開・閉会式の計画・運営や出演者の手配、新国立競技場のインフラ計画調整などの業務を委託する。

2021年2月26日までに基本契約を結び、業務の進捗に応じて具体的な業務内容と支払いに関する個別契約を結ぶ。

聖火リレーの運営業務も事業計画・スケジュールや実施体制などの評価により、電通に委託する。審査委員会で各社の提案を審査していた。

木村　茂さん（きむら・しげる＝前千代田区長、元都議会議員）23日死去、92歳。都議を4期務め、自民党幹事長など歴任。1989～97年に千代田区長を務めた。

全身に多数のあざ　虐待か？

スタートライン　児童相談所開設に向けて②
訴訟のリスク

保育園長からの電話を聞きながら取るメモをのぞき込み、区の子ども家庭支援センターの職員が手分けして、その家庭の相談歴や乳幼児健診の受診状況、兄弟の通学状況など情報収集を始めた。登園してきた4歳の男児が全身、あざだらけだという。園長は登園時に母親に理由を尋ねたが、母親ははっきりと答えずに、そそくさと仕事に行ってしまった。子供に尋ねても首をかしげるばかりだった。

虐待通告を受けると、48時間以内に児童の安全を確認する。しかし外傷がある場合は、その日に家に帰しては危険なこともあるため、すぐに子供の外傷の程度を職員が直接目視し、本人から聞き取りをした上で、リスクを評価していかなければならない。

外傷といってもすぐに救急搬送が必要なものではなく、平手打ちの跡が頬に残るものや、たばこを押し付けた火傷の跡のような1㌢ほどの皮膚のただれ程度のものも多い。児童虐待予防の難しさは、発見された小さな事象から家庭状況を調査し、将来起こり得る危険を予測して対応しなければならないところにある。

この時も、客観性を担保するため職員2人が保育園に向かい、子供の身体の状況を直接観察し、聞き取りを行った。ただ、子供に「お父さんにたたかれたの？」などと聞くことは禁忌だ。答えを誘導する質問によって、子供の中で「事実」が形成されてしまうこともある。

一方で、親に愛されてこなかったからこそ抱く、親に見捨てられることへの恐怖や、自分の置かれた境遇の恥ずかしさ、みじめさから、真実を話せない子供もいる。

子供の心理的特性に配慮した聞き取りの知識・技術に「被害事実確認面接」あるいは「司法面接」と呼ばれるものがある。

児童相談所長が児童の安全を図る上で「一時保護が必要」と判断した場合、保護者自身に悪意や身に覚えがなくとも、ある日突然、大切な子供が連れて行かれ、ひと目会うこともかなわなくなる。一時保護の強行性から激しい怒りを抱き、トラブルとなるのは親として当然の反応であり、翌日、保護者が依頼した代理人弁護士から連絡が入ることは珍しくない。

大きなけががあるにもかかわらず、保護者が指導に応じなかったり、虐待事実を認めなかったりして家庭での子供の安全な生活が見込めない場合は、保護者（親権者）の同意を得るか、同意が得られない場合には家庭裁判所の承認を得て、里親委託や児童養護施設などでの子供の新たな生活の場を探さなければならない。

イラスト・豊福まきこ

■証拠となる記録を

児童相談所に弁護士が配置されることになったが、日々、保護者や関係機関とやりとりをして証拠となる記録を作成するのは児童福祉司だ。記録の開示請求や行政処分への不服申し立てへの対応。裁判になれば、裁判所から追加の資料・証拠の提出を求められる。

都では児童福祉司任用1～3年目の職員に、先輩の児童福祉司あるいは児童福祉司を経験し退職した非常勤職員が定期的にケース対応や指針の書き方、記録のとり方まで指導している。日付の誤りは言うに及ばず、主語が不明瞭だったり、推測なのか事実なのか分からない記録、感想文のような記録では裁判に耐えられない。

冒頭の男児は聞き取りに「たたかれることがある」と言うが、時期も程度も明確ではない。しかし全身に及ぶ多数のあざがあることから、区から児童相談所への送致を行い、即日、一時保護となった。保護者は激しい怒りとともに暴力の事実を否定した。

結局、3週間に及ぶ一時保護中に受診した医療機関により、あざは虐待によるものではなく「血友病によるもの」と親ですら知らない事実が判明した。他に目撃者や証言者がいない家庭内の虐待の有無、あるいは虐待ではないという保護者にも証明しようがないことを扱うため、虐待事実の有無を争うことは至難だ。

児童相談所ではどのようなケースでも子供の福祉を最大限に尊重して対応するため、保護者の意に反する措置を取らざるを得ないこともあり、記録の開示請求や行政不服審査請求、そして国賠事件となる可能性がある。

特別区職員研修所が2018年度から実施する児童福祉司任用資格取得のための研修でも司法手続きに関するカリキュラムを盛り込んでいる。また、面接技法の強化や記録の取り方に関する専門研修も予定している。

（葛飾区子ども家庭支援担当係長　坂入健二）

五輪への航海図 229
TOKYO 2020　開催まで あと966日

木材活用リレー
63自治体が2000㎥提供

選手村の交流施設「ビレッジプラザ」を国産木材で建築し、大会で使われた木材をレガシーとして各地で活用する「日本の木材活用リレー」プロジェクトで、大会組織委員会は11月24日、木材を無償提供する自治体に感謝状を贈呈した。式典には全国の自治体の担当者らが出席。大会エンブレムをかたどった木製の盾が送られた。

プロジェクトは各地域の木材を建物の様々な箇所に使用することで「多様性と調和」を表現し、環境負荷を低減する目的。63の自治体から計2千立方㍍分の木材提供を受け、ビレッジプラザの建設に必要な資材をほぼ全て賄えるという。

このうち都は多摩産材のスギを、ビレッジプラザを構成する建物1棟分に相当する約80立方㍍分提供する予定。産業労働局は大会で使用された木材を晴海地区などの公共・公益施設などで後利用する方針。

全国から木材を集めることになるため、資材もバラエティーに富んだラインアップとなりそうだ。

例えば、岐阜県のブランド材「東濃桧（ひのき）」はピンクの色合いや木目の細かさが特長で、主に柱や床に利用されている。また、岩手県の「南部アカマツ」は通直で太く、目の詰まった明瞭な年輪が特徴。柔らかな木目と優美な光沢を放つ色艶（つや）に定評がある。

木製エンブレムを囲む参加自治体の担当者ら＝11月24日、港区

東日本大震災や16年の熊本地震、17年の九州北部豪雨で被災した自治体からも木材の提供を受ける予定で、それぞれ復興をPRする。

組織委の遠藤利明会長代行は「スギ、マツ、ヒノキなどの多くの木種に加え、それぞれの地域で育てた多様性ある風合いが出ている。これをきっかけに日本各地で大会の機運が醸成され、地域の経済の活性化の一助になれば」と期待を表明。林野庁の沖修司長官は「国産材の過去と未来を融合させ、日本ならではのものを示す絶好のチャンス。（国産材が）新国立競技場やビレッジプラザのみならず、様々な場面で使用されることを祈念する」と話した。

組織委は年内に基本計画を固め、来年の夏・秋ごろから木材を切り出す予定。19年に現地で組み立てを始め、大会に間に合わせたい考え。

昇任試験対策のページ

30年度 職員教養講座 東京都管理職選考対策 ▶21◀

技術(機械)記述・論文

■記述試験

◇傾向と対策

設問は種別A・B共通で、前半4題、後半6題のうち、計4題を1時間50分で解答する内容となっております。種別Aは前・後半で2題ずつ、種別Bは前半で1題、後半で3題選択します。

前半4題は実施要綱の出題範囲で示されている通り、材料力学、流体力学、熱力学、金属材料の4分野から出題され、いずれも工学の基礎知識を問うものです。傾向として、材料力学では計算問題が続いており、一般的な材料に力を加えたときの応力やゆがみ等を計算で求められるようにしておく必要があります。

また、流体力学では、用語説明や計算問題による回答が求められる傾向にあります(平成29年度は計算問題のみ)。両方に対応できるようにキーワードとなる用語を確認するとともに基本的な方程式を覚えてから試験に挑んでください。

熱力学では、熱サイクルの線図を図示することが多いので、基礎的な熱サイクルを説明できるよう覚えておくとともに、金属材料では鋼材の特徴を幅広く押さえておく必要があります。

後半部分は、機械設備、法令、技術に関する分野について、日常業務、時事関係から出題されています。特に、機械設備ではポンプと空調の分野から多く出題されているので、プラントや建築設備でよく使われる機器の形式と特徴を理解しておきましょう。

また、法令では、安全や消防、環境に係る分野からよく出題されますので、施設管理に必要な法令等をまとめておくと良いです。技術分野では『科学技術白書』が頻出します。文部科学省のホームページで公開されていますので、最新版をチェックしておいてください。語句説明については、業務関連や近年話題となっている科学技術から出題されていますので、環境や新技術に関するニュースサイトを普段から確認する習慣をつけると良いです。

記述試験は種別A・Bともに、成績が一定の基準に達すれば、翌年度から3年間免除されます。平成29年度の受験状況から、技術では種別Aで4割、種別Bで7割の受験者が記述試験の免除を受けています。

勉強方法としては、前半の4題は、過去数年の問題の傾向をつかみ、ポイントを絞った上で短期間に集中して覚えるのが効果的です。

また、後半の6題は、日頃から技術的な関心を持って職務を行うことにより、自然と理解できる内容です。

◇過去の出題

《平成29年度》

①ボルトによる銅管の圧縮②ポンプによる送水③ガスタービンのサイクル④ステンレス鋼の腐食と溶接欠陥⑤遠心ポンプ・軸流ポンプとサージング⑥建築物の機械換気、CAVとVAV⑦消防法に定める危険物⑧水素の製造方法と貯蔵方法⑨MTTR、バスタブ曲線⑩CFRP、BEMS、地中熱利用、停電時自動着床装置、低周波騒音

《平成28年度》

①内圧を受ける薄肉球殻②ニュートン及び非ニュートン流体、曲管に作用する分力③オットーサイクル④異種金属接触腐食⑤斜流ポンプ、薬品用ポンプ⑥空調設備の中央及び個別方式、事務所衛生基準規則の「事務所の環境管理」⑦消防用設備等の種類及び届け出等⑧東京都技術会議の「Tokyo Tech Book」⑨『科学技術白書』の「2030年を展望した科学技術イノベーション」⑩CNT、COP21(パリ協定)、IP規格、装着型ロボットスーツ、東京都国土強靭化地域計画

《平成27年度》

①固定された異種金属の加熱②水撃③ヒートポンプ④炭素鋼の組織と熱処理⑤金属材料の疲労と破壊、非破壊検査⑥配管内液体の流量測定⑦『科学技術白書』の「人材力強化の基本的方向性」、「東京オリンピック・パラリンピック競技大会が開催される2020年を目標とした科学技術に関する展開」⑧スマートエネルギー都市の創造⑨「廃棄物の処理及び清掃に関する法律」⑩LED照明、小水力発電、デマンドレスポンス、東京ソーラー屋根台帳、熱線遮蔽フィルム

■論文試験

◇傾向と対策

設問は2題の中から1題選択し、2時間で1500から2千字程度にまとめる内容となっています。論文試験は、課題に対する問題意識、政策形成力、論理性、表現力などが評価されます。

文章の作成には人それぞれくせがあり、自分では気づきづらいこともありますので、多数の他者の視点から文章の構成や接続、論理展開の方法を添削してもらい、何度も修正することが上達への近道になります。

傾向としては、1問目が技術者が考慮すべき長期的な社会的背景(老朽化対策、安全の確保、リスク管理)を題材としたものと、2問目に時事的要素(災害、2020年オリンピック・パラリンピック、データ偽装等)を取り入れた問題が出題されます。社会的背景に関する問題については、問題が変わっても基本的な共通点も多いため、過去問で論文を作成することにより、次の試験対策として役立ちます。

また、時事的要素に係る問題は、大きなニュースとなる事件について、技術者として何ができるのか、どうしたら防ぐことができたのかを普段から考え、頭の中で整理しておくことにより、試験会場でも慌てずに対応できます。

なお、今年度は、問題文中に「都が実施している、または実施を予定している施策の説明にとどまらずに、あなたの創意工夫を盛り込むこと」とありますので、都の施策を踏まえた上で、独自の発想を展開するように心掛ける必要があります。

◇過去の出題

《平成29年度》

(1)都は、東京における生産性の抜本的な向上や、新たな有望成長市場の創出・拡大等を図る観点から、先端技術の活用を推進しています。一方、先端技術の活用においては様々なリスクも懸念されます。このような状況の中、新たな技術を円滑に社会へ導入していくために、都はどのように取り組んでいくべきか、機械技術者の立場から、あなたの考えを論じなさい。なお、都が実施している、または実施を予定している施策の説明にとどまらずに、あなたの創意工夫等を盛り込むこと。

(2)都は、都民の快適な生活や活力ある社会経済を支えるために、インフラの整備を行ってきました。今後は、長期的な人口減少や少子高齢化の進展などに伴う需要の変化にも適切に対応したインフラの維持更新を行っていく必要があります。このような状況の中、都有施設を効率的に維持更新していくために、都はどのように取り組んでいくべきか、機械技術者の立場から、あなたの考えを論じなさい。なお、都が実施している、または実施を予定している施策の説明にとどまらずに、あなたの創意工夫等を盛り込むこと。

《平成28年度》

(1)都は、大規模な自然災害が発生した際であっても、機械設備の必要な機能を確保することが求められています。今後、災害への備えにより被害を最小化するため、都は、機械設備の防災対策をどのように充実させていくべきか、機械技術者の立場から、あなたの考えを論じなさい。

(2)自動車の乗員保護装置の欠陥や排気ガスのデータの偽装などが問題となる中、都においても、施設管理上の事故の発生や不正を未然に防ぐ取り組みが求められています。今後、都の機械技術者がその責務を自覚し、技術力を高めていくために、都はどうすべきか、あなたの考えを論じなさい。

《平成27年度》

(1)近年、我が国の工場や工事現場で機械設備の老朽化等による事故が発生し、人々は不安を抱いています。都は、多くの老朽化した施設を抱える中で、機械設備の安全を確保するため、どのように取り組んでいくべきか、機械技術者の立場から、あなたの考えを論じなさい。

(2)都は、2020年東京オリンピック・パラリンピックを契機として、一層の環境負荷の低減や省エネルギーを推進しています。今後、潤い豊かな生活を実現するレガシーを次世代に引き継ぐため、都は施設整備について、どのように取り組んでいくべきか、機械技術者の立場から、あなたの考えを論じなさい。

◇論文の書き方

次に、具体的な論文の書き方ですが、一般的な4段構成で作成する場合の書き方を説明します。

《平成29年度》

(1)の問題では、まず問題文を熟読し、背景と懸念される事項、解決するための方法を正しく認識し、問題の意図から逸れないように注意する必要があります。次に、先端技術活用のリスクについてどこに焦点を当てるか絞り込み、導入するに当たっての課題から解決方法までを考え、最後までストーリーを作り、レジュメを作成してから書き出した方が途中で筆が止まることが少なくなります。

1章が導入部となります。都の背景を述べ、IoT、ビッグデータ、AI等の情報技術や陸海空のインフラ強化を対象とするのか他に考えられる項目があるかを選択し、リスクと導入の定義づけを行います。

2章では1章で定義づけた内容の課題や問題を整理します。一般的には、経営資源の3要素である「ヒト・モノ・カネ」についてそれぞれ課題を出すことにより、漏れなく展開することができます。ただし、三つの要素で重要度のバランスが悪くなると感じた場合は、課題を考慮した方が良いでしょう。ここで、情報技術をテーマとした場合には、リスクを考慮した先端技術の導入を誰が実施するのか、推進するためのシステム構築をどうするのか、財源を確保し効率的に運用するためにはどうしたら良いのか等が考えられます。

3章では2章で述べた課題に対して、それぞれの解決方法を述べます。論理的に手順を追って説明をすることにより、論文を採点する人が容易に理解できるよう工夫する必要があります。

4章は結論とまとめです。1章で定義した問題は、3章で述べた「A、B、C」の方法で解決できると結論付け、まとめることにより論文が完成します。そして、最後に決意表明をすることにより文章が締まります。

これは作成の一例ですので、上記の内容にこだわらずに論点が破綻しないよう個性を出すことも大切です。

また、注意点としては、専門用語を使わずに文章を作成するように心掛けることと、一つの項目だけが重たくならないように全体的な文字数のバランスを考えて論文を書くことが大切です。

□ □

この記事が少しでも試験に挑む方々の出助けになれば幸いです。皆様の努力が実を結び、良い結果が出ますように願っております。

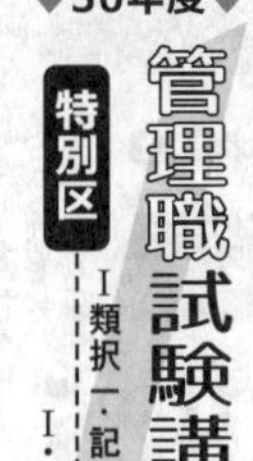

◆30年度◆ 管理職試験講座④

特別区 I類択一・記述 I・II類論文

I類択一

今回は、地方自治制度の第3回目となります。前回と同様に演習問題を5問出題しますので、確実に正誤の判別ができるよう、該当箇所に線を引きながら解いてみてください。併せて、制限時間以内に解答できるよう、「1問当たり約2分」も意識しましょう。

演習問題

【問題 1】

地方自治法に規定する条例の制定または改廃の請求に関する記述として、妥当なのはどれか。

① 条例の制定または改廃の請求は、普通地方公共団体の議会の議員及び長の選挙権を有する者がその総数の50分の1以上の者の連署をもって、その代表者から普通地方公共団体の議会に対して行うことができる。

② 普通地方公共団体の長は、条例の制定または改廃の請求を受理したときは、受理した日から30日以内に議会を招集し、意見を付けてこれを議会に付議しなければならない。

③ 普通地方公共団体の議会が、条例の制定または改廃の請求に基づく当該普通地方公共団体の長から付議された事件の審議を行うに当たっては、政令に定めるところにより、代表者に意見を述べる機会を与えなければならない。

④ 条例の改廃の請求は、公布していない条例に対しても行うことができる。

⑤ 普通地方公共団体の議会の議員及び長の選挙権を有する者が条例の制定または改廃の請求をする場合において、当該地方公共団体の区域内で地方公共団体の長の選挙が行われることとなるときであっても、請求のための署名を求めることができる。

【問題 2】

地方自治法に規定する普通地方公共団体相互間の協力に関する記述として、妥当なのはどれか。

① 普通地方公共団体は、その事務の一部を共同で管理執行するために協議会を設けたときは、総務大臣に届け出なければならない。

② 普通地方公共団体の協議会が関係普通地方公共団体の名においてした事務の管理及び執行は、関係普通地方公共団体が管理し及び執行したものとしての効力を有する。

③ 普通地方公共団体は、その事務の一部を他の普通地方公共団体に委託して管理執行させることができるが、委託した普通地方公共団体も、なお当該委託した事務の管理執行権限を有する。

④ 普通地方公共団体から他の普通地方公共団体に派遣を受けた職員の給料は、当該職員を派遣した普通地方公共団体の負担となる。

⑤ 普通地方公共団体の協議会の会長及び委員は、関係普通地方公共団体の職員のうちから選任されるが、会長及び委員を非常勤とすることはできない。

地方自治制度③

【問題 3】

地方自治法に規定する会計管理者に関する記述として、妥当なのはどれか。

① 会計管理者は、普通地方公共団体の長の補助機関である職員のうちから、普通地方公共団体の長が議会の同意を得てこれを選任する。

② 会計管理者は、条例の定めにより、置かないことができる。

③ 会計管理者の事務を補助させるため、副会計管理者を置くことができる。

④ 普通地方公共団体の長、副知事若しくは副市町村長または監査委員と親子、夫婦または兄弟姉妹の関係にある者は、会計管理者となることができない。

⑤ 会計管理者は、財産を取得、管理及び処分する事務を担任する。

【問題 4】

地方自治法に規定する普通地方公共団体の議会の議長または副議長に関する記述として、妥当なのはどれか。

① 普通地方公共団体の議会の議長は、委員会の発言事項については何ら制限がないので、単に議長としての立場からのみでなく、議事の内容に立ち入って質疑し、意見を陳述することができる。

② 普通地方公共団体の議会の議長に事故があったとき、または議長が欠けたときは、仮議長を選挙し、議長の職務を行わせる。

③ 普通地方公共団体の議会は、原則として議員の中から副議長を1人選挙するが、条例で選挙しないこともできる。

④ 一般選挙後初めての議会において、議長、副議長の選挙を行う場合、議長の職を行う者がないときは、現任議員中の最年長の議員が臨時の議長の職務を行う。

⑤ 普通地方公共団体の議会の副議長は、議会開催中においては議長の許可を得て辞職することができる。

【問題 5】

地方自治法に規定する継続費、繰越明許費または債務負担行為に関する記述として、妥当なのはどれか。

① 継続費とは、歳出予算の経費のうち、その性質上または予算成立後の事由に基づき、年度内にその支出を終わらない見込みのあるものについて、予算の定めるところにより、翌年度に繰り越して使用することのできる経費のことである。

② 繰越明許費とは、数年度にまたがる事業について、予算の定めるところにより、その経費の総額及び年割額を定め、数年度にわたって支出するものである。

③ 継続費の逓次繰越額については、継続年度の中途に、議会はこれを減額することはできない。

④ 債務負担行為として予算で定められた事項は、改めてその支出すべき年度の歳入歳出予算に計上する必要はない。

⑤ 会計年度独立の原則の例外として、継続費の逓次繰り越し及び繰越明許費のみが認められている。

解説

【解説 1】 正答 ③

① 誤り。普通地方公共団体の長に対して行うことができる(地方自治法第74条第1項)。

② 誤り。20日以内が正しい(同法74条第3項)。

③ 正しい(同法74条第4項)。

④ 誤り。公布していない条例に対しては、改廃の請求はできない(行政実例昭23・6・2)。

⑤ 誤り。政令で定める期間、当該選挙が行われる区域内においては請求のための署名を求めることができない(同法第74条第7項)。

【解説 2】 正答 ②

① 誤り。都道府県の加入するものについては総務大臣、その他のものにあっては都道府県知事に届け出なければならない(地方自治法第252条の2第2項)。

② 正しい(同法252条の5)。

③ 誤り。委託した普通地方公共団体は、その委託の範囲内において、委託した事務を管理執行する権限を失う(同法第252条の16)。

④ 誤り。当該職員の派遣を受けた普通地方公共団体の負担とする(同法第252条の17第2項)。

⑤ 誤り。会長及び委員は、規約の定めるところにより常勤または非常勤とする(同法第252条の3第2項)。

【解説 3】 正答 ④

① 誤り。長が命ずる(地方自治法第168条第2項)。

② 誤り。普通地方公共団体に会計管理者1人を置く(同法168条第1項)。

③ 誤り。出納員その他の会計職員を置く(同法第171条第1項)。

④ 正しい(同法第169条第1項)。

⑤ 誤り。財産を取得、管理及び処分する事務は、普通地方公共団体の長が担任する(同法第149条第6号)。

【解説 4】 正答 ①

① 正しい(行政実例昭27・6・21)。

② 誤り。副議長が議長の職務を行う(地方自治法第106条第1項)。

③ 誤り。副議長1人を選挙しなければならない(同法第103条第1項)。

④ 誤り。議場に出席している議員中の最年長者が正しい(行政実例昭26・9・10)。

⑤ 誤り。議会の許可を得て辞職することができる(同法第108条)。

【解説 5】 正答 ③

① 誤り。繰越明許費の説明である(地方自治法第213条)。

② 誤り。継続費の説明である(同法第212条)。

③ 正しい(行政実例昭26・11・15)。

④ 誤り。義務費として計上される(同法第210条)。

⑤ 誤り。他に事故繰り越し、過年度収入及び過年度支出、歳計剰余金の繰り越し、翌年度歳入の繰上充用も認められている(同法第220条第3項、地方自治法施行令第160条及び同令第165条の8、同法第233条の2、同令第166条の2)。

知事自らの不作為を責任転嫁

元都議会議長に聞く㊤

豊洲の深層

杉並区長　田中良

当時、都議会議長として交渉に当たった田中良杉並区長

都議選直前、小池知事は築地市場を訪れ、豊洲新市場の地下水が環境基準値以下にならないことをわび、同時にかつて都議会が付帯決議により「無害化＝地下水の環境基準値以下」との条件を付けハードルを高くし過ぎたという弁明をした。選挙後に開かれた豊洲移転の関係局長会議には、都議会の付帯決議で「無害化＝環境基準値以下」と記載された資料が配布され、知事の弁明を既成事実化した。しかしこれは当時、付帯決議に「無害化」の文言を入れた事実に全く反している。

■「基準以下」は却下

当時の都議会民主党内に「無害化」の意味するところを「地下水の環境基準値以下だ」と決議文に明文化するよう求める意見があったのは事実だが、案文作成の最終段階でそれを私が却下した。このことは今でも鮮明に記憶している。

そもそも都の整備方針は、土壌対策は東京ガスが行い、それでも汚染が残ったらコンクリートで封じ込めてしまえば地上部は安全だ、というものであった。これは一般的な建設手法であり、法令上も技術上も市場建築が可能なことは既知の事実だ。

しかし法令上、技術上の判断はそうだとしても、生鮮品を扱う市場において風評被害の問題を軽くみることは実際に水産関係者や消費者の理解を得られないわけで、豊洲を移転候補地とする限りはしっかりと土壌汚染対策をやる必要があるというのが私たちの主張だった。事実、その後に汚染濃度が予想以上に深刻であることが明らかになり、風評被害を懸念した関係者が「築地ブランドを毀損させるな！」と土壌対策を求め、それが移転の条件になった。

石原知事はこれらに答える形で、前例のない、法令を上回る大規模な土壌汚染対策を決意したのであり、結果として860億円という莫大な対策費が投入された。これこそ風評被害抑制を主目的にした「安心の対価」なのである。金はかかったが、私は石原知事の英断だったと思う。

もう一つ言えば、当時我々は都議会第1党かつ政権与党であり、地下水の環境基準値以下を条件にした場合、後々自分たちの首を絞めかねないという判断もあった。

■付帯決議の意味

では、あえて「無害化」という文言を付帯決議に残したのはなぜか？

第一に、都が打ち出した用地全面の深さ2㍍の土壌入れ替えという前例のない大規模対策案をやり遂げさせなければならない。

加えて、埋め立て地特有の地盤沈下によるコンクリートの段差や割れ目、震災時の液状化等の対策としても、土壌入れ替えをやっておけば汚染物質の気化等に対する被害の抑制になると考えた。

以上の認識に立ち、「安全の上にも安全を」という意味で「無害化」という表現を用いたのだ。

無害化については、当時の岡田至市場長が都議会で「地下水の環境基準値以下を目指す」と答弁したが、そう答えたからには何らかの自信があったのではないか。肝心なことは、開場延期の理由に情報公開が必要だと言った小池知事には、岡田答弁の根拠が何かを都民に説明する責任があるということだ。

仮に技術会議等の知見に根拠があったとすれば、若干の基準値以上の数値が残っている現状とのギャップがなぜ生じているのかを知事自ら説明することが先決だ。それをせずに〝都議会によって〟厳し過ぎる縛りを受けたなどとすり替えてはいけない。これでは知事自らの不作為を都議会に責任転嫁しているようにうつる。

開場延期と一連の小池知事の立ち振る舞いは、都政への不信、市場関係者の混乱、莫大な賠償金や維持管理費等の公金流失、風評被害、環状2号線着工の遅れによる新市場の物流と五輪へのマイナス影響等をもたらした。小池知事の独断がこれら実害と釣り合うものなのかを検証するのが都議会やジャーナリズムの役割だ。

（聞き手＝編集部）

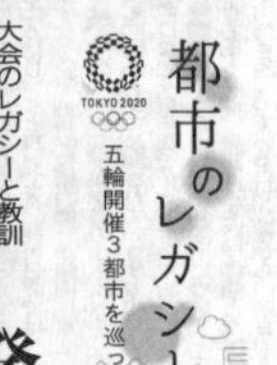

都市のレガシー　五輪開催3都市を巡って⑥

大会後も継続的に再開発

〈シドニー〉②

大会のレガシーと教訓

英国の植民地として、大量の移民、白豪主義、先住民アボリジニの存在といった歴史のわだかまりを乗り越え、オーストラリアが国としての新たな一歩を踏み出すきっかけとなったのがシドニー大会である。その精神的レガシーは、その後のオーストラリアの躍進とシドニーの発展を支えている。

しかし、大会に併せて一挙に開発されたOPパーク内の施設は、2000年大会終了後、OPパークの管理機関であるシドニーOPパーク局の設置や大会後の後利用計画(02年基本計画)が策定されるまでに2年もの空白期間があった。

そのため、OPパークの利用を巡り、「無用の長物（ホワイト・エレファント）」としばらくメディアや国民の非難の的となってしまっていた。

その後、03年にスタジアムでラグビーのW杯が開催され、OPパークのハコモノ運営はそれをきっかけにようやく軌道に乗り始めた。

レガシーへの関心が高まったのはシドニー大会以降で、これを契機に「レガシーは早い段階から仕込み、大会後にできる限り早く施設などを市民解放することで大会開催メリットを市民に享受してもらうことが大切である」という教訓へとつながっていった。

ちなみに後述するロンドン大会のOPパークは、この教訓を生かして大会開催前に運営組織をつくり、大会後、早期にパークや新設競技施設をオープンさせることに成功している。

OPパーク計画と滞在記録

さて、最後に大会から既に16年が経過したOPパークの計画とOPパークの訪問談、シドニー中心部の最新の状況などについて紹介したいと思う。

OPパークは、持続可能なまちづくりを広範に進めるため、05年に20カ年の計画として『2025年構想計画』が発表され、その後、具体的な『2030年基本計画』が立案され、10年3月から実施されている。

この計画では、少し開発が遅れ気味の商業機能を駅の近くに集中させ、新しい住居施設やコミュニティー利用にもそれぞれ開発区域を割り当てる、教育機関はスポーツ施設の近くに設置するなど、従来の計画よりも的を絞っている。

OPパーク内　シドニースーパードーム

私がOPパークを訪れた昨年7月は日本の冬にあたる時期であったが、学生のホッケー大会や市民バレーボール大会が開催され、アクアティックセンターでは子供たちが楽しそうに遊んでいた。そして夜には、巨大なスタジアムでラグビーの試合が開催されるなど、プロからアマまで幅広くスポーツイベントが行われていた。

複数の競技施設が集積した強み、周辺に開発用地が広がっており、長い年月をかけた新しいまちづくりが、ゆっくりではあるが、今も着実に続いている。

LRT敷設工事帯

しかし、前年に訪れたロンドンのOPパークは4駅が利用でき、ショッピングセンターも併設されていることからすると、鉄道の引き込み線が一本のみで飲食を楽しんだりする場所も少なく、郊外地域の巨大スポーツ公園の印象をぬぐえなかった。

また、バルセロナに比べて、この場所でかつて大会が開催されたというイメージや記憶をよみがえらせてくれるような記念展示や仕掛けが少なく、寂しくも感じられた。

一方、大会時の競技会場が数多くあったダーリング・ハーバー地区は、まだ再開発が続いており、観光客や地元の人たちで活気に満ちていた。

評判の悪かったモノレールは数年前に撤去され、大会時に柔道やウエイトリフティングの競技会場であったコンベンションセンターが40%も拡張され、再開業に向けて姿を現していた。

また、都心部には低床のLRT（路面電車）が新たに敷設中であり、町中の至るところで軌道の設置工事が大々的に行われていて、不思議な景観を作り出しているのが印象的であった。

最後にシドニー大都市圏は、36年までに人口が200万人も増える見込みのようで、第2空港の建設計画に合わせて、大都市圏を大きく三つのエリアに分けて多核化を進めていくようである。このようにシドニーは、大会開催から16年経った今も継続的に再開発を続けながら都市力を高めており、ぜひともまた訪れたいと思わせてくれる魅力的な都市であった。

（都都市整備局　長谷川昌之）

東京橋くらべ⑲　紅林章央

常磐橋

二つの震災を乗り越えて

復元工事前の常磐橋

日本橋の日本銀行の前、日本橋川に古い石造アーチ橋が架かる。常磐橋である。明治初期、文明開化期に新政府により都心部に12橋の石造アーチ橋が架けられた。この橋はその唯一の生き残りである。橋は1877年に、万世橋などを架けた肥後の石工の棟梁橋本勘五郎から技術を学んだ関東の石工たちによって、撤去した小石川御門の石垣の石を用い架けられた。

橋の構造は、江戸時代以来、九州で発達した和式の石造アーチ橋であるが、鉄製の欄干や大理石製の親柱のデザインは西洋風の和様折衷で、文明開化の香り満載である。

橋は関東大震災で被災し、復興計画からも外れたため撤去される危機があったが、撤去を惜しんだ渋沢栄一が修繕費を寄付して補修工事が行われ、後に国の史跡にも指定された。

現在、橋は東日本大震災の影響などで損傷したため、解体され復元工事を行っている。河川内に石造アーチ橋を造り直すという難工事であるが、再び以前のような美しい姿を見せてほしい。

とうきょうと川柳会

●11月の宿題1「凄腕」

名工の刃がねは永遠に抜かれない　松尾　仙影

運命を自在に揺らす指揮の棒　マダム・モモ

町工場ミクロの腕をちりばめる　大戸　和興

☆神の手が黄泉の国から連れ戻す　佐藤　牧人

●11月の宿題2「軋む」

反対を向いた二人の縄電車　斎藤　弘美

母が逝き兄弟の和も軋しみだし　信　寛良

精一杯生きて我が家も年を取り　石川　和巳

☆早とちり誤解のままで嫁姑　伊藤嘉枝子

（☆印は選者の句）

とうきょうと川柳会のご協力で本紙読者からも川柳を募集します。12月の宿題は「処分」と「もごもご」で、それぞれ各3句以内を作句し、Eメールでhenshu@toseishimpo.co.jp宛てか、ハガキで編集部宛てにご応募ください。12月19日必着。

ミニガイド

◇都立中央図書館　伝統文化に関する講演会「私見　日本の美術」　▷講師　山口晃氏（画家）▷日時　2018年1月21日㈰午後2時～4時▷会場　都立中央図書館4階多目的ホール▷参加費　無料▷募集人数　100人▷申し込み　都立図書館ＨＰ　http://www.library.metro.tokyo.jp（12月25日まで）

購読料に関するお願い

銀行の口座振替は3カ月ごとの後払いで振替日は該当する月の6日（土休日と重なる場合は翌営業日）となります。残高不足等で振替が出来ない場合、割引が適用されなくなることがあります。お客様ご利用の口座残高をもう一度、ご確認いただきますようお願いいたします。

口座振替ご利用の皆様へ

都政新報

発行所　都政新報社
〒160-0023 東京都新宿区西新宿7-23-1 TSビル
(総務・読者) 03-5330-8781
(企画広告) 03-5330-8784
(編集) 03-5330-8786
(出版) 03-5330-8788
(ファクス) 03-5330-8808
購読料 月1,730円(税込)
毎週火・金曜日発行
ただし、祝日は休刊
©都政新報社 2017

紙面から

公明党のスタンス

知事との距離縮まらず

自民とは関係雪解けも

小池氏の国政政党旗揚げを機に、知事とは距離を置き、是々非々の立場を取る都議会公明党。一方、同党の国会議員が知事と引き続き協力する考えを示すなど、都庁内からは公明党のスタンスが見えにくくなっているとの指摘がある。公明は自民党と話し合いを進めており、今後は市場問題や入札制度改革などで知事への追及が一層強まることも想定される。

追跡

11月24日の東京五輪に関する都議会特別委員会。公明党の谷村孝彦氏は当初、穏やかな口調で話していたが、次第に厳しい追及に転じた。体操や新体操などの会場である仮設施設「有明体操競技場」の整備費を巡り、都側のこれまでの説明内容と事実が異なり、都の負担が増えることを明らかにしたからだ。

都はこれまで、同競技場の跡地利用に193億円を負担し、大会時に負担する60億円を五輪組織委と精査していると説明していた。だが、実際は今年5月の国や都などによる四者協議で都が仮設施設を整備することで合意。この結果、精査するまでもなく60億円の大半を都が負担することになっていた。「説明不足だったことを真摯に受け止める」と反省の弁を述べた都側に対して、谷村氏は「公明党が見逃すわけにはいかない」「都議会を欺いている」と厳しく追及した。

谷村氏は本紙の取材に「公明党は今までと同様に小池知事に是々非々の立場だ。有明体操競技場では、小池都政の『非』の部分を指摘した」と説明した。

小池知事との距離感は11月6日の都議会公明党の議員総会で議題に上った。今まで連携してきた知事や都民ファーストの会、昨年12月に決別した自民党との距離感を等距離にすることを確認した。同党幹部の一人は「国政政党の代表に就任したことで裏切られた。従来通りに知事を支えることはできなくなったので、是々非々で臨む。協力すべきところは協力するが、（知事が）独断で進めるものは駄目だ」と強調する。

11月14日、小池氏が突如、希望の党の代表を辞任したが、それでも公明党は態度を軟化させなかった。実は公明党幹部に代表辞任を伝えたのは小池氏本人ではなく、野田数政務担当特別秘書だった。別の党幹部は「代表就任で公明党から『裏切られた』と言われ、関係を改善しようと思ったら知事から連絡を寄こすはず。それをしないのは政治音痴だ」と批判する。

公明党が知事と距離を置く中、公明党中央幹事会の北側一雄会長は11月16日、報道陣の取材に「（知事と）協力する方針は変わらない」と語り、メディアでは「軌道修正」と報じられた。

だが、公明党都議の一人は「（北側氏には）知事と従来通りの関係を維持するという説明はしていないと聞いている。（北側氏の）真意がよく分からない」と困惑気味だ。その後、都議会公明党に知事との関係を修復するよう党本部から指示が下りていないため、知事との距離感は今も変わっていないという。

現在、都政には市場移転問題や五輪、入札制度など、課題が山積している。公明は今年4月に知事に入札制度改革に関する申し入れを行い、予定価格を下回る低価格で適正な工事が可能かチェックする「低入札価格調査制度」の適用範囲の見直しにつなげた。だが、豊洲新市場の追加対策工事で、1者入札の禁止に伴う入札中止や予定価格の事後公表による不調を問題視している。同党都議の一人は「机上の論理で入札制度を見直した。その根本原因は顧問政治にある」と語気を強めた。

公明は、入札制度改革などを批判する自民と政策ベースで話し合いを続けている。自公が足並みをそろえ、入札制度改革の見直しなどを都側に求めるのではないかとの見方が都庁内にある。

自公連携に期待を寄せる声もある。幹部職員の一人は「入札制度改革は改めるべきところを変えないと、都政がますます混乱する。あるべき姿に戻してほしい」と求めた。また、東京五輪に向けて国との関係が重要となる中、「都単独ではできない事業がある。国とのパイプがある自公が連携する必要がある」と要望する職員もいた。公明都議の幹部はこう語った。

「自公に雪解けが起き、湧き水が流れ始めた」

第4回定例都議会の開会初日に都響の演奏を聞く小池知事＝1日、議場で

都議会4定が開会

衆院選で「迷惑かけた」

小池知事　都政専念の姿勢を強調

第4回定例都議会が1日に開会し、小池知事は所信表明の冒頭、希望の党を立ち上げた10月の衆院選で「ご迷惑、ご心配をかけた」と反省の弁を述べた。また、知事は「自らを厳しく省み、改めて都民ファーストの姿勢で都政に専念したい」と強調した。

小池氏が9月に希望の党を創設したことに対して公明党が反発し、知事と距離を置いた経緯がある。知事の冒頭発言は公明党を意識したと見られ、同党の東村邦浩幹事長は議会後の報道陣の取材に「知事の気持ちと思いはしっかりと受け止めたい」と答えた。

また所信表明では、来年10月中旬に決定した豊洲新市場への移転に関して、「業者の理解を得て、できるだけ早期に具体的な移転期日を確定したい」と意欲を示した。知事は豊洲市場内に整備する予定の千客万来施設を「優先的に整備する」と11月24日の会見で強調していたが、所信表明では「優先的」という言葉が消え、「地元区や関係者とも知恵を出し合いながら積極的に取り組む」と語った。

知事の関心が高い超高齢社会に関しては、有識者による検討会議で議論し、来年8月をめどに政策提言をまとめる。現在、世代交流の促進や先端技術の活用などにより人生100年時代の社会の在り方を検討しており、「可能なものから来年度予算案に反映させる」との考えを示した。

このほか、今月末をめどに「ICT戦略」（仮称）を策定し、創設から37年が経過した環境影響評価制度の見直しに関して、今月に審議会に諮問すると表明した。

都政の東西

パラダイムシフト

「評価できる」23・4%、「評価できない」74・9%——。今夏、小池知事就任1年で本紙が行った小池都政の職員アンケートで、「都内区市町村との関係構築」に関する小池知事の評価だ。小池知事の施策や取り組みなど10項目の中で、「市場移転延期」や「地方との連携構築」に次いで3番目に低かった。

当時はこの結果に正直、ピンとこなかった。小池知事は島や奥多摩などにも積極的に足を運び、首長からも評価の声が上がっていたからだ。だが最近、この評価を裏付けるように、都内の首長から公然と小池批判が出始めた。

江東区の山﨑孝明区長は、豊洲市場の千客万来施設を巡り、市場受け入れの再考を示唆。都に見通しをはっきり示すよう求めた。また、都が来年の1定で制定を目指す受動喫煙防止条例には、杉並区の田中良区長が「現場に説明が全くない中で突然、都議会で表明された」と憤る。ある区の幹部は「都が現場（の区市町村を）軽視するのはいつものこと」と話すが、そうした状況であればこそ、公然とされる批判の意味は重い。

確かに、小池知事自身はお世辞にも調整力が高いとは言えない。千客万来施設に関して言えば、問題になってからも、事業者や地元区に足を運ぶなど事態収束に動く気配はない。そうした調整力、センスのなさが困難な課題を乗り越える突破力のなさにつながっているように感じる。

知事に調整力がなければ、職員がカバーするしかないが、それもうまくいかないように見える。自民党が第1党だった頃は、良くも悪くも業界調整などは自民党が担っていた面がある。都がパラダイムシフトする中、職員も変わらなければならない。

地方消費税の見直しで　都や区長会などが要請

小池知事らは1日、自民党税制調査会の塩崎恭久副会長と同党都連の鴨下一郎会長に地方消費税の配分割合の見直しに関する要請を行った。配分割合に占めるモノやサービスの「販売額」の比率を下げて「人口」を高める見直し案に、「地方分権にそぐわない」などと反論した。塩崎氏への要請で都以外に愛知県と大阪府の両副知事、鴨下氏へは特別区長会や市長会、町村会の幹部が出席した。

要請は、11月24日に都が公表した反論書をベースに主張を展開した。地方消費税の配分割合の見直しが行われる背景に地方間の税収の偏在是正があることに触れ、「既に地方消費税で調整している」と指摘。国が主導で大都市の財源を地方に配分する形は、地方分権に逆行しているとの考えを示した。

要請後、報道陣の取材に応じた小池知事は「地方対東京、地方対都市部という構図に持ち込まないでいただきたいが、（塩崎氏と鴨下氏は）それについて理解をいただけていると思う」と強調した。

到来 超高齢社会
「東京モデル」いざ世界へ⑤

小峰隆夫・大正大学教授に聞く

首長は「負の情報」発信を

東京の超高齢社会の進展は、働き手である生産年齢人口の減少とセットとなる点が問題をさらに複雑化させている。生産年齢人口の比率減少が経済に与える負の影響（人口オーナス論）に警鐘を鳴らす経済学者の小峰隆夫・大正大学教授に、超高齢社会の課題を聞いた。

——超高齢社会と人口減少が同時進行する大都市東京ならではの課題は。

高齢者の数、特に後期高齢者の数が2025年前後から相当増えてくる。高齢化は率と数の二つの面があり、率は全国どこでも高くなるが、「数の高齢化」は地方と大都市圏で全く違う。これからは大都市圏で専ら高齢者の数が増える。これが東京を筆頭とする大都市圏が人口動態で被る最も大きな点。高齢者数が増え、一方で労働人口が減る。このバランス関係が大きく崩れていく。

——「数の高齢化」の影響は。

特に後期高齢者が課題。医療や介護の負担が大きくなり、要介護者が極端に増える。おそらく行政だけでは対応し切れない。一案は前期高齢者のうちに地方へ移住してもらうことだ。CCRC（移住した高齢者がケア付きで生活する共同体）の考え方に近い。

——高齢者の地方移住は「姥捨て山」批判もある。

経済学では、住みたいところに弾力的に移動するのが望ましいというのが通説で、後期高齢者になる将来を考え、自分の判断で移っていくのが理想だ。自治体は東京に住み続けた場合の問題点について、正確に負の情報を発信しなくてはいけない。ところが、首長はどうしても「大丈夫だ」という情報しか発信しない。

——移住先の自治体では介護負担が発生する。

自治体間の負担を調整しなければならない。移住先の自治体は、今まで自らの自治体に納税してこなかった高齢者に介護で突然来られても困るので、都が財政負担する必要があるだろう。住み慣れた地域でケアする「地域包括ケア」は、東京が一番難しいのではないか。マンション住まいでコミュニティーがなく、近所付き合いが少ない中、よっぽどうまく制度を作らないと難しいのではないか。

働き手の不足

——都内の生産年齢人口減少も課題だ。

生産年齢人口の比率が下がることを「人口オーナス」と呼んでいる。人口問題の中で、人口オーナスが一番深刻な影響を経済・社会に及ぼす。経済的には、人口オーナスは人出不足を招く。特に東京はマンパワーを必要とするサービス産業が集積している特徴がある。ただ、人手不足でサービス産業が労働者の吸引を強め、ますます東京に人が来る可能性も否定できない。

——都は25年から人口減少が始まると推計している。

社会増減は非常に不確実性が高い。推計の前提によって大きな誤差が発生する。東京に人が集まる理由の一つに「暗黙知」の考え方がある。人と直接話さないと分からない知識のことで、東京に企業本社が集積する要因でもある。しかし、情報通信技術が発達し、地理的な制約がなくなれば、集積しなくてよくなる。このように不確実性は予測できず、複数のシナリオで弾力的に将来の在り方を考えなくてはならないだろう。

——介護の社会化の流れの中、家族の役割は。

介護は一義的には家族が担う。これは家族の義務でもある。ただ、女性が働くようになり、なかなか介護に時間を割けない状況で、社会化を進める必要がある。そうしなければ、介護と就業の両立が問題となり、仕事を諦めなければならない事態が頻発する。

——企業の取り組みは。

育児支援とは異なり、介護はいつ起きるか分からない。更に何年続くかもわからず、不確実性が非常に高い。先進的な企業では、40歳ぐらいの社員に介護研修を受けさせ、要介護の実例や自社のサポート体制を周知している。「要介護者が家族にいる」と明かさない「隠れ介護者」の問題は深刻で、特に中堅層が対象になるため、企業のダメージは大きい。

——課題が多岐にわたる中、自治体の対処法は。

本来この問題は、首都圏全体で考えなくてはいけないが、首都圏を統括する実施責任者がいないというガバナンスの問題がある。福岡市や札幌市など単独の都市の問題であれば対処しやすいが、複数の都市や県が一体となって大きな機能を果たしている首都圏や大阪圏、名古屋圏は別の枠組みを準備する必要がある。

——東京都への期待は。

東京は世界のビッグシティーなので、世界の他都市に伍するため、利便性や効率性、交流性を維持しなければならない。その時に高齢者や要介護者が増え、どう両立するか。これは東京ならではの課題だ。

＝おわり

こみね・たかお＝大正大教授（経済学）。東京大経済学部卒。69年に経済企画庁入庁後、物価局長、国交省国土計画局長を歴任。2003年に法政大学教授に着任し、17年より現職。日本経済研究センター研究顧問も務める。著書に『人口負荷社会』『日本経済論の罪と罰』など。70歳。

冗句ジョーク

シャンシャンの名前応募数32万余、ニシゴリラ（リキ）の応募数3千余

「困難は厳正なる教師である」——ゴリラ

◆消費税で意見書

地方消費税の清算基準の見直しを巡って、都議会は1日、「地方分権の流れに逆行する」として「人口」の比率を引き上げないよう求める意見書を全会一致で可決した。

国は地方消費税の配分割合について、消費に関する「統計」の比率を下げ、「人口」を高める方向で検討しているが、意見書では「税の最終負担者である消費者が消費を行った地域と、税収の最終的な帰属地を一致させるという趣旨にのっとり、運用を図るべき」と主張。見直しにより、「地方消費税が地方税としての意義を失い、地域活性化に向けて地方が積み重ねた努力が全く報われない仕組みとなる」と批判している。

また、「従業者数」は勤務地などの消費活動を反映させる重要な指標であるとして、引き続き用いるよう求めた。

2018年度都区財調協議

区70提案、都13提案

区「児相開設時は配分割合変更を」
都「国や地方の厳しい目意識して」

2018年度都区財調協議が4日にスタートした。区側は70項目で、総額969億円のプラス算定を求めたのに対し、都側は13項目で総額152億円のマイナス算定を提案した（いずれも一部影響額未定）。協議では、区側が児童相談所（児相）の開設に向け、将来的な都区間の財源配分割合の変更や特別交付金による準備経費算定を主張。一方、都側は地方消費税の清算基準見直しなど国や地方からの「東京独り勝ち」という厳しい目を意識する必要があるとして、算定内容の一層の合理化を求めた。都区は来年1月上旬に協議を取りまとめた上で、翌2月の都区協議会での正式合意を目指す。

区側提案項目数は新規26、充実24、改善13、縮減3、その他となった。このうち、区側がポイントに挙げたのは、児相開設関連経費で、開設準備経費を特別交付金で全額算定するとともに、事務の規模に応じ、区55％対都45％となっている現行の財源配分割合を将来的に変更するよう求めた。

児相を巡っては、練馬区を除く22区が開設準備を進めており、世田谷、荒川、江戸川の3区が22区で最速となる20年度の開設を予定。これら3区は現在、都と開設計画のモデル的確認作業を行っている。翌21年度には港・文京・豊島・板橋区などが開設を目指す方針を明らかにしており、今後は各区の開設作業が更に加速する見通しだ。

区側は「大規模な税制改正や都区の役割分担の変更が行われる場合は、影響額を見極めた上で、必要な需要額が担保されるよう配分割合の見直しが必要」と主張。具体的な数値や変更時期は示さなかったが、将来的な配分割合の変更を正式に提案した。

また、区側は特別交付金に関し、例年と同様に現行の5％から2％を基本に見直すよう求めたのに加え、透明化のため、算定メニューを明示するよう求めた。

これに伴い、区側はメニューを例示し、▽地方交付税で特別交付税として算定されている事業▽普遍性の観点から協議不調または算定廃止になった事業▽毎年3月交付の特別交付金に関する都の通知に記載された事業――などを挙げた。具体的には、現行制度の「災害等の復旧に要する経費」を被災地支援や文化財復旧など13項目にメニュー化した。区側は「特別交付金の算定見直しは大きな課題で、透明化を進めるべき」と話している。

このほかの提案項目では、待機児童対策や公共施設の更新に伴う建築費の高騰対策で大幅なプラス算定を提案。保育所の利用者負担軽減策でプラス約346億円、工事単価の見直しでプラス約235億円とした。

一方、都側提案は、廃止6項目、算定見直し7項目となった。このうち影響額が最も大きかったのが公園費の算定見直しで、約124億円のマイナス算定を提案した。

公園費の算定では、現在は新設公園の取得等面積として、人口35万人の標準区ベースで1500平方㍍の事業量を設定している。しかし、都が過去3年間の実態調査を行ったところ、実際の取得面積が算定上の事業量を大きく下回っていたことが分かったため、標準区ベースの事業量を400平方㍍に引き下げる。

また、議会運営費では、約1億5千万円のマイナス算定を提案。標準区の議員定数を41人とした上で、人口ごとに5区分の議員定数を設定して算定額の加算・減算を行っていたが、各区が条例で定める議員定数をそのまま需要額として算定する。

2018年度財調協議の主な提案内容

提案者	提案事項	提案内容	増減額
都	公園費	標準区の事業量面積を1,500平方㍍から400平方㍍に縮減	−124億円
	老人福祉費	老人福祉推進事業費の一部を廃止	−3.1億円
	議会運営費	議員定数を標準区41人とした区分加減方式から各区の条例定数に見直し	−1.5億円
区	児童福祉費 教育費	認可保育所や幼稚園などの利用者負担軽減の実態に応じた算定充実	+346億円
	投資的経費	五輪需要などを踏まえた建築工事単価の算定改善	+235億円
	児童福祉費	認可外保育施設利用者への保育料助成の新規経常算定	+23億円

練馬区長選

前川区長が再選出馬表明
「胸を張れる自治体に」

任期満了に伴い、来年4月15日に投開票が行われる練馬区長選で、現職の前川燿男区長（72）が1日、再選出馬を表明した。同日に開かれた第4回定例区議会本会議で、自民党の村上悦栄氏の一般質問に答えた。

前川区長は2015年3月に策定した区政運営の方向性を定めた「みどりの風吹くまちビジョン」や、区民協働の推進のため区民との意見交換会を進めるなど、1期目の実績を強調。「政策と行政の両面にわたり、独自の取り組みを進めてきた」と胸を張った。

その上で、「最近、区民から励ましの言葉をもらうことが多い。区長として最大の励みだが、『改革ねりま』はいまだ道半ば。区民の声を糧に、ここに練馬区ありと胸を張れる自治体を目指し、この道をまっすぐ歩んでいきたい」と述べ、再選出馬を表明した。

前川区長は1945年生まれ。東京大学法学部卒。71年に入都し、総務局人事部長や知事本局長を歴任。14年4月の練馬区長選で自民党・公明党の推薦を受け、初当選した。

同区長選の出馬表明は前川区長が初めて。

自民党区議からの質問を受け、再選出馬を表明する前川区長＝1日、本議会場で

記者席
前に誰かが言ってたような…

○……都議選前にあれほど「築地ブランド」と言っていた小池知事が、1日の第4回定例都議会所信表明で「豊洲ブランド」と言い出して、脱力感に見舞われた。

小池知事は「豊洲市場を、誰もが安心できる活気あふれる日本の中核市場へと育て上げ、新たな豊洲ブランドを確立したい」と、どこかで聞き覚えのあるせりふを吐いた。そうか、任期途中で辞任した歴代の知事がしゃべっていたことか。

今年6月には「築地ブランド、今後50年、60年、70年と、さらに育てていく」と言っていたような気がするが。追い詰められると安易に「言葉の力」に頼るところは、誰かにそっくりである。

○……新語・流行語大賞が1日に発表された。小池知事の「○○ファースト」は大賞を逃したが、トップ10入りを果たした。小池知事は1日、報道陣の取材で「何をポイントにする、プライオリティー（優先順位）を明確にするという意味で、（トップ10に）入ったのではないかと思う」と分析。記者から聞かれてもいないのに、「都民ファーストでこれからも都政で臨んでいきたい」と抱負を述べ、国政よりも都政の方がプライオリティーは高いと言わんばかりだった。2カ月前には、衆院選の応援に駆け回り、国政にしか関心がなかったはずなのに…。変わり身はとてもファスト（早い）だ。

○……稲城市が来年4月の施行を目指す路上喫煙禁止条例。禁煙となるのは市内の駅周辺の半径300㍍の路上で駅周辺に喫煙スペースは設けないという喫煙者には厳しいもの。

高橋勝浩市長は「通勤時の歩きタバコは、後ろを歩いている人が駅まで煙を吸いつづけることになる。いつも息を止めているが、以前は自分もヘビースモーカーだったので、注意しづらい」と話し、「喫煙者にとってはつらいのでは」と記者から問われると、「やめてもらうんですね」と冗談混じりに一言。タバコをやめる、やめないではなくマナーを守るための条例というが、記者に問われて漏れた言葉が案外、市長の本音かもしれない。

板橋区

板橋駅前に交流拠点整備
JR東と一体で再開発

板橋区は11月30日、JR板橋駅前の再開発に向け、「知と文化の交流拠点」を整備する「インターフォーラム構想」を発表した。同日の区議会企画総務委員会に報告した。

再開発を巡っては、区土地開発公社が1992年度に国鉄清算事業団から約1675平方㍍を用地取得して以降、JR東日本に駅舎用地との一体的な活用を打診。JR側は難色を示してきたが、駅改良工事の具体化に伴い、13年度から再開発に向けた協議を開始。16年5月には同社と一体開発事業の検討推進で合意書を締結するなど、協議を本格化させてきた。

インターフォーラム構想では、再開発ビルの低中層階に設ける公益エリアに展示コンベンションや文化芸術事業を行う「交流スタジオ」、観光インフォメーションやミニ放送スタジオなどを備えた「区民プラザ」を整備する。交流スタジオには4画面の大型デジタルサイネージを設置し、スポーツイベントのパブリックビューイングなどに活用する。

再開発では、板橋駅前の区有地とJRの所有地を合わせた計約3880平方㍍に約70年間の定期借地権を設定。同社との共同プロポーザルで来年度の夏ごろをめどに事業者を選定する。

再開発ビルは、高さ約130㍍、地上35階地下3階で、延べ床面積約5万3千平方㍍を予定。事業者が所有者として中～高層階に住宅エリアを整備する。低層階の商業エリアと低中層階の公益エリアは、JRが所有者となって建設費を負担。区はJRから公益エリアを賃借する。

区は今後、再開発に向けた基本計画の策定作業を進め、具体的な事業スケジュールなどを検討する考えだ。

パラ集客向上を
損保会社と連携

渋谷区

渋谷区は11月30日、区内に本社を構える「あいおいニッセイ同和損害保険㈱」と包括連携協定を締結した。同社には2020年東京パラリンピックを目指す障害者アスリートが17人在籍しており、障害者スポーツの普及啓発などで協力する。

区ではパラリンピック期間中、卓球とバドミントン、ウィルチェアー（車いす）ラグビーの3競技が行われる。区はパラリンピック競技の体験事業や区民観戦事業などを実施して普及啓発を進めているが、知名度や人気の面から集客力の向上が課題となっていた。同社は所属アスリートによる小学校向けの出前授業や、障害者スポーツ大会の運営ボランティアなどを行っており、協定を機に機運醸成に向けた連携事業を企画する方針。

同社の金杉恭三社長は「全国では80自治体以上と協定を結んでいるが、23区では初の締結となる。地域密着で協力したい」と意欲を示し、長谷部健区長は「区が目指す成熟した国際都市に向け、パラリンピックの成功は不可欠。区と企業の資源を掛け合わせた相乗効果で盛り上げていきたい」と語った。

マラソン大会各区で活況
港区は大会新設を検討
地域活性化や五輪機運醸成へ

23区でマラソン大会の開催に乗り出す動きが広がっている。23区では現在、10区がマラソン大会を主催しており、港区が来年12月上旬に区民マラソン大会の初開催を目指す。参加者に区の魅力を発信するだけでなく、沿道の商店街やコミュニティーの活性化、五輪の機運醸成につなげる狙いがある。

「全区民が参加できるような区主催のスポーツイベントがない。年齢や障害の有無によらず誰もが参加できるイベントとしたい」。港区の武井雅昭区長はマラソン大会への意欲をそう語った。念頭には残り1千日を切った東京2020オリンピック・パラリンピック競技大会に向けた機運醸成がある。武井区長は「マラソン大会の運営にはボランティアの参加が必須。ボランティア精神をステップアップしていくきっかけにもなる」と話す。大会経費はふるさと納税で賄う予定だ。

区企画課の野上宏課長は「セールスポイントは、東京タワーや新橋、虎ノ門など都心部を走ることができる『リアル・シティマラソン』。毎年開催することで、五輪に向けて変わっていくまちの様子も見てほしい」と話す。

昨年度から「目黒シティラン」を開催している目黒区は、区総合庁舎をスタート地点に、駒沢通りや目黒通りなどの主要幹線道路を走るコースが特徴だ。

沿道の商店街では、当日に店舗の営業時間を早めて参加者が利用できるようにしたり、地域の祭りを大会に合わせることで雰囲気を盛り上げているという。庁舎を参加者の着替え場所とすることで、庁舎に設置したカウントダウンタイマーを見てもらい、五輪パラリンピックの機運を高めたい考えだ。11月26日に開催した第2回大会では、昨年と同規模の約3300人が参加した。

一方で、大会当日には幹線道路を最大約3時間程度交通規制する必要があり、歩行者の通行に配慮することも必要だ。体育協会の協力を得て、コース上の歩道橋で自転車で通行する人の自転車運搬をサポートして誘導し、交差点にも誘導員を置いた。

区オリンピック・パラリンピック推進課は「区民の健康づくりだけでなく、観光や商業、コミュニティーなど多角的に盛り上げていくことができている」と力を込める。

自然豊かな河川沿いのコースを採用している葛飾区は、2014年度から開催。大会を所管する区生涯スポーツ課は「普段はスポーツをする習慣がない人にも参加してほしい」と話す。走行距離を1㌔からハーフマラソンまで5種類備え、親子部門や仮装ランナーのコンテストを設けるなど、記録を求める人以外も楽しめるようにしている。参加人数は右肩上がりで、来年3月11日に開く今年度の大会には約6600人がエントリーしている。

今年度で21回目の大会を迎える板橋区では、14年度から友好交流都市協定を結ぶ金沢市と連携し、相互のマラソン大会のPRや当日のブース出展などで盛り上げを図る。

37回目の大会を11月26日に開催した江東区は、夢の島競技場をスタート・ゴール地点に海沿いから中心部を走るコースを採用しており、五輪に向けた機運の高まりを実感する。大会は区民や企業からのボランティアが過去最大の370人に達した。区スポーツ振興課は「五輪が近づいてきたことや、昨年から区中心部が東京マラソンのコースとなったことで、区民がボランティア活動を身近に感じ、参加する機運が高まってきたのでは」と話す。

区が開催する今年度のマラソン大会

開催日	大会名
10月9日	中央区・区民スポーツの日マラソン大会
11月12日	世田谷区・世田谷246ハーフマラソン
11月19日	荒川区・荒川リバーサイドマラソン
11月26日	江東区・江東シーサイドマラソン
11月26日	目黒区・目黒シティラン
1月28日	新宿区・新宿シティハーフマラソン
3月11日	葛飾区・かつしかふれあいRUNフェスタ
3月18日	品川区・区民スポーツ大会
3月18日	板橋区・板橋Cityマラソン
3月25日	練馬区・練馬こぶしハーフマラソン

11月26日の「江東シーサイドマラソン」（江東区）

自治体政策のススメ

地域エネルギー政策の最前線⑤

営農発電〜ソーラーシェアリング

環境エネルギー政策研究所所長　飯田　哲也

「ソーラーシェアリング」が注目を集めている。今年4月には、千葉県匝瑳市でのメガソーラーシェアリング竣工式に、総理経験者が3人そろい踏みし、ニュースなどで話題になった。

ソーラーシェアリングとは、「太陽」（ソーラー）を「分かち合う」（シェアリング）という意味で、特に農地で耕作しながら太陽光発電に利用するという意味だ。

一般に農地は日照が良く、太陽光発電には最適である反面、国内の食料生産力を維持するためには農地の保全が欠かせない。そのため、両者には土地利用を巡る対立があった。農林水産省もその解消を目指して「農山漁村再生可能エネルギー法」を整備したが、必ずしも十分ではなかった。

そこで脚光を浴びたのが、このソーラーシェアリングだ。一般に植物は「光飽和点」があり、多少の日陰があった方が収量が上がる。ソーラーシェアリングは農業にとって、むしろ好都合なのである。

ドイツや北欧では、地域エネルギーの担い手の中心は農家だ。地域で長い間土地を管理してきた主体であり、「太陽エネルギーと土地から生産する」という意味でも農業と自然エネルギーは相性が良い。バイオマスエネルギーでは、循環も加わる。

農家の所得も安定する。自然エネルギーからの収入をベースに、作物の生産による直接収入や高付加価値化（六次化）などの収入の多元化・多様化で、職業としての農業を安定させる。オーガニックカフェや地産地消レストラン、ツーリズムともつながることで、歴史的に農家が担ってきた「地域のよろず屋」のような役割に再び光が当たり、農家の在り方自体への変化を生み出す可能性がある。

自治体は農業委員会による許認可の役割もあるが、こうしたプラスの価値を認めて積極的に支援すべきだろう。都内にある7千㌶超の耕地を生かせば、東京のエネルギー自給率も大いに向上するのだから。

生活保護費などで
不適切な事務処理

足立区

足立区は11月30日、足立福祉事務所で2012年度から生活保護費など24件の不適切な事務処理を行っていたと発表した。

区によると、同月22日に生活保護を受給する1世帯の収入申告を4カ月間放置し、3万9千円の追加支給が発生。これを受け、同事務所内で事務処理状況を調査したところ、生活保護費の過払いや生活保護費の不正受給に伴う返還請求処理を怠っていたなど23件の不適切な事務処理が発覚した。処理には計15人の職員が関与していた。生活保護費の過払いや不正受給に伴う返還請求の遅れによる影響額は約900万円に上る。同事務所では「ケースワーカーは多忙なため、事務処理が後回しになっていた。係長や課長のチェックも甘かった」と話している。

◆中野区長選来年6月10日

中野区選挙管理委員会は1日、任期満了に伴う同区長選を来年6月3日告示、同10日投票（翌日開票）に決定した。1日現在の選挙人名簿登録者数は27万9385人。現時点で立候補表明の動きはない。

日野市

窓口業務を民間委託

英語対応など多彩なサービスが可能に

日野市が市民窓口課の窓口業務の民間委託を10月から開始した。都内の他市でも実施しているが、同市では来庁者の案内から端末入力、手数料のレジ業務まで一連の業務を全て民間事業者が担っているのが特徴。市民サービスの向上や行政改革による正規職員の異動時のノウハウの維持などが期待され、市民からも好評を得ているようだ。

同市の市民窓口課で民間事業者が請け負う主な業務は、転出の手続きや転入に伴う住民登録、マイナンバーカードの交付などに関わる全ての業務で、「フロアマネージャー」と呼ばれる案内係から端末入力、手数料の納付受け付けも含まれる。

地方自治体の窓口業務の民間委託は、行政改革の一環として総務省が進めており、同市は2015年に「窓口業務における民間委託モデル自治体」に立候補し、他自治体に先駆けて行った。

業務委託により、これまでは平日のみだった転入・転出届け受け付けを土曜日にも拡大。混雑時に合わせたフロアマネージャーの増員や、英語が話せる人材を派遣してもらうことで外国人への対応力も向上した。

市民に対応する委託先職員。制服で市職員と分けている＝日野市提供

同市市民窓口課は今春の人事異動で英語が話せる職員が別部署に異動になっており、同課は「市民サービスの維持・向上に向けて、職員の異動を気にする必要がなくなったのは大きい」と話す。接客サービスに優れた人材を派遣してもらい、より丁寧な案内も可能にした。

業務を民間委託する際、最も懸念されるのがセキュリティー管理だ。住所やマイナンバーなど個人情報を扱う部署では特に重要となる。同課では総務省の定める仕様書の規定に加え、委託先の職員一人ひとりにIDとパスワードを発行。誰が端末を利用し、システムにアクセスしたかが分かるようにして悪用を防ぐほか、執務室への携帯電話の持ち込み禁止や、マイナンバーを扱う端末があるブースは委託業者を立ち入り禁止にするなど徹底している。

また、「偽装請負」と呼ばれる法令違反の可能性があるのも課題の一つだ。労働者派遣法では、派遣先の職員が委託事業者の職員に直接指示・命令することは法令違反となる。14年には、足立区で業務マニュアルで判断できない事項について、委託業者が区職員の指示を受けていたとして同区が東京労働局から是正指導を受けた事例がある。同市では対策として、綿密な引き継ぎを行ったほか、「想定外」をなくすべく半年かけて業務マニュアルを作成した。その上で、委託業者職員の上司を課内に常駐させ、マニュアルで対応できない案件は上司を通して相談するよう定めている。

民間委託について市民の反応も上々なようで、同課は「『待ち時間が短くなり、サービスが良くなった』などの声も届いている」と話す。同市は今後、窓口の発券機で受け付けた時間から用件の終了までの時間を精査し、時間短縮の効果を検証する予定。

都都市整備局

2040年見据え、6エリアに分割

多摩NT再生ガイドライン素案

都都市整備局は11月30日、多摩ニュータウン（NT）の再生に向けた都の考え方を示す「多摩ニュータウン地域再生ガイドライン」の素案をまとめた。同局が9月に策定した「都市づくりのグランドデザイン」を踏まえた。

特徴の一つが、時代に合わせて住宅や生活基盤をリニューアルすることで、商業施設や病院を駅前や道路沿線など利便性の高い場所に集約し、空いた建物に地域住民の交流施設や福祉活動の拠点を設置。施設の再配置に併せて階段のスロープ化やエレベーターの設置など、バリアフリー対応を行う。現状の多摩NTは、1中学校2小学校を1単位とし、団地や商店、病院などを地域ごとに集約させて近隣施設で生活をまかなう「近隣住区」の考え方で計画されたが、住宅の老朽化やバリアフリーの遅れ、商店が通りに面しておらず利便性に欠けるなど、時代の変化とともに住民のライフスタイルと合わなくなっていた。

また、多摩NTを高齢化率や開発された年代など、特性ごとに6エリアに分割。それぞれのエリアの現状を踏まえ、2040年代の目指すべき将来像を示した。

例えば、首都大学東京がある京王線南大沢駅と堀之内駅付近は「国際交流エリア」とし、海外の研究者や留学生向けの住居施設を確保して国際色豊かな市街地の形成を目指す。NT開発が早く、高齢者率が高い永山駅周辺は「再生促進重点エリア」とし、都市機能の再配置を進め、時代のニーズに合わせた土地利用を促進する。27年に開通予定のリニア中央新幹線（仮称）の神奈川駅の建設予定地に近い多摩境近辺は「業務・商業活性化エリア」に定め、商業施設や先端企業を誘致し、海外や日本各地との交流が盛んな街を目指す。

同局は今後、パブリックコメントを踏まえ、年度内に決定版を発表する予定で、担当者は「各市で策定する都市計画にも反映してもらい、連携して多摩NTの地域再生を目指したい」（多摩ニュータウン事業室）と話している。

働き方改革

各市で検討会やPT結成

強要は「ジタハラ」の危険性も

職員の働き方改革を進める動きが、26市で顕著になっている。調布市や町田市では職員の時差勤務制度を取り入れて職員の超勤縮減に取り組んでいるほか、三鷹市や立川市では今年度から検討を開始。職員による検討チームを設置し、現場目線からの働き方改革を検討している。一方で、住民対応など公務職場ならではの課題や過度な退庁促進が時短ハラスメント（ジタハラ）に発展する危険もあり、各市とも頭を悩ませている。

総務省の調べによると、昨年度の都内26市職員の1年間の平均残業時間は約140時間。都の約290時間、国の約230時間と比べると少ないが、高齢化の進行などで対応に追われる中、26市でも職員の時間外勤務が増加傾向にある市が多い。

調布市は昨年から市長のトップダウンの下、働き方改革を本格的にスタートした。時差勤務制度の導入や市長による退庁促進メッセージを放送。各職場の超勤縮減策を紹介する広報紙の発行などで周知を行い、昨年度は職員全員約7千時間の削減に成功した。さらに、今年7月～10月は「ワーク・ライフ・バランス推進月間」とし、市長に加え副市長や教育長、各部長級職員らによる退庁促進メッセージを放送した。同市人事課では、「一定の成果が上げられ、働き方改革の考えが浸透してきている」と受け止める。

11月から取り組み強化に向けて検討を開始したのは三鷹市だ。これまで「午後10時絶対退庁」の実施や、課ごとに「ライフ・ワーク・バランス推進デー」を導入し、残業の抑制に取り組んできたが、昨年度の平均時間外勤務は約150時間と、増加傾向に歯止めがかかっていなかった。こうした中、結成された検討チームには全16部の全ての部長が参加。初会合を開き、業務効率化や時差勤務や繁忙期の応援体制の構築などを議論し、今年度末を目途に方向性をまとめる予定だ。

退庁時間に職場を巡回し、職員に声をかける立川市の清水市長＝立川市提供

一方、立川市では今年5月、清水庄平市長が「立川市スマートワーク」を宣言。自ら退庁時間に各職場を回り、職員に退庁を呼び掛けながら職場の現状を確認した。また、7月には午後8時退庁の原則を設けたほか、各部から係長級職員を集め、働き方改革に現場の声を反映させようとしている。

しかし、働き方改革では、基礎自治体の職員ならではの課題がある。一つが職員が地域住民のクレームや要望に直接対応する立場にあることだ。町田市は超勤縮減に向け7月から時差勤務制度を開始したが、実際に制度を利用した職員は1割未満と制度の浸透に伸び悩んでいる。同市人事課は「役所が空いている時間は決まっており、住民はその間に訪れるため、時差勤務を利用しづらい現状がある」と話す。

こうした悩みは他市でも共通だ。立川市も「住民から要望があった場合、大きな案件でなくても直接現場を見て判断しなければならず、事務仕事は夕方以降に回さざるを得なくなる。そうした事情もあり、あまり積極的でない部署もある」（同市人事課）と現場の反応を明かす。

さらに、職員の時間外勤務の抑制はワーク・ライフ・バランスの推進にもなる一方、個人の働き方を強制的に変化させ、上司が部下に対し早期退勤を強要する「ジタハラ」の危険性もはらむ。「『見せ方』を工夫しないと、職員のモチベーションを奪うきっかけになる可能性があり、職員の残業代抑制の施策ととらえられれば効果は薄くなる」（同）と危惧する。

今年9月に市長と副市長らが「イクボス宣言」を発した福生市は「職員が生き生きと働くのはもちろんのこと、育児や介護に従事している職員も活用しないと、手が回らない現状がある。単なるパフォーマンスにしてはいけない」（子ども育成課）と話す。活発化する各市の働き方改革と効果が注目される。

奥多摩へ行こう vol.3

東京のマチュピチュと巨石の庭園

巨石が点在するロックガーデンには外国人観光客も多い

魅力的な低山が多いのも奥多摩の特徴だ。中でも訪れたことがある人が最も多いのは御岳山（929㍍）だろう。最寄りのJR御岳駅からバスとロープウェーを乗り継いで向かうのが定番だ。

山登りと構えていくと肩透かしを食らう。ロープウェーの駅から御岳山頂がある御嶽神社までの道はきれいな舗装路。おまけに山の上に宿坊集落が表れる光景は東京のマチュピチュと呼びたくなる。

集落の中には、国の天然記念物で樹齢600年とも1千年とも言われる神代ケヤキも鎮座。幹周が8・2㍍で都内4位の幹周を持つという。その先の急坂を登れば土産物店や食堂が並び、いよいよ御嶽神社の門前だ。

御岳神社は日本オオカミが神格化した大口真神（まがみ）を祭っているため、愛犬を連れて訪れる人も多いという。犬用の手水舎（ちょうずや）も用意されている。ちなみにロープウェーにも犬用スペースがある。

登山感はない御岳山だが、長い参道の階段はかなりきついので覚悟が必要だ。山歩きを楽しみたければ、階段の途中にある道を左へ。下ったところにある広場・長尾平には茶屋があり、ビールや日本酒、ワインも飲める。自然の中で一杯できるのもうれしい。

さらに先に進んで左に折れたところが「ロックガーデン」だ。沢沿いに巨石が点在して迫力満点だが、散策路はきれいに整備されて歩きやすい。この散策路は1935年に東京府が整備したという歴史がある。周辺には天狗岩や落差約50㍍の「七代の滝」など見どころも多い。

帰りは長尾平に寄って一杯やるもよし、歩き足りなければ、周辺の大岳山（1266㍍）や日の出山（902㍍）に足を延ばすのも良し。様々な楽しみ方が味わえる。

ただ、帰りのロープウェーの時間は要注意。乗り遅れると、駅まで2時間ほど歩く羽目になるので気を付けなければならない。

福生市

車椅子利用者目線を再現

職員手作りVR動画

福生市は1日から、車椅子利用者の目線を体験できるVR動画をYouTubeで公開している。3日～9日まで内閣府が定めている「障害者週間」に合わせた企画で、障害者への意識や関心の醸成を図る。障害者週間終了後も公開される。

VR動画は360度カメラを使い、地上115㌢の高さの車椅子利用者の目線を再現。市販のVRゴーグルを使うことでよりリアリティーを持って障害者の目線を体験できる。

作成に当たっては、同市社会福祉協議会職員で車椅子利用者でもある高崎賢啓氏の監修の下、同市職員が実際に車椅子に乗りながら市庁舎内を撮影。駐輪場の自転車や執務室の椅子が車椅子の通行の妨げとなっている例などを高崎氏が解説している。

同市の担当者は「車椅子利用者と健常者が普段見ている世界は違いがある。映像を通じて違いを感じてもらうことで、障害に対する意識や関心を持ってもらいたい」（秘書広報課）としている。

稲城市

路上喫煙防止条例提出

6駅周辺を禁煙区域

稲城市は11月28日に開会した第4回定例市議会に、市内6駅周辺の路上での喫煙を禁止する条例案を提出した。

禁煙区域となるのは、京王線稲城駅やJR稲城長沼駅など6駅の半径300㍍以内の路上。京王よみうりランド駅のみ川崎市に隣接しているため、稲城市側の路上に限る。

区域には禁煙を呼びかける指導員を朝夕の通勤時間帯に巡回させるほか、違反者には2千円の過料を求める規定も設ける。条例の制定に当たり、周知啓発を図るための看板の設置も予定しており、今年度補正予算として、約670万円を市議会に提出している。来年4月からの条例施行を目指しており、罰則に関しては条例施行日から3年以内に規則で定める考え。

小金井市

市制60周年記念で

「市の歌」を初制作

小金井市は11月29日、来年10月に市制60周年を迎えることを記念し、市歌を制作することを発表した。これまで同市は50周年にイメージキャラクター「こきんちゃん」を作成、55周年には市の鳥と虫を制定している。市歌を制作するのは初めて。

制作に当たっては、大学教授や市内で活動する合唱団体、市民公募らで構成する選定委員会を結成。歌詞、楽曲ともに専門家に依頼するが、歌詞に関しては依頼前に市民から同市への思いを募り、選定委員会が整理してイメージを作る。来年10月の記念式典で初披露し、その後も学校行事や市のイベントなどで活用する考え。

西岡真一郎市長は「長野県歌の『信濃の国』はかなり多くの県民が歌えると聞いている。今回作る市歌も長く市民に愛される、小金井らしい歌にしたい」と話した。

調布市

伊藤栄敏副市長から応援アスリート認定証を受け取る山崎選手＝11月29日、調布市役所

元市職員の山崎選手が オリ・パラ応援アスリートに

「ご当地選手」と2020年大会を盛り上げよう――。パラリンピック1千日前の11月29日、調布市は2020年東京大会の女子車いすバドミントンの代表を狙う山崎悠麻選手をオリンピック・パラリンピック「応援アスリート」の第1号に認定し、同市庁舎でセレモニーを行った。

応援アスリートは、同市にゆかりのあるアスリートの試合日程や結果を市が積極的に広報して盛り上げるとともに、認定されたアスリートが市のイベントや小中学校を訪問して競技普及を図る。

山崎選手は9月まで同市職員で、現在はより競技に集中するためにNTT東日本都市開発㈱に勤務。11月に韓国で行われた世界選手権ではダブルスで銅メダルを獲得した。セレモニーで大会への抱負を問われた山崎選手は「勝利への挑戦」と記し、「退職しても市とつながりを持ちたいと思っていたところに話をいただいた。今後も市のイベントに参加できることをうれしく思っている」と話した。

■八王子市人事異動　4日付

【課長級】▽子ども家庭部児童青少年課長（都市緑化フェア推進室主幹）小池靖信▽学校教育部教育総務課長（子ども家庭部児童青少年課長）渡邊聡▽学校教育部保健給食課学校給食施設整備担当課長（学校教育部教育総務課長）小林順一

2017年度教員昇任選考

教育管理職に487人合格

都教育庁人事部は11月30日、2017年度の公立学校校長選考、教育管理職選考、4級職（主幹教諭・指導教諭）選考、主任教諭選考の合格者を発表した。校長選考の合格者は253人で倍率は4・2倍。教育管理職選考の合格者はA選考が104人で1・2倍、B選考が同328人で倍率1・1倍、C選考が同55人で倍率1・1倍だった。4級選考は区分Aの合格者が184人で倍率1・4倍、区分B（推薦制）が同523人で倍率1・0倍となり、両区分を合わせた合格者数は707人で倍率1・1倍となった。主任教諭選考は1840人が合格し、倍率は1・9倍。いわゆる「団塊の世代」の大量退職を受け、30代の教員が多くなり、主任教諭選考の受験者数が増加して前年度比で倍率が上がった。教育庁人事部選考課は「この傾向が今後、4級職選考などにも表れる可能性がある」と話している。

公立学校校長選考合格者

【小学校】▽清水智子（千代田区立お茶の水小学校）▽柄澤武志（中央区立明正小学校）▽平山尚彦（中央区立京橋築地小学校）▽村上隆史（中央区教育委員会）▽石渡靖（港区立赤羽小学校）▽篠崎玲子（港区教育委員会）▽吉成美紀（新宿区立鶴巻小学校）▽鳥居圭（新宿区立富久小学校）▽橋本則子（新宿区立天神小学校）▽福井みどり（新宿区立戸山小学校）▽岩崎広明（新宿区立柏木小学校）▽立野文雄（新宿区立四谷小学校）▽井上光広（文京区立誠之小学校）▽山崎義弘（文京区立汐見小学校）▽田村純子（文京区立駒本小学校）▽安部忍（文京区教育委員会）▽藤澤隆恵（台東区立浅草小学校）▽大木毅（台東区立富士小学校）▽大辻隆夫（台東区立上野小学校）▽佐藤公信（墨田区立緑小学校）▽井上義郎（墨田区立二葉小学校）▽齋藤恵（墨田区立第三吾嬬小学校）▽木野治晋（墨田区立東吾嬬小学校）▽飯塚雅之（墨田区教育委員会）▽川辺章絵（江東区立第三大島小学校）▽百合野壽郎（江東区立第五砂町小学校）▽荒川君絵（江東区立有明小学校）▽圓山賢吾（品川区立城南小学校）▽伴博司（品川区立浜川小学校）▽平間利明（品川区立京陽小学校）▽宮原真佐代（品川区立伊藤学園）▽長谷川真人（目黒区立下目黒小学校）▽吉川啓子（目黒区立緑ヶ丘小学校）▽野々村剛（目黒区立上目黒小学校）▽寺尾千英（目黒区教育委員会）▽薄井智美（大田区立東調布第一小学校）▽落合由美子（大田区立調布大塚小学校）▽西田香（大田区立清水窪小学校）▽山崎明（大田区立道塚小学校）▽橋本由美子（世田谷区立三宿小学校）▽北村雅之（世田谷区立桜丘小学校）▽中島亮子（世田谷区立山崎小学校）▽戸田靖（世田谷区立中丸小学校）▽内井利樹（渋谷区立加計塚小学校）▽檀原延和（渋谷区立中幡小学校）▽松井貴子（中野区立江古田小学校）▽幅健司（中野区立上高田小学校）▽早乙女通英（中野区立上鷺宮小学校）▽牧岡優美子（中野区立緑野小学校）▽小菅和子（中野区立みなみの小学校）▽鈴木朝代（杉並区立杉並第一小学校）▽斉藤境栄（杉並区立杉並第十小学校）▽生井信太郎（杉並区立桃井第四小学校）▽山中佳子（杉並区立堀之内小学校）▽竹内明子（杉並区立済美小学校）▽新井晶子（杉並区立松ノ木小学校）▽荒木憲秀（杉並区立新泉和泉小学校）▽東口孝正（杉並区立済美養護学校）▽諸田哲（北区立王子小学校）▽鈴木忍（荒川区立汐入小学校）▽鶴田章子（板橋区立前野小学校）▽木村淳子（板橋区立北前野小学校）▽森垣真由美（板橋区立赤塚新町小学校）▽山根まどか（板橋区教育委員会）▽桐敷芳子（練馬区立開進第四小学校）▽山崎高志（練馬区立練馬東小学校）▽川勝肇恵（練馬区立練馬第二小学校）▽佐藤かほ里（練馬区立高松小学校）▽入倉勝（練馬区立光和小学校）▽関根幸男（練馬区立光が丘四季の香小学校）▽高野正之（練馬区立光が丘春の風小学校）▽本橋教子（練馬区立光が丘夏の雲小学校）▽杉本謙（足立区立千寿第八小学校）▽由良隆（足立区立高野小学校）▽各務友二（足立区立栗原小学校）▽齋藤智子（足立区立加平小学校）▽小出泰隆（足立区立大谷田小学校）▽高田大（足立区立竹の塚小学校）▽細田儀広（足立区立舎人第一小学校）▽伊地知広竹（足立区立千寿桜小学校）▽武藤浩司（足立区立足立入谷小学校）▽村松治（足立区立千寿常東小学校）▽松本清史（足立区教育委員会）▽佐分利規雄（葛飾区立梅田小学校）▽石川千影（葛飾区立金町小学校）▽青山美和子（葛飾区立松上小学校）▽矢吹理恵（葛飾区立南奥戸小学校）▽中田伸代（江戸川区立大杉東小学校）▽浮津あゆみ（江戸川区立本一色小学校）▽藤田曉美（江戸川区立下小岩小学校）▽石神みさ都（江戸川区立上小岩第二小学校）▽田中良行（江戸川区立北小岩小学校）▽川田善男（江戸川区立南葛西第三小学校）▽沓澤広明（八王子市立第五小学校）▽松丸渉（八王子市立第八小学校）▽荒井雄一（八王子市立由井第三小学校）▽浅野正臣（八王子市立南大沢小学校）▽伊藤祐子（八王子市立みなみ野君田小学校）▽野坂純司（立川市立第十小学校）▽梅津靖子（立川市立若葉小学校）▽小野勝政（青梅市立第一小学校）▽関谷望（青梅市立第二小学校）▽曽我泉（青梅市立吹上小学校）▽松村利一（府中市立府中第十小学校）▽大湊田紀子（府中市立南町小学校）▽大友基裕（昭島市立玉川小学校）▽南方孝之（昭島市立光華小学校）▽長崎将幸（昭島市教育委員会）▽内藤みゆき（調布市立滝坂小学校）▽新藤直美（調布市立緑ヶ丘小学校）▽大類研治（調布市立杉森小学校）▽鈴木明子（町田市立鶴川第二小学校）▽卜部敦彦（町田市立忠生小学校）▽黒部秀一（町田市立小山小学校）▽米山哲也（町田市立高ヶ坂小学校）▽伊藤慎敬（町田市立木曽境川小学校）▽安東深雪（町田市立本町田小学校）▽松本雅史（小平市立小平第二小学校）▽豊田克史（小平市立小平第五小学校）▽神子知浩（小平市立小平第九小学校）▽小原弘樹（小平市立小平第十四小学校）▽松山大作（日野市立豊田小学校）▽原一男（日野市立七生緑小学校）▽矢島英明（国分寺市立第八小学校）▽向井美紀（国立市立国立第四小学校）▽武田一教（福生市立福生第五小学校）▽濱脇哲也（東大和市立第三小学校）▽吉岡琢真（東大和市教育委員会）▽橋本裕美（東久留米市立第二小学校）▽村山博子（武蔵村山市立第四小学校）▽長沼正城（武蔵村山市立第十小学校）▽勝山朗（武蔵村山市教育委員会）▽隅田克恩（多摩市立諏訪小学校）▽高嵜浩三（多摩市立永山小学校）▽寺井俊敬（西東京市立芝久保小学校）▽博多正勝（西東京市立保谷小学校）▽池田貴博（日の出町立大久野小学校）▽佐藤栄太郎（檜原村立檜原小学校）▽谷合みやこ（人事部職員課）▽小板橋悦子（教職員研修センター研修部授業力向上課）▽小須田哲史（教職員研修センター研修部授業力向上課）▽橋本勇一（教職員研修センター研修部専門教育向上課）

【中学校】▽小杉英夫（千代田区立九段中等教育学校）▽中島邦彦（港区立高陵中学校）▽山岸健（文京区立第一中学校）▽杉浦芳則（文京区立茗台中学校）▽木村朱美（台東区立浅草中学校）▽駒田るみ子（墨田区立両国中学校）▽稲垣吉実（墨田区立桜堤中学校）▽植木清（江東区立深川第八中学校）▽福田克彦（江東区立大島中学校）▽吉村達也（江東区立第二南砂中学校）▽塩野恵（大田区立入新井第二小学校）▽松井圭一（大田区立大森第四中学校）▽佐藤圭一（大田区立田園調布中学校）▽鈴木達彦（世田谷区立経堂小学校）▽高田はつほ（世田谷区立東深沢中学校）▽佐藤彰（渋谷区立代々木中学校）▽古川恵樹（渋谷区立原宿外苑中学校）▽山口徹（杉並区立高円寺中学校）▽小松進一（杉並区立松渓中学校）▽神山洋之（杉並区立神明中学校）▽奥村宏（豊島区立千登世橋中学校）▽奥秋直人（豊島区立西池袋中学校）▽阿久津光生（北区立堀船中学校）▽渡邊宏之（北区立王子桜中学校）▽佐々木希久子（荒川区教育委員会）▽野田博之（板橋区立板橋第一中学校）▽田島佳子（板橋区立上板橋第一中学校）▽新谷太郎（板橋区立赤塚第一中学校）▽長谷川学（練馬区立豊玉中学校）▽櫻井弘（練馬区立開進第二中学校）▽代市利光（練馬区立豊渓中学校）▽神野孝彦（練馬区立石神井東中学校）▽窪宏孝（練馬区立上石神井中学校）▽今本由美子（練馬区立大泉学園中学校）▽吉岡大司（足立区立第十四中学校）▽石井秀生（足立区立東島根中学校）▽大久保隆一（足立区立東綾瀬中学校）▽松澤亮（足立区立花畑北中学校）▽松塚智加子（足立区教育委員会）▽加藤善一（葛飾区立石中学校）▽木曽和也（葛飾区立高砂中学校）▽板垣繁（江戸川区立小松川第二中学校）▽高萩広志（江戸川区立瑞江第二中学校）▽大林博（江戸川区立二之江中学校）▽大倉康之（江戸川区立清新第二中学校）▽長田克（八王子市立第二中学校）▽鈴木英顕（八王子市立中山中学校）▽上田太（八王子市立松木中学校）▽石黒晋（八王子市立鑓水中学校）▽堀健一（立川市立立川第二中学校）▽矢島昌廣（三鷹市立第二中学校）▽大澤秀吉（青梅市立第三中学校）▽中川義弘（昭島市立拝島第二小学校）▽生野まゆみ（調布市立第五中学校）▽高橋健志（町田市立町田第三中学校）▽小島千恵（町田市立堺中学校）▽薄井忍（町田市立成瀬台中学校）▽渡辺好造（町田市立武蔵岡中学校）▽堀井賢治（小平市立小平第二中学校）▽小坂力（狛江市教育委員会）▽斉藤節子（清瀬市立清瀬第三中学校）▽蓮池和彦（清瀬市立清瀬第五中学校）▽川井まさよ（東久留米市立中央中学校）▽荒井友香（東久留米市教育委員会）▽跡邊昭枝（稲城市立稲城第二中学校）▽乙幡英剛（小笠原村立母島中学校）▽小野隆一（指導部指導企画課）▽木下信久（人事部職員課）▽川上弘文（人事部職員課）▽中谷愛（教職員研修センター研修部専門教育向上課）

【高等学校】▽山下一郎（都立向丘高等学校）▽北鹿渡昭喜（都立白鴎高等学校）▽長野泰明（都立足立新田高等学校）▽瀧本秀人（都立南葛飾高等学校）▽穴沢努（都立葛飾総合高等学校）▽土方賢作（都立小石川中等教育学校）▽奥谷雅之（都立三田高等学校）▽鈎持利治（都立六郷工科高等学校）▽杉森共和（都立小松川高等学校）▽穂積振司（都立江戸川高等学校）▽黒田正（都立江戸川高等学校）▽新井智恵子（都立橘高等学校）▽池田茂樹（都立大崎高等学校）▽瀬木信子（都立深沢高等学校）▽小高潤子（都立井草高等学校）▽古屋久男（都立石神井特別支援学校）▽古溝紀也（都立八王子桑志高等学校）▽福原利信（都立立川高等学校）▽小原孝太郎（都立永山高等学校）▽池戸成記（都立南多摩中等教育学校）▽飛田牧弘（都立武蔵野北高等学校）▽関山勝之（都立東村山高等学校）▽久保田聡（都立学校教育部高等学校教育課）▽青木薫（人事部職員課）▽横田雅博（人事部試験課）▽田川健太（東部学校経営支援センター経営支援室）▽片桐あかね（東部学校経営支援センター支所経営支援室）▽尾崎肇（中部学校経営支援センター経営支援室）▽清水和紀（中部学校経営支援センター経営支援室）▽山本勇（西部学校経営支援センター経営支援室）

【特別支援学校】▽井上啓一（足立区教育委員会）▽小原由嗣（都立葛飾特別支援学校）▽大野哲也（都立中野特別支援学校）▽深井敏行（都立志村学園）▽坂口しおり（都立八王子東特別支援学校）▽泉慎一（都立府中けやきの森学園）▽井上二仁（都立武蔵台学園）▽望月光弘（都立あきる野学園）▽野口幹人（東部学校経営支援センター経営支援室）▽守屋光輝（教職員研修センター研修部専門教育向上課）

教育管理職選考合格者

■A選考

【小学校】▽海老名文恵（千代田区立麹町小学校）▽春原裕太（千代田区立九段小学校）▽牧田裕一（千代田区立九段小学校）▽齊藤隆光（中央区立泰明小学校）▽小田貴弘（中央区立豊海小学校）▽小林幸子（港区立港南小学校）▽馬見塚拓也（新宿区立落合第四小学校）▽佐藤樹里（文京区立窪町小学校）▽松沼洋介（墨田区立両国小学校）▽水谷美恵子（江東区立臨海小学校）▽野間啓二郎（江東区立豊洲北小学校）▽青木由布（品川区立山中小学校）▽吉本一也（目黒区立油面小学校）▽長谷川俊和（大田区立入新井第一小学校）▽金子剛（大田区立東六郷小学校）▽佐藤智彦（世田谷区立経堂小学校）▽山本裕也（世田谷区立芦花小学校）▽大塚和男（渋谷区立広尾小学校）▽平間詩乃（渋谷区立幡代小学校）▽橋本健（中野区立谷戸小学校）▽松本匡広（中野区立平和の森小学校）▽長峯貴弘（杉並区立桃井第五小学校）▽久保広太郎（杉並区立堀之内小学校）▽堀田誠（豊島区立富士見台小学校）▽守友鉄平（豊島区立南池袋小学校）▽菊池努（北区立なでしこ小学校）▽井戸正利（板橋区立北前野小学校）▽鞠健治（板橋区立板橋第二小学校）▽窪直樹（練馬区立大泉第六小学校）▽中村健太郎（足立区立梅島第一小学校）▽谷本典大（足立区立弥生小学校）▽播摩靖文（足立区立千寿本町小学校）▽増田智春（足立区立鹿浜五色桜小学校）▽四ツ目理恵（葛飾区立柴文小学校）▽若林健一郎（葛飾区立水元小学校）▽横山友美（葛飾区立宝木塚小学校）▽青木隆（葛飾区立小松南小学校）▽岡野奈保子（江戸川区立二之江第三小学校）▽志村亮介（八王子市立松木小学校）▽加藤由裕（立川市立けやき台小学校）▽青木信人（立川市立上砂川小学校）▽中島裕人（武蔵野市立関前南小学校）▽田中栄一（三鷹市立第三小学校）▽北條和典（三鷹市立大沢台小学校）▽柴崎大輔（府中市立府中第四小学校）▽篠原洋平（調布市立上ノ原小学校）▽赤羽利章（町田市立南つくし野小学校）▽高橋恵一（町田市立小山田南小学校）▽佐藤宗一郎（小平市立小平第六小学校）▽菊池佑介（小平市立小平第十三小学校）▽佐々木真吾（小平市立小平第十四小学校）▽高野郁子（小平市立花小金井小学校）▽大西寛和（東村山市立化成小学校）▽平田由布（東大和市立第八小学校）▽榎本和哉（東久留米市立第一小学校）▽三浦尚介（東久留米市立第十小学校）▽森山健史（東久留米市立神宝小学校）▽池田豊一（多摩市立多摩第二小学校）▽宇佐美拓郎（あきる野市立草花小学校）▽大道雅士（あきる野市立五日市小学校）▽長保雄一（日の出町立大久野小学校）

【中学校】▽吉森祐司（中央区立佃中学校）▽増田晃教（港区立白金の丘中学校）▽相生貴広（品川区立伊藤学園）▽矢沢千寿（世田谷区立駒留中学校）▽福島教全（世田谷区立八幡中学校）▽鎌形孝二（中野区立第三中学校）▽西川慶介（荒川区立第三中学校）▽山田陽子（練馬区立開進第四中学校）▽佐藤学（足立区立六月中学校）▽深滝恵（足立区立鹿浜菜の花中学校）▽田中将一（江戸川区立二之江中学校）▽田村崇（江戸川区立東葛西中学校）▽水春英司（昭島市立福島中学校）▽末原久志（町田市立つくし野中学校）▽磯美智代（日野市立日野第一中学校）▽武内陽子（国立市立国立第一中学校）▽池田知（狛江市立狛江第一中学校）▽中川真（羽村市立羽村第一中学校）▽水谷延広（西東京市立田無第二中学校）

【高等学校】▽勝又健太（台東区立柏葉中学校）▽関根教博（都立雪谷高等学校）▽佐伯徳秀（都立六郷工科高等学校）▽山中圭司（都立六郷工科高等学校）▽堀井健史（都立目黒高等学校）▽佐田千尋（都立富士高等学校）▽南濱隆宏（都立板橋有徳高等学校）▽隈部雅嗣（都立晴海総合高等学校）▽小池美沙子（都立荒川商業高等学校）▽藤井亨也（都立大江戸高等学校）▽伊藤茉由莉（都立青梅総合高等学校）▽落合知枝（都立田無工業高等学校）▽島田哲男（都立大島高等学校）▽金子将之（都立八丈高等学校）

【特別支援学校】▽和田大（都立北特別支援学校）▽宮田愛（都立府中けやきの森学園）▽高橋宏真（都立江東特別支援学校）▽西田駿介（都立中野特別支援学校）▽網引清勝（都立南花畑特別支援学校）▽辻村洋平（都立青峰学園）▽青山直樹（都立南大沢学園）▽三浦千尋（都立久我山青光学園）▽丸山光（都立久我山青光学園）▽笹渕真子（都立青山特別支援学校）

■B選考

【小学校】▽竹下佳奈（千代田区立和泉小学校）▽松村裕子（中央区立久松小学校）▽大森真理子（中央区立佃島小学校）▽西山亜紀（中央区立豊海小学校）▽平林里美（港区立白金小学校）▽鈴木陽子（港区立港南小学校）▽藤原美香（港区立麻布小学校）▽内田理恵（港区立本村小学校）▽川村敬子（新宿区立江戸川小学校）▽田中かおり（新宿区立愛日小学校）▽加藤雅之（新宿区立淀橋第四小学校）▽堂免好仁（文京区立青柳小学校）▽河口和彦（文京区立小日向台町小学校）▽藤井洋子（文京区立大塚小学校）▽鈴木隆弘（文京区立湯島小学校）▽原洋子（文京区立誠之小学校）▽古平直子（台東区立谷中小学校）▽田中路子（台東区立東浅草小学校）▽星野由紀子（台東区立蔵前小学校）▽難波由起子（墨田区立言問小学校）▽江口剛（墨田区立第一寺島小学校）▽内田康子（墨田区立隅田小学校）▽田原徹（墨田区立梅若小学校）▽黒木美穂（江東区立明治小学校）▽鈴木伸之（江東区立東陽小学校）▽河野典義（江東区立豊洲小学校）▽田村典子（江東区立枝川小学校）▽久道泰司（江東区立枝川小学校）▽園田和子（江東区立第七砂町小学校）▽小川由紀（江東区立第七砂町小学校）▽松本清一（江東区立浅間竪川小学校）▽小関俊介（江東区立南砂小学校）▽小野孝幸（品川区立第一日野小学校）▽高橋克典（品川区立第四日野小学校）▽川畑武（品川区立台場小学校）▽山下万里子（品川区立戸越小学校）▽吉田経泰（品川区立戸越小学校）▽瀬川正俊（品川区立豊葉の杜学園）▽内藤大地（目黒区立油面小学校）▽福井嘉子（目黒区立中根小学校）▽金井雅弘（目黒区立中根小学校）▽木村啓一（大田区立梅田小学校）▽坂本貴史（大田区立田園調布小学校）▽小泉裕樹（大田区立千鳥小学校）▽星淳司（大田区立久原小学校）▽桑畑早苗（大田区立池雪小学校）▽中野一宏（大田区立洗足池小学校）▽鈴木広宣（大田区立東糀谷小学校）▽岡安泰英（大田区立羽田小学校）▽吉井仁志（大田区立出雲小学校）▽山崎真輝（大田区立矢口小学校）▽丸山綾（大田区立矢口西小学校）▽可児亜希子（大田区立蒲田小学校）▽辻紀子（世田谷区立桜小学校）▽近藤英仁（世田谷区立世田谷小学校）▽名和徹（世田谷区立上北沢小学校）▽邊土名さおり（世田谷区立駒繋小学校）▽工藤由美子（世田谷区立駒繋小学校）▽神戸大石（世田谷区立深沢小学校）▽山本美生（世田谷区立玉川小学校）▽佐藤正弘（世田谷区立奥沢小学校）▽須藤潤一郎（世田谷区立玉堤小学校）▽榊原麻紀（世田谷区立船橋小学校）▽寺内崇（世田谷区立下北沢小学校）▽関口千恵（渋谷区立長谷戸小学校）▽川原和茂（渋谷区立長谷戸小学校）▽岩佐洋一（渋谷区立中幡小学校）▽山田隼士（中野区立啓明小学校）▽山下智美（中野区立北原小学校）▽小田佐和子（中野区立美鳩小学校）▽渡辺毅（中野区立美鳩小学校）▽菅野至（杉並区立東田小学校）▽嶋田真粧美（杉並区立桃井第二小学校）▽田中あかね（杉並区立桃井第三小学校）▽岡崎由季（杉並区立桃井第四小学校）▽田村香代子（杉並区立高井戸小学校）▽吉田健二（杉並区立高井戸第二小学校）▽山田尚人（杉並区立三谷小学校）▽板垣聡美（杉並区立永福小学校）▽辻真（豊島区立駒込小学校）▽鹿目裕一（豊島区立高南小学校）▽日向野修二（豊島区立目白小学校）▽彌永英俊（豊島区立朋有小学校）▽田中亮太（北区立王子第二小学校）▽蓮沼佐苗（北区立滝野川第二小学校）▽中村順子（北区立滝野川第四小学校）▽有福啓典（北区立王子小学校）▽澁谷充恵（荒川区立尾久宮前小学校）▽芹川有香（荒川区立ひぐらし小学校）▽大櫃健太郎（荒川区立汐入小学校）▽佐藤晃広（板橋区立蓮根小学校）▽太田貴（板橋区立板橋第八小学校）▽田内孝治（板橋区立上板橋小学校）▽吉川裕一（板橋区立常盤台小学校）▽尾口美弥子（板橋区立大谷口小学校）▽鈴木竜也（板橋区立赤塚小学校）▽高石直貴（練馬区立豊玉第二小学校）▽楢幸男（練馬区立練馬東小学校）▽田崎清文（練馬区立豊渓小学校）▽塩田英俊（練馬区立石神井小学校）▽岡田知樹（練馬区立石神井東小学校）▽野島泰一（練馬区立谷原小学校）▽上田新（練馬区立関町北小学校）▽飯塚航（練馬区立大泉第一小学校）▽田島照久（練馬区立早宮小学校）▽木田那奈（練馬区立光が丘四季の香小学校）▽小竹宏明（足立区立西新井小学校）▽安藤良介（足立区立本小学校）▽荒木克之（足立区立宮城小学校）▽水柿隆（足立区立栗島小学校）▽江森由英（足立区立東栗原小学校）▽井上由美（足立区立綾瀬小学校）▽谷口公仁（足立区立保木間小学校）▽齋藤寿子（足立区立北鹿浜小学校）▽江崎一紀（足立区立栗原北小学校）▽早渕白輝（足立区立栗原北小学校）▽谷口琢哉（葛飾区立奥戸小学校）▽牧久美子（葛飾区立高砂小学校）▽国本順子（葛飾区立水元小学校）▽片寄かず美（葛飾区立宝木塚小学校）▽高橋誠人（葛飾区立綾南小学校）▽東久美（葛飾区立西亀有小学校）▽村上康砂（葛飾区立上小松小学校）▽藤田健（江戸川区立西一之江小学校）▽三山博樹（江戸川区立船堀小学校）▽竹越康晴（江戸川区立第五葛西小学校）▽須藤敏之（江戸川区立瑞江小学校）▽鈴木衣里（江戸川区立二之江第二小学校）▽手山晃洋（江戸川区立一之江第二小学校）▽野上正子（江戸川区立南小岩小学校）▽高橋健（江戸川区立鹿骨東小学校）▽飯野智人（江戸川区立宇喜田小学校）▽戸村真二郎（八王子市立第六小学校）▽佐々木克典（八王子市立第九小学校）▽藤井歩（八王子市立大和田小学校）▽米村公彦（八王子市立横山第二小学校）▽萩原美保（八王子市立散田小学校）▽佐藤陽子（八王子市立元八王子小学校）▽宮川正伸（八王子市立恩方第二小学校）▽岡野厚実（八王子市立上川口小学校）▽槇田稔（八王子市立由井第二小学校）▽大原年博（八王子市立由木中央小学校）▽吉留光生（八王子市立由木東小学校）▽筒井泰行（八王子市立清水小学校）▽八木真一（八王子市立山田小学校）▽大澤陽介（八王子市立宇津木台小学校）▽小林亮介（八王子市立別所小学校）▽白井賢一郎（八王子市立別所小学校）▽草野勝彦（八王子市立松木小学校）▽釜池秀男（八王子市立長池小学校）▽片岡大昌（八王子市立七国小学校）▽小野田吉克（立川市立第三小学校）▽平田徹郎（立川市立第四小学校）▽野尻迅人（立川市立第九小学校）▽大澤宏史（三鷹市立第一小学校）▽荻野仁（三鷹市立北野小学校）▽小俣弘子（三鷹市立東台小学校）▽山田一樹（昭島市立玉川小学校）▽佐々木光治（昭島市立中神小学校）▽見米葉記（昭島市立拝島第一小学校）▽河野一之（昭島市立武蔵野小学校）▽加藤寛（昭島市立田中小学校）▽遠藤優子（調布市立深大寺小学校）▽吉沢洋（調布市立上ノ原小学校）▽城所淳一郎（町田市立南第一小学校）▽岩澤英喜（町田市立鶴川第二小学校）▽根本祐介（町田市立鶴川第二小学校）▽高橋敏武（町田市立忠生第三小学校）▽伊藤規義（町田市立藤の台小学校）▽岡田信一郎（町田市立成瀬台小学校）▽秋場栄美（町田市立本町田小学校）▽時計祐司（小金井市立小金井第一小学校）▽藤野奈津恵（小金井市立小金井第二小学校）▽直井淳也（小金井市立小金井第四小学校）▽原田哲（小金井市立緑小学校）▽西浦幸三（小平市立小平第一小学校）▽廣瀬美香（小平市立小平第三小学校）▽石岡洋平（小平市立小平第六小学校）▽平賀友徳（小平市立小平第十一小学校）▽五十野新（日野市立日野第六小学校）▽佐藤晃二（東村山市立大岱小学校）▽岡部里美（東村山市立南台小学校）▽前多紀子（国分寺市立第九小学校）▽清原周栄（国立市立国立第一小学校）▽岩月尊之（国立市立国立第八小学校）▽野尻美香（福生市立福生第一小学校）▽佐藤太（東大和市立第九小学校）▽木下めぐみ（清瀬市立清瀬小学校）▽宮澤竜太郎（東久留米市立小山小学校）▽阿部啓子（東久留米市立南町小学校）▽小林資郷（武蔵村山市立第二小学校）▽市川こずえ（武蔵村山市立第七小学校）▽植杉義久（武蔵村山市立第八小学校）▽坂野真貴子（多摩市立多摩第二小学校）▽貝山賢治（多摩市立瓜生小学校）▽郡司実（多摩市立東落合小学校）▽國澤太郎（多摩市立貝取小学校）▽仙北貴紀（稲城市立向陽台小学校）▽阿原正人（稲城市立城山小学校）▽横瀬敬子（西東京市立谷戸小学校）▽森田充（西東京市立保谷小学校）▽木村順子（西東京市立中原小学校）▽嶋田豊（瑞穂町立瑞穂第三小学校）▽船迫隆幸（瑞穂町立瑞穂第三小学校）▽須崎拓真（瑞穂町立瑞穂第五小学校）▽古瀬義房（日の出町立大久野小学校）▽津山武士（日の出町立平井小学校）▽青山光一（大島町立つつじ小学校）▽下西秀樹（八丈町立三根小学校）▽照井淳（八丈町立三根小学校）

【中学校】▽坂本浩之（新宿区立西新宿中学校）▽福原正和（江東区立大島西中学校）▽高木賢太郎（品川区立日野学園）▽佐々木昭央（目黒区立第九中学校）▽川崎由紀恵（目黒区立第十一中学校）▽寺田智子（大田区立石川台中学校）▽田崎陽一（大田区立羽田中学校）▽藤田裕一（大田区立大森東中学校）▽小川隆一（世田谷区立松沢中学校）▽蔵田佑（世田谷区立東深沢中学校）▽市川義文（世田谷区立船橋希望中学校）▽大居純（世田谷区立船橋希望中学校）▽菱田千晶（渋谷区立広尾中学校）▽三次福太郎（渋谷区立上原中学校）▽露木明（中野区立第十中学校）▽北島陽子（中野区立北中野中学校）▽伊藤殿（杉並区立中瀬中学校）▽稲満美（杉並区立和田中学校）▽榎本秀子（荒川区立第三中学校）▽前田俊夫（荒川区立第四中学校）▽中野英水（板橋区立赤塚第二中学校）▽大森博（練馬区立中村中学校）▽相澤史彦（練馬区立開進第三中学校）▽成田彰伸（練馬区立北町中学校）▽藤本謙一郎（練馬区立石神井東中学校）▽武内晃（練馬区立上石神井中学校）▽小林寿典（練馬区立練馬東中学校）▽泉昌史（足立区立第十中学校）▽槇松雄樹（足立区立第十三中学校）▽槇谷保（足立区立花保中学校）▽松浦勤（葛飾区立金町中学校）▽米岡利昌（葛飾区立水元中学校）▽宮田嘉信（葛飾区立中川中学校）▽蓮田進（葛飾区立小松中学校）▽佐藤秀行（葛飾区立常盤中学校）▽和田剛（葛飾区立青戸中学校）▽寺島孝武（江戸川区立松江第三中学校）▽岡田降平（江戸川区立松江第四中学校）▽林倫道（江戸川区立南葛西中学校）▽戸田礼子（八王子市立城山中学校）▽武田尚之（武蔵野市立第六中学校）▽岡本明久（三鷹市立第六中学校）▽櫻井勉（調布市立神代中学校）▽臼井祐治（調布市立第七中学校）▽小平千佐子（町田市立つくし野中学校）▽船木恵美子（小金井市立小金井第一中学校）▽近藤竜也（小平市立小平第四中学校）▽丸山康成（日野市立日野第四中学校）▽森元隆之（東村山市立東村山第一中学校）▽鈴木志信（東村山市立東村山第二中学校）▽鈴木雅博（東村山市立東村山第三中学校）▽伊木文枝（東村山市立東村山第三中学校萩山分校）▽溝上隆弘（東村山市立東村山第六中学校）▽大野博史（東久留米市立下里中学校）▽児山友美（多摩市立青陵中学校）▽河村光之（西東京市立田無第二中学校）▽村松健（西東京市立田無第二中学校）▽望月隆史（西東京市立ひばりが丘中学校）▽山根純（八丈町立富士中学校）▽堀孝浩（都立富士高等学校附属中学校）

【高等学校】▽高橋省司（千代田区立九段中等教育学校）▽小美野清一（千代田区立九段中等教育学校）▽宮原正和（千代田区立九段中等教育学校）▽渡邉由紀（都立武蔵高等学校附属中学校）▽山口幸子（都立六本木高等学校）▽伊藤好弘（都立六本木高等学校）▽深澤龍太郎（都立六郷工科高等学校）▽藤井ゆき（都立国際高等学校）▽小杉哲也（都立杉並工業高等学校）▽米澤稔邦（都立練馬工業高等学校）▽古川壽秀（都立練馬工業高等学校）▽宮路みち子（都立豊島高等学校）▽小澤憲司（都立淵江高等学校）▽松澤兼行（都立足立新田高等学校）▽目﨑昭年（都立浅草高等学校）▽小野島直美（都立葛西南高等学校）▽浦島真由美（都立篠崎高等学校）▽中三川正美（都立紅葉川高等学校）▽柳坂武司（都立墨田工業高等学校）▽菅原久法（都立葛西工業高等学校）▽石塚正紀（都立葛西工業高等学校）▽大塚香（都立八王子東高等学校）▽佐藤謙吾（都立町田高等学校）▽長田和仁（都立野津田高等学校）▽鈴木良（都立八王子拓真高等学校）▽金城修一朗（都立町田工業高等学校）▽村田聖士（都立武蔵村山高等学校）▽秋山親（都立羽村高等学校）▽友常裕（都立羽村高等学校）▽鈴木清（都立[illegible]高等学校）▽鷲ノ上亮一（都立田無高等学校）▽下山和弘（都立府中工業高等学校）▽飯田秀延（都立小金井北高等学校）▽花崎敦子（都立小石川中等教育学校）▽星基教（都立南多摩中等教育学校）▽岩間潤（都立三鷹中等教育学校）

【特別支援学校】▽前田映子（都立葛飾盲学校）▽清水明美（都立小平特別支援学校）▽佐々木和江（都立北特別支援学校）▽高月洋（都立城南特別支援学校）▽平澤登志子（都立あきる野学園）▽藤上実紀（都立鹿本学園）▽土田委弘（都立八王子特別支援学校）▽添田和久（都立八王子特別支援学校）▽今野昌人（都立しいの木特別支援学校）▽榎本学（都立高島特別支援学校）▽野澤良介（都立矢口特別支援学校）▽今野美穂（都立調布特別支援学校）▽宮下哲哉（都立清瀬特別支援学校）▽安田賢（都立港特別支援学校）▽有馬宏子（都立青峰学園）▽小熊真代夫（都立青峰学園）▽中林洋（都立南大沢学園）▽大橋智（都立久我山青光学園）▽藤村佳也（都立練馬特別支援学校）▽田村香（都立武蔵台学園）▽福永顕（都立青山特別支援学校）▽小柴崇裕（都立水元小合学園）

■C選考

【小学校】▽福江由紀子（中央区立常盤小学校）▽笹間真由美（中央区立月島第一小学校）▽中村敬子（中央区立月島第二小学校）▽安川由美（港区立赤坂小学校）▽中里満晴（新宿区立落合第四小学校）▽北向淳子（文京区立礫川小学校）▽村上律子（文京区立窪町小学校）▽松下由美子（江東区立南陽小学校）▽國米典子（品川区立旗台小学校）▽中嶋美那子（目黒区立田道小学校）▽千原奈穂子（大田区立池上第二小学校）▽安藤千恵子（大田区立南六郷小学校）▽増田泉（世田谷区立砧南小学校）▽羽藤めぐみ（中野区立江古田小学校）▽阿井聡子（豊島区立池袋小学校）▽八尋和雄（練馬区立旭丘小学校）▽瀧屋雄二（練馬区立豊玉第二小学校）▽齋藤裕美（足立区立栗原小学校）▽宮本卓哉（武蔵野市立井之頭小学校）▽高田修（青梅市立東小学校）▽加藤尚子（町田市立鶴川第一小学校）▽高橋伸嘉（町田市立鶴間小学校）▽和地恵美（町田市立小山中央小学校）▽小林陽子（小金井市立小金井第一小学校）▽富川準子（日野市立日野第六小学校）▽青木俊一（東村山市立大岱小学校）▽徳永晴弘（狛江市立狛江第五小学校）▽廣野孝明（清瀬市立清瀬第四小学校）▽松田由美子（稲城市立若葉台小学校）▽関口豊（大島町立つばき小学校）

【中学校】▽安田和子（墨田区立[illegible]中学校）▽田中正勝（目黒区立第十中学校）▽藤井朱世（世田谷区立松沢中学校）▽大柴浩一（杉並区立宮前中学校）▽眞坂明子（練馬区立光が丘第一中学校）▽根本祥子（足立区立第十四中学校）▽豊住義一（足立区立千寿青葉中学校）▽豊崎努（葛飾区立新宿中学校）▽小菅健（葛飾区立綾瀬中学校）▽柴野誠一（八王子市立第六中学校）▽宇野卓技（三鷹市立第一中学校）▽工藤憲治（調布市立調布中学校）▽鈴木俊男（町田市立金井中学校）▽佐藤学（日野市立三沢中学校）▽金川正樹（国分寺市立第一中学校）▽高城淳之（多摩市立和田中学校）▽金田龍夫（多摩市立鶴牧中学校）

【高等学校】▽瀬川久仁（都立蒲田高等学校）▽加藤由希子（都立第四商業高等学校）▽岡田一浩（都立上野高等学校）▽光野理加（都立神代高等学校）

【特別支援学校】▽小林麻理（都立小平特別支援学校武蔵分教室）▽濱田恵（都立八王子特別支援学校）▽矢島信吾（都立中野特別支援学校）▽水野博子（都立品川特別支援学校）

5面につづく

4級職（主幹教諭・指導教諭）選考合格者

■区分A

【小学校】▽廣田裕一（港区立弁小学校）▽大野敦子（港区立御田小学校）▽小笠原聡（新宿区立戸塚第一小学校）▽竹田あい（新宿区立戸塚第二小学校）▽早川貴康（新宿区立戸塚第二小学校）▽田島準章（文京区立駒本小学校）▽小林一茂（文京区立駒本小学校）▽岩本圭一朗（台東区立東泉小学校）▽堀川貴弘（台東区立大正小学校）▽菱田陽子（台東区立田原小学校）▽菊池進士（台東区立平成小学校）▽檀特明子（墨田区立第二寺島小学校）▽水谷美恵子（江東区立臨海小学校）▽橋本大志（江東区立東川小学校）▽関根元彦（江東区立東

都内公立学校

いじめ認知、1.2万件に増加

区市町村で判断分かれる

都教育庁は11月30日、「いじめ問題対策委員会」（委員長＝有村久春・東京聖栄大学教授）を開き、都内のいじめ認知件数調査などについて議論した。認知件数は1万1884件で、前年度比8822件増。同庁は「区市町村教委や各校長との連絡会などで周知を徹底したことで、多くの学校で、軽微ないじめも見逃さないという認識が広がった」と見ている。一方、区市町村によって認知件数の差が顕著に出ており、現場でいじめと判断する難しさも依然として背景にあると見られる。

調査は教育庁が今年4月～6月、2161校を対象に実施した。いじめの主な内容は、小・中・高校では「冷やかし・からかい」が最多。同庁はいじめの初期の段階として認知していることが全体の認知件数を押し上げた要因と見ている。

同庁は2月、軽微な案件も「いじめ」として捉えて対応するよう指導しており、これを受けて積極的な認知が進んだと見られる。また、「パソコンや携帯で誹謗中傷」の件数が増加したのも特徴だ。

いじめを認知したきっかけは、「アンケート調査」が最多で計7797件。教育庁は児童・生徒が周囲の「空気感」で「いじめがない」と回答しないよう、いったん自宅に持ち帰り、保護者の目を通して答えてもらうことも求めていた。

都内全体では認知件数が大きく増加したが、区市町村によって差が開いたことも特徴だ。

小学校で見ると、認知件数が最も多かったのは足立区の3204件で、前年度比約47倍も増加した。区は「（いじめの認識を）社会通念上から、法的な捉え方に変えた」と説明する。

例えば、体育の授業で失敗して他の児童から「何やっているんだ」という声をかけられたり、授業中の発表で強い口調で「聞こえない」などと言われたりした場合も、本人が傷つけばいじめと捉え、対応を指導しているという。

区教育委員会は「『いじめに当たるかどうか』ではなく、『いじめは起こり得る』という認識でアンテナを高く持ってもらい、子供に寄り添って早期発見・解消に向けて対応してほしい」（指導課）と話す。

増減率が最も大きかったのは豊島区で、前年度比96倍の289件。また、江東区は75件から591件、北区は40件から554件に増えた。多摩地域では、福生市が7校で404件を認知し、「少しでも気になる様子を見かけたら共有しようという教員の意識の変化の表れ」と説明。いじめに気付けるかどうか、ベテランと若手では経験に差があるが、ポイントを指導するなどの対応を取っているという。

これに対し、認知件数が少ない区も見られる。71校を抱える江戸川区の認知件数は44件で、「いじめ防止の『実践プログラム』に基づき、現在もきめ細かく対応している。認知件数が増えることは望ましいが、無理に増やすものではない」と説明する。62校の世田谷区も40件となり、認知の在り方で判断が分かれた形だ。

中央区は1カ月の1校当たりの認知件数が0・08件、港区が0・09件、品川区が0・13件、目黒区が0・18件などと極端に少ない結果になった。

軽微な案件でも認知を徹底している区では、教育現場から「いじめだとは思わない」という反応もあるといい、一律にいじめとして判断することへのためらいもあると見られる。

教育庁は「年度内の途中経過であり、この結果を区市町村に還元し、『軽微ないじめを見逃さない』という共通理解を一層進めたい」（指導企画課）とした上で、「教職員がいつでも相談に応じる体制を整備するなど、学校の教育相談体制の一層の充実が必要」と総括している。

都産業労働局

夜景スポットが冊子に

観光客向けガイド作成

昼間とは違った東京を――。都産業労働局は観光客向けに都内の夜景スポットをまとめたマップガイド『東京夜景』を作成した。東京スカイツリーなどの高いところから夜景を楽しめるビューポイントや、新宿、浅草などのエリア別にシーズンごとの注目夜景スポットをまとめたほか、来日中の留学生目線のお勧め夜景スポットなどを掲載している。

また、QRコードを読み込むことで、目的地やその周辺地図を見ることもできる。

都は世界に開かれた国際・観光都市の実現を掲げており、観光客が夜の時間帯でも東京を楽しめるようマップガイドを作成した。

同局の斉藤順観光施策担当課長は「いろいろな東京の夜を楽しんでいただければ」と利用を呼び掛けている。

マップガイドは英語のほか2言語にも対応しており、東京観光情報センターなど30カ所で現在配布中。また、東京観光財団の運営サイト「GO TOKYO」でも配信している。

148件の指摘事項改善

都監査　防災マップ掲載情報更新

都監査委員は1日の都議会第4回定例会に、監査結果に基づき知事等が講じた措置を報告した。2012～17年の監査の指摘事項など480件のうち、新たに148件の改善通知を受け、全体の85・4％（410件）が改善済みとなった。

このうち総務局は「災害時帰宅支援ステーション」の情報提供を改善した。同局はコンビニエンスストアなど約1万7000カ所をステーションとして指定し、場所を検索できる「都防災マップ」をウェブ上で開設しているが、16年11月の監査時点では約9900カ所の掲載にとどまり、監査委員が最新情報の提供を求めていた。

同局総合防災部は短期間で全ての災害時帰宅支援ステーションを再確認。マップ上の最新情報を更新した上で、来年度からは施設の変更箇所を効率的に把握する調査方法に改める。

水道局は下水道料金の減額措置の適用の誤りを見直した。医療施設の下水道料金は病床数が20床以上の場合、減額されているが、墨田・江戸川営業所では施設の病床数が減り、減額対象から外れた施設も減額を継続していた事例が判明。同局が減額対象の全428件を改めて調査したところ、更に14件の誤りが見つかったという。同局は再発防止のため、調査基準に医療施設を所管する福祉保健局への照会も定めるとともに、減額申請書に注意喚起文を追加した。

生活文化局は「外国人おもてなし語学ボランティア」の活動を紹介する専用サイトを開設するなど、活動意欲の向上に取り組んだ。語学ボランティアは五輪に向けて、街なかで外国人の道案内などの役割を担い、約9600人が登録（1月末）しているが、45％が実際に活動していなかった。専用サイトではボランティアが活動報告を記録し、互いに閲覧可能。今後はイベントを案内するなど、活動意欲を向上させたい考え。

そのほか、建設局と港湾局などは都立・海上公園のホームページで、文字を見やすくしたり音声による読み上げソフトに対応させたりして、アクセシビリティーを改善した。

東商と協定締結　企業へ周知強化

都働き方改革

都は11月30日、東京商工会議所と働き方改革に関する連携協定を締結した。働き方改革関連で民間団体と協定を結ぶのは初めて。都が推進する同改革宣言企業を増加させるため、23区内に7万8千社の会員を有する東商と連携し、取り組みの周知を強化する狙いがある。

協定では、東商が会員企業への周知啓発や、都が実施するイベントへの協力などを行うとした。東商は会員に対し、都が7月に開設した「東京テレワーク推進センター」の見学会や、都の働き方改革に関する説明会、東商が発行する『東商新聞』への施策掲載などを年内にも開始する。都が来年2月に開催予定の「ライフ・ワーク・バランスフェスタ」に東商が後援することも決まっている。

都は昨年、民間企業の長時間労働の削減と有給休暇の取得促進を目的に、働き方改革宣言企業制度を創設。2020年度までに宣言企業5千社を目指す。都によると、今年度末には2千社になる見通し。今回協定締結した東商は、今年5月に同宣言をしている。

産業労働局は「東京五輪に向け、テレワークやボランティア休暇制度の整備など、企業への働き掛けを強めていきたい」（労働環境課）と話す。

社説

低空飛行から脱却の道

第4回定例会が1日に開会した。本来ならば来年度予算編成に向けた政策の目出しなど、活発な議論が期待されるが、そうした議論を望むには程遠い状況だ。

要因は先の衆院選で国政政党の代表に就任し、そして敗軍の将となった小池知事にある。

国政進出の理由を「都政を前に進めるため」と強弁したが、いまだにその意味は理解できない。代表就任は知事が都政に関心がなく、国政に目が向いていることを内外に示しただけだった。その結果、都政に混乱をもたらし、都民や職員を失望させた。また、希望の党の公約に消費増税凍結や私学の教育費補助額引き上げを掲げたことは、「東京富裕論」の火に油を注いだ。

さらに小池知事は就任以降、不必要に都議会自民党を敵視してきたが、衆院選では政府・自民党も敵に回した。そのつけが税収収奪という国からの不当な攻撃に対し、有効な反撃ができない政治状況を招いている。知事の国政への関与は、都政にマイナス面だけをもたらした。

都の都民の声課には9月以降、知事の政治姿勢に対する意見が約3600件寄せられ、その多くが「都政に専念すべき」との批判だったという。「都民ファースト」を旗印に掲げる知事だ。都民の声を重く受け止め、敗戦後に語った「都政に邁進する」という言葉通り、様々な課題が山積する都政に真摯に向き合うことを切に願う。

■政策の軸

衆院選で地に落ちた小池人気だが、それとともに都政が低空飛行を続けるわけにはいかない。いかに失地回復を図るかが課題だ。それには骨太の政策の軸を打ち出していけるかにかかっている。小池知事は嫌がるだろうが、そのヒントは石原都政の1期目にあるように思う。

小池知事と同じく、都民の圧倒的な支持を受けて初当選を果たした石原氏は、「カリスマ性」を持つ一方、「自分ファースト」のキャラクターである点も小池氏と共通している。だが、両者の1期目で圧倒的に違うのは政策だ。石原都政下では一点突破・全面展開の手法でディーゼル車の排ガス規制や大手銀行業等に対する外形標準課税の導入など、現場を持つ都ならではの政策を次々と打ち出した。そしてこれら政策は、職員からボトムアップで出てきたものだった。

「都政に邁進」問われる本気度

あるOB幹部は「小池氏と石原氏の決定的に違う部分は、職員が支えようとしているかどうか」と指摘する。

自身の興味がある事業にしか目が向かなかったと言われていた石原氏だったが、政治力があり、都政の課題に軸足を置いた国をリードする斬新な政策を庁内から吸い上げもした。分かりやすい施策展開が都民の共感を呼び、石原都政1期目の躍動感につながった。

では、小池都政ではどうか。残念ながら職員から政策を引き出す姿勢は乏しく、職員側にも知事を積極的に支えていくという雰囲気はない。小池氏が掲げた「東京大改革」も結局、何をどうしたいのか、よく分からない。市場移転や入札制度改革など混迷は深まるばかりで、都民の期待感もしぼんでいる。

今の状況は、政策の軸を打ち出せなかった石原都政2期目以降と似通う部分がある。小池離れが進み、求心力が落ちる中で態勢を立て直すには政策の中身こそが問われる。

これから本格化する予算編成を通じて、職員と共に地に足の着いた骨太の政策を打ち出すことができるか。小池都政2年目の来年度予算では、小池都政の真価が問われることになる。「都政に邁進すること」とは、間違っても数多くのイベントに顔を出して露出度を高めることではない。

■存在感なき第1党

小池知事の国政進出を受け、都議会公明党は知事与党からの離脱を表明。東村邦浩幹事長は「一線を画して是々非々で臨む」考えを鮮明にした。知事与党は過半数割れとなり、公明党の存在感はこれまで以上に高まった。

一方、都議会第1党の都民ファーストの会の存在感は、知事の支持率低下と呼応するように低迷している。

象徴するのが、都の税収を奪う動きへの対応だ。国で税制改革議論が進み、今年も消費税の配分割合見直しで都の財源を奪う動きが加速する中、知事は都議会とも連携しながら国への働き掛けを強めていく考えを示した。ところが第1党として先頭に立って動くべき都民ファに表立った動きは見られない。

「本来ならば第1党が行うべきこと」。都議会自民党の秋田一郎幹事長は、同会派が消費税の見直しに対する国への申し入れを行った後のぶら下がり会見で、そう皮肉った。

自民党が都議会第1党の時代には、大臣への要請という正面突破にとどまらず、水面下も含め様々なパイプで国への働き掛けを強めていた。象徴的なのが2008年に法人事業税の暫定措置が導入された際の対応だ。石原知事が福田康夫総理と会談し、暫定措置は消費税を含む税体系の抜本的な改革までの暫定措置であることを確認するとともに、羽田空港の国際化の推進や外郭環状道路の早期着工など都の重要施策だった13項目について、国と都の実務者協議会の設置をのませ、国を挙げての推進につなげた経緯がある。

都民の圧倒的な支持を得て第1党となった都民ファは、知事と共に都政をリードしていく責任を負っている。知事与党として、国の税収収奪の動きにアクションを起こし、都政を前に進める取り組みができるか。今定例会では、その一端を示すことが求められる。

■混迷極まる市場移転

衆院選以降、テンションが落ちている小池知事だが、それとは裏腹に都政を取り巻く課題は深刻さが増している。特に知事が就任以降、延期を表明した市場移転は一層、混乱を極めている。

地下水の汚染対策の追加工事は、発注した9件のうち落札は2件にとどまり、契約不調が相次ぐ。都は来年10月中旬に豊洲に移転する方向で業界と合意したが、年内に工事が発注できなければ、このスケジュールも赤信号がともる。まさに尻に火が付いた状況だ。現時点で具体的な移転の日程は固まっておらず、業界の意見集約が難航することも十分予想される。

さらに、知事が築地跡地を再開発して「食のテーマパーク」とする構想を示したことを受け、豊洲新市場の「千客万来施設」の運営事業者の万葉倶楽部が採算性に疑問を持ち、事業撤退も示唆する。地元の江東区も豊洲市場受け入れ拒否も辞さない構えを示す。八方ふさがりの中で11月24日の会見では、「食のテーマパーク構想」を「あくまで考えの一つ」と釈明し、軌道修正を図る事態となっている。

移転が頓挫すれば、跡地を五輪開催時の輸送拠点として利用する計画もご破算になる。五輪のメーン会場となる新国立競技場と選手村を結ぶ環状2号線（仮設）の整備への影響も避けられない。小池知事は一体、この状況をどう収束させていく考えなのか。

いまだに小池知事からは、市場移転問題を解決していくという強い思いが感じられない。これまで築地再開発の考えは示したものの、具体的な検討は有識者会議に丸投げし、大放談会の会議となっている。にぎわい施設事業者や地元区に対して理解を求める真剣さも欠いている。移転延期を決断し、「パンドラの箱」を開けた当事者として、また都のトップとして泥をかぶることもいとわず、事態を打開していくことが責務だ。それが都政に邁進するということではないか。知事の本気度が問われる。

都税喪失計5.2兆円

平成以降税制改正で

小池知事は1日の定例会見で、国の地方消費税見直しの動きに「これまで首都東京は稼ぎ頭だったが、一方で貢ぎ頭でもあった」などと述べ、都のこれまでの税制見直しによる影響額を例示し、国の動きを強く牽制した。

都は1989年度の法人事業税の分割基準見直しに始まり、2005年度の法人事業税の分割基準見直し、08年度の同税暫定措置とふるさと納税の導入、14年度の法人住民税の地方交付税原資化などで、平成になった1989年度以降、総額5・2兆円の財源が国に奪われていると主張する。

単年度で最も影響額が大きかったのは16年度で、約6575億円。内訳は、法人事業税の分割基準見直しが2044億円、同税の暫定措置が2340億円、法人住民税の交付税化が2086億円、ふるさと納税が105億円だった。

知事は会見で、「これまでの偏在是正措置に加え、さらに不合理な措置が行われることは、都民生活を脅かし、東京という日本の活力を削ぐことになりかねない暴挙だ。断じて見過ごすわけにはいかない」と従来の主張を繰り返した。

◆シリーズ「スタートライン～児童相談所開設に向けて」「五輪への航海図」は休みます。

退職後のリアル

しくじり都庁OBの教訓㊱

誰でも1冊は書けるが

オール・アバウト・マネー⑨

私のところに持ち込まれたり、相談されるケースの多くは、公務員仕事の体験記や各種の個人的な趣味についての記録、そしてドキュメントや論文集的なものが多い。公務員の体験記では、自分史や日記風のものが多く、個人的な趣味では郷土史研究や歴史研究といったものが主流である。また、ドキュメントでは仕事上の体験記や裏話、論文集や評論集は時々の時事問題を自らの主張で切るといったものである。

いずれも、私の見る限り丁寧な調査が繰り返しされており、加えて数字的な裏付けを示すなど、公務員らしい几帳面な労作が多い。その方面に関心のある人たちにとっては、こうした本が出版されれば多くの感銘を与えると思われるものも多い。

しかし、そうした原稿が貴重な労作であっても、出版できるかは別問題だ。書店を紹介しても、その先に本としてまとまったというところまで行ったケースはそれほど多くはない。

書店から言われ、今でもよく覚えている言葉がある。「役所にいた人なら、それなりのキャリアと経験があれば誰でも1冊は面白い本が書けますよ」。つまり役所や銀行、病院など、一般の人との接点が多いところでは、カウンター越しに多くの読者が関心を持っているので、事実を書くだけで本になるということである。

しかし2冊、3冊ということになると、カウンターの内側の視点だけでは書けなくなる。内側の視点で事実を書くだけでなく、読者の関心にどれだけ応えられるかが勝負になる。

同じ職場に20～30年もいると初めに感じていた違和感がなくなり、我慢が我慢ではなく日常になる。おかしなことも常識になってしまい、気付かなくなる。中にいながら外の視線を持ち続けることができる人には、2冊目、3冊目も書くことができるということだった。

私もこんな言葉に背中を押され、まず1冊に挑戦してみた。「誰でも1冊は書ける」のであれば、構想のある人はぜひ第一歩を踏み出してはどうだろう。

（金子雅臣）

昇任試験対策のページ

平成30年度 主任試験講座 －11－

憲法 ②

今回も、前回に引き続き、憲法に関する問題と解説を掲載します。

問題

【問題 3】
参議院の緊急集会に関する記述として、妥当なのは次のどれか。

① 参議院は衆議院の解散と同時に閉会されないため、内閣は、衆議院の解散中に国に緊急の必要があるときは、参議院に対して緊急集会を求めることができる。

② 緊急集会においては、参議院は緊急性の要件を満たす限り、国会の権能である法律の議決のほか、予算の議決も行うことができる。

③ 緊急集会でとられた措置は、臨時のものではなく、衆議院及び参議院の議決を経たものと同様の効力を有する。

④ 参議院議員は、法律の定める場合を除いて、国会の会期中は逮捕されないが、緊急集会は会期中とはみなされず、不逮捕特権は認められない。

⑤ 平成29年11月時点において、これまでに緊急集会の会議が開かれた実績は一度もない。

【問題 4】
内閣の権能に関する記述として、妥当なのは次のどれか。

① 内閣は条約の締結を行うことができるが、条約の締結に対する国会の承認を経るに当たっては、先に衆議院の議決を経なければならない。

② 内閣は、最高裁判所の長たる裁判官の指名をすることができるが、最高裁判所の長たる裁判官以外の裁判官の任命をすることはできない。

③ 内閣は、国会の臨時会の召集を決定することができるが、いずれかの議院の総議員の2分の1以上の要求があれば、その召集を決定しなければならない。

④ 内閣は、予備費を歳入歳出予算に計上することができるが、予備費の支出に当たっては、事前に国会の承諾を経なければならない。

⑤ 内閣は、大赦、特赦、減刑、刑の執行の免除及び復権を決定することができ、決定にあたっては、事前に国会の承認を必要としない。

【問題 5】
司法権の独立に関する記述として、妥当なのは次のどれか。

① 憲法は、裁判官が裁判を行うに当たって、憲法及び法律にのみ拘束されると定めており、裁判官は、外部からの命令・指示や不当な影響を受けることがあってはならない。

② 司法部門の内部においては、最高裁判所の長官は、訴訟事件の裁判について、担当裁判官を指揮監督することができる。

③ 司法権の独立の例外として、両議院は、国政調査権に基づいて、判決の当否を指摘する目的で裁判所に係争中の事件を調査することが認められている。

④ 裁判官には厚い身分保障が認められており、裁判官は裁判により、心身の故障のために職務を執ることができないと決定された場合以外は、罷免されることはない。

⑤ 司法権独立の観点から、行政機関は終審として裁判を行うことができないが、前審としての裁判も行政機関は行うことができない。

【問題 6】
憲法に定める天皇または皇室の経済に関する記述として、妥当なのは次のどれか。

① 皇室典範の定めるところにより摂政を置くとき、摂政は、天皇の国事に関する行為以外に、国政に関する機能を有する。

② 天皇は、精神・身体の疾患か事故があるときは、内閣の助言と承認により、必ず摂政を置かなければならない。

③ 皇室の財産は国に帰属し、皇族の日常の費用等に充てる内廷費を含め、全て皇室の費用は、予算に計上して国会の議決を経る必要がある。

④ 皇室の財産の授受については、金額の多寡や通常の私的経済行為等の事由を問わず、全て国会の議決を経ることを要する。

⑤ 天皇の国事行為は憲法で定められており、国会を召集することは含まれるが衆議院を解散することは含まれない。

解説

【解説 3】　正答 ②

① 誤り。参議院は衆議院の解散と同時に閉会となる。内閣が緊急集会を求めることができる点は正しい。

② 正しい。緊急集会においては、参議院は緊急性の要件を満たす限り、国会の権能である法律の議決のほか、予算の議決も行うことができる。

③ 誤り。緊急集会でとられた措置は臨時のものであり、次の国会開会後、10日以内に衆議院の同意がない場合には、将来に向かってその効力を失う。

④ 誤り。参議院議員は、法律の定めがある場合を除いて、国会の会期中逮捕されないが、緊急集会中の参議院議員は、会期中の国会議員と同じように、不逮捕特権及び発言表決免責の特典が認められている。

⑤ 誤り。これまで緊急集会の会議が開かれたことは2回ある。初例は第14回国会閉会後で、2例目は第15回国会閉会後である。なお、両事例とも、その後に衆議院の同意を得ている。

【解説 4】　正答 ⑤

① 誤り。内閣は、条約の締結を行うことができるが、条約の締結に対する国会の承認を経るに当たっては、衆議院に先議権はない。

② 誤り。内閣の権能として、最高裁判所の長たる裁判官の指名や最高裁判所の長たる裁判官以外の裁判官及び下級裁判所の裁判官の任命がある。

③ 誤り。内閣は、国会の臨時会の召集を決定することができるが、いずれかの議院の総議員の「4分の1」以上の要求があれば、その召集を決定しなければならない。

④ 誤り。内閣は、予備費を歳入歳出予算に計上する場合には、国会の承認が必要であるが、予備費の支出は、内閣の責任で行うことができ、国会の承認を経る必要はない。

⑤ 正しい。いわゆる恩赦を決定することは、内閣の権能であり、国会の承認を経る必要はない。

【解説 5】　正答 ①

① 正しい。憲法は、裁判官が裁判を行うに当たって、憲法及び法律にのみ拘束されると定めており、裁判官は、外部からの命令・指示や不当な影響を受けることがあってはならない。

② 誤り。司法権の独立は立法権、行政権のみならず、司法部門の内部における指示、命令も排除している。

③ 誤り。両議院は国政調査権に基づいて、判決の当否を指摘する目的で裁判所に係争中の事件を調査することは認められない。

④ 誤り。裁判官の罷免は、一つは心身の故障のために職務を執ることができないとき、二つは公の弾劾によるときである。例外的に、最高裁判所の場合は国民審査によるときがある。

⑤ 誤り。憲法及びその他の法に定められているのは、終審としての裁判を行政機関が行えない点である。前審として、行政審判を行うことができる。

【解説 6】　正答 ③

① 誤り。天皇は日本国憲法の定める国事行為のみを行い、国政に関する権能を有しない。また、天皇の名で国事行為を行う摂政についても、当然に国政に関する機能は有しない。

② 誤り。摂政については、天皇が精神・身体の重患か重大な事故により国事行為を自らすることができないときに置くこととされている。精神・身体の疾患か事故があるときは摂政を置くべき場合を除き、国事行為を摂政となる順位に当たる皇族に委任して臨時に代行させることができる。

③ 正しい。全て皇室の費用は、予算に計上して国会の議決を経る必要がある。なお、予算に計上する皇室の費用は、内廷費・皇族費・宮廷費がある。

④ 誤り。皇室の財産の授受については、一定の金額の範囲内の場合や通常の私的経済行為等の場合、国会の議決を経ることを要しない。

⑤ 誤り。天皇の国事行為は、憲法第6条・第7条・第4条第2項に定められ、国会を召集することや、衆議院を解散することを含む。

平成30年度 主任・係長 論文講座 11

特別区係長選考

傾向と対策 ③

前回は、「序論」のパートについて説明しました。

今回は、「本論（問題点・解決策）」「結論」のパートについて説明します。また、論文の評価を上げるための心掛けについても補足説明します。

メーンは本論と心得る

本論は、論文の中核をなす部分であり、序論で方向性として示した「目標・あるべき姿」を実現するために必要な解決策を論じる部分です。

区政や組織における問題点を指摘し、あるべき姿に向かうために、係長としてどのように行動し、解決していくかを具体的に論じていくこととなります。

前回、本論では他の受験者との差がつきにくいと言われていることを説明しました。同時に、「メーンは本論」であることも述べました。

序論で採点者に好印象を持ってもらったとしても、本論の主張が弱ければ、評価は上がりません。やはり、本論で的確に問題点を指摘し、適切な解決策を提示できなければ、合格水準には至らないのです。

本論の構成を考える

繰り返しになりますが、本論が論文のメーンです。出題テーマに即して、現状から問題点を抽出し、係長として実現可能な解決策を具体的に論じます。

問題点は三つ指摘し、問題点に対応する解決策を一つずつ提示するというのがオーソドックスな型となります。

前々回、論文の構成には4段構成と3段構成があると説明しました。

4段構成では序論から続く第2章で問題点三つを指摘し、第3章で問題点に対応する解決策を提示し、結論に導きます。

一方、3段構成では、問題点と対応する解決策を一つのセットにして、三つのセットを序論から続く第2章でまとめて示し、結論に導きます。

論文全体のうち、本論に割り当てられる分量は、おおむね5分の3程度、1600字程度の論文であれば、900〜1千字程度が目安となります。

4段構成の場合は、問題点三つ、解決策三つを別々の章で論じますので、それぞれの章で450〜500字程度が目安となります。よって、問題点または解決策一つに割り当てることができる字数は150〜170字程度となります。後述する通り、1文60字を目安とすると、3文程度となります。

一方、3段構成の場合は、問題点と解決策のセット三つで900〜1千字程度で論じることになりますから、問題点と解決策の一セットに300〜350字（10〜12文）程度を割り当てることができます。

本論に割り当てることができる字数は、論文全体の制限字数によって異なってきますので、各区の実情に合わせて、論じやすい構成を選択してください。なお、各区において主流とされる構成があるならば、その構成を選択することをお勧めします。

解決可能な問題点を指摘する

問題点の指摘とは、序論との整合性に注意しながら、出題テーマに即して、区政の現状とあるべき姿を比較し、そのギャップを明らかにすることです。問題点を解決することによって、あるべき姿が実現されるわけですから、その辺りを踏まえて、問題点を指摘する必要があります。

一 具体性を意識する

係長として解決していかなければならない問題点を、可能な限り具体的に指摘します。問題点が具体的でなければ、対応する解決策も具体的なものになりません。抽象的な議論をしても説得力はなく、採点者の共感、納得は得られず、評価につながりません。具体性を意識してください。

二 問題点は三つ指摘する

あまたの問題点の中から、優先順位を付け、視点が明確に異なる三つの問題点を指摘します。同じような視点の問題点を指摘した場合、当然のように解決策も大差ないものとなってしまいます。そうすると、引き出しの少ない人物との評価につながってしまい、マイナス評価を受けやすくなります。視野を広げ、多面的に問題点を指摘できるように準備してください。

三 係長の役割を意識する

問題点を指摘する際に意識してほしいことは、「係長の役割」です。提示する解決策は、係長としてどのように対応するかということです。

係長の役割は、「組織の運営」「仕事・職場の管理」「職員の人材育成」などです。これらの役割を意識し、係長として解決できる範囲で、問題点を指摘してください。

四 解決策から考えても良い

試験中、時間が経過し、焦ってくると、問題点が浮かばないという話を聞くことがあります。その場合は、解決策から考えても良いでしょう。出題の意図さえつかめれば、解決策を先に思いつくことは意外とあるものです。解決策を先に考え、その解決策につながる問題点を見つけるというプロセスも許されます。諦めないでください。

五 留意すべきこと

繰り返しになりますが、解決策は実現可能なものでなければなりません。問題点を指摘する際は、係長として実現可能であるかに留意する必要があります。

そのほか、広い視野で捉えているか、具体的かつ時宜にかなったものであるか、客観的に見て、指摘するだけの重要性があるか、という点に留意して問題点の指摘を行ってください。

係長として解決策を提示する

解決策の提示は、指摘した問題点について、係長としてどのように行動し、解決していくかを論じる部分です。提示した解決策を講じることにより、区政の現状（課題）を打破し、あるべき姿に向かっていく（現状とあるべき姿とのギャップを埋めていく）ことを示すものですから、実現性と実効性を考慮する必要があります。

一 問題点と対応させる

当然ですが、指摘した問題点に対応したものを提示します。この際、「○○ができていない」という問題点に対し、「○○が可能となるようにする」というように単純に裏返しとなる解決策を提示しないように注意してください。

二 解決策も具体的に

問題点に対しては、可能な限り具体的で説得力のある解決策を提示してください。例えば、「職員の能力開発を行う」では大きすぎて、具体性が足りません。職員のどういう能力を開発しようとしているのか程度は、明示する必要があります。さらに、どういう方法で開発するのか、あなたはどのように関与するのか、などを加えていき、説得力のあるものに仕上げるようにしてください。

三 係長として実現可能な解決策を

繰り返しになりますが、係長としてどのように解決を図るかを論じなければなりません。係長の役割を十分に踏まえ、実現可能なものとしてください。その上で、解決策を講じることで「こうなる」という効果（実効性）を示すことができれば、説得力が増し、採点者をうならせることができるはずです。

本論の書き方

それでは、ここまで述べてきたことをイメージしやすいように、参考として3段構成の本論の書き方の一例を紹介します。

一 見出し

本論の内容を端的に示す見出しを付けます。3段構成では、「○○を目指して」のように、解決の方向性を示すのが一般的です。なお、4段構成では、問題点と解決策の章が分かれますので、見出しも対応させて付けます。

二 書き出し

「○○を実現するために、私は係長として次の三つの方策に取り組む」のように、これから本論で主張していくことを予告します。

三 問題点と解決策

まず、「第一に△△することである」のように、解決策を端的に示します。

次に、「△△を実行すれば、▲▲の状態となる」のように、解決策が実施された場合の好ましい状況を示します。

その上で、「しかし、▽▽であるため、▼▼である」のように、現状の問題点を指摘します。

問題点が挙げられたところで、「そこで、私は、係長として□□する」と解決策を端的に示した後、「次に〜する」「さらに〜する」のように補強を行い、「これにより■■することが可能になる」のように効果（実効性）を示して結びます。

これを第二、第三の問題点・解決策でも繰り返します。

結論の書き方

結論は、序論、本論で論じてきたことをまとめ、係長としての決意表明を行う部分です。

結論部分に割り当てられる分量は、論文全体のおおむね5分の1程度、1600字程度の論文で300〜350字程度が目安となります。

結論部分では、序論、本論を簡潔に要約し、解決策を実施することで、あるべき姿が実現できるということを示し、これまでの主張の正当性を強調します。

ここで注意することは、序論、本論で論じていないことに触れたりすることで、論旨の一貫性を崩すようなことがないようにすることです。言い回しを含め、細心の注意を払ってください。

係長としての決意表明は、「私に係長を任せてください」と採点者にアピールする部分です。熱意、積極性が十分にあるということを、力強く訴えるようにしてください。

一歩リードする心掛け

最後に、採点者に好印象を与え、論文の評価を少しでも上げ、他の受験者をリードするための心掛けについて紹介します。

一 読みやすい文字を書く

きれいな字でなくても大丈夫ですが、丁寧に大きめに書いてください。また、採点にはコピーが使われるのが通例ですから、Bなどの濃いめの芯を使うと良いでしょう。

二 見出しを付ける

序論、本論、結論の先頭には、各章の内容を端的に示す見出しを付けます。見出しにも工夫が必要です。「はじめに・おわりに」「問題点と解決策」のような見出しでは受験者の主張が見えません。義務的に付けた見出しは、マイナス評価になる可能性が高いので、極力避けるようにしてください。

三 簡潔な文章を

1文が長すぎると、主語と述語の対応を把握するだけでも大変ですし、実際に内容が分かりづらい場合が多いものです。

3行60字以内を目安に1文を作り、助詞や接続詞を適切に使い、流れの良い文章作成を心掛けてください。

ほかにも紹介したいことがありますが、ここに挙げたことに留意すれば、一歩も二歩もリードすることができるはずです。ぜひ、実践してください。

◇

これから年度末にかけて多忙になると思いますが、係長昇任に向けて取り組んだことは今後の財産になるはずです。皆さんの頑張りに期待しています。

平成30年度 カレントトピックス 11

政治事情

■中国共産党大会閉幕、「習近平氏思想」規約に明記（10月24日）

北京で開催された第19回中国共産党大会は10月24日、党の最高規則に当たる党規約に、習近平総書記（国家主席）の名前を冠した政治思想「習近平の新時代の中国の特色ある社会主義思想」を盛り込む改正案を承認し、閉幕した。指導者として在任中に名前を冠した政治思想が党規約に盛り込まれるのは毛沢東氏以来。過去の指導者と並ぶ権威を、習氏が得たことが示された。

また、中国共産党は同25日、党の最高指導部に当たる政治局常務委員会の新体制を発表した。常務委員会7人の顔ぶれは、留任となった習主席（64）と李克強首相（62）のほか、昇格した汪洋副首相（62）、韓正・上海市党委員会書記（63）、趙楽際・中央組織部長（60）、栗戦書・中央弁公庁主任（67）、王滬寧・中央政策研究室主任（62）の5人。

中国では過去数十年間にわたり、現指導者の最後の任期に後継者と目される1人もしくは2人を常務委員会のメンバーに任命してきており、習氏が今回、腹心とされる陳敏爾氏（56）と胡春華・広東省党委書記（54）を常務委員に昇格させるとの憶測があった。

しかし、習近平総書記の後継者を示唆する人事はなかったことで、習氏が今後5年の権力掌握を確実にし、あるいはその後も権力を維持する可能性が示されていると言えそうだ。

■小池百合子氏、希望の党代表辞任（11月14日）

希望の党の小池百合子代表は14日午後の両院議員総会で、党代表を辞任する意向を表明した。政党代表と知事の兼任への批判があり、10月の衆院選で同党が50議席に伸び悩んだことから、都政に専念する考えとみられる。

辞任の理由について小池代表は、都知事として都政に専念する考えを強調したが、一方で特別顧問などの形で党への関与は続ける考えを示している。また、衆議院選挙の後も「創業の責任もある」として辞任しない考えを示していた小池代表の突然の辞任については結党メンバーの議員から異論も出ている。

なお、後任の代表には、玉木雄一郎共同代表（48）が就任した。玉木氏は10日の両院議員総会で大串博志衆院議員（52）を抑えて初代の共同代表に選出されていた。任期は平成32年9月まで。また、幹事長には古川元久元国家戦略担当相、国会対策委員長には泉健太衆議院議員が決まった。

■安倍晋三首相が所信表明演説（11月17日）

17日午後、衆参両院の本会議で安倍晋三首相が所信表明演説を行った。首相は、緊迫する北朝鮮情勢と急速に進む少子高齢化について「国難とも呼ぶべき課題」と位置づけ、政策を前に進める決意を語った。

首相は演説で、北朝鮮への対応については、防衛力を強化し、国民の命と暮らしを守るため最善を尽くすことを強調。核・ミサイル、拉致問題の解決にも強い決意を示し、国際社会とともに圧力を一層強化していくことを訴えた。

少子高齢化対策に関しては、12月に新しい経済政策パッケージを策定し、「生産性革命」と「人づくり革命」を断行する決意を改めて表明。また、「人生100年時代」を見据え、「経済社会システムの大改革に挑戦する」と宣言。平成32年度までの3〜5歳の幼稚園・保育園の無償化に加え、高等教育も「真に必要な子供たち」は無償化する方針を示した。

31年10月に引き上げを予定している消費税については、使途を変更して子育て世代や子供に「大胆に投資していく」と言明。

憲法改正には、与野党が「共に知恵を出し合いながら、共に困難な課題に答えを出していく。そうした努力の中で、憲法改正の議論も前に進むことができる」と述べた。

都立庭園美術館が再開

「装飾」を掘り下げた企画展

都立庭園美術館と言えば、アール・デコ様式の旧朝香宮邸(本館)がおなじみだが、何を展示する美術館なのか、一般的にはあまり知られていないかもしれない。11月18日、約半年の間、休館していた庭園美術館が再開。その第1弾として企画展『装飾は流転する「今」と向きあう7つの方法』が始まった。

プレス内覧会で、樋田豊次郎館長は「この美術館はアール・デコにちなんだ〝装飾〟を根っこに据えた企画を打っていきたい」と語った。

装飾と言うと、多くの人は「装飾美術」(デコラティックス)を思い描くかもしれないが、「純粋美術」(ファインアート)の下にあるマイナーな分野という見方をされている。世界中には「装飾美術」を展示する美術館はあるが、装飾そのものの面白さを掘り下げた美術館はあまりない。樋田館長は「装飾美術という言葉を使いたくはない。装飾というのは人間にとって欠くことのできない面白い領域があると知ってほしい」と話す。

装飾は、弔いの儀式や呪術的なタトゥーなどに始まり、時には形骸化しながらも、時代とともに新しい意味を伴って変化を繰り返し、生き残ってきた。この展覧会には7組のアーティストが登場する。年齢も国籍もジャンルもバラバラだ。その表現も、ゴシック装飾を施したダンプカーや、様々な文化圏の模様をリミックスしたじゅうたん、窓のたたずまいからそこに住む人の生活や性格を想像した絵画など多彩だ。

本館2階に上がるとまず目に入る山縣良和の《神々のファッションショー》

7組のアーティスト

オランダ人アーティストのニンケ・コスターは、今回、初めて日本を訪れ、日本とオランダの間の歴史的シンボルである長崎の「出島」にインスピレーションを受けて《オランダのかけはし》を制作した。円形部分は東京滞在中に彼女が出会った日本の伝統的な文様によって構成されており、その円の唯一の開きに位置するのが、オランダの建物から引用された装飾を施した出島だ。

ファッションブランド「writtenafterwards(リトゥンアフターワーズ)」を主宰するデザイナー・山縣良和は、これまでのコレクションを振り返りながら、最新コレクション3部作《Flowers》を中心としたインスタレーションを展示する。ファッションの起源は神々が動物に向けて行ったショーであるという物語に基づいた《神々のファッションショー》は、本館の階段を上がるとまず目に入り、圧倒される。

長崎の出島をモチーフにした作品に座る作者のニンケ・コスター

髙田安規子・政子は、一卵性双生児のアーティストユニットで、共同制作を行っている。同展では新作を制作しているほか、旧作が本館のあちらこちらにさりげなく配置されている。

アラヤー・ラートチャムルーンスックは、タイの古都チェンマイを拠点とする映像・写真作家。今回は《タイ・メドレー》を上映している。身元不明の女性の遺体たちに向けて、タイの伝統的な舞踊歌唱劇「イナオ」の中の恋の物語を読み歌い聞かせている。遺体にはそれぞれ鮮やかな花柄の布がかけられているのが印象的。〝装飾〟とは直接関係ない作品だが、今回の展覧会で最も引き込まれた展示だった。

このほか、ゴシック建築の装飾で形作られた《低床トレーラー》や《ダンプカー》が印象的なヴィム・デルヴォワ、窓越しに見える部屋の中の様子をヒントに想像の物語を描く山本麻紀子が参加している。コア・ポアの代表作であるペルシャじゅうたんのシリーズは、ニンケ・コスターの椅子《時のエレメント》に腰掛けて眺めてほしい。

同展は撮影可能。装飾の意義とか、難しい話はさておいて、インスタ映えする作品がたくさん展示されているので、スマホ片手に気軽に探検してみてはいかがだろうか。

◇　◇

▽会期　2018年2月25日㈰まで▽休館日　第2・4水曜日と年末年始▽開館時間　午前10時～午後6時(入館は閉館30分前まで)▽観覧料　一般1100円、大学生880円、中・高校生・65歳以上550円

元都議会議長に聞く(下)

豊洲の深層

筋違いな弁護人差し替え

■都議会議長の密使

実はこの付帯決議で最ももめたのは「無害化」ではなく、「議会において現地再整備を検討し、知事はそれを尊重する」という部分だ。少数派の自民は最後の最後までこれをのまず、決裂必至の状況下で私が最後の手段として石原知事にボールを投げたというのが真相だ。

この付帯決議の案文は自公民の実務者協議では合意に至らず、最終的に都議会議長であった私が、石原知事に直接密使を送り、知事が「議長がこれでいいなら自分が自民を説得する」と言ってくれて成案となったものだ。石原知事が自民をどう説得してくれたのかは分からないが、自民党が渋々のんでくれた付帯決議だ。これに関する全責任は私にある。だから勝手に解釈を変えられては困るのだ。

いずれにせよ、半世紀にわたる都政の困難課題であった築地の移転に、都議会民主党は先送りせず道筋を付けた。その時の戦友の何人かは各々の重要な立場で今も都政最前線にいる。都民のために何ができるか、未来を主体的に切り開き、真に都政の責任を背負える人材に飛躍してほしい。

インタビューに答える田中良杉並区長

■政治的意図による印象操作

どうも引っ掛かるのが、豊洲の土地をめぐり石原元知事の責任を求めている住民訴訟の弁護士差し替えについてだ。この件に限らず原告住民の主張に対してどう対応するかは、被告たる都が基本的立場を定め、その上で被告代理人として弁護士を専任し、代理人の弁護士が都の立場に沿って裁判対策を担うものだと認識している。

ところが、小池知事が記者会見で突然発表した際の説明は、「弁護士を差し替えて元知事の責任ありやなしやを検証する」であった。すなわち住民の訴えに対する都の基本的立場を、被告代理人たる弁護士に白紙で委ねるということである。これは明らかに筋違いである。

新知事の下で改めて都の基本的立場を再検証することと自体はあり得るし、その際に法律の専門家の知見を求めることも当然あってしかるべきだが、その場合の弁護士はアドバイザーという位置付けになる。仮に元知事の責任の有無を検証したいならば、庁内に検討機関を設置してそこに法律の専門家として弁護士を参加させるとかアドバイザー契約をして知見を借りる等、まずは都としての基本的立場を導き定め、次にそれを踏まえて被告代理人として弁護士選任を行うのが筋である。果たして今回のこの弁護士差し替えは庁内の組織的検討に付されたのか。自治体行政として異常なプロセスに見える。

被告代理人に訴訟の担当である「元知事の責任ありやなしや」を検証させるということは、被告(東京都)の基本的立場は取りあえず白紙にして、一方的に解任と選任を行うということだ。新知事の下で原告の主張を再検証して従来の基本方針の一部または全部を変更する必要が生じたから弁護士を差し替えるというなら理解できるが、被告代理人に被告の責任の有無を検証させるというのはおかしい。

もし差し替えるならば都の基本的立場の変更に至る検討経過の説明が必要で、それがなければ、小池知事が自分の責任をすり替えて政治的意図による印象操作をしているように映る。

■不適切な税金の支出

報道では、都議選直後に新弁護団が元知事の賠償責任までは「問えない」との発表がなされたが、そもそも元知事の責任を問うか否かを決めるのは小池知事であるはずだ。

つまり知事は、被告代理人としての弁護士と、自らの政策的アドバイザーとしての弁護士とを混同している。都が何の判断も示さず訴訟の根本について白紙委任することとは小池知事の不作為であり、それにより費用を支出する意味で、差し替えの弁護士費用は不適切な税金の支出だ。

(田中良杉並区長、聞き手＝編集部)　＝おわり

BOOK

実践！復興まちづくり

～陸前高田・長洞元気村 復興の闘いと支援 2011～2017

復興まちづくり研究所編

2011年3月11日の東日本大震災から、もうすぐ7年になる。あの災害を風化させず、東北各地の復興をどう進めるのか？　回答の一つがここにある。

この本は東日本大震災の巨大津波で大きな被害を受けた岩手県陸前高田市の長洞村落を復興させていく村民と支援者の共著による記録だ。

被災直後から被災村民が共同で住める土地を村内に探し、県や市と粘り強く交渉して村内での仮設住宅の整備と被災村民全員入居を実現する。復興拠点「長洞元気村」の誕生の経過は劇的だ。

更に「元気村」で、村民と支援者が協力して実現していく「長洞復興まちづくり」の全プロセスと成果、そこから生まれた理念が分かりやすくまとめられている。

神戸(阪神・淡路大震災)で直面した被災地の現実や仮設住宅供給の反省を基に提言された「仮設市街地四原則(①地域一括②被災地近接③被災者主体④生活総体)」の理念が生き生きと豊富な図・写真で具現化される。

支援の専門家を入れた復興協議会・懇談会や、高台移転計画と住宅再建、なでしこ会と好齢ビジネスの立ち上げ、生業の拠点としての「なでしこ工房と番屋」の計画資金集め・自力設計・自力工事等でも、「復興まちづくり」のスピリットは息づいている。

関東大震災を経験した東京にとって、防災や災害復興経験者の蓄積は大きな課題だ。東北や熊本では官民合同で支援部隊を派遣する自治体が増えたと聞く。

最終章の提案では、それを一歩進め、官・民・NPOがタッグを組み、住宅・都市計画・土木・建築等のハード部門と福祉・保健・医療等のソフト部門の専門家がチームで被災地の復興まちづくりを支える「災害派遣復興まちづくりチーム」の創設を提案しており斬新だ。

自治体で防災やまちづくりに関係する職員はもちろんのこと、行政に携わる多くの方に読まれることを願う。

(都市整備局市街地整備部防災都市まちづくり課長　栗原聰夫)

ミニガイド

◇東京のサイバーセキュリティ　さらなる安全・安心に向けて　▷日時　12月27日㈬　午後3時～4時半▷会場　都議会議事堂1階都民ホール▷内容　講演会「東京のサイバーセキュリティの現状～Safe Cities Index　2017より～」谷幹也・日本電気㈱中央研究所セキュリティ研究所所長、パネルディスカッション「さらなる安全・安心に向けて」▷参加申し込み　都内在住・在学・在勤、先着順で定員100人。入場無料。氏名(フリガナ)、電話番号、メールアドレス、職業、年代(20代以下・30代・40代・50代・60代以上)、託児保育サービスの利用、その他(車椅子の補助等、参加時に配慮が必要な事項)をメール本文に記載の上、S0000013@section.metro.tokyo.jpまで。

◇中央区立郷土天文館第18回特別展「区制施行70周年記念　中央区のあゆみ―戦後の発展とまちの変化―」　▷内容　写真資料などから70年間のまちの発展と変化の様子をたどる▷期間　12月10日㈰まで▷時間　(火～金)午前10時～午後7時、(土日)午前10時～午後5時▷会場　中央区立郷土天文館(タイムドーム明石)特別展示室▷入場料　無料▷休館日　毎週月曜日

◆シリーズ「都市のレガシー」は休みます。

副知事人事ノート　第22回

都政研究元主筆　大塚英雄

初の私学副知事誕生②

太田和男が主計部長に着任するまでの同部は、よく言えば専門性の高いプロの集まり。端的に言うと予算技術にたけた「職人」の集団の感を呈していた。例えば、昭和20年代の後半から太田が主計部長から財務局長に直進するまでの予算課長(公債課長を含む)の名前を順番に列記すると宮崎吉則、佐藤喜一郎、内田政雄、木村賢蔵、原口一次、山田良太郎、糸原隆、萩本俊助、清水清となるが、局長にまで到達したのは原口以降で、それまでは部長止まりだった。つまり、天下の予算課長の庁内のステータスは、予想以上に低かったということだ。

太田は将来の都政を背負って立つ人材を財政畑からも育てていきたいと考えた。それにはいきのいい有能な若い人材を集める必要がある。太田は総務局時代にタッグを組んだ同局総務課長の橋本傳夫(元首都整備局長)に協力を求めた。

そこで、局の内外から呼び集められて主計にきたのが野村鋹市、続訓弘(以上元副知事)、花田一憲、白賀忠義、岡戸武彦、加藤昇(以上いずれも元局長級)といった、その後、副知事や主要局長にまでなったそうそうたる逸材である。このほか戦後の大卒1期生の田坂益夫(元副知事)や岩松宇佐雄(元住宅局長)も、主計部に既に先着していた。こうして主計部黄金時代の礎は築き上げられたのである。

太田部長時代の出来事としてもう一つ特筆すべきは、調査機能の強化だ。今でもそうだが、東京都を富裕団体視し、年度末の国の予算シーズンになると、まるで年中行事のように「財源調整」の名目で、国は容赦なく都のフトコロに手を突っ込んできた。これに対抗するには、都としてのきちんとした財政計画をつくることが必要と判断した太田は財政調整課を発足させた。その後、財政課に改め、都財政の「司令塔」として重きをなしていることは衆知の通りだ。

◇　◇

太田は主計部長在職中の2年半、誠心誠意財政門外漢の細田義安局長を助け、都財政を切り回した。このため三多摩地区からの衆院選出馬を目指していた細田は、心置きなく選挙の準備に没頭することができ、昭和35年の最初の選挙で定員5人中、5番目ながら激戦区の三多摩地区で見事初陣を飾った。

都庁に限ったことではないが、人事には常に「if」が伴う。太田は昇任ポストの総務局総務部長から主計部長に回された時、「ひどい」と、義弟の人事担当副知事の萩原辰郎に文句をつけたが、これが前述のように2年半後の財務局長直進、更には副知事への抜擢につながった。まさに急がば回れの見本になった。

そして太田の副知事抜擢が渋滞し切っていた局長人事の刷新を促す結果にもつながった。すなわち、太田より年齢的に先輩に当たる羽田恵助・総務局長(57)、東京2区から自民党公認で衆院選への出馬が決まった本島實(56)の退職を求め、部課長から一足遅れた「57歳肩たたき」を、局長級にも拡大する引き金になったのである。

(敬称略)

伝統と革新 "和のエンターテインメント"に新たな息吹を吹き込む!

上妻宏光コンサート

―和心伝心―其ノ四 ～若き和の賢者達～

出演

中 孝介〈歌手〉 **藤原 道山**〈尺八演奏家〉

朝倉 さや〈歌手〉 **佐藤 和哉**〈篠笛奏者〉

大塚 宝〈和太鼓アーティスト〉 **山井 綱雄**〈シテ方金春(こんぱる)流能楽師〉

大江戸助六太鼓〈和太鼓音楽集団〉

2018年1月2日(火) 14:30開場 15:00開演

会場 東京国際フォーラム ホールC

料金 全席指定5,000円(税込) ※未就学児童入場不可

東儀秀樹 源氏物語音楽絵巻 ～儚き夢幻～

出演

東儀 秀樹〈雅楽師〉

花總 まり〈女優〉 **塩谷 哲**〈ピアニスト〉

古澤 巖〈ヴァイオリニスト〉 **尾上 菊之丞**〈舞踊家／構成・演出〉

源氏物語の無常感あふれる儚く美しい物語世界を、十二単などの王朝装束や最新の映像技術も交えて表現した絢爛豪華な音楽絵巻。「J-CULTURE FEST」のために制作される、オリジナル新作公演です。

2018年1月3日(水) 15:30開場 16:00開演

会場 東京国際フォーラム ホールC

料金 全席指定5,000円(税込) ※未就学児童入場不可

野村萬斎×真鍋大度

三番叟FORMⅡ

「伝統と現代の融合」をテーマに、昨春、総合演出:野村萬斎、映像演出:真鍋大度でお送りした、伝統芸能×最先端テクノロジー公演の第二弾。今回は、バージョンアップした「三番叟FORM Ⅱ」に続き、「アフタートーク」で萬斎が登場予定。お楽しみに。 ※詳細は決まり次第、公式サイトにておしらせします。

©Shizuo Takahashi

総合演出 **野村萬斎**〈狂言師〉 映像演出 **真鍋大度**〈メディアアーティスト〉

2018年1月2日(火)・3日(水)

13:00開場／13:40開演

会場 東京国際フォーラム ホールB7

料金 全席指定5,000円(税込) ※未就学児童入場不可

NINJA

～心・技・体～

いま、世界が注目する「NINJA(忍者)」をフォーラム流にエンタメショー化。あなたは、どんなNINJAに出会えるか? 乞うご期待!

出演

藤山大樹／BLUE TOKYO

ミュージカル「忍たま乱太郎」第9弾 他

※歌、ダンス、殺陣を中心としたダイジェスト構成版の予定です。

MC〔NINJA入門〕**神田松之丞**〈講談師〉

©A/N・EP ©MNS

2018年1月2日(火) 12:00～13:10

会場 東京国際フォーラム ホールB5

料金 全席指定4,000円(税込)

※未就学児童入場不可

新春フォーラム寄席

江戸城のお膝元・丸の内にて、正月3日限定、フォーラム寄席開催決定! 人気・話題の噺家、芸人が次々登場。笑って初春を飾ろう!

林家たい平 柳家三三 他

2018年1月3日(水) 11:30～13:00／15:00～16:30

会場 東京国際フォーラム ホールB5

料金 全席指定3,000円(税込) ※未就学児童入場不可

チケット好評発売中!! チケット購入・お問い合わせ キョードー東京 **0570-550-799** 平日 11:00～18:00 土日祝 10:00～18:00 http://kyodotokyo.com ぴあ、ローソン、CN、e+でもチケット発売中!!

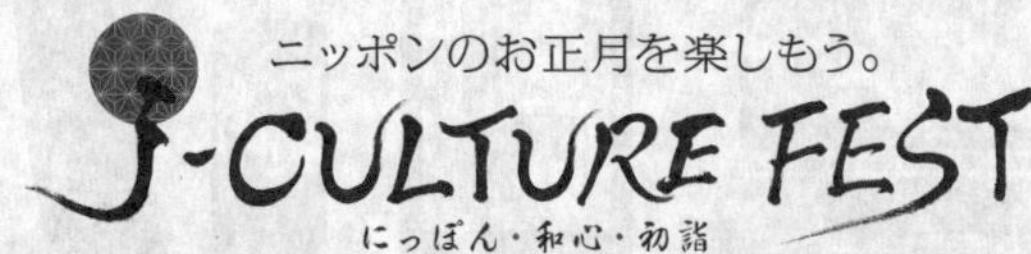

2018年1月2日(火)・3日(水) http://j-cf.jp/

東京国際フォーラム ホールC・B7・B5

主催:東京国際フォーラム
共催:東京都・アーツカウンシル東京(公益財団法人東京都歴史文化財団)

東京国際フォーラムでお正月!

正月テーマパーク

日時 **2018年1月2日(火)・3日(水) 11:00～18:00** 会場 東京国際フォーラム ホールE

お雑煮の食べくらべや祝い餅つき、角打ちコーナーや縁日屋台での遊び、伝統的な日本文化を体験できる催しが盛りだくさん。ぜひ東京国際フォーラムへ日本のお正月・日本文化を満喫しにいらっしゃいませ。

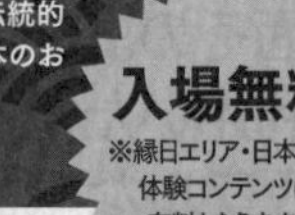

一 体験エリア

伝統芸能・芸道をはじめとする日本の伝統的な文化の体験。和楽器、いけばな、お茶、和菓子づくり、お能、着物など、日本の文化を気軽に体験・お楽しみいただけます。

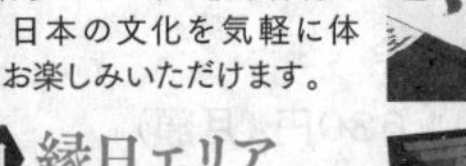

二 伝統工芸エリア

各地に伝わり、長年にわたり受け継がれた伝統的な技術・技法、日本の美を体感できる伝統工芸品の数々をご紹介します。商品の展示販売の他、実演やワークショップも。

三 お正月フードエリア

正月テーマパークの大人気コーナー。今年も日本各地のお雑煮のほかにふるまい餅を用意してみなさまをお待ちしております。京風うずらつくねちゃんこ鍋(1500円)、洋風雑煮 ポトフ風、洋風雑煮 オマール(1100円)等を帝国ホテルブースにて販売。※税込価格です。

四 縁日エリア

初詣の参拝気分で、ぜひ縁日エリアへ。輪投げやスーパーボールすくいなど、家族で遊べる楽しい屋台が並びます。日本のおもちゃの販売もあります。

五 ステージエリア

オープニングの"いけばなパフォーマンス"や、力士の"餅つきステージ"も見ごたえ満点。様々な伝統芸能ステージをご用意。その他若い世代の瑞々しい感性が競い合う「この音とまれ!箏曲演奏コンクール」のほか、「三番叟FORMⅡ」公演収録の模様をパブリックビューイングでお楽しみいただけます。

いけばなパフォーマンス 琴恵光 嘉風

この音とまれ! ジャンプSQ.で大好評連載中! 累計180万部突破! コミックス1巻～15巻大好評発売中!! ©アミュー／集英社

◇宮廷文化・今昔物語

会場:ロビーギャラリー 会期:1/2～1/15

明治改元から150年の節目に、日本の宮廷文化の貴重な資料を特別展示。

※詳細は公式サイトでご確認ください。

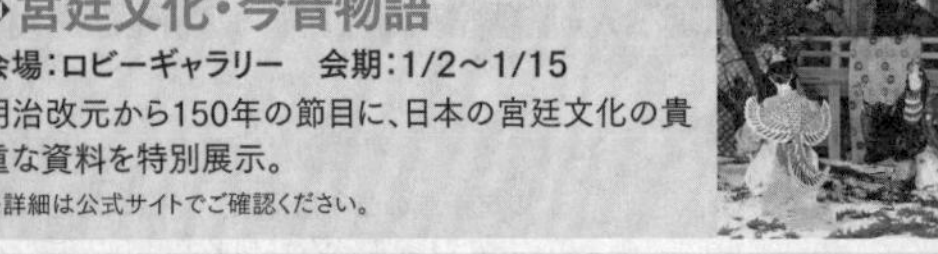

◇江戸とお城〈特別展〉

会場:ガラス棟1F東京駅側

江戸時代と江戸城を、ヨーロッパのお城との比較やその変遷、そして全国の再建運動を通して展示。

※詳細は公式サイトでご確認ください。

江戸城

ちびっこ相撲

2018年1月2日(火) 15時～(予定)

正月テーマパーク内「あそび広場」

◇募集人数:30名
◇対象:4歳から9歳の男女
◇服装:運動のしやすい服装(体育着等)
◇募集締切:12月20日(水)
◇所要時間:1人2分程度 ※参加の場合は保護者同伴でお願いします。
◇受付方法:下記専用フォームにてお申し込みください。
https://questant.jp/q/DEI0EBCG

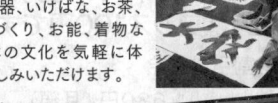

都政新報

発行所 都政新報社
〒160-0023 東京都新宿区西新宿7-23-1 TSビル
(総務・読者) 03-5330-8781
(企画広告) 03-5330-8784
(編集) 03-5330-8786
(出版) 03-5330-8788
(ファクス) 03-5330-8808
購読料 月1,730円(税込)
毎週火・金曜日発行 ただし、祝日は休刊
©都政新報社 2017

紙面から

都議会代表質問

知事への非難集中

「改革の成果実感できない」

10月の衆院選後、初めての議会となる第4回定例都議会の代表質問が6日に行われ、都民ファーストの会を除く各会派からは小池知事の国政進出や都政運営に対する批判が相次いだ。知事は「都政に邁進する」と従来の考えを繰り返したが、政治姿勢などの質問には真正面からの答弁を避けた。各会派からは豊洲市場への移転や入札制度改革の見直しなどに決着を図るべきなど厳しい意見が寄せられている。=6面に関係記事

■政治姿勢

小池知事の都政運営を批判したのは、知事与党だった公明党の橘正剛氏だ。豊洲市場への移転や入札制度改革などに「自ら決着をつけること」と注文した上で、「知事が進めてきた改革の成果を都民が実感できない中で、新たな改革を打ち出しても、実績の裏付けと決着を伴わない政策は虚妄となる」と指摘した。

自民党の鈴木章浩氏も、希望の党の代表を辞任した小池氏に「投票した有権者を裏切る行為。何のための国政進出だったのか」と追及。政治家としての信念を都民に語るべきとの考えを示し、「その言葉がないのであれば、知事の言う都民ファーストはあまりにも空虚で都民に対して失礼」と非難した。

共産党の米倉春奈氏は、改憲など希望の党の公約に関して「都政に持ち込むことは断じて許されない」と問題視。民進党の西澤圭太氏は都民ファや希望の党の代表を辞任した小池氏に対し、「(知事を)辞任するというイメージを拭いきれない。任期を全うするのか」と確認した。

一方、都民ファの山内晃氏は、希望の党の代表就任などには触れず、「衆院選が終わり、一層都政に専念することを期待する」と持ち上げた。

これに対し、小池知事は各会派の質問に具体的な答弁を避け、「都民ファーストの姿勢で都政に邁進していく」「都議会と建設的な議論を積み重ねながら、都政を前に進めていく」などと述べるにとどまった。

■入札制度改革

代表質問で各党が問題視したのが豊洲市場の追加対策工事で相次ぐ入札不調だ。ただ、都民ファの山内氏と公明の橘氏では、対照的な質問内容となった。

山内氏は「関係者に不安が広がっているのは事実」と述べた上で、「来年10月中旬までに間に合うように工事会社を決めないといけない」として、今後の工事の見通しを質問した。その一方で、財務局案件の予定価格の公表を事前から事後に見直した結果、入札不調が19%に倍増したことについては、「(マスコミが)ことさら喧伝しているが、99%以上の高い落札率は減っている」と入札制度改革の成果を強調した。

これに対し、橘氏は都が豊洲の工事で検討を進めている随意契約を「遅きに失した」と言及。「厳しい契約状況が続けば、追加対策工事と専門家会議による安全確認を来年7月末までに完了できない」との見方を示し、今後の対応を求めた。

また、橘氏と自民の鈴木氏は入札制度改革を見直すよう求めた。中小企業の声を踏まえ、橘氏は過去3年間に社会保険の未加入があった業者は失格になり、「大変酷」と指摘。鈴木氏は建設業界に混乱をもたらした現状を取り上げ、「間違った制度変更だったと認識すべき」と訴えた。

入札制度改革の見直しを迫られた小池知事は、入札監視委員会による制度改革の検証と業界団体の声を踏まえ、「より良い制度の構築に向けて取り組む」と強調した。

小池知事は「様々な手立てを講じていく」として、来年7月までに豊洲の工事と専門家会議の確認を終わらせるとの考えを述べたが、具体的な取り組みなどについては言及しなかった。

■千客万来施設

市場問題では、事業者が撤退を示唆している豊洲新市場のにぎわい施設も課題だ。

自民党の鈴木氏は、豊洲市場内に開設準備を進めている千客万来施設の整備がストップし、同市場を受け入れる江東区が反発したことを踏まえ、同区を訪問して説明する考えがあるかを知事に質問。一方、共産党の米倉氏は豊洲移転に反対の姿勢を示した。

小池知事は江東区に関して、「足を運ぶことも考えていく」と話した。

マスコット3案お披露目

東京大会の「顔」はどれ?

2020年東京オリンピック・パラリンピックの大会マスコット候補の3案が7日、お披露目された。いずれも一般公募で集まった2042件の中から審査会が選定したもので、▽紺とピンクの市松模様に近未来的な世界観を組み合わせた「ア」▽招き猫や神社のキツネ、狛犬をモデルに炎と雲・風を表現した「イ」▽紅白カラーに金の水引を背負ったキツネとタヌキに日本古来の勾玉を組み合わせた「ウ」――の3点。審査会座長の宮田亮平文化庁長官は「日本の子供が一番マスコットを選ぶ目を持っている。歴史に残るものを選んで」と呼び掛けていた。

全国の小学校のクラス単位による投票で決定する。投票期間は今月11日から来年2月22日まで。

築地調査費計上見送りを

築地商組・泉氏と音喜多都議が対談

築地東京青果物商業協同組合(築地商組)の泉未紀夫理事長が、都の新年度予算案に築地のまちづくり調査費(6千万円)を計上すべきではないとの考えを示した。音喜多駿都議(かがやけTokyo)との本紙での対談で語った。同調査費は予算案に盛り込まれる見通しだが、明確に反対する会派もあり、予算審議の焦点の一つになりそうだ。=3面に「対談」

小池知事が築地市場跡地を「食のテーマパーク」として再開発する基本方針を示したことに対し、豊洲市場内に整備する予定の千客万来施設の運営事業者が撤退を検討している。同調査費の計上を見送ることで、食のテーマパークを再開発する基本方針を白紙撤回する姿勢を明確にし、予定通り事業者の進出を促す狙いがある。

移転推進派の音喜多氏も「(築地の調査費を)予算ゼロにするというのは業者の立場に立てば、知事の本気の覚悟が伝わる」として、賛同する姿勢を示した。

また、泉氏は環状2号線の整備に対しても懸念を示し、「時間がないから(築地市場内を通る環2の両脇をコンクリート製の壁ではなく)盛り土にする案も出ているが、しっかりとしたものを造るべき」と指摘した。

音喜多氏は、都民ファーストの会に在籍した時、「環2は大きな問題になる」と幹部に指摘したが、「問題ない」との返答を受けた。泉氏は「知事も同じ考えだと漏れ聞いている」と明かした。知事や知事周辺が環2の整備を問題視していなかった実態が浮かび上がった。

都国際金融都市

英「シティー」と協力

資産運用業育成へセミナーも

国際金融都市・東京構想の実現に向けた都の動きが加速している。都は4日、英国の金融街「シティー」と金融面で協力する合意書を取り交わし、プロモーション等の推進体制を強化した。また、海外に比べて資産運用業が少ない実態を踏まえ、5日には機関投資家向けに初のセミナーを開催。新興資産運用業者の誘致・育成につなげていく。

「シティーの持っていた経験を学んでいきたい」。小池知事は合意書署名式に際し、こう語った。19世紀以降、米国ニューヨークのウォール街とともに、世界の金融センターとして先導してきたシティー。世界に向けた発信力など、都の参考になる部分は多く、再び東京をアジアの金融拠点にすることを掲げる知事にとって、最良のパートナーを得た格好だ。

一方、シティー側にも思惑がある。一つが英国のEUからの離脱「ブレグジット」による影響力低下の恐れだ。企業の国外転出が相次げば、経済面での負のインパクトは大きい。シティーでは現在、日系金融機関65社が活動しており、今回の合意で日本の金融拠点である東京との連携を深めたい考えだ。

合意書では、▽金融分野の会合やイベント、情報共有▽教育分野での共同プログラムの構築▽環境・社会・ガバナンス(ESG)投資とグリーンファイナンスの推進▽プロモーション活動の推進――の4分野での連携を柱とした。

中でも都が力点を置くのがプロモーション活動の推進だ。日本には現在、世界に向けて金融業をPRする専門組織がなく、11月に策定した構想でも官民一体の海外プロモーション組織の設立を柱に掲げた。

シティーはそれ自体がプロモーション組織の構成団体であり、強力に海外PRを遂行。シティー市長自らが、年間100日以上、海外に直接訪問してPRしたり、海外から関係者を招き、時に自費で歓待するという。この強力なトップセールスがシティーの地位を維持し、向上させている。

「誰をトップに据えるか。これが最も重要」。都政策企画局の担当者は、プロモーション組織設立に向けてこう話す。シティー市長の場合、業界で名の知れた「ビッグネーム」が就任しており、「業界人が驚くような人選をしなくてはいけない」(同担当者)。

課題はいかに賛同者を募り、実働部隊を構築できるかだ。都は来年度、プロモーション組織設立に向けた調査を実施し、体制の在り方やコスト負担、設立スケジュールなど詳細を詰める方針だが、参加する民間団体に十分なメリットがなくては、組織設立は果たせなくなる。

小池知事は署名式で、「ここはスタートライン。大切なのはこれからのアクション」と述べた。知事就任以降続けてきた議論と構想策定が終わり、いよいよ国際金融都市に向け、本格始動となる。

「税源涵養」いかに

5日、日本橋兜町の東京証券取引所「東証ホール」。機関投資家や資産運用業者ら約150人が、都主催の新興資産運用業者育成プログラム(EMP)セミナーに参加し、登壇者の発言に耳を澄ませていた。

都は日本の資産運用業者が諸外国に比べて少ない実態を問題視した。日本では、特にバブル崩壊以降、リスク回避型の資産運用が主流となっている。

こうした背景から、金融資産の流動化を目指し、都は11月の構想でEMPの導入を掲げた。また都はEMPを通じ、新興資産運用業者を東京に誘致、育成することで、将来の法人税収を増大させる「税源涵養」の発想を持つ。

▽保守的な日本の顧客▽既に構築されている強靭な金融商品の流通チャネル▽新興資産運用業者への信頼度の低さ――。EMPセミナーで登壇した新興資産運用業者の一人が日本の市場環境をこう整理した。同登壇者は「市場の失敗が起きやすい環境」と続け、EMPによる後押しの必要性を強調した。

実効性のあるEMP構築に向け、都は来年度早々に新興資産運用業者に運用資金を提供する大手機関投資家を公募、選定する方針だ。セミナーに登壇した投資資産規模200兆円を誇るゆうちょ銀行役員は「都の施策を積極的、慎重に検討していきたい」と意欲を示した。

「投資家の使命はリターンを出すこと」。元みずほ銀行員の片岡之総・金融庁資産運用企画室長がセミナーでこう述べたように、リスクとリターンの狭間で実利を追い求める民間業者に対し、いかに外国人の生活面を含めた魅力的な市場環境を用意できるか。都の施策の具体的な展開が待たれる。

冗句ジョーク

改革政策に批判はつきもの。小池知事の入札制度改革に都議会で批判質問集中

「江戸は豊洲に建つ豪勢な市場だヨ、特命、随契、一般入札、エーイ面倒だ、まとめて持ってけドロボー!」――寅さん風職員

都政の東西 セカンドステージ

衆院選の最大の誤算は、小池知事のつまずきだった。都政で悪者をやっつける正義のヒロインは、あくまで改革のイメージキャラクター的役割でとどめておくべきだった。代表として君臨し、自ら候補者の仕分けをにおわせるきな臭い発言をしたことで、選挙の焦点がぼやけてしまった。

小池知事が代表を退いた希望の党や、「排除」された人たちが集まった立憲民主党、"清算事業団"と化した民進党は、このまま放置しておいても目障りだ。挫折したとはいえ、リベラル勢力の再編にはセカンドステージが待っていると思う。

それには、共産党の票を当てにしなくても自力で自民党を上回る勢力になり得る政党をつくることが必要だ。その担い手は民進党の落ち武者中心ではなく、社会で働いた経験のあるビジネスマンを主力とした若手だ。自分探しの末にたどり着いた政治オタクや、親が政治家の2世などは全力で排除したい。

共産党はもう自民党に対する公明党的なリベラルの補完勢力的発想をやめて、より多くの[illegible]

立民の都連設立 西澤都議入党へ

[illegible]

6面「五輪への航海図」本日号から新テーマ

「NFに聞く 期待と課題」

2020年東京五輪の成功に国内競技団体(NF)の協力が欠かせない。[illegible]

法整備前の例外認可求め

東京一極集中是正に端を発した23区内の大学の定員抑制で、政府は来年度から定員増を原則認めない方針を6月に閣議決定し、法案提出に向けて急ピッチで作業を進めている。その一方、大学をまちの活性化の起爆剤にしようと誘致を推進してきた各区は、安定的な経営を確立しようとする大学とともに対策を模索している。地方創生の名の下に国や地方の圧力が強まる中、各区がどのように活路を見いだすか、2回のシリーズで追う。

創生の代償　23区大学定員抑制　上

現場の奔走

国によると、全国の学生の18%が23区内の大学に集中しており、卒業後にそのまま都内企業に就職した学生は約76%に上る。東京圏への転入超過につながっているとして政府が打ち出したのが大学定員抑制だ。

国は9月29日に大学と短期大学認可基準の特例告示を公示し、来年度の大学定員増と2019年度の大学新設を認めないことを決定した。20年度以降に関しては、まち・ひと・しごと創生本部の有識者会議がきょう8日に最終報告書を答申。来年の通常国会には法案を提出する。

しかし、報告書では、学生数を増やさない「スクラップ・アンド・ビルド」や、既に進行している計画であれば抑制すべきでないとして例外を認める考えが示されているのみで、具体的な規制対象は不明瞭な段階だ。大学の誘致を進めてきた区と定員増・移転などを検討している大学は、法で規制される前に、例外として認可を受けることに望みをかける。

墨田区は4日、大学誘致を10年来働き掛けてきた区立小・中学校跡地に20年4月、学校法人電子学園が「専門職大学」を開設すると発表した。定員は1学部計800人規模を計画する。

専門職大学は、学校教育法の改正で19年度から設置が可能となった新しい高等教育機関で、実習に重点を置く教育カリキュラムが特徴。大学側は「在学中の起業を必修とするなど、今までにない大学を作りたい」と意欲を示し、墨田区内の中小ものづくり企業との連携に期待する。

国の有識者会議が出した素案では、専門職大学の新設は、今後5年程度は23区内でも認める方針を打ち出している。多忠貴理事長は「昨年8月に機関決定し、予算を投じてきた。国に一定の理解を求め、着実に進めたい」と話す。

墨田区は、国の定員抑制後も大学誘致に力を注ぐ＝4日、電子学園との合同会見で

同区は08年度に学校跡地への大学誘致を表明。11年度には7法人から応募があったが、審査会で該当者なしとの結論になった。このため、その後は4年制総合大学に絞って区が進出を打診していた。しかし、誘致表明から10年近く経っても大学が決まらず、今年から方針を転換し、誘致対象を専門学校にも広げた。国が抑制に例外を設けている間に区内への進出を確定したいという大学側の意向とも一致し、約7カ月間の協議でスピード合意に達した。

一方、既存キャンパスとの定員調整で、例外的に誘致を勝ち取ろうという動きもある。造幣局跡地に大学誘致を進める豊島区では、整備を委託しているUR都市機構が10月末に東京国際大学を選定。大学側は、川越キャンパスの定員の半数に当たる3500人を新キャンパスに移すことで、規制の対象外としたい考えだ。23年9月の開校を目指す。

北区も21年4月に新キャンパスを開設する東洋大学が朝霞キャンパスから定員を移すことで対象外となることを目指す。19年4月に廃校を利用して大学を開設する江戸川区は、学生が地方の系列大学での講義と併用した教育カリキュラムを組むことで例外として認可を受けることを狙う。

国からの規制は、23区にとって地方創生の代償を負わされた形だが、学生や教員を集めやすい都心にキャンパスを構えたいという大学側の要望は根強い。受け皿となる区にとっても、大学誘致に向けて手探りの奔走が続く。

ふるさと納税

減収拡大で「反転攻勢」

世田谷区　五輪で体験型手法
目黒区　高額寄付へ返礼品
杉並区　基幹税流出を周知

ふるさと納税による減収が23区で拡大する中、各区が「反転攻勢」に乗り出した。世田谷区は五輪キャンプ施設の改修に「ガバメントクラウドファンディング」を導入。レガシー創出への参加や選手との交流イベントへの招待など「体験型返礼品」で寄付を募る。目黒区は100万円以上の寄付を想定した返礼品を新設し、寄付金競争に本格参戦する。その一方、杉並区は区税損失額と区政への影響を紹介するチラシを作成し、イベントなどで区民に配布。減収拡大に警鐘を鳴らしている。

23区ではふるさと納税による減収が年々拡大しており、総務省の試算では、今年度の23区合計の区税損失額は前年度比1・8倍増の約230億円に上る見込みという。区長会は国に対し、過度な返礼品競争の是正を主張。総務省は4月に返礼品を寄付額の3割程度とするよう各自治体に通知したが、地方からは反発の声が上がり、混乱が続いている。

こうした中、23区では新たな対策を打ち出す動きが広がっている。世田谷区は米国五輪選手団が事前キャンプに使用する区立大蔵運動場内の陸上競技場のスタンド改修にガバメントクラウドファンディングを導入。15日から来年3月までふるさと納税を募集する。

ガバメントクラウドファンディングは、自治体が主体となって行うクラウドファンディングの手法の一つ。通常のクラウドファンディングと異なり、寄付額が目標に達しない場合も事業化することで、寄付をためらわないようにするのが特徴だ。区は改修事業費約19億円のうち、1950万円を目標額に設定。メーンスタンドに新設する座席一つ当たりの整備費3万円を1口として、1700席のうち500席を寄付で賄う方針。

また、パラリンピック選手団の利用を見据えて新設する車椅子シャワー室2カ所の整備費として450万円の寄付を募る。座席と異なり、金額は自由とし、広く寄付を求める考え。

区は3万円以上の寄付に対し、施設内でのネームプレートの掲出とともに、竣工後に行うオープニングイベントへの招待を予定。米五輪委員会と連携した現役選手や過去に活躍した「レジェンド」らとの交流企画などを検討する。

区スポーツ推進課では、「五輪のレガシー作りに自ら参加し、米国との交流を深めてもらうなど体験型の返礼品というイメージ。来年3月までの結果を見て、寄付対象の拡大も検討したい」と話す。

世田谷区がガバメントクラウドファンディングを導入する区立大蔵運動場内の陸上競技場

一方、目黒区は4日に新たな返礼品を発表。100万円以上の寄付を対象とした商品を設定するなど、高額寄付の取り込みを目指す。

区が100万円以上の返礼品に設定したのは、「ホテル雅叙園東京」のペア宿泊券。広さ250平方㍍のスイートルームに1泊2日、2食付きで招待する。また、国内有数の鉄道模型メーカーとして知られる区内企業の「カツミ」が製作する高級鉄道模型も用意。旧東急池上線で運行した「東急7600系」など3パターンから選んでもらう。

同区によると、ふるさと納税による今年度の区税損失見込み額は約12億円で、昨年度から2倍に増加。全国で10番目に高額となった。このため区は、国が4月に出した通知を受けて検討を開始。区商店街連合会や交流自治体の協力を受け、返礼率3割の範囲内でメニュー選定を進めてきた。1万円と3万円を対象とする返礼品には、区内産の地ビールや有名菓子の詰め合わせ、金沢市など連携自治体の名産品などを用意し、寄付の拡充を図る。

事業を担当する秘書課では、「過度な返礼品競争に反対する考えに変わりはないが、適正な範囲であれば制度を活用する必要がある」と述べた。

他方で、杉並区は区税損失額が約14億円に上ったことを受け、区政への影響などをまとめたチラシを2万5千部作成。区民への啓発活動を強めている。町会・自治会の掲示板や回覧板を活用したPRを行うとともに、11月に開いた区内最大級のイベント「すぎなみフェスタ」で専用ブースを設置。パネル展示などで基幹税の地方流出に危機感を示した。

区民生活部では、「財源流出が続けば、区民サービスの低下につながりかねない。不安をあおるなどと区民から批判の声もあるが、実情を把握してもらうのが重要」（ふるさと納税担当）としている。

中野区

中野駅西側に南北通路
JRと実施設計協定

中野区は、JR中野駅西側南北通路と橋上駅舎など複合施設の2019年度の整備着工に向け、JR東日本と実施設計に向けた協定を締結する。5日に開かれた区議会建設委員会に報告した。

協定では、JRが19年3月までに施設設計を行う。費用負担は区が3億1千万円、JRが2億5千万円。設計内容に著しい変更が生じる場合は両者で協議する。

南北通路は、駅西側に設置し、線路上空をまたいで区役所や中野サンプラザなどがある駅北口地区と南口側の中野3丁目地区をつなぐ。延長80㍍、幅員19㍍を予定。橋上駅舎はJRが主体となって新たに整備する駅ビルの2階に配置する。

駅ビルは地上5階建て地下1階で延べ床面積は約1万8千平方㍍。1階がプラットホーム、2階～4階が商業店舗、5階を駅施設とする。

総事業費は公表されていないが、南北通路と橋上駅舎の整備は区の負担で、負担額は約119億円。施工者の選定方法はJRと協議して決定する。区が整備する南北通路と橋上駅舎は27年度、JRが整備する駅ビルは29年度の完成を予定している。

区が16年6月にまとめた基本設計で、建設地盤が軟弱だったため、工期が長期化した場合の工事費の影響が大きくなることが判明。区とJRは施設建設の工期短縮などに向けた協議を進めていた。実施設計作業においても設計内容と工事工程を検証し、さらなる工期短縮を検討する方針。

区は、「中野駅地区」として中野駅周辺の再整備を3期に分けて進めている。12年6月に完了した第1期事業では北口駅前広場や東西連絡通路を整備。南北通路と橋上駅舎整備は第2期事業となる。

練馬区　492本の大根引っこ抜き

ギネス世界記録認定

練馬区が3日に開催した「第11回練馬大根引っこ抜き大会」で、延べ492人が一定時間内に大根を引き抜き、ギネス世界記録に認定された。挑戦内容は3分間で大根を引き抜いた累計人数をカウントするもので、前川燿男区長も参加。265人が計492本の練馬大根を引き抜いた。記録達成を受け、前川区長に公式認定証が授与された。

大会は、引き抜いた練馬大根の長さを競う「グループ参加の部」と、制限時間内に引き抜く本数を競う「選手権の部」の2部門で実施。計4300本を収穫した。

収穫した練馬大根は4～5日に区内全小中学校99校の給食で提供。しょうゆベースの練馬大根のおろしソースを絡めた「練馬スパゲティ」を振る舞った。

前川区長は「区には練馬大根を始めとして、市民生活と融合した世界に誇れる都市農業がある」と区の魅力をアピール。区都市農業課では「練馬大根の魅力を区内外に発信するとともに、学校給食として子供たちに味わってもらい、食育を推進したい」と述べた。

男性主事懲戒免職　生保で444万円着服

目黒区

目黒区は5日、生活保護受給者の預金を不正に引き出すなど444万円を着服した生活福祉課の男性主事（55）を懲戒免職処分とした。

区人事課によると、男性職員が介護施設に長期入所している生活保護受給者1人の預金を不正に引き出し、7月から9月までに4回にわたって計32万円を着服していたことが10月30日に発覚。区は11月1日に公表し、同様の事例がないか調査を進めていた。調査では、男性職員が2008年8月から今年11月までの約9年間に別の受給者4人から預金や死亡遺留金など総額444万円を着服していたことが分かった。

このため、区は男性職員を懲戒免職処分とした上で、刑事告発を検討。部長級2人と係長級1人を減給10分の1（1月）、課長級5人と係長級1人を戒告とするなど男性主事の上司9人を懲戒処分とした。また、青木英二区長と鈴木勝副区長を減給10分の3（1月）とする給与減額条例を6日に開かれた第4回定例区議会最終本会議に提出し、賛成多数で可決された。

青木区長は「職員の任命権者として区民に深くおわびする。信頼回復に全力で取り組む」とコメントした。

展望ラウンジに2日限りのバー

文京区

文京区は8～9日の2日間、文京シビックセンター25階の展望ラウンジで交流自治体の名産ワインや日本酒などを販売するイベント「スカイビューラウンジバー」を開く。昨年度の初開催で4千人が来場して好評だったため、2回目の実施を決めた。

イベントでは、8日に山梨県甲州市の「甲州ワイン」を販売し、9日は日本酒デーとして茨城県石岡市や新潟県魚沼市、金沢市、島根県津和野町の日本酒を出品。販売価格はグラス1杯（約180㍉㍑）500円からで、2日間の共通メニューとしてビールやおつまみも販売する。販売時間は8日が午後5時～8時半、9日が正午～午後7時半。

区アカデミー推進課では、「今回は昨年以上の入場者に足を運んでもらい、毎年の恒例行事として定着できれば」と話している。

記者席

良薬は口にも耳にも苦し

○……「ドーピングはフェアではない」。6日の第4回定例都議会の代表質問後、小池知事が報道陣の質問にこう答えた。ロシアが国家ぐるみのドーピング問題を抱える中、国際オリンピック委員会（IOC）が来年2月の平昌冬季五輪へのロシア選手団の派遣を禁じたことを知事は評価した上で、「IOCの対応が一番良い薬になるのではないかと思う」とキレのある皮肉を交えて語り、知事室に去って行った。

この取材前、代表質問では国政進出した小池知事への非難が相次いだ。公明党も「実績の裏付けと決着を伴わない政策は虚妄」と痛烈に批判。この言葉は、小池知事に良薬となっただろうか。

○……文京区がシビックセンター展望ラウンジで8～9日に開くバーイベント。区は集客に力を入れているが、理由は観光振興や交流自治体のPRだけではないという。

区アカデミー推進課によると、シビックセンター竣工当初は展望ラウンジで酒類を販売していたが、美しい夜景を強調するために照明が抑えられていることもあり、酔ったカップルが物陰で愛を深め過ぎるケースが続出。「風紀を乱す」と批判が集まり、数年で販売中止を余儀なくされたという。

同課の担当者は「多くの人の目が抑止力になる」と話す。せっかくの人気イベントが中止にならないよう成功を祈りたい。

○……8月に火災が発生した江東区防災センター6階の復旧工事が完了し、4日から業務を再開した。原因が家電からの発火と特定されたため、同区は再発防止策として、電化製品周囲の整理整頓などをチェックリストにまとめることにした。

チェックリストは全22項目。例えば、不要な家電をコンセントにつないだまま放置していないか、机と壁の間など見えない所で圧迫されているコードはないかなどだ。区総務課は「普段から意識付けができるよう、定期的に点検する体制としたい」と話す。

個人的にもリストに思い当たる項目があり、取材しながら内心ドキリとした。師走の折、火の用心を心掛けたい。

有言不実行の知事にもの申す

市場団体幹部と都議が対談

来年10月中旬に予定されている豊洲市場の開場日まで残り10カ月となった。豊洲移転を予定通りに進めていくには、小池知事は今、何をすべきか。かつて知事与党の立場だった音喜多駿都議と築地商組の泉未紀夫理事長に思いを語ってもらった。（本文中は敬称略）

いずみ・みきお＝1949年8月29日生まれ。68歳。慶大経済卒。1年間、米国ミシガン州立大学に留学後、東京新宿青果㈱に就職し、当時の淀橋市場で卸売に携わった。86年に父親の後を継ぎ、青果小売業者で構成する築地東京青果物商業協同組合の理事長に就任した。

――小島敏郎元特別顧問が私案として築地再整備案を提示し、移転反対派が賛同して、市場業界に分断と混乱をもたらしました。

泉　最初に分断と混乱と言い出したのは僕だったと思うが、それはいろんな意味がある。一つは現在地再整備という亡霊を呼び起こしたことだ。みんなで頑張れば再整備ができるという精神論を展開し、信じた業者もいた。また、小島元顧問は青果に対しては「豊洲に行きたければ行けば良い」という暴言を吐いたが、水産の方も青果だけ休むと客が半分になり、青果の先行移転はあり得ないという立場だ。

音喜多　都民ファーストの会の中で活動してきたが、こうした状況を止められなかったことは大変申し訳ないと思っている。小島顧問のやり方には問題があった。昨年までは建て前でも中立を守っていたはずだが、年が明けて豊洲の地下水から基準値の79倍のベンゼンが検出されて、築地の方が良いのではないかという世論を小島顧問が敏感に嗅ぎ取り、あからさまに築地再整備を前提にした発言を繰り返すようになった。豊洲は4千億円で売れるとか、その売却資金で再整備すれば良いと言い出し、その場しのぎの理論立てだった。

泉　知事が1月に築地に視察に来た時、知事にはっきりと申し上げたのは16万人の都庁職員をなぜ使わないのかということ。時間と人の「ワイズスペンディング」を考えたらどうかと言ったら、にらまれた（笑）。

音喜多　本来、小島顧問は外部有識者と職員の意見を聞いてまとめるのが役割だったのに、自身が築地再整備の旗を振ってしまった。丹念に過去の記録を読んでいけば、築地再整備を断念した紆余曲折があって、豊洲市場に行くしかないという結論は明らか。都庁職員に聞けば分かったはずなのにその議論をすっ飛ばした。まさに築地再整備という結論ありきだった。

得意のパフォーマンスを

――知事が市場問題に取り組む姿勢をどう評価していますか。

泉　知事が移転延期を決めた経緯は、当時の市場長も職員も知らない。知事本人が話している情報公開とは真逆のことをしている印象を持っている。

音喜多　小池知事は一部の側近と移転延期に加え、「築地は守る、豊洲を生かす」という基本方針も決めてしまった。二枚舌と言われても仕方がない。気になっているのは石原元知事に対して、「豊洲新市場の移転経緯が分からない」「文書が残っていないから駄目」と責め立てたが、厳しく言うのであれば自分はそれ以上のことをやらなければ世間は納得しない。

泉　驚いたのは、7月に市場移転に関する関係局長会議の議題として豊洲市場への早期移転の下に五輪・パラリンピックに向けた準備が盛り込まれていたことだ。市場と関連していない五輪の工事がリンクしていた。

音喜多　他にも市場移転の基本方針を打ち出した時、千客万来施設は全く知事の頭になかったと思う。考えていなかったことは認めないといけない。五輪で追い込まれていることも認めた方がいい。説明すれば分かってくれる都民はいるはず。

泉　知事が6月22日に築地に来た時、自分で「風評被害の払拭は先頭に立って努める」「築地市場に足しげく通って、皆さんとひざ詰めで開場日を相談する」と明確に答えた。日々、メディアに露出している知事だから、「地下水は飲まない、くまない」と語り続け、その積み上げが風評被害を払拭することになる。そう知事に伝えたが、返事もいただけなかった。

音喜多　国政選挙で毎日のように応援に行っておきながら、足しげく通うと言った築地には通っていない。豊洲の見学会も1度来たが、それで終わっている。かつてカイワレ大根を食べた政治家のパフォーマンスに批判もあったが、一定の効果はある。知事が豊洲に来て「空気がおいしい」と言って敷地を回れば、効果はあると思う。

泉　知事は言葉を大切にしてほしい。話は上手だけど、具体的にどうするのかという部分が見えなくて、つらい。

警視庁への要請が不可欠

――市場移転が遅れると五輪準備に悪影響が出ます。

泉　環状2号線の問題がある。オリンピック道路と言われているが、我々は築地から豊洲に行く引っ越し道路と考えていた。環2が全通することによって、豊洲の立地条件がよくなる。港区の業者は環2が全通すると築地よりも豊洲に早く到着できる。五輪まで時間がないから、市場内を通る環2は盛り土の上に通すという案も都から示されている。この地上部分の道路が五輪後も使えるかはっきりしないが、壊すことになれば、相当な無駄遣いになるのではないか。

音喜多　環2が五輪まで間に合うか話題になった時、豊洲移転を推進していた立場から、都民ファーストの会の幹部に「大きな問題になる」と言ったら、「環2は問題ない」との回答が返ってきた。「なぜか」と聞いても、論理的な回答ではなく、この幹部は「大丈夫だ」と言って突き進んだ。すごいショックだった。説得できなかったのは慚愧に耐えない思い。

泉　知事も同じ考えだったと漏れ聞いている。五輪まで間に合うか、ぎりぎりになるまで環2は放置した状態だった。環2は当初、豊洲市場に移転して2年で開通する予定だったが、来年に豊洲に移転した後、4年近くかかる。これは知事へのお願いだが、地元の警察署に顔を出してほしい。

――知事が警察に行く効果は何でしょうか。

泉　五輪の工事車両がどんどん晴海から入っていることで、住民感情が変わっている。また、小型運搬車「ターレ」で一般道を走るには道路交通法上はバックミラーが付いていないといけない。引っ越しのためにバックミラーを付ける予算はない。実際、11㌧車にはターレが6台しか乗らず、多くのトラックが晴海通りを通るため、付近の住民に大変な迷惑になる。ターレの自走移動が必要だ。知事は警視庁を総括する大親分だから、頭を下げれば、警察の理解を得られるはず。

音喜多　市場の引っ越し実務に、交通を統括する警察の協力は欠かせない。議会からの提案で知事にも警察署に行ってほしいと求めていきたい。

水面下の努力惜しまずに

――豊洲移転を進めるには千客万来施設の運営事業者などとの協議が必要です。

音喜多　知事が6月、築地跡地に整備する方針を示した食のテーマパークも公約だと思っている。知事は11月の会見で「考え方の一つ」と言い直した。この公約を変える説明をしなければいけないのに、それをしなかった。都民、業者との約束は軽いものではないので、無責任とのそしりは免れない。

泉　千客万来は業者が精神的に傷つけられている。同じく商売をしている立場からすると、来年度予算の築地の調査費6千万円の計上を見送ると言えば、白紙に戻したという意味が明確になり、非常に分かりやすくなる。

音喜多　非常に斬新なアイデアだと思う。築地再開発検討会議の結論が来年5月になっている。スピード感を重視する知事にとってはあまりに遅い。6月の都議選で公約に掲げた時、まさか1年後までプランの内容が見えないものを約束することになるとは思っていなかった。予算をゼロにするというのは、業者の立場に立てば本気の覚悟が伝わる。食のテーマパークは「考え方の一つ」として事実上、撤回しつつある中、小池知事は盛り土問題でも頭を下げ、給料も下げたが、小池知事が自ら行ったことに謝罪はしない。自分の政治判断が一部であれ誤りがあれば、頭を下げて謝罪することで物事は少しずつ進展すると思う。

泉　細かい例で言えば、石原元知事に対する住民訴訟で新たな弁護士が雇われて、1050万円の着手金が既に支払われた。訴訟終了後に謝金は1人300万円の範囲内で支払うことになっている。これらは市場会計から出すというが、知事が行ったことなので、一般会計から支出すべきだ。弁護士を再編成しても新しい事実は見つかっておらず、知事は軌道修正を図るべきだ。

音喜多　結果として変わらなかったら、真摯に受け止めていったん総括をしないと次に進めないと思う。

泉　国政から手を引いた今、プライオリティーが高いのは市場移転問題だ。知事が華やかなことをやるのは大いに結構だが、水面下でアヒルが一生懸命水かきで浮いているように、見えないところで（江東区長や万葉倶楽部などへの謝罪など）努力してほしい。都議会に優秀な議員も多くおり、知事が党派を超えて意見を真摯に聞くことこそが都政に専念することではないか。

音喜多　問題に取り組んだ議員は自民党にも公明党にもいる。都議選は終わったから、知事は立場を超えて合理的な意見を聞いてほしい。

――年内に豊洲移転日が決まらないと移転準備は間に合いませんか。

泉　移転日の決定が越年すると、オリンピックの準備を口実に、市場業者が追われて出て行くことにならないか心配している。そういう状況になれば、業界団体の幹部は総ざんげになる。先代の実績をさらに積み上げるぞという意思で豊洲に行き、我々は江東区と1日も早く豊洲ブランドを世界のブランドにしたい。昨年11月の移転に向けて日通にトラックを確保してもらうのに6カ月もかかった。年が明けたら、準備をしないと来年10月の移転まで間に合わなくなる。

音喜多　知事が都政に専念すると言ったが、移転問題は第4回定例都議会が終わるまでに入札も含めて決着をつけることだ。政治家としての手腕が問われている。私にも片棒を担いだ重い責任があるので、頭も下げるし、できることは一緒にやりたいと思っている。

泉　その通り。知事にはしっかりと心を開いてもらって、知事しかできないことをやってほしい。

――ありがとうございました。

おときた・しゅん＝1983年9月21日生まれ。34歳。早大政経卒。ＬＶＭＨモエヘネシー・ルイヴィトン・グループを経て、13年の都議選で初当選を果たした。現在２期目。都民ファーストの会都議団幹事長などを歴任し、10月に同会を離党。現在はかがやけTokyoの幹事長を務める。

東京最前線

ニュースの視点③　週刊誌記者が見た国政と都政

受動喫煙防止対策

国際競争に勝つ第一歩に

今、自民党内で最も意見が分かれているのが受動喫煙対策だ。

この夏の内閣改造で交代した塩崎恭久・前厚生労働大臣は受動喫煙防止の徹底に向けた法案づくりに並々ならぬ熱意を燃やしていた。当初の案は、30平方㍍以上の飲食店や駅などの公共施設で屋内禁煙とするだけでなく、罰則も規定するという厳しい内容であった。

しかし、自民党の厚労部会で愛煙家議員などから批判の声が相次ぎ、政府案を提出することすらできず、志半ばで退任することとなってしまった。厚労省は来年の通常国会には法案提出にこぎつけたい考えだが、塩崎案からは大幅に後退することは確実だ。

11月1日、自民党の両院議員総会が開かれた衆議院内の政党控室では後方の座席で喫煙する議員がいたという。この日、若手の小野田紀美参院議員はこうツイートした。

「衆議院は部屋の中でタバコ吸えるのですよ…臭くて煙くてしんどいですが吸っちゃいけない決まりじゃないからなんとも言えない…」（一部抜粋）。

こうした話は、自民党における受動喫煙防止対策案の議論が難航している様子を象徴していると言えるだろう。

しかし、現実的な話として、2020年東京五輪パラリンピックを迎えるに当たって、受動喫煙対策は喫緊の課題だ。国の規制法案の提出が難航する中、都民ファーストの会は公明党と共同提出した「東京都子どもを受動喫煙から守る条例」を賛成多数で10月5日に成立させた。これは、保護者に対して子供のいる前でタバコを吸わないことや、分煙が不十分な施設に立ち入らせないといった努力義務を求めたものだ。都はさらに踏み込み、飲食店などの屋内を原則禁煙とし、罰則も盛り込んだ厳しい内容の条例案を来年2月に開会する予定の第1回定例都議会に提出し、成立を図る見込みだ。

国際オリンピック委員会（ＩＯＣ）は10年に、世界保健機関（ＷＨＯ）が定める受動喫煙防止対策を実施することで合意している。そのため、20年に五輪を開催する日本として、本来は国が率先して法規制を行わなくてはならない。事実、12年のイギリス（ロンドン大会）、16年のブラジル（リオデジャネイロ大会）では飲食店や公共施設における屋内完全禁煙を義務とし、違反者への罰則も科している（ブラジルでは管理者に対してのみ）。こうした世界の潮流に反して、国が後ろ向きの姿勢を崩さない以上、開催都市となる東京都が条例を制定させるのはもはや当然の責務だと言えよう。

小池知事は希望の党代表として国政への色気を見せたことで都議会公明党との距離ができてしまったが、受動喫煙防止条例について反対する理由にはならない。その上、共産党や民進党もいることから条例案が成立する可能性は高いだろう。

受動喫煙対策を巡っては、国と都で対応に大きな差が出てきてしまう可能性がある。これは好意的に考えると都が国に頼ることなく国際競争をしていくための第一歩となり得る。小池知事が盛んに言明しているように、東京都は国際都市としてニューヨークやロンドン、北京といった国際都市間の競争を図っている。国内の人口が減少し、国内経済が縮小の一途をたどる中、それは当然のことだ。

一方で、国はまだその危機感が薄い。特に国政は各地方からの選出議員で構成されるため、日本国内での分配という思考に陥りがちだ。政局や議会運営、党内政治に明け暮れ、余裕ができれば地元で選挙活動をする中で国際競争力のある都市を作っていくという方策は出てこない。

今の都政は国際都市で勝ち抜くことを掲げる小池知事と、一体化している最大与党の都民ファーストの会がいる。まっとうな改革であればどんどん実行していける状況は辛うじて残っている。逆に言うと、それに向けた施策が打てなければ改革を訴えた小池都政は完全に看板倒れとなり、都民の大きな失望をさらに買うことになるだろう。

「東京を世界で輝く都市にする」。こういったスローガンは都知事選や都議選ではあちこちで聞かれた。しかし、具体的にどういった形で都市間競争に勝っていくのか、示した例は少ない。少なくとも、しがらみだらけで改革できない国に先んじて国際都市に適した水準に規定していくことができなければ東京は世界から取り残されてしまう。

その第一歩として受動喫煙防止条例の成立を確実に実行することを期待すると同時に、小池都政の次なる一手を注視したい。（吉田昌典）

私を変えた一冊

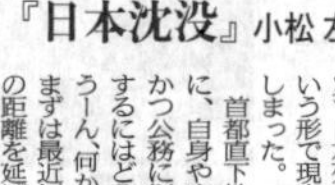

政策企画局調整部 戦略事業担当課長　三浦 知氏

『日本沈没』小松左京〈著〉

震災見据え脚力維持へ

私は週末、数時間散歩をする習慣があるが、そのきっかけは東日本大震災であった。あの日、私は新宿から自宅のある千葉県市川市まで徒歩で6時間半かけて帰ったのだが、恥ずかしながら途中3回ほど脚をつりかけた。そこで「これでは東京に大地震が起きたら命を守れない」と感じ、脚力維持のため散歩を始めたのである。

そして散歩を始めたもう一つの理由が本書である。本書を最初に読んだのは1973年に本書が映画化された数年後だったと思うが、読後、当時小学生の私の心に残るものはなかった（映画は父親に連れていかれたものの、その怖さに途中で映画館を飛び出し、父親に怒られた記憶がある）が、震災を機に改めて本書を読み返すと、高層ビルからガラスの雨が人に降り注ぎ、渋滞中の車が燃え、やがて道路全体が火の海になるといった本書で描かれている光景が、私が新宿から市川市まで歩いている途中に見たガラスだらけの高層ビルや渋滞で車が動かない幹線道路の風景と重なり、東京に首都直下地震が起きたらどうなるのか…という恐怖とともに、災害時に生き残るための体力をつける必要性を（なぜか）感じたのである。

小松左京氏自身も阪神・淡路大震災が発生した際、本書で描いた内容と同じ光景が現実に発生したことに驚いた旨、本書の再販（光文社文庫）に著している。1973年に本書がベストセラーになった時、「本書の内容は非現実的だ」という論調が起きた記憶があるが、本書で描かれている光景の一部は、東日本大震災で日本列島を襲う大津波という形で現実のものとなってしまった。

首都直下地震が発生した際に、自身や家族の身を守り、かつ公務に従事できるようにするにはどうしたらよいか。うーん、何から始めるかなぁ。まずは最近短めになった散歩の距離を延ばすことから始めるか。

自治トピ140

◆法定得票届かず再選挙　千葉県市川市長選が11月26日に投開票され、立候補者５人がいずれも法定得票の有効投票数４分の１に届かず、再選挙となった。再選挙の日程は、選管が１月14日の投開票と決めた後、選挙結果に対する異議申し立てがあったため白紙に戻し、改めて決定する。

◆「都構想」住民投票時期を示唆　大阪府の松井一郎知事は11月24日、「大阪都構想」導入を問う住民投票を2018年９～10月に実施したい意向を示した。同年11月に府市が招致を狙う25年万博の開催国が決まるため、その前に実施したい考え。同日の都構想を議論する法定協議会後に明かした。

◆民泊、住専地域は年２カ月　京都市が制定を目指す民泊規制案について、住居専用地域は年間営業期間を閑散期の１～２月の約60日間に限定すると定めたことが11月30日に分かった。苦情や緊急対応のため、半径800㍍圏に管理者らを常駐する「駆け付け要件」も設定。10分以内の対応を業者に求める。

◆財政収支黒字化 先送り　川崎市は11月27日、想定外の人口増の影響で、財政収支の黒字化目標を３年間先送りし、2024年度とした。同日公表の「今後の財政運営の基本的な考え方」改定素案で示した。子育て世代の流入による財政負担が主因。今年２月時点の黒字目標は21年度としていた。

◆政令市初のミサイル訓練　福岡市は１日、北朝鮮からの弾道ミサイル飛来を想定し、政令市初の大規模訓練を実施した。全国瞬時警報システム「Ｊアラート」により、携帯電話などに緊急速報メールを配信した。電車の一時停車も行った。訓練は午前10時に北朝鮮が弾道ミサイルを発射したとの想定。

◆成人向け雑誌 販売中止へ　千葉市内のコンビニ大手・ミニストップ全43店舗が１日、成人向け雑誌の販売を中止した。同社によると、全国の全店舗でも来年から中止する。対象は各都道府県が条例で定める「有害図書」。市は昨年度、同図書の表紙を隠す実証実験でコンビニ業者に協力を要請していた。

◆朝鮮学校の補助金半額に　名古屋市の河村たかし市長は１日、名古屋朝鮮初級学校への補助金を2021年度までに約300万円に半減させる方針を示した。韓国学校と生徒１人当たりで同水準にする考え。韓国学校への補助金は約130万円で、生徒１人当たりで現在、約２倍の開きがある。

◆名古屋市に地下鉄新駅　名古屋市は11月29日、市営地下鉄東山線に新駅「柳橋駅」（仮称）を設置するため、必要経費を来年度予算に盛り込む方針を示した。河村たかし市長が同日の市議会本会議で述べた。新駅は名古屋駅と伏見駅の間に設置予定。名古屋駅東側地区に近接し、再開発の余地が大きい。

◆ＬＲＴ導入へ富山で見学会　ＬＲＴ（次世代型路面電車）導入を目指す宇都宮市は11月30日、先行する富山市で市民見学会を初開催した。予定ルート沿線住民12人が参加し、ＬＲＴに乗車したり、乗り換え施設などを見学した。宇都宮市は今年度中の着工を予定している。

東京地下鉄株式会社 東京メトロ

M 2004年5月8日
「ホームドア(ハーフハイトタイプ)」
稼働開始(丸ノ内線 中野坂上～方南町)

◀ホームドア
丸ノ内線
中野富士見町駅

2005年12月2日
「Echica(エチカ)表参道」オープン

F 2008年6月14日
副都心線 小竹向原～渋谷間開業
(副都心線全通)

2009年11月27日
「Esola(エソラ)池袋」オープン

2013年4月1日
全駅構内で無料Wi-Fiサービスを開始

2014年11月27日
東西線高架下に人工光型植物工場を開設

2015年4月24日
「キッザニア東京」へ「地下鉄」パビリオンを出展

▲キッザニア東京
「地下鉄」パビリオン

2016年3月26日
お客様リクエストによる「発車メロディ」を導入

2016年6月7日
東京2020オリンピック・パラリンピック競技大会
オフィシャルパートナー(旅客鉄道輸送サービス)に決定

2017年4月1日
東京メトログループにとって初となる海外法人
「ベトナム東京メトロ」営業開始

2017年6月29日
全路線全駅のホームドア設置計画を決定

90年変わらぬ進取の気風で、時代の先端を歩み続け、新たな歴史を作ってまいります。

代表取締役社長 山村明義

開通以来、お客様のために先端を。

2017(平成29)年は、東洋初の地下鉄である上野～浅草間が開通して90周年の節目を迎えます。今から90年前の1927(昭和2)年12月30日、現在の銀座線の一部にあたる上野～浅草間2.2kmが開通したことから、現在の地下鉄ネットワークの歴史がはじまりました。

この一大事業を成し遂げたのが、東京メトロの前身、東京地下鉄道株式会社を設立した早川徳次です。彼は、東京の都市内交通の近代化に伴う渋滞や混雑を解決するため、早くから「地下」に先見の明を見出し、地下鉄建設を決意します。民間会社「東京地下鉄道株式会社」を設立し、資金難や難工事などを乗り越えながら東洋初の地下鉄開通を実現させました。

この地下鉄には、安全面・サービス面において最新の取組みが盛り込まれました。例えば車両においては、車体の難燃化を図るため、当時主流であった木製車両ではなく鋼鉄を採用したほか、安全性の向上を図るため、自動列車停止装置(打子式ATS)や自動戸閉装置を導入しています。駅においては、お客様の利便性向上を図るため、回転式の自動改札を導入したほか、駅直結の食堂や直営ストアーを設立しました。これらは現在では当たり前のものとなっていますが、当時としては画期的で時代の先端を行くものでした。そして、これらの取組みを導入した背景には、お客様の満足を追求するためには、知恵と汗を絞ることをいとわないという、お客様本位による進取の気風があったと言えます。

そして、この民間会社が有するお客様本位による進取の気風は、その後9路線の地下鉄ネットワークを整備し、運営事業者が営団地下鉄・東京メトロと変遷する中でも引き継がれ、90年後の現在に至るまでの歴史として積み重ね、継承されてきました。

感謝と未来を伝える機会として。

地下鉄開通90周年は、このような先人たちが築いてきた歴史に心を寄せ、振り返る機会です。また、地下鉄ネットワークを支えていただいている地域の皆様との交流を通じて、90年間のご愛顧に対する感謝の気持ちをお客様にお伝えする機会と考えています。

東京メトロが今年実施する「地下鉄開通90周年記念行事」では、「地下は、未来だ。これからも。」をキャッチコピーに、開通日の12月30日を中心とした90日間を中心に、「これまでの歴史と継承されてきたレガシーを回顧する機会」や「お客様に感謝の気持ちをお客様に伝え、現在の東京の魅力を体験いただく機会」、そして「最新の取組みを通じて、東京メトロの"これから"をご覧いただく機会」という3つの機会をもとに、さまざまな施策を展開していきます。

また、この地下鉄開通90周年記念行事の期間中には、銀座線リニューアルにおける最初の改装範囲であり、開通当初の上野～浅草間を含む「下町エリア」が完成いたします。この「下町エリア」完成のお披露目により、歴史を大切にしながら先端の技術も積極的に取り入れ発信するイメージを定着させることに加え、東京2020オリンピック・パラリンピック競技大会とその先の未来にわたり、東京の魅力を伝える「東京の案内役」としての役割も積極的にお伝えしていきます。

先端を歩み続け、新たな歴史を。

90年前の地下鉄開通のDNAを引き継ぐ東京メトロは、昔も今も、変わることなく時代の先端を歩み、新たな歴史を作っていく存在でありたい、そう願ってやみません。引き続き、皆様方のご指導、ご鞭撻を賜りますよう、お願い申し上げます。

地下鉄博物館特別展「地下鉄開通90周年展」

東京の地下に夢を求め、東洋初の地下鉄事業を成し遂げた人物にスポットを当て、開通までの苦難と情熱を中心に、開通から現在までの90年間の歴史を振り返る特別展です。

開催期間 2017年12月2日(土)～2018年1月28日(日)

開催場所 地下鉄博物館

開館時間 10:00～17:00(入館は16:30まで)

入館料 おとな210円、こども100円(満4歳以上中学生まで)

休館日 毎週月曜日(祝日振替休日となる場合はその翌日)、年末年始

アクセス 東京メトロ東西線葛西駅 葛西駅高架下

※詳しくは地下鉄博物館HPをご覧ください。(http://www.chikahaku.jp/)

幻の駅ライトアップ

銀座線内に残る幻の駅「旧万世橋駅」と「旧神宮前駅」を期間限定でライトアップし、現在の姿をご覧いただけます。

開催期間 2017年12月中旬まで

※詳しくは特設ウェブサイトをご覧ください。(https://metro90daysfes.jp)

地下鉄開通90周年シンポジウム

90年間の地下鉄開通の歴史や発展を振り返りつつ、地下鉄が、日本そして海外において交通、都市の未来を開いていくことへの展望について考えるシンポジウムを開催いたします。

開催日 2018年1月15日(月)

開催場所 アカデミーヒルズタワーホール
東京都港区六本木6丁目10番1号六本木ヒルズ森タワー49F

アクセス 東京メトロ日比谷線六本木駅 徒歩3分

※詳しくは特設ウェブサイトをご覧ください。(https://metro90daysfes.jp)

上野動物園

公開目前、準備に奔走

シャンシャン19日デビュー

赤ちゃんパンダ「シャンシャン」の一般公開を19日に控え、恩賜上野動物園（台東区）が来園者の受け入れ準備を急ピッチで進めている。同園では、シャンシャンが大勢の人に慣れるよう訓練しているほか、来園者の増加を見込んで受動喫煙防止や警備対策も行っており、園全体で一大行事に備える。

ただ今、特訓中

一般公開で多数の来園者が予想される中、シャンシャンは現在、来園者に慣れるための「特訓中」だ。大声やスマートフォンなどの撮影にも驚かないよう、職員が来園者役となって訓練を行っているという。11月下旬からの休園日を利用し、2回の特訓を実施した。

日本国内で初めて繁殖に成功し、1986年に生まれたジャイアントパンダのトントンは一般公開初日に8分間で自分の部屋に逃げ帰ってしまい、1カ月間、人前に出てくることがなかった。しかし、シャンシャンはどこかに逃げ込むような様子はなかったという。同園の担当者は「シャンシャンは思ったよりも落ち着いている」と語った。

一般公開に向けては、抽選受け付けが6日に始まった。園内の動物を観覧するために事前に抽選を行うのは初めて。

同園では過去に、「リーリー」「シンシン」の一般公開を開始した際、パンダ舎周辺だけでなく、入場口にあるチケット売り場から長蛇の列ができ、最大4時間半待ちになったことがある。

今回はこの反省を踏まえ、9月ごろから対策の検討を開始。一カ所に多くの人が集まると将棋倒しになる恐れがあることも踏まえ、抽選方式を採用することとした。

観覧は20人を1グループにし、1グループ1～2分程度で見学してもらう。体の不自由な来園者で配慮が必要な場合、観覧グループの最前列に入れる予定。

混雑を想定し、同園では事前演習も実施。休園日を利用して、本番と同じ20人グループでの混雑具合を想定した誘導演習を行っている。現場からは声掛けや注意事項の呼び掛けに対する改善点などが挙がったという。

上野動物園の金子美香子教育普及課長は「まずはシャンシャンの健康を第一に考え、徐々に観覧時間や人数を増やしていきたい」と話す。

生後6カ月が経ち、母親シンシンとじゃれあうシャンシャン＝11月30日、東京動物園協会提供

園内は全面禁煙に

上野動物園ではシャンシャンの公開に先立ち、12日から園内に1カ所設置していた喫煙所を廃止して、全面禁煙にする方針だ。来園者から以前より禁煙に対する意見が多く寄せられていたこともあり、都建設局や東京動物園協会などがプロジェクトチームで検討を重ねてきた。

来園者は子供が中心で、動物の生育環境を学ぶ教育施設であることに加え、シャンシャンの一般公開による来園者の増加を見込み、全面禁煙を決断した。

喫煙者に対しては、これまで通り上野公園内の喫煙所を案内し、配布された再入場券を受付の係員に提示することで再入場が可能。

テロ対策訓練も

一方、来園者の急増を前提に安全対策も練られている。警視庁は4日、同園で人質解放と爆発物処理を想定したテロ対処合同訓練を実施した。テロリストが車で園内に侵入し、日本刀を振り回しながら来園客を人質に取ったという想定で行い、係員の通報で駆け付けた警官が警察犬とともに人質を救出した。

爆発物処理では、テロリストが運転していた車内から爆発物を発見した想定で、爆発物処理班が遠隔操作できる作業用ロボットやロボットアームなどを駆使し、処理を行った。

29年ぶりの赤ちゃんパンダの一般公開を前に、関係者はそれぞれの対応に奔走。同園では多数の来園者に備えて通常よりも警備の数を増員し、対応する予定。同園は「万全を期したい」と述べた。

五輪組織委

反ドーピングで覚書

検査員育成など協力

五輪組織委員会は5日、日本アンチ・ドーピング機構（JADA）、東南アジア地域アンチ・ドーピング機構と、ドーピング対策で連携する覚書を締結した。

東京大会を含む主要競技大会で経験値を共有し、反ドーピング教育、検査員の育成などで協力する。3者による反ドーピングの覚書締結は初めて。

組織委の室伏広治スポーツ局長は調印式で、「アスリートが最大限の実力を出せるクリーンな大会を作り上げ、フェアな大会を通してスポーツの価値を守りたい」と述べた。

ドーピングを巡っては、IOCが5日の理事会でロシア五輪委員会の資格停止処分を決定し、同国は2018年平昌冬季五輪に選手団を派遣できなくなっている。なお、一定条件をクリアした個人資格の参加は容認するという。

スケートボードの会場が有明に変更

五輪組織委

IOCは6日の理事会で、2020年東京大会のバスケットボール（3×3）を「青海アーバンスポーツ会場」（江東区）で、自転車競技（BMXフリースタイル）とスケートボードを「有明BMXコース」（同）でそれぞれ行うことを承認した。

スケートボードの会場は2016年12月に承認を受けた「青海アーバンスポーツ会場」からの変更となる。

五輪組織委員会の武藤敏郎事務総長は「（アーバンスポーツの）舞台となる有明・青海地区は、東京大会を象徴するエリアの一つとなる。都とも連携して大会史上最高の祝祭空間を作り上げたい」とコメントした。

都議会代表質問

五輪憲章実現へ条例新設

原発ゼロは「国家の理想」

都議会で6日、代表質問が行われ、小池知事は「五輪憲章」の精神の実現に向けた条例を新設する考えを明らかにした。憲章では人種や国籍、性的指向などあらゆる差別への反対を掲げており、「五輪憲章の考え方はダイバーシティーに資する。（憲章の）理念を東京の街の隅々にまで行き渡らせ、都民と意識を共有するため、条例化に向けた検討を指示した」と述べた。山内晃氏（都民ファ）への答弁。

同条例は総務局人権部が所管となり、内容や策定スケジュールなど詳細を今後詰める。山内氏はヘイトスピーチや性的少数者（LGBT）への差別などが国際的にも課題になっていると指摘している。

また、「希望の党」が掲げた「原発ゼロ」の公約に関し、小池知事は「原発ゼロは国家としての理想、ビジョン。都の政策目標は着実に進める」と答弁。事実上、党の公約とは切り分けて考える方針を示した。自民党の鈴木章浩氏に答えた。

都は昨年3月に改定した環境基本計画で30年までに温室効果ガスを00年比で30%削減する目標を定めていたが、この目標は原発の電源構成を20～22%程度と想定した国の「長期エネルギー需給見通し」を基準にしており、同党の公約と都の政策の前提が異なる状況となっていた。

鈴木氏は希望の党が衆院選の公約で掲げた「2030年までの原発ゼロ」という目標について「都の政策目標と矛盾が生じている」と指摘。これに対し、小池知事は「エネルギー政策の在り方については国レベルで議論・検討がなされるべき」と答弁した。

自画撮り被害防止　SNSで相談受付

【自画撮り被害】　中高校生が裸の画像を要求され、メールなどで送る「自画撮り被害」対策について、大澤裕之青少年・治安対策本部長はSNSによる相談受け付けや窓口の周知を検討する考えを明らかにした。若者の主なコミュニケーションツールがSNSとなり、被害の多くもSNSの利用から発生している実態があるため。橋正剛氏（公明）に答えた。

【がん検診センター】　多摩総合医療センター（府中市）のがん検査体制について、内藤淳病院経営本部長は「都がん検診センター」の高度な精密検査機能を同病院に統合し、新たに「外来がん検査・治療センター（仮称）」として整備する方針を説明した。微小な病変も発見できる乳がん検査装置「PEM」の導入や、内視鏡部門の拡充など、精度の高い検査体制を構築する。女性専用エリアを設けて受診しやすい環境づくりにも取り組む。

住民検診は段階的に縮小し、市町村の一次検診事業と役割分担して、がんの早期発見と高度な治療を実現する。内藤淳本部長は「がん医療は早期診断・治療が有効。検査から高度な治療までワンストップで提供できる体制が重要」と述べた。

【減災協議会】　西倉鉄也建設局長は水防法改正を受け、今月中に洪水氾濫による被害の軽減に向けて「減災協議会」を区市町村などと連携して設置する方針を明らかにした。河川の氾濫危機情報を直接、区市町村に迅速に伝える仕組みや浸水想定区域図など、住民避難に必要な情報提供などを検討する。

【建築物の耐震化】　特定緊急輸送道路の沿道建築物の耐震化で、邉見隆士都技監は、特に倒壊の危険性が高い建築物について、改修だけでなく建て替えにも助成単価の割り増しを検討する考えを示した。都市整備局によると、沿道建築物の約97%で診断が行われ、このうち約半数で設計に至っており、「残り半数について、設計などの次の段階につなげることが必要」としている。

【納税通知書の音声化】　目黒克昭主税局長は「納税通知書」の音声コード導入に向けて取り組む考えを示した。音声化する情報の精査、導入時期などの検討を進める。「税に対する理解をより一層深めていただく意義もあり、極めて効果的」との認識を示した。

【LED電球交換事業】　白熱電球2個以上とLED電球1個を交換する事業に関し、和賀井克夫環境局長は小学生向け環境情報紙を活用した広報のほか、年末の大掃除に向けて大型郵便局やファミリーレストランを活用したPRなどに取り組む考えを示した。

同事業はLED電球を1年間で100万個交換する目標だが、開始18週間の実績は約14万6千個で、現在のペースでは目標達成が難しい状況となっている。

【林業振興】　藤田裕司産業労働局長は全国育樹祭を契機として、林業・木材産業の成長を促す総合的な取り組みを検討する考えを示した。中小の林業事業体の経営基盤の強化や次代の担い手の確保・技術力の向上、区市町村の公共施設での多摩産材の更なる利用拡大を推進する考え。

子育てに苦慮 親の支援も

心理職の育成

スタートライン　児童相談所開設に向けて③

母親が半分だけ開けた玄関のドアの隙間から、裸足の男の子が飛び出し、そのまま集合住宅の廊下の柵によじ登ろうとした。「危ない！ 止まれ！」。母親の大声とともに、職員も反射的に子供を抱き止める。

マンションの階下に住む住民から区の子ども家庭支援センターに、「昼夜を問わずドタバタという物音と、母親の怒鳴り声や子供の泣き声がうるさくて眠れない。近所の人は母親が子どもをたたいている場面を見たらしい」という虐待通告が入った。幼稚園にも保育園にも通っていないため、家庭訪問を行うこととなった。

職員が子供を抱きかかえて部屋に戻ろうとすると、B君は泣き叫び、身をよじって逃れようとする。「とにかく中に入ってください」と母親に促され食卓を挟んで向き合った。母親によると、B君は1歳半頃から落ち着きなく動き回るようになり、道路の飛び出しなどの衝動的な行動も目立ってきたという。興味のある電車については非常に詳しく、電車に関する知識を次から次に話し続けた。3歳児健診では、発達面での指摘を受けたが、父親に相談すると、「自分も子供の頃、同じような感じだった。障害児なんてとんでもない」と取り合ってもらえなかったという。

目を離すと外に飛び出そうとしたり、職員におもちゃをぶつけてくる姿を見ると母親が怒鳴り、時に手を上げるというのも理解できなくはなかった。しかし一方で、母親の乱暴な物言いと、B君に対する投げやりな態度も気になった。

発達障害であるかないか、医師ではない私たちが診断することはできない。しかし少なくとも、保護者が子供の対応に苦慮しているのはよく分かるから、子ども家庭支援センターの心理職が子供に会い、発達検査などを経て、その特徴を踏まえた対応方法を助言することはできる。B君の父親にもそう説明する用意があることを伝えた。

イラスト・豊福まきこ

■保護者の心理的ケア

児童相談所の児童心理司の業務は「子供、保護者などの心理診断を行うこと」とされているが、関係機関などへのコンサルテーションや心理的ケアも担う。児童心理司は、虐待や非行のために一時保護している子供の心理検査や面接に多くの時間を費している。心理判定の結果は「愛の手帳（東京都療育手帳）」の交付や施設入所措置など、児童相談所としての方針決定の根拠となることから、エビデンスに基づき法的に耐えられる業務執行が求められる。

子ども家庭支援センターの心理職は、子供よりも保護者と会う機会が多い。精神疾患や知的障害、発達障害、またアディクション（依存症）などの問題を抱えている保護者が多く、その支援が中心となっている。

家庭にいる子供のために大切なのは、日々、子育てをしている保護者を支援することだ。発達検査なども保護者が子供の理解を深めるための手段として用いられる。

区に児童相談所が設置される際に望まれることは、子供の生活や家族を調査して対応を調整する児童福祉司と、心理面での見立てやサポートができる児童心理司が協力し、児童虐待や非行のみならず、不登校や家庭内暴力など、子供と家庭の問題に幅広く対応できるように、区の子供の相談体制を見直し、充実させることである。

現に児童相談所を持たない区が児童心理司を育成するためには、児童相談所での派遣研修に頼らざるを得ない。しかし、区でも子ども家庭支援センターなど様々な職場で、多くは非常勤の心理職が発達相談や教育相談などを担っている。こうした経験は、幅広い視野を持った心理職としての基礎力を培うために大切である。

特別区職員研修所では将来設置される児童相談所を見据え、子ども家庭支援センターなどの職場に配置された心理職として求められる姿勢や基本的な技術を学べるよう、今年度より試行研修の実施を予定している。

（葛飾区子ども家庭支援担当係長　坂入健二）

NFに聞く 期待と課題①

陸上　審判もレガシーに

陸上競技は①100㍍走やハードル走など距離・男女別に計25種目の「トラック」②跳躍と投擲の「フィールド」③マラソンと競歩の「ロード」④10種競技（男子）・7種競技（女子）の「混成」――に分類される。「子供たちがスポーツを始めたり、海外に目が向いたり、ボランティアに興味を持ったりする大会になれば」。日本陸上競技連盟の尾縣貢専務理事の期待は大きい。

トラックとフィールドの会場は新国立競技場。広い会場内で複数の種目が並行的に進むだけに、観客に競技の魅力を伝える「スポーツプレゼンテーション」が重要になる。例えば北京国家体育場（中国）は世界選手権で、巨大な電光掲示板が競技のプログラムや選手の記録、スロー映像を流し、競技の進行と結果を確認できるようにしていた。アナウンスの工夫も重要で、「どこに注目すれば競技を最も楽しめるのか、研修を充実させる必要がある」という。

アスリートファーストの視点では、審判員のホスピタリティーも欠かせない。選手が競技に集中し、能力を発揮できるか。尾縣専務理事は「厳格な判定だけでなく、フレンドリーな対応や通訳なしで進行できるコミュニケーション能力も育成し、審判も大会のレガシーとして残したい」と大会後を見据える。

リオ大会で陸上競技が行われたエスタジオ・オリンピコ＝16年9月

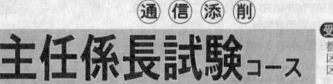

本番ではフィールド内に200人以上の審判員を配置することになるが、陸上競技の公認審判員は中学・高校の教員が多く、大会期間中は教育現場を離れざるを得ないため、日本陸連として各教育委員会の協力・理解を得たい考え。審判員らの宿舎も検討課題になる。

暑さ対策も難題で、特にマラソンは30度を超える中で行われる可能性が高い。ソフト・ハード両面の対策が求められる。

具体的に競技の運営を確認するテストイベントは通常、大会1年前が基本だが、新国立競技場の完成時期を踏まえ、20年5月になる見通し。国内外のトップアスリートを招聘する「SEIKOゴールデングランプリ」を想定し、独自の大会開催も検討する。マラソンは19年9月の「マラソングランドチャンピオンシップ」を充てる方向で調整中という。

◇

本項では、主なNFに東京大会に向けた期待や課題を聞く。

昇任試験対策のページ

30年度 職員教養講座 ▶22◀
東京都管理職選考対策
B事務（財政・税務）記述

今回は財政・税務の記述対策を紹介します。まず、財政・税務分野の直近の動向を確認しましょう。財政・税務の動向のポイントを押さえることは、記述試験の時事問題の対策のみならず、論文対策としても役立ちます。国や都の動向に関して、各局ホームページや都政新報、新聞などで確認し、関連情報を収集して都の主張などを整理しましょう。

今年度の動きとしては、今年7月に「平成28年度都税収入決算見込額」が発表されました。緩やかな景気回復基調が続いたことに加え、堅調な企業業績を反映して、都税収入は補正後予算額を確保し、5年連続の増収となりました。

東京都税制調査会が、直面する税制上の諸課題や真の地方自治の確立に向けた税財政制度に関する答申を取りまとめました。

また、平成30年度税制改正大綱が今月14日に発表される予定ですが、改正内容が都財政に与える影響の有無や、平成30年度の東京都予算案の概要における最新の都財政状況を押さえましょう。

勉強の進め方

記述試験は制限時間1時間分で、6題のうち2題を選び解答します。解答の字数に指定はありませんが、1題当たりおおむね600字程度で解答することを目安に準備してください。記述試験は、いかに正確な知識をインプットし、アウトプットできるかがポイントです。効率的に勉強するためには、過去の出題傾向を十分に分析し、出題予想を立て、解答例を作成しつつ、それを確実に暗記・再現していくことが重要です。

過去の出題傾向

財政・税務の出題分野は、法律問題と時事問題に分かれており、それぞれの過去の出題傾向を確認しましょう。

地方自治法（財政関係）

《平成20年度》
○分担金と負担金○使用料・手数料
《平成21年度》
○予算の原則
《平成22年度》
○支出負担行為
《平成23年度》
○基金の設置・管理及び処分
《平成24年度》
○行政財産の管理及び処分
《平成25年度》
○決算の調製及び認定
《平成26年度》
○四つの契約締結方式
《平成27年度》
○地方公共団体の財産の意義及び種類
《平成28年度》
○分担金、使用料・手数料
《平成29年度》
○支出の意義、手続き及び方法

地方税法（通則）国税徴収法

《平成20年度》
○地方税の徴収方法
《平成21年度》
○地方税の保全措置○徴税吏員の質問検査権
《平成22年度》
○公示送達○連帯納税義務
《平成23年度》
○地方税法に定める課税免除及び不均一課税○徴収猶予の要件及び効果
《平成24年度》
○過誤納金の意義、還付及び充当○交付要求及び参加差押えの意義、要件・手続き
《平成25年度》
○税の四つの徴収方法○滞納処分の停止
《平成26年度》
○第2次納税義務○徴税吏員の質問検査権
《平成27年度》
○徴収猶予、要件及び効果
《平成28年度》
○加算金（3種類）○法定外税の新設・変更の手続き○滞納処分の意義・手続き、交付要求及び参加差押え
《平成29年度》
○連帯納税義務

地方財政法

《平成20年度》
○国と地方の経費負担区分
《平成21年度》
○地方交付税制度の目的・機能及び算定の基本的仕組みと都区合算規定
《平成22年度》
○歳計余剰金の意義及び処分方法
《平成23年度》
○「地方公共団体の財政の健全化に関する法律」に定める健全化判断比率及び資金不足比率
《平成24年度》
○地方債の発行の制限及び発行の手続き
《平成25年度》
○地方財政運営の基本
《平成26年度》
○国庫支出金
《平成27年度》
○地方交付税における基準財政需要額及び基準財政収入額
《平成28年度》
○国と地方の経費負担区分
《平成29年度》
○「地方公共団体の財政の健全化に関する法律」に定める健全化判断比率の概要並びに財政の早期健全化及び財政の再生○都区財政調整制度の概要及び平成29年度都区財政調整の要旨

時事（財政・税務）

《平成20年度》
○今後の財産利活用の指針○平成18年度東京都年次財務報告書
《平成21年度》
○入札契約制度の当面の改善策についての実施方針○都税の軽減措置
《平成22年度》
○「東京都の財務諸表」の四つの表○公共工事の入札制度改革の実施方針
《平成23年度》
○「地方財政を巡る最近の国の動きについて～都財政の影響を踏まえて～」における「国の動向に対する問題提起」○東京都と大阪府が共同で作成した『公会計改革白書』における「自治体の会計の課題」
《平成24年度》
○「平成22年度東京都年次財務報告書」における「財務諸表を読む～都政の積極的な展開を支え得る財政運営～」○「平成23年度東京都税制調査会答申」における「税制改革の視点」及び「震災復興・防災都市づくりと税制」
《平成25年度》
○「平成23年度東京都年次財務報告書」における「新たな公会計手法による分析」で示された平成23年度普通会計の四つの財務諸表の概要○「平成24年度東京都税制調査会中間報告」における「税制抜本改革のあり方」で示された主な内容
《平成26年度》
○「固定資産台帳整備の基本手順」の取りまとめ経緯と概要○「『都市と地方の財政力格差是正論』への反論」における地方住民税一部国税化の問題点
《平成27年度》
○「平成26年度東京都税制調査会答申」の概要○「新公会計制度による財務諸表（平成25年度）」における行政コスト計算書（一般会計）の説明
《平成28年度》
○「平成26年度東京都年次財務報告書」における「都財政を考える」について、昭和40年代後半以降の都財政の歴史に言及しつつ「第二章 将来を見据えた財政運営」の説明○「平成27年度東京都税制調査会答申」における「税制改革の視点と方向性」及び「地方税財政における諸課題」
《平成29年度》
○グリーンボンドの発行方針○「平成29年度東京都税制調査会答申」における「税制改革の方向性」のうち、「地方税体系のあり方」以外の概要

試験対策

平成29年度は例年の傾向と若干異なる部分がありましたが、過去の出題傾向を分析すると、地方自治法・地方財政法から2題、地方税法から2題、時事問題から2題の出題となっています。時事問題以外については、同じ事項が数年おきに出題されています。したがって、過去の出題から直近に出題されていない事項などを中心に勉強することが効率的です。

時事問題については、前年度の財政・税務に関連する都の計画、審議会などの答申・報告書の概要や国への意見書などが出題されています。近年は、報告書や答申などの概要だけではなく、一部の論点の詳細を問う出題がされていることもあり、内容について深く丁寧に確認していくことが重要です。一見、大変そうに思えますが、出題事項が想定しやすいため、得意分野とすることも可能です。出題範囲は、おおむね前年の管理職試験後の6月から当年4月ごろまでですので、都のホームページ（特に財務局、主税局、会計管理局、政策企画局、総務局）などから財政・税務に関する施策、答申、発表資料などをしっかり読み込むことで十分対応できます。

記述試験には、定型となるような文章構成はありませんが、定義、法的効果・要件、課題などに分け、採点のポイントとなるようなキーワードを押さえて簡潔にまとめるとよいでしょう。

解答例は、過去の受験者からの入手や勉強会などで分担して作成すれば、非常に効率的に勉強を進めることが可能です。ただし、作成時点が古いことなどもありますので、必ずご自身で一度、法律を確認し、ホームページなどで最新状況を反映するなど修正し、正確な知識を身に着けましょう。

解答例を作成したら、繰り返し書いて暗唱するなど、ご自身に合った方法で暗記を進めましょう。なお、試験前に手書きの練習を行うことを強くお勧めします。特に、普段パソコン作業が多く手書きに慣れていない人にとっては、制限時間内に2題分の解答を書くのは、想像以上に時間がかかります。ご自身の手書きのスピードから逆算し、試験当日の時間配分のシミュレーションを行うとよいでしょう。

なお、試験当日、準備をしていない問題が出された場合でも、慌てずにキーワードが分かることだけでも書くことが重要です。記述試験の2題を完璧に解答できなくとも合格した人はいますので、諦めずに何かしら書いてくることで次につながります。

最後に、皆さんは統括課長代理や課長代理として毎日職場で多くの困難事項に対処するほか、プライベートでもそれぞれの事情で多忙な日々を過ごし、試験勉強のためのまとまった時間や集中できる場所を確保するのが非常に困難であろうと推察されます。しかしながら、記述試験は勉強量が確実に成果につながります。普段、時間や場所が確保できない人でも、通勤時間などを利用するなど工夫し、コツコツかつ着実に勉強を進めてください。また、ぜひ今年合格された人や受験生同士で、勉強の仕方など情報交換を行い、効率的かつ自身に合った方法を探し、準備を進めましょう。

◆30年度◆ 管理職試験講座 ⑤
特別区 Ⅰ類択一・記述 Ⅰ・Ⅱ類論文

Ⅰ類択一
地方自治制度 ④

今回は、地方自治制度の最終回となります。前回と同様に演習問題を5問出題します。様々な出題パターンを用意しましたので、「1問当たり約2分」を意識しながら解いてみてください。また、正解できなかった問題については条文や行政実例を確認し、しっかりと復習しましょう。

演習問題

【問題 1】
地方自治法に規定する職員の賠償責任に関する記述として、妥当なのはどれか。

① 物品を使用している職員が、故意または過失によりその保管に係る物品を亡失したときは、これによって生じた損害を賠償しなければならない。

② 会計管理者と会計管理者の事務を補助する職員が、その保管に係る現金を過失により亡失したときは、それぞれの職分と損害発生の原因となった程度に応じて賠償責任を負う。

③ 普通地方公共団体の長が、賠償の命令の対象となる職員に対して賠償を命ずることを求める住民訴訟について、賠償の命令を命ずる判決が確定した場合には、長は当該判決が確定した日から30日以内に賠償を命じなければならない。

④ 監査委員が賠償責任があると決定した場合において、普通地方公共団体の長は、当該職員からなされた当該損害が避けることのできない事故その他やむを得ない事情によるものであることの証明を相当と認めるときは、長の権限で賠償責任の全部または一部を免除することができる。

⑤ 占有動産を保管している職員は、故意または重大な過失により、その保管に係る占有動産を亡失したときは、これによって生じた損害を賠償しなければならないが、その後、当該職員が退職した場合には賠償責任は負わない。

【問題 2】
地方自治法に規定する普通地方公共団体の長の権限に関する記述として、妥当なものを選んだ組み合わせはどれか。

A 普通地方公共団体の長は、その管理に属する行政庁の処分が法令、条例または規則に違反すると認めるときは、その処分を取り消し、または停止することができる。

B 普通地方公共団体の長は、当該普通地方公共団体の学校その他教育機関の用に供する財産を処分する権限は有しない。

C 普通地方公共団体の長は、当該普通地方公共団体の公益に関する事件について、意見書を関係行政庁に提出することができる。

D 普通地方公共団体の長は、当該普通地方公共団体の区域内の公共的団体等の活動の総合調整を図るため、これを指揮監督することができる。

① A B
② A C
③ A D
④ B C
⑤ B D

【問題 3】
次のA～Eのうち、地方自治法に規定する普通地方公共団体の議会の議決事件を選んだ組み合わせとして、妥当なのはどれか。

A 普通地方公共団体の区域内の公共的団体等の活動の総合調整に関すること

B 議会の議決を経た土地売買契約を解除すること

C 維持管理を必要とする物件の寄附を受けること

D 法律上その義務に属する損害賠償の額を定めること

E 普通地方公共団体がその当事者である訴えの提起及び応訴に関すること

① A C
② A D
③ B D
④ B E
⑤ C E

【問題 4】
地方自治法に規定する一部事務組合に関する記述として、妥当でないのはどれか。

① 普通地方公共団体及び特別区は、その事務の一部を共同処理するため、その協議により規約を定め、都道府県の加入するものにあっては総務大臣、その他のものにあっては都道府県知事の許可を得て、一部事務組合を設けることができる。

② 公益上必要がある場合においては、都道府県知事は、関係のある市町村及び特別区に対し、一部事務組合を設けるべきことを勧告することができる。

③ 市町村または特別区の共同処理をしようとする事務が、他の市町村または特別区の共同処理しようとする事務と同一の種類のものでない場合においても、一部事務組合を設けることを妨げるものではない。

④ 一部事務組合の管理者は、当該一部事務組合の議会の議決すべき事件のうち政令で定める重要なものについて、当該議会の議決を求めようとするときは、あらかじめこれを当該一部事務組合の構成団体の長に通知しなければならない。

⑤ 一部事務組合の経費の分賦に関し、違法または錯誤があると認めるときは、一部事務組合の構成団体は、その告知を受けた日から30日以内に総務大臣に異議を申し出ることができる。

【問題 5】
地方自治法に規定する普通地方公共団体の決算に関する記述として、妥当なのはどれか。

① 会計管理者は、毎会計年度決算を調製し、出納の閉鎖後3カ月以内に証書類その他政令で定める書類と合わせて、普通地方公共団体の監査委員に提出しなければならない。

② 普通地方公共団体の長は、決算認定後に当該決算内に誤りを発見し、その結果、決算金額に異動を生ずる場合でも、決算報告の内容を修正し、議会の再認定に付すことはできない。

③ 各会計年度において決算上剰余金を生じたときは、翌年度の歳入に編入しなければならない。

④ 普通地方公共団体の長は、決算を議会の認定に付した後、監査委員の審査に付さなければならない。

⑤ 普通地方公共団体の長は、議会において決算の認定に関する議案が否決された場合において、当該議決を踏まえて必要と認める措置を講じたときは、速やかに当該措置の内容を議会に報告するとともに、これを公表しなければならない。

解説

【解説 1】　正答 ②

① 誤り。「故意または重大な過失」が正しい（地方自治法第243条の2第1項）。
② 正しい（同法第243条の2第2項）。
③ 誤り。60日以内が正しい（同法第243条の2第4項）。
④ 誤り。議会の同意を得る必要がある（同法第243条の2第8項）。
⑤ 誤り。退職後といえども賠償責任は免れ得ない（行政実例 昭25・10・12）。

【解説 2】　正答 ③

A 正しい（地方自治法第154条の2）。
B 誤り。財産を取得し、管理し、及び処分することができる（同法149条第6号）。
C 誤り。長ではなく、議会が提出できる（同法第99条）。
D 正しい（同法第157条第1項）。

【解説 3】　正答 ②

A 正しい（地方自治法第96条第1項第14号）。
B 誤り（行政実例昭33・9・19）。
C 誤り（行政実例昭25・6・8）。
D 正しい（同法第96条第1項第13号）。
E 誤り。応訴は議決事件ではない（同法第96条第1項第12号）。

【解説 4】　正答 ⑤

① 正しい（地方自治法第284条第2項）。
② 正しい（同法第285条の2第1項）。
③ 正しい（同法第285条の2第2項）。
④ 正しい（同法第287条の4）。
⑤ 誤り。当該一部事務組合の管理者に異議を申し出ることができる（同法第291条第1項）。

【解説 5】　正答 ⑤

① 誤り。長に提出しなければならない（地方自治法第233条第1項）。
② 誤り。決算報告の内容を修正したうえ再認定に付すことができる（行政実例昭28・7・7）。
③ 誤り。条例の定めるところにより、または議会の議決により、剰余金の全部または一部を翌年度に繰り越さないで基金に編入することができる（同法第233条の2）。
④ 誤り。監査委員の意見を付けて次の通常予算を議する会議までに議会の認定に付さなければならない（同法第233条第3項）。
⑤ 正しい。平成29年の改正により新たに規定されたもの（同法第233条第7項）。※平成30年4月1日施行

文化観光ガイドがご案内

週末回遊計画　とっておきのまち歩き⑩

一般社団法人江東区観光協会　池田　英

江東区観光協会では、2014年度から区内のボランティア団体である江東区文化観光ガイドの会と協働してガイド事業を実施しています。ガイド事業では、地域の新しい魅力を発掘すること、参加者に江東区の魅力を伝えること、文化財保護の重要性を伝えることなどを目的に「まちあるきツアー」を実施しています。これらの目的に向けて、ガイドの方々と日々勉強し、話し合いながらお客様に満足してもらえるようなまちあるきツアーの実施を心掛けています。

当協会では、実施するまちあるきツアーを「イベントツアー」「出張まちあるき案内所（スポットガイド）」「まちあるきガイドサービス（予約ツアー）」の3種に大別しています。16年度は3種のまちあるきにより案内したお客様の合計人数が約3700人と大変好評でした。

「イベントツアー」は季節の花や、特別公開の施設を見学するなどにより、ある特定の期間のみ実施する企画です。

「出張まちあるき案内所」はお祭りなどが行われることで、多くの観光客が訪れる場所に案内所としてのブースを設置し、区内のおすすめ観光スポットをお伝えしたり、まちあるきを通して周辺をご案内するものです。前年度までは、この企画についても、ある特定の期間のみ実施していましたが、今年度から区内の観光名所である富岡八幡宮境内の一角をお借りし、毎週、土・日・祝日の晴れている日にブースを設置する企画を開始しました。

「まちあるきガイドサービス」は当ガイド事業のメーンとなるまちあるきで、お客様に九つの定番コースの中から希望するものを事前に予約していただくものです。最少催行人数は2人ですが、上限の人数は設けていない上、原則無料（17年11月1日時点）です。そのため、1回の予約で200人を超えるお客様を受け入れたこともあります。これは、この事業に興味を持った区内の消防署からの依頼で、職員の研修目的で申し込みいただきました。そのほか、他自治体等の官公庁からの依頼を受けることもあり、文化観光ガイドがご案内するまちあるきに興味を持ってもらい、まことにうれしく感じています。

■9つの定番コース

まちあるきガイドサービスでは九つの定番コースを用意しています。①深川門仲ご利益コース②深川寺町・深江戸コース③深川芭蕉コース④深川佐賀町・永代橋コース⑤亀戸文武ご利益コース⑥小名木川・船番所コース⑦旧中川・荒川コース⑧深川七福神コース⑨亀戸七福神コースの九つのコースがあります。

ここでは、例として最も人気の①のコースを紹介します。下町情緒あふれる門前仲町かいわいを巡るもので、深川東京モダン館を出発し、1時間半程度散策し、富岡八幡宮で解散するものです。

出発地点の深川東京モダン館は、1932年に東京市営の食堂として建築された建物を改修し、2009年に観光と文化を発信する拠点として開館した施設です。開館の前年には国登録有形文化財に指定されており、改修前の様相を色濃く残す重要な観光施設です。

次に訪れるのが辰巳新道と呼ばれる路地で、ここには昭和の面影を色濃く残す居酒屋や小料理屋がひしめいています。まちあるき中はお店に立ち寄ることはないのですが、少し路地を歩いて雰囲気を味わうだけで、初めて訪れた方も、どことなく古き良き時代の懐かしさを感じることができるスポットです。

そこから更に歩き、深川公園を通り過ぎたところで成田山東京別院の深川不動堂を訪れます。その開創は1703年と伝わり、成田山の御本尊を江戸に奉持し、特別拝観したことに始まるものとされています。毎日所定の時間に護摩祈祷が行われ、どなたでも無料でご覧いただくことができます。燃え盛る炎を前にするご祈祷はものすごい迫力で、煩悩も一気に吹き飛んでいきます。

次に訪れる場所が富岡八幡宮です。ここは勧進相撲発祥の地として非常に意義深い場所でもあり、境内には新しく横綱が誕生した際にその名前を彫る横綱力士碑や、大関で引退した力士が名前を彫る大関力士碑もあります。今年も6月9日に横綱稀勢の里関の刻名式が行われ、報道の取材などで大いににぎわいました。

その他、重量で4㌧を超え、日本一と呼ばれるお神輿を見学できたり、門前仲町に住んでいた伊能忠敬が日本各地への測量へ出かける前、富岡八幡宮で参拝をしてから旅立ったことを伝える像があったりと、見どころが満載です。

富岡八幡宮を見た後は、付近にある都内最古の鉄橋である八幡橋等を見学して、再び富岡八幡宮大鳥居の前に戻ってきてツアー終了となります。

九つのコースにはそれぞれ所定の時間を設定していますが、お客様のご要望に合わせてガイドの対応が可能な範囲で延長や短縮、オプションで付近のスポットへの立ち寄りの追加なども承っています。他のコースにも、書き尽くせないほどの魅力がありますので、ご興味のある方は江東区観光協会へお問い合わせいただければと思います。

辰巳新道

富岡八幡宮

都市のレガシー　五輪開催3都市を巡って⑦

ロンドン①　人口集中で大ロンドン計画

19世紀に100万人都市に

西暦1世紀に外洋から船でテムズ川をさかのぼって来たローマ人が、川の北側と南側を結ぶのに便利な最初の地点として現在のロンドン辺りを選び、ロンディニウムと名付けた。これは、島の先住民族ケルト人の「沼地にある砦」という意味の言葉から作ったものという。

このエリアは、今でも都市のメモリアルな位置付けを持ち、「シティ・オブ・ロンドン」と呼ばれ、大ロンドン市長とは別に名誉市長まで存在している。

ローマ人が去った後は、ヨーロッパ大陸の北部からバイキングが何度も襲来、今日のドイツあたりから来た複数の民族がブリテン島に定住して、いわゆるアングロ・サクソン人となった。

ロンドンの繁栄の礎は、「世界の工場」と言われ、世界に先駆けて独力で達成した産業革命こそが他国の追随を許さない成熟の時代を成しえた基盤であろう。しかし、その繁栄もアメリカ、ドイツなどが台頭し始めると陰りを見せ始め、産業革命の反動からやがて福祉国家への道をたどっていくこととなる。この激動の時代は、ヴィクトリア女王の時代（在位1837年～1901年）と重なる。

ヴィクトリア朝のロンドンは、工業化で都市に仕事が生まれ、鉄道での移動が可能になったおかげで、巨大都市がさらに巨大になった時代である。19世紀の初め、既に人口100万人を数えていたロンドンは、19世紀を通じてさらに人口集中が進む。1841年の調査では、半世紀の間に2倍以上の増加を示して、223万人にまで増加、さらに半世紀後、ヴィクトリア女王が亡くなった1901年には、658万人にまで増加している。

人々は英国の南部地域、アイルランド、そしてドーバー海峡を越えて東欧から流入してきた。そして彼らの多くはロンドンの東や南の地区に住んだ（このエリアがドックランドやテムズ南岸のミレニアムウォーク、OPパークのように90年代以降の再開発エリアである）。

そして、彼らの大半が何の技術も持たない未熟練労働者たちであったが、そうした人々にも仕事の機会が存在したのが大都市ロンドンだったのである。彼らは低賃金労働者としてその日暮らしであり、当然住まいはスラム的なものとなる。19世紀の工業化の進展は同時に工場のばい煙や廃棄物による公害問題、労働人口の都市への集中による衛生環境の悪化、犯罪の増大、失業者による貧困によりスラムや様々な都市問題を生み出していった時代でもあった。

ロンドン県と特別区の設置

ロンドンの人口がピークに達すると、今度は郊外へのスプロールが始まる。

1888年に地方行政法が制定され、ロンドン周辺の各地方を四つの県（County）に分け、直接選挙で選ばれる県会を設けた。ロンドンの場合は、ロンドン県(London County Council＝LCC）と、それを補完するものとして28の特別区を設置した。

LCCは、1890年の住宅法に基づいてシティとその周辺のスラムの解消を計り、中層の集合住宅を建てて地区の改良を行っていった。

ロンドンは、1666年の大火で大規模な都市改造が行われ、中世の木造都市から石造の都市に生まれ変わっている。そして次の大きな都市改造の機会は、第二次世界大戦の被害を受けて開始される。ロンドンへの過度の人口集中による弊害の克服と戦災復興を意図してロンドン全域の都市構造を改良する『大ロンドン計画』（1944年、P・アバークロンビー教授）が発表される。

この計画ではロンドン地域を同心円状に、中心部―郊外部―グリーンベルト―田園地域と捉えている。中心部の既成市街地では再開発を行い、人口を抑制する一方、田園地域にはニュータウンを建設し、人口の受け皿とする。グリーンベルトは都市の無秩序なスプロール化を防止するために保全される。

そして1946年には、ニュータウン法が制定され、人口の分散を計る新都市建設の方向が打ち出された。

次回も引き続き、ロンドンの行政機構と都市計画の変遷から大会招致につながるまでの流れを紹介する。

（都都市整備局　長谷川昌之）

主要鉄道線　テムズ川　ロンドン中心部　郊外部　グリーンベルト　田園地域　●ニュータウン

大ロンドン計画概念図

東京　橋くらべ⑳

紅林　章央

5連のレンガアーチ橋

現在は歩行者専用となった閘門橋

閘門橋

葛飾区の水元公園の北側、岩槻街道が大場川を渡る葛三橋の脇にレンガアーチ橋が架かる。23区で唯一のレンガアーチ橋、閘門橋である。

この橋は、1909年に現在の埼玉県三郷市付近の水利組合により架けられたもので、当初は『弐郷半領猿又閘門』と名付けられた。閘門というと、河川の水面の高さを調整するための水門を指すが、当時は呼び名に厳密な規定はなく水門全般を指し、ここも正確には農業用の樋門であった。

閘門は、岩槻街道の道路橋としての機能も併せ持っており、昭和に入ると葛飾区と三郷市から1文字ずつ取り、葛三橋と改名された。さらに70年に下流側に新橋が架けられ、この橋に葛三橋という名を譲って、レンガアーチ橋は歩行者専用となり、橋の名も当初の名にちなみ閘門橋と再度改名した。そして89年に補修と化粧直しを行い、現在の姿になった。

5連のレンガアーチ橋は全国でもまれで、また絵になる橋でもある。次世代まで伝えたい一橋である。

ミニガイド

◇キャンドルナイト　in　三河島　▷大正時代に建設されたレンガ造りの主ポンプ室など文化財をライトアップ。今年は新たに〝メッセージキャンドル〟体験イベントも開催（先着100人）▷日時　12月22日㈮　午後5時半～8時半（雨天の場合23日㈯に延期）▷場所　旧三河島汚水処分場喞筒場施設▷入場料　無料▷アクセス　都電荒川線「荒川二丁目」駅から徒歩3分

『都庁俳句』作品抄（12月1日発行）

池の面の鉛色なる無月かな　鈴木　征子
六道の巷をはやす鉦叩　上部　隆男
木の実落つ駆込み寺の狭き門　髙橋　弘
テーブルの真赤なりんご置手紙　成戸　寿彦
噺家と隣り合ひたる走り蕎麦　内田　香織
行く秋や素龍本見し峠茶屋　神谷　邦男
つぶやきに返事する妻秋深し　武内　利夫
前略とだけ書き終へし夜長かな　奥田　弘學
鈴なりの柿そのままに過疎の村　伊藤　政行
己が影守る木の椅子冬近し　伊　達　天
虫のこゑ渓谷の風つれてきし　間中恵美子
わが小さき栄枯盛衰濁り酒　山口　昭義
秋風のことに夕暮れ波郷句碑　葛西美枝子
墓どれも幸せの形秋彼岸　渋谷　はつ
ちちろ鳴く檜皮小暗き兜門　片野　信子
学校田案山子の手袋新しき　木村　裕子
冷まじき黒の総枠地獄の門　佐々木いつき

会員募集・見本誌月刊『都庁俳句』贈呈。連絡先　佐々木☎03・3956・6342

都政新報

発行所　都政新報社
〒160-0023　東京都新宿区西新宿7-23-1　TSビル
（総務・読者）03-5330-8781
（企画広告）03-5330-8784
（編　集）03-5330-8786
（出　版）03-5330-8788
（ファクス）03-5330-8808
購読料　月1,730円（税込）
毎週火・金曜日発行
ただし、祝日は休刊

紙面から

議員公用車 半分以下に削減へ
議会棟禁煙 来年から全面実施

都議会改革検討委

都議会改革検討委員会が7日に開かれ、議員公用車の一部廃止や議会棟の全面禁煙、政務活動費の新年会など飲食を伴う会合への支出禁止などが合意に至った。8月の設置から4カ月で、当初議題に上っていた主な項目が解決した格好だ。特に公用車や全面禁煙を巡っては、難色を示す会派と決定直前までギリギリの調整が図られた。今回は年内最後の検討委だったが、来年は会派間で賛否が分かれる通年議会導入などが議論の俎上に上ることが予想される。

「議員が頻繁に公用車を使うと、特権的に見えてしまう」。行政学者の大森彌東京大学名誉教授がこう言い放った。7日に同検討委が全都議参加可能な形で実施した有識者ヒアリングの一コマ。

議会改革検討委員会　有識者ヒアリング

検討委員会の前には有識者ヒアリングも行われた＝7日、都議会で

一瞬、会場がざわついた。同ヒアリング後の議会改革検討委で、積み残しとなっていた議員公用車の一部廃止が決まった。議員公用車は現在、正副議長と会派幹事長の専用車5台と、その他の共用車17台の計22台あるが、そのうち正副議長以外の公用車を一部廃止し、計9台にするとした。公用車のリース契約期間により、2019年5月まで3段階で削減する。都が雇用する直営運転手15人は、都庁で配置転換する考え。

「基準」巡り攻防

公用車の見直しを巡っては、自民が強く反発した。自民と事実上妥結したのは、6日の第4回都議会本会議（代表質問）の2回目の休憩時間だったという。

争点になったのは「公務」の取り扱いだ。議長が定める公用車使用要領には議員の公務を例示。公用車を使用する際の基準としており、このうち今回は▽各会派間等での都議会運営に関する協議▽都の事業に関する都や関係機関との協議▽その他議会活動の上で必要とされる場合――の三つの基準が見直し対象となった。自民は「その他活動」を除く、二つの基準に難色を示していた。

同委員会関係者によると、一時は決裂しかけたが、「都事業の協議」基準を限定化し、都議会を起点・帰着として協議相手が明確な場合には使用可とすることで折り合ったという。この他の2基準は削除となった。自民の吉原修氏は7日の検討委で、「正副議長車以外の専用車を廃止して、共用車とすることはやむを得ない」と述べた。

一方、議員公用車の廃止を公約に掲げた都民ファーストの会の小山有彦氏は検討委終了後、報道陣に「（将来的な全面廃止は）利用実態を踏まえ、引き続きの課題としたい」と話した。

今回の見直しでは、公用車の使用状況を定期的にホームページに掲載することも決め、今後の検討に生かす考えだ。また同検討委では、政活費の飲食を伴う会合への支出禁止や議会のペーパーレス化、議会棟の全面禁煙なども合意に至った。

「屋上に喫煙スペースを設置するなど限定的な禁煙で妥結すると思っていた」。検討委の一人が会議後にこう明かした。公用車問題と同じく、全面禁煙も自民が態度を硬化していたためだ。だが、自民の吉原氏は検討委で「全面禁煙の方向性は可とする」と言及した。

今回、公用車と禁煙問題で妥結に至ったのは、都民ファと公明が粘り強く調整したことが主因で、特に都民ファの小山氏が汗をかいたとの見方がある。

議事堂全面禁煙は「分煙」で契約中の飲食店などとの調整後、来年早期に実施する。

今後は「通年議会」

「委員会で自主的な議論をすべき」「公開に耐え得る準備ができていない」。非公開で実施している同検討委の打ち合わせ会の在り方を巡り、会派の主張は二分している。

議会改革検討委員会は、実質的な議論は非公開の打ち合わせ会で行い、公開の検討委では構成員の全5会派が合意した項目のみを報告・決定している。このため前期の議会のあり方検討委員会が非公開だったのと事実上同じで、都民ファが公約で掲げた「議会の会議内容の全公開」にも逆行している。今後はこうした運営の在り方も問われそうだ。

また検討事項を巡っては、各会派で主張が異なり、合意に至らない項目が残る。とりわけ通年議会の導入に関しては、論議を呼ぶことは必至だ。

通年議会を主張しているのは、公明と民進の2会派。都民ファは、小池知事率いる執行側の負担増などを敬遠し、消極的な立場だ。知事との是々非々の立場を強く打ち出した公明が、都民ファといかに対峙するのか。来年以降も波乱含みの展開が予想される。

商業地で年100億円の減額
固定資産税見直しが大詰め

2018年度税制改正では、地方消費税の配分割合の見直しだけでなく、固定資産税の「条例減額制度」の存廃も焦点となっている。自治体は商業地の固定資産税を減額する条例を独自に制定することが可能だが、固定資産評価額の見直しと合わせて3年に1度、与党税制調査会で存廃が議論されている。条例の適用期限が今年度末であるため、来年度以降も延長されなければ、地価の高い23区では事業者の負担が一層重くなる。都議会から制度存続を求める声が出ている。

「減額条例」の延長要望

かつて商業地などの固定資産税は評価方法が異なっていたため、自治体ごとでばらつきがあり、「不公平」との声が出ていた。このため、国は1994年度から地価が同水準であれば、固定資産税が全国で同一となる制度をスタートした。だが、地価が高い23区などの商業地では税の負担感が重く、各自治体の判断で緩和措置を商業地で講じられる「条例減額制度」が05年度から順次、行われている。

条例減額制度は、3年に1度の固定資産評価額の見直しに合わせて、与党税調が延長するかを議論している。同制度の適用期限が今年度末となっており、6日の都議会代表質問では、公明党と自民党が制度存続を国に働きかけるよう都に強く要望した。

条例減額制度による恩恵は大きい。23区内の商業地の固定資産税は、年間で約100億円が減額されている。

また、前年度の課税標準額に対する当該年度の評価額に対する割合が60～70%の範囲内の場合、前年度の税額に据え置かれる「据え置き特例」がある。地価が前年度よりも大幅に上昇しても、税額の急激な上昇を抑えるのが目的だが、地方にとってはこの据え置き特例があることで実質的に税収減となっているのが現状だ。据え置き特例の存廃も18年度税制改正で検討テーマの一つとなっており、全国市長会や総務省などは固定資産税の増収につなげるため、廃止を求めている。

23区内の地価の上昇率は全国を上回る水準だ。今年の商業地の公示地価は全国平均で前年比1・4%増に対し、23区内では5・5%増となった。都主税局は「都内にある中小企業の7割は赤字と言われている。地価が上昇しても売り上げ増に直結していないため、事業者の負担が増えることになる。（地域経済を考慮すれば）条例減額制度を存続すべきだ」との考えを示している。

MEMO　条例減額制度　自治体が地方税法に基づき、商業地の事業者に対して独自に固定資産税の減額を実施できる制度。自治体が独自制定できるのは2種類ある。一つは、固定資産税を算定する際の課税標準額が評価額（公示地価の7割相当）の上限70%となっているが、条例では60%から70%の範囲内で設定できる制度で、都は65%に定めている。また、前年度より固定資産税額が大幅に増額になった場合でも上げ幅を1・1倍に抑えられる制度もあり、都などが導入している。

選択可能な仕組みを

【解説】　固定資産税の条例減額制度を活用している自治体は限定的で、評価額の60～70%に設定できる制度を都だけが導入している。また、上げ幅を1・1倍に抑える制度を取り入れているのは都が代わりに徴収する23区以外で武蔵野市や三鷹市など9団体となる。地価の高い商業地を抱える自治体が都内に集中しているため、固定資産税の過重負担は「東京問題」とも言える。

17年度の23区内の商業地の公示地価は15年度比で14・3%も上昇しており、来年度の固定資産評価の見直しでは、地価が大きく下落しない限り、商業地の事業者の負担が増大する見通しだ。

都にとって、地価上昇は固定資産税の増収につながるため、税収を確保できるメリットがある反面、事業者の経営に悪影響を及ぼしかねないデメリットもある。損得勘定で見れば、条例減額制度に伴う都の減収よりも固定資産税の負担で地域経済が衰退する恐れの方が深刻との見方があり、都の固定資産税の減収はやむを得ないとの指摘がある。全国で地価が異なる中、条例減額制度を選択できる仕組みが引き続き求められている。（石）

液体ミルクで要望
規定整備国に促す
9都県市首脳会議

9都県市首脳会議は8日、乳児用液体ミルクの規定を早期に整備するよう国に要望した。提案自治体の都が同日に要望書を厚生労働省と消費者庁に郵送した。

乳児用液体ミルクの普及は、小池知事が知事選で掲げた公約の一つで、都は昨年から同様の提案要望を国に実施している。

東日本大震災や昨年の熊本地震でフィンランド製の乳児用液体ミルクが提供され、断水した保育所などで活用された。同ミルクは常温保存が可能なことに加え、お湯で溶く必要がなく、容器から直接飲むこともでき、特に災害時の有用性に優れる。

だが日本では、法令上の定義や規格基準が未整備で、国内の製造・販売や輸入販売ができない状況となっている。

梶原洋福祉保健局長は8日の第4回定例都議会の一般質問で、「国は規格基準等の整備について検討を始めており、都は今後とも提案要求を行っていく」と答弁した。

都環境アセス
施設更新で条例改正へ
建て替え基準を明確化

都環境局は環境影響評価（アセス）条例の対象事業に施設の建て替えを加えるため、条例改正などの見直しに踏み出す。高度成長期以降に整備した大量のインフラ施設などの更新に備えるのが狙い。1980年の条例制定以降、対象事業の大幅改正は初めてで、今月中旬に条例改正などについて環境影響評価審議会（会長＝柳憲一郎明治大法科大学院教授）に諮問する。

現行条例には、建て替えなど更新を想定した規定がなく、「新設」や「設置」の規定などを準用し、明確に区分していなかった。現行条例では道路やダム、工場など施設を26種類に分類した上で、対象事業の基準を新築や増設などに区分して定めているが、事業者が「更新は新設などに当たらない」などとして、アセス実施の抜け道になる恐れがあった。

環境局によると、見直しでは施設種別ごとに建て替えなどの更新に関する基準を新設し、審議会での議論を踏まえ、次年度以降に条例案を策定する方針。建て替え基準を明確に規定するのは珍しいという。

施設更新の環境アセスを巡っては、都の市場問題プロジェクトチームが6月に示した第1次報告書で「条例に位置付けるのであれば、（都は）持論に固執することはなく、審議会に諮って改正することが筋」と明示。現在開会中の第4回定例都議会でも、小池知事が1日の所信表明で「制度の見直しの検討を進める」、和賀井克夫環境局長が6日の代表質問で「施設の更新について対象を明確化するなど、より適切で分かりやすい手続きが必要」と述べていた。

築地調査費ゼロを
音喜多氏が提案
都議会4定一般質問

都議会の一般質問が8日に行われ、かがやけTokyoの音喜多駿氏が中央卸売市場が予算要求している築地のまちづくりの調査費（5700万円）をゼロにすべきと小池知事に提案した。これに対し、小池知事は「より良いまちづくりをしっかりと検討する」と答弁するにとどまった。

また、音喜多氏は築地再開発検討会議の結論が来年5月に予定されていることに「知事の標榜するスピード感とかけ離れている」と批判し、今年度末に議論を取りまとめるべきとしたが、邊見隆士都技監は「より良いまちにするため、検討に一定程度の時間を要する」との考えを示した。

一方、都民ファーストの会の森村隆行氏は「円滑な市場移転には、個々の事業者が移転の準備を進める必要がある」と話し、きめ細かな対応を要望。公明党の細田勇氏は、豊洲新市場内に開業する予定の千客万来施設の運営事業者が撤退も含めて検討して点に触れ、「知事が自ら江東区、事業者に働きかける必要がある」と指摘した。

小池知事は千客万来施設の整備が進捗するよう誠意を持って取り組むことを積み重ねた上で、「足を運ぶことも考えたい」と述べた。

グリーンボンド発行
環境事業に200億円分
都環境局

都財務局は8日から、環境関連事業に使い道を限定した債券「グリーンボンド」を個人向けに発行した。

個人向けのグリーンボンドは、為替レートの変動が少ないとされるオーストラリアドル建ての5年債で、金利は年2・55%（税引き後は2・031%）。証券会社の5社が取り扱い、オーストラリアドルから日本円に変換する際に生じる金利を活用し、利率分を確保する。都は100億円分を調達する予定だ。

東京、神奈川、埼玉、千葉の1都3県に住んだり、通勤・通学したりする個人が1人当たり1千豪ドルから50万豪ドルまで購入可能としている。

10月に機関投資家向けに発行したグリーンボンド（100億円分）は既に完売したという。都は個人向けと合わせて調達する200億円を公園や河川などの整備に充てる。また、五輪関連では海の森水上競技場、アクアティクスセンター、有明アリーナの恒久3施設に太陽光パネルやLED照明の設置などに10億円を活用するという。

都民による事業提案
ネットで投票を開始

都の予算に都民の声を直接反映させるため、今年度施行している事業提案制度について、都財務局は8日、募集を行った9月29日から11月7日までの40日間で、都民から255件の事業提案が寄せられたと発表した。各局が新たな発想の活用や実現可能性の視点から検討を行い、26事業を選定。▽子育て支援▽高齢化対策▽働き方改革▽防災対策▽空き家活用▽環境対策――の6分野に分類し、各1事業程度を選定するため、8日からインターネットによる投票を実施している。投票期間は22日までで、結果は予算案の中で発表する。

穴句ジョーク

都民による事業提案制度、事業案への投票受け付けを開始

「やっとここまで来たよ、だけどどれが"従来の発想にとらわれない新たな視点"なんだ!?」――担当職員

都政の東西
アイデアの作り方

「議論を聞いていると、旧態依然から脱却できていない！もっと斬新なアイデアが必要だ！」。2020年東京五輪に向けて、今後の多摩地域の観光施策を議論するため、立川、昭島、小平、日野、国分寺、国立、福生、東大和、武蔵村山の市長が一堂に会した9市広域連携サミットで、傍聴人の一人が強い口調で声を上げた。提言を受けた市長らはやや困惑したように苦笑し、サミットの開催を呼び掛けた清水庄平立川市長は「参考にさせていただきます」と返すにとどまった。

確かに、賛同できる意見だった。サミットでは多摩の自然やアニメなどのサブカルチャーでの連携、レンタサイクルの相互実施など様々な案が出されたが、どれもどこかで聞いたことがあるような内容ばかりで新鮮味に欠けるように感じられた。

サミットは最終的に、ファシリテーターの大学教授が「今日の議論を事務レベルで検討していただきたい」とまとめたが、旧態依然の体質から抜け出せる土壌が育っているかは不明瞭だ。というのも、今年1月に行われた同サミットでは各自治体間の人材交流について議論されたが、その後、各市での動きは見られないからだ。

「アイデアとは既存の要素の新しい組み合わせ以外の何ものでもない」とは、1940年の出版以来、ロングセラーとなっている『アイデアの作り方』の著者ジェームス・W・ヤング氏の言葉。既存のアイデアの融合という意味では、人材交流は効果的な手立ての一つのはずであり、現状では旧態依然から抜け出すのは難しそうだ。五輪開催という新たな時代の波に負けないような観光施策を打ち出せる人材を育成してほしい。

LGBT施策 求められる行政対応

LGBTに代表される性的少数者への理解を広げるための取り組みが進んでいる。渋谷区は企業・団体向けの卓上広告（ポップ）の配布を開始。世田谷区は差別禁止などを盛り込んだ条例制定を進め、そのほかの区でも男女共同参画計画にLGBT施策を盛り込むなどの対応が始まっている。一方で、LGBT当事者や支援者からの行政に対する施策展開の要請も高まっており、港区議会は、同性カップルの公的認証制度の創設を求める請願を可決。区は早ければ来年度にも区民向けの実態調査を検討するという。

渋谷区 企業向けに卓上広告

港区 請願可決で実態調査

「LGBTへの理解と支援を地域社会の至る所で可視化したい」――渋谷区の永田龍太郎男女平等・ダイバーシティ推進担当課長は、企業向けポップの意義を説明する。

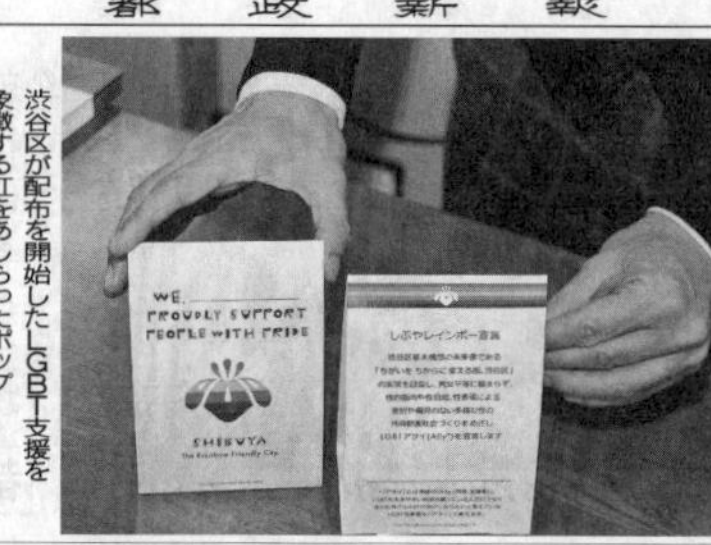

渋谷区が配布を開始したLGBT支援を象徴する虹をあしらったポップ

ポップには「性的指向や性自認、性表現による差別や偏見のない多様な性の共同参画を目指し、LGBTアライ（支援者）を宣言します」と記載。顧客の目に付く店頭やレジ横に置くことで、LGBT当事者に安心してもらうとともに、社会的な関心を高めるのが狙いだ。11月29日に配布を開始し、金融機関や百貨店、個人経営のレストランなど12事業所に配布した。

区はポップの配布に当たり、条件を付けた。全顧客と全従業員に対する「平等かつ誠意ある対応」とともに、区が特にポイントとしたのが、トイレへの対応だ。LGBTのうち戸籍と自認する性が一致しないトランスジェンダーの大きな悩みとなっており、安心してトイレを利用できるよう、小規模飲食店などに見られる男女共用の個室トイレを少なくとも1カ所設けることを義務付けた。

永田課長は「昔ながらのオフィスビルや雑居ビルなどは男女別のトイレしかなく、特に中規模事業所にはハードルが高いかもしれないが、徐々にLGBTへの理解が進み、行政としては、より具体的な問題を提示する段階に来ている」と語る。

社会的に周知が進む中、LGBT施策への住民要請も23区全体に広がりつつある。港区議会は8日の第4回定例会最終本会議で、同性カップルの「パートナーシップ公的認証」を求める請願を可決した。請願では、同居する同性カップルを家族として公的に認めた上で、婚姻や事実婚の場合に行っている行政サービスのうち、同性カップルに適用可能な方策を示すことを要望。加えて、性自認や性的指向による差別を禁止するなどの施策を行うよう求めた。

これを受け、区総務部では、来年度以降に実施する無作為抽出方式の人権意識調査で、LGBTに関する詳細な実態調査を行う方針。区は今年度に区民への対応状況などを中心とした庁内調査を実施しており、結果を分析した上で、対応を検討する考えだ。

その一方で、区総務部は同性パートナー証明制度を導入している先行自治体のうち、兵庫県宝塚市では昨年6月の開始以降、申請件数がゼロとなっている点に言及。「認証制度がニーズに合致するものか、実態を把握し、区民の議論を尽くして十分に考える必要がある」（人権・男女平等参画担当）と慎重な姿勢も示す。

港区議会以外でも、各区議会の一般質問などでLGBT施策を取り上げる議員が増えており、渋谷区の永田課長は今年7月にLGBT当事者の区議4人らが立ち上げた「LGBT自治体議員連盟」を背景として挙げる。

永田課長は「23区の職員にとってLGBT施策は必須の知識になりつつある」と指摘。他区の職員から勉強の機会が必要という声が寄せられていることを明らかにし、「LGBTに関する行政施策を体系的に学ぶ文献はほとんど無いのが実情。行政職員が知見を広げる場を設けることが重要」と提言する。

豊島区 池袋PRアニメを制作

アニメイトと共同で

豊島区は8日、池袋のPRアニメをアニメグッズ専門店㈱アニメイトホールディングスと共同で制作すると発表した。2020年東京五輪に向け、池袋の魅力をアニメを通して世界に発信することでブランド力向上を目指す。年度内に同社と制作実行委員会を立ち上げて制作会社や声優を決定し、19年度の公開を目指す。

メーンキャラクターの公募をPRする高野区長（左）と阪下社長

共同制作するアニメは約3分間で、アニメイトの国内外の店舗で放送し、アニメイベントに出展する。制作費は約3千万円で、区とアニメイトが半分ずつ負担する。アニメのメーンキャラクターの原案は、イラストとマンガの投稿サイト「ピクシブ」で公募。同区を地図で広げた形がフクロウに見えることから、フクロウを擬人化したキャラクターを募集する。

高野之夫区長は「池袋は世界に誇るアニメの聖地。日本のマンガやアニメは素晴らしい資本で、世界中にファンがいる。この連携は大変意義がある」と意気込みを示した。アニメイトホールディングスの阪下實社長は「池袋の更なる発展に貢献したい」と述べた。

練馬区 グランドデザイン構想発表

長期的な都市将来像示す

練馬区は11日、10年後から30年後の都市将来像をまとめた「グランドデザイン構想」素案の区民意見募集を開始した。2018年度中の策定を目指す。区が目指す都市将来像を区民と共有することで、区民と協働して未来へのまち作りの道筋を立てることが特徴。

素案では、▽暮らし▽都市▽区民参加と協働――の3分野を設定。分野ごとに取り組みの方向性を示した。

「暮らし」では、高齢者福祉、子育てや都市農業など八つのテーマを設定。子育てでは保育サービスの充実や児童相談体制の強化などを盛り込んだ。

「都市」のグランドデザインでは、「みどりに恵まれた良好な環境の中で誰もが暮らしを楽しむ成熟都市」を目指す。利便性の高い駅周辺のまちづくりのための駅前広場整備や住宅と農地の共存に向けた体験農園の充実などを施策に据える。

「区民参加と協働」では、「練馬ならではの新たな自治の創造」を目標に打ち出した。具体的には地域活動のきっかけ作りや地域団体間の支援、区民に向けた横断的な庁内体制の構築などを挙げた。

同構想は、区政運営の方向性を定めた15年3月策定「みどりの風吹くまちビジョン」の具体的な姿と位置付けた。前川燿男区長は「区民参加と協働を根幹として改革ねりまを更に前に進めていきたい」と述べた。

創生の代償 23区大学定員抑制 下

地方活性化へ集積の利点

JR金町駅から商店街を横目に道なりに進むと、2013年4月オープンした東京理科大学の葛飾キャンパスにたどり着く。同キャンパスには、工学部など5千人の学生が通学。大学開設に合わせて周辺ではマンション開発が進み、以前の工場地帯は一変した。学生や子育て世代ら若者の街となった。

大学誘致は青木勇前区長が実現し、09年に大学との基本協定を締結。同時に結んだ土地譲渡契約で、将来的に同キャンパスの定員を増やす計画を立てている。区は当初のスケジュール通り、今年度第4回定例区議会に、区土地開発公社から大学拡張用地を買い戻す費用として24億5千万円を補正予算案に計上した。可決されれば、来年2月に用地を大学に売却する予定だ。

青木克德区長は「既に機関決定している事業で、国が大学抑制の方針を出す以前からの予定通りに計画を進められる」と自信を見せる一方、国が進める23区の大学定員抑制に関しては「23区内に大学が立地していることが社会的に求められていると国民に理解してもらうことが必要」と訴える。

23区内の大学抑制を巡っては、国の有識者会議の委員が「定員抑制は、大学の新陳代謝を促し、質的な競争環境を作ることが目的」との考えを示している。他の委員も「地方大学の改革には、企業が地方からの人材確保に関心を高めている今がチャンス」と期待する。一方で大学からは「23区内の大学の研究成果は地方の課題解決にも役立ててもらえる」と意見が挙がるなど、関係者から賛否両論が噴出したままだ。

国が首都圏の大学集中を抑えようとする動きは今回が初めてではない。1959年制定の工場等制限法では、首都圏への人口と産業の集中を緩和するため、23区や神奈川県などで大学の新増設を原則禁止。同法施行を受け、広大で開放的なキャンパスを求めて大学が郊外に移転する動きが広がった。

しかし、国はバブル崩壊で方針を転換。少子高齢化や産業の国際競争激化が見られ始めた02年度に同法を廃止した。以降は、都心回帰の傾向が続いている。

東京理科大葛飾キャンパスでのイベントは近隣住民などでにぎわった＝11月、葛飾区で

人材供給源

埼玉県や群馬県のキャンパスを23区内のキャンパスに集積する計画を進めているのが東洋大学だ。埼玉県の朝霞キャンパスの一部を北区に移転する予定で、「北区は高齢化率が高く、福祉や子供支援、環境デザインなどで高度な連携が期待できる」と教育や研究面での利点を強調。「こうした協働で国内の諸課題の問題解決を目指す」と話す。

行政側も大学との連携に期待を寄せる。区内14カ所に大学のキャンパスがある世田谷区は、大学側からの提案を受け、産学官連携を強化するネットワークの構築に乗り出した。区政策研究・調査課は「連携を発展させていくことは大学側との共通認識で、区政にもプラス」と話す。

「なぜ東京に大学が必要なのか。エビデンスを示して個別撃破をしていく必要がある」。19大学が立地する文京区の成澤廣修区長は、知事の予算ヒアリングで大学抑制に言及した。「例えば、高齢化が進展する中、看護師や理学療法士などの人材が不足する。こうした専門人材を確保するには、大学病院の近くに実習の場がなければ人材の供給ができない」と指摘。23区内の大学が地方への専門人材の供給源となっていることや、学術機関の集積による研究発展の原動力となっている点を訴えた。

23区への定員抑制の影響が地方に及ぶ危険をはらみながら、23区は新たな大学入学生を迎えようとしている。＝おわり

品川区議会 都心飛行ルートに懸念

視覚障害者の請願を採択

品川区議会は7日の第4回定例会最終本会議で、都心上空を飛行する羽田空港の新ルート案に伴う騒音は、音が頼りの視覚障害者の外出に大きな影響があるとして、区に安全対策を求める請願を全会一致で採択した。

請願は区内の視覚障害者団体の44人が提出。全6会派の代表者と無所属議員2人の計8人が紹介議員となっていた。請願によると、国が計画する新ルート案では、区役所に近い大井町付近で上空300㍍を旅客機が飛行した際の騒音が80デシベルになる。団体が同レベルの騒音を体験したところ、周囲の音が聞こえなくなったという。このため、鉄道駅の構内放送を使って行われている周囲の利用者への声掛け運動を例示し、騒音影響を考慮した安全対策の検討を区に求めた。

区障害者福祉課は「新ルートに対して反対する趣旨の請願ではない」とした上で、「視覚障害者から直接意見を聞く検討会を立ち上げたい」と対策に前向きな姿勢を示した。

一方、同日は政府に新ルートの見直しを求める請願の採決も行われ、賛成少数で不採択となった。

記者席

したたかな"世界標準"の交渉

○……8日の都議会一般質問で、鈴木邦和氏（都民ファ）が、小池知事が掲げる満員電車解消の取り組みを質問した。シンガポールでは朝7時半まで都心部への電車賃が無料で、ピーク時の混雑率が減少しているとして、都の見解をただした。

シンガポールではピーク時の混雑が7%程減ったという。日本と違って通勤費は自腹のケースが多く、効果も大きいようだ。一方で無料の早朝の時間帯がかなり混雑しているとの声もある。東京では少し早い電車で座って通勤する人も多いが、それもできなくなりそうだ。ただ、知事が以前提案した2階建て車両よりは効果も現実味もありそう。

○……「職員の皆さんも、最初は嫌々だったとしても音楽が流れて仕方なく動いていたとしても、リフレッシュできていたのではないか」。8日の都議会一般質問で、桐山ひとみ氏（都民ファ）が「ラジオ体操プロジェクト」を取り上げた。知事の号令の下、職員らが定時に一斉に体を動かしたアレである。

「知事からは『議員もやれば』と聞こえてきそうだ。職員の健康を考えたら毎日続けた方がいい」と桐山氏。もちろん議員団は機運醸成の旗振り役として、率先して体操していたのだろうと思っていたが、職員に聞くと、「議会では見たことないなぁ」。今後、総会などでそろって体操するとの前フリだったりして？

○……「合意書の内容とリンクしていない」。都政策企画局の担当者がつぶやいた。都は4日に英国の金融街「シティー」と金融分野で協力する合意書を結んだが、シティー側の公表資料に書かれた内容が、合意書に未記載のものばかりだったからだ。▽フィンテック▽イノベーション▽資産運用業――。いずれも合意書にない文言で、教育分野や会合、フォーラムでの連携は抜け落ちていた。

更に都を驚かせたのは「今後4年間」の文言。合意書では連携期間を特段定めていないが、シティー側は「今後4年間、協力の推進を目指す」と明記したのだ。実にしたたかなシティーの態度。これが国際交渉の難しさなのかもしれない。

自治体政策のススメ

地域エネルギー政策の最前線⑥

環境エネルギー政策研究所所長 飯田 哲也

古くて新しい地域熱供給

エネルギー＝電力という誤解も見るが、温熱分野は極めて重要だ。東京のような比較的温暖な地域でも、家庭のエネルギー消費の約半分は、暖房と給湯、つまり温熱分野が占める。

この温熱分野の省エネと自然エネルギー転換に、今、改めて地域熱供給が注目されている。デンマークでは「第4世代地域熱供給」という考えを打ち立て、風力発電で4割以上を賄う電力分野に加え、6割の住戸に普及している地域熱供給を柱に、自然エネルギー100%を目指している。

この第4世代地域熱供給と風力を組み合わせれば、原理的に1次エネルギー供給をオール電化に比べて4分の1に減らせる。

第4世代地域熱供給は、供給温熱の低温下による高効率化や、熱源の多様化（自然エネルギー・廃熱等）、温熱と電力との双方向の「スマート化」を特徴とする。これに対し、日本の地域熱供給は、蒸気の第1世代と高温高圧水の第2世代が大半を占める。

また、デンマークの「スマート化」では、電力市場と地域熱供給とコジェネレーションを介して熱市場が連動し、風力発電の変動を調整しており、世界に例を見ない。

日本の地域熱供給は、札幌オリンピック選手村など第1次石油危機の前にさかのぼり、デンマークに劣らない長い歴史だが、第1・第2世代にとどまったまま停滞している。温熱政策の不在や、集中暖房の稀少性、高い熱導管費用、電力などエネルギー産業がニッチの温熱市場を埋めたなどの理由が重なった結果だ。

しかし、持続可能な都市を創るには地域熱供給は欠かせない。岩手県紫波町のように最先端の地域熱供給を地域再生に利用する自治体も出てきている。世界に冠たる環境都市東京としても、地域熱利用を含めた自然エネルギーの自立化・地産地消化への道のりを目指す必要がある。

新教育長に小黒氏

大田区

大田区議会は7日、新教育長に東京福祉大学教授の小黒仁史氏（61）を選任する人事議案を第4回定例会最終本会議で賛成多数で同意した。任期満了で退任する津村正純氏の後任で、任期は22日から3年間。

小黒氏は東京学芸大学教育学部卒。教員出身で、区教育委員会統括指導主事や都教育相談センター統括指導主事、区教育総務部指導課長などを歴任した。

食べログに区ページ 観光客の回遊を促進

台東区

台東区は7日、飲食店の検索・予約サイト「食べログ」内に区の特設ページを開設した。同サイト内の店舗情報とともに、区がサイト運営会社に提供した観光情報を掲載する。都内の自治体では初めての開設で、来年3月31日までの期間限定で配信する。

特設ページでは、浅草演芸ホールや谷中ぎんざを始めとした観光スポットを紹介。隅田川を周遊できる屋形船の情報サイトや、上野動物園の赤ちゃんパンダ「シャンシャン」の公開情報などのリンクも掲載した。

区観光課は「区内の飲食店を検索した人が、他の観光スポットにも足を運ぶきっかけになる。観光客の滞在時間を延ばし、消費の増加につなげたい」と話している。

「ゆいの森」来館数 8カ月で50万人

荒川区

荒川区は7日、中央図書館などが入る複合施設「ゆいの森あらかわ」の来館者が50万人を突破したことを受け、記念セレモニーを開いた。

この日は50万人目の来館者となった区内在住の木村貴史さん一家に西川太一郎区長が認定証を贈呈した。木村さんは「ゆいの森で行われている読み聞かせが娘のお気に入り」と語り、西川区長は「来館者が50万人を超えたのは、多くの人の協力のおかげ。十分満足してもらえる施設で、今後とも積極的に魅力を発信していきたい」と述べた。

同施設は今年3月26日に開館。約60万冊の蔵書を擁する区立中央図書館や、区出身の作家・吉村昭氏の書斎を再現した「吉村昭記念文学館」が入り、カフェや有料託児サービスなどを備えている。

東久留米市長選
勢いづく新人、現職は防戦気味

ごみ有料化　ごみ袋争奪戦勃発
待機児童対策　民営化に批判噴出

任期満了に伴う17日告示、24日投開票の東久留米市長選は、現職の並木克巳氏（48）＝自民、公明推薦＝と現市議の桜木善生氏（67）＝共産、自由、市民自治フォーラム推薦＝の一騎打ちとなる模様だ。市の財政改革を掲げ、前回の選挙で初当選した並木市政の4年間が問われる選挙となるが、市立保育所の民営化計画や、10月から始まった家庭ごみ有料化では市民から不満の声も上がっており、選挙の争点となりそうだ。

■家庭ごみ有料化

東久留米市内のあるスーパーでは、この日入荷したばかりの10㍑の市指定ごみ袋に買い物客が群がっていた。5㍑のごみ袋は既に陳列棚にはなく、その傍らには最も容量が大きい40㍑袋が山積みとなっている。従業員は「5㍑の入荷は未定。仮に入ってもすぐに売り切れてしまう」と困り顔だ。売り場には、ごみ袋の品薄をおわびする旨の文章が掲げられていた。

同市では10月から始まった家庭ごみ有料化に伴い、スーパーやコンビニで「ごみ袋争奪戦」が展開されている。原因は指定ごみ袋の値段。分別品目ごとに5㍑、10㍑、20㍑、40㍑の4種で、1㍑に付き2円の価格設定。最大の40㍑では10枚入りで800円と、西東京市や清瀬市などの近隣市に比べて高額だ。市は「住民アンケートを基に価格設定した」（ごみ対策課）と話すが、安価な5㍑、10㍑に住民が集中しており、生産数の読み違いから品薄状態となっている。

家庭ごみの有料化は、野崎重弥元市長が2009年に凍結させて以降、長年の市政課題だった。

ごみ袋の品薄についてのおわび。この日も、5㍑のごみ袋は入荷していなかった＝6日、東久留米市内のスーパーで

導入に踏み切った並木氏の実績の一つだが、出鼻をくじかれた形だ。ごみ袋の値下げを公約に掲げる桜木氏の支援者は「近隣市と比べて明らかに高い。ごみ減量のためではなく市の収入のための価格設定なのではないかと疑う」と批判。一方、並木陣営の市議は「西東京市も有料化が始まった頃は1㍑2円で、事業が軌道に乗ってから値下げした。清瀬市はステーション方式でそもそも収集方法が違う」と反論し、早くも舌戦が始まっている。

■市立保育所の閉園

5日の市議会厚生委員会に提出された「市立保育園をなくさないで」という旨の請願には、約8千人の署名が集まったという。傍聴に訪れた子連れの市民は「今も東久留米にはたくさんの民間保育施設があるが、中にはビルの一室で窓もない施設がある。子供は、ただ預ければいいということではない」と嘆息する。

現在、並木氏が進めている待機児童解消策の柱が、民間保育事業者の積極的誘致だ。同市は16年3月に「保育サービスの施設整備・運営及び提供体制に関する実施計画」を策定。民間事業者を誘致し、多様なサービスを実施することで待機児童の解消を図り、来年4月には待機児童ゼロを達成する見通しを示す。

一方で、実施計画では市の財政負担の軽減や施設の老朽化対策の観点から市立保育所の全園閉園の可能性もうたっており、これに異を唱える市民は多い。現状では、特に老朽化が激しい市立しんかわ保育園で19年度から段階的に新規入園者募集を停止し、23年度の閉園が決定している。

これについて桜木氏は「市長は、利用者に直接説明する場も設けずに閉園を決めた。市民の声を聞かない姿勢の表れ」と批判。全園閉園の見直しを訴えている。

■注目の立憲民主

並木氏は自民、公明の推薦、桜木氏は共産、自由などの推薦を受けており、民進、都民ファーストは自主投票で立憲民主は議員ごとに支持する候補者を決める構えだ。中でも注目されるのが立憲民主の動き。10月の衆院選の東久留米市域の比例代表の投票結果を見ると、自公と民進、立憲民主、共産などリベラル系の得票数はともに約2千票と拮抗しており、自主投票の行方が選挙結果に影響を与えそうだ。

勢いづいているのが桜木陣営。前回の選挙で約3倍の得票差を付けて圧勝した並木氏だが、野党候補が2人立候補して票が分散した前回とは異なり、今回は一騎打ちとなる。支援者も「桜木氏は市議を9期務めており、知名度は高い。街中でも自公のポスターが少なく、与党の動きの鈍さを感じる」と自信を見せる。共産党も「戦う態勢は整ってきた」と鼻息が荒い。

一方、現職が最も強いと言われる2選目に臨む並木陣営の関係者は厳しい表情を見せる。公明党は「厳しい戦いになるのでは」と話し、自民党は「今回はクリスマスイブが投票日。投票率が35%程度だった前回よりも低くなれば不利になる。浮動票の確保が鍵」と話し、期日前投票を有権者に呼び掛ける考えだ。

10月に市内で行われた出馬会見で、並木氏は「少子高齢社会が進む中で健全な財政運営を進め、活気あふれるまちを市民の力を結集してつくりたい」と抱負を語り、一方で桜木氏は「市民の声をもっと市政に」と訴える。決戦の火ぶたは、5日後に切られる。

観光面で都と連携
青ヶ島村長・菊池利光氏に聞く

任期満了に伴う青ヶ島村長選挙は、現職の菊池利光氏が無投票で5選を果たした。一昨年は島焼酎特区が認可され、注目を集めた青ヶ島村。5期目への課題と人口わずか170人ほどの小さな離島の今後を聞いた。

──村長に就任して16年になります。青ヶ島村の現状は。

島にはこれといった産業がなく、それを興すということが始まりだった。青ヶ島は焼酎を作る伝統があったので、それをきちんとした形で商品化できるようにしてきた。また、名産の黒毛和牛も人口減などを受けて生産数が減っていたが、最近の和牛の値段の高騰を受けて復活気味にある。一方で港湾施設の整備は遅れている。

──今後、伸ばしたい産業は。

観光振興は更に伸ばしたい。最近は星を見に来る観光客が増えている。島には地熱を利用したサウナがあるが、建設から20年近く経つのでリニューアルし、観光客がゆっくりと休める施設になるようにしたいと考えている。

きくち・としみつ＝1953年生まれ。首都大学東京大学院卒。青ヶ島総合開発㈱、青ヶ島村議員を経て2001年に青ヶ島村長に初当選した。学生時代はバレーボールをたしなみ、20代で島民全員で参加するバレーボール大会を始めた。以来40年以上続き、今では島の一大イベントとなっている。そのほか園芸も趣味。

──青ヶ島村では人口減が叫ばれていますが、具体的な解決策は。

少子化対策は大きな課題。今後力を入れていくことになる。先に挙げた伝統産業でも若い人材が少なく、担い手不足の状況になっている。

島の産業の応援隊のような形で内地から人を集め、定着できる政策を考えている。例えば、焼酎のファンが実際に島の工場に醸造体験に来ることもあるが、そうした人達が定住し、島の産業の新たな担い手になってもらうことが必要。

──ハード面の課題は。

港湾施設の整備は不可欠だ。定期便の出航率は現在60%程度で、漁業面でも大切だが、安全対策の面でも必要。青ヶ島村は噴火口の中にあるようなもので、江戸時代に一度噴火し、50年間ほど八丈島に避難した記録がある。噴火すればヘリコプターが飛べないので、避難には船が必要だが、海が荒れて出航できないこともある。そうなると数日間でも島民が避難できる頑丈な施設が必要。仕事で来ている人を含めても300人程度であり、建設は十分可能だ。

──小池知事は島しょの振興に力を入れています。どう連携しますか。

特に観光面で連携していきたい。都会からの観光客が島ののんびりとした空気に触れ、島民と会話することでリピーターになる。そうした空気をPRしてもらいたい。観光客のための施設整備は自力で努力する部分と援助してもらう部分を分けて、うまく連携したい。

都病院経営本部

難病・がんへの対応力強化
多摩メディカル・キャンパス整備案

都病院経営本部は11月27日、「多摩メディカル・キャンパス整備基本構想（案）」をまとめた。多摩メディカル・キャンパスは府中市内にある都立多摩総合医療センター、都立小児総合医療センター、都立神経病院の3病院と、府中看護専門学校などの関連施設を合わせた医療集積群で、施設の老朽化や地域住民の高齢化、国の地域医療の方向性などを踏まえた今後の施設整備の考え方を示した。

特徴の一つは、難病とがんへの対応力の強化。難病については、老朽化が進んでいた神経病院を新たに「難病医療センター（仮称）」に建て替える。現在の神経病院は、脳神経系の難病にのみ対応しているが、今後は高度な遺伝子診断の実施や難病専門外来の設置などにより、リウマチ性疾患や膠原病など、免疫系の難病にも対応し、都の難病拠点病院とする考え。ロボットスーツを利用したリハビリの実施や、都難病相談・支援センターとも連携した就労支援体制構築など、患者の支援も充実させる。

2015年の難病法施行により、地域の難病拠点を整備することが求められたことから、症状が安定した患者の在宅医療移行への支援も強化。患者の容体が自宅で急変した際の受け入れ態勢の整備や、短期集中リハビリを目的とした入院患者も受け入れる。

がん医療に関しては、多摩総合医療センターの機能を強化する。国の「がん対策推進基本計画」により、がんの治療には精密検診による早期発見の重要性が示されたことから、従来の検診の在り方を見直し、多摩総合医療センター内に新たに「外来がん検査・治療センター（仮称）」を整備。より精密な検診を実施することでがんの早期発見を図ると同時に、地域住民にがん教育を実施し、精密検査の重要性を周知する。新設備の整備に合わせ、従来の都がん検診センターの規模は縮小する。

今後はパブリックコメントを踏まえ、基本構想の確定版を年内に公表。具体的な整備内容やスケジュールを盛り込んだ基本計画を来年末を目途に策定する予定。

夜、山奥で聞こえる音は…

雲取山（2017㍍）は言わずと知れた東京の最高峰であり、東京の最西端に位置する。また都内で唯一、百名山に選ばれている山でもある。

その存在は、他の奥多摩の山々と比べても別格だ。都内では唯一無二の2千㍍級で、登るには1泊が標準となるため、登山者の側もおのずと山に選ばれることになる。奥多摩の他の山々と違ってハイキングのような軽装の人は少なく、大きなザックを背負った本格的な登山スタイルが主流だ。

日本百名山の生みの親・深田久弥氏も、その著書で「学生時代に雲取山の周辺は幾度か歩いたが、いつも頂上を逃し、その上に立ったのは、ようやく近年になってから」と回顧するように、手軽に登れる山ではない。

だが、必要以上に気負うことはない。ルートにもよるが、登山道は奥多摩で一、二を争うほど整備されて歩きやすい。特に奥多摩湖側からのメーンとなる鴨沢ルートは高配も緩やかで、道に迷う恐れもほとんどない。

東京の最高峰ではあるが、三条の湯を通るルートなど主要ルートの多くが実は山梨県。山頂も山梨側と東京側の2カ所あるので注意が必要だ。

「ここは山梨側の頂上。本当の頂上はここから3分ほど」。山頂に着いたと思った矢先、ベテラン風の登山者にそう言われて気が付いた。確かに20年ほど前に来た時と雰囲気が違っているなとは思っていたのだが。ちなみに本稿の第2回で掲載した写真が山梨側の山頂。東京側の頂上には、標高と同じ2017年を記念した碑が新たに建てられ、撮影スポットとなっていた。

新たな撮影スポットもお目見えした雲取山の山頂＝11月

宿泊は営業小屋の「雲取山荘」のほか、近隣を含めて無人の避難小屋が数軒とテント場がある。特に奥多摩の山中でテントを張れるのは雲取山周辺だけなのでお勧めだ。山奥で夜、聞こえてくるのは、動物や鳥の鳴き声ではなく、羽田空港を離発着するジェット機の音。約3分間に一度、聞こえる轟音は、山奥でもここは首都・東京なのだと不思議な気分になる。

日野市

外国人が「御用改め」
観光客誘致でモニターツアー

「GOYOUARATAMEDEARU!」。浅黄色の衣装に身を包んだ外国人が、日野市の八坂神社や高幡不動尊など、新選組ゆかりの地に踏み込んだ。同市が9日に行った、インバウンド誘致を狙う外国人モニターツアーだ。

高幡不動尊の売店でサービスを受ける参加者＝9日、日野市

参加したのは市職員の紹介や、観光ガイドを目指して日本の大学で学ぶ19人の外国人。これまでに同市が行ってきたモニターツアーの集大成的な位置づけで、新選組に扮した参加者が市内の観光地を回り、外国人にとって楽しめる場所になっているか「御用改め」するというストーリー仕立てになっている。この日は八坂神社で剣術を体験した後、歴史館や高幡不動尊を見学した。

参加した中国出身の孔巧鳳さん（24）は「街の人たちは親切で、リラックスして楽しめた」と話した。担当者は「外国人が『面白い』と思ってくれるかどうかが重要」（観光振興課）と語る。

町田市長選

木原氏が2度目の挑戦
大型開発見直し訴える

任期満了に伴い、来年2月18日告示、25日投開票の町田市長選で、元小学校教諭で政治団体「明るく住みよい革新町田をつくる市民の会」事務局長の木原信義氏（68）が6日、立候補を表明した。共産党の推薦を受ける。

2014年の前回選挙に続き、2度目の挑戦となる木原氏は、石阪丈一市長に対し「市政を4年間見てきたが、各種補助金や教育費を削減して開発費用に回し、市民に負担を強いている」と批判。「教育や福祉など、市民の生活の向上につながる市政を目指したい」と話した。選挙では、中学校給食の実施や駅前再開発の見直しなどを訴える。

同市長選には現職の石阪氏と新人で地域新聞元副編集長の山根喜久子氏（共に無所属）も立候補を表明している。

防災公園の愛称 日本無線と協定
三鷹市

三鷹市は7日、日本無線㈱と今年4月に開設した三鷹中央防災公園中央広場のネーミングライツについての基本協定を締結し、愛称を「日本無線 中央広場」に決定したと発表した。期間は来年1月から2022年までの5年間で、契約金は1年あたり300万円。

同社は1915年創業の老舗通信機器メーカー。同市と関わりが深く、12年に本社を中野区に、主力工場を長野市に移転するまで、70年以上にわたり市内に拠点を置いていた。市は現在も防災行政無線を納入している。

■武蔵野市人事異動　12日付

【部長級】▽都市整備部長（都市整備部参事＝まちづくり調整担当）山家恭介

訂正　5日付「稲城市路上喫煙防止条例」の記事中、「京王よみうりランド駅」とあるのは「若葉台駅」でした。

都職員採用

「イクボス」若手がPR

都庁ならではの仕事紹介

2018年度の職員採用活動に向けて都政に対する理解を深めてもらおうと、都総務局は9日、「都庁セミナー2017」を東京ドームシティプリズムホール（文京区）で開催し、約2千人が参加した。昨年度に続いて「働き方改革」が柱の一つで、パネルディスカッションで職場の雰囲気を説明したほか、各局ブースでは若手職員がそれぞれの目線で仕事の魅力を語った。採用環境は「売り手市場」だが、近年の都政の注目度の高さもあって、学生らは説明に熱心に耳を傾けていた。

都庁では育児・介護中の職員を応援する「イクボス宣言」を行っていることもあり、職員らが語り合うパネルディスカッションでは「イクボス」の課長級と課長代理・主任らが「働き方」について話し合い、育児体験などを交えながら職場の雰囲気を紹介した。

官房局の女性統括課長代理は「いい仕事をするためにも、プライベートを充実させるため工夫をしている」と紹介。所属は本庁でも最も忙しい部署の一つだが、約30人の職場で今年度、9人の職員に子供ができたという。「テレワークで通勤時間を節約して仕事に充て、午後は子供の授業参観に参加するなど、メリハリを持って仕事に取り組んでいる」と働き方改革の浸透ぶりをPRした。

また、事業局の女性主任は、計1年9カ月の産休・育休を経て4月から職場復帰し、「部分休業」を取りながら子育ての真っ最中。保育所に預けた子供が急に発熱し、帰らざるを得ない場合でも、「嫌な顔をせずに送り出してくれる、理解のある職場」と振り返った。

会場では中堅職員や女性管理職がキャリアアップについて語る講演会もあり、参加者が都庁での働きやすさを注視する様子がうかがえた。

各局ブースでは、若手職員が仕事のやりがいを紹介。都政が注目を集めていることもあり、規模の小さい局でも「興味を示してくれている」（人事担当）と歓迎している様子で、学生がブースからあふれる場面も見られた。

このうち五輪準備は学生らが注目する事業の一つ。大会まで3年を切る中での業務について、本庁と組織委員会の職員がトーク形式で仕事の内容を紹介した。

本庁で障害者スポーツを担当する男性職員は「少しルールを工夫することで、誰とでも同じ立場で楽しめる。一緒にスポーツを体験することが障害の理解にもつながるし、社会のバリアを取り除く力になる」と仕事上で受けた影響をプレゼン。組織委員会で民間企業の出向者らと共に勤務する女性職員は「各業界のプロが集まる職場で仕事ができるのは組織委ならでは。異なる組織文化で育った職員と一緒に仕事をするので齟齬が生じたりするが、多種多様な価値観が調和するから更にイノベーティブな大会が作り上げられる」と話した。

中央卸売市場では、築地市場移転の担当者も含めて3年目の若手職員らが登壇し、「やってみようという気持ちを大切にして」「特殊な仕事もあり、刺激的な環境だと思う」などとアドバイス。

そのほか、「第一線で活躍する専門家や海外の政策担当者と意見交換などが経験できた。若手のアイデアも取り入れられ、新規事業として形になる」（環境局）、「首都として大規模開発や最先端技術を駆使した建築群などに携わることができる」（都市整備局）など、それぞれ経験した仕事を引き合いにフィールドの広さややりがいをPRしていた。学生らの関心を集めていた。

局事業に関心のある学生が若手職員を囲んだ＝9日、文京区

五輪ナンバープレート

都営バス、衣替え中

国土交通省が、10月より東京オリンピック・パラリンピックに向けた特別仕様のナンバープレートを交付しているのに伴い、都交通局では、都営バスへの取り換え作業を進めている。

ナンバープレートは、大会の開催機運醸成を目的に作成しており、様々な人々の個性（色）を尊重した未来の社会への希望を集約する光をイメージした放射線状のデザインとなっている。

都は都営バスに取り付けることで都民の目に触れる機会を増やし、都民全体の一般車両への装着を促進したい考え。取り替え作業では、車検の時期や取り替えに関する国のルールなど様々なことを把握する必要があるといい、担当者は「最も無駄なく効率的に取り換え作業を行えるよう、各月のシフトを組むのが難しい」と苦労を明かす。

交通局では、今年10月から月100台以上のペースで取り替え作業を行っており、来年10月までに全都営バスへの取り替えを終える予定。

交通局の保泉正雄車両課長は「ナンバープレートを見てオリンピックが近づいていると感じ、一緒に盛り上げてもらいたい」と話している。

スタートライン　児童相談所開設に向けて④

心と身体に傷を負って

一時保護

「母親が緊急入院して子供だけなんです。児童相談所に電話したら、まず区の子ども家庭支援センターに相談するように言われました」

小学校の校長からこんな連絡を受けたのは、午後4時を過ぎていた。小学校4年生の女児と母親の2人の世帯である。母親に意識障害はなく、子供は担任と病院にいるという。子ども家庭支援センターでの相談歴もなく、詳しい家庭状況は分からない。とにかく病院へ向かうことにした。

母親は3日前から体調を崩しており、かかりつけ医にはすぐに入院を勧められた。「子供がいるから」といったんは断ったが、帰ることもままならず、止むなく入院。地方にいる母親の両親とは交流はなく、他に頼ることができる親族はいない。検査のために1週間、状態が悪ければそのまま手術の可能性もあるという。

母親は「しっかりした子だから夜も1人で過ごせるし、食事もコンビニで買わせる」と言う。子ども家庭支援センターの職員は児童相談所に連絡するが、一時保護所の入所調整ができる時刻を過ぎていること、身体虐待や非行などの緊急の保護のため一時保護所が定員を超えている状態で対応できないとのことだった。女児も「楽しみにしていた学校行事がもうすぐあるから、児童相談所の一時保護所には行きたくない」と拒否した。

区では保護者の出張や出産の際に利用できる、子供のためのショートステイ事業を児童養護施設に委託して実施している。学校への送迎も施設職員が行っている区もある。しかし事前申請が原則で、利用日数の制限や費用負担もある。それでも小4の女児を夜間一人で過ごさせることは危険であり、児童養護施設の施設長に詳細な事情を伝え、無理を言って急きょ、職員体制を整え受け入れてもらえることとなった。

イラスト・豊福まきこ

■見知らぬ部屋で

子供を預かるには細かい配慮が必要となる。ショートステイ事業が事前申請であるのは、あらかじめ親子で施設を見学し、子供に気持ちの準備をしてもらうためだ。また、安全で安心な生活を送れるよう、健康状態や服用する薬の種類、アレルギーの有無、生活習慣については食事の好き嫌い、寝る時に抱くぬいぐるみのことまで聞き取りを行う。

虐待を受けた子供を児童相談所が一時保護する場合は保護者も混乱するが、子供の不安も著しい。親から虐待を受け精神的なダメージを受けているところに、知らない大人が来て車に乗せられ、見知らぬ場所の見知らぬ部屋に連れて行かれる。保育所や学校に通うこともできない。もちろん保護者の暴力の恐怖から逃れられ、1日3回手作りの食事が出てきて、温かい布団で眠れることに安堵する子供たちもいる。

都の一時保護所は様々な事情を抱えた子供たちを受け入れてきた。虐待を受けた子供ばかりではない。保護者が死亡したために次の生活の場所が決まるまで過ごす子供や、罪を犯した14歳未満の児童もいる。限られた施設設備と人員体制の中で、子供たちの安全を守るために工夫した結果が現在の一時保護所の形だ。

都内の児童相談所11カ所に対して一時保護所は7カ所で、その時の子供の状況や空き状況で保護される場所は異なる。スケールメリットを生かした運営だが集団規模が大きく、子供への制限やルールは安全な生活のために必要とされている。

児童福祉司や児童心理司は、担当する子供が保護されている一時保護所への移動に1日の多くの時間を費やしている。往復3時間を費やし、子供と話ができたのが30分だったということもある。

区は、自らの裁量で保護ができる一時保護所を設置するとともに、子供たちの生活と安全を守り、様々な子供を受け入れ、受け止める力量のある職員を早急に育成していかなければならない。心と身体に傷を負った子供たちの生活を支えようという意欲と志を持つ職員が増えることを願っている。

（葛飾区子ども家庭支援担当係長　坂入健二）

都議会一般質問

「子ども食堂」支援約束

加熱式たばこ扱い検討

【子ども食堂】民間団体などが子供に食事や交流の場を提供する「子ども食堂」について、小池知事は「取り組みが更に進むようしっかり支援する」と約束した。都は現在、学習支援や食事提供など、子供の居場所づくりに取り組む区市町村を支援している。星見定子氏（共産）に答えた。

【受動喫煙対策】梶原洋福祉保健局長は「加熱式たばこ」について、国の動向や都の基本的な考え方に寄せられた意見を踏まえて取り扱いを検討する考えを示した。岡本光樹氏（都民ファ）への答弁。

厚生労働省は「受動喫煙による健康影響についての知見が十分でない」とする一方、日本呼吸器学会は「受動吸引による健康被害が生じる可能性がある」としており、国立保健医療科学院で非燃焼加熱式たばこに関する研究が進められている。

岡本氏は「日本の受動喫煙対策の遅れはしがらみ政治、政・官・財癒着の利権政治の典型」と述べ、対策を求めている。

【バリアフリー対策】潮田勉五輪準備局長は駅から離れている競技会場へのアクセスについて、障害者にも配慮し、低床バスやリフト付き車両による輸送を検討していることを明らかにした。また、ボランティアが車椅子使用者や視覚障害者など障害の特性に応じて対応できるよう、研修を実施する。小林健二氏（公明）に答えた。

都が冬季特別給支給

小池知事は212万円

知事・議員は減額

都は8日、職員に冬季の特別給を支給した。支給対象となる職員数は、警察、消防、教育、公営企業職員を含む16万7757人で、支給総額は1592億円、支給率は2・275月。平均年齢（40・7歳）での一人当たりの平均支給額（推計）は、税等控除前で93万6566円（控除後74万3341円）。昨年に比べて税控除前で2・5％減、控除後で2・7％減となった。

特別職では、小池知事の支給額は50％の減額措置を講じており、212万2302円。副知事は346万6232円。都議も20％の減額措置を講じ、議長が254万3271円、副議長が229万5147円、議員が204万5022円。

町谷　勇さん（まちや・いさむ＝町谷光博・都立八丈高校定時制副校長の父）11月28日死去、84歳。

中嶋　利雄さん（なかじま・としお＝中嶋雅樹・江東区議会議員の父）6日死去、87歳。通夜は12日午後6時、告別式は13日正午から、いずれもカルチャーパビリオン平安南砂（江東区南砂4の3の9☎03・5633・6111）で行われる。

退職後のリアル　しくじり都庁OBの教訓㊲

公務員仕事を突き詰める

本を書く①

私の書いてきた本は、①公務員関係②ドキュメント③ノウハウ本――の三つに分けることができる。その時の思いつきで書き散らかしてきたものではあるが、改めて整理してみると、いずれも公務員生活のなかでヒントを得たものであり、公務員生活をしていなければ書けなかった。

まず、公務員生活そのものをテーマにした本としては『公務員の人間関係』『公務員のホンネ』（ぎょうせい）があるが、これは『ガバナンス』という月刊誌に連載していたものをまとめて本にしてもらった。公務員の仕事をテーマに取り上げているが、その時々に社会的にも話題になっているテーマを公務職場ではどのように考え、対応しているのかを書き連ねてきた。

公務職場の人脈や経験を生かして取材を重ね、公務職場のリアルな情報を追いかけ、現場はどのように取り組んでいるのかをレポートするというスタイルである。タイトル通り、公務員の職場の人間関係や仕事への本音を交錯させながら、公務員として仕事を考えることを試みた。社会的な話題のテーマを取り上げているので公務員以外でも読めるようにはなっているが、公務員雑誌の連載でもあり、公務員中心に売れていることは間違いない。

同じ公務員をテーマにした『役人はなぜ、ウソをつくのか』（日本評論社）は、世間からは理解できない、役人の独特な仕事観や気質を取り上げている。やや内部告発的な色彩を持つものだが、半分役人に足場を置きながら、いかに世間とは違う論理で役人組織は動いているのかということを書いた。

「役人の無駄使い」などが話題のタイミングもあって世間的な関心事でもあり、そこそこ売れた。常日頃感じていた役人体質が日本中からバッシングを受けたタイミングでの出版で、私自身の日頃のうっぷん晴らしのような著作だった。

（金子雅臣）

五輪への航海図㉛　TOKYO 2020

開催まで　あと955日

NFに聞く　期待と課題②

水泳

専門人材を総動員

水泳は、①競泳②飛込③水球④シンクロナイズドスイミング⑤マラソンスイミング――の5種別。このうち競泳と飛込、シンクロは新設の「アクアティクスセンター」（江東区）が会場になる。競泳の決勝の時間帯は放送との関係で固まっていないが、基本的にスケジュールはタイトで、開会式の翌日からほぼ隙間なく、競技日程が組み込まれることになる。水球は東京辰巳国際水泳場（同）、マラソンスイミングはお台場海浜公園（港区）で行われる。

一口に水泳と言っても、タイムを競う競泳・マラソンスイミング、採点競技の飛込・シンクロ、ボールゲームの水球と、多岐にわたるため、それぞれ専門的な「競技役員」を各会場に配置する計画だ。一般的なボランティアではなく、「補助役員」を配置するのも特徴で、日本水泳連盟の公認大会に関わってきた「学生委員会」からの起用を想定。国内の水泳関係者を総動員して大会を運営することになりそうだ。技術・補助役員の人数は計3000人を超えるという。

名古屋市で行われた競泳の日本選手権＝同連盟提供

観客に競技の魅力を伝えるスポーツプレゼンテーションでは11月、辰巳国際水泳場で開催されたW杯で、五輪を見据えた試みを取り入れた。例えば、競技の合間のバックヤードツアーや選手へのインタビューなどを通じ選手と子供たちが交流。日本水泳連盟の安部喜方副会長は「トップアスリートと子供が体験を共有できるのは、将来の選手を育てる意味でも重要。（一方的な）ファンサービスではなく、選手と観客が一体感を持って大会を盛り上げる発想が大事だ」と意図を話す。

アスリートファーストの視点では、競技前後で選手がコンディションを調整する環境をいかに作り上げるかがポイント。特に選手の輸送は検討課題で、競泳は選手が一斉にまとまって会場入りする一方、水球やシンクロはチームごとに移動するなど、種目ごとの特性を踏まえた輸送計画の準備が求められる。

東京大会から4年後の24年には同連盟の創立100周年を迎える。安部副会長は「20年が終着点ではない。国内には多くのプールやスイミングクラブがあり、子供から大人まで水泳をする環境ができている。大会のレガシーを生かしつつ、競技の強化を継続していきたい」と語る。

平成30年度 主任試験講座 －12－

合格体験記 ①

今回から3回にわたって、平成29年度主任試験選考に合格した方々の体験記を掲載します。択一や論文対策をどのように行って試験本番に臨んだのか。日常業務との兼ね合いも含め、合格者の声をお伝えします。

添削 上司に頼んで

主任A　事務

私は、平成28年度の前倒し受験で択一免除となり、29年度の論文試験で主任選考に合格しました。日々の業務が忙しく、試験対策に時間を費やせなかったため、参考にならない部分もあるかと思いますが、私自身の体験について、率直に書かせて頂きます。

○択一試験について

択一試験対策については、先輩職員からいただいた過去問及び過去問の解説を中心に勉強しました。勉強の仕方としては、まず問題を読み、次に解説を読み、全ての選択肢を読んで、正解の理由及び不正解の理由を解説と照らし合わせて理解するということを繰り返し行いました。

私の場合は本格的に勉強を開始したのが試験の一週間前でしたので、とにかく効率的にできるだけ点をとるという観点から、過去問を解かずに、ひたすら問題、解説、選択肢を読み込むといった方法をとりました。結果としては、ギリギリ合格点をとることができました。

択一試験対策は、時間をかければ必ず結果が出ると思います。ですので、早目に過去問や基本書を入手し、対策を始めることをお勧めいたします。一方で、私のように短期間でギリギリ受かるというパターンもありますので、勉強をしてこなかった方も、最後まで諦めずに、残された時間で出来ることをやり切るということが重要だと思います。私は最後の1週間は、業務終了後に、毎日朝まで勉強しました。

○論文試験について

私は職場ものに絞って対策をしました。論文についても対策が遅れてしまい、実際に論文作成に着手したのは、試験の1週間前でした。準備論文を2本書き上げ、課長代理に添削していただきました。

論文については、択一試験対策と異なり、一度自分の頭で考えて、回答を作成するということが重要だと思います。自分の力で回答を書き上げた後に添削を受けることで、自身の回答に欠けている視点や考え方の偏りが明らかになると思います。

添削をお願いする管理職や課長代理も忙しい職場ですと、お願いするのも気が引けてしまうと思いますが、独学で勉強しても得られないものがありますので、思い切ってお願いしましょう。

また、論文においては29年度選考より、より考える力を問われる出題形式となったと思います。この意味において、日々の仕事の中で考える力を磨いていくことが試験対策につながっていくと思います。自身の業務について、課題解決や効率化について考えてみることや、業務改善について職場で課長代理等に提案し、話し合うことが、論文対策につながったと私自身は感じました。

日々の仕事や家庭、子育て等と勉強の両立は本当に大変かと思いますが、できれば早目に試験対策に着手し、計画的に勉強することをお勧めいたします。しかし、着手が遅れた方も、逆転する可能性はありますので、最後まで諦めずに頑張ってください。皆様が合格できることを祈っています。

手書きで論文演習

主任A　技術

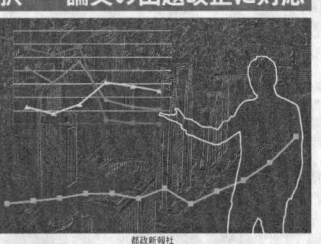

私は、平成27年度の試験で教養試験を免除となりましたが、平成28年度の論文試験で不合格となり、翌平成29年度の再受験で合格することができました。決してスムーズにはいきませんでしたが、私の体験が、少しでも皆さまの参考になれば幸いです。

○択一試験

択一試験については、市販のテキストの他、職員ハンドブック、局研修（過去問）のテキストを用いて対策をしました。

6月ごろから勉強を始め、問題集は最終的に3回ほど繰り返しました。1周目は、とりあえず問題を解いてみて、内容を理解していれば「○」、感覚で正解したものは「△」、間違えたものは「×」の印を付けました。「△」と「×」の印がついたものについては、関係資料や職員ハンドブックを読み、理解するようにしました。また、2周目以降は「△」と「×」の問題を中心に解き、自身の苦手なポイントを理解するようにしていきました。都政実務については、最終的には問題集よりも、よく出題される内容にマーカーを引いた職員ハンドブックを読むことが多くなっていました。

平日は業務で勉強時間を取るのが難しかったため、休日に時間を取り、リフレッシュしながら対策に取り組みました。

○記述試験

記述試験は、先輩から頂いた過去問を基に、同期と協力して平日に1日1問、交互に出題し合いました。回答の際には、資料の確認を可とした上で、模範解答の丸写しではなく、自分の言葉で作成することをルール付けにしました。これにより、自身では見落としていた問題も確認することができ、自分の言葉に置き換えて回答を作成することで理解が深まりました。

○論文試験

論文試験については、これまでの不合格の結果から、私一人での対策は難しいと考え、有志の勉強会に入りました。次に、内容は職場物を選択することに決め、過去の合格論文を読み、文章の構成や流れについて学び、論文の作成に取り組みました。勉強会で作成した論文は、所内の管理職に添削いただいた他に、主任の先輩にも添削をお願いし、アドバイスをいただきました。

また、今年度から論文の出題形式が変更されたことに伴い、問題文だけでなく、提示された資料を分析して論述する必要がありました。この資料はなぜ示されているのかを考えることで、レジュメ作成の際にも、課題を提示する根拠として活用することができました。

前年度の試験ではレジュメ作成に時間がかかり、あと数行というところで書き終わることができませんでした。このため今年度は、あらかじめ時間配分を決めた上で、2週間前から論文を手で書き上げる練習をしました。これにより、問題文をしっかり読み込んだ上でレジュメを作成し、慌てることなく余裕をもって書き上げることができました。

最後に、私が合格できたのは、周囲の方々からのご理解とご支援のおかげです。日々の業務と試験対策の両立は大変だと思いますが、諦めずに試験当日まで頑張ってください。皆様の合格を心より祈念しております。

都政事情　平成30年度 カレントトピックス 12

■「国際金融都市・東京」構想を策定（11月10日）

都政策企画局は11月10日、「国際金融都市・東京のあり方懇談会」の最終とりまとめ等を参考に「国際金融都市・東京」構想を策定した。

「国際金融都市・東京」構想は、世界に冠たる国際金融都市・東京に向け、国や民間、City of London など官民・国内外の連携体制の下、以下三つの取り組みを推進していくこととしている。

1点目は、「魅力的なビジネス面、生活面の環境整備」であり、海外の金融系企業や有能な人材が引きつけられ定着するよう、金融系企業に対する税負担軽減の検討、金融系行政手続きの相談体制及び英語化対応の強化・生活環境整備を推進することとしている。2点目は、「東京市場に参加するプレーヤーの育成」であり、事業者間の競争促進により、低廉かつ良質な金融サービス、商品が提供されるよう、官民一体となった海外プロモーション活動等を通した海外金融系企業の誘致推進や、資産運用業やフィンテック産業の育成、金融系人材の育成を推進することとしている。3点目は、「金融による社会的課題解決への貢献」であり、投資家・顧客本位の視点を徹底し、社会的課題解決に資する取り組みを積極的に推進する東京市場の実現に向け、顧客本位の業務運営の徹底などを図っていくこととしている。

小池知事は記者会見で、「スピード」「チャレンジ」「コラボレーション」という意識を持って、構想に掲げる施策の実現に向けて全力で取り組んでいきたいと述べた。

■「都民の生活実態と意識」の調査結果を公表（11月21日）

都福祉保健局は11月21日、東京都福祉保健基礎調査「都民の生活実態と意識」の主な調査結果を公表した。この調査は、東京都内における各世帯及び世帯員の生活実態と意識を把握することにより、東京都における福祉・保健施策充実のための基礎資料を得ることを目的とし、昭和56年度から5年ごとに行っており、今回で8回目となる。

この調査結果によると、全世帯のうち、単身者の割合は30・7%、このうち5割超が60歳以上となっている。なお、18歳未満の子供がいる世帯の割合は18・7%であり、昭和56年度（42・7%）に比べて2分の1以下、65歳以上の高齢者がいる世帯は46・0%であり、昭和56年度（19・9%）に比べて2倍以上となっている。

また、東京のまちにおけるバリアフリー化が「進んでいる」と思う人は5割弱、施設・設備が「適正に利用されている」と思う人は6割弱であった。さらに、地域の中で困ったときに相談したり、頼ったりできる人は「親族」が54・4%、「友人・知人」が50・5%で、「いない」の割合は14・5%となっている。

■「平成29年度東京都税制調査会答申」の公表（11月24日）

都主税局は11月24日、平成29年度第3回東京都税制調査会を開催し、答申を取りまとめた。

平成29年度の東京都税制調査会答申の特徴は3点あり、①社会経済が大きく変化する中で、都民・国民の未来を切り開く税制改正の実現に向けて中長期的な視点から提言している点②地方消費税の清算基準について、客観的かつ合理的な信頼性の高い統計の値で把握する比率を高めるべきと提言している点③「ふるさと納税」について、抜本的に見直し、寄付の本来の趣旨に沿った制度に改めるべき——と提言した点である。

また法人課税においては、地方法人税の創設・拡大は、法人住民税が地方自治体の基幹税の一つであるという事実を無視するものであり、地域間の偏在是正と財政力格差の縮小に向けては、地方税財源の拡充や安定的な地方税体系を構築する方向がとられるべきとしている。

なお、地方税財政制度における諸課題として、環境を基軸とした税制の実現や、納税者の信頼向上に向けた取り組みなどを提言している。

都主任選考

平成30年度 主任・係長 論文講座 12

課題整理（職場）①

今回から、都主任選考の論文試験のうち、「職場に関する出題」について、論文を書くに当たって気をつけるべき点や試験に向けてどのような準備をすればよいかを3回に分けて解説していきます。

初回は、出題内容や採点基準について説明します。

試験で問われる力

当然ですが、主任選考で問われるのは、実際の職場において「主任としての仕事」ができるかどうかです。では、「主任としての仕事」とはどのようなものでしょうか。まずはこの問いに自分なりに答えられるようになることが合格への第一歩となります。

というのも、「職場に関する出題」で求められる論文は、客観的な視点で述べる一般的な論文ではありません。都の主任級職員として、事例の職場をどう考え、どのように行動すべきかについて自分の考えを記述することです。このため、試験の準備に当たってまず大切なことは、「主任とはどのような存在か」「主任の役割とは何か」について、自分なりのイメージを持つことです。

次に、「主任としての仕事」を遂行するためにどのような力が求められるのかについて考えてみましょう。主任には、特に高度の知識・経験を必要とする業務に従事し、また、課長代理を補佐し、若手職員に適時・適切な指導・助言を行うことが求められます（「人材育成に重点を置いた配置に関する指針」）。こうした役割を担うためには、担当の業務を遂行する能力だけでなく、広い視野と高い問題意識を持ち、日々職場で発生する問題に対して効果的な解決策を提案する力が求められます。

主任選考において問われるのもこうした力であり、日々の業務を通してこのような高い問題意識や課題解決力を培ってきたことを実証することが求められます。

それゆえ、「職場に関する出題」は、具体的な状況を設定した上で、それに対して自分の視点で課題を抽出・分析し、現実的かつ具体的な解決策を提示できるかを問うものとなっているのです。

出題形式の見直し

ここで、平成29年度に実施された出題形式の見直しについて説明します。ご存知の方も多いかと思いますが、平成29年度の選考から、事例の職場の具体的な状況を説明する「本文」が若干長くなるとともに、当該職場の組織図や業務の状況に関する図表が「資料」として追加され、より詳細な状況設定がなされるようになりました。

これは、主任級職員にふさわしい能力をより一層適切に実証することを目的とする見直しです。あらかじめ準備してきた文章を記述するのではなく、その場で設定された状況をよく分析し、自らの視点で課題設定ができるか、自分なりの解決策を導き出せるかを検証しようとしているのです。

詳細については平成28年12月26日付で都人事委員会から出された「主任級職員選考の論文について」を参照してください。

出題内容

では、実際に、平成29年度の試験問題を見てみましょう（紙幅の都合上、資料は省略します。）。

【平成29年度】

AⅠ類・AⅡ類

下記の事例と資料を分析して、次の（1）、（2）に分けて述べてください。

【事例】

A局のF事業所の業務課は、条例に基づき都内の民間事業者から提出される報告書の受付・登録業務を行っており、多摩地域の約1千事業者を所管している。あなたは、この業務を担当する主任として昨年4月に配属された。今年度は、あなたの他に担当3年目で業務を熟知しているG課長代理、本年4月に他局から異動してきた入都3年目のH主事が同業務の担当となっている。

昨年末に条例の施行規則の改正が行われ、本年4月から報告書の様式が変更となった。これに併せ、A局では、様式への記載方法を従来の手書きからデータ入力に変更し、また、様式の窓口での配布を改め、ホームページからダウンロードする方法に変更した。

4月に入り、窓口での報告書の受付を開始したところ、民間事業者からの問い合わせが殺到し、日中は担当の3名が電話や窓口対応にかかりきりとなった。報告書の受付・登録累計件数の推移は資料3のとおりである。なお、F事業所を統括する本庁のB部への報告書の取りまとめ・提出期限は8月末となっている。

H主事は、4月の勤務初日にG課長代理から「窓口の対応については、これまで使用してきたQ&A集があるので参考にすること」「不明な点があっても、Hさんの能力向上のため、できる限り自分で調べて対応すること」などの指示を受けた。その後、H主事は黙々と受付業務をこなしていたが、問い合わせの内容によっては、対応に苦慮する場面がしばしば見受けられるようになった。

4月第3週目の月曜日の朝、H主事から職場に電話があり、業務がうまくこなせるか心配で気分がすぐれないとの理由で、年次有給休暇の当日申請が出された。また、業務課長から、「民間事業者から幾つか苦情が寄せられているので、早急に業務改善を図ること。また、B部等と調整が必要なことがあれば提案してほしい」との指示がG課長代理とあなたにあった。

（1）設問の職場において、業務を効率的かつ円滑に進めていく上での課題について、簡潔に述べてください。

（2）（1）で述べた課題に対して、今後、あなたはどのように課題解決に向けて取り組んでいくべきか、主任に期待される役割を踏まえて、具体的に述べてください。

【資料1】A局の組織図（省略）

【資料2】F事業所における報告書の受付・登録の業務の流れ（省略）

【資料3】F事業所における報告書受付・登録累計件数の推移（省略）

（1）昨年度の報告書受付・登録累計件数の推移（折れ線グラフ）

（2）今年度の報告書受付・登録累計件数の推移（表）

【資料4】F事業所に寄せられた主な問い合わせと苦情の内容（省略）・問い合わせの内容（円グラフ）・苦情の内容（具体的な苦情内容6件を提示）

論文のイメージ

次に、平成29年度の試験問題をもとに、論文全体のイメージをつかんでみましょう。

（1）では、事例の職場における課題を300字以上500字程度で述べます。設問には「業務を効率的かつ円滑に進めていく上での」とありますから、この条件に沿って回答することがまず大切です。

課題をいくつ挙げるかについては設問中に記載がないため自由ですが、（1）で挙げた課題に対応して、（2）で解決策を論じることを考えると三つ程度が書きやすいと考えられます。

（2）では（1）で挙げた課題に対して主任としてどのように取り組んでいくべきか、その具体的な解決策を1200字以上1500字程度で述べます。まず大切なのは、（1）で挙げた全ての課題に対して解決策を提示することです。次に、設問に「主任に期待される役割を踏まえて」とあるため、自分が主任の役割をどのようなものと考えているかを論文の中で示していく必要があります。

採点基準と対策

論文の採点基準については、平成29年6月30日付で都人事委員会から出された「主任級職選考における論文採点の基本的な考え方等について」を参照してください。ここでは「問題意識」「問題解決力」「論理性」及び「表現力」の4点が評定項目として明示されています（評定項目については平成28年度以前から変更はありません）。

また、いかなる観点から採点しているかについて、次の5点のポイントが示されています。

①本文及び資料で設定されている事例の職場における課題を的確に抽出するなど、高い問題意識を持っている。

②抽出した課題について、主任としての役割を認識しつつ、自分なりの問題意識から具体的かつ効果的な解決策が論じられている。

③解答（1）の内容を踏まえて、解答（2）が論じられている。

④自分の考えを、分かりやすい表現で論理的に伝えている。

⑤事例の状況を反映した論文となっている。

一つ目の評点項目である「問題意識」については、①にある通り、（1）においてどれだけ事例の職場を分析し、的確に課題を抽出できているかが高い採点を得るためのカギとなります。ここでのポイントは、課題を深く認識していることを示すことです。

単に問題点を指摘するにとどまらず、そのことがなぜ問題なのか、どうしてその問題が生じているかにまで分析を深め、論理立った説明ができれば高く評価されると考えられます。

二つ目の「問題解決力」については、限られた時間のなかで事例をよく読み込み、（2）において有効な解決策を提示できているかが評価されると考えられます。過去の問題にトライするなどし、取り組みのアイデアを出す練習をしておきましょう。準備をしていないテーマが出題された場合でも、事前に何度か書く練習をしていれば、それを応用させることによって対応することができます。

ただし、事前に用意した論文を出題内容と関係なく再現するだけの論文は大幅に減点されますので、出題に沿った取り組みとするよう注意が必要です。

三つ目の「論理性」については、実際に書き始める前にどれだけしっかりと構成を練られるかがカギとなります。特に、（1）で挙げた課題と（2）で提示する解決策との連関が順を追って明瞭に記述されているかどうかが評価されると考えられます。その取り組みをすることによってどのような効果が生まれ、いかにして課題の解決へと結びついていくかが読み手に分かりやすく伝わるよう心掛けてください。それだけでなく、全体として、出題内容に正面から答えられているかを意識することを必要です。

四つ目の「表現力」については冗長な文章にならず、できるだけ簡潔な表現で読みやすい文章にすることが大切です。また、文章の間に適切な接続詞を用い、流れが分かりやすい論文になるよう意識してください。文章を書くことに苦手意識がある人は練習を繰り返すことをお勧めします。

また、語彙力に自信がない人は、あらかじめ使える表現をピックアップし語彙リストを作成することも有効です。

◇

次回は（1）における課題整理の方法について、次々回は(2)において解決策を提示する際のポイントについて、具体的に解説をしていきます。

もっと言いたいことが山ほどある　小池都政、都議会

初心に返って東京大改革を

中央区議会議員　青木かの

それは、「都知事選で小池百合子さんを一緒に応援しませんか？」という音喜多駿都議からの電話で始まりました。私も「組織と個人の闘い」「東京大改革」を掲げて崖から飛び降りた小池さんの行動に大変共感していましたので、二つ返事で引き受けました。この時は、その後の混乱など予想だにしていませんでした。

雨の中のポスター貼りから始まり、ビラ配り等、17日間の選挙戦。最初は自民・民進の後塵を拝していましたが、日増しに応援の輪が広がっていくことを肌で感じていました。そして最終日、選挙カーの周りには緑を身に着けた人々が集まり、池袋駅前を埋めたのです。

その勢いは都知事になってからも衰えず、「希望の塾」を開塾。私も迷わず参加しました。3班に分かれての受講でしたが、会場は熱気に包まれていました。老若男女、この国の政治を変えたいという思いで全国から集まったのです。

その状況が明らかに変わったのは、人数を200人に絞り、都議選対策コースが始まってからでした。毎回、講義の後、アンケートに答えさせられました。内容は「憲法9条改正について」「外国人参政権について」「靖国神社参拝について」「夫婦別姓について」等、かなり偏っていたように感じました。今思えば、あれが都議選の踏み絵だったのかもしれません。

決定的だったのは、最終的に行われた面接です。いきなり、「どの選挙区でもいいですよね」と聞かれ、耳を疑いました。私は現職の中央区議会議員です。都議会議員になりたいのではなく、東京が抱える問題はもちろん、中央区の問題を解決する手段を持ちたかったのです。「中央区以外は考えられません」と答えたところ、明らかに面接官の表情が変わりました。この時点で私は「排除」された、と感じました。

■都政は踏み台にされた

都議選では、最初から都民ファーストの会が強かったわけではありません。数カ月前の段階では、支持率で自民党にかなり差を付けられていました。そこで、天才的な小池戦術で発せられたのが、「築地は守る。豊洲は生かす」発言です。伝統あるものを守る、少数派の意見もきちんと聞く、というパフォーマンスは、多くの都民に訴えかけるものがあり、この発言をきっかけに支持率が上がり、都議選の大勝利につながっていきます。

中央区は築地市場の移転について、かつてはずっと反対してきました。しかし、都議会は2012年3月に、市場移転関連費用を可決。中央区に選択肢はなく、現実的な対応として市場移転に向けた準備を進めてきました。

しかし昨年、既に決まっていた移転日の11月7日を前に、小池知事は移転延期を発表。市場移転に関わる多くの関連事業はストップ、あるいは後退してしまいました。

その他、やはり最重要課題の一つである、オリンピック・パラリンピック関連政策については、会場変更問題等、混乱ばかりが目につくようになります。

このように都政が1日も、1分も停滞できない状況にある中で、希望の党を立ち上げ、自ら党首になると発表した時、「都政は踏み台にされた」と感じた都民は少なくなかったと思います。

結果的に、希望の党は、非自民の受け皿にはなりませんでした。「排除」という言葉を使った日から潮目が変わったと言われていますが、理由は別にもあると思っています。国政選挙は毎日草の根で頑張っている地元選挙区の地方議員の協力が不可欠です。その選挙区の問題点を日頃から明確にし、取り組んでいる地方議員の協力があってこそ、国会議員が活躍できるのです。しかし、落下傘候補であった都民ファーストの会の都議会議員は、選挙区に入っても強力な応援団にはなれなかった。

その後、都民ファーストの会が「選挙後100日以内に実施」することを公約として都民と約束していた、いわゆる身を切る改革については、100日を超えた現在、「議員公用車廃止」については全廃できず、「政務活動費での飲食禁止」は合意したものの、新年会の会費の支出については継続審議ということで、やる気を全く感じません。これでは選挙戦略として公約に入れたものの、当選してしまえば忘れてしまうというこれまでの政党と何ら変わりがありません。過半数を得ている間にどんどん改革していただきたかった。

■最大の被害者は中央区民と江東区民

最後に小池知事の迷走について。最大の被害者は中央区民と江東区民です。築地市場関係者はもちろん、人口が急増する臨海部に住む住民にとっては、環状2号線本線開通の遅れにより、中央区が粛々と進めてきたBRT（バス高速輸送システム）のサービス開始のめども立っていません。

小池知事に今望むのは、知事がお好きな言葉「スピード感を持って」取り組んでいただくこと。そして、初心に返って「東京大改革」を実現していただくこと。それだけです。

都市のレガシー　五輪開催3都市を巡って　8

ロンドン②　明快な都市戦略を構築

GLCの設置と1980年代

ロンドン県（London County Council）と特別区で大ロンドンの行政を担っていたものの実質的にアウターロンドンはインナーロンドンの連坦地域となっていた。そこで1965年に大都市問題解決のため両者を合わせた地域全体を担当区域とするGLC（Greater London Council）が設置された。

GLC設置で最も重要とされたのは、当該地域全体を網羅する都市計画（戦略）であったが、策定開始から9年後の75年にようやく承認された。

せっかく承認された計画も73年のオイルショックに伴う経済停滞に関する対応が反映されず、また、都市問題解決のためGLCは次第に組織を肥大化させ、かえって事務の遅滞など官僚主義的な傾向が強くなってしまっていた。そのため、GLCは都市経営のスリム化の象徴として86年、サッチャー政権によって廃止されてしまう。

ちなみにGLCは、最大時2万5千人の職員を擁していたというから、その廃止は驚きである。

それでもGLCは大ロンドン計画を軸に製造業が転出し、脱工業化の変化の中でいくつかの再開発に手をつけていた。中でもテムズ川下流域を中心にした港湾エリアであるドッグランドの再開発は有名である。

90年代からミレニアムプロジェクト

私は90年代後半から00年ごろにかけて、ロンドンに何度も通っていた。その頃のロンドンはニューレイバー（新しい労働党）ともてはやされ、人気のあったブレア政権であったが、サッチャー保守党政権時代に行われた大胆な構造改革がようやく功を奏しはじめ、英国病と言われる長く低迷した社会経済から抜け出し、世界の金融街として再生していくさなかにあった。

ブレア政権は「モダン・ブリテン化」策を掲げ、とりわけ00年のミレニアムという節目をマイルストーンに首都の機能更新を強力に推し進めた。

その背景には、先にふれたEU圏における都市政策重視路線への転換があり、また、94年に全長50㌔に及ぶ英仏海峡がユーロトンネルでつながったことにより、都市間競争が激化したことなどが挙げられる。

水族館などに転用されている元GLC庁舎とロンドンアイ

ゴンドラからミレニアムドーム方面を俯瞰

そしてロンドンは、数多くのミレニアムプロジェクトを打ち出す。世界中で千年紀を祝う中、世界標準時の基点となるグリニッジ天文台のあるロンドンこそ千年祭の中心地であるとのコンセプトを掲げ、祭典のメーン会場としてミレニアムドーム（現O2アリーナ、ロンドン大会時の体操等の競技会場）をグリニッジの更に先のテムズ下流域に新設。

また、約100年ぶりにテムズ川にミレニアム・ブリッジを架橋、開発の遅れていたテムズ川南岸の遊歩道に沿うように、旧火力発電所を現代美術館テートモダンへ改装、世界最大級の観覧車「ロンドンアイ」の設置、大英博物館の中庭改修、シェークスピアのグローブ座の再建などである。

『ロンドンプラン』と大会招致

00年は他にもGLCが廃止された課題を踏まえ、スリムで政策立案に特化した戦略官庁としてGLA（Greater London Authority）が誕生し、ロンドン市初の公選市長選挙も行われ、ケン・リビングストン氏が初代市長として当選している。

大都市圏一体を統括する政府機能がなく、グローバル時代における競争力が落ちたことと、大会招致活動の母体が必要となったことなどがロンドン市復活の背景にあるといわれている。

04年に2度目の当選を果たしたリビングストン市長は、市民、市のスタッフと一緒に練り上げたこれまでの経済、交通、環境、福祉といった都市戦略を包括的に統合した大ロンドン市の空間開発戦略『ロンドンプラン』（ロンドンプラン研究会訳＝青山元副知事監修のもと都職員などの有志で翻訳書が出版されている）を発表する。

この戦略では、ロンドンの中心部の複合開発と東部地区の再開発により新たな雇用と住宅を提供して、コンパクトなままでサスティナブルに都市を成長させていくことを主軸に構成されている。

これまで地方から流入してくる都市人口を大ロンドン計画により、周辺都市に拡散的に受け入れてきた流れであったのに対して、『ロンドンプラン』ではコンパクトシティーを選んだところが大きな特徴である。このようにロンドンは自らの都市の強みと弱みを分析した上で明快な都市戦略を構築し、それを下敷きにオリンピックの開催計画の核となる交通や会場のマスタープランを策定。大会招致に名乗り出て、05年に有力候補のパリを破って見事に招致を勝ち取ったわけである。

（都都市整備局　長谷川昌之）

あれコレ

開館20周年で特別写真展「新たな船出」を表現
東京国際フォーラム

㈱東京国際フォーラムは8日から、開館20周年を記念して、特別写真展「新たな船出」をスタートした。

同展では、東京国際フォーラムのシンボル・ガラス棟が巨大な船に例えられることから、「新たな船出」と題して20年の歩みを「過去」「現在」「未来」という三つのセクションに分けて紹介する。

「過去」では、かつて東京都庁があった場所という土地が持つ歴史をたどるとともに、同館建設に際して実施された日本初の国際公開設計競技（コンペ）の様子を紹介。「現在」では、主催イベントの感動のシーンを中心に約100点の写真を展示するほか、カメラ女子コミュニティー「カメラガールズ」とのコラボレーションによる写真約20点も展示している。

「未来」では、来館者・スタッフを中心に約2千人が参加した縦3㍍・横10㍍のフォトモザイクを設置。漫画家の松本零士氏が同展のために描いた未来の東京の姿を元絵に、東京国際フォーラムの「新たな船出」を表現している。

同展は、同館ロビーギャラリーで26日まで開催。午前10時から午後8時まで（入場無料）。

早起きでポイント付与　日暮里・舎人ライナーで
都交通局

都交通局は14日から、日暮里・舎人ライナーの通勤・通学客を対象とした「早起きキャンペーン」を実施する。同路線の朝ラッシュ時間帯における混雑緩和策の一環。

IC定期券により、見沼代親水公園駅から赤土小学校前駅の間で乗車し、日暮里駅または西日暮里駅で降車する乗客に、早起きポイントを付与し、獲得したポイントに応じて抽選で110人に景品をプレゼント。また、ToKoPo会員には獲得した早起きポイントに応じて、ToKoPoポイントもプレゼントする。

期間は来年2月28日までの平日。1月2日と3日は対象外。設定時間帯は、見沼代親水公園・谷在家間が始発から午前7時まで、西新井大師西・扇大橋間が7時10分まで、足立小台・赤土小学校前が7時20分まで。

事前登録は不要で、対象駅の改札口に設置された専用端末に定期券をタッチする。早起きポイントが1日1㌽、10㌽ごとに2㌽のボーナスポイントを付与する。

ミニガイド

◇2017年度都民アレルギー講演会「学んで活かそう！子供のアレルギー」　▷日時　1月19日㈮　午後1時～4時半（30分前から開場）▷場所　都庁第一本庁舎5階大会議場▷内容　「ぜん息と食物アレルギーの正しい知識と対応」（今井孝成氏・昭和大学医学部小児科学講座講師）、「食物アレルギーのある子供の食事のヒントと災害時の備え」（長谷川実穂氏・昭和大学医学部小児科学講座研究補助〈管理栄養士〉、小児アレルギーエデュケーター）▷募集人数　500人（入場無料／申し込み多数の場合は抽選）▷保育　定員10人（無料・事前申し込み、1歳から就学前まで。年齢の低い子供を優先）▷申し込み　22日必着▷申し込み先　〈電話・ファクス〉03・3991・6970〈メール〉kouenkai 17pro@beach.ocn.ne.jp〈郵送〉〒176－0002　練馬区桜台5の9の7有限会社セブンティーン・プロジェクト内講演会事務局　①催し名②氏名（ふりがな）③住所④電話番号⑤所属（関係者のみ）⑥講師に対する質問を明記。2人以上で申し込む場合、参加者全員の名前を▷問い合わせ　東京都健康安全研究センター企画調整部健康危機管理情報課　☎03・3363・3487

副知事人事ノート　第23回

都政研究元主筆　大塚英雄

初の私学副知事誕生③

太田和男が就任するまで、東京都には4人の外部招聘を含めて9人の副知事が誕生しているが、私学出身者は1人もいなかった。それどころか初代プロパー出身の京都帝大の岡安彦三郎を除くと、全員が東京帝国大学。しかも法学部卒ときている。もっともこれには、そうなるれっきとした背景があった。

昭和初期、日本は大不況に見舞われ、東大卒が競って当時の東京市の門をたたいたという。萩原辰郎にしても太田園や、そのあと第2期東都政の副知事になる御子柴博見、日比野七郎などにしても、そうした中の一人だ。これらの中には「筆生」と呼ばれた臨時職員も多くいたという。ここに太田和男が副知事になる直前の昭和35年4月現在の条例局長の名簿がある。それによると、19人の条例局長（技術も含む）のうち、なんと4分の3近い14人までが東大卒。この一事からも経済不況のすさまじさがわかろうというものだ。

これを裏書きするようなこんな「事件」が都議会であった。1年前に鈴木俊一、太田園の同意を求めた際、社会党から「東大偏重」の批判が持ち上がり、東知事は「そうした批判には今後、十分留意する」と答えている。

また、太田園は既述の遺稿集の中で、「知事が3人の副知事を全部官学で占めることを避けたのは、最近の都議会の私学派の動向に配慮したため」と書いている。

ただ、局長人事なども含め、当時、庁内に「官学偏重」の批判の声が上がっていたのは紛れもない事実だが、こと太田和男の副知事抜擢に対しては極めて当を得た評価というのが多数派だったように思う。

その評価の代表例が、昭和22年の区統合で見せた太田の働きである。戦後、区は行政区から長を公選で選ぶ自治体に変わったが、その際、35区を22区（その後、練馬区の独立で23区に）に減らすことになった。しかし、統合の対象になる区はどこも反対。中でも太田和男が総務課長を務める麻布区統合は、区議会が「絶対反対」で、安井知事も手を焼いていた。その時、安井の求めに応じて収拾策を進言したのが太田だった。3区統合は滑り込みセーフとなった。これが功を奏し、太田を評価した安井知事は、その後の人事で、この一介の区の総務課長を中枢機能が集中する都の心臓部である総務局の総務課長（当時の呼称は総務係長）に大抜擢したのである。

その後、出世街道を順調に歩み続けた太田は、総務局総務部長から突如、財務局主計部長の辞令を手にした。総務委員会の舌禍事件で総務局長から財務局長に飛ばされた細田義安の安井知事への「彼をぜひ主計部長に」との直訴によるものだ。この人事に、さすがの太田も義弟に当たる人事担当副知事の萩原辰郎に「ひどいじゃないか」と抗議したという。しかし、これが副知事の道を確実なものにした。

細田は衆院選出馬のため33年4月に退任。その際、「後任にぜひ太田君を」とひざ詰め談判に及び、最後の局長人事となる安井にももちろん、異存はなかった。そして太田は長年旧態然とした主計部改革に乗り出すのである。（敬称略）

都政新報

発行所 都政新報社
〒160-0023 東京都新宿区西新宿7-23-1 TSビル
(総務・読者) 03-5330-8781
(企画広告) 03-5330-8784
(編集) 03-5330-8786
(出版) 03-5330-8788
(ファクス) 03-5330-8808
購読料 月1,730円(税込)
毎週火・金曜日発行
ただし、祝日は休刊
©都政新報社 2017

紙面から

入札契約、年内決着なるか

豊洲新市場の追加対策工事、きょう15日に再度開札

追跡

豊洲新市場(江東区)で実施する土壌汚染の追加対策工事の一部の2回目の開札がきょう15日、行われる。都が9月、コンクリート敷設や換気設備の導入などの追加対策工事を決定。このうちコンクリート敷設工事は入札不調が相次ぎ、6~7街区は現在も落札者が決定していない状況だ。入札から随意契約に切り替えるとの見方も出る一方、豊洲移転が政治問題化している中でゼネコン側には都の入札に対する不信感も垣間見られ、都は難しいかじ取りを迫られている。

「一者入札や特命随意契約をあれだけ批判していた知事が同じ道をたどることは誠に皮肉」(公明)、「追加対策工事が遅れ、予定通りの完了が危ぶまれている」(自民)

6日の都議会代表質問。豊洲市場の追加対策工事を巡り、各党が相次いでこう言及した。

背景には「都が入札を断念し、特命随意契約に切り替える検討を進めている」との観測があり、共産党は別の切り口から、「特命随意契約ではゼネコンに全面屈服し、ゼネコンが言う通りの高値で契約することになる」と批判。都は現在、法令上の原因を分析した上で予定価格の再積算を行うなど、速やかに再発注の手続きを進めており、財務局は「開札を控える案件がある中、都が随意契約を持ち出すのは、入札の公平性の観点からおかしい」と説明する。

■残りは2件

豊洲新市場の追加対策工事は①地下空間のコンクリート敷設②換気設備の導入③地下水管理システムの機能強化――の3種類。専門家会議(座長=平田健正・放送大学和歌山学習センター所長)の提言に基づき、9月の都議会臨時会で約40億円の経費を盛り込んだ補正予算案が可決・成立した。

都はこれを受け、5街区(青果棟)、6街区(水産仲卸棟)、7街区(水産卸棟)で計9件の入札を募集。1者入札による中止や予定価格の超過による入札不調があったものの、11日に入札が行われた5~7街区の地下水管理システムの機能強化と5街区の換気設備の計4件は全て落札業者が決定した。

一方、コンクリート打設工事は11月、5街区で「1者入札」に伴う中止を経て、2度目の入札で施設建設を担当した元請業者の鹿島建設㈱が受注したが、6~7街区は現在も落札者が決定していない状況だ。

こうした中、きょう15日には6街区のコンクリート敷設・換気設備工事は改めて開札を予定。年内に追加対策工事の入札を決着させられるかの分水嶺になり、担当者は気をもむ。

■更なるハードル

ただ、6街区で落札業者が決定しても、次のハードルが待ち受ける。7街区のコンクリート打設工事だ。既に入札中止2回、不調1回となり、大幅に工事が遅滞している。

中央卸売市場によると、目標とする来年7月末の追加工事完了の日程から逆算し、遅くとも年明け早々には契約を締結しなければならないという。こうした状況から同工事を随意契約に変更する観測が高まっているが、財務局は「中央卸売市場から契約締結請求があったかどうかを含め、何も言える状況ではない」と言葉を濁す。

さらに、新国立競技場の建設工事に従事した建設会社の男性社員が過労自殺した問題に絡み、追加対策工事の担い手の有力候補に上がるゼネコンが「指名停止になるのでは」との憶測も絶えない。

豊洲新市場を巡っては、建設工事の落札率が99%台だったとして、都政改革本部が「競争性が確保されているのか疑問」と問題視。これにゼネコンが反発しているとの指摘があるほか、豊洲市場が「小池銘柄」の政治案件と化し、業者が不信感を強めているとの見方もある。来年10月の開場に向けて時間的猶予はなく、都は依然、厳しい対応を迫られている。

豊洲新市場　各街区の追加工事の種類と入札経過

	青果棟(5街区)			水産仲卸売場棟(6街区)			水産卸売場棟(7街区)		
	換気設備	地下水管理	コンクリート	換気設備	地下水管理	コンクリート	換気設備	地下水管理	コンクリート
9月22日			中止(1者以下入札)	中止(1者以下入札)		中止(1者以下入札)			中止(1者以下入札)
10月6日									中止(1者以下入札)
10月30日	不調(価格超過)	不調(価格超過)			不調(全業者辞退)		成立(落札率94.8%)	不調(価格超過)	
11月13日			成立(落札率99.0%)	不調(価格超過)		不調(価格超過)	–		
11月27日			–				–		不調(価格超過)
12月11日	成立(落札率90.0%)	成立(落札率99.9%)	–		成立(落札率100%)		–	成立(落札率99.7%)	
12月15日	–	–	–	開札	–	開札	–	–	

※「地下水管理」は地下水管理システム、「コンクリート」は床面コンクリート敷設の略

コンクリート打設工事 施工条件がハードルに

追加対策工事の入札不調が相次いだのは、鉄筋や換気設備のダクト、地下水管理システムの部材等を地下ピット内に搬入するマシンハッチが各棟1カ所に限られるなど、施工環境に制約があることが一因だ。また、豊洲市場のコンクリートの打設も技術的には「通常より難度が高い」(中央卸売市場)という。

打設の工程は2段階。まず砕石が露出している部分の高さ調整のコンクリート(約10㌢)を打設した上で、ひび割れ抑制に配慮した厚さ15㌢のコンクリートを打設する。各街区のコンクリートの量は5~6街区が約6500立方㍍、7街区が約5千立方㍍に上る。

同一の空間で3種類の工事を同時並行的に進めるため、工程を調整して進める必要がある上、広大な面積にひび割れ抑制に配慮したコンクリートを丁寧に施工することが求められる。地下空間で作業員の安全を確保するための換気も別途、必要になるという。

落札者が既に決定している5街区に対し、入札中止が相次いだ6~7街区の事情は異なるのか。

同市場は「街区ごとに建物形状・構造等が異なり、一概に施工上の条件の違いについて答えることはできない」などとしているが、関係者からは「6~7街区は重機を入れにくく、工事の難度が5街区より高い」との声が上がる。地下ピット内を見ると、5街区は空間に比較的余裕があるのに対し、6~7街区は配管が入り組み、作業に制約があると見られている。

都議会ネット中継

来年6月に試行開始

切り替え方式採用へ

都議会情報公開推進委員会が13日に開かれ、都議会改革のメニューとして総務委員会で先行実施するインターネット中継について、来年6月の第2回定例都議会から開始することを確認した。

都議会改革検討委員会が10月に導入を決めた際は、試行開始時期を来年度上半期としており、具体的な時期を示した。

導入方法について、都議会局が配信方法を4パターン例示。配信の際に、委員と執行機関側の全景を映すパターンや同一画面に分割する方法、発言委員と執行機関側を切り替えて配信する手法などを示した。

同日の会合では、委員と執行機関側の全景を切り替えるパターンと、発言者ごとに切り替えるパターンの二つに賛意があった。委員の樋口高顕氏(都民ファ)は「都議会の規模の大きさ、設備の状況を考慮する必要がある。費用対効果の検証を行うことも一つの目的」と述べ、双方の全景を切り替えるパターンでの試行実施を求めた。

一方、伊藤興一氏(公明)は「費用が先決ではない。都民に見やすい、分かりやすい情報公開が第一義」と言及し、発言者ごとに切り替えるパターンを支持した。

議会局の資料によると、双方全景の切り替えが1委員会で年間約1050万円、発言委員との切り替えは約1950万円かかる。加えて、人為的な切り替えの場合は人件費も発生する。

都道府県で常任委をネット中継しているのは昨年4月現在、12府県で、切り替え方式は、奈良県が全景を、大阪府が発言委員を配信している。また、町田市では発言者が手動で切り替える手法を導入しており、今後、費用面などを考慮し、導入方法を固める方針。

視点

都議会4定閉会

主導権握った公明党

第4回定例都議会がきょう15日に閉会する。小池知事にとっては衆院選後、初の定例会となったが、都民ファーストの会を除く各会派などから政治姿勢への批判が相次いだ。

都議会の傍聴人からもやじが飛び交った。1日の所信表明や8日の一般質問では、声を張り上げた傍聴人に、尾崎大介議長が退場を命じるケースが3回もあり、小池都政では今までになかった光景だ。緑色の衣服をまとった知事応援団も数人にとどまり、知事の求心力低下を印象付けた。

議場からも知事の都政運営や国政進出への批判が噴出。今定例会では知事与党を離脱した公明党の対応が最大の焦点だったが、6日の代表質問では入札制度改革などに「実績の裏付けと決着を伴わない政策は虚妄」と指摘。また、昨年の3定の代表質問では、知事への質問が18問あったのに対し、今回はわずか3問にとどまり、残りは局長答弁を求める内容だった。

都庁内では、知事が所信表明で触れた内容に対して公明が呼応するような質問が少ないとの見方もあり、「これまでと違い、公明は知事に寄り添う姿勢があまり見受けられなかった」との声が聞かれた。

さらに公明は代表質問で、入札制度改革の見直しと、築地市場跡地を市場会計から一般会計に移す有償所管換えを求めた。公明都議の一人は「知事が語った『都政に専念する』とは、イベントに多く出席することではなく、結果を出すことだ。公明の要望を受け入れたからと言って、知事との関係を元に戻すことにはならない」と断言する。

公明以上に批判のトーンを強めたのが自民党だ。小池氏が衆院選で消費税増税の凍結を訴えたことで、地方消費税の配分割合で都に不利な見直しが行われる要因になったと指摘。これに対し、知事は「地方税財源の充実を図るという認識の下で、全国知事会議などで主張を行った」と釈明した。

第2回臨時都議会の質疑では、自民党が市場移転の基本方針を誰と決めたのかただしたのに対し、知事は「余りにも多過ぎて、この場で答えるには時間が足りない」と短く答え、まともに取り合わなかった時と比べると対応は丁寧だったが、相変わらず答弁はかみ合っていなかった。

小池知事は代表・一般質問で原稿を棒読みし、アドリブが一切なく、安全運転に徹した形だ。事業局の幹部は「知事としては言いたいことがあるかもしれないが、波風を立てないよう腹に収めていたのかもしれない。今はじっと耐えていて、相当、根性があるように見えた」と、捲土重来を期していると分析する。

一方、知事与党の都民ファーストの会は、存在感が薄いとの見方が多い。第2回臨時会のように知事の政治姿勢を「高く評価する」との礼賛の言葉は一切使わなかったが、知事には「一層都政に専念することを期待する」とエールを送った。

都幹部の一人は「都民ファの都議は勉強家だが、質問は中身のないケースが多い」と指摘する。別の幹部は「知事の元側近が都民ファの事務総長に就任し、知事には苦言すら言えないのだろう。知事の主張を追認するだけでは存在感を発揮できない」と問題視する。

今定例会で存在感が大きかったのは公明だ。議員公用車廃止を巡り、難色を示した自民と交渉、一部廃止で軟着陸させた。自民都議も「公明党が汗をかいた」と認めるように、主導権は公明が握っている。

第4回定例都議会は、来年の予算議会につなぐ定例会と位置付けられている。都民ファ単独では予算案を可決できず、公明の存在が大きい。同党は今回、入札制度改革の見直しなどに言及したため、知事の対応次第では公明が態度を硬化させる恐れもある。今後の予算審議に向け、どのようなスタンスを取るのかを投げかけられた4定だったと言える。(石)

都議会の代表質問では小池知事の政治姿勢に批判が相次いだ＝6日、議場で

都政の東西

見直しの余波

2018年度の税制改正で焦点だった地方消費税の配分割合の見直しが14日に決着した。モノやサービスの「販売額」の比率を引き下げて、「人口」を大幅に引き上げる結果、都は年1千億円程度の減収となる見込みだ。見直しの背景にあるのは、都など大都市の税収を地方に配分する偏在是正の考えで、地方消費税で地方財政のてこ入れを図る合理的理由はない。

地方消費税は元々、最終消費地に税収を配分する制度だ。税収を増やすには最終消費を促す必要があり、商業施設などの誘致が大前提となる。「販売額」の比率を引き下げる問題点は、最終消費が拡大しても増収につながらないため、商業施設などの誘致の努力が報われないことだ。

一方、「人口」比率を引き上げると、夜間人口の多さで税収が決まり、住民が他県で多く最終消費をしている地方ほど増収傾向になるため、税収が自動的に確保できる仕組みとなる。

これまでは商業施設を誘致した場合、最終消費の拡大、地方消費税の増収、住民サービスの充実という好循環が期待できた。「人口」重視の見直しは、この好循環が途切れ、商業施設が集積する地域に悪影響を及ぼす。財務省の審議会が人口の大幅な引き上げを提案しており、都の財源の収奪は今後も予断を許さない状況だ。

これまでの偏在是正措置で地方財政が改善しているのか、国がその効果検証を実施せずに都の財源を地方に配分してきたのは不合理だ。景気変動を受けやすい都が財政危機に瀕すれば、都の財源に依存する地方も一蓮托生となりかねない。持続可能な地方税の在り方について国と地方は議論を深めるべきだ。

石原氏側が主張「違法性なし」

豊洲住民訴訟

石原元知事が土壌汚染を考慮せずに豊洲新市場用地を578億円で購入したのは知事の裁量権を逸脱しているとして、石原氏に損害賠償請求するよう都に求めた住民訴訟の口頭弁論が11日、東京地裁であった。訴訟に補助参加している石原氏側は、土壌汚染された豊洲用地取得に関し、地権者の東京ガスが一定の対策費を負担しているため「違法性はない」と書面で主張した。

これまで都は「石原氏に賠償責任はない」との主張を展開してきたが、小池知事は土地取得過程などが不透明として、弁護団を再編成した。弁護団では裁量権を逸脱したかは「裁判所の判断を仰ぐ」としている。

冗句ジョーク

与党税制調査会、税制改正大綱まとめる

政府への要望書
「取りやすいところからの増税に反対！」
――地方自治体職員

◆「激変緩和」3分の2

12日の都議会厚生委員会で、新制度に移行する国民健康保険(国保)について、保険料の大幅な上昇を防ぐ「激変緩和措置」の対象区市町村が、都内で約3分の2に上ることが分かった。

国保制度の運営主体は、来年度より区市町村から都へ移管される。これに伴い都は、来年度の国保保険料について、国が示した仮係数に基づいて来年度の各自治体の標準的な保険料率を試算していた。来年1月に正式な保険料率が確定する。

新制度では、医療費水準や所得水準により、一部の区市町村の保険料が現在よりも高くなる可能性があり、負担を緩和するため、国や都が時限的に「激変緩和措置」として財政支援する仕組みとなっている。

◆都側の勝訴確定

都が新銀行東京に出資し、ずさんな経営で回収不能になったとして、銀行設立を主導した石原元知事ら5人に約1250億円を損害賠償請求するよう都に求めた住民訴訟で、最高裁(木内道祥裁判長)は12日付で、都側勝訴とした東京高裁判決を支持、都民側の上告を受理しない決定をした。

受動喫煙対策

『都は区と十分協議を』

12区議会が意見書可決

「都に対して区との十分な協議を求める」――。都が来年の第1回定例都議会に提出予定の受動喫煙防止条例案に関し、13日現在で12区議会がこうした意見書・要望書を第4回定例会で可決した。都の受動喫煙対策を巡っては、9月に条例の考え方を発表した際、事前調整がなかったなどとして区長会で批判が相次いでいた。意見書では、条例の実効性への疑問などが盛り込まれる一方、可決した区議会の自民党区議からは、区議会での公明党との協力関係を示すことで小池知事と都民ファーストの会に心理的圧力をかけようという意図も垣間見られ、政局含みの様相となっている。

13日までに都受動喫煙条例に関する意見書・要望書を可決したのは、千代田、中央、港、文京、墨田、品川、目黒、大田、渋谷、中野、北、江戸川の12区議会。各区議会で内容に多少の違いはあるが、受動喫煙対策の必要性を認めつつ、条例制定に当たっては、区との十分な協議を求めたのが特色だ。

背景には、都が条例制定を進める過程に対する不満がある。都は9月に公表した受動喫煙防止条例の「考え方」で、勧告や命令などの指導監督業務を事務処理特例で区保健所の業務とする方針を盛り込んだ。これに対し、区長会では「事前調整が全く行われていない」などと批判が噴出。10月の総会に都福祉保健局の担当者を呼び出して説明を求める異例の事態となった。

こうした状況から、目黒区議会は、都が「2015年下期から各種調整を行ってきた」として、考え方の発表の前に各区と調整を行うための時間があった点を示唆。その上で、条例制定に向けて区と十分協議を行うよう提案した。

都が計画する一律規制の実効性を疑問視する意見も多かった。

文京区議会は、飲食店での一律規制に対し、経営悪化につながる店舗があると指摘。都がこれまでに対策として実施してきた店頭表示の徹底で受動喫煙を防止できるとして、「一方的な条例化議論にならないためにも慎重に検討すべき」と要望した。

また千代田区議会は、同区が全国に先駆けて罰則付きの条例を制定するなど独自に受動喫煙対策を進めている点を挙げ、「一律的、強制的なものではなく、東京の実態に即した条例を」と問題提起した。

一方で、国が来年の通常国会に受動喫煙対策の強化を盛り込んだ健康増進法改正案の提出を予定していることから、国政を踏まえた検討を求める意見もあった。北区議会は「法案に対し、規制の在り方や規制に伴う施設改善への手立てなどの疑問が出されている状況で、条例制定を準備している」と疑念をにじませ、国の動向を注視するよう求めた。

意見書は中央・港・墨田・渋谷・北区議会が全会一致で、それ以外の区議会では、いずれも自民党と公明党が賛成した。自民党が区議会最大勢力を占める一方で、都議会に議席がない千代田・中央・品川・目黒・中野・北区議会が可決している点も特徴的だ。

自民、公明、無所属の賛成多数で意見書を可決した目黒区議会自民党の小野瀬康裕幹事長は「小池知事と都民ファーストの会の政策はパフォーマンスばかりで実効性がないのは明らか。意見書に公明党が賛成した意義は決して小さくない。都民ファーストに入党している区議も賛成しており、知事の求心力が落ちている中で少なからずプレッシャーになるのではないか」と語る。

広域連合

次期保険料率算定案を公表

1人当たり3129円増

東京都後期高齢者医療広域連合は11日、2018～19年度の後期高齢者医療制度の保険料率算定案を東京都後期高齢者医療懇談会に報告した。被保険者数の増加を受け、1人当たりの平均保険料は9万8621円で、16・17年度比で3129円増、率にして3・3%増となる。

算定案によると、均等割額は4万3800円で、16・17年度比1400円（3・3%）増。所得割率は9・27%で、前期比2・2%の増。国が予定する来年度の診療報酬改定と、19年10月の消費増税の影響額は算定に反映させていない。

葬祭事業や保険料の未収金補塡など、区市町村の一般財源を原資とする4項目の特別対策及び、所得割額の都広域連合独自の軽減は継続する。ただし、特別対策のうち財政安定化基金拠出金については、保険料の伸びが抑えられているとして3期連続で拠出しない考え。区市町村の負担金は前期比10億円増の212億円と試算している。

広域連合は算定案の策定に当たり、これまでは前期の剰余金を計上していなかった。しかし、区市町村側から算定案後に示す最終案で保険料の変更が大きくなった場合、議会からの承認が難しくなるとの声が出たことから、今回の算定案には剰余金見込み額150億円を算入した。

懇談会の委員からは「今後も被保険者の負担を増やさず、維持していくことを考えてほしい」との意見が出された。

広域連合は今後、診療報酬改定の影響などを見込んだ最終案をまとめ、来年1月に開く広域連合議会に、次期保険料率を定める条例改正案を提出する。

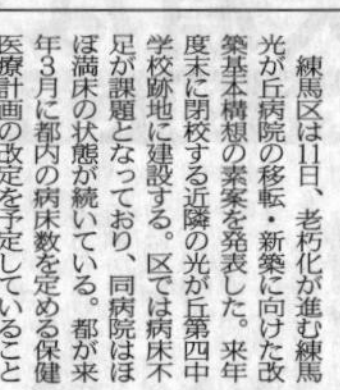

中学校跡地に移転

区が基本構想素案発表

練馬光が丘病院

練馬区は11日、老朽化が進む練馬光が丘病院の移転・新築に向けた改築基本構想の素案を発表した。来年度末に閉校する近隣の光が丘第四中学校跡地に建設する。区では病床不足が課題となっており、同病院はほぼ満床の状態が続いている。都が来年3月に都内の病床数を定める保健医療計画の改定を予定していることから、区は病院移転に併せて約100床の増床を目指す方針だ。

練馬光が丘病院は1986年に建設され、築後31年が経過。そのため配管やボイラーなどの設備インフラの老朽化が著しい上、病室の広さは旧基準で建設しているため、現在の基準の約3分の2しかない。また、過去5年間で入院・外来ともに患者数が増加しており、一般病床はほぼ満床の状況が続いていた。

区の人口10万人当たりの一般・療養病床数は290床で23区ワースト1位で、23区平均のほぼ3分の1にとどまっている。

素案では病院移転に併せて病床数を現行の342床から約100床増の450床とし、区内にある順天堂練馬病院と同規模とした。増床分は、主に地域包括ケア病棟や回復期リハビリステーション病棟など患者の在宅生活復帰を支援する回復期病床とする方針。

病床の必要量などを定めた都地域医療構想では、医療圏ごとに整備すべき病床数を「基準病床」として定めており、基準病床を上回る数の病床がある圏域では原則として、新たな病院の開設や増床を認めていない。練馬区は、板橋・豊島・北区と構成する区西北部2次保健医療圏に属しており、板橋区や北区に大学病院が集中している。練馬区はこの間、都に「地域医療構想の策定に関する要請書」を提出するなど病床数不足を訴えてきた。都は来年3月に病床数を定める保健医療計画の改定を予定しており、区は増床を勝ち取りたい考えだ。

練馬光が丘病院外観。老朽化が進んでいる

練馬光が丘病院は19年3月に閉校する光が丘第四中学校の跡地に移転・整備する。整備費は約187億円で、病院を運営する地域医療振興協会が主体となって整備する。区は200床以上の病床を有する病院向けに整備費を一部助成する制度を設けている。

今回の移転に当たって整備費の2分の1、建設工事費の2分の1または4分の3、工事管理費の2分の1、設備整備費の4分の3を区が支援する。建物は7階建て延べ約3万6千平方㍍。

15年に区民、医療関係者らで組織する「練馬光が丘病院改築に係る基本構想策定懇談会」では、第四中に隣接する旧光丘第七小学校跡地への移転・新築を提言していたが、周辺住環境への影響や地下駐車場設置による建設費の高騰、敷地南側区道上の中央分離帯が車両進入を邪魔するといった課題があり、建設候補地を再検討していた。

2018年度から設計業務に着手し、20年度着工する。22年度に開院する予定。

区地域医療課は「新病院は地域医療の核。老若男女全ての区民に充実した医療を届ける」と話している。

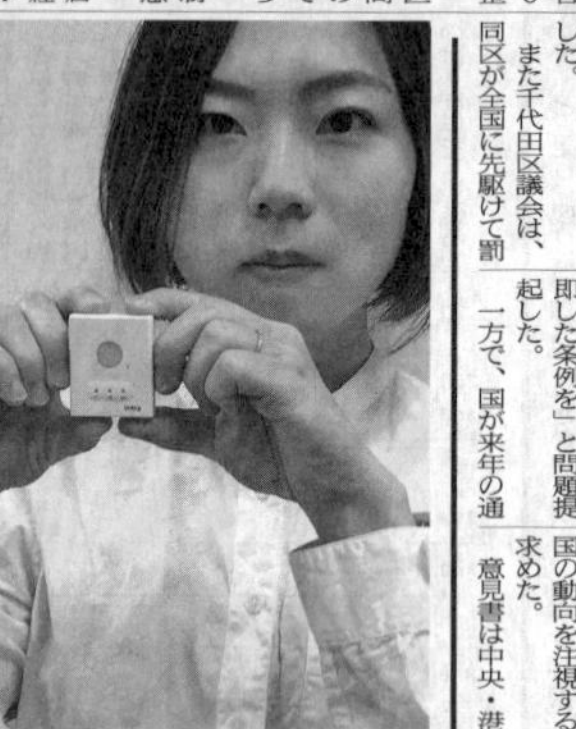

江東区が配布を開始したGPS端末

江東区

徘徊高齢者にGPS貸与

3カ月間で効果お試し

江東区は、認知症高齢者の徘徊を探索するため、GPS端末を3カ月間貸し出す「高齢者おかえりネットワーク事業」を開始した。GPSの登録手数料や利用料金の助成は多くの区で行っているが、区によると「貸し出し型は初」という。端末を実際に使って効果を試してもらうのが狙い。

区が貸し出すGPS端末は縦約4・6㌢、横約3・9㌢、厚さ約1・2㌢。高齢者が靴や杖に付けたり、持ち歩ける大きさで、家族がスマートフォンなどから所在地を確認できる仕組みだ。

GPS端末は、認知症の高齢者が家族の知らない間に外出してしまった時などの安否確認に役立ち、全国の自治体が探索ツールとして採用し始めている。23区では杉並区が2013年4月に初めて見守りケータイ端末の利用料金助成を開始し、各区に広がっている。

一方で現場からは「端末を持たずに外出してしまったり、電池が切れていると探索できない。高齢者に注意して扱ってもらう必要がある」（高齢者在宅支援課）などの課題を指摘する声が上がっていた。

また、IoT技術を活用した見守りサービスの実証実験を行っている渋谷区は「現在の装置は、1週間単位で充電が必要など機器のメンテナンスが多く、利用者の負担になる」と説明し、民間企業と端末の改良を進めている。

こうした課題から、先行して導入した区では高齢者が端末を購入しても使用しなくなるケースが見受けられるため、江東区では民間から機器を借り上げ、申請者に3カ月間、無償で貸し出す方式を採用することとした。

10月25日に貸し出しを始めてから約1カ月半で8件の申請があり、「3カ月の貸し出し期間では短い」「購入費を助成してほしい」などの反響があったという。

また、同区は貸し出しと同時に、登録した個人情報を照会できる番号を身に付けられるアイロンシールの配布を開始。GPSで見つけられなかった場合でも、シールを見かけた区民や警察が徘徊に気付き、保護につなげる狙いだ。

区地域ケア推進課は「GPSの貸し出しを通じて、家族が行政に支援を求めるきっかけとしてほしい。GPSやシールの効果を検証しながら、認知症の総合的な支援につなげていきたい」と話している。

記者席

斬新すぎる地域活性化案

○……都議会で常任委員会のネット中継が実現できそうだと聞き、15年前の総務委員会の質疑を思い出した。

2002年6月20日の総務委で、自民の松本文明氏が「広角カメラを置いて、声を拾って、インターネットで流すことは、技術的にそんなに難しいことなのか、コストとしてべらぼうに高くかかることなのか」と都側に質問。当時の担当部長が「難しいことではない」と答えている。また、松本氏が坂口光治委員長（民主）に対し、同委のネット中継開始を要求し、坂口委員長が「大変いい提案」と応じている。

当時、都庁担当の記者として委員会を傍聴していて、ついにネット中継が始まると興奮したが、15年も過ぎてしまった。これが都議会のスピード感というものなのか。

○……渋谷区での取材を終えて一服しようとすると、渋谷駅周辺の喫煙所はどこも人であふれていた。入り切れずに喫煙所の外で煙を吐き出すサラリーマン。迷惑そうな視線を向けて足早に通り過ぎるOL。次から次に愛煙家が現れるのを横目に、泣く泣くその場を退散した。

屋内全面禁煙となった場合、外の喫煙所に更に多くの人が押し寄せることだろう。周囲を歩く人の受動喫煙リスクも高まることになる。外に締め出された喫煙者の受け皿をどのように確保するか。実効的な対策とするためには、決して煙に巻いてはならない問題だ。

○……多摩市が主催し、若者が市の魅力やシティーセールスの方法を考える「若者会議」が12日に阿部裕行市長に提言書を提出した。メンバーは大学生が中心で、会議では学生らしい率直かつ奇抜な意見も出たようだ。

中でも変わっていたのは、「セミを食用にして多摩市の名物に」というアイデア。自然という地域資源を生かした取り組みの一つとして提案され、発案者は食べ比べやグルメ本の出版まで考えていたという。確かに、中国ではセミを食べているが、日本では斬新すぎたためか最終的にお蔵入りに。とはいえ、役所からは出そうもない意見に刺激になった職員も多いのでは。

世田谷区

後遺症生徒と和解

組み体操事故訴訟

世田谷区立小学校で2014年に起こった組み体操の練習中の転倒事故で後遺症が残ったとして、当時小学6年生だった中学3年生の男子生徒が区と担任教諭を相手取り、約2千万円の損害賠償を求めた訴訟は11日、区が謝罪して賠償金1千万円を支払うことなどで和解が成立した。

事故では、生徒が転倒した際に後頭部を強打し、重い頭痛を引き起こす「脳脊髄液減少症」と診断された。東京地裁の和解勧告では、組み体操を行う場合、研修を受けた教員が安全面に配慮して指導することや、重大な事故が発生した場合、外部の専門家を加えた調査委員会の設置を検討することなどが義務付けられた。区の和解議案は6日に開かれた第4回定例区議会最終本会議で全会一致で可決された。

保坂展人区長は「早期解決を願い、和解を迎えた」とコメントした。

豊島区

スタジオゼロ展開催

アニメ100周年を記念

日本でアニメーションが誕生して100周年に当たる今年。豊島区は12日から西武池袋線椎名町駅の自由通路にある「椎名町駅ギャラリー」で、区ゆかりの漫画家たちが作ったアニメスタジオ「スタジオゼロ」を紹介する展示を開催中だ。

スタジオゼロは鈴木伸一、石ノ森章太郎や藤子・F・不二雄、藤子不二雄Ⓐ、つのだじろうが1963年に設立。後に赤塚不二夫も加わり、マンガ作品のアニメ化などを手掛けた。100周年を記念し、スタジオゼロが手掛けたアニメ作品の場面カットや絵コンテなどを展示している。

かつての椎名町には、日本を代表するマンガ家が暮らした「トキワ荘」があり、マンガ家たちが巣立った2年後にスタジオゼロが設立された。会場では『天才バカボン』や『鉄腕アトム』など12点の懐かしい人気アニメが迎えてくれる。

トキワ荘出身者らが設立したアニメスタジオを紹介

区文化観光課は「展示で個性豊かで様々なエピソードも紹介している」と話し、アニメの地として更に発信したい考え。

展示は来年3月末まで。

中野区

盗撮目的で学校侵入

用務員が7日に逮捕

中野区は11日、男性用務員(44)が勤務先の区立小学校の教室に、盗撮目的でスマートフォンを設置するために立ち入ったとして、7日に建造物侵入の疑いで逮捕されたと発表した。「児童を盗撮する目的だった」などと容疑を認めているという。

児童が7日午前、教室の壁に粘着テープで貼られたスマートフォンを見つけて発覚した。区が用務業務を委託している会社の社員のものであることが判明し、本人も認めたことから校長が警察に通報した。スマートフォンカメラのレンズ部分に穴が開いた掲示物で隠された状態だったという。

区教育委員会は「こうした事案が発生したことは遺憾。事態の把握に努める。カウンセラーなどを派遣しており、最大限の配慮をもって対応する」とコメントしている。

訂正　8日付2面「練馬区　492本の大根引っこ抜き」の記事中でギネスに挑戦した人数は496人の誤りでした。また公式認定証が授与されたのはJA東京あおば代表理事組合長でした。

どうなる？ コミュニティ・スクール

日本大学教授　佐藤　晴雄

4000校に迫る勢い

コミュニティ・スクール（以下、CS）は今年4月1日、3600校にまで増えた。そのうち公立小中学校（義務教育学校を含む）が3398を占め、第Ⅱ期教育振興基本計画が明記した「全公立小・中学校の1割に拡大」という成果指標を達成したことになる。

CSに設置される学校運営協議会は、保護者・地域の意見を反映させるための仕組みとして、①校長が作成した基本方針の承認②教育委員会及び校長に対する学校運営に関する意見の申し出③任命権者に対する当該校の教職員の任用に関する意見の申し出——の三つの権限を持つ。

しかしながら、このうち③「任用意見申出」は、教育委員会や教職員に忌避される傾向があり、結果としてCSの普及にブレーキをかける要因にもなってきた。また、地域連携が活発だから、CSは必要ないという声も多かった。

ところで、筆者はCS第1号の足立区立五反野小学校の運営指導委員長としてその創設に関わり、その後、文部科学省CS企画委員を務めてきた。そうした経験から、CSは教育委員会や学校が懸念すべき制度ではなく、学校や地域の活性化を促す有力なツールであるという確信を持つようになった。そこで、学校運営協議会の権限の在り方を、筆者が研究代表として実施した全国調査（文部科学省受託調査）データの分析から探ることにした。

さとう・はるお＝大阪大学大学院人間科学研究科修了。博士（人間科学）。専門は教育学、生涯学習論、教育経営学。大田区教育委員会社会教育主事、帝京大学助教授などを経て、2006年から日本大学文理学部教育学科教授。著書に『コミュニティ・スクール—地域とともにある学校づくりの実現のために』（エイデル研究所）、『コミュニティ・スクールの全貌』（編著、風間書房。近刊）など。

3権限を生かすタイプが有効

まず、学校運営協議会設置規則のうち3権限全ての規程を持つ自治体の学校を「完全型」とし、3権限に校長への事前意見聴取を義務づけた「制約型」、3権限のうち「任用意見」規程を欠く「欠損型（1欠）」（以下、1欠）、「承認」以外の2権限を欠く「欠損型（2欠）」（以下、2欠）とした。

4タイプの自治体数比率は、「完全型」35・0%、「制約型」31・6%、「1欠」25・7%、「2欠」6・8%となる（2015年8月現在）。

そして、これら4タイプ別に校長のCSに対する成果認識スコアの平均値を求めた。この場合の成果認識とは、特色ある学校づくり、教育課程の改善、教職員の意識改革、学力向上など24項目の回答を数量化したものである（96点満点）。その結果、各タイプの平均値は「完全型」66・2点、「制約型」63・5点、「1欠」64・9点、「2欠」59・8点となり、「完全型」が最高で、「2欠」が最低値を示した。統計的には、「完全型」及び「1欠」は「制約型」及び「2欠」に対して有意に高いことが見いだされた。

次に、校長の自己評価（満足感）を数量化してみた。自己評価に関する項目は、基本方針の理解、委員の協力姿勢など12項目である。分析の結果、「完全型」の得点が最高で、「2欠」が最低値を示すなど、この場合も、「完全型」の優位性に対して、「2欠」の劣位性が見いだされた。

一方、課題認識についてはどうか。議題設定の苦労、委員の意見対立、委員の意見で学校運営が混乱など、課題関係項目の肯定的回答は「2欠」が他の3タイプよりも有意に高い傾向にある。

意見申し出の活発さがカギに

以上の結果から、「完全型」が最も有効で、これに続き、「1欠」や「制約型」が有効で、「2欠」は有効性に劣ることになる。なぜだろうか。

そこで、4タイプの3権限の行使の有無を探ると、「承認」に際して修正意見等が「あった」割合は、「完全型」8・6%、「制約型」5・4%、「1欠」6・4%、「2欠」5・5%となる。教委への学校運営意見が「あった」は、「完全型」15・8%、「制約型」5・3%、「1欠」1・8%、「2欠」5・0%となる。そして、教職員の「任用意見」が「あった」は、「完全型」19・6%、「制約型」3・8%、「1欠」0・8%、「2欠」4・9%である。

これらデータからは、成果認識などで最も高い有効性を示した「完全型」が権限を最もよく行使している様子が読み取れる。ところが、有効性の点で「完全型」に次ぐ「1欠」はむしろ数値が低いことが分かる。そうなると、「1欠」の有効性を説く要因はどこにあるのか。

調査では、校長に対する具体的な意見の内容項目も設定したので、この意見申し出が「あった」の回答を見ると、「1欠」がほとんどの項目で最高値を見せている。例えば、「地域人材活用」に関する意見では、「完全型」が70・0%なのに対して、「1欠」は80・3%となり、「施設・設備に関しては、同じく46・1%に対して後者は61・2%と高くなる。「1欠」は教委よりも校長に対して活発な意見申し出を行い、このことが成果認識等を高める要因になっていると考えられるのである。

学校支援など派生活動も有効性に影響

成果認識を説くもう一つのカギになるのが学校支援活動や学校評価など、権限から派生した任意の活動である。これら派生活動を数多く展開している学校は、校長の成果認識や自己評価が高いという結果が得られたが、派生活動の実施数は「1欠」が最も多く、「制約型」と「2欠」が少ない結果となった。

2015年12月の中教審答申が学校運営協議会と地域学校協働本部との一体的運用を提言した背景には、CSに派生活動を関連付けることの有効性が認識されていたからである。

以上から、学校運営協議会の権限を積極的に活用し、委員が活発に意見を出し合い、かつ派生活動にも意欲的なCSが最も有効性を見せていると言える。また、そうしたCSの校長は今後、その制度の形骸化を認識する者が少ない傾向にある。

なお、ここで取り上げたデータ及びその細かな分析結果は、『コミュニティ・スクールの成果と展望』（ミネルヴァ書房、2017年）に収めてあるので、ご参照いただければ幸いである。

◇

4月1日に施行された地教行法の一部改正により、全ての公立学校がコミュニティ・スクール（CS）になることを目指し、学校運営協議会の設置が努力義務化された。改めて、CS研究の第一人者である佐藤氏に、調査結果を基にその権限の在り方について寄稿してもらった。（編集部）

Tokyo2020の先へ
未来へつなぐ オリパラ教育 18

杉並区立桃井第一小学校

スポーツ志向

「からだ力」向上への取り組み

本校は2017年度東京都オリンピックパラリンピックアワード校を受賞しました。これまでも、都オリンピックパラリンピック教育開発校、同スポーツ教育推進校、杉並区の体力向上センター校として教育活動を進めてきています

この間、スポーツ志向の活動として運動の日常化を積み重ねてきました。

例えば、始業前の時間を利用した「仲良しタイム」では、長縄跳びやマラソン（5分間走）を進めてきました。毎週火・木曜日は朝の準備を済ませたら全校児童が校庭に集まります。クラスごとに練習したり、準備運動をしたり、多くの児童が始まるのを心待ちにしています。音楽に合わせて本校独自の「桃一体操」で準備運動を行い、長縄跳びやマラソンに挑戦します。

長縄5分間八の字跳びでは、区の長縄グランプリに全学年が参加し、それぞれ良い成績を残しています。2年生は512回と新記録も出しました。マラソンでは初めは5分間走り続けるのが難しかった子供たちも、徐々にペースを保って走ることができるようになっています。また、4年生以上は、7時45分からの早朝スポーツで、普段なかなかできない好きなスポーツに取り組んでいます。

このような継続的な取り組みにより、子供たちは運動の楽しさを理解し、運動を身近に感じるようになってきました。休み時間等でも進んで体を動かして遊ぶ子供たちが増えてきたのもこうした取り組みの成果でしょう。

また、オリンピアン・パラリンピアンをゲストティーチャーに迎え、交流を行うことによって子供たちがオリンピック・パラリンピックを肌で感じられるようにもなってきました。

「夢・未来プロジェクト」では、バレーの多治見麻子さん、サッカーの三浦淳寛さんに来ていただき、実践やお話を通して、子供たちに運動の素晴らしさを教えてもらいました。

ロサンゼルスオリンピックの体操で個人総合優勝を成し遂げた具志堅幸司さんには、5・6年生の子供たちに「夢に向かって」と題して、3年連続で講演していただきました。オリンピックまでの道のりから目標の立て方、けがの克服等、これからさらに成長しようとする子供たちに示唆に富んだ話でありました。自らの生き方を子供なりに考える良い機会となりました。

このようなオリパラ教育の取り組みが校内だけでなく地域にもスムーズに浸透することができたのは、本校が進めている健康教育の取り組みが大きいと考えます。

本校では、体力づくりに必要な要素を「運動」「生活」「食」と押さえ、この三つの力を高めていくための実践を試みようと考えました。それを「からだ力」＝図＝と称し、その向上に努めてきました。運動・食・生活の三つのバランスを考えながら高めていくキーワードは、日常化・生活化・習慣化でした。

さらに、この「からだ力」の向上が「生きる力」を育んでいくことにつながり、それが心の成長にも良い影響をもたらすと考えたのです。

10年以上の実践の中で、子供たちは自らの体についての関心を高め、そして体を意識する力をつけてきたと思います。運動での取り組みにより仲間との関わりが深まったり、食への取り組みで家での食事について考えたりすることができるようになってきました。

1日の生活のリズムも改善されてきました。「からだ力」という言葉も子供たちだけでなく保護者・地域にも浸透してきました。

しかし、学校だけで「からだ力」向上はできません。意識改革を子供たちに関わる全ての人が行うことです。教員だけでなく、保護者・地域等のさらなる意識改革です。これに向けてさらに進んでいきたいと思います。

そして、この「からだ力」向上が2020年に開催される東京オリンピック・パラリンピックをより身近なものにできると考えます。

（杉並区立桃井第一小学校統括校長　内田裕司）

運動
○いろいろな運動に親しむ
○運動の日常化
生活
○望ましい生活習慣の確立
○心と体の健康増進
からだ力
中学校との連携
保護者・地域との連携
食
○「食」への興味・関心をもつ
○望ましい食生活の確立
日常化　生活化　習慣化

関東甲信越静性教育研究大会

性教育の今日的課題テーマに

学習指導要領改定や情報社会の中で

「情報化社会における性教育の今日的課題」をテーマに据えて、第27回関東甲信越静性教育研究大会が11月25日、都立晴海総合高校を会場として開催された。

基調講演に立った文部科学省の森良一健康教育調査官は「性に関わる指導の今日的課題」とし、中教審答申や3月に公示された小中学校の学習指導要領を基に解説。集団指導では児童生徒の発達段階を踏まえた指導ができるよう実態を把握し、▽学習指導要領の内容に即して発問や教材等を工夫する▽年間指導計画等を通じて学校全体で共通理解を図る▽授業公開や学年便り等で情報提供するなど保護者や地域の理解を得る——など性に関する指導が適切に実施されるための配慮が重要とした。心身の成長発達には個人差があるため、集団指導と個別指導で教えるべき内容を明確にし、それらを関連させて指導することだとも語った。

森氏は「夢や希望が持てる性に関する指導が望まれる。研修がしにくいこともあるかもしれないが、重要性を感じてこうした研究会が行われていることに敬意を表する」と締めくくった。

記念講演は「1万人を超える犯罪者の心理分析を通して見た現在の性犯罪の動向と対応」と題して、東京未来大学こども心理学部長の出口保行氏が登壇。日本の教員はオールラウンドプレーヤーで、それが治安を守ることに貢献しているが、非行の現状について知る機会は少ない。子供たちを被害者にも加害者にもさせないため、講演のキーワードを誤解（うそ）と本当（対処）とし、法務省で1万人以上の犯罪者を分析してきて得られた知見などを基に語った。

「中学校における性教育の実践」の分科会で

座間の事件ではテレビで解説を求められ、「10億人か100億人に1人いるかどうかの特殊な事件なので、社会不安をあおるようなスタンスなら出ないと話す。社会不安を与えることは絶対にいけない」と啓蒙の必要性を強調。我が国だけの特権で、教員は法適用を裁量でき、日常のけんかなどを通報しなくてもとがめられることはない。それだけに感情疲労は大きいとして、非行の未然防止に「攻める防犯」を確立したという。それには、犯罪や犯罪者理解がキーワードになる。

犯罪には思い込みや誤解が非常に多いという。例として、年少者を狙った性犯罪は午後5時台に公園で起こり、5歳未満の幼児が狙われると多くの人が思っているが、実際は午後3時台で路上で起こり、7歳が最も対象になるという。「下校時が狙われているのに、公園を防犯パトロールしても意味がない」と言い、我が国の刑法犯の認知件数が戦後最低と激減する中、大人の不安が子供の活動制限につながっていると指摘した。

犯罪化させない防犯には、動機形成後からの意思決定と行動化のいずれかのタイミングで歯止めをかけることで、「社会的に絆を持っているかいないかが重要」とした。

会場からは教員の性犯罪について質問があり、「どの集団にもレアな人はいる。未然に防ぐことができるか、日々、議論していくことが大切だと思う」と語った。

分科会で実践報告

分科会は、小中高と特別支援学校の校種別による「性教育の実践」と「性情報の実践と講座」の5テーマを開催した。

中学校における性教育の実践では、清瀬市立清瀬第二中学校の原添さやか主任教諭が「普通の中学生」と題して提案。性同一性障害の診断を受けている男子生徒について、入学から卒業までの3年間の対応を語った。

入学前に保護者から女子の制服を着せて学校に行かせたいと連絡があり、「本人と家族の意向に寄り添う」ことを確認。小学校では自然に周りが適応してくれたが、中学では入学式後に校長が1年生保護者全員に生徒のことを話すことに了解を得て、協力を要請した。クラス編成や座席、入学式の入場や身体計測、トイレ、部活動など、あらゆる対応を迫られた。

原添教諭は「保護者や本人の意思に添えるようにしたが、大丈夫なものと駄目なものをはっきりさせ、特別扱いせずに普通の中学生として指導するようにした。周りが受け入れたことが通学できた要因と思うが、教員側がよく理解しきれずに対応してしまったことがあった。部活では意に沿えなかったが、周りの反応を肌で感じた経験がその後の行動につながったのも事実」と話し、司会の三鷹市立第六中学校の郡吉範校長は「切実な問題のレポートで、とても貴重だ」とした。その生徒は今は都立高校に入学しているという。

総合学科高校には課題研究があり、晴海総合3年生の見郷由佳さんは、LGBTをテーマに取り上げたことから分科会に参加。「13人に1人がLGBTと言われるが、学校の教育の中に取り上げられていない。校内で60人を対象にアンケートしたが、約半数は内容を知らなかった。校外の5人の当事者にもインタビューし、『理解してとは言わないが、同性が好きでも変ではないと教育内容に含めてもらいたい』と語っていた」と言い、アンケートに答えてくれた生徒に理解を促す冊子を作って配るという。将来は看護師や助産師の勉強をして、行く行くは同性間でも子供を持てるよう排卵の研究をしたいと話してくれた。

Essay エッセー 72

スポーツの魅力

忘れられない言葉がある。20代半ば、私は良き仲間に恵まれて、社会人バレーボールクラブチームに所属し、週数回の練習に汗を流していた。チームの目標は、クラブチーム最高峰「クラブカップ」全国大会東京代表の切符である。

現在のバレーボール界と異なり、私の年代はバレーボール花盛り、ミュンヘン五輪金メダルにときめいた仲間が大勢いる時代である。東京都内のクラブチームも数えきれないほど存在した。

ある試合でのこと。我らのサイドアタッカーのスパイクが相手の高いブロックにつかまり、劣勢に立たされた。打てども、打てども抜けず、すかさずタイムアウト。互いに声を掛け合い、士気を高める。「みんなでフォローに入ろう」「思い切っていこうぜ！」

しかし、流れは変わらず、いら立ちを抑えられないスパイクは、やけくそのように打ち放されていた。2度目のタイムアウト。いつも冷静なキャプテンが高揚した声で言った言葉は、今でも忘れられない。

「思い切ってと、やけくそは違うんだぞ！」

チームの思いを背負い、覚悟をもって打ち放つ思い切りのあるスパイク、考えもなく、後のことには責任をもたないやけくそのスパイク…。結果はどうであれ、同じスパイクでも、自分たちがどれだけの思いをもっていることが大切かを彼は伝えたかったのである。

スポーツには、あの時こうしていれば、こうしていたら、という後悔が常について回る。そして、試合をすればするほど、勝つこと・負けることが「必然」と「偶然」の間にあることを知る。

今を進歩させるのであれば、まず、今を受け止めること、思い通りにならないことを受け止めて初めて、その先へ向かうことができる。スポーツの教育的価値はそこにあるのではないか。日本体育協会情報誌のコラムにあった、スポーツの「偶有性」という話は、学校教育にも深く関わっていると共感した。

2020東京オリンピック・パラリンピックに向けて、私はこの2年半の中で、延べ30人を超えるオリンピアン・パラリンピアン、アスリートを千代田小学校に招いた。彼らの動き、表情、パワー、優雅さ、人柄……彼らとのふれあいを通して、子供たちは子供なりに、スポーツの魅力を感じ、笑顔でいっぱいになる。アスリートの華やかな姿の裏側にある、心身ともに厳しい局面や挫折、達成感や感動など語り尽くせない思いを子供たちに伝え切ることはできないが、将来、子供たちがスポーツに身を置いたときに、その思いを少しでも分かってもらえたらと願う。

あと一つというところで、東京代表の切符は「東京教員」という強豪チームによって阻まれ、夢と消えた。その東京教員を前身とするVリーグチームに息子が入団し、今年で8シーズン目を迎えた。これもスポーツがもたらす魅力だと思う。

（千代田区立千代田小学校校長　浅岡寿郎）

教育じてん 96

都における学校の働き方改革について

10月6日号の本欄で、中央教育審議会における教職員の長時間勤務の改善に向けた「緊急提言」の採択について掲載したところですが、都においても「『学校における働き方改革推進プラン（仮称）』中間まとめ」が11月9日の定例教育委員会で報告されました。

このプランでは、学校における働き方改革の目的を、教員一人ひとりの心身の健康保持の実現と、誇りとやりがいをもって職務に従事できる環境を整備することにより、学校教育の質の維持向上を図ることとしています。また、プランの位置付けを、都立学校教員の服務監督権者である都教育委員会の実施計画であるとともに、公立小・中学校教員の服務監督権者である区市町村教育委員会に実施計画の策定を促し、その取り組みを促進することを目指すものとしています。

そして、週当たりの在校時間が60時間を超える、いわゆる「過労死ライン」相当にある教員が多く存在している現状を踏まえ、当面の目標を「週当たりの総在校時間が60時間を超える教員をゼロにする」とし、達成に向けた取り組み方針を①平日は1日当たりの在校時間を11時間以内とする②土日については連続して業務に従事することがないよう、どちらか一方は必ず休養できるようにする——こと示しています。

さらに、この目標の達成に向けて、▽教員一人ひとりが勤務時間を意識するための在校時間の適切な把握や働き方の見直しに向けた意識改革の推進▽教員業務の精選や役割分担の見直しと業務改善の推進▽専門スタッフや外部人材等の活用による組織運営や指導体制の強化▽部活動の在り方の見直し・適正化や顧問教員の負担軽減▽ライフ・ワーク・バランスの実現に向けた環境整備——の五つの取り組みの方向性が示されています。また、学校における働き方改革に対する保護者や地域社会の理解を促進するため、啓発活動を実施することとしています。

子供たちに夢や希望を与える教育を進めるためには、教員が日々笑顔で子供たちに接し、生きることの楽しさや未来への思いを語り継いでいくことが大切です。教員が生活も仕事も共に充実させ人生を輝かせることは、必ずや子供たちに良い影響を与えます。2月に策定される本プランにより、未来を担う子供たちにとって、より良い環境と質の高い教育が東京都において確実に実現されることを望みます。

都春期幹部異動方針

局長・部長級も春期に一本化

勧奨退職抑え異動時期集約

都総務局は13日、幹部人事担当課長会で2018年春期幹部異動方針を各局に通知し、局案作成を依頼した。春期幹部異動は従来、部課長級が中心だったが、来年度以降は勧奨退職を抑え、夏期に行われていた局長級・部長級の異動も春期に一本化する方向。局案の提出は来年1月9日に締め切り、各局ヒアリングは同15～18日まで。内示は3月中下旬、退職発令は3月31日、新任発令は4月1日のスケジュールとなる。

管理職の需給逼迫続く

都幹部異動は従来、部課長級退職者の補充や総務・枢要課長の交代など部課長級を春期に、局長級・部長級を夏期に「二段階」で行っていたが、夏期の勧奨退職を抑え、原則、春期に幹部異動を集約する。管理職の需給が厳しいことから「再任用フルタイム」で勤務してもらうことも前提に、幹部異動の時期を一本化することとした。

例年、幹部異動の局案作成は年明けの幹部人事担当課長会で依頼しているが、異動時期の集約により規模の拡大が想定されるため、作業日程を確保するためにも前倒しで年内に通知した形。

都庁内では「これまで年度末に60歳を迎える幹部はその前年の夏に勧奨退職が行われるのが通例だったが、幹部の外郭団体再就職について検証中であることから、今夏の勧奨退職の規模が抑えられ、再任用も見据えた上で方向性を検討しているのではないか」という見方が出ている。

◇

総務・枢要部長で来年春に在職2年を超えるのは、事務系は港湾局総務部長の1人。技術系は前職からの通算もカウントすると、財務局建築保全部長（建）、都市整備局都市基盤部長（土）、同局都市づくり政策部長（建）、交通局建設工務部長（土）、水道局浄水部長（土）が在職2年以上となる。

総務課長では、政策企画と総務、水道が在職3年。主税、環境、建設、会計管理、青少年・治安対策、中央卸売市場、教育、人事委員会、監査、議会が2年で、計13局が在職2年以上。そのほか、総務局人事部調査課長、同局行政部区政課長、財務局主計部財政課長が在職2年となる。標準的なポストと年次は、総務課長などの本庁統括が16A、19B、20C。

異動の基本的な考え方はこれまでを踏襲し、都政が直面する課題に即応するため、組織力・執行力を強化し、能力・業績だけでなく管理職の人材育成も重視した人事配置を推進する。「2020改革」の取り組みを踏まえ、部下の意識改革を促し、能力発揮を最大化させるよう、組織マネジメントの強化や既存の考え方に捉われない大局的な視点での組織運営を求めている。

一方、五輪やラグビーW杯の準備、実行プランの推進、都政改革などを背景に管理職の逼迫状況は続いており、兼務や事務取扱など、柔軟な配置などにより対応する必要があるとした。

また、在職年数の長期化を図るため、同一ポスト1年未満の職員は異動対象外。都全体としては短期在職での異動は抑える方向で、同一ポスト3年在職も推進する。

局事業に精通する人材の定年退職までの活用と、再任用フルタイム職員で補うことも求めている。再任用フルタイム管理職は現在、行政系（一般管理職）で約114人。

実務的には「業務の引き継ぎが難しくなる」という声があるほか、「これまでは春期にある程度の体制を組みつつ、夏期に補強することもできたが、今後は1年間を見越した異動となるため、各局とも局案を慎重に準備することになるのでは」「不定期異動は簡単にはできないと思うが、体調不良やハラスメントで穴が空いた場合の対応が難しくなる」という声がある。

標準的な配置ポストと年次

区　分	年　次		
出先部長	14A	17B	
本庁統括	16A	19B	20C
本庁課長	22A	25B	20C
出先課長	24A	27B	

IOC調整委員会

被災地復興アピール

「風評被害払拭に意義」

2020年東京五輪の準備状況を監督するIOC調整委員会が11～13日の日程で行われた。12日には公式の夕食会が都内のホテルで開催され、大会組織委員会が東日本大震災の被災3県の食材を使用したメニューを用意。IOC委員らに被災地の復興と風評被害の払拭をアピールした。

レセプションでは、3県のブースを設け、岩手のリンゴや宮城のかまぼこ、福島のニシンの山椒漬けなどが振る舞われ、ジョン・コーツ調整委員長はスピーチの中で「IOCとして復興の手伝いができたのはうれしいこと。福島県では野球・ソフトボール、宮城県ではサッカーの予選、岩手県は聖火リレーと、それぞれエンゲージメントがある」として3県に謝意を示した。

福島県の内堀雅雄知事は記者団の取材に、「被災地への応援の思いや（食材の）品質の高さを改めて認識していただいた。特に福島県には風評被害の払拭にも意義がある」と受け止めを話した。

今回の調整委員会では、特に青海・有明で実施されるスポーツクライミングや3人制バスケットボールなど、「都市型スポーツ」の会場計画について議論。チケットがなくても競技を体験できるスペースを開設する方針を明らかにした。また、コストを削減するため、観客席の一部を立ち見席にする考えも示した。

調整委ではまた、地方会場の準備状況について関係自治体の実務担当者が報告する分科会も初めて設けた。

スタートライン

児童相談所開設に向けて⑤

転居続ける家族のフォローは

「母親からの身体虐待ケースがそちらに転居するのでよろしくお願いします」。隣接する県の市役所から連絡があった。「ただ、母親とうちの市とは非常に関係が悪かったので、こちらから情報が入ったことは伝えないでください。情報提供書はお送りしますので」

結婚、離婚、病歴、相談歴……家族の歴史は個人情報の塊だ。各自治体は個人情報保護条例により個人情報の取り扱いに厳しい制限を設けている。しかし、児童虐待を防止するために必要がある場合には、児童虐待防止法などによる規定が設けられ、本人同意がなくても他の自治体に情報提供ができることになっている。

地域の見守り

様々な実態調査や虐待死亡事例検証報告でも、虐待に至る恐れのある家庭の特徴として、転居の繰り返しが指摘されている。このため、現に虐待を起こした家庭についてだけでなく、乳幼児健診が未受診であるなどの小さなレベルの情報も引き継いでいくことが求められている。

■途切れる支援

転居を繰り返す理由としては、安定的な人間関係を継続することが難しいことが挙げられる。実家との関係が絶縁状態でパートナーが変わったり、仕事が長く続かず、家賃を滞納するなど経済的な理由の場合もある。

児童虐待の予防のためには、子供と家庭を継続的に見守り、支えるネットワーク作りが欠かせない。家庭内を常時、見ていることはできないし、多くのケースを抱える中で毎日、児童相談所や子ども家庭支援センターが家庭訪問することもできない。

このため、地域の民生・児童委員が子供を連れた母親が新しい男性と買い物をする姿を見かけたという情報や、保育所の登園時に声を掛ける保育士が母親を支え、子供の変化に気付くというような、生活の中でのサポートネットワーク作りが大切だ。「誰か」ではなく「誰も」が、その子供と家庭を見守ることができるのは、地域の機関だからできることである。

行政と関係を結ぶことができない家庭でも、その地で長く生活をしていると、濃厚ではないものの緩やかな支援関係が築かれる。しかし、そんなネットワークも転居によって全てが途切れてしまう。「児童虐待した親として見られている」「監視・指導されている」という不信感が大きくなって、過去を知られていない所に転居する親も多い。

虐待死亡事例検証報告でしばしば指摘されるのは、関係機関の情報連携のまずさである。保護者・子供はどのような問題を抱えているのか。過去にどんなことがあったのか――。小さな情報の集積から、家族の姿を描き出さなければならない。児童虐待対応体制の基盤の一つは、情報の集積と共有だ。

重篤な虐待事件を起こした父母が離婚し、親権を持たない親が他の自治体に転居したとする。新しいパートナーと結婚して子供が生まれても、自治体が異なれば過去のリスク情報を把握することはできない。広域自治体はこの点で強みを持っている。

家庭に関する情報で虐待のリスクを把握できる側面もあるが、家族それぞれの抱えている問題や課題、弱さや強さ、人としての歴史的な背景を理解することで、寄り添い、支えることができる。

区が児童相談所を設置するためには都と協議し解決しなければいけない問題が山積している。

児童相談所を設置すれば児童虐待がなくなるわけではない。児童相談所設置に向けて実務を担う人材の確保・育成とともに、児童相談所業務を支える地域のサポート体制や子育て支援サービスも合わせた基盤の整備が求められている。

（葛飾区子ども家庭支援担当係長　坂入健二）

＝おわり

イラスト・豊福まきこ

都産業労働局

企業立地で相談窓口

不動産情報など提供

都産業労働局は、不動産情報を求める企業と不動産業者をマッチングし、自治体の立地支援制度をワンストップで提供する「企業立地相談センター」を14日、中央区日本橋に開設した。

多摩地域などで工場が撤退後、跡地に関する情報をスムーズに提供できていなかったため、都内に立地を希望していた企業が他県に流れてしまったケースや、都として立地に関する企業の相談に十分に対応できていなかったことから、同センターを開設した。

相談員は利用者からヒアリングし、1～2週間を目安に協力事業者向けの専用ページで協力事業者を募る。その後、企業のニーズに応じた物件を紹介し、商談成立を目指す。

㈱URリンケージが運営し、豊富な販売経験を持つ社員が相談員として常駐する。条件に合う土地や建物などの不動産情報のほか、自治体と各地域の不動産業者とも連携し、各自治体の補助金制度などの情報提供も受けられる。英語での対応も行う予定。

現在、同センターでは窓口開設に伴い、事業への協力不動産業者を募集中。現時点で150社程度が登録しているという。

日本医療研究開発大賞を受賞

「抗がん剤開発の先駆け」

都医学研・田中理事長

生物の細胞内でたんぱく質を分解する酵素「プロテアソーム」を発見し、その研究成果が抗がん剤開発の先駆けとなったとして、東京都医学総合研究所の田中啓二理事長が13日、今年創設された「日本医療研究開発大賞（内閣総理大臣賞）」を受賞した。

田中理事長が進めてきたのは、「プロテアソーム」の構造と機能を解明する研究。生物は細胞内にある不要なたんぱく質を恒常的に除去し、新陳代謝で細胞内を浄化することで健康を保っているが、その役割の中心を「プロテアソーム」が担っていることを突き止めた。

「プロテアソーム」が筋萎縮や細胞増殖に関係していることから、その働きを阻害することで、がん細胞を選択的に除去するための薬剤の研究が進められるなど、その後の抗がん剤の開発にもつながっているという。内閣官房は「（田中理事長が）たんぱく質分解を21世紀の生命科学の最重要テーマの一つに押し上げ、ヒトの健康を守る研究へと発展させることに貢献した」としている。高齢化が進む中、たんぱく質の品質管理の破綻を主因として発症するがんやアルツハイマー病、パーキンソン病などの神経変性疾患などが急増し、たんぱく質分解の生理と病態に関する研究の重要性が増していることも背景にある。

日本医療研究開発大賞は医療分野の研究開発や実用化に貢献した功績をたたえるもので、今年は田中理事長のほか、既存薬が効かない結核の治療薬や短時間で臓器を立体画像にする装置など9件の研究が受賞した。

田中理事長は1949年生まれ。徳島大医卒。米ハーバード大医学部研究員、東京都臨床医学総合研究所長などを経て2011年から現職。

輸送機の部品遺失

再発防止など要請

都都市整備局

米軍横田基地所属の輸送機「C－130J」が飛行後、部品の一部を紛失していた上、部品に有害物質が含まれていたとして、都と周辺市町連絡協議会は8日、住民が被害を受けないよう国の責任で対策を取るよう要請した。都市整備局は「人命や環境に関わる重大な事故につながりかねず、多くの住民に不安を与えるものであり、極めて遺憾」（基地対策部）と抗議している。

部品は「フレア」と呼ばれる装備の一部で、約30～33㌢・約130㌘。3日午前0時頃、飛行後の点検時になくなっていることが判明した。同局は横田基地などに対し、部品遺失の原因究明と再発防止、点検整備の強化を求めている。

五輪への航海図 (232)

TOKYO 2020

開催まで　あと952日

NFに聞く 期待と課題③

ボート　拠点を海の森に

会場は海の森水上競技場（東京湾岸）。2千㍍の直線を6杯のボートが競う。1本のオールで漕ぐ「スウィープ」と両舷で計2本の「スカル」に分かれ、選手数による種別がある。例えば漕手8人と舵手（コックス）が乗る「エイト」では選手の息の合った一体感が見どころだ。

ボート会場は一時、長沼ボート場（宮城県登米市）への変更も検討されたが、結果的に海の森に落ち着いた。日本ボート協会は大会後、日本代表チームの強化拠点を海の森に移す意向。国内におけるボート競技の中心地は現在、戸田ボートコース（埼玉県戸田市）だが、同協会によると年間200日程度は競艇が実施されている上、拠点とする団体も多く、非常にタイトな中での日程調整を強いられていた。ボート競技人口の中心的な大学が首都圏に集中しており、同協会は「二大拠点ができる」と歓迎している。

また、都は大会後、同競技場を競技の強化拠点とするだけでなく、「海の森公園（仮称）」などと連携した都民の「憩いの場」として、にぎわい創出を目指しており、同協会の細淵雅邦理事は「海の森公園全体が活性化する中でボートの大会も見ていただければ、競技の普及につながるのでは」と期待する。

ボートは進行方向に背を向けて進む＝同協会提供

ただ、国内では05年、岐阜県の長良川国際レガッタコースで世界ボート選手権が開催された以外に国際大会の経験がないのが課題。屋外競技で天候や風、波などの気象条件に左右されやすい上、新設会場での実施になるため、海の森でテストイベントを実施できるかがポイントになりそうだ。

同協会は19年8月の「世界ジュニア選手権」（19年8月）をテストイベントと位置付けており、細淵理事は「競技の条件を確認し、不都合があれば大会組織委員会と共に、少しずつ修正する必要がある。（施設所有者の）都の協力も不可欠」と語る。

ボート競技は世界的にはメジャーで、リオ大会の参加者数は陸上、水泳、ボートの順で多かった。ただ、日本を含めたアジアにはまだ浸透していないのが現状。日本ボート協会としては、2020年がちょうど100周年に当たり、東京大会を機にボート競技のレガシーを残したい考えだ。

30年度 職員教養講座 23
東京都管理職選考対策

今回は「財政・税務」の論文対策を取り上げます。論文試験の評定は、管理職としての問題意識や政策形成力、論理性、表現力などがポイントとなります。普段から社会情勢や都政を取り巻く環境を押さえながら、管理職としてどう解決を図るのか、その解決策によりどのような効果があるかを具体的に論じます。

そのため、評論家のように見解を論じてしまうと、論文試験をパスできません。管理職として、実現可能な解決策を論理的に述べていくことが問われています。課題の背景など論点整理を行い、採点者を始め、誰もが納得できる論文に仕上げることが求められています。

過去の出題

これまでの出題を見ると、大きく分けて「行財政運営」と「地方税財政制度」から出題されています。内容は次の通りです。

《行財政運営分野》

【平成25年度】

平成25年度東京都予算では、都税収入は増加に転じることが見込まれるものの、リーマンショック直後の平成21年度と同水準にとどまっています。こうした中、都は、首都として国を動かし支えていく原動力となるとともに、東京の輝きを高める取り組みを進めていくため、今後、どのような行財政運営を行っていくべきか、あなたの考えを論じなさい。

【平成26年度】

都では、2020年東京オリンピック・パラリンピックの開催に向けて、東京の魅力を一層高める取り組みを推進していくことが求められていますが、都税収入は3年連続の増加が見込まれるものの、いまだリーマンショック前の水準には達していない状況にあります。こうした中で今後、都は、どのような行財政運営を行っていくべきか、あなたの考えを論じなさい。

【平成27年度】

都は、平成27年度予算で都税収入の4年連続の増加を見込んでいるものの、オリンピック・パラリンピック開催準備に加え、社会保障関係経費や社会資本ストックの維持・更新経費などの財政需要への対応が求められています。今後、必要な財源を確保した行財政運営を着実に推進していくために、どのような取り組みを進めていくべきか、あなたの考えを論じなさい。

【平成28年度】

都は、東京2020オリンピック・パラリンピック競技大会の成功とその先を見据え、財政運営に万全を期すことが求められています。今後、東京が首都・国際都市として更に発展し、日本経済の持続的成長を支えるため、どのような行財政運営を行っていくべきか、あなたの考えを論じなさい。

【平成29年度】

今後の社会保障やインフラの維持更新など、都は膨大な財政需要を抱えており、その財源を負担する都民と共に都政を進めていくことが求められています。財政をはじめとする都政の「見える化」を進めるために都が取り組むべき課題と方策について、あなたの考えを論じなさい。

B事務（財政・税務）論文

《地方税財政制度分野》

【平成25年度】

東日本大震災は、規模・被害ともに想定を超えたものであり、地方自治体は、従来の防災対策を見直し、より災害に強い都市の実現を目指すことが求められています。こうした中で、災害に強い都市づくりを着実に進めるため、都が推進すべき、税制における課税及び政策支援のあり方について、あなたの考えを論じなさい。

【平成26年度】

少子高齢化に伴う労働力人口に大幅な減少が確実視され、また、所得格差が問題となるなど、現行の税制が前提としてきた社会構造が大きく変化してきています。こうした状況を踏まえ、誰もが安心して希望をもって暮らせる社会を構築していくため、今後、地方税制をどのように改革していくべきか、あなたの考えを論じなさい。

【平成27年度】

分権型社会の実現のためには、自主財源としての地方税源の拡充が欠かせませんが、都は、都市の財源を狙い撃ちした偏在是正措置により大きな影響を受けています。地方法人課税の現状の問題点に言及しつつ、これからの地方法人課税のあり方について、あなたの考えを論じなさい。

【平成28年度】

地方自治体が自主的・自立的に行財政運営を推進していくためには、地方の役割に見合った税財源の拡充が必要です。都を取り巻く状況を踏まえ、これからの地方税財政制度のあり方について、あなたの考えを論じなさい。

【平成29年度】

多くの都民が税金について関心を持っている一方で、税制度が複雑であり、税に対する無関心が生まれると感じる都民もいます。納税について都民の納得を得るために、税の賦課徴収をはじめとする税務行政に関して、都が取り組むべき課題と方策について、あなたの考えを論じなさい。

出題傾向と勉強方法

「行財政運営」の分野は、平成29年度が都政の「見える化」という切り口からの回答が求められましたが、定番の出題傾向にのっとったものであり、財政・税務の業務になじみのない方にも予想が立てやすく、準備がしやすかったかもしれません。「地方税財政制度」の分野は、社会情勢や地方税財政の動向に対してタイムリーな出題となっており、普段業務で携わっている人はもちろん、そうでない人にとっても押さえておくべき内容が盛り込まれ、記述試験の時事問題対策と併せて行うことで非常に効果的に準備ができます。

「行財政運営」と「地方税財政制度」の両分野に関して、合格水準の論文を事前に準備することができれば安心です。しかしながら、公私ともに多忙な人が多いと思いますので、自身の得意な分野に絞って勉強を進めた方が効率的な準備が可能です。

論文の準備として、都や国の施策、地方税財政制度の動向についてホームページなどで最新情報を収集し、基礎を固めましょう。分野別に以下の情報を押さえておくとよいでしょう。

《行財政運営》

平成28年度東京都年次財務報告書、平成30年度予算概要（予算案の概要）、予算の執行についての依命通達

《地方税財政制度》

平成30年度国の施策及び予算に対する東京都の提案要求、平成29年度東京都税制調査会答申、平成30年度税制改正の大綱

これらは、記述試験の時事問題を暗記する上でも必要な項目です。また、都政の現状を表すキーワードは、知事の施政方針・所信表明、都のプレス発表資料、各種審議会の答申などからピックアップし、現状認識や解決策を記述するための参考資料となります。

論文の作成

いきなり論文を書こうとしても、なかなか筆が進まないかもしれません。その際は、過去に管理職試験に合格した先輩から合格論文を譲り受け、論文の書き方を研究してください。合格論文のイメージが湧いてくると思います。

論文は書く前に、必ずレジュメを作成するように心掛けましょう。論文の出題意図を把握し、主題を明確にします。現状の問題点を指摘し、その解決策を整理するためのレジュメをまとめましょう。レジュメは、論文の設計図と位置付けられるので、しっかりと作成できなければ、論文の出来も左右します。

管理職試験の論文は、一般的に4章構成となっています。章ごとの留意点があります。

第1章は、目指すべき都政の姿、その現状認識や取り組むべき方向性を300字程度で論述します。論文全体の印象が決定づけられます。なお、設問の趣旨から必要な内容は積極的に盛り込むことで、論文全体の印象が影響を受けます。

第2章は、設問の背景を分析し、現状の課題を三つ提示し、600字程度でまとめます。課題のピックアップは、出題の意図をしっかり踏まえ、都の現状や背景を分析し、問題点を論理的に説明していきます。

第3章は、2章で示した課題の解決策を800字程度で論述します。都の計画や主張の方向性を踏まえ、管理職として実現可能で具体性のある解決策を書き込みましょう。当然、2章で挙げた課題に対応する解決策を示していきますが、その効果を明確にし、説得力を持たせることが重要です。

論文の総括部分である第4章は、これまで示した解決策により都政がどう変わり、将来の都政にどうつながるのかを300字程度でまとめます。第1章との違いを明確にして書き分けてみましょう。

なお、文章はなるべく60字程度の短文でまとめるように心掛けてください。1文が長いと、論点が散漫な印象を与えてしまいます。論文をまとめた後に誤字・脱字のチェックだけでなく、声を出して読み、違和感がないかチェックしましょう。さらに、レジュメを使って問題点と解決策が対応しているか、三つの問題点と解決策に重複がないかなどを確認することを忘れないようにしてください。

添削と再現

論文の添削は、管理職に依頼しましょう。種別Bは分野で分かれているので、身近な管理職が専門外のこともありますが、論理性のチェックなど客観的に添削してもらえるメリットもあります。なお、複数の管理職に添削してもらう場合は、意見が異なることがよくあります。どの意見を反映させるべきか、混乱しないようにしてください。

論文完成後は、試験本番で再現するための準備が必要となります。暗記スタイルは十人十色ですが、完成論文の丸暗記よりも、作成したレジュメの暗記により、論文を再現できるようにした方が良いでしょう。

記述試験と同様に、試験前には必ず手書きでの練習は不可欠です。試験時間である2時間でレジュメを作成し、2千字の文章を書くには、時間的余裕がほとんどありません。試験当日の時間配分は、自身の筆記のスピードから逆算し、あらかじめシミュレーションしておきましょう。

試験当日は、最初に設問の意図を確認し、準備したレジュメで対応可能か、アレンジが必要かを見極めてから記述を始めてください。暗記した内容をそのまま書いてしまうと、的外れな内容を論じてしまう恐れもありますので注意が必要です。

論文試験の勉強は、都政や都政を取り巻く環境に対して現状や課題を分析し、管理職としてどのような解決策を取るべきかを具体的に考えていくことです。これらは管理職に合格した後の業務を遂行する上でも役立ちますので、公私多忙の中、試験勉強の苦労に心が折れそうになることもあるかと思いますが、ぜひ前向きに頑張ってください。

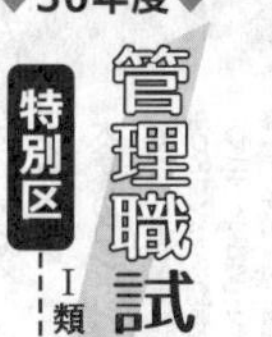

◆30年度◆ 管理職試験講座 ⑥
特別区　I類択一・記述　I・II類論文

今回から4回にわたって、択一式の「行政法」について解説していきます。第1回目の今回は過去の出題の傾向、学習の仕方を紹介し、最後に演習問題を2問出題します。

I類択一　行政法 ①

出題傾向

例年、択一式問題全40問の中で、問題番号21〜36の16問が行政法の分野から出題されています。行政法の問題は、類似性のある問題が繰り返し出題されており、難易度も地方自治法に比べて高くありません。出題数も全体の40%を占めていますので、基礎的な内容をしっかり理解し、得点源と考えて取り組みましょう。

平成25年度以降の出題は別表のとおりです。「行政行為」「行政上の強制・制裁措置」「行政上の損害賠償」「行政事件訴訟」の分野は、毎年複数出題の最頻出分野です。また「行政手続」「行政不服審査法」は毎年1問、これら以外の項目は、ほぼ隔年で1問ずつ出題されています。

出題の内容としては、学説、判例に関する難易度の高い問題も多く出題されますが、問題集に取り組むことで対応可能です。初学者が判例集を読みこなすのは大変ですから、問題を解きながら判例をマスターするといいでしょう。

行政法の学習の仕方

(1)薄い本→問題集が最良

学問としては奥深い行政法ですが、試験対策としては深堀り不要です。問題集を1冊仕上げれば、ほぼ満点を狙えます。とはいえ最初は非常に親しみにくく、厚い基本書を読んでもすぐ眠くなってしまいます。そこで、「薄めのインプット教材でざっと概要を理解し、すぐに問題集を解いて覚えていく」という問題集主体の学習がお勧めです。最初の親しみにくさに反して似たような問題の繰り返しが多いことに気づくことができ、苦手意識もなくなるはずです。

インプット教材としては『1日10分行政法』（都政新報社）が最適です。基本事項解説が簡潔で分かりやすく、最速で必要最小限の知識を習得できます。基礎問題→基本事項解説の順で掲載されており、先に基本事項解説をさっと読んでから問題を解き、再度、解説を読むといいでしょう。いずれにしてもあまりインプット教材に時間をかけず、ある程度理解したらすぐ次のステップに進みましょう。

(2)問題集こそが学習の中心

『実戦150題行政法（第5次改訂版）』（都政新報社）は、行政法で満点を取るのに必要な知識が網羅されています。下手に手を広げず、問題集はこの1冊で必要十分です。

お勧めの解き方は、①見開き右上の「解説」をさっと読む②問題を解く③悩まずすぐ答えを読む——です。ある程度自信がある人は、②→③→①の順でも構いません。

問題を解く際には、薄い色の蛍光ペンを用意し、問題文中、間違えたり少しでも悩んだりした箇所に色を塗っておきます。覚えようとする必要はありません。この方法でとにかく最後までやります。2周目は1周目よりも少し濃い色の蛍光ペンを用意し、1周目で色を塗った箇所に気をつけながら解き進め、また間違えた箇所に濃い色を塗り重ねます。

こうしていくと、苦手な部分がどんどん濃い色に染められていきます。色の濃い問題（苦手問題）を中心に問題集を何度も回しましょう。問題集はとにかく奇麗に使おうとせず、どんどん書き込み、文字どおりボロボロにしてください。

知識習得はこれで万全ですが、試験直前時期に「問題を解く練習をしたい」という場合もあるでしょう。その場合、人事担当課が庁内サーバー上に過去問を公開していることもあるので、それを活用するといいでしょう。どうしても過去問が手に入らなければ、少し古いですが『特別区管理職試験解答集』（都政新報社）などで対応可能です。

(3)条文・判例集

『司法試験&予備試験完全整理択一六法 行政法』（LEC東京リーガルマインド）が手元にあると便利です。司法試験用とうたってありますが、条文・解説・判例が全てコンパクトにまとめられており、難解な判例集を買うよりもお薦めです。

演習問題

今回は、1年おきに出題され、来年度出題可能性の高い「公物」と「行政法の原理」の分野からそれぞれ1問出題します。時間配分に留意しながら回答してください。

【問題 1】

行政法学上の公物に関する記述として、妥当なのはどれか。

① 公物は、動産、不動産を問わず、知的財産権などの無体財産権であっても、住民の利益に供されているものは、これに含まれる。

② 公物は、河川、道路、公園など直接、一般公衆の共同使用に供される公共用物と、官公庁の建物などのように国または地方公共団体自体の使用に供される公用物とに分類される。

③ 公物とは、その所有権の帰属主体を問わず、公の目的に供用されるものを言い、私人が管理する庭園を一般公衆の利用に供した場合、公物に含まれる。

④ 公物は、公共用物または公用物のいずれであっても、行政主体が意思的行為をすることなく事実上その使用を開始することのみをもって成立する。

⑤ 私人が公の目的に供している道路及び空地は、行政主体が権原を取得していなくても、公物である。

【問題 2】

行政法学上の法律による行政の原理に関する記述として、妥当なのは次のどれか。

① 法律の優位の原則とは、行政主体の行う一切の措置は法律に違反するものであってはならず、行政活動が行われるためには、必ず法律の根拠を必要とする原則である。

② 全部留保説とは、行政活動のうち、給付行政や授益的行為であっても、行政が権力的に実施する場合には法律の根拠を必要とするという考えである。

③ 侵害留保説とは、非権力的な給付行政でも、社会国家の理念に基づいて、拘束的かつ公正に活動することが要請される社会保障行政等の分野については、法律の根拠を要するという考えである。

④ 法律の法規創造力の原則とは、法規を創造するのは法律に独占されており、行政権は法律の授権がなければ法規を創造することはできないとする原則である。

⑤ 社会留保説とは、市民に不利益となる権力活動を行う場合にのみ法律の根拠を必要とし、非権力的な給付行政や市民の権利義務に直接関係のない行政活動をする場合には、理論上は法律の根拠を要しないという考えである。

	平成25年度	平成26年度	平成27年度	平成28年度	平成29年度
法源、行政の原理	○法の一般原則	○行政の原理 ○公物	○行政法の法源	○行政の原理 ○公物	○行政法の法源
行政立法、行政計画	○行政立法 ○行政計画	○行政契約	○行政立法 ○行政計画	○行政契約	○行政立法 ○行政計画
行政手続	○申請に対する処分	○不利益処分 ○行政指導	○申請に対する処分	○不利益処分 ○行政指導	○申請に対する処分
行政行為	○行政行為の分類・効力 ○行政行為の取消し ○行政裁量 ○公定力	○行政行為の附款 ○行政行為の撤回 ○特許	○行政行為の効力 ○行政裁量 ○瑕疵の治癒・違法行為の転換	○行政行為の分類 ○行政行為の附款 ○行政行為の撤回	○行政行為の効力 ○行政裁量 ○行政行為の取消し
行政上の強制措置、制裁	○行政刑罰	○即時強制 ○代執行	○義務履行確保 ○代執行	○行政罰 ○代執行	○即時強制 ○行政罰
行政上の賠償・補償	○損失補償 ○国家賠償法	○損失補償 ○公の営造物に係る損害賠償責任	○損失補償 ○国家賠償法	○損失補償 ○国家賠償法	○損失補償 ○国家賠償法
行政上の不服申立て	○不服申立て	○審査請求・再審査請求		○審査請求	○審査請求
行政事件訴訟	○取消訴訟 ○事情判決	○執行停止 ○抗告訴訟	○取消訴訟 ○行政訴訟 ○義務付けの訴え	○執行停止 ○事情判決	○取消訴訟 ○行政訴訟
その他	○行政調査 ○個人情報保護法	○情報公開法	○行政調査 ○行政機関相互の関係	○情報公開法	○行政調査 ○行政機関相互の関係

解説

【解説 1】正答 ②

① 誤り。公物は、動産、不動産を問わないが、有体物であり、知的財産権などの無体財産権は含まれない。

② 正しい。

③ 誤り。前半は正しい。私人が管理している場合は、公物とはいえない。

④ 誤り。人工公物たる公共用物が成立するためには、行政主体の意思的表示（公用開始行為）が必要。

⑤ 誤り。行政主体が権原を有している必要がある。

【解説 2】正答 ④

① 誤り。前半は正しいが、後半は法律の留保の原則の説明である。

② 誤り。これは権力留保説の説明である。

③ 誤り。これは社会留保説の説明である。

④ 正しい。

⑤ 誤り。これは侵害留保説の説明である。

Art・Essay&Opinion　アート・随筆・オピニオン

東京 橋くらべ㉑

紅林 章央

十三社神社神橋

貴重な石造アーチ橋

十三社神社神橋

伊豆七島の新島は石の産地である。島で採れる石は抗火石と呼ばれる。石は軽く、柔らかく、吸音性や耐火性に富んでいることから、建築の内外装材として古くから使われてきた。

この抗火石を用いた2連の石造アーチ橋が、島の十三社神社の本殿前の池に架けられている。神社は島の総鎮守で、新島を開いた事代主命を主神に13柱の神々を祭っている。現在の地に神社が移転されたのは江戸時代初期の慶安年間と伝えられ、橋も江戸時代に架けられたといわれている。

石造アーチ橋は、九州以外ではたいへん珍しい構造である。特に江戸時代というと、東京都では他に後楽園の円月橋しかない。さらに2連のアーチ橋というと、この橋が唯一である。古くからの採石技術がこのようなアーチ橋として結実したのであろうが、どこから技術が伝わったのか謎である。

新島にこんな貴重な橋があることを知る人はまれであろう。ぜひ島の観光資源として活用してもらいたい。

ミニガイド

◇FUKU FES　2017－ふくしま大交流フェスター　▷日時　12月23日(土)(祝)　午前11時～午後5時（入場無料）▷会場　東京国際フォーラム　ホールE▷主催　福島県▷共催　東京都▷協力　東京商工会議所▷内容　中田英寿さんと内堀知事とのスペシャルステージ、野球解説者の鈴木尚広さんと福島ホープス監督の岩村明憲さんとのトークショー、中田英寿さんプロデュースの日本酒Bar「CRAFT SAKE DAY FUKUSHIMA」1日限定オープン、「喜多方ラーメン」「なみえ焼きそば」等のご当地グルメコーナーなど

◇映画『パディントン2』公開記念・東京さくらトラム（都電荒川線）クリスマスイベント in 都電おもいで広場　▷日時　12月24日(日)午前10時～午後1時▷実施場所　荒川電車営業所内都電おもいで広場（東京さくらトラム〈都電荒川線〉「荒川車庫前」下車すぐ）▷内容　当日の来場者先着500人に映画『パディントン2』のオリジナルステッカーをプレゼント。当日参加者の中から抽選で映画オリジナルグッズもしくは都営交通グッズをプレゼント。映画キャラクター『パディントン』撮影会や、とあらん撮影会

◇都立中央図書館リーダー講演会「誰もが楽しく働ける社会を作るための工程表」　▷講師　長谷川眞理子氏（国立大学法人総合研究大学院大学長、行動生態学者、自然人類学者）▷日時　2018年1月27日(土)午後2時～4時▷会場　都立中央図書館4階多目的ホール▷参加費　無料▷募集人数　100人（応募者多数の場合は抽選）▷申し込み〈都立図書館ホームページ〉http://www.library.metro.tokyo.jp〈往復はがき〉①リーダー講演会希望②住所③氏名（ふりがな）④電話番号を記入の上、「〒106－8575　都立中央図書館社会・自然科学担当」宛てに▷申し込み締め切り　2018年1月10日(水)（往復はがきは当日消印有効）

購読料に関するお願い

自動払込ご利用の皆様へ

ゆうちょ銀行の自動払込は3カ月ごとの後払いで振替日は該当する月の20日（土休日と重なる場合は翌営業日）となります。残高不足等で振替が出来ない場合、割引が適用されないことがあります。お客様ご利用の口座残高をもう一度、ご確認いただきますようお願いいたします。

都市のレガシー　五輪開催3都市を巡って 9

ロンドン③

活気あふれる成熟都市に

大会計画とレガシー

これまでロンドンの都市の発展から大会招致につながる流れをみてきたが、最後に大会の会場計画と大会後のOPパークの様子、今後のロンドンの都市開発について見ていく。

なお、ロンドン大会の計画とレガシーについては、既に都庁各局や（一財）自治体国際化協会などの報告も多数存在するため多くは触れないが、大会時の会場配置計画だけ紹介する。

全部で34会場あり、ロンドン市内は三つのクラスターで構成されている

①オリンピックパーク（9競技会場）
②セントラル地区
③テムズ河地区

大会後のロンドン

私は2015年に約15年ぶりにロンドンを訪れた。ミレニアムプロジェクト以降もテムズ川沿いの再開発は継続され、さらに金融街であるシティーには超高層ビルが一気に建設されていて景観の変化に驚いた。

OPパークは、全競技の半数を集積させたシドニーほど会場が集積していないものの、開発規模や工場等の汚染地を地域固有種の保全などに配慮しながら再生させている点は類似している。

一方で違いもあり、大会時はバスケットボールやホッケー会場はフル仮設であったり、水泳場の増設スタンドも仮設であったりとロンドンはシドニーよりも仮設を活用している。

また、シドニーより都心部に近いため4駅がアクセスに利用可能であり、大会前に大型ショッピングモールもオープンできたこと。さらには、大会期間中から大会後の施設運営主体を設立し、大会の熱が冷めやまぬうちに一部を供用開始することができたことなど、シドニーとの立地の違いや失敗を糧に、改善がうまく図られている。

会場配置図

しかし、それでも私が訪れた際、メーンスタジアムや放送センターの建物は、大会から丸3年経っても改修工事中であった。

メーンスタジアムは地元のサッカーチームのホームスタジアムになるのだが、暫定的に2015ラグビーW杯に向けた改修工事を行っていた。

11棟の建物が建設され、1万6500人の選手とオリンピック関係者の宿泊施設となった選手村は、新たな住宅地としての再開発が行われており、「イースト・ビレッジ（East Village）」と名付けられ2800戸の住宅に改装された（内半数が低所得者向けのアフォーダブル住宅に利用）。

セントポール寺院の天蓋からシティー方向

30年までにOPパーク内に計8千戸に及ぶ五つの新しい住宅地が誕生する予定であり、ストラット・フォード駅周辺はタワークレーンが立ち並び、高層住宅をいくつも建設中であった。

しかしパークを中心に、駅に近いニューアム区とは反対エリアであるハックニー区は、ロンドンでも最も貧しい地域の街並みのままで、そのギャップに驚かされ、大規模集中開発の光と影を見たような気がした。

もっともバルセロナやシドニーを考えれば、大会から10年以上経たないと大会開催や再開発の効果は十分には評価できないであろう。

OPパークの出口ハックニー地区

その他のエリアについても少しだけ紹介すると、一時期低迷していたテムズ川下流域のドックランド再開発も景気回復や欧州大陸から優秀な人材がロンドンに移り住み、シティーに次ぐ第二の金融街として確実に成長を遂げている。

13年6月に当時のジョンソン市長は、「2020年へのビジョン―地上で最も偉大な都市―ロンドンの野望」と題する報告書を発表し、今後数十年間で急激な人口増加が予測されるという大きな課題を抱えていることを指摘しつつ、金融、商業、文化・芸術、メディア、教育、科学等の分野での世界の中心地としての地位を強化するべく、様々な施策を実行する必要性があると強調している。

この報告にあるように、大会後も市内の至るところで再開発が行われており、現在600万人の人口が30年までに1千万人にまで膨れ上がるという試算もある。

大会を成功裏に終え、近年IOCの望む持続可能な取り組みとレガシーを重視した成熟都市型の大会モデルを築きあげたロンドン。久しぶりにロンドンを訪れ、大会から3年が経過（既に5年）しても、活気にあふれたロンドンの姿を肌で感じることができた。

（都都市整備局　長谷川昌之）

都政新報

発行所 都政新報社
〒160-0023 東京都新宿区西新宿7-23-1 TSビル
（総務・読者）03-5330-8781
（企画広告）03-5330-8784
（編集）03-5330-8786
（出版）03-5330-8788
（ファクス）03-5330-8808
購読料 月1,730円(税込)
毎週火・金曜日発行 ただし、祝日は休刊
©都政新報社 2017

紙面から

地方消費税見直し
減収は年1000億円に
来年度は偏在是正検討も

2018年度の税制改正大綱が14日に発表され、地方消費税の配分割合が都に不利な形で見直された。都などの大都市が減収になる一方、地方が増収になる構造だ。小池知事は「容認できない」と反発しているが、来年度の税制改正では地方法人課税の見直しによる偏在是正措置を行う方向性が示されており、引き続き都の財源を収奪する流れは続きそうだ。

地方消費税で自民党税調などに要請後、報道陣の取材に応じる小池知事＝1日、都道府県会館で

地方消費税の配分割合の見直しは、総務省案から変更がないまま決着した。現在、税収総額の75%がモノやサービスの「販売額」に応じて配分されているが、50%まで引き下げた上で、「従業員」（7・5%）を廃止する。「販売額」と「従業員」の削減分（32・5%分）を「人口」比率に上乗せし、現在の17・5%から50%に大幅に引き上げる。

見直しは、地方消費税の目的である最終消費地への適切な配分が背景にある。「販売額」を算定する統計データから、商品の県外発送がある百貨店や家電量販店の売り上げなどが除外された。

都主税局は「東京のシェアが高い統計データが取り除かれた。百貨店などの県外発送は一部であるのに、全ての売り上げを除外した。国は明確な説明を行わず、強行した」と批判する。

現在、都の地方消費税額は年間で約6千億円だが、今回の見直しで約1千億円の減になる見込みだ。このうち、都分が500億円、区市町村分が500億円で、360億円の減収になる23区への影響も大きい。減額になっても、都などは引き続き地方交付税の不交付団体に変わりはなく、減収分が補填されない。

一方、見直しによって減収になる都外自治体は、大阪府、広島県、福岡県、北海道と見られる。これらの道府県は交付団体であり、減収分が交付税で穴埋めされることになる。結局、地方消費税の配分割合見直しは、東京の狙い撃ちだったと言える。

さらに今回の税制改正大綱では、地方間で偏在性の高い地方法人課税に関して、消費税を10%に引き上げる際、国税化した法人事業税の一部を地方税に復元することも踏まえ、「税源の偏在を是正する新たな措置を検討する」としている。18年度の税制改正で結論を得るという。

小池知事は15日の記者会見で、更なる都の財源収奪に「断固、反対していく。都議会、他の地方自治体と連携しながら（国と）戦って、正論を展開していきたい」と強調した。

都幹部は「2年前に決着した地方法人課税の見直しを白紙に戻してゼロベースで検討するのか、更なる都の財源を吸い上げるのかよく見えない」と話す。都は今後、国に対して反論していく考えを示している。

国と地方の税収適正化を

【解説】地方消費税の配分割合見直しに関する総務省案が明らかになったのは11月下旬。その後、都が反論書をまとめ、小池知事が自民党税調などに提出したが、時すでに遅く、最終的には総務省案が覆ることはなかった。

また、小池知事が10月の衆院選で希望の党の公約に掲げた消費増税凍結も影響したとの見方がある。東京選出の自民党国会議員は「消費増税凍結で都が消費税を要らないと言っているのに等しい」と指摘する。都が反論を提出する以前の問題として、知事の「戦略ミス」は否めない。

ただ、17年度税制改正大綱には、必要に応じて地方消費税の配分割合を見直すことが盛り込まれており、見直しの方向性は始めからできていた。知事の反論の是非はともかく、「想定内の結果」と見ることもできる。

一方で地方法人課税を巡り、新たな偏在是正措置を検討することが税制改正大綱に盛り込まれたことから、都の財源収奪は今後も続くことになる。都の財源を収奪し地方に配分すれば地方の税収は増えるように見えるが、実際には増収分だけ地方交付税が減額になる。交付金総額が減り、国を利することになる。

現在、国と地方の税収は6対4だが、歳出は4対6と逆転している。このねじれを解消することで地方税収の増額が実現する。都と地方の対立構図を協力関係に変えられるよう、都は地方と協議を重ねることが大きな課題となっている。（石）

都政の東西
広がる温度差

「それこそブラックボックスじゃん」。自民都議の秋田一郎氏の小気味良い野次が飛んだ。11日の都議会都市整備委員会の一コマ。築地再開発を巡り、都が先月選任した2人の専門委員に関し、自民の神林茂氏が厳しく追及した。

神林委員は同専門委員の選任過程を問題視。とりわけ専門委員の一人、小松壽氏は、当時都顧問だった小島敏郎氏が4月に開いた市場業者との意見交換会に参席していたと指摘し、「疑惑を招く人選だ」と批判した。小島氏は同会合で築地市場再整備案、いわゆる「小島私案」を説明したが、小松氏は同私案の作成に関与していたという。

こうした一連の質問に都は「選任に当たっての検討段階の状況は、お答えを差し控える」と答弁。これに対し、秋田氏が絶妙なツッコミを入れたわけだ。

同委員会のお題は「築地再開発検討会議」について。先月開かれた同会合では、複数の委員が市場移転後の築地再開発案を自由な発想で提示した。10月の第1回会合で事務局の都市整備局が明治初期にあった「築地ホテル館」を紹介したこともあってか、委員2人が同ホテル館の復元に言及した。そこでふと、[illegible]な思いがよぎった。「こ[illegible]議論している場合か」と。

市場移転を巡っては、知事周辺が現在地再整備や豊洲種地案などを口外し、市場関係者の分断を招いた。中には強硬な移転反対派もいる。今月11日の都市整備委でも、混乱が続く中での安易な再開発論は関係者の「誇りとプライドを踏みにじる」（共産）、「都政への心証が損なわれる」（民進）との声が相次いだ。都と市場関係者の温度差はいつ埋まるだろうか。

豊洲開場日が決定へ
20日開催の協議会で

都中央卸売市場は18日、都と市場業界団体で構成する「新市場建設協議会」を20日に開催すると発表した。これまで、同協議会は豊洲新市場の開場日を来年10月中旬で合意していたが、20日の協議会で具体的な日程を正式決定する。知事は15日の会見で「業界内で意見がまとまった。感謝を申し上げたい」と謝意を述べた。

築地市場の水産仲卸で構成する最大の団体「東京魚市場卸協同組合」（東卸）が15日に理事会を開き、18日の週に新市場建設協議会を開催することで合意を得た後、都側に連絡したという。

現在、豊洲の開場日として、来年10月11日が最有力候補に挙がっている。この日程で正式決定した場合、開場まで約10カ月しかなく、今後は習熟訓練、トラックの確保など移転準備が大きな課題となる。

都議会4定閉会
自画撮り要求罰則へ
知事提出議案70件を可決

第4回定例都議会が15日、知事提出議案70件を可決し、閉会した。中高生が裸の画像をメールなどで送る「自画撮り」の要求に罰則を設けた都青少年健全育成条例改正案を可決し、来年2月に施行する予定だ。議員提出議案として、固定資産税と都市計画税の軽減措置の継続に関する決議と、介護や看護を理由に議員が本会議を欠席できる会議規則改正案を可決した。

討論では、都民ファーストの会の尾島紘平氏が入札制度改革による公正性や競争性の確保に関して、「一定の成果が出ている」と述べた。また、豊洲新市場の追加対策工事契約の早期成立を要望した。

公明党の齋藤泰宏氏は、市場会計の財政安定化として、築地市場跡地を市場会計から一般会計に移す有償所管換えを行うよう知事に迫った。また、入札監視委員会による入札改革の試行の検証結果を待たずに知事が自ら見直すよう求めた。

共産党の藤田綾子氏は、知事が都議選前に示した築地市場跡地に整備する食のテーマパークを「二つの考え方」と方針転換したことを「都民への背信行為」と非難。豊洲の追加対策工事の随意契約には「ゼネコンの言いなり」と指摘した。

小池知事の政治姿勢を批判したのが自民党の田村利光氏。「市場問題、入札契約制度などの課題に対し、具体的な解決の道筋を示す答弁は一切なく、都政に専念すると言いながら決意や熱意が感じられない」とした。

民進党の宮瀬英治氏も知事の政治姿勢に触れ、「都政の課題が山積している中、知事が都の職員が作った答弁を読むだけでなく、自身の情熱と言葉で説明し、自ら汗をかく姿勢が求められている」と語った。

かがやけTokyoの上田令子氏は、地方消費税配分割合の見直しをはじめとした「東京狙い撃ち」に、「オール東京、オール都議会で力を合わせよう」と訴えた。

入札改革後初の「随契」
豊洲新市場の追加対策工事

豊洲市場の土壌汚染追加対策工事について、小池知事は15日の会見で、契約締結に至っていない残り1件を指名競争入札から随意契約に変更すると表明した。希望1者以下入札中止や予定価格（落札上限額）の事後公表などを柱とする入札制度改革の試行を開始した6月以降、試行対象案件で随意契約を実施するのは初。

対象工事は、2度の入札中止後、先月27日に不調になっていた7街区（水産卸売場棟）の地下ピット床面敷設工事。不調時には、大成建設1者が入札したが、事前公表の予定価格を約1億2千万円超過し、無効となった。

知事は会見で、「契約相手は言えない」と述べたが、念頭に置くのは大成建設と見られる。また知事は、年内の契約締結を目指す意向も示した。

随意契約の手続きは、交渉相手に見積もりを非公表で依頼し、一定の見積もり期間後、見積もり合わせを行う。その後に都が入札経過調書を公表する。今回の規模の工事では制度上、15日以上の見積もり期間を設定することになるが、やむを得ない事情がある場合は5日以内に限って短縮が可能なため、年内に契約締結に至る可能性が高い。

都内議員47人が入党
幹事長代理に西澤氏

立憲民主党都連

立憲民主党都連は14日の常任幹事会で、47人の地方議員の入党を承認した。内訳は都議1人、区議31人、市議14人、町議1人。47人の入党は19日の党本部の常任幹事会で、既に西澤圭太都議が都連幹事長代理に内定している。

西澤氏の立民入党に伴い、都議会民主党の会派名は19日付で都議会民進党・立憲民主党に変更する。

議会棟全面禁煙に「壁」
都議会改革
飲食店など 調整が必須

議会改革の一環で、来年早期に議会棟の全面禁煙を実施することを決定した都議会だが、実施に向けては、議会棟にある飲食店内での禁煙対応など課題が残る。また、都が来年の第1回定例都議会での制定を目指す受動喫煙防止条例の影響を受ける可能性も高い。残されたハードルを越え、都議会は存在感を示せるか。改革の実行力が問われている。

議会棟の禁煙化に向けては、今月7日の議会改革検討委員会直前まで2018年1月1日開始の方向で進めていたが、関係機関との調整などを考慮し、「来年早期」に後退して決着した。だが、都の取り組みに先んじた格好となり、同検討委の委員の一人は「都条例の制定を待つのではなく、自主的に決めたことに意義がある」と成果を強調する。

ただ今後、実行に移すには壁が立ちはだかる。その一つが飲食店の取り扱いだ。

議会棟の飲食店は、1階に1店舗、地下階に4店舗ある。1階が都議会局、地下階は財務局が使用許可を出している都人材支援事業団が契約を締結している。

7日の会合では、自民党の吉原修氏が「議会レストラン（1階）、地下の飲食店街の扱い等も関係機関と調整することが必要」と言及した。

これら飲食店は、1階が分煙、地下階は全4店舗いずれもランチタイム（午前11時～午後1時）を除き喫煙可能となっている。更に1階の飲食店は、契約時に分煙とすることを取り決めており、契約変更となれば、違約金が発生する可能性があるという。ただ、現状では天井が高いため、喫煙席の完全な分離はできておらず、座席による分煙にとどまっている。

一方、地下階の飲食店は喫煙に関する契約事項を特段交わしていない。人材支援事業団は「まだ都議会から連絡は来ていないが、正式に話があれば全面禁煙の方向で調整する」と話す。

都条例の影響も

「都民広場は保育園に面し、喫煙場所は慎重な検討を求める」。7日の会合で民進党の山口拓氏は議会棟の屋外喫煙に関してこう主張した。同保育所には0歳～2歳児の計46人が通っている。他方で、自民の吉原氏は来庁者や傍聴者を配慮し、屋外喫煙所の確保を求めた。

議会棟1階にある屋内喫煙所＝15日

ここで壁となるのが、受動喫煙防止条例の制定を目指す都の動向だ。都が9月に公表した「条例の基本的な考え方」（考え方）では、保育所など児童福祉施設は建物内外を禁煙とする方針を示した。

条例作成中のため、都福祉保健局は「詳細の規定は今の段階では何も言えない」（保健政策部担当者）と述べるが、この「考え方」は原則、法制定に向けた厚生労働省案に準拠しており、条例で規定される可能性は高い。

こうした状況のため、屋外喫煙を巡っては対案が必要となる。都の「考え方」では、議会棟など官公庁施設は屋内禁煙にとどめ、屋外の喫煙は認める方針だった。

この方向性と整合性を取るには、都庁舎と一体的に考えることが解決方法の一つで、議会局も「都条例の動向に応じ、都庁舎と調整する可能性は否定できない」（総務課）と話す。

一方の都庁には現在、屋外に2カ所、第一・二本庁舎内に23カ所の喫煙所がある。都財務局庁舎整備課によると、来庁者や職員など屋外喫煙所を使用する人は多いという。都条例が「考え方」の方針と同様に、官公庁施設は屋内禁煙と規定すれば、屋外に2カ所の喫煙所ではスペースが足りなくなる恐れがある。こうした状況と合わせ、都議会に近い場所に都庁の屋外喫煙所を新設し、都議会の来庁者に使用してもらうことも求められそうだ。

議会棟には現在、地下階を含めて屋内に計5カ所の喫煙所がある。決定通り、来年早期の実施となれば、条例制定を急ぐ都へのメッセージにもなり、具体的な動きに注目が集まる。

◆五輪議連の新体制固まる

都議会の2020年オリンピックを成功させる議員連盟（五輪議連）の総会が15日に開かれ、新会長に公明党の東村邦浩氏が就任した。五輪議連を巡っては、会長が五輪組織委員会理事の事実上の「充て職」のため、先の都議選後に役員選任などで、会派間の調整が難航していた。

他の主な役員は、幹事長が山内晃氏、事務局長は小山有彦氏（いずれも都民ファ）が就任した。

東村新会長は取材陣に「組織委の理事の問題等で短兵急の部分があった。反省のもとに話し合いをし、今日を迎えた」と話した。また同会合では、希望者を募り、来年2月開幕の平昌冬季五輪に私費で視察（2泊3日）することも確認した。

冗句ジョーク

今年一番の都政の明るいニュース、シャンシャンの一般公開日

都知事、都職員「今年も種々がんばったのに、最後は子パンダに全部持って行かれたョ～」

国保料率

千代田、中野が独自視野

来年度統一案見て判断か

来年度から都道府県が保険者に加わる国保制度改革（広域化）に伴い、統一保険料方式を採用する23区のうち千代田、中野の2区が独自保険料率の設定を視野に検討していることが分かった。いずれも来年2月の区長会総会に示される来年度の23区統一基準料率を見た上で判断する考え。23区では11月14日の区長会総会で、来年度も統一保険料を原則とする一方、各区で独自保険料の設定も可能とすることで合意しており、各区が保険料を決める来年の第1回定例区議会に向けてこうした動きが他区でも表面化する可能性がある。

千代田区は、7日に開かれた区議会地域保健福祉委員会で、来年度の保険料に関しては、23区統一基準料率の継続と区独自算定の両にらみで検討する考えを報告した。

同区が採用している今年度の23区統一基準料率は、医療分が所得割率7・47%、均等割額3万8400円、後期高齢者支援分が所得割率1・96%、均等割額が1万1100円。これを基に区が算出した1人当たり年間保険料は17万9228円となっている。

これに対し、都が示した同区の来年度標準保険料率は、医療分が所得割率7・24%、均等割額4万1148円、後期高齢者支援分が所得割率1・96%、均等割額1万1101円。医療分均等割額は今年度比2748円となったが、後期支援分はほぼ同水準で、医療分所得割率は0・23ポイント減となった。これを基に都が試算した1人当たり年間保険料は18万4189円で、区の今年度試算額と比較すると4961円高い額だ。

ただ、都の試算では、負担軽減を目的とした一般財源の法定外繰り入れを算入していない。このため、区の法定外繰り入れの投入額次第では、保険料の増額を大幅に抑えることが可能になる。

区保険年金課では、「都と区の試算を単純に比較することはできない。また、国の診療報酬改定で、都が示す標準保険料率の下振れの可能性もある。現時点で区独自算定を決めているわけではなく、あくまで23区の統一基準保険料率を見た上で判断する」と話しており、来年2月の区長会総会で統一保険料率が示された後、同月中に区国保運営協議会を開き、統一と区独自のいずれかを判断する考え。

一方、中野区は、田中大輔区長が職員に対し、独自保険料の導入に意欲をにじませた。

田中区長は、毎月1日に「区長から職員へのメッセージ」として庁内放送で訓示を行っており、区公式ウェブサイトで公開している。今月1日の訓示では、23区統一保険料に言及。国保料に関し、「各自治体の責任と判断で決めて住民の理解を得るべき」とした上で、「23区だけが護送船団のように統一し続けるのか」と問題提起した。

また、「区長会という任意団体が各自治体の自治において判断すべきことに踏み込んだ決定をするのは好ましくない」と指摘。11月の区長会総会での独自保険料設定の合意に触れ、「区民の負託を受けて区民に責任を持つ自治体としての責任能力を更に磨いていきたい」と導入を示唆した。

国保事務を所管する区保健医療分野では、本紙の取材に対し、「現時点で独自保険料を機関決定したわけではなく、23区の統一保険料が示されてから判断する話」と説明する。

23区では、1959年1月の制度発足以来、「同一所得、同一保険料」の方針の下、統一保険料方式を採用している。しかし、2000年の都区制度改革に伴い、財政調整などを定めていた都調整条例が廃止されたことを受け、統一保険料を原則とする一方で、千代田区が02～06年度、渋谷区が04年度に独自保険料を設定した経緯がある。区長会事務局では、「各区の判断を尊重する方向で合意しており、来年度もこれまで通り統一基準料率を示すに尽きる」と話している。

中野区

区費で任期付教員採用

23区初の短時間勤務に

中野区は14日、来年度から区費で2年間の任期付短時間勤務教員を採用すると発表した。区費による教員採用は過去に杉並区、現在は品川区で行われているが、どちらもフルタイムの勤務で、短時間勤務の教員を採用するのは23区では初の取り組み。教員数を増やすことで指導体制の充実を狙う。

採用人数は33人で、全公立小中学校に1人ずつ配置する。勤務日数は週4日で、担任や部活動の指導は想定していない。区教育委員会によると、小学校に配置する教員は原則として算数のみを担当。中学校の教員は国語、社会、数学、理科、英語、保健体育のいずれかを担当するという。予算は約1億4千万円。

同区は今年度まで、1年契約の臨時職員を学習指導支援員として採用し、各小中学校に配置して授業の補助などを行っているが、教諭ではないため、支援員が単独で授業を受け持つことができない。また、1年ごとに支援員が入れ替わるため、個々の児童・生徒の学習状況に応じた継続的な指導が課題だったという。

区教育委員会は「区費で教員免許を持つ教諭を採用することで、有能な人材を確保し、きめ細やかな指導を推進する」と語った。

一律規制「路上喫煙誘発」

区民集会で都条例に反論

杉並区長

都が屋内全面禁煙を原則とする受動喫煙防止条例の制定を目指す中、杉並区の田中良区長は17日、たばこのルールをテーマとした区民との対話集会を開き、「路上喫煙を誘発する」として都条例による一律規制に改めて反論した。区は対話集会での区長発言を区ホームページで紹介し、区民に広く情報発信する考え。

対話集会には、無作為抽出で選ばれた20代～80代の男女9人が出席。区民からは「飲食店や娯楽施設の店頭で喫煙可能か全面禁煙か表示を徹底すれば、受動喫煙を防ぐことができる」「屋外の方が受動喫煙のリスクが高く、路上喫煙の取り締まりを強化すべき」などの意見が出された。

これを受け、田中区長は都の受動喫煙防止条例に関し、「屋外に喫煙者を締め出すことで、かえって受動喫煙リスクを高めることになる」と指摘。「区の実施計画を都が後押しするのが在るべき姿」と述べた上で、「都が条例で一律に規制するのは愚の骨頂」と反論した。

田中区長は集会後、本紙の取材に応じ、「住民が一律規制ではなく分煙の徹底を求めているのは明らか。既にある屋内喫煙所を撤去する費用の合理性もどう証明するのか。極端なことは人目を引くかもしれないが、合理的な受動喫煙対策には良くない判断」と語った。

都条例を巡っては、官公庁での屋内全面禁煙や、事務処理特例による区保健所を主体とした指導監督体制などに対し、9月15日の区長会総会で田中区長ら数人が「区との協議が行われていない」と反発。都福祉保健局は10月16日の総会で区側に説明するとともに、各区保健所への意見照会を行っている。

区民との意見交換を通じて都条例に反論する田中区長＝17日、区役所本庁舎で

江戸川区

手話言語条例制定へ

都内初　来年1定に提案

江戸川区は、都内初の手話言語条例制定を目指し、来年第1回定例区議会に条例案を提出する。障害者の社会参画促進に向け、障害の有無にかかわらず、コミュニケーションが可能な環境を整備するための理念条例。23区では、千代田区が手話を含む障害者とのコミュニケーションに関する条例を昨年10月に施行しており、2020年パラリンピックを見据え、障害者も暮らしやすい共生社会を形成するための取り組みが広がりつつある。

11月30日の第4回定例区議会本会議で、自民区議からの代表質問に、多田正見区長が条例制定を表明した。区は条例案で、手話で会話ができる環境整備を区の責務と規定する考え。区民や事業者の役割として、施策への協力を呼びかける方針という。

区では、条例制定前から聴覚障害者の支援を推進してきた。11年から23区で初めて、病院に搬送された際のやり取りをサポートするための緊急の手話通訳者派遣を開始した。

また、16年度には手話通訳者の派遣対象を拡大。従来の役所や銀行での手続き、病院の受診など必要最低限の生活支援から、職場の会議や研修などにも広げた。申請数は前年度比約220件増の2154件となった。

区障害者福祉課の加藤麻希子課長は「耳が聞こえない人と会う時、通訳は聞こえない側が用意すべきという風潮がある」と話し、「例えば、外国人と話す時に通訳を連れて行くのと同じように、聴覚障害者と健常者が対等にコミュニケーションを図る動きを広げたい」と話す。

手話言語条例は23区初となるが、同様の取り組みは既に千代田区で始まっている。同区は昨年10月20日に「障害者の意思疎通に関する条例」を施行。手話を含めて、筆談や点字などの方法で障害者とのコミュニケーションを促進させようと、今年度から企業への手話通訳派遣事業費助成を開始した。1回の派遣利用に対して上限5万円で補助するが、12月時点で申し込みはないという。

区障害者福祉課は「障害者との関わりが少ないことが、利用が広まらない一因と考えている。区の条例は在勤・在学者も対象としているのが特徴。区内には大企業が多く、区内の活動を全国的に波及できると期待している。周知活動を広げていきたい」と話す。

区は周知強化策として、来年度から障害者サポーター養成講座を開講。障害者の特性に合わせた対応を学ぶ機会を充実させる。また、パラリンピックを契機に、障害者スポーツを通じて障害者の理解を促進する競技体験イベントなども展開するという。

条例の制定には都も動き出している。昨年4月の障害者差別解消法の施行を受け、合理的配慮を規定する条例の制定を検討している。近く項目案などのパブリックコメントを開始し、来年の第2回定例会に条例案を提出する予定だ。23区の障害福祉課長会では、「都が条例を制定すれば、区も障害理解の取り組みを推進しやすくなる」と、都内全域への波及を期待する声が上がっている。

区は条例によって、手話コミュニケーションの普及を目指している＝15日、江戸川区役所で

自治体政策のススメ

ゼロ・エネルギー住宅事始め

地域エネルギー政策の最前線⑦

環境エネルギー政策研究所所長　飯田　哲也

近年、「ZEH（ゼッチ）」という略称をよく見かけるが、これは「ネット・ゼロ・エネルギー・ハウス」を指す。「20%以上の省エネを満たした上で、太陽光発電等でエネルギーを創出することにより正味でゼロ・エネルギーを目指す住宅」と定義される。

国のエネルギー基本計画でも「2020年までに標準的な新築住宅でZEHを実現」「2030年までに新築住宅の平均でZEHを実現」といった目標が設定されている。現在、設計者やハウスメーカーは誰しもZEHに向けて突き進んでおり、日本でもいよいよゼロ・エネルギー住宅が本格導入される時代に入ったといえよう。

地球環境にも日本や地域のエネルギー自立にも役立ち、光熱費も安価で家計に優しい。急激な温度変化で体調異常をきたすヒートショックもなく、防音効果もあるため騒音に悩まされることなく健康に暮らせる。これに加え、地震等の災害にも強く、住宅としての資産価値も高い。良いことずくめでぜひ普及してほしいものだ。

地方自治体にとっても、ZEHの建築確認という業務はもちろんのこと、こうした高質・低炭素住宅の普及をいかに促していくか、政策の知恵の絞りどころである。

ZEHによって新築住宅の質が高まるのは良いが、ストックはせいぜい年2%しか置き換わらない。世界に誇る「省エネ大国」であるはずの日本で最大の課題は、既存の住宅の8割が「断熱なし」とお寒い限りである既設の住宅と、投資利回りだけで安普請の賃貸住宅である。

特に住宅の窓がお粗末で、窓から冬は暖気の6割が逃げ、夏は7割の熱気が入ってくる。裏を返せば、既築住宅をZEHにすることは無理でも、冬温かく夏涼しくなるリフォームは比較的安価で簡単にできる。新築の2%をゼロにすることも重要だが、ストックの98%を1割省エネすれば5倍の効果が見込める。

こうした幅広く目配りした政策こそ、地方自治体の役割ではないだろうか。

1票差の区議選　異議申し出棄却

葛飾区選管

先月12日に執行した葛飾区議選に1票差で落選した無所属で元職の會田浩貞氏による異議申し出について、区選挙管理委員会は14日、棄却することを決定した。決定書では「開票事務は慎重かつ適正に行われ、違法はない」としている。

区議選では、會田氏と最下位当選した無所属で新人の大森有希子氏との得票差が1票だった。このため、會田氏は11月21日に異議申し出を行い、▽無効票の中に會田氏の有効票がある▽大森氏の有効票に他の候補者の有効票が含まれている疑いがある▽立会人に會田氏の関係者が入っていないため確認が不十分な疑いがある――などとして、大森氏の当選を取り消し、票を数え直すよう求めていた。

区選管は決定書で、立会人の選任が適法に行われたことや、全ての投票を職員が2回以上点検した後、選挙立会人と選挙長が確認していることなどを理由に、「再点検しても選挙結果が変わらない」と結論付けた。

決定に不服がある場合、決定から21日以内に都選管に審査の申し立てができる。會田氏は「支援者と相談し、今後の対応を決めたい」と話している。

◆新宿中央公園にカフェ　新宿区

新宿区は15日、区立新宿中央公園内にカフェなどの民間施設を導入するため、対話型市場調査（マーケットサウンディング）に参加する事業者の募集を開始した。区は2020年東京五輪をめどに同公園内の芝生広場にカフェやレストランなどの設置を計画しており、来年3月9日まで参加事業者を募集し、公園の集客力やブランド力の向上につながる企画を提案してもらう。4月5日からヒアリングを実施し、同月内に調査結果を取りまとめる方針。

記者席

改革の「改」というよりは…

○……2017年を表す漢字に「北」が選ばれた。衆院選後、初めての定例都議会に臨んだ小池知事に対して、各会派から批判が相次ぎ、議場には北風のように強く、寒い風が吹き荒れた。

さて、15日の会見で記者から今年を表す漢字は何かと質問された知事はとっさに「改」と答えた。しかも、改革の「改」だという。知事は改革を進めていると思っているようだが、入札制度改革などが「改悪」との声も都庁内で聞こえてくる。また、「改めて都政に取り組む」と強調し、都政に専念する考えも示した。まだ国政進出を捨てきれていないとの見方もあり、本当に改心したのか見ものだ。

○……IOCとの会合ではしばしば、あいさつにユーモアが入り交じる。今回ネタになったのは、最近結婚したというコーツ調整委員長。公式夕食会では、組織委の森会長が出された料理を引き合いに「みそとクリームチーズという面白いコラボレーションがあった。みそとチーズというわけではないが、素晴らしいカップルができた」と評し、会場は微笑に包まれた。

もう一つは、新たにメンバーに加わった猪熊副知事。名前を英訳するとグリズリーで、森会長は「お名前はちょっと厳しいが、心はとても優しい」と紹介。コーツ氏は「ハーバード大で教育を受けられた方」との認識も披露し、初登場のインパクトは十分だったようだ。

○……JR東京駅の丸の内側駅前広場の再整備が完了したと聞き、先日仕事帰りに寄ってみた。歩行者専用広場として、広く、白く生まれ変わった広場の周辺は、終電近くにもかかわらず観光客や会社員でにぎわっていた。

13日には東京メトロがリニューアル工事を終えた銀座線上野駅をお披露目。文化施設の多い上野に降り立った高揚感を演出するため、石造りの美術館を模した造りを採用した。

いずれも東京五輪に向け、民間事業者が昼夜を問わず奮闘して完成させた力作だ。玄関口の整備が進む一方、新市場や環2の整備はどうか。玄関の先が未完成では来訪者のわくわくする気持ちに水を差してしまう。

東久留米市長選告示

現職、新人の一騎打ち

並木市政に市民の審判

任期満了に伴う東久留米市長選が17日、告示された。届け出順で、財政改革の更なる推進を目指す現職の並木克巳氏（48）＝自民、公明推薦＝と、市議を9期務め、市民の声を市政に反映させることを訴える新人の櫻木善生氏（67）＝社民、共産、自由、市民自治フォーラム推薦＝の一騎打ちとなり、東久留米駅前で第一声をあげた。同市議会の補選も告示され、新人3人が立候補した。開票日はいずれも24日。16日時点の選挙人名簿登録者数は9万7888人。（男性4万7499人　女性5万389人）

■並木陣営

午前11時、並木氏は自身のイメージカラーの黄色の自転車に乗って東久留米駅西口に現れた。駅前には数百人の支援者が詰めかけた。

並木氏は4年間の成果として、財政改革を進めながら市債を削減した上で、待機児童解消策の推進や上の原地区の開発を進めたことなどを強調。

保育所の民営化を進める考えについては、「厳しい財政の下、待機児童や施設の老朽化に対応するための措置」と説明。「自分は民間、市立両方の保育所を利用したことがあるが、どちらも一所懸命保育をしてくれる。全ての市立保育園をすぐになくしてしまうわけではなく、一人でも多くの子供を救うために知恵を絞っている」と民間保育の推進を訴えた。

家庭ごみ有料化に関しては、指定ごみ袋がスーパーなどで欠品になっていることを陳謝した上で、単価が高いとの批判には、環境省が提示しているごみ有料化の手引きや市民アンケートを基に設定したと話し、導入初月の10月は、前年同月比で可燃ごみで10%、不燃ごみで50%削減できたと強調。「ごみの減量と有料化は、日の出町や他の多摩地域の市との約束。単純に値段を下げればいいということではない」と語った。

応援には市議会の自民党や公明党議員のほか、並木心羽村市長など多摩地域の11市長、中川雅治環境相や萩生田光一自民党幹事長代行などがエールを送った。

櫻木善生氏　並木克巳氏

■過去の東久留米市長選の結果

	氏名		推薦	得票
2013年12月22日				（投票率34.55%）
当	並木　克巳	無新	自公	16,024
	草刈智のぶ	無新	共	8,789
	前田　晃平	無新	維	6,958
2009年12月20日				（投票率41.20%）
当	馬場　一彦	無新	民社国	19,716
	並木　克巳	無新	自公	18,252

（四角囲みは推薦政党）

■櫻木陣営

櫻木氏は午後2時、東久留米駅西口で第一声を上げた。擁立した市民グループ「新しい市政を創る会」のメンバーがブルーの上着をはおり、市政の転換を積極的に呼び掛けた。また、閉園が決まっている市立しんかわ保育園の父母会も応援に駆けつけた。

櫻木氏は「地域から憲法を守る。市民参加で憲法9条を守ろう」と数百人の支援者に呼び掛けた。また、しんかわ保育園閉園と民間保育園の積極誘致の見直しを宣言。「並木氏は市立保育園の『民間化』とうたっているが、現状では親や子供に不安を与えるだけ。もっと住民に向き合い議論すべき」と主張した。

ごみ袋の値下げも公約に掲げ、「同じ施設を使っている西東京市や清瀬市より値段が高い。市民の皆さんはごみ減量のために努力を重ねている。これ以上の市民負担はさせられない」と訴えた。

並木氏が成果としている財政改革には、「市役所は民間企業や銀行ではなく、いくらお金を貯めたかが重要ではない。大切なのは歳入と支出のバランスで、市民のニーズに応えることが重要」と批判した。

応援には共産党、市民自治フォーラムの各市議や、社民党の吉田忠智党首、共産党の田村智子副委員長らが顔をそろえた。

問われる行財政改革の是非

【解説】並木氏の4年間の最大の功績は行財政改革の推進だろう。4年間で市の貯金に当たる財政調整基金を18億円増加させ、市債は48億円削減した。一方で市民からは、財政重視で市民の声を聞かない「ワンマン」とする声も聞こえてくる。

大きな争点になっているのが市立保育所の民営化だ。市立保育所の建設・運営では国や都からの補助は出ないが、民間事業者を誘致した場合は補助が見込めるため、市の財政負担の軽減につながる。実際に、来年4月に開設予定の130人規模の民間保育所建設にかかった費用は市の持ち出しで約7400万円だったのに対し、市立保育所を建設した場合は約6億8千万円必要だったという。同市は今後人口減に転じ、税収減も予想されるため、歳出削減は大きな課題だ。

一方で、市議会委員会へ提出された市立保育園の全園廃止計画については、請願に8千人以上の署名が集まった。並木氏は、しんかわ保育園の利用者には直接閉園についての説明は行っておらず、市民の声に積極的に向き合ってきたとは言いがたい側面もある。

10月の衆院選の比例代表では、東久留米市域では自公の保守系と民進、立憲民主、共産などのリベラル系の得票数はともに約2万票と拮抗しており浮動票の行方が注目される。財政改革を重視した並木市政4年間の方針の是非が問われることになる。（篤）

◆市議選候補

市議選の補選には、2人の定員に、いずれも新人で、無所属の体育指導者の細川雅代氏（47）と元会社員の引間太一氏（33）、共産党で党市相談室長の木村龍太氏（30）の3氏が立候補した。

都との連携「多様性」で

利島村長・前田福夫氏に聞く

任期満了に伴い、11月12日に投開票が行われた利島村長選では、現職の前田福夫氏（74）が前職と新人との三つどもえの争いとなった33年ぶりの選挙戦を制した。2期目に臨む前田氏に、1期目に立ち上げた事業の今後や島の課題、都との連携などを聞いた。

まえだ・ふくお　1943年生まれ。都立大学大学院修了。大手電機メーカー研究職を経て、13年に利島村長に無投票で初当選した。趣味は囲碁で、始めてから50年以上。最近はコンピューターソフトとの対戦を楽しんでいる。その他、琴の演奏もたしなむ。

——2期目の当選となります。

最初は継続するつもりはなかったが、立ち上げた事業が多く、それがまだ落ち着いていない状況。最後まで完遂するのが責任。

——1期目で立ち上げた事業と進捗状況は。

利島では安定的な給水が長年の課題で、まずは簡易水道事業の更新を始めた。更新完了までにトータルで約十数億円かかる事業で、年をまたいで進めている最中。また、長年議論されながらも据え置かれていた「汚泥再生処理センター（仮称）」の整備にも着手した。これまで島には浄化槽から出た固形物を処理して無害化する装置がなかったが、今年ようやく工事が始まり来年度に完成する予定。

——災害対策として取り組んでいることは。

非常用電源となる太陽光発電の整備を進めている。例えば、津波で港湾設備などが使用不可能になれば、内地からの重油などの運搬が滞ることになり、備蓄燃料が切れれば停電してしまう。そうなると、給水や役場機能がストップしてしまう。今年度は庁舎の隣接地にある資料館の屋上に整備中であり、引き続き拡充していく。

——今後の課題と、新しく始めたい施策、事業は。

利島はツバキ油の生産量で日本一を競っているが、生産者が高齢化し、後継者もいないので維持するのが難しくなっている。ツバキ林の保全組織を早急に立ち上げなければいけない。また、多額の補修費がかかっているゴミ焼却場の更新も急がなければならない。財政的に余裕がないが、1日も早く始めなければいけない事業。

——他の島しょ部では観光事業に力を入れ始めていますが、利島では。

これまで交通アクセスがよくなかったので、あまり力を入れていなかったが、就航率も良くなり、注力し始める時期にきている。観光に関する委員会が近く答申を出すので、来年度から開始する総合計画に盛り込んで、順次施策を進めていきたい。

——小池知事は島しょ振興に力を入れています。都と連携したいことは。

都の宝島推進委員会などとうまく連携し、観光を加速する材料にしたい。知事に申し上げたいことは、「3つのシティ」の中でも、特に「多様性」を意味するダイバーシティの視野を拡大してもらいたいということ。小さい島には島なりの事情があり、それらに配慮し柔軟な対応をしてもらいたい。都市部と島では規模感が全く違い、都が一律に決めたことではうまくいかないこともある。法律や規則の運用に関しても柔軟性をもって対応してもらいたい。それによって、都市部と島しょの格差は少なくなるだろう。

多摩市

「若者が集まるスポットを」

若者会議が市長に提言

20～30代の若者が市の魅力発信方法を議論するため、多摩市が今年度設置した「多摩市若者会議」が12日、これまでの会議の意見をまとめ、阿部裕行市長に提言書を提出した。

提言書では、若者が集まる場作りとして、「多摩市のために何かしてみたい」と考える若者団体の設立を提案。行政や企業、NPOと協力して商品開発に関わったり、市内イベントを周知することで市を盛り上げながら若者が成長できる街として同市をPRし、若者を集めて市の活気を生み出すとした。若者団体でカフェを立ち上げ、メンバーの活動拠点や市民との触れ合いの場として利用することも提案した。

さらに市に若者を呼び込む策として、公園のベンチや樹木をキャラクター仕様にし、SNS投稿用の「撮影ポイント」とする案や、パルテノン多摩とサンリオキャラクターのコラボレーションなどが挙がった。同市では30歳前後の人口が2015年国勢調査で10年前と比べて1万人以上減少しており、子育て世代の人口を増やすことが課題となっている。

阿部市長は「若者目線の刺激的な意見をもらえて感謝している。提案を受け止めて、市としてもできるところは実現していきたい」と話した。

若者会議は来年度も継続し、今回出された提案を実現するまでの資金集めや運営の方法を議論する予定。

提言書を阿部市長に提出した若者会議メンバー＝12日、多摩市役所

奥多摩へ行こう vol.5

年々身近になる自然

倉戸山で見かけたカモシカ。ときどき視線をそらす姿がかわいい

「先日、軒先に柿を干していたらサルに持って行かれたのよ」。奥多摩駅前にある飲み屋「三好」の美人おかみ・ミヨさんがそう話してくれた。鍵をかけずに家を空ける人も多く、帰ったらサルが居間でくつろいでいた、という話もあるという。

奥多摩では大型の哺乳動物によく出会う。先日、奥多摩湖畔の北側に位置する倉戸山（1169㍍）に登った際も、登り始めてすぐに視線を感じた。マイナーな登山ルートで、他に登山者はいない。すっかり落葉したナラ林を見回すと、木の陰から大きな黒い生き物がこちらをじーっと観察している。カモシカだ。奥多摩の山中ではよく見かけるが、肩高が1㍍程あるやつには初めてお目にかかった。クマよけの鈴を付けているのに動じる気配は全くない。奥多摩の動物は総じて人に慣れている。

特に気をつけなければならないのがクマだ。奥多摩では至るところで、「クマ出没場所」の看板を見かける。実際に会うことはめったにないが、実は数年前、高尾山から縦走した陣馬山で遭遇したことがある。

日も落ちかけたころ、下山していると突然、目の前の道を小さな丸い、フワフワした黒い物体が二つ転がっているのが見えた。得体の知れない動きで、それが小グマだと分かるまで数秒かかった。草むらでガサガサと音がしており、母グマがいるのは明らかだ。一瞬、どうしていいか分からず、来た道を戻ろうか、いや、戻っても道はここしかない、と不思議なくらい動揺した。クマが茂みの中に入った一瞬を見計らい、一目散で下山道を駆け抜けたが、驚いたのは民家まで200㍍程しかなかったこと。このときから、クマよけの鈴は必ず持つようにしている。

自然豊かな奥多摩だが、昔は違ったらしい。「子供のころは山奥でイノシシやシカが出たといって話題になったけどねえ。家の近くまで来るようになったのは最近だよ」と大正生まれのミヨさん。奥多摩では、年を追うごとにどんどん自然が近い存在になっているのも不思議だ。

三鷹市

太陽光発電、注意シール配布

災害時の事故防止図る

三鷹市は太陽光発電の普及と災害時の事故への注意を促すシールの配布を15日から始めた。

同市では再生可能エネルギー活用のために太陽光発電設備の普及を推進しているが、一方で災害発生時に消防隊員が感電したり、設備が落下してけがをしたりする恐れがあった。

作成枚数は1400枚。太陽光発電設備の利用で市から助成を受けている市民や事業者に1千枚を送付。残りの400枚は同市環境政策課の窓口で先着順に配布している。

東京消防庁によると、こうした取り組みは都内で初めてだといい、担当者は「市民や消防隊員の安全のため、郵便受けや玄関など、目立つところに貼ってもらいたい」（環境政策課）と話している。

都建設局・東村山市

東村山駅の新デザイン案

菖蒲、八国山モチーフに

都建設局と東村山市は14日、西武線東村山駅外観の新デザイン案を発表した。同駅の再整備は現在、都が進めている西武線の鉄道を高架化し、踏切を除去する連続立体交差事業の一環として工事を行っている。

駅の東西でデザインが異なり、東口側には名勝に指定されている同市の北山公園の菖蒲の花をモチーフに。西口側は同じく市内にある八国山をデザインした。東村山の自然をイメージできるよう、壁面には木質感ある材料の使用も考慮する。夜間は一部に暖色系の照明を採用し、温かい雰囲気を演出する。同市が募集した市民意見を踏まえ、西武鉄道㈱が案を作成した。

西武線の連続立体交差事業の総事業費は約714億円で、うち9割を都や国、地元自治体が、残り1割を西武鉄道が負担する。工事期間は2024年度まで。

府中市

オーストリアの五輪ホストタウンに

府中市は11日、オーストリアの2020年大会ホストタウンに決まったと発表した。

同市は92年にオーストリアのウィーン市ヘルナルス区と友好都市提携を結んでおり、青少年の相互派遣などを通じて交流を深めてきた。

今後は卓球オーストリア代表チームの事前キャンプの受け入れや代表選手の歓迎セレモニー、学校給食でのオーストリア料理の提供などを実施し、交流を積極的に進める考え。

武蔵野市

新副市長に恩田氏

武蔵野市の新副市長に前都市整備部長の恩田秀樹氏（59）が12日付で就任した。五十嵐修前副市長の任期満了に伴う就任で、任期は4年間。

恩田氏は1958年6月生まれ。82年に千葉大学工学部を卒業し、武蔵野市に入庁。都市整備部住宅対策課長を歴任し、13年4月から都市整備部長を務めてきた。

五輪組織委員会

会場チームへ移行準備

局別の単位から切り替え

五輪組織委員会は2020年の大会に向けて、組織を局単位から競技会場別に再編する。現在は人材管理や放送、競技など機能別に52のファンクショナル・エリア（FA）で分かれて業務を進めているが、大会時には約40の会場別のチームで運営する体制に切り替わるため。組織委では移行を円滑に進めるため、三つのエリア、11の競技会場群ごとに「会場調整チーム」を設置。競技や会場マネジメント、会場整備の担当職員が中心となって準備を進め、移行のモデルとしたい考え。

組織委は最終的には全体調整を行う「メーンオペレーションセンター（MOC）」と、約40の会場チームに編成。会場には「ベニュー・ゼネラル・マネジャー（VGM）」の下、各FAの担当者が張り付く形になる。組織委は約7千～8千人規模の体制となるが、その8～9割は各会場に散らばることになる。

組織委では現在、会場や競技の運営計画、テストイベントなどの業務を進めるため、①ヘリテッジゾーン②ベイゾーン③地方会場――の三つの調整室を立ち上げ、その下に会場群ごとに11人の部長級を配置。52FAのうち、特に会場運営との関連が強い①スポーツ局の「競技」②会場整備局の「会場・インフラ」③大会準備運営第二局の「会場マネジメント」――の3FAなどが中心となって、会場ごとに情報共有・調整を行うチーム体制を構築した。また、テクノロジーやエネルギーなどのFAの早期参加を求める意見も出ている。

各室長には、組織委の次長級を任用。ヘリテッジゾーンは森泰夫次長（日本陸連）、ベイゾーンは永井扶次長（元北海道新聞社）、地方会場は橋詰豪次長（元みずほFG）を充て、11人の部長級は特定のFAに属さない形で調整役を担う。

大会本番では、気象条件による競技の進行など、実務的な判断の大半はMOCではなく、現場に委ねられる見通し。ただ、短時間の遅延で済まず、競技が翌日に順延になる場合など、大会運営全体に影響が出る問題は、MOCによる判断が必要になりそうだ。各会場で判断基準に差が出ると大会全体の運営に支障を来す恐れもあるため、MOCと現場の判断に関する基準を検討中。過去大会では、約9割が現場判断だった。

組織委の幹部は「これまでFAごとに準備を進めていたが、今後は大会時の会場別組織への移行が課題になる。今までは『スポーツ局の競技担当』『第二局の会場マネジメント担当』という形だったが、今後は会場ごとの運営を念頭に情報共有、調整を行う体制を構築し、各自が『アクアティクスセンターの競技担当』『代々木競技場の会場マネジメント担当』というように意識を変えることが必要」と解説する。

会場別チーム体制への移行（イメージ）

スポーツ局	広報局	大会準備運営第一局	大会準備運営第二局	…
競技 …	プレス …	飲食 放送 …	会場運営 …	

↓

メーンオペレーションセンター（MOC）

新国立競技場	アクアティクスセンター	海の森水上競技場	…
競技 放送 プレス …	競技 放送 プレス …	競技 放送 プレス …	

上野動物園 シャンシャンお披露目

一足早くこんにちは

恩賜上野動物園（台東区）のジャイアントパンダの赤ちゃんシャンシャンの一般公開が19日から始まるのを前に、関係者による内覧会が18日に行われた。シャンシャンは朝は木に登ったり竹をくわえたりするなど、活発に動き回っていたが、後半は母子そろってグッスリ。

小池知事は「皆で成長を見守ってきた気がする。これから可愛がっていただければ。シャンシャンが生まれたことで、新しい東京の宝物ができたと思う」と感想を述べた。

シャンシャンは6月に誕生。担当者によると1～3時間ほど活動して2～3時間休むサイクルで生活しているといい、「元気に起きて活動するのも、よく寝るのもパンダが順調に成長している証し」。福田豊園長は「出産前からたくさんのお祝いや励ましの応援をいただいている。多くの人に見ていただき、穏やかな気持ちになってほしい」と話す。

シャンシャンの負担を軽減するため、観覧は当面、抽選で1日2時間半に限定するが、親子のライブ映像をネットで配信する。

都立高校改革

「内向き志向」打破へ

国際化の取り組み加速

都が都立高校改革の一環で国際化の取り組みを強化している。14日には都立高校改革推進計画の次期実施計画の策定を視野に、グローバル教育などに特色のある4校の校長を集め、今年度2回目の都総合教育会議を開催。新たな取り組みの一端が披露された。国際化が急速に進む一方で、若者の「内向き志向」への懸念の声は絶えない。いかにして「使える英語」を獲得し、若者の視野を世界へ向けるか。現場の声を踏まえながら都の模索が続く。

「世界で勝負できる学生を育てていただきたい」。小池知事は14日の会合でこう訴えた。自身もカイロ大学を卒業するなど知事の国際志向は強い。昨年の第3回定例都議会では、「子供の内向き志向打破」を強調した。

一概に「内向き志向」と言っても教育だけが要因ではない。都教育庁は「経済環境やテロの多発など国際情勢の問題などもある」（教育政策課）と分析する。

だが一方で、英語で会話する機会が少ないことも要因の一つだ。英語力の向上を阻む要因として、同庁は英語が母国語の外国人と話す場が少ないことを挙げ、「実際に英語を使用する場になると、内向きになったり恥ずかしがったりし、英語がなかなか出て来なくなる」（国際教育担当）と話す。

こうした二つの「内向き」をいかに打ち破るか。

14日の会合では、いずれも国際化に力を入れる都立高校4校の校長が出席した。中でも都立国際高校は一昨年、海外の大学受験資格を取得できる「国際バカロレア（IB）コース」を開設し、今年度末に初の卒業生が出る。全国の公立高校初の取り組みで、同コースの生徒はオックスフォードやケンブリッジなど海外の名立たる大学進学を目指しているという。

課題の一つが海外の大学進学費用をどう工面するかだ。一般に海外の大学進学費用は2千万円と言われ、多額の奨学金を申請して進学する例も多いという。

また、国際高校の狭野勉校長は、海外大学への進学指導や英語で授業できる教員確保の問題もあると同会合で指摘した。

こうした中、都は来年2月をめどに「グローバル人材育成計画」を策定する予定だ。計画期間は2020年度までで、生徒と教員の英語力、国際交流の三つの観点から目標を設定し、ネイティブ・スピーカーの活用や日常的に英語を使用できる校内環境整備など20施策で構成する。

そのうち都は、外国青年招致事業（JETプログラム）で来日した外国人の採用を既に促進。13年時点で5人だった都立高校への配置を15年度に200人とし、全校に配置した。更に今年度は2人配置を20校増加させるなど、取り組みを強化している。

また英語教員の海外研修も強化。今年度は公立中、高、特別支援学校の教員約100人を海外大学などに3カ月間派遣し、英語教授法の研修や現地の学校を視察するなどした。「異文化理解を考え直した」「英語での授業実践が役立った」など、参加者の手応えは良好だったという。

14日の都教育委員会では、都立高校入試で公立高校としては珍しい英語のスピーキング力を課す方向性が示された。都教育庁に国際教育推進と事業担当から成る「国際班」が新設されて3年目。国際派の知事の下、今後も都立高校の国際化への取り組みは加速しそうだ。

オープンデータ活用 携帯アプリなど募集

都総務局

行政のデータを二次利用可能な形で公開する「オープンデータ」を浸透させ、地域課題の解決につなげようと、都総務局は15日、オープンデータを活用したスマートフォンアプリのコンテストを開催すると発表した。

募集するのは、今年10～11月に台東区と日野市、八丈町の3地域で実施した「アイデアソン」で寄せられたアイデアを実用化したアプリやウェブサービス。各自治体のオープンデータを一つ以上使うことが要件。

募集テーマは▽子育て家族がベビーカーで移動▽誰もが外出先で自分に最適なトイレの発見▽地元の隠れた観光資源を発掘し、個性として発信――の三つ。「アイデアソン」では▽ベビーカーを利用できる店舗をマップで表示▽自分のデータをウェアラブル端末に事前に入力し、緊急度に応じて最適なトイレを発見できる▽観光に関する質問に答える音声返答サービス――などのアイデアが出ている。募集期間は来年3月6日まで。有用性やデータ活用性、独創性、デザイン性などの観点から有識者が審査し、優秀作品を選定する。

同局では「オープンデータの取り組みを推進し、官民連携による地域課題の解決につながれば」（情報通信企画部）と話している。

来館者2万人達成 1月に感謝祭開催

東京スイソミル

（公財）東京都環境公社が運営する水素情報館「東京スイソミル」が来館者2万人を達成した。9日には「来館者2万人達成セレモニー」を開催＝写真。同施設のキャラクターのスイソンも登場する中、影山竹夫理事長より感謝状と記念品が贈呈された。また、記念フォトフレームを制作するワークショップも行われ、親子で楽しむ姿も見えた。

東京スイソミルは東京2020大会でも活用が注目される水素エネルギーに特化した全国初の普及啓発施設で、水素社会の意義、安全性、将来像等について「楽しく、わかりやすく、体感できる施設」をコンセプトに小学生から大人まで連日幅広い層が来館している。

1月13日、14日の2日間は来館者2万人達成を記念して「東京スイソミル感謝祭」と銘打った大規模イベントを開催する。LaQ（ラキュー＝パズルブロック）でつくろう未来のまち、3種類の工作教室、液体窒素やシャボン玉を使用した実験ショー、燃料電池自動車の試乗会（電話による事前申込制）など、スイソミルで人気の企画が満載だ。隣接の江東区環境学習情報館「えこっくる江東」とのコラボスタンプラリーで記念グッズのプレゼントもある。東京都環境公社では「お客様一人ひとりに感謝の気持ちを込めて、子供から大人まで楽しめる魅力的なイベントにしたい」と話している。

生保・損保2社と包括連携協定締結

都政策企画局

都政策企画局は14日、明治安田生命保険相互会社、あいおいニッセイ同和損害保険㈱と「ワイドコラボ協定」を締結した。健康増進や文化・スポーツ振興、地域の安心・安全など、複数の政策分野で包括的・横断的に連携・協力する。

小池知事は「東京の持続的な発展、都民サービスの更なる充実のためにも、ワイドなコラボレーションを期待する」と述べた。

退職後のリアル しくじり都庁OBの教訓 38

本を書く②

関心が狭いと難しい

私の公務員としてのフィールドでもあった労働相談についての経験を書いたものがある。相談に現れる人たちの考え方や、問題の対処の仕方をまとめたもので『労働相談裏事情』（築地書館）という本だ。退職後の食いつなぎを目的に、少し余裕なく書いたものである。

仕事にまつわる思い出や、これまでやってきたことについて書いた自伝的なものであり、思い入れもあって力が入っていたが、マニアックなものになっている。結果はと言うと、こうした分野に関心のある人は決して多くなく、期待に反して売れなかった。

定年後に自分史のような文章をまとめているうちに、「個人史にとどめることなく、出版の機会を得て広く世に問いたい」という思いを抱いて、私に出版の相談をしてくる人が少なくない。しかし、私の経験が示すように、公務員世界の狭い関心だけでの勝負は難しい。

二つ目のドキュメントに、公務員生活の中でヒントを得て書いた一連の本がある。私の処女作ともいえる『セクハラ事件の主役たち』（築地書館）から始まる一連のルポルタージュだ。仕事を通じて見えてきた社会の亀裂に入り込んで取材を重ねた。その後、書いたものには『ホームレスになった―大都会を漂う―』（筑摩文庫）、『壊れる男たち』（岩波新書）、『部下を壊す上司たち』（PHP出版）などがあるが、これらは少し時代の先を行くことを意識して書いたもので、結果的に時代の関心とマッチングするテーマだったということでそこそこ売れた。

三つ目が、公務員だからこそ書けるノウハウ本。公務員としての仕事に関わるものや、その延長線上で得た知識を基に書いたものだ。仕事にのめりこみ、仕事の守備範囲を超えて関心を持ち続けたテーマについて書いている。『セクハラ対策完全マニュアル』（築地書館）、『パワハラとは何か』（岩波ブックレット）、『パワハラ・いじめ職場内解決の実践的手法』（日本法令）などである。硬い本であるだけに堅実な売れ方をする分野で、ホームランにはならないが単打長打を含め、堅実に、しかも長い年月をかけて売れる分野である。

（金子雅臣）

五輪への航海図 233 TOKYO 2020 開催まで あと948日

NFに聞く 期待と課題④

体操

観客に迫力伝える

体操競技は①ゆか、あん馬、鉄棒など器械上の演技を競う「体操競技」②リボンやボールなどを使って芸術性を評価する「新体操」③跳躍の姿勢や難度などを見る「トランポリン」――の三つに大別される。体操競技は通常、男子6種目、女子4種目が行われ、日本は男子団体で5連覇した実績を持つ「お家芸」だ。

躍動感のある体操は間近に見ると迫力十分。ただ、大きな会場では小さく見え、選手の表情などが分かりにくい面がある。このため、競技の「見せ方」について、日本体操協会の遠藤幸一常務理事は「最近の世界大会では大画面で迫力ある動画や顔のアップなどを映し出し、魅力を伝える工夫を凝らしている。その流れを酌む配慮ができれば」。併せて、「テクノロジーも進歩していると思う。例えばスマートフォンの情報提供も活用したい」とイメージを語る。

会場は専用の有明体操競技場（江東区）。11月に建設が本格的に始まり、2019年10月末の完成予定だ。テストイベントは既にIFが19年11月末、「世界トランポリン選手権」を開催することを決定している。これまで、体操競技・新体操については国内で世界選手権を開催した実績があるが、トランポリンは未経験で、体操協会としては会場の規模を含めて確認したい意向だ。20年には技術面のテストを兼ねた体操競技のW杯と新体操の演技会も予定する。

スコットランドで開催された世界選手権＝遠藤常務理事提供

ただ、五輪では体操競技・新体操・トランポリンを並行して進行させるため、スタッフの動きをテストすることも重要になる。そのため20年5月に「アジア体操競技選手権」を招致し、三つの種別を同時にチェックする方針だ。「FIG会長を日本人の渡辺守成氏が務めることも手伝って、体操の準備状況は順調」という。

NFで運営を担当する遠藤氏は、大会組織委員会ではスポーツマネジャーも務めるが、実は父親が64年大会で男子個人総合など三つの金メダルを獲得し、日本の体操競技の礎を築いた遠藤幸雄氏。自身が2020年大会で体操の運営責任者を務めることになり、「運命的なものを感じている」という。「各競技・種目をつなぎ、俯瞰してコーディネートできれば大会全体の成功につながるのでは。組織内の交流の力になれれば」と抱負を語る。

平成30年度▶ 主任試験講座 —13—

合格体験記②

前回に引き続き、平成29年度の主任試験選考に合格した方々の体験記を掲載します。実際の合格者の声を聞き、来年度の試験に向けた準備に役立ててください。

丁寧な事前準備を

主任A　事務

私は、平成28年度の前倒し受験で択一免除となり、29年度の論文試験で主任選考に合格しました。私の受験体験が少しでも皆様の参考となれば幸いです。

まず択一試験対策ですが、地方自治法は『101問シリーズ』、地方公務員法は『実践シリーズ』、その他の科目は主任選考の5年分の過去問を使用し、対策を行いました。5月下旬から問題を解き始め、試験の直前までに3回問題集と過去問を回しました。1週目はとりあえず全ての問題を解いてみて、全ての肢について、自分が理解していれば「○」、知識があいまいなものは「△」、全く知らない事柄なら「×」の印を付けていきました。2週目、3週目は「△」と「×」の肢を中心に解き、効率的な知識の定着を図りました。都政事情については、試験直前に都政新報に連載されていた練習問題を数回解き、ポイントを絞って勉強しました。

次に論文対策ですが、私は職場ものに的を絞って準備論文を書きました。5月ごろから合格者の再現論文を読み、合格する論文の水準や共通して書いてある課題解決の視点を把握するよう努めました。また、6月下旬に準備論文を1本書き、直属の上司に添削をしてもらいました。準備論文の添削と修正を繰り返し、最終的には9月下旬に1本完成しました。準備論文の作成と並行してテーマごとに、①課題②課題を導く事情③課題の原因④具体的な解決策——の4点をまとめたレジュメを作成して、いろいろな問題に対応できるようにしました。

論文試験の直前は、レジュメの内容を覚えるとともに、準備論文を実際に書いてみることで手で書くことに慣れるようにしました。

勉強時間についてですが、択一試験・論文試験のいずれも平日は帰宅後なるべく30分程度勉強し、休日はある程度まとまった時間を確保して勉強するようにしました。自宅で勉強に集中できないときは、図書館等で勉強していました。

今年度から主任選考の出題傾向が変更となり、論文問題では従来よりも長い文章や資料を読み取る必要がありました。受験した感想としては、資料等が多いため問題の分析や答案構成に時間がかかり、時間内に論文を完成させることが難しかったということです。論文試験を突破するためには、最低限論文を完成させることが重要であると思います。限られた時間で説得的な論文を完成させるためにも丁寧な事前準備を行う必要があると感じました。

日々の仕事や家庭等と勉強を両立させることは本当に大変かと思います。しかしながら、毎日少しの時間であっても、頑張って継続して勉強することで成果が確実に身に着いてくると思います。また、主任選考の勉強を通して習得した知識や文章作成能力は自分自身、日々の仕事に役立っていると感じています。皆さんが主任選考に合格できることを祈念しています。

最後まで粘り強く

主任A　技術

私は、平成28年度の前倒し受験で択一免除となり、29年度の論文試験で主任選考に合格しました。私の勉強方法を紹介させていただきます。

○択一試験について

択一試験対策では、主に「局の研修資料」「職員ハンドブック」「都政新報」を活用しました。

対策を始めたのは、7月上旬ごろからです。週末を利用して、局研修で配布された10年分の過去問を3回解きました。間違った箇所は、職員ハンドブックと照らし合わせ、マーカーを引いて確認することで、知識と出題傾向を身に着けました。

択一試験で最も苦労したのは、都政事情の分野です。参考にしたのは、都政新報の対策講座です。都政新報に掲載されていた練習問題を解くことで、問題の出題傾向をつかみ、局研修で配布された政策集等を見直しました。

○論文試験について

論文試験対策では、「局の研修資料」「職場の勉強会」「都政新報」を活用しました。

論文は、自分1人だとなかなか進まないと思い、職場での勉強会に参加しました。勉強会では、本番までに模擬試験を含め、3本の完成論文を書くスケジュールでした。私は、課題のテーマを「職場もの」に絞り、6月下旬に1本目を書き、添削を受けました。初めはどう書いてよいか分からず、過去の合格論文と都政新報の記事を参考に、自分の考えと似ている文章を見つけ、引用しながら作成しました。勉強会では、一つの論文について、2人の上司からの添削指導を受けることができ、複数回にわたる修正を重ね、完成論文を書き上げました。その後、7月下旬から2本目の論文作成と添削、8月下旬に模擬試験に参加しました。

模擬試験では、実際に手書きすることで時間配分や誤字脱字に気付くことができ、非常に有意義であったと感じています。また、完成論文を2～3本用意し、レジュメの形にして覚えておかないと、時間内に書き上げることは難しいと実感しました。

論文作成で最も気を付けた点は、「誰が・何をするのかを具体的かつ丁寧に論述すること」「設問1の課題と設問2の考えが対応していること」の2点です。何度か添削を受けることで、他人が読んでも分かりやすい文章を意識して書くようになり、論文作成の方法を身に着けることができたと感じています。

9月上旬ごろから作成した論文を覚え始め、本番では出題テーマに沿った形でアレンジして書きました。

択一試験、論文試験とも文章をよく読み考えていると時間が足りませんでしたが、最後まで諦めず粘ることで、合格に近付くような気がします。また、合格できたのは、論文添削等で職場の方の支援があったからだと思います。日々の業務と勉強の両立は大変だと思いますが、皆さんの合格を祈念しています。

平成30年度 13 カレントトピックス

経済事情

■1月の電気料金を7社が値上げ（11月29日）

電力大手10社と都市ガス大手4社は11月29日、原燃料費調整制度に基づく2018年1月の料金を発表した。

原燃料費調整制度は、発電に使う原油、液化天然ガス、石油といった原燃料の価格が為替レート、市場の動きなどに変動するため、3カ月ごとに月々の電気料金に反映させる制度。18年1月の料金は、17年8月から10月までに輸入された原燃料の平均価格から算出する。

石炭・原油の輸入価格の上昇に伴い、これらを燃料とする火力の発電比率が高い電力会社を中心に、電力7社が値上げする。標準家庭1カ月の料金でみると値上げ幅は、沖縄電力57円、北海道電力43円、中国電力31円、北陸電力及び四国電力29円、東北電力11円、九州電力10円となった。値下げは中部電力13円、関西電力5円。東京電力は6650円で増減なし。

一方、天然ガス価格は低下したため、都市ガス大手は全社が値下げする。値下げ幅は、東邦ガス19円、大阪ガス18円、西部ガス12円。東京ガスは15円値下げし、4614円となる。

■OPECが9カ月の減産延長を決定（11月30日）

石油輸出国機構（OPEC）は11月30日、ウィーンの本部で総会を開き、2018年3月までを期限としてきた原油の減産を9カ月再延長することを決定した。

OPECは、石油価格の上昇を目指し、昨年の総会で8年ぶりに減産で合意。OPEC加盟国が1日当たり約120万バレル、非加盟国約60万バレルの計約180万バレルとする現状をそれぞれ維持する。

減産の背景には一時、国際的な原油取引の指標となるWTIの先物価格が、1バレル当たり20ドル台にまで落ち込んだことがある。昨年にはOPECの減産合意後、ロシアなどの非加盟国も同意し、今年1月から減産を実施していた。

減産により、最近では1バレル当たり50ドル台で推移している。減産を中止すれば、再び値崩れする懸念があると判断したとみられる。

しかしながら、合意に加わっていない米国のシェールオイルの生産は増加している。減産を続けると更なる増産につながる可能性もあるため、引き続き難しい判断が続く見込みだ。

■有効求人倍率が43年9カ月ぶり水準（12月1日）

厚生労働省は1日、10月分の一般職業紹介状況を公表した。

10月の有効求人倍率（季節調整値）は1・55倍となり、9月より0・03ポ上昇した。これは、高度経済成長期に当たる1974年1月以来、43年9カ月ぶりの高水準である。

新規求人は、前年同月比7・1%増となった。好調を維持する製造業の12・8%増、情報通信業の9・3%増のほか、医療・福祉7・9%増、運輸業・郵便業7・3%増と、慢性的な人手不足に直面する業種も大きく伸びた。

総務省では同日、10月分の労働力調査（基本集計）・家計調査報告を公表した。

10月の完全失業率は9月と同様の2・8%、完全失業者は181万人と前年同月に比べ14万人減少した。働く意思があり、選ばなければ職に就くことができる完全雇用の状態といえる。しかし家計調査報告によると、2人以上世帯の1世帯当たりの消費支出は、前年同月並みの28万2872円となっている。失業率は低水準であるものの、消費の回復に結び付いているとは言い難い状況が続いている。

平成30年度 主任・係長 論文講座 13

課題整理（職場）②

都主任選考

2回目となる今回は、「職場に関する出題」の（1）における課題整理の方法について解説していきます。

平成29年度の試験問題を基に、どのように構成を練り、論述していけばよいかを考えていきましょう（出題内容は人事委員会の掲示板に掲載されています）。

なお、前回の記事で説明した通り、平成29年度の試験問題から問いの形式が大きく変わりましたのでご注意ください。

問題点を列挙する

問題を読んだら、まずは、思いつくまま、事例及び資料から読み取れる事例の職場の問題点を列挙してみましょう。ここではラフなメモ書きでかまいません。これを行っておくことで、次の課題整理の作業が楽になります。

・民間事業者からの問い合わせが殺到している。（事例）

・民間事業者からの問い合わせに対応しきれていない。（資料4）

・民間事業者から苦情が寄せられている。（事例及び資料4）

・問い合わせへの対応に追われ、職員の負担が増えている。（事例及び資料3）

・ホームページの掲載内容（ダウンロード方法やマニュアル）が分かりにくい。（資料4）

・H主事が問い合わせへの対応に苦慮している。（事例及び資料4）

・H主事が分かりやすい説明をできていない。（資料4）

・H主事がG課長代理と異なる説明をしている。（資料4）

・H主事が自信をなくしている。（事例）

・H主事が一人で抱え込んでいるように見受けられる。（事例）

・H主事との直接的なコミュニケーションが不足している（事例）

・B部との連携状況が不明（事例）

・B部が所管する内容に関する問い合わせにも対応している。（資料1及び資料4）

・4月第2週時点での登録数が受付数の4割程度にとどまっている。（資料3）

課題の整理方法

次に、課題の整理を行います。

列挙した問題点を分析・分類し、複数の問題点に共通する課題を抽出していきます。

課題を整理する上では、どのような切り口から分析するかを事前に頭に入れておくと、思考が整理しやすくなります。例えば、次のような切り口があります。

・組織体制上の課題（事務分担に課題がある場合）

・進行管理上の問題（業務に遅れが生じている場合）

・職場内のルールや仕組みに関する課題（事務処理体制が非効率な場合）

・職員の指導や育成に関する課題（問題のある職員がいる場合）

・情報共有や職場内コミュニケーションに関する課題（情報共有等が不十分な場合）

・情報発信や対外的コミュニケーションに関する課題（対外的な問題が生じている場合）

このような切り口を用いて事例を分析すると、下表のように職場の問題点を整理できます。

このようにして事例の職場の問題点を整理・分類した上で、「何が足りていないから問題が生じているのか」「何を実現すれば問題が解決するのか」といった観点から、各問題点を分析していきましょう。「切り口からの分析→問題点の整理・分類→課題の抽出」という道筋を通ることにより、課題が見つけやすくなります。

下表では右の欄に抽出した課題を記載しています。

たくさんの課題を思いついた場合には、職場にとってどの課題がより重要なのかを検討し、取捨選択してください。

課題の内容が重複している場合には、うまく包括できる表現がないか考えてみましょう。例えば、上の事例では、「H主事への指導」と「H主事に対するフォロー」を包括して「H主事の育成」としています。

	職場の問題点（現象）	課　題
情報発信に関する課題	民間事業者からの問い合わせの殺到 問い合わせの増加による職員への負担増 ホームページの掲載内容が分かりにくい	分かりやすい情報発信 丁寧な窓口対応
対外的コミュニケーションに関する課題	問い合わせに対応しきれていない 民間事業者からの苦情の発生 H主事が分かりやすい説明をできていない H主事がG課長代理と異なる説明をしている	
組織体制上の課題	B部との連携状況が不明 B部が所管する内容に関する問い合わせにも対応している	B部との連携
職員の指導や育成に関する課題	H主事が問い合わせへの対応に苦慮している H主事が分かりやすい説明をできていない H主事が自信をなくしている	H主事の育成 （指導やフォロー）
情報共有や職場内コミュニケーションに関する課題	H主事がG課長代理と異なる説明をしている H主事が一人で抱え込んでいるように見受けられる H主事との直接的なコミュニケーションが不足している	
進行管理上の課題	4月第2週時点での登録数が受付数の4割程度にとどまっている	進行管理の徹底

課題を整理する上での注意点

課題を整理するに当たっては、次の点に気をつけてください。

第一に、抽出する課題は、事例及び資料からその根拠が読み取れる内容にしてください。設問から読み取れない課題を無理やり抽出している場合には減点対象となります。

第二に、抽出した課題が問いに対する解答になっているかをよく確認してください。平成29年度の試験問題には、「業務を効率的かつ円滑に進めていく上での課題」とありますから、それ以外の課題を書いた場合には減点対象となります。

第三に、全体としてバランスのとれた解答となるように心掛け、重要な要素が抜け落ちないように気をつけてください。例えば、今回取り上げた事例では、H主事に関係する課題や事業者の苦情に関係する課題が記述されていなければ、減点される可能性があります。

なお、今回の記事では省略していますが、試験本番では課題を抽出する段階で（2）の解決策の内容を同時に考えた方がよいでしょう。これについては次回、解説します。

論述する際のポイント

課題が抽出できたら、解答用紙に記述していきます。論述のパターンはあらかじめ決めておきましょう。ここでは、最もシンプルな論述方法を紹介します（次の解答例を併せて参照してください）。

各課題について、まず1文でその内容を明確に述べます。その上で、事例や資料のどの部分からその課題が読み取れるのかという根拠や、なぜその課題が重要だと考えたかという理由を説明していきます。「資料○によれば」といったような表現を用いて根拠を述べ、事例や資料を十分に分析した上で課題を抽出していることを示すとよいでしょう。

実際に書いてみると、300字以上500字程度という字数はかなり少ないと感じる人が多いのではないでしょうか。そこで、ポイントを絞って簡潔に論述する必要があります。最初は長くなってしまう人が多いと思いますが、無駄な表現を省き、読み手に伝わりやすい文章を書けるよう練習を積みましょう。

解答例

本事例の職場において業務を効率的かつ円滑に進めていく上での課題は次の3点である。

第一に、民間事業者に対する分かりやすい情報発信や丁寧な説明の徹底である。資料4から、問い合わせや苦情が増加している主な原因は、ホームページの掲載内容や窓口での説明が分かりにくいことであると読み取れる。F事業所の業務を円滑に遂行するためには地域の事業者からの信頼と協力が不可欠であり、こうした状況を早急に改善しなければならない。

第二に、B部との連携体制の強化である。資料4から、報告書様式のダウンロード方法など、ホームページ作成を担当しているB部が対応すべきと思われる問い合わせが数多くF事業所に寄せられていることが分かる。そこで、問い合わせが殺到している状況をB部に伝え、ホームページの改善や問い合わせへの対応体制について協議するなど、連携を図る必要がある。

第三に、H主事の育成である。H主事がG課長代理と異なる説明をしたことにより事業者から苦情が出ており、また、本人もうまく対応できずに自信をなくしてしまっている。限られた人員で円滑に業務を運営するためには、H主事への指導やフォローを強化し、一人前の戦力として業務を担えるよう育成しなければならない。

次回は（2）において解決策を提示する際のポイントについて解説していきます。◇

渋谷区立松濤美術館

香水の歴史を変えたラリック
繊細で美しいデザイン

香水瓶の価値なんて世の殿方には理解できないかもしれないが、まるで宝石の指輪のように細部までこだわったデザインを見れば、女性でなくても魅了されるに違いない。

渋谷区立松濤美術館では12日から、企画展「北澤美術館所蔵 ルネ・ラリックの香水瓶―アール・デコ、香りと装いの美―」を開催している。

19世紀末、ジュエリー作家として人気を博していたフランスのルネ・ラリックは香水商フランソワ・コティの依頼を受け、1910年ごろからガラス香水瓶の制作を始めた。繊細で美しいデザインと卓越した技術で、目に見えない「香り」の世界を幻想的に表現したラリックの香水瓶は、瞬く間にブームとなり、フランスの香水業界に大きな影響を与えた。

同展では、世界屈指のアール・ヌーヴォー、アール・デコのガラス・コレクションを誇る長野県諏訪市の北澤美術館の所蔵品から、ルネ・ラリックによるガラスの香水瓶やパフューム・ランプ、化粧品容器、アクセサリーなどをえりすぐり、約140点を展示している。また、神戸ファッション美術館の協力の下、アール・デコの装いを代表するドレスやファッション・プレート、同時代に撮影された写真など約15点も紹介している。

香水瓶《アンフィトリート》（1920年）（左）と《バラ》ドルセー社（1914年）

第1次世界大戦後はシンプルなデザインが主流に。《真夜中》（ウォルト社）

■目に見えない香り

香水は、どんなに良い香りであっても、目で見てその香りは分からない。そのため業者は、ラベルやパッケージなどを派手にして、その香りを表現していた。ジュエリー作家としてあらゆるガラス技法を習得していたラリックは、香水瓶のデザインで「香り」を表現し、香水の歴史を変えた。

ドルセー社のオリジナル香水《バラ》の瓶は、ストッパー（栓）が小さな彫刻の形に仕上げられ、頭髪や目鼻立ちが克明に写し出されているばかりか、ドレス全体に微少なバラの浮き彫りが散りばめられている。

機能的にはたかが栓だが、拡大して見てみると、そのデザインはロダンの彫刻のごとく力強い。

ラリック作品の中で特徴的なのは、まるで翼を広げたような優雅なデザインの「ティアラ型」と言われる香水瓶だ。本来、脇役に過ぎないストッパーを造形の中心に据えている。

こうした挑戦的なデザインが変化するのが、第1次世界大戦後だ。大戦前の作品を展示した地下1階の展示室から、2階の展示室へと上がると、香水瓶のデザインが急にシンプルになってくるのが分かる。

第1次世界大戦後のヨーロッパでは、手の込んだ細工ではなく、シンプル・イズ・ビューティフルがデザインの主流となっていく。ラリックの作品も、それまでの着色した香水瓶ではなく、透明ガラスや青1色というシンプルなデザインが増えてきた。特に1923年の世界大恐慌があってから、香水瓶にもコストダウンが迫られるようになり、コースター型のようなシンプルな香水瓶が好まれるようになった。

代表的なのは、1924年以降に制作されたウォルト社の香水瓶《真夜中》。青1色のシンプルな瓶だ。

当時、ラリックには息子と娘が1人ずついて、香水瓶のデザインを手伝っていたという。これは、おそらく娘が関わったと言われるデザインで、ガラスは透明ガラスで、表面が青色に塗られているが、星の部分だけ透明になっている。香水を入れると、星の部分だけ金色に光る。

典型的な「ティアラ型」の香水瓶《彼女らの魂》ドルセー社（1914年）

■アール・デコ様式

同展は全国の美術館を巡回しているが、松濤美術館だけで展示しているのが、1925年にパリで開催された「現代装飾美術産業美術国際博覧会」（通称「アール・デコ博覧会」）のコーナーだ。その後、「アール・デコ」の名称が広く使われるきっかけとなったもので、ラリックのガラス製品は「アール・デコ様式」の代名詞として世界中から注目を集めた。

神戸ファッション美術館のコレクションであるアール・デコのファッションは、世界的にも貴重な衣装。ガラスケースではなく直に見られるように展示してあるので、美術ファンのみならずファッションを勉強している人たちにも必見だ。

◇　◇

会期　2018年1月28日(日)まで

開館時間　午前10時～午後6時（入館は5時半まで）

入館料　一般500円、大学生400円、高校生・60歳以上250円、小中学生100円

（編集部）

都市のレガシー
五輪開催3都市を巡って 10

自信を持ってパリにバトンを
3都市を巡って

最後に3都市を巡って学んだことから、東京大会との違いやフィードバックできそうなことを整理する。

会場全体計画を紹介してきたが、3都市とも大会開催を契機に、産業構造の変化に伴い発展の遅れていた地域や土壌汚染地などを大規模に再開発し、都市改造と都市のイメージ向上を図っている。

特にシドニーとロンドンは大規模な再開発エリアを1点に集中させてOPパークとして整備している。

一方、バルセロナは分散型であり、かつての万博会場跡地をメーン会場とし、選手村を含む第2会場エリアの開発で海辺を再生し、さらに他の分散会場整備に合わせてスラムの解消等を図っている。

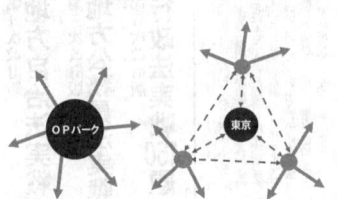

また、OPパークを整備した2都市でも、シドニーはOPパークと選手村も含めた周辺開発の長期計画を16年間で3回も軌道修正し、2030年を目標に緩やかに進めている。

それに対してロンドンは、都市全体の長期ビジョンの中でシドニー同様、30年を目標年度に掲げており、OPパークとその周辺開発を2倍速で進めている。

シドニーは都心から距離のある郊外開発型のOPパークであり、ロンドンは都心域に近いエリアの再開発であるため、立地や都市の人口増加のスピード、社会経済状況の違いなどが影響していると思われる。開発スピードの速いロンドンでは新たな都市問題として、開発されてポテンシャルの上がったエリアと、開発から取り残されたエリアとの間で格差が生じ始めている印象を強く持った。

東京大会について

翻って東京大会は、追加競技も加わり過去最大の競技数でありながら、競技会場を効率的に集約できるOPパークもなく、会場もバルセロナ以上に広域分散している。

しかも、集客力があり、選手数、競技日数ともに多い陸上（開閉会式）、水泳、体操の3大競技会場が別々になり、選手村とも離れている。これらの与条件は、警備、関係者輸送、観客移動などの大会運営の観点からは高いハードルとなるであろう。しかし、首都圏単位で見れば会場にできる既存施設がある成熟都市として、開発型でない既存施設活用型大会を実現する良い機会となる。

また、都市のレガシーの観点から見ると、会場の広域分散はOPパーク整備による大きな一つの面からの波及効果よりも、小さな点の分散からより大きく広がる大会の盛り上がりや、大都市圏運営における新たな仕組みの構築につながる可能性も秘めている。各会場を拠点に首都圏全域にメモリアルな都市のレガシーを生み、そこからさらに東北エリアを始め、日本全体に観光やスポーツの人的、経済的交流を広げていくソフトレガシーを生みだせるかもしれない。

OPパーク

大きな一点からの波及イメージ図

東京

分散による連携からの波及イメージ図

それゆえ大会開催が成功すれば、既存施設を活用した「広域都市連携型大会」という、成熟都市にふさわしい新たな開催モデルを生み出すチャンスとも言える。

大会成功に向けて

3都市は、その成立から大会開催を経て現在に至るまで、紆余曲折はあるものの、時間の積層によって熟成し魅力を増し続けてきている。

都市は消耗品ではなく、世紀を超える視野の中で計画され、常にその活動を更新し続けていくことが重要である。

それには骨太のマスタープランが必要であり、先般策定された『都市づくりのグランドデザイン』は、環状メガロポリス構造を下敷きに2040年代を目標とした東京圏の目指すべき姿を描いたものとなっている。首都圏の広域拠点間の連携や都の広域調整機能の発揮など、グレーターロンドンやシドニーのような大都市圏の抱える課題解決に向けた広域計画が、このタイミングで更新された意義は大変大きい。

東京が大会開催都市に決定して間もなく、ロンドン大会に関わった人たちの話を聞く機会があった。その時、印象に残ったのは、「最もうれしかったことは大会後に、ロンドン市民の間で大きなイベントを成功裏に開催できたという自信と満足感が広がったこと」と語っていたことであった。都市空間全体を使うメガイベントを成し遂げたという達成感はひとしおであろう。東京大会では、その感動をより広域の人たちと分かちあえるのである。

「広域都市連携型大会」の成功の鍵は、難しい大会運営のミッションをしっかりとこなすことと、競技会場が分散している中での大会の盛り上がりである。そのためには、大会運営を支える関係者間（国、都、関係自治体、大会組織委員会）のスムーズな連携と市民の巻き込みが最重要ポイントであろう。

ぜひとも2020年に日本全体で大会の成功を祝い、成熟した都市のレガシーを構築して、パリに自信を持ってバトンを渡したいものである。

（都都市整備局　長谷川昌之）＝おわり

風流戯画草紙
作・橋本裕之

今年の漢字は「北」

北のおかげで自民党は選挙に勝ったんでしょ

私的にはこの字かな

排除

いえいえ貴女のおかげです

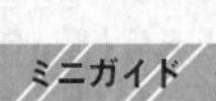

ミニガイド

◇第61回東京都伝統工芸品展　▷会期　2018年1月18日(木)～23日(火)　午前10時～午後8時（19日(金)と20日(土)は8時半まで、23日(火)は6時まで）▷会場　新宿高島屋11階催事場▷主な内容　①東京都の職人が製作した伝統工芸品の展示・販売（43品目）②職人の技と伝統を体感できる実演③来場者も伝統工芸の技にチャレンジできる製作体験コーナー（1日3回開催。当日申し込みで、参加料が必要）④職人に質問しながら工芸品の魅力を紹介するブースツアー⑤東京都の伝統工芸品が当たるおみくじ抽選会の実施⑥江戸時代の商家の店先を再現した正面展示

都政新報

発行所 都政新報社
〒160-0023 東京都新宿区西新宿7-23-1 TSビル
（総務・読者） 03-5330-8781
（企画広告） 03-5330-8784
（編集） 03-5330-8786
（出版） 03-5330-8788
（ファクス） 03-5330-8808
購読料 月1,730円（税込）
毎週火・金曜日発行
ただし、祝日は休刊

紙面から

豊洲新市場

開場日は「来年10・11」

移転延期から1年4カ月で節目

都と築地市場の業界団体で構成する新市場建設協議会が20日に開かれ、豊洲新市場の開場日を来年10月11日に正式決定した。市場移転問題は小池知事が延期を決めてから1年4カ月ぶりに一つの節目を迎えた。一方、築地市場は豊洲開場4日前の7日に閉場し、83年の歴史に幕を閉じる。今後は豊洲市場内の動線確認を始めとした習熟訓練、施設使用料の設定などが課題に挙がっている。

小池知事が6月20日、「築地は守る、豊洲を生かす」という基本方針を打ち出してからちょうど半年となったこの日、築地市場講堂で開いた新市場建設協議会には約40社のマスコミが詰めかけた。東京都水産物卸売業者協会の伊藤裕康会長が豊洲開場日を「来年10月11日」と提案し、各団体の幹部から了承を取り付けた。村松明典市場長も「異存はない」と賛同。市場業界が決めた開場日を都が追認する形となった。

新市場建設協議会後に開いた築地市場協会の会見＝20日、築地市場第4会議室で

業界団体幹部の一人は「仮に開場日が決まらないまま越年した場合、東京五輪があるから『出て行け』と言われかねなかった。自分たちの意思で自分たちの運命を最終判断した」と強調した。

移転賛成派や反対派などに分かれているのは築地市場の水産仲卸で構成する最大の業界団体「東京魚市場卸協同組合」（東卸）だ。築地市場青果連合事業協会の泉未紀夫会長は「青果は豊洲移転で意思統一を図り、（開場日の決定は）水産に委ねた」と語るように、開場日の決定に向けては伊藤会長と東卸の早山豊理事長が相談を重ねた。

伊藤会長は開場日を「来年10月中旬で、市場業界の多くが求めていた大安は2日しかないが、17日は休市日。11日しかなかった」と明かす。業界内で開場日が「来年10・11」に内定し、今月15日の東卸理事会で了承を得た。

その後、伊藤会長ら3人の団体幹部は18日、豊洲市場を受け入れる江東区の山﨑孝明区長を訪問し、開場日への理解を求めた。区長は「区として皆さんを歓迎する」と語ったという。

小池知事が市場移転を延期してから約1年4カ月が経過した。泉会長は同協議会後の記者会見で、「費用と時間をかけたが、業界に分断と混乱をもたらし、結局（豊洲移転に）元に戻った。（移転延期は）意味があったのか」と強い疑念を小池知事に向けた。

一方、知事は20日に臨時会見を開き、移転延期後に豊洲の地下水から基準値を超える有害物質が検出され、専門家会議による追加対策工事を実施することに触れ、「今回のように対策を踏まえて開業日を迎えた方がよかった。必要な時間だった」と成果を強調した。

併せて知事は、築地市場の閉場日を来年10月7日と発表。豊洲への移転作業を4日間で終わらせる日程は、昨年予定していた日程と同じだ。

ただ、89年に神田市場が大田市場に移転した際は、移転反対派が神田に居残り、築地でも移転反対派が多い水産仲卸が残る懸念がある。東卸の移転反対派が署名活動を行うなど移転への反発を強める中、市場業界に詳しい都幹部は「根強い移転反対派はいるので予断を許さない」と警戒する。

さらに、豊洲移転の準備に向け、公道でのターレの使用許可、トラックの確保、造作工事、豊洲市場内での動線の確保、施設使用料の設定など課題が山積している。知事は「新しい豊洲ブランドを作るために必要なことは使う方々の声を聞くことが重要」と話した。

江東区の不信感払拭を

【解説】豊洲開場日は11月10日の新市場建設協議会で正式に決定するはずだったが、豊洲市場内に観光施設「千客万来」が整備されるのか不透明な状況に対し、江東区や区議会が反発したため、開催が急きょ見送られた。市場業界内では、知事が同区を訪れ、政治決着すべきとの声もあったが、足を運んだのは都幹部だった。

長谷川明副知事が18日、山﨑区長や榎本雄一議長らと面会し、区が市場の受け入れ条件として示した千客万来の整備などが実現していないことに謝罪。20日の区議会清掃港湾・臨海部対策特別委員会で、開場日決定を「受け入れざるを得ない」と渋々認めた。

だが、千客万来施設が整備されることは、現在決まっておらず、事態が進展していない中で、開場日が先行して決まった形だ。

江東区議会には、都への不信感がある。13日の同特別委では、「開場時期はなぜ一方的に決めたのか」「なぜ結論（の報告）だけなのか」などの批判が相次いだ。コミュニケーションや情報提供が不足していることがうかがえる。それでも、開場を認めたのは、東京五輪の準備に悪影響を及ぼしかねないことに配慮したことがうかがえる。

千客万来施設の整備や都への不信感払拭など、江東区が突きつけた課題は重い。解決策は、都と区の信頼関係の構築に尽きるが、一朝一夕にはいかない。豊洲開場日が決着した今、都は行動で示す必要がある。（石）

都宝島推進委

「東京の島」ブランド化へ

有識者が知事に提言

都の「東京宝島推進委員会」が18日、小池知事に島しょ地域の振興に向けた方策の提言を行った。同委員会は、島しょのブランド化への今後の取り組みとして、島の特産や自然資源を売り出す意欲のある現地事業者や団体を都が選定し、議論する場を作る必要があると提言した。

また、その際には、必要に応じて都が観光やブランド化の専門家を派遣し、新たなビジネスの取り組みを促進させて事業者同士が切磋琢磨する風土を作ることが重要だとした。内地の事業者にも積極的なプロモーション活動を行い、島しょでの事業展開への関心を持たせることを都に求めた。

各委員からは、グラムコ㈱代表取締役社長の山田敦郎委員長が、島しょ地域のシンボルマークを作ることを提案。のぼりやパンフレットに掲載し「東京の島」であることをアピールする必要があるとした。

提言を受けた小池知事は「海外からの観光客と話すと、東京に島があることを知らないことが分かる。食事の提供方法などサービス面で改善する余地はあるが、島しょ振興のためには、観光客に知らしめることに尽きる」と話した。

提言は都総務局の担当部署がとりまとめ、今後の島しょ振興施策に反映させる予定。担当者は「長期的な視点で島の事業者の意識を育てていくとともに、内地の事業者へのプロモーションなどはスピード感を持って展開したい」（振興企画課）と話している。

都民ファーストの会

通年議会に慎重姿勢

増子幹事長「調査が必要」

都議会改革が進展を見せる中、都民ファーストの会の増子博樹幹事長は本紙インタビューに応じ、今後焦点となる通年議会の導入について、「相当調査しないと議論の俎上に載せるのは難しい」と慎重な姿勢を示した。通年議会に関しては、公明党と民進党・立憲民主党（民主）の2会派が、議会改革検討委員会での優先事項に掲げている。

＝3面に「増子幹事長に聞く」

増子幹事長は「文京区も通年議会にしているが、実際はそれほど変わらない。通年議会をやめたところもある」と述べ、「都議会は毎日、何かの会議が入っている。これ以上どこに会議を入れるのか」と話した。

通年議会を巡っては、長崎県が導入から2年間で廃止にした例がある。会派構成が変わったことが要因だったが、議会への拘束時間の長さなどで会派間の賛否が割れた。

通年議会は自治体首長の招集によらず、議会の判断で会議を開催できることが最大の特徴。条例の工夫で通年議会を導入する場合は、首長の招集は1回、地方自治法の通年議会に関する規定を用いた場合は、首長の招集は実質的に改選時の1回で済む。議会の審議時間を十分に確保でき、チェック機能や政策立案機能が上がるメリットがある一方、執行機関側のスケジュールの制限や、議員の地域活動時間の減少などデメリットもある。

前期の都議会では、議会のあり方検討会で通年議会は検討項目に挙がったものの、実質的な議論をせずに散会した経緯がある。スピード感のある議会対応などの観点から都議会のキャスチングボードを握る公明の導入意志は強く、今後都議会改革の最大の焦点になる見込みだ。

都政の東西

不信感

リニア中央新幹線の談合疑惑が浮上している。東京から大阪を約1時間で結ぶ「国家プロジェクト」を、建設業界トップの4社で受注を調整していたとして東京地検や公正取引委員会が捜索に入っている。連日報道が加熱して話題を呼んでいる要因には、大規模プロジェクトに対する不信感が潜んでいるように思えてならない。

談合の問題点は、自由な競争環境が阻まれ、利益が偏ることだ。ただ、リニア中央新幹線の工事は、品川駅や名古屋駅で営業中の新幹線駅の下部に新駅を造成する工事、南アルプス山脈を掘り進めてトンネルを通す工事などで、技術力や大規模人員の統括ノウハウがある会社が必要。そもそも4社以外がやすやすと参入できる工事ではない。4社いずれかの受注が想定される中で、各企業が作業員の健全な労働環境を確保する意図があった場合、調整行為に対する外部の見方は変わる。

「囲いの中や山奥で行われている事業には、不祥事もきっとあるはずだ」という不信感だけで物事を見ていては、活路を見いだせない。

同じことは都の入札制度改革や豊洲新市場の整備にも通じる。入札制度改革では競争性確保のために1者入札を中止とし、不調が続いたが、1者入札が起きる原因は発注した工事の収益性が低いと見る企業が多いから、と見方を考えれば、発注する工事の規模を変更したり、時期を見直すなど、中止以外にも講じられる策が見つかる。

豊洲新市場を巡っては都が来年10月11日に開業すると決定したが、江東区議会からは「約束が履行されないままにならないか」との懸念が尽きない。不信感の払拭にこそ情報公開が必要だ。

◆入札不調は20％

都は20日に入札監視委員会を開き、6月に試行開始した入札制度改革の11月30日現在の検証結果を示した。財務局契約の入札不調率は前年度比10㌽増の20・1％で、都財務局は豊洲市場の追加対策工事を増要因の一つに挙げた。また、希望1者以下の場合に入札を中止にする「1者入札」は、対象249件中46件（18・5％）だった。委員からは「効果的なものとそうでないものを峻別すべき」との声が上がった。

都は今後、今月下旬の都政改革本部で入札制度改革の中間報告を行い、来年3月の入札監視委員会制度部会で検証結果をまとめる予定。

都議会会派予算要望

公明が入札改革要請

知事「共に歩みたい」

都議会の主要5会派は20日、小池知事への来年度予算要望を行った。知事与党から離脱し、是々非々の姿勢に転じた公明党は、「大前提は都民生活にプラスなものは応援していくスタンス」と述べ、地方消費税見直しによる減収支援に向けて、市町村総合交付金の約100億円の拡充や、予定価格の事前公表などを柱とする入札制度改革の見直し、築地市場跡地の早期の市場会計から一般会計への有償所管換えなどを要請した。知事は「要望を受け止め、東京の課題（解決）に向け、共に歩んでいきたい」などと話した。

知事与党の都民ファーストの会は、「子どもを受動喫煙から守る条例」の普及啓発や、築地市場内の駐車場など既存施設の有効活用を求めた。

知事との対決姿勢を鮮明にする自民党は、業者や地元江東区との調整を踏まえた市場移転問題の早期解決や、都政改革での方針決定前の議会や都民への説明などを求めた。知事は「要望をしっかりと検討し、予算編成に生かしていきたい」と答えた。

また、共産党は国民健康保険料の負担軽減や多摩格差の解消を、民進党・立憲民主党は、小・中学校の給食費の無償化や「禁煙条例」の制定などを要望した。

ターゲットは「働く女性」

女性視点の防災人材育成

都総務局は19日、第4回の「女性の視点からみる防災人材の育成検討会議」を開催し、目指すべき女性の防災人材像や、来年度以降実施する研修会の方針などを盛り込んだ報告書案を示した。働く女性など、地域社会との関わりが薄かった女性をターゲットに、企業と連携したセミナー実施などを想定している。同局は来年1月中に報告書をまとめ、来年度以降の本格実施につなげる方針だ。

地域との接点作りが鍵

同会議の狙いは、女性防災人材の育成だ。東日本大震災など過去の災害時には、避難所での授乳や着替え、衣料品の配給などの問題が顕在化した。災害時の避難所運営を始め、防災活動への女性の参加が少なく、女性目線の欠如に対応する。

同日に示した報告書案では、目指すべき人材像として、▽身を守るための知識がある▽知識に基づいた行動ができる▽周囲の人を牽引するコミュニケーション能力がある――の三つの要素に整理した。

また、人材育成に向けて行う研修会は、基礎編のセミナーと、防災リーダー育成を目指す研修会の二つを設定。いずれも、今まで町会など地域活動に関わりのなかった働く女性らを主なターゲットとしている。セミナーは協力企業にも出向くなどして平日夜間に、リーダー研修会は休日2日程度の開催を想定する。このほか、地域の公民館などでの開催も併せて実施する。

都主催の防災関連シンポジウムなどへの女性参加割合は全体の4分の1程度で、参加率の低さが課題となっている。女性の防災活動への参加を増やす取り組みとして、区市町村や企業などとの連携構築や、受講者への継続的なフォローアップ、男性の理解促進などを掲げた。受講者は学習会などの講師としての活用を検討する考えも盛り込んだ。例えば町会の勉強会などの講師として受講者在住の区市町村に紹介し、地域との接点を作ることも目指す。

都総務局は「実際に、その地域に住んでいることが重要。人間関係を形成し、地域の防災活動への参加につなげたい」（総合防災部担当者）と話す。

今後は来年1月中に報告書をまとめ、3月に試行的にセミナーを実施する予定で、報告書案に盛り込んだ二つの研修会は来年度に実施を開始する。また、研修会実施までにテキストをインターネットで公表し、都民への活用を促す方針だ。

会合は女性委員の発言が目立った＝19日、都庁第一本庁舎

委員の指摘相次ぐ

一方、検討会議では委員から課題を指摘する声も相次いだ。

「全体像が見えていないのが最大の問題」。常葉大学大学院教授の重川希志依座長が報告書案の研修会カリキュラムをこう評した。「（災害は）経験して初めてイメージできる」と話し、災害未経験者への防災教育の難しさを指摘。カリキュラムの導入部分などでの受講者との双方向的なメニュー創設を求めた。

また、研修会への女性の参加を巡っては、オブザーバーの東京商工会議所が「（企業は）人材不足でセミナーに社員を派遣するのが厳しい状況」と話し、経営者に人材育成の重要性を訴えるよう求めた。

同事業の周知徹底への要望も出された。NPO法人イコールネット仙台代表理事の宗片恵美子委員は「こうした人材の蓄積を広く示していかなければ意味が伝わらない。『見せる化』していくことが大事」と訴えた。

総務局によると、受講対象者を都内昼間人口としているため、他県在住の受講者の情報を地域につなげるのが困難なことや、個人情報の受講者名簿などを区市町村に提供することには課題があるという。

同会合は小池知事が女性視点の防災活動の重要性を示し、トップダウンで始まった。都は年度内に女性視点の防災ブックを発行する計画もあり、事業の実行段階に移る。

冗句ジョーク

豊洲新市場、来年10月11日開業で決定

「いま考えると〝ウヨキョクセツ〟というよりは〝ウソウムソウチョクシン〟だった気がするなー」――移転事務関係者

来年3月開始へ条例骨子続々

民泊届け出

国「不適切」制限に警戒感

民泊の解禁に向け、来年3月15日から事業者の届け出がスタートするのを前に、各区の対応が徐々に明らかになってきた。23区は全区が都から届出事務の権限移譲を受ける方針を決めており、制度開始に当たって焦点となっている地域の実情に応じた制限条例の検討が進んでいる。一方で、新宿、大田の2区が先の第4回定例区議会で制定した営業区域と期間の制限条例に対し、国の規制改革推進委員会は「不適切」として警戒感を強めており、各区から困惑の声が上がっている。

民泊の解禁を定めた住宅宿泊事業法では、生活影響の悪化を防止するため、区域を限定した上で営業期間を制限する条例の制定を認めている。これを受け、新宿と大田の2区が既に条例を制定しており、先月までに文京・世田谷・中野区などが条例骨子案を公表していた。更に今月に入り、千代田、港、江東、目黒、渋谷、杉並、板橋、練馬の8区が骨子案を発表。豊島区もきょう22日に公表し、パブリックコメントを開始する考えだ。

各区の対応を比較すると、区民生活への影響の軽減を目的に強い規制をかける区と、適正な運営を条件に民泊の普及を容認する区に分かれた格好だ。

規制が強い区のうち、目黒区は宿泊可能日を区全域で金・土・日曜日のみに限定した。同区は住居専用地域など住居系地域が約8割を占める一方、それ以外の商業地域や近隣商業地域、準工業地域も住宅地となっている。区生活衛生課では、「住居専用地域のみ規制しても、区の実態に合わない」と話している。

文教地区の規制を強めるのが港区。住居専用地域とともに文教地区は、小・中学校の長期休業期間のみに制限した。具体的には、3月20日～4月10日、7月10日～8月31日、12月20日～翌1月10日に限り、宿泊を認める。

家主不在の民泊に強い規制を導入するのが千代田区だ。区内に住居専用地域がないため、小・中学校の周辺や文教地区、人口が密集する神田・麹町地区を営業日数制限区域に設定。その上で、家主居住型と管理者常駐型の場合、小・中学校周辺と文教地区が金・土・日曜日のみ宿泊可、神田・麹町地区は制限しないが、家主不在型の場合、小・中学校周辺と文教地区では営業を認めず、神田・麹町地区は金・土・日のみ可能とした。

一方、「条件付き容認派」が渋谷区。緊急時に家主や管理業者がすぐに民泊に駆け付けることができる場合は、曜日を問わず法律上限の180日間営業できるようにする。板橋区も住居専用地域で平日の宿泊を禁止するが、駆け付け可能であれば制限を緩和する考えだ。

他方で、葛飾区は独自に制限条例を制定しない方針だ。区生活衛生課では「法令やガイドラインで制限がかかっている」とした上で、「まずはしっかりと届け出を行ってもらい、闇に潜らないようにした中で、状況を見ていく」と話している。

23区で民泊の解禁に向けた準備が進む中、国の規制改革推進会議では、独自規制の動きに対して警戒感を募らせている。12日に開かれた会合では、委員から新宿区と大田区の制限条例に対して批判が集中。内閣府の担当者も「不適切かどうかというと、不適切な要素がかなり強い」として不快感を示した。国が19日に開いたガイドライン案の説明会では、議事録の抜粋が配布されたという。

これに対し、新宿区保健所では、「国の動きが遅れる中で何度も個別に確認しており、法の趣旨も十分に尊重している。まずは条例に基づいて事務を進める中で、改善すべき点を改善するのはやぶさかではない」と話している。

台東区
シャンシャンバス発進！
一般公開スタートを記念

台東区は19日、恩賜上野動物園でジャイアントパンダの赤ちゃん「シャンシャン」の公開が始まったことを受け、区循環バス「めぐりん」に親子パンダが描かれたパネルを装飾した。また、区庁舎には「シャンシャンに会いに上野動物園へ行こう」と書いた懸垂幕を掲示した。

上野動物園は来年1月末まで、シャンシャンの観覧を抽選制としているが、区観光課は「自由観覧になれば、多くの観覧客が訪れる。春先には上野公園での祭りも控えており、混雑対策を考える必要がある」と話す。

服部征夫区長は「昨年は国立西洋美術館が世界文化遺産に登録され、今年はシャンシャンが生まれた。国際文化観光都市として、上野だけでなく浅草や谷中など区内全域がにぎわうことを期待している」と語った。

前面にパンダのパネルを掲示した区循環バス「めぐりん」＝19日、台東区で

荒川区
不燃ごみ全量資源化
輸送切り替えで来年度

荒川区は、来年度から不燃ごみの全量資源化を開始する。来年1月から区民に収集時刻の変更を周知する。

区は現在、豊島・北・板橋・足立区とともに不燃ごみを北区にある堀船船舶中継所に運搬し、中防不燃ごみ処理センターまで船舶輸送しているが、隅田川護岸工事の影響により、来年度末で堀船船舶中継所が休止するため、船舶輸送から陸上輸送への切り替えを予定。輸送車両の増加により、輸送経路となっている区への影響を減らすため、5区が不燃ごみの資源化に取り組む方針を打ち出していた。

荒川区では9月から既に不燃ごみの2割分の資源化を開始しており、来年度からの全量資源化では、民間事業者に業務を委託する。ガラスや空き缶などの分別は手作業で行うため、人件費を中心に約8千万円の経費が生じる見通し。区環境清掃部は「堀船船舶所の休止は不燃ごみの全量資源化の契機になった。長い目で見れば良いこと」と語った。

荒川区以外の4区では、板橋区と足立区が既に不燃ごみの全量資源化に取り組んでいる。このうち足立区は2011年度から全量資源化を実施しており、既に資源化率9割を達成している。豊島区は来年度から資源化を始め、再来年度に全量資源化を目指す。

一方、堀船船舶中継所がある北区は、来年度に全量資源化に向けた事業者選定を行うが、堀船船舶所の維持費と資源化両方に経費をかけられないことから、中継所を休止する来年度末まで資源化を行わない。

路上生活者支援
台東区が独自巡回相談
医師同行で行政につなげ

職を求めて上京してきた地方出身の労働者が経済的に困窮し、路上での生活を余儀なくされる。路上生活者対策は、東京が直面する大都市問題の一つだ。都内自治体による路上生活者への支援は復職が中心だったが、近年は路上生活者が高齢化し、生活保護の申請や病院の受診勧奨など福祉面での支援が欠かせなくなっている。台東区では、従来の巡回相談事業に医師や看護師などの医療従事者を同行させる都区共同のモデル事業を今年度から実施。同区は、独自の巡回相談も展開しており、成果と課題が見えてきている。

11月末の午後7時。山谷地域にあるシャッター通りのいろは商店街の一角で地べたに布団を敷いて毛布にくるまっている男性に「こんばんは」とひざをついて話しかける男性がいる。台東区から長期路上生活者の巡回相談事業を受託しているNPO法人「山友会」の相談員だ。

毛布から顔だけのぞかせて相談員に一言、二言応じる男性の脇で、相談員と一緒にいた女性医師が血圧を計測。「顔色が良くないし、血圧も高い」と伝え、同団体が運営している無料診療所の受診を勧めた。

相談員が次に話しかけた男性は寝床を準備している最中だった。「金をだまし取られて、ここまで逃げてきた」と言葉少なに身の上を語った。相談員は10分ほど会話を交わし、「時間があれば、事務所内にある相談室にも来てくださいよ」と呼び掛けた。男性は、別れ際に帽子を脱いで頭を下げた。

台東区と荒川区の区境に広がる山谷地域は、路上生活者の高齢化が顕著な地域で、平均年齢が60代を超えている。心身が弱り、高血圧や関節痛を訴える路上生活者に対しては治療が必要となっている。山友会が運営する無料診療所は健康保険証が無くても受診でき、昨年度は延べ1879人の患者が訪れたという。

区は、巡回指導に医師と看護師を同行させる事業を都に提案。これを受けて都は、19年度からの23区での巡回相談実施を見据え、今年度に同区などとモデル事業を開始した。事業は自立支援センターの運営法人に委託している。区保護課は「長期路上生活者には役所への不信感を抱いて支援を求めない傾向があるが、医療をきっかけにすれば、行政につながるチャンスになる」と話す。

区は都区モデル事業と並行して、山谷地域で路上生活者が多いいろは商店街と玉姫公園の巡回を独自予算で実施している。この背景には、山谷を含む区北部のまちづくりに力を入れる服部征夫区長の意向も強い。服部区長は「山谷にはこのまちが好きな人が多い。福祉機能は残しながら、路上生活者も巻き込んだまちづくりをしていきたい」と山谷の特色を示す。

今年度は11月時点で、延べ519人の路上生活者とコンタクトをとり、このうち4人を生活保護に移行させた。

区保護課の大河原健一係長は「路上生活者は移動する傾向があるため、生活者の情報を共有して継続的な支援につなげることが必要」と、路上生活者が少ない区も含めて23区全体で巡回相談を実施する意義を示す。

一方で、「医療行為では、特に路上生活者への態度や言動などに配慮する必要がある。気持ちに寄り添った支援ができる人材確保は欠かせない」と全区展開に向けた課題を指摘する。

巡回相談で、路上生活者に声をかける民間スタッフ＝11月、いろは商店街（台東区で）

自治体政策のススメ
地域エネルギー政策の最前線⑧
地域からのエネルギー政策転換を

環境エネルギー政策研究所所長　飯田　哲也

初回にも述べた通り、近年、グローバルなエネルギー革命が進行中だが、地方自治にとっても大いに関係がある。なぜなら、自然エネルギーの急激な拡大と同時に、中央独占型のエネルギー体制から、地域分散ネットワーク型へと急速に移行しつつあるからだ。

従前、エネルギーは国の専権事項であった。エネルギーは、国の安全保障の要であり、産業発展・経済成長の燃料であったからだ。

もちろん、その要素は今も残るが、急速に薄れつつある。エネルギーを使わない産業ほどGDPが大きく成長力も高い。福島第一原発事故で私たちが経験した通り、国の安全保障よりも、人間の安全保障の方が重要になってきている。

そうした中で、自然エネルギー、とりわけ太陽光発電と風力発電が急速かつ飛躍的に拡大し、自然エネルギーを取り巻くパラダイムが大転換しつつある。「高い・不安定・大して役に立たない自然エネルギー」から、「安い・エネルギーの主力・自然エネルギー100％が当然」への転換である。

9月に長野市で開催された「地域再生可能エネルギー国際会議」では、国内外の首長が集まり、自然エネルギー100％地域を目指す「長野宣言」を採択した。この宣言でも、地域外の化石資源に依存していたエネルギーを地域内の再生可能資源に切り替えることで地域内にお金が回り、地域経済を活性化し、住民の暮らしの質も向上するとうたっている。

ごく少数の「パワーエリート」による大規模集中独占型のエネルギー体制から、誰もが参加し主役となれる「パワー・トゥー・ザ・ピープル」の地域分散ネットワーク型のエネルギー主権へ。エネルギーこそ住民主体で地方自治を豊かにし得る時代を迎えているのだ。　＝おわり

◇　◇

次回は1月9日号から明星大学の奥田晃久特任教授が「区立児童相談所開設の課題」をテーマに執筆します。

記者席
女性ばかりなのになぜか…

○……16人中13人が女性だった。都議会各会派が20日、都に来年度予算要望を実施したが、共産党は女性議員の面々をずらりと並べた。残る男性3人も新人2人が参席するなど、フルオープンの場でフレッシュな印象を与えた。小池知事も一同を前に驚きの表情。更に同党の大山とも子幹事長が「この厚い冊子（要望書）には2460項目ある」と述べ、知事を2度驚かせた。

ただ公明党が「女性視点」を要望する一方、共産は女性を切り口にした要請を公開の場で行わなかった。要請していればインパクトは強烈だったのだが。

○……11日にオーストリアと2020年東京五輪のホストタウン協定を結んだ府中市。同市とウィーン市ヘルナルス区は1992年に姉妹友好都市協定を結んでおり、長年の関係が実った形だ。市は今後、代表選手の歓迎セレモニーの実施や、学校給食でオーストリア料理を提供するなどし、五輪に向けて市民の機運醸成を図るという。

ただ、オーストリア料理には何があるか同市の職員に聞いてみると、しばしの沈黙の後、「これから勉強します」との返事。時期が時期だけに、オーストリアの勉強は職員にとっての「冬休みの宿題」になりそう。

○……金曜日号の3面に掲載しているシリーズ「奥多摩に行こう」の12日号の記事について、都環境局から連絡が入った。標高と同じ2017年にちなんだ雲取山の山頂標識の写真を掲載したのだが、「あの標識はもうないんですよ」。そんなはずはない、つい3週間前に見てきたのだ。だが設置者の環境省に確認すると「12月に入って抜きました」とのこと。

自然公園法で特別保護地区に指定されている山頂付近は、むやみに工作物が建てられず、この標識も1年限定の仮設だったという。残念だが、都が設置した別の山頂標識はもちろん健在だ。なんでも都内の他の山にある標識と形は同じだが、雲取山では標高に合わせて通常より17cm高い2m17cmなんだとか。局から「こっちをPRしてほしかった」と、お叱りを受けたのは言うまでもない。

葛飾区
赤木氏が新副区長に

葛飾区は、18日の第4回定例区議会最終本会議に、新副区長に総務部長の赤木登氏（62）を選任する人事議案を提出し、全会一致で同意された。任期満了に伴い退任した久野清福副区長の後任で、任期は来年1月10日からの4年間。

赤木氏は慶応大学経済卒。16年4月から総務部長を務めていた。

江東区
副知事が区に謝罪　区議会は開場日了承

江東区議会は20日、清掃港湾・臨海部対策特別委員会を開き、豊洲新市場の来年10月11日の開場に自民、公明、民進の3会派が了承した。榎本雄一議長は、長谷川明副知事が新市場建設協議会に先立ち、18日に山﨑孝明区長らに直接謝罪したと報告した。

議長の報告を受け、出席した4会派のうち3会派が了承したが、厳しい意見が相次いだ。自民は「本当に約束が守られるか疑念が残る。（了承は）区から都に対する最後のチャンス」と釘を刺した。公明は「約束が果たされない中で決定するのは不本意」とし、民進は「都が今日の委員会に来ないのは遺憾」と批判した。共産は「受け入れの時の流れと同じで、何も変わらない」と述べ、了承しなかった。

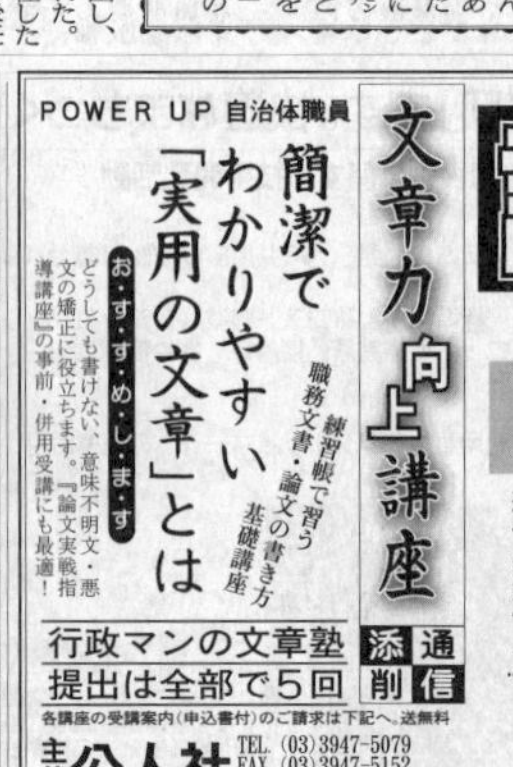

議会改革

「最大限のスピード」

都民ファーストの会・増子博樹幹事長に聞く

都議選で旋風を巻き起こした都民ファーストの会。誕生間もない政党で新人議員も多く、会派運営や議会回しでは円滑さに欠けた。また都議選で政策連携した公明党とは、知事の国政進出を発端に連携解消の事態にも陥った。一方で、議会改革は進展するなど、着実に足場を固めつつある。都民ファの今について聞いた。

――都議選で第1会派に躍り出るなど激動の1年だった。

新人が多数の中で、第1党としての役割を果たせるか課題だった。一方で、（都議選で）都民に示した政策集の実現が今年のテーマだったので、過半数ではない中、他会派と歩み寄るなどして進めてきた。

――公約実現の手応えは。

第3回都議会定例会で議員提出議案（子どもを受動喫煙から守る条例）を出し、大方の賛同を得て成立させた。議会改革では、政務活動費の飲食への支出禁止や、常任委員会のインターネット中継などを合意し、正副議長以外の廃止を主張してきた議員公用車も、徐々に減らしていくことで合意が図れた。公務性を基準に、不断に見直していく。

――政活費や議員公用車は都議選後100日以内の実現が公約だったが。

私が知る限り、これだけ短期間で議会のルール変更が進んだことはなかった。確かに100日以内に実現できなかったが、都民ファが過半数を取れていれば、一定の期間でできたと思う。他会派の合意が必要な中、いろいろな働き掛けをし、最大限のスピードでやった。

――議会改革では、通年議会が今後、一つの焦点になる。

通年議会の効率性や都民へのメリットなど詳細に調査する必要があり、都民ファーストの会として優先事項に入っていない。（私の）地元の文京区も通年議会にしているが、実際はそれほど変わらない。通年議会をやめたところもある。

――すぐに議論の俎上（そじょう）には上がらないのか。

都議会はほぼ毎日、何か会議が入っており、一定の時期を除いて事実上「通年」になっている。議会改革検討委員会も日程を入れられずに遅れてきた。通年と言うと聞こえはいいが、相当調べなければ議論の俎上に載せるのは難しい。

――想定している議会のルール作りは。

最終的には議会基本条例のようなルールを作り、都議会の立場などを規定したい。その中には、執行機関側が議員に逆質問できる「反問権」も盛り込みたい。議員も答える側に立つことで、どう答えるべきか考えて質問するようになり、議員の力も向上するはずだ。全会派が納得しなければできない話なので、時間をかけてやっていきたい。

――議員提案条例を作る上での苦労はあったか。

自分たちで勝手に文書を出せばいい話ではない。議会局の調査や審査、執行機関側の法令や区市町村の条例との兼ね合いなどを調べた。他会派との調整や関係団体の意見聴取なども必要だ。手間暇を惜しんではいけないことがよく分かった。

――公約の未実現は都民への裏切りとなりかねない。

それは都民ファに限らず、どの会派も同じ。公約を掲げ、どのくらい実現できるかを試される。お互いに話し合い、歩み寄れるところは歩み寄り、都民との約束に近付けていく。

――今後も議員提案条例を出すか。

できるだけ出していきたい。条例を作るのに、議会局と執行機関側は調査や審査に時間がかかり、いっぺんに出すと仕事量との兼ね合いで大変になる。一つずつ出すのが基本だ。

――定例会ごとに出すのが公約ではなかったか。

公約ではない。4年間で12件の条例案を出すのが公約だ。

――新人議員をどう見ているか。

政治家になり立てだが、知識や経験はかなりある。長年いろいろな新人を見てきたが、素質や力量はある。

――素質や力量をどう生かしていくか。

まずは、議会のルールや理事者への対応などを覚えてもらう。議会の意見を反映させるには、職員とも話をしなくてはいけないといったことを含め、少しずつ経験していく。もとの能力や知識がすごく高いので、あとは経験を積めば良い議員になる。

小池知事の国政進出

――議会質問では知事を持ち上げる発言が多い。チェック機能は果たせているか。

それを言ったら、石原知事時代の某政党の持ち上げ方の方がすごかった。

――古い議会を変えるのが都民ファの役割では。

知事がやろうとすることを、ただ承認するだけでなく、こちらから条例作りを通して執行機関に求める。評価することもあるが、求めることもあるということだ。

――知事は4定で国政進出について謝罪した。

都政を運営する上で国政との関係が重要という判断だった。ただ結果が出ず、「皆様に困惑、心配をかけた」と言い、今後は都政に専念すると宣言した。

――特区など国政進出の理由が弱かったが。

特区だけでなく、五輪などいろいろな制度で国との関わりはある。（地方交付税の）不交付団体の都でも、国が都の言うことを尊重してくれるのであれば非常にいい。それを目指したのではないか。

――他方で地方消費税の見直しは国政進出の弊害との声もある。

為政者が「影響した」と言うのなら、そうかもしれないが、我々から見れば、今に始まったことではなく、極端に言えば何十年もやってきた話だ。ふるさと納税も同じだが、東京に集まるお金を全国にうまく配分するという大きな流れがある。その一環だ。

――都民ファとして、見直しに対して要望したか。

都議会の自民や公明と話したが、基本的に各党で関わりのあるところに声を掛けようということになった。そこまで深い関係ではないが、希望の党の政調会長に私も会って事情を説明し、協力を依頼した。我々が自民党に行くのは少し筋が違う。

――都政の主張を国政にいかにつなげていくか。

一義的には執行機関側が国と話していくことが大事。その上で、各政党や会派が協力できることは、しっかり動いていく。政権を取っている政党に働き掛けなくてはいけないが、我々が自民党に行っても、話にならないだろう。現実的にやらないと意味がない。

公明とは「変わらず」

――公明が知事と是々非々の姿勢を強めている。

直接、連携解消と言われてはいない。これまでも協力関係を保てるようにしてきた。こちら側からすると変わりはない。

――公明は第4回定例都議会で入札制度改革の見直しを求めた。

知事は試行期間が終わってから何らかの見直しをするだろう。我々は中小企業を始め、業者の意見を聞くことを質問で求めた。試行期間に問題点を拾い上げ、競争性を保ちながら、円滑な入札制度としなくてはならない。公明とは同じスタンスではない。

――入札では都の見積もりが実態に合っていないとの指摘がある。

私が区議会議員になった平成初期は、県職員が県立高校の設計図を作るなど、役所には専門職がたくさんいた。しかし、行政のアウトソーシングが進んで職員が減り、行政は専門性を失いつつあるのではないか。経験的な感想だが、専門職がもう少しいてもいい。調査して専門性の高い人材が必要であれば、訴えていかなければならない。

――入札制度全般の課題認識は。

入札制度は時代に応じて変わる。競争性の担保を強める時もあれば、競争が激しくて品質が落ちていく時もあった。今の制度が常にベストではない。今後も変わっていく可能性がある。そのための試行をやり、制度を再構築する試みは知事としては当然の考えだろう。

ますこ・ひろき＝1959年12月19日生まれ。58歳。亜細亜大経営卒。国会議員秘書や文京区議を経て、05年の都議選で初当選（民主党所属）。13年に落選し、今年の都議選で返り咲いた。現在3期目。

ニュースの視点④　週刊誌記者が見た国政と都政

政局の年

小池旋風止み大逆風に

この1年の週刊誌報道を振り返ってみると、官邸を揺るがすような閣僚級のスキャンダルはなかったものの、今年ほど、週刊誌記事が“政局”になった年はなかったのではないだろうか。

まず一つは、『週刊新潮』が報じた豊田真由子前衆院議員のスキャンダルだ。もはや説明する必要もないが、元秘書への暴言の録音が繰り返しテレビなどで放送されたことにより、自民党の魔の2回生の負のイメージが日に日に増幅されていった。

初報は6月だった。この報道が決定的に影響を与えたのは、7月2日に投開票が行われた都議選である。小池百合子都知事率いる「都民ファーストの会」が第1党となる49議席を獲得。立候補者のほぼ全員が当選するという大躍進だった。一方、自民党は30議席以上減らして、23議席の大敗だった。この選挙戦では、加計（かけ）学園問題が追及されていたこともあり、積極的に安倍総理が街頭演説を行うことすらできなかったが、当時、さる自民党議員は「豊田問題も敗因としてあった」と漏らしている。結果的に小池旋風が吹き荒れるきっかけを作っていたのである。

二つ目は、『週刊文春』の山尾志桜里衆院議員の不倫疑惑である。知人弁護士との密会現場を激写され、9月7日に民進党（当時）から離党。民進党は前原誠司新体制の下、山尾氏を幹事長へ起用する最中のことだった。野党第1党へのダメージとしては計り知れないものがあったと言える。

これからほどなくして、新聞各紙が早期解散報道を打ち始めた。実際に総理が解散を発表したのは9月28日。解散を決断した背景には、▽文春報道から民進党がガタガタになったこと▽離党者が相次いだこと▽細野豪志衆院議員と若狭勝前衆院議員によって協議されていた小池新党の準備が間に合わないこと――があったのは間違いないだろう。小池新党に関しては、若狭氏と政務担当特別秘書の野田数氏の醜い主導権争いとも報じられてもいた。

9月25日に希望の党を設立し、すぐさま民進党への合流を決断した小池氏。この時点で小池旋風は最高潮に達していたが、逆風へと変わる一言が“排除発言”だった。この発言を引き出す質問をしたのが、週刊誌や月刊誌をフィールドとするフリージャーナリストだ。つまり、都議選での都民ファーストの大躍進から総理の解散の決断、小池氏が擁する希望の党惨敗まで、要所要所で週刊誌の報道（及びそれに関わる人）が潮目を変えていたことになる。

実は衆院選後、希望の党へのさらなる一撃として、同党の新代表に玉木雄一郎氏が選出された後、さる週刊誌が同党幹部についてのスキャンダルを報じるといううわさが永田町に駆け巡った。結果的に報道は出なかったものの、玉木氏は当該人物に事実確認をする羽目になった。実際に報じられていれば、希望の党、ひいては小池知事がまたもやダメージを負うことになっていたのだ。

さて、来年である。

統一地方選と参院選は再来年。つまり、来年は大きな選挙のない年となり、また、豊洲移転に関連する千客万来施設の整備などケリをつけなければならない。築地再開発を打ち出した小池知事にとって、おひざ元の問題を解決せねばならず、動きの取りづらい1年になる。それに衆院選に惨敗し、本人の熱量はいかほどか。さる小池知事に近い関係者はこう言う。

「彼女はもう都政に飽きているよ」

週刊誌の視線も小池知事に代わって躍進した立憲民主党に移っているようだ。それがいいのか、悪いのか。週刊誌記者も括目（かつもく）するような、次の一手が小池知事には求められている。

（古池大）

フリージャーナリスト

東京最前線

◆**幼稚園の保育料無償化**　千葉県鋸南町議会は15日、町立幼稚園の保育料を来年4月から無償化する条例改正案を全会一致で可決した。幼稚園の保育料無償化は全国的にも珍しいという。現在の町立幼稚園の保育料は年間4万8千円。少子化対策の一環として、子育て支援につなげる考え。

◆**乳幼児保護で親の安否確認**　神奈川県大和市は来年4月から、育児中の保護者を対象に安否確認のメールを送信する。こうした取り組みは全国初。保護者が急死した場合、乳幼児を保護するのが目的で、市が毎日、登録したアドレスにメールを送り、反応が途切れた際、訪問などにより安否を確認する。

◆**不育症検査の助成検討**　埼玉県は2018年度から、妊娠後に流産や死産を繰り返す「不育症」の検査費助成を開始することを検討している。厚労省によると、不育症の原因は約5割が偶発的な流産で、残りは原因が特定されていないという。検査で原因を特定して治療につなげ、少子化に歯止めをかける考え。

◆**夏休みに閉校日**　静岡県島田市は14日の総合教育会議で、私立小中学校の教職員が夏休みに出勤しない「学校閉庁日」を設置する方針を決めた。閉校日は、現時点では来年8月中旬の3日程度で調整している。教職員は夏休みに巡回や電話応対などで出勤しており、多忙化を解消するのが狙い。

◆**住宅開発を抑制へ**　神戸市は高層マンションの建築ラッシュに伴う児童の急増に対し、住宅開発を抑制する条例を来年6月に施行する。今後6年以内に小学校の教室不足が起こり得る小学校区「受入困難地区」は今回、該当がなかった。また、児童の受け入れ対策が必要な「要注意地区」は18地区あった。

◆**刑務所を避難所に**　静岡市は6日、南海トラフ地震などが発生した場合、静岡刑務所の武道場を指定避難所として住民に開放する協定を締結した。面積約450平方㍍の武道場には150人が収容可能。刑務官などが24時間態勢で避難者をサポートする。同市は同刑務所との合同防災訓練を想定している。

◆**災害時にマッサージ師派遣**　滋賀県は地震などの災害時に避難者を支援する協定を県鍼灸師会と県鍼灸マッサージ師会とそれぞれ11日までに結んだ。体育館などの避難所生活が長期化した避難者の疲労を和らげる。県の応援要請に基づき、派遣してもらう。マッサージ師など有資格者は現在220人。

◆**難民集約などで協議**　山口県下関市は、朝鮮半島で有事が起きた際に難民が漂着することを想定し、人工島「長州出島」への難民集約に向けた検討に着手する。北朝鮮船の漂着が相次ぐ中、住民の不安を払拭するのが目的。長州出島に国際物流拠点として整備された倉庫などを活用する考え。

◆**動物保護で基金創設へ**　犬や猫などの殺処分ゼロの実現に向け、神奈川県は13日、県民から受け入れる基金を創設する方針を決めた。基金は保護した動物の医療費などに活用し、来年4月の導入を目指す。県の所管は政令市や中核市、保健所設置市を除く地域で、県全体の3分の1強だという。

私を変えた一冊

建設局公園計画担当部長　細岡 晃氏

『一国の首都』幸田 露伴〈著〉――先見の明 かくごとし

幸田露伴の『一国の首都』を挙げたいと思います。本書は、1899年に書かれた「都市論」ですが、私にとっては、いつでも気軽に手に取れる随筆的な存在です。係長時代に先輩から勧められたのが本書を知るきっかけでした。

明治の文体で、決して読みやすくはないのですが、解読はそれほど難しくはありません。インフラから娯楽施設まで多岐にわたる首都・東京の都市施設全般にわたる記載は、どこからでも読み始めることができます。

自分が座右とするのはその一部、公園について書かれた項です。造園職として公園緑地、都市緑化に長く関わってきた自分にとって、我が意を得たりの内容と書きぶりは小気味よいものです。書物の読み手への影響は、優れた知見の教示である場合と、自分の考えと共通のものにふれた共感の喜びといったものがあると思いますが、自分にとっての本書は、その後者に当たるものです。

本書が発表された4年後の1903年、園内に洋食を提供するレストランがあり、洋楽の演奏会が催される日比谷公園が開園しました。自分が公園行政に携わる首都・東京の公園の黎明期にこのような論が書かれていたことに驚き、日比谷公園を設計した本田静六も、きっと本書を知っていたのではないかと思いをはせるわけです。

公園の持つ機能、必要性、配置論など基本的な事項については、まったくもって今も通用する記述です。官民が連携して公園の持つ潜在力を導き出し、より多くの方に公園を活用していこうとする現在の都の取り組み、その際、公園の本来機能やあり方について常に留意すべきというポイントについても、120年前に既にお見通しのごとくです。

「（公園は、様々な老若男女を）悦ばしむべき設備を施して、なるべく多く人民を公園内に引き致さんことをその本旨」とすべき、「善導して弊なからしむるは達人の政（まつりごと）」とき、「そこをうまくやるのが、プロの行政マンだろう！」という江戸っ子露伴の声が聞こえるようです。

五輪組織委員会

開閉会式で計画チーム

オフィスは晴海に集約へ

五輪組織委員会は20日の理事会で、東京大会の開・閉会式の基本プランを策定するため、映画監督やクリエーティブディレクターなど8人で構成する「総合プランニングチーム」を立ち上げる方針を決めた。開・閉会式全体のストーリーと、各式典で展開するメッセージについて検討する。また、2018年度以降、新たなオフィスとして「晴海トリトンスクエア」（中央区）を使用し、集約していく方針も明らかにした。

プランニングチームのメンバーは、アニメ映画『君の名は。』で知られる映画プロデューサーの川村元気さんや演出振付家のMIKIKOさん、音楽家の椎名林檎さんら8人。「映像とストーリーを統合できる」「東京・日本の伝統を演出できる」「共生を表現できる」などの観点で人選した。

開・閉会式のコンセプトは、組織委の「有識者懇談会」が①平和②共生③復興④未来⑤日本・東京⑥アスリート⑦参画⑧ワクワク感・ドキドキ感――の8本に決定。オリンピックとパラリンピックの開・閉会式を「一連の四部作」と捉え、起承転結となるように構成する方針を示した。特に、東京は初めて2度目のパラリンピックを開催する都市になるとして、「共生社会」を目指すことを世界に伝える。

来年夏ごろをめどに基本プランをまとめた後に各式典の監督を選任する方針。監督の選定に先立ち、総合プランニングチームを立ち上げるのは、東京大会ならではの試みという。

組織委の森喜朗会長は「（懇談会の）熱い思いを引き継いで、国民の記憶に残るセレモニーを、どのようにつなげて一体化するか、具体的にまとめていただきたい」と話した。

組織委の新たなオフィスとなる晴海トリトンスクエアは、大会開催時には拠点となる見通し。競技会場や選手村からアクセスの良い臨海部で、組織の一体的な運営を実現するのが狙いだ。

スペースは段階的に拡張し、最終的には1万坪を確保する計画。まずは競技や会場マネジメント、会場整備、テストイベント担当などが移る。

そのほか理事会では、東京大会の競技運営などに関するITサービスについて、IOCのTOPパートナーの「Atos」と包括的な供給契約を結ぶ方針を決めた。契約額は約97・9億円。具体的には、競技結果の配信システムや大会運営システムの開発・運用とサポート、ITサービス全体の統合管理などを担当する。

プランニングチームには、リオ大会のハンドオーバーを演出したメンバーも加わる＝16年8月

「宇宙からエールを」

五輪組織委員会がＪＡＸＡとコラボ企画

宇宙からも東京大会にエールを――。大会組織委員会とＪＡＸＡのコラボ企画の一環で宇宙飛行士の野口聡一さんが20日、組織委のオフィスを訪問し、森喜朗会長らと面会した。

野口さんは「同じ日の丸を背負っている代表選手としてエールを送りたい。いろいろなプロジェクトとそれぞれの思いが2020年にたどり着くと良い」とあいさつ。

ＪＡＸＡとのコラボは東京大会を盛り上げるのが目的で、第１弾として今月17日にＩＳＳ（国際宇宙ステーション）に向けて出発した金井宣茂宇宙飛行士が、滞在期間中に様々なチャレンジを行う予定。内容は来年２月以降発表される。

武蔵野の森総合スポーツプラザ

公共・商業利用の両立課題

5年間は指定管理者で運営

2020年東京オリンピック・パラリンピックの会場としても使用される「武蔵野の森総合スポーツプラザ」（調布市）が11月25日にオープンして間もなく1カ月となり、コンサートなどの商業利用が既に始まっている。同施設は2010年の検討開始当初は「赤字を出さない」ことを基本方針に掲げていたが、20年東京大会などの開催により会場を使用する上での制約もあり、22年度までは指定管理者で運営する方針に転換。地域貢献を図りながらどう収益を上げていくかが課題だ。

同施設の指定管理者は㈱東京スタジアムなどのグループ。味の素スタジアムと一体的に効率的な運営を図る考えだ。同社が想定する収益の柱が、スポーツ大会やコンサートなどを誘致する商業利用。事業計画書では、最大1万人収容のメーンアリーナに、年間50件以上のイベントを誘致するなど約70万人の利用を目指す。

開館以降、初めての商業利用となった韓国人歌手のファンミーティングは2日間で約1万6千人を動員。また、21日からフィギュアスケートの全日本選手権も開催しており、来年3月まで7件のイベントを予定する。

ただ、黒字化に向けたハードルは低くない。現在のペースでは商業利用の目標の50件には及ばず、平日昼間・夜間の施設利用者が少ないことが見込まれるという。

東京スタジアムは今後の自主事業のスケジュールについて、「非公開案件もあるので公表できない」とした上で、「目標の50件を視野に誘致を進める」としている。

施設の稼働率を上げることが黒字化の鍵になるが、一方で同施設は「地域のにぎわいに貢献する」ことを目標に掲げており、地元住民向けの「地域貢献事業」も欠かせない。同施設はメーンアリーナの他に、プールやトレーニングルームなどを整備し、高齢者の健康増進などにも取り組む考えだが、多くの収益は見込めない。

例えば、プールは個人利用が中心で、水道料金などの維持管理費も大きく、全国的にもプールのあるスポーツ施設の黒字化は難しいのが実情だ。

事業計画書によると、経営が黒字となった場合はその一部を地域貢献のサービス拡充や施設の管理・修繕、競技用備品の更新などに充当するが、赤字の場合は「構成団体4社との会議を経て、負担額の割合を決め、当グループ内で負担」としている。

同施設は石原都政下に整備する方針が固まり、「赤字を出さない」という基本方針の下、維持・運営の在り方が課題になっていたが、その後、19年ラグビーW杯や20年東京五輪・パラリンピックの開催が決定。大会期間中は施設が使用できない制約もあり、当面は独立採算ではなく、指定管理者制度を導入することとした経緯がある。五輪準備局は「指定管理期間の約5年間の実績を見て、本当に赤字が出ない運営が可能か見極めたい」としている。

先月オープンした武蔵野の森総合スポーツプラザ（東京都提供）

障害者スポ実施率40％に

都五輪準備局

観戦や選手発掘・育成も

都五輪準備局は19日、「スポーツ推進総合計画（仮称）」（2018～24年度）の中間まとめを発表した。スポーツを通じて東京の未来を創造するための「羅針盤」と位置付け、現行の「スポーツ推進計画」「障害者スポーツ振興計画」を統合。①健康長寿②共生社会③地域・経済の活性化――という三つの政策目標と、九つの達成指標を定めたのが特徴だ。計画全体では、スポーツ実施率70％を目標に掲げている。

このうち「共生社会」では、障害や年齢、国籍などを問わず、全ての人が分け隔てなくスポーツを楽しめることを目指し、障害者のスポーツ実施率を19・2％（全国調査）から24年度までに40％に引き上げることを目指し、都立特別支援学校の体育施設の活用や障害者スポーツ指導員の養成講習などに取り組む。高齢者や親子のスポーツ振興も図る。

「地域・経済の活性化」では、都内の「スポーツGDP」を現状の0・57兆円から20年には1・04兆円、24年度に1・46兆円に引き上げる目標を掲げた。1年間にスポーツを直接観戦する割合を39・3％から50％に引き上げる目標も示した。

また、20年東京大会に出場する選手を発掘・育成し、強化する事業にも力を入れる。オリンピックで100人、パラリンピックで25人の出場を目指す。

「健康長寿」では、1年間にスポーツを実施しなかった都民の割合を現在の15％から20年には7・5％に半減させる。

計画はパブリックコメントを経て、17年度中に策定する予定。

都健康安全研究センター

都民の半数弱が花粉症

前回調査より20ポイント増

都民の48・8％がスギ花粉症と推定されることが18日、都健康安全研究センターによる実態調査結果で明らかになった。2006年度の前回調査では28・2％で、基準や推計方法に変更点があるため、単純比較はできないが、約20ポイントも増えたことになる。

調査は前回と同じく、あきる野、調布、大田3区市の一部地域で、アンケート回答者約2100人と花粉症検診受診者410人から推計。その結果、全ての年齢層で花粉症の割合が増え、特に15～29歳では61・6％に上った。また、0～14歳の子供は前回比14ポイント増の40・3％。同センターは「スギ花粉の飛散量が増加傾向にあり、アレルギーの子供の増加が目立つ」（健康危機管理情報課）としており、年齢が進むにつれて花粉症の割合は増加すると見られている。

「鼻や目の症状がある」とした人に日常生活への影響を聞いたところ、約6割が「セルフケアや医療機関を受診すれば支障がない」と回答し、対策をすれば日常生活に支障がない人が多かった。特段の対策をしなくても支障がない人も約3割だった。

花粉症対策への要望では、「根本的な治療方法の研究」が43・3％でトップ。「スギ林などの伐採や枝打ちで飛散花粉を減らす」が37・6％で続いた。

調査はおおむね10年ごとに実施しており、今回は4回目。

役員報酬を自主返納

処理水混入事故で

ＴＧＳ

足立区内で9月、下水処理水が上水道管に混入した事故に関連して、東京都下水道サービス㈱（TGS）は19日、事故を重く受け止め、小川健一社長と前田正博前社長が役員報酬月額の20％を、専務取締役（技術担当）が同10％をそれぞれ1カ月、自主返納すると発表した。

また、管理監督責任として、参事と副参事の計2人をそれぞれ減給60分の1（1月）の懲戒処分とし、既に退職した主事にも減給相当額の自主返納を求める。

事故はTGSの建設土のリサイクル施設「中川建設発生土改良プラント」内で、誤って処理水配管と上水道管が接続されていたことから発生。誤接続は2012年、TGSがプラント改修を行った際に無断で行われた。通常は上水道と処理水配管の間の弁を閉めているため混入しないが、9月、トイレ清掃時に誤って弁を開け、処理水が逆流した。

浅草線の新型車両公開

都営フェスタ2017で

都交通局

都交通局は9日、馬込車両検修場（大田区）で「都営フェスタ2017」を開催し、都営浅草線の新型車両5500系を初めて公開した。

歌舞伎の隈取りをイメージした外観デザインが特徴的な新型車両は、全照明にLEDを採用することで環境面にも配慮。最高速度が既存車両よりも10キロアップし、他路線での運用も可能という。

同局では今年度末から新型車両を順次導入し、2021年度までに計27編成を導入予定。

同局の竹下克車両電気部車両課長は「外見はもちろん、乗り心地やフリースペースなど荷物のある方や体の悪い方にも配慮した車両となっている。乗り心地を楽しんでいただきたい」と話した。

フェスタには1万1千人が来場。鉄道ファンでにぎわう物販エリアで使われなくなった鉄道部品や鉄道各社のグッズが販売され、前日の午後10時から並んでいたという20代男性は「お目当ての東急東横線の駅名板を購入でき満足だ」と笑顔で話していた。

選手育成の分担金で

目黒柔道連盟が不正

都五輪準備局

都五輪準備局と（公財）東京都体育協会は18日、目黒区柔道連盟が虚偽の領収証を作り、都からのジュニア選手育成のための分担金を請求していたと発表した。

発表によると、同連盟の相羽克純理事長は2012～17年度の6カ年にわたり、ジュニア選手の育成事業の分担金計約74万円を不正に請求。都体協の職員が同連盟についての報告書を調べたところ、同理事長が既に閉店していた店舗の領収証を提出し、分担金の一部をガソリン代や高速道路代金などに充てていたという。

分担金は全額、都の負担で、都体協と地区体協（目黒体協）を通じて同連盟に交付されていた。同連盟は既に、不正に交付された分担金を含め、約275万円を都体協に全額返還している。

同局などは「理事長自身のモラルの欠如と公金である分担金を扱うことに対する意識の低さが顕著であり、その方法も悪質」と指摘。18年1月から弁護士によるコンプライアンス研修を始めるほか、18年度からは収支決算書の様式で団体の代表者と会計担当者の署名捺印欄を追加し、複数人で確認する方式に改めるなどし、再発防止を図るとしている。

五輪への航海図 234

TOKYO 2020

開催まで あと945日

NFに聞く 期待と課題⑤

卓球　宿泊場所確保が急務

東京大会では個人戦と団体戦に加え、「混合ダブルス」が追加される。昨年のリオ大会でのメダルラッシュに続き、今年6月に独デュッセルドルフで開催された世界選手権では五つのメダルを獲得。中でも吉村真晴、石川佳純両選手のペアが、日本として48年ぶりの金メダルを獲得するなどの活躍があった。東京大会では各種目で中国を打倒し、金メダルを一つでも獲得するのが目標になる。

会場は、東京体育館（渋谷区）。卓球は1988年のソウル大会から五輪競技となったため、日本としては初めての経験となる。そのため日本卓球協会は2019年秋に国・地域別対抗の団体戦ワールドチームカップを招致し、テストイベントとして調整中。

また、競技を演出する「スポーツプレゼンテーション」では、テレビ映えするようなマットと卓球台、ボールの配色について検討している。

選手の練習場所や関係者の宿泊場所の確保も急務だ。

選手やトレーニングコーチなどの宿泊場所は協会が手配する予定で、協会としては代表選手らが日常的に練習している「味の素ナショナルトレーニングセンター」（北区）付近を熱望しているが、ホテルは大会1年前でないと予約を受け付けてもらえない状況にある。

リオ大会では女子団体で銅メダルを獲得＝16年8月

練習場所について、12年のロンドン大会では同協会が市内の学校の体育館を借り切って対応したが、東京では大会組織委員会との調整が必要になるため未定という。同協会の宮崎義仁常務理事は「組織委からNFへの割り振りがあるのであれば、早めにお願いしたい」と話す。

競技力の強化にも力を注ぐ。同協会は「U18～U8」のチームを作り、若手の育成に取り組んでいる。また、リオ大会後に退任した女子日本代表の村上恭和監督が将来を見据え、全国の幼稚園に子供用の卓球台を配って裾野を広げる取り組みも開始した。

同協会の宮崎常務理事は「大会をきっかけに全ての国民が何らかのスポーツにいそしむ生活ができる国になってほしい」と期待を話す。

30年度 職員教養講座 東京都管理職選考対策 ▶24◀

技術（電気）記述・論文

今年も早いもので年末に差しかかり、年が明ければ管理職選考まで半年を切ります。受験生の皆さんは、職場の中心的な存在として多忙な日々を過ごし、十分な勉強時間を確保できない状況にあると思います。そのような中でも、管理職を目指して志望動機をしっかりと持ち、日々の業務でも意識的に取り組むとともに、出来るだけ早い時期から準備を始め、仕事、家庭、試験対策をバランス良く計画的に進めていくことが必要でしょう。

今年度の管理職選考の電気職（種別B）の合格者は3人で、例年を上回る結果となりました。来年度の合格者数も例年通りとなる見込みで、引き続き狭き門になると思われます。受験生の皆さんは絶対に合格するという強い信念を持つとともに、試験当日までやる気を維持することが重要です。

記述試験の対策

記述試験では、平成19年度から資格試験制度が導入されました。記述試験の成績が一定基準に達した場合、翌年度から3年間、記述試験が免除される制度です。また、技術士（指定された分野）や電気主任技術者（第一種・第二種）の有資格者に対しても記述試験が免除されます。

例年、種別A・B共通の問題で10題の出題から4題を選択して語句説明を行います。出題範囲＝表1＝は、電気理論（電子回路を含む）、配電・変電、法規、電気応用となっており、強電、弱電、情報、法規、法令や関連する最新の技術情報等、非常に広い分野から出題されます。

出題分野が広範囲にわたっており、この試験に特化した準備をすることは難しいと思いますが、全ての出題に太刀打ちできないという事態は様々な実務経験を持つ課長代理級には想定しにくいと言えます。基本を押さえつつ、日頃から新聞・業界紙やインターネットなどを利用して、新技術・法改正などの最新の技術情報を入手し、実務と関連付けて整理することが大切です。

記述試験では、高得点を目指す必要はありません。目標は上位半分に食い込むことに設定し、論文対策を中心に行うとよいでしょう。

論文のポイント

管理職選考で合否を大きく分けるのは、何と言っても論文です。論文への苦手意識を持つ受験生がいますが、管理職試験の論文は評論や奇抜な発想などは全く求められていません。一定のルールに従って論述し、その完成度が採点されるものです。設問に対して、採点者が理解しやすく、都の政策の方向性から逸脱せず、合理的な改善策を論述できるかが問われています。制限時間内に論述するための準備を繁忙な日常業務の合間に積み重ね、それが可能かどうかを確認する試験と割り切って考えた方がいいです。

種別Bの電気の論文試験は、2題から1題を選択します。分量は1500字以上2千字程度で解答し、問題意識、政策形成力、論理性、表現力などが評定の対象になります。

近年の出題＝表2＝は、環境対策、老朽化対策、人材育成関連などをテーマとして、時代背景を織り込みながら出題されています。出題された課題に対して電気技術者としてどのように対応するか、具体的な解答が求められます。日頃から一歩踏み込んだ問題意識を持ち、これらの課題に対し自分が管理職としてどのように対応すべきか、考えを整理しておくことが重要です。

論文試験は、主任試験に合格し、課長代理級として実務を担っている職員であれば、着実な準備を行うことで狭き門であってもパスできるチャンスは誰にでもあると思います。論文作成に当たり、押さえるべきポイントは大きく分けて三つです。

■記述試験の分類（表1）

年度	電気理論	配電・変電	法規	電気応用	技術情勢
27	―	・変圧器並列運転 ・中性点接地 ・避雷器	・電気事業法（技術基準への適合、自主的な保安） ・電気設備に関する技術基準を定める省令（電磁誘導作用による健康被害の防止）	・電力貯蔵 ・移動体通信（CDMA, MIMO,FDM） ・LED照明	・情報セキュリティ技術（ワンタイムパスワード、シングルオンサイン、無線LAN） ・VoLTE ・キャリアアグリゲーション ・広域的運営推進機関 ・オープンデータ
28	・マクスウエル方程式 ・ファラデーの法則	・低圧配電方式 ・400V配電方式	・接地抵抗測定 ・絶縁抵抗測定 ・絶縁耐力試験 ・消防用非常電源 ・PCB廃棄物の保管 ・マニフェスト制度	・誘導電動機と始動法 ・絶縁材料の耐熱クラス ・光ファイバ通信	・情報バリアフリー ・サイバーセキュリティ戦略 ・ワイヤレス給電
29	・ポアソンの方程式 ・キルヒホッフの法則 ・テブナンの定理	・短絡容量（計算問題） ・配線図	・使用前自主検査 ・使用前安全管理審査 ・自動火災報知設備 ・電気用品安全法 ・電気関係報告規則	・誘導電動機（計算問題）	・EMC

■出題論文の分類（表2）

年度	老朽化対策	環境対策	防災・危機管理 安全管理	技術の継承 人材育成	組織運営
24		世界一環境負荷の低い低炭素都市	危機管理体制の充実		
25				新たな取り組みに必要な人材育成	組織運営
26	都市の魅力を高めながら施設の老朽化対策	再生可能エネルギー			
27			サイバー攻撃	技術継承	
28	効率的な維持管理更新	水素エネルギー			
29		低炭素社会の実現	都市防災機能の強化		

①設問趣旨に忠実に

例えば、今年の出題では、「鉄道施設や上下水道施設などの都市施設の耐震化の推進」を前提に挙げた上で、「東京の都市防災機能の強化」が問われています。前提条件に全く触れなければ、問題に正面から答えたことにはなりません。また、電気職として専門的視点での解答が求められていることも忘れてはいけません。

②平易な表現で

専門分野が異なる職員が読んでも理解できるように、平易な表現を用いることが必要です。文中で例示する際は、▽同じ組織でなければ想像しにくい例▽専門性が高すぎる論述――などは避け、誰もがイメージができる分かりやすい表現としましょう。

③課題と解決策

論文の作成に当たり、留意すべき点は課題と解決策です。資料からピックアップした課題と解決策が対応しているか、重複がないか、解決策の実現性が制度的に可能かどうか、現状の都政と異なる方向性を主張していないか、管理職の企画として適切かなどを確認する必要があります。また、知事の政治的判断が伴ったり、主事級が思いつくような解決策を記述したりしても、意味はありません。

こうした留意点は指摘されなくても分かると思うかもしれませんが、いざ論文を書いてみると、意外にもポイントを押さえていないことがあります。

論述方法

まず、添削用論文としての課題を設定した上で、過去問を参考に書きやすいテーマを選ぶことも良いでしょう。その際、設備の老朽化対策、温暖化対策などのハード面、人材育成や技術継承といった実務上の経験を踏まえ、テーマ設定することをお勧めします。

テーマが決まったら、レジュメの作成となります。レジュメで、課題と解決策はヒト（制度面、ソフトなど）・モノ（技術、設備など）・カネ（費用）などの分野に分けて論述していくと、重複や抜け落ちを防ぐことができます。論文の骨格となる部分ですので、内容が不十分の場合は完成度に影響を及ぼします。課題と解決策の見出しが適切な表現であるかは、前述した①～③の観点からよく確認してください。これでレジュメは完成となります。

次にレジュメに沿って、本文を記述していきます。この時点では、まだ字数を気にする必要はありませんが、課題・解決策は250～300字程度を目安にまとめた方がバランスも取りやすくなります。書き終えてから全体に齟齬がないかチェックする際、この分量であれば、調整しやすくなります。

課題と解決策のポイントとして、リード文では設問趣旨と都の取り巻く状況を踏まえ、本文にうまく結びつけて問題提起を行い、最後に全体の論述内容を踏まえ、決意表明的な要素も盛り込みます。ここまで完成したら、初めて原稿用紙で分量を確認しましょう。

このポイントは、全て自分自身で可能な作業であります。このポイントを解答に反映できれば、完成度はさておき、論文の形にはなっているはずです。

この方法は主任試験対策でもよく使われています。管理職と主任試験の論文では、求められる考察の深さが全く異なりますが、骨格の作り方は同じと考えて構いません。屋台骨である構成がうまくまとめられなければ、中身に入っていけません。

各局の勉強会などで、論文が添削されて毎回真っ赤に修正され、どこに問題点があるのか腑に落ちない経験があるかと思いますが、実際は骨格づくりが不十分であることが多いはずです。対症療法的に文言を修正するだけでは意味がありません。別の課題でも本番の試験でも解答できません。骨格の不具合を論述だけで補うことは非常に難しいため、この手順は上司に添削を依頼する前に各自でやってほしいと思います。それにより、論述内容や考察そのものに対する添削や助言がより効果的となると思います。

また、2、3本目の添削用論文の作成では、過去の出題傾向を参考に、テーマごとに課題と解決策をまとめたレジュメを直前まで都政の動向を確認し、作り込んでおくことが重要です。

レジュメの作成には、思った以上に緻密な検討が必要となりますが、緊張が高まる試験会場で、一から考えて作成する労力はなるべく軽減しましょう。仮に用意した論文が1本しかなくても、レジュメだけでも事前に何通りか用意できれば、本番で大いに活用できることは間違いありません。最少の労力で最大の効果が得られる作業であり、試験直前には取り組んでほしいと思います。

これまで述べてきたように、論文の準備は決して簡単なものではありませんが、普通の課長代理職にとって手が届かないものでもありません。今から試験当日までの準備期間に、採点者に「読みたいと思わせる論文」を作成できるかどうかが問われていると考えてみてください。また、論文課題が難題であっても、他の人にとっても難題ですので、最後まで諦めずに頑張ってください。

口頭試問

筆記試験に合格後、発表からまもなく口頭試問となります。口頭試問では、管理職の視点で常に都政全般から日常業務まで捉えておく必要があります。また、なぜ管理職になりたいのか、なったらどのように取り組んでいきたいのか、自分の考えを整理しておいてください。当日は質問の意図をしっかりと把握して、的確、簡潔に答えなければなりません。背伸びせずに、真摯に回答する姿勢で臨んでください。

また、上司の協力を得て模擬面接を実施してもらうと良いでしょう。模擬面接では、事前に作成する面接票から質問の内容をつかめます。事前に回答を準備しておくことで、本番の緊張感を少しでも和らげることができると思います。厳しい状況ではありますが、都政が抱える諸問題を先頭に立って解決していくという強い意思を持ち続け、最後まで諦めずにこの難関をなんとか突破していただきたいと思います。

受験者の皆さんのご健闘を心からお祈り申し上げます。

◆30年度◆ 管理職試験講座 ⑦

特別区 Ⅰ類択一・記述 Ⅰ・Ⅱ類論文

Ⅰ類択一

行政法 ②

今回は、「行政行為」から3問、「行政手続」から2問出題します。

行政行為は、「効力」「附款」「取り消し・撤回」が頻出、「行政裁量」が隔年、「分類」「瑕疵の治癒等」が時々出題されており、今回は頻出の3項目から出題します。

行政手続は、①型「申請系1問＋行政指導1問」と②型「不利益処分系1問」が交互に出題されており、平成29年度は①型で出題されたので、今回は②型から出題します。

演習問題

【問題 1】

行政行為の効力に関する記述として、妥当なのはどれか。

① 行政行為は、公定力を有するため、その行政行為に重大かつ明白な瑕疵があってもそれが取り消されるまでは適法の推定を受け、原則として有効となり国民を拘束する。

② 違法な行政行為によって損害を受けた者は、国家賠償法における損害賠償を請求することができるが、この場合、事前に行政処分の取り消しの判決を得なければならない。

③ 行政行為の不可変更力とは、行政行為が無効である場合でも、法定期間を経過すると、相手方からは当該行政行為の効力を争うことができない効力をいう。

④ 行政行為の中でも、審査請求の裁決のように、紛争裁断作用として行われる行政行為については、行政庁による取り消し、変更は許されないとする不可争力が認められる。

⑤ 行政行為の自力執行力とは、行政行為によって課せられた義務を国民が履行しない場合、行政庁が裁判判決を得ることなく、自らの手で義務者に対し強制執行をし、義務の内容を実現することができる効力をいう。

【問題 2】

行政行為の附款に関する記述として、妥当なのはどれか。

① 条件は、行政行為の効果を発生不確実な将来の事実にかからせる意思表示であり、その事実の発生によって行政行為の効果が消滅するものを解除条件という。

② 負担は、行政行為の相手方に特別の義務を命ずる附款であり、負担が付加されると行政行為の効果は不確定の状態に置かれ、相手方に負担の不履行があった場合、行政行為の効力は当然に消滅する。

③ 行政行為について、公益上必要があると認めるときはいつでも取り消すことができる旨の撤回権が留保されている場合、行政庁は何らの制限なくその行政行為を取り消すことができる。

④ 附款は、それ自体公定力を有し、違法であっても一応有効なものと扱われ、附款が行政行為と不可分一体の関係にある場合であっても、附款のみの取消訴訟を提起することができる。

⑤ 附款は、行政庁の主たる意思表示に付加される従たる意思表示をいい、法律行為的行政行為に附款を付することはできないが、準法律行為的行政行為に附款を付することはできる。

【問題 3】

行政行為の取り消しと撤回に関する記述として、妥当なのはどれか。

① 行政庁は、行政行為が成立当初から違法である場合には当該行政行為を取り消すことができるが、不当である場合には当該行政行為を取り消すことができない。

② 行政行為の撤回は、その成立に瑕疵ある行政行為について、行為行政庁または監督行政庁がその成立の瑕疵を理由に、その行為の効力を既往にさかのぼって失わせる行政行為である。

③ 行政行為の撤回は、瑕疵なく成立した行政行為について、行為行政庁が公益上その効力を存続し得ない新たな事由の発生を理由に、その行為の効力を将来にわたって失わせる行政行為である。

④ 行政手続法には、授益的行政行為を撤回する場合、原則として、不利益を被る国民の同意を得なければならない旨、規定されている。

⑤ 相手方に不利益を課する行政行為の撤回の原因が、行政庁の責に帰すべき事由によって生じた場合には、その行政行為の成立時から当該行政行為はなかったものとされる。

【問題 4】

不利益処分に関する記述として、行政手続法上、妥当なのはどれか。

① 行政庁は、公益上、緊急に不利益処分をする必要があるときであっても、当該不利益処分の名あて人となるべき者について、必ず聴聞の手続きを執らなければならない。

② 行政庁は、不利益処分をするかどうかについて、当該処分の根拠法令の定めに従って判断するために必要とされる基準を定めなければならず、当該基準を公にしておかなければならない。

③ 地方公共団体の機関が当該地方公共団体の条例に基づき不利益処分をしようとする場合において、当該地方公共団体が行政手続条例を定めることなく、行政手続法の不利益処分に関する規定に基づき当該処分をすることができる。

④ 行政庁は、納付すべき金銭の額を確定し、一定の額の金銭の納付を命じる不利益処分をしようとする場合、当該処分の名あて人に対し、意見陳述の機会を付与する必要はない。

⑤ 行政庁は、行政処分の名あて人に対し、当該名あて人の資格または地位を直接に剥奪する不利益処分をしようとする場合、当該処分の名あて人に対し、弁明の機会を付与しなければならない。

【問題 5】

行政手続法上の行政指導に関する記述として、妥当なのはどれか。

① 同一の行政目的の実現のため一定の条件に該当する複数の者に対し行政指導を行うときは、行政機関は、あらかじめ、事案に応じこれら行政指導の共通内容となるべき事項を定め、必ず公表する義務を追う。

② 行政指導に携わる者は、当該行政機関の任務または所掌事務の範囲を逸脱してはならないが、相手方の任意の協力がある場合には、その任務または所掌事務の範囲を超えて行政指導を行うことができる。

③ 行政指導は、書面によらず口頭でも行うことができるが、相手方が行政指導の趣旨、内容や責任者名を記載した書面の交付を求めたときは、行政上特別の支障がない限り、これを交付しなければならない。

④ 行政指導を受けた相手方は、当該行政指導が法律に規定する要件に適合しないと思料しても、行政機関に対し、行政指導の中止その他必要な措置を取ることを求めることができない。

⑤ 行政指導は、行政機関の裁量により行われる行為であるため、国民からの求めに応じて行われることはない。

解説

【解説 1】 正答⑤

① 誤り。行政行為に重大かつ明白な瑕疵がある場合は、無効であり、公定力を有しない。

② 誤り。取消訴訟を経る必要はなく、直接、損害賠償請求をすることができる（最判昭36・4・21）。

③ 誤り。不可変更力ではなく不可争力の説明である。

④ 誤り。不可争力ではなく不可変更力の説明である。

⑤ 正しい。

【解説 2】 正答①

① 正しい。

② 誤り。当然に消滅しない。

③ 誤り。撤回権の留保の場合でも、撤回が無制限には認められない。

④ 誤り。附款・行政行為が不可分一体の場合、附款のみで取消訴訟を提起できない。

⑤ 誤り。準法律行為的行政行為には、附款を付し得ない。

【解説 3】 正答③

① 誤り。不当である場合も、取り消すことができる。

② 誤り。これは取り消しに関する記載である。

③ 正しい。

④ 誤り。同意ではなく、聴聞手続きを経なければならない。

⑤ 誤り。撤回の効果は、将来に向かってのみ発生する。

【解説 4】 正答④

① 誤り。公益上、緊急を要する場合等は、意見陳述手続きの対象外（行政手続法第13条第2項第1号）。

② 誤り。基準の制定も公表も努力義務である（同法第12条）。

③ 誤り。この場合、行政手続法の規定は適用されない（同法第3条第3項）。

④ 正しい（同法第13条第2項第4号）。

⑤ 誤り。この場合、聴聞の手続きを要する（同法第13条第1項）。

【解説 5】 正答③

① 誤り。行政上特別の支障がないことが必要（行政手続法第36条）。

② 誤り。行政指導は、その任務または所管事務の範囲内で行われる必要がある（同法第2条第6号）。

③ 正しい（同法第35条第1号、第3号）。

④ 誤り。平成27年度の法改正で当該措置が可能となった（同法第36条の2）。

⑤ 誤り。法令違反の事実がある場合、行政指導を求め得る（同法第36条の3）。

川柳で詠むこの1年

■相撲
久々に神宮酔わす土俵入り　諏訪原　栄
■ファースト
世界中自分ファースト合言葉　外山あゆ子
■テロ
テロニュースああ物騒なぶっそうな　伊藤嘉枝子
■プレミアム
プレミアムフライデーさて何しよう　中林　明美
■ヒアリ
グローバル海を乗り越えアリも来る　西谷美恵子
■共謀罪
共謀罪レッテル貼りに澄ます耳　信　寛良
■評価
国有地ゴミに高値が付くらしい　佐野　和利
■名誉
定番の誇り地に墜つモリとカケ　高松　孝子
■将棋
天才の少年棋士が指す一手　佐藤　牧人
■訃報
麻央さんは花のまんまで生き続け　堀内留美子

■都議選
ビューティフルな景色に議会塗りかえる　横塚　隆志
■固執
ミサイルがレッドラインを越えてくる　信　寛良
■婚約
御所までも海の王子が痺れさす　諏訪原　栄
■改ざん
物つくり自慢の企業きしみ出す　貝田　誠作
■豪雨
百年に一度がすでに二度三度　石川　和巳
■総選挙
宰相と都知事が秋を二分する　小坂　恭一
■踏絵
朝に身を売れば夕べに踏み絵踏む　石川　旭
■風
九条守れ立憲民主背中押し　菊地　順風
■快挙
9・98桐生につづけ壁くずれ　菊地　順風
■ネット
野放しの自殺サイトが怖すぎる　加藤　佳子

■値上げ
はがき出すいつのまにやら値上げ済　北野　耕兵
■過労死
拭っても拭っても沸く不信感　きんぎょ
■拉致
不惑です子を待つ父母の祈りの日　高松　孝子
■景観
寅さんが迷わぬようにそのまんま　横塚　隆志
■誕生
香香がメインサル山がらんどう　大戸　和興
■米朝
ガチンコで挑発しあう恐ろしさ　斎藤　弘美
■専念
風見終え豊洲五輪も正念場　斎藤　弘美
■願い
ＩＣＡＮの授賞が核を追いつめる　横塚　隆志
■高齢化
アクセルを踏んでも止まらぬ高齢化　石川　和巳
■流行語
暮れてゆく忖度なしの老いの道　遠藤香代子
■漢字
奇跡生む北を舞台のものがたり　松尾　仙影

とうきょうと川柳会・選

風流戯画草紙

作・橋本裕之

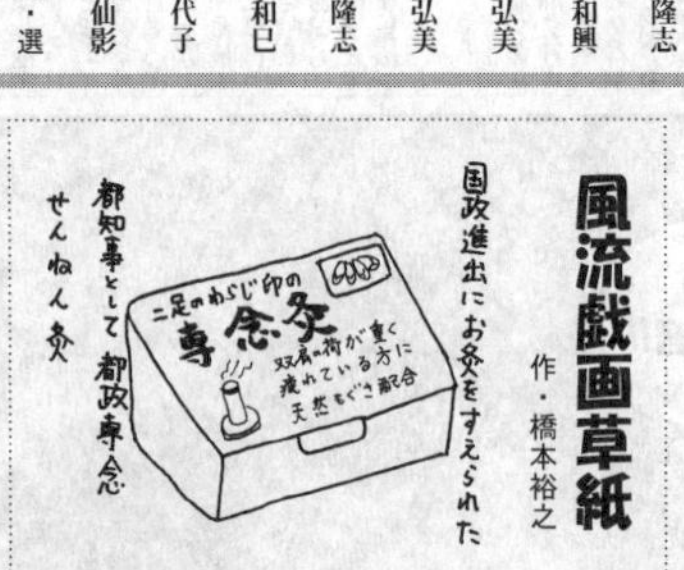

新聞送付について

都政新報は一部直配を除き、第三種郵便でご自宅等にお届けしております。土曜日曜日、祝日は配達がないため、土曜日が祝日に重なる場合には、新聞の配達が遅れます。ご了承ください。

東京国際フォーラム

「光のアクアリウム」開催中

吹き抜け空間をイルカが泳ぐ

東京国際フォーラムの舟形のガラス棟で、吹き抜け空間にイルカが泳ぐ様子を表現したイベント「光のアクアリウム」が19日から始まった。同館の開館20周年記念イベントの一環で、多くの訪問客らがガラス棟を雄大に泳ぐイルカを見上げていた。

◇　◇

㈱東京国際フォーラムでは、同館の20周年記念イベントとして、同館のシンボルでもあるガラス棟のポテンシャルをどう発信するのかを検討してきた。今夏、同社が主催したイベント「丸の内キッズジャンボリー2017」（8月15日～17日）で、「うみのいきもの総選挙」を実施。イベントに招待した東日本大震災の被災地の子供たちなどによる投票の結果、「イルカ」「ナポレオンフィッシュ」「ペンギン」「アザラシ」の中から圧倒的な支持を得たイルカが、イベントで泳ぐ生きものとして選ばれた。

イルカのボディーは、塩化ビニール製のバルーンに8立方㍍のヘリウムを充填（じゅうてん）することで、体重はわずか1㌔。LED搭載で、鮮やかに点灯する。尾びれの力で前進と方向転換し、関節の動きを巧みに制御して、なめらかな動きを再現している。また、気流の急な変化に対応するため、胸びれにスラスターファンを搭載し、加速や停止、力強い旋回、素早い上昇・下降が可能となっている。高性能プロジェクターとモーションセンサー技術を利用し、イルカの動きに合わせた映像を壁面に投影する。

このイベントには4社が協力した。㈱ピクスは、イルカを理解するために生態の専門家に話を聞くところからスタートし、各分野のスペシャリストの協力を得ながら、同イベントを総合プロデュース。㈱クエストコーポレーションは、小型航空機の開発から製造までを行う日本では数少ない会社として、イルカの有機的な動きを再現する動作環境を製作し、イルカの遊泳操作も担当している。

㈱エアロテックは、各種パーツの重量とバランス、必要となるヘリウム充填量から、ボディーの大きさと形状を算出し、体長約6㍍、厚さ0・1㍉のイルカのバルーンを製作した。また、パナソニックシステムソリューションズジャパン㈱が全面協力している。

◇　◇

同イベントは26日まで、1日4回公演（午後5時半、6時半、7時半、8時半）。場所は、東京国際フォーラムロビーギャラリー（入場無料）。

同時開催として、特別写真展「新たな船出」を開催している。東京国際フォーラムの20年の歩みを「過去」「現在」「未来」の三つに分けて紹介。漫画家の松本零士氏の元絵によるフォトモザイクも展示している。

また、関連イベントとして、丸の内エリアがイルミネーションなどで飾られる「東京ミチテラス2017」が24日から28日まで開催される。

ガラス棟を優雅に泳ぐイルカ

東京都写真美術館

年末年始の充実企画

アジェのインスピレーション＋無垢と経験の写真＋ユージン・スミス写真展

TOP MUSEUM（東京都写真美術館）は、年末年始に豪華・充実企画で臨む。まずはウジェーヌ・アジェ。

謎の多い孤高の存在であり、直接教えを受けた人がいないはずなのに、後世に及ぼした影響の大きさから、近代写真の先駆者として語られる。

当館で収蔵するオリジナル作品150点を中心に、写真集ほかの資料、影響を受けた写真家たちの作品によって、彼の精神がどのように継承されていったのかを追跡している。

移り行くパリの街や人々の姿をとらえ、「芸術家のための資料」の看板のもとに売られていた写真に、先進芸術の光を当てたのがマン・レイ。

シュールレアリスム有力メンバーのこの人が、たまたまアジェの近所にスタジオを持っていたという奇縁から、彼の作品がグループの機関誌『シュルレアリスム革命』に掲載され、アジェの名がパリを超えて広がる契機になった。

同じくアメリカ人のベレニス・アボットはマン・レイ以上にアジェに傾倒、純度の高いプリントを作り、彼の没後にはジュリアン・レヴィの協力を得て、散逸しかねなかった大量の作品を確保し、アメリカに送った。アジェの作品は写真集になり、ニューヨーク近代美術館に収蔵されて公開され、やがて彼は世界の巨匠に位置付けられることになった。

その影響で新しい写真を撮った写真家には、アボットは無論、アルフレッド・スティーグリッツ、ウォーカー・エバンスほか、そうそうたる顔触れが。

日本でアジェの影響を明言しているのはアラーキー・荒木経惟である。アジェの作品の中に「私情」を探り当て、「やっぱりアジェだね」と述懐。さらに「アジェの写真への心の追走は止むことがない」という森山大道、そして深瀬昌久、清野賀子へと、アジェの支脈が豊富な展示作品を通してたどられる。

3階の本展会場から2階に移ると、吉野英理香、金山貴宏、片山真理、鈴木のぞみ、武田慎平の5人による、「無垢と経験の写真－日本の新進作家Vol.14」が。撮る対象も撮り方も、そもそも写真である在り方も各々異なる。だが写真の可能性が確実に広がっていることを鮮烈に力強く伝えている。

さらに地下1階では、150点のヴィンテージプリントによって巨匠・ユージン・スミスの写真展も開催中だ。ここで数々の名作に再会する人も多いだろう。

12月29日～1月1日は休館。2日は午前11時に開館し、アジェ展と無垢と経験展が無料で観覧でき、3日も2割引きとなる。4日以降は午前10時開館。いずれも1月28日まで開催。

ウジェーヌ・アジェ《日食の間》1912年
東京都写真美術館蔵

ミニガイド

◇都立中央図書館公開講座「『東京』散歩学」（全3回）
▷内容と日時　第1回「沿線案内図に見る東京の鉄道発達史」今尾恵介氏（地図研究家）：2月4日㈰午後2時～4時、第2回「東京今昔町あるき」泉麻人氏（コラムニスト）：2月10日㈯　午後2時～4時、第3回「『散歩の達人』に学ぶ街歩きの楽しみ方」武田憲人氏（『散歩の達人』統括編集長）：2月18日㈰　午後2時～4時▷場所　都立中央図書館4階多目的ホール▷定員　各回100人（要申込・抽選）▷申し込み　都立図書館HPまたは、往復はがき（1人1枚）に希望講座名（3講座まで）・〒住所・氏名（ふりがな）・電話番号・必要に応じて手話通訳または要約筆記、車椅子スペース、託児サービス（子の年齢と人数）の希望を記し、〒106・8575港区南麻布5の7の13、都立中央図書館都市・東京情報担当（1月14日消印有効）

◆『東京橋くらべ』の次回掲載は来年1月12日号。『副知事人事ノート』の次回掲載は1月16日号です。

東京橋くらべ22

紅林　章央

神代橋

梅の郷を演出する橋

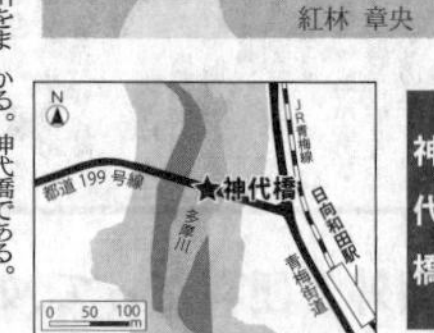

青梅市梅郷に、多摩川をまたぐ大きな赤いアーチ橋が架かる。神代橋である。

この橋の歴史は古く、初代の橋は江戸時代中期までさかのぼる。

当時、多摩川の中下流部では、冬の渇水期には仮橋を架けるものの、夏の出水期には渡し船により川を渡っていた。奥多摩地域には、夏の出水期でも渡れる橋が3橋架けられていた。これらは通年で渡れたことから、万年橋と呼ばれていた。この箇所にはそのうちの1橋、神代万年橋が架けられていた。橋は河川内には橋脚は建てず、両岸の岩に肘木（ひじき）と呼ばれる太い木を打ち込んで、それを支えに木を張り出して橋桁を架けた。山梨県大月市に残る猿橋と同様の肘木橋という構造で、長さは約34㍍あったと記録されている。

しかし、この橋は1892年に火事で焼失。その後は渡し船に頼っていたが、1942年に吊り橋が架けられ、69年に現在の鉄のアーチ橋へ架け替えられた。橋は欄干に梅の花のレリーフを設置し、梅の郷を演出している。

1969年に鉄のアーチ橋に

都政新報

発行所 都政新報社
〒160-0023 東京都新宿区西新宿7-23-1 TSビル
(総務・読者) 03-5330-8781
(企画広告) 03-5330-8784
(編集) 03-5330-8786
(出版) 03-5330-8788
(ファクス) 03-5330-8808
購読料 月1,730円(税込)
毎週火・金曜日発行
ただし、祝日は休刊
©都政新報社 2017

大会経費1.35兆円に

五輪V2予算

都と五輪組織委員会は22日、大会までの予算計画となる第2版（V2）を発表した。予算総額は、都、国、組織委、関係自治体による大枠合意（5月）時と比べ、350億円（2・5％）減の1兆3500億円となる。昨年12月のV1予算と比べ、1500億円の削減となる。V2予算では3人制バスケットボールなどの追加種目が決定し、予算額が膨らむ可能性があったが、仮設の整備費を削減して増額分を抑えた。小池知事は22日の会見で「費用対効果の高い予算ができあがった」と評価した。

仮設費削減など2.5％減

V2予算の大会総経費は1兆3500億円で、都と組織委がそれぞれ6千億円、国が1500億円を負担するスキーム。都の負担分は協賛宝くじの収益から大会経費に約150億円を充てるため、実質的には5850億円となる。

V2予算策定に当たり、仮設競技場などハード面の整備費を中心に精査した結果、仮設競技場の整備やエネルギー関連など会場関係を250億円、輸送やセキュリティーなど大会関係を100億円それぞれ圧縮した。

仮設競技場の整備費見直しでは、海外の建築資材などの単価を活用したという。国際オリンピック委員会（IOC）は都などに「（日本よりも安い）海外から建築資材などを調達すれば、安くできる」と助言しており、V2予算では最も安い海外の単価で仮設施設の整備費を算定。仮設経費は大枠合意時と比べて250億円少ない3150億円となった。五輪準備局は「規格品を大量発注すれば単価が下がるスケールメリットがある」と話している。

だが、主な仮設競技場は今年度中に基本設計を終えた後、2018年度に実施設計を行い、19年度に着工する予定のため、現在よりも海外の単価が上振れし、削減額が小幅になるとの懸念もある。都外の仮設競技場14カ所のうち、都が財政負担する施設は11カ所、組織委が3カ所あり、単価が高騰した際は都への影響が大きくなる。

さらに、V2予算には建築資材の高騰など予測困難な「予備費」（1千億～3千億円）を計上していないため、今後の市場の動向で影響を受ける可能性もある。

エネルギー関連は大枠合意時点より50億円少ない450億円を盛り込んだ。これまでIOCは競技会場の停電などに備え、発電所2カ所から電力を供給する「電源設備の二重化」を求めていたが、都などの財政的な負担が重くなる課題があった。組織委とIOCの協議の結果、一部の施設で非常用電源を確保すれば、「電源設備の二重化」が必要なくなった。

輸送では、V2予算で500億円を計上し、大枠合意時と比較し、削減額が最大の300億円となった。立候補ファイルに盛り込んだ「観戦客の公共交通機関の無償化」は、その膨大なコストが観戦チケットに跳ね返るため、断念した。また、IOCや選手など大会関係者の人数や滞在期間などを精査し、競技会場などに移動する車両の台数を見直した。

IOC調整委員会のコーツ委員長が10億㌦（約1100億円）の削減を求めていたが、今回の削減額は小幅にとどまった。五輪準備局の小山哲司理事は22日、「3500億円の削減で終わりではない。コスト削減はV3、V4予算で図っていく」との考えを報道陣に示した。

お知らせ

年内の発行は本号で最終とさせていただきます。新年は1月5日号からの発行です。あらかじめご了承ください。

（株）都政新報社

都政の東西　ジェットコースター

小池旋風に沸いた上半期が、遠い昔のようだ。

7月の都議選は、衝撃的な結果だった。小池知事率いる都民ファーストの会が第1党に躍進。公明党も早々と選挙協力を確立して現有の23議席を維持し、知事の支持勢力で過半数を確保した。一方、小池知事が敵視する自民党は第3党に凋落し、都議会の勢力図が塗り変わった。

しかし半年も持たずに状況は一変する。10月の衆院選では、小池知事が国政進出に色気を見せた直後から支持率が急落し、希望の党は惨敗。自公で300議席を突破し、都議選がうそのような結果になった。都議会では公明党が知事の政治姿勢を理由に早々と「知事与党」を離脱し、存在感を強めている。

政治的な対立は更に先鋭化する気配だ。都議会で都民ファが知事与党として発する質問は、理事者から見ても手ぬるいが、対照的に自民党は五輪や市場で特に厳しい。「我々は野党。予算案で対決姿勢を」という強硬論も渦巻く。

ではこの間、都政は動いたのか。まず、市場移転。春の百条委員会では過去を振り返るだけで時間を浪費し、知事が都議選前に出した築地・豊洲両立案は業者の賛否を分断。五輪準備は事務方の努力もあって役割分担に道筋は付いたものの、費用分担は国に完敗。輸送拠点の整備にも黄信号が灯る。地方消費税の見直しによる減収にも、政治的な手を打てず仕舞いだった。

衆院選で大敗し、小池知事は最近、幹部の声に耳を傾けているというが、これまで政局優先で風を作ってきただけに、今は時が過ぎ去るのを待っているようにも見える。ジェットコースターのように目が回った今年の都政。来年は平坦な道に変わるか。

東久留米市長選

並木氏が接戦制し再選

「東久留米を元気に」

任期満了に伴う東久留米市長選が24日に投開票され、現職の並木克巳氏（48）＝自民、公明推薦＝が、無所属の新人の櫻木善生氏（67）＝社民、共産、自由、市民自治フォーラム推薦＝を約2千票差で破り、再選を果たした。当日有権者数は9万6590人（男性4万6846人、女性4万9744人）。

並木氏の選挙事務所では、午後8時ごろから支援者らが集まりだし、テレビの開票速報を固唾をのんで見守った。接戦が予想され、支援者らは固い表情を浮かべながら吉報を待ったが、午後11時過ぎに当確の知らせが入ると、事務所は歓喜の声に包まれた。

市の財政改革などを訴えた並木氏は「厳しい選挙戦だったが、皆さんのおかげで当選することができた」と選挙戦を振り返り、「市民を巻き込んで東久留米を元気にしたい」と抱負を語った。

一方、櫻木氏は公立保育所全廃の見直しや市指定ごみ袋の値下げなどを訴えて現市政への批判票を集めたが、及ばなかった。中村幸夫選対事務局長は「市民の反応はよかったが、票に結び付かなかった。並木氏は市民の声をよく聞いて市政を運営してほしい」と語った。

また、同日行われた市議補選は、無所属新人の細川雅代氏（47）＝自民推薦＝と共産新人の北村龍太氏（30）が、共に初当選を果たした。得票数は以下の通り。

当	細川　雅代	14221	無新
当	北村　龍太	12487	共新
	引間　太一	7770	無新

東久留米市長選開票結果（投票率37.05％）

	得票	氏名	年齢	区分	推薦
当	18,847	並木　克巳	48	無現②	自公
	16,507	櫻木　善生	67	無新	社共由諸

（四角囲みは推薦政党）　＝選管確定＝

接戦を制し、万歳三唱する並木陣営＝24日、東久留米市内の事務所で

訂正　19日付3面の東久留米市議補選の記事で北村龍太氏の名前に誤りがありました。おわびして訂正します。

都総務局

「3日未満」施設拡充へ

帰宅困難者対策案まとめ

都は21日、第3回の帰宅困難者に関する有識者会議を都庁第二本庁舎で開き、報告書案を示した。東日本大震災から6年以上が経過し、災害時対応や帰宅困難への都民の関心が薄れつつある中、都としての方向性を明確にし、広く周知を図るのが狙いだ。都が帰宅困難者に特化した考え方をまとめるのは、東日本大震災発災以降初めて。

現状では大災害直後に帰宅困難者を3日間受け入れる「一時滞在施設」の確保が不十分なため、報告書案では、3日未満であれば受け入れ可能な施設に対して協力要請を促進する方針を示した。都が3日未満の施設を対象に要請に踏み切るのは初めて。東京商工会議所のアンケートで、一時滞在施設が開設するまでの期間であれば受け入れる可能性があると回答した企業が、約300社だったことを踏まえた。

また、被災者同士が助け合う「共助」を強調し、発災時は家族の安否を確認して安全な場所にとどまることなど、具体的な行動例を示して都民の意識を喚起する。「社会全体のために帰らない」との考えを広く都民らに周知して機運醸成を図る。

21日の会合では委員から、一時滞在施設への補償の仕組みを都が検討するよう要望が出された。同施設の落下物などによって帰宅困難者がけがをした場合、現在の法制度では施設側が損害賠償請求を受けることになり、協力施設の拡大を妨げる一因になっている。都総務局によると、都が独自に支援するのではなく、国に制度改正などを求める方針。

都は今後、同会合での意見を踏まえ、報告書をまとめる。取りまとめの時期については、委員の意見が多岐に及んだため、「現在のところ未定」（総務局総合防災部）という。

東日本大震災時には多数の帰宅困難者が発生した＝2011年3月11日、都庁議会棟

江戸東京博物館

消火設備で2度入札不調

工期や展示に影響の懸念も

東京都江戸東京博物館（江戸博）のホールの改修工事が来年度から始まる予定だが、消火設備工事で入札不調が続き、現時点で着工の見通しが立っていない。都はリニューアルオープン後に企画展を準備しており、工期次第では展示会への影響も懸念される。技術者不足が入札不調の要因で、今後改修が迫っている都有施設でも予断を許さない状況となっている。

江戸博では、老朽化したエレベーターやエスカレーター等の改修工事のため、今年10月から閉館している。工事は今年度末に終了する見込みで、5階と6階にある常設展示室の展示は来年4月から再開される予定。

今回の改修工事のメーンが1階にあるホール。東京五輪に向けて、外国人観光客らを集客するため、能や日本舞踊、長唄など伝統芸能を披露する考えだが、これまで歴史に関するテーマを中心に講演会を開催しており、現在のホールでは対応できないという。工事では、舞台を拡張し、照明器具を交換するとともに、楽屋の配置も変更する。

同工事は本体、電気や消火設備などに分けて発注しており、本体は約7億3千万円で落札されたが、消火設備だけが契約不成立のままだ。これまで2回開札したが、1回目は希望者なし、2回目は入札不調だった。

都庁舎の改修工事でも、消火設備の開札はこれまで予定価格を超過するなど入札不調が起きている。過去に都公文書館でも消火設備が不調でなかなか落札されなかったという。都財務局は「不調の背景には技術者不足がある。（マンションなどの建築ラッシュで）業者は仕事を選ばざるを得ない状況」と説明する。

生活文化局では「消防設備の施工業者が決まらなければ、電気設備の工事などにも影響が出る」（文化振興部）と危惧する。江戸博の工期は、2018年度末まで予定しており、1階のホールに隣接する特別展示室では、19年度中のリニューアルオープン後に企画展を準備している。工期が延びれば、企画展の開催にも影響が出る可能性がある。同局は「文化施設の改修工事の難しさだ」と顔を曇らせる。

同局は、現時点で消火設備を随意契約する考えはないという。「（発注時期を工事が閑散期となる）来年度当初になれば、落札されるかもしれない」（文化振興部）と期待をかける。

都の主要施設10カ年維持更新計画では、19～21年度に改修する都有施設として、北都税事務所、多摩北部医療センター、北多摩北部建設事務所小平工区や同東村山工区などを挙げている。

消火設備の入札不調の要因として、予定価格の超過が目立つ。既に各局は予定価格の公表について「事前」から「事後」の試行を開始している中、財務局案件で事後公表に伴う不調は試行前と比べ2倍に増えていることから、契約不成立のリスクは一層高まる。

都として入札不調を回避する対策が不可欠だ。財務局は「消火設備の案件によっては、1度不調になり、再発注した後に多くの業者が入札することもあり、価格やタイミングなど受注者側の思いや事情もある。施工業者を取り合うのではなく、発注時期が重ならないなど各局と総合調整が必要だ。魅力的な参加条件にするのが各局の共通した改善策だ」と話している。

◆豊洲工事で随契成立

都財務局は22日、豊洲市場の土壌汚染追加対策工事の残り1件について、大成建設と特命随意契約を結んだと公表した。これで追加工事全9件の契約が成立し、都が目標とする来年7月下旬の工事完了にめどが立った。

都環境公社

再生砕石利用へ

初の施設認証

都環境局が再生砕石の利用拡大を目指して5月に立ち上げた「再生砕石利用拡大支援制度」に基づき、東京都環境公社が初となる再生砕石施設認証を行い、20日に認証取得証を交付した。

ビルの解体工事などで発生するコンクリート塊を破砕して作る再生砕石には公的規格がなく、品質のばらつきや、産業廃棄物から作ることによる忌避感などで利用拡大が進んでいない。このため環境局は、民間団体等が定めた再生砕石の品質基準等を審査して認証（基準認証）するとともに、環境局から「施設認証機関」に指定された同公社が、基準に沿った砕石を製造できる施設を認証（施設認証）する。

今回、施設認証を受けたのは、成友興業株式会社の城南島工場（大田区）。

冗句ジョーク

今年の漢字一文字〝北〟についての職員感想

「まず北朝鮮の脅威でしょ、次にキタサンブラック、何といっても小池知事と都民ファーストの会の注文がキターでショ！」

移動水素ステ開設

世田谷清掃工場に

世田谷区は25日、燃料電池自動車（FCV）に水素を供給する移動式ステーションを世田谷清掃工場に開設した＝写真。区によると、移動式ステーションが公共用地内に開設するのは都内初という。

区が委託する事業者が25㌧トラックに充填装置を積載し、毎週月曜日と水曜日の週2回、午前10時から午後3時まで清掃工場の駐車場に開設する。1日5台のフル充填が可能で、普通車の充填時間は1台約3分間という。区が東京二十三区清掃一部事務組合に設置箇所の提供を打診し、一組の協力を得て開設に至った。

区は4月にFCV1台を公用車に導入したが、区内には水素ステーションがなく、区外で水素を充填していた。保坂展人区長は「悲願が実現し、やっとFCV普及に向けたスタートラインに立てた」と喜びを語った。

数字で振り返る2017年

都の主な動き

2017年のキーワードの一つは「争い」だ。都議選では、小池知事の人気の高さで「小池チルドレン」が大量当選したが、衆院選では知事と希望の党代表の二足のわらじ批判などを浴びて同党は惨敗し、知事の求心力が急降下する激動の年となった。一方、区では、23区内の大学定員抑制を示した国に対し、区は猛反発したが受け入れられず、法案提出に向けた準備が急ピッチで進められている。市町村では、10団体の首長選が行われた。都政と区市町村政の1年を振り返った。

小池人気で都ファ圧勝

都議選

第4回定例都議会の終了後、知事の訪問を待つ都民ファーストの会の都議＝12月15日、議会棟で

49

議席を獲得し、都議会の第1会派に躍進した都民ファーストの会。一方、自民党は23議席にとどまり、歴史的大敗を喫した。こうした7月の都議選の結果に、都庁内では「信じられない」と衝撃が走った。

都民ファの当選者のうち、約8割を新人が占めた。地盤のない落下傘が多い中、ほぼ全員当選を果たしたのは「小池人気」の恩恵だ。また、小池知事の「しがらみだけの古い議会に終止符を（打とう）」という単純明快な訴えが有権者に響いた。さらに、選挙中に相次いだ自民党国会議員の失言など、運を味方につけたことも勝因となった。

都民ファに対しては、職員の間で当初から知事の「イエスマン集団」になるのではないかとの見方が多かった。選挙公約には、豊洲市場移転に関して「知事の立場を尊重する」と盛り込み、知事が「築地は守る、豊洲を生かす」という基本方針を6月に示した後も同調したからだ。

そんな職員らの予感は的中した。8月の第2回臨時都議会の質疑では、都民ファが知事の政治姿勢を「高く評価する」と連発したため、イエスマン集団を印象付けることになった。幹部は「市場の基本方針は知事と特別顧問で決めたようだが、その過程が不透明。これで、なぜ『高く評価』できるのか疑問だ」と指摘する。

その後、地域政党の都民ファの代表に1期生で小池知事の国会議員時代の元秘書の荒木千陽氏が、会派の事務総長には元特別顧問の小島敏郎氏が就任。決定過程が都議には伝えられず、「ブラックボックス」と批判し、都民ファを離党したのが音喜多駿氏と上田令子氏だった。2人は10月の離党会見で、政治資金パーティーを開催する実態も明らかにした。他会派の都議は「しがらみの政治をやろうとしている。言行不一致だ」と批判する。

都民ファに言えるのは、古い議会に終止符を打てていないことだ。都庁内からは「これでは都民の期待もしぼむ」との声も聞かれるように、今後は存在意義が一層問われることになる。（井）

豊洲工事など弊害露出

入札制度改革

40

件——。都が6月に試行開始した入札制度改革で開札済みの財務局契約199件のうち、不調に終わった件数だ（11月末日現在）。不調率は実に約20％に達し、ここ数年の不調率（10％前後）と比べて、改革後の不調率の高さが際立つ形になった。

同改革は都政改革本部が主導した。1者入札で落札率99・9％の案件が多いことなどを疑問視し、今年3月に実施方針を提示。業者ヒアリングを踏まえ、6月に財務局案件で試行を開始した。

最大の狙いは競争性の確保で、▽希望1者以下入札の中止▽予定価格（落札上限額）の事後公表▽共同企業体（JV）結成義務の撤廃▽低入札価格調査制度の拡大——が柱。このうちインパクトが大きかったのが、希望者が1者以下の場合に募集を一度取り止め、再発注する「1者入札中止」だ。

「1者入札中止」となったのは、11月末日現在で約19％に上り、工期の遅れは、業種別で建築が8・4日、土木が33・0日、設備が13・1日となった。

特に大きな影響が出たのが、豊洲市場の土壌汚染追加対策工事。同工事は既存建物のコンクリート床打設などで、建物の構造を知る建設担当業者しか事実上は請け負えない特殊な工事が大半を占め、入札の中止や不調が相次いだ。

こうした事態に、都議会からの反発も強まり、早期の見直しを求める声が上がった。ある都議が「豊洲の追加工事と同じようなことは、下水道事業などでも発生する可能性がある」と指摘するように、1者しか請け負えない事業は他にもあり、都の工事進捗への影響が懸念される。

また、豊洲市場の追加工事を巡っては、大手ゼネコンが都の改革に反旗を翻したとの見方もある。これまでの入札の在り方の否定は、制度を都と共に作り上げてきた業界を否定したと捉えられたからだ。

同追加工事では、最後まで落札されなかった1件は特命随意契約に変更することになり、改革の趣旨とは大きく矛盾する結果となった。同改革の検証期間は1年間。試行結果を受け、知事がどう判断するか注目される。（草）

都入札監視委員会では入札制度改革を検証した＝20日、都庁第一本庁舎

「来年10・11」で決着

市場移転

22

億円を豊洲新市場への移転関連費用として、都中央卸売市場が2018年度の当初予算に要求した。予算要求の時点では、豊洲開場日は決まっていなかったが、都と市場業界で構成する新市場建設協議会が今月20日に開かれ、来年の10月11日に決まった。ある業界団体幹部は「年内に決着できなければ、『早く出ていけ』と言われかねなかった」と述べ、安堵の表情を浮かべた。

豊洲移転は、7月の都議選前に急きょ決定。小池知事が6月20日の臨時会見で、「築地は守る、豊洲を生かす」という基本方針を打ち出し、中央卸売市場を豊洲に移す考えを示した。だが、豊洲開場日が決まるまでは紆余曲折があった。

知事は7月の会見で「来年5月（の開場）は物理的に可能」と発言したが、築地市場協会の伊藤裕康会長は7月の新市場建設協議会後、報道陣に「来年5月は早すぎる」との考えを示していた。

この伊藤会長の主張に異を唱えたのが当時の小島敏郎特別顧問だった。元都幹部は「伊藤会長が来年5月は無理と言えば、小島氏は来年5月だと話していた」と明かす。

事態を打開するきっかけとなったのが8月の第2回臨時都議会だ。都幹部が知事の祝詞に来年5月と盛り込まず、同6月以降とする案を知事に示して了承を得た。来年5月の移転案が完全に消えた瞬間だった。その後、開場時期は「来年9～10月」、「来年10月中旬」と徐々に煮詰まり、「10・11」に決まるはずだったが、11月に千客万来施設の開業が不透明であることに江東区長らが反発。市場業界が考慮し、開場日の決定を見送った。その後、業界団体の幹部が精力的に業界内を調整し、「10・11」で最終決着した。

豊洲の地下水に関して都民の安心を得られていないなどと風評被害を助長したのは知事だが、自ら事態打開に乗り出していない。豊洲開業日が決まった今、知事による豊洲の安全宣言が風評被害の払拭の鍵となる。（石）

地下水の採取に立ち会う専門家会議の平田健正座長＝2月7日、豊洲新市場で

抜き誤った伝家の宝刀

都議会百条委

174

箱のダンボール箱に豊洲新市場の用地取得を巡る膨大な資料が詰め込まれ、2月に設置された都議会百条委の各委員に配布された。委員らは、都が2011年3月に東京ガスから豊洲用地を取得するまでの過程で不正がなかったか調査するため、徹夜で資料に目を通す中で、都側が強引に交渉を進めていたとされるメモを発見した。

メモによると、交渉が難航していた00年12月、当時の都政策報道室（現政策企画局）の赤星経昭理事が東ガス幹部に対して、「結論を出せ」と強く迫ったという。また、「第1回定例都議会2月21日」ともメモに残されており、この日は当時の石原知事が豊洲地区に関して、築地市場を移転する「新しい候補地」と発言。メモの内容通りに進んだ。

都と東京ガスが01年7月に締結した確認書の存在が初めて明らかとなり、東京ガスが豊洲再開発で整備する防潮護岸の工事費を都が全額負担するなどの内容が盛り込まれた。百条委では、「裏取引があり、土地の取得交渉が急展開したのではないか」との疑念が持たれたが、証人喚問した東京ガス幹部、交渉に関わった浜渦武生元副知事らから証言が得られず、資料の裏づけはできなかった。

にもかかわらず百条委は報告書で、「土地取得の交渉をまとめるために、不透明な形で東京ガスの利益確保を図った」などとまとめ、浜渦氏と赤星氏が01年7月の確認書の存在を「知らない」と証言したことなどを偽証と認定。その後、都議会は2人を東京地検に告発した。市場問題に詳しい都幹部は「誰の証言を基にしたのか不明。主観的なストーリーによる乱暴な事実認定だ」と批判する。

百条委が終了後、議会局は東ガスに資料を返還し、百条委の23人に配布されたダンボール箱は計4002箱に上る。最終的に、東ガスは資料を焼却処分したという。百条委は釈然としない形で幕を閉じた。（紀）

都議会百条委で「知らない」と連発する浜渦武生元副知事＝3月19日、議会棟第15委員会室で

選挙最優先で都政停滞

小池新党

小池氏は消費増税凍結などを訴えたが、浸透しなかった＝10月10日、池袋駅前で

50

議席しか獲得できず、10月の衆院選で大惨敗を喫した希望の党。衆院選の投開票日、公務でパリに出張中だった小池代表は疲れた表情で「完敗」を認めた。主な敗因は、野党候補の乱立や、安保法制に反対する候補の「排除発言」、知事と党代表の二足のわらじなどが挙げられる。

都には、9～10月に小池知事に対する意見が約4900件届き、このうち8割近くの約3600件が知事への政治姿勢に対するもの。その多くが「都政に専念してほしい」との内容だったという。

都庁内では「知事が辞任しても後任となる候補が不在だから辞めるべきではない」「都政に興味を失った知事は都庁から去るべき」などの意見に分かれた。

小池知事は選挙期間中、公務よりも衆院選の応援に重きを置いていた。イベント出席のキャンセルや会議の中止だけでなく、一度出席をキャンセルした後に再度出席するとの話が浮上したが、最終的に欠席したイベントもあり、担当の職員が振り回される結果となった。

知事に短時間で報告するブリーフィングは、選挙期間中に重要案件しか入れられなかったという。都幹部の一人は「知事が不在でも、特別秘書に報告した内容が知事に伝われば問題ないが、機能していなかった」と振り返る。知事の国政進出で都政は1カ月近く停滞したと言える。

希望の党の旗揚げは、都議会公明党の知事与党離脱の引き金となり、今も関係は変わっていない。希望の党が公約に掲げた消費増税の凍結が、都から財源を収奪する地方消費税の見直しにつながったとの見方もあるように、知事の国政進出は都政にとってマイナスでしかなかった。

小池氏は11月14日に代表を辞任し、在任期間はわずか50日にとどまった。知事は今、「都政に専念する」と強調しているが、言行不一致が多いと指摘される知事には今後、都政を安定化させる取り組みが求められている。（匡）

経費削減　目標達せず

東京五輪

346

億円にとどまった五輪会場の新規恒久3施設の整備費削減額。小池知事は昨年12月の記者会見で、約400億円（最大427億円）を削減できると大風呂敷を広げたが、ふたを開ければ目標額には50億円以上届かない結果となった。今年11月の都議会特別委員会に都が報告して判明した。

対象施設は▽オリンピックアクアティクスセンター▽海の森水上競技場▽有明アリーナ——の3会場。都政改革本部が昨年、他県への代替候補地の検討を含めて会場見直しを明言したが、昨年末までに計画地は変更なしで決着。削減額も目標には届かず、改革は不完全なものとなった。

五輪の経費負担では、都外会場の仮設整備費を巡って、国政を巻き込む展開もあった。

同整備費は、五輪招致委員会の立候補ファイルでは五輪組織委員会の負担としていたが、その後、組織委の森喜朗会長が見直しを表明。一方の都は、都政改革本部の調査チームが昨年9月、国と現地自治体が負担する案を例示した。

こうした経緯に、仮設整備の対象自治体が猛反発。5月9日には埼玉、千葉、神奈川の3県知事が首相官邸で菅義偉官房長官や安倍晋三首相に直談判した。だが官邸側の動きは、小池知事が同11日に都が都外仮設整備費約500億円を全額負担すると表明することを知った上での対応と言われており、結果として都が国に屈した印象を与えることになった。

大会経費削減を巡っては、国際オリンピック委員会（IOC）調整委員会のジョン・コーツ委員長が9月に10億ドル（約1100億円）の更なる削減を要請。10月のIOC事務折衝でも言及し、都や組織委は今月中に示した予算（V2予算）などで一定の削減に対応した。

時に政治利用しながらも、行政実務として来るべき大会に向け、着実な準備が求められる五輪。開催は刻一刻と近づいている。（藤）

IOCのジョン・コーツ調整委員長は更なる経費削減を求めた＝10月4日、虎ノ門ヒルズ

記者席

公募で選んだら実は有名人

○……今年最後の22日の知事会見。記者から出た最後の質問が特定外来生物「キョン」だった。「（質問しても）良いでしょうか」と申し訳なさそうに確認した記者に、知事は苦笑しながら応じた。知事は駆除したキョンの食材としての活用について、さばくのに時間も費用もかかり、「なかなか対策が難しいのではないか」などとおもしろみのない回答を披露した。記者からは「知事の発言は最近、本当につまらない。気の利いた発言をたまには聞きたい」との声も聞かれた。例えば、「キョンを排除します」と語っていたら、記者からの支持率は少しくらい回復したのではないか。

○……舛添前知事が21日、自らのブログで「『東京五輪開催中に都知事選』という事態を避けるべきだ」と訴えた。昨年6月、政治資金問題などでマスメディアの批判にさらされていた舛添氏は都議会に対し、9月の定例都議会までの"延命"を訴えていた。しかし、その訴えは聞き入れられず、自ら辞任。ブログでは「マスコミの吹かせる風に乗った都議には馬耳東風であった」と恨み節をつづった。とはいえ、自らの失態で招いた2020年夏の都知事選。当然のことながら、ツイッターには「言い訳するな」「自分がまいた種」「もっと早く辞めればよかったのでは」とツッコミが殺到していた。

○……世田谷区の移動式水素ステーション開設に先立ち、22日に開かれたセレモニーで、区の燃料電池車のラッピングに採用されたデザインがお披露目された。小川を表すラインの周りに「H2」の文字が色とりどりに散りばめられたデザインを考案したのは、区内在住の東儀秀樹さんと典親くん親子。聞いたことがある名前だと思い、招待席を見ると、日本を代表する雅楽演奏家が座っていた。区によると、コンテストは応募者を伏せて行ったという。このため、保坂展人区長も驚いたようだ。区の燃料電池車は出張などでも使われる。都や他区の職員も「東儀流」デザインを目にする機会もあるだろう。

区市町村の主な動き

法定外繰り入れ解消が鍵

国保制度改革

1169

億円に上る法定外繰り入れをどう解消するか。国が進める国保制度改革に当たり、都と区市町村が直面する最大の課題だ。

国保制度改革では、小規模保険者の財政基盤強化を目的に、来年度から都道府県が財政運営の責任主体として「広域化」される。国は広域化に併せて各保険者に赤字解消を求めており、都と区市町村は11月21日の都国保運営協議会で、決算補塡を目的とした法定外繰り入れを段階的に解消する方針を確認した。

しかし、達成に向けた道のりは険しい。2015年度決算では、62区市町村のうち青ヶ島村を除く61区市町村の総額が1169億円で、歳入に占める割合は7・1%に上る。全国では総額約3856億円、歳入割合が2・3%で、法定外繰り入れの約3分の1を都内で占める計算だ。

特に深刻なのが市町村だ。23区では法定外繰り入れの一部保険料算定を段階的に進めており、15年度の歳入割合は6・5%となっている。これに対し、26市は同8・4%、13町村は同9・6%で、歳入依存度が高い。こうした状況から、制度改革の焦点の一つとなっていた都内統一保険料の導入は見送られ、都が示す保険者ごとの標準保険料率を参考に、各区市町村が独自に保険料を判断することとなった。

この影響は23区が採用する統一保険料方式にも波及。区長会は都運営協議会に先立ち11月14日に開いた総会で、来年度以降も統一保険料を原則とする一方、独自保険料の設定も容認する方針で合意した。千代田区や中野区は独自算定を視野に検討する考えで、区長会は12月4日にスタートした18年度都区財調協議で国保関連経費の当初提案を見送っている。

4月には新制度が発足することになるが、制度改革で保険料が増額になったとの批判を避けようとする政府の迷走もあり、特に区市町村へのしわ寄せが大きい。新たな国保料・税を定める条例提案まで残された時間はわずかしかない。（米）

都国保運営協議会では、医療関係者や被保険者の代表者らが東京の広域化の在り方を議論した＝9月20日、都庁第一本庁舎

都調停不調、法廷闘争へ

中防埋立地帰属問題

86.2

対13・8の面積割合で江東区と大田区への帰属を勧告した中央防波堤埋立地に関する都自治紛争処理委員の調停案。40年以上にわたる争いに決着かと思われたが、大田区が調停案を不服として東京地裁に提訴し、事態は泥沼化の一途をたどっている。

長く続いた膠着状態から両区長が都への調停申請を決めた要因の一つは、2020年東京五輪の開催だ。中防埋立地には、2020年東京五輪でカヌーやボートが行われる「海の森水上競技場」と、馬術が実施される「海の森クロスカントリーコース」の2会場が整備される。開会に向けた機運醸成が課題となる中、帰属区がPRを担うかどうかは大いに影響する問題だ。

また、海の森水上競技場の整備に関しては、両区以外の区にも決して因縁は浅くない。会場整備に伴い、不燃ごみを船舶輸送している区が使用する揚陸施設の移設が決まったことで、23区を巻き込んだごみ処理・運搬の在り方の議論に発展した。過去に都の調停に持ち込まれた大井ふ頭や13号埋立地と比べても、他区の注目度は高かった。

都が1986年の最高裁判決などを参考に作成した調停案では、両区の水際線から等距離の位置に記された境界線により、競技会場はいずれも江東区側に帰属するとした。

これに対し、不満をあらわにしたのが大田区だ。区は判例を基に、歴史的沿革を中心とした理論構築で全島帰属を主張していた。大田区側には都が整備中のコンテナふ頭が含まれたが、調停案を不服として10月30日、境界確定を求めて東京地裁に提訴。調停は不調に終わった。同区は訴訟期間を3年から6年と区議会に説明しており、東京五輪開会時の決着はほぼ絶望的だ。

山﨑孝明江東区長は大田区への不信感を示したが、松原忠義大田区長にとっても決して譲れない問題だ。泥沼の法廷闘争は、来年1月26日に第1回口頭弁論が開かれる。中防埋立地を舞台とした戦いは、東京五輪後も続きそうだ。（義）

調停申請合意を受け、共同会見を開いた山﨑江東区長と松原大田区長＝6月22日、都庁第一本庁舎

区側猛反発も来年度から

23区内大学定員抑制

0

人口増で地方創生を――。政府は6月9日、23区内での大学定員増を来年度から原則認めないことを決定し、各区に激震が走った。定員抑制は人口流出にあえぐ地方からの要望を受けた方針で、国は9月29日に18・19年度の新増設を認めない特例告示を公示した。

2020年度以降は法律で規制をかけるため、次の通常国会に新法案を提出する。

特別区長会は8月29日に見直しを求める要望書を内閣府と文部科学省に提出。大学誘致を進めてきた区では、国が例外的に認可すると提示しているケースなどに適合するとアピールし、滑り込みで認可を受けたい考え。

墨田区や葛飾区は、閣議決定以前から大学が定員増を機関決定していた点を強調。北区や豊島区では、大学側が都外のキャンパスの定員を移して総定員数を増やさないことで規制の対象から外れることを狙う。

一方で、大学が多く立地する千代田区や文京区の大学連携担当者は「抑制の影響はない」と口をそろえる。02年度に工場等制限法が廃止された後に郊外から都心に回帰する大学があったように、大学側にとっても都心にキャンパスを立地させる優位性は根強いからだ。国が抑制方針を出した後に墨田区に進出を決めた大学の関係者は「都心のキャンパスは教員の人材が確保しやすく、学生の就職にも有利。夢の場所だ」と語った。

「ふるさと振興」や「地方創生」など国が使う言葉は変わっても、東京を敵役にする手法はいつの時代も変わらない。しかし、地方振興が後手に回っている現状では、東京への流出人口を抑えても若者が地方にとどまる確証はなく、地方の人口流出に拍車がかかるリスクは残ったままだ。（伊）

区内に新キャンパスを設置する学校法人と協定を交わす墨田区の山本亨区長（中央左）。区に誘致断念の動きはない＝12月4日、墨田区役所

減収拡大受け活用に本腰

ふるさと納税

232

億円が23区から消えた――区長会は9月15日に発表した「税源偏在是正議論についての特別区の主張2017年度版」で危機感を示した。今年度の減収総額は、前年度比で1・8倍、2015年度比では実に10倍にも上り、各区長の恨み節が相次いだ。

政府は15年度税制改正で、ふるさと納税を大幅に拡充。全額控除額を2倍に引き上げ、寄付先が5自治体以内であれば確定申告が不要になるワンストップ特例制度を創設した。これに伴い、ブランド肉や名産焼酎など返礼品競争が激化し、23区の区税流出が加速度的に増加することとなった。今年度の減収見込み額は世田谷区が約31億円、港区が約23億5千万円で、9区が10億円を超える損失額となる見通しだ。

この状況を受け、区長会は3月13日、当時の高市早苗総務相に対し、過剰な返礼品の規制などを緊急要望。国も4月1日付で返礼率をおおむね3割以内とするよう自治体に通知した。しかし、一部の市町村からは反発の声が上がっており、返礼品競争の沈静化には至っていない。

その中で、23区で反転攻勢の動きも具体化してきた。キーワードは「使途の明確化」と「クラウドファンディング」だ。

文京区は子供の貧困対策の一環で、低所得世帯向けの食材配送事業にクラウドファンディングの活用を開始。すみだ北斎美術館の整備でふるさと納税活用の実績を上げた墨田区は、今年度から新たに区内の文化芸術活動や地域コミュニティー活動などを対象とした寄付事業に着手した。

ふるさと納税の過熱ぶりに、23区は当初、国の制度設計や過当競争への批判に終始してきた。地方と同じ土俵に立ったとしても減収を取り戻すだけの寄付を集めるのは難しいだろう。しかし、地域課題の解決という新たな視点は、地方税の自治体間収奪という形にゆがんでしまった寄付文化をあるべき姿に戻すための突破口になるかもしれない。（原）

ふるさと納税を活用した「こども宅食」プロジェクトの設立を発表する成澤廣修文京区長＝7月20日、厚生労働省で

注目された「小池旋風」の力

区市町村長選

14

区市町村で、今年首長選が行われた。うち千代田、葛飾の2区と西東京、羽村、小平、日野、国分寺、東久留米の6市、青ヶ島村、利島村は現職が当選。武蔵野市、瑞穂町でも引退表明した現職の後継候補が当選し、強さを見せた。

そうした中、今年の選挙で注目されたのが小池知事と都民ファーストの会の影響力だ。知事人気の変化が、都内自治体の選挙結果に色濃く反映された。

1月の千代田区長選は、知事が推薦する現職と自民が推す新人の対決が、都議選や国政の行方をも占う「代理戦争」とも呼ばれ全国的な注目を集めた。結果は現職が次点以下に3倍以上の得票差をつけ圧勝。圧倒的人気を誇っていた知事の勢いを裏付ける結果となった。

新人同士の三つどもえの争いになった瑞穂町長選では、4度目の町長選に挑戦した元町議が町政刷新を訴えて町民の支持を広げたが、都庁を訪問した際に打ちした知事との写真をポスターに使うなど、都政とのパイプをアピールした杉浦裕之氏にわずか5票差で涙をのんだ。

都民ファが擁立を検討したが断念した武蔵野市長選でも、「小池知事人気」の存在感の一端が表れた。民進、共産などが支持する松下玲子氏が、自民推薦の対立候補を危なげなく破ったが、都議選で都民ファと連携した公明が関与に消極的になった事は、ダブルスコア近くの大差につながった要因の一つだ。

一方で、10月の衆院選で小池知事が代表を務める希望の党が惨敗し、知事人気に陰りが見えた11月の葛飾区長選では、都民ファが候補者擁立に二の足を踏む中、自民などが推薦する現職が圧勝するとともに、同日行われた区議選では都民ファ擁立の5人中4人が落選した。

来年は11区市町村で首長選が予定されているが、小池知事と都民ファが巻き返しを図れるかが焦点の一つになりそうだ。（篤）

選挙戦を制し、笑顔の松下武蔵野市長＝10月1日、武蔵野市内で

有権者混乱、周知に苦戦

衆院選区割り変更

21

選挙区で衆院選の区割り変更が行われ、特に区市町村選管には過去に例を見ない試練の年となった。

6月に施行された区割り改定法では、都内25選挙区の大規模再編が盛り込まれ、丁目単位で分割・編入が行われた。特に影響が大きかったのが港、新宿、台東、品川、目黒、中野、杉並、豊島、板橋の9区と八王子、多摩、稲城の3市で、新たに選挙区が分割された。

このうち、中野区は南北にほぼ2等分された。田中大輔区長は改定案の全体像が報じられ始めた2月2日、小池知事との意見交換会で「住民の代表が誰なのか、訳が分からないことになる」と協力を要請。小池知事も9都県市首脳会議や関東地方知事会議などを通じて国に見直しを要望した。

また、選挙人名簿登録者数が約12万5千人の多摩市と約7万2千人の稲城市も共同声明を発表し、有権者の混乱に懸念を示した。

こうした懸念は、「解散風」が強まるとともに顕在化した。臨時国会の冒頭解散がささやかれ始めたのを機に、各区市町村選管への問い合わせが急増。東京5区と東京7区に分割された目黒区は、10月10日の公示前日に臨時区報を発行。有権者数約61万人のうち、1万6千人が選挙区変更となった大田区は、全域への広報から対象者を絞った呼び掛けに切り替えるなど、周知に苦心した。

公示後に課題となったのが、期日前投票所の設置だ。豊島区では区民事務所に2選挙区分の投票所を設置するスペースがなく、大学や民間企業に場所を提供してもらい、急場をしのいだ。中野区では庁舎1階に2選挙区の投票所を設置したが、正面玄関に近い7区投票所に誤って入場する有権者が続出し、案内に追われた。

衆院選は国政の方向性を定める重要な機会だ。誰に貴重な1票を託すのか。1票の格差「1・99倍」という数字合わせのために翻弄されたのは、選管担当者だけでない。有権者のための選挙制度改革はどうあるべきか、国会は今回の混乱から学ばなければならない。（人）

2選挙区の境界線上に位置する中野駅では、両選挙区の候補者が入り乱れての街頭演説合戦となった＝10月10日、中野駅北口で

苦難と闘い、発展の歴史

各自治体で節目の年

100

周年を迎えた八王子市を始め、特別区70周年、武蔵野市制70周年、国立市制50周年と、今年は多くの自治体が節目を迎えた。

八王子市は1917年、多摩地域初の市として誕生した。名前の由来は神仏習合の神「牛頭天王」と8人の王子を祭る神社から来ている。28年に上水道を整備するなど順調に発展してきたが、太平洋戦争末期の45年8月、米軍の大規模空襲により当時の市街地の80%が焦土と化した。その時起きた、長野方面に疎開しようとする乗客を乗せた列車を米戦闘機が機銃掃射した「湯の花トンネル列車銃撃事件」は約50人が亡くなる悲劇となり、現在でも慰霊祭が行われている。

終戦後、同市は戦災都市に指定され、その後、目覚ましい復興を遂げた。64年東京五輪では自転車の競技会場に選ばれ、71年には日本初の「ノーカーデー」を実施し、公共交通機関の利用を促すなど、公害問題にも目を向けた。97年に人口50万人を突破。2015年の中核市移行を経て今に至る。

来年2月には、100周年記念事業のグランドフィナーレとして、市内の小学生から高校生が市長に未来への提言を行う。次の100年に向け、どのような発展を遂げるのだろうか。

一方、特別区は47年に地方自治法の施行と共に発足した。当時は22区で、同年8月に練馬区が板橋区から独立し、現在の形になった。しかし、特別区が基礎的自治体としての体を成すには更に長い年月がかかった。発足当時の特別区には事務権限や人事権、財政権はなく、52年には区長公選制も廃止された。75年にそれらの権利を獲得。98年になり、地方自治法に基礎的自治体として規定された。

特別区の歴史は、権利獲得のための都との闘いの歴史だった。今年、70周年を迎えたが、基礎的自治体としての歴史は20年足らず。特別区の成長、成熟は、まだこれからの話なのかもしれない。（服）

八王子市100周年記念式典＝10月1日、オリンパスホール八王子

数字で振り返る2017年　職員を巡る動き

小池知事が就任後、自らの手で初めて特別職を任命し、都では22年ぶりに女性副知事が誕生した。また、監理団体に現役の局長級幹部8人を新たに送るなど、随所で「小池カラー」が見られる人事が行われた。一方、都労使交渉では19年ぶりに回答指定日を越えて交渉が継続し、区では行政系・現業系の一体的解決を図るなど、大きな動きがあった。職員を巡る動きを数字で振り返った。

女性活躍、人事で象徴
都幹部異動

22 年ぶりに女性副知事が誕生した。小池知事は都議会第3回定例会で、副知事を「2増3減」とする人事案を提出。川澄俊文副知事が留任、長谷川明政策企画局長と猪熊純子会計管理局長が昇格し、3人体制となった。女性副知事は鈴木俊一都政の金平輝子氏以来で、小池都政の「女性活躍」を象徴する人事と言える。都議会の「ひな壇」や財務局主計部長にも若手を配し、メッセージ性を出した。

退任したのは、安藤立美、中西充、山本隆の3氏。このうち安藤氏は石原都政下の2012年に就任し、筆頭副知事として歴代知事を支えた。石原、猪瀬、舛添3知事が任期途中で辞職した際には職務代理を務め、都庁内では「職務代理3回はギネス記録」とささやかれたほどだ。

小池知事が国政への進出に意欲を燃やす中での人事だっただけに、都庁内では「副知事人事は『衆院選出馬』をカモフラージュするため」との見方が強かった。また、副知事の留任・退任の行方はなかなか固まらず、都庁内では「小池知事から信任を受けていたかに見えた副知事も結局、退任となった。（都庁職員を）信用していないのだろう」との声が聞かれた。

8月の幹部異動で新任となった局長がわずか2カ月半で副知事に昇格したり、外郭団体理事長に就いたばかりの元副知事が五輪組織委員会副事務総長に呼ばれたりと、トップの意向で場当たり的かつ不安定な人事を強いられている。

副知事の「枠」は残り一つ。外部からの女性副知事登用が取り沙汰されるが、都政は五輪準備や築地市場移転など難題が山積しているほか、都議会で公明党が「是々非々」の立場に転じるなど、不安定な局面にある。小池知事の政治力に陰りが見られる中、「話題づくり」に終始すれば、庁内的な士気の低下は必至だ。まずは職員の意見に耳を貸し、実績づくりにつながる布陣とする姿勢が肝要だ。（一）

副知事は川澄、長谷川、猪熊の3人体制に＝10月

現役局長級を団体派遣
監理団体改革

8 人の現役の都局長級幹部が今年、外郭団体の役員として起用された。年初に文部科学省の天下り問題が表面化したことを受け、小池知事が都幹部の再就職の在り方を検証する考えを示したのがきっかけだ。

外郭団体役員には従来、都の副知事・局長級のOBが就いていたが、知事から「待った」がかかったこともあって、今夏の条例局長の退職者は3人のみ。人事の流れを作る意味でも、現役の幹部を外郭団体に送り、空きポストを確保せざるを得なかった側面がある。豊洲市場の盛り土問題に絡み、都OBが団体役員を退任していたことも背景にある。来年度以降、局長級の定年退職者を「再任用」することも念頭にあると見られている。

現役の幹部を団体役員として任用することで意思疎通がより円滑になるとの意見がある一方、それ自体は「天下り根絶」のパフォーマンス的な色彩が濃い上、「本庁をある程度、忖度して仕事をせざるを得ない」という指摘もある。

監理団体改革を含め、都は年度末までに新たな行革の「2020改革プラン」を策定する方針だ。これまでは職員数の削減が主眼だったが、今回は業務の効率化や団体の戦略的活用などが柱となっており、各団体は今後、本庁と共に「自律改革」に取り組むことになる。

ただ、監理団体改革の方向性はいまだ見通せていない。公的な施設に対して、過度な商業主義的な視点やにぎわい創出を求める意見に、違和感を持つ職員は少なくない。

一方、団体の視点では「局が現場の実態をつかまないまま、（予算の）数字合わせで事業を押し付けている」「都側が団体の人員・予算を縛り、事業運営に制約がある」との指摘もある。官民の役割分担を含め、現場に即した執行体制を問い直す機会にしてもらいたい。（郎）

監理団体改革は都政改革本部が主導＝9月

退職手当削減で激しく対立
都確定交渉

19 年ぶりに回答指定日を越えて交渉継続という異例の展開を見せた今期の都確定交渉。2年連続で例月給が据え置きとなる厳しい人勧を受けてスタートしたが、都側が「都民の理解を得るため」として、特別給の引き上げや退職手当制度の見直しなど、全ての課題を一体的に解決することが不可欠と主張し、これに都労連が激しく反発する構図となった。

特に退職手当に関しては、国の見直しを踏まえた都側の見直しの考え方に対し、都労連は「制度の違いがあるのに、なぜ支給水準の引き下げを国と同程度とするのか」と反論。労使交渉は対立を極めた。退職手当の見直しは、都の任用実態などを踏まえて基本額の支給率を段階的に引き下げ、最高支給率を現行の45月から43月とするとともに、都独自の「調整額単価」を現行の1075円から1100円に引き上げる形で、妥結に至った。

今交渉ではまた、職員のライフ・ワーク・バランス推進の観点から、都側がフレックスタイム制の導入や時差勤務の見直しなどを提案。特別給は勧告通り、勤勉手当の年間支給月数を0・1月引き上げることとし、昇給制度や扶養手当の認定要件の見直しについては、実施時期などの修正案を示し、合意した。

今期の交渉について、都労連は「異例であったとは言え、今後の労使関係や労使交渉の在り方について、大きな禍根を残したと言わざるを得ない」と、都側の交渉姿勢や態度を厳しく批判。来期の交渉にどう影響するか注目される。

来年の労使協議では、職員の定年引き上げを巡る議論が始まりそうだ。現在、国で定年引き上げに関する検討が進められているが、都でもその動向を注視しており、来年度、論点整理について労使で意見交換をする予定。

「働き方改革」も引き続き論点になる見通し。労使は今年度中にも「ライフ・ワーク・バランス推進プラン」の進捗状況と今後の方向性について、労使の意見交換を行うこととしている。このほか、部下・同僚からの見え方を本人にフィードバックする「マネジメント・レビュー」や、パワーハラスメントが発生しない職場づくりに関しても来年度、意見交換を予定しており、労使の議論が活発化することが予想される。（藤）

ヤマ場を前に退職手当の削減に抗議する組合員ら＝11月

行政系・業務系を一体的解決
区確定交渉

16 号分の高位号給カットで2400人近くが新たに昇給停止状態に陥るのではないか——。今年の区確定交渉は例年になく多数の課題を抱える中、行政系人事・給与制度の改正に伴う新給料表への職の級の切り替えが論点となった。

焦点の一つが、新給料表における新2級の高位号給カットにかかる切り替え問題だった。労使は3月、「全ての区で係長職を拡大する」という大綱合意を交わしたが、特区連は「係長職の拡大が全ての区で進展していないため、新2級の高位号給カットにより、2400人がそのままでは昇給停止状態を強要されることになる」と反発していた。

現3級職の新2級職への切り替え（切替昇任選考）も課題となった。現1~3級職（係員・主任主事）をいったん新1級職（係員）に切り替え、意向確認と人事評価による選考を行うこととし、地方公務員法28条の「降任」に該当する場合を除き、昇任することで合意。新たに昇給停止状態となる2400人については、56歳未満で一定の条件を満たす職員には今年度中に係長昇任に向けた能力実証を行い、来年4月に新たな「主査」に任用することで合意した。

現業系人事・給与制度の見直しも大きな山場を超えた。区長会は業務職給料表の切り替えに合わせ、業務職給料表の号給切り替えに伴う「昇給調整措置」を廃止すると表明。組合側の強い要請を踏まえ、「職員の士気の維持・向上を図ることが不可欠」と判断した。

併せて、技能長と同じ3級職に「担当技能長職」を新設。例えば、清掃事業の収集現場ではグループリーダーとしての役割を担うことを想定。区長会は、組合側の技能長職の拡大要求について、この制度を各区で活用することで対応する考えだ。

給与は勧告通り、月例給は平均0・13％、特別給は年間の支給月数を0・1月引き上げて4・5月。区職員1人当たりの平均年間給与は約5万円増の約657万1千円となる。月例給と特別給の4年連続引き上げは初めてだ。

行政系・現業系ともに大きな課題を前進させた一方で、持ち越された課題が「退職手当制度」だ。国の削減決定を受け、都も今確定交渉で見直しを断行。区長会は、区に影響があると見込まれる場合は協議したい考えを示している。一方、組合側は「拙速な見直しなど許されない」と反発し、年明けから労使の激しい衝突が予想される。（後）

特区連は国・都による介入・干渉・遮断を訴えた＝10月、中野区

フレックス制本格導入へ
働き方改革

3 日間の週休日も設定できるようにする「フレックスタイム制」。都は来年度、総務局での試行に続き、本庁職場で導入する方針を決めた。知事肝煎りの「働き方改革」の一環で、都は今年も時差勤務の拡大や勤務間インターバルの試行などの取り組みを矢継ぎ早に打ち出している。

フレックスタイム制は4週間を1単位として、1日当たりの勤務時間を伸縮できるようにする内容。土・日に加えて週休日を設け、「週休3日」を作ることもできるようになる。

勤務時間を柔軟に設定できる一方で、課題もある。例えば、職員が対面する機会が減少し、チームワークを維持するためのコミュニケーションや業務の進行管理が一層重要になる。テレワークを活用している職場では現在、業務の到達目標や作業工程を上司と職員で確認するなど、日頃の業務の進行管理をより丁寧に行っているといい、フレックス制の導入後もコアタイムを活用して情報共有を徹底する考えだ。

また、「休み方改革」では、繁忙期も土日の連続勤務を原則禁止し、1週間で最低1日の休務日を確保することを義務付けた。勤務間インターバルは退勤から翌日の出勤時間まで、8~11時間の間隔を設ける内容。メリハリを付けて職員の休息を確保することが狙いだ。

昨年来の「午後8時完全退庁」により、庁内では「早く帰宅しようとする雰囲気は出てきた」と一定の効果を認める意見がある一方、「時間や労力を無制限にかける前提で資料作成、修正のオーダーをすることをやめない限り、残業はなくならない」「勤務日の超勤管理をしても、土日が野放しでは隠れ残業を容認するも同然」などの声も根強い。職員によって繁閑差も大きく、受け止め方に違いがあるようだ。

働き方改革は一朝一夕にはいかず、議会の対応を含めて、解決すべき課題は多い。「知事マター」に付き合うために、むしろ仕事が増えたという声も聞く。働き方を変えること自体が目的となっては意味がない。職場の実情を踏まえ、無理せず長続きする取り組みにしたいところだ。（ロ）

小池知事が幹部職員を前に「働き方改革」を宣言するセレモニーも＝11月

◆シリーズ「退職後のリアル」は休みます。

五輪への航海図 235

開催まで あと941日

NFに聞く 期待と課題⑥

セーリング　空撮で競技生中継

1~2人乗りの小型ヨットに乗り、海面に設置されたブイを決められた順序・回数で回る。海上で競技するため、地域によって波や風のコンディションが異なり、季節・時間でも変わる。湘南の海に少しでも慣れようと、既に各国から選手団が合宿に訪れている。

会場は江の島ヨットハーバーが起点だが、レース海面は逗子や葉山に近い海域にも及ぶ。テストイベントは通常、大会1年前だが、セーリングは最も早く、来年からになる。

海上での競技のため、観客席は設けにくく、競技をどう見せるかがポイントの一つだ。ヘリの空撮や並走するヨットで追う映像で観客を楽しませることになる。決勝レースは江ノ島からも直接、観覧できるようなコース設定の工夫や、地元・藤沢市などと協力してパブリックビューイングを検討中という。

法的な事前準備にも手間がかかる。例えば、船舶免許・登録・検査。海外チームはコーチやレスキュー用のボートを持ち込むが、国内での使用には免許や手続きが必要で、日本セーリング連盟が国土交通省令の特例告示を得るため奔走した。

OBS（五輪放送機構）のヘリが競技を中継＝16年8月

競技運営の人材育成も課題だ。気象条件を見ながら時間内にレースを進行したり、中止・延期したりする判断では、運営側の技量が問われる。風向きの条件によってレース艇が周回するブイの位置取りも微妙に変わるため、コースづくりを迅速にしなければならない。ボランティアは海上のレース運営や陸上でのサポート要員を含め数百人を要する。

アスリートファーストの視点では、大会の時期は風が弱いことが多く、競技の開始まで選手が炎天下の陸上や海上で待機する事態も想定される。暑さ対策を含めた配慮が求められそうだ。

「五輪を機に広く都民・国民にセーリングに関心をもってほしい」と同連盟の大村雅一事務局長。東京大会から外れたパラ種目の「復活」も期待する。特に障害者セーリングは視覚・身体など障害の部位が異なる選手がペアになり、お互いに補い合う場面も見どころだ。国際セーリング連盟などが現在、24年パリ大会での復活を要請。東京では20年の障害者セーリング世界選手権大会を開催予定で、若洲での実施に向けて準備を進めている。

平成30年度 主任試験講座 －14－

合格体験記 ③

平成29年度の主任試験選考に合格した方々の体験記を掲載します。今回で最終回となります。合格者の「生の声」を参考に、来年度の試験合格に向け、ヒントを見つけるなど役立ててください。

論文は他者視点反映を

主任A　事務

○はじめに

私は、諸事情で前倒し受験はせず、初めて受けた平成28年度の受験で択一免除・論文不合格となり、平成29年度の受験で論文試験に合格しました。私の体験談が、これから受験される皆さんの参考になれば幸いです。

○択一試験について

択一試験の対策は、受験する年の4月ごろに開始しました。まずは、科目ごとの出題数や近年の出題傾向などの情報収集に努めました。その上で、勉強する科目順や期間について計画を立てました。私は、まず、内容の理解が必要な法律科目に時間をかけて取り組み、暗記の要素が強い都政実務や都政事情は試験直前期に取り組むことにしました。

法律科目については、『実践150題シリーズ』を使用しました。『実践150題シリーズ』は、管理職試験の過去問が多く掲載されており、主任試験対策としては少々難易度が高めかもしれませんが、このレベルの問題が解けるようになると自信がつくと思い、この問題集を選びました。問題集の使い方としては、まず一通り問題を解き、解説を読んだ上で、内容が理解できなかった問題のみ、理解できるまで繰り返し解くようにしました。

都政実務については、『職員ハンドブック』を使用しました。都政実務は、その名のとおり日々の実務に直結する内容なので、法律科目よりも意欲的に取り組むことができました。

都政事情については、研修資料や「とちょう・i」の掲載記事を基に勉強しました。

○論文試験について

論文試験については、1回目の受験の際、択一試験の対策に時間を使いすぎてしまい、試験の1カ月半前にようやく対策を開始したため、準備不足が大きな原因で不合格となってしまいました。この失敗を繰り返さないよう、2回目の受験の際は、ゴールデンウイーク明けから対策を開始しました。

まず初めに行ったことは、合格論文の読み込みです。私は、局で配布された合格者論文を読み込み、合格レベルの把握に努めました。その後、準備論文の作成に移りました。

私は、作成した準備論文をなるべく多くの上司・先輩職員に添削してもらうことをお勧めします。これは、多くの人の意見を取り入れて作成した論文というのは、いわば万人受けする論文であり、採点者との相性に左右されずに高評価を得る可能性が高いものであると考えるからです。ただし、全ての意見を取り入れることは困難なので、取捨選択することが必要です。

また、直前期には、時間配分を強く意識しながら、本番と同様に手書きで論文を作成しました。本番では、予想以上に課題の設定が細かかったため少し焦りましたが、これまでの準備どおりにすれば大丈夫だと自分に言い聞かせ、何とか最後まで書き切ることができました。

○さいごに

日々の業務や子育て等と勉強との両立は大変だと思いますが、主任試験は、対策をした分だけ合格に近づくと思いますので、周りの方々の協力を得つつ、最後まで諦めずに頑張ってください。皆さんの合格を祈念しています。

上司に合格の意思表示

主任B　事務

私は、平成29年度の主任試験Bを3回目のチャレンジで合格することができました。

この体験談をご覧になる方々は、「どのように論文を書けば良いか?」といったことを知りたいのではないかと思います。確かに、そうしたことは重要ですし、これまで私もそうした情報を求めていました。しかし、実際に合格した後から振り返ると、それよりも前に、まず「主任試験を受けて、合格したい!」という意思を上司等に明確に示すことが重要だと感じています。こうした意思表明をすることにより、上司による論文の添削やアドバイス等の協力が得られやすくなります。さらに、周囲から厳しく、また優しく叱咤激励をしてもらうこともできます。私自身、自分に甘いところがあって、そのような点が、これまで主任試験に挫折してきた一因でもあったと分析しています。そうした中、上司等に励まし続けてもらえたことが、最後まで頑張ることができた要因の一つだったと思います。

さて、論文についてですが、本来はもっと早く取り組みたかったものの、昨年度から今年度にかけて転居や異動等により準備する時間がなく、私が論文に取り掛かったのは夏になってからという、かなり遅いものでした。論文を書き始めるにあたって職場もので準備しようと思っていましたが、上司に相談したところ、残された時間やこれまでの傾向も踏まえて都政もので勝負することを勧められました。そこで、局や課、担当の組織目標を熟読し、「とちょう・i」などから情報収集をした情報を自らの担当業務と関連させる形で論文を作成し、課長代理に添削を受けた後、修正したものを課長に添削してもらいました。

その後は覚える努力をしましたが、丸暗記というよりも、全体の流れを意識した上で、重要なポイントを外さないように努めました。試験本番になると緊張で頭が真っ白になってしまうこともあるため、このような対応が良いと思います。

結果として合格できましたが、これまでと比べて準備期間も短かった中で何が良かったのかは、正直なところ自分でもよく分かりません。しいて挙げると、職場ものから都政ものにテーマを切り替えたことくらいですが、それが決め手とも思えません。しかし、あえて理由を探し出せば「かなり仕事を頑張った」という点があるかもしれません。真偽は分かりませんが、「主任試験Bでは、合否判定における勤務評定の割合が大きい」と言われています。私が上司等からどのように評価されているかは分かりません。ただ、昨年度から今年度にかけて、これまで以上に職務に真摯に向き合い、一生懸命に頑張ったということについては、ささやかな自負もあります。もしかしたら、そうした点が試験の合否判定に影響したのかもしれません。

これから主任試験Bにチャレンジされる皆さんは、上司等のサポートも得ながら論文対策をされるかと思いますが、日々の職務についても前向きに取り組むことが大切ですので、仕事も頑張りましょう。

平成30年度 カレントトピックス 14

社会事情

■政府税調、給与所得控除見直し（11月20日）

政府の税制調査会は20日、社会経済の構造変化を踏まえた税制のあり方に関する中間報告をまとめた。

中間報告では、情報通信機器の急速な発展に伴い、買い物や銀行取引などの手続きや決済がオンライン化。また、民泊や車両の乗り合いなどシェアリングエコノミーの拡大を受け、個人への業務委託や副業をする人が増えていると指摘。こうした経済取引や働き方の変化・多様化に対応していくためには、税務手続の電子化と個人所得課税のあり方を検討していく必要があるとした。

税務手続の電子化では、確定申告や年末調整等の手続きの電子化やマイナンバーカードやマイナポータルとの連携などを進める必要があるとした。

個人所得課税の見直しでは、控除方式の在り方にも言及し、基礎控除などで現在の高所得者ほど控除額が大きくなる方式を見直すことを求めた。見直しの方向性として税負担の軽減額がどの所得層でも一定になる税額控除方式や、高所得者の控除額などに上限を求める方式に言及。「見直しの意義や効果について国民に理解を広げることが必要」と中長期的な議論を求めた。

また、働き方の多様化を踏まえた個人所得課税の見直しとして、所得を計算する際に会社員が一定額を差し引ける給与所得控除の縮小を求めた。一方、全ての納税者が受けられる基礎控除を拡大することも盛り込み、税制面から後押しするよう提言した。

■規制改革推進会議が電波制度改革など答申（11月29日）

政府の規制改革推進会議は電波制度改革、待機児童解消などの重点分野について、改革の方向性を盛り込んだ答申を決定し、安倍総理大臣に提出した。

このうち電波制度改革では、電波の割り当てに関わる制度の見直しとして、民間企業の新規参入を促す必要があるとして、入札価格や技術力などを総合的に評価して電波の周波数帯を割り当てる新たな方式を導入するため、平成30年度中に電波法の改正案を提出するよう求めている。

一方、周波数帯の利用権を競争入札で決める「電波オークション制度」については、メリット・デメリット、導入した各国における様々な課題を踏まえ、引き続き検討を継続するとしている。

また、待機児童対策では、企業が設置した保育所では従業員以外の子供の受け入れは定員の半数が上限となっていることから、空きがある場合は、さらに受け入れられるよう上限の撤廃などの措置を求めている。

■天皇陛下19年4月30日退位　新元号、来年中に公表（12月2日）

政府は1日、三権の長や皇族らで構成する皇室会議を宮内庁で開き、天皇陛下の退位日を2019(平成31)年4月30日と決めた。皇室会議は24年ぶり8回目の開催。今年6月に成立した陛下一代限りの退位を実現する特例法は、退位日を決める際、皇室会議から意見を聴くよう義務付けていた。政府は12月5日の閣議報告を経て、退位日を定める政令を正式決定する予定。

退位に伴い、皇太子さまが19年5月1日に新天皇に即位し、新元号が施行されることとなる。天皇が退位するのは、現行の憲法下では初めてであり、「平成」に代わる新元号は来年中に公表される予定。

特例法により、陛下の退位に伴って秋篠宮さまは皇太子と同じ待遇で皇位継承順位1位の「皇嗣」となる。陛下の退位後の呼称は「上皇」、皇后さまは「上皇后」となる。陛下の退位の儀式や、皇太子さまの「即位の礼」の在り方を検討するため、年明けに準備組織が設置される。

平成30年度 主任・係長 論文講座 14

都主任選考

課題整理（職場）③

前回は、「職場に関する出題」の（1）における課題整理の方法について解説しました。

今回は、（2）における解決策の提示の論述方法について説明していきます。（2）では、（1）で述べた課題に対して、自身が主任としてどのように取り組んでいくか、具体的な解決策を論述します。

レジュメの作成方法

前回の記事では、課題整理の方法に絞って説明しましたが、試験本番では、課題の整理と同時に（2）でどのような解決策を提示するかを考えて、全体の構成を決めてから解答を書き始める方が多いと思います。そこで、前回の記事で作成した表に解決策を加えて、レジュメ（構成案）にしていきましょう。

まずは、各課題について思いついた解決策を迷わず全て書いていきましょう。二つの課題に重なる解決策も出てくると思いますが、その場合は両方の欄に書いておきます。思いついたものを一通り書いた後に、全体のバランスを見て不要なものには線を引き、整理していけばよいのです。

できあがったら、全体の論理性やバランスが取れているかを確認します。うまくいかなければ、課題の枠組みを見直しましょう。

レジュメの例

職場の問題点（現象）	課題	解決策
民間事業者からの問い合わせの殺到 問い合わせの増加による職員への負担増 ホームページの掲載内容が分かりにくい 問い合わせに対応しきれていない 民間事業者からの苦情の発生 H主事が分かりやすい説明をできていない H主事がG課長代理と異なる説明をしている	分かりやすい情報発信 丁寧な説明	広報の充実：B部にどのような問い合わせが多いかを伝え、ホームページの改善を依頼する。 窓口対応の改善：毎日の窓口業務終了後にミーティングを行い、説明に困った点などを共有し対策を練る。
B部との連携状況が不明 B部が所管する内容に関する問い合わせにも対応している	B部との連携	B部への協力依頼：B部に状況を伝え協力を依頼する。 広報の充実：B部にホームページの改善を依頼する。 問い合わせへの対応体制の変更：ホームページに問い合わせ窓口としてB部の電話番号を掲載し、ホームページ掲載内容についての問い合わせはB部で対応するよう依頼する。 B部との連携強化：B部との定例会議の開催
H主事が問い合わせへの対応に苦慮している H主事が分かりやすい説明をできていない H主事が自信をなくしている H主事がG課長代理と異なる説明をしている H主事が一人で抱え込んでいるように見受けられる H主事との直接的なコミュニケーションが不足している	H主事の育成（指導やフォロー）	職員間のパイプ役：H主事の育成方法についてG課長代理と話し合い、協力を求める。 H主事に対する助言：H主事が窓口対応を行う際はできるだけ同席し、具体的な問題点を把握した上でアドバイスする。 H主事に対する指導：判断に迷った場合には必ず相談するようH主事を指導する。 H主事へのフォロー：H主事が自分に相談しやすいよう信頼関係を築く。困っている時には自分から積極的に声をかける。

課題と解決策の類型化の例

課題	解決策
組織体制上の課題	業務分担の見直し 部署間の連携体制の構築
進行管理上の問題	進捗管理会議の開催 進行管理表の作成と共有
職場内のルールや仕組みに関する課題	業務マニュアル・事務フローの作成 役割分担の明確化
職員の指導や育成に関する課題	研修・勉強会の実施 ペア制の導入 組織人としてのルールを教える
情報共有や職場内コミュニケーションの課題	定例的な会議の実施 共有フォルダの活用による資料の共有 意見を伝えるパイプ役になる
情報発信や対外的コミュニケーションの課題	広報の充実 住民説明会の開催 住民アンケートの実施

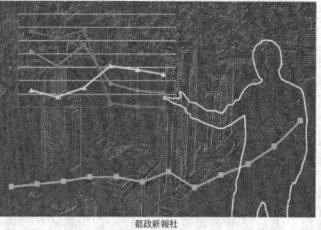

解決策を考える上での注意点

主任としてふさわしい取り組みを書くことが重要です。設問にも「主任に期待される役割を踏まえて」とありますから、論述するなかで、主任の役割をしっかりと認識していることを示してください。

主任の役割を超えた取り組みは書かないようにしましょう。例えば、「定例的な会議の開催を課長代理に提案する」「上位の職員と下位の職員のパイプ役になる」というように、主任の立場で実現できる取り組みを挙げるようにしてください。

また、独り善がりの取り組みではなく、他の職員や部署との連携を意識した組織的な取り組みを提示することも高い評価を得る上でのポイントです。チームとして取り組みを進めていくという主任の役割を踏まえ、組織としての連携やつながりを意識した解決策を考えましょう。そして、論述する際には、他の職員をどのように巻き込んで課題の解決に導いていくかを述べていきましょう。

試験前の対策としては、次のように、課題に対する解決策を類型化して準備しておくことが有効です。提示する解決策は必ずしも斬新で目新しいものである必要はありません。むしろ、事例の職場の問題を解決する上で確かに有効だと多くの人が納得できる現実的な取り組みを挙げた方が評価されやすいでしょう。

論述に当たって

解決策を論述する際に触れる必要があるのは、①取り組みの必要性（背景）②取り組みの具体的内容③取り組みによって期待される効果――の3点です。最も大切なことは、論理を明確にすることです。「事例・資料」→「課題の抽出」→「具体的な解決策」の論理のつながりが明確になるよう意識してください。自分がその解決策が有効だと考えた理由を採点者に説明していくイメージで論述していくとよいでしょう。

課題を記述する順序は重要です。現実にその解決策に取り組んでいくことを考えれば、より緊急性が高く、より重要なものから取り組んでいくはずです。論述に当たっても、実際に取り組む順序に合わせて、重要性・緊急性の高いものから書いていくようにしましょう。（1）についても（2）の順番に対応させることが望ましいといえます。

①取り組みの必要性（背景）を書くことにより、論理展開が明確になったり、自分の問題意識が伝わりやすくなったりします。ただし、（1）で論述した内容などから明らかな場合は省略してもかまいません。（1）と内容が重複すると減点対象となる可能性があります。

②取り組みの具体的内容は、できるだけ具体的な自身の行動内容を記述するようにします。「まず～をして、それを踏まえて次に～をする」といったように順序立てて記述すると、より具体性が生まれます。また、取り組みを進めるに当たって気をつける点などにも触れると、深く考察していることが採点者に伝わります。一方で、多くの取り組みを盛り込み過ぎると、かえって内容が浅くなってしまうため注意が必要です。各取り組みについて、その内容や意義が伝わるように丁寧な論述を心掛けてください。

③取り組みによって期待される効果は、提示した解決策が課題の解決に結びつくことを示す上で重要です。「解決策」→「期待される効果」→「課題の解決」の論理的な連関が読み手に伝わるよう意識しましょう。

なお、平成28年度までは、論文の最後に決意表明を述べて文章を締めることが一般的でしたが、平成29年度からは決意表明は評価の対象にならないことが都人事委員会から明確に示されているため、書かないようにしましょう。最終段落では、取り組み全体を通して自身が配慮する点などを述べ、簡潔にまとめて文章を締めくくるようにしてください。

力をつけるために

これまで3回にわたり、論文の書き方について解説してきました。繰り返しになりますが、重要な点は事例・資料をよく分析して的確な課題を抽出すること、そして課題と解決策の関係が明確になるように論述することです。これさえできていれば、十分に合格レベルの論文が書けます。このため、多くの問題をこなすことよりも、一つの問題に時間をかけて取り組み、自分が書いた論文をよく読み返して、論理的な文章になっているかを点検し、何度も書き直すことが力をつけるためには効果があります。一度良い論文を書き上げると、論文を書くためのコツがなんとなくつかめてくると思います。

自信を持って試験当日を迎えられるよう、余裕を持って対策に取り組んでください。

年表で見る　2017年の主な動き

1月

東京都

10日　財務局が都有施設の総合管理方針素案をまとめた
12日　小池知事が築地市場を視察
14日　中央卸売市場が豊洲の地下水から基準値を超えたベンゼンを検出したと発表
16日　小池知事が私立高校の平均授業料の補助対象を拡大すると表明
20日　小池知事が豊洲住民訴訟方針を見直す考えを表明
24日　都議会自民党が3人の会派離脱を容認
25日　主税局が認可保育所などに土地を有償で貸し付けた地主の固定資産税を全額免除すると発表
27日　中央卸売市場が市場移転延期に伴う補償スキームを発表
30日　総務局がライフ・ワーク・バランス推進プランを発表

特別区

9日　23区を巡る五輪フラッグツアーがスタート
11日　中野区の臨時職員が住民情報を悪用した住居侵入罪等で警視庁に逮捕
13日　中央区の人口が55年ぶりに15万人を突破
16日　豊島区が午後7時に執務スペース一斉消灯開始
・　特別区長会が17年度国保基準料率を決定。7252円の大幅値上げに
・　15年の合計特殊出生率が全区で1・0以上に
19日　中野区が個人情報悪用の再発防止方針を発表
25日　都総務局が17年度都区財調フレーム案を発表
26日　足立区が警視庁と東京五輪に向けたテロ対策で覚書
27日　国立西洋美術館の世界遺産認定書が服部征夫台東区長らに授与される

市町村

4日　邑上守正武蔵野市長が「イクボス・ケアボス宣言」
・　長友貴樹調布市長による退庁促進メッセージの放送開始
6日　西東京市が市庁舎統合方針を決定
10日　福生市が酒蔵PRのためのアニメ動画を作成
12日　東久留米市が中央図書館に指定管理者導入を決定
18日　福生市があきる野郵便局と地域見守りなどに関する協定を締結
20日　保育施設建設地の固定資産税免除を巡り、市長会が都に緊急提言
25日　市長会付属協議会の多摩地域住宅政策連絡協議会が初会合
29日　都立多摩図書館が立川市から国分寺市に移転
・　小池知事が大島町と利島村を視察

Jan.

2月

東京都

3日　小池知事がトーキョーワンダーウォールを廃止すると発表
10日　小池知事が市場移転延期に伴う補償金50億円を盛り込んだ補正予算案を第1回定例都議会に提出すると発表
15日　環境局が足立区で見つかった野鳥の死骸から高病原性の鳥インフルエンザウイルスを確認したと発表
22日　都議会が豊洲移転問題を調査する百条委員会の設置を全会一致で決定
・　都議会が議員報酬の20％削減、費用弁償の10万円減額などの議員改革関連条例案を全会一致で可決
・　小池知事が施政方針表明で東京五輪の仮設施設の建設費を負担する考えを示唆
24日　小池知事が首都大学東京の理事長に島田晴雄慶大名誉教授を据える人事を発表

特別区

1日　台東区が観光バスの駐車場や乗車場の予約システムを開始
2日　都区協議会で17年度都区財調フレーム案を正式合意
3日　荒川区が保育士確保のための独自の奨学金制度創設を区議会に報告
5日　千代田区長選で、小池知事が支援した現職の石川雅己氏が5選
8日　豊島区が国家戦略特区制度を活用した全国初の「混合介護」の検討に着手
9日　墨田区が23区初の残薬調整支援事業を発表
13日　品川区が23区初の駅ビル内期日前投票所設置
15日　港区の人口が54年ぶりに25万人を突破
27日　江戸川区が戸籍証明書のコンビニ交付サービス開始。区外居住者も対象に

市町村

1日　国立市が旧国立駅舎再構築のための用地売買契約をJR東日本と締結
・　日野市が実践女子大の学生がデザインした名刺の使用を開始
2日　東村山市営駐輪場で公共施設では都内初となる宅配ロッカーの利用開始
5日　任期満了に伴う西東京市長選で、現職の丸山浩一市長が再選
7日　小金井市の西岡真一郎市長が新福祉会館の建設地を新庁舎と共通の予定地にする考えを表明
18日　立川市内の小学校7校で食中毒が発生
23日　ドローンを活用した山岳救助の協定で、あきる野市が山岳連盟などと調印式
28日　小平市議会が小林正則市長に対する不信任案を否決

Feb.

3月

東京都

4日　政策企画局が結婚応援イベント「TOKYO縁結日」を初開催
9日　総務局が東京宝島推進委員会を初開催
11日　豊洲新市場移転問題を調査する都議会百条委員会が、都と東京ガスの元幹部らを尋問
13日　都議会公明党と都民ファーストの会が都議選での選挙協力を発表
20日　石原元知事が都議会百条委で市場移転問題の証人喚問を受ける
24日　小池知事が庁内組織「市場のあり方戦略本部」を立ち上げると発表
27日　都議会が自民党の提出した質疑日程延長の動議を否決
29日　市場問題プロジェクトチーム（PT）の小島敏郎座長が築地再整備案を提示

特別区

7日　板橋区議会が元ホタル生態環境館職員の懲戒免職を取り消す和解議案を可決
13日　区長会がふるさと納税で国に緊急要望
15日　千代田、中央、港、新宿、文京、台東、墨田、江東、品川、大田、北の11区が区制施行70周年
21日　港区がシティハイツ竹芝で06年に起きたエレベーター事故の第4次報告書を公表
22日　墨田区が千葉大学と包括的連携協定を締結。区内初の総合大学開設へ
27日　渋谷区が宮下公園を再整備するため、利用を停止
28日　世田谷区議会が公的住宅に同性カップル入居を認める条例改正案を継続審議に
30日　中央区議会が築地市場移転の早期解決を求める意見書を全会一致で可決

市町村

1日　八王子市が市の魅力発信サイトを開設
9日　都の宝島推進委員会が初会合
・　八丈町が東京電力に代わる地熱発電事業者としてオリックス㈱と協定締結
10日　国立市が西都ヤクルト販売㈱と健康増進や教育などで協定締結
17日　都総務局が市町村総合交付金を初めて公開
21日　立川市が2月に発生した小学校集団食中毒を受けて停止していた給食を再開
23日　国立市議会が約4カ月空席だった副市長に竹内光博氏を選任
26日　任期満了に伴う小金井市議選で、投票率が過去最低となる
30日　2015年の調布飛行場の事故に関し、調布市、三鷹市、府中市が都に要請

Mar.

4月

東京都

1日　総務局が新たな都政改革本部設置要綱を施行
4日　水道局が震災時にツイッターで漏水情報を発信すると発表
10日　下水道局が「東京下水道見せる化プラン」を策定
18日　都議会の豊洲市場問題特別委員会が市場問題PTの小島敏郎座長の参考人招致を全会一致で決定
20日　小池知事が国家戦略特区内で窓のないビルの一室などを保育所に転用できるよう要望
24日　主税局が固定資産評価に関する検討会の報告書を発表
26日　豊洲問題を調査する都議会百条委員会の桜井浩之委員長（自民）が辞任を表明
28日　産業労働局が海外向けに東京をPRするアイコンなどを発表

特別区

1日　千代田区の人口が36年ぶりに6万人を突破
・　荒川区が国家戦略特区を活用した全国初の都市計画公園内保育所をオープン
3日　豊島区が全国初の本庁舎内私立認可保育所を開設
5日　足立区が荒川区内の東京女子医科大学東医療センター誘致で大学と正式合意
10日　台東区と墨田区が姉妹区提携40周年
17日　特別区長会が西川太一郎荒川区長の会長4選を決定。副会長は松原忠義大田区長と青木克徳葛飾区長に
19日　国の審議会が衆院小選挙区の区割り改定を勧告。単独選挙区の9区3市を分割
24日　江戸川区が区立小跡利用の大学誘致で法人選定
27日　千代田区議会の政務調査費訴訟で、東京地裁が2会派に返還を求める判決

市町村

1日　多摩市がシティセールス政策監を新設
・　国立市が子供の人権オンブズマンを設置
・　羽村市が育児または介護を行う職員の時差勤務制度を導入
・　恩賜井の頭公園が開園100周年を迎える
9日　任期満了に伴う小平市長選で、現職の小林正則市長が大差で4選
16日　任期満了に伴う日野市長選で、現職の大坪冬彦市長が大差で再選
20日　奥多摩町とタイムズ24㈱がカーシェアリングを開始
23日　任期満了に伴う瑞穂町長選で、新人の杉浦裕之氏が僅差で初当選
28日　東京都市区長会が来年度国家予算に向けた要望書をまとめる

Apr.

5月

東京都

11日　小池知事が五輪の都外仮設施設を整備する費用を原則全額負担する意向を表明
12日　小池知事が五輪経費で2千億～3千億円の圧縮を目指す方針を表明
・　港湾局が海上公園ビジョンを策定
17日　総務局がコンプライアンス基本方針を決定
・　都と五輪組織委員会が輸送運営計画を発表
19日　小池知事が2040年代の東京の都市づくりのグランドデザインの素案を発表
24日　都と国、五輪組織委員会が五輪経費の分担を大筋合意
25日　中央卸売市場が築地市場の土壌から基準値を超える有害物質を検出したと発表
26日　小池知事が低入札価格調査制度の適用範囲を縮小すると発表

特別区

1日　墨田区が区制施行70周年記念ドラマを配信
3日　特別区制度を規定した地方自治法施行から70年
18日　豊島区が池袋西口公園の野外劇場整備を発表
19日　大田区が羽田空港跡地第1ゾーン整備で鹿島建設などを事業予定者に決定
22日　文京区が空き家を活用した地域子育て支援拠点「こまぴよのおうち」を開設
・　杉並区が約1年ぶりに保育緊急事態宣言を解除
23日　渋谷区がビットコインを活用した地域通貨構想を発表
24日　豊島区が4月1日時点の待機児童解消を発表
・　足立区が児童養護施設退所者に区営住宅優先枠
29日　墨田、江東、足立、葛飾、江戸川の江東5区が広域避難推進協議会を初開催

市町村

1日　市長会会長に調布市の長友貴樹市長が就任
2日　飲食店経営の男性が、調布市の子ども基金に個人で1億円寄付
13日　八王子市内に街なか交流拠点「キッキプラス」オープン。
12日　都と伊豆諸島の町村らが都内初の火山避難計画を策定
17日　国立市議の石塚陽一氏がセクハラで辞職
・　国分寺市が長野県飯山市と友好都市協定締結
26日　府中市が都市計画学会石川賞を受賞
29日　都環境局が全国初の自然公園の総合計画「東京の自然公園ビジョン」を策定
31日　立川市の清水庄平市長が職員の超勤縮減に向けて「スマートワーク宣言」を行う

May.

6月

東京都

1日　生活文化局が「トーキョーワンダーサイト」を名称変更すると発表
2日　都議会が百条委の調査報告書をまとめた
12日　東京動物園協会がジャイアントパンダのシンシンが出産したと発表
13日　市場問題PTが第一次報告書を小池知事に提出
17日　小池知事が築地の市場業者と面会し、豊洲の土壌汚染の無害化を達成できていない状況を謝罪
20日　小池知事が市場移転に関する基本方針を発表
22日　小池知事が市場に関係する9局長に早期移転を指示
23日　都議選が告示され、259人が立候補届を提出
28日　ホストシティTokyoプロジェクト推進本部が初会合を開催

特別区

1日　江東区が障害者施設の防犯設備助成を開始
2日　豊島区が「選択的介護」の有識者会合を初開催
・　練馬区がひとり親家庭の専門相談窓口を開設
12日　品川区が東京学芸大との協定で貧困家庭向けに同付属中に進学枠設置
・　江戸川区がスーパー堤防の工事延期で補償費を計上した補正予算案を議会提案
17日　台東区がパンダ誕生で記念ラッピングバス運行
19日　目黒区議会が大規模開発時の保育所設置協議を業者に義務付ける条例を可決
・　練馬区が都児相との連携強化で協定
22日　中防埋立地帰属で江東、大田区が都への調停申請で合意
27日　区長会が森林環境税の創設で国に要望

市町村

11日　任期満了に伴うあきる野市議選で、新人6人が当選
12日　東大和市がマイナンバーカード普及に向けた職員手作り漫画の配布を開始
15日　2020年東京五輪の自転車ロード競技コースを巡り、阿部裕行多摩市長が都に要請
・　昭島市がごみ分別アプリを導入
20日　多摩地域初の観光情報センターが立川市にオープン
21日　東村山市が公共施設の包括的な管理事業委託に向け事業者を募集
26日　立川、八王子、府中、日野、国立、相模原の6市が、2020年東京五輪自転車ロード競技のコースに関して、都と組織委に要望書提出

Jun.

7月

東京都

2日　都議選の投開票が行われ、都民ファが第1党に
3日　小池知事が都民ファの代表を辞任
10日　環境局が白熱電球とLED電球交換事業を開始
11日　通勤電車の混雑緩和に向け「時差Biz」開始
20日　百条委員会での偽証の疑いで、都議会が浜渦武生元副知事らを東京地検に告発
21日　市場移転問題の関係局長会議を開催
・　都と国が日本橋の首都高地下化へ検討開始を発表
・　政策企画局が重点政策方針2017を発表
23日　都議会の東京改革議員団が会派名を都議会民進党に再び改名
24日　五輪3年前イベントを都民広場で開催
25日　都が64年連続の地方交付税不交付団体に

特別区

4日　千代田区議会の有識者会議が政活費交付額を答申
5日　墨田区がふるさと納税を活用した文化振興・地域活性化事業の募集を開始
7日　江東区が豊洲ぐるり公園を一部開園
11日　中央、新宿、中野、豊島の4区が時差出勤を試行
・　荒川区らが参画する全国ICT教育首長協議会が国に政策提言
18日　中防埋立地帰属で江東、大田区が都に調停申請
・　北区が新庁舎用地の取得で国立印刷局と協定
20日　文京区がふるさと納税を活用した低所得世帯への食品提供事業の開始を発表
27日　墨田区議会自民党が同党区議による政務活動費1840万円流用を発表
・　北区が味の素と包括連携協定を締結

市町村

1日　2019年ラグビーW杯に向け、調布、三鷹、府中の3市が合同でラグビーフェスティバルを開催
2日　任期満了に伴う国分寺市長選挙で、現職の井澤邦夫市長が大差で再選
13日　三鷹市の庁舎建て替えに関する研究会が同市議会に最終報告
14日　京王線府中駅南口に大型複合施設「ル・ニージュ」がオープン
17日　町田市の児童施設に利用者が運営に携わるカフェがオープン
25日　今年度の市町村分の普通交付税の算定額が5年ぶりに増加
26日　多摩川流域6市がNPO法人と災害時のドローン活用で協定締結
29日　小池知事が新島と式根島を視察

Jul.

8月

東京都

8日　都議会議長に尾崎大介氏（都民ファ）が就任
10日　市場問題PTが第2次報告書を知事に提出
17日　都民33人が五輪選手村用地売却を巡り都を提訴
23日　政策企画局が知事特別秘書の給与を公開
24日　小池知事が五輪準備の協力で国交相に要望
・　中央卸売市場が豊洲市場の設備にカビが発生したと発表
25日　東京パラリンピック大会3年前イベントを開催
28日　39年ぶりに補正予算案提案の臨時都議会が開会
・　五輪準備局が有明アリーナ管理運営方針を公表
29日　都民ファと都議会公明が子どもの受動喫煙防止条例案を発表
31日　都入札監視委が委員長に初の外部有識者起用

特別区

1日　渋谷区がLGBT向けクールビスを発表
2日　区長会が都に都区の役割分担協議の実施を要望
3日　江東区がセアカゴケグモ14匹の生息を発表
7日　都が都区財調区別算定結果を発表し、渋谷区が7年ぶりに不交付区に
8日　江東区が介護事業所就職予定者の就労準備金助成制度の創設を発表
21日　都民ファが葛飾区議選に立候補予定の一次公認候補を発表
・　世田谷区が庁舎更新で事業者6案を公開
22日　区議長会がふるさと納税見直しを国に要望
29日　区長会が大学定員抑制反対で国に緊急要望
30日　渋谷区が帰宅困難者の誘導でアート作品の設置を開始

市町村

1日　調布市観光協会ホームページがリニューアル
3日　国分寺市が長期総合計画に市民のページを掲載
7日　建造物の固定資産税の算出ミスで武蔵野市が約2・6億円を所有者に還付
14日　邑上守正武蔵野市長が退任表明
17日　多摩北部都市広域行政圏協議会が公園経営セミナーを開催
21日　吉祥寺南町の認可保育所の建設が地域住民の反対により延期
23日　八王子市がJICAと太平洋島しょ部のごみ問題改善に関する協定締結
25日　市長会が来年度から複数の市町村が連携した観光事業に助成することを決定
29日　任期満了に伴う青ケ島村長選が告示され、無投票で現職の菊池利光氏が5選

Aug.

9月

東京都

1日　都市整備局が「都市づくりのグランドデザイン」を策定
5日　都議会第2回臨時会で豊洲市場の土壌汚染対策費などの補正予算案を可決
・　小池知事が国家戦略特区諮問会議に一部金融業の税優遇を提案
6日　五輪都外会場運営費に宝くじ収益充当で、都と関係自治体が合意
8日　福祉保健局が受動喫煙防止条例の考え方を公表
15日　小池知事が都民・職員の予算事業提案制度の試行導入を発表
19日　小島敏郎氏が特別顧問を辞任
25日　小池知事が国政政党結党と代表就任を宣言
・　都と東京動物園協会が上野動物園の新パンダの名前を「シャンシャン」に決定

特別区

1日　都が16年度特別区普通会計決算を発表
4日　中野区が若年性認知症の実態調査を行うと発表
6日　杉並区が独自に首都直下地震の被害想定を作成
8日　墨田区議会が元区議の政務活動費横領で報告書
11日　新宿区が来年度の小学校入学予定者への就学援助を入学前に支給すると発表
12日　墨田区が清掃還元施設の廃止に向け、指定管理者の解除議案を区議会に提出
・　足立区が大学入学準備金の支給制度創設を発表
15日　区長会が今年度のふるさと納税の影響額を23区合計で230億円超と発表
24日　新宿区が区立漱石山房記念館をオープン
29日　中央区が都に築地再開発と環状2号線の早期整備を要望

市町村

10日　パラバドミントン国際大会で調布市職員の山崎悠麻選手が優勝
14日　東村山市が環境省の二酸化炭素排出抑制対策事業費等補助金を多摩26市で初めて活用
15日　都総務局が「多摩の振興プラン」を策定
・　国立市内の緑川東遺跡から出土した大形石棒が国の重要文化財に指定
16日　八王子で「全国都市緑化はちおうじフェア」がスタート
29日　調布駅前再開発ビル「トリエ京王調布」がオープン
・　福生市で市長、副市長らが「イクボス宣言」
30日　羽村市がインスタグラムを使った市民交流プロジェクト「ココドコはむら」を初開催

Sep.

10月

東京都

5日　都議会3定で副知事人事案が可決。22年ぶりに女性副知事就任へ
・　音喜多駿、上田令子両都議が都民ファを離党
12日　築地再開発検討会議が初会合を開催
16日　中央卸売市場が市場業界に豊洲移転時期を「18年9～10月」とする案を提示
・　都の自治紛争処理委員が中防埋立地帰属問題で調停案提示
・　安藤立美前副知事が都参与に就任
22日　衆院選で希望の党が大敗
28日　五輪1000日前イベントを日本橋で開催
30日　財務局が豊洲市場土壌汚染対策工事で5件中4件が入札不調だったと公表
31日　小池知事が業界団体予算ヒアリングを開始

特別区

1日　豊島区が路上看板の撤去条例を施行
2日　文京・台東区が合同で客引き防止キャンペーン
5日　新宿区が民泊条例骨子で住専地域での規制を発表
10日　足立・江戸川区がオランダ五輪委員会と障害者スポーツの普及などで覚書
15日　目黒区が来年度からの5年間の保育所整備費を18億円に設定
19日　台東区が五輪に向けた文化発信プログラム発表
23日　世田谷区が庁舎建て替えで設計業者を決定
24日　大田区が特区民泊の営業要件を2泊3日に緩和する方針を発表
25日　中防埋立地の帰属で江東区議会が調停受諾を議決
29日　中防埋立地の帰属で大田区議会が調停拒否と境界確定訴訟の提起を議決

市町村

1日　任期満了に伴う武蔵野市長選で、元都議で新人の松下玲子氏が初当選
・　八王子市で市制100年記念式典を開催
・　日野市で総務省の「窓口業務の民間委託モデル自治体」の取り組みがスタート
2日　稲城市でオリジナルの婚姻届特別受理証明書を配布開始
3日　旧中学校校舎を改装した奥多摩日本語教室が開校
4日　4月に稼働した武蔵野市の新クリーンセンターがグッドデザイン賞を受賞
10日　小金井市の人口が12万人を突破
23日　台風21号により多摩地域で大きな被害が発生
26日　多摩市が決算事業報告書をオープンデータ化
29日　奥多摩町と神津島村が友好交流協定を締結

Oct.

11月

東京都

1日　都と国、首都高速道路が「首都高日本橋地下化検討会」初会合を開催
6日　都と市場業界が豊洲移転時期を18年10月中旬で合意
8日　超高齢社会有識者懇談会の初会合を開催
10日　政策企画局が「国際金融都市・東京」構想を公表
13日　中防埋立地帰属問題で都が調停打ち切り
14日　都議会公明が「知事与党離脱」の見解を表明
・　都確定交渉が19年ぶりの継続に
16日　病院経営本部が広尾病院整備基本構想を策定
21日　都国保連協が国保運営方針を知事に答申
24日　都税調が地方消費税見直しなどで知事に答申
29日　パラリンピック大会1000日前イベントを開催

特別区

3日　江戸川区が自然動物園で金魚の常設展示を開始
・　警視庁が大田区職員を死体遺棄容疑で逮捕
5日　渋谷区が同性パートナーシップ証明で実績報告会
・　荒川区が福井県と文学館連携で「おしどり」協定
6日　港区議会が2006年エレベーター事故の損賠訴訟で和解議案を可決
・　目黒区が詐欺電話の拒否機器の試験配布を発表
13日　葛飾区長選で現職の青木克徳氏が3選
14日　杉並区が自動車自動運転実験の実施を発表
15日　豊島区が空き家のシェアハウス活用で条例提案
24日　区長会が知事予算ヒアリングで都区のあり方検討委員会の再開を要望
30日　板橋区が板橋駅前再開発で交流拠点構想を発表

市町村

1日　稲城市が市制45周年を記念し、多摩26市で初の常用ロゴタイプを制定
3日　武蔵野市で市制70周年式典を開催
・　国立市で市制50周年式典を開催
8日　多摩市が㈱ベネッセコーポレーションと小中学校の英語教育で連携協定締結
12日　任期満了に伴う利島村長選で、現職の前田福夫氏が33年ぶりの選挙戦制す
17日　八王子市議の山越拓児氏が2年前に起こした交通事故のため引責辞任
21日　国立市マンション建設問題で、上原公子元市長が総額約4500万円の損害賠償を完済
29日　調布市が元市職員でパラバドミントンの山崎悠麻選手を2020年大会「応援アスリート」に指定

Nov.

12月

東京都

1日　小池知事が都議会4定で国政進出について謝罪
4日　都がロンドンの金融街「シティー」と金融連携で合意
・　立憲民主党が都連を設立
7日　議会改革検討委員会が議員公用車の一部廃止や議会棟全面禁煙などを決定
14日　与党税制改正大綱で都が1千億円減収となる地方消費税見直しが決定
15日　小池知事が豊洲市場追加工事1件の特命随意契約への変更を発表
・　都議会4定で「自画撮り被害」防止条例が成立
19日　上野動物園で赤ちゃんパンダ「シャンシャン」の一般公開開始
20日　新市場建設協議会が豊洲市場の開場日を18年10月11日と決定

特別区

4日　18年度都区財調協議がスタート
・　江戸川区が区内3警察署と児童虐待防止で協定
7日　品川区議会が羽田空港機能強化で視覚障害者への配慮を区に求める請願を可決
8日　世田谷区がガバメント・クラウドファンディングによる運動施設の改修を発表
・　豊島区が池袋の魅力発信アニメの制作を発表
11日　都後期高齢者医療広域連合が1人当たり3129円増となる18～19年度の保険料算定案を発表
・　練馬区が練馬光が丘病院の移転建て替えを発表
14日　中野区が任期付き短時間教員の区費採用を発表
20日　江東区議会が豊洲新市場の開場を了承
25日　世田谷区が移動式水素ステーションを開設

市町村

1日　福生市が車椅子利用者目線を再現するVR動画を公開
11日　府中市がオーストリアの2020年東京五輪ホストタウンに決定
12日　若者が多摩市の活性化案を議論する「多摩市若者会議」が市長に提言
15日　東村山市が山形県長井市と災害時の相互応援の協定締結
18日　都の宝島推進委員会が島しょのブランド化について知事に提言
・　多摩市の都営住宅内で買い物弱者向けの移動販売サービスが開始
21日　八王子税務署で、同市の中学生が一日税務署長を務める
24日　任期満了に伴う東久留米市長選で現職の並木克巳氏が再選

Dec.

定価：本体10,000円＋税

2017（平成29年）
都政新報縮刷版
（6264号～6362号）

2018（平成30）年２月28日発行
編著者　都政新報社編集部
発　行　株式会社　都政新報社
東京都新宿区西新宿7-23-1
電話　03-5330-8781㈹
印　刷　モリモト印刷株式会社

ISBN 978-4-88614-244-3 C3000